Gabriel/Krohn/Neun

Handbuch des Vergaberechts

Handbuch des Vergaberechts

Gesamtdarstellung und Kommentierung
zu Vergaben nach GWB, VgV, SektVO, VSVgV, VOL/A,
VOB/A, VOF, SGB V, VO(EG) 1370, AEUV

Herausgegeben von

Dr. Marc Gabriel, LL.M. (Nottingham)
Rechtsanwalt in Berlin

Dr. Wolfram Krohn, M.P.A. (Harvard)
Rechtsanwalt in Berlin

Dr. Andreas Neun
Rechtsanwalt in Berlin

2014

C.H.BECK

www.beck.de

ISBN 978 3 406 62859 7

© 2014 Verlag C.H. Beck oHG
Wilhelmstraße 9, 80801 München
Druck und Bindung: Druckerei C.H. Beck, Nördlingen
(Adresse wie Verlag)

Satz: Konrad Triltsch Print und digitale Medien GmbH
Ochsenfurt-Hohestadt

Gedruck auf säurefreiem, alterungsbeständigem Papier
(hergestellt aus chlorfrei gebleichtem Zellstoff)

Vorwort

Das Vergaberecht erfreut sich seit Einführung des Vierten Teils des GWB eines beachtlichen Maßes an wissenschaftlich-literarischer Durchdringung. Je nach Zählweise kann der Vergaberechtsuchende heutzutage rund vier Dutzend Kommentare, Hand- und Lehrbücher zurate ziehen, in denen „das Vergaberecht" mal in Teilbereichen, mal in Gänze, teils systematisch, teils nach Paragraphen geordnet aufbereitet wird. Der Leser mag sich daher die Frage stellen, welchen speziellen Bedarf das vorliegende Werk decken soll.

Das – besondere – Konzept dieses Handbuchs basiert auf der in der Beratungspraxis der Herausgeber wiederholt gemachten Feststellung, dass es schwierig ist, *einen* vergaberechtlichen Ratgeber zu finden, der sowohl dem Einsteiger ein kompaktes Einlesen in Einzelthemen wie auch „das Vergaberecht" im Ganzen ermöglicht, als auch dem Fortgeschrittenen ein Nachschlagen vertieft aufbereiteter „paragraphenscharfer" Spezialfragen erlaubt. Der didaktische Graben zwischen Kommentar und Lehr- oder Handbuch wird nur selten in ein und demselben Werk überbrückt. Der vorliegende Band soll diese Lücke schließen und eine erschöpfende Gesamtdarstellung des gesamten deutschen Vergaberechts einschließlich aller praktisch bedeutsamen Nebengebiete bieten.

Anders als ein klassischer Kommentar zum Vergaberecht, der anhand der erläuterten Gesetzes- und Regelwerke paragrafengenau gegliedert ist, orientiert sich dieses Handbuch in seinem Allgemeinen Teil der Praxis folgend chronologisch an den verschiedenen Phasen eines Vergabeverfahrens und den sich hieraus ergebenen Fragestellungen. Die im Allgemeinen Teil erläuterten Sachthemen beziehen sich dabei übergreifend auf „klassische" Auftragsvergaben im Rahmen jeder der drei geltenden Vergabe- und Vertragsordnungen, unter Einbeziehung aller geltenden Vergabevorschriften in GWB, VgV, VOL/A, VOB/A und VOF samt ihrer jeweiligen Spezifika. Hierdurch sollen Redundanzen und Wiederholungen vermieden werden, die – dem Kaskaden- und Schubladenprinzip geschuldet – darauf zurückgehen, dass sich die gleichen Rechtsfragen mehr oder weniger inhaltsgleich bei parallelen Vorschriften verschiedener Regelwerke stellen. Gemeinsamkeiten, aber auch Unterschiede der vergaberechtlichen Regelwerke werden so aufgezeigt und in übersichtlicher Form dargestellt. Das einfache und schnelle Auffinden der Erläuterungen zu bestimmten Einzelvorschriften wiederum wird durch ein Vorschriftenverzeichnis erleichtert; insoweit soll das Handbuch vergleichbar einer Kommentierung von Einzelvorschriften genutzt und zitiert werden können.

Dem Allgemeinen Teil folgt sodann ein bereichsspezifischer Besonderer Teil, in dem sämtliche sektorale Sondervergaberegime dargestellt werden, die sich in den vergangenen Jahren entwickelt haben. Neben Vergaben nach SektVO, VSVgV und VO (EG) 1370/2007 zählen hierzu auch die in der Praxis bedeutsamen Vergaben im Gesundheitsbereich (Krankenkassenausschreibungen) und im Unterschwellenbereich sowie Bieter- und Auswahlverfahren, die nicht in den Anwendungsbereich des GWB-Vergaberechts fallen. Rechtsentwicklung, Literatur und Judikatur konnten bis Januar 2014 berücksichtigt werden. An mehreren Stellen wird bereits auf die neuen EU-Vergaberichtlinien Bezug genommen. Eine umfassende rechtliche Würdigung der neuen Richtlinien war allerdings in dieser ersten Auflage (noch) nicht zu leisten.

Die Herausgeber sind vor allem den Autorinnen und Autoren für ihren unermüdlichen Einsatz und ihre Geduld während der Entstehungsphase zum Dank verpflichtet. Herzlicher Dank gebührt ferner dem Verlag C.H.Beck für die Unterstützung des Konzepts sowie dem zuständigen Lektoratsleiter, Herrn Dr. Roland L. Klaes, und dem betreuenden Lektor, Herrn Gerald Fischer, die das Werk seit Anfang an begleitet haben. Schließlich haben die Herausgeber zahlreichen Helfern zu danken, ohne deren Unterstützung im Hintergrund die Erstellung eines so umfangreichen Werks nicht zu bewältigen gewesen wäre. Das gilt im Berliner Büro der Sozietät Baker & McKenzie insbesondere für Frau

Vorwort

Rechtsanwältin Cornelia Groth und Herrn Dipl.-Jur. Maximilian Voll, die sich von der Anfangsphase bis zur Schlussredaktion außerordentlich engagiert für das Werk eingebracht haben.

Für weiterführende Bemerkungen, Kritik und Hinweise sind die Herausgeber und der Verlag dankbar. Anregungen mögen, ungeachtet der inhaltlichen Verantwortung der Autorinnen und Autoren für ihre Abschnitte, zu Händen der Herausgeber übersandt werden (marc.gabriel@bakermckenzie.com, wkrohn@orrick.com, andreas.neun@gleisslutz.com).

Berlin, im Mai 2014

Marc Gabriel   *Wolfram Krohn*   *Andreas Neun*

Bearbeiterverzeichnis

Dr. Peter Braun, LL.M. (Wales)
Rechtsanwalt, Frankfurt am Main
§§ 13, 14, 28

Dr. Janet Kerstin Butler
Rechtsanwältin, Berlin
§§ 9, 10

Dr. Sebastian Conrad
Rechtsanwalt, Berlin
§§ 31–34, 59, 61, 63

Prof. Dr. Johannes Dietlein
Heinrich-Heine-Universität, Düsseldorf
§§ 4, 7, 8

Dr. Alexander Fandrey
Rechtsanwalt, Düsseldorf
§§ 4, 7, 8

Sarah Marlene Fickelscher, LL.M. (London)
Regierungsrätin, Berlin
§ 19

Dr. Christiane Freytag
Rechtsanwältin, Stuttgart
§§ 35–37

Dr. Marc Gabriel, LL.M. (Nottingham)
Rechtsanwalt und Fachanwalt für Verwaltungsrecht, Berlin
§§ 15, 16, 65–77

Andreas Haupt
Rechtsanwalt und Fachanwalt für Verwaltungsrecht, Köln
§§ 24, 27

Oliver M. Kern, LL.M. (UNSW)
Rechtsanwalt, Berlin
§ 30

Dr. Marco König
Rechtsanwalt, Stuttgart
§§ 6, 12, 29

Dr. Wolfram Krohn, M.P.A. (Harvard)
Rechtsanwalt, Berlin
§§ 3, 17, 60, 62, 64

Bearbeiterverzeichnis

Dr. Susanne Mertens, LL.M. (Dublin)
Rechtsanwältin und Fachanwältin für Bau- und Architektenrecht,
Fachanwältin für Informationstechnologierecht, Berlin
§§ 78–80

Dr. Annette Mutschler-Siebert, M.Jur. (Oxon)
Rechtsanwältin, Berlin
§ 30

Dr. Andreas Neun
Rechtsanwalt und Fachanwalt für Verwaltungsrecht, Berlin
§§ 38–45

Christine Ohlerich, LL.M. (Nottingham)
Bundeskartellamt, Bonn
§§ 18, 21, 26

Dr. Udo H. Olgemöller
Rechtsanwalt und Fachanwalt für Verwaltungsrecht, Frankfurt am Main
§§ 54–58

Dr. Olaf Otting
Rechtsanwalt und Fachanwalt für Verwaltungsrecht, Frankfurt am Main
§§ 54–58

Dr. Ingrid Reichling
Rechtsanwältin, München
§ 2

Dr. Bettina Ruhland
Rechtsanwältin, Berlin
§ 5

Dr. Tobias Schneider
Rechtsanwalt, Berlin
§§ 3, 11, 17

Dr. Andreas Schulz, LL.M. (VUW)
Rechtsanwalt, Berlin
§§ 46–53

Dr. Wiland Tresselt
Rechtsanwalt, Frankfurt am Main
§§ 54–58

Dr. Katharina Weiner
Rechtsanwältin, Düsseldorf
§§ 1, 20

Dr. Mark von Wietersheim
Rechtsanwalt, Berlin
§§ 22, 23, 25

Inhaltsübersicht

Vorwort	V
Bearbeiterverzeichnis	VII
Inhaltsübersicht	IX
Inhaltsverzeichnis	XXIII
Abkürzungs- und Literaturverzeichnis	LXXI
Vorschriftenverzeichnis	XCV

Kapitel 1 Grundlagen

§ 1 Grundsätze des Vergaberechts *(Weiner)*

A. Einleitung	4
B. Der Wettbewerbsgrundsatz	7
C. Der Transparenzgrundsatz	15
D. Der Gleichbehandlungsgrundsatz	20
E. Die Berücksichtigung mittelständischer Interessen	28

§ 2 Anwendungsbereich *(Reichling)*

A. Einleitung	46
B. Anwendungsbereich des EU-Kartellvergaberechts gemäß §§ 97 ff. GWB, der Vergabeverordnungen sowie der Vergabe- und Vertragsordnungen der VOL/A-EG, VOB/A-EG und VOF	48
C. Anwendungsbereich des nationalen Vergaberechts	67

§ 3 Öffentlicher Auftraggeber *(Krohn/Schneider)*

A. Einleitung	73
B. Gebietskörperschaften und deren Sondervermögen	75
C. Andere juristische Personen des öffentlichen und des privaten Rechts	76
D. Verbände	92
E. Sektorenauftraggeber	92
F. Staatlich subventionierte Auftraggeber	95
G. Baukonzessionäre	96

§ 4 Öffentliche Aufträge *(Dietlein/Fandrey)*

A. Einleitung	99
B. Öffentlicher Auftrag	101
C. Auftragsarten	114
D. Zuordnung von Aufträgen	119

§ 5 Konzessionen *(Ruhland)*

A. Einleitung	126
B. Baukonzession	127
C. Dienstleistungskonzession	136

Inhaltsübersicht

§ 6 Besondere Auftragsvergaben: In-house-Geschäfte und staatliche Kooperationen *(König)*

A. Einleitung	151
B. In-house-Geschäfte	153
C. Staatliche Kooperationen	167

§ 7 Schwellenwerte und Auftragswertberechnung *(Dietlein/Fandrey)*

A. Einleitung	177
B. Anpassung der geltenden Schwellenwerte	178
C. Überblick über die geltenden Schwellenwerte	179
D. Der Rahmen für die Schätzung des Auftragswertes	181
E. Schätzung bei Bauaufträgen	183
F. Schätzung bei Liefer- und Dienstleistungsaufträgen	187
G. Besondere Konstellationen	188

§ 8 Die Grundzüge vergaberechtlicher Einflüsse auf das Zuwendungsrecht *(Dietlein/Fandrey)*

A. Einleitung	194
B. Die Verbindung des Zuwendungs- mit dem Vergaberecht	196
C. Der Widerruf des Zuwendungsbescheides wegen Verstoßes gegen das Vergaberecht	198
D. Die Kontrolle der Mittelverwendung	206
E. Rechtsschutz des Zuwendungsempfängers gegen Widerruf und Rückforderung	210
F. Die weitere Entwicklung des Zuwendungsrechts	210

Kapitel 2 Vergabeverfahrensarten

§ 9 Offenes Verfahren, nicht offenes Verfahren, Verhandlungsverfahren *(Butler)*

A. Einleitung	219
B. Wahl der richtigen Vergabeverfahrensart	220
C. Die einzelnen Vergabeverfahrensarten	223

§ 10 Öffentliche Ausschreibung, beschränkte Ausschreibung, freihändige Vergabe *(Butler)*

A. Einleitung	256
B. Wahl der richtigen Vergabeverfahrensart	256
C. Die einzelnen Vergabeverfahrensarten	259

§ 11 Wettbewerblicher Dialog *(Schneider)*

A. Einleitung	273
B. Zulässigkeit des Wettbewerblichen Dialogs	274
C. Ablauf des Wettbewerblichen Dialogs	278

Kapitel 3 Bieter und Bewerber

§ 12 Projektanten und ausgeschlossene Personen *(König)*

A. Einleitung	301

B. Projektantenproblematik	302
C. Ausgeschlossene Personen	311

§ 13 Eignungsanforderungen *(Braun)*

A. Einleitung	323
B. Die Eignungskriterien	323
C. Bewerber/Bieter	324

§ 14 Compliance und Selbstreinigung *(Braun)*

A. Einleitung	331
B. Compliance	332
C. Korruptionsprävention in der Auftragsvergabe	333
D. Ausschluss wegen Unzuverlässigkeit	335
E. Auftragssperre	338
F. Selbstreinigung	347

§ 15 Bietergemeinschaften *(Gabriel)*

A. Einleitung	356
B. Der Rechtsrahmen für Bietergemeinschaften	357
C. Die kartellrechtliche Zulässigkeit der Bildung von Bietergemeinschaften	364
D. Angebotsstrategien mit Beteiligung von Bietergemeinschaften an der Grenze zur Wettbewerbsbeschränkung	369
E. Änderungen der Zusammensetzung und Bildung von Bietergemeinschaften im Verlauf eines Vergabeverfahrens	382
F. Die Prozessführungsbefugnis bei Bietergemeinschaften	391

§ 16 Nachunternehmer *(Gabriel)*

A. Einleitung	401
B. Der Rechtsrahmen für Nachunternehmer	401
C. Erforderliche Erklärungen und Nachweise zum Nachunternehmereinsatz	406
D. Probleme im Zusammenhang mit dem Nachunternehmereinsatz	411

Kapitel 4 Auftragsgegenstand, Leistungsbeschreibung und Vergabeunterlagen

§ 17 Leistungsbeschreibung *(Krohn/Schneider)*

A. Einleitung	434
B. Ermittlung des Beschaffungsbedarfs	434
C. Arten der Leistungsbeschreibung	436
D. Grundsätze der Leistungsbeschreibung	438
E. Verweis auf Normen und technische Regelwerke	449
F. Umweltschutzanforderungen	455

§ 18 Vergabeunterlagen und Vertragsbedingungen *(Ohlerich)*

A. Einleitung	471
B. Bestandteile der Vergabeunterlagen	472
C. Eindeutigkeit und Auslegung der Vergabeunterlagen	486
D. Verhältnis zwischen Bekanntmachung und Vergabeunterlagen	487

Inhaltsübersicht

E. Kostenersatz 488

§ 19 Öffentliches Preisrecht *(Fickelscher)*

A. Einleitung 492
B. Normen und Grundprinzipien des Preisrechts 493
C. VO PR 30/53 und Leitsätze für die Preisermittlung auf Grund von Selbstkosten 497
D. HOAI 518

§ 20 Green Procurement *(Weiner)*

A. Einleitung 532
B. Rechtliche Grundlagen 534
C. Gestaltung einer „grünen Ausschreibung" 539

Kapitel 5 Bekanntmachungen, Form- und Fristvorgaben

§ 21 Auftragsbekanntmachungen und andere Ex-ante-Veröffentlichungen *(Ohlerich)*

A. Einleitung 555
B. Auftragsbekanntmachung 555
C. Vorinformation 569
D. Freiwillige Bekanntmachungen 574
E. Beschafferprofil 575

§ 22 Versand von Vergabeunterlagen *(von Wietersheim)*

A. Einleitung 581
B. Fristen für den Versand 582
C. Kostenerstattung für die Versendung 588
D. Rechtsfolgen verspäteter Versendung 590
E. Sektorenbereich 591
F. Bereich Verteidigung und Sicherheit 592

§ 23 Fristen *(von Wietersheim)*

A. Einleitung 602
B. Grundlagen der Fristberechnung 602
C. VOB/A Unterschwellenbereich 604
D. VOB/A Oberschwellenbereich 608
E. VOL/A Unterschwellenbereich 613
F. VOL/A Oberschwellenbereich 614
G. Fristen nach VOF 616
H. Fristen im Sektorenbereich 617
I. Fristen im Verteidigungs- und Sicherheitsbereich 619

§ 24 Form und Inhalt von Teilnahmeanträgen und Angeboten *(Haupt)*

A. Formerfordernisse 634
B. Notwendige Inhalte 639

Kapitel 6 Angebote und Wertung

§ 25 Angebotsöffnung *(von Wietersheim)*

A. Einleitung	655
B. VOB/A	657
C. VOL/A	661
D. VOF	663
E. SektVO	663
F. Bereich Verteidigung und Sicherheit	664

§ 26 Nebenangebote *(Ohlerich)*

A. Einleitung	666
B. Begriff	667
C. Voraussetzungen für die Zulässigkeit von Nebenangeboten	669
D. Wertung von Nebenangeboten	677

§ 27 Formelle Angebotsprüfung (erste Wertungsstufe) *(Haupt)*

A. Einleitung	690
B. Zwingende Ausschlussgründe	691
C. Fakultative Ausschlussgründe	715

§ 28 Eignungsprüfung (zweite Wertungsstufe) *(Braun)*

A. Einleitung	723
B. Die Eignungskriterien	724
C. Keine Vermengung von Eignungskriterien und Zuschlagskriterien	727
D. Mindestanforderungen an die Eignung	728
E. Die Eignungsprüfung	728
F. Eignungsnachweise	734
G. Präqualifikationssysteme	740
H. Zeitpunkt der Vorlage der geforderten Nachweise	744
J. Vervollständigung oder Erläuterung der Nachweise	746
K. Nachweis der Eignung durch andere geeignete Nachweise	746

§ 29 Preisprüfung (dritte Wertungsstufe) *(König)*

A. Einleitung	749
B. Bieterschützende Funktion	750
C. Inhalt und Ablauf der Preisprüfung	753

§ 30 Die Angebotswertung (vierte Wertungsstufe)
(Mutschler-Siebert/Kern)

A. Einleitung	780
B. Auswahl und Bekanntmachung der Zuschlagskriterien	780
C. Auswahl und Bekanntmachung der Gewichtung und Wertungsmatrix	794
D. Durchführung der Wertung	800

Inhaltsübersicht

Kapitel 7 Beendigung des Vergabeverfahrens

§ 31 Aufhebung *(Conrad)*

A. Einleitung	805
B. Die Aufhebungstatbestände der VOB/A und VOL/A	812
C. Die Aufhebung von Vergabeverfahren im Bereich der VOF	834
D. Ermessensentscheidung des Auftraggebers	835
E. Mitteilungspflichten	836
F. Rechtsschutz gegen die Aufhebung	838
G. Schadensersatz	843

§ 32 Informations- und Wartepflicht *(Conrad)*

A. Einleitung	849
B. Anwendungsbereich	852
C. Informationspflicht	854
D. Wartepflicht	865
E. Ausnahme	867
F. Folgen eines Verstoßes	868
G. § 19 EG Abs. 2 und 3 VOB/A	869

§ 33 Zuschlagserteilung *(Conrad)*

A. Einleitung	873
B. Wirksamkeit des Zuschlags	875
C. Zeitpunkt des Zuschlags	878
D. Form des Zuschlags	879
E. Stellvertretung	882

§ 34 Dokumentation, Information über nicht berücksichtigte Bewerbungen und Angebote und andere Ex-post-Bekanntmachungs-, Melde- und Berichtspflichten *(Conrad)*

A. Einleitung	890
B. Vergabevermerk (Dokumentation)	890
C. Mitteilung über nicht berücksichtigte Bewerbungen und Angebote	900
D. Bekanntmachung der Auftragsvergabe	909
E. Mitteilung über beabsichtigte beschränkte Ausschreibungen	914
F. Melde- und Berichtspflichten	914

Kapitel 8 Rechtsfolgen von Vergaberechtsverstößen

§ 35 Unwirksamkeit und Rückabwicklung *(Freytag)*

A. Einleitung	918
B. Unwirksamkeitsgründe nach § 101b GWB	918
C. Sonstige Unwirksamkeitsgründe	931

§ 36 Schadensersatz *(Freytag)*

A. Einleitung	936
B. Schadensersatz bei Rechtsmissbrauch gemäß § 125 GWB	937

C. Anspruch auf Ersatz des Vertrauensschadens gemäß § 126 Satz 1 GWB 950
D. Weitergehende Schadensersatzansprüche, § 126 Satz 2 GWB 961

§ 37 Vertragsverletzungsverfahren *(Freytag)*

A. Einleitung 974
B. Korrekturmechanismus der Kommission gemäß § 129 GWB 976
C. Vertragsverletzungsverfahren durch die EU-Kommission gemäß Art. 258 AEUV 979

Kapitel 9 Rechtsschutz

§ 38 Zuständigkeiten *(Neun)*

A. Einleitung 1006
B. EG-Rechtsmittel-Richtlinien 1007
C. Zuständigkeit für das Vergabenachprüfungsverfahren in erster Instanz 1007
D. Zuständigkeit in zweiter Instanz 1012

§ 39 Rechtswegkonzentration, Antragsbefugnis und Rügeobliegenheit *(Neun)*

A. Einleitung 1016
B. § 97 Abs. 7 GWB 1017
C. Rechtswegkonzentration 1018
D. Antragsbefugnis 1025
E. Rügeobliegenheit 1029

§ 40 Nachprüfungsverfahren *(Neun)*

A. Einleitung 1039
B. Verfahrensgrundsätze 1039
C. Unzulässigkeit des Nachprüfungsantrags nach wirksam geschlossenem Vertrag ... 1041
D. Fortsetzungsfeststellungsverfahren 1044
E. Beiladung 1045
F. Akteneinsichtsrechte 1046
G. Befangenheit 1048
H. Nachprüfungsverfahren und Vergleiche der Beteiligten 1049

§ 41 Sofortige Beschwerde *(Neun)*

A. Einleitung 1053
B. Zulässigkeit 1053
C. Begründetheit: Prüfungsumfang und -maßstab 1054
D. Verfahrensrecht 1055
E. Eilantrag gemäß § 118 Abs. 1 Satz 3 GWB 1058
F. Rechtsmittel gegen Entscheidungen des Beschwerdegerichts? 1060
G. Bindungswirkung von Entscheidungen der Vergabeammern und -senate im Schadensersatzprozess 1060

§ 42 Vorabentscheidung über den Zuschlag *(Neun)*

A. Einleitung 1063
B. Prüfung und Übermittlung eines Nachprüfungsantrages zur Auslösung des Zuschlagsverbotes 1063

Inhaltsübersicht

C. Folgen der Information des öffentlichen Auftraggebers über den Nachprüfungsantrag (mindestens in Textform) 1064
D. Vorabgestattung des Zuschlags 1065
E. Vorabentscheidung über den Zuschlag durch das Beschwerdegericht nach § 121 GWB 1067
F. Antrag auf weitere vorläufige Maßnahmen zum Eingriff in das Vergabeverfahren 1068

§ 43 Vollstreckung von Entscheidungen *(Neun)*

A. Einleitung 1071
B. Vollstreckungsvoraussetzungen („Zulässigkeit des Verwaltungszwanges") 1072
C. Verfahrensfragen 1073
D. Vollstreckung von Entscheidungen nach § 115 Abs. 3 GWB 1075
E. Vollstreckung von Entscheidungen des Beschwerdegerichts 1076
F. Keine Vollstreckung eines Feststellungstenors 1076

§ 44 Divergenzvorlage und EuGH-Vorlage *(Neun)*

A. Einleitung 1080
B. Divergenzvorlage zum Bundesgerichtshof 1080
C. Vorabentscheidungsersuchen zum Europäischen Gerichtshof 1082
D. Folgen pflichtwidrig unterlassener Vorlagen 1085

§ 45 Kosten und Gebühren *(Neun)*

A. Einleitung 1088
B. Gebühren und Auslagen der Vergabekammer 1088
C. Erstattungsfähigkeit von Aufwendungen der obsiegenden Beteiligten im erstinstanzlichen Verfahren 1091
D. Kostentragung und Aufwendungserstattung in besonderen Fällen: Billigkeitsgründe 1092
E. Kosten des Beschwerdeverfahrens 1094
F. Höhe der Rechtsanwaltsvergütung 1095
G. Kostenfestsetzung 1097

Kapitel 10 Auftragsvergaben in den Bereichen Verkehr, Trinkwasser- und Energieversorgung (SektVO)

§ 46 Einleitung *(Schulz)*

A. Die SektVO als Sondervergaberecht der Energie-, Wasser- und Verkehrsversorgung 1099
B. Grundzüge der Regelungssystematik 1100
C. Freistellung vom Vergaberecht für bestimmte Sektorentätigkeiten 1102

§ 47 Anwendungsbereich *(Schulz)*

A. Einleitung 1108
B. Persönlicher Anwendungsbereich 1109
C. Sachlicher Anwendungsbereich 1110
D. Ausnahmetatbestände gemäß GWB 1113

E. Ausnahme für Sektorentätigkeiten, die unmittelbar dem Wettbewerb ausgesetzt sind 1113
F. Anwendbarkeit der SektVO auf Dienstleistungen des Anhangs 1 1120

§ 48 Vergabeverfahrensarten (Besonderheiten) *(Schulz)*

A. Einleitung 1124
B. Freie Wahl der Vergabeverfahrensarten 1125
C. Die Vergabeverfahrensarten im Einzelnen 1126
D. Rahmenvereinbarungen 1137
E. Dynamische elektronische Verfahren 1138
F. Wettbewerbe 1138

§ 49 Bieter und Bewerber (Besonderheiten) *(Schulz)*

A. Einleitung 1145
B. Eignung und Auswahl der Unternehmen 1146
C. Ausschluss vom Vergabeverfahren 1149
D. Qualitätssicherungs- und Umweltmanagementnormen 1150
E. Prüfungssysteme 1151
F. Aufforderung zur Angebotsabgabe oder zur Verhandlung 1157
G. Aufruf zum Wettbewerb durch eine regelmäßige nicht verbindliche Bekanntmachung 1157
H. Bewerber- und Bietergemeinschaften 1158

§ 50 Leistungsbeschreibung und Vergabeunterlagen (Besonderheiten) *(Schulz)*

A. Vergabeunterlagen 1162
B. Anschreiben 1162
C. Bewerbungsbedingungen 1163
D. Vertragsbedingungen 1163
E. Leistungsbeschreibung 1163

§ 51 Bekanntmachungen, Form- und Fristvorgaben (Besonderheiten) *(Schulz)*

A. Einleitung 1173
B. Rechtliche Rahmenbedingungen 1173
C. Form und Inhalt der Bekanntmachungen 1174
D. Die Bekanntmachungen im Einzelnen 1176
E. Wege der Informationsübermittlung 1182
F. Fristen 1183

§ 52 Angebote, Wertung und Beendigung des Vergabeverfahrens (Besonderheiten) *(Schulz)*

A. Einleitung 1190
B. Behandlung der Angebote 1190
C. Ungewöhnlich niedrige Angebote 1193
D. Angebote die Waren aus Drittländern umfassen 1193
E. Zuschlag und Zuschlagskriterien 1194

Inhaltsübersicht

F. Aufhebung und Einstellung des Vergabeverfahrens 1195
G. Grenzen der Informations- und Mitteilungspflichten 1196
H. Behandlung von Nebenangeboten 1196
  I. Unteraufträge 1196
J. Dokumentation 1197
K. Statistik 1198

§ 53 Rechtsfolgen von Vergaberechtsverstößen und Rechtsschutz (Besonderheiten) *(Schulz)*   1199

Kapitel 11 Auftragsvergaben im Bereich Öffentlicher Personenverkehrsdienste auf Schiene und Straße (Verordnung (EG) Nr. 1370/2007)

§ 54 Einführung zur VO 1370/2007 *(Otting/Olgemöller/Tresselt)*

A. Einleitung 1202
B. Reichweite der unmittelbaren Anwendbarkeit seit dem 3.12.2009 1206
C. Vorgängerregelungen 1209
D. Entstehungsgeschichte 1210
E. Verordnung (EG) Nr. 1370/2007 des Europäischen Parlaments und des Rates vom 23. Oktober 2007 über öffentliche Personenverkehrsdienste auf Schiene und Straße und zur Aufhebung der Verordnungen (EWG) Nr. 1191/69 und (EWG) Nr. 1107/70 des Rates 1211

§ 55 Anwendungsbereich *(Otting/Olgemöller/Tresselt)*

A. Einleitung 1229
B. Geltungsbereich: Öffentliche Personenverkehrsdienste auf Schiene und Straße ... 1229
C. Zuständige Behörde 1230
D. Betreiber 1232
E. Öffentlicher Dienstleistungsauftrag 1233

§ 56 Vergabe öffentlicher Dienstleistungsaufträge im Wettbewerb *(Otting/Olgemöller/Tresselt)*

A. Einleitung 1264
B. Vergaben nach Art. 5 Abs. 3 VO 1370/2007 1270

§ 57 Direktvergaben öffentlicher Dienstleistungsaufträge *(Otting/Olgemöller/Tresselt)*

A. Einleitung 1280
B. Direktvergaben von Eisenbahnverkehren nach Art. 5 Abs. 6 VO 1370/2007 1281
C. Selbsterbringung und Vergabe an interne Betreiber nach Art. 5 Abs. 2 VO 1370/2007 1284
D. Direktvergaben bei Kleinaufträgen 1293
E. Notmaßnahmen nach Art. 5 Abs. 5 VO 1370/2007 1296

§ 58 Rechtsschutz (Besonderheiten) *(Otting/Olgemöller/Tresselt)*

A. Einleitung 1307
B. Rechtsschutz bei der Vergabe von Bus- und Straßenbahnverkehren 1308
C. Rechtsschutz bei der Vergabe von Eisenbahnverkehren 1309

D. Rechtsschutz gegen eine Auferlegung nach Art. 5 Abs. 5 VO 1370/2007 1310

Kapitel 12 Auftragsvergaben in den Bereichen Verteidigung und Sicherheit (VSVgV, VOB/A-VS)

§ 59 Einführung *(Conrad)*
A. Einleitung 1311
B. Die Richtlinie 2009/81/EG 1313
C. Die Umsetzung der Richtlinie 2009/81/EG ins deutsche Recht 1314

§ 60 Anwendungsbereich *(Krohn)*
A. Einleitung 1320
B. Aufträge im Bereich Verteidigung 1321
C. Sicherheitsrelevante Aufträge außerhalb des Militärbereichs 1325
D. Gemischte Aufträge 1329
E. Bereichsausnahmen 1330

§ 61 Vergabearten und sonstige Besonderheiten des Verfahrens *(Conrad)*
A. Einleitung 1354
B. Nachrangige Dienstleistungen 1354
C. Vergabearten 1355
D. Abschluss von Rahmenvereinbarungen 1360
E. Vergabe in Losen 1361
F. Vergabe von Unteraufträgen 1361

§ 62 Informationssicherheit *(Krohn)*
A. Einleitung 1377
B. Maßnahmen, Anforderungen und Auflagen zum Verschlusssachenschutz 1380
C. Allgemeine Pflicht zur Vertraulichkeit 1390

§ 63 Versorgungssicherheit *(Conrad)*
A. Einleitung 1394
B. Bedeutung der Versorgungssicherheit in der Systematik des Vergaberechts 1394
C. § 8 VSVgV 1395

§ 64 Rechtsfolgen von Vergaberechtsverstößen und Rechtsschutz (Besonderheiten) *(Krohn)*
A. Einleitung 1401
B. EU-rechtliche Vorgaben 1402
C. Rechtsschutz im deutschen Recht 1405

Kapitel 13 Auftragsvergaben im Bereich der gesetzlichen Krankenversicherung: Krankenkassenausschreibungen (SGB V)

§ 65 Einführung *(Gabriel)*
A. Wettbewerb im System der gesetzlichen Krankenversicherung 1419
B. Gesetzgeberische Maßnahmen im Einzelnen 1420

Inhaltsübersicht

§ 66 Anwendungsbereich *(Gabriel)*

A. Einleitung 1427
B. Anwendung des Vergaberechts 1428
C. Entsprechende Geltung des Kartellrechts 1436

§ 67 Hausarztzentrierte und besondere ambulante ärztliche Versorgungsverträge *(Gabriel)*

A. Hausarztzentrierte Versorgungsverträge 1443
B. Vorrangiger Vertragsabschluss mit einer Gemeinschaft im Sinne von Abs. 4 Satz 1 1444
C. Vertragsabschlüsse nach § 73b Abs. 4 Satz 3 und Satz 4 SGB V 1447
D. Ausschreibungspflichten für hausarztzentrierte Versorgungsverträge 1447
E. Verträge zur besonderen ambulanten ärztlichen Versorgung (§ 73c SGB V) 1454

§ 68 Hilfsmittelversorgungsverträge *(Gabriel)*

A. Einleitung 1459
B. Präqualifizierungsverfahren und Eignungsprüfung gemäß § 126 SGB V 1459
C. Hilfsmittelversorgungsverträge gemäß § 127 SGB V 1461

§ 69 Zytostatikaversorgungsverträge *(Gabriel)*

A. Einleitung 1478
B. Sozialrechtliche Rahmenbedingungen für Verhandlungen über (Elemente der) Apothekenabgabepreise für Zubereitungen aus Fertigarzneimitteln 1479
C. Ausschreibung von Zytostatikaversorgungsverträgen gemäß § 129 Abs. 5 Satz 3 SGB V 1481

§ 70 Arzneimittelrabattverträge *(Gabriel)*

A. Einleitung 1493
B. Arzneimittelrabattverträge gemäß § 130a Abs. 8 SGB V 1494

§ 71 Impfstoffversorgungsverträge *(Gabriel)*

A. Einleitung 1539
B. Sozialrechtliche Rahmenbedingungen für Preisvereinbarungen betreffend die Versorgung mit Impfstoffen 1540
C. Ausschreibung von Impfstoffversorgungsverträgen 1541

§ 72 Integrierte Versorgungsverträge *(Gabriel)*

A. Einleitung 1552
B. Integrierte Versorgungsverträge gemäß §§ 140a ff. SGB V 1552

Kapitel 14 Binnenmarktrelevante Auswahlverfahren nach primärrechtlichen Verfahrensvorgaben (AEUV)

§ 73 Rechtliche Grundlagen *(Gabriel)*

A. Einleitung 1561
B. Grundfreiheitliche Vorgaben 1564
C. Allgemeine Grundsätze des europäischen Primärrechts 1572
D. EU-Beihilferecht 1575
E. Dokumente der EU-Kommission 1576

F. Anhang 1580

§ 74 Anwendungsbereich *(Gabriel)*

A. Einleitung 1598
B. Sachlicher Anwendungsbereich 1599
C. Persönlicher Anwendungsbereich 1617

§ 75 Beihilferechtliche Verfahrensvorgaben *(Gabriel)*

A. Einführung 1624
B. Beihilferechtliche Privatisierungsgrundsätze 1627

§ 76 Vorbereitung und Durchführung primärrechtlicher Bieterverfahren *(Gabriel)*

A. Einleitung 1631
B. Ablauf eines primärrechtlichen strukturierten Bieterverfahrens unter Berücksichtigung beihilferechtlicher Belange 1632

§ 77 Rechtsfolgen von Verstößen und Rechtsschutz (Besonderheiten) *(Gabriel)*

A. Einleitung 1645
B. Risiken der Nichtbeachtung von primärrechtlichen und beihilferechtlichen Verfahrensvorgaben 1646
C. Rechtsschutz 1647
D. Beihilferecht und Grundfreiheiten 1655

Kapitel 15 Auftragsvergaben unterhalb der europäischen Schwellenwerte

§ 78 Einführung *(Mertens)*

A. Haushaltsrecht 1658
B. Einkauf nach einheitlichen Richtlinien 1658
C. Europäisches Primärrecht 1662

§ 79 Landesvergabegesetze *(Mertens)*

A. Baden-Württemberg 1665
B. Bayern 1670
C. Berlin 1676
D. Brandenburg 1680
E. Bremen 1684
F. Hamburg 1688
G. Hessen 1691
H. Mecklenburg-Vorpommern 1694
I. Niedersachsen 1697
J. Nordrhein-Westfalen 1699
K. Rheinland-Pfalz 1704
L. Saarland 1707
M. Sachsen 1709
N. Sachsen-Anhalt 1711

Inhaltsübersicht

O. Schleswig-Holstein 1714

P. Thüringen 1718

§ 80 Rechtsschutz unterhalb der Schwellenwerte *(Mertens)*

A. Einleitung 1723

B. Rechts- und Fachaufsichtsbeschwerde 1724

C. Nachprüfungsstellen gem. § 21 VOB/A 1724

D. Einstweilige Verfügung 1725

E. Besondere landesrechtliche Rechtsschutzmöglichkeiten 1728

Die Bearbeiter 1729

Stichwortverzeichnis 1735

Inhaltsverzeichnis

Vorwort	V
Bearbeiterverzeichnis	VII
Abkürzungs- und Literaturverzeichnis	LXXI
Vorschriftenverzeichnis	XCV

Kapitel 1 Grundlagen

§ 1 Grundsätze des Vergaberechts

A. Einleitung	4
B. Der Wettbewerbsgrundsatz	7
I. Herleitung	7
1. Wettbewerb aus nationaler Sicht	7
2. Wettbewerb aus europäischer Sicht	8
II. Bedeutung für das deutsche Vergaberecht	9
III. Neue Tendenz: Weniger Wettbewerb, mehr Wirtschaftlichkeit?	9
IV. Inhalt und Auswirkung auf das Vergabeverfahren	10
1. Vorrang des offenen Verfahrens	11
2. Schaffung eines level playing field	11
3. Maximale Teilnehmerzahl	12
4. Vorrang der Ausschreibung	13
5. Wahrung des Geheimwettbewerbs	13
C. Der Transparenzgrundsatz	15
I. Herleitung	15
1. Transparenz aus nationaler Sicht	15
2. Transparenz aus europäischer Sicht	16
II. Bedeutung für das deutsche Vergaberecht	16
III. Inhalt und Auswirkung auf das Vergabeverfahren	16
1. Bekanntmachungspflichten	17
2. Nachprüfbarkeit	18
3. Dokumentation	18
4. Akteneinsicht	19
5. Informationspflichten	20
D. Der Gleichbehandlungsgrundsatz	20
I. Herleitung	20
1. Gleichbehandlung aus nationaler Sicht	20
2. Gleichbehandlung aus europäischer Sicht	21
II. Bedeutung für das deutsche Vergaberecht	22
III. Inhalt und Auswirkungen auf das Vergabeverfahren ...	23
1. Informationen und Bekanntmachung	24

2. Nichtdiskriminierende Leistungsbeschreibung	24
3. Einheitliche Verfahrens- und Vergabebedingungen	25
4. Nichtdiskriminierende Eignungs- und Zuschlagskriterien	25
5. Verbot von Interessenkonflikten	26
6. Umgang mit Projektanten	26
7. Umgang mit Beihilfen	27
8. Gleichheitswidriges Bieterverhalten	27
E. Die Berücksichtigung mittelständischer Interessen	28
I. Herleitung	28
1. Mittelstandsförderung aus nationaler Sicht	28
2. Mittelstandsförderung aus europäischer Sicht	29
II. Bedeutung für das deutsche Vergaberecht	30
III. Inhalt und Auswirkung auf das Vergabeverfahren	31
1. Grundsatz: Losweise Vergabe	31
2. Ausnahme: Gesamtvergabe	33
3. Weitere Formen der Berücksichtigung mittelständischer Interessen	34
4. Sonderfall: Loslimitierung	35
5. Sonderfall: Zusammenfassende Beschaffung	35
6. Unterauftragsvergabe	36

§ 2 Anwendungsbereich

A. Einleitung	46
B. Anwendungsbereich des EU-Kartellvergaberechts gemäß §§ 97 ff. GWB, der Vergabeverordnungen sowie der Vergabe- und Vertragsordnungen der VOL/A-EG, VOB/A-EG und VOF	48
I. Anwendungsbereich der §§ 97 ff. GWB	48
1. Persönlicher Anwendungsbereich des Katellvergaberechts	48
2. Sachlicher Anwendungsbereich des Kartellvergaberechts	50
II. Anwendungsbereich der Vergabeverordnung – VgV	58
1. Ermächtigung zum Erlass der Vergabeverordnung, § 97 Abs. 6 und § 127 GWB	58
2. Systematik, Anwendungsbereich und Inhalt der VgV	58
III. Anwendungsbereich der Vergabe- und Vertragsordnungen VOL/A, VOB/A und VOF	59
1. Vergabe von Liefer- und Dienstleistungsaufträgen inklusive freiberuflicher Leistungen (§§ 4 und 5 VgV)	60
2. Vergabe von Bauleistungen (§ 6 VgV)	65
IV. Übergangsbestimmungen	66
C. Anwendungsbereich des nationalen Vergaberechts	67
I. Persönlicher Anwendungsbereich: Nationaler Auftraggeberbegriff	67
II. Sachlicher Anwendungsbereich des nationalen Vergaberechts	67
III. Regelungen zum nationalen Vergabeverfahren im Unterschwellenbereich	68
1. Allgemeines	68
2. VOL/A und VOB/A	68

§ 3 Öffentlicher Auftraggeber

A. Einleitung	73
B. Gebietskörperschaften und deren Sondervermögen	75
I. Gebietskörperschaften	75
II. Sondervermögen der Gebietskörperschaften	75
C. Andere juristische Personen des öffentlichen und des privaten Rechts	76
I. Überblick	76
II. Selbständige Rechtspersönlichkeit	77
1. Juristische Personen des öffentlichen Rechts	78
2. Juristische Personen des privaten Rechts	78
III. Gründung zu dem besonderen Zweck, im Allgemeininteresse liegende Aufgaben nichtgewerblicher Art zu erfüllen	79
1. Besonderer Gründungszweck	79
2. Im Allgemeininteresse liegende Aufgaben	80
3. Aufgaben nichtgewerblicher Art	82
IV. Besondere Staatsnähe	84
1. Überwiegende Finanzierung	84
2. Aufsicht über die Leitung	86
3. Bestimmung von mehr als der Hälfte der zur Mitglieder der Geschäftsführung oder zur Aufsicht berufenen Organe des Auftraggebers	87
4. Einzelfälle	87
D. Verbände	92
E. Sektorenauftraggeber	92
I. Überblick	92
II. Sektorenauftraggeber aufgrund Gewährung besonderer oder ausschließlicher Rechte	94
III. Sektorenauftraggeber aufgrund von staatlichem Einfluss	95
F. Staatlich subventionierte Auftraggeber	95
G. Baukonzessionäre	96

§ 4 Öffentliche Aufträge

A. Einleitung	99
B. Öffentlicher Auftrag	101
I. Vertrag	101
1. Auf Leistungsaustausch gerichteter Rechtsbindungswillen	101
2. Form	101
3. Öffentlich-rechtlicher Vertrag	102
4. Hoheitliche Handlungsformen und öffentliche Gewalt	102
5. Vertragsänderungen nach Vertragsschluss	103
6. Rahmenvereinbarungen	106
II. Entgelt	107
1. Grundsätze	107

Inhaltsverzeichnis

2. Konzessionen	107
3. Vorteilsgewährung von Seiten Dritter	108
4. Verwaltungssponsoring	109
III. Beschaffungscharakter	110
1. Grundsätze	110
2. Veräußerung von öffentlichen Gütern und städtebauliche Verträge	110
3. Veräußerung und Ankauf von Gesellschaftsanteilen	111
IV. Wirtschaftsteilnehmer als Vertragspartner	112
1. Grundsätze	112
2. Beihilfeempfänger als Vertragspartner	112
3. In-House Betreiber als Vertragspartner	113
4. Interkommunale Kooperationen	114
C. Auftragsarten	114
I. Lieferaufträge	115
II. Bauaufträge	115
1. Ausführung mit oder ohne Planung	116
2. Bauleistungen durch den Auftragnehmer (Var. 1 und Var. 2)	116
3. Bauleistungen durch Dritte (Var. 3)	116
III. Dienstleistungsaufträge	117
IV. Auslobungsverfahren	118
V. Baukonzessionen	118
VI. Verteidigungs- oder sicherheitsrelevante Aufträge	119
D. Zuordnung von Aufträgen	119
I. Gemischte Verträge	120
II. Aufträge auch zur Durchführung von Sektorentätigkeit	121
III. Auch verteidigungs- oder sicherheitsrelevante Aufträge	121

§ 5 Konzessionen

A. Einleitung	126
B. Baukonzession	127
I. Begrifflichkeit	127
1. Nutzungsrecht	128
2. Wirtschaftliches Risiko	129
II. Abgrenzungsfragen	130
1. Abgrenzung zum öffentlichen Bauauftrag	130
2. Abgrenzung zur Dienstleistungskonzession	131
III. Verfahren der Vergabe	132
1. Unterschwellenwertbereich	132
2. Oberschwellenwertbereich	133
3. Ausnahmetatbestände	135
IV. Rechtschutz	135

C. Dienstleistungskonzession 136
    I. Begrifflichkeit 136
        1. Nutzungsrecht 136
        2. Wirtschaftliches Risiko 137
    II. Abgrenzungsfragen 140
        1. Abgrenzung zum öffentlichen Dienstleistungsauftrag 140
        2. Abgrenzung zur Baukonzession 140
    III. Verfahren der Vergabe 141
        1. De lege lata 141
        2. De lege ferenda 143
        3. Vergaberegeln nach der VO 1370/2007 145
    IV. Rechtsschutz 146

§ 6 Besondere Auftragsvergaben: In-house-Geschäfte und staatliche Kooperationen

A. Einleitung 151
    I. Rechtsdogmatische Einordnung 152
    II. Stand der Rechtsentwicklung 152
B. In-house-Geschäfte 153
    I. In-house-Geschäft als ungeschriebener Ausnahmetatbestand ... 153
        1. In-house-Geschäfte im engeren Sinn 154
        2. In-house-Geschäfte im weiteren Sinn 154
    II. Voraussetzungen vergaberechtsfreier In-house-Geschäfte im weiteren Sinn ... 154
        1. Kontrolle wie über eigene Dienststellen 155
        2. Tätigkeit im Wesentlichen für den öffentlichen Auftraggeber ... 160
        3. Auswirkungen auf Privatisierungen und Anteilsveräußerungen bei öffentlichen Unternehmen 162
    III. Regelungsvorschlag der Kommission 164
C. Staatliche Kooperationen 167
    I. Grundsätzliche Anwendbarkeit des Vergaberechts 167
    II. Voraussetzungen vergaberechtsfreier Kooperationen 168
        1. Kooperationspartner 168
        2. Gegenstand der Kooperation 169
        3. Keine Umgehung des Vergaberechts 174
    III. EU-Vergaberechtsreform 174

§ 7 Schwellenwerte und Auftragswertberechnung

A. Einleitung 177
B. Anpassung der geltenden Schwellenwerte 178
C. Überblick über die geltenden Schwellenwerte 179
    I. Die Schwellenwerte der VgV und der SektVO 179
    II. Schwellenwerte außerhalb des Kartellvergaberechts 180

Inhaltsverzeichnis

D. Der Rahmen für die Schätzung des Auftragswertes	181
I. Maßgebliche Zeitpunkt für die Schätzung	181
II. Maßstab der Schätzung und Umgehungsverbot	181
III. Dokumentation	182
IV. Rechtsfolgen unterlassener oder fehlerhafter Schätzung	183
E. Schätzung bei Bauaufträgen	183
I. Ermittlung der Gesamtvergütung	184
II. Vom Auftraggeber zur Verfügung gestellte Lieferleistungen	184
III. Losweise Vergabe	185
1. 20%-Kontingent	185
2. Ausnahme vom 20%-Kontingent	186
3. Abgrenzung zwischen Einzelauftrag und Los	186
4. Dokumentation der losweisen Vergabe	187
F. Schätzung bei Liefer- und Dienstleistungsaufträgen	187
G. Besondere Konstellationen	188
I. Daueraufträge	188
II. Rahmenvereinbarungen und dynamisches elektronisches Verfahren	189
III. Optionsrechte und Vertragsverlängerungen	189
IV. Vertragsänderungen	190
V. Auslobungsverfahren	191
VI. Baukonzessionen	191

§ 8 Die Grundzüge vergaberechtlicher Einflüsse auf das Zuwendungsrecht

A. Einleitung	194
B. Die Verbindung des Zuwendungs- mit dem Vergaberecht	196
C. Der Widerruf des Zuwendungsbescheides wegen Verstoßes gegen das Vergaberecht	198
I. Objektiver Vergabefehler als Auflagenverstoß	198
II. Widerrufsfrist	199
III. Ermessen	201
IV. Rückforderung von Fördermitteln	205
D. Die Kontrolle der Mittelverwendung	206
I. Die Zuwendungsprüfung durch die Bewilligungsbehörde	206
II. Die Zuwendungsprüfung durch die Rechnungshöfe	207
E. Rechtsschutz des Zuwendungsempfängers gegen Widerruf und Rückforderung	210
F. Die weitere Entwicklung des Zuwendungsrechts	210

Kapitel 2 Vergabeverfahrensarten

§ 9 Offenes Verfahren, nicht offenes Verfahren, Verhandlungsverfahren

A. Einleitung	219

B. Wahl der richtigen Vergabeverfahrensart	220
I. Rechtsrahmen	220
II. Hierarchie der Verfahrensarten	220
III. Rechtsfolgen bei Wahl der falschen Verfahrensart	221
C. Die einzelnen Vergabeverfahrensarten	223
I. Offenes Verfahren	223
1. Allgemeines	223
2. Zulässigkeit des offenen Verfahrens	223
3. Ablauf des offenen Verfahrens	224
II. Nicht offenes Verfahren	225
1. Allgemeines	225
2. Zulässigkeit des nicht offenen Verfahrens	226
3. Ablauf des nicht offenen Verfahrens	229
III. Verhandlungsverfahren mit Teilnahmewettbewerb	232
1. Allgemeines	232
2. Zulässigkeit des Verhandlungsverfahrens mit Teilnahmewettbewerb	233
3. Ablauf des Verhandlungsverfahrens mit Teilnahmewettbewerb	236
IV. Verhandlungsverfahren ohne Teilnahmewettbewerb	241
1. Allgemeines	241
2. Zulässigkeit des Verhandlungsverfahrens ohne Teilnahmewettbewerb	241
3. Ablauf des Verhandlungsverfahrens ohne Teilnahmewettbewerb	251

§ 10 Öffentliche Ausschreibung, beschränkte Ausschreibung, freihändige Vergabe

A. Einleitung	256
B. Wahl der richtigen Vergabeverfahrensart	256
I. Rechtsrahmen	256
II. Hierarchie der Verfahrensarten	257
III. Rechtsfolgen bei Wahl der falschen Verfahrensart	258
C. Die einzelnen Vergabeverfahrensarten	259
I. Öffentliche Ausschreibung	259
1. Allgemeines	259
2. Zulässigkeit der öffentlichen Ausschreibung	259
3. Ablauf der öffentlichen Ausschreibung	260
II. Beschränkte Ausschreibung	260
1. Allgemeines	260
2. Zulässigkeit der beschränkten Ausschreibung	260
3. Ablauf der beschränkten Ausschreibung	262
III. Freihändige Vergabe	263
1. Allgemeines	263
2. Zulässigkeit der freihändigen Vergabe	264
3. Ablauf der freihändigen Vergabe	267

Inhaltsverzeichnis

§ 11 Wettbewerblicher Dialog

A. Einleitung 273
B. Zulässigkeit des Wettbewerblichen Dialogs 274
    I. Persönlicher Anwendungsbereich 274
    II. Sachlicher Anwendungsbereich 275
        1. Besonders komplexer Auftrag 275
        2. „Objektiv nicht in der Lage" 277
C. Ablauf des Wettbewerblichen Dialogs 278
    I. Auswahlphase 278
        1. Bekanntmachung und Beschreibung 278
        2. Auswahl der Dialogteilnehmer 282
    II. Dialogphase 282
        1. Eröffnung der Dialogphase 282
        2. Gegenstand der Dialogerörterungen 282
        3. Gleichbehandlung der Dialogteilnehmer 284
        4. Vertraulichkeit 285
        5. Dialogstrukturierung und -gestaltung 287
        6. Dialogabschluss 291
    III. Angebotsphase 292
        1. Aufforderung zur Angebotsabgabe 292
        2. Formelle Angebotsprüfung 294
        3. Präzisierungen, Klarstellungen und Ergänzungen 294
        4. Wirtschaftlichkeitswertung 295
        5. Erläuterung von Einzelheiten und Bestätigung von Zusagen 295
        6. Bieterinformation und Zuschlagserteilung 296
        7. Kostenerstattung 297

Kapitel 3 Bieter und Bewerber

§ 12 Projektanten und ausgeschlossene Personen

A. Einleitung 301
B. Projektantenproblematik 302
    I. Vorgaben des EuGH 302
    II. Umsetzung im deutschen Vergaberecht 302
    III. Vorbefasstheit 303
        1. Beratung oder Unterstützung des Auftraggebers 303
        2. Ausweitung des Projektantenbegriffs 304
        3. Wechsel von Wissensträgern vom Auftraggeber zum Bieter 305
    IV. Rechtsfolgen für den Auftraggeber 306
        1. Prüfung des Vorliegens eines Wettbewerbsvorteils 306
        2. Pflicht des Auftraggebers zur Egalisierung des Wettbewerbsvorteils 308
        3. Ausschluss des vorbefassten Unternehmens als ultima ratio 309

V. Maßnahmen vorbefasster Bieter zur Risikominimierung	310
1. Kooperation mit dem Auftraggeber	310
2. Interne Vorkehrungen des Projektanten	310
C. Ausgeschlossene Personen	311
I. Normstruktur und Regelungssystematik	311
II. Unwiderlegliche Vermutung der Voreingenommenheit	312
III. Widerlegliche Vermutung der Voreingenommenheit	313
1. Tatbestandsvoraussetzungen	314
2. Widerlegung der Vermutung	314
IV. Nicht ausdrücklich erfasste Konstellationen	316
V. Mitwirkungsverbot	317
VI. Rechtsfolgen bei Verletzung des § 16 VgV	318

§ 13 Eignungsanforderungen

A. Einleitung	323
B. Die Eignungskriterien	323
C. Bewerber/Bieter	324
I. Unternehmen	324
II. Beihilfeempfänger	324
III. Keine Beschränkung auf den örtlichen Markt	325
IV. Die öffentliche Hand als Bieter	326
1. Ausschluss von Justizvollzugsanstalten u. a.	327
2. Bevorzugte Vergabe an Werkstätten für Behinderte und Blindenwerkstätte und an Justizvollzugsanstalten	328

§ 14 Compliance und Selbstreinigung

A. Einleitung	331
B. Compliance	332
C. Korruptionsprävention in der Auftragsvergabe	333
I. Organisation der Beschaffungsstelle	333
1. Transparenz der Verfahren	334
2. Personalrotation in der Beschaffungsstelle	334
3. Trennung zwischen Fachabteilung und Beschaffungsstelle	334
4. Geeignetes Personal in der Vergabestelle	335
5. Erarbeitung einer Beschaffungsrichtlinie	335
D. Ausschluss wegen Unzuverlässigkeit	335
I. Fakultativer Ausschluss wegen Unzuverlässigkeit	336
II. Zwingender Ausschluss wegen Unzuverlässigkeit	337
E. Auftragssperre	338
I. Voraussetzungen einer Auftragssperre	339
II. Korruptionsregister des Bundes	340
III. Korruptionsregister der Länder	340

Inhaltsverzeichnis

IV. Internationale Beispiele von Auftragssperren	342
1. Europäische Union	342
2. Weltbank	345
3. Koordination der Vergabesperren (cross-debarment)	346
F. Selbstreinigung	347
I. Rechtsgrundlage	348
II. Voraussetzungen der Selbstreinigung	350
1. Aufklärung des Sachverhalts	350
2. Wiedergutmachung des Schadens	350
3. Disziplinarische Maßnahmen	350
4. Compliance Maßnahmen	351
5. Rechtliche Folgen der Selbstreinigung	352
6. Verjährung	352
7. Ordnungsgemäße Vertragserbringung	352

§ 15 Bietergemeinschaften

A. Einleitung	356
B. Der Rechtsrahmen für Bietergemeinschaften	357
I. Gemeinschaftsrechtliche vergaberechtliche Vorgaben	357
II. Nationale vergaberechtliche Vorgaben	359
1. Grundsätzliche Zulässigkeit von Bietergemeinschaften	359
2. Die Rechtsnatur der Bietergemeinschaft	360
3. Eignungsnachweise	361
4. Vollmachtsnachweise	363
5. Benennung der Mitglieder	364
C. Die kartellrechtliche Zulässigkeit der Bildung von Bietergemeinschaften	364
I. Die kartellrechtlichen Vorgaben	364
II. Die vergaberechtlichen Auswirkungen	365
III. Die maßgebliche Rechtsprechung	366
D. Angebotsstrategien mit Beteiligung von Bietergemeinschaften an der Grenze zur Wettbewerbsbeschränkung	369
I. Doppel- und Mehrfachbeteiligungen	369
1. Unzulässige Mehrfachbewerbung für dieselbe Leistung	369
2. Zulässige Mehrfachbewerbung für denselben Leistungsanteil bei Losvergaben	372
II. Beteiligung als Einzelbieter und Nachunternehmer, „verdeckte" und „gescheiterte" Bietergemeinschaft	374
III. Beteiligung konzernverbundener Unternehmen	376
1. Keine grundsätzliche Vermutung der Unzulässigkeit nach europäischer Rechtsprechung	376
2. Maßstab für die Einhaltung des Geheimwettbewerbs	377
3. Sonderfall: „Spätere" Konzernverbundenheit	381

E. Änderungen der Zusammensetzung und Bildung von Bietergemeinschaften im Verlauf eines Vergabeverfahrens 382
    I. Verfahren ohne Teilnahmewettbewerb 383
    II. Verfahren mit Teilnahmewettbewerb 384
    III. Erneute Eignungsprüfung 386
    IV. Eröffnung des Insolvenzverfahrens über das Vermögen eines Bietergemeinschaftsmitglieds 387
    V. Änderungen im Gesellschafterbestand und Umwandlungen eines Bietergemeinschaftsmitglieds 388
    VI. Vergaberechtliche Auswirkungen von Änderungen der Zusammensetzung von Bietergemeinschaften nach Zuschlagserteilung 389
F. Die Prozessführungsbefugnis bei Bietergemeinschaften 391
    I. Die Antragsbefugnis in Nachprüfungsverfahren 391
        1. Antragsbefugnis grundsätzlich nur für die Bietergemeinschaft, nicht für die einzelnen Mitglieder 391
        2. Antragsbefugnis einzelner Bietergemeinschaftsmitglieder über das Institut der „gewillkürten" Prozessstandschaft 394
    II. Die Rügebefugnis 394
    III. Vereinbarungen zur Rüge- und Prozessführungsbefugnis 396

§ 16 Nachunternehmer

A. Einleitung 401
B. Der Rechtsrahmen für Nachunternehmer 401
    I. Normen 401
    II. Definition 403
        1. Abgrenzung zur Zurechnung von Eignungsnachweisen 403
        2. Abgrenzung zu Zulieferern und sonstigen Dritten 404
C. Erforderliche Erklärungen und Nachweise zum Nachunternehmereinsatz 406
    I. Absichtserklärung 407
    II. Nachunternehmerbenennung und Verfügbarkeitsnachweis 408
    III. Eignungsnachweise des Nachunternehmers 410
D. Probleme im Zusammenhang mit dem Nachunternehmereinsatz 411
    I. Das Gebot der Selbstausführung 411
        1. Die Rechtslage bis 2005 411
        2. Die Rechtslage nach dem ÖPP- Beschleunigungsgesetz 412
    II. Mehrfachbeteiligungen 415
        1. Beteiligung eines Unternehmens als Bieter und Nachunternehmer 415
        2. Beteiligung als Nachunternehmer in mehreren Angeboten 416
        3. Überkreuzbeteiligung 416
    III. Austausch von Nachunternehmern 417

Inhaltsverzeichnis

Kapitel 4 Auftragsgegenstand, Leistungsbeschreibung und Vergabeunterlagen

§ 17 Leistungsbeschreibung

A. Einleitung	434
B. Ermittlung des Beschaffungsbedarfs	434
C. Arten der Leistungsbeschreibung	436
I. Beschreibung durch verkehrsübliche Bezeichnung	436
II. Technisch-konstruktive Leistungsbeschreibung bzw. Leistungsbeschreibung mit Leistungsverzeichnis	436
III. Funktionale Leistungsbeschreibung	437
IV. Rangverhältnis	437
D. Grundsätze der Leistungsbeschreibung	438
I. Bestimmungsrecht des Auftraggebers	438
II. Auslegung der Leistungsbeschreibung	438
III. Eindeutige und erschöpfende Beschreibung	439
1. Grundsatz	439
2. Sonderfälle	441
3. Bedarfs- und Wahlpositionen	443
4. Verbot ungewöhnlicher Wagnisse bzw. unzumutbarer Kalkulationsrisiken	444
5. Grundsatz der Produktneutralität	445
E. Verweis auf Normen und technische Regelwerke	449
I. Anknüpfungspunkt: Technische Anforderungen bzw. technische Spezifikationen	449
1. EU-rechtliche Definition der „Technischen Spezifikationen"	449
2. Meinungsstreit	450
3. Nur produktbezogene Anforderungen	451
II. Bezugnahme auf Normen und technische Regelwerke	452
1. Grundkonzept	452
2. Zulässigkeit strengerer oder abweichender Anforderungen	453
3. Zulassung gleichwertiger Lösungen	453
4. Bedeutung von Normen bei Vorgabe von Leistungs- und Funktionsanforderungen	454
F. Umweltschutzanforderungen	455
I. Umweltschutzanforderungen als Teil der Leistungsbeschreibung	455
1. Umweltanforderungen als Teil der technischen Anforderungen	456
2. Umweltanforderungen als zusätzliche Ausführungsbedingung	457
II. Zwingende Vorgaben zur Energieeffizienz	458
1. Anwendungsbereich: „Energieverbrauchsrelevante" Güter	458
2. Vorgabe des höchsten Energieeffizienzniveaus	459
3. Forderung von Angaben zur Energieeffizienz	460
4. Bieterschützende Wirkung	460
III. Zwingende Vorgaben für Straßenfahrzeuge	461

§ 18 Vergabeunterlagen und Vertragsbedingungen

A. Einleitung 471
B. Bestandteile der Vergabeunterlagen 472
    I. Anschreiben und Bewerbungsbedingungen 473
        1. Begriffe 473
        2. Inhalt 474
    II. Vertragsunterlagen 479
        1. Leistungsbeschreibung 479
        2. Vertragsbedingungen 479
    III. Weitere mögliche Bestandteile 484
        1. Liste der geforderten Nachweise 484
        2. Formulare für die Angebotserstellung 485
        3. Antworten auf Bieterfragen und sonstige Bieterinformationen 485
        4. Insbesondere: Änderung von Vergabeunterlagen 486
C. Eindeutigkeit und Auslegung der Vergabeunterlagen 486
D. Verhältnis zwischen Bekanntmachung und Vergabeunterlagen 487
E. Kostenersatz 488
    I. Kostenersatz für Vergabeunterlagen 488
    II. Kostenersatz für die Angebotserarbeitung 489

§ 19 Öffentliches Preisrecht

A. Einleitung 492
B. Normen und Grundprinzipien des Preisrechts 493
    I. Normen des Preisrechts 493
    II. Prinzipien des öffentlichen Preisrechts 494
    III. Das Höchstpreisprinzip 495
C. VO PR 30/53 und Leitsätze für die Preisermittlung auf Grund von Selbstkosten 497
    I. Anwendungsbereich 497
    II. Preistypen der VO 499
        1. Allgemeines 499
        2. Marktpreis 500
        3. Selbstkostenpreise 504
    III. Ermittlung des Selbstkostenpreises nach LSP und Rechtsprechung 506
        1. Allgemeine Anforderungen an Auftragnehmer 507
        2. Grundsätze der Preisermittlung 507
        3. Bestandteile des Selbstkostenpreises 507
    IV. Preisprüfung 509
        1. Preisprüfungsrecht der Preisdienststellen 509
        2. Feststellungsrechte nach § 10 VO PR Nr. 30/53 512
        3. Prüfungsrecht des Bundesamtes für Wehrtechnik und Beschaffung 512
    V. Preisvorbehalte 513
        1. Zulässigkeit von Preisvorbehalten 513
        2. Insbesondere: Preisgleitklauseln 514

Inhaltsverzeichnis

    VI. Verfassungsmäßigkeit der VO 516
    VII. Folgen von Verstößen 517
D. HOAI 518

§ 20 Green Procurement

A. Einleitung 532
B. Rechtliche Grundlagen 534
    I. Rechtsgrundlagen auf europäischer Ebene 534
        1. Primärrecht 534
        2. Sekundärrecht – Vergaberichtlinien 534
        3. Sekundärrecht – sonstige Richtlinien und Verordnungen 535
    II. Europäische Rechtsgrundlagen de lege ferenda 537
    III. Rechtsgrundlagen auf nationaler Ebene 537
C. Gestaltung einer „grünen Ausschreibung" 539
    I. Auswahl des Auftragsgegenstands 539
    II. Leistungsbeschreibung 540
    III. Eignungskriterien 542
    IV. Zuschlagskriterien 544
        1. Grundsätze 544
        2. Zwingende Berücksichtigung 545
        3. Beschaffung von Straßenfahrzeugen 546
    V. Auftragsausführungsbedingungen 546

Kapitel 5 Bekanntmachungen, Form- und Fristvorgaben

§ 21 Auftragsbekanntmachungen und andere Ex-ante-Veröffentlichungen

A. Einleitung 555
B. Auftragsbekanntmachung 555
    I. Allgemeines 555
    II. Bekanntmachungspflicht 556
    III. EU-weite Bekanntmachung 557
        1. Bekanntmachungsinhalt 558
        2. Veröffentlichung im EU-Amtsblatt 562
        3. Parallele Veröffentlichung im Inland 565
        4. Rechtsfolgen einer fehlenden Bekanntmachung 565
    IV. Bekanntmachung auf nationaler Ebene 566
        1. Anwendungsbereich 566
        2. Bekanntmachungsinhalt 566
        3. Veröffentlichung 568
    V. Auslegung von Bekanntmachungen 569
C. Vorinformation 569
    I. Allgemeines 569
    II. Anwendungsbereich und Erforderlichkeit einer Vorinformation 570

III. Erstellung der Vorinformation	571
IV. Veröffentlichung der Vorinformation	572
V. Rechtsfolgen einer Vorinformation	573
D. Freiwillige Bekanntmachungen	574
I. Freiwillige Bekanntmachung trotz fehlender Bekanntmachungspflicht	574
II. Freiwillige Ex-ante-Transparenzbekanntmachung	574
E. Beschafferprofil	575

§ 22 Versand von Vergabeunterlagen

A. Einleitung	581
B. Fristen für den Versand	582
II. Unterschwellenbereich	582
1. VOB/A	582
2. VOL/A	584
III. Oberschwellenbereich	584
1. Vorgaben der Vergabekoordinierungsrichtlinie	584
2. VOB/A	585
3. VOF	586
4. VOL/A	587
5. Dokumentation	587
C. Kostenerstattung für die Versendung	588
I. Versendung erst nach Zahlung	588
II. VOB/A	588
1. Möglichkeit der Kostenerstattung	588
2. Höhe der Kostenerstattung	589
III. VOL/A	590
IV. VOF	590
D. Rechtsfolgen verspäteter Versendung	590
E. Sektorenbereich	591
I. Fristen für die Versendung der Vergabeunterlagen	591
1. Vorgaben	591
2. Verlängerung	591
II. Kostenerstattung	592
F. Bereich Verteidigung und Sicherheit	592
I. VSVgV	592
II. VOB/A-VS	593

§ 23 Fristen

A. Einleitung	602
B. Grundlagen der Fristberechnung	602
I. Abgrenzung Tag – Kalendertag – Werktag – Arbeitstag	602
II. Beginn und Ende von Fristen	603
1. Beginn	603

Inhaltsverzeichnis

2. Ende	603
C. VOB/A Unterschwellenbereich	604
I. Öffentliche Ausschreibung	604
1. Bewerbungsfrist	604
2. Angebotsfrist	604
3. Zuschlagsfrist	606
II. Freihändige Vergabe	607
III. Beschränkte Ausschreibung	607
1. Bewerbungsfrist	607
2. Angebotsfrist	607
3. Zuschlagsfrist	608
D. VOB/A Oberschwellenbereich	608
I. Offenes Verfahren	608
1. Angebotsfrist	608
2. Zuschlagsfrist	610
II. Nicht offenes Verfahren	610
1. Bewerbungsfrist	611
2. Angebotsfrist	611
3. Zuschlagsfrist	612
III. Verhandlungsverfahren	612
1. Verhandlungsverfahren mit öffentlicher Vergabebekanntmachung	612
2. Verhandlungsverfahren ohne öffentliche Vergabebekanntmachung	613
IV. Wettbewerblicher Dialog	613
E. VOL/A Unterschwellenbereich	613
F. VOL/A Oberschwellenbereich	614
I. Offenes Verfahren	614
1. Angebotsfrist	614
2. Zuschlagsfrist	615
II. Nicht offenes Verfahren	615
1. Bewerbungsfrist	615
2. Angebotsfrist	615
3. Zuschlagsfrist	616
III. Verhandlungsverfahren	616
1. Verhandlungsverfahren mit öffentlicher Vergabebekanntmachung	616
2. Verhandlungsverfahren ohne öffentliche Vergabebekanntmachung	616
IV. Wettbewerblicher Dialog	616
G. Fristen nach VOF	616
I. Vergabeverfahren	616
II. Wettbewerbe	617
H. Fristen im Sektorenbereich	617
I. Europarechtliche Grundlagen	617

II. Vorgaben der SektVO	617
1. Grundsatz	617
2. Offene Verfahren	618
3. Nicht offene Verfahren	619
4. Verhandlungsverfahren	619
I. Fristen im Verteidigungs- und Sicherheitsbereich	619
I. VSVgV	619
1. Grundsatz	620
2. Bewerbungsfrist bei nicht offenen Verfahren, im Verhandlungsverfahren mit Teilnahmewettbewerb und im wettbewerblichen Dialog	620
3. Angebotsfrist bei nicht offenen Verfahren	620
4. Verhandlungsverfahren	621
5. Auskunftsfrist bei nicht offenen Verfahren und Verhandlungsverfahren	621
II. VOB/A-VS	621
1. Nicht offene Verfahren	622
2. Verhandlungsverfahren	623
3. Wettbewerblicher Dialog	623

§ 24 Form und Inhalt von Teilnahmeanträgen und Angeboten

A. Formerfordernisse	634
I. Grundsätze der Informationsübermittlung	634
II. Spezifische Anforderungen an Teilnahmeanträge	635
1. Übermittlungswege für Teilnahmeanträge	635
2. Unversehrtheit/Vertraulichkeit der Teilnahmeanträge	635
3. Unterschriftserfordernisse / Elektronische Signatur	637
4. Bestätigung von Teilnahmeanträgen	637
III. Anforderungen an Angebote	637
1. Formvorgaben	637
2. Unterschriftserfordernisse	638
B. Notwendige Inhalte	639
I. Eindeutige Bezeichnung des Bewerbers bzw. Bieters	639
II. Inhalte des Teilnahmeantrages	639
1. Formblätter	639
2. Erklärungen und Nachweise zu Mindestbedingungen	640
3. Eignungsnachweise	640
4. Besonderheiten bei Bietergemeinschaften	644
5. Nachunternehmererklärungen	646
III. Weitergehende Inhalte des Angebots	647
1. Preise, Erklärungen und Angaben	647
2. Angabe der notwendigen Inhalte in der Angebotsaufforderung	648
3. Nachunternehmererklärungen	649
4. Angaben bei Nebenangeboten	649

Kapitel 6 Angebote und Wertung

§ 25 Angebotsöffnung

- A. Einleitung 655
  - I. Europarechtlicher Hintergrund 655
  - II. Bedeutung 656
    - 1. Schutz vor Manipulation 656
    - 2. Bindung des Bieters 656
  - III. Begriffliches 656
- B. VOB/A 657
  - I. Eröffnungstermin bei Ausschreibungen 657
    - 1. Zwingender Eröffnungstermin, Teilnehmer 657
    - 2. Umgang mit eingegangenen Angeboten 657
    - 3. Prüfung der Unversehrtheit 658
    - 4. Kennzeichnung der Angebote 658
    - 5. Verlesung 659
    - 6. Niederschrift 659
    - 7. Einsicht und Mitteilung 660
  - II. Freihändige Vergabe/Verhandlungsverfahren/Wettbewerblicher Dialog 660
    - 1. Freihändige Vergabe 660
    - 2. Verhandlungsverfahren 660
    - 3. Wettbewerblicher Dialog 660
- C. VOL/A 661
  - I. Regelungen für Ausschreibungen und Verhandlungsverfahren 661
    - 1. Keine Bieteröffentlichkeit, Anwesenheit 661
    - 2. Umgang mit eingegangenen Angeboten 661
    - 3. Trennung von Ablauf Angebotsfrist und Angebotsöffnung 662
    - 4. Prüfung und Kennzeichnung 662
    - 5. Dokumentation 662
    - 6. Umgang mit Dokumentation 662
  - II. Freihändige Vergabe 663
  - III. Wettbewerblicher Dialog 663
- D. VOF 663
- E. SektVO 663
- F. Bereich Verteidigung und Sicherheit 664
  - I. VSVgV 664
  - II. VOB/A-VS 664
    - 1. Nicht offenes Verfahren 664
    - 2. Verhandlungsverfahren, wettbewerblicher Dialog 664

§ 26 Nebenangebote

- A. Einleitung 666

B. Begriff	667
I. Abweichung von den Vergabeunterlagen	667
II. Abgrenzung zu Hauptangeboten	668
C. Voraussetzungen für die Zulässigkeit von Nebenangeboten	669
I. Zulassung von Nebenangeboten	669
1. Oberschwellenbereich	670
2. Unterschwellenbereich	673
3. Notwendigkeit eines Hauptangebots	673
II. Mindestanforderungen	673
1. Oberschwellenbereich	673
2. Unterschwellenbereich	676
III. Sonstige Anforderungen	676
D. Wertung von Nebenangeboten	677
I. Besonderheiten bei inhaltlichen Anforderungen	677
1. Erfüllen der Mindestanforderungen	677
2. Gleichwertigkeitsprüfung	678
II. Gegebenenfalls: Vorliegen eines wertbaren Hauptangebots	679
III. Besonderheiten bei formalen Anforderungen	679
1. Unterzeichnung von Nebenangeboten	679
2. Besondere Formerfordernisse bei Bauaufträgen	680
3. Nachreichen von Erklärungen und Nachweisen	680

§ 27 Formelle Angebotsprüfung (erste Wertungsstufe)

A. Einleitung	690
B. Zwingende Ausschlussgründe	691
I. Verspätete Angebote	691
1. Maßgeblicher Zeitpunkt	692
2. Entschuldbarkeit von Verspätungen	693
II. Formal fehlerhafte Angebote	695
III. Änderungen an den Vergabeunterlagen	696
1. Vorliegen einer Änderung an den Vergabeunterlagen	696
2. Problemfall: Allgemeine Geschäftsbedingungen	697
3. Umdeutung in ein Nebenangebot	698
IV. Nicht eindeutige Änderungen an Eintragungen des Bieters	698
V. Fehlende Erklärungen und Nachweise	699
1. Erklärungen und Nachweise	699
2. „Fehlende" Erklärungen und Nachweise	700
3. Möglichkeit bzw. Pflicht zur Nachforderung	701
4. Länge der Nachfrist	702
VI. Fehlende Preisangaben	703
1. „Fehlende" Preisangabe	703
2. Ausschluss bei fehlenden Preisangaben in der VOB/A und der VOL/A	703
3. Besonderheiten im Sektorenbereich	706

Inhaltsverzeichnis

4. Regelung in der VOF	707
VII. Wettbewerbsbeschränkende Abreden	707
1. Kartellabsprachen	707
2. Bildung von Bietergemeinschaften	708
3. Kenntnis des Bieters von Angeboten anderer Bieter	710
VIII. Nicht zugelassene und nicht den Mindestanforderungen entsprechende Nebenangebote	713
IX. Abgabe vorsätzlich unzutreffender Angaben zur Eignung	714
C. Fakultative Ausschlussgründe	715
I. Insolvenzverfahren	715
II. Liquidation	717
III. Nachweisbare schwere Verfehlung, die die Eignung in Frage stellt	717
1. Begehung von Straftaten und Ordnungswidrigkeiten	717
2. Vertragswidriges Verhalten	718
3. Bezugspunkt: Handelnde Personen	719
4. Vergabesperre	719
5. Selbstreinigung	719
IV. Verstoß gegen die Pflicht zur Zahlung von Steuern und Abgaben	720
V. Fehlende Anmeldung bei einer Berufsgenossenschaft	720

§ 28 Eignungsprüfung (zweite Wertungsstufe)

A. Einleitung	723
B. Die Eignungskriterien	724
I. Fachkunde	724
II. Leistungsfähigkeit	725
III. Zuverlässigkeit	725
IV. Gesetzestreue	726
C. Keine Vermengung von Eignungskriterien und Zuschlagskriterien	727
D. Mindestanforderungen an die Eignung	728
E. Die Eignungsprüfung	728
I. Zeitpunkt der Eignungsprüfung	731
II. Entscheidungsspielraum des Auftraggebers	732
III. Aufklärungen über die Eignung	732
F. Eignungsnachweise	734
I. Allgemeine Anforderungen an die Eignungsnachweise	734
II. Eignungsnachweise in den Einzelbereichen	734
1. Nachweis der Zuverlässigkeit	734
2. Nachweis der Leistungsfähigkeit (wirtschaftliche Leistungsfähigkeit)	735
3. Nachweis der Fachkunde	737
III. Qualität der Nachweise	740
IV. Abschließende Festlegung der Eignungsnachweise in der gesetzlichen Normierung?	740

G. Präqualifikationssysteme	740
I. Einführung	740
II. Begriffsbestimmung und Vorteile des Präqualifikationsverfahrens	741
III. Einrichtung von Präqualifikationssystemen	742
IV. Nachweise der Eignung mittels Präqualifikationssystem	743
V. Anerkennung anderer Präqualifikationsverzeichnisse	744
H. Zeitpunkt der Vorlage der geforderten Nachweise	744
I. Bekanntgabe der geforderten Nachweise in der Bekanntmachung	744
II. Vorlage mit dem Teilnahmeantrag bzw. dem Angebot	745
III. Nachforderung fehlender Nachweise	745
IV. Nachweis der Eignung durch Bezugnahme auf dritte Unternehmen	745
J. Vervollständigung oder Erläuterung der Nachweise	746
K. Nachweis der Eignung durch andere geeignete Nachweise	746

§ 29 Preisprüfung (dritte Wertungsstufe)

A. Einleitung	749
B. Bieterschützende Funktion	750
I. Verbot der Zuschlagserteilung	750
II. Preisaufklärung	752
C. Inhalt und Ablauf der Preisprüfung	753
I. Unterkostenangebot	753
1. Vorprüfung: Ermittlung zweifelhafter Angebote	754
2. Preisaufklärung	760
3. Bewertung der Erklärungen des Bieters	766
4. Darlegung im Streitfall	773
5. Entscheidung über den Ausschluss	774
II. Überhöhter Preis	775
1. Keine Vorprüfung und keine Aufklärungspflicht	775
2. Angemessenheitsprüfung	776
3. Entscheidung über den Ausschluss	777

§ 30 Die Angebotswertung (vierte Wertungsstufe)

A. Einleitung	780
B. Auswahl und Bekanntmachung der Zuschlagskriterien	780
I. „Niedrigster Preis"	782
II. „Wirtschaftlich günstigstes Angebot"	782
1. Wertungsfähigkeit eines Zuschlagskriteriums	783
2. Kein mehr an Eignung	784
3. Objektivität der Zuschlagskriterien	786
4. Auftragsbezug und Vergabefremde Kriterien	786
5. Typische Zuschlagskriterien	788
III. Bestimmtheit der Zuschlagskriterien – Unterkriterien	792
IV. Bekanntmachung der Zuschlagskriterien und Unterkriterien	793

Inhaltsverzeichnis

C. Auswahl und Bekanntmachung der Gewichtung und Wertungsmatrix	794
I. Die Gewichtung	795
II. Berechnungsmethode – Wertungsmatrix	796
D. Durchführung der Wertung	800

Kapitel 7 Beendigung des Vergabeverfahrens

§ 31 Aufhebung

A. Einleitung	805
I. Begrifflichkeiten	805
II. Rechtsnatur und Wirksamkeit der Aufhebung	806
III. Rechtsrahmen der Aufhebung	808
1. Vergabeordnungen	808
2. Allgemeine Grundsätze des Vergaberechts	808
3. Grundrechte	809
4. Europarecht	809
IV. Kein Kontrahierungszwang	811
B. Die Aufhebungstatbestände der VOB/A und VOL/A	812
I. Anwendungsbereich	812
II. Ausnahmecharakter der Aufhebungstatbestände; Darlegungs- und Beweislast	814
III. Die einzelnen Aufhebungstatbestände	816
1. VOL/A	816
2. VOB/A	831
3. Abschließender Charakter der Aufhebungstatbestände	833
IV. Teilaufhebung	833
C. Die Aufhebung von Vergabeverfahren im Bereich der VOF	834
D. Ermessensentscheidung des Auftraggebers	835
E. Mitteilungspflichten	836
I. § 17 Abs. 2 VOL/A	836
II. § 20 EG Abs. 2 und 3 VOL/A	837
III. § 17 Abs. 2 VOB/A	837
IV. § 17 EG Abs. 2 VOB/A	838
V. § 14 Abs. 6 VOF	838
F. Rechtsschutz gegen die Aufhebung	838
I. Statthaftigkeit eines Nachprüfungsantrags	838
1. Grundsatz	838
2. Materiell-rechtlicher Ausgangspunkt	839
3. Verfahrensrechtliche Umsetzung	840
II. Rügeobliegenheit	842
III. Materiell-rechtlicher Prüfungsmaßstab	843
G. Schadensersatz	843

§ 32 Informations- und Wartepflicht

A. Einleitung	849
B. Anwendungsbereich	852
I. Vergabearten	852
II. De-facto-Vergaben	853
C. Informationspflicht	854
I. Empfänger der Information	854
1. Unterlegene Bieter	855
2. Bewerber, deren Bewerbung abgelehnt wurde	858
II. Inhalt der Information	859
1. Absicht des Vertragsschlusses	859
2. Name des vorgesehenen Zuschlagsempfängers	859
3. Gründe der vorgesehenen Nichtberücksichtigung	860
4. Frühester Zeitpunkt des Vertragsschlusses	862
III. Form der Information	863
IV. Zeitpunkt der Information	864
V. Verhältnis zu sonstigen Informationspflichten	864
D. Wartepflicht	865
I. Inhalt der Wartepflicht	865
II. Dauer der Wartefrist	866
III. Beginn der Wartefrist	866
E. Ausnahme	867
F. Folgen eines Verstoßes	868
I. § 101b Abs. 1 Nr. 1 GWB	868
II. Anspruch auf Einhaltung der Informations- und Wartepflicht	868
G. § 19 EG Abs. 2 und 3 VOB/A	869

§ 33 Zuschlagserteilung

A. Einleitung	873
B. Wirksamkeit des Zuschlags	875
I. Grundsatz	875
II. Verstöße gegen vergaberechtliche Bestimmungen	875
III. Verstöße gegen vertragsrechtliche Bestimmungen	875
1. § 134 BGB	876
2. § 138 Abs. 1 BGB	877
C. Zeitpunkt des Zuschlags	878
D. Form des Zuschlags	879
I. Vergaberechtliche Formerfordernisse	879
1. VOL/A	879
2. VOB/A, VOF	881
II. Formerfordernisse aus sonstigen Bestimmungen	881
E. Stellvertretung	882

Inhaltsverzeichnis

§ 34 Dokumentation, Information über nicht berücksichtigte Bewerbungen und Angebote und andere Ex-post-Bekanntmachungs-, Melde- und Berichtspflichten

- A. Einleitung 890
- B. Vergabevermerk (Dokumentation) 890
  - I. Funktionen des Vergabevermerks 891
    - 1. Kontrolle des Vergabeverfahrens 891
    - 2. Rechtsschutz der am Auftrag interessierten Unternehmen ... 892
    - 3. Dokumentation des Vertragsschlusses 892
  - II. Inhalt des Vergabevermerks 892
    - 1. VOL/A 893
    - 2. VOB/A 896
    - 3. VOF 897
  - III. Form des Vergabevermerks 897
  - IV. Zeitpunkt der Dokumentation 898
  - V. Folgen eines Dokumentationsmangels 899
- C. Mitteilung über nicht berücksichtigte Bewerbungen und Angebote ... 900
  - I. § 19 Abs. 1 und 3 VOL/A 902
    - 1. Zeitpunkt der Mitteilung 902
    - 2. Inhalt der Mitteilung 903
    - 3. Zurückhalten von Informationen 904
  - II. § 22 EG VOL/A 905
  - III. § 19 Abs. 1 bis 4 VOB/A 905
    - 1. Allgemeine Mitteilungspflicht 905
    - 2. Pflicht zur Angabe der Gründe 906
    - 3. Umgang mit Bieterunterlagen 907
  - IV. § 19 EG VOB/A 907
  - V. VOF 908
    - 1. § 10 Abs. 5 VOF 908
    - 2. § 14 Abs. 5 VOF 909
- D. Bekanntmachung der Auftragsvergabe 909
  - I. § 19 Abs. 2 VOL/A 910
  - II. § 23 EG VOL/A 911
  - III. § 20 Abs. 3 VOB/A 912
  - IV. § 18 EG Abs. 3 und 4 VOB/A 913
  - V. § 14 Abs. 1 bis 4 VOF 913
- E. Mitteilung über beabsichtigte beschränkte Ausschreibungen 914
- F. Melde- und Berichtspflichten 914

Kapitel 8 Rechtsfolgen von Vergaberechtsverstößen

§ 35 Unwirksamkeit und Rückabwicklung

- A. Einleitung 918

B. Unwirksamkeitsgründe nach § 101b GWB	918
I. Unwirksamkeit wegen Verstoßes gegen § 101a GWB	918
II. Unwirksamkeit wegen de facto-Vergabe	919
1. De facto-Vergaben	919
2. Ausnahmen vom Verbot der de facto-Vergabe	921
III. Feststellung der Unwirksamkeit in einem Nachprüfungsverfahren	922
1. Fristen zur Geltendmachung der Unwirksamkeit	922
2. Antragsbefugnis	926
3. Besonderheiten hinsichtlich der Rügeobliegenheit	928
IV. Rechtsfolgen	929
1. Tenorierung durch die Vergabekammer	929
2. Rechtsfolgen der Unwirksamkeit ex tunc	930
3. Ausnahmen von der Unwirksamkeitsfeststellung?	931
C. Sonstige Unwirksamkeitsgründe	931
I. Anwendbarkeit sonstiger Nichtigkeittatbestände neben § 101b GWB	932
II. § 134 BGB	932
III. § 138 BGB	933

§ 36 Schadensersatz

A. Einleitung	936
B. Schadensersatz bei Rechtsmissbrauch gemäß § 125 GWB	937
I. Rechtsmissbräuchliche Nachprüfungsanträge und Beschwerden	938
1. Normadressaten	938
2. Ungerechtfertigt gestellter Nachprüfungsantrag oder sofortige Beschwerde	939
3. Beispiele für missbräuchliches Verhalten (§ 125 Abs. 2 GWB)	941
4. Schaden	946
5. Haftung für Dritte	947
6. Verhältnis zu sonstigen Anspruchsgrundlagen	947
II. Ungerechtfertigte vorläufige Maßnahmen	947
1. Normadressaten	948
2. Tatbestandsvoraussetzungen	948
3. Umfang des Schadensersatzanspruchs	948
III. Rechtsweg	949
IV. Darlegungs- und Beweislast	949
V. Verjährung des Anspruchs	949
C. Anspruch auf Ersatz des Vertrauensschadens gemäß § 126 Satz 1 GWB	950
I. Anspruchsvoraussetzungen	950
1. Normadressaten	950
2. Verstoß gegen bieterschützende Vorschriften	951
3. Beeinträchtigung einer echten Chance auf Zuschlagserteilung	953
4. Verschuldensunabhängige Haftung	956
5. Einwand rechtmäßigen Alternativverhaltens	957

Inhaltsverzeichnis

6. Mitverschulden	957
II. Umfang des Schadensersatzes	959
III. Verjährung	960
IV. Rechtsweg	960
V. Darlegungs- und Beweislast	960
D. Weitergehende Schadensersatzansprüche, § 126 Satz 2 GWB	961
I. Vertragsähnliche Ansprüche aus culpa in contrahendo gemäß §§ 311 Abs. 2, 241 Abs. 2, 280 Abs. 1 BGB	961
1. Anspruchsvoraussetzungen	961
2. Darlegungs- und Beweislast	968
II. Deliktische Ansprüche	969
1. § 823 Abs. 1 BGB	969
2. § 823 Abs. 2 BGB i.V.m. Schutzgesetzen	969
3. § 826 BGB	969
4. § 839 BGB i.V.m. Art. 34 GG	970
III. Sonstige Ansprüche	970
1. Kartellrechtliche Ansprüche	970
2. Wettbewerbsrechtliche Ansprüche	970

§ 37 Vertragsverletzungsverfahren

A. Einleitung	974
B. Korrekturmechanismus der Kommission gemäß § 129 GWB	976
I. Regelungsgehalt	976
II. Ablauf des Verfahrens	977
1. Voraussetzungen für die Einleitung des Korrekturmechanismus (§ 129 Abs. 1 GWB)	977
2. Stellungnahme des öffentlichen Auftraggebers (§ 129 Abs. 2 GWB)	977
3. Weitergehende Informationspflicht (§ 129 Abs. 3 GWB)	977
4. Weiteres Verfahren	978
C. Vertragsverletzungsverfahren durch die EU-Kommission gemäß Art. 258 AEUV	979
I. Verfahrensablauf	979
1. Einleitung des Verfahrens	979
2. Informelles Vorverfahren	981
3. Förmliches Vorverfahren	981
4. Gerichtsverfahren	984
5. Beschleunigung des Verfahrens und einstweilige Anordnungen	988
II. Rechtsfolgen der Feststellung eines Unionsrechtsverstoßes	988
1. Pflicht zur Beseitigung der Vertragsverletzung, Art. 260 Abs. 1 AEUV	988
2. Sanktionsverfahren, Art. 260 Abs. 2 AEUV	990
3. Sanktionsverhängung gemäß Art. 260 Abs. 3 AEUV	994
III. Beendigung von Beschaffungsverträgen bei festgestelltem Unionsrechtsverstoß	995
1. Vertragsnichtigkeit?	996

Inhaltsverzeichnis

2. Vertragsaufhebung als Schadensersatz	996
3. Außerordentliche Kündigung gemäß §§ 313, 314 BGB	996
4. Kündigung von Dauerschuldverhältnissen entsprechend § 649 BGB	1000
IV. Beendigung unionsrechtswidriger Beschaffungsverträge ohne Beanstandung durch den EuGH?	1000

Kapitel 9 Rechtsschutz

§ 38 Zuständigkeiten

A. Einleitung	1006
B. EG-Rechtsmittel-Richtlinien	1007
C. Zuständigkeit für das Vergabenachprüfungsverfahren in erster Instanz	1007
I. Rechtliche Einordnung der Vergabekammern	1007
II. Örtliche Zuständigkeiten: § 106a GWB	1008
1. Zurechnung des Auftrags bzw. des Auftraggebers zu einer Gebietskörperschaft	1008
2. Problemfälle	1009
3. Verweisung bei Unzuständigkeit	1011
4. Örtliche Zuständigkeit und richtiger Antragsgegner	1011
D. Zuständigkeit in zweiter Instanz	1012
I. Zuständigkeit der Oberlandesgerichte	1012
II. Zwischenzeitliche Zuständigkeit der Landessozialgerichte für GKV-Leistungserbringerverträge	1012

§ 39 Rechtswegkonzentration, Antragsbefugnis und Rügeobliegenheit

A. Einleitung	1016
B. § 97 Abs. 7 GWB	1017
I. Fundamentale Neuerung der Rechtslage durch das VgRÄG 1998	1017
II. Subjektive Rechte auf Durchsetzung des Vergaberechts aus Grundrechten?	1017
III. Anspruch auf Vertragsschluss oder zumindest auf „Aufhebung einer Aufhebung"?	1018
C. Rechtswegkonzentration	1018
I. Dienstleistungskonzessionen	1019
II. Verhältnis der §§ 102 ff. GWB zu Bestimmungen anderer Prozessordnungen	1020
1. Kartellrecht	1020
2. Patentrecht	1022
3. Sozialversicherungsrecht	1022
4. Weitere Beispiele: Kommunalwirtschaftsrecht, Abfallrecht und Wasserrecht	1023
III. Beschränkung des § 104 Abs. 2 GWB: Ansprüche gegen öffentliche Auftraggeber	1024
IV. Beschränkung des § 104 Abs. 2 GWB: Ansprüche auf Handlungen in einem Vergabeverfahren	1024

XLIX

Inhaltsverzeichnis

V. Streit über die Zulässigkeit des beschrittenen Vergaberechtswegs	1025
D. Antragsbefugnis	1025
I. Interesse am Auftrag	1025
II. Möglichkeit der Verletzung von Vergabevorschriften	1026
III. (Drohender) Schaden	1027
IV. Kein vorbeugender Rechtsschutz	1028
E. Rügeobliegenheit	1029
I. Grundsätze	1029
II. Erkennbare Vergaberechtsverstöße	1031
III. Positiv erkannte Vergaberechtsverstöße	1031
1. Unverzüglichkeit	1031
2. „Kenntnis"	1032
3. Darlegungs- und Beweislast	1032
4. Vereinbarkeit mit Unionsrecht?	1032
IV. Verhältnis der Nrn. 1 bis 3 des § 107 Abs. 3 Satz 1 GWB	1033
V. 15-Tages-Frist des § 107 Abs. 3 Satz 1 Nr. 4 GWB nach Zurückweisung einer Rüge	1033
VI. Entbehrlichkeit einer Rüge	1034
1. De-facto-Vergaben	1034
2. Förmelei	1034
3. Sachverhalte, die erst im Rahmen eines Nachprüfungsverfahrens bekannt werden	1034
VII. Rügeobliegenheit und Untersuchungsgrundsatz	1035

§ 40 Nachprüfungsverfahren

A. Einleitung	1039
B. Verfahrensgrundsätze	1039
I. Untersuchungs- oder Amtsermittlungsgrundsatz	1039
II. Mündliche Verhandlung	1040
III. Beschleunigungsmaxime	1041
C. Unzulässigkeit des Nachprüfungsantrags nach wirksam geschlossenem Vertrag	1041
I. Grundsätze	1042
II. Verzahnung mit den §§ 101a, 101b GWB	1043
D. Fortsetzungsfeststellungsverfahren	1044
I. Erledigung des Nachprüfungsverfahrens	1044
II. Fortsetzungsfeststellungsinteresse	1045
E. Beiladung	1045
F. Akteneinsichtsrechte	1046
I. Schranken	1046
II. Rechtsmittel?	1047
III. Weitergehende Akteneinsichtsrechte kraft der Informationsfreiheitsgesetze	1047
G. Befangenheit	1048
H. Nachprüfungsverfahren und Vergleiche der Beteiligten	1049

§ 41 Sofortige Beschwerde

A. Einleitung 1053
B. Zulässigkeit 1053
    I. Beschwerdefrist 1053
    II. Entscheidung der Vergabekammer 1054
C. Begründetheit: Prüfungsumfang und -maßstab 1054
D. Verfahrensrecht 1055
    I. Form- und Verfahrensregelungen im GWB 1055
    II. Anwendbares Prozessrecht 1055
        1. Entsprechende Anwendung der Vorschriften der ZPO über die §§ 120 Abs. 2, 73 Nr. 2 GWB 1056
        2. Entsprechende Anwendung von Vorschriften der VwGO (Beispiel: Nachschieben von Gründen) 1057
    III. Aufschiebende Wirkung der sofortigen Beschwerde 1058
E. Eilantrag gemäß § 118 Abs. 1 Satz 3 GWB 1058
    I. Prüfungsmaßstab und Abwägungsmaterial 1058
    II. Verhältnis zu § 121 GWB 1059
    III. Rechtsschutzbedürfnis 1059
F. Rechtsmittel gegen Entscheidungen des Beschwerdegerichts? 1060
G. Bindungswirkung von Entscheidungen der Vergabeammern und -senate im Schadensersatzprozess 1060

§ 42 Vorabentscheidung über den Zuschlag

A. Einleitung 1063
B. Prüfung und Übermittlung eines Nachprüfungsantrages zur Auslösung des Zuschlagsverbotes 1063
C. Folgen der Information des öffentlichen Auftraggebers über den Nachprüfungsantrag (mindestens in Textform) 1064
    I. Bewirkung eines gesetzliches Zuschlagsverbotes 1064
    II. Beendigung des Zuschlagsverbotes 1064
D. Vorabgestattung des Zuschlags 1065
    I. Vergabekammerverfahren 1065
    II. Besonderes Rechtsmittelverfahren vor dem Beschwerdegericht .. 1066
E. Vorabentscheidung über den Zuschlag durch das Beschwerdegericht nach § 121 GWB 1067
    I. Besonderheiten des Verfahrens 1067
    II. Wirkungen der ablehnenden Entscheidung des Beschwerdegerichts ... 1068
F. Antrag auf weitere vorläufige Maßnahmen zum Eingriff in das Vergabeverfahren 1068
    I. Analoge Anwendung im Verfahren der sofortigen Beschwerde ... 1068
    II. Inhalt des Tenors des Eilbeschlusses ist begrenzt durch die Hauptsache ... 1068
    III. Rechtsschutzbedürfnis 1069
    IV. Prüfungsmaßstab 1069
    V. Kein Rechtsmittel 1069

Inhaltsverzeichnis

VI. Eingriff in das Vergabeverfahren und in die Durchführung bereits geschlossener Verträge 1070

§ 43 Vollstreckung von Entscheidungen

A. Einleitung 1071
B. Vollstreckungsvoraussetzungen („Zulässigkeit des Verwaltungszwanges") 1072
    I. Unanfechtbarkeit der Zuschlagsuntersagung oder Wegfall der aufschiebenden Wirkung der sofortigen Beschwerde 1072
    II. Fortdauer des Zuschlagsverbots; Wirksamkeit eines entsprechenden Verwaltungsaktes 1072
    III. Konkrete Anhaltspunkte für einen gegenwärtigen oder künftigen Verstoß gegen die durchsetzbare Pflicht zur Unterlassung des Zuschlags 1073
C. Verfahrensfragen 1073
    I. Zuständigkeit für Vollstreckungsmaßnahmen 1073
    II. Vollstreckung nur auf Antrag 1073
    III. Begründung der Entscheidung über Vollstreckungsmaßnahmen und Zustellung 1074
    IV. Antrag auf Verlängerung der aufschiebenden Wirkung einer sofortigen Beschwerde nach dem Vollstreckungsrecht 1074
    V. Zwangsmittel 1075
        1. Höhe des Zwangsgeldes (§ 114 Abs. 3 Satz 3 GWB) 1075
        2. Ersatz-/Zwangshaft? 1075
D. Vollstreckung von Entscheidungen nach § 115 Abs. 3 GWB 1075
E. Vollstreckung von Entscheidungen des Beschwerdegerichts 1076
F. Keine Vollstreckung eines Feststellungstenors 1076
    I. Erste Instanz 1076
    II. Zweite Instanz 1076
    III. Schutz des Antragstellers 1076

§ 44 Divergenzvorlage und EuGH-Vorlage

A. Einleitung 1080
B. Divergenzvorlage zum Bundesgerichtshof 1080
    I. Pflicht zur Vorlage an den Bundesgerichtshof 1080
    II. Fehlende Divergenzvorlagepflicht 1081
    III. Rechtsbeschwerde nach § 17a Abs. 4 Satz 4 GVG zur Zulässigkeit des beschrittenen Rechtswegs 1082
C. Vorabentscheidungsersuchen zum Europäischen Gerichtshof 1082
    I. Vorlagepflicht der Oberlandesgerichte und des Bundesgerichtshofs 1082
        1. Bestehen und Nichtbestehen einer Vorlagepflicht 1082
        2. Zeitliche Auswirkungen der Vorlage an den EuGH 1083
    II. Vorlageberechtigung und Vorlagepflicht der Vergabekammer? 1084
D. Folgen pflichtwidrig unterlassener Vorlagen 1085

§ 45 Kosten und Gebühren

A. Einleitung 1088

B. Gebühren und Auslagen der Vergabekammer 1088
    I. Entscheidung durch Verwaltungsakt 1088
    II. Maßstäbe für die Auslagen- und Gebührenhöhe 1089
    III. Statthaftigkeit der sofortige Beschwerde 1089
    IV. Kostenvorschuss 1090
    V. „Unterliegen" i.S. des § 128 Abs. 3 und 4 GWB 1090
C. Erstattungsfähigkeit von Aufwendungen der obsiegenden Beteiligten im erstinstanzlichen Verfahren 1091
    I. Grundsatz 1091
    II. Notwendigkeit der Hinzuziehung anwaltlicher Bevollmächtigter 1091
D. Kostentragung und Aufwendungserstattung in besonderen Fällen: Billigkeitsgründe 1092
    I. Antragsrücknahme 1092
    II. Obsiegen des Antragsgegners trotz festgestellten Vergaberechtsverstoßes 1093
    III. Erledigungserklärung 1093
    IV. Aufwendungen der Beigeladenen 1093
E. Kosten des Beschwerdeverfahrens 1094
    I. Kostengrundentscheidung 1094
    II. Keine Veranlassung für Kostenentscheidungen in Eilverfahren 1095
    III. Gerichtsgebühren 1095
    IV. Streitwert 1095
F. Höhe der Rechtsanwaltsvergütung 1095
    I. Gegenstandswert 1095
    II. Geschäftsgebühr für das Vergabekammerverfahren 1096
    III. Sofortige Beschwerde 1097
    IV. Bietergemeinschaften und Auftraggebermehrheiten 1097
G. Kostenfestsetzung 1097

Kapitel 10 Auftragsvergaben in den Bereichen Verkehr, Trinkwasser- und Energieversorgung (SektVO)

§ 46 Einleitung

A. Die SektVO als Sondervergaberecht der Energie-, Wasser- und Verkehrsversorgung 1099
B. Grundzüge der Regelungssystematik 1100
    I. Teilweise Abkehr vom Kaskadensystem 1101
    II. Einheitliche Anwendung 1101
C. Freistellung vom Vergaberecht für bestimmte Sektorentätigkeiten 1102

§ 47 Anwendungsbereich

A. Einleitung 1108
B. Persönlicher Anwendungsbereich 1109

Inhaltsverzeichnis

C. Sachlicher Anwendungsbereich 1110
    I. Vergabe von Aufträgen im Zusammenhang mit Sektorentätigkeit 1110
        1. Art der Auftragsvergabe 1110
        2. Zusammenhang mit Sektorentätigkeit 1111
    II. Schwellenwerte 1112
D. Ausnahmetatbestände gemäß GWB 1113
E. Ausnahme für Sektorentätigkeiten, die unmittelbar dem Wettbewerb ausgesetzt sind 1113
    I. Wirkung der Freistellung 1114
    II. Voraussetzungen für eine Freistellung 1114
        1. Märkte mit freiem Zugang 1114
        2. Unmittelbar dem Wettbewerb ausgesetzt 1115
        3. Beispiele für Freistellungen 1116
    III. Freistellungsverfahren 1118
        1. Einleitung eines Freistellungsverfahrens 1118
        2. Stellungnahme des BKartA 1119
        3. Bekanntmachung und Prüfung des Antrags 1119
        4. Entscheidung 1119
F. Anwendbarkeit der SektVO auf Dienstleistungen des Anhangs 1 1120

§ 48 Vergabeverfahrensarten (Besonderheiten)

A. Einleitung 1124
    I. Rechtsrahmen 1124
    II. Vergleichbare Regelungen 1124
B. Freie Wahl der Vergabeverfahrensarten 1125
C. Die Vergabeverfahrensarten im Einzelnen 1126
    I. Das Verhandlungsverfahren 1127
        1. Zum Ablauf des Verhandlungsverfahrens im Sektorenbereich 1127
        2. Das Verhandlungsverfahren ohne Bekanntmachung 1129
    II. Das offene Verfahren 1134
    III. Das nicht offene Verfahren 1135
    IV. Der in der Sektorenverordnung nicht ausdrücklich geregelte „wettbewerbliche Dialog" 1135
    V. Problematik der Vorbefasstheit 1136
D. Rahmenvereinbarungen 1137
E. Dynamische elektronische Verfahren 1138
F. Wettbewerbe 1138

§ 49 Bieter und Bewerber (Besonderheiten)

A. Einleitung 1145
B. Eignung und Auswahl der Unternehmen 1146
    I. Auswahl anhand objektiver Kriterien 1146
    II. Verringerung der Zahl der Unternehmen im nicht offenen Verfahren und Verhandlungsverfahren 1148

C. Ausschluss vom Vergabeverfahren	1149
I. Gesetzliche Ausschlussgründe	1149
II. Gewillkürte Ausschlussgründe	1150
D. Qualitätssicherungs- und Umweltmanagementnormen	1150
E. Prüfungssysteme	1151
I. Kriterien für das Aufstellen von Prüfungssystemen	1151
II. Zugang zu Prüfungskriterien und -regeln	1152
III. Nachweis über die Leistungsfähigkeit von Nachunternehmern	1153
IV. Eignungsfeststellung mit Hilfe anderer Prüfungssysteme oder Präqualifikationsverfahren	1153
V. Prüfungsstufen	1154
VI. Benachrichtigung der Unternehmen über die Entscheidung	1155
VII. Verzeichnis geprüfter Unternehmen	1155
VIII. Aberkennung der Qualifikation für das Prüfungssystem	1155
IX. Veröffentlichung eines Prüfungssystems	1156
X. Aufruf zum Wettbewerb	1156
F. Aufforderung zur Angebotsabgabe oder zur Verhandlung	1157
G. Aufruf zum Wettbewerb durch eine regelmäßige nicht verbindliche Bekanntmachung	1157
H. Bewerber- und Bietergemeinschaften	1158

§ 50 Leistungsbeschreibung und Vergabeunterlagen (Besonderheiten)

A. Vergabeunterlagen	1162
B. Anschreiben	1162
C. Bewerbungsbedingungen	1163
D. Vertragsbedingungen	1163
E. Leistungsbeschreibung	1163
I. Rechtsrahmen	1163
II. Vergleichbare Regelungen	1164
III. Eindeutige und erschöpfende Beschreibung der Leistung	1164
IV. Zugang zur Leistungsbeschreibung	1164
V. Technische Anforderungen	1165
VI. Nachweis, dass ein Angebot den Anforderungen entspricht	1165
VII. Anforderungen in Leistungs- und Funktionsanforderungen	1165
VIII. Umwelteigenschaften	1166
IX. Anerkannte Stellen	1166
X. Verweis auf Produkte, Herkunft, Marken oder Patente	1167
XI. Vorgaben zum „Green Procurement"	1167
XII. Aufbürden eines „ungewöhnlichen Wagnisses"	1167

§ 51 Bekanntmachungen, Form- und Fristvorgaben (Besonderheiten)

A. Einleitung	1173
B. Rechtliche Rahmenbedingungen	1173

Inhaltsverzeichnis

C. Form und Inhalt der Bekanntmachungen	1174
I. Formelle Anforderungen an die Bekanntmachung	1175
II. Inhalt der Bekanntmachung	1175
1. Verweis auf europarechtliche Regelungen	1175
2. Weitere Angaben gemäß § 16 Abs. 1 Satz 2 SektVO	1176
D. Die Bekanntmachungen im Einzelnen	1176
I. „Reguläre" Bekanntmachung der Vergabeabsicht	1177
II. Bekanntmachung mit Aufruf zum Teilnahmewettbewerb	1177
1. Aufruf mittels der Bekanntmachung der Vergabeabsicht	1177
2. Aufruf mittels einer regelmäßigen nicht verbindlichen Bekanntmachung	1177
3. Aufruf mittels einer Bekanntmachung über die Einrichtung eines Prüfungssystems	1178
III. Beschafferprofil	1178
IV. Regelmäßige nicht verbindliche Bekanntmachung	1178
1. Bekanntmachung	1179
2. Inhalt der Bekanntmachung	1180
V. Bekanntmachung von vergebenen Aufträgen	1180
VI. Weitere Bekanntmachungen	1181
1. Bekanntmachung zum Zweck der Fristverkürzung	1181
2. Bekanntmachungspflicht für Auftraggeber des Bundes	1181
3. Freiwillige europaweite Bekanntmachung	1181
4. Bekanntmachung von Rechtsbehelfsfristen	1182
E. Wege der Informationsübermittlung	1182
F. Fristen	1183
I. Rechtsrahmen	1183
II. Von Bewerbern/Bietern einzuhaltende Fristen	1183
1. Offenes Verfahren	1184
2. Nicht offenes Verfahren/Verhandlungsverfahren	1184
3. Verbinden von Fristverkürzungen	1185
4. Fristverlängerung	1185
5. Bindefristen	1185
III. Von öffentlichen Auftraggebern einzuhaltende Fristen	1185

§ 52 Angebote, Wertung und Beendigung des Vergabeverfahrens (Besonderheiten)

A. Einleitung	1190
B. Behandlung der Angebote	1190
I. Allgemeines	1190
1. Trennung von Eignungs- und Zuschlagskriterien	1190
2. Öffnung der Angebote	1191
II. Angebotsprüfung	1191
1. Nicht frist- und formgerechte Angebote	1191

2. Unvollständige Angebote 1191
3. Änderungen an den Vergabe- bzw. Vertragsunterlagen 1192
4. Wettbewerbsbeschränkende Abreden 1192
III. Angebotswertung 1192
C. Ungewöhnlich niedrige Angebote 1193
D. Angebote die Waren aus Drittländern umfassen 1193
I. Zurückweisung von Angeboten 1193
II. Zuschlagsregel bei Gleichwertigkeit von Angeboten 1194
E. Zuschlag und Zuschlagskriterien 1194
F. Aufhebung und Einstellung des Vergabeverfahrens 1195
G. Grenzen der Informations- und Mitteilungspflichten 1196
H. Behandlung von Nebenangeboten 1196
I. Unteraufträge 1196
J. Dokumentation 1197
K. Statistik 1198

§ 53 Rechtsfolgen von Vergaberechtsverstößen und Rechtsschutz (Besonderheiten)   1199

Kapitel 11 Auftragsvergaben im Bereich Öffentlicher Personenverkehrsdienste auf Schiene und Straße (Verordnung (EG) Nr. 1370/2007)

§ 54 Einführung zur VO 1370/2007

A. Einleitung 1202
I. Zweck der Verordnung 1202
II. Verordnungsrecht im Sinne des Art. 288 AEUV 1202
III. Anpassungsbedarf des deutschen Rechts 1204
IV. Ausblick: Änderung der VO 1370/2007 1205
B. Reichweite der unmittelbaren Anwendbarkeit seit dem 3.12.2009 1206
I. Vergaberechtliche Regelungen 1206
II. Beihilfenrechtliche Regelungen 1208
III. Laufzeiten der öffentlichen Dienstleistungsaufträge 1208
IV. Veröffentlichungspflichten 1209
C. Vorgängerregelungen 1209
I. Verordnung (EWG) Nr. 1191/69 1209
II. Verordnung (EWG) Nr. 1107/70 1210
D. Entstehungsgeschichte 1210
E. Verordnung (EG) Nr. 1370/2007 des Europäischen Parlaments und des Rates vom 23. Oktober 2007 über öffentliche Personenverkehrsdienste auf Schiene und Straße und zur Aufhebung der Verordnungen (EWG) Nr. 1191/69 und (EWG) Nr. 1107/70 des Rates 1211

§ 55 Anwendungsbereich

A. Einleitung 1229

Inhaltsverzeichnis

B. Geltungsbereich: Öffentliche Personenverkehrsdienste auf Schiene und Straße	1229
I. Straßen- und Eisenbahnverkehre sowie andere Arten des Schienenverkehrs	1229
II. Öffentliche Personenverkehre	1230
C. Zuständige Behörde	1230
D. Betreiber	1232
E. Öffentlicher Dienstleistungsauftrag	1233
I. Eigenständigkeit der Begriffsbildung	1233
1. Übereinkunft oder Entscheidung	1233
2. Verwaltung und Erbringung öffentlicher Personenverkehre	1235
3. Gemeinwirtschaftliche Verpflichtung	1237
4. Betrauung	1240
II. Pflicht zur Begründung eines öffentlichen Dienstleistungsauftrages	1240
1. Gewährung ausschließlicher Rechte	1240
2. Gewährung von Ausgleichsleistungen	1243
3. Eigenwirtschaftliche (kommerzielle) Verkehre	1243
III. Inhalt öffentlicher Dienstleistungsaufträge	1246
1. Klare Definition der gemeinwirtschaftlichen Verpflichtung	1246
2. Art und Umfang der gewährten Ausschließlichkeit	1247
3. Parameter zur Berechnung der Ausgleichsleistung	1247
4. Laufzeitbeschränkungen	1248
5. Schutz der Arbeitnehmer	1250
6. Verpflichtung zur Einhaltung bestimmter Qualitätsstandards	1254
7. Vergabe von Unteraufträgen	1256
8. Weitere Inhalte	1259
9. Änderungen während der Laufzeit des öffentlichen Dienstleistungsauftrages	1260
10. Annex: Gesamtbericht nach Art. 7 Abs. 1 VO 1370/2007	1260

§ 56 Vergabe öffentlicher Dienstleistungsaufträge im Wettbewerb

A. Einleitung	1264
I. Art. 5 Abs. 1 und Abs. 3 VO 1370/2007	1264
II. Dienstleistungskonzessionen im öffentlichen Personenverkehr	1265
1. Bedeutung der Unterscheidung von Auftrag und Konzession	1265
2. Dienstleistungskonzessionen in der Rechtsprechung des EuGH	1266
3. Entscheidungspraxis deutscher Gerichte und Vergabekammern	1268
4. Brutto- und Nettoverträge	1269
B. Vergaben nach Art. 5 Abs. 3 VO 1370/2007	1270
I. Bindung an die vergaberechtlichen Grundprinzipien	1270
II. Eckpunkte des Vergabeverfahrens	1272
1. Vorab-Veröffentlichung und Bekanntmachung	1272
2. Bestimmung des Leistungsumfangs	1273
3. Wahl der Verfahrensart und Ausgestaltung des Verfahrens	1274
4. Eignungs- und Zuschlagskriterien	1276

5. Mitteilungspflicht vor Zuschlag	1277

§ 57 Direktvergaben öffentlicher Dienstleistungsaufträge

A. Einleitung	1280
B. Direktvergaben von Eisenbahnverkehren nach Art. 5 Abs. 6 VO 1370/2007	1281
C. Selbsterbringung und Vergabe an interne Betreiber nach Art. 5 Abs. 2 VO 1370/2007	1284
I. Handlungsoptionen der zuständigen Behörde(n)	1285
II. Interner Betreiber – das Kontrollkriterium	1287
III. Tätigkeitsbeschränkungen – das Wesentlichkeitskriterium	1290
IV. Selbsterbringungsquote gemäß Art. 5 Abs. 2 Satz 2 lit. e VO 1370/2007	1292
V. Selbsterbringung im Sinne des Art. 5 Abs. 2 Satz 1 Alt. 1 VO 1370/2007	1293
D. Direktvergaben bei Kleinaufträgen	1293
I. Anwendungsbereich	1294
II. Schwellenwerte	1295
III. Umgehungsverbot und Losbildung	1295
E. Notmaßnahmen nach Art. 5 Abs. 5 VO 1370/2007	1296
I. Notsituation: Unterbrechung oder unmittelbare Gefahr der Unterbrechung	1297
1. Unterbrechung des Verkehrsdienstes	1297
2. Unmittelbare Gefahr der Unterbrechung	1299
II. Notmaßnahmen: Direktvergabe, Direkterweiterung, Auferlegung	1299
1. Direktvergabe	1299
2. Direkterweiterung	1299
3. Auferlegung	1300
4. Anwendbarkeit von Notmaßnahmen nach Art. 5 Abs. 5 VO 1370/2007	1301
III. Ermessen der zuständigen Behörde	1303
1. Entscheidung über das Ergreifen von Notmaßnahmen	1303
2. Auswahl des Verkehrsunternehmens	1303
3. Auferlegung als ultima ratio	1304
4. Qualität der zu erbringenden Verkehrsdienste	1304
5. Dauer der Notmaßnahmen	1305
IV. Einstweilige Erlaubnis nach § 20 PBefG	1306

§ 58 Rechtsschutz (Besonderheiten)

A. Einleitung	1307
B. Rechtsschutz bei der Vergabe von Bus- und Straßenbahnverkehren	1308
C. Rechtsschutz bei der Vergabe von Eisenbahnverkehren	1309
D. Rechtsschutz gegen eine Auferlegung nach Art. 5 Abs. 5 VO 1370/2007	1310

Inhaltsverzeichnis

Kapitel 12 Auftragsvergaben in den Bereichen Verteidigung und Sicherheit (VSVgV, VOB/A-VS)

§ 59 Einführung

A. Einleitung 1311
B. Die Richtlinie 2009/81/EG 1313
C. Die Umsetzung der Richtlinie 2009/81/EG ins deutsche Recht 1314

§ 60 Anwendungsbereich

A. Einleitung 1320
B. Aufträge im Bereich Verteidigung 1321
    I. Lieferaufträge über Militärausrüstung 1321
        1. Konzeption oder Anpassung für militärische Zwecke 1322
        2. Bestimmung zum Einsatz als Waffe, Munition oder Kriegsmaterial 1324
        3. Annexaufträge 1325
    II. Bau- und Dienstleistungsaufträge für militärische Zwecke 1325
C. Sicherheitsrelevante Aufträge außerhalb des Militärbereichs 1325
    I. Lieferaufträge über Ausrüstung im Rahmen eines Verschlusssachenauftrags 1326
        1. Verschlusssachenauftrag 1326
        2. Lieferung von Ausrüstung 1328
        3. Annexaufträge 1328
    II. Bau- und Dienstleistungsaufträge im Rahmen eines Verschlusssachenauftrags ... 1328
D. Gemischte Aufträge 1329
E. Bereichsausnahmen 1330
    I. Nationale Sicherheitsinteressen gemäß Art. 346 Abs. 1 lit. b AEUV 1330
        1. § 100 Abs. 6 Nr. 1 GWB 1330
        2. § 100 Abs. 6 Nr. 2 GWB 1331
    II. Aufträge über Finanzdienstleistungen 1332
    III. Aufträge für nachrichtendienstliche Tätigkeiten 1333
    IV. Aufträge im Rahmen von Kooperationsprogrammen 1333
    V. Auftragsvergaben an andere Staaten 1335
    VI. Außerhalb der EU vergebene Aufträge 1336
    VII. Vergaben aufgrund besonderer internationaler Verfahrensregeln 1337
        1. Internationales Abkommen oder internationale Vereinbarung zwischen EU-Mitgliedsstaaten und Drittstaaten 1337
        2. Internationales Abkommen oder internationale Vereinbarung im Zusammenhang mit der Truppenstationierung 1338
        3. Beschaffungen einer internationalen Organisation 1338
    VIII. Ausnahmen nach § 100 Abs. 8 GWB 1340
        1. Geheime Aufträge 1340
        2. Aufträge mit besonderen Sicherheitsmaßnahmen 1341
        3. Einsatz der Streitkräfte, Terrorismusbekämpfung oder Sicherheitsinteressen bei IT-/TK-Beschaffungen 1341

  4. Vergaben aufgrund besonderer internationaler Verfahrensvorschriften 1342

§ 61 Vergabearten und sonstige Besonderheiten des Verfahrens

A. Einleitung 1354
B. Nachrangige Dienstleistungen 1354
C. Vergabearten 1355
 I. Vorgesehene Vergabearten 1355
 II. Wahl der Vergabeart 1355
  1. § 12 VSVgV 1355
  2. § 3 VS VOB/A 1358
 III. Besonderheiten der einzelnen Vergabearten 1359
D. Abschluss von Rahmenvereinbarungen 1360
E. Vergabe in Losen 1361
F. Vergabe von Unteraufträgen 1361
 I. Begriff des Unterauftrags 1362
 II. Transparenzpflicht 1363
 III. Vorgaben des Auftraggebers für die Vergabe von Unteraufträgen 1365
  1. Wahlfreiheit des Bieters 1365
  2. Vorgabe einer Untervergabequote 1366
  3. Vorgabe des Verfahrens zur Untervergabe 1367
 IV. Ablehnungsbefugnis des Auftraggebers 1368
 V. Haftung des Auftragnehmers 1368
 VI. §§ 38 bis 41 VSVgV 1369

§ 62 Informationssicherheit

A. Einleitung 1377
 I. Begriff der Informationssicherheit 1378
 II. Elemente zum Schutz der Informationssicherheit 1379
B. Maßnahmen, Anforderungen und Auflagen zum Verschlusssachenschutz 1380
 I. Inhaltliche Anforderungen an den Verschlusssachenschutz 1380
  1. Festlegung durch den Auftraggeber 1380
  2. Mindestanforderungen 1380
  3. Weitergehende Anforderungen 1382
 II. Nachweise zur Informationssicherheit 1382
  1. Art und Form der Nachweise 1382
  2. Bekanntgabe der Nachweisanforderungen 1383
  3. Zeitpunkt der Vorlage der Nachweise 1383
  4. Möglichkeit der Fristverlängerung 1384
 III. Prüfung der Anforderungen an den Verschlusssachenschutz im Vergabeverfahren 1384
  1. Überprüfung im Rahmen der Eignungsprüfung 1384
  2. Ausschluss bei Nichterfüllung der Anforderungen 1385

Inhaltsverzeichnis

IV. Erwerb der Verschlusssachen-Zulassung	1386
1. Zuständigkeit des Bundeswirtschaftsministeriums	1386
2. Sicherheitsbescheid und VS-Zugangsgewährung	1387
3. Anerkennung von Sicherheitsüberprüfungen anderer EU-Mitgliedstaaten	1387
V. Vor-Ort-Kontrollen im Ausland	1390
C. Allgemeine Pflicht zur Vertraulichkeit	1390
I. Gegenseitige Pflichten	1391
II. Weitere Anforderungen zum Schutz der Vertraulichkeit	1391

§ 63 Versorgungssicherheit

A. Einleitung	1394
B. Bedeutung der Versorgungssicherheit in der Systematik des Vergaberechts	1394
C. § 8 VSVgV	1395
I. Allgemeines	1395
II. Die einzelnen Anforderungen	1395

§ 64 Rechtsfolgen von Vergaberechtsverstößen und Rechtsschutz (Besonderheiten)

A. Einleitung	1401
B. EU-rechtliche Vorgaben	1402
I. Grundlagen des Rechtsschutzes	1402
II. Spezielle Regelungen für den Verteidigungs- und Sicherheitsbereich	1403
III. Korrekturmechanismus der EU-Kommission	1404
C. Rechtsschutz im deutschen Recht	1405
I. Nachprüfungsverfahren für verteidigungs- und sicherheitsrelevante Aufträge im Sinne des GWB	1405
1. Anwendungsbereich der Nachprüfungsvorschriften	1405
2. Grundsatz: Geltung der allgemeinen Verfahrensregelungen	1405
3. Besonderheiten im Verteidigungs- und Sicherheitsbereich	1405
II. Rechtsschutz für verteidigungs- und sicherheitsrelevante Aufträge außerhalb des GWB	1408
1. Subjektive Bieterrechte außerhalb des GWB	1408
2. Verfahren und Rechtsweg	1408
3. Rechtsschutz gegen Vergabeentscheidungen internationaler Organisationen	1411
III. Schadenersatzansprüche	1412

Kapitel 13 Auftragsvergaben im Bereich der gesetzlichen Krankenversicherung: Krankenkassenausschreibungen (SGB V)

§ 65 Einführung

A. Wettbewerb im System der gesetzlichen Krankenversicherung	1419
B. Gesetzgeberische Maßnahmen im Einzelnen	1420

§ 66 Anwendungsbereich

A. Einleitung	1427
B. Anwendung des Vergaberechts	1428
I. Materielles Vergaberecht	1429
1. Öffentliche Auftraggebereigenschaft	1429
2. Öffentlicher Auftrag	1430
II. Besondere Berücksichtigung des Versorgungsauftrags der gesetzlichen Krankenkassen	1432
III. Rechtsschutz bei vergaberechtlichen Streitigkeiten im Bereich des SGB V	1435
C. Entsprechende Geltung des Kartellrechts	1436
I. Berücksichtigung kartellrechtlicher Verstöße des Auftraggebers im Vergabenachprüfungsverfahren	1437
II. Ausnahmeklausel in § 69 Abs. 2 Satz 2 SGB V	1439

§ 67 Hausarztzentrierte und besondere ambulante ärztliche Versorgungsverträge

A. Hausarztzentrierte Versorgungsverträge	1443
B. Vorrangiger Vertragsabschluss mit einer Gemeinschaft im Sinne von Abs. 4 Satz 1	1444
I. Art und Anzahl möglicher Vertragspartner	1444
1. Art der möglichen Vertragspartner	1444
2. Anzahl der möglichen Vertragspartner	1445
II. Vertragspartnerhierarchie	1446
III. Erlöschen des Kontrahierungszwanges	1446
C. Vertragsabschlüsse nach § 73b Abs. 4 Satz 3 und Satz 4 SGB V	1447
D. Ausschreibungspflichten für hausarztzentrierte Versorgungsverträge	1447
I. Voraussetzungen	1447
1. Öffentlicher Auftrag statt Dienstleistungskonzession	1447
2. Rahmenvereinbarungen im Sinne von § 4 EG VOL/A	1449
3. Entgeltlichkeit im Sinne von § 99 Abs. 1 GWB	1450
4. Keine Anwendbarkeit der VOF	1450
II. Ausnahmen von der Ausschreibungspflicht	1451
1. Öffentlicher Auftrag unabhängig von Anzahl potentieller Auftragnehmer	1451
2. Hausarztzentrierte Leistungen als nachrangige Dienstleistungen	1452
III. Sozialrechtliche Ausschreibungspflicht	1453
E. Verträge zur besonderen ambulanten ärztlichen Versorgung (§ 73c SGB V)	1454

§ 68 Hilfsmittelversorgungsverträge

A. Einleitung	1459
B. Präqualifizierungsverfahren und Eignungsprüfung gemäß § 126 SGB V	1459

Inhaltsverzeichnis

C. Hilfsmittelversorgungsverträge gemäß § 127 SGB V 1461
    I. Hilfsmittelversorgungsverträge als öffentliche Aufträge gemäß § 99 Abs. 1 GWB 1461
        1. Ausschreibungsverträge gemäß § 127 Abs. 1 SGB V 1461
        2. Beitrittsverträge gemäß § 127 Abs. 2, Abs. 2a SGB V 1463
        3. Einzelfallverträge gemäß § 127 Abs. 3 SGB V 1466
    II. Ausschreibungsrelevante Besonderheiten bei Hilfsmittelausschreibungen ... 1467
        1. Vergaberechtskonforme Auslegung des Zweckmäßigkeitsvorbehalts gemäß § 127 Abs. 1 SGB V 1468
        2. Vergaberechtskonforme Auslegung der „Empfehlungen zur Zweckmäßigkeit" gemäß § 127 Abs. 1a SGB V 1474
        3. Schwerpunkte in der vergaberechtlichen Rechtsprechung 1474

§ 69 Zytostatikaversorgungsverträge

A. Einleitung 1478
B. Sozialrechtliche Rahmenbedingungen für Verhandlungen über (Elemente der) Apothekenabgabepreise für Zubereitungen aus Fertigarzneimitteln 1479
    I. Zusammensetzung der Apothekenabgabepreise für Zubereitungen aus Fertigarzneimitteln 1479
    II. Sozialrechtliche Vorgaben für Preisvereinbarungen betreffend Zytostatika 1480
C. Ausschreibung von Zytostatikaversorgungsverträgen gemäß § 129 Abs. 5 Satz 3 SGB V 1481
    I. Selektivverträge im Verhältnis zwischen Krankenkassen und Apotheken ... 1481
        1. Ausschreibungsfähigkeit 1481
        2. Ausschreibungsspezifische Sonderprobleme 1483
    II. Ausschreibungspflichtigkeit im Verhältnis zwischen Apotheken und pharmazeutischen Unternehmern 1487

§ 70 Arzneimittelrabattverträge

A. Einleitung 1493
B. Arzneimittelrabattverträge gemäß § 130a Abs. 8 SGB V 1494
    I. Arzneimittelrabattverträge als öffentliche Aufträge gemäß § 99 Abs. 1 GWB 1494
        1. Rahmenvereinbarungen gemäß § 4 EG VOL/A 1495
        2. Entgeltlichkeit im Sinne von § 99 Abs. 1 GWB 1496
    II. Ausschreibungsrelevante Besonderheiten bei Arzneimittelrabattverträgen 1505
        1. Schwerpunkte in der vergaberechtlichen Rechtsprechung 1505
        2. Noch nicht abschließend geklärte ausschreibungsrelevante Einzelfragen 1517

§ 71 Impfstoffversorgungsverträge

A. Einleitung 1539
B. Sozialrechtliche Rahmenbedingungen für Preisvereinbarungen betreffend die Versorgung mit Impfstoffen 1540

C. Ausschreibung von Impfstoffversorgungsverträgen 1541
    I. Selektivverträge im Verhältnis zwischen Krankenkassen und Apotheken ... 1541
        1. Ausschreibungsfähigkeit 1541
        2. Rahmenvereinbarung nach § 4 EG VOL/A 1543
        3. Ausschreibungsspezifische Sonderprobleme 1543
    II. Selektivverträge im Verhältnis zwischen Krankenkassen und
    pharmazeutischen Unternehmern nach § 132e Abs. 2 SGB V 1545
        1. Ausschreibungsfähigkeit 1545
        2. Ausschreibungsspezifische Sonderprobleme 1547

§ 72 Integrierte Versorgungsverträge

A. Einleitung 1552
B. Integrierte Versorgungsverträge gemäß §§ 140a ff. SGB V 1552
    I. Integrierte Versorgungsverträge als öffentliche Aufträge gemäß § 99 Abs. 1
    GWB 1552
        1. Öffentlicher Auftrag oder Dienstleistungskonzession 1552
        2. Rahmenvereinbarungen gemäß § 4 EG VOL/A 1553
        3. Entgeltlichkeit im Sinne von § 99 Abs. 1 GWB 1554
        4. Umgehungsproblematik 1555
    II. Anwendbarkeit von VOF oder VOL/A 1555
    III. Integrierte Versorgung als nachrangige Dienstleistung im
    Gesundheitswesen 1556

Kapitel 14 Binnenmarktrelevante Auswahlverfahren nach primärrechtlichen Verfahrensvorgaben (AEUV)

§ 73 Rechtliche Grundlagen

A. Einleitung 1561
B. Grundfreiheitliche Vorgaben 1564
    I. Systematisches Verhältnis von Primär- und Sekundärrecht 1564
    II. Anwendung durch den EuGH 1566
        1. Dienstleistungsfreiheit 1567
        2. Niederlassungsfreiheit 1568
        3. Freier Kapital- und Zahlungsverkehr 1569
        4. Arbeitnehmerfreizügigkeit 1570
        5. Freiheit des Warenverkehrs 1571
        6. Diskriminierungsverbot 1572
C. Allgemeine Grundsätze des europäischen Primärrechts 1572
    I. Transparenzgrundsatz 1573
    II. Das grundfreiheitliche Gleichbehandlungsgebot 1573
    III. Effektivitätsgrundsatz und Äquivalenz 1574
D. EU-Beihilferecht 1575
E. Dokumente der EU-Kommission 1576
    I. Unterschwellenmitteilung von 2006 1576

Inhaltsverzeichnis

  II. XXIII. Wettbewerbsbericht von 1993 1578
  III. Leitfaden zur beihilfenkonformen Finanzierung, Umstrukturierung und Privatisierung staatseigener Unternehmen 1579
  IV. Grundstücksmitteilung von 1997 1579
F. Anhang 1580
  Anhang 1: Mitteilung der Kommission zu Auslegungsfragen in Bezug auf das Gemeinschaftsrecht, das für die Vergabe öffentlicher Aufträge gilt, die nicht oder nur teilweise unter die Vergaberichtlinien fallen, vom 1.8.2006   1580
  Anhang 2: XXIII. Bericht der Kommission über die Wettbewerbspolitik 1993 [Auszug] 1586
  Anhang 3: Arbeitsunterlage der Kommissionsdienststellen – Leitfaden zur beihilfenkonformen Finanzierung, Umstrukturierung und Privatisierung staatseigener Unternehmen, vom 10.2.2012 1587
  Anhang 4: Mitteilung der Kommission betreffend Elemente staatlicher Beihilfe bei Verkäufen von Bauten oder Grundstücken durch die öffentliche Hand 1592

§ 74 Anwendungsbereich

A. Einleitung 1598
B. Sachlicher Anwendungsbereich 1599
  I. Der Begriff der „Binnenmarktrelevanz" in der Rechtsprechung des EuGH   1599
    1. Potentielle Beteiligung von Bietern anderer Mitgliedstaaten 1599
    2. Einschränkungen 1601
    3. Berücksichtigung durch die deutschen Gerichte 1603
  II. Fallgruppen 1604
    1. Dienstleistungskonzessionen 1604
    2. Nichtprioritäre Dienstleistungen 1605
    3. Aufträge im Unterschwellenbereich 1606
    4. Öffentliche Veräußerungsgeschäfte – der Staat als Anbieter 1606
  III. Sachliche Ausnahmen 1614
    1. Rechtfertigungsgründe des europäischen Primärrechts 1614
    2. „In-House"-Vergaben 1614
    3. Ausnahmetatbestände des Vergabesekundärrechts 1615
C. Persönlicher Anwendungsbereich 1617
  I. Öffentliche Auftraggeber iSv. § 98 Nr. 1 und 3 GWB 1617
  II. Privatrechtlich verfasste Unternehmen eines Mitgliedstaats 1618
    1. Öffentliche Unternehmen iSv. Art. 106 AEUV 1618
    2. Monopolartige bzw. staatlich begünstigte Unternehmen iSv. Art. 106 AEUV 1621

§ 75 Beihilferechtliche Verfahrensvorgaben

A. Einführung 1624
B. Beihilferechtliche Privatisierungsgrundsätze 1627

§ 76 Vorbereitung und Durchführung primärrechtlicher Bieterverfahren

A. Einleitung 1631
B. Ablauf eines primärrechtlichen strukturierten Bieterverfahrens unter
 Berücksichtigung beihilferechtlicher Belange 1632
　I. Anforderungen an die Bekanntmachung 1632
　II. Fristvorgaben 1634
　III. Prüfung der Interessenbekundungen und diskriminierungsfreie Auswahl
　　 der Verhandlungspartner 1634
　IV. Die Festlegung von Bewertungskriterien 1635
　　1. Die Gewichtung der Bewertungskriterien 1635
　　2. Der Zeitpunkt der Festlegung der Bewertungsmatrix 1636
　V. Keine Vorabinformationspflicht gegenüber den unterlegenen Bewerbern . 1638
　VI. Verspätet eingereichte Interessenbekundungen 1639
　VII. Nachträgliche Konsortienbildungen 1640
　VIII. Umgang mit Interessenkollisionen 1642

§ 77 Rechtsfolgen von Verstößen und Rechtsschutz (Besonderheiten)

A. Einleitung 1645
B. Risiken der Nichtbeachtung von primärrechtlichen und beihilferechtlichen
 Verfahrensvorgaben 1646
C. Rechtsschutz 1647
　I. Rechtsweg 1647
　II. Umfang des Rechtsschutzes/Rechtsschutzziele 1649
　　1. Primärrechtsschutz 1649
　　2. Sekundärrechtsschutz 1652
　III. Personelle Rechtsbehelfsberechtigung 1653
D. Beihilferecht und Grundfreiheiten 1655

Kapitel 15 Auftragsvergaben unterhalb der europäischen Schwellenwerte

§ 78 Einführung

A. Haushaltsrecht 1658
B. Einkauf nach einheitlichen Richtlinien 1658
　I. Bundesebene 1658
　II. Landesebene 1659
C. Europäisches Primärrecht 1662

§ 79 Landesvergabegesetze

A. Baden-Württemberg 1665
　I. Vom Anwendungsbereich betroffene Vergabestellen 1666
　II. Besonderheiten im Vergabeverfahren 1666
　III. Mittelstandsförderung 1667
　IV. Tariflohnbestimmungen 1667

Inhaltsverzeichnis

V. Vergabefremde Aspekte	1669
VI. Rechtsschutz- und Beschwerdemöglichkeiten	1670
B. Bayern	1670
I. Vom Anwendungsbereich betroffene Vergabestellen	1671
II. Besonderheiten im Vergabeverfahren	1672
III. Mittelstandsförderung	1672
IV. Tariflohnbestimmungen	1673
V. Vergabefremde Aspekte	1673
VI. Rechtsschutz- und Beschwerdemöglichkeiten	1675
C. Berlin	1676
I. Vom Anwendungsbereich betroffene Vergabestellen	1676
II. Besonderheiten im Vergabeverfahren	1676
III. Mittelstandsförderung	1677
IV. Tariflohnbestimmungen	1677
V. Vergabefremde Aspekte	1679
VI. Rechtsschutz- und Beschwerdemöglichkeiten	1680
D. Brandenburg	1680
I. Vom Anwendungsbereich betroffene Vergabestellen	1680
II. Besonderheiten im Vergabeverfahren	1681
III. Mittelstandsförderung	1682
IV. Tariflohnbestimmungen	1682
V. Vergabefremde Aspekte	1684
VI. Rechtsschutz- und Beschwerdemöglichkeiten	1684
E. Bremen	1684
I. Vom Anwendungsbereich betroffene Vergabestellen	1684
II. Besonderheiten im Vergabeverfahren	1685
III. Mittelstandsförderung	1685
IV. Tariflohnbestimmungen	1686
V. Vergabefremde Aspekte	1686
VI. Rechtsschutz- und Beschwerdemöglichkeiten	1687
F. Hamburg	1688
I. Vom Anwendungsbereich betroffene Vergabestellen	1688
II. Besonderheiten im Vergabeverfahren	1688
III. Mittelstandsförderung	1690
IV. Tariflohnbestimmungen	1690
V. Vergabefremde Aspekte	1691
VI. Rechtsschutz- und Beschwerdemöglichkeiten	1691
G. Hessen	1691
I. Vom Anwendungsbereich betroffene Vergabestellen	1691
II. Besonderheiten im Vergabeverfahren	1692
III. Mittelstandsförderung	1693
IV. Tariflohnbestimmungen	1693

Inhaltsverzeichnis

    V. Vergabefremde Aspekte 1693
    VI. Rechtsschutz- und Beschwerdemöglichkeiten 1693
H. Mecklenburg-Vorpommern 1694
    I. Vom Anwendungsbereich betroffene Vergabestellen 1694
    II. Besonderheiten im Anwendungsbereich der Vergabearten 1695
    III. Mittelstandsförderung 1696
    IV. Tariflohnbestimmungen 1696
    V. Vergabefremde Aspekte 1696
    VI. Rechtsschutz- und Beschwerdemöglichkeiten 1697
I. Niedersachsen 1697
    I. Vom Anwendungsbereich betroffene Vergabestellen 1697
    II. Besonderheiten im Anwendungsbereich der Vergabearten 1698
    III. Mittelstandsförderung 1698
    IV. Tariflohnbestimmungen 1698
    V. Vergabefremde Aspekte 1699
    VI. Rechtsschutz- und Beschwerdemöglichkeiten 1699
J. Nordrhein-Westfalen 1699
    I. Vom Anwendungsbereich betroffene Vergabestellen 1700
    II. Besonderheiten im Anwendungsbereich der Vergabearten 1700
    III. Mittelstandsförderung 1701
    IV. Tariflohnbestimmungen 1702
    V. Vergabefremde Aspekte 1703
    VI. Rechtsschutz- und Beschwerdemöglichkeiten 1703
K. Rheinland-Pfalz 1704
    I. Vom Anwendungsbereich betroffene Vergabestellen 1704
    II. Besonderheiten im Anwendungsbereich der Vergabearten 1705
    III. Mittelstandsförderung 1705
    IV. Tariflohnbestimmungen 1705
    V. Vergabefremde Aspekte 1706
    VI. Rechtsschutz- und Beschwerdemöglichkeiten 1707
L. Saarland 1707
    I. Vom Anwendungsbereich betroffene Vergabestellen 1707
    II. Besonderheiten im Anwendungsbereich der Vergabearten 1707
    III. Mittelstandsförderung 1708
    IV. Tariflohnbestimmungen 1708
    V. Vergabefremde Aspekte 1708
    VI. Rechtsschutz- und Beschwerdemöglichkeiten 1709
M. Sachsen 1709
    I. Vom Anwendungsbereich betroffene Vergabestellen 1709
    II. Besonderheiten im Anwendungsbereich der Vergabearten 1709
    III. Mittelstandsförderung 1710
    IV. Tariflohnbestimmungen 1711

Inhaltsverzeichnis

V. Vergabefremde Aspekte	1711
VI. Rechtsschutz- und Beschwerdemöglichkeiten	1711
N. Sachsen-Anhalt	1711
I. Vom Anwendungsbereich betroffene Vergabestellen	1712
II. Besonderheiten im Anwendungsbereich der Vergabearten	1712
III. Mittelstandsförderung	1712
IV. Tariflohnbestimmungen	1713
V. Vergabefremde Aspekte	1713
VI. Rechtsschutz- und Beschwerdemöglichkeiten	1714
O. Schleswig-Holstein	1714
I. Vom Anwendungsbereich betroffene Vergabestellen	1715
II. Besonderheiten im Anwendungsbereich der Vergabearten	1715
III. Mittelstandsförderung	1717
IV. Tariflohnbestimmungen	1717
V. Vergabefremde Aspekte	1718
VI. Rechtsschutz- und Beschwerdemöglichkeiten	1718
P. Thüringen	1718
I. Vom Anwendungsbereich betroffene Vergabestellen	1719
II. Besonderheiten im Anwendungsbereich der Vergabearten	1719
III. Mittelstandsförderung	1719
IV. Tariflohnbestimmungen	1720
V. Vergabefremde Aspekte	1720
VI. Rechtsschutz- und Beschwerdemöglichkeiten	1721

§ 80 Rechtsschutz unterhalb der Schwellenwerte

A. Einleitung	1723
B. Rechts- und Fachaufsichtsbeschwerde	1724
C. Nachprüfungsstellen gem. § 21 VOB/A	1724
D. Einstweilige Verfügung	1725
I. Verfügungsanspruch	1725
II. Verfügungsgrund	1726
III. Keine Vorwegnahme der Hauptsache	1727
IV. Nebenintervention	1728
E. Besondere landesrechtliche Rechtsschutzmöglichkeiten	1728
Die Bearbeiter	1729
Stichwortverzeichnis	1735

Abkürzungs- und Literaturverzeichnis

Verzeichnis der Abkürzungen und der abgekürzt zitierten Literatur

aA.	anderer Ansicht
aaO.	am angegebenen Ort
abgedr.	abgedruckt
Abh.	Abhandlung
Abk	Abkommen
abl.	ablehnend
ABl.	Amtsblatt der Europäischen Union (bis 31.12.2002 Amtsblatt der Europäischen Gemeinschaften)
ABl. BnetzA.	Amtsblatt der Bundesnetzagentur
ABl. EGKS	Amtsblatt der Europäischen Gemeinschaft für Kohle und Stahl
Abs.	Absatz
Abschn.	Abschnitt
Abt.	Abteilung
abw.	abweichend
AcP	Archiv für die civilistische Praxis
ADD	Aufsicht- und Dienstleistungsdirektion
AdR	Ausschuss der Regionen
aE.	am Ende
AEntG	Arbeitnehmerentsendegesetz
AERP	Europäische Agentur für Forschung und Entwicklung
AEUV	Vertrag über die Arbeitsweise der Europäischen Union (ABl. 2008 Nr. C 115/47)
aF.	alte(r) Fassung
AFDI	Annuaire Français de Droit International
AfP	Archiv für Presserecht (Jahr und Seite)
AG	Aktiengesellschaft; Die Aktiengesellschaft (Jahr und Seite)
AGB	Allgemeine Geschäftsbedingungen
AgrarR	Agrarrecht (Zeitschrift)
AGVO	Verordnung(EG) Nr. 800/2008 der Kommission vom 6.8.2008 (Allgemeine Gruppenfreistellungsverordnung, ABl. EG Nr. L 214/3 vom 9.8.2008)
AHK	Alliierte Hohe Kommission
AJCL	American Journal of Comparative Law (Zeitschrift)
AktG	Aktiengesetz vom 6.9.1965 (BGBl. I 1089), zuletzt geändert durch Gesetz vom 22.12.2011 (BGBl. I S. 3044)
allg.	allgemein
Alt.	Alternative
aM.	andere(r) Meinung
AMPreisV	Arzneimittelpreisverordnung vom 14.11.1980 (BGBl. I 2147)
AmstV	Amsterdamer Vertrag
Amtl. Begr.	Amtliche Begründung
AMWHV	Verordnung über die Anwendung der Guten Herstellungspraxis bei der Herstellung von Arzneimitteln und Wirkstoffen und über die Anwendung der Guten fachlichen Praxis bei der Herstellung von Produkten menschlicher Herkunft (Arzneimittel- und

Abkürzungen

	Wirkstoffherstellungsverordnung – AMWHV) vom 3.11.2006 (BGBl. I 2523)
ÄndG	Änderungsgesetz
Anh.	Anhang
Anl.	Anlage
Anm.	Anmerkung
Ann. eur.	Annuaire européen (=EuYB)
AO	Abgabenordnung
AöR	Archiv des öffentlichen Rechts (Zeitschrift)
ARE	Arbeitsgemeinschaft Regionaler Energieversorgungsunternehmen
arg.	argumentum
Arrowsmith	Arrowsmith, The Law of Public and Utilities Procurement, 2. Aufl. London 2005
Art.	Artikel
AStV	Ausschuss der Ständigen Vertreter
AT	Allgemeiner Teil
Aufl.	Auflage
ausf.	ausführlich
AusfVO	Ausführungsverordnung
AWD	Außenwirtschaftsdienst des Betriebs-Beraters (Zeitschrift), ab 1975: Recht der Internationalen Wirtschaft
AWG	Außenwirtschaftsgesetz idF. der Bekanntmachung vom 26.6.2006 (BGBl. I 1386), zuletzt geändert durch Verordnung vom 15.12.2011 (BAnz. S. 4653), Einfuhrliste neugef. durch Verordnung vom15.12.2011 (BAnz. S. 4653)
AWR	Archiv für Wettbewerbsrecht (Zeitschrift)
AWVO	Außenwirtschaftsverordnung
Ax/Schneider/ Bischoff	Ax/Schneider/Bischoff, Vergaberecht 2006, Kommentar zu den Regierungsentwürfen vom 18. und 29. März 2005, Neckargemünd/Hamburg 2005
Ax/Schneider/Nette	Ax/Schneider/Nette, Handbuch Vergaberecht, 2002
Az.	Aktenzeichen
AZO	Allgemeine Zollordnung
B	Bundes-
BAFA	Bundesamt für Wirtschaft und Ausfuhrkontrolle
BAG	Bundesarbeitsgericht
BAnz.	Bundesanzeiger
Bartosch	Bartosch, EU-Beihilfenrecht, 2009
Baumbach/ Hefermehl, BauR	Zeitschrift für das gesamte öffentliche und private Baurecht (Jahr und Seite)
BaWü	Baden-Württemberg
BayHO	Bayerische Haushaltsordnung
BbgMFG	Brandenburgisches Mittelstandsförderungsgesetz
BbgVergG	Brandenburgisches Vergabegesetz
BbgVergGDV	
BbgVergGDV	Brandenburgische Vergabegesetz-Durchführungsverordnung
BerlAVG	Berliner Ausschreibungs- und Vergabegesetz
BO	Beschaffungsordnung der Freien und Hansestadt Hamburg

BremKernV	Bremische Kernarbeitsnormenverordnung
BremVergG	Bremische Vergabeordnung
BayObLG	Bayerisches Oberstes Landesgericht
BayVBl	Bayerische Verwaltungsblätter
BB	Der Betriebs-Berater (Zeitschrift)
BBauG	Bundesbaugesetz
Bd., Bde.	Band, Bände
BDI	Bundesverband der Deutschen Industrie
Bearb., bearb.	Bearbeiter; bearbeitet
Bechtold	Bechtold, Kartellgesetz, Gesetz gegen Wettbewerbsbeschränkungen, Kommentar, 7. Aufl. 2013
Bechtold/Bosch/ Brinker/ Hirsbrunner	Bechtold/Bosch/Brinker/Hirsbrunner, EG-Kartellrecht, 2. Auflage 2009
BeckOK KrW-/ AbfG [aK]	Gieberts/Reinhardt, Beck'scher Online-Kommentar Umweltrecht, BeckOK KrW-/AbfG
BeckOKVwGO	Posser/Wolff, Beck'scher Onlinekommentar zur VwGO
BeckOKVwVfG	Bader/Ronellenfitsch, Beck'scher Onlinekommentar zum VwVfG
BeckTKG-Komm.	Geppert/Piepenbrock/Schütz/Schuster, Beck'scher TKGKommentar, 3. Aufl. 2006
BeckVOB-Komm.	Motzke/Pietzcker/Prieß, Beck'scher VOB-Kommentar, Teil A, 2001
Begr.	Begründung
Bek.	Bekanntmachung
Bekanntmachung „Durchsetzung"	Bekanntmachung der Kommission über die Durchsetzung des Beihilfenrechts durch die einzelstaatlichen Gerichte (Abl. EU Nr. C 85/1 vom 9. 4. 2009)
Bekanntmachung „Post"	Bekanntmachung der Kommission über die Anwendung der Wettbewerbsregeln auf den Postsektor und über die Beurteilung bestimmter staatlicher Maßnahmen betreffend Postdienste (ABl. EG Nr. C 39/2 vom 6. 2. 1998)
Bekanntmachung „Rückforderung"	Bekanntmachung der Kommission über Rechtswidrige und mit dem Gemeinsamen Markt unvereinbare staatliche Beihilfen: Gewährleistung der Umsetzung von Rückforderungsentscheidungen der Kommission in den Mitgliedstaaten, (Abl. EU Nr. C 272/4 vom 15. 11. 2007)
Bekl.	Beklagte(r)
Bellamy/Child	Bellamy/Child, European Community Law of Competition, 2008
Benelux-Staaten	Belgien, Niederlande, Luxemburg
BerlKommEnR	Säcker, Berliner Kommentar zum Energierecht, 3. Aufl. 2014
BerlKommTKG	Säcker, Berliner Kommentar zum TKG, 3. Aufl. 2013
bes.	besonders
Beschl.	Beschluss
bestr.	bestritten
Beteiligungsmitteilung	Mitteilung der Kommission über Kapitalzuführungen durch den Staat, Bulletin EG 9–1984, abgedruckt in: Wettbewerbsrecht der Europäischen Gemeinschaften, Band IIA, 133

Abkürzungen

betr.	betreffend
Bez.	Bezeichnung
BGB	Bürgerliches Gesetzbuch idF. vom 2.1.2002 (BGBl. I 42, ber. 2909), zuletzt geändert durch Gesetz vom 19.10.2012 (BGBl. I S. 2182)
BGBl.	Bundesgesetzblatt
BGH	Bundesgerichtshof
BGHZ	Entscheidungen des Bundesgerichtshofs in Zivilsachen
BGW	Bundesverband der deutschen Gas- und Wasserwirtschaft
BIP	Bruttoinlandsprodukt
BKartA	Bundeskartellamt
BKR	Richtlinie des Rates über die Koordinierung der Verfahren zur Vergabe öffentlicher Bauaufträge (93/37/EWG)
Bl.	Blatt
BMJ	Bundesminister(ium) der Justiz
BMAS	Bundesministerium für Arbeit und Soziales
BMWi	Bundesministerium für Wirtschaft und Technologie
BNetzA	Bundesnetzagentur für Elektrizität, Gas, Telekommunikation, Post und Eisenbahnen
Boesen	Boesen, Kommentar zum Vergaberecht, 2. Aufl. 2002
br.	britisch
BRat	Bundesrat
BRD	Bundesrepublik Deutschland
BR-Drucks.	Drucksachen des Deutschen Bundesrates
BReg	Bundesregierung
Bright	Bright, Public Procurement Handbook, 1994
BR-Prot.	Protokolle des Deutschen Bundesrates
BSG	Bundessozialgericht
Bsp.	Beispiel
Bspr.	Besprechung
bspw.	beispielsweise
BT	Bundestag
BT-Drucks.	Drucksache des Deutschen Bundestages
BT-Prot.	Protokolle des Deutschen Bundestages
Buchholz	Buchholz, Sammel- und Nachschlagewerk der Rechtsprechung des Bundesverwaltungsgerichts
Buchst.	Buchstabe
Bull.	Bulletin der Europäischen Gemeinschaften
BVerfG	Bundesverfassungsgericht
BVerfGE	Entscheidungen des Bundesverfassungsgerichts
BVerwG	Bundesverwaltungsgericht
BVerwGE	Entscheidungen des Bundesverwaltungsgerichts
BYIL	British Yearbook of International Law
Byok/Jaeger	Byok/Jaeger, Kommentar zum Vergaberecht, 3. Aufl. 2011
bzgl.	bezüglich
bzw.	beziehungsweise
ca.	circa
Calliess/Ruffert	Calliess/Ruffert, Kommentar zum EUV/AEUV, 4. Aufl. 2011
CC	Code Civil
cic	culpa in contrahendo
CMLR	Common Market Law Reports (Zeitschrift)
CMLRev	Common Market Law Review (Zeitschrift)

Competition Policy Newsletter	Competition Policy Newsletter (Zeitschrift)
CPA	Classification of Products According to Activities (Statistische Güterklassifikation in Verbindung mit den Wirtschaftszweigen in der Europäischen Wirtschaftsgemeinschaft)
CPC	Central Product Classification (Zentrale Güterklassifikation der Vereinten Nationen)
CPN	Competition Policy Newsletter
CPV	Common Procurement Vocabulary (Gemeinsames Vokabular für öffentliche Aufträge)
dass.	dasselbe
Daub/Eberstein	Daub/Eberstein, Kommentar zur VOL/A, 5. Aufl. 2000
Dauses	Dauses, Handbuch des EU-Wirtschaftsrechts, 34 Aufl. 2013
DAV	Deutscher Apothekerverband e.V.
DB	Der Betrieb (Zeitschrift)
ders.	derselbe
dh.	das heißt
dies.	dieselbe(n)
diff.	differenzierend
DIHT	Deutscher Industrie- und Handelstag
DIN	Deutsche Industrienorm
Dippel/Sterner/Zeiss	Praxiskommentar Beschaffung im Verteidigungs- und Sicherheitsbereich, Köln 2013
DiskE	Diskussionsentwurf
Diss.	Dissertation (Universitätsort)
dJ.	des Jahres
DKR	Richtlinie des Rates über die Koordinierung der Verfahren zur Vergabe öffentlicher Dienstleistungsaufträge (92/50/EWG)
Dok.	Dokument
DÖV	Die öffentliche Verwaltung (Zeitschrift)
Dreher/Stockmann	Kartellvergaberecht, 4. Aufl. 2008
DRiZ	Deutsche Richterzeitung
Drucks.	Drucksache
DRZ	Deutsche Rechtszeitschrift
DStZ	Deutsche Steuerzeitung
DVA	Deutscher Verdingungsausschuss für Bauleistungen
DVAL	Deutscher Verdingungsausschuss für Leistungen ausgenommen Bauleistungen
DVBl.	Deutsches Verwaltungsblatt (Zeitschrift)
DVG	Deutsche Verbundgesellschaft
DVO	Durchführungsverordnung
DW	Der Wettbewerb (Zeitschrift)
DZWir	Deutsche Zeitschrift für Wirtschaftsrecht
E	Entwurf
EAG	Europäische Atomgemeinschaft
EAGV	Vertrag zur Gründung der Europäischen Atomgemeinschaft
ebd.	Ebenda
Ebenroth/Boujong/Joost	Ebenroth/Boujong/Joost, HGB, Kommentar, 2. Aufl. 2009
Ebisch/Gottschalk	Ebisch/Gottschalk, Preise und Preisprüfungen bei öffentlichen Aufträgen einschließlich Bauaufträge, Kommentar, 8. Aufl. 2010
ECLR	European Competition Law Review (Zeitschrift)

Abkürzungen

EEA	Einheitliche Europäische Akte
EEG	Erneuerbare Energien Gesetz vom 25.10.2008 (BGBl. I 2074), zuletzt geändert durch Gesetz vom 17.8.2012 (BGBl. I S. 1754)
EFTA	European Free Trade Association
EG	Vertrag zur Gründung der Europäischen Gemeinschaften
Egger	Egger, Europäisches Vergaberecht, 1. Aufl. 2008
EGKS	Europäische Gemeinschaft für Kohle und Stahl
EGKS V	Vertrag über die Gründung der Europäischen Gemeinschaft für Kohle und Stahl vom 18.4.1951 (BGBl 1952 II 445)
EGMR	Europäischer Gerichtshof für Menschenrechte
EGV	Vertrag zur Gründung der Europäischen Gemeinschaft vom 25.3.1957(BGBl II 766) i. d.F des Vertrages über die Europäische Union vom 7.2.1992 (BGBl. II 1253/1256) zuletzt geändert durch den Amsterdamer Vertrag vom 2.10.1997 (BGBl. II 387)
Ehlers/Wolffgang/ Schröder	Ehlers/Wolffgang/Schröder, Subventionen im WTO- und EGRecht, 2007
Einf.	Einführung
Einl.	Einleitung
einstw.	einstweilig
EJIL	European Journal of International Law
EKMR	Europäische Kommission für Menschenrechte
EL	Ergänzungslieferung
ELJ	European Law Journal (Zeitschrift)
ELRev	European Law Review (Zeitschrift)
Emmerich	Emmerich, Kartellrecht, 11. Aufl. 2008
EMRK	Europäische Konvention für Menschenrechte
endg.	endgültig
Entsch.	Entscheidung
entspr.	entsprechend
Entw.	Entwurf
EnWG	Gesetz über die Elektrizitäts- und Gasversorgung (Energiewirtschaftsgesetz) vom 7.7.2005 (BGBl. I S. 1970, ber. 3621), zuletzt geändert durch Gesetz vom 25.10.2008 (BGBl. I 2101)
EP	Europäisches Parlament
EPL	European Public Law
Erichsen/Ehlers	Erichsen/Ehlers, Allgemeines Verwaltungsrecht, 14. Aufl. 2010
Erl.	Erläuterung
Erman	Erman, BGB, Kommentar, 12.Aufl. 2008
Eschenbruch/Opitz	Eschenbruch/Opitz, Sektorenverordnung, Kommentar, 2012
EStAL	European State Aid Law Quarterly (Zeitschrift)
EStG	Einkommensteuergesetz
etc.	et cetera
EU	Europäische Union
EuG	Europäisches Gericht Erster Instanz
EuGH	Gerichtshof der Europäischen Gemeinschaften
EuGHE	Entscheidungen des Gerichtshofes der Europäischen Gemeinschaften
EuGHMR	Europäischer Gerichtshof für Menschenrechte
EUK	Europa kompakt (Zeitschrift)
EU-Komm.	Europäische Kommission
EuR	Europarecht (Zeitschrift)

EUR	Euro
Euratom	Europäische Atomgemeinschaft
EUV	Vertrag über die Europäischen Union (ABl. 2008 Nr. C 115/47)
EuVR	Europäisches Vergaberecht (Zeitschrift), ab 2001: Zeitschrift für das gesamte Vergaberecht
EuYB	European Yearbook
EuZW	Europäische Zeitschrift für Wirtschaftsrecht
e. V.	eingetragener Verein
EVB-IT	Ergänzende Vertragsbedingungen für die Beschaffung von IT-Leistungen
evtl.	eventuell
EVU	Elektrizitätsversorgungsunternehmen
EW	Elektrizitätswirtschaft (Zeitschrift)
EWG	Europäische Wirtschaftsgemeinschaft
EWGV	Vertrag zur Gründung der Europäischen Wirtschaftsgemeinschaft vom 25.3.1957 (BGBl. II 753)
EWiR	Entscheidungen zum Wirtschaftsrecht (Zeitschrift)
EWR	Europäischer Wirtschaftsraum
EWS	Europäisches Wirtschafts- und Steuerrecht (Zeitschrift)
Eyermann	VwGO Kommentar, 13. Aufl. 2010
EZB	Europäische Zentralbank
EzEG-VergabeR	Entscheidungssammlung zum Europäischen Vergaberecht (Herausgeber: Fischer/Noch)
f.	folgende
FAZ	Frankfurter Allgemeine Zeitung
Festschrift Marx	Wettbewerb – Transparenz – Gleichbehandlung, 15 Jahre GWB-Vergaberecht, Festschrift für Fridhelm Marx, München 2013
ff.	folgende
FFV	Frauenförderverordnung
FGO	Finanzgerichtshof
Fischer/Noch	Fischer/Noch, Entscheidungssammlung Europäisches Vergaberecht, 3 Bände, Grundwerk, 1996, Stand: 24. Ergänzungslieferung Dezember 2000
FIW	Forschungsinstitut für Wirtschaftsverfassung und Wettbewerb e. V., Köln
FIW-Schriftenreihe	Schriftenreihe des Forschungsinstituts für Wirtschaftsverfassung und Wettbewerb e. V., Köln
FK	Frankfurter Kommentar zum Kartellrecht, hrsg. von Helmut Glassen, Loseblatt seit 1958, Stand: Mai 2012
Fn.	Fußnote
Franke/Kemper/Zanner/Grünhagen	Franke/Kemper/Zanner/Grünhagen, VOB-Kommentar, Bauvergaberecht, Bauvertragsrecht, Bauprozessrecht, 5. Aufl. 2013
Franz.	französisch
Frenz	Handbuch Europarecht, Bd. 3: Beihilfe- und Vergaberecht, 2007
FS	Festschrift
G	Gesetz
GABl.	Gemeinsames Amtsblatt
GAP	Gemeinsame Agrarpolitik
GASP	Gemeinsame Außen- und Sicherheitspolitik
GATS	General Agreement on Trade in Services (Allgemeines Übereinkommen über den Handel mit Dienstleistungen)

Abkürzungen

GATT	Allgemeines Zoll- und Handelsabkommen
GBl.	Gesetzblatt
GbR	Gesellschaft bürgerlichen Rechts
GD	Generaldirektion
Geiger/Khan/Kotzur	Geiger/Khan/Kotzur, EUV/AEUV, 5. Aufl.2010
gem.	gemäß
GemHVO	Gemeindehaushaltsverordnung
GemHVO NRW	Gemeindehaushaltsverordnung Nordrhein-Westfalen
GemS	Gemeinsamer Senat
Gemeinschaftsrahmen „F&E&I-Beihilfen"	Mitteilung der Kommission – Gemeinschaftsrahmen für staatliche Beihilfen für Forschung, Entwicklung und Innovation (ABl. EU Nr. C 323/1 vom 30.12.2006)
GesR	Zeitschrift für Arztrecht, Krankenhausrecht, Apotheken- und Arzneimittelrecht
GewA	Gewerbearchiv (Zeitschrift)
GewO	Gewerbeordnung idF. der Bekanntmachung vom 22.2.1999 (BGBl. I 202), zuletzt geändert durch Gesetz vom 15.12.2011 (BGBl. I S. 2714)
GFE-DAWI	Entscheidung der Kommission vom 28. November 2005 über die Anwendung von Artikel 86 Absatz 2 EG-Vertrag auf staatliche Beihilfen, die bestimmten mit der Erbringung von Dienstleistungen von allgemeinem wirtschaftlichem Interesse betrauten Unternehmen als Ausgleich gewährt werden (ABl. EU Nr. L 312/67 vom 29.11.2005)
GG	Grundgesetz für die Bundesrepublik Deutschland vom 23.5.1949 (BGBl. I 1), zuletzt geändert durch Gesetz vom 19.3.2009 (BGBl. I 606)
ggf.	gegebenenfalls
ggü.	gegenüber
GK	Gemeinschaftskommentar, Müller-Henneberg/Hootz (Herausgeber), Gesetz gegen Wettbewerbsbeschränkungen und Europäisches Kartellrecht, 5. Aufl. 1999ff.
GKG	Gerichtskostengesetz idF. der Bekanntmachung vom 15.12.1975 (BGBl. I 3047), zuletzt geändert durch Gesetz vom 11.7.2012 (BGBl. I S. 1478)
GmbHG	Gesetz betreffend die Gesellschaften mit beschränkter Haftung vom 20.5.1892, zuletzt geändert durch Gesetz vom 22.12.2011 (BGBl. I S. 3044)
GMBl.	Gemeinsames Ministerialblatt
GMSH	Gebäudemanagement Schleswig-Holstein A.ö.R.
GmS-OGB	Gemeinsamer Senat der obersten Gerichtshöfe des Bundes
GO	Geschäftsordnung
Göhler	Göhler, Gesetz über Ordnungswidrigkeiten, 16. Aufl. 2012
GP	Gesetzgebungsperiode
GPA	Agreement on Government Procurement
GPC	Government Procurement Code
Grabitz/Hilf/Nettesheim	Grabitz/Hilf/Nettesheim, Das Recht der Europäischen Union, Loseblatt, 51. Aufl. 2013
Graf-Schlicker	Graf-Schlicker, InsO, Kommentar, 2. Aufl. 2010
Greb/Müller	Greb/Müller, SektVO, Kommentar, 2010
grdl.	grundlegend

grds.	grundsätzlich
von der Groeben/ Thiesing/ Ehlermann	von der Groeben/Thiesing/Ehlermann, Kommentar zum EU-/ EG-Vertrag, I und II: 6. Aufl. 2003f., III bis V: 5. Aufl. 1997 (Nachfolgewerk: Schröter/Jakob/Mederer)
Gruber	Gruber, Europäisches Vergaberecht, 2005
GrS	Großer Senat
Grünbuch Partnerschaften	Grünbuch zu öffentlich-privaten Partnerschaften und den gemeinschaftlichen Rechtsvorschriften für öffentliche Aufträge und Konzessionen, vom 30.4.2004, KOM (2004) 327 endgültig
Grünbuch Verteidigungsgüter	Grünbuch Beschaffung von Verteidigungsgütern vom 23.9.2004, KOM(2004)608 endgültig,
GRUR	Gewerblicher Rechtsschutz und Urheberrecht (Zeitschrift)
GrVR	Grundstücksverkehrsrichtlinien
GRfW	Gesetz zur Errichtung eines Registers zum Schutz fairen Wettbewerbs
GU	Gemeinschaftsunternehmen
GVBl.	Gesetz- und Verordnungsblatt
GVO	Gruppenfreistellungsverordnung
GWB	Gesetz gegen Wettbewerbsbeschränkungen idF. der Bekanntmachung vom 15.7.2005 (BGBl. I 2114), zuletzt geändert durch Gesetz vom 22.12.2011 (BGBl. I S. 3044)
GYIL	German Yearbook of International Law
HAD	Hessische Ausschreibungsdatenbank
Hailbronner/Klein/ Magiera/Müller-Graff	Hailbronner/Klein/Magiera/Müller-Graff, Handkommentar zum Vertrag über die Europäische Union (EUV/EGV), Loseblatt seit 1991, Stand: 1998 (Erscheinen eingestellt mit EL 7)
Halbbd.	Halbband
Hancher/ Ottervanger/Slot	Hancher/Ottervanger/Slot, EC State Aids, 4. Aufl. 2012
Haratsch/Koenig/ Pechstein	Haratsch/Koenig/Pechstein, Europarecht, 8. Aufl. 2012
HCC-ZB	Hessisches Competence Center für Neue Verwaltungssteuerung – Zentrale Beschaffung
Hdb.	Handbuch
HdbStR III	Isensee/Kirchhof, Handbuch des Staatsrecht der Bundesrepublik Deutschland, Band 3, Demokratie – Bundesorgane, 3. Aufl. 2005
Heidenhain	Heidenhain, Handbuch des Europäischen Beihilfenrechts, 2003
Heidenhain, EC Aid Law	Heidenhain, European State Aid Law, 2010
Heiermann/Riedl/ Rusam	Heiermann/Riedl/Rusam, Handkommentar zur VOB, Teile A und B, 12. Auflage 2012
Heiermann/Zeiss/ Kullack/Blaufuß	Heiermann/Zeiss/Kullack/Blaufuß, Vergaberecht, 3. Aufl. 2011
Hertwig	Hertwig, Praxis der öffentlichen Auftragsvergabe, 4. Aufl. 2009

Abkürzungen

HGB	Handelsgesetzbuch vom 10.5.1897 (RGBl. 219), zuletzt geändert durch Gesetz vom 22.12.2011 (BGBl. I S. 3044)
HGrG	Haushaltsgrundsätzegesetz idF. vom 19.8.1969 (BGBl. I 1273), zuletzt geändert durch Gesetz vom 27.5.2010 (BGBl. I S. 671)
HK-InsO	Kreft, Heidelberger Kommentar zur Insolvenzordnung, 6. Aufl. 2011
hL.	herrschende Lehre
hM.	herrschende Meinung
HmbVgG	Hamburgisches Vergabegesetz
HOAI	Verordnung über die Honorare für Leistungen der Architekten und Ingenieure vom 11.8.2009 (BGBl. I 2732)
Hrsg., hrsg.	Herausgeber; herausgegeben
Hs.	Halbsatz
Hüffer	Aktiengesetz, 10. Aufl. 2012
HVgG	Hessisches Vergabegesetz
HwO	Handwerksordnung
HZD	Hessische Zentrale für Datenverarbeitung
ICLQ	International Comparative Law Quarterly (Zeitschrift)
idF.	in der Fassung
idR.	in der Regel
idS.	in diesem Sinne
iE.	im Einzelnen
ieS.	im engeren Sinne
IfSG	Gesetz zur Verhütung und Bekämpfung von Infektionskrankheiten beim Menschen (Infektionsschutzgesetz – IfSG) vom 20.6.2000 (BGBl. I 1045)
IHK	Industrie- und Handelskammer
ILA	International Law Association
ILO	Internationale Arbeitsorganisation
IMBY	Immobilien Freistaat Bayern
Immenga/Mestmäcker, EU-WettbR	Immenga/Mestmäcker, EU-Wettbewerbsrecht Kommentar, 5. Aufl. 2012
Immenga/Mestmäcker, GWB	Immenga/Mestmäcker, Kommentar zum Gesetz gegen Wettbewerbsbeschränkungen (GWB), 4. Aufl. 2007
Ingenstau/Korbion	Ingenstau/Korbion, VOB-Kommentar, Teile A und B, 18. Aufl. 2012
insbes.	insbesondere
IP	Pressemitteilung der EU
iRd.	im Rahmen der (des)
iS.	im Sinne
iSd.	im Sinne des
iSv.	im Sinne von
iÜ.	im Übrigen
IuK-BER	Informations- und Kommunikationstechnologie in der Landesverwaltung des Saarlandes
iVm.	in Verbindung mit
IWF	Internationaler Währungsfond
iwS.	im weiteren Sinne
iZw.	im Zweifel

Abkürzungen

JA	Juristische Arbeitsblätter (Zeitschrift)
Jarass/Pieroth	Jarass/Pieroth, Grundgesetz für die Bundesrepublik Deutschland, Kommentar, 12. Aufl. 2012
Jb.	Jahrbuch
Jbl	Juristische Blätter (Zeitschrift)
Jestaedt/Kemper/ Marx/Prieß	Jestaedt/Kemper/Marx/Prieß, Das Recht der Auftragsvergabe, 1999
Jhrg.	Jahrgang
JMBl.	Justizministerialblatt
JR	Juristische Rundschau (Zeitschrift)
jur.	juristisch
Jura	Juristische Ausbildung (Zeitschrift)
Juris-PK	Juris Praxiskommentar Vergaberecht, 3. Aufl. 2011
JuS	Juristische Schulung (Zeitschrift)
JW	Juristische Wochenschrift (Zeitschrift)
JZ	Juristenzeitung (Zeitschrift)
Kap.	Kapitel
Kapellmann/ Messerschmidt	Kapellmann/Messerschmidt, Beck'sche Kurzkommentare, Bd. 58, VOB Teile A und B, Vergabe- und Vertragsordnung für Bauleistungen mit Vergabeverordnung (VgV), 3. Aufl. 2010
Kaufhold	Kaufhold, Die Vergabe freiberuflicher Leistungen ober- und unterhalb der Schwellenwerte, 2. Aufl. 2012
Kaufmann/Lübbig/ Prieß/Pünder	VO(EG) 1370/2007, Verordnung über öffentliche Personenverkehrsdienste, Kommentar, 2010
KartR	Kartellrecht
KG	Kammergericht (Berlin)
KGaA	Kommanditgesellschaft auf Aktien
Kl.	Kläger
KMU	Kleine und mittelständische Unternehmen
Knack	Knack, VwVfG, Kommentar, 9. Aufl. 2010
Köhler/Bornkamm	Köhler/Bornkamm, Gesetz gegen den unlauteren Wettbewerb, 30. Aufl. 2012
Koenig/Kühling/ Ritter	Koenig/Kühling/Ritter, EG-Beihilfenrecht, 2. Aufl. 2005
Koenig/Roth/Schön	Koenig/Roth/Schön, Aktuelle Fragen des EG-Beihilfenrechts, 2001
Koller/Roth	Koller/Roth, Handelsgesetzbuch – HGB, Kommentar, 7. Aufl. 2011
KOM DOK	Kommissionsdokument
Kom.	Kommission
Komm.	Kommentar
KomHKV	Kommunale Haushalts- und Kassenverordnung
KommHVO	Kommunalhaushaltsverordnung
KommJur	Kommunaljurist
KompendiumVgR	Müller-Wrede, Kompendium des Vergaberechts, 2008
Kopp/Ramsauer	VwVfG Kommentar, 13. Aufl. 2012
Kopp/Schenke	VwGO Kommentar, 18. Aufl. 2012
KorruR	Korruptionsbekämpfungsrichtlinie
KostRMoG	Kostenrechtsmodernisierungsgesetz

Abkürzungen

KRG	Korruptionsregistergesetz
krit.	kritisch
KritJ	Kritische Justiz (Zeitschrift)
KS	EGKS-Vertrag in der nach dem 1.5.1999 geltenden Fassung
KSZE	Konferenz über Sicherheit und Zusammenarbeit in Europa
Kulartz/Kus/Portz	Kulartz/Kus/Portz, Kommentar zum GWB-Vergaberecht, 3. Aufl. 2014
Kulartz/Marx/Portz/ Prieß	Kulartz/Marx/Portz/Prieß, Kommentar zur VOL/A, 3. Aufl. 2014
krW-/AbfG Bln	Kreislaufwirtschafts- und Abfallgesetz Berlin
L	Landes-
LAG	Landesarbeitsgericht
LAV	Landesapothekerverband
Lampe-Helbig/ Jagenburg	Lampe-Helbig/Jagenburg, Handbuch der Bauvergabe, 3. Aufl. 2013
Langen/Bunte	Langen/Bunte, Kommentar zum deutschen und europäischen Kartellrecht, 11. Aufl. 2010 (Bd. 1: Deutsches Kartellrecht; Bd. 2: Europäisches Kartellrecht)
Leinemann	Leinemann, Die Vergabe öffentlicher Aufträge, 5. Aufl. 2011
Leinemann/Kirch	VSVgV, Vergabeverordnung Verteidigung und Sicherheit, Kommentar, 2010
Leitfaden Verfahren	Europäischer Leitfaden für bewährte Verfahren (Code of Best Practice) zur Erleichterung des Zugangs kleiner und mittlerer Unternehmen (KMU) zu öffentlichen Aufträgen, SEC(2008) 2193 vom 25.6.2008 Leitlinien „Breitbandausbau" Leitlinien der Gemeinschaft für die Anwendung der Vorschriften über staatliche Beihilfen im Zusammenhang mit dem schnellen Breitbandausbau, ABl. 2009 C 235/7
Leitlinien „Risikokapitalbeihilfen"	Leitlinien der Gemeinschaft für staatliche Beihilfen zur Förderung von Risikokapitalinvestitionen in kleine und mittlere Unternehmen (ABl. EU Nr. C 194/2 vom 18.8.2006)
Leitlinien „Umstrukturierung"	Mitteilung der Kommission – Leitlinien der Gemeinschaft für staatliche Beihilfen zur Rettung und Umstrukturierung von Unternehmen in Schwierigkeiten (ABl. EU Nr. C 244/2 vom 1.10.2004)
Lenz, EG-Handbuch	Lenz, EG-Handbuch, Recht im Binnenmarkt, 2. Aufl. 1994
Lenz/Borchardt	Lenz/Borchardt, EU- Verträge, Kommentar, 6. Aufl. 2012
Lfg.	Lieferung
LG	Landgericht (mit Ortsnamen)
LGG	Landesgleichstellungsgesetz
LHO	Landeshaushaltsordnung
LIEI	Legal Issues of Economic Integration (Zeitschrift)
Lit.	Literatur
lit.	Buchstabe
LKartB	Landeskartellbehörde/n
LKR	Richtlinie des Rates zur Koordinierung der Verfahren zur Vergabe öffentlicher Lieferaufträge (93/36/EWG)

LKV	Landes- und Kommunalrecht (Zeitschrift)
LM	Nachschlagewerk des Bundesberichtshofs, herausgegeben von Lindenmaier, Möhring u. a.
Losebl.	Loseblattausgabe
Loewenheim	Loewenheim/Meessen/Riesenkampff, Kartellrecht, 2. Aufl. 2009
LPG	Landespressegesetz
Lübbig/Martin-Ehlers	Lübbig/Martin-Ehlers, Beihilfenrecht der EU, 2. Aufl. 2009
LS	Leitsatz
lt.	laut
LTMG	Landestariftreue- und Mindestlohngesetz
LTTG	Landestariftreuegesetz
LVergabeG	Niedersächsisches Landesvergabegesetz
LVG LSA	Gesetz über die Vergabe öffentlicher Aufträge in Sachsen-Anhalt
Maunz/Dürig	Maunz/Dürig, Grundgesetz, Loseblatt-Kommentar, Stand: April 2012
Maurer	Maurer, Allgemeines Verwaltungsrecht, 18. Aufl. 2011
maW.	mit anderen Worten
Mayer/Stöger	Mayer, Kommentar zu EUV und AEUV, Loseblatt, Stand: 2013
MBl.	Ministerialblatt
MDR	Monatsschrift für Deutsches Recht (Zeitschrift)
mE.	meines Erachtens
Mederer/Pesaresi/ Van Hoof/ Mestmäcker/ Schweitzer	Mestmäcker/Schweitzer, Europäisches Wettbewerbsrecht, 2. Aufl. 2004
MFG	Mittelstandsförderungsgesetz
MFG BW	Mittelstandsförderungsgesetz Baden-Württemberg
MFG RP	Mittelstandsförderungsgesetz Rheinland-Pfalz
MiArbG	Gesetz über die Festsetzung von Mindestarbeitsbedingungen
MinBl.	Ministerialblatt
Mio.	Million(en)
Mitt.	Mitteilung(en)
Mitt. „Analysemethode"	Mitteilung der Kommission über die Methode für die Analyse staatlicher Beihilfen in Verbindung mit verlorenen Kosten, abrufbar unter http://ec.europa.eu/competition/state_aid/legislation/stranded_costs_de.pdf
Mitt. „Auslegungsfragen Artikel 296"	Mitteilung zu Auslegungsfragen bezüglich der Anwendung des Artikels 296 des Vertrags zur Gründung der Europäischen Gemeinschaft (EGV) auf die Beschaffung von Verteidigungsgütern (KOM (2006) 779 endgültig vom 7. 12. 2006)
Mitt. „Auslegungsfragen IÖPP"	Mitteilung der Kommission zu Auslegungsfragen in Bezug auf die Anwendung der gemeinschaftlichen Rechtsvorschriften für öffentliche Aufträge und Konzessionen auf institutionalisierte Öffentlich Private Partnerschaften (IÖPP) (ABl. EU Nr. C 91/04 vom 12. 4. 2008)

Abkürzungen

Mitt. „Auslegung Konzessionen"	Mitteilung der Kommission zu Auslegungsfragen im Bereich Konzessionen im Gemeinschaftsrecht (ABl. C 121 v. 29. 4. 2000)
Mitt. „Auslegung Vergaberecht"	Mitteilung der Kommission über die Auslegung des gemeinschaftlichen Vergaberechts und die Möglichkeiten zur Berücksichtigung sozialer Belange bei der Vergabe öffentlicher Aufträge (KOM (2001) 566 endgültig vom 15. 10. 2001)
Mitt. „Filmwirtschaft"	Mitteilung der Kommission über die Kriterien zur Beurteilung der Vereinbarkeit staatlicher Beihilfen in der Mitteilung der Kommission vom 26. September 2001 zu bestimmten Rechtsfragen im Zusammenhang mit Kinofilmen und anderen audiovisuellen Werken (Mitteilung zur Filmwirtschaft) (Abl. EU Nr. C 31/01 vom 7. 2. 2009)
Mitt. „Flughäfen" ...	Mitteilung der Kommission Gemeinschaftliche Leitlinien für die Finanzierung von Flughäfen und die Gewährung staatlicher Anlaufbeihilfen für Luftfahrtunternehmen auf Regionalflughäfen (ABl. Nr. C 312/1 vom 9. 12. 2005)
Mitt. „Geltungsdauer Schiffbau"	Mitteilung der Kommission betreffend die Verlängerung der Geltungsdauer der Rahmenbestimmungen über staatliche Beihilfen an den Schiffbau (ABl. EU Nr. C 260/7 vom 28. 10. 2006)
Mitt. „Gemeinschaftsrahmen Beihilfen" ...	Mitteilung der Kommission – Vorübergehender Gemeinschaftsrahmen für staatliche Beihilfen zur Erleichterung des Zugangs zu Finanzierungsmittelin der gegenwärtigen Finanz- und Wirtschaftskrise (Abl. EU Nr. C 16/1 vom 22. 1. 2009)
Mitt. „öffentlich-rechtlicher Rundfunk"	Mitteilung der Kommission über die Anwendung der Vorschriften über Staatliche Beihilfen auf den öffentlich-rechtlichen Rundfunk (ABl. EG Nr. C 320/5 vom 15. 11. 2001)
Mitt. „Unterschwellenvergabe"	Mitteilung der Kommission zu Auslegungsfragen in Bezug auf das Gemeinschaftsrecht, das für die Vergabe öffentlicher Aufträge gilt, die nicht oder nur teilweise unter die Vergaberichtlinien fallen (ABl. EU Nr. C 179/2 vom 1. 8. 2006)
Mitt. „Konzessionen"	Mitteilung der Kommission zu Auslegungsfragen im Bereich Konzessionen im Gemeinschaftsrecht (ABl. EG Nr. C 121/2 vom 29. 4. 2000)
Mitt. „Rekapitalisierung"	Mitteilung der Kommission – Die Rekapitalisierung von Finanzinstituten in der derzeitigen Finanzkrise: Beschränkung der Hilfen auf das erforderliche Minimum und Vorkehrungen gegen unverhältnismäßige Wettbewerbsverzerrungen (ABl. EU Nr. C 10/2 vom 15. 1. 2009)
Mitt. „Verlängerung Schiffbau"	Mitteilung der Kommission betreffend die Verlängerung der Geltungsdauer der Rahmenbestimmungen für Beihilfen an den Schiffbau (Abl. EU Nr. C 173/3 vom 8. 7. 2008)

MJ	Maastricht Journal of European and Comparative Law (Zeitschrift)
MK	Monopolkommission
Möschel	Möschel, Recht der Wettbewerbsbeschränkungen, 1983
MOG	Gesetz zur Durchführung der Gemeinsamen Marktorganisationen und der Direktzahlungen idF. der Bekanntmachung vom 24.6.2005 (BGBl. I S. 1847)
Motzke/Pietzcker/Prieß	Motzke/Pietzcker/Prieß, Beck'scher VOB Kommentar, Verdingungsordnung für Bauleistungen Teil A mit Gesetz gegen Wettbewerbsbeschränkungen, 4. Teil: Vergabe öffentlicher Aufträge, 1. Aufl. 2001
Mrd.	Milliarde
MRöA	Mittelstandsrichtlinien für öffentliche Aufträge v. 9.12.2010
MSR-2002	Multisekteraler Begionalbeihilferahmen 2002
Müller/Giessler/Scholz	Müller/Giessler/Scholz, Wirtschaftskommentar: Kommentar zum Gesetz gegen Wettbewerbsbeschränkungen (Kartellgesetz), 4. Aufl. 1981
Müller-Wrede, GWB	GWB-Vergaberecht, 2. Aufl. 2014
Müller-Wrede, VOF	Müller-Wrede, Kommentar zur VOF, 4. Aufl. 2010
Müller-Wrede, VOL/A	Müller-Wrede, Verdingungsordnung für Leistungen – VOL/A, Kommentar, 4. Aufl. 2014
Müller-Wrede	Müller-Wrede, Kommentar zur Sektorenverordnung, 1. Aufl. 2010
Müller-Wrede	Müller-Wrede, Kompendium des Vergaberechts, Systematische Darstellung unter Berücksichtigung des EU-Vergaberechts, 2. Aufl. 2014
MünchHdbGesR	Münchener Handbuch des Gesellschaftsrechts, I bis IV, 4. Aufl. 1991 ff.; I bis V, 4. Aufl. 2013
MünchKommAktG	Münchener Kommentar zum Aktiengesetz, herausgegeben von Goette/Habersack, 3. Aufl. 2008 ff.
MünchKommBGB	Münchener Kommentar zum Bürgerlichen Gesetzbuch, herausgegeben von Säcker/Rixecker, 6. Aufl. 2012 ff.
MünchKommHGB	Münchener Kommentar zum Handelsgesetzbuch, herausgegeben von K. Schmidt, 2. Aufl. 2006 ff.
MünchKommZPO	Münchener Kommentar zur Zivilprozeßordnung mit Gerichtsverfassungsgesetz und Nebengesetzen, herausgegeben von Lüke/Wax, 3. Aufl. 2007 ff.
MuR	Medien und Recht (Zeitschrift)
Musielak	Musielak, ZPO, 11. Aufl. 2012
mwN.	mit weiteren Nachweisen
MWSt.	Mehrwertsteuer
mWv.	mit Wirkung von
N&R	Netzwirtschaften und Recht (Zeitschrift)
Nachw.	Nachweis
NdsRpfl.	Niedersächsische Rechtspflege (Zeitschrift)
nF.	neue Fassung
NGO	Non-governmental Organization(s)
Niebuhr/Kulartz/Kus/Portz	Niebuhr/Kulartz/Kus/Portz, Kommentar zum Vergaberecht, 2000
NIMEXE	Warenverzeichnis für die Statistik des Außenhandels der Gemeinschaft und des Handels zwischen ihren Mitgliedstaaten

Abkürzungen

NJW	Neue Juristische Wochenschrift (Zeitschrift)
NJW-RR	NJW-Rechtsprechungs-Report, Zivilrecht (Zeitschrift)
NJW-WettbR	NJW-Entscheidungsdienst Wettbewerbsrecht (Zeitschrift)
Noch	Noch, Vergaberecht kompakt: Verfahrensablauf und Entscheidungspraxis, 5. Aufl. 2011
NpV	Nachprüfungsverordnung
NTVergG	Niedersächsisches Tariftreue- und Vergabegesetz
Nr.	Nummer(n)
NRW	Nordrhein-Westfalen
NVersZ	Neue Zeitschrift für Versicherungsrecht
NVwZ	Neue Zeitschrift für Verwaltungsrecht
NVwZ-RR	NVwZ-Rechtsprechungs-Report (Zeitschrift)
NZA	Neue Zeitung für Arbeits- und Sozialrecht
NZBau	Neue Zeitschrift für Bau- und Vergaberecht
NZS	Neue Zeitschrift für Sozialrecht
o.	oben
oä.	oder ähnlich
ObG	Obergericht
OECD Journal of Competition Law and Policy	OECD Journal of Competition Law and Policy (Zeitschrift)
öABevR	Bevorzugten-Richtlinien
öAMstR	Mittelstandsrichtlinien Öffentliches Auftragswesen
öAUmwR	Umweltrichtlinien Öffentliches Auftragswesen
og.	oben genannt
OGH	Oberster Gerichtshof (Österreich)
OHG	Offene Handelsgesellschaft
OLG	Oberlandesgericht
OLG-Rp.	OLG-Report (Zeitschrift)
OLGZ	Rechtsprechung der Oberlandesgerichte in Zivilsachen (Amtliche Entscheidungssammlung)
ÖPNV	Öffentlicher Personennahverkehr
ÖPP	Öffentliche-Private-Partnerschaft
ORDO	ORDO, Jahrbuch für die Ordnung von Wirtschaft und Gesellschaft (zitiert nach Band und Seite, Jahreszahl in eckigen Klammern)
OVG	Oberverwaltungsgericht
OWiG	Gesetz über Ordnungswidrigkeiten i. d.F der Bekanntmachung vom 19.2.87 (BGBl. I 602), zuletzt geändert durch Gesetz vom 29.7.2009 (BGBl. I S. 2353)
Palandt	Palandt, Bürgerliches Gesetzbuch, 73. Aufl. 2014
PPLR	Public Procurement Law Review (Zeitschrift)
Posser/Wolff	Posser/Wolff, VwGO, 2. Aufl. 2014
PQ-VOL	Präqualifizierungsdatenbank für den Liefer- und Dienstleistungsbereich
Prieß	Prieß, Handbuch des europäischen Vergaberechts, 3. Aufl. 2005
Prieß/Lau/Kratzenberg	Prieß/Lau/Kratzenberg, Wettbewerb – Transparenz – Gleichbehandlung, 15 Jahre GWB-Vergaberecht, Festschrift für Fridhelm Marx, 2013

Prieß/Hausmann/Kulartz	Prieß/Hausmann/Kulartz, Beck'sches Formularbuch Vergaberecht, 2. Aufl. 2011
Prieß/Niestedt	Prieß/Niestedt, Rechtschutz im Vergabeverfahren, 2006
PrOVG	Preußisches Oberverwaltungsgericht
Pünder/Schellenberg	Pünder/Schellenberg, Vergaberecht, Handkommentar, 2011
PTLV	Präsidium für Technik, Logistik und Verwaltung
Quigley	Quigley, European State aid law, 2. Aufl. 2009
RA	Rechtsausschuss
RabelsZ	Zeitschrift für ausländisches und internationales Privatrecht, begründet von Rabel
RAE	Revue des affaires européennes
Rahmenbest. Schiffbau	Rahmenbestimmungen für Beihilfen an den Schiffbau (2003/C 317/06)
RdE	Recht der Energiewirtschaft, Recht der Elektrizitätswirtschaft (Zeitschrift)
RdErl. d. MI	Runderlass des Ministerium des Innern
RdErl. d. MW	Runderlass des Ministerium für Wirtschaft
Rd L	Recht der Landwirtschaft
RdNr.	Randnummer(n)
Recht	Das Recht (Zeitschrift)
Reidt/Stickler/Glahs	Reidt/Stickler/Glahs, Vergaberecht Kommentar, 3. Aufl. 2011
ReinR	Richtlinien zur Regelung des Reinigungsdienstes in den Dienstgebäuden und Diensträumen der hessischen Landesverwaltung
ReSp.	rechte Spalte
resp.	respektive
RefE	Referentenentwurf
RegBegr.	Regierungsbegründung
RegE	Regierungsentwurf
RegLL 1998	Regionalleitlinien 1998
Rev. crit. dr. internat. Privé	Revue critique de droit international privé (Zeitschrift)
Rev. MC	Revue de Marché Commun (Zeitschrift)
RG	Reichsgericht
RGRK	Das Bürgerliche Gesetzbuch, Kommentar, herausgegeben von Mitgliedern des Bundesgerichtshofes, 12. Aufl. 1974ff.
RGZ	Amtliche Sammlung von Entscheidungen des Reichsgerichts in Zivilsachen
RIE	Revista de instituciones europeos (Zeitschrift)
Rittner/Kulka	Rittner/Kulka, Wettbewerbs- und Kartellrecht, 7. Aufl. 2008
Rittner/Dreher	Rittner/Dreher, Europäisches und deutsches Wirtschaftsrecht, 3. Aufl. 2008
Riv. dir. int.	Rivista di diritto internazionale
RIW	Recht der internationalen Wirtschaft (Zeitschrift)
RL	Richtlinie(n)
RMC	Revue du Marché commun (Zeitschrift)
RMR	Richtlinie 89/665/EWG des Rates vom 21. Dezember 1989 zur Koordinierung der Rechts- und Verwaltungsvorschriften für die Anwendung der Nachprüfungsverfahren im Rahmen der Vergabe

Abkürzungen

	öffentlicher Liefer- und Bauaufträge (ABl. EG Nr. L 395/33 vom 30.12.1989)
Rs.	Rechtssache
rskr.	rechtskräftig
Rspr.	Rechtsprechung
RTD eur	Revue trimestrielle de droit européen (Zeitschrift)
RTW	Recht-Technik-Wirtschaft, Jahrbuch (zitiert nach Bd., Jahreszahl, Seite)
RuW	Recht und Wirtschaft (Zeitschrift)
RVO TVgG-NRW	Verordnung Tariftreue- und Vergabegesetz Nordrhein-Westfalen
RWP	Rechts- und Wirtschaftspraxis (Zeitschrift)
S.	Seite; Satz
s.	siehe
SaBl.	Sammelblatt für Rechtsvorschriften des Bundes und der Länder
Sanchez Rydelski	Sanchez Rydelski, The EC State Aid Regime, 2006
SachsAnhLVG	Landesvergabegesetz in Sachsen-Anhalt
SächsVergabeG	Gesetz über die Vergabe öffentlicher Aufträge im Freistaat Sachsen
Sandrock	Sandrock, Grundbegriffe des Gesetzes gegen Wettbewerbsbeschränkungen, 1968
Schaller	Schaller, Verdingungsordnung für Leistungen (VOL) Teile A und B, Kommentar, 4. Aufl. 2008
K. Schmidt	Karsten Schmidt, Gesellschaftsrecht, 4. Aufl. 2002
I. Schmidt	Ingo Schmidt, Wettbewerbspolitik und Kartellrecht, 9. Aufl. 2012
Schoch/Schneider/ Bier	Schoch/Schneider/Bier, VwGO, Kommentar, 23. Aufl. 2012
Schröter/Jakob/ Mederer	Schröter/Jakob/Mederer, Kommentar zum Europäischen Wettbewerbsrecht, 2003 (Nachfolgewerk zu: von der Groeben/ Thiesing/Ehlermann)
Schwarze	Schwarze, EU-Kommentar, 3. Aufl. 2012
schweiz.	schweizerisch
Sekt-RMR	Richtlinie 92/13/EWG des Rates vom 25. Februar 1992 zur Koordinierung der Rechts- und Verwaltungsvorschriften für die Anwendung der Gemeinschaftsvorschriften über die Auftragsvergabe durch Auftraggeber im Bereich der Wasser-, Energie-, und Verkehrsversorgung sowie im Telekommunikationssektor (Abl. EG Nr. L 76/14 vom 23.3.1992)
SektVO	Verordnung über die Vergabe von Aufträgen im Bereich des Verkehrs, der Trinkwasserversorgung und der Energieversorgung vom 23.9.2009 (BGBl. I S. 3110)
Sen Stadt	Senatsverwaltung für Stadtentwicklung
Sen Wi	Senatsverwaltung für Wirtschaft, Technologie und Forschung
SenStadtUm	Senatsverwaltung für Stadtentwicklung und Umwelt
SeuffA	Seufferts Archiv für Entscheidungen der obersten Gerichte in den deutschen Staaten (Zeitschrift, zitiert nach Band u. Nr.; 1. 1847–98. 1944)
SHVgVO	Schleswig-Holsteinische Vergabeverordnung
SKR	Richtlinie 2004/17/EG des Europäischen Parlaments und des Rates vom 31. März 2004 zur Koordinierung der Zuschlagserteilung durch Auftraggeber im Bereich der Wasser-, Energie- und Verkehrsversorgung sowie der Postdienste (ABl. EU Nr. L 134/1 vom 30.4.2004)

Slg.	Amtliche Sammlung der Entscheidungen des Europäischen Gerichtshofes
SO	Scientology-Organisation
Sodan/Ziekow	Sodan/Ziekow, VwGO-Großkommentar, 3. Auflage 2010
Soergel	Bürgerliches Gesetzbuch mit Einführungsgesetz und Nebengesetzen, begründet v. Soergel, neu herausgegeben von W. Siebert/J. F. Baur, 13. Aufl. 1999 ff.
sog.	sogenannt
Sp.	Spalte
SPNV	Schienenpersonennahverkehr
SpStr.	Spiegelstrich
st. Rspr.	ständige Rechtsprechung
St.Anz	Staatsanzeiger
Staudinger	Kommentar zum Bürgerlichen Gesetzbuch, begründet v. Staudinger
StGB	Strafgesetzbuch idF. der Bekanntmachung vom 13.11.1998 (BGBl. I S. 3322), zuletzt geändert durch Gesetz vom 25.6.2012 (BGBl. I S. 1374)
StPO	Strafprozessordnung idF. vom 7.4.1987 (BGBl. I 1074, ber. 1319), zuletzt geändert durch Gesetz vom 21.7.2012 (BGBl. I S. 1566)
stPrax	ständige Praxis
str.	streitig, strittig
Streinz, EuR	Streinz, Europarecht, 9. Aufl. 2012
Streinz	Streinz, EUV/AEUV, 2. Aufl. 2012
SÜWR	Sektorenüberwachungsrichtlinie, Richtlinie 92/13/EWG
teilw.	teilweise
ThürGemHV	Thüringer Gemeindehaushaltsverordnung
ThürVG	Thüringer Vergabegesetz
TKG	Telekommunikationsgesetz vom 22.6.2004 (BGBl. I 1190), zuletzt geändert durch Beschluss des BVerfG vom 4.5.2012 (BGBl. I S. 1021)
Trepte	Trepte, Public Procurement in the EU, 2. Aufl. 2007
TTG	Tariftreue- und Vergabegesetz Schleswig-Holstein
Turiaux	Umweltinformationsgesetz (UIG), Kommentar 1995
TVgG-NRW	Tariftreue- und Vergabegesetz Nordrhein-Westfalen
Tz.	Teilziffer
u.	und
ua.	unter anderem; und andere
uä.	und ähnliche(s)
uU.	unter Umständen
U. S.	United States Supreme Court Reports
UAbs.	Unterabsatz
Übk.	Übereinkommen
umstr.	umstritten
UNCTAD	United Nations Conference on Trade and Development
UNICITRAL	United Nations Commission on International Trade Law
unstr.	unstreitig
unveröff.	unveröffentlicht
UPR	Umwelt- und Planungsrecht (Zeitschrift)
Urt.	Urteil

Abkürzungen

UStG	Umsatzsteuergesetz (Mehrwertsteuer) vom 26.11.1979 (BGBl. I 1953), zuletzt geändert durch Gesetz vom 8.5.2012 (BGBl. I S. 1030)
Util. Law. Rev.	Utilities Law Review (Zeitschrift)
UWG	Gesetz gegen den unlauteren Wettbewerb
ÜWR	Überwachungsrichtlinie, Richtlinie 89/665/EWG
v.	vom; von
VA	Verwaltungsakt
Var.	Variante
VBlBW	Verwaltungsblätter für Baden-Württemberg
VDEK	Verband der Ersatzkassen e.V.
verb.	verbunden
Verf.	Verfassung
Verfg.	Verfügung
VerfO	Verfahrensordnung
VergabeK	Vergabekammer
VergabeR	Vergaberecht
VergabeVwV	Verwaltungsvorschrift des Innenministeriums über die Vergabe von Aufträgen im kommunalen Bereich v. 28.10.2011
VERIS-VOB/A	VERIS-VOB/A-Online-Kommentar, Stand 2.2013
Veröff.	Veröffentlichung
VersR	Versicherungsrecht
Verw.	Verwaltung
VerwA	Verwaltungsarchiv (Zeitschrift)
VerwGH	Verwaltungsgerichtshof
VerwRspr.	Verwaltungsrechtsprechung in Deutschland (zitiert nach Band u. Seite)
Vesterdorf/Nielsen	Vesterdorf/Nielsen, State Aid Law of the European Union, 2008
VG	Verwaltungsgericht
VgE	Vergaberechtliche Entscheidungssammlung (Herausgeber: Boesen)
VgG M-V	Vergabegesetz Mecklenburg-Vorpommern
VgGDLVO M-V	Vergabegesetzdurchführungslandesverordnung Mecklenburg-Vorpommern
VGH	Verwaltungsgerichtshof
vgl.	vergleiche
VgRÄG	Vergaberechtsänderungsgesetz
VgV	Vergabeverordnung idF. der Bekanntmachung vom 11.2.2003 (BGBl. I 169), zuletzt geändert durch Verordnung vom 12.7.2012 (BGBl. I S. 1508)
VHB-Bayern	Vergabehandbuch Bayern für Bauleistungen
VHL-Bayern	Vergabehandbuch für die Vergabe und Durchführung von Freiberuflichen Dienstleistungen durch die Staatsbauverwaltung des Freistaates Bayern
VIZ	Zeitschrift für Vermögens- und Investitionsrecht
VKR	Richtlinie 2004/18/EG des Europäischen Parlaments und des Rates vom 31. März 2004 über die Koordinierung der Verfahren zur Vergabe öffentlicher Bauaufträge, Lieferaufträge und Dienstleistungsaufträge (ABl. EU Nr. L 134/114 vom 30.4.2004)
VKU	Verband kommunaler Unternehmen e. V.
VO	Verordnung

Abkürzungen

VO PÖA	Verordnung über Preise bei öffentlichen Aufträgen idF. vom 21.11. 1953 (BAnz Nr. 244), zuletzt geändert durch Gesetz vom 8.12. 2010 (BGBl. I S. 1864)
VOB	Verdingungsordnung für Bauleistungen
VOB/A	Verdingungsordnung für Bauleistungen Teil A vom 31.7.2009 (BAnz. Nr. 155, ber. 2010 Nr. 36), zuletzt geändert Änderung vom 26.6.2012 (BAnz AT 13.07.2012 B3)
VOBl.	Verordnungsblatt
VOF	Verdingungsordnung für freiberufliche Leistungen idF. der Bekanntmachung vom 26.8.2002 (BAnz. Nr. 203 a S. 1)
VOL/A	Verdingungsordnung für Leistungen ausgenommen Bauleistungen Teil A vom 20.11.2009 (BAnz. Nr. 196a, ber. 2010 S. 755)
von der Groeben/ Schwarze	von der Groeben/Schwarze, Kommentar zum Vertrag über die Europäische Union und zur Gründung der Europäischen Gemeinschaft, 6. Aufl. 2003 ff.
Voppel/Osenbrück/ Bubert	Voppel/Osenbrück/Bubert, Verdingungsordnung für freiberufliche Leistungen, Kommentar, 2. Aufl. 2008
Vorb.	Vorbemerkung
VSVgV	Vergabeverordnung für die Bereiche Verteidigung und Sicherheit zur Umsetzung der Richtlinie 2009/81/EG des Europäischen Parlaments und des Rates vom 13. Juli 2009 über die Koordinierung der Verfahren zur Vergabe bestimmter Bau-, Liefer- und Dienstleistungsaufträge in den Bereichen Verteidigung und Sicherheit und zur Änderung der Richtlinien 2004/17/EG und 2004/18/EG vom 12.7.2012 (BGBl. I S. 1509)
VU	Versorgungsunternehmen
VÜA	Vergabeüberwachungsausschuss
VuR	Verbraucher und Recht (Zeitschrift)
VVDStRL	Veröffentlichungen der Vereinigung der deutschen Staatsrechtslehrer
VVG	Gesetz über den Versicherungsvertrag vom 23.11.2007 (BGBl. I 2631), zuletzt geändert durch Gesetz vom 22.12.2011 (BGBl. I S. 3044)
VwV Kinderarbeit öA	Verwaltungsvorschrift der Ministerien zur Vermeidung des Erwerbs von Produkten aus ausbeuterischer Kinderarbeit bei der Vergabe öffentlicher Aufträge v. 20.8.2008
VwVBU	Verwaltungsvorschrift Beschaffung und Umwelt
VwGO	Verwaltungsgerichtsordnung idF. vom 19.3.1991 (BGBl. I 686), zuletzt geändert durch Gesetz vom 21.7.2012 (BGBl. I S. 1577)
VwKostG	Verwaltungskostengesetz vom 23.6.1970 (BGBl. I 821), zuletzt geändert durch Gesetz vom 7.3.2011 (BGBl. I S. 338)
VwVfG	Verwaltungsverfahrensgesetz idF. der Bekanntmachung vom 23.1. 2003 (BGBl. I 102), zuletzt geändert durch Gesetz vom 14.8.2009 (BGBl. I S. 2827)
VwVG	Verwaltungs-Vollstreckungsgesetz vom 27.4.1953 (BGBl. I 157), zuletzt geändert durch Gesetz vom 29.7.2009 (BGBl. I S. 2258)
VwZG	Verwaltungszustellungsgesetz idF. der Bekanntmachung vom 12.8. 2005 (BGBl. I 2354), zuletzt geändert durch Gesetz vom 22.12. 2011 (BGBl. I S. 3044)

Abkürzungen

WB	Wettbewerbsbericht
Weyand	Weyand, Vergaberecht: Praxiskommentar zu GWB, VgV, VOB/A, VOL/A, VOF, 4. Aufl. 2013
Weyand	Weyand, ibr-online Kommentar Vergaberecht, Stand: Dezember 2012
WiB	Wirtschaftsrechtliche Beratung (Zeitschrift)
Wiedemann	Wiedemann, Handbuch des Kartellrechts, 2. Aufl. 2008
Willenbruch/Bischoff	Willenbruch/Bischoff, Kompaktkommentar Vergaberecht, 3. Aufl. 2014
WIR	Wirtschaftsrecht (Zeitschrift)
WiStG	Wirtschaftsstrafgesetz vom 3.6.1975 (BGBl. I 1313), zuletzt geändert durch Gesetz vom 8.12.2010 (BGBl. I S. 1864)
Wistra	Zeitschrift für Wirtschaft, Steuer, Strafrecht (Jahr und Seite)
WM	Wertpapiermitteilungen, Zeitschrift für Wirtschaft und Bankrecht
World Competition	World Competition (Zeitschrift)
WPg	Die Wirtschaftsprüfung (Zeitschrift)
WRP	Wettbewerb in Recht und Praxis (Zeitschrift)
WRV	Weimarer Reichsverfassung vom 11.8.1919 (RGBl. 1383)
WSA	Wirtschafts- und Sozialausschuss
WTO	World Trade Organisation (Welthandelsorganisation)
WuB	Wirtschafts- und Bankrecht (Zeitschrift)
WuW	Wirtschaft und Wettbewerb (Zeitschrift)
WuW/E	Wirtschaft und Wettbewerb – Entscheidungssammlung
WuW/E BGH	Wirtschaft und Wettbewerb – Entscheidungen des Bundesgerichtshofs
WuW/E BKartA	Wirtschaft und Wettbewerb – Entscheidungen des Bundeskartellamtes
WuW/E DE-R	Wirtschaft und Wettbewerb – Entscheidungssammlung – Deutschland Rechtsprechung
WuW/E DE-V	Wirtschaft und Wettbewerb – Entscheidungssammlung – Deutschland Verwaltung
WuW/E EU-R	Wirtschaft und Wettbewerb – Entscheidungssammlung – Europäische Union Rechtsprechung
WuW/E EU-V	Wirtschaft und Wettbewerb – Entscheidungssammlung – Europäische Union Verwaltung
WuW/E OLG	Wirtschaft und Wettbewerb – Entscheidungen der Oberlandesgerichte
WuW/E Verg	Wirtschaft und Wettbewerb – Entscheidungssammlung – Vergabe und Verwaltung
YEL	Yearbook of European Law (Zeitschrift)
zB.	zum Beispiel
ZBB	Zeitschrift für Bankrecht und Bankwirtschaft
ZEuP	Zeitschrift für Europäisches Privatrecht
ZfBR	Zeitschrift für deutsches und internationales Bau- und Vergaberecht
ZfE	Zeitschrift für Energiewirtschaft
ZfK	Zeitung für Kommunale Wirtschaft
ZGR	Zeitschrift für Unternehmens- und Gesellschaftsrecht
ZgS	Zeitschrift für die gesamte Staatswissenschaft
ZHR	Zeitschrift für das gesamte Handelsrecht und Wirtschaftsrecht
Ziekow/Völlink	Ziekow/Völlink, Vergaberecht, Kommentar, 2. Aufl. 2013
Ziff.	Ziffer(n)
ZIP	Zeitschrift für Wirtschaftsrecht

ZK	Zollkodex
ZK-DVO	Durchführungsverordnung zum Zollkodex
ZNER	Zeitschrift für neues Energierecht
ZögU	Zeitschrift für öffentliche und gemeinwirtschaftliche Unternehmen
Zöller	Zöller, ZPO, Kommentar; 29. Aufl. 2012
ZPO	Zivilprozessordnung idF. der Bekanntmachung vom 5.12.2005 (BGBl. I 3202; ber. 2006 I 431; ber. 2007 I 1781), zuletzt geändert durch Gesetz vom 19.10.2012 (BGBl. I S. 2182)
ZRP	Zeitschrift für Rechtspolitik
zT.	zum Teil
zust.	zustimmend
zutr.	zutreffend
ZVgR	Zeitschrift für deutsches und internationales Vergaberecht
ZWeR	Zeitschrift für Wettbewerbsrecht
zzgl.	zuzüglich

Vorschriftenverzeichnis

GWB Vierter Teil

§ 97 I–III GWB	Allgemeine Grundsätze	§ 1	Seite 1
§ 97 IV, IVa GWB	Allgemeine Grundsätze	§ 13	Seite 321
§ 97 V GWB	Allgemeine Grundsätze	§ 30	Seite 779
§ 97 VI GWB	Allgemeine Grundsätze	§ 2	Seite 37
§ 97 VII GWB	Allgemeine Grundsätze	§ 39	Seite 1015
§ 98 GWB	Auftraggeber	§ 3	Seite 71
Anlage zu § 98 Nr. 4 GWB	Auftraggeber	§ 3	Seite 71
§ 99 GWB	Öffentliche Aufträge	§ 4	Seite 97
§ 99 VI–IX, XIII GWB	Öffentliche Aufträge	§ 60	Seite 1317
§ 100 GWB	Anwendungsbereich	§ 2	Seite 37
§ 100a GWB	Besondere Ausnahmen für nicht sektorspezifische und nicht verteidigungs- und sicherheitsrelevante Aufträge	§ 2	Seite 37
§ 100b GWB	Besondere Ausnahmen im Sektorenbereich	§ 47	Seite 1103
§ 100c GWB	Besondere Ausnahmen in den Bereichen Verteidigung und Sicherheit	§ 60	Seite 1317
§ 101 I–III, V GWB	Arten der Vergabe	§ 9	Seite 213
§ 101 IV GWB	Arten der Vergabe	§ 11	Seite 269
§ 101 VI GWB	Arten der Vergabe	§ 11	Seite 269
§ 101a GWB	Informations- und Wartepflicht	§ 32	Seite 847
§ 101b GWB	Unwirksamkeit	§ 35	Seite 917
§ 102 GWB	Grundsatz	§ 38	Seite 1037
§ 104 I GWB	Vergabekammern	§ 38	Seite 1003
§ 104 II–III GWB	Vergabekammern	§ 39	Seite 1015
§ 105 GWB	Besetzung, Unabhängigkeit	§ 38	Seite 1037
§ 106 GWB	Einrichtung, Organisation	§ 38	Seite 1037
§ 106a GWB	Abgrenzung der Zuständigkeit der Vergabekammern	§ 38	Seite 1003
§ 107 GWB	Einleitung, Antrag	§ 39	Seite 1015
§ 108 GWB	Form	§ 40	Seite 1037
§ 109 GWB	Verfahrensbeteiligte, Beiladung	§ 40	Seite 1037
§ 110 I GWB	Untersuchungsgrundsatz	§ 40	Seite 1037

Vorschriftenverzeichnis

§ 110 II GWB	Untersuchungsgrundsatz	§ 42	Seite 1061
§ 110a GWB	Aufbewahrung vertraulicher Unterlagen	§ 64	Seite 1399
§ 111 GWB	Akteneinsicht	§ 40	Seite 1037
§ 112 GWB	Mündliche Verhandlung	§ 40	Seite 1037
§ 113 GWB	Beschleunigung	§ 40	Seite 1037
§ 114 I, II GWB	Entscheidung der Vergabekammer	§ 40	Seite 1037
§ 114 III GWB	Entscheidung der Vergabekammer	§ 43	Seite 1051
§ 115 GWB	Aussetzung des Vergabeverfahrens	§ 42	Seite 1061
§ 115a GWB	Ausschluss von abweichendem Landesrecht	§ 40	Seite 1037
§ 116 GWB	Zulässigkeit, Zuständigkeit	§ 41	Seite 1051
§ 117 GWB	Frist, Form	§ 41	Seite 1051
§ 118 GWB	Wirkung	§ 41	Seite 1051
§ 119 GWB	Beteiligte am Beschwerdeverfahren	§ 41	Seite 1051
§ 120 GWB	Verfahrensvorschriften	§ 41	Seite 1051
§ 121 GWB	Vorabentscheidung über den Zuschlag	§ 42	Seite 1061
§ 122 GWB	Ende des Vergabeverfahrens nach Entscheidung des Beschwerdegerichts	§ 41	Seite 1015
§ 123 GWB	Beschwerdeentscheidung	§ 41	Seite 1051
§ 124 I GWB	Bindungswirkung und Vorlagepflicht	§ 41	Seite 1051
§ 124 II GWB	Bindungswirkung und Vorlagepflicht	§ 44	Seite 1079
§ 125 GWB	Schadensersatz bei Rechtsmissbrauch	§ 36	Seite 935
§ 126 GWB	Anspruch auf Ersatz des Vertrauensschadens	§ 36	Seite 935
§ 127 GWB	Ermächtigungen	§ 2	Seite 37
§ 128 GWB	Kosten des Verfahrens vor der Vergabekammer	§ 45	Seite 1087
§ 129 GWB	Korrekturmechanismus der Kommission	§ 37	Seite 973
§ 129a GWB	Unterrichtungspflichten der Nachprüfungsinstanzen	§ 40	Seite 1037
§ 129b GWB	Regelung für Auftraggeber nach dem Bundesberggesetz	§ 47	Seite 1103
§ 130 GWB	Unternehmen der öffentlichen Hand, Geltungsbereich	§ 2	Seite 37
§ 131 GWB	Übergangsbestimmungen	§ 2	Seite 37

Vergabeverordnung (VgV)

§ 1 VgV	Zweck der Verordnung	§ 2	Seite 37
§ 2 VgV	Schwellenwerte	§ 7	Seite 175

Vorschriftenverzeichnis

§ 3 VgV	Schätzung der Auftragswerte	§ 7	Seite 175
§ 4 I, II, IV, V VgV	Vergabe von Liefer- und Dienstleistungsaufträgen	§ 2	Seite 37
§ 4 III VgV	Vergabe von Liefer- und Dienstleistungsaufträgen	§ 48	Seite 1121
§ 4 VI VgV	Vergabe von Liefer- und Dienstleistungsaufträgen	§ 21	Seite 549
§ 5 VgV	Vergabe freiberuflicher Dienstleistungen	§ 2	Seite 37
§ 6 I VgV	Vergabe von Bauleistungen	§ 2	Seite 37
§ 6 II VgV	Vergabe von Bauleistungen	§ 20	Seite 521
§ 14 VgV	Bekanntmachungen	§ 21	Seite 549
§ 16 VgV	Ausgeschlossene Personen	§ 12	Seite 299
§ 17 VgV	Melde- und Berichtspflichten	§ 34	Seite 883

VOL/A Erster Abschnitt

§ 1 VOL/A	Anwendungsbereich	§ 2	Seite 37
§ 2 I–III VOL/A	Grundsätze	§ 1	Seite 1
§ 2 IV VOL/A	Grundsätze	§ 19	Seite 463
§ 3 VOL/A	Arten der Vergabe	§ 10	Seite 253
§ 4 VOL/A	Rahmenvereinbarungen	§ 4	Seite 97
§ 6 I VOL/A	Teilnehmer am Wettbewerb	§ 15	Seite 353
§ 6 II VOL/A	Teilnehmer am Wettbewerb	§ 18	Seite 463
§ 6 III VOL/A	Teilnehmer am Wettbewerb	§ 13, § 28	Seite 321, Seite 721
§ 6 IV, V VOL/A	Teilnehmer am Wettbewerb	§ 14, § 28	Seite 331, Seite 721
§ 6 VI VOL/A	Teilnehmer am Wettbewerb	§ 12	Seite 299
§ 6 VII VOL/A	Teilnehmer am Wettbewerb	§ 13	Seite 321
§ 7 VOL/A	Leistungsbeschreibung	§ 17	Seite 419
§ 8 I–III VOL/A	Vergabeunterlagen	§ 18	Seite 193
§ 8 IV VOL/A	Vergabeunterlagen	§ 26	Seite 669
§ 9 VOL/A	Vertragsbedingungen	§ 18	Seite 193
§ 10 VOL/A	Fristen	§ 23	Seite 595
§ 11 VOL/A	Grundsätze der Informationsvermittlung	§ 24	Seite 625
§ 12 VOL/A	Bekanntmachung, Versand von Vergabeunterlagen	§ 22	Seite 577
§ 13 I, II, V VOL/A	Form und Inhalt der Angebote	§ 24	Seite 625
§ 13 III, IV VOL/A	Form und Inhalt der Angebote	§ 27	Seite 681
§ 13 VI VOL/A	Form und Inhalt der Angebote	§ 15	Seite 353
§ 14 VOL/A	Öffnung der Angebote	§ 25	Seite 651

Vorschriftenverzeichnis

§ 15 VOL/A	Aufklärung des Angebotsinhalts	§ 10	Seite 253
§ 16 I–III VOL/A	Prüfung und Wertung der Angebote	§ 27	Seite 681
§ 16 IV, V VOL/A	Prüfung und Wertung der Angebote	§ 28	Seite 721
§ 16 VI VOL/A	Prüfung und Wertung der Angebote	§ 29	Seite 747
§ 16 VII, VIII VOL/A	Prüfung und Wertung der Angebote	§ 30	Seite 779
§ 17 VOL/A	Aufhebung von Vergabeverfahren	§ 31	Seite 803
§ 18 I VOL/A	Zuschlag	§ 30	Seite 779
§ 18 II, III VOL/A	Zuschlag	§ 33	Seite 871
§ 19 VOL/A	Nicht berücksichtigte Bewerbungen und Angebote, Informationen	§ 34	Seite 883
§ 20 VOL/A	Dokumentation	§ 34	Seite 883

VOL/A Zweiter Abschnitt

§ 1 EG VOL/A	Anwendungsbereich	§ 2	Seite 37
§ 2 EG I–III VOL/A	Grundsätze	§ 1	Seite 1
§ 2 EG IV VOL/A	Grundsätze	§ 19	Seite 491
§ 3 EG I, VI, VIII VOL/A	Arten der Vergabe	§ 9	Seite 213
§ 3 EG I–VI VOL/A	Arten der Vergabe	§ 10	Seite 253
§ 4 EG VOL/A	Rahmenvereinbarungen	§ 4	Seite 97
§ 6 EG I VOL/A	Teilnehmer am Wettbewerb	§ 13	Seite 321
§ 6 EG II VOL/A	Teilnehmer am Wettbewerb	§ 15	Seite 353
§ 6 EG III VOL/A	Teilnehmer am Wettbewerb	§ 18	Seite 193
§ 6 EG IV–VI VOL/A	Teilnehmer am Wettbewerb	§ 14, § 28	Seite 625
§ 6 EG VII VOL/A	Teilnehmer am Wettbewerb	§ 12	Seite 299
§ 7 EG VOL/A	Nachweis der Eignung	§ 13, § 28	Seite 321, Seite 721
§ 8 EG VOL/A	Leistungsbeschreibung, Technische Anforderungen	§ 17	Seite 419
§ 9 EG I–IV VOL/A	Vergabeunterlagen	§ 18	Seite 463
§ 9 EG V VOL/A	Vergabeunterlagen	§ 26	Seite 665
§ 10 EG I VOL/A	Aufforderung zur Angebotsabgabe und zur Teilnahme am wettbewerblichen Dialog	§ 24	Seite 625
§ 10 EG II VOL/A	Aufforderung zur Angebotsabgabe und zur Teilnahme am wettbewerblichen Dialog	§ 18	Seite 463
§ 11 EG II–IV VOL/A	Vertragsbedingungen	§ 18	Seite 193

Vorschriftenverzeichnis

§ 12 EG VOL/A	Fristen	§ 23	Seite 595
§ 13 EG VOL/A	Grundsätze der Informationsübermittlung	§ 24	Seite 625
§ 14 EG VOL/A	Anforderungen an Teilnahmeanträge	§ 24	Seite 625
§ 15 EG VOL/A	Bekanntmachung, Versand der Vergabeunterlagen	§ 21	Seite 549
§ 16 EG VOL/A	Form und Inhalt der Angebote	§ 24	Seite 625
§ 17 EG VOL/A	Öffnung der Angebote	§ 25, § 31	Seite 651, Seite 803
§ 18 EG I–II VOL/A	Aufklärung des Angebotsinhalts, Verhandlungsverbot Zuschlag	§ 9, § 33	Seite 213, Seite 871
§ 18 EG III VOL/A	Zuschlag	§ 34	Seite 883
§ 19 EG I–III VOL/A	Prüfung und Wertung der Angebote	§ 27	Seite 681
§ 19 EG IV, V VOL/A	Prüfung und Wertung der Angebote	§ 28	Seite 721
§ 19 EG VI, VII VOL/A	Prüfung und Wertung der Angebote	§ 29, § 34	Seite 747, Seite 883
§ 19 EG VIII, IX VOL/A	Prüfung und Wertung der Angebote	§ 30	Seite 779
§ 20 EG VOL/A	Aufhebung von Vergabeverfahren	§ 31, § 34	Seite 803, Seite 883
§ 21 EG I VOL/A	Zuschlag	§ 30	Seite 779
§ 21 EG II, III VOL/A	Zuschlag	§ 33	Seite 871
§ 22 EG VOL/A	Nicht berücksichtigte Bewerbungen und Angebote	§ 34	Seite 883
§ 23 EG VOL/A	Bekanntmachung über die Auftragserteilung	§ 34	Seite 883
§ 24 EG VOL/A	Dokumentation	§ 34	Seite 883

VOB/A Erster Abschnitt

§ 1 VOB/A	Bauleistungen	§ 2	Seite 37
§ 2 VOB/A	Grundsätze der Vergabe	§ 1	Seite 1
§ 3 VOB/A	Arten der Vergabe	§ 10	Seite 253
§ 4 VOB/A	Vertragsarten	§ 18	Seite 463
§ 5 VOB/A	Vergabe nach Losen, Einheitliche Vergabe	§ 1	Seite 1
§ 6 VOB/A	Teilnehmer am Wettbewerb	§ 13	Seite 321
§ 6 I Nr. 2 VOB/A	Teilnehmer am Wettbewerb	§ 15	Seite 353
§ 7 VOB/A	Leistungsbeschreibung	§ 17	Seite 419
§ 8 VOB/A	Vergabeunterlagen	§ 18	Seite 463
§ 9 VOB/A	Vertragsbedingungen	§ 18	Seite 463

Vorschriftenverzeichnis

§ 10 VOB/A	Fristen	§ 23	Seite 595
§ 11 VOB/A	Grundsätze der Informationsübermittlung	§ 24	Seite 625
§ 12 I, II VOB/A	Bekanntmachung, Versand der Vergabeunterlagen	§ 21	Seite 549
§ 12 III VOB/A	Bekanntmachung, Versand der Vergabeunterlagen	§ 24	Seite 625
§ 12 IV–VII VOB/A	Bekanntmachung, Versand der Vergabeunterlagen	§ 22	Seite 577
§ 13 VOB/A	Form und Inhalt der Angebote	§ 24	Seite 625
§ 13 III VOB/A	Form und Inhalt der Angebote	§ 26	Seite 665
§ 14 VOB/A	Öffnung der Angebote	§ 25	Seite 651
§ 15 VOB/A	Aufklärung des Angebotsinhaltes	§ 25	Seite 651
§ 16 I Nr. 1 und Nr. 3 VOB/A	Prüfung und Wertung der Angebote	§ 27	Seite 681
§ 16 I Nr. 2, II VOB/A	Prüfung und Wertung der Angebote	§ 28	Seite 721
§ 16 III–VI Nr. 2 VOB/A	Prüfung und Wertung der Angebote	§ 29	Seite 747
§ 16 VI Nr. 3, IX, X VOB/A	Prüfung und Wertung der Angebote	§ 30	Seite 779
§ 16 VII, VIII VOB/A	Prüfung und Wertung der Angebote	§ 26	Seite 665
§ 17 VOB/A	Aufhebung der Ausschreibung	§ 31	Seite 803
§ 18 VOB/A	Zuschläge	§ 33	Seite 871
§ 19 VOB/A	Nicht berücksichtigte Bewerbungen und Angebote	§ 34	Seite 883
§ 20 VOB/A	Dokumentation	§ 34	Seite 883
§ 21 VOB/A	Nachprüfungsstellen	§ 21	Seite 549
§ 22 VOB/A	Baukonzessionen	§ 5	Seite 123

VOB/A Zweiter Abschnitt

§ 1 EG VOB/A	Anwendungsbereich	§ 2	Seite 37
§ 2 EG VOB/A	Grundsätze	§ 1	Seite 1
§ 3 EG VOB/A	Arten der Vergabe	§ 9	Seite 213
§ 4 EG VOB/A	Vertragsarten	§ 18	Seite 463
§ 5 EG VOB/A	Einheitliche Vergabe, Vergabe nach Losen	§ 1	Seite 1
§ 6 EG VOB/A	Teilnehmer am Wettbewerb	§ 13	Seite 321
§ 6 EG I Nr. 2 VOB/A	Teilnehmer am Wettbewerb	§ 15	Seite 353
§ 7 EG VOB/A	Leistungsbeschreibung, Technische Anforderungen	§ 17	Seite 419
§ 8 EG VOB/A	Vergabeunterlagen	§ 18	Seite 463

Vorschriftenverzeichnis

§ 9 EG VOB/A	Vertragsbedingungen	§ 18	Seite 463
§ 10 EG VOB/A	Fristen	§ 23	Seite 595
§ 11 EG VOB/A	Grundsätze der Informationsübermittlung	§ 24	Seite 625
§ 12 EG I–III VOB/A	Vorinformationen, Bekanntmachung, Versand der Unterlagen	§ 21	Seite 549
§ 12 EG IV–VII VOB/A	Vorinformationen, Bekanntmachung, Versand der Unterlagen	§ 22	Seite 577
§ 13 EG VOB/A	Form und Inhalt der Angebote	§ 24	Seite 625
§ 14 EG VOB/A	Öffnung der Angebote, Eröffnungstermin	§ 25	Seite 651
§ 15 EG VOB/A	Aufklärung des Angebotsinhalts	§ 25	Seite 651
§ 16 EG I Nr. 1 und Nr. 3 VOB/A	Prüfung und Wertung der Angebote	§ 27	Seite 681
§ 16 EG I Nr. 2, II VOB/A	Prüfung und Wertung der Angebote	§ 28	Seite 721
§ 16 EG III–VI Nr. 2, VIII, X VOB/A	Prüfung und Wertung der Angebote	§ 29	Seite 747
§ 16 EG VI Nr. 3, VII, XI VOB/A	Prüfung und Wertung der Angebote	§ 30	Seite 779
§ 16 EG IX, X VOB/A	Prüfung und Wertung der Angebote	§ 26	Seite 665
§ 17 EG VOB/A	Aufhebung der Ausschreibung	§ 31	Seite 803
§ 18 EG I–II VOB/A	Zuschlag	§ 33	Seite 871
§ 18 EG III VOB/A	Zuschlag	§ 34	Seite 883
§ 19 EG VOB/A	Nicht berücksichtigte Bewerbungen und Angebote	§ 34	Seite 883
§ 20 EG VOB/A	Dokumentation	§ 34	Seite 883
§ 21 EG VOB/A	Nachprüfungsbehörden	§ 21	Seite 549
§ 22 EG VOB/A	Baukonzession	§ 5	Seite 123

VOF

§ 1 VOF	Anwendungsbereich	§ 2	Seite 37
§ 2 VOF	Grundsätze	§ 1	Seite 1
§ 3 VOF	Vergabeart	§ 9	Seite 213
§ 4 IV VOF	Teilnehmer am Vergabeverfahren	§ 15	Seite 353
§ 4 V VOF	Teilnehmer am Vergabeverfahren	§ 12	Seite 299
§ 5 VOF	Nachweis der Eignung	§ 13	Seite 321
§ 6 VOF	Aufgabenbeschreibung	§ 17	Seite 419
§ 7 VOF	Fristen	§ 23	Seite 595

Vorschriftenverzeichnis

§ 8 VOF	Grundsätze der Informationsübermittlung	§ 24	Seite 625
§ 9 VOF	Bekanntmachungen	§ 21	Seite 549
§ 10 I–IV VOF	Auswahl der Bewerber	§ 28	Seite 721
§ 10 V VOF	Auswahl der Bewerber	§ 34	Seite 883
§ 11 I, II VOF	Aufforderung zur Verhandlung, Angebotsabgabe, Auftragserteilung	§ 8	Seite 193
§ 11 III VOF	Aufforderung zur Verhandlung, Angebotsabgabe, Auftragserteilung	§ 27	Seite 681
§ 11 VI, VII VOF	Aufforderung zur Verhandlung, Angebotsabgabe, Auftragserteilung	§ 33	Seite 871
§ 12 VOF	Dokumentation	§ 34	Seite 883
§ 13 VOF	Kosten	§ 18	Seite 193
§ 14 I–V VOF	Information über die Auftragserteilung, Verzicht auf die Auftragserteilung	§ 34	Seite 883
§ 14 VI VOF	Aufhebung der Ausschreibung	§ 31	Seite 803

Sektorenverordnung (SektVO)

§ 1 SektVO	Anwendungsbereich	§ 47	Seite 1103
§ 2 SektVO	Schätzung der Auftragswerte	§ 47	Seite 1103
§ 3 SektVO	Ausnahme für Sektorentätigkeiten, die unmittelbar dem Wettbewerb ausgesetzt sind	§ 47	Seite 1103
§ 4 SektVO	Dienstleistungen des Anhangs 1	§ 47	Seite 1103
§ 5 SektVO	Wege der Informationsübermittlung, Vertraulichkeit der Teilnahmeanträge und Angebote	§ 51	Seite 1169
§ 6 SektVO	Vergabeverfahren	§ 48	Seite 1121
§ 7 SektVO	Leistungsbeschreibung, technische Anforderungen	§ 50	Seite 1159
§ 8 SektVO	Nebenangebote und Unteraufträge	§ 52	Seite 1187
§ 9 SektVO	Rahmenvereinbarungen	§ 48	Seite 1121
§ 10 SektVO	Dynamische elektronische Verfahren	§ 48	Seite 1121
§ 11 SektVO	Wettbewerbe	§ 48	Seite 1121
§ 12 SektVO	Pflicht zur Bekanntmachung, Beschafferprofil, zusätzliche Bekanntmachungen	§ 51	Seite 1169
§ 13 SektVO	Regelmäßige nicht verbindliche Bekanntmachung	§ 51	Seite 1169
§ 14 SektVO	Bekanntmachungen von Aufrufen zum Teilnahmewettbewerb	§ 51	Seite 1169
§ 15 SektVO	Bekanntmachung von vergebenen Aufträgen	§ 51	Seite 1169
§ 16 SektVO	Abfassung der Bekanntmachungen	§ 51	Seite 1169
§ 17 SektVO	Fristen	§ 51	Seite 1169

Vorschriftenverzeichnis

§ 18 SektVO	Verkürzte Fristen	§ 51	Seite 1169
§ 19 SektVO	Fristen für Vergabeunterlagen, zusätzliche Unterlagen und Auskünfte	§ 51	Seite 1169
§ 20 SektVO	Eignung und Auswahl der Unternehmen	§ 49	Seite 1141
§ 21 SektVO	Ausschluss vom Vergabeverfahren	§ 49	Seite 1141
§ 22 SektVO	Bewerber- und Bietergemeinschaften	§ 49	Seite 1141
§ 23 SektVO	Qualitätssicherungs- und Umweltmanagementnormen	§ 49	Seite 1141
§ 24 SektVO	Prüfungssysteme	§ 49	Seite 1141
§ 25 SektVO	Aufforderung zur Angebotsabgabe oder zur Verhandlung	§ 49, § 50	Seite 1141, Seite 1159
§ 26 SektVO	Behandlung der Angebote	§ 52	Seite 1187
§ 27 SektVO	Ungewöhnlich niedrige Angebote	§ 52	Seite 1187
§ 28 SektVO	Angebote, die Waren aus Drittländern umfassen	§ 52	Seite 1187
§ 29 SektVO	Zuschlag und Zuschlagskriterien	§ 52	Seite 1187
§ 30 SektVO	Aufhebung und Einstellung des Vergabeverfahrens	§ 52	Seite 1187
§ 31 SektVO	Ausnahme von Informationspflichten	§ 52	Seite 1187
§ 32 SektVO	Dokumentation und Aufbewahrung der sachdienlichen Unterlagen	§ 52	Seite 1187
§ 33 SektVO	Statistik	§ 52	Seite 1187

Verordnung (EG) Nr. 1370/2007 (Auftragsvergaben im Bereich öffentlicher Personenverkehrsdienste auf Schiene und Straße

Art. 1 VO 1370/2007	Zweck und Anwendungsbereich	§ 55, § 56	Seite 1227, Seite 1263
Art. 2 VO 1370/2007	Begriffsbestimmungen	§ 55	Seite 1227
Art. 3 VO 1370/2007	Öffentliche Dienstleistungsaufträge und allgemeine Vorschriften	§ 55	Seite 1227
Art. 4 VO 1370/2007	Obligatorischer Inhalt öffentlicher Dienstleistungsaufträge und allgemeiner Vorschriften	§ 55	Seite 1227
Art. 5 VO 1370/2007	Vergabe öffentlicher Dienstleistungsaufträge	§ 55, § 56, § 57, § 58	Seite 1227, Seite 1263, Seite 1279, Seite 1307
Art. 6 VO 1370/2007	Ausgleichsleistung für gemeinwirtschaftliche Verpflichtungen	§ 55	Seite 1227
Art. 7 VO 1370/2007	Veröffentlichung	§ 55, § 56, § 57	Seite 1227, Seite 1263, Seite 1279
Art. 8 VO 1370/2007	Übergangsregelung	§ 54	Seite 1201

Vorschriftenverzeichnis

Art. 9 VO 1370/2007	Vereinbarkeit mit dem Vertrag	§ 54, § 55	Seite 1201, Seite 1227
Art. 10 VO 1370/2007	Aufhebung	§ 54	Seite 1201
Art. 11 VO 1370/2007	Berichte	§ 54	Seite 1201
Art. 12 VO 1370/2007	Inkrafttreten	§ 54	Seite 1201

Auftragsvergabe in den Bereichen Verteidigung und Sicherheit (VSVgV, VOB-VS)
VSVgV

§ 1 VSVgV	Anwendungsbereich	§ 60	Seite 1317
§ 2 VSVgV	Anzuwendende Vorschriften für Liefer-, Dienstleistungs- und Bauaufträge	§ 59	Seite 1311
§ 3 VSVgV	Schätzung des Auftragswertes	§ 7	Seite 175
§ 4 VSVgV	Begriffsbestimmungen	§ 61	Seite 1345
§ 5 VSVgV	Dienstleistungsaufträge	§ 61	Seite 1345
§ 6 VSVgV	Wahrung der Vertraulichkeit	§ 62	Seite 1373
§ 7 VSVgV	Anforderungen an den Schutz von Verschlusssachen durch Unternehmen	§ 62	Seite 1373
§ 8 VSVgV	Versorgungssicherheit	§ 63	Seite 1393
§ 9 VSVgV	Unteraufträge	§ 61	Seite 1345
§ 10 VSVgV	Grundsätze des Vergabeverfahrens	§ 61	Seite 1345
§ 11 VSVgV	Arten der Vergabe von Liefer- und Dienstleistungsaufträgen	§ 61	Seite 1345
§ 12 VSVgV	Verhandlungsverfahren ohne Teilnahmewettbewerb	§ 61	Seite 1345
§ 13 VSVgV	Wettbewerblicher Dialog	§ 61	Seite 1345
§ 14 VSVgV	Rahmenvereinbarungen	§ 61	Seite 1345
§ 15 VSVgV	Leistungsbeschreibung und technische Anforderungen	§ 17	Seite 419
§ 16 VSVgV	Vergabeunterlagen	§ 18	Seite 463
§ 17 VSVgV	Vorinformation	§ 21	Seite 549
§ 18 VSVgV	Bekanntmachung von Vergabeverfahren	§ 21	Seite 549
§ 19 VSVgV	Informationsübermittlung	§ 24	Seite 625
§ 20 VSVgV	Fristen für den Eingang von Anträgen auf Teilnahme und Eingang der Angebote	§ 23	Seite 595
§ 21 VSVgV	Eignung und Auswahl der Bewerber	§ 13	Seite 321
§ 22 VSVgV	Allgemeine Vorgabe zum Nachweis der Eignung	§ 62	Seite 1373

§ 23 VSVgV	Zwingender Ausschluss mangels Eignung	§ 14, § 28	Seite 331, Seite 721
§ 24 VSVgV	Fakultativer Ausschluss mangels Eignung	§ 60, § 62	Seite 1317, Seite 1373
§ 25 VSVgV	Nachweis der Erlaubnis zur Berufsausübung	§ 27, § 28	Seite 681, Seite 721
§ 26 VSVgV	Nachweis der wirtschaftlichen und finanziellen Leistungsfähigkeit	§ 28	Seite 721
§ 27 VSVgV	Nachweis der fachlichen und technischen Leistungsfähigkeit	§ 28	Seite 721
§ 28 VSVgV	Nachweis für die Einhaltung von Normen des Qualitäts- und Umweltmanagements	§ 28	Seite 721
§ 29 I VSVgV	Aufforderung zur Abgabe eines Angebots	§ 9	Seite 213
§ 29 II–V VSVgV	Aufforderung zur Abgabe eines Angebots	§ 18	Seite 213
§ 30 VSVgV	Öffnung der Angebote	§ 25	Seite 651
§ 31 VSVgV	Prüfung der Angebote	§ 27	Seite 681
§ 32 VSVgV	Nebenangebote	§ 26	Seite 665
§ 33 VSVgV	Ungewöhnlich niedrige Angebote	§ 29	Seite 747
§ 34 VSVgV	Wertung der Angebote und Zuschlag	§ 30, § 63	Seite 779, Seite 1393
§ 35 VSVgV	Bekanntmachung über die Auftragserteilung	§ 34	Seite 883
§ 36 VSVgV	Unterrichtung der Bewerber und Bieter	§ 34, § 62	Seite 883, Seite 1373
§ 37 VSVgV	Aufhebung und Einstellung des Vergabeverfahrens	§ 31	Seite 803
§ 38 VSVgV	Allgemeine Vorgaben zur Unterauftragsvergabe	§ 61	Seite 1345
§ 39 VSVgV	Bekanntmachung	§ 61	Seite 1345
§ 40 VSVgV	Kriterien zur Auswahl der Unterauftragsnehmer	§ 61	Seite 1345
§ 41 VSVgV	Unteraufträge aufgrund einer Rahmenvereinbarung	§ 61	Seite 1345
§ 42 VSVgV	Ausgeschlossene Personen	§ 12	Seite 299
§ 43 VSVgV	Dokumentations- und Aufbewahrungspflichten	§ 34	Seite 883
§ 44 VSVgV	Melde- und Berichtspflichten	§ 34	Seite 883

VOB/A-VS

§ 1 VOB/A-VS	Anwendungsbereich	§ 60	Seite 1317
§ 2 VOB/A-VS	Grundsätze	§ 62	Seite 1373
§ 3 VOB/A-VS	Arten der Vergabe	§ 61	Seite 1345
§ 4 VOB/A-VS	Vertragsarten	§ 18	Seite 463
§ 5 VOB/A-VS	Einheitliche Vergabe, Vergabe nach Losen	§ 61	Seite 1345

Vorschriftenverzeichnis

§ 6 VOB/A-VS	Teilnehmer am Wettbewerber	§ 13, § 62	Seite 321, Seite 1373
§ 7 VOB/A-VS	Leistungsbeschreibung, Technische Anforderungen	§ 17	Seite 419
§ 8 VOB/A-VS	Vergabeunterlagen	§ 18, § 62	Seite 463, Seite 1373
§ 9 VOB/A-VS	Vertragsbedingungen	§ 18	Seite 463
§ 10 VOB/A-VS	Fristen	§ 23	Seite 595
§ 11 VOB/A-VS	Grundsätze der Informationsübermittlung	§ 24	Seite 625
§ 12 VOB/A-VS	Vorinformation, Bekanntmachung, Versand der Vergabeunterlagen	§ 21, § 22	Seite 549, Seite 577
§ 13 VOB/A-VS	Form und Inhalt der Angebote	§ 24	Seite 625
§ 14 VOB/A-VS	Öffnung der Angebote, Eröffnungstermin	§ 25	Seite 651
§ 15 VOB/A-VS	Aufklärung des Angebotsinhalts	§ 9	Seite 213
§ 16 I VOB/A-VS	Prüfung und Wertung der Angebote	§ 27, § 62	Seite 681, Seite 1373
§ 16 II VOB/A-VS	Prüfung und Wertung der Angebote (Eignung)	§ 62, § 63	Seite 1373, Seite 1393
§ 16 III–V VOB/A-VS	Prüfung und Wertung der Angebote (Prüfung)	§ 29	Seite 747
§ 16 VI–XI VOB/A-VS	Prüfung und Wertung der Angebote (Wertung)	§ 30, § 63	Seite 779, Seite 1393
§ 17 VOB/A-VS	Aufhebung der Ausschreibung	§ 31	Seite 803
§ 18 I–II VOB/A-VS	Zuschlag	§ 33	Seite 871
§ 18 III VOB/A-VS	Zuschlag	§ 34	Seite 883
§ 19 VOB/A-VS	Nicht berücksichtigte Bewerbungen und Angebote	§ 62	Seite 1373
§ 20 VOB/A-VS	Dokumentation	§ 34	Seite 883

SGB V (Auftragsvergaben im Bereich der gesetzlichen Krankenversicherung – Krankenkassenausschreibungen)

§ 69 Abs. 2 SGB V	Anwendungsbereich	§ 66	Seite 1425
§ 73b SGB V	Hausarztzentrierte Versorgungsverträge	§ 67	Seite 1441
§ 73c SGB V	Besondere ambulante ärztliche Versorgungsverträge	§ 67	Seite 1441
§ 126 SGB V	Hilfsmittelversorgungsverträge	§ 68	Seite 1457
§ 127 SGB V	Hilfsmittelversorgungsverträge	§ 68	Seite 1457
§ 129 Abs. 5 SGB V	Zytostatikaversorgungsverträge	§ 69	Seite 1477
§ 5 AMPreisV	Zytostatikaversorgungsverträge	§ 69	Seite 1477
§ 129 Abs. 1 SGB V	Arzneimittelrabattverträge	§ 70	Seite 1491
§ 130a Abs. 8 SGB V	Arzneimittelrabattverträge	§ 70	Seite 1491

§ 130b SGB V	Erstattungspreisvereinbarungen	§ 70	Seite 1491
§ 130c SGB V	Erstattungspreisvereinbarungen	§ 70	Seite 1491
§ 132c SGB V	Impfstoffversorgungsverträge	§ 71	Seite 1539
§ 140a SGB V	Integrierte Versorgungsverträge	§ 72	Seite 1551

AEUV

Art. 18 AEUV	Nichtdiskriminierung	§ 73	Seite 1559
Art. 26 AEUV	Binnenmarkt	§ 73	Seite 1559
Art. 34 AEUV	Warenverkehrsfreiheit	§ 73	Seite 1559
Art. 49 AEUV	Niederlassungsfreiheit	§ 73	Seite 1559
Art. 56 AEUV	Dienstleistungsverkehrsfreiheit	§ 73	Seite 1559
Art. 63 AEUV	Kapitalverkehrsfreiheit	§ 73	Seite 1559
Art. 107 AEUV	Staatliche Beihilfen	§ 75	Seite 1623
Art. 267 AEUV	Vorabentscheidungsersuchen	§ 44	Seite 1079

Kapitel 1 Grundlagen

§ 1 Grundsätze des Vergaberechts

Übersicht

	Rn.
A. Einleitung	1–7
B. Der Wettbewerbsgrundsatz, § 97 Abs. 1 GWB	8–27
I. Herleitung	8–13
II. Bedeutung für das deutsche Vergaberecht	14, 15
III. Neue Tendenz: Weniger Wettbewerb, mehr Wirtschaftlichkeit?	16, 17
IV. Inhalt und Auswirkung auf das Vergabeverfahren	18–27
C. Der Transparenzgrundsatz, § 97 Abs. 1 GWB	28–39
I. Herleitung	28–30
II. Bedeutung für das deutsche Vergaberecht	31, 32
III. Inhalt und Auswirkung auf das Vergabeverfahren	33–39
D. Der Gleichbehandlungsgrundsatz, § 97 Abs. 2 GWB	40–61
I. Herleitung	40–45
II. Bedeutung für das deutsche Vergaberecht	46–49
III. Inhalt und Auswirkungen auf das Vergabeverfahren	50–61
E. Die Berücksichtigung mittelständischer Interessen, § 97 Abs. 3 GWB	62–79
I. Herleitung	62–64
II. Bedeutung für das deutsche Vergaberecht	65–67
III. Inhalt und Auswirkung auf das Vergabeverfahren	68–79

GWB: § 97
VOL/A: § 2
VOL/A EG: § 2 EG
VOB/A: § 2, § 5
VOF: § 2

GWB:

§ 97 GWB Allgemeine Grundsätze

(1) Öffentliche Auftraggeber beschaffen Waren, Bau- und Dienstleistungen nach Maßgabe der folgenden Vorschriften im Wettbewerb und im Wege transparenter Vergabeverfahren.

(2) Die Teilnehmer an einem Vergabeverfahren sind gleich zu behandeln, es sei denn, eine Benachteiligung ist auf Grund dieses Gesetzes ausdrücklich geboten oder gestattet.

(3) ¹Mittelständische Interessen sind bei der Vergabe öffentlicher Aufträge vornehmlich zu berücksichtigen. Leistungen sind in der Menge aufgeteilt (Teillose) und getrennt nach Art oder Fachgebiet (Fachlose) zu vergeben. ²Mehrere Teil- oder Fachlose dürfen zusammen vergeben werden, wenn wirtschaftliche oder technische Gründe dies erfordern. ³Wird ein Unternehmen, das nicht öffentlicher Auftraggeber ist, mit der Wahrnehmung oder Durchführung einer öffentlichen Aufgabe betraut, verpflichtet der Auftraggeber das Unternehmen, sofern es Unteraufträge an Dritte vergibt, nach den Sätzen 1 bis 3 zu verfahren.

(4) ¹Aufträge werden an fachkundige, leistungsfähige sowie gesetzestreue und zuverlässige Unternehmen vergeben. ²Für die Auftragsausführung können zusätzliche Anforderungen an Auftragnehmer gestellt werden, die insbesondere soziale, umweltbezogene oder innovative Aspekte betreffen, wenn sie im sachlichen Zusammenhang mit dem Auftragsgegenstand stehen und sich aus der Leistungsbeschreibung ergeben. ³Andere oder weitergehende Anforderungen dürfen an Auftragnehmer nur gestellt werden, wenn dies durch Bundes- oder Landesgesetz vorgesehen ist.

(4a) Auftraggeber können Präqualifikationssysteme einrichten oder zulassen, mit denen die Eignung von Unternehmen nachgewiesen werden kann.

(5) Der Zuschlag wird auf das wirtschaftlichste Angebot erteilt.

(6) Die Bundesregierung wird ermächtigt, durch Rechtsverordnung mit Zustimmung des Bundesrates nähere Bestimmungen über das bei der Vergabe einzuhaltende Verfahren zu treffen, insbesondere über die Bekanntmachung, den Ablauf und die Arten der Vergabe, über die Auswahl und Prüfung der Unternehmen und Angebote, über den Abschluss des Vertrages und sonstige Fragen des Vergabeverfahrens.

(7) Die Unternehmen haben Anspruch darauf, dass der Auftraggeber die Bestimmungen über das Vergabeverfahren einhält.

VOL/A:

§ 2 VOL/A Grundsätze

(1) [1]Aufträge werden in der Regel im Wettbewerb und im Wege transparenter Vergabeverfahren an fachkundige, leistungsfähige und zuverlässige (geeignete) Unternehmen zu angemessenen Preisen vergeben. [2]Dabei darf kein Unternehmen diskriminiert werden.

(2) [1]Leistungen sind in der Menge aufgeteilt (Teillose) und getrennt nach Art oder Fachgebiet (Fachlose) zu vergeben. [2]Bei der Vergabe kann auf eine Aufteilung oder Trennung verzichtet werden, wenn wirtschaftliche oder technische Gründe dies erfordern.

(3) Die Durchführung von Vergabeverfahren lediglich zur Markterkundung und zum Zwecke von Ertragsberechnungen ist unzulässig.

(4) Bei der Vergabe sind die Vorschriften über die Preise bei öffentlichen Aufträgen zu beachten.[1]

VOL/A EG:

§ 2 EG VOL/A Grundsätze

(1) [1]Aufträge werden in der Regel im Wettbewerb und im Wege transparenter Vergabeverfahren an fachkundige, leistungsfähige und zuverlässige (geeignete) Unternehmen zu angemessenen Preisen vergeben. [2]Dabei darf kein Unternehmen diskriminiert werden.

(2) [1]Mittelständische Interessen sind bei der Vergabe öffentlicher Aufträge vornehmlich zu berücksichtigen. [2]Leistungen sind in der Menge aufgeteilt (Teillose) und getrennt nach Art oder Fachgebiet (Fachlose) zu vergeben. [3]Mehrere Teil- oder Fachlose dürfen zusammen vergeben werden, wenn wirtschaftliche oder technische Gründe dies erfordern.

(3) Die Durchführung von Vergabeverfahren lediglich zur Markterkundung und zum Zwecke von Ertragsberechnungen ist unzulässig.

(4) Bei der Vergabe sind die Vorschriften über die Preise bei öffentlichen Aufträgen zu beachten.[1]

VOB/A:

§ 2 VOB/A Grundsätze

(1)
1. Bauleistungen werden an fachkundige, leistungsfähige und zuverlässige Unternehmen zu angemessenen Preisen in transparenten Vergabeverfahren vergeben.
2. Der Wettbewerb soll die Regel sein. Wettbewerbsbeschränkende und unlautere Verhaltensweisen sind zu bekämpfen.

(2) Bei der Vergabe von Bauleistungen darf kein Unternehmen diskriminiert werden.

(3) Es ist anzustreben, die Aufträge so zu erteilen, dass die ganzjährige Bautätigkeit gefördert wird.

(4) Die Durchführung von Vergabeverfahren zum Zwecke der Markterkundung ist unzulässig.

(5) Der Auftraggeber soll erst dann ausschreiben, wenn alle Vergabeunterlagen fertig gestellt sind und wenn innerhalb der angegebenen Fristen mit der Ausführung begonnen werden kann.

§ 5 VOB/A Vergabe nach Losen, Einheitliche Vergabe

(1) Bauleistungen sollen so vergeben werden, dass eine einheitliche Ausführung und zweifelsfreie umfassende Haftung für Mängelansprüche erreicht wird; sie sollen daher in der Regel mit den zur Leistung gehörigen Lieferungen vergeben werden.

(2) ¹Bauleistungen sind in der Menge aufgeteilt (Teillose) und getrennt nach Art oder Fachgebiet (Fachlose) zu vergeben. ²Bei der Vergabe kann aus wirtschaftlichen oder technischen Gründen auf eine Aufteilung oder Trennung verzichtet werden.

VOF:

§ 2 VOF Grundsätze

(1) ¹Aufträge werden an fachkundige, leistungsfähige und zuverlässige Unternehmen vergeben. ²Dabei darf kein Unternehmen diskriminiert werden.

(2) Die Teilnehmer an einem Vergabeverfahren sind gleich zu behandeln, es sei denn, eine Benachteiligung ist auf Grund des Vierten Teils des Gesetzes gegen Wettbewerbsbeschränkungen (GWB) ausdrücklich geboten oder gestattet.

(3) Aufträge sollen unabhängig von Ausführungs- und Lieferinteressen vergeben werden.

(4) Kleinere Büroorganisationen und Berufsanfänger sollen angemessen beteiligt werden.

Literatur:
Amelung, Die VOL/A 2009 – Praxisrelevante Neuregelungen für die Vergabe von liefer- und Dienstleistungen, NZBau 2010, 727–731; *Antweiler,* Die Berücksichtigung von Mittelstandsinteressen im Vergabeverfahren – Rechtliche Rahmenbedingungen, VergabeR 2006, 637–651; *Ax/von Beyme,* Zur Mittelstandskonformität der Losgrößen bei Unterhaltsreinigungsleistungen, IBR 2011, 1017 (nur online); *Bode,* Zwingender Angebotsausschluss wegen fehlender Erklärungen und Angaben – Inhalt, Grenzen und Möglichkeiten zur Reduzierung der Ausschlussgründe, VergabeR 2009, 729–738; *Boesen,* Getrennt oder zusammen? – Losaufteilung und Gesamtvergabe nach der Reform des GWB in der Rechtsprechung, VergabeR 2011, 364–372; *Bunte,* Der Grundsatz der dezentralen Beschaffung der öffentlichen Hand, BB 2001, 2121–2125; *Burgi,* Die Vergabe von Dienstleistungskonzessionen: Verfahren, Vergabekriterien, Rechtsschutz, NZBau 2005, 610–617; *Burgi,* Mittelstandsfreundliche Vergabe – Möglichkeiten und Grenzen (Teil 1), NZBau 2006, 606–610; *Burgi,* Mittelstandsfreundliche Vergabe – Möglichkeiten und Grenzen (Teil 2), NZBau 2006, 693–698; *Burgi,* Die Bedeutung der allgemeinen Vergabegrundsätze Wettbewerb, Transparenz und Gleichbehandlung, NZBau 2008, 29–34; *Burgi,* Die Zukunft des Vergaberechts, NZBau 2009, 609–615; *Byok,* Das neue Vergaberecht, NJW 1998, 2774–2779; *Byok,* Die Entwicklung des Vergaberechts seit 2008, NJW 2009, 644–650; *Byok,* Die Entwicklung des Vergaberechts seit 2009, NJW 2010, 817–823; *Diringer,* Die Beteiligung sog. Projektanten am Vergabeverfahren, VergabeR 2010, 361–368; *Dreher,* Die Berücksichtigung mittelständischer Interessen bei der Vergabe öffentlicher Aufträge, NZBau 2005, 427–436; *Ehrig,* Die Doppelbeteiligung im Vergabeverfahren, VergabeR 2010, 11–16; *Eggers/Malmendier,* Strukturierte Bieterverfahren der öffentlichen Hand – Rechtliche Grundlagen, Vorgaben an Verfahren und Zuschlag, Rechtsschutz, NJW 2003, 780–787; *Faßbender,* Die neuen Regelungen für eine mittelstandsgerechte Auftragsvergabe, NZBau 2010, 529–535; *Freitag,* Vergaberechtsschutz unterhalb

der europäischen „Schwellenwerte", NZBau 2002, 204–206; *Frenz*, Grundrechte und Vergaberecht, EuZW 2006, 748–752; *Frister*, Entrechtlichung und Vereinfachung des Vergaberechts, VergabeR 2011, 295–306; *Gabriel*, Die Vergaberechtsreform 2009 und die Neufassung des vierten Teils des GWB, NJW 2009, 2011–2016; *Gabriel/Geldsetzer/Benecke*, Die Bietergemeinschaft, Köln 2007; *Hailbronner/Weber*, Die Neugestaltung des Vergabewesens durch die Europäische Gemeinschaft, EWS 1997, 73–83; *Hausmann*, Die Pflicht des öffentlichen Auftraggebers zur Neuausschreibung bei Austausch des Nachunternehmers, LKV 2010, 550–554; *Höfler*, Transparenz bei der Vergabe öffentlicher Aufträge, NZBau 2010, 73–78; *Hölzl*, „Assitur": Die Wahrheit ist konkret!, NZBau 2009, 751–755; *Horn*, Projektantenstatus im VOF-Verfahren?, NZBau 2005, 28–31; *Huerkamp*, Die grundfreiheitlichen Beschränkungsverbote und die Beschaffungstätigkeit des Staates, EuR 2009, 563–577; *Hufen*, Fehler im Verwaltungsverfahren – Ein Handbuch für Ausbildung und Praxis, 4. Auflage, Baden-Baden 2002; *Koenig/Hentschel*, Beihilfenempfänger als Bieter im Vergabeverfahren, NZBau 2006, 289–295; *Koenig/Kühling*, Diskriminierungsfreiheit, Transparenz und Wettbewerbsoffenheit des Ausschreibungsverfahrens – Konvergenz von EG-Beihilfenrecht und Vergaberecht, NVwZ 2003, 779–786; *Kramer*, Gleichbehandlung im Verhandlungsverfahren nach der VOL/A, NZBau 2005, 138–141; *Krohn*, Vertragsänderungen und Vergaberecht – Wann besteht eine Pflicht zur Neuausschreibung?, NZBau 2008, 619–626; *Kupzcyk*, Die Projektantenproblematik im Vergleich, NZBau 2010, 21–24; *Kus*, Losvergabe und Ausführungskriterien, NZBau 2009, 21–24; *Losch*, Akteneinsicht im Vergabeverfahren – ein widerstreit zwischen Transparenzgebot und Geheimhaltungsschutz, VergabeR 2008, 739–750; *Luber*, Der formalistische Angebotsausschluss, das Wettbewerbsprinzip und der Grundsatz der sparsamen Mittelverwendung im Vergaberecht, VergabeR 2009, 14–25; *Mader*, Entwicklungslinien in der neueren EuGH-Rechtsprechung zum materiellen Recht im öffentlichen Auftragswesen, EuZW 1999, 331–340; *Müller-Wrede*, Grundsätze der Losvergabe unter dem Einfluss mittelständischer Interessen, NZBau 2004, 643–648; *Nelskamp/Dahmen*, Dokumentation im Vergabeverfahren, KommJur 2010, 208–215; *Neßler*, Der Neutralitätsgrundsatz im Vergaberecht, NVwZ 1999, 1081–1083; *Otting/Tresselt*, Grenzen der Loslimitierung, VergabeR 2009, 585–594; *Pietzcker*, Die neue Gestalt des Vergaberechts, ZHR 1998, 427–473; *Plötscher*, Der Begriff der Diskriminierung im europäischen Gemeinschaftsrecht, Berlin 2003; *Prieß*, Handbuch des europäischen Vergaberechts – Gesamtdarstellung der EU/EWR-Vergaberegeln mit Textausgabe, 3. Auflage, Köln 2005; *Prieß*, Die Leistungsbeschreibung – Kernstück des Vergabeverfahrens (Teil 2), NZBau 2008, 87–92; *Rehm*, Wirtschaftlichkeit und Sparsamkeit im öffentlichen Sektor, Die Verwaltung 13 (1980), 76; *Ruh*, Mittelstandsbeteiligung an öffentlichen Aufträgen, VergabeR 2005, 718–736; *Scharen*, Vertragslaufzeit und Vertragsverlängerung als vergaberechtliche Herausforderung?, NZBau 2009, 679–684; *Schmidt-Jortzig*, Der Grundsatz der Wirtschaftlichkeit – Verfassungsrechtliche Determinanten, in Butzer (Hrsg.), Wirtschaftlichkeit durch Organisations- und Verfahrensrecht, Berlin 2004, S. 17–31; *Schwarze*, Europäisches Verwaltungsrecht, 2. Auflage, Baden-Baden 2005; *Summann*, Vergabegrundsätze und Vergabeverfahren im Rechtsvergleich Deutschland – U.S.A., Baden-Baden 2007; *Tettinger*, Fairneß und Waffengleichheit: Rechtsstaatliche Direktiven für Prozess und Verwaltungsverfahren, München 1984; *Wagner/Steinkemper*, Zum Zusammenspiel von Kartellvergaberecht und Haushaltsvergaberecht – Insbesondere: Die subsidiäre Anwendbarkeit des Haushalts-Vergaberechts auf Vergaben oberhalb der Schwellenwerte, NZBau 2006, 550–555; *Walther*, Inhalt und Bedeutung der Grundsätze der Wirtschaftlichkeit und Sparsamkeit in der öffentlichen Verwaltung, BayVBl 1990, 231–238; *Weiner* EuZW 2012, 401 ff.; *Wollenschläger*, Das EU-Vergaberegime für Aufträge unterhalb der Schwellenwerte, NVwZ 2007, 388–396; *Ziekow*, Öffentliches Wirtschaftsrecht, 1. Auflage, München 2007; *Ziekow*, Faires Beschaffungswesen, VergabeR 2003, 1–10; *Ziekow*, Die vergaberechtlich zulässige Vertragslaufzeit bei komplexen PPP-Modellen, VergabeR 2006, 702–719.

A. Einleitung

1 Die Vergabe öffentlicher Aufträge dient der Beschaffung von sachlichen Mitteln und Leistungen, die der Staat zur Erfüllung seiner Aufgaben benötigt. Die Auftragsvergabe dient demnach der Bedarfsdeckung des Staates und hat damit das Ziel, seine Funktionsfähigkeit zu erhalten.[1] Als Recht der Vergabe (Vergaberecht) wird die Gesamtheit der Normen bezeichnet, die ein Träger öffentlicher Gewalt bei der Bedarfsdeckung zu beachten hat.[2]

---

[1] *Summann*, 36.
[2] BVerfG Beschl. v. 13.6.2006, 1 BvR 1160/03, NZBau 2006, 791, 792.

Der Beschaffungsgegenstand wird dabei von den zu erfüllenden Aufgaben bestimmt. Grundsätzlich darf der Staat nur die Sachmittel und Leistungen beschaffen, die er für die Erfüllung seiner Aufgaben benötigt,[3] denn die Beschaffungstätigkeit wird durch Steuergelder finanziert, deren Verwendung reglementiert ist.

Vor diesem Hintergrund ist Grundlage der staatlichen Beschaffung in Deutschland traditionell das **Haushaltsrecht**, welches nach § 6 Abs. 1 HGrG die wirtschaftliche und sparsame Verwendung der Haushaltsmittel – Steuergelder – zum Ziel hat. Dieser Grundsatz wird in den Haushaltsordnungen des Bundes und der Länder sowie den landesrechtlichen Gemeindehaushaltsordnungen dahingehend konkretisiert, dass beim Abschluss von Beschaffungsverträgen nach einheitlichen Richtlinien zu verfahren ist (vgl. etwa § 55 Abs. 2 BHO). Derartige Richtlinien enthalten einerseits die **Vergabeordnungen (VOL/A, VOB/A, VOF)**, die von Vergabeausschüssen, welche aus Vertretern von Bund, Ländern und Gemeinden sowie von Verbänden der Wirtschaft und von Gewerkschaften bestehen, ausgearbeitet werden,[4] und andererseits **Rechtsverordnungen (SektVO, VSVgV)**, die von den zuständigen Bundesministerien erlassen werden. Das Haushaltsrecht selbst wirkt allerdings lediglich verwaltungsintern und räumt Dritten, d.h. Bietern, keine subjektiven Rechte ein. Dieser traditionelle **verwaltungsinterne Ansatz** des deutschen Vergaberechts musste unter dem Einfluss des europäischen Gemeinschaftsrechts teilweise aufgegeben werden.[5] Wegen der hohen wirtschaftlichen Bedeutung öffentlicher Aufträge erließ die Europäische Kommission bereits in den 90er Jahren Richtlinien,[6] die durch Gewährleistung eines europaweiten freien und unverfälschten Wettbewerbs um die Vergabe öffentlicher Aufträge der Schaffung eines einheitlichen europäischen Binnenmarktes dienen sollten. Dazu wurden den beteiligten Unternehmen auch subjektive Rechte auf Einhaltung der Verfahrensvorgaben eingeräumt. Als Folge der Umsetzung dieser Richtlinien musste der haushaltsrechtliche Ansatz in Deutschland – jedenfalls ab Erreichen bestimmter Auftragswerte (EU-Schwellenwerte) – aufgegeben werden, um den europäischen Vorgaben Rechnung zu tragen.[7]

Das deutsche Vergaberecht dient damit der Verwirklichung zweier Ziele: (1) die angemessene Verwendung von Haushaltsmitteln bei der zur Erhaltung der Funktionsfähigkeit der öffentlichen Hand dienenden Bedarfsdeckung und (2) die Gewährleistung eines freien Wettbewerbs bei der Auftragsvergabe zur Schaffung eines europäischen Binnenmarktes.[8] Das bedeutet, ausgehend vom Interesse der Allgemeinheit an der sorgsamen Verwendung der Steuergelder, soll das Vergaberecht gewährleisten, dass der öffentliche Auftraggeber möglichst günstig diejenigen Leistungen und Sachmittel beschafft, die er für seine Verwaltungstätigkeit benötigt.[9] Gleichzeitig soll das Vergaberecht aber auch dem Schutz des freien Wettbewerbs der potenziellen Auftragnehmer dienen und damit Partikularinteressen des einzelnen Unternehmers verwirklichen.[10] Das deutsche Vergaberecht steht demnach im Spannungsfeld unterschiedlicher Ziele und Interessen. Diese Ziele und Interessen spiegeln die in § 97 GWB genannten Vergaberechtsgrundsätze, namentlich der Wettbewerbs-, der Transparenz- und der Gleichbehandlungsgrundsatz sowie das Gebot der Berücksichtigung mittelständischer Interessen, die das gesamte Vergabeverfahren prägen, in unterschiedlichem Ausmaß wider.

Die in § 97 Abs. 1 und 2 GWB enthaltenen Grundsätze – Wettbewerbs-, der Transparenz- und der Gleichbehandlungsgrundsatz – haben sowohl in Deutschland als auch in der EU eine lange Tradition. Im Europarecht finden sie ihren Ursprung in den primärrechtlichen Grund-

---

[3] *Isensee/Kirchhof*, HbdStR IV, § 73 Rn. 12 ff.
[4] BVerfG Beschl. v. 13.6.2006, 1 BvR 1160/03, NZBau 2006, 791, 792.
[5] BVerfG Beschl. v. 13.6.2006, 1 BvR 1160/03, NZBau 2006, 791, 792.
[6] Richtlinien 92/50 EWG, 93/36/EWG, 93/37/EWG und 93/38/EWG.
[7] Vgl. *Byok* NJW 1998, 2774, 2775.
[8] *Frister* VergabeR 2011, 295; *Burgi* NZBau 2009, 609, 611 f.
[9] *Wagner/Steinkemper* NZBau 2006, 550 f.
[10] *Wagner/Steinkemper* NZBau 2006, 550 f.

freiheiten, die in den Vergaberichtlinien weiter konkretisiert wurden. In Deutschland wurden sie bereits als Leitsätze für die staatliche Beschaffungstätigkeit angesehen, bevor sie 1999 in die Form eines formellen Gesetzes gegossen wurden. Ihre Ausgestaltung als materielle Rechtsgrundsätze erfolgte im Zuge des Vergaberechtsänderungsgesetzes[11] und diente vordergründig der Betonung der Bedeutsamkeit dieser elementaren Prinzipien für das deutsche Vergaberecht. Hinzukommt im dritten Absatz der Vorschrift der Grundsatz der Berücksichtigung mittelständischer Interessen, der insoweit eine Sonderstellung einnimmt, als er im Gegensatz zu den anderen Vergabegrundsätzen nicht durch das Europarecht vorgegeben – wohl aber toleriert – und somit spezifisch für das deutsche Vergaberecht ist.[12] So war die Mittelstandsfreundlichkeit in Deutschland schon in den früheren Fassungen der Vergabeordnungen enthalten und wurde schließlich im Zuge des Vergaberechtsänderungsgesetzes[13] mit den anderen Grundsätzen in § 97 GWB aufgenommen.

5   Die Vergabegrundsätze bilden den Rahmen für das untergesetzliche Vergaberecht (VOB/A, VOL/A, VOF, SektVO, VSVgV) und stellen Auslegungsdirektiven für das gesamte GWB-Vergaberecht dar.[14] Dabei ist umstritten, ob sie über die Leitlinienfunktion hinaus auch einen unmittelbaren Regelungsgehalt haben.[15] Letzteres dürfte jedenfalls in den Fällen zu bejahen sein, in denen eine konkrete gesetzliche oder untergesetzliche Regelung fehlt. Entsprechend sind durch zahlreiche Entscheidungen der Vergabekammern und der OLG aus den einzelnen Vergabegrundsätzen weit über die einzelnen Regelungen hinausgehende Rechtspflichten entwickelt worden.[16]

6   Unterhalb der EU-Schwellenwerte ist § 97 GWB zwar nicht anwendbar, die Vergaberechtsgrundsätze sind jedoch in den über das Haushaltsrecht (§ 30 HGrG, § 55 BHO, § 55 LHO sowie Gemeindehaushaltsverordnungen und Gemeindeordnungen der Länder[17]) Geltung erlangenden Basisparagraphen in den ersten Abschnitten der VOB/A und VOL/A[18] grundsätzlich entsprechend enthalten, so dass es in dieser Hinsicht keine Unterschiede zwischen ober- und unterschwelligen Auftragsvergaben gibt. Darüber hinaus ergibt sich die Geltung der Grundsätze unterhalb der EU-Schwellenwerte auch aus dem EU-Primärrecht.[19] Allerdings ist ein Verstoß gegen die Vergabegrundsätze im unterschwelligen Bereich nicht im Rahmen eines Vergabenachprüfungsverfahrens justiziabel.[20]

7   Welche Auswirkungen die Vergabegrundsätze auf das Vergaberecht und die staatliche Beschaffungstätigkeit haben, soll im Folgenden für jeden der Grundsätze dargestellt wer-

---

[11] BGBl. I Nr. 59/1998, S. 2512.
[12] Siehe unten unter E.
[13] BGBl. I Nr. 59/1998, S. 2512.
[14] BGH Beschl. v. 1.2.2005, X ZB 27/04, NZBau 2005, 290, 295; BGH v. 01.12.2008, X ZB 31/08, NZBau 2009, 201, 203; *Burgi* NZBau 2008, 29, 32; *Diehr* in Reidt/Stickler/Glahs, § 97 Rn. 9; *Bungenberg* in Loewenheim/Meessen/Riesenkampff, § 97 Rn. 5.
[15] Dafür *Dreher* in Immenga/Mestmäcker, GWB, § 97 Rn. 4; *Frenz* in Willenbruch/Wieddekind, § 97 Rn. 1; aA *Diehr* in Reidt/Stickler/Glahs, § 97 Rn. 11; differenzierend *Burgi* NZBau 2008, 29, 32 f.: kein unmittelbarer Regelungsgehalt, es sei denn dies ist zur Herstellung von Europarechtskonformität notwendig; ebenfalls differenzierend *Ziekow* VergabeR 2006, 702, 708: nur der Wettbewerbsgrundsatz hat einen unmittelbaren Regelungsgehalt.
[16] *Burgi* NZBau 2008, 29, 31.
[17] ZB § 31 BadWürttGemHVO, § 31 BayKommHV-Kameralistik, § 29 HessGemHVO-Doppik, § 22 RhPfGemHVO, § 24 SaarlGemHVO, § 31 ThürGemHVO.
[18] § 2 VOB/A, § 2 VOL/A, § 2 VOF.
[19] EuGH Urt. v. 7.12.2000, Rs. C-324/98 – Telaustria, Rn. 60 ff.; EuGH Urt. v. 13.10.05, Rs. C-458/03 – Parking Brixen, Rn. 46 ff.; EuGH Urt. v. 6.4.06, Rs. C-410/04 – ANAV/Bari, Rn. 18 ff.; vgl. auch die Unterschwellenmitteilung der EU-Kommission C 179/2 v. 1.8.2006, insb. Punkt 2.2.1.
[20] *Dreher* NZBau 2005, 427, 436; siehe aber Unterschwellenmitteilung der EU-Kommission C 179/2 v. 1.8.2006, Punkt 2.3.3.

den. Da das Vergaberecht heutzutage maßgeblich vom europäischen Recht geprägt ist,[21] wird dabei besonderes Augenmerk auch auf die gemeinschaftsrechtliche Bedeutung geworfen.

B. Der Wettbewerbsgrundsatz, § 97 Abs. 1 GWB

I. Herleitung

Der das gesamte Vergabeverfahren beherrschende Wettbewerbsgrundsatz[22] war schon in den deutschen Verdingungsordnungen enthalten, bevor er mit Umsetzung der EU-Vergaberichtlinien in das GWB aufgenommen wurde.[23] Heute findet sich der Wettbewerbsgrundsatz außer in § 97 Abs. 1 GWB auch in §§ 2 Abs. 1 Nr. 2 VOB/A, 2 EG Abs. 1 Nr. 2 VOB/A und §§ 2 Abs. 1 Satz 1, 2 EG Abs. 1 Satz 1 VOL/A wieder.

8

1. Wettbewerb aus nationaler Sicht

Aus nationaler Sicht soll durch einen möglichst breiten Wettbewerb um den öffentlichen Auftrag erreicht werden, dass die beste – ausgerichtet am mit ihr verfolgten Zweck – Leistung zum günstigsten Preis eingekauft wird,[24] indem konkurrierende Unternehmen im (Preis-)Wettbewerb miteinander gesetzt werden.[25] Damit soll eine wirtschaftliche sowie sparsame Verwendung der begrenzten Mittel der öffentlichen Hand gewährleistet und einer Verschwendung von Steuergeldern vorgebeugt werden.[26] Denn ursprünglich war das deutsche Vergaberecht haushaltsrechtlich orientiert.[27] So prägte bis 1999 vornehmlich das (haushaltsrechtliche) **Gebot der Wirtschaftlichkeit und Sparsamkeit**, welches seine verfassungsrechtliche Grundlage in Art. 114 Abs. 2 Satz 1 GG hat, die staatliche Beschaffungstätigkeit.[28] Entsprechend des haushaltsrechtlichen Ansatzes des deutschen Vergaberechts dient die Ausrichtung des Vergabeverfahrens am Wettbewerbsgrundsatz aus nationaler Sicht vornehmlich der Beschaffung zu möglichst kostengünstigen Konditionen.[29] Der Wettbewerb der Anbieter um einen ausgeschriebenen Auftrag ist danach (lediglich) das Mittel der Wahl, um das haushaltsrechtliche Ziel (sparsame Mittelverwendung) zu erreichen. Nach diesem Ansatz ist die Schaffung von Wettbewerb nicht selbst Zweck des Vergabeverfahrens.[30] Er dient vielmehr vornehmlich den öffentlichen Auftraggebern zur Gewährleistung einer möglichst günstigen Beschaffung.

9

---

[21] Vgl. EuGH Urt. v. 3.5.2005, verb. Rs. C-21/03 und C-34/03 – Fabricom, Rn. 25 ff., 30, 36; OLG Düsseldorf, Beschl. v. 4.5.2009, VergabeR 2009, 905, 916; *Frenz* in Willenbruch/Wieddekind, § 97 Rn. 1.

[22] OLG München Beschl. v. 17.2.2011, Verg 2/11; ZfBR 2011, 382; OLG München Beschl. v. 11.8.2008, Verg 16/08, ZfBR 2008, 721, 722.

[23] *Dreher* in Immenga/Mestmäcker, § 97 Rn. 6; heute auch in §§ 2 Abs. 1 Nr. 2, 16 Abs. 1 lit. d), 2 EG Abs. 1 Nr. 2, 16 EG Abs. 1 lit. d) VOB/A, §§ 2 Abs. 1, 16 Abs. 3 lit. f), 2 EG Abs. 1 Satz 1, 16 EG Abs. 3 lit. f) VOL/A.

[24] *Luber* VergabeR 2009, 14, 24; *Koenig/Kühling* NVwZ 2003, 779, 785.

[25] *Summann*, 32; *Bunte*, BB 2001, 2121, 2122; *Koenig/Kühling* NVwZ 2003, 779, 785; *Stickler* in Reidt/Stickler/Glahs, § 97 Rn. 5; die ökonomische Beschaffung als Ziel der Vergaberegeln bezeichnend auch *Marx* in Motzke/Pietzcker/Prieß, VOB Teil A, § 97 Rn. 8.

[26] *Summann*, 30 f.; *Rehm* Die Verwaltung 13 (1980), 77 ff.; *Schmidt-Jortzig* in Butzer (Hrsg.), Wirtschaftlichkeit durch Organisations- und Verfahrensrecht, S. 19 ff.; m. w. N. *Stern*, Staatsrecht II, § 34 II 3 S. 432 ff.; *Walther* BayVBl 1990, 231 ff.

[27] BVerfG Beschl. v. 13.6.2006, 1 BvR 1160/03, NZBau 2006, 791; *Neßler* NVwZ 1999, 1081, 1082; *Pietzcker* ZHR 1998, 427, 428 ff.; BGH Urt. v. 5.6.2012, X ZR 161/11.

[28] *Summann*, 30; *Luber* VergabeR 2009, 14, 24.

[29] *Brauer* in Kulartz/Kus/Portz, § 97 Rn. 5.

[30] BVerfG Beschl. v. 13.6.2006, 1 BvR 1160/03, NZBau 2006, 791, 794.

2. Wettbewerb aus europäischer Sicht

10 In den europäischen Vergaberichtlinien bleiben haushaltsrechtliche Belange, wie der die staatliche Beschaffungstätigkeit prägende Aspekt der Erfüllung von Verwaltungsaufgaben, mangels EU-Kompetenz unberücksichtigt.[31] Zwar sind haushaltsrechtliche Erwägungen dem Europarecht nicht völlig fremd. So greift auch der *Cecchini*-Report zur Errichtung des Binnenmarktes[32] zur Begründung einer weitgehenden Regulierung des öffentlichen Auftragswesens umfassend auf den Wettbewerbsgrundsatz zurück, wobei Kostenersparnisse der öffentlichen Hand durch wettbewerblich verursachte Kostensenkungen der Anbieter von Lieferungen und Leistungen erzielt werden sollen.[33] Daneben wurde der Wettbewerbsgrundsatz aus den Wettbewerbsregeln (Art. 101 f. AEUV) hergeleitet, welche auch auf die staatliche Beschaffungstätigkeit Anwendung finden.[34]

11 Vornehmliches Ziel der Vergaberichtlinien und damit auch des Wettbewerbs aus europäischer Sicht ist indessen die Schaffung eines **einheitlichen europäischen Binnenmarktes** (vgl. Art. 3 Abs. 1 lit. b), 26 Abs. 1 und 2, 119 Abs. 1, 129 AEUV).[35] Dafür sowie für die Durchsetzung der Grundfreiheiten[36] und des allgemeinen Diskriminierungsverbots aus Gründen der Staatsangehörigkeit gem. Art. 18 AEUV ist die Regulierung der Nachfragemacht der Mitgliedstaaten essentiell.[37] Der offene und faire Wettbewerb um den öffentlichen Auftrag, welcher aus den Grundfreiheiten des EU-Vertrags (Freier Warenverkehr, Niederlassungsfreiheit, freier Dienstleistungsverkehr) und dem Diskriminierungsverbot (Art. 18 AEUV) abgeleitet wird[38], soll vor diesem Hintergrund den gleichberechtigten Zugang aller Unternehmen (aus den Mitgliedstaaten) zu den Beschaffungsmärkten der öffentlichen Hand gewährleisten.[39] Oberstes Ziel des europäisch geprägten Wettbewerbsgrundsatzes ist demnach nicht die sparsame Beschaffungstätigkeit der öffentlichen Hand, sondern die **Schaffung** und der **Erhalt der Chancengerechtigkeit** unter den Teilnehmern des Vergabeverfahrens[40] und damit die Gewährleistung eines freien Marktzugangs für alle interessierten Unternehmen. Der Wettbewerb fördert also auch die Marktwirtschaft und ist somit Grundlage und Ziel des Vergaberechts.[41]

12 Der europäische Ansatz dient daher vornehmlich den Bewerbern und Bietern zur Gewährleistung eines umfassenden Zugangs zum öffentlichen Auftragswesen.[42] Schließlich soll die Organisation von Wettbewerb im Beschaffungsprozess dafür sorgen, dass alle Unternehmen, die sich an der öffentlichen Beschaffung mit Gewinnstreben beteiligen wollen, eine gerechte Chance dazu erhalten, wobei am Ende regelmäßig das leistungsfähigste Unternehmen Erfolg haben wird und soll.[43] Entsprechend sehen die europäischen Richt-

---

[31] *Frister* VergabeR 2011, 295, 297.
[32] *Cecchini*, Europa, 91, Der Vorteil des Binnenmarktes, 1988, S. 37, 45.
[33] *Bungenberg* in Loewenheim/Meessen/Riesenkampff; § 97 Rn. 2.
[34] *Bungenberg* in Loewenheim/Meessen/Riesenkampff, Vor §§ 97 ff. Rn. 63.
[35] Ausführlich zu Begriff und Inhalt des „Binnenmarktes" *Kahl* in Calliess/Ruffert, Kommentar zu EUV und EGV, Art. 14 Rn. 1 ff.
[36] Dienstleistungsfreiheit: Art. 56 ff. AEUV, Warenverkehrsfreiheit: Art. 34 ff. AEUV, Niederlassungsfreiheit: Art. 49 ff. AEUV.
[37] *Summann*, 30 f.; *Mader* EuZW 1999, 331, 332 f.; *Müller-Graff* in Streinz, EUV/EGV, Art. 43 Rn. 5, Art. 49 Rn. 7, *Schroeder* in Streinz, EUV/EGV, Art. 28 Rn. 1; ausführlich zur Relevanz der Grundfreiheiten im Bereich des öffentlichen Auftragswesens *Prieß*, Handbuch des Europäischen Vergaberechts, 5 ff.
[38] *Brauer* in Kulartz/Kus/Portz, § 97 Rn. 5.
[39] *Summann*, 30 f.
[40] *Burgi* NZBau 2009, 609, 612 ff.
[41] *Bungenberg* in Loewenheim/Meessen/Riesenkampff, § 97 Rn. 6.
[42] OLG Düsseldorf Beschl. v. 17.6.2002, Verg 18/02, NZBau 2002, 626, 629; *Wagner/Steinkemper* NZBau 2006, 550, 553.
[43] *Marx* in Motzke/Pietzcker/Prieß, § 97 GWB Rn. 17.

linien vor, dass den Bietern **subjektive Rechte** auf Einhaltung der Verfahrensvorgaben eingeräumt und diese im Rahmen von Rechtschutzverfahren durchgesetzt werden können.

Dabei weisen die EU-Vergaberichtlinien dem Wettbewerbsgrundsatz allerdings eine scheinbar nur untergeordnete Rolle zu. Denn während der Transparenz- und Gleichbehandlungsgrundsatz in Art. 2 der Vergabekoordinierungsrichtlinie (RL 2004/18/EG) ausdrücklich genannt sind, findet der Wettbewerbsgrundsatz lediglich im 2. Erwägungsgrund der Richtlinie Erwähnung. Trotzdem betrachtet der EuGH den Wettbewerb als das übergeordnete Ziel des gesamten Vergabewesens.[44]

II. Bedeutung für das deutsche Vergaberecht

Die übergeordnete Bedeutung, die der EuGH dem Wettbewerbsgrundsatz einräumt, hat auch der deutsche Gesetzgeber mit der Voranstellung dieses Grundsatzes zu Beginn des vergaberechtlichen Kapitels des GWB[45] aufgenommen. Das bedeutet aber nicht, dass der nationale Ansatz – das Prinzip der sparsamen Mittelverwendung – nach Umsetzung der europäischen Vergaberichtlinien in das deutsche Vergaberecht zum 1. Januar 1999 der Vergangenheit angehört. Vielmehr wurde dadurch lediglich der Fokus auf die, die Richtlinien bestimmende Gewährleistung wettbewerblicher Verhältnisse verschoben,[46] ohne jedoch die ursprüngliche Funktion des Vergaberechts gänzlich zu überdecken.[47] Der Wettbewerbsgrundsatz dient daher sowohl dem haushaltsrechtlichen Prinzip der Wirtschaftlichkeit als auch der Verwirklichung der europäischen Grundfreiheiten.[48]

Die zur Verwirklichung des europarechtlichen Ansatzes und zur Durchsetzung der subjektiven Rechte von Bietern auf dessen Einhaltung erforderlichen Maßnahmen lassen sich mit dem haushaltsrechtlichen Prinzip der Sparsamkeit allerdings teilweise nur schwer vereinbaren. Denn auch wenn die EU-Kommission bei Schaffung der Vergaberichtlinien die Erleichterung der Steuerzahler ebenfalls im Blick hatte,[49] was sich insbesondere in den Zuschlagskriterien „niedrigster Preis" bzw. „wirtschaftlich günstigstes Angebot"[50] widerspiegelt, verursachen die Formstrenge des Vergaberechts regelmäßig hohe Kosten,[51] die dem haushaltsrechtlichen Ansatz, dem es ausschließlich um wirtschaftliche und sparsame Mittelverwendung geht, entgegenstehen können.

III. Neue Tendenz: Weniger Wettbewerb, mehr Wirtschaftlichkeit?

Angesichts des teilweise erheblichen Kostenausmaßes darf bezweifelt werden, ob die Einsparungen, die aufgrund eines streng am Wettbewerbsgrundsatz ausgerichteten Verfahrens erzielt

---

[44] *Burgi* NZBau 2008, 29, 31 mit Hinweis auf EuGH Urt. v. 7.10.2004, EuZW 2004, 722, Rn. 37.

[45] § 97 Abs. 1 GWB.

[46] *Frister* VergabeR 2011, 295, 297; *Burgi* NZBau 2009, 609, 612; *Bode* VergabeR 2009, 729, 730; *Neßler* NVwZ 1999, 1081, 1082f.; *Hailbronner/Weber* EWS 1997, 73.

[47] So auch BGH Beschl. v. 28.10.2003, X ZR 248/02, NZBau 2004, 166, 167.

[48] Vgl. auch EuGH Urt. v. 27.11.2001, verb. Rs. C-285/9 und C-286/99 – Lombardini, Rn. 36.

[49] Mitteilung der Kommission (zur Binnenmarktstrategie des Jahres 1999) vom 11.4.2002 KOM (2002), 171 endg., 12.

[50] Art. 53 Abs. 1 RL 2004/18/EG.

[51] Gem. der Studie im Auftrag des BMWi: „Kostenmessung, der Prozesse öffentlicher Liefer-, Dienstleistungs- und Bauaufträge aus Sicht der Wirtschaft und der öffentlichen Auftraggeber", Endbericht März 2008, fallen jährlich rund 19 Mrd. Euro an Kosten für das Vergabeverfahren an, wovon 46 % die öffentlichen Auftraggeber tragen, insb. S. 42. (http://www.bmwi.de/BMWi/Redaktion/PDF/Publikationen/Studien/kostenmessung-der-prozesse-oeffentlicher-liefer-dienstleistungs-und-bauauftraege,property=pdf,bereich=bmwi,sprache=de,rwb=true.pdf).

werden können, diese Kosten rechtfertigen. Es muss daher die Frage erlaubt sein, ob das Verhältnis zwischen Wert des Beschaffungsgegenstandes sowie der Bedeutung des Beschaffungsziels und Aufwand sowie Kosten des Beschaffungsverfahrens zu kippen droht.[52] Insbesondere vor dem Hintergrund der haushaltsrechtlichen Komponente des nationalen Vergaberechts erscheint eine kritische Hinterfragung des vergaberechtlichen Wettbewerbsgrades angezeigt. Denn das Vergaberecht soll eben nicht nur den möglichst breiten Wettbewerb unterstützen, sondern auch dem öffentlichen Interesse an einer im Hinblick auf die anfallenden Kosten optimalen Bedarfsdeckung der öffentlichen Hand dienen.[53] Ohne den Wettbewerbsgrundsatz aufzugeben, könnte künftig die Wirtschaftlichkeit der Beschaffung – zu der auch das Beschaffungsverfahren gehört – eine kompromisslos wettbewerbliche Ausrichtung des Verfahrens im Ergebnis überwiegen.[54] Mit anderen Worten: Wirtschaftlichkeit statt Wettbewerb, d. h. Wettbewerb nur in dem Umfang, wie es der Wirtschaftlichkeit der Beschaffung förderlich ist, nicht Wettbewerb um des Wettbewerb Willens.

17 Anhaltspunkte für eine solche Entwicklung bieten sowohl das EU-Primärrecht als auch nationale Bestrebungen. Mit Inkrafttreten des Lissabon-Vertrags wurde der Auftrag, den Binnenmarkt vor Wettbewerbsverfälschungen zu schützen, aus dem Vertragstext – ehemals: Art. 31 lit. g) EG – in das „Protokoll über den Binnenmarkt und den Wettbewerb" ausgelagert. Auf nationaler Ebene nimmt außerdem der **Ruf nach höherer Verfahrenseffizienz** zu.[55] Daran anknüpfend könnten Vergabeverfahren künftig so gestaltet werden, dass Zeit, Personal und Sachmittel auf das zur Erreichung des Beschaffungsziels absolut notwendige Maß begrenzt werden[56] und dem „Interesse der Allgemeinheit an einer wirtschaftlichen Erfüllung der Aufgaben des Auftraggebers"[57] größere Bedeutung als dem momentan vorherrschenden Bieterschutz zugeschrieben wird.

IV. Inhalt und Auswirkung auf das Vergabeverfahren

18 Wettbewerb ist das „integrierende Ziel" des Vergaberechts, das durch die einzelnen Grundsätze und Regelungen verwirklicht wird.[58] Wettbewerb bedeutet dabei sowohl **Preis- als auch Konditionen- und Leistungswettbewerb**.[59] Die Bieter sollen danach in einen echten und fairen Wettbewerb um die nach Qualität und Preis effizienteste Leistungserbringung treten. Hintergrund ist, dass eine verlässliche Ermittlung des wirtschaftlichsten Angebots nur möglich ist, wenn ein sog. *level playing field* gegeben ist, d. h. für alle Bieter dieselben Verfahrensbedingungen gelten. Der Wettbewerbsgrundsatz prägt daher das gesamte GWB-Vergaberecht; sämtliche Vergabevorschriften des GWB sind unter Beachtung des Wettbewerbsgrundsatzes auszulegen.[60] Es obliegt dabei dem Auftraggeber stets für die Entstehung[61] und den Erhalt eines echten, unverfälschten Wettbewerbs zu sorgen.[62] Umgekehrt verbietet der Wettbewerbsgrundsatz daher Auftraggebern wie Bie-

---

[52] *Frister* VergabeR 2011, 295, 296.
[53] BGH Urt. v. 17. 2. 1999, X ZR 101/97, NJW 2000, 137 140; *Antweiler* VergabeR 2006, 637, 647.
[54] *Burgi* NZBau 2009, 609, 613.
[55] Monatsinfo des forum vergabe e.V. 6/2008, 111.
[56] *Burgi* NZBau 2009, 609, 614 f.
[57] § 115 Abs. 2 Satz 2 GWB.
[58] *Frenz* in Willenbruch/Wieddekind, § 97 Rn. 1; *Ziekow*, Öffentliches Wirtschaftsrecht, 2007, § 9 Rn. 44.
[59] *Marx* in Motzke/Pietzcker/Prieß, § 97 Rn. 17.
[60] *Prieß* NZBau 2004, 87, 92.
[61] VK Sachsen-Anhalt Beschl. v. 3. 3. 2006, VK 2-LVwA LSA 2/06, IBR 2006, 641.
[62] VK Brandenburg Beschl. v. 8. 9. 2006, 2 VK 34/06, IBR 2007, 97; *Luber* VergabeR 2009, 14, 25.

tern Verhaltensweisen, die den Wettbewerb beeinträchtigen oder gar verhindern.[63] Eine **Wettbewerbsbeschränkung** liegt vor, wenn die wirtschaftlichen Handlungsmöglichkeiten aller oder einzelner Unternehmen eingeschränkt werden.[64] Im Falle einer **Wettbewerbsverhinderung** findet ein Wettbewerb schon gar nicht mehr statt.[65] Eine **Wettbewerbsverfälschung bzw. -verzerrung** umfasst sowohl die bloße Einschränkung als auch die gänzliche Verhinderung von Wettbewerb.[66]

1. Vorrang des offenen Verfahrens

Die im deutschen Vergaberecht geltende **Rangfolge der Vergabearten**[67] lässt sich auf den Wettbewerbsgrundsatz in seiner haushaltsrechtlichen Ausprägung zurückführen. Den größtmöglichen unverfälschten Wettbewerb und damit die beste Chance auf kostengünstigen Konditionen bietet das formstrenge offene Verfahren mit einer theoretisch unbegrenzten Bieteranzahl, weshalb dieses den obersten Rang einnimmt. Beim nicht öffentlichen Verfahren sind die Zahl der potentiellen Bieter und mithin auch der Wettbewerb eingeschränkt. Eine noch geringere Wettbewerbsintensität prägt das Verhandlungsverfahren und den wettbewerblichen Dialog, da sie das Aushandeln individueller Bedingungen mit den einzelnen Teilnehmern zulassen und so anfälliger für Wettbewerbsbeeinträchtigungen sind. Folglich sieht das deutsche Vergaberecht, anders als die EU-Richtlinien[68], einen Vorrang des offenen Verfahrens vor.[69]

19

2. Schaffung eines level playing field

Ein echter und unverfälschter Wettbewerb, der die Ermittlung des tatsächlich wirtschaftlichsten Angebots gewährleistet, ist nur möglich, wenn für alle Teilnehmer des Verfahrens die **gleichen Bedingungen** gelten.[70] Die Umsetzung des Wettbewerbsgrundsatzes im Vergabeverfahren dient daher der Schaffung eines sog. *level playing field* der Bieter.

20

Eine unzulässige Wettbewerbsbeeinträchtigung liegt demzufolge beispielsweise vor, wenn ein nach den vergaberechtlichen Regeln **auszuschließendes Angebot**[71] zugelassen wird. Dazu gehören auch unvollständige Angebote, die nicht alle geforderten (bzw. nachgeforderten) Preise und Erklärungen enthalten.[72] Denn die eingereichten Angebote sind nur dann zur Ermittlung des wirtschaftlichsten Angebots vergleichbar, wenn das *level playing field* gewährleistet ist. Diesem Zweck dienen auch der Grundsatz der eindeutigen und erschöpfenden Leistungsbeschreibung[73] und zahlreiche Vorschriften über Formvorgaben, die bei der Angebotsabgabe einzuhalten sind.[74] Angebote, die Änderungen in den Vergabeunterlagen und sonstige Abweichungen von den formellen und materiellen Vorgaben,

21

---

[63] OLG Düsseldorf Beschl. v. 27.7.2006, Verg 23/06; VK Sachsen Beschl. v. 19.5.2009, 1/SVK/009–09; VK Südbayern Beschl. v. 11.2.2009, Z3–3–3194–1–01.01/09; *Weyand*, § 97 GWB Rn. 11 mwN

[64] *Weiß* in Calliess/Ruffert, EUV/EGV 3. A. (2007), Art. 81 Rn. 96; *Stockenhuber* Das Recht der EU, Art. 81 Rn. 122.

[65] ZB bei Durchführung sogenannter De-facto-Vergaben.

[66] *Stockenhuber* Das Recht der EU (2008), Art. 81 Rn. 123.

[67] Nach europäischen Vorgaben ist besteht lediglich eine Nachrangigkeit des Verhandlungsverfahrens, vgl. Art. 28 RL 2004/18/EG.

[68] Art. 28 RL 2004/18/EG.

[69] § 101 Abs. 7 GWB.

[70] *Brauer* in Kulartz/Kus/Portz, § 97 Rn. 9.

[71] Vgl. §§ 16 Abs. 1 Nr. 1 und 3, 16 EG Abs. 1 Nr. 1 und 3 VOB/A; §§ 16 Abs. 3, 19 EG Abs. 3 VOL/A, § 4 Abs. 6 VOF, § 21 SektVO.

[72] Siehe Ausführungen *Kus* in Kulartz/Kus/Portz, § 97 Rn. 42 f.; auch keine Umdeutung der Preise in 0 möglich, VK Sachsen Beschl. v. 16.12.2009, 1/SVK/057–09, m. Anm. *Sowa* IBR 2010, 224.

[73] §§ 7 Abs. 1, 7 EG Abs. 1 VOB/A, §§ 7 Abs. 1, 8 EG Abs. 1 VOL/A, § 6 VOF, § 7 Abs. 1 SektVO.

[74] §§ 13, 13 EG VOB/A, § 13, 16 EG VOL/A.

die aus den Vergabeunterlagen ersichtlich sind, enthalten, müssen deshalb regelmäßig ausgeschlossen werden.[75] Aus demselben Grund darf kein Bieter nach Ablauf der Angebotsfrist zugelassen werden[76] oder im Nachhinein andere oder zusätzliche Bedingungen verhandeln.[77]

22 Auf diese Weise kann damit die Berücksichtigung des Wettbewerbsgrundsatzes selbst zu einer Verengung des Wettbewerbs führen und damit streng genommen das Prinzip der Wirtschaftlichkeit und Sparsamkeit beeinträchtigen.[78] Denn einerseits soll zwar ein möglichst breiter Wettbewerb hergestellt, also möglichst vielen Unternehmen der Zugang zu dem relevanten Markt gewährt werden, andererseits verlangt der Wettbewerbsgrundsatz aber den Ausschluss zahlreicher Bieter und verringert so die Anzahl zuschlagsfähiger Angebote. Hier ist eine Balance zwischen Wettbewerbsschutz und Wettbewerbsförderung zu finden. Dabei gilt es zu verhindern, Wettbewerb lediglich um des Wettbewerbs Willens zu fordern. Die im Zuge des Vergaberechtsmodernisierungsgesetzes[79] im Jahr 2009 eingeführte Möglichkeit fehlende Unterlagen und Angaben vor dem Ausschluss zunächst nachzufordern, ist hier ein Schritt in die richtige Richtung.

3. Maximale Teilnehmerzahl

23 Auch die **Teilnahmebedingungen** eines Vergabeverfahrens sind am Wettbewerbsgrundsatz auszurichten. So darf der Auftraggeber den Wettbewerb nicht ohne sachlichen Grund behindern, indem er durch knappe Angebotsfristen oder unnötige Sicherheitsleistungen[80] den Zugang zum Verfahren erschwert. Unzulässig ist daher auch eine Ausschreibung, die so gestaltet ist, dass faktisch nur ein Unternehmen zur Leistungserbringung befähigt ist und damit eine unzulässige Monopolstellung entstünde.[81] Eine hersteller- oder produktspezifische Leistungsbeschreibung verstößt folglich gegen vergaberechtliche Vorgaben,[82] soweit das nicht im Einzelfall sachnotwendig ist.[83]

24 Die strikte **Trennung zwischen Eignungs- und Zuschlagskriterien**, die unabhängig von der Vergabeart gilt, ist ebenfalls Ausfluss des Wettbewerbsgrundsatzes, denn sie dient einem möglichst offenen und fairen Wettbewerb um den öffentlichen Auftrag. Eignungskriterien sollen danach grundsätzlich bloße Mindestanforderungen darstellen, die keine graduelle Bewertung im Sinne eines Mehr oder Weniger an Eignung zulassen, um einen möglichst breiten Wettbewerb um den Zuschlag zu ermöglichen.[84] Sind alle geeigneten Bewerber bestimmt, ist die Berücksichtigung von bieterbezogenen Kriterien nicht mehr zulässig. Ein „Weniger" an Wirtschaftlichkeit des Angebots kann daher nicht durch ein „Mehr" an Eignung ausgeglichen werden.[85] Der Zuschlag darf vielmehr nur noch nach leistungsbezogenen, zuvor bekannt gemachten, objektiv nachprüfbaren Auswahlkriterien erteilt werden. Dabei werden die Angebote graduell bewertet.

---

[75] Ausführlich *Luber* VergabeR 2009, 14 ff.
[76] Vgl. § 16 EG Abs. 1 Nr. 1 lit. a) VOB/A, § 19 EG Abs. 2 VOL/A.
[77] §§ 15 Abs. 3, 15 EG Abs. 3 VOB/A, §§ 15 Satz 2, 18 EG Satz 2 VOL/A.
[78] *Marx* in Jestedt/Kemper/Marx, Rn. 1.5; *Koenig/Kühling* NVwZ 2003, 779, 785.
[79] BGBl. I Nr. 20/2009, S. 790.
[80] *Brauer* in Kulartz/Kus/Portz, § 97 Rn. 7.
[81] OLG Schleswig-Holstein Beschl. v. 9.3.2010, 1 Verg 4/09.
[82] §§ 7 Abs. 8, 7 EG Abs. 8 VOB/A, §§ 7 Abs. 3, 8 EG Abs. 7 VOL/A, § 7 SektVO; *Reidt* in Reidt/Stickler/Glahs, Vorb. §§ 97–101b Rn. 5.
[83] *Brauer* in Kulartz/Kus/Portz, § 97 Rn. 8.
[84] VK Sachsen-Anhalt Beschl. v. 30.10.2009, 1 VK LVwA 32/09.
[85] VK Sachsen-Anhalt Beschl. v. 30.10.2009, 1 VK LVwA 32/09.

4. Vorrang der Ausschreibung

Ebenso verstößt es gegen den Wettbewerbsgrundsatz, wenn der Auftraggeber nach dem Zuschlag in erheblichem Maße von der ausgeschriebenen Leistung abweicht.[86] Das gilt auch für die **Vertragsanpassung** bei Dauerschuldverhältnissen, wenn dadurch neue Leistungen hinzukommen oder sich die zu erbringenden Leistungen wesentlich ändern.[87] Eine sehr lange **Vertragslaufzeit** verstößt dagegen für sich allein genommen nicht automatisch gegen das Wettbewerbsprinzip. Zwar kann eine lange Laufzeit den Wettbewerb einschränken, so dass die Forderung[88] einer allgemeinen Laufzeitbeschränkung dem Sinn und Zweck des GWB-Vergaberechts entsprechen würde, jedoch lässt sich aktuell eine solche Regelung dem Vergaberecht nicht entnehmen.[89] Herzuleiten wäre dies allenfalls aus dem Haushaltsrecht, dem allg. Kartellrecht oder aus § 242 BGB.[90]

5. Wahrung des Geheimwettbewerbs

Der Wettbewerb wird in jedem Fall in unzulässiger Weise verfälscht, wenn ein Bieter auch nur teilweise[91] das Angebot eines anderen Bieters kennt. Nur dann, wenn jeder Bieter die ausgeschriebene Leistung in Unkenntnis der Angebote, Angebotsgrundlagen und Angebotskalkulation seiner Mitbewerber anbietet, ist ein echter Bieterwettbewerb möglich.[92] Daher haben öffentliche Auftraggeber die Pflicht zur **Gewährleistung des Geheimwettbewerbs.**[93] Ein Bieter, der gegen den Geheimwettbewerb verstößt und **wettbewerbsbeschränkende Abreden** trifft, muss ausgeschlossen werden.[94] Dabei ist der Begriff „wettbewerbsbeschränkende Abrede" weit auszulegen. Er ist nicht auf gesetzeswidriges Verhalten beschränkt, sondern umfasst alle sonstigen Absprachen und Verhaltensweisen eines Bieters, die mit dem vergaberechtlichen Wettbewerbsgebot unvereinbar sind.[95] Im Allgemeinen genügt es, wenn ein Angebot in Kenntnis eines Konkurrenzangebots abgegeben wird.[96] Eine Beeinträchtigung des Geheimwettbewerbs liegt daher regelmäßig dann vor, wenn **verbundene Unternehmen** an derselben Ausschreibung parallel

---

[86] VK Baden-Württemberg Beschl. v. 15.8.2005, 1 VK 47/05.
[87] OLG Düsseldorf Beschl. v. 20.6.2001, Verg 3/01, NZBau 2001, 696, 700; siehe auch *Krohn* NZBau 2008, 619 ff.
[88] VK Arnsberg Beschl. v. 21.2.2006, VK 29/05, NZBau 2006, 332; *Reidt* in Reidt/Stickler/Glahs, Vorb. §§ 97–101b Rn. 6; *Frenz* in Willenbruch/Wieddekind, § 97 GWB Rn. 18; *Roth* in Müller-Wrede, VOL/A, § 2 Rn. 11.
[89] EuGH Urt. v. 19.6.2008, Rs. C-454/06 – Pressetext Nachrichtenagentur, Rn. 74; *Boesen*, § 99 Rn. 16; *Byok*, NJW 2009, 644, 647; *Scharen* NZBau 2009, 679, 682 f.; *Eschenbruch* in Kulartz/Kus/Portz, § 99 Rn. 97; *Scharen* NZBau 2009, 679, 682 f.
[90] *Reidt* in Reidt/Stickler/Glahs, Vorb. §§ 97–101b Rn. 6.
[91] Ab einer Kenntnis von über 50 % liegt jedenfalls ein Verstoß gegen den Geheimwettbewerb vor, OLG München Beschl. v. 11.8.2008, Verg 16/08; LSG Brandenburg Beschl. v. 6.4.2009, L 9 KR 72/09 ER.
[92] OLG München Beschl. v. 17.1.2011, Verg 2/11, ZfBR 2011, 382; OLG München Beschl. v. 11.8.2008, Verg 16/08, ZfBR 2008, 721, 722; OLG Düsseldorf v. 16.9.2003, Verg 52/03, VergabeR 2003, 690; *Byok* NJW 2010, 817, 818; *Brauer* in Kulartz/Kus/Portz, § 97 Rn. 12; *Weyand*, § 97 GWB Rn. 41 m.w.N.
[93] OLG Düsseldorf Beschl. v. 16.9.2003, Verg 52/03, VergabeR 2003, 690 ff.; *Frister* VergabeR 2011, 295, 297.
[94] Vgl. §§ 16 Abs. 1 Nr. 1 lit. d), 25 Nr. 1 Abs. 1 lit. c), 16 EG Abs. 1 Nr. 1 lit. d) VOB/A, §§ 16 Abs. 3 lit. f), 25 Nr. 1 Abs. 1 lit. f), 19 EG Abs. 3 lit. f) VOL/A.
[95] OLG Düsseldorf Beschl. v. 13.4.2011, Verg 4/11, BeckRS 2011, 08603; OLG München Beschl. v. 17.2.2011, Verg 2/11; OLG Celle, Beschl. v. 2.12.2010, 13 Verg 12/10, BeckRS 2011, 00528; OLG München Beschl. v. 11.8.2008, Verg 17/08, ZfBR 2008, 721, 722; OLG Düsseldorf Beschl. v. 27.7.06, Verg 23/06, BeckRS 2006, 14197.
[96] OLG Düsseldorf Beschl. v. 13.4.2011, Verg 4/11, BeckRS 2011, 08603.

Angebote abgeben und auch, wenn ein Unternehmen neben einem eigenen Angebot zusätzlich eines im Rahmen einer Bietergemeinschaft einreicht (**Doppel- bzw. Mehrfachbeteiligung**).[97] Von vornherein unschädlich ist einzig, wenn ein Einzelunternehmen ein separates Angebot nur zu den Leistungsteilen abgibt, deren Erfüllung ihm auch im Rahmen einer Bietergemeinschaft zufallen würde.[98] Erkennt der Auftraggeber, dass sich verbundene Unternehmen an derselben Ausschreibung beteiligt haben, so obliegt es ihm, zu prüfen und zu würdigen, ob der Inhalt der von den verbundenen Unternehmen abgegebenen Angebote durch die sich aus der Verbundenheit ergebenden Verflechtungen und Abhängigkeiten beeinflusst worden ist.[99] Diesbezüglich entsteht durch die Verbundenheit der Unternehmen eine **Vermutung der gegenseitigen Beeinflussung.** Diese Vermutung ist allerdings widerlegbar, denn ein sofortiger Ausschluss würde gegen den Grundsatz der Verhältnismäßigkeit verstoßen.[100] Um einen unnötigen – wettbewerbswidrigen[101] – Ausschluss zu vermeiden, muss den betroffenen Bietern die Möglichkeit eingeräumt werden, nachzuweisen, dass im Einzelfall keine Kenntnis des jeweils anderen Angebots vorlag und somit keine Wettbewerbsverfälschung stattfinden konnte.[102] Dabei trifft die Unternehmen eine unfassende Beweislast. Für die Widerlegung der Vermutung gelten nach Auffassung des OLG Düsseldorf strenge Anforderungen.[103] Das betroffene Unternehmen muss diejenigen strukturellen Umstände darlegen, die einen Wettbewerbsverstoß bereits im Ansatz effektiv verhindern. Das umfasst konkrete Ausführungen zu den strukturellen Bedingungen der Angebotserstellung. Sind dem Unternehmen die den Anfangsverdacht des Verstoßes gegen den Geheimwettbewerb auslösenden Umstände bekannt, so hat es die getroffenen Vorkehrungen bereits mit Angebotsabgabe aufzuzeigen. Bloße Vertraulichkeitserklärungen genügen nicht.

27 Schließlich setzt der Geheimwettbewerb voraus, dass der Auftraggeber die **Vertraulichkeit** der von den Unternehmen eingereichten Unterlagen wahrt.[104] Das dient sowohl dem Bieterschutz als auch der Gewährleistung einer möglichst wirtschaftlichen Beschaffung.[105] Die Geheimhaltung gilt grundsätzlich auch im Nachprüfungsverfahren fort und konkurriert insofern mit dem Akteneinsichtsrecht der Betroffenen.[106] Die Vergabestelle hat gegenüber der Nachprüfungsstelle die geheimhaltungsbedürftigen Unterlagen zu kennzeichnen und diese Entscheidung zu begründen.[107] In der Regel werden Bieter da-

---

[97] OLG Düsseldorf Beschl. v. 13.9.2004, VI W 24/04, VergabeR 2005, 117; *Dreher* in Immenga/Mestmäcker, § 97 Rn. 29.
[98] OLG Düsseldorf Beschl. v. 28.5.2003, Verg 8/03, VergabeR 2003, 461; VK Lüneburg Beschl. v. 5.3.2008, VgK-03/2008, NJOZ 2008, 3951; *Byok* NJW 2010, 817, 818.
[99] OLG Düsseldorf Beschl. v. 13.4.2011, Verg 4/11, BeckRS 2011, 08603; Beschl. v. 11.5.2011, Verg 8/11, Beschl. v. 12.5.2011, Verg 1/11; Beschl. v. 19.9.2011, Verg 63/11; einige Beispiele gegenseitiger Beeinflussung erläutert *Ehrig* VergabeR 2010, 11, 12 ff.
[100] OLG Naumburg Beschl. v, 2.7.2009, 1 Verg 2/09; OLG Celle Beschl. v. 13.12.2007, 13 Verg 10/07; OLG Saarbrücken Beschl. v. 5.7.2006, 1 Verg 1/06; OLG Frankfurt am Main Beschl. v. 30.3.2004, 11 Verg 4/04; *Hölzl* NZBau 2009, 751, 755; *Weyand*, § 97 GWB Rn. 20ff., für konzernverbundene Unternehmen Rn. 62 ff. jeweils m.w.N.
[101] *Gabriel/Benecke/Geldsetzer*, S. 29; *Hölzl* NZBau 2009, 751, 754.
[102] EuGH Urt. v. 23.12.2009, Rs. C-376/08 – Serrantoni, Rn. 39; EuGH Urt. v. 19.5.2009, Rs. C-538/07 – Assitur, Rn. 1; VK Bund Beschl. v. 6.10.2010, VK 2–89/10; VK Bund Beschl. v. 27.8.2010, VK 3–84/10; *Gabriel* NZBau 2010, 225 ff.; *Hölzl* NZBau 2009, 751, 752; *Weyand*, § 97 GWB Rn. 19 und 49 ff.
[103] OLG Düsseldorf Beschl. v. 13.4.2011, Verg 4/11, BeckRS 2011, 08603.
[104] Vgl. §§ 14 Abs. 1 Satz 2, Abs. 3 Nr. 1, Abs. 8, 14 EG Abs. 1 Satz 2, Abs. 3 Nr. 1, Abs. 8 VOB/A, §§ 13 Abs. 2 Satz 1, 17 EG Abs. 2 Satz 2, Abs. 3 VOL/A; Art. 6 RL 2004/18/EG; Art. 13 RL 2004/17/EG.
[105] OLG Jena Beschl. v. 19.4.2004, 6 Verg 3/04, IBRRS 45940.
[106] Näher dazu unten unter C.II. (Transparenzgrundsatz).
[107] OLG Celle Beschl. v. 10.9.2001, 13 Verg 12/01, VergabeR 2002, 82; *Losch* VergabeR 2008, 739, 744.

§ 1 Grundsätze des Vergaberechts Kap. 1

her aufgefordert, geheimhaltungsbedürftige Teile ihrer Angebote zu kennzeichnen. Vergabeverstöße, die ausschließlich unter Verstoß gegen das Geheimhaltungsgebot und damit gegen den Wettbewerbsgrundsatz bekannt geworden sind, dürfen in Vergabenachprüfungsverfahren grundsätzlich nicht berücksichtigt werden.[108]

C. Der Transparenzgrundsatz, § 97 Abs. 1 GWB

I. Herleitung

Der Transparenzgrundsatz gilt wegen seiner Verankerung im europäischen Primärrecht und im Grundgesetz unabhängig vom Schwellenwert.[109] Während er im haushaltsrechtlich geprägten deutschen Vergaberecht noch nicht explizit als Grundsatz enthalten war, ist er mittlerweile außer im GWB auch in §§ 2 Abs. 1 Nr. 1, 2 EG Abs. 1 Nr. 1 VOB/A, § 2 Abs. 1 Satz 1 und § 2 EG Abs. 1 Satz 1 VOL/A genannt. Das geschah mit Umsetzung der **europäischen Vorgaben** im GWB-Vergaberecht.[110] In seiner gegenwärtigen Ausgestaltung ist der Transparenzgrundsatz daher vornehmlich aus dem europäischen Diskriminierungsverbot abgeleitet[111] und folglich vom Europarecht geprägt. 28

1. Transparenz aus nationaler Sicht

Das Transparenzgebot fand sich jedoch auch schon vor Inkrafttreten des Vergaberechtsänderungsgesetzes[112] in einigen Vorschriften der damaligen Verdingungsordnungen wieder.[113] Denn das Gebot der Transparenz ergibt sich aus den Grundrechten und dem Rechtsstaatsgebot des Grundgesetzes.[114] Danach sind die Auftraggeber zu „einem angemessenen Grad von Öffentlichkeit, Nachprüfbarkeit und unparteiischer Vergabe verpflichtet".[115] Nach dem überwiegend aus Art. 20 und 28 GG abgeleiteten **Rechtsstaatsprinzip**[116] gilt das Gebot der Durchschaubarkeit und Nachvollziehbarkeit staatlicher Entscheidungen[117] auch für die Entscheidungen der öffentlichen Hand im Rahmen ihrer Beschaffungstätigkeit.[118] Teilweise lässt sich das auch aus den Grundrechten des Grundgesetzes ableiten.[119] Aus nationaler Sicht dient der Transparenzgrundsatz demnach vornehmlich der Ermöglichung der demokratischen Kontrolle der Verwaltung. 29

---

[108] OLG Brandenburg Beschl. v. 6.10.2005, Verg W 7/05; VK Mecklenburg-Vorpommern Beschl. v. 7.1.2008, 2 VK 5/07; VK Bund Beschl. v. 29.12.2006, VK 2 131/06; *Weyand*, § 97 GWB Rn. 17.
[109] *Bungenberg* in Loewenheim/Meessen/Riesenkampff, § 97 Rn. 14.
[110] *Dreher* in Immenga/Mestmäcker, GWB, § 97 Rn. 7.
[111] Vgl. oben unter B.I. Herleitung.
[112] BGBl. I Nr. 59/1998, S. 2512.
[113] ZB § 9 Nr. 1 VOB/A; § 30 Nr. 1 VOL/A bzw. VOB/A; *Summann*, 33.
[114] BVerwG Urt. v. 2.7.2003, 3 C46/02, NZBau 2003, 571; VK Bund Beschl. v. 24.4.1999, VK 1–7/99, NZBau 2000, 53, 56.
[115] *Frenz* in Willenbruch/Wieddekind, § 97 Rn. 2; EuGH v. 17.12.2000, Rs. C-324/98 –Telaustria, Rn. 62; EuGH Urt. v. 21.07.2005, Rs. C-231/03 – Coname, Rn. 17; EuGH Urt. v. 13.10.2005, Rs. C-485/03 – Parking Brixen, Rn. 49; früher bereits EuGH Urt. v. 18.11.1999, Rs. C-275/98 – Unitron Scandinavia, Rn. 31.
[116] Umfassend zur Verortung des Rechtsstaatsprinzips *Schmidt-Aßmann* in Isensee/Kirchhof, Handbuch des Staatsrecht II, § 26 Rn. 3; *Schnapp* in von Münch/Kunig, GG, Bd. 2, Art. 20 Rn. 24; *Stern*, Staatsrecht I, § 20 II 3, S. 779; *Tettinger*, Fairneß und Waffengleichheit, S. 5 f.
[117] *Dreher* in Immenga/Mestmäcker, GWB, § 97 Rn. 38; *Hufen*, Fehler im Verwaltungsverfahren, Rn. 52.
[118] *Summann*, 33.
[119] BVerwG Urt. v. 2.7.2003, 3 C 46/02, NZBau 2003, 571; *Bungenberg* in Loewenheim/Meessen/Riesenkampff, Vor §§ 97ff. Rn. 29.

2. Transparenz aus europäischer Sicht

30 Auf europäischer Ebene entwickelte der EuGH den Transparenzgrundsatz aus den heute in Art. 18, 49, 56 AEUV geregelten Diskriminierungsverboten und dem allgemeinen Gleichheitsgrundsatz.[120] Er dient in diesem Zusammenhang vornehmlich der Durchsetzung eines freien und offenen Wettbewerbs um den öffentlichen Auftrag zur Schaffung eines gemeinsamen Binnenmarktes. Gleichzeitig soll mittels Transparenz Günstlingswirtschaft und Willkür ausgeschlossen werden.[121]

II. Bedeutung für das deutsche Vergaberecht

31 Der Transparenzgrundsatz des deutschen Vergaberechts hat demnach ebenfalls durch ein Zusammenspiel von nationalen und europäischen Ansätzen zu seiner gegenwärtigen Bedeutung gefunden. Denn auch mit der Transparenz des Vergabeverfahrens sollen sowohl nationale als auch europäische Ziele verwirklicht werden, wobei der nationale Aspekt – Ermöglichung demokratischer Kontrolle der Verwaltung bei der Beschaffungstätigkeit – eine deutlich untergeordnete Rolle spielt. Allerdings ist auch der europäische Aspekt nicht vollständig in § 97 Abs. 1 GWB umgesetzt. Dieser stellt nämlich vornehmlich eine Umsetzung der Richtlinien in deutsches Recht dar, so dass sich der sich aus dem europäischen Primärrecht ergebende Ansatz zum Teil nicht in konkreten Regelungen im nationalen Recht wiederfindet.[122]

32 Auch wenn das GWB zudem für Aufträge unterhalb der europäischen Schwellenwerte[123] nicht gilt, ist ein gewisses Maß an Transparenz auch bei Auftragsvergaben im unterschwelligen Bereich zwingend,[124] da die Transparenzpflichten auf europäischer Ebene aus dem gemeinschaftsrechtlichen Diskriminierungsverbot und auf nationaler Ebene aus dem Grundsatz abgeleitet werden. Im **unterschwelligen Bereich** muss das Transparenzgebot daher mindestens insoweit Anwendung findet, als es einem völligen Fehlen einer Ausschreibung entgegensteht.[125] Das ist mittlerweile – teilweise – auch in den Basisparagrafen der ersten Abschnitte der Vergabeverordnungen vorgesehen. So ist nach § 12 Abs. 1 Satz 2 VOL/A, § 12 Abs. 1 Nr. 1 VOB/A eine Bekanntmachung jeder Ausschreibung Pflicht.[126]

III. Inhalt und Auswirkung auf das Vergabeverfahren

33 Die Transparenz des Vergabeverfahrens, die bei allen Verfahrensarten zu gewährleisten ist,[127] dient vornehmlich der Umsetzung von Wettbewerb und Nichtdiskriminierung.[128]

---

[120] EuGH Urt. v. 7.12.2000, Rs. C-324/98 – Telaustria, Ls. 2 und Rn. 61; EuGH Urt. v. 18.11.1999, Rs. C-275/98 – Unitron Scandinavia, Rn. 31; vgl. auch Mitteilung der Kommission zu Auslegungsfragen im Bereich der Konzessionen im Gemeinschaftsrecht v. 29.4.2000, 2000/C 121/02, 121/7; *Frenz* in Willenbruch/Wieddekind, § 97 Rn. 2.
[121] EuGH Urt. v. 10.10.2013, C-336/12.
[122] *Höfler* NZBau 2010, 73, 36.
[123] § 100 Abs. 1 GWB.
[124] EuGH Urt. v. 17.12.2000, Rs. C-324/98 – Telaustria, Rn. 62; Mitteilung der Kommission ABl. 2006, C-179/2; *Wollenschläger* NVwZ 2007, 388; *Bungenberg* in Loewenheim/Meessen/Riesenkampff, Vor §§ 97 ff. Rn. 29.
[125] EuGH Urt. v. 18.12.2007, Rs. C-220/06 – AP, Rn. 75 f.; Urt. v. 6.4.2006, Rs. C-410/04 – ANAV, Rn. 22; *Höfler* NZBau 2010, 73, 78.
[126] Ausführlich: *Amelung* NZBau 2010, 727, 730.
[127] *Weyand*, § 97 GWB Rn. 173.
[128] EuGH Urt. v. 13.10.2005, Rs. C-485/03 – Parking Brixen, Rn. 49; *Diehr* in Reidt/Stickler/Glahs, § 97 Rn. 18; *Dreher* in Immenga/Mestmäcker, GWB, § 97 Rn. 11.

Ein fairer Bieterwettbewerb setzt nämlich voraus, dass allen interessierten Unternehmen alle relevanten auftragsbezogenen Daten bekannt sind.[129] Der Transparenzgrundsatz verlangt daher das Zugänglichmachen aller auftragsrelevanten Informationen in durchschaubarer und für jedermann nachzuvollziehender Art und Weise.[130] Die Überschaubarkeit und Nachvollziehbarkeit des Verfahrens hat zudem eine vertrauenssteigernde Wirkung für den Beschaffungsvorgang, was wiederum den freien Wettbewerb fördert.[131] Das Transparenzgebot bezweckt daher eine möglichst umfassende Information der Beteiligten und eine durchschaubare sowie nachvollziehbare Gestaltung des Verfahrens.[132] Außerdem schützt ein transparentes Verfahren vor staatlicher Willkür und Korruption[133] und beugt, ebenso wie der Wettbewerbsgrundsatz, der Verschwendung öffentlicher Mittel vor, indem die Offenlegung von Beschaffungsvorgängen den Rechtfertigungsdruck für die Mittelverwendung erhöht.[134]

1. Bekanntmachungspflichten

Wichtigste Ausprägung des Transparenzgrundsatzes ist die Pflicht öffentlicher Auftraggeber, ihre Absicht, einen Auftrag zu vergeben, in geeigneter Weise bekanntzugeben und in dieser **Bekanntmachung** alle notwendigen Informationen aufzuführen.[135] Das heißt es sind alle Informationen mitzuteilen, die ein potentieller Auftragnehmer benötigt, um Inhalt und Umfang des Auftrags abzuschätzen.[136] Das hat grundsätzlich europaweit im Amtsblatt der Europäischen Gemeinschaft zu erfolgen.[137] Nur in wenigen Ausnahmefällen kann auf die vorherige (europaweite) Veröffentlichung der Bekanntmachung verzichtet werden.[138] Zu dem typischen Inhalt einer Bekanntmachung gehören etwa **Umfang, Gegenstand, Art und Dauer der ausgeschriebenen Leistung, Bewerbungsfristen sowie Eignungs- und Zuschlagskriterien.**[139] Diese Angaben müssen so hinreichend konkret sein, dass der potentielle Bieter entscheiden kann, ob er sich an der Ausschreibung beteiligen möchte oder nicht.[140] Grundsätzlich folgt aus der Festlegung und Bekanntmachung der Ausschreibungsbedingungen, insbesondere der Zuschlagskriterien und ihrer Gewichtungen, eine **Selbstbindung des Auftraggebers.**[141] Das heißt, alle Angaben sind grundsätzlich in der bekanntgegebenen Art und Weise auch tatsächlich zu berücksichtigen.[142] Andere oder über die bekanntgegebenen Kriterien hinausgehende Erwägungen sind bei der Prüfung und Wertung der Angebote unzulässig.[143]

34

---

[129] EuGH Urt. v. 21.7.2005, Rs. C-231/03 – Coname, Rn. 18; *Diehr* in Reidt/Stickler/Glahs, § 97 Rn. 19.
[130] *Höfler* NZBau 2010, 73.
[131] *Summann*, 32.
[132] *Summann*, 34; *Boesen*, Vergaberecht, § 97 Rn. 16, *Hailbronner* in Byok/Jaeger, Kommentar zum Vergaberecht 2005, § 97 Rn. 190f.: *Wagner* in Bunte, Kartellrecht, § 97 Rn. 12.
[133] *Summann*, 32.
[134] *Summann*, 33; *Marx* in Jestaedt/Kemer/Marx/Prieß, Das Recht der öffentlichen Auftragsvergabe, S. 12.
[135] Vgl. § 12 Abs. 1 VOB/A, § 12 Abs. 1 VOL/A.
[136] *Weyand*, § 97 GWB Rn. 270.
[137] Vgl. Artikeln 35, 58, 64, 69 und Anhang VIII Nr. 1 der RL 2004/18/EG, § 12 VOL/A, § 12 VOB/A.
[138] Art. 31 RL 2004/18/EG.
[139] *Frenz* in Willenbruch/Wieddekind, § 97 Rn 9; GAin *Stix-Hackel* v. 14.9.2006, Rs. C-532/03 – Kommision/Irland, Rn. 105; *Burgi* NZBau 2005, 610, 615.
[140] LSG NRW Beschl. v. 28.1.2010, L 21 KR 68/09 SFB; VK Köln Beschl. v. 28.1.2011, VK VOB 30/10; *Weyand*, § 97 GWB Rn. 168.
[141] VK Lüneburg Beschl. v. 31.8.2010, VgK-34/2010, BeckRS 05281.
[142] LSG NRW Beschl. v. 28.1.2010, L 21 KR 68/09 SFB; VK Köln Beschl. v. 28.1.2011, VK VOB 30/10; *Weyand*, § 97 GWB Rn. 168.

35 Dabei ist zu beachten, dass der Transparenzgrundsatz für alle Verfahrensarten gilt,[144] also auch im relativ flexiblen Verhandlungsverfahren. Obwohl hier der Leistungsgegenstand in der Ausschreibung noch nicht in allen Einzelhalten festzulegen ist und die Änderung der Angebote möglich bleibt, muss der ursprünglich ausgeschriebene Leistungsgegenstand in seiner Identität erhalten bleiben.[145] Daran mangelt es zum Beispiel, wenn der Leistungszeitraum nachträglich geändert wird[146] oder der Leistungsgegenstand selbst sich in Art oder Umfang ändert.

2. Nachprüfbarkeit

36 Weiterhin erfordert der Transparenzgrundsatz, dass es den Bietern ermöglicht werden muss, dass Vergabeverfahren auf die **Einhaltung der Verfahrensvorschriften überprüfen** zu lassen. Gegenstand der Nachprüfung sind insbesondere die Fragen nach der Einhaltung des Wettbewerbs- und Gleichbehandlungsgrundsatzes[147] sowie nach der Unparteilichkeit des Auftraggebers.[148]

3. Dokumentation

37 Die Ermöglichung der **Verfahrensüberprüfung** erfordert ein hohes Maß an Transparenz und damit Nachvollziehbarkeit des Verfahrensablaufes.[149] Denn nur wenn die Entscheidungen des Auftraggebers nachvollzogen werden können, ist den Vergabenachprüfungsinstanzen eine Überprüfung des Verfahrens auf Rechtmäßigkeit möglich. Daher erfordert der Transparenzgrundsatz eine umfangreiche **Dokumentation** der wesentlichen Entscheidungen der Vergabestelle im Vergabeverfahren in den Vergabeakten.[150] Insbesondere betrifft das Entscheidungen hinsichtlich der Auswahl und des Ausschlusses von Angeboten.[151] Die Dokumentationspflicht ist in verschiedenen Regeln des Vergaberechts vorgesehen[152] und wird orientiert am Transparenzgrundsatz durch die Rechtsprechung stetig erweitert und konkretisiert.[153] Sie hat demnach **zeitnah** zu erfolgen und muss **laufend** fort-

---

[143] EuGH Urt. v. 22.4.2010, Rs. C-423/07 – Autobahn A-6, Rn. XX; EuGH Urt. v. 24.1.2008, Rs. C-532/06 – Lianakis, Rn. 38; EuGH v. 12.12.2002, Rs. C-470/99 – Universale-Bau AG, Rn. 99.

[144] *Weyand*, § 97 GWB Rn. 173.

[145] VK Magdeburg Beschl. v. 23.6.2010, 1 VK LVwA 69/09, BeckRS 2010, 18082; OLG Dresden Beschl. v. 11.4.2005, WVerg 5/05, NZBau 2006, 469, 471; OLG Dresden Beschl. v. 3.12.2003, WVerg 15/03, NZBau 2005, 118; OLG Celle Beschl. v. 16.1.2002, 13 Verg 1/02; VergabeR 2002, 299, 301; *Kramer* NZBau 2005, 138, 139; *Kus* in Kulartz/Kus/Portz, § 97 Rn. 45; *Dreher* in Immenga/Mestmäcker, § 101 Rn. 28.

[146] VK Magdeburg Beschl. v. 23.6.2010, 1 VK LVwA 69/09, BeckRS 2010, 18082.

[147] EuGH Urt. v. 18.11.1999, Rs. C-275/98 – Unitron Scandinavia, Rn. 31; EuGH Urt. v. 18.10.2001, Rs. C-19/00 – SIAC, Rn. 41; EuGH Urt. v. 18.6.2002, Rs. 92/00 – Hospital Ingenieure, Rn. 45; *Kus* in Kulartz/Kus/Portz, § 7 Rn. 95.

[148] EuGH Urt. v. 6.4.2006, Rs. C-410/04 – ANAV/Bari, Rn. 21.

[149] *Diehr* in Reidt/Stickler/Glahs, § 97 Rn. 23; vgl. § 101a GWB, § 17 Abs. 2 VOB/A, § 7 Abs. 2 VOL/A, § 14 Abs. 6 VOF, § 30 Satz 2 SektVO und § 18 EG Abs. 3 Nr. 1 VOB/A, § 23 EG VOL/A, § 14 Abs. 2 VOF.

[150] OLG Celle Beschl. v. 12.5.2010, 13 Verg 3/10; OLG Karlsruhe Beschl. v. 21.7.2010, 15 Verg 6/10; OLG Jena Beschl. v. 21.9.2009, 9 Verg 7/09; OLG Düsseldorf Beschl. v. 26.7.2002, Verg 28/02; *Diehr* in Reidt/Stickler/Glahs, § 97 Rn. 24; *Düsterdiek* in Ingenstau/Korbion, § 20 VOB/A Rn. 3; *Nelskamp/Dahmen* KommJur 2010, 208, 209.

[151] OLG Düsseldorf Beschl. v. 14.8.2003, Verg 46/03; VK Bund Beschl. v. 2.11.2006, VK 3-117/06; VK Bund Beschl. v. 22.11.2002, VK A-02/01.

[152] Vgl. § 110 Abs. 2 Satz 3 GWB, §§ 20, 20 EG VOB/A, §§ 20, 24 EG VOL/A, § 12 VOF, § 32 SektVO.

[153] *Nelskamp/Dahmen* KommJur 2010, 208; s. Nachweise bei *Weyand*, § 97 GWB Rn. 224 ff.

geschrieben werden.[154] In der Regel erfolgt die Dokumentation in Form von Vergabevermerken, die sich inhaltlich nach § 30 Nr. 1 VOL/A, § 30 Nr. 1 VOB/A zu richten haben, also die einzelnen Stufen des Verfahrens, die maßgebenden Feststellungen sowie die Begründung der einzelnen Entscheidungen enthalten. Diese Vermerke müssen entsprechend der Komplexität des jeweiligen Sachverhalts[155] ausreichend detailliert und nachvollziehbar sein.[156] Allerdings finden Begründungs- und Dokumentationspflicht dort ihre Grenzen, wo sie bloß formelhafte Redundanz[157] darstellen würden oder zur Einschränkung der Entscheidungsfreiheit[158] des Auftraggebers führen.

4. Akteneinsicht

Zur Durchsetzung ihrer subjektiven Rechte haben die Beteiligten eines Vergabeverfahrens außerdem ein Recht auf **Akteneinsicht** aus §§ 111, 72 GWB.[159] Dieses ist jedoch von vornherein durch den Gegenstand des Nachprüfungsverfahrens begrenzt und besteht nur, soweit es für die Rechtsdurchsetzung erforderlich ist.[160] In keinem Fall kann ein Beteiligter für seine Rechtsdurchsetzung die Preisgabe von Geheimnissen verlangen (vgl. § 111 Abs. 2 GWB). Denn Geheimhaltungsinteresse und Wettbewerbsgebot einerseits sind mit Transparenzgebot und Rechtsschutzinteresse andererseits in angemessenen Ausgleich zu bringen.[161] Transparenz ist zwar Voraussetzung dafür, dass alle Teilnehmer in fairen Wettbewerb Angebote machen können.[162] Andererseits muss zwischen den einzelnen Bietern der Geheimwettbewerb gewahrt werden, um zu vermeiden, dass die Bieter ihre Angebote aufeinander abstimmen und der Wettbewerb verfälscht wird.[163] Allerdings dürfen aus Gründen des effektiven Rechtsschutzes die Vergabekammern und -senate ihre Entscheidung nicht auf geheim gehaltene Informationen stützen.[164]

38

---

[154] OLG Celle Beschl. v. 12.5.2010, 13 Verg 3/10; OLG Karlsruhe Beschl. v. 21.7.2010, 15 Verg 6/10; OLG Koblenz Beschl. v. 15.10.2009, 1 Verg 9/09; OLG Bremen Beschl. v. 14.4.2005, Verg 1/2005, VergabeR 2005, 537, 541; OLG Düsseldorf Beschl. v. 17.3.2004, Verg 1/04, NZBau 2004, 461, 462; OLG Naumburg Beschl. v. 17.2.2004, 1 Verg 15/03, NZBau 2004, 403; VK Bund Beschl. v. 24.3.2005, VK 1–14/05; VK Rheinland-Pfalz Beschl. v. 4.5.2005, VK 20/05; *Brauer* in Kulartz/Kus/Portz, § 97 Rn. 26; *Burgi* NZBau 2008, 29, 34.

[155] OLG Frankfurt Beschl. v. 28.1.2006, 11 Verg 4/06; *Weyand*, § 97 GWB Rn. 192.

[156] OLG Karlsruhe Beschl. v. 21.7.2010, 15 Verg 6/10; OLG Düsseldorf Beschl. v. 17.3.2004, Verg 1/04, NZBau 2004, 461, 462; BayObLG Beschl. v. 1.10.2001, Verg 6/01, NZBau 2002, 584; OLG Brandenburg Beschl. v. 3.8.1999, 6 Verg 1/99, NZBau 2000, 39, 44; *Kus* in Kulartz/Kus/Portz, § 97 Rn. 95.

[157] Vgl. VK Bund Beschl. V. 30.3.2010, VK 3–24/10; VK Bund Beschl. v. 14.10.2003, VK 1–95/03; *Weyand*, § 97 GWB Rn. 232.

[158] *Weyand*, § 97 GWB Rn. 240M; eine überzogene Dokumentationspflicht verlangt das OLG Karlsruhe, Beschl. v. 21.7.2010, 15 Verg 6/10 (BeckRS 2011, 01084), m. Anm. *Kuntze* IBR 2010, 646.

[159] Zu den Voraussetzungen im Einzelnen siehe *Losch* VergabeR 2008, 739, 742 ff.

[160] OLG Jena Beschl. v. 16.12.2002, 6 Verg 10/02, VergabeR 2003, 248; *Losch* VergabeR 2008, 739, 744.

[161] EuGH Urt. v. 14.2.2008, Rs. C-450/06 – Varec, Rn. 52; OLG Düsseldorf Beschl. v. 12.1.2009, Verg 67/08, BeckRS 2009, 06384; OLG Jena Beschl. v. 16.12.2002, 6 Verg 10/02, VergabeR 2003, 248; *Nelskamp/Dahme* KommJur 2010, 208, 213; *Dreher* in Immenga/Mestmäcker, § 97 Rn. 56.

[162] *Bungenberg* in Loewenheim/Meessen/Riesenkampff, § 97 Rn. 15.

[163] EuGH Urt. v. 14.2.2008, Rs. 450/06 – Varec, Rn. 35; OLG Düsseldorf Beschl. v. 16.9.2003, Verg 52/03, VergabeR 2003, 690; *Dreher* in Immenga/Mestmäcker, GWB, § 97 Rn. 12; *Losch* VergabeR 2008, 739; näher dazu siehe oben unter B.II.

[164] *Losch* VergabeR 2008, 739, 750.

5. Informationspflichten

39 Zur Sicherung der Rechtsschutzmöglichkeit der unterlegenen Bieter folgt aus dem Transparenzgebot auch die in § 101a Abs. 1 GWB[165] geregelte Pflicht des Auftraggebers, die **unterlegenen Bieter** von der geplanten Vergabeentscheidung **unverzüglich zu informieren.** Denn nur, wenn vor Erteilung des Zuschlags eine Benachrichtigung über die Vergabeentscheidung nebst Begründung für die Nichtberücksichtigung erfolgt, kann der unterlegene Bieter entscheiden, ob er dagegen gerichtlich vorgehen will.[166] Ebenso ist über den **Ausschluss eines Angebots** ungefragt zu informieren.[167]

D. Der Gleichbehandlungsgrundsatz, § 97 Abs. 2 GWB

I. Herleitung

40 Der Gleichbehandlungsgrundsatz findet seinen Ursprung sowohl im Grundgesetz (Art. 3 GG) als auch im europäischen Primärrecht (Art. 18 AEUV und den primärrechtlichen Grundfreiheiten). Er war schon vor dem Inkrafttreten des europarechtlich bedingten Vergaberechtsänderungsgesetzes[168] von 1999 in den damaligen Verdingungsordnungen enthalten.[169] Er gebietet die Gleichbehandlung aller Beteiligten im Vergabeverfahren und findet sowohl oberhalb als auch unterhalb der europäischen Schwellenwerte Anwendung. Heute findet sich das Gleichbehandlungsgebot außer in § 97 Abs. 2 GWB auch in §§ 2 Abs. 2, 2 EG Abs. 2 VOB/A, §§ 2 Abs. 1 Satz 2, 2 EG Abs. 1 Satz 2 VOL/A und § 2 Abs. 1 Satz 2 VOF wieder. In jedem Fall ist das Gleichbehandlungsgebot eng **mit den Grundsätzen des Wettbewerbs und der Transparenz verbunden.**[170] Ohne Transparenz ist eine Kontrolle der Einhaltung des Gleichbehandlungsgrundsatzes nicht möglich und eine Ungleichbehandlung der Teilnehmer führt stets zu einem verfälschten und unfairen Wettbewerb. Daher ist der Gleichbehandlungsgrundsatz ebenfalls Kernprinzip des gesamten Vergabeverfahrens.[171]

1. Gleichbehandlung aus nationaler Sicht

41 Schon in frühen Urteilen, lange vor der Schaffung der EU-Vergaberichtlinien, wurde im Hinblick auf die Beschaffungstätigkeit der öffentlichen Hand in Deutschland die Auffassung vertreten, dass die Auftragsvergabe zumindest nicht willkürlich geschehen dürfe.[172] Das ergibt sich bereits aus Art. 3 Abs. 1 GG, der staatliche Stellen auch bei der Vergabe öffentlicher Aufträge bindet.[173] Der grundrechtliche Gleichheitssatz gebietet daher eine Gleichbehandlung der Beteiligten im Vergabeprozess durch die beschaffende öffentliche Hand.[174]

---

[165] Die Verpflichtung zur Vorabinformation leitet sich auch aus Art. 19 Abs. 4 und Art. 20 Abs. 3 GG ab.
[166] *Freitag*, NZBau 2002, 204, 206; *Frenz* in Willenbruch/Wieddekind, § 97 Rn. 12; *Brauer* in Kulartz/Kus/Portz, § 97 Rn. 27.
[167] *Frenz* in Willenbruch/Wieddekind, § 97 Rn. 12, OLG München v. 23.06.2009, VergabeR 2009, 942, 946.
[168] BGBl. I Nr. 59/1998, S. 2512.
[169] *Dreher* in Immenga/Mestmäcker, GWB, § 97 Rn. 29; *Weyand*, § 97 GWB Rn. 279.
[170] *Dreher* in Immenga/Mestmäcker, § 97 Rn. 59.
[171] EuGH Urt. v. 25.4.1996, Rs. C-87/94 – Wallonische Busse, Rn. 51 ff.; *Koenig/Kühling* NVwZ 2003, 779, 781; *Summann*, 35.
[172] BGH v. 14.12.1967, VI ZR 251/73, NJW 1977, 628, 629 f.; BGH v. 21.11.1991, VII ZR 203/90, NJW 1992, 827.
[173] BVerfG Beschl. v. 13.6.2006, 1 BvR 1160/03, NZBau 2006, 791.
[174] *Summann*, 34; *Eggers/Malmendier* NJW 2003, 780, 782.

2. Gleichbehandlung aus europäischer Sicht

Aus gemeinschaftsrechtlicher Sicht findet der vergaberechtliche Gleichbehandlungsgrundsatz seinen Ursprung in dem Diskriminierungsverbot gem. Art. 18 AEUV und den primärrechtlichen Grundfreiheiten,[175] welche ihrerseits Ausprägungen des allgemeinen Gleichbehandlungsgrundsatzes sind.[176] Er dient demnach vornehmlich der Schaffung des **gemeinsamen europäischen Binnenmarktes.**[177] Wichtigste Ausprägung des Gleichbehandlungsgrundsatzes aus europäischer Sicht ist demnach das Verbot der Bevorzugung oder Benachteiligung von Bieter aus Gründen ihrer Staatsangehörigkeit. Das gilt in Deutschland auch für Bieter aus Drittstaaten, da Deutschland nicht von der sich aus Art. 12 RL 2004/17/EG ergebenden Möglichkeit Gebraucht gemacht hat, solchen Drittstaaten den Zugang zu nationalen Vergabeverfahren zu verschließen, deren Märkte ihrerseits für deutsche Bewerber nicht geöffnet sind.[178]

42

Der vergaberechtliche Gleichbehandlungsgrundsatz geht jedoch auch aus europarechtlicher Sicht über das reine Verbot der Diskriminierung aus Gründen der Staatsangehörigkeit hinaus. Denn der EuGH geht in ständiger Rechtsprechung davon aus, dass der Gleichbehandlungsgrundsatz im Vergaberecht unabhängig von der Staatsangehörigkeit gilt.[179] Der Gerichtshof hat in diesem Zusammenhang das Recht auf Chancengleichheit aus dem Gleichbehandlungsgebot entwickelt, welches (ungerechtfertigte) Ungleichbehandlungen auch aus anderen Gründen als der Staatsangehörigkeit ausschließt.[180] Folglich ist in Vergabeverfahren die im Übrigen nach allgemeinem Europarecht gestattete Inländerdiskriminierung nicht erlaubt.[181]

43

Aufgrund der Verankerung des Gleichbehandlungsgrundsatzes im europäischen Primärrecht sind auch außerhalb des Anwendungsbereichs der Vergaberichtlinien das Verbot der Diskriminierung aus Gründen der Staatsangehörigkeit[182] und die Pflicht zur unparteiischen Vergabe[183] zu befolgen. Das bedeutet, bei Aufträgen, für die ein grenzüberschreitendes Interesse besteht, ist es in jedem Fall geboten, die grundfreiheitlichen Diskriminierungsverbote und den allgemeinen Gleichheitssatz zu beachten.[184] Im Unterschied zum Gleichbehandlungsgebot aus § 97 Abs. 2 GWB, welches nur in gesetzlich vorgesehenen Fällen eine Ungleichbehandlung zulässt, kann ein Verstoß gegen das ausschließlich primärrechtliche begründete Diskriminierungs- bzw. Ungleichbehandlungsverbot allerdings mit allen zwingenden Gründen des Allgemeininteresses gerechtfertigt werden.

44

---

[175] Insbesondere Niederlassungsfreiheit, Art. 49 AEUV, und Dienstleistungsfreiheit, Art. 56 AEUV.
[176] EuGH Urt. v. 27.10.2005, Rs. C-234/03 – Contse SA, Rn. 36; EuGH Urt. v. 12.10.2005, Rs. C-458/03 – Parking Brixen, Rn. 48.
[177] EuGH Urt. v. 18.10.2001, Rs. C-19/00 – SIAC Construction, Rn. 32; Urt. v. 10.10.2013, Rs. Cr 336/12; *Bungenberg* in Loewenheim/Meessen/Riesenkampff, § 97 Rn. 25.
[178] *Diehr* in Reidt/Stickler/Glahs, § 97 Rn. 34; die Pflicht zur europaweiten Ausschreibung wird hierdurch jedoch nicht weiter ausgedehnt.
[179] EuGH Urt. v. 25.4.1996, Rs. C-87/94 – Wallonische Busse, Rn. 33, EuGH Urt. v. 13.10.2005, Rs. C-458/03 – Parking Brixen, Rn. 48.
[180] EuGH Urt. v. 25.4.1996, Rs. C-87/94 – Wallonische Busse, Rn. 54, EuGH Urt. v. 22.6.1993, C-243/89 – Storebält, Rn. 39; EuGH Urt. v. 12.10.2005, Rs. C-458/03 – Parking Brixen, Rn. 48; EuGH Urt. v. 6.4.2006, Rs- C-410/04 – ANAV, Rn. 20; *Frenz* EuZW 2006, 748, 749.
[181] *Bungenberg*Loewenheim/Meessen/Riesenkampff, § 97 Rn. 25.
[182] EuGH Urt. v. 7.12.2000, Rs. C-324/98 – Telaustria, Rn. 60; EuGH Urt. v. 21.7.2005, Rs. C-231/03 – Coname, Rn. 17, 19; *Huerkamp* EuR 2009, 563, 571 f.
[183] EuGH Urt. v. 7.12.2000, Rs. C-324/98 – Telaustria, Rn. 6.
[184] *Huerkamp* EuR 2009, 563, 572; *Bungenberg* in Loewenheim/Meessen/Riesenkampff, Vor §§ 97 Rn. 49.

45 Für die Umsetzung der zur Einhaltung des Gleichbehandlungsgrundsatzes erforderlichen Maßnahmen ist den Mitgliedstaaten ein gewisses Ermessen einzuräumen.[185] Der Grundsatz der Verhältnismäßigkeit ist bei der Bestimmung solcher Maßnahmen allerdings stets zu beachten.[186]

II. Bedeutung für das deutsche Vergaberecht

46 Im Ergebnis stellen der nationale und der europäische Ansatz hinsichtlich des Gleichbehandlungsgrundsatzes dieselben Ansprüche an das Vergabeverfahren: Es soll gewährleistet werden, dass der öffentliche Auftraggeber willkürfreie Entscheidungen auf rein sachlicher Grundlage trifft, um so einen funktionierenden Wettbewerb zu garantieren.[187] Denn die Gleichbehandlung aller Teilnehmer am Vergabeverfahren ist auch eine unverzichtbare Prämisse für die Organisation eines offenen und **freien Wettbewerbs**, da nur unter Gleichen tatsächlich Wettbewerb entstehen kann.[188]

47 Unbeachtlich für das Vorliegen einer **Ungleichbehandlung** ist, ob sie **offen** oder **verdeckt** erfolgt.[189] Gerechtfertigt ist sie im Geltungsbereich des § 97 Abs. 2 GWB nur dann, wenn sie ausdrücklich geboten oder gestattet ist[190] und in allen anderen Fällen, wenn sie aus überwiegenden Gründen des Allgemeinwohls geschieht und verhältnismäßig ist.[191]

48 Grundsätzlich schreibt der Gleichbehandlungsgrundsatz allerdings lediglich eine **formale Gleichbehandlung** vor. Das heißt, es muss lediglich Verfahrensgerechtigkeit ohne Berücksichtigung der Umstände des Einzelfalls herrschen.[192] Demnach sind öffentliche Auftraggeber nicht verpflichtet, unabhängig von der konkreten Ausschreibung bestehende Wettbewerbsvorteile und -nachteile potenzieller Bieter durch die Gestaltung der Vergabeunterlagen auszugleichen.[193] Unterschiedliche Wettbewerbsvoraussetzungen der Bieter sind vielmehr erwünscht, solange sie nicht vom Auftraggeber bewusst beeinflusst wurden.[194] Eine künstliche Egalisierung aller Unterschiede, beispielsweise durch die Auferlegung zusätzlicher Zahlungspflichten wegen früherer staatlicher Förderung eines Unternehmens, würde dem Prinzip der Wirtschaftlichkeit widersprechen.

49 Dabei ist das **Diskriminierungsverbot im Gleichbehandlungsgebot enthalten** und stellt diesem gegenüber *lex specialis* dar.[195] Auch wenn in der Praxis die Begriffe „Diskri-

---

[185] *Weyand*, § 97 GWB Rn. 276.
[186] EuGH Urt. v. 23.12.2009, Rs. C-376/08 – Serrantoni, Rn. 33.
[187] OLG Saarbrücken Beschl. v. 29.5.2002, 5 Verg 1/01; VK Baden-Württemberg Beschl. v. 30.12.2008, 1 VK 51/08; VK Brandenburg Beschl. v. 19.2.2004, VK 86/03; *Weyand*, § 97 GWB Rn. 279.
[188] *Summann*, 35.
[189] *Dreher* in Immenga/Mestmäcker, § 97 Rn. 60, 62.
[190] BGH Beschl. v. 26.9.2006, X ZB 14/06, NZBau 2006, 800, 802; dazu gehört insbesondere die Ungleichbehandlung aufgrund vergabefremder Kriterien nach § 97 Abs. 4 Satz 2 und 3 GWB.
[191] BGH Beschl. v. 26.9.2006, X ZB 14/06, NZBau 2006, 800, 802; *Diehr* in Reidt/Stickler/Glahs, § 97 Rn. 30.
[192] *Kus* in Kulartz/Kus/Portz, § 97 Rn. 35.
[193] BayObLG Beschl. v. 5.11.2002, Verg 22/02; OLG Koblenz Beschl. v. 5.9.2002, 1 Verg 2/02, NZBau 2002, 699, 704; ähnlich VK Bund Beschl. v. 11.6.2002, VK 1–25/02, VK Bund Beschl. v. 28.1.2005, VK 3–221/04 bei II.2.e; VK Berlin Beschl. v. 13.8.2004, B 2–34/04; *Diehr* in Reidt/Stickler/Glahs, § 97 Rn. 41; *Kus* in Kulartz/Kus/Portz, § 97 Rn. 41; *Dreher* in Immenga/Mestmäcker, § 97 Rn. 64.
[194] OLG Naumburg Beschl. v. 5.12.2008, 1 Verg 9/08; VK Bund Beschl. v. 14.10.2009, VK 2–174/09; *Weyand*, § 7 VOB/A Rn. 33.
[195] So auch *Schwarze*, Europäisches Verwaltungsrecht, 618 hinsichtlich des Verhältnisses von den primärrechtlichen Diskriminierungsverboten zum allgemeinen Gleichheitsgrundsatz.

minierung" und „Ungleichbehandlung" synonym gebraucht werden,[196] betrifft die Diskriminierung regelmäßig die Ungleichbehandlung aufgrund der Staatsangehörigkeit, während der Gleichbehandlungsgrundsatz jede Ungleichbehandlung ohne sachlichen Grund unterschiedslos verbietet.[197] Das Diskriminierungsverbot enthält demnach ein zusätzliches Tatbestandsmerkmal, da es die Ungleichbehandlung gerade wegen der Staatsangehörigkeit betrifft.[198] Eine **direkte Diskriminierung** liegt vor, wenn unmittelbar an die Staatsangehörigkeit der Bieter angeknüpft wird. Das kommt jedoch nur selten vor.[199] Weiter verbreitet ist dagegen die **mittelbare Diskriminierung**. Sie knüpft nur indirekt an die Staatsangehörigkeit an, etwa indem die Einhaltung nationaler Normen verlangt wird oder die Nähe des Firmensitzes zum Leistungsort vorgeschrieben ist, wodurch ausländische Unternehmen faktisch benachteiligt werden. In jeder Diskriminierung liegt jedoch immer auch ein unzulässiger Verstoß gegen das Gleichbehandlungsgebot, welches unabhängig von der Staatsangehörigkeit der Bieter gilt.

III. Inhalt und Auswirkungen auf das Vergabeverfahren

Der Gleichbehandlungsgrundsatz ist bei **jeder Stufe des Vergabeverfahrens**, von der ersten Entscheidung bis zur Zuschlagserteilung, zu beachten.[200] Dabei sollen die Vergaberegeln gewährleisten, dass alle Teilnehmer im Wettbewerb formal die gleichen Chancen haben, den Zuschlag für den Auftrag zu bekommen.[201] Aus dem Gleichbehandlungsgrundsatz folgen daher Vorgaben für die Wahl der Verfahrensart,[202] für die Formulierung der Leistungsbeschreibung, der Inhaltsbestimmung von Eignungs- und Zuschlagskriterien[203]. Grundsätzlich gilt, dass die Bieter sowohl zu dem Zeitpunkt, zu dem sie ihre Angebote vorbereiten, als auch zu dem Zeitpunkt, zu dem diese vom öffentlichen Auftraggeber beurteilt werden, gleichbehandelt werden müssen.[204]

Anknüpfungsmerkmal für den Anspruch auf Gleichbehandlung ist die Eigenschaft eines Unternehmens als **„Teilnehmer an einem Vergabeverfahren"**. Dieser Begriff ist nach herrschender Meinung weit auszulegen, so dass auch lediglich potenzielle Bieter bzw. Bewerber darunter gefasst werden[205] und ein „Vergabeverfahren" auch ein solches ist, welches nicht förmlich durchgeführt wird.[206] Ansonsten könnten interessierte Unternehmen gestützt auf § 97 Abs. 2 GWB nicht gegen eine De-facto-Vergabe ohne förmliches Verfahren vorgehen, da sie in diesem Fall kein „Teilnehmer" im engeren Sinne wären.[207]

---

[196] Vgl. nur zahlreiche Nachweise bei *Weyand*, § 97 GWB Rn. 276 ff.
[197] *Frenz* EuZW 2006, 748, 749.
[198] *Plötscher*, Der Begriff der Diskriminierung im europäischen Gemeinschaftsrecht, 2003, S. 41 ff.
[199] Etwas anderes kann lediglich im Verteidigungsbereich mit Blick auf sog. Offset-Forderungen gelten, vgl. *Weiner* EuZW 2012, 401 ff.
[200] *Diehr* in Reidt/Stickler/Glahs, § 97 Rn. 31; *Kus* in Kulartz/Kus/Portz, § 97 Rn. 34; *Bungenberg* in Loewenheim/Meessen/Riesenkampff, § 97 Rn. 24.
[201] *Diehr* in Reidt/Stickler/Glahs, § 97 Rn. 37; siehe auch: *Bungenberg* in Loewenheim/Meessen/Riesenkampff, § 97 GWB Rn. 24; OLG Jena Beschl. v. 16.7.2007, 9 Verg 4/07, VergabeR 2008, 269.
[202] *Kus* in : Kulartz/Kus/Portz, § 97 Rn. 32, 34.
[203] *Burgi* NZBau 2008, 29, 34.
[204] EuGH Urt. v. 18.10.2001, Rs. C-19/00 – SIAC Construction, Rn. 34.
[205] *Diehr* in Reidt/Stickler/Glahs, § 97 Rn. 36; ausführlich *Kus* in Kulartz/Kus/Portz, §97 Rn. 32 f.; vgl. auch EuGH Urt. v. 21.7.2005, Rs. C-231/03 – Coname, Rn. 17 f.; EuGH Urt. v. 7.12.2000, Rs. C-324/98 – Telaustria, Rn. 62; aA OLG Jena Beschl. v. 20.6.2005, 9 Verg 3/05, NZBau 2005, 476.
[206] *Kus* in Kulartz/Kus/Portz, § 97 Rn. 33.
[207] *Kus* in Kulartz/Kus/Portz, § 97 Rn. 32.

1. Informationen und Bekanntmachung

52 Der Gleichbehandlungsgrundsatz verlangt zunächst, dass allen Bietern die gleichen Informationen übermittelt werden.[208] Das gilt sowohl hinsichtlich des „Ob" als auch des „Wie" der Ausschreibung. Daher stellt eine lediglich national oder regional bekannt gemachte Ausschreibung regelmäßig eine Diskriminierung dar, da sich dadurch die Kenntnisnahmemöglichkeiten ausländischer Unternehmen erschweren.[209] Im Ergebnis müssen alle interessierten Unternehmen die **gleichen Informationen** erhalten, damit sie die gleichen Erfolgschancen haben.[210] Nachträgliche Informationen sowie Änderungen der Leistungsbeschreibung, Eignungs- und Wertungskriterien sind allen Teilnehmern gleichermaßen mitzuteilen.[211]

2. Nichtdiskriminierende Leistungsbeschreibung

53 Der Gleichbehandlungsgrundsatz ist bereits bei der Leistungsbeschreibung zu beachten, die grundsätzlich nichtdiskriminierend zu erfolgen hat. Daran mangelt es, wenn unmittelbar oder mittelbar einzelne Teilnehmer benachteiligt werden, etwa durch einseitig begünstigende Leistungsbeschreibungen oder durch Forderung von einzelnen Bietern schwer zu erfüllenden Eignungsnachweisen.[212] Ebenso verstößt eine **hersteller- oder markenbezogene Ausschreibung** regelmäßig gegen den Gleichbehandlungsgrundsatz.[213] Allerdings engt die Festlegung auf ein bestimmtes Erzeugnis oder die Wahl einer bestimmten Technologie zwar regelmäßig den Wettbewerb ein, ist jedoch als ausschließlich dem öffentlichen Auftraggeber zustehende Bestimmung des Beschaffungsgegenstands hinzunehmen, solange sie auf sach- und auftragsbezogenen Gründen beruht.[214] Der Auftragsgegenstand bildet also gewissermaßen den Rahmen, innerhalb dessen das Gleichbehandlungsgebot gilt.[215]

54 Eine besondere Ausprägung findet der Gleichbehandlungsgrundsatz in der Pflicht zur eindeutigen und erschöpfenden **Leistungsbeschreibung** als Voraussetzung für das richtige und gleiche Verständnis des Auftragsgegenstands durch alle Bewerber.[216] Selbst im relativ flexiblen Verhandlungsverfahren müssen daher zumindest die Eckpunkte des Leistungsgegenstands von vornherein verbindlich festgelegt werden.[217]

---

[208] VK Brandenbug Beschl. v. 19.2.2004, VK 86/03.
[209] *Frenz* in Willenbruch/Wieddekind, § 97 Rn. 11.
[210] EuG Urt. v. 19.3.2010, T-50/05.
[211] BGH Beschl. v. 26.10.1999, X ZR 30/98, NZBau 2000, 35, 36; KG Beschl. v. 3.11.1999, Kart Verg 3/99, NZBau 2000, 209, 210.
[212] OLG Celle Beschl. v. 12.5.2005, 13 Verg 5/05 (bei II.2.); VK Sachsen Beschl. v. 19.11.2001, 1/SVK/119–01; *Ziekow* VergabeR 2003, 1, 6; *Dreher* in Immenga/Mestmäcker, § 97 Rn. 60 und 93.
[213] OLG Düsseldorf Beschl. v. 14.3.2001, Verg 32/00; VK Bund Beschl. v. 8.8.2003, VK 2–52/03; OLG Frankfurt Beschl. v. 28.10.2003, 1 Verg 2/03, NZBau 2004, 117; *Amelung* NZBau 2010, 727, 729; *Dreher* in Immenga/Mestmäcker, § 97 Rn. 82; für eine Ausnahme von der Produktneutralität siehe zB §§ 7 Abs. 4, 8 EG Abs. 7 VOL/A sowie OLG Düsseldorf Beschl. v. 14.4.2005, Verg 93/04, NZBau 2005, 532, 533; OLG Frankfurt a.M. Beschl. v. 12.5.2007, 11 Verg 12/06.
[214] Vgl. §§ 7 Abs. 8, 7 EG Abs. 8 VOB/A, §§ 7 Abs. 3 und 4, 7 EG Abs. 7 VOL/A; OLG Düsseldorf Beschl. v. 3.3.2010, Verg 46/09; OLG Düsseldorf Beschl. v. 17.2.2010, Verg 42/09; höhere Anforderungen an die Festlegung auf bestimmte Produkte stellen dagegen OLG Celle Beschl. v. 22.5.2008, 13 Verg 1/08; OLG Jena Beschl. v. 26.6.2006, 9 Verg 2/06, NZBau 2006, 735.
[215] *Frenz* VergabeR 2011, 12, 24; siehe dazu näher § 17 Rn. 44 ff.
[216] §§ 7 Abs. 1, 7 EG Abs. 1 VOB/A, §§ 7 Abs. 1, 8 EG Abs. 1 VOL/A, § 6 Abs. 1 VOF, § 7 Abs. 1 SektVO; siehe dazu näher § 17 Rn. 22 ff.
[217] *Kramer* NZBau 2005, 138, 139 f.; siehe dazu näher § 17 Rn. 31.

3. Einheitliche Verfahrens- und Vergabebedingungen

Aus dem Gleichbehandlungsgrundsatz ergibt sich zudem die Pflicht, allen beteiligten Unternehmen die Chance zu geben, innerhalb gleicher Fristen und zu gleichen Anforderungen Angebote abzugeben.[218] Die Ausrichtung des Vergabeverfahrens am Gleichbehandlungsgrundsatz erfordert demnach, dass die Vergabebedingungen wie etwa die Leistungsanforderungen, Zuschlagskriterien und Abgabefristen allen potenziellen Bietern bekannt sein und auf alle in gleicher Weise angewendet werden müssen.[219] Formale und inhaltliche Anforderungen an ein erfolgreiches Angebot haben unterschiedslos zu gelten.[220] Es darf weder vereinzelte Fristverlängerungen geben noch ein unvollständiges Angebot in die Wertung einbezogen werden.[221] Lediglich Erklärungen und Nachweise sowie unwesentliche Preisangaben können seit der letzten Vergaberechtsreform[222] ohne Gleichheitsverstoß nachgefordert werden.[223] Im Ergebnis müssen alle interessierten Unternehmen denselben **Bedingungen** unterliegen, damit sie die gleichen Erfolgschancen haben.[224]

55

4. Nichtdiskriminierende Eignungs- und Zuschlagskriterien

Das Gebot der Gleichbehandlung gilt auch bei der Ausgestaltung der Eignungs- und Zuschlagskriterien, die ebenfalls nichtdiskriminierend sein müssen. Daran mangelt es, wenn unmittelbar oder mittelbar einzelne Teilnehmer benachteiligt werden, etwa durch Forderung von einzelnen Bietern schwer zu erfüllenden Eignungsnachweisen.[225] Also etwa auch dann, wenn eine sehr umfangreiche Erfahrung oder eine hohe Mitarbeiterzahl verlangt wird, ohne dass das durch den Auftrag bedingt wäre.

56

Weiterhin ist strikt zwischen bieterbezogenen **Eignungskriterien und Zuschlagskriterien** zu unterscheiden.[226] Zwischen den Angeboten von Bietern, die nach der Eignungsprüfung anhand der bieterbezogenen Kriterien übrig bleiben, darf nur noch anhand der Zuschlagskriterien differenziert werden, nichtmehr jedoch im Hinblick auf bieterbezogene Eignungskriterien.[227] Das bedeutet etwa, die geringere Wirtschaftlichkeit eines Angebots darf nicht durch ein Mehr an Erfahrung, bessere Mitarbeiterbezahlung oder weitergehender Umweltschutzstandards ausgeglichen werden, da derartige Eigenschaften der Unternehmen in der Eignungsprüfung abschließend zu berücksichtigen sind. Denn

57

---

[218] VK Brandenbug Beschl. v. 19.2.2004, VK 86/03.
[219] Mitteilung der Kommission zu Auslegungsfragen im Bereich Konzessionen im Gemeinschaftsrecht, AblEG 2000 Nr. C 121, S. 2, Abschn. 3.1.1.
[220] *Diehr* in Reidt/Stickler/Glahs, § 97 Rn. 39; *Bungenberg* in Loewenheim/Meessen/Riesenkampff, § 97 Rn. 26; insb. zu Fristverlängerungen *Dreher* in Immenga/Mestmäcker, § 97 Rn. 92 und mit näheren Beispielen Rn. 94; für das Verhandlungsverfahren vgl. VK Sachsen Beschl. v. 13.5.2002, 1/SVK/029–02.
[221] §§ 16 Abs. 1 Nr. 1 lit. a), c), 16 EG Abs. 1 Nr. 1 lit. a), c) VOB/A, §§ 16 Abs. 2, 3 lit. a), e), 19 EG Abs. 3 lit. a), e) VOL/A.
[222] BGBl. I Nr. 20/2009, S. 790.
[223] § 19 EG Abs. 2 VOL/A, §§ 16 Abs. 1 Nr. 3, 16 EG Abs. 1 Nr. 3 VOB/A; VK Nordbayern Beschl. v. 3.2.2011, 21.VK-3194–50/10; *Amelung* NZBau 2010, 727, 728; im Bereich der VOB/A ist die Nachforderung sogar Pflicht, während sie im Bereich der VOL/A im Ermessen des Auftraggebers steht, vgl. VK Nordbayern Beschl. v. 9.2.2012, 21.VK-3194–43/11.
[224] EuG Urt. v. 19.3.2010, T-50/05.
[225] OLG Celle Beschl. v. 12.5.2005, 13 Verg 5/05 (bei II.2.); VK Sachsen Beschl. v. 19.11.2001, 1/SVK/119–01; *Ziekow* VergabeR 2003, 1, 6; *Dreher* in Immenga/Mestmäcker, § 97 Rn. 60 und 93.
[226] EuGH Urt. v. 12.11.2009, Rs. C-199/07 – ERGA OSE, Rn. 50; BGH Urt. v. 8.9.1998, NJW 1998, 3644, 3646; *Ziekow* VergabeR 2003, 1, 3.
[227] OLG München Beschl. v. 10.2.2011, Verg 24/10; BeckRS 2011, 04165; *Ruh* VergabeR 2005, 718, 728; aA VK Baden-Württemberg Beschl. v. 10.1.2011, 1 VK 69/10, erkennt die Einbeziehung von Eignungskriterien auf der zweiten Wertungsstufe im Bereich der VOF als zulässig.

Zuschlagskriterien sind allein solche, die der Ermittlung des wirtschaftlich günstigsten Angebots dienen.[228]

5. Verbot von Interessenkonflikten

58 Eng verknüpft mit dem Gleichbehandlungsgrundsatz ist auch das **Gebot der Neutralität**. Aus diesem folgt, dass Personen, die sowohl mit der Auftraggeber- als auch der Bieterseite assoziiert sind, wegen der Gefahr der Interessenkollision am Vergabeverfahren nicht teilnehmen dürfen.[229] Teilweise wird diesbezüglich verlangt, dass nicht einmal der Anschein der Parteilichkeit bei der Vergabeentscheidung entstehen darf.[230] Solch eine weite Auslegung des Neutralitätsgrundsatzes könnte allerdings zum Ausschluss all jener Unternehmen führen, an denen die öffentliche Hand auch nur geringfügig beteiligt ist.[231] Inzwischen ist mit § 16 VgV grundlegend geregelt, wann bestimmte vorbefasste Personen von der Entscheidungsfindung und Beteiligung im Vergabeverfahren auszuschließen sind. Ansonsten ist der Neutralitätsgrundsatz dahingehend auszulegen, dass er nur dann verletzt ist, wenn tatsächlich eine unsachgemäße Beeinflussung auf das Vergabeverfahren ausgeübt wird.[232]

6. Umgang mit Projektanten

59 Eine ähnliche Problematik betreffen sog. **Projektanten**[233], die bei der Planung des Auftrags beteiligt waren und daher über einen Wissensvorsprung hinsichtlich des Auftragsgegenstands verfügen. Wegen des Erfordernisses lediglich formaler Gleichbehandlung, ist die Beteiligung vorbefasster Unternehmen allerdings nicht *per se* unzulässig.[234] Ein grundsätzlicher Ausschluss von Projektanten wäre mangels Verhältnismäßigkeit zudem europarechtswidrig. In der Rechtsprechung wurden daher Grundsätze entwickelt, wie etwaige durch Vorbefasstheit entstandene Wissensvorsprünge so ausgeglichen werden können, dass die Beteiligung der betroffenen am Verfahren nicht ausgeschlossen ist. Es obliegt danach dem Auftraggeber Wettbewerbsverfälschungen auszuschließen und eventuelle Wissensvorsprünge aufgrund der Vorbeziehung durch eine ausführliche Leistungsbeschreibung auszugleichen.[235] In der Regel ist die Bekanntmachung des bei dem Betroffenen vorhandenen Wissens gegenüber allen interessierten Unternehmen erforderlich. Denn grundsätzlich soll der Projektant durch seine Vorbefassung weder bevor- noch benachteiligt werden.[236] Nur wenn es dem Auftraggeber nicht gelingt, die Vorbefassung einzelner Unternehmer durch Maßnahmen wie die Informationsweitergabe an alle Interessenten,[237] die Einräumung besonders langer Fristen[238] oder auch den Ausgleich von Kostenvorteilen[239] zu kompensie-

---

[228] EuGH Urt. v. 12.11.2009, Rs. C-199/07 – ERGA OSE, Rn. 55; EuGH Urt. v. 24.1.2008, Rs. C-532/06 – Lianakis, Rn. 30.
[229] BayObLG Beschnl. v. 20.12.1999, Verg 8/99, WuW/E Verg 325 ff.; OLG Saarbrücken Beschl. v. 22.10.1999, 5 Verg 4/99, NZBau 2000, 158; aA OLG Stuttgart Beschl. v. 24.3.2000, 2 Verg 1999, NZBau 2000, 301; *Bungenberg* in Loewenheim/Meessen/Riesenkampff, § 97 Rn. 28.
[230] OLG Brandenburg Beschl. v. 3.8.1999, 6 Verg 1/99, NZBau 2000, 39.
[231] *Neßler* NVwZ 1999, 1081, 1082.
[232] *Neßler* NVwZ 1999, 1081, 1083; *Dreher* in Immenga/Mestmäcker, § 97 Rn. 74 ff.
[233] *Horn* NZBau 2005, 28 ff.; *Dreher* in Immenga/Mestmäcker, § 97 Rn. 65.
[234] EuGH Urt. v. 25.1.2001, Rs. C-172/99 – Oy Liikenne, Rn. 24; BayObLG Beschl. v. 5.11.2002, Verg 22/02, NZBau 2003, 342, 344.
[235] VK Bund Beschl. v. 28.1.2005, VK 3–221/04; VK Bund Beschl. v. 19.9.2001, VK 1–33/01; *Diringer* VergabeR 2010, 361, 364; *Dreher* in Immenga/Mestmäcker, § 97 Rn. 64; vgl. auch §§ 6 EG Abs. 7, 6 Abs. 7 VOL/A; § 6 EG Abs. 6 VOB/A; § 4 Abs. 5 VOF.
[236] *Diringer* VergabeR 2010, 361, 362.
[237] OLG Brandenburg Beschl. v. 15.5.2007, VergW 2/07, VergabeR 2008, 242 ff.; *Diringer* VergabeR 2010, 361, 366.
[238] VK Bund Beschl. v. 1.9.2005, VK1–98/05; *Diringer* VergabeR 2010, 361, 366.

ren, so ist der Projektant vom Vergabeverfahren auszuschließen, es sei denn eine Wettbewerbsverfälschung ist im Einzelfall nicht zu befürchten.[240] Vor dem Ausschluss muss der Projektant die Gelegenheit haben, nachzuweisen, dass seine Vorbefassung im konkreten Fall nicht zu einer Wettbewerbsverfälschung führt.[241]

7. Umgang mit Beihilfen

Ebenso ist der Empfang von **Beihilfen** grundsätzlich irrelevant, solange darauf kein Angebot von Leistungen zu unangemessen niedrigen Preisen beruht.[242] Niedrige Angebote aufgrund von Beihilfen können auch dann nicht zurückgewiesen werden, wenn der Bieter nach entsprechender Aufforderung nachweist, dass er die Beihilfe rechtmäßig empfangen hat.[243] Denn es wäre widersprüchlich, ein Unternehmen in gemeinschaftsrechtliche zulässiger Weise zu unterstützen und im nächsten Schritt seine wirtschaftliche Tätigkeit zu beschneiden.[244] Liegt jedoch eine rechtswidrige Beihilfe vor, so stellt die Wertung eines Angebots, welches nur deshalb die anderen Wettbewerber unterbietet, einen Verstoß gegen das Gleichbehandlungsgebot dar.[245]

60

8. Gleichheitswidriges Bieterverhalten

Vor dem Hintergrund des Gleichbehandlungsgrundsatzes kann auch eine **Mehrfachbeteiligung** eines Bieters, d.h. Beteiligung als Einzelbieter und gleichzeitig als Teil einer Bietergemeinschaft für dieselbe Leistung, unzulässig ein, wenn dadurch die Auftragschancen erhöht werden sollen.[246] Ebenso widerspricht es dem Gleichheitsgrundsatz, in das Leistungsangebot einen namhaften Nachunternehmer einzusetzen, wenn damit auf Vorteile gegenüber den Mitbietern spekuliert wird und von vornherein geplant ist, diesen Nachunternehmer später gegen einen womöglich kostengünstigeren auszutauschen.[247] Andererseits ist das ehemalige **Gebot der Selbstausführung**,[248] wonach die Bieter ihre Dienstleistungen grundsätzlich selbst zu erfüllen hatten, von den Bietern nicht mehr zu beachten. Denn eine solche Verpflichtung verstieße seinerseits gegen den Gleichbehandlungsgrundsatz, da es einem Dienstleistungserbringer frei stehen muss, Leistungen Dritter in für die Auftragserfüllung Anspruch zu nehmen, wenn er den Zuschlag erteilt bekommt.[249]

61

---

[239] BayObLG Beschl. v. 20.8.2001, Verg 9/01, NZBau 2002, 348; *Dreher* in Immenga/Mestmäcker, § 97 Rn. 64.

[240] EuGH Urt. v. 3.3.2005, verb. Rs. C-21/03 und 34/03 – Fabricom, Rn. ??; OLG Brandenburg Beschl. v. 22.5.2007, Verg W 13/06, IBR 2007, 390; VK Sachsen Beschl. v. 15.2.2011, 1/SVK/052–10, BeckRS 2011, 06762; VK Bund Beschl. v. 1.9.2005, VK 1–98/05; VK Bund Beschl. v. 17.4.2000, VK 1–5/00, NZBau 2000, 580; *Ebert* NZBau 2000, 553, 554; *Kupczyk* NZBau 2010, 21, 24; *Brauer* in Kulartz/Kus/Portz, § 97 Rn. 10; *Dreher* in Immenga/Mestmäcker, § 97 Rn. 70; BT-Drucks. 15/5668, S. 12.

[241] EuGH Urt. v. 3.3.2005, verb. Rs C-21/03 und 34/03 – Fabricom, Ls. 1; *Kupczyk* NZBau 2010, 21, 24; zur Beweislastverteilung im einzelnen vgl. *Diringer* VergabeR 2010, 361, 367.

[242] *Diehr* in Reidt/Stickler/Glahs, § 97 Rn. 43; *Weyand*, § 97 GWB Rn. 144; vgl. auch § 16 Abs. 6 Nr. 1 VOB/A, § 16 Abs. 6 VOL/A.

[243] Art. 55 Abs. 3 RL 2004/18/EG; OLG Düsseldorf Beschl. v. 26.7.2002, Verg 22/02, NZBau 2002, 634, 637; *Koenig/Hentschel* NZBau 2006, 289, 293; *Dreher* in Immenga/Mestmäcker, § 97 Rn. 91.

[244] GA *Léger* ARGE Gewässerschutz, NZBau 2001, 99; *Koenig/Hentschel* NZBau 2006, 289, 290.

[245] VK Düsseldorf Beschl. v. 18.4.2002, NZBau 2006, 335; *Koenig/Hentschel* NZBau 2006, 289, 292.

[246] *Kus* in Kulartz/Kus/Portz, § 97 Rn. 40

[247] *Hausmann* LKV 2010, 550, 553.

[248] § 8 Nr. 2 Abs. 1 VOB/A (2002).

[249] EuGH Urt. v. 18.3.2004, Rs. C-314/01 – Siemens, ARGE Telekom, Rn. 43.

E. Die Berücksichtigung mittelständischer Interessen, § 97 Abs. 3 GWB

I. Herleitung

62 Das Gebot der Berücksichtigung mittelständischer Interessen hat als europarechtlich nicht ausdrücklich vorgesehener Vergabegrundsatz nicht denselben **Stellenwert** wie die anderen drei Vergabegrundsätze,[250] die daher grundsätzlich Vorrang haben.[251] Dennoch haben Bieter, denen ein Rechtsschutzbedürfnis zusteht,[252] grundsätzlich auch ein **subjektives Recht** auf Einhaltung des Grundsatzes der Berücksichtigung mittelständischer Interessen.[253] Die besondere Bedeutung des Mittelstands wurde bereits in früheren Versionen der Vergabeordnungen sowie der Erstfassung von § 97 Abs. 3 GWB[254] betont, indem die Berücksichtigung mittelständischer Interessen bei der Vergabe öffentlicher Aufträge in Deutschland zu einem Vergabegrundsatz erhoben wurde. Schon immer spielte in diesem Zusammenhang die losweise Vergabe eine besondere Bedeutung, da sie als effektives Mittel angesehen wurde und wird, um mittelständischen Unternehmen eine Beteiligung an bisweilen sehr großvolumigen Aufträgen zu ermöglichen. Heute findet sich das Gebot der losweisen Vergabe außer in § 97 Abs. 3 GWB auch in §§ 5 Abs. 2, 5 EG Abs. 2 VOB/A und §§ 2 Abs. 2, 2 EG Abs. 2 VOL/A wieder.

1. Mittelstandsförderung aus nationaler Sicht

63 In einer Entscheidung des BGH von 1999 wurde die losweise Vergabe noch als ein Fall der begründungspflichtigen Ausnahme betrachtet.[255] Mit der Aufnahme der Mittelstandförderung in die Reihe der Vergabegrundsätze des § 97 Abs. 3 GWB im Jahr 1999[256] und dem dort formulierten Gebot, dass mittelständische Interessen vornehmlich durch Aufteilung des Auftrags in Fach- und Teillose zu berücksichtigen sind, wurde das Regel-Ausnahme-Verhältnis jedoch umgekehrt. Seitdem ist die Gesamtvergabe grundsätzlich begründungspflichtig ist.[257] Mit dem Vergaberechtsmodernisierungsgesetz[258] wurde der Schwerpunkt der Mittelstandsförderung erneut verschoben und die Bedeutung der losweisen Vergabe weiter verstärkt. Nunmehr ist die losweise Vergabe in § 97 Abs. 3 Satz 2 GWB als zwingende Vorgabe („Leistungen *sind* aufgeteilt zu vergeben") vorgesehen und die Gesamtvergabe ist nur bei Vorliegen der in § 97 Abs. 3 Satz 3 GWB genannten Voraussetzungen zulässig. Der Vorrang der losweisen Vergabe hat nur teilweise Eingang in die untergesetzlichen Vergaberegime gefunden.[259] Aber auch wenn er in VOF und SektVO im Gegensatz zur Neuregelung in VOB/A und VOL/A nicht explizit enthalten ist, so gilt der Vorrang über § 97 Abs. 3 GWB oberhalb der Schwel-

---

[250] *Summann*, 36.
[251] *Dreher* in Immenga/Mestmäcker, § 97 Rn. 102.
[252] In der Regel liegt ein Rechtsschutzbedürfnis hinsichtlich der Fachlosteilung auch bei großen Unternehmen vor, während sich auf die Teillosvergabe regelmäßig nur mittelständische Unternehmen berufen können, vgl. VK Baden-Württemberg Beschl. v. 18.2.2011, 1 VK 2/11.
[253] OLG Jena Beschl. v. 6.6.2007, 9 Verg 3/07, VergabeR 2007, 677; OLG Düsseldorf Beschl. v. 8.9.2004, Verg 38/04, NZBau 2004, 688; VK Baden-Württemberg Beschl. v. 18.2.2011, 1 VK 2/11; VK Hessen Beschl. v. 27.2.2003, 69d VK-70/2002; VK Magdeburg Beschl. v. 6.6.2002, 33–32571/07 VK 05/02 MD; VK Bund Beschl. v. 1.2.2001, VK 1–1/01; VK Arnsberg Beschl. v. 31.1.2001, VK 2–01/2001; *Burgi* NZBau 2006, 693, 696; *Kus* in Kulartz/Kus/Portz, § 97 Rn. 65.
[254] BGBl. I Nr. 59/1998, S. 2512.
[255] Zu § 5 VOL/A a.F. BGH v. 17.2.1999, X ZR 101/97 (KG), NJW 2000, 137.
[256] BGBl. I Nr. 59/1998, S. 2512.
[257] VK Sachsen Beschl. v. 30.4.2008, 1/SKV/020–08, BeckRS 2008, 12061; *Müller-Wrede*, NZBau 2004, 643, 644; *Kus* in Kulartz/Kus/Portz, § 97 Rn. 80.
[258] BGBl. I Nr. 20/2009, S. 790.
[259] §§ 5 Abs. 2, 5 EG Abs. 2 VOB/A, §§ 2 Abs. 2, 2 EG Abs. 2 VOL/A; *Faßbender* NZBau 2010, 529, 530f.

lenwerte auch für freiberufliche Dienstleistungen sowie Vergaben im Sektorenbereich.[260] Im unterschwelligen Bereich greift zudem die in zahlreichen Mittelstandsgesetzen der Bundesländer geregelte Pflicht zur Mittelstandsförderung.[261] Zwar ergeben sich im Gegensatz zu § 97 Abs. 3 GWB aus diesen Bestimmungen auf Länderebene in der Regel keine subjektiven Rechte,[262] denn ein bieterschützender Zweck ist aus den landesrechtlichen Normen allenfalls individuell zu ermitteln.[263] Trotzdem ergibt sich aus den Mittelstandsgesetzen, dass der Grundsatz der Berücksichtigung mittelständischer Interessen auch auf Landesebene umfassend zu beachten ist.

2. Mittelstandsförderung aus europäischer Sicht

Die Pflicht zur Beachtung mittelständischer Interessen ergibt sich im Gegensatz zu den anderen Vergabegrundsätzen weder aus dem europäischen Primärrecht noch aus den EU-Vergaberichtlinien.[264] Seit der Richtlinien-Novellierung 2004 ist der Mittelstandsschutz aber zumindest in den Erwägungsgründen genannt.[265] Ohne das vornehmlich zu bezwecken, dienen außerdem einige Regelungen der Richtlinien dem Schutz des Mittelstands, etwa die Möglichkeit, Bieter zu verpflichten, bestimmte Teile der Aufträge an Dritte unterzuvergeben, sowie die Zulassung von Bietergemeinschaften und der losweisen Vergabe.[266] Darüber hinaus sind allgemein mittelstandsfreundliche Regelungen auch im Primärrecht[267] enthalten. Mithin eröffnet das Unionsrecht die Möglichkeit der mittelstandsfreundlichen Vergabe und der Losaufteilung, selbst wenn es ausdrücklich keine allgemeine Verpflichtung hierzu enthält.[268] Allerdings ergeben sich aus europarechtlicher Sicht Grenzen für die vornehmliche Berücksichtigung mittelständischer Interessen der bei der Auftragsvergabe. Die Mittelstandsförderung ist nur insoweit zulässig, wie das mit den übrigen europarechtlich verankerten Vergaberechtsgrundsätzen vereinbar ist. Die Berücksichtigung mittelständischer Interessen ist demnach nur zulässig, sofern dadurch der Wettbewerb nicht zulasten der großen Unternehmen beschränkt, sondern, im Gegenteil, den Wettbewerb zugunsten der kleineren Unternehmen erweitert.[269] Eine Losvergabe kann aus europäischer Sicht auch geboten sein, wenn diese die Gleichbehandlung von kleinen und mittelständischen Unternehmen bei der Auftragsvergabe erst ermöglicht.[270] Wird jedoch ein Instrument der Regionalförderung als mittelstandsfördernde Maßnahme getarnt, greift das Verbot mittelbarer Diskriminierungen.[271]

64

---

[260] VK Niedersachsen Beschl. v. 25.3.2010, VgK-07/2010; VK Brandenburg Beschl. v. 22.9.2008, VK 27/08; *Weyand*, § 97 GWB Rn. 316 und 379.

[261] VK Brandenburg Beschl. v. 22.9.2008, VK 27/08; *Antweiler* VergabeR 2006, 637, 640; *Faßbender* NZBau 2010, 529, 531; § 6 Abs. 3 MfG Rheinland-Pfalz; § 5 Abs. 3 MfG Schleswig-Holstein; § 5 Abs. 3 MfG Thüringen; § 18 BayMFG; § 2 Abs. 1 SächsVergabeG.

[262] VGH Baden-Württemberg, GewArch 1999, 295 f.; *Antweiler* VergabeR 2006, 637, 649

[263] *Antweiler* VergabeR 2006, 637, 650.

[264] *Reidt* in Reidt/Stickler/Glahs, Vorb. §§ 97–101b Rn. 1; *Diehr* in Reidt/Stickler/Glahs, § 97 Rn. 49; *Dreher* in Immenga/Mestmäcker, § 97 Rn. 116.

[265] RL 2004/18/EG Erwägungsgrund 32 und RL 2004/17/EG Erwägungsgrund 43.

[266] *Dreher* in Immenga/Mestmäcker, § 97 Rn. 116.

[267] Art. 153 Abs. 2, 173 Abs. 1 und 179 Abs. 2 AEUV.

[268] *Antweiler* VergabeR 2006, 637, 642; 43. Erwägungsgrund und Art. 17 Abs. 6 lit. a) RL 2004/17/EG, 32. Erwägungsgrund und Art. 9 Abs. 5 lit. a) RL 2004/18/EG.

[269] OLG Düsseldorf Beschl. v. 8.9.2004, 1 VK LVwA 32/09, NZBau 2004, 688, 689; *Faßbender* NZBau 2010, 529, 533; *Kus* in Kulartz/Kus/Portz, § 97 Rn. 60 f.; *Weyand*, § 97 GWB Rn. 386.

[270] VK Bund Beschl. v. 20.3.2009, VK 3–34/09 und VK 3–22/09; *Weyand*, § 97 GWB Rn. 352.

[271] *Burgi* NZBau 2006, 606, 609.

II. Bedeutung für das deutsche Vergaberecht

65 Die Mittelstandsförderung weist anders als die übrigen Vergabegrundsätze keinen unmittelbaren Zusammenhang zur Beschaffungstätigkeit der öffentlichen Hand auf. Sie stellt vielmehr ein rein politisch motivierten Zweck dar, deren Verknüpfung mit der öffentlichen Auftragsvergabe objektiv betrachtet rein willkürlich ist. Vor diesem Hintergrund regte der Bundesrat in einer Stellungnahme zum Regierungsentwurf für das Vergaberechtsänderungsgesetz[272] die Einfügung von Abs. 3 an, da er befürchtete, bei der Mittelstandsförderung handele es sich um einen der Regelung des § 97 Abs. 4 GWB widersprechenden **vergabefremden Aspekt.**[273] Denn schließlich hat die Ausrichtung des Vergabeverfahrens am Grundsatz der vornehmlichen Berücksichtigung mittelständischer Interessen die Förderung einer Sondergruppe – mittelständische Unternehmen – zur Folge.[274] Je nach Ausmaß und Anwendung führt die Mittelstandsförderung demnach zu Wettbewerbsbeschränkungen zu Lasten großer und zur Bevorzugung kleiner und mittlerer Unternehmen, was im Ergebnis zu einer Verteuerung der Auftragsvergabe an sich führen kann.[275] Eine solche reine Mittelstandsbevorzugung ist indessen mit europäischem Recht nicht zu vereinbaren.[276] Schließlich kann die mittelstandsbevorzugende Auftragsvergabe auch mit dem allgemeinen Gleichheitssatz des Art. 3 Abs. 1 GG in Konflikt geraten.[277] Allerdings hat das BVerfG die gesetzliche Bevorzugung des Mittelstands auch schon als ein legitimes wirtschaftspolitisches Ziel zur Rechtfertigung einer Ungleichbehandlung i.S. des Art. 3 Abs. 1 GG anerkannt.[278]

66 Dennoch muss die Berücksichtigung mittelständischer Interessen vor dem Hintergrund der übrigen Vergaberechtsgrundsätze grundsätzlich so erfolgen, dass sie im Einklang mit dem Wettbewerbs-, Gleichbehandlungs- und Wirtschaftlichkeitsgrundsatz steht. Das schließt insbesondere eine mittelstands*bevorzugende* Auftrags*zu*teilung aus. Vielmehr darf die Beschaffung lediglich so organisiert werden (zB durch Losaufteilung), dass mittelständische Unternehmen mit den gleichen Chancen an einem Vergabeverfahren wie die Großunternehmen teilnehmen können und der Wettbewerb dadurch insgesamt erweitert wird.[279] Die Berücksichtigung mittelständischer Interessen bedeutet nämlich nur mittelstandsgerechte Vergabe in Form der Auftragsteilung, nicht dagegen mittelstandsbevorzugende Auftragszuteilung.[280] Mit anderen Worten: Es geht nicht um Ergebnis- sondern um Chancengerechtigkeit.[281] Folglich muss sich die Mittelstandsfreundlichkeit grundsätzlich in der Ermöglichung der eigenständigen Teilnahme mittelständischer Unternehmen am Vergabeverfahren erschöpfen.[282]

---

[272] BGBl. I Nr. 59/1998, S. 2512.
[273] Vgl. BT-Drucks. 13/9340, S. 36; *Diehr* in Reidt/Stickler/Glahs, § 97 Rn. 48; ausführlich zur Entstehung des § 97 Abs. 4 GWB n.F. siehe *Kus* in Kulartz/Kus/Portz, § 97 Rn. 54 ff.
[274] So etwa BGH v. 17.2.1999, X ZR 101/97 (KG), NJW 2000, 137, 140; *Antweiler* VergabeR 2006, 637; differenzierend *Dreher* in Immenga/Mestmäcker GWB, § 97 Rn. 102.
[275] *Antweiler* VergabeR 2006, 637, 638.
[276] Vgl. oben E.II.
[277] *Burgi* NZBau 2006, 606, 609.
[278] BVerfG Urt. v. 17.7.1961, 1 BvL 44/55, NJW 1961, 2011, 2015; BVerfGE 19, 101, 114 ff., NJW 1965, 1581; BVerfGE 37, 38, 51 ff., NJW 1974, 939.
[279] OLG Düsseldorf Beschl. v. 8.9.2004, Verg 38/04, NZBau 2004, 688; VK Bund Beschl. v. 4.3.2009, VK2–202/08; *Ax/von Beyme* IBR 2011, 1017 Rn. 4 (nur online); *Burgi* NZBau 2006, 606, 608 f.; *Kus* in Kulartz/Kus/Portz, § 97 Rn. 69; *Weyand*, § 97 GWB Rn. 386; aA. *Antweiler* VergabeR 2006, 637, 643.
[280] VK Sachsen Beschl. v. 30.04.2008, 1/SVK/020–08; *Kus* NZBau 2009, 21, 22; *Burgi* NZBau 2006, 606, 608; *Dreher* NZBau 2005, 427, 430.
[281] VK Bund Beschl. v. 30.3.2000, VK 2–2/00; *Burgi* NZBau 2006, 606, 609.
[282] *Dreher* NZBau 2005, 427, 430; vgl. BGH Beschl. v. 17.2.1999, WuW/E Verg 213, 216.

Auf diese Weise kann die Mittelstandsförderung auch als eine **Ausprägung des Wett-** 67
bewerbs- und Wirtschaftlichkeitsgebots nach § 97 Abs. 1 und Abs. 5 GWB angesehen werden,[283] die die mit dem Wettbewerbs- und Gleichbehandlungsgrundsatz verfolgten Ziele stärkt. Diesem Verständnis der Mittelstandsfreundlichkeit folgend kommt es bei der Zuschlagsentscheidung letztendlich maßgeblich darauf an, dass die Auftragsvergabe stets nach dem **Prinzip der Wirtschaftlichkeit**[284] erfolgt, unabhängig davon, ob das wirtschaftlichste Angebot von einem mittelständischen Unternehmen kommt oder nicht.[285] Soweit die Mittelstandsförderung der Durchsetzung der anderen Vergaberechtsgrundsätze dient,[286] handelt es sich nicht um einen vergabefremden Aspekt.

III. Inhalt und Auswirkung auf das Vergabeverfahren

Mittelstand im Sinne des § 97 Abs. 3 GWB entspricht nicht der Definition der „kleinen 68
und mittleren Unternehmen" (KMU) im Europäischen Wirtschaftsraum, vielmehr ist abhängig vom jeweils relevanten Markt unter Einbeziehung der vorhandenen Wettbewerber zu bestimmen, ob ein Unternehmen als mittelständisch eingestuft werden kann oder nicht.[287] Allerdings ist die Empfehlung der EU Kommission[288] einschließlich der dortigen Definition der KMU ein Anhaltspunkt auch für die Bestimmung des Mittelstands im Sinne des § 97 Abs. 3 GWB.[289]

1. Grundsatz: Losweise Vergabe

Das Gebot der Berücksichtigung mittelständischer Interessen beinhaltet insbesondere die 69
Pflicht, **Teil- oder Fachlose** zu bilden.[290] Seit der Neufassung von § 97 Abs. 3 GWB ist das in dessen Satz 2 ausdrücklich vorgesehen.[291] Die ungeteilte Vergabe ist inzwischen nur noch aus wirtschaftlichen oder technischen Gründen gestattet, § 97 Abs. 3 Satz 3 GWB. Da die Gesamtvergabe schon lange begründungspflichtige Ausnahme ist, dürfte in der Praxis diese Neuregelung jedoch kaum Bedeutung haben.[292]

Fachlose sind eine Zusammenfassung von Leistungen nach Art oder Fachgebiet. Wel- 70
che Leistungen zu einem Fachlos gehören, bestimmt sich nach den gewerberechtlichen

---

[283] So *Kus* in Kulartz/Kus/Portz, § 97 Rn. 66; siehe auch OLG Düsseldorf Beschl. v. 11.7.2007, Verg 10/07, BeckRS 2008, 01321; *Marx* in Motzke/Pietzcker/Prieß, § 97 GWB Rn. 27; *Bungenberg* in Loewenheim/Meessen/Riesenkampff, § 97 Rn. 37.

[284] Vgl. § 97 Abs. 5 GWB.

[285] BGH v. 17.2 1999, X ZR 101/97, NJW 2000, 137; VK Schleswig-Holstein Beschl. v. 20.9.2000, VK-SH 10/00; *Antweiler* VergabeR 2006, 637, 638; *Diehr* in Reidt/Stickler/Glahs, § 97 Rn. 52.

[286] So auch OLG Düsseldorf Beschl. v. 8.9.2004, Verg 38/04, NZBau 2004, 688; VK Bund Beschl. v. 15.9.2008, VK 2–94/08; *Frenz* VergabeR 2011, 13, 17; *Hailbronner* in Byok/Jaeger, § 97 Rn. 225; *Müller-Wrede* in Ingenstau/Korbion, § 97 Rn. 20.

[287] VK Baden-Württemberg Beschl. v. 28.2.2011, 1 VK 2/11; VK Bund Beschl. v. 4.3.2009, VK 2–202/08; VK Bund Beschl. v. 18.11.03, VK2–110/03;VK Magdeburg Beschl. v. 6.6.2002, 33–32571 VK 05/02 MD; *Kus* in Kulartz/Kus/Portz, § 97 Rn. 77; *Dreher* in Immenga/Mestmäcker, § 97 Rn. 109; *Müller-Wrede* NZBau 2004, 643 ff.; für eine allgemeine Definition: *Antweiler* VergabeR 2006, 637, 640.

[288] Kleinere und mittlere Unternehmen (KMU) sind solche, die max. 250 Arbeitnehmer beschäftigen und nicht mehr als 50 Mio. Euro jährlichen Umsatz haben; vgl. Art. 2 des Anhangs zur Empfehlung der KOM 2003/371/EG. Empfehlung vom 06.05.2003 im Amtsblatt der Europäischen Union L 124/36 vom 20.05.2003.

[289] OLG Karlsruhe Beschl. v. 6.4.2011, 15 Verg 3/11; OLG Düsseldorf Beschl. v. 8.9.2004, Verg 38/04, NZBau 2004, 688, 690.

[290] § 97 Abs. 3 S. 2 GWB, §§ 5 Abs. 2, 5 EG Abs. 2 VOB/A; § 2 Abs. 2, 2 EG Abs. 2 VOL/A; *Reidt* in Reidt/Stickler/Glahs, Vorb. §§ 97–101b Rn. 5.

[291] BGBl. I Nr. 20/2009, S. 790.

[292] *Boesen* VergabeR 2011, 364, 365 ff.

Vorschriften und der allgemein oder regional üblichen Abgrenzung.[293] **Teillose** werden durch die räumliche oder mengenmäßige Aufteilung von Leistungen gebildet. Welche Aufteilung sinnvoll ist, richtet sich auch hier nach dem konkreten Auftrag.[294] Der **Loszuschnitt** ist so vorzunehmen, dass es der Mehrzahl von mittelständischen Bietern grundsätzlich möglich ist, sich an dem Vergabeverfahren zu beteiligen, ohne eine Bietergemeinschaft bilden zu müssen.[295] Bei der Fachlosbildung kommt es darüber hinaus darauf an, einen möglichst breit gestreuten Markt zu erhalten, also typischerweise getrennte Leistungen nicht in einem Los zusammenzufassen.[296] Jedoch hat das einzelne Unternehmen **keinen Anspruch auf die Losaufteilung** oder gar darauf, dass der Loszuschnitt in einer für das Unternehmen optimalen Form erfolgt.[297] Bieter haben vielmehr ausschließlich ein Recht darauf, dass die Vergabestelle im Rahmen ihres Beurteilungsspielraums[298] die mittelständischen Interessen angemessen berücksichtigt und ein Absehen von der Losvergabe nur aus wirtschaftlichen oder technischen Gründen erfolgt.[299] Die konkrete Losgröße sowie die Aufteilungskriterien hängen von Einzelfallerwägungen ab, die die Vergabestelle im Rahmen ihres Ermessensspielraums unter Berücksichtigung des Gebots der Berücksichtigung mittelständischer Interessen sowie der Wirtschaftlichkeit anstellt.[300]

71 Umgekehrt haben Bieter auch keinen Anspruch auf eine **Gesamtvergabe** als rein haushaltsrechtliches Mittel.[301] Vielmehr ist eine Gesamtvergabe nur möglich, wenn wirtschaftliche oder technische Gründe das erfordern.[302] Das gilt insbesondere dann, wenn die Losvergabe marktüblich ist.[303] Bloße Zweckmäßigkeitserwägungen, erleichterte Verfolgung von Gewährleistungsansprüchen oder der typischerweise mit der losweisen Vergabe zusammenhängende Mehraufwand, wie etwa die Erforderlichkeit eines erhöhten Maßes an Koordination, rechtfertigen keine Gesamtvergabe.[304] Denn eine gewisse Mehrbelastung des Auftraggebers durch die Losvergabe ist der mittelstandspolitischen Entscheidung des Vergaberechts immanent und daher grundsätzlich hinzunehmen.[305] Eine Gesamtvergabe lässt sich auch nicht damit rechtfertigen, dass der Auftrag insgesamt an eine Bietergemeinschaft vergeben wird, die aus mehreren

---

[293] *Kus* in Kulartz/Kus/Portz, § 97 Rn. 78; OLG Düsseldorf Beschl. v. 11.7.2007, Verg 10/07.
[294] *Kus* in Kulartz/Kus/Portz, § 97 Rn. 79.
[295] OLG Karlsruhe Beschl. v. 6.4.2011, 15 Verg 3/11; VK Nordbayern Beschl v. 19.5.2009, 21. VK-3194–13/09, ZfBR 2009, 614; *Dreher* NZBau 2005, 427, 430; *Faßbender* NZBau 2010, 529, 533.
[296] VK Baden-Württemberg Beschl. v. 18.2.2011, 1 VK 2/11.
[297] OLG Düsseldorf Beschl. v. 23.3.2011, Verg 63/10; VK Saarland Beschl. v. 7.9.2009, 3 VK 01/2009.
[298] OLG Karlsruhe Beschl. v. 6.4.2011, 15 Verg 3/11; VK Münster Beschl. v. 7.10.2009, VK 18/09; VK Saarland Beschl. v. 7.9.2009, 3 VK 01/2009; vgl. auch OLG Düsseldorf Beschl. v. 23.3.2011, VK 63/10.
[299] VK Münster Beschl. v. 7.10.2010, VK 18/09; *Weyand*, § 97 GWB Rn. 329.
[300] OLG Karlsruhe Beschl. v. 6.4.2011, 15 Verg 3/11; OLG Schleswig-Holstein Beschl. v. 4.5.2001, 6 Verg 2/2001; VK Bund Beschl. v. 23.1.2009, VK 3–194/08; VK Bund Beschl. v. 16.9.2008, VK 2–97/08; VK Bund Beschl. v. 8.1.2004, VK 1–117/03; *Ax/von Beyme* IBR 2011, 1017 Rn. 13 (nur online); *Dreher* in Immenga/Mestmäcker, § 97 Rn. 103; *Weyand*, § 97 GWB Rn. 318, 337 und 401 f.
[301] VK Bund Beschl. v. 29.9.2005, VK 3–121/05; *Weyand*, § 97 GWB Rn. 312.
[302] § 97 Abs. 3 Satz 2 GWB.
[303] VK Saarland Beschl. v. 7.9.2009, 3 VK 01/2009; *Diehr* in Reidt/Stickler/Glahs, § 97 Rn. 55; *Weyand*, § 97 GWB Rn. 315; aA. *Faßbender* NZBau 2010, 529, 532, wonach eine Losaufteilung grundsätzlich erforderlich ist, wenn der Auftrag überhaupt sinnvoll teilbar ist.
[304] OLG Koblenz, Beschl. v. 4.4.2012, 1 Verg 2/11; OLG Düsseldorf Beschl. v. 11.7.2007, Verg 10/07, IBR 2008, 233; VK Baden-Württemberg Beschl. v. 18.2.2011, 1 VK 2/11; VK Niedersachsen Beschl. v. 25.3.2010, VgK-07/2010; VK Sachsen Beschl. v. 22.7.2010, 1/SVK/022–10; VÜA Bayern v. 3.5.1996, VÜA 5/96, WiB 1996, 756; *Faßbender* NZBau 2010, 529, 532; *Dreher* in Immenga/Mestmäcker, § 97 Rn. 120; *Diehr* in Reidt/Stickler/Glahs, § 97 Rn. 57; *Kus* in Kulartz/Kus/Portz, § 97 Rn. 84.
[305] *Dreher* NZBau 2005, 427, 429.

mittelständischen Unternehmen besteht,³⁰⁶ oder dass die Möglichkeit besteht, als mittelständischer Nachunternehmer an der Ausschreibung teilzunehmen³⁰⁷.

2. Ausnahme: Gesamtvergabe

Das Gebot der Berücksichtigung mittelständischer Interessen stößt erst an seine Grenzen, **72** wenn der öffentliche Auftraggeber wirtschaftlich, funktional und technisch nachvollziehbare Interessen an einer Gesamtvergabe hat.³⁰⁸ Die mit der Neufassung des § 97 Abs. 3 GWB bezweckte Stärkung des Mittelstandsschutzes verschärft die Pflicht des Auftraggebers, seine Entscheidung für eine Gesamtvergabe mit technischen oder wirtschaftlichen Gründen zu belegen und die Prüfung sowie Begründung seiner Entscheidung sorgfältig zu dokumentieren.³⁰⁹ Die Gründe für die Gesamtvergabe müssen dabei in der Abwägung mit den nachteiligen Auswirkungen auf den Mittelstand überwiegen.³¹⁰ In keinem Fall darf eine Gesamtvergabe dazu führen, dass nur noch ein einziger Bieter für die Auftragsvergabe in Betracht kommt, während bei einer Losaufteilung wenigstens bei einigen Losen mehrere Unternehmen mitbieten könnten.³¹¹ Die **Abwägungsentscheidung** des Auftraggebers ist dabei jedoch nur begrenzt gerichtlich überprüfbar, da der Vergabestelle insoweit ein nur eingeschränkt justiziabler **Beurteilungsspielraum** zukommt.³¹² Diesen überschreitet die Vergabestelle erst dann, wenn sie die mittelständischen Interessen gänzlich unberücksichtigt lässt, ihrer Entscheidung einen unrichtigen Sachverhalt zugrunde legt oder sachfremde Erwägungen anstellt.³¹³

Eine **wirtschaftliche Erforderlichkeit** für die Zusammenfassung liegt jedenfalls dann **73** vor, wenn die Losvergabe bei dem Auftraggeber zu unverhältnismäßigen Kostennachteilen³¹⁴ – auch im Zusammenhang mit deutlichen zeitlichen Verzögerungen³¹⁵ – oder zu übertriebener Zersplitterung des Auftrags³¹⁶ führen würde. **Technische Gründe** sind gegeben, wenn technische Abhängigkeiten beim Bauablauf bestehen³¹⁷ oder Wartungsge-

---

³⁰⁶ OLG Düsseldorf Beschl. v. 8.9.2004, Verg 38/04, NZBau 2004, 688, 690; OLG Düsseldorf Beschl. v. 4.3.2004, Verg 8/04, IBR 2004, 274; VK Nordbayern Beschl. v. 19.5.2009, IBR 2009, 533; aA OLG Schleswig Beschl. v. 14.8.2000, 6 Verg 2/2000; VK Bund Beschl. v. 1.2.2001, VK 1-1/01, NJOZ 2003, 3117, 3120; *Antweiler* VergabeR 2006, 637, 648.
³⁰⁷ VK Nordbayern Beschl. v. 19.5.2009, 21.VK-3194-14/09; VK ,Sachsen Beschl. v. 30.4.2008, 1/SVK/020-08; *Weyand*, § 97 GWB Rn. 322.
³⁰⁸ VK Münster Beschl. v. 7.10.2009, VK 18/09.
³⁰⁹ OLG Celle Beschl. v. 26.4.2010, 13 Verg 4/10, NZBau 2010, 715 f.; VK Lüneburg Beschl. v. 25.3.2010, BeckRS 2010, 19847; *Gabriel* NJW 2009, 2011, 2012; *Dreher* in Immenga/Mestmäcker, § 97 Rn. 111.
³¹⁰ OLG Düsseldorf Beschl. v. 30.11.2009, Verg 43/09; OLG Thüringen Beschl. v. 6.6.2007, 9 Verg 3/07; OLG Düsseldorf Beschl. v. 8.9.2004, Verg 38/04, NZBau 2004, 688, 689; VK Bund Beschl. v. 4.11.2009, VK 3-190/09; VK Saarland Beschl. v. 7.9.2009, 3 VK 01/2009 VK Brandenburg Beschl. v. 22.9.2008, VK 27/08; *Dreher* NZBau 2005, 427, 429; *Ax/von Beyme* IBR 2011, 1017 Rn. 3 (nur online); *Faßbender* NZBau 2010, 529, 533.
³¹¹ Hierin läge außerdem ein Verstoß gegen den Wettbewerbsgrundsatz; OLG Celle Beschl. v. 24.5.2007, 13 Verg 4/07, NZBau 2007, 607; *Kus* in Kulartz/Kus/Portz, § 97 Rn. 83.
³¹² OLG Düsseldorf Beschl. v. 25.11.2009, Verg 27/09; VK Sachsen Beschl. v. 22.7.2010, 1/SVK/022/10; VK Münster Beschl. v. 7.10.2009, VK 18/09; *Weyand*, § 97 GWB Rn. 337.
³¹³ *Weyand*, § 97 GWB Rn. 337.
³¹⁴ OLG Karlsruhe Beschl. v. 6.4.2011, 15 Verg 3/11; OLG Düsseldorf Beschl. v. 8.9.2004, Verg 38/04, NZBau 2004, 688; *Kus* in Kulartz/Kus/Portz, § 97 Rn. 84.
³¹⁵ OLG Düsseldorf Beschl. v. 11.7.2007, Verg 10/07, BeckRS 2008, 01321; OLG Düsseldorf Beschl. v. 8.9.2004, Verg 38/04, NZBau 2004, 688, 689; VK Sachsen Beschl. v. 30.4.2008, 1/SVK/020-08; *Hailbronner* in Byok/Jaeger, § 97 Rn. 158; *Kus* in Kulartz/Kus/Portz, § 97 Rn. 87; *Weyand*, § 97 GWB Rn. 332.
³¹⁶ OLG Düsseldorf Beschl. v. 23.3.2011, Verg 63/10.
³¹⁷ *Kus* in Kulartz/Kus/Portz, § 97 Rn. 86.

sichtspunkte für die Beauftragung nur eines Unternehmers sprechen.[318] Ferner darf der Vorrang der Losvergabe nicht so weit führen, dass sich der Charakter der zu beschaffenden Leistungen grundsätzlich ändert. Das heißt, der Beschaffungsbedarf darf der Losaufteilung nicht entgegenstehen.[319] Vor diesem Hintergrund hat das OLG Jena in seiner Entscheidung vom 06.06.2007[320] eine **Zwei-Stufen-Prüfung** zur Beurteilung der Zulässigkeit der Gesamtvergabe vorgeschlagen. Danach ist zunächst zu prüfen, ob eine Losvergabe mit der konkreten Beschaffungsmaßnahme vereinbar ist. Das ist nicht der Fall, wenn die ausgeschriebene Gesamtleistung sich nicht in der Addition der Einzelleistungen erschöpft,[321] sondern ihr eine eigenständige Funktion zukommt. Beeinflusst die Aufteilung der Leistung den Inhalt des Auftrags jedoch nicht, muss grundsätzlich eine Leistungsaufteilung in Lose erfolgen. Im zweiten Schritt ist daher dann zu prüfen, ob der Auftraggeber im Einzelfall mit berechtigter Begründung – aus wirtschaftlichen oder technischen Gründen – dennoch von der Losvergabe absehen kann.[322]

74 Erst später im Vergabeverfahren relevant wird die Gesamtvergabe, wenn sie erst nach Losaufteilung in Form der **Mehrfachbezuschlagung** erfolgen soll, weil sich ein Angebot für mehrere Lose zusammen als wirtschaftlich günstiger herausstellt, als die Summe der jeweils günstigsten Angebote auf die Teillose.[323] Dürfte der Auftraggeber in einem solchen Fall nicht die günstigere Gesamtvergabe wählen, sondern wäre auf die Teillosvergabe verwiesen, wie es mitunter gefordert wird,[324] so würde der Mittelstandsschutz zulasten der Wirtschaftlichkeit wirken.[325] Allerdings setzt die Mehrfachbezuschlagung voraus, dass in der Ausschreibung die Abgabe eines Pauschalpreisnebenangebots wenigstens inzident zugelassen wurde.[326] In jedem Fall mit § 97 Abs. 3 GWB unvereinbar ist es hingegen, wenn die Vergabestelle Rabatte akzeptiert, die an eine Loskombination gekoppelt sind.[327]

3. Weitere Formen der Berücksichtigung mittelständischer Interessen

75 Darüber hinaus sind die mittelständischen Interessen bei **Bestimmung der Teilnahmekriterien** zu beachten,[328] indem beispielsweise ausreichend lange Angebots- und Bewerbungsfristen[329] festgelegt werden und keine von kleineren Unternehmen nur schwer zu erfüllende **Eignungsnachweise** verlangt werden. Ebenso ist der Zusammenschluss mehrerer mittelständischer Unternehmen zu einer **Bietergemeinschaft** grundsätzlich zuzulassen.[330] Konnten derartige Maßnahmen bis zur letzten Vergaberechtsreform teilweise noch alternativ zur Losaufteilung vorgenommen werden,[331] so sind sie heute vom Auftraggeber stets zusätzlich zu der losweisen Vergabe zu prüfen.[332]

---

[318] VK Nordbayern Beschl. v. 16.4.2008, 21.VK-3194-14/08, IBRRS 65246.
[319] *Boesen* VergabeR 2011, 364.
[320] OLG Jena Beschl. v. 6.6.2007, 9 Verg 3/07, NZBau 2007, 730; zustimmend OLG Celle Beschl. v. 26.4.2010, 13 Verg 4/10, NZBau 2010, 715, 716f.; VK Brandenburg Beschl. v. 22.9.2008, VK 27/08; *Kus* in Kulartz/Kus/Portz, § 97 Rn. 81.
[321] OLG Celle Beschl. v. 26.4.2010, 13 Verg 4/10, NZBau 2010, 715, 717.
[322] *Boesen* VergabeR 2011, 364 ,367; *Weyand*, § 97 GWB Rn. 330.
[323] *Dreher* NZBau 2005, 427, 430f.; *Rusam* in Heiermann/Riedl/Rusam § 25 VOB/A Rn. 73.
[324] *Faßbender* NZBau 2010, 529, 533: erst ab unverhältnismäßig höheren Kosten der Einzelvergabe ist die Gesamtvergabe gerechtfertigt.
[325] *Dreher* NZBau 2005, 427, 430f.; aA. *Faßbender* NZBau 2010, 529, 533.
[326] OLG Zweibrücken Beschl. v. 24.1.2008, 6 U 25/06; *Weyand*, § 97 GWB Rn. 378.
[327] VK Bund Beschl. v. 7.2.2008, VK 3-169/07; Beschl. v. 6.2.2008, VK 3-11/08; Beschl. v. 5.2.2008; VK 3-23/08 und VK 3-08/08; VK Brandenburg Beschl. v. 19.1.2006, 2 VK 76/05; *Weyand*, § 97 GWB Rn. 351; *Dreher* in Immenga/Mestmäcker, § 97 Rn. 114.
[328] *Diehr* in Reidt/Stickler/Glahs, § 97 Rn. 51; *Burgi* NZBau 2006, 693, 697.
[329] Vgl. §10 VOB/A, § 10 VOL/A, § 7 VOF, § 17 SektVO.
[330] § 25 Nr. 6 VOB/A, § 6 Abs. 1 VOL/A; *Burgi* NZBau 2006, 693, 696; *Kus* in Kulartz/Kus/Portz, § 97 Rn. 90.
[331] *Antweiler* VergabeR 2006, 637, 639.

4. Sonderfall: Loslimitierung

Heftig umstritten ist, ob im Sinne der Mittelstandsförderung eine Begrenzung der Anzahl 76
der Lose, für die ein Bieter ein Angebot abgeben darf (sog. angebotsbezogene Loslimitierung) oder jedenfalls die Anzahl, der Lose für die ein Bieter den Zuschlag erhalten kann (sog. zuschlagsbezogene Loslimitierung), zulässig ist.[333] Allein das Gebot der Berücksichtigung mittelständischer Interessen gebietet weder eine angebots- noch eine zuschlagsbezogene Loslimitierung, da damit nicht die Wettbewerbschancen für mittelständische Unternehmen erhöht, sondern diejenigen großer Unternehmen verringert werden.[334] Eine angebotsbezogene Loslimitierung stellt zudem eine erhebliche Wettbewerbsbeschränkung dar und erscheint schon allein deshalb nicht zulässig. Im Hinblick auf eine zuschlagsbezogene Loslimitierung ist jedoch durchaus denkbar, dass diese zulässig ist, sofern sie auf sachlichen Gründen, die über die bloße Mittelstandsförderung hinausgehen, wie etwa die Vorbeugung der Abhängigkeit von nur einem Großunternehmen, beruht.[335]

5. Sonderfall: Zusammenfassende Beschaffung

Die zunehmende Praxis der **Auftragsbündelung** und die Einrichtung **zentraler Beschaf-** 77
fungsstellen sind grundsätzlich geeignet, mittelständische Interessen zu gefährden.[336] Dennoch sind diese spätestens mit der Schaffung von Art. 11 RL 2004/18/EG[337] als zulässig anzusehen.[338] Denn wenn der Staat die Einrichtung zentraler Vergabestellen vorsehen kann, so muss eine Nachfragebündelung erst recht möglich sein.[339] Allerdings sind neben den kartellrechtlichen Grenzen der Auftragsbündelung[340] auch die Vorgaben des § 97 Abs. 3 GWB und der damit einhergehende Grundsatz der Losaufteilung zu beachten.[341]

Desgleichen wurde lange Zeit angenommen, die **Generalübernahme** widerspreche 78
dem Gebot der mittelstandsgerechten Vergabe, so dass aus § 8 Nr. 2 Abs. 1 VOB/A (2006) und § 7 Nr. 2 Abs. 1 VOL/A (2006) ein „Selbstausführungsgebot" abgeleitet wurde.[342] Dieser Rechtsprechung wurde vom EuGH jedoch spätestens mit seinem ARGE

---

[332] *Kus* in Kulartz/Kus/Portz, § 97 Rn. 90.

[333] Dagegen: VK Baden-Württemberg Beschl. v. 27.11.2008, 1 VK 52/08 und 1 VK 53/08; *Otting/Tresselt* VergabeR 2009, 585 ff.; *Burgi* NZBau 2006, 693, 697; *Kus* NZBau 2009, 21; *Kus* in Kulartz/Kus/Portz, § 97 Rn. 70; *Frenz* VergabeR 2011, 13, 15; *Frenz* in Willenbruch/Wieddekind, § 97 Rn. 22 und 26; *Diehr* in Reidt/Stickler/Glahs, § 97 Rn. 52; grundsätzlich dafür: LSG Baden-Württemberg Beschl. v. 23.1.2009, L 11 WB 5971/08, ZfBR 2009, 509; LSG Nordrhein-Westfalen Beschl. v. 30.1.2009, L 21 KR 1/08 SFB, BeckRS 2009, 51726; OLG Düsseldorf Beschl. v. 15.6.2000, Verg 6/00, NZBau 2000, 440; VK Bund Beschl. v. 29.1.2009, VK 3–200/08 und VK 3–197/08; VK Mecklenburg-Vorpommern, Beschl. v. 7.1.2008, 2 VK 5/07; VK Sachsen, Beschl. v. 14.3.2007, 1/SVK/006–07; *Antweiler* VergabeR 2006, 637, 639; *Müller-Wrede* NZBau 2004, 643, 647 f.

[334] *Kus* NZBau 2009, 21 f.

[335] LSG Nordrhein-Westfalen Beschl. v. 30.1.2009, L 21 KR 1/08 SFB; VK Bund Beschl. v. 12.12.2008, VK 2–130/08; VK Sachsen Beschl: v. 26.3.2008, 1/SVK/005–08; *Dreher* NZBau 2005, 427, 431; *Weyand*, § 97 GWB Rn. 429 ff.; dagegen mit ausführlicher Begründung: *Otting/Tresselt* VergabeR 2009, 585, 589 ff.

[336] *Dreher* NZBau 2005, 427, 432; *Faßbender* NZBau 2010, 529, 534, *Weyand*, § 97 GWB Rn. 307.

[337] Abs. 1: „Die Mitgliedstaaten können festlegen, dass die öffentlichen Auftraggeber Bauleistungen, Waren und/oder Dienstleistungen durch zentrale Beschaffungsstellen erwerben dürfen."

[338] AA *Faßbender* NZBau 2010, 529, 534: die europarechtliche Zulässigkeit der Auftragsbündelung kann in europarechtskonformer Weise vom nationalen Gesetzgeber beschränkt werden, was durch die Neufassung von § 97 Abs. 3 GWB wohl geschehen ist.

[339] *Dreher* NZBau 2005, 427, 432.

[340] *Brinker* in Motzke/Pietzcker/Prieß VOB/A Syst VI Rn. 16 ff.

[341] *Dreher* NZBau 2005, 427, 432.

[342] OLG Düsseldorf Beschl. v. 8.9.2004, Verg 5/99, NZBau 2001, 106; OLG Frankfurt Beschl. v. 16.5.2000, 11 Verg 1/99, NZBau 2001, 101.

Telekom-Urteil eine Absage erteilt, als er urteilte, dass ein Ausschluss vom Vergabeverfahren nicht allein aufgrund der Tatsache beruhen dürfe, dass der Bieter Mittel einzusetzen beabsichtige, die er selbst nicht besitze.[343] Inzwischen hat der Gesetzgeber die Zulässigkeit der Generalübernahme im oberschwelligen Bereich ausdrücklich normiert.[344]

6. Unterauftragsvergabe

79 **§ 97 Abs. 3 Satz 4 GWB** überträgt die Pflicht zur mittelstandsfreundlichen Vergabe auch auf Auftragnehmer, die im Rahmen einer öffentlich-privaten Zusammenarbeit in die Erfüllung einer öffentlichen Aufgabe eingebunden werden.[345] Er verpflichtet den Auftraggeber zur vertraglichen Festschreibung der Losaufteilung bei der Erstvergabe.[346] Das muss auch schon in den Verfahrensbedingungen angekündigt werden.[347] Der Anwendungsbereich der Norm ist allerdings begrenzt, da die Losaufteilung, wenn möglich schon bei der ersten Auftragsvergabe und nicht erst bei der Vergabe von Unteraufträgen zu erfolgen hat.[348] Auch der Rechtsschutz gegen die pflichtwidrige Vergabe von Unteraufträgen ist nur indirekt, nämlich gegenüber dem öffentlichen Auftraggeber, nicht hingegen gegenüber dem Auftragnehmer, der sie unterlässt, möglich.[349] Zudem besteht die Gefahr, dass Auftragnehmer diese Regelung umgehen, indem sie schon vor Zuschlag Nachunternehmen für das Projekt verpflichten.[350]

---

[343] EuGH Urt. v. 18.3.2004, Rs. C-114/01 – ARGE Telekom, Rn. 43.
[344] § 7 EG Abs. 9 VOL/A, § 6 Abs. 10 VOB/A, § 5 Abs. 6 VOF, § 20 Abs. 3 SektVO.
[345] *Diehr* in Reidt/Stickler/Glahs, § 97 Rn. 59.
[346] *Diehr* in Reidt/Stickler/Glahs, § 97 Rn. 61; *Kus* in Kulartz/Kus/Portz, § 97 Rn. 91.
[347] *Kus* in Kulartz/Kus/Portz, § 97 Rn. 91.
[348] *Diehr* in Reidt/Stickler/Glahs, § 97 Rn. 59.
[349] *Diehr* in Reidt/Stickler/Glahs, § 97 Rn. 61.
[350] *Kus* in Kulartz/Kus/Portz, § 97 Rn. 93f.

§ 2 Anwendungsbereich

Übersicht

	Rn.
A. Einleitung	1–3
B. Anwendungsbereich des EU-Kartellvergaberechts gemäß §§ 97 ff. GWB, der Vergabeverordnungen sowie der Vergabe- und Vertragsordnungen der VOL/A-EG, VOB/A-EG und VOF	4–98
I. Anwendungsbereich der §§ 97 ff. GWB	4–51
II. Anwendungsbereich der Vergabeverordnung – VgV	52–58
III. Anwendungsbereich der Vergabe- und Vertragsordnungen VOL/A, VOB/A und VOF (§§ 4 bis 6 VgV)	59–94
IV. Übergangsbestimmungen, § 131 GWB	95–98
C. Anwendungsbereich des nationalen Vergaberechts	99–108
I. Persönlicher Anwendungsbereich: Nationaler Auftraggeberbegriff	100, 101
II. Sachlicher Anwendungsbereich des nationalen Vergaberechts	102
III. Regelungen zum nationalen Vergabeverfahren im Unterschwellenbereich	103–108

GWB: § 97 Abs. 6, §§ 100 bis 100c, §§ 127, 130, 131
VgV: §§ 1, 2, 4 Abs. 1–5, § 5, § 6 Abs. 1
VOL/A: § 1
VOL/A EG: § 1
VOB/A: § 1
VOB/A EG: § 1
VOF: § 1

GWB:

§ 97 Abs. 6 GWB Allgemeine Grundsätze

(1) bis (5) hier nicht abgedruckt

(6) Die Bundesregierung wird ermächtigt, durch Rechtsverordnung mit Zustimmung des Bundesrates nähere Bestimmungen über das bei der Vergabe einzuhaltende Verfahren zu treffen, insbesondere über die Bekanntmachung, den Ablauf und die Arten der Vergabe, über die Auswahl und Prüfung der Unternehmen und Angebote, über den Abschluss des Vertrages und sonstige Fragen des Vergabeverfahrens.

(7) hier nicht abgedruckt

§ 100 GWB Anwendungsbereich

(1) Dieser Teil gilt für Aufträge, deren Auftragswert den jeweils festgelegten Schwellenwert erreicht oder überschreitet. Der Schwellenwert ergibt sich für Aufträge, die
1. von Auftraggebern im Sinne des § 98 Nummer 1 bis 3, 5 und 6 vergeben werden und nicht unter Nummer 2 oder 3 fallen, aus § 2 der Vergabeverordnung,
2. von Auftraggebern im Sinne des § 98 Nummer 1 bis 4 vergeben werden und Tätigkeiten auf dem Gebiet des Verkehrs, der Trinkwasser- oder Energieversorgung umfassen, aus § 1 der Sektorenverordnung,
3. von Auftraggebern im Sinne des § 98 vergeben werden und verteidigungs- oder sicherheitsrelevant im Sinne des § 99 Absatz 7 sind, aus der nach § 127 Nummer 3 erlassenen Verordnung.

(2) Dieser Teil gilt nicht für die in den Absätzen 3 bis 6 und 8 sowie die in den §§ 100a bis 100c genannten Fälle.

(3) Dieser Teil gilt nicht für Arbeitsverträge.

(4) Dieser Teil gilt nicht für die Vergabe von Aufträgen, die Folgendes zum Gegenstand haben:
1. Schiedsgerichts- und Schlichtungsleistungen oder
2. Forschungs- und Entwicklungsdienstleistungen, es sei denn, ihre Ergebnisse werden ausschließlich Eigentum des Auftraggebers für seinen Gebrauch bei der Ausübung seiner eigenen Tätigkeit und die Dienstleistung wird vollständig durch den Auftraggeber vergütet.

(5) Dieser Teil gilt ungeachtet ihrer Finanzierung nicht für Verträge über
1. den Erwerb von Grundstücken oder vorhandenen Gebäuden oder anderem unbeweglichen Vermögen,
2. Mietverhältnisse für Grundstücke oder vorhandene Gebäude oder anderes unbewegliches Vermögen oder
3. Rechte an Grundstücken oder vorhandenen Gebäuden oder anderem unbeweglichen Vermögen.

(6) Dieser Teil gilt nicht für die Vergabe von Aufträgen,
1. bei denen die Anwendung dieses Teils den Auftraggeber dazu zwingen würde, im Zusammenhang mit dem Vergabeverfahren oder der Auftragsausführung Auskünfte zu erteilen, deren Preisgabe seiner Ansicht nach wesentlichen Sicherheitsinteressen der Bundesrepublik Deutschland im Sinne des Artikels 346 Absatz 1 Buchstabe a des Vertrages über die Arbeitsweise der Europäischen Union widerspricht,
2. die dem Anwendungsbereich des Artikels 346 Absatz 1 Buchstabe b des Vertrages über die Arbeitsweise der Europäischen Union unterliegen.

(7) Wesentliche Sicherheitsinteressen im Sinne des Absatzes 6, die die Nichtanwendung dieses Teils rechtfertigen, können betroffen sein beim Betrieb oder Einsatz der Streitkräfte, bei der Umsetzung von Maßnahmen der Terrorismusbekämpfung oder bei der Beschaffung von Informationstechnik oder Telekommunikationsanlagen.

(8) Dieser Teil gilt nicht für die Vergabe von Aufträgen, die nicht nach § 99 Absatz 7 verteidigungs- oder sicherheitsrelevant sind und
1. in Übereinstimmung mit den inländischen Rechts- und Verwaltungsvorschriften für geheim erklärt werden,
2. deren Ausführung nach den in Nummer 1 genannten Vorschriften besondere Sicherheitsmaßnahmen erfordert,
3. bei denen die Nichtanwendung des Vergaberechts geboten ist zum Zweck des Einsatzes der Streitkräfte, zur Umsetzung von Maßnahmen der Terrorismusbekämpfung oder bei der Beschaffung von Informationstechnik oder Telekommunikationsanlagen zum Schutz wesentlicher nationaler Sicherheitsinteressen,
4. die vergeben werden auf Grund eines internationalen Abkommens zwischen der Bundesrepublik Deutschland und einem oder mehreren Staaten, die nicht Vertragsparteien des Übereinkommens über den Europäischen Wirtschaftsraum sind, für ein von den Unterzeichnerstaaten gemeinsam zu verwirklichendes und zu tragendes Projekt, für das andere Verfahrensregeln gelten,
5. die auf Grund eines internationalen Abkommens im Zusammenhang mit der Stationierung von Truppen vergeben werden und für die besondere Verfahrensregeln gelten oder
6. die auf Grund des besonderen Verfahrens einer internationalen Organisation vergeben werden.

§ 100a GWB Besondere Ausnahmen für nicht sektorspezifische und nicht verteidigungs- und sicherheitsrelevante Aufträge

(1) Im Fall des § 100 Absatz 1 Satz 2 Nummer 1 gilt dieser Teil über die in § 100 Absatz 3 bis 6 und 8 genannten Fälle hinaus auch nicht für die in den Absätzen 2 bis 4 genannten Aufträge.

(2) Dieser Teil gilt nicht für die Vergabe von Aufträgen, die Folgendes zum Gegenstand haben:

§ 2 Anwendungsbereich   Kap. 1

1. den Kauf, die Entwicklung, die Produktion oder Koproduktion von Programmen, die zur Ausstrahlung durch Rundfunk- oder Fernsehanstalten bestimmt sind, sowie die Ausstrahlung von Sendungen oder
2. finanzielle Dienstleistungen im Zusammenhang mit Ausgabe, Verkauf, Ankauf oder Übertragung von Wertpapieren oder anderen Finanzinstrumenten, insbesondere Geschäfte, die der Geld- oder Kapitalbeschaffung der Auftraggeber dienen, sowie Dienstleistungen der Zentralbanken.

(3) Dieser Teil gilt nicht für die Vergabe von Dienstleistungsaufträgen an eine Person, die ihrerseits Auftraggeber nach § 98 Nummer 1, 2 oder 3 ist und ein auf Gesetz oder Verordnung beruhendes ausschließliches Recht hat, die Leistung zu erbringen.

(4) Dieser Teil gilt nicht für Aufträge, die hauptsächlich den Zweck haben, dem Auftraggeber die Bereitstellung oder den Betrieb öffentlicher Telekommunikationsnetze oder die Bereitstellung eines oder mehrerer Telekommunikationsdienste für die Öffentlichkeit zu ermöglichen.

§ 100b GWB Besondere Ausnahmen im Sektorenbereich

(1) Im Fall des § 100 Absatz 1 Satz 2 Nummer 2 gilt dieser Teil über die in § 100 Absatz 3 bis 6 und 8 genannten Fälle hinaus auch nicht für die in den Absätzen 2 bis 9 genannten Aufträge.

(2) Dieser Teil gilt nicht für die Vergabe von Aufträgen, die Folgendes zum Gegenstand haben:
1. finanzielle Dienstleistungen im Zusammenhang mit Ausgabe, Verkauf, Ankauf oder Übertragung von Wertpapieren oder anderen Finanzinstrumenten, insbesondere Geschäfte, die der Geld- oder Kapitalbeschaffung der Auftraggeber dienen, sowie Dienstleistungen der Zentralbanken,
2. bei Tätigkeiten auf dem Gebiet der Trinkwasserversorgung die Beschaffung von Wasser oder
3. bei Tätigkeiten auf dem Gebiet der Energieversorgung die Beschaffung von Energie oder von Brennstoffen zur Energieerzeugung.

(3) Dieser Teil gilt nicht für die Vergabe von Dienstleistungsaufträgen an eine Person, die ihrerseits Auftraggeber nach § 98 Nummer 1, 2 oder 3 ist und ein auf Gesetz oder Verordnung beruhendes ausschließliches Recht hat, die Leistung zu erbringen.

(4) Dieser Teil gilt nicht für die Vergabe von Aufträgen, die
1. von Auftraggebern nach § 98 Nummer 4 vergeben werden, soweit sie anderen Zwecken dienen als der Sektorentätigkeit,
2. zur Durchführung von Tätigkeiten auf dem Gebiet der Trinkwasser- oder Energieversorgung oder des Verkehrs außerhalb des Gebiets der Europäischen Union vergeben werden, wenn sie nicht mit der tatsächlichen Nutzung eines Netzes oder einer Anlage innerhalb dieses Gebietes verbunden sind,
3. zum Zweck der Weiterveräußerung oder Vermietung an Dritte vergeben werden, wenn
   a) dem Auftraggeber kein besonderes oder ausschließliches Recht zum Verkauf oder zur Vermietung des Auftragsgegenstandes zusteht und
   b) andere Unternehmen die Möglichkeit haben, diese Waren unter gleichen Bedingungen wie der betreffende Auftraggeber zu verkaufen oder zu vermieten, oder
4. der Ausübung einer Tätigkeit auf dem Gebiet der Trinkwasser- oder Energieversorgung oder des Verkehrs dienen, soweit die Europäische Kommission nach Artikel 30 der Richtlinie 2004/17/EG des Europäischen Parlaments und des Rates vom 31. März 2004 zur Koordinierung der Zuschlagserteilung durch Auftraggeber im Bereich der Wasser-, Energie- und Verkehrsversorgung sowie der Postdienste (ABl. L 7 vom 7.1.2005, S. 7) festgestellt hat, dass diese Tätigkeit in Deutschland auf Märkten mit freiem Zugang unmittelbar dem Wettbewerb ausgesetzt ist und dies durch das Bundesministerium für Wirtschaft und Technologie im Bundesanzeiger bekannt gemacht worden ist.

(5) Dieser Teil gilt nicht für die Vergabe von Baukonzessionen zum Zweck der Durchführung von Tätigkeiten auf dem Gebiet der Trinkwasser- oder Energieversorgung oder des Verkehrs.

(6) Dieser Teil gilt vorbehaltlich des Absatzes 7 nicht für die Vergabe von Aufträgen,
1. die an ein Unternehmen, das mit dem Auftraggeber verbunden ist, vergeben werden oder
2. die von einem gemeinsamen Unternehmen, das mehrere Auftraggeber, die auf dem Gebiet der Trinkwasser- oder Energieversorgung oder des Verkehrs tätig sind, ausschließlich zur Durchführung dieser Tätigkeiten gebildet haben, an ein Unternehmen vergeben werden, das mit einem dieser Auftraggeber verbunden ist.

(7) Absatz 6 gilt nur, wenn mindestens 80 Prozent des von dem verbundenen Unternehmen während der letzten drei Jahre in der Europäischen Union erzielten durchschnittlichen Umsatzes im entsprechenden Liefer- oder Bau- oder Dienstleistungssektor aus der Erbringung dieser Lieferungen oder Leistungen für die mit ihm verbundenen Auftraggeber stammen. Sofern das Unternehmen noch keine drei Jahre besteht, gilt Absatz 6, wenn zu erwarten ist, dass in den ersten drei Jahren seines Bestehens wahrscheinlich mindestens 80 Prozent erreicht werden. Werden die gleichen oder gleichartige Lieferungen oder Bau- oder Dienstleistungen von mehr als einem mit dem Auftraggeber verbundenen Unternehmen erbracht, wird die Prozentzahl unter Berücksichtigung des Gesamtumsatzes errechnet, den diese verbundenen Unternehmen mit der Erbringung der Lieferung oder Leistung erzielen. § 36 Absatz 2 und 3 gilt entsprechend.

(8) Dieser Teil gilt vorbehaltlich des Absatzes 9 nicht für die Vergabe von Aufträgen, die
1. ein gemeinsames Unternehmen, das mehrere Auftraggeber, die auf dem Gebiet der Trinkwasser- oder Energieversorgung oder des Verkehrs tätig sind, ausschließlich zur Durchführung von diesen Tätigkeiten gebildet haben, an einen dieser Auftraggeber vergibt, oder
2. ein Auftraggeber an ein gemeinsames Unternehmen im Sinne der Nummer 1, an dem er beteiligt ist, vergibt.

(9) Absatz 8 gilt nur, wenn
1. das gemeinsame Unternehmen errichtet wurde, um die betreffende Tätigkeit während eines Zeitraumes von mindestens drei Jahren durchzuführen, und
2. in dem Gründungsakt festgelegt wird, dass die dieses Unternehmen bildenden Auftraggeber dem Unternehmen zumindest während des gleichen Zeitraumes angehören werden.

§ 100c GWB Besondere Ausnahmen in den Bereichen Verteidigung und Sicherheit

(1) Im Fall des § 100 Absatz 1 Satz 2 Nummer 3 gilt dieser Teil über die in § 100 Absatz 3 bis 6 genannten Fälle hinaus auch nicht für die in den Absätzen 2 bis 4 genannten Aufträge.

(2) Dieser Teil gilt nicht für die Vergabe von Aufträgen, die
1. Finanzdienstleistungen mit Ausnahme von Versicherungsdienstleistungen zum Gegenstand haben,
2. zum Zweck nachrichtendienstlicher Tätigkeiten vergeben werden,
3. im Rahmen eines Kooperationsprogramms vergeben werden, das
   a) auf Forschung und Entwicklung beruht und
   b) mit mindestens einem anderen EU-Mitgliedstaat für die Entwicklung eines neuen Produkts und gegebenenfalls die späteren Phasen des gesamten oder eines Teils des Lebenszyklus dieses Produkts durchgeführt wird,
4. die Bundesregierung, eine Landesregierung oder eine Gebietskörperschaft an eine andere Regierung oder an eine Gebietskörperschaft eines anderen Staates vergibt und die Folgendes zum Gegenstand haben:
   a) die Lieferung von Militärausrüstung oder die Lieferung von Ausrüstung, die im Rahmen eines Verschlusssachenauftrags im Sinne des § 99 Absatz 9 vergeben wird,
   b) Bau- und Dienstleistungen, die in unmittelbarem Zusammenhang mit dieser Ausrüstung stehen,

c) Bau- und Dienstleistungen speziell für militärische Zwecke oder

d) Bau- und Dienstleistungen, die im Rahmen eines Verschlusssachenauftrags im Sinne des § 99 Absatz 9 vergeben werden.

(3) Dieser Teil gilt nicht für die Vergabe von Aufträgen, die in einem Land außerhalb der Europäischen Union vergeben werden; zu diesen Aufträgen gehören auch zivile Beschaffungen im Rahmen des Einsatzes von Streitkräften oder von Polizeien des Bundes oder der Länder außerhalb des Gebiets der Europäischen Union, wenn der Einsatz es erfordert, dass sie mit im Einsatzgebiet ansässigen Unternehmen geschlossen werden. Zivile Beschaffungen sind Beschaffungen nicht militärischer Produkte und Bau- oder Dienstleistungen für logistische Zwecke.

(4) Dieser Teil gilt nicht für die Vergabe von Aufträgen, die besonderen Verfahrensregeln unterliegen,
1. die sich aus einem internationalen Abkommen oder einer internationalen Vereinbarung ergeben, das oder die zwischen einem oder mehreren Mitgliedstaaten und einem oder mehreren Drittstaaten, die nicht Vertragsparteien des Übereinkommens über den Europäischen Wirtschaftsraum sind, geschlossen wurde,
2. die sich aus einem internationalen Abkommen oder einer internationalen Vereinbarung im Zusammenhang mit der Stationierung von Truppen ergeben, das oder die Unternehmen eines Mitgliedstaats oder eines Drittstaates betrifft, oder
3. die für eine internationale Organisation gelten, wenn diese für ihre Zwecke Beschaffungen tätigt oder wenn ein Mitgliedstaat Aufträge nach diesen Regeln vergeben muss.

§ 127 GWB Ermächtigungen

Die Bundesregierung kann durch Rechtsverordnung mit Zustimmung des Bundesrates Regelungen erlassen
1. zur Umsetzung der vergaberechtlichen Schwellenwerte der Richtlinien der Europäischen Union in ihrer jeweils geltenden Fassung;
2. über das bei der Vergabe durch Auftraggeber, die auf dem Gebiet der Trinkwasser- oder Energieversorgung oder des Verkehrs tätig sind, einzuhaltende Verfahren, über die Auswahl und die Prüfung der Unternehmen und der Angebote, über den Abschluss des Vertrags und sonstige Regelungen des Vergabeverfahrens;
3. über das bei der Vergabe von verteidigungs- und sicherheitsrelevanten öffentlichen Aufträgen einzuhaltende Verfahren, über die Auswahl und die Prüfung der Unternehmen und der Angebote, über den Ausschluss vom Vergabeverfahren, über den Abschluss des Vertrags, über die Aufhebung von Vergabeverfahren und über sonstige Regelungen des Vergabeverfahrens einschließlich verteidigungs- und sicherheitsrelevanter Anforderungen im Hinblick auf den Geheimschutz, allgemeine Regeln zur Wahrung der Vertraulichkeit, die Versorgungssicherheit sowie besondere Regelungen für die Vergabe von Unteraufträgen.
4. und 5. *(aufgehoben)*
6. über ein Verfahren, nach dem öffentliche Auftraggeber durch unabhängige Prüfer eine Bescheinigung erhalten können, dass ihr Vergabeverhalten mit den Regeln dieses Gesetzes und den auf Grund dieses Gesetzes erlassenen Vorschriften übereinstimmt;
7. über ein freiwilliges Streitschlichtungsverfahren der Europäischen Kommission gemäß Kapitel 4 der Richtlinie 92/13/EWG des Rates der Europäischen Gemeinschaften vom 25. Februar 1992 (ABl. EG Nr. L 76 S. 14);
8. über die Informationen, die von den Auftraggebern dem Bundesministerium für Wirtschaft und Technologie zu übermitteln sind, um Verpflichtungen aus Richtlinien des Rates der Europäischen Gemeinschaft zu erfüllen;
9. über die Voraussetzungen, nach denen Auftraggeber, die auf dem Gebiet der Trinkwasser- oder der Energieversorgung oder des Verkehrs tätig sind, sowie Auftraggeber nach dem Bundesberggesetz von der Verpflichtung zur Anwendung dieses Teils befreit werden können, sowie über das dabei anzuwendende Verfahren einschließlich der erforderlichen Ermittlungsbefugnisse des Bundeskartellamtes.

§ 130 GWB Unternehmen der öffentlichen Hand, Geltungsbereich

(1) Dieses Gesetz findet auch Anwendung auf Unternehmen, die ganz oder teilweise im Eigentum der öffentlichen Hand stehen oder die von ihr verwaltet oder betrieben werden. Die Vorschriften des Ersten bis Dritten Teils dieses Gesetzes finden keine Anwendung auf die Deutsche Bundesbank und die Kreditanstalt für Wiederaufbau.

(2) Dieses Gesetz findet Anwendung auf alle Wettbewerbsbeschränkungen, die sich im Geltungsbereich dieses Gesetzes auswirken, auch wenn sie außerhalb des Geltungsbereichs dieses Gesetzes veranlasst werden.

(3) Die Vorschriften des Energiewirtschaftsgesetzes stehen der Anwendung der §§ 19, 20 und 29 nicht entgegen, soweit in § 111 des Energiewirtschaftsgesetzes keine andere Regelung getroffen ist.

§ 131 GWB Übergangsbestimmungen

(1) § 29 ist nach dem 31. Dezember 2017 nicht mehr anzuwenden.

(2) Vergabeverfahren, die vor dem 24. April 2009 begonnen haben, einschließlich der sich an diese anschließenden Nachprüfungsverfahren sowie am 24. April 2009 anhängige Nachprüfungsverfahren sind nach den hierfür bisher geltenden Vorschriften zu beenden.

(3) Vergabeverfahren, die vor dem 14. Dezember 2011 begonnen haben, sind nach den für sie bisher geltenden Vorschriften zu beenden; dies gilt auch für Nachprüfungsverfahren, die sich an diese Vergabeverfahren anschließen, und für am 14. Dezember 2011 anhängige Nachprüfungsverfahren.

VgV:

§ 1 VgV Zweck der Verordnung

Diese Verordnung trifft nähere Bestimmungen über das einzuhaltende Verfahren bei der Vergabe öffentlicher Aufträge, die in den Anwendungsbereich nach § 2 dieser Verordnung fallen.

§ 2 VgV Anwendungsbereich

(1) [1]Diese Verordnung gilt nur für Aufträge, deren geschätzter Auftragswert ohne Umsatzsteuer die Schwellenwerte erreicht oder überschreitet, die in Artikel 7 der Richtlinie 2004/18/EG des Europäischen Parlaments und des Rates vom 31. März 2004 über die Koordinierung der Verfahren zur Vergabe öffentlicher Bauaufträge, Lieferaufträge und Dienstleistungsaufträge (ABl. L 134 vom 30.4.2004, S. 114, L 351 vom 26.11.2004, S. 44) in der jeweils geltenden Fassung festgelegt werden (EU-Schwellenwerte). [2]Der sich hieraus für zentrale Regierungsbehörden ergebende Schwellenwert ist von allen obersten Bundesbehörden sowie allen oberen Bundesbehörden und vergleichbaren Bundeseinrichtungen anzuwenden. [3]Das Bundesministerium für Wirtschaft und Technologie gibt die geltenden Schwellenwerte unverzüglich, nachdem sie im Amtsblatt der Europäischen Union veröffentlicht worden sind, im Bundesanzeiger bekannt.

(2) Bei Auftraggebern nach § 98 Nummer 1 bis 4 des Gesetzes gegen Wettbewerbsbeschränkungen gilt für Aufträge, die im Zusammenhang mit Tätigkeiten auf dem Gebiet der Trinkwasser- oder Energieversorgung oder des Verkehrs (Sektorentätigkeiten) vergeben werden, die Sektorenverordnung vom 23. September 2009 (BGBl. I S. 3110).

(3) Diese Verordnung gilt nicht für verteidigungs- oder sicherheitsrelevante Aufträge im Sinne des § 99 Absatz 7 des Gesetzes gegen Wettbewerbsbeschränkungen.

§ 4 VgV Vergabe von Liefer- und Dienstleistungsaufträgen

(1) Bei der Vergabe von Lieferaufträgen müssen Auftraggeber nach § 98 Nummer 1 bis 3 des Gesetzes gegen Wettbewerbsbeschränkungen die Bestimmungen des zweiten Abschnitts der

Vergabe- und Vertragsordnung für Leistungen (VOL/A) in der Fassung der Bekanntmachung vom 20. November 2009 (BAnz. Nr. 196a vom 29. Dezember 2009; BAnz. 2010 S. 755) anwenden.

(2) Bei der Vergabe von Dienstleistungsaufträgen und bei Auslobungsverfahren, die zu Dienstleistungsaufträgen führen sollen, müssen Auftraggeber nach § 98 Nummer 1 bis 3 und 5 des Gesetzes gegen Wettbewerbsbeschränkungen folgende Bestimmungen der VOL/A anwenden, soweit in § 5 nichts anderes bestimmt ist:
1. bei Aufträgen, die Dienstleistungen nach Anlage 1 Teil A zum Gegenstand haben, die Bestimmungen des zweiten Abschnitts der VOL/A;
2. bei Aufträgen, die Dienstleistungen nach Anlage 1 Teil B zum Gegenstand haben, die Bestimmungen des § 8 EG VOL/A, § 15 EG Absatz 10 VOL/A und § 23 EG VOL/A sowie die Bestimmungen des ersten Abschnitts der VOL/A mit Ausnahme von § 7 VOL/A;
3. bei Aufträgen, die sowohl Dienstleistungen nach Anlage 1 Teil A als auch Dienstleistungen nach Anlage 1 Teil B zum Gegenstand haben, die in Nummer 1 genannten Bestimmungen, wenn der Wert der Dienstleistungen nach Anlage 1 Teil A überwiegt; ansonsten müssen die in Nummer 2 genannten Bestimmungen angewendet werden.

Wenn im Fall des Satzes 1 Nummer 2 tatsächliche Anhaltspunkte dafür vorliegen, dass die Organisation, die Qualifikation und die Erfahrung des bei der Durchführung des betreffenden Auftrags eingesetzten Personals erheblichen Einfluss auf die Qualität der Auftragsausführung haben können, können diese Kriterien bei der Ermittlung des wirtschaftlichsten Angebots berücksichtigt werden. Bei der Bewertung dieser Kriterien können insbesondere der Erfolg und die Qualität bereits erbrachter Leistungen berücksichtigt werden. Die Gewichtung der Organisation, der Qualifikation und der Erfahrung des mit der Durchführung des betreffenden Auftrags betrauten Personals soll zusammen 25 Prozent der Gewichtung aller Zuschlagskriterien nicht überschreiten.

(3) Bei Aufträgen, deren Gegenstand Personennahverkehrsleistungen der Kategorie Eisenbahnen sind, gilt Absatz 2 mit folgenden Maßgaben:
1. Bei Verträgen über einzelne Linien mit einer Laufzeit von bis zu drei Jahren ist einmalig auch eine freihändige Vergabe ohne sonstige Voraussetzungen zulässig.
2. Bei längerfristigen Verträgen ist eine freihändige Vergabe ohne sonstige Voraussetzungen im Rahmen des § 15 Abs. 2 des Allgemeinen Eisenbahngesetzes zulässig, wenn ein wesentlicher Teil der durch den Vertrag bestellten Leistungen während der Vertragslaufzeit ausläuft und anschließend im Wettbewerb vergeben wird. Die Laufzeit des Vertrages soll zwölf Jahre nicht überschreiten. Der Umfang und die vorgesehenen Modalitäten des Auslaufens des Vertrages sind nach Abschluss des Vertrages in geeigneter Weise öffentlich bekannt zu machen.

(4) Wenn energieverbrauchsrelevante Waren, technische Geräte oder Ausrüstungen Gegenstand einer Lieferleistung nach Absatz 1 oder wesentliche Voraussetzung zur Ausführung einer Dienstleistung nach Absatz 2 sind, müssen die Anforderungen der Absätze 5 bis 6b beachtet werden.

(5) In der Leistungsbeschreibung sollen im Hinblick auf die Energieeffizienz insbesondere folgende Anforderungen gestellt werden:
1. das höchste Leistungsniveau an Energieeffizienz und
2. soweit vorhanden, die höchste Energieeffizienzklasse im Sinne der Energieverbrauchskennzeichnungsverordnung.

(6) bis (10) hier nicht abgedruckt

§ 5 VgV Vergabe freiberuflicher Leistungen

(1) Bei der Vergabe von Aufträgen für Dienstleistungen, die im Rahmen einer freiberuflichen Tätigkeit erbracht oder im Wettbewerb mit freiberuflichen Tätigkeiten angeboten werden, sowie bei Auslobungsverfahren, die zu solchen Dienstleistungsaufträgen führen sollen, müssen Auftraggeber nach § 98 Nummer 1 bis 3 und 5 des Gesetzes gegen Wettbewerbsbeschrän-

kungen folgende Bestimmungen der Vergabeordnung für freiberufliche Leistungen (VOF) in der Fassung der Bekanntmachung vom 18. November 2009 (BAnz. Nr. 185a vom 8. Dezember 2009) anwenden:

1. bei Aufträgen, die Dienstleistungen nach Anlage 1 Teil A zum Gegenstand haben, alle Bestimmungen der VOF;
2. bei Aufträgen, die Dienstleistungen nach Anlage 1 Teil B zum Gegenstand haben, die Bestimmungen des § 6 Absatz 2 bis 7 VOF und § 14 VOF;
3. bei Aufträgen, die sowohl Dienstleistungen nach Anlage 1 Teil A als auch Dienstleistungen nach Anlage 1 Teil B zum Gegenstand haben, die in Nummer 1 genannten Bestimmungen, wenn der Wert der Dienstleistungen nach Anlage 1 Teil A überwiegt; ansonsten müssen die in Nummer 2 genannten Bestimmungen angewendet werden.

Wenn im Fall des Satzes 1 Nummer 2 tatsächliche Anhaltspunkte dafür vorliegen, dass die Organisation, die Qualifikation und die Erfahrung des bei der Durchführung des betreffenden Auftrags eingesetzten Personals erheblichen Einfluss auf die Qualität der Auftragsausführung haben können, können diese Kriterien bei der Ermittlung des wirtschaftlichsten Angebots berücksichtigt werden. Bei der Bewertung dieser Kriterien können insbesondere der Erfolg und die Qualität bereits erbrachter Leistungen berücksichtigt werden. Die Gewichtung der Organisation, der Qualifikation und der Erfahrung des mit der Durchführung des betreffenden Auftrags betrauten Personals soll zusammen 25 Prozent der Gewichtung aller Zuschlagskriterien nicht überschreiten.

(2) Absatz 1 gilt nicht für Dienstleistungen, deren Gegenstand eine Aufgabe ist, deren Lösung vorab eindeutig und erschöpfend beschrieben werden kann.

§ 6 VgV Vergabe von Bauleistungen

(1) Auftraggeber nach § 98 Nr. 1 bis 3, 5 und 6 des Gesetzes gegen Wettbewerbsbeschränkungen haben bei der Vergabe von Bauaufträgen und Baukonzessionen die Bestimmungen des 2. Abschnittes des Teiles A der Vergabe- und Vertragsordnung für Bauleistungen (VOB/A) in der Fassung der Bekanntmachung vom 24. Oktober 2011 (BAnz. Nr. 182a vom 2. Dezember 2011; BAnz AT 07.05.2012 B1) anzuwenden; für die in § 98 Nr. 6 des Gesetzes gegen Wettbewerbsbeschränkungen genannten Auftraggeber gilt dies nur hinsichtlich der Bestimmungen, die auf diese Auftraggeber Bezug nehmen.

(2) bis (6) hier nicht abgedruckt

VOL/A:

§ 1 VOL/A Anwendungsbereich

Die folgenden Regeln gelten für die Vergabe von öffentlichen Aufträgen über Leistungen (Lieferungen und Dienstleistungen). Sie gelten nicht
– für Bauleistungen, die unter die Vergabe- und Vertragsordnung für Bauleistungen – VOB – fallen und
– für Leistungen, die im Rahmen einer freiberuflichen Tätigkeit erbracht oder im Wettbewerb mit freiberuflich Tätigen angeboten werden. Die Bestimmungen der Haushaltsordnungen bleiben unberührt.

VOL/A EG:

§ 1 EG VOL/A Anwendungsbereich

(1) Die folgenden Regeln gelten für die Vergabe von Aufträgen über Leistungen (Liefer- und Dienstleistungen), soweit sie dem vierten Teil des Gesetzes gegen Wettbewerbsbeschränkungen unterliegen. Sie gelten nicht für
– Bauleistungen, die unter die Vergabe- und Vertragsordnung für Bauleistungen – VOB – fallen und

– Dienstleistungen, die unter die Vergabeordnung für freiberufliche Leistungen – VOF – fallen.

(2) Für die Vergabe von Aufträgen, deren Gegenstand Dienstleistungen im Sinne des Anhangs 1 Teil A sind, findet dieser Abschnitt uneingeschränkt Anwendung.

(3) Für die Vergabe von Aufträgen, deren Gegenstand Dienstleistungen im Sinne des Anhangs 1 Teil B sind, findet § 4 Absatz 4 der Vergabeverordnung – VgV – Anwendung.

VOB/A:

§ 1 VOB/A Bauleistungen

Bauleistungen sind Arbeiten jeder Art, durch die eine bauliche Anlage hergestellt, instand gehalten, geändert oder beseitigt wird.

VOB/A EG:

§ 1 EG VOB/A Anwendungsbereich

(1) Bauaufträge sind Verträge über die Ausführung oder die gleichzeitige Planung und Ausführung
1. eines Bauvorhabens oder eines Bauwerks für einen öffentlichen Auftraggeber, das
   a) Ergebnis von Tief- oder Hochbauarbeiten ist und
   b) eine wirtschaftliche oder technische Funktion erfüllen soll oder
2. einer dem Auftraggeber unmittelbar wirtschaftlich zugute kommenden Bauleistung, die Dritte gemäß den vom Auftraggeber genannten Erfordernissen erbringen.

(2)
1. Die Bestimmungen dieses Abschnittes sind von Auftraggebern im Sinne von § 98 Nummer 1 bis 3, 5 und 6 des Gesetzes gegen Wettbewerbsbeschränkungen (GWB) für Bauaufträge und Baukonzessionen anzuwenden, bei denen der geschätzte Gesamtauftragswert der Baumaßnahme oder des Bauwerkes (alle Vergabeaufträge für eine bauliche Anlage) mindestens dem in § 2 Nummer 3 der Vergabeverordnung (VgV) genannten Schwellenwert ohne Umsatzsteuer entspricht. Der Gesamtauftragswert umfasst auch den geschätzten Wert der vom Auftraggeber beigestellten Stoffe, Bauteile und Leistungen.
2. Werden die Bauaufträge im Sinne von Nummer 1 für eine bauliche Anlage in Losen vergeben, sind die Bestimmungen dieses Abschnittes anzuwenden
   a) bei jedem Los mit einem geschätzten Auftragswert von 1 Million Euro und mehr,
   b) unabhängig von Buchstabe a für alle Bauaufträge, bis mindestens 80 Prozent des geschätzten Gesamtauftragswertes aller Bauaufträge für die bauliche Anlage erreicht sind.

(3) Maßgeblicher Zeitpunkt für die Schätzung des Auftragswertes ist der Tag, an dem die Bekanntmachung der beabsichtigten Auftragsvergabe abgesendet oder das Vergabeverfahren auf andere Weise eingeleitet wird.

(4) Der Wert eines beabsichtigten Bauauftrages darf nicht in der Absicht geschätzt oder aufgeteilt werden, den Auftrag der Anwendung dieser Bestimmungen zu entziehen.

VOF:

§ 1 VOF Anwendungsbereich

(1) Die folgenden Regeln gelten für die Vergabe von Aufträgen über Dienstleistungen des Anhangs I Teil A, die im Rahmen einer freiberuflichen Tätigkeit erbracht oder im Wettbewerb mit freiberuflich Tätigen angeboten werden und deren Gegenstand eine Aufgabe ist, deren Lösung nicht vorab eindeutig und erschöpfend beschrieben werden kann, sowie bei Wettbewerben nach Kapitel 2.

(2) Die Bestimmungen der VOF sind anzuwenden, sofern der geschätzte Auftragswert die Schwellenwerte für Dienstleistungen oder Wettbewerbe ohne Umsatzsteuer nach § 2 der Vergabeverordnung erreicht oder überschreitet.

(3) Für die Vergabe der in Anhang I Teil B genannten Dienstleistungen gelten nur § 6 Absatz 2 bis 7 und § 14. Aufträge, deren Gegenstand Dienstleistungen sowohl des Anhangs I Teil A als auch des Anhangs I Teil B sind, werden nach den Regelungen für diejenigen Dienstleistungen vergeben, deren Wert anteilsmäßig überwiegt.

Literatur:
Alexander in Pünder/Schellenberg (Hrsg.), Vergaberecht Handkommentar, 1. Aufl. 2011; *Beurskens* in Hattig/Maibaum (Hrsg.), Praxiskommentar Kartellvergaberecht, Der 4. Teil des GWB und VgV, 2010; *Dietlein/Fandrey* in Byok/Jaeger (Hrsg.), Kommentar zum Vergaberecht, Erläuterungen zu den vergaberechtlichen Vorschriften des GWB und der VgV, 3. Aufl. 2011; *Dippel* in Hattig/Maibaum (Hrsg.), Praxiskommentar Kartellvergaberecht, Der 4. Teil des GWB und VgV, 2010; *Emmerich* in Immenga/Mestmäcker (Hrsg.), Wettbewerbsrecht Band 2 GWB, 4. Aufl. 2007; *Fuchs/Klaue* in Immenga/Mestmäcker (Hrsg.), Wettbewerbsrecht Band 2 GWB, 4. Aufl. 2007; *Gnittke/Rude* in Hattig/Maibaum (Hrsg.), Praxiskommentar Kartellvergaberecht, Der 4. Teil des GWB und VgV, 2010; *Hailbronner* in Byok/Jaeger (Hrsg.), Kommentar zum Vergaberecht, Erläuterungen zu den vergaberechtlichen Vorschriften des GWB und der VgV, 3. Aufl. 2011; *Kühnen* in Byok/Jaeger (Hrsg.), Kommentar zum Vergaberecht, Erläuterungen zu den vergaberechtlichen Vorschriften des GWB und der VgV, 3. Aufl. 2011; *Lausen* in Heiermann/Zeiss/Blaufuß (Hrsg.), juris PraxisKommentar Vergaberecht, 3. Aufl. 2011; *Müller-Wrede* in ders. (Hrsg.), Vergabe- und Vertragsordnung für Leistungen VOL/A, Kommentar, 3. Aufl. 2010; *Rehbinder* in Immenga/Mestmäcker (Hrsg.), Wettbewerbsrecht Band 2 GWB, 4. Aufl. 2007; *Stickler/Diehr* in Reidt/Stickler/Glahs (Hrsg.), Vergaberecht, Kommentar, 3. Aufl. 2011; *Stockmann* in Loewenheim/Meessen/Riesenkampff (Hrsg.), Kartellrecht, 2. Aufl. 2009; *Summa* in Heiermann/Zeiss/Blaufuß (Hrsg.), juris PraxisKommentar Vergaberecht, 3. Aufl. 2011; *Winnes* in Pünder/Schellenberg (Hrsg.), Vergaberecht Handkommentar, 1. Aufl. 2011; *Zeiss* in Heiermann/Zeiss/Blaufuß (Hrsg.), juris PraxisKommentar Vergaberecht, 3. Aufl. 2011; *Ziekow* in ders./Völlink, Vergaberecht, 1. Aufl. 2011.

A. Einleitung

1 Das Vergaberecht der Bundesrepublik Deutschland basiert auf dem nationalen Haushaltsrecht und ist geprägt durch die historische Entwicklung im Laufe der verschiedenen Umsetzungsphasen der europarechtlichen Vorgaben. Regelungsgegenstand des Vergaberechts ist die Beschaffung durch den Staat und damit insbesondere der Bereich, in dem die öffentliche Hand Waren, Bau- oder Dienstleistungen erwirbt. Dabei betreffen die europarechtlichen Vorgaben lediglich Vergaben, die bestimmte Schwellenwerte erreichen oder überschreiten und denen insofern eine gewisse Binnenmarktrelevanz unwiderlegbar zugesprochen wird. Eine Pflicht zur Umsetzung des europäischen Vergaberechts besteht für die Mitgliedstaaten demzufolge auch nur im sog. „Oberschwellenbereich". Die Regelung der sog. „Unterschwellenvergaben" ist demgegenüber weiterhin dem nationalen Gesetzgeber überlassen. In Deutschland besteht vor diesem Hintergrund eine **Zweiteilung des Vergaberechts.** Die Vergabe von Bau-, Liefer- und Dienstleistungsaufträgen unterfällt damit – abhängig von den jeweils geschätzten Auftragswerten – entweder dem nationalen Vergaberecht oder aber dem europarechtlich geprägten „**Kartellvergaberecht**".

2 Der deutsche Gesetzgeber hat sich bei der Umsetzung der europarechtlichen Vergaberichtlinien – nach Abschaffung der ursprünglich im Haushaltsgrundsätzegesetz (HGrG) verankerten „haushaltsrechtlichen Lösung" – nunmehr im **Oberschwellenbereich** für die „**kartellrechtliche Lösung**" entschieden und die grundlegenden vergaberechtlichen Vorschriften im 4. Teil des Gesetzes gegen Wettbewerbsbeschränkungen (GWB)[1] geregelt. Das

---

[1] In der Fassung der Bekanntmachung vom 15.7.2005, BGBl. I 2114, ber. 2009 I 3850, zuletzt

GWB enthält in § 97 Abs. 6 i.V.m. § 127 GWB eine Ermächtigungsgrundlage der Bundesregierung, durch Rechtsverordnung und mit Zustimmung des Bundesrates nähere vergaberechtliche Bestimmungen zu erlassen. Auf dieser Ermächtigungsgrundlage basieren die dem GWB nachgeordneten vergaberechtlichen Verordnungen, die allgemeine Vergabeverordnung (VgV)[2] sowie die speziellen Verordnungen für den sog. „Sektorenbereich" – Sektorenverordnung (SektVO)[3] und den Bereich „Verteidigung und Sicherheit" – Vergabeverordnung Verteidigung und Sicherheit (VSVgV)[4]. Die Vergabeverordnungen verweisen zum Teil ihrerseits für die bestimmten Auftragsarten auf die jeweils anzuwendenden Bestimmungen der wiederum nachrangigen Vergabe- und Vertragsordnungen VOL/A, VOB/A und VOF. Diese Verweisungskette beschreibt das in der Bundesrepublik Deutschland im Oberschwellenbereich bestehende sog. **Kaskadenprinzip.**

Im **Unterschwellenbereich** findet grundsätzlich das nationale Vergaberecht Anwendung, das weiterhin – wie vor der wettbewerbs- und kartellrechtlichen Umsetzung der europarechtlichen Vorgaben auch oberhalb der EU-Schwellenwerte – primär **durch das Haushaltsrecht geprägt** ist. Die einschlägigen vergaberechtlichen Normen finden sich in den Regelungen der Bundeshaushaltsordnung (§ 55 BHO) bzw. den entsprechenden Vorschriften der jeweiligen Landeshaushaltsordnungen (LHO). Darüber hinaus sind grundsätzlich lediglich die Regelungen des 1. Abschnitts der VOL/A bzw. VOB/A anwendbar, sofern die Auftragsvergabe nicht ausnahmsweise auch im Unterschwellenbereich eine sog. Binnenmarktrelevanz aufweist (vgl. unten Rn. 106). Neben den bundesrechtlichen Bestimmungen existieren zum Teil auf Länderebene eigene Landesvergabegesetze bzw. weitere vergaberechtliche Vorschriften auf Landes- oder Kommunalebene in Landesgesetzen oder Verwaltungsvorschriften. **3**

---

geändert durch Art. 2 Abs. 62 G zur Änd. von Vorschriften über Verkündung und Bekanntmachungen sowie der ZPO, des EGZPO und der AO vom 22.12.2011, BGBl. I 3044.

[2] Verordnung über die Vergabe öffentlicher Aufträge (Vergabeverordnung – VgV) vom 09.1. 2001, BGBl. I 110, i.d.F. der Bekanntmachung vom 11.2.2003, BGBl. I 169, zuletzt geändert durch Verordnung vom 15.10.2013, BGBl. I 3854 m.W.v. 25.10.2013.
Die VgV dient der Umsetzung der Richtlinie 97/52/EG des Europäischen Parlaments und des Rates vom 13.10.1997 zur Änderung der Richtlinien 92/50/EWG, 93/36/EWG und 93/37/EWG über die Koordinierung der Verfahren zur Vergabe öffentlicher Dienstleistungs-, Liefer- und Bauaufträge, ABl. EG Nr. L 328 S. 1, und der Richtlinie 98/4/EG des Europäischen Parlaments und des Rates zur Änderung der Richtlinie 93/38/EWG zur Koordinierung der Auftragsvergabe durch Auftraggeber im Bereich Wasser-, Energie- und Verkehrsversorgung sowie im Telekommunikationssektor, Abl. EG Nr. L 101 S. 1 in deutsches Recht.

[3] Verordnung über die Vergabe von Aufträgen im Bereich des Verkehrs, der Trinkwasserversorgung und der Energieversorgung (Sektorenverordnung – SektVO) vom 23.9.2009, BGBl. I 3110; dient der Umsetzung der Richtlinie 2004/17/EG des Europäischen Parlaments und des Rates vom 31.3.2004 zur Koordinierung der Zuschlagserteilung durch Auftraggeber im Bereich der Wasser-, Energie- und Verkehrsversorgung sowie der Postdienste, ABl. L 134 vom 30.4.2004, S. 1, zuletzt geändert durch die Verordnung (EG) Nr. 2083/2005, ABl. L 333 vom 20.12.2005, S. 28 in deutsches Recht.

[4] Vergabeordnung für die Bereiche Verteidigung und Sicherheit zur Umsetzung der Richtlinie 2009/81/EG des Europäischen Parlaments und des Rates vom 13.7.2009 über die Koordinierung der Verfahren zur Vergabe bestimmter Bau-, Liefer- und Dienstleistungsaufträge in den Bereichen Verteidigung und Sicherheit und zur Änderung der Richtlinien 2004/17/EG und 2004/18/EG (Vergabeverordnung Verteidigung und Sicherheit – VSVgV) vom 12.7.2012, BGBl. I 1509.

Systematik des deutschen Vergaberechts:

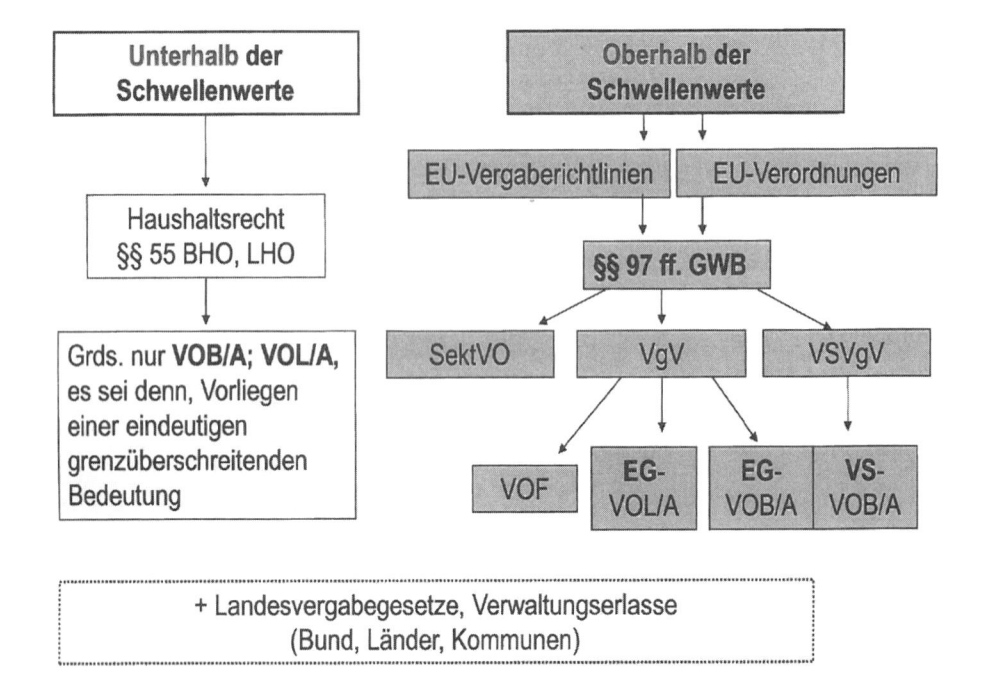

```
Unterhalb der                           Oberhalb der
Schwellenwerte                          Schwellenwerte
      |                                       |
      |                         ┌─────────────┴─────────────┐
      ▼                         ▼                           ▼
  Haushaltsrecht          EU-Vergaberichtlinien      EU-Verordnungen
  §§ 55 BHO, LHO                │                           │
      |                         └─────────────┬─────────────┘
      ▼                                       ▼
  Grds. nur VOB/A; VOL/A,                §§ 97 ff. GWB
  es sei denn, Vorliegen          ┌──────────┼──────────┐
  einer eindeutigen               ▼          ▼          ▼
  grenzüberschreitenden         SektVO      VgV       VSVgV
  Bedeutung                       │    ┌─────┴─────┐    │
                                  ▼    ▼           ▼    ▼
                                         EG-      EG-     VS-
                                 VOF    VOL/A    VOB/A   VOB/A
```

+ Landesvergabegesetze, Verwaltungserlasse
(Bund, Länder, Kommunen)

B. Anwendungsbereich des EU-Kartellvergaberechts gemäß §§ 97 ff. GWB, der Vergabeverordnungen sowie der Vergabe- und Vertragsordnungen der VOL/A-EG, VOB/A-EG und VOF

I. Anwendungsbereich der §§ 97 ff. GWB

4 Die Anwendbarkeit der grundlegenden kartellvergaberechtlichen Regelungen in §§ 97 ff. GWB setzt allgemein voraus, dass der persönliche und sachliche Anwendungsbereich eröffnet ist, d.h. die Vergabe eines öffentlichen Auftrags durch einen öffentlichen Auftraggeber stattfindet und kein Ausnahmetatbestand eingreift.

1. Persönlicher Anwendungsbereich des Katellvergaberechts

a) Öffentliche Auftraggeber, § 98 GWB

5 Der **persönliche Anwendungsbereich** des Vergaberechts ist eröffnet, wenn es sich bei der ausschreibenden Stelle um einen sog. „öffentlichen Auftraggeber" handelt. Wann es sich um einen **öffentlichen Auftraggeber** im Sinne des Kartellvergaberechts handelt, ist vornehmlich in **§ 98 GWB** geregelt. Der darin beschriebene persönliche bzw. subjektive Anwendungsbereich stellt entscheidend darauf ab, ob die auf dem Markt auftretende Einheit staatliche Funktionen wahrnimmt oder nicht. § 98 GWB folgt daher einem funktionalen Auftraggeberbegriff. Neben dem Bund, den Ländern und den Kommunen, also reinen Gebietskörperschaften und deren Sondervermögen, den aus ihnen bestehenden Verbänden und juristischen Personen des öffentlichen Rechts, können insoweit auch privatrechtlich organisierte Unternehmen als öffentliche Auftraggeber einzustufen sein

(sog. „öffentliche Unternehmen")[5]; beispielsweise bei der Inanspruchnahme staatlicher Beihilfen, die zu einer überwiegenden Finanzierung eines Bauvorhabens durch die öffentliche Hand führen (sog. „Drittvergaben"). Wenn Auftraggeber oberhalb der Schwellenwerte Güter im Rahmen einer Sektorentätigkeit beschaffen, fallen sie unter den subjektiven Anwendungsbereich als sog. „Sektorenauftraggeber" (vgl. § 98 Nr. 4 GWB i.V.m. der Anlage zu § 98 Nr. 4 GWB).

Zu den Einzelheiten des § 98 GWB und zum Begriff des „öffentlichen Auftraggebers" wird auf die Ausführungen in Kapitel 1 § 3 verwiesen. 6

b) Unternehmen der öffentlichen Hand, § 130 GWB

Die Vorschrift des **§ 130 GWB** steht bereits im Fünften Teil des GWB und zählt insofern 7 nicht mehr zu den eigentlichen vergaberechtlichen Vorschriften des Vierten Teils des GWB.

Die Regelung besagt in **Abs. 1 Satz 1**, dass das „Gesetz" – und damit das gesamte 8 GWB (Erster bis Sechster Teil) – auch auf **öffentliche Unternehmen** Anwendung findet und definiert diese als Unternehmen, die ganz oder teilweise im Eigentum der öffentlichen Hand stehen oder die von ihr verwaltet oder betrieben werden. § 130 Abs. 1 Satz 1 GWB setzt damit die Existenz öffentlicher Unternehmen voraus; trifft hingegen aber keine Aussage über die vorgelagerte Frage der Zulässigkeit einer wirtschaftlichen Betätigung der öffentlichen Hand.[6] Diese bemisst sich allein nach dem öffentlichen Recht.[7]

Der Mehrwert dieser Regelung ist mit Blick auf das Vergaberecht äußerst gering. Öf- 9 fentliche Unternehmen können selbst **öffentliche Auftraggeber** sein. Ob die öffentliche Auftraggebereigenschaft eines öffentlichen Unternehmens tatsächlich gegeben ist, beurteilt sich allein nach § 98 GWB bzw. der dazu ergangenen Rechtsprechung des EuGH. Inhaltlich stimmt § 130 Abs. 1 Satz 1 GWB nahezu wörtlich überein mit § 98 Abs. 1 GWB (in der Fassung von 1957)[8] und hat lediglich eine klarstellende Funktion.[9] Die Vorschrift unterstreicht insoweit den allgemeinen Grundsatz, dass der Staat dort, wo er sich unternehmerisch betätigt, den gleichen Regelungen unterliegt, wie ein Privatunternehmen.[10]

Beteiligt sich ein **öffentliches Unternehmen als Bieter** am Wettbewerb um einen 10 öffentlichen Auftrag, kommen ihm – und dies wird auch durch § 130 GWB noch einmal verdeutlicht – die gleichen Rechte und Pflichten zu, wie einem privaten Unternehmen. Dies bedeutet beispielsweise, dass auch ein öffentliches Unternehmen der Rügeobliegenheit unterfällt und einen erkannten Vergaberechtsverstoß damit unverzüglich zu rügen hat, um sich die Möglichkeit eines Nachprüfungsverfahrens zu bewahren.

Vor dem Hintergrund des allgemein sehr weit auszulegenden Begriffs des „**Unterneh-** 11 **mens**" ist der Staat grundsätzlich überall dort als Unternehmen zu behandeln, wo er sich zulässigerweise, gleich in welcher Form, durch das Angebot von Leistungen wirtschaftlich betätigt.[11] Insofern fallen rechtlich selbständige Unternehmen der öffentlichen Hand

---

[5] Als öffentliche Unternehmen werden sowohl öffentlich-rechtliche als auch privat-rechtliche Organisationen, die ganz oder teilweise im Eigentum der öffentlichen Hand stehen, bezeichnet.
[6] Vgl. *Emmerich* in Immenga/Mestmäcker, GWB, § 130 Rn. 2; *Stockmann* in Loewenheim/Meessen/Riesenkampff, Kartellrecht, § 130 GWB Rn. 2.
[7] Vgl. *Emmerich,* ebenda; *Stockmann,* ebenda.
[8] Vgl. *Emmerich* in Immenga/Mestmäcker, GWB, § 130 Rn. 1.
[9] Vgl. *Stockmann* in Loewenheim/Meessen/Riesenkampff Kartellrecht, § 130 GWB Rn. 1.
[10] Vgl. *Stockmann,* ebenda.
[11] Vgl. *Emmerich* in Immenga/Mestmäcker, GWB, § 130 Rn. 43 f. mit Verweis auf u. a. BGH Urt. v. 26.10.1961, KZR 1/61, BGHZ 36, 91, 103; Urt. v. 9.3.1999, KVR 20/97, ZIP 1999, 1021; *Stockmann* in Loewenheim/Meessen/Riesenkampff, Kartellrecht, § 130 GWB Rn. 23.

ebenso unter das GWB wie Eigenbetriebe und Regiebetriebe oder auch der Staat selbst in der Rolle als Anbieter.[12]

12 Eine Teilausnahme vom Anwendungsbereich des GWB auf öffentliche Unternehmen bestimmt § 130 **Abs. 1 Satz 2** GWB für die Deutsche Bundesbank und die Kreditanstalt für Wiederaufbau. Da die Ausnahme aber lediglich die kartellrechtlichen Vorschriften des Ersten bis Dritten Teils des GWB betrifft, sind die im Vierten Teil des GWB normierten kartellvergaberechtlichen Vorschriften hiervon nicht umfasst. Diese Regelungen gelten somit auch für die **Deutsche Bundesbank** sowie die **Kreditanstalt für Wiederaufbau**.

13 § 130 **Abs. 2** GWB regelt als Kollisionsnorm[13] den **räumlichen Anwendungsbereich** des GWB. Die kartellrechtlichen Vorschriften des GWB finden danach Anwendung auf alle Wettbewerbsbeschränkungen, die sich im Geltungsbereich des GWB und damit national auswirken, unabhängig davon, ob sie im In- oder Ausland veranlasst wurden. Als generelle kartellrechtliche Kollisionsnorm geht sie den allgemeinen Kollisionsnormen anderer Rechtsgebiete vor, bestimmt als einseitige Kollisionsnorm allein die Voraussetzungen für die Anwendbarkeit des deutschen Kartellrechts; nicht hingegen die Anwendbarkeit ausländischen Kartellrechts und ist zudem zwingend, wodurch insbesondere auch im Hinblick auf den internationalprivatrechtlichen Grundsatz der Privatautonomie der Anwendungsbereich des GWB auch zwischen den Vertragsparteien nicht disponibel ist.[14]

14 § 130 **Abs. 3** GWB erklärt die §§ 19, 20 und 29 GWB neben den Vorschriften des Energiewirtschaftsgesetzes (**EnWG**) grundsätzlich für anwendbar unter Vorbehalt der Regelung des § 111 EnWG, der das **Verhältnis zum GWB** normiert. Die vergaberechtlichen Regelungen des Vierten Teils des GWB werden hiervon nicht umfasst.

2. Sachlicher Anwendungsbereich des Kartellvergaberechts

15 In **sachlicher** Hinsicht ist der **Anwendungsbereich** grundsätzlich eröffnet, wenn ein öffentlicher Auftrag Gegenstand der Vergabe ist. Der sachliche Anwendungsbereich der kartellvergaberechtlichen Regelungen wird zunächst gemäß § 99 GWB positiv normiert und anschließend in den §§ 100 ff. GWB in mehrfacher Hinsicht begrenzt.

a) Öffentliche Aufträge, § 99 GWB

16 Der in **§ 99 GWB** normierte **öffentliche Auftrag** wird in § 99 **Abs. 1** GWB legal definiert als „entgeltliche Verträge von öffentlichen Auftraggebern mit Unternehmen über die Beschaffung von Leistungen, die Liefer-, Bau- oder Dienstleistungen zum Gegenstand haben, Baukonzessionen und Auslobungsverfahren, die zu Dienstleistungsaufträgen führen sollen". Ziel der öffentlichen Auftragsvergabe ist somit die staatliche Leistungsbeschaffung.

17 Nach der Legaldefinition der öffentlichen Aufträge in § 99 Abs. 1 GWB sind im Rahmen der staatlichen Leistungsbeschaffung, **Liefer- Bau- und Dienstleistungen** zu unterscheiden. Umfasst werden darüber hinaus Baukonzessionen und Auslobungsverfahren, die zu Dienstleistungsaufträgen (sog. Wettbewerbe) führen sollen (§ 99 Abs. 1 a.E. GWB). Diese in Abs. 1 genannten Auftragsarten werden in den nachfolgenden **Absätzen 1 bis 6** des § 99 GWB im Einzelnen ebenfalls legal definiert.

---

[12] Vgl. *Emmerich* in Immenga/Mestmäcker, GWB, § 130 Rn. 44 ff. mwN.; *Stockmnn* in Loewenheim/Meessen/Riesenkampff, Kartellrecht, § 130 GWB Rn. 23 mit Verweis auf BGH Urt. v. 26.10. 1961, KZR 1/61, BGHZ 36, 91, 103.

[13] Vgl. *Rehbinder* in Immenga/Mestmäcker, GWB, § 130 Rn. 125, 303; *Stockmann* in Loewenheim/Meessen/Riesenkampff, Kartellrecht, § 130 GWB Rn. 39 jeweils mit Verweis auf u.a. BGH Urt. v. 12.7.1973, VII ZR 196/72, BGHZ 61, 144; BGH Urt. v. 29.5.1979, KVR 4/78, BGHZ 74, 327.

[14] Vgl. hierzu die ausführliche Darstellung bei *Rehbinder* in Immenga/Mestmäcker, GWB, § 130 Rn. 303 ff.; *Stockmann* in Loewenheim/Meessen/Riesenkampff, Kartellrecht, § 130 GWB Rn. 39 ff.

Die weiteren **Abs. 7 bis 9** betreffen öffentliche **Aufträge mit Verteidigungs- oder** 18
Sicherheitsrelevanz, die unter die – auf der Grundlage der Ermächtigung in § 97
Abs. 6, § 127 Nr. 1, 3 und 8 GWB erlassenen – Vergabeverordnung Verteidigung und
Sicherheit (VSVgV) fallen und ihre Legaldefinition in § 99 Abs. 7 GWB finden.

§ 99 **Abs. 10 bis Abs. 13** GWB beinhalten Bestimmungen zu Verträgen, die nicht 19
eindeutig nur Liefer-, Bau- oder Dienstleistungen betreffen, sondern deren Leistungsinhalt mindestens zwei der genannten Leistungsbereiche umfassen, sog. **Mischverträge**. Grundsätzlich erfolgt die Zuordnung dieser gemischten Aufträge zu einer der Leistungsarten nach dem Hauptgegenstand des Auftrags, der sich anhand der jeweiligen Werte der Einzelleistungen ermitteln lässt.

Eine detaillierte Darstellung zum Begriff des öffentlichen Auftrags und zu den Einzel- 20
heiten der Auftrags- und Leistungsarten erfolgt in Kapitel 1 § 4 und § 5 zu § 99 GWB,
weshalb hier darauf im Einzelnen verwiesen wird.

b) Einschränkung des sachlichen Anwendungsbereichs und Schwellenwerte, §§ 100 ff. GWB

aa) Allgemeines. Die Regelungen der §§ 97 ff. GWB über die Vergabe öffentlicher Auf- 21
träge setzen vornehmlich die europarechtlichen Vorgaben der EU-Richtlinien[15] um. Der
deutsche Gesetzgeber hat sich dabei letztendlich für die sog. kartellrechtliche Lösung entschieden und daher die grundlegenden vergaberechtlichen Regelungen in das GWB eingefügt.[16] Indem die EU-Richtlinien ihren Anwendungsbereich in Abhängigkeit von der
Annahme einer sog. „Binnenmarktrelevanz" des Auftrags bemessen, die bei Erreichen eines bestimmten Auftragswerts, den sog. **Schwellenwerten**, unwiderlegbar angenommen
wird, kommt das europäische Vergaberecht demnach erst zur Anwendung, wenn die im
Vorfeld sorgfältig zu schätzende Auftragssumme diese bestimmten Schwellenwerte erreicht oder überschreitet.

Vor diesem Hintergrund beinhaltet **§ 100 GWB** in Ergänzung zu § 99 GWB ebenfalls 22
Bestimmungen zum sachlichen Anwendungsbereich. Zum einen wird hier in Umsetzung der
EU-Richtlinien für die Anwendbarkeit der Regelungen des 4. Teils des GWB (§§ 97 bis
129b GWB) grundsätzlich das Erreichen bzw. Überschreiten des jeweils geltenden Schwellenwertes vorausgesetzt (vgl. § 100 Abs. 1 GWB). Zum anderen werden in den weiteren
Abs. 2 bis 8 des § 100 GWB sowie in den §§ 100a bis 100c GWB bestimmte Tatbestände aus
dem Anwendungsbereich ausgenommen. Damit regelt § 100 GWB nicht – wie die amtliche
Überschrift vermuten lässt – in positiver Hinsicht den Anwendungsbereich des Vergaberechts,
sondern schränkt diesen bereits durch § 99 GWB eröffneten sachlichen Anwendungsbereich
vielmehr in mehrfacher Hinsicht ein.[17]

bb) Begrenzung des Anwendungsbereichs auf den Oberschwellenbereich, § 100 Abs. 1 23
GWB. § 100 **Abs. 1 Satz 1** GWB beschränkt die Anwendbarkeit der §§ 97 bis 129b
GWB – in Abhängigkeit vom geschätzten Auftragswert – auf den sog. **Oberschwellenbereich**. Mit dieser Bestimmung wird die Entscheidung des nationalen Gesetzgebers für
die Zweiteilung des Vergaberechts in der Bundesrepublik Deutschland manifestiert. Die
Umsetzungspflicht der europäischen Vorgaben in nationales Recht besteht lediglich für
den Oberschwellenbereich, sodass die gesetzliche Ausgestaltung der Auftragsvergabe im
Unterschwellenbereich primär dem nationalen Gesetzgeber überlassen ist. Begründet wird
dies damit, dass bei der Auftragsvergabe erst ab dem Erreichen eines bestimmten Schwel-

---

[15] Vgl. Richtlinien 2004/18/EG und 2004/17/EG vom 31.3.2004, zuletzt geändert durch die Verordnung (EU) Nr. 1251/2011 vom 30.11.2011.
[16] Vgl. *Ziekow* in ders./Völlink, VergabeR, GWB Einl. Rn. 24; ebenso: *Dietlein/Fandrey* in Byok/Jaeger, VergabR, Einl. Rn. 36 ff., 42 ff.
[17] Vgl. *Hailbronner* in Byok/Jaeger, VergabeR, § 100 GWB Rn. 1.

lenwerts eine europarechtliche Binnenmarktrelevanz unwiderleglich vermutet wird.[18] Daher gilt in Deutschland lediglich im Oberschwellenbereich das europäische Vergaberecht bzw. die zu dessen Umsetzung erlassenen nationalen Regelungen. Im sog. **Unterschwellenbereich** bleibt es hingegen bei der Anwendung des weiterhin haushaltsrechtlich geprägten nationalen Vergaberechts.

24 Die jeweils einschlägigen Schwellenwerte ergeben sich aus den entsprechenden EU-Verordnungen[19] i.V.m. § 100 **Abs. 1 Satz 2** Nr. 1 bis 3 und § 127 Nr. 1 bis 3 GWB i.V.m. § 2 VgV, § 1 SektVO und § 1 VSVgV. Aufgrund der mit Wirkung zum 25.10.2013 in die VgK aufgenommenen und in der SektVO und VSVgV bereits enthaltenen dynamischen Verweisung auf die entsprechenden EU-Verordnungen gelten die dortigen aktuellen Schwellenwerte seit dem 1.1.2014 unmittelbar.

(1) § 100 Abs. 1 Satz 2 **Nr. 1** GWB erfasst im Sinne eines **Auffangtatbestand**s alle Auftragsvergaben öffentlicher Auftraggeber, die nicht einem der folgenden speziellen Tatbestände der Nr. 2 und 3 zuzuordnen sind und damit nicht unter die Sektorenverordnung (SektVO) oder die Vergabeverordnung Verteidigung und Sicherheit (VSVgV) fallen. Für diese öffentlichen Aufträge ergibt sich der jeweilige Schwellenwert aus § 2 Vergabeverordnung (VgV) i.V.m. Art. 7 der Richtlinie 2004/18/EG in der jeweils geltenden Fassung[20].

(2) Der speziellere Tatbestand der **Nr. 2** betrifft **Aufträge, die Sektorentätigkeiten umfassen.** Für diese ergeben sich die einschlägigen Schwellenwerte aus § 1 Abs. 2 SektVO, der auf die geltenden EU-Schwellenwerte verweist (siehe hierzu im Einzelnen Kapitel 10 § 47).

(3) Die **Nr. 3** bezieht sich auf **Aufträge mit Verteidigungs- oder Sicherheitsrelevanz.** Die diesbezüglichen Schwellenwerte bestimmt § 1 Abs. 2 VSVgV, der ebenfalls auf die geltenden EU-Schwellenwerte verweist (siehe hierzu im Einzelnen Kapitel 12 § 60).

25 Aus den vorgenannten Regelungen ergeben sich für die verschiedenen Leistungsarten derzeit folgende **EU-Schwellenwerte** für die Anwendbarkeit des Kartellvergaberechts:

Öffentliche Aufträge	Schwellenwerte in EUR
Liefer- und Dienstleistungsaufträge der oberen und obersten Bundesbehörden (§ 2 Abs. 1 VgV iVm Art. 7 der RL 2004/18/EG, zuletzt geändert durch die VO (EU) Nr. 1336/2013)	134.000
Liefer- und Dienstleistungsaufträge (§ 2 Abs. 1 VgV iVm Art. 7 der RL 2004/18/EG, zuletzt geändert durch die VO (EU) Nr. 1336/2013)	207.000
Ein Los von Dienstleistungsaufträgen (§ 3 Abs. 7 Satz 5 VgV)	80.000
	bzw. Lose < 80.000: der addierte Wert ab 20 % des Gesamtwertes aller Lose

---

[18] Vgl. *Summa* in jurisPK-VergR, § 100 GWB Rn. 1.
[19] Aktuell: Verordnung (EU) Nr. 1336/2013 der Kommission vom 13.12.2013 zur Änderung der Richtlinien 2004/17/EG, 2004/18/EG und 2009/81/EG des Europäischen Parlaments und des Rates im Hinblick auf die Schwellenwerte für Auftragsvergabeverfahren (Amtsbl. L 335/17), zum 1.1.2014 in Kraft getreten.
[20] Aktuell: Verordnung (EU) Nr. 1336/2013 der Kommission vom 13.12.2013 zur Änderung der Richtlinien 2004/17/EG, 2004/18/EG und 2009/81/EG des Europäischen Parlaments und des Rates im Hinblick auf die Schwellenwerte für Auftragsvergabeverfahren (Amtsbl. L 335/17), zum 1.1.2014 in Kraft getreten.

Bauaufträge (§ 2 Abs. 1 VgV iVm Art. 7 der RL 2004/18/EG, zuletzt geändert durch die VO (EU) Nr. 1336/2013)	5.186.000
Ein Los von Bauaufträgen (§ 3 Abs. 7 Satz 5 VgV)	1.000.000
	bzw. Lose < 1.000.000: der addierte Wert ab 20 % des Gesamtwertes aller Lose
Liefer- und Dienstleistungsaufträge im Sektorenbereich (§ 1 Abs. 2 SektVO iVm Art. 16 der RL 2004/17/EG, zuletzt geändert durch die VO (EU) Nr. 1336/2013)	414.000
Bauaufträge im Sektorenbereich (§ 1 Abs. 2 SektVO iVm Art. 16 der RL 2004/17/EG, zuletzt geändert durch die VO (EU) Nr. 1336/2013)	5.186.000
Liefer- und Dienstleistungsaufträge im Bereich Verteidigung und Sicherheit (§ 1 Abs. 2 VSVgV iVm Art. 8 der RL 2009/81/EG zuletzt geändert durch die VO (EU) Nr. 1336/2013)	414.000
Bauaufträge im Bereich Verteidigung und Sicherheit (§ 1 Abs. 2 VSVgV iVm Art. 8 der RL 2009/81/EG zuletzt geändert durch die VO (EU) Nr. 1336/2013)	5.186.000

Bezüglich der weiteren Einzelheiten zu den Schwellenwerten sowie der Schätzung der Auftragswerte wird auf die jeweils ausführlichen Darstellungen in Kapitel 1 § 7 verwiesen.

c) Ausnahmetatbestände des § 100 Abs. 2 bis 8 GWB

§ 100 Abs. 2 bis 8 sowie die §§ 100a bis 100c GWB enthalten einen **abschließenden** Katalog an **Ausnahmetatbeständen** vom Anwendungsbereich des Vergaberechts (vgl. § 100 Abs. 2 GWB). Mit der Neufassung des § 100 GWB im Jahr 2011 erfolgte eine Neuordnung der Ausnahmetatbestände. Ein Teil der zuvor in dem abschließenden Katalog des § 100 Abs. 2 GWB a.F. geregelten Ausnahmebestimmungen befinden sich jetzt in den neu eingefügten §§ 100a bis 100c GWB.

aa) Arbeitsverträge (§ 100 Abs. 3 GWB). Gemäß § 100 **Abs. 3** GWB gelten die Bestimmungen des Kartellvergaberechts nicht für **Arbeitsverträge.** In Umsetzung der europarechtlichen Vorgaben resultiert diese Ausnahme aus der Annahme, dass Arbeitsverträge zwar die Erbringung einer Dienstleistung zum Inhalt haben, diese jedoch nur unter das Vergaberecht fallen sollen, wenn die Dienstleistung im Wege einer Auftragsvergabe beschafft wird und nicht auf einem Arbeitsverhältnis basiert.[21]

bb) Schieds- und Schlichtungsleistungen (§ 100 Abs. 4 Nr. 1 GWB). § 100 **Abs. 4 Nr. 1** GWB nimmt in Umsetzung der europarechtlichen Vorgaben **Schiedsgerichts- und Schlichtungsleistungen** vom Anwendungsbereich des Kartellvergaberechts aus (zuvor: § 100 Abs. 2 lit. l GWB a.F.). Hintergrund der Ausnahme sind die Erwägungsgründe zu den EU-Richtlinien, dass derartige Dienste normalerweise von Organisationen oder Personen übernommen werden, deren Bestellung oder Auswahl in einer Art und Weise er-

---

[21] So auch *Hailbronner* in Byok/Jaeger, Vergaberecht, § 100 GWB Rn. 26.

Kap. 1 Grundlagen

folgt, die sich nicht nach Vergabevorschriften für öffentliche Aufträge richten kann.[22] Denn die Erbringung von Schiedsgerichts- und Schlichtungsleistungen setzt ein gewisses Vertrauensverhältnis zwischen den beteiligten Parteien voraus, das sich nur selten auf Grundlage eines auf die Ermittlung des wirtschaftlichsten Angebots ausgerichteten Vergabeverfahrens begründen lässt.[23]

30 cc) Forschungs- und Entwicklungsleistungen (§ 100 Abs. 4 Nr. 2 GWB). Gemäß § 100 Abs. 4 Nr. 2 GWB unterliegen Aufträge über **Forschungs- und Entwicklungsdienstleistungen** grundsätzlich ebenfalls nicht dem Geltungsbereich des Vergaberechts. Der Ausnahmetatbestand befand sich zuvor in § 100 Abs. 2 lit. n GWB a.F. und enthält auch weiterhin die wichtige Gegenausnahme für die sog. Auftragsforschung. Danach sind derartige Aufträge über Forschungs- und Entwicklungsdienstleistungen allerdings dann nach den vergaberechtlichen Vorschriften zu vergeben, wenn die Forschungsergebnisse allein in das Eigentum des öffentlichen Auftraggebers fallen, lediglich für seine eigene Tätigkeit zur Verfügung stehen und sofern der Auftrag durch den öffentlichen Auftraggeber vollständig vergütet wird. Hintergrund der hier normierten Ausnahme- und Gegenausnahmeregelung sind ebenfalls die Vorgaben der Vergabekoordinierungsrichtline 2004/18/EG. Laut deren Erwägungsgrund 23 trägt unter anderem die Unterstützung der Forschung und der technischen Entwicklung dazu bei, die wissenschaftlichen und technischen Grundlagen der gemeinschaftlichen Industrie zu stärken, wobei die Öffnung der öffentlichen Dienstleistungsmärkte zur Erreichung dieses Zieles beiträgt, sodass die Mitfinanzierung von Forschungsprogrammen zur Förderung der Forschung und Entwicklung gerade nicht Gegenstand der Richtlinie 2004/18/EG sein soll, jedoch mit ausdrücklicher Ausnahme der Auftragsforschung.[24] Auch die am 15.1.2014 vom Europäischen Parlament angenommenen Texte der neuen EU-Vergaberichtlinien enthalten weiterhin diesen Ausnahmetatbestand zu Forschungs- und Entwicklungsleistungen, vgl. Art. 14 der angenommenen Texte der EU-Richtlinie über die Vergabe öffentlicher Aufträge sowie den Erwägungsgrund 35.

31 Damit ist die Ausnahme von der Vergabepflicht bei Aufträgen über Forschungs- und Entwicklungsdienstleistungen lediglich relevant, wenn die Forschungs- und Entwicklungsdienstleistungen zumindest zu einem Teil im Allgemeininteresse liegen.

32 dd) Grundstücks- und Immobilienverträge (§ 100 Abs. 5 GWB). Die Ausnahmetatbestände des § 100 **Abs. 5 Nr. 1 bis 3** GWB (zuvor: § 100 Abs. 2 lit. h GWB a.F.) betreffen Verträge über den **Erwerb, Mietverhältnisse und Rechte an Grundstücken und Immobilien** ungeachtet ihrer Finanzierung. Für den Abschluss dieser Verträge bedarf es nicht der Durchführung eines Vergabeverfahrens, sofern mit den Immobilienverträgen kein Bauauftrag bzw. Baukonzession i.S.v. § 99 Abs. 1 i.V.m. 3 oder 6 GWB einhergeht.

33 Die Ausnahme basiert ebenfalls auf den europarechtlichen Vorgaben und gründet auf der Erwägung, dass Dienstleistungsaufträge, die Grundstücks- und Immobilienverträge betreffen, Merkmale aufweisen, welche die Anwendung der vergaberechtlichen Vorschriften unangemessen erscheinen lassen.[25] Die genannten Merkmale beziehen sich gerade auf die Besonderheit der Unbeweglichkeit und Individualität des Vertragsgegenstandes. Bei Immobilienverträgen sind insbesondere Merkmale wie eine bestimmte Lage relevant, die in der Regel lediglich von einem Grundstück oder nur einer geringen Anzahl weiterer

---

[22] Vgl. Erwägungsgrund 26 zur Vergabekoordinierungsrichtlinie 2004/18/EG.
[23] So auch *Dippel* in Hattig/Maibaum, PK-Kartellvergaberecht, § 100 GWB Rn. 127; *Diehr* in Reidt/Stickler/Glahs, Vergaberecht, § 100 GWB Rn. 78; auch *Hailbronner* in Byok/Jaeger, Vergaberecht, § 100 GWB Rn. 53; *Summa* in jurisPK-VergR, § 100 GWB Rn. 71.
[24] Vgl. Erwägungsgrund 23 zur Vergabekoordinierungsrichtlinie 2004/18/EG.
[25] Vgl. Erwägungsgrund 24 zur Vergabekoordinierungsrichtlinie 2004/18/EG.

Grundstücke erfüllt wird, sodass ein Wettbewerb gerade nicht besteht und eine Beschaffung in einem vergaberechtlichen Verfahren damit nicht zielführend erscheint.[26]

Zu den **Rechten an Grundstücken** zählen insbesondere Erbbaurechte, aber auch sonstige dingliche Rechte.[27] 34

Nicht ausdrücklich benannt wird in § 100 Abs. 5 GWB die **Veräußerung** von unbeweglichem Vermögen durch die öffentliche Hand. Die reine Veräußerung stellt schon begrifflich keinen Beschaffungsvorgang dar, sondern beschreibt im Gegenteil gerade die Trennung von im Eigentum des öffentlichen Auftraggebers stehenden unbeweglichen Vermögensgegenständen. Dennoch bestand in Bezug auf Grundstücksgeschäfte öffentlicher Auftraggeber lange Zeit Rechtsunsicherheit, die auf der sog. „Ahlhorn-Entscheidung" des OLG Düsseldorf aus dem Jahre 2007 gründete.[28] In dieser Entscheidung führte das OLG Düsseldorf aus, die Veräußerung von Grundstücken habe dann unter Anwendung des Vergaberechts zu erfolgen, wenn die öffentliche Hand mit der Veräußerung lediglich den Zweck verfolge, einen Investor für die Umsetzung eines Bauprojekts zu finden und auf diese Weise mittelbar eine Bauleistung beschafft werde. In einem solchen Fall sei die Veräußerung als Bauauftrag auszulegen, der nach den geltenden vergaberechtlichen Bestimmungen zu vergeben sei. Folge der „Ahlhorn"-Rechtsprechung war eine erhebliche Ausuferung der Ausschreibungspflicht bei Grundstücksgeschäften durch öffentliche Auftraggeber, die erst durch die Entscheidung des EuGH in Sachen „Helmut Müller"[29] aus dem Jahr 2010 wieder eingedämmt wurde. Der EuGH schränkte die „Ahlhorn"-Rechtsprechung des OLG Düsseldorf teilweise wieder ein und stellte in seiner Entscheidung klar, dass ein öffentlicher Bauauftrag zwar nicht erfordere, dass die vertragsgegenständliche Bauleistung für den öffentlichen Auftraggeber stets unmittelbar beschafft werde, sofern sie dem öffentlichen Auftraggeber zumindest unmittelbar wirtschaftlich zugute kommt. Dieser vorausgesetzte unmittelbare wirtschaftliche Vorteil sei aber bei der Ausübung von städtebaulichen Regelzuständigkeiten durch den öffentlichen Auftraggeber im Hinblick auf die Verwirklichung von Allgemeininteressen nicht gegeben. 35

ee) **Aufträge, die wesentliche Sicherheitsinteressen i.S.d. Art. 346 Abs. 1 AEUV betreffen (§ 100 Abs. 6 GWB).** § **100 Abs. 6 Nr. 1** GWB nimmt die Vergabe von Aufträgen vom Anwendungsbereich der §§ 97 ff. GWB aus, bei denen die Anwendung der vergaberechtlichen Vorschriften den Auftraggeber dazu zwingen würde, Auskünfte zu erteilen, deren Inhalt **wesentlichen Sicherheitsinteressen der Bundesrepublik Deutschland im Sinne des Art. 346 Abs. 1 lit. a AEUV** (ex-Art. 296 EGV) widersprechen. Der Ausnahmetatbestand war in § 100 Abs. 2 GWB a.F. noch nicht enthalten und wurde erst mit der Neuordnung ergänzend aufgenommen. Eine nähere Bestimmung, wann die in Abs. 6 Nr. 1 genannten wesentlichen Sicherheitsinteressen betroffen sind, enthält der ebenfalls neu eingefügte § 100 **Abs. 7** GWB. Danach kann die Vorschrift insbesondere relevant sein beim Betrieb oder dem Einsatz von Streitkräften, der Umsetzung von Maßnahmen der Terrorismusbekämpfung oder der Beschaffung von Informationstechnik oder Telekommunikationsanlagen. 36

Der weitere in § 100 **Abs. 6 Nr. 2** GWB geregelte Ausnahmetatbestand entspricht hingegen dem früheren § 100 Abs. 2 lit. e GWB a.F. Erfasst sind Auftragsvergaben, die dem Anwendungsbereich des Art. 346 Abs. 1 lit. b AEUV (ex-Art. 296 EGV) unterliegen, wonach jeder Mitgliedstaat die Maßnahmen ergreifen kann, die seines Erachtens für die Wahrung seiner wesentlichen Sicherheitsinteressen erforderlich sind, soweit sie die Erzeugung von Waffen, Munition und Kriegsmaterial oder den Handel damit betreffen. Die 37

---

[26] So auch *Diehr* in Reidt/Stickler/Glahs, Vergaberecht, § 100 GWB Rn. 65; *Hailbronner* in Byok/Jaeger, Vergaberecht, § 100 GWB Rn. 49.
[27] So auch *Diehr* in Reidt/Stickler/Glahs, Vergaberecht, § 100 GWB Rn. 66.
[28] Vgl. OLG Düsseldorf Beschl. v. 13.6.2007, VII-Verg 2/07.
[29] Vgl. EuGH Urt. v. 25.3.2010, Rs. C-451/08 – Helmut Müller.

Maßnahmen dürfen dabei nicht zu einer Beeinträchtigung der Wettbewerbsbedingungen auf dem Binnenmarkt hinsichtlich der nicht eigens für militärische Zwecke bestimmten Waren führen. Die unter Art. 346 Abs. 1 lit. b AEUV fallenden Waren sind der am 15. 4. 1958 festgelegten Liste zu entnehmen, auf die Art. 346 Abs. 2 AEUV Bezug nimmt. Die unveröffentlichte sog. Kriegswaffenliste von 1958 gilt heute mangels Überarbeitung als technologisch überholt[30] und kann lediglich als verwaltungsinterne Anweisung aufgefasst werden.[31]

38   Im Rahmen der Auftragsvergaben im Verteidigungs- und Sicherheitsbereich (§ 99 Abs. 7 GWB), die nicht unter den hiesigen Ausnahmetatbestand fallen, ist bei der Vergabe zudem die Anwendbarkeit der gegenüber der VgV spezielleren VSVgV zu beachten, vgl. §§ 1, 2 Abs. 3 VgV (siehe unten Rn. 55).

39   **ff) Die Ausnahmetatbestände in § 100 Abs. 8 GWB.** Die weiteren Ausnahmetatbestände des § 100 GWB enthält **Abs. 8.** Die hierin ausgenommenen Aufträge zählen nicht zu den verteidigungs- und sicherheitsrelevanten Aufträgen i.S.d. § 99 Abs. 7 GWB.

40   Den von § 100 **Abs. 8 Nr. 1 bis 3** GWB umfassten Aufträgen ist dabei gemein, dass sie erhöhten Sicherheits- und Geheimhaltungsbedürfnissen unterliegen. Die Regelungen entsprechen den früheren Tatbeständen des § 100 Abs. 2 lit. d aa) bis cc) GWB a.F. und basieren ebenfalls auf den europarechtlichen Vorgaben.

41   Dabei geht es um nationale Geheimhaltungsinteressen (Nr. 1) und darauf beruhenden besonderen Sicherheitsmaßnahmen (Nr. 2), die in Übereinstimmung mit den nationalen Rechts- und Verwaltungsvorschriften erklärt werden. Nr. 3 nennt ergänzend besondere Beispielsfälle.

42   Im Rahmen der Ausnahmeregelung des Nr. 1 ist nicht erforderlich, dass der Auftrag selbst geheim ist, sondern vielmehr kommt es darauf an, dass zentrale Bestandteile des Auftrags formell **für geheim erklärt** wurden und materiell einer Geheimhaltung unterliegen, auf die öffentliche Bekanntheit des Vorhabens als solches kommt es dabei nicht an.[32] Die Geheimerklärung muss dabei von den nationalen Rechts- und Verwaltungsvorschriften gedeckt sein und insofern formell und materiell rechtmäßig erfolgt sein.

43   Die nationalen Geheimhaltungs- und besonderen Sicherheitsbedürfnisse stehen naturgemäß im Widerspruch zu den allgemeinen vergaberechtlichen Grundsätzen, die insbesondere unter Einhaltung des Transparenz- und Gleichbehandlungsgebots einen umfassenden Wettbewerb gewährleisten sollen. Die Ausnahmetatbestände des § 100 Abs. 8 Nr. 1 bis 3 GWB sind daher eng auszulegen und erfordern eine genaue einzelfallbezogene Prüfung der Tatbestandsvoraussetzungen. Vor diesem Hintergrund ist auch zu prüfen, ob nicht lediglich einzelne Auftragsteile unter das Geheimhaltungsinteresse fallen und insofern gegebenenfalls eine getrennte Ausschreibung von den geheimen Auftragsbestandteilen und den übrigen nicht unter den Ausnahmetatbestand fallenden Teilen eines Auftrags möglich ist.[33]

44   Die weiteren Ausnahmetatbestände der § 100 **Abs. 8 Nr. 4 bis 6** befanden sich früher in § 100 Abs. 2 litt. a bis c GWB a.F. Davon umfasst sind Aufträge, die aufgrund **Truppenstationierungsabkommen** oder **anderer internationaler Abkommen** oder nach einem besonderen Verfahren einer **internationalen Organisation** vergeben werden. Diese ebenfalls auf den Vorgaben der EU-Richtlinien basierenden Ausnahmeregelungen

---

[30] Vgl. *Dippel* in Hattig/Maibaum, PK-Kartellvergaberecht, § 100 GWB Rn. 81; *Hailbronner* in Byok/Jaeger, Vergaberecht, § 100 GWB Rn. 40.
[31] Vgl. *Dippel* in Hattig/Maibaum, PK-Kartellvergaberecht, § 100 GWB Rn. 81.
[32] Vgl. *Dippel* in Hattig/Maibaum, PK-Kartellvergaberecht, § 100 GWB Rn. 59 u. a. mit Verweis auf OLG Düsseldorf, Beschl. v. 30. 3. 2005, VII-Verg 101/04 – Neubau BND; *Summa* in jurisPK-VergR, § 100 GWB Rn. 33.
[33] Vgl. *Dippel* in Hattig/Maibaum, PK-Kartellvergaberecht, § 100 GWB Rn. 60 u. a. mit Verweis auf die in diesem Zusammenhang ergangenen Entscheidungen der VK Bund, Beschl. v. 14. 7. 2005, VK 3–55/05; VK Brandenburg Beschl. v. 22. 3. 2004, VK 6/04.

d) Ausnahmetatbestände der §§ 100a, 100b und 100c GWB

§§ 100a, 100b, 100c GWB führen die weiteren Ausnahmetatbestände auf, die zur Ausnahme von der Anwendbarkeit des Vergaberechts führen. Die Ausnahmevorschriften für „normale" öffentliche Auftraggeber sind in § 100a GWB,[34] für Sektorenauftraggeber in § 100b GWB[35] und für öffentliche Auftraggeber bei der Beschaffung von verteidigungs- und sicherheitsrelevanten Leistungen in § 100c GWB[36] geregelt. 45

e) Weitere Ausnahmen vom Anwendungsbereich des Kartellvergaberechts

aa) De-facto-Vergaben, § 101b GWB. Die §§ 101a und 101b GWB regeln die vormals in § 13 Satz 1 bis 6 VgV a.F. normierte Informations- und Wartepflicht[37] des öffentlichen Auftraggebers und die Rechtsfolgen eines Verstoßes gegen diese Verpflichtung. Über den Inhalt der früheren Regelung hinaus normiert **§ 101b GWB** auch die Rechtsfolgen einer unzulässigen Direktvergabe, sog. **De-facto-Vergabe.** Die Regelungen wurden im Jahr 2009 aufgrund des Vergaberechtsmodernisierungsgesetzes in das GWB eingeführt. 46

Nach der Legaldefinition des § 101b GWB liegt eine De-facto-Vergabe vor, wenn der öffentliche Auftraggeber einen öffentlichen Auftrag unmittelbar an ein Unternehmen erteilt, ohne andere Unternehmen am Vergabeverfahren zu beteiligen. Ein solches Vorgehen ist grundsätzlich – wenn nicht aufgrund eines Gesetzes oder aufgrund richterlicher Rechtsfortbildung gestattet – unzulässig. Als ausnahmsweise zulässige Fälle einer De-facto-Vergabe sind zB zulässige In-house-Vergaben oder Fälle zulässiger interkommunaler Zusammenarbeit zu nennen. In allen anderen, also nicht durch Gesetz oder aufgrund richterlicher Rechtsfortbildung gestatteten Fällen, besteht ein Verstoß des öffentlichen Auftraggebers gegen die ihm obliegende Pflicht zu einer vergaberechtmäßigen Beschaffung. In diesem Sinne bilden De-facto-Vergaben lediglich in den gesetzlich zugelassenen Ausnahmefällen eine zulässige Ausnahme vom Anwendungsbereich des Vergaberechts. 47

Eine unzulässige De-facto-Vergabe stellt hingegen eine Umgehung des Vergaberechts dar, indem die Vergabestelle den Anwendungsbereich des Vergaberechts fälschlich als nicht eröffnet ansieht. 48

bb) In-house-Vergaben. Zu den Einzelheiten des vergaberechtlichen Sonderfalls einer zulässigen In-house-Vergabe siehe Kapitel 1 § 6. 49

cc) Staatliche Kooperationen. Zu den Einzelheiten des vergaberechtlichen Sonderfalls staatlicher Kooperationen bzw. interkommunale Zusammenarbeit siehe Kapitel 1 § 6. 50

dd) Dienstleistungskonzessionen. Schließlich sind die Dienstleistungskonzessionen von den gemäß § 99 Abs. 1 GWB vergabepflichtigen Dienstleistungsaufträgen abzugrenzen (siehe hierzu Rn. 61 ff.). 51

---

[34] Diese Ausnahmetatbestände gehen zurück auf die EU-Richtlinie 2004/18/EG (VKR).
[35] Diese Ausnahmetatbestände beruhen auf der EU-Richtlinie 2004/17/EG (SKR).
[36] Diese Ausnahmeregelungen gehen zurück auf die EU-Richtlinie 2009/81/EG (Verteidigungsrichtlinie).
[37] Teilweise auch als „Stillhaltefrist" bezeichnet.

II. Anwendungsbereich der Vergabeverordnung – VgV

1. Ermächtigung zum Erlass der Vergabeverordnung, § 97 Abs. 6 und § 127 GWB

52 Die **Vergabeverordnung (VgV)**[38] wurde von der Bundesregierung neben der Sektorenverordnung (SektVO)[39] und der Vergabeverordnung für die Bereiche Verteidigung und Sicherheit (VSVgV)[40] zur Umsetzung der geltenden EU-Richtlinien auf Grundlage der Ermächtigung in **§ 97 Abs. 6 GWB i.V.m. § 127 GWB** erlassen und ist als solche ein Gesetz im materiellen Sinne. Sie trat zum 1.2.2001 in Kraft und wurde seither mehrmals geändert, zuletzt durch die Verordnung vom 15.10.2013 (BGBl. I S. 3854) m.W.v. 25.10.2013. Die VgV enthält in Konkretisierung der §§ 97 ff. GWB nähere Bestimmungen zum Vergabeverfahren. Im vergaberechtlichen Kaskadenprinzip bildet die VgV die notwendige Verknüpfung zwischen den kartellvergaberechtlichen Vorschriften im Vierten Teil des GWB und den nachrangigen Vergabe- und Vertragsordnungen.[41]

2. Systematik, Anwendungsbereich und Inhalt der VgV

53 Die VgV ist damit die „**Schaltstelle**" für die anzuwendenden Regelungen bei der Vergabe öffentlicher Aufträge oberhalb der EU-Schwellenwerte (vgl. § 1 VgV, in dem für die Anwendbarkeit der VgV das Erreichen oder Überschreiten der vornehmlich in § 2 VgV geregelten Schwellenwerte vorausgesetzt wird). Zur Bestimmung ihres Anwendungsbereichs sind zunächst die Bereiche der Sektorenverordnung (SektVO) und der Vergabeverordnung für die Bereiche Verteidigung und Sicherheit (VSVgV) im Verhältnis zur VgV abzugrenzen.

a) Abgrenzung zum Anwendungsbereich der SektVO gemäß § 2 Abs. 2 VgV

54 Die näheren Bestimmungen der **SektVO** finden gemäß **§ 2 Abs. 2 VgV** Anwendung bei Aufträgen, die durch öffentliche Auftraggeber nach § 98 Nr. 1 bis 4 GWB im Zusammenhang mit Tätigkeiten auf dem Gebiet der Trinkwasser- oder Energieversorgung oder des Verkehrs (**Sektorentätigkeiten**) vergeben werden. Hinsichtlich der Einzelheiten wird auf die Darstellung zur SektVO (siehe Kapitel 10 § 47) verwiesen.

---

[38] Verordnung über die Vergabe öffentlicher Aufträge (Vergabeverordnung – VgV) vom 9.1.2001, BGBl. I 110, idF der Bekanntmachung vom 11.2.2003, BGBl. I 169, zuletzt geändert durch Verordnung vom 15.10.2013, BGBl. I S. 3854 m.W.v. 25.10.2013. Die VgV diente der Umsetzung der Richtlinie 97/52/EG des Europäischen Parlaments und des Rates vom 13.10.1997 zur Änderung der Richtlinien 92/50/EWG, 93/36/EWG und 93/37/EWG über die Koordinierung der Verfahren zur Vergabe öffentlicher Dienstleistungs-, Liefer- und Bauaufträge, ABl. EG Nr. L 328 S. 1, und der Richtlinie 98/4/EG des Europäischen Parlaments und des Rates zur Änderung der Richtlinie 93/38/EWG zur Koordinierung der Auftragsvergabe durch Auftraggeber im Bereich Wasser-, Energie- und Verkehrsversorgung sowie im Telekommunikationssektor, Abl. EG Nr. L 101 S. 1.

[39] Verordnung über die Vergabe von Aufträgen im Bereich des Verkehrs, der Trinkwasserversorgung und der Energieversorgung (Sektorenverordnung – SektVO) vom 23.9.2009, BGBl. I 3110; dient der Umsetzung der Richtlinie 2004/17/EG des Europäischen Parlaments und des Rates vom 31.3.2004 zur Koordinierung der Zuschlagserteilung durch Auftraggeber im Bereich der Wasser-, Energie- und Verkehrsversorgung sowie der Postdienste, ABl. L 134 vom 30.4.2004, S. 1, zuletzt geändert durch die Verordnung (EG) Nr. 2083/2005, ABl. L 333 vom 20.12.2005, S. 28.

[40] Vergabeordnung für die Bereiche Verteidigung und Sicherheit zur Umsetzung der Richtlinie 2009/81/EG des Europäischen Parlaments und des Rates vom 13.7.2009 über die Koordinierung der Verfahren zur Vergabe bestimmter Bau-, Liefer- und Dienstleistungsaufträge in den Bereichen Verteidigung und Sicherheit und zur Änderung der Richtlinien 2004/17/EG und 2004/18/EG (Vergabeverordnung Verteidigung und Sicherheit – VSVgV) vom 12.7.2012, BGBl. I 1509.

[41] Vgl. *Beurskens* in Hattig/Maibaum, PK-Kartellvergaberecht, § 1 VgV Rn. 2; *Alexander* in HK-Vergaberecht, § 1 VgV Rn. 2.

b) Abgrenzung zum Anwendungsbereich der VSVgV gemäß § 2 Abs. 3 VgV

Ausgenommen vom Anwendungsbereich der VgV sind neben den Sektorentätigkeiten gemäß § 2 **Abs. 3** VgV zudem verteidigungs- und sicherheitsrelevante Aufträge im Sinne des § 99 Abs. 7 GWB. Für diese gilt die **VSVgV**, in der sich die näheren Bestimmungen für verteidigungs- und sicherheitsrelevante Aufträge finden. Zu den Einzelheiten siehe die Darstellung zu Kapitel 12 § 60.

55

c) Inhalt der VgV und „Schaltstelle" zu den Vergabe- und Vertragsordnungen der VOB/A, VOL/A und VOF gemäß § 1 und §§ 4 bis 6 VgV

In den übrigen Fällen, die nicht in den Anwendungsbereich der SektVO oder der VSVgV fallen, finden die näheren Bestimmungen der **VgV** Anwendung. Diese beinhalten in **Abschnitt 1** Regelungen zum Schwellenwert und Auftragswert (§§ 2, 3 VgV), zur Vergabe der einzelnen Auftragsarten (§§ 4–6 VgV) sowie zur Bekanntmachung (§ 14 VgV), dem Ausschluss von Personen (§ 16 VgV) und zu Melde- und Berichtspflichten (§ 17 VgV). Die früher in der VgV darüber hinaus enthaltenen Bestimmungen zum Vergabeverfahren wurden im Laufe der Vergaberechtsreformen in das GWB transferiert (zB die Vorabinformationspflicht des § 13 VgV a.F., die jetzt in modifizierter Form in §§ 101a und 101b GWB geregelt ist).

56

Die Bezeichnung der VgV als „Schaltstelle" resultiert aus den in **§§ 4 bis 6 VgV** enthaltenen **Verweisungen** auf die **Vergabe- und Vertragsordnungen** für die jeweiligen Auftragsarten. Es handelt sich dabei um statische Verweisungen,[42] durch die die anzuwendenden Regelungen der **VOL/A**, **VOL/B** und **VOF** Gesetzesqualität erlangen und allgemein verbindlich sind.[43]

57

Die VgV differenziert die Auftragsarten als Liefer- und Dienstleistungen (§ 4 VgV), als freiberufliche Leistungen (§ 5 VgV) und als Bauleistungen (§ 6 VgV) und verweist auf die für die entsprechende Auftragsart anzuwendenden Teile der jeweiligen Vergabe- und Vertragsordnung (VOL/A-EG; VOF und VOB/A-EG). Zu den einzelnen Auftragsarten und den anzuwendenden Regelungen der jeweiligen Vergabe- und Vertragsordnungen siehe unter III. (nachfolgend Rn. 59 ff.).

58

III. Anwendungsbereich der Vergabe- und Vertragsordnungen VOL/A, VOB/A und VOF (§§ 4 bis 6 VgV)

Der Anwendungsbereich der einzelnen Vergabe- und Vertragsordnungen VOL/A,[44] VOB/A[45] und VOF[46] ergibt sich im Oberschwellenbereich aus der jeweiligen Verweisungsnorm der VgV (§§ 4–6 VgV). Die VgV unterscheidet dabei die oben bereits angesprochenen und in § 99 GWB definierten Auftragsarten: Liefer- und Dienstleistungsauf-

59

---

[42] Eine dynamische Verweisung wäre nicht möglich wegen des Vorbehalts des Gesetzes. Denn die Vergabe- und Vertragsordnungen stellen gerade keine materiellen Gesetze dar, vielmehr handelt es sich hierbei lediglich um Verwaltungsvorschriften.
[43] So auch *Kühnen* in Byok/Jaeger, Vergaberecht, § 1 VgV Rn. 4; *Lausen* in jurisPK-VergR, § 1 VgV Rn. 4.
[44] Vergabe- und Vertragsordnung für Leistungen – Teil A, (VOL/A) Ausgabe 2009 vom 20.11.2009 (BAnz. Nr. 196a, ber. 2010 S. 755).
[45] Vergabe- und Vertragsordnung für Bauleistungen – Teil A (VOB/A), Allgemeine Bestimmungen für die Vergabe von Bauleistungen, Ausgabe 2012 vom 31.7.2009 (BAnz. Nr. 155, ber. 2010 Nr. 36), zuletzt geänd. durch Nr. 1 Änd. der VOB/A Abschnitt 1 und Änd. der VOB/B vom 26.6.2012 (BAnz. AT 13.7.2012 B3).
[46] Vergabeordnung für freiberufliche Dienstleistungen (VOF) vom 18.11.2009 (BAnz. Nr. 158a) – VOF 2009.

träge (siehe unter Rn. 61 ff.), letztere unter Berücksichtigung freiberuflicher Leistungen (siehe unter Rn. 76 ff.) und Bauleistungen (siehe unter Rn. 86 ff.).

60   Mit Blick auf die Anwendungssystematik sind die Verweisungsnormen in § 4 Abs. 1 und Abs. 2 VgV als Auffangtatbestände zu verstehen, die dann Anwendung finden, wenn die spezielleren Verweisungsnormen der §§ 5 und 6 VgV nicht eingreifen, d.h. weder eine Bauleistung noch eine freiberufliche Leistung vergeben werden soll.

1. Vergabe von Liefer- und Dienstleistungsaufträgen inklusive freiberuflicher Leistungen (§§ 4 und 5 VgV)

61   § 4 VgV betrifft allgemein die Vergabe von **Liefer- und Dienstleistungsaufträgen.** Lieferaufträge sind nach der Legaldefinition in § 99 Abs. 2 GWB Verträge zur Beschaffung von Waren, die insbesondere Kauf, Ratenkauf oder Leasing, Miet- oder Pachtverhältnisse mit oder ohne Kaufoption betreffen.

62   Im Hinblick auf Dienstleistungsaufträge gibt das Gesetz in § 99 Abs. 4 GWB lediglich eine Negativdefinition. Danach sind alle Verträge über die Erbringung von Leistungen als Dienstleistungsaufträge zu begreifen, die nicht unter § 99 Abs. 2 oder Abs. 3 GWB fallen und damit nicht Liefer- oder Bauaufträge sind. Die Dienstleistungsaufträge sind jedoch darüber hinaus auch von den **Dienstleistungskonzessionen** abzugrenzen. Letztere sind nach der Definition des § 99 Abs. 1 GWB keine öffentlichen Aufträge, so dass die §§ 97 ff. GWB nach allgemeiner Auffassung im Schrifttum und in der Rechtsprechung darauf grundsätzlich nicht anzuwenden sind.[47] Dies kommt bereits darin zum Ausdruck, dass die Dienstleistungskonzession im Gegensatz zur Baukonzession in § 99 Abs. 1 GWB nicht genannt und im Folgenden auch nicht definiert ist.[48]

63   Unter einer Dienstleistungskonzession versteht die Rechtsprechung in Anlehnung an die europarechtliche Definition in Art. 1 Abs. 3 lit. b) der Richtlinie 2004/17/EG und in Art. 1 Abs. 4 der Richtlinie 2004/18/EG sowie unter Berücksichtigung des Begriffs der Baukonzession in § 99 Abs. 6 GWB vertragliche Konstruktionen, die sich von einem Dienstleistungsauftrag nur dadurch entscheiden, dass der Konzessionär das zeitweilige Recht zur Nutzung der ihm übertragenen Dienstleistung erhält und gegebenenfalls die zusätzliche Zahlung eines Preises vorgesehen ist.[49] Wesentliches Merkmal einer Dienstleistungskonzession ist danach, dass der Konzessionär dem marktabhängigen Risiko ausgesetzt ist und das damit einhergehende Betriebsrisiko ganz oder zumindest teilweise übernimmt.[50]

64   In Bezug auf die Anwendbarkeit der vergaberechtlichen Regelungen auf Dienstleistungskonzessionen bleibt die weitere Entwicklung vor dem Hintergrund der aktuellen Vergaberechtsreform auf EU-Ebene abzuwarten. Mit der Verabschiedung der neuen EU-Richtlinien wurde eine Dienstleistungskonzessionsrichtlinie eingeführt, so dass in Umsetzung der Richtlinie spätestens mit Ablauf der Umsetzungsfrist Anfang 2016 auch auf nationaler Ebene eine gesetzliche Regelung der Dienstleistungskonzession bestehen wird.

---

[47] Vgl. BGH Beschl. v. 8.2.2011, X ZB 4/10, BGHZ 188, 200 Rn. 29 ff.; BauObLG Beschl. v. 11.12.2001, Verg 15/01, VergabeR 2002, 55; OLG Stuttgart Beschl. v. 4.11.2002, 2 Verg 4/02 Rn. 17 ff., 22 ff.; OLG Düsseldorf Beschl. v. 23.5.2007, VII-Verg 50/06; OLG München Beschl. v. 2.7.2009, Verg 5/09; OLG Karlsruhe Beschl. v. 9.10.2012, 15 Verg 12/11; *Gnittke/Rude* in Hattig/Maibaum, PK-Kartellvergaberecht, § 99 GWB Rn. 117; *Zeiss* in jurisPK-VergR, § 99 GWB Rn. 187, jeweils mwN.

[48] Vgl. OLG Karlsruhe Beschl. v. 9.10.2012, 15 Verg 12/11.

[49] Vgl. BGH Beschl. v. 8.2.2011, X ZB 4/10, BGHZ 188, 200; OLG Karlsruhe, Beschl. v. 9.10.2012, 15 Verg 12/11.

[50] Vgl. OLG Karlsruhe, Beschl. v. 9.10.2012, 15 Verg 12/11 mit Verweis auf die Rspr. des EuGH; EuGH Urt. v. 18.7.2007, Rs. C-382/05, VergabeR 2007, 604 – Kommission/Italien; Urt. v. 10.9.2009, Rs. C-206/08 – WAZV Gotha; Urt. v. 13.10.2005 – Rs. C-458/03 – Parking Brixen.

§ 2 Anwendungsbereich   Kap. 1

Die Vergabe **freiberuflicher Leistungen** ist in dem gegenüber § 4 VgV spezielleren 65
§ 5 VgV geregelt. Aus § 5 Abs. 1 VgV ist zu entnehmen, dass freiberufliche Leistungen
eine Sonderform von Dienstleistungen darstellen, die insofern vom Anwendungsbereich
der allgemeinen Bestimmungen zu Dienstleistungsaufträgen (§ 4 Abs. 2 VgV i.V.m. den
Regelungen der VOL/A) ausgenommen sind und für die eine gesonderte Vergabeordnung für freiberufliche Dienstleistungen (VOF) existiert. Voraussetzung ist allerdings, dass
die zu beschaffende Dienstleistung eine Aufgabe ist, deren Lösung nicht vorab eindeutig
und erschöpfend beschrieben werden kann (vgl. § 5 Abs. 2 VOF).

Zudem enthält § 4 VgV in den **Abs. 4 ff.** Sonderregelungen und Anforderungen im 66
Hinblick auf die Energieeffizienz und Umweltauswirkungen, die vom öffentlichen Auftraggeber bei der Beschaffung von energierelevanten Waren und technischen Gerätschaften (Abs. 4 bis Abs. 6b) sowie insbesondere bei der Beschaffung von Straßenfahrzeugen
(Abs. 7 bis Abs. 10) beachtet werden müssen.

a) Grundsatz: Anwendbarkeit der VOL/A-EG (§ 4 Abs. 1 und 2 VgV)

Für die Vergabe von Liefer- und Dienstleistungsaufträgen im Oberschwellenbereich gel- 67
ten grundsätzlich die Auffangtatbestände des § 4 Abs. 1 und 2 VgV i.V.m. den jeweiligen
Regelungen des zweiten Abschnitts der VOL/A (**VOL/A – EG**). Bei der Verweisung auf
die Regelungen der VOL/A handelt es sich um eine statische Verweisung auf die in § 4
VgV jeweils genannte Fassung der VOL/A.

§ 4 **Abs. 1** VgV erklärt den zweiten Abschnitt der VOL/A für Lieferaufträge allgemein 68
für anwendbar. Dagegen wird bei Dienstleistungsaufträgen gemäß § 4 **Abs. 2** VgV unterschieden zwischen Dienstleistungen nach Anlage 1 Teil A und solchen nach Anlage 1
Teil B der VOL/A-EG. Die Zuordnung der Dienstleistungsaufträge erfolgt in 27 Kategorien, wobei die Kategorien 1 bis 16 die sog. **„vorrangigen"** oder **„prioritären"**
Dienstleistungen des Teil A der Anlage 1 umfassen und die Kategorien 17 bis 27 die
sog. **„nachrangigen"** oder **„nicht-prioritären" Dienstleistungen** in Teil B darstellen,
wobei der Kategorie 27 mit den „sonstigen Dienstleistungen" eine Auffangfunktion zukommt.

Der Regelungsinhalt der §§ 1 und 4 Abs. 1 und 2 VgV im Hinblick auf den Anwen- 69
dungsbereich der VOL/A-EG bei der Vergabe von Liefer- und Dienstleistungen findet
sich in § 1 EG VOL/A wieder. Die dortige Definition des Anwendungsbereichs der
VOL/A-EG erfolgt ebenfalls anhand einer Negativabgrenzung zu den für Bauleistungen
und freiberufliche Leistungen geltenden Vergabe- und Vertragsordnungen (VOB/A und
VOF) und bringt damit den Auffangcharakter der VOL/A zum Ausdruck. Aufgrund des
Rangverhältnisses der Regelungen hat die Vorschrift des § 1 VOL/A-EG gegenüber den
höherrangigen Regelungen der VgV lediglich deklaratorischen Charakter.

aa) Vollumfängliche Anwendbarkeit der VOL/A-EG bei (prioritären) Dienstleistungen 70
nach Anlage 1 Teil A. Gemäß § 4 Abs. 2 Nr. 1 VgV sowie § 1 EG Abs. 2 VOL/A finden bei Aufträgen, die **prioritäre Dienstleistungen** nach Anlage 1 **Teil A** zum Gegenstand haben, die Bestimmungen des zweiten Abschnitts der VOL/A-EG ebenfalls vollumfänglich Anwendung (vgl. § 1 EG Abs. 2 VOL/A). Der Umfang der Anwendbarkeit der
VOL/A-EG unterscheidet sich bei prioritären Dienstleistungen daher nicht von der vollumfänglichen Anwendbarkeit der VOL/A-EG bei Lieferleistungen nach § 4 Abs. 1 VgV.

bb) Reduzierter Anwendungsbereich der VOL/A bei (nicht-prioritären) Dienstleistungen 71
nach Anlage 1 Teil B. Gemäß § 4 **Abs. 2 Nr. 2 VgV** finden bei Aufträgen, die **nicht-prioritäre Dienstleistungen** nach Anlage 1 **Teil B** zum Gegenstand haben, nur die Bestimmungen der §§ 8 EG, 15 EG Abs. 10 und § 23 EG des zweiten Abschnitts der VOL/A
sowie die Bestimmungen des ersten Abschnitts der VOL/A mit Ausnahme von § 7 Anwendung. Damit ist der Anwendungsbereich der VOL/A bei nicht-prioritären Dienstleis-

Reichling   61

tungen stark eingeschränkt. Zu beachten ist hier, dass die derzeitige Fassung des § 1 EG Abs. 3 VOL/A noch nicht an die mit Wirkung vom 12.5.2011 geänderte Fassung des § 4 VgV angepasst wurde.[51] Der weiterhin bestehende Verweis in § 1 EG Abs. 3 VOL/A auf § 4 Abs. 4 VgV (a.F.) ist daher seit der Neufassung des § 4 VgV sinnentleert, da er nicht mehr zu dem ursprünglichen Ziel führt, die Anwendbarkeit der Vorschriften für nicht-prioritäre Dienstleistungen zu beschränken. Die zum Zeitpunkt der Bekanntmachung der VOL/A 2009 geltende Regelung des § 4 Abs. 4 (a.F.) findet sich aktuell nahezu wortgleich in § 4 Abs. 2 Nr. 2 VgV.[52] Bis eine Anpassung der Verweisungsnorm erfolgt, geht die Vorschrift des § 1 EG Abs. 3 VOL/A somit ins Leere. Es gilt insoweit aber die ranghöhere Bestimmung des § 4 Abs. 2 Nr. 2 VgV, sodass sich die Beschränkung des Anwendungsbereichs im Ergebnis nicht geändert hat.

72   Für die nicht-prioritären Dienstleistungen gelten somit lediglich die in § 4 Abs. 2 Nr. 2 VgV genannten Vorschriften der VOL/A-EG betreffend die Leistungsbeschreibung, die Bekanntmachung der Nachprüfungsstelle und die Bekanntmachung über die Auftragserteilung sowie die gesamten Vorschriften des Abschnitts 1 der VOL/A (mit Ausnahme der Regelung zur Leistungsbeschreibung in § 7 VOL/A). Hintergrund der auf den europäischen Vorgaben der Richtlinie 2004/18/EG basierenden eingeschränkten Anwendbarkeit der VOL/A ist die Annahme, dass nicht-prioritäre Dienstleistungen regelmäßig keine oder nur eine geringe Binnenmarktrelevanz aufweisen, sodass die vollumfängliche Anwendbarkeit der europarechtlichen Vergabevorschriften auf diese Dienstleistungen nicht erforderlich ist.[53]

73   Neben den aufgezählten Regelungen der VOL/A sind auch bei der Vergabe von nicht-prioritären Dienstleistungen im Oberschwellenbereich die vergaberechtlichen Vorschriften der §§ 97 ff. GWB und der VgV anzuwenden[54] sowie darüber hinaus die allgemeinen vergaberechtlichen Grundsätze, wie das Transparenzgebot, der Gleichbehandlungsgrundsatz und das Nichtdiskriminierungsgebot zu beachten.[55]

Neu eingefügt wurde mit der letzten Änderung der VgV zum 25.10.2013 der neue § 4 Abs. 2 Satz 2. Danach dürfen bei bestimmten Aufträgen nach § 4 Abs. 2 Nr. 2 VgV ausnahmsweise die Organisation, Qualifikation und Erfahrung der eingesetzten Mitarbeiter als Kriterien zur Ermittlung des wirtschaftlichsten Angebots, dh als Zuschlagskriterien berücksichtigt werden. Voraussetzung ist, dass diesen Kriterien ein erheblicher Einfluss auf die Qualität der Auftragsausführung zukommt. Erfasst werden hiervon insbesondere Beratungsdienstleistungen, bei denen die fachliche Qualität und Erfahrung der angebotenen Berater regelmäßig mit der fachlichen Qualität des Angebots einhergeht und damit letztlich den wirtschaftlichen Wert des Angebots darstellt. Der neu eingeführte Satz 2 dient auch der Umsetzung der EuGH-Rechtsprechung[56] zur Abfrage von Lebensläufen als Zuschlagskriterium.

74   **cc) Gemischte Dienstleistungen nach Anlage 1 Teil A und B VgV bzw. VOL/A-EG (§ 4 Abs. 2 Nr. 3 VgV).** Gemäß § 4 **Abs. 2 Nr. 3** VgV sind Aufträge, die sowohl prioritäre als auch nicht-prioritäre Dienstleistungen beinhalten, nach den Vorschriften zu vergeben, die

---

[51] Vgl. die Darstellung beider Fassungen des § 4 VgV durch *Zeiss* in jurisPK-VergR, § 4 VgV.
[52] Ebenso *Zeiss* in jurisPK-VergR, § 4 VgV Rn. 86.1.
[53] Vgl. *Stickler/Diehr* in Reidt/Stickler/Glahs, Vergaberecht, § 4 VgV Rn. 18; *Winnes* in HK-Vergaberecht, § 1 EG VOL/A Rn. 4; *Müller-Wrede* in ders., VOL/A, § 1 EG Rn. 132 mit Verweis auf Erwägungsgrund 19 zur VKR.
[54] Vgl. *Stickler/Diehr* in Reidt/Stickler/Glahs, Vergaberecht, § 4 VgV Rn. 20.
[55] Vgl. *Zeiss* in jurisPK-VergR, § 4 VgV Rn. 92 mit Verweis auf: Europäische Kommission, Mitteilung zu Auslegungsfragen in Bezug auf das Gemeinschaftsrecht, das für die Vergabe öffentlicher Aufträge gilt, die nicht oder nur teilweise unter die Vergaberichtlinien fallen v. 23.6.2006, Mitteilung 2006/C-179/02 der Kommission; EuGH Urt. v. 20.5.2010, Rs. T-258/06 – Deutschland./.Kommission; ebenso *Stickler/Diehr* in Reidt/Stickler/Glahs, Vergaberecht, § 4 VgV Rn. 21.
[56] EuGH Urt. v. 17.10.2012, Rs. T-447/10 – Evropaïki Dynamiki.

für den Teil der Dienstleistungen gilt, dessen Wert überwiegt. Maßgebend für den Anwendungsbereich der vergaberechtlichen Vorschriften der VOL/A ist bei **gemischten Dienstleistungsaufträgen** demnach der **Schwerpunkt der Tätigkeit**,[57] der sich wiederum nach dem Wert der einzelnen Tätigkeiten bemisst.

dd) Besonderheiten bei Personennahverkehrsleistungen der Kategorie Eisenbahnen gemäß § 4 Abs. 3 VgV. Besonderheiten gelten auch für Personennahverkehrsleistungen der Kategorie Eisenbahnen gemäß § 4 Abs. 3 VgV (zu den Einzelheiten siehe die Ausführungen in Kapitel 11 § 55). 75

b) Ausnahme: Freiberufliche Dienstleistungen – Anwendbarkeit der VOF (§ 5 VgV)

Für die Vergabe von Dienstleistungsaufträgen finden grundsätzlich die allgemeinen Regelungen der VOL/A Anwendung, soweit nicht in § 5 VgV etwas anderes bestimmt ist (§ 4 Abs. 2 VgV). 76

aa) Anwendungsvoraussetzungen für die VOF (§ 5 VgV i.V.m. § 1 VOF). § 5 VgV sieht Sonderregelungen für Dienstleistungsaufträge vor, die eine **freiberufliche Tätigkeit** umfassen. Gemäß § 5 VgV finden die näher bestimmten Regelungen der VOF dann Anwendung, wenn kumulativ folgende Voraussetzungen vorliegen (vgl. § 1 Abs. 1 VOF): 77
(1) Zunächst muss es sich um eine Auftragsvergabe eines öffentlichen Auftraggebers nach § 98 Nr. 1 bis 3 und 5 GWB im Oberschwellenbereich handeln (vgl. §§ 1, 2 Abs. 1 i.V.m. § 5 VgV; § 1 Abs. 2 VOF).
(2) Ferner muss Gegenstand der Vergabe eine Dienstleistung sein, die im Rahmen einer freiberuflichen Tätigkeit erbracht oder im Wettbewerb mit freiberuflichen Tätigkeiten angeboten wird (§ 5 Abs. 1 VgV; § 1 Abs. 1 VOF)
(3) und deren Gegenstand eine Aufgabe ist, deren Lösung nicht vorab eindeutig und erschöpfend beschrieben werden kann (§ 5 Abs. 2 VgV; § 1 Abs. 1 VOF).

Damit erfasst der **persönliche** Anwendungsbereich nur bestimmte der in § 98 GWB aufgezählten öffentlichen Auftraggeber. 78

In **sachlicher** Hinsicht ist der Anwendungsbereich der VOF zum einen begrenzt auf Vergaben im **Oberschwellenbereich** und wird zum anderen im Kern bestimmt durch den Begriff der freiberuflichen Tätigkeit, der weder in der VgV noch in der VOF definiert wird. Im Unterschwellenbereich findet bei der Vergabe freiberuflicher Leistungen weder die VOF noch die VOL/A Anwendung. Dies folgt aus § 1 Satz 2 Spstr. 2 VOL/A.[58] Diese Regelung nimmt die freiberuflichen Leistungen aus dem Geltungsbereich des 1. Abschnitts der VOL/A aus und erklärt in Satz 2 die Bestimmungen der Haushaltsordnung für unberührt. Daraus folgt, dass die Vergabe von freiberuflichen Leistungen im Unterschwellenbereich – anders als die Vergabe allgemeiner Dienstleistungen im Unterschwellenbereich – nicht in den Anwendungsbereich des 1. Abschnitts der VOL/A fällt. Die Bestimmungen des Haushaltsrechts bleiben allerdings unberührt, weshalb auf das Gebot der Sparsamkeit und Wirtschaftlichkeit zu achten ist. Dies bedeutet, dass die öffentliche Hand bei freiberuflichen Leistungen grundsätzlich nicht ein Unternehmen direkt beauftragen darf, sondern zuvor mindestens zwei weitere Vergleichsangebote einzuholen hat.[59] 79

---

[57] So auch *Beurskens* in Hattig/Maibaum, PK-Kartellvergaberecht, § 4 VgV Rn. 8.
[58] So auch *Zeiss* in jurisPK-VergR, § 5 VgV Rn. 23.
[59] Vgl. u. a. für Bayern: „Vergabe von Aufträgen im kommunalen Bereich", Bekanntmachung des Bayerischen Staatsministeriums des Inneren vom 14.10.2005 – IB3–1512.4–138, geändert durch Bekanntmachung vom 21.6.2010 (StAnz. Nr. 25), s. unter http://ww.stmi.bayern.de; Ziff. II.1. des „Leitfadens zur Vergabe unterhalb des Schwellenwertes" des VHF Bayern, Ausgabe 2008, Stand April 2011, Handbuch für die Vergabe und Durchführung von Freiberuflichen Dienstleistungen durch die Staatsbauverwaltung des Freistaates Bayern, abrufbar unter http://www. stmi.bayern.de.

80 Zur Bestimmung der **freiberuflichen Tätigkeit** werden allgemein die nicht abschließenden Regelbeispiele der § 18 Abs. 1 Nr. 1 EStG und § 1 Abs. 2 PartGG herangezogen.[60] Danach ist für freiberufliche Tätigkeiten insbesondere charakteristisch, dass sie im Allgemeinen auf der Grundlage besonderer beruflicher Qualifikation oder schöpferischer Begabung die persönliche, eigenverantwortliche und fachlich unabhängige Erbringung von Dienstleistungen höherer Art im Interesse der Auftraggeber und der Allgemeinheit zum Inhalt haben und damit ein hoher Grad von Selbständigkeit[61] einhergeht.

81 Als Negativvoraussetzung für die Anwendung der VOF ist erforderlich, dass die **Lösung der zu vergebenden Aufgabe vorab nicht eindeutig und erschöpfend beschreibbar** ist (§ 5 Abs. 2 VgV, § 1 Abs. 1 VOF). Damit wird eine kreativ-schöpferische Leistung zur Lösung der Aufgabe vorausgesetzt.[62] Die Beschreibbarkeit bezieht sich dabei auf die Lösung zum Zeitpunkt der Aufgabenstellung und nicht auf die Aufgabenstellung selbst. Die Beschreibbarkeit der Aufgabe ist auch im Rahmen der VOF Voraussetzung, um den Leistungsgegenstand hinreichend konkretisieren zu können. Die geistig-schöpferische Tätigkeit und damit die zu erbringende Leistung ist im Rahmen von VOF-Vergaben insofern gerade die eigenständige Entwicklung einer konkreten Lösung anhand der hinreichend beschriebenen Aufgabenstellung.

82 **bb) Anwendungsbereich der VOF.** Liegen die vorstehend genannten Voraussetzungen vor, ist der Anwendungsbereich der VOF grundsätzlich eröffnet. Vergleichbar den Bestimmungen zum Anwendungsbereich der VOL/A-EG bei Dienstleistungen (siehe Rn. 67 ff.), ist bei freiberuflichen Dienstleistungen ebenfalls nach „**vorrangigen**" oder „**prioritären**" Dienstleistungen nach Anlage 1 Teil A und „**nachrangigen**" oder „**nicht-prioritären**" Dienstleistungen nach Anlage 1 Teil B zu differenzieren.

83 **(1) Vollumfängliche Anwendbarkeit der VOF bei (prioritären) Dienstleistungen nach Anlage 1 Teil A.** Gemäß § 5 **Abs. 1 Nr. 1** VgV und § 1 VOF finden bei Aufträgen, die **prioritäre** Dienstleistungen nach Anlage 1 **Teil A** zum Gegenstand haben, alle Bestimmungen der VOF vollumfänglich Anwendung.

84 **(2) Reduzierter Anwendungsbereich der VOF bei (nicht-prioritären) Dienstleistungen nach Anlage 1 Teil B.** Gemäß § 5 **Abs. 1 Nr. 2** VgV und § 1 Abs. 3 Satz 1 VOF finden hingegen bei Aufträgen, die **nicht-prioritäre** Dienstleistungen nach Anlage 1 **Teil B** zum Gegenstand haben, nur die Bestimmungen der § 6 Abs. 2 bis 7 und § 14 der VOF Anwendung. Damit ist der Anwendungsbereich der VOF bei nicht-prioritären Dienstleistungen sehr stark eingeschränkt; da hier nicht einmal die Bestimmungen der VOL/A anzuwenden sind.

Neu eingefügt wurde mit der letzten Änderung der VgV zum 25.10.2013 der neue § 5 Abs. 2 Satz 2. Danach dürfen bei bestimmten Aufträgen nach § 5 Abs. 2 Nr. 2 VgV ausnahmsweise die Organisation, Qualifikation und Erfahrung der eingesetzten Mitarbeiter als Kriterien zur Ermittlung des wirtschaftlichsten Angebots, dh als Zuschlagskriterien berücksichtigt werden. Voraussetzung ist, dass diesen Kriterien ein erheblicher Einfluss auf die Qualität der Auftragsausführung zukommt. Erfasst werden hiervon insbesondere Beratungsdienstleistungen, bei denen die fachliche Qualität und Erfahrung der angebotenen Berater regelmäßig mit der fachlichen Qualität des Angebots einhergeht und damit letztlich den wirtschaftlichen Wert des Angebots darstellt. Der neu eingeführte Satz 2 dient

---

[60] Vgl. *Stickler* in Reidt/Stickler/Glahs, Vergaberecht, § 5 VgV Rn. 4; *Zeiss* in jurisPK-VergR, § 5 VgV Rn. 12; *Beurskens* in Hattig/Maibaum, PK-Kartellvergaberecht, § 5 VgV Rn. 4; *Alexander* in HK-Vergaberecht, § 5 VgV Rn. 5.
[61] Vgl. *Zeiss* in jurisPK-VergR, § 5 VgV Rn. 10.
[62] Vgl. auch *Alexander* in HK-Vergaberecht, § 5 VgV Rn. 6; *Zeiss* in jurisPK-VergR, § 5 VgV Rn. 17; *Stickler* in Reidt/Stickler/Glahs, Vergaberecht, § 5 VgV Rn. 5.

auch der Umsetzung der EuGH-Rechtsprechung[63] zur Abfrage von Lebensläufen als Zuschlagskriterium.

(3) Gemischte Dienstleistungen nach Anlage 1 Teil A und B. Gemäß § 5 Abs. 1 Nr. 3 VgV i.V.m. § 1 Abs. 3 Satz 2 VOF sind Aufträge, die sowohl prioritäre als auch nichtprioritäre Dienstleistungen beinhalten, nach den Regelungen für diejenigen Dienstleistungen zu vergeben, deren Wert anteilsmäßig überwiegt. Maßgebend für den Umfang der Anwendbarkeit der vergaberechtlichen Vorschriften der VOF ist bei **gemischten Dienstleistungsaufträgen** demnach der Schwerpunkt der Tätigkeit,[64] der sich wiederum nach dem Wert der einzelnen Tätigkeiten bemisst.

2. Vergabe von Bauleistungen (§ 6 VgV)

§ 6 VgV betrifft die Vergabe von **Bauleistungen.** In § 6 Abs. 1 VgV erfolgt die statische Verweisung auf die VOB/A-EG, die auf diese Weise ebenfalls Gesetzesqualität erlangt. Die weiteren Abs. 2 bis 6 enthalten zusätzliche Anforderungen, die bei der Vergabe von Bauleistungen zu beachten sind, sofern die Lieferung von energieverbrauchsrelevanten Waren, technischen Geräten oder Ausrüstungen ein wesentlicher Bestandteil dieser Bauleistungen ist.

a) Grundsatz: Anwendbarkeit der VOB/A-EG (§ 6 Abs. 1 VgV i.V.m. § 1 EG Abs. 2 VOB/A)

Nach der für den Anwendungsbereich der VOB/A-EG relevanten Verweisungsnorm des § 6 **Abs. 1** VgV gelten für die Vergabe von Bauaufträgen und Baukonzessionen grundsätzlich die Regelungen des zweiten Abschnitts der VOB/A (**VOB/A–EG**). Die entsprechende Regelung des Anwendungsbereichs findet sich ebenfalls in § 1 EG Abs. 2 Nr. 1 Satz 1 VOB/A.

aa) Persönlicher Anwendungsbereich der VOB/A-EG. Danach ist der persönliche Anwendungsbereich der VOB/A-EG beschränkt auf **öffentliche Auftraggeber i.S.v. § 98 Nr. 1 bis 3 und 6 GWB**. Im Hinblick auf die öffentlichen Auftraggeber nach § 98 Nr. 6 GWB grenzt § 6 Abs. 1 HS. 2 VgV den Anwendungsbereich weiter ein, auf die Bestimmungen, die auf Baukonzessionäre Bezug nehmen. Diese weitere Einschränkung für Baukonzessionäre findet sich in § 1 EG Abs. 2 Nr. 1 VOB/A, der sich allein auf Bauleistungen bezieht, hingegen nicht wieder. Aufgrund der Normenhierarchie wird der persönliche Anwendungsbereich der VOB/A-EG insoweit durch die höherrangige VgV bestimmt.

bb) Sachlicher Anwendungsbereich der VOB/A-EG. Die Anwendbarkeit der VOB/A-EG setzt in sachlicher Hinsicht gemäß § 6 Abs. 1 VgV i.V.m. § 1 EG Abs. 2 Nr. 1 VOB/A voraus, dass es sich um eine Vergabe von **Bauleistungen oder Baukonzessionen im Oberschwellenbereich** handelt.

Sowohl der Bauauftrag als auch die Baukonzession sind in § 99 GWB als auch in der VOB/A-EG legaldefiniert: Die Definition eines **Bauauftrages** ist **§ 99 Abs. 3 GWB i.V.m. § 1 EG Abs. 1 VOB/A** zu entnehmen. Danach handelt es sich bei Bauaufträgen um Verträge über die Ausführung oder die gleichzeitige Planung und Ausführung eines Bauvorhabens oder eines Bauwerkes für den öffentlichen Auftraggeber, das Ergebnis von Tief- oder Hochbauarbeiten ist und eine wirtschaftliche oder technische Funktion erfüllen soll, oder einer dem Auftraggeber unmittelbar wirtschaftlich zugutekommenden Bauleistung durch Dritte gemäß den vom Auftraggeber genannten Erfordernissen.

---

[63] EuGH Urt. v. 17.10.2012, Rs. T-447/10 – Evropaïki Dynamiki.
[64] So auch *Zeiss* in jurisPK-VergR, § 5 VgV Rn. 20.

91 Die ebenfalls in den sachlichen Anwendungsbereich der VOB/A-EG fallende **Baukonzession** wird in § 99 Abs. 6 GWB i.V.m. § 22 EG Abs. 1 VOB/A definiert als ein Vertrag über die Durchführung eines Bauauftrages, bei dem die Gegenleistung für die Bauarbeiten statt in einem Entgelt in dem befristeten Recht auf Nutzung der baulichen Anlage, gegebenenfalls zuzüglich einer Zahlung eines Preises besteht.

92 Beide Auftragsarten fallen dabei nur dann gemäß §§ 1, 2 Abs. 1 i.V.m. § 6 Abs. 1 VgV bzw. § 1 EG und § 22 EG VOB/A in den Anwendungsbereich der VOB/A-EG, wenn der geschätzte Auftragswert die jeweiligen **Schwellenwerte** erreicht oder übersteigt. (Zu den Einzelheiten und der Bestimmung der Schwellenwerte siehe auch Kapitel 1 § 7).

93 Die weiteren in § 1 EG VOB/A enthaltenen Bestimmungen zum Anwendungsbereich finden sich nahezu wortgleich an anderer Stelle im GWB und der VgV wieder und weisen daher keinen über die entsprechenden höherrangigen Regelungen hinaus gehenden Regelungsgehalt auf. § 1 EG Abs. 1 VOB/A enthält die Definition von Bauaufträgen des § 99 Abs. 3 GWB. § 1 EG Abs. 1 Satz 2, Abs. 2 Nr. 2 und Abs. 3 und 4 VOB/A enthalten Bestimmungen zum Schwellenwert bei der losweisen Vergabe von Bauleistungen und zum Auftragswert und entsprechen damit inhaltlich § 2 und § 3 Abs. 2 und 9 VgV. Insoweit kann § 1 EG VOB/A als zusammenfassende Darstellung der für die Vergabe von Bauleistungen relevanten allgemeinen Regelungen verstanden werden. Die in § 1 EG VOB/A hingegen nicht definierte und weiter geregelte Baukonzession ist am Ende des 2. Abschnitts der VOB/A in § 22 EG VOB/A normiert.

b) Reduzierter Anwendungsbereich der VOB/A für Baukonzessionäre gemäß § 98 Nr. 6 GWB i.V.m. § 22 VOB/A

94 Findet die VOB/A-EG bei Vorliegen der Voraussetzungen für die Vergabe einer Bauleistung grundsätzlich uneingeschränkt Anwendung, so ist der Anwendungsbereich für **Baukonzessionäre**, die nicht selbst öffentliche Auftraggeber sind, gemäß § 98 Nr. 6 GWB – wie oben zum persönlichen Anwendungsbereich bereits erwähnt (siehe Rn. 88) – begrenzt. Die anzuwendenden Bestimmungen lassen sich den Regelungen des § 22 EG Abs. 2 und 3 VOB/A entnehmen. Im Wesentlichen hat danach eine EU-Bekanntmachung zu erfolgen und der Auftraggeber hat die in § 22 EG Abs. 2 Nr. 4 und Abs. 3 Nr. 2 VOB/A genannten Fristen einzuhalten. Die Regelung des § 22 EG Abs. 4 VOB/A, wonach Baukonzessionäre, die öffentliche Auftraggeber i.S.d. § 98 Nr. 1–3 GWB darstellen, die VOB/A-EG vollumfänglich zu beachten haben, hat vor dem Hintergrund des § 6 Abs. 1 VgV lediglich deklaratorischen Charakter.

IV. Übergangsbestimmungen, § 131 GWB

95 Die für das gesamte GWB geltenden **Übergangsbestimmungen** des **§ 131 GWB** zählen zwar nicht zu den eigentlichen vergaberechtlichen Vorschriften des Vierten Teils des GWB, die Abs. 8 und 9 enthalten jedoch relevante Vorschriften zum Anwendungsbereich des Vergaberechts. Die übrigen Übergangsbestimmungen sind mit Blick auf das Vergaberecht nicht von Bedeutung. Dies gilt insbesondere auch für § 131 **Abs. 6** GWB. Die dort genannten §§ 103, 103a und 105 sowie die auf diese verweisenden anderen Vorschriften des Vierten Teils des GWB i.d.F. der Bekanntmachung vom 20.2.1990,[65] zuletzt geändert durch Artikel 2 Abs. 3 des Gesetzes vom 26.8.1998[66] stimmen nicht mit den heutigen Regelungen der §§ 102 ff. GWB zum Nachprüfungsverfahren überein und haben daher keine Vergaberechtsrelevanz.

---

[65] BGBl. I S. 235.
[66] BGBl. I S. 2512.

§ 131 **Abs. 8** GWB regelt die Übergangsvorschrift für das Vergaberechtsmodernisierungsgesetz vom 20.4.2009.[67] Danach finden die Vergaberechtsvorschriften der a.F. des GWB weiterhin Anwendung auf Vergabeverfahren sowie etwaige Nachprüfungsverfahren, die vor dem 23.4.2009 (24.00 Uhr) begonnen wurden.[68]

Dem folgend enthält § 131 **Abs. 9** GWB die Übergangsbestimmung bezüglich der eingeführten Änderungen des Vergaberechts zum 14.12.2011. Für Vergabeverfahren sowie etwaige Nachprüfungsverfahren ab dem 24.4.2009 bis zum 13.12.2011 (24 Uhr) finden danach die seit der Vergaberechtsreform 2009 geltenden Regelungen weiterhin Anwendung.

Für alle Vergabeverfahren nach dem 14.12.2011 gelten damit die aktuellen vergaberechtlichen Vorschriften des GWB und der nachrangigen Regelungen.

C. Anwendungsbereich des nationalen Vergaberechts

Auf nationaler Ebene findet im Unterschwellenbereich das **haushaltsrechtlich geprägte nationale Vergaberecht** Anwendung. Nach § **55 Abs. 1** Bundeshaushaltsordnung (**BHO**) sowie den entsprechenden Regelungen in den Landeshaushaltsordnungen (**LHO**) muss der Auftragsvergabe auch im Unterschwellenbereich grundsätzlich eine öffentliche Ausschreibung vorausgehen, sofern nicht die Natur des Geschäfts oder besondere Umstände eine Ausnahme rechtfertigen. Demnach regelt § 55 Abs. 1 BHO nicht nur eine grundsätzliche Ausschreibungspflicht; mit der Verpflichtung zur Vornahme einer öffentlichen Ausschreibung ist damit auch die grundsätzlich anzuwendende Vergabeverfahrensart bestimmt (zu den Vergabeverfahrensarten vgl. § 3 VOL/A und § 3 VOB/A sowie die Ausführungen in Kapitel 2).

I. Persönlicher Anwendungsbereich: Nationaler Auftraggeberbegriff

Der persönliche bzw. subjektive Anwendungsbereich und damit der Auftraggeberbegriff entspricht auf rein nationaler Ebene nicht dem europarechtlich geprägten Auftraggeberbegriff des § 98 GWB. Die Verpflichtung zur Anwendung des nationalen Vergaberechts geht mit der Bindung an die haushaltsrechtlichen Regelungen einher und betrifft insofern grundsätzlich nur die **institutionellen Auftraggeber.** Im Unterschied zum funktionalen Auftraggeberbegriff des § 98 GWB sind im Unterschwellenbereich mangels einer bestehenden Verpflichtung gegenüber dem Haushaltsrechts insbesondere juristische Personen des Privatrechts nicht mit umfasst.[69]

Etwas anderes kann sich im Hinblick auf beihilferechtliche Einflüsse, untergesetzliche Regelungen oder auf Länder- oder Kommunalebene ergeben, sofern hier eigene vergaberechtliche Vorschriften existieren, die den Anwendungsbereich des Vergaberechts ggf. ausweiten. So können Zuwendungsbescheide Bestimmungen enthalten, wonach der Zuwendungsempfänger vergaberechtliche Bestimmungen anzuwenden hat. Außerdem erweitern zum Teil Landesvergabegesetze oder Erlasse den Anwendungsbereich des Vergaberechts.

II. Sachlicher Anwendungsbereich des nationalen Vergaberechts

In sachlicher bzw. objektiver Hinsicht ist der Anwendungsbereich des nationalen Vergaberechts damit grundsätzlich für Beschaffungsvorhaben eines gegenüber dem Haushalts-

---

[67] BGBl. I S. 790.
[68] vgl. *Zeiss* in jurisPK-VergR, § 131 GWB Rn. 5 f.
[69] So auch *Glahs* in Reidt/Stickler/Glahs, Vergaberecht, Einl. Rn. 16.

III. Regelungen zum nationalen Vergabeverfahren im Unterschwellenbereich

1. Allgemeines

103 Nach der grundsätzlichen Verpflichtung zur Durchführung einer öffentlichen Ausschreibung in § 55 BHO (bzw. der entsprechenden **LHO**) ist die nähere Ausgestaltung der Vergabeverfahren in den im Unterschwellenbereich geltenden jeweiligen **ersten Abschnitten der VOL/A und VOB/A** geregelt. Der Anwendungsbefehl für die VOL/A und VOB/A ergibt sich jedoch nicht unmittelbar aus § 55 BHO, sondern erst aus den, aufgrund § 55 Abs. 2 BHO erlassenen einheitlichen Richtlinien.[70]

104 In bestimmten Ausnahmefällen finden jedoch auch bei Unterschwellenvergaben die europarechtlich geprägten kartellvergaberechtlichen Vorschriften des GWB Anwendung, sofern die Auftragsvergabe eine grenzüberschreitende Bedeutung und damit eine sog. „**Binnenmarktrelevanz**" aufweist. Mit dem Erreichen der Schwellenwerte geht lediglich die unwiderlegbare Vermutung einer Binnenmarktrelevanz des zu vergebenden Auftrags einher, wodurch jedoch die Annahme einer Binnenmarktrelevanz unterhalb der Schwellenwerte keineswegs ausgeschlossen ist. Das Vorliegen einer konkreten Binnenmarktrelevanz stellt im Unterschwellenbereich allerdings die Ausnahme dar und bedarf insofern einer Begründung. Sie kann insbesondere dann anzunehmen sein, wenn das Auftragsvolumen eine Größe aufzeigt, die bei Wirtschaftsteilnehmern aus anderen EU-Mitgliedstaaten zu einem Interesse an der Auftragsdurchführung führen kann. Dies ist daher umso eher anzunehmen, je näher der geschätzte Auftragswert an die Schwellenwerte heranreicht. Andere Kriterien zur Beurteilung der konkreten Binnenmarktrelevanz sind die Art des zu vergebenden Auftrags und der Ort der Auftragsausführung. Insofern dürfte insbesondere in grenznahen Gebieten zu anderen Mitgliedstaaten der EU eine konkrete Binnenmarktrelevanz auch unabhängig vom Auftragsvolumen anzunehmen sein.

105 Neben den haushaltsrechtlichen Vorschriften bestehen zum Teil auf Länderebene weitere vergaberechtliche Vorschriften, die bei der Auftragsvergabe zu berücksichtigen sind. Die Mehrheit der Länder hat mittlerweile eigene Landesvergabegesetze erlassen. Daneben finden sich vergaberelevante Vorschriften auch in anderen gesetzlichen oder auch untergesetzlichen Regelungen wie Verwaltungsvorschriften, Erlassen etc.

2. VOL/A und VOB/A

106 Der Anwendungsbereich der nationalen VOL/A-Vorschriften ist in **§ 1 VOL/A** enthalten. Danach ist bei der Anwendung der Regelungen – wie im Oberschwellenbereich (vgl. § 1 EG Abs. 1 VOL/A) – nach der Auftragsart zu differenzieren. Die VOL/A gilt für öffentliche Auftragsvergaben über **Leistungen**, die wiederum in **Lieferleistungen und Dienstleistungen** eingeteilt werden können. Dabei weist auch hier der erste Abschnitt der VOL/A einen Auffangcharakter auf und nimmt die spezielleren Bauleistungen und freiberuflichen Leistungen vom Anwendungsbereich der VOL/A aus.

107 Aus § 1 Satz 2 SpStr. 2 VOL/A wird nochmals deutlich, dass die VOF zum einen lediglich im Oberschwellenbereich Anwendung findet, zum anderen aber die **freiberuflichen Leistungen** auch im Unterschwellenbereich nicht vom Anwendungsbereich der VOL/A umfasst sind. Die Vergabe freiberuflicher Leistungen erfolgt im Unterschwellenbereich danach allein nach den haushaltsrechtlichen Vorschriften (vgl. § 1 Satz 2 SpStr. 2 Satz 2 VOL/A).

---

[70] Vgl. nur *Zeiss* in jurisPK-VergR, Einl. VergR Rn. 176; *Glahs* in Reidt/Stickler/Glahs, Vergaberecht, Einl. Rn. 14.

Für **Bauleistungen** gilt nach der soeben beschriebenen Ausnahmevorschrift in § 1 **108** Satz 2 SpStr. 1 VOL/A die **VOB**, die in § 1 VOB/A Bauleistungen als Arbeiten jeder Art definiert, durch die eine bauliche Anlage hergestellt, instand gehalten, geändert oder beseitigt wird. Und im Folgenden ebenso wie die VOL/A Regelungen zu den einzuhaltenden Grundsätzen, den Vergabeverfahrensarten sowie zum Vergabeverfahrensablauf enthält.

§ 3 Öffentlicher Auftraggeber

Übersicht

	Rn.
A. Einleitung	1–5
B. Gebietskörperschaften und deren Sondervermögen (§ 98 Nr. 1 GWB)	6–11
I. Gebietskörperschaften	7, 8
II. Sondervermögen der Gebietskörperschaften	9–11
C. Andere juristische Personen des öffentlichen und des privaten Rechts (§ 98 Nr. 2 GWB)	12–68
I. Überblick	12–17
II. Selbständige Rechtspersönlichkeit	18–22
III. Gründung zu dem besonderen Zweck, im Allgemeininteresse liegende Aufgaben nichtgewerblicher Art zu erfüllen	23–39
IV. Besondere Staatsnähe	40–68
D. Verbände (§ 98 Nr. 3 GWB)	69
E. Sektorenauftraggeber (§ 98 Nr. 4 GWB)	70–80
I. Überblick	70–76
II. Sektorenauftraggeber aufgrund Gewährung besonderer oder ausschließlicher Rechte	77–79
III. Sektorenauftraggeber aufgrund von staatlichem Einfluss	80
F. Staatlich subventionierte Auftraggeber (§ 98 Nr. 5 GWB)	81–84
G. Baukonzessionäre (§ 98 Nr. 6 GWB)	85–88

GWB: § 98

§ 98 GWB Auftraggeber

Öffentliche Auftraggeber im Sinne dieses Teils sind:
1. Gebietskörperschaften sowie deren Sondervermögen,
2. andere juristische Personen des öffentlichen und des privaten Rechts, die zu dem besonderen Zweck gegründet wurden, im Allgemeininteresse liegende Aufgaben nichtgewerblicher Art zu erfüllen, wenn Stellen, die unter Nummer 1 oder 3 fallen, sie einzeln oder gemeinsam durch Beteiligung oder auf sonstige Weise überwiegend finanzieren oder über ihre Leitung die Aufsicht ausüben oder mehr als die Hälfte der Mitglieder eines ihrer zur Geschäftsführung oder zur Aufsicht berufenen Organe bestimmt haben. Das Gleiche gilt dann, wenn die Stelle, die einzeln oder gemeinsam mit anderen die überwiegende Finanzierung gewährt oder die Mehrheit der Mitglieder eines zur Geschäftsführung oder Aufsicht berufenen Organs bestimmt hat, unter Satz 1 fällt,
3. Verbände, deren Mitglieder unter Nummer 1 oder 2 fallen,
4. natürliche oder juristische Personen des privaten Rechts, die auf dem Gebiet der Trinkwasser- oder Energieversorgung oder des Verkehrs tätig sind, wenn diese Tätigkeiten auf der Grundlage von besonderen oder ausschließlichen Rechten ausgeübt werden, die von einer zuständigen Behörde gewährt wurden, oder wenn Auftraggeber, die unter Nummern 1 bis 3 fallen, auf diese Personen einzeln oder gemeinsam einen beherrschenden Einfluss ausüben können; besondere oder ausschließliche Rechte sind Rechte, die dazu führen, dass die Ausübung dieser Tätigkeiten einem oder mehreren Unternehmen vorbehalten wird und dass die Möglichkeit anderer Unternehmen, diese Tätigkeit auszuüben, erheblich beeinträchtigt wird. Tätigkeiten auf dem Gebiet der Trinkwasser- und Energieversorgung sowie des Verkehrs sind solche, die in der Anlage aufgeführt sind,
5. natürliche oder juristische Personen des privaten Rechts sowie juristische Personen des öffentlichen Rechts, soweit sie nicht unter Nummer 2 fallen, in den Fällen, in denen sie für Tiefbaumaßnahmen, für die Errichtung von Krankenhäusern, Sport-, Erholungs- oder Freizeiteinrichtungen, Schul-, Hochschul- oder Verwaltungsgebäuden oder für damit in Verbindung stehende Dienstleistungen und Auslobungsverfahren von Stellen, die unter Nummern

1 bis 3 fallen, Mittel erhalten, mit denen diese Vorhaben zu mehr als 50 vom Hundert finanziert werden,

6. natürliche oder juristische Personen des privaten Rechts, die mit Stellen, die unter die Nummern 1 bis 3 fallen, einen Vertrag über eine Baukonzession abgeschlossen haben, hinsichtlich der Aufträge an Dritte.

Anlage (zu § 98 Nr. 4 GWB)

Tätigkeiten auf dem Gebiet der Trinkwasser- oder Energieversorgung oder des Verkehrs sind:
1. Trinkwasserversorgung:
Das Bereitstellen und Betreiben fester Netze zur Versorgung der Allgemeinheit im Zusammenhang mit der Gewinnung, dem Transport oder der Verteilung von Trinkwasser sowie die Versorgung dieser Netze mit Trinkwasser; dies gilt auch, wenn diese Tätigkeit mit der Ableitung und Klärung von Abwässern oder mit Wasserbauvorhaben sowie Vorhaben auf dem Gebiet der Bewässerung und der Entwässerung im Zusammenhang steht, sofern die zur Trinkwasserversorgung bestimmte Wassermenge mehr als 20 Prozent der mit dem Vorhaben oder den Bewässerungs- oder Entwässerungsanlagen zur Verfügung gestellten Gesamtwassermenge ausmacht; bei Auftraggebern nach § 98 Nr. 4 ist es keine Tätigkeit der Trinkwasserversorgung, sofern die Gewinnung von Trinkwasser für die Ausübung einer anderen Tätigkeit als der Trinkwasser- oder Energieversorgung oder des Verkehrs erforderlich ist, die Lieferung an das öffentliche Netz nur vom Eigenverbrauch des Auftraggebers nach § 98 Nr. 4 abhängt und unter Zugrundelegung des Mittels der letzten drei Jahre einschließlich des laufenden Jahres nicht mehr als 30 Prozent der gesamten Trinkwassergewinnung des Auftraggebers nach § 98 Nr. 4 ausmacht;

2. Elektrizitäts- und Gasversorgung:
Das Bereitstellen und Betreiben fester Netze zur Versorgung der Allgemeinheit im Zusammenhang mit der Erzeugung, dem Transport oder der Verteilung von Strom oder der Gewinnung von Gas sowie die Versorgung dieser Netze mit Strom oder Gas; die Tätigkeit von Auftraggebern nach § 98 Nr. 4 gilt nicht als eine Tätigkeit der Elektrizitäts- und Gasversorgung, sofern die Erzeugung von Strom oder Gas für die Ausübung einer anderen Tätigkeit als der Trinkwasser- oder Energieversorgung oder des Verkehrs erforderlich ist, die Lieferung von Strom oder Gas an das öffentliche Netz nur vom Eigenverbrauch abhängt, bei der Lieferung von Gas auch nur darauf abzielt, diese Erzeugung wirtschaftlich zu nutzen, wenn unter Zugrundelegung des Mittels der letzten drei Jahre einschließlich des laufenden Jahres bei der Lieferung von Strom nicht mehr als 30 Prozent der gesamten Energieerzeugung des Auftraggebers nach § 98 Nr. 4 ausmacht, bei der Lieferung von Gas nicht mehr als 20 Prozent des Umsatzes des Auftraggebers nach § 98 Nr. 4;

3. Wärmeversorgung:
Das Bereitstellen und Betreiben fester Netze zur Versorgung der Allgemeinheit im Zusammenhang mit der Erzeugung, dem Transport oder der Verteilung von Wärme sowie die Versorgung dieser Netze mit Wärme; die Tätigkeit gilt nicht als eine Tätigkeit der Wärmeversorgung, sofern die Erzeugung von Wärme durch Auftraggeber nach § 98 Nr. 4 sich zwangsläufig aus der Ausübung einer anderen Tätigkeit als auf dem Gebiet der Trinkwasser- oder Energieversorgung oder des Verkehrs ergibt, die Lieferung an das öffentliche Netz nur darauf abzielt, diese Erzeugung wirtschaftlich zu nutzen und unter Zugrundelegung des Mittels der letzten drei Jahre einschließlich des laufenden Jahres nicht mehr als 20 Prozent des Umsatzes des Auftraggebers nach § 98 Nr. 4 ausmacht;

4. Verkehr:
Die Bereitstellung und der Betrieb von Flughäfen zum Zwecke der Versorgung von Beförderungsunternehmen im Luftverkehr durch Flughafenunternehmen, die insbesondere eine Genehmigung nach § 38 Abs. 2 Nr. 1 der Luftverkehrs-Zulassungs-Ordnung in der Fassung der Bekanntmachung vom 10. Juli 2008 (BGBl. I S. 1229) erhalten haben oder einer solchen bedürfen;
die Bereitstellung und der Betrieb von Häfen oder anderen Verkehrsendeinrichtungen zum Zwecke der Versorgung von Beförderungsunternehmen im See- oder Binnenschiffsverkehr; das Erbringen von Verkehrsleistungen, die Bereitstellung oder das Betreiben von Infrastruktureinrichtungen zur Versorgung der Allgemeinheit im Eisenbahn-, Straßenbahn- oder sons-

tigen Schienenverkehr, mit Seilbahnen sowie mit automatischen Systemen, im öffentlichen Personenverkehr im Sinne des Personenbeförderungsgesetzes auch mit Kraftomnibussen und Oberleitungsbussen.

Literatur:

Boldt, Müssen gesetzliche Krankenkassen das Vergaberecht beachten?, NJW 2005, 3757; *Burgi*, Die Zukunft des Vergaberechts, NZBau 2009, 609; *Byok*, Das neue Vergaberecht, NJW 1998, 2774; *Byok/Goodarzi*, Messegesellschaften und Auftragsvergabe, NVwZ 2006, 281; *Dietlein*, Der Begriff des funktionalen Auftraggebers nach § 98 Nr. 2 GWB, NZBau 2002, 136; *Dörr*, Das europäisierte Vergaberecht in Deutschland, JZ 2004, 703; *Dreher*, Öffentlich-rechtliche Anstalten und Körperschaften im Kartellvergaberecht – Der Auftraggeberbegriff vor dem Hintergrund von Selbstverwaltung, Rechtsaufsicht und Finanzierung durch Zwangsbeiträge, NZBau 2005, 297; *Dreher*, Der Anwendungsbereich des Kartellvergaberechts, DB 1998, 2579; *Endler*, Privatisierungen und Vergaberecht, NZBau 2002, 125; *Eschenbruch/Hunger*, Selbstverwaltungskörperschaften als öffentlicher Auftraggeber – Unterliegen Selbstverwaltungsinstitutionen der Freiberufler wie Rechtsanwalts- und Ärztekammern und deren Versorgungseinrichtungen dem Kartellvergaberecht?, NZBau 2003, 471; *Gabriel*, Vergaberechtliche Auftraggebereigenschaft öffentlicher und privater Kreditinstitute – vor und nach dem Finanzmarktstabilisierungsgesetz, NZBau 2009, 282; *Günther*, Die Auftraggebereigenschaft der Personenverkehrsgesellschaften der Deutschen Bahn AG, ZfBR 2008, 454; *Haug/Immoor*, Ist die Qualifizierung der DB AG als Auftraggeberin nach § 98 Nr. 2 GWB noch zeitgemäß? Zu den Voraussetzungen und Folgen des Anwendungsbereiches nach § 98 Nr. 2, 4 GWB; *Hausmann/Bultmann*, Zur Auftraggebereigenschaft von Wohnungsunternehmen und zur Nichtigkeit und Nachprüfbarkeit von De-facto-Vergaben, ZfBR 2005, 309; *Heuvels*, Mittelbare Staatsfinanzierung und Begriff des funktionalen Auftraggebers, NZBau 2008, 166; *Huber/Wollenschläger*, Post und Vergaberecht, VergabeR 2006, 431; *Höfler/Braun*, Private Banken als öffentliche Auftraggeber – Vergaberechtliche Implikationen des staatlichen Rettungspakets, NZBau 2009, 5; *Jochum*, Die deutschen Landesbanken und Girozentralen am Ende einer langen Tradition? Ein Beitrag zur vergabe- und wettbewerbsrechtlichen Stellung der deutschen Landesbanken und Girozentralen, NZBau 2002, 69; *Korthals*, Sind öffentliche Rundfunkanstalten öffentliche Auftraggeber im Sinne des Vergaberechts?, NZBau 2006, 215; *Kratzenberg*, Der Begriff des „Öffentlichen Auftraggebers" und der Entwurf des Gesetzes zur Modernisierung des Vergaberechts, NZBau 2009, 103; *Pietzcker*, Die neue Gestalt des Vergaberechts, ZHR 162 (1998), 427; *Prieß/Marx/Hölzl*, Unternehmen des Schienengüterverkehrs: Auftraggeber i.S. von § 98 GWB; *Reinold*, Zum vergaberechtlichen Status von juristischen Personen des Privatrechts, ZIP 2000, 2; *Roth*, Kontrolle und Aufsicht über Unternehmen der privaten Rechts – Grenzen des funktionalen Auftraggeberbegriffs in § 98 Nr. 2 GWB, VergabeR 2003, 397; *Schlette*, Der Begriff des „öffentlichen Auftraggebers" im EG-Vergaberecht, EuR 2000, 119; *Schneider*, Die Vergabeentscheidung beim Abschluss von Konzessionsverträgen nach dem EnWG – Eignungs- und Zuschlagskriterien im strukturierten Wettbewerbsverfahren, VR 2012, 153; *Schröder*, Rechtlich privilegierte Sektorenauftraggeber nach § 98 Nr. 4 GWB, NZBau 2012, 541; *von Strenge*, Auftraggebereigenschaft wegen Beherrschung durch ausländische Gebietskörperschaften, NZBau 2011, 17; *Wagner/Wiegand*, Auftraggebereigenschaft gemischtwirtschaftlicher Gesellschaften und Nichtigkeit von De-facto-Vergaben, NZBau 2003, 369; *Ziekow*, Die vergaberechtliche Auftraggebereigenschaft konzernverbundener Unternehmen, NZBau 2004, 181; *Ziekow*, Der Faktor Zeit bei der Vergabe: Schafft das Vergaberecht Berechenbarkeit?, VergabeR 2010, 861

A. Einleitung

Der Rechtsbegriff des öffentlichen Auftraggebers ist einer der **Kernbegriffe des GWB-** **1** **Vergaberechts.** Die §§ 97 ff. GWB sind anwendbar, wenn ein öffentlicher Auftraggeber im Sinne des § 98 GWB einen öffentlichen Auftrag (dazu § 4) vergibt, dessen Auftragswert den festgelegten Schwellenwert erreicht oder überschreitet (dazu § 7) und keiner der Ausnahmetatbestände aus §§ 100 bis 100c GWB einschlägig ist (dazu § 2). Die Auftraggebereigenschaft entscheidet über die Eröffnung des persönlichen Anwendungsbereichs des GWB-Vergaberechts.

2   Anwendung und Auslegung des § 98 GWB werden maßgeblich von den EU-Richtlinienvorgaben geprägt. Nach der ständigen Rechtsprechung des EuGH ist der Auftraggeberbegriff sowohl funktional als auch weit zu verstehen.[1] Für die Bestimmung der Auftraggebereigenschaft kommt es danach nicht auf die institutionelle Zugehörigkeit zum Staat an. Auch nicht öffentlich-rechtlich verfasste Einheiten können öffentliche Auftraggeber sein. Normativ wurde der Wechsel vom institutionellen zum **funktionalen Auftraggeberbegriff** im EG-Sekundärrecht spätestens durch die Einbeziehung der „Einrichtungen des öffentlichen Rechts" durch die erste Änderungsrichtlinie zur ursprünglichen BKR[2] und LKR[3] vollzogen.[4] Das funktionale Verständnis dient der Gewährleistung der praktischen Wirksamkeit des Gemeinschaftsrechts (*effet utile*), insbesondere der Grundfreiheiten.[5] Die öffentliche Hand soll sich nicht durch eine Aufgabenprivatisierung und die Zwischenschaltung privatrechtlich verfasster Unternehmen von den Bindungen des Vergaberechts lösen können, d.h. eine Flucht aus dem Vergaberecht soll verhindert werden.[6]

3   § 98 GWB lehnt sich an die Legaldefinitionen in Art. 1 Abs. 9 Unterabs. 1 VKR und Art. 2 Abs. 1 lit. a SKR an, übernimmt diese aber nicht vollständig. Nach den EU-Richtlinien sind öffentliche Auftraggeber der Staat, die Gebietskörperschaften, die Einrichtungen des öffentlichen Rechts und die Verbände, die aus einer oder mehreren dieser Körperschaften oder Einrichtungen des öffentlichen Rechts bestehen. § 98 GWB untergliedert den Auftraggeberbegriff ebenfalls nach verschiedenen **Auftraggebergruppen.** Gebietskörperschaften und ihre Sondervermögen sind § 98 Nr. 1 GWB zugeordnet. Diese unmittelbaren Einrichtungen des Staates werden auch als „klassische" Auftraggeber bezeichnet. § 98 Nr. 2 GWB erfasst die „funktionalen" Auftraggeber. Hierbei handelt es sich um juristische Personen des öffentlichen oder privaten Rechts, die in einem besonderen Näheverhältnis zum Staat stehen. Aus Mitgliedern der „klassischen" oder „funktionalen" Auftraggeber gebildete Verbände unterfallen § 98 Nr. 3 GWB, die in bestimmten Wirtschaftsbereichen tätigen Sektorenauftraggeber § 98 Nr. 4 GWB, die öffentlichen Auftraggeber kraft überwiegender öffentlicher Finanzierung § 98 Nr. 5 GWB und schließlich die Baukonzessionäre § 98 Nr. 6 GWB.

4   Die Auflistung in § 98 GWB legt den Kreis der öffentlichen Auftraggeber abschließend fest. Die Zuordnung zu einer bestimmten Auftraggebergruppe entscheidet nach § 4 ff. VgV und § 1 Abs. 1 SektVO darüber, welche Regelungsabschnitte der unterschiedlichen Vergabe- und Vertragsordnungen anwendbar sind.

5   **Außerhalb des Anwendungsbereichs der EU-Vergaberichtlinien** gilt der Auftraggeberbegriff des § 98 GWB nicht.[7] Das nationale Vergaberecht unterhalb der EU-Schwellenwerte wird durch die haushaltsrechtlichen Regelungen des Bundes und der Länder geprägt. Dort herrscht auch weiterhin ein institutionelles Verständnis des Begriffs des öffentlichen Auftraggebers. Danach sind öffentliche Auftraggeber grundsätzlich nur der Bund, die Länder einschließlich deren Sondervermögen und juristische Personen des öffentli-

---

[1] EuGH Urt. v. 10.11.1998, C-360/96 – *Gemeente Arnhem*, Rn. 62; EuGH Urt. v. 17.12.1998, C-353/96 – *Coillte Teoranta*, Rn. 36; EuGH Urt. v. 15.5.2003, C-214/00 – *Königreich Spanien*, Rn. 53; EuGH Urt. v. 16.10.2003, C-283/00 – *Siepsa*, Rn. 73; EuGH Urt. v. 13.1.2005, C-84/03 – *Kooperationsvereinbarungen Spanien*, Rn. 27.
[2] Richtlinie 89/440/EWG des Rates v. 18.7.1989 zur Änderung der Richtlinie 71/305/EWG 1971 über die Koordinierung der Verfahren zur Vergabe öffentlicher Bauaufträge, AblEG Nr. L 210 v. 21.7.1989, S. 1.
[3] Richtlinie 88/295/EWG des Rates v. 22.3.1988 zur Änderung der Richtlinie 77/62/EWG, AblEG Nr. L 27 v. 20.5.1988, S. 1.
[4] *Pietzcker* ZHR 162 (1998), 427, 443; *Werner* in Byok/Jäger, § 98 Rn. 288.
[5] EuGH Urt. v. 10.11.1998, C-360/96 – *Gemeente Arnhem*, Rn. 62 (für die Dienstleistungsfreiheit).
[6] Vgl. EuGH Urt. v. 20.9.1988, C-31/87 – *Beentjes*, Rn. 11.
[7] *Kratzenberg* NZBau 2009, 103.

chen Rechts.[8] Die Landesvergabegesetze einiger Bundesländer verweisen allerdings auch für Vergaben unterhalb der EU-Schwellenwerte auf den Auftraggeberbegriff des § 98 GWB.[9]

B. Gebietskörperschaften und deren Sondervermögen (§ 98 Nr. 1 GWB)

§ 98 Nr. 1 GWB umfasst Gebietskörperschaften und deren Sondervermögen. **6**

I. Gebietskörperschaften

Gebietskörperschaften sind Körperschaften des öffentlichen Rechts, die auf einem räum- **7** lich abgegrenzten Teil des Staatsgebietes über Gebietshoheit verfügen.[10] § 98 Nr. 1 GWB umfasst den **Bund**, die **Länder**, die **Landkreise**[11] und die **Gemeinden**. Dem steht nicht entgegen, dass Gemeinden und andere Selbstverwaltungskörperschaften verfassungsrechtlich nicht Teil des Staates sind.[12] Ausschlaggebend ist die Zuordnung zur Ebene „staatlichen" Handelns im Sinne einer Auftragsvergabe unmittelbar durch die öffentliche Hand. Da es sich auch bei Gemeinden um Gebietskörperschaften handelt, findet § 98 Nr. 1 GWB Anwendung.

Verbände aus den vorstehenden Gebietskörperschaften (insbesondere Zweckverbände), **8** unterfallen nicht § 98 Nr. 1 GWB. Solche Verbände sind öffentliche Auftraggeber aufgrund der spezielleren Regelung des § 98 Nr. 3 GWB.[13]

II. Sondervermögen der Gebietskörperschaften

Sondervermögen sind **rechtlich unselbstständige Verwaltungseinheiten** des Staates, **9** die als gesonderte Einheit im Rechtsverkehr auftreten.[14] Rechtlich selbstständige juristische Personen unterfallen auch dann nicht § 98 Nr. 1 GWB, wenn eine Gebietskörperschaft an ihnen beteiligt ist.[15] Diese juristischen Personen können aber Auftraggeber gemäß § 98 Nr. 2 GWB sein.

Zu den Sondervermögen der Gebietskörperschaften zählen haushalterisch verselbststän- **10** digte **Eigen- oder Regiebetriebe** der Kommunen und **nicht rechtsfähige Stiftungen.** Der Erwähnung der Sondervermögen in § 98 Nr. 1 GWB kommt in der Regel aber keine eigenständige Bedeutung zu, da die hinter dem Sondervermögen stehende Gebietskörperschaft die zur Erfüllung des Aufgaben des Sondervermögens erforderlichen öffentlichen Aufträge vergibt und daher öffentlicher Auftraggeber ist.[16]

Etwas anderes gilt für das **Bundeseisenbahnvermögen.** Das Bundeseisenbahnvermö- **11** gen ist ein vom Bund verwaltetes Sondervermögen, das mit der Verwaltung und Verwertung nicht betriebsnotwendiger Grundstücke der ehemaligen Deutschen Bundesbahn und der Verwaltung der der Deutschen Bahn AG zugewiesenen Beamten befasst ist.[17] Es kann

---

[8] Vgl. § 48 HGrG.
[9] Vgl. § 2 Abs. 4 LTMG Baden-Württemberg, § 1 Abs. 1 BerlAVG, § 1 Abs. 2 Satz 1 BbgVergG, § 2 Abs. 1 TtVG Bremen, § 2 Abs. 4 TVgG NRW, § 2 Nr. 3 RPTTG, § 1 Abs. 1 TtVG Saarland.
[10] *Diehr* in Reidt/Stickler/Glahs, § 98 Rn. 12.
[11] VK Schleswig-Holstein Beschl. v. 13.7.2006, VK-SH 15/06.
[12] *Otting* in Bechthold, § 101 Rn. 11.
[13] VK Sachsen Beschl. v. 26.6.2009, 1/SVK/024−09.
[14] *Diehr* in Reidt/Stickler/Glahs, § 98 Rn. 13; *Wieddekind* in Willenbruch/Wieddekind, § 98 Rn. 7.
[15] *Kuß* in Heuvels/Höß/Kuß/Wagner, § 98 Rn. 17.
[16] *Ziekow* in Ziekow/Völlink, § 98 Rn. 28.
[17] Vgl. BGH Beschl. v. 27.5.1998, VIII ZR 6/97.

nach § 4 Abs. 1 BEZNG im Rechtsverkehr unter eigenem Namen handeln. Es tritt eigenständig im Markt auf und ist selbst öffentlicher Auftraggeber nach § 98 Nr. 1 GWB.[18]

C. Andere juristische Personen des öffentlichen und des privaten Rechts (§ 98 Nr. 2 GWB)

I. Überblick

12 § 98 Nr. 2 GWB erstreckt den Anwendungsbereich des GWB auf bestimmte staatsnahe Einrichtungen, die sogenannten **funktionalen Auftraggeber.** Ungeachtet des gegenwärtigen Trends zur Re-Kommunalisierung wurden in der Vergangenheit zunehmend Aufgaben von den „klassischen" Auftraggebern im Sinne des § 98 Nr. 1 GWB an rechtlich selbständige Organisationseinheiten übertragen. Durch § 98 Nr. 2 GWB soll sichergestellt werden, dass die öffentliche Hand sich durch eine Aufgaben- oder Organisationsprivatisierung den Bindungen des Vergaberechts nicht entziehen kann. § 98 Nr. 2 GWB erfasst daher Einrichtungen, die zwar aufgrund ihrer selbständigen Rechtspersönlichkeit nicht unmittelbar dem Staat angehören, aber eine dem staatlichen Bereich zuzuordnende Aufgabe wahrnehmen und zugleich eine besondere Staatsnähe aufweisen. Da die Einrichtung in diesem Fall als verlängerte Hand des Staates tätig wird, ist es gerechtfertigt und zur Vermeidung von Umgehungsversuchen geboten, sie den Bindungen des Vergaberechts zu unterwerfen.

13 Die Einbeziehung „funktionaler" Auftraggeber geht auf die EU-Richtlinien zurück, in denen sie als **„Einrichtung des öffentlichen Rechts"** bezeichnet werden. Dabei handelt es sich gemäß Art. 1 Abs. 9 Unterabs. 2 VKR bzw. Art. 2 Abs. 1 lit. a Unterabs. 2 SKR um alle Einrichtungen, die zu dem besonderen Zweck gegründet wurden, im Allgemeininteresse liegende Aufgaben nichtgewerblicher Art zu erfüllen, Rechtspersönlichkeit besitzen, überwiegend vom Staat, von Gebietskörperschaften oder von anderen Einrichtungen des öffentlichen Rechts finanziert werden oder hinsichtlich ihrer Leitung der Aufsicht durch die vorgenannten Institutionen unterliegen. Ausreichend ist auch, dass ihr Verwaltungs-, Leitungs- oder Aufsichtsorgan mehrheitlich aus Mitgliedern besteht, die vom Staat, von den Gebietskörperschaften oder von anderen Einrichtungen des öffentlichen Rechts ernannt worden sind. Durch die Einbeziehung der „Einrichtungen des öffentlichen Rechts" sollten gerade auch die juristischen Personen des Privatrechts erfasst werden, die der staatlichen Kontrolle unterliegen und eine im Allgemeininteresse liegende Aufgabe nichtgewerblicher Art erfüllen.[19]

14 Dem deutschen Vergaberecht ist der Begriff der Einrichtung des öffentlichen Rechts fremd.[20] § 98 Nr. 2 GWB spricht stattdessen von juristischen Personen des öffentlichen und privaten Rechts. Deren Einbeziehung in den Anwendungsbereich des GWB-Vergaberechts ist an drei Voraussetzungen geknüpft:
- Selbständige Rechtspersönlichkeit,
- Gründung zum Zwecke der Wahrnehmung von im Allgemeininteresse liegenden Aufgaben nicht gewerblicher Art,
- Beherrschung durch die öffentliche Hand.

---

[18] *Ziekow* in Ziekow/Völlink, § 98 Rn. 28.
[19] *Pietzcker* ZHR 162 (1998), 427, 444.
[20] Nach *Eschenbruch* in Kulartz/Kus/Portz, § 98 Rn. 27 ist dies darauf zurückzuführen, dass es nicht dem deutschen Rechtsverständnis entsprochen hätte, private Rechtsobjekte als „Einrichtung des öffentlichen Rechts" zu qualifizieren. Durch die Untergliederung konnte zugleich eine dem Kaskadensystem entsprechende Zuordnung der verschiedenen Auftraggeber zu den unterschiedlichen Abschnitten der Verdingungsordnungen vorgenommen werden.

Für die Qualifikation als öffentlicher Auftraggeber müssen alle drei Voraussetzungen erfüllt sein.[21]   15

Für die Auslegung von § 98 Nr. 2 GWB kann **Anhang III VKR** als Orientierung   16
herangezogen werden. Der Anhang geht auf die Vorgabe aus Art. 1 Abs. 9 Unterabs. 3 VKR zurück und enthält ein Verzeichnis von Einrichtungen und Kategorien von Einrichtungen des öffentlichen Rechts in den Mitgliedstaaten. Die Einrichtungen des öffentlichen Rechts in Deutschland sind in dem Anhang nicht konkret namentlich benannt. Anhang III Ziffer III listet aber abstrakt auf, welche Art von Einrichtungen und Institutionen aus den verschiedenen gesellschaftlichen und wirtschaftlichen Bereichen in Deutschland erfasst werden. Dies sind Einrichtungen in den Bereichen Gesundheitswesen (Krankenhäuser, Kurmittelbetriebe, medizinische Forschungseinrichtungen, Untersuchungs- und Tierkörperbeseitigungsanstalten), Kultur (öffentliche Bühnen, Orchester, Museen, Bibliotheken, Archive, zoologische und botanische Gärten), Soziales (Kindergärten, Kindertagesheime, Erholungseinrichtungen, Kinder- und Jugendheime, Freizeiteinrichtungen, Gemeinschafts- und Bürgerhäuser, Frauenhäuser, Altersheime, Obdachlosenunterkünfte), Sport (Schwimmbäder, Sportanlagen und -einrichtungen), Sicherheit (Feuerwehren, Rettungsdienste), Bildung (Umschulungs-, Aus-, Fort- und Weiterbildungseinrichtungen, Volksschulen), Wissenschaft, Forschung und Entwicklung (Großforschungseinrichtungen, wissenschaftliche Gesellschaften und Vereine, Wissenschaftsförderung), Entsorgung (Straßenreinigung, Abfall- und Abwasserbeseitigung), Bauwesen und Wohnungswirtschaft (Stadtplanung, Stadtentwicklung, Wohnungsunternehmen, soweit im Allgemeininteresse tätig, Wohnraumvermittlung), Wirtschaft (Wirtschaftsförderungsgesellschaften), Friedhofs- und Bestattungswesen, Zusammenarbeit mit den Entwicklungsländern (Finanzierung, technische Zusammenarbeit, Entwicklungshilfe, Ausbildung).

Die Aufnahme in die Auflistung des Anhangs III begründet die **widerlegliche Vermutung**, dass es sich um einen öffentlichen Auftraggeber im Sinne des § 98 Nr. 2 GWB handelt.[22] Nach dem OLG Celle[23] soll umgekehrt auch dann, wenn eine bestimmte Art von Einrichtung oder Institution in dem Anhang nicht aufgeführt ist, vermutet werden können, dass sie nicht in den Anwendungsbereich des § 98 Nr. 2 GWB fällt. Es ist zweifelhaft, ob dies zutrifft. Ausweislich Art. 1 Abs. 9 Unterabs. 3 Satz 1 VKR ist die Aufzählung im Anhang nicht abschließend. Nach der Rechtsprechung des EuGH muss bei Nichterwähnung der Einrichtung in dem Verzeichnis bezogen auf den konkreten Einzelfall untersucht werden, ob die Einrichtung nach ihrer rechtlichen und tatsächlichen Situation eine im Allgemeininteresse liegende Aufgabe erfüllt.[24] Danach kann eine Vergabestelle, die nicht in dem Verzeichnis im Anhang aufgeführt ist, nicht ohne weiteres vermuten, dass sie kein öffentlicher Auftraggeber ist. Die Nichterwähnung im Anhang begründet allenfalls ein Indiz, entbindet jedoch nicht von einer Prüfung anhand der Umstände des Einzelfalls.   17

II. Selbständige Rechtspersönlichkeit

Juristische Person im Sinne des § 98 Nr. 2 GWB ist jedes Rechtssubjekt, das aufgrund gesetzlicher Anerkennung rechtsfähig ist, d.h. selbst **Träger von Rechten und Pflichten** sein kann. Natürliche Personen werden von § 98 Nr. 2 GWB nicht erfasst.   18

---

[21] EuGH Urt. v. 15.1.1998, C-44/96 – *Mannesmann Anlagenbau*, Rn. 21; EuGH Urt. v. 16.10.2003, C-283/00 – *Kommission ./. Königreich Spanien*, Rn. 77.
[22] GA Mengozzi Schlussanträge v. 30.1.13, C-526/11 – *Ärztekammer Westfalen-Lippe*, Rn. 20; *Diehr* in Reidt/Stickler/Glahs, § 98 Rn. 17.
[23] OLG Celle Beschl. v. 25.8.2011, 13 Verg 5/11.
[24] EuGH Urt. v. 27.2.2003, C-373/00 – *Adolf Truley*, Rn. 44.

1. Juristische Personen des öffentlichen Rechts

19 Juristische Personen des öffentlichen Rechts sind **bundes-, landes-** und **gemeindeunmittelbare Körperschaften, Anstalten** und **Stiftungen des öffentlichen Rechts.** Nach Anhang III Ziffer III 1 VKR gehören zu den juristischen Personen des öffentlichen Rechts etwa wissenschaftliche Hochschulen und verfasste Studentenschaften, berufsständische Vereinigungen (Rechtsanwalts-, Notar-, Steuerberater-, Wirtschaftsprüfer-, Architekten-, Ärzte- und Apothekerkammern), Wirtschaftsvereinigungen (Landwirtschafts-, Handwerks-, Industrie- und Handelskammern, Handwerksinnungen, Handwerkerschaften), Sozialversicherungen (Krankenkassen, Unfall- und Rentenversicherungsträger), kassenärztliche Vereinigungen, Genossenschaften und Verbände, rechtsfähige Bundesanstalten, Versorgungsanstalten und Studentenwerke und Kultur-, Wohlfahrts- und Hilfsstiftungen. In der Praxis ist insbesondere die oft von kommunalen Eigenunternehmen gewählte Rechtsform der Anstalt öffentlichen Rechts von Bedeutung.[25] So können **Einrichtungen der kommunalen Daseinsvorsorge** zum Beispiel auf dem Gebiet der Abfallentsorgung als kommunale Anstalten des öffentlichen Rechts organisiert sein. Bei **Universitäten, Studentenwerken** und **kommunalen Kliniken** handelt es sich ebenfalls häufig um Anstalten des öffentlichen Rechts. Auch die **evangelischen Landeskirchen,** die **römisch-katholische Kirche** und andere **Religionsgemeinschaften** sind gemäß Art. 140 GG i.V.m. Art. 137 Abs. 5 WRV als Körperschaften des öffentlichen Rechts verfasst.[26]

20 Gebietskörperschaften und deren Sondervermögen unterfallen nicht § 98 Nr. 2 GWB, sondern der spezielleren Regelung des § 98 Nr. 1 GWB.

2. Juristische Personen des privaten Rechts

21 Juristische Personen des privaten Rechts sind die **AG,** die **KGaA,** die **GmbH,** die **eingetragene Genossenschaft,** der **Versicherungsverein auf Gegenseitigkeit** und der **eingetragene Verein.** Auch **Vorgesellschaften** der Kapitalgesellschaften (Vor-GmbH, Vor-AG) können bereits öffentliche Aufträge erteilen. Obwohl sich die eigentliche Kapitalgesellschaft noch im Gründungsstadium befindet, kann sie nach dem funktionalen Auftraggeberbegriff öffentlicher Auftraggeber gemäß § 98 Nr. 2 GWB sein. Die noch fehlende Eintragung im Handelsregister bzw. noch nicht erfolgte Umsetzung eines anderen Gründungsakts steht dem nicht entgegen.[27]

22 Die **Personengesellschaften,** d.h. die **GbR,** die **oHG,** die **KG** und die **Partnerschaftsgesellschaft** sind nach deutschem Gesellschaftsrecht keine juristischen Personen. Nach Maßgabe des funktionalen Auftraggeberbegriffs des EU-Rechts kommt es auf die Rechtsform der Gesellschaft aber nicht an. Vergaberechtlich ist entscheidend, ob die Organisationseinheit als Auftraggeber am Markt aktiv werden und Beschaffungen durchführen kann.[28] Die Personengesellschaften können selbstständig Rechte und Verbindlichkeiten begründen und daher auch Leistungen und Lieferungen am Markt beschaffen. Dies gilt auch für die teilrechtsfähige **Außen-GbR.**[29] Die deutschen Personengesellschaften sind daher juristische Personen im Sinne des § 98 Nr. 2 GWB.

---

[25] *Eschenbruch* in Kulartz/Kus/Portz, § 98 Rn. 96; *Kuß* in Heuvels/Höß/Kuß/Wagner, § 98 Rn. 21.

[26] Allerdings sind sie nach h.M. gleichwohl keine öffentlichen Auftraggeber i.S. von § 98 Nr. 2 GWB; siehe dazu unten, Rn. 64.

[27] *Eschenbruch* in Kulartz/Kus/Portz, § 98 Rn. 100.

[28] *Ziekow* DB 1998, 2579, 2580; *ders.* in Ziekow/Völlink, § 98 Rn. 38; *Otting* in Bechtold, § 98 Rn. 11; VK Münster Beschl. v. 24.6.2002, VK 03/02 (für eine oHG).

[29] BGH Urt. v. 29.1.2001, II ZR 331/00, NJW 2001, 1056 ff.

III. Gründung zu dem besonderen Zweck, im Allgemeininteresse liegende Aufgaben nichtgewerblicher Art zu erfüllen

Die Erstreckung der vergaberechtlichen Bestimmungen auf Einrichtungen der öffentlichen Hand ist nur in bestimmten Fällen erforderlich. Das GWB-Vergaberecht dient in erster Linie einer haushalterisch vernünftigen Auftragsvergabe der öffentlichen Hand. Zugleich soll es im Interesse der Privatwirtschaft eine transparente und faire Vergabe öffentlicher Aufträge gewährleisten. Das Vergaberecht soll dementsprechend nur dann greifen, wenn zu befürchten ist, dass die den Auftrag vergebende Einrichtung sich von **anderen als wirtschaftlichen Erwägungen** leiten lässt. Verfolgt sie rein erwerbswirtschaftliche Ziele und verhält sie sich wie jeder private Wirtschaftsteilnehmer im Markt, ist eine Bevorzugung insbesondere heimischer Bieter unwahrscheinlich.[30] Es besteht dann kein Anlass, den Rechtsträger den Bindungen des Vergaberechts zu unterwerfen. Diese Differenzierung bildet § 98 Nr. 2 GWB durch die Voraussetzung ab, dass die Einrichtung zu dem besonderen Zweck gegründet worden sein muss, eine im Allgemeininteresse liegende Aufgabe nicht gewerblicher Art zu erfüllen. 23

1. Besonderer Gründungszweck

Soweit die Vorschrift gerade auf den „Gründungszweck" abstellt, entspricht das zwar dem Wortlaut der Art. 1 Abs. 9 Unterabs. 2 lit. a VKR, und Art. 2 Abs. 1 lit. a Unterabs. 2 SKR, ist aber irreführend. Mit Blick auf den funktionalen Auftraggeberbegriff kann es für die Frage, ob eine Einrichtung der öffentlichen Hand als öffentlicher Auftraggeber einzuordnen ist, nicht darauf ankommen, ob sie ihren speziellen Daseinszweck bereits im Zuge der Gründung oder erst später zugewiesen bekommen hat. Es ist auch nicht entscheidend, ob sich der Zweck gerade aus den Gründungsdokumenten (z. B. Satzung, Gesellschaftsvertrag) oder aus anderen Umständen ergibt. Wie der EuGH in der Rechtssache *Universale-Bau* klargestellt hat, wäre die praktische Wirksamkeit der Richtlinienvorgaben nicht gewährleistet, wenn nur solche Unternehmen als öffentliche Auftraggeber angesehen würden, denen ihre im Allgemeininteresse liegenden Aufgaben nicht gewerblicher Art bereits zum Zeitpunkt der Unternehmensgründung übertragen wurde.[31] Die Satzung, andere Gründungsdokumente oder Unterlagen zu späteren Satzungsänderungen können zwar wichtige Anhaltspunkte für den von der Gesellschaft verfolgten Zweck geben. Soweit das Unternehmen aber objektiv erkennbar eine im Allgemeininteresse liegende Aufgabe ausübt, ist es ohne Bedeutung, ob die Satzungsbestimmungen den konkreten Tätigkeitsbereich des Unternehmens zutreffend wiedergeben.[32] Maßgeblich ist das **objektive Auftreten der juristischen Person im Wirtschaftsverkehr.** Dieses kann beispielsweise auch anhand von Vereinbarungen des Unternehmens mit Dritten festgestellt werden.[33] 24

In **zeitlicher Hinsicht** kommt es für die Beurteilung des Tätigkeitszwecks grundsätzlich auf den Zeitpunkt der Vergabe des jeweiligen Auftrags an.[34] In Ausnahmefällen, in denen eine **Umgehung** nahe liegt, können aber auch nach der Vergabe eintretende Umstände zu berücksichtigen sein.[35] So kann es für die Qualifikation als öffentlicher Auftrag- 25

---

[30] *Pietzcker* ZHR 162 (1998), 427, 445; *Otting* in Bechtold, § 98 Rn. 13.
[31] EuGH Urt. v. 12.12.2002, C-470/99 – *Universale-Bau AG*, Rn. 57.
[32] A.A. *Reinold* ZIP 2000, 2, 4 nach dem eine nachträgliche Aufgabenzuweisung erst dann vergaberechtlich relevant werden soll, wenn die Satzung geändert wird.
[33] EuGH Urt. v. 12.12.2002, C-470/99 – *Universale-Bau AG*, Rn. 62.
[34] Vgl. EuGH Urt. v. 10.9.2009, C-573/07 – *SEA*, Rn. 47 zum relevanten Zeitpunkt für die Prüfung der Inhouse-Fähigkeit eines Unternehmens.
[35] Vgl. EuGH Urt. v. 10.11.2005, C-29/04 – *Stadt Mödling*, Rn. 38, NZBau 2005, 704, 706 zur Umgehung der Ausschreibungspflicht durch die Inhouse-Vergabe eines Entsorgungsvertrags und die

geber sprechen, wenn ein Unternehmen zunächst ausschließlich zur Erfüllung von Aufgaben gewerblicher Art gegründet wird, sodann einen Auftrag vergaberechtsfrei vergibt, unmittelbar darauf dann aber doch im Allgemeininteresse liegende Aufgaben nichtgewerblicher Art übernimmt. In einem solchen Fall liegt eine Umgehung insbesondere dann nahe, wenn die vergaberechtsfrei beschafften Leistungen die Erfüllung der später übernommenen nichtgewerblichen Aufgaben betreffen. Eine Gesamtbetrachtung des Beschaffungsvorgangs und der Änderung des Aufgabenbereichs führt dann dazu, dass das Unternehmen bereits zum Zeitpunkt der tatsächlichen Auftragsvergabe als öffentlicher Auftraggeber anzusehen ist.

26 Da es nach der Rechtsprechung des EuGH auf die tatsächlich ausgeübte Tätigkeit ankommt, **verliert ein Unternehmen seine Auftraggebereigenschaft**, wenn es zwar zur Durchführung von Tätigkeit im Allgemeininteresse gegründet wurde, jedoch nur noch mit anderen, gewerblichen Aufgaben befasst ist.[36] In diesen Fällen kann eine noch nicht geänderte Unternehmenssatzung zwar zunächst eine Vermutung begründen, dass eine im Allgemeininteresse liegende Aufgabe nicht gewerblicher Art wahrgenommen wird. Diese Vermutung kann vom Unternehmen jedoch widerlegt werden. Die Möglichkeit dieses Nachweises kann dem Unternehmen auch nicht deshalb verwehrt werden, weil für Außenstehende die Ermittlung der aktuellen Ausrichtung eines Unternehmens nur schwer möglich ist.[37] Entscheidend ist auch in diesen Fällen, ob die tatsächlich ausgeübte Tätigkeit die Voraussetzungen des Auftraggeberbegriffs erfüllt. Wenn klar ist, dass dies nicht der Fall ist, wäre es purer Formalismus, auf die unterbliebene Dokumentation in der Unternehmenssatzung abzustellen. Auch mit einer Umgehungsgefahr lässt sich ein ausschließliches Abstellen auf die Satzung nicht begründen. Dem Unternehmen obliegt die volle Darlegungs- und Beweislast für die Widerlegung der Vermutung der Auftraggebereigenschaft. Vergabeverfahren, die zu einer Zeit eingeleitet wurden, in denen die Auftraggebereigenschaft noch bestand, sind allerdings nach den vergaberechtlichen Bestimmungen zu Ende zu führen.[38]

2. Im Allgemeininteresse liegende Aufgaben

27 Wann eine Aufgabe im Allgemeininteresse liegt, ist weder in der VKR noch in § 98 Nr. 2 GWB geregelt. Auch der EuGH hat bisher keine allgemeingültige Definition aufgestellt. Anhaltspunkte für die Auslegung des Begriffs ergeben sich aus Sinn und Zweck der Regelung. Die Einbeziehung der juristischen Personen im Sinne von § 98 Nr. 2 GWB in den Anwendungsbereich des Vergaberechts beruht auf der Überlegung, dass der Staat sich bei der Erfüllung seiner Aufgaben nicht dadurch dem Anwendungsbereich des Vergaberechts entziehen soll, dass er auf verselbstständigte private Organisationseinheiten ausweicht.

28 Dementsprechend hat der EuGH solche Tätigkeit als Aufgaben im Allgemeininteresse qualifiziert, die eng mit der **öffentlichen Ordnung** und **dem institutionellen Funktionieren des Staates** verknüpft sind und eine Versorgungsgarantie sowie Produktionsbedingungen verlangen, die die Beachtung der Geheimhaltungs- und Sicherheitsvorschriften gewährleisten.[39] Im Allgemeinen handelt es sich um Aufgaben, welche **der Staat aus Gründen des Allgemeineinteresses selbst erfüllen will oder muss** bzw. auf deren Erfüllung er **einen entscheidenden Einfluss behalten möchte**.[40]

---

anschließende Veräußerung des Geschäftsanteils an der beauftragten Gesellschaft an ein privatwirtschaftliches Unternehmen.
[36] *Ziekow* in Ziekow/Völlink, § 98 Rn. 77; *Pünder* in Pünder/Schellenberg, § 98 Rn. 24; *Otting* in Bechtold, § 98 Rn. 14. A.A. *Werner* in Byok/Jäger, § 98 Rn. 44.
[37] So aber *Werner* in Byok/Jäger, § 98 Rn. 44.
[38] EuGH Urt. v. 3.10.2000, C-380/98, Rn. 44 – *University of Cambridge*, NZBau 2001, 218, 221.
[39] EuGH Urt. v. 15.1.1998, C-44/96 – *Mannesmann Anlagenbau*, Rn. 24.
[40] EuGH Urt. v. 10.11.1998, C-360/96 – *Gemeente Arnhem*, Rn. 51.

Originär staatliche Aufgaben in diesem Sinne sind beispielsweise die **Daseinsvor-** 29
sorge und die **Gewährleistung der inneren und äußeren Sicherheit.**[41] Gleiches gilt,
wenn die Erfüllung der Aufgabe zur Gewährleistung des Umweltschutzes erforderlich
ist.[42] Im Allgemeininteresse liegen auch der Schutz der Gesundheit der Bevölkerung[43] sowie Aufgaben im Zusammenhang mit der Aufnahme, Pflege und Heilung alter oder
kranker Menschen.[44] Auch an Maßnahmen der allgemeinen Wirtschaftsförderung, die auf
eine Ansiedlung von Unternehmen auf dem Gebiet einer Gebietskörperschaft zielen,
kann ein Allgemeininteresse bestehen.[45] Derartige Aufgaben dürfen aber nicht nur Einzelpersonen, sondern müssen zumindest einem Teil der Bevölkerung zugute kommen.[46]

Der Umstand, dass der öffentlichen Hand eine **Tätigkeit gesetzlich auferlegt** ist, 30
spricht für die Annahme einer im Allgemeininteresse liegenden Aufgabe. Die gesetzliche
Aufgabenzuweisung bringt zum Ausdruck, dass die öffentliche Hand die Verantwortung
für die Erfüllung der Aufgabe übernehmen soll. Der EuGH misst einer gesetzlichen Verpflichtung des Staates zur Durchführung einer bestimmten Tätigkeit bei der Beurteilung
des Vorliegens einer Aufgabe im Allgemeininteresse zumindest indizielle Bedeutung zu.[47]

Ein weiterer Anhaltspunkt ergibt sich aus der Rechtsform, in der das Unternehmen die 31
in Rede stehende Aufgabe wahrnimmt. Eine **öffentlich-rechtliche Organisationsform**
ist in der Regel untrennbar mit der Erfüllung öffentlicher Aufgaben verbunden.[48] Handelt
der Staat demgegenüber unter Einschaltung einer juristischen Person des Privatrechts, soll
eine widerlegbare Vermutung dafür streiten, dass die Aufgabe nicht im Allgemeininteresse
wahrgenommen wird.[49]

Nach der **Infizierungstheorie** des EuGH führt die Tatsache, dass ein Unternehmen 32
im Allgemeininteresse liegende Aufgaben nicht gewerblicher Art wahrnimmt, dazu, dass
es öffentlicher Auftraggeber ist, ungeachtet dessen, ob es daneben noch weitere Tätigkeiten ausübt, die nicht im Allgemeininteresse liegen oder die gewerblicher Art sind.[50] Demnach kommt es allein darauf an, ob das Unternehmen – ggf. neben anderen, vergaberechtlich „unschädlichen" Aktivitäten – überhaupt Aufgaben im Sinne von § 98 Nr. 2
GWB erfüllt. Welchen Umfang diese Tätigkeiten am Gesamtportfolio des Unternehmens
haben, ist unerheblich. Bereits eine relevante Tätigkeit von nur ganz untergeordnetem
Umfang führt zu einer „Infizierung" des gesamten Unternehmens.

Der öffentliche Auftraggeber kann die „Infizierung" dadurch begrenzen, dass er die 33
nicht im Allgemeininteresse liegenden Tätigkeiten auf eine selbstständige Tochtergesellschaft ausgliedert.[51] Die teilweise[52] vertretene Auffassung, dass 100 %-ige Tochterunternehmen öffentlicher Auftraggeber stets selbst öffentliche Auftraggeber im Sinne von § 98
Nr. 2 GWB seien, überzeugt in dieser Allgemeinheit nicht. Denn nach der EuGH-

---

[41] BayObLG Beschl. v. 21.10.2004, Verg 17/04, NZBau 2005, 173, 174; BayObLG Beschl. v. 10.9.2002, Verg 23/02.
[42] EuGH Urt. v. 10.11.1998, C-360/96 – *Gemeente Arnhem*, Rn. 52.
[43] EuGH Urt. v. 11.6.2009, C-300/07 – *Oymanns*, Rn. 49.
[44] OLG München, Beschl. v. 7.6.2005, Verg 4/05.
[45] EuGH Urt. v. 22.5.2003, C-18/01 – *Korhonen*, Rn. 44.
[46] *Werner* in Byok/Jäger, § 98 Rn. 48.
[47] Vgl. EuGH Urt. v. 27.1.2003, C-373/00 – *Adolf Truley*, Rn. 53.
[48] *Werner* in Byok/Jäger, § 98 Rn. 49; *Dietlein*, NZBau 2002, 136, 138.
[49] *Werner* in Byok/Jäger, § 98 Rn. 50; *Kuß* in Heuvels/Höß/Kuß/Wagner, § 98 Rn. 30. Kritisch *Diehr* in Reidt/Stickler/Glahs, § 98 Rn. 37, der darauf hinweist, dass Gebietskörperschaften nach den kommunalrechtlichen Vorschriften vieler Länder eine wirtschaftliche Tätigkeit nur dann gestattet ist, wenn ein öffentlicher Zweck dies erfordert und dieser Zweck durch andere Unternehmen nicht besser und wirtschaftlicher erfüllt werden kann.
[50] EuGH Urt. v. 12.11.1998, C-360/96, Rn. 57 – *Gemeente Arnhem*; EuGH Urt. v. 12.12.2002, C-470/99 – *Universale Bau*, Rn. 55; EuGH Urt. v. 15.1.1998, C-44/96 – *Mannesmann Anlagenbau*, Rn. 25.
[51] *Byok*, NJW 1998, 2774, 2777; *Diehr* in Reidt/Stickler/Glahs, § 98 Rn. 32.
[52] OLG Frankfurt Beschluss v. 28.2.2006, 11 Verg 15/05; *Werner* in Byok/Jaeger, § 98 Rn. 128.

Rechtsprechung führt allein der Umstand, dass ein Unternehmen von einem öffentlichen Auftraggeber gegründet wurde oder es von einem öffentlichen Auftraggeber finanziert wird, noch nicht automatisch dazu, dass es selbst als öffentlicher Auftraggeber anzusehen ist.[53] Ebenso wenig führt der Umstand, dass ein Konzernunternehmen öffentlicher Auftraggeber ist, dazu, dass alle Konzernunternehmen als öffentliche Auftraggeber anzusehen sind.[54] Eine **automatische konzernrechtliche „Infizierung"** der Tochtergesellschaft aufgrund der Wahrnehmung von Allgemeininteressen durch die Muttergesellschaft findet nach der Rechtsprechung des EuGH **nicht statt.** Vielmehr ist für jedes Konzernunternehmen gesondert zu prüfen, ob es im Allgemeininteresse liegende Aufgaben nicht gewerblicher Art wahrnimmt.[55]

34 Eine Tochtergesellschaft, die zunächst ausschließlich nicht im Allgemeininteresse liegende Aufgaben wahrnimmt, wird dadurch öffentlicher Auftraggeber, dass sie von der Muttergesellschaft im Allgemeininteresse liegende Aufgaben übernimmt oder in deren Erfüllung eingebunden wird. Die Vergabevorschriften können auch nicht dadurch umgangen werden, dass die Konzernmutter eine formal rein kommerziell geprägte **Inhouse-Einkaufsgesellschaft** als Tochter gründet, die ohne Beachtung der Vergabevorschriften Leistungen beschafft, die von der Muttergesellschaft benötigt werden und anschließend im Wege des Inhouse-Geschäfts an die Mutter weitergereicht werden. In einem solchen Fall nimmt die Einkaufsgesellschaft an der Erfüllung der im Allgemeininteresse liegenden Aufgabe der Muttergesellschaft teil und ist daher selbst öffentlicher Auftraggeber.

3. Aufgaben nichtgewerblicher Art

35 Das Merkmal der Nichtgewerblichkeit ist einer der vielschichtigsten Begriffe des europäischen Vergaberechts. Es handelt sich um einen EU-rechtlichen Begriff, der mit dem deutschen Gewerbebegriff (etwa aus dem Gewerbe- und Steuerrecht) nichts zu tun hat. Er wird durch eine umfangreiche, nicht immer konsistente und in der Abgrenzung mitunter unscharfe Judikatur des EuGH geprägt. Eine allgemeingültige Definition hat der EuGH bislang noch nicht entwickelt. Geklärt ist, dass es sich bei der „Nichtgewerblichkeit" der Aufgabe um ein gegenüber dem „Allgemeininteresse" **selbstständig zu prüfendes Tatbestandsmerkmal** handelt. Demnach ist zwischen im Allgemeininteresse liegenden Aufgaben nicht gewerblicher Art einerseits und im Allgemeininteresse liegenden Aufgaben gewerblicher Art andererseits zu differenzieren.[56] Der EuGH hat zudem eine Reihe von **Indizien** entwickelt, die zur Beurteilung der Gewerblichkeit bzw. Nichtgewerblichkeit im Einzelfall heranzuziehen sind.[57] Maßgeblich ist insbesondere, ob das Unternehmen
- unter normalen Marktbedingungen und
- mit Gewinnerzielungsabsicht tätig wird und
- die mit der Übernahme der Tätigkeit verbundenen Risiken selbst trägt.[58]

36 Sind diese Indizien erfüllt, ist das Vorliegen einer Aufgabe nichtgewerblicher Art unwahrscheinlich.[59] Die praktische Handhabung des Kriteriums wird durch die Heranziehung der Indizien erleichtert. Der EuGH nimmt allerdings keine trennscharfe Abgrenzung vor. Bei

---

[53] EuGH Urt. v. 15.1.1998, C-44/96 – *Mannesmann Anlagenbau*, Rn. 39.
[54] EuGH Urt. v. 12.11.1998, C-360/96 – *Gemeente Arnhem*, Rn. 57; *Ziekow* NZBau 2004, 181, 185.
[55] EuGH Urt. v. 15.1.1998, C-44/96 – *Mannesmann Anlagenbau*, Rn. 39.
[56] EuGH Urt. v. 12.11.1998, C-360/96 – *Gemeente Arnhem*, Rn. 36; EuGH Urt. v. 22.5.2003, C-18/01 – *Korhonen*, Rn. 40; *Schlette* EuR 2000,119.
[57] Vgl. EuGH Urt. v. 10.5.2001, C-223/99 – *Ente Fiera*, Rn. 35–42; EuGH Urt. v. 27.2.2003, C-373/00, – *Adolf Truley*, Rn. 62ff.; EuGH Urt. v. 22.5.2003 – *Korhonen*, Rn. 53 ff; EuGH, Urt. v. 16.10.2003, C-283/00 – *SIEPSA*, Rn. 82.
[58] EuGH, Urt. v. 16.10.2003, C-283/00– *SIEPSA*, Rn. 82; EuGH Urt. v. 22.5.2003, C-18/01 – *Korhonen*, Rn. 51.
[59] EuGH Urt. v. 22.5.2003, C-18/01 – *Korhonen*, Rn. 51.

der Prüfung sollen stets alle relevanten Umstände zu betrachten sein, einschließlich der konkreten Voraussetzungen, unter denen das Unternehmen seine Tätigkeit ausübt.[60] Dieser Einzelfallansatz mag dogmatisch unbefriedigend sein; in der praktischen Handhabung führt er jedoch meist zu überzeugenden Ergebnissen, zumal die Einzelindizien bei der näherer Betrachtung vielfach im Zusammenhang zueinander stehen.

37 Das Unternehmen übt die Aufgabe dann unter normalen Marktbedingungen aus, wenn es im Wettbewerb agiert. Die Gewerblichkeit der Aufgabe ergibt sich dabei noch nicht daraus, dass sie auch von Privatunternehmen im Wettbewerb erfüllt werden kann. Das Vorliegen eines **entwickelten Wettbewerbs** im betreffenden Bereich kann jedoch darauf hinweisen, dass es sich um eine Aufgabe gewerblicher Art handelt.[61] „Entwickelt" ist der Wettbewerb nur, wenn er eine bestimmte Qualität bzw. Intensität aufweist. Der Wettbewerb muss zumindest eine solche Intensität erreichen, dass der von ihm ausgehende Druck den Auftraggeber tatsächlich zwingt, sich bei der Auftragsvergabe ausschließlich von wirtschaftlichen Erwägungen leiten zu lassen. Entwickelt sich eine ausreichende Wettbewerbsintensität auf dem relevanten Teilmarkt erst im Laufe der Zeit, bricht das anfängliche Indiz für eine nichtgewerbliche Tätigkeit zu gegebener Zeit weg.[62]

38 Für die Nichtgewerblichkeit der Aufgabe spricht es demgegenüber, wenn sich das Unternehmen bei der Aufgabenerfüllung **außerhalb marktmäßiger Mechanismen** bewegt oder es über eine **staatlich herbeigeführte marktbezogene Sonderstellung** verfügt.[63] Eine solche Sonderstellung kann sich daraus ergeben, dass der Staat die wirtschaftlichen Risiken der Tätigkeit trägt oder finanzielle Verluste ausgleichen würde. Das Unternehmen wird dann nicht unter normalen Marktbedingungen tätig, wenn zwischen ihm und der öffentlichen Hand eine Verlustausgleichsvereinbarung mit Garantieverpflichtungen der öffentlichen Hand besteht oder diese dem Unternehmen Subventionen zur Stärkung der Liquidität zur Verfügung stellt.[64] Eine gesetzlich angeordnete oder vertraglich verankerte Pflicht zum Verlustausgleich ist nicht erforderlich. Es genügt, wenn davon ausgegangen werden kann, dass der Staat das Unternehmen tatsächlich im Notfall mit den benötigten Mitteln ausstatten würde, um eine Insolvenz abzuwenden.[65] Ein solcher Fall liegt dann vor, wenn anzunehmen ist, dass der Staat dem Unternehmen eine besondere Bedeutung für die öffentliche Ordnung oder die öffentliche Daseinsvorsorge zumisst.[66] Dies wird regelmäßig bei solchen Aufgaben naheliegen, deren Erfüllung im Interesse der Aufrechterhaltung der öffentlichen Ordnung und bedeutender staatlicher Funktionen unbedingt gewährleistet werden muss.

39 Für die Nichtgewerblichkeit der Aufgabe spricht ferner, wenn das Unternehmen ohne **Gewinnerzielungsabsicht** tätig wird. Hiervon ist insbesondere dann auszugehen, wenn Leistungen zu nicht kostendeckenden Preisen angeboten werden.[67] Eine Unternehmensführung nach kaufmännischen Gesichtspunkten mit Gewinnerzielungsabsicht führt für sich genommen aber noch nicht dazu, dass die Tätigkeit als gewerblich anzusehen ist. Wenn eine Einrichtung nach Leistungs-, Effizienz- und Wirtschaftlichkeitskriterien arbeitet und kein Mechanismus zum Ausgleich etwaiger finanzieller Verluste vorgesehen ist, so

---

[60] EuGH Urt. v. 22.5.2003, C-18/01 – *Korhonen*, Rn. 50.
[61] EuGH Urt. v. 22.5.2003, C-18/01 – *Korhonen*, Rn. 49; EuGH Urt. 10.4.2008, C-393/06 – *Ing. Aigner*, Rn. 41.
[62] Vgl. *Endler* NZBau 2002, 125, 135.
[63] OLG Düsseldorf Beschl. v. 30.4.2003, Verg 67/02, NZBau 2003, 400, 402; *Dreher* DB 1998, 2579, 2582f.
[64] VK Brandenburg Beschl. v. 22.9.2008, VK 27/08.
[65] EuGH Urt. v. 22.5.2003, C-18/01 – *Korhonen*, Rn. 53; EuGH Urt. v. 16.10.2003, C-283/00 – *SIEPSA*, Rn. 91; EuGH Urt. v. 10.4.2008, C-393/96 – *Ing. Aigner*, Rn. 44; OLG Hamburg Beschl. v. 25.1.2007, 1 Verg 5/06, NZBau 2007, 801, 803.
[66] EuGH Urt. v. 16.10.2003, C-283/00 – *SIEPSA*, Rn. 91; EuGH Urt. v. 10.4.2008, C-393/96 – *Ing. Aigner*, Rn. 44.
[67] OLG München Beschl. v. 7.6.2005, 1 Verg 4/05.

dass die Einrichtung das wirtschaftliche Risiko ihrer Tätigkeit selbst trägt, ist das jedoch ein Indiz für die Gewerblichkeit der Aufgaben.[68]

IV. Besondere Staatsnähe

40 Weitere Voraussetzung für die Qualifizierung eines Unternehmens als öffentlicher Auftraggeber nach § 98 Nr. 2 GWB ist, dass es einer **besonderen staatlichen Einflussmöglichkeit** unterliegt. § 98 Nr. 2 Satz 1 GWB verlangt eine besondere Staatsnähe, die durch eine überwiegende Finanzierung, die mehrheitliche Besetzung der Leitungs- oder Aufsichtsorgane oder die Aufsichtsführung über das Unternehmen durch öffentliche Auftraggeber gemäß § 98 Nr. 1 bis 3 GWB begründet werden kann.

41 Ob die besondere Staatsnähe im Sinne des § 98 Nr. 2 Satz 1 GWB auch durch eine enge Verbindung mit **einem ausländischen Staat oder einer ausländischen öffentlichen Einrichtung** begründet werden kann, ist weitgehend ungeklärt. Es spricht viel dafür, danach zu unterscheiden, ob es sich bei dem Staat bzw. dem Herkunftsland der Einrichtung um ein EU- bzw. EWR-Mitgliedsstaat oder um einen Drittstaat handelt.[69] Den EU-Richtlinien ist keine Begrenzung des funktionalen Auftraggeberbegriffs auf eine Einflussnahme gerade durch den Staat, in dem das Unternehmen seinen Sitz hat, zu entnehmen. Es bestünde die Gefahr einer Umgehung des europäischen Vergaberechts, wenn ein von einem Mitgliedstaat beherrschtes Unternehmen weder an seinem Sitz im Ausland noch im Heimatland des Mitgliedsstaates den vergaberechtlichen Bindungen unterliegen würde.[70] Bei richtlinienkonformer Auslegung dürften daher auch solche Unternehmen unter § 98 Nr. 2 Satz 1 GWB fallen, die von anderen EU- und EWR-Mitgliedstaaten bzw. deren Einrichtungen beherrscht werden.[71] Bei einer Beherrschung durch Drittstaaten dürfte der Anwendungsbereich der EU-Richtlinien dagegen nicht eröffnet sein; dementsprechend besteht auch kein Anlass, den Begriff des öffentlichen Auftraggebers auf solche Fälle zu erstrecken. Von Drittstaaten beherrschte Einrichtungen fallen daher nicht unter § 98 Nr. 2 GWB.[72]

1. Überwiegende Finanzierung

42 Eine überwiegende Finanzierung liegt vor, wenn **mehr als die Hälfte** der dem Unternehmen insgesamt zur Verfügung stehenden Finanzmittel vom Staat stammt.[73] Die Prüfung erfolgt zweistufig.[74] Zunächst ist das Gesamtbudget des Unternehmens zu ermitteln, dem dann der Finanzierungsanteil der öffentlichen Hand gegenüber zu stellen ist. Maßgeblich ist die Finanzsituation des Unternehmens in dem Geschäftsjahr, in dem das in Rede stehende Vergabeverfahren eingeleitet wird.[75] Bei der Berechnung ist auf die Prognosewerte für das laufende Geschäftsjahr abzustellen. Die Einstufung wirkt für das gesamte Geschäfts- bzw. Haushaltsjahr fort.[76]

43 Bei der Bestimmung der insgesamt zur Verfügung stehenden Finanzmittel sind das Eigenkapital, stille Beteiligungen, Darlehen, von den Gesellschaftern zur Verfügung gestellte

---

[68] EuGH Urt. v. 10.5.2001, C-223/99 und C-360/99 – *Ente Fiera*, Rn. 40.
[69] *von Strenge*, NZBau 2011, 17, 21.
[70] *von Strenge*, NZBau 2011, 17, 20.
[71] *von Strenge*, NZBau 2011, 17, 20.
[72] *von Strenge*, NZBau 2011, 17, 20.
[73] EuGH Urt. v. 3.10.2000, C-380/98 – *University of Cambridge*, Rn. 33, NZBau 2001, 218, 221.
[74] *Diehr* in Reidt/Stickler/Glahs, § 98 Rn 51 f.
[75] EuGH Urt. v. 3.10.2000, C-380/98 – *University of Cambridge*, Rn. 40, NZBau 2001, 218, 221.
[76] EuGH Urt. v. 3.10.2000, C-380/98 – *University of Cambridge*, Rn. 43, NZBau 2001, 218, 221; *Ziekow* VergabeR 2010, 861, 869; *Diehr* in Reidt/Stickler/Glahs, § 98 Rn 51 f.

Sachmittel und Einnahmen des Unternehmens zu berücksichtigen.[77] Dazu zählen auch die Mittel, die dem Unternehmen aus seiner gewerblichen Tätigkeit zufließen.[78]

Die Finanzierung kann in Form einer **unmittelbaren Zahlungs- oder Sachleistung** 44 der öffentlichen Hand erfolgen. In Betracht kommt eine direkte Geldzahlung, aber auch die Bereitstellung von Sachmitteln. Bei der Ermittlung des staatlichen Finanzierungsanteils dürfen allerdings nicht sämtliche Zuflüsse von öffentlichen Auftraggebern aufaddiert werden. Nach § 98 Nr. 2 GWB muss das Unternehmen selbst und nicht nur eine bestimmte Aufgabe überwiegend vom Staat finanziert werden. Es muss sich daher um eine finanzielle Zuwendung handeln, die **ohne spezifische Gegenleistung** gewährt wird.[79] Unbeachtlich sind diejenigen Mittel, die von öffentlichen Auftraggebern als Gegenleistung für die Abwicklung eines öffentlichen Auftrags bereitgestellt werden.[80] Diese Finanzmittel werden nicht zur Finanzierung der Einrichtung in ihrer Gesamtheit, sondern zur Finanzierung eines konkreten Auftrags bereitgestellt.

Nach der Grundsatzentscheidung des EuGH[81] zu den öffentlich-rechtlichen Rund- 45 funkanstalten steht fest, dass auch eine **mittelbare Finanzierung** durch den Staat die Auftraggebereigenschaft begründen kann. Bis zu Entscheidung des EuGH knüpfte sich die Annahme einer (überwiegenden) Finanzierung durch den Staat an den Zufluss von Mitteln aus den Bundes-, Landes- oder Kommunalhaushalten.[82] Der EuGH hat klargestellt, dass es genügen kann, wenn die Finanzierung durch einen staatlichen Akt eingeführt worden ist, durch den Staat garantiert und mittels hoheitlicher Befugnisse erhoben und eingezogen wird[83], d.h. insbesondere bei einem gesetzlichen Beitragserhebungsrecht. Auch bei einer solchen nur mittelbaren staatlichen Finanzierung agiert die begünstigte Einrichtung aufgrund einer vom Staat abgesicherten, privilegierten Position. Eine finanzielle „Sorglosstellung" der Einrichtung begründet die Gefahr, dass die Einrichtung sich bei der Auftragsvergabe von politischer Opportunität oder dem Interesse an einer möglichst bequemen und einfachen Auftragsvergabe leiten lässt.[84]

Unter welchen Umständen eine mittelbare staatliche Finanzierung durch gesetzlich be- 46 gründetes Beitragserhebungsrechts für einen hinlänglichen staatlichen Einfluss ausreicht, hat der EuGH in seiner Entscheidung zur Auftraggebereigenschaft der Berufskammer der Ärzte in Nordrhein-Westfalen präzisiert. Danach genügt ein gesetzliches Beitragserhebungsrecht nicht, wenn das Gesetz nicht auch den Umfang und die Modalitäten der mit diesen Beiträgen finanzierten Tätigkeiten regelt, die die Einrichtung im Rahmen der Erfüllung ihrer Aufgaben ausübt.[85] Es fehlt dann an einer hinreichend **engen Verbindung zur öffentlichen Hand.**

Auch bei gesetzlich angeordneten Beitragspflichten ist stets zu prüfen, ob die Einrich- 47 tung dem beitragspflichtigen Dritten eine **spezifische Gegenleistung** für die Zahlung gewährt. Von einer mittelbaren Staatsfinanzierung kann nur dann gesprochen werden, wenn dem Beitrag keine konkrete Gegenleistung des finanzierten Unternehmens gegenüber steht. Dies ist der Fall, wenn die Zahlungen vom Verbraucher, wie beispielsweise die Rundfunkgebühren, unabhängig von einer Leistung des Unternehmens entrichtet werden müssen. Entsprechendes gilt für Studentenwerke, deren Leistungen wie der Betrieb von Mensen, Cafeterien und Studentenwohnheimen durch Zwangsbeiträge der Studierenden

---

[77] *Diehr* in Reidt/Stickler/Glahs, § 98, Rn 51; *Ziekow* in Ziekow/Völlink, GWB § 98 Rn. 86.
[78] EuGH Urt. v. 3.10.2000, C-380/98 – *University of Cambridge*, Rn. 36, NZBau 2001, 218, 221.
[79] EuGH Urt. v. 3.10.2000, C-380/98 – *University of Cambridge*, Rn. 26, NZBau 2001, 218, 220.
[80] EuGH Urt. v. 3.10.2000, C-380/98 – *University of Cambridge* Rn. 26, NZBau 2001, 218, 220.
[81] EuGH Urt. v. 13.12.2007, C-337/06 – *Rundfunkanstalten*, NZBau 2008, 130.
[82] *Burgi* NZBau 2009, 609, 610.
[83] EuGH Urt. v. 13.12.2007, C-337/06 – *Rundfunkanstalten*, Rn. 48, NZBau 2008, 130, 133.
[84] *Heuvels* NZBau 2008, 166, 167; *Korthals* NZBau 2006, 215, 218.
[85] EuGH Urt. v. 12.9.2013, C-526/11 – *Ärztekammer Westfalen-Lippe*, Rn. 31.

finanziert werden.[86] Studierende müssen obligatorisch Mitglied im Studentenwerk sein. Ob sie dessen Leistungen tatsächlich in Anspruch nehmen, ist irrelevant.

48 Abzugrenzen ist die mittelbare Staatsfinanzierung durch gesetzliche Begründung eines Beitragserhebungsrechts von der Situation bei **normativ vorgegebenen Gebührenordnungen**, wie dem RVG und der HOAI. Auch wenn die Gebühren durch den Staat festgesetzt werden, schließt der Verbraucher mit den Angehörigen dieser Berufe freiwillig einen Vertrag ab und erhält für seine Zahlung die geschuldete Leistung.

49 Ob das staatliche Inkasso der **Kirchensteuer** zu einer mittelbaren Finanzierung der öffentlich-rechtlichen Religionsgemeinschaften führt, ist noch nicht endgültig geklärt.[87] Der Staat gewährleistet zwar gemäß Art. 140 GG i.V.m. Art. 137 WRV den staatskirchenrechtlichen status quo der Religionsgemeinschaften, garantiert diesen jedoch nicht ein bestimmtes Kirchensteueraufkommen. Aufgrund der Möglichkeit des Kirchenaustritts ist die Verpflichtung zur Entrichtung der Kirchensteuer jedenfalls nicht mit Beitragsverpflichtungen in staatlichen Zwangskörperschaften vergleichbar.[88]

2. Aufsicht über die Leitung

50 Die besondere Staatsnähe kann sich auch aus der Ausübung der Aufsicht über die Leitung des Unternehmens ergeben. Die aufsichtführende Stelle muss die Entscheidungen der Einrichtung in Bezug auf öffentliche Aufträge beeinflussen können. Dies ist dann der Fall, wenn die Aufsicht führende Stelle die laufenden Geschäfte des Unternehmens auf Richtigkeit, Ordnungsmäßigkeit, Wirtschaftlichkeit und Zweckmäßigkeit prüfen kann.[89]

51 Das deutsche Verwaltungsrecht differenziert traditionell zwischen Rechts- und Fachaufsicht. Die **Fachaufsichtsbehörde** kann die Entscheidungen des ihrer Aufsicht unterliegenden Unternehmens auf Zweckmäßigkeit und Rechtmäßigkeit prüfen. Im Rahmen der Zweckmäßigkeitskontrolle kann sie das Verhalten des Unternehmens auch in Bezug auf die Auftragsvergabe im Wettbewerb beeinflussen. Das genügt für die Annahme einer Aufsicht über die Leitung im Sinne des § 98 Nr. 2 GWB. Eine **Rechtsaufsicht** beschränkt sich demgegenüber auf die Kontrolle, ob die beaufsichtigte Stelle die Gesetze und sonstiges Recht (z.B. Satzungsrecht) beachtet. Ob auch die Rechtsaufsicht eine Aufsicht über die Leitung im Sinne des § 98 Nr. 2 GWB vermitteln kann, ist umstritten.[90] Das europäische Recht unterscheidet nicht nach den formalen Kategorien der Fach- und der Rechtsaufsicht.[91] Es muss daher im jeden Einzelfall untersucht werden, welche Möglichkeiten staatlicher Einflussnahme mit der Rechtsaufsicht verbunden sind. Entscheidend ist, welche Befugnisse die Rechtsaufsicht der Aufsichtsbehörde vermittelt und welche eigenen Entscheidungsspielräume der Einrichtung trotz der Rechtsaufsicht verbleiben. Eine bloß nachprüfende Kontrolle der Aufsichtsbehörde erfüllt den Tatbestand der Aufsicht über die Leitung nicht.[92]

52 Eine staatliche Aufsicht über die Leitung kann u.U. auch dann vorliegen, wenn die öffentliche Hand bei einem gemischt öffentlich-privaten Unternehmen **nur Minderheitsgesellschafter** ist. Die Leitungsaufsicht kann insbesondere dann anzunehmen sein, wenn dem öffentlichen Gesellschafter **Call-/Put-Optionen** zustehen, durch die er die Übertragung der Geschäftsanteile auf sich selbst bzw. auf den privaten Partner steuern

---

[86] *Dreher* NZBau 2005, 297, 301.
[87] Siehe im Einzelnen unten Rn. 64.
[88] OLG Celle Beschl. v. 25.8.2011, 13 Verg 5/11.
[89] EuGH Urt. v. 27.1.2003, C-373/00, Rn. 73 – *Adolf Truley*.
[90] Ablehnend *Diehr* in Reidt/Stickler/Glahs, § 98 Rn 57; *Dreher* NZBau 2005, 297, 299. Bejahend: *Kuß* in Heuvels/Höß/Kuß/Wagner, § 98 Rn. 40; *Pünder* in Pünder/Schellenberg, § 98 Rn. 51; *Wieddekind* in Willenbruch/Wieddekind, § 98 Rn. 46; *Eschenbruch* in Kulartz/Kus/Portz, § 98 Rn. 176.
[91] *Pünder* in Pünder/Schellenberg, § 98 Rn. 51.
[92] EuGH Urt. v. 27.1.2003, C-373/00, Rn. 70 – *Adolf Truley*.

kann. Der Umstand, dass der öffentliche Partner nur über eine Minderheitsbeteiligung an dem Unternehmen verfügt, steht einer Kontrolle über die Leitung des Unternehmens dann nicht entgegen.[93]

Eine staatliche Leitungsaufsicht kann im Einzelfall sogar ganz unabhängig von einer öffentlichen Beteiligung vorliegen, wenn die öffentliche Hand aufgrund einer vertraglichen Vereinbarung Auftragsvergaben des Unternehmens widersprechen darf, Weisungen an dessen Auftragnehmer erteilen kann und diese **Möglichkeiten der Einflussnahme** zugleich durch umfassende Auskunfts- und Kontrollrechte abgesichert sind.[94] 53

3. Bestimmung von mehr als der Hälfte der zur Mitglieder der Geschäftsführung oder zur Aufsicht berufenen Organe des Auftraggebers

Eine besondere Staatsnähe kann sich auch daraus ergeben, dass Auftraggeber gemäß § 98 Nr. 1 bis 3 GWB mehr als die Hälfte der Mitglieder der zur Geschäftsführung oder Aufsicht berufenen Organe der Einrichtung bestimmen. Die Mehrheit in einem der beiden Organe genügt. Maßgebliche Gesellschaftsorgane sind bei der AG der Vorstand und der Aufsichtsrat, bei der GmbH die Geschäftsführung. Die Mehrheit in einem rein fakultativen Organ, etwa einem Beirat, wird nur dann genügen, wenn es sich nicht um ein rein beratendes Organ handelt. Ein solches Organ kann keinen Einfluss auf die Durchführung von Beschaffungsmaßnahmen nehmen. 54

Nach dem Wortlaut des § 98 Nr. 2 GWB kommt es ausschließlich auf die **rechnerischen Mehrheitsverhältnisse** in dem Geschäftsführungs- oder Aufsichtsorgan an. Eine weitere Differenzierung z.B. nach der Zahl der Anteilseigner- und Arbeitnehmervertreter im Aufsichtsrat mitbestimmter Unternehmen ist nicht vorgesehen. Bei **paritätischer Mitbestimmung** ist im Falle einer sonst gegebenen Patt-Situation nach § 29 Abs. 2 MitbestG allerdings die (Zweit-) Stimme des Aufsichtsratsvorsitzenden entscheidend, bei dessen Wahl sich nach § 27 Abs. 2 Satz 2 MitbestG im Zweifel die Vertreter der Anteilseigner durchsetzen. Bestellt die öffentliche Hand sämtliche Anteilseignervertreter, ist es daher gerechtfertigt, von einer „Mehrheit" der Aufsichtsratsmitglieder auszugehen. Teilweise wird auch vertreten, bei der Berechnung der Mehrheitsverhältnisse in mitbestimmten Unternehmen die von der Arbeitnehmerseite bestimmten Aufsichtsratsmitglieder vollständig außen vor zu lassen.[95] 55

Es erscheint nicht zielführend, anstatt auf die Mehrheitsverhältnisse innerhalb des Geschäftsführungs- oder Aufsichtsorgans auf eine maßgebliche Beeinflussung des Beschaffungsverhaltens des Unternehmens durch eine bestimmte Interessensgruppe abzustellen.[96] Welche Interessengruppe maßgebenden Einfluss auf das Beschaffungsverhalten der Gesellschaft ausübt, ist kaum sicher feststellbar. Die Anknüpfung an die zahlenmäßigen Mehrheitsverhältnisse in dem Gesellschaftsorgan erlaubt eine sichere und transparente Einschätzung. 56

4. Einzelfälle

Den **gesetzlichen Krankenkassen** kommen nach §§ 1 und 2 SGB V die im Allgemeininteresse liegenden Aufgaben zu, die Gesundheit der Versicherten zu erhalten, wiederher- 57

---

[93] OLG Düsseldorf Beschl. v. 30.4.2003, Verg 67/02; *Wagner/Wiegand* NZBau 2003, 369, 372. Kritisch *Roth* VergabeR 2003, 397, 402.
[94] OLG Düsseldorf Beschl. v. 13.8.2007 – VII Verg 16/07, NVwZ-RR 2008, 319, 321 zur Deutschen Gesellschaft zum Bau und Betrieb von Endlagern für Abfallstoffe mbH (DBE). Deren Gesellschafter sind zu 75 % die GNS, ein Zusammenschluss privater Unternehmen der Nuklearwirtschaft, und zu 25 % die bundeseigene Energiewerke Nord GmbH (EWN). Zwar steht die Gesellschaft über die EWN mittelbar zu 25 % im Bundeseigentum; dieser Umstand spielte für die Prüfung der „Aufsicht über die Leitung" jedoch keine Rolle.
[95] *Ziekow* in Ziekow/Völlink, § 98 Rn. 113.
[96] So aber *Eschenbruch* in Kulartz/Kus/Portz, § 98 Rn. 181.

zustellen und deren Gesundheitszustand zu bessern, auf gesunde Lebensverhältnisse hinzuwirken und den Versicherten die erforderlichen Leistungen unter Beachtung des Wirtschaftsgebotes zur Verfügung zu stellen. Da die Risiken aus der unterschiedlichen Versichertenstruktur durch den Risikostrukturausgleich stark begrenzt sind, werden die Krankenkassen auch nicht gewerblich tätig.[97] Der EuGH hat zudem klargestellt, dass die Beitragsfinanzierung der gesetzlichen Krankenkassen zu einer überwiegenden Finanzierung durch den Staat führt.[98] Die Leistungen gesetzlicher Krankenkassen werden nach § 3 Satz 1 SGB V durch Pflichtbeiträge ihrer Mitglieder und deren Arbeitgeber sowie unmittelbare Zahlungen der Bundesbehörden und Ausgleichszahlungen der Kassen untereinander finanziert.[99] Die gesetzlichen Krankenkassen sind daher öffentliche Auftraggeber gemäß § 98 Nr. 2 GWB.[100]

58 Entsprechendes gilt für **Rentenversicherungsträger.** Auch diese finanzieren sich im Wesentlichen durch die Einziehung von Pflichtbeiträgen bei den Versicherten und den Arbeitgebern. Die gesetzliche Versicherungspflicht aus §§ 1 ff. SGB VI begründet eine staatlich abgesicherte Finanzierung.

59 Auch die **berufsständischen Versorgungswerke der freien Berufe** (Architekten, Ärzte, Apotheker, Steuerberater, Rechtsanwälte und Notare) sind öffentliche Auftraggeber gemäß § 98 Nr. 2 GWB. Die berufsständischen Versorgungswerke sind in der Regel als Körperschaften des öffentlichen Rechts oder als unselbstständiges Sondervermögen der berufsständischen Selbstverwaltungskörperschaft verfasst. Da sie ausschließlich durch die Beiträge ihrer Mitglieder finanziert werden, könnte fraglich sein, ob sie – ähnlich wie private Alters- und Berufsunfähigkeitsversicherungen – nicht eher die Partikularinteressen ihrer Angehörigen anstatt eine Aufgabe im Allgemeininteresse verfolgen.[101] Allerdings entbindet die Mitgliedschaft in den berufsständischen Versorgungswerken die Berufsträger gerade von der Alternative der Pflichtmitgliedschaft in der gesetzlichen Rentenversicherung, die der öffentlichen Daseinsvorsorge als im Allgemeininteresse liegende Aufgabe nicht gewerblicher Art dient. Das spricht dafür, dass auch die Tätigkeit der Versorgungswerke im Allgemeininteresse liegt. Auch die Aufnahme in Anhang III VKR begründet die Vermutung der öffentlichen Auftraggebereigenschaft der berufsständischen Versorgungswerke.[102]

60 Ob **berufsständische Verbände** wie Ärzte-, Architekten-, Apotheker- und Rechtsanwaltskammern sowie die **Industrie- und Handelskammern** öffentliche Auftraggeber sind, ist noch nicht endgültig geklärt. Die Kammern sind als Körperschaften des öffentlichen Rechts organisiert. Sie nehmen in der Regel auch im Allgemeininteresse liegende Aufgaben nicht gewerblicher Art wahr. So fördern die Rechtsanwaltskammern die Funktion der Rechtsanwaltschaft als Organ der Rechtspflege, während die Ärztekammern der Gesundheitsfürsorge dienen.[103] Auch die Industrie- und Handelskammern nehmen mit der Vertretung der gewerblichen Wirtschaft gegenüber dem Staat und der Wahrnehmung von Verwaltungsaufgaben auf wirtschaftlichen Gebiet im Allgemeininteresse liegende Aufgaben wahr.[104] Die Kammern verwalten sich selbst und finanzieren sich durch die Pflichtbeiträge, die sie aufgrund gesetzlicher Anordnung von ihren Mitgliedern erheben

---

[97] *Byok/Jansen* Die Stellung gesetzlicher Krankenkasse als öffentliche Auftraggeber, NVwZ 2005, 53, 54.
[98] EuGH Urt. v. 11.6.2009, C-300/07 – *Oymanns*, EuZW 2009, 612 ff.
[99] EuGH Urt. v. 11.6.2009, C-300/07 – *Oymanns*, Rn. 52, EuZW 2009, 612, 614.
[100] Zu den unterschiedlichen Einzelverträgen der gesetzlichen Krankenkassen für die Beschaffung von Lieferungen und Leistungen zur Erbringung der gesetzlichen und satzungsmäßigen Versicherungsleistungen vgl. *Boldt* NJW 2005, 3757 ff.
[101] *Eschenbruch/Hunger* NZBau 2003, 471, 473; *Werner* in Byok/Jaeger, § 98 Rn. 120.
[102] *Ziekow* in Ziekow/Völlink, § 98 Rn. 186.
[103] *Eschenbruch/Hunger* NZBau 2003, 471, 472.
[104] VK Baden-Württemberg Beschl. v. 28.12.2009, 1 VK 61/09; a.A. VK Mecklenburg-Vorpommern Beschl. v. 8.5.2007, 3 VK 04/07.

können. Ob hierin eine überwiegende staatliche Finanzierung zu sehen ist, ist im Einzelfall unter Berücksichtigung der Umfangs der staatlichen Einflussnahmemöglichkeiten festzustellen. Hinsichtlich der **Berufskammer der Ärzte in Nordrhein-Westfalen** hat der EuGH entschieden, dass diese angesichts ihrer erheblichen Spielräume bei der Beitragserhebung keine ausreichend enge Verbindung zur öffentlichen Hand aufweist.[105] Zwar beruhe die Beitragserhebung auf gesetzlicher Grundlage, diese regele jedoch nicht den Umfang und die Modalitäten der Tätigkeiten der Ärztekammer. Dass die Gebührenordnung der Ärztekammer der Genehmigung durch den Staat bedarf, war aufgrund der nur eingeschränkten Prüfungsrechte der Aufsichtsbehörde nicht ausschlaggebend. In der Tat spricht viel dafür, dass dann, wenn Höhe und Verwendung der Beiträge von den Mitgliedern der Selbstverwaltungskörperschaft selbst bestimmt werden, diese Festlegungen im Wesentlichen auf Erwägungen wirtschaftlicher Natur beruhen werden. Dann aber ist es nicht angezeigt, die Selbstverwaltungskörperschaft den Bindungen des Vergaberechts zu unterwerfen.[106]

Die frühere Diskussion über die Auftraggebereigenschaft der **Deutsche Post AG** ist heute gegenstandslos. Die öffentliche Hand hat ihre Mehrheitsbeteiligung an der Deutsche Post AG im Jahr 2005 aufgegeben. Die Deutsche Post AG ist damit nicht mehr überwiegend staatlich finanziert im Sinne des § 98 Nr. 2 GWB. Über die staatseigene KfW hielt die Bundesrepublik Deutschland seit 2005 zunächst noch eine Sperrminorität. Mit Absinken der Staatsbeteiligung unter 25 % im April 2013 ist auch die Sperrminorität entfallen. Jedenfalls ab diesem Zeitpunkt stellt sich auch nicht mehr die Frage, ob der Bund aufgrund einer etwaigen mehrheitlichen Hauptversammlungspräsenz die Aufsicht über die Leitung der Deutsche Post AG ausüben kann.[107] Seit Auslaufen der Exklusivlizenz zur Beförderung von Briefsendungen unter 50 g Einzelgewicht am 31. Dezember 2007 verfügt die Deutsche Post AG auch nicht mehr über ein ausschließliches Recht für den Transport von Briefsendungen im Sinne von § 98 Nr. 4 GWB. Die (ohnehin noch zu einer alten Rechtslage ergangene) Entscheidung des Vergabeüberwachungsausschusses des Bundes von 1998[108] ist damit rechtlich und tatsächlich überholt. **61**

Hinsichtlich der Auftraggebereigenschaft der Unternehmen des Deutsche Bahn-Konzerns ist zu differenzieren. Die Konzernholding **Deutsche Bahn AG** und deren **Tochtergesellschaften**, die Verkehrsaktivitäten im **Personenverkehr** betreiben, stehen im Wettbewerb mit anderen Verkehrsunternehmen. Die im Personenverkehr tätigen DB-Tochtergesellschaften (insbes. **DB Personenverkehr AG** und **DB Regio AG**) üben eine gewerbliche Tätigkeit aus und sind daher nicht öffentliche Auftraggeber gemäß § 98 Nr. 2 GWB. Allerdings erbringen sie im Sinne von Art. 5 Art. 1 Unterabs. 2 SKR Verkehrsleistungen nach den von den zuständigen Behörden z.B. zum Streckennetz, den Transportkapazitäten und Fahrplänen festgelegten Bedingungen. Sie sind daher Sektorenauftraggeber gemäß § 98 Nr. 4 GWB.[109] Anders liegt es bei der **DB Schenker Rail Deutschland AG**, die Transportleistungen im **Schienengüterverkehr** erbringt. Die DB Schenker Rail Deutschland AG führt ihre Leistungen nicht aufgrund von einer zuständigen Behörde im Sinne des Art. 5 Abs. 1 Unterabs. 1 SKR festgelegten Bedingungen durch. Vielmehr meldet sie ihren Streckenbedarf unmittelbar bei der DB Netz AG an, die den weit überwiegenden Anteil der Eisenbahninfrastruktur in Deutschland betreibt und nach § 14 Abs. 1 AEG zur Gewährung eines diskriminierungsfreien Netzzugangs verpflichtet ist.[110] Da sie bei ihrer Tätigkeit auch keiner sonstigen staatlichen Einflussaufnah- **62**

---

[105] EuGH Urt. v. 12.9.2013, C-526/11 – *Ärztekammer Westfalen-Lippe*, Rn. 30.
[106] Vgl. EuGH Urt. v. 13.12.2007, C-337/06 – *Rundfunkanstalten*, Rn. 36, NZBau 2008, 130, 132.
[107] Hierzu *Huber/Wollenschläger* VergabeR 2006, 431, 434.
[108] VÜA Bund Beschl. v. 24.4.1998, 1 VÜ 15/98, NVwZ 1999, 1150.
[109] VK Bund Beschl. v. 11.3.2004 VK 1–151/03; *Günther* ZfBR 2008, 454, 457.
[110] *Prieß/Marx/Hölzl* VergabeR 2012, 425, 436.

me unterliegt, ist sie weder öffentlicher Auftraggeber nach § 98 Nr. 2 GWB noch nach § 98 Nr. 4 GWB.[111] Die **DB Netz AG** selbst ist nach Auffassung der VK Bund[112] demgegenüber öffentlicher Auftraggeber gemäß § 98 Nr. 2 GWB. Diese Einordnung ist trotz der teilweise geäußerten Kritik[113] überzeugend. Ausweislich Art. 87e Abs. 4 GG gewährleistet der Bund, dass dem Wohl der Allgemeinheit, insbesondere den Verkehrsbedürfnissen, beim Ausbau und Erhalt des Schienennetzes der Eisenbahnen des Bundes sowie bei deren Verkehrsangeboten auf diesem Schienennetz, soweit diese nicht den Schienenpersonennahverkehr betreffen, Rechnung getragen wird. Diese Aufgabe im Allgemeininteresse erfüllt die DB Netz AG. Dabei wird sie vom Bund beherrscht und unterliegt bei ihrer Tätigkeit keinem echten Wettbewerb.[114] Ob der Umstand, dass die Konzernholding, die Deutsche Bahn AG, im Anhang IV der SKR aufgeführt ist, hieran etwas ändert, ist zweifelhaft.[115] Die DB Netz AG selbst ist nicht im Anhang IV aufgeführt; die Auftraggebereigenschaft ist zudem für jede Konzerngesellschaft gesondert festzustellen.

63   **Öffentlich-rechtliche Rundfunkanstalten** sind nach der Entscheidung des EuGH[116] öffentliche Auftraggeber gemäß § 98 Nr. 2 GWB. Als Anstalten des öffentlichen Rechts verfügen sie über eigene Rechtspersönlichkeit und erfüllen durch die Grundversorgung der Bevölkerung mit umfassenden und wahrheitsgemäßen Informationen eine im Allgemeininteresse liegende Aufgabe nicht gewerblicher Art.[117] Dass sich die Rundfunkanstalten überwiegend aus bei den Bürgern erhobenen Gebühren finanzieren, steht der Annahme einer überwiegenden staatlichen Finanzierung nicht entgegen. Die Finanzierung ist durch die Regelungen des Rundfunkstaatsvertrags verfassungsrechtlich abgesichert, die Gebührenzahlungen werden staatlich garantiert und mittels hoheitlicher Befugnisse erhoben und eingezogen. Eine solche mittelbare staatliche Finanzierung genügt.[118] Dem steht auch nicht entgegen, dass der Staat aufgrund des verfassungsrechtlichen Neutralitätsgebots in Bezug auf die Programmgestaltung keinen unmittelbaren Einfluss auf die Auftragsvergabe nehmen kann. Die Gefahr, dass die Rundfunkanstalten sich bei der Vergabe öffentlicher Aufträge von anderen als wirtschaftlichen Erwägungen lenken lassen, wird hierdurch nicht ausgeräumt.[119]

64   Ob die **Kirchen und Religionsgemeinschaften** öffentliche Auftraggeber gemäß § 98 Nr. 2 GWB sind, ist nicht endgültig geklärt. Organisatorisch sind sie nicht Teil des Staates. Nach dem Grundsatz der religiös-weltanschaulichen Neutralität des Staates darf dieser keinen Einfluss auf die öffentlich-rechtlich verfassten Religionsgemeinschaften nehmen. Dem Staat obliegt dementsprechend keine Aufsicht über die Leitung oder eine Bestimmung der Mehrheit der Mitglieder der Leitungsorgane. Fraglich ist aber, ob eine überwiegende staatliche Finanzierung vorliegt. Immerhin wirkt der Staat durch die Einziehung der Kirchensteuer ganz entscheidend an der Finanzierung der Religionsgemeinschaften mit. Nach Auffassung des OLG Celle führt das jedoch – jedenfalls in Ansehung des Grundsatzes der weltanschaulich-religiösen Neutralität des Staates – nicht zu einer Aufsicht oder Finanzierung im Sinne von § 98 Nr. 2 GWB; der Staat fungiere insoweit nur als Durchleiter, vergleichbar einem „Inkassobüro".[120] Die Kirchensteuerverpflichtung beruhe auch nicht auf einer gesetzlich angeordneten Zwangsmitgliedschaft, sondern einer

---

[111] *Prieß/Marx/Hölzl* VergabeR 2012, 425, 439
[112] VK Bund Beschl. v. 21.1.2004, VK 2 126/03; Beschl. v. 11.3.2004, VK 1–151/03.
[113] *Otting* in Bechtold, § 98 Rn. 31, geht davon aus, dass die DB Netz AG aufgrund ihrer Ausrichtung als Wirtschaftsunternehmen Sektorenauftraggeber gemäß § 98 Nr. 4 GWB ist.
[114] *Diehr* in Reidt/Stickler/Glahs, § 98 Rn. 87; *Haug/Immoor*, VergabeR 2004, 308, 312f.
[115] So aber *Otting* in Bechtold, § 98 Rn. 31.
[116] EuGH Urt. v. 13.12.2007, C-337/06 – *Rundfunkanstalten*, NZBau 2008, 130 ff.
[117] OLG Düsseldorf Beschl. v. 21.7.2006, VII Verg 13/06.
[118] EuGH Urt. v. 13.12.2007, C-337/06 – *Rundfunkanstalten*, Rn. 49, NZBau 2008, 130, 131.
[119] EuGH Urt. v. 13.12.2007, C-337/06 – *Rundfunkanstalten*, Rn. 56, NZBau 2008, 130, 131f.
[120] OLG Celle Beschl. v. 25.8.2011, 13 Verg 5/11. Im Ergebnis ebenso VK Hessen Beschl. v. 26.4.2006–69 d VK 15/2006; *Ziekow* in Ziekow/Völlink, § 98 Rn. 216.

freien Entscheidung des Kirchenmitglieds über seine Mitgliedschaft.[121] Ob die Möglichkeit des Kirchenaustritts ausreicht, um eine „staatliche Finanzierung" zu verneinen, ist angesichts der EuGH-Entscheidung zu den öffentlich-rechtlichen Rundfunkanstalten indes nicht ohne jeden Zweifel. Denn auch die Rundfunkbeitragspflicht bestand nach dem seinerzeit geltenden Staatsvertrag nur für Rundfunkteilnehmer, d. h. Bürger, die ein Rundfunkgerät bereithielten.[122] Die Gebührenpflicht knüpfte damit ebenfalls eine freiwillige Entscheidung des Beitragspflichtigen an.

Messegesellschaften schaffen eine Absatzplattform für Hersteller und Händler und 65 bieten Verbrauchern die Möglichkeit, sich über Produkte zu informieren. Die hiermit verbundenen Effekte für den Handel und die (regionale) Wirtschaft liegen im Allgemeininteresse.[123] Im Fall der Mailänder Messegesellschaft hat der EuGH aber die Erfüllung des Merkmals der Nichtgewerblichkeit als fraglich angesehen. Die Mailänder Messegesellschaft werde in einem wettbewerblich geprägten Umfeld tätig, arbeite nach Leistungs-, Effizienz- und Wirtschaftlichkeitskriterien und trage das wirtschaftliche Risiko ihrer Tätigkeit selbst.[124] Nach der Auffassung des EuGH sprachen diese Indizien für eine gewerbliche Tätigkeit. Ob die deutschen Messegesellschaften vor diesem Hintergrund gewerblich tätig werden, muss anhand des jeweiligen Einzelfalls untersucht werden. Die Hamburger Messegesellschaft und die Messe Berlin GmbH wurden von der Rechtsprechung als öffentliche Auftraggeber gemäß § 98 Nr. 2 GWB angesehen.[125] Da aufgrund von Gewinnabführungs- und Beherrschungsverträgen kein Insolvenzrisiko bestand, trugen die Messegesellschaften das wirtschaftliche Risiko ihrer Tätigkeit nicht selbst. Es lag daher eine nichtgewerbliche Tätigkeit vor. Ebenso kann die staatliche Übernahme von Garantiepflichten oder Sicherheitsleistungen zum Vorliegen einer marktbezogenen Sonderstellung der Messegesellschaft führen.[126]

Sparkassen und **Landesbanken** verfügen seit dem Wegfall der Anstaltslast und der 66 Gewährträgerhaftung seit dem 19. Juli 2005 nicht mehr über eine öffentlich-rechtlich vermittelte Sonderstellung im Wettbewerb, so dass sich daraus eine öffentliche Auftraggebereigenschaft nicht mehr herleiten lässt.[127] Vor dem Hintergrund der bisherigen Erfahrungen aus der europäischen Finanzkrise seit 2007 könnte allerdings zweifelhaft sein, ob die öffentlich-rechtlichen Anteilseigner ihre Banken im Ernstfall tatsächlich in die Insolvenz gehen lassen würden. Ob den Sparkassen und Landesbanken insoweit nicht doch eine Sonderstellung im Wettbewerb zuzumessen ist, ist damit jedenfalls offen. Die öffentlich-rechtlichen **Förderbanken** des Bundes und der Länder sind dagegen nach ganz herrschender Meinung öffentliche Auftraggeber, da sie im Allgemeininteresse liegende Aufgaben nichtgewerblicher Art wahrnehmen.[128]

Vereinzelt wird vertreten, dass auch **private Banken** durch Inanspruchnahme von **Fi-** 67 **nanzhilfen des Sonderfonds Finanzmarktstabilisierung (SoFFin)** zu öffentlichen Auftraggeber gemäß § 98 Nr. 2 GWB werden können, sofern der SoFFin sich weitge-

---

[121] OLG Celle, a.a.O.
[122] EuGH Urt. v. 13.12.2007, C-337/06 – *Rundfunkanstalten*, Rn. 18, NZBau 2008, 130, 131.
[123] EuGH Urt. v. 10.5.2001, C-223/99 und C-260/99 – *Ente Fiera*, Rn. 34, NZBau 2001, 403, 405; *Byok/Goodarzi*, NVwZ 2006, 281, 283.
[124] EuGH Urt. v. 10.5.2001, C-223/99 und C-260/99 – *Ente Fiera*, Rn. 40 u. 42, NZBau 2001, 403, 406.
[125] OLG Hamburg Beschl. v. 25.1.2007, 1 Verg 5/06, NZBau 2007, 801, 802; KG Berlin Beschluss v. 27.7.2006, 2 Verg 5/06, NZBau 2006, 725, 729. Auch die Messe Stuttgart wurde von der VK Baden-Württemberg als öffentlicher Auftraggeber qualifiziert.
[126] *Byok/Goodarzi*, NVwZ 2006, 281, 286.
[127] OLG Rostock Beschl. v. 15.6.2005–17 Verg 3/05, NZBau 2006,593; *Ziekow* in Ziekow/Völlink, § 98 Rn. 205; *Diehr* in Reidt/Stickler/Glahs, § 98 Rn. 73. Zur früheren Rechtslage *Jochum* NZBau 2002, 69 ff.
[128] *Diehr* in Reidt/Stickler/Glahs, § 98 Rn. 74; *Ziekow* in Ziekow/Völlink § 98 Rn. 206.

hende Einfluss- und Kontrollmöglichkeiten einräumen lässt.[129] Um staatliche Hilfeleistungen zu erhalten, muss sich die Bank verpflichten, gewisse risikoreiche Geschäfte zu unterlassen und ihre weitere Tätigkeit auf die Förderung der Stabilität der Finanzmärkte auszurichten.[130] In der Aufrechterhaltung eines funktionsfähigen Finanzmarkts und der Versorgung kleiner und mittelständischer Unternehmen mit Krediten könne eine im Allgemeininteresse liegende Aufgabe gesehen werden. Durch die staatlichen Finanzhilfen werde das Insolvenzrisiko quasi auf Null reduziert. In der Zusammenschau mit den Beschränkungen des geschäftspolitischen Entscheidungsspielraums könne dies dafür sprechen, dass die begünstigte Bank außerhalb normaler Marktmechanismen tätig wird.[131]

68 Aufgrund ihrer Aufnahme in Anhang III VKR besteht bei **kommunalen Wohnungsbaugesellschaften** eine widerlegliche Vermutung der öffentlichen Auftraggebereigenschaft.[132] Die Bereitstellung günstigen Wohnraums für sozial schwache Bevölkerungsgruppen ist eine im Allgemeininteresse liegende Aufgabe.[133] Die kommunalen Wohnungsbaugesellschaften stehen allerdings vielfach im Wettbewerb zu privatwirtschaftlichen Wohnungsgesellschaften.[134] Es ist daher anhand der Umstände des Einzelfalls zu prüfen, ob ein konkretes Wohnungsbauunternehmen sich ausschließlich gewerblich am Wohnungsmarkt bewegt.[135] Angesichts der „Infizierungstheorie", nach der es ausreicht, wenn ein Unternehmen *auch* im Allgemeininteresse liegende Aufgaben nichtgewerblicher Art erfüllt,[136] dürfte die Auftraggebereigenschaft allerdings im Regelfall zu bejahen sein.[137]

D. Verbände (§ 98 Nr. 3 GWB)

69 Nach § 98 Nr. 3 GWB sind auch Verbände öffentliche Auftraggeber, die sich aus Gebietskörperschaften gemäß § 98 Nr. 1 GWB oder juristischen Personen des öffentlichen oder privaten Rechts gemäß § 98 Nr. 2 GWB zusammensetzen. Verbände in diesem Sinne sind insbesondere kommunale Zweckverbände, Landschaftsverbände und Wasserverbände, aber auch Einkaufsverbände von Gebietskörperschaften.[138]

E. Sektorenauftraggeber (§ 98 Nr. 4 GWB)

I. Überblick

70 Nach § 98 Nr. 4 GWB sind auch solche natürlichen oder juristischen Personen des privaten Rechts Auftraggeber im Sinne des Vergaberechts, die in bestimmten Sektoren auf Grundlage besonderer oder ausschließlicher Rechte tätig werden oder einem beherrschenden Einfluss der öffentlichen Hand ausgesetzt sind. Bei den Sektorenauftraggebern kann es sich demnach auch um rein private, keiner staatlichen Beherrschung ausgesetzte Unternehmen handeln. Durch die Einbeziehung rein privater Unternehmen in den Anwendungsbereich des Vergaberechts soll der durch die Sonder- oder Ausschließlichkeitsrechte ermöglichten Marktabschottung in den erfassten Sektoren gegengesteuert wer-

---

[129] *Gabriel* NZBau 2009, 282, 286; *Höfler/Braun* NZBau 2009, 5, 10.
[130] *Höfler/Braun* NZBau 2009, 5, 7.
[131] *Höfler/Braun* NZBau 2009, 5, 7.
[132] KG, Beschl. v. 11.11.2004, 2 Verg 16/04.
[133] Vgl. EuGH Urt. v. 1.2.2001, C-237/99 – *Französische Sozialwohnungsbaugesellschaft* Rn. 47.
[134] Vgl. OLG Karlsruhe Beschl. v. 17.4.2008, 8 U 228/06.
[135] *Hausmann/Bultmann* ZfBR 2005, 309, 311; *Diehr* in Reidt/Stickler/Glahs, § 98 Rn. 92.
[136] Siehe oben, Rn. 32.
[137] Vgl. für die Wohnungsbaugesellschaften des Landes Berlin: KG Beschl. v. 11.11.2004, 2 Verg 16/04; Beschl. v. 6.2.2003, 2 Verg 1/03, VergabeR 2003, 355.
[138] *Kuß* in Heuvels/Höß/Kuß/Wagner, § 98 Rn. 60; *Wieddekind* in Willenbruch/Wieddekind, § 98 Rn. 74.

den.[139] Die Einbeziehung privater Auftraggeber trägt zugleich dem Umstand Rechnung, dass der Privatisierungsgrad der Versorgungswirtschaft in den EU-Mitgliedstaaten teilweise sehr unterschiedlich ist (Sektoren, die in einem Mitgliedstaat in Staatshand liegen, sind in anderen vollständig privatisiert). Die Regelung zielt insoweit darauf ab, bei der Auftragsvergabe in den Sektoren EU-weit ähnliche Verhältnisse zu schaffen.

Die in Deutschland relevanten Sektorenbereiche sind die **Trinkwasser- und Energieversorgung** und der **Verkehr**.[140] Die **Anlage zu § 98 Nr. 4 GWB** enthält eine nähere Beschreibung der Tätigkeiten in diesen Sektoren. § 98 Nr. 4 GWB beruht auf Art. 2 Abs. 2 SKR. Die **Anhänge I bis X der SKR** enthalten eine nicht abschließende Aufzählung der in den Sektoren tätigen Auftraggeber der einzelnen Mitgliedstaaten. In Bezug auf Deutschland listen die Anhänge insbesondere die in der Elektrizitäts- und Gaswirtschaft und Trinkwasserversorgung tätigen Einrichtungen (Versorger und Netzbetreiber), die Deutsche Bahn AG und andere Anbieter von SPNV- und ÖPNV-Leistungen im Sinne des AEG und des PBefG, Unternehmen gemäß dem Bundesberggesetz sowie Häfen und Flughäfen auf. 71

Der Bereich der **Telekommunikation** ist nicht mehr vom Anwendungsbereich der SKR erfasst und unterfällt auch in Deutschland nicht mehr dem GWB-Vergaberecht.[141] 72

Auf europäischer Ebene werden auch die **Postdienste** den Sektoren zugeordnet (Art. 6 SKR). In Deutschland handelt es sich allerdings nicht mehr um eine Sektorentätigkeit. Nach Auslaufen der Exklusivlizenz der Deutsche Post AG[142] zur Beförderung von Briefsendungen unter 50 g Einzelgewicht am 31. Dezember 2007 wird in Deutschland kein Anbieter von Postdiensten mehr aufgrund von besonderen oder ausschließlichen Rechten im Sinne des Art. 2 Abs. 2 lit. b SKR bzw. § 98 Nr. 4 GWB tätig.[143] Nach Veräußerung der Mehrheitsbeteiligung des Bundes wird die Deutsche Post AG auch nicht mehr staatlich beherrscht. Unter Berücksichtigung dieses Liberalisierungsstandes hat die Bundesrepublik Deutschland im Rahmen der Vergaberechtsreform 2009 von der Aufnahme der Postdienste in § 98 Nr. 4 GWB abgesehen.[144] 73

Nach Art. 7 lit. a SKR sind auch **Tätigkeiten zur Nutzung eines geographisch abgegrenzten Gebietes zwecks Aufsuchens und Förderung von Erdöl, Gas, Kohle und anderen festen Brennstoffen** den Sektoren zuzuordnen. Deutschland ist durch Entscheidung der EU-Kommission vom 15. Januar 2004[145] von der Anwendung der Richtlinienvorgaben in diesem Sektor freigestellt.[146] Auftraggeber, die diese Tätigkeiten ausüben, unterfallen in Deutschland nicht § 98 Nr. 4 GWB. 74

Sektorenauftraggeber müssen für Beschaffungen in Zusammenhang mit ihrer Sektorentätigkeit die Regelungen der SKR bzw. der SektVO anwenden.[147] Außerhalb der Sektorentätigkeit (z.B. wenn ein Energieversorger Immobiliengeschäfte betreibt, die nicht mit der Energieversorgung zusammenhängen) gelten die allgemeinen Regeln. Sektorenauftraggeber, die zugleich öffentliche Auftraggeber nach § 98 Nr. 1 bis 3 GWB sind, müssen daher außerhalb ihrer Sektorentätigkeit die allgemeinen Bestimmungen der VKR bzw. der VgV anwenden. Für private Sektorenauftraggeber besteht dagegen außerhalb des Sektorenbereichs keine Pflicht zur Anwendung des Vergaberechts. Der EuGH hat die Übertragung der sog. „Infizierungstheorie"[148] auf Tätigkeiten im Sektorenbereich abge- 75

---

[139] *Schröder* NZBau 2012, 541.
[140] Näheres zur Auftragsvergabe in den Sektoren in Kap. 10.
[141] *Eschenbruch* in Kulartz/Kus/Portz, § 98 Rn. 255.
[142] Zur mittlerweile erledigten Diskussion über die Auftraggebereigenschaft der Deutsche Post AG im Einzelnen Rn. 61.
[143] *Pünder* in Pünder/Schellenberg, § 98 Rn. 74.
[144] BR-Drucks. 349/08 S. 28.
[145] EU-Komm. ABl. 2004 L 16 S. 57–59. Die ursprünglich zur Richtlinie 93/38/EWG ergangene Entscheidung gilt nach Erwägungsgrund 38 SKR fort.
[146] *Pünder* in Pünder/Schellenberg, § 98 Rn. 75.
[147] EuGH Urt. v. 10.4.2008, C-393/06 – *Ing. Aigner*, Rn. 58.
[148] Siehe oben Rn. 32.

lehnt.[149] Der Umstand, dass ein Unternehmen in den Sektoren tätig ist, führt daher nicht dazu, dass auch sektorenfremde Beschaffungsvorhaben in den Anwendungsbereich des Sektorenvergaberechts einbezogen werden.

76 Die Verfahrensregeln für die Durchführung von Beschaffungen im Sektorenbereich ergeben sich aus der SektVO. Grundlage der SektVO ist die Verordnungsermächtigung aus § 127 Nr. 2 GWB. Sektorenauftraggeber genießen bei der Vergabe von Aufträgen im Sektorenbereich verschiedene Privilegien gegenüber den Vergaberegelungen für klassische Auftraggeber. Insbesondere können Sektorenauftraggeber nach § 6 SektVO zwischen dem Offenen Verfahren, dem Nichtoffenen Verfahren und dem Verhandlungsverfahren mit Bekanntmachung frei wählen. Die Privilegierung der Sektorenauftraggeber wird dadurch gerechtfertigt, dass die Sektorenbereiche teilliberalisierte Märkte betreffen, die an der Schwelle zum freien Wettbewerb stehen.[150] Da in den Sektorenbereichen bereits ein gewisser Wettbewerbsdruck besteht, sollen die Sektorenauftraggeber den Bindungen des Vergaberechts „mit Augenmaß" unterworfen werden.

II. Sektorenauftraggeber aufgrund Gewährung besonderer oder ausschließlicher Rechte

77 § 98 Nr. 4 Satz 1 Hs 1. Alt. 1 GWB knüpft die Sektorenauftraggebereigenschaft an den Umstand, dass dem Unternehmen besondere oder ausschließliche Rechte eingeräumt sind. Nach der Legaldefinition in § 98 Nr. 4 Satz Hs. 2 GWB sind dies Rechte, die dazu führen, dass die Ausübung der jeweiligen Tätigkeit einem oder mehreren Unternehmen vorbehalten wird und die Möglichkeit anderer Unternehmen zur Ausübung der Tätigkeit erheblich erschwert wird.

78 Bei einem **ausschließlichen Recht** im Sinne des § 98 Nr. 4 GWB ist die Tätigkeit aufgrund dieses Rechts in einem bestimmten Territorium auf ein einziges Unternehmen beschränkt.[151] Einem bestimmten Unternehmen wird eine Monopolstellung eingeräumt, so dass kein freier Wettbewerb herrscht.[152] Bei **besonderen Rechten** wird der Wettbewerb nicht vollständig ausgeschlossen. Die Unternehmen genießen aufgrund der besonderen Rechte aber eine privilegierte Stellung im Wettbewerb.[153] Ob ein besonderes oder ausschließliches Recht vorliegt, ist anhand der für den jeweiligen Sektorenbereich einschlägigen Fachgesetze zu bestimmen.[154]

79 Auf welcher Grundlage das ausschließliche oder besondere Recht gewährt wird, ist für die Anwendbarkeit des § 98 Nr. 4 GWB ohne Bedeutung. Die Rechte können dem Unternehmen kraft Gesetz, durch Verwaltungsakt oder durch öffentlich-rechtlichen bzw. privatrechtlichen Vertrag eingeräumt werden.[155] Typische Fälle sind ausschließliche Wasserrechte, Wegerechte, Abnutzungsrechte oder sonstige Ausschließlichkeitsrechte.[156] Ein Wegerecht in diesem Sinne ist beispielsweise ein aufgrund § 46 Abs. 2 EnWG gewährtes Recht auf Nutzung der öffentlichen Verkehrswege für die Verlegung und den Betrieb von Leitungen, die zu einem Energieversorgungsnetz der allgemeinen Versorgung im Gemeindegebiet gehören.[157]

---

[149] EuGH Urt. v. 10.4.2008, C-393/06 – *Ing. Aigner,* Rn. 30.
[150] *Kälble* in Müller-Wrede, SektVO, § 6 Rn. 8.
[151] *Müller-Wrede* in Müller-Wrede, SektVO, § 1 Rn. 62.
[152] *Eschenbruch* in Kulartz/Kus/Portz, § 98 Rn. 311.
[153] *Eschenbruch* in Kulartz/Kus/Portz, § 98 Rn. 313.
[154] Ausführlich *Schröder* NZBau 2012, 541 ff.
[155] *Müller-Wrede* in Müller-Wrede, SektVO, § 1 Rn. 64; *Kuß* in Heuvels/Höß/Kuß/Wagner, § 98 Rn. 68.
[156] Vgl. *Werner* in Byok/Jäger, § 98 Rn. 373.
[157] Zur Vergabeentscheidung beim Abschluss von Konzessionsverträgen über solche Wegerechte ausführlich *Schneider*, VR 2012, 153 ff.

III. Sektorenauftraggeber aufgrund von staatlichem Einfluss

Nach § 98 Nr. 4 Satz 1 1 Hs. 1. Alt. 2 GWB sind diejenigen Unternehmen Sektorenauf- 80
traggeber, auf welche ein öffentlicher Auftraggeber im Sinne der §§ 98 Nr. 1–3 GWB
einen beherrschenden Einfluss ausübt. Nach Art. 2 Abs. 1 lit. b SKR wird vermutet, dass
der Auftraggeber einen beherrschenden Einfluss auf ein Unternehmen ausübt, wenn er
unmittelbar oder mittelbar die Mehrheit des gezeichneten Kapitals des Unternehmens hält
oder über die Mehrheit der mit den Anteilen am Unternehmen verbundenen Stimmrechte verfügt oder mehr als die Hälfte der Mitglieder des Verwaltungs-, Leitungs- oder Aufsichtsorgans des Unternehmens ernennen kann. Für die Beurteilung der Sektorenauftraggebereigenschaft kraft beherrschenden Einflusses gelten dieselben Maßstäbe wie im Rahmen des § 98 Nr. 2 GWB.[158]

F. Staatlich subventionierte Auftraggeber (§ 98 Nr. 5 GWB)

§ 98 Nr. 5 GWB unterstellt bestimmte Auftraggeber im Bereich öffentlich geförderter 81
Projekte dem Vergaberecht. Natürliche oder juristische Personen des privaten Rechts unterliegen nach § 98 Nr. 5 GWB dem Vergaberecht, wenn sie für Tiefbaumaßnahmen, für
die Errichtung von Krankenhäusern, Sport-, Erholungs- oder Freizeiteinrichtungen,
Schul-, Hochschul- oder Verwaltungsgebäuden oder für damit in Verbindung stehende
Dienstleistungs- und Auslobungsverfahren von Stellen, die unter § 98 Nr. 1 bis 3 GWB
fallen, Mittel erhalten, mit denen diese Vorhaben zu mehr als 50 % finanziert werden.

Diese Auftraggeber sind zwar nicht selbst nach § 98 Nr. 1 bis 4 GWB öffentliche Auftrag- 82
geber, vergeben jedoch Aufträge, die von öffentlichen Auftraggebern **überwiegend finanziert** werden.[159] Die Erstreckung des GWB-Vergaberechts auf diese staatlich subventionierten
Unternehmen soll eine Umgehung des Vergaberechts verhindern. Öffentliche Auftraggeber
sollen sich dem Vergaberecht nicht dadurch entziehen können, dass sie einem nicht originär
an das Vergaberecht gebundenen Dritten eine Zuwendung zur Finanzierung eines bestimmten Vorhabens gewähren und dieser dann die Aufträge vergaberechtsfrei vergibt.[160] Praktisch
relevant ist dies u. a. für kirchliche Träger im Krankenhausbereich.

§ 98 Nr. 5 GWB unterwirft das staatlich subventionierte Unternehmen nur hinsichtlich 83
des **konkreten, überwiegend staatlich finanzierten Bauauftrags** dem Vergaberecht.
Hierdurch unterscheidet sich die Regelung vom Anwendungsbereich des § 98 Nr. 2
GWB. Für spätere oder weitere Beschaffungsvorgänge ist das Unternehmen kein öffentlicher Auftraggeber im Sinne des § 98 Nr. 5 GWB, wenn keine Verbindung mehr zu dem
vorangegangenen Projekt besteht.[161]

Bei der Prüfung der Frage der überwiegenden öffentlichen Finanzierung des Vorhabens 84
sind die gesamten Projektkosten den öffentlichen Fördermitteln gegenüber zu stellen.[162]
Dabei kommt es nur auf die Kosten für die in § 98 Nr. 5 GWB aufgeführten Bauvorhaben an. Handelt es sich um ein Teilobjekt eines Gesamtkomplexes, ist der 50 %-Anteil auf
Grundlage der Kosten desjenigen Bauvorhabens zu berechnen, welches den Auftraggeber
zum öffentlichen Auftraggeber macht.[163] Der Katalog öffentlich geförderter Projekte in
§ 98 Nr. 5 GWB ist ausschließlich und abschließend.[164]

---

[158] Siehe hierzu oben Rn. 40 ff.
[159] *Kuß* in Heuvels/Höß/Kuß/Wagner, § 98 Rn. 72.
[160] *Pünder* in Pünder/Schellenberg, § 98 Rn. 87; *Kuß* in Heuvels/Höß/Kuß/Wagner, § 98 Rn. 72.
[161] *Bungenberg* in Loewenheim/Meessen/Riesenkampff, § 98 Rn. 51.
[162] OLG Celle Beschl. v. 25.8.2011, 13 Verg 5/11; OLG München Beschl. v. 10.11.2010, Verg 19/10.
[163] OLG München Beschl. v. 10.11.2010, Verg 19/10.
[164] BayObLG Beschl. v. 29.10.2004, Verg 22/04, NZBau 2005, 234.

G. Baukonzessionäre (§ 98 Nr. 6 GWB)

85 § 98 Nr. 6 GWB unterstellt schließlich auch solche natürliche und juristische Personen des Privatrechts dem Vergaberecht, die von einem der in § 98 Nr. 1 bis 3 GWB genannten Auftraggeber eine Konzession zur Errichtung eines Bauwerks erhalten haben und für die Durchführung des Vorhabens selbst Aufträge an Dritte vergeben. Plastisch ausgedrückt regelt die Vorschrift damit den „privaten Einkauf für staatliche Zwecke".[165] Bei den vom Baukonzessionär vergebenen Aufträgen muss es sich nicht Bauaufträge handeln, vielmehr sind auch Liefer- und Dienstleistungsaufträge erfasst.[166]

86 Ob einem Unternehmen eine Baukonzession erteilt wurde, ist anhand der **Legaldefinition** in § 99 Abs. 6 GWB zu bestimmen.[167] Danach ist eine Baukonzession ein Vertrag über die Durchführung eines Bauauftrags, bei dem die Gegenleistung für die Bauarbeiten statt in einem Entgelt in dem befristeten Recht auf Nutzung der baulichen Anlage, gegebenenfalls zuzüglich der Zahlung eines Preises besteht.

87 Der Konzessionär ist nach § 98 Nr. 6 GWB nur hinsichtlich der Vergabe von Aufträgen an Dritte selbst öffentlicher Auftraggeber. Zur Bestimmung des **Begriffs des „Dritten"** ist Art. 63 Abs. 2 VKR heranzuziehen. Danach gelten Unternehmen, die sich zusammengeschlossen haben, um die Baukonzession zu erhalten, sowie mit dem betreffenden Unternehmen verbundene Unternehmen nicht als Dritte. Das betrifft insbesondere Konstellationen, in denen die Baukonzession an eine Bietergemeinschaft erteilt wurde, einschließlich des Falls, dass die Bietergemeinschaftsmitglieder den Vertrag über eine von ihnen gegründete **Projektgesellschaft** abwickeln.[168] Die anderen Mitglieder der Bietergemeinschaft und die Projektgesellschaft sind in diesem Fall nicht „Dritte" im Sinne des § 98 Nr. 6 GWB. Ein **verbundenes Unternehmen** ist gemäß Art. 63 Abs. 2 Unterabs. 2 Satz 1 VKR ein Unternehmen, auf das der Konzessionär unmittelbar oder mittelbar einen beherrschenden Einfluss ausüben kann oder das seinerseits einen beherrschenden Einfluss auf den Konzessionär ausüben kann oder das ebenso wie der Konzessionär dem beherrschenden Einfluss eines dritten Unternehmens unterliegt. Ein beherrschender Einfluss ist nach Art. 63 Abs. 2 Unterabs. 2 Satz 2 VKR zu vermuten, wenn ein Unternehmen unmittelbar oder mittelbar die Mehrheit des gezeichneten Kapitals eines anderen Unternehmens besitzt oder über die Mehrheit der mit den Anteilen eines anderen Unternehmens verbundenen Stimmrechte verfügt oder mehr als die Hälfte der Mitglieder des Verwaltungs-, Leitungs- oder Aufsichtsorgans eines anderen Unternehmens bestellen kann. Der Begriff des „verbundenen Unternehmens" ist weit zu verstehen und umfasst sowohl vertikale als auch horizontale Konzernstrukturen.

88 Private Baukonzessionäre müssen gemäß § 6 Abs. 1 VgV nur die Bestimmungen des 2. Abschnitts der VOB/A anwenden, die auf Baukonzessionäre Bezug nehmen. Gemäß § 22 EG Abs. 2 VOB/A haben sie bei der Vergabe von Bauaufträgen an Dritte lediglich bestimmte Bekanntmachungspflichten sowie die Einhaltung von Bewerbungs- und Angebotsfristen zu beachten. Insbesondere sind sie in der Wahl des Verfahrens frei.[169] Baukonzessionäre, die zugleich öffentliche Auftraggeber im Sinne des § 98 Nr. 1 bis 3 und 5 GWB sind, müssen bei der Vergabe von Bauaufträgen an Dritte hingegen nach § 22 EG Abs. 4 VOB/A alle Bestimmungen des 2. Abschnitts der VOB/A einhalten.

---

[165] So *Dörr* JZ 2004, 703, 706.
[166] *Scherer-Leydecker* in Heuvels/Höß/Kuß/Wagner, § 98 Rn. 83.
[167] Hierzu im Einzelnen § 5 Rn. 6 ff.
[168] *Scherer-Leydecker* in Heuvels/Höß/Kuß/Wagner, § 98 Rn. 85.
[169] *Düsterweg* in Ingenstau/Korbion, § 22 EG VOB/A Rn. 26.

§ 4 Öffentliche Aufträge

Übersicht

	Rn.
A. Einleitung	1–7
B. Öffentlicher Auftrag (§ 99 Abs. 1 GWB)	8–49
I. Vertrag	9–26
II. Entgelt	27–34
III. Beschaffungscharakter	35–42
IV. Wirtschaftsteilnehmer als Vertragspartner	43–49
C. Auftragsarten	50–70
I. Lieferaufträge (§ 99 Abs. 2 GWB)	51–53
II. Bauaufträge (§ 99 Abs. 3 GWB)	54–61
III. Dienstleistungsaufträge (§ 99 Abs. 4 GWB)	62, 63
IV. Auslobungsverfahren (§ 99 Abs. 5 GWB)	64, 65
V. Baukonzessionen (§ 99 Abs. 6 GWB)	66–68
VI. Verteidigungs- oder sicherheitsrelevante Aufträge (§ 99 Abs. 7 bis 9 GWB)	69, 70
D. Zuordnung von Aufträgen	71–79
I. Gemischte Verträge (§ 99 Abs. 10 GWB)	73–76
II. Aufträge auch zur Durchführung von Sektorentätigkeit (§ 99 Abs. 11 und 12 GWB)	77, 78
III. Auch verteidigungs- oder sicherheitsrelevante Aufträge (§ 99 Abs. 13 GWB)	79

GWB: § 99

§ 99 GWB Öffentliche Aufträge

(1) Öffentliche Aufträge sind entgeltliche Verträge von öffentlichen Auftraggebern mit Unternehmen über die Beschaffung von Leistungen, die Liefer-, Bau- oder Dienstleistungen zum Gegenstand haben, Baukonzessionen und Auslobungsverfahren, die zu Dienstleistungsaufträgen führen sollen.

(2) Lieferaufträge sind Verträge zur Beschaffung von Waren, die insbesondere Kauf oder Ratenkauf oder Leasing, Miet- oder Pachtverhältnisse mit oder ohne Kaufoption betreffen. Die Verträge können auch Nebenleistungen umfassen.

(3) Bauaufträge sind Verträge über die Ausführung oder die gleichzeitige Planung und Ausführung eines Bauvorhabens oder eines Bauwerkes für den öffentlichen Auftraggeber, das Ergebnis von Tief- oder Hochbauarbeiten ist und eine wirtschaftliche oder technische Funktion erfüllen soll, oder einer dem Auftraggeber unmittelbar wirtschaftlich zugutekommenden Bauleistung durch Dritte gemäß den vom Auftraggeber genannten Erfordernissen.

(4) Als Dienstleistungsaufträge gelten die Verträge über die Erbringung von Leistungen, die nicht unter Absatz 2 oder Absatz 3 fallen.

(5) Auslobungsverfahren im Sinne dieses Teils sind nur solche Auslobungsverfahren, die dem Auftraggeber auf Grund vergleichender Beurteilung durch ein Preisgericht mit oder ohne Verteilung von Preisen zu einem Plan verhelfen sollen.

(6) Eine Baukonzession ist ein Vertrag über die Durchführung eines Bauauftrags, bei dem die Gegenleistung für die Bauarbeiten statt in einem Entgelt in dem befristeten Recht auf Nutzung der baulichen Anlage, gegebenenfalls zuzüglich der Zahlung eines Preises besteht.

(7) Verteidigungs- oder sicherheitsrelevante Aufträge sind Aufträge, deren Auftragsgegenstand mindestens eine der in den nachfolgenden Nummern 1 bis 4 genannten Leistungen umfasst:

1. die Lieferung von Militärausrüstung im Sinne des Absatzes 8, einschließlich dazugehöriger Teile, Bauteile oder Bausätze;

2. die Lieferung von Ausrüstung, die im Rahmen eines Verschlusssachenauftrags im Sinne des Absatzes 9 vergeben wird, einschließlich der dazugehörigen Teile, Bauteile oder Bausätze;

3. Bauleistungen, Lieferungen und Dienstleistungen in unmittelbarem Zusammenhang mit der in den Nummern 1 und 2 genannten Ausrüstung in allen Phasen des Lebenszyklus der Ausrüstung;

4. Bau- und Dienstleistungen speziell für militärische Zwecke oder Bau- und Dienstleistungen, die im Rahmen eines Verschlusssachenauftrags im Sinne des Absatzes 9 vergeben wird.

(8) Militärausrüstung ist jede Ausrüstung, die eigens zu militärischen Zwecken konzipiert oder für militärische Zwecke angepasst wird und zum Einsatz als Waffe, Munition oder Kriegsmaterial bestimmt ist.

(9) Ein Verschlusssachenauftrag ist ein Auftrag für Sicherheitszwecke,

1. bei dessen Erfüllung oder Erbringung Verschlusssachen nach § 4 des Gesetzes über die Voraussetzungen und das Verfahren von Sicherheitsüberprüfungen des Bundes oder nach den entsprechenden Bestimmungen der Länder verwendet werden oder

2. der Verschlusssachen im Sinne der Nummer 1 erfordert oder beinhaltet.

(10) Ein öffentlicher Auftrag, der sowohl den Einkauf von Waren als auch die Beschaffung von Dienstleistungen zum Gegenstand hat, gilt als Dienstleistungsauftrag, wenn der Wert der Dienstleistungen den Wert der Waren übersteigt. Ein öffentlicher Auftrag, der neben Dienstleistungen Bauleistungen umfasst, die im Verhältnis zum Hauptgegenstand Nebenarbeiten sind, gilt als Dienstleistungsauftrag.

(11) Für einen Auftrag zur Durchführung mehrerer Tätigkeiten gelten die Bestimmungen für die Tätigkeit, die den Hauptgegenstand darstellt.

(12) Ist für einen Auftrag zur Durchführung von Tätigkeiten auf dem Gebiet der Trinkwasser- oder Energieversorgung, des Verkehrs oder des Bereichs der Auftraggeber nach dem Bundesberggesetz und von Tätigkeiten von Auftraggebern nach § 98 Nr. 1 bis 3 nicht feststellbar, welche Tätigkeit den Hauptgegenstand darstellt, ist der Auftrag nach den Bestimmungen zu vergeben, die für Auftraggeber nach § 98 Nr. 1 bis 3 gelten. Betrifft eine der Tätigkeiten, deren Durchführung der Auftrag bezweckt, sowohl eine Tätigkeit auf dem Gebiet der Trinkwasser- oder Energieversorgung, des Verkehrs oder des Bereichs der Auftraggeber nach dem Bundesberggesetz, als auch eine Tätigkeit, die nicht in die Bereiche von Auftraggebern nach § 98 Nr. 1 bis 3 fällt, und ist nicht feststellbar, welche Tätigkeit den Hauptgegenstand darstellt, so ist der Auftrag nach denjenigen Bestimmungen zu vergeben, die für Auftraggeber mit einer Tätigkeit auf dem Gebiet der Trinkwasser- und Energieversorgung sowie des Verkehrs oder des Bundesberggesetzes gelten.

(13) Ist bei einem Auftrag über Bauleistungen, Lieferungen oder Dienstleistungen ein Teil der Leistung verteidigungs- oder sicherheitsrelevant, wird dieser Auftrag einheitlich gemäß den Bestimmungen für verteidigungs- und sicherheitsrelevante Aufträge vergeben, sofern die Beschaffung in Form eines einheitlichen Auftrags aus objektiven Gründen gerechtfertigt ist. Ist bei einem Auftrag über Bauleistungen, Lieferungen oder Dienstleistungen ein Teil der Leistung verteidigungs- oder sicherheitsrelevant und fällt der andere Teil weder in diesen Bereich noch unter die Vergaberegeln der Sektorenverordnung oder der Vergabeverordnung, unterliegt die Vergabe dieses Auftrags nicht dem Vierten Teil dieses Gesetzes, sofern die Beschaffung in Form eines einheitlichen Auftrags aus objektiven Gründen gerechtfertigt ist.

Literatur:
Althaus, Öffentlich-rechtliche Verträge als öffentliche Aufträge gemäß § 99 GWB, NZBau 2000, 277; *Burgi*, Verwaltungssponsoring und Kartellvergaberecht, NZBau 2004, 594; *ders.*, Der Verwaltungsvertrag im Vergaberecht, NZBau 2002, 57; *ders.*, Die Beleihung als kartellvergaberechtlicher Ausnahme-

tatbestand (am Beispiel des Subventionsmittlers nach § 44 Absatz III BHO), NVwZ 2007, 383; *Dietlein,* Anteils- und Grundstücksveräußerungen als Herausforderung für das Vergaberecht, NZBau 2004, 472; *Gabriel,* Abfallrechtliche Pflichtenübertragungen als Ausnahme von der Ausschreibungspflicht?, LKV 2005, 285; *Gruneberg,* Vergaberechtliche Relevanz von Vertragsänderungen und -verlängerungen in der Abfallwirtschaft, VergabeR 2005, 171; *Hausmann,* Der öffentliche Auftrag – neue und alte Grenzen für die Anwendbarkeit des Vergaberechts, in: Pünder/Prieß, Vergaberecht im Umbruch, 2005, 67; *Hertwig,* Der Staat als Bieter, NZBau 2008, 355; *Kasper,* Sponsoring und Vergaberecht, DÖV 2005, 11; *Knauff,* Vertragsverlängerungen und Vergaberecht, NZBau 2007, 347; *Kulartz/Duikers,* Ausschreibungspflicht bei Vertragsänderungen, VergabeR 2008, 728; *Mager,* Neue Maßgaben zur Inhouse-Vergabe und zu den Anforderungen vergabefreier Vertragsänderungen, NZBau 2012, 25; *Marschner,* Vertrag und Anpassung im Europäischen Vergaberecht, 2009; *Müller-Wrede,* Sponsoring und Vergaberecht, Festschrift Thode, 431; *Marx,* Verlängerung bestehender Verträge und Vergaberecht, NZBau 2002, 311; *Poschmann,* Vertragsänderungen unter dem Blickwinkel des Vergaberechts, 2010; *Prieß/Hölzl,* Auftragnehmer, wechsel Dich!, NZBau 2011, 513; *Remmert,* Rechtsfragen des Verwaltungssponsorings, DÖV 2010, 583; *v. Saucken,* Der Begriff des Auftrags im deutschen und europäischen Vergaberecht, 1999; *Scharen,* Vertragslaufzeit und Vertragsverlängerung als vergaberechtliche Herausforderung?, NZBau 2009, 679; *Schröder,* Outsourcing und Sponsoring der Verwaltung, LKV 2007, 207; *Sommer,* Neue Entwicklungen für Ausschreibungspflichten bei Vertragsänderungen, VergabeR 2010, 568; *Stöcker,* Entwicklung des Verwaltungskooperationsvertrages unter Berücksichtigung des Vergaberechts, 2010; *Werner/Köster,* Die Auslegung des Tatbestandsmerkmals „entgeltlich"' i.S. von § 99 I GWB, NZBau 2003, 420; *Ziekow,* Ausschreibungspflicht bei Auftragnehmerwechsel, VergabeR 2004, 430; *Zuleeg,* Öffentliche Aufträge nach europäischem und deutschem Recht, ZEuP 2004, 636; vgl. ferner die speziellen Literaturübersichten zu Beginn der §§ 5, 6, 56, 62, 70 und 78.

A. Einleitung

Zusammen mit der Auftraggebereigenschaft der ausschreibenden Stelle nach § 98 GWB (dazu § 3) und dem Erreichen der Schwellenwerte (dazu § 7) gehört die Frage, ob ein öffentlicher Auftrag Gegenstand des Vorhabens ist, zur stets am Beginn eines Vergabeverfahrens stehenden Prüfungstrias. § 99 GWB bestimmt damit den Anwendungsbereich primär in sachlicher Hinsicht und regelt sekundär den persönlichen Anwendungsbereich durch die Vorgabe, dass Vertragspartner des öffentlichen Auftraggebers ein „Unternehmen" sein muss. 1

Eine allgemeine Definition des öffentlichen Auftrags enthält § 99 Abs. 1 GWB. Hiernach richtet sich zugleich der Geltungsbereich des GWB-Vergaberechts. Die nachfolgenden Absätze stellen im Anschluss daran die einzelnen Auftragsarten dar. Die weitere Abgrenzung zwischen den Auftragsarten ist nicht belanglos, sondern spielt regelmäßig für die Bestimmung des einschlägigen Schwellenwertes nach § 2 VgV sowie der weiterführenden Verfahrensvorschriften nach VOB/A, VOL/A oder VOF eine tragende Rolle. Die Absätze 10 bis 13 regeln diverse Abgrenzungsfragen bei gemischten Aufträgen. 2

Bei der nötigen Auslegung der einzelnen Begriffsmerkmale gilt – wie stets im europarechtlich geprägten Vergaberecht – das Primat der **funktionalen Auslegung.** Der Begriff des öffentlichen Auftrags ist grundsätzlich so auszulegen, dass die praktische Wirksamkeit der Vergaberichtlinien gewährleistet wird[1]. Diesem Grundsatz des *effet utile* liegt der Gedanke zu Grunde, dass jede Norm eine eigene Funktion zukommt und deshalb so auszulegen ist, dass diese sich auch möglichst sinnvoll, bestimmungsgemäß und frei von Widersprüchen erreichen lässt. Deutlich wird dies etwa bei der Auslegung der Begriffe „Vertrag" und „Unternehmen", deren Reichweite sich nicht auf die nach deutschem Recht 3

---

[1] EuGH Urt. v. 12.7.2001, C-399/98, Slg. 2001 I-5409, Rn. 55 – *Ordine degli Architetti; Hailbronner* in Byok/Jaeger, § 99 GWB Rn. 3; vgl. zum Grundsatz des effet utile *Bergmann* in Bergmann, Handlexikon der Europäischen Union, 4. Aufl. 2012, „Effet utile"; *Mayer* in Grabitz/Hilf/Nettesheim, Art. 19 EUV (Juli 2010) Rn. 57 f.

übliche Bestimmung beschränkt, sondern weit zu verstehen ist, so dass der Anwendungsbereich des Vergaberechts möglichst umfassend gezogen wird.

4   Im Zuge des **Modernisierungsgesetzes vom 20. April 2009** (BGBl. I S. 790) wurde § 99 GWB mit dem Ziel verändert, einige zuvor strittige Punkte klarzustellen. Absatz 1 hebt nunmehr auch den Beschaffungsbezug des Vergaberechts hervor und bezieht Baukonzessionen sowie Auslobungen ein. In Abs. 3 hat der Gesetzgeber eine Klarstellung für Bauaufträge getroffen, nach der die Bauleistung diesem unmittelbar zu Gute kommen muss. Durch diese Ergänzung trat der Gesetzgeber Bestrebungen entgegen, auch städtebauliche Grundstücksverträge weitgehend dem Vergaberecht zu unterstellen. Baukonzessionen sind nunmehr explizit in § 99 Abs. 6 GWB geregelt. Ein neuer Absatz 8 regelt die Abgrenzung von Aufträgen zur Durchführung mehrerer Tätigkeiten und liefert Kriterien zur Zuordnung sog. gemischter Verträge. Im Gesetzgebungsverfahren wurde intensiv diskutiert, inwieweit ausdrückliche Regelungen zum In-House-Geschäft und zur kommunalen Gemeinschaftsarbeit aufgenommen werden sollen[2]. Diese Bestrebungen konnten sich nicht durchsetzen, so dass insoweit weiterhin auf die in der Rechtsprechung entwickelten Grundsätze zurückgegriffen werden muss.

5   Deutlich erweitert wurde § 99 GWB durch das **Gesetz zur Änderung des Vergaberechts vom 7. Dezember 2011** (BGBl. I S. 2570). Neu aufgenommen wurden die Absätze 7 bis 9 sowie 13, die allesamt Fragestellungen rund um die **Auftragsvergaben in den Bereichen Verteidigung und Sicherheit** behandeln und insoweit die Richtlinie 2009/81/EG umsetzen. Im Übrigen erfolgten nur redaktionelle Änderungen: Der bisherige Absatz 7 wurde zu Absatz 10, der bisherige Absatz 8 wurde zum besseren Verständnis in die Absätze 11 und 12 aufgespalten.

6   Die historisch gewachsene Struktur des Auftragsbegriffs, die zwischen Bau-, Dienstleistungs- und Lieferaufträgen differenziert, stellte die **Europäische Kommission**[3] in ihrem **Grünbuch über die Modernisierung** der europäischen Politik im Bereich **des öffentlichen Auftragswesens** von 2011 zur Debatte und schlug beispielhaft vor, nur noch Lieferverträgen und Dienstleistungsaufträgen zu unterscheiden, wobei Bauarbeiten eine Form von Dienstleistungsaufträgen („Baudienstleistungsauftrag") wären. Ferner angedacht wird die Aufgabe der Unterscheidung zwischen vorrangigen und nachrangigen Dienstleistungen. Beiden Vorschlägen steht die Bundesregierung zurückhaltend gegenüber[4].

7   Neue Fahrt gewann der Modernisierungsprozess durch die im **Dezember 2011** von der Kommission vorgelegten **Richtlinienvorschläge**[5] bezüglich der Regeln zum öffentlichen Auftragswesen. Die Vorschläge betreffen nicht nur das klassische Vergaberecht sowie der Sektorenbereich; erstmalig sollen auch Regelungen für alle Konzessionsarten kodifiziert und somit bestehende Lücken insbesondere bei Dienstleistungskonzessionen geschlossen werden. Der Bundesrat erhob bereits im März 2012 Subsidiaritätsrüge gegen den Vorschlag für die Konzessionsvergabe[6]. Eine weitere bedeutende Änderung ist die Aufgabe der bisherigen Unterscheidung zwischen sogenannten „prioritären" und „nichtprioritären" Dienstleistungen („A"- und „B"-Dienstleistungen). Die insgesamt drei Richtlinienvorschläge wurden nach umfassenden Überarbeitungen im sog. Trilog-Verfahren im **Januar 2014** vom Europäischen Parlament angenommen.

---

[2] BT-Drucks. 16/10117 vom 13.8.2008, S. 5 (zur In-House-Regelung); BR-Drucks. 35/09 (Beschluss) vom 13.2.2009, S. 2 (zur Zusammenarbeit zwischen öffentlichen Auftraggebern).

[3] Grünbuch der Europäischen Kommission über die Modernisierung der europäischen Politik im Bereich des öffentlichen Auftragswesens – Wege zu einem effizienteren europäischen Markt für öffentliche Aufträge, KOM(2011) 15 endg., S. 7 ff.

[4] Ziffer III.2 und III.3 der Stellungnahme der Bundesregierung vom 18. Mai 2011.

[5] Vgl. die Vorschläge KOM(2011) 895 endgültig [Sektorenbereich], KOM(2011) 896 endgültig [klassische Auftragsvergabe] sowie KOM(2011) 897 endgültig [Konzessionen].

[6] BR-Drs. 874/11 (B).

B. Öffentlicher Auftrag (§ 99 Abs. 1 GWB)

Als öffentliche Aufträge sind nach § 99 Abs. 1 GWB entgeltliche (sub II.) Verträge (sub I.) **8** von öffentlichen Auftraggebern mit Unternehmen (sub IV.) über die Beschaffung (sub III.) von Leistungen, die Liefer-, Bau- oder Dienstleistungen zum Gegenstand haben, Baukonzessionen und Auslobungsverfahren, die zu Dienstleistungsaufträgen führen sollen, anzusehen. Durch die mit dem Modernisierungsgesetz vom 20. April 2009 aufgenommen positive Aufnahme der Baukonzession wird zugleich im Einklang mit den Vorgaben der Vergaberichtlinien[7] klargestellt, dass Dienstleistungskonzessionen weiterhin nicht dem Anwendungsbereich des GWB-Vergaberechts unterfallen. Für diese gelten lediglich die aus dem europäischen Primärrecht folgenden Anforderungen in Bezug auf Transparenz, Gleichbehandlung und Rechtsschutz[8].

I. Vertrag

Durch die Einschränkung, dass nur Verträge als öffentliche Aufträge angesehen werden **9** können, beschränkt § 99 Abs. 1 GWB den Anwendungsbereich des GWB-Vergaberechts kaum. Der Begriff wird wegen der gebotenen **funktionalen Auslegung** weit ausgelegt und geht wegen seiner Verankerung im Unionsrecht über den zivilrechtlichen Vertragsbegriff im Sinne der §§ 145 ff. BGB hinaus. Gefordert wird das Einvernehmen zumindest zweier Personen über die Erbringung von Leistungen[9] (sub 1). Eine Rolle spielt weder die gewählte Form (sub 2) noch die Einstufung als öffentlich- oder privatrechtlicher Vertrag (sub 3). Lediglich bei Beauftragungen mittels hoheitlichen Handlungsformen wird mangels Gleichordnung der Vertragsparteien regelmäßig kein öffentlicher Auftrag vorliegen (sub 4). Schließlich kann auch eine Änderung einer bereits geschlossenen Vereinbarung selbst als eigenständiger öffentlicher Auftrag anzusehen sein mit der Folge, dass diese Änderung nicht ohne vorherige Ausschreibung erfolgen darf (sub 5).

1. Auf Leistungsaustausch gerichteter Rechtsbindungswillen

In Anlehnung an die im bürgerlichen Recht gebräuchliche Definition[10] setzt ein Vertrags- **10** schluss im Sinne des § 99 Abs. 1 GWB einen **übereinstimmenden Rechtsbindungswillen** der Parteien voraus, der auf die Erbringung von Leistungen gerichtet ist. Ein bloßes „meeting of the minds" ohne weitergehenden Rechtsfolgewillen ebnet damit ebenso wenig den Weg zum Vergaberecht wie eine reine Absichtserklärung. Rein vorgelagerte Handlungen der Markterkundung, Marktsondierungen, Machbarkeitsstudien und internen Beratungen stellen lediglich Vorbereitungshandlungen dar, die noch keine vergaberechtlichen Pflichten auslösen[11]. Ausreichend ist hingegen eine **Rahmenvereinbarung.** Zwar führt diese für sich genommen noch nicht zu einem konkreten Leistungsaustausch. Er umreißt nur den Rahmen für zu einem späteren Zeitpunkt abzurufende Einzelleistungen und fundiert damit die rechtliche Grundlage für weitere Beschaffungen[12].

2. Form

Ein öffentlicher Auftrag im Sinne des § 99 Abs. 1 GWB erfordert nach den Vorgaben des **11** GWB **keine bestimmte Form**, so dass selbst mündlich abgeschlossene Verträge erfasst

---

[7] So ausdrücklich Art. 17 RL 2004/18/EG und Art. 18 RL 2004/17/EG.
[8] Ausführlich zu den Anforderungen §§ 68 ff.
[9] OLG Düsseldorf Beschl. v. 4.3.2009, Verg 67/08.
[10] Vgl. statt Vieler *Busche* in MüKo-BGB, 2012, vorb. §§ 145 ff. Rn. 31 m.w.N.
[11] Vgl. m.w.N. *H.-M. Müller* in Byok/Jaeger, § 131 GWB Rn. 6.
[12] Dazu unten Rn. 26.

sind. Soweit das europäische Sekundärrecht in Art. 1 Abs. 2 lit. a) RL 2004/18/EG eine Einschränkung auf schriftliche Verträge enthält, verzichtet das deutsche Recht auf diese Einschränkung. Der deutschen Gesetzgeber hat insoweit wirksam den Anwendungsbereich des Vergaberechts erweitert[13].

12 In der Praxis wird aber aus Beweissicherungsgründen eine schriftliche Form anzuraten sein. Auch kann sich eine entsprechende Form aus landes- bzw. kommunalrechtlichen Vorschriften ergeben. Soweit aufgrund allgemeiner Vorgaben eine bestimmte Form einzuhalten ist – etwa bei Grundstücksgeschäften (§ 311b BGB) und Gesellschaftsverträgen (§ 2 GmbHG) –, betrifft dies einzig die zivilrechtliche Wirksamkeit des Vertrages. Die Ausschreibungspflicht wird hiervon nicht tangiert[14].

3. Öffentlich-rechtlicher Vertrag

13 Der vergaberechtliche Vertragsbegriff ist neutral gegenüber der (rein nach nationalem Recht möglichen) Qualifizierung als privatrechtlich oder öffentlich-rechtlich. Die anfänglichen Versuche der deutschen Bundesregierung[15], **öffentlich-rechtliche Verträge** vom Anwendungsbereich des Kartellvergaberechts auszunehmen und den Auftragsbegriff im GWB auf privatrechtliche Verträge zu beschränken, konnten sich zu Recht nicht durchsetzen[16]. Der Anwendungsbereich richtet sich nach den europäischen Vergaberichtlinien, die auch dem öffentlichen Recht unterliegende Verträge erfassen[17]. Denn nicht in allen Mitgliedsstaaten erfolgt eine Differenzierung zwischen der öffentlichen und privaten Rechtsnatur von Verträgen, so dass einzig eine umfassende Auslegung des Vertragsbegriffs zur effektiven und gleichen Auslegung in allen Mitgliedsstaaten führt.

4. Hoheitliche Handlungsformen und öffentliche Gewalt

14 Ein Vertrag setzt seiner Natur nach stets die **rechtliche Gleichordnung der Parteien** voraus. Dies wirkt sich für die Beurteilung hoheitlicher Handlungsformen aus und schränkt den Anwendungsbereich des Vergaberechts ein. Die nationale Qualifizierung der Handlungsform ist ohne Belang, da als Maßstab einzig das europäische Vertragsverständnis greift[18]. Nach Auffassung des EuGH ist bei der im Einzelfall vorzunehmenden Untersuchung insbesondere entscheidend, ob der Auftragnehmer die Möglichkeit hat, den konkreten **Vertragsinhalt auszuhandeln**[19]. Hierin kommt der Grundsatz der Vertragsfreiheit zum Ausdruck. Dies sollte nicht dahingehend missverstanden werden, dass nur völlig frei verhandelte Verträge als solche im Sinne von § 99 Abs. 1 GWB zu verstehen sind. Denn die Notwendigkeiten des Wettbewerbs und der dabei elementare Anspruch, vergleichbare Angebote zu erhalten, erfordern regelmäßig starre Leistungsbeschreibungen. Die Möglichkeit des Aushandelns beschränkt sich auf Seiten des Unternehmers dann darauf, ob und zu welchem Preis er anbietet. Nicht als Vertrag in diesem Sinne zu bewerten sind hingegen einseitige Verwaltungsakte, der für den Auftragnehmer allein Verpflichtungen enthält und der deutlich von den normalen Bedingungen des kommerziellen Ange-

---

[13] BayObLG Beschl. v. 10.10.2000, Verg 5/00, VergabeR 2001, 55, 57 f.
[14] *Gnittke/Rude* in Praxiskommentar Kartellvergaberecht, § 99 Rn. 9.
[15] BT-Drs. 13/9340, S. 15; dem folgend noch OLG Celle Beschl. v. 24.11.1999, 13 Verg 7/99, NZBau 2000, 299, 300.
[16] Vgl. nur BGH Beschl. v. 1.12.2008, X ZB 31/08, NZBau 2009, 201, 203; OLG Düsseldorf Beschl. v. 12.12.2007, VII-Verg 30/07, NZBau 2008, 138, 140; *Burgi* NZBau 2002, 57 ff.; *Althaus* NZBau 2000, 277 ff.; siehe zur Diskussion *Burgi* NVwZ 2007, 383, 384 f.; *Hailbronner* in Byok/Jaeger, § 99 GWB Rn. 33 ff.
[17] So für baurechtliche Erschließungsverträge EuGH Urt. v. 12.7.2001, C-399/98, Slg. 2001 I-5409, Rn. 73 – *Ordine degli Architetti*.
[18] EuGH Urt. v. 18.12.2007, C-220/06, Slg. 2007 I-12175, Rn. 50 – *Correos*.
[19] EuGH Urt. v. 18.12.2007, C-220/06, Slg. 2007 I-12175, Rn. 54 f. – *Correos*; *Müller-Wrede/Kaelble* in Müller-Wrede, GWB, § 99 Rn. 25 f.: konstitutives Merkmal.

bots des Verwaltungsaktempfängers abweicht. Ebenfalls nicht erfasst sind Gesetze, Verordnungen, Satzungen, etc. Hier fehlt es regelmäßig[20] an der Gleichordnung der Vertragsparteien und der Wahrung des Grundsatzes der Vertragsfreiheit.

Ein Vertrag scheidet nicht allein deshalb aus dem Anwendungsbereich des Vergaberechts aus, weil die übertragene Aufgabe mit der **Ausübung öffentlicher Gewalt** im Sinne der Art. 51, 62 AEUV (vormals Art. 45, 55 EG) verknüpft ist. Der BGH[21] hat insoweit auf die diesbezüglich vorgebrachten Bedenken im Zusammenhang mit Rettungsdienstleistungen die pragmatische Vorgabe getroffen, dass eine Exklusion zwar europarechtlich möglich erscheint, jedoch in die einfachgesetzlichen Regelungen des nationalen Vergaberechts Eingang gefunden haben müssen. Soweit im dortigen, allgemein als abschließend angesehenen Ausnahmekatalog (§ 100 Abs. 2 GWB) die vermeintlich hoheitliche Aufgabe nicht aufgeführt sei, sei diese auch nicht von dem GWB-Vergaberegime ausgenommen. §§ 97 ff. GWB würden insoweit nicht unmittelbar durch das Primärrecht beschränkt, da es dem nationalen Gesetzgeber unbenommen sei, den Anwendungsbereich des Vergaberechts überobligatorisch weiter zu fassen als europarechtlich gefordert.

15

5. Vertragsänderungen nach Vertragsschluss

In den letzten Jahren ist die Ausschreibungspflicht von wesentlichen Vertragsänderungen nach Vertragsschluss in den Fokus von Rechtsprechung und Literatur gerückt[22]. Dabei wird die Änderung bestehender Verträge während der Leistungszeit nicht grundsätzlich in Frage gestellt, denn gerade bei größeren Projekten mit längerer Laufzeit sind punktuelle Anpassungen die Regel und erforderlich, um den wechselnden Gegebenheiten des Projektes gerecht zu werden. Der EuGH hat in der Rechtssache *„pressetext Nachrichtenagentur"*[23] für die Bewertung von Änderungen den allgemeinen Grundsatz aufgestellt, dass nur **wesentliche Vertragsänderungen** einer Neuvergabe gleichkommen und damit ausschreibungspflichtig sind. Ein Instrument zur rechtssicheren Abgrenzung zwischen unwesentlichen und wesentlichen Änderungen hat der EuGH dem Rechtsanwender nicht zur Hand gegeben, so dass insoweit noch immer große Rechtsunsicherheit bzw. Grauzonen das Bild bestimmen.

16

a) Leistungsänderungen

Der EuGH hat in seinem Urteil vom 19. Juni 2008 einige Eckpunkte festgelegt[24], die sich wie folgt zusammenfassen lassen: Die Änderung eines öffentlichen Auftrags während seiner Laufzeit kann als wesentlich angesehen werden, wenn der Auftragsgegenstand in großem Umfang auf ursprünglich nicht vorgesehene Leistungen erweitert wird. Ebenfalls wesentlich ist die Einführung von Bedingungen, die die Zulassung anderer als der ur-

17

---

[20] Im Einzelfall wird hingegen ein öffentlicher Auftrag vorliegen, wenn die Beteiligten sich vorab auf dieses Vorgehen geeinigt haben und etwa den Inhalt des zu erlassenden Verwaltungsaktes vorher fixiert haben. Vgl. BGH Beschl. v. 1.12.2008, X ZB 31/08, NZBau 2009, 201, 203; *Burgi* NVwZ 2007, 383, 385; *Müller-Wrede/Kaelble* in Müller-Wrede, GWB, § 99 Rn. 26.

[21] Vgl. BGH Beschl. v. 1.12.2008, X ZB 31/08, NZBau 2009, 201, 203 f. mit Anm. *Berger/Tönnemann* VergabeR 2009, 129 ff.; *Röbke* NZBau 2009, 201, 205; parallel argumentiert der BGH für den Bereich des SPNV, Beschl. v. 8.2.2011, X ZB 4/10, NZBau 2011, 175 ff.

[22] OLG Düsseldorf Beschl. v. 28.7.2011, VII-Verg 20/11, NZBau 2012, 50 ff.; Beschl. v. 14.2.2001, Verg 13/00, NZBau 2002, 54; OLG Celle Beschl. v. 29.10.2009, 13 Verg 8/09, NZBau 2010, 194 ff.; *Gruneberg* VergabeR 2005, 171 ff.; *Hausmann* LKV 2010, 550 ff.; *Jaeger* EuZW 2008, 492 ff.; *Knauff* NZBau 2007, 347; *Krohn* NZBau 2008, 619 ff.; *Pooth* Behördenspiegel 8/2008, 21; *Poschmann* Vertragsänderungen unter dem Blickwinkel des Vergaberechts, passim; *Prieß/Hölzl* NZBau 2011, 513; *Sommer* VergabeR 2010, 568 ff.

[23] EuGH Urt. v. 19.6.2008, C-454/06, Slg. 2008 I-4401 – *pressetext Nachrichtenagentur*.

[24] EuGH Urt. v. 19.6.2008, C-454/06, Slg. 2008 I-4401, Rn. 35 bis 37 – *pressetext Nachrichtenagentur*; anschließend EuGH Urt. v. 13.4.2010, C-91/08, Slg. 2010 I-2815 – *Wall-AG*.

sprünglich zugelassenen Bieter oder die Annahme eines anderen als des ursprünglich angenommenen Angebots erlaubt hätten, wenn sie Gegenstand des ursprünglichen Vergabeverfahrens gewesen wären. Schließlich ist eine wesentliche Vertragsänderung gegeben, wenn das wirtschaftliche Gleichgewicht des Ursprungsvertrages zu Gunsten des Auftragnehmers verändert werde.

18 Um die auch mit diesen Leitlinien verbundene Ungewissheit zu beseitigen, wurde gelegentlich auf die jeweiligen Schwellenwerte abgestellt[25]; erreicht oder übersteigt das jeweilige Änderungsvolumen den einschlägigen Schwellenwert, so sei auch die Wesentlichkeit anzunehmen. Dies kann in dieser Allgemeinheit nicht überzeugen, mag der Charme dieses Weges auch in seiner einfachen Handhabung liegen. Da sich die Wesentlichkeit auch daraus ergeben kann, dass die geänderten Leistungen „die Annahme eines anderen als des ursprünglich angenommenen Angebots erlaubt hätten, wenn sie Gegenstand des ursprünglichen Vergabeverfahrens gewesen wären", muss stets der EuGH-Rechtsprechung folgend auf das konkrete Verfahren abgestellt werden, das dem Vertrag voranging. Lag das zweitbeste Angebot etwa nur unwesentlich hinter dem bezuschlagten Angebot, so können bereits kleine Änderungen vergaberechtlich relevant sein. Auch der umgekehrte Fall, dass das Änderungsvolumen die Schwellenwerte erreicht, führt nicht automatisch zur Ausschreibungspflicht, sofern der Abstand im vorgelagerten Vergabeverfahren nur ausreichend groß war.

19 Nicht per se ausschreibungsfrei sind Änderungen, die bereits **im ursprünglichen Vertrag angelegt** sind. Insoweit ist die ursprüngliche Vertragsgestaltung am Maßstab der Grundsätze von Transparenz und Gleichbehandlung der am Auftrag interessierten Unternehmen zu messen. So wirkt sich eine Änderungsklausel etwa nicht in relevantem Maße aus, wenn sie nur allgemein gehalten ist und die Änderung auf der freien Entscheidung des Auftraggebers beruht[26]. Ist hingegen bereits im Vertrag eindeutig festgelegt, unter welchen Umständen der Vertrag in welchem Umfang angepasst wird, so liegt im Verzicht auf eine erneute Ausschreibung kein Pflichtverstoß.

b) Laufzeitverlängerung

20 Die **Verlängerung der Vertragslaufzeit** stellt regelmäßig eine ausschreibungspflichtige Neuvergabe für den verlängerten Zeitraum dar, denn der Vertrag wird auf ursprünglich nicht vorgesehene Leistungen erweitert. Dies gilt nicht, wenn die Verlängerungsmöglichkeit bereits im ursprünglichen Vertrag vorgesehen ist und damit zum Gegenstand des Ausgangsverfahrens gemacht wurde. In diesem Fall ist eine Verlängerung – sofern diese nicht eine aus Gründen des Wettbewerbsgrundsatzes im Einzelfall zu bestimmende Maximallaufzeit überschreitet[27] – vergaberechtlich zulässig. Die entsprechende Klausel im Vertrag kann in unterschiedlicher Weise ausgestaltet sein. Für die Frage der Ausschreibungspflicht der Verlängerung stehen sich Options- und Kündigungsregelungen gleich. Dementsprechend kann auch das Unterlassen einer möglichen Kündigung keine vergaberechtlichen Implikationen entfalten[28].

21 Bei der Bewertung der Laufzeitverlängerung kommt es nicht darauf an, ob der Wert der Verlängerung isoliert betrachtet den einschlägigen Schwellenwert überschreitet[29]. Ab-

---

[25] OLG Celle Beschl. v. 19.10.2009, 13 Verg 8/09, NZBau 2010, 194, 196, unter Verweis auf *Kulartz/Duikers* VergabeR 2008, 728, 734; *Glahs* in Reidt/Stickler/Glahs, § 3 VgV Rn. 32; a.A. jedenfalls für den Fall, dass die Änderung bereits im Vertrag angelegt war, OLG Brandenburg Beschl. v. 8.7.2010, Verg W 4/09.
[26] So OLG Düsseldorf Beschl. v. 28.7.2011, VII-Verg 20/11, NZBau 2012, 50, 53f.
[27] Dazu *Willenbruch* in Willenbruch/Wieddekind, § 99 Rn. 32 m.w.N.
[28] OLG Celle Beschl. v. 4.5.2001, 13 Verg 5/00, NZBau 2002, 53, 54; *Hailbronner* in Byok/Jaeger, § 99 GWB Rn. 38; *Marx* NZBau 2002, 311, 312.
[29] So aber *Gnittke/Rude* in Praxiskommentar Kartellvergaberecht, § 99 Rn. 19; *Müller-Wrede/Kaelble* in Müller-Wrede, GWB, § 99 Rn. 47.

gesehen davon, dass auch bei Unterschreiten der Schwellenwerte nach § 2 VgV noch immer die rein nationalen vergaberechtlichen Bindungen greifen können, kann das Unterschreiten nicht darüber hinweg helfen, dass der Auftrag dem Binnenmarkt für einen längeren Zeitraum entzogen wird. Schlimmstenfalls würde gar ein Missbrauch durch wiederholte Verlängerungen der Vertragslaufzeiten (sog. Kettenverlängerung) um solche Zeiträume, die jeweils die Schwellenwerte unterschreiten, drohen. Schließlich hat der EuGH in der Rechtssache „*pressetext Nachrichtenagentur*" deutlich zum Ausdruck gebracht, dass er stets die Gegebenheiten im konkreten Fall beachtet wissen will. Im Regelfall wird mangels Wissens nicht ausgeschlossen werden können, dass die im Ursprungsverfahren unterlegenen Bieter bei einer längeren Vertragslaufzeit ein anderes Angebot abgegeben hätten.

Einigen sich die Vertragspartner auf die **einvernehmliche Aufhebung einer Kündigung**, die zuvor wirksam erklärt wurde, mit dem Ziel, den ursprünglichen Vertrag bzw. dessen Verlängerung fortzuführen, stellt auch dies eine Neuvergabe dar[30]. Denn die Rücknahme einer rechtswirksamen Kündigung erfordert rechtlich betrachtet eine Einigung über die Vertragsfortsetzung. Dies entspricht dem Abschluss eines neuen Vertrages. 22

c) Austausch des Auftragnehmers

Die Notwendigkeit, einen Vertragspartner auszutauschen, ergibt sich regelmäßig im Falle der Insolvenz des Auftragnehmers oder bei Kündigung (etwa infolge von Schlechtleistung). Dieser zivilrechtlich im Wege der Vertragsübernahme nach § 415 Abs. 1 BGB mögliche Austausch wurde von einer in Deutschland lang Zeit vorherrschenden Auffassung[31] als vergabefrei akzeptiert, solange nur der neue Auftragnehmer auch über die erforderliche Fachkunde, Leistungsfähigkeit und Eignung verfügte. Denn der Vertrag einschließlich des angebotenen Preises basiere doch weiterhin auf dem im Wettbewerb gefundenen wirtschaftlichsten Angebot. Ob dieser Weg im Lichte der obigen Leitlinien des EuGH in der Rechtssache „*pressetext Nachrichtenagentur*" weiterhin gangbar ist, erscheint zumindest zweifelhaft angesichts der einem Austausch des Auftragnehmers stets immanenten Gefahr, die Prinzipien des Vergaberechts zu umgehen. Der **Austausch des Auftragnehmers** wird daher in der Regel **als vergabepflichtiger Beschaffungsvorgang** zu werten sein, wenn der Austausch nicht bereits im ursprünglichen Vertrag angelegt ist[32]. 23

Lediglich eine rein **konzernrechtliche Neuorganisation** wird hingegen als ausschreibungsfrei zu beurteilen sein[33]. Zwar wird auch hier der Vertragspartner bei rein formaler Betrachtungsweise ausgetauscht. Aus wirtschaftlichem Blickwinkel bleibt der Vertragspartner aber identisch. In dem zu entscheidenden Fall ging der Auftrag auf eine 100%ige Tochtergesellschaft, gegenüber der der ursprüngliche Auftragnehmer ein Weisungsrecht hatte, zwischen beiden ein Gewinn- und Verlustausschließungsvertrag bestand, beide solidarisch hafteten und der ursprüngliche Auftragnehmer erklärte, dass sich an der bisherigen Gesamtleistung nichts ändern werde. Diese Kriterien können als Indikatoren für die Bewertung herangezogen werden. Sie sind aber nicht allein entscheidend, so dass auch andere Formen der konzernrechtliche Neuorganisation – etwa die Übertragung eines Auftrags 24

---

[30] OLG Düsseldorf Beschl. v. 8.5.2002, VII-Verg 8–15/01 (juris); OLG Dresden Beschl. v. 25.1.2008, WVerg 10/07; differenzierend nach dem Zeitpunkt der Rücknahme der Kündigung 1. VK Bund Beschl. v. 26.2.2010, VK 1–7/10.

[31] OLG Frankfurt a.M. Beschl. v. 5.8.2003, 11 Verg 2/02, NZBau 2003, 633, 633f.; *Dreher* in Immenga/Mestmäcker, § 99 GWB Rn. 50.

[32] So auch *Müller-Wrede/Kaelble* in Müller-Wrede, GWB, § 99 Rn. 52; *Otting* in Bechtold, § 99 Rn. 26.

[33] EuGH Urt. v. 19.6.2008, C-454/06, Slg. 2008 I-4401, Rn. 43ff. – *pressetext Nachrichtenagentur*; bestätigt und ausgedehnt auf den Austausch eines Nachunternehmers durch EuGH Urt. v. 13.4.2010, C-91/08, Slg. 2010 I-2815, Rn. 39 – *Wall AG/Stadt Frankfurt*.

von der Konzerntochter auf ihre Muttergesellschaft – vergaberechtlich nicht per se ausschreibungspflichtig sind.

25 Ebenso einer Entscheidung im Einzelfall vorbehalten ist die Bewertung von **Änderungen im Gesellschafterkreis** des Auftragnehmers. So gehört es bei einer börsennotierten Aktiengesellschaft zu ihrer Natur, dass sich die Besitzverhältnisse jederzeit ändern können. Dies allein stellt die Wirksamkeit der erfolgten Auftragsvergabe an eine solche Aktiengesellschaft naturgemäß nicht in Frage[34]. Auch bei anderen Gesellschaftsformen ist die Änderung der Zusammensetzung des Kreises ihrer Eigentümer nicht per se als vergaberechtspflichter Vorgang zu qualifizieren, zumal der Vertragspartner selbst bei den als Gesellschaft bürgerlichen Rechts (GbR) gegründeten Bietergemeinschaften formal derselbe bleibt; die GbR ist Vertragspartner und nicht die einzelnen Gesellschafter. Gerade der Austausch von wesentlichen Gesellschaftern einer GbR kann aber trotz ihrer Teilrechtsfähigkeit bei wirtschaftlicher Betrachtung einer Neuvergabe gleichkommen[35]. Denn bei Bietergemeinschaften stellt die GbR regelmäßig nicht mehr als nur das Instrument der Zusammenarbeit für mehrere Unternehmen dar, die der Auftraggeber wirtschaftlich betrachtet beauftragen will. Aus Sicht des Auftraggebers ist die Zusammensetzung der Bietergemeinschaft Grundlage des Vertragsverhältnisses und wesentlicher Bestandteil des geschlossenen Vertrages. Ein Wechsel ist dann als faktische Neuvergabe des Auftrages zu bewerten.

6. Rahmenvereinbarungen

26 Entgegen dem allgemeinen vertraglichen Grundsatz, dass in dem Vertrag alle wesentlichen Bedingungen zu fixieren sind, kann der öffentliche Auftraggeber auch mit einem oder mehreren Unternehmen eine **Rahmenvereinbarung**[36] abschließen, in der die Parteien nur allgemeine Vertragsbedingungen für einen zukünftig zu erteilenden Auftrag treffen und die eine Partei dazu berechtigt, zu einem späteren Zeitpunkt die Erfüllung des Auftrags zu dem in der Rahmenvereinbarung getroffenen Preisen verlangen. Rahmenvereinbarungen sind in den Vergaberichtlinien (Art. 32 RL 2004/18/EG sowie Art. 14 RL 2004/17/EG) ausdrücklich vorgesehen und damit vergaberechtlich zulässig. Trotz des einem (Liefer-)Auftrag vorgelagerten Inhalts sind Rahmenvereinbarung selbst öffentliche Aufträge im Sinne des § 99 Abs. 1 GWB. Ihr Abschluss muss daher unter Beachtung des Vergaberechts erfolgen. Das Verfahren ist in § 4 EG VOL/A ausdrücklich geregelt und wird gesondert kommentiert[37]. Im Bereich der VOB/A und VOF hat der deutsche Gesetzgeber keine vergleichbare Regelung erlassen und sein ihm zustehendes Ermessen insoweit negativ ausgeübt[38].

---

[34] EuGH Urt. v. 19.6.2008, C-454/06, Slg. 2008 I-4401, Rn. 51 – *pressetext Nachrichtenagentur*.

[35] *Prieß/Hölzl* NZBau 2011, 513 (515); *Ganske* in Reidt/Stickler/Glahs, § 99 GWB Rn. 29; a.A. *Müller-Wrede/Kaelble* in Müller-Wrede, GWB, § 99 Rn. 54, die nur bei Umgehungsabsicht eine Ausschreibungspflicht annehmen.

[36] Vgl. allgemein *Dicks* Tagungsband 7. Düsseldorfer Vergaberechtstag 2006, 93 ff.; *Franke* ZfBR 2006, 546 ff.; *Graef* NZBau 2005, 561 ff.; *Gröning* VergabeR 2005, 156 ff.; *Haak/Degen* VergabeR 2005, 164 ff.; *Knauff* VergabeR 2006, 24 ff.; *Machwirth* VergabeR 2007, 385 ff.; *Rosenkötter* VergabeR 2010, 368 ff.; *dies./Seidler* NZBau 2007, 684 ff.

[37] Siehe unten § 5.

[38] Vgl. VK Sachsen Beschl. v. 25.1.2008, 1/SVK/088–07; a.A. für die VOB/A VK Arnsberg Beschl. v. 21.2.2006, VK 29/05, die unmittelbar auf die Vergaberichtlinie rekurriert.

II. Entgelt

1. Grundsätze

Öffentliche Aufträge setzen nach § 99 Abs. 1 GWB einen **entgeltlichen** Vertrag voraus. Gefordert wird damit in Abgrenzung zu Gefälligkeiten und außerrechtlichen Beziehungen eine (geldwerte) Gegenleistung des öffentlichen Auftraggebers. Der Entgeltbegriff im Vergaberecht ist – ebenso wie der Auftragsbegriff allgemein – möglichst weit zu fassen. Umfasst wird jede Art von Vergütung, die einen **geldwerten Vorteil** bedeutet[39]. Eine Kostendeckung bzw. gar Gewinnerzielung auf Seiten des Unternehmens muss damit nicht verbunden sein, zumal die Kalkulation des Unternehmens allein in dessen Sphäre liegt und er bei seiner Leistung auch Ziele verfolgen kann, die eine nicht kostendeckende Leistungserbringung rechtfertigen (z.B. Gewinn von Marktanteilen, Imagepflege, Markteintritt). Zu fordern ist aber, dass überhaupt ein geldwerter Vorteil dem Unternehmen zufließt, was etwa bei reinem Mäzenatentum nicht gegeben ist. Ebenso wie im europäischen Beihilfenrecht ist einzig auf die ökonomische Wirkung der Leistung abzustellen[40]. Auf die Form des geldwerten Vorteils kommt es daher nicht an, so dass nicht nur positive Handlungen (z.B. Geldzuführung) erfasst werden, sondern auch Belastungsminderungen (z.B. Steuer- und Abgabenerleichterungen) und ein bloßes Unterlassen (z.B. durch Nichteintreiben von bestehenden Forderungen).

27

2. Konzessionen

Einen Sonderfall stellen die sog. **Konzessionen** dar. Zu unterscheiden sind Bau- und Dienstleistungskonzessionen. Charakteristisch für diese ist, dass der Konzessionsnehmer keine bzw. **keine kostendeckende geldwerte Vergütung** erhält. Im Vordergrund steht vielmehr die Möglichkeit zur **Verwertung eines Rechts**, das dem Konzessionär übertragen wird. Als ungeschriebenes Merkmal muss bei der Baukonzession ebenso wie bei der Dienstleistungskonzession dem Konzessionär das **wirtschaftliche Nutzungsrisiko** übertragen werden[41]. Das für den Konzessionär positive Recht zur eigenwirtschaftlichen Verwertung korrespondiert also mit der Möglichkeit, das Recht gewinnbringend einzusetzen oder Verluste zu generieren.

28

Mehr aus rechtspolitischen als aus systematischen Gründen werden Bau- und **Dienstleistungskonzessionen** unterschiedlich behandelt. Während erstere nach § 99 Abs. 6 GWB als öffentliche Aufträge im Sinne von § 99 Abs. 1 GWB anzusehen sind[42], unterfallen Dienstleistungskonzessionen trotz ihrer Nähe zum klassischen Anwendungsbereich des Vergaberechts und dem ihnen immanenten Charakter als Beschaffungsvorgang nicht den

29

---

[39] EuGH Urt. v. 12.7.2001, C-399/98, Slg. 2001 I-5409, Rn. 84 – *Ordine degli Architetti;* BGH Beschl. v. 1.12.2008, X ZB 31/08, NZBau 2009, 201, 203; Beschl. v. 1.2.2005, X ZB 27/04, NZBau 2005, 290, 293; OLG Naumburg Beschl. v. 3.11.2005, 1 Verg 9/05, NZBau 2006, 58, 62; OLG Düsseldorf Beschl. v. 12.1.2004, VII-Verg 71/03, NZBau 2004, 343, 344; *Otting* in Bechtold, § 99 Rn. 18; *Wegener* in Pünder/Schellenberg, § 99 Rn. 46.

[40] Vgl. für das Beihilfenrecht EuGH Urt. v. 20.11.2003, C-126/01, Rn. 34 – *GEMO; Koenig/Kühling* NJW 2000, 1065, 1066.

[41] EuGH Urt. v. 25.3.2010, C-451/08, Slg. 2010 I-2673, Rn. 75 – *Helmut Müller GmbH;* OLG Düsseldorf Beschl. v. 6.2.2008, VII-Verg 37/07, NZBau 2008, 271, 274; Beschl. v. 12.12.2007, VII-Verg 30/07, NZBau 2008, 138, 141; Mitteilung der Kommission zu Auslegungsfragen im Bereich Konzessionen im Gemeinschaftsrecht, ABl. C 121 vom 29. April 2000, S. 2 (Abs. 2.1.2); *Ziekow* in Ziekow/Völlink, § 99 Rn. 207; zur Übertragung des wirtschaftlichen Risikos bei Dienstleistungskonzessionen vgl. OLG Düsseldorf Beschl. v. 22.9.2004, VII-Verg 44/04, NZBau 2005, 652, 654; *Fandrey* Direktvergabe von Verkehrsleistungen, S. 160 ff. m.w.N.

[42] Siehe unten Rn. 66 ff.

Richtlinien über öffentliche Aufträge[43]. Die Beteiligten auf Unionsebene haben sich bisher noch nicht zu einer Kodifizierung eines entsprechenden Rechtsrahmens entschließen können[44]; einen ersten Vorschlag für eine Richtlinie über die Konzessionsvergabe hat die Kommission aber im Dezember 2011 vorgestellt. Lediglich für besondere Rechtsgebiete – etwa die Vergabe von Dienstleistungskonzessionen im Verkehrssektor – finden sich Verfahrensvorgaben in gesonderten Sekundärrechtsakten[45]. Die abseits weniger Spezialregelungen bestehende Regelungslücke bei der Vergabe von Dienstleistungskonzessionen füllt der EuGH[46] in ständiger Rechtsprechung unter Rückgriff auf das gleichwohl geltende europäische Primärrecht. Orientierungspunkte zum Verfahren hat die *Europäische Kommission* im Wege der Mitteilung gesetzt[47]. Aus dem Primärrecht lassen sich auch fern der Vergaberichtlinie gewisse Mindestanforderungen in Hinblick auf Transparenz, Gleichbehandlung, Wettbewerb und effektiven Rechtsschutz ableiten, die gesondert dargestellt und kommentiert werden[48].

30 Die praktische Bedeutung und die Wirksamkeit der allein aus dem europäischen Primärrecht abgeleiteten Verfahrensvorschriften ist noch immer eng begrenzt, was vor allem dem nur eingeschränkten Rechtsschutz zuzuschreiben ist. Zwar hat der EuGH[49] die Notwendigkeit effektiven Rechtsschutzes gegen Entscheidungen über Dienstleistungskonzessionen bereits mehrfach angemahnt, exakte Vorgaben blieb er gleichwohl schuldig. In der Spruchpraxis wird bislang weitgehend nur nachträglicher Sekundärrechtsschutz gewährt[50], wobei diese starre Linie aufzuweichen scheint; so wird für Dienstleistungskonzessionen im Verkehrssektor aus dem sekundärrechtlichen Gebot des effektiven Rechtsschutzes in Art. 5 Abs. 7 VO 1370/2007 abgeleitet, dass der Rechtsweg zu den Nachprüfungsinstanzen nach §§ 102 ff. GWB analog gegeben sei[51].

3. Vorteilsgewährung von Seiten Dritter

31 Nicht ausschlaggebend ist, wer den geldwerten Vorteil gewährt, von wem das Unternehmen also die Vergütung erhält[52]. Zwar wird regelmäßig die **Vorteilsgewährung von**

---

[43] So ausdrücklich Art. 17 RL 2004/18/EG und Art. 18 RL 2004/17/EG.
[44] Vgl. zu den Hintergründen *Ullrich* ZVgR 2000, 85, 88; *Walz* Die Bau- und Dienstleistungskonzession im deutschen und europäischen Vergaberecht, S. 41 f.
[45] Siehe zu den Anforderungen im Verkehrssektor unten §§ 54 ff.
[46] Zur st. Rspr. EuGH Urt. v. 7.12.2000, C-324/98, Slg. 2000 I-10745, Rn. 60–62 – *Telaustria*; Urt. v. 13.10.2005, C-458/03, Slg. 2005 I-8585 Rn. 46 – *Parking Brixen*; Urt. v. 6.4.2006, C-410/04 Slg. 2006 I-3303, Rn. 21 – *ANAV*.
[47] Zu nennen sind die Mitteilung der Kommission zu Auslegungsfragen im Bereich Konzessionen im Gemeinschaftsrecht vom 12.4.2000, ABlEG C 121 vom 29.4.2000, S. 2 ff., die Mitteilung der Kommission zu öffentlich-privaten Partnerschaften und den gemeinschaftlichen Rechtsvorschriften für das öffentliche Beschaffungswesen und Konzessionen vom 15.11.2005, KOM (2005) 569 endg., sowie die Mitteilung der Kommission zu Auslegungsfragen in Bezug auf das Gemeinschaftsrecht, das für die Vergabe öffentlicher Aufträge gilt, die nicht oder nur teilweise unter die Vergaberichtlinien fallen, vom 23.6.2006, ABlEU C 179 vom 1.8.2006, S. 2 ff.
[48] Ausführlich siehe § 5. Vgl. ferner nur die zur Dienstleistungskonzession veröffentlichten Doktorarbeiten mit weiteren Nachweisen von *Ortner* Vergabe von Dienstleistungskonzessionen; *Ruhland* Die Dienstleistungskonzession; *Walz* Die Bau- und Dienstleistungskonzession im deutschen und europäischen Vergaberecht.
[49] So bereits EuGH Urt. v. 7.12.2000, C-324/98, Slg. 2000 I-10745, Rn. 62 – *Telaustria*; Urt. v. 13.10.2005, C-458/03, Slg. 2005 I-8585, Rn. 48 – *Parking Brixen*.
[50] Nachweise bei *Eschenbruch* in Kulartz/Kus/Portz, § 99 Rn. 603 ff.
[51] Vgl. OLG Düsseldorf Beschl. v. 2.3.2011, VII-Verg 48/10, NZBau 2011, 244 ff.; dem folgend OLG München Beschl. v. 22.6.2011, Verg 6/11, NZBau 2011, 701 ff.; verfassungsrechtliche Zweifel zu dieser Analogie äußern hingegen *Deuster/Michaels* NZBau 2011, 340, 341; *Fandrey* Verkehr und Technik 2010, 345 ff.
[52] *Müller-Wrede/Kaelble* in Müller-Wrede (Hg.), GWB, § 99 Rn. 95; *Ganske* in Reidt/Stickler/Glahs, § 99 GWB Rn. 33.

Seiten Dritter ein gewichtiges Indiz für oder gegen die Übernahme des Betriebsrisikos und damit für oder gegen die Klassifizierung als Auftrag in Abgrenzung zur Konzession darstellen, sie ist aber nicht allein entscheidend[53]. Denn solange das Unternehmen kein wirtschaftliches Risiko trägt, greift die Privilegierung der (Dienstleistungs-)Konzession nicht und das Vorhaben wird als entgeltlicher Auftrag anzusehen sein. So hat etwa der EuGH in der Rechtssache *Auroux/Roanne*[54] entschieden, dass auch die Einnahmen aus der Grundstücksveräußerung an Dritte bei der Frage des Entgelts zu berücksichtigen sind.

4. Verwaltungssponsoring

Am Merkmal des Entgelts konzentriert sich die Diskussion über die vergaberechtliche 32 Klassifizierung von Verwaltungssponsoringverträgen[55]. Hierbei überlässt ein Unternehmen der öffentlichen Hand – etwa zur Förderung kultureller Aufgaben – Geld-, Sach- oder Dienstleistungen. Die Grundlage bildet eine vertragliche Vereinbarung. Im Gegenzug verpflichtet sich die öffentliche Hand zu einer geldwerten kommunikativen Gegenleistung, wobei sie wahlweise selbst auf die Förderung hinweist oder ihm die Möglichkeit einräumt, seine Sponsoringtätigkeit zur Imagepflege zu nutzen; mithin liegt keine einseitige Schenkung bzw. Mäzenatentum vorliegt. Angesichts der zunehmen angespannten Haushaltslage hat das Verwaltungssponsoring an Bedeutung gewonnen[56]. So weist allein der Vierte Sponsoringbericht der Bundesregierung[57] für den Zeitraum 2009 und 2010 Leistungen Privater (Sponsoring, Spenden, sonstige Schenkungen) in Höhe von ca. 93,4 Mio. Euro an die Behörden der unmittelbaren und mittelbaren Bundesverwaltung, an die Gerichte des Bundes und die Bundeswehr aus.

Die Einordnung dieser kommunikativen Nutzungsrechte als Entgelt ist umstritten[58], 33 trotz eines weiten Entgeltbegriffs aber abzulehnen. Denn das Unternehmen erhält von der öffentlichen Hand lediglich ein Recht zur kommunikativ-wirtschaftlichen Nutzung ihrer vorher erbrachten Leistung; ob es dieses Recht tatsächlich zu einem wirtschaftlichen Gewinn umwandeln kann, hängt allein vom Willen und vom Geschick des Unternehmens ab. Die Parallele zur Konzession, die dem Vergaberecht noch nicht (Dienstleistungskonzession) oder nur sehr eingeschränkt unterfällt (Baukonzession), ist offensichtlich.

Die insoweit gebotene restriktive Auffassung, die eine Exklusion des Verwaltungsspon- 34 sorings aus dem Anwendungsbereich des Kartellvergaberechts gebietet, führt nicht zwingend zu ungewollten Freiräumen der öffentlichen Hand. Einen groben Rahmen findet das Verfahren – bei größeren Sponsoringvolumen – im europäischen Primärrecht, welches die Auswahl eines Vertragspartners nach Maßgabe objektiver Kriterien und nach Durchführung eines transparenten Verfahrens fordert. Hierzu zählt insbesondere eine Bekanntmachungspflicht im Vorfeld. Vergleichbare Anforderungen ergeben sich – auch bei fehlender Binnenmarktrelevanz – aus dem verfassungsrechtlichen Gebot, jedem Mitbewerber eine faire Chance zu gewähren, nach Maßgabe des vorgesehenen Verfahrens be-

---

[53] In diesem Sinne OLG Düsseldorf Vorlagebeschl. v. 23.5.2007, VII-Verg 50/06, NZBau 2007, 525, 528f.; OLG Jena Vorlagebeschl. v. 8.5.2008, 9 Verg 2/08; *Jennert* NZBau 2005, 131, 132f.; *ders.* NZBau 2005, 623, 624.

[54] EuGH Urt. v. 18.1.2007, C-220/05, Slg. 2007 I-385, Rn. 45 – *Auroux/Commune de Roanne*.

[55] Ausführlich zum Verwaltungssponsoring statt Vieler *Burgi* Sponsoring der öffentlichen Hand, 2010; *ders.* NZBau 2004, 594ff.; *Wegener* in Pünder/Schellenberg, § 99 Rn. 57ff.; *Remmert* DÖV 2010, 583; *Müller-Wrede* in FS Thode, S. 431ff.; *Kasper* DÖV 2005, 11ff.

[56] Anschauliche Beispiele bei *Burgi* NZBau 2004, 594, 595; *Remmert* DÖV 2010, 583, 584.

[57] 4. Sponsoringbericht des BMI über die Sponsoringleistungen an die Bundesverwaltung vom 7. Juni 2011, abrufbar unter http://www.bmi.bund.de/SharedDocs/Downloads/DE/Kurzmeldungen/sponsoringbericht.pdf?__blob=publicationFile.

[58] Befürwortend *Müller-Wrede/Kaelble* in Müller-Wrede, GWB, § 99 Rn. 105 f.; ablehnend *Frenz* Handbuch Europarecht, Bd. III, Rn. 2018ff.; *Remmert* DÖV 2010, 583, 589; *Wegener* in Pünder/Schellenberg, § 99 Rn. 60; differenzierend *Schröder* LKV 2007, 207, 210.

rücksichtigt zu werden[59]. Einen angemessenen Vorschlag zum Umgang mit Sponsoring enthält die ausführliche Regelung in § 94 Abs. 3 Gemeindeordnung Rheinland-Pfalz, die neben Chancengleichheit konkurrierender Sponsoren auch Transparenz gegenüber Gemeinderat und Aufsichtsbehörde gebietet[60].

III. Beschaffungscharakter

1. Grundsätze

35 § 99 Abs. 1 GWB stellt nunmehr wie zuvor bereits § 97 Abs. 1 GWB ausdrücklich fest, dass der zwischen dem öffentlichen Auftraggeber und dem Unternehmer geschlossene Vertrag eine Beschaffung zum Inhalt hat. Der öffentliche Auftraggeber **fragt aktiv Güter am Markt** nach[61]. Dem vorgelagerte Handlungen der Markterkundung, Marktsondierungen, Machbarkeitsstudien und internen Beratungen stellen hingegen lediglich Vorbereitungshandlungen dar, die noch keine vergaberechtlichen Pflichten auslösen[62].

36 Im Regelfall wird die beschaffte Leistung dem öffentlichen Auftraggeber **unmittelbar zufließen**. Ausreichend ist jedoch bereits, dass ihn die Gegenleistung bei der Erfüllung der ihm obliegenden Aufgaben nennenswert unterstützt und ihm auf diesem Wege mittelbar nützt[63]. Für Letzteres reicht es nicht aus, dass der öffentlichen Hand die Gegenleistung allein dienlich ist; vielmehr sind hier unmittelbar genuine Aufgaben erfasst, insbesondere aus dem Bereich der Daseinsvorsorge. Die im Ergebnis dem Auftraggeber zukommende Befreiung von einer ihm obliegenden Pflicht wirkt damit wie eine Beschaffung, ohne dass er in eine eigentumsähnliche Position einrückt.

2. Veräußerung von öffentlichen Gütern und städtebauliche Verträge

37 In Zeiten leerer Haushaltskassen und zunehmender Haushaltsdefizite werden vermehrt Vermögensgegenstände der öffentlichen Hand auf den Markt gebracht. Insbesondere Immobilien und Grundstücke, aber auch Dienstfahrzeuge gehen in die Hände privater Investoren über. Bei der Auswahl des Erwerbers ist bei reinen Veräußerungsakten das Vergaberecht nicht zu beachten, da es dem Privatisierungsverfahren insoweit an dem nötigen Beschaffungscharakter fehlt[64]. Insoweit wird auf den für das Vergaberecht konstitutiven Grundsatz rekurriert, dass zwischen Einkauf und Verkauf zu trennen ist. Lediglich aus den Anforderungen des europäischen Beihilfenrechts[65] sowie den Grundfreiheiten werden einige Regeln in Bezug auf Transparenz und Gleichbehandlung abgeleitet, die unter dem Begriff „strukturierte Bieterverfahren" geführt und an anderer Stelle gesondert kommentiert werden[66].

---

[59] So zur Unterschwellenvergabe BVerfG Beschl. v. 13.6.2006, 1 BvR 1160/03, BVerfGE 116, 135, 154.

[60] Vgl. auch die „Allgemeinen Verwaltungsvorschriften zur Förderung von Tätigkeiten des Bundes durch Leistungen Privater", BAnz Nr. 126 v. 11.7.2003, abgedruckt in NJW 2004, 1367; dazu *Wegener* in Pünder/Schellenberg, § 99 Rn. 61; *Schröder* NJW 2004, 1353 ff.

[61] Den Beschaffungsbezug betont etwa *Otting*, VergabeR 2013, 343 (343) unter Bezug auf EuGH, Urt. v. 25.3.2010 – C-451/08.

[62] Vgl. m.w.N. *H.-M. Müller* in Byok/Jaeger, § 131 GWB Rn. 7.

[63] OLG München Beschl. v. 22.1.2012, Verg 17/11; Beschl. v. 25.3.2011, Verg 4/11, NZBau 2011, 380, 382.

[64] EuGH Urt. v. 25.3.2010, C-451/08, Slg. 2010 I-2673, Rn. 41 – *Helmut Müller GmbH*; BGH Urt. v. 22.2.2008, V ZR 56/07, NZBau 2008, 407 ff.; *Dietlein* NZBau 2004, 472, 475 f.; *Willenbruch* in Willenbruch/Wieddekind, § 99 Rn. 16.

[65] Vgl. die Mitteilung der Europäischen Kommission „betreffend Elemente staatlicher Beihilfe bei Verkäufen von Bauten oder Grundstücken durch die öffentliche Hand" von 1997, Amtsblatt Nr. C 209 vom 10.07.1997 S. 3 ff.

[66] Siehe unten §§ 75 ff.

Dieser Trennung zwischen Beschaffung und Verkauf sahen diverse Stimmen in Rechtsprechung und Literatur bei **städtebaulichen Verträgen** durchbrochen[67]. Sofern der öffentliche Auftraggeber bei einer Grundstücksveräußerung einen Beschaffungszweck verfolgt, unterliegt der Vorgang dem Vergaberecht. Nicht ausreichend für dessen Bejahung ist nach der zwischenzeitlich ergangenen Entscheidung des EuGH[68] das allgemeine Interesse der öffentlichen Hand, die städtebauliche Entwicklung zu ordnen bzw. die Kohärenz eines kommunalen Ortsteils zu sichern. Anders ist es zu beurteilen, wenn der Auftraggeber ein wirtschaftliches Interesse an dem Bauwerk hat. Dieses Interesse kann sich in der tatsächlichen Nutzung des Bauwerks, aber auch in einer finanziellen Beteiligung an dem Projekt oder einer anderweitigen Übernahme von wirtschaftlichen Risiken festigen.

Demgegenüber liegt bei sog. **echten Erschließungsverträgen** keine entgeltliche Bauleistung zu Gunsten der Kommune vor. Denn der Erschließungsträger realisiert die öffentliche Erschließung gemäß § 127 Abs. 2 BauGB auf eigene Kosten, so dass auf Seiten der Stadt bereits kein Erschließungsaufwand anfällt. Der „Verzicht" auf Erschließungsbeiträgen ist damit gesetzliche Folge der eigenen Erschließung und damit kein Entgelt im Sinne des Vergaberechts[69].

3. Veräußerung und Ankauf von Gesellschaftsanteilen

Die **Veräußerung von Gesellschaftsanteilen** im Zuge einer Privatisierung weist für den Auftraggeber in der Regel **keinerlei Beschaffungsbezug** auf[70]. Die öffentliche Hand beschafft nicht, sie verkauft. Mag aus beihilferechtlichen Erwägungen bzw. wegen der Verpflichtung zur Gleichbehandlung und Transparenz, jeweils abgeleitet aus den europäischen Grundfreiheiten, die Durchführungen eines strukturierten Bieterverfahrens geboten sein[71], so bleibt die Veräußerung von Unternehmensanteilen vergaberechtlich doch unerheblich. Soweit vereinzelt vorgeschlagen wurde, sämtliche, also auch rein fiskalisch motivierte Unternehmens- bzw. Anteilsveräußerungen als klassische Beschaffungsgeschäfte zu betrachten, da jede Anteilsveräußerung zugleich den Einkauf fremder Finanzkraft und von fremdem „Know-how" enthalte, überzeugt dies nicht. Vielmehr würde hierdurch die in der Natur des Vergaberechts liegende Trennung von Einkauf und Verkauf ohne Begründung gründlich auf den Kopf gestellt[72].

Anders zu bewerten sind Fälle der sog. indirekten Beauftragung bzw. des **eingekapselten Beschaffungsverhältnisses.** Werden Anteile eines Unternehmens veräußert, das zuvor mit einem öffentlichen Auftrag im Wege der Inhouse-Vergabe betraut worden ist, und wird der neu eintretende Gesellschafter durch den Anteilserwerb „indirekt" also an einem Vertrag beteiligt, der dem betreffenden Unternehmen zu einem früheren Zeitpunkt erteilt wurde, so stellt sich stets die Frage nach der Ausschreibungspflicht. Es ginge zu weit, solche Fälle stets dem Vergaberecht zu unterstellen. Gleichwohl kann aber die funktionelle Gesamtbetrachtung beider Vorgänge eine Ausschreibungspflicht begründen.

---

[67] Vgl. zur sog. Ahlhorn-Rechtsprechung OLG Düsseldorf Beschl. v. 13.6.2007, VII-Verg 2/07, NZBau 2007, 530 ff.; Beschl. v. 12.12.2007, VII-Verg 30/07, NZBau 2008, 138 ff.; Beschl. v. 6.2.2008, VII-Verg 37/07, NZBau 2008, 271 ff.; OLG Karlsruhe Beschl. v. 13.6.2008, 15 Verg 3/08, NZBau 2008, 537 ff.; OLG Bremen Beschl. v. 13.3.2008, Verg 5/07, VergabeR 2008, 558 ff.; zusammenfassend der Vorlagebeschluss des OLG Düsseldorf v. 2.10.2008, VII-Verg 25/08, NZBau 2008, 727 ff.; siehe ferner OLG Schleswig Beschl. v. 15.3.2013 – 1 Verg 4/12.
[68] EuGH Urt. v. 25.3.2010, C-451/08, Slg. 2010 I-2673, Rn. 55 ff. – *Helmut Müller GmbH*.
[69] Vgl. in diesem Sinne *Otting* VergabeR 2013, 343 (346); *Würfel/Butt* NVwZ 2003, 153 (157); *Reidt*, BauR 2008, 1541 (1547); a.A. VK Baden-Württemberg, Beschl. v. 20.6.2002 – 1 VK 27/02; ausdrücklich offen gelassen von OLG Düsseldorf Beschl. v. 4.3.2009 – VII-Verg 67/08.
[70] EuGH Urt. v. 6.5.2010, C-145/08 und C-149/09, Slg. 2010 I-4165, Rn. 59 – *Club Hotel*; grundlegend *Braun* VergabeR 2006, 657 ff.; *Dietlein* NZBau 2004, 472, 475 f.; *Kruitsch* NZBau 2003, 650, 650; *Ganske* in Reidt/Stickler/Glahs, § 99 GWB Rn. 154 ff.
[71] Siehe unten § 75.
[72] Ausführliche Kritik an diesem Ansatz bereits bei *Dietlein* NZBau 2004, 472, 475 f.

Eine solche liegt sowohl bei einem engen sachlich-zeitliche Zusammenhang zwischen Beauftragung und Anteilsveräußerung[73] vor als auch in Fällen, in denen die Veräußerung bei wirtschaftlicher Gesamtbetrachtung einer Auftragsneuerteilung gleichkommt, etwa wenn das beauftragte Unternehmen den Auftrag mangels hinreichender Finanzmittel nicht mehr ordnungsgemäß erfüllen kann und eine Auftragsneuvergabe nur die Aufnahme eines neuen finanzstarken Gesellschafters verhindert werden kann[74].

42 Der umgekehrte Fall, also der **Kauf von Unternehmensanteilen**, weist regelmäßig keinen Beschaffungsbezug auf[75], mag hiermit auch der Erwerb gesellschaftsrechtlicher Ausübungsrechte verknüpft sein. Die Einordnung wird im Einzelfall von der Motivation des öffentlichen Auftraggebers abhängen. Erwirbt er die Unternehmensanteile, um den Bestand des Unternehmens samt Arbeitsplätzen zu sichern, so liegt hierin allein noch keine Beschaffung von Leistungen. Die Bewertung der Transaktion erfolgt dann ausschließlich nach Beihilfenrecht. Anders wird dies zu beurteilen sein, wenn der öffentliche Auftraggeber das Unternehmen erwirbt, um die von diesem angebotene Produkte zu nutzen. Dann liegt in dem gesellschaftsrechtlichen Vorgehen eine Umgehung des Vergaberechts[76].

IV. Wirtschaftsteilnehmer als Vertragspartner

1. Grundsätze

43 Den Vertrag schließt der öffentliche Auftraggeber nach § 99 Abs. 1 GWB mit einem „Unternehmen". Die Vergaberichtlinie spricht insoweit von einem „**Wirtschaftsteilnehmer**" (Art. 1 Abs. 2 lit. a RL 2004/18/EG) und bringt damit zum Ausdruck, dass als Vertragspartner nicht nur Unternehmen im Sinne des § 14 BGB zu verstehen sind; vielmehr gilt es, einen weiten, funktionalen Maßstab (sog. **funktionaler Unternehmensbegriff**) anzulegen. Aus der Systematik der Vergaberichtlinie und der in Art. 1 Abs. 8 enthaltenen Definition folgt, dass alle natürlichen und juristischen Personen des privaten und öffentlichen Rechts sowie öffentliche Einrichtungen, die selbständig am Rechtsverkehr teilnehmen und auf dem Markt Leistungen anbieten, Partner eines Vertrages im Sinne des § 99 Abs. 1 GWB sein können. Desgleichen erfasst sind Gruppen solcher Personen und/oder Einrichtungen. Der EuGH hat ausgeführt, dass Wirtschaftsteilnehmer weder primär aus Gewinnerzielungsabsicht handeln noch über die Organisationsstruktur eines Unternehmens verfügen noch ständig auf dem Markt tätig sein müssen[77]. In der Folge können auch Universitäten und Forschungsinstitute sowie Gruppen von Behörden Verträge im Sinne des § 99 Abs. 1 GWB mit einem öffentlichen Auftraggeber schließen.

2. Beihilfeempfänger als Vertragspartner

44 Zu Problemen führt die Beteiligung von **Empfängern von Beihilfen** im Sinne von Art. 107 AEUV (ex Art. 87 EG). Es liegt in der Natur (und auch im Tatbestand) der Beihilfe, dass ein Unternehmen gegenüber anderen Unternehmen begünstigt wird. Im steten Konflikt mit Beihilfen stehen der vergaberechtliche Wettbewerbs- und der Gleichbehand-

---

[73] EuGH Urt. v. 10.11.2005, C-29/04, Slg. 2005, I-9705 – *Mödling*; *Krutisch* NZBau 2003, 650, 650 f.; *Ziekow* in Ziekow/Völlink, § 99 GWB Rn. 50 ff.
[74] OLG Brandenburg Beschl. v. 3.8.2001, Verg 3/01, VergabeR 2002, 45, 47; ausführlich zu verschiedenen Konstellationen OLG Naumburg Beschl. v. 29.4.2010, 1 Verg 3/10, VergabeR 2010, 979, 990; *Dietlein* NZBau 2004, 472, 477 f.
[75] *Hailbronner* in Byok/Jaeger, § 99 GWB Rn. 136; *Müller-Wrede/Kaelble* in Müller-Wrede, GWB, § 99 Rn. 83; a.A. und für eine Qualifizierung als öffentlicher Auftrag *Kerssenbrock* WuW 2001, 122 ff.
[76] Vgl. OLG Brandenburg Beschl. v. 3.8.2001, NZBau 2001, 645 ff.; *Hailbronner* in Byok/Jaeger, § 99 GWB Rn. 136; *Müller-Wrede/Kaelble* in Müller-Wrede, GWB, § 99 Rn. 84.
[77] EuGH Urt. v. 23.12.2009, C-305/08, Slg. 2009 I-12129, passim, insb. Rn. 45 – *CoNISMa*. Ebenso zur Gewinnerzielungsabsicht BGH Urt. v. 3.7.2008, I ZR 145/05, NZBau 2008, 664, 665 f.

lungsgrundsatz, denn – selbst genehmigte – Beihilfen verfälschen den freien Wettbewerb. Der einfachste Ausweg aus diesem nur scheinbar unlösbaren Konflikt liegt im generellen Ausschluss subventionierter Unternehmen. Dieser Weg, der weder im Beihilfen- noch im Vergaberecht vorgesehen ist, muss sich aber ebenfalls am Gleichbehandlungsgebot messen lassen[78]. Einem Bieter darf kein Nachteil aus seinem rechtstreuen Verhalten erwachsen. Der Empfänger **rechtmäßiger Beihilfen** handelt rechtstreu. Dies gilt erst Recht im Angesicht der Einheit der Rechtsordnung. Es wäre zutiefst widersprüchlich, einem Unternehmen einerseits im Einklang mit dem Beihilfenrecht eine Beihilfe zu gewähren und andererseits im Vergabeverfahren dies zum Nachteil des Unternehmens auszulegen[79]. Auch wenn die Konkurrenten unterboten werden können, bleibt die Beihilfe legitim und ist hinzunehmen[80].

Keinen solchen Widerspruch würde der Ausschluss bei **rechtswidrigen Beihilfen** darstellen. Als Sanktion rechtswidriger Beihilfen ist aber die Rückforderung vorgesehen. Ein zusätzlicher Ausschluss im Vergabeverfahren ist als ungerechtfertigte Doppelbelastung abzulehnen[81] und daher nur unter weiteren Voraussetzungen denkbar. So kann die drohende Rückforderung etwa die finanzielle Leistungsfähigkeit eines Bieters in Frage stellen[82]. Auch ist ein ungewöhnlich niedriges Angebot auszuschließen, welches seine alleinige Ursache in einer nicht nachweislich rechtmäßigen Beihilfe hat (Art. 55 RL 2004/18/EG). In anderen, nicht speziell geregelten Fällen bleibt es bei dem Grundsatz, dass auch bei rechtswidrigen Beihilfen das Vergaberecht nicht das richtige Instrument zur Sanktionierung ist.

3. In-House Betreiber als Vertragspartner

Bislang galt hinsichtlich solcher Vertragspartner, die auch anderweitig im Rahmen einer **In-House-Vergabe** beauftragt sind, keine Einschränkung[83]. Diese Auslegung fand seine Stütze in der Vorgabe des EuGH zur In-House-Vergabe[84]: Neben einer Kontrolle vergleichbar zur Kontrolle über eine eigene Dienststelle verlangt der EuGH stets, dass die Tätigkeit des In-House-Auftragnehmers nur *im Wesentlichen* für die ihn beherrschenden Körperschaften erfolgt. Im Umkehrschluss wurde hieraus geschlossen, dass Raum für drittbezogene Tätigkeiten bestehe und In-House-Unternehmen also durchaus am Markt tätig werden dürften. Das OLG Düsseldorf hat in diesem Zusammenhang entschieden, dass es eine wesentliche Vertragsänderung darstelle, wenn der In-House-Auftragnehmer diese Fähigkeit **nachträglich verliere**, insbesondere wenn er nicht mehr im Wesentlichen für den öffentlichen Auftraggeber tätig werde[85]. Derartige Änderungen seien während der Vertragslaufzeit vergaberechtlich als Neuvergabe anzusehen. Diese weitere Entwicklung zur In-House-Dogmatik wird zwar nicht dazu führen, dass In-House-Auftragnehmer per se von Vergabeverfahren ausgeschlossen werden können bzw. müssen. In-

---

[78] *Pünder* NZBau 2003, 530, 536 Fn. 99; *Fischer* VergabeR 2004, 1, 11.
[79] Statt positiver Wirkung entfalteten Subventionen für ihre Empfänger Wettbewerbsnachteile. Vgl. *GA Léger* Schlussantrag v. 15.6.2000, Slg. 2000 I-11037, Rn. 103 – *ARGE*; *Pünder* NZBau 2003, 530, 536; *Knauff* VR 2001, 321, 321; *Koenig/Hentschel* NZBau 2006, 289, 290; *Hertwig* NZBau 2008, 355, 358.
[80] EuGH Urt. v. 7. Dezember 2000, C-94/99, Slg. 2000 I-11037, Rn. 36 – *ARGE*; *Pünder* NZBau 2003, 530, 536; *Schmidt-Wottrich/Harms* VergabeR 2004, 691, 700.
[81] *Kühnen* in Kapellmann/Vygen (Hg.), Jahrbuch BauR 2003, 235, 249; *Pünder* NZBau 2003, 530, 538.
[82] EuGH Urt. v. 7.12.2000, C-94/99, Slg. 2000 I-11037, Rn. 30 – *ARGE*; *Antweiler* VergabeR 2001, 259, 269; *Koenig/Hentschel* NZBau 2006, 289, 292; *Schmidt-Wottrich/Harms* VergabeR 2004, 691, 700.
[83] OLG München, Beschl. v. 21.5.2008, Verg 5/08, NZBau 2008, 668, 671; *Müller-Wrede/Kaelble* in Müller-Wrede, GWB, § 99 Rn. 63.
[84] Siehe unten § 6.
[85] OLG Düsseldorf Beschl. v. 28.7.2011, Verg 20/11; so bereits *Müller-Wrede/Kaelble* in Müller-Wrede, GWB, § 99 Rn. 128 f.

House-Auftragnehmer werden aber im Auge behalten müssen, dass die Tätigkeit im Markt dazu führen kann, dass sie ihren Auftrag am Heimatstandort ex nunc verlieren.

47 Eine weitere Besonderheit für **In-House-Betreiber** gilt bei **Vergaben im Verkehrssektor.** Die Verordnung (EG) Nr. 1370/2007 schreibt in Art. 5 Abs. 2 lit. c) für Direktvergaben, die der Verordnung unterfallen, vor, dass ein interner Betreiber frühestens zwei Jahre vor Ablauf des direkt an ihn vergebenen Auftrags an fairen wettbewerblichen Vergabeverfahren teilnehmen darf und dies nur für den Fall, dass endgültig beschlossen wurde, sein internes Engagement umfassend zu beenden[86]. Diese **Auftragssperre für In-House-Betreiber** ist außerhalb des Verkehrssektors gegenwärtig noch ohne Relevanz; gleichwohl ist die Regelung in Art. 5 Abs. 2 lit. c) Verordnung (EG) Nr. 1370/2007 die erste Kodifizierung der In-House-Grundsätze und verdeutlicht den Standpunkt der europäischen Normgeber. Sollte sich die Regelung im Verkehrssektor bewähren, erscheint es durchaus denkbar, dass der europäische Normgeber diese bei einer künftige Novellierung in das klassische Vergaberecht übernimmt oder der EuGH sogar seine Rechtsprechung zur In-house-Vergabe entsprechend weiterentwickelt.

4. Interkommunale Kooperationen

48 Wie eingangs[87] festgehalten muss ein „Wirtschaftsteilnehmers" im Sinne der Vergaberichtlinie weder primär aus Gewinnerzielungsabsicht handeln noch über die Organisationsstruktur eines Unternehmens verfügen noch ständig auf dem Märkts tätig sein. Diesem Gedanken folgend sind Vereinbarungen zwischen verschiedenen Einheiten der öffentlichen Hand nicht per se aus dem Vergaberechtregime ausgenommen.

49 Während der Gesetzgeber sich entgegen erster Versuche im Zuge des Modernisierungsgesetzes vom 20. April 2009[88] nicht über entsprechende Bedenken hinwegzusetzen vermochte, die interkommunale Zusammenarbeit vom Geltungsbereich des Vergaberechts explizit freizustellen, urteilte der EuGH im Juni desselben Jahres, dass die Kooperation öffentlicher Stellen zwecks Wahrnehmung ihrer Aufgaben auch auf vertraglicher Grundlage vergaberechtsfrei sein kann, sofern insbesondere deren Umsetzung ausschließlich durch Überlegungen und Erfordernisse bestimmt wird, die mit der Verfolgung von im öffentlichen Interesse liegenden Zielen zusammenhängen[89]. Ausgeschlossen ist eine Beteiligung Privater. Da dies keineswegs als generelle Freistellung jedweder interkommunaler Zusammenarbeit missverstanden werden kann, wird die vergaberechtliche Bewertung von staatlichen Kooperationen gesondert kommentiert[90].

C. Auftragsarten

50 Im Anschluss an die allgemeine Definition des öffentlichen Auftrags in § 99 Abs. 1 GWB, die den Geltungsbereich des GWB-Vergaberechts maßgeblich formt, umschreiben die nachfolgenden Absätze verschiedene Auftragsarten. Die weitere Abgrenzung zwischen den Auftragsarten ist nicht belanglos, sondern spielt regelmäßig für die Bestimmung des einschlägigen Schwellenwertes nach § 2 VgV sowie der einschlägigen weiterführenden Verfahrensvorschriften nach VOB/A, VOL/A oder VOF eine tragende Rolle. Deshalb bestimmt sich die Zuordnung zu den einzelnen Arten nach objektiver Betrachtung der ausgeschriebenen Leistung und nicht dem Willen der Beteiligten. Maßstab ist allein § 99

---

[86] Umfassend hierzu *Fandrey* Direktvergabe von Verkehrsleistungen, S. 228 ff. m.w.N.
[87] Dazu oben Rn. 43.
[88] BR-Drucks. 35/09 (Beschluss) vom 13.2.2009, S. 2.
[89] EuGH Urt. v. 9.6.2009, C-480/06, Slg. 2009 I-4747, Rn. 44 ff. – *Stadtreinigung Hamburg*; vgl. aus der jüngeren Rechtsprechung EuGH Urt. v. 13.6.2013 – C-386/11, Slg. 2013 I-0000, *Kreis Düren*.
[90] Siehe unten § 6.

GWB ausgelegt im Lichte der Vergaberichtlinien; keine Bedeutung hinsichtlich des Anwendungsbereichs des GWB-Vergaberechts kommt teilweise divergierenden Auftragsdefinitionen in den Vergabe- und Vertragsordnungen zu. Soweit ein Auftrag Leistungen unterschiedlicher Auftragsarten beinhaltet, wird dieser Auftrag nicht aufgespalten und nach den jeweiligen Vergabevorschriften vergeben. Vielmehr wird der Auftrag als Einheit betrachtet.

I. Lieferaufträge (§ 99 Abs. 2 GWB)

Nach § 99 Abs. 2 Satz 1 GWB sind Lieferaufträge Verträge zur Beschaffung von Waren. Als nicht abschließend zu verstehende Beispiele nennt das Gesetz Kauf, Ratenkauf, Leasing, Miet- oder Pachtverhältnisse mit oder ohne Kaufoption. Wie sich bereits aus dem Hinweis auf Miet- und Pachtverhältnisse ergibt, genügt eine zeitlich befristete **Erlangung der tatsächlichen Verfügungsgewalt** über die jeweilige Ware. Eines endgültigen Übergangs bedarf es mithin nicht. 51

Der Begriff „Ware" ist nicht zivilrechtlich oder handelsrechtlich zu verstehen; es handelt sich vielmehr um einen unionsrechtlichen Begriff (sog. **vergaberechtlicher Warenbegriff**), der weit auszulegen ist[91]. So kommt es etwa nicht auf ihren Aggregatzustand an, so dass nicht körperlich feste Produkte wie Gas, Strom, Energie, Benzin und Wärme der Ausschreibungspflicht ebenso unterliegen wie unbewegliche Sachen[92]. Dies gilt auch für die Beschaffung von Software[93]. 52

Die Verträge können auch **Nebenleistungen** – wie etwa Leistungen zur Installation und Inbetriebnahme – umfassen (§ 99 Abs. 2 Satz 2 GWB). Wie sich bereits aus dem Wortlaut ergibt, gilt diese Zuordnung nur, solange diese Nebenleistungen untergeordneten Charakter aufweisen. Andernfalls liegt ein Dienstleistungs- oder Bauauftrag vor. Nach Auffassung des EuGH umfasst der Warenbegriff auch Waren, die nach den individuellen Wünschen des Auftraggebers bzw. Dritter herzustellen sind[94]. Die dabei anfallenden Beratungsgespräche sowie die Herstellung und Anpassung der Ware ist für die Berechnung des Wertes dem Auftragsteil der „Lieferung" zuzuordnen. 53

II. Bauaufträge (§ 99 Abs. 3 GWB)

§ 99 Abs. 3 GWB gibt vor, welche öffentlichen Aufträge als Bauaufträge anzusehen sind. Dabei rekurriert die Vorschrift weitestgehend auf die Vorgabe aus Art. 1 Abs. 2 lit. b der Vergaberichtlinie und gibt drei Varianten vor: Bauaufträge sind hiernach Verträge über die Ausführung mit oder ohne die gleichzeitige Planung 54
• eines Bauvorhabens (Var. 1),
• eines Bauwerks, das Ergebnis von Tief- oder Hochbauarbeiten ist und eine wirtschaftliche oder technische Funktion erfüllen soll (Var. 2), oder
• einer dem Auftraggeber unmittelbar wirtschaftlich zugutekommenden Bauleistung durch Dritte gemäß den vom Auftraggeber genannten Erfordernissen (Var. 3).

---

[91] *Gnittke/Rude* in Praxiskommentar Kartellvergaberecht, § 99 Rn. 80; *Willenbruch* in Willenbruch/Wieddekind, § 99 Rn. 52.
[92] So für den Kaufvertrag über eine bereits erstellte Immobilie *Hailbronner* in Byok/Jaeger, § 99 Rn. 68, die aber nach § 100 Abs. 2 lit. h GWB nicht dem GWB unterfallen.
[93] EuGH Urt. v. 15.10.2009, C-275/08, Slg. 2009 I-168 – *Datenzentrale Baden-Württemberg;* zur Beschaffung von Open-Source-Software *Demmel/Herten-Koch* NZBau 2004, 187 ff.; *Heckmann* CR 2004, 401; *Müller/Gerlach* CR 2005, 87.
[94] EuGH Urt. v. 11.6.2009, C-300/07, Slg. 2009 I-4779, Rn. 64 ff. – *Oymanns/AOK; Gnittke/Rude* in Praxiskommentar Kartellvergaberecht, § 99 Rn. 81.

1. Ausführung mit oder ohne Planung

55 Bauaufträge umfassen stets mindestens Ausführungsleistungen. Der Begriff der Ausführung ist dabei weit zu fassen und beinhaltet sämtliche Tätigkeiten, die für ein Bauwerk oder an einem solchen erbracht werden, also etwa **der Neubau, die Renovierung, die Modernisierung, die Instandsetzung oder der Abbruch baulicher Anlagen einschließlich Vorbereitungsarbeiten.** Maßgebend ist nicht die Einordnung der Verträge nach nationalem Recht, sondern es gilt das Primat des Gemeinschaftsrechts. Auf die VOB/A und die insbesondere zu § 1 entwickelte Rechtsprechung kann daher nur zurückgegriffen werden, soweit diese nicht im Widerspruch zum Gemeinschaftsrecht stehen[95]. Ohne Bedeutung ist damit, ob der Vertrag zivilrechtlich als Werkvertrag einzuordnen ist. Denn die gebotene funktionale Auslegung führt dazu, dass auch Kauf-, Dienst- und Werklieferverträge als Ausführung eines Bauvorhabens angesehen werden können[96].

56 Es bleibt dem Auftraggeber überlassen, ob er für die Bauleistung **notwendige Planungsleistungen** einheitlich mit der Bauleistungsausführung nach VOB/A ausschreibt. Sofern die Planungsleistungen isoliert vergeben werden, liegt diese betreffend kein Bauauftrag vor, sondern ein öffentlicher Dienstleistungsauftrag im Sinne von § 99 Abs. 4 GWB vor. Es ist der Entscheidung des Auftraggebers überlassen, ob er etwa aus wirtschaftlichen Gründen eine getrennte Ausschreibung vorzieht, mag sich im Einzelfall hierdurch auch die damit stets verknüpfte Umgehungsgefahr realisieren, dass durch die Aufspaltung der Schwellenwert für die Planungsleistungen nicht erreicht wird. Das Recht zur einheitlichen Vergabe als Bauauftrag korrespondiert insoweit nicht mit einer Pflicht hierzu[97].

2. Bauleistungen durch den Auftragnehmer (Var. 1 und Var. 2)

57 Taugliche Objekte von Bauaufträgen sind Bauvorhaben und Bauwerke. Der Begriff der Bauleistungen kann damit als Oberbegriff für „Bauvorhaben" und „Bauwerk" verstanden werden[98]. Der Begriff des **Bauvorhabens** wird weder im GWB noch in der Vergaberichtlinie definiert. Art. 1 Abs. 2 lit. b RL 2004/18/EG setzt die Bauvorhaben aber in Zusammenhang mit den in **Anhang I** genannten Tätigkeiten. Dort sind zahlreiche Tätigkeiten aufgezählt, u. a. der Abbruch von Gebäuden und Erdbewegungsarbeiten, Test- und Suchbohrungen, den Hoch-, Tief-, Brücken- und Tunnelbau, die Dachdeckerei, Abdichtung und Zimmerei, den Straßen- und Eisenbahnoberbau, den Wasserbau, u.v.m.

58 Die zweite Variante des § 99 Abs. 3 GWB hat die Ausführung mit oder ohne Planung eines **Bauwerks** zum Gegenstand. Ein Bauwerk wird in der RL 2004/18/EG als „das Ergebnis einer Gesamtheit von Tief- oder Hochbauarbeiten, das seinem Wesen nach eine wirtschaftliche oder technische Funktion erfüllen soll", definiert. Der Fokus liegt in Abgrenzung zur ersten Variante auf der Vollendung des Bauvorhabens. Es wird ein Erfolg verlangt, während das Bauvorhaben auch lediglich Tätigkeiten umfassen kann, die nicht auf eine fertige Sache gerichtet sind.

3. Bauleistungen durch Dritte (Var. 3)

59 Die dritte Fallgruppe umfasst Verträge über eine dem Auftraggeber unmittelbar wirtschaftlich zugutekommenden Bauleistung durch Dritte gemäß den vom Auftraggeber genannten Erfordernissen. Mit diesem **Auffangtatbestand** soll sichergestellt werden, dass

---

[95] OLG München Beschl. v. 28. 9. 2005, Verg 19/05, VergabeR 2006, 238, 240 m.w.N.
[96] So für den Werkliefervertrag OLG Düsseldorf Beschl. v. 5. 7. 2000, Verg 5/99, NZBau 2001, 106, 107 f.; *Eschenbruch* in Kulartz/Kus/Portz, § 99 Rn. 174; a.A. *Hailbronner* in Byok/Jaeger, § 99 GWB Rn. 79: stets Werkvertrag i.S.v. § 631 BGB.
[97] Vgl. Erwägungsgrund 9 der RL 2004/18/EG.
[98] Die englische Fassung der Richtlinie spricht insoweit einheitlich von „work".

auch solche Konstellationen erfasst sind, in denen die Bauleistungen von einem Dritten im Auftrag und auf Rechnung des Auftragnehmers erbracht werden soll, das Ergebnis aber dem öffentlichen Auftraggeber zu Gute kommt. Gemeint sind hier etwa Fälle von **Miet-, Leasing-, Bauträgerverträgen**[99] und damit vor allem auch klassische **ÖPP-Modelle.** Durch die Eingrenzung, dass der Auftraggeber individuelle Erfordernisse für die Bauleistung benennen und diese ihm unmittelbar wirtschaftlich zugutekommen muss, kann § 99 Abs. 3 Var. 3 GWB von reinen Veräußerungsgeschäften abgegrenzt werden.

Der Auftraggeber muss **Erfordernisse benennen**, nach denen der Dritte die Bauleistung erbringen soll. Er kann wahlweise selbst initiativ die individuellen Leitanforderungen für die konkrete Bauleistung definieren oder eine etwa von einem Projektentwickler erstellte Planung billigen und sich zu Eigen machen. Nicht ausreichend sind dabei die Ausübung der städtebaulichen Regelungszuständigkeit, das Drängen auf Einhaltung öffentlich-rechtlicher Bauvorschriften sowie bloße Hinweise auf die Rechtslage. 60

Der europäischen Vergaberichtlinie fremd ist der im Zuge der Vergaberechtsmodernisierung 2009 als Reaktion auf die sog. Ahlhorn-Rechtsprechung des OLG Düsseldorf[100] eingefügte Zusatz in § 99 Abs. 3 GWB, nach dem die Bauleistung dem Auftraggeber **unmittelbar wirtschaftlich zugutekommen** muss. Nach der Konzeption des Gesetzgebers wird damit auf die Verfolgung eines Beschaffungszwecks verwiesen. Der EuGH[101] hat diese Einschränkung auf entsprechende Vorlage akzeptiert und weiter ausgeführt, dass eine physische Nutzung der baulichen Anlage durch den Auftraggeber nicht erforderlich sei. Ein wirtschaftliches Interesse könne sich etwa auch in einer finanziellen Beteiligung an dem Projekt – etwa durch eine Veräußerung des Grundstücks deutlich unter dem Verkehrswert – oder einer anderweitigen Übernahme von wirtschaftlichen Risiken manifestieren. 61

III. Dienstleistungsaufträge (§ 99 Abs. 4 GWB)

Die Klassifizierung als Dienstleistungsauftrag erfolgt ausweislich § 99 Abs. 4 GWB negativ: Als Dienstleistungsaufträge gelten die Verträge über die Erbringung von Leistungen, die weder Liefer- noch Bauaufträge sind. § 99 Abs. 4 GWB fungiert damit als **Auffangtatbestand.** Ebenfalls nicht als Dienstleistungsaufträge sind die Verträge anzusehen, deren Abschluss – etwa nach § 100 Abs. 2 GWB – vom Vergaberecht freigestellt ist. Durch die negative Definition und Fiktion („gelten") ist nach der deutschen Systematik sichergestellt, dass keine Lücke entsteht: Alle Aufträge werden damit im Binnenmarkt vergeben, soweit nicht explizit anderweitige Regelungen getroffen sind[102]. 62

Im Detail wird weiter unterschieden zwischen gewerblichen (VOL/A) und freiberuflichen Dienstleistungen (VOF) sowie sog. vorrangigen und nachrangigen Dienstleistungen (Anhang I A bzw. Anhang I B). Die als nachrangig bezeichneten Dienstleistungen – etwa im Bereich Rechtsberatung, Arbeitsvermittlung und Eisenbahnen – sind nur in stark eingeschränktem Maße an die Vergabevorschriften gebunden (vgl. 4 Abs. 2 VgV). Die im deutschen Recht vorgesehenen Differenzierung zwischen Dienstleistungs- (§§ 611 ff. BGB) und Werkvertrag (§§ 631 ff. BGB) ist ohne Relevanz für das durch europäisches Recht determinierte Vergaberecht. 63

---

[99] *Hailbronner* in Byok/Jaeger, § 99 GWB Rn. 89; *Eschenbruch* in Kulartz/Kus/Portz, § 99 Rn. 192.
[100] Dazu bereits oben Rn. 38.
[101] EuGH Urt. v. 25.3.2010, C-451/08, Slg. 2010 I-2673, Rn. 55 ff. – *Helmut Müller GmbH*.
[102] BayObLG Beschl. v. 11.12.2001, Verg 15/01, NZBau 2002, 233, 234; *Ganske* in Reidt/Stickler/Glahs, § 99 GWB Rn. 110.

IV. Auslobungsverfahren (§ 99 Abs. 5 GWB)

64 Besondere Erwähnung finden in § 99 Abs. 5 GWB solche Wettbewerbe, die zu Dienstleistungsaufträgen führen sollen. Die Vergaberichtlinie sieht deren Anwendungsbereich nach Art. 1 Abs. 11 lit. e) insbesondere auf den Gebieten der Raumplanung, der Stadtplanung, der Architektur und des Bauwesens oder der Datenverarbeitung. Es ist das Ziel dieser **Auslobungsverfahren**, dem Auftraggeber einen Plan oder eine Planung zu verschaffen.

65 Wesensmerkmal des Auslobungsverfahrens ist, dass ein Preisgericht eine vergleichende Beurteilung vornimmt. Ohne Bedeutung ist die gewählte Bezeichnung, solange eine externe Kommission eine Empfehlung aussprechen soll, der der Auftraggeber folgen will[103]. Ob unter den teilnehmenden bzw. obsiegenden Unternehmen Preise verteilt werden, ist hingegen ohne Relevanz. Weitere Regelungen zur Durchführung finden sich in Art. 66 ff. der Vergaberichtlinie sowie auf nationaler Ebene in §§ 15 ff. VOF, § 3 Abs. 8 EG sowie § 11 SektVO, deren Kommentierung gesondert erfolgt. Die Zuordnung zur VOL/A, VOF bzw. SektVO richtet sich nach den allgemeinen Kriterien.

V. Baukonzessionen (§ 99 Abs. 6 GWB)

66 Im Zuge der letzten große GWB-Reform fand nunmehr auch die Baukonzession Einzug in § 99 Abs. 6 GWB und wird ausdrücklich positiv als öffentlicher Auftrag klassifiziert, wenngleich Konzessionen die Entgeltkomponente des § 99 Abs. 1 GWB nicht aufweisen[104]. Die Baukonzession, die an anderer Stelle[105] noch ausführlich gewürdigt wird, hat wie der Bauauftrag einen Vertrag über die Durchführung von Bauleistungen zum Gegenstand. Die Gegenleistung besteht aber nicht (allein) in einem Entgelt, sondern (primär) in dem **befristeten Recht auf Nutzung der baulichen Anlage**, gegebenenfalls zuzüglich der Zahlung eines Preises. Als ungeschriebenes Merkmal muss bei der Baukonzession – ebenso wie bei der Dienstleistungskonzession – dem Konzessionär das wirtschaftliche Nutzungsrisiko übertragen werden[106]. Das für den Konzessionär positive Recht zur eigenwirtschaftlichen Verwertung korrespondiert mit der Möglichkeit, Verluste zu generieren.

67 Mit der Einschränkung auf eine **befristete** Rechtsübertragung reagierte der Gesetzgeber auf den vom OLG Düsseldorf[107] geprägten „weiten Baukonzessionsbegriff", nach dem auch die reine Veräußerung von Grundstücken eine Baukonzession darstellen kann. Diese extensive Auslegung des Vergaberechts beendete der Gesetzgeber und fand damit Anklang beim EuGH[108], obwohl die Vergaberichtlinie die Befristung des Nutzungsrechts nicht ausdrücklich vorsieht.

---

[103] Vgl. VK Düsseldorf Beschl. v. 13.10.2005, VK-23/2005-F für den Fall einer im Rahmen eines „Kooperativen Workshopverfahrens" tätigen „Empfehlungskommission".

[104] Siehe oben Rn. 28.

[105] Siehe § 5.

[106] EuGH Urt. v. 25.3.2010, C-451/08, Slg. 2010 I-2673, Rn. 75 – *Helmut Müller GmbH;* OLG Düsseldorf Beschl. v. 6.2.2008, VII-Verg 37/07, NZBau 2008, 271, 274; Beschl. v. 12.12.2007, VII-Verg 30/07, NZBau 2008, 138, 141; Mitteilung der Kommission zu Auslegungsfragen im Bereich Konzessionen im Gemeinschaftsrecht, ABl. C 121 vom 29. April 2000, S. 2 (Abs. 2.1.2); *Ziekow* in Ziekow/Völlink, § 99 Rn. 207; *Ganske* in Reidt/Stickler/Glahs, § 99 GWB Rn. 132, 136; zur Übertragung des wirtschaftlichen Risikos bei Dienstleistungskonzessionen vgl. OLG Düsseldorf Beschl. v. 22.9.2004, VII-Verg 44/04, NZBau 2005, 652, 654; *Fandrey* Direktvergabe von Verkehrsleistungen, S. 160 ff. m.w.N.

[107] OLG Düsseldorf Beschl. v. 6.2.2008, VII-Verg 37/07, NZBau 2008, 271 ff.; Vorlagebeschl. v. 2.10.2008, VII-Verg 25/08, NZBau 2008, 727 ff.; dazu BT-Drs. 16/10117, S. 18.

[108] EuGH Urt. v. 25.3.2010, C-451/08, Slg. 2010 I-2673, Rn. 75 – *Helmut Müller GmbH;* zuvor bereits in dieser Sache GA *Mengozzi* Schlussanträge v. 17.11.2009, Slg. 2010 I-2673.

Gerade aufgrund der Möglichkeit, dem Konzessionär ein (Teil-)Entgelt zu zahlen, kann **68** die **Abgrenzung** zum Bauauftrag im konkreten Einzelfall schwierig sein, da für die Bewertung des Betriebsrisikos als maßgeblich oder als unbeachtlich keine festen Schwellenwerte existieren. Die Qualifizierung einer Konzession zum Bau- oder zum Dienstleistungsbereich richtet sich hingegen nach dem Leistungsgegenstand, den der Konzessionär erbringen soll, also nach der Frage, ob Bau- oder Dienstleistungen den Beschaffungsgegenstand bilden[109]. Während bei der Vergabe von Baukonzessionen durch klassische Auftraggeber nach der Konzeption der RL 2004/18/EG (dort Art. 56 ff.) und der VOB/A (dort § 22, § 22a) privilegiert erfolgt, sind Sektorenauftraggeber nicht ausschreibungspflichtig (Art. 18 RL 2004/17/EG, § 1 Abs. 1 Satz 3 SektVO, § 100 Abs. 2 lit. s GWB).

VI. Verteidigungs- oder sicherheitsrelevante Aufträge (§ 99 Abs. 7 bis 9 GWB)

Deutlich erweitert wurde § 99 GWB durch das Gesetz zur Änderung des Vergaberechts **69** vom 7. Dezember 2011 (BGBl. I S. 2570). Neu aufgenommen wurden unter anderem die Absätze 7 bis 9, die allesamt die Definition **verteidigungs- oder sicherheitsrelevanter Aufträge** behandeln und insoweit die Richtlinie 2009/81/EG umsetzen. Hierdurch hat der Gesetzgeber klargestellt, dass der Vierte Teil des GWB für derartige Aufträge gilt, und zugleich ermöglicht, bei den nachfolgenden Arbeiten für eine besondere Verordnung Verteidigung und Sicherheit an die hier getroffene Definition anzuknüpfen.

Die allgemeine Definition von verteidigungs- oder sicherheitsrelevanten Aufträgen **70** enthält § 99 Abs. 7 GWB, während die anschließenden Absätze den in der allgemeinen Definition genutzten Begriff der Militärausrüstung (Abs. 8) sowie des Verschlusssachenauftrags (Abs. 9) definiert. Diese Absätze werden im Rahmen des Kapitels zu Vergaben von verteidigungs- oder sicherheitsrelevanten Aufträgen ausführlich kommentiert[110].

D. Zuordnung von Aufträgen

Seit der GWB-Reform 2009 sind nun erstmalig auch Vorgaben getroffen, um typenge- **71** mischte Verträge, die Elemente unterschiedlicher Auftragsarten enthalten, zuzuordnen. Insoweit setzt Absatz 10 den Art. 1 Abs. 2 lit. d) UAbs. 2 sowie 3 RL 2004/18/EG in das deutsche Recht um. Der im Dezember 2011 eingefügte Absatz 13 regelt in Umsetzung von Art. 3 der RL 2009/81/EG die Zuordnung typengemischter Verträge im Bereich verteidigungs- oder sicherheitsrelevanter Aufträge. Für Tätigkeiten im Sektorenbereich – insoweit liegt kein gemischter Auftrag, sondern vielmehr mehrere Tätigkeiten vor, da die Regelungen im Sektorenbereich an die dortige Tätigkeit und nicht an die Auftraggebereigenschaft anknüpfen – finden sich Leitlinien in den Absätzen 11 und 12, die Art. 9 Abs. 1 RL 2004/17/EG ins nationale Recht umsetzen.

Die Zuordnungsentscheidung kann der öffentliche Auftraggeber weder aus Sicht des **72** deutschen noch aus Sicht des Unionsrechts offen lassen. Denn zum einen variieren die einschlägigen Schwellenwerte je nach Art des Vertrages deutlich, so dass die Weichenstellung zwischen dem Unter- und Oberschwellenbereich insbesondere auch von der Klassifizierung als Bau- oder als Dienstleistungs- bzw. Liefervertrag abhängen kann. Zum anderen beruht auf der Qualifizierung auch die Zuordnung zu einer Vergabe- und Vertrags-

---

[109] Um Auftraggebern mögliche Umgehungsgestaltungen durch die Ergänzung des Konzessionsvertrages mit Dienstleistungselementen zu verbauen, ist im Zweifel das Vorliegen einer Baukonzession anzunehmen, wenn den Bauelementen nicht ausnahmsweise eine rein untergeordnete Bedeutung zukommt und mithin vernachlässigt werden kann.

[110] Siehe unten §§ 57 ff.

ordnung, die unterschiedliche Anforderungen an die Verfahrensgestaltung stellen[111]. Nicht zuletzt divergieren die Ausnahmen vom Anwendungsbereich in § 100 Abs. 2 GWB für klassische Aufträge und Sektorentätigkeit.

I. Gemischte Verträge (§ 99 Abs. 10 GWB)

73 Für die **Abgrenzung zwischen Dienstleistungs- und Lieferauftrag** regelt § 99 Abs. 10 Satz 1 GWB, dass ein Auftrag, der sowohl den Einkauf von Waren als auch die Beschaffung von Dienstleistungen zum Gegenstand hat, als Dienstleistungsauftrag gilt, wenn der Wert der Dienstleistungen den Wert der Waren übersteigt. Insoweit stellt sich die Anwendung dieser Vorschrift als vergleichsweise einfach dar, da letztlich diejenige Auftragsart einschlägig ist, deren Volumen mehr als 50 % beträgt. Inwieweit ein Teil den Hauptgegenstand bildet, ist bei dieser quantitative Betrachtung ohne Belang[112].

74 Offener einer Wertung gegenüber ist die **Abgrenzung zwischen Bau- und Dienstleistungsaufträgen.** Soweit ein öffentlicher Auftrag neben Dienstleistungen Bauleistungen umfasst, die im Verhältnis zum Hauptgegenstand Nebenarbeiten sind, gilt dieser nach § 99 Abs. 10 Satz 2 GWB als Dienstleistungsauftrag. Dies bedeutet, dass den Bauleistungen ein grundsätzlich stärkeres Gewicht zukommt als dem Dienstleistungsanteil. Erst wenn den Bauleistungen nur untergeordnete Bedeutung zugesprochen und diese mithin vernachlässigt werden können, sind die Regelungen für Dienstleistungen anwendbar. In der Folge wird die Vergabe für öffentliche Auftraggeber im Rahmen des Kartellvergaberechts erleichtert, da nicht selten statt einer europaweiten Vergabe von Dienstleistungen nur eine nationale Vergabe von Bauleistungen erfolgen muss[113]. Die Rechtsprechung hat für diese höchst relevante Abgrenzung eine umfassende Einzelfallkasuistik gebildet, die letztlich unter dem Stichwort **Schwerpunkttheorie** firmiert: Maßgeblich sind die wesentlichen, vorrangigen und den Auftrag prägenden Verpflichtungen; der Wert der erbrachten Einzelleistungen ist insoweit nur ein Kriterium unter anderen.

75 Keine ausdrückliche Regelung trifft Absatz 10 für die Abgrenzung zwischen **Bau- und Lieferaufträgen.** Insoweit wird anhand des Hauptgegenstandes des Vertrages bewertet, welche Vergabevorschriften einzuhalten sind[114]. So enthalten Bauaufträgen einerseits typischerweise Lieferelemente hinsichtlich Bauteilen und Baustoffen. Sofern die Lieferung lediglich der Bauausführung dient, liegt ein Bauauftrag vor. Andererseits stehen bauliche Nebenleistungen – wie das Verlegen und Anbringen – nach § 99 Abs. 2 Satz 2 GWB der Einordnung als Lieferauftrag nicht entgegen.

76 Besteht ein Beschaffungsauftrag aus **ausschreibungspflichtigen** und – etwa nach § 100 Abs. 2 GWB – **nicht ausschreibungspflichtigen Leistungen**, so gilt nach der Rechtsprechung des EuGH auch hier der allgemeine Grundsatz, dass das betreffende Vorhaben im Hinblick auf seine rechtliche Einordnung in seiner Gesamtheit einheitlich auf der Grundlage der Vorschriften zu vergeben, die den Teil regeln, der den Hauptgegen-

---

[111] Vgl. beispielhaft für die großen Auswirkungen durch kleine Unterschiede im Wortlaut von VOB/A und VOL/A hinsichtlich des Nachforderns von Unterlagen *Röwekamp/Fandrey* NZBau 2011, 463 ff.

[112] EuGH Urt. v. 11.6.2009, C-300/07, Slg. 2009 I-4779, Rn. 64 ff. – *Oymanns/AOK*.

[113] Anders bei der parallelen Abgrenzung von Bau- und Dienstleistungskonzessionen. Hier führt die Vermutung zu Gunsten von Baukonzessionen zu einer stärkeren Bindung.

[114] EuGH Urt. v. 21.2.2008, C-412/04, Slg. 2008 I-619, Rn. 47 – *Kommission/Italien*; OLG München Beschl. v. 5.11.2009, Verg 15/09, VergabeR 2010, 677 ff.; *Gnittke/Rude* in Praxiskommentar Kartellvergaberecht, § 99 Rn. 148 ff.; *Müller-Wrede/Kaelble* in Müller-Wrede, GWB, § 99 Rn. 161.

stand des Vertrages bildet[115]. Dieser allgemeine Grundsatz greife auch, wenn der Hauptgegenstand eines gemischten Vertrages nicht dem Anwendungsbereich der Vergaberichtlinien unterfalle und nach diesem Maßstab im Ergebnis ein ausschreibungspflichtiger Teil damit dem Vergaberecht entzogen werde. Dieser großzügigen Auslegung, die dazu führt, dass originär ausschreibungspflichtige Leistungen dem Vergaberecht entzogen werden, setzt aber voraus, dass die einzelnen Teile des gemischten Vertrages **ein unteilbares Ganzes** bilden.

II. Aufträge auch zur Durchführung von Sektorentätigkeit (§ 99 Abs. 11 und 12 GWB)

§ 99 Abs. 11 GWB (§ 99 Abs. 8 Satz 1 GWB a.F.) regelt die Zuordnung von Aufträgen, die sowohl der **Durchführung von privilegierter Sektorentätigkeit** als auch der klassischen Auftraggebertätigkeit dienen. Sofern sich objektiv ein Hauptgegenstand feststellen lässt, so ist dieser maßgeblich. Andernfalls greift der nachfolgende Absatz, aufgrund dessen das jeweils strengere Vergaberegime zu beachten ist. In der Gesetzesbegründung[116] benennt der Gesetzgeber beispielhaft den Fall des Baus eines Gebäudes für die Stadtverwaltung, in dem auch einige Räume für die kommunalen Stadtwerke vorgesehen seien. Hauptgegenstand sei dann die Tätigkeit der Stadt, so dass bei der Vergabe des Bauauftrags die Vorschriften für Auftraggeber nach § 98 Nr. 1 GWB maßgeblich seien. **77**

§ 99 Abs. 12 GWB übernimmt die bisherigen Sätze 2 und 3 des achten Absatzes unverändert und gibt Leitlinien für den Fall vor, dass ein Hauptgegenstand im Sinne des Abs. 11 objektiv nicht festgestellt werden kann. Anzuwenden ist dann – anders als bei verteidigungs- oder sicherheitsrelevante Aufträge gemäß Abs. 13[117] – das **jeweils strengere Vergaberegime.** So ordnet Satz 1 an, die für Auftraggeber nach § 98 Nr. 1 bis 3 GWB geltenden Regeln einzuhalten, wenn Tätigkeiten von solchen Auftraggebern und im Sektorensektor bzw. nach dem Bundesberggesetz (§ 129b GWB) betroffen sind. Beispielhaft ist hier der Bau eines Verwaltungsgebäudes aufzuführen, das von Stadt und kommunalem Stadtwerken gemeinsam genutzt werden soll[118]. Treffen eine Sektorentätigkeit bzw. eine Tätigkeit nach dem Bundesberggesetz und eine nicht dem GWB-Vergaberecht unterliegende Tätigkeit in einem gemeinsamen Auftrag zusammen, so ist nach Satz 2 die Auftragsvergabe im Einklang mit dem Recht für Sektorentätigkeit bzw. für Tätigkeiten nach dem Bundesberggesetz durchzuführen. **78**

III. Auch verteidigungs- oder sicherheitsrelevante Aufträge (§ 99 Abs. 13 GWB)

Für Auftragsvergaben, die teilweise verteidigungs- oder sicherheitsrelevant sind, macht § 99 Abs. 13 GWB wegen der besonderen Sensibilität eine Ausnahme von dem Grundsatz des Abs. 11, wonach der Hauptgegenstand des Auftrags maßgeblich die Zuordnung prägt. In Umsetzung von Art. 3 der RL 2009/81/EG wird dem Auftraggeber gestattet, die **jeweils weniger strengen Anforderungen** anzuwenden, wenn die Beschaffung in Form eines einheitlichen Auftrags aus objektiven Gründen gerechtfertigt ist. Dies gilt sowohl für gemischte Aufträge mit Elementen klassischer Aufträge (Satz 1) als auch mit Elementen, die ganz aus dem Geltungsbereich des GWB herausfallen (Satz 2). Ist beispielsweise ein kleiner Auftragsteil eines gemischten Beschaffungsvorhabens derart sensibel, dass er nach Art. 346 **79**

---
[115] EuGH Urt. v. 6.5.2010, C-145/08 und C-149/09, Slg. 2010 I-4165, Rn. 48f. – *Club Hotel*; *Hailbronner* in Byok/Jaeger, § 99 GWB Rn. 109; a.A. OLG Karlsruhe Beschl. v. 15.10.2008, 15 Verg 9/08, NZBau 2008, 784 ff.; *Ganske* in Reidt/Stickler/Glahs, § 99 GWB Rn. 144.
[116] So das Beispiel im Gesetzesentwurf BT-Drs. 16/10117, S. 18 f.
[117] Siehe unten Rn. 79.
[118] So das Beispiel im Gesetzesentwurf BT-Drs. 16/10117, S. 19.

Abs. 1 AEUV (ex Art. 296 EG) vollständig vom europäischen Vergaberecht ausgenommen ist, so gilt das GWB-Vergaberecht auch für den möglicherweise umfangreicheren Teil nicht, obwohl dieser bei isolierter Betrachtung zumindest nach den Vorgaben für verteidigungs- und sicherheitsrelevante Aufträge zu vergeben wäre[119]. Diese umfassende Privilegierung setzt stets voraus, dass die einheitliche Auftragsvergabe aus objektiven Gründen gerechtfertigt ist. Die Entscheidung darf hingegen nicht zum Zweck der Umgehung der Anwendung von Vergabevorschriften erfolgen. Diese Ausprägung des allgemeinen **Umgehungsverbotes** findet sich ausdrücklich in Art. 3 Abs. 3 RL 2009/81/EG.

---

[119] So die Begründung im Gesetzesentwurf, BT-Drs. 17/7275, S. 14.

§ 5 Konzessionen

Übersicht

	Rn.
A. Einleitung	1–3
B. Baukonzession	4–31
I. Begrifflichkeit	6–13
II. Abgrenzungsfragen	14–19
III. Verfahren der Vergabe	20–30
IV. Rechtschutz	31
C. Dienstleistungskonzession	32–75
I. Begrifflichkeit	34–47
II. Abgrenzungsfragen	48–52
III. Verfahren der Vergabe	53–69
IV. Rechtschutz	70–75

GWB: §§ 98 Nr. 6, 99 Abs. 1 u. 6, 100b Abs. 5
VgV: § 6 Abs. 1
VOB/A: § 22
VOB/A EG: § 22
VKR: Art. 1 Abs. 3, 4, Art. 17, Art. 56 S. 1, Art. 57

GWB:

§ 98 GWB Auftraggeber

Öffentliche Auftraggeber im Sinne dieses Teils sind:

Nr. 1 bis Nr. 5 hier nicht abgedruckt.

Nr. 6 natürliche oder juristische Personen des privaten Rechts, die mit Stellen, die unter die Nummern 1 bis 3 fallen, einen Vertrag über eine Baukonzession abgeschlossen haben, hinsichtlich der Aufträge an Dritte.

§ 99 GWB Öffentliche Aufträge

(1) Öffentliche Aufträge sind entgeltliche Verträge von öffentlichen Auftraggebern mit Unternehmen über die Beschaffung von Leistungen, die Liefer-, Bau- oder Dienstleistungen zum Gegenstand haben, Baukonzessionen und Auslobungsverfahren, die zu Dienstleistungsaufträgen führen sollen.

(2) hier nicht abgedruckt.

(3) Bauaufträge sind Verträge über die Ausführung oder gleichzeitige Planung und Ausführung eines Bauvorhabens oder eines Bauwerkes für den öffentlichen Auftraggeber, das Ergebnis von Tief- oder Hochbauarbeiten ist und eine wirtschaftliche oder technische Funktion erfüllen soll, oder einer dem Auftraggeber unmittelbar wirtschaftlich zugutekommenden Bauleistung durch Dritte gemäß den vom Auftraggeber genannten Erfordernissen.

(4) und (5) hier nicht abgedruckt.

(6) Eine Baukonzession ist ein Vertrag über die Durchführung eines Bauauftrages, bei dem die Gegenleistung für die Bauarbeiten statt in einem Entgelt in dem befristeten Recht auf Nutzung der baulichen Anlage, gegebenenfalls zuzüglich der Zahlung eines Preises besteht.

(7) bis (13) hier nicht abgedruckt.

§ 100b GWB Besondere Ausnahmen im Sektorenbereich

(1) bis (4) hier nicht abgedruckt.

(5) Dieser Teil gilt nicht für die Vergabe von Baukonzessionen zum Zwecke der Durchführung von Tätigkeiten auf dem Gebiet der Trinkwasser- oder Energieversorgung oder des Verkehrs.

(6) bis (9) hier nicht abgedruckt.

VgV:

§ 6 VgV Vergabe von Bauleistungen

(1) Auftraggeber nach § 98 Nr. 1 bis 3, 5 und 6 des Gesetzes gegen Wettbewerbsbeschränkungen haben bei der Vergabe von Bauaufträgen und Baukonzessionen die Bestimmungen des 2. Abschnittes des Teils A der Vergabe- und Vertragsordnung für Bauleistungen (VOB/A) in der Fassung der Bekanntmachung vom 24. Oktober 2011 (BAnz. Nr. 182a vom 2. Dezember 2011; BAnz.AT 7.5.2012 B1) anzuwenden; für die in § 98 Nr. 6 des Gesetzes gegen Wettbewerbsbeschränkungen genannten Auftraggeber gilt dies nur hinsichtlich der Bestimmungen, die auf diese Auftraggeber Bezug nehmen.

(2) bis (6) hier nicht abgedruckt.

VOB/A:

§ 22 VOB/A Baukonzessionen

(1) Eine Baukonzession ist ein Vertrag über die Durchführung eines Bauauftrages, bei dem die Gegenleistung für die Bauarbeiten statt in einem Entgelt in dem befristeten Recht auf Nutzung der baulichen Anlage, gegebenenfalls zuzüglich der Zahlung eines Preises besteht.

(2) Für die Vergabe von Baukonzessionen sind die §§ 1 bis 21 sinngemäß anzuwenden.

VOB/A EG:

§ 22 EG VOB/A Baukonzessionen

(1) Eine Baukonzession ist ein Vertrag über die Durchführung eines Bauauftrages, bei dem die Gegenleistung für die Bauarbeiten statt in einem Entgelt in dem befristeten Recht auf Nutzung der baulichen Anlage, gegebenenfalls zuzüglich der Zahlung eines Preises besteht.

(2)
1. Für die Vergabe von Baukonzessionen mit mindestens einem geschätzten Gesamtauftragswert nach § 2 Nummer 3 VgV ohne Umsatzsteuer sind die Bestimmungen der §§ 1 bis 21 des Abschnitts 1 der VOB/A anzuwenden. Aus Abschnitt 2 der VOB/A sind die Regelungen nach den Nummern 2 bis 4 dieses Absatzes anzuwenden.

2. Beabsichtigt der öffentliche Auftraggeber eine Baukonzession zu vergeben, so hat er dies bekannt zu machen. Die Bekanntmachung hat nach Anhang X der Verordnung (EG) Nummer 842/2011 zu erfolgen.

3. § 12 EG Absatz 2 gilt entsprechend.

4. Die Frist für den Eingang von Bewerbungen für die Konzession beträgt mindestens 52 Kalendertage, gerechnet vom Tag nach Absendung der Bekanntmachung.

(3)
1. Beabsichtigt der Baukonzessionär, der zu den öffentlichen Auftraggebern nach § 98 Nr. 6 BGB zählt, seinerseits Bauaufträge an Dritte zu vergeben, so hat er dies bekannt zu machen. Die Bekanntmachung hat nach Anhang XI der Verordnung (EG) Nummer 842/2011 zu erfolgen.

§ 5 Konzessionen   Kap. 1

§ 12 EG Absatz 2 gilt entsprechend.

2. Die Bewerbungsfrist beträgt mindestens 37 Kalendertage, gerechnet vom Tag nach Absendung der Bekanntmachung. Die Angebotsfrist beträgt mindestens 40 Kalendertage, gerechnet vom Tag der Absendung der Aufforderung zur Angebotsabgabe.

(4) Ein Baukonzessionär, der zu den öffentlichen Auftraggebern im Sinne des § 98 Nummer 1 bis 3 und 5 GWB zählt, muss bei der Vergabe von Bauaufträgen an Dritte die Bestimmungen des Zweiten Abschnittes der VOB/A anwenden.

VKR:

Art. 1 Definitionen

(1) und (2) hier nicht abgedruckt.

(3) „Öffentliche Baukonzessionen" sind Verträge, die von öffentlichen Bauaufträgen nur insoweit abweichen, als die Gegenleistung für die Bauleistungen ausschließlich in dem Recht zur Nutzung des Bauwerks oder in diesem Recht zuzüglich der Zahlung eines Preises besteht.

(4) „Dienstleistungskonzessionen" sind Verträge, die von Dienstleistungskonzessionen nur insoweit abweichen, als die Gegenleistung für die Erbringung der Dienstleistung ausschließlich in dem Recht zur Nutzung der Dienstleistung oder in diesem Recht zuzüglich der Zahlung eines Preises besteht.

(5) bis (15) hier nicht abgedruckt.

Art. 17 Dienstleistungskonzessionen

Unbeschadet der Bestimmungen des Artikels 3 gilt diese Richtlinie nicht für Dienstleistungskonzessionen gemäß Artikel 1 Absatz 4.

Art. 56 Anwendungsbereich

Dieses Kapitel gilt für alle von öffentlichen Auftraggebern geschlossenen Verträge über öffentliche Baukonzessionen, sofern der Wert dieser Verträge mindestens 5 186 000 Euro beträgt.

Satz 2 hier nicht abgedruckt.

Art. 57 Ausschluss vom Anwendungsbereich

Dieser Titel findet keine Anwendung auf öffentliche Baukonzessionen,
a) die für öffentliche Bauaufträge gemäß den Artikeln 13, 14 oder 15 vergeben werden;
b) die von öffentlichen Auftraggebern, die eine oder mehrere Tätigkeiten gemäß den Artikeln 3 bis 7 der Richtlinie 2004/17/EG zum Zwecke der Durchführung dieser Tätigkeiten vergeben werden.

Diese Richtlinie findet jedoch weiterhin auf öffentliche Baukonzessionen Anwendung, die von öffentlichen Auftraggebern, die eine oder mehrere der in Artikel 6 der Richtlinie 2004/17/EG genannten Tätigkeiten ausüben, für diese Tätigkeiten ausgeschrieben werden, solange der betreffende Mitgliedstaat die in Artikel 71 Absatz 1 Unterabsatz 2 der genannten Richtlinie vorgesehene Möglichkeit, deren Anwendung zu verschieben, in Anspruch nimmt.

Literatur:

Bornheim/Stockmann, Die neuen Vergabevorschriften – sind auch private Auftraggeber zur europaweiten öffentlichen Vergabe von Bauaufträgen verpflichtet?, BauR 1994, 677; *Brüning*, Die Dienstleistungskonzession im Nachprüfungsverfahren, NVwZ 2012, 216; *Bultmann*, Dienstleistungskonzession und Dienstleistungsvertrag – warum kompliziert, wenn es auch einfach geht?, NVwZ 2011, 72; *Burgi*, BauGB-Verträge und Vergaberecht, NVwZ 2008, 929; *Burgi*, Die Vergabe von Dienstleistungskonzessionen: Verfahren, Vergabekriterien, Rechtsschutz, NZBau 2005, 610; *Burgi,* Die Ausschreibungsverwaltung, DVBl. 2003, 949; *Deuster/Michaels,* Direktvergaben nach der Verordnung (EG) Nr. 1370/2007 an eigenes kommunales Verkehrsunternehmen im Vergabenachprüfungsverfahren, NZBau 2011, 340; *Diemon-Wies/Hesse,* Präzisierte Kriterien für die Abgrenzung von Dienstleistungsauftrag und Dienstleistungskonzession, NZBau 2012, 341; *Franzius,* Gewährleistung im Recht, 2008; *Groth,* Die Dienstleistungskonzession im europäischen Vergabe- und Beihilfenrecht, 2010; *Höfler,* Vergaberechtliche Anforderungen an die Ausschreibung von Baukonzessionen, WuW 2000, 136; *Hövelberndt,* Übernahme eines wirtschaftlichen Risikos als Voraussetzung der Dienstleistungskonzession, NZBau 2010, 599; *Horn,* Vergaberechtliche Rahmenbedingungen bei Verkehrsinfrastrukturprojekten im Fernstraßenbau, ZfBR 2004, 665; *Knauff,* Die Vergabe von Dienstleistungskonzessionen: Aktuelle Rechtslage und zukünftige Entwicklungen, VergabeR 2013, 157; *Knauff,* Möglichkeiten der Direktvergabe im ÖPNV (Schiene und Straße), NZBau 2012, 65; *Knauff,* Das wettbewerbliche Verfahren nach Art. 5 III Verordnung (EG) Nr. 1370/2007 i.V. mit § 8 PBefG-E, NZBau 2011, 655; *Knauff/Schwensfeier,* Kein Rechtsschutz gegen Steuerung mittels „amtlicher Erläuterung"?, EuZW 2010, 611; *Michaels,* Keine Verdrängung speziellen EU-Vergaberechts aus Gründen der Unionstreue, NVwZ 2011, 969; *Noch,* Die Abgrenzung öffentliche Bauaufträge von den Liefer- und Dienstleistungsaufträgen, BauR 1998, 941; *Ortner,* Vergabe von Dienstleistungskonzessionen. Unter besonderer Berücksichtigung der Entsorgungs- und Verkehrswirtschaft, 2007; *Pietzcker* Grundstücksverkäufe, städtebauliche Verträge und Vergaberecht, NZBau 2008, 293; *Prieß,* Ausschreibungspflicht für Verkehrsverträge im Schienenpersonennahverkehr, NZBau 2002, 539; *Prieß/Marx/Hölzl,* Kodifizierung des europäischen Rechtes zur Vergabe von Dienstleistungskonzessionen nicht notwendig – Überlegungen am Beispiel der europäischen Regeln für die Trinkwasserversorgung, NVwZ 2011, 65; *Reidt* Grundstücksveräußerungen der öffentlichen Hand und städtebauliche Verträge als ausschreibungspflichtige Baukonzession?, BauR 2007, 1664; *Reidt/Stickler* Das Fernstraßenbauprivatfinanzierungsgesetz und der Baukonzessionsvertrag – Das „Pilotprojekt" der Warnow-Querung in Rostock, Teil 1, BauR 1997, 241; Teil 2, BauR 1997, 365; *Ruhland,* Die Dienstleistungskonzession – Begriff, Standort und Rechtsrahmen der Vergabe, 2006; *Ruhland,* Dienstleistungskonzessionsvergabe – Verfahren und Rechtsschutz, ThürVBl. 2008, 198; *Stickler,* Das Aufbürden ungewöhnlicher Wagnisse i.S.d. § 9 Nr. 2 VOB/A bei der Baukonzession, BauR 2003, 1105; *Vavra,* Die Vergabe von Dienstleistungskonzessionen, VergabeR 2010, 351; *Walz,* Die Bau- und Dienstleistungskonzession im deutschen und europäischen Vergaberecht, 2009.

A. Einleitung

1 In vielen Bereichen der heutigen Verwaltung werden die eigentlichen Leistungen vom Staat nicht mehr selbst, sondern durch eingeschaltete Private erbracht. Die Finanzkrise öffentlicher Haushalte, das hohe Leistungsniveau des Staates und der erhebliche Bedarf an moderner Infrastruktur zwingen – auch aus Sicht der Politik – dazu, über die traditionelle Arbeitsteilung zwischen Staat und Privatwirtschaft neu nachzudenken. Der Staat selbst verfügt oftmals nicht mehr über die Möglichkeit, die Infrastruktur in ausreichendem Maße für die Bürger zu garantieren. Daher unternimmt der Staat unter dem Druck seiner Finanzsituation immer größere Anstrengungen, **private Handlungsrationalität** zu nutzen und sich aus vielen Bereichen staatlicher Betätigung zurückzuziehen.

2 Die Einbindung Privater in die öffentliche (Infrastruktur-)Verantwortung wird dabei als neuer und oft besserer Weg angesehen, öffentliche Leistungen mit geringeren Kosten, schnellerer und höherer Qualität bereitzustellen. Vielfältige Kooperationsformen mit Privaten prägen daher mittlerweile den Alltag der Verwaltungspraxis. Auch zukünftig wollen die Bundes- und Landesregierungen verstärkt auf die Zusammenarbeit von Staat und Privaten setzen.[1]

---

[1] Dabei wird der Gesamtbereich der Privatisierung mit dem Begriff der „Verantwortungsteilung" umschrieben, mit dem zum Ausdruck gebracht werden soll, dass eine Verschiebung der Verantwortung vom Staat auf den Privaten stattfindet. Den verschiedenen Privatisierungsformen entsprechend ist die Verantwortungsverschiebung mehr oder weniger stark ausgeprägt. Dies gilt auch für die Institute der Bau- und Dienstleistungskonzession. Allgemein zur Verantwortungsteilung *Schuppert* (Hrsg.), Jenseits von Privatisierung und „schlankem" Staat, 1999.

In diesem Zusammenhang sind Bau- und Dienstleistungskonzessionen[2] ein ebenso vielfach genutztes wie flexibles Instrument der Einbeziehung Privater in die öffentliche Aufgabenerfüllung. Sie sind (in unterschiedlichem Umfang) eine Ausprägung des Wandels der Leistungsverwaltung in Richtung **Gewährleistungsverwaltung bzw. Ausschreibungsverwaltung**.[3] So sollen Private beispielsweise mit ihrem Kapital und ihrem Know-how bauen und sanieren, aber auch zunehmend den Betrieb der öffentlichen Einrichtungen übernehmen, also für die entsprechenden Dienstleistungen verantwortlich zeichnen. Der Staat erbringt nicht mehr die Leistung selbst – leitet also nicht mehr „den Laden" –, sondern schreibt für eine bestimmte Zeit das „Ladengeschäft" als solches aus und sorgt dafür, dass „der Laden läuft".[4] Für Private werden hierdurch insgesamt wirtschaftlich attraktive Bereiche eröffnet – die Situation ist gekennzeichnet durch einen Wettbewerb um den „Konzessionsmarkt". Machen sich die öffentliche Hand und hier insbesondere die Kommunen diese Modelle zu nutzen, stellt sich daher stets auch die Frage nach der Anwendbarkeit bzw. der Anwendungstiefe des Vergaberechts. 3

B. Baukonzession

Das Institut der Baukonzession ist vielfältig einsetzbar und machte Ende des letzten Jahrhunderts angesichts der maroden Verhältnisse der Verkehrsinfrastruktur vor allem in diesem Bereich von sich Reden. Hier zeichnet sich der Systemwechsel von der klassischen **Haushalts- hin zur Nutzerfinanzierung** besonders deutlich ab. Zu erwähnen sei an dieser Stelle der Einsatz Privater im Rahmen des Aus- und Neubaus von Fernstraßen auf Grundlage des Fernstraßenbaufinanzierungsgesetzes 1994. Aber auch Pilot-Projekte wie beispielsweise die Warnow-Querung in Rostock oder die Trave-Querung bei Lübeck[5] sind hinlänglich bekannt und stehen für die Verwirklichung des Modells der Baukonzession. Gleichzeitig stehen immer wieder verschiedene städtebauliche Projekte im Fokus der Öffentlichkeit. Lange Zeit wurde in diesem Zusammenhang mit großer Vehemenz um die Charakterisierung von BauGB-Verträgen als Baukonzessionen gestritten.[6] 4

Angesichts der allgemein angespannten Haushaltssituation ist davon auszugehen, dass das Institut der Baukonzessionen auch in der Zukunft weiterhin in vielfältigen Bereichen zum Einsatz Privater führt.[7] 5

I. Begrifflichkeit

Mit Aufnahme der Baukonzession in § 99 Abs. 1 GWB durch das Vergaberechtsmodernisierungsgesetz 2009 ist gleichzeitig der Begriff der Baukonzession in § 99 Abs. 6 GWB 6

---

[2] Bau- und Dienstleistungskonzessionen sind Unterbegriffe der sog. „Konzession": Hierunter werden dem Staat zurechenbare Akte verstanden, durch die eine Behörde einen Dritten (entweder vertraglich oder durch einseitigen Akt mit Zustimmung des betroffenen Dritten) die vollständige oder teilweise Durchführung einer Leistung inklusive Verantwortlichkeit für diese überträgt, die grundsätzlich in seine staatliche Zuständigkeit fällt und für die der Dritte das Risiko der Nutzung trägt, vgl. Mitteilung „Auslegung Konzessionen". Zur Begrifflichkeit ebenfalls *Ruhland*, Die Dienstleistungskonzession, S. 23 ff., S. 41 ff.

[3] Vgl. grundlegend hierzu *Franzius*, Gewährleistung im Recht, 2008; konkret für die Dienstleistungskonzession *Ruhland*, Die Dienstleistungskonzession, 105 ff.; *Burgi* NVwZ 2008, 929, 930. Zur Begrifflichkeit der Ausschreibungsverwaltung schon *Burgi* DVBl. 2003, 949.

[4] Vgl. *Burgi* NZBau 2005, 610.

[5] Vgl. hierzu *Reidt/Stickler* BauR 1997, 241 ff. (Teil 1), 365 ff. (Teil 2). Zu diesen und anderen Beispielen ebenfalls *Burgi* DVBl. 2003, 649, 652 f.

[6] Vgl. hierzu *Burgi* NVwZ 2008, 929; *Pietzcker* NZBau 2008, 293; *Reidt* BauR 2007, 1664.

[7] Seit 2002 existiert beispielsweise eine Task Force zur Förderung privat finanzierter Hochbaumaßnahmen.

erfasst worden.[8] § 99 Abs. 6 GWB definiert eine Baukonzession – inhaltsgleich zu §§ 22 Abs. 1, 22 EG Abs. 1 VOB/A – als „Vertrag über die Durchführung eines Bauauftrages, bei dem die Gegenleistung für die Baukonzession statt in einem Entgelt in dem befristeten Recht auf Nutzung der baulichen Anlage, gegebenenfalls zuzüglich der Zahlung eines Preises besteht". Die Formulierung entspricht damit der Begrifflichkeit auf europäischer Ebene in Art. 1 Abs. 3 VKR.

1. Nutzungsrecht

7   Baukonzession und öffentlicher Bauauftrag unterscheiden sich in vergaberechtlicher Hinsicht lediglich in der Art der Gegenleistung. Wesentliches Charakteristikum einer Baukonzession – und entscheidendes Abgrenzungsmerkmal gegenüber einem öffentlichen Bauauftrag – ist das **(befristete) Nutzungsrecht**, welches der Konzessionär (anstelle einer unmittelbaren finanziellen Zuwendung der öffentlichen Hand[9]) als Vergütung für seine Gegenleistung erhält, d.h. ihm wird das Recht eingeräumt, seine Bauleistung wirtschaftlich zu verwerten und damit Dritten in Rechnung zu stellen (vgl. hierzu auch C.I.1.). Die Vergütung des Konzessionärs ist damit also nicht schon mit Vertragsschluss bestimmt, sondern von der Nachfrage Dritter abhängig.

8   Dabei kann das Nutzungsrecht[10] durch Selbstnutzung des errichteten Bauwerks oder jedenfalls durch Vermietung sowie Verpachtung an Dritte ausgeübt werden.[11] Etwas anderes gilt – entgegen einer früheren Rechtsprechung des OLG Düsseldorf – für die **Grundstücksveräußerung an Dritte**. Der Gesetzgeber hat mit dem Vergaberechtsmodernisierungsgesetz 2009 in § 99 Abs. 6 GWB klargestellt, dass das Nutzungsrecht bei einer Baukonzession befristet ist und hat so den Baukonzessionsbegriff enger gefasst als dies auf europäischer Ebene in Art. 1 Abs. 3 VKR erfolgt ist. Damit wird einem sehr weitgehenden Baukonzessionsbegriff im Zusammenhang mit Grundstücksveräußerungen (sofern diese mit sog. städtebaulichen Verträgen oder sonstigen baulichen Verträgen verbunden sind) ein Riegel vorgeschoben, den das OLG Düsseldorf ursprünglich in seiner Rechtsprechung entwickelt hatte.[12] Nach dessen (zumindest früherer) Auslegung stehe es einer Baukonzession nicht entgegen, wenn der Konzessionär Eigentümer des betroffenen Grundstücks werden solle, d.h. auch Grundstücksveräußerungen sollten vom Baukonzessionsbegriff umfasst sein. Wesenstypisch für das Institut der Baukonzession ist aber – dies stellt nunmehr die gesetzgeberische Einschränkung der Befristung in § 99 Abs. 6 GWB klar – die Übertragung eines (dem Konzessionsgeber zustehenden) Rechts auf den Konzessionär für einen bestimmten Zeitraum, also die Übertragung eines befristeten Nutzungsrechtes. Diese gesetzgeberische Einschränkung ist mit dem europäischen Recht ver-

---

[8] Allgemein zur Baukonzession vgl. *Walz*, Die Bau- und Dienstleistungskonzession im deutschen und europäischen Vergaberecht; *Höfler* WuW 2000, 136.

[9] Das Nutzungsrecht hat entgeltersetzenden Charakter, vgl. OLG Düsseldorf Beschl. v. 2.10.2008, VII-Verg 25/08, NZBau 2008, 727, 732.

[10] Der öffentliche Auftraggeber kann nur im Rahmen seiner Zuständigkeiten agieren, so dass sich die mögliche Nutzung des Bauwerks – und damit das später zu übertragende Nutzungsrecht – ebenfalls im Rahmen der öffentlichen Zuständigkeiten befinden muss. Im Rahmen der Nutzung ist der Baukonzessionär an diesen öffentlichen Zweck gebunden. Er ist nicht berechtigt, die Nutzung als solche zu modifizieren, weil etwa eine andere Verwendung der baulichen Anlage außerhalb des vorgesehenen Zwecks wirtschaftlich attraktiver ist, vgl. hierzu *Reidt/Stickler* in Dreher/Motzke, Beck'scher Vergaberechtskommentar, 2. Auflage 2013, § 22 Rn. 36.

[11] Vgl. OLG Düsseldorf Beschl. v. 2.10.2008, VII-Verg 25/08, NZBau 2008, 727, 732.

[12] Vgl. OLG Düsseldorf Beschl. v. 2.10.2008, VII-Verg 25/08, NZBau 2008, 727, 732; OLG Düsseldorf Beschl. v. 6.2.2008, Verg 37/07, VergabeR 2008, 229; OLG Düsseldorf Beschl. v. 13.6.2007, Verg 2/07, NZBau 2007, 530, 532. Vgl. zum Ganzen ausführlich *Wegener* in Pünder/Schellenberg, § 99 GWB Rn. 34.

einbar.¹³ Der EuGH hat die entsprechende Vorlagefrage des OLG Düsseldorf vom 2. 10. 2008¹⁴, ob nach Art. 1 Abs. 3 VKR eine öffentliche Baukonzession abzulehnen ist, wenn der Konzessionär Eigentümer des Grundstücks, auf dem das Bauwerk errichtet werden soll, ist oder wird oder die Baukonzession unbefristet erteilt wird, in seinem Urteil vom 25. 3. 2010 (Rs. C-451/08)¹⁵ bejaht. Damit hat der EuGH die gesetzgeberische Klarstellung des deutschen Gesetzgebers in § 99 Abs. 6 GWB bestätigt.¹⁶

(entfallen) 9

Außerdem hat der EuGH in seiner Entscheidung vom 25. 3. 2010 (Rs. C-451/08) klargestellt, dass eine Baukonzession dann abzulehnen ist, wenn der einzige Wirtschaftsteilnehmer, dem die Konzession erteilt werden kann, bereits Eigentümer des Grundstücks ist, auf dem das Bauwerk errichtet werden soll.¹⁷ Die Übertragung des Nutzungsrechts an den Konzessionär setzt damit entscheidend voraus, dass die öffentliche Hand (als Konzessionsgeber) tatsächlich auch über die Nutzung der baulichen Anlage verfügen kann. Dies ist ausgeschlossen, sofern das Nutzungsrecht allein im Eigentumsrecht des entsprechenden Grundstücks verankert ist und Eigentümer ein Dritter ist. 10

2. Wirtschaftliches Risiko

Mit Übertragung des Nutzungsrechts muss der Konzessionär gleichzeitig auch das **wirtschaftliche Nutzungsrisiko – und zwar voll oder zumindest zu einem wesentlichen Teil –** übernehmen¹⁸; andernfalls verbleibt es bei der Qualifizierung als öffentlicher Bauauftrag. Der Konzessionär übernimmt also die Leistungserbingung auf eigenes Finanzierungsrisiko.¹⁹ Nicht notwendig ist dabei, dass der öffentliche Auftraggeber keinerlei Nutzungsrecht mehr trägt.²⁰ Entscheidend kommt es immer auf die Umstände des Einzelfalls an.²¹ 11

---

¹³ Vgl. EuGH Urt. v. 25. 3. 2010, Rs. C-451/08, NVwZ 2010, 565, 568 Rn. 70 ff. – Helmut Müller GmbH/Bundesanstalt für Immobilienaufgaben.

¹⁴ Vgl. OLG Düsseldorf Beschl. v. 2. 10. 2008, VII-Verg 25/08, NZBau 2008, 727, 734.

¹⁵ Vgl. EuGH Urt. v. 25. 3. 2010, Rs. C-451/08, NVwZ 2010, 565, 568 Rn. 70 ff. – Helmut Müller GmbH/Bundesanstalt für Immobilienaufgaben.

¹⁶ In der Konsequenz ist es erforderlich, im Konzessionsvertrag die Dauer der Befristung der Konzession und die anschließende Verwendung der baulichen Anlage zu regeln. Hinsichtlich der Festlegung der Dauer der Befristung gibt es wiederum keine starren Grenzen; es sind immer die Umstände des Einzelfalls zu berücksichtigen wie beispielsweise der Umfang, die Dauer und die Kosten der Bauarbeiten sowie das dementsprechende Amortisationsinteresse des Konzessionärs.

¹⁷ Vgl. EuGH Urt. v. 25. 3. 2010, Rs. C-451/08, NVwZ 2010, 565, 568 Rn. 70 ff. – Helmut Müller GmbH/Bundesanstalt für Immobilienaufgaben; ebenso VK Schleswig-Holstein Beschl. v. 17. 8. 2012, VK-SH 17/12.

¹⁸ Vgl. nur EuGH Urt. V. 10. 11. 2011, Rs. C-348/10, NZBau 2012, 183 Rn. 45 – Norma-A; EuGH Urt. v. 10. 3. 2011, Rs. C-274/09, NZBau 2011, 239 Rn. 29, 33 – Rettungsdienst Stadler; EuGH Urt. v. 10. 9. 2009, Rs. C-206/08, NZBau 2009 729, Rn. 59, 68, 77 – WAZV Gotha. Der EuGH formuliert hierbei sehr vorsichtig. Ob mit dieser Formulierung gemeint ist, dass das Betriebsrisiko in jedem Fall „im Wesentlichen" oder „zu ganz überwiegendem Teil" auf den Konzessionär übergehen muss, ist nicht ganz eindeutig; für eine solche Interpretation wohl *Hövelberndt* NZBau 2010, 599, 603; *Vavra* VergabeR 2010, 351, 354. Aus der nationalen Rspr. vgl. OLG Karlsruhe Beschl. v. 13. 6. 2008, 15 Verg 3/08, NZBau 2008, 537; OLG Düsseldorf Beschl. v. 6. 2. 2008, Verg 37/07, VergabeR 2008, 229; VK Lüneburg Beschl. v. 12. 11. 2003, 203-VgK-27/2003; *Höfler* WuW 2000, 136, 139; *Reidt/Stickler* in Dreher/Motzke, Beck'scher Vergaberechtskommentar, 2. Aufl. 2013, § 22 VOB/A, Rn. 51 ff.

¹⁹ Vgl. OLG München Beschl. v. 5. 4. 2012, Verg 3/12, NZBau 2012, 629; VK Südbayern Beschl. v. 14. 7. 2010, Z3-3-3194-1-29-05/10.

²⁰ Vgl. VK Lüneburg Beschl. v. 14. 1. 2002, 203-VgK-22/2001.

²¹ Wird dem Auftragnehmer beispielsweise lediglich das allgemeine Betriebsrisiko, nicht jedoch das Abnahmerisiko auferlegt und verpflichtet sich der öffentliche Auftraggeber für den gesamten Zeitraum, Wärme für einen festgelegten Gebäudebestand abzunehmen, der der in den Vergabeunterlagen

12 Dem Umstand, dass der Baukonzessionär das wirtschaftliche Nutzungsrisiko trägt, steht es nicht entgegen – dies ergibt sich schon aus der gesetzlichen Definition –, dass der öffentliche Auftraggeber dem Konzessionär als zusätzliche Gegenleistung (also neben dem Nutzungsrecht) noch einen „**Preis**" zahlt, d.h. die Übernahme der Risiken durch den Konzessionär kann beschränkt werden. Entscheidend für die Annahme einer Baukonzession ist jedoch in jedem Fall, dass beim Konzessionär ein nicht unwesentliches wirtschaftliches Risiko verbleibt. Bei der Frage, in welchem Verhältnis die Zuzahlung zu dem betroffenen Gesamtvolumen stehen darf, verbietet sich eine starre Grenze. Entscheidend ist vielmehr in jedem **Einzelfall** in der Praxis anhand der Gesamtumstände zu klären, ob trotz Zuzahlung beim Konzessionär ein nicht unerhebliches wirtschaftliches Risiko verbleibt – dann liegt eine Baukonzession vor. Zu berücksichtigen können insofern die von dem Konzessionär übernommenen Risiken, der vereinbarte Vertragszeitraum, etwaige Gestaltungsmöglichkeiten bei der Nutzung der baulichen Anlage, sein.

13 Nach einer Entscheidung des OLG Schleswig[22] beispielsweise soll eine Überschreitung der Zuzahlung von mehr als 20 % der Baukosten nicht als Vergütung, sondern noch als Zuzahlung angesehen werden können, wenn der Konzessionär im Übrigen noch einen bedeutenden Teil der Risiken, die mit der Nutzung verbunden sind, trägt. Andererseits hat die VK Berlin das Vorliegen einer Baukonzession abgelehnt, wenn der Auftraggeber Baukostenrisiken von 50 % oder gar 75 % übernimmt.[23]

II. Abgrenzungsfragen

14 Die Vergabe einer Baukonzession erfolgt anhand anderer vergaberechtlicher Prämissen als die Vergabe eines öffentlichen Bauauftrags, welche sich nach den Regeln des klassischen Vergaberechts richtet. Im Gegensatz zur Baukonzession unterliegt die Vergabe einer Dienstleistungskonzession – zumindest derzeit noch[24] – keinem streng kodifizierten Vergaberecht. Angesichts der **unterschiedlichen vergaberechtlichen Konsequenzen** ist eine klare Abgrenzung des Instituts der Baukonzession sowohl gegenüber dem öffentlichen Bauauftrag als auch gegenüber der Dienstleistungskonzession zwingend erforderlich.

1. Abgrenzung zum öffentlichen Bauauftrag

15 Die Abgrenzung einer Baukonzession von einem öffentlichen Bauauftrag reduziert sich angesichts der Besonderheiten der Baukonzession – Nutzungsrecht als Gegenleistung, gegebenenfalls zuzüglich der Zahlung eines Preises – auf die Frage, wer das **wirtschaftliche Risiko der Unternehmung** trägt. Hierbei kommt es auf eine wertende Betrachtung aller Umstände des Einzelfalls an (vgl. im Einzelnen oben I.2.). Lässt sich das Risiko, dass der Auftragnehmer (also der Konzessionär) übernehmen soll, bei Beginn der Ausschreibung nicht ermitteln, etwa weil es den Bietern überlassen wird, die Höhe der Zuzahlung durch den Auftraggeber im Angebot zu bestimmen, und kommt daher die Möglichkeit in Betracht, dass im Ergebnis kein Konzessionsvertrag vorliegt, finden auf das Vergabeverfahren die strengeren, für die Vergabe von Bauaufträgen einschlägigen Bestimmungen Anwendung.[25]

---

geforderten Dimensionierung „Heizungsanlage entspricht und verantwortet der Auftragnehmer dabei ausschließlich das Risiko von Betriebsstörungen oder von witterungsbedingtem Minderbedarf, scheidet mangels Übertragung des wirtschaftlichen Risikos das Vorliegen einer Baukonzession aus, vgl. VK Lüneburg Beschl. v. 18.1.2011, VgK-61/2010.

[22] Vgl. OLG Schleswig Urt. v. 6.7.1999, 6 U Kart 22/99, NZBau 2000, 100, 102.

[23] Vgl. VK Berlin Beschl. v. 31.5.2000, VK-B2–15/00. Weiterführend auch die Entscheidung des BGH Beschl. v. 8.2.2011, X ZB 4/10, NZBau 2011, 175 (zur Dienstleistungskonzession).

[24] Zu den Rechtsetzungsbemühungen in diesem Bereich vgl. unten C.III.2.

[25] Vgl. OLG München Beschl. v. 21.5.2008, Verg 5/08, VergabeR 2008, 845, 849 (für Dienstleistungskonzessionen); KG Beschl. v. 16.9.2013; Verg 4/13.

2. Abgrenzung zur Dienstleistungskonzession

Die Abgrenzung von Bau- zu Dienstleistungskonzessionen erfolgt regelmäßig anhand der **16** im Einzelfall betroffenen Vertragsregelungen und bedingt zunächst einer Vorüberlegung: Sofern die betroffenen Leistungsteile voneinander getrennt werden und dementsprechend auch getrennt vergeben werden können, werden die einzelnen Leistungsteile unter Berücksichtigung des jeweils betroffenen Regelungsregimes ausgeschrieben.

Erst wenn die betroffenen Leistungsteile im Rahmen eines gemischten Vertrages nicht **17** voneinander getrennt werden können, sondern zwingend miteinander verbunden sind, kommt es auf die Abgrenzungsfrage an. Dabei gelten im „klassischen" Vergaberecht bestimmte Grundsätze für die Abgrenzung von Bau- zu Dienstleistungsaufträgen. So ergibt sich aus Art. 1 Abs. 2 lit. d) Unterabs. 3 VKR sowie dem 10. Erwägungsgrund der aktuellen VKR, dass Verträge dann als öffentliche Bauaufträge einzuordnen sind, wenn die „hauptsächliche Errichtung eines Bauwerks" ihren Inhalt bildet bzw. umgekehrt ein Dienstleistungsauftrag erst dann vorliegt, wenn die Bauleistungen im Verhältnis zum Hauptgegenstand der Dienstleistung lediglich **Nebenarbeiten** darstellen.[26] Im nationalen Recht ist dieser Grundsatz mit dem Vergaberechtsänderungsgesetz 2009 nun in § 99 Abs. 10 Satz 2 GWB zu finden. Hier heißt es: „Ein öffentlicher Auftrag, der neben Dienstleistungen Bauleistungen umfasst, die im Verhältnis zum Hauptgegenstand Nebenarbeiten sind, gilt als Dienstleistungsauftrag".

Für die Abgrenzung von Bau- zu Dienstleistungskonzessionen müssen dieselben **18** Grundsätze gelten. So hat das OLG Brandenburg in seinem Urteil zum Flughafen Berlin-Schönefeld/Brandenburg International[27] speziell für die Abgrenzungsproblematik von Bau- und Dienstleistungskonzessionen betont, dass es darauf ankäme, ob die Bauleistung „zumindest nicht nur" von untergeordneter Bedeutung sei. Es müsse nicht unbedingt ein materielles Übergewicht gegeben sein, ausreichend sei eine gewisse Bedeutung des Vertragsteils. Eine andere Sichtweise würde dazu führen, dass es in der Hand des jeweiligen Auftraggebers läge, sich durch eine entsprechend gewählte Vertragskonstellation den vergaberechtlichen Verpflichtungen entziehen zu können. Im Zweifel liege damit eine Baukonzession vor.

Wann Bauarbeiten im Verhältnis zu Dienstleistungen reine „Nebenarbeiten" darstellen **19** und damit nicht nur von untergeordneter Bedeutung sind, kann nicht pauschal beurteilt werden. Zwar wird zuweilen in der Rechtsprechung auf einen bestimmten Mindestumfang an Bauleistungen abgestellt, so beispielsweise die VK Lüneburg in einer Entscheidung vom 16.10.2008, wonach jedenfalls dann eine Bauleistung vorliegt, wenn diese mindestens 40 % des Auftragsvolumens beträgt.[28] Insgesamt existieren aber auch hier keine festen Grenzen. Entscheidend sind immer die Umstände des Einzelfalls in der Praxis unter wertender Betrachtung des Willens der Vertragsparteien und des rechtlichen und wirtschaftlichen Schwerpunktes des Vertrages.[29]

---

[26] Auch der EuGH hat schon früh in seinem Urteil vom 19.4.1994 in der Rechtssache Gestión Hotelera Internacional (Rs. C-331/92) deutlich gemacht, dass die gesamte Ausschreibung nicht als Bauauftrag angesehen werden kann, wenn die durchzuführenden Bauarbeiten gegenüber dem Hauptgegenstand der Ausschreibung von untergeordneter Bedeutung sind.

[27] Urteil vom 3.8.1999, NZBau 2000, 39. Ebenso *Reidt/Stickler* in Dreher/Motzke, Beck'scher Vergaberechtskommentar, 2. Aufl. 2013, § 22 VOB/A, Rn. 11 mit Verweis auf OLG Karlsruhe v. 13.6.2008, 15 Verg 3/08.

[28] Vgl. VK Lüneburg Beschl. v. 16.10.2008, VgK-30/2008.

[29] Vgl. insbesondere *Noch* BauR 1998, 941, 948. So hat beispielsweise in der einschlägigen nationalen Rechtsprechung das OLG Düsseldorf in einer Entscheidung darauf hingewiesen, dass für den Fall, dass allein aus den auf die Bauleistungen und die Liefer- und Dienstleistungen entfallenden Auftragssummen noch keine eindeutige und abschließende Klarheit über die rechtliche Einordnung des Auftrags zu erlangen ist, im Sinne einer Prägung des Gesamtauftrages die übrigen Elemente an Bedeutung erlangen. Dazu gehörten namentlich die Verteilung der mit einer Auftragsdurchführung ver-

III. Verfahren der Vergabe

20 Bei der Vergabe einer Baukonzession ist – wie typisch für das „klassische" Vergaberecht – zwischen einer Vergabe im **Unterschwellen- und im Oberschwellenwertbereich** zu unterscheiden.[30] Baukonzessionen oberhalb der Schwellenwerte unterfallen grundsätzlich nach den Art. 56 ff. VKR dem Anwendungsbereich der europäischen Vergaberichtlinien. Zukünftig sollen die Vergabe von Baukonzessionen zusammen mit Dienstleistungskonzessionen in einer sog. Konzessionsrichtlinie geregelt werden. Ein entsprechender Entwurf der Europäischen Kommission liegt bereits vor (vgl. KOM [2011] 897 endg. – ausführlich unten C.III.2.). Die nationalen Umsetzungsnormen sind in den § 99 Abs. 1, Abs. 6 GWB, § 6 VgV sowie den §§ 22, 22 EG VOB/A zu finden. Konkret stellt der Baukonzessionsvertrag gemäß § 99 Abs. 6 GWB einen öffentlichen Auftrag im Sinne des § 99 Abs. 1 GWB dar und ist gemäß § 6 Abs. 1 VgV ebenso wie öffentliche Bauaufträge im Sinne des § 99 Abs. 3 GWB vom Anwendungsbereich der §§ 97 ff. GWB erfasst. Über § 99 GWB in Verbindung mit § 6 VgV kommen die Bestimmungen der VOB/A – hier insbesondere die §§ 22, 22 EG VOB/A – zur Anwendung. Im Unterschwellenwertbereich greift dagegen ausschließlich die Norm des § 22 VOB/A.

1. Unterschwellenwertbereich

21 § 22 Abs. 2 VOB/A ordnet für die Vergabe einer Baukonzession im Unterschwellenwertbereich – ausnahmslos – die **sinngemäße Anwendung der Basisparagraphen** (§§ 1 bis 21 VOB/A) an. Dies bedeutet, dass inhaltlich auf die Vergabe von Baukonzessionen nicht passende Regelungen unberücksichtigt bleiben. Hierdurch wird dem Umstand Rechnung getragen, dass zwischen öffentlichem Bauauftrag und Baukonzession zum Teil erhebliche Unterschiede bestehen. Dagegen finden die Basisparagraphen dort, wo die Besonderheiten der Baukonzession einer sinngemäßen Anwendung nicht entgegenstehen, uneingeschränkt Anwendung. § 22 Abs. 2 VOB/A gibt einem öffentlichen Auftraggeber daher keine freie Hand, über den Anwendungsumfang der §§ 1 bis 21 VOB/A zu entscheiden, sondern stellt lediglich klar, dass gewisse Anpassungen bei deren Anwendung vorzunehmen sind.[31]

22 Konkret bedeutet dies: Die Bestimmungen zur bauvertraglichen Vergütung (also insbesondere die §§ 4, 9 Abs. 9, 16 Abs. 4, Abs. 5, Abs. 6, Abs. 9 VOB/A) können höchstens dann eine Rolle spielen, sofern dem Baukonzessionär zusätzlich zum Nutzungsrecht als Gegenleistung noch ein Preis gezahlt wird. Außerdem ist die Bestimmung des § 7 Abs. 1 Nr. 3 VOB/A über das Verbot ungewöhnlicher Wagnisse grundsätzlich auf die Baukonzessionsvergabe nicht anwendbar, da die Risikoübernahme durch den Konzessionär gerade prägendes Merkmal einer Baukonzession ist.[32] Zu berücksichtigen sind dagegen insbesondere die Bestimmung des § 2 Abs. 1 VOB/A über die Grundsätze der Vergabe und

---

bundenen Risiken auf die Beteiligten und deren Gewichtung, vgl. OLG Düsseldorf, Beschl. v. 12. 3. 2003, Verg 49/02.

[30] Baukonzessionen sind in der Bestimmung des § 2 Vergabeverordnung (VgV) zu den Schwellenwerten zwar nicht erfasst; da sie jedoch öffentlichen Bauaufträgen im Sinne des § 99 Abs. 3 GWB gleichzusetzen sind (vgl. Fn. 30), gilt auch § 2 Nr. 3 VgV entsprechend. Der Schwellenwert für Baukonzessionen entspricht damit dem Schwellenwert für öffentliche Bauaufträge.

[31] Vgl. *Reidt/Stickler* in Dreher/Motzke, Beck'scher Vergaberechtskommentar, 2. Aufl. 2013, § 22 VOB/A Rn. 89.

[32] Etwas anderes kann nach Auffassung in der Literatur möglicherweise im Einzelfall dann gelten, wenn der Konzessionär nicht mehr auf unerwartete Kostensteigerungen durch angemessene Preiserhöhungen gegenüber den Nutzern reagieren kann und er auch dieses Risiko einschränkungslos tragen soll, vgl. hierzu *Stickler* BauR 2003, 1105.

2. Oberschwellenwertbereich

Bei der Vergabe einer Baukonzession oberhalb der Schwellenwerte finden zunächst die §§ 1 bis 21 VOB/A sinngemäß Anwendung (vgl. hierzu 1.). Dies stellt nun § 22 EG Abs. 2 Nr. 1 Satz 1 VOB/A in der Fassung 2012 – im Gegensatz zur VOB/A in der Fassung von 2009 – klar.[34] Daneben kommen über § 22 EG Abs. 2 Nr. 1 Satz 2 VOB/A **einzelne Bestimmungen der EG-Paragraphen** zur Anwendung.[35] Konkret regelt § 22 EG Abs. 2 VOB/A folgende Fallkonstellationen: Die Vergabe von Baukonzessionen durch öffentliche Auftraggeber sowie die Vergabe von Bauaufträgen durch private und öffentliche Baukonzessionäre.

a) Vergabe von Baukonzessionen

Für die Vergabe einer Baukonzession mit einem geschätzten Gesamtauftragswert gemäß § 2 Nr. 3 VgV ohne Umsatzsteuer kommen die EG-Paragraphen grundsätzlich nicht zur Anwendung. Eine Ausnahme sieht § 22 EG Abs. 2 Nr. 1 Satz 2 für die in Nr. 2 – Nr. 4 definierten Anforderungen bzw. EG-Paragraphen vor. Hiernach ist zunächst die Absicht eines öffentlichen Auftraggebers, eine Baukonzession zu vergeben, nach Anhang X der Verordnung (EG) Nummer 842/2011 **bekannt zu machen** (§ 22 EG Abs. 2 Nr. 2 VOB/A).[36] Die Einzelheiten der **Veröffentlichung** richten sich nach dem über § 22 EG Abs. 2 Nr. 3 VOB/A anwendbaren § 12 EG Abs. 2 VOB/A.

Außerdem sieht § 22 EG Abs. 2 Nr. 4 VOB/A eine **Bewerbungsfrist** für den Eingang von Teilnahmeanträgen von mindestens 52 Kalendertagen vor, gerechnet vom Tag der Absendung der Bekanntmachung an.[37] Im Gegensatz dazu fehlt es auch in der Fassung der VOB/A 2012 nach wie vor an der Bestimmung einer **Angebotsfrist.** In der Literatur wurde insoweit zur Vorgängernorm des § 22a VOB/A in der Fassung von 2009 über § 22 Abs. 2 VOB/A eine entsprechende Anwendung des § 10 VOB/A und damit eine „ange-

---

[33] Also beispielsweise § 3 VOB/A für die Art der Vergabe, die Bestimmung des § 7 Abs. 1 Nr. 1 VOB/A zur Leistungsbeschreibung sowie die Bestimmungen zur Bekanntmachung in § 12 VOB/A und zur Prüfung und Wertung der Angebote in § 16 VOB/A, aber auch die Norm des § 8 Abs. 3 VOB/A, welche vorsieht, dass in den Vergabeunterlagen die Geltung der VOB/B festzuschreiben ist (wobei hier wiederum nur eine sinngemäße Anwendung gemeint ist), vgl. im Einzelnen *Reidt/Stickler* in Dreher/Motzke, Beck'scher Vergaberechtskommentar, 2. Aufl. 2013, § 22 VOB/A Rn. 90 ff.

[34] So aber auch schon für die Vorgängernorm des § 22a VOB/A in der Fassung 2009 OLG Düsseldorf Beschl. v. 13.6.2007, VII Verg 2/07, VergabeR 2007, 634, 642.

[35] Grundsätzlich kommen für die Vergabe von Baukonzessionen durch öffentliche Auftraggeber nach § 98 Nr. 1 bis 3, 5 und 6 GWB gemäß § 6 Abs. 1 VgV zunächst die EG-Paragraphen zur Anwendung. § 22 EG VOB/A erklärt sodann einschränkend als spezielle Norm für Baukonzessionen nur bestimmte einzelne EG-Paragraphen für anwendbar.

[36] Dies bedeutet aber auch, dass bei der Wahl der Verfahrensart im Sinne des § 3 VOB/A nur Verfahren mit vorheriger Bekanntmachung (und damit Aufruf zum Teilnahmewettbewerb) zulässig sind, vgl. *Reidt/Sticker* in Dreher/Motzke, Beck'scher Vergaberechtskommentar, 2. Aufl. 2013, § 22a VOB/A Rn. 6.

[37] Diese Bestimmung findet nur dann Anwendung, sofern ein Verfahren mit vorgeschaltetem Teilnahmewettbewerb stattfindet, im Falle einer öffentlichen Ausschreibung dagegen nicht. Hieraus folgt allerdings nicht, dass nur Verfahren mit vorgeschaltetem Teilnahmewettbewerb überhaupt zulässig wären (so aber *Horn* ZfBR 2004, 665, 666). Dabei kann die Frist vor dem Hintergrund des Art. 59 Abs. 1 i.V.m. Art. 38 VKR bei elektronisch erstellter und versendeter Bekanntmachung um 7 Tage verkürzt werden, vgl. *Reidt/Sticker* in Dreher/Motzke, Beck'scher Vergaberechtskommentar, 2. Aufl. 2013, § 22a VOB/A Rn. 20.

messene Angebotsfrist" befürwortet.[38] Durch die explizite Verweisung auf die Basisbestimmungen ist die sinngemäße Anwendung nun zweifelsfrei.

b) Vergabe an Dritte durch Baukonzessionär

26 Häufig erbringen Baukonzessionäre die übernommenen Bauverpflichtungen nicht selbst, sondern schalten hierbei Dritte ein. In diesem Kontext greifen die Regelungen des § 22 EG Abs. 3 und Abs. 4 VOB/A. Sie richten sich an den Auftragnehmer, der die Konzession erhalten hat und sehen hinsichtlich der Vergabe von **Bauaufträgen an Dritte**[39] besondere Anforderungen vor, selbst wenn es sich bei dem Konzessionär um ein privates Unternehmen handelt.

27 Die gesetzliche Grundlage für die Bestimmung des § 22 EG Abs. 3 VOB/A ist in § 98 Nr. 6 GWB zu finden. Die explizite Verknüpfung wird nun auch in § 22 EG Abs. 3 Nr. 1 Satz 1 VOB/A in der Fassung 2012 hergestellt. In § 98 Nr. 6 GWB heißt es: „Öffentliche Auftraggeber im Sinne dieses Teils sind natürliche oder juristische Personen des privaten Rechts, die mit Stellen, die unter die Nummern 1 bis 3 fallen, einen Vertrag über eine Baukonzession abgeschlossen haben, hinsichtlich der Aufträge an Dritte." Sinn und Zweck dieser Regelung ist es, eine Flucht der öffentlichen Hand aus dem Vergaberecht durch Erteilen einer Baukonzession zu verhindern. Der Baukonzessionär gilt damit sozusagen als verlängerter Arm der öffentlichen Hand (als Konzessionsgeber) und ist als solcher ebenfalls an bestimmte vergaberechtliche Verpflichtungen gebunden.[40]

28 § 98 Nr. 6 GWB betrifft dabei alle Aufträge, die ein Baukonzessionär **zur Erfüllung seiner Leistungspflichten aus dem Konzessionsvertrag** an Dritte vergibt. Dies gilt auch, wenn er die zum Leistungsumfang gehörenden Planungsleistungen getrennt von den Bauleistungen an Dritte vergibt.[41] Aufträge an Dritte, die ein Konzessionär dagegen nicht zur Erfüllung seiner vom öffentlichen Auftraggeber auferlegten Leistungspflichten vergibt, sind der Auftraggebereigenschaft des § 98 Nr. 6 GWB entzogen. Dies wird nun auch durch den Wortlaut des § 22 EG Abs. 3 Nr. 1 VOB/A klargestellt, der ausdrücklich auf „Bauaufträge" abstellt.

29 Während die Bestimmung des § 22 EG Abs. 4 VOB/A[42] für **Baukonzessionäre als öffentliche Auftraggeber** im Sinne des § 98 Nummer 1 bis 3 und 5 GWB bei der Vergabe von Bauaufträgen an Dritte die EG-Paragraphen für anwendbar erklärt[43], sieht § 22

---

[38] Vgl. *Reidt/Stickler* in Dreher/Motzke, Beck'scher Vergaberechtskommentar, 2. Aufl. 2013, § 22a VOB/A Rn. 24; *Horn* in Juris-PK, § 22a VOB/A Rn. 40.

[39] D.h. keine Unternehmen, die sich zusammengeschlossen haben, um die Konzession zu erhalten, und keine mit den betreffenden Unternehmen verbundene Unternehmen, vgl. Art. 63 Abs. 2 Satz 1 VKR. Ein „verbundenes Unternehmen" ist ein Unternehmen, auf das der Konzessionär unmittelbar oder mittelbar einen beherrschenden Einfluss ausüben kann, das seinerseits einen beherrschenden Einfluss auf den Konzessionär ausüben kann oder das ebenso wie der Konzessionär dem beherrschenden Einfluss eines dritten Unternehmens unterliegt, sei es durch Eigentum, finanzielle Beteiligung oder sonstige Bestimmungen, die die Tätigkeit der Unternehmen regeln, vgl. Art. 63 Abs. 2 Satz 2 VKR.

[40] Vgl. OLG München Beschl. v. 5.4.2010, Verg 3/12, NZBau 2012, 456.

[41] Vgl. OLG München Beschl. v. 5.4.2010, Verg 3/12, NZBau 2012, 456.

[42] Entgegen der früheren Fassung der VOB/A 2009 nimmt § 22 EG Abs. 4 VOB/A in der Fassung 2012 nicht auf die Überschreitung eines Gesamtauftragswertes gemäß § 2 Nr. 3 VgV Bezug; gleichwohl greift die Verpflichtung des § 22 EG Abs. 4 VOB/A nach wie vor erst mit Überschreiten des entsprechenden Schwellenwertes.

[43] Ebenso wie der Vorgängerbestimmung des § 22a Abs. 3 VOB/A in der Fassung von 2009 dürfte auch § 22 EG Abs. 4 VOB/A lediglich klarstellende Bedeutung zukommen, da sich die Anwendung des 2. Abschnitts der VOB/A für öffentliche Baukonzessionäre bereits aus § 98 Nr. 1–3, 5 GWB i.V.m. § 6 Abs. 1 Satz 1 VgV ergibt, vgl. zur alten Fassung 2009 nur *Horn* in Juris-PK, § 22a VOB/A Rn. 43; *Reidt/Stickler* in Dreher/Motzke, Beck'scher Vergaberechtskommentar, 2. Aufl. 2013, § 22a VOB/A Rn. 45.

§ 5 Konzessionen   Kap. 1

EG Abs. 3 VOB/A für die Vergabe von Bauaufträgen an Dritte durch **private Baukonzessionäre** eine Privilegierung vor. § 22 EG Abs. 3 VOB/A enthält abschließend die Bestimmungen der VOB/A, die ein privater Konzessionär zu beachten hat; im Übrigen ist der private Baukonzessionär frei.[44] Dies stellt die aktuelle Formulierung in § 6 Abs. 1 2. HS VgV klar, wonach für die in § 98 Nr. 6 des GWB genannten Auftraggeber die Anwendbarkeit der EG-Paragraphen nur hinsichtlich der Bestimmungen gilt, die auf diese Auftraggeber Bezug nehmen.[45] Konkret ist zunächst gemäß § 22 EG Abs. 3 Nr. 1 VOB/A die Absicht eines öffentlichen Auftraggebers, eine Baukonzession zu vergeben, nach Anhang XI der Verordnung (EG) Nummer 842/2011 bekannt zu machen. Die Einzelheiten der Veröffentlichung richten sich nach dem über § 22 EG Abs. 3 Nr. 1 Satz 3 VOB/A anwendbaren § 12 EG Abs. 2 VOB/A. Außerdem legt § 22 EG Abs. 3 Nr. 2 VOB/A eine Bewerbungsfrist von mindestens 37 Kalendertagen fest, gerechnet vom Tag nach Absendung der Bekanntmachung, und eine Angebotsfrist von mindestens 40 Kalendertagen, gerechnet vom Tag der Absendung der Aufforderung zur Angebotsabgabe.[46]

3. Ausnahmetatbestände

Für die Vergabe einer Baukonzession durch **Sektorenauftraggeber** ist speziell § 100b Abs. 5 GWB zu beachten, wonach Baukonzessionen zur Durchführung von Sektorentätigkeiten (also auf den Gebieten der Trinkwasser- und Energieversorgung sowie des Verkehrs) nicht ausschreibungspflichtig sind. Die Regelung entspricht Art. 57 lit. b) VKR und Art. 18 SKR auf europäischer Ebene.[47]   30

IV. Rechtschutz

Für die Überprüfung der Vergabe einer Baukonzession oberhalb der Schwellenwerte sind die vergaberechtlichen Spruchkörper zuständig. Dabei kommt den besonderen Vorgaben des § 22 EG Abs. 2 Nr. 1 Satz 2 VOB/A ebenso wie der Verpflichtung zur sinngemäßen   31

---

[44] Vgl. näher *Bornheim/Stockmann* BauR 1994, 677, 685. Unabhängig davon kann der Auftraggeber selbstverständlich im Konzessionsvertrag die Verpflichtung zur Anwendung der VOB/A im Falle von Untervergaben vorsehen, vgl. hierzu *Reidt/Stickler* BauR 1997, 241, 249; *Bornheim/Stockmann* BauR 1994, 677, 685.
[45] In der Vorgängernorm des § 22 a Abs. 2 VOB/A war der Bezug zu § 98 Nr. 6 GWB nicht gegeben. Dementsprechend war der konkrete Anwendungsbereich der Norm des § 22a Abs. 2 VOB/A wegen des Wortlauts des § 98 Nr. 6 GWB umstritten. Die herrschende Auffassung in der Literatur wollte trotz des Wortlauts in § 98 Nr. 6 GWB für private Baukonzessionäre allein die privilegierende Bestimmung des § 22a Abs. 2 VOB/A anwenden, andernfalls ermangele es an einer sinnvollen Gegenüberstellung zu § 22a Abs. 3 VOB/A, vgl. nur *Reidt/Stickler* in Dreher/Motzke, Beck'scher Vergaberechtskommentar, 2. Aufl. 2013, § 22a VOB/A Rn. 45; *Horn* in Juris-PK, § 22a VOB/A Rn. 43; *Wegener* in Pünder/Schellenberg, § 22a VOB/A Rn. 13. Durch die explizite Bezugnahme auf § 98 Nr. 6 GWB in § 22 EG Abs. 3 VOB/A ist nun klargestellt, dass für private Baukonzessionäre eine Privilegierung greift und ausschließlich die dort aufgeführten Anforderungen greifen.
[46] Die Bestimmung entspricht der Regelung in § 10 EG Abs. 2 Nr. 1 und Nr. 3 VOB/A. Vor dem Hintergrund des Art. 65 UA 2 VKR ergibt sich, dass diese Fristen verkürzt werden können, vgl. im Einzelnen *Reidt/Stickler* in Dreher/Motzke, Beck'scher Vergaberechtskommentar, 2. Aufl. 2013, § 22a VOB/A Rn. 43.
[47] Die allgemeinen Ausnahmetatbestände des § 100 GWB gelten selbstverständlich ebenfalls, sofern deren Voraussetzungen im Einzelfall erfüllt sind. Art. 57 lit. a) VKR stellt insofern klar, dass im Falle einer Baukonzession für öffentliche Bauaufträge im Bereich Telekommunikation (Art. 13 VKR, vgl. auch § 100a Abs. 4 GWB) oder für Baukonzessionen, die der Geheimhaltung unterliegen oder bestimmte Sicherheitsmaßnahmen erfordern (Art. 14 VKR, vgl. auch § 100c GWB) oder die auf der Grundlage internationaler Vorschriften vergeben werden (Art. 15 VKR, vgl. auch § 100c Abs. 4 GWB), die Vorschriften der VKR keine Anwendung finden.

Anwendung der §§ 2–21 VOB/A bieterschützende Wirkung zu.[48] Unterhalb der Schwellenwerte sind unterlegene Bieter dagegen regelmäßig – ebenso wie im klassischen Vergaberecht – auf Sekundäransprüche (und damit auf Schadenersatz) verwiesen.

C. Dienstleistungskonzession

32 In der heutigen Zeit bietet das Modell der Dienstleistungskonzession ein flexibles und wegen der vergaberechtlichen Besonderheiten höchst attraktives Instrument der Einbindung privaten Know-hows und privater Finanzkraft in die öffentliche Aufgabenerfüllung. Dabei sind Dienstleistungskonzessionen in den verschiedensten Bereichen und auf allen Ebenen anzutreffen. Allerdings liegt derzeit und wohl auch zukünftig das größte Potential im kommunalen Bereich und hier der **Daseinsvorsorge.** Der typische Wandel von der Leistungsverwaltung hin zur Gewährleistungsverwaltung ist hier besonders deutlich zu spüren. Betroffen sind vornehmlich die kommunale Infrastruktur (hier insbesondere die Aufgaben der Abfallentsorgung und der Wasser-/Abwasserwirtschaft sowie des öffentlichen Personennahverkehrs), die kommunalen Liegenschaften und die sog. Stadtmöblierung, der Betrieb von kommunalen Einrichtungen sowie der Bereich der Kultur im weitesten Sinne, aber auch vereinzelt der Bereich der öffentlichen Sicherheit und Ordnung (hier zum Beispiel der Rettungsdienst), um nur einige Bereiche zu nennen.

33 Auch für die Zukunft ist davon auszugehen, dass sich dieses Modell weiter großer Beliebtheit erfreut.

I. Begrifflichkeit

34 Das Institut der Dienstleistungskonzession ist weder auf europäischer Ebene noch im nationalen Recht abschließend definiert. **Art. 1 Abs. 4 VKR**[49] bestimmt lediglich in Abgrenzung zum öffentlichen Dienstleistungsauftrag, dass „Dienstleistungskonzessionen […] Verträge [sind], die von öffentlichen Dienstleistungsaufträgen nur insoweit abweichen, als die Gegenleistung für die Erbringung der Dienstleistungen ausschließlich in dem Recht zur Nutzung der Dienstleistung oder in diesem Recht zzgl. der Zahlung eines Preises besteht".

35 Auf nationaler Ebene existiert in den einschlägigen vergaberechtlichen Bestimmungen keine Definition der Dienstleistungskonzession. Aus Gründen einer einheitlichen europäischen Rechtsentwicklung ist für eine allgemeingültige, d.h. europaweite Begrifflichkeit der Anknüpfungspunkt auf europäischer Ebene in Art. 1 Abs. 4 VKR zu begrüßen.

1. Nutzungsrecht

36 Die Unterscheidung zwischen Dienstleistungskonzession und öffentlichem Dienstleistungsauftrag bemisst sich nach der Art der Gegenleistung. Wesentliches Charakteristikum einer Dienstleistungskonzession und notwendiges Abgrenzungskriterium zum öffentlichen Dienstleistungsauftrag ist das **Nutzungsrecht des privaten Konzessionärs.** Der Private erhält als Gegenleistung also keine unmittelbare finanzielle Zuwendung seitens der öffentlichen Hand, sondern ihm wird als Gegenleistung entweder ausschließlich das Recht zur Nutzung seiner Dienstleistung (d.h. das Recht zur wirtschaftlichen Verwertung seiner Dienstleistung und damit das Recht, die von ihm erbrachten Dienstleistungen Dritten in Rechnung zu stellen) eingeräumt oder ihm wird zusätzlich zu diesem Nutzungsrecht

---

[48] Dies resultiert nun aus der expliziten Benennung in § 22 EG Abs. 2 Nr. 1 Satz 1 VOB/A, galt aber auch schon für die Fassung der VOB/A 2009, vgl. hierzu *Wegener* in Pünder/Schellenberg, § 22 VOB/A Rn. 15.

[49] Nahezu wortgleich Art. 1 Abs. 3 lit. b) SKR. Zum einheitlichen Begriffsverständnis EuGH Urt. v. 10.9.2009, Rs. C-206/08, NZBau 2009, 729 Rn. 43 – WAZV Gotha.

noch vom öffentlichen Auftraggeber ein Preis gezahlt. Maßgeblich erhält der Konzessionär damit die Vergütung für seine Dienstleistung nicht oder zumindest nicht ausschließlich vom Auftraggeber, sondern von Dritten, die die Leistung in Anspruch nehmen (z. B. Parkgebühren).[50] Kennzeichen des Konzessionsmodells ist damit die direkte Verbindung zwischen dem Konzessionär und dem Endnutzer. Der Private erbringt die Dienstleistung anstelle der öffentlichen Hand unter seiner Aufsicht.[51]

Allerdings ist das Nutzungsrecht nicht das alleinige Abgrenzungskriterium zum öffentlichen Dienstleistungsauftrag. Der EuGH hat in ständiger Rechtsprechung klargestellt, dass die charakteristische Refinanzierung über das Benutzerentgelt alleine nicht ausreicht, um das Vorliegen eines Dienstleistungsauftrages zu verneinen bzw. umgekehrt selbst bei unmittelbarer Vergütung durch den öffentlichen Auftraggeber im Ausnahmefall die Voraussetzungen einer Dienstleistungskonzession erfüllt sein können.[52] 37

Entscheidend kommt es vielmehr zusätzlich zum eingeräumten Nutzungsrecht darauf an, dass der Konzessionär außerdem das **Betriebsrisiko** der fraglichen Dienstleistung übernimmt.[53] 38

2. Wirtschaftliches Risiko

Der EuGH hat in seiner Rechtsprechung deutlich gemacht: Untrennbar mit der wirtschaftlichen Nutzung der Dienstleistung ist deren wirtschaftliches Betriebsrisiko verbunden; mit dessen Übernahme muss der Konzessionär damit den Risiken des entsprechenden Marktes ausgesetzt sein. Entscheidend kommt es dabei darauf an, dass das **Betriebsrisiko voll oder zumindest in wesentlichen Teilen** auf den Konzessionär übertragen (und dementsprechend von diesem übernommen) wird.[54] Ausgangspunkt ist dabei das Betriebsrisiko, das der öffentliche Auftraggeber selbst tragen müsste, wenn er die betreffende Dienstleistung durch eine eigene Dienststelle erbringen ließe.[55] Dabei ist es insbesondere im Bereich der Daseinsvorsorge durchaus üblich, dass hier aus marktregulierenden Tendenzen rechtliche Rahmenbedingungen gelten, die von vornherein eine Beschränkung der wirtschaftlichen Risiken bewirken (beispielsweise im Falle eines bestehenden Anschluss- und Benutzungszwanges oder etwa beim öffentlichen Ausgleich für die Beförderung von Schülern nach § 45a PBefG und von schwerbehinderten Menschen nach den 39

---

[50] Vgl. EuGH Urt. v. 10. 11. 2011, Rs. C-348/10, NZBau 2012, 183 – Norma-A.

[51] Auch bei der Vergabe einer Dienstleistungskonzession muss immer eine Beschaffungsabsicht gegeben sein, d. h., durch die Dienstleistungskonzession muss – anders als bei der reinen Lizenzgewährung – immer ein Interesse des Auftraggebers an der Erfüllung ihm obliegender Aufgaben und damit eine „Nachfrage des Auftraggebers gedeckt werden, vgl. hierzu OLG München v. 19. 1. 2012, Verg 17/11, VergabeR 2012, 496; OLG München Beschl. v. 25. 3. 2011, Verg 4/11, NZBau 2012, 380 .

[52] Vgl. EuGH Urt. v. 10. 9. 2009, Rs. C-206/08, NZBau 2009, 729 Rn. 53 ff. – WAZV Gotha; zur Entwicklung der Rechtsprechung *Vavra* VergabeR 2010, 351, 355 f.

[53] Vgl. EuGH Urt. v. 10. 3. 2011, Rs. C-274/09, NZBau 2011, 239 Rn. 26 – Rettungsdienst Stadler; EuGH Urt. v. 10. 9. 2009, Rs. C-206/08, NZBau 2009, 729 Rn. 59, 68 – WAZV Gotha.

[54] Vgl. EuGH Urt. v. 10. 11. 2011, Rs. C-348/10, NZBau 2012, 183 Rn. 44 – Norma-A; EuGH Urt. v. 10. 3. 2011, Rs. C-274/09, NZBau 2011, 239 Rn. 26 – Rettungsdienst Stadler; EuGH Urt. v. 10. 9. 2009, Rs. C-206/08, NZBau 2009, 729, Rn. 59, 68 – WAZV Gotha. Der EuGH formuliert hierbei sehr vorsichtig; ob mit seiner Formulierung gemeint ist, dass das Betriebsrisiko in jedem Fall „im Wesentlichen" oder „zu ganz überwiegendem Teil" auf den Konzessionär übergehen muss, ist nicht ganz eindeutig; für eine solche Interpretation wohl *Höveberndt* NZBau 2010, 599, 603; *Vavra* VergabeR 2010, 351, 354. Vgl. zum Ganzen auch *Diemon-Wies/Hesse* NZBau 2012, 341; *Bultmann* NVwZ 2011, 72.

[55] Vgl. EuGH Urt. v. 10. 9. 2009, Rs. C-206/08, NZBau 2009, 729 Rn. 69, 71 ff. – WAZV Gotha. Zur Begründung führt der EuGH an: Einem öffentlichen Auftraggeber könne das Instrument der Konzession nicht alleine deswegen versagt sein, weil gesetzliche – in der Regel von einem anderen Hoheitsträger erlassene, der Daseinsvorsorge dienende – Regelungen sein (hypothetisches) Betriebsrisiko erheblich begrenzen, indem sie zum Beispiel generell für eine monopolartige Marktstruktur sorgen. In diesem Sinne auch VK Münster Beschl. v. 18. 3. 2010, VK 1/10, GewArch 2011, 222.

§§ 145 ff. SGB IX[56]). Ein in solchen Fällen gesetzgeberisch von vornherein (erheblich) eingeschränktes Betriebsrisiko schließt damit das Vorliegen einer Dienstleistungskonzession nicht aus, sofern dieses (eingeschränkte) Betriebsrisiko wiederum ganz oder zum wesentlichen Teil auf den Konzessionär übertragen wird.

a) Überwiegendes Betriebsrisiko

40 Die Ausgestaltung dieser Voraussetzung war lange Zeit nicht näher bestimmt.[57] In zwei Entscheidungen aus 2011 hat der EuGH nun dieses Merkmal weiter ausgeformt: In der Rechtssache „Rettungsdienst Stadler"[58] hat der EuGH erstmalig verschiedene Ausgestaltungskriterien zum Betriebsrisiko entwickelt und diese in der Rechtssache „Norma-A"[59] bestätigt. Hiernach bedeutet „das wirtschaftliche Betriebsrisiko der Dienstleistung (…) das Risiko (…), den Unwägbarkeiten des Marktes ausgesetzt zu sein", was sich konkret „im Risiko der Konkurrenz durch andere Wirtschaftsteilnehmer (Absatzrisiko[60]), dem Risiko eines Ungleichgewichts zwischen Angebot und Nachfrage (Planungsrisiko), dem Risiko der Zahlungsunfähigkeit derjenigen, die die Bezahlung der erbrachten Dienstleistungen schulden (Insolvenzrisiko), dem Risiko einer nicht vollständigen Deckung der Betriebsausgaben durch die Einnahmen (Verlust- bzw. Verwertungsrisiko[61]) oder dem Risiko der Haftung für einen Schaden im Zusammenhang mit einem Fehlverhalten bei der Erbringung der Dienstleistung (Haftungsrisiko)" äußern kann.

41 Diese **Markt- bzw. Unternehmerrisiken**[62] müssen immer vom allgemeinen Risiko einer Rechtsänderung während der Durchführung eines Vertrages[63], von sonstigen unwahrscheinlichen, rein spekulativen Marktrisiken[64] sowie von jedem Vertrag immanenten Risiken aus der Sphäre des jeweiligen Dienstleistungserbringers, die ausschließlich von seinem individuellen Verhalten abhängig sind (wie beispielsweise mangelhafte Betriebsführung)[65] abgegrenzt werden.

42 Letztlich kommt es auf die Umstände des Einzelfalls an.

---

[56] So *Deuster/Michaels* NZBau 2011, 340, 342.

[57] Vgl. OLG Thüringen, Beschl. v. 8.5.2008, 9 Verg 2/08; *Ruhland*, Die Dienstleistungskonzession, S. 66 ff.

[58] Vgl. EuGH Urt. v. 10.3.2011, Rs. C-274/09, NZBau 2011, 239 Rn. 26, 37 – Rettungsdienst Stadler.

[59] Vgl. EuGH Urt. v. 10.11.2011, Rs. 348/10, NZBau 2012, 183 Rn. 44, 48 – Norma-A.

[60] Zu beachten bei der Beurteilung des Absatzrisikos ist Folgendes: Herrscht realiter ein ungestörter Wettbewerb zwischen verschiedenen Anbietern, ist das insoweit relevante Absatzrisiko entsprechend hoch; demgegenüber (erheblich) eingeschränkt ist das Absatzrisiko, wenn die Nutzer aus rein tatsächlichen Gründen die Dienstleistung des öffentlichen Auftraggebers bzw. des Auftragnehmers in Anspruch nehmen müssen (faktische Absatzgarantie), wie etwa bei einer hochspezialisierten Dienstleistung. Gleiches gilt im Falle einer gesetzlich geschaffenen (Quasi-) Monopolstellung. In letzteren Fällen kommt es darauf an, ob das vorhandene „Restrisiko" der Konkurrenz durch andere Wirtschaftsteilnehmer auf den Konzessionär (ganz oder zumindest zum wesentlichen Teil) übertragen wird.

[61] Wenn dem Konzessionär in diesem Zusammenhang nicht nur die Chance eingeräumt wird, einen Gewinn zu erwirtschaften, sondern er de facto eine Garantie erhält, dass sich die Nutzung der Dienstleistung für ihn wirtschaftlich rentiert, trägt er nicht das wirtschaftliche Risiko der Verwertung. Vgl. zum Ganzen BGH Beschl. v. 8.2.2011, X ZB 4/10, NZBau 175, 180; OLG Düsseldorf Beschl. v. 2.3.2011, VII-Verg 48/10, NZBau 2011, 244, 249; *Bultmann* NVwZ 2011, 72, 74; *Prieß/Marx/Hölzl* NVwZ 2011, 65, 66.

[62] Vgl. zur Terminologie VK Münster Beschl. v. 7.10.2010, VK 6/10, GewArch 2011, 301.

[63] Vgl. EuGH Urt. v. 10.9.2009, Rs. C-206/08, NZBau 2009, 729 Rn. 79 – WAZV Gotha.

[64] Vgl. BGH Beschl. v. 8.2.2011, X ZB 4/10, NZBau 2011, 175, 180.

[65] Vgl. EuGH Urt. v. 10.11.2011, Rs. C-348/10, NZBau 2012, 183 Rn. 49 – Norma-A; EuGH v. 10.3.2011, Rs. C-274/09, NZBau 2011, 239 Rn. 38 – Rettungsdienst Stadler.

b) Besonderheit: Zusätzliche Zahlung eines Preises

Einer besonders eingehenden Beurteilung der Umstände des Einzelfalls bedarf es in den Fällen, in denen dem Auftragnehmer **zusätzlich zum Nutzungsrecht noch eine weitere Gegenleistung** gewährt wird. Die „Zahlung eines Preises" kann in unterschiedlicher Form erfolgen und setzt nicht zwangsläufig die unmittelbare Zahlung eines Preises seitens des öffentlichen Auftraggebers an den Konzessionär voraus; ausreichend sind auch sonstige wirtschaftliche Vorteile wie beispielsweise die Übernahme einer Verlustausgleichspflicht oder der Abschluss eines sogenannten Zuschussvertrages[66]. Wichtig ist dabei, dass das Nutzungsrecht die Hauptvergütung des Konzessionärs darstellt und bleibt.[67] Zu klären ist also, welches Gewicht einem wirtschaftlichen Vorteil zukommen darf, um im Verhältnis zum Nutzungsrecht noch das Vorliegen einer Dienstleistungskonzession anzunehmen. 43

In der Rechtssache „Norma-A" (C-348/10) hatte der EuGH bei der rechtlichen Einordnung eines Verkehrsvertrages mit Einnahmegarantie (Verlustausgleich zuzüglich Gewinn) zwar zu einer Einordnung als Dienstleistungsauftrag tendiert, letztlich die konkrete Beurteilung aber dem nationalen Gericht überlassen.[68] 44

Bezogen auf die Fallgestaltung „Zuschussvertrag" hat der BGH in seiner Entscheidung „Abellio Rail"[69] weitere Hinweise zur Problematik entwickelt, ab welcher Quantität Ausgleichs- und sonstige Zuzahlungen des öffentlichen Auftraggebers der Annahme einer Dienstleistungskonzession entgegen stehen: Entscheidend komme es dabei auf das Gewicht der zusätzlichen geldwerten Zuwendung in Relation zum erzielbaren Benutzungsentgelt an. Die Übernahme des (wesentlichen Teils des) Betriebsrisikos sei jedenfalls dann ausgeschlossen, wenn die Zuzahlung in Form einer zusätzlichen Vergütung oder (Aufwands-) Entschädigung ein solches Gewicht habe, dass ihr bei wertender Betrachtung klein bloßer Zuschusscharakter mehr beigemessen werden könne, sondern sich darin zeige, dass die aus der Erbringung der Dienstleistung möglichen Einkünfte allein ein Entgelt darstellen würden, das weitab von einer äquivalenten Gegenleistung läge. Sofern die Zuschussleistung damit den Zweck verfolge, die schon fast äquivalente Gegenleistung des öffentlichen Auftraggebers (gemessen an den realisierbaren Benutzungseinnahmen) zu ergänzen, liege in der Zuschussleistung ein reiner Zuschusscharakter und damit das Element einer Dienstleistungskonzession. Sofern die Zusatzleistung dagegen den Zweck verfolge, die eindeutig noch nicht äquivalente Gegenleistung des öffentlichen Auftraggebers auf ein betriebswirtschaftlich akzeptables Niveau aufzustocken, komme ihr eine Art Äquivalenzsicherungsfunktion zu und damit sei das Element des Dienstleistungsauftrages gegeben. Denn, so der BGH weiter: Dränge die geldwerte Zuwendung das dem Dienstleistungserbringer eingeräumte Nutzungsrecht bezogen auf die Äquivalenz der Gegenleistung in die Nebenrolle als Annexleistung, seien seine Gewinninteressen in einem Maße gesichert, dass er nicht das wirtschaftliche Risiko der Verwertung trage. In diesem Fall habe der öffentliche Auftraggeber den Vertrag als öffentlichen Dienstleistungsauftrag auszuschreiben. 45

Entscheidend bei der Beurteilung der quantitativen Gewichtung der Vergütungskomponenten kommt es nach Auffassung des BGH nicht auf einen bestimmten prozentualen Schwellenwert an, sondern auf eine wertende Gesamtbetrachtung der Einzelfallumstände (unter Berücksichtigung der jeweils herrschenden Marktgegebenheiten). In der vom BGH zu entscheidenden Konstellation deckten die Zuwendungen der öffentlichen Hand 46

---

[66] Vgl. hierzu BGH Beschl. v. 8.2.2011, X ZB 4/10, NZBau 2011, 175, 181, Rn. 38, 43, 46.
[67] Vgl. so insbesondere die Europäische Kommission in ihrer Mitteilung „Auslegung Konzessionen", S. 3f.
[68] Vgl. EuGH Urt. v. 10.11.2011, Rs. 348/10, NZBau 2012, 183 – Norma-A.
[69] Vgl. BGH Beschl. v. 8.2.2011, X ZB 4/10, NZBau 2011, 175, 181, Rn. 38, 40ff. Kritisch hierzu *Michaels* NVwZ 2011, 969, 973f. (der Nettoverträge regelmäßig als Dienstleistungskonzessionen annimmt).

ca. 64 % der bei der Vertragsausführung anfallenden Gesamtkosten ab, so dass der BGH das Vorliegen eines öffentlichen Dienstleistungsauftrages annahm.

47 In der sonstigen nationalen Rechtsprechung hat beispielsweise die VK Berlin[70] bei einem 50 %-75 %igen Anteil finanziellen Engagements der öffentlichen Hand klar einen öffentlichen Dienstleistungsauftrag angenommen, während das OLG Schleswig[71] bei einer 20 %igen finanziellen Beteiligung öffentlicher Mittel wegen der konkreten finanzpolitischen Erwägungen noch das Vorliegen einer Baukonzession bejaht hat. Das OLG Düsseldorf[72] hat – zeitlich nachfolgend zur vorzitierten BGH-Entscheidung – in einem Fall, in dem die Zuwendungen aus öffentlichen Mitteln ca. 40 % der Gesamtkosten der Vertragsausführung (zzgl. angemessenem Gewinn) ausmachten, noch eine Dienstleistungskonzession bestätigt.

II. Abgrenzungsfragen

48 Die Abgrenzung einer Dienstleistungskonzession von einem öffentlichen Dienstleistungsauftrag als auch von einer Baukonzession ist angesichts der unterschiedlich zur Anwendung kommenden Regelwerke bei deren Vergabe für den Rechtsanwender von höchster Bedeutung.

1. Abgrenzung zum öffentlichen Dienstleistungsauftrag

49 Normativer Ausgangspunkt der Grenzziehung zwischen Dienstleistungskonzession zu öffentlichem Dienstleistungsauftrag ist die auf europäischer Ebene enthaltene Legaldefinition von Dienstleistungskonzessionen in Art. 1 Abs. 4 DKR. Entscheidendes Abgrenzungsmerkmal zum öffentlichen Dienstleistungsauftrag ist hiernach die Übertragung des Nutzungsrechtes auf den Konzessionär, ggf. zuzüglich der Zahlung eines Preises. Entscheidend kommt es aber mit der Rechtsprechung des EuGH letztlich immer darauf an, ob das wirtschaftliche Risiko der Unternehmung auf den Konzessionär übertragen und von diesem übernommen wird oder beim öffentlichen Auftraggeber verbleibt. Maßgeblich sind hierbei die Umstände des Einzelfalls (vgl. hierzu ausführlich oben I.2.a.). Lässt sich das Risiko, das der Auftragnehmer (also der Konzessionär) übernehmen soll, bei Beginn der Ausschreibung nicht ermitteln, etwa weil es den Bietern überlassen wird, die Höhe der Zuzahlung durch den Auftraggeber im Angebot zu bestimmen, und kommt daher die Möglichkeit in Betracht, dass im Ergebnis kein Konzessionsvertrag vorliegt, finden auf das Vergabeverfahren die strengeren, für die Vergabe von Dienstleistungsaufträgen einschlägigen Bestimmungen Anwendung.[73]

2. Abgrenzung zur Baukonzession

50 Klar abzugrenzen ist die Dienstleistungskonzession immer auch von einer Baukonzession, da das Vorliegen entweder einer Dienstleistungskonzession oder einer Baukonzession zu erheblich unterschiedlichen Konsequenzen führt: Während das Institut der Dienstleitungskonzession – zumindest derzeit noch – vom „strengen" Vergaberecht ausgenommen ist (vgl. hierzu unten III.1.), unterliegt das Modell der Baukonzession (wenn auch in modifizierter Form) dem Anwendungsbereich des Kartellvergaberechts (vgl. hierzu oben B.III.). Damit stellt sich die Frage nach einer sinnvollen Abgrenzung.

---

[70] Vgl. VK Berlin Beschl. v. 31.5.2000, VK B 2–15/00.
[71] Vgl. OLG Schleswig Urt. v. 6.7.1999, 6 U Kart 22/99, NZBau 2000, 100, 102.
[72] Vgl. OLG Düsseldorf Beschl. v. 2.3.2011, VII-Verg 48/10, NZBau 2011, 244; zustimmend *Prieß* NZBau 2002, 539, 545.
[73] Vgl. OLG München Beschl. v. 21.5.2008, Verg 5/08, VergabeR 2008, 845, 849; KG Berlin Beschl. v. 16.9.2013, Verg 4/13.

Sofern Dienstleistungskonzession und Baukonzession klar voneinander getrennt werden 51
können, werden diese immer auch unter Berücksichtigung des jeweils betroffenen Regelungsregimes getrennt voneinander vergeben.

Der Frage nach einer sinnvollen Abgrenzung kommt vielmehr dann wesentliche Be- 52
deutung zu, sofern die betroffenen Leistungsteile im Rahmen eines gemischten Vertrages nicht voneinander getrennt werden können, sondern zwingend miteinander verbunden sind. Dann kommt es für die Zuordnung entweder zum Institut der Dienstleistungskonzession oder zum Modell einer Baukonzession letztlich auf den **Schwerpunkt der Leistung**, also den Hauptgegenstand des Vertrages, an (vgl. im Einzelnen oben B.II.2.).

III. Verfahren der Vergabe

Das Verfahren der **Vergabe einer Dienstleistungskonzession** ist bis heute nicht ein- 53
deutig geklärt. Rechtsetzungsbemühungen sind allerdings derzeit in Gange.

1. De lege lata

Die **klassischen Regeln des Vergaberechts** finden auf die Vergabe einer Dienstleis- 54
tungskonzession **keine Anwendung.** Dies hat der europäische Gesetzgeber mittlerweile in Art. 17 VKR klargestellt. Hier heißt es:

„Unbeschadet der Bestimmungen des Art. 3 gilt diese Richtlinie nicht für Dienstleistungskonzessionen gemäß Art. 1 Abs. 4."[74]

Zwar enthalten die nationalen Umsetzungsregeln der §§ 97 ff. GWB keinen entspre- 55
chenden Ausnahmetatbestand. Gleichwohl besteht im Umkehrschluss zur ausdrücklichen Einbeziehung von Baukonzessionen gemäß § 99 Abs. 6 GWB und auf Grund entsprechender Ausführungen in den Gesetzesmaterielaien[75] kein Zweifel, dass Dienstleistungskonzessionen entsprechend er unionsrechtlichen Terminologie nicht dem Anwendungsbereich des Vergaberechts – konkret den §§ 97 ff. GWB – unterliegen.[76]

Gleichwohl besteht Einigkeit, dass die Vergabe einer Dienstleistungskonzession nicht in 56
einem rechtsfreien Raum stattfindet. So hat der EuGH beginnend mit seiner maßgeblichen **Telaustria-Entscheidung** v. 7. 12. 2000 (Rs. C-324/98)[77] zunächst betont, dass die wesentlichen Grundsätze des Vergaberechts, konkret das Transparenz- und Gleichbehandlungsgebot, zur Anwendung gelangen, d. h., es ist eine angemessene Öffentlichkeit zu gewährleisten und so die Möglichkeit der Nachprüfung sicherzustellen. Anschließend hat er in seinem Urteil v. 13. 10. 2005 in der Rechtssache Parking Brixen (Rs. C-458/03)[78] betont, dass das „völlige Fehlen einer Ausschreibung im Falle der Vergabe einer öffentlichen

---

[74] Auch vor dieser Klarstellung wurde die Anwendbarkeit der europäischen Vergaberichtlinien bzw. des deutschen Umsetzungsrechts abgelehnt. Bei der Vergabe einer Dienstleistungskonzession fehlt es an dem Merkmal der Entgeltlichkeit. Der Konzessionär erhält für die von ihm erbrachten Leistungen seitens der öffentlichen Hand keine Vergütung, sondern vielmehr ein Nutzungsrecht, d. h., er refinanziert sich über die Nutzer der Leistung und trägt damit das wirtschaftliche Risiko der Unternehmung.

[75] Dazu GE zur GWB-Novelle v. 13. 08. 2008, BT-Dr 16/10117, S. 17.

[76] Vgl. auch VK Sachsen-Anhalt Beschl. v. 1.8.2013, 2 VK LSA 4/13. Etwas anderes gilt nur, sofern ein Vertrag sowohl Elemente einer Dienstleistungskonzession als auch eines öffentlichen Auftrags enthält, sofern Letzterer nicht von völlig untergeordneter Bedeutung ist, vgl. OLG Karlsruhe Beschl. v. 15. 10. 2008, 15 Verg 9/08.

[77] Der EuGH hat in der Rechtssache Telaustria die Entgeltlichkeit der Beschaffung abgelehnt, da sich der Vertragspartner des öffentlichen Auftraggebers verpflichtet hat, Telefonbücher herzustellen und zu verbreiten. Hierfür hat er kein Entgelt, sondern stattdessen das Recht zur Verwertung der Leistung erhalten.

[78] Vgl. EuGH Urt. v. 13. 10. 2005, Rs. C-458/03 – Parking Brixen; bestätigt durch EuGH Urt. v. 6. 4. 2006, Rs. C-410/04 – ANAV.

Dienstleistungskonzession weder mit den Anforderungen der Art. 43 EG und Art. 49 EG noch mit den Grundsätzen der Gleichbehandlung, der Nichtdiskriminierung und der Transparenz in Einklang" steht. Damit steht fest: Auch die Vergabe einer Dienstleistungskonzession muss in einem irgendwie gearteten **Ausschreibungswettbewerb** erfolgen.[79]

a) Verfahrensrechtlicher Mindeststandard

57 Bislang sind etwaige Verfahrenspflichten im Rahmen eines solchen Ausschreibungswettbewerbs nicht abschließend geklärt. Klar ist lediglich, dass es sich um eine Art „Ausschreibungsverfahren light" handelt.[80] Aus den EG-Grundfreiheiten und aus Art. 3 Abs. 1 Grundgesetz (GG) folgen dabei gewisse, rudimentär ausgestaltete verfahrensrechtliche Grundpflichten, sozusagen als äußerster **verfahrensrechtlicher Minimalstandard**.[81]

58 • Konkret besteht die Pflicht zur (europaweiten) **Bekanntmachung** der Konzessionsvergabe. Da es sich bei der Dienstleistungskonzession regelmäßig um einen „größeren" Auftrag handelt, der – wäre er nach dem „klassischen" Vergaberecht zu beurteilen – regelmäßig den relevanten Schwellenwert überschreitet, bietet es sich an, die entsprechende Vergabe im Amtsblatt der EU bzw. in der Ted-Datenbank zu veröffentlichen.

59 • Gleichzeitig muss **Wettbewerb** durch die Teilnahme mehrerer Interessenten an einem Auswahlverfahren eröffnet werden. Weitere Vorgaben an das wettbewerbliche Verfahren (wie sie im klassischen Vergaberecht mit dem offenen, dem nichtoffenen und dem Verhandlungsverfahren sowie dem wettbewerblichen Dialog vorhanden sind) lassen sich den gemeinschafts- und verfassungsrechtlichen Vorgaben nicht entnehmen, d. h., alle bekannten Verfahren können zulässigerweise herangezogen werden.

60 • Schließlich besteht die Pflicht zur Durchführung eines **fairen Verfahrens** unter gleichen und transparenten Bedingungen für alle Bieter, d. h., die Wettbewerbsteilnehmer sind während des gesamten Vergabeverfahrens gleich zu behandeln. Der Ausschreibungsgegenstand ist diskriminierungsfrei und für alle Bieter verständlich zu beschreiben. Angemessene Fristen sind jedem Interessenten gegenüber bekannt zu machen. Gleichzeitig muss die Entscheidung über die Konzessionsvergabe willkürfrei auf objektiver Grundlage erfolgen. Die Auswahlkriterien sind nach objektiven Gesichtspunkten festzulegen und allen Bietern gegenüber bekannt zu machen. An diese Kriterien ist ein öffentlicher Auftraggeber während des gesamten Vergabeverfahrens gebunden, d. h., einem öffentlichen Auftraggeber obliegt die weitere Pflicht, im Rahmen der Vergabeentscheidung neutral seine Auswahl aufgrund der festgelegten Kriterien zu treffen. Dabei muss während des Verfahrens die gleiche Zugangsmöglichkeit für Wirtschaftsteilnehmer aus allen Mitgliedstaaten bestehen (so gilt beispielsweise der Grundsatz der Anerkennung von Diplomen).[82]

---

[79] Vgl. grundlegend *Groth*, Die Dienstleistungskonzession im europäischen Vergabe- und Beihilfenrecht; *Walz*, Die Bau- und Dienstleistungskonzession im deutschen und europäischen Vergaberecht; *Ortner*, Vergabe von Dienstleistungskonzessionen. Unter besonderer Berücksichtigung der Entsorgungs- und Verkehrswirtschaft; *Ruhland*, Die Dienstleistungskonzession; *Vavra* VergabeR 2010, 351; *Burgi* NVwZ 2008, 929, 930.

[80] Vgl. *Burgi* NZBau 2005, 610.

[81] Zu den derzeitigen Verfahrensvoraussetzungen als Mindeststandard vgl. *Ruhland* ThVBl. 2008, 198; *Burgi* NZBau 2005, 610. Dieselben primärrechtlichen Anforderungen an eine Ausschreibungspflicht gelten auch bei wesentlichen Änderungen bestehender Konzessionsverträge, vgl. hierzu *Prieß/Marx/Hölzl* NVwZ 2011, 65, 70.

[82] Wenn sich dagegen ein öffentlicher Auftraggeber bei der Vergabe einer öffentlich-rechtlichen Dienstleistungskonzession durch die Konstruktion eines „Vergabeverwaltungsrechts" ein geordnetes verwaltungsrechtliches Auswahlverfahren auferlegt, das an vergaberechtliche Strukturen (konkret an die VOL/A für nicht prioritäre Dienstleistungen) angelehnt ist, so werden dadurch allgemeine verwaltungsverfahrensrechtliche Regelungen überlagert. Die Teilnehmer an diesem Verfahren haben Anspruch auf Einhaltung der Verfahrensregeln, welche nicht durch Betreuungs- und Fürsorgepflich-

Bestätigt werden vorgenannte Aussagen durch das Urteil des EuG vom 20.5.2010[83] zur **61** Unterschwellenwertmitteilung der Europäischen Kommission. Entscheidend hat das EuG betont, dass öffentliche Auftraggeber auch bei nicht unter das „strenge Vergaberecht" fallenden Aufträgen verpflichtet sind, die Grundregeln des EG-Vertrages im Allgemeinen und das Verbot der Diskriminierung aus Gründen der Staatsangehörigkeit zu beachten. Vergabeverfahren haben in jedem Stadium den Grundsatz der Gleichbehandlung und der Transparenz zu wahren. Um den hierdurch bedingten angemessenen Grad an Öffentlichkeit zu gewährleisten, sei unter anderem eine vorherige Bekanntmachung des betroffenen Ausschreibungsgegenstandes erforderlich. Außerdem müssten alle Bieter bei Abfassung ihrer Teilnahmeanträge/Angebote über die gleichen Chancen verfügen. Diese Grundsätze zum Unterschwellenwertbereich sind auch auf die Vergabe von Dienstleistungskonzessionen übertragbar, da auch solche Vergaben nicht unter das strenge Vergaberegime fallen und dennoch nicht dem freien Belieben öffentlicher Auftraggeber überlassen sind.

b) Ausnahmetatbestände

Auch für die Vergabe von Dienstleistungskonzessionen sind bestimmte **Ausnahmetatbe-** **62** **stände** anerkannt. Dienstleistungskonzessionen müssen nach der Rechtsprechung des EuGH nicht nach den zuvor dargestellten Maßgaben des Primärrechts vergeben werden, sofern die Voraussetzungen eines sogenannten **Inhouse-Geschäftes**[84] oder aber einer interkommunalen **öffentlich-öffentlichen Zusammenarbeit** vorliegen.[85]

2. De lege ferenda

Mehr folgt aus den Grundsätzen der Gleichbehandlung, der Transparenz und des Wettbe- **63** werbs jedoch nicht. Auf rechtspolitischer Ebene ist daher überwiegend die Auffassung anzutreffen, dass dieser Minimalstandard dauerhaft weder ausreichend Rechtssicherheit für öffentliche Auftraggeber noch für Bieter gewährleistet und die Vergabe einer Dienstleistungskonzession nicht zufriedenstellend erfasst. Seit einiger Zeit wird daher über einen **gesetzlichen Rahmen** für die Vergabe von Dienstleistungskonzessionen **diskutiert**.[86] Die Europäische Kommission forciert – insbesondere durch Stimmen aus der Wirtschaft bestärkt – diese Bestrebungen.[87] Ziele der Europäischen Kommission sind eine Stärkung des Binnenmarktes, mehr Transparenz und Wettbewerb auf verschiedenen Märkten, die Verhinderung von Korruption sowie ein sparsamer Einsatz von Steuergeldern (und damit verbesserte wirtschaftliche Rahmenbedingungen der Dienstleistungsangebote) und schließlich ein einheitlicher Rechtsrahmen in allen EU-Mitgliedstaaten.[88]

---

ten nach § 25 Abs. 2 Satz 2 VwVfG wieder „aufgeweicht" werden, vgl. Nds. OVG Beschl. v. 12.11. 2012, 13 ME 231/12.
[83] Rs. T-258/06, NZBau 2010, 510 – Unterschwellenwertmitteilung.
[84] Vgl. EuGH Urt. v. 13.10.2005, Rs. C-458/03 – Parking Brixen; bestätigt durch EuGH v. 6.4. 2006, Rs. C-410/04 – ANAV.
[85] Vgl. ausführlich *Prieß/Marx/Hölzl* NVwZ 2011, 65, 68.
[86] Zur Notwendigkeit einer gesetzlichen Regelung und zur Regelungstiefe einer ebensolchen die Empfehlungen von *Burgi* im Rahmen der Beratungen des Deutschen Baugerichtstages, vgl. BauR 2010, 1364; ablehnend dagegen *Prieß/Marx/Hölzl* NVwZ 2011, 65; vgl. zum Kodifikationsstreit *Braun* EuZW 2012, 451, 452.
[87] Vgl. den Vorstoß der Europäischen Kommission in ihrem „Grünbuch Partnerschaften" und die Mitteilung der Europäischen Kommission vom 15.11.2005 (KOM/2005/569 endg.).
[88] Ende 2007 hatte die Europäische Kommission mit einem konkreten Papier die Diskussionen um ein strukturiertes Verfahren für die Vergabe von Dienstleistungskonzession angestoßen. Bevor eine endgültige Entscheidung über eine gesetzgeberische Initiative zur Erläuterung, Ergänzung oder Verbesserung der gemeinschaftlichen Rechtsvorschriften für das öffentliche Beschaffungswesen und von Konzessionen getroffen werden sollte, sollte allerdings im Rahmen einer Folgeabschätzung eine eingehende Analyse zu den Auswirkungen im Bereich Konzessionen erfolgen. Die Reaktionen auf

64 Als Ergebnis und nach Auswertung der angekündigten Gesetzesfolgenabschätzung hat die Europäische Kommission im Dezember 2011 einen **Vorschlag für eine Richtlinie über die Konzessionsvergabe** (KVRL-V – KOM [2011] 897 endg.) vorgelegt. Am 25.6.2013 wurde die Konzessionsrichtlinie im Trilog-Verfahren verabschiedet. EP, Rat und Kommission haben sich auf den finalen Text der Konzessionsrichtlinie geeinigt. Hier ein Überblick der wichtigsten Verhandlungsergebnisse: Konzessionen im Wasserbereich sowie damit verbundene Leistungen im Abwasserbereich werden nun explizit vom Anwendungsbereich der Richtlinie ausgenommen (vgl. Art. 9a) der Grundsatz der Selbstverwaltung wurde in Art. 1a festgeschrieben ebenso wie die Gestaltungs-/Definitionsfreiheit der nationalen Behörden bzgl. Dienstleistungen von allgemeinem Interesse (vgl. Art. 1c); die Bestimmung der Art. 11 und Art. 15 zu öffentlich Kooperationen, Vergaben an verbundene Unternehmen und Inhouse-Vergaben wurden überarbeitet; bestimmte Neuerungen in Bezug auf soziale Dienstleistungen (vgl. auch nachfolgend FN 90); der Schwellenwert bleibt –wie von der Kommission vorgeschlagen – bei 5 Mio. Euro, es wurde allerdings der Auftrag an die Kommission festgeschrieben sich in zukünftigen Verhandlungen für einen höheren Schwellenwert einzusetzen (vgl. Erwägungsgrund 43). Nach Auffassung der Europäischen Kommission enthält der Vorschlag in Anlehnung an die einschlägige Rechtsprechung des EuGH eine Konkretisierung der primärrechtlich begründeten Vergabegrundsätze.[89]

65 Der Regelungsvorschlag sieht mit 53 Artikeln und 13 Anhängen eine umfassende – so nicht erwartete – Regelungsdichte der Konzessionsvergabe vor. Insgesamt gliedert sich das Regelwerk in 5 Titel (I. Begriffsbestimmungen, allgemeine Grundsätze, Anwendungsbereich; II. Vorschriften für Konzessionen sowie III. für deren Durchführung; IV. Änderungen der Rechtsmittelrichtlinien und V. Befugnisübertragungen, Durchführungsbefugnisse und Schlussbestimmungen). Der Regelungsvorschlag erfasst dabei sowohl Dienstleistungs- als auch die bislang schon vergaberechtlich erfassten Baukonzessionen (welche sodann nicht mehr Gegenstand der parallel vorgelegten Vorschläge über die Neufassung der Vergabekoordinierungsrichtlinien sind). Zugleich enthält der Regelungsvorschlag zahlreiche Ausnahmetatbestände, in denen eine Konzessionsvergabe ungeachtet einer Überschreitung der Schwellenwerte ohne Beachtung der im Übrigen maßgeblichen Vergaberegeln erfolgen kann, so insbesondere bei Bestehen von Spezialregelungen – wie im Bereich ÖPNV im Rahmen der VO (EG) Nr. 1370/2007 (vgl. Art. 8 Nr. 5 lit. g KVRL-V, hierzu unter 3.) – , aber beispielsweise auch im Sektorenbereich, sofern die betreffende Tätigkeit unmittelbar dem Wettbewerb ausgesetzt ist (vgl. Art. 14 KVRL-V) oder im Verteidigungs- und Sicherheitsbereich (vgl. Art. 8 Nr. 4 KVRL-V) sowie für öffentliche Kommunikationsnetze und elektronische Kommunikationsdienste, welche der öffentliche Auftraggeber für die Öffentlichkeit bereitstellen oder betreiben will (vgl. Art. 9 KVRL-V), aber auch im sozialen Bereich (vgl. Anhang X, Dienstleistungen gemäß Art. 17 KVRL-V)[90]. Außerdem enthält der KVRL-V eine Regelung für verbundene Unterneh-

---

die Initiative der Europäischen Kommission waren eher zurückhaltend. Das Europäische Parlament hat in seinem Rühle-Bericht vom 18.05.2010 zum Ausdruck gebracht, dass ein „(…) Rechtsakt über Dienstleistungskonzessionen (…) nicht erforderlich (sei), solange er nicht eine merkliche Verbesserung des Funktionierens des Binnenmarktes bezweckt." Auch die deutsche Position der Bundesregierung ist eher kritisch, hängt aber letztlich wohl von der Art und dem Umfang der EU-Initiative ab.

[89] So schon die Auffassung der Europäischen Kommission in ihrer Mitteilung „Auslegung Konzessionen" und in ihrer umstrittenen „Mitteilung der Kommission zu Auslegungsfragen in Bezug auf das Gemeinschaftsrecht, das für die Vergabe öffentlicher Aufträge gilt, die nicht oder nur teilweise unter die Vergaberichtlinien fallen" (ABl. EG 2006 C 179/2). Zur Europarechtskonformität der Unterschwellenwertmitteilung vgl. EuG Urt. v. 20.5.2010, Rs. T-258/06, NZBau 2010, 510 – Unterschwellenwertmitteilung; ausführlich zu dieser Entscheidung *Knauff/Schwensfeier* EuZW 2010, 611.

[90] Kritisch hierzu *Braun* EuZW 2012, 451, 454. Im Rahmen der Verhandlungen wurden für Rettungsnotdienste eine vollständige Bereichsausnahme geschaffen (Erwägungsgrund 13b), so dass diese

men, wonach die Regelungen keine Anwendung finden auf jedes mit der Vergabestelle verbundene Unternehmen, wenn seine Umsätze aus Dienstleistungen bzw. Bauleistungen der letzten drei Jahre zu mindestens 80 % aus Tätigkeiten für mit ihm verbundenen Unternehmen stammen (vgl. Art. 11 KVRL-V) sowie entsprechend bei einer Vergabe an Gemeinschaftsunternehmen mehrerer Vergabestellen für bestimmte Tätigkeiten (vgl. Art. 11 Abs. 3 lit. b), 12 KVRL-V). Schließlich wird auch die Inhouse-Vergabe vergaberechtsfrei gestellt (vgl. Art. 15 KVRL-V). In verfahrensrechtlicher Hinsicht stellt Art. 7 KVRL-V klar, dass das Vergabeverfahren den primärrechtlich begründeten allgemeinen Vergabegrundsätzen entsprechen muss, wobei die Art. 26 ff. KVRL-V sodann eine detailreiche Konkretisierung dessen enthalten. Schließlich integrieren die Art. 44 f. KVRL-V den bisherigen vergaberechtlichen Rechtsschutz aus der Rechtsmittelrichtlinie bezogen auf Konzessionsvergaben (in gleicher Tiefe wie bisher) in das neue Regelwerk.

Der Vorschlag der Kommission stößt auf heftige Kritik und Ablehnung.[91]   66

3. Vergaberegeln nach der VO 1370/2007

Die fehlende Klarheit an die verfahrensrechtlichen Anforderungen der Vergabe einer Dienstleistungskonzession wurde auf europäischer Ebene für den wichtigen Bereich der **öffentlichen Personenverkehrsdienste** Ende 2009 durch Inkrafttreten der **VO 1370/2007** aufgefangen (vgl. zum Ganzen die Kommentierung in Kapitel 11):   67

Der Anwendungsbereich der Verordnung ist eröffnet, wenn den Betreibern eines öffentlichen Dienstes für die ihnen durch die Erfüllung gemeinwirtschaftlicher Verpflichtungen verursachten Kosten eine Ausgleichsleistung und/oder ausschließliche Rechte gewährt werden. Dies erfolgt auf Grundlage eines öffentlichen Dienstleistungsauftrages (vgl. Art. 1 Abs. 3 VO 1370/2007). Der Begriff des „öffentlichen Dienstleistungsauftrages" wird in der Verordnung dabei so weit definiert, dass auch Dienstleistungskonzessionen hiervon erfasst sind. Die Vergabe eines öffentlichen Dienstleistungsauftrages – und damit auch einer Dienstleistungskonzession – erfolgt nach Maßgabe des Art. 5 VO 1370/2007. Als Regelverfahren sieht Art. 5 Abs. 3 VO 1370/2007 dabei die Durchführung eines „wettbewerblichen Verfahrens" vor.[92] Daneben sind Direktvergaben einer Dienstleistungskonzession nach Art. 5 VO 1370/2007 unter bestimmten, näher definierten Voraussetzungen (die von den durch die Rechtsprechung des EuGH entwickelten Voraussetzungen der Inhouse-Vergabe im klassischen Bereich der Auftragsvergabe teilweise abweichen) als Inhouse-Vergabe (Abs. 2), in wirtschaftlich weniger bedeutenden Fällen (Abs. 4), in Notsituationen (Abs. 5) sowie bei Eisenbahnverkehrsdienstleistungen (Abs. 6)[93] zulässig.[94]   68

---

gar nicht mehr unter die Richtlinien fallen. Normale Krankentransporte unterfallen nach wie vor Art. 17 KVRL-V, welcher lediglich vor Vergabe eine entsprechende Ankündigung und nach Vergabe eine entsprechende Vergabebekanntmachung vorsieht.

[91] Der Bundesrat hat im März 2012 eine Subsidiaritätsrüge erhoben, vgl. BR-Drucks. 874/11 (B) vom 2.3.2012; kritisch auch *Prieß/Marx/Hölzl* NVwZ 2011, 65.

[92] Dieses „muss allen Bewerbern offen stehen, fair sein und den Grundsätzen der Transparenz und Nichtdiskriminierung genügen. Nach Abgabe der Angebote und einer eventuellen Vorauswahl können in diesem Verfahren unter Einhaltung dieser Grundsätze Verhandlungen geführt werden, um festzulegen, wie der Besonderheit oder Komplexität der Anforderungen am besten Rechnung zu tragen ist". Vgl. näher hierzu *Knauff* NZBau 2011, 655. Die Vorschrift steht einer Konkretisierung durch nationales Recht offen. Eine solche Konkretisierung ist in Deutschland am 1.1.2013 mit Inkrafttreten des Gesetzes zur Änderung personenbeförderungsrechtlicher Vorschriften (BGBl. 2012, I, S. 2598) erfolgt. § 8b PBefG regelt das wettbewerbliche Vergabeverfahren für den Einkauf von Beförderungsleistungen im Bereich Straßenbahnen/Bussen, verzichtet allerdings mit wenigen Ausnahmen (Bekanntmachungen, Unterauftragsvergabe, Zuschlagskriterien, Verfahrensdokumentation) auf nähere Vorgaben (insbesondere zur Verfahrensgestaltung im Einzelnen).

[93] Vgl. jedoch für die nationale Rechtslage in Deutschland die Rechtsprechung des BGH zur Ausschreibungspflicht von SPNV-Dienstleistungen Beschl. v. 8.2.2011, X ZB 4/10, NZBau 2011, 629.

[94] Vgl. auch *Knauff* NZBau 2012, 65.

Auch für den Bereich des Rechtsschutzes sieht die VO 1370/2007 eine nähere Ausgestaltung vor, indem Art. 5 Abs. 7 VO 1370/2007 einen Ausgestaltungsauftrag enthält und bestimmt, dass Vergabeentscheidungen auf Grundlage der Verordnung „wirksam und rasch auf Antrag einer Person überprüft werden können (müssen), die ein Interesse daran hat bzw. hatte, einen bestimmten Auftrag zu erhalten, und die angibt, durch einen Verstoß dieser Entscheidungen gegen Gemeinschaftsrecht oder nationale Vorschriften zur Durchführung des Gemeinschaftsrechts geschädigt zu sein oder geschädigt werden zu können". Ergänzend sieht Satz 2 vor, dass im Falle einer Überprüfung durch nichtgerichtliche Instanzen deren Entscheidungen einer gerichtlichen Kontrolle unterliegen müssen. Um in diesem Bereich eine Rechtswegzersplitterung zu vermeiden (zwischen öffentlichen Aufträgen im Sinne des § 99 GWB, die unmittelbar einer Überprüfung durch die vergaberechtlichen Nachprüfungsinstanzen nach §§ 102 ff. GWB zugänglich sind und sonstigen öffentlichen Dienstleistungsaufträgen im Sinne der VO 1370/2007, auf deren Überprüfung die §§ 102 ff. GWB gerade keine Anwendung finden würden), hat das OLG Düsseldorf in seiner Entscheidung vom 2.3.2011[95] die Prüfungskompetenz der Nachprüfungsinstanzen auch auf Dienstleistungskonzessionen nach der VO 1370/2007 erstreckt und die §§ 102 ff. GWB für entsprechend anwendbar erklärt. Mit dieser Rechtsprechung sind die **Vergabenachprüfungsinstanzen zuständig** für die Nachprüfung der Vergabe öffentlicher Dienstleistungsaufträge im Sinne des Art. 2 lit. i) VO 1370/2007, ohne dass es auf die Abgrenzung von öffentlichen Dienstleistungsaufträgen im Sinne des § 99 Abs. 4 GWB von Dienstleistungskonzessionen ankommt.

69 Die Verordnung ist am 3.12.2009 in Kraft getreten und seitdem unmittelbar geltendes Recht.[96] Sie sieht für die Regelung des Art. 5 VO 1370/2207 über die Vergabe öffentlicher Dienstleistungsaufträge eine zehnjährige Übergangsfrist ab Inkrafttreten der Verordnung vor (vgl. Art. 8 Abs. 2 VO 1370/2007). Während dieses Zeitraumes müssen die Mitgliedstaaten entsprechende Maßnahmen zur schrittweisen Umsetzung des Art. 5 VO 1370/2007 treffen. Nach der einschlägigen Auffassung in der Rechtsprechung darf von einer Anwendung des Art. 5 VO 1370/2007 (trotz des Wortlauts der Übergangsregelung und trotz fehlender nationaler Bestimmung zur zwingenden Anwendung des Art. 5 VO 1370/2007 vor dem 3.12.2019) im Übergangszeitraum bis zum 03.12.2019 nur abgesehen werden, wenn und soweit dies durch den Gesetzgeber ausdrücklich erlaubt werde. Daran fehle es in Deutschland. Für die Praxis ist somit von einer Pflicht zur Anwendung der vergaberechtlichen Bestimmungen des Art. 5 der Verordnung seit dem 3.12.2009 auszugehen.[97]

IV. Rechtschutz

70 Die Überprüfung der (insbesondere Direkt-) Vergabe einer Dienstleistungskonzession leidet derzeit – mit Ausnahme des Bereiches des öffentlichen Personennahverkehrs (vgl. III.3.)[98] – unter einem erheblichen **Rechtsschutzdefizit**, was folgende Überlegungen verdeutlichen sollen: Momentan greift der vergaberechtliche Rechtsschutz vor den Verga-

---

[95] Verg 48/11, NZBau 2011, 244, 245 ff.; zustimmend OLG München Beschl. v. 22.6.2011, Verg 6/11, NZBau 2011, 701 ff. Eine explizite Verweisung auf die §§ 102 ff. Gesetz gegen Wettbewerbsbeschränkungen (GWB) sieht konkret auch § 8a Abs. 7 PBefG für die Überprüfung von Vergaben im Bereich Personenbeförderung mit Straßenbahnen/Bussen vor.
[96] Es liegt bereits eine erste Änderungsvorlage der Europäischen Kommission zur VO 1370/2007 vor (vgl. KOM [2013]28).
[97] Vgl. OLG Düsseldorf Beschl. v. 2.3.2011, VII-Verg 48/10, NZBau 2011, 244, 249; ebenso nachfolgend OLG München Beschl. v. 22.6.2011, Verg 6/11, NZBau 2011, 701, 703.
[98] Vgl. den Ausgestaltungsauftrag in Art. 5 Abs. 7 VO 1370/2007 sowie die einschlägige Rechtsprechung insbesondere des OLG Düsseldorf Beschl. v. 2.3.2011, VII-Verg 48/10, NZBau 2011, 244, 248 f.

§ 5 Konzessionen   Kap. 1

bekammern und den Vergabesenaten der Oberlandesgerichte bei der Vergabe einer Dienstleistungskonzession nicht, da es sich bei einer solchen nicht um einen vergabepflichtigen öffentlichen Auftrag im Sinne des § 99 Abs. 1 GWB handelt. Subjektive Rechte der betroffenen Bieter im Sinne des § 97 Abs. 7 GWB, die es durch die vergaberechtlichen Spruchkörper nach §§ 104, 116 GWB zu schützen gilt, existieren nicht.

Etwas anderes gilt, wenn ein Anspruch auf Einhaltung der Bestimmungen über das Vergabeverfahren darauf gestützt wird, dass eine angekündigte Beschaffung von Dienstleistungen durch eine Dienstleistungskonzession vergaberechtswidrig sei und nur im Wege eines öffentlichen Dienstleistungsauftrages erfolgen dürfe[99] oder wenn nicht eindeutig feststellbar ist, ob vom Auftraggeber vereinbarte Zahlungen etwaige Kosten des Auftragnehmers im Wesentlichen decken.[100] Dann sind die vergaberechtlichen Nachprüfungsinstanzen zuständig. Ist dagegen der Rechtsweg zu den Nachprüfungsinstanzen nicht eröffnet (weil tatsächlich eine Dienstleistungskonzession vorliegt), ist das Verfahren vom (sachlich unzuständigen) Vergabesenat von Amts wegen an das zuständige Gericht zu verweisen.[101]   71

Für die Überprüfung der Vergabe einer Dienstleistungskonzession existiert dabei **Primärrechtsschutz** in Form des einstweiligen Rechtsschutzes vor den Verwaltungs- oder Zivilgerichten[102]. Die um eine Dienstleistungskonzession konkurrierenden Bieter können   72

---

[99] Vgl. BGH Beschl. v. 18.6.2012, X ZB 9/11 (zum Bereich der Abfallentsorgung); hierbei zu beachten nach BGH: Die Vergabenachprüfungsinstanz hat im Rahmen der Prüfung, ob ein öffentlicher Auftraggeber zulässigerweise von einem Nichtbestehen einer EU-weiten Ausschreibungspflicht ausgegangen ist, auch zu berücksichtigen, ob dem Auftraggeber die Beschaffung der Leistung durch Vergabe einer Dienstleistungskonzession aufgrund einer gesetzlichen Bestimmung untersagt ist, die selbst nicht zu den Regelungen über das vergabeverfahren zu rechnen ist). Vgl. die Vorlageentscheidung des OLG Düsseldorf Beschl. v. 19.10.2011, VII-Verg 51/11, NVwZ 2012, 256; ebenso nachfolgend OLG Brandenburg Beschl. v. 16.1.2012 und 28.2.2012, Verg W 19/11; kritisch zum Ganzen *Brüning* NVwZ 2012, 216.

[100] Vgl. KG Beschl. v. 16.8.2013, Verg 4/13.

[101] Vgl. OLG Düsseldorf Beschl. v. 28.3.2012, VII-Verg 37/11; OLG Düsseldorf Beschl. V. 7.3.2012, VII-Verg 78/11 (mit der Verweisung an ein ordentliches Gericht wird der bisherige Beigeladene zu einem Nebenintervenienten im Sinne von §§ 67 ff. ZPO). Die Vergabekammer ist dagegen mangels Gerichtscharakters zur Verweisung an das zuständige Gericht befugt, vgl. VK Sachsen-Anhalt Beschl. v. 18.8.2013, L VK LSA 4/13.

[102] Ziel des Antrages auf einstweiligen Rechtsschutz sollte es sein, dem öffentlichen Auftraggeber zu untersagen, direkt ein Unternehmen mit einer Dienstleistungskonzession zu beauftragen bzw. in einem Verfahren über die Vergabe der Dienstleistungskonzession den Zuschlag dem Angebot des obsiegenden Bieters zu erteilen und ggf. eine Neuwertung der verbleibenden Angebote (unter Berücksichtigung der Rechtsauffassung des betroffenen Gerichtes) vorzunehmen. Die Rechtsprechung in diesem Zusammenhang ist nicht einheitlich. Nach einer Auffassung wird der Antrag (vor dem Zivilgericht) nur Aussicht auf Erfolg haben, wenn tatsächlich ein schwer wiegender Fehler und dementsprechend ein Verstoß gegen Art. 3 Abs. 1 GG bzw. die EG-Grundfreiheiten festzustellen ist. Hierfür bedarf es regelmäßig einer vorsätzlich rechtswidrigen oder willkürlichen Benachteiligung eines Bieters, die nicht unbedingt in jedem rechtsfehlerhaften Verhalten des öffentlichen Auftraggebers zu sehen ist (vgl. zu derselben Problematik unterhalb der Schwellenwerte OLG Hamm Urt. v. 12.2.2008, 4 U 190/07). Nach anderer Auffassung ist die gerichtliche Kontrolle (vor dem Zivilgericht) nicht lediglich auf eine bloße Willkürkontrolle beschränkt; Anspruchsgrundlage sei §§ 280 Abs. 1, 311 Abs. 2, 241 Abs. 2 BGB, vgl. hierzu OLG Hamm Urt. v. 26.9.2012, I-12U 142/12 (hier Antrag abgelehnt im Rahmen der Interessenabwägung; Saarländisches OLG Urt. v. 13.6.2012, 1 U 357/11–107 (für die vergleichbare Situation unterhalb der Schwellenwerte). Das Niedersächsisches OVG hat für den Fall einer Dienstleistungskonzession auf öffentlich-rechtlicher Grundlage deutlich gemacht: Vorbeugender Rechtsschutz (im Sinne eines Rechtsschutzes gegen den Ausschluss im Auswahlverfahren) sei nur dann zulässig, wenn die Inanspruchnahme lediglich nachträglichen Rechtsschutzes mit unzumutbaren Nachteilen verbunden wäre, etwa bei drohender Existenzgefährdung oder Schaffung irreversibler Zustände. Allein der Abschluss eines öffentlich-rechtlichen Vertrages mit einem anderen Bewerber rechtfertige keinen vorbeugenden Rechtsschutz, vgl. Nds. OVG Beschl. v. 12.11.2012, 13 ME 231/12.

sich vor den zuständigen Gerichten auf subjektive Rechte aus Art. 3 Abs. 1 GG und den entsprechenden EG-Grundfreiheiten berufen. In jedem Einzelfall muss dabei geklärt werden, welcher Rechtsweg einschlägig ist. Entscheidend kommt es darauf an, ob der betroffene Konzessionsvertrag als öffentlich-rechtlich (dann sind die Verwaltungsgerichte zuständig) oder als privatrechtlich (dann sind die Zivilgerichte zuständig) zu qualifizieren ist. Die betroffenen subjektiven Rechte der Bieter, die es zu schützen gilt, sind regelmäßig dann vor den Verwaltungsgerichten durchzusetzen, sofern der Konzessionsvertrag angesichts der fachgesetzlichen Ausgestaltungen (z. B. § 18a WHG in Verbindung mit den entsprechenden landesgesetzlichen Bestimmungen) als öffentlich-rechtlich zu qualifizieren ist.[103] Existieren entsprechende fachgesetzliche Gestaltungen nicht, sondern wird die Dienstleistungskonzession ausschließlich in den Formen des Privatrechts vergeben, hat die Überprüfung einer Dienstleistungskonzessionsvergabe vor den Zivilgerichten zu erfolgen.[104]

73 Faktisch ist es allerdings derzeit für einen unterlegenen Bieter äußerst schwierig, seine Rechte durchzusetzen. Dies betrifft insbesondere die nach wie vor häufig anzutreffenden Fälle der Direktvergabe einer Dienstleistungskonzession. Mit Zuschlagserteilung gilt (im nationalen Recht) der Grundsatz der Bestandskraft von Verträgen. Dieser folgt für „klassische Auftragsvergaben" aus § 114 Abs. 2 GWB und resultiert im Falle der Vergabe einer Dienstleistungskonzession aus dem allgemeinen Rechtsstaatsprinzip. Eine Vorabinformationspflicht – wie sie im klassischen Vergaberecht mit § 101 a GWB existiert – besteht bei der Vergabe einer Dienstleistungskonzession nicht. Selbst wenn man eine solche Informationspflicht aus dem Gebot effektiven Rechtsschutzes im Sinne des Art. 19 Abs. 4 GG herleiten wollte, führt ein Verstoß hiergegen letztlich nicht zur Nichtigkeit des geschlossenen Vertrages. Eine entsprechende Nichtigkeitsnorm – wie sie im „klassischen Vergaberecht" mit § 101 b GWB zu finden ist – existiert im Bereich der Konzessionsvergabe nicht. Nach Vertragsschluss besteht praktisch keine Möglichkeit, die Nichtigkeit des geschlossenen Vertrages geltend zu machen. Der Nichtigkeitstatbestand der Sittenwidrigkeit nach § 138 BGB ist in der Praxis regelmäßig kaum nachweisbar. Die Verbotsnorm des § 134 BGB ist nicht einschlägig ebenso wenig wie der Anwendungsbereich des § 58 VwVfG. Auch bestehen regelmäßig weder ein Kündigungsrecht noch eine Kündigungspflicht. In der Konsequenz kann eine Zuschlagserteilung im Wege des Primärrechtsschutzes gerade im Falle der Direktvergabe einer Dienstleistungskonzession nur unterbunden werden, sofern der unterlegene Bieter „durch Zufall" von der bevorstehenden Zuschlagserteilung Kenntnis erlangt. Dies ist in der Praxis äußerst selten der Fall.[105]

74 Regelmäßig werden unterlegene Bieter dementsprechend auf die Möglichkeit etwaiger **Schadenersatzansprüche** verwiesen. Diese sind jedoch praktisch nicht durchsetzbar, da bewiesen werden müsste, dass der unterlegene Bieter im Rahmen eines Auswahlverfahrens mit an Sicherheit grenzender Wahrscheinlichkeit den Zuschlag auf sein Angebot erhalten hätte. Ein solcher Nachweis eines hypothetischen Verlaufs eines Auswahlverfahrens ist aber in der Regel schlichtweg unmöglich.[106]

---

[103] *Kallerhof* 8. Düsseldorfer Vergaberechtstag 2007, Tagungsband des MWME NRW, 85, 93.
[104] Vgl. BGH Beschl. v. 23.1.2012, X ZB 5/11, NZBau 248.
[105] Und selbst wenn, ist der derzeitige Rechtsschutz – zumindest vor den Zivilgerichten – nicht so rechtsschutzintensiv wie ein Rechtsschutz vor den Vergabekammern und Vergabesenaten der betroffenen Oberlandesgerichte. Denn sofern ein Zivilgericht zuständig ist, gilt im Gegensatz zu den Nachprüfungsverfahren im Vergaberecht und den Rechtsstreitigkeiten vor den Verwaltungsgerichten, wo jeweils der Amtsermittlungsgrundsatz greift, nach dem die betroffenen Spruchkörper von Amts wegen den Sachverhalt ermitteln müssen, im Zivilprozess der Beibringungsgrundsatz. Hiernach haben die betroffenen Parteien den gesamten relevanten Streitstoff in den Prozess einzuführen. Das Gericht darf Tatsachen, die nicht von einer Partei vorgetragen sind, nicht bei seiner Entscheidung berücksichtigen.
[106] Vgl. hierzu KG Urt. v. 27.11.2003, 2 U 174/02.

Das derzeitige Rechtsschutzdefizit bei der Vergabe von Dienstleistungskonzessionen 75
spricht dementsprechend ebenfalls für die Aufnahme der Dienstleistungskonzessionsvergabe in das bestehende Vergaberechtssystem. Dabei dürfte es durchaus Sinn machen, dass eine Konzentration der Überprüfung sämtlicher (vergaberelevanter) Auswahlverfahren vor den vergaberechtlichen Spruchkörpern stattfindet.[107] Insofern integriert der Vorschlag der Europäischen Kommission für eine Richtlinie über die Konzessionsvergabe die Überprüfung von Konzessionen in die derzeitigen Rechtsmittelrichtlinien, so dass in dessen Umsetzung ein einheitlicher Rechtsschutz vor den einschlägigen Nachprüfungsinstanzen stattfinden würde.

---

[107] Vgl. in diese Richtung OLG Düsseldorf Beschl. v. 2.3.2011, VII-Verg 48/10, NZBau 2011, 244, 248 f.; nachfolgend ebenfalls OLG Brandenburg Beschl. v. 16.1.2012, Verg W 19/11.

§ 6 Besondere Auftragsvergaben: In-house-Geschäfte und staatliche Kooperationen

Übersicht

	Rn.
A. Einleitung	1–5
I. Rechtsdogmatische Einordnung	2, 3
II. Stand der Rechtsentwicklung	4, 5
B. In-house-Geschäfte	6–47
I. In-house-Geschäft als ungeschriebener Ausnahmetatbestand	7–10
II. Voraussetzungen vergaberechtsfreier In-house-Geschäfte im weiteren Sinn	11–43
III. Regelungsvorschlag der Kommission	44–47
C. Staatliche Kooperationen	48–73
I. Grundsätzliche Anwendbarkeit des Vergaberechts	49–51
II. Voraussetzungen vergaberechtsfreier Kooperationen	52–70
III. EU-Vergaberechtsreform	71–73

Literatur:
Burgi, Warum die „kommunale Zusammenarbeit" kein vergaberechtspflichtiger Beschaffungsvorgang ist, NZBau 2005, 208; *Brauser-Jung,* Europäisches Vergaberecht 3.0 – Der neue Kommissionsentwurf eines Richtlinienpakets, VergabeR 2013, 285; *Conrad,* Neues zum sogenannten „In-house-Geschäft", AnwZert BauR 2/2013, Anm. 1; *Dreher,* Die Privatisierung bei Beschaffung und Betrieb der Bundeswehr. Zugleich ein Beitrag zur Frage der vergaberechtlichen Privilegierung so genannter In-house-Lösungen, NZBau 2001, 360; *Grunenberg/Wilden,* Höhere Hürden für In-House-Geschäfte – Verschärfung des Wesentlichkeitskriteriums, VergabeR 2012, 149; *Gruneberg/Jänicke/Kröcher,* Erweiterte Möglichkeiten für die interkommunale Zusammenarbeit nach der Entscheidung des EuGH vom 09.06.2009 – eine Zwischenbilanz, ZfBR 2009, 754; *Hövelberndt,* Die vergaberechtliche Bewertung der interkommunalen Zusammenarbeit – ein Update, NWVBl. 2011, 161; *Krohn,* „In-house"-Fähigkeit kommunaler Gemeinschaftsunternehmen, NZBau 2009, 222; *Kühling,* Ausschreibungszwänge bei der Gründung gemischt-wirtschaftlicher Gesellschaften – Das EuGH-Urteil im Fall Mödling und seine Folgen, ZfBR 2006, 661; *Kunde,* Die Zuständigkeitsübertragung durch öffentlich-rechtliche Vereinbarung und die Anwendung des Vergaberechts, NZBau 2011, 734; *Kunde,* Vergaberechtspflicht der „delegierenden" öffentlich-rechtlichen Vereinbarung, NZBau 2013, 555; *Krohn,* „In-house"-Fähigkeit kommunaler Gemeinschaftsunternehmen, NZBau 2009, 222; *Mager,* Neue Maßgaben zur Inhouse-Vergabe und zu den Anforderungen vergabefreier Vertragsänderungen, NZBau 2012, 25; *Neun/Otting,* Die Entwicklung des europäischen Vergaberechts in den Jahren 2011/2012, EuZW 2012, 566; *Orlowski,* Zulässigkeit und Grenzen der In-house-Vergabe, NZBau 2007, 80; *Polster,* Die Rechtsfigur des In-house-Geschäfts – Eine unendliche Geschichte, NZBau 2010, 486; *Portz,* Der EuGH bewegt sich: Keine Ausschreibung kommunaler Kooperationen nach dem Urteil „Stadtreinigung Hamburg", VergabeR 2009, 702; *Säcker/Wolf,* Die Auswirkungen der Rechtsprechung des EuGH zu In-House-Geschäften auf Public-Private-Partnerships WRP 2007, 282; *Schröder,* Das so genannte Wesentlichkeitskriterium beim In-House-Geschäft, NVwZ 2011, 776; *Struve,* Durchbruch für interkommunale Zusammenarbeit, EuZW 2009, 805; *Wagner/Piesbergen,* Neue Entwicklungen zur vergabefreien öffentlichen Zusammenarbeit, NVwZ 2012, 653; *Wilke,* Zweckverbände und Vergaberecht, ZfBR 2007, 23; *Ziekow/Siegel,* Die vergaberechtspflichtigkeit von Partnerschaften der öffentlichen Hand. Neue Entwicklungstendenzen im Bereich der In-House-Geschäfte und der In-State-GeschäfteVergabeR 2005, 145; *Ziekow/Siegel,* Public Private Partnerships und Vergaberecht: Vergaberechtliche Sonderbehandlung der „In-State-Geschäfte"?, VerwArch 2005, 119.

A. Einleitung

Unter den Stichworten „In-house-Geschäft" bzw. „In-house-Vergabe" werden Fallkonstellationen diskutiert, in denen sich die Frage nach den Grenzen des Anwendungsbe- **1** reichs des Kartellvergaberechts stellt. Entsprechendes gilt für die Konstellationen (sonstiger) staatlicher Kooperationen. Im Kern ist dabei zu klären, inwieweit Vorgänge innerhalb der staatlichen Verwaltung, d.h. im Binnenbereich von Hoheitsträgern, dem Vergaberecht unterworfen sein können und daher insbesondere Ausschreibungspflichten bestehen.

I. Rechtsdogmatische Einordnung

2 Unter dogmatischen Gesichtspunkten sind diese Fragen im Rahmen des für den Anwendungsbereich des Vergaberechts zentralen Begriffs des öffentlichen Auftrags i.S.d. § 99 GWB zu verorten.[1] Anknüpfungspunkt ist dabei regelmäßig das Tatbestandsmerkmal des „Unternehmens", das in § 99 Abs. 1 GWB als Vertragspartner des öffentlichen Auftraggebers genannt wird, weshalb bisweilen von dem Erfordernis einer „Externalität" der Auftragsbeziehung gesprochen wird.[2] Die maßgeblich vom EuGH entwickelten Ausnahmetatbestände für In-house-Geschäfte und sonstige staatliche Kooperationsformen können dabei als teleologische Reduktion des Auftragsbegriffs verstanden werden.[3]

3 Dahinter steht als eines der tragenden vergaberechtlichen Prinzipien der Gleichbehandlungsgrundsatz i.S.d. § 97 Abs. 2 GWB. Dieser kann von vornherein nicht beeinträchtigt sein, wenn sich ein Vorgang im Binnenbereich von Hoheitsträgern vollzieht, wenn also private Dritte mit Verwaltungshandeln überhaupt nicht in Berührung kommen. Soweit daher öffentliche Auftraggeber ihre Aufgaben mit eigenen Mitteln erledigen, ohne dass dies Auswirkungen auf den Markt privater Dienstleistungen und Waren hat, besteht für die Anwendung des Vergaberechts kein Bedarf. Insoweit ist es durchaus gerechtfertigt, von einem „*Grundsatz der Ausschreibungsfreiheit der Eigenerledigung*"[4] zu sprechen.

II. Stand der Rechtsentwicklung

4 Die mit den Fallgestaltungen des In-house-Geschäfts und der innerstaatlichen Kooperation zusammenhängenden Fragen werden in den letzten Jahren verstärkt diskutiert. Auch wenn die Rechtsprechung insbesondere des EuGH in jüngster Zeit zu einer Klärung wichtiger Fragen in diesem Zusammenhang geführt hat, ist noch vieles im Fluss und sind noch einige Probleme ungeklärt. Die EU-Kommission hat 2011 ein sog. Arbeitspapier der Kommissionsdienststellen über die Anwendung des EU-Vergaberechts im Fall von Beziehungen zwischen öffentlichen Auftraggebern (öffentlich-öffentliche Zusammenarbeit[5]) veröffentlicht, das auf der Rechtsprechung des EuGH basiert, diese zusammenfasst und ergänzt. Auch wenn diese Mitteilung nicht rechtsverbindlich ist, enthält sie wertvolle Hilfestellungen für die Praxis und trägt insoweit zusätzlich zur Rechtssicherheit bei.

5 Auf legislativer Ebene fehlt es bislang noch an normativen Vorgaben für In-house-Geschäfte und (sonstige) staatliche Kooperationen. Der Versuch, im Rahmen des Vergaberechtsmodernisierungsgesetzes eine gesetzliche Klarstellung der Voraussetzungen eines vergaberechtsfreien In-house-Geschäftes im GWB zu verankern, ist gescheitert.[6] Zu einer Klarstellung könnte es indes demnächst auf der Ebene des Gemeinschaftsrechts kommen.

---

[1] Siehe etwa *Otting* in Bechtold, § 99 Rn. 4, 14 ff.; *Ziekow* in Ziekow/Völlink, § 99 GWB Rn. 91 ff.
[2] *Wegener* in Pünder/Schellenberg, § 99 GWB Rn. 10.
[3] BGH Urt. v. 8.2.2011, X ZB 4/10, NZBau 2011, 175, 177 Rn. 17.
[4] *Ziekow* in Ziekow/Völlink, § 99 GWB Rn. 94.
[5] Arbeitspapier der Kommissionsdienststellen über die Anwendung des EU-Vergaberechts im Fall von Beziehungen zwischen öffentlichen Auftraggebern (öffentlich-öffentliche Zusammenarbeit) v. 4. 10.2011, SEK(2011) 1169 endg.
[6] Näher hierzu *Leinemann*, Rn. 195.

Insoweit enthält der aktuelle Vorschlag der Europäischen Kommission für die Novellierung der Vergaberechtskoordinierungsrichtlinie[7] entsprechende Regelungen.[8]

B. In-house-Geschäfte

Beim In-house-Geschäft geht es um die Fälle, in denen sich ein Auftraggeber der eigenen Mittel bedient, um einen bestimmten Zweck zu erreichen. Dies ist sowohl durch Inanspruchnahme einer unselbständigen Einheit des öffentlichen Auftraggebers denkbar als auch durch Einbeziehung einer rechtlich verselbständigten, etwa formell privatisierten Einheit, beispielsweise eines als Tochtergesellschaft geführten Geschäftsbetriebs einer Kommune. An dieser rechtlich selbständigen Einheit kann der Auftraggeber selbst alleine beteiligt sein. Es ist aber auch eine gemeinsame Beteiligung mit anderen öffentlichen Auftraggebern oder privaten denkbar. Ebenso vielgestaltig sind die Konstellationen im Hinblick auf den Tätigkeitsbereich der in Anspruch genommenen Einheit. Dementsprechend stellt sich die Frage, ob und unter welchen Voraussetzungen in derartigen Fallkonstellationen von einem öffentlichen Auftrag im Sinne des § 99 GWB auszugehen ist.

I. In-house-Geschäft als ungeschriebener Ausnahmetatbestand

Die Dogmatik des In-house-Geschäfts wurde maßgeblich vom Europäischen Gerichtshof entwickelt und ausgeformt. Ausgangspunkt einer ganzen Reihe von Entscheidungen war dabei das sog. *Teckal*-Urteil.[9] Seither ist das In-house-Geschäft (bisweilen auch als „In-house-Vergabe" bezeichnet) als ungeschriebener Ausnahmetatbestand des vergaberechtlichen Auftragsbegriffs in der europäischen wie auch in der deutschen Vergaberechtsprechung anerkannt.[10] So hat der BGH bereits kurz nach der zu einem Lieferauftrag ergangenen Teckal-Urteil des EuGH die maßgeblichen Grundsätze auch auf Dienstleistungsverträge angewendet.[11] Auch die übrige Rechtsprechung und die überwiegende Literatur folgten dem EuGH.[12]

Als Ausnahmetatbestand lässt der EuGH das In-house-Geschäft nicht nur im Hinblick auf das Sekundärrecht, sondern auch im Hinblick auf das primäre Unionsrecht gelten, dem der EuGH in ständiger Rechtsprechung vergaberechtliche Mindeststandards entnimmt, die auch für Unterschwellenvergaben gelten. Dementsprechend können die Kriterien der In-house-Geschäfte insbesondere auch auf Dienstleistungskonzessionen anzuwenden sein.[13]

---

[7] *Europäische Kommission*, Vorschlag für Richtlinie des Europäischen Parlaments und des Rates über die öffentliche Auftragsvergabe, KOM(2011) 896/2; siehe dort insbesondere Art. 11.

[8] Näher hierzu unten, B. III.

[9] EuGH Urt. v. 18.11.1999, Rs. C-107/98, NZBau 2000, 90 – Teckal.

[10] *Polster* NZBau 2010, 486.

[11] BGH Beschl. v. 12.6.2001, X ZB 10/01, NZBau 2001, 517, 519; s. ferner Urt. v. 3.7.2008, I ZR 145/05, NZBau 2008, 664, Rn. 22 ff.; Urt. v. 8.2.2011, X ZB 4/10, NZBau 2011, 175, Rn. 17.

[12] S. etwa BayObLG Beschl. v. 22.1.2002, Verg 18/01, NZBau 2002, 397, 399; OLG Brandenburg Beschl. v. 19.12.2002, Verg W 9/02, NZBau 2003, 229, 232; OLG Naumburg, Beschl. v. 13.5.2003, 1 Verg 2/03, NZBau 2004, 62, 64; OLG Düsseldorf Beschl. v. 15.10.2003, Verg 50/03, NZBau 2004, 58, 58 f.; *Dreher* NZBau 2001, 360, 362 ff.; *Ziekow/Siegel* VergabeR 2005, 145, 146 ff.

[13] EuGH Urt. v. 13.11.2008, Rs. C-324/07, NZBau 2009, 54, Rn. 25 ff. – Coditel Brabant; Urt. v. 6.4.2006, Rs. C-410/04, NVwZ 2006, 555, 556 Rn. 24 – ANAV; Urt. v. 13.10.2005, Rs. C-458/03, NZBau 2005, 644, Rn. 61 f. – Parking Brixen; s. auch EuGH Urt. v. 15.10.2009, Rs. C-196/08, NZBau 2009, 804, Rn. 51 – Acoset; Urt. v. 10.9.2009, Rs. C-573/07, VergabeR 2009, 882, Rn. 31 ff. – Sea/Se.T.Co. SpA; EuGH Urt. v. 29.11.2012, verb. Rs. C-182/11 u. 183/11, NZBau 2013, 55, Rn. 26 – Econord SpA.

1. In-house-Geschäfte im engeren Sinn

9 Unzweifelhaft liegt ein vergaberechtsfreies In-house-Geschäft immer dann vor, wenn sich ein öffentlicher Auftraggeber zur Erfüllung einer bestimmten Aufgabe bzw. zur Erreichung eines bestimmten Zwecks einer **eigenen, rechtlich unselbständigen Organisationseinheit** bedient (*In-house-Geschäft im engeren Sinn*).[14] Dies gilt etwa für die Betrauung eines (rechtlich unselbstständigen) Eigenbetriebes mit einer bestimmten Aufgabe.[15] In diesen Fällen handelt es sich um einen rein verwaltungsinternen Vorgang ohne jede (Binnen-)Marktrelevanz. Insoweit besteht Einigkeit, dass einerseits die reine Verwaltungsorganisation nicht vom Anwendungsbereich des Vergaberechts erfasst wird. Dementsprechend ist jeder Auftraggeber frei in der Entscheidung, bestimmte Leistungen selbst durch seine eigenen Dienststellen zu erbringen anstatt sie auf dem Markt zu beschaffen. Zum anderen fehlt es in diesen Konstellationen von vornherein an einem Vertrag mit einem Dritten, so dass auch unter diesem Gesichtspunkt kein Auftrag im Sinne des Vergaberechts vorliegt.[16]

2. In-house-Geschäfte im weiteren Sinn

10 Schwieriger zu beurteilen sind indes Konstellationen, in welcher sich der öffentliche Auftraggeber einer Organisationseinheit bedient, die ihm gegenüber **rechtlich verselbständigt** ist (*In-house-Geschäft im weiteren Sinn*). In diesen Fällen liegt jeweils ein Vertrag des öffentlichen Auftraggebers mit einem Dritten vor. Deshalb ist zu prüfen, ob es sich bei diesem Dritten unter Anwendung einer funktionalen Betrachtungsweise um ein Unternehmen i.S.d. vergaberechtlichen Auftragsbegriffs handelt, so dass von einem vergaberechtsunterworfenen Vorgang auszugehen ist, oder ob die Beauftragung der Einschaltung einer rechtlich unselbständigen Teileinheit des öffentlichen Auftraggebers gleich zu achten ist mit der Folge, dass es sich um ein vergaberechtsfreies In-house-Geschäft handelt.[17]

II. Voraussetzungen vergaberechtsfreier In-house-Geschäfte im weiteren Sinn

11 Über die wesentlichen Voraussetzungen eines vergaberechtsfreien In-house-Geschäftes im weiteren Sinn besteht weitestgehend Einigkeit. Diese Voraussetzungen gehen letztlich auf das *Teckal*-Urteil des EuGH zurück und wurden seither maßgeblich vom EuGH in seiner Rechtsprechung weiter ausgefüllt und konkretisiert. Nach diesen sog. *Teckal*-Kriterien ist ein öffentlicher Auftrag zu verneinen, wenn (kumulativ)
(1) der öffentliche Auftraggeber über die fragliche juristische Person, die er mit der Leistungserbringung betraut, eine Kontrolle wie über seine eigenen Dienststellen ausübt (sog. **Kontrollkriterium**) und
(2) die fragliche juristische Person zugleich ihre Tätigkeit im Wesentlichen für den öffentlichen Auftraggeber verrichtet (sog. **Wesentlichkeitskriterium**).

12 Maßgeblicher Beurteilungszeitpunkt für das Vorliegen dieser sog. „In-house-Kriterien" ist dabei jeweils der Zeitpunkt der Auftragsvergabe. Nach den in diesem Zeitpunkt liegenden Umständen ist die Frage der Anwendbarkeit des Vergaberechts grundsätzlich zu prüfen.[18]

---

[14] S. OLG Düsseldorf Beschl. v. 6.7.2011, VII-Verg 39/11, NZBau 2011, 769, 770; Beschl. v. 2.3.2011, VII-Verg 48/10, NZBau 2011, 244, 247.

[15] OLG Rostock Beschl. v. 4.7.2012, 17 Verg 3/12, juris, Rn. 49.

[16] EuGH Urt. v. 11.1.2005, Rs. C-26/03, NVwZ 2005, 187, 190 Rn. 47 – Stadt Halle; VK Nordbayern Beschl. v. 27.5.2004, 320.VK – 3194–14/04; *Hailbronner* in Grabitz/Hilf, B 5 Rn. 56; *Ziekow* in Ziekow/Völlink, § 99 GWB Rn. 97.

[17] Vgl. OLG Düsseldorf Beschl. v. 6.7.2011, Verg 39/11, NZBau 2011, 769, 770; Beschl. v. 2.3. 2011, Verg 48/10, NZBau 2011, 244, 247.

[18] *Polster* NZBau 2010, 486, 487.

Bereichsspezifische Besonderheiten sind im Hinblick auf den öffentlichen Personenverkehr zu beachten. Im Anwendungsbereich der Verordnung (EG) Nr. 1370/2007 gelten für die – dem In-house-Geschäft entsprechende – Vergabe öffentlicher Dienstleistungsaufträge an sog. interne Betreiber eigenständige Anforderungen, die teilweise von den Teckal-Kriterien abweichen.[19]

1. Kontrolle wie über eigene Dienststellen

Das Kontrollkriterium verlangt, dass der öffentliche Auftraggeber über diejenige Einheit, an welche er den Auftrag (oder die Konzession) vergibt, eine Kontrolle ausübt wie über eine eigene Dienststelle. Dies erfordert, dass die fragliche Einheit einer Kontrolle unterworfen ist, die es dem Auftraggeber sowohl auf die strategischen Ziele als auch auf die wichtigen Entscheidungen dieser Einheit ausschlaggebenden Einfluss zu nehmen.[20] Der EuGH spricht insoweit von einer strukturellen und funktionellen Kontrolle, die wirksam sein muss.[21] Ob dies der Fall ist, muss in jedem Einzelfall anhand einer Gesamtschau aller maßgeblichen Umstände einschließlich der rechtlichen Rahmenbedingungen geprüft werden.[22] Dabei haben sich in der Rechtsprechung die nachfolgend dargestellten Fallgruppen herausgebildet.

a) Marktausrichtung

Gegen eine hinreichende Kontrolle durch den öffentlichen Auftraggeber spricht es, wenn die zu beauftragende Einheit eine Marktausrichtung erreicht hat, die eine Kontrolle durch den Auftraggeber schwierig macht.[23] Dabei spielt insbesondere bei kommunalen Unternehmen deren **geographischer Tätigkeitsbereich** eine große Rolle. Während eine Beschränkung auf den Zuständigkeitsbereich des öffentlichen Auftraggebers ein Indiz für eine hinreichende Kontrolle ist, spricht eine Tätigkeit weit über diesen räumlichen Bereich hinaus für eine starke Marktausrichtung und damit tendenziell eher gegen ein In-house-Geschäft.[24]

---

[19] Näher hierzu Kap. 11 § 57.
[20] OLG Düsseldorf Beschl. v. 30.1.2013, VII-Verg 56/12, NZBau 2013, 327 m.w.N. – Die Fragen, ob es auch ohne Kontrolle des Auftraggebers über den Auftragnehmer genügen kann, „wenn sowohl der Auftraggeber als auch der Auftragnehmer von demselben Träger, der seinerseits öffentlicher Auftraggeber im Sinne der Richtlinie 2004/18 ist, kontrolliert werden und der Auftraggeber und der Auftragnehmer im Wesentlichen für ihren gemeinsamen Träger tätig werden (horizontales In-House-Geschäft)", sowie ob sich die Kontrolle auf den gesamten Tätigkeitsbereich des Auftragnehmers beziehen oder eine Kontrolle nur des Beschaffungsbereichs genügt, hat das Hanseatische OLG dem EuGH im Wege der Vorabentscheidung zur Beantwortung vorgelegt; Rs. C-15/13 (Datenlotsen Informationssysteme GmbH ./. TU Hamburg-Harburg), s. ABl. EU v. 20.4.2013, Nr. C 114, S. 23 f.
[21] EuGH Urt. v. 13.11.2008, Rs. C-324/07, NZBau 2009, 54 Rn. 46 – Coditel Brabant; EuGH Urt. v. 29.11.2012, verb. Rs. C-182/11 u. 183/11, NZBau 2013, 55, Rn. 27 – Econord SpA; ebenso OLG Düsseldorf Beschl. v. 30.1.2013, Verg 56/12, NZBau 2013, 327.
[22] EuGH Urt. v. 13.10.2005, Rs. C-458/03, NZBau 2005, 644, 649 Rn. 65 – Parking Brixen; nachgehend Urt. v. 10.9.2009, Rs. C-573/07, VergabeR 2009, 882 Rn. 65 – Sea/Se.T.Co. SpA.; EuGH Urt. v. 13.11.2008, Rs. C-324/07, NZBau 2009, 54 Rn. 28 – Coditel Brabant; EuGH Urt. v. 11.5.2006, Rs. C-340/04, NZBau 2006, 452, 454 Rn. 36 – Carbotermo.
[23] Urt. v. 10.9.2009, Rs. C-573/07, VergabeR 2009, 882 Rn. 66 – Sea/Se.T.Co. SpA.; EuGH Urt. v. 13.10.2005, Rs. C-458/03, NZBau 2005, 644, 649 Rn. 67 – Parking Brixen.
[24] EuGH Urt. v. 10.9.2009, Rs. C-573/07, VergabeR 2009, 882 Rn. 73 ff. – Sea/Se.T.Co. SpA.

b) Rechtsform

16 Von großer Bedeutung für das Kontrollkriterium kann auch die Rechtsform sein, in welcher die zu beauftragende Einheit eingerichtet ist. Ein Indiz für eine hinreichende Kontrolle kann insbesondere die öffentlich-rechtliche Rechtsform der Untereinheit sein, die beauftragt werden soll. Auch ein öffentlich-rechtlicher Zweckverband, an welchem der Auftraggeber beteiligt ist, kann unter dem Gesichtspunkt des Kontrollkriteriums als grundsätzlich in-house-fähig angesehen werden.[25]

17 Anders sind Gesellschaften in Privatrechtsform zu beurteilen. Allerdings spricht zunächst der Umstand, dass der öffentliche Auftraggeber eine Tochtergesellschaft in Privatrechtsform errichtet hat, für sich genommen noch nicht gegen eine hinreichende Kontrolle. Auch eine personalistische Struktur einer privatrechtlichen Gesellschaft wie etwa bei einem Versicherungsverein auf Gegenseitigkeit, steht einer Anwendung der Grundsätze des In-house-Geschäfts nicht entgegen.[26] Handelt es sich um eine **Gesellschaft mit beschränkter Haftung (GmbH)**, ist vielmehr in der Regel davon auszugehen, dass eine hinreichende Kontrolle gewährleistet ist, da schon nach dem GmbHG weitreichende Einflussmöglichkeiten der Gesellschafter bestehen und die GmbH auf Grund der ihr eigenen Organisationsstruktur umfassende Einfluss- und Steuerungsmöglichkeiten bietet. Dies gilt umso mehr, wenn diese Einflussmöglichkeiten durch entsprechende Regelungen in der Satzung (etwa über die Schaffung zusätzlicher Organe und Gremien) noch verstärkt bzw. ergänzt werden.[27] Demgegenüber sind etwa bei einer **Aktiengesellschaft (AG)** die Einflussmöglichkeiten der einzelnen Aktionäre auf die Gesellschaft beschränkt, was im Einzelfall eine genauere Prüfung erfordert.[28] Besondere Bedeutung kommt dabei der Zusammensetzung der Beschlussorgane und dem Umfang der Befugnisse dieser Organe zu.[29]

c) Beteiligungsverhältnisse

18 Von entscheidender Bedeutung für das Vorliegen des Kontrollkriteriums sind schließlich die Beteiligungsverhältnisse an dem Unternehmen bzw. der Einrichtung, das bzw. die den Auftrag erhalten soll. Dabei lassen sich drei Grundkonstellationen unterscheiden:
(1) Der öffentliche Auftraggeber ist einziger Beteiligter, d. h. er hält 100 % der Anteile an der Gesellschaft bzw. an der zu beauftragenden Einrichtung ist kein Dritter beteiligt.
(2) Der öffentliche Auftraggeber ist an dem Unternehmen bzw. der Einrichtung gemeinsam mit anderen öffentlichen Stellen beteiligt, hält etwa nur einen Teil der Gesellschaftsanteile, während andere öffentliche Auftraggeber die übrigen Anteile halten.
(3) Neben dem öffentlichen Auftraggeber (und ggf. weiteren öffentlichen Stellen) sind auch (natürliche oder juristische) private Personen an dem Unternehmen bzw. der Einrichtung beteiligt.

19 Während die erste Konstellation unter dem Gesichtspunkt der Ausübung hinreichender Kontrolle unproblematisch ist, werfen die beiden anderen Konstellationen Zweifel auf.

20 **aa) Auftraggeber als einziger Beteiligter.** Ist der öffentliche Auftraggeber einziger Beteiligter an dem zu beauftragenden Unternehmen oder der zu beauftragenden Einrichtung, ist eine hinreichende Kontrolle im Regelfall gewährleistet. Anderes kann gelten, wenn

---

[25] Näher OLG Düsseldorf Beschl. v. 21.6.2006, VII-Verg 17/06, NZBau 2006, 662, 666; zustimmend *Wilke* ZfBR 2007, 23, 24.
[26] BGH Urt. v. 3.7.2008, I ZR 145/05, NZBau 2008, 664, 666 Rn. 26.
[27] BGH Urt. v. 12.6.2001, X ZB 10/01, NZBau 2001, 517, 519; OLG Düsseldorf Beschl. v. 28.7.2011, VII- Verg 20/11, NZBau 2012, 50, 51.
[28] Kritisch z. B. EuGH Urt. v. 13.10.2005, Rs. C-458/03, NZBau 2005, 644 Rn. 67 – Parking Brixen; EuGH Urt. v. 29.11.2012, verb. Rs. C-182/11 u. 183/11, NZBau 2013, 55, Rn. 30 ff. – Econord SpA (jeweils zu einer italienischen Aktiengesellschaft).
[29] EuGH Urt. v. 13.11.2008, Rs. C-324/07, NZBau 2009, 54 Rn. 29 – Coditel Brabant; *Krohn* NZBau 2009, 222, 224 f.

Einflussmöglichkeiten zugunsten eines oder mehrerer Dritter bestehen, die auf einem anderen Rechtsgrund als einer gesellschaftsrechtlichen Beteiligung beruhen (z. B. aufgrund eines Treuhandverhältnisses im Zusammenhang mit dem Halten von Anteilen an einer Gesellschaft). Entsprechendes gilt, wenn aufgrund der gewählten Rechtsform und Ausgestaltung dem Unternehmen selbst bzw. dessen Leitung maßgebliche Entscheidungsspielräume eingeräumt sind, welcher der Einflussnahme des Auftraggebers entzogen sind, so dass etwa die Gesellschaft gegenüber ihren Anteilseignern über weitreichende Selbständigkeit verfügt, was insbesondere bei Aktiengesellschaften oder Versicherungsvereinen auf Gegenseitigkeit der Fall sein kann.[30]

Dabei muss der öffentliche Auftraggeber die Kontrolle nicht unmittelbar ausüben, d. h. **21** er muss nicht zwingend unmittelbar oder direkt die Anteile an der Gesellschaft halten. So kann etwa auch eine nur mittelbare Beteiligung an einer Gesellschaft, bei der – etwa im kommunalen Konzern – zwischen den Auftraggeber und die zu beauftragende Gesellschaft eine oder mehrere Gesellschaften „dazwischengeschaltet" sind, genügen.[31] In einem solchen Fall ist freilich unter Berücksichtigung aller Rechtsvorschriften und maßgeblichen Umstände des Einzelfalls im Wege einer Gesamtschau zu prüfen, ob die (durch andere Gesellschaften vermittelten) Einflussmöglichkeiten des Auftraggebers im Vergleich zu einer unmittelbaren Beteiligung verringert oder gar ausgeschlossen sind, was insbesondere dann anzunehmen sein kann, wenn einem Leitungsorgan einer zwischengeschalteten Gesellschaft autonome Befugnisse zukommen.[32] Sollte dies der Fall sein, würde dies gegen eine hinreichende Kontrolle sprechen.[33]

bb) Mitbeteiligung anderer öffentlicher Auftraggeber. Sind an einem Unternehmen **22** oder einer Einrichtung mehrere öffentliche Auftraggeber gemeinsam – ob zu gleichen Teilen oder in unterschiedlichem Umfang – beteiligt, stellt sich die Frage, ob auch im Hinblick auf den einzelnen öffentlichen Auftraggeber von einer Kontrolle über die gemeinsame Einrichtung wie über eine eigene Dienststelle die Rede sein kann. Dagegen spricht, dass die gemeinsame Einrichtung von allen beteiligten öffentlichen Stellen *gemeinsam* geführt und beeinflusst wird. Allerdings spricht für die hinreichende Kontrolle, dass es sich bei allen Beteiligten letztlich um Stellen der öffentlichen Verwaltung handelt, so dass eine Beauftragung dieser gemeinsamen Einrichtung – unabhängig ob nur durch einen, durch mehrere oder durch alle beteiligten öffentlichen Stellen – jeweils immer als Vorgang angesehen werden kann, der sich im innerstaatlichen Bereich vollzieht.

Vor diesem Hintergrund hat die Rechtsprechung in solchen Konstellationen das Kon- **23** trollkriterium bejaht. Maßgebend ist, dass es öffentlichen Auftraggebern möglich sein soll, zur Erfüllung ihrer Aufgaben nicht nur auf ihre eigenen Ressourcen zurückzugreifen, sondern auch mit anderen öffentlichen Stellen zusammenzuarbeiten.[34] Dabei ist grundsätzlich unerheblich, in welchem Umfang der einzelne öffentliche Auftraggeber an der gemeinsamen Einrichtung, etwa einer gemeinsamen Tochtergesellschaft beteiligt ist. Auch eine Minderheitsbeteiligung unter 1 % kann in solch einem Fall für die Bejahung des

---

[30] EuGH Urt. v. 11.5.2006, Rs. C-340/04, NZBau 2006, 452, 455 Rn. 47 – Carbotermo; vgl. auch Urt. v. 13.10.2005, Rs. C-458/03, NZBau 2005, 644, 647 Rn. 44 ff. – Parking Brixen; BGH Urt. v. 3.7.2008, I ZR 145/05, NZBau 2008, 664, 666 f. Rn. 29; OLG Düsseldorf Beschl. v. 4.5.2009, VII-Verg 68/08, *Wegener* in Pünder/Schellenberg, § 99 GWB Rn. 28; *Säcker/Wolf* WRP 2007, 282, 286.
[31] EuGH Urt. v. 11.5.2006, Rs. C-340/04, NZBau 2006, 452, 454 Rn. 39 f. – Carbotermo; OLG Düsseldorf Beschl. v. 12.1.2004, VII-Verg 71/03, NZBau 2004, 343, 345; OLG Hamburg v. 14.12.2010, 1 Verg 5/10, NZBau 2011, 185, 186; OLG Düsseldorf Beschl. v. 30.1.2013, VII-Verg 56/12, NZBau 2013, 327 f.; *Orlowski* NZBau 2007, 80, 83 f.
[32] OLG Düsseldorf Beschl. v. 30.1.2013, VII-Verg 56/12, NZBau 2013, 327, 328.
[33] Näher *Wegener* in Pünder/Schellenberg, § 99 GWB Rn. 26 f.
[34] EuGH Urt. v. 10.9.2009, Rs. C-573/07, VergabeR 2009, 882 Rn. 54 ff. – Sea/Se.T.Co. SpA.; Urt. v. 13.11.2008, Rs C-324/07, NZBau 2009, 54 Rn. 47 ff. – Coditel Brabant.

Kontrollkriteriums genügen.[35] Insbesondere muss nicht jeder beteiligten öffentlichen Stelle ein individuelles Kontrollrecht über die gemeinsame Einrichtung eingeräumt sein. Allerdings genügt auch nicht nur eine rein formale oder symbolische Beteiligung ohne jede Möglichkeit einer Beteiligung an der (gemeinsamen) Kontrolle über die Einrichtung, denn dies würde nach den Worten des EuGH das „Konzept der gemeinsamen Kontrolle" aushöhlen und Umgehungen des Vergaberechts Tür und Tor öffnen.[36] Eine völlige Dominanz eines Mehrheitsgesellschafters steht daher einer gemeinsamen Kontrolle entgegen.[37] Dementsprechend ist zumindest eine (wenn auch geringe) Beteiligung jedes einzelnen öffentlichen Auftraggebers sowohl am Kapital als auch an den Leitungsorganen der gemeinsamen Einrichtung zu fordern.[38] Schwierig zu beurteilen wird sein, wo im konkreten Einzelfall die Grenzen zwischen einer ausreichenden Beteiligung an der gemeinsamen Kontrolle und einer reinen pro-forma-Beteiligung verläuft. Allzu hohe Anforderungen wird man indes auf Basis jedenfalls der bisherigen Rechtsprechung nicht stellen können.

24   cc) Mitbeteiligung Privater (gemischtwirtschaftliche Unternehmen). Wird ein Auftrag an ein sog. gemischtwirtschaftliches Unternehmen vergeben, d. h. an ein Unternehmen, an dem nicht nur die öffentliche Hand, sondern auch eine oder mehrere private Personen beteiligt sind, liegen die Voraussetzungen eines vergaberechtsfreien In-house-Geschäfts nicht vor. Dabei kommt es nicht darauf an, ob ein Privater unmittelbar oder nur mittelbar beteiligt ist.[39] In diesen Fällen ist das Kontrollkriterium nach der Rechtsprechung und der herrschenden Auffassung in der Literatur ungeachtet des **Umfangs der Beteiligung** stets zu verneinen.[40] Zur Begründung verweist der EuGH darauf, dass die Vergabe eines öffentlichen Auftrags an ein gemischtwirtschaftliches Unternehmen ohne Ausschreibung das Ziel eines freien und unverfälschten Wettbewerbs und den Grundsatz der Gleichbehandlung der Interessenten beeinträchtigen würde, weil ein solches Verfahren einem am Kapital dieses Unternehmens beteiligten privaten Unternehmen einen Vorteil gegenüber seinen Konkurrenten verschaffen würde.[41]

---

[35] EuGH Urt. v. 19.4.2007, Rs. C-295/05, NZBau 2007, 381 Rn. 56 ff. – Asemfo/Tragsa; OLG Düsseldorf Beschl. v. 30.1.2013, VII-Verg 56/12, NZBau 2013, 327.
[36] EuGH Urt. v. 29.11.2012, verb. Rs. C-182/11 u. 183/11, NZBau 2013, 55, Rn. 30 ff. – Econord SpA; zustimmend OLG Düsseldorf Beschl. v. 30.1.2013, VII-Verg 56/12, NZBau 2013, 327. Im konkreten Fall, welcher der genannten Entscheidung des EuGH zugrunde lag, waren zwei Kommunen jeweils mit nur einer von 173.785 Aktien im Nennwert von jeweils 1 EUR am Grundkapital der in der Rechtsform einer (italienischen) Aktiengesellschaft errichteten gemeinsamen Einrichtung beteiligt; angesichts einer bestehenden gesellschaftsrechtlichen Nebenvereinbarung, die ihnen das Recht einräumte, an der Ernennung eines Aufsichtsrats- und eines Verwaltungsratsmitglieds mitzuwirken, gab der EuGH dem vorlegenden Gericht auf zu prüfen, ob diese Nebenvereinbarung es den beiden Kommunen „ermöglichen kann, tatsächlich zur Kontrolle [der gemeinsamen Einrichtung] beizutragen" (Rn. 32).
[37] OLG Düsseldorf Beschl. v. 30.10.2013, VII-Verg 56/12, NZBau 2013, 327.
[38] EuGH Urt. v. 29.11.2012, verb. Rs. C-182/11 u. 183/11, NZBau 2013, 55, Rn. 33 – Econord SpA; zustimmend *Conrad*, AnwZert BauR 2/2013, Anm. 1.
[39] BGH Urt. v. 3.7.2008, I ZR 145/05, NZBau 2008, 664, 666 Rn. 28.
[40] Grundlegend EuGH Urt. v. 11.1.2005, Rs. C-26/03, NVwZ 2005, 187, 190 Rn. 49 – Stadt Halle; ebenso Urt. v. 13.11.2008, Rs. C-324/07, NZBau 2009, 54, 56 Rn. 30 – Coditel Brabant; Urt. v. 6.4.2006, Rs. C-410/04, NVwZ 2006, 555, 556 Rn. 31 – ANAV; BGH Urt. v. 3.7.2008, I ZR 145/05, NZBau 2008, 664, 666 Rn. 25; *Leinemann* Rn. 132; *Säcker/Wolf* WRP 2007, 282, 285; *Kühling* ZfBR 2006, 661, 662.
[41] EuGH Urt. v. 15.10.2009, Rs. C-196/08, NZBau 2009, 804, 808 Rn. 56 – Acoset, m. Verw. auf EuGH Urt. v. 11.1.2005, Rs. C-26/03, NVwZ 2005, 187, 190 Rn. 51– Stadt Halle, sowie Urt. v. 10.11.2005, Rs. C-29/04, NZBau 2005, 704, 707 Rn. 48 – Stadt Mödling; aus der deutschen Rechtsprechung jüngst etwa OLG Düsseldorf, Beschl. v. 9.1.2013, VII-Verg 26/12, IBR 2013, 1117 unter II. 2. b) aa) (2.).

Diese strenge Auslegung durch die Rechtsprechung ist zu hinterfragen. Denn ob eine 25
„Kontrolle wie über eine eigene Dienststelle" im Hinblick auf ein etwa in Privatrechtsform ausgestaltetes Unternehmen möglich sein kann, hängt in der Praxis nicht, jedenfalls nicht ausschließlich von den Beteiligungsverhältnissen ab. Ist zum Beispiel ein Privater neben dem öffentlichen Auftraggeber lediglich kapitalmäßig minderheitsbeteiligt und verfügt er dabei weder über eine Sperrminorität, Vetorechte o. ä. in der Gesellschafterversammlung noch über Einflussmöglichkeiten auf die übrigen Organe der Gesellschaft und bestellt insbesondere auch keine Organmitglieder, dann leuchtet nicht ein, weshalb die Kontroll- und Einflussmöglichkeiten des öffentlichen Auftraggebers nicht denen vergleichbar sein sollen, die er über eigene Dienststellen hat. In diese Richtung scheinen auch die Erwägungen des BGH zu zielen, der im Falle eines Versicherungsvereins auf Gegenseitigkeit, an dem sich auch gemischtwirtschaftliche Unternehmen beteiligen konnten, u. a. darauf abstellte, dass diese in der Mitgliederversammlung des Versicherungsvereins Stimmrechte erwerben konnten und keine Vorkehrungen dafür getroffen waren, dass ihr Stimmrecht jeweils ausschließlich durch den oder die jeweiligen öffentlichen Gesellschafter ohne Berücksichtigung der Interessen privater Partner ausgeübt wird.[42] In eine ähnliche Richtung weisen die Überlegungen des OLG Frankfurt a. M., das im Fall der Beteiligung Privater im Rahmen von Splitterbesitz auf der vierten Beteiligungsebene darauf hinwies, dass es nach der Rechtsprechung des EuGH weniger auf eine Beherrschung als vielmehr darauf ankomme, dass der öffentliche Auftraggeber bei einer Gesamtwürdigung des Einzelfalls umfassende Einflussmöglichkeiten und ausschlaggebenden Einfluss auf die strategischen Ziele und die wichtigen Entscheidungen der Gesellschaft hat, die für ihn tätig werden soll.[43] Auch das Argument, der private Investor hätte in diesem Fall einen Vorteil gegenüber anderen am Auftrag interessierten Unternehmen, überzeugt jedenfalls bei einer rein kapitalmäßigen Beteiligung, die auch nach der Rechtsprechung des EuGH als solche nicht vom Anwendungsbereich des Vergaberechts erfasst wird[44], nicht. Vor diesem Hintergrund ist zu hoffen, dass der EuGH seine Rechtsprechung im Hinblick auf gemischtwirtschaftliche Unternehmen modifiziert.[45]

Maßgeblicher **Zeitpunkt** für die Beurteilung der Frage, ob eine Beteiligung Privater, 26
d. h. ein gemischtwirtschaftliches Unternehmen vorliegt, ist auf den Zeitpunkt der Auftragsvergabe abzustellen. Eine ggf. zuvor noch bestehende private Beteiligung, die bis zum Zeitpunkt der Auftragserteilung beendet wird, ist insofern unschädlich. Entsprechendes gilt für eine im Zeitpunkt der Auftragsvergabe (noch) keine Aussicht auf eine baldige Kapitalöffnung besteht.[46] Allerdings sind bei der Prüfung, ob ein vergaberechtsfreies In-house-Geschäft vorliegt, stets die Gesamtumstände zu würdigen. Dies gilt auch in zeitli-

---

[42] BGH Urt. v. 3.7.2008, I ZR 145/05, NZBau 2008, 664, 666 Rn. 28.

[43] OLG Frankfurt a. M. Beschl. v. 30.8.2011, 11 Verg 3/11, KommJur 2011, 462, 463.

[44] EuGH Urt. v. 6.5.2010, Rs. C-145/08 und 149/08, EuZW 2010, 620, 623 Rn. 59 — Club Hotel Loutraki u. a.

[45] Eine Gelegenheit hierzu könnte sich im bereits anhängigen Vorabentscheidungsverfahren Rs. C-574/12 (Centro Hospitalar de Setúbal u. a. ./. Eurest Portugal — Sociedade Europeia de Restaurantes Lda) ergeben, in dem das vorlegende Gericht u. a. die Fragen geklärt wissen möchte, ob eine Auftragserteilung an eine Einrichtung als vergaberechtsfreies In-house-Geschäft angesehen werden kann, „wenn der Einrichtung nach ihrer Satzung nicht nur Einrichtungen des öffentlichen Sektors, sondern auch Einrichtungen des sozialen Sektors angehören können, wobei zum Zeitpunkt der Auftragsvergabe von insgesamt 88 Mitgliedern dieser Einrichtung 23 Mitglieder Einrichtungen des sozialen Sektors, d. h., private Sozialträger (IPSS) ohne Gewinnerzielungsabsicht und zum Teil gemeinnütziger Natur waren" (Vorlagefrage 1) und ob eine gemeinsame Kontrolle mehrerer öffentlicher Auftraggeber über den Auftragnehmer wie über eine eigene Dienststelle vorliegt, „wenn der Auftragnehmer nach der Satzung sicherstellen muss, dass die Mehrheit der Stimmrechte den Mitgliedern gehört, die den Leitungs-, Überwachungs- und Aufsichtsbefugnissen des für den Gesundheitsbereich zuständigen Regierungsmitglieds unterliegen, und sein Verwaltungsrat ebenfalls mehrheitlich aus öffentlich-rechtlichen Mitgliedern besteht" (Vorlagefrage 2), s. ABl. EU v. 10.03.2013, C 79/5.

[46] VK Bund Beschl. v.12.12.2012, VK 3–129/12, juris Rn. 55 m.w.N.

cher Hinsicht.⁴⁷ Das bedeutet, dass eine In-house-Vergabe im Falle einer kurze Zeit danach durchgeführten Beteiligung eines privaten Dritten an dem beauftragten Unternehmen als „künstliche Gestaltung" eine unzulässige **Umgehung des Vergaberechts** darstellen kann.⁴⁸ Liegen bereits im Zeitpunkt der Auftragsvergabe konkrete Anhaltspunkte vor, die auf eine zukünftige Beteiligung eines privaten Dritten an dem zu beauftragenden Unternehmen vor Ende der Vertragslaufzeit schließen lassen, ist das Kontrollkriterium zu verneinen und eine Vergaberechtsunterworfenheit des Auftrags zu bejahen.⁴⁹

27   Bisweilen wird darüber hinaus bereits das Bestehen bloßer **Beteiligungsmöglichkeiten für Private** insoweit als schädlich erachtet.⁵⁰ Das geht allerdings zu weit. Auch die vom BGH hierfür ins Feld geführte Rechtsprechung des EuGH verlangt dies nicht, und zwar zu Recht. Denn die bloße Möglichkeit, dass eine Privater sich an einem öffentlichen Unternehmen beteiligen könnte, hat auf die Einfluss- und Kontrollmöglichkeiten der öffentlichen Hand einerseits und auch auf den Wettbewerb andererseits überhaupt keine Auswirkungen, so lange davon nicht Gebrauch gemacht wird.⁵¹

2. Tätigkeit im Wesentlichen für den öffentlichen Auftraggeber

28   Das zweite *Teckal*-Kriterium, wonach das zu beauftragende Unternehmen seine Tätigkeit im Wesentlichen für die Körperschaft verrichten muss, die seine Anteile innehat (sog. Wesentlichkeitskriterium), ist in der Rechtsprechung und Literatur im Vergleich zum Kontrollkriterium allenfalls ansatzweise geklärt. Angesichts der Rechtsprechung zum Kontrollkriterium dürfte allerdings feststehen, dass auch das Wesentlichkeitskriterium während der gesamten Laufzeit des in-house vergebenen öffentlichen Auftrags erfüllt sein muss. Anderenfalls ist von einer wesentlichen Vertragsänderung mit der Folge einer möglichen Ausschreibungspflicht auszugehen.⁵²

29   Erst in jüngster Zeit mehren sich die Versuche in Rechtsprechung und Literatur, die Anforderungen, die sich aus dem Wesentlichkeitskriterium ergeben, zu konturieren. Die Diskussion darüber dürfte längst noch nicht abgeschlossen sein.

a) Vorgaben aus der EuGH-Rechtsprechung

30   Die grundlegenden Eckpunkte hat der EuGH in dem Urteil „*Carbotermo*" dargelegt.⁵³ Danach erfordert das Wesentlichkeitskriterium, dass das Unternehmen hauptsächlich für die beauftragende bzw. konzessionierende Körperschaft tätig wird und jede andere Tätigkeit rein nebensächlich ist. Um dies zu beurteilen, sind alle *qualitativen* und *quantitativen* Umstände des Einzelfalls zu berücksichtigen. In quantitativer Hinsicht ausschlaggebend ist dabei der Umsatz, den das Unternehmen auf Grund der Vergabeentscheidungen der kontrollierenden Körperschaft erzielt. Hinzuzurechnen ist auch der Umsatz, der in Ausführung solcher Entscheidungen mit etwaigen Nutzern erzielt wird, da alle Tätigkeiten zu berücksichtigen sind, die ein Unternehmen als Auftragnehmer im Rahmen einer Vergabe durch den öffentlichen Auftraggeber verrichtet, unabhängig davon, wem sie zugutekom-

---

⁴⁷ EuGH Urt. v. 10.11.2005, Rs. C-29/04, NZBau 2005, 704, 705 f. Rn. 28 ff. – Stadt Mödling.
⁴⁸ EuGH Urt. v. 10.9.2009, Rs. C-573/07, NVwZ 2009, 1421, 1423 Rn. 48 – Sea/Se.T.-Co. SpA.
⁴⁹ EuGH Urt. v. 10.9.2009, Rs. C-573/07, NVwZ 2009, 1421, 1423 Rn. 51 – Sea/Se.T.-Co. SpA; Urt. v. 13.10.2005, Rs. C-458/03, NZBau 2005, 644, 649 Rn. 67 – Parking Brixen.
⁵⁰ BGH Urt. v. 3.7.2008, I ZR 145/05, NZBau 2008, 664, 666 Rn. 27 f.
⁵¹ Ebenso *Wegener* in Pünder/Schellenberg, § 99 GWB Rn. 20.
⁵² Vgl. OLG Düsseldorf Beschl. v. 28.7.2011, Verg 20/11, NZBau 2012, 50, 53; KG Beschl. v. 19.4.2011, Verg 7/11, unter II. B. 3.; *Otting/Ohler/Olgemöller* in Hoppe/Uechtritz, § 14 Rn. 48.
⁵³ EuGH Urt. v. 11.5.2006, Rs. C-340/04, NZBau 2006, 452, 455 f. Rn. 63 ff. – Carbotermo.

men bzw. wer die Vergütung entrichtet (Auftraggeber oder Nutzer) und ungeachtet des Gebietes, in dem die Leistungen erbracht werden.

Stellung nahm der EuGH in dem *Carbotermo*-Urteil auch zu der Konstellation eines 31 öffentlichen Unternehmens, das von mehreren öffentlichen Auftraggebern gehalten bzw. kontrolliert wird. Insoweit stellte der EuGH klar, dass alle Tätigkeiten zu berücksichtigen sind, die das auftragnehmende Unternehmen für alle Körperschaften insgesamt verrichtet, die seine Anteile innehaben, und nicht nur die Tätigkeiten für diejenige Körperschaft, die im konkreten Fall als öffentlicher Auftraggeber auftritt.[54] Die entsprechenden Umsätze sind daher zu addieren. Zu den qualitativen Anforderungen jedoch, von denen ebenfalls die Rede ist, enthält die Entscheidung keine weitergehenden Konkretisierungen

b) Umsatzbetrachtung

Dementsprechend dreht sich die Diskussion bislang im Wesentlichen um die Frage, wel- 32 che Umsätze im Einzelnen in die Berechnung einzubeziehen sind und wie hoch die Summe schädlicher Drittumsätze maximal sein darf.

In der Literatur war zur Konkretisierung der Wesentlichkeit in Ermangelung sonstiger 33 Anhaltspunkte zunächst auf die Umsatzschwelle der (nur für den Sektorenbereich geltenden) Regelung des § 10 VgV a. F. zurückgegriffen und diese Regelung analog auch auf Nicht-Sektorenauftraggeber angewandt worden.[55] Durch diese Vorschrift wurden Dienstleistungen verbundener Unternehmen eines Sektorenauftraggeber vom Anwendungsbereich des Vergaberechts ausgenommen, sofern mindestens 80 % des von diesem Unternehmen während der letzten drei Jahre in der Europäischen Gemeinschaft erzielten durchschnittlichen Umsatzes im Dienstleistungssektor aus der Erbringung dieser Dienstleistungen für die mit ihm verbundenen Unternehmen stammten.

Der EuGH bejahte in einer Folgeentscheidung zum *Carbotermo*-Urteil relativ knapp die 34 Wesentlichkeit mit dem Hinweis darauf, das Unternehmen erwirtschafte 90 % seiner Umsätze mit den Körperschaften, die die Anteile daran halten. Daraus ergebe sich, dass das Unternehmen im Wesentlichen für diese Körperschaften tätig sei.[56] Demgegenüber ergingen in der Folgezeit verschiedene Entscheidungen deutscher Gerichte, in denen jeweils ein strengerer Maßstab in der quantitativen Betrachtung angelegt wurde.[57] Der BGH äußerte Zweifel an der Erfüllung des Wesentlichkeitskriteriums bei einem Unternehmen, dessen Satzung die Erwirtschaftung von Drittumsätzen bis zu 10 % zuließ, mithin eine Mindestumsatzquote von 90 % zugunsten der Anteilseigner zwingend vorgab.[58] Das OLG Celle sah in einem Fall eine Drittumsatzquote von 7,5 % bereits als unschädlich an[59] und bezog in einem anderen Fall auch die Drittumsätze einer 100-prozentigen Tochtergesellschaft des fraglichen Unternehmens in die Berechnung mit ein.[60]

c) Kausalität

Daneben entstand eine Diskussion darüber, wie die Forderung des EuGH zu verstehen 35 ist, dass der Umsatz ausschlaggebend sei, den das fragliche Unternehmen auf Grund der Vergabeentscheidungen der kontrollierenden Körperschaft erzielt. Aus der Formulierung des EuGH wurde die Schlussfolgerung gezogen, dass dem öffentlichen Auftraggeber nur

---

[54] EuGH Urt. v. 11.5.2006, Rs. C-340/04, NZBau 2006, 452, 455 f. Rn. 68 ff. – Carbotermo.
[55] So z. B. *Orlowski* NZBau 2007, 80, 86.
[56] EuGH Urt. v. 19.4.2007, Rs. C-295/05, NZBau 2007, 381, 386 Rn. 63 – Asemfo/Tragsa; OLG Düsseldorf Beschl. v. 30.1.2013, VII-Verg 56/12, NZBau 2013, 327.
[57] Eingehend *Grunenberg/Wilden* VergabeR 2012, 149, 152 ff.; *Schröder* NVwZ 2011, 776, 777 f.
[58] BGH Urt. v. 3.7.2008, I ZR 145/05, NZBau 2008, 664, 666 Rn. 31.
[59] OLG Celle Urt. v. 14.9.2006, 13 Verg 2/06, NZBau 2007, 126, 127.
[60] OLG Celle Urt. v. 29.10.2009, 13 Verg 8/09, NZBau 2010, 194, 197; ablehnend zu Recht *Schröder* NVwZ 2011, 776, 778 f.

solche Umsätze des beauftragten bzw. konzessionierten Unternehmens zugerechnet werden können, deren Erzielung er selbst durch die Beauftragung herbeigeführt hat, nicht aber solche Umsätze, die aus anderen Gründen – wenn auch im Rahmen der Auftragsausführung – erwirtschaftet werden.[61] Dieser Kausalzusammenhang wurde etwa verneint für die Umsätze kommunaler Energieversorgungsunternehmen mit Endkunden bei der Belieferung mit Strom und Gas, und zwar mit der wenig überzeugenden Argumentation, in dem liberalisierten Energiemarkt beruhten – anders etwa als bei der Trinkwasserversorgung – Umsätze mit Endkunden auf deren freier Auswahlentscheidung und nicht auf der Beauftragung durch den kommunalen Anteilseigner des Energieversorgers.[62] Sollte sich diese Auffassung durchsetzen, wäre ein In-house-Geschäft im Bereich der leitungsgebundenen Daseinsvorsorge kaum mehr möglich.[63]

36 Unerheblich ist allerdings, ob das beauftragte Unternehmen die auftragsgegenständlichen Leistungen ausschließlich oder überwiegend selbst oder durch Dritte (Nachunternehmer) erbringt. Anforderungen an eine „Eigenleistungsquote" oder gar ein Verbot der Einschaltung von Nachunternehmern lassen sich – solange keine unzulässige Umgehungsgestaltung vorliegt – dem Wesentlichkeitskriterium nicht entnehmen.[64]

d) Qualitative Betrachtung

37 Eine Konkretisierung der bereits vom EuGH erwähnten, in der Praxis jedoch bislang nicht im Vordergrund stehenden qualitativen Anforderungen an die Tätigkeit des beauftragten Unternehmens ergibt sich aus der jüngeren Rechtsprechung des OLG Düsseldorf.[65] Danach ist das Wesentlichkeitskriterium auch auf die Erfüllung öffentlicher Aufgaben zu übertragen, was eine Betrachtung der tatsächlich erbrachten oder zu erbringenden Leistungen erfordert. Werden dabei im Rahmen einer interkommunalen Zusammenarbeit nicht nur öffentliche Aufgaben der Abfallentsorgung wahrgenommen, indem nicht nur die kommunalen Abfälle und kraft Überlassungspflicht anzudienenden Gewerbeabfälle abgenommen, sondern in erheblichem Umfang auch „freie" Gewerbeabfälle akquiriert werden, dann liegt nach Auffassung des OLG Düsseldorf eine Beteiligung am Wettbewerb vor. Dadurch werde genau jene Verfälschungsgefahr gegenüber dem Wettbewerb begründet, die vom EU-Vergaberecht gebannt werden soll. Vor allem wenn das betreffende Unternehmen diese Teilnahme am Wettbewerb Dritten gegenüber bewerbe und dadurch seine beabsichtigte Marktteilnahme zu erkennen gebe, sei für ein In-house-Geschäft kein Raum mehr. Insofern wird in Fortentwicklung der EuGH-Rechtsprechung zusätzlich zur wirtschaftlichen, an der Quantität ausgerichteten Betrachtungsweise die Gemeinwohlorientierung staatlicher Stellen im Sinne einer qualitativen Betrachtung hervorgehoben und auch den vergaberechtlichen Umgehungsversuchen ein Stück weit der Boden entzogen.[66]

3. Auswirkungen auf Privatisierungen und Anteilsveräußerungen bei öffentlichen Unternehmen

38 Aus den Grundsätzen der In-house-Vergabe ergeben sich Konsequenzen, die vor allem bei Transaktionen im Bereich öffentlicher Unternehmen zu beachten sind. Zwar ist die

---

[61] OLG Hamburg Beschl. v. 14.12.2010, 1 Verg 5/10, NZBau 2011, 185, 187.
[62] OLG Hamburg Beschl. v. 14.12.2010, 1 Verg 5/10, NZBau 2011, 185, 187; ebenso OLG Frankfurt Beschl. vom 30.8.2011, 11 Verg 3/11, ZfBR 2012, 77, 81; a. A. mit überzeugender Begründung *Schröder* NVwZ 2011, 776, 779, unter Verweis auf die Grundversorgungspflicht des Energieversorgungsunternehmens nach §§ 36 ff. EnWG und deren Einordnung in die kommunale Daseinsvorsorge.
[63] *Schröder* NVwZ 2011, 776, 779 f.
[64] OLG Düsseldorf Beschl. v. 2.3.2011, VII-Verg 48/10, NZBau 2011, 244, 247 f.; *Otting/Ohler/Olgemöller* in Hoppe/Uechtritz, § 14 Rn. 51.
[65] OLG Düsseldorf Beschl. v. 28.7.2011, VII-Verg 20/11, NZBau 2012, 50, 52.
[66] Vgl. *Mager* NZBau 2012, 25, 27.

Veräußerung eines Unternehmens oder von Anteilen an einer Gesellschaft durch einen öffentlichen Auftraggeber für sich genommen kein Vorgang, der dem Vergaberecht unterliegt. Insbesondere die rein kapitalmäßige Beteiligung eines privaten Investors an einem Unternehmen der öffentlichen Hand ist an sich nicht ausschreibungspflichtig.[67] Allerdings können im Zusammenhang mit einer solchen Transaktion vergaberechtliche Ausschreibungspflichten zu beachten sein, soweit an das Unternehmen, das Gegenstand der Transaktion ist, zuvor oder zugleich im Rahmen einer In-house-Vergabe ein öffentlicher Auftrag ohne wettbewerbliches Verfahren vergeben wurde.

Grundsätzlich gilt, dass die Voraussetzungen des In-house-Geschäfts während der gesamten Laufzeit des vergebenen bzw. zu vergebenden Auftrags vorliegen müssen; die Beteiligung eines Privaten an dem beauftragten Unternehmen während der Vertragslaufzeit ist als wesentliche Vertragsänderung anzusehen, die eine Ausschreibungspflicht auslösen kann.[68] Eine „Aufspaltung" der Beauftragung eines privaten Wirtschaftsteilnehmers in eine ausschreibungsfreie In-house-Vergabe an eine Tochtergesellschaft des öffentlichen Auftraggebers und die anschließende Veräußerung von Gesellschaftsanteilen ist als unzulässige Umgehung der Ausschreibungspflicht vergaberechtswidrig.[69] Fallen beide Schritte (etwa im Rahmen eines PPP-Modells) zeitlich zusammen, gilt nichts anderes. **39**

In Bezug auf **gemischte Verträge**, die eine Kapitalübertragung und zugleich die Beschaffung einer Leistung oder Lieferung zum Gegenstand haben, bejaht der EuGH das Vorliegen eines öffentlichen Auftrages, wenn die einzelnen Vertragsbestandteile untrennbar miteinander verbunden sind, und die einheitliche Prüfung des Vertrages in seiner Gesamtheit ergibt, dass der Hauptgegenstand bzw. der vorherrschende Bestandteil des Vertrages einen öffentlichen Auftrag darstellt.[70] Ob diese Voraussetzungen vorliegen oder nicht, hängt jeweils stark von den Besonderheiten des Einzelfalles ab. Tendenziell ist dabei jedoch eine weite Auslegung des Auftragsbegriffs zugrunde zu legen. **40**

Im Fall der Veräußerung von 49 % der Anteile an einem öffentlichen Unternehmen, das in einem bestimmten Bezirk exklusiv ein Spielcasino betrieb, verneinte der EuGH eine Ausschreibungspflicht, obwohl mit der Anteilsveräußerung der 10 Jahre laufende Dienstleistungsauftrag hinsichtlich des Betriebs des Casinos und zusätzlich (nicht ins Gewicht fallende) Bauarbeiten untrennbar verbunden waren.[71] Der EuGH kam in diesem Fall zu dem Schluss, dass der Anteilserwerb den **Hauptvertragsgegenstand** bilde, weil die Gewinne, die aus 49 % der Anteile an einem Spielcasino erwirtschaftet werden könnten, eindeutig bedeutend höher seien als die Vergütung, die die private Gesellschafterin als Dienstleistungserbringerin erhält.[72] Allerdings sind Zweifel angebracht, ob bzw. inwieweit diese Aussage verallgemeinerungsfähig ist. Denn zum einen lag dem genannten EuGH-Urteil ein eher atypischer Sonderfall zugrunde und die Aussagen des EuGH liegen nicht ganz auf der bis dato feststellbaren Linie der Rechtsprechung des EuGH. Dafür spricht auch die tendenziell wieder restriktivere Rechtsprechung in der Folgezeit.[73] Zum **41**

---

[67] EuGH Urt. v. 6.5.2010, Rs. C-145/08 und 149/08, EuZW 2010, 620, 623 Rn. 59 – Club Hotel Loutraki u. a.
[68] EuGH Urt. v. 10.9.2009, Rs. C-573/07, VergabeR 2009, 882 Rn. 57 – Sea/Se.T.Co. SpA; Urt. v. 6.4.2006, Rs. C-410/04, NVwZ 2006, 555, 556 Rn. 30 – ANAV; OLG Düsseldorf Beschl. v. 28.7.2011, VII-Verg 20/11, NZBau 2012, 50, 53; KG Beschl. v. 19.04.2012, Verg 7/11; OLG Naumburg Beschl. v. 29.4.2010, 1 Verg 3/10, BeckRS 2010, 13763.
[69] *Ziekow* in Ziekow/Völlink, § 99 GWB Rn. 104.
[70] EuGH Urt. v. 6.5.2010, Rs. C-145/08 und 149/08, EuZW 2010, 620, 622 Rn. 48 ff. – Club Hotel Loutraki u. a.; Urt. v. 22.12.2010, C-215/09, NZBau 2011, 312, 314 Rn. 36 ff. – Oulun kaupunki.
[71] EuGH Urt. v. 6.5.2010, Rs. C-145/08 und 149/08, EuZW 2010, 620 – Club Hotel Loutraki u. a.
[72] EuGH Urt. v. 6.5.2010, Rs. C-145/08 und 149/08, EuZW 2010, 620, 622 Rn. 55 ff. – Club Hotel Loutraki u. a.
[73] Vgl. insbesondere EuGH Urt. v. 22.12.2010, C-215/09, NZBau 2011, 312 – Oulun kaupunki.

anderen ist in der Praxis häufig ein wesentliches Ziel der Beteiligung eines Privaten an einem öffentlichen Unternehmen regelmäßig auch dessen unternehmerische Beteiligung unter Einbringung von Know-how, zur Erzielung von Synergieeffekten etc. In einem solchen Fall wird regelmäßig mittelbar auch ein Beschaffungszweck vom öffentlichen Auftraggeber verfolgt und steht aus Sicht des Privaten die Auftragskomponente im Vordergrund.

42 Ist nach diesen Maßgaben das Vorliegen eines öffentlichen Auftrages zu bejahen, dann ist dies je nach Fallkonstellation bereits bei der **Anteilsveräußerung** zu beachten. Denn regelmäßig wird in solchen Fällen der Private nur investieren wollen, wenn sichergestellt ist, dass das Unternehmen, in das er investiert, auch den öffentlichen Auftrag weiterhin behält. Dies wäre nicht zu gewährleisten, wenn dieser Auftrag erst anlässlich des Anteilserwerbs aufgrund des Wegfalls der In-house-Kriterien neu ausgeschrieben würde. Zur Lösung dieses Problems ist es anerkannt, dass **beide Schritte** quasi zusammen als einheitlicher Vorgang Gegenstand eines einzigen Vergabeverfahrens anlässlich der Anteilsveräußerung sein können, wobei hinsichtlich der Ausgestaltung der Eignungsanforderungen an den privaten Gesellschafter nicht nur auf das eingebrachte Kapital, sondern auch auf seine technische Fähigkeit und die Merkmale seines Angebots im Hinblick auf die konkret zu erbringenden Leistungen abzustellen ist, jedenfalls soweit der Gesellschafter auch in die operative Tätigkeit im Rahmen der Leistungserbringung einbezogen werden soll.[74] Wurde ein öffentlicher Auftrag bereits – in zulässiger Weise – im Wege des In-house-Geschäfts vergeben, kann eine Ausschreibung des Auftrags im Falle der Beteiligung eines privaten Wirtschaftsteilnehmers an dem Auftragnehmer unterbleiben, wenn die Beteiligung nach den vergaberechtlichen Grundsätzen im Wettbewerb vergeben wird.[75]

43 Unproblematisch sind hingegen Unternehmenstransaktionen, die ein gemischtwirtschaftliches Unternehmen betreffen, an das ein öffentlicher Auftrag im Rahmen eines wettbewerblichen Verfahrens unter Beachtung der vergaberechtlichen Anforderungen vergeben wurde. Die bloße **Änderung der Beteiligungsverhältnisse** und/oder des Kreises der Beteiligten stellt in einem solchen Fall keine wesentliche Vertragsänderung dar, die eine Neuausschreibung erforderlich machen würde.

III. Regelungsvorschlag der Kommission

44 Eine Neuregelung für die Problematik der In-house-Geschäfte enthält die vom Europäischen Parlament am 15.1.2014 beschlossene Fassung der neuen Richtlinie über die öffentliche Auftragsvergabe und zur Aufhebung der Richtlinie 2004/18/EG.[76] Unter der Überschrift „*Öffentliche Aufträge zwischen Einrichtungen des öffentlichen Sektors*" sind in Art. 11 der Richtlinie umfassende und detaillierte Vorgaben nicht nur zur In-house-Vergabe sondern auch zur innerstaatlichen Kooperation[77] zusammengefasst.[78]

---

[74] EuGH Urt. v. 15.10.2009, Rs. C-196/08, NZBau 2009, 804, 808, Rn. 58 ff. – Acoset; ebenso die „Mitteilung der Kommission zu Auslegungsfragen in Bezug auf die Anwendung der gemeinschaftlichen Rechtsvorschriften für öffentliche Aufträge auf institutionalisierte Öffentlich Private Partnerschaften (IÖPP)" v. 5.2.2008, C(2007)6661, S. 5.

[75] S. *Ziekow* in Ziekow/Völlink, § 99 GWB Rn. 104.

[76] Dok. Nr. PE-CONS 74/13–2011/0438 (COD); s. zu dem zuvor von der Europäischen Kommission unterbreiteten „Vorschlag für Richtlinie des Europäischen Parlaments und des Rates über die öffentliche Auftragsvergabe", KOM(2011) 896 /2, deren Verabschiedung ursprünglich für Ende 2012 geplant war, insbesondere *Neun/Otting* EuZW 2012, 566.

[77] Dazu näher unter C. III.

[78] Der Regelungsvorschlag betreffend die In-house-Geschäfte hat folgenden Wortlaut:
„*1. Ein von einem öffentlichen Auftraggeber des privaten oder öffentlichen Rechts an eine andere juristische Person vergebener Auftrag fällt nicht in den Anwendungsbereich dieser Richtlinie, wenn alle der folgenden Bedingungen erfüllt sind:*

§ 6 Besondere Auftragsvergaben: In-house-Geschäfte und staatliche Kooperationen **Kap. 1**

Diese Vorgaben entsprechen zu einem erheblichen Teil einer Zusammenfassung des ak- 45
tuellen Stands der Rechtsprechung des EuGH. Sie tragen daher erheblich zur Rechtssi-

---

(a) der öffentliche Auftraggeber übt über die betreffende juristische Person eine ähnliche Kontrolle aus, wie über seine eigenen Dienststellen;
(b) mehr als 80 % der Tätigkeiten der kontrollierten juristischen Person dienen der Ausführung der Aufgaben, mit denen sie von dem die Kontrolle ausübenden öffentlichen Auftraggeber oder von anderen von diesem kontrollierten juristischen Personen betraut wurden und;
(c) es besteht keine direkte private Kapitalbeteiligung an der kontrollierten juristischen Person, mit Ausnahme nicht beherrschender Formen der privaten Kapitalbeteiligung und Formen der privaten Kapitalbeteiligung ohne Sperrminorität, die in Übereinstimmung mit den Verträgen durch nationale gesetzliche Bestimmungen vorgeschrieben sind und die keinen maßgeblichen Einfluss auf die kontrollierte juristische Person vermitteln.
Bei einem öffentlichen Auftraggeber wird davon ausgegangen, dass er über die betreffende juristische Person eine ähnliche Kontrolle im Sinne von Unterabsatz 1 Buchstabe a ausübt wie über seine eigenen Dienststellen, wenn er einen ausschlaggebenden Einfluss sowohl auf die strategischen Ziele als auch auf die wesentlichen Entscheidungen der kontrollierten juristischen Person hat. Solche Kontrolle kann auch durch eine andere juristische Person ausgeübt werden, die vom öffentlichen Auftraggeber auf gleiche Weise kontrolliert wird.
2. Absatz 1 gilt auch, wenn juristische Person, bei der es sich um einen öffentlichen Auftraggeber handelt, einen Auftrag an ihren kontrollierenden öffentlichen Auftraggeber oder eine andere von demselben öffentlichen Auftraggeber kontrollierte juristische Person vergibt, sofern keine direkte private Kapitalbeteiligung an der juristischen Person besteht, die den öffentlichen Auftrag erhalten soll, mit Ausnahme nicht beherrschender Formen der privaten Kapitalbeteiligung und Formen der privaten Kapitalbeteiligung ohne Sperrminorität, die in Übereinstimmung mit den Verträgen durch nationale gesetzliche Bestimmungen vorgeschrieben sind und die keinen maßgeblichen Einfluss auf die kontrollierte juristische Person vermitteln.
3. Ein öffentlicher Auftraggeber, der keine Kontrolle über eine juristische Person des privaten oder öffentlichen Rechts im Sinne von Absatz 1 ausübt, kann einen öffentlichen Auftrag dennoch ohne Anwendung dieser Richtlinie an diese vergeben, wenn alle der folgenden Bedingungen erfüllt sind:
(a) Der öffentliche Auftraggeber übt gemeinsam mit anderen öffentlichen Auftraggebern über diese juristische Person eine ähnliche Kontrolle aus wie über ihre eigenen Dienststellen;
(b) mehr als 80 % der Tätigkeiten dieser juristischen Person dienen der Ausführung der Aufgaben, mit denen sie von den die Kontrolle ausübenden öffentlichen Auftraggebern oder von anderen von denselben öffentlichen Auftraggebern kontrollierten juristischen Personen betraut wurden und
(c) es besteht keine direkte private Kapitalbeteiligung an der kontrollierten juristischen Person, mit Ausnahme nicht beherrschender Formen der privaten Kapitalbeteiligung und Formen der privaten Kapitalbeteiligung ohne Sperrminorität, die in Übereinstimmung mit den Verträgen durch nationale gesetzliche Bestimmungen vorgeschrieben sind und die keinen maßgeblichen Einfluss auf die kontrollierte juristische Person vermitteln.
Für die Zwecke von Unterabsatz 1 Buchstabe a üben öffentliche Auftraggeber gemeinsam die Kontrolle über eine juristische Person aus, wenn alle folgenden Bedingungen erfüllt sind:
i) die beschlussfassenden Organe der kontrollierten juristischen Person setzen sich aus Vertretern sämtlicher teilnehmender öffentlicher Auftraggeber zusammen. Einzelne Vertreter können mehrere oder alle teilnehmenden öffentlichen Auftraggeber vertreten;
ii) diese öffentlichen Auftraggeber können gemeinsam einen maßgeblichen Einfluss auf die strategischen Ziele und wesentlichen Entscheidungen der kontrollierten juristischen Person ausüben;
iii) die kontrollierte juristische Person verfolgt keine Interessen, die denen der kontrollierenden öffentlichen Auftraggeber zuwiderlaufen.
4. hier nicht abgedruckt.
5. Zur Bestimmung des prozentualen Anteils der Tätigkeiten gemäß Absatz 1 Unterabsatz 1 Buchstabe b, Absatz 3 Unterabsatz 1 Buchstabe b und Absatz 4 Buchstabe c wird der durchschnittliche Gesamtumsatz, oder ein geeigneter alternativer tätigkeitsgestützter Wert wie z. B. Kosten, die der betreffenden juristischen Person oder dem betreffenden öffentlichen Auftraggeber während der letzten drei Jahre vor Vergabe des Auftrags in Bezug auf Dienstleistungen, Lieferungen und Bauleistungen entstanden sind, herangezogen.
Liegen für die letzten drei Jahre keine Angaben über den Umsatz oder geeigneten alternativen tätigkeitsgestützten Wert wie z. B. Kosten vor oder sind sie nicht mehr relevant, weil die betreffende juristische Person oder der betreffende öffentliche Auftraggeber gerade gegründet wurde oder erst vor kurzem ihre beziehungsweise seine Tätigkeit aufgenommen hat oder weil sie ihre beziehungsweise er seine Tätigkeiten umstrukturiert hat, genügt es, wenn sie beziehungsweise er – vor allem durch Prognosen über die Geschäftsentwicklung – den tätigkeitsgestützten Wert glaubhaft macht."

cherheit und Rechtsklarheit bei und sind insoweit sicherlich zu begrüßen.[79] Allerdings werden damit auch durchaus kritikwürdige Aspekte der EuGH-Rechtsprechung festgeschrieben und einer Korrektur oder Weiterentwicklung durch die Rechtsprechung dadurch weitgehend entzogen. Dies gilt namentlich für den in Art. 11 Abs. 1 lit. c und Abs. 3 lit. c verankerten strikten Ausschluss der Berufung auf die Grundsätze der In-house-Vergabe bei jeder noch so geringen direkten Beteiligung eines privaten Dritten an einem Unternehmen der öffentlichen Hand, unabhängig davon, ob und ggf. in welchem Umfang damit überhaupt eigene Kontroll- und Einflussnahmemöglichkeiten des Privaten einhergehen. Eine Ausnahme macht die Richtlinie lediglich hinsichtlich nicht beherrschender und nicht mit einer Sperrminorität einhergehender Beteiligungsformen Privater, die in Übereinstimmung mit den Verträgen durch nationale gesetzliche Bestimmungen vorgeschrieben sind und die keinen maßgeblichen Einfluss auf die kontrollierte juristische Person vermitteln. Damit geht die Richtlinie zwar immerhin ein Stück über die bisherige Rechtsprechung des EuGH und auch den Regelungsvorschlag der Kommission hinaus, allerdings wird diese Rückausnahme nur in bestimmten Ausnahmefällen greifen.

46   Die Neuregelung geht aber auch in anderer Hinsicht über den bisherigen Stand der Rechtsprechung des EuGH hinaus; insoweit stellt der Regelungsvorschlag eine Fortentwicklung der bisherigen Rechtsprechung dar.[80] So statuiert Art. 11 Abs. 2 die Zulässigkeit einer „umgekehrt vertikalen"[81] In-house-Vergabe von einem Unternehmen an das kontrollierende Unternehmen sowie auf horizontaler Ebene an ein Schwesterunternehmen.[82] Ferner wird die im Rahmen des Wesentlichkeitskriteriums diskutierte Schwelle schädlicher Drittumsätze auf 80 % festgelegt (Art. 11 Abs. 1 lit. b, Abs. 3 lit. b) und dabei auf eine rein quantitative Betrachtung verengt; die vom EuGH angesprochenen qualitativen Aspekte bleiben insoweit außen vor.[83]

47   Keinen Eingang in die Richtlinie fand hingegen die in Art. 11 Abs. 5 UAbs. 2 des Richtlinienvorschlags der Kommssion enthaltene Regelung.[84] Diese Regelung hätte zur Konsequenz gehabt, dass bereits in-house vergebene Aufträge für den Wettbewerb hätten geöffnet, d. h. ggf. erneut ausgeschrieben hätten werden müssen, falls sich während der Vertragslaufzeit ein Privater an dem Unternehmen beteiligt hätte, das den Auftrag erhalten hat. Auch die speziell für diesen Fall in Art. 73 des Richtlinienvorschlags vorgesehene Verpflichtung der Mitgliedstaaten sicherzustellen, dass öffentliche Auftraggeber unter bestimmten Bedingungen, die im anwendbaren nationalen Vertragsrecht festgelegt sind, über die Möglichkeit verfügen, einen öffentlichen Auftrag während seiner Laufzeit zu kündigen, ist in der Endfassung der Vorschift nicht mehr vorgesehen. Damit wurde diese Möglichkeit, für mehr Rechtsklarheit und einen nachhaltigeren Schutz des Wettbewerbs auf dem Binnenmarkt zu sorgen, an dieser Stelle nicht genutzt.

---

[79] Ebenso *Brauser-Jung* VergabeR 2013, 285, 288.
[80] Vgl. *Brauser-Jung* VergabeR 2013, 285, 287 f.; *Neun/Otting* EuZW 2012, 566, 567 f.
[81] *Dreher* in Immenga/Mestmäcker, § 99 GWB Rn. 72; näher *Wagner/Piesbergen* NVwZ 2012, 653, 656.
[82] Zu diesen Konstellationen näher *Ziekow* in Ziekow/Völlink, § 99 GWB Rn. 109 ff.; vgl. auch das Vorabentscheidungsersuchen des Hanseatischen OLG an den EuGH, Rs. C-15/13 (Datenlotsen Informationssysteme GmbH ./. TU Hamburg-Harburg), s. ABl. EU v. 20.04.2013, Nr. C 114, S. 23 f.
[83] Befürwortend (noch zu der von der Kommission vorgeschlagenen 90 %-Schwelle) im Hinblick auf den damit verbundenen Zugewinn an Rechtssicherheit *Brauser-Jung* VergabeR 2013, 285, 287; vgl. auch *Wagner/Piesbergen* NVwZ 2012, 653, 655.
[84] Sie hatte folgenden Wortlaut: *„Die in den Absätzen 1 bis vorgesehenen Ausschlüsse finden ab dem Zeitpunkt des Eingehens einer privaten Beteiligung keine Anwendung mehr, so dass laufende Aufträge für den Wettbewerb im Rahmen der üblichen Vergabeverfahren geöffnet werden müssen."*

C. Staatliche Kooperationen

Jenseits des Bereichs der In-house-Geschäfte gibt es weitere Formen der Zusammenarbeit von Hoheitsträgern unterschiedlicher Ausgestaltung. Teilweise sind derartige staatliche Kooperationen, insbesondere der Kommunen untereinander, ausdrücklich gesetzlich geregelt.[85] Während die Fallkonstellationen der In-house-Geschäfte dadurch gekennzeichnet sind, dass Aufgaben an eine (entweder bereits bestehende oder neu zu gründende) eigenständige Rechtsperson übertragen werden (sog. „**vertikale**" bzw. „institutionalisierte" Verwaltungszusammenarbeit), ist den übrigen Fallkonstellationen gemein, dass sich die Zusammenarbeit zwischen öffentlichen Stellen auf gleicher Ebene ohne Einbeziehung einer weiteren Rechtsperson, etwa auf der Basis einer Verwaltungsvereinbarung bzw. eines öffentlich-rechtlichen Vertrages vollzieht. Dementsprechend ist in diesen Fällen von einer „**horizontalen**" bzw. „nicht-institutionalisierten" Zusammenarbeit die Rede. Bisweilen wird auch – in Anlehnung an den Begriff des In-house-Geschäftes – von „**In-state-Geschäften**"[86], von „Public-Public-Partnerships" oder „öffentlich-öffentlicher Zusammenarbeit"[87] gesprochen. Auch im Hinblick auf diese Fallgruppen stellt sich die Frage, ob bzw. inwieweit sie vom Anwendungsbereich des Vergaberechts erfasst werden. 48

I. Grundsätzliche Anwendbarkeit des Vergaberechts

Ausgangspunkt für die Beantwortung dieser Frage ist die Feststellung, dass auch horizontale bzw. nicht institutionalisierte Formen der Zusammenarbeit zwischen Hoheitsträgern nicht von vornherein dem Anwendungsbereich des Vergaberechts entzogen sind. Es gibt keine generelle vergaberechtliche Freistellung der Zusammenarbeit von Hoheitsträgern.[88] Gemäß Art. 1 Abs. 7 VKR sowie Art. 1 Abs. 7 SKR können auch öffentliche Einrichtungen bzw. öffentliche Auftraggeber „Unternehmen" i. S. d. Vergaberechts sein. Demnach scheitert die Bejahung eines öffentlichen Auftrags wegen des funktionellen Unternehmensbegriffs nicht bereits daran, dass ein öffentlicher Auftraggeber einen Vertrag mit einem anderen öffentlichen Auftraggeber schließt. Dementsprechend hat der EuGH bereits Anfang 2005 festgestellt, dass eine mitgliedstaatliche Regelung, welche Rechtsbeziehungen zwischen öffentlichen Stellen und Einrichtungen von vornherein dem Anwendungsbereich des Vergaberechts entzieht, nicht mit dem Gemeinschaftsrecht vereinbar ist.[89] 49

Auch unter dem Blickwinkel des deutschen Rechts ergibt sich kein anderes Ergebnis. Insbesondere besteht Einigkeit darüber, dass etwa der Bereich der interkommunalen Zusammenarbeit nicht durch die verfassungsrechtlich verankerte **Garantie der kommunalen Selbstverwaltung** gegenüber dem Vergaberecht abgeschirmt wird. Art. 28 Abs. 2 GG schützt zwar als Bestandteil der Organisationshoheit auch die Kooperationshoheit der Kommune, die u. a. die Möglichkeit umfasst, sich gemeinsam mit anderen Kommunen gemeinschaftlicher Handlungsinstrumente zu bedienen. Jedoch bietet die Selbstverwaltungsgarantie insoweit nach der Rechtsprechung des Bundesverfassungsgerichts nur 50

---

[85] Vgl. z. B. § 23 GKG NRW.
[86] *Ziekow/Siegel* VerwArch 2005, 119, 126; *Ziekow* in Ziekow/Völlink, § 99 GWB Rn. 92, 137 ff.
[87] *Europäische Kommission*, Arbeitsdokument der Kommissionsdienststellen über die Anwendung des EU-Vergaberechts im Fall von Beziehungen zwischen öffentlichen Auftraggebern (öffentlich-öffentliche Zusammenarbeit) vom 4.10.2011, SEK(2011) 1169; dazu *Neun/Otting* EuZW 2012, 566, 568.
[88] EuGH Urt. v. 13.1.2005, Rs. C-84/03, NZBau 2005, 232, 233, Rn. 37 ff. – Kommission ./. Spanien.
[89] EuGH Urt. v. 13.1.2005, Rs. C-84/03, NZBau 2005, 232, 233, Rn. 40. – Kommission ./. Spanien.

Schutz vor direkten staatlichen Eingriffen und nicht vor mittelbaren Beeinflussungen.[90] Zu Regelungen, die lediglich eine mittelbare Beeinflussung der kommunalen Kooperationshoheiten darstellen, sind auch die vergaberechtlichen Ausschreibungspflichten zu zählen.

51 Andererseits besteht ebenfalls Einigkeit darüber, dass horizontale staatliche Kooperationen nicht stets dem Vergaberecht unterworfen sind. So hat der EuGH in seiner Rechtsprechung auch klargestellt, dass es nicht Aufgabe des Vergaberechts ist, die Erfüllung öffentlicher Aufgaben mit verwaltungseigenen Mitteln zu unterbinden oder zu verhindern. Insbesondere besteht keine Verpflichtung öffentlicher Stellen zur Einbindung externer Dritter.[91]

II. Voraussetzungen vergaberechtsfreier Kooperationen

52 Vor diesem Hintergrund hat die Rechtsprechung in den letzten Jahren bestimmte Voraussetzungen entwickelt, unter denen staatliche Kooperationen nicht dem Vergaberecht unterworfen und damit unter vergaberechtlichen Gesichtspunkten insbesondere auch nicht ausschreibungspflichtig sind. Diese – kumulativ zu erfüllenden[92] – Voraussetzungen lassen sich im Wesentlichen wie folgt zusammenfassen[93]:
(1) Der maßgebliche Vertrag wird ausschließlich zwischen **öffentlichen Einrichtungen** ohne Beteiligung Privater zur **gemeinsamen Wahrnehmung** einer ihnen allen obliegenden öffentlichen Aufgabe geschlossen.
(2) Die Zusammenarbeit und ihre Umsetzung werden nur durch Überlegungen und Erfordernisse bestimmt, die mit der Verfolgung von im **öffentlichen Interesse** liegenden Zielen zusammenhängen.
(3) Der Grundsatz der **Gleichbehandlung** der Interessenten ist gewährleistet, so dass kein privates Unternehmen bessergestellt wird als seine Wettbewerber.

53 Außerdem darf keine Gestaltung vorliegen, die nur dem Zweck dient, das Vergaberecht zu **umgehen**.

1. Kooperationspartner

54 Partner einer vergaberechtsfreien staatlichen Kooperation können nur **Hoheitsträger** sein. In der Regel handelt es sich um Körperschaften des öffentlichen Rechts, wie etwa im Falle der interkommunalen Zusammenarbeit. Vollzieht sich die Zusammenarbeit durch Gründung einer gemeinsamen Einrichtung in Gestalt einer neuen juristischen Person, ist sie nach den Grundsätzen des In-house-Geschäfts zu beurteilen. Im Übrigen führt die Beteiligung eines privaten Dritten als Kooperationspartner dazu, dass die Kooperation nach Vergaberecht zu beurteilen ist.

55 Zweifelhaft ist, wie weit der Kreis der potentiellen Kooperationspartner zu ziehen ist, deren Beteiligung an einer staatlichen Kooperation unter vergaberechtlichen Gesichtspunkten unschädlich ist. Insbesondere stellt sich die Frage, ob jeder öffentliche Auftraggeber beteiligt sein kann, insbesondere auch ein **gemischtwirtschaftliches Unternehmen**, an dem ein Privater beteiligt ist. Nach der Rechtsprechung des EuGH ist wohl davon auszugehen, dass jede Beteiligung eines privaten Dritten bzw. von privatem Kapital

---

[90] BVerfG DVBl. 1987, 135, 136; vgl. auch BVerfGE 91, 228, 240.
[91] EuGH Urt. v. 11.1.2005, Rs. C-26/03, NVwZ 2005, 187, 190 Rn. 48 – Stadt Halle.
[92] EuGH Urt. v. 13.6.2013, Rs. C-386/11, NZBau 2013, 522, 524 Rn. 38 – Piepenbrock.
[93] EuGH Urt. v. 9.6.2009, Rs. C-480/06, NZBau 2009, 411, 413 Rn. 47 – Stadtreinigung Hamburg; Urt. v. 19.12.2012, Rs. C-159/11, NZBau 2013, 114, 115 Rn. 34f. – Lecce; Urt. v. 13.6.2013, Rs. C-386/11, NZBau 2013, 522, 524 Rn. 36f. – Piepenbrock; s.a. KG Beschl. v. 16.9.2013, Verg 4/13, NZBau 2014, 62, 63; OLG München Beschl. v. 21.2.2013, Verg 21/12, NZBau 2013, 458, 461 f.

an einem der Kooperationspartner unmittelbar zur Anwendbarkeit des Vergaberechts führt.[94] Allerdings findet sich in der Rechtsprechung des EuGH auch der Hinweis, dass die vergaberechtsfreie staatliche Kooperation allen öffentlichen Auftraggebern grundsätzlich offen stehe.[95] Letztlich wird man den Kreis der potentiellen Kooperationspartner in der Tat enger ziehen und öffentliche Auftraggeber, an denen ein Privater beteiligt ist, ausschließen müssen, um Wertungswidersprüche zu den Grundsätzen des In-house-Geschäfts zu vermeiden.

2. Gegenstand der Kooperation

Entscheidend dafür, ob staatliche Kooperationen dem Vergaberecht entzogen sind, ist der Inhalt bzw. Gegenstand der Zusammenarbeit. Dieser ist nach Maßgabe der Rechtsprechung insbesondere des EuGH unter verschiedenen Gesichtspunkten zu prüfen und zu beurteilen. **56**

a) Trennung zwischen Begründung und Vollzug

Teilweise werden bei der Beurteilung zwei Stufen unterschieden, nämlich die Begründung der Zusammenarbeit (erste Stufe) und der Vollzug der Zusammenarbeit (zweite Stufe). Auf jeder Stufe soll eigenständig geprüft werden, ob die Voraussetzungen einer vergaberechtsfreien staatlichen Kooperation eingehalten sind. Insbesondere sollen damit Konstellationen ausgeschlossen werden, in denen zwar an der Begründung der Zusammenarbeit ausschließlich Träger hoheitlicher Gewalt beteiligt, in den Vollzug der Zusammenarbeit sodann jedoch ein privates Unternehmen einbezogen wird.[96] Dies ist vom Ansatz und der Zielrichtung her durchaus zutreffend. Entscheidend ist indes nicht, ob eine ein- oder zweistufige Prüfung vorgenommen wird. Vielmehr kommt es darauf an, den gesamten Lebenssachverhalt in die Bewertung mit einzubeziehen. Selbstverständlich ist eine gesonderte Betrachtung stets dann veranlasst, wenn im Rahmen einer staatlichen Kooperation auch ein privates Unternehmen einbezogen wird, unabhängig davon, ob die Verbindung zu diesem Unternehmen bereits vorher bestand oder erst nach Abschluss der Kooperationsvereinbarung begründet wird. In diesem Fall wird man die Einschaltung dieses Unternehmens nach den üblichen Kriterien, insbesondere unter Berücksichtigung der Grundsätze der In-house-Vergabe zu beurteilen haben. Dies kann gegebenenfalls dazu führen, dass entweder die Einbeziehung des Unternehmens oder sogar die Zusammenarbeit insgesamt als öffentlicher Auftrag i.S.d. Vergaberechts zu qualifizieren ist.[97] **57**

b) Aufgabenwahrnehmung und Zielsetzung im öffentlichen Interesse

Nach der Rechtsprechung des EuGH kann eine Zusammenarbeit öffentlicher Stellen das Hauptziel des Europäischen Vergaberechts, einen freien Dienstleistungsverkehr und einen unverfälschten Wettbewerb in den Mitgliedsstaaten zu gewährleisten, nicht beeinträchtigen, solange die Umsetzung der Zusammenarbeit nur durch Überlegungen und Erfordernisse bestimmt wird, die mit der Verfolgung von im öffentlichen Interesse liegenden Zie- **58**

---

[94] S. die Nw. in Fn. 39.
[95] Auf diese Inkonsistenz weist die *Europäische Kommission*, Arbeitsdokument der Kommissionsdienststellen über die Anwendung des EU-Vergaberechts im Fall von Beziehungen zwischen öffentlichen Auftraggebern (öffentlich-öffentliche Zusammenarbeit) vom 4.10.2011, SEK(2011) 1169, 15 Fn. 45, hin.
[96] *Ziekow* in Ziekow/Völlink, § 99 GWB Rn. 139 ff.
[97] Vgl. EuGH Urt. v. 9.6.2009, Rs.C-480/06, NZBau 2009, 527, 528 Rn. 44 ff.– Stadtreinigung Hamburg; VK Münster Beschl. v.22.7.2011, VK 7/11, juris, Rn. 65 ff.

len zusammenhängen.⁹⁸ Zugleich ist erforderlich, dass die Zusammenarbeit der Wahrnehmung hoheitlicher Aufgaben dient.

59 Demgegenüber sollen Geschäfte, bei denen der „Beschaffungscharakter" im Vordergrund steht, nicht genügen.⁹⁹ Insbesondere die reine entgeltliche Beschaffung einer Bauleistung, Dienstleistung oder Warenlieferung durch einen öffentlichen Auftraggeber bei einem anderen öffentlichen Auftraggeber genügt diesen Anforderungen nicht.¹⁰⁰ So einleuchtend diese Differenzierung auf den ersten Blick ist, wirft sie doch in der Praxis eine Reihe von Abgrenzungsfragen auf. Sowohl bei dem „öffentlichen Interesse" als auch beim „Beschaffungscharakter" handelt es sich letztlich um unbestimmte Rechtsbegriffe, die der Ausfüllung bedürfen.¹⁰¹ Insoweit ist eine weitere Präzisierung vonnöten.

60 Eine gewisse Klärung brachte insoweit die jüngste Rechtsprechung des OLG Düsseldorf und des EuGH im Rahmen eines Vorabentscheidungsersuchens des OLG Düsseldorf zu der Frage, ob auch Verträge zwischen Gebietskörperschaften als öffentliche Aufträge anzusehen sind, wenn sie lediglich die Übertragung von Hilfsgeschäften zum Gegenstand haben, die nicht hoheitlicher Natur sind.¹⁰² Dem Vorlagebeschluss lag ein Fall zugrunde, in dem ein Landkreis durch öffentlich-rechtliche Vereinbarung auf Basis des § 23 des Gesetzes über kommunale Gemeinschaftsarbeit (GKG) des Landes Nordrhein-Westfalen die Reinigung der öffentlichen Gebäude des Landkreises einer Stadt übertragen wollte, ohne zuvor ein Vergabeverfahren durchzuführen. Hierzu sollte die Aufgabe der Reinigung der öffentlichen Gebäude vom Kreis auf die Stadt in deren alleinige Zuständigkeit gegen Kostenerstattung übertragen werden. Das OLG Düsseldorf stellte zu Recht fest, dass weder die Voraussetzungen eines In-house-Geschäfts noch einer vergaberechtsfreien staatlichen Kooperation zur gemeinsamen Wahrnehmung öffentlicher Aufgaben nach der Rechtsprechung des EuGH vorlagen. Vielmehr handele es sich bei den Reinigungsdienstleistungen um ein bloßes Hilfsgeschäft, das die Erfüllung öffentlicher Aufgaben allenfalls mittelbar betrifft.

61 Einzelne Stimmen in der Literatur sprechen sich dafür aus, dass auch derartige Hilfsgeschäfte zur Erfüllung öffentlicher Aufgaben im Rahmen staatlicher Kooperationen dem Vergaberecht entzogen sein können.¹⁰³ Dafür spricht, dass in diesen Fällen, sofern keine Beteiligung privater Dritter vorgesehen ist, sich die Leistungsbeziehungen vollständig im verwaltungsinternen Bereich der Hoheitsträger vollziehen, so dass man die Gefahr der Benachteiligung privater Unternehmen verneinen könnte. Allerdings handelt es sich hier, auch wenn zwei Hoheitsträger zusammenwirken, um eine rein vertikale Leistungsbeziehung, die identisch auch mit einem Privatunternehmen bestehen könnte. Dies wird in der dem vorgenannten Verfahren zugrunde liegenden Konstellation besonders deutlich, weil dort der handelnde Landkreis vor der geplanten Kooperation mit der Stadt die Reinigungsdienstleistungen an Privatunternehmen vergeben hatte. Dementsprechend bezweifelt das OLG Düsseldorf mit im Ergebnis überzeugenden Erwägungen, dass eine solche Beschaffung von Hilfsdienstleistungen nur deshalb dem Vergaberecht entzogen sein soll,

---

⁹⁸ EuGH Urt. v. 9.6.2009, Rs.C-480/06, NZBau 2009, 527, 528 Rn. 45– Stadtreinigung Hamburg.
⁹⁹ OLG Düsseldorf Beschl. v. 21.6.2006, VII-Verg 17/06, NZBau 2006, 662, 664.
¹⁰⁰ So etwa im Falle der Beschaffung von Bauleistungen, EuGH Urt. v. 18.1.2007, Rs. C-220/05, EuZW 2007, 117, 119, Rn. 35 ff. – Stadt Roanne.
¹⁰¹ Die Schwierigkeit der Abgrenzung zeigt sich etwa in einem vom OLG München entschiedenen Fall der Zusammenarbeit zweier öffentlicher Krankenhausträger im Hinblick auf die Arzneimittelversorgung über eine Krankenhausapotheke. Das OLG wertete zwar die ärztliche Behandlung der Patienten als öffentliche Aufgabe, nicht aber die Zurverfügungstellung der Arzneimittel; OLG München Beschl. v. 21.2.2013, Verg 21/12, NZBau 2013, 458, 462; ähnlich (ablehnend) KG Beschl. v. 16.9.2013, Verg 4/13, NZBau 2014, 62, 63 hinsichtlich der Entwicklung von Software in Abgrenzung zur Jugendhilfe als öffentliche Aufgabe.
¹⁰² OLG Düsseldorf Beschl. v. 6.7.2011, VII-Verg 39/11, NZBau 2011, 769.
¹⁰³ So ist wohl *Struve*, EuZW 2009, 805, 807, zu verstehen.

weil der Auftraggeber sich für die Beauftragung eines anderen Hoheitsträgers entscheidet.[104] Zu recht schloss sich der EuGH in seiner Vorabentscheidung (wenn auch ohne weitere Ausführungen und dementsprechend zurückhaltend) der Einschätzung des OLG Düsseldorf an.[105] Denn letztlich tritt in einem solchen Fall die beauftragte öffentliche Stelle faktisch in Konkurrenz zu privaten Unternehmen. Wird diesen durch Verzicht auf eine Ausschreibung von vornherein die Möglichkeit genommen, sich um den Auftrag zu bewerben und sich gegebenenfalls gegen die öffentliche Stelle durchzusetzen, kann wohl auch nicht davon ausgegangen werden, dass der Gleichbehandlungsgrundsatz i.S.d. § 97 Abs. 2 GWB nicht tangiert wäre. Dementsprechend ist auch von der Vergaberechtsunterworfenheit derartiger Hilfsgeschäfte auszugehen.[106]

c) Gemeinsame Aufgabenwahrnehmung

Kernelement einer vergaberechtsfreien staatlichen Kooperation ist nach der Rechtsprechung des EuGH die **gemeinsame** Wahrnehmung öffentlicher Aufgaben.[107] Die Wahrnehmung einer öffentlichen Aufgabe setzt grundsätzlich voraus, dass der wahrnehmenden öffentlichen Stelle eine entsprechende Zuständigkeit eingeräumt ist. Unproblematisch sind daher diejenigen Fälle, in denen unabhängig von der Zusammenarbeit die kooperierenden Hoheitsträger für die Wahrnehmung der Aufgabe, die Gegenstand der Zusammenarbeit sein soll, nach den einschlägigen gesetzlichen Vorschriften zuständig sind. Obliegt die gemeinsam wahrzunehmende Aufgabe jedem der Kooperationspartner auch einzeln, d.h. ist jeder Kooperationspartner auch einzeln zuständig, löst die staatliche Zusammenarbeit zur gemeinsamen Wahrnehmung dieser Aufgabe in der Regel für sich genommen nicht die Anwendbarkeit des Vergaberechts aus.[108] Entscheidend ist indes, dass es tatsächlich um eine echte (horizontale) Zusammenarbeit der beteiligten Hoheitsträger geht und nicht lediglich eine (vertikale) Beauftragung des einen durch den anderen im Sinne einer entgeltlichen Leistungserbringung vorliegt.[109]

62

Dabei ist es nach einhelliger Auffassung unerheblich, auf welcher rechtlichen Grundlage und in welcher Rechtsform sich die staatliche Kooperation vollzieht. Selbst die Wahl einer **privatrechtlichen Rechtsform** steht einer vergaberechtsfreien Verwaltungszusammenarbeit nicht von vornherein entgegen.[110] Davon unabhängig ist die Frage, ob ggf. das beauftragte Unternehmen seinerseits – etwa bei der Vergabe von Unteraufträgen an Nachunternehmer – vergaberechtliche Ausschreibungspflichten zu beachten hat.[111]

63

d) Aufgabenübertragung

Schwieriger zu beurteilen sind hingegen diejenigen Konstellationen, in denen eine Aufgabenübertragung von einem Hoheitsträger an einen anderen stattfindet. In diesem Zusammenhang wird die Auffassung vertreten, dass die innerstaatliche Zusammenarbeit von Hoheitsträgern als Akt der Verwaltungsorganisation anzusehen sei, der mangels Kompetenz der Europäischen Union zur Regelung der **Verwaltungsorganisation** der Mitgliedstaa-

64

---

[104] OLG Düsseldorf Beschl. v. 6.7.2011, VII-Verg 39/11, NZBau 2011, 769.
[105] S. EuGH Urt. v. 13.6.2013, Rs. C-386/11, NZBau 2013, 522, 524 Rn. 39 – Piepenbrock.
[106] *Ganzke* in Reidt/Stickler/Glahs § 99 Rn. 47; *Portz* VergabeR 2009, 702, 708.
[107] EuGH Urt. v. 9.6.2009, Rs.C-480/06, NZBau 2009, 527 Rn. 37 – Stadtreinigung Hamburg; *Portz* VergabeR 2009, 702, 708; ähnlich OLG München Beschl. v. 21.2.2013, Verg 21/12, NZBau 2013, 458, 462; KG Beschl. v. 16.9.2013, Verg 4/13, NZBau 2014, 62, 63.
[108] EuGH Urt. v. 9.6.2009, Rs. C-480/06, NZBau 2009, 527 Rn. 37 – Stadtreinigung Hamburg; VK Münster Beschl. v. 22.7.2011, VK 07/11, juris, Rn. 65 ff.
[109] OLG Düsseldorf Beschl. v. 7.11.2012, VII-Verg 69/11, juris Rn. 44.
[110] EuGH Urt. v. 9.6.2009, Rs. C-480/06, NZBau 2009, 527, 528 Rn. 47 – Stadtreinigung Hamburg; VK Münster Beschl. v. 22.1.2011, VK 07/11, juris, Rn. 61.
[111] Missverständlich insoweit die Ausführungen der VK Münster Beschl. v. 7.10.2010, VK 6/10, BeckRS 2010, 26905, unter II. 2.5 c).

ten dem EU-Vergaberecht und damit auch dem insoweit gleichlaufenden nationalen Vergaberecht entzogen sei.[112] Diese Auffassung ist im Ausgangspunkt zwar nachvollziehbar, wegen ihrer rein formellen Betrachtungsweise im Ergebnis jedoch nicht überzeugend. In der Rechtsprechung der deutschen Vergabenachprüfungsinstanzen hat sich insoweit eine differenziertere Betrachtungsweise herausgebildet, die zwischen sog. delegierenden Vereinbarungen und sog. mandatierenden Vereinbarungen zwischen Hoheitsträgern unterscheidet.[113]

65 Eine **delegierende Vereinbarung** liegt danach dann vor, wenn einer der beteiligten Hoheitsträger einzelne Aufgaben der übrigen beteiligten Hoheitsträger vollständig in eigener Verantwortung übernimmt und hierdurch ein Zuständigkeitswechsel bewirkt wird. In dieser Konstellation fehlt es regelmäßig im Hinblick auf den übertragenden Hoheitsträger an einem Beschaffungscharakter der Zusammenarbeit. Denn wegen der vollständigen Abgabe der Verantwortung einer bestimmten Aufgabe kann nicht davon gesprochen werden, dass der Hoheitsträger bestimmte Leistungen zur Erfüllung eigener Bedürfnisse erwirbt.[114] Dementsprechend werden delegierende Vereinbarungen bislang überwiegend als vergaberechtsfrei eingestuft.[115] Die in diesem Zusammenhang häufig genannte Konstellation der vergaberechtsfreien Gründung eines Zweckverbands durch mehrere Gebietskörperschaften mit delegierender Aufgabenübertragung auf den Zweckverband[116] dürfte jedoch bereits nach den Kriterien der In-house-Vergabe dem Anwendungsbereich des Vergaberechts entzogen sein.

66 Eine **mandatierende Vereinbarung** liegt hingegen dann vor, wenn kein vollständiger Zuständigkeitswechsel vereinbart wird, sondern lediglich ein beteiligter Hoheitsträger sich gegenüber den anderen verpflichtet, einzelne Aufgaben für diese durchzuführen. Unter Verweis auf den in diesen Konstellationen regelmäßig dominierenden Beschaffungscharakter werden mandatierende Vereinbarungen überwiegend dem Vergaberecht unterworfen.[117]

67 Ob diese Unterscheidung zwischen mandatierender und delegierender Vereinbarung indes mit den Vorgaben des EU-Vergaberechts vereinbar ist, muss nach der jüngsten Rechtsprechung des EuGH bezweifelt werden.[118] Sie birgt die Gefahr einer zu formellen Betrachtungsweise, die zudem stark durch die Regelungen des nationalen Rechts beeinflusst ist, während die Betrachtungsweise des EuGH eher materiell-funktional orientiert ist.[119] In der „Piepenbrock"-Entscheidung hat der EuGH jedenfalls einer generellen Vergaberechtsfreiheit einer delegierenden Vereinbarung eine klare Absage erteilt. Danach ist

---

[112] *Burgi* NZBau 2005, 208, 210; *Ziekow/Siegel*, VerwArch 2005, 119, 126; *Portz* VergabeR 2009, 702, 705; a.A. *Pielow* EuZW 2009, 531, 532.

[113] S. etwa OLG Düsseldorf, Beschl. v. 21.6.2006, VII-Verg 17/06, NZBau 2006, 662, 664 m. Nw.; vgl. auch OLG Frankfurt, Urt. v. Beschl. v. 7.9.2004, 11 Verg 11/04, NZBau 2004, 692, 695; *Gruneberg/Jänicke/Kröcher* ZfBR 2009, 754, 755; *Kunde* NZBau 2011, 734, 735.

[114] Vgl. *Europäische Kommission*, Arbeitsdokument der Kommissionsdienststellen über die Anwendung des EU-Vergaberechts im Fall von Beziehungen zwischen öffentlichen Auftraggebern (öffentlich-öffentliche Zusammenarbeit) vom 4.10.2011, SEK(2011) 1169, S. 21 f.; hierzu *Neun/Otting* EuZW 2012, 566, 568.

[115] OLG Düsseldorf Beschl. v. 21.6.2006, VII-Verg 17/06, NZBau 2006, 662, 664; OLG Frankfurt a.M. Beschl. v. 7.9.2004, 11 Verg 11/04, NZBau 2004, 692, 694 ff.; *Leinemann* Rn. 198; a.A. OLG Naumburg Beschl. v. Beschl. v. 3.11.2005, 1 Verg 9/05, NZBau 2006, 58, Beschl. v. 2.3.2006, 1 Verg 1/06, VergabeR 2006, 406.

[116] OLG Düsseldorf Beschl. v. 21.6.2006, VII-Verg 17/06, NZBau 2006, 662, 665 ff.; *Ziekow* in Ziekow/Völlink, § 99 GWB Rn. 140.

[117] OLG Düsseldorf Beschl. v. 21.6.2006, VII-Verg 17/06, NZBau 2006, 662, 664; *Hövelberndt*, NWVBl. 2011, 161, 162; *Leinemann* Rn. 199; *Seidel/Martens* in Dauses, EU-Wirtschaftsrecht, H Rn. 198.

[118] So zu Recht bereits *Wegener* in: Pünder/Schellenberg, § 99 GWB Rn. 24, der dieser Unterscheidung allenfalls Indizwirkung beimisst.

[119] Vgl. auch *Kunde* NZBau 2013, 555, 557 f.

auch eine delegierende Vereinbarung jedenfalls dann dem Vergaberecht unterworfen, wenn sich die übertragende öffentliche Stelle Kontrollbefugnisse und ggf. Kündigungsmöglichkeiten bei Schlechterfüllung vorbehält und sich die übernehmende öffentliche Stelle der Unterstützung privater Dritter bedienen darf. Diese Betrachtungsweise ist in materieller Hinsicht überzeugend, da in einer solchen Konstellation kein relevanter Unterschied mehr zur unmittelbaren Beauftragung eines privaten Dritten besteht.

e) Keine Besserstellung privater Wettbewerber

Daran schließt unmittelbar auch die weitere Überlegung an, welche der EuGH-Rechtsprechung zugrunde liegt: Eine innerstaatliche Kooperation kann grundsätzlich auch nur dann dem Vergaberecht entzogen sein, wenn sie wettbewerbsneutral ist, d. h. kein privates Unternehmen, das als Auftragnehmer für den Gegenstand der Vereinbarung prinzipiell in Betracht käme, bevorzugt oder benachteiligt wird. Darauf hat der EuGH gerade in seinen jüngsten Entscheidungen noch einmal deutlich hingewiesen. Klargestellt wurde dabei, dass bereits jede mittelbare Beeinflussung des Wettbewerbs der privaten Anbieter schädlich ist, etwa wenn derjenige vertragsschließende Hoheitsträger, welcher die Aufgabe ausführen soll, auch die Möglichkeit hat, auf (private) Dritte zur Unterstützung zuzugreifen.[120] Weshalb allerdings in einem solchen Fall das Vergaberecht seinen Sinn und Zweck auch dann noch voll erfüllen könnte, wenn es (erst) auf dieser nachgelagerten Ebene der Einschaltung privater Dritter als Erfüllungsgehilfen des ausführenden Verwaltungsträgers zur Anwendung käme, hat der EuGH nicht angesprochen. Unabhängig davon soll nach der Rechtsprechung auch bereits dann eine Wettbewerbsverfälschung vorliegen können wenn sich der ausführende Verwaltungsträger oder die Einheit, derer er sich letztlich zur Ausführung bedient, in nicht unerheblichem Umfang auf dem Markt tätig ist und Aufträge von Dritten akquiriert.[121] Diese (weitere) Grenze wird man unter dem Gesichtspunkt der Konsistenz mit den Vorgaben der Inhouse-Rechtsprechung ziehen müssen, soweit jene nicht im Einzelfall bereits unmittelbar anwendbar ist.

f) Gegenleistung

Auch im Rahmen von staatlichen Kooperationen steht den von einem Kooperationspartner zu erbringenden Leistungen in der Regel eine Gegenleistung der übrigen Beteiligten gegenüber. Diese besteht häufig in einem Entgelt oder einer Kostenerstattung. Dennoch zwingt diese Entgeltlichkeit für sich genommen noch nicht dazu, die zugrunde liegende Vereinbarung als öffentlichen Auftrag im Sinne des Vergaberechts anzusehen. Zwar ist von einem öffentlichen Auftrag dann auszugehen, wenn es sich bei der Zusammenarbeit um eine reine entgeltliche Leistungsbeschaffung eines öffentlichen Auftraggebers bei einem anderen öffentlichen Auftraggeber handelt, die ebenso gut bei einem privaten Unternehmen beschafft werden könnte.[122] Jenseits der reinen Hilfsgeschäfte jedoch ändert die Entgeltlichkeit einer staatlichen Kooperation an der grundsätzlichen Beurteilung der Vergaberechtsunterworfenheit nichts. Dies gilt jedenfalls, solange das vereinbarte Entgelt über eine Kostenerstattung nicht hinausgeht.[123]

---

[120] EuGH Urt. v. 19.12.2012, Rs. C-159/11, NZBau 2013, 114, 116 Rn. 38 – Lecce; Urt. v. 13.6.2013, Rs. C-386/11, NZBau 2013, 522, 524 Rn. 40 – Piepenbrock; kritisch hierzu *Kunde* NZBau 2013, 555, 557.
[121] OLG Düsseldorf Beschl. v. 28.7.2011, VII-Verg 20/11, NZBau 2012, 52, 55; OLG München Beschl. v. 21.2.2013, Verg 21/12, NZBau 2013, 458, 462.
[122] S.o., C.II.2.b).
[123] EuGH Urt. v. 9.6.2009, Rs. C-480/06, NZBau 2009, 527, 528 Rn. 43 – Stadtreinigung Hamburg; allerdings ist zu beachten, dass auch im Falle des bloßen Kostensatzes eine Entgeltlichkeit des Vertrags gegeben ist, s. EuGH Urt. v. 19.12.2012, Rs. C-159/11, NZBau 2013, 114, 115 Rn. 29 – Lecce.

3. Keine Umgehung des Vergaberechts

70 Schließlich darf eine interkommunale oder sonstige staatliche Zusammenarbeit keine Umgehung des Vergaberechts darstellen. Die Entscheidung der Beteiligten für eine Kooperation unter Hoheitsträgern darf also nicht dem Ziel dienen, vergaberechtliche Ausschreibungspflichten zu vermeiden. Dies kann insbesondere dann der Fall sein, wenn die gewählte Art der Auftragserfüllung in wirtschaftlicher Hinsicht keine anderen Folgen zeitigt, als im Falle der Beauftragung eines privaten Unternehmens, und auch ansonsten keine Gründe gegen die Beauftragung eines privaten Unternehmens sprechen.[124]

III. EU-Vergaberechtsreform

71 In Art. 11 Abs. 4 der vom Europäischen Parlament am 15.1.2014 beschlossenen neuen Richtlinie über die öffentliche Auftragsvergabe und zur Aufhebung der Richtlinie 2004/18/EG[125] findet sich auch eine Regelung für staatliche Kooperationen. Diese enthält mehrere Voraussetzungen, unter denen eine „zwischen zwei oder mehr öffentlichen Auftraggebern geschlossener Vertrag" kein öffentlicher Auftrag i.S.d. Gemeinschaftsrechts sein soll.[126] Die Voraussetzungen geben im Wesentlichen den Stand der Rechtsprechung des EuGH nach dem Urteil *Stadtreinigung Hamburg*[127] wieder, gehen teilweise aber auch darüber hinaus.

72 Die Neuregelung ist im Sinne einer Klarstellung zur Schaffung weiterer Rechtssicherheit grundsätzlich zu begrüßen.[128] Soweit der vorangegangene Regelungsvorschlag der Kommission auch über die Rechtsprechung des EuGH hinausgehende Elemente umfasste[129], insbesondere durch das Erfordernis einer echten wechselseitigen Zusammenarbeit der Beteiligten oder durch die strikte Beschränkung der Vergütung auf eine Kostenerstattung, war der Vorschlag konsequent und auch im Hinblick auf die Regelungsintentionen der Richtlinie insgesamt überzeugend. Diese Elemente finden sich in der verabschiedeten Fassung der Richtlinie, die Ergebnis des sog. Trilog-Verfahrens war, nicht mehr.

73 Die vorgesehene Beschränkung des Umsatzanteils der betroffenen Tätigkeiten, die auf dem offenen Markt ausgeübt werden, scheint demgegenüber – auch wenn es augenscheinlich einen gewissen Gleichlauf mit den Anforderungen an In-house-Geschäfte gewährleisten soll – unter rechtspolitischen Gesichtspunkten diskussionswürdig und dürfte in der Umsetzung im konkreten Fall weitere Rechtsfragen aufwerfen.

---

[124] Vgl. OLG Düsseldorf Beschl. v. 6.7.2011, Verg 39/11, NZBau 2011, 769, 771; *Wagner/Piesbergen*, NVwZ 2012, 653, 659.

[125] Dok. Nr. PE-CONS 74/13–2011/0438 (COD); s. auch den vorangehenden „Vorschlag für Richtlinie des Europäischen Parlaments und des Rates über die öffentliche Auftragsvergabe" der Europäischen Kommission, KOM(2011) 896/2.

[126] Der Wortlaut von Art. 11 Abs. 4 der Richtlinie lautet:
„4. Ein ausschließlich zwischen zwei oder mehr öffentlichen Auftraggebern geschlossener Vertrag fällt nicht in den Anwendungsbereich dieser Richtlinie, wenn alle nachfolgend genannten Bedingungen erfüllt sind:
(a) Der Vertrag begründet oder erfüllt eine Zusammenarbeit zwischen den beteiligten öffentlichen Auftraggebern oder setzt diese dem Ziel um, sicherzustellen, dass von ihnen zu erbringende öffentliche Dienstleistungen im Hinblick auf die Erreichung gemeinsamer Ziele ausgeführt werden;
(b) Die Durchführung dieser Zusammenarbeit wird ausschließlich durch Überlegungen im Zusammenhang mit dem öffentlichen Interesse bestimmt und
(c) die beteiligten öffentlichen Auftraggeber erbringen auf dem offenen Markt weniger als 20 % der durch die Zusammenarbeit erfassten Tätigkeiten."

[127] EuGH Urt. v. 9.6.2009, Rs. C-480/06, NZBau 2009, 527 – Stadtreinigung Hamburg.

[128] Ebenso (noch zum vorangegangenen Regelungsvorschlag der Kommission) *Wagner/Piesbergen* NVwZ 2012, 653, 655.

[129] Vgl. hierzu *Brauser-Jung* VergabeR 2013, 285, 289; *Neun/Otting* EuZW 2012, 566, 568.

§ 7 Schwellenwerte und Auftragswertberechnung

Übersicht

	Rn.
A. Einleitung	1–5
B. Anpassung der geltenden Schwellenwerte	6–8
C. Überblick über die geltenden Schwellenwerte	9–13
I. Die Schwellenwerte der VgV und der SektVO	10–12
II. Schwellenwerte außerhalb des Kartellvergaberechts	13
D. Der Rahmen für die Schätzung des Auftragswertes	14–23
I. Maßgeblicher Zeitpunkt für die Schätzung	15
II. Maßstab der Schätzung und Umgehungsverbot	16–19
III. Dokumentation	20
IV. Rechtsfolgen unterlassener oder fehlerhafter Schätzung	21–23
E. Schätzung bei Bauaufträgen	24–34
I. Ermittlung der Gesamtvergütung	25, 26
II. Vom Auftraggeber zur Verfügung gestellte Lieferleistungen	27
III. Losweise Vergabe	28–34
F. Schätzung bei Liefer- und Dienstleistungsaufträgen	35–38
G. Besondere Konstellationen	39–55
I. Daueraufträge	40–43
II. Rahmenvereinbarungen und dynamisches elektronisches Verfahren	44, 45
III. Optionsrechte und Vertragsverlängerungen	46–50
IV. Vertragsänderungen	51
V. Auslobungsverfahren	52
VI. Baukonzessionen	53–55

VgV: § 2 Abs. 1, § 3
VOB/A EG: § 1 Abs. 3, 4

VgV:

§ 2 VgV Anwendungsbereich

(1) Diese Verordnung gilt nur für Aufträge, deren geschätzter Auftragswert ohne Umsatzsteuer die Schwellenwerte erreicht oder überschreitet, die in Artikel 7 der Richtlinie 2004/18/EG des Europäischen Parlaments und des Rates vom 31. März 2004 über die Koordinierung der Verfahren zur Vergabe öffentlicher Bauaufträge, Lieferaufträge und Dienstleistungsaufträge (ABl. L 134 vom 30.4.2004, S. 114, L 351 vom 26.11.2004, S. 44) in der jeweils geltenden Fassung festgelegt werden (EU-Schwellenwerte). Der sich hieraus für zentrale Regierungsbehörden ergebende Schwellenwert ist von allen obersten Bundesbehörden sowie allen oberen Bundesbehörden und vergleichbaren Bundeseinrichtungen anzuwenden. Das Bundesministerium für Wirtschaft und Technologie gibt die geltenden Schwellenwerte unverzüglich, nachdem sie im Amtsblatt der Europäischen Union veröffentlicht worden sind, im Bundesanzeiger bekannt.

(2) bis (3) hier nicht abgedruckt

§ 3 VgV Schätzung des Auftragswertes

(1) Bei der Schätzung des Auftragswertes ist von der geschätzten Gesamtvergütung für die vorgesehene Leistung einschließlich etwaiger Prämien oder Zahlungen an Bewerber oder Bieter auszugehen. Dabei sind alle Optionen oder etwaige Vertragsverlängerungen zu berücksichtigen.

(2) Der Wert eines beabsichtigten Auftrages darf nicht in der Absicht geschätzt oder aufgeteilt werden, den Auftrag der Anwendung dieser Verordnung zu entziehen.

(3) Bei regelmäßig wiederkehrenden Aufträgen oder Daueraufträgen über Liefer- oder Dienstleistungen ist der Auftragswert zu schätzen
1. entweder auf der Grundlage des tatsächlichen Gesamtwertes entsprechender aufeinander folgender Aufträge aus dem vorangegangenen Haushaltsjahr; dabei sind voraussichtliche Änderungen bei Mengen oder Kosten möglichst zu berücksichtigen, die während der zwölf Monate zu erwarten sind, die auf den ursprünglichen Auftrag folgen, oder
2. auf der Grundlage des geschätzten Gesamtwertes aufeinander folgender Aufträge, die während der auf die erste Lieferung folgenden zwölf Monate oder während des auf die erste Lieferung folgenden Haushaltsjahres, wenn dieses länger als zwölf Monate ist, vergeben werden.

(4) Bei Aufträgen über Liefer- oder Dienstleistungen, für die kein Gesamtpreis angegeben wird, ist Berechnungsgrundlage für den geschätzten Auftragswert
1. bei zeitlich begrenzten Aufträgen mit einer Laufzeit von bis zu 48 Monaten der Gesamtwert für die Laufzeit dieser Aufträge;
2. bei Aufträgen mit unbestimmter Laufzeit oder mit einer Laufzeit von mehr als 48 Monaten der 48-fache Monatswert.

(5) Bei Bauleistungen ist neben dem Auftragswert der Bauaufträge der geschätzte Wert aller Lieferleistungen zu berücksichtigen, die für die Ausführungen der Bauleistungen erforderlich sind und vom Auftraggeber zur Verfügung gestellt werden.

(6) Der Wert einer Rahmenvereinbarung oder eines dynamischen elektronischen Beschaffungssystems wird auf der Grundlage des geschätzten Gesamtwertes aller Einzelaufträge berechnet, die während deren Laufzeit geplant sind.

(7) Besteht die beabsichtigte Beschaffung aus mehreren Losen, für die jeweils ein gesonderter Auftrag vergeben wird, ist der Wert aller Lose zugrunde zu legen. Bei Lieferaufträgen gilt dies nur für Lose über gleichartige Lieferungen. Soweit eine zu vergebende freiberufliche Leistung nach § 5 in mehrere Teilaufträge derselben freiberuflichen Leistung aufgeteilt wird, müssen die Werte der Teilaufträge zur Berechnung des geschätzten Auftragswertes addiert werden. Erreicht oder überschreitet der Gesamtwert den maßgeblichen EU-Schwellenwert, gilt diese Verordnung für die Vergabe jedes Loses. Satz 4 gilt nicht, wenn es sich um Lose handelt, deren geschätzter Wert bei Liefer- oder Dienstleistungsaufträgen unter 80.000 Euro und bei Bauleistungen unter 1 Million Euro liegt, wenn die Summe der Werte dieser Lose 20 Prozent des Gesamtwertes aller Lose nicht übersteigt.

(8) Bei Auslobungsverfahren, die zu einem Dienstleistungsauftrag führen sollen, ist der Wert des Dienstleistungsauftrags zu schätzen zuzüglich etwaiger Preisgelder und Zahlungen an Teilnehmer. Bei allen übrigen Auslobungsverfahren entspricht der Wert der Summe aller Preisgelder und sonstigen Zahlungen an Teilnehmer sowie des Wertes des Dienstleistungsauftrags, der vergeben werden könnte, soweit der Auftraggeber dies in der Bekanntmachung des Auslobungsverfahrens nicht ausschließt.

(9) Maßgeblicher Zeitpunkt für die Schätzung des Auftragswertes ist der Tag, an dem die Bekanntmachung der beabsichtigten Auftragsvergabe abgesendet oder das Vergabeverfahren auf andere Weise eingeleitet wird.

VOB/A EG:

§ 1 EG VOB/A Anwendungsbereich

(1) bis (2) hier nicht abgedruckt.

(3) Maßgeblicher Zeitpunkt für die Schätzung des Auftragswertes ist der Tag, an dem die Bekanntmachung der beabsichtigten Auftragsvergabe abgesendet oder das Vergabeverfahren auf andere Weise eingeleitet wird.

(4) Der Wert eines beabsichtigten Bauauftrages darf nicht in der Absicht geschätzt oder aufgeteilt werden, den Auftrag der Anwendung dieser Bestimmungen zu entziehen.

Literatur:
Fandrey, Die Anforderungen an eine ordnungsgemäße Schätzung des Auftragswertes, Der Gemeindehaushalt 2012, 198; *Greb*, Die Berechnung des Auftragswerts, VergabeR 2013, 308; *Greb*, Schwellenwert – eine kritische Betrachtung, in: Prieß/Lau/Kratzenberg (Hrsg.), Wettbewerb – Transparenz – Gleichbehandlung, 15 Jahre GWB-Vergaberecht – Festschrift für Fridhelm Marx, 2013; *Höß*, Das 20%-Kontingent des Auftraggebers, VergabeR 2002, 19; *Koenig/Schreiber*, Zur EG-vergaberechtlichen Schwellenwertberechnung im Rahmen der öffentlichen Beschaffung von Waren und Dienstleistungen über Internetplattformen, WuW 2009, 1118.

A. Einleitung

Dass die in der VgV geregelten Schwellenwerte erreicht oder überschritten werden, setzt § 100 Abs. 1 GWB – neben dem öffentlichen Auftraggeber und dem öffentlichen Auftrag – als **dritte zentrale Voraussetzung** für die Ausschreibungspflicht nach dem Kartellvergaberecht voraus. Der Auftragswert bestimmt damit maßgeblich, welches Ausschreibungssystem zur Anwendung gelangt und bei welcher Stelle ein sich im Unrecht wähnendes Unternehmen Rechtsschutz suchen kann. Die Regelungen der VgV gelten gemäß § 100 Abs. 1 GWB für Vergaben nach VOB/A, VOL/A sowie VOF. Für Aufträge im Sektorenbereich wurde mit der SektVO ein eigenes Ausschreibungssystem geschaffen, das eigene, aber parallel ausgestaltete Schwellenwertregelungen trifft[1]. 1

Schwellenwerte sind auf europäischer Ebene ein vielfach gewähltes Instrument, um den Geltungsanspruch europäischen Rechts nicht über Gebühr und damit unverhältnismäßig zu Lasten nationaler Regelungen auszudehnen. Ausgangspunkt ist die Überlegung, dass nicht alle Beschaffungsvorgänge öffentlicher Auftraggeber von **Relevanz für den europäischen Binnenmarkt** sind. Denn je niedriger das Auftragsvolumen, desto unwahrscheinlicher ist, dass sich ein ausländisches Unternehmen über die Grenze hinweg um diesen Auftrag bemüht[2]. Damit nicht bei jedem Auftrag der öffentliche Auftraggeber konkret prüfen muss, ob es jenseits der Grenzen ein potentielles Interesse für eine Beteiligung gibt, erfüllen die Schwellenwerte die Funktion abstrakter Abgrenzungskriterien: Sie fingieren bei Überschreiten die Auswirkung auf den Binnenmarkt unabhängig von der Frage, ob tatsächlich solche Auswirkungen vorliegen; die vergaberechtlichen Regelungen sind – vorbehaltlich der übrigen Voraussetzungen – einzuhalten. 2

Der Umkehrschluss, nach dem sich aus dem **Unterschreiten der Schwellenwerte** die unionsrechtliche Irrelevanz ableiten lässt, ist nicht zulässig. Lediglich die Vergaberichtlinien 2004/18/EG und 2004/17/EG sind nicht anwendbar, subsidiär wirkt jedoch das europäische Primärrecht[3]. Die Vermutung, dass Aufträge unterhalb der Wertgrenzen kaum zu grenzüberschreitenden Geschäften führen werden[4], ist nicht unwiderlegbar. Sofern im Einzelfall eine Binnenmarktrelevanz angenommen werden kann, ergibt sich aus dem Unionsrecht ein Rahmen für die Vergabe. Als Eckpfeiler zu nennen sind etwa der freie Warenverkehr, die Niederlassungsfreiheit, die Dienstleistungsfreiheit, sowie die Grundsätze der Nichtdiskriminierung und Gleichbehandlung, der Transparenz, der Verhältnismäßigkeit sowie der gegenseitigen Anerkennung. Die Europäische Kommission hat hierzu bereits 2006 eine interpretierende Mitteilung unter dem Titel „Auslegungsfragen in Bezug auf das Unionsrecht, das für die Vergabe öffentlicher Aufträge gilt, die nicht oder nur 3

---

[1] Dazu §§ 46 ff.
[2] Ausführlich zu diesem Kriterium *Röwekamp/Fandrey*, Die Binnenmarktrelevanz öffentlicher Auftragsvergaben, 2013, S. 45 ff.
[3] Ausführlich zur sog. Unterschwellenvergabe §§ 78 ff.
[4] So etwa die Begründung der Kommission zu ihrem Vorschlag zur Änderung der RL 90/531/EWG, KOM (1991) 347 endg., S. 21.

teilweise unter die Vergaberichtlinie fallen", veröffentlicht[5]. Die hiergegen von der Bundesregierung eingereichte Klage hat das EuG[6] am 20. Mai 2010 abgewiesen und – in lesenswerter Weise – die bestehenden Verpflichtungen mit entsprechenden Nachweisen kommentiert.

4   Zusammengefasst ermöglicht das Instrument der vergaberechtlichen Schwellenwerte den öffentlichen Auftraggebern, eine rechtssichere Entscheidung über den Geltungsbereich der Vergaberichtlinien zu treffen. Zugleich wird den Mitgliedsstaaten eine – wenn auch zunehmend eingeschränkte – Regelungsautonomie für die Unterschwellenbereiche belassen.

5   Mit einer wesentlichen **Änderung** des Systems der Schwellenwerte ist in den kommenden Jahren nicht zu rechnen. Das System der Schwellenwerte hat sich vor dem eben dargestellten Hintergrund bewährt. Soweit gelegentlich höhere Schwellenwerte gefordert werden und auch auf nationaler Ebene diverse Grenzwerte im Rahmen des Konjunkturpaketes II deutlich angehoben wurden[7], sprach sich die Europäische Kommission[8] erst 2011 ausdrücklich gegen eine Erhöhung aus, da die bestehenden Schwellenwerte wiederum auf internationalen Vereinbarungen beruhen[9]. Im Übrigen erfolgen – wie im **Oktober 2013**[10] – gelegentlich kleinere Klarstellungen und Anpassungen an die Auslegung der Richtlinie, ohne dass hiermit zwingend eine Änderung im Detail verbunden wäre.

B. Anpassung der geltenden Schwellenwerte

6   Die Schwellenwerte werden von der Europäischen Kommission alle zwei Jahre **überprüft und angepasst**[11]. Entgegen verbreiteter Auffassung wird die Anpassung nicht mit der fortschreitenden Verwirklichung des Binnenmarktes begründet. Die Anpassung beruht darauf, dass die Vergaberichtlinie selbst anderes Recht, namentlich das **Übereinkommen über das öffentliche Beschaffungswesen** (General Procurement Agreement – GPA) der WTO berücksichtigt, dem die Europäische Union bereits mit Wirkung zum 1. Januar 1996 beigetreten ist. Die dortigen Schwellenwerte werden in sog. Sonderziehungsrechten angegeben – einer vom Internationalen Währungsfonds (IWF) eingeführte künstliche Währungseinheit. Da sich deren Kurs zum Euro ständig verändert, passt die Europäische Kommission im Zweijahresrhythmus die europäischen Schwellenwerte an und erhöht diese wie zuletzt zum 1.1.2014 auch, wenngleich anschließend weniger Aufträge dem Kartellvergaberecht unterfallen. Das genaue Verfahren folgt Art. 78 RL 2004/18/EG bzw. Art. 69 RL 2004/17/EG.

7   Die Anpassung der Schwellenwerte auf Unionsebene führte in der Vergangenheit stets dazu, dass die in der VgV festgeschriebenen Werte für einen Übergangszeitraum nicht mehr aktuell waren. In derartigen Fällen galt der niedrigere Schwellenwert. Soweit die Werte der VgV höher waren, folgte dies aus der unmittelbaren Anwendung des europäi-

---

[5] ABlEU C 179 vom 1.8.2006, S. 2 ff. Dazu etwa *Köster* ZfBR 2007, 127 ff.; *Lutz* VergabeR 2007, 372 ff.; *Steinberg* NZBau 2007, 150, 154 f.; *Widmann* Vergaberechtsschutz im Unterschwellenbereich, 2008, S. 84 ff.

[6] EuG Urt. v. 20.5.2010, T-258/06, Slg. 2010, II-2027– *Deutschland/Kommission*.

[7] Hierzu etwa *Dabringhausen* VergabeR 2009, 391 ff.; *Thormann* NZBau 2010, 14 ff.; berechtigte Kritik bei *Kühling/Huerkamp* NVwZ 2009, 557 ff.

[8] Grünbuch der Europäischen Kommission über die Modernisierung der europäischen Politik im Bereich des öffentlichen Auftragswesens Wege zu einem effizienteren europäischen Markt für öffentliche Aufträge, KOM(2011) 15 endg., S. 10.

[9] Dazu sogleich Rn. 6.

[10] Siebte Verordnung zur Änderung der Verordnung über die Vergabe öffentlicher Aufträge vom 15.10.2013 (BGBl. I S. 3854) m.w.V. 25.10.2013.

[11] Zuletzt durch die Verordnung (EG) Nr. 1336/2013 vom 13. Dezember 2013 mit Wirkung zum 1.1.2014.

schen Sekundärrechts[12]. Soweit die Werte der VgV niedriger waren, galt dies als (zulässige) Überumsetzung des deutschen Rechts, die den europäischen Gedanken in gesteigertem Maße einfordert sowie fördert und daher nicht durch eine vorrangige Geltung des Unionsrechts korrigiert werden muss.

Um diese Probleme zu vermeiden, hat der deutsche Verordnungsgeber mit der jüngsten Änderung der VgV auf das – bereits aus der Sektorenverordnung bekannte – System der **dynamischen Verweisung** umgestellt. § 2 Abs. 1 VgV verweist wie auch § 1 Abs. 2 SektVO nunmehr nur noch auf die jeweils geltenden Schwellenwerte der einschlägigen Verordnung und erspart sich auf diese Weise die regelmäßig notwendige Anpassung. Das Bundesministerium für Wirtschaft und Technologie gibt die geltenden Schwellenwerte wiederum unverzüglich, nachdem sie im Amtsblatt der Europäischen Union veröffentlicht worden sind, gemäß § 2 Abs. 1 S. 3 VgV im Bundesanzeiger bekannt[13]. Der dynamische Verweis auf eine sich ändernde Norm eines anderen Normgebers begegnet keinen durchgreifenden verfassungsrechtlichen Bedenken. Zwar ist es dem Gesetz- und Verordnungsgeber grundsätzlich aus Gründen des rechtsstaatlichen Prinzips als auch des demokratischen Prinzips verwehrt, auf fremde Normen in der jeweils gültigen Fassung zu verweisen[14]. Indes ergibt sich hier die Besonderheit, dass der Verordnungsgeber auch verpflichtet wäre, ohne diese dynamische Verweisung die Werte an die Änderungen im Unionsrecht anpassen, um seinen unionsrechtlichen Pflichten nachzukommen. Andernfalls würden die Werte der EU-Richtlinien unmittelbar die Werte der VgV bzw. SektVO überlagern oder – falls die Schwellenwerte der VgV bzw. SektVO niedriger liegen sollten – eine Überumsetzung vorliegen, die den deutschen Sektorenbereich über das unionsrechtlich geforderte Maß hinaus binden würde. Die dynamische Verweisung beschränkt sich auch auf die Übernahme der Schwellenwerte, während das gesamte restliche Vergabesystem selbst autonom ausgestaltet wird. Ein relevanter, verfassungsrechtlich bedenklicher Kompetenzverlust der deutschen Legislative geht mit der Verweisung also nicht einher. 8

C. Überblick über die geltenden Schwellenwerte

§ 100 Abs. 1 GWB verweist für das Kartellvergaberecht auf die in der Vergabeverordnung getroffenen Regelungen zur Höhe der Schwellenwerte (§ 2 VgV) und zur Berechnung des jeweiligen Auftragswertes (§ 3 VgV). In der SektVO finden sich die entsprechende Regeln in § 1 Abs. 2 und § 2. Daneben existieren auch außerhalb des Kartellvergaberechts diverse Schwellenwerte, die teilweise deutlich von den Wertgrenzen der VgV abweichen. 9

I. Die Schwellenwerte der VgV und der SektVO

§ 2 VgV verweist auf die zur Zeit aktuellen Schwellenwerte der Vergaberichtlinie[15] und unterscheidet systematisch zwischen der Art des Auftrages und – bei der Vergabe von Liefer- und Dienstleistungsaufträgen – der Art des Auftraggebers. Maßgebend ist nach § 1 Abs. 1 VgV jeweils der geschätzte Wert des öffentlichen Auftrags ohne Umsatzsteuer. 10

---

[12] Vgl. beispielhaft das Verfahren bei OLG Karlsruhe Beschl. v. 12.11.2008, 15 Verg 4/08, NZBau 2009, 403 ff.

[13] Zuletzt mit Bekanntmachung vom 31. Dezember 2013 (BAnz AT B1).

[14] Vgl. zur Problematik „dynamischer Verweisungen" mit weiteren Nachweisen *Dietlein* in Stern, Das Staatsrecht der Bundesrepublik Deutschland, Bd. IV/1, 2006, § 111 V 3 (S. 1887); *ders.* in FS Stern, 2012.

[15] Zuletzt durch die Verordnung (EG) Nr. 1336/2013 vom 13. Dezember 2013 mit Wirkung zum 1.1.2014.

11 Der Regelschwellenwert bei Liefer- und Dienstleistungen beträgt 207.000 Euro, wobei bei Losbildung bereits Aufträge mit einem Wert von 80.000 Euro bzw. 20% des Gesamtauftrages die Schwelle erreichen[16]. Für Aufträge von obersten[17] und oberen Bundesbehörden[18] sowie vergleichbarer Bundeseinrichtungen gilt als Grenze 134.000 Euro. Eine Rückausnahme gibt es für einige Dienstleistungen des Anhangs II Teil A Kategorie 5 (Fernmeldewesen) und 8 (Forschung und Entwicklung) sowie des Anhangs II Teil B der Vergaberichtlinie (sog. nachrangige Dienstleistungen). Hier gilt der Regelschwellenwert in Höhe von 207.000 Euro für Dienstleistungen. Die Schwellenwerte für **Auslobungsverfahren** betragen 134.000 Euro bzw. 207.000 Euro. Deutlich höher liegt der Schwellenwert für **Bauaufträge**, der generell bei 5.186.000 Euro liegt. Dieser Wert gilt auch für Vergaben von **Baukonzessionen** und Vergaben durch Baukonzessionäre[19]. Besondere Vorgaben treffen § 3 Abs. 7 VgV sowie § 1 EG VOB/A für Lose von Bauaufträgen[20].

12 Komplett ausgeklammert aus dem Anwendungsbereich der §§ 2, 3 VgV ist seit der Novellierung 2009 der **Bereich der Sektoren.** Um die Sektorenverordnung nicht alle zwei Jahre an die neuen europarechtlichen Werte anpassen zu müssen[21], verweist § 1 Abs. 2 SektVO bezüglich der Schwellenwerte dynamisch auf die jeweils geltenden Schwellenwerte der SKR. Dasselbe Prinzip liegt im **Verteidigungssektor** auch § 1 Abs. 2 der VSVgV zu Grunde.

II. Schwellenwerte außerhalb des Kartellvergaberechts

13 Auch in Sondervergabegebieten gibt es Schwellenwerte: Aufträge im **Rüstungssektor** sind zwar in der **RL 2009/81/EG** separat geregelt (in Artikel 8 und 9), die dortigen Vorgaben knüpfen aber weitgehend an die allgemeinen vergaberechtlichen Schwellenwertregelungen an. Hingegen ermöglicht auf dem **Verkehrssektor** die **VO 1370/2007** die ausschreibungsfreie Direktvergabe von Aufträgen bis zu einem jährlichen Wert von einer Millionen Euro. Bei einer Vergabe an ein kleines oder mittleres Unternehmen, die nach dem Ansinnen der Beteiligten als besonders förderungswürdig gelten, sind nach der Verordnung gar Aufträge mit einem geschätzten Jahresdurchschnittswert von bis zu zwei Millionen Euro privilegiert. Alternativ genügt auch, dass entsprechende Kilometergrenzen bei der Personenverkehrsleistung unterschritten werden. Freilich ist unwahrscheinlich, dass der *EuGH* als Hüter des Primärrechts diese Schwellenwerte als Preis für den Harmonisierungsfortschritt akzeptiert. Bei angesichts längerer Auftragslaufzeiten im Verkehrssektor deutlich höheren Schwellenwerte lässt sich kaum noch von für den Binnenmarkt irrelevanten Volumina reden. Rechtfertigende Gründe für eine derart großzügige „Wettbewerbsfreiheit" im Sinne einer „Freiheit von Wettbewerb" sind nicht ersichtlich[22]. Für die Vergaben von **Bodenabfertigungsdiensten an Flughäfen** gilt ein spezielles Vergaberegime, welches sich auf Unionsebene nach der RL 96/67/EG[23] richtet, die in Deutschland

---

[16] Dazu sogleich Rn. 29.
[17] Etwa Bundesministerien, Bundespräsidialamt, Bundeskanzleramt, Bundesrechnungshof.
[18] Etwa Eisenbahn-Bundesamt, Kraftfahrt-Bundesamt, Luftfahrt-Bundesamt, Bundesamt für Justiz, Umweltbundesamt.
[19] Dazu sogleich Rn. 53 ff.
[20] Dazu sogleich Rn. 28 ff.
[21] Dazu oben Rn. 8.
[22] Ausführlich zu diesem Problem und den sich daraus ergebenden Folgen *Fandrey* Direktvergabe von Verkehrsleistungen, S. 249 f.
[23] Richtlinie 96/67/EG des Rates vom 15. Oktober 1996 über den Zugang zum Markt der Bodenabfertigungsdienste auf den Flughäfen der Gemeinschaft, ABlEG Nr. L 272 vom 25.10.1996, S. 36.

durch die Verordnung über Bodenabfertigungsdienste an Flughäfen umgesetzt wurde[24]. Deren Anwendungsbereich richtet sich nach Fracht- und Fluggastzahlen.

D. Der Rahmen für die Schätzung des Auftragswertes

Die Vergabestelle muss vor Beginn des Vergabeverfahrens anhand objektiver Kriterien schätzen, welchen Wert die geplante Beschaffung zum Beginn des Vergabeverfahrens aufweist. Aufgrund des ermittelten Schätzwertes, der ebenso wie die Grundlagen der Berechnung zu dokumentieren ist, entscheidet sich, ob der Auftrag europaweit auszuschreiben und ob der Weg zu den Nachprüfungsinstanzen eröffnet ist.   14

I. Maßgebliche Zeitpunkt für die Schätzung

Der öffentliche Auftraggeber muss zwingend vor Einleitung des Vergabeverfahrens den Wert des Auftrages ermitteln, da von dem Ergebnis seiner Schätzung abhängt, ob er ein europaweites Vergabeverfahren einleitet. **Maßgeblicher Zeitpunkt** für die Schätzung ist nach § 3 Abs. 9 VgV der Tag, an dem die Bekanntmachung der beabsichtigten Auftragsvergabe an das Amt für Veröffentlichungen der Europäischen Union abgesendet oder das Vergabeverfahren auf andere Weise eingeleitet wird[25]. Hierauf kann es etwa ankommen, wenn die Schätzung bereits mit deutlichem zeitlichen Vorlauf erstellt wurde und sich die Marktpreise bis zum Verfahrensbeginn geändert haben. Umgekehrt bleibt es aber bei den Konsequenzen, die sich aus der Schätzung am Stichtag ergeben: Steigen die Marktpreise im Anschluss, muss der Auftraggeber ein ursprünglich zutreffend als Unterschwellenvergabe klassifiziertes Verfahren nicht umstellen, sofern die Schätzung ordnungsgemäß erfolgte. Dass das Wettbewerbsergebnis am Ende oberhalb der Schwellenwerte liegen mag, ist insoweit ohne Belang und eröffnet nicht den Rechtsweg zu den Nachprüfungsinstanzen[26].   15

II. Maßstab der Schätzung und Umgehungsverbot

Auszugehen für die Schätzung ist nach § 3 Abs. 1 Satz 1 VgV von der **geschätzten Gesamtvergütung ohne Umsatzsteuer** für die vorgesehene Leistung einschließlich etwaiger Prämien oder Zahlungen an Bewerber oder Bieter. Maßgeblich ist der Auftragswert, den ein umsichtiger und sachkundiger Auftraggeber nach sorgfältiger Prüfung des relevanten Marktes betriebswirtschaftlich in Ansatz bringen würde[27]. Das gebotene Maß an Sorgfalt orientiert sich an dem Gebot der Verhältnismäßigkeit, d. h. dass die Vergabestelle keinen unverhältnismäßigen Aufwand betreiben muss, um überprüfbares Zahlenmaterial zu beschaffen[28]. Hat die Vergabestelle einen vergleichbaren Auftrag zuvor ohne europaweites Vergabeverfahren vergeben, so kann sie die dort erzielten Preise nur zu Grunde   16

---

[24] Vgl. ausführlich hierzu *Giesberts/Geisler*, Bodenabfertigungsdienste auf deutschen Flughäfen; *Eschenbruch* in Kulartz/Kus/Portz, § 99 Rn. 642 ff.

[25] Etwa wenn der Auftraggeber eine Bekanntmachung rechtmäßig oder rechtswidrig unterlässt. Nach der funktionalen Definition beginnt eine Verfahren, wenn der Auftraggeber mit seiner Beschaffungsabsicht nach außen tritt und planvolle Schritte vornimmt, die auf den Vertragsabschluss gerichtet sind, vgl. OLG Düsseldorf Vorlagebeschl. v. 21.7.2010, VII-Verg 19/10, NZBau 2010, 582, 583; OLG Schleswig Beschl. v. 1.4.2010, 1 Verg 5/09 (juris, Rn. 22 m.w.N.).

[26] OLG Bremen Vorlagebeschl. v. 18.5.2006, Verg 3/05, NZBau 2006, 527, 528.

[27] OLG Brandenburg Beschl. v. 29.1.2013, Verg W 8/12; OLG Düsseldorf Beschl. v. 8.5.2002, VII-Verg 5/02, NZBau 2002, 697, 698; OLG Karlsruhe Beschl. v. 16.12.2009, 15 Verg 5/09, VergabeR 2010, 685, 692; VK Baden-Württemberg Beschl. v. 16.3.2012, 1 VK 5/12; VK Sachsen, Beschl. v. 14.12.2012–1/SVK/037–12; *Glahs* in Reidt/Stickler/Glahs, § 3 VgV Rn. 6.

[28] OLG Karlsruhe Beschl. v. 16.12.2009, 15 Verg 5/09, VergabeR 2010, 685, 692.

legen, wenn sie den nunmehr durchgeführten Wettbewerb als preisbeeinflussenden Faktor berücksichtigt[29]. Denn die Vergabestelle muss davon ausgehen dass in der jetzt vorliegenden Wettbewerbssituation niedriger kalkuliert wird als bei einer freihändigen Vergabe.

17 Die Leitlinie für die Schätzung gibt § 3 Abs. 2 VgV selbst vor: Der Wert eines beabsichtigten Auftrages darf nicht in der Absicht geschätzt oder aufgeteilt werden, den Auftrag der Anwendung dieser Verordnung zu entziehen (sog. **Umgehungsverbot**). Hierdurch sollen direkt zwei Möglichkeiten zur Manipulation durch die Vergabestellen begegnet werden: der zu niedrigen Schätzung und der Aufteilung eines Auftrages. Beide Umgehungstatbestände setzen ergänzend eine entsprechende Absicht der Vergabestelle voraus, wobei hier selten entsprechende Vermerke in den Akten zu finden sein werden und daher die Begleitumstände verstärkt in die Betrachtung aufzunehmen sind.

18 Als **zu niedrig** ist die **Schätzung** anzusehen, wenn für den Wert keine objektiven und nachvollziehbaren Gründe angeführt werden können. Gerade wenn der Schwellenwert nur knapp unterschritten wird, ist hier von Seiten der Vergabestelle Vorsicht geboten[30]. Relevanter und deutlich häufiger im Streit steht die Aufteilung von einheitlichen Aufträgen. Bei Lieferaufträgen kann sich eine entsprechende Umgehung etwa daraus ergeben, dass die ursprünglich vorgesehene Laufzeit ohne sachlichen Grund verkürzt wird[31]. Bei Bauaufträgen kann sich ein Blick auf die ursprüngliche Planung lohnen. Zwar genießt die Vergabestelle stets das sog. Leistungsbestimmungsrecht, d.h. sie ist (relativ) frei in der Frage, welche Leistung sie beschaffen will. Gleichwohl sind bei Leistungsabspeckungen bis knapp unter die Schwellenwerte stets nach objektiv nachvollziehbaren Gründen zu fragen. Ebenfalls unzulässig ist die nicht von sachlichen Gründen getragene Aufteilung eines Baumaßnahme, wenn hierbei eine funktional zusammenhängende Maßnahme in mehrere Einzelaufträge zersplittert wird, obwohl hier eine Losauftteilung nahe gelegen hätte[32]. Der Vergabestelle kommt ein Beurteilungsspielraum zu. Die Nachprüfungsinstanzen überprüfen die Aufteilung zwar, respektierten aber die Entscheidung der Vergabestelle, sofern die Aufteilung nicht sachwidrig ist.

19 Kein Fall des § 3 Abs. 2 VgV, gleichwohl aber ein Fall der fehlerhaften Schätzung ist die **Erweiterung des Leistungsgegenstandes nach der Schätzung**. Bei einem zunächst ordnungsgemäß geschätzten Auftragswert unterhalb der Schwellenwerte kann etwa eine nachträgliche Ergänzung um weitere Leistungspositionen dazu führen, dass nunmehr doch das Kartellvergaberecht zur Anwendung gelangt[33].

III. Dokumentation

20 Das Ergebnis ihrer Schätzung und dessen Grundlagen muss die Vergabestelle in einem **Vergabevermerk** schriftlich festhalten. Gerade bei Schätzwerten knapp unterhalb der Schwellenwerte sind an die Dokumentation hohe Anforderungen zu stellen. Um den Anschein von Manipulationen zu vermeiden, empfiehlt es sich insbesondere bei Vergaben im Unterschwellenbereich, eine detaillierte Dokumentation bereits vor Beginn des eigentlichen Vergabeverfahrens zu erstellen. Dabei muss sich aus dem Vermerk insbesondere auch der Gegenstand der Schätzung ergeben, da die Nachprüfungsinstanzen gerade bei Schätzwerten unterhalb der Schwellenwerte genau prüfen, ob der Umfang der nachge-

---

[29] OLG Karlsruhe Beschl. v. 16.12.2009, 15 Verg 5/09, VergabeR 2010, 685, 694.
[30] Instruktiv der Fall bei VK Düsseldorf Beschl. v. 30.9.2005, VK-25/2005 – L: Der Schwellenwert wurde durch ein zur Schätzung eingeholtes „Sonderangebot" um einen Euro unterschritten.
[31] OLG Düsseldorf Beschl. v. 8.5.2002, VII-Verg 5/02, NZBau 2002, 697, 698; OLG Frankfurt am Main Beschl. v. 7.9.2004, 11 Verg 11/04, NZBau 2004, 692, 694: Begrenzung der Vertragslaufzeit auf ein Jahr, nachdem diese zuvor fünf Jahre zzgl. Verlängerungsmöglichkeit betrug.
[32] OLG Brandenburg Beschl. v. 20.8.2002, Verg W 4/02.
[33] VK Düsseldorf Beschl. v. 30.9.2005, VK-25/2005 – L.

fragten Leistung auch tatsächlich der Schätzung zugrunde lag oder ob die Vergabestelle hier nachträglich das Leistungsprogramm ergänzt hat.

IV. Rechtsfolgen unterlassener oder fehlerhafter Schätzung

Wenn die Vergabeakte keine oder **keine nachvollziehbare Dokumentation** enthält, übernimmt diese Aufgabe im Falle eines Nachprüfungsverfahrens die Vergabekammer und **ermittelt den Auftragswert von Amts wegen**[34]. Zu diesem Zweck kann sie neben der aktuellen Marktsituation auch die eingegangenen Angebote aus der Vergabeakte heranziehen. Im Einzelfall wird insbesondere dem Angebot des preisgünstigsten Bieters eine Indizwirkung zukommen, sofern mit einem solchen Angebot auch schon zum Stichtag gerechnet werden konnte. 21

Ist die **Schätzung in tatsächlicher oder rechtlicher Hinsicht fehlerhaft**, so ist zu unterscheiden: Gegen einen fälschlicherweise als Unterschwellen-Vergabe klassifizierten Auftrag ist der Weg zu den Nachprüfungsinstanzen eröffnet, da für das Kartellvergaberecht einzig entscheidend ist, ob der ordnungsgemäß geschätzte Auftragswert den jeweiligen Schwellenwert erreicht oder nicht[35]. Im umgekehrten Fall führt der Fehler der Vergabestelle zu dem kuriosen Ergebnis, dass entgegen der ursprünglichen Annahme und regelmäßig auch der Angabe in der Bekanntmachung kein Nachprüfungsantrag bei der Vergabekammer zulässig ist. Denn der vergaberechtliche Rechtsweg steht Unternehmern nur im tatsächlich gegebenen Anwendungsbereich des Kartellvergaberechts offen. Eine Vergabestelle kann die Zuständigkeit der Vergabekammern nicht dadurch begründen, dass sie fälschlicherweise selbst von einer Ausschreibungspflicht nach dem GWB ausgeht[36]. Hiervon zu trennen sind eventuelle Ansprüche wegen Verschuldens bei Vertragsschluss (c.i.c.) nach § 311 Abs. 2 i.V.m. § 241 Abs. 1 BGB. Denn der Auftraggeber hat durch die (fehlerhaft) europaweite Ausschreibung zum Ausdruck gebracht, dass er die hier einschlägigen Vergabevorschriften einhalten werde. 22

Stellt sich demgegenüber erst während des Verfahrens heraus, dass der zum Stichtag ordnungsgemäß geschätzte Wert aus späterer Sicht unzutreffend ist und entgegen der Schätzung oberhalb oder unterhalb der Schwellenwerte liegt, bleibt es beim geschätzten Wert und dem daraus folgenden Vergabe- und Rechtsschutzsystem[37]. 23

E. Schätzung bei Bauaufträgen

Der Schwellenwert für **Bauaufträge** liegt bei 5.186.000 Euro. Besondere Vorschriften gibt es für vom Auftraggeber zur Verfügung gestellte Lieferleistungen (dazu Punkt II.) sowie bei der Aufteilung eines Bauauftrages in mehrere Lose (dazu Punkt III.). Die Abgrenzung zu anderen Auftragsarten kann hier wegen der deutlichen Unterschiede der Schwellenwerthöhe durchaus große Relevanz gewinnen. Gerade bei typengemischten Verträgen (z.B. Planung, Bau und Betrieb eines Gebäudes) kann die Zuordnung zum Bau- oder Dienstleistungsbereich über die Anwendung des GWB entscheiden. Es gelten die bereits 24

---

[34] OLG Brandenburg Beschl. v. 29.01.2013, Verg W 8/12; OLG Düsseldorf Beschl. v. 30.7. 2003, VII-Verg 5/03; OLG Schleswig-Holstein Beschl. v. 30.3.2004, 6 Verg 1/03.
[35] *Schneider* in Kapellmann/Messerschmidt, § 3 VgV Rn. 15 m.w.N.
[36] OLG Stuttgart Beschl. v. 12.8.2002, 2 Verg 9/02, NZBau 2003, 340, 340; OLG Düsseldorf Beschl. v. 31.3.2004, VII-Verg 74/03; VK Hessen Beschl. v. 8.2.2012, 69d-VK-02/2012; *Dietlein/Fandrey* in Byok/Jaeger Einl. A Rn. 67; *Glahs* in Reidt/Stickler/Glahs, § 3 VgV Rn. 10; *Kühnen* in Byok/Jaeger, § 2 VgV Rn. 11.
[37] OLG Bremen Vorlagebeschl. v. 18.5.2006, Verg 3/05, NZBau 2006, 527, 528; VK Köln Beschl. v. 5.7.2011, VK VOB 17/2011 für den Fall, dass das spätere Ausschreibungsergebnis niedriger ist als die ordnungsgemäße Schätzung; VK Nordbayern Beschl. v. 8.10.2013, 21.VK-3194–32/13.

oben dargestellten Regeln, nach denen auf den Schwerpunkt der vertraglichen Beschaffungsleistung abgestellt wird[38].

I. Ermittlung der Gesamtvergütung

25 Der Schwellenwert für Bauaufträge beträgt 5.186.000 Euro. Ausgangspunkt der Schätzung ist die Gesamtvergütung für die vorgesehene Bauleistung, also die Summe aller Leistungen, die – aus Sicht eines potentiellen Bieters – für die Erstellung der Bauleistungen in technischer, wirtschaftlicher und zeitlicher Hinsicht erforderlich sind[39].

26 Als Anhaltspunkt kann die **DIN 276** herangezogen werden, die die Kostenermittlung im Hochbau regelt und nach einzelnen Gruppen sortiert[40]. Erfasst werden demnach die Kosten des Bauwerks einschließlich der Baustelleneinrichtungskosten, des Geräts, der Außenanlagen sowie die hiermit zusammenhängenden Kosten. Anders als § 3 Abs. 1 Satz 1 VgV nahe legt, muss der Auftraggeber aber nicht alle irgendwie anfallenden Kosten berücksichtigen: So bleiben etwa der Grundstückswert und die durch die Herrichtung sowie öffentlicher Erschließung des Baugrundstücks verursachten Kosten außer Betracht. Auch nicht eingerechnet werden grundsätzlich Baunebenkosten, zu denen alle Kostenpositionen zu zählen sind, die nur im Kontext zum Bauvorhaben entstehen[41]. Hierzu zählen etwa Architekten- und Ingenieurleistungen (außer diese werden zusammen mit dem Bauauftrag ausgeschrieben), Finanzierungsleistungen und Versicherungen. Ferner nicht einbezogen wird der Wert des Grundstücks[42]. Schreibt der Auftraggeber aber sowohl die Bauleistung als auch die Planung gemeinsam aus, ist dies anders zu beurteilen[43]. Denn der Auftrag bzw. der abzuschließende Vertrag bezieht sich dann auf beide Leistungsteile.

II. Vom Auftraggeber zur Verfügung gestellte Lieferleistungen

27 Neben dem Auftragswert ist nach § 3 Abs. 5 VgV auch der geschätzte Wert aller **Lieferleistungen** zu berücksichtigen, die **vom Auftraggeber zur Verfügung gestellt** werden. Anzusetzen sind die vor Ort üblichen Preise. Ausgenommen von dieser Pflicht sind aber Lieferleistungen, die für die Ausführungen der Bauleistungen nicht erforderlich sind. So werden etwa beigestellte Bauteile noch hierunter zu fassen sein, während zur Verfügung gestellte bewegliche Ausrüstungsgegenstände hiervon ausgenommen sind[44] (etwa Büroeinrichtung, Computer, medizinische Geräte). Weiter gefasst ist die Berechnungsmethode in § 1 EG Abs. 2 Nr. 1 Satz 2 VOB/A, die alle „vom Auftraggeber beigestellten Stoffe, Bauteile und Leistungen" einbezieht, mithin also auch Dienstleistungen. Das Rangverhältnis ist insoweit eindeutig: Die VgV bestimmt, welche öffentlichen Bauaufträge dem Regime des Kartellvergaberechts unterfallen. Gleichwohl kann – etwa im Wege einer analogen Berechnung – der Gedanke der VOB/A-Regelung auf § 3 Abs. 5 VgV übertragen werden. Denn es lässt sich wenig dafür anführen, zwischen beigestellten Lieferungen und Leistungen zu differenzieren. In beiden Fällen übernimmt der Auftraggeber Aufgaben, die im Regelfall beim Auftragnehmer angesiedelt sind.

---

[38] Vgl. oben § 4 Rn. 73 ff.
[39] OLG Rostock Beschl. v. 20.9.2006, 17 Verg 8/06, VergabeR 2007, 394, 396 f.
[40] Ausführlich *Lausen* in jurisPK-VergR, § 3 VgV Rn. 37 ff.
[41] OLG Stuttgart Beschl. v. 12.8.2002, 2 Verg 9/02, VergabeR 2003, 101, 102; VK Baden-Württemberg Beschl. v. 7.3.2008, 1 VK 1/08 (juris, Rn. 110); *Schneider* in Kapellmann/Messerschmidt, VOB, § 3 VgV Rn. 27 f.
[42] VK Baden-Württemberg Beschl. v. 6.3.2013, 1 VK 2/13.
[43] OLG München Beschl. v. 31.10.2012, Verg 19/12.
[44] VK Südbayern Beschl. v. 3.8.2004, 43–06/04; VK Baden-Württemberg Beschl. v. 15. Juli 2002, 1 VK 35/02.

III. Losweise Vergabe

Gerade bei größeren Bauwerken mit umfangreichen Bauleistungen empfiehlt sich die **28** Vergabe nach Losen, teilweise ist die Vergabe zur Wahrung mittelständischer Interessen nach § 97 Abs. 3 Satz 2 GWB oder Regelungen in Landesvergabegesetzen geboten. Dabei kann der Auftraggeber die zu beschaffenden Leistungen der Menge nach (Teillose) und/oder nach Art oder Fachgebiet teilen (Fachlose). Für die Schwellenwertberechnung wird hierzwischen nicht differenziert. Erreicht der Gesamtauftragswert den Schwellenwert für Bauaufträge (5.186.000 Euro), so sind grundsätzlich alle Lose nach den Vorgaben des Kartellvergaberechts auszuschreiben. Dabei sind alle Lose, auch wenn diese zu gesonderten Verträgen führen sollen, gemäß § 3 Abs. 7 Satz 1 VgV zu addieren. § 3 Abs. 7 S. 5 VgV privilegiert die Losevergabe bei Bauaufträgen für den Fall, dass die Lose nur ein geringes Volumen bzw. Volumenanteil am Gesamtprojekt aufweisen.

1. 20%-Kontingent

§ 3 Abs. 7 S. 5 VgV statuiert die sog. **Bagatellklausel** und gestattet dem Auftraggeber, **29** ein Loskontingent von bis zu 20% des Gesamtauftragswertes lediglich innerstaatlich auszuschreiben. Einschränkend dürfen Lose ab einem Auftragswert von 1 Mio. Euro diesem Kontingent nicht zugeordnet werden (dazu Punkt 2.). Diese Aufträge sind damit der Überprüfung im kartellvergaberechtlichen Nachprüfungsweg entzogen, der 1. Abschnitt der VOB/A ist aber weiterhin zu beachten. Dem Auftraggeber ist zu empfehlen, die Zuordnung zum 20%-Kontingent bereits in der Bekanntmachung kenntlich zu machen.

Die Zuordnung einzelner Lose zu diesem 20%-Kontingent trifft der Auftraggeber **30** selbst und frei (zur Dokumentation dieser Entscheidung unten Punkt 4.). Insbesondere bei sukzessiven Vergaben ist keine **zeitliche Reihenfolge** zu beachten, so dass der Auftraggeber nicht zunächst 80% des Gesamtwertes europaweit zu vergeben hat, bevor er die Privilegierung der Bagatellklausel nutzen darf[45]. Soweit gelegentlich gefordert wird, dass zunächst das europaweit zu vergebende 80%-Kontingent auszuschöpfen sei[46], erscheint dies nicht überzeugend. Den Interessen der Bieter ist durch eine frühzeitige Zuordnung der Aufträge zu den Kontingenten und deren transparente Dokumentation ausreichend Rechnung getragen. Zudem soll die Bagatellklausel kleine, für den europäischen Markt weniger interessante Lose privilegieren, die auch am Anfang eines komplexen Bauvorhabens stehen können. Selbst unter Rückgriff auf § 1 EG Abs. 2 Nr. 2 VOB/A[47] lässt sich eine solche Anforderung nicht (mehr) begründen. Denn diese Vorgabe der VOB/A vermag – seit In-Kraft-Treten der VgV im am 9. Januar 2001 – keine Aussage über die Anwendbarkeit des Kartellvergaberechts zu treffen und kann auch nicht zur Auslegung der VgV herangezogen werden[48].

In der Praxis wird regelmäßig aus den äußeren Umständen auf die Zuordnung zum **31** jeweiligen Kontingent geschlossen. Insbesondere der Reichweite der Bekanntmachung – europaweit oder national – wird dabei entscheidende Bedeutung zugemessen[49]. Durch die

---

[45] BayObLG Beschl. v. 27. 4. 2001, Verg 5/01, VergabeR 2002, 61, 62; BayObLG Beschl. v. 1. 10. 2001, Verg 6/01, VergabeR 2002, 63, 66; *Schneider* in Kapellmann/Messerschmidt, VOB, § 2 VgV Rn. 39; *Kühnen* in Byok/Jaeger, § 2 VgV Rn. 17.
[46] VK Baden-Württemberg Beschl. v. 28. 5. 2009, 1 VK 22/09.
[47] Hierzu ausführlich *Höß* VergabeR 2002, 19 ff.
[48] Zum Verhältnis von § 1 EG VOB/A und § 2 VgV etwa *Lausen* in jurisPK-VergR, § 2 Rn. 30 ff.; *Kühnen* in Byok/Jaeger, § 2 Rn. 12.
[49] BayObLG Beschl. v. 13. 8. 2001, Verg 10/01, NZBau 2001, 643, 644; VK Berlin Beschl. v. 3. 1. 2006, VK-B2–57/05; *Röwekamp* in Kulartz/Kus/Portz, Kommentar zum Vergaberecht, § 100 Rn. 11; *Schneider* in Kapellmann/Messerschmidt, VOB, § 2 VgV Rn. 39 f.; *Waldner* VergabeR 2001, 405, 406.

europaweite Bekanntmachung einschließlich der dort gewählten Verfahrensart bindet sich der Auftraggeber selbst und kann hiervon – etwa in Ansehnung eines eingeleiteten Nachprüfungsverfahrens – nicht mehr abrücken. Lediglich als fehlerhaften Hinweis in einer nationalen Bekanntmachung hat das BayObLG aber den Verweis auf den Rechtsweg zur Vergabekammer gewertet[50]. Ob hier nicht auch nach dem Grundsatz, dass Zweifel zu Lasten des Auftraggebers zu werten sind, eine Selbstbindung angenommen werden muss, erscheint überlegenswert[51], da letztlich Rechtssicherheit zu Gunsten der Bieter und damit ein weitgehender Ausschluss von Manipulationsmöglichkeiten anzustreben ist.

2. Ausnahme vom 20%-Kontingent

32 Erst ab einem Wert von jeweils 1 Million Euro unterfallen Lose von Bauaufträgen nach § 3 Abs. 7 S. 5 VgV generell dem Kartellvergaberecht, sofern der Gesamtauftragswert den Schwellenwert für Bauaufträge erreicht. Bei diesen Losen kann der Auftraggeber auch bei großen Bauvolumen nicht unter Rückgriff auf die 20%-Kontingent-Regelung innerstaatlich ausschreiben. Insoweit wird vermutet, dass solche Aufträge stets von Relevanz für den europäischen Binnenmarkt sind.

3. Abgrenzung zwischen Einzelauftrag und Los

33 Zentrale Bedeutung für den Anwendungsbereich des Kartellvergaberechts gewinnt in der Praxis regelmäßig die Frage, ob ein Auftrag als isoliert zu betrachtender Einzelauftrag oder als ein Los eines Gesamtauftrages zu qualifizieren ist. Denn hiervon kann nicht nur die europaweite Ausschreibungspflicht dieser Bauleistung, sondern auch die Ausschreibungspflicht der übrigen Bauleistungen abhängen. Um den Zielen des Vergaberechts in möglichst großem Umfang gerecht zu werden, ist hier eine funktionale Auslegung geboten[52]. Einzelne Leistungen sind dann als Teil eines Ganzen und damit als Lose anzusehen, wenn sie in einem **funktionalen, räumlichen und zeitlichen Zusammenhang** stehen. Gerade bei komplexen Bauvorhaben, die in verschiedenen Phasen realisiert werden, kommt es auf den Einzelfall an. Können die einzelnen Bauwerke getrennt voneinander errichtet werden, ohne dass es zu Einbußen hinsichtlich ihrer Vollständigkeit und Benutzbarkeit kommt, sind sie kein Gesamtbauwerk. Anders ist das Ergebnis, wenn eine sachgerechte Nutzung des Bauvorhabens nur bei Verwirklichung der einzelnen Bauaufträge zusammen möglich ist. Beispielhaft ist bei Sanierungsarbeiten darauf abzustellen, ob die einzelnen Sanierungsaufträge für sich betrachtet abgeschlossene wirtschaftliche oder technische Funktionen erfüllen[53]. Nicht zuletzt ist bei umfangreichen Infrastrukturmaßnahmen (etwa Autobahn-, Straßen-, Gleis-, Kanalbau, etc.) darauf abzustellen, ob die einzelnen Bauabschnitte getrennt genutzt werden können und daher als in sich abgeschlossen gelten. Bei dieser Einschätzung kommt dem Auftraggeber ein gewisser Spielraum zu, der nicht automatisch in eine unzulässige Umgehung umschlägt, sobald eine Ausschreibungspflicht verneint wird.

---

[50] BayObLG Beschl. v. 23.5.2002, Verg 7/02, VergabeR 2002, 510, 512f.: Ebenso die Mitteilung über die beabsichtigte Zuschlagserteilung gemäß § 13 VgV a.F.
[51] So mit guten Argumenten vertreten von *Wieddekind* in Willenbruch/Wieddekind, 2. Los, § 2 VgV Rn. 16f.; ebenfalls in diese Richtung, VK Berlin Beschl. v. 3.1.2006, VK-B2–57/05.
[52] OLG Rostock Beschl. v. 20.9.2006, 17 Verg 8/06, VergabeR 2007, 394, 397f.; OLG Düsseldorf Beschl. v. 31.3.2004, VII-Verg 74/03; *Glahs* in Reidt/Stickler/Glahs, Vergaberecht, § 3 VgV Rn. 3a, 13; *Röwekamp* in Kulartz/Kus/Portz, § 100 Rn. 9. Diese Unterscheidung ist bereits in Art. 1 Abs. 2 lit. b der RL 2004/18/EG angelegt, nach der im Anwendungsbereich des Vergaberechts ein Bauwerk „das Ergebnis einer Gesamtheit von Tief- oder Hochbauarbeiten (ist), das seinem Wesen nach eine wirtschaftliche oder technische Funktion erfüllen soll."
[53] *Glahs* in Reidt/Stickler/Glahs, Vergaberecht, § 3 VgV Rn. 3a, 14.

4. Dokumentation der losweisen Vergabe

Mit der privilegierten Losvergabe bei Bau- und Dienstleistungsaufträgen einher geht eine gesteigerte Pflicht des Auftraggebers zur Dokumentation seines Vorgehens und seiner Berechnungen (zur allgemeinen Dokumentationspflicht oben Punkt D. III)[54]. In diesem Rahmen ist jedenfalls im Vergabevermerk festzuhalten, welche Lose er nach § 3 Abs. 7 S. 5 VgV von der europaweiten Ausschreibungspflicht ausnimmt. Anhand dieser Festlegung kann im Nachprüfungsverfahren kontrolliert werden, ob § 2 Nr. 6 VgV beachtet wurde. Darüber hinaus ist eine – gesetzlich nicht explizit geforderte, aber aus dem Transparenzgebot sowie dem Umgehungsverbot des § 3 Abs. 2 VgV ableitbare – **schriftlich fixierte Zuordnung zum 20%-Kontingent bereits im laufenden Verfahren** zu fordern[55]. Andernfalls könnte der Auftraggeber erst nachträglich und in Kenntnis eventuell eingereichter Nachprüfungsanträge die angegriffenen Vergaben durch die Zuordnung der Überprüfung durch die Nachprüfungsinstanzen entziehen.

34

F. Schätzung bei Liefer- und Dienstleistungsaufträgen

Ausgangspunkt bei Aufträgen über **Dienstleistungen** ist ebenfalls der nach § 3 Abs. 1 VgV heranzuziehende Gesamtpreis (ohne Umsatzsteuer) einschließlich etwaiger Prämien oder Zahlungen an Bewerber oder Bieter. Soweit kein Gesamtpreis angegeben ist, gilt die Regelung in § 3 Abs. 4 VgV: Hat der Auftrag eine Laufzeit von weniger als 48 Monaten, so wird als Berechnungsgrundlage der Gesamtwert für die Laufzeit dieser Aufträge herangezogen. Bei Aufträgen mit unbestimmter Laufzeit oder mit einer Laufzeit von mehr als 48 Monaten wird der 48-fache Monatswert zugrunde gelegt. Bei der Vergabe in Losen gilt nach § 3 Abs. 7 S. 5 VgV eine vergleichbare Regelung zu Losen bei Bauaufträgen[56]. Das 20%-Kontingent kann insoweit bei Losen mit einem Wert von weniger als 80.000 Euro genutzt werden.

35

Die Schätzung des Auftragswertes erfolgt bei **Lieferaufträgen** entsprechend zu den Regeln für Dienstleistungsaufträge: Die Werte aller Leistungen sind zu addieren, wenn diese in einem Vertrag zusammen beschafft werden sollen. Prämien oder Zahlungen an Bewerber oder Bieter werden nach § 3 Abs. 1 Satz 1 VgV eingerechnet. Werden getrennt mehrere Lieferaufträge erteilt, so sind deren Werte in dem Fall zusammen zu rechnen, dass es sich um gleichartige Lieferungen handelt[57]. Umgekehrt stellt § 3 Abs. 7 Satz 2 VgV für Lieferaufträge klar, dass bei Losbildung auch nur die Werte gleichartiger Lieferungen addiert werden müssen. Insoweit erfährt ein Auftraggeber also keinen Nachteil dadurch, dass er verschiedene Lieferaufträge, zu deren gemeinsamer Vergabe er nicht verpflichtet ist, im Wege einer Losvergabe ausschreibt. Gleichartig sind dabei Leistungen, wenn sie in einem inneren Zusammenhang stehen. Völlige Identität der Leistungen wird nicht gefordert, gleichwohl genügt es nicht, dass die Leistungen demselben Marktsegment zuzuordnen sind und sich an einen einheitlichen Bieterkreis richten[58].

36

Gelegentlich finden sich Stimmen in der Literatur[59], die sich bei der Bestimmung der Gleichartigkeit an den **CPV-Codes** orientieren wollen, obwohl es hierfür keine normative Grundlage gibt. Ein solches Vorgehen ist daher abzulehnen. Die mit den CPV-Codes

37

---

[54] So zutreffend *Lausen* in jurisPK-VergR, § 2 Rn. 25 f.
[55] Vgl. OLG Düsseldorf Beschl. v. 11.2.2009 – VII-Verg 69/08: „die Festlegung der Lose, die unter die 20% Grenze fallen sollen, (hat) zum Zeitpunkt der Einleitung der Vergabeverfahren, Schätzung des Auftragswerts und der Bildung der Lose zu erfolgen".
[56] Dazu Rn. 29 ff.
[57] *Glahs* in Reidt/Stickler/Glahs, § 3 VgV Rn. 24.
[58] VK Nordbayern Beschl. vom 26.3.2002, 320.VK-3194–05/02.
[59] *Diercks-Oppler*, energie wasser-praxis 5/2011, 2.

verfolgten Zielsetzungen (Publizität, Statistik) stehen in keinem Zusammenhang mit der Auftragswertberechnung. Vielmehr würden die ständigen Überarbeitungsarbeiten an den CPV-Codes dazu führen, dass sich hierdurch die Ausschreibungspflicht inhaltlich gleicher Beschaffungsvorgänge ändern würde. Auch in der praktischen Anwendung erweisen sich die teilweise sehr speziellen CPV-Codes als ungeeignet für eindeutige Zuordnungen, da sich einzelne Beschaffungsgegenstände etwa mehreren unterschiedlichen CPV-Codes zuordnen lassen.

38 Bei **freiberuflichen Leistungen** wird vergleichbar zu anderen Dienstleistungen auf die Gesamtvergütung ohne Umsatzsteuer abgestellt. Soweit eine Honorarordnung existiert, hat sich die Vergabestelle bei der Schätzung an dieser zu orientieren. Andernfalls wird wie bei anderen Aufträgen auf Marktpreise abgestellt. Die Auftragswerte von separaten Aufträgen werden – wie der im Mai 2011 eingefügte § 3 Abs. 7 Satz 3 VgV klarstellt – addiert, wenn es sich um dieselbe freiberufliche Leistung handelt (sog. Teilaufträge). Ebenso ist zu verfahren, wenn der Auftraggeber zwar unterschiedliche Leistungen beschaffen will, dieser aber von einem Auftragnehmer erbracht werden sollen[60]. Ausreichend ist, dass sich der Auftraggeber die Vergabe mehrere Lose an einen Auftragnehmer vorbehält[61]. Für **Auslobungsverfahren** gelten besondere Regeln[62].

G. Besondere Konstellationen

39 Die bislang dargestellten Berechnungsregeln dienen als Grundsätze für die Schätzung des Auftragswertes und werden nicht allen Variationen gerecht, die die Beschaffungswirklichkeit schreibt. Auch die Veränderung nur kleiner Details kann sich auf die im konkreten Fall vorzunehmende Berechnungsweise auswirken. Einige Problemkonstellation hat der Verordnungsgeber in den Absätzen 5 bis 8 von § 3 VgV geregelt. Diese Fallgruppen knüpfen zum Teil an die Art der Vertragsgestaltung (etwa Daueraufträge, Konzessionen, Optionsrechte) als auch die Art der Vertragsabschlusses (etwa Vertragsänderungen, Auslobungsverfahren) an. Im Falle ungeregelter Beschaffungsvarianten kann dabei auf den allgemeinen Grundsatz des § 3 Abs. 1 Satz 1 VgV zurückgegriffen werden: Der Beschaffungsgegenstand ist möglichst umfassend zu erfassen.

I. Daueraufträge

40 § 3 Abs. 3 VgV sieht zwei Möglichkeiten vor, bei **regelmäßig wiederkehrenden Aufträgen oder Daueraufträgen** über Liefer- oder Dienstleistungen den Auftragswert zu schätzen. Der Auftraggeber darf die Methode zur Berechnung frei wählen, solange er die Entscheidung nicht allein danach ausrichtet, die Schwellenwerte zu unterschreiten.

41 Wahlweise kann der Auftraggeber auf den tatsächlichen Gesamtwert entsprechender aufeinander folgender Aufträge aus dem vorangegangenen Haushaltsjahr zurückgreifen. Dabei hat er voraussichtliche Änderungen bei Mengen oder Kosten zu berücksichtigen. Gab es in den letzten Jahren besondere Aufträge, mit denen zukünftig nicht mehr zu rechnen ist (sog. Ausreißer), müssen diese bei der Schätzung der Kosten nicht berücksichtigt werden[63].

42 Es fehlt in § 3 Abs. 3 Nr. 1 VgV die Umsetzung von Art. 9 Abs. 7 lit. a) RL 2004/18/EG. Dieser lässt zu, dass auch auf den tatsächlichen Gesamtwert aus den vorangegangenen zwölf Monaten zurückgegriffen werden kann. Diese Regelung fand sich auch in der Vor-

---

[60] *Glahs* in Reidt/Stickler/Glahs, § 3 VgV Rn. 26.
[61] OLG München Beschl. v. 28.4.2006, Verg 6/06, NZBau 2007, 59, 60, für die Beratung in rechtlicher, technischer und wirtschaftlicher Beziehung bei einem ÖPP-Projekt.
[62] Dazu sogleich Rn. 52.
[63] VK Sachsen, Beschl. v. 14.12.2012 – 1/SVK/037 – 12.

gängernorm, die der Verordnungsgeber bei der letzten Novellierung lediglich sprachlich neu fassen, materiell aber unverändert lassen wollte. Fraglich ist, ob die ungewollt lückenhafte Umsetzung der Richtlinie korrigiert werden kann, sollte es im Einzelfall einmal hierauf ankommen. Dies wird man – auch angesichts der geringen Bedeutung – wohl annehmen können. Denn weder war der Wille des Verordnungsgebers auf eine Änderung der Rechtslage im Vergleich zur Vorgängernorm gerichtet noch würde eine solche Analogie den Wertungen der Vergaberichtlinie widersprechen.

Alternativ kann der Auftraggeber auf den geschätzten Gesamtwert der aufeinander folgenden Aufträge abstellen, die während der auf die erste Lieferung folgenden zwölf Monate oder während des auf die erste Lieferung folgenden Haushaltsjahres, wenn dieses länger als zwölf Monate ist, vergeben werden. 43

II. Rahmenvereinbarungen und dynamisches elektronisches Verfahren

Ebenso wie bei Rahmenvereinbarung wird gemäß § 3 Abs. 6 VgV bei dynamischen elektronischen Verfahren der geschätzte Gesamtwertes aller Einzelaufträge herangezogen, deren Vergabe für die Laufzeit geplant sind. Bei normalen Aufträgen sind vorhersehbare Preissteigerungen zwischen dem Schätzzeitpunkt und dem Abrufzeitpunkt zu berücksichtigen, so dass die Vergabestelle etwa die allgemeine Preisentwicklung während der Laufzeit einzukalkulieren hat[64]. 44

Bündeln mehrere Auftraggeber ihren Beschaffungsbedarf und schließen zu diesem Zweck eine gemeinsame Rahmenvereinbarung ab, ist auch für die Bemessung des Auftragswertes auf diesen gebündelten Bedarf abzustellen. Gegenüber jedem der Auftraggeber ist dann der volle Auftragswert des in Aussicht genommenen Rahmenvertrages in Ansatz zu bringen und nicht nur das auf den jeweiligen Auftraggeber bezogene Volumen[65]. 45

III. Optionsrechte und Vertragsverlängerungen

Alle Optionen und bereits im Vertrag vorgesehenen Verlängerungsmöglichkeiten sind nach § 3 Abs. 1 Satz 2 VgV bei der Berechnung zu berücksichtigen. Heranzuziehen ist demnach der größtmögliche Auftragswert, denn das wirtschaftliche Interesse der Auftragnehmer zielt grundsätzlich darauf ab, den Auftrag möglichst umfassend zu erbringen. 46

Der Begriff der Option ist auf Unionsebene nicht definiert, so dass die Rechtsprechung auf die allgemeinen zivilrechtlichen Regelungen im deutschen Recht rekurriert. Als Option wird hiernach das Recht bezeichnet, mittels einseitiger Erklärung einen Vertrag zustande zu bringen[66]. Nicht ausreichend sind reine Absichtserklärungen oder die Bekundung, im Falle erfolgreicher Zusammenarbeit allgemein über weitere Arbeiten zu verhandeln. Weder Auftragnehmer noch Auftraggeber werden hierdurch berechtigt, durch einseitige Erklärungen der Beschaffungsgegenstand zu erweitern[67]. Auch gelten solche Vertragsänderungen, die nicht exakt im ursprünglichen Vertrag angelegt sind, regelmäßig 47

---

[64] *Schneider* in Kapellmann/Messerschmidt, VOB, § 3 VgV Rn. 39.
[65] OLG Düsseldorf Beschl. v. 26.7.2002, VII-Verg 28/02; *Kühnen* in Byok/Jaeger, § 3 VgV Rn. 12.
[66] BayObLG Beschl. v. 18.6.2002 – Verg 8/02, NJOZ 2004, 181, 182; *Schneider* in Kapellmann/Messerschmidt, VOB, § 3 VgV Rn. 36 m.w.N.; so für das allgemeine Zivilrecht *Busche* in MüKo-BGB, 2012, Vorb. § 145 Rn. 70.
[67] OLG Düsseldorf Beschl. v. 27.11.2003 – VII-Verg 63/03 für die Formulierung: „Bei Bedarf und unter der Berücksichtigung der bisherigen Erfahrungen mit der Maßnahmedurchführung kann – soweit entsprechende Haushaltsmittel verfügbar sind – der Vertragszeitraum um jeweils ein Jahr bis zu einer Gesamtlaufzeit von drei Jahren verlängert werden, wenn die Maßnahme zu angemessenen Kostenansätzen angeboten wird."

als wesentliche Änderungen und sind als solche ausschreibungspflichtig, d. h. der Vertrag darf regelmäßig nicht im Verhandlungswege um sie ergänzt werden.

48 Ist lediglich angesichts einer angespannten Haushaltslage und noch fehlender Gremienzustimmung noch offen, ob eine vertraglich vorgesehene Option überhaupt verwirklicht wird, berechtigt dies nicht dazu, die mit dieser Option zusammenhängenden Kosten unberücksichtigt zu lassen[68]. Zum einen liegt es in der Natur der Option, dass sie nicht zwingend gezogen wird. Diese Entscheidung obliegt der Vergabestelle, ohne dass der Auftragnehmer hierauf Einfluss nehmen könnte. Zum anderen hat es die Vergabestelle selbst in der Hand, in welchem Umfang sie ihr Leistungsbestimmungsrecht nutzt: Entweder verzichtet sie von vornherein auf die Option oder sie verankert diese im Vertrag und trägt die Konsequenzen aus dieser – und sei es rein vertraglichen – Möglichkeit.

49 Gleich zu behandeln mit Optionen sind sog. **Bedarfs- oder Eventualpositionen** im Sinne von § 7 Abs. 1 Nr. 4 VOB/A. Die Vergabestelle darf solche ausnahmsweise in die Leistungsbeschreibung aufnehmen, wenn bei Versendung der Vergabeunterlagen nicht voraussehbar und zumutbar aufzuklären ist, ob und unter welchen Voraussetzungen die Leistungen bei der Auftragsausführung erforderlich sein werden[69]. Da sich der Auftragnehmer aber mit seinem Angebot gleichwohl hinsichtlich dieser Position bindet, sind solche Arbeiten (etwa angehängte Stundenlohnarbeiten) bei der Schwellenwertberechnung zu berücksichtigen[70].

50 Vergleichbar ist die Interessenlage bei **Vertragsverlängerungen.** Nicht erforderlich ist eine ausdrückliche Erklärung der Vertragsverlängerung. Auch erfasst sind Konstellationen, in denen der Vertrag sich allein dadurch verlängert, dass keine der Parteien von ihrem Kündigungsrecht Gebrauch macht[71]. Denn hierbei bindet sich der Auftragnehmer bereits bei Vertragsschluss für den maximal zulässigen Zeitraum. Ob die Kündigungsmöglichkeit letztlich ausgeübt wird, ist für die Bewertung des wirtschaftlichen Interesses zum Zeitpunkt der Ausschreibung hingegen ohne Relevanz. Der Hauptanwendungsbereich dieser Regelung liegt naturgemäß bei Liefer- und Dienstleistungsaufträgen. Verzögerungen bei Bauleistungen mögen zwar etwa durch die Abwälzung erhöhter allgemeiner Geschäfts- und Baustellenunterhaltungskosten zu einem höheren Auftragswert führen, diese sind jedoch zum Zeitpunkt der Schätzung nicht absehbar. Nachträgliche, nicht vorhersehbare Änderungen sind für den Anwendungsbereich des Kartellvergaberechts ohne Bedeutung.

IV. Vertragsänderungen

51 Die vom EuGH bestätigte Ausschreibungspflicht von wesentlichen Vertragsänderungen[72] tritt zunehmend in den Mittelpunkt juristischer Beratung. Denn gerade bei größeren Projekten mit längerer Laufzeit sind punktuelle Anpassungen die Regel und erforderlich, um den Gegebenheiten des Projektes gerecht zu werden. Damit aufgeworfen wird die Frage, wann eine Vertragsänderung wesentlich ist. Um die mit der Abgrenzung wesentlicher von unwesentlicher Änderungen verknüpfte Rechtsunsicherheit zu beseitigen, wurde gele-

---

[68] A. A. VK Münster Beschl. v. 15. 11. 2006 – VK 13/06.
[69] OLG Düsseldorf Beschl. v. 10. 2. 2010, VII-Verg 36/09, ZfBR 2011, 298, 299: Ferner muss an der Aufnahme ein anzuerkennendes Bedürfnis bestehen, die Bedarfsposition in den Vergabeunterlagen hinreichend eindeutig gekennzeichnet und für einen fachkundigen Bieter als solche zu erkennen sein.
[70] BayObLG Beschl. v. 18. 6. 2002, Verg 8/02, VergabeR 2002, 657, 658; *Kühnen* in Byok/Jaeger, § 3 VgV Rn. 9.
[71] OLG München Beschl. v. 13. 8. 2008, Verg 8/08; Beschl. v. 29. 11. 2007, Verg 13/07; VK Arnsberg Beschl. v. 16. 12. 2009, VK 36/09 (juris, Rn. 29).
[72] EuGH Urt. v. 19. 6. 2008, C-454/06, Slg. 2008 I-4401, Rn. 32 – *pressetext Nachrichtenagentur*; vgl. auch die Ausführungen in § 4 Rn. 16 ff.

gentlich auf die jeweiligen Schwellenwerte abgestellt[73]; erreicht oder übersteigt das jeweilige Änderungsvolumen den einschlägigen Schwellenwert, so sei auch die Wesentlichkeit anzunehmen. Dies kann in dieser Allgemeinheit nicht vollends überzeugen, mag der Charme dieses Weges auch in seiner einfachen Handhabung liegen. Da sich die Wesentlichkeit sich auch daraus ergeben kann, dass die geänderten Leistungen „die Annahme eines anderen als des ursprünglich angenommenen Angebots erlaubt hätten, wenn sie Gegenstand des ursprünglichen Vergabeverfahrens gewesen wären", muss stets der EuGH-Rechtsprechung folgend auf das konkrete Verfahren abgestellt werden, das dem Vertrag voranging. Lag das zweitbeste Angebot etwa nur unwesentlich hinter dem bezuschlagten Angebot, so können bereits kleine Änderungen vergaberechtlich relevant sein. Auch der umgekehrte Fall, dass das Änderungsvolumen die Schwellenwerte erreicht, führt nicht automatisch zur Ausschreibungspflicht, sofern der Abstand im vorgelagerten Vergabeverfahren nur ausreichend groß war.

V. Auslobungsverfahren

Für Auslobungsverfahren folgt § 3 Abs. 8 VgV der allgemeinen Differenzierung: Soweit das 52
Auslobungsverfahren zu einem Dienstleistungsauftrag führen soll, ist dessen Wert zu schätzen zuzüglich etwaiger Preisgelder und Zahlungen an Teilnehmer. Bei sonstigen Auslobungsverfahren sind für den Auftragswert alle Preisgelder und sonstigen Zahlungen an Teilnehmer sowie der Wert des Dienstleistungsauftrages, der im Rahmen eines sich anschließenden Verhandlungsverfahrens privilegiert vergeben werden könnte, zu addieren. Der Wert des Dienstleistungsauftrags bleibt außerhalb der Betrachtung, wenn der Auftraggeber die Anschlussbeauftragung in der Bekanntmachung des Auslobungsverfahrens ausschließt.

VI. Baukonzessionen

Die VgV trifft keine Regelung für Baukonzessionsverträgen und ist daher richtlinienkonform 53
(Art. 56, 63 Abs. 1 RL 2004/18/EG) auszulegen[74]: Der allgemeine Schwellenwert für Bauaufträge (§ 2 Nr. 3 VgV) gilt daher auch für Vergaben von **Baukonzessionen** und Vergaben durch Baukonzessionäre. Dies stellt § 22a Abs. 1, Abs. 3 VOB/A deklaratorisch klar.

Bei der Wertberechnung gelten zunächst dieselben Regeln wie bei Bauaufträgen. Alle 54
Zahlungen des Auftraggebers sowie zusätzlich die Zahlungen Dritter sind in die Wertermittlung einzubeziehen[75] und damit alle Positionen, die für potentielle Konzessionsnehmer von (wirtschaftlichem) Interesse sind. Als Besonderheit bei Baukonzessionen – liegt die Gegenleistung des Auftraggebers für die Bauarbeiten doch in dem befristeten Recht auf Nutzung der baulichen Anlage, gegebenenfalls zuzüglich der Zahlung eines Preises (vgl. § 99 Abs. 6 GWB) – ist hier auch das Wert des übertragenen Rechts einzukalkulieren. Die Verwertung dieses Rechts kann etwa in einer Selbstnutzung durch den Bieter, in einer Vermietung, in einer Verpachtung oder in einer Veräußerung bestehen[76]. Der Wert der Verwertung ist von Seiten des Auftraggebers zu schätzen. Sollten insoweit keine Erfahrungswerte oder belastbare Informationen zur Verfügung stehen, bleibt letztlich die Möglichkeit, die nach allgemeinen Regeln geschätzten Baukosten zzgl. eines angemessenen Gewinnzuschlags heranzuziehen, da stets davon auszugehen ist, dass jeder ökono-

---

[73] OLG Celle Beschl. v. 19.10.2009, 13 Verg 8/09, NZBau 2010, 194, 196, unter Verweis auf *Kulartz/Duikers* VergabeR 2009, 728, 734; *Glahs* in Reidt/Stickler/Glahs, § 3 VgV Rn. 32; a.A. jedenfalls für den Fall, dass die Änderung bereits im Vertrag angelegt war, OLG Brandenburg Beschl. v. 8.7.2010, Verg W 4/09.
[74] *Schneider* in Kapellmann/Messerschmidt, § 2 VgV Rn. 33.
[75] EuGH Urt. v. 18.1.2007, C-220/05, Slg. 2007 I-385, Rn. 57 – *Auroux/Commune de Roanne*.
[76] OLG Düsseldorf Beschl. v. 2.10.2008, VII-Verg 25/08, NZBau 2008, 727, 728.

misch denkende Investor jedenfalls die ihm entstandenen Kosten sowie einen Unternehmensgewinn zu realisieren versucht[77].

55 Hiervon abweichend hat die 2. VK Bund vorgeschlagen, entsprechend der Regelung für Aufträgen über Liefer- oder Dienstleistungen in § 3 Abs. 4 VgV die der Berechnung zu Grunde liegenden Werte zeitlich zu begrenzen und nur den Wert der mit der Verwertung zu erzielenden Einnahmen in den vier Jahren nach Erteilung der Baukonzession einzubeziehen[78]. Dies lehnte das OLG Düsseldorf[79] mangels sachlicher Gründe ab: Gerade bei komplexen, nicht selten sukzessiv durchgeführten Bauvorhaben verbiete die unter Umständen bedeutend längere Realisierungsdauer eine derartige zeitliche Eingrenzung. Jedenfalls soweit der Realisierungszeitraum – vorliegend standen 10 Jahre im Raum – die Grenzen der Überschaubarkeit nicht übersteige, sei die von der Vergabekammer vorgenommene Begrenzung nicht geboten.

---

[77] VK Düsseldorf Beschl. v. 10.4.2008, VK-05/2008-B; *Glahs* in Reidt/Stickler/Glahs, § 3 VgV Rn. 16.
[78] 2. VK Bund Beschl. v. 28.3.2008, VK 2–28/08 (juris, Rn. 63): alternativ nur der Wert der Bauleistung.
[79] OLG Düsseldorf Beschl. v. 2.10.2008, VII-Verg 25/08, NZBau 2008, 727, 728.

§ 8 Die Grundzüge vergaberechtlicher Einflüsse auf das Zuwendungsrecht

Übersicht

	Rn.
A. Einleitung	1–7
B. Die Verbindung des Zuwendungs- mit dem Vergaberecht	8–10
C. Der Widerruf des Zuwendungsbescheides wegen Verstoßes gegen das Vergaberecht	11–33
I. Objektiver Vergabefehler als Auflagenverstoß	12–15
II. Widerrufsfrist	16–19
III. Ermessen	20–32
IV. Rückforderung von Fördermitteln	33
D. Die Kontrolle der Mittelverwendung	34–46
I. Die Zuwendungsprüfung durch die Bewilligungsbehörde	35–37
II. Die Zuwendungsprüfung durch die Rechnungshöfe	38–46
E. Rechtsschutz des Zuwendungsempfängers gegen Widerruf und Rückforderung	47–49
F. Die weitere Entwicklung des Zuwendungsrechts	50–52

Literatur:

Aulbert, Staatliche Zuwendungen an Kommunen, Diss., 2010; *Antweiler*, Subventionskontrolle und Auftragsvergabekontrolle durch Bewilligungsbehörden und Rechnungshöfe, NVwZ 2005, 168; *Attendorn*, Der Widerruf von Zuwendungsbescheiden wegen Verstoßes gegen Vergaberecht, NVwZ 2006, 991; *ders.*, Die Rückforderung von Zuwendungen wegen Verstoßes gegen Vergaberecht – Nordrhein-Westfälische Erlasslage und neuere Rechtsprechung, NWVBl. 2007, 293; *Ax/Häner*, Die Zuwendung von Fördermitteln am Beispiel des Landes Rheinland-Pfalz, KommJur 2006, 201; *Braun*, Rückforderungen von europäischen Zuwendungen bei Vergaberechtsverstößen, NZBau 2010, 279; *Brune/Mannes*, Zuwendungsrecht und Vergaberecht – Zur verfassungsrechtlichen Kontrollkompetenz der Rechnungshöfe, VergabeR 2006, 864; *Burgi*, Das Vergaberecht als Vorfrage in anderen Rechtsgebieten, NZBau 2013, 601; *Dommach*, Das Verfahren der Erfolgskontrolle durch die Bundesverwaltung für zuwendungsfinanzierte Projekte und Institutionen, DÖV 2008, 282; *Dorn*, Zuwendungsempfänger/innen kommen und gehen. Was macht die Zuwendung, bleibt sie bestehen?, VR 2000, 73; *Dreher*, Das Verhältnis von Kartellvergabe- und Zuwendungsrecht, Ausschreibungsfreiheit oder Ausschreibungspflicht bei zuwendungsmitfinanzierten In-house-Vergaben? – Teil 1, NZBau 2008, 93; Teil 2, NZBau 2008, 154; *Drey*, Wenn Rückzahlung droht – Der sorgfältige Umgang mit Fördergeldern, Behörden Spiegel 9/2009, 25; *Fandrey/Grüner*, Rückforderung von Fördermitteln bei Verstößen gegen Landesvergaberecht – dargestellt am Beispiel des Tariftreue- und Vergabegesetzes NRW, Der Gemeindehaushalt 2014, 15; *Graupeter*, Wer verspätet ausgibt, den bestraft der Zuwendungsgeber, LKV 2006, 202; *Greb*, Die Rückforderung von Zuwendungen wegen Verstoßes gegen Vergaberecht, VergabeR 2010, 387; *Haak*, Wenn das Geld falsch fließt – Rückforderungsrechte beim Konjunkturpaket II, Behördenspiegel 3/2009, 17; *dies./Hogeweg*, Vergaberecht „light"? – Auswirkungen des Konjunkturpaketes II auf das Vergabe- und Fördermittelrecht, NdsVBl. 2009, 130; *Hellriegel*, Vertrauensschutz im Zuwendungsrecht, NVwZ 2009, 571; *Hildebrand/Conrad*, Rechtsfragen bei der Rückforderung von Zuwendungen bei Verstößen gegen das Vergaberecht, ZfBR 2013, 130; *Jennert*, Die Rückforderung von Zuwendungen bei Vergabeverstößen – Langzeitrisiko auch unterhalb der Schwellenwerte, KommJur 2006, 286; *Kämmerling*, Die Prüfung von Zuwendungen durch kommunale Rechnungsprüfungsämter, ZKF 2010, 175; *Kautz*, Rückforderung von Zuwendungen bei Verstößen gegen das Vergaberecht?, BayVBl. 2010, 264; *Kloepfer/Lenski*, Die Zusicherung im Zuwendungsrecht, NVwZ 2006, 501; *Krämer/Schmidt*, Zuwendungsrecht – Zuwendungspraxis, Loseblatt; *Kulartz/Schilder*, Rückforderung von Zuwendungen wegen Vergaberechtsverstößen, NZBau 2005, 552; *Mager*, Niedrigere Anforderungen an zulässige Rückforderung von Zuwendungen, NZBau 2012, 281; *Martin-Ehlers*, Die Rückforderung von Zuwendungen wegen der Nichteinhaltung von vergaberechtlichen Auflagen, NVwZ 2007, 289; *Mayen*, Durchführung von Förderprogrammen und Vergaberecht, NZBau 2009, 98; *Müller*, Zuwendungen und Vergaberecht, VergabeR 2006, 592; *ders.*, Einleitung C (Zuwendungen und Vergaberecht), in Byok/Jaeger, Kommentar zum Vergaberecht, 3. Aufl. 2011; *Pape/Holz*, Die Rückforderung von Zuwendungen bei Vergabeverstößen in der behördlichen Praxis, NVwZ 2011, 1231; *Schaller*, Vergabemängel und Zuwendungsrecht, VergabeR

2012, S. 393; *Schilder*, Grenzen der Zuwendungsrückforderung wegen Vergaberechtsverstoßes, NZBau 2009, 155; *ders.*, Zuwendungsrückforderung wegen Vergaberechtsverstoßes, in forum Vergabe 2009 (Jahrbuch), 97; *Stachel*, Zur Rückforderung von Zuwendungen aufgrund von Vergaberechtsverstößen, ZKF 2006, 150; *Stoye/Walliczek*, Die Rückforderung von Zuwendungen als Damoklesschwert im Beschaffungsvorgang, in: Prieß/Lau/Kratzenberg (Hrsg.), Wettbewerb – Transparenz – Gleichbehandlung, 15 Jahre GWB-Vergaberecht – Festschrift für Fridhelm Marx, 2013, S. 745; *Teich/Beck*, Vereinfacht das Zuwendungsrecht und verbessert es!, DÖV 2006, 556; *Ubbenhorst*, Zuwendungsrecht des Landes Nordrhein-Westfalen, 2. Aufl. 1999; *Weides*, Widerruf und Rückforderung von Zuwendungen des Bundes und der Länder, NJW 1981, 841; *Winands*, Widerruf und Unwirksamkeit von Zuwendungsbescheiden, Rückforderung von Zuwendungen und Erhebung von Zinsen nach Zuwendungsrecht für die Länder Brandenburg und Nordrhein-Westfalen, ZKF 2001, 221; *Ziekow*, Zur Abgrenzung von Zuwendungen nach Haushaltsrecht und ausschreibungspflichtigen öffentlichen Aufträgen, in: Prieß/Lau/Kratzenberg (Hrsg.), Wettbewerb – Transparenz – Gleichbehandlung, 15 Jahre GWB-Vergaberecht – Festschrift für Fridhelm Marx, 2013, S. 885.

A. Einleitung

1 Die öffentliche Hand benötigt zur Erfüllung ihrer Aufgaben vielfältige Wirtschaftsgüter und Leistungen. Wendet sie sich zur Deckung ihres Bedarfs an Dritte, muss sie zahlreiche Regeln und detaillierte Vorschriften einhalten. Die Rechtsmaterie, die sich aus der Summe dieser Vorgaben ergibt, kann im weitesten Sinne als Vergaberecht bezeichnet werden. Auch wenn die Ursprünge des Begriffes „Vergabe" hierauf hindeuten[1], erfolgt insoweit keine freiwillige, gar mildtätige Übergabe. Die öffentliche Hand schließt einen Vertrag über den Austausch von Entgelt gegen Beschaffungsgegenstand, der aufgrund des durchgeführten, wettbewerblichen Verfahrens die Vermutung trägt, dass die wechselseitig versprochenen Leistungen sich wirtschaftlich entsprechen.

2 Gänzlich anders präsentiert sich das Bild im Bereich des Zuwendungsrechts. Die öffentliche Hand gewährt einem Dritten, der nicht zwingend privatrechtlicher Natur sein muss[2], eine Zuwendung. Hierunter werden nach gängiger Definition **„Leistungen an Stellen außerhalb der Verwaltung des Bundes oder des Landes zur Erfüllung bestimmter Zwecke"** (§ 14 HGrG) gefasst. Die Besonderheit der in Form von Geldleistung[3] erfolgten Zuwendung ist ihr „bestimmter Zweck", der über den öffentlichen Zweck, dem jedes staatliche Handeln folgt, hinausgeht. Die Zuwendung wird gerade deshalb ausgezahlt, damit der Empfänger sie seinerseits zur Erfüllung eines bestimmten Zwecks einsetzt. Eine Zuwendung darf nur veranschlagt werden, wenn die fördernde Stelle an der Zweckerfüllung durch den Empfänger „ein **erhebliches Interesse** hat, das ohne die Zuwendungen nicht oder nicht im notwendigen Umfang befriedigt werden kann" (§ 14 HGrG). In dieser Zweckbestimmung liegt nicht zuletzt eine politische Bewertung. Die Entscheidungsträger äußern mit der einer Zuwendung vorgelagerten Bereitstellung von Mitteln im Haushalt ihr erhebliches Interesse an Wirtschafts-, Kultur-, Städtebau-, Infrastrukturförderung etc.

3 Die Entscheidung über die **Gewährung** der Zuwendung im Einzelfall **liegt im Ermessen** einer damit beauftragten Behörde (sog. Bewilligungsbehörde). Sie ist weder gesetzlich noch vertraglich zur Leistung in einer bestimmten Höhe verpflichtet, sondern ge-

---

[1] Vgl. Stichwort „Vergaben" in Deutsches Wörterbuch von *Jacob Grimm* und *Wilhelm Grimm*, Leipzig, 1854–1960.

[2] Ausführlich zu Kommunen als Fördermittelempfängern *Aulbert* Staatliche Zuwendungen an Kommunen, passim. Insoweit unterscheidet sich das Zuwendungsrecht vom (europarechtlich geprägten) Beihilfenrecht, da nur Unternehmen oder Produktionszweige Beihilfenempfänger im Sinne des Art. 107 Abs. 1 AEUV sein können.

[3] Insoweit ist streitig, ob auch Sachleistungen Zuwendungen sein können. Vgl. zur Diskussion *Aulbert* Staatliche Zuwendungen an Kommunen, S. 23f. m.w.N. Die herrschende Meinung sieht nur Geldleistungen als Zuwendungen an, vgl. nur *Ubbenhorst* Zuwendungsrecht des Landes Nordrhein-Westfalen, S. 23; *Dorn* VR 2000, 73, 74.

nießt mindestens hinsichtlich einer der beiden Fragen („ob" und „wie viel") Dispositionsfreiheit, mag dieses Ermessen im Einzelfall freilich auch durch Art. 3 Abs. 1 GG in Verbindung mit den Grundsätzen der Selbstbindung der Verwaltung eingeschränkt sein[4].

Für das Zuwendungsrecht gilt gleichermaßen wie für das Vergaberecht, dass der wirtschaftliche Einfluss nicht zu unterschätzen ist. Für beide Rechtsgebiete schwanken die Schätzungen je nach Zuordnung, der Befund aber bleibt: Die Summe der Zuwendung, die zumeist fernab der öffentlichen Wahrnehmung von der EU, dem Bund, den Bundesländern und sonstigen Mittelgebern (etwa Kommunen) gewährt werden, erreicht eine Milliardenhöhe[5]. Der Bund beziffert seine Finanzhilfen für das Jahr 2011 auf 6,6 Mrd. Euro und schätzt die Finanzhilfen von Ländern und Gemeinden auf weitere 10,3 Mrd. Euro[6]. Demgegenüber weist der letzte Förderbericht in NRW allein für dieses Bundesland eine **Ausgabenhöhe für Förderprogramme und Fördermaßnahmen** von knapp 8 Mrd. Euro (2006) aus[7].

Je nach politischer Entscheidung kann der förderrechtliche Fokus dabei auf unterschiedlichen Politikfeldern liegen. Der Gestaltungskreativität der politischen Entscheidungsträger und damit der **Bandbreite möglicher Fördervorhaben** sind insoweit kaum Grenzen gesetzt. So unterteilt beispielsweise der Dritte Förderbericht des Landes Nordrhein-Westfalen die Förderungen in insgesamt 34 Politikfelder, angefangen mit Mittelstands- und Existenzgründerförderung über Sport- und Kulturförderung bis hin zu Verkehrsinfrastruktur, Stadtentwicklung und regionale Strukturmaßnahmen[8]. Ins Blickfeld der Öffentlichkeit geraten Zuwendungen gerade bei großen Infrastrukturprojekten, die nicht selten erst aufgrund der Fördermittel realisiert werden können.

Das Zuwendungsrecht ist geprägt durch eine **Vielzahl an Beteiligten**, die mit eigenen Interessen das Fördervorhaben in all seinen Phasen begleiten: Am Anfang agiert der politische Entscheidungsträger, der im Haushalt Mittel für das Politikfeld bereitstellt, dessen Förderung er anvisiert. Während im Vergaberecht die politische Dimension noch immer umstritten ist und die Instrumentalisierung daher unterschwellig über sog. vergabefremde Zwecke erfolgt[9], wird mit Zuwendungen offen und unmittelbar ein politisch als förderungswürdig definierter Zweck verfolgt. Es gehört schlichtweg zum Charakter einer Zuwendung, dass ein Entscheidungsträger an diesem Zweck ein „besonderes Interesses" geltend macht. In das multipolare Zuwendungsverhältnis tritt nicht selten ein Unternehmer als potentieller Förderempfänger hinzu, der eine gute Idee hat, aber nicht genug Mittel, um das Vorhaben allein mit eigenen finanziellen Mitteln zu realisieren. Dreh- und Angelpunkt des Verfahrens ist die Bewilligungsbehörde, die den politischen Willen in verwaltungsrechtlich geordnete Bahnen lenkt, Gelder im Einzelfall bewilligt und dem Empfänger Auflagen für die Mittelverwendung erteilt. Sie ist Ansprechpartner des Zuwendungsempfängers und prüft nach Abschluss des Verfahrens, ob alle aufgestellten Aufla-

---

[4] Ausführlich zu dem hieraus erwachsenden Ansprüchen auf Fördermittel und dessen Grenzen *Hellriegel* NVwZ 2009, 571, 571 f.; siehe auch aus der jüngsten Rechtsprechung OVG Berlin-Brandenburg Urt. v. 27.02.2013, 6 B 34.12.

[5] Zu den Problemen, die Höhe der Zuwendungen in Deutschland zu beziffern *Teich/Beck* DÖV 2006, 556, 556.

[6] Bericht der Bundesregierung über die Entwicklung der Finanzhilfen des Bundes und der Steuervergünstigungen für die Jahre 2009 bis 2012 (23. Subventionsbericht) vom 11.8.2011, BT-Drs. 17/6795, S. 18. Noch im Jahr 2000 hat der Bund seine Zuwendungen mit 30 Mrd. DM für Projektförderung und 10 Mrd. DM für institutionelle Förderung, vgl. BT-Drs. 14/2847, S. 6.

[7] Vgl. dritter Förderbericht des Landes Nordrhein-Westfalen vom 26.5.2007, Vorlage 14/1434, S. 128. Im Anhang zum Förderbericht werden für den Förderzeitraum 2005 bis 2007 etwa 360 unterschiedliche Fördervorhaben des Landes beschrieben.

[8] Dritter Förderbericht des Landes Nordrhein-Westfalen vom 26.5.2007, Vorlage 14/1434, S. 3.

[9] Zur Förderung sozialer und technischer Innovationen durch das Vergaberecht zuletzt *Burgi* NZBau 2011, 577 ff.; allgemein zu vergabefremden Zwecken *Benedict* Sekundärzwecke im Vergabeverfahren, Diss., 2000; *Scharpenack* Sekundärzwecke im Vergaberecht, Diss., 2005.

gen eingehalten wurden. Dabei beschränkt sich ihr Blick nicht auf die Frage, ob der Zweck erreicht wurde. Sie ist auch an die Grundsätze der Sparsamkeit und Wirtschaftlichkeit gebunden und prüft, ob die gewährten Mittel in Einklang mit diesen Grundsätzen verwendet wurden. Neben den strafrechtlichen Implikationen bei Untätigkeit[10] sehen sich Bewilligungsbehörden weiteren Drucks ausgesetzt. Je nach Herkunft der Zuwendungsmittel kontrollieren wiederum weitere Prüfungsinstanzen (etwa Rechnungsprüfungsämter, Rechnungshöfe, Europäische Kommission) die Mittelverwendung. Schließlich treffen sich die Beteiligten nicht selten vor Gericht, sobald der ursprüngliche Bewilligungsbescheid wegen erfolgter Fehler (teilweise) aufgehoben wird. Dabei droht nicht nur die Rückforderung gezahlter Zuschüsse samt Zinsen. Der Geschäftsführer eines Zuwendungsempfängers kann unter Umständen auch persönlich in die Geschäftsführerhaftung genommen werden[11]. Im Mittelpunkt des Streites steht regelmäßig die Frage, ob das der Behörde eingeräumte Ermessen korrekt ausgeübt wurde. Dies gehört gerade bei vergaberechtlichen Verstößen zu einer der am meisten diskutierten Fragestellungen des Zuwendungsrechts in Rechtsprechung und Literatur[12].

7 Werden Fördermittel zur Realisierung eines größeren Projektes eingesetzt, gewinnt das Vergaberecht an Bedeutung für die Förderung und das Zuwendungsrecht ist mit seinen Grundsätzen bei der vergaberechtlichen Ausgestaltung zu beachten. Auf diese **Schnittstelle zwischen Vergabe- und Zuwendungsrecht** wird sich der nachfolgende Beitrag konzentrieren, so dass primär aus zuwendungsrechtlicher Sicht relevante Fragestellungen – wie beispielsweise das Verbot der vorzeitigen Maßnahmenbeginns[13] – vernachlässigt werden müssen.

B. Die Verbindung des Zuwendungs- mit dem Vergaberecht

8 Das Zuwendungsrecht und das Vergaberecht sind grundsätzlich eigenständige Rechtsgebiete, wenngleich beide ihr Ursprung im Haushaltsrecht[14] und das Ziel vereint, mit den staatlichen Mittel sparsam und wirtschaftlich umzugehen[15]. Die gesetzlich nicht vollzogene Verzahnung der beiden Rechtsgebiete erfolgt im Rahmen des einer Zuwendung regelmäßig zu Grunde liegenden Zuwendungsbescheides[16]. Den Vorgaben der Verwaltungsvorschriften folgend[17] machen Bewilligungsbehörden bestimmte „**Allgemeine Nebenbestimmungen für Zuwendungen**", so genannte **ANBest** zum Bestandteil des Zuwendungsbescheides, in dem sie auf diese verweisen. Die jeweiligen, von sich aus nicht außenrechtsverbindlichen ANBest[18] werden damit zum Regelungsinhalt des Zu-

---

[10] Hierzu m.w.N. *Kämmerling* ZKF 2010, 175, 178.
[11] So für die Haftung nach § 43 Abs. 2 GmbHG LG Münster Urt. v. 18.5.2006, 12 O 484/05, NZBau 2006, 523.
[12] Dazu ausführlich unten Rn. 20 ff.
[13] Hierzu ausführlich VG München Urt. v. 14.4.2011, M 12 K 11.549; *Aulbert* Staatliche Zuwendungen an Kommunen, S. 62 ff.; *Ubbenhorst* Zuwendungsrecht des Landes Nordrhein-Westfalen, S. 57. Zum Sonderfall eines Vergabeverstoßes bei vorzeitigem Maßnahmenbeginn *Schilder* NZBau 2009, 155, 157.
[14] Vgl. zur Geschichte des Vergaberechts im Allgemeinen und der sog. haushaltsrechtlichen Lösung im Besonderen *Dietlein/Fandrey* in Byok/Jaeger, Einl. A, Rn. 35.
[15] Weitere Ziele des Vergaberechts sind die Öffnung des Marktes für den (grenzüberschreitenden) Wettbewerb, die Erlangung von Marktübersicht, die Minimierung von vergabefremden Einflussnahmen (insb. Korruption). Zunehmend wird das Vergaberecht auch als Instrument zur Wirtschaftspolitik eingesetzt, etwa für Mittelstandsförderung oder die Betonung umweltpolitischer und sozialpolitischer Aspekte (§ 97 Abs. 3 Satz 1, Abs. 4 Sätze 2 und 3 GWB).
[16] Auch möglich sind (meist öffentlich-rechtliche) Zuwendungsverträge.
[17] Vgl. Nr. 5.1 VV zu § 44 BHO/§ 44 LHO.
[18] Hier und im Folgenden werden die ANBest für Zuwendungen zur Projektförderung (ANBest-P NRW) zu Grunde gelegt. Vgl. zu den verschiedenen Ausprägungen der ANBest *Krämer/Schmidt*,

wendungsbescheides und verpflichten den Fördermittelempfänger etwa, die Mittel nur zur Erfüllung des im Zuwendungsbescheid bestimmten Zwecks zu verwenden, angeschaffte Gegenstände nicht vor Ablauf einer Bindungsfrist zu veräußern sowie Vorgaben an Rechnungslegung und Verwendungsnachweis einzuhalten.

Die Schnittstelle zwischen Zuwendungs- und Vergaberecht schafft **Nr. 3.1 ANBest-P:** 9
Bei der Erteilung von Aufträgen zur Erfüllung des Zuwendungszwecks sind unter bestimmten Voraussetzungen die Vorgaben von VOB/A und VOL/A (regelmäßig Abschnitt 1 – „Basisparagraphen"[19]) anzuwenden. Hierdurch soll sichergestellt werden, dass öffentliche Mittel – auch wenn sie einem Dritten zwecks Erfüllung besonderer Zwecke zugewendet sind – wirtschaftlich und sparsam verwendet werden. Die Zuwendungsempfänger, die regelmäßig nicht von sich aus dem Regime des Vergaberechts unterliegen, sind aufgrund dieser Auflage im Sinne des § 36 Abs. 2 Nr. 4 VwVfG[20] verpflichtet, ihrerseits die Aufträge im Rahmen eines wettbewerblichen Vergabeverfahrens zu vergeben. Soweit sie auch ohne diese Auflage das Vergaberecht beachten müssen – etwa Gemeinden (§ 98 Nr. 1 GWB) oder staatlich in besonderem Maße subventionierte Auftraggebern im Bereich des Hoch- und Tiefbaus (§ 98 Nr. 5 GWB) – bleiben diese Pflichten nach Nr. 3.2 ANBest-P unberührt[21]. Das Zuwendungsrecht überlagert insoweit also nicht die originär aus dem Vergaberecht folgenden Pflichten. Vielmehr entfaltet es **parallel Wirkung.** Den ANBest kommt insoweit auch bei dem Vergaberecht unterworfenen Fördermittelempfängern konstitutive Bedeutung zu, da sie der Bewilligungsbehörde die Befugnis einräumen, den Bewilligungsbescheid wegen Verletzung des Vergaberechts zu widerrufen. Hinsichtlich der Auftragshöhe wird aus Gründen der Verhältnismäßigkeit[22] meist erst ab einem Gesamtbetrag von 100.000 Euro die Anwendung der VOB/A bzw. VOL/A gefordert, wobei der Wert in den einzelnen Bundesländern variiert.

Die durch die Auflage im Zuwendungsbescheid erfolgte Bindung an das Vergaberecht 10
führt hingegen nicht dazu, dass der Rechtsweg zu den Nachprüfungsinstanzen nach §§ 102 ff. GWB eröffnet wird. Unterlegene Bieter können also nicht vor die Vergabekammer ziehen, um dort für ihr Recht zu kämpfen. Denn deren Zuständigkeit setzt u. a. voraus, dass ein öffentlicher Auftraggeber im Sinne von § 98 GWB aktiv beschafft. Verstöße gegen das Vergaberecht haben aber für das interne Zuwendungsverhältnis zum Fördermittelgeber Relevanz. Hält er eine Verfahrensvorgabe des Vergaberechts nicht ein, so

---

Zuwendungsrecht, A III. So gibt es in den einzelnen Bundesländern u. a. verschiedene ANBest für unterschiedliche Vorhabenarten, bspw. ANBest für Zuwendungen zur institutionellen Förderung (ANBest-I), zur Projektförderung (ANBest-P) und zur Projektförderung an Gebietskörperschaften (ANBest-G).

[19] In den allgemeinen Nebenbestimmungen einiger Bundesländer erfolgt der Verweis auf sämtliche Bestimmungen von VOB/A bzw. VOL/A, z. B. in den ANBest-P von Berlin, Bremen und Sachsen-Anhalt.

[20] So die Einordnung nach allgemeiner Meinung, vgl. BVerwG Urt. v. 24.1.2001, 8 C 8.00, BVerwGE 112, 360, 361, 364; OVG NRW Urt. v. 22.2.2005, 15 A 1065/04, NVwZ-RR 2006, 86, 87; *H.-M. Müller* in Byok/Jaeger, Einl. C Rn. 1 m.w.N.; *Kulartz/Schilder* NZBau 2005, 552, 553. Zur vorgelagerten Frage, ob die ANBest überhaupt als Auflage in den Bescheid einbezogen werden dürfen, *Mayen* NZBau 2009, 98, 100 f. Vgl. zur Kritik an der Bestimmtheit OVG NRW Urt. v. 20.4.2012, 4 A 1055/09. In der Praxis behelfen sich die Gerichte nicht selten mit dem Hinweis auf die Bestandskraft des Bewilligungsbescheids und der damit verbundenen Bestandskraft der (jedenfalls nicht nichtigen) Auflage. Privatrechtlich ausgestaltete Zuwendungsverträge stellen sich als Allgemeine Geschäftsbedingungen dar, die nach zivilrechtlichen Maßstäben auszulegen sind, so BGH Urt. v. 17.11.2011, III ZR 234/10, NZBau 2012, 131, 133.

[21] Von nicht geringer Bedeutung ist die hier unklare Einordnung der Nebenbestimmung als Hinweis oder als (sanktionsfähige) Auflage, da die Einordnung als Auflage die Gefahr von Verstößen erhöht. Vgl. allg. zum Meinungsstand Nds. OVG Beschl. v. 3.9.2012 – 8 LA 187/11. Jüngst qualifizierte der VGH Baden-Württemberg Urt. v. 17.10.2013 – 9 S 123/12 diese Klausel als Hinweis. Vgl. weiterführend *Fandrey/Grüner*, Der Gemeindehaushalt 2014, 15, 16.

[22] Zu diesem Motiv bei der Verankerung von Schwellenwerte vgl. § 7 Rn. 2.

droht – auch Jahre nach der erfolgreichen Realisierung des Vorhabens und Weiterleitung der erhaltenen Fördermittel an Dritte[23] – eine (anteilige) Rückforderung der gezahlten Zuschüsse.

C. Der Widerruf des Zuwendungsbescheides wegen Verstoßes gegen das Vergaberecht

11 Verstößt der Zuwendungsempfänger gegen die im Bewilligungsbescheid aufgegebenen Auflagen, kann die gewährende Behörde etwaige Verstöße äußerst wirkungsvoll sanktionieren: Stets droht bei Verstößen der vollständige oder anteilige Widerruf[24] des Bewilligungsbescheides mit der Folge, dass etwaig ausgezahlte Fördermittel zurückgezahlt werden müssen bzw. vorgehaltene Mittel nicht zur Auszahlung kommen.

I. Objektiver Vergabefehler als Auflagenverstoß

12 Einschlägig ist der Widerruf wegen Auflagenverstoßes nach § 49 Abs. 3 Nr. 2 VwVfG, soweit nicht spezialgesetzliche Regelungen einschlägig sind[25]. Eine für § 49 Abs. 3 Nr. 1 VwVfG erforderliche Zweckverfehlung liegt bei Vergabeverstößen nicht vor, da die ordnungsgemäße Durchführung eines Vergabeverfahrens im Regelfall kein primärer Zweck der Zuwendung ist[26]. Zur Erfüllung des Tatbestands nur erforderlich ist der **objektiv festzustellende Verstoß** gegen die Auflage, die in Bezug genommenen Regeln des Vergaberechts einzuhalten. Der Widerrufstatbestand selbst differenziert nicht nach der Intensität des im Raum stehenden Verstoßes gegen das Vergaberecht und dessen Folgen für die Wirtschaftlichkeit des Vorhabens. Es genügt die Tatsache, dass ein objektiver Verstoß gegen eine Auflage erfolgte. Wie dieser festgestellte Verstoß zu bewerten ist, ist Bestandteil der behördlichen Ermessensentscheidung[27]. Dies gilt auch für die Frage der Vorwerfbarkeit des Verstoßes. Der Bewilligungsbehörde obliegt damit auf Tatbestandsebene nicht der Nachweis, dass die Fördermittel im konkreten Einzelfall unwirtschaftlich eingesetzt wurden[28].

13 Die **Nachweislast** hierfür trägt die widerrufende Behöre[29]. Hierbei kann die Behörde etwa auf die ihr überreichten bzw. die beim Zuwendungsempfänger angeforderten Unterlagen zurückgreifen. Insbesondere der Vergabedokumentation kommt herausragende Bedeutung zu. Vernachlässigt der Zuwendungsempfänger seine Dokumentationspflichten und vereitelt hierdurch zumindest leicht fahrlässig den Nachweis des Verstoßes, so obliegt ihm der Nachweis der ordnungsgemäßen Vergabe[30].

---

[23] Beispielhaft sei auf den Fall des OVG NRW Urt. v. 22.2.2005, 15 A 1065/04, NVwZ-RR 2006, 86 ff. verwiesen. Hier widerrief die Bewilligungsbehörde mehr als sieben Jahre nach der Gewährung anteilig die Zuwendung.

[24] Die Vorgaben zur Rücknahme nach § 48 VwVfG, die einen rechtswidrigen Bewilligungsbescheid zum Aufhebungsobjekt hat, können an dieser Stelle angesichts der niedrigeren Anforderungen im Vergleich zum Widerruf eines rechtmäßigen Verwaltungsaktes und der in der Praxis deutlich geringeren Relevanz vernachlässigt werden. Hierzu insbesondere für den Fall des vorzeitigen Maßnahmenbeginns *Aulbert* Staatliche Zuwendungen an Kommunen, S. 170 ff., 180 ff.; *Kulartz/Schilder* NZBau 2005, 552, 554; *Hellriegel* NVwZ 2009, 571, 574.

[25] Etwa § 47 SGB X oder § 7 Zukunftsinvestitionsgesetz

[26] Dazu *H.-M. Müller* in Byok/Jaeger, Einl. C Rn. 22.

[27] Dazu unten Rn. 20 ff.

[28] So bereits *Attendorn* NVwZ 2006, 991, 994; *Mayen* NZBau 2009, 98, 101; *Braun* NZBau 2010, 279, 280; a. A. *Antweiler* NVwZ 2005, 168, 170.

[29] Ausführlich hierzu *Greb* VergabeR 2010, 387, 394.

[30] OVG NRW Urt. v. 13.6.2002, 12 A 693/99, NVwZ-RR 2003, 803, 804 f.; *Attendorn* NVwZ 2006, 991, 994.

14 Ein Verstoß gegen die Vorgaben des **Kartellvergaberechts** ist für Zuwendungsempfänger aus Sicht des Zuwendungsrechts unschädlich, soweit sie im Bewilligungsbescheid nicht zu dessen Einhaltung verpflichtet wurden[31]. Ein Auflagenverstoß lässt sich auch nicht dadurch konstruieren, dass die Verletzung der weiteren Regeln des Kartellvergaberechts regelmäßig als Verstoß gegen den Grundsatz der Wirtschaftlichkeit gedeutet wird, den etwa die ANBest-P in Nr. 1.1 als Auflage vorsehen[32]. Denn andernfalls ergäbe sich aus der allgemeinen Pflicht zur wirtschaftlichen Mittelverwendung bereits für alle Zuwendungsempfänger das Gebot, das Verfahren des Kartellvergaberechts zu beachten. Dies ist von den Bewilligungsbehörden bislang erkennbar nicht gewollt. Nicht wenige Probleme werfen die in den letzten Jahren vielfach verabschiedeten **Vergabegesetze auf Landesebene** auf. Diese enthalten eigene Vergaberegeln und modifizieren den Pflichtenkanon öffentlicher Auftraggeber. In den bislang nicht angepassten ANBest wird im Regelfall ebenso wenig Bezug auf diese genommen wie im Zuwendungsbescheid selbst. Abhängig von der Formulierung der ANBest im Einzelfall, kann es aber – etwa über die kommunalen Vergabegrundsätze – zu einer sanktionsfähigen Bindung an das Landesvergaberecht kommen[33].

15 Fragen wirft auch das Verhältnis zur im Jahre 2009 geschaffenen Sektorenverordnung[34] auf. Im Sektorenbereich gilt ein verschlanktes Vergaberecht, das deutliche Privilegierungen im Vergleich auch zum nationalen Vergaberecht in den jeweils ersten Abschnitten aufweist. Soweit der Zuwendungsbescheid im Falle eines **Fördervorhabens im Sektorenbereich** gleichwohl vorgibt, die nationalen Vergabebestimmungen der VOB/A und VOL/A anzuwenden, stellt sich die Frage, ob dies im Wege der Auslegung dahingehend korrigiert werden kann, dass nur die SektVO zu beachten ist[35]. Angesichts der von einem weiten Einschätzungsspielraum getragenen Entscheidung der Bewilligungsbehörde wird – jedenfalls bei eindeutigem Verweis auf die nationalen Vergabebestimmungen – hier nur wenig Raum für eine solche Korrektur sein[36]. Denn die Behörde kann selbst entscheiden, welchen Weg sie vorgibt, um eine sparsame und wirtschaftliche Mittelverwendung zu sichern, mag dieser auch abseits der gesetzgeberischen Konzeption im Kartellvergaberecht liegen. Im Falle von Nachprüfungsverfahren wird in jedem Fall aber nur das nach dem GWB einschlägige Vergaberegime als Prüfungsmaßstab herangezogen, denn der in § 1 SektVO definierte Anwendungsbereich ist nicht disponibel, sondern zwingend[37]. Für die Nachprüfungsinstanzen ist der Umstand, dass der Sektorenauftraggeber die Beschaffung (auch) durch Fördermittel finanziert, daher ohne Belang.

II. Widerrufsfrist

16 Im Widerspruch zum legitimen Interesse des Zuwendungsempfängers, möglichst schnell zu erfahren, ob und in welchem Umfang er auf Fördermittel verzichten soll, steht eine Eigenheit des verwaltungsrechtlich geprägten Zuwendungsrechts: Während aus Sicht des

---

[31] Unproblematisch ist die Lage, wenn der Zuwendungsempfänger in den ANBest auch zur Einhaltung des Kartellvergaberechts verpflichtet wird.

[32] So vorgeschlagen von *H.-M. Müller* in Byok/Jaeger, Einl. C Rn. 23; *ders.* VergabeR 2006, 592, 598.

[33] Ausführlich zu den einzelnen Möglichkeiten *Fandrey/Grüner*, Der Gemeindehaushalt 2014, 15, 16 f.

[34] Verordnung über die Vergabe von Aufträgen im Bereich des Verkehrs, der Trinkwasserversorgung und der Energieversorgung (Sektorenverordnung) vom 23. 9. 2009, BGBl. I, S. 3110.

[35] So vorgeschlagen von *Eschenbruch* in Eschenbruch/Opitz, SektVO, Einleitung Teil 2 Rn. 61 f. unter Verweis auf das fehlende Interesse, an einer weitergehenden Bindung; ebenso *Greb/Müller* SektVO, § 1 SektVO Rn. 146 a.E. unter Verweis auf die generelle Spezialität des Sektorenrechts.

[36] So zur alten Rechtslage *Mayen* NZBau 2009, 98, 99 a.E.; anders mag der Fall bei einem Verweis auf die nicht mehr existenten Abschnitte 3 und 4 von VOL/A bzw. VOB/A liegen.

[37] OLG Düsseldorf Beschl. v. 18. 4. 2012, VII-Verg 9/12.

Kartellvergaberechts Verstöße nach Abschluss des Vorhabens regelmäßig nicht mehr angegriffen werden können[38], erlangt ein Zuwendungsempfänger mit Abschluss des Fördervorhabens noch keine Investitions- und Rechtssicherheit. Auch dann noch kann der ursprüngliche Bewilligungsbescheid aufgehoben und ausgezahlte Gelder zurückgefordert werden. Während im Kartellvergaberecht allein die Konkurrenten dazu berufen sind, ihre subjektiven Rechte auf Wettbewerb vor den Nachprüfungsinstanzen durchzusetzen, prüfen Bewilligungsbehörde und andere Institutionen[39] die wirtschaftliche und sparsame Mittelverwendung im öffentlichen Interesse. Für die Ermittlung der nötigen Tatsachengrundlage und die internen Abstimmungsprozesse benötigt die über den Widerruf entscheidende Behörde einen ausreichenden Zeitraum, den ihr der Gesetzgeber in § 49 Abs. 3 Satz 2 VwVfG i.V.m. § 48 Abs. 4 VwVfG gewährt. Der Widerruf eines Bewilligungsbescheides ist hiernach **innerhalb eines Jahres** seit dem Zeitpunkt zulässig, zu dem die Behörde von Tatsachen Kenntnis erhält, welche den Widerruf eines rechtmäßigen Verwaltungsaktes rechtfertigen. Nach ständiger Rechtsprechung des Bundesverwaltungsgerichts beginnt die Jahresfrist als sog. **Entscheidungsfrist** erst dann zu laufen, wenn dem für den Widerruf des Zuwendungsbescheides zuständigen Amtswalter alle für die Entscheidung erheblichen Tatsachen vollständig und positiv bekannt sind[40]. Das Bundesverwaltungsgericht legt damit den Beginn behördenfreundlich erst an das Ende des Ermittlungsprozesses, so dass – vorbehaltlich einer nur in Ausnahmefällen einschlägigen Verwirkung[41] – selbst Jahre vergehen können, ohne dass der Zuwendungsempfänger tatsächliche Sicherheit über das behördliche Vorgehen erlangt.

17 Für den Beginn der Entscheidungsfrist nicht ausreichend ist danach vor allem, dass der zuständige Behördenmitarbeiter die Rechtswidrigkeit des Bewilligungsbescheides erkennen konnte oder gar erkannt hat[42]. So sind erste Anhaltspunkte, die auf eine rechtswidrige Verwendung der Fördermittel schließen lassen, nicht selten bereits aus dem Verwendungsnachweis ersichtlich. Der ersten Prüfung folgen aber regelmäßig weitere Nachprüfungen. Diverse Belege und Dokumentationen (etwa des Vergabeverfahrens) werden – soweit nicht bereits vorliegend – angefordert und gesichtet, Rückfragen gestellt sowie andere Abteilungen und Referate einbezogen, während auf dem Schreibtisch des Sachbearbeiters regelmäßig auch andere Förderakten auf gleichfalls gründliche Begutachtung warten. Die großzügige Auslegung des Fristbeginns durch das Bundesverwaltungsgericht wird dieser Notwendigkeit der sorgfältigen Tatsachenermittlung gerecht und privilegiert die Behördenmitarbeiter damit nicht grundlos.

18 Zur Herstellung der Entscheidungsreife gehört schließlich auch die **Anhörung** des Zuwendungsempfängers[43]. Diesem muss vor Entscheidung rechtliches Gehör gewährt werden. Bei der Ermessensausübung müssen zur sachgerechten Anwendung des Ermessens auch solche Erwägungen berücksichtigt werden, die in der Person des Betroffenen liegen[44].

---

[38] Ausnahmsweise sind sog. de-facto-Vergaben angreifbar. Ansonsten droht allenfalls noch die Gefahr eines Vertragsverletzungsverfahrens der Europäischen Kommission vor dem EuGH.
[39] Siehe unten Rn. 34 ff.
[40] BVerwG Beschl. v. 19.12.1984, GrSen 1/84, GrSen 2/84, BVerwGE 70, 356, 362 ff.; Urt. v. 24.1.2001, 8 C 8/00, BVerwGE 112, 360, 362 f.; VGH München Urt. v. 15.3.2001 – 7 B 00.107, NVwZ 2001, 931, 932; OVG NRW Beschl. v. 13.2.2012, 12 A 1217/11. Kritisch vor zuwendungsrechtlichen Hintergrund *Antweiler* NVwZ 2005, 168, 171.
[41] Siehe unten Rn. 19 ff.
[42] So BVerwG Beschl. v. 19.12.1984, GrSen 1/84, GrSen 2/84, BVerwGE 70, 356, 362.
[43] Vgl. BVerwG Beschl. v. 4.12.2008, 2 B 60. 08 (juris, Rn. 7); VGH Baden-Württemberg Urt. v. 28.9.2011, 9 S 1273/10 (juris, Rn. 63); OVG Mecklenburg-Vorpommern Beschl. v. 11.6.2010, 2 L 165/06 (juris, Rn. 28); OVG Sachsen-Anhalt Beschl. v. 5.3.2010, 1 L 6/10 (juris, Rn. 12); *Kulartz/Schilder* NZBau 2005, 552, 556; *Attendorn* NVwZ 2006, 991, 995.
[44] Siehe unten Rn. 30 ff. Vgl. dazu OVG Sachsen-Anhalt, Beschl. v. 5.3.2010 – 1 L 6/10 (juris, Rn. 12).

Diverse Ansätze in der Literatur[45] zur Einschränkung dieser extensiven Auslegung der **19** Jahresfrist versprechen angesichts der ständigen Rechtsprechung des Bundesverwaltungsgerichts wenig Aussicht auf Erfolg, zumal die angeführten Wertungen des Vergaberechts im GWB zu Gunsten der Rechts- und Investitionssicherheit keine Wirkung auf das eigenständige Zuwendungsrecht entfalten. Als Grenze der Entscheidungsfrist bleibt damit nur die **Verwirkung**[46]. Die aus § 242 BGB abgeleitete Rechtsfigur setzt sowohl den Ablauf eines längeren Zeitraums (sog. Zeitmoment) als auch besondere, einen Verstoß gegen Treu und Glauben begründende Umstände voraus (sog. Umstandsmoment). Der Zuwendungsempfänger muss darauf vertrauen, dass die Behörde nicht widerruft und dieses Vertrauen in einer Weise betätigen, dass ihm bei einem doch erfolgenden Widerruf ein unzumutbarer Nachteil entstünde. Jedenfalls an den besonderen, Vertrauen schaffenden Umständen wird es regelmäßig fehlen.

III. Ermessen

Das Hauptaugenmerk der behördlichen Prüfung liegt auf der Rechtsfolgenseite. Der zentrale Punkt nahezu jedes Rechtsstreits ist die Frage, ob die Behörde beim Widerruf des Bewilligungsbescheides ihr **Ermessen** fehlerfrei ausgeübt hat. Unter Berücksichtigung aller Umstände des Einzelfalls hat die Behörde zu entscheiden, ob sie den Bewilligungsbescheid vollständig, teilweise oder überhaupt nicht aufhebt. **20**

Das Ermessen als Ansatzpunkt für sachgerechte Differenzierungen im Einzelfall erfährt **21** in der Praxis freilich starke Grenzen. Die ständige Rechtsprechung qualifiziert das Widerrufsermessen als sog. **intendiertes Ermessen**[47]. Das stets bestehende öffentliche Interesse an einer wirtschaftlichen und sparsamen Haushaltsführung führt dazu, dass im „Normalfall" das Ermessen der Behörde auf Null schrumpft, so dass die Behörde von der Handlungsermächtigung zum Widerruf Gebrauch machen muss. Im Regelfall ist daher nur die Entscheidung für den Widerruf ermessensfehlerfrei.

Trotz des insoweit gelenkten Ermessens darf dies nicht dahingehend missverstanden **22** werden, dass der Behörde praktisch kein Ermessen zustünde oder dass sie den Sachverhalt nicht im Detail prüfen muss. Das Gegenteil trifft zu. Die Behörde muss auch hier eine umfassende Ermessenserwägung anstellen, sobald ein Verstoß gegen eine Auflage im Raum steht. Der nachfolgende Aufbau stellt eine Möglichkeit dar, die dabei zu berücksichtigenden Aspekte zu ordnen: Im Grundsatz ist davon auszugehen, dass die objektive Intensität des Verstoßes auf einer ersten Stufe maßgeblich dafür ist, ob und in welchem Umfang die Fördermittel gestrichen werden. Auf einer zweiten Stufe können subjektive Aspekte dazu führen, dass der zunächst gefundene Rückforderungsrahmen über- oder unterschritten wird. Schließlich sind in einem dritten Schritt noch sonstige Gesichtspunkte zu berücksichtigen, die etwa in der Person des Zuwendungsempfängers liegen.

Grundfrage ist im **ersten Prüfungsschritt**, wie schwer der Verstoß objektiv wiegt. In **23** der Praxis orientieren sich Teile der Rückforderungspraxis inzwischen an speziellen, zu

---

[45] Etwa bei *Jennert* KommJur 2006, 286, 287.
[46] Vgl. OVG Mecklenburg-Vorpommern, Beschl. v. 11.6.2010, 2 L 165/06 (juris Rn. 31); VG München Urt. v. 20.5.2009, M 18 K 07.1440 (juris, Rn. 19 ff.); *Attendorn* NVwZ 2006, 991, 995.
[47] Vgl. zur ermessenslenkenden Wirkung BVerwG, Urt. v. 26.6.2002–8 C 30/01, BVerwGE 116, 332, 337; Urt. v. 16.6.1997–3 C 22/96, BVerwGE 105, 55, 57 f.; OVG NRW, Beschl. v. 27. Januar 2004–4 A 2369/02 (Juris, Rn. 16); OVG NRW, Beschl. v. 18. November 2009–5 E 601/09 (juris, Rn. 9); VG Düsseldorf, Urt. v. 1.4.2009–20 K 443/07 (nrwe.de, Rn. 119); *Mayen* NZBau 2009, 98, 101; kritisch unter Hinweis auf das nicht zu vernachlässigende Veranschlagungsinteresse des politischen Entscheiders, der der Förderung ein erhebliches öffentliches Interesse bescheinigt hat *H.-M. Müller* in Byok/Jaeger, Einl. C Rn. 28 f.

dieser Thematik erlassenen Erlassen[48]. Der für NRW einschlägige Runderlass des Finanzministeriums (dort Ziffer 3) enthält eine Auflistung an Tatbeständen, die regelmäßig als schwere Verstöße einzustufen sind. Wird ein solcher Verstoß festgestellt, so sind die Kosten für die betroffene Auftragseinheit im Regelfall nicht förderfähig. Hierzu gehören etwa die fehlerhafte Wahl der Vergabeart[49], das Ausscheiden des wirtschaftlichsten Angebotes aus vergabefremden Erwägungen, die nachträgliche Losaufteilung sowie die fehlende eindeutige und erschöpfende Leistungsbeschreibung.

24   Mit der beispielhaften Aufzählung ist für die Behörde bei genauer Betrachtung noch nicht viel gewonnen. Dies liegt zum einen an der nur beispielhaften und damit nicht abschließenden Aufzählung von „schweren" Fehlern, so dass nach der Konzeption des Erlasses auch andere Fehler „schwer" sein können und die aufgezählten Fehler nicht stets „schwer" sind. Zum anderen sei daran erinnert, dass die Kategorie der schweren Fehler dem Vergaberecht fremd ist. Schließlich gibt der Erlass keinen Hinweis darauf, an welchem Maßstab die Behörde einen Verstoß messen soll. Gerade das Beispiel einer fehlenden eindeutigen Leistungsbeschreibung wirft die Frage auf, was gerade die Schwere des Verstoßes ausmacht[50].

25   Löst man den Blick von den ohnehin nicht in jedem Bundesland einschlägigen Erlassen, so stehen sich zwei Grundpositionen gegenüber: In der Literatur wird regelmäßig die **haushaltsrechtliche Komponente** der Zuwendung betont. So soll auf der Folgenseite geprüft werden, welcher Schaden dem öffentlichen Haushalt durch den Vergabeverstoß entstanden ist. Ein Widerruf könne nur dann auf einen Verstoß gestützt werden, wenn er zu Kostensteigerungen oder dazu führe, dass für dieselben Fördermittel weniger Leistung erbracht werde. Wirtschaftlich nicht nachteilige Verstöße würden die Behörde nicht zu einem Widerruf berechtigen[51].

26   In der Rückforderungspraxis ruht der Fokus hingegen regelmäßig auf einem **formalvergaberechtlichen Blickwinkel.** Solche Verstöße rechtfertigen hiernach einen Widerruf, die gegen fundamentale Grundsätze des Vergaberechts verstoßen, also Gleichbehandlung, Transparenz und Wettbewerb. Gestützt wird diese Auffassung auf einem weiten Zweckverständnis der Zuwendung. Diese verfolge nicht nur den Zweck, das Fördervorhaben, an dem kraft Definition der Zuwendung ein „erhebliches Interesse" besteht, zu realisieren, sondern auch den Schutz des Wettbewerbs[52].

27   Diese Ansätze liegen im Regelfall nicht allzu weit auseinander, bedenkt man die dem Vergaberecht zugeschriebene Funktion. Mit der Auflage, das Vergaberecht zu beachten, verfolgt die Bewilligungsbehörde das Ziel, die zur Verfügung stehenden Mittel haushaltsschonend einzusetzen. Dabei hat sie sich nicht auf einzelne Vorgaben (etwa hinsichtlich

---

[48] Etwa für NRW der Runderlass des Finanzministeriums „Rückforderung von Zuwendungen wegen Nichtbeachtung der Vergabe- und Vertragsordnung für Bauleistungen (VOB/A) und Verdingungsordnung für Leistungen – ausgenommen Bauleistungen – VOL/A" vom 18.12.2003 (MBl. NW 2005, S. 1310), zuletzt geändert am 16.8.2006 (MBl. NW 2006, S. 432). Ähnliche Erlasse Richtlinien gibt es in Bayern und Rheinland-Pfalz. Zu den Leitlinien der Europäischen Kommission vgl. *Braun* NZBau 2010, 279 ff.

[49] Vgl. hierzu die Ausführungen bei BVerwG Beschl. v. 13.2.2013, 3 B 58.12: im Regelfall schwerwiegender Verstoß; ebenso OVG NRW, Urt. v. 20.4.2012 – 4 A 1055/09; siehe mit abweichendem Ergebnis OVG Rheinland-Pfalz Urt. v. 25.9.2012, 6 A 10478/12.

[50] So bereits *Greb* VergabeR 2010, 387, 392.

[51] So *Schilder* NZBau 2009, 155, 156; *Mayen* NZBau 2009, 98, 101 f.; *Martin-Ehlers* NVwZ 2007, 289, 293 f.; *Kautz* BayVBl. 2010, 266 f.; *Greb* VergabeR 2010, 387, 392 f.; vorbehaltlich einer Einzelfallentscheidung auch *H.-M. Müller* in Byok/Jaeger, Einl. C Rn. 38; a.A. VGH Baden-Württemberg Urt. v. 28.9.2011, 9 S 1273/10 (juris, Rn. 57); Urt. v. 17.10.2013 9 S 123/12; OVG NRW Urt. v. 22.5.2005, 15 A 1065/04, NVwZ-RR 2006, 86; OVG Sachsen-Anhalt Beschl. v. 5.3.2010, 1 L 6/10 (juris, Rn. 10); *Attendorn* NVwZ 2006, 991, 994.; offen gelassen bei OVG Berlin-Brandenburg, Urt. v. 27.2.2013, 6 B 34.12.

[52] VGH Baden-Württemberg Urt. v. 28.9.2011, 9 S 1273/10 (juris, Rn. 57); OVG NRW Urt. v. 22.5.2005, 15 A 1065/04, NVwZ-RR 2006, 86, 88 f.

der Wahl der Vergabeart) beschränkt, sondern bewusst das Gesamtregelwerk in Bezug genommen. Die Einhaltung des gesamten Vergaberechts ist damit kein Selbstzweck. Dieser behördlichen Wertungsentscheidung kann vielmehr entnommen werden, dass ein Verfahren, das im Einklang mit dem Vergaberecht erfolgt, zu einem wirtschaftlichen und sparsamen Ergebnis führt. Durch diese vom Einschätzungsspielraum der Behörde gedeckte Pauschalierung wird dem Umstand begegnet, dass Verstöße gegen das Vergaberecht regelmäßig nur in hypothetischen Kategorien feststellbar sind[53]. Mögen bei dem Ausscheiden eines wirtschaftlicheren Angebotes aus vergabefremden Erwägungen die damit verbundenen Mehrkosten ex post noch konkret zu berechnen sein, steht diese Option bei einem überwiegenden Anteil des vergaberechtlichen Fehlerspektrums nicht zur Verfügung. Exemplarisch sei eine unzureichende Bekanntmachung angeführt[54]. Es ist im Anschluss schlichtweg nicht feststellbar, welche Unternehmen sich bei ordnungsgemäßer Bekanntmachung an dem Verfahren beteiligt hätten. Ebenso wenig kann ein Beteiligter eine Aussage darüber treffen, ob sich überhaupt weitere Bieter gefunden hätten. Es ist also nicht zwingend ein tatsächlicher Schaden für die öffentlichen Haushalte eingetreten. Gleichwohl genügt – bereits nach der im Bewilligungsbescheid dargelegten Einschätzung der Behörde – die abstrakte Gefahr eines Schadens. Kann die theoretische Möglichkeit eines Schadens ausgeschlossen werden oder liegt diese zumindest fern, hat die Behörde dies in ihrer Ermessensentscheidung zu berücksichtigen. Derart wirkungslose Fehler sind entgegen verbreiteter Auslegung in der Literatur aber kein Regelfall. Selbst der stets exemplarisch angeführte Verstoß gegen das Nachverhandlungsverbot kann wider den ersten Anschein theoretisch zu höheren Kosten führen, sofern ein Bieter von dem drohenden Verstoß bei Angebotsabgabe weiß und entsprechend einen „Verhandlungspuffer" einkalkuliert. Diese Ausführungen beschränken sich freilich auf das klassische Vergaberecht, welches von den Haushaltsgrundsätzen und dem Wettbewerbsprinzip geprägt ist. Zunehmend wird das Vergaberecht von **Landesgesetzgebern** jedoch auch als Instrument zur Wirtschaftspolitik eingesetzt. Gerade das nordrhein-westfälische Tariftreue- und Vergabegesetz kann hierfür exemplarisch herangezogen werden. Dieses verfolgt einen ganzen Strauß sekundärer Ziele, wie z.B. Mittelstandsförderung, Tariftreue, Umweltschutz und Energieeffizienz sowie Frauen- und Familienförderung. Die dortigen Regelungen dienen nur in wenigen Fällen den Grundsätzen der Sparsamkeit und Wirtschaftlichkeit. Mit guten Gründen lässt sich daher fragen, ob Verstöße gegen derartige Regeln in Landesvergabegesetzen überhaupt geeignet sein können, einen Verstoß gegen das zuwendungsrechtliche Gebot wirtschaftlichen und sparsamen Handels darzustellen[55]. Ist dies in der Tat nicht der Fall, so entspricht eine Rückforderung einer reinen Strafsanktion ohne tatsächlichen Schaden. Im Rahmen des Ermessens ist daher auf eine Rückforderung zu verzichten bzw. die Rückforderung jedenfalls auf eine ebenso symbolische Größe zu beschränken.

Weitere Stellschrauben im Bewertungssystem lassen sich aus der Rückforderungspraxis bei europäischen Zuwendungen entwickeln. So hat die Europäische Kommission im November 2007 **Leitlinien für die Rückforderungen von europäischen Zuwendungen** veröffentlicht[56], die regeln, für welchen Verstoß die Rückforderung in welcher Höhe an-

28

---

[53] Hierauf verweist *Attendorn* NVwZ 2006, 991, 995.

[54] Eine unzureichende Bekanntmachung im Rahmen von Vergaben oberhalb der Schwellenwerte gilt bei europäischen Zuwendungen als elementarer Fehler, der allein die vollständige Rückforderung der Zuwendung rechtfertigt, vgl. Ziffer 1 der Leitlinien für die Festsetzung der Finanzkorrekturen (Fn. 51).

[55] Ausführlich zur Schnittstelle Zuwendungsrecht zum Landesvergaberecht *Fandrey/Grüner*, Der Gemeindehaushalt 2014, 15 ff.; vgl. in diesem Zusammenhang die weitere Kritik von *Burgi*, NZBau 2013, 601, 606.

[56] Leitlinien für die Festsetzung der Finanzkorrekturen, die bei Verstößen gegen die Vorschriften für die öffentliche Auftragsvergabe auf durch die Strukturfonds und den Kohäsionsfonds kofinanzier-

gebracht ist. Zwar haben diese Leitlinien für die Rückforderung nationaler Zuwendungen keine Bindungswirkung, die dort aufgeworfenen Gedanken lassen sich aber fruchtbar machen[57]. So kommt im Rahmen der Ermessensausübung etwa der Frage erhebliche Bedeutung zu, ob die fehlerhafte Vergabe im Bereich oberhalb oder unterhalb der Schwellenwerte erfolgte. Da eine fehlerhafte Vergabe oberhalb der Schwellenwerte in jedem Fall von Relevanz für den europäischen Binnenmarkt ist[58], fallen Verstöße – auch und erst recht gegen die geringere Anforderungen stellenden Basis-Paragraphen – hier besonders ins Gewicht. Auch ist zu Gunsten des Zuwendungsempfängers zu berücksichtigen, wenn der Fehler etwa nur einen kaum ins Gewicht fallenden Zusatzauftrag betrifft, während der Hauptauftrag ordnungsgemäß vergeben wurde.

29   Auf einer **zweiten Stufe** ist das Augenmerk auf die **subjektive Seite des Vergabeverstoßes** im Sinne von **Vorwerfbarkeit** zu richten. Darf die Bewilligungsbehörde noch Jahre nach Abschluss des Fördervorhabens und damit Jahre nach Durchführung des Vergabeverfahrens den Bewilligungsbescheid widerrufen, so können diese Jahre in der Schnelllebigkeit des Vergaberechts Welten bedeuten. Das Vergaberecht ist ständig im Fluss; zunächst vergabefreie Geschäfte werden für ausschreibungspflichtig erklärt, langjährige Praktiken als unvereinbar mit dem Vergaberecht verworfen. Exemplarisch sei auf die stete und noch immer nicht abgeschlossene Entwicklung von In-house-Vergaben und Dienstleistungskonzessionen verwiesen. Wo sich bislang aber noch keine Leitlinie in der Rechtsprechung gebildet hat, kann auch nicht vom Zuwendungsempfänger verlangt werden, mögliche Entwicklungen zu antizipieren und entsprechend zu vergeben. Maßgeblicher Zeitpunkt für die Beurteilung ist damit der Zeitpunkt der Vergabe. Ist die Rechtslage unklar oder gestattet sie das Vorgehen des Zuwendungsempfängers, so kann ihm der Auflagenverstoß nicht angelastet werden[59]. Ist die Rechtslage nur unübersichtlich, so sind zumindest Abschläge denkbar. Nicht privilegierend wirkt die bloße Unwissenheit des Zuwendungsempfängers. Es kann von ihm verlangt werden, dass er sich mit den Anforderungen des Vergaberechts beschäftigt oder zumindest einen fachkundigen Dritten zu Rate zieht. Macht dieser Fehler, wird dies zwar im Wege des Organisationsverschuldens dem Zuwendungsempfänger zugerechnet. Sofern der beauftragte Dritte aber zumindest über die theoretisch nötigen Kenntnisse zur ordnungsgemäßen Durchführung der Vergabe verfügt, erscheint ein Abschlag zu Gunsten des Zuwendungsempfängers geboten[60]. In seltenen Ausnahmefällen kann das Maß der subjektiven Vorwerfbarkeit durch Mitverschulden der Bewilligungsbehörde reduziert sein. Dies ist etwa anzudenken, wenn der Fördermittelgeber bereits aufgrund seiner sächlichen Ausstattung nicht in der Lage, überhaupt zu prüfen, ob der Fördermittelempfänger die Bestimmungen zum Vergaberecht eingehalten hatte und daher trotz erkennbarer Vergabefehler nicht korrigierend eingriff[61].

30   Schließlich müssen **auf der dritten Stufe** aus Gründen der Verhältnismäßigkeit noch solche Erwägungen berücksichtigt werden, die in der **Person des Betroffenen** liegen. Zu deren Ermittlung wird vor der abschließenden Entscheidung der Zuwendungsgeber angehört, dem die substantiierte Darlegung derartiger Aspekte obliegt. Zuvorderst zu

---

te Ausgaben anzuwenden sind, vom 29.11.2007, COCOF 07/0037/03-De, abgedruckt in NZBau 2010, 297 ff.

[57] So bereits vorgeschlagen von *Braun* NZBau 2010, 279 ff.

[58] Vgl. zur Bedeutung der vergaberechtlichen Schwellenwerte „§ 7 Rn. 2.

[59] *Schilder* in forum vergabe, Jahrbuch 2009, Punkt 3.2; *Jennert* KommJur 2006, 286, 287 f.; im Fall des VG Düsseldorf Urt. v. 20.10.2006, 1 K 3293/05 (juris) hielt das Gericht dem Zuwendungsempfänger zu Gute, dass 1995 der Begriff des einheitlichen Bauwerkes noch nicht ausreichend geklärt war.

[60] VGH Baden-Württemberg, Urt. v. 28.9.2011, 9 S 1273/10 (juris, Rn. 59).

[61] VGH Baden-Württemberg Urt. v. 17.10.2013–9 S 123/12: Hier verfügte die Behörde weder über die Vorschriften zur VOL/A und VOB/A noch über Kommentierungen hierzu. Sie hatte damit in keiner Weise organisatorisch sichergestellt, die Einhaltung überhaupt prüfen und ggf. durchsetzen zu können.

nennen sind hier die finanziellen Verhältnisse des Zuwendungsempfängers[62]. Gerade bei länger zurückliegenden Verstößen – in diesem Zusammenhang ist auch die bei langen Zeiträumen große Zinslast zu berücksichtigen – kann die Rückforderung die wirtschaftliche Existenz des Empfängers vernichten. In solchen Fällen kann eine Beschränkung auf bestimmte Zeiträume oder in anderer Weise geboten sein.

Aus diesen Ausführungen wird ersichtlich, dass die **Höhe der Rückforderung** nicht auf die mit dem Verstoß verbundenen Mehrkosten begrenzt ist. Sie erfolgt vielmehr aus einer Gesamtschau aller oben beschriebenen Einzelaspekte. Hierzu gehören insbesondere die Art des Verstoßes und die Frage, inwieweit dieser Verstoß dem Zuwendungsempfänger vorgeworfen werden kann. Gerade bei vorsätzlichen Verstößen gegen fundamentale Vergabegrundsätze erscheint eine vollständige Rückforderung in der Regel nicht unangemessen. Soweit eine vollständige Rückforderung nicht angezeigt ist, genießt die Widerrufsbehörde einen nicht zu unterschätzenden Einschätzungsspielraum bei der Ermittlung der Höhe. **31**

Trotz des vom Bundesverwaltungsgericht anerkannten intendierten Ermessens darf nicht übersehen werden, dass der Behörde gleichwohl Ermessen zu kommt. Es gibt keine „**Rückforderungsautomatik**"[63], so dass ein Ermessensfehler in Form eines Ermessensnichtgebrauchs vorliegt, wenn eine Behörde irrig annimmt, generell zum Widerruf verpflichtet zu sein[64]. Auch aus den einschlägigen Erlassen folgt keine unmittelbare Widerrufspflicht der Behörde. Ihr Ermessen wird auch hier lediglich gelenkt. Von Gerichten noch toleriert wird das gelegentliche **Fehlen von Ermessenserwägungen** *im* **Widerrufsbescheid**, da hieraus nicht auf das Nichtvorliegen einer Ermessensentscheidung geschlossen werden kann[65]. Die Gerichte stützen sich insoweit auf den Charakter des intendierten Ermessens, das für den Regelfall von einer Ermessensausübung in einem bestimmten Sinne ausgeht. Nur wenn besondere Gründe vorliegen, lässt sich eine abweichende Entscheidung rechtfertigen[66]. Liegen solche hingegen nicht vor, so versteht sich das Abwägungsergebnis von selbst, ohne dass es einer gesonderten Darstellung im Widerrufsbescheid bedarf. Angesichts der bei Vergabeverstößen regelmäßig im Raum stehenden Fragen, ob diese schwer wiegen und ob hierdurch überhaupt ein wirtschaftlicher Schaden für den öffentlichen Haushalt entstanden ist, wird die Behörde in Fällen von Vergaberechtsverstößen nicht umhin können, die tragenden Gründe ihrer – in jedem Fall vorzunehmenden – Ermessensentscheidung offen mitzuteilen. **32**

IV. Rückforderung von Fördermitteln

Im Falle einer Entscheidung für einen (Teil-)Widerruf ist die **Rückforderung** gesetzlich geregelt. Nach der allgemeinen Regelung des § 49a VwVfG[67] sind bereits erbrachte Leistungen zu erstatten, soweit ein Verwaltungsakt mit Wirkung für die Vergangenheit zu- **33**

---

[62] BVerwG Urt. v. 10.12.2003, 3 C 22/02, NVwZ-RR 2004, 413, 415; OVG NRW, Urt. v. 22.2.2005, 15 A 1065/04; *Attendorn* NVwZ 2006, 991, 994; *Kulartz/Schilder* NZBau 2005, 552, 556; ausführlich unter dem Blickwinkel der wirtschaftlichen Fähigkeiten von Kommunen *Aulbert* Staatliche Zuwendungen an Kommunen, S. 146 f. m.w.N.; dazu auch *Jennert* KommJur 2006, 286, 288.
[63] So bereits prägnant *Ubbenhorst*, Zuwendungsrecht des Landes Nordrhein-Westfalen, S. 136.
[64] *H.-M. Müller* in Byok/Jaeger, Einl. C Rn. 31.
[65] BVerwG Urt. v. 16.6.1997, 3 C 22/96, BVerwGE 105, 55, 57 f.; Urt. v. 26.6.2002, 8 C 30/01, BVerwGE 116, 332 (337); VGH München Urt. v. 15.3.2001, 7 B 00.107, NVwZ 2001, 931, 933.
[66] Vgl. oben Rn. 22.
[67] Soweit die Erstattung spezialgesetzlich geregelt ist (etwa § 50 SGB X), ist vorrangig auf diese Normierungen zurückzugreifen. Bei Zuwendungen aus EU-Mitteln erfolgen Widerruf und Rückforderung ebenfalls nach §§ 49, 49a VwVfG, da insoweit die nationalen Bestimmungen einschlägig sind, vgl. dazu *Braun* NZBau 2010, 279 ff.

rückgenommen wurde. Die zuständige Behörde setzt die zu erstattende Leistung und deren Verzinsung[68] durch schriftlichen Verwaltungsakt fest. Dabei begegnet es keinen rechtlichen Bedenken, wenn die Behörde die Rückforderung mit dem Widerruf verbindet, ohne dass der Widerruf vollziehbar, also bestandskräftig oder für sofort vollziehbar erklärt ist[69]. Für den Umfang der Erstattung mit Ausnahme der Verzinsung gelten die Vorschriften des §§ 812 ff. BGB entsprechend. Der Zuwendungsempfänger kann sich aber auf den Wegfall der Bereicherung nicht berufen, soweit er die Umstände kannte oder infolge grober Fahrlässigkeit nicht kannte, die zur Rücknahme, zum Widerruf oder zur Unwirksamkeit des Verwaltungsaktes geführt haben.

D. Die Kontrolle der Mittelverwendung

34 Dem Widerruf zeitlich vorgelagert ist die Prüfung der Mittelverwendung. Die umfassende Aufklärung des Sachverhaltes ist Teil einer sachgerechten Ermessensausübung. Die erste Prüfung erfolgt im Regelfall durch die Bewilligungsbehörde (sub 1). Diese erhält im Anschluss an das Fördervorhaben vom Zuwendungsempfänger einen sog. Verwendungsnachweis, in dem der Zuwendungsempfänger Auskunft über die Mittelverwendung gibt. Stichprobenweise werden die Ergebnisse der Bewilligungsbehörde wiederum von dem jeweiligen Landes- bzw. bei Bundesmitteln auch vom Bundesrechnungshof (sub 2) kontrolliert, dessen Befunde in der Praxis nicht selten Ausgangspunkt für Rückforderungen sind.

I. Die Zuwendungsprüfung durch die Bewilligungsbehörde

35 Zunächst wird die **Bewilligungsbehörde** prüfend tätig, die den Verwendungsnachweis samt Sachbericht vom Zuwendungsempfänger erhält. Diese sog. Verwendungsnachweisprüfung gehört zu den originären Aufgaben der Bewilligungsbehörde, soweit diese Aufgabe nicht einer anderen Behörde zugewiesen ist. Im Mittelpunkt steht dabei die **Erfolgskontrolle**[70] mit den nachfolgenden Fragestellungen: Wurden die mit der Fördermittelvergabe verfolgten Ziele erreicht, war die Zuwendung hierfür ursächlich und war sie wirtschaftlich?

36 Der Schwerpunkt der behördlichen Erfolgskontrolle wird regelmäßig die **Prüfung der Wirtschaftlichkeit** liegen[71]. Denn gerade die Frage, ob das Ziel erreicht oder der Zweck der Fördermaßnahme verfehlt wurde, hängt nicht zuletzt von der im Einzelfall schwierigen Zweckbestimmung ab[72]. Die ordnungsgemäße Durchführung eines Vergabeverfahrens wird im Regelfall weder (primärer) Zweck der Zuwendung noch für die Zielerreichung ursächlich sein. Sie lässt aber – nach der maßgeblichen Einschätzung der Bewilligungsbehörde – auf die Wirtschaftlichkeit des Fördervorhabens schließen[73]. Die in den ANBest aufgenommene Pflicht zur Auftragsvergabe soll den Zuwendungsempfänger zum sparsamen und wirtschaftlichen Umgang mit den zugewandten öffentlichen Haushaltsmitteln anhalten. Im Grundsatz ist das Vergabeverfahren damit umfassend von der Kontrolle durch die Bewilligungsbehörde erfasst, denn nur solche Fehler entfallen aus der Kontroll-

---

[68] Der Erstattungsanspruch ist nach der gesetzlichen Konzeption (vgl. § 49a Abs. 3 VwVfG) regelmäßig zu verzinsen. Hiervon soll die Zuwendungsbehörde nicht absehen, vgl. VGH München Beschl. v. 29.7.2008, 4 ZB 07.2230, BayVBl. 2010, 280.
[69] Vgl. VG Düsseldorf Beschl. v. 19.2.2008 – 20 K 1018/07 (nrwe.de, Rn. 48); Urt. v. 9. Mai 2003, 1 K 599/00 (nrwe.de, Rn. 35 m.w.N.).
[70] *Antweiler* NVwZ 2005, 168, 170; hierzu ausführlich *Wintrich* NVwZ 1988, 895 ff.
[71] *Antweiler* NVwZ 2005, 168, 170.
[72] So auch *H.-M. Müller* in Byok/Jaeger, Einl. C Rn. 3.
[73] Dazu oben Rn. 27.

kompetenz der Bewilligungsbehörde, die den sparsamen und wirtschaftlichen Mittelumgang unter keinerlei Gesichtspunkt in Frage stellen können[74].

Unterstützung erfahren die Bewilligungsbehörde im Prüfverfahren durch die **(kommunalen) Rechnungsprüfungsämter**, die sich zugleich als weitere Kontrollstelle etabliert haben[75]. Soweit sie eingerichtet sind[76], können die Rechnungsprüfungsämter die Mittelverwendung aufgrund eigener Prüfungsautonomie[77] prüfen. Sie agieren unabhängig und von der bewilligenden Stelle getrennt, so dass sie einen objektiven Blick als eine an dem Verfahren nicht beteiligte Stelle wahrnehmen. 37

II. Die Zuwendungsprüfung durch die Rechnungshöfe

Für Kritik hat in den letzten Jahren vielmehr die strikte Rückforderungspolitik der **Rechnungshöfe** geführt. Noch lange Zeit nach Abschluss des Förderprojektes und nachdem die Bewilligungsbehörde am Ende ihrer Prüfung keine Beanstandung ausgesprochen hatte, fordern die Rechnungshöfe vermehrt die Bewilligungsbehörden zum (anteiligen) Widerruf der Zuwendung auf. Ein Hauptaugenmerk legen sie bei ihrer Prüfung inzwischen auf die durchgeführten Vergabeverfahren des Zuwendungsempfängers. Dies hat sich in der Vergangenheit als aus Sicht der Rechnungshöfe lohnenswerter Prüfansatz erwiesen[78], da nicht zuletzt aufgrund des komplizierten deutschen Vergabesystems die Möglichkeiten, Fehler zu machen, beträchtlich sind. 38

In der Praxis nimmt ein eingeleitetes Widerrufsverfahren nicht selten seinen Ausgang in einer vorangegangenen Prüfung eines Rechnungshofes. Deren Aufgabe ist – auf Bundes- wie Landesebene gleichermaßen[79] – die Prüfung von Rechnung sowie der Wirtschaftlichkeit und Ordnungsmäßigkeit der Haushalts- und Wirtschaftsführung, zu der auch die Kontrolle bewilligter Zuwendungen gehört. Sie **unterstützen** damit **die Parlamente** bei der Erfüllung ihrer Kontrollaufgabe, ohne dass diese an den Bericht des jeweiligen Rechnungshofes gebunden sind. Sie üben damit keine Entscheidungsbefugnis aus, sondern werden nur gutachterlich tätig und können allenfalls „außerrechtlichen Druck" auf die Beteiligten ausüben[80]. Den von den Rechnungshöfen verfassten Prüfniederschriften kommt keine unmittelbare rechtsverbindliche Wirkung zu[81]. Hierdurch sind Rechnungshöfe zugleich ein **Instrument der internen Verwaltungskontrolle**. 39

---

[74] Vgl. vor diesem Hintergrund die Bewertung von Vorgaben in Landesvergabegesetzen bei *Fandrey/Grüner*, Der Gemeindehaushalt 2014, 15, 17.
[75] Speziell zur Zuwendungsprüfung durch Rechnungsprüfungsämter *Kämmerling* ZKF 2010, 175 ff.
[76] Vgl. für NRW § 53 Abs. 3 KrO NRW sowie § 102 Abs. 1 GO NRW, wonach Kreise, kreisfreie Städte, Große und Mittlere kreisangehörige Städte eine örtliche Rechnungsprüfung einrichten müssen.
[77] *Kämmerling* ZKF 2010, 175, 177.
[78] Hierauf verweist bereits *H.-M. Müller* in Byok/Jaeger, Einl. C Rn. 3.
[79] Vgl. auf Bundesebene Art. 114 Abs. 2 GG; exemplarisch auf Landesebene Art. 86 Abs. 2 Verf. NRW sowie Art. 83 Abs. 2 Verf BW.
[80] *Brune/Mannes* VergabeR 2006, 864, 869; *Attendorn* NVwZ 2006, 991, 992.
[81] In das Licht der Öffentlichkeit gelangen die Ergebnisse erst über den jährlichen Prüfbericht für die Parlamente. Nach Auffassung des OVG NRW können Dritte aber einen Anspruch auf Einsicht in die Prüfungsniederschriften aus § 1 Abs. 1 Satz 1 des Informationsfreiheitsgesetzes des Bundes haben, vgl. OVG NRW Urt. v. 26.10.2011, 8 A 2593/10, AfP 2012, 94 ff.; anders noch die Vorinstanz VG Köln Urt. v. 30.9.2010, 13 K 717/09, NWVBl. 2011, 444 ff. mit Anm. *Reus/Mühlhausen*. Vgl. allgemein zur verfassungsrechtlichen Funktion der Rechnungshöfe statt Vieler *Bertrams* NWVBl. 1999, 1 ff.; *Siekmann* in Sachs, Art. 114 Rn. 27 ff.; *Schulze-Fielitz* VVDStRL 55 (1996), 231, 237 ff.

40 Prüfungsgegenstand ist nach § 91 BHO/LHO der Umgang mit Zuwendungen des Bundes und der Länder[82]. Aufgrund der angestrebten internen Verwaltungskontrolle ist damit die **Bewilligungsbehörde primäres Prüfungsobjekt** der Rechnungshöfe. Zu diesem Zweck mag es aus Sicht des Rechnungshofes notwendig sein, direkt beim Zuwendungsempfänger vor Ort das für die Prüfung nötige Material zu sammeln. Dies ändert aber nicht den Charakter des verfassungsrechtlichen Auftrages: Es bleibt eine **Prüfung beim Zuwendungsgeber** und **keine Prüfung des Zuwendungsempfängers**[83]. Hieraus lassen sich für die am Beispiel des Vergaberechts besonders intensiv diskutierte Frage der Kontrolldichte – die generelle Zulässigkeit der Tätigkeit der Rechnungshöfe im Zusammenhang von Zuwendungen wird weitgehend anerkannt[84] – mehrere Schlüsse ziehen:

41 Die erste Einschränkung der Kontrollkompetenz folgt aus dem Prüfobjekt des Rechnungshofes. Der Rechnungshof soll nicht – vergleichbar zur Bewilligungsbehörde – umfassend die Wirtschaftlichkeit der Zuwendung kontrollieren, sondern die bewilligende Verwaltung. Was nicht Gegenstand der Prüfung der Bewilligungsbehörde ist[85], kann damit auch nicht der Kontrollkompetenz des Rechnungshofes unterliegen. Sein Prüfungsrecht ist daher **beschränkt auf die Kontrolldichte der Bewilligungsbehörde** gegenüber dem Zuwendungsempfänger[86]. Dabei ist die Vergabe öffentlicher Aufträge als Teil der von Verfassung wegen zu prüfenden Haushalts- und Wirtschaftsführung dem Kontrollrecht der Rechnungshöfe nicht entzogen.

42 Eine weitere inhaltliche Einschränkung folgt aus dem Auftrag des Rechnungshofes. Er unternimmt **keine allgemeine Erfolgskontrolle** oder gar eine allgemeine Rechtmäßigkeitskontrolle[87]. Erst recht urteilt er nicht über den politischen Sinn einer Zuwendung. Dies ist die Aufgabe der Legislative. Der Rechnungshof hat die von der Politik vorgegebenen Ziele zu respektieren. Er prüft vielmehr nur, ob der angestrebte Förderzweck auf möglichst sparsame und wirtschaftliche Weise erreicht worden ist.

43 Aus der von ihm übernommenen Kontrollfunktion folgt in **zeitlicher Dimension** der Grundsatz, dass der Rechnungshof nur abgeschlossene Vorgänge prüfen soll[88]. Solange die Bewilligungsbehörde also noch die Verwendung selbst prüft, bleibt der Rechnungshof im Hintergrund. Von diesem Grundsatz können freilich Ausnahmen gemacht werden. So kann es sich bei Zuwendungsprojekten mit längerer Laufzeit anbieten, abgeschlossene Teilentscheidungen isoliert zu prüfen. Weiterhin wird man dem Rechnungshof sein Recht zur Prüfung nicht absprechen können, wenn die Bewilligungsbehörde ihre Prüfpflicht über einen längeren Zeitraum vernachlässigt. Inwieweit zudem eine Kontrolle bei absehbaren Fehlern bereits im laufenden Bewilligungsverfahren möglich ist, erscheint in engen Grenzen zumindest diskussionswürdig. Dabei müsste aber sichergestellt werden, dass dem Rechnungshof keine weitergehender Mitwirkungs- und Mitentscheidungsrechte eingeräumt werden. Trotz der damit einhergehenden Gefahr einer Verantwortungsverla-

---

[82] Zum Prüfungsauftrag der Rechnungshöfe bei kommunalen Zuwendungen, vgl. OVG Schleswig-Holstein Urt. v. 17.3.2006 – 3 LB 106/03 (juris); *Kulartz/Schilder* NZBau 2005, 552, 553.

[83] *Antweiler*, NVwZ 2005, 168, 171 spricht treffend von der „Kontrolle der Erfolgskontrolle"; *Kulartz/Schilder* NZBau 2005, 552, 553: der Zuwendungsempfänger ist nur ein Ort für Erhebungen. Weitergehend *Degenhart* VVDStRL 55 (1996), 190, 222: Prüfung des Privaten liegt innerhalb des Verfassungsauftrags der Art. 114 Abs. 2 GG.

[84] Vgl. m.w.N. *H.-M. Müller* in Byok/Jaeger, Einl. C Rn. 7.

[85] Siehe oben Rn. 35 ff.

[86] So bereits *Antweiler* NVwZ 2005, 168, 171.

[87] *Siekmann* in Sachs, GG, Art. 114 Rn. 28 m.w.N.; *Stern* DÖV 1990, 261, 263; *H.-M. Müller* in Byok/Jaeger, Einl. C Rn. 11; *Kulartz/Schilder* NZBau 2005, 552, 553; *Antweiler* NVwZ 2005, 168, 171.

[88] *Siekmann* in Sachs, GG, Art. 114 Rn. 27; *Stern* Das Staatsrecht der Bundesrepublik Deutschland, Bd. II, 1980, S. 431 m.w.N.; vgl. zu den Vorzügen einer zeitnahen Kontrolle *Bertrams*, NWVBl. 1999, 1, 4f.

gerung auf den Rechnungshof kann nicht übersehen werden, dass ein frühzeitiges Gegensteuern finanzielle Schäden und spätere Rückforderungsmaßnahmen verhindern kann.

Davon ausgehend, dass die Prüfung durch Rechnungshöfe in erster Linie der internen **44** Kontrolle der Bewilligungsbehörde dienen, muss **örtlicher Anlaufpunkt** für die Prüfung zunächst auch die staatliche Stelle sein. Mag man dem Zuwendungsempfänger, der eine staatliche Leistung erhält ohne hierauf Anspruch zu haben, auch abverlangen können, mit den Prüfinstanzen zu kooperieren, so erscheint jedwede Belastung des Zuwendungsempfängers nicht erforderlich, soweit die entsprechenden Daten auch bei der Bewilligungsbehörde vorhanden sind. Dies folgt aus dem allgemeinen Grundsatz, dass es dem Rechnungshof verwehrt ist, willkürliche oder schikanöse Verfahren durchzuführen[89].

Einen Sonderfall stellt wegen der föderalen Struktur in Deutschland der Bundesrech- **45** nungshof dar. Dessen Kontrollkompetenz richtet sich nach der Art des Vorhabens bzw. der Grundlage der Mittelgewährung[90]. Eine praxisrelevante Einschränkung seiner Kontrolldichte hat der **Bundesrechnungshof** durch eine Entscheidung des Bundesverfassungsgerichts vom 7. September 2010 erfahren[91]. Anlass waren Finanzhilfen des Bundes, die dieser im Rahmen des sog. Konjunkturpaketes II gestützt auf Art. 104b GG den Ländern zur eigenen Bewirtschaftung zur Verfügung stellte, um Investitionsvorhaben vor allem auf kommunaler Ebene voranzutreiben[92]. Gesetzlicher Rahmen war das Zukunftsinvestitionsgesetz (ZuInvG), das bei Nichterfüllung der Fördervoraussetzungen bzw. zweckwidriger Verwendung der Finanzierungshilfen einen Rückforderungsanspruch vorsah. Um die einer Rückforderung vorangehenden Kontrolle abzusichern, sollte der Bund in Einzelfällen weitergehende Nachweise verlangen und bei Ländern und Kommunen Unterlagen einsehen sowie örtliche Erhebungen durchführen können (§ 6a Satz 1 ZuInvG). Auch der Bundesrechnungshof sollte Erhebungen bei Ländern und Kommunen durchführen (Satz 4).

Beide Bestimmungen bewertete der Zweite Senat aufgrund fehlender Bundeskompe- **46** tenz als mit der Verfassung teilweise unvereinbar. Die Befugnis des Bundes zu einer aktiven und unmittelbaren Informationsbeschaffung bei den Ländern und Kommunen berühre den Grundsatz der Selbständigkeit und Unabhängigkeit der Haushaltswirtschaft von Bund und Ländern (Art. 109 Abs. 1 GG). Die nötige Kompetenz des Bundes bestehe – insoweit gestützt auf Art. 104a Abs. 5 GG – nur, soweit der Bund über konkrete Tatsachen im Einzelfall in Kenntnis ist, die einen Rückforderungs- bzw. Haftungsanspruchs als möglich erscheinen lassen. Nichts anderes gelte für die in § 6a Satz 4 ZuInvG vorgesehenen Erhebungen des Bundesrechnungshofs bei Ländern und Kommunen. Zwar dürfe der Bundesrechnungshof im Rahmen der Rechtsaufsicht des Bundes Erhebungen durchführen. Diese beschränkten sich aber auf Erhebungen bei den obersten Landesbehörden. Weitergehende Erhebungen bei nachgeordneten Landesbehörden und Kommunen sind ohne Zustimmung aber – wie beim Bund generell – nur dann vom Grundgesetz gedeckt, wenn ein Haftungsanspruchs im Raum steht, der aufgrund konkreter Tatsachen möglich erscheint.

---

[89] *H.-M. Müller* in Byok/Jaeger, Einl. C Rn. 16 unter Verweis auf *Groß* VerwArch 95 (2004), 194, 217.
[90] Ausführlich *Kube* in Maunz/Dürig, GG, Art. 114 (2008) Rn. 84 ff.
[91] BVerfG Beschl. v. 7. 9. 2010, 2 BvF 1/09, BVerfGE 127, 165 ff.
[92] Vgl. zu den Hintergründen *Haak/Hogeweg* NdsVBl. 2009, 130 ff. Vgl. zu den damit einhergehenden Erleichterungen im Vergaberecht *Dabringhausen* VergabeR 2009, 391 ff.; *Erdmann* VergabeR 2009, 844 ff.; *Kühling/Huerkamp* NVwZ 2009, 557 ff.; *Thormann* NZBau 2010, 14 ff.

E. Rechtsschutz des Zuwendungsempfängers gegen Widerruf und Rückforderung

47 Die Rückforderung ausgezahlter Zuwendungen stellt regelmäßig die Finanzierung des geförderten Vorhabens in Frage. So gehört es zum Wesen der Zuwendung und ist Voraussetzung ihrer Bewilligung, dass der Zuwendungsempfänger nicht selbst in der Lage ist, das Vorhaben ohne finanzielle Hilfe zu stemmen. Diesem sog. **Subsidiaritätsprinzip (auch Nachrangigkeitsprinzip)**[93] kommt im Zuwendungsrecht zentrale Bedeutung zu und führt dazu, dass sich jeder Zuwendungsempfänger, der die Rückforderung ohne Verweis auf die drohende Vernichtung seiner wirtschaftlichen Existenz akzeptiert, die Frage gefallen lassen muss, ob er vor Beantragung wirklich alles in seiner Kraft Stehende und Zumutbare getan hat, um die erforderlichen Mittel aufzubringen.

48 Für den Zuwendungsempfänger kann es lohnenswert sein, die Widerrufs- und Rückforderungsentscheidung des Zuwendungsgebers gerichtlich anzugreifen[94]. Das Gericht prüft noch einmal im Detail, ob ein Vergabeverstoß vorlag und inwieweit die Behörde ihre Ermessensentscheidung fehlerfrei getroffen hat. Selbst wenn das Gericht nicht zu dem Schluss kommt, dass das Rückforderungsverlangen ganz oder zumindest teilweise rechtswidrig ist, so gewinnt der Empfänger durch die Klage Zeit. Der Zeitfaktor bekommt eine besondere Brisanz in Fällen, in denen der Zuwendungsempfänger gegen einen in der Sache berechtigten, aber auf falschen Erwägungen gestützten Rückforderungsbescheid klagt. Ein solcher Fehler im Widerrufsbescheid kann nicht ohne Weiteres im verwaltungsgerichtlichen Verfahren geheilt werden. So erlaubt § 114 VwGO zwar die Ergänzung von Ermessenserwägungen, aber keinen Austausch derselben. Die Behörde muss dann fristgerecht[95] einen neuen Bescheid erlassen, andernfalls kann der Zuwendungsempfänger die Fördermittel aus Gründen des Vertrauensschutzes behalten.

49 Bereits im Rahmen der Anhörung vor Erlass des Widerrufsbescheides empfiehlt es sich für einen Zuwendungsempfänger, von der Möglichkeit auf rechtliches Gehör Gebrauch zu machen. Auf diesem Wege kann er der Bewilligungsbehörde mitteilen, ob und inwiefern Ausnahmetatbestände vorliegen, die eine Abweichung vom intendierten Widerrufsermessen rechtfertigen können[96]. So muss eine Behörde bei ihrer Ermessensausübung die wirtschaftlichen Folgen einer Rückforderung nur berücksichtigen, wenn sie diese aufgrund substantiierten Vortrages des Zuwendungsempfängers kannte oder ihr erkennbar waren.

F. Die weitere Entwicklung des Zuwendungsrechts

50 Das Zuwendungsrecht hat durch das Zusammenspiel aus unterschiedlichen, vor allem verwaltungsinternen Vorschriften inzwischen an einer Komplexität gewonnen, die den Vergleich mit dem vergaberechtlichen Kaskadensystem nicht scheuen muss. Mit guten Gründen lässt sich daher eine Vereinfachung des Zuwendungsrechts im Interesse aller Beteiligten fordern[97].

---

[93] Hierzu *Ubbenhorst* Zuwendungsrecht des Landes Nordrhein-Westfalen, S. 26 f. Der Grundgedanke des Subsidiaritätsprinzips entstammt der katholischen Soziallehre und umschreibt das Primat der kleineren Einheit. Nur wenn diese nicht zur hinreichenden Aufgabenerfüllung fähig ist, darf die jeweils größere Einheit dies übernehmen, vgl. *Knauff* Der Gewährleistungsstaat, S. 228 f.; *Papier* in FS-Isensee, 691 (692 f.).

[94] Zum Rechtsweg siehe *Greb* VergabeR 2010, 387, 389.

[95] Zur Berechnung *Sachs* in Stelkens/Bonk/Sachs, VwVfG, 7. Aufl. 2008, § 48 Rn. 206.

[96] So auch empfohlen von *Pape/Holz* NVwZ 2011, 1231, 1234.

[97] Ausführliche Reformempfehlungen zum allgemeinen Zuwendungsrecht bei *Teich/Beck* DÖV 2006, 556 ff.

51 An der hier relevanten **Schnittstelle zum Vergaberecht** bedarf es insbesondere einer Harmonisierung der beiden Rechtsmaterien. Aufgrund der unionsrechtlichen Prägung des Kartellvergaberechts wird hierzu am Zuwendungsrecht anzusetzen sein. So fehlt an dieser Schnittstelle nicht selten die **Konsistenz der Regelungen**, etwa wenn aus Sicht des Kartellvergaberechts geheilte bzw. präkludierte Fehler noch Jahre nach Abschluss des Fördervorhabens zum Zuwendungswiderruf führen. Auch sei noch einmal auf die Unstimmigkeiten im Sektorenbereich[98] hingewiesen, die dazu führen, dass die kartellvergaberechtlichen Privilegierung von Sektorenauftraggeber in Frage steht. **De lege ferenda** sollte das gesamte Binnenrecht der Verwaltung (Verwaltungsvorschriften, Erlasse, ANBest etc.) dahingehend geändert werden, dass sich deren Verweis auf bestimmte vergaberechtliche Grundsätze beschränkt. Nicht jede vergaberechtliche Vorschrift aus den Vergabe- und Vertragsordnungen ist für den öffentlichen Haushalt von derartiger Bedeutung, dass ein Verstoß den (anteiligen) Widerruf rechtfertigt.

52 Zugleich bedarf es eindeutiger Vorgaben in den Allgemeinen Nebenbestimmungen oder – noch besser, weil für dessen Empfänger klarer – im Bewilligungsbescheid selbst. Zwar ist ein Verweis aus formalrechtlicher Sicht nicht zu beanstanden, da erwartet werden kann, dass sich ein Zuwendungsempfänger mit allen Bestimmungen, auf die verwiesen wird, auseinandersetzt. Aber in Angesicht der drohenden Sanktionen und der damit verbundenen Folgen für die wirtschaftliche Existenz des Zuwendungsempfängers bietet es sich im Sinne eines verwaltungsbehördlichen **Kooperationsgedankens** an, dass die Bewilligungsbehörde klar zum Ausdruck bringt, welche Pflichten sie vom Zuwendungsempfänger beachtet wissen möchte. Dies ist schon gegenwärtig rechtlich möglich, ohne die verwaltungsinternen Vorgaben zu verletzen. Denn die Bewilligungsbehörde würde nur deklaratorisch festhalten, was aufgrund der unverändert einbezogenen ANBest sowieso gilt. So verwundert es beispielsweise, dass privaten Unternehmen nicht selten abverlangt wird, selbst herauszufinden, welche Vergabevorschriften[99] anzuwenden sind, obwohl diese Zuwendungsempfänger naturgemäß wenig Erfahrung in der Rolle des Ausschreibenden aufweisen können und mit den dortigen Feinheiten (etwa zum Nachverhandlungsverbot oder zur Losaufteilung) nicht von Haus aus vertraut sind. In jedem Fall bietet es sich im Interesse aller Beteiligten an, während des gesamten Fördervorhabens bei Zweifeln Kontakt zu suchen. Rücksprache kann schutzwürdiges Vertrauen schaffen oder im Einzelfall zumindest die Jahresfrist auslösen. Ergänzt durch eine maßvolle Ausübung der Rückforderungspraxis[100] gerade in Fällen, in denen der primäre Förderzweck erreicht wurde, besteht schon de lege lata ausreichend Potential, um mögliche Konflikte zu minimieren.

---

[98] Siehe oben Rn. 15.
[99] So kann sich je nach Fassung etwa die Frage stellen, auf welchen Abschnitt verwiesen wird, ob VOB/A, VOL/A oder die SektVO zu beachten ist, welche Wertgrenzen gelten und welche Fassung des jeweiligen Regelwerkes einschlägig ist, also ob eine statische oder eine dynamische Verweisung vorliegt.
[100] Wie sie etwa *H.-M. Müller* in Byok/Jaeger, Einl. C Rn. 23 fordert.

Kapitel 2 Vergabeverfahrensarten

§ 9 Offenes Verfahren, nicht offenes Verfahren, Verhandlungsverfahren

Übersicht

	Rn.
A. Einleitung	1–3
B. Wahl der richtigen Vergabeverfahrensart	4–12
I. Rechtsrahmen	4, 5
II. Hierarchie der Verfahrensarten	6–9
III. Rechtsfolgen bei Wahl der falschen Verfahrensart	10–12
C. Die einzelnen Vergabeverfahrensarten	13–83
I. Offenes Verfahren	13–22
II. Nicht offenes Verfahren	23–40
III. Verhandlungsverfahren mit Teilnahmewettbewerb	41–56
IV. Verhandlungsverfahren ohne Teilnahmewettbewerb	57–83

GWB: § 101 Abs. 1–3, 5, 7
VOB/A EG: § 3, Abs. 1–5, 6 S. 2
VOL/A EG: § 3, Abs. 1–6
VOF: § 3

GWB:

§ 101 GWB Arten der Vergabe

(1) Die Vergabe von öffentlichen Liefer-, Bau- und Dienstleistungsaufträgen erfolgt in offenen Verfahren, in nicht offenen Verfahren, in Verhandlungsverfahren oder im wettbewerblichen Dialog.

(2) Offene Verfahren sind Verfahren, in denen eine unbeschränkte Anzahl von Unternehmen öffentlich zur Abgabe von Angeboten aufgefordert wird.

(3) Bei nicht offenen Verfahren wird öffentlich zur Teilnahme, aus dem Bewerberkreis sodann eine beschränkte Anzahl von Unternehmen zur Angebotsabgabe aufgefordert.

(4) hier nicht abgedruckt.

(5) Verhandlungsverfahren sind Verfahren, bei denen sich der Auftraggeber mit oder ohne vorherige öffentliche Aufforderung zur Teilnahme an ausgewählte Unternehmen wendet, um mit einem oder mehreren über die Auftragsbedingungen zu verhandeln.

(6) hier nicht abgedruckt.

(7) Öffentliche Auftraggeber haben das offene Verfahren anzuwenden, es sei denn, auf Grund dieses Gesetzes ist etwas anderes gestattet. Auftraggebern stehen, soweit sie auf dem Gebiet der Trinkwasser- oder Energieversorgung oder des Verkehrs tätig sind, das offene Verfahren, das nicht offene Verfahren und das Verhandlungsverfahren nach ihrer Wahl zur Verfügung. Bei der Vergabe von verteidigungs- und sicherheitsrelevanten Aufträgen können öffentliche Auftraggeber zwischen dem nicht offenen Verfahren und dem Verhandlungsverfahren wählen.

VOB/A EG:

§ 3 EG VOB/A Arten der Vergabe

(1) Bauaufträge im Sinne von § 1 EG werden von öffentlichen Auftraggebern nach § 98 Nummer 1 bis 3 und 5 GWB vergeben:

1. im offenen Verfahren; bei einem offenen Verfahren wird eine unbeschränkte Anzahl von Unternehmen öffentlich zur Abgabe von Angeboten aufgefordert,

2. im nicht offenen Verfahren; bei einem nicht offenen Verfahren wird öffentlich zur Teilnahme, aus dem Bewerberkreis sodann eine beschränkte Anzahl von Unternehmen zur Angebotsabgabe aufgefordert,

3. im Verhandlungsverfahren; beim Verhandlungsverfahren mit oder ohne öffentliche Vergabebekanntmachung wendet sich der Auftraggeber an ausgewählte Unternehmen und verhandelt mit einem oder mehreren dieser Unternehmen über die von diesen unterbreiteten Angebote, um diese entsprechend den in der Bekanntmachung, den Vergabeunterlagen und etwaigen sonstigen Unterlagen angegebenen Anforderungen anzupassen,

4. im wettbewerblichen Dialog; [...]

(2) Das offene Verfahren hat Vorrang vor den anderen Verfahren, es muss angewendet werden, wenn nicht die Eigenart der Leistung oder besondere Umstände eine Abweichung rechtfertigen.

(3) Das nicht offene Verfahren ist zulässig, wenn

1. eine Bearbeitung des Angebotes wegen der Eigenart der Leistung einen außergewöhnlich hohen Aufwand erfordert,

2. die Leistung nach ihrer Eigenart nur von einem beschränkten Kreis von Unternehmen in geeigneter Weise ausgeführt werden kann, besonders wenn außergewöhnliche Zuverlässigkeit oder Leistungsfähigkeit (beispielsweise Erfahrung, technische Einrichtungen oder fachkundige Arbeitskräfte) erforderlich ist,

3. ein offenes Verfahren oder nicht offenes Verfahren aufgehoben wurde,

4. das offene Verfahren aus anderen Gründen unzweckmäßig ist.

(4) Das Verhandlungsverfahren mit öffentlicher Vergabebekanntmachung ist zulässig,

1. wenn ein offenes Verfahren oder nicht offenes Verfahren wegen nicht annehmbarer Angebote aufgehoben wurde und die ursprünglichen Vertragsunterlagen nicht grundlegend geändert worden sind,

2. wenn die betroffenen Bauvorhaben nur zu Forschungs-, Versuchs- oder Entwicklungszwecken durchgeführt werden und nicht mit dem Ziel der Rentabilität oder der Deckung von Entwicklungskosten,

3. wenn im Ausnahmefall die Leistung nach Art und Umfang oder wegen der damit verbundenen Wagnisse nicht eindeutig und nicht so erschöpfend beschrieben werden kann, dass eine einwandfreie Preisermittlung zur Vereinbarung einer festen Vergütung möglich ist.

(5) Das Verhandlungsverfahren ohne öffentliche Vergabebekanntmachung ist zulässig,

1. wenn bei einem offenen Verfahren oder bei einem nicht offenen Verfahren

a) keine wirtschaftlichen Angebote abgegeben worden sind und

b) die ursprünglichen Vertragsunterlagen nicht grundlegend geändert werden und

c) in das Verhandlungsverfahren alle Bieter aus dem vorausgegangenen Verfahren einbezogen werden, die fachkundig, leistungsfähig sowie gesetzestreu und zuverlässig sind,

2. wenn bei einem offenen Verfahren oder bei einem nicht offenen Verfahren

a) keine Angebote oder keine Bewerbungen abgegeben worden sind oder

b) nur solche Angebote abgegeben worden sind, die nach § 16 EG Absatz 1 auszuschließen sind,

und die ursprünglichen Vertragsunterlagen nicht grundlegend geändert werden,

3. wenn die Arbeiten aus technischen oder künstlerischen Gründen oder auf Grund des Schutzes von Ausschließlichkeitsrechten nur von einem bestimmten Unternehmen ausgeführt werden können,

4. wenn wegen der Dringlichkeit der Leistung aus zwingenden Gründen infolge von Ereignissen, die der Auftraggeber nicht verursacht hat und nicht voraussehen konnte, die in § 10 EG Absatz 1, 2 und 3 Nummer 1 vorgeschriebenen Fristen nicht eingehalten werden können,

5. wenn an einen Auftragnehmer zusätzliche Leistungen vergeben werden sollen, die weder in dem der Vergabe zugrunde liegenden Entwurf noch im ursprünglich geschlossenen Vertrag vorgesehen sind, die aber wegen eines unvorhergesehenen Ereignisses zur Ausführung der darin beschriebenen Leistung erforderlich sind, sofern diese Leistungen

a) sich entweder aus technischen oder wirtschaftlichen Gründen nicht ohne wesentliche Nachteile für den Auftraggeber vom ursprünglichen Auftrag trennen lassen oder

b) für die Vollendung der im ursprünglichen Auftrag beschriebenen Leistung unbedingt erforderlich sind, auch wenn sie getrennt vergeben werden könnten;

Voraussetzung dafür ist, dass der geschätzte Gesamtwert der Aufträge für die zusätzlichen Bauleistungen die Hälfte des Wertes des ursprünglichen Auftrages nicht überschreitet,

6. wenn gleichartige Bauleistungen wiederholt werden, die durch denselben Auftraggeber an den Auftragnehmer vergeben werden, der den ursprünglichen Auftrag erhalten hat, und wenn sie einem Grundentwurf entsprechen und dieser Gegenstand des ursprünglichen Auftrags war, der nach einem offenen oder nicht offenen Verfahren vergeben wurde. Die Möglichkeit, dieses Verfahren anzuwenden, muss bereits bei der Bekanntmachung der Ausschreibung für das erste Vorhaben angegeben werden; der für die Fortsetzung der Bauarbeiten in Aussicht gestellte Gesamtauftragswert wird vom öffentlichen Auftraggeber bei der Anwendung von § 1 EG berücksichtigt. Dieses Verfahren darf jedoch nur innerhalb von drei Jahren nach Abschluss des ersten Auftrags angewandt werden.

Die Fälle der Nummern 5 und 6 sind nur anzuwenden bei der Vergabe von Aufträgen mit einem Auftragswert nach § 1 EG Absatz 2 Nummer 2.

(6)
1. hier nicht abgedruckt.

2. Der Auftraggeber kann vorsehen, dass das Verhandlungsverfahren in verschiedenen aufeinander folgenden Phasen durchgeführt wird. In jeder Verhandlungsphase kann die Zahl der Angebote, über die verhandelt wird, auf der Grundlage der in der Bekanntmachung oder in den Vertragsunterlagen angegebenen Zuschlagskriterien verringert werden. In der Schlussphase müssen noch so viele Angebote vorliegen, dass ein Wettbewerb gewährleistet ist.

(7) hier nicht abgedruckt.

VOL/A EG:

§ 3 EG VOL/A Arten der Vergabe

(1) Die Vergabe von Aufträgen erfolgt im offenen Verfahren. In begründeten Ausnahmefällen ist ein nicht offenes Verfahren, ein Verhandlungsverfahren oder ein wettbewerblicher Dialog zulässig.

(2) Ein nicht offenes Verfahren ist zulässig, wenn

a) die Leistung nach ihrer Eigenart nur von einem beschränkten Kreis von Unternehmen in geeigneter Weise ausgeführt werden kann, besonders wenn außergewöhnliche Eignung (§ 2 EG Absatz 1 Satz 1) erforderlich ist,

b) das offene Verfahren für den Auftraggeber oder die Bewerber einen Aufwand verursachen würde, der zu dem erreichbaren Vorteil oder dem Wert der Leistung im Missverhältnis stehen würde,

c) ein offenes Verfahren kein wirtschaftliches Ergebnis gehabt hat,

d) ein offenes Verfahren aus anderen Gründen unzweckmäßig ist.

(3) Die Auftraggeber können Aufträge im Verhandlungsverfahren mit vorheriger öffentlicher Aufforderung zur Teilnahme (Teilnahmewettbewerb) vergeben, wenn

a) in einem offenen oder einem nicht offenen Verfahren oder einem wettbewerblichen Dialog nur Angebote abgegeben worden sind, die ausgeschlossen wurden, sofern die ursprünglichen Bedingungen des Auftrags nicht grundlegend geändert werden;
die Auftraggeber können in diesen Fällen von einem Teilnahmewettbewerb absehen, wenn sie in das Verhandlungsverfahren alle Unternehmen einbeziehen, welche die Voraussetzungen an Fachkunde, Leistungsfähigkeit und Zuverlässigkeit erfüllen und form- und fristgerechte Angebote abgegeben haben,

b) es sich um Aufträge handelt, die ihrer Natur nach oder wegen der damit verbundenen Risiken die vorherige Festlegung eines Gesamtpreises nicht zulassen,

c) die zu erbringenden Dienstleistungsaufträge, insbesondere geistig-schöpferische Dienstleistungen der Kategorie 6 des Anhangs I A, dergestalt sind, dass vertragliche Spezifikationen nicht hinreichend genau festgelegt werden können, um den Auftrag durch die Wahl des besten Angebots in Übereinstimmung mit den Vorschriften über offene und nicht offene Verfahren vergeben zu können.

(4) Die Auftraggeber können Aufträge im Verhandlungsverfahren ohne Teilnahmewettbewerb vergeben:

a) wenn in einem offenen oder einem nicht offenen Verfahren keine oder keine wirtschaftlichen Angebote abgegeben worden sind, sofern die ursprünglichen Bedingungen des Auftrags nicht grundlegend geändert werden;

b) wenn es sich um die Lieferung von Waren handelt, die nur zum Zwecke von Forschungen, Versuchen, Untersuchungen, Entwicklungen oder Verbesserungen hergestellt werden, wobei unter diese Bestimmung nicht eine Serienfertigung zum Nachweis der Marktfähigkeit des Produktes oder zur Deckung der Forschungs- und Entwicklungskosten fällt;

c) wenn der Auftrag wegen seiner technischen oder künstlerischen Besonderheiten oder aufgrund des Schutzes von Ausschließlichkeitsrechten (z. B. Patent-, Urheberrecht) nur von einem bestimmten Unternehmen durchgeführt werden kann;

d) soweit dies unbedingt erforderlich ist, wenn aus dringlichen zwingenden Gründen, die die Auftraggeber nicht voraussehen konnten, die vorgeschriebenen Fristen nicht eingehalten werden können. Die Umstände, die die zwingende Dringlichkeit begründen, dürfen auf keinen Fall dem Verhalten der Auftraggeber zuzuschreiben sein;

e) bei zusätzlichen Lieferungen des ursprünglichen Auftragnehmers, die entweder zur teilweisen Erneuerung von gelieferten Waren oder Einrichtungen zur laufenden Benutzung oder zur Erweiterung von Lieferungen oder bestehenden Einrichtungen bestimmt sind, wenn ein Wechsel des Unternehmens dazu führen würde, dass die Auftraggeber Waren mit unterschiedlichen technischen Merkmalen kaufen müssten und dies eine technische Unvereinbarkeit oder unverhältnismäßige technische Schwierigkeiten bei Gebrauch, Betrieb oder Wartung mit sich bringen würde. Die Laufzeit dieser Aufträge sowie die der Daueraufträge darf in der Regel drei Jahre nicht überschreiten;

f) für zusätzliche Dienstleistungen, die weder in dem der Vergabe zugrunde liegenden Entwurf noch in dem zuerst geschlossenen Vertrag vorgesehen sind, die aber wegen eines unvorhergesehenen Ereignisses zur Ausführung der darin beschriebenen Dienstleistungen erforderlich sind, sofern der Auftrag an das Unternehmen vergeben wird, das diese Dienstleistung erbringt, wenn sich die zusätzlichen Dienstleistungen in technischer und wirtschaftlicher Hinsicht nicht ohne wesentlichen Nachteil für den Auftraggeber vom Hauptauftrag trennen lassen oder wenn diese Dienstleistungen zwar von der Ausführung des ursprünglichen Auftrags getrennt werden können, aber für dessen Vollendung unbedingt erforderlich sind.

Der Gesamtwert der Aufträge für die zusätzlichen Dienstleistungen darf jedoch 50 vom Hundert des Wertes des Hauptauftrags nicht überschreiten;

g) bei neuen Dienstleistungen, die in der Wiederholung gleichartiger Leistungen bestehen, die durch den gleichen Auftraggeber an das Unternehmen vergeben werden, das den ersten Auftrag erhalten hat, sofern sie einem Grundentwurf entsprechen und dieser Entwurf Gegenstand des ersten Auftrags war, der entweder im offenen oder nicht offenen Verfahren vergeben wurde. Die Möglichkeit der Anwendung des Verhandlungsverfahrens muss bereits in der Ausschreibung des ersten Vorhabens angegeben werden; der für die nachfolgenden Dienstleistungen in Aussicht genommene Gesamtauftragswert wird vom Auftraggeber bei der Berechnung des Auftragswertes berücksichtigt. Das Verhandlungsverfahren darf jedoch nur innerhalb von drei Jahren nach Abschluss des ersten Auftrags angewandt werden;

h) wenn im Anschluss an einen Wettbewerb im Sinne des Absatzes 8 Satz 1 der Auftrag nach den Bedingungen dieses Wettbewerbs an den Gewinner oder an einen der Preisträger vergeben werden muss. Im letzteren Fall müssen alle Preisträger des Wettbewerbs zur Teilnahme an den Verhandlungen aufgefordert werden;

i) bei auf einer Warenbörse notierten und gekauften Ware;

j) wenn Waren zu besonders günstigen Bedingungen bei Lieferanten, die ihre Geschäftstätigkeit endgültig einstellen, oder bei Insolvenzverwaltern oder Liquidatoren im Rahmen eines Insolvenz-, Vergleichs- oder Ausgleichsverfahrens oder eines in den Vorschriften eines anderen Mitgliedstaates vorgesehenen gleichartigen Verfahrens erworben werden.

(5) Vergeben die Auftraggeber einen Auftrag im nicht offenen Verfahren oder im Verhandlungsverfahren mit Teilnahmewettbewerb, so können sie eine Höchstzahl von Unternehmen bestimmen, die zur Angebotsabgabe aufgefordert werden. Die Zahl ist in der Bekanntmachung anzugeben. Sie darf im nicht offenen Verfahren nicht unter fünf, im Verhandlungsverfahren mit Teilnahmewettbewerb nicht unter drei liegen.

(6) Die Auftraggeber können vorsehen, dass das Verhandlungsverfahren in verschiedenen aufeinander folgenden Phasen abgewickelt wird, um so die Zahl der Angebote, über die verhandelt wird, oder die zu erörternden Lösungen anhand der vorgegebenen Zuschlagskriterien zu verringern. Wenn die Auftraggeber dies vorsehen, geben sie dies in der Bekanntmachung oder in den Vergabeunterlagen an. In der Schlussphase des Verfahrens müssen so viele Angebote vorliegen, dass ein echter Wettbewerb gewährleistet ist, sofern eine ausreichende Anzahl von geeigneten Bewerbern vorhanden ist.

(7) bis (8) hier nicht abgedruckt.

VOF:

§ 3 VOF Vergabeart

(1) Aufträge werden im Verhandlungsverfahren mit vorheriger öffentlicher Aufforderung zur Teilnahme (Teilnahmewettbewerb) vergeben.

(2) Der Auftraggeber kann vorsehen, dass das Verhandlungsverfahren in verschiedenen aufeinander folgenden Phasen abgewickelt wird, um so die Zahl der Angebote, über die verhandelt wird, anhand der in der Bekanntmachung oder in den Vertragsunterlagen angegebenen Zuschlagskriterien zu verringern. In der Bekanntmachung oder in den Vergabeunterlagen ist anzugeben, ob diese Möglichkeit in Anspruch genommen wird.

(3) Bei der Aufforderung zur Verhandlung teilt der Auftraggeber den ausgewählten Bewerbern den vorgesehenen weiteren Ablauf des Verfahrens mit.

(4) Die Auftraggeber können in folgenden Fällen Aufträge im Verhandlungsverfahren ohne Teilnahmewettbewerb vergeben:

a) wenn der Auftrag aus technischen oder künstlerischen Gründen oder aufgrund des Schutzes von Ausschließlichkeitsrechten (z. B. Patent-/Urheberrecht) nur von einer bestimmten Person ausgeführt werden kann,

b) wenn im Anschluss an einen Wettbewerb im Sinne des Kapitels 2 der Auftrag gemäß den einschlägigen Bestimmungen an den Gewinner oder an einen Preisträger des Wettbewerbes vergeben werden muss. Im letzteren Fall müssen alle Preisträger des Wettbewerbes zur Teilnahme an den Verhandlungen aufgefordert werden,

c) soweit dies unbedingt erforderlich ist, wenn aus dringlichen, zwingenden Gründen, die die Auftraggeber nicht voraussehen konnten, die vorgeschriebenen Fristen nicht eingehalten werden können. Die Umstände, die die zwingende Dringlichkeit begründen, dürfen auf keinen Fall dem Verhalten der Auftraggeber zuzuschreiben sein,

d) für zusätzliche Dienstleistungen, die weder in dem der Vergabe zugrunde liegenden Entwurf noch im zuerst geschlossenen Vertrag vorgesehen sind, die aber wegen eines unvorhergesehenen Ereignisses zur Ausführung der darin beschriebenen Dienstleistungen erforderlich sind, sofern der Auftrag an eine Person vergeben wird, die diese Dienstleistungen erbringt,

– wenn sich die zusätzlichen Dienstleistungen in technischer und wirtschaftlicher Hinsicht nicht ohne wesentlichen Nachteil für den Auftraggeber vom Hauptauftrag trennen lassen oder

– wenn diese Dienstleistungen zwar von der Ausführung des ursprünglichen Auftrags getrennt werden können, aber für dessen Vollendung unbedingt erforderlich sind.

Der Gesamtwert der Aufträge für die zusätzlichen Dienstleistungen darf jedoch 50 v.H. des Wertes des Hauptauftrages nicht überschreiten,

e) bei neuen Dienstleistungen, die in der Wiederholung gleichartiger Leistungen bestehen, die durch den gleichen Auftraggeber an die Person vergeben werden, die den ersten Auftrag erhalten hat, sofern sie einem Grundentwurf entsprechen und dieser Entwurf Gegenstand des ersten Auftrags war. Die Möglichkeit der Anwendung dieses Verfahrens muss bereits in der Bekanntmachung des ersten Vorhabens angegeben werden. Dieses Verfahren darf jedoch nur binnen drei Jahren nach Abschluss des ersten Auftrags angewandt werden.

Literatur:
Boesen, Der Übergang vom offenen Verfahren zum Verhandlungsverfahren, VergabeR 2008, 385; *Brinker*, Vorabinformation der Bieter über den Zuschlag oder Zwei-Stufen-Theorie im Vergaberecht?, NZBau 2000, 174; *Byok*, Das Verhandlungsverfahren, 1. Aufl. 2005; *Dieck-Bogatzke*, Probleme der Aufhebung der Ausschreibung – Ein Überblick über die aktuelle Rechtsprechung des OLG Düsseldorf, VergabeR 2008, 392; *Diercks*, Beschaffung von Spezialbedarf, VergabeR 2003, 518; *Dobmann*, Das Verhandlungsverfahren – Eine Bestandsaufnahme, VergabeR 2013, 175; *Ganske*, Business Improvement Districts (BIDs) und Vergaberecht: Ausschreiben! Aber wie?, BauR 2008, 1987; *Koenig/Kühling*, Verfahrensvielfalt und Wahl des richtigen Vergabeverfahrens – Fallstricke bei der Ausschreibung von Infrastrukturverträgen, NZBau 2003, 126; *Kramer*, Gleichbehandlung im Verhandlungsverfahren nach der VOL/A, NZBau 2005, 138; *Kulartz/Duikers*, Ausschreibungspflicht bei Vertragsänderungen, VergabeR 2008, 728; *Leinemann*, Die Vergabe öffentlicher Aufträge, 5. Aufl. 2011; *Marx*, Verlängerung bestehender Verträge und Vergaberecht, NZBau 2002, 311; *Michel/Braun*, Rechtsnatur und Anwendungsbereich von „Indikativen Angeboten", NZBau 2009, 688; *Müller-Wrede*, Das Verhandlungsverfahren im Spannungsfeld zwischen Beurteilungsspielraum und Willkür, VergabeR 2010, 754; *Otting*, Bau und Finanzierung öffentlicher Infrastruktur durch private Investoren, Ein Beitrag zur Auslegung des § 99 III, 3. Alt. GWB, NZBau 2004, 469; *Prieß/Hölzl*, Ausnahmen bleiben die Ausnahme!, Zu den Voraussetzungen der Rüstungs-, Sicherheits- und Geheimhaltungsausnahme sowie eines Verhandlungsverfahrens ohne Vergabebekanntmachung, NZBau 2008, 563; *Quilisch*, Das Verhandlungsverfahren – Ein Irrgarten?, NZBau 2003, 249; *Roth*, Zur Verbindlichkeit von Vertragsentwürfen im Verhandlungsverfahren, VergabeR 2009, 423; *Schelle*, Darf man beim Zuschlag den Leistungsumfang verringern?, IBR 1999, 146; *Schütte*, Verhandlungen im Vergabeverfahren, ZfBR 2004, 237; *Willenbruch*, Die Praxis des Verhandlungsverfahrens nach §§ 3a Nr. 1 VOB/A und VOL/A, NZBau 2003, 422.

A. Einleitung

Die Ausgestaltung des Vergabeverfahrens soll die Rechtmäßigkeit der Auftragsvergabe sicherstellen und durch Anforderungen an Transparenz und Begründungspflicht eine nachträgliche Rechtmäßigkeitsprüfung ermöglichen.[1] Das frühere deutsche Vergaberecht kannte drei Vergabeverfahrensarten: die öffentliche Ausschreibung, die beschränkte Ausschreibung und die freihändige Vergabe. Für Vergaben unterhalb der Schwellenwerte[2] gelten diese auch weiterhin.[3] Oberhalb der Schwellenwerte wurden die Verfahren für die Auftragsvergabe durch die Vergabekoordinierungsrichtlinie 2004/18/EG (VKR) und die Sektorenrichtlinie 2004/17/EG (SKR) jedoch abschließend neu geregelt.[4] In Umsetzung dieser Richtlinien stehen den öffentlichen Auftraggebern für Auftragsvergaben oberhalb der Schwellenwerte nach § 101 Abs. 1 GWB **das offene Verfahren, das nicht offene Verfahren, das Verhandlungsverfahren** und **der wettbewerbliche Dialog** zur Verfügung. Es ist nationalen Gesetzgebern verwehrt, weitere Verfahren vorzusehen, die in der Richtlinie nicht genannt sind (**Numerus Clausus der Verfahrensarten**).[5]

1

Der **wettbewerbliche Dialog** wurde als eigenständige Verfahrensart durch das Gesetz zur Beschleunigung der Umsetzung von Öffentlich-Privaten Partnerschaften und zur Verbesserung gesetzlicher Rahmenbedingungen für Öffentlich-Private Partnerschaften vom 1.9.2005 in Übereinstimmung mit der europäischen Vergabekoordinierungsrichtlinie neu eingeführt. Die durch das Gesetz zur Modernisierung des Vergaberechts vom 20.4.2009 neu eingeführten **elektronischen Auktionen** und **dynamischen elektronischen Verfahren** (vgl. § 101 Abs. 6 GWB) stellen dagegen lediglich besondere Durchführungsverfahren der abschließend in § 101 Abs. 1 GWB normierten Vergabeverfahrensarten dar.[6] Das Verfahren des wettbewerblichen Dialogs wird in § 11 behandelt.

2

Die **Wahl der richtigen Vergabeverfahrensart** ist von wesentlicher Bedeutung für öffentliche Auftraggeber, da sie den Ablauf des gesamten weiteren Verfahrens bestimmt. Die Verfahrensanforderungen variieren stark je nach Art des anzuwendenden Vergabeverfahrens. Die Ausgestaltung der durch § 101 Abs. 1 GWB vorgegebenen Vergabeverfahrensarten ist dabei in den einzelnen Vergabeordnungen (VOB/A, VOL/A, VOF) normiert. Im Folgenden wird zunächst der Rechtsrahmen zur Wahl der richtigen Vergabeverfahrensart erläutert. Anschließend werden die Zulässigkeit der einzelnen Verfahren (offenes Verfahren, nicht offenes Verfahren, Verhandlungsverfahren) und der jeweilige Verfahrensablauf im Überblick dargestellt. Die Vergabeverfahrensarten im Sektorenbereich und in den Bereichen Verteidigung und Sicherheit bleiben dabei ausgeklammert; diese werden gesondert in den §§ 48 bzw. 61 behandelt. Für Einzelheiten zu Bekanntmachung, Angebotswertung und Beendigung der Verfahren wird auf die folgenden Kapitel in diesem Handbuch verwiesen.[7]

3

---

[1] *Bungenberg* in Loewenheim/Meessen/Riesenkampff, § 101 GWB Rn. 3.
[2] Siehe § 7 zu den Schwellenwerten und zur Auftragswertberechnung.
[3] Siehe dazu § 10.
[4] Art. 28 ff. VKR siehe § 48 zu den Vergabeverfahrensarten im Sektorenbereich.
[5] EuGH Urt. v. 10.12.2009, Rs. C-299/08 – Kommission/Frankreich, Rn. 28; *Dreher* in Dreher/Stockmann, § 101 Rn. 5, 14; RegE zum VgRÄG BT-Drucks. 13/9340 S. 15.
[6] *Kulartz* in Kulartz/Kus/Portz, § 101 Rn. 61.
[7] S. insbes. d. §§ 5, 6 u. 7.

B. Wahl der richtigen Vergabeverfahrensart

I. Rechtsrahmen

4   § 101 GWB enthält in den Absätzen 2 bis 5 lediglich allgemeine Definitionen der Vergabeverfahrensarten, welche auf den europarechtlichen Definitionen in Art. 1 Abs. 11 VKR beruhen. Die Wahl der richtigen Verfahrensart richtet sich nach den in den einzelnen Vergabeordnungen (VOB/A, VOL/A, VOF) genannten Voraussetzungen. Diesen liegen – trotz unterschiedlicher Formulierungen im Detail – die europäischen Regelungen der Art. 28, 30 und 31 VKR zugrunde.

5   Die aufgrund von § 97 Abs. 6 GWB erlassene Vergabeverordnung dient als Weichenstellung für die Frage, welche Vergabeordnung anwendbar ist. Die Vergabeverordnung ist auf alle öffentliche Vergaben, deren Auftragswert über den in § 2 VgV genannten Schwellenwerten liegt, anwendbar (§ 1 Abs. 1 VgV). Ist der Anwendungsbereich der Vergabeverordnung eröffnet, gilt bei der Vergabe von Bauaufträgen oder Baukonzessionen der zweite Abschnitt der VOB/A (§ 6 Abs. 1 VgV), während bei der Vergabe von Liefer- und Dienstleistungsverträgen der zweite Abschnitt der VOL/A (§ 4 Abs. 1 S. 1 VgV) und bei der Vergabe freiberuflicher Leistungen die VOF (§ 5 VgV) anzuwenden sind.[8] Zu beachten ist, dass durch die 6. Verordnung zur Änderung der Vergabeverordnung die **VOB/A Ausgabe 2012** gemäß § 6 Abs. 1 VgV n.F. am 19.7.2012 in Kraft getreten ist.[9] Die neuen EG-Paragrafen im zweiten Abschnitt der VOB/A 2012 sind auf alle Vergaben von Bauaufträgen und Baukonzessionen oberhalb der Schwellenwerte ab diesem Zeitpunkt anzuwenden.[10]

II. Hierarchie der Verfahrensarten

6   Aus dem Zusammenspiel von nationalen und gemeinschaftsrechtlichen Regelungen ergibt sich eine Hierarchie der Vergabeverfahren zugunsten des Verfahrens, welches den Prinzipien der Marktwirtschaft am ehesten entspricht.[11] Während sich aus Art. 28 VKR der Vorrang des offenen und des nicht offenen Verfahrens vor den anderen Verfahrensarten ergibt, regelt § 101 Abs. 7 S. 1 GWB den **Vorrang des offenen Verfahrens.**[12] Hieraus folgt, dass das offene Verfahren nach deutschem Recht vorrangig gegenüber dem nicht offenen Verfahren ist und das nicht offene Verfahren nach Gemeinschaftsrecht dem Verhandlungsverfahren bzw. dem wettbewerblichen Dialog vorgeht. Zwischen Verhandlungsverfahren und wettbewerblichem Dialog besteht hingegen keine Hierarchie, wie auch durch den Tausch der Absätze 4 und 5 des § 101 GWB infolge des Gesetzes zur Modernisierung des Vergaberechts vom 20.4.2009 deutlich wird.[13]

7   Der Grundsatz des Vorrangs des offenen Verfahrens wird nur in explizit geregelten Fällen durchbrochen: Gemäß § 101 Abs. 7 S. 1 Hs. 2 GWB findet das offene Verfahren nur dann keine Anwendung, wenn dies aufgrund des Gesetzes gestattet ist. Wann dies der Fall ist, ergibt sich aus den Vergabeordnungen. Dabei ist zu beachten, dass es sich um ab-

---

[8] S. § 2 zur Abgrenzung d. Anwendungsbereiche der Vergabeordnungen.
[9] BGBl. I 2012, 1508. S. dazu auch BMVBS, Einführungserlass zur Vergabe- und Vertragsordnung für Bauleistungen (VOB) 2012 v. 26.7.2012, Az. B 15–8163.6/1.
[10] S. § 6 Abs. 1 VgV.
[11] RegE zum VgRÄG BT-Drs. 13/9340, S. 15; *Haak/Preißinger* in Willenbruch/Wieddekind, § 101 GWB Rn. 32.
[12] Vgl. hierzu RegE zum VgRÄG BT-Drs. 13/9340, S. 49 – Gegenäußerung der Bundesregierung zu Nr. 11 der Stellungnahme des Bundesrates.
[13] RegBegr zum VgRModG, BT-Drs. 16/10117, S. 20; *Haak/Preißinger* in Willenbruch/Wieddekind, § 101 GWB Rn. 1; *Ganske* in Reidt/Stickler/Glahs, § 101 GWB Rn. 2.

schließend aufgeführte **Ausnahmetatbestände** handelt, die eng auszulegen sind.[14] Die **Darlegungs- und Beweislast** für das Vorliegen der Tatbestandsvoraussetzungen trägt derjenige, der sich darauf beruft, also regelmäßig der öffentliche Auftraggeber.[15] Die Gründe, die ein Abweichen vom Vorrang des offenen Verfahrens rechtfertigen, müssen damit objektiv nachprüfbar vorliegen[16] und sind in einem **Vergabevermerk** zu dokumentieren.[17] Den Mitgliedstaaten ist es im Übrigen verwehrt, weitere als die in der Vergabekoordinierungsrichtlinie genannten Ausnahmetatbestände einzuführen oder die in der Richtlinie vorgesehenen Tatbestände um neue Bestimmungen zu ergänzen, da sie sonst die praktische Wirksamkeit der Richtlinie beseitigen würden.[18]

Bei der Auftragsvergabe an Freiberufler ist zu beachten, dass grundsätzlich nur das Verhandlungsverfahren in Ausgestaltung der VOF zulässig ist.[19] Eine Begründung der Verfahrenswahl ist demnach im Anwendungsbereich der VOF nur notwendig, wenn das Verhandlungsverfahren ohne Teilnahmewettbewerb gewählt wird. **8**

Der Auftraggeber darf trotz Vorliegens der Voraussetzungen einer Verfahrensart ein wettbewerbsintensiveres Verfahren wählen, solange sich aus Sinn und Zweck des Ausnahmetatbestandes nicht die **Unzulässigkeit einer strengeren Verfahrensart** ergibt.[20] Das soll etwa dann der Fall sein, wenn von Vornherein feststeht, dass nur ein Unternehmen für die Auftragserteilung in Betracht kommt.[21] In jedem Fall ist der Auftraggeber insoweit an seine Wahl gebunden, als er die entsprechenden Verfahrensvorschriften der gewählten Vergabeart einhalten muss; eine Kombination mehrerer Verfahrensarten ist unzulässig (**Typenzwang**).[22] **9**

III. Rechtsfolgen bei Wahl der falschen Verfahrensart

Die Vorschriften über die Wahl des richtigen Vergabeverfahrens sind **bieterschützend** und begründen **subjektive Rechte** im Sinne von § 97 Abs. 7 GWB, deren Verletzung von (potentiellen) Bietern im Rahmen eines Nachprüfungsverfahrens geltend gemacht **10**

---

[14] EuGH Urt. v. 15.10.2009, Rs. C-275/08, EuZW 2009, 858 – Kraftfahrzeugzulassungssoftware Rn. 54; EuGH Urt. v. 8.4.2008, Rs. C-337/05, NZBau 2008, 401 – Agusta Hubschrauber Rn. 56 f.; EuGH Urt. v. 2.6.2005, Rs. C-394/02 – DEI, Rn. 33; EuG U. v. 15.1.2013, Rs. T-54/11; OLG Naumburg Beschl. v. 10.11.2003, 1 Verg 14/03; *Haak/Preißinger* in Willenbruch/Wieddekind, § 101 GWB Rn. 34; *Hausmann/von Hoff* in Kulartz/Marx/Portz/Prieß VOL/A, § 3 EG Rn. 10; *Müller-Wrede* in Ingenstau/Korbion, § 3a Rn. 6; *Leinemann*, Rn. 424.
[15] EuGH Urt. v. 2.6.2005, Rs. C-394/02 – DEI, Rn. 33; EuGH Urt. v. 18.11.2004, Rs. C-126/03 – Kommission/Deutschland, Rn. 23; EuGH Urt. v. 10.4.2003, verb. Rs. C-20/01 u. C-28/01 – Abwasservertrag Bockhorn u. Abfallentsorgung Braunschweig, Rn. 58; OLG Naumburg Beschl. v. 10.11.2003, 1 Verg 14/03; OLG Düsseldorf Beschl. v. 28.5.2003, VII-Verg 10/03; *Haak/Preißinger* in Willenbruch/Wieddekind, § 101 GWB Rn. 34; *Müller-Wrede* in Ingenstau/Korbion, § 3a Rn. 6; *Leinemann*, Rn. 424.
[16] Dazu VK Thüringen, Beschl. v. 31.8.2011, 250-4003.20-3721/2011-E-010-WAK.
[17] *Pünder* in Pünder/Schellenberg, § 101 GWB Rn. 113; *Hausmann/von Hoff* in Kulartz/Marx/Portz/Prieß VOL/A, § 3 EG Rn. 11; *Müller-Wrede* in Ingenstau/Korbion, § 3a Rn. 6.
[18] EuGH Urt. v. 13.1.2005, Rs. C-84/03 – Kooperationsvereinbarungen Spanien, Rn. 48; 1. VK Sachsen Beschl. v. 17.12.2007, 1/SVK/073-07; *Kulartz* in Kulartz/Marx/Portz/Prieß VOL/A, § 3 EG Rn. 61.
[19] Vgl. § 5 VgV, §§ 1, 3 VOF; s. auch *Pünder* in Pünder/Schellenberg, § 3 VOF Rn. 5.
[20] OLG Düsseldorf Beschl. v. 27.10.2004, VII-Verg 52/04, VergabeR 2005, 252, 253; *Hausmann/von Hoff* in Kulartz/Marx/Portz/Prieß VOL/A, § 3 EG Rn. 12; *Otting* in Bechtold, § 101 Rn. 19; *Dreher* in Dreher/Stockmann, § 101 GWB Rn. 18.
[21] *Hausmann/von Hoff* in Kulartz/Marx/Portz/Prieß VOL/A, § 3 EG Rn. 12.
[22] *Haak/Preißinger* in Willenbruch/Wieddekind, § 101 GWB Rn. 36; *Pünder* in Pünder/Schellenberg, § 101 GWB Rn. 15; *Kulartz* in Kulartz/Kus/Portz, § 101 Rn. 69.

werden kann.[23] Bieterschützend wirkt insbesondere der Vorrang des offenen Verfahrens nach § 101 Abs. 7 GWB.[24] Die Vergabestelle wählt das falsche Verfahren, wenn sie ohne sachliche Gründe auf ein weniger formstrenges Verfahren ausweicht.[25] Dadurch verstößt der Auftraggeber gegen § 97 Abs. 1 iVm § 101 Abs. 6 GWB im Sinne einer Verletzung des Wettbewerbsprinzips.[26] Zudem sind bei Abweichung vom Regelverfahren die Gründe für die Wahl der jeweiligen Verfahrensart in der Vergabeakte zu dokumentieren, da schon in der unzureichenden Dokumentation ein Vergabeverstoß wegen Verletzung des Transparenzgrundsatzes (§ 97 Abs. 1 GWB) liegen kann.[27] Zumindest entfaltet das Fehlen einer entsprechenden Dokumentation Indizwirkung zu Lasten des Auftraggebers.[28]

11 Zur Begründung seiner Antragsbefugnis im **Nachprüfungsverfahren** gem. § 107 Abs. 2 GWB muss der Bieter allerdings darlegen, dass seine Chancen auf den Zuschlag durch die Wahl des falschen Vergabeverfahrens möglicherweise beeinträchtigt worden sind.[29] Eine **Rechtsverletzung des Antragsstellers** liegt dabei nicht vor, wenn statt eines offenen Verfahrens ein nicht offenes Verfahren durchgeführt wurde und der Antragsteller innerhalb der im Rahmen des offenen Verfahrens geltenden Fristen ein Angebot abgeben konnte, da sich dann die Beschränkung des Teilnehmerkreises nicht zu Lasten des Antragstellers ausgewirkt hat.[30] Anders verhält es sich demgegenüber nach Auffassung des OLG Celle bei einem vergaberechtswidrig durchgeführten Verhandlungsverfahren. Hier soll die Verletzung der Bieterrechte im Sinne des § 107 Abs. 2 GWB iVm § 97 Abs. 7 GWB bereits im Unterlassen der zwingend gebotenen Aufhebung des Verhandlungsverfahrens liegen, da dem Bieter die Chance genommen werde, sich an einer ordnungsgemäßen Ausschreibung mit einem entsprechenden Angebot zu beteiligen.[31]

12 Darüber hinaus bedarf es für die Zulässigkeit des Nachprüfungsverfahrens grundsätzlich einer **rechtzeitigen Rüge** des Verfahrensfehlers, also der Wahl einer unzulässigen Verfahrensart (§ 107 Abs. 3 Nr. 1 GWB).[32] Sofern bereits aufgrund der Bekanntmachung und aus den Umständen des Verfahrens erkennbar ist, dass das vom Auftraggeber gewählte Verfahren unzulässig ist, muss der Verstoß spätestens bis Ablauf der Angebotsabgabe- bzw. Bewerbungsfrist gegenüber dem Auftraggeber gerügt werden (§ 107 Abs. 3 Nr. 2 GWB). Nicht rechtzeitig gerügte Verfahrensfehler können im Nachprüfungsverfahren nicht mehr geltend gemacht werden (**Präklusionswirkung**, § 107 Abs. 3 GWB).

---

[23] BGH Beschl. v. 10.11.2009, X ZB 8/09; OLG Düsseldorf Beschl. v. 8.5.2002, VII-Verg 8–15/01; VK Saarland Beschl. v. 24.10.2008, 3 VK 02/2008; VK Nordbayern Beschl. v. 9.9.2008, 21.VK-3194–42/08; *Weyand*, § 101 GWB Rn. 7. Siehe zu Nachprüfungsverfahren näher § 40.
[24] *Weyand*, § 101 GWB Rn. 8 mwN.
[25] *Haak/Preißinger* in Willenbruch/Wieddekind, § 101 GWB Rn. 41.
[26] *Kulartz* in Kulartz/Kus/Portz, § 101 Rn. 67; *Dreher* in Dreher/Stockmann, § 101 Rn. 47.
[27] *Dreher* in Dreher/Stockmann, § 101 Rn. 48.
[28] Vgl. OLG Celle, Beschl. v. 29.10.2009, 13 Verg 8/09; VK Lüneburg Beschl. v. 5.11.2010, VgK 54/2010.
[29] BGH Beschl. v. 18.5.2004, X ZB 7/04, NZBau 2004, 457; OLG Düsseldorf Beschl. v. 26.7.2002, VII-Verg 22/02, NZBau 2002, 634 ff.; *Haak/Preißinger* in Willenbruch/Wieddekind, § 101 GWB Rn. 43. S. zu Antragsbefugnis näher § 39.
[30] Saarländisches OLG Beschl. v. 22.10.1999–5 Verg 2/99; VK Lüneburg Beschl. v. 10.10.2006, VgK-23/2006; *Hausmann/von Hoff* in Kulartz/Marx/Portz/Prieß VOL/A, § 3 EG Rn. 15.
[31] OLG Celle, Beschl. v. 17.7.2009–13 Verg 3/09.
[32] S. zur Rügeobliegenheit allg. § 39.

C. Die einzelnen Vergabeverfahrensarten

I. Offenes Verfahren

1. Allgemeines

§ 101 Abs. 2 GWB definiert das offene Verfahren als ein Verfahren, in dem *„eine unbeschränkte Anzahl von Unternehmen öffentlich zur Abgabe von Angeboten aufgefordert wird."*[33] Es ist, im Gegensatz zum nicht offenen Verfahren und zum Verhandlungsverfahren, lediglich einstufig – ohne getrennte Eignungsprüfung – ausgestaltet und unterliegt von allen Verfahrensarten den strengsten formalen Anforderungen.

Das offene Verfahren soll einen **unbeschränkten Vergabewettbewerb** unter allen interessierten Bewerbern ermöglichen.[34] Die Wettbewerbsintensität ist dem Umstand des uneingeschränkten Bewerberkreises[35] und der Unsicherheit über Anzahl und Inhalt der Konkurrenzangebote geschuldet.[36] Durch die Beteiligung einer unbeschränkten Anzahl von Bietern erhöht sich insbesondere für neue Marktteilnehmer und ausländische Unternehmen die Chance einer erfolgreichen Bewerbung um öffentliche Aufträge.[37] Auf Grund seiner **strengen Anforderungen an Transparenz und Geheimhaltung** der Angebote ist das offene Verfahren außerdem ein geeignetes Mittel zur Verhinderung von Absprachen und abgestimmten Verhaltensweisen[38] und dient am besten dem Gebot der Wirtschaftlichkeit.[39] Das offene Verfahren entspricht mithin am besten den Grundsätzen des Wettbewerbs, der Gleichbehandlung und der Transparenz des § 97 Abs. 1 und 2 GWB.

Nachteilig kann sich hingegen auswirken, dass Verhandlungen unzulässig sind; erlaubt ist lediglich die Aufklärung über Angebotsinhalt und Eignung (§ 15 EG VOB/A, § 18 EG VOL/A). Das offene Verfahren ist insoweit relativ unflexibel. Auch entsteht wegen der unbegrenzten Anzahl von Angeboten unter Umständen ein hoher Bewertungs- und Bearbeitungsaufwand für den Auftraggeber, während zugleich die Erfolgschancen des einzelnen Bieters aufgrund der unbegrenzten Bewerberzahl gering sein können.[40]

2. Zulässigkeit des offenen Verfahrens

Für die Vergabe von Bauaufträgen und Baukonzessionen sowie von Liefer- und Dienstleistungsverträgen oberhalb der Schwellenwerte ist grundsätzlich das offene Verfahren durchzuführen (§ 101 Abs. 7 S. 1 GWB, § 3 EG Abs. 2 VOB/A, § 3 EG Abs. 1 VOL/A). Es ist damit das **Regelverfahren im Anwendungsbereich der VOB/A und VOL/A**. Folglich sind für die Wahl dieses Verfahrens keine besonderen Voraussetzungen nötig; eine Begründung der Wahl ist nicht erforderlich. Nur in Ausnahmefällen, wenn die Voraussetzungen für die Wahl eines anderen Verfahrens vorliegen und das offene Verfahren gänzlich unzweckmäßig erscheint, kann es sein, dass die Wahl des offenen Verfahrens fehlerhaft ist.[41] Ausgeschlossen ist das offene Verfahren dagegen bei der Auftragsvergabe von **freiberuflichen Leistungen**.[42]

---

[33] Entspr. Art. 1 Abs. 11 lit. a) VKR.
[34] *Dreher* in Dreher/Stockmann, § 101 Rn. 15.
[35] *Ganske* in Reidt/Stickler/Glahs, § 101 GWB Rn. 9.
[36] *Dreher* in Dreher/Stockmann, § 101 Rn. 17.
[37] *Pünder* in Pünder/Schellenberg, § 101 GWB Rn. 17; *Kulartz* in Kulartz/Kus/Portz, § 101 Rn. 3.
[38] *Kulartz* in Kulartz/Kus/Portz, § 101 Rn. 3.
[39] *Pünder* in Pünder/Schellenberg, § 101 GWB Rn. 17; *Otting* in Bechtold, § 101 Rn. 17.
[40] *Hausmann/von Hoff* in Kulartz/Marx/Portz/Prieß VOL/A, § 3 EG Rn. 18.
[41] Vgl. *Hausmann/von Hoff* in Kulartz/Marx/Portz/Prieß VOL/A, § 3 EG Rn. 12; *Dreher* in Dreher/Stockmann, § 101 Rn. 18.

3. Ablauf des offenen Verfahrens

17 Ausgangspunkt, aber nicht Bestandteil des eigentlichen Vergabeverfahrens, ist die Festlegung des öffentlichen Auftraggebers über den konkreten Beschaffungsbedarf. Diese Entscheidung liegt im Ermessen des Auftraggebers und ist nicht überprüfbar.[43]

18 Ebenfalls dem Vergabeverfahren vorgeschaltet ist die frühzeitige Bekanntmachung über anstehende Auftragsvergaben. Nach Möglichkeit soll der öffentliche Auftraggeber zu Beginn jedes Haushaltsjahrs eine frühzeitige Bekanntmachung über anstehende Auftragsvergaben, deren Wert bestimmte Schwellenwerte überschreiten, an das Amt für amtliche Veröffentlichungen der EU zur Veröffentlichung im Amtsblatt der EU und in der Datenbank „Tenders Electronic Daily – TED" senden oder im Beschafferprofil veröffentlichen (§ 12 EG Abs. 1 VOB/A, § 15 Abs. 6–8 VOL/A). Diese „**Vorinformation**" ist ihrem Inhalt nach unverbindlich und grundsätzlich nicht verpflichtend.[44] Sie bietet jedoch den Vorteil, dass der Auftraggeber nach Veröffentlichung einer Vorinformation, die alle wesentlichen Merkmale der beabsichtigten Auftragsvergabe enthält, berechtigt ist, die Frist zur Angebotsabgabe zu verkürzen (§ 10 EG Abs. 2 Nr. 4 VOB/A, § 12 EG Abs. 5 S. 3 VOL/A).

19 Das offene Verfahren selbst beginnt mit der **europaweiten Vergabebekanntmachung**.[45] Der Inhalt der Vergabebekanntmachung richtet sich nach den Vergabeordnungen (§ 12 EG Abs. 2 VOB/A, § 15 EG Abs. 1 VOL/A).[46] In der Vergabebekanntmachung ist insbesondere die Frist zur Angebotsabgabe anzugeben. Die Frist beträgt beim offenen Verfahren grundsätzlich mindestens 52 Tage, gerechnet vom Tag nach Absendung der Bekanntmachung an (§ 10 EG Abs. 1 Nr. 1 VOB/A, § 12 EG Abs. 2 VOL/A); die Formulierung in § 12 EG Abs. 2 VOL/A ist insoweit missverständlich.[47]

20 Nach der Bekanntmachung können alle interessierten Unternehmen die **Vergabeunterlagen** anfordern, sofern die Unterlagen nicht ohnehin auf elektronischem Weg frei zugänglich sind.[48] Die Vergabestelle hat dem auch grundsätzlich Folge zu leisten.[49] Insbesondere darf die Vergabestelle die Teilnahme am offenen Verfahren nicht derartig beschränken, dass die Beteiligung an zwei verschiedenen offenen Verfahren wechselseitig ausgeschlossen ist und daher die Unternehmen „vorsortiert" werden.[50] Nach Auffassung des OLG Düsseldorf soll allerdings ein Ausschluss innerhalb eines Vergabeverfahrens bezogen auf einzelne Lose im Einzelfall zulässig sein (Loslimitierung bzw. Losalternativität).[51] Die Unternehmen haben grundsätzlich einen Anspruch darauf, erst im Rahmen des Verfahrens auf ihre Eignung hin geprüft zu werden, da nur so eine sachliche Prüfung und rechtliches Gehör gewährleistet sind und nicht erst nachträglich, außerhalb des Vergabeverfahrens, stattfinden.[52] Außerdem kann sich der tatsächliche Bieterauftritt oder dessen Zusammensetzung im Verfahren noch ändern, da die Versendung der Vergabeunterlagen in einem frühen Stadium lange vor der Bieterauswahl stattfindet.[53] Das ist besonders für

---

[42] Vgl. *Pünder* in Pünder/Schellenberg, § 3 VOF Rn. 7.
[43] *Hausmann/von Hoff* in Kulartz/Marx/Portz/Prieß VOL/A, § 3 EG Rn. 19 mwN.
[44] *Pünder* in Pünder/Schellenberg, § 101 GWB Rn. 20; s. zur Vorinformation näher § 21.
[45] *Werner* in Byok/Jaeger, § 101 GWB Rn. 597; *Kulartz* in Kulartz/Kus/Portz, § 101 Rn. 5; *Dreher* in Dreher/Stockmann, § 101 Rn. 15.
[46] S. zu den Anforderungen an Bekanntmachungen näher § 21.
[47] Vgl. *Rechten* in Kulartz/Marx/Portz/Prieß VOL/A, § 12 EG Rn. 16.
[48] *Pünder* in Pünder/Schellenberg, § 101 GWB Rn. 22.
[49] *Noch*, Rn. 250.
[50] VK Berlin Beschl. v. 14.9.2005, VK-B1–43/05 mit Kommentierung *Schroeter* IBR 2005, 704; *Ganske* in Reidt/Stickler/Glahs, § 101 GWB Rn. 9; *Noch*, Rn. 250.
[51] OLG Düsseldorf Beschl. v. 7.12.2011, VII-Verg 99/11; Beschl. v. 18.5.2000 u. 15.6.2000, Verg 6/00, NZBau 2000, 440.
[52] VK Sachsen Beschl. v. 25.6.2010, 1 VK 51/03; *Noch*, Rn. 250.
[53] Vgl. VK Thüringen Beschl. v. 6.12.2005, 360–4003.20–026/05-SLZ; *Noch*, Rn. 250.

Bietergemeinschaften von Vorteil.[54] Die Vergabeunterlagen enthalten eine **Aufforderung zur Angebotsabgabe** und die Vertragsunterlagen, welche mindestens eine eindeutige und erschöpfende Leistungsbeschreibung und die technischen Anforderungen umfassen (§§ 7 EG ff. VOB/A, § 8 EG f. VOL/A).[55]

Auf Grundlage der Vergabeunterlagen erarbeiten die Bieter ihre Angebote, die sie innerhalb der Abgabefrist einreichen müssen, um nicht vom Verfahren ausgeschlossen zu werden.[56] Die Angebote sind von der Vergabestelle gegenüber den Mitbewerbern geheim zu halten (§ 14 EG Abs. 8 VOB/A, § 17 EG Abs. 3 VOL/A) und entsprechend den zuvor festgelegten Zuschlagskriterien zu werten.[57] Mit ihren Angeboten reichen die Bieter zudem die erforderlichen Nachweise über ihre Eignung für die Eignungsprüfung ein. Daraufhin beginnt der **Wertungsprozess** durch die Vergabestelle, die zunächst formal fehlerhafte Angebote aussortiert (erste Wertungsstufe), anschließend eine Eignungsprüfung durchführt (zweite Wertungsstufe), die verbliebenen Angebote der geeigneten Bieter inhaltlich bewertet (dritte Wertungsstufe) und schließlich das „wirtschaftlichste" Angebot auswählt (vierte Wertungsstufe).[58] Das offene Verfahren wird dabei als einstufiges Verfahren bezeichnet, weil Eignungsprüfung und Zuschlagsentscheidung Bestandteil eines einheitlichen Wertungsvorgangs sind.[59]

21

Nachverhandlungen sind im offenen Verfahren nicht erlaubt (§ 15 EG Abs. 3 VOB/A, § 18 EG VOL/A). Das offene Verfahren endet mit **Zuschlagserteilung oder durch Aufhebung.**[60]

22

II. Nicht offenes Verfahren

1. Allgemeines

Das nicht offene Verfahren ist **zweistufig** ausgestaltet und unterteilt sich in einen öffentlichen Teilnahmewettbewerb und eine anschließende Aufforderung zur Angebotsabgabe an eine beschränkte Anzahl von Unternehmen aus dem Bewerberkreis (vgl. § 101 Abs. 3 GWB). Das Verfahren wird als „nicht offen" bezeichnet, weil nicht alle interessierten Unternehmen ein Angebot abgeben können, sondern nur solche, die zuvor von der Vergabestelle dazu ausgewählt wurden. Der öffentliche Auftraggeber wählt aus dem Kreis der im Rahmen des öffentlichen Teilnahmewettbewerbs eingegangenen Bewerbungen eine beschränkte Zahl von Unternehmen aus, die im zweiten Schritt zur Angebotsabgabe aufgefordert werden.[61] Es entspricht damit der beschränkten Ausschreibung nach öffentlichem Teilnahmewettbewerb für unterschwellige Auftragsvergaben.[62]

23

Nach den EG-Vergaberichtlinien ist das nicht offene Verfahren gleichwertig neben dem offenen Verfahren anwendbar,[63] doch hat sich der deutsche Gesetzgeber im Einklang mit dem Haushaltsvergaberecht für den Vorrang des offenen Verfahrens entschieden (§ 101 Abs. 7 S. 1 GWB, § 3 EG Abs. 2 VOB/A, § 3 EG Abs. 1 S. 2 VOL/A). Für die Wahl des nicht offenen Verfahrens müssen daher **spezielle Voraussetzungen** vorliegen.[64]

24

---

[54] S. zur Behandlung von Bietergemeinschaften im Verfahren näher § 15.
[55] S. zu den Anforderungen an Leistungsbeschreibung und Vergabeunterlagen näher §§ 17 und 18.
[56] *Pünder* in Pünder/Schellenberg, § 101 GWB Rn. 23; *Kulartz* in Kulartz/Kus/Portz, § 101 Rn. 4.
[57] *Kulartz* in Kulartz/Kus/Portz, § 101 Rn. 4.
[58] Zu d. einzelnen Wertungsstufen s. näher §§ 27–30.
[59] *Haak/Preißinger* in Willenbruch/Wieddekind, § 101 GWB Rn. 5.
[60] *Dieck-Bogatzke* VergabeR 2008, 392; *Kulartz* in Kulartz/Kus/Portz, § 101 Rn. 5; s. hierzu näher §§ 33 und 35.
[61] *Ganske* in Reidt/Stickler/Glahs, § 101 GWB Rn. 14.
[62] *Otting* in Bechtold, § 101 Rn. 5; *Leinemann*, Rn. 420.
[63] Art. 28 VKR, Art. 40 SKR; *Koenig/Kühling* NZBau 2003, 126, 132.
[64] *Leinemann*, Rn. 421.

Die Wahl des nicht offenen Verfahrens ist darüber hinaus im Vergabevermerk hinreichend zu begründen.[65] Ausgeschlossen ist das nicht offene Verfahren bei der Vergabe von freiberuflichen Leistungen.

25 Ein wesentlicher Vorteil des nicht offenen Verfahrens gegenüber dem offenen Verfahren besteht darin, dass der vorgeschaltete Teilnahmewettbewerb eine **Vorprüfung und Vorauswahl der Bewerber auf ihre Eignung hin** ermöglicht.[66] Dies erlaubt es öffentlichen Auftraggebern, die Anzahl der zu prüfenden Angebote und damit den Verfahrensaufwand zu reduzieren. Auch für die sich bewerbenden Unternehmen kann dies im Hinblick auf den Aufwand der Angebotserstellung vorteilhaft sein, da sie bei fehlender Eignung nicht zur Abgabe von Angeboten aufgefordert werden.[67] Allerdings kann sich die Vorauswahl für potentielle Bieter auch nachteilig auswirken, da sie selbst bei nachgewiesener Eignung keinen Anspruch auf Abgabe eines Angebots haben.[68] Der Auftraggeber ist lediglich verpflichtet, aus dem Kreis der eingegangenen Teilnahmeanträge die zur Angebotsabgabe aufzufordernden Bieter ermessensfehlerfrei auszuwählen.[69] Für Bietergemeinschaften gilt, dass Veränderungen nach Abschluss des Teilnahmewettbewerbs nicht mehr zulässig sind; auch die Bildung neuer Bietergemeinschaften nach Abschluss des Teilnahmewettbewerbs ist ausgeschlossen.[70] Darüber hinaus handelt es sich beim nicht offenen Verfahren ebenfalls um ein **förmliches Vergabeverfahren**,[71] bei dem die Grundsätze der eindeutigen und erschöpfenden Leistungsbeschreibung sowie der Geheimhaltung der Angebote und das Nachverhandlungsverbot einzuhalten sind.[72]

2. Zulässigkeit des nicht offenen Verfahrens

26 Aus den inhaltlich weitgehend gleichlautenden Vorschriften in § 3 EG Abs. 3 VOB/A und § 3 EG Abs. 2 VOL/A ergeben sich insgesamt vier Fallgruppen, in denen der Auftraggeber ein nicht offenes Verfahren wählen darf:
- Bei Eignung nur einer beschränkten Anzahl von Unternehmen für den Auftrag (dazu a)),
- bei unverhältnismäßigem Aufwand eines offenen Verfahrens (dazu b)),
- bei einem vorangegangenen offenen Verfahren ohne wirtschaftlichem Ergebnis bzw. bei Aufhebung des vorangegangenen offenen oder nicht offenen Verfahrens (dazu c)), und
- bei Unzweckmäßigkeit des offenen Verfahrens aus sonstigen Gründen (dazu d)).

a) Beschränkter Kreis geeigneter Unternehmen (§ 3 EG Abs. 3 Nr. 2 VOB/A, § 3 Abs. 2 lit. a) EG VOL/A)

27 Ein nicht offenes Verfahren kann zunächst immer dann durchgeführt werden, wenn die Leistung nach ihrer Eigenart nur von einem **beschränkten Kreis von Unternehmen** in geeigneter Weise ausgeführt werden kann, insbesondere, wenn **außergewöhnliche Eignung** erforderlich ist (§ 3 EG Abs. 3 Nr. 2 VOB/A, § 3 Abs. 2 lit. a) EG VOL/A). § 3 EG Abs. 3 Nr. 2 VOB/A nennt beispielhaft das Erfordernis außergewöhnlicher Zuverlässigkeit oder Leistungsfähigkeit (zB Erfahrung, besondere technische und personelle Ausstattung oder spezialisiertes Fachwissen). Die gefragte Leistung darf objektiv, aus der Sicht eines neutralen Dritten nur von einem oder zumindest sehr wenigen spezialisierten Un-

---

[65] S. oben Rn. 7.
[66] *Noch*, Rn. 254.
[67] *Hausmann/von Hoff* in Kulartz/Marx/Portz/Prieß VOL/A, § 3 EG Rn. 23.
[68] *Pünder* in Pünder/Schellenberg, § 101 GWB Rn. 38.
[69] S. dazu näher unten Rn. 37 ff.
[70] S. dazu näher § 15 Rn. 70 ff.
[71] *Werner* in Byok/Jäger, § 101 GWB Rn. 616; *Kulartz* in Kulartz/Kus/Portz, § 101 Rn. 7.
[72] *Kulartz* in Kulartz/Kus/Portz, § 101 Rn. 7.

§ 9 Offenes Verfahren, nicht offenes Verfahren, Verhandlungsverfahren   Kap. 2

ternehmen erbracht werden können.[73] Anknüpfungspunkt hierfür ist nach dem Wortlaut der Regelungen die Eigenart der Leistung. Die rein subjektive Einschätzung des Auftraggebers spielt dagegen keine Rolle.[74] Ob die Voraussetzungen vorliegen, ist durch europaweite Marktsondierungen zu ermitteln,[75] aufgrund derer eine objektiv nachvollziehbare Prognoseentscheidung ergeben muss, dass nur wenige Unternehmen für die Auftragserfüllung in Betracht kommen.[76]

Das Vorliegen der Voraussetzungen wurde in der Praxis etwa für den Bau eines mautpflichtigen Tunnels[77] bejaht. 28

b) Unverhältnismäßiger Aufwand eines offenen Verfahrens (§ 3 EG Abs. 3 Nr. 1 VOB/A, § 3 EG Abs. 2 lit. b) VOL/A)

Der Auftraggeber darf das nicht offene Verfahren auch dann wählen, wenn das offene 29 Verfahren für den Auftraggeber oder die Bewerber einen **Aufwand verursacht, der im Missverhältnis zu dem erreichbaren Vorteil oder dem Wert der Leistung** steht (§ 3 EG Abs. 2 lit. b) VOL/A). § 3 EG Abs. 3 Nr. 1 VOB/A stellt insoweit enger – wie bereits die Vorgängerregelung in § 3a Abs. 3 iVm § 3 Abs. 4 Nr. 2 VOB/A – darauf ab, ob die **Bearbeitung des Angebots** wegen der Eigenart der Leistung einen **außergewöhnlich hohen Aufwand** erfordert. Es findet insofern im Anwendungsbereich der VOB/A keine Abwägung zwischen dem insgesamt anfallenden Aufwand und dem erreichbaren Vorteil ab, sondern entscheidend ist allein, ob der Aufwand bei der Angebotsbearbeitung wegen der Eigenart der Leistung außergewöhnlich hoch ist.[78] § 3 EG Abs. 3 Nr. VOB/A dient insofern dem Schutz sowohl der Bieter, denen ein erhöhter Aufwand zur Angebotserstellung nur bei überschaubarer Konkurrenz zugemutet werden soll, als auch des Auftraggebers, dem hohe Entschädigungen für die Angebotserstellung drohen.[79]

Bei der für § 3 EG Abs. 2 lit. b) VOL/A maßgeblichen umfassenden Ermittlung des 30 (Miss-)Verhältnisses zwischen Aufwand und erreichbarem Vorteil bzw. Wert der Leistung ist der Aufwand sowohl auf Bieter- als auch auf Auftraggeberseite zu berücksichtigen.[80] Der Auftraggeber hat den zu erwartenden konkreten Mehraufwand des offenen Verfahrens sowohl bei sich also auch bei potentiellen Bietern zu ermitteln. Auf Auftraggeberseite ist in erster Linie auf die Mehrkosten für technische Ressourcen und Personal abzustellen, die sich im Vergleich zum nicht offenen Verfahren ergeben würden.[81] Auf Bieterseite ist der zu erwartende Kostenaufwand eines durchschnittlichen Bieters zur Angebotserstellung maßgeblich. Die geschätzten Kosten sind anschließend in Verhältnis zu dem beim Auftraggeber durch das offene Verfahren erreichbaren Vorteil – etwa mögliche Einsparungen durch erhöhten Wettbewerb und wirtschaftlichere Angebote – oder den Wert der

---

[73] OLG Naumburg Beschl. v. 10.11.2003, 1 Verg 14/03.
[74] OLG Naumburg Beschl. v. 10.11.2003, 1 Verg 14/03; *Hausmann/von Hoff* in Kulartz/Marx/Portz/Prieß VOL/A, § 3 EG Rn. 31.
[75] EuGH Urt. v. 15.10.2009, Rs. C-275/08, EuZW 2009, 858 – Kraftfahrzeugzulassungssoftware Rn. 63.
[76] *Kaelble* in Müller-Wrede, § 3 EG Rn. 28; *Hausmann/von Hoff* in Kulartz/Marx/Portz/Prieß VOL/A, § 3 EG Rn. 32.
[77] OLG Schleswig Beschl. v 6.7.1999, 6 U Kart 22/09, NZBau 2000, 100, 103 – noch zur Vorgängerregelung des § 3 Abs. 4 Nr. 1 VOB/A.
[78] S. dazu OVG Nordrhein-Westfalen, Beschl. v. 13.2.2012, 12 A 1217/11, VergabeR 2012, 802; *Müller-Wrede* in Ingenstau/Korbion, § 3 Rn. 37.
[79] *Haak/Preißinger* in Willenbruch/Wieddekind § 3 VOB/A Rn. 47; *Stickler* in Kapellmann/Messerschmidt, § 3 Rn. 62.
[80] Vgl. OLG Naumburg Beschl. v. 10.11.2003, 1 Verg 14/03; *Hausmann/von Hoff* in Kulartz/Marx/Portz/Prieß VOL/A, § 3 EG Rn. 36. Undifferenziert dagegen OLG Düsseldorf Beschl. v. 29.2.2012, VII-Verg 75/11.
[81] VK Sachsen Beschl. v. 20.8.2004, 1/SVK/067–04.

Leistung zu setzen.[82] Beim Wert der Leistung ist auf den betriebswirtschaftlichen Wert der Leistung, dh den Vermögenszuwachs beim Bieter bei Erhalt des Auftrags, abzustellen.[83] Steht hiernach der Mehraufwand des Auftraggebers für das offene Verfahren zu dem für ihn erreichbaren Vorteil oder steht der Mehraufwand der Bieter für die Verfahrensteilnahme außer Verhältnis zum Wert der Leistung, darf das nicht offene Verfahren gewählt werden. Bei einem Mehraufwand von nur 2,25 % des Auftragswerts ist ein solches Missverhältnis jedenfalls noch nicht gegeben.[84]

c) Kein wirtschaftliches Ergebnis des vorangegangenen offenen Verfahrens/Aufhebung des vorangegangenen offenen oder nicht offenen Verfahrens (§ 3 EG Abs. 2 lit. c) VOL/A, § 3 EG Abs. 3 Nr. 3 VOB/A)

31 Ein nicht offenes Verfahren kann weiterhin dann durchgeführt werden, wenn ein **vorangegangenes offenes Verfahren zu keinem wirtschaftlichen Ergebnis geführt** hat (§ 3 EG Abs. 2 lit. c) VOL/A). Für Bauaufträge und Baukonzessionen wurde die vergleichbare Regelung in § 3a Abs. 3 VOB/A iVm § 3 Abs. 3 Nr. 2 VOB/A, die an ein nicht annehmbares Ergebnis des vorangegangenen offenen Verfahrens anknüpfte, in der jüngsten Novelle der VOB/A durch § 3 EG Abs. 3 Nr. 3 VOB/A abgelöst. Nach dieser Vorschrift ist ausreichend, dass das **vorangegangene offene oder nicht offene Verfahren** – egal aus welchen Gründen – **aufgehoben** wurde. Die wirksame Aufhebung des vorangegangenen Verfahrens ist auch im Anwendungsbereich der VOL/A eine zusätzliche Voraussetzung.[85]

32 Ein **unwirtschaftliches Ergebnis des offenen Verfahrens** ist immer dann gegeben, wenn, aus welchen Gründen auch immer, kein annahmefähiges wirtschaftliches Angebot vorliegt.[86] Das kann etwa darauf beruhen, dass die Bieter nicht die erforderlichen Eignungsnachweise erbracht haben,[87] die Preise unangemessen hoch oder niedrig angesetzt wurden[88] oder kein Angebot den Ausschreibungsbedingungen entsprach.[89] Der Auftraggeber hat dann die Möglichkeit, entweder ein nicht offenes Verfahren oder, wenn dessen zusätzliche Voraussetzungen vorliegen, ein Verhandlungsverfahren mit[90] bzw. ohne[91] Teilnahmewettbewerb durchzuführen.[92] Die Beurteilung, welche Verfahrensart am sinnvollsten erscheint, richtet sich nach dem Einzelfall. In der Praxis ist wohl die Wahl des Verhandlungsverfahrens ohne Teilnahmewettbewerb am häufigsten.[93]

d) Unzweckmäßigkeit des offenen Verfahrens aus anderen Gründen (§ 3 EG Abs. 3 Nr. 4 VOB/A, § 3 EG Abs. 2 lit. d) VOL/A)

33 Schließlich kann der Auftraggeber ein nicht offenes Verfahren dann durchführen, wenn das offene Verfahren **aus anderen Gründen unzweckmäßig** ist (§ 3 EG Abs. 3 Nr. 4

---

[82] OLG Naumburg Beschl. v. 10.11.2003, 1 Verg 14/03; VK Arnsberg Beschl. v. 18.7.2012, VK 09/12; *Hausmann/von Hoff* in Kulartz/Marx/Portz/Prieß VOL/A, § 3 EG Rn. 35f.
[83] *Kaelble* in Müller-Wrede, § 3 EG Rn. 35.
[84] OLG Düsseldorf Beschl. v. 29.2.2012, VII-Verg 75/11; s. für einen weiteren aktuellen Beispielsfall VK Thüringen, Beschl. v. 21.6.2011, 250–4003.20–2506/2011-E-006-GTH.
[85] *Noch*, Rn. 259; s. näher § 31 zur Aufhebung d. Verfahrens.
[86] *Hausmann/von Hoff* in Kulartz/Marx/Portz/Prieß VOL/A, § 3 EG Rn. 37.
[87] *Pünder* in Pünder/Schellenberg, § 3a VOB/A Rn. 15; *Noch*, Rn. 259.
[88] *Pünder* in Pünder/Schellenberg, § 3 VOB/A Rn. 12; *Stickler/Kallmayer* in Kapellmann/Messerschmidt, § 3a Rn. 99.
[89] *Stickler* in Kapellmann/Messerschmidt, § 3 Rn. 43.
[90] § 3 EG Abs. 4 Nr. 1 VOB/A, § 3 EG Abs. 3 lit. a) VOL/A.
[91] § 3 EG Abs. 5 Nr. 1 VOB/A, § 3 EG Abs. 4 lit. a) VOL/A.
[92] S. Rn. 42 ff. zu den Voraussetzungen des Verhandlungsverfahrens.
[93] *Hausmann/von Hoff* in Kulartz/Marx/Portz/Prieß VOL/A, § 3 EG Rn. 37; *Kaelble* in Müller-Wrede, § 3 EG Rn. 38.

VOB/A, § 3 EG Abs. 2 lit. d) VOL/A). Hierbei handelt es sich um einen Auffangtatbestand für andere objektiv nachvollziehbare Gründe gegen die Durchführung eines offenen Verfahrens.[94] Der Begriff der Unzweckmäßigkeit ist eng auszulegen[95] und liegt nur dann vor, wenn die Zweckmäßigkeitsgesichtspunkte für die Durchführung eines nicht offenen Verfahrens so gewichtig sind, dass sie die für ein offenes Verfahren streitenden Aspekte eindeutig überwiegen und daher das Beschaffungsziel mit der öffentlichen Ausschreibung nicht effektiv erreicht werden kann.[96] § 3 Abs. 3 lit. b) VOL/A und die Vorgängerregelung zu § 3 EG Abs. 3 Nr. 4 VOB/A, § 3a Abs. 3 iVm § 3 Abs. 3 Nr. 3 VOB/A, zählen **Dringlichkeit** und **Geheimhaltung** beispielhaft auf. Diese Gründe bleiben auch nach der Novelle der VOB/A relevant. Dabei ist einschränkend zu beachten, dass die Ursache der Dringlichkeit nicht dem Verantwortungsbereich des Auftraggebers zurechenbar sein darf.[97] Gründe der Geheimhaltung können bspw. vorliegen, wenn die Leistungsbeschreibung aus objektiv nachvollziehbaren Gründen nur einem beschränkten Bieterkreis zugänglich gemacht werden soll, etwa weil dieser bereits im Zuge des Teilnahmewettbewerbs eine Sicherheitsüberprüfung bestehen und eine Vertraulichkeitserklärung unterzeichnen soll.[98]

3. Ablauf des nicht offenen Verfahrens

Das nicht offene Verfahren ist **zweistufig** ausgestaltet. Auf der ersten Stufe ruft die Vergabestelle öffentlich zur Beteiligung an einem öffentlichen Teilnahmewettbewerb aus. Die Vergabestelle wählt anschließend aus dem Kreis der eingegangenen Bewerbungen diejenigen Unternehmen aus, die sie zur Angebotsabgabe auffordert (§ 6 EG Abs. 2 Nr. 2 VOB/A, 10 EG Abs. 1 VOL/A). Auf der zweiten Stufe findet der eigentliche Wettbewerb der ausgewählten Bieter um die Auftragsvergabe statt. 34

Vor Beginn des Verfahrens hat der Auftraggeber wie beim offenen Verfahren die Möglichkeit, Vorinformationen über die geplanten Vergaben bekanntzumachen und hierdurch die Angebotsfrist – nicht aber die Frist für den Eingang der Anträge auf Teilnahme (Bewerbungsfrist) – zu verkürzen (§ 10 EG Abs. 2 Nr. 4 VOB/A, § 12 EG Abs. 5 S. 3 VOL/A).[99] Will der Auftraggeber nicht von der Möglichkeit der Fristverkürzung Gebrauch machen, ist die Vorinformation nicht verpflichtend.[100] 35

Der öffentliche Teilnahmewettbewerb dient der **Ermittlung der Fachkunde, der Leistungsfähigkeit und der Zuverlässigkeit** der Teilnehmer im Sinne von § 97 Abs. 4 GWB.[101] Die Unternehmen werden in einer **europaweiten Vergabebekanntmachung**[102] zur Bewerbung aufgerufen. In der Bekanntmachung ist eine Frist für die Ein- 36

---

[94] *Haak/Preißinger* in Willenbruch/Wieddekind, § 3 EG VOL/A Rn. 28; *Hausmann/von Hoff* in Kulartz/Marx/Portz/Prieß VOL/A, § 3 EG Rn. 38.
[95] OLG Naumburg Beschl. v. 10.11.2003, 1 Verg 14/03; *Hausmann/von Hoff* in Kulartz/Marx/Portz/Prieß VOL/A, § 3 EG Rn. 38.
[96] OVG NRW Urt. v. 2.9.2008, 15 A 2328/06; *Hausmann/von Hoff* in Kulartz/Marx/Portz/Prieß VOL/A, § 3 EG Rn. 39.
[97] OLG Düsseldorf Beschl. v. 29.2.2012, VII-Verg 75/11; *Haak/Preißinger* in Willenbruch/Wieddekind, § 3 VOB/A Rn. 39; *Stickler* in Kapellmann/Messerschmidt, § 3 Rn. 53; *Hausmann/von Hoff* in Kulartz/Marx/Portz/Prieß VOL/A, § 3 EG Rn. 40; aA *Kaelble* in Müller-Wrede, § 3 EG Rn. 46, nach dem eine vom Auftraggeber verursachte Dringlichkeit nicht schadet, solange sie nicht missbräuchlich herbeigeführt wurde.
[98] *Hausmann/von Hoff* in Kulartz/Marx/Portz/Prieß VOL/A, § 3 EG Rn. 41.
[99] S. zur Vorinformation näher § 21.
[100] Vgl. EuGH Urt. v. 26.9.2000, C-225/98 – Calais, Rn. 38.
[101] *Ganske* in Reidt/Stickler/Glahs, § 101 GWB Rn. 16; *Kulartz* in Kulartz/Kus/Portz, § 101 Rn. 9; *Dreher* in Dreher/Stockmann, § 101 Rn. 19.
[102] Vgl. § 12 EG Abs. 2 Nr. 2 VOB/A, § 15 EG Abs. 1–5 VOL/A; s. zu den Anforderungen an die Bek. näher § 21.

sendung der Teilnahmeanträge festzulegen, an die sich der Auftraggeber zu halten hat.[103] Der Auftraggeber hat des Weiteren in der Bekanntmachung anzugeben, welche Nachweise zum Nachweis der Eignung vorzulegen sind (§ 6 EG Abs. 3 Nr. 5 VOB/A, § 7 EG Abs. 5 VOL/A).

37 Die Vergabestelle braucht nicht von vornherein festlegen, wie viele Bewerber sie auf der nächsten Stufe berücksichtigen wird.[104] Sofern sie jedoch die Zahl der einzuladenden Bewerber beschränken möchte, hat sie die **Höchstzahl** bereits in der Vergabebekanntmachung anzugeben (§ 6 EG Abs. 2 Nr. 4 lit. b) VOB/A, § 3 EG Abs. 5 S. 2 VOL/A, § 10 Abs. 4 VOF).[105] Legt die Vergabestelle keine Höchstzahl fest, müssen alle geeigneten Bieter zur Angebotsabgabe aufgefordert werden. Darüber hinaus hat der Auftraggeber jedenfalls im Anwendungsbereich der VOB/A auch die für die Auswahl der Teilnehmer vorgesehenen objektiven, nicht diskriminierenden und auftragsbezogenen Kriterien bereits in der Bekanntmachung anzugeben (§ 6 EG Abs. 2 Nr. 4 VOB/A).[106] Außerhalb des Anwendungsbereichs der VOB/A muss die Vergabestelle die **Kriterien zur Auswahl der Teilnehmer** (und insbesondere die Gewichtung der Kriterien) unstreitig dann in der Vergabebekanntmachung mitteilen, wenn sie die Regeln für die Gewichtung der an die Eignungsprüfung anzulegenden Auswahlkriterien bereits vor der Vergabebekanntmachung aufgestellt hat.[107] Hat der Auftraggeber die geplanten Auswahlkriterien noch nicht festgelegt, wurde in der Vergangenheit eine Pflicht zur Mitteilung der Auswahlkriterien dagegen verneint.[108] Diese Auffassung erscheint angesichts des eindeutigen Wortlauts von Art. 44 Abs. 3 UAbs. 1 S. 2 VKR jedoch nicht mehr haltbar.[109] Es empfiehlt sich daher als rechtssicherer Weg, auch im Anwendungsbereich der VOL/A die Kriterien für die Auswahl der Bewerber stets bereits in der Vergabebekanntmachung anzugeben.

38 Einschränkungen ist die Vergabestelle ferner hinsichtlich der **Mindestzahl der einzuladenden Bewerber** unterworfen: Die Anzahl der Bewerber, die zur Angebotsabgabe aufgefordert werden, darf **nicht unter fünf** liegen (§ 6 EG Abs. 2 Nr. 2 VOB/A, § 3 EG Abs. 5 S. 3 VOL/A). Eine darüber liegende Zahl kann geboten sein, wenn sie nötig ist, um einen echten Wettbewerb zu gewährleisten. In jedem Fall muss die Mindestzahl im Voraus festgelegt und in der Vergabebekanntmachung genannt werden.[110] Der Auftraggeber darf das Verfahren allerdings auch dann fortsetzen, wenn die festgelegte Mindestzahl geeigneter Bewerber nicht erreicht wird, da es genügt, wenn er das Verhandlungsverfahren rechtmäßig wählt und durchführt.[111]

39 Der Auftraggeber prüft die eingegangenen Teilnahmeanträge und hat zunächst solche Teilnehmer auszuschließen, deren Unterlagen nicht form- und fristgerecht eingegangen

---

[103] *Kulartz* in Kulartz/Kus/Portz, § 101 Rn. 8.
[104] BayObLG Beschl. v. 20.4.2005, Verg 26/04; OLG Dresden Beschl. v. 6.6.2002, WVerg 0004/02; *Ganske* in Reidt/Stickler/Glahs, § 101 GWB Rn. 15, 17; *Dreher* in Dreher/Stockmann, § 101 Rn. 20.
[105] § 6 EG Abs. 2 Nr. 4 lit. b) VOB/A; *Noch*, Rn. 256; zur Zulässigkeit BayObLG Beschl. v. 20.4.2005, Verg 26/04.
[106] VK Bund Beschl. v. 14.6.2007, VK 1–50/07; *Hausmann* in Kulartz/Marx/Portz/Prieß VOB/A, § 3 Rn. 30 mit Verweis auf VK Südbayern, Beschl. v. 9.4.2003–11–03/03.
[107] EuGH Urt. v. 12.12.2002, Rs. C-470/99 – Universale-Bau AG, Rn. 100; OLG Düsseldorf Beschl. v. 29.10.2003, VII-Verg 43/03 zum Verhandlungsverfahren mit Teilnahmewettbewerb nach VOF; *Ganske* in Reidt/Stickler/Glahs, § 101 GWB Rn. 15.
[108] *Ganske* in Reidt/Stickler/Glahs, § 101 GWB Rn. 15; aA: VK Südbayern Beschl. v. 9.4.2003, 11–03/03 – Gewichtung der Eignungskriterien stets vorher bekanntzugeben (zum Verhandlungsverfahren).
[109] Vgl. VK Bund Beschl. v. 14.6.2007, VK 1–50/07.
[110] Vgl. Art. 44 Abs. 3 UAbs. 1 S. 2 u. UAbs. 3 S. 1 VKR; *Dreher* in Dreher/Stockmann, § 101 Rn. 22.
[111] EuGH Urt. v. 15.10.2009, C-138/08 – Hochtief AG, Ls 2; *Otting* in Bechtold, § 101 Rn. 11.

sind oder die geforderten Nachweise nicht enthalten.[112] Ein Ermessen besteht insoweit nicht.[113] Unter den verbleibenden geeigneten Bewerbern sind – sofern der Auftraggeber die Höchstzahl der einzuladenden Bewerber in der Vergabebekanntmachung beschränkt hat – diejenigen auszuwählen, die zur Angebotsabgabe aufgefordert werden.[114] Der Vergabestelle steht für die **Teilnehmerauswahl** ein großer Ermessensspielraum zu,[115] der jedoch auf sachlichen Erwägungen beruhen muss, um den Grundsätzen der Transparenz und der Gleichbehandlung zu genügen.[116] So kann der Auftraggeber im Vorfeld Kriterien festlegen, bei deren Nichterfüllung die Teilnahme ausgeschlossen ist (bspw. Mindestumsatz, Mindestmitarbeiterzahl), solange diese objektiv, nicht diskriminierend und auftragsbezogen sind (§ 6 EG Abs. 2 Nr. 4 lit. a VOB/A, § 7 EG Abs. 1 VOL/A).[117] Nur solche Bieter dürfen zur Abgabe eines Angebots aufgefordert werden, die die aufgestellten Kriterien erfüllen, da die übrigen Teilnehmer ein Recht darauf haben, dass sie sich im Angebotswettbewerb nur mit solchen Bewerbern messen müssen.[118] Eine Reduzierung der Bewerberzahl durch Losentscheid ist nur dann zulässig, wenn der Auftraggeber unter den eingegangenen Bewerbungen eine rein objektive Auswahl nach qualitativen Kriterien unter gleich qualifizierten Bewerbern nicht mehr nachvollziehbar durchführen kann.[119] Schließlich dürfen die Entscheidungsgrundlagen für die Auswahl der Teilnehmer, die zur Angebotsabgabe aufgefordert werden, bei der Ermittlung des wirtschaftlichsten Angebots nicht erneut berücksichtigt werden.[120]

Der weitere Verfahrensablauf nach Auswahl der Teilnehmer und Aufforderung zur Angebotsabgabe entspricht dem des offenen Verfahrens. Auf die dortigen Ausführungen wird verwiesen.[121] Zu beachten ist, dass im nicht offenen Verfahren – wie auch im Verhandlungsverfahren – spätestens in den Vergabeunterlagen, die der Aufforderung zur Angebotsabgabe beizufügen sind, auch die Zuschlagskriterien einschließlich ihrer Gewichtung, bzw. sofern eine Gewichtung aus nachvollziehbaren Gründen nicht möglich ist, die **Zuschlagskriterien** in der absteigenden Reihenfolge ihrer Bedeutung anzugeben sind (§ 16 EG Abs. 7 VOB/A; §§ 10 EG Abs. 2 lit. c), 19 EG Abs. 8 VOL/A).[122] Unter Berücksichtigung des Grundsatzes der Gleichbehandlung und der Transparenz sind dabei richtlinienkonform gegebenenfalls auch die weiteren Unterkriterien, die der Ausfüllung und Konkretisierung der auf der ersten Stufe gewählten Kriterien dienen, sowie deren Gewichtung

40

---

[112] BGH Beschl. v. 18.2.2003, X ZB 43/02; VK Bund Beschl. v. 22.2.2008, VK 1–4/08; *Ganske* in Reidt/Stickler/Glahs, § 101 GWB Rn. 17.
[113] BGH Beschl. v. 18.2.2003, X ZB 43/02; VK Baden-Württemberg Beschl. v. 26.8.2009, 1 VK 43/09; *Ganske* in Reidt/Stickler/Glahs, § 101 GWB Rn. 17. S. hierzu näher § 27.
[114] *Ganske* in Reidt/Stickler/Glahs, § 101 GWB Rn. 17; *Kulartz* in Kulartz/Kus/Portz, § 101 Rn. 10.
[115] BayObLG Beschl. v. 20.4.2005, Verg 26/04; BayOLG Beschl. v. 12.4.2000, Verg 1/10, NZBau 2000, 481, 485; *Ganske* in Reidt/Stickler/Glahs, § 101 GWB Rn. 17; *Dreher* in Dreher/Stockmann, § 101 Rn. 21.
[116] BayObLG Beschl. v. 20.4.2005, Verg 26/04; OLG Dresden Beschl. v. 6.6.2002, WVerg 0004/02; *Dreher* in Dreher/Stockmann, § 101 Rn. 21.
[117] Vgl. BayOLG Beschl. v. 12.4.2000, Verg 1/10, NZBau 2000, 481, 485; s. auch EuGH Urt. v. 27.2.2003 – Rs. C-327/00 – Santex zum Grundsatz d. Nichtdiskriminierung in diesem Zusammenhang; zu den zulässigen Eignungskriterien s. allg. § 13.
[118] VK Bund Beschl. v. 22.2.2008, VK 1–4/08; *Ganske* in Reidt/Stickler/Glahs, § 101 GWB Rn. 16; *Kulartz* in Kulartz/Kus/Portz, § 101 Rn. 13.
[119] OLG Rostock, Beschl. v. 1.8.2003, 17 Verg 7/03; VK Bund Beschl. v. 14.6.2007, VK 1–50/70.
[120] BGH Urt. v. 8.9.1998, X ZR 109–96, NJW 1998, 3644, 3645f.; VK BaWü Beschl. v. 3.11.2004, 1 VK 68/04.
[121] S. Rn. 17ff.
[122] Vgl. Art. 53 Abs. 2 VKR.

(**Bewertungsmatrix**) bekanntzugeben.[123] Eine spätere Aufstellung und Verwendung von Unterkriterien kommt nach der Rechtsprechung des Europäischen Gerichtshofs nur ausnahmsweise in Betracht und setzt voraus, dass hierdurch die in den Vergabeunterlagen oder in der Bekanntmachung bestimmten Zuschlagskriterien nicht geändert werden, die später aufgestellten Unterkriterien nichts enthalten, was, wenn es bei der Vorbereitung der Angebote bekannt gewesen wäre, diese Vorbereitung hätte beeinflussen können, und die Ergänzungen nicht unter Berücksichtigung von Umständen erlassen wurden, die einen der Bieter diskriminieren konnten.[124] Diese Voraussetzungen dürften in der Praxis kaum zu begründen sein.

III. Verhandlungsverfahren mit Teilnahmewettbewerb

1. Allgemeines

41 Nach § 101 Abs. 4 GWB sind Verhandlungsverfahren „*Verfahren, bei denen sich der Auftraggeber mit oder ohne vorherige öffentliche Aufforderung zur Teilnahme an ausgewählte Unternehmen wendet, um mit einem oder mehreren über die Auftragsbedingungen zu verhandeln*". Diese Definition steht im Einklang mit Art. 1 Abs. 11 lit. d) VKR und entspricht im Wesentlichen der freihändigen Vergabe bei unterschwelligen Auftragsvergaben.[125] Im Unterschied zum offenen und nicht offenen Verfahren muss der Auftragsgegenstand hier nicht bereits in der Ausschreibung in allen Einzelheiten festgeschrieben sein, da die Auftragsbedingungen und der Preis erst im Laufe des Verfahrens verhandelt werden.[126] Zudem können die Teilnehmer ihre Angebote auch nach Abgabe im Lauf des Verfahrens noch abändern.[127] Damit ist das Verhandlungsverfahren das **flexibelste der Verfahrensarten** und aufgrund dessen besonders für komplexe Aufträge geeignet.[128] Die Flexibilität des Verhandlungsverfahrens, die mit einem Mangel an Regelungsdichte und Regelungstechnik einhergeht, kann in der Praxis allerdings auch zu Unsicherheiten und zu Fehleranfälligkeit führen.[129] Die Anforderungen an die Verfahrensausgestaltung werden ganz überwiegend aus den auch im Verhandlungsverfahren zu beachtenden[130] allgemeinen Verfahrensprinzipien, also dem Wettbewerbsgrundsatz, dem Transparenz- und Gleichbehandlungsgebot und dem Grundsatz der Vertraulichkeit, abgeleitet.

---

[123] Vgl. EuGH, Beschl. v. 24.01.2008, Rs. C-532/06 – Alexandroupolis, VergabeR 2008, 496, Rn. 45; OLG München, Beschl. v. 19.3.2009, Verg 2/09; OLG Düsseldorf, Beschl. v. 9.4.2008, VII-Verg 2/08; *Frister* in Kapellmann/Messerschmidt, § 16 Rn. 114; *Verfürth* in Kulartz/Marx/Portz/Prieß VOL/A, § 9 EG Rn. 12.

[124] EuGH, Beschl. v. 24.01.2008, Rs. C-532/06 – Alexandroupolis, VergabeR 2008, 496, Rn. 45; EuGH, Beschl. v. 24.11.2005, Rs. C-331/04 – ATI EAC e Viaggi die Maio, VergabeR 2006, 202, Rn. 32.

[125] *Quilisch* NZBau 2003, 249, 250; *Otting* in Bechtold, § 101 Rn. 11; *Dreher* in Dreher/Stockmann, § 101 Rn. 9.

[126] OLG Düsseldorf Beschl. v. 5.7.2006, VII-Verg 21/06; OLG Celle Beschl. v. 16.1.2002, 13 Verg 1/02; *Haak/Preißinger* in Willenbruch/Wieddekind, § 101 GWB Rn. 20; *Kulartz* in Kulartz/Kus/Portz, § 101 Rn. 33; *Dreher* in Dreher/Stockmann, § 101 Rn. 28.

[127] BGH Urt. v. 10.9.2009, VII ZR 255/08, BeckRS 2009, 26577; OLG Düsseldorf Beschl. v. 5.7.2006, VII-Verg 21/06; OLG Celle Beschl. v. 16.1.2002, 13 Verg 1/02; *Ganske* in Reidt/Stickler/Glahs, § 101 GWB Rn. 37; *Leinemann*, Rn. 426; *Dreher* in Dreher/Stockmann, § 101 Rn. 25, 28.

[128] *Kulartz* in Kulartz/Kus/Portz, § 101 Rn. 32.

[129] *Quilisch* NZBau 2003, 249; *Kramer* NZBau 2005, 138; *Haak/Preißinger* in Willenbruch/Wieddekind, § 101 GWB Rn. 20; *Ganske* in Reidt/Stickler/Glahs, § 101 GWB Rn. 38.

[130] BGH Urt. v. 10.9.2009, VII ZR 255/08, BeckRS 2009, 26577; OLG Düsseldorf Beschl. v. 19.7.2006, VII-Verg 27/06. S. zu den allg. Verfahrensprinzipien § 1.

2. Zulässigkeit des Verhandlungsverfahrens mit Teilnahmewettbewerb

Während das Verhandlungsverfahren mit vorherigem Teilnahmewettbewerb bei der Vergabe von freiberuflichen Leistungen als Standardverfahren vorgesehen ist (§ 3 Abs. 1 VOF), dürfen Auftraggeber bei der Vergabe von Bauaufträgen und Baukonzessionen sowie von Liefer- und Dienstleistungsverträgen dieses nur unter den in § 3 EG Abs. 4 VOB/A und § 3 EG Abs. 3 VOL/A genannten besonderen Voraussetzungen wählen. Das Vorliegen der jeweiligen Voraussetzungen muss von der Vergabestelle mit stichhaltigen Belegen begründet werden und die Gründe sind aktenkundig zu machen.[131] Die Bestimmungen der VOB/A und VOL/A unterscheiden sich zwar im Wortlaut, lassen sich aber unter Rückgriff auf die einheitliche Regelung in Art. 30 Abs. 1 VKR, auf der die nationalen Vorschriften gleichermaßen beruhen, in vier Fallgruppen unterteilen:

a) Nur unannehmbare bzw. ausgeschlossene Angebote im vorangegangenen offenen Verfahren, nicht offenen Verfahren oder wettbewerblichen Dialog (§§ 3 EG Abs. 4 Nr. 1 VOB/A, 3 EG Abs. 3 lit. a) Hs. 1 VOL/A)

Der Auftraggeber kann ein Verhandlungsverfahren mit Teilnahmewettbewerb zunächst dann durchführen, wenn das **vorangegangene Verfahren wegen nicht annehmbarer Angebote aufgehoben wurde** (§ 3 EG Abs. 4 Nr. 1 VOB/A) bzw. **nur Angebote abgegeben wurden, die ausgeschlossen wurden** (§ 3 EG Abs. 3 lit. a) Hs. 1 VOL/A). Dabei ist europarechtskonform davon auszugehen, dass nicht nur im Anwendungsbereich der VOL/A, sondern auch im Falle der Vergabe nach VOB/A neben offenem und nicht offenen Verfahren auch ein gescheiterter wettbewerblicher Dialog die Durchführung eines Verhandlungsverfahrens ermöglicht.[132] Trotz des unterschiedlichen Wortlauts sind die Voraussetzungen nach beiden Vorschriften inhaltlich ähnlich und sind stets erfüllt, wenn entweder überhaupt kein Angebot abgegeben wurde oder wenn alle Angebote mangels Bietereignung, aus formalen oder aus sonstigen Gründen ausgeschlossen werden mussten, also kein Angebot in die vierte Wertungsstufe gelangt.[133] Abweichend von der Vorgängerregelung in § 3a Abs. 5 Nr. 1 VOB/A („keine wirtschaftlichen Angebote") spricht § 3 EG Abs. 4 Nr. 1 VOB/A nunmehr – in Einklang mit Art. 30 Abs. 1 lit. a) VKR – von unannehmbaren Angeboten. Damit sind Angebote gemeint, die unangemessen hoch oder niedrig sind und aus diesem Grund gem. § 16 EG Abs. 6 Nr. 1 VOB/A nicht annehmbar sind.[134] Übersteigen die angebotenen Preise lediglich das vom Auftraggeber prognostizierte Niveau, ohne unangemessen im Sinne von § 16 EG Abs. 6 Nr. 1 VOB/A zu sein, ist der Auftraggeber zwar nicht zur Zuschlagserteilung verpflichtet; eine erneute Ausschreibung muss dann aber im Wege des offenen Verfahrens erfolgen.[135] Ein inhaltlicher Unterschied zur Vorgängerregelung ergibt sich daraus nicht.[136]

---

[131] Vgl. § 20 EG Abs. 1 Nr. 9 VOB/A, § 24 EG Abs. 2 lit. f) VOL/A; *Pünder* in Pünder/Schellenberg, § 101 GWB Rn. 72; *Hausmann/von Hoff* in Kulartz/Marx/Portz/Prieß VOL/A, § 3 EG Rn. 30.

[132] Vgl. Wortlaut des Art. 30 Abs. 1 lit. a) VKR; *Pünder* in Pünder/Schellenberg, § 3a VOB/A Rn. 14; *Stickler/Kallmayer* in Kapellmann/Messerschmidt, § 3a Rn. 96; aA *Müller-Wrede* in Ingenstau/Korbion, § 3a Rn. 38, der meint, die nationale Regelung beinhalte eine zulässige Einschränkung ggü. d. Richtlinie.

[133] Vgl. insbes. Ausschlussgründe nach § 16 EG VOB/A bzw. § 19 EG VOL/A; KG Berlin Beschl. v. 20.4.2011, Verg 2/11; *Pünder* in Pünder/Schellenberg, § 3a VOB/A Rn. 15; *Stickler/Kallmayer* in Kapellmann/Messerschmidt, § 3a Rn. 97.

[134] Vgl. *Müller-Wrede* in Ingenstau/Korbion, § 3a Rn. 39 (zur Vor-Vorgängerregelung in § 3a Abs. 5 Nr. 1 VOB/A); *Stickler* in Kapellmann/Messerschmidt, § 3 Rn. 50 (zur Parallelvorschrift in § 3 Abs. 3 Nr. 2 VOB/A).

[135] Vgl. *Stickler/Kallmeyer* in Kapellmann/Messerschmidt, § 3a Rn. 102 mit Verweis auf *Stickler* in Kapellmann/Messerschmidt, § 3 Rn. 50.

44 Die Durchführung des Verhandlungsverfahrens ist allerdings nicht zulässig, wenn das Scheitern des vorangegangenen Verfahrens dem Auftraggeber selbst zuzuschreiben ist, etwa weil die Auftragsbedingungen die Erfüllung des ausgeschriebenen Auftrages bis an die Grenzen der Unmöglichkeit erschwert haben.[137] Das vorausgegangene Verfahren muss in jedem Fall formell wirksam und mit Außenwirkung aufgehoben worden sein; ein formloser Wechsel in das Verhandlungsverfahren ist nicht möglich.[138] Zudem dürfen die Auftragsbedingungen nicht grundlegend geändert werden.[139] Eine **Änderung der Auftragsbedingungen** ist insbesondere dann grundlegend, wenn sie dazu führt, dass der potentielle Bieterkreis ein anderer ist.[140] Indizien können Änderungen der Eignungsanforderungen und der Zuschlagskriterien sowie eine erheblich veränderte Kostenschätzung sein.[141] Entscheidend sind letztlich die Umstände des Einzelfalls.[142]

45 Schließlich sind die Voraussetzungen für die Wahl des Verhandlungsverfahrens nach gescheitertem vorangegangen Verfahren von denen für das nicht offene Verfahren nach gescheitertem vorangegangenen Verfahren gem. § 3 EG Abs. 3 Nr. 3 VOB/A bzw. § 3 EG Abs. 2 lit. c) VOL/A abzugrenzen. Letzteres ist nach der Hierarchie der Verfahrensarten grundsätzlich vorrangig.[143] Der Auftraggeber darf das Verhandlungsverfahren daher nur dann wählen, wenn ihm das nicht offene Verfahren nach ermessensfehlerfreier Prognose als unzweckmäßig erscheint.[144]

b) Vorherige Preisgestaltung nach der Natur der Leistung oder der damit verbundenen Risiken nicht möglich (§§ 3 EG Abs. 4 Nr. 3 VOB/A, 3 EG Abs. 3 lit. b) VOL/A)

46 Ein Verhandlungsverfahren mit Teilnahmewettbewerb ist ferner dann zulässig, wenn erst die Verhandlungen zu einer genauen Leistungsbeschreibung mit Festlegung des Gesamtpreises führen können. So erlaubt § 3 EG Abs. 3 lit. b) VOL/A die Durchführung eines Verhandlungsverfahrens, wenn der Auftrag **nach seiner Natur oder wegen der damit verbundenen Risiken** die vorherige Festlegung eines Gesamtpreises nicht zulässt; ähnlich stellt § 3 EG Abs. 4 Nr. 3 VOB/A darauf ab, ob die Leistung nach Art und Umfang oder wegen der damit verbundenen Wagnisse nicht so eindeutig und erschöpfend beschrieben werden kann, dass eine einwandfreie Preisermittlung zur Vereinbarung einer festen Vergütung möglich ist.[145] Die **Festlegung eines Gesamtpreises ist nicht möglich**, wenn der Auftraggeber keine einheitliche Preisstruktur für alle Unternehmen entwerfen kann, aus der die Wettbewerbsteilnehmer den Gesamtpreis für ihre Angebotsabga-

---

[136] Vgl. zur Auslegung d. Begriffs d. fehlenden Wirtschaftlichkeit *Pünder* in Pünder/Schellenberg, § 3a VOB/A Rn. 15; *Stickler/Kallmeyer* in Kapellmann/Messerschmidt, § 3a Rn. 96 ff.

[137] OLG Dresden Beschl. v. 16.10.2001, WVerg 0007/01; VK Sachsen Beschl. v. 7.1.2008, 1/SVK/077–07; *Stickler/Kallmayer* in Kapellmann/Messerschmidt, § 3a Rn. 100; *Noch*, Rn. 266.

[138] OLG Jena Beschl. v. 20.6.2005, 9 Vergabe 3/05; VK Berlin Beschl. v. 6.3.2009, VK-B2–32/08; *Stickler/Kallmayer* in Kapellmann/Messerschmidt, § 3a Rn. 97; *Müller-Wrede* in Ingenstau/Korbion, § 3a Rn. 36; *Jasper* in Motzke/Pietzcker/Prieß, § 3a Rn. 36.

[139] Vgl. KG Berlin Beschl. v. 20.4.2011, Verg 2/11; *Dobmann*, VergabeR 2013, 175, 177.

[140] EuGH Urt. v. 4.6.2009, Rs. C-250/07– Kraftwerk Kreta, Rn. 52, NZBau 2009, 602; *Boesen* VergabeR 2008, 385, 389; *Stickler/Kallmayer* in Kapellmann/Messerschmidt, § 3a Rn. 103; *Jasper* in Motzke/Pietzcker/Prieß, § 3a Rn. 37.

[141] *Haak/Preißinger* in Willenbruch/Wieddekind, § 3a VOB/A Rn. 32.

[142] *Pünder* in Pünder/Schellenberg, § 3a VOB/A Rn. 16; *Stickler/Kallmayer* in Kapellmann/Messerschmidt, § 3a Rn. 103; jeweils mit Beispielen.

[143] *Stickler/Kallmayer* in Kapellmann/Messerschmidt, § 3a Rn. 106; *Jasper* in Motzke/Pietzcker/Prieß, § 3a Rn. 33; aA *Hausmann/von Hoff* in Kulartz/Marx/Portz/Prieß VOL/A, § 3 EG Rn. 37 – kein Stufenverhältnis; s. zur Hierarchie allg. o. Rn. 6.

[144] *Stickler/Kallmayer* in Kapellmann/Messerschmidt, § 3a Rn. 107; *Jasper* in Motzke/Pietzcker/Prieß, § 3a Rn. 33.

[145] Sekundärrechtliche Grundlage beider Vorschriften ist Art. 30 Abs. 1 lit. b) VKR.

be berechnen können.¹⁴⁶ Die Gründe dafür müssen nach dem Wortlaut der Bestimmungen in der Natur der Leistung liegen oder mit Risiken verknüpft sein, die mit der vorherigen Festlegung des Gesamtpreises im Zusammenhang stehen.¹⁴⁷ Dies ist regelmäßig dann der Fall, wenn die Leistung nach Art oder Umfang nicht von vornherein genau bestimmbar ist,¹⁴⁸ sondern erst im Zuge der Leistungserbringung deutlich wird, so zB bei umfangreichen Reparaturleistungen, hochkomplexen IT-Leistungen oder komplizierten Dienstleistungen des Finanzwesens oder der Unternehmensberatung.¹⁴⁹ Ist eine Kalkulation zwar möglich, kann diese jedoch nicht ohne Spekulation erfolgen, so wäre es unbillig, dem Bieter die daraus erwachsenden Risiken aufzubürden.¹⁵⁰ Durch diese Ausnahmeregelungen sollen beide Parteien vor einer unzureichenden Preisvereinbarung und die Bieter vor den damit verbundenen Wagnissen geschützt werden.¹⁵¹ Außerdem ist es mangels eindeutiger und erschöpfender Leistungsbeschreibung unwahrscheinlich, dass vergleichbare Angebote eingehen.¹⁵²

c) Geistig-schöpferische Dienstleistungen und ähnliche Dienstleistungen (§ 3 EG Abs. 3 lit. c) VOL/A)

Ähnliche Probleme bei der Leistungsbeschreibung gibt es regelmäßig bei Dienstleistungen geistig-schöpferischer Natur. Daher dürfen Auftraggeber nach § 3 EG Abs. 3 lit. c) VOL/A bei der Vergabe solcher und vergleichbarer **Leistungen, die keine hinreichend genaue Festlegung der vertraglichen Spezifikationen zulassen,**¹⁵³ ebenfalls das Verhandlungsverfahren mit Teilnahmewettbewerb wählen – sofern es sich nicht ohnehin um eine freiberufliche Leistung handelt und damit § 3 VOF einschlägig ist. Voraussetzung ist, dass sich der Auftraggeber zuvor erkennbar um eine eindeutige und erschöpfende Leistungsbeschreibung bemüht hat.¹⁵⁴ Eine solche Leistungsbeschreibung ist oftmals gerade bei Dienstleistungen geistig-schöpferischer Natur nicht möglich, da die detaillierte Beschreibung des Auftrags bereits die Leistung selbst wäre.¹⁵⁵ Als weitere Fälle, in denen die vertraglichen Spezifikationen typischerweise nicht hinreichend genau beschrieben werden können, nennt § 3 EG Abs. 3 lit. c) VOL/A Dienstleistungen der Kategorie 6 des Anhangs I A, also Finanzdienstleistungen (Versicherungsdienstleistungen sowie Bankenleistungen und Wertpapiergeschäfte). Allerdings rechtfertigt das Vorliegen einer geistig-schöpferischen Leistung oder einer Dienstleistung der Kategorie 6 des Anhangs I A für sich gesehen noch nicht die Anwendung von § 3 EG Abs. 3 lit. c) VOL/A. Es muss also stets zusätzlich geprüft werden, ob die vertraglichen Spezifikationen hinreichend genau festgelegt werden können.

47

---

¹⁴⁶ BGH Beschl. v. 10.11.2009, X ZB 8/09, NZBau 2010, 124, 127.
¹⁴⁷ BGH Beschl. v. 10.11.2009, X ZB 8/09, NZBau 2010, 124 ff.; OLG Brandenburg, Beschl. v. 27.3.2012, Verg W 13/11; *Kaelble* in Müller-Wrede, § 3 EG Rn. 71.
¹⁴⁸ VK Lüneburg Beschl. v. 8.7.2009, Vgk-29/2009.
¹⁴⁹ Vgl. OLG Düsseldorf Beschl. v. 13.11.2000, VII-Verg 18/00; *Kaelble* in Müller-Wrede, § 3 EG Rn. 73.
¹⁵⁰ BGH Beschl. v. 10.11.2009, X ZB 8/09, NZBau 2010, 124; zB bei einem Auftrag zur Entsorgung von Altlasten in unbestimmten Ausmaß, *Müller* in Daub/Eberstein, § 3a Rn. 17.
¹⁵¹ *Stickler/Kallmayer* in Kapellmann/Messerschmidt, § 3a Rn. 111.
¹⁵² *Stickler/Kallmayer* in Kapellmann/Messerschmidt, § 3a Rn. 111; *Müller-Wrede* in Ingenstau/Korbion, § 3a Rn. 39.
¹⁵³ Etwa weil die Festlegung der auszuschreibenden Leistung selbst entspräche, *Pünder* in Pünder/Schellenberg, § 3 EG VOL/A Rn. 14.
¹⁵⁴ *Haak/Preißinger* in Willenbruch/Wieddekind, § 3 EG VOL/A Rn. 48.
¹⁵⁵ OLG Brandenburg, Beschl. v. 27.3.2012, Verg W 13/11 (im Erg. verneinend); OLG Düsseldorf, Beschl. v. 10.8.2011, VII-Verg 36/11; *Haak/Preißinger* in Willenbruch/Wieddekind, § 3 EG VOL/A Rn. 49; *Kaelble* in Müller-Wrede, § 3 EG Rn. 87.

d) Bauleistungen zu Forschungs- Versuchs- oder Entwicklungszwecken ohne Kostendeckungsabsicht (§ 3 EG Abs. 4 Nr. 2 VOB/A)

48 Schließlich ermöglicht § 3 EG Abs. 4 Nr. 2 VOB/A die Wahl des Verhandlungsverfahrens mit Teilnahmewettbewerb bei der Ausschreibung von **Bauleistungen zu Forschungs-, Versuchs- oder Entwicklungszwecken**, sofern diese nicht mit dem Ziel der Rentabilität oder der Deckung der Entwicklungskosten durchgeführt werden. Was unter Forschung und Entwicklung zu verstehen ist, wird in der Vorschrift nicht definiert. Hierfür kann auf die von der EU-Kommission veröffentlichten Hinweise zum Verständnis der Begriffe im beihilfenrechtlichen Kontext zurückgegriffen werden.[156] Mit dem Bauvorhaben dürfen allerdings **keinerlei kommerziellen (Neben-)zwecke** verfolgt werden.[157] Die Vorschrift hat aus diesem Grund kaum praktische Bedeutung.[158]

3. Ablauf des Verhandlungsverfahrens mit Teilnahmewettbewerb

49 Das Verhandlungsverfahren mit Teilnahmewettbewerb ist wie das nicht offene Verfahren **zweistufig** ausgestaltet.[159] In einem öffentlichen Teilnahmewettbewerb werden auf der ersten Stufe diejenigen geeigneten Bewerber ausgewählt, mit denen auf der zweiten Stufe Verhandlungen mit dem Ziel der Auftragsvergabe geführt werden.[160]

a) Öffentlicher Teilnahmewettbewerb

50 Das Verhandlungsverfahren beginnt wie das nicht offene Verfahren mit einer öffentlichen Vergabebekanntmachung mit Aufforderung zur Beteiligung am Teilnahmewettbewerb. Der Teilnahmewettbewerb dient dazu, diejenigen geeigneten Unternehmen auszuwählen, mit denen der Auftraggeber anschließend verhandelt. Dieser Verfahrensabschnitt unterscheidet sich nicht wesentlich vom Teilnahmewettbewerb im nicht offenen Verfahren,[161] weshalb auf die entsprechenden Ausführungen dazu verwiesen werden kann.[162] Sofern eine ausreichende Zahl von geeigneten Bewerbern vorhanden ist, beträgt die **Mindestzahl der Bewerber**, die der Auftraggeber zu Verhandlungen auffordern muss, im Verhandlungsverfahren drei (§ 6 EG Abs. 2 Nr. 3 VOB/A, § 3 EG Abs. 5 S. 3 VOL/A, § 10 Abs. 4 S. 2 VOF).[163] Wenn dem öffentlichen Auftraggeber eine rein objektive Auswahl aus zahlreichen gleich qualifizierten Bewerbern nicht möglich ist, darf die Auswahl ausnahmsweise durch Los getroffen werden (so ausdrücklich § 10 Abs. 3 VOF).[164] Hat der öffentliche Auftraggeber in der Vergabebekanntmachung die Zahl der Bewerber, die zu Verhandlungen aufgefordert werden, beschränkt, ist er hieran gebunden und darf nicht weitere Bieter zulassen.

---

[156] *Haak/Preißinger* in Willenbruch/Wieddekind, § 3 EG VOL/A Rn. 62 mit weiteren Erläuterungen; vgl. etwa Gemeinschaftsrahmen „F&E&I-Beihilfen".
[157] Vgl. *Pünder* in Pünder/Schellenberg, § 3a VOB/A Rn. 18.
[158] *Stickler/Kallmayer* in Kapellmann/Messerschmidt, § 3a Rn. 109.
[159] *Ganske* in Reidt/Stickler/Glahs, § 101 GWB Rn. 35; *Dreher* in Dreher/Stockmann, § 101 Rn. 25; *Haak/Preißinger* in Willenbruch/Wieddekind, § 101 GWB Rn. 16 unterscheiden dagegen zwischen drei Phasen: Auswahlphase, Angebotsphase u. Verhandlungsphase.
[160] *Schütte* ZfBR 2004, 237, 239; *Kulartz* in Kulartz/Kus/Portz, § 101 Rn. 37 ff.
[161] *Ganske* in Reidt/Stickler/Glahs, § 101 GWB Rn. 36; *Kulartz* in Kulartz/Kus/Portz, § 101 Rn. 36.
[162] S. o. Rn. 34 ff.
[163] Vgl. Art. 44 Abs. 3 UAbs. 2 S. 2 VKR.
[164] VK Bund Beschl. v. 14.6.2007, VK 1–50/07 zur VOB/A; OLG Rostock Beschl. v. 1.8.2007, 17 Verg 7/03, ZfGR 2003, 192 zur VOF.

b) Verhandlungsphase

Im Anschluss an den Teilnahmewettbewerb übermittelt der Auftraggeber den ausgewählten Bietern zunächst die Vergabeunterlagen und fordert diese zur **Angebotsabgabe** auf. Die Anforderungen hieran sind in den § 12 EG Abs. 4–7 VOB/A, § 10 EG VOL/A, § 11 VOF geregelt.[165] Wie auch im nicht offenen Verfahren ist der Auftraggeber verpflichtet, die Zuschlagskriterien und deren Gewichtung spätestens in den Vergabeunterlagen anzugeben (§ 16 EG Abs. 7 VOB/A, §§ 10 EG Abs. 2 lit. c), 19 EG Abs. 8 VOL/A; § 11 Abs. 4 VOF).[166] Um das Verfahren praktikabel, effizient und zügig zu gestalten, sollte der Auftraggeber den Bietern eine Frist für die Angebotsabgabe vorgeben.[167] Dabei hat der Auftraggeber auch im Verhandlungsverfahren angemessene Fristen festzusetzen (vgl. § 10 EG Abs. 3 Nr. 2 VOB/A, § 12 EG Abs. 1 VOL/A); im Anwendungsbereich der VOB/A ist auch bei Dringlichkeit eine Angebotsfrist von mindestens 10 Tagen vorzusehen (§ 10 EG Abs. 3 Nr. 2 VOB/A). 51

Sobald alle interessierten Bieter ein Angebot abgegeben haben, beginnt die Verhandlungsphase. Zunächst sind alle Angebote, die den Formalien nicht entsprechen, auszuschließen: Wurde eine aufgestellte Frist, die angemessen und verhältnismäßig war, nicht eingehalten, ist der Ausschluss zwingend.[168] Gleiches gilt aufgrund des Gleichbehandlungsgebots für Abweichungen von Mindestvorgaben in den Verdingungsunterlagen, wenn der Auftraggeber sich – freiwillig – für solche Vorgaben entschieden hat.[169] Die eigentliche Verhandlungsphase gestaltet sich als dynamischer Prozess.[170] Verhandeln bedeutet, dass der Auftraggeber und die Bieter den Auftragsinhalt und die Auftragsbedingungen solange besprechen, bis vereinbart ist, wie die Leistung ganz konkret beschaffen sein soll und zu welchen Konditionen, insbesondere welchem Preis, der Auftragnehmer leisten wird.[171] **Verhandlungsgegenstand** können also grundsätzlich Auftragsinhalt, Auftragsbedingungen und sämtliche Bestandteile der Angebote einschließlich des Preises sein.[172] Es können sich dabei Änderungen sowohl auf Nachfrage- als auch auf Angebotsseite ergeben.[173] Die Grenzen der zulässigen Verhandlungen sind erst dann überschritten, 52

---

[165] S. dazu näher §§ 4 u. 5.
[166] S. dazu näher Rn. 40.
[167] *Haak/Preißinger Willenbruch/Wieddekind*, § 101 GWB Rn. 17; *Leinemann*, Rn. 430.
[168] OLG Düsseldorf Beschl. v. 7.1.2002, VII-Verg 36/01; VK Münster Beschl. v. 3.4.2003, VK 05/03; VK Baden-Württemberg Beschl. v. 3.11.2004, 1 VK 68/04; *Schütte* ZfBR 2004, 237, 240; *Ganske* in Reidt/Stickler/Glahs, § 101 GWB Rn. 34.
[169] EuG Urt. v. 28.11.2002, T-40/01 – Scan Office Design, Rn. 94; BGH Urt. v. 1.8.2006, X ZR 115/04, VergabeR 2006, 382, 385; OLG Brandenburg Beschl. v. 18.2.2010, Verg W 2/10; OLG Düsseldorf Beschl v. 21.10.2009, VII-Verg 28/09; VK Brandenburg Beschl. v. 26.1.2010, VK 59/09; VK Sachsen Beschl. v. 17.12.2007, 1/SVK/073–07; VK Bund Beschl. v. 15.5.2004, VK 1–51/04; *Kulartz* in Kulartz/Kus/Portz, § 101 Rn. 39; anders noch: OLG Naumburg Beschl. v. 17.5.2006, 1 Verg 3/06, VergabeR 2006, 814, 818; OLG Frankfurt Beschl. v. 28.2.2006, 11 Verg 16/05, VergabeR 2006, 382, 385 (ließen Nachbesserung zu); näher dazu: *Müller-Wrede*, VergabeR 2010, 754, 757 f.
[170] OLG Celle Beschl. v. 16.1.2002; 13 Verg 1/02; VK Hessen Beschl. v. 25.7.2003, 69 d VK – 31/2003; VK Sachsen Beschl. v. 13.5.2002, 1/SVK/029–02; *Schütte* ZfBR 2004, 237, 239; *Ganske* in Reidt/Stickler/Glahs, § 101 GWB Rn. 34.
[171] BGH Urt. v. 10.9.2009, VII ZR 255/08, BeckRS 2009, 26577; OLG Düsseldorf Beschl. v. 5.7.2006, VII-Verg 21/06; OLG Celle Beschl. v. 16.1.2002, 13 Verg 1/02; *Schütte* ZfBR 2004, 237, 239; *Ganske* in Reidt/Stickler/Glahs, § 101 GWB Rn. 37; *Dreher* in Dreher/Stockmann, § 101 Rn. 28; *Leinemann*, Rn. 426.
[172] OLG Stuttgart Beschl. v. 24.11.2008, 10 U 97/08; OLG Celle Beschl. v. 16.1.2002, 13 Verg 1/02; *Müller-Wrede* VergabeR 2010, 754, 756; *Kramer* NZBau 2005, 138; *Ganske* in Reidt/Stickler/Glahs, § 101 GWB Rn. 37; *Dreher* in Dreher/Stockmann, § 101 Rn. 28.
[173] *Ganske* in Reidt/Stickler/Glahs, § 101 GWB Rn. 34.

wenn andere Leistungen vereinbart werden, als zuvor ausgeschrieben waren, also die **Identität des Beschaffungsvorhabens** nicht gewahrt ist.[174]

53   Hinsichtlich der **Ausgestaltung des Verfahrensablaufs** ergeben sich aus den Vergabeordnungen kaum Vorgaben[175], so dass der Auftraggeber einen großen Gestaltungsspielraum hat.[176] Materiell-rechtlich unterliegt das Verhandlungsverfahren allerdings ebenso wie die anderen Vergabeverfahren den in § 97 Abs. 1 GWB geregelten **Prinzipien des Wettbewerbs, der Transparenz und der Gleichbehandlung.**[177] Daraus folgt, dass der Auftraggeber den Unternehmen den Verfahrensablauf von Anfang an mitzuteilen hat und davon nicht überraschend oder willkürlich abweichen darf (vgl. § 3 Abs. 3 VOF).[178] Aufgrund des Gleichbehandlungsgrundsatzes ist es nicht zulässig, den Zuschlag auf ein Angebot zu erteilen, welches nicht der Leistungsbeschreibung entspricht.[179] Ebenso wenig dürfen während der Verhandlungen Unterscheidungen zwischen den Bietern gemacht werden, etwa durch Verhandlungen unterschiedlicher Intensität ohne sachlichen Grund[180] oder durch Weitergabe unterschiedlicher Informationen (vgl. auch § 3 EG Abs. 6 Nr. 1 VOB/A).[181] Alle Bieter müssen die Chance haben, innerhalb gleicher Fristen zu gleichen Anforderungen ein Angebot abzugeben.[182] Zur Wahrung der Chancengleichheit ist es dienlich, wenn der Auftraggeber vor Beginn von Verhandlungen bestimmte Eckpunkte festschreibt, an die er im laufenden Verfahren auch selbst gebunden ist.[183] Will der Auftraggeber von diesen Punkten abweichen, muss er allen Bietern die Gelegenheit geben, ihr Angebot anzupassen.[184]

54   Ob auf die Durchführung von Verhandlungen ein Anspruch besteht, oder ob der Auftraggeber auf diese verzichten kann, wenn ihm ein verbindliches Angebot zusagt, das die Mindestkriterien erfüllt, ist strittig. Der Wortlaut des Art. 30 Abs. 2 VKR und des § 101 Abs. 5 GWB deuten darauf hin, dass **mindestens eine Verhandlungsrunde** durchzu-

---

[174] OLG Dresden Beschl. v. 3.12.2003, WVerg 15/03, NZBau 2005, 118; OLG Celle Beschl. v. 16.1.2002, 13 Verg 1/02; VK Sachsen Beschl. v. 13.5.2002, 1/SVK/029–02; *Kramer* NZBau 2005, 138, 139; *Weyand*, § 101 GWB Rn. 113; *Haak/Preißinger* in Willenbruch/Wieddekind, § 101 GWB Rn. 20; *Ganske* in Reidt/Stickler/Glahs, § 101 GWB Rn. 37; *Kulartz* in Kulartz/Kus/Portz, § 101 Rn. 37; *Dreher* in Dreher/Stockmann, § 101 Rn. 28.

[175] VK Sachsen-Anhalt Beschl. v. 3.3.2006, VK 2-LVwA LSA 2/06; OLG Düsseldorf Beschl. v. 7.1.2002, VII-Verg 36/01, VergabeR 2002, 169, 170; *Schütte* ZfBR 2004, 237, 239; *Quilisch* NZBau 2003, 249.

[176] Vgl. OLG Düsseldorf Beschl. v. 7.1.2002, VII-Verg 36/01, VergabeR 2002, 169, 170; *Müller-Wrede* VergabeR 2010, 754f.; *Schütte* ZfBR 2004, 237, 239; *Ganske* in Reidt/Stickler/Glahs, § 101 GWB Rn. 40.

[177] BGH Urt. v. 10.9.2009, VII ZR 255/08, BeckRS 2009, 26577; BGH Urt. v. 1.8.2006, X ZR 115/04, NZBau 2006, 797, 798; OLG Düsseldorf Beschl. v. 5.7.2006, VII-Verg 21/06, VergabeR 2006, 929, 930; OLG Stuttgart Beschl. v. 15.9.2003, 2 Verg 8/03; BayObLG Beschl. v. 5.11.2002, Verg 22/2; OLG Celle Beschl. v. 16.1.2002, 13 Verg 1/02; *Müller-Wrede* VergabeR 2010, 754, 755; *Dreher* in Dreher/Stockmann, § 101 Rn. 30.

[178] OLG Düsseldorf Beschl. v. 18.6.2003, VII-Verg 15/03; VK Baden-Württemberg Beschl. v. 3.11.2004, 1 VK 68/04; OLG Frankfurt Beschl. v. 10.4.2001, 11 Verg 1/01; *Schütte* ZfBR 2004, 237, 240; *Dreher* in Dreher/Stockmann, § 101 Rn. 30.

[179] VK Bund Beschl. v. 8.2.2005, VK 1–02/05; VK BaWü Beschl. v. 3.11.2004, 1 VK 68/04; *Ganske* in Reidt/Stickler/Glahs, § 101 GWB Rn. 41.

[180] Vgl. VK Bund Beschl. v. 12.12.2002, VK 2–92/02.

[181] VK Schleswig-Holstein Beschl. v. 17.8.2004, VK-SH 20/04; OLG Celle Beschl. v. 16.1.2002, 13 Verg 1/02; *Ganske* in Reidt/Stickler/Glahs, § 101 GWB Rn. 41; *Leinemann*, Rn. 431.

[182] VK Schleswig-Holstein Beschl. v. 17.8.2004, VK-SH 20/04; OLG Celle Beschl. v. 16.1.2002, 13 Verg 1/02; VK Sachsen Beschl. v. 13.5.2002, 1/SVK/029–02; *Kramer* NZBau 2005, 138, 139; *Schütte* ZfBR 2004, 237, 240; *Haak/Preißinger* in Willenbruch/Wieddekind, § 101 GWB Rn. 20; *Leinemann*, Rn. 431; *Dreher* in Dreher/Stockmann, § 101 Rn. 30.

[183] *Kramer* NZBau 2005, 138, 139; vgl. auch VK Bund Beschl. v. 18.10.2001, VK 2–32/01.

[184] *Kramer* NZBau 2005, 138, 139f.

führen ist.[185] Der Auftraggeber kann aber durchaus auch mehrere Verhandlungsrunden durchführen. Die Vergabestelle kann dabei **Parallelverhandlungen** mit allen Bietern gleichzeitig führen. Sie darf aber auch im Zuge mehrerer Verhandlungsrunden die Zahl der Bieter **stufenweise reduzieren** (§ 3 EG Abs. 6 Nr. 2 VOB/A, § 3 EG Abs. 6 S. 1 VOL/A, § 3 Abs. 2 VOF).[186] Letzteres kann insbesondere bei komplizierten technischen, wirtschaftlichen oder vertraglichen Detailfragen geboten oder sogar aus Effizienz- und Kostengesichtspunkten zwingend sein.[187] Will der Auftraggeber von der Möglichkeit zur stufenweisen Verringerung der Bieter Gebrauch machen, muss er hierauf in der Bekanntmachung oder in den Vergabeunterlagen hinweisen (so ausdrücklich § 3 EG Abs. 6 S. 2 VOL/A, § 3 Abs. 2 VOF).[188] Dabei ist zu beachten, dass im Hinblick auf den Transparenz- und Gleichbehandlungsgrundsatz nach Ausschluss eines Bieters nicht „vorsorglich" mit diesem weiterverhandelt werden darf.[189] Vor allem im frühen Verfahrensstadium bedarf die Reduzierung zudem besonderer sachlicher Gründe.[190] Rein praktische Erwägungen wie eine zügige Entscheidungsfindung oder ein relativ geringer Auftragswert stellen für sich gesehen keine ausreichende Rechtfertigung für den Verzicht auf mehr Wettbewerb dar.[191] Die Aussonderung einzelner Bieter kann aber etwa dann gerechtfertigt sein, wenn ihre Angebote wirtschaftlich oder inhaltlich zu weit hinter den anderen Angeboten zurückbleiben, um noch Chancen auf den Zuschlag zu haben.[192] In jedem Fall darf die Aussonderung nur anhand der in der Bekanntmachung oder in den Vertragsunterlagen angegebenen Zuschlagskriterien erfolgen (§ 3 EG Abs. 6 Nr. 2 VOB/A, § 3 EG Abs. 6 S. 1 VOL/A, § 3 Abs. 2 VOF). Es ist also eine vorläufige Angebotswertung auf Grundlage der in der jeweiligen Verhandlungsrunde eingereichten indikativen Angebote durchzuführen.[193] Die Aussonderung ist dabei nur vorläufiger Natur; die Angebote der ausgesonderten Bieter bleiben bis zum Abschluss der Verhandlungen im Verfahren, auch wenn zunächst nur mit den ausgewählten bevorzugten Bietern weiterverhandelt wird.[194] Im Falle sukzessiver Abschichtung über mehrere Verhandlungsrunden ist ferner zu beachten, dass immer nur ein **gültiges Angebot desselben Bieters** gewertet werden darf; fehlen in diesem bspw. Angaben, darf nicht auf ein vorangegangenes Angebot zurückgegriffen werden.[195] Hat auch die Konkurrenz schon Angebote in der jeweiligen Verhandlungsrunde abgegeben, darf ein Bieter das eigene Angebot aus Gleichbehandlungsgründen nicht

---

[185] So auch OLG Düsseldorf Beschl. v. 25.2.2009, VII-Verg 6/09; OLG Düsseldorf Beschl. v. 5.7.2006, VII-Verg 21/06, VergabeR 2006, 929, 930; *Dreher* in Dreher/Stockmann, § 101 Rn. 29; *Kaufhold*, § 3 Rn. 2; für eine Ermessensentscheidung der Vergabestelle hinsichtlich der Durchführung von Verhandlungen dagegen VK Bund Beschl. v. 29.7.2008, VK 1–81/08; VK Bund Beschl. v. 30.9.2005, VK 3–124/05; *Müller-Wrede* in Ingenstau/Korbion, § 3a Rn. 34; *Stickler/Kallmayer* in Kapellmann/Messerschmidt, § 3a Rn. 69; *Kulartz* in Kulartz/Kus/Portz, § 101 Rn. 42.

[186] OLG Düsseldorf Beschl. v. 25.2.2009, VII-Verg 6/09; OLG Frankfurt am Main Beschl. v. 2.11.2004, 11 Verg 16/04; OLG Celle Beschl. v. 16.1.2002, 13 Verg 1/02; OLG Frankfurt am Main Beschl. v. 10.4.2001, 11 Verg 1/01; VK Niedersachsen Beschl. v. 28.11.2013, VgK – 36/2013; VK BaWü Beschl. v. 3.11.2004, 1 VK 68/04; VK Leipzig Beschl. v. 12.3.2003, 1/svko O 10–03; *Kramer* NZBau 2005, 138, 140; *Ganske* in Reidt/Stickler/Glahs, § 101 GWB Rn. 37; *Kulartz* in Kulartz/Kus/Portz, § 101 Rn. 42; *Dreher* in Dreher/Stockmann, § 101 Rn. 29; *Leinemann*, Rn. 427.

[187] *Kramer* NZBau 2005, 138, 139.

[188] Im Anwendungsbereich der VOB/A folgt dies aus dem Transparenzgebot.

[189] VK Schleswig-Holstein Beschl. v. 17.8.2004, VK-SH 20/04; *Werner* in Byok/Jaeger, § 101 GWB Rn. 647; *Dreher* in Dreher/Stockmann, § 101 Rn. 30.

[190] *Kramer* NZBau 2005, 138, 140 f.; *Dreher* in Dreher/Stockmann, § 101 Rn. 29.

[191] *Dreher* in Dreher/Stockmann, § 101 Rn. 29.

[192] OLG Frankfurt am Main Beschl. v. 10.4.2001, 11 Verg 1/01, nach dieser Entscheidung ist auch eine besondere Eilbedürftigkeit ein akzeptabler Aussonderungsgrund; *Kramer* NZBau 2005, 138, 140.

[193] *Wagner* in Langen/Bunte, § 101 GWB Rn. 70.

[194] *Wagner* in Langen/Bunte, § 101 GWB Rn. 72.

[195] OLG Brandenburg Beschl. v. 16.2.2012, Verg W 1/12.

mehr inhaltlich oder preislich nachbessern.[196] Bei der sukzessiven Abschichtung ist darüber hinaus zu beachten, dass nach der ersten Aussonderung Leistungsinhalt, -umfang und Angebotspreis zumindest nicht in der Weise verändert werden dürfen, dass bereits ausgesonderte Bieter bei der Einarbeitung der Änderungen ein wirtschaftliches Gebot abgegeben hätten oder jedenfalls die Aussicht darauf nicht ganz ausgeschlossen ist.[197] Andernfalls muss die Vergabestelle auch diesen Bietern erneut die Möglichkeit geben, ein angepasstes Angebot abzugeben.[198]

55 Streitig ist, inwieweit im Rahmen einer linearen Strategie oder im Verlauf der sukzessiven Abschichtung von Bietern die Vergabestelle berechtigt ist, nur noch mit einem Bieter („**Preferred Bidder**") zu verhandeln. Die in der Praxis etablierte **lineare Strategie** sieht dabei vor, dass nach Aufforderung zur Angebotsabgabe dasjenige Unternehmen bevorzugt wird, welches das wirtschaftlichste Angebot vorgelegt hat. Verhandlungen werden zunächst nur mit diesem Bieter geführt. Nur dann, wenn diese nicht zum Ziel führen, greift die Vergabestelle auf den nächstplatzierten Bieter zurück, der sodann zum neuen „Preferred Bidder" wird.[199] Vor Einführung des Art. 44 Abs. 2 S. 2 VKR war diese Vorgehensweise nach hM. unproblematisch.[200] Inzwischen sehen jedoch Art. 44 Abs. 4 S. 2 VKR und in Umsetzung dessen auch § 3 EG Abs. 6 Nr. 2 VOB/A und § 3 EG Abs. 6 S. 3 VOL/A ausdrücklich vor, dass auch in der Schlussphase des Verfahrens so viele Angebote vorliegen müssen, dass „*ein echter Wettbewerb gewährleistet*" ist, sofern eine ausreichende Zahl von geeigneten Bewerbern vorhanden ist. Hieraus wird zu Recht gefolgert, dass **auch in der Schlussphase mindestens zwei Bieter** übrig bleiben müssen, sofern ausreichend geeignete Bieter vorhanden sind.[201] Als Schlussphase ist dabei die letzte Runde in der Verhandlungsphase vor der endgültigen Wertung und dem Zuschlag zu verstehen.[202] Sofern ein Auftraggeber auch in Zukunft das „Preferred Bidder"-Verfahren durchführen möchte, empfiehlt es sich daher, Verhandlungen stets mit mindestens zwei bevorzugten Bietern parallel zu führen.[203]

56 Am Ende des Verhandlungsprozesses fordert der Auftraggeber in der Regel die verbliebenen Bieter auf Basis der Verhandlungsergebnisse zur Abgabe endgültiger Angebote („Last and Final Offers") auf. Auf dieser Grundlage trifft der Auftraggeber die Zuschlagsentscheidung und schließt den Vertrag mit dem ausgewählten Bieter ab.[204] Kommt eine Zuschlagserteilung nicht in Betracht, muss das Verfahren durch Aufhebung formal beendet werden.[205] Um eine Sicherstellung der Verfahrensgrundsätze zu gewährleisten, sind an die **Dokumentation des Verhandlungsverfahrens** hohe Anforderungen zu stellen, insbesondere bei der Durchführung von Parallelverhandlungen.[206] Insbesondere die Aus-

---

[196] VK Nordbayern Beschl. v. 23.6.2003, 320 VK-3194–17/03; *Schütte* ZfBR 2004, 237, 240.
[197] *Kramer* NZBau 2005, 138, 140; vgl. auch *Schelle*, IBR 1999, 146.
[198] *Kramer* NZBau 2005, 138, 140; *Leinemann*, Rn. 427.
[199] *Haak/Preißinger* in Willenbruch/Wieddekind, § 3 EG VOL/A Rn. 134 ff.
[200] VK Sachsen-Anhalt Beschl. v. 3.3.2006, VK 2-LVwA LSA 2/06; OLG Celle Beschl. v. 16.1.2002, 13 Verg 1/02; OLG Frankfurt Beschl. v. 10.04.2001, 11 Verg 1/01; *Schütte* ZfBR 2004, 237, 240; *Ganske* in Reidt/Stickler/Glahs, § 101 GWB Rn. 39; *Dreher* in Dreher/Stockmann, § 101 Rn. 29; *Kulartz* in Kulartz/Kus/Portz, § 101 Rn. 29.
[201] So *Wagner* in Langen/Bunte, § 101 GWB Rn. 70; *Müller-Wrede* in Ingenstau/Korbion, § 3a Rn. 35; *Dreher* in Dreher/Stockmann, § 101 Rn. 29; aA *Kulartz* in Kulartz/Kus/Portz, § 101 Rn. 42 – Verhandlungen mit nur einem Preferred Bidder zulässig, sofern zunächst Wettbewerb stattgefunden hat.
[202] Vgl. OLG Düsseldorf Beschl. v. 13.6.2007, VII-Verg 2/07.
[203] *Haak/Preißinger* in Willenbruch/Wieddekind, § 3 EG VOL/A Rn. 141.
[204] S. zu Zuschlagserteilung u. Vertragsschluss näher Kapitel 7.
[205] VK Brandenburg Beschl. v. 30.8.2002, VK 38/02; *Ganske* in Reidt/Stickler/Glahs, § 101 GWB Rn. 37. S. zu den Aufhebungsgründen bei Verhandlungsverfahren näher Kapitel 7.
[206] OLG Naumburg Beschl. v. 16.9.2002, 1 Verg 2/02, NZBau 2003, 628, 633; vgl. VK Brandenburg Beschl. v. 30.7.2002, VK 38/02; OLG Brandenburg Beschl. v. 3.8.1999, 6 Verg 1/99; *Dreher* in Dreher/Stockmann, § 101 Rn. 30.

wahlentscheidungen auf den einzelnen Verfahrensstufen sind eingehend in Vergabevermerken zu begründen (vgl. § 20 EG Abs. 1 VOB/A, § 24 EG Abs. 1 VOL/A, § 12 Abs. 1 VOF).[207]

IV. Verhandlungsverfahren ohne Teilnahmewettbewerb

1. Allgemeines

Das Verhandlungsverfahren ohne vorherigen Teilnahmewettbewerb unterscheidet sich vom Verhandlungsverfahren mit Teilnahmewettbewerb darin, dass eine förmliche öffentliche Vergabebekanntmachung nicht vorgeschaltet ist. Stattdessen fordert der Auftraggeber selbst das oder die Unternehmen auf, mit denen er Verhandlungen aufnehmen möchte. Das Verhandlungsverfahren ohne Teilnahmewettbewerb ist damit mit einer erheblichen Beschränkung des Wettbewerbs verbunden. Es ist daher auch im Anwendungsbereich der VOF nur in besonderen Ausnahmefällen zulässig. 57

2. Zulässigkeit des Verhandlungsverfahrens ohne Teilnahmewettbewerb

Das Verhandlungsverfahren ohne vorherigen Teilnahmewettbewerb darf nur in den in den §§ 3 EG Abs. 5 VOB/A, 3 EG Abs. 4 VOL/A und 3 Abs. 4 VOF abschließend geregelten, eng auszulegenden Einzelfällen gewählt werden. Auch diese Fallgruppen beruhen auf einer einheitlichen europarechtlichen Regelung in den Art. 30 Abs. 1 lit. a) VKR bzw. Art. 31 VKR. 58

a) Keine wirtschaftlichen bzw. nur ausgeschlossene Angebote im vorangegangenen offenen Verfahren, nicht offenen Verfahren oder wettbewerblichen Dialog (§§ 3 EG Abs. 5 Nr. 1 VOB/A, 3 EG Abs. 3 lit. a) Hs. 2 VOL/A)

Die Voraussetzungen dieser Vorschriften entsprechen denen des Verhandlungsverfahrens mit Teilnahmewettbewerb gem. §§ 3 EG Abs. 4 Nr. 1 VOB/A, 3 EG Abs. 3 lit. a) Hs. 1 VOL/A. Auf die dortigen Ausführungen wird daher verwiesen.[208] Abweichend von § 3 EG Abs. 4 Nr. 1 VOB/A wird zwar in § 3 EG Abs. 5 Nr. 1 VOB/A statt von nicht annehmbaren von nicht wirtschaftlichen Angeboten gesprochen. Eine unterschiedliche Auslegung folgt daraus aber nicht.[209] Maßgeblich ist, dass im vorangegangenen offenen oder nicht offenen Verfahren oder wettbewerblichen Dialog[210] alle Angebote wegen fehlender Eignung, aus formalen oder aus sonstigen Gründen, wie etwa wegen unangemessen hoher oder niedriger Preise im Sinne von § 16 EG Abs. 6 Nr. 1 VOB/A bzw. § 19 EG Abs. 6 VOL/A, auszuschließen waren.[211] 59

Ein Verhandlungsverfahren ohne Teilnahmewettbewerb darf in diesem Fall allerdings nur unter der zusätzlichen Voraussetzung gewählt werden, dass der Auftraggeber **alle Unternehmen** in das Verfahren einbezieht, die die **Voraussetzungen der Fachkunde,** 60

---

[207] S. zu Dokumentationspflichten ausf. Kapitel 34.
[208] S. o. Rn. 43.
[209] Vgl. OLG Düsseldorf Beschl. v. 6.10.2010, VII-Verg 44/10; *Pünder* in Pünder/Schellenberg, § 3a VOB/A Rn. 15 (zur Änderung d. Wortlauts der Vorgängerregelung in § 3a Abs. 5 Nr. 1 VOB/A); *Stickler/Kallmayer* in Kapellmann/Messerschmidt, § 3a Rn. 97.
[210] S. zur streitigen Frage, ob ein gescheiterter wettbewerblicher Dialog in den Anwendungsbereich d. § 3 EG Abs. 3 lit. a) VOB/A fällt, o. Rn. 43.
[211] *Pünder* in Pünder/Schellenberg, § 3a VOB/A Rn. 15, 22; aA *Müller-Wrede* in Ingenstau/Korbion, § 3a Rn. 44 (ebenfalls zur Vorgängerregelung), der aus dem Begriff der nicht wirtschaftlichen Angebote folgert, dass in Einschränkung des Wortlauts der Richtlinie die Vorschrift nur Anwendung findet, wenn mind. ein erst auf der dritten Wertungsstufe auszuschließendes Angebot eingegangen ist.

Leistungsfähigkeit und Zuverlässigkeit[212] erfüllen und im vorangegangenen Verfahren ein **form- und fristgerechtes Angebot** abgegeben haben. Einen Beurteilungsspielraum, etwa nur bestimmte geeignete Bieter in das nachfolgende Verhandlungsverfahren einzubeziehen, hat der Auftraggeber nicht.[213] Die Regelung beruht insoweit auf der Erwägung, dass ein erneuter Teilnahmewettbewerb nicht erforderlich ist, wenn der Wettbewerb bereits stattgefunden hat und alle interessierten Unternehmen im neuen Verfahren berücksichtigt werden.[214] In europarechtskonformer Auslegung dürfen dabei angesichts des insoweit eindeutigen Wortlauts von Art. 31 Abs. 1 lit. a Hs. 2 VKR („*alle die Bieter und nur die Bieter*") solche Bieter nicht beteiligt werden, deren Angebote aufgrund formeller Mängel aus dem Erstverfahren ausgeschlossen worden waren.[215] Auch weitere Bieter, die im vorangegangenen Verfahren nicht beteiligt waren, dürfen nicht beteiligt werden. Will der Auftraggeber daher weitere Unternehmen zur Angebotsabgabe auffordern, muss er aus Gründen der Gleichbehandlung eine erneute öffentliche Vergabebekanntmachung durchführen.[216] Sofern lediglich Angebote eingegangen sind, die auf der ersten Wertungsstufe aus formalen Gründen bzw. zweiten Wertungsstufe mangels Eignung auszuschließen sind, kann allerdings auch das Verhandlungsverfahren ohne Teilnahmewettbewerb nach § 3 EG Abs. 5 Nr. 2 VOB/A bzw. § 3 EG Abs. 4 lit. a) VOL/A in Betracht kommen.[217]

61 Die in das Verhandlungsverfahren einzubeziehenden Unternehmen müssen die Eignungskriterien im Zeitpunkt des Verhandlungsverfahrens erfüllen. Der Auftraggeber muss daher mögliche Veränderungen zu den Eignungsnachweisen, die im vorangegangenen Verfahren eingereicht wurden, abfragen.[218] Dabei ist er auch berechtigt, ergänzende Eignungskriterien aufzustellen oder im vorangegangenen Verfahren aufgestellte Mindestbedingungen aufzugeben, sofern dies nicht zu einer grundlegenden Veränderung der Auftragsbedingungen führt.[219]

62 Schließlich muss der Auftraggeber auch bei der Wahl des Verhandlungsverfahrens ohne Teilnahmewettbewerb gem. §§ 3 EG Abs. 5 Nr. 1 VOB/A, 3 EG Abs. 3 lit. a) Hs. 2 VOL/A den allgemeinen Wettbewerbsgrundsatz beachten. Danach kommt die Anwendung der Vorschrift in europarechtskonformer Auslegung nur dann in Betracht, wenn bei Rückgriff auf alle Bieter, die im vorangegangenen offenen Verfahren ein vollständiges und rechtzeitiges Angebot abgegeben haben und als geeignet angesehen worden sind, ein ausreichender Wettbewerb gewährleistet ist.[220] Andernfalls muss der Auftraggeber das Ver-

---

[212] Art. 30 Abs. 1 lit. a) VKR verweist zwar nur auf Art. 46–52 VKR, nicht aber auf Art. 45 VKR, welcher die persönliche Lage des Bieters betrifft. Dabei handelt es sich allerdings um ein redaktionelles Versehen in der deutschen Fassung. Die französische und englische Fassung verweisen auf die Art. 45–52 VKR.
[213] *Kaelble* in Müller-Wrede, § 3 EG Rn. 66; *Bauer* in Heiermann/Riedl/Rusam, § 3a Rn. 31.
[214] *Pünder* in Pünder/Schellenberg, § 3a VOB/A Rn. 22.
[215] OLG Naumburg Beschl. v. 13.5.2008 u. v. 25.9.2008, 1 Verg 3/08; OLG Bremen Beschl. v. 3.4.2007, Verg 2/07, VergabeR 2007, 517; *Pünder* in Pünder/Schellenberg, § 3a VOB/A Rn. 22; *Haak/Preißinger* in Willenbruch/Wieddekind, § 3a VOB/A Rn. 38; *Stickler/Kallmayer* in Kapellmann/Messerschmidt, § 3a Rn. 116; *Kulartz* in Kulartz/Marx/Portz/Prieß VOB/A, § 3a Rn. 118; *Kaelble* in Müller-Wrede, § 3 EG Rn. 69; aA *Jasper* in Motzke/Pietzcker/Prieß, § 3a Rn. 46.
[216] OLG Bremen Beschl. v. 3.4.2007, Verg 2/07, VergabeR 2007, 517; *Stickler/Kallmayer* in Kapellmann/Messerschmidt, § 3a Rn. 116; *Pünder* in Pünder/Schellenberg, § 3a VOB/A Rn. 22; *Kaelble* in Müller-Wrede, § 3 EG Rn. 70; aA *Kulartz* in Kulartz/Marx/Portz/Prieß VOB/A, § 3a Rn. 119; *Kulartz* in Kulartz/Kus/Portz, § 101 Rn. 52.
[217] Vgl. OLG Naumburg Beschl. v. 13.5.2008, 1 Verg 3/08 (Wahlrecht des Auftraggebers zwischen § 3a Nr. 6 lit. a) und b) VOB/A 2006); s. zur Fallgruppe d. § 3 EG Abs. 5 Nr. 2 VOB/A bzw. § 3 EG Abs. 4 lit. a) VOL/A sogleich Rn. 64.
[218] *Haak/Preißinger* in Willenbruch/Wieddekind, § 3 EG VOL/A Rn. 37.
[219] *Kaelble* in Müller-Wrede, § 3 EG Rn. 67.
[220] OLG Naumburg Beschl. v. 13.5.2008, 1 Verg 3–08; *Kulartz* in Kulartz/Marx/Portz/Prieß VOB/A, § 3a Rn. 119.

handlungsverfahren mit vorgeschaltetem Teilnahmewettbewerb nach § 3 EG Abs. 4 Nr. 1 VOB/A bzw. 3 EG Abs. 3 lit. a) Hs. 1 VOL/A durchführen.[221]

Streitig ist, ob der Auftraggeber im neuen Verhandlungsverfahren an die Zuschlagskriterien des vorherigen Verfahrens gebunden ist. Nach der VK Südbayern ist die Vergabestelle an die Zuschlagskriterien des vorangegangenen Verfahrens gebunden, da sonst die Wertungsentscheidung intransparent und somit fehlerhaft würde.[222] Das OLG Brandenburg erkennt in den beiden Verfahren gar eine wirtschaftliche Einheit, weshalb im Verhandlungsverfahren zuvor festgelegten Kriterien unverändert weiter gelten müssten.[223] Das OLG Düsseldorf lässt demgegenüber zumindest geringfügige Abweichungen von der Leistungsbeschreibung und dem Inhalt der Vertragsunterlagen des Ursprungsverfahrens zu.[224] Da die Vergabestelle nach dem gescheiterten Verfahren auch ganz von der Vergabe absehen könne, dürfe sie bei der Durchführung eines neuen Verfahrens auch eine neue Leistungsbeschreibung einbringen.[225] Grundsätzlich ist ein Abweichen von den ursprünglichen Zuschlagskriterien zumindest ein Indiz für eine (das Verhandlungsverfahren ausschließende) grundlegende Änderung iSd §§ 3 EG Abs. 5 Nr. 2 aE VOB/A, 3 EG Abs. 3 lit. a) Hs. 1 VOL/A.[226]

63

b) Keine Angebote oder Bewerbungen oder nur nach § 16 EG Abs. 1 VOB/A auszuschließende Angebote (§ 3 EG Abs. 5 Nr. 2 VOB/A) bzw. keine oder keine wirtschaftlichen Angebote (§ 3 EG Abs. 4 lit. a) VOL/A) im vorangegangenen offenen oder nicht offenen Verfahren

Das Verhandlungsverfahren ohne Teilnahmewettbewerb darf nach dieser Ausnahmevorschrift gewählt werden, wenn im vorangegangenen offenen oder nicht offenen Verfahren keine Angebote oder Bewerbungen oder nur auf der ersten Wertungsstufe auszuschließende (§ 3 EG Abs. 5 Nr. 2 VOB/A) bzw. keine oder keine wirtschaftlichen Angebote (§ 3 EG Abs. 4 lit. a) VOL/A) abgegeben wurden und darüber hinaus die ursprünglichen Auftragsbedingungen nicht grundlegend abgeändert werden. Obwohl beide Vorschriften auf einer einheitlichen sekundärrechtlichen Grundlage in Art. 31 Nr. 1 lit. a) VKR beruhen, weisen sie wichtige Unterschiede auf.

64

Die Ausnahmevorschrift nach § 3 EG Abs. 5 Nr. 2 VOB/A setzt voraus, dass entweder **keine Angebote oder Bewerbungen** eingegangen sind oder **nur solche, die aus den in § 16 EG Abs. 1 VOB/A genannten formalen Gründen auszuschließen** waren. Damit schöpft die Vorschrift die Möglichkeiten der europarechtlichen Regelung, die das Verhandlungsverfahren dann zulässt, wenn keine oder keine „geeigneten Angebote" eingegangen sind, nicht voll aus. Eine Verpflichtung, alle geeigneten Bieter oder gar alle Bieter des Vorverfahrens in das nachfolgende Verfahren einzubeziehen, besteht insoweit nicht.[227] Die Entscheidung des Auftraggebers darüber, wie viele und welche Bieter er zu Verhandlungen auffordert, muss jedoch im Hinblick auf den auch hier zu beachtenden Grundsatz der Gleichbehandlung und der Transparenz auf sachlichen, objektiv nachvoll-

65

---

[221] *Jasper* in Motzke/Pietzcker/Prieß, § 3a Rn. 35; s. zu dieser Fallgruppe o. Rn. 41.
[222] VK Südbayern Beschl. v. 21.4.2004, 24–04/04; so auch *Haak/Preißinger* in Willenbruch/Wieddekind, § 3a VOB/A Rn. 39; *Stickler/Kallmeyer* in Kapellmann/Messerschmidt, § 3a Rn. 103.
[223] OLG Brandenburg Beschl. v. 17.2.2005, VergW 11/04, VergabeR 660, 665.
[224] OLG Düsseldorf Beschl. v. 3.3.2010, VII-Verg 46/09.
[225] OLG Düsseldorf Beschl. v. 3.3.2010, VII-Verg 46/09.
[226] *Pünder* in Pünder/Schellenberg, § 3a VOB/A Rn. 16.
[227] VK Sachsen-Anhalt Beschl. v. 27.12.2001, VK-OFD LSA-07/01; *Kulartz* in Kulartz/Marx/Portz/Prieß VOB/A, § 3a Rn. 121; *Stickler/Kallmayer* in Kapellmann/Messerschmidt, § 3a Rn. 119; *Bauer* in Heiermann/Riedl/Rusam, § 3a Rn. 32.

66 § 3 EG Abs. 4 lit. a) VOL/A lässt das Verhandlungsverfahren dagegen zu, sofern keine oder keine wirtschaftlichen Angebote abgegeben wurden. Angebote sind dabei nicht wirtschaftlich, wenn sie in einem unangemessenen Preis-Leistungs-Verhältnis stehen.[229] In diesem Fall erfolgt der Ausschluss nach § 16 EG Abs. 6 Nr. 1 VOB/A bzw. § 19 EG Abs. 6 S. 2 VOL/A in der dritten Wertungsstufe nach erfolgter (positiver) Eignungsprüfung. Damit geht die Ausnahmevorschrift der VOL/A augenscheinlich über die sekundärrechtliche Grundlage hinaus, da das Verhandlungsverfahren ohne Teilnahmewettbewerb selbst dann gewählt werden darf, wenn formal ordnungsgemäße und geeignete Angebote abgegeben wurden. Dies erscheint im Hinblick auf den Gleichbehandlungsgrundsatz bedenklich, da in dieser Fallgruppe der Auftraggeber gerade nicht verpflichtet ist, alle geeigneten Bieter, die ein formwirksames Angebot abgegeben haben, in das Folgeverfahren einzubeziehen. Das Fehlen der zusätzlichen Anforderung lässt sich jedoch nur damit erklären, dass die Richtlinie davon ausgeht, dass in dieser Fallgruppe keine formwirksamen Angebote geeigneter Bieter vorliegen.[230] Die Vorschrift muss daher nach zutreffender Ansicht europarechtskonform einschränkend ausgelegt werden.[231] Dabei spricht angesichts des Richtlinienwortlauts viel dafür, die Ausnahmevorschrift des § 3 EG Abs. 4 lit. a) VOL/A nur dann anzuwenden, wenn entweder keine Bewerbungen oder Angebote abgegeben wurden oder jedenfalls nur solche, die entweder auf der ersten Wertungsstufe aus formalen Gründen oder auf der zweiten Wertungsstufe mangels Eignung auszuschließen waren.[232] In diesem Fall bleibt es dem Auftraggeber überlassen, ob und welche Bieter des vorangegangenen Verfahrens er in das nachfolgende Verhandlungsverfahren einbezieht. Sofern dagegen formwirksame Angebote geeigneter Bieter vorliegen, die wegen Unwirtschaftlichkeit auszuschließen waren, muss der Auftraggeber auf § 3 EG Abs. 3 lit. a) Hs. 2 VOL/A zurückgreifen mit der Folge, dass alle geeigneten Bieter, die ein formwirksames Angebot abgegeben haben, und nur diese, in das nachfolgende Verhandlungsverfahren einbezogen werden müssen.[233] § 3 EG Abs. 4 lit. a) VOL/A ist schließlich auch dann anzuwenden, wenn gar keine oder keine geeigneten Bewerbungen eingegangen sind. Das wird zwar in der Vorschrift nicht ausdrücklich genannt, ergibt sich aber aus der Fallgruppe „keine Angebote" und aus Art. 31 Nr. 1 lit. a) VKR.[234]

67 Weitere Voraussetzung ist stets die formwirksame Aufhebung des vorangegangenen gescheiterten Verfahrens.[235] Das Scheitern des vorangegangenen Verfahrens darf der Vergabestelle dabei nicht zuzurechnen sein.[236] Hinsichtlich der Frage, wann von einer grundle-

---

[228] 1. VK Sachsen Beschl. v. 17.12.2007, 1/SVK/073–07; *Haak/Preißinger* in Willenbruch/Wieddekind, § 3a VOB/A Rn. 41.

[229] VK Baden-Württemberg Beschl. v. 26.9.2008, 1 VK 33/08; VK Sachsen Beschl. v. 7.1.2008, 1/SVK/077–07; *Haak/Preißinger* in Willenbruch/Wieddekind, § 3 EG VOL/A Rn. 56.

[230] Vgl. *Kaelble* in Müller-Wrede, § 3 EG Rn. 120.

[231] VK Sachsen Beschl. v. 7.1.2008, 1/SVK/077–07; *Pünder* in Pünder/Schellenberg, § 3 EG VOL/A Rn. 17.

[232] Ähnlich *Pünder* in Pünder/Schellenberg, § 3 EG VOL/A Rn. 17 (nur bei Ausschluss sämtlicher Angebote auf erster Wertungsstufe).

[233] aA VK Sachsen Beschl. v. 7.1.2008, 1/SVK/077–07 (§ 3 EG Abs. 4 lit. a) VOL/A anwendbar, im nachfolgenden Verhandlungsverfahren dürfen jedoch entsprechend § 3 EG Abs. 3 lit. a) Hs. 2 VOL/A nur die geeigneten Bieter des vorangegangenen Verfahrens einbezogen werden, die ein formwirksames Angebot abgegeben haben); ähnlich *Kaelble* in Müller-Wrede, § 3 EG Rn. 120; s. zum Verfahren nach § 3 EG Abs. 3 lit. a) Hs. 2 VOL/A Rn. 59; *Boesen*, § 101 Rn. 93 ff.

[234] *Pünder* in Pünder/Schellenberg, § 3 EG VOL/A Rn. 16; ähnlich *Kaelble* in Müller-Wrede, § 3 EG Rn. 114.

[235] *Haak/Preißinger* in Willenbruch/Wieddekind, § 3 EG VOL/A Rn. 55.

[236] *Haak/Preißinger* in Willenbruch/Wieddekind, § 3 EG VOL/A Rn. 58; *Kulartz* in Kulartz/Marx/Portz/Prieß VOL/A, § 3 EG Rn. 65.

genden Änderung der Auftragsbedingungen auszugehen ist, wird auf die Ausführungen oben zu § 7 verwiesen.[237]

Auf Wunsch ist der EU-Komm. über die Anwendung des Verhandlungsverfahrens 68 ohne Teilnahmewettbewerb in dieser Fallgruppe ein Bericht vorzulegen (Art. 31 Nr. 1 lit. a) VKR). Die Richtlinienvorschrift ist nach Ablauf der Umsetzungsfrist insoweit unmittelbar anwendbar.

c) Auftrag kann aus technischen oder künstlerischen Gründen oder auf Grund des Schutzes von Ausschließlichkeitsrechten nur von einem Unternehmer ausgeführt werden (§ 3 EG Abs. 5 Nr. 3 VOB/A, § 3 EG Abs. 4 lit. c) VOL/A, § 3 Abs. 4 lit. a) VOF)

Der Auftraggeber kann von einer öffentlichen Vergabebekanntmachung des Weiteren 69 dann absehen, wenn die Arbeiten aus **technischen** oder **künstlerischen Gründen** oder aufgrund des **Schutzes von Ausschließlichkeitsrechten** nur von einem bestimmten **Unternehmen** durchgeführt werden können (§ 3 EG Abs. 5 Nr. 3 VOB/A, § 3 EG Abs. 4 lit. c) VOL/A, § 3 Abs. 4 lit. a) VOF).[238] § 3 Abs. 4 lit. a) VOF spricht zwar von einer bestimmten „*Person*" statt „*Unternehmen*". Eine unterschiedliche Auslegung folgt daraus aber nicht.[239] Nach Ansicht des EuGH handelt es sich bei den in den Vorschriften genannten Fällen nicht um Regelbeispiele, sondern um abschließend aufgelistete Ausnahmefälle.[240] Liegt eine solche Situation vor, wäre ein öffentlicher Teilnehmerwettbewerb sinnlos, weil nur ein einziges Unternehmen in der Lage ist, die gefragte Leistung zu erbringen, und es folglich keinen zu schützenden Mitbewerber gibt.[241] Im Ergebnis müssen die Besonderheiten des Auftragsgegenstands es **zwingend** erfordern, dass der Auftrag an genau **ein bestimmtes Unternehmen** vergeben wird.[242] Dies ist mittels sorgfältiger europaweiter Marktforschungen zu ermitteln[243] und im Vergabevermerk zu dokumentieren.

Technische Gründe sind etwa zu bejahen im Falle besonderer Befähigungen oder 70 spezieller Ausrüstungen, über die europaweit nur ein Unternehmen verfügt.[244] Allein die Nähe eines Unternehmens zum Ort der Leistungserbringung ist dagegen nicht ausreichend.[245] Auch für das Vorliegen **künstlerischer Gründe** genügt nicht allein die subjektive geschmackliche Präferenz des Auftraggebers, sondern diese müssen auf objektiven Tatsachen beruhen, also etwa dann, wenn nur ein Künstler in der Lage ist, ein bestimmtes Verfahren anzuwenden.[246] **Ausschließlichkeitsrechte** sind zB Warenzeichen, Vertriebsli-

---

[237] S. Rn. 51 ff.
[238] Sekundärrechtliche Grundlage aller drei Vorschriften ist Art. 31 Nr. 1 lit. b) VKR.
[239] *Pünder* in Pünder/Schellenberg, § 3 VOF Rn. 10.
[240] EuGH Urt. v. 8. 4. 2008, Rs. C-337/05 – Augusta Hubschrauber, Rn. 57; EuGH Urt. v. 13. 1. 2005, Rs. C-84/03 – Kooperationsvereinbarung Spanien, Rn. 47 f.; *Prieß/Hölzl* NZBau 2008, 563, 566; aA OLG München Beschl. v. 28. 3. 1996, U (K) 4720/95 (zu § 3 Abs. 4 lit. a) VOL/A aF); *Otting* NZBau 2004, 469, 470.
[241] *Prieß/Hölzl* NZBau 2008, 563, 566.
[242] EuGH Urt. v. 2. 6. 2005, Rs. C-394/02, Rn. 34; OLG Frankfurt am Main Beschl. v. 10. 7. 2007, 11 Verg 5/10 (bzgl. § 3a Nr. 2 lit. c) VOL/A aF); *Noch*, Rn. 269 spricht von „Monopolist".
[243] EuGH Urt. v. 15. 10. 2009, Rs. C-275/08 – Kraftfahrzeugzulassungssoftware, Rn. 63; OLG Frankfurt am Main Beschl. v. 10. 7. 2007, 11 Verg 5/10 (zu § 3a Nr. 2 lit. c) VOL/A aF); *Prieß/Hölzl* NZBau 2008, 563, 566; *Stickler/Kallmayer* in Kapellmann/Messerschmidt, § 3a Rn. 122, 125.
[244] OLG Karlsruhe, Beschl. v. 21. 7. 2010, 15 Verg 6/10; *Stickler/Kallmayer* in Kapellmann/Messerschmidt, § 3a Rn. 123; s. insoweit zu den Grenzen d. Leistungsbestimmungsrechts d. Auftraggebers OLG Düsseldorf, Beschl. v. 1. 8. 2012, VII-Verg 10/12, NZBau 2012, 785; *Tugendreich*, NZBau 2013, 90.
[245] EuGH Urt. v. 10. 4. 2003, Rs. C-20/01 u. C-28/01, NZBau 2003, 393 – Abwasservertrag Bockhorn und Abfallentsorgung Braunschweig, Rn. 66; OLG Düsseldorf, Beschl. v. 8. 5. 2002, VII-Verg 5/02, VergabeR 2002, 665, 667.
[246] *Haak/Preißinger* in Willenbruch/Wieddekind, § 3a VOB/A Rn. 45; *Stickler/Kallmayer* in Kapellmann/Messerschmidt, § 3a Rn. 124; *Müller-Wrede* in Ingenstau/Korbion, § 3a Rn. 47.

zenzen, Patente, Urheberrechte und sonstige gewerbliche Schutzrechte.[247] So kann auf die Ausnahmevorschrift des § 3 EG Abs. 4 lit. c) VOL/A zurückgegriffen werden, wenn die Andockung neuer Software an vorhandene Software des Auftraggebers nur unter Eingriff in die Programmstruktur und damit unter Verletzung von Urheberrechten möglich ist; dagegen rechtfertigen lediglich höhere Anpassungskosten einer Schnittstellenlösung nicht den Rückgriff auf die eng auszulegende Ausnahmevorschrift.[248] Das Eigentum an einem Grundstück oder schuldrechtliche Ansprüche wie etwa das Vorkaufsrecht an einem Grundstück können schließlich ebenfalls als Ausschließlichkeitsrechte zu qualifizieren sein.[249]

71 Die Ausnahmevorschriften sind grundsätzlich auch dann anwendbar, wenn das Vorliegen der Tatbestandsvoraussetzungen dem Auftraggeber zuzurechnen ist.[250] Der Auftraggeber hat insoweit durch die Festlegung der Leistungsanforderungen auch Einfluss darauf, ob die Anforderungen von nur einem Unternehmen erfüllt werden können. Der Auftraggeber soll sich allerdings jedenfalls dann nicht auf die Ausnahmevorschrift berufen dürfen, wenn er die Ausnahmesituation, dass nur ein Unternehmen in der Lage ist, den Auftrag zu erfüllen, durch rechtswidriges Verhalten selbst herbeigeführt hat, so etwa, wenn die besonderen technischen Erfordernisse auf der vergaberechtswidrigen Vergabe von Aufträgen in der Vergangenheit beruhen.[251]

d) Dringlichkeit der Auftragsvergabe (§ 3 EG Abs. 5 Nr. 4 VOB/A, § 3 EG Abs. 4 lit. d) VOL/A, § 3 Abs. 4 lit. c) VOF)

72 Eine weitere Fallgruppe knüpft an die **Dringlichkeit der Auftragsvergabe** an (§ 3 EG Abs. 5 Nr. 4 VOB/A, § 3 EG Abs. 4 lit. d) VOL/A, § 3 Abs. 4 lit. c) VOF).[252] Hierbei ist zu beachten, dass es sich um akute Gefahrensituationen und unvorhersehbare Katastrophenfälle[253] – wie zB witterungsbedingte Beschädigungen, Sturm- oder Brandschäden[254] oder eine objektiv überraschende Insolvenz des Auftragnehmers[255] – handeln muss oder – in Fällen der Daseinsvorsorge – ein vertragsloser Zustand drohen muss,[256] weshalb die Einhaltung der in den Vorschriften genannten Fristen auch bei Ausnutzung aller Verkürzungsmöglichkeiten nachweislich nicht möglich ist.[257] Die besondere Dringlichkeit ergibt sich dabei aus dem Grad der Gefährdungslage einerseits und der Wertigkeit der gefährdeten Rechtsgüter andererseits.[258] Bloße finanzielle Gründe bzw. wirtschaftliche Erwägun-

---

[247] *Stickler/Kallmayer* in Kapellmann/Messerschmidt, § 3a Rn. 125.
[248] OLG Frankfurt am Main Beschl. v. 10.7.2007, 11 Verg 5/07; VK Hessen Beschl. v. 27.4.2007, 69d-VK-11/2007; *Kaelble* in Müller-Wrede, § 3 EG Rn. 143.
[249] *Ganske* BauR 2008, 1987, 1994; *Otting* NZBau 2004, 469, 470; *Haak/Preißinger* in Willenbruch/Wieddekind, § 3a VOB/A Rn. 46; *Stickler/Kallmayer* in Kapellmann/Messerschmidt, § 3a Rn. 125; *Jasper* in Motzke/Pietzcker/Prieß, § 3a Rn. 49.
[250] *Kaelble* in Müller-Wrede, § 3 EG Rn. 135; aA VK Berlin Beschl. v. 1.10.2003, VK-B1-21/03.
[251] VK Berlin Beschl. v. 1.10.2003, VK-B1-21/03.
[252] Sekundärrechtliche Grundlage aller drei Vorschriften ist Art. 31 Nr. 1 lit. c) VKR.
[253] Vgl. OLG Düsseldorf Beschl. v. 19.11.2003, VII-Verg 59/03.
[254] *Stickler/Kallmayer* in Kapellmann/Messerschmidt, § 3a Rn. 129.
[255] VK Bund Beschl. v. 29.6.2005, VK 3–52/05; VÜA Bayern Beschl. v. 23.9.1999, VÜA 4/99; *Jasper* in Motzke/Pietzcker/Prieß, § 3a Rn. 52; aA *Kaelble* in Müller-Wrede, § 3 EG Rn. 155 (Insolvenz des Vertragspartners ist typisches Vertragsrisiko, mit dem stets zu rechnen ist).
[256] OLG Düsseldorf Beschl. v. 19.11.2003, VII-Verg 59/03 (zur freihändigen Vergabe).
[257] EuGH Urt. v. 2.6.2005, Rs. C-394/02 – DEI, Rn. 40; EuGH Urt. v. 18.11.2004, Rs. C-126/03 – Kommission/Deutschland, Rn. 23; EuGH Urt. v. 2.8.1993, Rs. C-107/92 – Kommission/Italien, Rn. 14; *Haak/Preißinger* in Willenbruch/Wieddekind, § 3a VOB/A Rn. 49; *Stickler/Kallmayer* in Kapellmann/Messerschmidt, § 3a Rn. 128.
[258] OLG Düsseldorf Beschl. v. 17.7.2002, VII-Verg 30/02, VergabeR 2003, 55.

gen genügen in der Regel nicht.²⁵⁹ Die Ereignisse müssen für die Dringlichkeit kausal sein.²⁶⁰ Die Gründe für die Dringlichkeit dürfen **vom Auftraggeber weder verursacht noch für ihn vorhersehbar** gewesen sein; auf ein Verschulden des Auftraggebers kommt es dabei nicht an.²⁶¹ Vorhersehbar sind dabei solche Umstände, die bei einer pflichtgemäßen Prüfung der Risiken in Betracht gezogen werden müssen.²⁶² Nach Auffassung der Europäischen Kommission sind nur solche Ereignisse unvorhersehbar, die außerhalb des üblichen wirtschaftlichen und sozialen Lebens stehen.²⁶³ So sind etwa Verzögerungen aufgrund eines behördlichen Genehmigungsverfahrens oder saisonal auftretende Gefahren (zB Lawinen, Frühlingshochwasser) vorhersehbar.²⁶⁴ Im Bereich der **Daseinsvorsorge** sind die Voraussetzungen weniger streng, so dass die Vorhersehbarkeit der Dringlichkeit einer Vergabe im Verhandlungsverfahren ohne öffentliche Bekanntmachung ausnahmsweise nicht entgegensteht; jedoch muss dann der im Wege des Verhandlungsverfahrens vergebene Auftrag auf einen gewissen Überbrückungszeitraum begrenzt sein (sog. „**Interimsvergabe**").²⁶⁵

Der Auftraggeber muss auch im Falle der Dringlichkeit der Vergabe größtmöglichen 73 Wettbewerb herstellen. Er muss daher, sofern dem Verhandlungsverfahren ein gescheitertes Verfahren vorangegangen ist, alle an diesem Verfahren beteiligte Bietern in das Verhandlungsverfahren einbeziehen, und muss auch im Übrigen möglichst mit mehreren Bietern verhandeln.²⁶⁶

e) Lieferung von Waren zu Forschungs-, Versuchs- Untersuchungs-, Entwicklungs- oder Verbesserungszwecken (§ 3 EG Abs. 4 lit. b) VOL/A)

Anders als bei der Vergabe von Bauaufträgen und Baukonzessionen (§ 3 EG Abs. 4 Nr. 2 74 VOB/A) kann für die Vergabe von Liefer- und Dienstleistungsverträgen ein Verhandlungsverfahren auch ohne Teilnahmewettbewerb gewählt werden, wenn der Auftrag ausschließlich der **Lieferung von Waren** dient, die **nur zum Zwecke von Forschungen, Versuchen, Untersuchungen, Entwicklung oder Verbesserungen hergestellt** werden (§ 3 EG Abs. 4 lit. b) VOL/A). Serienfertigungen zum Nachweis der Marktfähigkeit des Produkts oder zur Deckung der Forschungs- und Entwicklungskosten sind vom Anwendungsbereich ausgeschlossen. Ebenso wenig anwendbar ist die Vorschrift bei der Vergabe von Aufträgen für die Lieferung von Waren, die auch zu anderen Zwecken, also

---

²⁵⁹ OLG Celle Beschl. v. 29. 10. 2009, 13 Verg 8/09, NZBau 2010, 194; VK Saarland Beschl. v. 24. 10. 2008, 3 VK 2/2008; *Kaelble* in Müller-Wrede, § 3 EG Rn. 149.
²⁶⁰ EuGH Urt. v. 15. 10. 2009, Rs. C-275/08 – Kraftfahrzeugzulassungssoftware, Rn. 69; *Kaelble* in Müller-Wrede, § 3 EG Rn. 148; *Stickler/Kallmayer* in Kapellmann/Messerschmidt, § 3a Rn. 132; *Bauer* in Heiermann/Riedl/Rusam, § 3a Rn. 34.
²⁶¹ *Stickler/Kallmayer* in Kapellmann/Messerschmidt, § 3a Rn. 129; *Jasper* in Motzke/Pietzcker/Prieß, § 3a Rn. 51.
²⁶² VK Bund Beschl. v. 29. 6. 2005, VK 3–52/05; VK Nordrhein-Westfalen Beschl. v. 31. 3. 2000, VK 3/2000 B; vgl. auch OLG Celle Beschl. v. 29. 10. 2009, 13 Verg 8/09; VK Saarland Beschl. v. 24. 10. 2008, 3 VK 02/2008 („hohe Anforderungen an die Unvorhersehbarkeit"); *Haak/Preißinger* in Willenbruch/Wieddekind, § 3a VOB/A Rn. 50 u. § 3 EG VOL/A Rn. 84.
²⁶³ EU-Komm., Leitfaden zu den Gemeinschaftsvorschriften über öffentliche Dienstleistungsaufträge, 3.3.2.4; Leitfaden zu den Gemeinschaftsvorschriften für die Vergabe von öffentlichen Bauaufträgen, 3.3.2, Nr. 3; vgl. OLG Celle Beschl. v. 29. 10. 2009, 13 Verg 8/09, NZBau 2010, 194.
²⁶⁴ *Stickler/Kallmayer* in Kapellmann/Messerschmidt, § 3a Rn. 130 mwN.
²⁶⁵ Vgl. OLG Hamburg Beschl. v. 8. 7. 2008, 1 Verg 1/08; OLG Düsseldorf Beschl. v. 25. 1. 2008, WVerg 10/07; OLG Düsseldorf Beschl. v. 19. 11. 2003, VII-Verg 59/03; *Stickler/Kallmayer* in Kapellmann/Messerschmidt, § 3a Rn. 131. S. zu den Besonderheiten bei Dienstleistungen der Daseinsvorsorge ausführlich *Kaelble* in Müller-Wrede, § 3 EG Rn. 157 ff. mwN.
²⁶⁶ Vgl. OLG Düsseldorf Beschl. v. 25. 9. 2008, VII-Verg 57/08; OLG Hamburg Beschl. v. 8. 7. 2008, 1 Verg 1/08; OLG Dresden Beschl. v. 25. 1. 2008, WVerg 10/07; VK Lüneburg Beschl. v. 27. 6. 2003, 203-VgK-14/03; *Kaelble* in Müller-Wrede, § 3 EG Rn. 162.

insbesondere zu kommerziellen Nebenzwecken, hergestellt werden.[267] Zum Begriff der Forschung und Entwicklung kann wie schon bei § 3 EG Abs. 4 Nr. 2 VOB/A auf die gemeinschaftlichen Quellen zurückgegriffen werden.[268] Der Begriff der Verbesserung ist in der sekundärrechtlichen Grundlage, Art. 31 Nr. 2 lit. a) VKR, nicht enthalten und muss daher bei europarechtskonformer Auslegung unberücksichtigt bleiben.[269]

f) Zusätzliche Lieferungen zur Erneuerung oder Erweiterung von Lieferungen (§ 3 EG Abs. 4 lit. e) VOL/A)

75 Die Auftragsvergabe im Wege des Verhandlungsverfahrens ohne Teilnahmewettbewerb kommt auch in Betracht bei **zusätzlichen Leistungen des ursprünglichen Auftragnehmers**, die zur **teilweisen Erneuerung** von gelieferten Waren oder Einrichtungen zur laufenden Benutzung oder **zur Erweiterung von Lieferungen oder bestehenden Einrichtungen** bestimmt sind, sofern ein Wechsel des Unternehmens dazu führen würde, dass der Auftraggeber Waren mit unterschiedlichen technischen Merkmalen kaufen müsste und dies eine **technische Unvereinbarkeit** oder **unverhältnismäßige technische Schwierigkeiten** mit sich bringen würde (§ 3 EG Abs. 4 lit. e) VOL/A). Technische Schwierigkeiten sind dabei dann als unverhältnismäßig zu qualifizieren, wenn sie nur mit unverhältnismäßigem Aufwand behoben werden können oder den bestimmungsgemäßen Gebrauch und die Wartung erheblich beeinträchtigen.[270] Das kann etwa zu bejahen sein, wenn umfangreiche Umschulungsmaßnahmen für Mitarbeiter erforderlich würden.[271] Zu beachten ist, dass der Begriff der Erneuerung die Anpassung an den aktuellen Stand der Technik sowie den Austausch von Teilen umfasst, nicht aber eine vollständige Ersetzung der ursprünglichen Lieferungen oder Einrichtungen ermöglicht.[272] Aus dem Wortlaut von Art. 31 Nr. 2 lit. b) VKR folgt ferner einschränkend, dass im Falle der Erneuerung die Waren bzw. Einrichtungen marktüblich, dh standardisiert sein müssen.[273] Auch eine Erweiterung darf nicht so weit gehen, dass es sich um eine komplette Neubeschaffung handelt.[274] Die Laufzeit dieser Aufträge darf in der Regel drei Jahre nicht überschreiten (§ 3 EG Abs 4 lit. e) S. 2 VOL/A); eine längere Laufzeit soll jedoch ausnahmsweise dann zulässig sein, wenn die Kompatibilitätsprobleme weiterhin bestehen und eine Neubeschaffung nicht wirtschaftlich wäre.[275]

g) Zusätzliche Bau- oder Dienstleistungen wegen unvorhergesehener Ereignisse zur Ausführung der Hauptleistung erforderlich (§ 3 EG Abs. 5 Nr. 5 VOB/A, § 3 EG Abs. 4 lit. f) VOL/A, § 3 Abs. 4 lit. d) VOF)

76 Die Vergabe zusätzlicher Leistungen im Wege des Verhandlungsverfahrens ohne Teilnahmewettbewerb **an den ursprünglichen Auftragnehmer** ist auch dann zulässig, wenn **zusätzliche Leistungen wegen eines unvorhergesehenen Ereignisses zur Ausfüh-

---

[267] *Haak/Preißinger* in Willenbruch/Wieddekind, § 3 EG VOL/A Rn. 68.
[268] S. etwa Gemeinschaftsrahmen „F&E&I-Beihilfen". Zum Begriff d. Versuche u. Untersuchungen s. *Haak/Preißinger* in Willenbruch/Wieddekind, § 3 EG VOL/A Rn. 65, 66.
[269] *Haak/Preißinger* in Willenbruch/Wieddekind, § 3 EG VOL/A Rn. 67; Kaelble in Müller-Wrede, § 3 EG Rn. 129.
[270] Vgl. OLG Frankfurt Beschl. v. 6.8.2007, 11 Verg 5/07; OLG Düsseldorf Beschl. v. 28.5.2003, VII-Verg 10/03; VK Bund Beschl. v. 11.4.2003, VK 2–10/03.
[271] *Diercks* VergabeR 2003, 518, 523; Kaelble in Müller-Wrede, § 3 EG Rn. 174.
[272] OLG Frankfurt Beschl. v. 10.7.2007, 11 Verg 5/07; *Haak/Preißinger* in Willenbruch/Wieddekind, § 3a VOB/A Rn. 92; Kulartz in Kulartz/Marx/Portz/Prieß VOL/A § 3 EG Rn. 85.
[273] *Kaelble* in Müller-Wrede, § 3 EG Rn. 171; *Haak/Preißinger* in Willenbruch/Wieddekind, § 3a VOB/A Rn. 93.
[274] OLG Frankfurt Beschl. v. 10.7.2007, 11 Verg 5/07; Kaelble in Müller-Wrede, § 3 EG Rn. 172; Kulartz in Kulartz/Marx/Portz/Prieß VOL/A, § 3 EG Rn. 86.
[275] *Haak/Preißinger* in Willenbruch/Wieddekind, § 3a VOB/A Rn. 97.

rung der im Hauptauftrag beschriebenen Leistung erforderlich** werden (§ 3 EG Abs. 5 Nr. 5 VOB/A, § 3 EG Abs. 4 lit. f) VOL/A, § 3 Abs. 4 lit. d) VOF). Es muss sich um **zusätzliche Leistungen** handeln, also Leistungen, die weder im ursprünglich geschlossenen Vertrag noch im der Vergabe zugrunde liegenden Entwurf, dh in der ursprünglichen Leistungsbeschreibung, enthalten sind.[276] Wurde die Leistung in den ursprünglichen Auftragsunterlagen aufgenommen und erst im Laufe des Vergabeverfahrens aufgegeben, ist ein Rückgriff auf die Ausnahmevorschriften unzulässig.[277] Umstritten ist, ob zusätzliche Leistungen in diesem Sinne auch dann vorliegen, wenn der Auftraggeber die Leistungen infolge einer nach § 1 Abs. 3 VOB/B bzw. § 2 Nr. 1 VOL/B zulässigen Änderung der Beschaffenheit der Leistung oder als zusätzliche Leistungen gem. § 1 Abs. 4 S. 1 VOB/B verlangen kann. Nach überwiegender Meinung ist in diesen Fällen eine zusätzliche Leistung zu verneinen.[278] Maßgeblich dürfte allerdings auch im Anwendungsbereich der §§ 1 Abs. 3, Abs. 4 VOB/B und § 2 Nr. 1 VOL/B sein, ob die Änderungen oder zusätzlichen Leistungen nach allgemeinen Grundsätzen eine erneute Ausschreibungspflicht auslösen.[279] Sind die Änderungen oder zusätzlichen Leistungen hiernach grundsätzlich ausschreibungspflichtig, finden auch die Ausnahmevorschriften der § 3 EG Abs. 5 Nr. 5 VOB/A, § 3 EG Abs. 4 lit. f) VOL/A und § 3 Abs. 4 lit. d) VOF Anwendung.[280]

Umstritten ist auch, ob die Anwendung der Ausnahmevorschriften ausscheidet, wenn 77 das Ereignis, das die zusätzlichen Leistungen erforderlich macht, bei pflichtgemäßer Sorgfalt vorhersehbar war.[281] Hiergegen spricht jedoch der Wortlaut der Regelungen, der – im Einklang mit dem Wortlaut des Art. 31 Nr. 4 lit. a) VKR und abweichend zu den §§ 3 EG Abs. 5 Nr. 4 VOB/A, 3 EG Abs. 4 lit. d) VOL/A, 3 Abs. 4 lit. c) VOF – lediglich ein „*unvorhergesehenes Ereignis*" verlangt. Auf ein Verschulden des Auftraggebers kommt es hiernach nicht an.[282] Im Geltungsbereich der VOB/A ist die Ausnahmevorschrift nach ihrem Wortlaut allerdings nur anwendbar auf Aufträge, die die Schwellenwerte nach § 1 EG Abs. 2 Nr. 2 VOB/A überschreiten. Diese Vorschrift regelt die **Schwellenwerte bei der Vergabe von Bauleistungen** in Losen. Bei zusätzlichen Leistungen handelt es sich jedoch nicht um Lose, sondern um eigenständige Leistungen.[283] Die Anwendung des zweiten Abschnitts der VOB/A auf zusätzliche Leistungen richtet sich daher nach richtiger Ansicht nicht nach dieser Sondervorschrift, sondern nach den vorrangigen allgemeinen Schwellenwerten der Vergabeverordnung.[284] Liegen die zusätzlichen Leistungen un-

---

[276] *Stickler/Kallmayer* in Kapellmann/Messerschmidt, § 3a Rn. 135; *Kaelble* in Müller-Wrede, § 3 EG Rn. 177; *Kaufhold*, § 3 Rn. 9.

[277] *Kaelble* in Müller-Wrede, § 3 EG Rn. 177.

[278] So *Jasper* in Motzke/Pietzcker/Prieß, § 3a Rn. 55; *Bauer* in Heiermann/Riedl/Rusam, § 3a Rn. 35; wohl auch *Kaelble* in Müller-Wrede, § 3 EG Rn. 177.

[279] So *Kulartz/Duikers* VergabeR 2008, 728, 737; *Kulartz* in Kulartz/Marx/Portz/Prieß VOB/A, § 3a Rn. 131 ff.; s. zum Anwendungsbereich d. Vergaberechts bei Vertragsänderungen allg. § 4 Rn. 16 ff.

[280] *Kulartz/Duikers* VergabeR 2008, 728, 736 f.; *Kulartz* in Kulartz/Marx/Portz/Prieß VOB/A, § 3a Rn. 131 ff.

[281] So *Haak/Preißinger* in Willenbruch/Wieddekind, § 3a VOB/A Rn. 57 (Ereignis muss nicht vorhersehbar sein); *Müller-Wrede* in Ingenstau/Korbion, § 3a Rn. 50; *Kaelble* in Müller-Wrede, § 3 EG Rn. 180; aA *Stickler/Kallmayer* in Kapellmann/Messerschmidt, § 3a Rn. 136; *Kaufhold*, § 3 Rn. 9 (unvorhergesehenes Ereignis ausreichend).

[282] *Stickler/Kallmayer* in Kapellmann/Messerschmidt, § 3a Rn. 136; *Kaufhold*, § 3 Rn. 9.

[283] *Stickler/Kallmayer* in Kapellmann/Messerschmidt, § 3a Rn. 141; *Müller-Wrede* in Ingenstau/Korbion, § 3a Rn. 52.

[284] *Müller-Wrede* in Ingenstau/Korbion, § 3a Rn. 52; *Stickler/Kallmayer* in Kapellmann/Messerschmidt, § 3a Rn. 141; *Kulartz* in Kulartz/Marx/Portz/Prieß VOB/A, § 3a Rn. 139; *Bauer* in Heiermann/Riedl/Rusam, § 3a Rn. 35; aA *Haak/Preißinger* in Willenbruch/Wieddekind, § 3a VOB/A Rn. 62 (ohne Begr.); *Jasper* in Motzke/Pietzcker/Prieß, § 3a Rn. 54 (Zusatzauftrag muss Schwellenwerte nach § 1 EG Abs. 2 Nr. 2 VOB/A überschreiten u. Gesamtauftragswert muss allg. Schwellenwert überschreiten).

terhalb des maßgeblichen Schwellenwerts, richtet sich die Vergabe nach dem ersten Abschnitt der VOB/A.

78 Voraussetzung ist ferner, dass **die zusätzlichen Leistungen sich in technischer oder wirtschaftlicher Hinsicht nicht ohne wesentlichen Nachteil** für den Auftraggeber **vom Hauptauftrag trennen lassen** oder zwar getrennt werden können, aber **für die Vollendung des ursprünglichen Auftrags unbedingt erforderlich** sind. Die Formulierungen in § 3 EG Abs. 4 lit. f) VOL/A und § 3 Abs. 4 lit. d) VOF („*in technischer und wirtschaftlicher Hinsicht*") greifen dabei zu kurz, was auf einen Redaktionsfehler in der deutschen Fassung von Art. 31 Nr. 4 lit. a) VKR zurückzuführen ist. In den anderen Amtssprachen wird alternativ auf technische oder wirtschaftliche Gründe Bezug genommen; diese Auslegung ist auch für die Anwendung der VOL/A und VOF maßgeblich.[285] Technische Gründe für die Untrennbarkeit können etwa Schwierigkeiten im Bauablauf bei Ineinandergreifen verschiedener Leistungen sein.[286] Wirtschaftliche Gründe können zB Synergieeffekte bei einheitlicher Auftragsdurchführung und Fragen des Sachmängelrechts sein; bloße Erschwernisse, die mit der Beauftragung mehrerer Unternehmen typischerweise einhergehen, genügen aber nicht.[287] Der **Wert der zusätzlichen Leistungen** darf schließlich die **Hälfte des Werts des Hauptauftrags nicht überschreiten**.

h) Wiederholung gleichartiger Bau- oder Dienstleistungen (§ 3 EG Abs. 5 Nr. 6 VOB/A, § 3 EG Abs. 4 lit. g) VOL/A, , § 3 Abs. 4 lit. e) VOF)

79 Die **Wiederholung einer gleichartigen Leistung** entsprechend dem Grundentwurf der ursprünglichen Vergabe kann im Verhandlungsverfahren ohne Teilnahmewettbewerb an den **Auftragnehmer des ursprünglichen Auftrags** vergeben werden, wenn auf diese Möglichkeit bereits bei der Bekanntmachung des ursprünglichen Vergabeverfahrens hingewiesen wurde und der ursprüngliche Auftrag nach einem offenen oder nicht offenen Verfahren vergeben wurde (§ 3 EG Abs. 5 Nr. 6 VOB/A, § 3 EG Abs. 4 lit. g) VOL/A, § 3 Abs. 4 lit. e) VOF).[288] § 3 Abs. 4 lit. e) VOF enthält die Voraussetzung eines vorangegangenen offenen oder nicht offenen Verfahrens nicht, da im Anwendungsbereich der VOF diese Verfahrensarten nicht vorgesehen sind. Dies führt allerdings zu einer unzulässigen Erweiterung des Anwendungsbereichs der Richtlinienvorschrift, die insoweit unmittelbar anzuwenden ist.[289] Für die Anwendung von § 3 Abs. 4 lit. e) VOF dürfte damit im Ergebnis kein Raum bleiben.

80 Der Begriff der Gleichartigkeit setzt nicht völlige Identität der Leistungen voraus; es sind vielmehr geringfügige Änderungen oder Erweiterungen zulässig, sofern sie zwingend notwendig sind und keinen Einfluss auf den Wettbewerb haben.[290] Das Verfahren darf nach dem Wortlaut der Ausnahmevorschriften nur innerhalb von drei Jahren nach Abschluss des ersten Auftrags, dh nach dem zivilrechtlichen Vertragsschluss[291], angewandt werden. Der Auftraggeber muss darüber hinaus den Wert der fortzuführenden Leistungen bereits bei der Ermittlung des ursprünglichen Auftragswerts berücksichtigen.[292] Dies gilt –

---

[285] *Pünder* in Pünder/Schellenberg, § 3 EG VOL/A Rn. 23 u. § 3 VOF Rn. 13; *Kaufhold*, § 3 Rn. 10.
[286] *Haak/Preißinger* in Willenbruch/Wieddekind, § 3a VOB/A Rn. 59; *Stickler/Kallmayer* in Kapellmann/Messerschmidt, § 3a Rn. 137.
[287] *Haak/Preißinger* in Willenbruch/Wieddekind, § 3a VOB/A Rn. 59; *Stickler/Kallmayer* in Kapellmann/Messerschmidt, § 3a Rn. 138.
[288] Gemeinsame sekundärrechtliche Grundlage ist Art. 31 Nr. 4 lit. b) VKR.
[289] *Pünder* in Pünder/Schellenberg, § 3 VOF/A Rn. 14; *Voppel/Ossenbrück/Bubert*, § 5 Rn. 40.
[290] *Stickler/Kallmayer* in Kapellmann/Messerschmidt, § 3a Rn. 143; *Haak/Preißinger* in Willenbruch/Wieddekind, § 3a VOB/A Rn. 64; *Müller-Wrede* in Ingenstau/Korbion, § 3a Rn. 53.
[291] *Haak/Preißinger* in Willenbruch/Wieddekind, § 3a VOB/A Rn. 66; *Stickler/Kallmayer* in Kapellmann/Messerschmidt, § 3a Rn. 146.
[292] *Müller-Wrede* in Ingenstau/Korbion, § 3a Rn. 53; *Haak/Preißinger* in Willenbruch/Wieddekind, § 3a VOB/A Rn. 65.

trotz fehlender ausdrücklicher Regelung – auch im Anwendungsbereich von § 3 Abs. 4 lit. e) VOF wegen der insoweit unmittelbar anwendbaren Vorgabe in Art. 31 Nr. 4 lit. b) VKR.[293] Schließlich ist zu beachten, dass die Ausnahmevorschrift im Anwendungsbereich der VOB/A nur anzuwenden sind bei der Vergabe von Aufträgen mit einem Auftragswert nach § 1 EG Abs. 2 Nr. 2 VOB/A (§ 3 EG Abs. 5 S. 2 VOB/A). Die gleichartigen Leistungen sind insoweit als Lose eines Gesamtauftrags zu qualifizieren.[294] Sie unterfallen daher dem Anwendungsbereich des zweiten Abschnitts der VOB/A, wenn das jeweilige Los die Schwellenwerte nach § 1 EG Abs. 2 Nr. 2 VOB/A erreicht und darüber hinaus der Gesamtauftragswert den allgemeinen Schwellenwert nach der Vergabeverordnung erreicht oder überschreitet.[295] Andernfalls richtet sich die Verfahrensart nach den Regelungen für unterschwellige Aufträge.[296]

i) Weitere Fallgruppen

Schließlich darf ein Verhandlungsverfahren ohne Teilnahmewettbewerb noch in den folgenden **Sonderfällen** gewählt werden: 81
- Vergabe des Auftrags **im Anschluss an einen Wettbewerb** bzw. **Auslobungsverfahren** (§ 3 EG Abs. 4 lit. h) VOL/A, § 3 EG Abs. 4 lit. b) VOF)[297];
- Lieferung von **auf Warenbörsen** notierten und gekauften Waren (§ 3 EG Abs. 4 lit. i) VOL/A)[298],
- Erwerb von Waren zu besonders günstigen Bedingungen wegen **Geschäftsaufgabe, Insolvenz oder Liquidation des Lieferanten** (§ 3 EG Abs. 4 lit. j) VOL/A).[299]

3. Ablauf des Verhandlungsverfahrens ohne Teilnahmewettbewerb

Beim Verhandlungsverfahren ohne vorherigen öffentlichen Teilnahmewettbewerb wendet 82
sich der Auftraggeber direkt an ein oder mehrere Unternehmen und fordert diese zur Angebotsabgabe innerhalb einer bestimmten Frist auf.[300] Die Auswahl der Bieter liegt dabei grundsätzlich im pflichtgemäßen Ermessen des Auftraggebers.[301] Sofern nicht im Einzelfall nur ein einziger Bieter in Betracht kommt[302], sind auch im Verhandlungsverfahren ohne Teilnahmewettbewerb in der Regel mehrere Bieter zur Angebotsabgabe aufzufordern.[303] Es gibt zwar keine Vorschrift, die dem Auftraggeber eine Mindestzahl von Bietern vorschreibt. Es kann jedoch geboten sein, nach § 6 EG Abs. 2 Nr. 3 VOB/A, § 3 Abs. 5 S. 3 EG VOL/A, § 10 Abs. 4 S. 2 VOF analog auch ohne vorherigen öffentlichen

---

[293] *Pünder* in Pünder/Schellenberg, § 3 VOF Rn. 14.
[294] *Stickler/Kallmayer* in Kapellmann/Messerschmidt, § 3a Rn. 147; aA *Bauer* in Heiermann/Riedl/Rusam, § 3a Rn. 36; *Müller-Wrede* in Ingenstau/Korbion, § 3a Rn. 53 (eigenständige Bauleistungen).
[295] aA *Müller-Wrede* in Ingenstau/Korbion, § 3a Rn. 53 (allg. Schwellenwerte maßgeblich); *Bauer* in Heiermann/Riedl/Rusam, § 3a Rn. 36.
[296] *Jasper* in Motzke/Pietzcker/Prieß, § 3a Rn. 60.
[297] Sekundärrechtliche Grundlage ist Art. 31 Nr. 3 VKR; s. zur Auslegung *Pünder* in Pünder/Schellenberg, § 3 EG VOL/A Rn. 25 mwN; *Haak/Preißinger* in Willenbruch/Wieddekind, § 3 EG VOL/A Rn. 113 f.
[298] Sekundärrechtliche Grundlage ist Art. 31 Nr. 2 lit. c) VKR; s. zur Auslegung *Pünder* in Pünder/Schellenberg, § 3 EG VOL/A Rn. 26 mwN; *Haak/Preißinger* in Willenbruch/Wieddekind, § 3 EG VOL/A Rn. 115 ff.
[299] Sekundärrechtliche Grundlage ist Art. 31 Nr. 2 lit. d) VKR; s. zur Auslegung *Pünder* in Pünder/Schellenberg, § 3 EG VOL/A Rn. 27 mwN; *Haak/Preißinger* in Willenbruch/Wieddekind, § 3 EG VOL/A Rn. 118 f.
[300] *Haak/Preißinger* in Willenbruch/Wieddekind, § 101 GWB Rn. 19.
[301] S. zu den Grenzen des Ermessens bei der Bieterauswahl näher o. Rn. 39.
[302] S. dazu die Fallgruppen o. unter Rn. 69 (technische/künstlerische Gründe u. Ausschließlichkeitsrechte), 75 (zusätzliche Lieferungen zur Erneuerung oder Erweiterung), 76 (zusätzliche Leistungen wegen unvorhergesehener Ereignisse) u. 79 (Wiederholung gleichartiger Leistungen).
[303] *WagnerLangen/Bunte*, § 101 Rn. 66.

Teilnahmewettbewerb mindestens drei Bieter zur Angebotsabgabe aufzufordern.[304] Dabei darf die Vergabestelle auch Angebote, die im Rahmen eines zuvor erfolglos durchgeführten offenen Verfahrens abgegeben wurden, schon als erste Angebote für das Verhandlungsverfahren behandeln, sofern sie dieses Vorgehen zuvor bekanntgegeben hat.[305] Will der Auftraggeber auf das Verhandlungsverfahren ohne Teilnahmewettbewerb im Anschluss an ein gescheiterte vorangegangenes Verfahren gemäß den §§ 3 EG Abs. 5 Nr. 1 VOB/A, 3 EG Abs. 3 lit. a) Hs. 2 VOL/A zurückgreifen, ist zu beachten, dass nach dem Wortlaut dieser Vorschriften zwingend alle und nur die Bieter aus dem vorausgegangenen Verfahren einbezogen werden dürfen und müssen, die fachkundig, leistungsfähig und zuverlässig sind und form- und fristgerechte Angebote abgegeben haben; eine darüber hinausgehende Erweiterung des Bieterkreises ist unzulässig.[306]

83 Das weitere Verfahren beschränkt sich auf die Verhandlung mit den ausgewählten Bietern.[307] Insoweit wird auf die Ausführungen oben zur Verhandlungsphase des Verhandlungsverfahrens mit Teilnahmewettbewerb verwiesen.[308]

---

[304] VK Bund Beschl. v. 29. 6. 2005, VK 3–52/05.
[305] OLG Düsseldorf Beschl. v. 5. 7. 2006, VII-Verg 21/06; *Kulartz* in Kulartz/Kus/Portz, § 101 Rn. 52.
[306] S. dazu o. Rn. 64.
[307] *Ganske* in Reidt/Stickler/Glahs, § 101 GWB Rn. 35.
[308] S. o. Rn. 51.

§ 10 Öffentliche Ausschreibung, beschränkte Ausschreibung, freihändige Vergabe

Übersicht

	Rn.
A. Einleitung	1, 2
B. Wahl der richtigen Vergabeverfahrensart	3–13
I. Rechtsrahmen	3–6
II. Hierarchie der Verfahrensarten	7, 8
III. Rechtsfolgen bei Wahl der falschen Verfahrensart	9–13
C. Die einzelnen Vergabeverfahrensarten	14–41
I. Öffentliche Ausschreibung	14–16
II. Beschränkte Ausschreibung	17–28
III. Freihändige Vergabe	29–41

VOB/A: § 3
VOL/A: § 3
BHO: § 55

VOB/A:

§ 3 VOB/A Arten der Vergabe

(1) Bei Öffentlicher Ausschreibung werden Bauleistungen im vorgeschriebenen Verfahren nach öffentlicher Aufforderung einer unbeschränkten Zahl von Unternehmen zur Einreichung von Angeboten vergeben. Bei Beschränkter Ausschreibung werden Bauleistungen im vorgeschriebenen Verfahren nach Aufforderung einer beschränkten Zahl von Unternehmen zur Einreichung von Angeboten vergeben, gegebenenfalls nach öffentlicher Aufforderung, Teilnahmeanträge zu stellen (Beschränkte Ausschreibung nach Öffentlichem Teilnahmewettbewerb). Bei Freihändiger Vergabe werden Bauleistungen ohne ein förmliches Verfahren vergeben.

(2) Öffentliche Ausschreibung muss stattfinden, soweit nicht die Eigenart der Leistung oder besondere Umstände eine Abweichung rechtfertigen.

(3) Beschränkte Ausschreibung kann erfolgen,

1. bis zu folgendem Auftragswert der Bauleistung ohne Umsatzsteuer:

a) 50 000 EUR für Ausbaugewerke (ohne Energie- und Gebäudetechnik), Landschaftsbau und Straßenausstattung,

b) 150 000 EUR für Tief-, Verkehrswege- und Ingenieurbau,

c) 100 000 EUR für alle übrigen Gewerke,

2. wenn eine Öffentliche Ausschreibung kein annehmbares Ergebnis gehabt hat,

3. wenn die Öffentliche Ausschreibung aus anderen Gründen (z.B. Dringlichkeit, Geheimhaltung) unzweckmäßig ist.

(4) Beschränkte Ausschreibung nach Öffentlichem Teilnahmewettbewerb ist zulässig,

1. wenn die Leistung nach ihrer Eigenart nur von einem beschränkten Kreis von Unternehmen in geeigneter Weise ausgeführt werden kann, besonders wenn außergewöhnliche Zuverlässigkeit oder Leistungsfähigkeit (z.B. Erfahrung, technische Einrichtungen oder fachkundige Arbeitskräfte) erforderlich ist,

2. wenn die Bearbeitung des Angebots wegen der Eigenart der Leistung einen außergewöhnlich hohen Aufwand erfordert.

(5) Freihändige Vergabe ist zulässig, wenn die Öffentliche Ausschreibung oder Beschränkte Ausschreibung unzweckmäßig ist, besonders

1. wenn für die Leistung aus besonderen Gründen (z. B. Patentschutz, besondere Erfahrung oder Geräte) nur ein bestimmtes Unternehmen in Betracht kommt,

2. wenn die Leistung besonders dringlich ist,

3. wenn die Leistung nach Art und Umfang vor der Vergabe nicht so eindeutig und erschöpfend festgelegt werden kann, dass hinreichend vergleichbare Angebote erwartet werden können,

4. wenn nach Aufhebung einer Öffentlichen Ausschreibung oder Beschränkten Ausschreibung eine erneute Ausschreibung kein annehmbares Ergebnis verspricht,

5. wenn es aus Gründen der Geheimhaltung erforderlich ist,

6. wenn sich eine kleine Leistung von einer vergebenen größeren Leistung nicht ohne Nachteil trennen lässt.

Freihändige Vergabe kann außerdem bis zu einem Auftragswert von 10 000 EUR ohne Umsatzsteuer erfolgen.

VOL/A:

§ 3 VOL/A Arten der Vergabe

(1) Öffentliche Ausschreibungen sind Verfahren, in denen eine unbeschränkte Anzahl von Unternehmen öffentlich zur Abgabe von Angeboten aufgefordert wird. Bei Beschränkten Ausschreibungen wird in der Regel öffentlich zur Teilnahme (Teilnahmewettbewerb), aus dem Bewerberkreis sodann eine beschränkte Anzahl von Unternehmen zur Angebotsabgabe aufgefordert. Freihändige Vergaben sind Verfahren, bei denen sich die Auftraggeber mit oder auch ohne Teilnahmewettbewerb grundsätzlich an mehrere ausgewählte Unternehmen wenden, um mit einem oder mehreren über die Auftragsbedingungen zu verhandeln. Bei Beschränkten Ausschreibungen und Freihändigen Vergaben sollen mehrere – grundsätzlich mindestens drei – Bewerber zur Angebotsabgabe aufgefordert werden.

(2) Die Vergabe von Aufträgen erfolgt in Öffentlicher Ausschreibung. In begründeten Ausnahmefällen ist eine Beschränkte Ausschreibung oder eine Freihändige Vergabe zulässig.

(3) Eine Beschränkte Ausschreibung mit Teilnahmewettbewerb ist zulässig, wenn

a) die Leistung nach ihrer Eigenart nur von einem beschränkten Kreis von Unternehmen in geeigneter Weise ausgeführt werden kann, besonders wenn außergewöhnliche Eignung (§ 2 Absatz 1 Satz 1) erforderlich ist,

b) eine Öffentliche Ausschreibung aus anderen Gründen (z. B. Dringlichkeit, Geheimhaltung) unzweckmäßig ist.

(4) Eine Beschränkte Ausschreibung ohne Teilnahmewettbewerb ist zulässig, wenn

a) eine Öffentliche Ausschreibung kein wirtschaftliches Ergebnis gehabt hat,

b) die Öffentliche Ausschreibung für den Auftraggeber oder die Bewerber einen Aufwand verursachen würde, der zu dem erreichten Vorteil oder dem Wert der Leistung im Missverhältnis stehen würde.

(5) Eine Freihändige Vergabe ist zulässig, wenn

a) nach Aufhebung einer Öffentlichen oder Beschränkten Ausschreibung eine Wiederholung kein wirtschaftliches Ergebnis verspricht,

b) im Anschluss an Entwicklungsleistungen Aufträge in angemessenem Umfang und für angemessene Zeit an Unternehmen, die an der Entwicklung beteiligt waren, vergeben werden müssen,

c) es sich um die Lieferung von Waren oder die Erbringung von Dienstleistungen zur Erfüllung wissenschaftlich-technischer Fachaufgaben auf dem Gebiet von Forschung, Entwicklung und Untersuchung handelt, die nicht der Aufrechterhaltung des allgemeinen Dienstbetriebs und der Infrastruktur einer Dienststelle des Auftraggebers dienen,

d) bei geringfügigen Nachbestellungen im Anschluss an einen bestehenden Vertrag kein höherer Preis als für die ursprüngliche Leistung erwartet wird, und die Nachbestellungen insgesamt 20 vom Hundert des Wertes der ursprünglichen Leistung nicht überschreiten,

e) Ersatzteile oder Zubehörstücke zu Maschinen und Geräten vom Lieferanten der ursprünglichen Leistung beschafft werden sollen und diese Stücke in brauchbarer Ausführung von anderen Unternehmen nicht oder nicht unter wirtschaftlichen Bedingungen bezogen werden können,

f) es aus Gründen der Geheimhaltung erforderlich ist,

g) die Leistung aufgrund von Umständen, die die Auftraggeber nicht voraussehen konnten, besonders dringlich ist und die Gründe für die besondere Dringlichkeit nicht dem Verhalten der Auftraggeber zuzuschreiben sind,

h) die Leistung nach Art und Umfang vor der Vergabe nicht so eindeutig und erschöpfend beschrieben werden kann, dass hinreichend vergleichbare Angebote erwartet werden können,

i) sie durch Ausführungsbestimmungen von einem Bundesminister – gegebenenfalls Landesminister – bis zu einem bestimmten Höchstwert zugelassen ist,

j) Aufträge ausschließlich an Werkstätten für behinderte Menschen vergeben werden sollen,

k) Aufträge ausschließlich an Justizvollzugsanstalten vergeben werden sollen,

l) für die Leistung aus besonderen Gründen nur ein Unternehmen in Betracht kommt.

(6) Leistungen bis zu einem voraussichtlichen Auftragswert von 500 EUR (ohne Umsatzsteuer) können unter Berücksichtigung der Haushaltsgrundsätze der Wirtschaftlichkeit und Sparsamkeit ohne ein Vergabeverfahren beschafft werden (Direktkauf).

BHO:

§ 55 BHO Öffentliche Ausschreibung

(1) Dem Abschluss von Verträgen über Lieferungen und Leistungen muss eine öffentliche Ausschreibung vorausgehen, sofern nicht die Natur des Geschäfts oder besondere Umstände eine Ausnahme rechtfertigen.

(2) Beim Abschluss von Verträgen ist nach einheitlichen Richtlinien zu verfahren.

Literatur:

Dabringhausen, Wertgrenzen für die Wahl der Vergabeart im Unterschwellenbereich – Eine Kalamität des Konjunkturprogramms II, VergabeR 2009, 391; *Jennert*, Der Begriff der Dienstleistungskonzession im Gemeinschaftsrecht – Zugleich ein Beitrag zum Entgeltlichkeitsbegriff des Dienstleistungsauftrags, NZBau 2005, 131; *Schaller*, Wichtige Grundsätze des öffentlichen Beschaffungswesens im unterschwelligen Bereich, LKV 2011, 301; *Thormann*, Vergaberecht: in der Krise suspendiert? – Zur Erhöhung der Wertgrenzen für Beschränkte Ausschreibungen und Freihändige Vergaben im Rahmen des Konjunkturpakets II, NZBau 2010, 14.

A. Einleitung

1 Auf die Vergabe von Aufträgen, deren Auftragswert die maßgeblichen Schwellenwerte[1] nicht erreichen, finden die Vorschriften des vierten Teils des GWB (§§ 97ff. GWB) keine Anwendung (§ 100 Abs. 1 GWB). Juristische Personen des öffentlichen Rechts unterliegen dennoch auch bei der Vergabe unterschwelliger Aufträge weit reichenden Bindungen, die sich aus dem Haushaltsrecht und den Basisparagrafen – dh den Vorschriften des ersten Abschnitts – der VOB/A und der VOL/A ergeben. Unterschwellige Aufträge können hiernach im Wege der öffentlichen Ausschreibung, der beschränkten Ausschreibung oder der freihändigen Vergabe vergeben werden. Ein wettbewerblicher Dialog ist für unterschwellige Auftragsvergaben nicht vorgesehen.

2 Die Vergabeverfahren und ihre Voraussetzungen ähneln in weiten Teilen den oberschwelligen Vergabeverfahren: offenes Verfahren, nicht offenes Verfahren und Verhandlungsverfahren. Weitere Verfahrensarten stehen im haushaltsrechtlich geprägten Vergaberecht nicht zur Verfügung. Auch in ihrem Ablauf gleichen die öffentliche Ausschreibung, beschränkte Ausschreibung und freihändige Vergabe weitgehend ihrem jeweiligen Pendant bei den Vergabeverfahren oberhalb der Schwellenwerte. Nachfolgend werden die Verfahrensabläufe daher nur im Überblick dargestellt, während auf die Unterschiede zum offenen Verfahren, nicht offenen Verfahren bzw. Verhandlungsverfahren besonders hingewiesen wird.

B. Wahl der richtigen Vergabeverfahrensart

I. Rechtsrahmen

3 Vorgaben für die Wahl der richtigen Verfahrensart bei Vergaben unterhalb der Schwellenwerte ergeben sich für juristische Personen des öffentlichen Rechts aus dem Haushaltsrecht, insbesondere § 39 HGrG und § 55 Abs. 1 BHO bzw. den vergleichbaren Regelungen der Landeshaushaltsordnungen[2] sowie der Kommunalhaushaltsverordnungen[3] der Bundesländer. Einzelheiten zur Umsetzung der Ausschreibungspflicht und zur Wahl der Verfahrensart finden sich teilweise in den Kommunalhaushaltsverordnungen selbst,[4] teilweise in den hierzu erlassenen Verwaltungsvorschriften oder in den Vergabegesetzen der Länder.[5] Diese Vorschriften verweisen ihrerseits in der Regel auf den ersten Abschnitt der VOB/A und VOL/A.[6] Dort enthalten die § 3 Abs. 3 bis 5 VOB/A und § 3 Abs. 3 bis 6 VOL/A Vorgaben zur Wahl der Vergabeverfahrensart. Zu beachten ist allerdings, dass manche der Gesetze und Verwaltungsvorschriften ergänzende Vorgaben zur Wahl der Vergabeverfahrensart enthalten, die insoweit den Regelungen der VOB/A bzw. VOL/A vorgehen.[7] Auf diese wird im Folgenden nicht näher eingegangen.[8]

---

[1] S. dazu näher § 7.
[2] S. etwa § 55 LHO Bln, § 55 LHO NRW, § 55 Nds. LHO, § 55 SäLHO.
[3] S. etwa § 25 KommHVO Saarland, § 31 GemHVO BW, § 25a GemHVO Bbg, § 25 GemHVO NRW.
[4] Etwa in § 25a Abs. 2, 4 GemHV Bbg.
[5] S. etwa §§ 5–7 TtVG Bremen; § 1 Abs. 2 SächsDVO; §§ 2–5 SHVgVO.
[6] Die Landesverordnung des Landes Schleswig-Holstein über die Vergabe öffentlicher Aufträge (VHVgVO) in ihrem § 5 und das Hamburger Vergabegesetz (HmbVgG) in § 2a verweisen darüber hinaus auf die SektVO und das Sächsische Vergabegesetz (SächsVergabeG) in § 1 Abs. 1 zusätzlich auf die VOF.
[7] Vgl. etwa Innenministerium NRW, RdErl. v. 22.3.2006 „Vergabegrundsätze für Gemeinden nach § 25 Gemeindehaushaltsverordnung", MBl. für das Land NRW 2006, S. 222, Ziff. 7; § 25a Abs. 2 Satz 2, Abs. 3 Satz 2 GemHV Bbg; §§ 5–7 TtVG Bremen, § 1 Abs. 2 SächsVergabeDVO; §§ 2–5 SHVgVO; § 2 Abs. 2 VgG MV.

Die weiteren Abschnitte der VOB/A und VOL/A sowie die VOF und SektVO sind 4
auf unterschwellige Vergaben grundsätzlich nicht anwendbar.⁹ Allerdings ordnen manche
Landesvergabegesetze oder Verwaltungsvorschriften die Anwendung der Regelungen einer oder mehrerer der Vergabeordnungen an.¹⁰

Die europäischen Vergaberichtlinien haben auf unterschwellige Vergaben zwar keinen 5
Einfluss, sobald aber eine Auftragsvergabe grenzüberschreitende Bedeutung aufweist, gilt
auch unterhalb der Schwellenwerte das **europäische Primärrecht**, wonach insbesondere
das Diskriminierungsverbot und das Transparenzgebot zu beachten sind.¹¹

Auftraggeber von Aufträgen, die unterhalb der europäischen Schwellenwerte liegen, 6
sind vor allem Bund, Länder, Kommunen mit ihren Eigenbetrieben und bundes- bzw.
landesunmittelbare Personen des öffentlichen Rechts. Privatrechtliche Gesellschaften und
Einrichtungen sind dagegen grundsätzlich keine öffentlichen Auftraggeber.¹² Werden private Vorhaben jedoch öffentlich gefördert, werden die Fördermittelempfänger regelmäßig
im Subventionsbescheid zur Anwendung der VOB/A und der VOL/A verpflichtet.¹³
Wenn die öffentliche Hand für den Einkauf am Markt Mittel verwendet, muss grundsätzlich ausgeschrieben werden.¹⁴ Ausgenommen vom Anwendungsbereich des § 55 BHO
sind dagegen Auftragsvergaben, die stattfinden, ohne Haushaltsmittel zu verwenden, etwa
Dienstleistungskonzessionen.¹⁵ Für Baukonzessionen ordnet § 22 Abs. 2 VOB/A jedoch
die sinngemäße Anwendung der Vergabeordnung an,¹⁶ wobei in diesem Bereich aufgrund
der Komplexität regelmäßig eine beschränkte Ausschreibung nach öffentlichem Teilnahmewettbewerb oder auch eine freihändige Vergabe zulässig sein wird.

II. Hierarchie der Verfahrensarten

Aus § 55 BHO sowie aus § 3 Abs. 2 VOL/A und § 3 Abs. 1 VOB/A ergibt sich der 7
grundsätzliche **Vorrang der öffentlichen Ausschreibung** gegenüber den anderen Verfahrensarten. Aus den Ausnahmeregelungen in VOB/A und VOL/A, nach denen die beschränkte Ausschreibung mit bzw. ohne Teilnahmewettbewerb oder die freihändige Vergabe gewählt werden können, sowie der Geltung des Wettbewerbsprinzips und der allgemeinen Vergabegrundsätze¹⁷ ergibt sich außerdem eine **Hierarchie** unter den
verbleibenden Verfahrensarten zugunsten der wettbewerbsintensivsten Form.¹⁸ Danach ist
die beschränkte Ausschreibung mit vorhergehendem öffentlichen Teilnahmewettbewerb
vorrangig zur beschränkten Ausschreibung ohne Teilnahmewettbewerb und diese wieder-

---

⁸ S. zur Anwendung d. VOB/A u. VOL/A in den Bundesländern v. § 84 Rn. 11 ff. u. § 85.
⁹ Vgl. § 1 Abs. 2 VOF, § 1 Abs. 2 SektVO, § 1 EG Abs. 1 VOL/A iVm § 100 Abs. 1 GWB, § 1 Abs. 2 Nr. 1 VOB/A; ausnahmsweise anwendbar ist die SektVO etwa nach § 5 VgVO SH in ihrem § 5 und das Hamburger Vergabegesetz (HmbVgG) in § 2a verweisen allerdings auch auf die SektVO und das Sächsische Vergabegesetz (SächsVergabeG) in § 1 Abs. 1 zusätzlich auf die VOF.
¹⁰ Vgl. etwa Innenministerium NRW, RdErl. v. 22.3.2006 „Vergabegrundsätze für Gemeinden nach § 25 Gemeindehaushaltsverordnung", MBl. für das Land NRW 2006, S. 222, Ziff. 6; § 2a HmbVgG; § 2 Abs. 1 VgG MV.
¹¹ Vgl. Mitt. d. Kom. 2006/C 179/02, 1 f.
¹² *Pache* in Pünder/Schellenberg, § 55 BHO Rn. 98; für Ausnahmen aufgrund von § 44 BHO s. *Pache* in Pünder/Schellenberg, § 55 BHO Rn. 100 f.; *Werner* in Byok/Jäger, § 98 Rn. 26 ff.; vgl. *Bungenberg* in Loewenheim/Meessen/Riesenkampff, vor §§ 97 ff. Rn. 28.
¹³ *Haak/Preißinger* in Willenbruch/Wieddekind, § 3 VOB/A Rn. 2.
¹⁴ *Pache* in Pünder/Schellenberg, § 55 BHO Rn. 108.
¹⁵ *Pache* in Pünder/Schellenberg, § 55 BHO Rn. 112.
¹⁶ *Jennert* NZBau 2005, 131.
¹⁷ Vgl. § 2 Abs. 1 u. 2 VOB/A, § 2 Abs. 1 VOL/A.
¹⁸ Vgl. *Jasper* in Motzke/Pietzcker/Prieß, § 3 Rn. 83; *Müller* in Daub/Eberstein, § 3 Rn. 12 f.; *Kaelble* in Müller-Wrede, § 3 Rn. 13.

um vorrangig zur freihändigen Vergabe.[19] Wie für Vergaben oberhalb der Schwellenwerte gilt dabei der allgemeine Grundsatz, dass die Ausnahmetatbestände jeweils eng auszulegen sind.

8   Die Hierarchie der Verfahrensarten folgt auch aus dem **haushaltsrechtlichen Grundsatz der Wirtschaftlichkeit und Sparsamkeit**,[20] da größerer Wettbewerb mit mehreren konkurrierenden Angeboten die sparsame Verwendung öffentlicher Haushaltsmittel gewährleistet.[21]

III. Rechtsfolgen bei Wahl der falschen Verfahrensart

9   Unterhalb der Schwellenwerte ist Rechtsschutz gegen die Wahl einer falschen Verfahrensart häufig nur im Rahmen eines Schadensersatzanspruches zu erlangen. **Primärrechtsschutz**, durch den der Auftraggeber zum Unterlassen der Zuschlagserteilung oder zur Einhaltung der bieterschützenden Bestimmungen über das Vergabeverfahren verurteilt werden kann, findet dagegen nur ausnahmsweise statt.[22] Zuständig sind in jedem Fall die ordentlichen Gerichte, da der Staat für die Deckung seines Bedarfs als regulärer Marktteilnehmer auftritt.[23]

10 Nach den §§ 105 ff. GWB kann Primärrechtsschutz erlangt werden, wenn der Auftraggeber den Auftragswert zu niedrig berechnet und daher fälschlicherweise einen Verfahrenstyp wählt, der nur unterhalb der Schwellenwerte zulässig ist.[24]

11 **Vorschriftswidrig ohne Ausschreibung geschlossene Verträge** oder solche, die aufgrund eines nicht ordnungsgemäß durchgeführten Vergabeverfahrens geschlossen werden, sind **grundsätzlich wirksam**, da eine explizite Regelung, die die Nichtigkeit des Vertrags anordnet, im unterschwelligen Bereich nicht existiert.[25] Die Nichtigkeit des Vertrags kann sich nur ausnahmsweise aus allgemeinen zivilrechtlichen Vorschriften ergeben, etwa wegen eines Verstoßes gegen ein Verbotsgesetz iSd § 134 BGB oder über § 138 BGB.[26] Dabei ist zu beachten, dass § 55 BHO kein Verbotsgesetz ist und auch keine dem § 115 Abs. 1 GWB (Verbot, während eines laufenden Nachprüfungsverfahrens den Zuschlag zu erteilen) vergleichbare Vorschrift existiert,[27] so dass auch ein vorschriftswidrig zustande gekommener Vertrag nur in seltenen Fällen nichtig sein dürfte. Denkbar ist beispielsweise die Annahme von Sittenwidrigkeit aufgrund kollusiven Zusammenwirkens von Auftraggeber und Auftragnehmer unter bewusster Missachtung des Vergaberechts.[28]

12 Der **Sekundärrechtsschutz** erfolgt zumeist aus **culpa in contrahendo** gem. §§ 280 Abs. 1, 311 Abs. 2, 241 Abs. 2 BGB, da schon früh ein vorvertragliches Vertrauensver-

---

[19] Vgl. *Stickler* in Kapellmann/Messerschmidt, § 3 Rn. 12, 57.
[20] Vgl. § 7 BHO u. vergleichbare Bestimmungen d. Länder u. Kommunen.
[21] *Schaller* LKV 2011, 301.
[22] Im Einzelnen str.: Grds. abl. OLG Brandenburg Beschl. v. 10.12.2012, 6 U 172/12; aA dagegen OLG Schleswig Beschl. v. 8.1.2013, 1 W 51/2, VergabeR 2013, 520; OLG Düsseldorf Urt. v. 13.1.2010, I-27 U 1/09; *Müller-Wrede* in Ingenstau/Korbion, § 3 Rn. 54; *Kühnen* in Kapellmann/Messerschmidt, Einl. Rn. 24; s. zur Verfassungsgemäßheit d. eingeschränkten Rechtsschutzes unterhalb d. Schwellenwerte BVerfG Beschl. v. 13.6.2006, 1 BvR 1160/03.
[23] BVerwG Urt. v. 2.5.2007, 6 B 10/07, NZBau 2007, 389; OLG Jena Beschl. v. 8.12.2008, 9 U 431/08; *Kühnen* in Kapellmann/Messerschmidt, Einl. Rn. 24.
[24] vgl. OLG Stuttgart Beschl. v. 12.8.2002, 2 Verg 9/02, VergabeR 2003, 101; *Müller-Wrede* in Ingenstau/Korbion, § 3 Rn. 54.
[25] *Pache* in Pünder/Schellenberg, § 55 BHO Rn. 119.
[26] *Pache* in Pünder/Schellenberg, § 55 BHO Rn. 120.
[27] *Pache* in Pünder/Schellenberg, § 55 BHO Rn. 120.
[28] *Pache* in Pünder/Schellenberg, § 55 BHO Rn. 120.

hältnis zwischen Auftraggeber und Bieter angenommen werden kann.[29] Ein Schadensersatzanspruch wird etwa dann ausgelöst, wenn der Auftraggeber Verhandlungen führt, obwohl er zuvor ausgeschrieben hatte,[30] wenn er einzelne Bewerber diskriminiert,[31] eine Ausschreibung grundlos aufhebt[32] oder gegen Vorschriften der anwendbaren Vergabeordnung verstößt.[33] Problematisch ist die Erlangung von Schadensersatz, wenn der Auftraggeber von vornherein **keine Ausschreibung** vornimmt und nur mit wenigen Bietern verhandelt, da die nicht berücksichtigten Konkurrenten nicht in einem vorvertraglichen Vertrauensverhältnis zur Vergabestelle stehen.[34] Auch die **Wahl einer fehlerhaften Vergabeart** löst in der Regel keine Schadensersatzansprüche aus, da im Zeitpunkt der fehlerhaften Wahl meist noch kein vorvertragliches Vertrauensverhältnis besteht.[35] Daher braucht es für einen Schadensersatzanspruch regelmäßig einen weiteren Vergabeverstoß, etwa wenn sich die Vergabestelle nach einer Ausschreibung nicht an die entsprechenden Vorschriften der Verfahrensdurchführung hält.[36]

Der Schadensersatzanspruch nach culpa in contrahendo geht regelmäßig nur auf den **Vertrauensschaden** in Höhe des negativen Interesses. Das positive Interesse ist nur dann ersetzbar, wenn der Bieter nachweisen kann, dass er bei ordnungsgemäßer Durchführung des Verfahrens den Zuschlag erhalten hätte.[37]

C. Die einzelnen Vergabeverfahrensarten

I. Öffentliche Ausschreibung

1. Allgemeines

Die öffentliche Ausschreibung entspricht dem offenen Verfahren oberhalb der Schwellenwerte.[38] Sie steht einem unbeschränkten Bewerberkreis offen und ist damit die wettbewerbsintensivste, zugleich aber auch unflexibelste Verfahrensform.

2. Zulässigkeit der öffentlichen Ausschreibung

Wie das offene Verfahren oberhalb der Schwellenwerte ist die öffentliche Ausschreibung als grundsätzlich vorrangiges Vergabeverfahren stets anwendbar, ohne dass es besonderer Voraussetzungen bedarf, solange die Schwellenwerte nicht überschritten werden.

---

[29] StRspr., vgl. nur BGH Urt. v. 12.6.2001, X ZR 150/99, NJW 2001, 3698, 3700 mwN; *Müller-Wrede* in Ingenstau/Korbion, § 3 Rn. 53; *Kühnen* in Kapellmann/Messerschmidt, Einl. Rn. 25; *Jasper* in Motzke/Pietzcker/Prieß, § 3 Rn. 79; *Stickler* in Kapellmann/Messerschmidt, § 3 Rn. 87.
[30] OLG Düsseldorf Beschl. v. 21.1.1999, 5 U 93/98, BauR 1999, 741.
[31] BGH Urt. v. 26.10.1999, X ZR 30/98, NJW 2000, 661, 662.
[32] BGH Urt. v. 26.3.1981, VII ZR 185/80, NJW 1981, 1673; BGH Urt. v. 8.9.1998, X ZR 48/97, NJW 1998, 3636.
[33] BGH Urt. v. 12.6.2001, X ZR 150/99, NJW 2001, 3698; BGH Urt. v. 8.9.1998, X ZR 99/96, NJW 1998, 3640f.; BGH Urt. v. 11.11.1993, VII ZR 47/93, NJW 1994, 850; OLG Düsseldorf NJW-RR 1990, 1046, 1047.
[34] *Jasper* in Motzke/Pietzcker/Prieß, § 3 Rn. 79; *Stickler* in Kapellmann/Messerschmidt, § 3 Rn. 88.
[35] *Stickler* in Kapellmann/Messerschmidt, § 3 Rn. 88.
[36] *Stickler* in Kapellmann/Messerschmidt, § 3 Rn. 89.
[37] BGH Urt. v. 26.1.2010, X ZR 86/08; BGH Urt. v. 18.9.2007, X ZR 89/04, VergabeR 2008, 69; *Jasper* in Motzke/Pietzcker/Prieß, § 3 Rn. 80; *Stickler* in Kapellmann/Messerschmidt, § 3 VOB/A Rn. 90.
[38] *Pünder* in Pünder/Schellenberg, § 3 VOL/A Rn. 2 und § 3 VOB/A Rn. 6; auf die Ausführungen dazu in § 9 wird verwiesen.

3. Ablauf der öffentlichen Ausschreibung

16 Die **öffentliche Ausschreibung** beginnt mit der Bekanntmachung (§ 12 Abs. 1 VOB/A, § 12 Abs. 1 und 2 VOL/A), welche grundsätzlich per **bundesweiter Ausschreibung** (nicht bloß regionaler[39]) erfolgen muss.[40] Bei grenzüberschreitendem Interesse ist unter Beachtung des Europäischen Primärrechts allerdings unter Umständen eine europaweite Bekanntmachung erforderlich, um dem Transparenzgrundsatz und dem allgemeinen Diskriminierungsverbot zu genügen.[41] Wie beim offenen Verfahren können sich dann alle interessierten Unternehmen melden, denen die Vergabestelle ohne Einschränkung die Vergabeunterlagen zusendet.[42] Alle fristgerecht eingegangenen Angebote durchlaufen sodann ein **vierstufiges Wertungsverfahren**, einschließlich der Eignungsprüfung der Bieter, um das wirtschaftlichste Angebot zu ermitteln.[43] Insofern bestehen keine Unterschiede zum offenen Verfahren. Abschließend wird entweder in diskriminierungsfreier Weise der Zuschlag erteilt[44] oder die Ausschreibung aufgrund einer der in § 17 Abs. 1 VOB/A bzw. § 17 Abs. 1 VOL/A genannten Gründe aufgehoben.

II. Beschränkte Ausschreibung

1. Allgemeines

17 Die beschränkte Ausschreibung entspricht dem nicht offenen Verfahren für Vergaben oberhalb der Schwellenwerte[45] mit dem wesentlichen Unterschied, dass bei Vorliegen der entsprechenden Voraussetzungen eine beschränkte Ausschreibung auch ohne öffentlichen Teilnahmewettbewerb durchgeführt werden kann.[46] Dem Auftraggeber steht es selbstverständlich frei, auch dann, wenn die Voraussetzungen für eine einfache Ausschreibung vorliegen, stattdessen das formstrengere Verfahren der beschränkten Ausschreibung nach Teilnahmewettbewerb zu wählen.[47]

2. Zulässigkeit der beschränkten Ausschreibung

18 Die Ausnahmevorschriften für die Wahl der beschränkten Ausschreibung in den ersten Abschnitten der VOB/A und VOL/A laufen weitestgehend parallel. Allerdings unterscheiden sie sich teilweise darin, wann ein öffentlicher Teilnahmewettbewerb der Ausschreibung vorausgehen muss und wann nicht. Die Aufzählung der Ausnahmetatbestände für eine beschränkte Ausschreibung ist abschließend.[48]

19 Die Voraussetzungen für die Wahl der beschränkten Ausschreibung ähneln denjenigen, der zweiten Abschnitte von VOB/A und VOL/A für das nicht offene Verfahren, jedoch mit dem Unterschied, dass das nicht offene Verfahren stets mit einem öffentlichen Aufruf zur Teilnahme verbunden sein muss. Wie für Vergaben oberhalb der Schwellenwerte sind die Ausnahmetatbestände eng auszulegen und sind vom Auftraggeber nachzuweisen.[49]

---

[39] Vgl. etwa § 6 Abs. 1 Nr. 1 VOB/A.
[40] *Pünder* in Pünder/Schellenberg, § 101 GWB Rn. 40.
[41] *Pünder* in Pünder/Schellenberg, § 101 GWB Rn. 14; Mitt. d. Kom. 2006/C 179/02, 2.1.1; vgl. auch EuGH Urt. v. 21.7.2005, C-231/03 – Coname, Rn. 21 ff.
[42] Vgl. § 12 Abs. 4 Nr. 1 VOB/A, § 12 Abs. 3 lit. a) VOL/A.
[43] Näher dazu s. Kapitel 6 §§ 25–30.
[44] § 18 VOB/A, § 18 VOL/A; vgl. auch Mitt. d. Kom. 2006/C 179/02, 2.2.3.
[45] Vgl. auch die Ausführungen zum nicht offenen Verfahren in § 9.
[46] Vgl. § 3 Abs. 3 VOB/A, § 3 Abs. 4 VOL/A.
[47] *Stickler* in Kapellmann/Messerschmidt, § 3 Rn. 57.
[48] *Pünder* in Pünder/Schellenberg, § 3 VOL/A Rn. 10.
[49] *Haak/Preißinger* in Willenbruch/Wieddekind, § 3 VOL/A Rn. 25.

a) Beschränkter Kreis geeigneter Unternehmen (§ 3 Abs. 4 Nr. 1 VOB/A, § 3 Abs. 3 lit. a) VOL/A)

Eine beschränkte Ausschreibung nach öffentlichem Teilnahmewettbewerb kann durchgeführt werden, wenn die **Leistung nach ihrer Eigenart nur von einem beschränkten Kreis von Unternehmen in geeigneter Weise ausgeführt** werden kann (§ 3 Abs. 4 Nr. 1 VOB/A, § 3 Abs. 3 lit. a) VOL/A). Hinsichtlich der Auslegung der Tatbestandsvoraussetzungen wird auf die Ausführungen zu den gleichlautenden § 3 EG Abs. 3 Nr. 2 VOB/A und § 3 EG Abs. 2 lit. a) VOL/A in dem vorhergehenden Abschnitt dieses Kapitels[50] verwiesen. 20

b) Unverhältnismäßiger Aufwand einer öffentlichen Ausschreibung (§ 3 Abs. 4 Nr. 2 VOB/A, § 3 Abs. 4 lit. b) VOL/A)

Eine beschränkte Ausschreibung ist auch dann zulässig, wenn die **Bearbeitung des Angebots wegen der Eigenart der Leistung einen außergewöhnlich hohen Aufwand erfordert** (§ 3 Abs. 4 Nr. 2 VOB/A) bzw. wenn die öffentliche Ausschreibung für den Auftraggeber oder die Bewerber einen Aufwand erfordern würde, der zu dem erreichten Vorteil oder dem Wert der Leistung im **Missverhältnis** stehen würde (§ 3 Abs. 4 lit. b) VOL/A). Hinsichtlich der Auslegung kann ebenfalls auf die Ausführungen oben zu den inhaltsgleichen Tatbestandsvoraussetzungen der § 3 EG Abs. 3 Nr. 1 VOB/A und § 3 EG Abs. 2 lit. b) VOL/A verwiesen werden.[51] Während im Anwendungsbereich der VOB/A der beschränkten Ausschreibung ein öffentlicher Teilnahmewettbewerb vorangehen muss, ist dieser für die beschränkte Ausschreibung nach der VOL/A entbehrlich. 21

c) Öffentliche Ausschreibung ohne annehmbares bzw. wirtschaftliches Ergebnis (§ 3 Abs. 3 Nr. 2 VOB/A, § 3 Abs. 4 lit. a) VOL/A)

Eine beschränkte Ausschreibung ohne öffentlichen Teilnahmewettbewerb kommt in Betracht, wenn eine vorangegangene öffentliche Ausschreibung kein annehmbares bzw. kein wirtschaftliches Ergebnis gehabt hat (§ 3 Abs. 3 Nr. 2 VOB/A, § 3 Abs. 4 lit. a) VOL/A). Die Formulierung in § 3 Abs. 4 lit. a) VOL/A gleicht der Parallelvorschrift in § 3 EG Abs. 2 lit. c) VOL/A für Vergaben oberhalb der Schwellenwerte. Auf die dortigen Ausführungen wird daher verwiesen.[52] Zum Begriff des annehmbaren Ergebnisses kann auf die Ausführungen zum insoweit gleichlautenden § 3 EG Abs. 4 Nr. 1 VOB/A verwiesen werden.[53] Die Voraussetzung ist hiernach stets erfüllt, wenn entweder überhaupt kein Angebot abgegeben wurde oder wenn alle Angebote mangels Bietereignung, aus formalen oder aus sonstigen Gründen ausgeschlossen werden mussten, also kein Angebot in die vierte Wertungsstufe gelangt. In beiden Fällen ist stets zusätzlich vorauszusetzen, dass die vorangegangene Ausschreibung wirksam aufgehoben worden ist und die Aufhebung nicht von der Vergabestelle zu vertreten ist.[54] 22

d) Unzweckmäßigkeit der öffentlichen Ausschreibung aus anderen Gründen (§ 3 Abs. 3 Nr. 3 VOB/A, § 3 Abs. 3 lit. b) VOL/A)

Auch für die Auffangvorschriften in § 3 Abs. 3 Nr. 3 VOB/A und § 3 Abs. 3 lit. b) VOL/A, die eine beschränkte Ausschreibung bei **Unzweckmäßigkeit der öffentlichen Ausschreibung aus anderen Gründen** zulassen, gelten die Ausführungen im vorausge- 23

---

[50] S. o. § 9 Rn. 27.
[51] S. o. § 9 Rn. 29 f.
[52] S. o. § 9 Rn. 31 f.
[53] S. o. § 9 Rn. 43.
[54] *Pünder* in Pünder/Schellenberg, § 3 VOL/A Rn. 12; *Stickler* in Kapellmann/Messerschmidt, § 3 Rn. 46.

gangenen Abschnitt dieses Kapitels zu den Parallelvorschriften für Vergaben oberhalb der Schwellenwerte entsprechend.[55] Zu beachten ist, dass im Anwendungsbereich der VOL/A lediglich eine beschränkte Ausschreibung mit öffentlichem Teilnahmewettbewerb zulässig ist, während § 3 Abs. 3 Nr. 3 VOB/A weitergehend auch eine beschränkte Ausschreibung ohne Teilnahmewettbewerb erlaubt. Letzteres erscheint im Hinblick auf den Wettbewerbsgrundsatz bedenklich, da damit ausgerechnet die Auffangvorschrift den Wettbewerb durch Verzicht auf den Teilnahmewettbewerb sehr weitgehend beschränkt. Daher wird empfohlen, entgegen dem Wortlaut der Vorschrift nur dann auf den öffentlichen Teilnahmewettbewerb zu verzichten, wenn auch dieser selbst unzweckmäßig ist.[56]

e) Bauaufträge unterhalb der Wertgrenzen (§ 3 Abs. 3 Nr. 1 VOB/A)

24   Schließlich erlaubt die VOB/A die Durchführung einer beschränkten Ausschreibung ohne Teilnahmewettbewerb bei Auftragsvergaben unterhalb bestimmter Wertgrenzen (§ 3 Abs. 3 Nr. 1 VOB/A). Eine vergleichbare Regelung existiert im Anwendungsbereich der VOL/A nicht. Für die Schätzung des Auftragswerts kann § 3 VgV analog angewendet werden, auch wenn die Vergabeverordnung auf unterschwellige Vergabeverfahren sonst nicht anwendbar ist.

3. Ablauf der beschränkten Ausschreibung

25   Die **beschränkte Ausschreibung** ist, gleich ob mit oder ohne öffentlichen Teilnahmewettbewerb, **zweistufig** ausgestaltet.[57] Auf der ersten Verfahrensstufe wählt der Auftraggeber diejenigen Unternehmen aus, die zur Angebotsabgabe aufgefordert werden sollen, und fordert diese zur Angebotsabgabe auf.[58] Auf der zweiten Verfahrensstufe folgt der eigentliche Wettbewerb der ausgewählten Bieter um die Auftragsvergabe.

26   Findet die **beschränkte Ausschreibung mit öffentlichem Teilnahmewettbewerb** statt, so gleicht die erste Verfahrensstufe dem Teilnahmewettbewerb im nicht offenen Verfahren des Kartellvergaberechts.[59] Auf die dortigen Ausführungen insbesondere hinsichtlich der zulässigen Auswahlkriterien wird daher verwiesen.[60] Der förmliche Teilnahmewettbewerb beginnt mit einer öffentlichen Bekanntmachung (§ 12 Abs. 2 VOB/A, § 12 Abs. 1 und 2 VOL/A) – wobei für Ausschreibungen unterhalb der Schwellenwerte eine Vorinformation nicht vorgesehen ist – und endet mit der Aufforderung zur Abgabe eines Angebots an die ausgewählten Teilnehmer. Voraussetzung für die Auswahl als Bieter für die zweite Verfahrensstufe ist auch im Rahmen der beschränkten Ausschreibung, dass die Teilnehmer form- und fristgerecht ihren Teilnahmeantrag gestellt und die Eignungsprüfung bestanden haben.[61] Der Auftraggeber soll dabei mindestens drei Bewerber auswählen (§ 6 Abs. 2 Nr. 2 VOB/A, § 3 Abs. 1 S. 4 VOL/A); für Abweichungen bedarf es daher besonderer Gründe.[62] Die Festlegung einer Höchstzahl von Bewerbern ist dagegen für unterschwellige Vergaben nicht vorgesehen.[63] Eine § 6 EG Abs. 3 Nr. 5 VOB, § 7 EG Abs. 5 VOL/A vergleichbare Vorschrift fehlt. Sofern der Auftraggeber allerdings nicht alle

---

[55] Vgl. § 3 EG Abs. 3 Nr. 4 VOB/A, § 3 EG Abs. 2 lit. d) VOL/A sowie die Ausführungen o. § 9 Rn. 33.
[56] *Jasper* in Motzke/Pietzcker/Prieß, § 3 Rn. 39.
[57] *Müller-Wrede* in Ingenstau/Korbion, § 3 Rn. 20; *Stickler* in Kapellmann/Messerschmidt, § 3 Rn. 10.
[58] *Pünder* in Pünder/Schellenberg, § 3 VOL/A Rn. 3.
[59] *Pünder* in Pünder/Schellenberg, § 3 VOL/A Rn. 3.
[60] S. § 9 Rn. 34.
[61] § 6 Abs. 3–5 VOL/A, § 6 Abs. 3 Nr. 1–4 und Nr. 6 VOB/A; *Stickler* in Kapellmann/Messerschmidt, § 3 Rn. 13.
[62] *Pünder* in Pünder/Schellenberg, § 3 VOL/A Rn. 5.
[63] Die frühere Regelung in § 8 Nr. 2 Abs. 2 VOB/A 2006, wonach im Allgemeinen nur 3 bis 8 geeignete Bewerber aufzufordern waren, wurde aufgegeben.

geeigneten Bewerber zur Angebotsabgabe auffordern möchte, ist er in Anwendung des Transparenzgrundsatzes auch außerhalb des Kartellvergaberechts verpflichtet, den Bewerbern die Kriterien zur Teilnehmerauswahl bereits in der Vergabebekanntmachung offenzulegen.[64] Regionale Beschränkungen sind dabei aufgrund der unmittelbaren Anwendbarkeit der EU-Grundfreiheiten in der Regel unzulässig (vgl. auch ausdrücklich § 6 Abs. 1 Nr. 1 VOB/A).[65] Eine Besonderheit der beschränkten Ausschreibung im Baubereich ist die Vorgabe, unter den Bewerbern möglichst zu wechseln (§ 6 Abs. 2 Nr. 3 VOB/A). Auch im Rahmen der VOL/A ist der Auftraggeber jedoch aufgrund des allgemeinen Gleichbehandlungsgrundsatzes verpflichtet, zwischen den Unternehmen zu wechseln.[66]

Die **beschränkte Ausschreibung ohne Teilnahmewettbewerb** unterscheidet sich von derjenigen mit Teilnahmewettbewerb darin, dass der Auswahlprozess der ersten Verfahrensstufe weitgehend formfrei abläuft.[67] Die Vergabestelle wendet sich direkt an die Unternehmen und muss dabei lediglich die allgemeinen Vergabegrundsätze[68] und die Regeln zur Eignungsprüfung beachten.[69] Als **Ausgleich für die fehlende Transparenz** durch die freie Bieterauswahl schreibt § 19 Abs. 5 VOB/A allerdings vor, dass Auftraggeber Unternehmen auf Internetportalen oder in ihren Beschafferprofilen über beabsichtigte beschränkte Ausschreibungen ohne Teilnahmewettbewerb nach § 3 Abs. 3 Nr. 1 VOB/A ab einem voraussichtlichen Auftragswert von EUR 25.000 ohne Umsatzsteuer zu informieren haben. Ehe ein Bieter zur Angebotsabgabe aufgefordert wird, muss der Auftraggeber sich dessen Eignung versichern, indem er sich entsprechende Nachweise vorlegen lässt, falls er nicht schon anderweitig Kenntnis dazu erlangt hat.[70] Zu beachten ist weiterhin, dass die Vorgaben zur Mindestzahl der Bieter sowie die Pflicht zum Wechsel unter den Bewerbern auch hier gelten. 27

Das weitere Verfahren ab der Aufforderung zur Angebotsabgabe gleicht dem Ablauf des nicht offenen Verfahrens, so dass auf die Ausführungen hierzu verwiesen werden kann.[71] Bei beschränkten Ausschreibungen ohne Teilnahmewettbewerb gilt jedoch die Besonderheit, dass der Auftraggeber verpflichtet ist, nach der Zuschlagserteilung die Öffentlichkeit auf geeignete Weise zu informieren, wenn der Auftragswert EUR 25.000 ohne Umsatzsteuer übersteigt (§ 20 Abs. 3 Nr. 1 VOB/A, § 19 Abs. 2 VOL/A). Damit soll dem europarechtlichen Transparenzgrundsatz Rechnung getragen werden, der nach der Rechtsprechung des EuGH auch für Vergaben unterhalb der Schwellenwerte zu beachten ist, soweit ein grenzüberschreitender Bezug vorliegt.[72] 28

III. Freihändige Vergabe

1. Allgemeines

Die freihändige Vergabe findet ihre Entsprechung im Verhandlungsverfahren bei Vergaben oberhalb der Schwellenwerte. Im Unterschied zum Verhandlungsverfahren liegt bei 29

---

[64] VK Südbayern, Beschl. v. 9.4.2003, 11–03/03; *Hausmann* in Kulartz/Marx/Portz/Prieß VOB/A, § 3 Rn. 39.
[65] *Kaelble* in Müller-Wrede, § 3 Rn. 10.
[66] *Pünder* in Pünder/Schellenberg, § 101 GWB Rn. 40.
[67] *Stickler* in Kapellmann/Messerschmidt, § 3 Rn. 22; *Müller-Wrede* in Ingenstau/Korbion, § 3 VOB/A Rn. 21.
[68] Insbesondere die der Gleichbehandlung und der Transparenz.
[69] *Pünder* in Pünder/Schellenberg, § 101 GWB Rn. 40; *Haak/Reimnitz* in Willenbruch/Wieddekind, § 3 VOB/A Rn. 18; *Stickler* in Kapellmann/Messerschmidt, § 3 Rn. 22.
[70] IdR durch vorangegangene Ausschreibungen; *Stickler* in Kapellmann/Messerschmidt, § 3 Rn. 22; vgl. auch § 6 Abs. 3 Nr. 6 S. 1 VOB/A.
[71] S. § 9 Rn. 34.
[72] EuGH Urt. v. 18.12.2007, Rs. C-220/06 – APERMC, Rn. 73, 75; *Stickler* in Kapellmann/Messerschmidt, § 3 Rn. 24.

der freihändigen Vergabe die Durchführung eines Teilnahmewettbewerbs jedoch stets im Ermessen des Auftraggebers,[73] was zu noch größeren Freiheiten des Auftraggebers bei der Ausgestaltung des Vergabeverfahrens führt. Die freihändige Vergabe wird in der VOB/A und VOL/A nicht als Ausschreibung bezeichnet. Daher finden die nur für Ausschreibungen geltenden Normen der Regelwerke auf freihändige Vergaben keine Anwendung.[74] Im Übrigen kann auch hier auf die Ausführungen zum Verhandlungsverfahren in § 9 verwiesen werden.

2. Zulässigkeit der freihändigen Vergabe

30 Die freihändige Vergabe ist im Anwendungsbereich der VOB/A immer dann zulässig, wenn weder die öffentliche noch die beschränkte Ausschreibung zweckmäßig sind (§ 3 Abs. 5 S. 1 VOB/A). Die dort im Weiteren angeführten Fallgruppen sind lediglich Regelbeispiele, wie sich aus der Formulierung „besonders" ergibt.[75] Zur Auslegung des Begriffs der Unzweckmäßigkeit gilt das oben zu den entsprechenden Fallgruppen für Vergaben oberhalb der Schwellenwerte (§ 3 EG Abs. 3 Nr. 4 VOB/A, § 3 EG Abs. 2 lit. d) VOL/A) Ausgeführte entsprechend.[76] Im Gegensatz dazu sind die Fallgruppen, die im Anwendungsbereich der VOL/A eine freihändige Vergabe erlauben, abschließend geregelt. In jedem Fall müssen die Voraussetzungen zur Rechtfertigung der freihändigen Vergabe **objektiv begründet** sein, also nicht bloß aus Sicht des Auftraggebers, sondern für einen Dritten sachlich nachvollziehbar vorliegen.[77]

a) Auftrag aus besonderen Gründen nur von einem Unternehmen ausführbar (§ 3 Abs. 5 S. 1 Nr. 1 VOB/A, § 3 Abs. 5 lit. l) VOL/A)

31 Die Durchführung der freihändigen Vergabe ist gestattet, wenn **aus besonderen Gründen nur ein bestimmtes Unternehmen** für den Auftrag in Betracht kommt (§ 3 Abs. 5 S. 1 Nr. 1 VOB/A, § 3 Abs. 5 lit. l) VOL/A). Die besonderen Gründe müssen im Zusammenhang mit der Natur des Geschäfts oder besonderen Umständen der Vergabe stehen. Beispielhaft nennt § 3 Abs. 5 S. 1 Nr. 1 VOB/A „Patentschutz, besondere Erfahrung oder Geräte". In jedem Fall müssen die Gründe für ein Absehen von einer Ausschreibung mit mehr Wettbewerb geradezu dringend sein.[78] Die Vorschriften weisen sehr starke inhaltliche Parallelen zu den in § 3 EG Abs. 5 Nr. 3 VOB/A und § 3 EG Abs. 4 lit. c) VOL/A geregelten Fallgruppen auf. Auf die dortigen Erläuterungen wird daher verwiesen.[79] Ein wesentlicher Unterschied besteht allerdings darin, dass die Gründe, weshalb nur ein bestimmtes Unternehmen für den Auftrag in Betracht kommt, in den EG-Paragraphen abschließend aufgeführt sind, während hier noch weitere Gründe denkbar sind. Soweit die Voraussetzungen der EG-Paragraphen erfüllt wären, kann jedenfalls auch nach § 3 Abs. 5 S. 1 Nr. 1 VOB/A bzw. § 3 Abs. 5 lit. l) VOL/A eine freihändige Vergabe erfolgen.

---

[73] Vgl. § 3 Abs. 1 S. 3 u. Abs. 5 VOL/A, § 3 Abs. 1 S. 3 u. Abs. 5 VOB/A.
[74] *Stickler* in Kapellmann/Messerschmidt, § 3 Rn. 25.
[75] *Pünder* in Pünder/Schellenberg, § 3 VOL/A Rn. 13.
[76] S. o. § 9 Rn. 33.
[77] *Jasper* in Motzke/Pietzcker/Prieß, § 3 Rn. 63.
[78] Vgl. EuGH Urt. v. 2.6.2005, C-394/02 – DEI, Rn. 34 „unbedingt erforderlich"; EuGH Urt. v. 3.5.1994, Rs. C-328/92, Rn. 14 ff.; VK Baden-Württemberg Beschl. v. 14.3.2005, 1 VK 05/05; *Pünder* in Pünder/Schellenberg, § 3 VOL/A Rn. 24; Beispiele nennt *Stickler* in Kapellmann/Messerschmidt, § 3 Rn. 65 f.
[79] S. § 9 Rn. 69.

b) Besondere Dringlichkeit der Leistung (§ 3 Abs. 5 S. 1 Nr. 2 VOB/A, § 3 Abs. 5 lit. g) VOL/A)

Die **besondere Dringlichkeit** im Sinne von § 3 Abs. 5 S. 1 Nr. 2 VOB/A, § 3 Abs. 5 lit. g) VOL/A rechtfertigt dann eine freihändige Vergabe, wenn selbst die Fristen der beschränkten Ausschreibung nicht ausreichen würden.[80] Bei „einfacher" Dringlichkeit ist dagegen vorrangig die beschränkte Ausschreibung nach § 3 Abs. 3 Nr. 3 VOB/A bzw. § 3 Abs. 3 lit. b) VOL/A durchzuführen. Die Anforderungen an die besondere Dringlichkeit ähneln damit denen der „zwingenden" Dringlichkeit bei Auftragsvergaben oberhalb der Schwellenwerte nach § 3 EG Abs. 5 Nr. 4 VOB/A, § 3 EG Abs. 4 lit. d) VOL/A.[81] Auf die dortigen Ausführungen kann daher verwiesen werden.[82] Dem Wortlaut des § 3 Abs. 5 lit. g) VOL/A entsprechend darf die Dringlichkeit nicht erst aufgrund eines Verhaltens des Auftraggebers entstanden oder für diesen voraussehbar sein; dies gilt auch ohne ausdrückliche Regelung ebenso im Anwendungsbereich der VOB/A.[83] Lediglich im Bereich der Daseinsvorsorge kann eine freihändige Vergabe ausnahmsweise auch dann zulässig sein, wenn die Gründe für die Dringlichkeit der Sphäre des Auftraggebers zuzuordnen sind.[84] Für die Anforderungen an diese Ausnahme wird ebenfalls auf die Ausführungen zur Fallgruppe der Dringlichkeit für Vergaben oberhalb der Schwellenwerte verwiesen.[85]

32

c) Keine eindeutige und erschöpfende Beschreibbarkeit (§ 3 Abs. 5 S. 1 Nr. 3 VOB/A, § 3 Abs. 5 lit. h) VOL/A)

Kann die Leistung nach Art und Umfang **nicht so eindeutig und erschöpfend beschrieben** werden, dass hinreichend vergleichbare Angebote erwartet werden können, erlauben § 3 Abs. 5 S. 1 Nr. 3 VOB/A und § 3 Abs. 5 lit. h) VOL/A die freihändige Vergabe. Das ist häufig bei neuartigen und komplexen Bauvorhaben der Fall.[86] Die § 3 EG Abs. 4 Nr. 3 VOB/A und § 3 EG Abs. 3 lit. b) VOL/A stellen zwar auf die Unmöglichkeit der vorherigen Preisgestaltung ab, umfassen aber auch den Fall der hiesigen Sondervorschriften, dass die Leistung nicht von vornherein genau bestimmbar ist.[87] Insoweit kann auch auf die Ausführungen im vorangehenden Abschnitt dieses Kapitels verwiesen werden.[88]

33

d) Kein annehmbares bzw. wirtschaftliches Ergebnis einer erneuten Ausschreibung (§ 3 Abs. 5 S. 1 Nr. 4 VOB/A, § 3 Abs. 5 lit. a) VOL/A)

Die freihändige Vergabe ist auch dann zulässig, wenn nach Aufhebung einer öffentlichen oder beschränkten Ausschreibung eine **erneute (öffentliche oder beschränkte) Ausschreibung kein annehmbares bzw. kein wirtschaftliches Ergebnis** verspricht (§ 3 Abs. 5 S. 1 Nr. 4 VOB/A, § 3 Abs. 5 lit. a) VOL/A). Voraussetzung ist stets zunächst die förmliche und wirksame Aufhebung des vorangegangenen Verfahrens.[89] Maßgeblich ist

34

---

[80] *Pünder* in Pünder/Schellenberg, § 3 VOB/A Rn. 20; *Stickler* in Kapellmann/Messerschmidt, § 3 VOB/A Rn. 69.
[81] *Kaelble* in Müller-Wrede, § 3 Rn. 55.
[82] S. § 9 Rn. 72.
[83] *Stickler* in Kapellmann/Messerschmidt, § 3 VOB/A Rn. 68.
[84] *Stickler* in Kapellmann/Messerschmidt, § 3 VOB/A Rn. 68; *Kaelble* in Müller-Wrede, § 3 Rn. 59.
[85] S. § 9 Rn. 72.
[86] Vgl. OLG Hamm Beschl. v. 6.10.1992, 26 U 86/91, NJW-RR 1993, 541; *Pünder* in Pünder/Schellenberg, § 3 VOB/A Rn. 22; *Stickler* in Kapellmann/Messerschmidt, § 3 Rn. 71.
[87] VK Lüneburg Beschl. v. 8.7.2009, Vgk-29/2009.
[88] S. § 9 Rn. 46.
[89] *Kulartz* in Kulartz/Marx/Portz/Prieß VOB/A, § 3 Rn. 73; *Müller-Wrede* in Ingenstau/Korbion, § 3 Rn. 48.

des Weiteren die ex ante Prognose über die Erfolgsaussichten einer erneuten öffentlichen oder beschränkten Ausschreibung.[90] Zum Begriff des nicht annehmbaren bzw. nicht wirtschaftlichen Ergebnisses kann dabei auf die Ausführungen zu den ähnlichen Regelungen in § 3 EG Abs. 4 Nr. 1 VOB/A und § 3 EG Abs. 3 lit. a) Hs. 1 VOL/A für Vergaben oberhalb der Schwellenwerte verwiesen werden.[91] Eine negative Prognose über die Erfolgsaussichten ist dabei in der Regel nicht möglich, sofern es der Auftraggeber in der Hand hat, die Gründe dafür, dass die vorangegangene Ausschreibung gescheitert ist, selbst auszuräumen.[92] In einem solchen Fall muss der Auftraggeber vielmehr die Gründe für die Aufhebung beseitigen und erneut eine öffentliche oder beschränkte Ausschreibung durchführen. Anders als bei den § 3 EG Abs. 4 Nr. 1 VOB/A und § 3 EG Abs. 3 lit. a) Hs. 1 VOL/A enthalten die Regelungen für unterschwellige Vergaben nicht die Einschränkung, wonach die ursprünglichen Bedingungen des Auftrags nicht grundlegend geändert werden dürfen. Auch ohne expliziten Hinweis muss diese Einschränkung jedoch auch hier gelten, da bei einer grundlegenden Änderung des Vergabegegenstands stets eine erneute Ausschreibung stattfinden muss.[93] Dagegen unterliegt der Auftraggeber im Bereich der unterschwelligen Vergaben nicht der weiteren Verpflichtung, sämtliche geeigneten Bieter der vorangegangenen Ausschreibung in das Folgeverfahren einzubeziehen (so §§ 3 EG Abs. 5 Nr. 1 VOB/A, 3 EG Abs. 3 lit. a) Hs. 2 VOL/A für das Verhandlungsverfahren ohne Teilnahmewettbewerb).

e) Gründe der Geheimhaltung (§ 3 Abs. 5 S. 1 Nr. 5 VOB/A, § 3 Abs. 5 lit. f) VOL/A)

35 Eine freihändige Vergabe ist nach den gleichlautenden § 3 Abs. 5 S. 1 Nr. 5 VOB/A und § 3 Abs. 5 lit. f) VOL/A zulässig, wenn dies aus **Gründen der Geheimhaltung** erforderlich ist. Hiermit sind öffentliche Geheimhaltungsinteressen gemeint, wobei seit der Neufassung der Vergabeordnungen diese nicht unbedingt normiert sein müssen.[94] Betriebliche Geheimhaltungsinteressen auf Bieterseite rechtfertigen die Durchführung einer freihändigen Vergabe dagegen nicht. Zu beachten ist auch, dass die beschränkte Ausschreibung nach § 3 Abs. 3 Nr. 3 VOB/A bzw. § 3 Abs. 3 lit. b) VOL/A vorrangig ist, soweit bereits diese dem Geheimhaltungsbedürfnis gerecht wird.[95]

f) Weitere Fallgruppen (§ 3 Abs. 5 S. 1 Nr. 6 und S. 2 VOB/A, § 3 Abs. 5 lit. b), c), d), e), i), j) und k) VOL/A)

36 Zu § 3 Abs. 5 S. 1 Nr. 6 und S. 2 VOB/A und den in § 3 Abs. 5 lit. b), c), d), e), i), j) und k) VOL/A geregelten Ausnahmen existieren keine Parallelvorschriften in der jeweils anderen Vergabeordnung und auch allenfalls ansatzweise Ähnlichkeiten zu den Vorschriften für Vergaben oberhalb der Schwellenwerte. Ihnen allen ist gemein, dass sie wie sämtliche Ausnahmetatbestände **eng auszulegen** sind.[96]

37 Eine freihändige Vergabe ist hiernach auch in den folgenden Sonderfällen zulässig:
- Bei Vergabe einer kleine Leistung, die sich von einer **vergebenen größeren Leistung nicht ohne Nachteil trennen lässt** (§ 3 Abs. 5 S. 1 Nr. 6 VOB/A). Der Anschlussauf-

---

[90] *Müller-Wrede* in Ingenstau/Korbion, § 3 Rn. 49; *Pünder* in Pünder/Schellenberg, § 3 VOB/A Rn. 23.
[91] S. § 9 Rn. 43.
[92] *Kulartz* in Kulartz/Marx/Portz/Prieß VOB/A, § 3 Rn. 74; *Müller-Wrede* in Ingenstau/Korbion, § 3 Rn. 49.
[93] Vgl. *Stickler* in Kapellmann/Messerschmidt, § 3 Rn. 75; *Müller-Wrede* in Ingenstau/Korbion, § 3 Rn. 49; *Kaelble* in Müller-Wrede, § 3 Rn. 29.
[94] *Müller-Wrede* in Ingenstau/Korbion, § 3 Rn. 50.
[95] *Pünder* in Pünder/Schellenberg, § 3 VOB/A Rn. 24; *Jasper* in Motzke/Pietzcker/Prieß, § 3 Rn. 77; *Müller-Wrede* in Ingenstau/Korbion, § 3 Rn. 50.
[96] *Pünder* in Pünder/Schellenberg, § 3 VOB/A Rn. 18 und § 3 VOL/A Rn. 13; *Müller* in Daub-Eberstein, § 3 VOL/A Rn. 25; *Jasper* in Motzke/Pietzcker/Prieß, § 3 Rn. 62.

trag muss dabei mit dem Hauptauftrag objektiv und unmittelbar im Zusammenhang stehen;[97]
- Bei Vergaben mit einem **Auftragswert bis zu 10.000 Euro** ohne Umsatzsteuer (§ 3 Abs. 5 S. 2 VOB/A);
- Bei einer Pflicht zur Vergabe von **Aufträgen im Anschluss an Entwicklungsleistungen** in angemessenem Umfang und für angemessene Zeit an Unternehmen, die an der Entwicklung beteiligt waren (§ 3 Abs. 5 lit. b) VOL/A);[98]
- Bei Lieferung von Waren oder Erbringung von Dienstleistungen zur **Erfüllung wissenschaftlich-technischer Fachaufgaben auf dem Gebiet von Forschung, Entwicklung und Untersuchung**, die nicht der Aufrechterhaltung des allgemeinen Dienstbetriebs und der Infrastruktur einer Dienststelle des Auftraggebers dienen (§ 3 Abs. 5 lit. c) VOLA);[99]
- Bei **geringfügigen Nachbestellungen** im Anschluss an einen bestehenden Vertrag, sofern kein höherer Preis als für die ursprüngliche Leistung erwartet wird und die Nachbestellungen insgesamt 20 vom Hundert des Wertes der ursprünglichen Leistung nicht überschreiten (§ 3 Abs. 5 lit. d) VOL/A);[100]
- Bei Beschaffung von **Ersatzteilen oder Zubehörstücken** zu Maschinen und Geräten vom Lieferanten der ursprünglichen Leistung, sofern diese Stücke in brauchbarer Ausführung von anderen Unternehmen nicht oder nicht unter wirtschaftlichen Bedingungen bezogen werden können (§ 3 Abs. 5 lit. e) VOL/A);[101]
- Bei Zulassung der freihändigen Vergabe durch **Ausführungsbestimmungen** von einem Bundesminister – ggf. Landesminister – bis zu einem bestimmten Höchstwert (§ 3 Abs. 5 lit. i) VOL/A);[102]
- Bei Aufträgen ausschließlich an **Werkstätten für behinderte Menschen** (§ 3 Abs. 5 lit. j) VOL/A) oder an **Justizvollzugsanstalten** (§ 3 Abs. 5 lit. k) VOL/A).[103]

3. Ablauf der freihändigen Vergabe

Auch die **freihändige Vergabe** kann **mit oder ohne öffentlichen Teilnahmewettbewerb** durchgeführt werden.[104] Diese Wahl wird durch die Formulierung des § 3 Abs. 1 S. 3 VOL/A deutlich. Obwohl eine vergleichbare Regelung in der VOB/A nicht existiert, ist auch hier ein Teilnahmewettbewerb zulässig.[105] Mit den ausgewählten Teilnehmern verhandelt die Vergabestelle über die Auftragsbedingungen.[106] Damit entspricht die

---

[97] VGH München Beschl. v. 29.7.2008, 4 UB 07.2230; *Müller-Wrede* in Ingenstau/Korbion, § 3 Rn. 51; *Stickler* in Kapellmann/Messerschmidt, § 3 Rn. 79.
[98] S. dazu *Pünder* in Pünder/Schellenberg, § 3 VOL/A Rn. 41 ff.; *Kaelble* in Müller-Wrede, § 3 Rn. 32 f.
[99] S. dazu *Pünder* in Pünder/Schellenberg, § 3 VOL/A Rn. 45 ff.; *Kaelble* in Müller-Wrede, § 3 Rn. 37.
[100] S. dazu *Pünder* in Pünder/Schellenberg, § 3 VOL/A Rn. 50 ff.; *Kaelble* in Müller-Wrede, § 3 Rn. 38 ff.
[101] S. dazu *Pünder* in Pünder/Schellenberg, § 3 VOL/A Rn. 54 ff.; *Kaelble* in Müller-Wrede, § 3 Rn. 44 ff.
[102] S. dazu *Pünder* in Pünder/Schellenberg, § 3 VOL/A Rn. 62 ff.; *Kaelble* in Müller-Wrede, § 3 Rn. 67 ff.
[103] S. dazu *Pünder* in Pünder/Schellenberg, § 3 VOL/A Rn. 69 f. bzw. Rn. 71 f.; *Kaelble* in Müller-Wrede, § 3 Rn. 70 ff.
[104] *Pünder* in Pünder/Schellenberg, § 101 GWB Rn. 74; *Haak/Preißinger* in Willenbruch/Wieddekind, § 3 VOB/A Rn. 23.
[105] *Pünder* in Pünder/Schellenberg, § 3 VOB/A Rn. 5; *Müller-Wrede* in Ingenstau/Korbion, § 3 Rn. 40; *Stickler* in Kapellmann/Messerschmidt, § 3 Rn. 26.
[106] Vgl. § 3 Abs. 1 S. 3 VOL/A; die Definition in der VOB/A spricht lediglich von der Vergabe „ohne ein förmliches Verfahren".

freihändige Vergabe in ihrem Ablauf grundsätzlich dem Verhandlungsverfahren oberhalb der Schwellenwerte.[107]

39 Führt der Auftraggeber einen Teilnahmewettbewerb durch, so unterscheidet dieser sich nicht vom Teilnahmewettbewerb im Zusammenhang mit einer beschränkten Ausschreibung.[108] Entscheidet der Auftraggeber sich gegen einen öffentlichen Teilnahmewettbewerb, so hat er sich dennoch **grundsätzlich an mehrere Unternehmen zu wenden**, um mit einem oder mehreren über die Auftragsbedingungen zu verhandeln (§ 3 Abs. 1 S. 3 VOL/A). Auch ohne ausdrückliche Regelung gilt dies im Anwendungsbereich der VOB/A entsprechend, da grundsätzlich nur die Aufforderung zur Angebotsabgabe an mehrere Unternehmen dem Wettbewerbsgrundsatz iSd § 2 Abs. 1 Nr. 2 VOB/A, § 2 Abs. 1 S. 1 VOL/A gerecht wird.[109] Wie auch im Rahmen beschränkter Ausschreibungen ist der Auftraggeber darüber hinaus gem. § 6 Abs. 2 Nr. 3 VOB/A verpflichtet, unter den Bewerbern möglichst zu wechseln, also nicht immer nur mit den gleichen Unternehmen zu verhandeln. Für den Anwendungsbereich der VOL/A gilt dies gleichermaßen aufgrund des allgemeinen Gleichbehandlungsgrundsatzes.

40 Der Auftraggeber unterliegt bei der freihändigen Vergabe sämtlichen Regelungen der ersten Abschnitte von VOB/A und VOL/A, die nicht speziell für Ausschreibungen gelten.[110] Dennoch sind einige Mindestregeln zu beachten, insbesondere gelten die allgemeinen **Vergabegrundsätze des Wettbewerbs, der Gleichbehandlung und der Transparenz.**[111] Eine spezielle Regelung zur nachträglichen Herstellung der Transparenz bei freihändigen Vergaben ohne Teilnahmewettbewerb halten § 20 Abs. 3 Nr. 2 VOB/A und § 19 Abs. 2 VOL/A bereit, wonach bei Auftragswerten ab 15.000 Euro bzw. 25.000 Euro über jeden vergebenen Auftrag öffentlich informiert werden muss.

41 Ansonsten wird für die Einzelheiten der Verhandlungsphase auf die Ausführungen zum Verhandlungsverfahren[112] verwiesen, wobei der Auftraggeber in der freihändigen Vergabe grundsätzlich über einen noch weiteren Gestaltungsspielraum hinsichtlich des Verfahrensablaufs verfügt.[113] Dem Verhandlungsspielraum sind jedoch auch unterhalb der Schwellenwerte dadurch Grenzen gesetzt, dass die vergebene Leistung am Ende in ihren Grundzügen noch dem ursprünglichen Leistungsverzeichnis entsprechen muss.[114]

---

[107] *Pünder* in Pünder/Schellenberg, § 3 VOL/A Rn. 4.
[108] S. bereits o. § 9.
[109] Vgl. *Bauer* in Heiermann/Riedl/Rusam, § 3 Rn. 43.
[110] *Stickler* in Kapellmann/Messerschmidt, § 3 Rn. 25; *Müller-Wrede* in Ingenstau/Korbion, § 3 Rn. 38.
[111] *Stickler* in Kapellmann/Messerschmidt, § 3 Rn. 26 f.; *Müller-Wrede* in Ingenstau/Korbion, § 3 Rn. 38.
[112] Vgl. § 9.
[113] *Pünder* in Pünder/Schellenberg, § 101 GWB Rn. 83.
[114] *Stickler* in Kapellmann/Messerschmidt, § 3 Rn. 29.

§ 11 Wettbewerblicher Dialog

Übersicht

	Rn.
A. Einleitung	1–3
B. Zulässigkeit des Wettbewerblichen Dialogs	4–18
I. Persönlicher Anwendungsbereich	5–8
II. Sachlicher Anwendungsbereich	9–18
C. Ablauf des Wettbewerblichen Dialogs	19–84
I. Auswahlphase	20–31
II. Dialogphase	32–65
III. Angebotsphase	66–84

GWB: § 101 Abs. 4
VOL/A EG: § 3 Abs. 7
VOB/A EG: § 3 Abs. 7
VSVgV: § 13

GWB:

§ 101 GWB Arten der Vergabe

(1) bis (3) hier nicht abgedruckt.

(4) Ein wettbewerblicher Dialog ist ein Verfahren zur Vergabe besonders komplexer Aufträge durch Auftraggeber nach § 98 Nr. 1 bis 3, soweit sie nicht auf dem Gebiet der Trinkwasser- oder Energieversorgung oder des Verkehrs tätig sind, und § 98 Nr. 5. In diesem Verfahren erfolgen eine Aufforderung zur Teilnahme und anschließend Verhandlungen mit ausgewählten Unternehmen über alle Einzelheiten des Auftrags.

(5) bis (7) hier nicht abgedruckt.

VOL/A EG:

§ 3 EG VOL/A Arten der Vergabe

(1) bis (6) hier nicht abgedruckt.

(7) Die Auftraggeber können für die Vergabe eines Auftrags einen wettbewerblichen Dialog durchführen, sofern sie objektiv nicht in der Lage sind,

– die technischen Mittel anzugeben, mit denen ihre Bedürfnisse und Ziele erfüllt werden können oder

– die rechtlichen oder finanziellen Bedingungen des Vorhabens anzugeben.

Zu diesem Zweck gehen die Auftraggeber wie folgt vor:

a) Sie beschreiben und erläutern ihre Bedürfnisse und Anforderungen in der Bekanntmachung oder in einer Leistungsbeschreibung. In der Bekanntmachung können sie eine Höchstzahl von Unternehmen bestimmen, die zur Teilnahme am Dialog aufgefordert werden und die nicht unter drei liegen darf.

b) Mit den im Anschluss an die Bekanntmachung ausgewählten Unternehmen eröffnen die Auftraggeber einen Dialog, in dem sie ermitteln und festlegen, wie ihre Bedürfnisse am besten erfüllt werden können. Dabei können sie mit den ausgewählten Unternehmen alle Einzelheiten des Auftrages erörtern. Sie sorgen dafür, dass alle Unternehmen bei dem Dialog gleich behandelt werden, geben Lösungsvorschläge oder vertrauliche Informationen eines Unternehmens nicht ohne dessen Zustimmung an die anderen Unternehmen weiter und verwenden diese nur im Rahmen des Vergabeverfahrens.

c) Die Auftraggeber können vorsehen, dass der Dialog in verschiedenen aufeinander folgenden Phasen abgewickelt wird, um die Zahl der in der Dialogphase zu erörternden Lösungen anhand der Zuschlagskriterien zu verringern. Die Unternehmen, deren Lösungen nicht für die nächstfolgende Dialogphase vorgesehen sind, werden darüber informiert.

d) Die Auftraggeber erklären den Dialog für abgeschlossen, wenn eine oder mehrere Lösungen gefunden worden sind, die ihre Bedürfnisse erfüllen oder erkennbar ist, dass keine Lösung gefunden werden kann. Im Fall der ersten Alternative fordern sie die Unternehmen auf, auf der Grundlage der eingereichten und in der Dialogphase näher ausgeführten Lösungen ihr endgültiges Angebot vorzulegen, das alle zur Ausführung des Projekts erforderlichen Einzelheiten enthalten muss. Die Auftraggeber können verlangen, dass Präzisierungen, Klarstellungen und Ergänzungen zu diesen Angeboten gemacht werden. Diese Präzisierungen, Klarstellungen oder Ergänzungen dürfen jedoch keine Änderung der grundlegenden Elemente des Angebotes oder der Ausschreibung zur Folge haben, die den Wettbewerb verfälschen oder diskriminierend wirken könnte.

e) Die Auftraggeber bewerten die Angebote aufgrund der in der Bekanntmachung oder in den Vergabeunterlagen festgelegten Zuschlagskriterien und wählen das wirtschaftlichste Angebot aus. Sie dürfen das Unternehmen, dessen Angebot als das wirtschaftlichste ermittelt wurde, auffordern, bestimmte Einzelheiten des Angebotes näher zu erläutern oder im Angebot enthaltene Zusagen zu bestätigen. Dies darf nicht dazu führen, dass wesentliche Aspekte des Angebotes oder der Ausschreibung geändert werden, und dass der Wettbewerb verzerrt wird oder andere am Verfahren beteiligte Unternehmen diskriminiert werden.

f) Verlangen die Auftraggeber, dass die am wettbewerblichen Dialog teilnehmenden Unternehmen Entwürfe, Pläne, Zeichnungen, Berechnungen oder andere Unterlagen ausarbeiten, müssen sie einheitlich für alle Unternehmen, die die geforderte Unterlage rechtzeitig vorgelegt haben, eine angemessene Kostenerstattung hierfür gewähren.

(8) hier nicht abgedruckt.

VOB/A EG:

§ 3 EG VOB/A Arten der Vergabe

(1) bis (6) hier nicht abgedruckt.

(7) 1. Der wettbewerbliche Dialog ist zulässig, wenn der Auftraggeber objektiv nicht in der Lage ist,

a) die technischen Mittel anzugeben, mit denen seine Bedürfnisse und Anforderungen erfüllt werden können, oder

b) die rechtlichen oder finanziellen Bedingungen des Vorhabens anzugeben.

2. Der Auftraggeber hat seine Bedürfnisse und Anforderungen bekannt zu machen; die Erläuterung dieser Anforderungen erfolgt in der Bekanntmachung oder in einer Beschreibung.

3. Mit den Unternehmen, die im Anschluss an die Bekanntmachung nach Nummer 2 ausgewählt wurden, ist ein Dialog zu eröffnen. In dem Dialog legt der Auftraggeber fest, wie seine Bedürfnisse am besten erfüllt werden können; er kann mit den ausgewählten Unternehmen alle Einzelheiten des Auftrags erörtern.

4. Der Auftraggeber hat dafür zu sorgen, dass alle Unternehmen bei dem Dialog gleich behandelt werden; insbesondere darf er Informationen nicht so weitergeben, dass bestimmte Unternehmen begünstigt werden könnten. Der Auftraggeber darf Lösungsvorschläge oder vertrauliche Informationen eines Unternehmens

a) nicht ohne dessen Zustimmung an die anderen Unternehmen weitergeben und

b) nur im Rahmen des Vergabeverfahrens verwenden.

5. Der Auftraggeber kann vorsehen, dass der Dialog in verschiedenen aufeinander folgenden Phasen geführt wird. In jeder Dialogphase kann die Zahl der zu erörternden Lösungen auf Grundlage der in der Bekanntmachung oder in den Vergabeunterlagen angegebenen Zuschlagskriterien verringert werden. Der Auftraggeber hat die Unternehmen zu informieren, wenn deren Lösungen nicht für die nächstfolgende Dialogphase vorgesehen sind. In der Schlussphase müssen noch so viele Angebote vorliegen, dass ein Wettbewerb gewährleistet ist.

6. Der Auftraggeber hat den Dialog für abgeschlossen zu erklären, wenn

a) eine Lösung gefunden worden ist, die seine Bedürfnisse und Anforderungen erfüllt, oder

b) erkennbar ist, dass keine Lösung gefunden werden kann. Der Auftraggeber hat die Unternehmen über den Abschluss des Dialogs zu informieren.

7. Im Fall von Nummer 6 Buchstabe a hat der Auftraggeber die Unternehmen aufzufordern, auf der Grundlage der eingereichten und in der Dialogphase näher ausgeführten Lösungen ihr endgültiges Angebot vorzulegen. Die Angebote müssen alle Einzelheiten enthalten, die zur Ausführung des Projekts erforderlich sind. Der Auftraggeber kann verlangen, dass Präzisierungen, Klarstellungen und Ergänzungen zu diesen Angeboten gemacht werden. Diese Präzisierungen, Klarstellungen oder Ergänzungen dürfen jedoch nicht dazu führen, dass grundlegende Elemente des Angebotes oder der Ausschreibung geändert werden, dass der Wettbewerb verzerrt wird oder andere am Verfahren beteiligte Unternehmen diskriminiert werden.

8. Der Auftraggeber hat die Angebote auf Grund der in der Bekanntmachung oder in den Vergabeunterlagen festgelegten Zuschlagskriterien zu bewerten und das wirtschaftlichste Angebot auszuwählen. Der Auftraggeber darf das Unternehmen, dessen Angebot als das wirtschaftlichste ermittelt wurde, auffordern, bestimmte Einzelheiten des Angebotes näher zu erläutern oder im Angebot enthaltene Zusagen zu bestätigen. Dies darf nicht dazu führen, dass wesentliche Aspekte des Angebotes oder der Ausschreibung geändert werden, und dass der Wettbewerb verzerrt wird oder andere am Verfahren beteiligte Unternehmen diskriminiert werden.

9. Verlangt der Auftraggeber, dass die am wettbewerblichen Dialog teilnehmenden Unternehmen Entwürfe, Pläne, Zeichnungen, Berechnungen oder andere Unterlagen ausarbeiten, muss er einheitlich allen Unternehmen, die die geforderten Unterlagen rechtzeitig vorgelegt haben, eine angemessene Kostenerstattung gewähren.

VSVgV:

§ 13 Wettbewerblicher Dialog

(1) Auftraggeber im Sinne des § 98 Nummer 1 bis 3 des Gesetzes gegen Wettbewerbsbeschränkungen können einen wettbewerblichen Dialog gemäß § 101 Absatz 4 Satz 1 des Gesetzes gegen Wettbewerbsbeschränkungen zur Vergabe besonders komplexer Aufträge durchführen, sofern sie objektiv nicht in der Lage sind,

1. die technischen Mittel anzugeben, mit denen ihre Bedürfnisse und Ziele erfüllt werden können, oder

2. die rechtlichen oder finanziellen Bedingungen des Vorhabens anzugeben.

(2) Im wettbewerblichen Dialog erfolgen gemäß § 101 Absatz 4 Satz 2 des Gesetzes gegen Wettbewerbsbeschränkungen eine Aufforderung zur Teilnahme und anschließende Verhandlungen mit ausgewählten Unternehmen über alle Einzelheiten des Auftrags. Im Einzelnen gehen die Auftraggeber wie folgt vor:

1. Die Auftraggeber müssen ihre Bedürfnisse und Anforderungen bekannt machen und erläutern. Die Erläuterung erfolgt in der Bekanntmachung oder der Leistungsbeschreibung.

2. Mit den nach §§ 6, 7, 8 und 21 bis 28 ausgewählten geeigneten Unternehmen eröffnen die Auftraggeber einen Dialog, in dem sie ermitteln und festlegen, wie ihre Bedürfnisse am besten erfüllt werden können. Dabei können sie mit den ausgewählten Unternehmen alle Einzelheiten des Auftrags erörtern. Die Auftraggeber müssen alle Unternehmen bei dem Dialog gleich behandeln. Insbesondere enthalten sie sich jeder diskriminierenden Weitergabe von Informationen, durch die bestimmte Bieter gegenüber anderen begünstigt werden können. Der Auftraggeber darf Lösungsvorschläge oder vertrauliche Informationen eines Unternehmens nicht ohne dessen Zustimmung an die anderen Unternehmen weitergeben.

3. Die Auftraggeber können vorsehen, dass der Dialog in verschiedenen aufeinanderfolgenden Phasen abgewickelt wird, um die Zahl der in der Dialogphase zu erörternden Lösungsvorschläge anhand der in der Bekanntmachung oder in den Vergabeunterlagen angegebenen Zuschlagskriterien zu verringern. In der Bekanntmachung oder in der Leistungsbeschreibung ist anzugeben, ob diese Möglichkeit in Anspruch genommen wird. In der Schlussphase müssen noch so viele Angebote vorliegen, dass ein echter Wettbewerb gewährleistet ist, sofern eine ausreichende Zahl von Lösungen vorhanden ist. Die Unternehmen, deren Lösungen nicht für die nächstfolgende Dialogphase vorgesehen sind, werden darüber informiert.

4. Die Auftraggeber erklären den Dialog für abgeschlossen, wenn eine oder mehrere Lösungen gefunden worden sind, die ihre Bedürfnisse erfüllen oder erkennbar ist, dass keine Lösung gefunden werden kann. Im Falle der ersten Alternative fordern sie die Unternehmen auf, auf der Grundlage der eingereichten und in der Dialogphase näher ausgeführten Lösungen ihr endgültiges Angebot vorzulegen, das alle zur Ausführung des Projekts erforderlichen Einzelheiten enthalten muss. Die Auftraggeber können verlangen, dass Präzisierungen, Klarstellungen und Ergänzungen zu diesen Angeboten gemacht werden. Diese Präzisierungen, Klarstellungen oder Ergänzungen dürfen jedoch keine Änderung der grundlegenden Elemente des Angebots oder der Ausschreibung zur Folge haben, die den Wettbewerb verfälschen oder diskriminierend wirken könnte.

5. Die Auftraggeber müssen die Angebote aufgrund der in der Bekanntmachung oder in den Vergabeunterlagen festgelegten Zuschlagskriterien bewerten. Der Zuschlag darf ausschließlich auf das wirtschaftlichste Angebot erfolgen. Auftraggeber dürfen das Unternehmen, dessen Angebot als das wirtschaftlichste ermittelt wurde, auffordern, bestimmte Einzelheiten des Angebots näher zu erläutern oder im Angebot enthaltene Zusagen zu bestätigen. Dies darf nicht dazu führen, dass wesentliche Aspekte des Angebots oder der Ausschreibung geändert werden, und dass der Wettbewerb verzerrt wird oder andere am Verfahren beteiligte Unternehmen diskriminiert werden.

6. Verlangen die Auftraggeber, dass die am wettbewerblichen Dialog teilnehmenden Unternehmen Entwürfe, Pläne, Zeichnungen, Berechnungen oder andere Unterlagen ausarbeiten, müssen sie einheitlich für alle Unternehmen, die die geforderte Unterlage rechtzeitig vorgelegt haben, eine angemessene Kostenerstattung hierfür gewähren.

Literatur:
Arrowsmith, An Assessment of the new Legislative Package on Public Procurement, CMLR 2004, 1277; *Bischof/Stoye*, Vergaberechtliche Neuerungen für IT/TK Beschaffungen der öffentlichen Hand, MMR 2006, 138; *Bornheim/Hähnel*, Zur Kostenerstattungspflicht des Auftraggebers im Wettbewerblichen Dialog nach § 3a Abs. 4 Nr. 7 VOB/A 2009, VergabeR 2011, 62; *Brown*, The Impact of the New Procurement Directives on Large Public Infrastructure Projects: Competitive Dialogue or Better the Devil you Know?, PPLR 2004, 160; *Byok*, Das Verhandlungsverfahren, Köln, Berlin, München 2006; *Düsterdiek*, Das Akteneinsichtsrecht (§ 111 GWB), NZBau 2004, 605; *Frenz*, Wettbewerblicher Dialog in der Abfallwirtschaft, AbfallR 2006, 175; *Heckmann*, IT-Beschaffung der öffentlichen Hand zwischen Haushalts- und Marktpolitik, CR 2005, 711; *Heiermann*, Der wettbewerbliche Dialog, ZfBR 2005, 766; *Knauff*, Die vergaberechtlichen Regelungen des ÖPP-Beschleunigungsgesetzes, NZBau 2005, 443; *Knauff*, Im wettbewerblichen Dialog zur Public Private Partnership?, NZBau 2005, 249; *Knauff*, Neues europäisches Verfahrensrecht: Der wettbewerbliche Dialog, VergabeR 2004, 287; *Kolpatzik*, „Berater als Bieter" vs. „Bieter als Berater", VergabeR 2007, 279; *Kus*, Die richtige Verfahrensart bei PPP-Modellen, insbesondere Verhandlungsverfahren und Wettbewerblicher Dialog, VergabeR 2006, 851; *Leinemann/Maibaum*, Die neue europäische einheitliche Vergabekoordinierungsrichtlinie für Lieferaufträge, Dienstleistungsaufträge und Bauaufträge – ein Options-

modell, VergabeR 2004, 275; *Lensdorf*, Die Vergabe von IT- und Outsourcing Projekten, CR 2006, 138; *Meißner*, Der wettbewerbliche Dialog, in: *Pitschas, Rainer/Ziekow, Jan* (Hrsg.) Vergaberecht im Wandel, Berlin 2006, S. 83; *Müller-Wrede*, ÖPP-Beschleunigungsgesetz, Köln 2006; *Müller/Veil*, Wettbewerblicher Dialog und Verhandlungsverfahren im Vergleich, VergabeR 2007, 298; *Ollmann*, Wettbewerblicher Dialog eingeführt, VergabeR 2005, 685; *Opitz*, Wie funktioniert der wettbewerbliche Dialog? – Rechtliche und praktische Probleme, VergabeR 2006, 451; *Pünder/Franzius*, Auftragsvergabe im Wettbewerblichen Dialog, ZfBR 2006, 20; *Scheid*, Ist die Umsetzung der EG-Richtlinien in Deutschland defizitär?, VergabeR 2007, 410; *Schneider*, Der Wettbewerbliche Dialog im Spannungsfeld der Grundsätze des Vergaberechts, Berlin 2009; *Schröder*, Voraussetzungen, Strukturen und Verfahrensabläufe des Wettbewerblichen Dialogs in der Vergabepraxis, NZBau 2007, 216; *Schweda*, Nebenangebote im Vergaberecht, VergabeR 2003, 268; *Treumer*, The Field of Application of Competitive Dialogue, PPLR 2006, 307; *Weber/Schäfer/Hausmann*, Praxishandbuch Public Private Partnership, München 2006.

A. Einleitung

Seit seiner Einführung durch das ÖPP-Beschleunigungsgesetz[1] im Jahre 2005 ergänzt der 1 Wettbewerbliche Dialog als **vierte Vergabeverfahrensart** die bis dahin bestehende Verfahrenstrias aus Offenem und Nichtoffenem Verfahren sowie Verhandlungsverfahren. Ursprünglich war der Wettbewerbliche Dialog in § 101 Abs. 5 GWB und § 6a VgV normiert. Nach der GWB-Reform 2009 und der Novellierung der Vergabeordnungen ist das Verfahren in § 101 Abs. 4 GWB, § 3 EG Abs. 7 VOL/A, § 3 EG Abs. 7 VOB/A und § 13 VSVgV geregelt. Mit der Umsetzung machte der deutsche Gesetzgeber von der Möglichkeit Gebrauch, das in Art. 29 VKR optional vorgesehene Verfahren auch deutschen Auftraggebern zur Verfügung zu stellen.

Der Wettbewerbliche Dialog ist ein Verfahren zur Vergabe **besonders komplexer** 2 **Aufträge.** Das praktische Bedürfnis für ein spezielles Vergabeverfahren erschließt sich, wenn man sich die Schwierigkeiten vor Augen führt, die in komplexen Beschaffungssituationen bei Anwendung der herkömmlichen Verfahrensarten auftreten. Nicht nur im Offenen und Nichtoffenen Verfahren, sondern auch bei Durchführung eines Verhandlungsverfahrens haben öffentliche Auftraggeber grundsätzlich eine eindeutige und erschöpfende Leistungsbeschreibung zu erstellen.[2] Bei alltäglichen Beschaffungsvorgängen ist dies in der Regel problemlos möglich. Der Auftraggeber spezifiziert die zu beschaffende Ware bzw. Leistung, die Bieter geben hierauf entsprechende Angebote ab. Bei technisch, finanziell oder rechtlich komplexen Vergabeverfahren gestaltet sich die Festlegung klarer Ausführungsvorgaben oder Leistungspflichten für den Auftraggeber demgegenüber vielfach schwierig. Der Auftraggeber kennt zwar in der Regel seinen Bedarf, weiss jedoch unter Umständen nicht, wie er diesen optimal decken kann.[3] Oft fehlt es dem Auftraggeber an einem ausreichenden Überblick über die auf dem relevanten Markt angebotenen Lösungen. Dies gilt insbesondere für Beschaffungen in komplexen und in ständiger Entwicklung befindlichen Märkten, wie z.B. im Bereich der Hochtechnologie. Möglicherweise kommt eine Vielzahl von Lösungsvarianten in technischer, rechtlicher oder finanzieller Hinsicht in Betracht, ohne dass der Auftraggeber im Vorfeld des Vergabeverfahrens abschätzen kann, welche Lösung seinem Beschaffungsbedarf am besten gerecht wird. In diesen Fällen wäre die Entscheidung für eine bestimmte Lösungsvariante bereits zu Beginn des Vergabeverfahrens mit dem Risiko verbunden, dass sich im weiteren Verfahrensablauf eine andere als die ausgeschriebene Leistung nachträglich als die bessere Variante

---

[1] BGBl. I 2005, 2676 ff.
[2] § 8 Abs. 1 VOL/A, § 7 Abs. 1 Nr. 1 VOB/A.
[3] *EU-Komm.* Vorschlag für eine Richtlinie des Europäischen Parlaments und des Rates über die Koordinierung der Verfahren zur Vergabe öffentlicher Lieferaufträge, Dienstleistungsaufträge und Bauaufträge vom 30.8.2000, KOM (2000) 275 endg., 5 f.

herausstellt.[4] Gerade bei technisch innovativen Vergabeprojekten ist aber auch denkbar, dass auf dem Markt noch überhaupt keine fertig entwickelte technische Lösung zur Bewältigung der speziellen Aufgabenstellung bereit steht. Eine passgenaue Lösung muss dann erst noch von den Marktteilnehmern gefunden werden. Eine Beschreibung des Lösungswegs ist dem Auftraggeber mangels des erforderlichen Know-how oft nicht möglich. Zudem wäre hiermit eine Vorfestlegung verbunden, die dem Angebot eines innovativen Lösungsansatzes entgegenstehen könnte.

3   Zur Bewältigung dieser typischen Probleme besonders komplexer Vergabeprojekte wird dem Auftraggeber im Verfahren des Wettbewerblichen Dialogs gestattet, die Verfahrensteilnehmer in den Prozess der Erarbeitung des Beschaffungsgegenstands aktiv einzubeziehen. Der Auftraggeber kann sich hierdurch die Sachkompetenz der Unternehmen für die Entwicklung einer seinem Bedarf bestmöglich entsprechenden Lösung zu Nutzen machen. Verfahrenstechnisch werden dem Auftraggeber zu diesem Zweck an verschiedenen Stellen Möglichkeiten zur individuellen Ausgestaltung des Verfahrensablaufs eingeräumt. Diese Flexibilität kann der Auftraggeber nutzen, um das Verfahren auf seine konkrete Beschaffungssituation auszurichten.

B. Zulässigkeit des Wettbewerblichen Dialogs

4   § 101 Abs. 7 Satz 1 GWB erklärt das Offene Verfahren zum Standardverfahren für alle Auftragsvergaben. Der Wettbewerbliche Dialog ist nur dann zulässig, wenn die besonderen Anwendungsvoraussetzungen des Verfahrens erfüllt sind. Da es sich um ein vergaberechtliches Ausnahmeverfahren handelt, sind die Anwendungsvoraussetzungen des Wettbewerblichen Dialogs eng auszulegen. Zu unterscheiden sind der persönliche und der sachliche Anwendungsbereich des Wettbewerblichen Dialogs.

I. Persönlicher Anwendungsbereich

5   Nach § 101 Abs. 4 GWB steht der Wettbewerbliche Dialog **Auftraggebern nach § 98 Nr. 1 bis 3 GWB**, soweit sie nicht auf dem Gebiet der Trinkwasser- oder Energieversorgung oder des Verkehrs tätig sind, und Auftraggebern im Sinne des § 98 Nr. 5 GWB zur Verfügung. Der Begriff des „staatlichen Auftraggebers" aus § 101 Abs. 5 GWB a.F. ist mit der GWB-Novelle 2009 entfallen. Der frühere Meinungsstreit[5] hinsichtlich der Auslegung des Begriffs des „staatlichen Auftraggebers" hat sich erledigt.

6   Ebenfalls geklärt ist durch die gesetzliche Neufassung des § 101 Abs. 4 GWB, dass den **Sektorenauftraggebern gem. § 98 Nr. 4 GWB** der Wettbewerbliche Dialog nicht zur Verfügung steht. Dies entspricht den Vorgaben der SKR, in der der Wettbewerbliche Dialog nicht vorgesehen ist. Die Sektorenauftraggeber haben gemäß Art. 40 Abs. 2 i.V.m. Art. 1 Abs. 9 SKR lediglich die Wahl zwischen dem Offenen Verfahren, dem Nichtoffenen Verfahren und dem Verhandlungsverfahren. Die freie Wahlmöglichkeit zwischen diesen drei Vergabeverfahren wurde vom Gemeinschaftsgesetzgeber als ausreichend erachtet. § 101 Abs. 7 Satz 2 GWB und § 6 Abs. 1 SektVO listen die den Sektorenauftraggebern zur Verfügung stehenden Vergabeverfahren abschließend auf.

---

[4] *Schneider* Der Wettbewerbliche Dialog im Spannungsfeld der Grundsätze des Vergaberechts, 23.
[5] Vgl. hierzu *Heiermann* ZfBR 2005, 766, 769; *Kaelble* in Müller-Wrede ÖPP-Beschleunigungsgesetz, Teil 2, Rn. 9; *Kolpatzik* VergabeR 2007, 279, 284; *Scheid* VergabeR 2007, 410, 415; *Ollmann* VergabeR 2005, 685, 687.

Durch die GWB-Reform 2009 ist klargestellt, dass **Auftraggeber im Sinne des § 98** 7
Nr. 5 GWB den Wettbewerblichen Dialog anwenden können.[6] Dies ist praxisgerecht, da komplexe Beschaffungssituationen auch im Zusammenhang mit überwiegend staatlich finanzierten Beschaffungsmaßnahmen auftreten können. So wird bspw. ein Großteil der in privater Rechtsform betriebenen Krankenhäuser durch die Länder finanziert.[7] Der Wettbewerbliche Dialog kann ein zweckmäßiges Instrument zur Umsetzung derartiger staatlicher finanzierter PPP-Vergabeprojekte darstellen.

Baukonzessionären im Sinne des § 98 Nr. 6 GWB steht der Wettbewerbliche Dia- 8
log für Auftragsvergaben an Dritte nach dem eindeutigen Wortlaut des § 101 Abs. 4 GWB nicht zur Verfügung. Etwas anderes gilt nur für diejenigen Baukonzessionäre, die zugleich öffentliche Auftraggeber im Sinne des § 98 Nr. 1 bis 3 GWB sind. Diese Baukonzessionäre fallen schon über § 98 Nr. 1 bis 3 GWB in den persönlichen Anwendungsbereich des Wettbewerblichen Dialogs, ohne dass das gleichzeitige Vorliegen der Voraussetzungen des § 98 Nr. 6 GWB hieran etwas ändert.

II. Sachlicher Anwendungsbereich

Nach § 101 Abs. 4 GWB ist der Wettbewerbliche Dialog ein Verfahren zur Vergabe „be- 9
sonders komplexer Aufträge". Die Anwendungsvoraussetzungen und der Ablauf des Verfahrens sind in § 3 EG Abs. 7 Nr. 1 VOL/A, § 3 EG Abs. 7 Nr. 1 VOB/A und § 13 VSVgV im Einzelnen geregelt. Im 1. Abschnitt von VOL/A und VOB/A ist der Wettbewerbliche Dialog nicht vorgesehen. Für **Vergaben unterhalb der EU-Schwellenwerte** steht der Wettbewerbliche Dialog daher nicht zur Verfügung.

Bei **VOF-Vergaben** ist der Wettbewerbliche Dialog ebenfalls nicht anwendbar. § 3 10
VOF sieht für die Vergabe von Aufträgen über freiberufliche Leistungen ausschließlich das Verhandlungsverfahren vor. Trotz der umfassenden Novellierung der Vergabeordnungen im Jahre 2009 wurde der Wettbewerbliche Dialog nicht in die VOF aufgenommen. Aus der höherrangigen Vorschrift der § 101 Abs. 1 GWB lässt sich die Anwendbarkeit des Wettbewerblichen Dialogs nicht herleiten.[8] Zwar kommt der Wettbewerbliche Dialog danach auch für die Vergabe von Dienstleistungsaufträgen zur Anwendung, § 5 Abs. 1 VgV stellt für die Vergabe von Dienstleistungsaufträgen über freiberufliche Tätigkeiten jedoch nur das Verhandlungsverfahren zur Verfügung. Diese Beschränkung der zur Verfügung stehenden Verfahrenstypen ist von der Verordnungsermächtigung des § 97 Abs. 6 GWB gedeckt.

1. Besonders komplexer Auftrag

Nach § 3 EG Abs. 7 VOL/A, § 3 EG Abs. 7 Nr. 1 VOB/A und § 13 Abs. 1 VSVgV 11
kann sich die **besondere Komplexität** des Auftrags aus den technischen, rechtlichen oder finanziellen Rahmenbedingungen des Vorhabens ergeben. Erwägungsgrund 31 VKR enthält eine Auflistung von **Standardbeispielen** „besonders komplexer" Aufträge. Danach kommt das Verfahren insbesondere bei bedeutenden integrierten Verkehrsinfrastrukturprojekten, großen Computernetzwerken und Vorhaben mit komplexer und strukturierter Finanzierung, deren rechtliche und finanzielle Konstruktionen im Voraus nicht beschrieben werden können, zur Anwendung. Die beispielhafte Auflistung hat keinen abschließenden Charakter und zeigt lediglich typische Anwendungsfelder des Verfahrens

---

[6] Diese Auftraggeber konnten nicht ohne weiteres als „staatliche" Auftraggeber i.S.d. § 101 Abs. 5 GWB a.F. angesehen werden, da die öffentliche Hand allein durch die überwiegende Finanzierung eines einzelnen Vorhabens keine staatliche Kontrolle über den öffentlichen Auftraggeber erlangt.
[7] Vgl. *Gührs/Weber/Schäfer/Hausmann*, 678.
[8] A.A. für die VOF 2006: *Müller-Wrede* in Müller-Wrede VOF, § 5 Rn. 12.

auf.⁹ Auch wenn eines der aufgezählten Beispiele einschlägig ist, führt dies nicht zwingend zur Anwendbarkeit des Wettbewerblichen Dialogs. Der Auftraggeber muss das Vorliegen eines „besonders komplexen Auftrags" in jedem Einzelfall prüfen. Den Anwendungsbeispielen lassen sich jedoch einige verallgemeinerungsfähige Aussagen für die Bestimmung der „besonderen Komplexität" eines Auftrags entnehmen.

12 Nach dem Willen des europäischen Gesetzgebers betreffen die Standardbeispiele allesamt Situationen, in denen der Auftraggeber nicht zu beurteilen vermag, welche Mittel seinen Bedürfnissen gerecht werden können oder was der Markt an Lösungsmöglichkeiten für die Durchführung des Vorhabens zu bieten hat.¹⁰ Sie unterstellen eine **Lösungsoffenheit** in Bezug auf das von der Vergabestelle verfolgte Ziel.¹¹ Je mehr Lösungsansätze in Betracht kommen, desto eher ist eine „besondere Komplexität" zu begründen.

13 Das Standardbeispiel der komplexen und im Vorhinein nicht beschreibbaren Finanzierung zielt auf PPP-Projekte. Besondere Schwierigkeiten resultieren hier aus dem **Koordinierungsbedarf** zwischen dem öffentlichen Auftraggeber und dem privatwirtschaftlichen Partner. Das Mitwirken einer Vielzahl von weiteren Projektbeteiligten wie Finanzinstituten und Planern kann insbesondere bei PPP-Projekten der Daseinsvorsorge zu komplexen Vertragsstrukturen führen. Mit standardisierten Vertragsentwürfen ist solchen Situationen zumindest so lange nicht gerecht zu werden, wie der Auftraggeber nicht über entsprechende Erfahrungen etwa aus früheren Projekten verfügt.¹² Bis zu diesem Zeitpunkt müssen die Projektkonditionen individuell verhandelt werden.¹³

14 Sowohl „große Computernetzwerke" als auch „integrierte Verkehrsinfrastrukturprojekte" (z.B. bei Tunnel- oder Hochbauprojekten unter extremen oder unerforschten Umweltbedingungen¹⁴) können den Einsatz von Instrumenten der **Hochtechnologie** oder noch zu entwickelnden **innovativen Technologien** erfordern.

15 Aus der Voraussetzung einer „besonderen" Komplexität folgt, dass eine „normale" oder „durchschnittliche" Komplexität des Auftrags nicht ausreichend ist.¹⁵ Das Beschaffungsvorhaben muss daher über die Komplexität eines durchschnittlichen Vergabeprojekts in dem jeweiligen Bereich hinausgehen. Insbesondere im Zusammenhang mit **IT-Beschaffungen** kann von einem „großen Computernetzwerk" im Wortsinn zwar bereits dann gesprochen werden, wenn das Netz aus einer Vielzahl von Komponenten besteht oder eine hohe Anwenderzahl hat. Dies bedeutet jedoch nicht, dass die Beschreibung der Leistungsanforderungen des Netzes in jedem Fall „besonders komplex" ist.¹⁶ Ist der Auftraggeber sich über die Leistungsanforderungen im Klaren und lassen sich diese über standardisierte Software- und Hardware-Komponenten abbilden, ist die Beschreibung der Leistungsanforderungen nicht „besonders komplex". Standardisierte IT-Aufgaben wie Wartungs- oder Pflegeleistungen können nicht zur Begründung einer „besonderen Komplexität" herangezogen werden, auch wenn der Auftraggeber diese Aufgaben mangels personeller oder technischer Kapazitäten nicht selbst durchführen kann.¹⁷ „Besonders komplex" ist eine IT-Aufgabe demgegenüber in der Regel, wenn eine **speziell auf die Bedürfnisse des Auftraggebers abgestimmte Lösung** entwickelt werden muss.¹⁸ Dies kann aufgrund der Notwendigkeit zur Integration in ein bestehendes IT-System oder der Errichtung von Schnittstellen zu externen Anlagen der Fall sein. Bei speziell für die öf-

---

⁹ *Kus* VergabeR 2006, 851, 858; *Heiermann* ZfBR 2005, 766, 767; *Treumer* PPLR 2006, 307, 311.
¹⁰ Vgl. Erwägungsgrund 31 VKR.
¹¹ *Kulartz* in Kulartz/Kus/Portz, § 101 Rn. 49; *Knauff* NZBau 2005, 249, 254.
¹² *Kaelble* in Müller-Wrede VOL/A, § 3 EG Rn. 238.
¹³ *Kaelble* in Müller-Wrede VOL/A, § 3 EG Rn. 238.
¹⁴ *Heiermann* ZfBR 2005, 766, 768.
¹⁵ *Knauff* NZBau 2005, 249, 253; *Lensdorf* CR 2006, 138, 142.
¹⁶ *Kaelble* in Müller-Wrede VOL/A, § 3 EG Rn. 236.
¹⁷ *Lensdorf* CR 2006, 138, 144.
¹⁸ *Kaelble* in Müller-Wrede VOL/A, § 3 EG Rn. 236.

fentliche Hand zu entwickelnden Softwarelösungen kann eine besondere Komplexität unter Umständen auch damit zu begründen sein, dass die einzusetzenden Produkte, Services und Arbeitsabläufe als antizipierte Verwaltungsverfahren rechtskonform sein müssen.[19] Dies kann beispielsweise der Fall sein, wenn die zu beschaffende Gewerbe-, Melde- oder Vergabesoftware auf ihre Vereinbarkeit mit den jeweils einschlägigen verfahrensrechtlichen Bestimmungen überprüft und Manipulationsrisiken minimiert werden müssen. Die besondere Komplexität liegt dann in der **rechtskonformen Umsetzung der Verfahrensabläufe der Verwaltung** in eine IT-Architektur.

2. „Objektiv nicht in der Lage"

Der Wettbewerbliche Dialog ist nur dann zulässig, wenn der Auftraggeber objektiv nicht in der Lage ist, die technischen Mittel anzugeben, mit denen seine Bedürfnisse und Ziele erfüllt werden können, oder die rechtlichen oder finanziellen Bedingungen des Vorhabens anzugeben (§ 3 EG Abs. 7 Satz 1 VOL/A, § 3 EG Abs. 7 Nr. 1 VOB/A, § 13 Abs. 1 VSVgV). Dieser Umstand des „objektiv nicht in der Lage sein" wird in den Erwägungsgründen der VKR sowie der Begründung des Entwurfs des ÖPP-Beschleunigungsgesetzes verkürzt als **„objektive Unmöglichkeit"** bezeichnet.[20] Dies ist nicht im Sinne des § 275 Abs. 1 BGB zu verstehen, denn sonst käme es darauf an, ob die entsprechenden Angaben objektiv von keiner Vergabestelle gemacht werden können. Dies entspräche nicht den gemeinschaftsrechtlichen Vorgaben. Danach ist maßgeblich, ob der Vergabestelle die Situation „anzulasten" ist.[21] Abzustellen ist auf die individuelle Situation des betroffenen öffentlichen Auftraggebers. Beruht die Unmöglichkeit der Angabe auf Unzulänglichkeiten des Auftraggebers oder dessen fehlendem Willen, sind die Voraussetzungen für die Anwendung des Wettbewerblichen Dialogs nicht erfüllt.[22] Den Auftraggeber trifft eine „Sorgfaltspflicht", bei der Festlegung der zur Auftragsdurchführung erforderlichen technischen Mittel bzw. der rechtlichen oder finanziellen Konstruktion den jeweils zumutbaren Aufwand zu betreiben.[23] Dem Auftraggeber darf nach dem **Maßstab einer pflichtgemäß handelnden Vergabestelle** in seiner konkreten Position und **in Anbetracht seiner Möglichkeiten** und **Erfahrungen nichts vorzuwerfen** sein.[24]

Bei der Prüfung der Tatbestandsvoraussetzung des „objektiv nicht in der Lage sein" sind demnach zunächst die **Rahmenbedingungen des jeweiligen Auftraggebers**, insbesondere die ihm zur Verfügung stehenden **Ressourcen**, zu ermitteln. Zu berücksichtigen ist zudem, ob der Auftraggeber bereits auf **Erfahrungen** mit ähnlichen Vergabeprojekten zurückgreifen kann.

Sodann ist festzustellen, wie ein Auftraggeber in Gestalt eines **objektiven Dritten** mit der vorliegenden Situation umgehen würde, ohne dass ihm bei der Bewertung der Möglichkeit zur Aufstellung der entsprechenden Angaben Unzulänglichkeiten oder mangelnder Wille anzulasten wären. Bei der Festlegung des Sorgfaltspflichtmaßstabs sind die personellen und finanziellen Ressourcen des öffentlichen Auftraggebers zu berücksichtigen. Bei Auftragsvergaben durch kleine kommunale Auftraggeber sind insoweit niedrigere Anforderungen zu stellen als bei Auftragsvergaben durch den Bund oder die Länder. Letztgenannte werden häufiger über hausinterne Experten verfügen, die für die Spezifizierung der Auftragsanforderungen eingesetzt werden können. Handelt es sich um den ersten Auftrag seiner Art, so ist einem Auftraggeber eher ein Bedürfnis zuzugestehen, die beste

---

[19] *Heckmann* CR 2005, 711, 714; *Lensdorf* CR 2006, 138, 144.
[20] Vgl. Erwägungsgrund 31 VKR sowie BT-Drucks. 15/5668, 13; ebenso *EU-Komm.* Erläuterungen zum Wettbewerblichen Dialog vom 5.10.2005, CC/2005/04_Rev 1, Ziffer 2.1.
[21] Erwägungsgrund 31 VKR.
[22] Vgl. BT-Drs. 15/5668, S. 13.
[23] Vgl. *EU-Komm.* Erläuterungen zum Wettbewerblichen Dialog vom 5.10.2005, CC/2005/04_Rev 1, Ziffer 2.1.
[24] *Schneider* Der Wettbewerbliche Dialog im Spannungsfeld der Grundsätze des Vergaberechts, 84 f.

Lösung gemeinsam mit den Bietern im Wettbewerblichen Dialog zu entwickeln.[25] Die Einbeziehung **externer Experten** ist immer dann zu erwägen, wenn die hierdurch verursachten Kosten nicht außer Verhältnis zu dem Auftragswert bestehen.[26] Eine grundsätzliche Verpflichtung zur Auflösung der Komplexität durch die Einschaltung von Projektanten (d. h. Beratern, die auch am Auftrag selbst interessiert sind) erscheint demgegenüber wenig zielführend.[27] Müsste ein zuvor als Berater beauftragter Projektant (als ultima ratio) von der Vergabe des Hauptauftrags ausgeschlossen werden, verschlechtert dies die Wettbewerbssituation bei dem Vergabeprojekt.[28] Bei technisch sehr speziellen Vergabeprojekten ist der potentielle Bieterkreis aber oftmals schon von vornherein nicht sehr groß. Die **Umgehung der Projektantenproblematik** stellt in solchen Fällen einen wichtigen Vorteil des Wettbewerblichen Dialogs dar.

C. Ablauf des Wettbewerblichen Dialogs

19   Der Verfahrensablauf des Wettbewerblichen Dialogs unterteilt sich in **drei Abschnitte:** die **Auswahlphase**, die **Dialogphase** und die **Angebotsphase.** Die Auswahlphase dient der Auswahl der Verfahrensteilnehmer. Mit diesen erarbeitet der Auftraggeber in der Dialogphase die Lösungsvorschläge. In der Angebotsphase wird aus den endgültigen Angeboten der Bieter schließlich das wirtschaftlichste ausgewählt, auf das der Zuschlag erteilt wird.

I. Auswahlphase

20   Der Ablauf der Auswahlphase ist mit dem Teilnahmewettbewerb im Nichtoffenen Verfahren bzw. im Verhandlungsverfahren vergleichbar. Durch die europaweite Bekanntmachung eröffnet der Auftraggeber dem interessierten Unternehmen die Möglichkeit, sich um die Teilnahme an dem Verfahren zu bewerben. Anhand der Teilnahmeanträge prüft der Auftraggeber die Eignung der Unternehmen. Nach Abschluss der Eignungsprüfung fordert der Auftraggeber die für geeignet befundenen Unternehmen zur Teilnahme an dem Verfahren auf.

1. Bekanntmachung und Beschreibung

21   Die Auswahlphase wird durch die Veröffentlichung der EU-weiten **Bekanntmachung** eingeleitet. In der Bekanntmachung sowie ggf. einer zusätzlichen **Beschreibung** erläutert der Auftraggeber seine Anforderungen und Bedürfnisse (§ 3 EG Abs. 7 lit. a VOL/A, § 3 EG Abs. 7 Nr. 2 VOB/A, § 13 Abs. 2 Nr. 1 VSVgV). Bei der Beschreibung handelt es sich nicht um eine Leistungsbeschreibung im Sinne des § 8 EG VOL/A bzw. § 7 EG VOB/A.[29] Der Wettbewerbliche Dialog ist gerade auch dann zulässig, wenn es dem Auftraggeber nicht möglich ist, eine funktionale Leistungsbeschreibung zu erstellen.[30] Die Beschreibung stellt vielmehr eine inhaltliche Ergänzung der Bekanntmachung dar. Während die Bekanntmachung nur eine kurze Darstellung des Auftrags oder Beschaffungsvorgangs enthält, kann der Auftraggeber seine Anforderungen und Bedürfnisse in der Beschreibung

---

[25] BT-Drs. 15/5668, S. 13; a. A. *Ollmann* VergabeR 2005, 685, 688.
[26] *Pünder* in Pünder/Schellenberg, § 101 GWB Rn. 50; *Kallmeyer* in Kapellmann/Messerschmidt, § 3a Rn. 82; *Heiermann* ZfBR 2005, 766, 770.
[27] So aber *Kälble* in Müller-Wrede VOL/A, § 3 EG Rn. 233.
[28] *EU-Komm.* Erläuterungen zum Wettbewerblichen Dialog vom 5.10.2005, CC/2005/04_Rev 1, Ziffer 2.1.
[29] Die Verwendung des Begriffs „Leistungsbeschreibung" in § 13 Abs. 2 Nr. 1 VsVgV dürfte ein redaktionelles Versehen sein.
[30] *Schneider* Der Wettbewerbliche Dialog im Spannungsfeld der Grundsätze des Vergaberechts, 85.

ausführlich erläutern.[31] Die Erstellung einer Beschreibung ist insbesondere dann zweckmäßig, wenn die Erläuterung der Anforderungen und Bedürfnisse die Bekanntmachung inhaltlich überfrachten würde.

Transparenzgebot und Gleichbehandlungsgrundsatz verpflichten den Auftraggeber, die Beschreibung allen interessierten Unternehmen, jedenfalls auf Anfrage, zur Verfügung zu stellen.[32] Ebenso wie die Bekanntmachung kann auch die Beschreibung rechtliche, verwaltungstechnische und vertragliche Bestimmungen enthalten.[33] Es gibt keinen legitimen Grund, diese Informationen gegenüber potentiellen Bewerbern zurückzuhalten. Ziel der Auswahlphase ist es, möglichst viele Unternehmen zur Abgabe eines Teilnahmeantrags zu motivieren. Die Bereitstellung nur unvollständiger Informationen würde diesem Zweck zuwiderlaufen. Die Beschreibung ist daher nicht nur demjenigen Unternehmen zugänglich zu machen, die nach Abschluss der Auswahlphase zur Teilnahme am Dialog aufgefordert werden.[34] 22

Der Inhalt der Bekanntmachung bestimmt sich auch im Wettbewerblichen Dialog nach den Vorgaben des EU-Standardformulars (§ 15 EG Abs. 1 VOL/A, § 12 EG Abs. 2 Nr. 2 VOB/A, § 18 Abs. 1 VSVgV). Zu berücksichtigen ist dabei, dass dem Auftraggeber im Wettbewerblichen Dialog die Beschreibung der Lösung seines Beschaffungsproblems gerade nicht möglich ist. Das Gebot der eindeutigen und erschöpfenden Beschreibung der Leistung aus § 8 EG Abs. 1 VOL/A, § 7 EG Abs. 1 Nr. 1 VOB/A und § 15 Abs. 2 VSVgV gilt für die Beschreibung im Wettbewerblichen Dialog nicht unmittelbar, da es sich nicht um eine Leistungsbeschreibung handelt. Soweit die Leistung zu Beginn des Verfahrens nicht beschrieben werden kann, kann der Auftraggeber nicht zu eindeutigen und erschöpfenden Angaben verpflichtet sein.[35] Der notwendige Bestimmtheits- und Detaillierungsgrad der Beschreibung im Wettbewerblichen Dialog ist anhand der vergaberechtlichen Grundsätze zu bestimmen. Vor dem Hintergrund des besonderen Anwendungsbereichs des Wettbewerblichen Dialogs ist zwischen Informationen zum Beschaffungsbedarf und zum Beschaffungsgegenstand zu unterscheiden[36]. 23

Bei allen Beschaffungsprozessen muss der Auftraggeber vor Einleitung des Vergabeverfahrens Gewissheit über seinen **Beschaffungsbedarf**, d.h. die Notwendigkeit der Beschaffung der Leistung haben. Ist der Auftraggeber sich über seinen Beschaffungsbedarf noch nicht im Klaren, kann er ein Markterkundungs- oder Interessenbekundungsverfahren, nicht jedoch ein Vergabeverfahren durchführen. Beabsichtigt der Auftraggeber beispielsweise die Beschaffung eines komplexen Computersystems, muss er sich bereits vor Einleitung des Vergabeverfahrens darüber im Klaren sein, welche Funktionen das System erfüllen soll. Nicht festlegen braucht der Auftraggeber demgegenüber die konkreten Spezifikationen der Hard- und Software. Diese werden erst im Rahmen der Dialogerörterungen mit den Teilnehmern erarbeitet. 24

Mit den Angaben zum **Beschaffungsgegenstand** legt der Auftraggeber die zu beschaffende Leistung fest. Hierzu ist der Auftraggeber bei der Wahl des Wettbewerblichen Dialogs gerade nicht in der Lage. Dieses Defizit kompensiert der Auftraggeber durch die möglichst genaue Darlegung seiner Anforderungen und Bedürfnisse in der Bekanntmachung bzw. der Beschreibung. Von dem Auftraggeber ist diesbezüglich größtmögliche 25

---

[31] *Heiermann* ZfBR 2005, 766, 778; *Opitz* VergabeR 2006, 451, 452; *Leinemann/Maibaum* VergabeR 2004, 275, 278.

[32] Ähnlich *Pünder/Franzius* ZfBR 2006, 20, 22, nach denen Transparenzgebot und Gleichbehandlungsgrundsatz die größtmögliche Bestimmtheit des Beschaffungsbedarfs in der Bekanntmachung fordern.

[33] *EU-Komm.* Erläuterungen zum Wettbewerblichen Dialog v. 5.10.2005 CC/2005/04_Rev1I, Ziff. 3.1. Fn. 9.

[34] A.A. *Knauff* VergabeR 2004, 287, 291; *Prieß*, 203; *Opitz* VergabeR 2006, 451, 452; *Bischof/Stoye* MMR 2006, 138, 142.

[35] *Kallmeyer* in Kapellmann/Messerschmidt, § 3a Rn. 26.

[36] *Schneider* Der Wettbewerbliche Dialog im Spannungsfeld der Grundsätze des Vergaberechts, 129.

Bestimmtheit und Präzision zu verlangen.[37] Auf der Basis dieser Angaben müssen die interessierten Unternehmen entscheiden, ob sich eine Beteiligung an dem Vergabeverfahren für sie aus unternehmerischer Sicht lohnt.[38]

26 Das Transparenzgebot verpflichtet den Auftraggeber, den Teilnehmern den **Verfahrensablauf** mitzuteilen und von diesem nicht überraschend und willkürlich abzuweichen.[39] Im EU-Standardformular können diese Angaben als „sonstige Informationen" unter Ziffer VI.3 aufgenommen werden. Dort hat der Auftraggeber anzugeben, wie er die verfahrenstechnische Gestaltungsspielräume des Wettbewerblichen Dialogs nutzen will. So ist beispielsweise anzugeben, wenn der Dialog in mehreren Dialogrunden mit einer sukzessiven Reduzierung der zu erörternden Lösung abgewickelt werden soll (§ 3 EG Abs. 7 lit. c VOL/A, § 3 EG Abs. 7 Nr. 5 VOB/A, § 13 Abs. 2 Nr. 3 VSVgV).[40] Anzugeben ist auch, wenn der Auftraggeber mit den Bietern gemeinsame Dialogrunden durchführen will.

27 Hinsichtlich der Angaben zu den **Eignungsanforderungen** ergeben sich im Wettbewerblichen Dialog grundsätzlich keine Besonderheiten gegenüber den anderen vergaberechtlichen Verfahren. Die Aufstellung sinnvoller Eignungsanforderungen ist im Wettbewerblichen Dialog allerdings nicht ganz einfach, da die auszuführende Leistung noch nicht konkret feststeht.[41] Zu strenge Anforderungen könnten den gerade bei komplexen Auftragsvergaben von vornherein beschränkten Bewerberkreis unnötig einengen. Zu niedrigeren Forderungen bergen demgegenüber die Gefahr, dass der Auftragnehmer mit der Umsetzung der im Verfahrensverlauf entwickelten Spezifikationen überfordert wird. Die festgestellte Eignung eines Bewerbers kann im späteren Verfahrensablauf nicht mehr in Frage gestellt werden kann. Die Eignungsanforderungen sollten daher möglichst präzise mit den Anforderungen und Bedürfnissen des Auftraggebers abgestimmt werden.

28 Um den mit der Durchführung des Wettbewerblichen Dialogs entstehenden Verfahrens- und Kostenaufwand im Rahmen zu halten, kann der Auftraggeber die **Zahl der Verfahrensteilnehmer** von vornherein **begrenzen** (§ 3 EG Abs. 7 lit. a VOL/A, § 6 EG Abs. 2 Nr. 4 VOB/A, § 23 Abs. 3 VSVgV). Die Mindestanzahl der zur Teilnahme am Dialog aufgeforderten Bewerber darf bei einer hinreichenden Anzahl geeigneter Bewerber nicht unter drei liegen. Entscheidet sich der Auftraggeber für eine Begrenzung der Zahl der Verfahrensteilnehmer, so muss er in der Bekanntmachung die objektiven und nicht diskriminierenden Kriterien für die Teilnehmerauswahl angeben (Art. 44 Abs. 3 Satz 2 VKR). Obwohl die VOL/A – anders als § 6 EG Abs. 2 Nr. 4 VOB/A und § 13 Abs. 3 VSVgV – hierzu keine ausdrückliche Regelung enthält, ist die Angabe der **Auswahlkriterien** aus Gründen der Verfahrenstransparenz auch im Anwendungsbereich der VOL/A obligatorisch. Bei der Festlegung der Auswahlkriterien kann der Auftraggeber auch auf die zur Feststellung der Eignung verwendeten Aspekte zurückgreifen. Das Verbot[42] der Berücksichtigung eines „Mehr an Eignung" gilt hier nicht. Der Auftraggeber kann beispielsweise das Vorliegen besonders guter Fachkenntnisse oder umfangreicher Erfahrungen als Kriterien für die Auswahlentscheidung festlegen. Im Anwendungsbereich der VOL/A und der VSVgV ist auch die Durchführung einer Auswahlentscheidung in einem Losverfahren denkbar. Bei VOB-Vergaben ist dies demgegenüber ausgeschlossen. Eine Losentscheidung wäre nicht „auftragsbezogen" im Sinne des § 6 EG Abs. 2 Nr. 4 lit. a

---

[37] *Pünder/Franzius* ZfBR 2006, 20, 22; *Kolpatzik* VergabeR 2007, 279, 289; *Kaelble* in Müller-Wrede VOL/A, § 3 EG Rn. 249.

[38] *Heiermann* ZfBR 2005, 766, 778.

[39] OLG Düsseldorf Beschl. v. 18.6.2003, VII-Verg 15/03; OLG Frankfurt Beschl. v. 10.4.2001, 11 Verg 1/01, NZBau 2002, 161, 163; *Kulartz* in Kulartz/Kus/Portz, § 101 Rn. 19.

[40] Art. 29 Abs. 4 Satz 2 VKR.

[41] *Opitz* VergabeR 2006, 451, 452.

[42] Danach darf nach Feststellung der Eignung ein „Mehr an Eignung" nicht mehr als Zuschlagskriterium berücksichtigt werden, vgl. BGH, Urt. v. 8.9.1998, X ZR 109/96, NJW 1998, 3644, 3646; OLG Frankfurt Beschl. v. 28.2.2006, 11 Verg 15/05, ZfBR 2006, 383, 387.

VOB/A. Eine **Gewichtung** muss der Auftraggeber für die Auswahlkriterien nicht unbedingt angeben.[43] Entscheidet sich der Auftraggeber allerdings für eine unterschiedliche Gewichtung der Auftragskriterien, muss der Auftraggeber diese vor Kenntnisnahme der Teilnahmeanträge erstellen. Bei einer späteren Aufstellung der Gewichtung wäre nicht überprüfbar, ob der Auftraggeber die Auswahlmatrix unter Berücksichtigung der Bewerbungen unzulässigerweise zu Gunsten oder zu Lasten einzelner Bewerber ausgestaltet hat.[44] Dies wäre mit dem Transparenzgebot nicht zu vereinbaren

Die **Zuschlagskriterien** muss der Auftraggeber ebenfalls bereits in der Bekanntmachung oder der Beschreibung benennen. Die Verpflichtung zur Bekanntgabe der Zuschlagskriterien umfasst auch etwaige **Unterkriterien.**[45] Anhand der Zuschlagskriterien bestimmt der Auftraggeber in der Angebotsphase das wirtschaftlichste Angebot (§ 3 EG Abs. 7 lit. e Satz 1 VOL/A, § 3 EG Abs. 7 Nr. 8 Satz 1 VOB/A, § 13 Abs. 2 Nr. 5 Satz 1 VsVgV). Auch die optional mögliche sukzessive Verringerung der in der Dialogphase zu erörternden Lösungen darf ausschließlich anhand der zuvor festgelegten Zuschlagskriterien erfolgen (§ 3 EG Abs. 7 lit. c Satz 1 VOL/A, § 3 EG Abs. 7 Nr. 5 Satz 2 VOB/A, § 13 Abs. 2 Nr. 3 Satz 1 VSVgV).[46] Wie bei allen vergaberechtlichen Verfahren ist auch im Wettbewerblichen Dialog die Festlegung solcher Zuschlagskriterien zweckmäßig, die möglichst konkret auf die zu beschaffende Leistung abgestimmt sind. Beim Wettbewerblichen Dialog steht der Auftraggeber allerdings vor der besonderen Herausforderung, dass sich der konkrete Beschaffungsgegenstand erst im laufenden Verfahren herauskristallisiert. Auf die Festlegung der Zuschlagskriterien ist daher besondere Sorgfalt zu verwenden. Der Auftraggeber muss überlegen, welche Aspekte ihm bei der im Dialog mit den Teilnehmern zu erarbeitenden Lösung besonders wichtig sind. Die Zuschlagskriterien und deren Gewichtung sollten die Präferenzen des Auftraggebers möglichst treffend abbilden. Auch ohne den Beschaffungsgegenstand im Detail zu kennen, kann der Auftraggeber so die maßgeblichen Eckpunkte für eine Wertungsentscheidung festlegen, die seinen Bedürfnissen gerecht wird.

Die allgemeine Verpflichtung zur **Gewichtung der Zuschlagskriterien** und Bekanntgabe der Gewichtung in der Bekanntmachung oder den Vergabeunterlagen[47] gilt grundsätzlich auch beim Wettbewerblichen Dialog. Allerdings werden häufig „nachvollziehbare Gründe" im Sinne von Art. 53 Abs. 2 VKR vorliegen, die dem Auftraggeber ein Absehen von der Gewichtung und eine Angabe der Zuschlagskriterien in der absteigenden Reihenfolge ihrer Bedeutung erlauben. „Nachvollziehbare Gründe" bestehen nach Erwägungsgrund 46 VKR insbesondere dann, wenn die Gewichtung aufgrund der Komplexität des Auftrags nicht im Vorhinein vorgenommen werden kann. Da die „besondere Komplexität" Anwendungsvoraussetzung des Wettbewerblichen Dialogs ist, dürfte dieses Erfordernis oftmals erfüllt sein.[48]

Nach Bekanntmachung der Zuschlagskriterien ist es dem Auftraggeber grundsätzlich nicht mehr möglich, durch eine **nachträgliche Ergänzung des Kriterienkatalogs** weitere Aspekte als Zuschlagskriterium zu berücksichtigen.[49] Insbesondere darf der Auftraggeber die Vergabeentscheidung nicht durch eine nachträgliche Ausrichtung der Zu-

---

[43] Erwägungsgrund 40 VKR.
[44] OLG Bremen Beschl. v. 14.4.2005, Verg 1/2005, VergabeR 2005, 537, 542; *Kus* in Kulartz/Kus/Portz GWB, § 97 Rn. 43; a. A. *Byok* Verhandlungsverfahren Rn. 376, der von der Zulässigkeit der Festlegung der Gewichtung in Kenntnis der eingereichten Eignungsnachweise ausgeht.
[45] EuGH Urt. v. 24.1.2008, Rs. C-532/06 – *Lianakis*, Rn. 38; OLG Celle Urt. v. 16.5.2013, 13 Verg 13/12.
[46] VK Düsseldorf Beschl. v. 11.8.2006, VK – 30/2006-L.
[47] Dazu unter § 32 Rn. 70.
[48] Vgl. *EU-Komm.* Erläuterungen zum Wettbewerblichen Dialog v. 5.10.2005, CC/2005/04_Rev 1, Ziff. 3.1.
[49] *Heiermann* ZfBR 2005, 766, 771; *Opitz* VergabeR 2006, 451, 461; OLG Frankfurt Beschl. v. 28.6.2006, 11 Verg 15/05 für die Verhandlungsphase eines Verhandlungsverfahrens nach VOF.

schlagskriterien gezielt zu Gunsten oder zu Lasten einzelner Bewerber steuern.[50] Das OLG Celle[51] sieht beim Wettbewerblichen Dialog **Spielräume für eine nachträgliche Festlegung von Unterkriterien und deren Gewichtung**, wenn sich alle Bieter im weiteren Verfahrensverlauf noch auf die geänderten Zuschlags- und Unterkriterien einstellen können.[52] Eine Fortentwicklung oder Ergänzung der Zuschlags- und Unterkriterien führt aus Sicht des Auftraggebers zu einer wünschenswerten Flexibilisierung des Verfahrens, eröffnet jedoch tendenziell auch Möglichkeiten zur Manipulation des Verfahrens zugunsten eines Bieters. Der EuGH[53] hat bislang nur eine nachträgliche Gewichtung von Unterkriterien gebilligt und hierfür sehr enge Voraussetzungen aufgestellt.[54] Welche Spielräume danach für den Auftraggeber im konkreten Fall bestehen, wird von der jeweils gewählten Dialogstrukturierung und -gestaltung und von dem jeweiligen Verfahrensstadium abhängen.

2. Auswahl der Dialogteilnehmer

31 Anhand der eingegangenen Teilnahmeanträge und vorgelegten Nachweise prüft der Auftraggeber die Eignung der Bewerber. Hat der Auftraggeber die Höchstzahl der Verfahrensteilnehmer begrenzt, sind die Verfahrensteilnehmer anhand der in der Bekanntmachung oder Beschreibung festgelegten objektiven und nicht diskriminierenden Kriterien auszuwählen. Nur die ausgewählten Bewerber werden zur Teilnahme an der Dialogphase aufgefordert.

II. Dialogphase

1. Eröffnung der Dialogphase

32 Der Auftraggeber kann die Dialogphase mit einem „**Kick-Off Meeting**" eröffnen. In einem solchen ersten Besprechungstermin stellt der Auftraggeber das Vorhaben nochmals vor, beantwortet Fragen zu den Angaben in der Bekanntmachung und der Beschreibung und gibt dem jeweiligen Teilnehmer ggf. auch die Möglichkeit, einen ersten Lösungsvorschlag mündlich zu präsentieren.[55] Ein „Kick-Off Meeting" kann insbesondere dann zweckmäßig sein, wenn der Auftraggeber nicht schon vor dem ersten Treffen schriftliche Lösungskonzepte sichten will.[56] Alternativ kann der Auftraggeber die Dialogphase mit der Aufforderung an die Bieter einleiten, einen **ersten schriftlichen Lösungsvorschlag oder eine Lösungskonzeption** vorzulegen. Der Gleichbehandlungsgrundsatz verpflichtet den Auftraggeber, den Teilnehmern Inhalt und Form derartiger „First-Written Essentials" mitzuteilen.[57]

2. Gegenstand der Dialogerörterungen

33 Im Rahmen der Dialogerörterungen ermitteln der Auftraggeber und der jeweilige Dialogteilnehmer gemeinsam, wie die Bedürfnisse des Auftraggebers am besten erfüllt werden können. Gegenstand des Dialogs können **alle Einzelheiten des Auftrags** sein (§ 3 EG Abs. 7 lit. b Satz 2 VOL/A, § 3 EG Abs. 7 Nr. 3 Satz 2 VOB/A, § 13 Abs. 2 Satz 1

---

[50] Vgl. BGH Urt. v. 3.6.2004, X ZR 30/03, VergabeR 2004, 604, 605; VK Düsseldorf Beschl. v. 11.8.2006, VK 30/2006; VK Münster Beschl. v. 13.1.2004, VK 22/03.
[51] OLG Celle Beschl. v. 16.5.2013, 13 Verg 13/12.
[52] So aber OLG Celle Beschl. v. 16.5.2013, 13 Verg 13/12,
[53] EuGH Urt. v. 24.1.2008, Rs. C-532/06 – *Lianakis*, Rn. 43; EuGH Urt. v. 24.11.2005, Rs. C-331/04 – *ATI La Linea*, Rn. 32.
[54] Dazu unter § 32 Rn. 64.
[55] *Heiermann* ZfBR 2005, 766, 773; *Schröder* NZBau 2007, 216, 222.
[56] *Heiermann* ZfBR 2005, 766, 773.
[57] *Heiermann* ZfBR 2005, 766, 773.

VSVgV). Erörterungsbedarf wird in der Regel in Bezug auf die wirtschaftlichen, technischen und rechtlichen Bedingungen der Projektabwicklung – je nach Projektzuschnitt in unterschiedlicher Intensität – bestehen. Typische Besprechungsthemen sind die Projektrisiken und Maßnahmen zu deren Begrenzung bzw. -verteilung, die beizubringenden Garantien, die Modalitäten zur Gründung einer Zweckgesellschaft für die Projektdurchführung und die Höhe der zu erwartenden Kosten der Projektdurchführung bzw. der projektbezogenen Einnahmen.[58]

Obwohl alle Einzelheiten des Auftrags erörtert werden können, stehen nicht alle Auftragsumstände zur Disposition der Dialogpartner. Auch im Wettbewerblichen Dialog gilt grundsätzlich das **Gebot der Identität des Beschaffungsvorhabens.** Danach dürfen im Ergebnis nicht andere Leistungen beschafft werden, als mit der Ausschreibung angekündigt.[59] Durch die Angaben in den Vergabeunterlagen tritt eine Selbstbindung des Auftraggebers ein. Von den diesbezüglichen Festlegungen der Vergabeunterlagen kann sich der Auftraggeber während des laufenden Verfahrens nicht mehr lösen. Im Anwendungsbereich des Wettbewerblichen Dialogs bezieht sich das Gebot der Identität des Beschaffungsvorhabens **vorwiegend auf die Angaben zu dem Beschaffungsbedarf**, die das Defizit an konkreten Angaben zum Beschaffungsgegenstand ausgleichen.[60] Da Bekanntmachung und Beschreibung im Wettbewerblichen Dialog in der Regel keine abschließenden Angaben zum konkreten Beschaffungsgegenstand enthalten, greift insoweit auch das Gebot der Identität des Beschaffungsvorhabens nicht. **34**

Die Angaben, die der Auftraggeber in Bekanntmachung und Beschreibung zu seinen Anforderungen und Bedürfnissen, also seinem **Beschaffungsbedarf,** macht, bilden den inhaltlichen Rahmen der Dialogerörterungen. Der am Ende der Dialogphase konkretisierte Beschaffungsgegenstand muss die Angaben des Auftraggebers zu seinem Beschaffungsbedarf ausfüllen. Die Dialogerörterungen dürfen nicht dazu führen, dass die obligatorischen Angaben zu den Bedürfnissen und Anforderungen im Verfahrensverlauf so wesentlich verändert werden, dass sie sich am Ende der Dialogphase grundlegend anders als in Bekanntmachung und Beschreibung angekündigt darstellen.[61] Zulässig sind nur Präzisierungen der Anforderungen und Bedürfnisse sowie Ergänzungen in Bezug auf nebensächliche Aspekte. Demgegenüber darf der Auftraggeber keine wesentlichen neuen Leistungsanforderungen als Mindestbedingungen nachträglich in das Verfahren einführen.[62] Dies gilt auch dann, wenn der Auftraggeber – etwa aufgrund des Lösungsvorschlags eines Verfahrensteilnehmers – erkennt, dass seine tatsächlichen Bedürfnisse und Anforderungen in Bekanntmachung und Beschreibung unzutreffend abgebildet wurden. Eine wesentliche Abänderung der bekannt gemachten Angaben ist auch nicht als „Konkretisierung" des Beschaffungsbedarfs zulässig. Da bei einer wesentlichen Änderung der Angaben zum Beschaffungsbedarf nicht ausgeschlossen werden kann, dass sich andere Unternehmen um die Teilnahme an dem Wettbewerblichen Dialog beworben hätten, bleibt dem Auftraggeber in diesem Fall bei fortbestehendem Beschaffungsbedarf nur der Weg einer Verfahrensaufhebung verbunden mit einer Neuausschreibung.[63] **35**

Der **Beschaffungsgegenstand** kann im Rahmen der Dialogerörterungen demgegenüber umfassend besprochen und fortlaufend modifiziert werden. Etwas anderes gilt nur dann, wenn der Auftraggeber für Teilaspekte des Beschaffungsgegenstands bereits konkre- **36**

---

[58] *EU-Komm.* Erläuterungen zum Wettbewerblichen Dialog vom 5.10.2005, CC/2005/04_Rev 1, Ziffer 3.2.
[59] Zum Gebot der Identität des Beschaffungsvorhabens im Verhandlungsverfahren: OLG Naumburg Beschl. v. 1.9.2004, 1 Verg 11/04; OLG Dresden Beschl. v. 3.12.2003, B Verg 15/03, NZBau 2005, 118, 119; OLG Celle Beschl. v. 16.1.2002, 13 Verg 1/02, OLGR Celle 2002, 209, 210.
[60] *Schneider* Der Wettbewerbliche Dialog im Spannungsfeld der Grundsätze des Vergaberechts, 160.
[61] Vgl. *Kaelble* in Müller-Wrede, ÖPP-Beschleunigungsgesetz, Teil 2, Rn. 58; *Knauff* NZBau 2005, 249,
[62] VK Düsseldorf Beschl. v. 11.8.2006, VK – 30/2006 – L –.
[63] *Knauff* NZBau 2005, 249, 251.

3. Gleichbehandlung der Dialogteilnehmer

37 Die Gleichbehandlung der Verfahrensteilnehmer ist ein tragender Grundsatz aller vergaberechtlichen Verfahrensarten. Die explizite Erwähnung in § 3 EG Abs. 7 lit. b Satz 3 VOL/A, § 3 EG Abs. 7 Nr. 4 Satz 1 VOB/A und § 13 Abs. 2 Nr. 2 Satz 3 VSVgV hebt die besondere Bedeutung des Gleichbehandlungsgrundsatzes im Wettbewerblichen Dialog hervor. Wie auch das Verhandlungsverfahren ist der Wettbewerbliche Dialog aufgrund der unmittelbaren Erörterungen zwischen Auftraggeber und Verfahrensteilnehmer für – oftmals unbewusste – Diskriminierungen einzelner Teilnehmer besonders anfällig. Bei der Ausgestaltung und Strukturierung des Verfahrensablaufs muss der Auftraggeber zu jedem Zeitpunkt die Grenzen beachten, die sich aus dem Gleichbehandlungsgrundsatz und dem Transparenzgebot ergeben.

38 Hinsichtlich der Dialogerörterungen folgt aus dem Gleichbehandlungsgrundsatz, dass allen Verfahrensteilnehmern die **gleichen Chancen zur Erörterung ihrer Lösungsvorschläge** eingeräumt werden müssen. Mit jedem Verfahrensteilnehmer muss gleich intensiv verhandelt werden.[64] Dies betrifft insbesondere die praktischen Abläufe zur Präsentation und Erörterung der Lösungsvorschläge. Sieht der Auftraggeber beispielsweise eine Präsentationsveranstaltung vor, so muss er für alle Verfahrensteilnehmer einheitliche Rahmenbedingungen aufstellen und deren Einhaltung überwachen. Um eine Gleichbehandlung der Verfahrensteilnehmer zu gewährleisten, sind konkrete Vorgaben zu den formellen, zeitlichen und inhaltlichen Anforderungen an die Präsentation der Lösungsvorschläge zweckmäßig. Die Vorgabe verlässlicher Rahmenbedingungen erleichtert es den Verfahrensteilnehmern, sich auf die inhaltlichen Aspekte ihres Lösungsvorschlags zu konzentrieren. Bei der inhaltlichen Erörterung der Lösungsvorschläge ist darauf zu achten, dass **vergleichbare Kritikpunkte bei allen Lösungsvorschlägen erörtert werden.** Allen Verfahrensteilnehmern müssen die gleichen Möglichkeiten eingeräumt werden, ihren Lösungsvorschlag zu verbessern und fortzuentwickeln. Ebenso muss der Auftraggeber allen Verfahrensteilnehmern in vergleichbarer Weise Feedback und Hinweise zu präferierten Lösungsaspekten geben. Um eine diskriminierungsfreie Erörterung aller lösungsrelevanten Aspekte sicherzustellen, empfiehlt sich eine **systematische Abarbeitung der spezifischen Vor- und Nachteile der Lösungsvorschläge** anhand der festgelegten Zuschlagskriterien und den bekannt gemachten Anforderungen und Bedürfnissen. Die konsequente Orientierung an den festgelegten Eckpunkten des Verfahrens erleichtert dem Auftraggeber etwaige Zwischenentscheidungen in der Dialogphase (Ausscheiden von Lösungsvorschlägen) sowie die spätere Zuschlagsentscheidung.

39 Wie auch im Verhandlungsverfahren ist ein **gleichmäßiger Informationsfluss** im Wettbewerblichen Dialog für die Gleichbehandlung der Verfahrensteilnehmer von entscheidender Bedeutung. Der Auftraggeber hat dafür Sorge zu tragen, dass Konkretisierungen der in Bekanntmachung und Beschreibung bereit gestellten Informationen allen Verfahrensteilnehmern zum gleichen Zeitpunkt zur Verfügung stehen.[65] Mangelhaft koordinierte Informationsabläufe bergen die Gefahr, dass einzelne Verfahrensteilnehmer nicht dem aktuellen Diskussionsstand entsprechende Lösungsvorschläge abgeben. Der Informationsfluss muss für die Verfahrensteilnehmer möglichst transparent gestaltet werden. Hierzu empfiehlt es sich, die an alle Verfahrensteilnehmer weiterzugebenden Informationen in **schriftlichen Bieterinformationen** festzuhalten. Ergebnisse der Dialogerörterungen kann der Auftraggeber nach jeder Dialogrunde in einem **Positionspapier** zusammenfas-

---

[64] *Kallmeyer* in Kapellmann/Messerschmidt, § 3a Rn. 43; *Kolpatzik* VergabeR 2007, 279, 291; a. A. *Kaelble* in Müller-Wrede ÖPP-Beschleunigungsgesetz, Teil 2, Rn. 121.
[65] *Kallmeyer* in Kapellmann/Messerschmidt, § 3a Rn. 43.

sen. Die schriftliche Fixierung der Ergebnisse der Dialogrunden vermeidet zugleich Diskussionen zu bereits geklärten Punkten.

Auch bei der inhaltlichen Steuerung der Dialogerörterungen durch die **Äußerung von** 40 **Lösungspräferenzen**, muss der Auftraggeber die Gleichbehandlung der Verfahrensteilnehmer stets im Blick behalten.[66] Vergleichbare Aspekte in den verschiedenen Lösungsvorschlägen müssen in gleichartiger Weise gelobt oder kritisiert werden.

Die Verfahrensregelungen zum Wettbewerblichen Dialog enthalten keine konkreten 41 **Fristvorgaben.** Die den Teilnehmern gesetzten Fristen müssen jedoch angemessen sein.[67] Der Grundsätze von Gleichbehandlung und Wettbewerb verpflichten den Auftraggeber zur Beachtung der festgelegten Fristvorgaben. Eine Fristverlängerung ist nur mit Wirkung gegenüber allen Teilnehmern und vor Ablauf der Frist möglich. Halten einzelne Teilnehmer Fristen nicht ein, muss der Auftraggeber die entsprechenden Konsequenzen ziehen. Dies gilt auch bei ganz geringfügigen Fristüberschreitungen.[68] Wenn sie nicht wirklich notwendig sind, sollten allzu strikte Fristvorgaben daher vermieden werden.

4. Vertraulichkeit

Der Erfolg des Wettbewerblichen Dialogs hängt ganz maßgeblich davon ab, inwieweit 42 sich die Teilnehmer mit innovativen Lösungsideen und -konzepten an dem Verfahren beteiligen. Die Teilnehmer bringen in das Verfahren oftmals erhebliches **Know-how** ein. Der Auftraggeber könnte versucht sein, attraktive Lösungsvorschläge eines Bieters auch mit den anderen Verfahrensteilnehmern zu erörtern. Hier würde der Wettbewerbsvorteil des betroffenen Teilnehmers eingeebnet. Selbst wenn die weitergegebenen Informationen kein Geschäftsgeheimnis, sondern nur die **„gute Idee"** eines Bieters betreffen, wird der Betroffene mit der Preisgabe seiner Lösung regelmäßig nicht einverstanden sein. Die Verfahrensregelungen des Wettbewerblichen Dialogs tragen dem Rechnung, indem sie dem Auftraggeber die Weitergabe von Lösungsvorschlägen oder vertraulichen Informationen eines Unternehmens ohne dessen Zustimmung ausdrücklich untersagen (§ 3 EG Abs. 7 lit. b Satz 3 VOL/A, § 3 EG Abs. 7 Nr. 4 Satz 2 VOB/A, § 13 Abs. 2 Nr. 2 Satz 5 VSVgV). Verletzungen der Vertraulichkeitsverpflichtung können Schadenersatzansprüche aus **culpa in contrahendo** (§§ 280 Abs. 1, 311 Abs. 2, 241 Abs. 2 BGB) zur Folge haben.[69]

„Vertraulich" sind zunächst alle Informationen, die sich für die Anmeldung eines **ge-** 43 **werblichen Schutzrechts** eignen.[70] Dies ist beispielsweise bei Lösungsvorschlägen denkbar, die die Verwendung eines patentierbaren Baustoffs oder technischen Verfahrens beinhalten. Der Vertraulichkeitsschutz besteht jedoch auch unterhalb der Schwelle des Entstehens gewerblicher Schutzrechte. Dem grundsätzlichen Verbot der Weitergabe der Lösungsvorschläge unterliegen alle Informationen, die Ausdruck der eigenen kreativen Leistung des Teilnehmers sind. Das Entstehen des Vertraulichkeitsschutzes kann der Auftraggeber nur dadurch vermeiden, indem er versucht, möglichst viele Lösungswege bereits im Voraus selbst zu erahnen und den Bietern gegenüber bekannt zu machen.[71] Schließlich unterfallen der Vertraulichkeit auch die als **Betriebs- und Geschäftsgeheimnisse**[72] geschützten Informationen, von denen der Auftraggeber im Rahmen der Dialogerörterungen Kenntnis erlangt. Dies betrifft beispielsweise Angaben der Bieter zu Kalkulationsgrundlagen, Kundenstruktur, Bezugsquellen oder Marktposition.

---

[66] *Kallmeyer* in Kapellmann/Messerschmidt, § 3a Rn. 43.
[67] OLG Brandenburg Beschl. v. 7.5.2009, Verg W 6/09, NZBau 2009, 734, 736.
[68] OLG Düsseldorf Beschl. v. 7.1.2002, Verg 36/01.
[69] *Opitz* VergabeR 2006, 451, 457 Fn. 37; *Kallmeyer* in Kapellmann/Messerschmidt, § 3a Rn. 44.
[70] Vgl. *Heiermann* ZfBR 2005, 766, 774.
[71] *Brown* PPLR 2004, 160, 173.
[72] Hierzu *Düsterdieck* NZBau 2004, 605, 607.

44 Zu beachten ist der Vertraulichkeitsschutz insbesondere auch im Zusammenhang mit der **Beantwortung von Bieterfragen**. Fragen eines Teilnehmers, die **spezifische Aspekte seines Lösungsvorschlags** betreffen und bei denen eine Relevanz für die anderen Vorschläge ausgeschlossen werden kann, darf der Auftraggeber nur gegenüber diesem Teilnehmer beantworten. Anders liegt es, wenn der Auftraggeber anlässlich der Bieterfrage feststellt, dass die Angaben zu den Anforderungen und Bedürfnissen weitergehend konkretisiert werden müssen. Derartige **projektspezifische Informationen** unterfallen nicht dem Vertraulichkeitsschutz. Konkretisierungen zu den bekannt gemachten Anforderungen und Bedürfnissen kann und muss der Auftraggeber aus Gleichbehandlungsgesichtspunkten allen Teilnehmern mitteilen.

45 Mit Zustimmung des Unternehmens ist eine **Weitergabe des jeweiligen Lösungsvorschlags** oder der vertraulichen Informationen zulässig. Durch die Weitergabe der Informationen kann der Auftraggeber die anderen Teilnehmer auf den innovativen Lösungsansatz aufmerksam machen. Der Auftraggeber kann so das Verfahren in die von ihm gewünschte Richtung steuern und eine Fortentwicklung des innovativen Lösungsansatzes durch die anderen Teilnehmer auslösen. Obligatorisch ist eine Zustimmung der Teilnehmer immer dann, wenn der Auftraggeber die Dialogphase als **gemeinsame Dialogerörterungen** unter Beteiligung aller Verfahrensteilnehmer ausgestalten will oder jedenfalls einzelne gemeinsame Dialogrunden durchzuführen beabsichtigt. Die gemeinsame Erörterung der verschiedenen Lösungsvorschläge führt zwangsläufig zu einer Offenbarung eigentlich vertraulicher Aspekte gegenüber den konkurrierenden Verfahrensteilnehmern.[73] Hat das betroffene Unternehmen der Informationsweitergabe zugestimmt, muss diese nicht zusätzlich durch „sachliche Gründe" gerechtfertigt sein.[74] Für die Zustimmungserklärung sind die §§ 182 ff. BGB entsprechend heranzuziehen. Die Zustimmung muss daher vor der Weitergabe der Informationen erklärt werden muss.[75] Bis zur Informationsweitergabe ist die Zustimmungserklärung durch den Teilnehmer entsprechend § 183 Satz 1 BGB jederzeit widerruflich.[76] Der Weitergabe vertraulicher Betriebs- und Geschäftsgeheimnisse wird ein Teilnehmer kaum je zustimmen. Praktisch relevant ist die Möglichkeit der Zustimmung zur Informationsweitergabe daher vor allem in Bezug auf die Lösungsvorschläge der Bieter. Vielfach wird der Auftraggeber den Teilnehmer lediglich um die Zustimmung zur Weitergabe nur eines Teilaspekts des Lösungsvorschlags bitten. Aus taktischen Gründen kann es für den Teilnehmer sinnvoll sein, der Informationsweitergabe zuzustimmen. Denkbar ist beispielsweise, dass der innovative Lösungsansatz, den der Auftraggeber auch den anderen Bietern zugänglich machen will, mit erheblichen Zusatzkosten verbunden ist. Die Bekanntmachung des Vorschlags könnte auch die Mitbewerber veranlassen, ähnliche Elemente in ihrem Angebot vorzusehen. Hierdurch verringert sich unter Umständen die Gefahr, dass der innovative Bieter aufgrund des Preisaspekts bei der Vergabeentscheidung unterliegt.

46 **Verweigert ein Bieter seine Zustimmung** zur Weitergabe des Lösungsvorschlags oder der vertraulichen Informationen, so kann der Auftraggeber ihn nicht allein aus diesem Grund vom Verfahren ausschließen.[77] Der Auftraggeber kann die Zustimmung des Bieters nicht erzwingen. Auch bei den Auswahlentscheidungen im Fall der sukzessiven

---

[73] Eine Ausgestaltung als gemeinsamer Dialog wurde beispielsweise bei einer Auftragsvergabe des Landes Hessen für eine Auftragsdatenverarbeitung für Großraum- und Schwertransporte gewählt. Zum Verfahrensablauf enthielt die Bekanntmachung die Angabe: „Der Wettbewerbliche Dialog ist als gemeinsamer Dialog vorgesehen, d.h. mit allen zur Teilnahme aufgeforderten Bewerbern sollen gemeinsame Gespräche (d.h. alle aufgeforderten Bewerber nehmen gemeinsam an diesem Termin teil) zur Lösungsfindung geführt werden. (…) Die schlussendlich erarbeitete Lösung wird dann Grundlage der Angebotsaufforderung sein.", vgl. EU Amtsblatt 2006/S 234–250611.
[74] So aber *Kallmeyer* in Kapellmann/Messerschmidt, § 3a Rn. 45.
[75] *Kaelble* in Müller-Wrede VOL/A, § 3 EG Rn. 65.
[76] *Kaelble* in Müller-Wrede VOL/A, § 3 EG Rn. 65.
[77] *Kaelble* in Müller-Wrede VOL/A, § 3 EG Rn. 66.

Abschichtung der Lösungsvorschläge bei Unterteilung der Dialogphase darf die Zustimmungsverweigerung keine Rolle spielen. Etwaige Auswahlentscheidungen in der Dialogphase sind allein anhand der festgelegten Zuschlagskriterien zu treffen.

Anders liegt es, wenn der Auftraggeber die **Zustimmung als Teilnahmevoraussetzung** ausgestaltet. Durch die Vorgabe eines entsprechenden Verfahrensablaufs in der Bekanntmachung kann der Auftraggeber die Teilnahme am Dialog von der Zustimmung zur Weitergabe der entsprechenden Informationen abhängig machen.[78] Die Gegenansicht[79] überzeugt nicht. Dem Wortlaut von § 3 EG Abs. 7 lit. b Satz 3 VOL/A, § 3 EG Abs. 7 Nr. 4 Satz 2 VOB/A und § 13 Abs. 2 Nr. 2 Satz 5 VSVgV lässt sich nicht entnehmen, dass die Zustimmung des Bewerbers erst dann gefordert und von diesem erteilt werden kann, wenn über die Teilnahme bereits entschieden ist.[80] Die Vorgabe in Art. 29 Abs. 3 Unterabs. 3 VKR, nach der die Informationsweitergabe nicht ohne die Zustimmung des „teilnehmenden Bewerbers" erfolgen darf, spricht dafür, dass bereits die Teilnehmer der Auswahlphase die Zustimmung erklären können.[81] Auch den Bestimmungen für die Teilnehmerauswahl läuft dies nicht zuwider.[82] Zwar darf die Eignung der Bewerber ausschließlich anhand der Kriterien Fachkunde, Leistungsfähigkeit und Zuverlässigkeit beurteilt werden. Die Einverständniserklärung hat mit der Eignungsprüfung jedoch nichts zu tun. Sie bezieht sich nicht auf die Eignung des Bieters zur Ausführung des Auftrags, sondern auf die Verfahrensgestaltung des Auftraggebers. Als Herr des Vergabeverfahrens kann der Auftraggeber jede Verfahrensgestaltung wählen, die durch die vergaberechtlichen Regelungen nicht untersagt wird. Die Weitergabe von Informationen und Lösungsvorschlägen an die konkurrierenden Teilnehmer ist mit Zustimmung der betroffenen Teilnehmer aber gerade zulässig. Durch die Darstellung in der Bekanntmachung oder der Beschreibung ist der Ablauf der Dialogphase für die interessierten Unternehmen auch transparent. Ihr Antrag auf Verfahrensteilnahme ist als **konkludente Einwilligung** in den mitgeteilten Verfahrensablauf auszulegen.[83] Ist der vorgesehene Verfahrensablauf nach Auffassung eines Unternehmens mit seinen persönlichen Vertraulichkeitsmaßstäben nicht vereinbar, muss er von der Verfahrensteilnahme absehen.

5. Dialogstrukturierung und -gestaltung

Der Auftraggeber kann den Ablauf der Dialogphase unterschiedlich ausgestalten. Das Transparenzgebot verpflichtet den Auftraggeber, den Bietern den vorgesehenen Verfahrensablauf mitzuteilen und hiervon nicht überraschend oder willkürlich abzuweichen.[84]

a) Unterteilung der Dialogphase

aa) Einstufige Dialogphase. Standardmäßig sehen die Verfahrensregelungen zum Wettbewerblichen Dialog einen **einstufigen Ablauf** der Dialogphase vor. In diesem Fall erörtert der Auftraggeber mit den beteiligten Unternehmen an mindestens einem, im Regelfall

---

[78] *EU-Komm.* Erläuterungen zum Wettbewerblichen Dialog v. 5.10.2005, CC/2005/04_Rev 1, Ziff. 3.2. Fn. 22.
[79] *Opitz* VergabeR 2006, 451, 458; *Kallmeyer* in Kapellmann/Messerschmidt, § 3a Rn. 45; *Hausmann/von Hoff* in Kulartz/Marx/Portz/Prieß VOL/A, § 3 EG Rn. 136; *Kus* VergabeR 2006, 851, 861 Fn. 51.
[80] So aber *Opitz* VergabeR 2006, 451, 458; *Kallmeyer* in Kapellmann/Messerschmidt, § 3a Rn. 45.
[81] Der Begriff der „teilnehmenden Bewerber" ist weiter als der in Art. 29 Abs. 3 Unterabs. 1. VKR im Zusammenhang mit der Dialogeröffnung verwendete Begriff der „ausgewählten Teilnehmer".
[82] So aber *Opitz* VergabeR 2006, 451, 458; *Kallmeyer* in Kapellmann/Messerschmidt, § 3a Rn. 45; *Kaelble* in Müller-Wrede VOL/A, § 3 EG Rn. 266.
[83] *Schneider* Der Wettbewerbliche Dialog im Spannungsfeld der Grundsätze des Vergaberechts, 182.
[84] OLG Düsseldorf Beschl. v. 18.6.2003, VII-Verg 15/03; OLG Frankfurt Beschl. v. 10.4.2001, 11 Verg 1/01, NZBau 2002, 161, 163; *Kulartz* in Kulartz/Kus/Portz, § 101 Rn. 19.

mehreren Terminen das Beschaffungsprojekt. Den Inhalt der Dialogerörterungen an den einzelnen Terminen gibt der Auftraggeber vor. Es ist möglich, an jedem Termin die noch nicht geklärten Modalitäten des Gesamtprojekts und der Lösungsvorschläge zu besprechen. Alternativ können die einzelnen Erörterungstermine jeweils spezifischen Aspekten der Lösungsvorschläge gewidmet werden.[85] Im ersten Erörterungstermin kann beispielsweise zunächst die Grundkonzeption des Beschaffungsvorhabens diskutiert werden, bevor in den Folgeterminen erst technische Aspekte und schließlich die rechtlichen Bedingungen und konkrete Vertragsklauseln erörtert werden. Ein hinreichender Wettbewerb zwischen den Teilnehmern ist nur gewährleistet, wenn mit allen Teilnehmern auch tatsächlich Erörterungen durchgeführt werden. Der Bieter kann daher nicht von vornherein ausschließlich mit einem **„preferred bidder"** in Dialogerörterungen eintreten.[86] Ein echter Wettbewerb erfordert, dass die Auftraggeber mit jedem Verfahrensteilnehmer wenigstens eine Erörterung seines Lösungsvorschlags durchführt.

50   bb) **Mehrstufige Dialogphase.** Der Auftraggeber kann die Dialogphase auch **mehrstufig** strukturieren. Die Dialogphase wird dann in **mehrere Dialogrunden** unterteilt, um während des laufenden Verfahrens die **Anzahl der zu erörternden Lösungen sukzessiv zu verringern** (§ 3 EG Abs. 7 lit. c VOL/A, § 3 EG Abs. 7 Nr. 5 Satz 2 VOB/A, § 13 Abs. 2 Nr. 3 Satz 1 VSVgV). Zum Abschluss jeder Dialogrunde schließt der Auftraggeber anhand der festgelegten Zuschlagskriterien diejenigen Lösungen vom weiteren Verfahren aus, die nicht weiter erörtert werden sollen. Ausgeschlossen werden Lösungen und nicht Teilnehmer.[87] Da die Teilnehmer mehrere Lösungsvorschläge einreichen können, hat das Ausscheiden eines Lösungsvorschlags nur dann auch das Ausscheiden des jeweiligen Unternehmens zur Folge, wenn dessen einziger Lösungsvorschlag bzw. alle Lösungsvorschläge des Unternehmens in der nachfolgenden Dialogrunde nicht mehr erörtert werden sollen. In diesem Fall darf das betroffene Unternehmen am Schluss der Dialogphase kein endgültiges Angebot mehr abgeben.[88] Nach § 3 EG Abs. 7 lit. d VOL/A, § 3 EG Abs. 7 Nr. 7 Satz 1 VOB/A und § 13 Abs. 2 Nr. 4 Satz 2 VSVgV muss das endgültige Angebot auf den eingereichten und in der Dialogphase näher ausgeführten Lösungen basieren. Im Verfahrensverlauf ausgeschiedene Lösungen bilden keine tragfähige Basis für die Abgabe eines endgültigen Angebots.

51   Aus Gründen der Verfahrenstransparenz hat der Auftraggeber im Vorhinein festzulegen und bekannt zu geben, wie viele Lösungsvorschläge nach jeder Dialogrunde noch maximal im Verfahren verbleiben sollen. Die Anzahl der Lösungsvorschläge darf in der Dialogphase nicht soweit reduziert werden, dass in der Schlussphase des Verfahrens kein echter Wettbewerb mehr gewährleistet ist (§ 3 EG Abs. 7 Nr. 4 Satz 4 VOB/A, § 13 Abs. 2 Nr. 3 Satz 3 VSVgV).[89] Wettbewerb besteht nur zwischen Unternehmen, nicht zwischen Lösungsvorschlägen oder Angeboten.[90] Bei der Reduzierung der Lösungsvorschläge ist daher darauf zu achten, dass ausreichend Unternehmen mit ihren Lösungsvorschlägen bis

---

[85] *Kaelble* in Müller-Wrede VOL/A, § 3 EG Rn. 271.
[86] *Kaelble* in Müller-Wrede VOL/A, § 3 EG Rn. 279.
[87] A.A. *Arrowsmith* CMLR 2004, 1277, 1285; *Brown* PPLR 2004, 160, 174; *Kaelble* in Müller-Wrede, ÖPP-Beschleunigungsgesetz Teil 2 Rn. 123.
[88] Etwas anderes gilt bei Durchführung eines gemeinsamen Dialogs, siehe Rn. 45.
[89] Seit der Novellierung durch die Vergaberechtsreform 2009 enthält die VOL/A keine entsprechende Parallelregelung mehr. Die vormals in § 3a Nr. 1 Abs. 3 VOL/A enthaltene gemeinsame Vorgabe für Verhandlungsverfahren und Wettbewerblichen Dialog ist entfallen. Für das Verhandlungsverfahren findet sich eine entsprechende Vorgabe in § 3 EG Abs. 6 Satz 3 VOL/A. Die VOL/A 2009 setzt die Vorgabe aus Art. 44 Abs. 4 Satz 2 VKR damit nur unvollständig um. Auch im Anwendungsbereich der VOL/A sind die Verfahrensregelungen zum Wettbewerblichen Dialog daher richtlinienkonform dahingehend auszulegen, dass bei Vorliegen einer ausreichenden Anzahl von Lösungen bis zum Abschluss des Verfahrens ein echter Wettbewerb gewahrt werden muss.
[90] *Kaelble* in Müller-Wrede VOL/A, § 3 EG Rn. 278.

zum Ende der Dialogphase im Verfahren bleiben. Die Verfahrensregelungen enthalten keine Vorgabe zur Mindestanzahl der Teilnehmer, die bis in die Angebotsphase vorrücken müssen. Die Mindestzahl von drei zur Verfahrensteilnahme aufzufordernden Unternehmen (§ 3 EG Abs. 7 lit. a Satz 2 VOL/A, § 6 EG Abs. 2 Nr. 3 VOB/A, § 13 Abs. 3 Satz 3 VSVgV) indiziert, dass auch in der Schlussphase des Verfahrens in der Regel nur mit drei Teilnehmern ein „echter" Wettbewerb gewährleistet ist. Konnte der Auftraggeber allerdings bereits in der Auswahlphase nur weniger als drei geeignete Bewerber ermitteln und wurde das Verfahren dennoch fortgeführt, kann der Auftraggeber das Verfahren mit den beiden bzw. dem einzigen Teilnehmer zu Ende führen.[91]

cc) Zurückstellen von Lösungsvorschlägen. Der Auftraggeber muss den jeweiligen Lösungsvorschlag bei seiner Auswahlentscheidung **nicht vollständig aus dem weiteren Verfahrensablauf ausschließen.** Er kann den Lösungsvorschlag auch **nur vorläufig zurückstellen.** Dies beugt der Gefahr vor, dass die Teilnehmer zunächst ein attraktives Angebot abgeben um die folgende Dialogrunde zu erreichen, dann jedoch hinter ihrem bisherigen Angebot qualitativ oder preislich zurückbleiben. Die sukzessive Verringerung der Anzahl der zu erörternden Lösungsvorschläge dient dem Zweck, die Dialogerörterungen nach und nach auf die attraktiven Lösungsvorschläge zu fokussieren. Dieser Zweck würde unterlaufen, wenn Teilnehmer in einer späteren Dialogrunde unwirtschaftlichere Angebote abgeben, als die bereits in einer vorangegangenen Dialogrunde ausgeschiedenen Angebote (früherer) Konkurrenten.[92] Zwar ist die Möglichkeit des vorläufigen Zurückstellens eines Lösungsvorschlags in den Regelungen zum Wettbewerblichen Dialog nicht ausdrücklich vorgesehen, dieses stellt jedoch ein „Minus" zum endgültigen Ausschluss dar.[93] Hierdurch bleibt ein erhöhter Wettbewerbsdruck auf die im Verfahren verbliebenen Teilnehmer erhalten. Aus Wettbewerbsgesichtspunkten ist das bloße „Zurückstellen" einer Lösung gegenüber dem endgültigen Ausscheiden vorzugswürdig.

Bei dem Zurückstellen einzelner Lösungsvorschläge muss der Auftraggeber die Grenzen beachten, die sich aus dem Gleichbehandlungsgrundsatz und dem Transparenzgebot ergeben. Nach § 3 EG Abs. 7 lit. c VOL/A, § 3 EG Abs. 7 Nr. 5 Satz 3 VOB/A, § 13 Abs. 2 Nr. 3 Satz 3 VSVgV sind die Unternehmen über die Nichtberücksichtigung ihrer Lösung in der nächstfolgenden Dialogphase zu **informieren.** Hierdurch soll den Unternehmen die Möglichkeit gegeben werden, über frei werdende Kapazitäten anderweitig zu disponieren. Soll der Lösungsvorschlag nur vorläufig zurückgestellt werden, ist dies dem Teilnehmer mitzuteilen. Es besteht die Gefahr, dass der Teilnehmer sonst durch andere Aufträge ausgelastet ist, wenn der Auftraggeber zu einem späteren Zeitpunkt auf ihn zurückkommen möchte.

Auch das Verfahren für die Wiedereinbeziehung vorläufig zurückgestellter Lösungsvorschläge ist aus Transparenzgründen im Vorfeld bekannt zu machen. Der Gleichbehandlungsgrundsatz erfordert, dass Ausschluss- und Wiedereinbeziehungsentscheidung anhand der gleichen Maßstäbe getroffen werden. Der Auftraggeber muss nach Abschluss jeder Dialogrunde sowohl die im Verfahren verbliebenen als auch die vorläufig ausgeschiedenen Lösungsvorschläge **anhand der festgelegten Zuschlagskriterien und Gewichtung bewerten.** Der Auftraggeber darf nicht Lösungen wiedereinbeziehen, die wertungsmäßig nachrangig gegenüber anderen vorläufig zurückgestellten Lösungen platziert sind. Eine Wiedereinbeziehung zunächst zurückgestellter Lösungsvorschläge scheidet auch dann aus, wenn die zurückgestellten Lösungsvorschläge aufgrund der zwischenzeitlichen Dialoger-

---

[91] Nach Art. 44 Abs. 4 Satz 2 VKR gilt die Verpflichtung zur Gewährleistung eines echten Wettbewerbs bis in die Schlussphase des Wettbewerblichen Dialogs nur dann, wenn eine ausreichende Anzahl von Lösungen oder geeigneten Bewerbern vorliegt.
[92] *Kallmeyer* in Kapellmann/Messerschmidt, § 3a Rn. 38.
[93] *Schneider* Der Wettbewerbliche Dialog im Spannungsfeld der Grundsätze des Vergaberechts, 191.

örterungen nicht mehr vergleichbar sind.[94] Die vorläufig ausgeschiedenen und die im Verfahren verbliebenen Lösungsvorschläge sind dann keiner vergleichenden Bewertung zugänglich. Hierzu kann es insbesondere dann kommen, wenn die Dialogthemen inhaltlich abgeschichtet erörtert wurden. Die vorläufig ausgeschiedenen Lösungsvorschläge enthalten dann möglicherweise nicht die Details, die in den nachfolgenden Dialogrunden diskutiert wurden.

55   **Wieviel Lösungen wieder einbezogen werden**, steht grundsätzlich im Ermessen des Auftraggebers. Dies gilt nicht, wenn der Auftraggeber sich durch die Vorgabe einer bestimmten Teilnehmerzahl für die einzelnen Dialogrunden selbst gebunden hat. Eine Wiedereinbeziehung vorläufig ausgeschiedener Lösungsvorschläge scheidet aus, wenn die festgelegte Höchstteilnehmerzahl für die jeweilige Dialogrunde überschritten würde.

56   Durch die Wiedereinbeziehung einer Lösung wird die zuvor getroffene Entscheidung über den vorläufigen Angebotsausschluss revidiert. Der jeweilige Teilnehmer nimmt an der folgenden Dialogrunde dann wieder teil. Der Gleichbehandlungsgrundsatz verpflichtet den Auftraggeber, den wieder einbezogenen Teilnehmer auf den gleichen **Informationsstand** wie die anderen Teilnehmer zu bringen.

b) Gemeinsame oder separate Dialogerörterungen

57   **aa) Separate Dialogführung.** Grundsätzlich ist dem Auftraggeber die Weitergabe von Lösungsvorschlägen oder vertraulichen Informationen verboten. Im Regelfall führt der Auftraggeber daher separate Dialogerörterungen mit den Teilnehmern zu den jeweils von ihnen vorgelegten Lösungsvorschlägen durch.

58   Aufgrund der besonderen Komplexität des zu vergebenden Auftrags ist es nicht unwahrscheinlich, dass die verschiedenen Lösungsvorschläge inhaltlich auseinander laufen. Um die gesamte Bandbreite der Innovativität der Bieter auszunutzen, kann der Auftraggeber die unterschiedlichen **Lösungsvorschläge** bis zum Abschluss des Vergabeverfahrens mit den jeweiligen Teilnehmern **erörtern und weiter verfolgen.** Vor dem Hintergrund des Gleichbehandlungsgrundsatzes darf der Auftraggeber dabei zu vergleichbaren Angebotsaspekten nicht unterschiedliche Präferenzen äußern und einzelne Verfahrensteilnehmer bewusst in eine andere Richtung lenken als die übrigen Teilnehmer.[95]

59   Alternativ kann der Auftraggeber bei der Mitteilung seiner Präferenzen an die Bieter das Ziel verfolgen, unterschiedliche **Lösungsvorschläge** im Verfahrensverlauf möglichst **anzugleichen.** Je mehr sich die im Verfahren entwickelten Lösungsvorschläge ähneln, desto eher werden auch die endgültigen Angebote der Bieter inhaltlich vergleichbar sein. Hierdurch kann der Auftraggeber erreichen, dass sich der Wettbewerb in der Schlussphase des Verfahrens vor allem auf den Preis fokussiert.

60   **bb) Gemeinsamer Dialog.** Mit Zustimmung der Teilnehmer kann der Auftraggeber gemeinsame Dialogrunden durchführen. Die Erörterung der Lösungsvorschläge erfolgt dann in **Anwesenheit aller Verfahrensteilnehmer.** Wenn der Auftraggeber in der Bekanntmachung bzw. Beschreibung nicht bereits grundsätzlich die Durchführung eines gemeinsamen Dialogs vorgesehen hat, kann er sich noch während der Durchführung des Verfahrens mit Zustimmung der Teilnehmer zu einer gemeinsamen Dialogrunde entscheiden. Dies kann zweckmäßig sein, wenn der Auftraggeber zwei Lösungsvorschläge unmittelbar vergleichen will.[96] Art. 29 Abs. 5 VKR sieht die Möglichkeit eines Vergleichs zwischen den Lösungsvorschlägen ausdrücklich vor.

61   Führt der Auftraggeber einen gemeinsamen Dialog durch, kann er die zu erörternden Lösungen im Verlauf der Dialogrunden bis auf eine einzige Lösung reduzieren. Ziel des

---

[94] *Kallmeyer* in Kapellmann/Messerschmidt, § 3a Rn. 39.
[95] *Kallmeyer* in Kapellmann/Messerschmidt, § 3a Rn. 34.
[96] *Frenz* AbfallR 2006, 175, 178.

Dialogs ist die Erarbeitung einer **gemeinsamen Lösung**, auf deren Grundlage alle Teilnehmer ein endgültiges Angebot abgeben.[97] Nach Abschluss der gemeinsamen Dialogerörterungen werden alle Teilnehmer zur Abgabe eines endgültigen Angebots auf Grundlage der erarbeiteten Lösung aufgefordert.

Wird die Dialogphase als gemeinsamer Dialog abgewickelt, führt der Ausschluss des einzigen bzw. aller Lösungsvorschläge eines Unternehmens nicht zu dessen Ausscheiden. Da jeder Verfahrensteilnehmer über die (im Verfahren verbliebenen) Lösungsvorschläge der anderen Verfahrensteilnehmer unterrichtet ist, kann er auf deren Grundlage ein endgültiges Angebot abgeben. Die Regelungen der VOL/A, VOB/A und VSVgV stehen dem nicht entgegen. Die Möglichkeit der **Angebotsabgabe auf Basis eines „fremden" Lösungsvorschlags** fördert einen wirksamen Wettbewerb bis hinein in die Angebotsphase.[98] 62

6. Dialogabschluss

Die Dialogphase endet durch förmliche Erklärung des Auftraggebers. Der Auftraggeber erklärt den Dialog für abgeschlossen, **wenn eine oder mehrere Lösungen gefunden wurden**, die seine Bedürfnisse und Anforderungen erfüllen oder erkennbar ist, dass keine Lösung gefunden werden kann. Nach dem Wortlaut des § 3 EG Abs. 7 Nr. 6 lit. a VOB/A muss der Auftraggeber den Dialog zwingend für abgeschlossen erklären, wenn „eine Lösung gefunden worden ist". Auch im Anwendungsbereich der VOB/A muss der Auftraggeber jedoch den Dialog nicht schon dann für abgeschlossen erklären, wenn ein erster akzeptabler Lösungsvorschlag gefunden wurde. Dies widerspräche der Zielsetzung, dass der Auftraggeber bis zum Abschluss des Verfahrens einen wirksamen Wettbewerb gewährleisten soll.[99] Vielversprechende Dialogerörterungen müssen nicht abgebrochen werden, sobald eine bedürfnisgerechte Lösung vorliegt. Auch aus Gleichbehandlungsgesichtspunkten wäre dies problematisch. Im Falle einer separaten Dialogführung würden diejenigen Verfahrensteilnehmer benachteiligt, deren Lösungsvorschläge erst zu einem späteren Zeitpunkt erörtert werden sollten. Diesen Teilnehmern darf nicht die Chance genommen werden, ihren bisherigen Vorschlag nochmals zu optimieren. Vor diesem Hintergrund spricht viel dafür, § 3 EG Abs. 7 Nr. 6 lit. a VOB/A als redaktionelles Versehen[100] anzusehen bzw. als Mindestanforderung[101] für den erfolgreichen Dialogabschluss zu verstehen.[102] 63

Erkennt der Auftraggeber, dass **keine Lösung gefunden werden kann**, hat er den Dialog ebenfalls für abgeschlossen zu erklären. Bei seiner Prognoseentscheidung ist dem Auftraggeber ein **Beurteilungsspielraum** einzuräumen.[103] Die engen Voraussetzungen einer Verfahrensaufhebung aus schwerwiegenden Gründen gemäß § 20 EG Abs. 1 lit. d VOL/A, § 17 EG Abs. 1 Nr. 3 VOB/A und § 37 Abs. 1 VSVgV gelten hier nicht. Aufgrund der Lösungsoffenheit des Beschaffungsproblems des Auftraggebers wohnt dem Verfahren die Möglichkeit eines Scheiterns mangels Ermittelbarkeit einer tragfähigen Lösung immanent inne.[104] 64

---

[97] Vgl. bspw. die Bekanntmachung eines Wettbewerblichen Dialogs zur Vergabe einer Auftragsdatenverarbeitung für Großraum- und Schwertransporte durch das Land Hessen vom 8.12.2006, EU-Amtsbl. 2006/S 234–250611.

[98] Vgl. Art. 44 Abs. 4 Satz 2 VKR.

[99] Vgl. Erwägungsgrund 41 VKR.

[100] *Ollmann* VergabeR 2005, 685, 690; *Schröder* NZBau 2007, 216, 221; wohl auch *Knauff* NZBau 2005, 443.

[101] *Heiermann* ZfBR 2005, 766, 775.

[102] Die Vorgaben des EU-Vergaberechts sollten nach dem Willen der Bundesregierung 1:1 umgesetzt werden. Dem Auftraggeber sollten keine über das EU-Recht hinausgehenden Verpflichtungen auferlegt werden, vgl. *Bundesregierung*, Beschluss über Schwerpunkte der Vereinfachung des Vergaberechts im bestehenden System vom 28.6.2006, http://www.bmwi.de.

[103] *Heiermann* ZfBR 2005, 766, 775.

[104] Vgl. *Opitz* VergabeR 2006, 451, 454.

65 Liegen die Voraussetzungen für einen Dialogabschluss vor, **informiert** der Auftraggeber die zu diesem Zeitpunkt noch im Verfahren verbliebenen Teilnehmer.[105] Die bereits in vorangegangenen Dialogrunden mit ihren Lösungsvorschlägen ausgeschiedenen Teilnehmer müssen über den Abschluss der Dialogphase nicht unterrichtet werden. Etwas anderes gilt nur dann, wenn die Lösungsvorschläge nicht endgültig aus dem Verfahren ausgeschieden wurden, sondern diese lediglich zurückgestellt wurden. Durch die Abschlusserklärung des Auftraggebers wird die Dialogphase beendet und der zunächst nur vorläufige Ausschluss der Lösungsvorschläge endgültig. Durch die Information erhalten die Unternehmen Gewissheit, dass sie mit einer Wiedereinbeziehung ihres Lösungsvorschlags nicht mehr rechnen können.

III. Angebotsphase

66 Nach formellem Abschluss der Dialogphase tritt der Auftraggeber mit den im Verfahren verbliebenen Teilnehmern in die Angebotsphase ein. Ziel der Angebotsphase ist es, das wirtschaftlichste Angebot zu ermitteln.

1. Aufforderung zur Angebotsabgabe

67 Die Angebotsphase beginnt mit der Aufforderung des Auftraggebers an die Teilnehmer, auf Grundlage der eingereichten und in der Dialogphase näher ausgeführten Lösungen ihr endgültiges Angebot vorzulegen (§ 3 EG Abs. 7 Nr. 7 VOB/A, § 3 EG Abs. 7 lit. d Satz 2 VOL/A, § § 13 Abs. 2 Nr. 4 Satz 2 VSVgV). Nach Art. 40 Abs. 5 Unterabs. 2 VKR hat der Auftraggeber in der Aufforderung zur Angebotsabgabe die Angebotsfrist, die Anschrift der Stelle, bei der das Angebot einzureichen ist und die Angebotssprache anzugeben.

68 Weder die VKR noch die Vergabeordnungen geben eine **Mindestfrist für die Abgabe** der endgültigen Angebote vor.[106] Vor dem Hintergrund der Gleichbehandlung und des Wettbewerbs ist ein einheitlicher Termin für alle Teilnehmer festzusetzen.[107] Die Angebotsfrist ist so zu bemessen, dass allen im Verfahren verbliebenen Teilnehmern die Ausarbeitung eines endgültigen Angebots möglich ist.[108] Dies bestimmt sich nach den Umständen des Einzelfalls. Aufgrund der besonderen Komplexität des Auftragsgegenstands erscheint eine Orientierung an der 10-Tages-Frist des Nichtoffenen Verfahrens (Art. 38 Abs. 8 lit. b VKR) in der Regel nicht angebracht.[109] Bei der Bemessung der Frist ist auch zu berücksichtigen, wenn die Teilnehmer ihr endgültiges Angebot nicht auf der Grundlage ihres eigenen Lösungsvorschlags abgeben sollen. Soll das endgültige Angebot auf Grundlage eines freigegebenen Lösungsvorschlags eines anderen Teilnehmers abgeben werden, ist die Erarbeitung des endgültigen Angebots für die Bieter tendenziell aufwendiger und zeitintensiver.

69 Die Angebotserstellung erfolgt auf Grundlage der „eingereichten und in der Dialogphase näher ausgeführten Lösungen". Die Verfahrensregelungen sehen keine **Aufstellung von Vergabeunterlagen oder einer einheitlichen Leistungsbeschreibung am Ende der Dialogphase** vor. Teilweise wird die Auffassung vertreten, dass der Auftraggeber

---

[105] § 3 EG Abs. 7 lit. d Satz 1 VOL/A sieht keine ausdrückliche Information der Verfahrensteilnehmer über den Dialogabschluss vor.
[106] *Pünder* in Pünder/Schellenberg, § 101 GWB Rn. 65.
[107] *Pünder/Franzius* ZfBR 2006, 20, 23.
[108] *Kallmeyer* in Kapellmann/Messerschmidt, § 3a Rn. 47 Fn. 71.
[109] So aber *Pünder* in Pünder/Schellenberg, § 101 GWB Rn. 65; a. A. *Müller-Wrede* in Ingenstau/Korbion, § 3 EG Rn. 44; *Kaelble* in Müller-Wrede ÖPP-Beschleunigungsgesetz, Teil 2, Rn. 142: 40 Tage.

§ 11 Wettbewerblicher Dialog   Kap. 2

hierzu jedenfalls berechtigt ist.[110] Denkbar sei die Vorgabe einer einheitlichen Leistungsbeschreibung aus einem freigegebenen Lösungsvorschlag, einer Kombination mehrerer Lösungsvorschläge, eines Rahmenkonzepts mit einer funktionalen Leistungsbeschreibung oder eine detaillierte Leistungsbeschreibung mit Leistungsverzeichnis.[111]

Insoweit ist zu differenzieren. Im Rahmen der Dialogerörterungen konkretisiert der Auftraggeber den Beschaffungsgegenstand. Grundsätzlich spricht nichts dagegen, dass der Auftraggeber den Bietern seine diesbezüglichen Präferenzen und Anregungen in Form einer Leistungsbeschreibung vermittelt. Bei der Erstellung einer Leistungsbeschreibung muss der Auftraggeber aber die Grenzen beachten, die ihm durch die Grundsätze von Gleichbehandlung und Wettbewerb und das Transparenzgebot gesetzt werden. Hieraus folgt zunächst, dass der Auftraggeber die **Vertraulichkeit der Lösungsvorschläge** wahren muss. Nur soweit die Teilnehmer zugestimmt haben, können auch deren Lösungsvorschläge in die Leistungsbeschreibung aufgenommen werden. Die Gefahr einer Verletzung der Vertraulichkeit der Lösungsvorschläge hatte bereits der europäische Gesetzgeber gesehen. Nach dem ursprünglichen Richtlinienvorschlag der Kommission sollte der Auftraggeber zum Abschluss der Dialogphase die endgültigen Auftragsspezifikationen aufstellen.[112] Zum Schutz der Vertraulichkeit der Lösungsvorschläge und Verhinderung eines „cherry picking" wurde eine entsprechende Regelung jedoch gerade nicht in Art. 29 VKR aufgenommen. 70

Ferner ist zu berücksichtigen, dass der Auftraggeber **nicht im Nachhinein verbindliche Mindestanforderungen für den Beschaffungsgegenstand aufstellen** darf.[113] Die Konkretisierungen und Präferenzen des Auftraggebers müssen für die Teilnehmer daher auch dann unverbindlich bleiben, wenn der Auftraggeber sie in eine einheitliche Leistungsbeschreibung einfließen lässt. Könnte der Auftraggeber während des laufenden Verfahrens verbindliche Vorgaben für den Beschaffungsgegenstand aufstellen, könnten hierdurch einzelne Teilnehmer bevorzugt oder benachteiligt werden. Die Festlegung der Vorgaben würde zudem ausschließlich auf den im Verlauf der Dialogerörterungen konkretisierten subjektiven Vorstellungen des Auftraggebers beruhen. Der Auftraggeber könnte ihm nicht genehme Produkte, Leistungen oder Unternehmen aus dem Verfahren drängen, ohne dass diese Verfahrensentscheidungen anhand im Vorhinein festgelegter Leistungsanforderungen oder Zuschlagskriterien objektiv nachprüfbar wären.[114] Die nachträgliche Aufstellung von Mindestanforderungen würde die Vorgaben in der Bekanntmachung und der Beschreibung entwerten. Auf diese Angaben müssen sich die Verfahrensteilnehmer jedoch verlassen können. Der Auftraggeber kann die Lösungsoffenheit des Wettbewerblichen Dialogs nicht im Nachhinein durch die Vorgabe verbindlicher Vergabeunterlagen aushebeln. Die Bandbreite der verschiedenen denkbaren Lösungen muss durch eine Verwendung von Zuschlagskriterien mit abstrakten und konkreten Anforderungen abgebildet werden, ohne dass im Nachhinein Mindestbedingungen für den Auftrag neu festgelegt werden dürfen.[115] 71

---

[110] *Kaelble* in Müller-Wrede ÖPP-Beschleunigungsgesetz, Teil 2, Rn. 146; *Kallmeyer* in Kapellmann/Messerschmidt, § 3a Rn. 47; *Müller/Veil* VergabeR 2007, 298, 301; *Kolpatzik* Vergaberecht 2007, 279, 294.

[111] *Kaelble* in Müller-Wrede ÖPP-Beschleunigungsgesetz, Teil 2, Rn. 144.

[112] *EU-Komm.* Vorschlag für eine Richtlinie des Europäischen Parlaments und des Rates über die Koordinierung der Verfahren zur Vergabe öffentlicher Lieferaufträge, Dienstleistungsaufträge und Bauaufträge vom 30.8.2000, KUM (2000) 275 endg. 7.

[113] *Schneider* Der Wettbewerbliche Dialog im Spannungsfeld der Grundsätze des Vergaberechts, 227.

[114] Vgl. VK Düsseldorf Beschl. v. 11.8.2006, VK 30/2006 L zur Unzulässigkeit der nachträglichen Festlegung von Mindestbedingungen im Wettbewerblichen Dialog.

[115] Vgl. VK Düsseldorf Beschl. v. 11.8.2006, VK 30/2006 L.

2. Formelle Angebotsprüfung

72 Nach Eingang der endgültigen Angebote sind diese zunächst auf die Einhaltung der formellen Anforderungen zu prüfen. Insbesondere ist zu prüfen, ob „**alle zur Ausführung des Projekts erforderlichen Einzelheiten**" enthalten sind (§ 3 EG Abs. 7 lit. d VOL/A, § 3 EG Abs. 7 Nr. 7 Satz 2 VOB/A, § 13 Abs. 2 Nr. 4 Satz 2 VSVgV). Da der Beschaffungsgegenstand in Bekanntmachung und Beschreibung nur unvollständig festgelegt ist, ist die Situation mit der Abgabe eines Nebenangebots vergleichbar.[116] In beiden Situationen stehen die Bieter vor der Herausforderung, aus bestimmten Mindestanforderungen ein aussagekräftiges Leistungsangebot zu entwickeln.[117] Während Inhalt eines Nebenangebots das Angebot einer Leistung ist, die in der Ausschreibung inhaltlich abweichend festgelegt ist, müssen die Teilnehmer des Wettbewerblichen Dialogs eine Leistung anbieten, die in der Ausschreibung größtenteils noch überhaupt nicht vorgegeben ist. Um den formellen Anforderungen zu genügen, müssen die Teilnehmer die Leistung in ihrem endgültigen Angebot so **vollständig und eindeutig** beschreiben, dass der Auftraggeber dieses auf die Übereinstimmung mit seinen Anforderungen und Bedürfnissen prüfen kann.[118] Oftmals werden die verschiedenen Lösungsansätze der Dialogteilnehmer inhaltlich sehr unterschiedlich sein. Solche konzeptionelle Unterschiede zwischen den Angeboten sind in der formellen Angebotsprüfung unbeachtlich und dürfen nicht zum Ausschluss eines Angebots führen.[119] Ausreichend ist, wenn der Bieter die von ihm angebotene Leistung **in allen Einzelheiten detailliert und in sich schlüssig** beschreibt. Wichtige Punkte, wie bspw. die Risikoverteilung bei ÖPP-Projekten dürfen nicht offen bleiben.[120]

3. Präzisierungen, Klarstellungen und Ergänzungen

73 Vor Durchführung der Wirtschaftlichkeitswertung hat der Auftraggeber die Möglichkeit, von den Bietern Präzisierungen, Klarstellungen und Ergänzungen zu ihren Angeboten zu verlangen (§ 3 EG Abs. 7 lit. d VOL/A, § 3 EG Abs. 7 Nr. 7 Satz 3 VOB/A, § 13 Abs. 2 Nr. 4 Satz 3 VSVgV). „**Präzisierung**" bezeichnet eine weitergehende Konkretisierung einer nach Auffassung des Auftraggebers zu abstrakten Aussagen im Angebot.[121] Mit „**Klarstellung**" ist eine nähere Erläuterung einer mehrdeutigen oder unverständlichen Aussage gemeint.[122] „Präzisierungen" und „Klarstellungen" sind mit der Angebotsaufklärung im Offenen und im Nichtoffenen Verfahren vergleichbar.[123] Darüber hinaus ist dem Auftraggeber auch erlaubt, „**Ergänzungen**" zu den Angeboten zu verlangen. Dies ermöglicht den Bietern **in einem gewissen Rahmen auch eine inhaltliche Änderung** ihrer Angebote. Aufgrund der Manipulationsgefahren ist der Spielraum für Angebotsänderungen allerdings gering. Bei einer Abänderung grundlegender Elemente des Angebots bestünde die Gefahr einer Wettbewerbsverzerrung.[124] Grundlegende Elemente des Angebots sind dessen zentrale Inhalte, wie beispielsweise die grundsätzliche technische Ausführung oder der Angebotspreis. Hierbei handelt es sich zugleich in aller Regel um auch für

---

[116] *Heiermann* ZfBR 2005, 766, 775; *Kaelble* in Müller-Wrede ÖPP-Beschleunigungsgesetz, Teil 2, Rn. 151.
[117] Zu den Mindestanforderungen für Nebenangebote vgl. *Kratzenberg* in Ingenstau/Korbion, § 16 EG Rn. 90; *Schweda* VergabeR 2003, 268, 276.
[118] *Heiermann* ZfBR 2005, 766, 775; *Kallmeyer* in Kapellmann/Messerschmidt, § 3a Rn. 48.
[119] Vgl. zu Nebenangeboten BGH, Urt. v. 16.4.2002, X ZR 67/00, NJW 2002, 2558, 2559.
[120] *Arrowsmith* CMLR 2004, 1277, 1287.
[121] *Kaelble* in Müller-Wrede VOL/A, § 3 EG Rn. 291.
[122] *Kolpatzik* VergabeR 2007, 279, 295; *Kaelble* in Müller-Wrede ÖPP-Beschleunigungsgesetz, Teil 2, Rn. 153.
[123] *Kallmeyer* in Kapellmann/Messerschmidt, § 3a Rn. 49.
[124] *Schröder* NZBau 2007, 216, 223; *Kaelble* in Müller-Wrede ÖPP-Beschleunigungsgesetz, Teil 2, Rn. 157.

die Angebotswertung relevante Aspekte. Die Ergänzung darf nicht dazu führen, dass sich die Position des Angebots im Wettbewerb verändert.[125] Für umfangreiche Erörterungen und Änderungen des Angebots in der Angebotsphase besteht im Wettbewerblichen Dialog ohnehin kein Bedürfnis. Im Rahmen der Dialogphase hat jeder Teilnehmer die Möglichkeit gehabt, sein Angebot in den Erörterungen mit dem Auftraggeber auf dessen Anforderungen und Bedürfnisse abzustimmen. Die Regelungen bezwecken in erster Linie eine Erläuterung und Aufklärung des feststehenden Angebots.[126]

4. Wirtschaftlichkeitswertung

Die weitere Wertung der Angebote nach der formellen Angebotsprüfung entspricht im Wesentlichen dem Ablauf der Angebotswertung im Nichtoffenen Verfahren.[127] Die Auswahl des wirtschaftlichsten Angebots erfolgt allein anhand der in der Bekanntmachung oder Beschreibung festgelegten Zuschlagskriterien (§ 3 EG Abs. 7 lit. e VOL/A, § 3 EG Abs. 7 Nr. 8 Satz 1 VOB/A, § 13 Abs. 2 Nr. 5 VSVgV). **74**

5. Erläuterung von Einzelheiten und Bestätigung von Zusagen

Nachdem der Auftraggeber das wirtschaftlichste Angebot ermittelt hat, kann er den entsprechenden Bieter auffordern, bestimmte Einzelheiten des Angebots vor Zuschlagserteilung näher zu erläutern oder im Angebot enthaltene Zusagen zu bestätigen (§ 3 EG Abs. 7 Nr. 8 Satz 2 VOB/A, § 3 EG Abs. 7 lit. e Satz 2 VOL/A, § 13 Abs. 2 Nr. 5 Satz 3 VSVgV). „**Erläuterung**" meint nicht nur eine Verdeutlichung von unklaren oder mehrdeutigen Angebotsaspekten. Derartige Punkte hat der Auftraggeber sinnvollerweise bereits im Stadium der formellen Angebotsprüfung aufgeklärt. Die „Erläuterung" bezieht sich auf **Einzelheiten des Angebots, die für die Angebotswertung nicht relevant** waren und daher vor der Wirtschaftlichkeitswertung noch nicht geklärt wurden. Dies betrifft beispielsweise die konkrete Benennung des Kreditinstituts, das der Bieter zur Finanzierung oder Besicherung eines PPP-Projekts im Angebot vorgesehen, aber nicht namentlich bezeichnet hat. Sofern die geplante Finanzierungs- oder Sicherungsstruktur im Angebot überzeugend dargelegt wurde, mag dies für die Zwecke der Angebotswertung ausreichend gewesen sein. Möglicherweise hat der Auftraggeber aber ein Interesse daran, noch vor Vertragsschluss einzelne Aspekte der von dem Bieter angestrebten Vertragsvereinbarungen mit Kreditinstituten oder sonstigen Dritten näher aufzuklären. Es geht nicht um die Erläuterung der ursprünglichen Angebotsbestandteile, sondern die Klärung von Fragen der praktischen Umsetzung des Angebots.[128] Der Auftraggeber kann hierdurch bestimmte **Aspekte der Auftragsdurchführung** bereits vor Vertragsschluss klären. **75**

Auch im Wettbewerblichen Dialog sind die im endgültigen Angebot des Bieters enthaltenen Aussagen selbstverständlich verbindlich. Das Instrument der „**Bestätigung von Zusagen**" bezieht sich daher in erster Linie auf Situationen, in denen der Erfolg des Vergabeprojekts auch von Vertragspartnern des zukünftigen Auftragnehmers abhängig ist. Praktisch relevant ist die Bestätigung von Zusagen insbesondere bei der Vergabe von **76**

---

[125] *Kolpatzik* VergabeR 2007, 279, 295.
[126] Vgl. EU-Komm. Erläuterungen zum Wettbewerblichen Dialog v. 5.10.2005, CC/2005/04_rev1, Ziffer 3.3.
[127] *Heiermann* ZfBR 2005, 766, 775; *Kallmeyer* in Kapellmann/Messerschmidt, § 3a Rn. 51.
[128] Die Regelung geht auf die im europäischen Gesetzgebungsverfahren erörterte Einführung eines sog. „Ausschließlichen Dialogs" bei ÖPP-Vergabeprojekten zurück. Danach sollten „Fragen, die weder vernünftig noch kosteneffektiv vor Eingang der Angebote geregelt werden können, Gegenstand eines ausschließlichen Dialogs zwischen dem Auftraggeber und dem Bieter, der das wirtschaftlich günstigste Angebot vorgelegt hat, vor Auftragsvergabe" sein, vgl. *Europäisches Parlament* Standpunkt des Europäischen Parlaments festgelegt in erster Lesung am 17.1.2002, 45_TC1-COD (2000) 0115. Hierzu *Schneider* Der Wettbewerbliche Dialog im Spannungsfeld der Grundsätze des Vergaberechts, 240 f.

komplexen PPP-Projekten im Wettbewerblichen Dialog. Die Aufforderung des Auftraggebers kann sich beispielsweise auf die Vorlage der Finanzierungszusage eines Kreditinstituts beziehen.[129] Kreditinstitute sind oftmals nicht gewillt, bereits in einer frühen Phase des Vergabeverfahrens verbindliche Finanzierungszusagen zu machen.[130] Vielfach will das projektfinanzierende Kreditinstitut erst dann eine aufwendige Due Diligence Prüfung durchführen, wenn die Auftragsvergabe an den Projektpartner feststeht.[131] Denkbar ist auch, dass der Auftraggeber den Bieter zur Vorlage bestimmter Genehmigungen, Bürgschaftserklärungen, Versicherungspolicen oder der Gründungsurkunde der Objektgesellschaft sowie Bestätigung der Erfüllung der Einlagepflicht der Gesellschafter auffordert.[132]

77 Die **Grenzen** einer zulässigen Erläuterung von Einzelheiten des Angebots und der Bestätigung von Zusagen sind erreicht, wenn diese zu einer **Änderung der wesentlichen Aspekte des Angebots oder der Ausschreibung** und einer **Verzerrung des Wettbewerbs** oder Diskriminierung der am Verfahren beteiligten Unternehmen führen würden. Wie der Begriff der „grundlegenden Elemente" im Rahmen der Angebotsaufklärung vor Durchführung der Wirtschaftlichkeitswertung bezeichnet auch der Begriff der „wesentlichen Aspekte" die zentralen Angebotsinhalte.[133] Das endgültige Angebot darf von Auftraggeber und Bieter auch einvernehmlich nicht so abgeändert werden, dass hierdurch eine wesentliche Änderung der Angebotskonditionen oder der Vorgaben aus Bekanntmachung und Beschreibung erfolgt. Insbesondere dürfen über das Instrument der „Bestätigung von Zusagen" **nicht neue, im Angebot noch nicht enthaltene Strukturen** festgelegt werden.[134] Der Auftraggeber kann beispielsweise nicht im Nachhinein die Stellung von Sicherheiten verlangen, die weder in Bekanntmachung noch Beschreibung abgefragt wurden noch Inhalt des endgültigen Angebots des Bieters waren.

78 Die Verfahrensregelungen zum Wettbewerblichen Dialog sehen **keine Mindestfristen** für die vom Bieter beizubringenden Erläuterungen oder Bestätigungen von Zusagen vor. Das allgemeine Gebot der Verfahrensfairness verlangt, dass dem Bieter angemessene Fristen zu setzen sind. Kommt der Bieter der Aufforderung des Auftraggebers nicht nach, so muss der Auftraggeber davon ausgehen, dass der Bieter die Aussagen aus seinem Angebot nicht aufrecht erhält bzw. erhalten kann. Damit entfällt die Grundlage für die Auswahl des Angebots als wirtschaftlichstes Angebot. Der Auftraggeber kann dann seine Wertungsentscheidung revidieren und auf den nächstplatzierten Bieter zurückgreifen.[135]

6. Bieterinformation und Zuschlagserteilung

79 Auch im Wettbewerblichen Dialog darf der Auftraggeber erst dann den Zuschlag erteilen, wenn er seiner Verpflichtung zur **Vorabinformation gemäß § 101a GWB** nachgekommen ist. Die Vergabe des Auftrags ist unter Verwendung des entsprechenden EU-Standardformulars im Supplement zum Amtsblatt der Europäischen Union bekannt zu machen. Zu informieren sind nach § 101a Abs. 1 Satz 1 GWB diejenigen Bieter, deren Angebote nicht berücksichtigt werden sollen. Dies betrifft im Wettbewerblichen Dialog alle Bieter, die mit ihrem endgültigen Angebot unterlegen sind.

---

[129] *Meißner* in Pitschas/Ziekow Vergaberecht im Wandel, 83, 92; *Kallmeyer* in Kapellmann/Messerschmidt, § 3a Rn. 54; *Dreher* in Immenga/Mestmäcker GWB, § 101 Rn. 42.

[130] *EU-Komm.* Erläuterungen zum Wettbewerblichen Dialog v. 5.10.2005, CC/2005/04_Rev1, Fn. 36.

[131] *Kaelble* in Müller-Wrede VOL/A, § 3 EG Rn. 293; *Arrowsmith* CMLR 2004, 1277, 1289.

[132] *Opitz* VergabeR 2006, 451, 456.

[133] *Kaelble* in Müller-Wrede ÖPP-Beschleunigungsgesetz, Teil 2, Rn. 164; a. A. *Kallmeyer* in Kapellmann/Messerschmidt, § 3a Rn. 54; *Opitz* VergabeR 2006, 451, 456 Fn. 29.

[134] *EU-Komm.* Erläuterungen zum wettbewerblichen Dialog v. 5.10.2005, CC/2005/04_Rev1, Ziffer 3.3.

[135] *Franke/Mertens* in Franke/Kemper/Zanner/Grünhagen, § 3a Rn. 75; *Opitz* VergabeR 2006, 451, 456.

Der Begriff des Bieters gemäß § 101a GWB ist **funktional** zu bestimmen. Zu informieren sind daher grundsätzlich auch solche Unternehmen, denen der Auftraggeber den Bieterstatus vergaberechtswidrig vorenthalten hat.[136]

Im Falle einer **Unterteilung der Dialogphase mit sukzessiver Reduzierung der Anzahl der Lösungen** sollten vorsichtshalber auch diejenigen Unternehmen informiert werden, deren Lösung für eine nachfolgende Dialogrunde nicht vorgesehen wurde und die deshalb die Angebotsphase nicht erreicht haben.

Nach § 101a Abs. 1 Satz 2 GWB sind zudem diejenigen Unternehmen zu informieren, die **nicht zur Teilnahme** am Wettbewerblichen Dialog aufgefordert wurden und denen **keine Information über die Ablehnung ihrer Bewerbung** zur Verfügung gestellt wurde.

7. Kostenerstattung

Im Regelfall wird der Auftraggeber von den Verfahrensteilnehmern die Ausarbeitung von Entwürfen, Plänen, Zeichnungen, Berechnungen oder anderen Unterlagen verlangen. In diesem Fall hat er allen Unternehmen, die die geforderten Unterlagen rechtzeitig vorlegen, eine angemessene Kostenerstattung hierfür zu gewähren (§ 3 EG Abs. 7 lit. f VOL/A, § 3 EG Abs. 8 Nr. 9 VOB/A, § 13 Abs. 2 Nr. 6 VSVgV). Die Kostenerstattung soll insbesondere auch mittelständischen Unternehmen die Teilnahme an dem aufwendigen Verfahren ermöglichen. Es handelt sich um eine verbindliche Verfahrensregelung, die nicht zur Disposition der Verfahrensteilnehmer steht. Die Regelung zur Kostenerstattung kann **nicht wirksam abbedungen werden**.[137]

Eine „**angemessene**" Kostenerstattung erfordert eine Berücksichtigung der jeweiligen Leistungen jedes Teilnehmers.[138] Die Erstattung eines Pauschalbetrags genügt nur dann, wenn der Pauschalbetrag mindestens demjenigen Betrag entspricht, der dem Teilnehmer als **angemessener individueller Aufwendungsersatz** zusteht. Bei der Bemessung der Höhe der Kostenerstattung ist zu berücksichtigen, dass die Regelung keinen Vergütungsanspruch gewährt. Die Höhe der Kostenerstattung bestimmt sich nach dem Marktwert der Aufwendungen des Bieters abzüglich eines Gewinnanteils.[139] Sie liegt daher bei Planungsleistungen unter den Sätzen der HOAI, die jedoch als Anhaltspunkt bei der Ermittlung des Kostenerstattungsbetrags herangezogen werden kann.[140] Die Kostenerstattung muss nach **einheitlichen Regeln** erfolgen, d.h. gleicher Aufwand darf nicht unterschiedlich bewertet werden. Unterschiedlicher Aufwand der Bieter bei der Erstellung der Lösungsvorschläge muss demgegenüber Berücksichtigung finden. Zur Gewährleistung einer einheitlichen Kostenerstattung, die zugleich dem individuellen Aufwand der Bieter gerecht wird, bietet sich die Festlegung einheitlicher Stundensätze an.[141] Anhand der individuellen Mengenansätze der Bieter lässt sich die angemessene Höhe der Kostenerstattung ermitteln.

---

[136] OLG Naumburg Beschl. v. 25.9.2006, 1 Verg 10/06, ZfBR 2007, 183, 184; OLG Celle Beschl. v. 14.9.2006, 13 Verg 3/06, VergabeR 2007, 86,89; OLG Düsseldorf Beschl. v. 24.2.2005, VII-Verg 88/04, NZBau 2005, 535; OLG Düsseldorf Beschl. v. 23.2.2005, Verg 85/05, VergabeR 2005, 508, 510.

[137] Die Regelung geht über die Vorgabe aus Art. 29 Abs. 8 VKR hinaus, die nur eine fakultative Kostenerstattung vorsieht.

[138] Kritisch *Kallmeyer* in Kapellmann/Messerschmidt, § 3a Rn. 56.

[139] *Pünder* in Pünder/Schellenberg, § 101 GWB Rn. 68; *Kolpatzik* VergabeR 2007, 279, 296; *Kaelble* in Müller-Wrede ÖPP-Beschleunigungsgesetz, Teil 2, Rn. 175; *Bornheim/Hähnel* VergabeR 2011, 62, 66.

[140] *Kus* VergabeR 2006, 851, 861; *Heiermann* ZfBR 2005, 766, 776; *Hausmann/von Hoff* in Kulartz/Marx/Portz/Prieß VOL/A, § 3 EG Rn. 144; *Kallmeyer* in Kapellmann/Messerschmidt, § 3a Rn. 57.

[141] *Kaelble* in Müller-Wrede VOL/A, § 3 EG Rn. 298.

Kapitel 3 Bieter und Bewerber

§ 12 Projektanten und ausgeschlossene Personen

Übersicht

	Rn.
A. Einleitung	1–4
B. Projektantenproblematik	5–41
I. Vorgaben des EuGH	6, 7
II. Umsetzung im deutschen Vergaberecht	8–10
III. Vorbefasstheit	11–21
IV. Rechtsfolgen für den Auftraggeber	22–35
V. Maßnahmen vorbefasster Bieter zur Risikominimierung	36–41
C. Ausgeschlossene Personen	42–77
I. Normstruktur und Regelungssystematik	44–49
II. Unwiderlegliche Vermutung der Voreingenommenheit (§ 16 Abs. 1 Nr. 1 und 2 VgV)	50–55
III. Widerlegliche Vermutung der Voreingenommenheit (§ 16 Abs. 1 Nr. 3 VgV)	56–65
IV. Nicht ausdrücklich erfasste Konstellationen	66–69
V. Mitwirkungsverbot	70–72
VI. Rechtsfolgen bei Verletzung des § 16 VgV	73–77

VgV: § 16
VOL/A: § 6 Abs. 6
VOL/A EG: § 6 Abs. 6
VOB/A EG: § 6 Abs. 7
VOF: § 4 Abs. 5

VgV:

§ 16 VgV Ausgeschlossene Personen

(1) Als Organmitglied oder Mitarbeiter eines Auftraggebers oder als Beauftragter oder als Mitarbeiter eines Beauftragten eines Auftraggebers dürfen bei Entscheidungen in einem Vergabeverfahren für einen Auftraggeber als voreingenommen geltende natürliche Personen nicht mitwirken, soweit sie in diesem Verfahren

1. Bieter oder Bewerber sind,

2. einen Bieter oder Bewerber beraten oder sonst unterstützen oder als gesetzliche Vertreter oder nur in dem Vergabeverfahren vertreten,

3. a) bei einem Bieter oder Bewerber gegen Entgelt beschäftigt oder bei ihm als Mitglied des Vorstandes, Aufsichtsrates oder gleichartigen Organs tätig sind oder

    b) für ein in das Vergabeverfahren eingeschaltetes Unternehmen tätig sind, wenn dieses Unternehmen zugleich geschäftliche Beziehungen zum Auftraggeber und zum Bieter oder Bewerber hat,

es sei denn, dass dadurch für die Personen kein Interessenkonflikt besteht oder sich die Tätigkeiten nicht auf die Entscheidungen in dem Vergabeverfahren auswirken.

(2) Als voreingenommen gelten auch die Personen, deren Angehörige die Voraussetzungen nach Absatz 1 Nr. 1 bis 3 erfüllen. Angehörige sind der Verlobte, der Ehegatte, Lebenspartner, Verwandte und Verschwägerte gerader Linie, Geschwister, Kinder der Geschwister, Ehegatten

und Lebenspartner der Geschwister und Geschwister der Ehegatten und Lebenspartner, Geschwister der Eltern sowie Pflegeeltern und Pflegekinder.

VOL/A:

§ 6 VOL/A Teilnehmer am Wettbewerb

(1) bis (5) hier nicht abgedruckt.

(6) Hat ein Bieter oder Bewerber vor Einleitung des Vergabeverfahrens den Auftraggeber beraten oder sonst unterstützt, so hat der Auftraggeber sicherzustellen, dass der Wettbewerb durch die Teilnahme des Bieters oder Bewerbers nicht verfälscht wird.

(7) hier nicht abgedruckt.

VOL/A EG:

§ 6 EG VOL/A Teilnehmer am Wettbewerb

(1) bis (6) hier nicht abgedruckt.

(7) Hat ein Bieter oder Bewerber vor Einleitung des Vergabeverfahrens den Auftraggeber beraten oder sonst unterstützt, so hat der Auftraggeber sicherzustellen, dass der Wettbewerb durch die Teilnahme des Bieters oder Bewerbers nicht verfälscht wird.

VOB/A EG:

§ 6 EG VOB/A Teilnehmer am Wettbewerb

(1) bis (6) hier nicht abgedruckt.

(7) Hat ein Bieter oder Bewerber vor Einleitung des Vergabeverfahrens den Auftraggeber beraten oder sonst unterstützt, so hat der Auftraggeber sicherzustellen, dass der Wettbewerb durch die Teilnahme des Bieters oder Bewerbers nicht verfälscht wird.

(8) und (9) hier nicht abgedruckt.

VOF:

§ 4 VOF Teilnehmer am Vergabeverfahren

(1) bis (4) hier nicht abgedruckt.

(5) Haben Bewerber oder Bieter vor Einleitung des Vergabeverfahrens Auftraggeber beraten oder sonst unterstützt, haben die Auftraggeber sicherzustellen, dass der Wettbewerb durch die Teilnahme dieser Bewerber oder Bieter nicht verfälscht wird.

(6) bis (9) hier nicht abgedruckt.

Literatur:
Behrens, Zulassung zum Vergabewettbewerb bei vorausgegangener Beratung des Auftraggebers – Zur Projektantenproblematik auf der Grundlage der Neuregelung des § 4 V VgV, NZBau 2006, 752; *Berstermann/Petersen*, Der Konzern im Vergabeverfahren – Die Doppelbeteiligung auf Bewerber-/Bieterseite und aufseiten der Vergabestelle sowie die Möglichkeiten von „Chinese Walls", VergabeR 2006, 740; *Burgi*, Die Bedeutung der allgemeinen Vergabegrundsätze Wettbewerb, Transparenz und Gleichbehandlung, NZBau 2008, 29; *Byok*, Die Entwicklung des Vergaberechts seit 1999, NJW 2001, 2295; *Greb*, Ausschluss von Personen in Wettbewerben wegen Verwandschaftsverhältnis, NZBau 2014, 28; *Kleinert/Göres*, Welche Tätigkeit erlaubt die vergaberechtliche Voreingenommen-

heitsregelung konzernrechtlich verbundenen Unternehmen?, KommJur 2006, 361; *Knauff*, Die vergaberechtlichen Regelungen des ÖPP-Beschleunigungsgesetzes, NZBau 2005, 443; *Krohn*, Leistungsbeschreibung und Angebotsbewertung bei komplexen IT-Vergaben, NZBau 2013, 79; *Kupczyk*, Die Projektantenproblematik im Vergaberecht, NZBau 2010, 21; *Michel*, Die Projektantenregelung des ÖPP-Beschleunigungsgesetzes – ein Reparaturfall im „Reparaturgesetz"?, NZBau 2006, 689; *Müller-Wrede/Lux*, Die Behandlung von Projektanten im Vergabeverfahren – Zugleich eine Anmerkung zu OLG Düsseldorf, Beschl. vom 25.10.2005 – Verg 67/05 und VK Bund, Beschl. vom 06.06.2005 – VK 2–33/05, ZfBR 2006, 327; *Otting*, Die neue Vergabeverordnung, NVwZ 2001, 775; *Schröder*, Der Ausschluss voreingenommener Personen im Vergabeverfahren nach § 16 VgV, NVwZ 2004, 168; *Winnes*, Das Verbot von Doppelmandaten bei Ausschreibungen im ÖPNV-Bereich, NZBau 2002, 371.

A. Einleitung

Es ist die Pflicht des öffentlichen Auftraggebers, in Vergabeverfahren alle Interessenten, Bewerber und Bieter gleich zu behandeln und einen fairen Wettbewerb zu gewährleisten (§ 97 Abs. 1, 2 GWB). Dies stellt vor allem dann eine besondere Herausforderung dar, wenn ein interessiertes Unternehmen oder eine einem interessierten Unternehmen nahe stehende Person über besondere Informationen oder Erfahrungen im Hinblick auf den Auftragsgegenstand oder über bestimmte Einflussnahmemöglichkeiten im Vergabeverfahren, die anderen Unternehmen nicht zugänglich sind. In einem solchen Fall besteht die Gefahr, dass dieses Unternehmen sich einen Vorteil im Wettbewerb mit anderen Unternehmen verschaffen oder diesen ausnutzen kann. Dabei sind zwei Grundkonstellationen zu unterscheiden: die Konstellation des vorbefassten Bieters („Projektant") und die Konstellation der Voreingenommenheit oder Befangenheit einzelner Personen. 1

Die so genannte **Projektantenproblematik** betrifft die Frage, wie mit Unternehmen und Beratern umzugehen ist, die den Auftraggeber zunächst bei der Vorbereitung des Vergabeverfahrens beraten oder unterstützen und anschließend, nach Beginn des Vergabeverfahrens, als Bewerber bzw. Bieter am Vergabeverfahren teilnehmen möchten (sog. „vorbefasste Bieter" oder „Projektanten"). In der Praxis tritt dieses Problem insbesondere bei komplexen Beschaffungsvorgängen, etwa im IT-Bereich[1], auf. In diesen Fällen können Gefahren für den Vergabewettbewerb bestehen, denn möglicherweise verfügt der vorbefasste Bieter durch seine vorbereitende Tätigkeit über einen Informations- und Wissensvorsprung gegenüber seinen Konkurrenten. Im Verlauf der vorbereitenden Untersuchungen können vorbefasste Bieter Know-how erwerben, das sich Konkurrenten – wenn überhaupt – nur durch umfangreiche zusätzliche Anstrengungen beschaffen können. Ferner hat der vorbefasste Bieter gegebenenfalls einen zeitlichen Vorteil, insbesondere dann, wenn ihm die Inhalte des Leistungsverzeichnisses oder anderer Vergabeunterlagen schon aus der Vorbereitung des Verfahrens bekannt sind. Faktisch verlängert sich für den vorbefassten Bieter damit die Angebotsfrist. 2

Zudem besteht die Gefahr, dass ein vorbefasster Bieter in der Vorbereitung für Weichenstellungen sorgt, die später sein Angebot begünstigen können. Beispielsweise könnten Vergabeunterlagen so gestaltet werden, dass das spätere Angebot des vorbefassten Bieters im Vorteil ist. Dieser Wettbewerbsvorsprung kann gegen das in § 97 Abs. 2 GWB geregelte Gleichbehandlungsgebot verstoßen und den Wettbewerb entgegen § 97 Abs. 1 GWB verzerren.[2] 3

Die zweite Fallgruppe, in der es um die Frage des Ausschlusses von Personen von der Mitwirkung an Vergabeverfahren geht, betrifft **Interessenkonflikte** in Gestalt der Voreingenommenheit oder Befangenheit. Auch in diesen Fällen sind die Sicherstellung der Gleichbehandlung aller interessierten Unternehmen und die Gewährleistung eines fairen 4

---
[1] Dazu näher *Krohn* NZBau 2013, 79, 80.
[2] Vgl. *Behrens* NZBau 2006, 752, 753; *Zeiss* in Heiermann/Zeiss/Kullack/Blaufuß § 4 VgV Rn. 91; *Müller-Wrede/Lux* ZfBR 2006, 327, 329.

Wettbewerbs bedroht. Allerdings stehen nicht in erster Linie einzelne (potentielle) Teilnehmer am Vergabeverfahren und deren mögliche Wettbewerbsvorteile im Fokus. Vielmehr richtet sich der Blick auf den Auftraggeber und den Kreis der für den Auftraggeber tätigen und am Vergabeverfahren, insbesondere bei Entscheidungen im Vergabeverfahren mitwirkenden Personen. Aus diesem Kreis sollen solche Personen ausgeschlossen sein, bei denen die Gefahr der Voreingenommenheit oder Befangenheit besteht.

B. Projektantenproblematik

5 Bis zum Jahr 2005 ging die herrschende Meinung davon aus, dass Unternehmen, welche mit der Vorbereitung des Vergabeverfahrens befasst waren, unter Berücksichtigung des Gleichbehandlungsgrundsatzes zwingend vom Vergabeverfahren auszuschließen seien, um einen fairen Vergabewettbewerb zu gewährleisten.[3] Dieser Auffassung trat der EuGH entgegen, der sich im Frühjahr 2005 erstmals grundlegend mit der Projektantenproblematik beschäftigte.

I. Vorgaben des EuGH

6 In der Leitentscheidung „Fabricom"[4] stellte der EuGH fest, dass die gemeinschaftsrechtlichen Vorgaben einer mitgliedstaatlichen Regelung entgegen stehen, nach der eine Person, die mit Forschungs-, Erprobungs-, Planungs- oder Entwicklungsarbeiten für Bau-, Liefer- oder Dienstleistungen betraut war, nicht zur Einreichung eines Teilnahmeantrages oder eines Angebotes für einen öffentlichen Auftrag zugelassen ist, ohne dass ihr die Möglichkeit eröffnet wird zu beweisen, dass nach den Umständen des Einzelfalls die von dieser Person erworbene Erfahrung den Wettbewerb nicht hat verfälschen können.[5]

7 In seiner Begründung hob der EuGH hervor, dass eine solche Regelung über das hinausgehe, was erforderlich sei, um das Ziel der Gleichbehandlung aller Bieter zu erreichen. Die Anwendung einer solchen Vorschrift könne nämlich dazu führen, dass Personen, die bestimmte vorbereitende Arbeiten ausgeführt haben, vom Vergabeverfahren ausgeschlossen werden, ohne dass ihre Beteiligung daran eine Gefahr für den Wettbewerb unter den Bietern bedeuten würde. Auch einem vorbefassten Bieter müsse die Möglichkeit gegeben werden zu beweisen, dass nach den Umständen des Einzelfalls die von ihm erworbene Erfahrung den Wettbewerb nicht hat verfälschen können. Diese Rechtsgrundsätze leitet der Gerichtshof aus dem Gleichbehandlungsgrundsatz, dem Diskriminierungsverbot und dem Verhältnismäßigkeitsprinzip ab.

II. Umsetzung im deutschen Vergaberecht

8 In Übereinstimmung mit der Fabricom-Entscheidung des EuGH sah die kurze Zeit später im deutschen Recht geschaffene, ausdrückliche Regelung zur Projektantenproblematik in § 4 Abs. 5 VgV aF. auch keinen zwingenden Ausschluss vorbefasster Bieter vom Vergabeverfahren vor. Vielmehr legte sie dem Auftraggeber in einem solchen Fall die Pflicht auf sicherzustellen, dass der Wettbewerb nicht verfälscht werde.[6] Diese Vorschrift wurde

---

[3] OLG Düsseldorf Beschl. v. 16.10.2003, Verg 57/03, VergabeR 2004, 236; OLG Jena Beschl. v. 8.4.2003, 6 Verg 9/02, NZBau 2003, 624; zur Aktualisierung der „Reservefunktion" der allgemeinen vergaberechtlichen Grundsätze in diesen Fällen *Burgi* NZBau 2008, 29, 32 f.
[4] EuGH Urt. v. 3.3.2005, C-21/03 und C-34/03, NZBau 2005, 351 – Fabricom.
[5] EuGH Urt. v. 3.3.2005, C-21/03 und C-34/03, NZBau 2005, 351, 352 Rn. 25 ff. – Fabricom.
[6] Durch das Gesetz zur Beschleunigung der Umsetzung von Öffentlich Privaten Partnerschaften und zur Verbesserung gesetzlicher Rahmenbedingungen für Öffentlich Private Partnerschaften (ÖPP-

knapp fünf Jahre später aus der VgV gestrichen[7] und in die einzelnen Vergabe- und Vertragsordnungen übernommen, wo sie sich noch heute wortlautgleich findet[8]. Die Vorschriften betreffend die Projektantenproblematik in den Vergabe- und Vertragsordnungen sind **bieterschützend**.[9]

Auch die vergaberechtliche Rechtsprechung geht seither davon aus, dass der Ausschluss eines vorbefassten Bieters vom Vergabeverfahren nur in Betracht kommt, wenn keine geeigneten Maßnahmen möglich sind, die eine Verfälschung des Wettbewerbs verhindern; der Ausschluss eines vorbefassten Bewerbers ist das letzte Mittel (**ultima ratio**), wenn der Wettbewerb nicht auf andere Weise hergestellt werden kann.[10]

Die Anwendung der vom Gerichtshof entwickelten Grundsätze erfordert im Streitfall zudem eine Prüfung, ob der Wettbewerb überhaupt durch Informationsvorteile des betroffenen Unternehmens verfälscht wurde bzw. werden kann. Diese fällt zugunsten des Unternehmens aus, wenn es keinen feststellbar wettbewerbsverzerrenden Informationsvorsprung durch die Vorbefassung erlangt hat.[11]

III. Vorbefasstheit

Vor diesem Hintergrund stellt sich auf Tatbestandsseite die Frage, wie weit der Kreis derjenigen Tätigkeiten und Sachverhalte zu ziehen ist, die einen Wirtschaftsteilnehmer zum Projektanten machen. Insoweit erfordern noch verschiedene Einzelfragen eine endgültige Klärung.

1. Beratung oder Unterstützung des Auftraggebers

Es besteht weitgehende Einigkeit, dass die einem Vergabeverfahren vorausgehende Beratung im Hinblick auf den Auftragsgegenstand (etwa zur Konkretisierung des Beschaffungsbedarfs oder zur Ausgestaltung der Leistungsbeschreibung) ebenso von der Projektantenproblematik erfasst wird wie jede sonstige Unterstützung im Vorfeld eines Vergabeverfahrens, die sich konkret auf den zu vergebenden Auftrag bezieht (zB. die Prüfung der technischen Umsetzbarkeit bestimmter Leistungsanforderungen). Auch wird man es als ausreichend ansehen müssen, wenn ein Unternehmen für den Auftraggeber sonstige Leistungen erbracht hat, die in einem engen, untrennbaren Zusammenhang mit dem zu ver-

---

Beschleunigungsgesetz) vom 1.9.2005 (BGBl. I, S. 2676) wurde mit Wirkung vom 8.9.2005 folgender § 4 Abs. 5 VgV eingefügt: „*Hat ein Bieter oder Bewerber vor Einleitung des Vergabeverfahrens den Auftraggeber beraten oder sonst unterstützt, so hat der Auftraggeber sicherzustellen, dass der Wettbewerb durch die Teilnahme des Bieters oder Bewerbers nicht verfälscht wird*"; hierzu *Behrens* NZBau 2006, 752 ff.; *Knauff* NZBau 2005, 443, 444; *Michel* NZBau 2006, 689 ff.

[7] Mit Wirkung zum 11.6.2010 wurde § 4 Abs. 5 VgV neu gefasst durch Anpassungsverordnung vom 7.6.2010 (BGBl. I, S. 724).

[8] Siehe § 6 Abs. 7 VOB/A-EG, § 6 Abs. 6 VOL/A, § 6 Abs. 7 VOL/A-EG, § 4 Abs. 5 VOF. Einen Sonderfall der Projektantenproblematik im Hinblick auf Auslobungs- bzw. Wettbewerbsverfahren im Anwendungsbereich der VOF regelt § 16 Abs. 2 VOF; s. hierzu allgemein OLG München Beschl. v. 11.4.2013, Verg 2/13, NZBau 2013, 661, 663 f.; siehe auch Rn. 44 ff., das mit überzeugenden Argumenten eine europarechtskonforme Auslegung und Einschränkung der Einbeziehung von Angehörigen durch § 16 Abs. 2 Satz 2 VOF fordert; a.A. *Müller-Wrede* in ders., VOF, § 16 VOF Rn. 28 f. Für eine Streichung der (seines Erachtens überflüssigen) Sonderregelungen in § 16 Abs. 2 VOF sowie in § 4 Abs. 2 der Richtlinie für Planungswettbewerbe (RPW) plädiert *Greb*, NZBau 20134, 28, 30.

[9] VK Sachsen Beschl. v. 29.5.2002, 1/SVK/044–02, juris, Rn. 48.

[10] S. etwa OLG Koblenz Beschl. v. 6.11.2008, 1 Verg 3/08, ZfBR 2009, 93; OLG Düsseldorf Beschl. v. 13.8.2008, Verg 28/08, Rn. 53; VK Nordbayern Beschl. v. 4.5.2009, 21.VK-3194–06/09, IBR 2009, 347; VK Sachsen Beschl. v. 28.10.2008, 1/SVK/054–08, juris, Rn. 57.

[11] OLG Düsseldorf Beschl. v. 25.10.2005, Verg 67/05, NJOZ 2006, 1468, 1470 f.

gebenden Auftrag stehen.¹² So genügt es etwa für eine Vorbefassung, wenn ein Unternehmen, das sich im Rahmen eines größeren Projekts für einen Teilauftrag bewirbt, bereits in einer vorangegangenen Projektphase mit einer **Teilleistung** (zB. Planungsleistungen im Vorfeld eines Bauauftrages) beauftragt war, bei deren Ausführung es für die Angebotserstellung relevante Informationen erlangen konnte.¹³

13 Nicht ausreichend ist dagegen die bloße vorherige Beauftragung eines Unternehmens mit derselben Leistung, die im laufenden Vergabeverfahren neu vergeben werden soll, und ein möglicherweise damit einhergehender Wissensvorsprung; die bloße **Vorbeauftragung** stellt keinen Anwendungsfall der Projektantenproblematik dar.¹⁴ Es liegt vielmehr in der Natur der Sache, dass der zuletzt bezuschlagte Bieter bzw. bisherige Auftragnehmer durch die Leistungserbringung zusätzliches Know-how und Erfahrungen sammeln und aufbauen konnte und damit deutlich besser mit den Besonderheiten des Auftragsgegenstands vertraut ist als seine Konkurrenten im Wettbewerb um den Folgeauftrag; dies ist aber im Sinne eines möglichst breit angelegten Wettbewerbs hinzunehmen und zwingt den Auftraggeber insbesondere nicht zu einem Ausschluss des bisherigen Auftragnehmers aus dem Vergabeverfahren.¹⁵

14 In derartigen Fällen sind die vergaberechtlichen Vorschriften zur Projektantenproblematik nicht einschlägig; allenfalls kommt ein Verstoß gegen den allgemeinen Wettbewerbsgrundsatz in Betracht, etwa wenn den übrigen Bietern im Rahmen der Leistungsbeschreibung angebotsrelevante Informationen vorenthalten werden, über die der bisherige Auftragnehmer verfügt.¹⁶ Entsprechendes gilt auch für die der Beteiligung eines Bieters an einem Vergabeverfahren vorausgegangene Beteiligung als Bewerber in einem Planungswettbewerb.¹⁷

2. Ausweitung des Projektantenbegriffs

15 In der Rechtsprechung einzelner Vergabekammern wird der Begriff des Projektanten indes deutlich weiter gefasst. Zum einen wird auf das Erfordernis einer gewissen Identität oder einem mindestens engen Zusammenhang zwischen dem Gegenstand der Vorbefassung und dem Auftragsgegenstand verzichtet. So soll nach Auffassung der Vergabekammer Nordbayern bereits dann eine Vorbefasstheit vorliegen, wenn im Rahmen der Ausschreibung einer Objekt- und Tragwerksplanung für ein bestimmtes Bauareal ein Bieter zuvor bereits Architektenleistungen in unmittelbarer örtlicher Nähe auf demselben Areal erbracht hat und hierdurch konkrete Einblicke in das Gelände gewinnen konnte, die über die üblichen Ortskenntnisse hinausgehen.¹⁸ Als unerheblich wird nach dieser Rechtsprechung auch angesehen, ob Grundlage der Vorbefassung ein Auftragsverhältnis zwischen dem Bieter und der Vergabestelle war; es soll nicht einmal darauf ankommen, ob die Vergabestelle überhaupt Kenntnis von einem möglicherweise wettbewerbsverzerrenden Informationsvorsprung eines Bewerbers oder Bieters hat oder nicht.¹⁹

16 Eine derart weite Auslegung ist abzulehnen. Sie ist weder mit dem Wortlaut noch dem Sinn und Zweck der die Projektantenproblematik regelnden Vorschriften zu vereinbaren. Von einer Beratung oder sonstigen Unterstützung des Auftraggebers vor Einleitung eines Vergabeverfahrens kann nur die Rede sein, wenn einem Vergabeverfahren eine Beauftra-

---

¹² *Röwekamp* in Müller-Wrede VOF, § 4 Rn. 49.
¹³ VK Baden-Württemberg Beschl. v. 30.3.2007, 1 VK 06/07, IBR 2007, 509.
¹⁴ So zuletzt etwa OLG Düsseldorf Beschl. v. 5.12.2012, VII-Verg 29/12, BeckRS 2013, 02606;
¹⁵ OLG Düsseldorf Beschl. v. 5.12.2012, VII-Verg 29/12, BeckRS 2013, 02606; OLG Bremen Beschl. v. 9.10.2012, Verg 1/12, ibr-online; VK Bund Beschl. v. 16.7.2013, VK 3–47/13, ZfBR 2013, 98, 101.
¹⁶ VK Bund Beschl. v. 8.4.2011, VK 1–14/11, juris, Rn. 101.
¹⁷ VK Hessen Beschl. v. 12.2.2008, 69d-VK-01/2008, Rn. 36 f.
¹⁸ VK Nordbayern Beschl. v. 9.8.2007, 21.VK-3194–32/07; ZfBR 2007, 822, 824.
¹⁹ VK Nordbayern Beschl. v. 9.8.2007, 21.VK-3194–32/07; ZfBR 2007, 822, 824.

gung (im weitesten Sinne) des betreffenden Unternehmens durch die Vergabestelle vorausging, deren Gegenstand einen **engen Bezug** zum Gegenstand des zu vergebenden Auftrages vorweist. Es ist auch Sinn und Zweck der Vorschriften, den Auftraggeber dann, wenn er sich im Vorfeld eines Vergabeverfahrens des Sachverstands oder der Unterstützung eines potentiellen Bieters bedient, zur Ergreifung zusätzlicher Maßnahmen zu verpflichten, um eine Gleichbehandlung und einen fairen Wettbewerb sicherzustellen. Daraus ergibt sich aber **keine allgemeine Kompensations- und Egalisierungspflicht** des Auftraggebers im Hinblick auf alle tatsächlich vorhandenen und potenziell den Wettbewerb beeinträchtigenden Informationsunterschiede unter den Bewerbern oder Bietern. Dementsprechend ist eine vergleichende Betrachtung zwischen dem Auftragsgegenstand und dem Gegenstand der Vorbeauftragung geboten.[20] Das deckt sich auch mit den Motiven des Gesetzgebers bei Einführung der Ausgangsregelung in § 4 Abs. 5 VgV aF. Danach sollten nur diejenigen Fälle erfasst werden, in denen ein Unternehmen den Auftraggeber bei der Vorbereitung des Vergabeverfahrens beraten oder sonst unterstützt hat und anschließend selbst am Vergabeverfahren teilnehmen möchte.[21]

Die extensive Auslegung ist zudem häufig auch nicht praktikabel. Wenn ein Auftraggeber bei der Vorbereitung und Durchführung eines Vergabeverfahrens besondere Maßnahmen ergreifen soll, um Wettbewerbsverzerrungen durch den Informationsvorsprung eines einzelnen Bieters zu verhindern, muss er davon Kenntnis haben, dass es überhaupt einen solchen Informationsvorsprung gibt, der sich im Vergabeverfahren auswirken kann.[22] Dies setzt in aller Regel voraus, dass der Auftraggeber selbst den Grund dafür gesetzt hat, dass der Bieter in den Besitz der Informationen gekommen ist, und diese Informationen sich auf den Gegenstand des Vergabeverfahrens beziehen.[23] Zumindest wird man verlangen müssen, dass es hinreichende Anhaltspunkte dafür gibt, dass eine solche Situation vorliegt, und der Auftraggeber sich hierüber hätte mit zumutbarem Aufwand Gewissheit verschaffen können.[24] Anderenfalls wären Auftraggeber faktisch gezwungen, vor jedem Vergabeverfahren das Feld der potenziellen Bieter systematisch auf etwaige Informationsvorsprünge zu überprüfen, was in den meisten Fällen praktisch nicht möglich wäre und erhebliche Verzögerungen für das Verfahren mit sich bringen könnte.

Schließlich ist eine weiter gehende Auslegung auch nicht erforderlich. Denn auch auf diejenigen Konstellationen, welche von den Vorschriften zur Projektantenproblematik nicht erfasst werden, finden selbstverständlich die allgemeinen Grundsätze des Vergabeverfahrens, insbesondere der Gleichbehandlungsgrundsatz und der Wettbewerbsgrundsatz im Sinne von § 97 Abs. 1, 2 GWB Anwendung.[25] Auch hieraus kann sich eine Verpflichtung des Auftraggebers ergeben, geeignete Maßnahmen zu ergreifen, um den fairen Vergabewettbewerb sicherzustellen, wenn er – etwa im Rahmen einer Rüge – Kenntnis davon erhält, dass ein interessiertes Unternehmen (aus welchen Gründen auch immer) über einen Informationsvorsprung gegenüber den Wettbewerbern verfügt, der den Wettbewerb zu verzerren droht. Die Vorschriften der Projektantenproblematik durch extensive Auslegung auf all diese Fälle auszudehnen, würde letztlich zu weniger anstatt zu mehr Rechtssicherheit und Rechtsklarheit führen.

3. Wechsel von Wissensträgern vom Auftraggeber zum Bieter

Die Pflicht des Auftraggebers zur Gewährleistung eines unverfälschten Wettbewerbs nach Maßgabe der Vorschriften zur Projektantenproblematik setzt voraus, dass „ein Bieter oder Bewerber vor Einleitung des Vergabeverfahrens den Auftraggeber beraten oder sonst un-

---

[20] VK Thüringen Beschl. v. 12.12.2008, 250–4004.20–5909/2008–015-SM, juris, Rn. 203 ff.
[21] BT-Drs. 15/5668, S. 11; *Röwekamp* in Müller-Wrede VOF, § 4 Rn. 49.
[22] VK Sachsen Beschl. v. 28.10.2008, 1/SVK/054–08, juris, Rn. 58.
[23] Vgl. VK Hessen Beschl. v. 12.2.2008, 69d VK – 01 2008, Rn. 36.
[24] VK Sachsen Beschl. v. 28.10.2008, 1/SVK/054–08, juris, Rn. 58.
[25] *Burgi* NZBau 2008, 29, 32 f.

terstützt hat." Fraglich ist, ob der Anwendungsbereich dieser Vorschriften auch dann eröffnet ist, wenn nicht das Bieterunternehmen als solches den Auftraggeber bei der Vorbereitung des Vergabeverfahrens beraten oder unterstützt hat, sondern nur eine natürliche Person, die erst nach dieser Tätigkeit (aber vor Beginn des Vergabeverfahrens oder jedenfalls vor Abgabe des (letzten) Angebotes) zu dem Bieterunternehmen gewechselt und seither für dieses Unternehmen als Mitarbeiter oder als Organ tätig ist. In der Literatur wird vertreten, dass die Beratungs- oder Unterstützungsleistungen nicht von dem Bieter selbst erbracht worden sein müssen. Ihm seien grundsätzlich auch die Tätigkeiten eines bei ihm Beschäftigten zuzurechnen.[26] Nach dieser Auffassung ist ein Fall der Projektantenproblematik ohne weiteres zu bejahen.

20   Lehnt man hingegen - etwa wegen des Wortlauts - die unmittelbare Anwendbarkeit der einschlägigen Vorschrift ab, kommt eine analoge Anwendung in Betracht. Von einer Regelungslücke kann dabei ausgegangen werden. Ebenso kann deren Planwidrigkeit unterstellt werden, da nicht ersichtlich ist, dass eine solche Konstellation absichtlich nicht geregelt werden sollte. Darüber hinaus dürfte auch eine vergleichbare Interessenlage gegeben sein. Hierfür spricht die drohende Wettbewerbsverzerrung durch den zumindest potentiell abrufbaren Wissensvorsprung für den jeweiligen Bieter, für den die betreffende Person nunmehr tätig ist. Dessen ungeachtet stellen die Regelungen zur Projektantenproblematik letztlich eine Konkretisierung der in § 97 Abs. 1 und 2 GWB geregelten Grundsätze des Vergaberechts (insbesondere der Grundsätze des unverfälschten Wettbewerbs und der Nichtdiskriminierung und Gleichbehandlung der Bieter) dar.[27] Insoweit sind die Regelungen zur Projektantenproblematik als ein dem Wettbewerb geschuldetes allgemeines vergaberechtliches Prinzip zu verstehen, das auf die Rechtsprechung des EuGH zurückgeht.[28]

21   Dies spricht letztlich für eine zumindest analoge Anwendung der jeweils einschlägigen Regelung zur Projektantenproblematik in derartigen Fällen. Im Ergebnis ist der Auftraggeber daher auch in diesen Fällen verpflichtet, hinreichende Vorkehrungen zur Sicherstellung eines fairen Wettbewerbs zu treffen. Verfügt ein Bieter aufgrund der Vorbefasstheit eines Mitarbeiters über einen Wissensvorsprung gegenüber den anderen Bietern, der nicht in ausreichendem Maße durch den Auftraggeber ausgeglichen wird, stellt dies einen Verstoß gegen das Gleichbehandlungsgebot des § 97 Abs. 2 GWB dar.[29]

IV. Rechtsfolgen für den Auftraggeber

22   Liegt ein Fall der Projektantenproblematik vor, ist der betroffene Bewerber oder Bieter nicht zwingend von der Teilnahme am Vergabeverfahren auszuschließen. Es ist vielmehr zunächst geboten zu klären, ob die Vorbefassung den Vergabewettbewerb überhaupt negativ beeinflussen bzw. verzerren kann. Ist dies der Fall, dann ist auf der zweiten Stufe die Prüfung erforderlich, ob eine Wettbewerbsverzerrung durch geeignete Maßnahmen des Auftraggebers verhindert werden kann. Nur dann, wenn dies nicht möglich ist, ist der vorbefasste Bewerber oder Bieter vom Vergabeverfahren auszuschließen.

1. Prüfung des Vorliegens eines Wettbewerbsvorteils

23   Die zur Projektantenproblematik entwickelten Grundsätze erfordern zunächst eine Prüfung, ob der Wettbewerb überhaupt durch Informationsvorteile des vorbefassten Bieters

---

[26] *Maimann* in Kapellmann/Messerschmidt, § 4 VgV Rn. 6; *Behrens* NZBau 2006, 752, 753.
[27] *Behrens* NZBau 2006, 752, 753; *Zeiss* in Heiermann/Zeiss/Kullack/Blaufuß § 4 VgV Rn. 91; *Müller-Wrede/Lux* ZfBR 2006, 327, 329.
[28] OLG Düsseldorf Beschl. v. 13.8.2008, Verg 28/08, IBR 2009, 1182.
[29] VK Baden-Württemberg Beschl. v. 30.3.2007, 1 VK 06/07, IBR 2007, 509.

verfälscht wird.³⁰ Dies setzt auf der ersten Stufe das Vorliegen eines Informationsvorsprungs bei einem potentiellen Bewerber oder Bieter voraus. Verfügt ein potentieller Bewerber oder Bieter über einen Informationsvorsprung aufgrund einer Vorbefassung, ist auf der zweiten Stufe zu prüfen, ob daraus eine Gefahr der Wettbewerbsverfälschung resultiert.

a) Informationsvorsprung

Um einen Informationsvorsprung eines potentiellen Teilnehmers am Vergabewettbewerb zu identifizieren, muss die Vergabestelle sorgfältig prüfen, ob im Zusammenhang mit der Vorbereitung des Vergabeverfahrens, in dessen Vorfeld oder im Umfeld des zu vergebenden Auftrages bzw. im Zusammenhang mit dessen Gegenstand bereits eine – wie auch immer geartete – Zusammenarbeit zwischen dem Auftraggeber und dem Unternehmen bestand oder besteht. In der Regel sind die einschlägigen Sachverhalte den Auftraggebern bekannt; gleichwohl werden nicht immer die erforderlichen Konsequenzen daraus gezogen. 24

Dennoch ist nicht garantiert, dass ein möglicher Informationsvorsprung eines Unternehmens für die Vergabestelle ohne weiteres erkennbar ist. Hierauf kann sich der Auftraggeber indes nicht berufen. Denn für die vergaberechtliche Beurteilung soll es letztlich unerheblich sein, ob der Vergabestelle der Sachverhalt bekannt ist, aus dem sich der Informationsvorsprung ergibt, oder nicht.³¹ Dieser – auf den ersten Blick sehr weitgehenden – Auffassung ist im Ausgangspunkt zuzustimmen. Denn für die Anwendbarkeit der bieterschützenden Regelungen über die Projektantenproblematik kann es nicht darauf ankommen, ob der jeweilige Auftraggeber bzw. die **Vergabestelle** rechtzeitig **positive Kenntnis** von einem solchen Sachverhalt hatte. Allerdings wird man schon unter Praktikabilitätsgesichtspunkten fordern, dass zumindest eine **fahrlässige Unkenntnis** vorliegt, dh. dass es dem Auftraggeber bei sorgfältiger Prüfung möglich gewesen wäre, den bestehenden Informationsvorsprung rechtzeitig zu erkennen. 25

In Fällen, in denen ein potentielles Bieterunternehmen über einen Informationsvorsprung verfügt, ohne dass der Auftraggeber dies hätte erkennen können, etwa weil das Unternehmen durch Zufall an die Informationen gelangt ist oder sie sich auf rechtswidrige Weise und unbemerkt vom Auftraggeber verschafft hat, wird man vom Auftraggeber keine Vorkehrungen zum Ausgleich eines daraus resultierenden Wettbewerbsvorteils fordern können. Dies gilt allerdings nur, solange dem Auftraggeber dieser Sachverhalt nicht nachträglich, etwa aufgrund einer Rüge im Vergabeverfahren bekannt wird. 26

Vor diesem Hintergrund fordern Auftraggeber in der Praxis bisweilen sog. **Ethikerklärungen** von Bietern, in denen diese versichern, für den Auftraggeber keine Beratungs- oder sonstigen Unterstützungsleistungen im Vorfeld des Vergabeverfahrens erbracht zu haben. Solche Ethikerklärungen werden von der Vergaberechtsprechung zwar grundsätzlich akzeptiert.³² Sie sind jedoch nur begrenzt zur Lösung des Problems geeignet. Jedenfalls entbinden sie den Auftraggeber nicht vollständig davon, auch eigene Erkenntnismöglichkeiten zu nutzen, um eine etwaige Vorbefassung zu identifizieren. Ungeachtet dessen besteht selbstverständlich eine Reaktionspflicht, wenn im Nachhinein Anhaltspunkte für eine Vorbefasstheit eines in das Vergabeverfahrens einbezogenen Unternehmens bekannt werden, obwohl dieses die Erklärung wie gefordert abgegeben hat. 27

b) Gefahr der Wettbewerbsverzerrung

Liegt ein Informationsvorsprung aufgrund einer Vorbefassung vor, stellt sich die Frage, ob daraus die Gefahr einer Verfälschung des Vergabewettbewerbs resultiert. Auch hierfür 28

---
³⁰ OLG Düsseldorf Beschl. v. 25.10.2005, Verg 67/05, IBR 2006, 46.
³¹ VK Nordbayern Beschl. v. 9.8.2007, 21.VK-3194–32/07, ZfBR 2007, 822, 824.
³² VK Bund Beschl. v. 27.3.2007, VK 2–18/07.

müssen zumindest konkrete Anhaltspunkte im Sinne greifbarer Tatsache oder Indizien vorliegen. Alleine die abstrakte Möglichkeit einer Vorteilserlangung oder der „**böse Schein**" genügen insoweit nicht.[33] Voraussetzung für das Eingreifen von Rechtsfolgen, die sich aus den Regelungen über die Projektantenproblematik ergeben, ist dabei auch, dass der mögliche Wettbewerbsvorteil gerade aus einem Informationsvorsprung resultiert, der kausal mit der Vorbefassung des Unternehmens zusammenhängt[34], und nicht etwa auf sonstige Gründe zurückzuführen ist, etwa auf Sachverhalte, die in den Anwendungsbereich des § 16 VgV fallen.

29 Erscheint es danach bei objektiver Betrachtung der ausgeschriebenen Leistung möglich, dass der Informationsvorsprung den Wettbewerb verfälscht, ist es Sache des vorbefassten Unternehmens darzulegen und im Streitfall nachzuweisen, dass ihm durch die Vorbefassung kein ungerechtfertigter Vorteil im Hinblick auf den Vergabewettbewerb erwachsen ist.[35] Hierzu kann sich der Bieter grundsätzlich aller zur Verfügung stehenden Mittel und Unterlagen bedienen. Dies eröffnet für den betroffenen Bieter Argumentations- und Handlungsspielräume. Dabei kann sich jedoch die **Darlegungs- und Beweislast** je nach Fallkonstellation auch auf den Auftraggeber verlagern. Will ein Mitbewerber einen potentiellen Projektanten vom Vergabewettbewerb ausschließen, so trifft ihn zunächst mangels weitergehender Kenntnisse vom konkreten Inhalt der Projektantenleistung lediglich eine allgemeine Darlegungslast.[36] Dieser folge dann notwendigerweise die eigentliche, substanzielle Darlegungslast des Auftraggebers bezüglich einer nicht bestehenden Wettbewerbsverfälschung bzw. bezüglich geeigneter Maßnahmen zur Prävention.[37] Entscheidend ist letztlich aber nicht, ob der Bieter im konkreten Verfahren tatsächlich einen Wettbewerbsvorteil hat oder sich zu verschaffen gedenkt, sondern ob die Möglichkeit hierzu besteht.

30 Die Prüfungspflicht des Auftraggebers besteht nicht nur zu Beginn des Vergabeverfahrens. Vielmehr muss er **während des gesamten Vergabeverfahrens** prüfen, ob eine mögliche Wettbewerbsverzerrung vorliegt, auch wenn er das möglicherweise in einem früheren Verfahrensstadium zutreffend verneint hat. Legt ein vorbefasstes Unternehmen ein Angebot vor, so ist dieses vom Auftraggeber stets einer vertieften Prüfung zu unterziehen. Der Auftraggeber hat insbesondere zu untersuchen, ob sich Vorteile aus der Vorbefassung in dem Angebot – etwa in einem besonders günstigen Angebotspreis – niederschlagen. Gleiches gilt, wenn der Projektant bezüglich projektbezogener Wertungskriterien besonders gut abschneidet oder nur sein Angebot solche überhaupt aufweist.[38] Auch (erst) daraus können sich hinreichende Anhaltspunkte für eine potenzielle Wettbewerbsverzerrung ergeben.

2. Pflicht des Auftraggebers zur Egalisierung des Wettbewerbsvorteils

31 Verfügt ein (potentiell) am Vergabeverfahren teilnehmendes Unternehmen aufgrund einer Vorbefassung über einen Informationsvorsprung, der die Gefahr einer Wettbewerbsbeeinträchtigung begründet, hat der Auftraggeber nach den einschlägigen Vorschriften sicherzustellen, dass der Wettbewerb durch die Teilnahme des Bieters oder Bewerbers nicht verfälscht wird. Das heißt, es besteht eine Pflicht des Auftraggebers, **geeignete Maßnahmen** zu treffen, um dennoch einen fairen Wettbewerb zu gewährleisten und die Einhal-

---

[33] OLG Brandenburg Beschl. v. 19.12.2011, Verg W 17/11, ZfBR 2012, 182, 187; VK Sachsen Beschl. v. 28.10.2008, 1/SVK/054–08, juris, Rn. 68.
[34] VK Sachsen Beschl. v. 28.10.2008, 1/SVK/054–08, juris, Rn. 65.
[35] OLG Brandenburg Beschl. v. 19.12.2011, Verg W 17/11, ZfBR 2012, 182, 187; OLG München Beschl. v. 10.2.2011, Verg 24/10, Rn. 53; VK Sachsen Beschl. v. 15.2.2011, 1/SVK/052–10, Rn. 106.
[36] OLG Düsseldorf Beschl. v. 25.10.2005, VII-Verg 67/05, Rn. 29.
[37] *Behrens* NZBau 2006, 752, 756; *Maimann* in Kapellmann/Messerschmidt, § 4 Rn. 8.
[38] *Maimann* in Kapellmann/Messerschmidt, § 4 VgV Rn. 7; *Müller-Wrede/Lux* ZfBR 2006, 327, 329.

tung des Gleichbehandlungs- und Nichtdiskriminierungsgrundsatzes sicherzustellen. Der Auftraggeber muss daher entweder präventiv Vorkehrungen zur Vermeidung einer Wettbewerbsverzerrung treffen oder im Nachgang einen etwaigen potentiell wettbewerbsverzerrenden Wissensvorsprung durch geeignete Vorkehrungen egalisieren.[39]

Das erfordert grundsätzlich, dass sämtliche objektiv notwendigen Informationen an alle beteiligten Unternehmen weitergegeben werden, damit ein objektiv gleicher Informationsstand für alle Bieter bzw. Bewerber erreicht wird.[40] Um den möglichen Wissensvorsprung eines vorbefassten Bieters auszugleichen, müssen die Vergabeunterlagen eine detaillierte **Situationsbeschreibung** enthalten. Alles, was der vorbefasste Bieter möglicherweise an relevantem Exklusivwissen erworben haben könnte, ist durch Weitergabe zusätzlicher Informationen und ggf. Unterlagen an die übrigen Bieter, nötigenfalls auch durch entsprechende Verlängerung der **Ausschreibungsfristen**[41] auszugleichen. 32

Dies bedeutet, dass in der Regel allen Interessenten zumindest die **Projektunterlagen** vollständig zur Verfügung zu stellen sind, die alle relevanten Informationen und Ergebnisse, die sich im Rahmen der Vorbefassung ergaben, sowie alle Unterlagen enthalten, an deren Erstellung das vorbefasste Unternehmen mitgewirkt hat.[42] Darüber hinaus kann es erforderlich sein, den Interessenten die Möglichkeit zu geben, sich vor Angebotsabgabe durch eine **Ortsbesichtigung** oder Inaugenscheinnahme zusätzliche Kenntnisse zu verschaffen, über die das vorbefasste Unternehmen bereits verfügt; ggf. kann es angezeigt sein, den Bietern ausdrücklich zu erlauben, die Ergebnisse des vorbefassten Unternehmens in ihr Konzept einfließen zu lassen.[43] 33

3. Ausschluss des vorbefassten Unternehmens als ultima ratio

Nur dann, wenn der durch die Vorbefassung erlangte Wettbewerbsvorteil nicht durch geeignete Maßnahmen und Vorkehrungen so weit ausgeglichen werden kann, dass ein unverfälschter Vergabewettbewerb sichergestellt ist, kann und muss der Auftraggeber das vorbefasste Unternehmen von der Teilnahme an dem Vergabeverfahren ausschließen.[44] Der vorbefasste Bieter hat einen Anspruch darauf, dass der Auftraggeber alles ihm Mögliche unternimmt, um ihm trotz seiner Vorbefassung eine Beteiligung an der Ausschreibung zu ermöglichen.[45] 34

Schließt der Auftraggeber ein vorbefasstes Unternehmen vom der Teilnahme am Vergabeverfahren aus, obwohl eine Egalisierung des Wissensvorsprungs durch die Vergabestelle möglich gewesen wäre, diese es aber versäumt hat, einen fairen Wettbewerb durch geeignete Maßnahmen sicherzustellen, kann der ausgeschlossene Bieter im Wege des Vergabenachprüfungsverfahrens gegen seinen Ausschluss vorgehen. In diesem Fall ist das Verfahren aufzuheben bzw. ab demjenigen Zeitpunkt zu wiederholen, ab dem eine Egalisierung des Wettbewerbsvorsprungs möglich gewesen wäre.[46] Dies wird in aller Regel eine Wiedereröffnung der Angebotsfrist zur Folge haben. Bei dem (teilweise) zu wiederholenden Vergabeverfahren darf der vorbefasste Bieter nicht ausgeschlossen werden. 35

---

[39] VK Sachsen Beschl. v. 28.10.2008, 1/SVK/054–08, juris, Rn. 57.
[40] *Noch*, 121 Rn. 62.
[41] Vgl. VK Baden-Württemberg Beschl. v. 30.3.2007, 1 VK 6/07, juris, Rn. 111.
[42] Vgl. OLG Brandenburg Beschl. v. 19.12.2011, Verg W 17/11, ZfBR 2012, 182, 187; VK Baden-Württemberg Beschl. v. 29.11.2002, 1 VK 62/02, juris, Rn. 36; *Müller-Wrede/Lux* ZfBR 2006, 327, 328.
[43] Vgl. OLG Koblenz Beschl. v. 6.11.2008, 1 Verg 3/08, ZfBR 2009, 93, 95.
[44] VK Nordbayern Beschl. v. 4.5.2009, 21.VK-3194–06/09, BeckRS 2010, 27030; VK Sachsen Beschl. v. 28.10.2008, 1/SVK/054–08, IBR 2009, 164; VK Baden-Württemberg Beschl. v. 30.3.2007, 1 VK 6/07, juris, Rn. 109.
[45] VK Baden-Württemberg Beschl. v. 19.4.2005, 1 VK 11/05; *Otting* in Bechtold, § 97 Rn. 11.
[46] OLG Brandenburg Beschl. v. 15.5.2007, Verg W 2/07, VergabeR 2008, 242, 245 i.V.m. 248.

V. Maßnahmen vorbefasster Bieter zur Risikominimierung

36   Auch wenn die Reaktionspflichten im Falle einer Projektantenproblematik den Auftraggeber und nicht den Projektanten betreffen, kann es unter dem Gesichtspunkt der Risikominimierung auch aus Sicht des Projektanten ratsam sein, rechtzeitig Maßnahmen zur Wahrung der eigenen rechtlichen Interessen zu ergreifen. Denn ihm kann schlimmstenfalls immerhin der Ausschluss aus dem Vergabeverfahren drohen.

1. Kooperation mit dem Auftraggeber

37   Zum einen sollte der vorbefasste Bieter daher von Anfang an darauf achten und nötigenfalls darauf hinzuwirken versuchen, dass der Auftraggeber möglichst vor Beginn des Vergabeverfahrens sorgfältig prüft, ob und wenn ja welche Maßnahmen zur Sicherstellung eines unverfälschten Wettbewerbs zu treffen sind. Insbesondere sollte der Projektant darauf achten und ggf. daran mitwirken, dass den übrigen interessierten Unternehmen etwaige zusätzliche Informationen, über die der Projektant verfügt und die für den Wettbewerb relevant sein können, rechtzeitig zur Verfügung gestellt werden.

2. Interne Vorkehrungen des Projektanten

38   Zum anderen sind aber auch interne Maßnahmen im Unternehmen des Projektanten in Betracht zu ziehen. Dies gilt insbesondere in Fällen, in denen die Gefahr besteht, dass etwaige Wettbewerbsvorteile des Projektanten nicht durch entsprechende Vorkehrungen im Vergabeverfahren egalisiert werden können, so dass dem Projektanten der Ausschluss droht. Möchte der Projektant gleichwohl als Bieter am Vergabeverfahren teilnehmen, kann es erforderlich oder – zur Minimierung des vergaberechtlichen Risikos – zumindest anzuraten sein, Vorkehrungen zu treffen, die bereits das Entstehen eines Wettbewerbsvorteils nachvollziehbar verhindern. Hierfür kommen verschiedene, vor allem organisatorische Vorkehrungen auf Seiten des vorbefassten Bieters in Betracht. Geeignet sind alle Maßnahmen, die der Darlegung und ggf. dem Beweis dienen, dass sich der Bieter durch die Vorbefassung keine wettbewerbsrelevanten Vorteile verschafft hat und sich diese auch nicht verschaffen konnte.

39   Ein probates Mittel kann sein, im Unternehmen des Projektanten die Einheit, welche den Auftraggeber im Vorfeld des Verfahrens berät bzw. an der Vorbereitung mitwirkt und daher vorbefasst ist, vollständig von der Einheit zu trennen, die für die Teilnahme am Vergabeverfahren und die Angebotserstellung zuständig ist. Um die vollständige Trennung sicherzustellen, ist es erforderlich, interne Informationsbarrieren („**Chinese Walls**") zu errichten. Dadurch kann ein Informationsaustausch zwischen der einen und der anderen Einheit verhindert werden, sofern sichergestellt ist, dass es im gesamten Unternehmen (bis hin zur Unternehmensleitung) keine Möglichkeiten zur Überwindung der Barrieren gibt.

40   Bei der konkreten Ausgestaltung kommt eine örtliche bzw. räumliche Trennung der Mitglieder beider Einheiten (Teams) in Betracht. Soweit eine Unterbringung am gleichen Standort zwingend erforderlich ist, sollten die Arbeitsplätze der jeweiligen Teammitglieder zumindest auf verschiedene Stockwerke oder Stockwerksteile verteilt sein. Auch eine Zusammenarbeit von Mitgliedern beider Teams in anderen Projekten sollte für die Zeit ab Beginn der Vorbefassung bis zum Abschluss des Vergabeverfahrens unterbunden werden. Gleiches gilt für alle unterstützenden Einheiten wie Sekretariate, Assistenten und sonstige Mitarbeiter. Zugangsmöglichkeiten der Mitglieder eines Teams zu den jeweiligen Arbeitsbereichen der Mitglieder des anderen Teams sind auszuschließen. Neben der räumlichen Trennung sollten auch strikte Einschränkungen der Kommunikation und des Informationsaustausches eingeführt werden. Gegenseitige Zugriffsrechte auf IT-Verzeichnisse und Laufwerke sollten ausgeschlossen werden. Die wechselseitige elektronische Kommunikati-

on sollte nach Möglichkeit blockiert werden. Für das Vergabeverfahren relevante Daten sollten nicht offen zugänglich sein. Die strenge Beachtung sämtlicher Barrieren sollte durch vollständige Information aller betroffenen Mitarbeiter und genaue Verhaltensanweisungen und Richtlinien sichergestellt und durch eine von beiden Seiten unabhängige und abgeschirmte Einheit überwacht und kontrolliert werden. Zu Beweiszwecken sind sämtliche damit zusammenhängenden Vorgänge umfassend zu dokumentieren.

Die Umsetzung eines solchen Konzepts kann im Einzelfall dazu beitragen, dass ein Ausschluss des Projektanten von der Teilnahme am Vergabeverfahren nicht notwendig wird. Gleichwohl wird – selbst bei strenger Einhaltung einer Chinese-Walls-Policy oder sonstiger Maßnahmen – jeweils im Einzelfall zu prüfen sein, ob alleine damit ein unverfälschter Wettbewerb hinreichend sichergestellt werden kann. 41

C. Ausgeschlossene Personen

Nach der Regelung des § 16 Abs. 1 VgV, die in ihrer Struktur relativ unübersichtlich und komplex ist, dürfen für einen Auftraggeber als voreingenommen geltende **natürliche Personen** in bestimmten Funktionen bei **Entscheidungen** in einem **Vergabeverfahren** nicht **mitwirken**. 42

Die Vorschrift stellt eine Konkretisierung des vergaberechtlichen Neutralitätsgebots als besondere Ausprägung des Gleichbehandlungsgebots dar. Ihr Sinn und Zweck ist die Verhinderung von Wettbewerbsbeeinträchtigungen aufgrund von Interessenkonflikten.[47] 43

I. Normstruktur und Regelungssystematik

Auf **Tatbestandsseite** ist zunächst die Frage der **Voreingenommenheit** einer Person zu prüfen, wobei die gesetzliche Vermutung und ggf. eine mögliche Widerlegung dieser Vermutung zu berücksichtigen sind. Wird die Voreingenommenheit bejaht, ist die **Rechtsfolge** ein **Mitwirkungsverbot** zu Lasten der voreingenommenen Person. 44

Als **unwiderleglich voreingenommen** gilt eine natürliche Person gemäß § 16 Abs. 1 Hs. 2 VgV, soweit sie in dem Vergabeverfahren 45
– Bieter oder Bewerber ist (Abs. 1 Nr. 1) oder
– einen Bieter oder Bewerber berät oder sonst unterstützt oder als gesetzlicher Vertreter oder nur in dem Vergabeverfahren vertritt (Abs. 1 Nr. 2).

Als **widerleglich voreingenommen** gilt eine natürliche Person gemäß § 16 Abs. 1 Hs. 2 Nr. 3 VgV, soweit sie in dem Vergabeverfahren 46
– bei einem Bieter oder Bewerber gegen Entgelt beschäftigt oder bei ihm als Mitglied des Vorstandes, Aufsichtsrates oder gleichartigen Organs tätig ist (Abs. 1 Hs. 2 Nr. 3 lit. a) oder
– für ein in das Vergabeverfahren eingeschaltetes Unternehmen tätig ist, wenn dieses Unternehmen zugleich geschäftliche Beziehungen zum Auftraggeber und zum Bieter oder Bewerber hat (Abs. 1 Hs. 2 Nr. 3 lit. b).

Diese Vermutung der Voreingenommenheit ist in den Fällen des § 16 Abs. 1 Hs. 2 Nr. 3 lit. a) und b) VgV gemäß § 16 Abs. 1 Hs. 2 Nr. 3 a. E. VgV **widerlegt**, wenn 47
– durch die Tätigkeit für die Personen kein Interessenkonflikt besteht oder
– sich die Tätigkeiten nicht auf die Entscheidungen in dem Vergabeverfahren auswirken.

Die (jeweils widerlegliche oder unwiderlegliche) Vermutung der Voreingenommenheit dehnt § 16 Abs. 2 VgV auf natürliche Personen aus, wenn einer ihrer **Angehörigen**, de- 48

---

[47] VK Brandenburg, Beschl. v. 28.1.2013, VK 43/12, Veris; 2. VK Bund Beschl. v. 1.8.2008, VK 2–88/08, juris, Rn. 37; VK Niedersachsen Beschl. v. 12.7.2011, VgK-19/2011, juris, Rn. 106; *Greb* in Ziekow/Völlink, § 16 VgV Rn. 1 f.

ren Kreis in der Vorschrift genau definiert ist,[48] eine der Voraussetzungen der Nrn. 1 bis 3 des § 16 Abs. 1 VgV erfüllt.

49 Von seinem **persönlichen** Anwendungsbereich her erfasst § 16 Abs. 1 Hs. 1 VgV alle natürlichen Personen, die eine Funktion als
– Organmitglied des Auftraggebers,
– Mitarbeiter des Auftraggebers,
– Beauftragter des Auftraggebers oder
– Mitarbeiter eines Beauftragten des Auftraggebers
ausüben.[49] Die Tatbestandsvoraussetzungen des § 16 VgV sind ernst zu nehmen. Die Norm soll nicht generell Personen von der Mitwirkung an einem Vergabeverfahren ausschließen, wenn Anhaltspunkte für eine mögliche Voreingenommenheit oder einen Interessenkonflikt vorliegen. Alleine der **böse Schein** genügt nicht.[50] Ein Ausschluss setzt vielmehr in jedem Einzelfall voraus, dass die Tatbestandsvoraussetzungen einer der Alternativen des § 16 VgV zu bejahen sind.[51]

II. Unwiderlegliche Vermutung der Voreingenommenheit (§ 16 Abs. 1 Nr. 1 und 2 VgV)

50 Soweit eine natürliche Person in einem Vergabeverfahren selbst Bieter oder Bewerber ist oder einen Bieter oder Bewerber entweder generell als gesetzlicher Vertreter oder nur in dem Vergabeverfahren vertritt oder soweit sie einen Bieter oder Bewerber berät oder sonst unterstützt, gilt sie gemäß § 16 Abs. 1 Hs. 2 VgV als voreingenommen. Diese Vermutung ist nicht widerlegbar.[52] Bei diesen Personen geht der Verordnungsgeber stets von einem Interessenkonflikt aus, sie können nicht neutral sein.[53] Als Grund dafür wird die Personenidentität bzw. die besondere Nähebeziehung zwischen dem Auftraggeber und dem Bieter bzw. Bewerber genannt.[54]

51 Auf der Hand liegt das im Hinblick auf den in § 16 Abs. 1 Nr. 1 VgV geregelten Fall. Eine natürliche Person, die selbst **Bieter oder Bewerber ist**, kann nicht gleichzeitig für den Auftraggeber an Entscheidungen im Hinblick auf das Vergabeverfahren mitwirken. Der in diesem Fall bestehende Interessenkonflikt wäre nicht auflösbar.

52 Eine unwiderlegbare Voreingenommenheit besteht auch bei einer natürlichen Person, soweit sie einen Bieter oder Bewerber **berät oder sonst unterstützt** oder als gesetzlicher Vertreter oder nur in dem Vergabeverfahren **vertritt** (§ 16 Abs. 1 Nr. 2 VgV). Dies setzt allerdings eine direkte Beziehung zwischen der Person und dem Bieter oder Bewerber voraus. Es genügt hingegen nicht, wenn diese Beziehung lediglich zu einem Gesellschafter oder einem konzernverbundenen Unternehmen eines Bieters besteht, etwa wenn

---

[48] Hierzu näher *Ganske* in Reidt/Stickler/Glahs, § 16 VgV Rn. 52 f.; *Müller* in Byok/Jäger, § 16 VgV Rn. 56 ff.

[49] Details hierzu bei *Ganske* in Reidt/Stickler/Glahs, § 16 VgV Rn. 13 ff.; *Müller* in Byok/Jäger, § 16 VgV Rn. 20 ff.; *Kühnen* in Kapellmann/Messerschmidt, § 16 VgV Rn. 6.

[50] OLG Brandenburg Beschl. v. 22.5.2007, Verg W 13/06, juris, Rn. 112; VK Brandenburg, Beschl. v. 28.1.2013, VK 43/12, Veris; VK Sachsen Beschl. v. 26.6.2009, 1/SVK/024–09, juris, Rn. 151; VK Niedersachsen Beschl. v. 6.9.2004, 203-VgK-39/2004, juris, Rn. 62; *Winnes* NZBau 2002, 371, 373; *Otting* NVwZ 2001, 775, 777; *Byok* NJW 2001, 2295, 2301; *Ganske* in Reidt/Stickler/Glahs, § 16 VgV Rn. 6; aA. *Berstermann/Petersen* VergabeR 2006, 740, 745; *Müller* in Byok/Jaeger, § 16 VgV, Rn. 18 unter Verweis auf OLG Koblenz Beschl. v. 5.9.2002, 1 Verg 2/02.

[51] OLG Celle Beschl. v. 8.9.2011, 13 Verg 4/11, BeckRS 2011, 22904 m. Verweis auf *Greb* in Ziekow/Völlink, § 16 VgV Rn. 4.

[52] *Ganske* in Reidt/Stickler/Glahs, § 16 VgV Rn. 20; *Müller* in Byok/Jäger, § 16 VgV Rn. 16.

[53] VK Niedersachsen Beschl. v. 12.7.2011, VgK-19/2011, juris, Rn. 106; Beschl. v. 5.7.2011, VgK-22/2011, juris, Rn. 90; ebenso bereits VK Niedersachsen Beschl. v. 6.9.2004, 203-VgK-39/2004, juris, Rn. 61.

[54] *Greb* in Ziekow/Völlink, § 16 VgV Rn. 20.

ein Rechtsanwalt den Gesellschafter berät, der in das Vergabeverfahren nicht involviert ist, und keine fördernde oder unterstützende Auswirkung der Tätigkeit des Beraters auf das Bieterunternehmen erkennbar ist.[55] Ein rein potentieller oder abstrakter Interessenkonflikt wird von § 16 Abs. 1 VgV nicht erfasst.[56]

Wichtig ist, dass sich die beratende oder unterstützende Tätigkeit für den Bieter oder Bewerber nach herrschender Auffassung zumindest auch auf das konkrete Vergabeverfahren beziehen muss, so dass eine Beratung in anderen Angelegenheiten noch keine Voreingenommenheit im Sinne des § 16 VgV begründet.[57] Dies ergibt sich schon aus dem Wortlaut des § 16 Abs. 1 VgV, der alle Fälle der Nrn. 1 bis 3 mit der Formulierung „**in diesem Verfahren**" einleitet.[58] Eine andere Auslegung würde auch zu einem Wertungswiderspruch innerhalb des § 16 Abs. 1 Nr. 2 VgV führen. Denn durch die dritte Variante dieser Regelung werden Vertreter eines Bieters oder Bewerbers, die nicht gesetzliche Vertreter sind, ausdrücklich nur erfasst, wenn sie den Bieter oder Bewerber im konkreten Vergabeverfahren vertreten. Was aber für die Vertretung gilt, muss für die reine Beratung oder sonstige Unterstützung erst recht gelten.

53

Unschädlich ist insoweit eine Doppelfunktion eines Beraters des Auftraggebers, der etwa zugleich Organmitglied eines – im konkreten Vergabeverfahren nicht als Bieter auftretenden – Unternehmens ist, das in anderen Vergabeverfahren selbst als Bieter auftreten könnte. Diese **abstrakte Gefahr**, dass sich der Berater aufgrund der Kenntnisse, die er im Zusammenhang mit der Beratung zum aktuellen Vergabeverfahren erlangt, in zukünftigen Vergabeverfahren einen Wettbewerbsvorteil verschaffen könnte, genügt nicht, da § 16 Abs. 1 VgV eine Interessenkollision in demselben Vergabeverfahren verlangt, so dass sich eine abstrakte Gefahr zu einer konkreten Gefahr verfestigt haben muss.[59]

54

Als „**sonstige Unterstützung**" im Sinne des § 16 Abs. 1 Nr. 2 VgV, die grundsätzlich auch bei einem Berater zu bejahen sein kann, kommt nur eine Tätigkeit in Betracht, die in ihrer Intensität mit der Alternative des „Beratens" gleichgesetzt werden kann.[60] Eine bloße „starke Affinität" eines Beraters zu einem Bieter oder die Vermutung, der Berater werde dem Bieter grundsätzlich gewogen sein, genügen jedenfalls nicht.[61]

55

III. Widerlegliche Vermutung der Voreingenommenheit (§ 16 Abs. 1 Nr. 3 VgV)

In den Fällen des § 16 Abs. 1 Hs. 2 Nr. 3 lit. a) und b) VgV gilt eine natürliche Person als voreingenommen, soweit sie in dem Vergabeverfahren bei einem Bieter oder Bewerber **gegen Entgelt beschäftigt** oder als **Organmitglied** tätig ist (Abs. 1 Hs. 2 Nr. 3 lit. a) oder für ein in das Vergabeverfahren **eingeschaltetes Unternehmen** tätig ist, wenn dieses Unternehmen zugleich **geschäftliche Beziehungen** zum Auftraggeber und zum Bieter oder Bewerber hat.

56

Diese Vermutung kann – im Gegensatz zu den Fallgruppen des § 16 Abs. 1 Hs. 2 Nr. 1 und 2 VgV – widerlegt werden. Der Grund dafür ist, dass in diesen Fällen keine Personenidentität besteht und auch die Nähebeziehung zwischen dem Auftraggeber und dem Bieter oder Bewerber typischerweise weniger stark ist.[62]

57

---

[55] OLG Celle Beschl. v. 8.9.2011, 13 Verg 4/11, Rn. 64 ff., BeckRS 2011, 22904; OLG Dresden Beschl. v. 23.7.2002, WVerg 0007/02, Rn. 25 f.
[56] VK Niedersachsen Beschl. v. 19.1.2012, VgK-58/11, BeckRS 2012, 05611.
[57] OLG Celle Beschl. v. 8.9.2011, 13 Verg 4/11, BeckRS 2011, 22904; *Ganske* in Reidt/Stickler/Glahs, § 16 VgV Rn. 21.
[58] VK Niedersachsen Beschl. v. 19.1.2012, VgK-58/11, BeckRS 2012, 05611.
[59] VK Niedersachsen Beschl. v. 19.1.2012, VgK-58/11, BeckRS 2012, 05611.
[60] OLG Celle Beschl. v. 9.4.2009, 13 Verg 7/08, juris, Rn. 119; *Müller* in Byok/Jäger, § 16 VgV Rn. 34.
[61] OLG Celle Beschl. v. 8.9.2011, 13 Verg 4/11, BeckRS 2011, 22904.
[62] *Greb* in Ziekow/Völlink, § 16 VgV Rn. 21.

1. Tatbestandsvoraussetzungen

58 Voraussetzung des § 16 Abs. 1 Nr. 3 lit. a) VgV ist ein unmittelbares Rechtsverhältnis zwischen der betroffenen Person und dem Auftraggeber. In der ersten Variante der „Beschäftigung" ist dabei mangels Legaldefinition eine weite Auslegung vorzunehmen.[63] Jede öffentlich-rechtliche oder privatrechtliche Rechtsbeziehung, unabhängig von Art und Umfang, ist als **„objektiv fassbare Nähebeziehung"**[64] einbezogen, wobei aufgrund der wirtschaftlichen Abhängigkeit auch arbeitnehmerähnliche Personen, wie Handelsvertreter oder freie Mitarbeiter, unter den Tatbestand subsumiert werden sollen.[65] Als Korrektiv dieser weiten Auslegung kann letztlich die Widerlegungsmöglichkeit im letzten Halbsatz dienen.

59 § 16 Abs. 1 Nr. 3 lit. b) VgV regelt die Fälle, in denen ein Unternehmen durch den Auftraggeber in das Vergabeverfahren eingeschaltet, also als Beauftragter des Auftraggebers tätig wird. Dieses Unternehmen muss dann zugleich geschäftliche Beziehungen zum Bieter haben. Die Norm verbietet, dass die Mitarbeiter eines Unternehmens, die in ein konkretes Vergabeverfahren durch den Auftraggeber eingeschaltet sind, zugleich geschäftliche Beziehungen zu einem Bieter oder Bewerber unterhalten; insbesondere dürfen sie nicht als Mitarbeiter des beauftragten Unternehmens auf das Vergabeverfahren Einfluss nehmen.[66]

60 Welche Beziehungen genau als geschäftliche Beziehungen im Sinne des § 16 Abs. 1 Nr. 3 lit. b) VgV zu verstehen sind, ist in der Rechtsprechung bisher nicht abschließend geklärt. Art, Dauer und Umfang der Geschäftsbeziehungen sind in der Regel ohne Bedeutung.[67] Der Begriff wird weit gefasst. Ausreichend soll zB. eine rein lizenzrechtliche Vereinbarung sein.[68] Nicht ausreichend ist indes eine rein gesellschaftsrechtliche Verbindung.[69] Auch einen einmaligen, punktuellen Kontakt, etwa aufgrund einer einzelnen Warenlieferung ohne weitere Folgeaufträge oder sonstige Rechtsbeziehungen (mit Ausnahme der üblichen Gewährleistung), wird man in der Regel nicht als ausreichend erachten können.[70]

2. Widerlegung der Vermutung

61 Die Vermutung der Voreingenommenheit ist in den Fällen des § 16 Abs. 1 Hs. 2 Nr. 3 lit. a) und b) VgV widerlegt, wenn dadurch für die Personen kein Interessenkonflikt besteht oder sich die Tätigkeiten nicht auf die Entscheidungen in dem Vergabeverfahren auswirken (§ 16 Abs. 1 Hs. 2 Nr. 3 a. E. VgV). Soll der angenommene Interessenkonflikt widerlegt werden, müssen konkrete Anhaltspunkte für das Fehlen eines Interessenkonflik-

---

[63] *Müller* in Byok/Jäger, § 16 VgV Rn. 22; *Ganske* in Reidt/Stickler/Glahs, § 16 VgV Rn. 16.
[64] OLG Koblenz Beschl. v. 18.9.2003, 1 Verg 4/03, ZfBR 2003, 822, 827.
[65] *Schröder* NVwZ 2004, 168, 169; *Müller* in Byok/Jäger, § 16 VgV Rn. 22.
[66] OLG Celle Beschl. v. 8.9.2011, 13 Verg 4/11, BeckRS 2011, 22904 m. Verweis auf *Ganske* in Reidt/Stickler/Glahs, § 16 VgV Rn. 31; sowie *Dippel* in Heiermann/Zeiss/Kullack/Blaufuß, § 16 VgV Rn. 27.
[67] *Kühnen* in Kapellmann/Messerschmidt, § 16 VgV Rn. 15; aA. *Ganske* in Reidt/Stickler/Glahs, § 16 VgV Rn. 35, der eine „gewisse Kontinuität der Zusammenarbeit" und einen „bestimmten Intensitätsgrad" fordert, sowie *Dippel* in Heiermann/Zeiss/Kullack/Blaufuß, § 16 VgV Rn. 27 (unter Verweis auf OLG Celle Beschl. v. 8.9.2011, 13 Verg 4/11, BeckRS 2011, 22904), wonach eine Parallelität in zeitlicher Hinsicht erforderlich sein soll.
[68] VK Sachsen Beschl. v. 26.6.2009, 1/SVK/024–09, BeckRS 2009, 23149.
[69] VK Baden-Württemberg Beschl. v. 26.10.2010, 1 VK 54/10; *Kleinert/Göres* KommJur 2006, 361, 363; *Kühnen* in Kapellmann/Messerschmidt, § 16 VgV Rn. 21; aA. *Lange* NZBau 2008, 422 ff.; *Müller* in Byok/Jaeger, § 16 VgV Rn. 42.
[70] *Berstermann/Petersen* VergabeR 2006, 740, 745; *Dippel* in Heiermann/Zeiss/Kullack/Blaufuß, § 16 VgV Rn. 27; *Ganske* in Reidt/Stickler/Glahs, § 16 VgV Rn. 35.

tes oder eine mangelnde Einflussnahme ersichtlich sein. Zumindest in den Fällen des § 16 Abs. 1 Hs. 2 Nr. 3 lit. a) VgV ist dies praktisch schwer möglich.[71]

Die **Darlegungs- und Beweislast** hierfür liegt grundsätzlich beim Auftraggeber.[72]   62

a) Kein Interessenkonflikt

Vor diesem Hintergrund stellt sich die Frage, wie eine Vergabestelle in der Praxis den Verdacht eines Interessenkonflikts entkräften kann. Ein Umstand, der für die Verneinung eines Interessenkonflikts sprechen kann, ist das Vorliegen einer verbindlichen **Erklärung** zum Nichtvorliegen eines Interessenkonflikts durch die jeweilige natürliche Person, die gegenüber dem Auftraggeber abzugeben ist. Allerdings wird dies alleine in der Regel nicht genügen, um die gesetzliche Vermutung zu widerlegen.   63

In der Rechtsprechung wurde für die Konstellation der Beendigung eines Beschäftigungsverhältnisses vor Mitwirkung im Vergabeverfahren bereits entschieden, dass die Annahme der Voreingenommenheit objektiv nicht gerechtfertigt ist, wenn zum Zeitpunkt des Tätigwerdens das Beschäftigungsverhältnis und damit eine Beteiligung an den geschäftlichen Interessen eines früheren Konkurrenten nicht mehr bestanden hat. Denn die maßgeblichen Entscheidungen lägen im Zeitpunkt des Ausscheidens aus dem Unternehmen des Bieters noch weit in der Zukunft.[73] Davon abgesehen sei das Argument eines früheren Beschäftigungsverhältnisses mehrdeutig. Mit gleicher Berechtigung ließe sich aus der Trennung vom früheren Arbeitgeber ein Hinweis darauf gewinnen, dass im Beschäftigungsverhältnis Zerwürfnisse entstanden sind, die eine negative Einstellung gegenüber dem ehemaligen Arbeitgeber und in diesem Fall gerade nicht gegenüber einem seiner früheren Konkurrenten begründen könnten.[74]   64

b) Keine Auswirkungen auf Entscheidungen im Vergabeverfahren

Um sicherzustellen, dass in einem Fall einer drohenden Voreingenommenheit die Tätigkeiten der betroffenen Person sich – trotz Beteiligung an Entscheidungen im Vergabeverfahren – nicht auf diese Entscheidungen auswirken können, kommen als Schutzvorkehrungen wiederum interne Informationsbarrieren (sog. „*Chinese Walls*") in dem Unternehmen in Betracht, für das die Person tätig ist.[75] Erforderlich wäre dabei die strikte Abschirmung der Person von der gesamten Geschäftstätigkeit des Unternehmens, die im Zusammenhang mit dem Vergabeverfahren steht. Immerhin könnte damit der Informationsfluss zwischen der betroffenen Person und weiteren Personen des Bieterunternehmens unterbunden werden. Zweifelhaft ist allerdings, ob mit derartigen Vorkehrungen auch der Gefahr vorgebeugt werden kann, dass die betroffene Person aufgrund ihrer allgemeinen Kenntnisse vom Bieterunternehmen und aufgrund der Nähebeziehung versucht, die Entscheidung im Sinne des Bieters zu beeinflussen.[76] Auch den Nachweis, dass dieser Gefahr der Beeinflussung vorgebeugt wurde, wird man aber zur Widerlegung der gesetzlichen   65

---

[71] *Dippel* in Heiermann/Zeiss/Kullack/Blaufuß, § 16 VgV Rn. 28, 32; *Schröder* NVwZ 2004, 168, 170.

[72] OLG Jena Beschl. v. 8.4.2003, 6 Verg 9/02, NZBau 2003, 624, 625; *Berstermann/Petersen* VergabeR 2006, 740, 747; *Greb* in Ziekow/Völlink, § 16 VgV Rn. 37; *Müller* in Byok/Jaeger, § 16 VgV Rn. 43.

[73] VK Sachsen Beschl. v. 13.5.2002, 1/SVK/029–02, juris, Rn. 120.

[74] OLG Koblenz Beschl. v. 18.9.2003, 1 Verg 4/03, ZfBR 2003, 822, 827.

[75] So bereits die Intention des Gesetzgebers, vgl. BR-Drucks. 455/00, S. 20; die generelle Eignung bejahend *Kleinert/Göres* KommJur 2006, 361, 364f.; *Müller* in Byok/Jaeger, § 16 VgV Rn. 53; *Kühnen* in Kapellmann/Messerschmidt, § 16 VgV Rn. 22; krit. *Berstermann/Petersen* VergabeR 2006, 740, die derartige Maßnahmen für nicht entlastungstauglich halten, irrigerweise aber von der Prämisse ausgehen, der „böse Schein" reiche für eine Voreingenommenheit iSd § 16 VgV aus.

[76] Offen gelassen bei OLG Frankfurt Beschl. v. 11.5.2004, 11 Verg 8/04, 11 Verg 9/04, 11 Verg 10/04, ZfBR 2004, 610, 613.

Vermutung verlangen müssen. In der Praxis wird das eine Frage des Einzelfalls sein, in dem auf die konkreten Gesamtumstände abzustellen ist.[77] Insofern kann es ua. auch auf die Art und Weise der Mitwirkung der Person an der Entscheidung im Vergabeverfahren sowie auf ihr Abstimmungsverhalten ankommen. Daher sollte der Auftraggeber möglichst umfassend dokumentieren, welche Maßnahmen ergriffen wurden und wie die Abstimmung erfolgte, dh. etwa auch, wer die Entscheidung anregte.[78]

IV. Nicht ausdrücklich erfasste Konstellationen

66 Angesichts der Vielgestaltigkeit der in der Praxis auftretenden und denkbaren Situationen, in denen ein Interessenkonflikt bei einer am Vergabeverfahren mitwirkenden Person bestehen kann, stellt sich die Frage, wie mit Fällen umzugehen ist, die in § 16 VgV nicht ausdrücklich geregelt sind. In Betracht kommt insoweit eine analoge Anwendung der Vorschrift. Dafür müsste eine planwidrige Regelungslücke vorliegen und die jeweils im Einzelfall vorliegende Konstellation müsste von der Interessenlage her eine ausdrücklich mit § 16 VgV vergleichbare Regelung sein.

67 Regelungslücken bestehen sicherlich. Dies gilt etwa im Hinblick auf einen Berater, der nach maßgeblicher Mitwirkung (ausschließlich) an der Vorbereitung des Vergabeverfahrens einen Bieter im Hinblick auf das Vergabeverfahren berät, oder einen Berater des Auftraggebers, der zugleich für ein konzernverbundenes Unternehmen des Bieters tätig ist. Bedenken bestehen aber im Hinblick auf die Planwidrigkeit der Regelungslücke. Denn die einzelnen Regelungen des § 16 VgV sind sehr differenziert, detailliert und vielschichtig. Bei einer solch komplexen Regelungsstruktur liegt es eher fern anzunehmen, der Verordnungsgeber habe bestimmte Fälle übersehen. Grundsätzlich liegt eher die Vermutung nahe, dass die in § 16 VgV nicht ausdrücklich genannten Fälle vom Verordnungsgeber auch nicht eines (zumindest widerleglichen) Mitwirkungsverbotes für würdig erachtet wurden.[79] Die Haltung der Rechtsprechung und Literatur zur Frage der analogen Anwendung des § 16 VgV ist uneinheitlich. Teilweise wird eine analoge Anwendung der Vorschrift in Betracht gezogen und diese als grundsätzlich analogiefähig erachtet.[80] Vereinzelt wurde § 16 VgV auch in der Rechtsprechung bereits auf nicht ausdrücklich erfasste Konstellationen angewendet, etwa in dem Fall eines Entscheidungsträgers auf Auftraggeberseite, der gleichzeitig die Gesellschafterin eines Bewerbers beriet.[81]

68 Darüber hinaus wird auch darauf hingewiesen, dass selbst dann, wenn § 16 VgV nicht einschlägig ist, in vergleichbaren Konstellationen sich entsprechende Rechtsfolgen unmittelbar aus § 97 Abs. 2 GWB ableiten ließen.[82] Der das gesamte Vergaberecht bestimmende Gleichbehandlungsgrundsatz des § 97 Abs. 2 GWB erfordert es, dass für den Auftraggeber nur Personen tätig werden, die in ihren Interessen weder mit einem Bieter noch mit einem Beauftragten des Bieters verknüpft sind.[83]

69 So zutreffend diese Erwägungen im Ausgangspunkt sind, ist doch zu berücksichtigen, dass § 16 VgV gerade eine Konkretisierung insbesondere des Gleichbehandlungsgrundsat-

---

[77] *Kühnen* in Kapellmann/Messerschmidt, § 16 VgV Rn. 22.
[78] *Müller* in Byok/Jaeger, § 16 VgV Rn. 54.
[79] Vgl. auch die Begründung in BR-Drucks. 455/00, S. 20: „Es wird zum Schutz der Bieter vor einer Parteilichkeit des Auftraggebers für erforderlich gehalten, einen entsprechenden Ausschluss solcher voreingenommenen Personen beim Auftraggeber *explizit und auf die Besonderheiten der öffentlichen Auftragsvergabe zugeschnitten* [Hervorhebung d. Verf.], zu regeln."
[80] VK Südbayern Beschl. v. 28.7.2006, Z3-3-3194-1-17-05/06, juris, Rn. 42.
[81] OLG Celle Beschl. v. 9.4.2009, 13 Verg 7/08, NZBau 2009, 394, 397.
[82] *Kleinert/Göres* KommJur 2006, 361, 365; *Sturhahn* in Pünder/Schellenberg, § 16 VgV Rn. 36.
[83] VK Niedersachsen Beschl. v. 6.9.2004, 203-VgK-39/2004, juris, Rn. 61; VK Südbayern, Beschl. v. 28.7.2006, Z3-3-3194-1-17-05/06, juris, Rn. 42f; *Kratzenberg* NZBau 2001, 119, 121.

zes darstellt.[84] Auch wenn dies – schon unter normhierarchischen Aspekten – den Rückgriff auf den allgemeinen Grundsatz des § 97 Abs. 2 GWB nicht generell ausschließt, ist in jedem Einzelfall doch sorgfältig zu prüfen, ob entweder die Voraussetzungen einer Analogie vorliegen oder ein Rückgriff auf den allgemeinen Gleichbehandlungsgrundsatz sich mit den Wertungen des § 16 VgV in Einklang bringen lässt.

V. Mitwirkungsverbot

Ausgeschlossen ist die **Mitwirkung** der voreingenommenen bzw. als voreingenommen geltenden natürlichen Personen als Organmitglied oder Mitarbeiter des Auftraggebers oder als Beauftragter oder als Mitarbeiter eines Beauftragten des Auftraggebers an Entscheidungen im Vergabeverfahren. Erfasst sind damit alle Äußerungen oder Handlungen (einschließlich Vorbereitungshandlungen), die zur Meinungsbildung der Vergabestelle über das Verfahren oder über die Sachentscheidung beitragen. Während die Stellung als Organmitglied oder als Mitarbeiter relativ klar umgrenzt und durch das Vorliegen einer entsprechenden Bestellung bzw. eines Beschäftigungsverhältnisses leicht nachzuvollziehen ist, ist der Begriff des **Beauftragten** eines Auftraggebers weniger scharf abgrenzbar. Der Begriff ist nach Sinn und Zweck der Regelung weit auszulegen und umfasst entgeltliche wie unentgeltliche Tätigkeiten.[85] Insoweit werden insbesondere Berater des Auftraggebers erfasst sowie allgemein alle aufgrund vertraglicher Beziehung im Lager des Auftraggebers stehende Personen.[86] Auch Organmitglieder des Beauftragten werden, obgleich sie nicht ausdrücklich genannt sind, nach herrschender Auffassung, erfasst.[87] Verboten ist schließlich auch die Mitwirkung als Mitglied eines vom Auftraggeber eingesetzten Preisgerichts.[88]

70

Fraglich ist, ab welchem **Zeitpunkt** konkret das Verbot einer Mitwirkung an Entscheidungen besteht. Der Wortlaut („im Vergabeverfahren") spricht – ebenso wie die einschneidende Rechtsfolge – dafür, dass auf den Beginn des Vergabeverfahrens abzustellen ist. Worin dieser zu sehen ist, ist umstritten. Die wohl herrschende Auffassung geht davon aus, dass das Vergabeverfahren mit der Absendung der Vergabebekanntmachung beginnt

71

---

[84] S. oben, C.
[85] *Ganske* in Reidt/Stickler/Glahs, § 16 VgV Rn. 18; *Müller* in Byok/Jaeger, § 16 VgV Rn. 23; *Steinkemper* in Heuvels/Höß/Kuß/Wagner, § 16 VgV Rn. 11.
[86] OLG München Beschl. v. 11.4.2013, Verg 2/13, juris Rn. 41; *Greb* in Ziekow/Völlink, § 16 VgV Rn. 13, der die Stellung als Beauftragter (ebenso wie als Organmitglied, Mitarbeiter des Auftraggebers oder Beauftragten des Auftraggebers) indes auf Tatbestandsseite zum persönlichen Anwendungsbereich der Norm zählt, ebenso *Ganske* in Reidt/Stickler/Glahs, § 16 VgV Rn. 15 ff., und (wohl auch) *Steinkemper* in Heuvels/Höß/Kuß/Wagner, § 16 VgV Rn. 6 ff. sowie *Sturhahn* in Pünder/Schellenberg, § 16 VgV Rn. 5 ff. Bisweilen wird ohne dogmatische Einordnung lediglich von „betroffenen Personen auf Auftraggeberseite" gesprochen, so *Müller* in Byok/Jaeger, § 16 VgV Rn. 20 ff. Regelmäßig wird ausdrücklich oder unausgesprochen die Prämisse zugrunde gelegt, auf Tatbestandsseite fordere § 16 VgV die Mitwirkung einer voreingenommenen Person an einer Entscheidung im Vergabeverfahren und als Rechtsfolge ergebe sich daraus die Rechtswidrigkeit dieser Entscheidung und ein Verfahrensfehler. Genau genommen bleibt die Regelung indes dahinter zurück; § 16 VgV statuiert lediglich ein Mitwirkungsverbot für bestimmte Personen, die eine besondere Nähebeziehung zum Bieterkreis aufweisen, und verbietet diesen Personen dabei nicht jede Mitwirkung am Vergabeverfahren sondern beschränkt auf die Mitwirkung als Organmitglieder, Mitarbeiter, Beauftragte oder Mitarbeiter von Beauftragten an Entscheidungen im Vergabeverfahren, weshalb es überzeugender scheint, diese Stellung jeweils auf Rechtsfolgenseite zu verorten. Letztlich dürfte diese Frage aber wohl akademischer Natur sein.
[87] *Ganske* in Reidt/Stickler/Glahs, § 16 VgV Rn. 17; *Greb* in Ziekow/Völlink, § 16 VgV Rn. 13; *Müller* in Byok/Jaeger, § 16 VgV Rn. 24; *Sturhahn* in Pünder/Schellenberg, § 16 VgV Rn. 8.
[88] OLG München Beschl. v. 11.4.2013, Verg 2/13, juris Rn. 44 ff. (zugleich auch zu der Sonderregelung des § 16 Abs. 2 VOF betreffend den Ausschluss bestimmter Personen in Wettbewerbsverfahren); hierzu näher *Greb* NZBau 2014, 28, 30.

(formale Betrachtungsweise).[89] Demgegenüber stellen die Vertreter eines materiellen Begriffs des Verfahrensbeginns bzw. des Vergabeverfahrens auf einen internen Beschaffungsbeschluss ab, der sich in nach außen erkennbarer Weise umsetzen muss, beispielsweise in Gestalt eines Gemeinderatsbeschlusses.[90]

72 Unabhängig davon, woran genau man den Beginn des Vergabeverfahrens festmacht, umfasst das Mitwirkungsverbot des § 16 VgV jedenfalls nicht unmittelbar die Mitwirkung im **Vorbereitungsstadium**. Dies betrifft insbesondere die Beteiligung bei der Festlegung der maßgeblichen Eckpunkte und der Ausarbeitung der Vergabeunterlagen.[91] Das OLG Hamburg hat ein Mitwirkungsverbot bereits im Falle der Mitwirkung bei der Erstellung des Leistungsverzeichnisses angenommen.[92] Auf Basis dieser Entscheidung müsste auch die bloße Beteiligung einer Person an der Vorbereitung der Vergabeunterlagen in die Prüfung nach § 16 Abs. 1 VgV einbeziehen. Die neuere und wohl überwiegende Rechtsprechung indes wendet aufgrund der Erledigung der Projektandenproblematik[93] § 16 VgV erst dann an, wenn eine Tätigkeit für den Auftraggeber ab dem Zeitpunkt des Beginns des Vergabeverfahrens (d. h. ab Absendung der Vergabebekanntmachung) vorliegt.[94]

VI. Rechtsfolgen bei Verletzung des § 16 VgV

73 Es stellt sich die Frage, welche Rechtsfolgen im Falle eines Verstoßes gegen § 16 VgV drohen. Nach dem Wortlaut des § 16 VgV ist es der voreingenommenen Person *untersagt*, an Entscheidungen im Vergabeverfahren mitzuwirken. Was passiert, wenn eine voreingenommene Person gleichwohl an einer Entscheidung im Vergabeverfahren mitwirkt, ist nicht ausdrücklich geregelt.

74 Die Mitwirkung einer als voreingenommen geltenden Person entgegen § 16 VgV macht die betreffende Entscheidung im Vergabeverfahren fehlerhaft, mit der Folge, dass deren Bestand nicht gewährleistet ist.[95] Grundsätzlich ist daher davon auszugehen, dass ein Verstoß gegen § 16 VgV zumindest die jeweilige Entscheidung unwirksam macht und insofern der Korrektur bedarf. Zum Teil wird daher davon ausgegangen, dass ein Verstoß gegen § 16 VgV von der Vergabestelle auch im laufenden Verfahren **geheilt** werden kann, dass die betroffene Entscheidung unter Ausschluss der als voreingenommen geltenden Personen überprüft und neu getroffen wird,[96] was sorgfältig zu dokumentieren ist. Hauptargument für diese Vorgehensweise ist die generelle Entscheidung des Gesetzgebers im Verwaltungsrecht, auch schwere Verfahrensfehler einer Heilung zugänglich zu machen um das Verwaltungshandeln zu beschleunigen, was auf das Vergaberecht übertragbar sei.[97] Dies setzt freilich voraus, dass die Entscheidung überhaupt (isoliert) wiederholt werden

---

[89] OLG Jena Beschl. v. 8.4.2003, 6 Verg 9/02, NZBau 2003, 624, 625; *Müller* in Byok/Jaeger, § 16 VgV Rn. 28; *Kühnen* in Kapellmann/Messerschmidt, § 16 VgV Rn. 3 und 7.
[90] BayObLG Beschl. v. 22.1.2002, Verg 18/01, Rn. 18, VergabeR 2002, 404; *Greb* in Ziekow/Völlink, § 16 VgV Rn. 14 f.; *Dippel* in Heiermann/Zeiss/Kullack/Blaufuß, § 16 VgV Rn. 42.
[91] Zur Frage, inwieweit eine analoge Anwendung des § 16 VgV in Betracht kommt, s. bereits oben, IV.
[92] OLG Hamburg Beschl. v. 4.11.2002, 1 Verg 3/02, juris, Rn. 79.
[93] S.o. unter B.
[94] OLG Jena Beschl. v. 8.4.2003, 6 Verg 9/02, Rn. 38; OLG Koblenz Beschl. v. 5.9.2002, 1 Verg 2/02, juris, Rn. 59; VK Sachsen Beschl. v. 28.10.2008, 1/SVK/054–08, juris, Rn. 37.
[95] OLG Jena Beschl. v. 8.4.2003, 6 Verg 9/02, Rn. 38.
[96] OLG Koblenz Beschl. v. 5.9.2002, 1 Verg 2/02, juris, Rn. 69 ff; *Kühnen* in Kapellmann/Messerschmidt, § 16 VgV Rn. 24; *Sturhahn* in Pünder/Schellenberg § 16 VgV Rn. 33; *Müller* in Byok/Jaeger § 16 VgV Rn. 68; *Ganske* in Reidt/Stickler/Glahs, § 16 VgV Rn. 55; aA OLG Hamburg Beschl. v. 4.11.2002, 1 Verg 3/02, juris, Rn. 91; differenzierend *Dippel* in Heiermann/Zeiss/Kullack/Blaufuß, § 16 VgV Rn. 51 ff., der eine Heilung nur ausnahmsweise zulassen will, wenn der Neutralitätsverstoß tatsächlich beseitigt werden kann.
[97] OLG Koblenz Beschl. v. 5.9.2002, 1 Verg 2/02, juris, Rn. 80 f.

kann, wovon nicht auszugehen ist, wenn beispielsweise die Leistungsbeschreibung von einer voreingenommenen Person erstellt und ausgearbeitet wurde. Ist eine Wiederholung nicht möglich, muss die vergaberechtliche Unzulässigkeit der jeweiligen Entscheidung in letzter Konsequenz dazu führen, dass die **Ausschreibung aufgehoben** werden muss.[98]

Ob auch der **Ausschluss des betroffenen Bieters** in Betracht kommt, zu dem das Näheverhältnis der voreingenommenen Person besteht, ist fraglich. In der älteren Rechtsprechung wurde dies bisweilen bejaht. Das OLG Jena ging etwa davon aus, dass die gebotene Rechtsfolge eines Verstoßes gegen § 16 Abs. 1 Nr. 3 lit. b VgV nicht die Aufhebung des Verfahrens sondern der Ausschluss des betroffenen Bieters sei.[99] Die VK Köln zog in einer Konstellation, die von § 16 VgV nicht unmittelbar erfasst wurde, einen Ausschluss des betreffenden Bieters auf Basis des aus § 20 VwVfG abgeleiteten Gedankens der Vermeidung des „bösen Scheins" immerhin in Betracht, da nach aller Lebenserfahrung zumindest eine informelle Weitergabe von Informationen durch die betroffene Person an den Bieter und damit ein Vergaberechtsverstoß nicht mit letzter Sicherheit auszuschließen wäre.[100] Diametral entgegengesetzt hat die VK Baden-Württemberg entschieden, dass § 16 VgV für einen Ausschluss eines konkurrierenden Bieters keine Rechtsgrundlage biete. Die Vorschrift begründe alleine ein Mitwirkungsverbot auf Seiten des Auftraggebers.[101]

75

Bei der Bewertung der älteren Entscheidungen aus heutiger Sicht ist indes zu beachten, dass sie die mit dem ÖPP-Beschleunigungsgesetz zum 1.9.2005[102] eingetretenen Änderungen der VgV noch nicht berücksichtigen konnten. Diese Rechtsprechung beruht noch auf dem Verständnis, dass auf der Vorbereitungsstufe beteiligte Bieter zwingend vom Vergabeverfahren auszuschließen sind. Insbesondere seit der Einführung von § 4 Abs. 5 VgV sowie der „Fabricom"-Entscheidung des EuGH[103] ist davon auszugehen, dass dies jedoch nur als **ultima ratio** möglich ist. Zudem wurden die entsprechenden Aspekte teilweise bei § 16 VgV geprüft, da keine speziellere Norm vorhanden war.

76

Nach heutiger Rechtslage dürfte demgegenüber kein von § 16 VgV geregelter Fall mehr denkbar sein, in dem der Ausschluss des betroffenen Bieters als Rechtsfolge in Betracht käme.[104] Eine Nichtigkeit des geschlossenen Vertrags kommt hingegen nicht in Betracht. Die Vorschrift des § 16 VgV stellt kein gesetzliches Verbot im Sinne des § 134 BGB dar.[105]

77

---

[98] *Müller* in Byok/Jaeger, § 16 VgV, Rn. 68; *Schröder* NVwZ 2004, 268, 172.
[99] OLG Jena Beschl. v. 20.6.2005, 9 Verg 3/05, Rn. 65, IBR 2005, 444.
[100] VK Köln Beschl. v. 11.12.2001, VK 20/2001, juris, Rn. 93.
[101] VK Baden-Württemberg Beschl. v. 28.12.2009, 1 VK 61/09, Rn. 67, IBR 2010, 161.
[102] BGBl. I, S. 2676.
[103] EuGH Urt. v. 3.3.2005, C-21/03 und C-34/03, NZBau 2005, 351, 352 Rn. 25 ff. – Fabricom.
[104] Einen Ausschluss völlig ablehnend *Kühnen*Kapellmann/Messerschmidt, § 16 VgV Rn. 4; *Sturhahn* in Pünder/Schellenberg, § 16 VgV, Rn. 33.
[105] *Kühnen* in Kapellmann/Messerschmidt, § 16 VgV Rn. 25; *Müller* in Byok/Jaeger, § 16 VgV, Rn. 70; *Ganske* in Reidt/Stickler/Glahs, § 16 VgV Rn. 58.

§ 13 Eignungsanforderungen

Übersicht

		Rn.
A.	Einleitung	1–4
B.	Die Eignungskriterien	5
C.	Bewerber/Bieter	6–30
	I. Unternehmen	6, 7
	II. Beihilfeempfänger	8–11
	III. Keine Beschränkung auf den örtlichen Markt	12
	IV. Die öffentliche Hand als Bieter	13–30

GWB: § 97 Abs. 4
VOB/A: § 6 Abs. 3
VOB/A EG: § 6 Abs. 3 Nr. 1
VOL/A: § 6 Abs. 3
VOL/A EG: § 7 Abs. 1
VOF: § 5 Abs. 1

GWB:

§ 97 GWB Allgemeine Grundsätze

(1) bis (3) hier nicht abgedruckt.

(4) Aufträge werden an fachkundige, leistungsfähige sowie gesetzestreue und zuverlässige Unternehmen vergeben. (…)

(4a) bis (7) hier nicht abgedruckt.

VOB/A:

§ 6 VOB/A Teilnehmer am Wettbewerb

(1) bis (2) hier nicht abgedruckt.

(3)
1. Zum Nachweis ihrer Eignung ist die Fachkunde, Leistungsfähigkeit und Zuverlässigkeit der Bewerber oder Bieter zu prüfen.

Nr. 2–6 hier nicht abgedruckt.

VOB/A EG:

§ 6 EG VOB/A Teilnehmer am Wettbewerb

(1) bis (2) hier nicht abgedruckt.

(3)
1. Zum Nachweis ihrer Eignung ist die Fachkunde, Leistungsfähigkeit sowie Gesetzestreue und Zuverlässigkeit der Bewerber oder Bieter zu prüfen.

Nr. 2–9, (4)–(9) hier nicht abgedruckt.

VOL/A:

§ 6 VOL/A Teilnehmer am Wettbewerb

(1) bis (2) hier nicht abgedruckt.

(3) Von den Unternehmen dürfen zum Nachweis ihrer Fachkunde, Leistungsfähigkeit und Zuverlässigkeit (Eignung) nur Unterlagen und Angaben gefordert werden, die durch den Gegenstand des Auftrags gerechtfertigt sind. Die Forderung von anderen Nachweisen als Eigenerklärungen haben die Auftraggeber in der Dokumentation zu begründen.

(4) bis (7) hier nicht abgedruckt.

VOL/A EG:

§ 7 EG VOL/A Nachweis der Eignung

(1) Von den Unternehmen dürfen zum Nachweis ihrer Fachkunde, Leistungsfähigkeit und Zuverlässigkeit (Eignung) nur Unterlagen und Angaben gefordert werden, die durch den Gegenstand des Auftrags gerechtfertigt sind. Grundsätzlich sind Eigenerklärungen zu verlangen. Die Forderung von anderen Nachweisen als Eigenerklärungen haben die Auftraggeber in der Dokumentation zu begründen.

(2) bis (13) hier nicht abgedruckt.

VOF:

§ 5 VOF Nachweis der Eignung

(1) Zum Nachweis der Fachkunde, Leistungsfähigkeit und Zuverlässigkeit (Eignung) dürfen nur Unterlagen und Angaben gefordert werden, die durch den Gegenstand des Auftrages gerechtfertigt sind. Dabei hat der Auftraggeber die berechtigten Interessen der Bewerber oder Bieter am Schutz ihrer technischen, fachlichen oder handelsbezogenen Betriebsgeheimnisse zu berücksichtigen; die Verpflichtung zur beruflichen Verschwiegenheit bleibt unberührt.

(2) bis (9) hier nicht abgedruckt.

Literatur:
Bartosch, Schnittstellen zwischen öffentlicher Auftragsvergabe und europäischem Beihilferecht, WuW 2001, 673; *Burgi*, Das Kartellvergaberecht als Sanktions- und Rechtsschutzinstrument bei Verstößen gegen das kommunale Wirtschaftsrecht?, NZBau 2003, 539, *Glahs*, Anmerkung zu OLG Düsseldorf, Beschl. v. 23.12.2003, Verg 58/03, VergabeR 2004, 379; *Glahs/Külpmann*, Die kommunalrechtlich unzulässige Betätigung öffentlicher Unternehmen im Vergaberecht, VergabeR 2002, 555; *Hattig/Maibaum*, Praxiskommentar Kartellvergaberecht, 2010; *Hertwig*, Der Staat als Bieter, NZBau 2008, 355; *Immenga/Mestmäcker*, Wettbewerbsrecht: GWB, 4. Auflage 2007; *König/Hentschel*, Beihilfenempfänger als Bieter im Vergabeverfahren, NZBau 2006, 289; *Kulartz/Kus/Portz*, Kommentar zum GWB-Vergaberecht, 2. Auflage 2009; *Macht/Städler*, Brennende Fragen des Vergaberechts – Immer Ärger mit der Eignung!, NZBau 2013, 14; *Müller-Wrede*, Örtliche Präsenz, Ortsnähe und Ortsansässigkeit als Wertungskriterien – eine Verletzung des Diskriminierungsverbots?, VergR 2005, 32; *Nielandt*, Zur Auslegung von § 7 Abs. 6 VOL/A, VergabeR 2004, 457; *Ortner*, Wirtschaftliche Betätigung des Staates und Vergaberecht, VergabeR 2009, 850; *Pünder/Schellenberg*, Vergaberecht, 1. Auflage 2011; *Pünder*, Die Vergabe öffentlicher Aufträge unter den Vorgaben des europäischen Beihilferechts, NZBau 2003, 530; *Riese/Suermann*, Kommunale Unternehmen und öffentliche Aufträge, LKV 2005, 289; *Roth/Lamm/Weyand*, Zulässigkeit der Bevorzugung von anerkannten Werkstätten für behinderte Menschen im Vergabeverfahren, DÖV 2011, 545; *Schneider*, Öffentlich-rechtliche Marktzutrittsverbote im Vergaberecht, NZBau 2009, 352; *Willenbruch*, Anmerkung zu OLG Düsseldorf Beschl. v. 27.10.2004, Verg 52/04, VergabeR 2005, 252; *Ziekow/Völlink*, Vergaberecht, 1. Auflage 2011; *Zimmermann*, Die Teilnahme der gGmbH an öffentlichen Ausschreibungen, ZfBR 2008, 778, 784

A. Einleitung

Mit der Ausführung öffentlicher Aufträge sind nur geeignete Unternehmen zu betrauen. 1
Die Vorgabe in § 97 Abs. 4 Satz 1 GWB erfordert die Vergabe an fachkundige, leistungsfähige, gesetzestreue und zuverlässige Unternehmen. Diese Anforderungen an die Eignung finden sich auch in § 6 Abs. 3 Nr. 1 VOB/A, § 6 EG Abs. 3 Nr. 1 VOB/A, § 6 Abs. 3 S. 1 VOL/A, § 7 EG Abs. 1 S. 1 VOL/A, § 5 Abs. 1 S. 1 VOF wieder.

Die Anforderungen an die Eignung eines Unternehmens gehen zurück auf die europäischen Vergaberichtlinien.[1] Die VKR regelt in ihrem Titel II, Kapitel VII, Abschnitt 1 2
Art. 44 VKR die Eignungsprüfung und ermöglicht, Mindestanforderungen an die Leistungsfähigkeit der Bewerber und Bieter zu stellen.

Im folgenden Abschnitt 2 werden die „Eignungskriterien" näher ausgeführt. Innerhalb 3
der Artikel 45 bis einschließlich Artikel 52 werden Vorgaben für die persönliche Lage des Bewerbers bzw. Bieters (Art. 45 VKR) getroffen, welche Entsprechung in den Regelungen der Verdingungsunterlagen für die Zuverlässigkeit bzw. des Ausschlusses auf Grund mangelnder Zuverlässigkeit finden, auch wenn dieser Begriff in der VKR nicht verwendet wird. Des Weiteren beinhaltet die VKR Anforderungen an die wirtschaftliche und finanzielle Leistungsfähigkeit (Art. 47 VKR) und die technische und/oder berufliche Leistungsfähigkeit (Art. 48 VKR), welche mit der nur im nationalen Recht verwendeten Begrifflichkeit der Fachkunde korrespondieren. Ferner sind auch mögliche Anforderungen an die Qualitätssicherung und das Umweltmanagement normiert (Artt. 49, 50 VKR). In der SKR wird die Thematik der Eignungskriterien in Art. 54 SKR geregelt.

Die explizite Aufnahme der Eignungskriterien in § 97 Abs. 4 Satz 1 GWB zeigt jedoch, 4
welche zentrale Bedeutung im Rahmen der Vergabe öffentlicher Aufträge die Eignung eines Unternehmens zur ordnungsgemäßen Leistungserbringung hat. In § 97 GWB finden sich die zentralen Grundsätze für die Auftragsvergabe versammelt, die einerseits weitere Ausprägung in den vergaberechtlichen Normierungen gefunden haben, aber auch selbst als verbindliches bieterschützendes Recht einer Nachprüfung zugänglich sind.[2] So entfaltet auch § 97 Abs. 4 S. 1 GWB dahingehend Bieterschutz, dass der öffentliche Auftraggeber die Überprüfung einer Bieters auf seine Eignung auch im Interesse der anderen am Auftrag interessierten Unternehmen vornehmen muss.[3]

B. Die Eignungskriterien

Ob ein Unternehmen geeignet ist, die ausgeschriebene Leistung ordnungs- und vertragsgemäß zu erbringen, wird anhand der Eignungskriterien Fachkunde, Leistungsfähigkeit, 5
Zuverlässigkeit und Gesetzestreue geprüft. Siehe zu den einzelnen Eignungskriterien die näheren Ausführungen unter § 30.

---

[1] Richtlinie 2004/18/EG des Europäischen Parlaments und des Rates v. 31.3.2004 über die Koordinierung der Verfahren zur Vergabe öffentlicher Bauaufträge, Lieferaufträge und Dienstleistungsaufträge (VKR), ABlEG 2004 Nr. L 134, 114; Richtlinie 2004/17/EG des Europäischen Parlaments und des Rates vom 31. März 2004 zur Koordinierung der Zuschlagserteilung durch Auftraggeber im Bereich der Wasser-, Energie- und Verkehrsversorgung sowie der Postdienste (SKR), ABlEG 2004 Nr. L 134, 1.
[2] *Dreher* in Immenga/Mestmäcker, § 97 GWB, Rn. 4 m.w.Nw.
[3] OLG Düsseldorf Beschl. v. 6.5.2011, VII-Verg 26/11; OLG Düsseldorf Beschl. v. 2.12.2009, VII-Verg 39/09

C. Bewerber/Bieter

I. Unternehmen

6 Nach dem Wortlaut des § 97 Abs. 4 S. 1 GWB werden Aufträge an geeignete **Unternehmen** vergeben. Der Begriff des Unternehmens findet sich auch in § 6 EG Abs. 1 VOL/A, § 4 Abs. 1 VOF, § 21 Abs. 4 S. 1 VSVgV wieder. Dies korrespondiert mit dem Wortlaut des § 99 Abs. 1 GWB, der den Begriff der öffentlichen Aufträge legaldefiniert und ebenso von Unternehmen als Vertragspartner des öffentlichen Auftraggebers spricht. Da einer der Bewerber oder Bieter Vertragspartner des Auftraggebers wird, muss demnach beiden Regelungen derselbe Unternehmensbegriff zugrunde liegen.

7 Demnach liegt auch § 97 Abs. 4 S. 1 GWB ein funktionaler, sehr weit zu verstehender Unternehmensbegriff zu Grunde. Art. 1 Abs. 2 lit. a VKR spricht von Verträgen mit einem „Wirtschaftsteilnehmer",[4] wobei gemäß Art. 1 Abs. 8 VKR unter dem Begriff Wirtschaftsteilnehmer Unternehmer, Lieferant und Dienstleistungserbringer zu verstehen ist. Diese Begrifflichkeiten umfassen „natürliche oder juristische Personen, öffentliche Einrichtungen oder Gruppen dieser Personen und/oder Einrichtungen, die auf dem Markt die Ausführung von Bauleistungen, die Errichtung von Bauwerken, die Lieferung von Waren bzw. die Erbringung von Dienstleistungen anbieten".[5] Nach der Rechtsprechung des EuGH wollte der Gemeinschaftsgesetzgeber den Begriff „Wirtschaftsteilnehmer, der Leistungen auf dem Markt anbietet" nicht auf unternehmerisch strukturierte Wirtschaftsteilnehmer beschränken, sondern öffentlichen Aufträge einem breiten Wettbewerb zugänglich machen. Der **Begriff des Unternehmens im Sinne des Wettbewerbsrechts der Gemeinschaft umfasst deshalb nach der Rechtsprechung des EuGH jede eine wirtschaftliche Tätigkeit ausübende Einrichtung unabhängig von ihrer Rechtsform und der Art ihrer Finanzierung.**[6]

II. Beihilfeempfänger

8 Auch **Unternehmen, die staatliche Beihilfen erhalten**, können sich grundsätzlich an einem Vergabeverfahren beteiligen. Hierbei ist zwischen dem Empfänger einer rechtwidrigen Beihilfe und dem Empfänger einer rechtmäßigen Beihilfe zu unterscheiden.[7] Der Ausschluss eines Beihilfenempfängers vom Vergabeverfahren in den Fällen, in denen dieser eine gemeinschaftsrechtskonforme Beihilfe erhalten hat, ist nach der Rechtsprechung nicht gerechtfertigt.[8] Weder das Vergabe- noch das Beihilfenrecht sehen eine solche Sanktion vor; es wäre auch sinnwidrig, ein Unternehmen in gemeinschaftsrechtlich zulässiger Weise zu unterstützen und im nächsten Schritt seine wirtschaftliche Tätigkeit zu beschneiden.[9] Wettbewerbsvorteile, die sich auf Grund zulässiger Beihilfen ergeben, sind als

---

[4] Vgl. auch Art. 1 Abs. 4, 5, 7, 9 SKR.
[5] Art. 1 Abs. 8 VK; .EuGH Urt. v. 23.12.2009, Rs. C-305/08 – CoNISMa; EuGH, Urt. v. 19.12.2012, Rs. C – 159/11.
[6] EuGH Urt. v. 13.6.2013 – C-386/11 „Piepenbrock"; EuGH Urt. v. 11.7.2006, Rs. C-205/03; vgl. auch OLG Naumburg Beschl. v. 3.11.2005, 1 Verg 9/05; OLG Frankfurt Beschl. v. 7.9.2004, 11 Verg 11/04.
[7] *König/Hentschel* NZBau 2006, 289, 289f.; EuGH Urt. v. 7.12.2000, Rs. C-94/99 – ARGE Gewässerschutz.
[8] VK Bund Beschl. v. 6.6.2007, VK 1 38/07; EuGH Urt. v. 7.12.2000, Rs. C-94/99 – ARGE Gewässerschutz; VK Düsseldorf Beschl. v. 18.4.2002, VK-5/02-L; OLG Düsseldorf Beschl. v. 26.7.2002, Verg 22/02.
[9] *König/Hentschel* NZBau 2006, 289, 289f. unter Vw. auf GA Léger Slg. 2000, I-11037 = NZBau 2001, 99 – „ARGE Gewässerschutz".

Ergebnis rechtmäßigen staatlichen Handelns und als rechtmäßig erlangte Wettbewerbsposition hinzunehmen.[10]

Rechtswidrige Beihilfen müssen im Vergabeverfahren Berücksichtigung finden. Zum Einen besteht die Gefahr einer Rückforderung der zugewendeten Mittel und zwar sowohl bei materiell rechtswidrigen Beihilfen wie auch bei formell rechtswidrigen Beihilfen, deren materielle Prüfung noch aussteht. Die Gefahr der Rückforderung kann sich auf die Eignung des Bieters, konkret auf seine wirtschaftliche Leistungsfähigkeit, auswirken.[11] Des Weiteren liegt eine Wettbewerbsverzerrung und Ungleichbehandlung der anderen Bieter, die ohne staatliche Beihilfen ihre Preise kalkulieren, vor, da der Beihilfeempfänger den Preis aufgrund der Beihilfe niedriger kalkulieren kann; darüber hinaus unterliegt die Kalkulation der sonstigen Bieter nicht der Gefahr, Rückforderungsansprüchen ausgesetzt zu sein.

Sofern aufgrund zugewendeter Beihilfen ein Bieter die Leistung zu einem Preis anbieten kann, der ungewöhnlich niedrig erscheint, so regelt § 19 EG Abs. 7 VOL/A, § 16 EG Abs. 8 VOB/A, § 16 VS Abs. 8 VOB/A nunmehr, dass eine Zurückweisung des Angebotes allein aufgrund des ungewöhnlich niedrigen Preises nur erfolgen kann, wenn der Bieter nicht innerhalb einer durch den Auftraggeber festzulegenden ausreichenden Frist nachweist, dass die der Angebotskalkulation zugrunde liegenden Beihilfe rechtmäßig gewährt wurde. Dem Bieter obliegt mithin die Darlegungs- und Beweislast, dass er eine zulässige, sei es eine notifizierte oder nicht notifizierungspflichtige Beihilfe erhalten hat.[12] Kann der Nachweis der Rechtmäßigkeit nicht erbracht werden und weist der Auftraggeber deshalb das Angebot zurück, muss er die Kommission der Europäischen Gemeinschaften über diesen Vorgang unterrichten.[13] Diese Unterrichtungspflicht dient dem Ziel, die Kommission als Wettbewerbsbehörde bei der Verfolgung unzulässiger staatlicher Beihilfen zu unterstützen.[14]

Die Kalkulation eines Angebotes unter Einbeziehung einer rechtswidrigen Beihilfe führt nicht zum automatischen Angebotsausschluss, sondern der Ausschluss des Angebotes ist in das Ermessen des Auftraggebers gestellt. Eine Bereinigung des Angebotspreises um den rechtswidrigen Beihilfenanteil würde, abgesehen von den Schwierigkeiten der praktischen Umsetzung, dazu führen, dass der Angebotspreis durch den Auftraggeber unzulässig nach Angebotsabgabe verändert würde.[15]

III. Keine Beschränkung auf den örtlichen Markt

Es besteht ein örtliches Diskriminierungsverbot. Der Wettbewerb darf nicht nur auf Unternehmen beschränkt werden, die in bestimmten Regionen oder Orten ansässig sind.[16] Dies beinhaltet auch, keine Kriterien aufzustellen, die im Ergebnis dazu führen, dass die vor Ort etablierten Unternehmen bevorteilt werden.[17] Die Berücksichtigung der Nationalität als weiteres Eignungskriterium ist wegen Verstoßes gegen den Gleichbehandlungsgrundsatz von vornherein unzulässig und steht in diametralem Gegensatz zum Grundan-

---

[10] EuGH Urt. v. 7.12.2000, Rs. C-94/99 – ARGE Gewässerschutz; VK Düsseldorf Beschl. v. 18.4.2002, VK-5/02-L; OLG Düsseldorf Beschl. v. 26.6.2002, Verg 22/02, das jedoch nicht zwischen rechtmäßigen und rechtswidrigen Beihilfen differenzierte.
[11] *Bartosch* WuW 2001, 673, 681.
[12] Vgl. *Ruhland* in Pünder/Schellenberg, § 16 EG Abs. 8 VOB/A Rn. 11 f., § 19 EG Abs. 7 VOL/A Rn. 9.
[13] Siehe auch Art. 55 Abs. 3 VKR.
[14] *Maibaum* in Hattig/Maibaum, § 97 GWB Rn. 70 f.
[15] Vgl. *Pünder* NZBau 2003, 530, 537.
[16] § 97 Abs. 2 GWB, § 6 EG Abs. 1 Nr. 1 VOB/A, § 6 Abs. 1 Nr. 1 VOB/A, § 6 VS Abs. 1 Nr. 1 VOB/A; 1. VK Bund, Beschl. v. 19.7.2013, bVK 1–51/13.
[17] EuGH Urt. v. 29.5.2013, T-384/10.

liegen des europäischen Vergaberechts, nämlich der Herstellung des Binnenmarkts auch für den Sektor des öffentlichen Auftragswesens.[18]

IV. Die öffentliche Hand als Bieter

13 Grundsätzlich können sich auch öffentliche Auftraggeber um einen öffentlichen Auftrag bewerben. Auch öffentliche Stellen, die selbst als öffentlicher Auftraggeber einzustufen wären, genügen dem funktionalen Unternehmensbegriff des Vierten Teils des GWB, wenn sie wie ein Privater am Markt agieren.[19] Nach dem Europäischen Gerichtshof ist es **ohne Belang, dass ein Wirtschaftsteilnehmer selbst ein öffentlicher Auftraggeber ist und dass die betreffende Einrichtung nicht in erster Linie Gewinnerzielung anstrebt, nicht unternehmerisch strukturiert ist oder nicht ständig auf dem Markt tätig ist.**[20] Das Vergaberecht verbietet grundsätzlich nicht, dass auch ein öffentlicher Auftraggeber Bieter/Bewerber in einem Vergabeverfahren ist.[21]

14 Das Gemeindewirtschaftsrecht der Kommunalverfassungen und Gemeindeordnung sieht eine wirtschaftliche Betätigung kommunaler Unternehmen jedoch nur in engen Grenzen vor. Sofern der Marktzutritt eines kommunalen Unternehmens nach diesen Vorgaben nicht zulässig ist, stellt sich die Frage, ob dies innerhalb eines Vergabeverfahrens beachtet werden muss, insbesondere ob die Bewerbung den vergaberechtlichen Wettbewerbsgrundsatz verletzt. Teilweise wird die Beachtung der jeweiligen Vorgaben des Gemeindewirtschaftsrechts für die Nachprüfung eines Vergabeverfahrens als irrelevant erachtet; die Kompetenz zur Überprüfung des Kommunalwirtschaftsrechts obliege den Verwaltungsgerichten.[22]

15 Das OLG Düsseldorf ist jedoch der Auffassung, dass die Verpflichtung der Auftraggeber, wettbewerbsbeschränkende und unlautere Verhaltensweisen zu bekämpfen, einen konkreten Normanwendungsbefehl darstellt.[23] Es stellt einen wettbewerbswidrigen Zustand dar, wenn es einem Unternehmen der öffentlichen Hand gesetzlich verboten ist, eine Tätigkeit auf einem bestimmten Markt anzunehmen, es diese aber dennoch annimmt. Diese Wettbewerbsverzerrung kann nur durch den Ausschluss des Unternehmens aus dem Vergabeverfahren behoben werden.[24] Besteht ein kommunalwirtschaftsrechtliches Betätigungsverbot ist das betreffende Unternehmen der öffentlichen Hand darüber hinaus nicht als rechtlich leistungsfähig im Sinne des § 97 Abs. 4 GWB zu betrachten.[25]

---

[18] VK Bund Beschl. v. 12.11.2009, VK 3–208/09; vgl. auch EuGH Urt. v. 16.12.2008, Rs. C-213/07; Urt. v. 20.10.2005, Rs. C-264/03; *Müller-Wrede*, VergabeR 2005, 32.
[19] *Ziekow* in Ziekow/Völlink, § 99 GWB Rn. 91; EuGH Urt. v. 11.5.2006, Rs. C-340/04 – Carbotermo; OLG Naumburg Beschl. v. 3.11.2005, 1 Verg 9/05.
[20] EuGH Urt. v. 13.6.2013, C-386/11.
[21] *Ortner* VergabeR 2009, 850, 852.
[22] *Ziekow* in Ziekow/Völlink, § 99 GWB Rn. 91; *Eschenbruch* in Kulartz/Kus/Portz, § 99 GWB Rn. 116; *Burgi* NZBau 2003, 539; *Riese/Suermann* LKV 2005, 289, 292; OVG Nordrhein-Westfalen Beschl. v. 1.4.2008, 15 B 122/08.
[23] § 2 EG Abs. 1 Nr. 2 S. 2 VOB/A, § 2 Abs. 1 Nr. 2 S. 2 VOB/A, § 2 VS Abs. 1 Nr. 2 S. 2 VOB/A, Vgl. auch das Wettbewerbsprinzip in § 2 EG Abs. 1 S. 1 VOL/A, § 2 Abs. 1 S. 1 VOL/A; OLG Düsseldorf Beschl. v. 13.8.2008, VII Verg 42/07; OLG Düsseldorf Beschl. v. 17.6.2002, Verg 18/02; OLG Düsseldorf Beschl. v. 12.1.2000, Verg 3/99. Hertwig NZBau 2008, 355, 357 f.
[24] OLG Düsseldorf Beschl. v. 13.8.2008, VII Verg 42/07; OLG Düsseldorf Beschl. v. 17.6.2002, Verg 18/02; *Maibaum* in Hattig/Maibaum, § 97 GWB Rn. 68 f.; Glahs/Külpmann VergabeR 2002, 555, 565; vgl. auch OLG Celle Beschl. v. 9.4.2009, 13 Verg 7/08; *Ortner* VergabeR 2009, 850, 854.
[25] OLG Düsseldorf Beschl. v. 13.8.2008, VII Verg 42/07; *Schneider* NZBau 2009, 352, 355; zur rechtlichen Leistungsfähigkeit auch OLG Karlsruhe, Beschl. v. 4.5.2012, 15 Verg 3/12.

1. Ausschluss von Justizvollzugsanstalten u. a.

Nach den Regelungen der VOB/A sind Justizvollzugsanstalten, Einrichtungen der Jugendhilfe, Aus- und Fortbildungsstätten und ähnliche Einrichtungen sowie Betriebe der öffentlichen Hand und Verwaltungen zum Wettbewerb mit gewerblichen Unternehmen nicht zugelassen.[26] Die Regelungen der VOL/A beschränken sich auf die Nennung der Justizvollzugsanstalten.[27]   16

Hintergrund der Ausschlussvorschrift ist, dass die dort genannten Einrichtungen andere als erwerbswirtschaftliche Ziele verfolgen und häufig steuerliche Vorteile genießen oder öffentliche Zuschusszahlungen erhalten. Sie sind daher aufgrund dieser Vorteile in der Lage, mit günstigeren Angeboten als private Konkurrenten in den Wettbewerb zu gehen und diese aufgrund ungleicher Wettbewerbsbedingungen zu verdrängen. Diesen Effekt wollen die Ausschlussvorschriften verhindern.[28] Hierbei ist es irrelevant, ob sich die Gefahr der Verdrängung im konkreten Vergabeverfahren realisiert.[29] Dem wird teilweise widersprochen, da der Ausschluss erfordere, dass eine tatsächliche Verzerrung des Wettbewerbs vorliegen muss.[30] Da bei den genannten Einrichtungen nicht die Gewinnerzielung im Vordergrund steht, sondern der sozialpolitische Zweck der Beschäftigung und sozialen Förderung der durch diese Einrichtungen betreuten bzw. eingegliederten Personen und die Leistungserbringung und Produktion nur Nebenzweck und Nebenprodukt der Einrichtungen ist, wird teilweise ein Ausschluss aus dem Verfahren auf eine Abgrenzung der im konkreten Verfahren erfassten Einrichtungen über die wirtschaftliche Tätigkeit gestützt und auf eine alleinige Konkurrenzsituation betreffend dieser Nebenprodukte abgestellt.[31] Ein Ausschluss wird hierbei nur bejaht, wenn Leistungen ausgeschrieben werden, die mit und nicht für die eingegliederten bzw. betreuten Personen ausgeführt werden.[32]   17

Vom Anwendungsbereich der Ausschlussvorschriften sind nach der Rechtsprechung nur öffentliche Einrichtungen betroffen, die rechtlich unselbständig in der Trägerschaft der öffentlichen Hand stehen. Der Genuss von staatlich gewährten finanziellen Vorteilen oder eine sozialpolitische Zielsetzung führt nicht bereits zum Ausschluss vom Wettbewerb.[33]   18

Allerdings bestehen im Hinblick auf die jüngere Rechtsprechung des EuGH Bedenken, ob die Ausschlussvorschriften als europarechtskonform angesehen werden können. In der Rechtssache CoNISMa hat der EuGH festgestellt, dass es Universitäten und Forschungsinstituten sowie Gruppen von Universitäten und Behörden, zu gestatten ist, an einem Verfahren zur Vergabe eines öffentlichen Dienstleistungsauftrages teilzunehmen.[34]   19

Einrichtungen, die keine Gewinnerzielung anstreben, deren Zweck hauptsächlich auf Forschung und Lehre gerichtet ist und denen die Erbringung bestimmter Tätigkeiten generell gestattet ist, kann durch nationales Recht nicht untersagt werden, an Verfahren zur Vergabe öffentlicher Aufträge teilzunehmen, die die Erbringung eben dieser Leistungen betreffen; ein solches Verbot wäre nämlich nicht mit den Bestimmungen der VKR vereinbar.[35] Der gleichen Ansicht folgt nun auch die nationale Rechtsprechung die ebenfalls davon ausgeht, dass § 6 EG Abs. 1 Nr. 3 VOB/A europarechtswidrig ist. Ein genereller   20

---

[26] § 6 EG Abs. 1 Nr. 3 VOB/A, § 6 Abs. 1 Nr. 3 VOB/A, §6 VS Abs. 1 Nr. 3 VOB/A.
[27] § 6 Abs. 7 VOL/A.
[28] Weyand, § 6 VOL/A Rn. 249;
[29] OLG Düsseldorf Beschl. v. 23.12.2003, Verg 58/03; OLG Düsseldorf Beschl. v. 17.10.2003, VII – Verg 58/03.
[30] *Glahs* VergabeR 2004, 379, 381.
[31] *Nielandt* VergabeR 2004, 457, 460.
[32] *Willenbruch* VergabeR 2005, 252, 257.
[33] VK Bund Beschl. v. 20.8.2008, VK 1–111/08;
[34] EuGH Urt. v. 23.12.2009, Rs. C-305/08 – CoNISMa;
[35] EuGH Urt. v. 23.12.2009, Rs. C-305/08 – CoNISMa.

Ausschluss der dort genannten Einrichtungen ist nicht mit dem Grundsatz zu vereinbaren, dass auch öffentliche Einrichtungen an Vergabeverfahren als Bieter teilnehmen können.[36]

21 Bereits für die Vorgängerregelungen war anerkannt, dass sie als Ausnahmevorschrift eng auszulegen war und gemeinnützige Kapitalgesellschaften nicht als „ähnliche Einrichtungen" im Sinne dieser Vorschriften verstanden werden konnten und somit ihrer Teilhabe am Vergabewettbewerb nichts entgegensteht.[37] In der neueren Rechtsprechung wird aufgrund der vorzitierten Entscheidung CoNISMa § 6 EG Abs. 1 Nr. 3 VOB/A aus unionsrechtlichen Gründen in Vergabenachprüfungsverfahren nicht mehr angewendet.[38]

2. Bevorzugte Vergabe an Werkstätten für Behinderte und Blindenwerkstätte und an Justizvollzugsanstalten

22 § 3 Abs. 5 lit. j VOL/A sieht vor, dass eine freihändige Vergabe an Werkstätten für behinderte Menschen zulässig ist, wenn der Auftrag ausschließlich an solche Werkstätten vergeben werden soll. Es ist anerkannt, dass diese Ausnahmevorschrift auch für die Vergabe von Aufträgen an anerkannte Blindenwerkstätten nach dem inzwischen aufgehobenen Blindenwarenvertriebsgesetz Anwendung findet.[39]

23 Dies ist eine Umsetzung der Vorgabe des § 141 SGB IX, der vorsieht, dass solche Werkstätten bei der Vergabe von Aufträgen der öffentlichen Hand, die von ihnen ausgeführt werden können, gegenüber Betrieben der freien Wirtschaft bevorzugt werden. Zuvor fand sich diese Vorgabe in §§ 56, 58 des inzwischen aufgehobenen Schwerbehindertengesetzes. Auf Grundlage dessen erließ das Bundesministerium für Wirtschaft und Technologie am 10. Mai 2001 „Richtlinien für die Berücksichtigung von Werkstätten für Behinderte und Blindenwerkstätten bei der Vergabe öffentlicher Aufträge".[40] Deren § 3 Nr. 1 sieht vor, dass bei Beschränkten Ausschreibungen und Freihändigen Vergaben nach Abschnitt 1 VOL/A und VOB/A regelmäßig auch die betreffenden Einrichtungen in angemessenem Umfang zur Angebotsabgabe mit aufzufordern sind.

24 Eine Bevorzugung nach den Richtlinien betrifft damit nur unterschwellige Vergaben, dies wird z.T. im Rahmen von Runderlassen der Länder, wie z.B. in Nordrhein-Westfalen klar gestellt.[41] Auch in den Verdingungsordnungen ist lediglich im ersten Abschnitt der VOL/A die eine entsprechende Vorschrift enthalten. § 141 SGB IX differenziert dem gegenüber nicht zwischen Aufträgen oberhalb und unterhalb der Schwellenwerte.

25 Ebenso sieht Art. 19 VKR vor, dass die Mitgliedstaaten im Rahmen von Programmen für geschützte Beschäftigungsverhältnisse vorsehen können, dass nur geschützte Werkstätten an den Verfahren zur Vergabe öffentlicher Aufträge teilnehmen oder solche Aufträge ausführen dürfen, sofern die Mehrheit der Arbeitnehmer Behinderte sind, die aufgrund der Art oder der Schwere ihrer Behinderung keine Berufstätigkeit unter normalen Bedingungen ausüben können.

26 Allerdings sieht die VOB/A vor, dass neben Justizvollzugsanstalten, Einrichtungen der Jugendhilfe, Aus- und Fortbildungsstätten auch ähnliche Einrichtungen, worunter betreffende Werkstätten einzuordnen sein dürften, vom Wettbewerb mit gewerblichen Unternehmen ausgeschlossen sind. Dieser Konflikt mit der Vorgabe der vorgenannten Richtlinien des Bundeswirtschaftsministeriums dürfte aber wenig praxisrelevant sein, da Werkstätten für Behinderte grundsätzlich keine Bauleistungen anbieten. In der VOB/A finden

---

[36] OLG Düsseldorf, Beschl. v. 7.8.2013, VII-Verg 14/13.
[37] VK Bund Beschl. v. 2.12.2010, VK 1–115/10; OLG Düsseldorf Beschl. v. 14. Juli 2004, VII-Verg 33/04; a.A. *Zimmermann* ZfBR 2008, 778, 784.
[38] OLG Düsseldorf, Beschl. v. 7.8.2013, VII-Verg 14/13.
[39] *Ziekow* in Ziekow/Völlink, § 3 VOL/A Rn. 26; Zur Thematik siehe auch *Roth/Lamm/Weyand* DÖV 2011, 545.
[40] Vgl. VK Köln Beschl. v. 10.5.2010, VK VOL 10/2010.
[41] VK Köln Beschl. v. 10.5.2010, VK VOL 10/2010.

sich dem entsprechend auch keine Vorschriften mit einem entsprechenden Regelungsgehalt.[42]

Im Rahmen der VOL/A sind nur Justizvollzugsanstalten explizit vom gewerblichen Wettbewerb ausgenommen, weshalb hier Behinderte- und Blindenwerkstätten auch im Wettbewerb mit gewerblichen Unternehmen zugelassen sind.

§ 3 Abs. 5 lit. k VOL/A sieht entsprechend vor, dass eine freihändige Vergabe an Justizvollzugsanstalten zulässig ist, wenn der Auftrag ausschließlich an Justizvollzugsanstalten vergeben werden soll.

Der öffentliche Auftraggeber hat aber zunächst ein Entschließungsermessen, ob es sich bei einem Beschaffungsbedarf um einen Auftrag handelt, der ausschließlich an betreffende Werkstätten bzw. Justizvollzugsanstalten vergeben werden soll. Auch darf er bei einer Beteiligung der Behinderten- und Blindenwerkstätten an einem Wettbewerb mit gewerblichen Unternehmen den Grundsatz der wirtschaftlichen Beschaffung nicht außer Acht lassen. Wenn das Angebot einer Werkstatt massiv unwirtschaftlicher ist als das Angebot eines gewerblichen Unternehmens kann aufgrund des Wirtschaftlichkeits- und Wettbewerbsgrundsatzes die betreffende Werkstatt den Auftrag nicht erhalten.

„Richtlinien für die Berücksichtigung von Werkstätten für Behinderte und Blindenwerkstätten bei der Vergabe öffentlicher Aufträge" sehen für ihren Anwendungsbereich vor, dass der Zuschlag immer auf das Angebot der betreffenden Werkstatt zu erteilen ist, solange deren Angebotspreis, den des wirtschaftlichsten Bieters um maximal 15 % übersteigt.[43]

---

[42] Vgl. *Pünder* in Pünder/Schellenberg, § 3 VOL/A Rn. 23.
[43] Vgl. § 3 Nr. 4 der „Richtlinien für die Berücksichtigung von Werkstätten für Behinderte und Blindenwerkstätten bei der Vergabe öffentlicher Aufträge"

§ 14 Compliance und Selbstreinigung

Übersicht

	Rn.
A. Einleitung	1–3
B. Compliance	4–6
C. Korruptionsprävention in der Auftragsvergabe	7–25
I. Organisation der Beschaffungsstelle	9–25
D. Ausschluss wegen Unzuverlässigkeit	26–38
I. Fakultativer Ausschluss wegen Unzuverlässigkeit	27–31
II. Zwingender Ausschluss wegen Unzuverlässigkeit	32–38
E. Auftragssperre	39–97
I. Voraussetzungen einer Auftragssperre	43–47
II. Korruptionsregister des Bundes	48–51
III. Korruptionsregister der Länder	52–62
IV. Internationale Beispiele von Auftragssperren	63–97
F. Selbstreinigung	98–119
I. Rechtsgrundlage	101–106
II. Voraussetzungen der Selbstreinigung	107–119

Literatur:

Hauschka, Corporate Compliance, München, 2010; *Bürkle,* Weitergabe von Informationen über Fehlverhalten in Unternehmen (Whistleblowing) und Steuerung auftretender Probleme durch ein Compliance-System, DB 2004, 2158; *ders.,* Corporate Compliance als Standard guter Unternehmensführung des Deutschen Corporate Governance Kodex, BB 2007, 1797; *Hauschka,* Compliance, Compliance-Manager, Compliance-Programme: Eine geeignete Reaktion auf gestiegene Haftungsrisiken für Unternehmen und Management?, NJW 2004, 257; *ders.,* Die Voraussetzungen für ein effektives Compliance System i.S. von § 317 Abs. 4 HGB, DB 2006, 1143; *ders./Greeve,* Compliance in der Korruptionsprävention – was müssen, was sollen, was können Unternehmen tun?, BB 2007, 165; *Hoffmann/Sandrock,* Der Ombudsmann – betriebliche Möglichkeit zur Bekämpfung der Wirtschaftskriminalität, DB 2001, 433; *Rodewald/Unger,* Corporate Compliance – Organisatorische Vorkehrungen zur Vermeidung von Haftungsfällen der Geschäftsleitung, BB 2006, 113; *Kreßner,* Die Auftragssperre im Vergaberecht, 2006; *Quardt,* Die Auftragssperre im Vergaberecht, BB 1997, 477 ff.; Dann, Matthias / Dann, Runhild, Vergaberegister – viel Bewegung, wenig Fortschritt?, ZRP 2010, 256; Dreher, Meinrad / Hoffmann, Jens, Schlusswort: Vergaberechtliche Fremdreinigung zur Schadenswiedergutmachung, NZBau 2012, 426; Dreher, Meinrad / Hoffmann, Jens, Sachverhaltsaufklärung und Schadenswiedergutmachung bei der vergaberechtlichen Selbstreinigung, NZBau 2012, 265; Freund, Matthias, Korruption in der Auftragsvergabe, VergabeR 2007, 311; Gabriel, Marc, Einflussnahme von Unternehmen auf öffentliche Auftragsvergaben: Persuasion, Kollusion oder Korruption?, VergabeR 2006, 173; Ohle, Mario / Gregoritza, Anna, Grenzen des Anwendungsbereichs von Auftragssperren der öffentlichen Hand – am Beispiel der Gesetzes- und Verordnungslage des Landes Berlin -, ZfBR 2004, 16; Ohrtmann, Nicola, Korruption im Vergaberecht, Konsequenzen und Prävention – Teil 1: Ausschlussgründe, NZBau 2007, 201; Ohrtmann, Nicola, Korruption im Vergaberecht, Konsequenzen und Prävention – Teil 2: Konsequenzen und Selbstreinigung, NZBau 2007, 278; Prieß, Hans-Joachim / Stein, Roland, Nicht nur sauber, sondern rein: Die Wiederherstellung der Zuverlässigkeit durch Selbstreinigung, NZBau 2008, 230; Pünder/Priess/Arrowsmith (Hrsg.), Self-Cleaning in Public Procurement Law, 2010; Ritzenhoff, Compliance leicht gemacht! NZBau 2012, S. 28

A. Einleitung

Das Schlagwort „Compliance" ist nunmehr seit einigen Jahren auch im Bereich der Öffentlichen Auftragsvergabe in aller Munde. Beschaffungsstellen sind nach „Compliance Gesichtspunkten" auszurichten, große Beschaffungsstellen ernennen Compliance Beauftragte und überprüfen im Rahmen der Angebotswertung, ob sich Bieter „compliant" ver- 1 halten haben. Bewerber und Bieter werden bei der Beteiligung an Vergabeverfahren immer häufiger aufgefordert, ihre Compliance Organisation als Teil der Eignungsprüfung darzustellen.

2 Fehlverhalten von Bietern kann dazu führen, dass diese entweder fakultativ oder zwingend von Vergabeverfahren auszuschließen sind. Ergreift das Unternehmen jedoch Maßnahmen, um ein Fehlverhalten für die Zukunft auszuschließen, unternimmt es also eine „Selbstreinigung", wäre ein solcher Ausschluss unverhältnismäßig.

3 Letztlich laufen Bieter bei Fehlverhalten Gefahr, in Vergabesperrlisten eingetragen zu werden, die unabhängig von konkreten Vergabeverfahren zentral, z. B. auf Landesebene, geführt werden. Während der Dauer der Vergabesperre sind Bieter dann von der Vergabe öffentlicher Aufträge wegen Unzuverlässigkeit ausgeschlossen.

B. Compliance

4 Der Begriff „Compliance" wird im deutschen Recht nicht definiert; er entstammt der angelsächsischen Rechtstradition.[1] Im Unternehmens- und Organisationsbereich bedeutet er die Befolgung der Gesetze und regulatorischen Anforderungen, der Organisationsgrundsätze, interner Kodizes und Richtlinien, der Prinzipien einer guten Unternehmens- bzw. Organisationsführung (Good Governance) sowie allgemein akzeptierter ethischer Normen. Angesichts dieses schlichten Begriffsinhalts, nämlich die Einhaltung von Recht und Gesetz, ist es erstaunlich, welche Bedeutung „Compliance" in den letzten Jahren gewonnen hat. Ist die öffentliche Hand bereits nach dem Grundgesetz zur Einhaltung von Recht und Gesetz verpflichtet (Art. 20 Abs. 3 GG), sollte sich unter Zugrundelegung des Leitmotivs unternehmerischen Handelns vom ehrbaren Kaufmann auch Unternehmen und ihre Organe ihr Verhalten selbstverständlich an den geltenden Regeln ausrichten. Die Befolgung der regulatorischen Vorgaben soll das Wohlverhalten einer Organisation im Geschäftsverkehr sicherstellen und damit der Minimierung von Risiken dienen, die sich aus der Nichtbeachtung von Regeln ergeben können. So können zum Beispiel aus der Missachtung der Normen des Kartellrechts oder des Umweltschutzrechts erhebliche Sanktionen wie zum Beispiel Strafzahlungen für ein Unternehmen resultieren.

5 Compliance selbst stellt grundsätzlich keine eigenständige Rechtsgrundlage dar, deren Nichtbeachtung eine eigene Sanktionsfolge auslöst. Anknüpfungspunkt ist jeweils vielmehr eine Rechtsvorschrift. Im Bereich der wirtschaftlichen Betätigung können sich derartige Verantwortlichkeiten aus dem Strafrecht, Antidiskriminierungsgesetzen, Umweltgesetzen, Arbeitsschutzgesetzen, aus Menschenrechten oder dem Datenschutzrecht ergeben.

6 Neben der Einhaltung von regulatorischen Einforderungen wird unter dem Begriff Compliance auch die unternehmenseigene Organisation verstanden, die Verstöße gegen Unternehmensregeln oder Recht und Gesetz verhindern sollen. Darunter fallen letztlich alle Maßnahmen der Risikofrüherkennung, wie Hinweisgebersysteme, und Risikominimierung. Derartige Maßnahmen können für Unternehmen notwendig sein, um den vertretungsberechtigten Organmitgliedern auf der Grundlage von §§ 30, 130 OWiG den Vorwurf ordnungswidrigen Handelns zu ersparen, falls sie schuldhaft Aufsichtsmaßnahmen unterlassen haben, die erforderlich sind, um Rechtsverstöße von Arbeitnehmern im Zusammenhang mit der betrieblichen Tätigkeit zu verhindern. Das Aktienrecht verpflichtet darüber hinaus in § 91 Abs. 2 AktG sogar den Vorstand einer Aktiengesellschaft *„geeignete Maßnahmen zu treffen, insbesondere ein Überwachungssystem einzurichten, damit den Fortbestand der Gesellschaft gefährdende Entwicklungen früh erkannt werden"*. Für börsennotierte Aktiengesellschaften ergibt sich über den Deutschen Corporate Government Kodex und die nach § 161 AktG abzugebende Entsprechenserklärung ein indirekter Zwang, für ein umfassendes Risikomanagement und geeignete Kontrollmechanismen zu

---

[1] *Hauschka*, § 1 Rn. 2.

sorgen. Nach § 33 Abs. 1 WpHG sind börsennotierte Unternehmen zudem verpflichtet, *„angemessene interne Kontrollverfahren"* vorzuhalten. Daneben existieren weitere spezialgesetzliche Organisationsnormen, die Unternehmen zur Einrichtung von Compliance Strukturen verpflichten.

C. Korruptionsprävention in der Auftragsvergabe

Verstöße gegen das Vergaberecht haben das Potenzial, zum Gegenstand öffentlicher Debatten zu werden. Auch wenn sich Vorwürfe vorsätzlichen Verhaltens gegen die jeweilige Vergabestelle nicht immer erhärten lassen, sind derartige Verdachtsfälle überaus schädlich für die Glaubwürdigkeit der öffentlichen Verwaltung und deren Umgang mit öffentlichen Haushaltsmitteln. Bei Verstößen gegen das Vergaberecht steht häufig nicht nur die Frage im Raum, warum die Vergabestelle die Vorschriften des Vergaberechts nicht eingehalten hat. Deutlich gravierender wiegt der Vorwurf, einzelne Bieter wären in einem Vergabeverfahren bevorzugt worden oder hätten ohne formelles Vergabeverfahren öffentliche Aufträge erhalten. In derartigen Fällen sieht sich die Vergabestelle dem Verdacht von Bestechung und anderen Delikten des Wirtschaftsstrafrechts ausgesetzt. Relevante strafrechtliche Korruptionsdelikte sind insbesondere 7
– § 331 StGB Vorteilsannahme
– § 332 StGB Bestechlichkeit
– § 333 StGB Vorteilsgewährung
– § 334 StGB Bestechung
– § 335 StGB Besonders schwere Fälle der Bestechlichkeit und Bestechung
– § 299 f StGB Bestechung /Bestechlichkeit im geschäftlichen Verkehr (Angestelltenbestechung)
Damit gehen in der Regel Straftatbestände einher nach
– § 261 StGB Geldwäsche, Verschleierung illegalen Vermögens
– § 263 StGB Betrug
– § 264 StGB Subventionsbetrug
– § 265b StGB Kreditbetrug
– § 266 StGB Untreue

Zur Korruptionsprävention werden sich Öffentliche Auftraggeber Prozessabläufe im Bereich der Beschaffung definieren, ihre Beschaffungsorganisation adäquat strukturieren und die Einhaltung der internen Vorgaben fortlaufend überwachen müssen. Dies gilt unabhängig davon, ob die Beschaffungsorganisation in die Organisation des öffentlichen Auftraggebers vollständig eingebunden ist oder in eine Beschaffungsstelle ausgegliedert wurde. 8

I. Organisation der Beschaffungsstelle

Gerade Beschaffungsstellen öffentlicher Auftraggeber gelten als gefährdet für die unlautere Einflussnahme auf Entscheidungsprozesse. Unabhängig von ihrer rechtlichen Ausgestaltung sind diese mithin so zu organisieren, dass bereits der Anschein von korruptivem Verhalten vermieden wird. Die Verwaltungsleitung hat die Organisation und Prozesse so zu definieren, dass Rechtsverstöße von Mitarbeitern unterbleiben oder jedenfalls frühzeitig erkannt und unterbunden werden können. Gleiches gilt für die Geschäftsführung einer in privatrechtlicher Rechtsform betriebenen Vergabestelle. 9

Aus diesem Grund haben sich einzelne Bundesländer, wie zum Beispiel Nordrhein-Westfalen (Verhütung und Bekämpfung von Korruption in der öffentlichen Verwaltung, RdErl. d. Innenministeriums, zugleich im Namen des Ministerpräsidenten und aller Landesministerien, v. 26. 4. 2005 – IR 12.02.06 -) und Hessen (Korruptionserlass vom 15. 12. 2008), Erlasse zur Korruptionsvermeidung gegeben. Diese enthalten insbesondere auch 10

Vorgaben für die Organisation von Beschaffungsstellen und die internen Prozesse bei der Durchführung von Vergabeverfahren.

11 Als allgemeine Maßnahmen zur Korruptionsprävention sehen die Erlasse jedenfalls die Folgenden vor:

1. Transparenz der Verfahren

12 Die Einhaltung des unionsrechtlich anerkannten **Transparenzgrundsatzes** (§ 97 Abs. 1 und 2 GWB) bei der Durchführung von Vergabeverfahren ist für die Verfolgung rechtmäßiger und nachvollziehbarer Beschaffungspraktiken von entscheidender Bedeutung. Dient der Grundsatz doch auch der Öffnung eines unverfälschten Wettbewerbs in allen Mitgliedstaaten. Nach Maßgabe der Rechtsprechung des Europäischen Gerichtshofs dient eine hinreichende Verfahrenstransparenz insbesondere auch der Eindämmung von Günstlingswirtschaft oder willkürlicher Entscheidungen des öffentlichen Auftraggebers.[2]

13 Transparente Vergabeverfahren ermöglichen es zahlreichen Akteuren, Verhalten und Entscheidungen von Amtsträgern auf der einen und Auftragnehmern auf der anderen Seite einer kritischen Prüfung zu unterziehen. Diese gründliche Kontrolle sorgt gemeinsam mit anderen Mechanismen dafür, dass Amtsträger und Auftragnehmer einer ständigen Rechenschaftspflicht unterliegen.

2. Personalrotation in der Beschaffungsstelle

14 Zur Vorbeugung von Korruption wird häufig eine Rotation des Personals in der Vergabestelle empfohlen, wie sie z. B. auch Ziff, 2.1 des Korruptionsrunderlasses in NRW oder Ziffer 6 des Hessischen Korruptionserlasses vorgesehen ist. Danach sollen Beschäftigte in korruptionsgefährdeten Bereichen nicht länger als fünf Jahre ununterbrochen in der gleichen Position eingesetzt werden. Der planmäßige Wechsel des Arbeitsplatzes soll verhindern, dass Beschäftigte zu große Nähe zu Lieferanten und Dienstleistern aufbauen, die in Abhängigkeiten gegenüber diesen resultieren.[3]

15 Für kleine Beschaffungsstellen, die nur aus wenigen Mitarbeitern bestehen, ist eine solche Personalrotation häufig nur eine theoretische Option. Angesichts der Komplexität des Vergaberechts ließe sich auch für größere Vergabestellen argumentieren, dass es nicht ressourcenschonend wäre, die im Vergaberecht geschulten Mitarbeiter, die sich über Jahre vergaberechtliches Know-how angeeignet haben, in andere Dienststellen zu rotieren. Entsprechend sehen auch die Korruptionserlasse der Länder eine **Öffnungsklausel** von der regelmäßigen **Personalrotation** vor, wenn diese „fachlich und wirtschaftlich nicht vertretbar" ist. Ist keine Personalrotation möglich, sollte auf die strikte Einhaltung des **Vier-Augen-Prinzips** geachtet werden. Zudem sollte eine hausinterne Stelle bestimmt werden, z. B. die Innenrevision oder das Rechnungsprüfungsamt, die stichprobenartig die Beschaffungspraxis kontrolliert.

3. Trennung zwischen Fachabteilung und Beschaffungsstelle

16 Sowohl in der Vorbereitung als auch in der Durchführung des Vergabeverfahrens ist auf eine strikte Trennung zwischen der Vergabestelle und der Fachabteilung zu achten, welche den Bedarf angemeldet hat. Diese Trennung, die zur Einhaltung des Vier-Augen-Prinzips unerlässlich ist, sollte in einer Dienstanweisung oder einer Beschaffungsrichtlinie festgelegt werden.

17 Die Vergabestelle dient zunächst dem Hinterfragen und Prüfen der Bedarfsanmeldung und der Kontrolle der Leistungsbeschreibung. In diesem frühen Stadium können die Vorbereitungen für das Vergabeverfahren noch beendet und wiederholt werden. Die Verga-

---

[2] EuGH Urt. v. 29.3.2012, C-599/10.
[3] *Birnfeld*, CCZ 2010, 133.

bestelle ist im weiteren Verfahrensverlauf dann für die Prüfung der Vollständigkeit und Ordnungsmäßigkeit der Vergabeunterlage verantwortlich. Bezogen auf die Leistungsbeschreibung wird die Vergabestelle das Augenmerk auf eine präzise Ermittlung der Mengen und eine produktneutrale wie systemoffene Beschreibung des Beschaffungsbedarfs legen.

Im Rahmen der Angebotswertung ist es zur Korruptionsprävention von Bedeutung, dass die rechnerische und formale Angebotsprüfung von der fachtechnischen Prüfung und der Angebotswertung bei der Fachabteilung getrennt wird. Die Vergabestelle wird das Verzeichnis der Bieter sowie die Angebotsunterlagen vertraulich behandeln, um den Geheimwettbewerb zu gewährleisten.

Auch für die Durchführung eines formellen Eröffnungstermins, in dem die im verschlossenen Umschlag gelagerten Angebote im Beisein eines weiteren Mitarbeiters (Vier-Augen-Prinzip) geöffnet werden, zeichnet die Vergabestelle und nicht die Fachabteilung verantwortlich. Bei Bauvergaben führt die Vergabestelle zudem den förmlichen **Submissionstermin** durch, zu dem auch Bieter zugelassen sind. In dem Termin werden die Angebotspreise verlesen und in ein Protokoll aufgenommen. Nach erfolgter Angebotsöffnung ist die Vergabestelle letztlich auch für die Sicherung der Angebote, z. B. in Form einer Stanzung zuständig.

In der Auftragsausführungsphase zeichnet die Vergabestelle dafür verantwortlich, dass die vereinbarten Preise eingehalten werden. Dies schließt insbesondere die Abwehr von unberechtigten Nachträgen des Auftragnehmers ein, der auf diesem Weg versuchen könnte, knapp kalkulierte Preis zu kompensieren.

4. Geeignetes Personal in der Vergabestelle

In Deutschland gibt es nach wie vor kein Berufsbild für den öffentlichen Einkäufer. Gerade auch unter dem Gesichtspunkt der Korruptionsprävention ist dies bedauerlich.

Die Mitarbeiter im öffentlichen Einkauf sind Risiken ausgesetzt, die sie von anderen Mitarbeitern der Öffentlichen Hand unterscheidet. Zu nennen sind nur die Versuche von Unternehmen, unbotmäßig Einfluss auf Entscheidungen im Vorfeld und während eines Vergabeverfahrens zu nehmen. Aus diesem Grund ist eine sorgfältige Auswahl der Mitarbeiter der Beschaffungsstelle von besonderer Bedeutung. Ungeeignet sind zum Beispiel solche Personen, die aufgrund von Suchterkrankungen oder privaten Problemen zugänglich für das Anbieten von Geldbeträgen empfänglich sein könnten.

Das Personal der Vergabestelle ist letztlich fortlaufend zum Thema Korruptionsprävention zu schulen.[4]

5. Erarbeitung einer Beschaffungsrichtlinie

In der Praxis hat sich die Zusammenfassung der Dienst- und Arbeitsanweisungen in einer Beschaffungsrichtlinie bewährt. In diesem Dokument können die internen Arbeitsabläufe wie auch die internen Regeln im Zusammenhang mit Vergaben niedergelegt werden. Dies betrifft insbesondere die vorstehend unter Ziffer 3 dargelegte Aufgabenverteilung zwischen Fachabteilung und Vergabestelle sowie auch die Einhaltung des Vier-Augen Prinzips.

Themen der Korruptionsprävention werden ebenfalls regelmäßig zum Gegenstand der Beschaffungsrichtlinie gemacht.

D. Ausschluss wegen Unzuverlässigkeit

Sollte es zu Verfehlungen kommen stellt sich die Frage, wie in einzelnen Vergabeverfahren mit Bewerbern oder Bietern umzugehen ist, denen Verfehlungen nachgewiesen wur-

---

[4] Korruptionserlass des Landes Hessen vom 15. 12. 2008, Ziff. 3.

den. Darüberhinaus stellt sich jedoch auch abstrakt für andere Vergabeverfahren die Frage, ob eine auftragsunabhängige Auftragssperre gegen ein Unternehmen ausgesprochen und dieses über einen zeitlich begrenzten Zeitraum von der Auftragsvergabe ausgeschlossen werden kann.

I. Fakultativer Ausschluss wegen Unzuverlässigkeit

27 Bewerber oder Bieter, denen eine „schwere Verfehlung" nachgewiesen wurde, können von einem laufenden Vergabeverfahren wegen Unzuverlässigkeit gemäß § 6 EG Abs. 6 c) VOL/A ausgeschlossen werden.

28 Die Rechtsprechung verweist zunächst darauf, dass es sich bei dem vergaberechtlichen Begriff der **„schweren Verfehlung"** um einen unbestimmten Rechtsbegriff handelt.[5] Nach der Rechtsprechung des Europäischen Gerichtshofs umfasst der Begriff „Verfehlung im Rahmen der beruflichen Tätigkeit" jedes fehlerhafte Verhalten, das Einfluss auf die berufliche Glaubwürdigkeit des betreffenden Wirtschaftsteilnehmers hat, und nicht nur Verstöße gegen berufsethische Regelungen im engen Sinne des Berufsstands, dem dieser Wirtschaftsteilnehmer angehört, die durch das Disziplinarorgan dieses Berufsstands oder durch eine rechtskräftige Gerichtsentscheidung festgestellt werden.[6] Das OLG Düsseldorf vertritt jedoch die Auffassung,[7] dass eine schwere Verfehlung im Sinne der genannten Vorschriften bei wertender Betrachtung vom Gewicht her den zwingenden Ausschlussgründen des § 6 EG Abs. 4 VOL/A zumindest nahe kommen muss.[8] Bei Bagatelldelikten wird eine schwere Verfehlung verneint.[9] Das kann, so das Oberlandesgericht in der vorzitierten Entscheidung, bei schwerwiegenden Verstößen gegen die Grundsätze des Geheimwettbewerbs der Fall sein, insbesondere bei Preisabsprachen oder sonst weitgehender, den Kernbereich des Angebots oder zugehöriger Kalkulationsgrundlagen betreffender Offenlegung von Angeboten.

29 Soll einem Unternehmen die Zuverlässigkeit in einem Vergabeverfahren abgesprochen werden, müssen öffentliche Auftraggeber neben der Feststellung des Vorliegens einer schweren Verfehlung auch sachliche Gründe dafür benennen, dass wegen der Verfehlungen in der Vergangenheit für den zu vergebenden Auftrag Zweifel an der Zuverlässigkeit des Bewerbers oder Bieters bestehen.[10] Ein Angebot ist jedoch nur dann von der Wertung auszuschließen, wenn der öffentliche Auftraggeber, der eine nachweislich schwere Verfehlung des Bieters festgestellt hat eine auf den konkreten Auftrag bezogene Prognoseentscheidung getroffen hat, die dazu führt, dass aufgrund des Sachverhaltes die Zuverlässigkeit des Bieters nicht bejaht werden kann. Danach liegt es im Ermessen, ob ein Angebot in der Wertung verbleiben kann.[11]

30 Die Rechtsprechung nimmt weiter an, dass für den Nachweis einer schweren Verfehlung **keine rechtskräftige Verurteilung** vorliegen muss.[12] Bei der Beurteilung der Nachweisbarkeit kommt dem Umstand, dass unabhängige Gerichte bei der Prüfung eines Haftbefehls den dringenden Tatverdacht bejaht haben, entscheidendes Gewicht zu.[13] Dem

---

[5] OLG München Beschl. v. 21.5.2010, Verg 02/10, VK Baden-Württemberg Beschl. v. 21.12.2011, 1 VK 64/11, VK Niedersachsen Beschl. v. 12.12.2011, VgK 53/2011, Beschl. v. 24.3.2011, VgK 04/2011.
[6] EuGH, Urt. v. 13.12.2012 – C-465/11.
[7] OLG Düsseldorf Beschl. v. 9.4.2008, VII-Verg 2/08.
[8] so auch *Prieß*, § 7 Rn. 225 ff.
[9] OLG München Beschl. v. 22.11.2012, Verg 22/12.
[10] VK Baden-Württemberg Beschl. v. 21.12.2011, 1 VK 64/11.
[11] OLG München Beschl. v. 22.11.2012, Verg 22/12.
[12] VK Düsseldorf Beschl. v. 13.3.2006, VK 08/2006 – L, VK Nordbayern Beschl. v. 22.1.2007, 21 21 VK – 3194–44/06.
[13] OLG München Beschl. v. 22.11.2012, Verg 22/12.

öffentlichen Auftraggeber sei nicht zuzumuten, bei dringenden Verdachtsmomenten mit dem betreffenden Unternehmen in eine vertragliche Beziehung zu treten.[14] Allerdings ist der Auftraggeber für das Vorliegen der behaupteten schweren Verfehlung **beweisbelastet**.[15] Zudem hat der Auftraggeber bei einer Verfehlung, die nicht in einem gerichtlichen Urteil festgestellt wurde, dem Unternehmen rechtliches **Gehör** zu gewähren.

31 Bei Kapitalgesellschaften muss wegen der schweren Verfehlungen auf die verantwortlich handelnden natürlichen Personen abgestellt werden. Dies ist bei einer Gesellschaft mit beschränkter Haftung der **Geschäftsführer**[16] oder auch ein Prokurist. Gleiches gilt *mutatis mutandis* für Personengesellschaften; auch bei diesen ist auf die Handlungen der verantwortlichen natürlichen Personen abzustellen.[17]

II. Zwingender Ausschluss wegen Unzuverlässigkeit

32 Zwingende Ausschlussgründe sind abschließend in § 6 EG Abs. 4 VOL/A bzw. § 6 EG Abs. 4 VOB/A geregelt. Sie sind vorrangig zu prüfen und betreffen die rechtskräftige Verurteilung wegen eines Verstoßes gegen ein Strafgesetz wie zum Beispiel Bestechung und Geldwäsche, daneben auch verschiedene Vermögensdelikte zum Nachteil des Haushalts der Europäischen Union. Sie haben gemeinsam, dass sie die Integrität des Bieters bezüglich der Auftragsausführung in Frage stellen.[18] Beide Vorschriften basieren auf Artikel 45 der Vergabekoordinierungsrichtlinie. Aufgrund der **Vorgaben der Vergabekoordinierungsrichtlinie** (Art. 45 VKR) bzw. der **EG-Sektorenrichtlinie** (Art. 54 Abs. 4 Satz 1, 2 SkR) **sind Vorkehrungen zu treffen**, um der Vergabe öffentlicher Aufträge an Wirtschaftsteilnehmer, die sich an einer kriminellen Vereinigung beteiligt oder der Bestechung oder des Betrugs zu Lasten der finanziellen Interessen der Europäischen Union oder der Geldwäsche schuldig gemacht haben, vorzubeugen.

33 Unternehmen sind gemäß § 6 EG Abs. 4 VOB/A oder § 6 EG Abs. 4 VOL/A von der Teilnahme an einem Vergabeverfahren wegen Unzuverlässigkeit auszuschließen, wenn der Auftraggeber Kenntnis davon hat, dass eine Person, deren Verhalten dem Unternehmen zuzurechnen ist, rechtskräftig wegen Verstoßes gegen bestimmte Vorschriften verurteilt worden ist.[19] Diese Vorschriften umfassen etwa die Eröffnung des Konkursverfahrens (Insolvenzverfahrens) oder die Nichterfüllung der Pflicht zur Zahlung von Steuern und Sozialabgaben. Den betriebsbezogenen Ausschlussgründen (Antrag auf Konkurseröffnung etc., Liquidation) liegt in der Regel kein Fehlverhalten zugrunde; deshalb entfällt der Ausschlussgrund, sobald die wirtschaftliche Schwierigkeit behoben ist. Die Nichterfüllung der Pflicht zur Zahlung von Steuern und Sozialabgaben stellt hingegen einen Gesetzesverstoß dar und kann in gravierenden Fällen zugleich das Ausschlusskriterium der Unzuverlässigkeit erfüllen.

---

[14] OLG Saarland Beschl. v. 18.12.2003, 1 Verg 4/03, LG Berlin Urt. v. 22.3.2006, 23 O 118/04, VK Niedersachsen Beschl. v. 12.12.2011, VgK 53/2011.

[15] VK Hessen Beschl. v. 9.2.2004, 69 d – VK 79/2003 und 80/2003, VK Lüneburg Beschl. v. 18.10.2005, VgK 47/2005, VK Niedersachsen Beschl. v. 12.12.2011, VgK 53/2011, VK Nordbayern Beschl. v. 22.1.2007, 21.VK – 3194–44/06.

[16] OLG Düsseldorf Beschl. v. 28.7.2005, VII – Verg 42/05, OLG Saarland Beschl. v. 18.12.2003, 1 Verg 4/03, VK Niedersachsen Beschl. v. 12.12.2011, VgK 53/2011.

[17] VK Niedersachsen Beschl. v. 12.12.2011, VgK 53/2011.

[18] *Hölzl/Ritzenhof* NZBau 2012, 28.

[19] Hier sei auf den Umstand hinzuweisen, dass die Ausschlusstatbestände in VOB/A und VOL/A nicht deckungsgleich sind. Eine Verurteilung nach § 299 StGB, die Bestechlichkeit und Bestechung im geschäftlichen Verkehr, ist nur in der VOB/A ein Ausschlusstatbestand, nicht aber in der VOL/A.

34 § 6 EG Abs. 4 VOL/A regelt einen **Ausschlusstatbestand**, jedoch nicht die Frage, ob und welche Nachweise sich ein öffentlicher Auftraggeber von den Bietern zum Beleg ihrer Zuverlässigkeit vorlegen lassen muss.[20]

35 Nach § 6 EG Abs. 4 VOL/A ist ein Unternehmen von dem Vergabeverfahren auszuschließen, wenn der Auftraggeber Kenntnis von einer zurechenbaren Verurteilung hat. Der Bieter hat die Möglichkeit, mit Hilfe amtlicher Urkunden den Nachweis zu führen, dass der Kenntnisstand des Auftraggebers falsch ist gemäß § 7 EG Abs. 6 VOL/A. Das Recht, von jedem Bieter im Voraus den „Entlastungsbeweis" zu verlangen, gibt § 7 EG Abs. 7 VOL/A dem Auftraggeber nur für die in § 6 EG Abs. 6 VOL/A aufgeführten fakultativen Ausschlussgründe. Ein Unternehmen kann also nicht schon gemäß § 6 EG Abs. 4 VOL/A ausgeschlossen werden, wenn der Auftraggeber Zweifel daran hat, ob eine entsprechende Eigenerklärung eines Bieters richtig oder vollständig ist.[21]

36 Das Verhalten einer rechtskräftig verurteilten Person ist dem Unternehmen dann zuzurechnen, wenn sie für dieses Unternehmen bei der Führung der Geschäfte selbst verantwortlich gehandelt hat oder ein Aufsichts- oder Organisationsverschulden gemäß § 130 des Gesetzes über Ordnungswidrigkeiten (OWiG) einer Person im Hinblick auf das Verhalten einer anderen für das Unternehmen handelnden, rechtskräftig verurteilten Person vorliegt. Die Zurechnung scheitert, wenn sich das Unternehmen erfolgreich unter Berufung auf das Bestehen eines wirksamen Compliance-Systems exkulpieren kann.[22]

37 Eine **Zurechnungsnorm** enthält auch § 6 EG Abs. 4 Satz 3 VOL/A, der darauf abstellt, ob eine rechtskräftig verurteilte Person *„bei der Führung der Geschäfte"* des Unternehmens, dem das Verhalten zugerechnet werden soll, *„selbstverantwortlich gehandelt hat"*.

38 Nach Maßgabe der VK Lüneburg kann im Konzernverbund auch das Handeln der Muttergesellschaft der Tochtergesellschaft zugerechnet werden, wenn Mutter- und Tochterunternehmen auf dem gleichen Markt tätig sind und dieser Markt von den Verfehlungen betroffen war, eine Personenidentität des Geschäftsführers von Mutter- und Tochterunternehmen zum Zeitpunkt der schweren Verfehlung bestand und ein gesellschaftsrechtlich beherrschender Einfluss des Mutterunternehmens auf die Tochter vorliegt.[23]

E. Auftragssperre

39 Unabhängig von der Eignungsprüfung im Rahmen eines einzelnen Vergabeverfahrens können Unternehmen für eine gewisse Dauer von der Vergabe öffentlicher Aufträge ausgeschlossen werden. Eine derartige Auftragssperre findet ihre Grundlage in Verwaltungsvorschriften, Erlassen und Gesetzen, z. B. von der Europäischen Kommission, internationalen Entwicklungsbanken oder Bundesländern.

40 Die Auftragssperre dient primär dem Schutz Öffentlicher Auftraggeber davor, mit unzuverlässigen Unternehmen eine vertragliche Beziehung einzugehen. Wie bereits oben angeführt, unterscheidet sich die Auftragssperre von dem einmaligen Ausschluss wegen Unzuverlässigkeit in einem konkreten Vergabeverfahren darin, dass die Auftragssperre unabhängig von Vergabeverfahren, also abstrakt, für einen gewissen Zeitraum verhängt wird. Es ist umstritten, ob Auftragssperren daneben einen **general- oder auch spezialpräventiven Charakter** haben, d. h. abschreckend oder auch strafend wirken sollen.

41 *Pietzcker* weist zu Recht darauf hin, dass die Auftragssperre de facto eine abschreckende und auch strafende Wirkung erzielt und dies insbesondere bei Unternehmen, die von öffentlichen Aufträgen oder Aufträgen der internationalen Entwicklungsbanken wirtschaft-

---

[20] 1. VK Bund Beschl. v. 26.11.2009, VK 1–197/09.
[21] OLG Koblenz Beschl. v. 25.9.2012, 1 Verg 5/12.
[22] *Hölzl*, § 97 Rn. 21 ff.
[23] VK Lüneburg Beschl. v. 24.3.2011, VgK 4/2011, NZBau 2011, 574.

lich abhängig sind.²⁴ Auftragssperren sind rechtlich als **privatrechtliche Erklärung** einzuordnen, dass ein oder mehrere Öffentliche Auftraggeber für die Dauer der Sperre mit dem Unternehmen keine zivilrechtlichen Verträge abzuschließen gedenkt.²⁵ Aus diesem Grund stehen Auftragssperren grundsätzlich weder Europarecht noch deutschem Recht entgegen.²⁶

Um die Wirkung von Auftragssperren zu erhöhen, sind Öffentliche Auftraggeber dazu 42 übergegangen, ihre Auftragssperren zu koordinieren.²⁷ Dies gilt sowohl für Öffentliche Auftraggeber eines Bundeslandes, die sich bei der Verwaltungseinheit einer Auftragssperrliste die Zuverlässigkeit eines Bieters bestätigen lassen als auch für Internationale Entwicklungsbanken, die sowohl die Tatbestandsmerkmale für zu sanktionierende Praktiken als auch die Auftragssperre wechselseitig verhängen („cross-debarment", s. unten Ziffer E.IV.3).

I. Voraussetzungen einer Auftragssperre

Eine Auftragssperre durch Aufnahme in ein Korruptionsregister, ob zeitlich befristet oder 43 unbefristet, unabhängig von einer konkreten Auftragsvergabe ist den Vergabekoordinierungsrichtlinien 2004/17 und 2004/18 unbekannt. Der Ausschluss eines Unternehmens von weiteren Vergabeverfahren wegen vorangegangenen Fehlverhaltens und daraus resultierender Unzuverlässigkeit ist in den europäischen Richtlinien nicht geregelt. Weder die Regelungen des deutschen Vergaberechts noch die europarechtlichen Regelungen enthalten jedoch Verbote zur Verhängung von Vergabesperren, soweit die Gründe für die Vergabesperre nicht nur für den Einzelfall, sondern generell geeignet sind, eine solche Ausschlussentscheidung zu rechtfertigen.²⁸

Keine denkbare Rechtsgrundlage für das Betreiben einer Auftragssperre sind die vorge- 44 nannten Regeln zur Eignungsprüfung nach VOB, VOL oder VOF. Bei Auftraggebern erfolgt gerade keine einzelfallbezogene Eignungsprüfung.²⁹ Das Kammergericht hat erst kürzlich entschieden, dass es keiner gesonderten gesetzlichen Ermächtigung für die Einrichtung einer Auftragssperre bedarf.³⁰

Voraussetzung einer jeden Auftragssperre ist zunächst die Feststellung einer besonders 45 schwerwiegenden Verfehlung eines Unternehmens, welche die Zuverlässigkeit des Unternehmens nachhaltig in Frage stellt. Das Kammergericht stellt auf *„Rechtsverstöße von einigem Gewicht"* ab, *„die sich unmittelbar auf die Durchführung eines öffentlichen Auftrags beziehen."*³¹ Auch hier muss die Verfehlung nicht bereits zu einer Verurteilung geführt haben.³² Aufgrund der besonders schwerwiegenden Rechtsfolge einer Auftragssperre, sind Öffentliche Auftraggeber gut beraten, besonders hohe Anforderungen an den Nachweis der Verfehlung zu stellen.

Dem Grundsatz der Verhältnismäßigkeit folgend muss die Dauer der Auftragssperre 46 zeitlich begrenzt sein.³³ Die individuelle **Sperrfrist** muss somit in Abhängigkeit der Schwere der Verfehlung gewählt werden. Durch die Bestimmung der Sperrfrist wird auch der Zeitspanne Rechnung tragen, die das Unternehmen voraussichtlich für die Wieder-

---

²⁴ Ebda.
²⁵ OVG Lüneburg Urt. v. 19.1.2006, 7 OA 168/05; KG, Urt. v. 8.12.2011, 2 U 11/11; OLG Köln Beschl. v. 17.4.2013, 11 W 2013.
²⁶ *Dreher* in Immenga/Mestmäcker, § 97 Rn. 160.
²⁷ LG Berlin Urt. v. 22.3.2006, 23 O 118/04, NZBau 2006, 397.
²⁸ KG Urt. v. 17.1.2011, 2 U 4/06.
²⁹ *Ohrtmann* NZBau 2007, 278, anderer Auffassung: LG Berlin NZBau 2006, 397.
³⁰ KG Urt. v. 8.12.2011, 2 U 11/11.
³¹ Ebda.
³² Ebda., LG Frankfurt a.M Urt. v. 26.11.2003, 2–06 O 345/03.
³³ KG Urt. v. 8.12.2011, 2 U 11/11.

herstellung der Zuverlässigkeit benötigen wird. Das Landgericht Berlin hat eine vierjährige Auftragssperre noch für verhältnismäßig gehalten.[34]

47 Aufgrund des privatrechtlichen Charakters der Erklärung über die Auftragssperre ist der **Rechtsschutz** vor den Zivilgerichten eröffnet.[35] Im Rahmen des Rechtsschutzes vor den Zivilgerichten geht das Oberlandesgericht Köln davon aus, dass eine Auftragssperre die Ankündigung eines bestimmten tatsächlichen Verhaltens des Auftraggebers im Rahmen zukünftiger Auftragsvergabeverfahren darstellt. Sie führt daher zu keiner unmittelbaren rechtlichen Wirkung zu Lasten des Auftragnehmers. Daher kann der Auftragnehmer gegen eine Auftragssperre nicht im Wege des vorläufigen Rechtsschutzes vorgehen, wenn noch kein weiteres Auftragsvergabeverfahren läuft oder konkret in Zukunft zu erwarten ist.[36]

II. Korruptionsregister des Bundes

48 Eine bundeseinheitliche Vergabesperrliste besteht derzeit in Deutschland noch nicht. In der Vergangenheit hat es immer wieder Bemühungen gegeben, ein solches zentrales Korruptionsregister des Bundes einzurichten.

49 So hatte die damalige Bundesregierung am 11.6.2002 den Entwurf eines Gesetzes zur Einrichtung eines Registers über unzuverlässige Unternehmen in den Bundestag eingebracht. Der Bundesrat hat am 27.9.2002 dieses Gesetz zur Einrichtung eines Registers über unzuverlässige Unternehmen („Korruptionsregister") abgelehnt, nachdem zuvor im Vermittlungsausschuss keine Einigung erzielt worden war.

50 Im Jahr 2005 wurde ein Referentenentwurf für ein bundesweites Korruptionsregistergesetz vorgelegt.[37] Das Gesetz wurde jedoch letztlich nicht verabschiedet.

51 Die Fraktion Bündnis 90/Die Grünen hat am 7.11.2012 den Entwurf eines Korruptionsregister-Gesetzes in den Bundestag eingebracht. Öffentliche Auftraggeber von Bund, Ländern und Kommunen sollen nach dem Willen der Fraktion Auffälligkeiten an das Register melden sowie *„dort eine etwaige Notierung von Bietern bei ihren öffentlichen Auftragsverfahren erfragen"*.

III. Korruptionsregister der Länder

52 Im Gegensatz zum Bund bestehen derzeit in zahlreichen Bundesländern sogenannte Korruptionsregister auf gesetzlicher Grundlage. Dazu zählen unter anderem die Bundesländer Berlin, Bremen[38], Hamburg[39] und Nordrhein-Westfalen. Per Erlass oder Ähnlichem sind Korruptionsregister geregelt in Bayern, Baden-Württemberg, Rheinland-Pfalz und Hessen (seit 1997).[40]

53 In **Hessen** existiert ein sehr detaillierter Erlass der Hessischen Landesregierung über Vergabesperren zur Korruptionsbekämpfung.[41] Dieser enthält Verfahrensvorschriften über den Nachweis der Verfehlung, den Umfang der Sperre und die Einrichtung einer Melde- und Informationsstelle für Vergabesperren des Landes. Der Erlass verpflichtet die hessische

---

[34] LG Berlin Urt. v. 22.3.2006, 23 O 118/04, NZBau 2006, 397.
[35] OVG Lüneburg Urt. v. 19.1.2006, 7 OA 168/05, NZBau 2006, 396; LG Köln Beschl. v. 28.12.2013 – 17 O 74/13.
[36] OLG Köln Beschl. v. 17.4.2013, 11 W 20/13.
[37] BMWA Referentenentwurf v. 29.3.2005, I B 3–26 05 13.
[38] seit 2011: http://bremen.de/23167551.
[39] Zeitweise von 2004 bis 2006, neuer Referentenentwurf des Senats eines „HmbKorrRegG" von Frühjahr 2012 liegt vor, ein gemeinsames Gesetz mit Schleswig-Holstein wird derzeit erwogen.
[40] vgl. Überblick bei *Stoye* ZRP 2005, 265 Fn. 3, *Ohrtmann* NZBau 2007, 201, 278.
[41] Erlass v. 16.2.1995, StAnz 1995, 1308, neugefasst mit Erlassdatum vom 14.11.2007, StAnz 2007, 2327.

§ 14 Compliance und Selbstreinigung   Kap. 3

Landesverwaltung bei geplanten Vergaben mit einem Wert über Euro 15.000,– bei Dienstleistungsaufträgen, einem Wert über Euro 25.000,– bei Lieferaufträgen bzw. einem Wert über Euro 50.000,– bei Bauaufträgen vor der Vergabe bei der Melde- und Informationsstelle nachzufragen, ob die für die Vergabe in Aussicht genommene Firma vom Wettbewerb ausgeschlossen ist. Ist dies der Fall, übermittelt die Melde- und In-formationsstelle der Vergabestelle die Daten über die Sperre.

Der Erlass enthält auch Regelungen über die Voraussetzungen der Wiederzulassung 54 von Unternehmen. Eine **Wiederzulassung** des ausgeschlossenen Unternehmens ist nach Ziffer 6 des Erlasses erst dann möglich, wenn erwartet werden kann, dass die Zuverlässigkeit des Unternehmens wiederhergestellt ist. Dies, so Ziffer 6.2 des Erlasses, kann in der Regel erwartet werden, wenn
– der Unternehmer durch geeignete organisatorische und personelle Maßnahmen Vorsorge gegen die Wiederholung der Verfehlungen getroffen hat (die weitere Zusammenarbeit mit den für die früheren Verfehlungen verantwortlichen Personen ist in aller Regel unzumutbar) und
– der Schaden ersetzt wurde oder eine verbindliche Anerkennung der Schadenersatzverpflichtung dem Grunde und der Höhe nach, verbunden mit der Vereinbarung eines Zahlungsplans, vorliegt und
– eine angemessene Sperrfrist von sechs Monaten verstrichen ist.

Daneben hat Hessen eine Mitteilung zur Korruptionsvermeidung in hessischen Kommu- 55 nalverwaltungen.[42]

Der Erlass des Wirtschaftsministeriums und anderer Ministerien des Landes Branden- 56 burg *„zur Bekämpfung unlauterer Beschäftigung"* geht über die Auftragssperren wegen Gesetzesverstößen hinaus und bezieht auch die *„wettbewerbsverzerrende Ausnutzung arbeits- und sozialrechtlicher Gestaltungsmöglichkeiten"* ein;[43] dies betrifft nicht mehr den klar umrissenen Tatbestand der Auftragssperre wegen Unzuverlässigkeit, sondern den Einsatz öffentlicher Aufträge für weitere, sogenannte **beschaffungsfremde Ziele**.

Die Landesregierung Schleswig-Holsteins plant die Schaffung eines länderübergreifen- 57 den Registers (vgl. Koalitionsvertrag SPD, BÜNDNIS 90/DIE GRÜNE und Südschleswische Wählerverband – SSW vom 3. Juni 2012: *„Wir streben ein gemeinsames Korruptionsregister mit Hamburg bzw. den norddeutschen Ländern an."*).

Nordrhein-Westfalen verlängerte sein bisher nur befristetes Korruptionsregister-Landes- 58 gesetz mit der Begründung, dass bald eine bundesgesetzliche Regelung erfolgt.[44] Eine in das Korruptionsregister einzutragende Verfehlung liegt bei betriebsbezogenen Korruptionsstraftaten, Geldwäsche, Betrug, Subventionsbetrug, Kreditbetrug, Untreue, Vorenthalten und Veruntreuen von Arbeitsentgelt, illegalen Absprachen bei Ausschreibungen, Steuerhinterziehung, Verstößen gegen das Kriegswaffenkontrollrecht, kartellrechtlichen Verstößen, Verstößen gegen das Arbeitnehmerüberlassungsgesetz und Schwarzarbeit vor. Die Eintragung erfolgt nicht nur bei Verurteilungen, sondern auch bei Einstellung des Verfahrens gegen Geldauflage. Ebenfalls kann eine Eintragung bereits während des laufenden Ermittlungsverfahrens erfolgen, wenn *„kein vernünftiger Zweifel an einer schwerwiegenden Verfehlung besteht"*.

In **Nordrhein-Westfalen** muss dem Betroffenen Gelegenheit zur Äußerung gegeben 59 werden, bevor eine Eintragung erfolgt. Hier besteht die Möglichkeit, eine Eintragung zu verhindern.

Die Bundesländer haben bislang ihre Vergabesperrlisten nicht formal koordiniert; wird 60 ein Unternehmen zum Beispiel in Hessen als unzuverlässig in der Vergabesperrliste des

---

[42] Erlass v. 15.12.2008, StAnz 3 2009, 132.
[43] Erlass v. 6.2.1996 ABl. 1996, 302. Ähnlich ein Erlass des Ministeriums für Wirtschaft des Landes Thüringen v. 1.12.1995, StAnz 1995, 2103.
[44] vgl. NRW-Drucksache 15/98.

Landes geführt, bedeutet dies nicht, dass das Unternehmen automatisch auch in anderen Bundesländern in dortigen Sperrlisten aufgenommen wird.

61 In der Praxis ist es jedoch nicht unüblich für Öffentliche Auftraggeber aus einem Bundesland, bei der Informationsstelle eines benachbarten Bundeslandes sich zu erkundigen, ob dort Zweifel an der Zuverlässigkeit des Unternehmens bestehen, welches einen Öffentlichen Auftrag erhalten soll.

62 Unternehmen können **Rechtsschutz** gegen die Eintragung in Landeskorruptionsregister vor den Zivilgerichten nachsuchen.[45] Der Verwaltungsrechtsweg ist hingegen nicht eröffnet.[46]

IV. Internationale Beispiele von Auftragssperren

63 Internationale Organisationen haben in den letzten zehn Jahren Auftragssperren eingeführt und stetig fortentwickelt. Die Evolution der Auftragssperren betrifft insbesondere die Ausgestaltung von Verfahrensregeln, die Harmonisierung der Ausschlusstatbestände und die Koordination der Sanktionierung zwischen den Internationalen Finanzierungsinstituten.

64 Ein aus Gründen der Rechtsstaatlichkeit gebotener nächster Schritt in der Evolution der Verfahren ist die Stärkung der Rechte der Beschuldigten.

1. Europäische Union

65 Die Europäische Union hat für eigene Beschaffungen, wie auch für Beschaffungen, die aus Haushaltsmitteln der Europäischen Union finanziert werden, ein Verfahren zur Sperre von Unternehmen eingerichtet. Für die Sperre von Unternehmen von EU-finanzierten Aufträgen stehen zwei Instrumente zur Verfügung, das EU-Frühwarnsystem (**FWS**) und eine Zentrale Ausschlussdatenbank (**ZAD**). Mit diesen beiden Instrumenten möchte die Europäische Kommission sicherstellen, dass die Haushaltsmittel der Europäischen Union wirtschaftlich verwendet werden.

a) Frühwarnsystem (FWS)

66 Das Frühwarnsystem (FWS) wurde 1997 auf Initiative des Europäischen Parlaments eingerichtet. Hierbei handelt es sich um eine interne IT-gestützte Datenbank der Europäischen Union, welche diejenigen Unternehmen und Individualpersonen identifiziert, die wegen ihrer Unzuverlässigkeit als Risiko insbesondere für EU-Haushaltsmittel betrachtet werden.[47] Seit dem 1.3.2004 stellt die Europäische Kommission entsprechende Warnmeldungen den übrigen Gemeinschaftsorganen, aber auch den sonstigen Gemeinschaftseinrichtungen und -agenturen sowie Drittländern, die Gemeinschaftsgelder oder sonstige Mittel, wie beispielsweise die des Europäischen Entwicklungsfonds, verwalten, zur Verfügung. Nach mehrfachen Änderungen finden sich die Rechtsgrundlagen nunmehr im Beschluss 2008/969/EG, Euratom der Kommission vom 16.12.2008 über das von den An-

---

[45] BGHZ 14, 222, BGH NJW 1967, 1911, BGH NJW 1976, 2302, BGH NJW 1977, 628, BGHZ 101, 72, OLG Frankfurt/M WuW/E OLG 5767, LG Kiel WuW/E LG/AG 510.
[46] BVerwGE 5, 325, BVerwGE 35, 103 (hat den Verwaltungsrechtsweg für die Klage gegen ein Hausverbot, das einer Auftragssperre gleichkam, verneint).
[47] Beschl. der Kommission vom 16.12.2008 über das von den Anweisungsbefugten der Kommission und den Exekutivagenturen zu verwendende Frühwarnsystem (2008/969/EG, Euratom), ABl. Nr. L 344, 125, zuletzt geändert durch Beschl. 2011/C 180/06 der Kommission vom 17.6.2011, ABl. Nr. C 180, 11.

weisungsbefugten der Kommission und den Exekutivagenturen zu verwendende Frühwarnsystem.[48]

Kommissionsdienststellen sollen mit dem Frühwarnsystem in die Lage versetzt werden, vorbeugend entsprechende Maßnahmen zu ergreifen und finanzielle Schäden zu Lasten von Haushaltsmitteln frühzeitig abzuwenden. In erster Linie sollen die Risiken verringern, dass Dritte, die sich in einer Ausschlusssituation nach Maßgabe der Haushaltsordnung (Konkursverfahren, schwerwiegende berufsethische Verfehlungen, Interessenkonflikt usw.) befinden, in den Genuss weiterer Aufträge oder Finanzhilfen der Gemeinschaften kommen. Zu diesem Zweck werden Unternehmen oder Einzelpersonen, die sich betrügerische Praktiken, administrative Fehler oder sonstige Unregelmäßigkeiten zum Nachteil des EU-Haushalts haben zuschulden kommen lassen, durch eine Warnmeldung („flag") im Frühwarnsystem unmissverständlich gekennzeichnet, um jegliche neuerliche Bindung von Haushaltsmitteln zu ihren Gunsten zu verhindern. 67

Das Frühwarnsystem ist **nicht öffentlich**, d. h. die gesperrten Unternehmen und Individuen werden nicht der Öffentlichkeit bekannt gemacht. Dies hat für die Betroffenen den Vorteil, dass ihre Reputation im Markt nicht beschädigt wird. Die mangelnde Veröffentlichung der Entscheidung selbst gegenüber dem Betroffenen stellt jedoch auch eine bedenkliche Intransparenz des Frühwarnsystems dar. Der vorzitierte Beschluss der Kommission[49] über das Frühwarnsystem ordnet verdächtige Unternehmen in fünf Gefährlichkeitsstufen ein. W1 ist die unterste Stufe, W5 die höchste: 68

W1: Die Informationen geben hinreichenden Grund zu der Annahme, dass es voraussichtlich zur Feststellung von Betrug oder schwerwiegenden Verwaltungsfehlern kommen wird, bzw. infolge des Ausschlusses eines Dritten nach Artikel 107 der Haushaltsordnung sind vorbeugende Maßnahmen zu ergreifen; 69

W2: Bei einem Dritten werden schwerwiegende Verwaltungsfehler oder Betrug festgestellt; 70

W3: Gegen einen Dritten werden rechtliche Schritte eingeleitet, die die Bekanntgabe eines Pfändungsbeschlusses zur Folge haben bzw. gegen einen Dritten wurde wegen schwerwiegender Verwaltungsfehler oder Betrug ein Gerichtsverfahren angestrengt; 71

W4: Ein Dritter, an den die Kommission Einziehungsanordnungen über signifikante Beträge gerichtet hat, ist mit den Zahlungen deutlich in Verzug; 72

W5: Gegen einen Dritten wurde nach Maßgabe der Haushaltsordnung oder der Verordnungen des Rates über finanzielle Restriktionen im GASP-Bereich ein Ausschluss verhängt. 73

Nur W5-Meldungen die sich auf Ausschlusssituationen beziehen werden an die Zentrale Ausschlussdatenbank (ZAD) weitergeleitet. 74

Schon wenige Jahre nach dem Start des Frühwarnsystems erhielt der **Ombudsmann** der Europäischen Union Beschwerden von betroffenen Unternehmen.[50] Diese hatten herausgefunden, dass sie im Frühwarnsystem erfasst waren, ohne hierüber von der EU-Kommission informiert worden zu sein. Die Betroffenen hegten die Befürchtung, Nachteile durch die Erfassung zu erleiden, vor allem bei Bewerbungen um von der Europäischen Union ausgeschriebenen Aufträge. Im Herbst 2008 initiierte der Ombudsmann eine Untersuchung zum Frühwarnsystem. Die Europäische Kommission bestätigte dem Ombudsmann im Februar 2009 die Wirkungsweise des Frühwarnsystems, d. h. über die Praxis, dass die vom FWS erfassten Personen generell nicht über deren Erfassung informiert werden und es formell keine Berufungsmöglichkeit gegen die Einstufung gibt. Der Ombudsmann sprach am 16. 11. 2011 die Empfehlung aus, weitere Änderungen an der FWS- 75

---

[48] Beschl. über das von den Anweisungsbefugten der Kommission und den Exekutivagenturen zu verwendende Frühwarnsystem (2008/969/EG, Euratom), ABl. Nr. L 344, 125.

[49] Beschl. über das von den Anweisungsbefugten der Kommission und den Exekutivagenturen zu verwendende Frühwarnsystem (2008/969/EG, Euratom).

[50] S. nur Beschwerde OI/3/2008/FOR.

Praxis vorzunehmen. Die Kommission müsse ausreichende Kontrollmaßnahmen vorsehen, um sicherzustellen, dass das Frühwarnsystem im Einklang mit der EU-Grundrechtecharta stehe. Demnach müssten Menschen, deren persönliche Rechte von der öffentlichen Hand eingeschränkt werden, darüber informiert werden und die Möglichkeit bekommen, sich vorher verteidigen zu können. Die Europäische Kommission hat angekündigt, das Frühwarnsystem zu modifizieren, um den Bedenken des Ombudsmanns Rechnung zu tragen und die Vorgaben des Europäischen Gerichtshofs in der Rechtssache „Planet"[51] zu berücksichtigen. In dieser Rechtssache hatten sich sowohl das **Gericht der Europäischen Union** als auch der Europäische Gerichtshof kritisch zur Rechtmäßigkeit des Frühwarnsystems geäußert und klar gestellt, dass eine Eintragung in das Frühwarnsystem kein folgenloses Internum der Kommission ist, sondern mit einer **Nichtigkeitsklage** angegriffen werden kann.

b) Zentrale Ausschlussdatenbank (ZAD)

76 Um die finanziellen Interessen der Europäischen Union zu schützen haben alle Institutionen, die mit der Verwaltung von Mitteln der Europäischen Union zu tun haben, Zugang zu einer gemeinsamen Zentralen Ausschlussdatenbank (ZAD). Darin sind alle Unternehmen und Organisationen erfasst, die aufgrund der nachfolgenden Umstände ein Risiko für die finanziellen Interessen der Europäischen Union darstellen könnten:
 – zahlungsunfähige Unternehmen (Insolvenzen, nicht beglichene Steuern oder Sozialversicherungsbeiträge)
 – rechtskräftige Verurteilungen wegen Betrug, Korruption, Geldwäsche oder Beteiligung an einer kriminellen Vereinigung, die den finanziellen Interessen der Europäischen Union zuwiderhandelt, oder wegen beruflicher Verfehlungen
 – nachweisliche Feststellungen eines Auftraggebers, dass schwere berufliche Verfehlungen, Interessenkonflikte usw. vorliegen

77 Die Zentrale Ausschlussdatenbank ist unmittelbar in der Europäischen Haushaltsordnung (HO)[52], nämlich in deren Art. 108 HO, sowie den Anwendungsbestimmungen zur Haushaltsordnung, dort in Artikel 144, vorgesehen.[53] Nach Art. 106 HO müssen Unternehmen, auf die einer der in Art.106 HO genannten Umstände zutrifft, von der Teilnahme an allen Verfahren zur Vergabe von öffentlichen Aufträgen oder zur Gewährung von Finanzhilfen der Gemeinschaft ausgeschlossen werden. Darunter fallen gemäß Art. 106 Abs. 1 lit. e) HO zum Beispiel auch solche Unternehmen, die rechtskräftig wegen Korruption verurteilt wurden.

78 Die Anwendungsbestimmungen zur Haushaltsordnung sieht ihrem Artikel 142 eine zeitliche Limitierung eines solchen Ausschlusses von der Auftragsvergabe vor. Die maximale Dauer einer Vergabesperre beträgt damit fünf Jahre. Dieser Zeitraum läuft ab dem auf die Verkündung des rechtskräftigen Urteils folgenden Tages.

79 Nach Art. 142 Abs. 1 der Anwendungsbestimmungen der HO berücksichtigt das zuständige Organ im Sinne der Verhältnismäßigkeit bei der Festlegung der Ausschlussdauer

„insbesondere die Schwere des Tatbestands, einschließlich seiner Auswirkungen auf die finanziellen Interessen und den Ruf der Europäischen Union, die seit dem Tatbestand verstrichene Zeit, die Dauer seines Bestehens, ob es sich um einen Wiederholungsfall handelt, ob Vorsatz oder grobe Fahrlässigkeit vorliegt und welche Abhilfemaßnahmen der Betreffende ergriffen hat."

Zudem soll bei der Festlegung der Ausschlussdauer dem Unternehmen Gelegenheit zur Stellungnahme gegeben werden.

---

[51] EuGH Urteil v. 19.12.2012, C-314/11 P, Anm. *Gundel* EWS 2013, 47.
[52] VO 966/2012 v. 25.10.2012 (EU, EURATOM).
[53] VO 1268/2012 v. 29.10.2012, VO 966/2012.

2. Weltbank

Die Weltbank Gruppe[54] („Weltbank" im Folgenden) hat sich zwei besonders elaborierte Systeme der Auftragssperre gegeben. Im Gegensatz zu den vorgenannten Auftragssperrlisten besteht die Weltbank in ihren Sperrsystemen aus generalpräventiven Gründen auf der öffentlichen Nennung der von der Auftragsvergabe gesperrten Unternehmen und Individualpersonen.[55]

Zum einen besteht für Beschaffungsvorhaben der Weltbank für eigene Zwecke („corporate procurement") die Möglichkeit, Lieferanten von der Auftragsvergabe auszuschließen. Die Regeln für eine solche Ausschlussentscheidung sind in der World Bank **Vendor Eligibility Policy** niedergelegt.[56] Danach werden ungeeignete, d. h. insbesondere auch unzuverlässige, Vertragspartner nicht mehr bei Einkäufen der Weltbank berücksichtigt. Als unzuverlässig werden Vertragspartner u. a. dann eingestuft, wenn diese sich eines Fehlverhaltens schuldig gemacht haben. Als Fehlverhalten definiert die Policy Bestechung, Betrug, Nötigung, Absprachen und Rechtsbehinderung.[57]

Zuständig für die Verhängung der Auftragssperre ist der Weltbank Direktor des **General Services Department** (GSD). Dieser kann im Einzelfall eine verhängte Auftragssperre verlängern oder verkürzen, wenn während des Laufs einer Auftragssperre neue Erkenntnisse gewonnen werden. Die für unzuverlässig erklärten Lieferanten finden sich auf einer eigens eingerichteten Internetseite der Abteilung corporate procurement der Weltbank.[58]

Hiervon zu unterscheiden ist das **Weltbank Sanktionsverfahren**, das in den Weltbank Regeln zum Sanktionsverfahren[59] niedergelegt ist. Das Sanktionsverfahren, welches ebenfalls in einer Auftragssperre des betroffenen Unternehmens münden kann, betrifft jedoch nicht Vergabeverfahren zur Deckung des eigenen Bedarfs der Weltbank. Vielmehr betrifft die Auftragssperre von der Weltbank finanzierte Aufträge, die von Empfängerländern vergeben werden. Die Vergabe dieser Aufträge folgt zwei Richtlinien, nämlich den **Procurement Guidelines** und den **Consultant Guidelines.**

In einem der Auftragssperre vorgeschalteten zweiphasigen Sanktionssystem, das in den **Sanctions Procedures** geregelt ist,[60] ermöglicht die Weltbank dem betroffenen Unternehmen, zu den Vorwürfen Stellung zu nehmen.

Anknüpfungspunkt für ein Sanktionsverfahren ist ein Fehlverhalten eines Unternehmens oder einer Individualperson, das sich unter einen der fünf vorgenannten Sanktionstatbestände subsumieren lässt: Bestechung, Betrug, Nötigung, Absprachen und Rechtsbehinderung.

Gelangt das Fehlverhalten eines Unternehmens dem Integrity Vice-Presidency der Weltbank (INT im Folgenden) zur Kenntnis, nimmt es als Untersuchungsorgan der Weltbank eigene Ermittlungen des Falles auf. INT kann Kenntnis von Fehlverhalten durch Whistleblower erlangt haben aber auch durch eine Selbstanzeige des Betroffenen oder durch eine parallele eigene Untersuchung.

---

[54] Neben der Internationale Bank für Wiederaufbau (IBRD) und der Internationale Entwicklungsorganisation (IDA) gehören zur Weltbankgruppe die Internationale Finanz-Corporation, das Internationale Zentrum zur Beilegung von Investitionsstreitigkeiten und die Multilaterale Investitions-Garantie-Agentur.
[55] Liste mit gesperrten Unternehmen findet sich unter: http://web.worldbank.org/external/default/main?theSitePK=84266&contentMDK=64069844&menuPK=116730&pagePK=64148989&piPK=64148984.
[56] zuletzt überarbeitet am 18.6.2010.
[57] im Wortlaut: corruption, fraud, coercion, collusion and obstruction.
[58] http://go.worldbank.org/C3YIALVBF0.
[59] World Bank Sanctions Procedures, as adopted by the World Bank as of January 1, 2011.
[60] *Leroy/Fariello* The World Bank Group Sanctions Process and Its Recent Reforms, 2012.

87 Gelangt INT nach Abschluss der Untersuchungen zur Überzeugung, dass eine sanktionswürdige Praxis vorliegt, legt sie dem Weltbank Evaluation and Suspension Officer (OES) eine proposed notice of sanctions proceedings vor. Dieses Dokument fasst die Anschuldigungen gegen das Unternehmen zusammen (statement of accusation and evidence) und enthält die Beweismittel.

88 Der OES evaluiert die von INT gesammelten Beweismittel. Hält er die Vorwürfe für plausibel[61], informiert er das betroffene Unternehmen hierüber und gibt diesem die Möglichkeit, binnen einer Frist Stellung zu nehmen. Bereits zu diesem Zeitpunkt kann der OES das betroffene Unternehmen vorübergehend von der Vergabe von durch die Weltbank finanzierten Projekten sperren. Der OES schlägt letztlich auch eine Sanktion vor, die er in einer „notice of sanction" niederlegt und den Verfahrensbeteiligten zustellt. Diese Sanktion tritt unmittelbar in Kraft, wenn das betroffene Unternehmen dieser Sanktion nicht binnen 90 Tagen widerspricht, und wird im Internet veröffentlicht. Sollte ein solcher Widerspruch erfolgen, leitet der OES das Verfahren an das **Sanctions Board der Weltbank** weiter.

89 Das Sanctions Board besteht aus vier unabhängigen Mitgliedern und drei Mitgliedern, die der Weltbank angehören. Auch das Verfahren vor dem Sanctions Board ist detailliert in den Sanctions Procedures geregelt. Das Sanctions Board beurteilt den Fall und die präsentierten Beweismittel von Neuem (de novo review) und kann hierzu auch eine mündliche Verhandlung abhalten. In diesem Verfahren vor dem Sanctions Board übernimmt INT die Rolle einer Anklagevertretung. In der Entscheidungsfindung ist das Sanctions Board nicht an die Empfehlung des OES gebunden. Die Strafhöhe bemisst sich nach der Schwere der Verfehlung. Gemeinsam mit anderen Entwicklungsbanken hat sich die Weltbank auf einheitliche Standards verständigt.[62]

90 Ein **Rechtsmittel** gegen die Entscheidung des Sanctions Board ist nicht vorgesehen, diese ist endgültig. Eine etwaige Auftragssperre wird sehr zeitnah zur Entscheidung des Sanctions Board auf der Internetseite veröffentlicht.

91 Im September 2010 wurde eine neue „**baseline sanction**" eingeführt. Diese besteht aus einer Auftragssperre, gewöhnlich von drei Jahren. Diese zeitige Auftragssperre perpetuiert sich so lange, bis das Unternehmen Bedingungen erfüllt hat, die ihm vom Sanctions Board im Einzelfall gesetzt wurden. Eine derartige Bedingung könnte zum Beispiel die Einführung eines adäquaten Compliance Management Systems sein, dessen Wirkung durch einen Compliance Monitor bestätigt werden muss (conditional release-Verfahren).

92 Im März 2012 hat die Weltbank begonnen, die Entscheidungen des Sanctions Board im Internet zu veröffentlichen. Auf diese Weise ist es den Beteiligen möglich, sich über die laufende Jurisdiktion des Sanctions Boards zu informieren.

3. Koordination der Vergabesperren (cross-debarment)

93 Multilaterale Entwicklungsbanken (MEB) haben im September 2006 begonnen, ihre Vergabesperren zu koordinieren. Hierzu wurde ein Abkommen unterzeichnet über den übergreifenden Ausschluss von Unternehmen und Einzelpersonen, die sich im Zusammenhang mit Entwicklungsprojekten, die von MEB finanziert wurden, eines Fehlverhaltens schuldig gemacht haben. An dem neuen Abkommen, das sich auf Ausschlüsse von **mehr als einjähriger Dauer** bezieht, sind beteiligt: die Afrikanische Entwicklungsbank-Gruppe, die Asiatische Entwicklungsbank, die Europäische Bank für Wiederaufbau und Entwicklung, die Interamerikanische Entwicklungsbank-Gruppe und die Weltbankgruppe. Nach den Bestimmungen des Abkommens können gegen Unternehmen oder Einzelne, die von einer MEB ausgeschlossen wurden, Sanktionen für dasselbe Fehlverhalten von anderen unterzeichneten Entwicklungsbanken beschlossen werden.

---

[61] Der Standard lautet „more likely than not".
[62] General Principles and Guidelines for Sanctions.

In der Vereinbarung von 2006 kamen die Institutionen überein, ihre Definitionen von 94
sanktionierbaren Praktiken zu harmonisieren und Beweismaterialien in Untersuchungen
untereinander auszutauschen. Zudem wurde die Gründung einer Taskforce (International
Financial Institutions Anti-Corruption Task Force) beschlossen.

Die Koordination der Auftragssperren wurde im Abkommen über die gegenseitige An- 95
erkennung und gemeinsame Durchsetzung von Sanktionen vom 9. April 2010 weiter
vertieft. Grundlage war die Festlegung gemeinsamer Tatbestände verbotener Praktiken,
gemeinsamer Grundsätze für die Durchführung von Untersuchungen und gemeinsamer
Prinzipien für Sanktionsverfahren, insbesondere die Trennung zwischen dem Ermittlungsorgan und dem Organ, dass die Sanktion verhängt.

In der Folge wurden gemeinsame Richtlinien für Untersuchungen, die Verhängung 96
von Sanktionen und die Behandlung von Unternehmensgruppen[63] erlassen.[64]

Aus Sicht betroffener Unternehmen ist die koordinierte Vergabesperre besonders nach- 97
teilig. Hat eine MEB gegen das Unternehmen eine Auftragssperre von mehr als einem
Jahr verhängt, so wird das Unternehmen automatisch auch von den anderen vorgenannten MEBs von der Vergabe von durch die MEBs finanzierten Aufträgen gesperrt, wobei
die anderen MEBs durchaus eine abweichende Sanktion verhängen können. Eine abermalige Überprüfung der Rechtmäßigkeit der Sanktion findet nicht statt, insbesondere
nehmen die MEBs keine de novo Untersuchung des zugrundeliegenden Fehlverhaltens
vor. Ebenso wenig wird das Unternehmen noch einmal angehört, bevor die Auftragssperre verhängt wird. Auch wenn die Koordination zwischen den MEBs ein wirksames generalpräventives Mittel ist, so bestehen doch aufgrund der Einschränkung der Verfahrensrechte der Unternehmen auch Rechtmäßigkeitsbedenken gegen die Koordination von
Vergabesperren.

F. Selbstreinigung

Ist ein Unternehmen oder dessen handelnde Personen nach einer der in § 6 EG Abs. 4 98
VOB/A und § 6 EG Abs. 4 VOL/A genannten Gründe rechtkräftig verurteilt worden, so
ist das Unternehmen grundsätzlich als unzuverlässig von der Vergabe öffentlicher Aufträge
auszuschließen. Weder die deutschen Vergabeordnungen noch die europäischen Richtlinien sehen jedoch eine Regelung der Umstände vor, unter denen das Unternehmen wieder in den Status der Zuverlässigkeit gelangen kann. Ebenfalls nicht geregelt ist die bedeutsame Frage, wie lange die Unzuverlässigkeit nach einer Verurteilung vermutet wird.

Der Prozess der Selbstreinigung ist ein international anerkanntes Instrument, um Un- 99
ternehmen nach Korruptions- oder Betrugsvorfällen zu ermöglichen, wieder an Verfahren
zur Vergabe öffentlicher Aufträge teilzunehmen und ihre Zuverlässigkeit wieder herzustellen. Danach können Unternehmen selbst wenn Ausschlussgründe vorliegen, von öffentlichen Auftraggebern zur Teilnahme an Vergabeverfahren zugelassen werden, wenn
die Unternehmen geeignete Maßnahmen getroffen haben, um die Folgen eines rechtswidrigen Verhaltens zu beheben und ein künftiges Fehlverhalten wirksam zu verhindern.

Lässt sich aufgrund der getroffenen Maßnahmen belegen, dass das Unternehmen die 100
Selbstreinigung ernsthaft und konsequent betrieben hat, berechtigt das zur Erwartung,
dass das Unternehmen auch in Zukunft allenfalls auftretenden Verdachtsmomenten nachgehen und bei Vorliegen eines hinreichenden Verdachts die gebotenen personellen und/
oder organisatorischen Maßnahmen ergreifen wird. Hierzu sind jedoch alle Ursachen des
Fehlverhaltens zu beseitigen, so dass die Annahme gerechtfertigt ist, dass künftig keine

---

[63] V. 10.9.2012.
[64] Beide Dokumente sind verfügbar auf: www.crossdebarment.org.

Verfehlungen mehr drohen. An eine solche Selbstreinigung sind jedoch hohe Anforderungen zu stellen.[65]

I. Rechtsgrundlage

101 Obwohl die Selbstreinigung und ihre Voraussetzungen international anerkannt sind, mangelt es derzeit noch an einer Grundlage in den Europäischen Richtlinien. Zur Begründung des Instituts wird daher noch auf den **Verhältnismäßigkeitsgrundsatz** zurückgegriffen: Der Ausschluss eines Unternehmens wegen eines in der Vergangenheit liegenden Fehlverhaltens sei unverhältnismäßig, wenn das Unternehmen jedenfalls die folgenden Voraussetzungen erfüllt habe:[66]
– den Sachverhalt umfassend aufklärt und dabei mit Ermittlungsbehörden und Vergabestellen zusammenarbeitet;
– einen eventuell entstandenen Schaden wiedergutmacht;
– unverzüglich disziplinarisch gegen die in das Fehlverhalten involvierten Gesellschafter, Organe und Mitarbeiter vorgeht und
– die erforderlichen strukturellen und organisatorischen Maßnahmen trifft, damit Verfehlungen wie die begangenen in Zukunft unterbleiben.[67]

102 Für die Beurteilung der Verhältnismäßigkeit ist zunächst die Zielsetzung von § 6 EG Abs. 4 VOB/A und § 6 EG Abs. 4 VOL/A zu definieren, nämlich öffentliche Haushalte und die Interessen einer **vertragsgerechten Vertragserfüllung** zu schützen.[68] Wenn das betroffene Unternehmen jedoch bereits effektive Selbstreinigungsmaßnahmen erlassen hat, kann ein zwingender oder auch fakultativer Ausschlussgrund nicht für notwendig betrachtet werden, um zu erreichen, nur mit zuverlässigen Unternehmen zu kontrahieren. Ein Unternehmen hat insbesondere dann effektive Selbstreinigungsmaßnahmen ergriffen, wenn die Personen, die sich das Fehlverhalten zu schulden haben kommen lassen, aus dem Unternehmen entfernt wurden, die notwendigen strukturellen und organisatorischen Änderungen herbeigeführt wurden, die eine Wiederholung des Fehlverhaltens verhindern. Auf diese Weise kann die Zuverlässigkeit eines Unternehmens wieder hergestellt werden. Das Ziel, nur mit zuverlässigen Unternehmen einen Vertrag abzuschließen, um öffentliche Haushaltsmittel zu schützen kann daher mit einem milderen Mittel als einem vollständigen Ausschluss von der Auftragsvergabe erreicht werden.

103 Das gleiche gilt bezogen auf die Zielsetzung von § 6 EG Abs. 4 VOB/A und § 6 EG Abs. 4 VOL/A, insbesondere Korruption und anderes Fehlverhalten von Relevanz für die Öffentliche Auftragsvergabe zu bekämpfen. Wenn die Personen, die in das Fehlverhalten involviert waren, von ihren Positionen entfernt wurden und die notwendigen strukturellen und organisatorischen Maßnahmen ergriffen wurden, um sicherzustellen, dass ein Wiederholung des Fehlverhaltens ausgeschlossen ist, wird die Zielsetzung von § 6 EG Abs. 4 VOB/A und § 6 EG Abs. 4 VOL/A der **Korruptionsprävention** erreicht. Ein Unternehmen, das erfolgreich Compliancesysteme eingeführt hat, seine Mitarbeiter im Bereich der Korruptionsvermeidung, des Wettbewerbs- und des Strafrechts geschult hat, bindende Verhaltensrichtlinien erlassen hat und einen Compliance Officer beschäftigt, stellt ein geringeres Risiko im Hinblick auf die Begehung von Straftaten dar, als ein Unternehmen, dass nicht wegen einer Straftat verurteilt wurde aber auch bislang keine Compliancemaßnahmen ergriffen hat.

---

[65] *Dreher* in Immenga/Mestmäcker, § 97 Rn. 166, OLG Düsseldorf Beschl. v. 9.4.2003, Verg 43/02, NZBau 2003, 578, LG Berlin Urt. v. 22.3.2006 23 O 118/04, NZBau 2006, 397, *Kreßner* S. 156 ff.; VK Niedersachsen Beschl. v. 12.12.2011, VgK-53/2011.
[66] *Priess/ Stein* NZBau 2008, 233.
[67] OLG Düsseldorf Beschl. v. 9.4.2003, Verg 66/02, NZBau 2003, 578.
[68] sehr ausführlich zur Verhältnismäßigkeit: *Pünder/ Prieß/ Arrosmith*, Self-cleaning in Public Procurement, 2010.

§ 14 Compliance und Selbstreinigung   Kap. 3

Zusammenfassend lässt sich festhalten, dass die Regeln über den zwingenden Ausschluss **104**
von Bietern von Auftraggebern dann nicht anzuwenden sind, wenn ein Unternehmen
erfolgreich Selbstreinigungsmaßnahmen durchgeführt hat. In diesem Fall ist es Auftraggebern nicht gestattet, solche Unternehmen per se auszuschließen. Dies würde nach den vorstehenden Ausführungen den Grundsatz der Verhältnismäßigkeit verletzen: ein Ausschluss ist weder geeignet noch erforderlich, um die Ziele von § 6 EG Abs. 4 VOB/A und § 6 EG Abs. 4 VOL/A zu erreichen.

Die aus dem Verhältnismäßigkeitsgrundsatz folgende Einschränkung der Ausschlusstatbestände entspricht im Übrigen auch der ständigen Rechtsprechung von Vergabekammern und Oberlandesgerichten in Deutschland. Das Institut der Selbstreinigung ist im deutschen Vergaberecht mit seinen spezifischen Voraussetzungen seit Langem richterrechtlich anerkannt. Im Einklang mit ständiger Rechtsprechung sind Öffentliche Auftraggeber dort angehalten, einzelfallbezogen festzustellen, ob vor dem Hintergrund des Fehlverhaltens noch Bedenken gegen die Zuverlässigkeit des Bieters bestehen.[69] **105**

Auch der Entwurf der neuen europäischen Richtlinie zum Vergaberecht (VKR-E) **106**
sieht nunmehr ausdrücklich in seinem Artikel 57 Absätze 6 und 7 das Institut der Selbstreinigung vor, indem es im Anschluss an die Ausschlussgründe festhält und noch einmal die Voraussetzungen der Selbstreinigung aufzählt:

6. Jeder Wirtschaftsteilnehmer, der sich in einer der in den Absätzen 1 und 4 genannten Situationen befindet, kann Nachweise dafür erbringen, dass die Maßnahmen des Wirtschaftsteilnehmers ausreichen, um trotz des Vorliegens eines einschlägigen Ausschlussgrundes seine Zuverlässigkeit nachzuweisen. Werden solche Nachweise für ausreichend befunden, so wird der betreffende Wirtschaftsteilnehmer nicht von dem Vergabeverfahren ausgeschlossen.

Zu diesem Zweck weist der Wirtschaftsteilnehmer nach, dass er einen Ausgleich für jeglichen durch eine Straftat oder Fehlverhalten verursachten Schaden gezahlt oder sich zur Zahlung eines Ausgleichs verpflichtet hat, die Tatsachen und Umstände umfassend durch eine aktive Zusammenarbeit mit den Ermittlungsbehörden geklärt und konkrete technische, organisatorische und personelle Maßnahmen ergriffen hat, die geeignet sind, weitere Straftaten oder Verfehlungen zu vermeiden.

Die von den Wirtschaftsteilnehmern ergriffenen Maßnahmen werden unter Berücksichtigung der Schwere und besonderen Umstände der Straftat oder des Fehlverhaltens bewertet. Werden die Maßnahmen als unzureichend befunden, so erhält der Wirtschaftsteilnehmer eine Begründung dieser Entscheidung.

Ein Wirtschaftsteilnehmer, der durch eine rechtskräftige gerichtliche Entscheidung von der Teilnahme an Verfahren zur Auftrags- oder Konzessionsvergabe ausgeschlossen wurde, ist während des Ausschlusszeitraumes, der in dieser Entscheidung festgelegt wurde, nicht berechtigt, in den Mitgliedstaaten, in denen die Entscheidung wirksam ist, von der in diesem Absatz gewährten Möglichkeit Gebrauch zu machen.

7. Die Mitgliedstaaten legen durch Gesetz, Verordnung oder Verwaltungsvorschrift und unter Beachtung des Unionsrechts die Bedingungen für die Anwendung dieses Artikels fest. Sie bestimmen insbesondere den höchstzulässigen Zeitraum des Ausschlusses für den Fall, dass der Wirtschaftsteilnehmer keine Maßnahmen gemäß Absatz 6 zum Nachweis seiner Zuverlässigkeit ergreift. Wurde kein Ausschlusszeitraum durch rechtskräftige gerichtliche Entscheidung festgelegt, so darf dieser Zeitraum in den in Absatz 1 genannten Fällen fünf Jahre ab dem Tag der rechtskräftigen Verurteilung und in den in Absatz 4 genannten Fällen drei Jahre ab dem betreffenden Ereignis nicht überschreiten.

---

[69] OLG Düsseldorf Beschl. v. 9.4.2003, Verg 66/02, OLG Frankfurt Beschl. v. 20.7.2004, 11 Verg 6/04, VK Lüneburg NZBau 2011, 574.

II. Voraussetzungen der Selbstreinigung

107 Vorstehend wurde erläutert, dass der Verhältnismäßigkeitsgrundsatz erfordert, die Ausschlusstatbestände der § 6 EG Abs. 4 VOB/A und § 6 EG Abs. 4 VOL/A in den Fällen einzuschränken, in denen eine Selbstreinigung stattgefunden hat. Eine solche effektive Selbstreinigung setzt die folgenden international anerkannten Kriterien voraus, nämlich die Aufklärung des Sachverhalts, die Wiedergutmachung des entstandenen Schadens, personelle und organisatorische Veränderungen sowie die Einführung eines Compliance-Systems.

1. Aufklärung des Sachverhalts

108 Das Vertrauen in seine Zuverlässigkeit kann ein Unternehmen wieder herstellen, indem es die Ermittlungsbehörden und den Auftraggeber aktiv bei der Sachverhaltsaufklärung unterstützt.[70] Das Unternehmen muss den Sachverhalt anhand ihm zugänglicher Informationen ermitteln und die Verantwortlichkeiten der beteiligten Personen umfassend und zeitnah aufklären. Das Oberlandesgericht Düsseldorf hat die Auffassung vertreten, dass eine erfolgreiche Selbstreinigung neben personellen Veränderungen auch eine nachhaltige Unterstützung der Sachverhaltsaufklärung bedingt.[71] Das Unternehmen hatte eine Sonderprüfung durch externe Wirtschaftsprüfer veranlasst und die Ergebnisse den Ermittlungsbehörden zur Verfügung gestellt.[72] Die Zusammenarbeit mit den Ermittlern ist mithin eine weitere Voraussetzung der Selbstreinigung. Unternehmen müssen ihre Bücher und Tore für die Ermittler öffnen und gegenüber den Ermittlern ein Höchstmaß an Transparenz herstellen.

2. Wiedergutmachung des Schadens

109 Ist der Sachverhalt aufgeklärt und die Verantwortlichkeit der Personen festgestellt, muss das Unternehmen zu seiner Verantwortung stehen und den entstandenen Schaden zeitnah ersetzen, der durch dessen Fehlverhalten entstanden ist.[73] Das kann auch in der Weise geschehen, dass die Verpflichtung zur Leistung eines Schadensersatzes dem Grunde und der Höhe nach verpflichtend anerkannt wird.[74] Nur wenn ein Bieter zu seiner Verantwortung steht, Einsicht und Reue zeigt und das Fehlverhalten seiner Mitarbeiter ausgleicht, kann davon ausgegangen werden, dass das Unternehmen derartiges Fehlverhalten nicht mehr dulden wird. Insoweit ist der Ersatz des Schadens zudem ein bedeutsames Signal an die eigenen Mitarbeiter. Der Ersatz des Schadens wird grundsätzlich die Form einer Geldleistung annehmen.[75]

3. Disziplinarische Maßnahmen

110 Die dritte Voraussetzung der Selbstreinigung sind disziplinarische Maßnahmen bezogen auf diejenigen Führungskräfte und Mitarbeiter, die in das Fehlverhalten involviert waren. Für die Bewertung der Zuverlässigkeit eines Unternehmens kommt es maßgeblich auf die Zuverlässigkeit der das Unternehmen lenkenden Führungspersönlichkeiten und seiner Mitarbeiter an. Um seine Zuverlässigkeit wiederherzustellen, muss das Unternehmen im Ergebnis sicherstellen, dass die in das Fehlverhalten involvierten Mitarbeiter zukünftig

---

[70] LG Berlin NZBau 2006, 397, 399, *Dreher/Hoffmann* NZBau 2012, 265.
[71] OLG Düsseldorf Beschl. v. 9.4.2003, Verg 66/02.
[72] OLG Frankfurt, VergabeR 2004, 642.
[73] *Dreher/Hoffmann* NZBau 2012, 265, *Prieß* NZBau 2012, 425, NZBau 2009, 587.
[74] LG Berlin Urt. v. 22.3.2006, 23 U 118/04, NZBau 2006, 3.
[75] s. auch Ziffer 6.2 des hessischen Gemeinsamen Runderlasses zum Ausschluss von Bewerbern und Bietern wegen schwerer Verfehlungen, Erlass v. 16.2.1995 (StAnz. S.1308), neugefasst mit Erlassdatum vom 14.11.2007 (StAnz. S. 2327).

nicht mehr für das Unternehmen auftreten bzw. keinen Einfluss mehr auf die Geschäftsführung des Unternehmens nehmen kann.

Darüber hinaus hat das Unternehmen personelle Maßnahmen zu treffen.[76] Betroffene Unternehmen müssen sich von den in das Fehlverhalten involvierten Gesellschaftern, Organen und Mitarbeitern trennen. Umfang und Schwere der jeweiligen disziplinarischen Sanktion wird sich an der Schwere des Fehlverhaltens orientieren. Das Unternehmen muss sicherstellen, dass sämtliche Personen, die an der signifikanten Verfehlungen beteiligt waren, in Übereinstimmung mit den arbeitsrechtlichen Vorschriften gekündigt werden. Die disziplinarischen Konsequenzen haben präventiven Charakter und wirken in die Unternehmensorganisation hinein, indem sie ein wichtiges Signal an die Mitarbeiter geben, dass Fehlverhalten wie Korruption unter keinen Umständen geduldet wird und schwerwiegende Sanktionen nach sich zieht. Waren Gesellschafter in das Fehlverhalten involviert ist sicherzustellen, dass diesen die Einwirkungsmöglichkeit auf das operative Geschäft verwehrt wird.[77]

4. Compliance Maßnahmen

Wurde die Vergangenheit bewältigt, hat sich das Unternehmen mit seiner Zukunft auseinanderzusetzen. Vergabestellen können eine Selbstreinigung nur dann als ausreichend erachten, wenn das Unternehmen in struktureller und organisatorischer Hinsicht Maßnahmen ergriffen hat, die schwere Verfehlungen in der Zukunft weitestgehend vermeiden. In der Sache muss das Unternehmen im weiten Umfang Anti-Korruptionsmaßnahmen ergreifen, beispielsweise die Mitarbeiter über straf- und wettbewerbsrechtliche Hintergründe umfassend aufklären, verbindliche Unternehmensleitlinien zur Verhütung korruptionsrelevanter Vorgänge formulieren und einen unternehmensinternen oder -externen Compliance Officer bzw. Ombudsmann als Ansprechpartner für korruptionsrelevante Vorgänge installieren.[78] Wichtig ist insbesondere die dauerhafte Einrichtung einer internen Compliance Funktion, die unabhängig im Unternehmen agieren können muss. Hierfür ist ein Compliance Officer zu bestellen. Dieser hat die Verantwortung, die Geeignetheit der Compliancemechanismen fortlaufend zu überwachen und ggf. diese Mechanismen anzupassen. Der Compliance Officer berät zudem die Mitarbeiter und die Geschäftsführung bei der Einhaltung dieser Regeln.

Darüber hinaus sind die unternehmenseigenen Strukturen und Prozesse so anzupassen, dass eine Überprüfung von Entscheidungen durch eine zweite Person („Vier Augen Prinzip") vorgesehen ist. Die internen Kontrollmechanismen (IKS) sollten so aufgesetzt sein, dass eine Umgehung dieser Prozesse verunmöglicht oder doch wenigstens nachhaltig erschwert wird. Letztlich wird von der Unternehmensleitung eine Vorbildrolle zu erwarten sein („tone from the top"), d.h. die Geschäftsführung muss eine ethische Unternehmenspraxis propagieren und vorleben.

Letztlich können Unternehmen Kommunikationskanäle für Hinweisgeber, sog. Whistleblower, bereit halten, damit Mitarbeiter oder Kunden des Unternehmens einen neutralen Ansprechpartner haben, falls es zu Fehlverhalten kommen sollte. Wichtig in diesem Zusammenhang ist, dass Unternehmen den Hinweisgebern zusichern, dass sie keine negativen Konsequenzen befürchten müssen, wenn sie einen Hinweis auf Fehlverhalten gegeben haben. Unternehmen müssen vielmehr ihre Mitarbeiter ermutigen, Hinweise zu geben.

---

[76] Vgl. VK Niedersachsen Beschl. v. 24.3.2011, VgK-04/2011.
[77] OLG Düsseldorf, Beschl. v. 28.7.2005, VII Verg 42/05, BeckRS 2005, 11753; VK Düsseldorf, Beschl. v. 13.3.2006, VK-08/2006–L.
[78] OLG Brandenburg Beschl. v. 14.12.2007, Verg W 21/07; Freund, Sonderheft VergabeR Nr. 2a/2007, 311 (321).

5. Rechtliche Folgen der Selbstreinigung

115 Wie oben dargestellt besitzen die Ausschlusstatbestände keine explizite Ausnahmeregelung für Unternehmen, die einen Selbstreinigungsprozess durchlaufen haben. Der Anwendungsbereich dieser Norm ist daher auf der Grundlage des Verhältnismäßigkeitsgrundsatzes dahingehend einzuschränken, dass Unternehmen, die einen Selbstreinigungsprozess erfolgreich durchlaufen haben, nicht von der Vergabe öffentlicher Aufträge ausgeschlossen werden.

6. Verjährung

116 Eine weitere bedeutsame Frage bei der Beurteilung der Verhältnismäßigkeit einer Ausschlussentscheidung ist der Ablauf der Zeit zwischen dem Fehlverhalten und dem Zeitpunkt der Zuverlässigkeit Entscheidung. Generell kann angenommen werden, dass je länger das Fehlverhalten in der Vergangenheit zurückliegt, desto weniger beeinträchtigt ist die Zuverlässigkeit eines Bieters und desto geringer sind die Anforderungen an die zu ergreifenden Selbstreinigungsmaßnahmen. Diese Annahme lag dem Kammergericht Berlin zur Entscheidung vor,[79] das wie folgt entschied:

> Wer, zumal vor Jahren, da die Anzeige von Dezember 2004 stammte, einen privaten Auftraggeber mit Schmiergeldern gefügig gemacht hat, muss deshalb noch nicht notwendig, selbst wenn eine Selbstreinigung noch nicht stattgefunden haben sollte, die für die anstehende Abwertung eines Bauauftrags erforderliche Zuverlässigkeit vermissen lassen.

117 Bei einem lange zurückliegenden Fehlverhalten ist, nach dem Kammergericht, davon auszugehen, dass dieses Fehlverhalten für die Beurteilung der Zuverlässigkeit des Unternehmens nur noch von geringer Bedeutung ist.

118 Aus diesem Grundsatz kann geschlossen werden, dass die Wiederherstellung der Zuverlässigkeit in manchen Fällen durch reinen Zeitablauf geschehen kann. Solange der Bieter sich kein neues Fehlverhalten zu Schulden hat kommen lassen, kann er seine Zuverlässigkeit wieder dadurch erlangen, dass er seit dem Fehlverhalten sein Unternehmen in verantwortungsvoller Weise geführt hat. Dies gilt umso mehr, wenn seit dem Fehlverhalten die Geschäftsführung oder die Gesellschafter des Unternehmens gewechselt haben.

7. Ordnungsgemäße Vertragserbringung

119 Für die Beurteilung der Zuverlässigkeit eines Unternehmens ist letztlich auch bedeutsam, ob die Leistungen unter dem verfahrensgegenständlichen Vertrag ordnungsgemäß erbracht wurden. Die sich hier zu stellende Frage lautet, ob ein einziges Fehlverhalten die Beurteilung einer ansonsten vertragsgerechten Leistungserbringung negativ beeinträchtigen kann.

---

[79] KG NZBau 2008, 466.

§ 15 Bietergemeinschaften

Übersicht

	Rn.
A. Einleitung	1–3
B. Der Rechtsrahmen für Bietergemeinschaften	4–28
I. Gemeinschaftsrechtliche vergaberechtliche Vorgaben	4–6
II. Nationale vergaberechtliche Vorgaben	7–28
C. Die kartellrechtliche Zulässigkeit der Bildung von Bietergemeinschaften	29–39
I. Die kartellrechtlichen Vorgaben	29, 30
II. Die vergaberechtlichen Auswirkungen	31, 32
III. Die maßgebliche Rechtsprechung	33–39
D. Angebotsstrategien mit Beteiligung von Bietergemeinschaften an der Grenze zur Wettbewerbsbeschränkung	40–69
I. Doppel- und Mehrfachbeteiligungen	40–50
II. Beteiligung als Einzelbieter und Nachunternehmer, „verdeckte" und „gescheiterte" Bietergemeinschaft	51–54
III. Beteiligung konzernverbundener Unternehmen	55–69
E. Änderungen der Zusammensetzung und Bildung von Bietergemeinschaften im Verlauf eines Vergabeverfahrens	70–91
I. Verfahren ohne Teilnahmewettbewerb	71–74
II. Verfahren mit Teilnahmewettbewerb	75–79
III. Erneute Eignungsprüfung	80
IV. Eröffnung des Insolvenzverfahrens über das Vermögen eines Bietergemeinschaftsmitglieds	81–84
V. Änderungen im Gesellschafterbestand und Umwandlungen eines Bietergemeinschaftsmitglieds	85–88
VI. Vergaberechtliche Auswirkungen von Änderungen der Zusammensetzung von Bietergemeinschaften nach Zuschlagserteilung	89–91
F. Die Prozessführungsbefugnis bei Bietergemeinschaften	92–101
I. Die Antragsbefugnis in Nachprüfungsverfahren	92–97
II. Die Rügebefugnis	98, 99
III. Vereinbarungen zur Rüge- und Prozessführungsbefugnis	100, 101

VOL/A: § 6 Abs. 1, § 13 Abs. 6
VOL/A EG: § 6 Abs. 2
VOB/A: § 6 Abs. 1 Nr. 2
VOB/A EG: § 6 Abs. 6
VOF: § 4 Abs. 4

VOL/A:

§ 6 Abs. 1 VOL/A Teilnehmer am Wettbewerb

(1) Bewerber- und Bietergemeinschaften sind wie Einzelbewerber und -bieter zu behandeln. Für den Fall der Auftragserteilung können die Auftraggeber verlangen, dass eine Bietergemeinschaft eine bestimmte Rechtsform annimmt, sofern dies für die ordnungsgemäße Durchführung des Auftrages notwendig ist.

(2)–(7) hier nicht abgedruckt.

§ 13 Abs. 6 VOL/A Form und Inhalt der Angebote

(1)–(5) hier nicht abgedruckt.

(6) Bietergemeinschaften haben in den Angeboten jeweils die Mitglieder sowie eines ihrer Mitglieder als bevollmächtigten Vertreter für den Abschluss und die Durchführung des Vertrages

zu benennen. Fehlt eine dieser Angaben im Angebot, so ist sie vor der Zuschlagserteilung beizubringen.

VOL/A EG:

§ 6 EG Abs. 2 VOL/A Teilnehmer am Wettbewerb

(1) hier nicht abgedruckt.

(2) Bewerber- und Bietergemeinschaften sind wie Einzelbewerber und -bieter zu behandeln. Für den Fall der Auftragserteilung können die Auftraggeber verlangen, dass eine Bietergemeinschaft eine bestimmte Rechtsform annimmt, sofern dies für die ordnungsgemäße Durchführung des Auftrages notwendig ist.

(3)–(7) hier nicht abgedruckt.

VOB/A:

§ 6 Abs. 1 Nr. 2 VOB/A Teilnehmer am Wettbewerb

(1) 1. Der Wettbewerb darf nicht auf Unternehmen beschränkt werden, die in bestimmten Regionen oder Orten ansässig sind.

2. Bietergemeinschaften sind Einzelbietern gleichzusetzen, wenn sie die Arbeiten im eigenen Betrieb oder in den Betrieben der Mitglieder ausführen.

3. Justizvollzugsanstalten, Einrichtungen der Jugendhilfe, Aus- und Fortbildungsstätten und ähnliche Einrichtungen sowie Betriebe der öffentlichen Hand und Verwaltungen sind zum Wettbewerb mit gewerblichen Unternehmen nicht zuzulassen.

(2)–(3) hier nicht abgedruckt.

VOB/A EG:

§ 6 EG Abs. 6 VOB/A Teilnehmer am Wettbewerb

(1)–(5) hier nicht abgedruckt.

(6) Der Auftraggeber kann von Bietergemeinschaften die Annahme einer bestimmten Rechtsform verlangen, wenn dies für die ordnungsgemäße Durchführung des Auftrages notwendig ist. Die Annahme einer dieser Rechtsform kann von der Bietergemeinschaft nur verlangt werden, wenn ihr der Auftrag erteilt wird.

(7)–(9) hier nicht abgedruckt.

VOF:

§ 4 Abs. 4 VOF Teilnehmer am Vergabeverfahren

(1)–(3) hier nicht abgedruckt.

(4) Soll der Auftrag an mehrere Bieter gemeinsam vergeben werden, kann der Auftraggeber verlangen, dass diese im Falle der Auftragserteilung eine bestimmte Rechtsform annehmen, sofern dies für die ordnungsgemäße Durchführung des Auftrages notwendig ist und berufsrechtliche Vorschriften dem nicht entgegenstehen.

(5)–(9) hier nicht abgedruckt.

§ 15 Bietergemeinschaften   Kap. 3

Literatur:
Antweiler, Die Berücksichtigung von Mittelstandsinteressen im Vergabeverfahren – Rechtliche Rahmenbedingungen, VergabeR 2006, 637; *Arrowsmith,* The Law of Public and Utilities Procurement, 2. Aufl., London 2005; *Aschoff,* Vergaberechtliche Kooperation und Konkurrenz im Konzern, 2010; *Bärwaldt/Hasselbrink,* Unternehmensumstrukturierungen in laufenden Vergabeverfahren – eine Bestandsaufnahme aus umwandlungsrechtlicher Perspektive, ZIP 2013, 1889; *Bechtold,* Grundlegende Umgestaltung des Kartellrechts: Zum Referentenentwurf der 7. GWB-Novelle, DB 2004, 235; *Bechtold/Buntscheck,* Die 7. GWB-Novelle und die Entwicklung des deutschen Kartellrechts 2003 bis 2005, NJW 2005, 2966; *Brown,* Post-Tender Changes in the Membership of a Bidding Consortium: Case-57/01 Makedoniko, P.P.L.R. 2003, NA56; *Burbulla,* Die Beteiligung von Objektgesellschaften an Vergabeverfahren, NZBau 2010, 145; *Burgi,* Mittelstandsfreundliche Vergabe – Möglichkeiten und Grenzen (Teil 2), NZBau 2006, 693; *Braun,* Ausschreibungspflicht bei automatischer Vertragsverlängerung! – Erwiderung zu Gruneberg, VergabeR 2005, 171, VergabeR 2005, 586; *Byok,* Das Verhandlungsverfahren – Praxishandbuch für die sichere Auftragsvergabe unter besonderer Berücksichtigung von PPP-Projekten, Köln Berlin München 2006; *Byok,* Die Entwicklung des Vergaberechts seit 2004, NJW 2006, 2076; *Byok,* Die Entwicklung des Vergaberechts seit 2009, NJW 2010, 817; *Byok/Ott,* Aktuelle Rechtsfragen zu der Auftragsvergabe in der Entsorgungswirtschaft – Unter besonderer Berücksichtigung der Rechtsprechung der Vergabesenate aus dem Jahr 2003, NVwZ 2005, 763; *Degen/Degen,* Pflicht zur Neuausschreibung bei sanierender Übertragung des Geschäftsbetriebs – Besteht eine Pflicht zur Neuausschreibung des öffentlichen Bauauftrags bei sanierender Übertragung des Geschäftsbetriebs des insolventen Auftragnehmers auf eine Auffanggesellschaft?, BauRB 2005, 313; *Dirksen/Schellenberg,* Mehrfachbeteiligungen auf Nachunternehmerebene, VergabeR 2010, 17; *Dreher,* Die Berücksichtigung mittelständischer Interessen bei der Vergabe öffentlicher Aufträge, NZBau 2005, 427; *Ehrig,* Die Doppelbeteiligung im Vergabeverfahren, VergabeR 2010, 11; *Fink,* Antragslegitimation von Bietergemeinschaften I, RPA 2004, 368; *Franke/Lintschinger,* Das neue österreichische Bundesvergabegesetz 2006 – wichtige Änderungen im Überblick, VergabeR 2006, 443; *Gabriel,* Bietergemeinschaftsbildung unter Prüfungsvorbehalt: Strengere kartellrechtliche Zulässigkeitsvoraussetzungen qua neuer Rechtsprechung, VergabeR 2012, 555; *Gabriel/Voll,* Anmerkung zu OLG Brandenburg, Beschluss vom 16.2.2012, Verg W 1/12, VergabeR 2012, 866; *Gabriel,* Neues zum Ausschluss von Bietern und Bietergemeinschaften wegen Mehrfachbeteiligungen: Einzelfallprüfung statt Automatismus, NZBau 2010, 225; *Gabriel,* Die Vergaberechtsreform 2009 und die Neufassung des vierten Teils des GWB, NJW 2009, 2011; *Gabriel,* Resümee zur Vergaberechtsreform 2006 – Die Sofortpakete zur VOL/A und VOB/A und die neue Vergabeverordnung, LKV 2007, 262; *Gabriel/Benecke/Geldsetzer,* Die Bietergemeinschaft, Köln/Berlin/München 2007; *Gölles,* Mehrfachbeteiligung eines Bieters – Ausschluss oder nicht?, ZVB 2005, 230; *Grasböck,* Die Bietergemeinschaft als Nachprüfungswerberin (Teil 1 und Teil 2), ZVB 2004, 203 und ZVB 2004, 4; *Gruber/Keznickl,* Auswirkungen des KartG 2005 und des BVergG 2006 auf Arbeits- und Bietergemeinschaften, ZVB 2006, 69; *Gruber,* Arbeitsgemeinschaften nicht mehr generell kartellrechtsimmun – Grund zur Sorge?, ZVB 2004, 4; *Gruneberg,* Vergaberechtliche Relevanz von Vertragsänderungen und -verlängerungen in der Abfallwirtschaft, VergabeR 2005, 171; *Hardraht,* Anmerkung zu OLG Koblenz, Beschluss vom 29. Dezember 2004, 1 Verg 6/04, VergabeR 2005, 530; *Heiermann,* Der vergaberechtliche Grundsatz der Unveränderlichkeit der Bietergemeinschaft im Lichte der neueren Rechtsprechung des Bundesgerichtshofes zur Rechtsfähigkeit der Gesellschaft bürgerlichen Rechts, ZfBR 2007, 759; *Henty,* Can Member States Bar Court Action by Individual Members of a Consortium? The ECJ decision in Espace Trianon Case C-129/04, Espace Trianon SA and Société wallone de location-financement SA (Sofibail) v Office communautaire et régional de la formation professionelle et de l'emploi (FOREM), P.P.L.R. 2006, NA1; *Hertwig,* Anmerkung zu OLG Düsseldorf Beschluss vom 27.7.2006, Verg 23/06, VergabeR 2007, 235; *Hertwig/Nelskamp,* Teilrechtsfähigkeit der GbR – Auswirkungen auf die Bau-ARGE, BauRB 2004, 183; *Hölzl,* „Assitur": Die Wahrheit ist konkret!, NZBau 2009, 751; *Jansen,* Wettbewerbsbeschränkende Abreden im Vergabeverfahren, WuW 2005, 502; *Jäger/Graef,* Bildung von Bietergemeinschaften durch konkurrierende Unternehmen, NZBau 2012, 213; *Kahlenberg/Haellmigk,* Referentenentwurf der 7. GWB-Novelle: Tief greifende Änderungen des deutschen Kartellrechts, BB 2004, 389; *Kirch/Kues,* Alle oder keiner? – Zu den Folgen der Insolvenz eines Mitglieds einer Bietergemeinschaft im laufenden Vergabeverfahren, VergabeR 2008, 32; *Köhler,* Anmerkung zu KG Berlin, Beschluss vom 21. Dezember 2009, 2 Verg 11/09, VergabeR 2010, 509; *Krist,* Anmerkung zu EuGH, Urteil vom 23. Januar 2003, C-57/01 – „Makedoniko Metro", VergabeR 2003, 162; *Lausen,* Die Rechtsstellung der Bietergemeinschaft im Vergabeverfahren, Diss. Mainz 2010; *Latzenhofer,* Anmerkung zu Verwaltungsgerichtshof, Ent-

scheidung vom 20. Oktober 2004, 2004/04/0134, RPA 2004, 375; *Leinemann,* Anmerkung zu OLG Celle, Beschluss vom 17. August 2007, 13 Verg 9/07, VergabeR 2007, 775; *Leinemann,* Anmerkung zu OLG Düsseldorf, Beschluss vom 26. Januar 2005, Verg 45/04, VergabeR 2005, 382; *Leinemann,* Anmerkung zu OLG Düsseldorf, Beschluss vom 16. September 2003, Verg 52/03, VergabeR 2003, 693; *Leinemann,* Anmerkung zu OLG Düsseldorf, Beschluss vom 28. Mai 2003, Verg 8/03, VergabeR 2003, 467; *Lux,* Bietergemeinschaften im Schnittfeld von Gesellschafts- und Vergaberecht, 2009; *Mager/Frfr v. d. Recke,* Die Beachtung des Geheimwettbewerbs im Vergabeverfahren bei Parallelangeboten konzernverbundener Unternehmen, NZBau 2011, 541; *Malotki,* Ausschluss von Angeboten einer nach Angebotsaufforderung geschlossenen Bietergemeinschaft bei Beschränkter Ausschreibung, BauR 1997, 564; *Meininger/Kayser,* Die Mehrfachbeteiligung von Unternehmen in Vergabeverfahren – Mögliche Fallkonstellationen und deren Folgen, BB 2006, 283; *Müller,* Kartellrechtliche Aspekte von Bieter- und Arbeitsgemeinschaften im Vergaberecht, RPA 2004, 148; *Noch,* Was passiert bei Umfirmierung oder Konzern-Eintritt?, Vergabe Navigator 2006, 25; *Noch,* Anmerkung zu OLG Naumburg, Beschluss vom 26. Oktober 2004, 1 U 30/04, VergabeR 2005, 268; *Öhler,* Anmerkung zu Verwaltungsgerichtshof, Entscheidung vom 20. Oktober 2004, 2004/04/0134, ZVB 2004, 361; *Ohrtmann,* Bietergemeinschaften – Chancen und Risiken –, VergabeR 2008, 426; *Pock,* Antragslegitimation von Bietergemeinschaften I, RPA 2004, 372; *Prieß/Friton,* Ausschluss bleibt Ausnahme, NZBau 2009, 300; *Prieß/Gabriel,* Anmerkung zu EuGH, Urteil vom 8. September 2005, C-129/04 – „Espace Trianon SA", VergabeR 2005, 751; *Prieß/Gabriel,* Die Bildung und Beteiligung von Bietergemeinschaften in Vergabe- und Nachprüfungsverfahren, WuW 2006, 385; *Prieß/Gabriel,* Bietergemeinschaften in Vergabeverfahren in Deutschland und Österreich, ZVB 2006 Spezial, Tagungsband Vergaberecht und PPP III, 141; *Prieß/Gabriel,* Anmerkung zu EuG, Urt. v. 18.4.2007, Rs. T-195/05 – „Deloitte Business Advisory NV", VergabeR 2007, 508; *Prieß/Hölzl,* Auftragnehmer, wechsel Dich!, NZBau 2011 513; *Prieß/Sachs,* Irrungen, Wirrungen: Der vermeintliche Bieterwechsel – Warum entgegen OLG Düsseldorf (NZBau 2007, 254) im Falle einer Gesamtrechtsnachfolge die Bieteridentität regelmäßig fortbesteht, NZBau 2007, 763; *Rißmann,* Kartellverbot und Kooperation zwischen kleinen und mittleren Unternehmen nach der 7. GWB-Novelle, WuW 2006, 881; *Rittwage,* Einzel- und Gesamtrechtsnachfolge bei öffentlichen Aufträgen, VergabeR 2006, 327; *Roth,* Änderung der Zusammensetzung von Bietergemeinschaften und Austausch von Nachunternehmern im laufenden Vergabeverfahren, NZBau 2005, 316; *Schmidt,* Wider den Ausschlussautomatismus: Kein zwingender Ausschluss einer Bietergemeinschaft bei Insolvenz eines Mitgliedsunternehmens, NZBau 2008, 41; *Schulte/Voll,* Das Bietergemeinschaftskartell im Vergaberecht – Drum prüfe wer sich (ewig) bindet, ZfBR 2013, 223; *Steinberg,* Die neue Vergabe- und Vertragsordnung für Bauleistungen – europarechtliche Genese und nationale Umsetzung, NVwZ 2006, 1349; *Uechtritz/Olting,* Das „ÖPP-Beschleunigungsgesetz": Neuer Name, neuer Schwung für „öffentlich-private Partnerschaften"?, NVwZ 2005, 1105; *Wagner,* Anmerkung zu OLG Düsseldorf, Beschluss vom 13. September 2004, VI-W 24/03 (Kart), VergabeR 2005, 120; *Wiedemann,* Die Bietergemeinschaft im Vergaberecht, ZfBR 2003, 240; *Willenbruch,* Vergaberecht als Finanzierungshindernis? NZBau 2010, 352; *Willenbruch,* Anmerkung zu OLG Koblenz, Beschluss vom 26. Oktober 2005, 1 Verg 4/05, VergabeR 2006, 404; *Wimmer-Leonhardt,* Zur zwischenstaatlichen Bedeutung von Mittelstandskartellen, WuW 2006, 486; *Wirner,* Nebenangebote und Änderungsvorschläge bei der Vergabe öffentlicher Bauaufträge in der Entscheidungspraxis der Vergabekammern und Oberlandesgerichte, ZfBR 2005, 152; *Wittkopp,* Die vergaberechtlichen Auswirkungen eines Gesellschafterwechsels bei Bieter – und Bewerbergemeinschaften sowie Auftragnehmergemeinschaften, Hamburg, 2012; *Ziekow,* Ausschreibungspflicht bei Auftragnehmerwechsel, VergabeR 2004, 430.

A. Einleitung

1 Bietergemeinschaften sind **Zusammenschlüsse mehrerer Unternehmen** zur gemeinschaftlichen Abgabe eines Angebots mit dem Ziel, den durch die Verdingungsunterlagen beschriebenen Auftrag gemeinschaftlich zu erhalten und auszuführen.[1] Ihre wettbewerbliche Rolle ist mehrdimensional, da sie regelmäßig im Spannungsfeld zwischen der wettbe-

---

[1] VK Rheinland-Pfalz Beschl. v. 14.6.2005, VK 16/05; *Planker* in Kapellmann/Messerschmidt, § 13 Rn. 44; *Prieß/Gabriel* ZVB 2006 Spezial, 141; *Dreher* NZBau 2005, 427, 431 f.; *Schranner* in Ingenstau/Korbion, § 6 Rn. 31; *Rusam/Weyand* in Heiermann/Riedl/Rusam, Einf. zu § 8 Rn. 13 und § 21 Rn. 24.

werbsrechtlich gewollten Erweiterung des Bieterwettbewerbs einerseits und der kartellrechtlich begründeten latenten Gefahr unzulässiger Wettbewerbsbeschränkungen andererseits agieren.[2] Die vergaberechtlichen Fragen, die im Zusammenhang mit der Bildung und Beteiligung von Bietergemeinschaften entstehen können, sind zahlreich und werden größtenteils kontrovers diskutiert. In der Regel sind bereits vor einem Zusammenschluss zu einer Bietergemeinschaft weichenstellende Aspekte zu prüfen, von der unternehmerischen Notwendigkeit der Beteiligung an einer Bietergemeinschaft bis hin zu möglichen alternativen Angebotsmodellen – sei es als Einzelbieter, als Nachauftragnehmer anderer Bieter oder gegebenenfalls als Mitglied einer Bietergemeinschaft und zugleich Einzelbieter. Die **Bildung von Bietergemeinschaften** ist zumindest **für die Dauer eines Vergabeverfahrens** – unabhängig von der späteren Fortsetzung der Zusammenarbeit in einer Arbeitsgemeinschaft oder einer anderen Organisationsform – insofern dauerhaft, als dass viele Veränderungen einen Angebotsausschluss bewirken und dass bestimmte Rechtspositionen nur noch gemeinsam wahrgenommen werden können.

Mit einer Beteiligung an einem Vergabeverfahren in Form einer Bietergemeinschaft 2 geht für Unternehmen nicht nur die Chance einher, ein attraktiveres Angebot abgeben zu können, sondern auch, dass die Handlungsspielräume des einzelnen Bietergemeinschaftsmitglieds eingeschränkt werden können.[3] Auch wenn die **Entscheidung über die Bildung einer Bietergemeinschaft** während der Angebots- bzw. Teilnahmefrist typischerweise unter hohem Zeitdruck getroffen wird, ist sie von entscheidender Bedeutung und Nachlässigkeiten bei ihrer Vorbereitung begründen nicht selten die **Gefahr eines Ausschlusses vom Vergabeverfahren**.[4]

Im Folgenden werden daher die zentralen Fragen im Zusammenhang mit der Bildung 3 und Beteiligung von Bietergemeinschaften in Vergabeverfahren behandelt. Dabei wird u. a. auf die kartellrechtlichen Voraussetzungen der Bildung von Bietergemeinschaften, die Zulässigkeit von Änderungen der Zusammensetzung von Bietergemeinschaften im Verlauf eines Vergabeverfahrens und die Frage der **Antragsbefugnis einzelner Bietergemeinschaftsmitglieder in Nachprüfungsverfahren** eingegangen. Außerdem werden denkbare Angebotsstrategien unter Beteiligung von Bietergemeinschaften an der Grenze zur unzulässigen Wettbewerbsbeschränkung dargestellt. Diese Fragen sind für Unternehmen, die sich um europaweit ausgeschriebene Aufträge im Rahmen von Zusammenschlüssen mit anderen Unternehmen bewerben wollen, von großem Interesse. Trotz dieser großen Bedeutung bewegt sich die **Beurteilung der Zulässigkeit sowie der rechtlichen Grenzen** einer Bildung von Bietergemeinschaften in einem Bereich, der in Deutschland nahezu ausschließlich durch die Rechtsprechung ausgefüllt wird, da das europäische wie das nationale Vergabe- und Kartellrecht diesbezüglich nur rudimentäre Vorgaben enthalten. Die (vermeintliche) Freiheit, die der (nur wenige Vorgaben aufstellende) Rechtsrahmen Bietern und Bietergemeinschaften eröffnet, erschwert die Grenzziehung zwischen vergaberechtskonformem und vergaberechtswidrigem Verhalten.

B. Der Rechtsrahmen für Bietergemeinschaften

I. Gemeinschaftsrechtliche vergaberechtliche Vorgaben

Die gemeinschaftsrechtlichen Vorgaben zur Bildung und Beteiligung von Bietergemein- 4 schaften an Vergabeverfahren sind spärlich.[5] Die **früheren EG-Vergaberichtlinien (BKR, DKR, LKR, SKR 93)** sahen durchweg lediglich vor, dass Bietergemeinschaften

---

[2] *Wiedemann* ZfBR 2003, 240 f.
[3] Ebenso das Fazit von *Henty* P.P.L.R. 2006, NA8.
[4] *Prieß/Gabriel* ZVB 2006 Spezial, 141, 166.
[5] Ebenso *Prieß*, 269 f.; *Prieß/Gabriel* VergabeR 2005, 751; *Krist* VergabeR 2003, 162; *Prieß/Gabriel* WuW 2006, 385 f.; *Roth* NZBau 2005, 316; *Wiedemann* ZfBR 2003, 240.

Angebote einreichen können⁶ und dass die Zulassung von Bietergemeinschaften zu Vergabeverfahren nicht von vornherein – d. h. nicht vor Zuschlagserteilung – davon abhängig gemacht werden darf, dass eine bestimmte Rechtsform angenommen wird.⁷ Lediglich die bisherige Dienstleistungskoordinierungsrichtlinie sowie die frühere Sektorenkoordinierungsrichtlinie sahen darüber hinaus **besondere Diskriminierungsverbote** zugunsten von Bietergemeinschaften als juristischen Personen vor.⁸

5   In den **aktuellen Vergaberichtlinien (VKR, SKR)** haben Bietergemeinschaften eine nur geringfügig weitergehende Regelung erfahren.⁹ Zunächst werden die vorgenannten bisherigen Regelungen in Art. 4 Abs. 2 der VKR und Art. 11 Abs. 2 der neuen SKR unverändert übernommen.¹⁰ Zudem enthalten die Richtlinien nunmehr – auf die einschlägige Rechtsprechung des EuGH hierzu zurückgehende – Vorgaben zur **Zurechnung von Eignungsnachweisen** im Rahmen von Bietergemeinschaften.¹¹ Danach steht es einem Bieter bzw. Bewerber, der nicht selbst die für die Teilnahme an einem Vergabeverfahren erforderlichen Eignungsvoraussetzungen erfüllt, frei, sich gegenüber dem Auftraggeber auf die wirtschaftliche und technische Leistungsfähigkeit Dritter zu berufen, die er in Anspruch nehmen will, wenn ihm der Auftrag erteilt wird. Allerdings muss er hierfür gegenüber dem Auftraggeber nachweisen, dass ihm die erforderlichen Mittel der Dritten tatsächlich zur Verfügung stehen, indem er beispielsweise diesbezügliche Zusagen dieser Unternehmen vorlegt.¹²

6   Der **EuGH** hat sich bisher in sechs Entscheidungen näher mit der Beteiligung von Bietergemeinschaften in Vergabe- und Nachprüfungsverfahren befasst. Während sich die Urteile in Sachen „**Club Hotel Loutraki**",¹³ „**Espace Trianon**"¹⁴ und „**Consorzio Elisoccorso San Raffaele**"¹⁵ mit der Prozessführungsbefugnis einzelner Bietergemeinschaftsmitglieder befassen, geht es in der Rechtssache „**Makedoniko Metro**"¹⁶ um die Zulässigkeit eines Verbots der Änderung der Zusammensetzung von Bietergemeinschaften nach Angebotsabgabe. Die Entscheidungen in den Rechtssachen „**Serrantoni**"¹⁷ und „**Assitur**"¹⁸ beschäftigten sich mit dem Ausschluss von Bietern und Bietergemeinschaften wegen Mehrfachbeteiligungen.

---

⁶ So Art. 21 Satz 1 BKR; Art. 18 Satz 1 LKR; Art. 26 Abs. 1 Satz 1 DKR; Art. 33 Abs. 1 Satz 1 SKR 93.
⁷ So Art. 21 Satz 2 BKR; Art. 18 Satz 2 LKR; Art. 26 Abs. 1 Satz 2 DKR; Art. 33 Abs. 1 Satz 2 SKR 93.
⁸ Vgl. Art. 26 Abs. 2 und 3 DKR sowie Art. 33 Abs. 2 und 3 SKR 93. Hierzu *Prieß*, 269 f.
⁹ Hierzu *Prieß*, 269 f.; *Arrowsmith*, 775 ff.
¹⁰ Dort werden Bietergemeinschaften zwar als „Gruppen" bzw. „Gemeinschaften" von Wirtschaftsteilnehmern bezeichnet, allerdings ohne dass hiermit ein Unterschied zum Begriff Bietergemeinschaften einhergeht. In den Vorgaben zur Bekanntmachung wird dann allerdings wieder die Bezeichnung „Bietergemeinschaften" verwendet, vgl. Anhang VII Teil A Ziff. 16 der VKR.
¹¹ Siehe EuGH Urt. v. 14. 4. 1994, Rs. C-389/92 – Ballast Nedam Groep I; EuGH Urt. v. 18. 12. 1997 Rs. C-5/97 - Ballast Nedam Groep II; EuGH Urt. v. 2. 12. 1999 Rs. C-176/98, NZBau 2000, 149 – Holst Italia; EuGH Urt. v. 18. 3. 2004, Rs. C-314/01, NZBau 2004, 340 – ARGE Telekom; hierzu auch *Arrowsmith*, 717 f.
¹² Art. 47 Abs. 2 und 3 sowie Art. 48 Abs. 3 und 4 VKR und Art. 54 Abs. 5 und 6 SKR.
¹³ EuGH Urt. v. 6. 5. 2010, verb. Rs. C-145/08 und C-149/08, NZBau 2010, 506 – Club Hotel Loutraki.
¹⁴ EuGH Urt. v. 16. 12. 2004, Rs. C-129/04, NZBau 2005, 707 – Espace Trianon.
¹⁵ EuGH Beschl. v. 4. 10. 2007, Rs. C-492/06 – Consorzio Elisoccorso San Raffaele.
¹⁶ EuGH Urt. v. 23. 1. 2003, Rs C-57/01, NZBau 2003, 219 – Makedoniko Metro.
¹⁷ EuGH Urt. v. 23. 12. 2009, Rs. C-376/08, NZBau 2010, 261 – Serrantoni.
¹⁸ EuGH Urt. v. 19. 5. 2010, Rs. C-538/07, NZBau 2009, 607 – Assitur.

II. Nationale vergaberechtliche Vorgaben

1. Grundsätzliche Zulässigkeit von Bietergemeinschaften

Im deutschen Vergaberecht sind die gemeinschaftsrechtlichen Vorgaben mittlerweile vollständig umgesetzt worden, zuletzt im Wege der **Vergaberechtsreform 2009**[19] und des so genannten **ÖPP-Beschleunigungsgesetzes vom 1. 9. 2005**[20] sowie der Neufassungen der Vergabe- und Vertragsordnungen im Zuge der so genannten **Sofortpakete**, die – im Bereich ab Erreichen der Schwellenwerte – seit Inkrafttreten der 3. Verordnung zur Änderung der Vergabeverordnung am 1. 11. 2006 in Geltung gesetzt wurden.[21]

Im Bereich der **VOB/A** werden Bietergemeinschaften ausdrücklich in § 6 Abs. 1 Nr. 2 VOB/A erwähnt, wonach Bietergemeinschaften Einzelbietern gleichzusetzen sind, wenn sie die Arbeiten im eigenen Betrieb oder in den Betrieben der Mitglieder ausführen. Diese Vorschrift wird für Verfahren oberhalb der Schwellenwerte in europarechtskonformer Weise insoweit modifiziert, als dass gemäß § 6 EG Abs. 1 Nr. 2 VOB/A bei Bietergemeinschaften grundsätzlich die Gleichsetzung mit Einzelbietern zu erfolgen hat und nach § 6 EG Abs. 8 VOB/A die Bietergemeinschaft sich auch bei der Erfüllung der Leistung der Fähigkeiten anderer Unternehmen bedienen kann. Weiter werden Bietergemeinschaften in § 6 EG Abs. 6 VOB/A erwähnt: die Annahme einer bestimmten Rechtsform kann von Bietergemeinschaften nur für den Fall der Auftragserteilung und nur sofern es für die Auftragsdurchführung erforderlich ist, verlangt werden. Schließlich haben Bietergemeinschaften ihre Mitglieder und einen bevollmächtigten Vertreter im Angebot zu benennen, § 13 Abs. 5 VOB/A und § 13 EG Abs. 5 VOB/A.

Die **VOL/A** erwähnt Bietergemeinschaften in § 6 Abs. 1 Satz 1 VOL/A. Bietergemeinschaften werden Einzelbietern gleichgesetzt. § 6 Abs. 1 Satz 2 VOL/A sieht für den Auftraggeber die Möglichkeit vor, nach Zuschlagserteilung die Annahme einer bestimmten Rechtsform vorzuschreiben. Nach § 13 Abs. 6 VOL/A und § 16 EG Abs. 6 VOL/A haben Bietergemeinschaften ihre Mitglieder und einen bevollmächtigten Vertreter im Angebot zu benennen. § 6 EG Abs. 2 VOL/A stellt Bietergemeinschaften den Einzelbietern gleich und sieht vor, dass der Auftraggeber nur für den Fall der Auftragsvergabe von einer Bietergemeinschaft die Annahme einer bestimmen Rechtsform verlangen kann, sofern das für die Auftragsdurchführung notwendig ist. In § 7 EG Abs. 9 VOL/A wird auch für Bietergemeinschaften die Möglichkeit vorgesehen, sich zum Nachweis der Leistungsfähigkeit und Sachkunde, anderer Unternehmen bedienen zu können.

Die **VOF** sieht in § 4 Abs. 4 VOF vor, dass der Auftraggeber nur für den Fall der Auftragsvergabe von einer Bietergemeinschaft die Annahme einer bestimmen Rechtsform verlangen kann, sofern das für die Auftragsdurchführung notwendig ist. In § 5 Abs. 6 VOF ist vorgesehen, dass sich auch Bietergemeinschaftsmitglieder bei der Erfüllung des Auftrags anderer Unternehmen bedienen können.

Diese Vorgaben der VOB/A, VOL/A und VOF, die die vorgenannten Bestimmungen der Vergaberichtlinien über die generelle **Zulässigkeit einer Angebotsabgabe durch Bietergemeinschaften** umsetzen, halten sich eng an die Formulierungen der aktuellen Vergaberichtlinien (VKR, SKR). Ergänzt wurden diese Regelungen der Vergabe- und Vertragsordnungen durch einige Vorschriften der VgV aF., die dort durch das ÖPP-Beschleunigungsgesetz eingefügt worden sind.[22] So bestimmte § 6 Abs. 2 Nr. 1 VgV aF., dass

---

[19] *Gabriel* NJW 2009, 2011 ff. und *Byok* NJW 2010, 817, 822.
[20] Gesetz zur Beschleunigung der Umsetzung von Öffentlich Privaten Partnerschaften und zur Verbesserung gesetzlicher Rahmenbedingungen für Öffentlich Private Partnerschaften vom 1. 9. 2005, BGBl. I 2005, 2676 ff.
[21] Hierzu *Gabriel* LKV 2007, 262 ff.
[22] § 6 Abs. 2 Nr. 1 sowie § 4 Abs. 4 und § 6 Abs. 2 Nr. 2 VgV 2009.

der Auftraggeber (auch[23]) im Rahmen der VOB/A nur für den Fall der Auftragsvergabe von einer Bietergemeinschaft die Annahme einer bestimmen Rechtsform verlangen kann, sofern das für die Auftragsdurchführung notwendig ist. Da der VgV im vergaberechtlichen Kaskadensystem vor allem eine Scharnierfunktion zukommt, konnten diese Regelung im Zuge der Vergaberechtreform 2009 entfallen, da sie mittlerweile alle in der VOB/A bzw. VOL/A umgesetzt sind. Ein **genereller Ausschluss der Teilnahme von Bietergemeinschaften** an Vergabeverfahren ist daher angesichts dieser (zwingenden) Vorgaben in den Vergaberichtlinien und Vergabe- und Vertragsordnungen, **grundsätzlich unzulässig.**[24]

12 Der bisher üblichen Praxis entsprach es zudem, von Bietergemeinschaften bereits mit der Angebotsabgabe eine Erklärung zu verlangen, dass eine **gesamtschuldnerische Haftung** übernommen wird. In Ansehung der durch Art. 4 Abs. 2 VKR und Art. 11 Abs. 2 SKR novellierten § 6 EG Abs. 6 Satz 1 VOB/A, § 6 EG Abs. 2 Satz 2 VOL/A sowie § 4 Abs. 4 VOF, die nunmehr vorsehen, dass von Bietergemeinschaften die Annahme einer bestimmten Rechtsform nur für den Fall der Auftragserteilung sowie selbst dann nur verlangt werden darf, wenn das für die ordnungsgemäße Durchführung des Auftrags notwendig ist,[25] wird derzeit diskutiert, inwieweit diese bisherige Praxis fortgeführt werden wird. In der Literatur[26] wird vertreten, dass daher die Forderung, bereits bei Angebotsabgabe eine Rechtsform mit gesamtschuldnerischer Haftung zu vereinbaren, unzulässig sei, während in der Rechtsprechung vertreten wird, dass die Forderung nach einer gesamtschuldnerischen Haftung weiterhin angemessen sei.[27] Abgesehen davon sind Bietergemeinschaften zumeist Gesellschaften bürgerlichen Rechts.[28] Die §§ 420 ff BGB (Gesamtschuld) sind hier zwar nicht direkt anwendbar. Für die Gesellschaft als originär Verpflichtete ist aber die entsprechende Anwendung der Gesamtschuldregeln im Verhältnis zur Gesellschafterhaftung grundsätzlich angebracht.[29]

2. Die Rechtsnatur der Bietergemeinschaft

13 Das Vergaberecht schreibt keine bestimmte **Rechtsform für Bietergemeinschaften** vor. Der Auftraggeber kann im Gegenteil entsprechend § 6 EG Abs. 6 S. 1 VOB/A, §§ 6 Abs. 1 Satz 2, 6 EG Abs. 2 VOL/A, § 4 Abs. 4 VOF die Annahme einer bestimmte Rechtsform nur für den Fall der Zuschlagserteilung und nur für den Fall, dass das für die Durchführung des Auftrags erforderlich ist von Bietergemeinschaften verlangen.

14 Eine Bietergemeinschaft ist nach einhelliger Ansicht in Rechtsprechung[30] und Literatur[31] eine **Gesellschaft bürgerlichen Rechts** im Sinne der §§ 705 ff. BGB, denn die Bietergemeinschaftsmitglieder vereinbaren – zumindest konkludent – den Zweck, die Zuschlagserteilung durch Zusammenarbeit bei der Angebotsabgabe zu fördern.[32] Deshalb ist die Bietergemeinschaft grundsätzlich rechtsfähig,[33] mit der Folge, dass die Bietergemeinschaft selbst das **Rechtssubjekt im Sinne des Vergaberechts** ist und nicht die ein-

---

[23] Es wurde insofern lediglich eine Übereinstimmung zu § 7a Nr. 2 Abs. 6 VOL/A aF. sowie § 8b Nr. 4 VOB/A aF. hergestellt, die eine entsprechende Regelung auch schon bisher enthielten.
[24] Siehe Rn. 8 ff.
[25] Siehe Rn. 8 ff.
[26] *Steinberg* NVwZ 2006, 1349, 1352 sieht diese Forderung daher als unzulässig an.
[27] OLG Düsseldorf Beschl. v. 29.3.2006, VII-Verg 77/05; VK Niedersachsen Beschl. v. 17.3.2011, VgK-65/2010.
[28] Zur Rechtsnatur der Bietergemeinschaft siehe Rn. 13 ff.
[29] BGH Urt. v. 29.1.2001, II ZR 331/00.
[30] OLG Celle Beschl. v. 5.9.2007, 13 Verg 9/07; VK Brandenburg Beschl. v. 21.12.2004, VK 64/04; KG Urt. v. 7.5.2007, 23 U 31/06.
[31] *Schranner* in Ingenstau/Korbion, § 6 Rn. 31; *Planker* in Kapellmann/Messerschmidt, § 13 Rn. 44, *Lux*, 54 mit umfangreichen weiteren Nachweisen.
[32] *Lux*, 54.
[33] Zur (Teil-)Rechtsfähigkeit der Außen-GbR vgl. BGH Urt. v. 29.1.2001, II ZR 331/00.

zelnen, sie bildenden Bietergemeinschaftsmitglieder.[34] Grundlage dieser Gesellschaft bürgerlichen Rechts ist der Bestand der Gesellschafter. Fällt ein Gesellschafter weg, so sieht das Gesetz in den Fällen der Kündigung (§ 723 ff. BGB), des Todes eines Gesellschafters (§ 727 BGB), Eröffnung des Insolvenzverfahrens über das Vermögen eines Gesellschafters oder der Gesellschaft (§ 728 BGB) und bei Fortfall des Gesellschaftszwecks die Auflösung der Gesellschaft (§ 726 BGB) vor.[35] Ist Gesellschaftsvermögen vorhanden, so folgt die Auseinandersetzung (§ 703 Abs. 1 BGB). Erst mit deren Abschluss ist die Gesellschaft beendet. Üblicherweise haben Bietergemeinschaften aber kein eigenes Vermögen, so dass davon auszugehen ist, dass mit **Fortfall eines Mitglieds** die Gesellschaft aufgelöst und zugleich beendet ist.

Allerdings sind die Rechtsfolgen der Auflösung weitestgehend dispositiv. Die Gesellschafter können also vereinbaren, **die Gesellschaft** ggf. unter Ausschluss des vom Auflösungsgrund betroffenen Gesellschafters und **unter Wahrung ihrer rechtlichen Identität fortzusetzen**.[36] Eine solche Vereinbarung kann im Gesellschaftervertrag niedergelegt sein. Aber auch durch (konkludenten) Fortsetzungsbeschluss aller Gesellschafter kann sich die Auseinandersetzungsgesellschaft unter Aufrechterhaltung ihrer Identität in eine werbende Gesellschaft zurückverwandeln, sofern der Auflösungsgrund entfallen ist oder dadurch entfällt.[37] Das gilt allerdings nicht im Fall einer **zweigliedrigen Bietergemeinschaft**, also einer Bietergemeinschaft, die nur aus zwei Mitgliedern besteht. Die gesetzlichen Regelungen sind in dieser Konstellation zwingend. Scheidet einer der Gesellschafter aus (Insolvenzverfahren, Tod, Kündigung), so löst sich die Gesellschaft durch Vereinigung der Gesellschafterstellung in einer Person auf und sie ist beendet.[38] **15**

Auch in dem Fall der Eröffnung des **Insolvenzverfahrens über das Vermögen der Gesellschaft** (§ 728 Abs. 1 BGB) wird die Gesellschaft mit der Folge der Identitätsänderung zwingend aufgelöst. Dieser Fall dürfte jedoch wenig praktische Relevanz haben, da Bietergemeinschaften zumeist nicht über eigenes Vermögen verfügen. **16**

Aus dem Grundsatz der Vertragsfreiheit und dem Hinweis auf die Zulässigkeit anderer Vereinbarungen in § 727 Abs. 1 BGB folgt hingegen, dass ein **neuer Gesellschafter** jederzeit in eine bestehende Gesellschaft unter Wahrung ihrer rechtlichen Identität **eintreten** kann.[39] **17**

3. Eignungsnachweise

Grundsätzlich sind an die Eignung von Bietergemeinschaften die gleichen Anforderungen zu stellen wie an die Eignung von einzelnen Bietern, da Bietergemeinschaften Einzelbietern gleichgestellt sind, vgl. § 6 Abs. 1 Nr. 2 VOB/A, § 6 EG Abs. 1 Nr. 2 VOB/A, § 6 Abs. 1 Satz 1, § 6 EG Abs. 2 Satz 1 VOL/A. Da es sich bei einer **Bietergemeinschaft** um eine juristische Person handelt, ist sie das **Objekt der Eignungsprüfung.** Sie kann und muss sich aber die Eignungsnachweise ihrer Mitglieder zurechnen lassen. Das ergibt sich aus den Bestimmungen über die Zurechnung von Eignungsnachweisen, § 6 EG Abs. 8 VOB/A, § 7 EG Abs. 9 VOL/A und § 5 Abs. 6 VOF. Im Regelfall weist also die Bietergemeinschaft ihre Eignung nach, indem sie die Eignung ihrer Mitglieder nachweist. **18**

Die Bildung von Bietergemeinschaften ist für Unternehmen vor allem deshalb interessant, wenn sie sich hinsichtlich der **Eignungsanforderungen gegenseitig ergänzen** können, also nicht alle Nachweise von jedem Mitglied der Bietergemeinschaft zu erbrin- **19**

---

[34] *Lux*, 83; *Kirch/Kues* VergabeR 2008, 32, 36; *Ohrtmann* VergabeR 2008, 426, 427; *Heiermann* ZfBR 2007, 759, 763.
[35] *Sprau* in Palandt, Vorb v § 723 Rn. 1 mit weiteren Auflösungsgründen.
[36] *Sprau* in Palandt, Vorb v § 723 Rn. 1.
[37] *Sprau* in Palandt, Vorb v § 723 Rn. 2.
[38] OLG Düsseldorf Beschl. v. 24.5.2005, VII-Verg 28/05; *Lux*, 108 und 112 ff.; *Sprau* in Palandt, Vorb v § 723 Rn. 1; zur Frage wie mit bereits abgegebenen Angeboten umzugehen ist, siehe Rn. 84.
[39] *Sprau* in Palandt, § 736 Rn. 5.

gen sind. Hierbei ist zwischen den verschiedenen Eignungsanforderungen zu differenzieren, nämlich dem Nachweis der Zuverlässigkeit, dem Nachweis der finanziellen und wirtschaftlichen Leistungsfähigkeit und schließlich dem Nachweis der technischen/beruflichen Fachkunde. Wenn Ausschreibungsunterlagen keine Vorgaben zur Möglichkeit einer **„Aufteilung" der Eignungsnachweise** auf die verschiedenen Mitglieder einer Bietergemeinschaft enthalten, so ist nach der jüngeren Rechtsprechung ohne besondere entgegenstehende Anhaltspunkte regelmäßig davon auszugehen, dass es bei einer Bietergemeinschaft ausreichend ist, wenn geforderte Nachweise oder Eigenerklärungen zur **Fachkunde oder zur Leistungsfähigkeit für ein Mitglied** der Bietergemeinschaft vorgelegt werden, während die **Zuverlässigkeit von jedem Mitglied** in der geforderten Art und Weise zu belegen ist.[40] Bis zu dieser neueren Judikatur beinhaltete es für die Bietergemeinschaften ein hohes Risiko, wenn die Ausschreibungsunterlagen keine Vorgaben zur Möglichkeit einer „Aufteilung" der Eignungsnachweise auf die verschiedenen Mitglieder einer Bietergemeinschaft enthielten und Bietergemeinschaften sich auf den Standpunkt stellten, Nachweise zur Fachkunde nur von einem Mitglied liefern zu müssen. Denn nach der strengen **alten Rechtsprechung des BGH** konnte das Fehlen eines (ggf. sogar unwichtigen) Nachweises dazu führen, dass Bieter ausgeschlossen werden mussten.[41] Es war für den Auftraggeber der sichere Weg, die **Eignungsnachweise von jedem einzelnen Bietergemeinschaftsmitglied** vollumfänglich vorlegen zu lassen.[42] Anderenfalls setzte er sich der Gefahr aus, dass eine – nachträgliche – Differenzierung als Abrücken von zuvor in der Bekanntmachung bzw. den Ausschreibungsunterlagen verbindlich angeforderten Eignungsnachweisen angesehen werden konnte.

20 Hinsichtlich der Fachkunde und Leistungsfähigkeit kommt es demnach auf die der Bietergemeinschaft insgesamt zur Verfügung stehende Kapazität an.[43] Richtigerweise kann das aufgrund der für Bietergemeinschaften typischen Arbeits- und Aufgabenteilung einschränkungslos jedoch nur für die **technische Leistungsfähigkeit** gelten. In Bezug auf diese kann – je nach interner Aufgabenverteilung innerhalb der Bietergemeinschaft – der Nachweis der technischen Leistungsfähigkeit auch einzelner Mitglieder der Bietergemeinschaft ausreichen. Die Mitglieder von Bietergemeinschaften haben den **Nachweis der Verfügbarkeit der Leistungen** des jeweils anderen Mitglieds gegenüber der Vergabestelle zu führen,[44] wobei der Vereinbarung einer Bietergemeinschaft immanent ist, dass die Gemeinschaft über die Kapazitäten ihrer einzelnen Mitglieder tatsächlich verfügen kann. Eines besonderen Nachweises i.S.v. § 6 EG Abs. 8 VOB/A bedarf es nicht.[45]

21 Die dargestellten Grundsätze gelten für den Fall, dass die **Ausschreibungsunterlagen** unklar in dieser Hinsicht sind. Diese Unklarheiten gehen (nun) zu Lasten des Auftragge-

---

[40] OLG Naumburg Beschl. v. 30.4.2007, 1 Verg 1/07; OLG Düsseldorf Beschl. v. 31.7.2007, VII-Verg 25/07; VK Brandenburg Beschl. v. 11.7.2007, 1 VK 23/07; *Gabriel/Benecke/Geldsetzer*, Rn. 124; *Kulartz* in Kulartz/Kus/Portz, § 97 Rn. 103.

[41] BGH Urt. v. 7.1.2003, X ZR 50/01; BGH Beschl. v. 18.2.2003, X ZB 43/02; BGH Beschl. v. 18.5.2004, X ZB 7/04; ebenso VK Hamburg Beschl. v. 6.10.2003, VK BB-3/03; bestätigt durch OLG Hamburg Beschl. v. 21.1.2004, 1 Verg 5/03; ebenso u. a. OLG Naumburg Beschl. v. 25.10.2005, 1 Verg 5/05; OLG Schleswig Beschl. v. 22.5.2006, 1 Verg 5/06; OLG Düsseldorf Beschl. v. 26.11.2003, VII-Verg 53/03; OLG Frankfurt am Main Beschl. v. 16.9.2003, 11 Verg 11/03; OLG Düsseldorf Beschl. v. 30.7.2003, VII-Verg 32/03; OLG Naumburg Beschl. v. 11.6.2003, 1 Verg 6/03; VK Sachsen Beschl. v. 12.5.2005, 1/SVK/038–05; VK Thüringen Beschl. v. 27.10.2004, 360–4002.20–016/04-SON; VK Bund Beschl. v. 21.1.2004, VK 2–126/03; VK Magdeburg, Beschl. v. 5.3.2003, 33–32571/07 VK 2/03 MD.

[42] So VK Sachsen Beschl. v. 20.9.2006, 1/SVK/085–06; VK Südbayern Beschl. v. 13.9.2002, 37–08/02; VK Hannover Beschl. v. 12.3.2001, 26046-VgK-1/2001.

[43] OLG Düsseldorf Beschl. v. 15.12.2004, VII-Verg 48/04 ; VK Sachsen-Anhalt Beschl. v. 22.2.2005, 1 VK LVwA 3/05; *Kulartz* in Kulartz/Kus/Portz, § 97 Rn. 103.

[44] VK Thüringen Beschl. v. 11.2.2008, 360–4003.20–149/2008–004-EF.

[45] OLG Naumburg Beschl. v. 30.4.2007, 1 Verg 1/07.

bers. Es bleibt ihm indes unbenommen in den Ausschreibungsunterlagen festzulegen, dass die Nachweise der Leistungsfähigkeit und Sachkunde bei allen Mitgliedern der Bietergemeinschaft vorliegen müssen bzw. dass sämtliche Verfügbarkeitsnachweise bereits mit dem Angebot vorgelegt werden sollen.

4. Vollmachtsnachweise

Rechtliche Unsicherheiten können bei Angeboten von Bietergemeinschaften entstehen, die ohne eine von allen Mitgliedern der Bietergemeinschaft **unterschriebene Vollmacht** von einem einzelnen Unternehmen/Bietergemeinschaftsmitglied abgegeben wurden und bei denen auch keine Bietergemeinschaftserklärung Aufschluss über etwaige Bevollmächtigungen gibt. In der Praxis tritt immer wieder die Frage auf, ob das Angebot ausgeschlossen werden muss, weil es an einer **„rechtsverbindlichen Unterzeichnung"** fehlt. 22

Gemäß § 13 Abs. 5 VOB/A, §§ 13 Abs. 6, 16 EG Abs. 6 Satz 1 VOL/A haben Bietergemeinschaften eines ihrer Mitglieder als bevollmächtigten Vertreter für den Abschluss des Vertrags zu bezeichnen; sollte diese Bezeichnung – zunächst – unterblieben sein, ist sie vor Zuschlagserteilung beizubringen. Soweit die Ausschreibungsunterlagen keine anderslautende ausdrückliche Vorgabe des Auftraggebers enthalten, muss das Angebot einer Bietergemeinschaft daher nicht von allen Bietergemeinschaftsmitgliedern unterschrieben sein, sondern kann auch von einem einzelnen Unternehmen/Bietergemeinschaftsmitglied in **Vertretung ohne gleichzeitige Vorlage eine Vollmachtsurkunde** unterschrieben und abgegeben werden.[46] Ein solches Angebot darf nicht gemäß § 16 Abs. 3 lit. b) VOL/A bzw. § 16 Abs. 1 Nr. 1 lit. b) VOB/A ausgeschlossen werden, da § 13 Abs. 1 Satz 2 VOL/A bzw. § 13 Abs. 1 Nr. 1 Satz 2 VOB/A lediglich verlangen, dass Angebote „unterzeichnet" sein müssen.[47] 23

Diese Ansicht wurde **in der Vergangenheit** allerdings häufig unter Verweis auf die frühere Rechtsprechung mehrerer Nachprüfungsinstanzen in Abrede gestellt. So hatten die Vergabeüberprüfungsausschüsse Sachsen-Anhalt und Hessen entschieden, dass im Fall eines durch Vertreter unterschriebenen Angebots einer Bietergemeinschaft dem Angebot eine Vollmacht im Original beigefügt werden müsse.[48] Begründet wurde das mit dem damaligen Wortlaut von § 21 Nr. 1 VOL/A bzw. VOB/A, wonach ein **Angebot „rechtsverbindlich" unterschrieben** werden musste.[49] Trotz der Streichung des Wortes „rechtsverbindlich" im Rahmen der Vergaberechtsnovelle im Jahr 2000 führten beispielsweise die Vergabekammern Lüneburg und Brandenburg diese strenge Rechtsprechung im Ergebnis fort.[50] 24

Diese Entscheidungspraxis der Vergabeüberprüfungsausschüsse bzw. einiger Vergabekammern ist allerdings in Ansehung der neueren Rechtsprechung einiger Oberlandesgerichte nicht mehr haltbar.[51] Bei **Unklarheiten über die Identität** des Bieters ist aus der Sicht eines objektiven Erklärungsempfängers durch Auslegung zu ermitteln, wer das An- 25

---

[46] VK Sachsen Beschl. v. 19.10.2010, 1/SVK/037–10.
[47] OLG Naumburg Beschl. v. 29.1.2009, 1 Verg 10/08; VK Sachsen Beschl. v. 19.10.2010, 1/SVK/037–10.
[48] VÜA Sachsen-Anhalt, 1 VÜ 1/94, VergabeE V-14–1/94; VÜA Hessen 1 VÜ 13/95, VergabeE V-14–13/95; *Ewers* in Prieß/Hausmann/Kulartz, S. 485 Anm. 3; weitere Nachweise bei *Noch* VergabeR 2005, 268 und bei *Wirner* ZfBR 2005, 152, 156.
[49] Hierzu *Planker* in Kapellmann/Messerschmidt, § 13 VOB/A Rn. 47; *Kratzenberg* in Ingenstau/Korbion, § 13 VOB/A Rn. 4.
[50] VK Brandenburg Beschl. v. 26.3.2002, VK 3/02; VK Lüneburg Beschl. v. 17.10.2003, 203-VgK-20/2003.
[51] Anderer Ansicht sind offenbar *Planker* in Kapellmann/Messerschmidt, § 13 VOB/A Rn. 47; *Kratzenberg* in Ingenstau/Korbion, § 13 VOB/A Rn. 4; *Ewers* in Prieß/Hausmann/Kulartz, 485, Anm. 3; zur Rechtsprechung im Einzelnen vgl. *Gabriel/Benecke/Geldsetzer*, Rn. 114f.

gebot abgegeben hat.[52] Bestehen Zweifel über das Vorliegen einer Vollmacht, muss der Auftraggeber zur Klärung den **Nachweis der Bevollmächtigung** gemäß § 15 VOL/A bzw. VOB/A nachfordern.[53]

26 Trotz dieser neueren, weniger formalistischen Rechtsprechung, ist es dem Auftraggeber allerdings nach wie vor nicht verwehrt, das **ausdrückliche Erfordernis** einer „rechtsverbindlichen" Unterschrift **in den Ausschreibungsunterlagen** zu fordern.[54] Nach einer jüngst ergangenen Entscheidung des BGH wäre es allerdings mit dem Gebot der klaren und eindeutigen Abfassung von Vergabeunterlagen unvereinbar, einer solchen Klausel nach dem Empfängerhorizont den Erklärungsinhalt beizulegen, mit dem Angebot müsse die Bevollmächtigung des Unterzeichners dokumentiert werden, wenn nicht der gesetzliche Vertreter oder Prokurist des jeweiligen Unternehmens unterschieben haben.[55]

5. Benennung der Mitglieder

27 Bietergemeinschaften haben gem. § 13 Abs. 5 Satz 1 VOB/A, § 13 EG Abs. 5 Satz 1 VOB/A, § 13 Abs. 6 Satz 1, § 16 EG Abs. 6 Satz 1 VOL/A in ihren Angeboten **alle Mitglieder zu benennen.** Diese Pflicht resultiert aus der praktischen Erkenntnis, dass es sich bei Bietergemeinschaften um kurzfristig entstandene, lediglich temporäre Zusammenschlüsse handelt.[56] Zudem aber müssen alle Mitglieder ihre Zuverlässigkeit nachweisen. Diese Nachprüfung kann durch den Auftraggeber nur erfolgen, wenn ihm die Mitglieder namentlich bekannt sind.

28 Nach §§ 13 Abs. 6 Satz 2, 16 EG Abs. 6 Satz 2 VOL/A können die Bietergemeinschaften diese **Angabe zwischen Angebotsabgabe und vor Zuschlagserteilung nachholen.** §§ 13 Abs. 5 Satz 2, 13 EG Abs. 5 Satz 2 VOB/A sehen hingegen diese Möglichkeit nur für das Fehlen der Vertreterbezeichnung, nicht aber für die Benennung der Mitglieder vor. Fehlt die Benennung der Mitglieder, so muss der Auftraggeber diese Erklärung gem. § 16 Abs. 1 Nr. 3 VOB/A bzw. § 16 EG Abs. 1 Nr. 3 VOB/A nachfordern. Selbst wenn man der Ansicht ist, dass die Benennungspflicht wenigstens mittelbar ein Eignungsnachweis ist und weiter der Auffassung ist, Eignungsnachweise werden nicht von §§ 16 Abs. 1 Nr. 3, 16 EG Abs. 1 Nr. 3 VOB/A erfasst, so hat der Auftraggeber dennoch in entsprechender Anwendung der jeweiligen Norm diese Angabe nachzufordern.[57]

C. Die kartellrechtliche Zulässigkeit der Bildung von Bietergemeinschaften

I. Die kartellrechtlichen Vorgaben

29 Bei der Bildung einer Bietergemeinschaft müssen kartellrechtliche Vorgaben beachtet werden.[58] Insbesondere muss dem **allgemeinen Kartellverbot gemäß § 1 GWB** entsprochen werden, wonach bestimmte Vereinbarungen zwischen miteinander im Wettbewerb stehenden Unternehmen, untersagt sind. Zudem finden grundsätzlich auch die Vorschriften über die **Fusionskontrolle gemäß §§ 35 ff. GWB** Anwendung, sofern die Bildung der Bietergemeinschaft einen Zusammenschluss in Sinne von § 37 GWB darstellt.

---

[52] OLG Düsseldorf Beschl. v. 3.1.2005, VII-Verg 82/04; ebenso VK Sachsen Beschl. v. 19.10.2010, 1/SVK/037–01; VK Nordbayern Beschl. v. 14.4.2005, 320.VK-3194–09/05; OLG Karlsruhe Beschl. v. 24.7.2007, 17 Verg 6/07.
[53] OLG Naumburg Beschl. v. 26.10.2004, 1 U 30/04; VK Sachsen Beschl. v. 19.10.2010, 1/SVK/037–01; VK Baden-Württemberg Beschl. v. 6.9.2004, 1 VK 54/04; VK Baden-Württemberg Beschl. v. 20.9.2001, 1 VK 26/01.
[54] VK Lüneburg Beschl. v. 17.10.2003, 203-VgK-20/2003, *Lausen*, 140.
[55] BGH Urt. v. 20.11.2012, V ZR 108/10.
[56] *Lux*, 135
[57] *Dittmann* in Kulartz/Marx/Portz/Prieß, § 16 Rn. 165.
[58] Vgl. zum Ganzen eingehend *Gabriel/Benecke/Geldsetzer*, Rn. 22 ff.

In diesem Zusammenhang hat in Deutschland die zum 1.7.2005 in Kraft getretene 7. GWB-Novelle infolge der Ersetzung der bisherigen Pflicht zur (vorherigen) Anmeldung durch das System der Legalausnahme gemäß § 2 GWB eine deutliche Erleichterung mit sich gebracht.[59] Weitere Erleichterungen für die Bildung von Bietergemeinschaften, die aus kleineren und mittleren Unternehmen bestehen, können sich zudem aus § 3 GWB ergeben, wonach so genannte **Mittelstandskartelle** zur Steigerung von deren Wettbewerbsfähigkeit unter bestimmten Voraussetzungen **vom Kartellverbot freigestellt** werden.[60]

Darüber hinaus ist es denkbar, dass die Bildung von Bietergemeinschaften gegen das **europarechtliche Kartellverbot gemäß Art. 101 AEUV** verstößt. Die Rechtsprechungshistorie zeigt jedoch, dass Bietergemeinschaften in Vergabeverfahren in der Regel keine, zumindest aber eher geringe Auswirkungen auf den zwischenstaatlichen Handel zeigen. So hat sich die kartellrechtliche Rechtsprechung soweit ersichtlich erst einmal mit den zwischenstaatlichen Auswirkungen eines (für Vergabeverfahren typischen) Mittelstandskartells befasst.[61]

30

II. Die vergaberechtlichen Auswirkungen

Vergaberechtlich wirken sich die kartellrechtlichen Vorgaben dahingehend aus, dass gemäß § 2 EG Abs. 1 Nr. 2 Satz 2 VOB/A, insbesondere auf Bieterseite, wettbewerbsbeschränkende Verhaltensweisen „zu bekämpfen" sind.[62] Für Auftragsvergaben im Anwendungsbereich der VOL/A und der SektVO findet sich ein solches Gebot nicht. Gleichwohl kann hinsichtlich dieser schon aufgrund der allgemeinen Geltung des **Wettbewerbsprinzips nach § 97 Abs. 1 GWB**, als zentralem vergaberechtlichen Grundsatz, sachlich nichts anderes gelten. Daher sind gemäß § 16 EG Abs. 1 Nr. 1 lit. d) VOB/A bzw. § 19 EG Abs. 3 lit. f) VOL/A Angebote von Bietern auszuschließen, die in Bezug auf die Ausschreibung eine Abrede getroffen haben, die eine **unzulässige Wettbewerbsbeschränkung** darstellen. Unter wettbewerbsbeschränkenden Abreden im Sinne der vorgenannten Vorschriften sind Verhaltensweisen zu verstehen, die den Wettbewerb beeinträchtigen bzw. beeinträchtigen können. Der **Begriff der wettbewerbsbeschränkenden Abrede** ist somit nicht auf gesetzeswidriges Verhalten beschränkt, sondern umfasst auch alle sonstigen Absprachen und Verhaltensweisen, die mit dem vergaberechtlichen Wettbewerbsgebot unvereinbar sind.[63] Zwingende Voraussetzung für einen Ausschluss aus diesem Grund ist allerdings, dass der Nachweis erbracht wird, dass eine Absprache mit dem Zweck einer unzulässigen Wettbewerbsbeschränkung in **Bezug auf eine konkrete Vergabe** getroffen wurde.[64] Die Rechtsprechung ließ bloße Vermutungen im Hinblick auf möglicherweise getroffene Abreden nicht als Erfüllung dieses Tatbe-

31

---

[59] Hierzu eingehend *Rißmann* WuW 2006, 881 ff.; sowie *Bechtold/Buntscheck* NJW 2005, 2966, 2967; *Bechtold* DB 2004, 235, 239; *Kahlenberg/Haellmigk* BB 2004, 389, 391 f.

[60] *Rißmann* WuW 2006, 881, 885 ff.; *Wimmer-Leonhardt* WuW 2006, 486 ff.; *Bechtold* DB 2004, 235, 237; *Kahlenberg/Haellmigk* BB 2004, 389, 390 f.

[61] OLG Düsseldorf Beschl. v. 10.6.2005, VI, 2 Kart 12/04(V) mit Besprechung von *Wimmer-Leonhardt* WuW 2006, 486 ff.

[62] Vgl. hierzu eingehend *Gabriel/Benecke/Geldsetzer*, Rn. 25 ff.

[63] OLG Düsseldorf Beschl. v. 13.4.2011, VII-Verg 4/11; VK Sachsen Beschl. v. 19.7.2006, 1/SVK/059-06 und 1/SVK/060-06; VK Rheinland-Pfalz Beschl. v. 14.6.2005, VK 16/05; VK Brandenburg Beschl. v. 25.04.2005, VK 13/05; *Jansen* WuW 2005, 502; *Roth* in Müller-Wrede VOL/A, § 2 EG Rn. 26; *Kulartz* in Daub/Eberstein, § 25 Rn. 22.

[64] OLG Brandenburg Beschl. v. 16.2.2012, Verg W 1/12, mit Anmerkung *Gabriel/Voll* VergabeR 2012, 876 ff.; VK Nordbayern Beschl. v. 28.7.2003, 320.VK-3194-26/03; *Prieß/Gabriel* WuW 2006, 385, 386 f.; *Byok/Ott* NVwZ 2005, 763, 767.

stands ausreichen, vielmehr waren bislang die Anforderungen an einen Nachweis hoch.[65] Von dieser Rechtsprechungspraxis hat sich das OLG Düsseldorf nunmehr abgewandt und erheblich strengere Voraussetzungen für die Zulässigkeit von Bietergemeinschaften zwischen direkten Wettbewerbern eingeführt.[66]

32   Die **Bildung von Bietergemeinschaften** ist eine typische Kooperationsform von Unternehmen und führt regelmäßig zu einer **Erweiterung des Wettbewerbs** durch Hinzutreten von Bewerbern, die als Alleinbewerber nicht an der Ausschreibung teilgenommen hätten.[67] Beschränkungen des Bieterkreises nur auf kleine oder mittlere Unternehmen unterhalb einer bestimmten Umsatzgrenze sind in Vergabeverfahren ebenso wenig zulässig,[68] wie eine Bevorzugung von Bietergemeinschaften aus mittelständischen Unternehmen gegenüber anderen Bietergemeinschaften.[69]

III. Die maßgebliche Rechtsprechung

33   Trotz grundsätzlicher (vergaberechtlicher) Zulässigkeit müssen nach alledem schon bei der **Bildung einer Bietergemeinschaft** kartellrechtliche Vorgaben beachtet werden.[70] Voraussetzung hierfür ist allerdings, dass es bei den möglichen Bietergemeinschaftsmitgliedern um Unternehmen geht, die auf dem durch das Vergabeverfahren betroffenen sachlichen und geografischen Markt miteinander im Wettbewerb stehen.[71] Denn wird durch die Bildung der Bietergemeinschaft für die beteiligten Unternehmen überhaupt erst die Möglichkeit geschaffen, auf einem bestimmten Markt tätig zu werden (so genannte **Markteintrittsfähigkeit**), ist § 1 GWB seinem Zweck nach nicht einschlägig, da eine Erweiterung des Wettbewerbs eintritt.[72] In diesem Fall kann dann angenommen werden, dass sich die Mitglieder der Bietergemeinschaft einzeln „nicht oder nicht so" an dem Vergabeverfahren beteiligt hätten.[73] Sollten sich dagegen Unternehmen zu einer Bietergemeinschaft zusammenschließen, die die ausgeschriebene Leistung selbständig erbringen könnten, ist ein Verstoß gegen den **Wettbewerbsgrundsatz** und das Vorliegen einer **wettbewerbswidrigen Abrede** im Sinne von § 1 GWB, § 16 EG Abs.1 Nr. 1 lit. d) VOB/A bzw. § 19 EG Abs. 3 lit. f) VOL/A wahrscheinlicher, soweit hierdurch eine spürbare Beeinflussung der Marktverhältnisse eintritt.[74] Denn eine Bietergemeinschaft, deren Mitglieder den Auftrag auch allein ausführen könnten, kann grundsätzlich die Anzahl der Teilnehmer am Vergabeverfahren reduzieren und auf diese Weise die **Intensität des Wettbewerbs beeinträchtigen**.[75] Dabei besteht insbesondere dann Anlass für eine kritische Prüfung, wenn aufgrund der Natur des Auftrags von vornherein nur wenige (Spezial-)Unterneh-

---

[65] OLG Frankfurt am Main Beschl. v. 30.3.2004, 11 Verg 4/04; VK Sachsen Beschl. v. 19.7.2006, 1/SVK/059–06 und 1/SVK/060–06; VK Schleswig-Holstein Beschl. v. 26.10.2004, VK-SH 26/04; VK Bund Beschl. v. 24.8.2004, VK 2–115/04; VK Leipzig Beschl. v. 12.3.2003, 1/SVK/010–03; *Jansen* WuW 2005, 502f.

[66] OLG Düsseldorf Beschl. v. 9.11.2011, VII-Verg 35/1; OLG Düsseldorf, Beschl. v. 11.11.2011, VII-Verg 92/11; vgl. vertiefend hierzu Rn. 37ff.

[67] OLG Naumburg Beschl. v. 21.12.2000, 1 Verg 10/00.

[68] *Antweiler* VergabeR 2006, 637, 646.

[69] *Burgi* NZBau 2006, 693, 696.

[70] Vgl. hierzu eingehend *Gabriel/Benecke/Geldsetzer*, Rn. 32ff.

[71] *Hardraht* VergabeR 2005, 530, 531; *Wiedemann* ZfBR 2003, 240, 241; *Müller* RPA 2004, 148, 153.

[72] *Dreher* NZBau 2005, 427, 432.

[73] *Wiedemann* ZfBR 2003, 240, 241.

[74] BGH Urt. v. 13.12.1983, KRB 3/83; *Prieß/Gabriel* ZVB 2006 Spezial, 141, 149; *Jansen* WuW 2005, 502, 503; *Hertwig/Nelskamp* BauRB 2004, 183, 185; *Müller* RPA 2004, 148, 153; *Schranner* in Ingenstau/Korbion, § 6a Rn. 26,

[75] VK Nordbayern Beschl. v. 5.6.2003, 320.VK-3194–16/03; *Mertens* in Franke/Kemper/Zanner/Grünhagen, § 6 VOB/A Rn. 15; *Rusam/Weyand* in Heiermann/Riedl/Rusam, § 8 Rn. 33.

men als geeignete Bieter in Frage kommen und sich gerade diejenigen zu einer Bietergemeinschaft zusammenschließen, denen prima facie das größte Leistungspotential zuzutrauen ist.[76]

Bisher ging die Rechtsprechung dann von der **kartellrechtlichen Unzulässigkeit** der Bildung einer Bietergemeinschaft aus, wenn die Bietergemeinschaft aus **(horizontal) miteinander konkurrierenden Unternehmen** besteht, der Zusammenschluss geeignet ist, die Marktverhältnisse aufgrund einer Beschränkung des Wettbewerbs spürbar zu beeinflussen und der Bietergemeinschaftsbeitritt für zumindest eines der beteiligten Unternehmen keine im Rahmen zweckmäßigen und kaufmännisch vernünftigen Handelns liegende Entscheidung darstellt.[77] Am schwierigsten zu beurteilen ist die Fallgestaltung, in der ein einzelnes Mitglied der Bietergemeinschaft objektiv über ausreichende Kapazitäten und fachliche Eignung verfügt, um sich auch allein bewerben zu können, aber erst durch den Zusammenschluss zu einer Bietergemeinschaft in der Lage ist, ein letztlich auch Erfolg versprechendes Angebot (in Bietergemeinschaft) abgeben zu können.[78] 34

Hierbei kommt es nach bisheriger ständiger Rechtsprechung auf die auf objektiven, nachvollziehbaren Gründen beruhende (subjektive) Unternehmerentscheidung zu der Frage an, ob eine **Zusammenarbeit wirtschaftlich sinnvoll und kaufmännisch vernünftig** ist.[79] Erweist sich die unternehmerische Entscheidung gegen eine Alleinbewerbung als nachvollziehbar, ist von der kartellrechtlichen Zulässigkeit der Bietergemeinschaft auszugehen. Das gilt sogar dann, wenn das Unternehmen objektiv in der Lage wäre, den Auftrag allein auszuführen. Die Nachprüfungsinstanzen dürfen diese Überlegungen eines Unternehmers nicht durch eigene „unternehmerische Bewertungen" – auch nicht durch Einholung eines betriebswissenschaftlichen Gutachtens – ersetzen.[80] 35

Solche **nachvollziehbaren Umstände** sind z. B. die Erhöhung der Personalkosten um 10–15 % im Fall einer Teilnahme als Einzelbieter[81] oder aber die Reduzierung von Investitionskosten im Vergleich zur Abgabe eines Alleinangebots sowie die Reduzierung der damit verbundenen Folge- und Wartungskosten.[82] Wenn die Ausschreibungsunterlagen technische Mindestanforderungen enthalten, die den gewöhnlichen Ausstattungsgrad kleiner und mittlerer Unternehmen übersteigen und die einen hohen finanziellen Aufwand zur Bereithaltung der entsprechenden Technik voraussetzen, dessen Wirtschaftlichkeit in Relation zu den zu erwartenden Erlösen in Frage steht,[83] so ist die Bildung der Bietergemeinschaft ebenfalls nachvollziehbar. Das gilt auch dann, wenn aufgrund der Vorgaben der Verdingungsunterlagen ein Leistungsspektrum verlangt wird, das erheblich über das durchschnittliche Leistungsvermögen kleiner und mittlerer Unternehmen hinausgeht.[84] Entstehen durch die Bildung der Bietergemeinschaft Synergieeffekte durch Einsparungen wie die gemeinsame Nutzung vorhandener Standorte und die Erzielung besserer Ein- 36

---

[76] OLG Koblenz Beschl. v. 29.12.2004, 1 Verg 6/04; VK Sachsen Beschl. v. 19.7.2006, 1/SVK/059–06 und 1/SVK/060–06.

[77] BGH Urt. v. 13.12.1983, KRB 3/83; OLG Düsseldorf Beschl. v. 3.6.2004, W (Kart) 14/04; OLG Frankfurt am Main Beschl. v. 27.6.2003, 11 Verg 2/03; OLG Naumburg Beschl. v. 21.12.2000, 1 Verg 10/00; dazu *Schulte/Voll* ZfBR 2013, 223, 225.

[78] *Hertwig/Nelskamp*, BauRB 2004, 183, 185; *Wiedemann* ZfBR 2003, 240, 241.

[79] *Jansen* WuW 2005, 502, 503 f.; *Byok/Ott* NVwZ 2005, 763, 767; *Hertwig/Nelskamp* BauRB 2004, 183, 185; vertiefend *Gabriel/Benecke/Geldsetzer*, Rn. 38.

[80] OLG Brandenburg Beschl. v. 16.2.2012, Verg W 1/12, mit Anmerkung *Gabriel/Voll* VergabeR 2012, 876 ff.; OLG Koblenz Beschl. v. 29.12.2004, 1 Verg 6/04; OLG Naumburg Beschl. v. 21.12.2000, 1 Verg 10/00, WuW 2001/1015.

[81] BGH Urt. v. 13.12.1983, KRB 3/83; OLG Brandenburg Beschl. v. 16.2.2012, Verg W 1/12.

[82] OLG Frankfurt am Main Beschl. v. 27.6.2003, 11 Verg 2/03; VK Sachsen Beschl. v. 19.7.2006, 1/SVK/059–06 und 1/SVK/060–06.

[83] OLG Naumburg Beschl. v. 21.12.2000, 1 Verg 10/00; ähnlich auch vgl. OLG Dresden Beschl. v. 16.3.2010, WVerg 2/10.

[84] OLG Naumburg Beschl. v. 21.12.2000, 1 Verg 10/00.

kaufsbedingungen,⁸⁵ so sind das ebenso nachvollziehbare Erwägungen, wie auch die Verteilung des wirtschaftlichen Risikos oder Personaleinsparungen.⁸⁶ Ist eine Ausweitung der eigenen Kapazitäten (die eine Bietergemeinschaftsbildung überflüssig machen könnte) – z. B. aufgrund der Verhältnisse auf dem betroffenen Markt – nicht gewollt,⁸⁷ so ist das ebenfalls eine wirtschaftlich sinnvolle und vernünftige Entscheidung.

37 Das **OLG Düsseldorf**⁸⁸ hat sich im Anschluss an eine Entscheidung des KG aus dem Jahr 2009⁸⁹ mit zwei Entscheidungen offenbar von der bisherigen Rechtsprechungspraxis zur Zulässigkeit von Bietergemeinschaften zwischen direkten Wettbewerbern distanziert und die Möglichkeiten zur Bildung von Bietergemeinschaften damit erheblich eingeschränkt. In einem Wettbewerbsverhältnis stehende Unternehmen derselben Branche, die sich für ein Vergabeverfahren zu einer Bietergemeinschaft zusammenschließen, werden in Zukunft daher regelmäßig mit einem erheblichen Ausschlussrisiko konfrontiert. Das Gericht stellt fest, dass die Eingehung einer Bietergemeinschaft in Bezug auf eine Auftragsvergabe die **gegenseitige Verpflichtung** beinhaltet, **von der Abgabe eigener Angebote** (bezogen auf die einzelnen Bietergemeinschaftsmitglieder) **abzusehen**. Das stelle grundsätzlich eine Wettbewerbsbeschränkung i.S.d. § 1 GWB dar und führe daher zum Ausschluss des Angebots der Bietergemeinschaft vom Vergabeverfahren. Nach Auffassung des OLG Düsseldorf könne eine Bietergemeinschaft zwischen Wettbewerbern nur dann als wettbewerbsunschädlich und damit zulässig angesehen werden, wenn die einzelnen Mitglieder der Bietergemeinschaft objektiv – jeder für sich – nicht die zur Teilnahme an der Ausschreibung erforderliche Leistungsfähigkeit aufweisen und die Zusammenarbeit zudem in subjektiver Hinsicht eine im Rahmen wirtschaftlich zweckmäßigen und kaufmännisch vernünftigen Handelns liegende Unternehmensentscheidung darstellt. Noch strenger stellt sich der Zulässigkeitsmaßstab nach der Rechtsprechung des KG dar.⁹⁰ Der Schwerpunkt der Zulässigkeitsprüfung liegt nach den Entscheidungen des OLG Düsseldorf dabei auf der Erfüllung der ersten Voraussetzung – der fehlenden objektiven Leistungsfähigkeit der einzelnen Bietergemeinschaftsmitglieder. Für **vertikale Bietergemeinschaften**, d.h. Bietergemeinschaften zwischen Unternehmen unterschiedlicher Stufen der Leistungs- und Lieferkette, wird die Rechtsprechung des OLG Düsseldorf und des KG kaum Auswirkungen haben. Auch für **Bietergemeinschaften zwischen konzernverbundenen Unternehmen** dürften diese Entscheidungen grundsätzlich ebenfalls keine Auswirkungen besitzen, jedenfalls sofern diese in keinem direkten Wettbewerbsverhältnis miteinander stehen und nicht regelmäßig im (Ausschreibungs-)Wettbewerb miteinander konkurrieren. Die 1. Vergabekammer des Bundes hat diesbezüglich in zwei aktuellen Entscheidungen festgestellt, dass diese strenge Rechtsprechung des OLG Düsseldorf und des KG jedenfalls nicht auf Vergabeverfahren zum Abschluss von Arzneimittelrabattverträgen übertragen werden kann, bei denen Zuschlagschancen eines Angebots nach der typischen Ausschreibungskonzeption steigen, je mehr Fachlose von diesem abgedeckt werden.⁹¹

38 Anders stellt sich die Situation für Unternehmen dar, die in der Vergangenheit regelmäßig mit direkten Wettbewerbern Bietergemeinschaften eingegangen sind. Denn nach der Rechtsprechung des OLG Düsseldorf sowie des KG gilt nunmehr eine **Regelvermutung der generellen Unzulässigkeit von Bietergemeinschaften zwischen direkten Wettbewerbern**, die wohl nur im Einzelfall und mit hohem Darlegungsaufwand wider-

---

⁸⁵ OLG Frankfurt a. M. Beschl. v. 27.6.2003, 11 Verg 2/03.
⁸⁶ OLG Frankfurt a. M. Beschl. v. 27.6.2003, 11 Verg 2/03.
⁸⁷ OLG Koblenz Beschl. v. 29.12.2004, 1 Verg 6/04.
⁸⁸ OLG Düsseldorf Beschl. v. 9.11.2011, Verg 35/1; OLG Düsseldorf, Beschl. v. 11.11.2011, Verg 92/11. Hierzu *Gabriel* VergabeR 2012, 555 ff.; *Jäger/Graef* NZBau 2012, 213 ff.
⁸⁹ KG Beschl. v. 21.12.2009, 2 Verg 11/09, mit Anmerkung *Kohler* VergabeR 2010, 501, bestätigt durch KG Beschl. v. 24.10.2013, Verg 11/13, mit Anmerkung *Gabriel/Voll* VergabeR 2014, Heft 2.
⁹⁰ *Schulte/Voll* ZfBR 2013, 223 ff.
⁹¹ VK Bund Beschl. v. 16.1.2014, VK 1-110/13; VK Bund Beschl. v. 16.1.2010, VK 1-117/13.

legbar ist. Ähnliche Erwägungen könnten zudem – auch wenn vom Düsseldorfer Vergabesenat so bislang noch nicht ausgesprochen – auch für Sub-/Nachunternehmervereinbarungen mit direkten Wettbewerbern gelten. Das bedeutet gleichzeitig, dass die Zuschlagserteilung an eine Bietergemeinschaft, an der Unternehmen beteiligt sind, die in einem direkten Wettbewerbsverhältnis stehen, im Rahmen eines **Vergabenachprüfungsverfahrens** mit Verweis auf die Entscheidungen des OLG Düsseldorf grundsätzlich angreifbar ist.[92] Ob sich diese Verschärfung der kartellrechtlichen Zulässigkeitskriterien auch in der Rechtsprechung durchsetzen wird, muss beobachtet werden. Es ist zumindest klärungsbedürftig, inwiefern das Kriterium der Leistungsfähigkeit tatsächlich objektiv und ohne Heranziehung der tatsächlichen wettbewerblichen Marktverhältnisse beurteilbar sein kann und inwiefern dann noch Raum für eine zweite subjektive Prüfungsstufe bleibt.[93]

Namentlich das **OLG Brandenburg** ist der Rechtsauffassung des Düsseldorfer Vergabesenats in einem nachfolgenden Beschluss nicht gefolgt.[94] Vielmehr betont das OLG Brandenburg, dass es für die Beurteilung der wettbewerbsrechtlichen Zulässigkeit von Bietergemeinschaften im Vergabeverfahren **nicht entscheidend auf die objektive wirtschaftliche Leistungsfähigkeit der beteiligten Unternehmen abkomme.** Maßgeblich sei vielmehr, ob ein Unternehmen bereit ist, sich allein um die Auftragsvergabe zu bewerben oder ob dem wirtschaftlich zweckmäßige und kaufmännisch vernünftige Gründe entgegenstehen. Ungeachtet der deutlich strengeren Tendenz in der Rechtsprechung des OLG Düsseldorf, knüpft das OLG Brandenburg mit dieser Entscheidung nahtlos an die bisherige ständige Rechtsprechung an. Ähnlich entschied die VK Münster, die die neuere Rechtsprechung des OLG Düsseldorf ausdrücklich nicht als Verschärfung der vergabe- und kartellrechtlichen Zulässigkeit von Bietergemeinschaften ansieht.[95] Dementsprechend bleibt die wettbewerbsrechtliche Beurteilung von Bietergemeinschaften jedoch, bis zu einer abschließenden Klärung, von erheblicher Rechtsunsicherheit befangen.[96] 39

D. Angebotsstrategien mit Beteiligung von Bietergemeinschaften an der Grenze zur Wettbewerbsbeschränkung

I. Doppel- und Mehrfachbeteiligungen

1. Unzulässige Mehrfachbewerbung für dieselbe Leistung

Unter einer so genannten **Mehrfachbeteiligung (oder Doppelbeteiligung)** versteht man den „mehrfachen" (meistens doppelten) Auftritt eines Unternehmens in einem Vergabeverfahren und die damit verbundene mehrfache Bewerbung für die Erteilung des Auftrags. Eine solche Doppel- bzw. Mehrfachbeteiligung erfolgt typischerweise, indem ein Unternehmen ein eigenes Angebot abgibt und sich zugleich an einer Bietergemeinschaft beteiligt, die ebenfalls ein Angebot für den identischen Auftrag abgibt.[97] Die Pro- 40

---

[92] *Gabriel* VergabeR 2012, 555, 558 f.
[93] *Gabriel* VergabeR 2012, 555, 558 f.
[94] OLG Brandenburg Beschl. v. 16.2.2012, Verg W 1/12; mit Anmerkung *Gabriel/Voll* VergabeR 2012, 866.
[95] VK Münster Beschl. v. 22.3.2013, VK 3/13, siehe dazu *Gabriel/Voll* VergabeR 2014, 184 ff.
[96] Vgl. dazu ausführlich *Schulte/Voll* ZfBR 2013, 223.
[97] Die bekanntesten Entscheidungen hierzu stammen vom Düsseldorfer Vergabesenat: OLG Düsseldorf Beschl. v. 16.11.2010, Verg 50/10; OLG Düsseldorf Beschl. v. 13.9.2004, W 24/04 (Kart); OLG Düsseldorf Beschl. v. 16.9.2003, Verg 52/03; OLG Düsseldorf Beschl. v. 28.5.2003, VII-Verg 8/03; mit der gleichen Situation einer Doppel- bzw. Mehrfachbeteiligung befassen sich außerdem: OLG Naumburg Beschl. v. 30.7.2004, 1 Verg 10/04; VK Bund Beschl. v. 11.10.2010, VK 3–96/10; VK Sachsen Beschl. v. 19.7.2006, 1/SVK/059–06 und 1/SVK/060–06; VK Arnsberg Beschl. v. 2.2.2006, VK 30/05; VK Brandenburg Beschl. v. 19.1.2006, 2 VK 76/05; VK Berlin Beschl. v.

blematik besteht in diesen Fällen darin, dass das mehrfach auftretende Unternehmen Kenntnis von mehreren (mindestens zwei) Angebotspreisen hat, so dass der vergaberechtliche Geheimwettbewerb beeinträchtigt wird. Die **wettbewerbsbeeinträchtigende Angebotskenntnis** muss sich dabei nicht unbedingt auf den Angebotspreis beziehen, vielmehr kann es für die Annahme eines Verstoßes gegen den Geheimwettbewerb ausreichen, wenn sich das Wissen auch nur auf Teile des Angebots[98] eines Mitbieters oder zumindest die Angebotsgrundlagen oder dessen Kalkulation bezieht.[99] Wesentliches und unverzichtbares Merkmal einer Auftragsvergabe im Wettbewerb ist gerade die Gewährleistung eines Geheimwettbewerbs zwischen den an einem Vergabeverfahren teilnehmenden Bietern. Nur dann, wenn jeder Bieter die ausgeschriebenen Leistungen in Unkenntnis der Angebote und Angebotsgrundlagen sowie der Angebotskalkulation seiner Mitbewerber anbietet, ist ein echter Wettbewerb möglich.[100] Sobald ein mehrfach auftretender Bieter Kenntnis von mehr als einem (d. h. seinem eigenen) Angebotsinhalt hat, besteht daher der Verdacht einer wettbewerbsbeschränkenden Absprache. Dabei darf insbesondere die (durch eine Doppel- oder Mehrfachbeteiligung zwangsläufig erhöhte) bloße Anzahl der Angebote nicht gleichgesetzt werden mit dem erreichten Maß an Wettbewerb, sofern die Angebote nicht unabhängig voneinander abgegeben wurden.[101]

41 **Die bisher maßgebliche Rechtsprechung** ging dahin, dass es dem Auftraggeber in der Situation einer typischen Mehrfachbeteiligung gestattet ist, allein deshalb eine Beeinträchtigung des Geheimwettbewerbs annehmen zu können und auf dieser Grundlage – ohne eine Verpflichtung, die beteiligten Bieter anzuhören bzw. weitere Nachforschungen anzustellen[102] – **sämtliche betroffenen Angebote auszuschließen.**[103] Seit der Entscheidung des **EuGH** in Sachen „**Serrantoni**"[104] ist es jedoch nicht länger möglich, konkurrierende Angebote derselben Bieter/Bietergemeinschaft auszuschließen, ohne den betroffenen Unternehmen zuvor die Möglichkeit eingeräumt zu haben, nachzuweisen, dass die jeweiligen Angebote unabhängig voneinander erstellt wurden.[105] Der Gerichtshof unterstreicht die Bedeutung des **Verhältnismäßigkeitsgrundsatzes**[106] und setzt eine Rechtsprechungslinie fort, die mittlerweile in mehreren Entscheidungen die zentrale Rolle kontradiktorischer Verfahren zur Einzelfallprüfung und die **Unzulässigkeit pauschaler Ausschlussentscheidungen** ohne Äußerungsmöglichkeit des Betroffenen hervorgehoben haben.[107] So hat der EuGH bereits einen automatischen Ausschluss vom Vergabever-

---

8.11.2005, B1–49/05; VK Hamburg Beschl. v. 17.8.2005, Vgk FB 5/05 und Vgk FB 6/05; VK Rheinland-Pfalz Beschl. v. 14.6.2005, VK 16/05; VK Rheinland-Pfalz Beschl. v. 27.5.2005, VK 15/05; VK Schleswig-Holstein Beschl. v. 12.11.2004, VK-SH 30/04; VK Schleswig-Holstein Beschl. v. 26.10.2004, VK-SH 26/04; VK Nordbayern Beschl. v. 28.7.2003, 320.VK-3194–26/03; VK Nordbayern Beschl. v. 5.6.2003, 320.VK-3194–16/03. Zusammenfassend *Gabriel/Benecke/Geldsetzer*, Rn. 41 ff.; *Meininger/Kayser* BB 2006, 283 ff.; *Prieß/Gabriel* WuW 2006, 385, 390 ff.; *Prieß/Gabriel* ZVB 2006 Spezial, 141, 156 ff.; *Jansen* WuW 2005, 502, 504 ff.; *Dreher* NZBau 2005, 427, 432; *Gölles* ZVB 2005, 230 ff.

[98] OLG München Beschl. v. 11.8.2008, Verg 16/08.
[99] VK Rheinland-Pfalz Beschl. v. 14.6.2005, VK 16/05; VK Baden-Württemberg Beschl. v. 15.4.2008, 1 VK 8/08.
[100] OLG Düsseldorf Beschl. v. 27.7.2006, VII-Verg 23/06.
[101] *Noch* Vergabe Navigator 2006, 25, 26.
[102] So ausdrücklich OLG Düsseldorf 27.7.2006, VII-Verg 23/06.
[103] OLG Düsseldorf Beschl. v. 13.9.2004, W 24/04 (Kart); zustimmend *Ehrig* VergabeR 2010, 11, 12; *Dirksen/Schellenberg* VergabeR 2010, 17, 21; kritisch *Wagner* VergabeR 2005, 120, 121; *Gabriel* NZBau 2010, 225, 226.
[104] EuGH Urt. v. 23.12.2009, Rs. C-376/08 – Serrantoni.
[105] EuGH Urt. v. 23.12.2009, Rs. C-376/08 – Serrantoni; OLG Dresden Beschl. v. 28.3.2006, WVerg 4/06; hierzu eingehend *Gabriel* NZBau 2010, 225 ff.; *Arrowsmith*, 777
[106] So jüngst in anderem Kontext EuGH Urt. v. 16.12.2008, Rs. C-213/07, NZBau 2009, 133 – Michaniki AE, Rn. 48; hierzu *Prieß/Friton* NZBau 2009, 300.
[107] *Gabriel* NZBau 2010, 225, 226.

fahren ohne Möglichkeit des Gegenbeweises wegen scheinbar unangemessener/unauskömmlicher Preise in Sachen „Impresa Lombardini",[108] wegen vermuteter Interessenkonflikte (Projektantenproblematik) in Sachen „Fabricom"[109] und wegen angenommener Gefährdung des Geheimwettbewerbs durch konkurrierende Beteiligung konzernverbundener Unternehmen in Sachen „Assitur"[110] für unverhältnismäßig und gemeinschaftsrechtswidrig erachtet.[111]

Diese Rechtsprechungslinie wird durch die Entscheidung in Sachen „Serrantoni"[112] nunmehr für Mehrfachbeteiligungen im Verhältnis zwischen Bietergemeinschaft und Bietergemeinschaftsmitglied konsequent fortgeschrieben.[113] Ein automatischer Angebotsausschluss ohne **vorherige Prüfung der Einzelfallumstände** und Bejahung des Vorliegens einer tatsächlichen – und nicht nur abstrakten – Gefährdung des Geheimwettbewerbs ist unverhältnismäßig und würde überdies die Anzahl der beteiligten Bieter dezimieren und damit dem Wettbewerbsgrundsatz zuwiderlaufen.[114] Für Bietergemeinschaften und deren Mitglieder ist diese nunmehr gefestigte Rechtsprechung[115] des EuGH vorteilhaft, da diese keinen Ausschluss mehr in Fällen befürchten müssen, in denen eine Weitergabe wettbewerbserheblicher Informationen, ungeachtet eines gegebenenfalls anderen ersten Anscheins, nicht erfolgt ist.[116] **42**

Damit ist einerseits rechtssicher klargestellt, dass sich – mitunter arbeitsaufwändige und daher unternehmensseitig oftmals unter Kosten-Nutzen-Gesichtspunkten skeptisch hinterfragte – **Maßnahmen zur Wahrung des Geheimwettbewerbs** wie zum Beispiel die Einrichtung besonderer Vertraulichkeitsbereiche bei der Angebotserstellung (*Chinese Walls*) tatsächlich „lohnen" und einen Ausschluss effektiv verhindern können. Andererseits wird unnötiger Aufwand bei der Angebotserstellung vermieden, da derartige Maßnahmen nicht unbedingt bereits im Angebot selbst dargelegt werden müssen[117]. **43**

Der Grundsatz, dass eine Mehrfachbeteiligung nicht zum zwingenden Ausschluss führt, sondern nur zu der (widerlegbaren) Vermutung einer Nichteinhaltung des Geheimwettbewerbs[118] lässt sich jedoch nicht ohne einen deutlichen Risikovorbehalt auf die **Mehrfachbewerbung im Offenen Vergabeverfahren** übertragen.[119] Zwar ist zutreffend, dass ein Angebotsausschluss auch in diesem Zusammenhang immer nur mir einer Beeinträchtigung des Geheimwettbewerbs begründet werden kann, so dass ein Ausschluss nicht in Betracht kommen darf, wenn es zu keiner Weitergabe wettbewerbserheblicher Informationen gekommen ist und nachweisbar effektive Maßnahmen ergriffen wurden, die eine Wahrung des Geheimwettbewerbs garantieren.[120] Allerdings dürfte das bei einer Doppel- bzw. Mehrfachbeteiligung als Einzelbieter sowie Mitglied einer Bietergemeinschaft kaum möglich sein. Im Regelfall ist deshalb davon auszugehen, dass ein **Verstoß gegen den 44**

---

[108] EuGH Urt. v. 27.11.2001, verb. Rs. C-285/99 und C-286/99, NZBau 2002, 101 – Impresa Lombardini SpA, Rn. 51–58.

[109] EuGH Urt. v. 3.3.2005, verb. Rs. C-21/03 und C-34/03, NZBau 2005, 351 – Fabricom SA; hierzu *Uechtritz/Otting* NVwZ 2005, 1105.

[110] EuGH Urt. v. 19.5.2010, Rs. C-538/07, NZBau 2009, 607 – Assitur; hierzu *Hölzl* NZBau 2009, 751.

[111] *Gabriel* NZBau 2010, 225, 226.

[112] EuGH Urt. v. 23.12.2009, Rs. C-376/08 – Serrantoni.

[113] *Gabriel* NZBau 2010, 225, 226.

[114] *Gabriel* NZBau 2010, 225, 226; zutreffend *Meininger/Kayser* BB 2006, 283, 286.

[115] In die Richtung auch VK Bund Beschl. v. 11.10.2010, VK 3–96/10, die zwar den Angebotsausschluss noch als Regelfall sieht, aber auch Ausnahmen zulässt.

[116] *Gabriel* NZBau 2010, 225, 226f.

[117] So noch VK Hamburg Beschl. v. 17.8.2005, Vgk FB 5/05 u. 6/05; *Gabriel* NZBau 2010, 225, 227.

[118] OLG Dresden Beschl. v. 28.3.2006, WVerg 4/06; *Arrowsmith*, 777.

[119] *Gabriel/Benecke/Geldsetzer*, Rn. 42.

[120] *Gabriel/Benecke/Geldsetzer*, Rn. 42.

Geheimwettbewerb vorliegt und ein zwingender Ausschlussgrund gegeben ist.[121] Größere Praxisrelevanz kommt derartigen Maßnahmen im Fall der Teilnahme konzernverbundener Unternehmen zu.[122]

45 Der pauschale Ausschluss von konkurrierend teilnehmenden Unternehmen von **Vergabeverfahren mit Teilnahmewettbewerb** ist zur Gewährleistung des vergaberechtlichen Geheimwettbewerbs nicht erforderlich und damit unverhältnismäßig.[123] Denn einem Ausschluss der betroffenen Unternehmen von der weiteren Teilnahme am Vergabeverfahren steht entgegen, dass der Teilnahmewettbewerb selbst – in dem ja keine Angebote abgegeben werden – noch **keinen vergaberechtlichen Geheimwettbewerb** darstellt und § 16 Abs. 1 lit. d) VOB/A, §§ 16 Abs. 3 lit. f), 19 EG Abs. 3 lit. f) VOL/A als Sanktion einen Angebotsausschluss vorsehen – nicht aber einen Ausschluss von Bewerbern bereits im Teilnahmewettbewerb.[124] Ein Ausschluss von Bewerbern im Teilnahmeverfahren lässt sich deshalb jedenfalls nicht unmittelbar auf diese Ausschlusstatbestände stützen.[125] Da Auftraggeber wettbewerbsbeschränkende Verhaltensweisen zu bekämpfen haben, ist unzulässigen Doppel- bzw. Mehrfachbeteiligungen bereits im Rahmen des Teilnahmewettbewerbs entgegenzuwirken.[126] Allerdings ist ein Ausschluss sämtlicher betroffener Bewerber vom weiteren Verfahren zur Gewährleistung des vergaberechtlichen Geheimwettbewerbs nicht erforderlich und könnte dem Wettbewerbsgrundsatz sogar zuwider laufen.[127] Vielmehr würde auf diese Weise die Anzahl der späteren Bieter unnötig stark eingeschränkt. In der Praxis ist daher zu empfehlen, die betroffenen (doppelt bzw. mehrfach auftretenden) Bewerber darauf hinzuweisen, dass nach derzeitiger Sachlage ein Geheimwettbewerbsverstoß zu befürchten ist und zum (späteren) Ausschluss aller betroffenen Angebote führen kann. Um das zu verhindern sollten sich die Bewerber deshalb vor der Angebotsabgabe entscheiden, in welcher Konstellation am weiteren Vergabeverfahren teilgenommen wird.[128]

2. Zulässige Mehrfachbewerbung für denselben Leistungsanteil bei Losvergaben

46 Eine Entscheidung des **OLG Düsseldorf** vom 28.5.2003, die auf den ersten Blick als Aufweichung der oben genannten Grundsätze zur vergaberechtlichen Bewertung von Doppel- und Mehrfachbeteiligung (miss)verstanden werden könnte (und zum Teil auch wurde), beschäftigt sich mit der Frage, ob eine unzulässige Mehrfachbeteiligung an einem Vergabeverfahren vorlag, bei dem der verfahrensgegenständliche Auftrag in zwei Lose unterteilt worden ist.[129] Eine größere Bietergemeinschaft, die aus vier Unternehmen (A, B, C und D) bestand, hatte ein Angebot für beide Lose abgegeben. Eine weitere, kleinere Bietergemeinschaft, die aus drei Unternehmen der größeren Bietergemeinschaft (A, B und C) bestand, hatte ein Angebot nur für das erste Los abgegeben. Darüber hinaus hat das vierte Unternehmen (D), das ebenfalls Mitglied der größeren, nicht aber der kleineren Bietergemeinschaft war, als Einzelbieter ein Angebot nur für das zweite Los abgegeben. Im folgenden Nachprüfungsverfahren, das schwerpunktmäßig die Frage zum Gegenstand hatte, ob eine bzw. mehrere unzulässige Mehrfachbeteiligungen vorlagen, hat das OLG Düsseldorf entschieden, dass **sämtliche Beteiligungsformen vergaberechtmäßig** wa-

---

[121] OLG Düsseldorf Beschl. v. 16.11.2010, VII-Verg 50/10; VK Bund Beschl. v. 11.10.2010, VK 3–96/10.
[122] Siehe Rn. 55 ff.
[123] *Hölzl* NZBau 2009, 751.
[124] *Meininger/Kayser* BB 2006, 283 285.
[125] *Gabriel/Benecke/Geldsetzer*, Rn. 43.
[126] *Gabriel/Benecke/Geldsetzer*, Rn. 43 ff.
[127] Zutreffend *Meininger/Kayser* BB 2006, 283, 286.
[128] *Gabriel/Benecke/Geldsetzer*, Rn. 45.
[129] OLG Düsseldorf Beschl. v. 28.5.2003, VII-Verg 8/03 mit Anmerkung *Leinemann* VergabeR 2003, 467.

§ 15 Bietergemeinschaften   Kap. 3

ren und keine wettbewerbsbeschränkenden Verhaltensweisen darstellten.[130] Der Vergabesenat hat dieses Ergebnis vor allem mit der Erwägung begründet, dass aufgrund der konkreten Angebotslage keiner der Bieter ein und dieselbe Leistung zu unterschiedlichen Preisen angeboten hat. In solchen Fällen, in denen ein Unternehmen als Einzelbieter nur zu denjenigen Leistungsteilen ein separates Angebot abgibt, die ihm auch im Rahmen der Bietergemeinschaft zufallen, bestünde keine Gefahr, dass mehrere Bieter ihre Angebotspreise absprechen oder aufeinander abstimmen. Zudem – so das OLG Düsseldorf – läge **keine „Identität der Bieter"** vor, da im Hinblick auf das zweite Los ein einzelnes Unternehmen (D) als Bieter aufgetreten sei, während im Hinblick auf das erste Los eine aus drei Unternehmen bestehende Bietergemeinschaft und im Hinblick auf beide Lose außerdem noch eine aus vier Unternehmen bestehende Bietergemeinschaft ein Angebot abgegeben hätte.

Im unmittelbaren Nachgang zu dieser Entscheidung wurde im Schrifttum darauf hingewiesen, dass sich aus diesen Erwägungen im Lichte der Problematik der Doppel- bzw. Mehrfachbeteiligung interessante **Angebotsstrategien für Bietergemeinschaften** ergeben könnten.[131] Denn die Entscheidung des OLG Düsseldorf könnte dazu führen, dass immer dann, wenn laut Ausschreibungsunterlagen eine Teillosvergabe vorgesehen ist, neben Angeboten von Bietergemeinschaften für die Gesamtleistung auch Angebote von Mitgliedern der Bietergemeinschaften als Einzelbieter für die Einzellose abgegeben werden könnten – und zwar zu unterschiedlichen Preisen.[132] Auf diese Weise könnte ein typischer Nachteil von Bietergemeinschaften überwunden werden, nämlich dass einzelne Mitglieder die Preise für ihre (Teil)Leistungen zu hoch ansetzen und dadurch der Preis der Bietergemeinschaft insgesamt zu hoch gerät. Denn in diesem Fall könnte ein einzelnes Bietergemeinschaftsmitglied, das befürchtet, den Zuschlag für die Gesamtleistung aufgrund des zu hohen Preises der Bietergemeinschaft nicht zu erhalten, zusätzlich seine Teilleistung im Rahmen eines Angebots für das entsprechende Los (günstiger) anbieten und so versuchen, zumindest den Zuschlag für dieses Los zu erhalten. Ebenso wäre es denkbar, dass eine Bietergemeinschaft bewusst ein Angebot zu einem verhältnismäßig hohen Preis abgibt, während die in dieser Bietergemeinschaft zusammengeschlossenen Unternehmen sich dann parallel („zur Sicherheit") als Einzelbieter um die einzelnen Lose bewerben.[133]

47

Kurz nach diesem vielbeachteten Beschluss des OLG Düsseldorf hat derselbe Vergabesenat die **Grenzen einer vergaberechtlich zulässigen Doppel- bzw. Mehrfachbeteiligung** in einer weiteren Entscheidung noch einmal unmissverständlich verdeutlicht.[134] In dieser Entscheidung hat sich ein Unternehmen (der spätere Antragsteller) sowohl als Einzelbieter als auch als Mitglied einer Bietergemeinschaft an einem Vergabeverfahren (ohne Teillosvergabe) beteiligt und für die ausgeschriebene Leistung ein Angebot abgegeben. Nach einem erfolglosen Nachprüfungsverfahren vor der Vergabekammer des Bundes[135] hat das OLG Düsseldorf die sofortige Beschwerde zurückgewiesen. Denn der Antragsteller habe sich in unzulässiger Weise gleichzeitig als Einzelbieter und als Bietergemeinschaft am **Wettbewerb um die Vergabe derselben Leistung** beteiligt, weshalb beide Angebote auszuschließen gewesen wären.[136]

48

---

[130] OLG Düsseldorf Beschl. v. 28. 5. 2003, VII-Verg 8/03.
[131] *Leinemann* VergabeR 2003, 467, 468.
[132] *Leinemann* VergabeR 2003, 467, 468.
[133] *Leinemann* VergabeR 2003, 467, 468.
[134] OLG Düsseldorf Beschl. v. 16. 9. 2003, VII-Verg 52/03 mit Anmerkung *Leinemann* VergabeR 2003, 693. Ebenso schon zuvor VK Nordbayern Beschl. v. 5. 6. 2003, 320.VK-3194–16/03.
[135] Vgl. VK Bund Beschl. v. 19. 8. 2003, VK 1–69/03.
[136] OLG Düsseldorf Beschl. v. 16. 9. 2003, VII-Verg 52/03; ebenso bereits zuvor wiederum VK Nordbayern Beschl. v. 5. 6. 2003, 320.VK-3194–16/03 sowie im Anschluss hieran OLG Naumburg Beschl. v. 30. 7. 2004, 1 Verg 10/04.

49 Insbesondere ergreift das OLG Düsseldorf die Gelegenheit, einige Passagen der Entscheidung vom 28.5.2003 „nachträglich klarzustellen".[137] Danach liegt der maßgebliche Unterschied zwischen beiden Entscheidungen darin, dass sich die erste Entscheidung auf den zulässigen – und in gleicher Weise übrigens schon zuvor vom OLG Celle entschiedenen[138] – **Sonderfall** bezog, dass ein Unternehmen lediglich zu einem speziellen Leistungsteil ein separates Angebot als Einzelbieter abgibt, der diesem Unternehmen auch im Rahmen einer ebenfalls am Vergabeverfahren teilnehmenden Bietergemeinschaft zufällt, so dass **keine echte Konkurrenzsituation** entsteht.[139]

50 Die Vergabe nach Losen wird zudem auch als **Wettbewerb zwischen der Gesamtvergabe und der Einzelvergabe** verstanden, um so das wirtschaftlichste Angebot zu ermitteln.[140] In diesem Fall sei es sogar gewollt, dass die Bieter für Einzellose für Kombinationen von Losen und zur Gesamtleistung anbieten, um die Synergieeffekte aus den zusammen auszuführenden Losen zu nutzen. Ein Verstoß gegen das Prinzip des Geheimwettbewerbs sei nicht gegeben.[141]

II. Beteiligung als Einzelbieter und Nachunternehmer, „verdeckte" und „gescheiterte" Bietergemeinschaft

51 Abzugrenzen sind unzulässige Doppel- bzw. Mehrfachbeteiligungen von solchen Fallgestaltungen, in denen sich ein Unternehmen einerseits als **Einzelbieter bzw. Bietergemeinschaftsmitglied und andererseits als Nachunternehmer** eines anderen Bieters an einem Vergabeverfahren beteiligt. Denn die Beteiligung eines Unternehmens einerseits als Einzelbieter oder Mitglied einer Bietergemeinschaft und andererseits als Nachunternehmer eines anderen Bieters ist grundsätzlich nicht wettbewerbswidrig.[142] Das gilt selbst dann, wenn ein Bewerber sich eines Subunternehmers bedient, der sich zuvor am Teilnahmewettbewerb beteiligt hat, aber schließlich doch kein eigenes Angebot abgegeben hat.[143] So hat das OLG Düsseldorf zutreffend entschieden, dass weitere Tatsachen hinzutreten müssen, die nach Art und Umfang des Nachunternehmereinsatzes sowie mit **Rücksicht auf die Begleitumstände** eine Kenntnis von dem zur selben Ausschreibung abgegebenen Konkurrenzangebot annehmen lassen.[144] Solche Begleitumstände liegen

---

[137] So OLG Düsseldorf Beschl. v. 16.9.2003, VII-Verg 52/03.
[138] OLG Celle Beschl. v. 23.3.2000, 13 Verg 1/00.
[139] OLG München Beschl. v. 28.4.2006, Verg 6/06; OLG Jena Beschl. v. 19.4.2004, 6 Verg 3/04; kritisch zu dieser Begründung *Leinemann* VergabeR 2003, 693, 694, zustimmend *Meininger/Kayser* BB 2006, 283, 284.
[140] VK Thüringen Beschl. v. 11.6.2009, 250–4002.20–2532/2009–002-SOK.
[141] VK Thüringen Beschl. v. 11.6.2009, 250–4002.20–2532/2009–002-SOK.
[142] OLG Düsseldorf Beschl. v. 13.4.2006, VII-Verg 10/06; *Wagner* VergabeR 2005, 120, 121; Beschl. v. 13.3.2008, 2 Verg 18/07, erst recht ist es zulässig, dass die Angebote verschiedener Bieter den Einsatz desselben Nachunternehmers vorsehen; soweit *Meininger/Kayser* BB 2006, 283, 285 und *Byok* NJW 2006, 2076, 2077 f. die Entscheidungen VK Hamburg Beschl. v. 17.8.2005, Vgk FB 5/05 und Vgk FB 6/05 dahin gehend interpretieren, dass hier „erstmals" auch die Mehrfachbeteiligung eines Unternehmens als Bieter einerseits und als Nachunternehmer eines anderen Bieters andererseits als wettbewerbsbeschränkende unzulässige Doppelbeteiligung eingestuft worden sei, ist anzumerken, dass die VK Hamburg keineswegs von dem Grundsatz, dass eine Mehrfachbeteiligung als Einzelbieter und Nachunternehmer grundsätzlich zulässig ist, abweicht. Die Entscheidungen gehören aufgrund der Besonderheiten des Sachverhalts vielmehr in die (sogleich unter Rn. 53 und Rn. 55 ff. erörterten) Fallgruppen der „verdeckten Bietergemeinschaft" bzw. „konzernverbundenen Unternehmen". Nach VK Sachsen liegt zumindest die Vermutung einer Wettbewerbsverzerrung und die Besorgnis eines Wettbewerbsvorteils nahe, VK Sachsen Beschl. v. 16.3.2005, 1/SVK/014–05.
[143] VK Düsseldorf Beschl. v. 2.3.2007, VK-05/2007-L.
[144] OLG Düsseldorf Beschl. v. 13.4.2006, VII-Verg 10/06; LSG Nordrhein-Westfalen Beschl. v. 10.3.2010, L 21 SF 41/10.

dann vor, wenn beispielsweise die jeweiligen Verpflichtungserklärungen von einer Person für beide Bieter ausgefüllt werden, der Firmenstempel des einen Bieters auf der Verpflichtungserklärung des anderen erscheint und ein Bieter die Preise bei dem eines Zulieferers aushandelt, die dieser dann auch dem zweiten Bieter „in etwa" zugesteht. Das sei eine unzulässige wettbewerbswidrige Abrede gem. § 19 EG Abs. 3 lit. f) VOL/A. Eine solche „verdeckte Bietergemeinschaft" führt zum Ausschluss beider Angebote.[145]

Bieter und Nachunternehmer, die ihrerseits als Bieter auftreten, können dann nicht ausgeschlossen werden, wenn beiden Bietern – dem jeweils anderen Bieter in ihrer Ausgestaltung unbekannt bleibende – nennenswerte **Gestaltungsfreiräume bei der Kalkulation** des jeweils eigenen Angebots verblieben sind.[146] Etwas anderes kann allerdings gelten, wenn die Tätigkeit des mehrfach benannten Nachunternehmers für die Bieter jeweils den Schwerpunkt des Auftrags ausmacht, da dieser Nachunternehmer dann die maßgeblichen Kalkulationsgrundlagen kennt.[147] 52

Der Befund, dass eine Mehrfachbeteiligung als Einzelbieter bzw. Bietergemeinschaftsmitglied sowie Nachunternehmer eines anderen Bieters vergaberechtlich zulässig ist, hängt entscheidend davon ab, ob es sich tatsächlich nur um eine Beteiligung als Nachunternehmer handelt – oder um eine **„verdeckte" Bietergemeinschaft**.[148] Denn beteiligt sich ein Unternehmen zugleich als Einzelbieter und Mitglied einer „verdeckten", d. h. gegenüber dem Auftraggeber nicht zu erkennen gegebenen Bietergemeinschaft an einem Vergabeverfahren, liegt wiederum ein **Verstoß gegen den Geheimwettbewerb** vor, so dass die Angebote gemäß § 16 Abs. 1 Nr. 1 lit. d) VOB/A und § 19 Abs. 3 lit. f) VOL/A ausgeschlossen werden müssen. Denn ist in Wahrheit eine gemeinschaftliche Angebotsabgabe bezweckt, die grundsätzlich im Rahmen einer Bietergemeinschaft erfolgen soll, kann die Verschleierung dieses Umstands durch die Bezeichnung des zweiten Unternehmens als „Nachunternehmer" nichts daran ändern, dass eine solche mehrfache Beteiligung eine wettbewerbsbeschränkende Abrede darstellt und zu einem Ausschluss führen muss, soweit der „Nachunternehmer" volle Angebotskenntnis seiner „verdeckten" Bietergemeinschaft besitzt.[149] Ist daher eine Mehrfachbeteiligung als Einzelbieter sowie Nachunternehmer eines anderen Bieters beabsichtigt, sollte in dem Angebot des Bieters (des „Hauptunternehmers") der Leistungsanteil, der von dem mehrfach beteiligten Unternehmen als Nachunternehmerleistung erbracht werden soll, kenntlich gemacht und exakt bezeichnet werden.[150] Auf diese Weise wird der Entstehung des Verdachts, es könnte eine verdeckte Bietergemeinschaft vorliegen, effektiv vorgebeugt. 53

Ein ähnliches Problem – der **Verdacht einer wettbewerbsbeschränkenden Abrede** – kann auch entstehen, wenn Unternehmen zunächst Details ihrer Angebotsgrundlagen oder -kalkulationen besprechen und sich sodann gegen die Bildung einer Bietergemeinschaft und für die Teilnahme als Einzelbieter entscheiden. In diesem Zusammenhang wird zum Teil erwogen, dass die Behauptung, es sei zunächst eine Bewerbung in Form einer Bietergemeinschaft geplant gewesen, unbeachtlich sein müsse, wenn sich die Parteien des **„gescheiterten Bieterkonsortiums"** im Nachhinein als „gegnerische" Mitbieter erweisen und sie ihre Angebotskalkulationen bezüglich der konkreten Auftragsvergabe im Vor- 54

---

[145] VK Schleswig-Holstein Beschl. v. 17.9.2008, VK-SH 10/08.
[146] OLG Düsseldorf Beschl. v. 9.4.2008, VII-Verg 2/08.
[147] OLG Düsseldorf Beschl. v. 27.7.2006, VII-Verg 23/06 mit Anmerkung *Hertwig* VergabeR 2007, 235.
[148] Zu „verdeckten Bietergemeinschaften" vgl. VK Arnsberg Beschl. v. 2.2.2006, VK 30/05; VK Hamburg Beschl. v. 17.8.2005, Vgk FB 5/05 und Vgk FB 6/05; VK Rheinland-Pfalz Beschl. v. 14.6.2005, VK 16/05; VK Rheinland-Pfalz Beschl. v. 27.5.2005, VK 15/05.
[149] VK Arnsberg Beschl. v. 2.2.2006, VK 30/05.
[150] Die VK Hamburg Beschl. v. 17.8.2005, Vgk FB 5/05 und Vgk FB 6/05 bemängelte, dass das im entschiedenen Fall nicht geschehen sei und gelangte so zu der Überzeugung, dass eine verdeckte Bietergemeinschaft vorliegen müsse.

Gabriel

feld besprochen haben.¹⁵¹ Hierbei ist zu berücksichtigen, dass die Beteiligung von Bietergemeinschaften an Vergabeverfahren eine grundsätzlich erwünschte Erscheinung ist, so dass auf eine Bietergemeinschaftsbildung gerichtete Verhandlungen eben gerade nicht von vornherein den Verdacht einer wettbewerbsbeschränkenden Verhaltensweise nahe legen.¹⁵² Zudem dürften solche Erwägungen auch nur in wenigen Fällen zutreffen, da nach dem Scheitern der Verhandlungen zur Bildung einer Bietergemeinschaft die betroffenen Unternehmen ohnehin gezwungen sind, eine neue, selbständige Angebotskalkulation zu unternehmen und ein eigenes Angebot zu erstellen, dessen Inhalt dem ehemaligen Verhandlungspartner nicht automatisch bekannt ist.¹⁵³ Weiter ist auch zu bedenken, dass im Vorfeld einer Angebotsabgabe stattfindende Gespräche über die Zusammenarbeit im Rahmen einer Bietergemeinschaft weder gesetzeswidrig noch unlauter, sondern vielmehr wirtschaftlich sinnvoll und notwendig sind. Würde man hierin schon wettbewerbswidriges Verhalten sehen, würde man faktisch einen bloßen Verdachtsausschlussgrund schaffen.¹⁵⁴

III. Beteiligung konzernverbundener Unternehmen

1. Keine grundsätzliche Vermutung der Unzulässigkeit nach europäischer Rechtsprechung

55 Die vergaberechtliche Bewertung einer Doppel- bzw. Mehrfachbeteiligung im Wege der Angebotsabgabe als Einzelbieter und zugleich Mitglied einer Bietergemeinschaft kann schließlich auf den Fall einer **Beteiligung konzernverbundener Unternehmen** nicht unbesehen übertragen werden.¹⁵⁵ Denn im Fall einer solchen Doppel- bzw. Mehrfachbeteiligung hat das betroffene Unternehmen zwangsläufig Kenntnis vom Inhalt zweier Angebote, sofern nicht ausnahmsweise besondere Maßnahmen zur Wahrung des Geheimwettbewerbs ergriffen wurden. Bei einer parallelen Beteiligung konzernverbundener Unternehmen (ebenso wie bei der Teilnahme als Einzelbieter und Nachunternehmer)¹⁵⁶ ist das gerade nicht der Fall. Eine unwiderlegbare Vermutung des Inhalts, dass Angebote verbundener Unternehmen für denselben Auftrag infolge der typischerweise bestehenden gesellschaftsrechtlichen, personellen und organisatorischen Verflechtungen stets voneinander beeinflusst sind, existiert nicht.¹⁵⁷ Denn diese Unternehmen bewegen sich überwiegend **wirtschaftlich selbständig** und stehen zumindest im **internen Konkurrenzkampf** miteinander, so dass eine mit dem Vergaberecht nicht zu vereinbarende unzulässige Beschränkung des Wettbewerberkreises die Folge wäre.¹⁵⁸

56 Der **EuGH** hat in Sachen „**Assitur**" entschieden, dass ein zwingender Ausschluss allein wegen der potentiellen Gefahr einer Beeinträchtigung des Wettbewerbs nicht verhältnis-

---

¹⁵¹ VK Rheinland-Pfalz Beschl. v. 14.6.2005, VK 16/05.
¹⁵² OLG Koblenz Beschl. v. 26.10.2005, 1 Verg 4/05 mit zustimmender Anmerkung von *Willenbruch* VergabeR 2006, 404 ff; ebenso *Noch* Vergabe Navigator 2006, 25, 27.
¹⁵³ *Noch* Vergabe Navigator 2006, 25, 27.
¹⁵⁴ OLG Koblenz Beschl. v. 26.10.2005, 1 Verg 4/05.
¹⁵⁵ So VK Lüneburg Beschl. v. 8.5.2006, VgK-07/2006; VK Hamburg Beschl. v. 17.8.2005, Vgk FB 5/05 und Vgk FB 6/05; VK Schleswig-Holstein Beschl. v. 2.2.2005, VK-SH 01/05; VK Lüneburg Beschl. v. 7.11.2003, 203-VgK-32/2003; ebenso *Prieß/Gabriel* WuW 2006, 385, 391 f.; *Prieß/Gabriel* ZVB 2006 Spezial, 141, 159 f.; *Meininger/Kayser* BB 2006, 283, 285; *Noch* Vergabe Navigator 2006, 25, 27; *Wagner* VergabeR 2005, 120, 121 und *Gölles* ZVB 2005, 230, 232; anderer Ansicht ist *Jansen* WuW 2005, 502, 505 f.
¹⁵⁶ Siehe Rn. 51 ff.
¹⁵⁷ OLG Düsseldorf Beschl. v. 13.4.2011, VII-Verg 4/11; OLG Düsseldorf Beschl. v. 11.5.2011, VII-Verg 8/11; OLG Düsseldorf Beschl. v. 11.5.2011, VII-Verg 1/11.
¹⁵⁸ VK Lüneburg Beschl. v. 8.5.2006, VgK-07/2006; VK Düsseldorf Beschl. v. 21.11.2003, VK-33/2003-L.

mäßig ist.¹⁵⁹ Es muss der Verstoß gegen den vergaberechtlichen Geheimwettbewerb vielmehr anhand der konkreten Umstände nachgewiesen werden. Bereits in den Entscheidungen „Michaniki"¹⁶⁰ und „Fabricom"¹⁶¹ hatte der EuGH im Hinblick auf die Bedeutung des Verhältnismäßigkeitsgrundsatzes entschieden, dass der automatische Ausschluss vom Vergabeverfahren nicht zulässig ist.¹⁶² Denn der Ausschluss von Bietern, die mit ihrer Beteiligung keine Gefahr für den Wettbewerb bedeuten, geht über das hinaus, was **zur Wahrung des Grundsatzes der Gleichbehandlung der Bieter und des Transparenzgrundsatzes erforderlich** ist.¹⁶³ In konsequenter Fortsetzung dieser Rechtsprechungslinie hat der EuGH in Sachen „Assitur" diese Grundsätze auch auf konzernverbundene Unternehmen bezogen. Es ist ihnen vor dem Ausschluss aus dem Vergabeverfahren die Möglichkeit zu geben, konkret nachzuweisen, dass sich die Verbundenheit nicht auf ihr Verhalten im Ausschreibungsverfahren ausgewirkt hat.¹⁶⁴ Allein die **parallele Beteiligung** von gesellschaftsrechtlich abhängigen oder verbundenen Unternehmen an ein und demselben Vergabeverfahren **darf nicht zwingend zum Ausschluss führen**.¹⁶⁵ Denn über die generelle Unzulässigkeit pauschaler Angebotsausschlüsse hinaus, so betont der EuGH in der Rechtssache „Serrantoni", muss zudem den betroffenen Unternehmen die Möglichkeit eingeräumt werden, nachzuweisen, dass die **Angebote unabhängig voneinander formuliert** worden sind. Das Damoklesschwert eines „vorwarnungslosen" Angebotsausschluss, der nach der bis zu diesen EuGH-Entscheidungen maßgeblichen nationalen Rechtsprechung drohte, ist damit entschärft und der Ausschluss darf erst erfolgen, wenn den betroffenen Unternehmen die Möglichkeit eingeräumt worden ist, nachzuweisen, dass die Angebote unter Wahrung des Vertraulichkeitsgrundsatz erstellt wurden.¹⁶⁶

2. Maßstab für die Einhaltung des Geheimwettbewerbs

Die Beteiligung konzernverbundener Unternehmen an demselben Vergabeverfahren ist daher grundsätzlich zulässig. Gleichwohl besteht die Gefahr, dass die verbundenen Unternehmen wettbewerbswidrige Abreden treffen, die zu einem Verstoß gegen den Geheimwettbewerb führen können, mit der Folge, dass die Angebote dieser Unternehmen vom Vergabeverfahren auszuschließen sind. 57

a) Ausschluss aufgrund konkreter Anhaltspunkte für einen Verstoß gegen den Geheimwettbewerb nach der bisherigen nationalen Rechtsprechung

Nach der tradierten nationalen Rechtsprechung erfolgt der Angebotsausschluss dann zwingend, wenn der Auftraggeber konkrete Anhaltspunkte dafür hat, dass die Angebote unter Verstoß gegen den Geheimwettbewerb zustande gekommen sind.¹⁶⁷ Wenn die Umstände für das Vorliegen einer wettbewerbswidrigen Verhaltensweise sprechen, ist es jedoch nicht erforderlich, eine konkrete Absprache nachzuweisen.¹⁶⁸ Der Ausschluss wegen 58

---

¹⁵⁹ EuGH Urt. v. 19.5.2009, Rs. C-538/07, NZBau 2009, 607 – Assitur, Rn. 30 mit Anmerkung *Hölzl* NZBau 2009, 751 ff.
¹⁶⁰ EuGH Urt. v. 16.12.2008, Rs. C-213/07, NZBau 2009, 133 – Michaniki.
¹⁶¹ EuGH Urt. v. 3.3.2005, verb. Rs. C-21/03 und C-34/03, NZBau 2005, 351 – Fabricom.
¹⁶² EuGH Urt. v. 16.12.2008, Rs. C-213/07, NZBau 2009, 133– Michaniki, Rn. 48 f.; EuGH Urt. v. 3.3.2005, verb. Rs. C-21/03 und C-34/03, NZBau 2005, 351– Fabricom, Rn. 33 ff.
¹⁶³ EuGH Urt. v. 16.12.2008, Rs. C-213/07, NZBau 2009, 133 – Michaniki, Rn. 47 f.
¹⁶⁴ EuGH Urt. v. 19.5.2009, Rs. C-538/07, NZBau 2009, 607 – Assitur, Rn. 29.
¹⁶⁵ *Gabriel* NZBau 2010, 225 ff.; *Hölzl* NZBau 2009, 751, 752.
¹⁶⁶ *Gabriel* NZBau 2010, 225, 226.
¹⁶⁷ OLG Frankfurt Beschl. v. 30.3.2004, 11 Verg 4/04 und 11 Verg 5/04; OLG Saarland Beschl. v. 5.7.2006, 1 Verg 1/06; VK Bund Beschl. v. 24.8.2004, VK 2–115/04; VK Bund Beschl. v. 27.8.2010, VK 3–84/10; VK Bund Beschl. v. 20.5.2005, VK 2–30/05; OLG Naumburg Beschl. v. 2.8.2012, 2 Verg 2/12.
¹⁶⁸ VK Münster Beschl. v. 21.7.2004, VK 17/04.

einer wettbewerbsbeschränkenden Absprache ist dann auch in Fällen zulässig, in denen sich lediglich Indizien so weit verdichten, dass die **gegenseitige Kenntnis angebotsrelevanter Informationen zu vermuten** ist und (lediglich) hinreichende Anhaltspunkte für wettbewerbsbeschränkende Absprachen bestehen. Es finden sich Formulierungen wie „äußere Indizien" und „Häufung von Indizien",[169] „eine ganze Anzahl von Indizien in ihrer Gesamtheit",[170] „kumulative Sachverhalte" und „starke Hinweise",[171] „verdichtete Indizienkette",[172] „nicht zu übersehende Indizien" und „dringende Vermutung",[173] „greifbare Anhaltspunkte".[174]

59 Die Rechtsprechung hat verschiedene Kriterien entwickelt aus denen sich diese **hinreichenden Anhaltspunkte** ergeben können. So sollen strukturelle Verflechtungen Indizien sein, die auf eine Verletzung des Geheimwettbewerbs schließen lassen. **Strukturelle Verflechtungen** sind beispielsweise bejaht worden, wenn „enge" Beziehungen zwischen den Unternehmen bestehen.[175] Aber auch dann, wenn eines der Unternehmen eine beherrschende Stellung innehat[176] oder aber die parallele Angebotsabgabe von Unternehmen erfolgt, die von den Mitgliedern einer Familie gehalten werden,[177] sind von der Rechtsprechung strukturelle Verflechtungen mit der Indizwirkung angenommen worden. Das gilt auch für Fälle, in denen es für die beteiligten Unternehmen ohne wirtschaftliche Bedeutung ist, welches der beiden den Auftrag erhält,[178] oder wenn sie die Erlöse der auf diesem Wege erlangten Aufträge untereinander aufteilen werden.[179]

60 Auch sollen solche Anhaltspunkte dann vorliegen, wenn bei **personellen Identitäten** in den Geschäftsführungen die betreffenden Geschäftsführer das tägliche Geschäft betreiben und damit auch die Beteiligung an Vergabeverfahren zu verantworten haben.[180] Die Personenidentität eines (von mehreren) Prokuristen sei unschädlich,[181] die Erstellung parallel abgegebener Angebote durch dieselben Sachbearbeiter stelle hingegen eine Verletzung des Geheimwettbewerbs dar.[182]

61 Anhaltspunkte für eine Verletzung des Geheimwettbewerbs können sich auch aus den **operativen Umständen**, die den Betrieb betreffen, ergeben, wie identische Geschäftsräume[183] oder Fax- oder Telefonnummern,[184] gleichzeitiger Abruf von Angebotsunterlagen,[185] gemeinsame Nutzung eines Zentrallagers und von Lieferfahrzeugen,[186] Auftragsab-

---

[169] VK Düsseldorf Beschl. v. 29.6.2004, VK-21/2004; ähnlich VK Schleswig-Holstein Beschl. v. 17.9.2008, VK-SH 10/08.
[170] VK Baden-Württemberg Beschl. v. 3.6.2004, 1 VK 29/04.
[171] VK Mecklenburg-Vorpommern Beschl. v. 25.1.2008, 2 VK 5/07.
[172] VK Lüneburg Beschl. v. 5.3.2008, VgK-03/2008.
[173] VK Lüneburg Beschl. v. 28.10.2008, VgK-36/2008.
[174] LSG Nordrhein-Westfalen Beschl. v. 10.3.2010, L 21 SF 41/10 SFB; ähnlich LSG Berlin-Brandenburg Beschl. v. 6.3.2009, L 9 KR 72/09 ER.
[175] VK Mecklenburg-Vorpommern Beschl. v. 25.1.2008, 2 VK 5/07.
[176] OLG Düsseldorf Beschl. v. 27.7.2006, VII-Verg 23/06.
[177] OLG Düsseldorf Beschl. v. 27.7.2006, VII-Verg 23/06.
[178] OLG Düsseldorf Beschl. v. 27.7.2006, VII-Verg 23/06.
[179] VK Schleswig-Holstein Beschl. v. 13.7.2006, VK-SH 15/06.
[180] LSG Berlin-Brandenburg Beschl. v. 6.3.2009, L 9 KR 72/09 ER; VK Thüringen Beschl. v. 18.12.2008, 250–4003.20–5944/2008–030-J; VK Mecklenburg-Vorpommern Beschl. v. 25.1.2008, 2 VK 5/07; VK Lüneburg Beschl. v. 24.9.2007, VgK-37/2007; VK Bund Beschl. v. 4.5.2005, VK 3–22/05.
[181] VK Bund Beschl. v. 20.8.2008, VK 1–108/08.
[182] VK Mecklenburg-Vorpommern Beschl. v. 25.1.2008, 2 VK 5/07.
[183] OLG Düsseldorf Beschl. v. 27.7.2006, VII-Verg 23/06; VK Lüneburg Beschl. v. 5.3.2008, VgK-03/2008; VK Baden-Württemberg Beschl. v. 12.7.2004, 1 VK 38/04 und Beschl. v. 3.6.2004, 1 VK 29/04.
[184] OLG Düsseldorf Beschl. v. 27.7.2006, VII-Verg 23/06; VK Düsseldorf Beschl. v. 29.6.2004, VK-21/2004; VK Mecklenburg-Vorpommern, Beschl. v. 25.1.2008, 2 VK 5/07.
[185] VK Düsseldorf Beschl. v. 29.6.2004, VK-21/2004.

wicklung „wie bei einer Bietergemeinschaft",[187] Bereitstellen von Produktionsmitteln, weil das andere Unternehmen keine eigenen Produktionsstätten betreibt,[188] oder gemeinsame Kontakte zu einzelnen Lieferanten, um einen „guten Preis" zu erzielen.[189]

Aber auch aus dem Angebot selbst können sich **Indizien für wettbewerbswidriges** 62 **Verhalten** ergeben. Die Rechtsprechung sieht Hinweise für Verletzungen des Geheimwettbewerbs in textlichen Übereinstimmungen,[190] dem gleichen Layout,[191] der gleichen Handschrift,[192] dem gleichen Schriftbild bzw. Zeilenumbruch und identischen orthographischen Fehlern[193] oder aber in der Verwendung des Firmenstempels des jeweils anderen Unternehmens im Angebot.[194]

b) Ausschluss aufgrund Nichtwiderlegung der Regelvermutung des Verstoßes gegen den Geheimwettbewerb nach neuerer Rechtsprechung

Nach einer neueren Rechtsprechung geht das OLG Düsseldorf davon aus, dass bei der 63 (zulässigen) **Beteiligung mehrerer konzernverbundener Unternehmen** mit eigenen Angeboten grundsätzlich die – widerlegbare – Vermutung besteht, dass der Geheimwettbewerb nicht gewahrt ist.[195] Allerdings ist die tatsächliche parallele Beteiligung konzerngehöriger Unternehmen auch notwendige Voraussetzung für ein besonderes Gefährdungspotential hinsichtlich des Geheimwettbewerbs; die bloße Planung einer gemeinsamen Auftragsdurchführung insofern nicht hinreichend.[196] Um einen Angebotsausschluss zu rechtfertigen bestehen für den Auftraggeber keine Nachweispflichten, sondern es reicht allein die Tatsache der Konzernverbundenheit, welcher die **Vermutung** innewohnt, dass ein **Verstoß gegen den Vertraulichkeitsgrundsatz** vorliegt. Dieser Ansatz ist bereits vom EuG in zwei Entscheidungen, die allerdings nicht vor dem Hintergrund der EU-Vergaberichtlinien, sondern des sog. Eigenvergaberechts der europäischen Institutionen ergangen sind, verfolgt worden. Das EuG lässt die **Gefahr eines Interessenkonflikts** ausreichen, um einen Angebotsausschluss zu rechtfertigen, schon strukturelle Verbindungen zwischen den Unternehmen seien hinreichende Indizien für die Gefahr der Verfälschung des Wettbewerbs und rechtfertigten den Angebotsausschluss.[197] Demzufolge kehrt sich auch die **Darlegungs- und Beweislast** um. Der Entscheidung des OLG Düsseldorf zu Folge ist es Sache der Unternehmen nachzuweisen, dass eine Verletzung des Geheimwettbewerbs nicht erfolgt ist und bereits im Vorfeld der Angebotserstellung effektive strukturelle Maßnahmen ergriffen worden sind, um die Unabhängigkeit und Vertraulich-

---

[186] VK Baden-Württemberg Beschl. v. 12.7.2004, 1 VK 38/04 und Beschl. v. 3.6.2004, 1 VK 29/04.
[187] VK Arnsberg Beschl. v. 28.6.2005, VK 08/05.
[188] OLG Düsseldorf Beschl. v. 27.7.2006, VII-Verg 23/06.
[189] VK Schleswig-Holstein Beschl. v. 17.9.2008, VK-SH 10/08.
[190] LSG Berlin-Brandenburg Beschl. v. 6.3.2009, L 9 KR 72/09 ER; OLG Düsseldorf Beschl. v. 27.7.2006, VII-Verg 23/06; VK Schleswig-Holstein Beschl. v. 17.9.2008, VK-SH 10/08; VK Lüneburg Beschl. v. 5.3.2008, VgK-03/2008; VK Düsseldorf Beschl. v. 29.6.2004, VK-21/2004.
[191] VK Leipzig Beschl. v. 23.6.2005, 1/SVK/068−05.
[192] VK Schleswig-Holstein Beschl. v. 17.9.2008, VK-SH 10/08.
[193] LSG Berlin-Brandenburg, Beschl. v. 6.3.2009, L 9 KR 72/09 ER; OLG Düsseldorf Beschl. v. 27.7.2006, VII-Verg 23/06.
[194] VK Schleswig-Holstein Beschl. v. 17.9.2008, VK-SH 10/08.
[195] OLG Düsseldorf Beschl. v. 13.4.2011, VII-Verg 4/11; OLG Düsseldorf Beschl. v. 11.5.2011, Verg 8/11; OLG Düsseldorf Beschl. v. 11.5.2011, VII-Verg 1/11; *Aschoff*, 200f.; *Mager/Frfr v. d. Recke* NZBau 2011, 541 ff; *Jansen* WuW 2005, 502, 505 f.; *Dicks* VergabeR 2013, 1, 6 f.
[196] OLG Düsseldorf Beschl. v. 6.6.2012, VII-Verg 14/12.
[197] EuG Urt. v. 18.4.2007, T-195/05 – Deloitte Business Advisory mit Anmerkung *Prieß/Gabriel* VergabeR, 2007, 508 ff.; EuG Urt. v. 14.2.2006, verb. RS. T-376/05 und T-383/05 – TEA-CEGOS, ausführliche Besprechung *Gabriel/Benecke/Geldsetzer*, Rn. 68 ff.

keit der Angebotserstellung zu gewährleisten.[198] Die Entscheidung ist im Rahmen einer Ausschreibung im „Mehr-Partner-Modell" ergangen, einer Ausschreibung einer Rahmenvereinbarung im Sinne von § 4 EG Abs. 1 VOL/A, bei der mehrere Unternehmen den Zuschlag auf ein Los/einen Auftrag erhalten können. Die Besonderheit bei diesen Ausschreibungen liegt darin, dass die verbundenen Unternehmen in diesem Modell ein (noch) größeres Interesse an einem abgestimmten Angebotsverhalten haben können. Beim „**Ein-Partner-Modell**" ist nicht gewiss, ob sich die Chancen auf den Zuschlag durch Absprachen tatsächlich erhöhen, hingegen erhöht sich das Risiko, dass das Angebot wegen Verstoß gegen den Geheimwettbewerb ausgeschlossen wird, mit Sicherheit. Im „**Mehr-Partner-Modell**" steigt jedoch die Chance, dass die Angebote mehrerer der verbundenen Unternehmen bezuschlagt werden, was für den Konzern insgesamt und damit auch für die einzelnen Unternehmen von messbarem wirtschaftlichem Vorteil ist. Es ist in dieser Konstellation also ein deutlich höherer Anreiz für wettbewerbswidriges Verhalten gegeben. Gleichwohl gilt nach der Entscheidung des OLG Düsseldorf auch für diese Konstellation, dass ein zwingender Ausschlussgrund für die Angebote mehrerer konzernverbundener Unternehmen nicht von vornherein gilt, sondern dass auch hier den Unternehmen die Möglichkeit eingeräumt werden muss, nachzuweisen, dass bei der Angebotserstellung die Unabhängigkeit und Vertraulichkeit gewahrt worden ist.[199]

64 Bislang entsprach es der Praxis, dass die betroffenen Unternehmen Erklärungen der mit der Angebotserstellung betrauten Mitarbeiter, den Geheimwettbewerb gewahrt zu haben und sich an die unterzeichneten **Vertraulichkeitsverpflichtungen** gehalten zu haben, vorlegten. Das OLG Düsseldorf lässt diese Nachweise nicht ausreichen. Vielmehr ist seitens der Unternehmen darzulegen, welche **strukturellen Maßnahmen** bereits **im Vorfeld der Angebotserstellung** ergriffen worden sind, um die Vertraulichkeit zu gewährleisten. Verlangt werden Ausführungen dazu, ob und in welcher Form die Konzernmutter Einfluss auf das Ausschreibungsverfahren nimmt und ob die Unternehmen einer entsprechenden Konzernstrategie unterworfen sind, ob und auf welchen Unternehmensebenen Abstimmungen vorgenommen werden, ob und welche organisatorischen und personellen Verflechtungen bestehen und ob die Unternehmen räumlich getrennt agieren.[200] Eine gemeinsame Rechtsabteilung konzernverbundener Unternehmen ist beispielsweise dann unschädlich, wenn nachgewiesen werden kann, dass die Rechtsabteilung keine Kenntnis von kalkulationsrelevanten Tatsachen hat. Für den Fall, dass sie diese ausnahmsweise doch erlangt, indem sie nicht nur bei allgemeinen vergaberechtlichen Fragestellungen, insbesondere zu den Ausschreibungsbedingungen befragt wird, sondern auch z.B. zur Preiskalkulation bzw. zu Aspekten der Auskömmlichkeit zu Rate gezogen wird, dann reicht in einem solchen Fall die **Verschwiegenheitsverpflichtung** der Mitglieder der Rechtsabteilung aus.[201] Wenn also verbundene Unternehmen sich mit eigenen Angeboten beteiligen wollen, so sind bereits vor Erstellung des konkreten Angebots umfassende Vorkehrungen in der gesamten Konzernstruktur zu ergreifen, um diesem strengen Maßstab des OLG Düsseldorf für die Gewährleistung des Vertraulichkeitsgrundsatzes genügen zu können.[202]

---

[198] OLG Düsseldorf Beschl. v. 13.4.2011, VII-Verg 4/11; auf diese Entscheidung stützend: OLG Düsseldorf Beschl. v. 19.9.2011, VII-Verg 63/11; OLG Düsseldorf Beschl. v. 11.5.2011, VII-Verg 1/11; OLG Düsseldorf Beschl. v. 11.5.2011, VII-Verg 8/11.
[199] OLG Düsseldorf Beschl. v. 13.4.2011, VII-Verg 4/11; dieser Entscheidung folgend: OLG Düsseldorf Beschl. v. 19.9.2011, VII-Verg 63/11; OLG Düsseldorf Beschl. v. 11.5.2011, VII-Verg 1/11; OLG Düsseldorf Beschl. v. 11.5.2011, VII-Verg 8/11.
[200] OLG Düsseldorf Beschl. v. 13.4.2011, VII-Verg 4/11; OLG Düsseldorf Beschl. v. 11.5.2011, VII-Verg 1/11; OLG Düsseldorf Beschl. v. 11.5.2011, VII-Verg 8/11.
[201] OLG Düsseldorf Beschl. v. 19.9.2011, VII-Verg 63/11.
[202] *Boldt/Zerwell* VergabeR 2012, 9ff.; *Mager/Frfr v. d. Recke* NZBau 2011, 541, 543; *Dicks* VergabeR 2013, 1, 6f.

Diese Umstände sind von den Unternehmen nicht notwendig in jedem Fall bereits mit   65
dem Angebot darzulegen. Denn wenn die geforderten strukturellen Maßnahmen funktionieren, wissen die verbundenen Unternehmen gerade nicht von der Beteiligung des/der verbundenen Unternehmens, das Fehlen von Erklärungen zur unabhängigen Angebotserstellung im Angebot allein rechtfertigt also noch keinen Angebotsschluss.[203] Nach Auffassung des OLG Düsseldorf erscheint es seitens des Auftraggebers jedoch angemessen, bereits **in den Vergabeunterlagen** das **Erfordernis der Abgabe einer Versicherung zur Wahrung des Geheimwettbewerbs** zu fordern, sofern sich tatsächlich mehrere Konzerngesellschaften im gleichen Vergabeverfahren jeweils mit einem eigenständigen Angebot beteiligen.[204] Es ist **Sache des Auftraggebers die Nachweise zu verlangen**, sobald ihm während der Sichtung der Angebote oder durch eine Rüge die Beteiligung mehrerer konzernverbundener Unternehmen bekannt wird.[205] Die vom Auftraggeber anzuwendende Prüfungstiefe steht im Spannungsfeld zwischen den vergaberechtlichen **Grundsätzen der Transparenz und Diskriminierungsfreiheit** einerseits und dem Interesse des Auftraggebers an einer zügigen Umsetzung seiner Beschaffungsabsichten und einem raschen Abschluss von Vergabeverfahren andererseits.[206] Die Anforderungen an die Darlegungspflichten des Auftragnehmers hingegen werden umso höher sein, je mehr Indizien vorliegen, die bisher bei entsprechender Kumulation einen Angebotsausschluss aufgrund gesicherten Nachweises einer Verletzung des Geheimwettbewerbs rechtfertigen konnten.

3. Sonderfall: „Spätere" Konzernverbundenheit

Für die Fälle, in denen die Konzernverbundenheit zum Zeitpunkt der Angebots- bzw.   66
Teilnahmeantragsabgabe noch nicht bestand, spricht im Fall der Beteiligung konzernverbundener Unternehmen **keine „Regelvermutung" für das Vorliegen einer wettbewerbsbeschränkenden Abrede.** Gemeint sind damit Fälle, in denen z. B. ein Bieter einen anderen Bieter bzw. das Mitglied einer anderen Bietergemeinschaft im Wege eines Unternehmenskaufs erwirbt oder aber die gesellschaftsrechtlichen Grundlagen für die Herstellung eines Konzernverbunds erst noch geschaffen werden müssen.

Erwirbt z. B. ein Bieter nach Angebotsabgabe das am Vergabeverfahren teilnehmende   67
Unternehmen eines anderen Bieters oder die Mehrheit der Gesellschaftsanteile eines Mitglieds einer Bietergemeinschaft, nimmt von diesem Zeitpunkt an das erwerbende Unternehmen in mehreren Rollen (als Einzelbieter sowie Anteilseigner eines weiteren Bieters bzw. Bietergemeinschaftsmitglieds) am Vergabeverfahren teil. Somit kann wiederum die Frage gestellt werden, ob aufgrund dieses Unternehmens(anteils-)kaufs eine unzulässige Wettbewerbsbeschränkung wegen Doppel- bzw. Mehrfachbeteiligung eingetreten ist. Dabei muss jedoch berücksichtigt werden, dass der **Geheimwettbewerb nicht beeinträchtigt** wird, wenn die mehrfache Beteiligung erst nach Ablauf der Angebots- bzw. Teilnahmeantragsfrist entsteht. Da nach diesem Zeitpunkt die Angebote/Teilnahmeanträge nicht mehr geändert werden dürfen, ist auch eine im Zuge des Unternehmensanteilskaufs gegebenenfalls verschaffte Kenntnis über die Angebotsgrundlagen und -kalkulationen des erworbenen Unternehmens grundsätzlich unerheblich. Im Fall offener Verfahren müssten somit beide Angebote in die Wertung einbezogen werden, im Fall von Vergabeverfahren mit Teilnahmewettbewerb gelten die obigen Ausführungen zu möglichen Vorgehensweisen des Auftraggebers, der in dieser Situation verhindern muss, dass solche Bewerber zur Angebotsabgabe aufgefordert werden, deren Angebote von vornherein abseh-

---

[203] *Aschoff*, 200 f.
[204] OLG Düsseldorf Beschl. v. 6.6.2012, VII-Verg 14/12.
[205] OLG Düsseldorf Beschl. v. 13.4.2011, VII-Verg 4/11; OLG Düsseldorf Beschl. v. 11.5.2011, VII-Verg 8/11.
[206] OLG Düsseldorf Beschl. v. 13.4.2011, VII-Verg 4/11; OLG Düsseldorf Beschl. v. 11.5.2011, VII-Verg 8/11.

bar wegen wettbewerbsbeschränkender Absprachen sogleich wieder ausgeschlossen werden müssten.[207]

68   In der Konstellation schließlich, in der ein **Bieter das Unternehmen eines Mitglieds einer Bietergemeinschaft erwirbt**, sind zudem die Besonderheiten zu beachten, die sich aus den Besonderheiten, die sich im Zusammenhang mit Änderungen der Zusammensetzung von Bietergemeinschaften während eines Vergabeverfahrens ergeben.[208] Das gleiche gilt zudem, sollte der erwerbende Bieter lediglich die Mehrheit der Gesellschaftsanteile eines Mitglieds einer Bietergemeinschaft erwerben. In diesen Fallgestaltungen ist der Grundsatz zu beachten, dass ein Ausschluss wegen wettbewerbsbeschränkender Abreden niemals auf der Grundlage bloßer Vermutungen vorgenommen werden darf, sondern stets der entsprechende konkrete Nachweis erbracht werden muss.[209]

69   Eine vergleichbare Situation, in der die Konzernverbundenheit zum Zeitpunkt der Beteiligung am Vergabeverfahren gesellschaftsrechtlich wirksam noch nicht bestand, hat das OLG Dresden bereits entschieden.[210] In diesem Fall sollte die Verbindung „künftiger Schwesterunternehmen" über eine Holdinggesellschaft erst noch hergestellt werden, nachdem sich bereits beide Unternehmen – unabhängig voneinander – an einem Vergabeverfahren beteiligt hatten. Dabei handelte es sich um ein Unternehmen als Einzelbieter, welches zugleich über eine gemeinsame Holdinggesellschaft (künftig) mit einem Mitglied einer ebenfalls am Vergabeverfahren teilnehmenden Bietergemeinschaft verbunden werden sollte.[211] Das OLG Dresden hat diese lediglich „**künftige Konzernverbundenheit**" zutreffend als nicht ausreichend angesehen, um die Vermutung einer wettbewerbsbeschränkenden Abrede begründen zu können und daher jegliche Ähnlichkeit mit der typischen Situation einer Doppel- bzw. Mehrfachbeteiligung verneint.[212]

E. Änderungen der Zusammensetzung und Bildung von Bietergemeinschaften im Verlauf eines Vergabeverfahrens

70   Änderungen der Zusammensetzung einer Bietergemeinschaft liegen immer dann vor, wenn ein Gesellschafter der Bietergemeinschaft durch einen anderen Gesellschafter ausgewechselt wird oder einzelne Gesellschafter die Bietergemeinschaft verlassen. Gerade im Rahmen oftmals viele Monate – in komplexen Verhandlungsverfahren mitunter über ein Jahr – dauernder Vergabeverfahren spielt die Frage, wie sich Änderungen der Zusammensetzung von Bietergemeinschaften im Verlauf des Vergabeverfahrens auswirken, eine große Rolle.[213] § 10 Abs. 3 VOB/A, § 10 Abs. 2 VOL/A bzw. § 12 EG Abs. 1 Satz 2 VOL/A bestimmen in Konkretisierung des vergaberechtlichen **Gleichbehandlungsgrundsatzes** (§ 97 Abs. 2 GWB), dass Angebote nach Ablauf der Angebotsfrist verbindlich sind und inhaltlich nicht abgeändert werden dürfen. Ohne die in § 10 Abs. 3 VOB/A, § 10 Abs. 2 VOL/A bzw. § 12 EG Abs. 1 Satz 2 VOL/A normierte Bindung der Bieter an ihre Angebote könnten Teilnehmer am Vergabeverfahren willkürlich ihre Angebote verändern.[214] Aufgrund dieser **Bindung an die Angebote** und zur Wahrung eines fairen und transparenten Vergabewettbewerbs ist es unzulässig, ein Angebot – **einschließlich der**

---

[207] Siehe Rn. 64 f.
[208] Siehe Rn. 70 ff.
[209] Siehe Rn. 56.
[210] OLG Dresden Beschl. v. 28. 3. 2006, WVerg 4/06.
[211] Ähnlich auch der Sachverhalt bei VK Lüneburg Beschl. v. 8. 5. 2006, VgK-07/2006; hierzu *Noch* Vergabe Navigator 2006, 25 f.
[212] Zustimmend *Noch* Vergabe Navigator 2006, 25, 26; ähnlich auch VK Lüneburg Beschl. v. 24. 9. 2007, VgK-37/2007.
[213] Ebenso *Byok*, 101 f.; *Brown* P.P.L.R. 2003, NA56, 58; *Helmreich*, RPA 2013, 319 ff.
[214] OLG Düsseldorf Beschl. v. 18. 10. 2006, VII-Verg 30/06; *Byok*, 121; *Degen/Degen* BauRB 2005, 313, 314.

Identität des Anbietenden – nach Angebotsabgabe zu verändern. Grundsätzlich zutreffend hat daher vor allem das OLG Düsseldorf in mehreren Entscheidungen klargestellt, dass zum Inhalt des Angebots nicht nur die Beschaffenheit der versprochenen Leistung zählt, sondern auch die Person des bzw. der Leistenden.[215] Die Beantwortung der Frage, ob und wie sich eine Veränderung im Bestand der Bietergemeinschaft auch auf deren Identität auswirkt und damit eine Änderung ihres Angebots darstellt, erfolgt grundsätzlich nach gesellschaftsrechtlichen Regeln.[216] Ändert sich die **Identität der Bietergemeinschaft**, so ist deren Angebot aufgrund der Bindung zur Gewährleistung des fairen und transparenten Wettbewerbs auszuschließen.

I. Verfahren ohne Teilnahmewettbewerb

Für Auftragsvergaben im **Offenen Verfahren** war es in Rechtsprechung und Schrifttum **bislang** anerkannt, dass Änderungen der Zusammensetzung einer Bietergemeinschaft bzw. die Bildung einer Bietergemeinschaft zwischen Angebotsabgabe und Zuschlagserteilung grundsätzlich unzulässig sind,[217] weil hierdurch die „rechtliche Identität" des Bieters geändert werde. Im Zeitraum zwischen Angebotsabgabe und Zuschlagserteilung seien **Angebotsänderungen** in sachlicher wie auch in personeller Hinsicht **grundsätzlich unstatthaft** (vgl. auch § 15 Abs. 3 VOB/A „unzulässiges Nachverhandeln"). Das Verbot einer Änderung des Angebots erstrecke sich auch auf die Zusammensetzung einer Bietergemeinschaft. Nach der Angebotsabgabe bis zur Erteilung des Zuschlags seien Änderungen, namentlich Auswechslungen, grundsätzlich nicht mehr zuzulassen, da in ihnen eine unzulässige Änderung des Angebots liege.[218] Vor allem in zwei prägenden Entscheidungen hat das OLG Düsseldorf[219] den **Wechsel des Mitgliederbestands** als ein **Eignungsproblem** begriffen und hierin die wettbewerbliche Relevanz der **Identitätsänderung** gesehen. Vereinzelt wurde vertreten, dass Änderungen der Zusammensetzung von Bietergemeinschaften unter bestimmten Voraussetzungen ausnahmsweise zulässig sein können, wenn die „Identität" der Bietergemeinschaft erhalten bleibe.[220]

71

Spätestens seit der Entscheidung des **OLG Celle** zum „**Jade-Weser-Port**" muss in Präzisierung der bisherigen Ansätze in Rechtsprechung und Literatur gelten, dass durch das Ausscheiden eines Mitglieds der Bietergemeinschaft nach Angebotsabgabe bzw. Ablauf der Angebotsfrist sich nicht die rechtliche Identität des Bieters ändert und allein deswegen kein zwingender Ausschlussgrund wegen Änderung des Angebots vorliegt.[221] Das

72

---

[215] OLG Düsseldorf Beschl. v. 18.10.2006, VII-Verg 30/06; OLG Düsseldorf Beschl. v. 24.5.2005, VII-Verg 28/05 und OLG Düsseldorf Beschl. v. 26.1.2005, VII-Verg 45/04 mit Anmerkung von *Leinemann* VergabeR 2005, 382.

[216] Siehe Rn. 72.

[217] So noch z. B. OLG Düsseldorf Beschl. v. 18.10.2006, VII-Verg 30/06; OLG Düsseldorf Beschl. v. 26.1.2005, VII-Verg 45/04; VK Bund Beschl. v. 30.5.2006, VK 2–29/06; VK Hessen Beschl. v. 28.6.2005, 69d-VK-07/2005; *Gabriel/Benecke/Geldsetzer*, Rn. 76 ff.; *Byok* NJW 2006, 2076, 2078; *Prieß/Gabriel* WuW 2006, 385, 388; *Prieß/Gabriel* ZVB 2006 Spezial, 141, 150; *Dreher* NZBau 2005, 427, 432; *Hertwig/Nelskamp* BauRB 2004, 183 184; *Wiedemann* ZfBR 2003, 240, 242 f.; *Krist* VergabeR 2003, 162, 163; weniger strikt *Rusam* in Heiermann/Riedl/Rusam, § 25 Rn. 112 f.; *Brinker/Ohler* in Beck VOB-Komm, § 25 Rn. 151.

[218] OLG Düsseldorf Beschl. v. 26.1.2005, VII-Verg 45/04.

[219] OLG Düsseldorf Beschl. v. 26.1.2005, VII-Verg 45/04; OLG Düsseldorf Beschl. v. 24.5.2005, VII-Verg 28/05.

[220] VK Hessen Beschl. v. 28.6.2005, 69d-VK-07/2005; VK Arnsberg Beschl. v. 22.4.2005, VK 03/05; auch Arrowsmith sieht einen Ausschluss ausdrücklich als nicht zwingend an und hält „minor changes" für unschädlich, vgl. *Arrowsmith*, 776; noch weitergehender *Brown* P.P.L.R. 2003, NA56, 58: „changes in consortium membership are prima facie permissible".

[221] OLG Celle Beschl. v. 5.9.2007, 13 Verg 9/07; VK Nordbayern Beschl. v. 1.2.2008, 21.VK-3194–54/07; *Willenbruch* NZBau 2010, 352, 353; *Kirch/Kues* VergabeR 2008, 32, 37; *Ohrtmann* Ver

OLG Celle zieht die Konsequenzen aus der zutreffenden Ansicht, dass es sich bei einer **Bietergemeinschaft** um **eine GbR** handelt. Es hat klargestellt, dass die Bietergemeinschaft selbst der Bieter ist und nicht die einzelnen sie bildenden Unternehmen. Ob sich durch das Ausscheiden von Gesellschaftern auch die Identität der Gesellschaft ändert, richtet sich nach dem Gesellschaftsvertrag und/oder den gesellschaftsrechtlichen Regeln. Sehen diese vor, dass die Gesellschaft trotz des Ausscheidens eines Mitglieds weitergeführt werden kann, so ist aus vergaberechtlicher Sicht zwingend eine **erneute Eignungsprüfung** durch den Auftraggeber dahingehend durchzuführen, ob die Bietergemeinschaft mit den veränderten Mitgliedern nach wie vor geeignet ist.[222]

73 Auch der **Beitritt eines neuen Gesellschafters** ändert nicht die Identität der Bietergemeinschaft.[223] Setzt man die Linie der Rechtsprechung des OLG Celle fort, so führt die Erweiterung des Gesellschafterbestands ebenfalls nicht zu einer Angebotsänderung. Ein Grund für den Ausschluss des Angebots ist nicht ersichtlich.[224] Der Auftraggeber wird aber wiederum erneut zu prüfen haben, ob durch das Hinzukommen des neuen Gesellschafters die Eignung der Bietergemeinschaft weiterhin gegeben ist. Bei dieser Prüfung ist es dem Auftraggeber aus Gründen der Gleichbehandlung verwehrt, nach Angebotsabgabe Umstände zu berücksichtigen, die die Qualität/Eignung der Bietergemeinschaft verbessern. Die Bildung einer Bietergemeinschaft nach **Ablauf der Angebotsfrist** hingegen ist unzulässig, da dadurch ein neuer Bieter geschaffen wird.[225]

74 Diese Grundsätze gelten auch für das Nichtoffene Verfahren und das Verhandlungsverfahren ohne Teilnahmewettbewerb.[226]

II. Verfahren mit Teilnahmewettbewerb

75 In Nichtoffenen Vergabeverfahren und Verhandlungsverfahren mit jeweils vorgeschaltetem Teilnahmewettbewerb tritt die **Bindung bezüglich der Zusammensetzung** bzw. Bildung einer Bietergemeinschaft grundsätzlich bereits nach Ablauf der Teilnahmefrist ein.[227] Denn Voraussetzung für die Berücksichtigung eines Angebots im Rahmen von Vergabeverfahren mit vorgeschaltetem Teilnahmewettbewerb ist die Teilnahme des Bewerbers bereits am Teilnahmewettbewerb selbst. Die Berücksichtigung eines Bieters, der nach Abschluss des Teilnahmewettbewerbs nicht zur Abgabe aufgefordert wurde bzw. keinen Teilnahmeantrag gestellt hat, würde die übrigen Bewerber benachteiligen, die ein Recht darauf haben, sich im Wettbewerb nur mit Unternehmen messen zu müssen, die zuvor die Kriterien des Teilnahmewettbewerbs durch Vorlage der geforderten Nachweise erfüllt haben und im Anschluss hieran als geeignet ausgewählt wurden.[228] Daher sprechen

---

gabeR 2008, 426, 437; *Heiermann* ZfBR 2007, 759, 764; *Leinemann* VergabeR 2007, 775, 776; a.A. wohl *Schmidt* NZBau 2008, 41, 43.

[222] Siehe Rn. 80.

[223] Siehe Rn. 85 ff.

[224] In der Literatur wird vertreten, dass das Hinzutreten eines Gesellschafters bzw. das Auswechseln von Altmitgliedern durch neu in die Bietergemeinschaft eintretende Unternehmen oder die Aufnahme neuer Unternehmen generell wegen Verstoßes gegen § 97 Abs. 1 und 2 GWB unzulässig sei, vgl. *Ohrtmann* VergabeR 2008, 426, 439.

[225] OLG Frankfurt Beschl. v. 27.8.2008, 11 Verg 12/08.

[226] Zum Fall des Verhandlungsverfahrens ohne öffentliche Vergabebekanntmachung vgl. VK Hessen Beschl. v. 30.7.2008, 69d-VK-34/2008.

[227] So z.B. OLG Hamburg *Beschl.* v. 2.10.2002, 1 Verg 1/00; VK Bund Beschl. v. 30.5.2006, VK 2–29/06; VK Südbayern, Beschl. v. 9.4.2003, 11–03/03; VK Bund Beschl. v. 22.2.2008, VK 1–04; eingehend hierzu *Gabriel/Benecke/Geldsetzer*, Rn. 82 ff.; *Prieß/Gabriel* WuW 2006, 385, 388; *Prieß/Gabriel* ZVB 2006 Spezial, 141, 151 f.; *Roth* NZBau 2005, 316, 317; *Brinker/Ohler* in Beck VOB-Komm., § 25 Rn. 149.

[228] VK Südbayern Beschl. v. 9.4.2003, 11–03/03; *Arrowsmith*, 776; *Prieß* in Beck VOB-Komm., § 8a Rn. 25.

überzeugende Argumente dafür, dass Änderungen der Zusammensetzung einer Bietergemeinschaft in Nichtoffenen Verfahren und Verhandlungsverfahren ab dem Zeitpunkt des **Ablaufs der Frist für Teilnahmeanträge**, spätestens jedenfalls ab Aufforderung zur Angebotsabgabe[229] vergaberechtlich ebenso unzulässig sind, wie in Offenen Verfahren ab dem Zeitpunkt der Angebotsabgabe.[230] In Vergabeverfahren mit vorgeschaltetem Teilnahmewettbewerb dürfen daher nach Ablauf der Teilnahmefrist Bietergemeinschaften grundsätzlich weder gegründet noch in ihrer Zusammensetzung geändert werden.

Diese Aussage wird in Ansehung verschiedener denkbarer Konstellationen, wie eine nachträgliche Bietergemeinschaftsbildung erfolgen könnte, bestätigt. Dabei können **zwei typische Fallgestaltungen** unterschieden werden: zum einen die Bildung einer Bietergemeinschaft aus mehreren vom Auftraggeber **bereits ausgewählten** (d. h. zur Angebotsabgabe aufgeforderten) **Teilnehmern** und zum anderen die Bildung einer Bietergemeinschaft, an der neben einem oder mehreren vom Auftraggeber im Teilnahmewettbewerb ausgewählten Bewerbern auch Unternehmen beteiligt werden sollen, die entweder am Teilnahmewettbewerb **von vornherein nicht teilgenommen** haben oder die zwar teilgenommen haben, aber vom Auftraggeber nicht zur Abgabe eines Angebots aufgefordert worden sind.[231] **76**

Im Hinblick auf die erste der vorgenannten Fallgestaltungen (Bildung einer Bietergemeinschaft aus mehreren vom Auftraggeber ausgewählten Teilnehmern) ist bereits entschieden worden, dass eine solche **nachträgliche Bietergemeinschaftsbildung unzulässig** ist, da auf diese Weise der vom Auftraggeber vorgesehene Teilnehmerkreis und damit letztlich der Bieterwettbewerb beschränkt werden würde.[232] Ähnlich hat auch die VK Brandenburg entschieden. Hiernach müssen in Nichtoffenen Verfahren Angebote von Bietergemeinschaften, die sich nach Aufforderung zur Angebotsabgabe aus aufgeforderten Unternehmen gebildet haben, nicht zugelassen werden. Die Bewerbungsbedingungen können einen solchen Fall ausdrücklich für unzulässig erklären.[233] In gleicher Weise hat auch die VK Bund eine Vorgabe in Ausschreibungsbedingungen in einem Nichtoffenen Verfahren mit Teilnahmewettbewerb unbeanstandet gelassen, wonach „vom Auftraggeber nur Angebote der Bieter/Bietergemeinschaft angenommen und gewertet werden, die durch ihn so zu Abgabe eines Angebots aufgefordert wurde", und die nachträgliche Bildung einer Bietergemeinschaft aus zwei zur Angebotsabgabe aufgeforderten Unternehmen als unzulässig angesehen.[234] **77**

Auch im Hinblick auf die zweite der genannten Fallgestaltungen (Bildung einer Bietergemeinschaft mit **Einbeziehung von Unternehmen, die am Teilnahmewettbewerb nicht teilgenommen haben** bzw. vom Auftraggeber nicht zur Abgabe eines Angebots aufgefordert worden sind) kann unter dem Gesichtspunkt der Gleichbehandlung grundsätzlich nichts anderes gelten.[235] Hier Unternehmen die Beteiligung an einer Bieterge- **78**

---

[229] Diesen letzteren Zeitpunkt hält *Byok*, 103, für relevant, da die Eignungsprüfung erst mit der Aufforderung zur Angebotsabgabe abgeschlossen sei.

[230] Ebenso *Roth* NZBau 2005, 316, 317; *Malotki* BauR 1997, 564, 567.

[231] *Gabriel/Benecke/Geldsetzer*, Rn. 83.

[232] VK Bund Beschl. v. 30. 5. 2006, VK 2–29/06; *Roth* NZBau 2005, 316, 317; *Wiedemann* ZfBR 2003, 240, 243; *Brinker/Ohler* in Beck VOB-Komm § 25 Rn. 149 f.; *Malotki* BauR 1997, 564, 566; *Dreher* NZBau 2005, 427, 432 und *Hertwig/Nelskamp* BauRB 2004, 183, 184 bezeichnen diese Konstellation als zumindest denkbar.

[233] VK Brandenburg Beschl. v. 1. 2. 2002, 1 VK 119/01; *Gabriel/Benecke/Geldsetzer*, Rn. 84; die genau entgegengesetzte Regelung (Zulässigkeit von Bietergemeinschaftsänderungen auch noch nach Aufforderung zur Angebotsabgabe bei fortbestehender Eignung) hält *Byok*, 102 f. gleichfalls für möglich.

[234] VK Bund Beschl. v. 30. 5. 2006, VK 2–29/06.

[235] VK Brandenburg Beschl. v. 1. 2. 2002, 1 VK 119/01; *Gabriel/Benecke/Geldsetzer*, Rn. 85; *Prieß/Gabriel* WuW 2006, 385, 389; *Dreher*, NZBau 2005, 427, 432; *Hertwig/Nelskamp* BauRB 2004, 183,

meinschaft aus im Teilnahmewettbewerb ausgewählten Bewerbern zu gestatten, die selbst in diesem Wettbewerb unterlegen sind bzw. überhaupt nicht daran teilgenommen haben (bzw. die Teilnahmefrist versäumt haben), würde eine **Ungleichbehandlung** darstellen und dem Teilnahmewettbewerb seine Bedeutung nehmen. Allerdings gibt es im Hinblick auf die letztgenannte Konstellation (Bietergemeinschaftsbildung unter Einbeziehung von Unternehmen, die nicht am Teilnahmewettbewerb teilgenommen haben) Ansichten, die in diesem Fall – wohl unter dem Aspekt, dass sich die Eignung der aus ausgewählten Bewerbern gebildeten Bietergemeinschaft durch Beteiligung eines weiteren/„neuen" Unternehmens nicht verschlechtert – ein **Ermessen des Auftraggebers** annehmen.[236] Auch der VÜA Rheinland-Pfalz hat in diesem Zusammenhang grundsätzlich ein Ermessen des Auftraggebers anerkannt, dieses aber dann als auf Null reduziert angesehen (so dass die Änderung bzw. Bildung der Bietergemeinschaft nicht zugelassen werden dürfe), wenn in die Bietergemeinschaft ein im Teilnahmewettbewerb bereits ausgeschiedener Bewerber einbezogen werden soll.[237] Im Fall der Bildung einer Bietergemeinschaft unter Einbeziehung eines bisher nicht am Vergabeverfahren beteiligten Unternehmens soll die Ermessensreduzierung auf Null dagegen von einer Einzelfallprüfung abhängen.[238]

79 In die gleiche Richtung – Ermessensentscheidung des Auftraggebers – gehen auch Überlegungen zur vergaberechtlichen Bewertung von **Verkleinerungen von Bietergemeinschaften.** Ausgehend von dem Gedanken, dass das Ausscheiden einzelner Bietergemeinschaftsmitglieder nicht zwangsläufig schädlich sein muss, solange die bereits geprüfte Eignung der Bietergemeinschaft nicht beeinträchtigt wird, wird vereinzelt vertreten, dass es im **Ermessen des Auftraggebers** steht, die verkleinerte Bietergemeinschaft einer erneuten Eignungsprüfung zu unterziehen und im Verfahren zu belassen, wenn er zu dem Ergebnis gleichbleibender Eignung gelangt.[239] Ob dieser Fall allerdings sonderlich praxisrelevant ist, ist eine andere Frage, da es sich um das Ausscheiden eines Bietergemeinschaftsmitglieds mit einer sehr untergeordneten Funktion handeln müsste, damit eine Verschlechterung der Eignung nicht zu befürchten ist.

III. Erneute Eignungsprüfung

80 Sind Änderungen im Bestand der Bietergemeinschaft zulässig, so können sich möglicherweise die Umstände, die für die Beurteilung der Eignung des – in seiner Identität unveränderten – Bieters von Bedeutung sind, geändert haben. Tritt hierdurch eine **Verbesserung der Eignung des Bieters** ein, weil beispielsweise ein unzuverlässiger Gesellschafter ausgetauscht wird, so hat das die Vergabestelle nicht mehr zu berücksichtigen, um nicht gegen den Grundsatz des fairen Wettbewerbs zu verstoßen.[240] Verliert die Bietergemeinschaft jedoch ein Mitglied, liegen begründete **Zweifel an der Eignung der Bietergemeinschaft** vor, da sich die fachliche, sachliche, finanzielle und personelle Leistungsfähigkeit reduziert, so dass es ist eine erneute Eignungsprüfung durchzuführen.[241] Die Prü-

---

184; *Brinker/Ohler* in Beck VOB-Komm, § 25 VOB/A Rn. 150; ähnlich *Malotki* BauR 1997, 564, 565 f.

[236] In diese Richtung gehen *Byok*, 102; *Wiedemann* ZfBR 2003, 240, 242 und *Malotki* BauR 1997, 564, 566.

[237] VÜA Rheinland-Pfalz Beschl. v. 6.12.1995, VÜ 3/95.

[238] VÜA Rheinland-Pfalz Beschl. v. 6.12.1995, VÜ 3/95; *Wiedemann* ZfBR 2003, 240, 242 meint, dass jedenfalls aus kartellrechtlicher Sicht einiges für die Zulässigkeit sprechen müsste, da sich die Zuschlagschancen der Bietergemeinschaft durch Beteiligung eines weiteren Unternehmens erhöhen dürften und der Wettbewerb um ein aussichtsreiches Angebot erweitert würde.

[239] VK Sachsen Beschl. v. 1.10.2002, 1/SVK/084–02; *Byok*, 102.

[240] OLG Celle Beschl. v. 5.9.2007, 13 Verg 9/07.

[241] OLG Celle Beschl. v. 5.9.2007, 13 Verg 9/07; OLG Düsseldorf Beschl. v. 26.1.2005, VII-Verg 45/04; VK Nordbayern Beschl. v. 1.2.2008, 21.VK-3194–54/07; *Willenbruch* NZBau 2010, 352, 354.

fung der Eignung der Bietergemeinschaft ist grundsätzlich so wie ursprünglich nachgewiesen unter Nichtberücksichtigung des ausgeschiedenen Mitglieds vorzunehmen. Zugrunde zulegen sind hierbei die ursprünglich eingereichten **Unterlagen zum Nachweis der Eignung**.[242] Der Bietergemeinschaft ist es nicht möglich, Eignungsdefizite, welche durch das Ausscheiden eines Mitglieds nach Ablauf der Angebots- bzw. Teilnahmefrist entstanden sind, durch Aufnahme neuer Mitglieder auszugleichen, denn die Eignungsnachweise liegen nach Ablauf der maßgeblichen Fristen vor und dürften wegen des Gleichbehandlungsgebots nicht mehr berücksichtig werden.[243] Stellt sich heraus, dass die Bietergemeinschaft nunmehr nicht mehr über die erforderliche Eignung verfügt, so ist ihr Angebot auszuschließen.

IV. Eröffnung des Insolvenzverfahrens über das Vermögen eines Bietergemeinschaftsmitglieds

Wird über das Vermögen eines Gesellschafters der Bietergemeinschaft das **Insolvenzverfahren** eröffnet, so löst sich gem. § 728 Abs. 2 Satz 1 BGB die Gesellschaft auf.[244] Damit liegt eine **Identitätsänderung** vor und das bereits abgegebene Angebot ist zwingend auszuschließen bzw. die Bietergemeinschaft darf am weiteren Vergabeverfahren nicht mehr teilnehmen. Es bleibt der Bietergemeinschaft jedoch unbenommen zur Vermeidung dieser gesetzlichen Folge, im Gesellschaftsvertrag eine – ggf. auch konkludente – Vereinbarung aufzunehmen, nach welcher die **Fortsetzung der Gesellschaft** vorgesehen ist.[245] 81

Denn grundsätzlich hat der **Auftraggeber einen Ermessensspielraum**, innerhalb welchem er entscheiden kann, ob aufgrund der Tatsache, dass über das Vermögen des Bieters das Insolvenzverfahren eröffnet wurde ein Ausschluss seines Angebots zu erfolgen hat,[246] vgl. §§ 16 Abs. 1 Nr. 2 lit. a) VOB/A, §§ 16 Abs. 4, 6 Abs. 5, §§ 19 EG Abs. 4, 6 EG Abs. 6 lit. a) VOL/A. Um zu verhindern, dass die Bietergemeinschaft schlechter steht als der Einzelbieter, besteht dieses Ermessen erst recht in dem Fall, dass (nur) über das Vermögen eines Bietergemeinschaftsmitglieds das Insolvenzverfahren eröffnet worden ist.[247] Der Auftraggeber hat zu beurteilen, ob die Bietergemeinschaft trotz Ausscheidens des insolventen Gesellschafters aus der Bietergemeinschaft weiter geeignet ist.[248] Allein der Umstand der **Insolvenz begründet** aber noch **nicht die Ungeeignetheit**.[249] Die fehlende Eignung wird sich aber dadurch ergeben, dass mit dem insolventen Gesellschafter fachliche oder sachliche Ressourcen fortfallen, die für das Verfahren wichtig sind. Denn die Bildung der Bietergemeinschaft kann aus kartellrechtlichen Gründen grundsätzlich nur dann zulässig sein, wenn die betroffenen Unternehmen die ausgeschriebene Leistung alleine so nicht hätten erbringen können.[250] Aus diesem Grunde kann es für die Bietergemeinschaft von Interesse sein, das insolvent gewordene Mitglied dennoch in der Gesellschaft zu behalten. 82

Gesellschaftsrechtlich ist das über die **(Wieder-)Aufnahme des insolventen Gesellschafters** möglich, denn der insolvente Gesellschafter scheidet aus der Bietergemeinschaft aus, vgl. § 736 Abs. 1 BGB. In diesem Fall erfolgt die Eignungsprüfung anhand der Unterlagen und Nachweise, die bereits zum Zeitpunkt der Angebotsabgabe dem Auftragge- 83

---

[242] *Kirch/Kues* VergabeR 2008, 32, 39.
[243] OLG Celle. Beschl. v. 5.9.2007, 13 Verg 9/07; *Lux*, 123; *Kirch/Kues* VergabeR 2008, 32, 39.
[244] *Sprau* in: Palandt, § 728 Rn. 2.
[245] *Heiermann* ZfBR 2008, 759, 766.
[246] OLG Düsseldorf Beschl. v. 5.12.2006, VII-Verg 56/06.
[247] OLG Celle Beschl. v. 5.9.2007, 13 Verg 9/07; *Kirch/Kues* VergabeR 2008, 32, 37.
[248] OLG Düsseldorf Beschl. v. 5.12.2006, VII-Verg 56/06; *Leinemann* Öffentliche Aufträge, Rn. 657 ff; *Kirch/Kues* VergabeR 2008, 33, 39.
[249] OLG Düsseldorf Beschl. v. 5.12.2006, VII-Verg 56/06.
[250] Vgl. hierzu eingehend Rn. 33 ff.

ber vorgelegen haben.[251] Allerdings besteht die Gesellschaft als solche während des Aus- und Eintrittsprozesses fort, der **Vorgang hat also keinen Einfluss** auf ihrer Identität.[252] Die Eignungsnachweise lagen demnach fristgerecht vor. Ob das auch für den Fall gelten kann, dass der insolvente Gesellschafter ausscheidet und sich einer der verbliebenen Gesellschafter dessen eignungsrelevanten Ressourcen einverleibt, erscheint zweifelhaft, da dieser Gesellschafter für seine Person neue Eignungsnachweise nach Ablauf der Angebotsfrist vorlegt. Bei einer **zweigliedrigen Gesellschaft** hingegen ist § 728 Abs. 2 Satz 1 BGB nicht abdingbar, sie löst sie im Falle der Insolvenz eines der Gesellschafter auf und zur „Aufnahme" des früheren Gesellschafters ist die Neugründung erforderlich, die Identität der ursprünglichen Gesellschaft ist damit nicht mehr gewahrt.[253]

84 Es ist zudem Sache der Bietergemeinschaft, die **Vergabestelle auf die Insolvenz hinzuweisen** und sie hat von sich aus darzulegen, dass sie weiterhin geeignet ist.[254] Unterlässt sie das, so kann schon aus diesem Verhalten die Vergabestelle auf die **Unzuverlässigkeit der Bietergemeinschaft** schließen, mit der Folge, dass deren Angebot auszuschließen ist,[255] vgl. § 16 Abs. 2 VOB/A, § 16 Abs. 5 VOL/A, § 16 EG Abs. 5 VOL/A, § 10 Abs. 1 VOF. Verschweigt die Gemeinschaft trotz gezielter Nachfragen des Auftraggebers Umstände, die eine erneute Eignungsprüfung begründen, also den Insolvenzfall eines Mitglieds, so handelt es sich um eine bewusste und gewollte Abgabe unzutreffender Erklärungen und das Angebot der Bietergemeinschaft ist wegen § 16 Abs. 1 Nr. 1 lit. g) VOB/A zwingend auszuschließen.[256]

V. Änderungen im Gesellschafterbestand und Umwandlungen eines Bietergemeinschaftsmitglieds

85 Kein Fall der Änderung der Zusammensetzung einer Bietergemeinschaft liegt vor, wenn lediglich die **Gesellschafterstruktur eines Mitglieds der Bietergemeinschaft** geändert wird. Das ist z. B. der Fall, wenn die Anteile einer GmbH, die Bietergemeinschaftsmitglied ist, von einer dritten Gesellschaft erworben werden. Hierbei wird die rechtliche Identität des Bietergemeinschaftsmitglieds gewahrt, da es als Rechtsträger weiter bestehen bleibt.[257] Damit wird zugleich die rechtliche Identität der Bietergemeinschaft erhalten, so dass sich an der „Zusammensetzung der Bietergemeinschaft" nichts ändert.[258] Dementsprechend ist auch für den (vergleichbaren) Fall, dass das beauftragte Unternehmen nach Zuschlagserteilung veräußert wird, anerkannt, dass allein diese Übertragung von Gesellschaftsanteilen die Rechtspersönlichkeit des Auftragnehmers nicht verändert und zu keiner Vertragsänderung führt, die gegebenenfalls zu einer Neuausschreibungspflicht führen könnte.[259] Allerdings muss der Auftraggeber in jedem Fall kontrollieren, ob die Bietergemeinschaft weiterhin für den Auftrag geeignet ist. Etwas anderes kann daher dann gelten, wenn im Zusammenhang mit der Veräußerung von Gesellschaftsanteilen eine **Änderung der Eignung** eintritt, z. B. aufgrund von Kündigungen des zuständigen Fachpersonals,

---

[251] *Kirch/Kues* VergabeR 2008, 32, 39.
[252] *Lux*, 113
[253] *Sprau* in Palandt, § 736 Rn. 9.
[254] BGH Urt. v. 28.4.1971, VIII ZR 258/69; OLG Frankfurt am Main Beschl. v. 30.5.2003, 11 Verg 3/03; OLG Düsseldorf Beschl. v. 26.1.2005, VII-Verg 45/04; *Schranner* in Ingenstau/Korbion, § 8 Rn. 119.
[255] *Ohrtmann* VergabeR 2008, 426, 439f.
[256] VK Hessen Beschl. v. 28.6.2005, 69d-VK-07/2005.
[257] VK Hessen Beschl. v. 28.6.2005, 69d-VK-07/2005; VK Münster Beschl. v. 28.8.2007, VK 14/07, vgl. *Bärwaldt/Hasselbrink* ZIP 2013, 1889ff.
[258] VK Hessen Beschl. v. 28.6.2005, 69d-VK-07/2005.
[259] *Rittwage* VergabeR 2006, 327, 335; *Prieß/Sachs* NZBau 2007, 763, 765; zur Ausschreibungspflicht aufgrund wesentlicher Vertragsänderungen siehe sogleich Rn. 90ff.

der Veräußerung notwendiger Gerätschaften oder dem Verlust erforderlicher Genehmigungen.[260]

Ob **Unternehmensverschmelzungen** auf der Grundlage des Umwandlungsgesetzes 86 ebenso bewertet werden können, ist in der vergaberechtlichen Rechtsprechung dagegen **umstritten**. So wurde einerseits bereits entschieden, dass es unschädlich ist, wenn ein Mitglied einer Bietergemeinschaft, das als GmbH verfasst ist, nach Angebotsabgabe entsprechend der Vorgaben des Umwandlungsgesetzes auf eine Aktiengesellschaft verschmolzen wird. Da dieser Vorgang lediglich bewirkt, dass gemäß § 20 Abs. 1 UmwG die Aktiengesellschaft an die Stelle der früheren GmbH tritt, wurde die Bietergemeinschaft als rechtlich **identitätswahrend fortbestehend** angesehen.[261] Auch die VK Münster sieht in der formwechselnden Umwandlung gem. § 202 Abs. 1 UmwG keine Änderung der Identität, mithin kann also auch das Angebot eines solchen Bieters nicht ausgeschlossen werden[262].

Andererseits hat das **OLG Düsseldorf** in einem sehr ausführlich begründeten Beschluss – entgegen der Ansicht des OLG Schleswig-Holstein, aber ohne Vorlage an den BGH – entschieden, dass im Fall einer Umwandlung des Unternehmens durch Verschmelzung auf ein anderes Unternehmen die Person des Bieters gerade **nicht identitätswahrend erhalten** bleibt, sondern eine wesentliche Änderung erfolgt.[263] In einem derartigen Fall würden die vergaberechtlichen Prinzipien des Wettbewerbs, der Gleichbehandlung und der Transparenz zum Ausschluss des dermaßen geänderten Angebots zwingen.[264]

Angesichts dieser kontroversen Rechtsprechung ist wünschenswert, dass alsbald eine 88 abschließende Klärung dieser Frage durch den BGH erfolgt.

VI. Vergaberechtliche Auswirkungen von Änderungen der Zusammensetzung von Bietergemeinschaften nach Zuschlagserteilung

Anders als Änderungen der Zusammensetzung von Bietergemeinschaften im Verlauf eines 89 Vergabeverfahrens sind Änderungen nach der Zuschlagserteilung – d.h. in der Phase der Auftragsausführung – in erster Linie ein vertrags- bzw. gesellschaftsrechtliches Problem. Denn **nach der Erteilung des Zuschlags endet** grundsätzlich **das Regime des Vergaberechts**. In diesem Zusammenhang ist daher lediglich darauf hinzuweisen, dass nach Zuschlagserteilung zwar keine vergaberechtlichen Vorgaben (mehr) zu beachten sind, dass aber auch das von der **VOB/B bzw. VOL/B** beeinflusste Werkvertragsrecht des BGB es (wohl) nicht erlaubt, den Mitgliederbestand einer Arbeitsgemeinschaft nach Belieben zu verändern.[265] Denn der Grundsatz der Selbstausführungspflicht gemäß § 4 Nr. 8 VOB/B, § 4 Nr. 4 VOL/B besagt, dass Leistungen an Nachauftragnehmer nur mit Zustimmung des Auftraggebers übertragen werden dürfen.[266] Dieses Zustimmungserfordernis könnte offensichtlich umgangen werden, wenn Nachunternehmer ohne jedes **Zustimmungserfordernis** als nachträgliche Mitglieder in eine Arbeitsgemeinschaft aufgenommen werden

---

[260] OLG Düsseldorf Beschl. v. 26.1.2005, VII-Verg 45/04; VK Hessen Beschl. v. 28.6.2005, 69d-VK-07/2005.
[261] OLG Schleswig-Holstein Beschl. v. 13.4.2006, 1 (6) Verg 10/05; VK Hessen Beschl. v. 28.2. 2006, 69d-VK 02/2006; ebenso *Rittwage* VergabeR 2006, 327, 337; ähnlich zu Umfirmierungen, die die rechtliche Identität des Bieters – und damit seine Eignung – unberührt lassen: VK Lüneburg Beschl. v. 8.5.2006, VgK-07/2006; VK Thüringen Beschl. v. 23.2.2007.
[262] VK Münster Beschl. v. 28.8.2007, VK 14/07.
[263] OLG Düsseldorf Beschl. v. 18.10.2006, VII-Verg 30/06; bestätigend OLG Düsseldorf Beschl. v. 3.8.2011, VII-Verg 16/11.
[264] OLG Düsseldorf Beschl. v. 18.10.2006, ,VII-Verg 30/06; bestätigend OLG Düsseldorf Beschl. v. 3.8.2011,VII-Verg 16/11.
[265] Vgl. eingehend hierzu *Hertwig/Nelskamp* BauRB 2004, 183, 184 f.
[266] Zur Zulässigkeit der Beauftragung von Nachauftragnehmern vgl. auch unten § 16 Rn. 4 ff.

könnten.²⁶⁷ Daher spricht bereits aus diesen (zivilrechtlichen) Gründen viel dafür, dass nachträgliche Änderungen von Bieter-/Arbeitsgemeinschaften nur eingeschränkt und jedenfalls nicht ohne Zustimmung des Auftraggebers möglich sind.

90 Zudem können Änderungen der Zusammensetzung einer Bietergemeinschaft bzw. die Bildung einer Arbeitsgemeinschaft nach Zuschlagserteilung ausnahmsweise auch vergaberechtlich relevant sein. Sollte in der hiermit verbundenen Änderung der Vertragspartner eine wesentliche Änderung des vormals nach Vergaberecht ausgeschriebenen Vertrags bzw. der Abschluss eines neuen Vertrags gesehen werden können, so müsste dieser (neue) Vertrag wiederum nach den Vorgaben des Vergaberechts vergeben werden. Denn **wesentliche Vertragsänderungen** von Verträgen, die dem Vergaberecht unterfallen, werden in der Rechtsprechung als **ausschreibungspflichtige Neuvergaben** angesehen.²⁶⁸ Die bisher zur vergaberechtlichen Bewertung von Vertragsänderungen ergangene Rechtsprechung begründet diese Ausschreibungspflicht „wesentlicher" Änderungen vor allem mit dem weiten Verständnis des vergaberechtlichen Begriffs des öffentlichen Auftrags gemäß § 99 GWB und damit, dass die zivilrechtliche Vertragsfreiheit durch das Vergaberecht „überlagert" werde. Im Schrifttum werden vereinzelt weitere anhand der § 2 VOL/B (Änderungen der Leistung), § 3 EG Abs. 5 Nr. 6 VOB/A und § 3 EG Abs. 4 e) bis g) VOL/A (zulässige Zusatzbeauftragungen des ursprünglichen Auftragnehmers im Verhandlungsverfahren ohne vorherige Bekanntmachung) gebildete Argumente vorgetragen.²⁶⁹ Da gerade die **Benennung der Vertragspartner ein wesentlicher Bestandteil** eines jeden Vertrags ist, muss in Ansehung der vergaberechtlichen Judikatur zur Bewertung von Vertragsänderungen – die dann eine ausschreibungspflichtige Neuvergabe bejaht, wenn sich die Änderung auf die essentialia negotii des Vertrags bezieht und nur durch zwei Willenserklärungen i.S.v. Angebot und Annahme gemäß §§ 145 ff. BGB zustande kommen kann – davon ausgegangen werden, dass Änderungen der Zusammensetzung einer Bieter-/Arbeitsgemeinschaft eine wesentliche Vertragsänderung darstellen können, sofern sie zu einer Identitätsänderung führen, die dann eine Neuausschreibung des bereits geschlossenen Vertrags notwendig machen.²⁷⁰

91 Das Vorliegen einer wesentlichen Vertragsänderung könnte allenfalls dann verneint werden, wenn entsprechend obiger Ausführungen die Änderung der Zusammensetzung der Bieter-/Arbeitsgemeinschaft die im Vergabeverfahren geprüfte Eignung des Vertragspartners nicht beeinträchtigt, d.h. verschlechtert.²⁷¹ Hinzu kommt, dass die Änderung einer Bietergemeinschaft bzw. Bildung einer Arbeitsgemeinschaft nach Zuschlagserteilung gegebenenfalls mit einer **Vertragsübertragung gemäß § 415 BGB** auf die neu/erstmals gebildete Arbeitsgemeinschaft verbunden werden könnte. Eine solche Gestaltung kann – jedenfalls unter Zugrundelegung der bisher in der nationalen Rechtsprechung und Literatur vertretenen Auffassungen, die insofern allerdings noch nicht abschließend auf ihre Tragfähigkeit nach Maßgabe des europäischen Primärrechts hin überprüft wurden – bewirken, dass **keine vergaberechtliche Pflicht zur Neuvergabe** entsteht.²⁷² So wurde in der Rechtsprechung die Übernahme eines Vertrags gemäß § 415 BGB durch eine konzernverbundene Gesellschaft als nicht ausschreibungspflichtiger Vorgang angesehen, obwohl die Vertragsübernahme der Mitwirkung des

---

²⁶⁷ *Hertwig/Nelskamp* BauRB 2004, 183, 185.
²⁶⁸ OLG Düsseldorf Beschl. v. 12.1.2004, VII-Verg 71/03; OLG Frankfurt am Main Beschl. v. 5.8.2003, 11 Verg 2/02; OLG Rostock Vorlagebeschl. v. 5.2.2003, 17 Verg 14/02; OLG Düsseldorf Beschl. v. 20.6.2001, VII-Verg 3/01; OLG Düsseldorf Beschl. v. 14.2.2001, VII-Verg 13/00; VK Bund Beschl. v. 12.10.2004, VK 2–187/04; VK Baden-Württemberg Beschl. v. 26.3.2002, 1 VK 7/02; VK Bund Beschl. v. 7.4.1999, VK-A-19/99.
²⁶⁹ *Braun* VergabeR 2005, 586, 588; *Gruneberg* VergabeR 2005, 171, 173 ff.; *Degen/Degen* BauRB 2005, 313 ff.; *Latzenhofer* RPA 2005, 147 ff.; *Ziekow* VergabeR 2004, 430 ff.
²⁷⁰ Ebenso *Prieß/Hölzl* NZBau 2011, 513, 515 f.; *Steinberg* NVwZ 2006, 1349, 1352.
²⁷¹ *Prieß/Hölzl* NZBau 2011, 513, 515 f.; vgl. oben Rn. 80.
²⁷² *Degen/Degen* BauRB 2005, 313, 315; a. A. *Ziekow* VergabeR 2004, 430, 433 ff., der eingehend begründet, warum aufgrund gemeinschaftsrechtlicher Vorgaben eine Ausschreibungspflicht besteht.

Auftraggebers bedarf.²⁷³ In einer weiteren Entscheidung, in der eine Vertragsübernahme nach § 415 BGB an einen nicht mit dem ursprünglichen Auftragnehmer verbundenen Dritten zwar als ausschreibungspflichtiger Vorgang bewertet wurde, hat die Vergabekammer darauf hingewiesen, dass eine solche Ausschreibungspflicht nicht zwangsläufig auch im Fall der Übertragung des Vertrags auf ein konzernverbundenes Unternehmen anzunehmen sei.²⁷⁴ Auch hiernach müsste in einer Vertragsübernahme innerhalb eines Konzerns nicht zwangsläufig eine wesentliche Vertragsänderung gesehen werden, die nach vergaberechtlichen Vorgaben eine Neuausschreibung erfordert. Zudem hat auch das OLG Düsseldorf – wenngleich nur in einem obiter dictum – als zumindest denkbar erachtet, dass Vertragsübernahmen nicht vergaberechtlich relevant sind.²⁷⁵ Die Trilogergebnisse zum Vorschlag der EU-Kommission für die Modernisierung der Richtlinie für die öffentliche Auftragsvergabe²⁷⁶ sehen in Art. 72 Abs. 1 lit. d UAbs. 2 vor, dass Unternehmensumstrukturierungen oder Insolvenzen, die zu einem Wechsel des Wirtschaftsteilnehmers führen, sofern das keine weiteren wesentlichen Änderungen des Auftrags zur Folge hat, unschädlich sind. Eine Neuvergabe ist dann in diesen Fällen trotz Identitätsänderung nicht erforderlich. Sollte dieser Vorschlag umgesetzt werden, so kann das zur Steigerung der Rechtssicherheit in diesem Bereich betragen.

F. Die Prozessführungsbefugnis bei Bietergemeinschaften

I. Die Antragsbefugnis in Nachprüfungsverfahren

1. Antragsbefugnis grundsätzlich nur für die Bietergemeinschaft, nicht für die einzelnen Mitglieder

Ein einzelnes Mitglied einer Bietergemeinschaft ist nicht befugt, in Prozessstandschaft – d.h. im eigenen Namen – für die Bietergemeinschaft einen Nachprüfungsantrag zu stellen. Ein solches Ansinnen scheitert an der Voraussetzung eines „Interesses am Auftrag" gemäß § 107 Abs. 2 Satz 1 GWB.²⁷⁷ Dieses Interesse (im Rechtssinne) kann immer nur die Bietergemeinschaft haben, die ein Angebot abgegeben hat, nicht aber das einzelne Bietergemeinschaftsmitglied. Denn dieses hat selbst kein Angebot abgegeben und könnte daher den Auftrag auch nicht erhalten.²⁷⁸ Insoweit ist auch in der vergaberechtlichen Rechtsprechung anerkannt, dass **einzelne Mitglieder einer Bietergemeinschaft nicht antragsbefugt** i.S.v. § 107 Abs. 2 Satz 1 GWB sind.²⁷⁹ Wird ein Nachprüfungsantrag nicht ausdrücklich für die Bietergemeinschaft erhoben, könnte jedenfalls ein von allen Mitgliedern gemeinsam gestellter Antrag im Zweifel der Bietergemeinschaft zugerechnet

---

²⁷³ OLG Frankfurt am Main Beschl. v. 5.8.2003, 11 Verg 2/02; VK Bund Beschl. v. 7.4.1999, VK A-19/99.
²⁷⁴ VK Bund Beschl. v. 29.6.2005, VK 3–52/05.
²⁷⁵ OLG Düsseldorf Beschl. v. 18.10.2006, VII-Verg 30/06.
²⁷⁶ Vorschlag für Richtlinie des Europäischen Parlaments und des Rates über die öffentliche Auftragsvergabe vom 20.12.2011, KOM(2011) 896/2.
²⁷⁷ VK Berlin Beschl. v. 15.11.2009, VK-B2–25/10; *Gabriel/Benecke/Geldsetzer*, Rn. 99 ff.
²⁷⁸ OLG Schleswig Beschl. v. 13.4.2006, 1 (6) Verg 10/05; OLG Düsseldorf Beschl. v. 20.12.2004, VII-Verg 101/04; OLG Saarbrücken Beschl. v. 13.11.2002, 5 Verg 1/02; VK Berlin Beschl. v. 15.11.2009, VK-B2–25/10; VK Nordbayern Beschl. v. 14.4.2005, 320.VK-3194–09/05; VK Thüringen Beschl. v. 4.10.2004, 360–4003.20–037/04-SLF; VK Bund Beschl. v. 26.7.2004, VK 3–152/04; *Prieß*, 359; *Prieß/Niestedt*, 70; *Prieß/Gabriel* WuW 2006, 385, 392; *Prieß/Gabriel* ZVB 2006 Spezial, 141, 160 f.; *Gruber/Keznickl* ZVB 2006, 69, 74; *Prieß/Gabriel* VergabeR 2005, 751, 752 f.; *Latzenhofer* RPA 2004, 375; *Öhler* ZVB 2004, 361; *Pock* RPA 2004, 372 f.; *Fink* RPA 2004, 368 ff.; *Grasböck* ZVB 2004, 203, 206 f.; *Gruber* ZVB 2004, 4; *Maier* in Kulartz/Kus/Portz, § 114 Rn. 6; *Dreher* in Dreher/Stockmann, § 107 Rn. 10.
²⁷⁹ OLG Düsseldorf Beschl. v. 20.12.2004, VII-Verg 101/04; ebenso schon zuvor OLG Saarbrücken Beschl. v. 13.11.2002, 5 Verg 1/02; VK Berlin Beschl. v. 15.11.2009, VK-B2–25/10; *Roth* NZBau 2005, 316, 317.

werden.[280] Treten jedoch nicht alle Mitglieder als Antragsteller im Nachprüfungsverfahren auf, kann gerade nicht ohne weiteres angenommen werden, dass es sich um einen Antrag, der Bietergemeinschaft handelt.[281] In einem solchen Fall muss ausdrücklich klargestellt werden, dass die Bietergemeinschaft selbst die Nachprüfung begehrt und die auftretenden Bietergemeinschaftsmitglieder zur Vertretung der Bietergemeinschaft auch im Nachprüfungsverfahren berufen sind. Ein lediglich von einzelnen Mitgliedern der Bietergemeinschaft jeweils **im eigenen Namen erhobener Nachprüfungsantrag** ist dagegen als unzulässig zurückzuweisen.

93 Diese Aussage gilt für den Fall, in dem die Bietergemeinschaft zum Zeitpunkt der Stellung des Nachprüfungsantrags durch ein Bietergemeinschaftsmitglied noch besteht.[282] Dasselbe muss allerdings auch dann gelten, wenn eine Bietergemeinschaft durch Erklärung eines Gesellschafters oder gemäß § 728 Abs. 2 Satz 1 BGB wegen Insolvenz eines Gesellschafters zum Zeitpunkt des Nachprüfungsverfahrens bereits aufgelöst oder sonst beendet wurde.[283] Denn mit dem **Erlöschen der Bietergemeinschaft** wird zugleich deren Angebot hinfällig.[284] Ein einzelnes Mitglied einer (aufgelösten/beendeten) Bietergemeinschaft kann daher auch in diesem Fall nicht im eigenen Namen antragsbefugt sein.[285]

94 Zu diesem Ergebnis gelangte auch der **EuGH** in seinem Urteil In Sachen „**Espace Trianon**". Danach steht die Prozessführungsbefugnis (nur) demjenigen zu, der auch über die materiellen Rechte verfügen kann, die sich aus den EU-Vergaberichtlinien ergeben, da nur er ein Interesse am Auftrag im Sinne von Art. 1 Abs. 3 RMR haben kann.[286] Im Fall der Teilnahme einer Bietergemeinschaft an einem Vergabeverfahren ist das ausschließlich die Bietergemeinschaft selbst, nicht aber eines (oder mehrere) ihrer Mitglieder, da das einzelne Bietergemeinschaftsmitglied kein eigenes Angebot abgibt.[287] Der EuGH sah daher keinen Widerspruch zwischen Art. 1 der Rechtsmittelrichtlinie und einer nationalen Verfahrensvorschrift, nach der ein Nachprüfungsverfahren von der Gesamtheit der Mitglieder einer als Bieter auftretenden Bietergemeinschaft (im konkreten Fall: einer so genannten Gelegenheitsgesellschaft nach belgischem Recht) eingereicht werden muss.[288] In gleicher Weise hat zuvor auch die Generalanwältin Stix-Hackl in ihren Schlussanträgen ausgeführt, dass „nur die Bietergemeinschaft über das **für die Aktivlegitimation erforderliche Interesse** verfügt, nicht hingegen ein einzelnes Mitglied".[289] Dementsprechend sind alle Mitglieder einer Bietergemeinschaft (gegebenenfalls über das vertretungsberechtigte Mitglied[290]), die ein Angebot abgegeben hat, antragsbefugt, solange sie den **Nach-**

---

[280] *Fink* RPA 2004, 368, 369.

[281] *Fink* RPA 2004, 368, 371.

[282] Ebenso die Fallgestaltung bei OLG Rostock Beschl. v. 10.6.2005, 17 Verg 9/05, wo der Nachprüfungsantrag allerdings von der – trotz Insolvenz eines Bietergemeinschaftsmitglieds noch existenten – Bietergemeinschaft gestellt wurde.

[283] VK Nordbayern Beschl. v. 14.4.2005, 320.VK-3194–09/05; *Byok* in Byok/Jaeger, § 107 Rn. 955.

[284] Anderer Ansicht ist die VK Arnsberg Beschl. v. 22.4.2005, VK 03/05, wonach das verbliebene Mitglied einer aufgelösten Bietergemeinschaft antragsbefugt sein könne; diese Entscheidung ist allerdings durch das OLG Düsseldorf Beschl. v. 24.5.2005, VII-Verg 28/05, aufgehoben worden.

[285] Zutreffend VK Thüringen Beschl. v. 4.10.2004, 360–4003.20–037/04-SLF; VK Bund Beschl. v. 4.10.2004, VK 3–152/04; *Dreher* in Dreher/Stockmann, § 107 Rn. 10; anders offenbar *Reidt* in Reidt/Stickler/Glahs, § 107 Rn. 34.

[286] EuGH Urt. 16.12.2004, Rs. C-129/04 – Espace Trianon SA, Rn. 19.

[287] So EuGH Urt. 16.12.2004, Rs. C-129/04 – Espace Trianon SA, Rn. 20. Ebenso zuvor Generalanwältin Stix-Hackl, Schlussanträge vom 15.3.2005, Rs. C-129/04 – Espace Trianon SA, Rn. 46 und 49.

[288] EuGH Urt. 16.12.2004, Rs. C-129/04 – Espace Trianon SA, Rn. 22 und 29; *Henty* P.P.L.R. 2006, NA1 ff. und *Prieß/Gabriel* VergabeR 2005, 751 ff.

[289] Generalanwältin Stix-Hackl, Schlussanträge vom 15.3.2005, Rs. C-129/04 – Espace Trianon SA, Rn. 58.

[290] Hierzu OLG Schleswig Beschl. v. 13.4.2006, 1 (6) Verg 10/05.

prüfungsantrag gemeinsam für die Bietergemeinschaft stellen und nicht einzeln im eigenen Namen.[291] Der EuGH hat aber auch deutlich gemacht, dass Art. 1 Abs. 3 RMR (nur) einen Mindestumfang an Rechtsschutzmöglichkeiten festlegt. Die Mitgliedstaaten können demzufolge den Begriff der Antragsbefugnis auch weiter fassen und somit einen leichteren Zugang zu den Nachprüfungsverfahren ermöglichen.[292]

Dieser in Rechtsprechung wie Literatur weithin unbestrittenen Ansicht widerspricht – soweit ersichtlich – lediglich eine Entscheidung des **OLG Hamburg** aus dem Jahr 2003. In dieser Entscheidung ging es darum, dass zwei Bietergemeinschaftsmitglieder einer aus drei Unternehmen bestehenden Bietergemeinschaft im eigenen Namen einen Nachprüfungsantrag gestellt haben, während sich das dritte Bietergemeinschaftsmitglied „aus übergeordneten Gründen, die nicht im Vergabeverfahren oder bei den anderen Mitgliedern der Bietergemeinschaft zu suchen sind", als gehindert ansah, sich an dem Nachprüfungsverfahren zu beteiligen. Allerdings hat dieses Bietergemeinschaftsmitglied auch darauf hingewiesen, dass es sich weiterhin als Mitglied der Bietergemeinschaft betrachtet und an der Auftragserteilung weiterhin interessiert ist.[293] Mit der Begründung, dass es den antragstellenden Bietergemeinschaftsmitgliedern darum gehe, dass der Auftrag nicht ihnen, sondern der Bietergemeinschaft insgesamt erteilt wird, hat das OLG Hamburg die Ablehnung der Antragsbefugnis zwar in Erwägung gezogen, dann jedoch als „eine reine Förmelei" verworfen und die **Mitglieder der Bietergemeinschaft als antragsbefugt** im Sinne von § 107 Abs. 2 GWB angesehen. Allerdings dürfte diese – rechtlich schwer nachvollziehbare – Entscheidung ein Einzelfall bleiben, da es nicht Sache der Nachprüfungsinstanzen sein kann, etwaige fehlende Regelungen in Bietergemeinschaftsvereinbarungen zur Prozessführungs- und Vertretungsbefugnis[294] zu kompensieren. Ausdrücklich der Hamburger Entscheidung entgegengetreten ist mittlerweile bereits die VK Hessen, die die Entscheidung des OLG Hamburg als „für die Kammer nicht nachvollziehbar" ansieht.[295] Würde der vom OLG Hamburg vertretenen Ansicht gefolgt werden, so wäre es möglich, dass sämtliche Mitglieder einer Bietergemeinschaft einen Nachprüfungsantrag stellen könnten, was, so die VK Hessen, die Absurdität dieser Rechtsauffassung gerade auch im Hinblick auf das Kostenrisiko und die Kostenlast des Auftraggebers im Falle des Unterliegens deutlich macht. Denn dann müsste der Auftraggeber eine Kostentragungspflicht für so viele verschiedene Bevollmächtigte, wie es Bietergemeinschaftsmitglieder gibt, befürchten, während einem Bevollmächtigten, der eine Bietergemeinschaft vertritt, keine Erhöhungsgebühr zusteht.[296]

Eine weitere Entscheidung zur Antragsbefugnis bei Bietergemeinschaften stammt schließlich von der VK Rheinland-Pfalz, die sich mit dieser Frage im Zusammenhang mit einer **„verdeckten" Bietergemeinschaft**[297] zu befassen hatte.[298] In diesem Fall ist die Antragstellerin mit der Angebotsabgabe nach außen hin als Nachunternehmerin eines Einzelbieters aufgetreten, womit ihr aus diesem Grund bereits das Interesse am Auftrag abzusprechen war, da sie lediglich ein Interesse am Auftrag für ihren Hauptunternehmer haben konnte. Erst eine im Nachprüfungsverfahren vorgelegte Vereinbarung zwischen ihr und dem Hauptunternehmer offenbarte, dass das tatsächliche Vertragsverhältnis zwischen beiden dahin ging, gemeinschaftlich ein Angebot zu erstellen. Gleichwohl hat die VK

---

[291] *Prieß/Niestedt*, 69 f.; *Prieß*, 359.
[292] EuGH Beschl. v. 4.10.2007, Rs. C-492/06, ZfBR 2008, 202 – Consorzio Elisoccorso San Raffaele, Rn. 27 f.
[293] OLG Hamburg Beschl. v. 10.10.2003, 1 Verg 2/03.
[294] Hierzu unten Rn. 100 f.
[295] VK Hessen Beschl. v. 26.1.2005, 69d-VK-96/2004; ähnlich *Prieß/Gabriel* VergabeR 2005, 751, 753.
[296] VK Hessen Beschl. v. 26.1.2005, 69d-VK-96/2004; ebenso OLG München Beschl. v. 29.6.2005, Verg 10/05.
[297] Zu „verdeckten" Bietergemeinschaften siehe bereits oben Rn. 51 ff.
[298] VK Rheinland-Pfalz Beschl. v. 27.5.2005, VK 15/05.

Rheinland-Pfalz zutreffend die Antragsbefugnis der Antragstellerin abgelehnt. Da die Antragstellerin dazu übergegangen ist, von einer eigenen Angebotsabgabe Abstand zu nehmen und stattdessen in Form einer Nachunternehmerbeteiligung bzw. als Mitglied einer verdeckten Bietergemeinschaft anzutreten, habe sie „alle Rechte verwirkt aus ihrer Position als verhinderte Bieterin eine eigene Antragsbefugnis abzuleiten".[299]

2. Antragsbefugnis einzelner Bietergemeinschaftsmitglieder über das Institut der „gewillkürten" Prozessstandschaft

97 Nach einer im Vordringen befindlichen Ansicht sollen die Fälle, in denen ein einzelnes Mitglied einer Bietergemeinschaft einen Nachprüfungsantrag stellt, über eine analoge Anwendung des zivilrechtlichen Instituts der **gewillkürten Prozessstandschaft** gelöst werden.[300] Prozessstandschaft bedeutet, dass jemand fremdes Recht im eigenen Namen auf eigene Rechnung im Prozess verfolgen kann.[301] Voraussetzungen der gewillkürten Prozessstandschaft sind zum einen ein eigenes **schutzwürdiges Interesse** an der Durchführung des Verfahrens und zum anderen die **Ermächtigung durch den Berechtigten**.[302] Das erforderliche schutzwürdige Interesse liegt mindestens mittelbar in dem wirtschaftlichen Interesse, den ausgeschriebenen Auftrag zu erhalten.[303] Die Ermächtigung der Bietergemeinschaft als der Berechtigten muss zum Zeitpunkt der Antragstellung vorliegen und mit der Antragstellung zum Ausdruck kommen. Die Ermächtigung ist nicht in der dem Angebot beigefügten Bietergemeinschaftserklärung zu sehen, vielmehr bedarf es einer Ermächtigung in Form einer gesonderten Willenserklärung aller Bietergemeinschaftsmitglieder.[304] Sie ist formlos möglich und kann sich auch aus schlüssigem Verhalten ergeben.[305] Entscheidend ist, dass mit Stellung des Nachprüfungsantrags eine Ermächtigung vorliegt und in diesem zum Ausdruck kommt.[306] Wird sie erst nachträglich erteilt, so entfaltet sie **keine Rückwirkung**[307] und der Antrag ist dann unzulässig gemäß § 110 Abs. 2 Satz 3 GWB.[308]

II. Die Rügebefugnis

98 Ebenso wie die Antragsbefugnis i.S.v. § 107 Abs. 2 Satz 1 GWB nur der Bietergemeinschaft als solcher zusteht, müssen auch Rügen gemäß § 107 Abs. 3 GWB im Vergabeverfahren von der Bietergemeinschaft selbst erhoben werden, nicht aber von einzelnen Mitgliedern ohne entsprechende Bevollmächtigung.[309] **Bietergemeinschaften müssen einheitlich**, d.h. durch ihren bevollmächtigten Vertreter, **rügen** oder aber die Rüge durch jedes einzelne Mitglied ausdrücklich im Namen der Bietergemeinschaft erheben.[310] Als

---

[299] VK Rheinland-Pfalz Beschl. v. 27.5.2005, VK 15/05.
[300] OLG Düsseldorf Beschl. v. 3.3.2005, VII-Verg 101/04; VK Brandenburg Beschl. v. 28.7.2011, VK 18/11; VK Bund Beschl. v. 9.4.2009, VK 3–58/09; *Lux*, 157; *Ohrtmann* VergabeR 2008, 426, 442.
[301] BGH Urt. v. 30.10.1984, IX ZR 92/83; BGH Urt. v. 24.10.1985, VII ZR 337/84; BGH Urt. v. 11.3.1999, III ZR 205–97.
[302] VK Bund Beschl. v. 9.4.2009
[303] VK Bund Beschl. v. 9.4.2009, VK 3–58/09; *Lux*, 157; *Ohrtmann* VergabeR 2008, 426, 442.
[304] VK Bund Beschl. v. 29.9.2006, VK 2–97/04; *Ohrtmann* VergabeR 2008, 426, 443.
[305] *Lux*, 157.
[306] *Lux*, 157.
[307] BGH Urt. v. 3.3.1993, IV ZR 267/91.
[308] *Lux*, 157.
[309] VK Nordbayern Beschl. v. 12.10.2006, 21.VK-3194–25/06; VK Sachsen Beschl. v. 8.7.2004, 1/SVK/044–04; VK Sachsen Beschl. v. 1.6.2006, 1/SVK/045–06.
[310] VK Sachsen Beschl. v. 19.10.2010, 1/SVK/037–01; VK Baden-Württemberg Beschl. v. 13.1.2005, 1 VK 59/05; VK Sachsen Beschl. v. 8.7.2004, 1/SVK/044–04; VK Sachsen Beschl. v. 1.6.2006, 1/SVK/045–06.

Bevollmächtigung reicht nicht die Bezeichnung eines Mitglieds, welches für den Abschluss und die Durchführung des abzuschließenden Vertrags im Sinne von § 13 Abs. 5 VOB/A, §§ 13 Abs. 6, 16 EG Abs. 6 S.1 VOL/A ermächtigt sein soll.[311] Denn diese **Bevollmächtigung** bezieht sich auf den noch abzuschließenden Vertrag, also ein in der Zukunft liegendes, zivilrechtliches Verhältnis. Es muss sich vielmehr aus der Erklärung eindeutig ergeben, dass das entsprechende (geschäftsführende) Mitglied ermächtigt ist, die Bietergemeinschaft gegenüber dem Auftraggeber federführend zu vertreten.[312] Es ist umstritten, ob die Befugnis zur Erhebung der Rüge von der **organschaftlichen bzw. rechtsgeschäftlichen Vertretungsmacht** umfasst ist[313] oder ob sie sich aus **§ 14 VwVfG** ergibt, da es sich bei der Rüge um eine verfahrensrechtliche Erklärung handelt.[314] Die Unterscheidung ist vor allem relevant für die Frage, ob die nachträgliche Genehmigung der Rüge durch die Bietergemeinschaft möglich ist und ob der Auftraggeber diese ggf. zurückweisen kann.[315] In der Rechtsprechung der Vergabekammern finden sich zudem Beschlüsse, wonach im Falle einer ausreichenden und eindeutigen Bevollmächtigung eines Bietergemeinschaftsmitglieds eine von diesem erhobene Rüge auch dann der Bietergemeinschaft zuzurechnen ist, wenn sie nicht ausdrücklich in deren Namen erhoben worden ist.[316] Angesichts dieser Meinungsvielfalt ist bis zu einer obergerichtlichen Rechtsprechung den Bietergemeinschaften zu raten, in die Bevollmächtigung die **Rügebefugnis explizit aufzunehmen** und die Bevollmächtigungsurkunde der ausdrücklich im Namen der Bietergemeinschaft erklärten Rüge beizufügen.

Rügen von Bietergemeinschaftsmitgliedern, die einzelne Mitglieder **vor dem Zusammenschluss zur Bietergemeinschaft** erhoben haben, werden später nicht „automatisch" der Bietergemeinschaft zugerechnet. Die Bietergemeinschaft muss die Rügen, die sie als eigene aufrechterhalten will, gegenüber dem Auftraggeber konkret bezeichnen und sich ausdrücklich zu eigen machen.[317] Die Bietergemeinschaft muss dann nicht alle Rügen noch mal vollumfänglich vortragen und wird insofern entlastet. Zugleich ist aber auch das berechtigte Interesse des Auftraggebers bedient, zu wissen, welche Verfahrensverstöße Gegenstand von Rügen der einzelnen, ggf. neugebildeten Bieter(gemeinschaften) sind. Das Risiko für den Auftraggeber im Rahmen eines Nachprüfungsverfahrens mit Rügen konfrontiert zu werden, welche ein Bietergemeinschaftsmitglied vor Gründung der Bietergemeinschaft erhoben hat, hat sich durch die Einführung der Frist nach § 107 Abs. 3 Satz 1 Nr. 4 GWB im Zuge der Vergaberechtsreform 2009[318] verringert. Denn hiernach ist der Antrag auf Durchführung des Nachprüfungsverfahrens unzulässig, wenn er nicht innerhalb von 15 Werktagen nach Eingang der Mitteilung des Auftraggebers, einer Rüge nicht abhelfen zu wollen, gestellt wird. Hat allerdings der ursprüngliche Einzelbieter die Einhaltung dieser 15-Tage-Frist versäumt und die Bietergemeinschaft hat sich diese Rüge nicht zu eigen gemacht, so muss es aufgrund der nicht identischen Rechtspersönlichkeiten zulässig sein, dass nunmehr die Bietergemeinschaft die Rüge in eigenem Namen erneut erhebt. Hierbei wird sie allerdings unverzüglich handeln müssen, um nicht nach § 107 Abs. 3 Satz 1 Nr. 1 GWB präkludiert zu werden. Das gilt insbesondere dann, wenn die Rüge ursprünglich von dem Mitglied erhoben worden ist, wel-

---

[311] VK Sachsen Beschl. v. 1.6.2006, 1/SVK/045–06; *Ohrtmann* VergabeR 2008, 426, 445.
[312] VK Saarland Beschl. v. 9.3.2007, 3 VK 01/2007; VK Nordbayern Beschl. v. 12.10.2006, 21.VK-3194–25/06;
[313] VK Bund Beschl. v. 29.12.2006, VK 2–128/06; *Lux*, 149 ff.
[314] VK Sachsen Beschl. v. 19.10.2010, 1/SVK/037–10; VK Saarland Beschl. v. 9.3.2007, 3 VK 01/2007.
[315] Vgl. zum Meinungsstand *Lux*, 150 ff., *Ohrtmann* VergabeR 2008, 426, 444 ff.
[316] VK Saarland Beschl. v. 9.3.2007, 3 VK 01/2007; VK Nordbayern Beschl. v. 12.10.2006, 21. VK-3194–25/06; *Lausen*, 229 f.
[317] VK Sachsen Beschl. v. 24.5.2007, 1/SVK/029–07VK; Hessen Beschl. v. 26.1.2005, 69d-VK-96/2004; *Lux*, 151 ff.
[318] Vgl. hierzu *Gabriel* NJW 2009, 2011 ff.

ches dann zum Vertreter der Bietergemeinschaft bestellt wird, da dann die Wissenszurechnung nach § 166 BGB erfolgt.

III. Vereinbarungen zur Rüge- und Prozessführungsbefugnis

100 Von großer praktischer Bedeutung bei der Vorbereitung von Bietergemeinschaftsbildungen ist, dass spezielle Regelungen zur Antragsbefugnis in die im Vorfeld des Zusammenschlusses abzuschließenden Bietergemeinschaftsvereinbarungen aufgenommen werden. In diesen Bietergemeinschaftsvereinbarungen zwischen den Mitgliedern der (künftigen) Bietergemeinschaft sind z. B. auch **Stellvertretungsfragen** zu regeln, wonach gegebenenfalls ein (oder auch jedes) Mitglied der Bietergemeinschaft im Namen und mit Vollmacht der anderen Mitglieder Erklärungen für die Bietergemeinschaft abgeben und Nachprüfungsanträge erheben kann.[319] Das Gleiche gilt für Stellvertretungsregelungen hinsichtlich der Erhebung von Rügen.[320]

101 Größte Sorgfalt ist dabei auf die Formulierung und Reichweite der den einzelnen Bietergemeinschaftsmitgliedern in der Bietergemeinschaftsvereinbarung **eingeräumten Befugnisse** aufzuwenden. So besteht bspw. die Gefahr, dass ein vom geschäftsführenden Bietergemeinschaftsmitglied erhobener Nachprüfungsantrag für unzulässig angesehen werden könnte, wenn aus der gegenüber dem Auftraggeber vorgelegten Bietergemeinschaftserklärung sowie der (internen) Bietergemeinschaftsvereinbarung lediglich hervorgeht, dass das geschäftsführende Mitglied die Bietergemeinschaft gegenüber dem Auftraggeber vertritt. Denn danach wäre zwar eine Rüge gegenüber dem Auftraggeber durch das geschäftsführende Bietergemeinschaftsmitglied möglich und zulässig, allerdings folgt hieraus nicht zwangsläufig auch eine **Vertretungsvollmacht gegenüber der Vergabekammer**.[321] Ohne Nachweis einer Bevollmächtigung seitens der anderen Mitglieder einer Bietergemeinschaft könnte auch die Zurechnung einer von einem Bietergemeinschaftsmitglied ausgesprochenen Rüge gegenüber der Bietergemeinschaft fraglich sein.[322] Vereinzelt wurde zudem bereits entschieden, dass auch eine Bevollmächtigung i.S.v. § 13 Abs. 6 VOL/A (Benennung eines bevollmächtigten Vertreters für den Abschluss und die Durchführung des Vertrags in Angeboten von Bietergemeinschaften) nicht ausreiche, um annehmen zu können, dass das bevollmächtigte Mitglied, sofern es nicht erkennbar im Namen der Bietergemeinschaft handelt, gerade auch zu Rügen gegenüber dem Auftraggeber ermächtigt wurde.[323] Eine nachträgliche Genehmigung der Rüge eines ohne Vertretungsmacht handelnden Bietergemeinschaftsmitglieds durch die Bietergemeinschaft ist zwar grundsätzlich möglich, setzt allerdings voraus, dass das Mitglied von Anfang an erkennbar im Namen der Bietergemeinschaft gehandelt hat.[324]

---

[319] Zur Benennung eines bevollmächtigten Vertreters in Bietergemeinschaftsvereinbarungen siehe OLG Schleswig Beschl. v. 13.4.2006, 1 (6) Verg 10/05; OLG Düsseldorf Beschl. v. 11.4.2003, VII-Verg 9/03; *Henty* P.P.L.R. 2006, NA8; *Prieß/Gabriel* VergabeR 2005, 751, 753 f.; *Schranner* in Ingenstau/Korbion, § 6 Rn. 30; *Rusam/Weyand* in Heiermann/Riedl/Rusam, § 21 Rn. 30; *Dreher* in Dreher/Stockmann, § 107 Rn. 10.
[320] VK Baden-Württemberg Beschl. v. 13.10.2005, 1 VK 59/05; VK Hessen Beschl. v. 26.1.2005, 69d-VK-96/2004.
[321] So VK Nordbayern Beschl. v. 12.10.2006, 21.VK-3194-25/06; VK Thüringen Beschl. v. 4.10.2004, 360-4003.20-037/04-SLF; anderer Ansicht ist VK Sachsen Beschl. v. 1.6.2006, 1/SVK/045-06.
[322] VK Sachsen-Anhalt Beschl. v. 9.12.2005, 1 VK LVwA 42/05; VK Baden-Württemberg, Beschl. v. 13.10.2005, 1 VK 59/05.
[323] VK Sachsen, Beschl. v. 1.6.2006, 1/SVK/045-06; anderer Ansicht ist VK Nordbayern Beschl. v. 12.10.2006, 21.VK-3194-25/06, die der „formalistischen Auffassung" der VK Sachsen insofern nicht folgt.
[324] VK Sachsen Beschl. v. 1.6.2006, 1/SVK/045-06; VK Bund Beschl. v. 19.7.2005, VK 3-58/05.

§ 16 Nachunternehmer

Übersicht

	Rn.
A. Einleitung	1–3
B. Der Rechtsrahmen für Nachunternehmer	4–21
I. Normen	4–10
II. Definition	11–21
C. Erforderliche Erklärungen und Nachweise zum Nachunternehmereinsatz	22–39
I. Absichtserklärung	25, 26
II. Nachunternehmerbenennung und Verfügbarkeitsnachweis	27–35
III. Eignungsnachweise des Nachunternehmers	36–39
D. Probleme im Zusammenhang mit dem Nachunternehmereinsatz	40–54
I. Das Gebot der Selbstausführung	40–47b
II. Mehrfachbeteiligungen	48–52
III. Austausch von Nachunternehmern	53, 54

VKR: Art. 25, 47 Abs. 2, 3, 48 Abs. 3–4
SKR: Art. 37, 54 Abs. 5–6
GWB: § 97 Abs. 3, 4
VOL/A EG: § 7 Abs. 9, § 11 Abs. 5
VOB/A EG: § 6 Abs. 8, § 8 Abs. 2 Nr. 6, Abs. 6 Nr. 1c
SektVO: § 20 Abs. 3
VOF: § 5 Abs. 5h, 6

VKR:

Art. 25 VKR Unteraufträge

In den Verdingungsunterlagen kann der öffentliche Auftraggeber den Bieter auffordern oder er kann von einem Mitgliedstaat verpflichtet werden, den Bieter aufzufordern, ihm in seinem Angebot den Teil des Auftrags, den der Bieter gegebenenfalls im Wege von Unteraufträgen an Dritte zu vergeben gedenkt, sowie die bereits vorgeschlagenen Unterauftragnehmer bekannt zu geben.

Im Weiteren hier nicht abgedruckt.

Art. 47 Abs. 2, 3 VKR Wirtschaftliche und finanzielle Leistungsfähigkeit

(1) hier nicht abgedruckt.

(2) Ein Wirtschaftsteilnehmer kann sich gegebenenfalls für einen bestimmten Auftrag auf die Kapazitäten anderer Unternehmen ungeachtet des rechtlichen Charakters der zwischen ihm und diesen Unternehmen bestehenden Verbindungen stützen. Er muss in diesem Falle dem öffentlichen Auftraggeber gegenüber nachweisen, dass ihm die erforderlichen Mittel zur Verfügung stehen, indem er beispielsweise die diesbezüglichen Zusagen dieser Unternehmen vorlegt.

(3) Unter denselben Voraussetzungen können sich Gemeinschaften von Wirtschaftsteilnehmern nach Artikel 4 auf die Kapazitäten der Mitglieder der Gemeinschaften oder anderer Unternehmen stützen.

(4)–(5) hier nicht abgedruckt.

Art. 48 Abs. 3, 4 VKR Technische und/oder berufliche Leistungsfähigkeit

(1)–(2) hier nicht abgedruckt.

(3) Ein Wirtschaftsteilnehmer kann sich gegebenenfalls für einen bestimmten Auftrag auf die Kapazitäten anderer Unternehmen ungeachtet des rechtlichen Charakters der zwischen ihm und diesen Unternehmen bestehenden Verbindungen stützen. Er muss in diesem Falle dem öffentlichen Auftraggeber gegenüber nachweisen, dass ihm für die Ausführung des Auftrags die erforderlichen Mittel zur Verfügung stehen, indem er beispielsweise die Zusage dieser Unternehmen vorlegt, dass sie dem Wirtschaftsteilnehmer die erforderlichen Mittel zur Verfügung stellen.

(4) Unter denselben Voraussetzungen können sich Gemeinschaften von Wirtschaftsteilnehmern nach Artikel 4 auf die Leistungsfähigkeit der Mitglieder der Gemeinschaften oder anderer Unternehmen stützen.

(5)–(6) hier nicht abgedruckt.

SKR:

Art. 37 SKR Unteraufträge

In den Auftragsunterlagen kann der Auftraggeber den Bieter auffordern oder von einem Mitgliedstaat verpflichtet werden, den Bieter aufzufordern, ihm in seinem Angebot den Teil des Auftrags, den der Bieter gegebenenfalls im Wege von Unteraufträgen an Dritte zu vergeben gedenkt, sowie die bereits vorgeschlagenen Unterauftragnehmer bekannt zu geben. Die Haftung des hauptverantwortlichen Wirtschaftsteilnehmers bleibt von dieser Bekanntgabe unberührt.

Art. 54 Abs. 5, 6 SKR Eignungskriterien

(1)–(4) hier nicht abgedruckt.

(5) Umfassen die in Absatz 1 und 2 genannten Kriterien Anforderungen an die wirtschaftliche und finanzielle Leistungsfähigkeit des Wirtschaftsteilnehmers, kann sich dieser gegebenenfalls und bei einem bestimmten Auftrag auf die Kapazitäten anderer Unternehmen stützen, unabhängig von dem Rechtsverhältnis, in dem er zu diesen Unternehmen steht. In diesem Fall weist er dem Auftraggeber nach, dass er über die notwendigen Ressourcen verfügt, beispielsweise durch eine entsprechende Verpflichtungserklärung dieser Unternehmen.

Unter denselben Bedingungen kann sich auch eine in Artikel 11 genannte Gruppe von Wirtschaftsteilnehmern auf die Kapazitäten der einzelnen Mitglieder der Gruppe oder anderer Unternehmen stützen.

(6) Umfassen die in Absatz 2 genannten Kriterien und Regeln Anforderungen an die technischen und/oder beruflichen Fähigkeiten des Wirtschaftsteilnehmers, kann er sich gegebenenfalls auf die Kapazitäten anderer Unternehmen stützen, unabhängig von dem Rechtsverhältnis, in dem er zu diesen Unternehmen steht. In diesem Fall muss er dem Auftraggeber nachweisen, dass er über die notwendigen Mittel verfügt, beispielsweise durch eine entsprechende Verpflichtungserklärung dieser Unternehmen.

Unter denselben Bedingungen kann sich auch eine in Artikel 11 genannte Gruppe von Wirtschaftsteilnehmern auf die Kapazitäten der einzelnen Mitglieder der Gruppe oder anderer Unternehmen stützen.

GWB:

§ 97 Abs. 3 GWB Allgemeine Grundsätze

(1)–(2) hier nicht abgedruckt.

(3) Mittelständische Interessen sind bei der Vergabe öffentlicher Aufträge vornehmlich zu berücksichtigen. Leistungen sind in der Menge aufgeteilt (Teillose) und getrennt nach Art oder Fachgebiet (Fachlose) zu vergeben. Mehrere Teil- oder Fachlose dürfen zusammen vergeben werden, wenn wirtschaftliche oder technische Gründe dies erfordern. Wird ein Unternehmen,

das nicht öffentlicher Auftraggeber ist, mit der Wahrnehmung oder Durchführung einer öffentlichen Aufgabe betraut, verpflichtet der Auftraggeber das Unternehmen, sofern es Unteraufträge an Dritte vergibt, nach den Sätzen 1 bis 3 zu verfahren.

(4)–(7) hier nicht abgedruckt.

VOL/A EG:

§ 7 EG Abs. 9 VOL/A Nachweis der Eignung

(1)–(8) hier nicht abgedruckt.

(9) Ein Unternehmen kann sich, auch als Mitglied einer Bietergemeinschaft, zum Nachweis der Leistungsfähigkeit und Fachkunde der Fähigkeiten anderer Unternehmen bedienen, ungeachtet des rechtlichen Charakters der zwischen ihm und diesen Unternehmen bestehenden Verbindungen. Es muss in diesem Fall dem Auftraggeber nachweisen, dass ihm die erforderlichen Mittel bei der Erfüllung des Auftrags zur Verfügung stehen, indem es beispielsweise eine entsprechende Verpflichtungserklärung dieser Unternehmen vorlegt.

(10)–(13) hier nicht abgedruckt.

§ 11 EG Abs. 5 VOL/A Vertragsbedingungen

(1)–(4) hier nicht abgedruckt.

(5) Wird ein Unternehmen, das nicht öffentlicher Auftraggeber ist, mit der Wahrnehmung oder Durchführung einer öffentlichen Aufgabe betraut, verpflichtet der Auftraggeber das Unternehmen, sofern es Unteraufträge an Dritte vergibt, die Regeln über die Berücksichtigung mittelständischer Interessen (§ 2 EG Absatz 2) einzuhalten.

VOB/A EG:

§ 6 Abs. 8 EG VOB/A [§ 6a Abs. 10 VOB/A 2008] Teilnehmer am Wettbewerb

(1)–(7) hier nicht abgedruckt.

(8) Ein Bieter kann sich, ggf. auch als Mitglied einer Bietergemeinschaft, bei der Erfüllung eines Auftrags der Fähigkeiten anderer Unternehmen bedienen, ungeachtet des rechtlichen Charakters der zwischen ihm und diesen Unternehmen bestehenden Verbindungen. In diesem Fall fordert der Auftraggeber von den in der engeren Wahl befindlichen Bietern den Nachweis darüber, dass ihnen die erforderlichen Mittel zur Verfügung stehen, indem sie beispielsweise entsprechende Verpflichtungserklärungen dieser Unternehmen vorlegen.

(9) hier nicht abgedruckt.

§ 8 Abs. 2 Nr. 2, Abs. 6 Nr. 1c EG VOB/A Vergabeunterlagen

(1) hier nicht abgedruckt.

(2)
1. hier nicht abgedruckt.

2. Der Auftraggeber kann die Bieter auffordern, in ihrem Angebot die Leistungen anzugeben, die sie an Nachunternehmen zu vergeben beabsichtigen. [...]

(3)–(5) hier nicht abgedruckt.

(6)
1. In den Zusätzlichen Vertragsbedingungen oder in den Besonderen Vertragsbedingungen sollen, soweit erforderlich, folgende Punkte geregelt werden:

a) – b) hier nicht abgedruckt.

c) Weitervergabe an Nachunternehmen (§ 4 Absatz 8 VOB/B)

SektVO:

§ 20 Abs. 3 SektVO Eignung und Auswahl der Unternehmen

(1) – (2) hier nicht abgedruckt.

(3) Verlangt der Auftraggeber Nachweise der wirtschaftlichen und finanziellen oder der technischen oder beruflichen Leistungsfähigkeit, können sich die Unternehmen oder Bietergemeinschaften bei einem bestimmten Auftrag auf die Kapazitäten anderer Unternehmen oder Mitglieder der Bietergemeinschaft stützen, unabhängig von dem Rechtsverhältnis, in dem die Unternehmen oder Bietergemeinschaften zu dem anderen Unternehmen stehen. In diesem Fall muss das Unternehmen oder die Bietergemeinschaft nachweisen, dass ihm oder ihr die Mittel zur Verfügung stehen, die für die Erfüllung des Auftrags erforderlich sind. Dies kann unter anderem durch entsprechende Verpflichtungserklärungen des oder der anderen Unternehmen erfolgen.

(4) – (5) hier nicht abgedruckt.

VOF:

§ 5 Abs. 5h, 6 VOF Nachweis der Eignung

(1) – (4) hier nicht abgedruckt.

(5) Der Nachweis der fachlichen Eignung kann folgendermaßen erbracht werden:

a) – g) hier nicht abgedruckt.

h) durch die Angabe, welche Teile des Auftrags der Bewerber oder Bieter unter Umständen als Unterauftrag zu vergeben beabsichtigt.

(6) Ein Bewerber oder Bieter kann sich, auch als Mitglied einer Bietergemeinschaft, bei der Erfüllung eines Auftrags der Kapazitäten anderer Unternehmen bedienen, ungeachtet des rechtlichen Charakters der zwischen ihm und diesen Unternehmen bestehenden Verbindungen. Er muss in diesem Fall vor Zuschlagserteilung dem Auftraggeber gegenüber nachweisen, dass ihm die erforderlichen Mittel zur Verfügung stehen, z. B. durch Vorlage einer entsprechenden Verpflichtungserklärung dieser Unternehmen.

(7) – (9) hier nicht abgedruckt.

Literatur:

Amelung, Ausgewählte Fragen im Zusammenhang mit der Benennung von Nachunternehmern im Vergabeverfahren, VergabeR 2012, 348; *Burgi*, Nachunternehmerschaft und wettbewerbliche Untervergabe, NZBau 2010, 593; *Conrad*, Die vergaberechtliche Unterscheidung zwischen Nachunternehmereinsatz und Eignungsleihe, VergabeR 2012, 15; *Diemon-Wies/Viegener*, Die Beteiligung von Drittunternehmen bei der Vergabe öffentlicher Bauaufträge, VergabeR 2007, 576; *Dirksen/Schellenberg*, Mehrfachbeteiligungen auf Nachunternehmerebene, VergabeR 2010, 17; *Eydner*, Nachunternehmereinsatz und Eignungsleihe: Was ist der Unterschied?, IBR 2012, 64; *Fietz*, Die Auftragsvergabe an Generalübernehmer – ein Tabu?, NZBau 2003, 426; *Gabriel*, Konzerne und Konzernunternehmen als Bieter in Vergabeverfahren in Wettbewerb – Transparenz – Gleichbehandlung, 15 Jahre GWB-Vergaberecht, Festschrift für Fridhelm Marx, 2013, S. 167 ff.; *Hertwig/Nelskamp*, Teilrechtsfähigkeit der GbR – Auswirkungen auf die Bau-ARGE, BauRB 2004, 18.; *Leinemann*, Die Vergabe öffentlicher Aufträge, 5. Auflage, Köln 2011; *Losch*, Einbeziehung Dritter in Angebote von Bietern, insbesondere von Leihunternehmern, VergabeR 2007, 582; *v. Münchhausen*, Die Nachforderung von Unterlagen nach der VOB/A 2009, VergabeR 2010, 374; *Pauly*, Ist der Ausschluß des Generalübernehmers vom Vergabeverfahren noch zu halten?, VergabeR 2005, 312; *Scharen*, Vertragslaufzeit und Vertragsverlängerung als vergaberechtliche Herausforderung?, NZBau 2009, 679; *Schneevogl*, Generalübernehmervergabe – Paradigmenwechsel im Vergaberecht, NZBau 2004, 418; *Stoye*, Generalübernehmervergabe – nötig ist ein Pradigmenwechsel bei den Vergaberechtlern, NZBau 2004, 648; *Stoye/Hoffmann*, Nachunternehmerbenennung und Verpflichtungserklärung im Lichte der neuesten BGH-Rechtsprechung und der VOB/A 2009, VergabeR 2009, 569; *Terwiesche*, Ausschluss und Marktzutritt des Newcomers, VergabeR 2009, 26; *Wirner*, Der Eigenleistungsanteil bei der Vergabe öffentlicher Aufträge, LKV 2005, 185.

A. Einleitung

Bei einem Nachunternehmer[1] handelt es sich um einen Drittunternehmer, der von dem erfolgreichen Bieter mit der Erbringung (eines Teils) der vergebenen Leistung beauftragt wird. Da Bieter bei umfangreichen und komplexen Aufträgen aufgrund des hohen Spezialisierungsgrades oftmals nicht in der Lage sind, die nachgefragte Leistung in vollem Umfang zu erbringen, ist für sie der Einsatz von Nachunternehmern als **Mittel zur Erschließung fehlender Ressourcen** sinnvoll und notwendig.[2] Neben dem Bieter kann auch der Auftraggeber ein Interesse an einer Unterauftragsvergabe haben, da ihm so ein breiteres Angebot zur Verfügung steht und er seinen eigenen Koordinationsaufwand verringern kann.[3]

1

Die Unterauftragsvergabe dient zudem dem vergaberechtlichen **Grundsatz der Mittelstandsfreundlichkeit**.[4] Für kleine und mittlere Unternehmen bietet die Unterauftragsvergabe in vielen Fällen die einzige Möglichkeit, an der öffentlichen Beschaffung teilzunehmen und in den Vergabeprozess eingebunden zu werden. Daher sehen die Erwägungsgründe 32 der VKR und 43 der SKR fast wortgleich vor: Um die Beteiligung von kleinen und mittleren Unternehmen an öffentlichen Aufträgen zu fördern, ist es angebracht, Bestimmungen über Unteraufträge vorzusehen.[5]

2

Andererseits bestehen in der Praxis im Umgang mit dem Nachunternehmereinsatz zahlreiche Unsicherheiten. Häufig werden **Mängel bei der Unterauftragsvergabe** zum Anlass genommen, Unternehmen nicht als Bieter im Vergabeverfahren zuzulassen oder deren Angebote auszuschließen.[6] Im Folgenden werden zunächst die Struktur und die Eigenheiten der Unterauftragsvergabe in Abgrenzung zu anderen Formen der Einbeziehung Dritter dargestellt. Ein weiterer Schwerpunkt der Ausführungen liegt auf der höchst praxisrelevanten Frage nach den erforderlichen Nachweisen für einen Nachunternehmereinsatz. Schließlich wird auf einzelne Sonderprobleme der Unterauftragsvergabe eingegangen.

3

B. Der Rechtsrahmen für Nachunternehmer

I. Normen

Der Einsatz von Nachunternehmern ist weder auf europäischer noch auf nationaler Ebene ausführlich geregelt. Vielmehr wird die Möglichkeit der Unterauftragsvergabe von einigen Normen schlichtweg vorausgesetzt.

4

Auf europäischer Ebene werden **Nachunternehmer in den Vergaberichtlinien** erwähnt. So findet sich in Art. 25 VKR und Art. 37 SKR der Hinweis, dass der Bieter

5

---

[1] Häufig auch als Subunternehmer oder Unterauftragnehmer bezeichnet.
[2] *Schranner* in Ingenstau/Korbion, § 2 VOB/A Rn. 8.
[3] *Burgi* NZBau 2010, 593.
[4] Näher dazu siehe Kapitel I, § 1 Rn. 62 ff.
[5] Erwägungsgrund 43 SKR; in Erwägungsgrund 32 VKR heißt es „(…) *sollten Bestimmungen über Unteraufträge vorgesehen werden.*"
[6] *Schranner* in Ingenstau/Korbion, § 2 VOB/A Rn. 6.

aufgefordert werden kann, die Teile des Auftrags zu benennen, die er an einen Unterauftragnehmer vergeben möchte und gegebenenfalls auch den vorgesehenen Unterauftragnehmer zu benennen. Zudem ist es dem Bieter gem. Art. 48 Abs. 2 lit. i) VKR möglich, durch die Erklärung, bestimmte Teile der Leistung an geeignete Unterauftragnehmer vergeben zu wollen, seine technische Leistungsfähigkeit nachzuweisen. Die Art. 54 Abs. 5 SKR, Art. 47 Abs. 2 VKR und Art. 48 Abs. 3 VKR sehen ebenfalls die Möglichkeit vor, dass ein Bieter sich für den Nachweis seiner Leistungsfähigkeit auf die „Kapazitäten anderer Unternehmen" berufen kann. Regelmäßig geht die Berufung auf die Kapazitäten dritter Unternehmen zwar gleichzeitig mit ihrem Einsatz als Nachunternehmer einher, die Inanspruchnahme fremder Kapazitäten ist jedoch grundsätzlich unabhängig vom Rechtsverhältnis zwischen dem Bieter und dem Drittunternehmer[7] – immer vorausgesetzt, der Auftragnehmer kann über diese Ressourcen auch tatsächlich verfügen.[8]

6 Auch das deutsche Vergaberecht geht von der Möglichkeit des Nachunternehmereinsatzes aus. Nach **§ 97 Abs. 3 Satz 4 GWB** verpflichtet der Auftraggeber Unternehmen, die Unteraufträge an Dritte vergeben wollen, dazu diese zur **Berücksichtigung von Mittelstandsinteressen** ebenfalls nach Losen zu vergeben.[9] Entsprechendes regeln auch § 11 EG Abs. 5 VOL/A und § 5 EG Abs. 2 Satz 4 VOB/A.

7 Die Möglichkeit von Bietern, sich auf die **Kapazitäten Dritter** zu berufen, ist ebenfalls in die Vergabeordnungen übernommen worden: Art. 25 VKR spiegelt sich inhaltlich in § 8 EG Abs. 2 Nr. 2 VOB/A und Art. 37 SKR in § 8 Abs. 3 SektVO wider, wonach der Auftraggeber die Bieter auffordern kann, in ihrem Angebot die Leistungen anzugeben, die sie an Nachunternehmer zu vergeben beabsichtigen. Art. 47 Abs. 2, 48 Abs. 3 VKR sind durch § 6 EG Abs. 10 VOB/A, § 7 EG Abs. 9 VOL/A und § 5 Abs. 6 VOF, und Art. 54 Abs. 5 SKR durch § 20 Abs. 3 Satz 1 SektVO umgesetzt worden und § 5 Abs. 5 lit. h) VOF entspricht Art. 48 Abs. 2 lit. i) VKR.

8 Schließlich erwähnen § 20 EG Abs. 1 Nr. 8 VOB/A, § 24 EG Abs. 2 lit. e) VOL/A **Dokumentationspflichten der Vergabestelle** im Zusammenhang mit dem Einsatz von Nachunternehmern; § 8 EG Abs. 6 Nr. 1 lit. c) VOB/A, § 4 Abs. 8 VOB/B sowie § 4 Nr. 4 VOL/B enthalten Vertragsregeln über die Untervergabe und auch die Landesvergabeordnungen[10] sehen den Einsatz von Nachunternehmern vor, ebenfalls ohne den Begriff näher zu definieren. Die Unterauftragsvergabe wird auch hier als existierend und grundsätzlich zulässig vorausgesetzt.

9 Folglich ist der Einsatz von Nachunternehmern sowohl im europäischen als auch im deutschen Vergaberecht vorgesehen. Es finden sich in den Normen jedoch **weder Definition noch** umfassende Bestimmungen zu den **Voraussetzungen** oder der Ausgestaltung der Unterauftragsvergabe.

10 Einzig für Vergaben im **Bereich der Verteidigung und Sicherheit** existieren inzwischen ausführlichere Normierungen zur Unterauftragsvergabe.[11] Entsprechend den Vorgaben in Art. 21 und Art. 50 bis 53 der **Richtlinie 2009/81/EG** hat der deutsche Verordnungsgeber in den **§§ 9 und 38–41 VSVgV** den Auftraggebern die Möglichkeit geschaffen, den erfolgreichen Bietern ein bestimmtes Verfahren für die Vergabe von Unteraufträgen vorzugeben[12] und sie gegebenenfalls sogar zu verpflichten, Teile des Auf-

---

[7] Vgl. auch OLG Düsseldorf Beschl. v. 30.6.2010, VII-Verg 13/10.
[8] Das hat der Bieter gem. Art. 47 Abs. 2 Satz 2, Art. 48 Abs. 3 Satz 2 VKR, Art. 54 Abs. 5 Satz 2 SKR zu gegebenen Zeitpunkt nachzuweisen, näher dazu siehe unten Rn. 27 ff.
[9] Vgl. diesbezüglich auch die Erwägungsgründe 32 VKR und 43 SKR.
[10] Vgl. § 22 Abs. 4 MFG BW; § 1 Abs. 6 Ausschreibungs- und VergabeG Bln; § 5 Abs. 5 und Abs. 6 Bbg MFG; § 13 Tariftreue- und VergabeG Bremen; § 5 HmbVgG; § 15 Abs. 4 MFG Meckl.-Vorp.; § 4 LandesvergabeG Nds.; § 18 Abs. 3 MFG Rh-Pf.; § 17 Abs. 3 MFG Saar.; § 3 SächsVergabeG; § 8 Abs. 3 Nr. 1 MFG LSA; § 4 TariftreueG Schl.-H.; § 14 Abs. 4 MFG Schl.-H.; § 13 Abs. 3 Satz 1 MfG Thür.
[11] Dazu auch noch unten Rn. 47 sowie *Gabriel/Weiner* in Dippel/Sterner/Zeiss, § 9 Rn. 1 ff.
[12] Geregelt in den §§ 38–40 VSVgV.

trags an Nachunternehmer zu vergeben.¹³ Grundsätzlich steht es aber auch im Bereich der Verteidigung und Sicherheit den Auftragnehmern frei, ob und wie sie Nachunternehmer zur Auftragsausführung einsetzen.¹⁴ Die Möglichkeiten des Auftraggebers zur größeren Einflussnahme auf die Ausgestaltung des Nachunternehmereinsatzes liegen im Ermessen der Vergabestelle und sind nicht auf Vergaben außerhalb des Anwendungsbereichs der VSVgV übertragbar.

II. Definition

Während in den Vergaberichtlinien der Begriff „**Unterauftragnehmer**" geläufig ist, hat sich in der deutschen Vergaberechtsdogmatik der Begriff „**Nachunternehmer**" oder „**Subunternehmer**" etabliert.¹⁵ So wird nach gängiger Praxis ein Unternehmen bezeichnet, das sich an der Erbringung der vom Auftraggeber gewünschten und vom Auftragnehmer originär geschuldeten Leistung beteiligt und dabei in einem **Vertragsverhältnis zum Auftragnehmer**, nicht aber zum Auftraggeber steht.¹⁶ In dem Entwurf zur VSVgV findet sich erstmals auch eine – wenig aussagekräftige – Legaldefinition des „Unterauftrags", welcher gem. § 4 Abs. 3 VSVgV „ein zwischen einem erfolgreichen Bieter und einem oder mehreren Unternehmen geschlossener entgeltlicher Vertrag über die Ausführung des betreffenden Auftrags oder von Teilen des Auftrags" ist. Als Nachunternehmer ist also derjenige anzusehen, der für den Auftragnehmer Leistungen aus dem Vertrag zwischen Auftragnehmer und Auftraggeber erbringt.¹⁷ Führt der Auftragnehmer dabei auch selber Teile der Leistung aus, wird er als „**Generalunternehmer**" bezeichnet; übernimmt er bloß die Koordination der Nachunternehmerleistungen, so ist er „**Generalübernehmer**".¹⁸ 11

Nachunternehmer kann jede rechtlich selbstständige juristische Person sein, auch konzernangehörige Unternehmen.¹⁹ Allerdings ist nicht jedes dritte Unternehmen, welches in einem Verhältnis nur zum Auftragnehmer steht, auch Nachunternehmer. Vielmehr kann sich ein Bieter dritter Unternehmen allein zur Zurechnung von Eignungsnachweisen bedienen, ohne dass zwischen ihnen ein Nachunternehmervertrag geschlossen wird; ebenso wenig sind bloße Zulieferer des Auftragnehmers als Nachunternehmer anzusehen. Dazu im Einzelnen: 12

1. Abgrenzung zur Zurechnung von Eignungsnachweisen

Nach der Rechtsprechung des EuGH muss es einem Bieter erlaubt sein, sich für den Eignungsnachweis auf ein anderes Unternehmen, das nicht demselben Konzernverbund an- 13

---

¹³ Vgl. § 9 Abs. 3 Nr. 1 VSVgV.
¹⁴ Vgl. § 9 Abs. 2 Satz 1 VSVgV.
¹⁵ Zur gelegentlichen Differenzierung zwischen Nach- und Subunternehmer im Zivilrecht siehe *Busche* in MünchKommBGB, § 631 Rn. 34, 42.
¹⁶ OLG Düsseldorf Beschl. v. 27.10.2010, VII-Verg 47/10; OLG München Beschl. v. 10.9.2009, Verg 10/09; OLG München Beschl. v. 23.11.2006, Verg 16/06; OLG Naumburg Beschl. v. 4.9.2008, 1 Verg 4/08, VergabeR 2009, 210, 215; OLG Naumburg Beschl. v. 26.1.2005, 1 Verg 21/04; OLG Celle Beschl. v. 5.7.2007, 13 Verg 8/07, ZfBR 2007, 706, 708; VK Bund Beschl. v. 26.5.2008, VK 2−49/08; VK Lüneburg Beschl. v. 8.4.2005, VgK-10/2005, BeckRS 2005, 04608; VK Sachsen-Anhalt Beschl. v. 23.7.2008, VK 2 LVwA LSA-07/08; *Amelung* VergabeR 2012, 348; *Burgi* NZBau 2010, 593, 594 f.; *von Rintelen* in Kapellmann/Messerschmidt, § 8 VOB/A Rn. 40; *Ritzek-Seidl* in Pünder/Schellenberg, § 8 VOB/A Rn. 17.
¹⁷ OLG Naumburg Beschl. v. 2.7.2009, 1 Verg 2/09; VK Sachsen Beschl. v. 22.7.2010, 1/SVK/022−10.
¹⁸ *Burgi* NZBau 2010, 593.
¹⁹ OLG Düsseldorf Beschl. v. 30.6.2010, VII-Verg 13/10; OLG Düsseldorf Beschl. v. 23.6.2010, VII-Verg 18/10; a.A. OLG München Beschl. v. 29.11.2007, Verg 13/07, welches jedoch nicht auf die einschlägige EuGH-Rechtsprechung eingeht.

gehören muss, zu beziehen.[20] Dementsprechend wurden die Art. 47 Abs. 2, 48 Abs. 3 VKR und Art. 54 Abs. 5 SKR im Jahr 2004 in die Vergaberichtlinien aufgenommen, welche zwei Jahre später auch in Deutschland umgesetzt wurden.[21] Mittlerweile finden sich diese Regelungen in § 6 EG Abs. 10 VOB/A,[22] § 7 EG Abs. 9 VOL/A, § 5 Abs. 6 VOF und § 20 Abs. 3 SektVO. Ihr teilweise unterschiedlicher Wortlaut ist insoweit unbeachtlich,[23] als dass sie alle gleichermaßen jedem Bieter oder Bewerber den **Verweis auf die Kapazitäten Dritter**, unabhängig von der Auftragserfüllung, **als Eignungsnachweis** für Leistungsfähigkeit und Fachkunde[24] erlauben.[25]

14 Die Zurechnung von Eignungsnachweisen wird häufig auch als **Eignungsleihe**[26] bezeichnet und ist grundsätzlich unabhängig vom Einsatz desjenigen Unternehmens als Nachunternehmer, auf dessen Kapazitäten verwiesen wird.[27] In der Praxis überschneiden sich Eignungsleihe und Unterauftragsvergabe allerdings häufig, so dass regelmäßig der Nachunternehmer dem Bieter die Eignung verleiht und umgekehrt. Der Einsatz eines Nachunternehmers kann aber auch dann erfolgen, wenn der Auftragnehmer schon von sich aus die Eignungsanforderungen erfüllt, beispielsweise weil er die Unterauftragsvergabe aus Kostengründen oder Praktikabilität vornimmt. Für die Zurechnung von Eignungsnachweisen ist allein notwendig, dass dem Bieter die **Mittel des anderen Unternehmens auch tatsächlich zur Verfügung stehen**,[28] etwa dessen finanzielle oder wirtschaftliche Leistungsfähigkeit,[29] unabhängig vom tatsächlichen Einsatz dieser Mittel.

15 Die Differenzierung zwischen der Zurechnung von Eignungsnachweisen und Nachunternehmereinsatz ist relevant, um zu bestimmen, welche Nachweise und Unterlagen der Bieter zu welchem Zeitpunkt vorlegen muss, um nicht mit seinem Angebot vom weiteren Verfahren ausgeschlossen zu werden.[30] Folglich ist nach Maßgabe des Einzelfalls stets zu unterscheiden, ob eine bloße Zurechnung von Eignungsnachweisen, reine Nachunternehmerschaft oder – wie üblicherweise – eine Kombination beider Modelle vorliegt.

2. Abgrenzung zu Zulieferern und sonstigen Dritten

16 Für den Einsatz von Nachunternehmern müssen zusätzliche Unterlagen mit dem Angebot eingereicht werden, denn der öffentliche Auftraggeber benötigt Informationen zu den vorgesehenen Nachunternehmern, um die Eignungsprüfung, zu der er nach vergabe-

---

[20] EuGH Urt. v. 14.4.1994, Rs. C-389/92 – Ballast Nedam Groep I, Rn. 15; EuGH Urt. v. 18.12.1997, Rs. C-5/97 – Ballast Nedam Groep II, Rn. 18; EuGH Urt. v. 2.12.1999, Rs. C-176/98 – Holst Italia, Rn. 34; EuGH Urt. v. 18.3.2004, Rs. C-314/01 – Siemens AG Österreich und ARGE Telekom, Rn. 52; dazu *Pauly* VergabeR 2005, 312; *Schneevogl* NZBau 2004, 418; *Stoye* NZBau 2004, 648; *Losch* VergabeR 2007, 582, 583; *Conrad* VergabeR 2012, 15; *Gabriel* in Prieß/Kratzenberg, FS Marx, 167, 170 f.

[21] In § 4 Abs. 4 VgV 2006 (für den Anwendungsbereich der VOL/A); § 6 Abs. 2 Nr. 2 VgV 2006 (für den Anwendungsbereich der VOB/A); sowie § 8a Nr. 10 VOB/A 2006 und § 7a Nr. 3 Abs. 6 VOL/A 2006.

[22] § 6a Abs. 10 VOB/A 2009.

[23] *Conrad* VergabeR 2012, 15, 18; *Tomerius* in Pünder/Schellenberg, § 7 EG VOL/A Rn. 30.

[24] Ausgenommen ist die Zuverlässigkeit, die der Bieter stets selbst nachweisen muss, ohne sich dafür auf ein anderes Unternehmen berufen zu können, *Eydner* IBR 2012, 64.

[25] *Conrad* VergabeR 2012, 15, 18; *Werner* in Willenbruch/Wieddekind, § 6a VOB/A Rn. 34.

[26] *Conrad* VergabeR 2012, 15 ff.

[27] OLG Düsseldorf Beschl. v. 30.6.2010, VII-Verg 13/10, NZBau 2011, 54, 55; vgl. VK Lüneburg Beschl. v. 30.1.2009, VgK-54/08; *Conrad* VergabeR 2012, 15, 18; *Eydner* IBR 2012, 64.

[28] Vgl. § 6 EG Abs. 10 Satz 2 VOB/A, § 7 EG Abs. 9 Satz 2 VOL/A.

[29] Vgl. Art. 47 Abs. 2 VKR; OLG Düsseldorf Beschl. v. 30.6.2010, VII-Verg 13/10, NZBau 2011, 54, 55; OLG Celle Beschl. v. 9.4.2009, 13 Verg 7/08, VergabeR 2009, 609, 611; *Müller-Wrede* in Müller-Wrede, § 7 EG VOL/A Rn. 73.

[30] Näher dazu unten Rn. 36 ff.

rechtlichen Vorschriften verpflichtet ist, durchzuführen.[31] Fehlen Angaben zum Nachunternehmer, ist das Angebot regelmäßig auszuschließen. Sofern ein **Drittunternehmer** dagegen **lediglich Hilfsfunktionen** ausübt, ist ein Interesse des öffentlichen Auftraggebers an dessen Eignungsprüfung zu verneinen. Das ist etwa bei Unternehmen der Fall, die dem Bieter dadurch Mittel zur Verfügung stellen, dass sie ihm notwendige Geräte vermieten,[32] oder die gegenüber einem Bauauftragnehmer lediglich durch Kaufvertrag verpflichtet sind.[33] Solche Drittunternehmen, die nach tradierter (deutscher) Begrifflichkeit häufig als **Zulieferer** bezeichnet werden, sind daher für die Bestimmung, welche Nachweise vom Auftraggeber verlangt werden können, von Nachunternehmern abzugrenzen.

Die Abgrenzung ist allerdings mitunter schwierig. Zur Orientierung werden das Interesse des Auftraggebers am Nachweis der Eignung des Dritten,[34] sowie die Ausführung eines Teils der Leistung selbst, im Gegensatz zur Übernahme bloßer Hilfsfunktionen,[35] genannt. Ein häufig erwähntes **Abgrenzungskriterium** ist zudem die Frage nach dem **Pflichtenkreis:** Nachunternehmer ist, wer im Pflichtenkreis des Auftragnehmers gegenüber dem Auftraggeber tätig wird.[36] Der Pflichtenkreis wird durch den Auftragsgegenstand, insbesondere **durch die Leistungsbeschreibung, definiert.**[37] Folglich ist es primär die Entscheidung des Auftraggebers, der die Leistungsbeschreibung erstellt, wen er als Nachunternehmer einstuft und zu wem er infolgedessen Eignungsnachweise verlangt.[38] Denn es ist in der Leistungsbeschreibung festgelegt, wozu der Auftragnehmer sich gegenüber dem Auftraggeber verpflichtet bzw. für welche konkreten Arbeitsleistungen der Auftragnehmer vom Auftraggeber eine Vergütung erhält.[39] Wenn ein Dritter also eine Leistung, die sich direkt aus der Leistungsbeschreibung ergibt, übernimmt, ist er in der Regel als Nachunternehmer anzusehen.[40]

17

Weitere Indizien für die Einordnung als Nachunternehmer sind etwa ein hoher Grad an **Eigenständigkeit** der vom Dritten erbrachten **Teilleistung**[41] oder auch die Notwendigkeit einer besonderen fachlichen Qualifikation für die Durchführung dieser Leistung.[42] Hinsichtlich der Kosten der Drittleistung soll mehr als eine bloße Hilfsfunktion dann vor-

18

---

[31] OLG Naumburg Beschl. v. 26.1.2005, 1 Verg 21/04; VK Sachsen Beschl. v. 10.10.2008, 1/SVK/051–08; VK Bund Beschl. v. 13.10.2004, VK 3–194/04.

[32] OLG Düsseldorf Beschl. v. 30.6.2010, VII-Verg 13/10.

[33] OLG Schleswig-Holstein Urt. v. 5.2.2004, 6 U 23/03; VK Hessen Beschl. v. 4.12.2006, 69d VK 58/2006; diese Rechtsprechung beruht allerdings auf dem abgeschafften Gebot der Selbstausführung; die Unterscheidung zwischen Kauf- und Werkvertrag ist für vergaberechtliche Wertungen grundsätzlich unerheblich, ebenso OLG Dresden Beschl. v. 25.4.2006, 20 U 467/06.

[34] VK Bund Beschl. v. 13.10.2004, VK 3–194/04.

[35] OLG Düsseldorf Beschl. v. 27.10.2010, VII-Verg 47/10; OLG München Beschl. v. 10.9.2009,Verg 10/09, IBR 2009, 1373; OLG Naumburg Beschl. v. 26.1.2005, 1 Verg 21/04; OLG Naumburg Beschl. v. 4.9.2008, 1 Verg 4/08, VergabeR 2009, 210, 215; VK Lüneburg Beschl. v. 8.4.2005, VgK-10/2005, BeckRS 2005, 04608; VK Lüneburg Beschl. v. 30.1.2009, VgK-54/08; VK Sachsen Beschl. v. 20.4.2006, 1/SVK/029–06; VK Bund Beschl. v. 13.10.2004, VK 3–194/04; *von Rintelen* in Kapellmann/Messerschmidt, § 8 VOB/A Rn. 40; *Ritzek-Seidl* in Pünder/Schellenberg, § 8 VOB/A Rn. 17; *Conrad* VergabeR 2012, 15, 19; *Burgi* NZBau 2010, 593, 594f.; s. ferner § 4 Abs. 8 Nr. 1 Satz 1 und 2 VOB/B, § 4 Nr. 4 Satz 1 VOL/B, Art. 25 VKR.

[36] VK Bund Beschl. v. 26.5.2008, VK 2–49/08; OLG München Beschl. v. 10.9.2009, Verg 10/09.

[37] VK Bund Beschl. v. 26.5.2008, VK 2–49/08; vgl. VK Bund Beschl. v. 13.10.2004, VK 3–194/04.

[38] So auch *Conrad* VergabeR 2012, 15, 19.

[39] OLG München Beschl. v. 10.9.2009, Verg 10/09, VergabeR 2010, 266, 274.

[40] VK Bund Beschl. v. 26.5.2008, VK 2–49/08; VK Bund Beschl. v. 13.10.2004, VK 3–194/04; *Conrad* VergabeR 2012, 15, 19.

[41] OLG Naumburg Beschl. v. 4.9.2008, 1 Verg 4/08, VergabeR 2009, 210, 215; OLG Naumburg Beschl. v. 26.1.2005, 1 Verg 21/04; *Losch* VergabeR 2007, 582, 586f.

[42] OLG Naumburg Beschl. v. 4.9.2008, 1 Verg 4/08, VergabeR 2009, 210, 215; OLG Naumburg Beschl. v. 26.1.2005, 1 Verg 21/04.

liegen, wenn sie 8–10 % des Gesamtpreises übersteigen.[43] Gleiches gelte, wenn die Drittleistung von **Bedeutung für die Funktionsfähigkeit** der Gesamtleistung ist.[44] Somit kann auch eine schwere Verfügbarkeit von zu beschaffenden Materialien für die Nachunternehmerqualität einer Lieferleistung sprechen.[45]

19 Hängt dagegen das Gesamtbild der vom Auftragnehmer geschuldeten Leistung nicht von der Tätigkeit des Dritten ab[46] oder weist dessen Leistung **keinerlei fachlichen Bezug** zur ausgeschriebenen Leistung auf,[47] so ist der Dritte meist bloß „Zulieferer". Auch dann, wenn auf Grundlage der Ausschreibungsunterlagen nicht festgestellt werden kann, dass der Bieter pflichtwidrig die Einschätzung des Auftraggebers über die Qualifikation der fraglichen Leistung als vertragliche Primärpflicht des Bieters verkannt hat,[48] oder wenn der Auftraggeber im Laufe des Vergabeverfahrens gar den Ausdruck „Zulieferer" und nicht „Nachunternehmer" verwendete,[49] handelt es sich nicht um eine Nachunternehmerleistung, sondern um eine sonstige Drittleistung.

20 Anhand der genannten Maßstäbe wurde u. a. entschieden, dass Speditionsleistungen, Gerätemiete, die Lieferung von Baustoffen und Bauteilen nicht als Nachunternehmerleistungen zu qualifizieren sind.[50] Ebenso sei ein Lieferant, der sein Produkt einbaut grundsätzlich kein Nachunternehmer.[51] Andererseits wurde eine „wesentliche Ingenieursleistung" wegen ihrer qualitativen Bedeutung als Nachunternehmerleistung bewertet, obwohl sie im Verhältnis zum Gesamtauftragswert kein besonderes Gewicht hatte, jedoch aufgrund ihrer Bedeutung für die Auftragsausführung einen nicht unwesentlichen Leistungsteil bildete.[52]

21 Maßgeblich ist demnach, ob der Dritte lediglich **untergeordnete Zuarbeiten** erbringt, die als Grundlage für die ausgeschriebene Leistung des Auftragnehmers dienen, oder ob die Arbeiten des Dritten der Auftragsleistung selbst immanent sind.[53]

C. Erforderliche Erklärungen und Nachweise zum Nachunternehmereinsatz

22 Möchte ein Bieter für die Erbringung (von Teilen) der Leistung Nachunternehmer einsetzen, so muss er das meist schon bei der Angebotsabgabe deutlich machen und regelmäßig weitere **besondere Nachweise und Erklärungen** beibringen. Dabei ist es grundsätzlich Sache der Vergabestelle, welche Erklärungen und Nachweise sie zu den Nachunternehmern verlangt.

23 Die Vergabestelle sollte ihre Anforderungen in den Vergabeunterlagen möglichst genau deutlich machen und beachten, dass ein hoher Formalismus zwar der **Vergleichbarkeit der Angebote** dient, aber gleichzeitig den Wettbewerb beschränken kann, wenn er zum

---

[43] OLG Naumburg Beschl. v. 26.1.2005, 1 Verg 21/04; VK Lüneburg Beschl. v. 30.1.2009, VgK-54/08.
[44] OLG Naumburg Beschl. v. 26.1.2005, 1 Verg 21/04.
[45] OLG Naumburg Beschl. v. 4.9.2008, 1 Verg 4/08, VergabeR 2009, 210, 215.
[46] So aber in OLG Dresden Beschl. v. 25.4.2006, 20 U 0467/06; vgl. *Losch* VergabeR 2007, 582, 586f.
[47] VK Sachsen-Anhalt Beschl. v. 6.6.2008, 1 VK LVwA 07/08.
[48] OLG München Beschl. v. 10.9.2009, Verg 10/09, VergabeR 2010, 266, 274.
[49] OLG Düsseldorf Beschl. v. 27.10.2010, VII-Verg 47/10.
[50] OLG Düsseldorf Beschl. v. 27.10.2010, VII-Verg 47/10; OLG Naumburg Beschl. v. 4.9.2008, 1 Verg 4/08, VergabeR 2009, 210, 215; OLG Dresden Beschl. v. 25.4.2006, 20 U 467/06; VK Sachsen Beschl. v. 20.4.2006, 1/SVK/029–06; VK Sachsen Beschl. v. 8.6.2005, 1/SVK/051–05; vgl. *Weyand* § 97 GWB Rn. 509.
[51] VK Sachsen Beschl. v. 3.4.2002, 1/SVK/020–02.
[52] VK Bund Beschl. v. 14.2.2008, VK 1–9/08.
[53] OLG Naumburg Beschl. v. 26.1.2005, 1 Verg 21/04; vgl. VK Bund Beschl. v. 13.10.2004, VK 3–194/04.

Ausschluss von Angeboten aufgrund fehlender Nachweise führt.[54] Denn grundsätzlich gilt, dass Erklärungen und Nachweise, die in den Ausschreibungsunterlagen vom Auftraggeber verlangt werden, für die Vergabeentscheidung relevant sind,[55] so dass ihr Fehlen den zwingenden Ausschluss des jeweiligen Angebots nach sich zieht.[56] Zudem benötigt der Auftraggeber Informationen zum Nachunternehmereinsatz, um im Rahmen der **Eignungsprüfung des Bieters**, dessen notwendige Fachkunde über die angemessene Beaufsichtigung und Überprüfung des Nachunternehmers feststellen zu können.[57]

Da hohe formale Anforderungen in den Vergabeunterlagen zahlreiche Angebotsausschlüsse nach sich ziehen, sollen Nachweise nur bis zu einer **Zumutbarkeitsgrenze** verlangt werden.[58] Wo diese Zumutbarkeitsgrenze verläuft, hängt jedoch von den jeweiligen Nachweisen, dem Zeitpunkt ihrer Beibringung im Vergabeverfahren und der konkreten Ausschreibung ab. Erklärungen und Nachweise, die den Einsatz von Nachunternehmern betreffen, sind: Absichtserklärungen über eine geplante Weitervergabe an Nachunternehmer mit Benennung der entsprechenden Leistungsteile, Nennungen des konkret vorhergesehenen Nachunternehmers einschließlich eines Verfügbarkeitsnachweises sowie Nachweise über die Eignung des Nachunternehmers. Hierzu im Einzelnen:

24

I. Absichtserklärung

Nach Art. 25 VKR, §§ 8 Abs. 2 Nr. 2, 8 EG Abs. 2 Nr. 2 VOB/A, § 8 Abs. 3 SektVO[59] kann die Angabe von Art und Umfang der durch Nachunternehmer auszuführenden Leistungen verlangt werden.[60] Wenn eine demgemäß geforderte **Erklärung zum geplanten Nachunternehmereinsatz** fehlt oder wenn dessen Art und Umfang unzureichend angegeben werden, so dass die Eignung des Bieters, die Zuverlässigkeit der Leistungserbringung oder der wertende Angebotsvergleich nicht mehr gewährleistet sind, folgt unweigerlich ein Angebotsausschluss.[61]

25

Die Vergabestelle kann die Abgabe einer solchen Absichtserklärung schon **bei Angebotsabgabe** fordern, da sie ein Interesse daran haben kann, sich frühzeitig darüber ein Bild zu machen, wie der einzelne Bieter den Auftrag zu erfüllen plant.[62] Daher ist es den Bietern auch zuzumuten, schon zu einem frühen Zeitpunkt Auskunft darüber zu geben, ob für bestimmte Leistungsteile eine Nachunternehmereinschaltung vorgesehen ist.[63]

26

---

[54] *Burgi* NZBau 2010, 593, 597.
[55] OLG Celle Beschl. v. 2.10.2008, 13 Verg 4/08.
[56] BGH Urt. v. 10.6.2008, X ZR 78/07; BGH Urt. v. 7.6.2005, X ZR 19/02, VergabeR 2005, 617 ff.; OLG München Beschl. v. 6.11.2006, Verg 17/06, VergabeR 2007, 225, 226 f.; VK Nordbayern Beschl. v. 24.1.2008, 21.VK-3194−52/07; *Terwiesche* VergabeR 2009, 26, 37.
[57] *Stoye/Hoffmann* VergabeR 2009, 569, 571.
[58] BGH Urt. v. 10.6.2008, X ZR 78/07, NZBau 2008, 592; OLG München Beschl. v. 22.1.2009, Verg 26/08, NZBau 2009, 470; OLG Düsseldorf Beschl. v. 2.12.2009, Verg 39/09, NZBau 2010, 393, 398.
[59] Im Bereich der Verteidigung und Sicherheit finden sich entsprechende Bestimmungen in Art. 21 Abs. 2, 1. Spiegelstrich RL 2009/81/EG und in § 9 Abs. 1 Satz 1 VSVgV sowie § 8 VS Abs. 2 Nr. 2 VOB/A.
[60] Vgl. BGH Urt. v. 18.9.2007, X ZR 89/04; *Raufeisen* in Willenbruch/Wieddekind, § 8 VOB/A Rn. 14.; aufgrund der Regelung in Art. 25 VKR muss das Gleiche im Rahmen der VOL/A gelten.
[61] OLG Celle Beschl. v. 2.10.2008, 13 Verg 4/08; OLG Schleswig Beschl. v. 10.3.2006, 1 (6) Verg 13/05; VK Nordbayern Beschl. v. 24.1.2008, 21.VK-3194−52/07.
[62] BGH Urt. v. 10.6.2008, X ZR 78/07.
[63] BGH Urt. v. 10.6.2008, X ZR 78/07.

II. Nachunternehmerbenennung und Verfügbarkeitsnachweis

27 Beruft sich ein Bieter im Rahmen der Zurechnung von Eignungsnachweisen nach Art. 47 Abs. 2, 48 Abs. 3 VKR, Art. 54 Abs. 5 und 6 SKR, §§ 6 EG Abs. 10 VOB/A,[64] § 7 EG Abs. 9 VOL/A, § 20 Abs. 3 SektVO, § 5 Abs. 6 VOF auf die Kapazitäten Dritter, um seine fachliche und wirtschaftliche Leistung darzulegen, so muss sichergestellt sein, dass ihm die Mittel der genannten Dritten auch tatsächlich zur Verfügung stehen.[65] Daher galt schon nach dem alten Richtlinienrecht, dass der Bieter einen **Verfügbarkeitsnachweis über die Fremdkapazitäten** führen muss.[66] Diese Pflicht ist inzwischen in Art. 47 Abs. 2 Satz 2, 48 Abs. 2 Satz 2 VKR, Art. 54 Abs. 5 Satz 2 und Abs. 6 Satz 2 SKR, § 6 EG Abs. 10 Satz 2 VOB/A,[67] § 7 EG Abs. 9 Satz 2 VOL/A[68] niedergelegt und wird in der Regel durch die Vorlage von Verpflichtungserklärungen[69] derjenigen Unternehmen, die ihre Kapazitäten zur Verfügung stellen, erfüllt.

28 Regelmäßig handelt es sich bei den Dritten, auf deren Mittel sich der Bieter beruft, gleichzeitig um Nachunternehmer, mit der Folge, dass die Berufung auf den Dritten gleichzeitig eine Nachunternehmerbenennung darstellt. In diesem Fall gehören die **Nachunternehmerbenennung und die Vorlage von Verfügbarkeitsnachweisen** untrennbar zusammen und müssen spätestens **zum Zeitpunkt der Eignungsprüfung** vorliegen.[70] Anders verhält es sich hingegen, soweit der Nachunternehmer unabhängig von der Eignungsleihe eingesetzt werden soll: Erfüllt der Bieter die Eignungsanforderungen ohne fremde Hilfe, so genügt es im Allgemeinen, wenn die Nachunternehmerbenennung und die entsprechende Verpflichtungserklärung erst zu einem späteren Zeitpunkt, **nach Aufforderung durch die Vergabestelle**, vorgelegt werden.[71] Soll ein Nachunternehmer jedoch eine Teilleistung erbringen, für die gerade ein besonderer Eignungsnachweis erforderlich ist, müssen die Nachweise auch unabhängig von der Zurechnung von Eignungsnachweisen spätestens zum Zeitpunkt der Eignungsprüfung vorliegen.[72]

29 Die **Nachunternehmerbenennung** hat zudem so zu erfolgen, dass klar ist, welche Teilleistung durch welchen Nachunternehmer erfüllt werden soll. Denn die Eignungsprüfung des vorgesehenen Nachunternehmers muss gerade **hinsichtlich der Ausführung der konkreten Teilleistung** stattfinden.[73] Zugleich schließt das in der Regel die alternative Benennung mehrerer Unternehmen für dieselbe Teilleistung aus, da das zum einen zu Unklarheiten im Angebot führt[74] und außerdem ungerechtfertigte Vorteile gegenüber

---

[64] § 6a Abs. 10 VOB/A 2009.
[65] OLG München Beschl. v. 6.11.2006, Verg 17/06, VergabeR 2007, 225, 226 f.; *Terwiesche* VergabeR 2009, 26, 37; *Dreher* in Immenga/Mestmäcker, § 97 Rn. 151.
[66] EuGH Urt. v. 18.3.2004, Rs. C-314/01 – Siemens und ARGE Telekom, Rn. 44–46; *Stoye* NZBau 2004, 648.
[67] § 6a Abs. 10 Satz 2 VOB/A 2009.
[68] Im Bereich der Verteidigung und Sicherheit siehe auch § 26 Abs. 3 VSVgV, § 6 VS Abs. 8 VOB/A.
[69] Voraussetzung ist, dass die Verpflichtungserklärung bzw. ein anders geführter Verfügbarkeitsnachweis für den vorgesehenen Nachunternehmer bindend ist. Ein „Gentlemen's Agreement" genügt dem nicht.
[70] *Stoye/Hoffmann* VergabeR 2009, 569, 572.
[71] BGH Urt. v. 10.6.2008, X ZR 78/07, NZBau 2008, 592, 593; ab wann und von welchen Bietern diese Nachweise verlangt werden können, erläutern *Stoye/Hoffmann* VergabeR 2009, 569, 577 ff.; vgl. aber die insoweit eindeutige Regelung in § 9 Abs. 1 Satz 1 VSVgV.
[72] OLG Karlsruhe Beschl. v. 25.4.2008, 15 Verg 2/08.
[73] Näher unten Rn. 36 ff.
[74] Vgl. VK Brandenburg Beschl. v. 30.6.2005, 1 VK 29/05; die Unklarheiten können jedoch durch Nachforderung weiterer Angaben beseitigt werden, ehe das Angebot ausgeschlossen wird, vgl. § 16 EG Abs. 1 Nr. 3 VOB/A, § 19 EG Abs. 2 VOL/A, § 5 Abs. 3 VOF.

anderen Bietern, die nur einen oder keine Nachunterunternehmer angeben, zur Folge haben kann.[75]

Für den Zeitpunkt, zu dem die Nachweise beigebracht werden müssen, kommt 30 es maßgeblich auf deren Notwendigkeit bei der Eignungsprüfung an. Denn sowohl Nachunternehmerbenennung als auch die entsprechenden Verpflichtungserklärungen sollen den Auftraggeber in die Lage versetzen, die fachliche Eignung und Zuverlässigkeit des Bieters beurteilen zu können,[76] was die Überprüfung desjenigen, der die Leistung tatsächlich ausführt, zwingend einschließt.[77] Daher ist es auch unbeachtlich, welchen rechtlichen Charakter das Verhältnis zwischen Bieter und Nachunternehmer ist,[78] sondern lediglich der Umstand entscheidend, dass diese Unternehmer Tätigkeiten aus dem Aufgabenkreis des Bieters für ihn ausführen.

Die **Vorlagepflicht** von Nachunternehmerbenennung und Verpflichtungserklärung 31 besteht jedoch frühestens dann, wenn das ausdrücklich von der Vergabestelle verlangt wurde.[79] Somit kann der Auftraggeber die Vorlagepflicht in den Ausschreibungsunterlagen auch auf bestimmte Nachunternehmer beschränken, etwa wenn im Einzelfall Nachunternehmerangaben nur für solche Unternehmen verlangt werden, die lizenzpflichtige Leistungen erbringen.[80] Allein die Beifügung eines Nachunternehmerverzeichnisses zu den Vergabeunterlagen kann dagegen auch so verstanden werden, dass lediglich die Benennung derjenigen Leistungsteile, die zur Erfüllung durch einen Nachunternehmer vorgesehen sind, verlangt wird.[81]

Ursprünglich entsprach es der gängigen Praxis, die Benennung des Nachunterneh- 32 mers und dessen Verpflichtungserklärung mit Angebotsabgabe zu verlangen.[82] Alle Angebote, welche die verlangte Benennung bzw. Verpflichtungserklärung der Nachunternehmer nicht enthalten, waren vor dem Hintergrund der Vergleichbarkeit der wertungsfähigen Angebote somit zwingend auszuschließen.[83] Da diese **strikte Handhabung** jedoch häufig zum Ausschluss vielversprechender Angebote führte, wird nun meist bei Angebotsabgabe bloß die Benennung der Leistungsteile, welche der Bieter an Nachunternehmer zu vergeben beabsichtigt verlangt, während die konkrete Nachunternehmerbenennung sowie Verpflichtungserklärungen erst auf gesondertes Verlangen vorzulegen sind.[84]

Das entspricht auch der Feststellung des BGH, wonach ein **frühzeitiges Verlangen** 33 **der Angaben** zum Nachunternehmer den Bieter **unverhältnismäßig belasten** kann.[85] In diesem Fall ist ein Angebotsausschluss wegen fehlender Nachweise unzulässig.[86] Dem-

---

[75] Näher dazu *Amelung* VergabeR 2012, 348, 349.
[76] OLG Celle Beschl. v. 2.10.2008, 13 Verg 4/08; OLG Schleswig Beschl. v. 10.3.2006, 1 (6) Verg 13/05.
[77] Vgl. *Weyand* § 97 GWB Rn. 494.
[78] Vgl. § 6 EG Abs. 10 Satz 1 VOB/A.
[79] VK Bund Beschl. v. 2.10.2007, VK 1–104/07; VK Thüringen Beschl. v. 11.2.2008, 360–4003.20–149/2008–004-EF; *Diemon-Wies/Viegener* VergabeR 2007, 576, 580; *Stoye/Hoffmann* VergabeR 2009, 569, 575; anders *Amelung* VergabeR 2012, 348, 451, mit Verweis auf VK Bund Beschl. v. 24.10.2007, VK 1–116/07, die wegen des unterschiedlichen Wortlauts nur im Rahmen der VOB/A eine ausdrückliche Aufforderung zur Erbringung des Verfügbarkeitsnachweises für erforderlich hält, während im Rahmen der VOL/A und VOF der Nachweis in der Regel zusammen mit dem Angebot einzureichen sei.
[80] OLG München Beschl. v. 29.3.2007, Verg 2/07.
[81] BGH Urt. v. 10.6.2008, X ZR 78/07.
[82] *Stolz* in Willenbruch/Wieddekind, § 8 SektVO Rn. 19.
[83] Instruktiv OLG Düsseldorf Beschl. v. 20.10.2008, VII-Verg 41/08, VergabeR 2009, 228, 232 f.; *Stoye/Hoffmann* VergabeR 2009, 569.
[84] Vgl. auch Formblatt 235EG und Bewerbungsbedingungen 212EG Nr. 7 in der Neufassung des Vergabehandbuchs, VHB Bund 2008; *Stoye/Hoffmann* VergabeR 2009, 569, 570.
[85] BGH Urt. v. 10.6.2009, X ZR 78/07, NZBau 2008, 592; zustimmend OLG München Beschl. v. 22.1.2009, Verg 26/08, VergabeR 2009, 478.
[86] BGH Urt. v. 10.6.2009, X ZR 78/07, NZBau 2008, 592.

entsprechend enthält die VOB/A inzwischen Bestimmungen, nach denen der Auftraggeber nur „von den in der engeren Wahl befindlichen Bietern" (§ 6 EG Abs. 10 Satz 2[87]) den Verfügbarkeitsnachweis verlangen soll, und dass vor dem Bieterausschluss fehlende Erklärungen zunächst nachzufordern sind (§ 16 Abs. 1 Nr. 3).[88] Die VK Sachsen übertrug diese Rechtsprechung auf den Teilnahmewettbewerb und erkannte, dass es unzumutbar sei, wenn schon beim Teilnahmeantrag eine Verpflichtungserklärung verlangt wird.[89]

34 Nach dieser Rechtsprechung sind Nachweise zum konkret vorgesehenen Nachunternehmer also erst dann von den Bietern vorzulegen, wenn es für das weitere Verfahren auf sie ankommt, so etwa für die Eignungsprüfung oder auch erst für die Zuschlagsentscheidung.[90] Andererseits sind die Auswirkungen des BGH-Urteils auf die Praxis nicht unumstritten. Teilweise wird angenommen, es handele sich dabei nur um eine Einzelfallentscheidung, die zudem nur für die VOB/A gelte. Insbesondere wenn der Auftraggeber wegen der Art des Unterauftrags voraussichtlich eng mit dem Nachunternehmer zusammenarbeiten wird, oder wenn der Nachunternehmer zur Ausführung wesentlicher Leistungsteile eingesetzt werden soll, kann die Vergabestelle ein überwiegendes Interesse an Benennung und Eignungsnachweisen des Nachunternehmers mit der Angebotsabgabe haben.[91] Übersteigt das **Informationsinteresse des Auftraggebers** die Belastung der Bieter, kann das die Vorgabe, den Nachunternehmer bereits bei Angebotsabgabe mitzuteilen, rechtfertigen.[92] Zudem soll eine unzumutbare Belastung für die Bieter nach einigen Entscheidungen der Vergabekammern nur dann vorliegen, wenn das Verlangen der frühzeitigen Vorlage von Verfügbarkeitsnachweisen gerügt wird.[93]

35 Für die Beurteilung, zu welchem Zeitpunkt Nachunternehmerbenennung und Verfügbarkeitsnachweis vorliegen müssen, und ob ihr Fehlen bei Angebotseinreichung zum Ausschluss des jeweiligen Angebots führen kann, hängt mithin vom **Einzelfall** ab.[94]

III. Eignungsnachweise des Nachunternehmers

36 Plant ein Bieter für die Auftragsausführung Nachunternehmer einzusetzen, so treten diese an seine Stelle. Daher müssen Nachunternehmer grundsätzlich wie der Auftragnehmer die Eignungsanforderungen an die wirtschaftliche, persönliche und fachliche Leistungsfähigkeit gemäß den Ausschreibungsunterlagen erfüllen.[95]

37 Ist nichts anderes in den Vergabeunterlagen ausgeführt, so ist die **Eignungsprüfung des jeweiligen Nachunternehmers** aber nur insoweit notwendig, als dieser mit der Ausführung der Leistung betraut werden soll.[96] So ist es zum Beispiel ausreichend, wenn die Nachunternehmer bei Bauaufträgen über die notwendige Erfahrung für die Gewerke, für die sie eingesetzt werden, verfügen.[97] Andererseits genügt die bloße Eignung für die

---

[87] § 6a Abs. 10 Satz 2 VOB/A 2009.
[88] In der VOL/A finden sich keine vergleichbaren Bestimmungen.
[89] VK Sachsen Beschl. v. 10.10.2008, 1/SVK/051–08; *Stoye/Hoffmann* VergabeR 2009, 569, 570.
[90] OLG München Beschl. v. 2.10.2008, 13 Verg 4/08.
[91] OLG Celle Beschl. v. 2.10.2008, 13 Verg 4/08; vgl. auch OLG Düsseldorf Beschl. v. 4.5.2009, VII-Verg 68/08; *v. Münchhausen* VergabeR 2010, 374, 375; *Weyand* (2012), § 16 VOB/A Rn. 403.
[92] OLG Celle Beschl. v. 2.10.2008, 13 Verg 4/08; OLG München Beschl. v. 22.1.2009, Verg 26/08; so auch *Frister* in Kapellmann/Messerschmidt, § 16 VOB/A Rn. 59.
[93] OLG Celle Beschl. v. 2.10.2008, 13 Verg 4/08.
[94] *Amelung* VergabeR 2012, 348, 351; *Frister* in Kapellmann/Messerschmidt, § 16 VOB/A Rn. 60.
[95] OLG Düsseldorf Beschl. v. 16.11.2011, VII-Verg 60/11; VK Sachsen Beschl. v. 8.6.2005, 1/SVK/051–05.
[96] VK Mainz Beschl. v. 17.11.2009, VK 2–51/09; *Burgi* NZBau 2010, 593, 596; *Stoye/Hoffmann* VergabeR 2009, 574.
[97] OLG Düsseldorf Beschl. v. 22.9.2005, VII-Verg 50/05; *Terwiesche* VergabeR 2009, 26, 37; *Dittmann* in Kulartz/Kus/Portz/Prieß § 25 VOL/A Rn. 109.

auszuführenden Teilleistungen dann nicht, wenn die Vergabestelle die Geltung der generellen Eignungsanforderungen auch für die Nachunternehmer in den Vergabeunterlagen festschreibt.[98] In derartigen Fällen schlägt ein Eignungsmangel des Nachunternehmers auf den Bieter durch.[99] Um den Ausschluss seines Angebots zu vermeiden hat insbesondere ein Generalunternehmer darauf zu achten, dass die von ihm bei der Angebotslegung genannten Nachunternehmer alle Mindestanforderungen an den Eignungsnachweis zumindest für den vom Nachunternehmer zu erbringenden Leistungsteil erfüllen.[100]

Bezüglich des **Zeitpunkts, zu dem die Eignungsnachweise der Nachunternehmer vorliegen müssen**, gilt grundsätzlich das Gleiche wie bei der Vorlage der Verfügbarkeitsnachweise.[101] Ein frühzeitiges Beibringen der Nachweise kann die Bieter je nach Einzelfall unverhältnismäßig belasten.[102] Außerdem kommt ein längerer Zeitraum, bis die Eignungsnachweise der Nachunternehmer vorliegen müssen, auch dem Auftraggeber zu Gute, da die Bieter diesen für ein ernsthaftes Verhandeln mit den potenziellen Nachunternehmern nutzen können.[103] Andererseits kann die Vergabestelle ein berechtigtes Interesse daran haben, frühzeitig die Leistungsfähigkeit und Fachkunde der tatsächlich für die Auftragsausführung zuständigen Unternehmen beurteilen zu können. Insbesondere bei größeren und komplexen Aufträgen kann es daher den Bietern zumutbar sein, schon mit Einreichung des Angebots neben ihren eigenen auch die Eignungsnachweise der vorhergesehenen Nachunternehmer einzureichen.[104] Dann muss die Vergabestelle die Notwendigkeit, die Nachweise schon bei Angebotsabgabe einzureichen, in der Vergabebekanntmachung deutlich machen.[105] 38

Welche Eignungsnachweise zu welchem Zeitpunkt vorzulegen sind, hängt demnach vom **Einzelfall** ab. Vergabestellen sollten in jedem Fall die von den Bietern verlangten Unterlagen zu den Nachunternehmern stets ausdrücklich und möglichst genau angeben. Gibt es keine näheren Angaben, sind die Bieter gut damit beraten, die Eignungsnachweise zu den vorgesehenen Nachunternehmern möglichst früh und in demselben Umfang, wie für sich selbst, einzureichen, um der Gefahr eines Angebotsausschlusses zu begegnen. 39

D. Probleme im Zusammenhang mit dem Nachunternehmereinsatz

I. Das Gebot der Selbstausführung

1. Die Rechtslage bis 2005

Bis in das Jahr 2005 wurde einigen Regelungen der Vergabeordnungen das **Gebot der Selbstausführung** entnommen. Aus den damaligen § 8 Nr. 2 Abs. 1 VOB/A 2002[106] bzw. § 7 Nr. 2 Abs. 1 VOL/A 2002,[107] wonach bei Öffentlicher Ausschreibung die Vergabeunterlagen (nur) an alle Bewerber abzugeben waren, die sich *gewerbsmäßig* mit der Ausführung von Leistungen der ausgeschriebenen Art befassen und § 4 Abs. 8 Nr. 1 VOB/B, nach dem der Auftragnehmer die nachgefragten **Leistungen im eigenen Betrieb ausführen** muss, wurde hergeleitet, dass die Auftragsausführung nur an einen Bie- 40

---

[98] OLG Düsseldorf Beschl. v. 16.11.2011, VII-Verg 60/11; VK Münster Beschl. v. 13.02.2007, VK 17/06; zu denken ist insbesondere an Voraussetzungen für die wirtschaftliche Leistungsfähigkeit.
[99] OLG Düsseldorf Beschl. v. 16.11.2011, VII-Verg 60/11.
[100] OLG Düsseldorf Beschl. v. 16.11.2011, VII-Verg 60/11.
[101] Siehe oben unter Rn. 27 ff.
[102] BGH Urt. v. 10.6.2008, X ZR 78/07; OLG Naumburg Beschl. v. 30.9.2010, 1 U 50/10, VergabeR 2011, 245.
[103] *Burgi* NZBau 2010, 593, 597.
[104] OLG Naumburg Beschl. v. 30.9.2010, 1 U 50/10, VergabeR 2011, 245, 250.
[105] VK Sachsen Beschl. v. 22.7.2010, 1/SVK/022–10.
[106] Heute § 6 Abs. 2 Nr. 1 VOB/A.
[107] Seit 2010 nicht mehr in der VOL/A enthalten.

ter vergeben werden sollte, der zumindest wesentliche Teile der ausgeschriebenen Leistung selbst erbrachte.[108] Die Vergabe eines Auftrages an einen Generalübernehmer, der die Bauleistung vollständig durch Dritte erbringen lässt, wurde als unzulässig betrachtet,[109] da er die Leistungen nicht im eigenen Betrieb erbringe, sondern nur als Vermittler auftrete.[110]

41 Der EuGH setzte sich immer wieder kritisch mit dem Gebot der Selbstausführung auseinander: Zunächst entschied er, dass einer Holdinggesellschaft, die den Nachweis ihrer technischen, finanziellen und wirtschaftlichen Leistungsfähigkeit mittels Berufung auf eine Tochtergesellschaft erbringt, die Zulassung zur Teilnahme an öffentlichen Bauaufträgen nicht verweigert werden darf, wenn sie nachweist, dass sie über die zur Ausführung des Auftrages erforderlichen Mittel der Tochtergesellschaft verfügt.[111] Später erweiterte der **EuGH** seine Rechtsprechung dahingehend, dass dem Bieter der **Verweis auf die Leistungsfähigkeit eines jeden anderen Unternehmens** offen steht, unabhängig vom zwischen ihnen bestehenden Rechtsverhältnis.[112]

2. Die Rechtslage nach dem ÖPP- Beschleunigungsgesetz

a) Vergaben oberhalb de Schwellenwerte

42 Für den Bereich oberhalb der Schwellenwerte reagierte der Gesetzgeber im Zuge der Reform der Vergabeverordnung durch das ÖPP-Beschleunigungsgesetz von 2006 mit der Einführung der Zurechnung von Eignungsnachweisen.[113] Durch die gesetzgeberische Zulassung der Einbeziehung Dritter in die Auftragserfüllung wurde das Gebot der Selbstausführung verdrängt und der Weg zum Nachunternehmereinsatz eröffnet.[114] Aus der Zulassung des Verweises auf Drittunternehmen bei Eignungsnachweisen wurde die **Unzulässigkeit des Selbstausführungsgebotes** gefolgert, da die Möglichkeit der Zurechnung von Eignungsnachweisen ansonsten meist sinnlos wäre.[115] Auch ein bestimmter „Kern" eigener Leistungen bei der Auftragserfüllung darf seither nicht mehr gefordert werden.[116]

43 Nach heutiger Rechtslage ist im Bereich oberhalb der Schwellenwerte kein Raum für das Selbstausführungsgebot.[117] Das Verlangen eines bestimmten Eigenleistungsanteiles ist daher grundsätzlich unzulässig[118] und der generelle Ausschluss einer Generalübernahmevergabe in den Ausschreibungsunterlagen nicht möglich.[119] Konsequenterweise darf ein Nachunternehmereinsatz auch nicht zu einem Nachteil in der Wertung führen.[120]

---

[108] *Wirner* LKV 2005, 185, 186; *Leinemann* Öffentliche Aufträge, Rn. 674.
[109] *Leinemann* Öffentliche Aufträge, Rn. 674.
[110] VÜA Bayern Beschl. v. 28.2.1997, VÜA 14/96.
[111] EuGH Urt. v. 14.4.1994, Rs. C-389/92 – Ballast Nedam I, Rn. 15; EuGH Urt. v. 18.12.1997, Rs. C-5/97, NZBau 2000, 149 Rn. 18 – Ballast Nedam II.
[112] EuGH Urt. v. 2.12.1999, C-176/98 – Holst Italia, Rn. 34.; EuGH Urt. v. 18.3.2004, Rs. C-314/01, NZBau 2004, 340 Rn. 42 – ARGE Telekom.
[113] Vgl. §§ 4 Abs. 4, 6 Abs. 2 Nr. 2 VgV a.F.; heute: § 6 EG Abs. 10 VOB/A, § 7 EG Abs. 9 VOL/A, § 5 Abs. 6 VOF.
[114] *Conrad* VergabeR 2012, 15, 16.
[115] OLG Düsseldorf Beschl. v. 30.6.2010, VII-Verg 13/10, NZBau 2011, 54, 55.
[116] OLG Düsseldorf Beschl. v. 28.6.2006, VII-Verg 18/06.
[117] Vgl. § 7 EG Abs. 9 VOL/A und § 6 EG Abs. 8.
[118] *Schranner* in Ingenstau/Korbion, § 6a VOB/A Rn. 39.
[119] VK Bund Beschl. v. 13.2.2007, VK 1–160/06; *Stolz* in Willenbruch/Wieddekind, § 16 VOB/A Rn. 118.
[120] Anders VK Lüneburg Beschl. v. 24.9.2007, VgK-37/2007, wonach es bei einer sensiblen Dienstleistung (wie bei Postzustellungsaufträgen der Justiz) zulässig sei, für die Leistungserbringung mit eigenen oder konzernverbundenen Mitarbeitern mehr Punkte zu vergeben als für einen Anbieter, der im erheblichen Maß auf den Einsatz konzernfremder Subunternehmer angewiesen ist.

b) Vergaben unterhalb der Schwellenwerte

Mit Blick auf Vergaben im Unterschwellenbereich wurde früher teilweise vertreten, dass bereits aus dem Wortlaut der damaligen § 7 Nr. 2 Abs. 1 VOL/A und § 8 Nr. 2 Abs. 1 VOB/A ein genereller Ausschluss von Generalübernehmern nicht ohne weiteres folge.[121] Jedenfalls dann, wenn die Verdingungsunterlagen derart formuliert sind, dass Finanzierungsleistungen einen wesentlichen Bestandteil der Ausschreibung darstellen und die Möglichkeit der Vergabe an einen Generalübernehmer nicht ausdrücklich ausgeschlossen ist.[122] Auf den heutigen Wortlaut der Normen lässt sich eine derartige Auffassung nicht mehr stützen,[123] da die Neuregelung von VOL/A und VOB/A nicht den Willen erkennen lassen, **im Unterschwellenbereich** vom **Selbstausführungsgebot** abzurücken. Denn § 6 VOB/A enthält keine mit § 6 EG Abs. 8 VOB/A[124] vergleichbare Vorschrift, die den Verweis auf die Leistungsfähigkeit eines anderen Unternehmens ermöglicht, sondern beschränkt die Nachweismöglichkeit der Eignung auf den Bieter oder den Bewerber.

44

Das Gebot der Selbstausführung gilt somit jedenfalls dann fort, wenn die europäischen Grundfreiheiten nicht anwendbar sind.[125] Umstritten ist die Rechtslage indes, wenn eine **binnenmarktrechtliche Relevanz** auftritt und die Grundfreiheiten tangiert sind. Auf die Rechtsprechung des EuGH kann nicht ohne weiteres zurückgegriffen werden, da sich diese nicht auf einen Verstoß gegen Grundfreiheiten, sondern auf die Dienstleistungsrichtlinie stützte.[126] In der Literatur wird angeführt, das Selbstausführungsgebot im Bereich unterhalb der Schwellenwerte sei nicht obligatorisch und stelle einen Verstoß gegen das Diskriminierungsverbot des § 2 Abs. 2 VOB/A und eine gemeinschaftsrechtswidrige Beschränkung des freien Dienstleistungs- und Warenverkehrs dar.[127] Sofern der im Einzelfall vorgesehene Nachunternehmereinsatz die Gewähr für eine auftragsgerechte Bauausführung biete, dürfte mit Blick auf den allgemeinen europarechtlichen Gleichheitsgrundsatz der Beurteilungsspielraum des Auftraggebers auf Null reduziert und der Generalübernehmer zuzulassen sein.[128] Richtigerweise kann das Eigenleistungserfordernis als Instrument der Mittelstandsförderung einen sachlichen Grund für die Ungleichbehandlung im Rahmen des allgemeinen Gleichheitsgrundsatzes darstellen.[129] Zu der Frage, ob ein Verstoß gegen europäische Grundfreiheiten vorliegt, hat sich die Rechtsprechung bislang nicht geäußert.[130]

45

c) Vergaberechtliche Besonderheiten im Schienen- und Straßenpersonenverkehr

Bei Vergaben im Bereich des öffentlichen Schienen- und Straßenpersonenverkehrs[131] beschreitet der europäische Gesetzgeber einen vom allgemeinen Vergaberecht abweichenden Sonderweg. Gemäß **Art. 4 Abs. 7 VO 1370/2007** ist im Falle der Unterauftragsvergabe der mit der Verwaltung und Erbringung von Personenverkehrsdiensten betraute Betreiber verpflichtet, einen bedeutenden Teil der Dienste selbst zu erbringen.

46

---

[121] So damals z. B. *Hausmann* in Kulartz/Marx/Portz/Prieß, 1. Aufl. 2007, § 7 Rn. 120.
[122] *Fietz* NZBau 2003, 426, 427.
[123] So z. B. auch die aktuelle Kommentierung von *Hausmann/von Hoff* in Kulartz/Marx/Portz/Prieß, § 7 Rn. 88.
[124] § 6a Abs. 10 VOB/A 2009.
[125] *Glahs* in Kapellmann/Messerschmidt, § 6 VOB/A Rn. 34.
[126] *Glahs* in Kapellmann/Messerschmidt, § 6 VOB/A Rn. 34.
[127] *Stoye* NZBau 2004, 648, 650; vgl dazu auch *Glahs* in Kapellmann/Messerschmidt, § 6 VOB/A Rn. 34.
[128] *Stoye* NZBau 2004, 648, 650.
[129] A.A. *Hausmann* in Kulartz/Marx/Portz/Prieß, 1. Aufl. 2007, § 7 Rn. 123.
[130] *Glahs* in Kapellmann/Messerschmidt, § 6 VOB/A Rn. 34.
[131] Ausführlich zu Vergaben in diesem Bereich unten Kapitel 11.

46a Diese **Selbstbringungsquote** umfasst einen Bereich von ca. 20–30 % des Wertes des jeweiligen auftragsgegenständlichen Dienstes.[132] Sie soll der Gewährleistung eines sicheren, effizienten und hochwertigen Personenverkehrsdienstes dienen, um einen Beitrag zur Verbesserung der Umwelt und Mobilität zu leisten.[133] Wie sich aus der Entstehungsgeschichte der Vorschrift ergibt, ist es Sinn und Zweck von Art. 4 Abs. 7 Satz 2 VO Nr. 1370/2007 insbesondere, dass die Pflichten des Betreibers gegenüber dem Aufgabenträger, bestimmte Sozial- und Qualitätsstandards einzuhalten, nicht durch Übertragung von Leistungen an Nachunternehmer entwertet werden und insbesondere im Wettbewerb mit kleineren und mittleren Unternehmen „Waffengleichheit" hergestellt ist.[134]

46b Da es namentlich bei großvolumigen Infrastrukturprojekten im Bereich ÖPNV/SPNV höchst unwahrscheinlich ist, dass ein Unternehmen in der Lage ist, einen entsprechenden Auftrag gänzlich selbst auszuführen, kommt vor diesem Hintergrund vor allem der Frage eine besondere Relevanz zu, bei welchen typischen vergaberechtlichen Kooperationsformen es sich um eine Selbstbringung des Betreibers handelt oder eine Unterauftragsvergabe iSv. Art. 4 Abs. 7 VO 1370/2007 vorliegt. Während „Betreiber eines öffentlichen Dienstes" gemäß Art. 2 lit. d VO Nr. 1370/2007 jedes privat- oder öffentlich-rechtliche Unternehmen oder jede Gruppe von privat- oder öffentlich-rechtlichen Unternehmen ist, das/die öffentliche Personenverkehrsdienste betreibt,[135] findet sich in der Verordnung **keine gesetzliche Definition des Unterauftrags**. Aufgrund dessen und angesichts des Umstands, dass die Verordnung den Begriff des Unterauftrags gleichwohl kennt, wird man davon ausgehen können, dass sich die Qualifikation eines Unterauftrags nach den gleichen Grundsätzen wie im Bereich der VKR, SKR und der Richtlinie 2009/81/EG vollzieht. Um einen Unterauftragnehmer iSv. Art. 4 Abs. 7 VO 1370/2007 handelt es sich dementsprechend bei einem Unternehmen, das auf vertraglicher Grundlage in die Ausführung der auftragsgegenständlichen Verkehrsleistungen einbezogen wird und bei dem es sich im Verhältnis zu dem Betreiber um einen „Dritten" handelt.[136] Daraus folgt, dass es sich bei den **Mitgliedern einer Bietergemeinschaft**, die gegenüber dem öffentlichen Auftraggeber stets gesamtschuldnerisch für die Auftragsausführung haften,[137] **nicht um Nachunternehmer iSv. Art. 4 Abs. 7 VO 1370/2007 handelt**. Die Mitglieder einer Bietergemeinschaft sind deshalb keine „dritten Unternehmen" im vorgenannten Sinne, sondern vielmehr unmittelbar selbst als „Betreiber" iSv. Art. 2 lit. d VO 1370/2007 einzuordnen.[138] Für die bietergemeinschaftsinterne Aufteilung der Leistungsanteile zwischen den einzelnen Bietergemeinschaftsmitgliedern besitzt die hier in Rede stehende Selbstbringungsquote dementsprechend keine Geltung.

d) Vergaberechtliche Besonderheiten im Bereich der Verteidigung und Sicherheit

47 Für Vergaben im Bereich der Verteidigung und Sicherheit[139] wurden aufgrund der europäischen Richtlinie 2009/81/EG ein neuer dritter Teil der VOB/A[140] sowie die VSVgV[141] geschaffen. Ungleich den vergaberechtlichen Vorschriften im Bereich der klas-

---

[132] *Prieß* in Kaufmann/Lübbig/Prieß/Pünder, Art. 4 Rn. 93 ff.
[133] *Prieß* in Kaufmann/Lübbig/Prieß/Pünder, Art. 4 Rn. 95.
[134] Das ergibt sich aus dem ursprünglichen Verordnungsvorschlag der Kommission v. 26.7.2000, KOM(2000) 7, endg., sowie den Materialien des weiteren Gesetzgebungsverfahrens: Erste Lesung im Europäischen Parlament v. 18.10.2001, EP-Dok. A5–0364/2001 endg., S. 43, ABl.EG v. 13.6.2002, C 140/262; Empfehlungen für die zweite Lesung v. 4.4.2007, A6–0131/2007.
[135] Dazu ausführlich § 55 Rn. 11.
[136] In diesem Sinne auch *Prieß* in: Kaufmann/Lübbig/Prieß/Pünder, Art. 4 Rn. 95.
[137] Vgl. zu dieser Unterscheidung: VK Bund Beschl. v. 4.10.2004, VK 3–152/04; OLG Koblenz Beschl. v. 8.2.2001, 1 Verg 5/00.
[138] Vgl. § 55 Rn. 63.
[139] Ausführlich zu Vergaben in diesem Bereich unten Kapitel 12.
[140] §§ 1 VS bis 21 VS VOB/A.
[141] BR-Drs. 321/12.

sischen öffentlichen Aufträge, für Aufträge im Sektorenbereich und bzgl. Aufträgen im ÖPNV/SPNV-Bereich sehen die Richtlinie 2009/81/EG und deren Umsetzung im deutschen Recht ausführliche Regelungen betreffend die Vergabe von Unteraufträgen vor. Damit wird die stärkere Einbeziehung kleinerer und mittlerer Unternehmen im Verteidigungsbereich bezweckt. Der Marktzugang mittelständischer Unternehmen in ganz Europa soll durch eine Verbesserung des **Wettbewerbs in der Zulieferkette** gefördert werden.[142] Dazu werden den öffentlichen Auftraggebern weitreichende Entscheidungskompetenzen hinsichtlich des „ob", des „wie" und des Umfangs einer Unterauftragsvergabe eingeräumt.

Dementsprechend kann ein öffentliche Auftraggeber einen Auftragnehmer gemäß § 9 Abs. 3 Nr. 1 VSVgV dazu verpflichten, einen Teil des Auftrags bis zu einem Höchstprozentsatz von 30 Prozent des Auftragswerts an einen Unterauftragnehmer zu vergeben. Einem Bieter ist es jedoch unbenommen, dem Auftraggeber anzubieten, einen über die geforderte Quote hinausgehenden Anteil des Auftrags im Wege der Unterauftragsvergabe an andere Unternehmen weiterzureichen. Der deutsche Verordnungsgeber hat sich einer Regelung dieser Vorschlagsmöglichkeit, die in Art. 21 Abs. 4 UAbs. 3 RL 2009/81/EG ausdrücklich enthalten ist, zu Recht verzichtet, da sie nur klarstellende Wirkung besitzt.[143] Es darf hingegen weder eine Eigenleistungs-/Selbstausführungsquote verlangt werden, noch darüber bestimmt werden, welcher Teil des Auftrags (in technischer Hinsicht) an Unterauftragnehmer vergeben werden soll.[144]

47a

Obwohl ein Auftragnehmer einen Unterauftragnehmer gemäß § 9 Abs. 2 Satz 1 VSVgV grundsätzlich frei wählen kann, ist der öffentliche Auftraggeber im Verteidigungs- und Sicherheitsbereich gemäß § 9 Abs. 3 Nr. 2 VSVgV dazu berechtigt, die **Durchführung eines wettbewerblichen Auswahlverfahrens** nach Maßgabe der §§ 38 ff. VSVgV anzuordnen und darüber hinausgehend gemäß § 9 Abs. 3 Nr. 1 und 3 VSVgV bestimmte Anforderungen an die Erteilung der Unteraufträge zu stellen.[145] Das gilt auch dann, wenn der Auftraggeber darauf verzichtet hat, die Bieter zu einer Unterauftragsvergabe zu verpflichten.

47b

II. Mehrfachbeteiligungen

Die mehrfache Beteiligung eines Unternehmens an derselben Ausschreibung kann zu einer Verfälschung des Wettbewerbs führen, so dass die davon betroffenen Angebote auszuschließen sind. Allerdings hat nicht jede Mehrfachbeteiligung eine **Wettbewerbsverfälschung** zur Folge. Denkbare Konstellationen der Mehrfachbeteiligung sind die Beteiligung eines Unternehmens als Bieter und als Nachunternehmer, als Nachunternehmer in Angeboten mehrerer Bieter und im Rahmen einer so genannten Überkreuzbeteiligung.

48

1. Beteiligung eines Unternehmens als Bieter und Nachunternehmer

Die Beteiligung eines Unternehmens zugleich als Bieter und Nachunternehmer ist grundsätzlich nicht wettbewerbswidrig[146] und führt daher nicht zwangsläufig zu einem Ausschluss aus dem Vergabeverfahren wegen eines **Verstoßes gegen den vergaberechtlichen Geheimwettbewerb**.[147] Für einen Ausschluss gemäß § 16 Abs. 1 Nr. 1 lit. d)

49

---

[142] *Gabriel/Weiner* in Dippel/Sterner/Zeiss, § 9 Rn. 27 ff.; vgl. *Europäische Kommission* Guidance Note „Subcontracting", Ziff. 1 ff.
[143] Vgl. *Europäische Kommission,* Guidance Note „Subcontracting", Ziff. 17; *Gabriel/Weiner* in Dippel/Sterner/Zeiss, § 9 Rn. 39.
[144] *Gabriel/Weiner* in Dippel/Sterner/Zeiss, § 9 Rn. 40.
[145] Dazu ausführlich § 61 Rn. 36 ff.
[146] OLG Düsseldorf Beschl. v. 13.4.2006, Verg 10/06; *Wagner* VergabeR 2005, 120, 121.
[147] Siehe § 1 Rn. 26 und § 15 Rn. 40 ff.

VOB/A bzw. § 16 Abs. 3 lit. f) VOL/A sind weitere Umstände erforderlich, die nach Art und Umfang des Nachunternehmereinsatzes sowie mit Rücksicht auf die Begleitumstände eine zumindest teilweise **Kenntnis von dem** zur selben Ausschreibung abgegebenen **Konkurrenzangebot** annehmen lassen.[148] Das kann der Fall sein, wenn der Nachunternehmer, der zugleich Bieter ist, im Wesentlichen die gesamte Leistung für das entsprechende Gebot bereitstellt und sich der eigentliche Bieter auf eine Steuerungsleistung beschränkt,[149] da dann die Vermutung einer Doppelbewerbung begründet sein kann.[150]

2. Beteiligung als Nachunternehmer in mehreren Angeboten

50 Ist ein Unternehmen als Nachunternehmer in mehreren Angeboten verschiedener Bieter präsent, droht ein vergaberechtswidriges Handeln des Nachunternehmers, wenn er die Angebote der Bieter über seinen eigenen Beitrag hinaus kennt oder gar die Bieter über das Konkurrenzangebot informiert. Jedoch begründet allein die Nachunternehmerstellung bei unterschiedlichen Bietern nicht die Vermutung eines derartigen Verstoßes gegen den Geheimwettbewerb.[151] Ein Nachunternehmer ist grundsätzlich nicht über das Angebot des Bieters informiert und kann nicht wissen, zu welchem Endpreis seine Leistung weitergereicht wird, da diese immer mit einem variablen Gewinnaufschlag versehen werden kann.[152] Nur wenn weitere Anhaltspunkte hinzukommen und ein **vergaberechtswidriges Verhalten nach den allgemeinen Regeln** nachgewiesen wird, müssen die Angebote, an denen der Nachunternehmer beteiligt ist, ausgeschlossen werden.

3. Überkreuzbeteiligung

51 Bei einer Überkreuzbeteiligung setzen sich zwei Hauptbieter wechselseitig als Nachunternehmer ein. Ein **Verstoß gegen den Geheimwettbewerb** kommt in Betracht, wenn die Unternehmen sowohl Kenntnis ihrer eigenen Leistung als auch der Nachunternehmerleistung des Mitbieters haben. Das kommt häufig vor, da ihnen Rückschlüsse auf den Teil des konkurrierenden Angebots, der nicht den eigenen Subunternehmeranteil darstellt, möglich sind; im Falle von inhaltsgleichen Nachunternehmeranteilen kennen sie das konkurrierende Angebot sogar vollständig.[153] Geben die beteiligten Unternehmen ein Angebot ab, in dem das jeweils andere Unternehmen als Nachunternehmer vorgesehen ist und die Leistung nur gemeinschaftlich erbracht werden kann, handelt es sich nicht um eine Überkreuzbeteiligung mit Unterauftragsvergabe, sondern um eine **verdeckte Bietergemeinschaft**.[154]

52 Die VK Bund[155] erkannte bei einer Überkreuzbeteiligung einen Angebotsausschluss für zwingend, wenn die Bieter sich wechselseitig für jeweils ungefähr die Hälfte des Angebotes als Nachunternehmer einsetzen, da die Eigenleistung im Hauptangebot des jeweils an-

---

[148] OLG Düsseldorf Beschl. v. 13.4.2006, Verg 10/06; vgl. auch OLG München Beschl. v. 11.8. 2008, Verg 16/08; OLG Düsseldorf Beschl. v. 16.9.2003, Verg 52/03; Entscheidungen zu Sachverhalten, die eine unzulässige Absprache indizieren: VK Stuttgart Beschl. v. 3.6.2004, 1 VK 29/04; VK Lüneburg Beschl. v. 7.11.2003, 203-VgK-32/2003; VK Bund Beschl. v. 16.8.2006, VK 2–74/ 06.
[149] *Dirksen/Schellenberg* VergabeR 2010, 17, 19.
[150] *Dirksen/Schellenberg* VergabeR 2010, 17, 19; näher dazu auch § 15 Rn. 51 ff.
[151] Vgl. KG Berlin Beschl. v. 13.3.2008, 2 Verg 18/07, *Dirksen/Schellenberg* VergabeR 2010, 17, 19.
[152] *Dirksen/Schellenberg* VergabeR 2010, 17, 19.
[153] *Dirksen/Schellenberg* VergabeR 2010, 17, 20.
[154] Zu „verdeckten Bietergemeinschaften" siehe § 15 Rn. 51 ff. sowie VK Arnsberg Beschl. v. 2.2. 2006, VK 30/05; VK Hamburg Beschl. v. 17.8.2005, Vgk FB 5/05 und Vgk FB 6/05; VK Rheinland-Pfalz Beschl. v. 14.6.2005, VK 16/05; VK Rheinland-Pfalz Beschl. v. 27.5.2005, VK 15/05; *Ehrig* VergabeR 2011, 11, 13f.
[155] VK Bund Beschl. v. 21.12.2007, VK3–142/07.

deren sich inhaltlich höchstwahrscheinlich nicht wesentlich von dem unterscheidet, was der Wettbewerber als Nachunternehmer angeboten hat. Es ist davon auszugehen, dass die beteiligten Unternehmen die gegenseitigen Bedingungen von Leistungsumfang und Preis kennen.[156] Anders wird die Überkreuzbeteiligung unter anderem von der VK Hamburg[157] und dem OLG Düsseldorf[158] beurteilt.[159] Der Umstand der Überkreuzbeteiligung reiche für einen Wettbewerbsausschluss nicht aus, da sich von dieser nicht auf eine positive Kenntnis vom Angebotsinhalt des Wettbewerbers schließen lasse.[160] Eine Überkreuzbeteiligung sei vergaberechtlich nicht zu beanstanden, solange den Wettbewerbern ein **Gestaltungsspielraum** verbleibe, den der jeweilige Konkurrent nicht kenne.[161]

III. Austausch von Nachunternehmern

Bei der Frage nach der Zulässigkeit des Austauschs von Nachunternehmern muss hinsichtlich des Zeitpunkts vor und nach dem Zuschlag unterschieden werden. Nach Ansicht des OLG Bremen kann für den Zeitraum **vor Erteilung des Zuschlags** der Austausch eines bereits benannten Nachunternehmers folgenlos bleiben, da das Nachunternehmerverzeichnis kein Bestandteil des bindenden Angebots ist, solange der Bieter mangels Aussicht auf Erteilung des Zuschlags noch keine konkreten Verhandlungen mit Nachunternehmern führen kann.[162] Er werde daher in der Regel nur diejenigen Nachunternehmer benennen, mit denen er in ständigen Geschäftsbeziehungen steht, ohne sicher sein zu können, dass diese später den Auftrag annehmen werden.[163] Nach anderer Auffassung ist der Bieter, der in seinem Angebot einen Nachunternehmer benennt, mit Ablauf der Angebotsabgabefrist hieran gebunden.[164] Ein Wechsel stellt eine **Änderung des Angebots** bzw. ein unzulässiges Nachverhandeln dar, so dass der Bieter für die betreffenden Arbeiten weder einen anderen noch einen zusätzlichen Nachunternehmer anbieten darf.[165] Insbesondere können auch vor Zuschlagserteilung bereits konkrete Verhandlungen mit Nachunternehmern geführt werden und deren Angebot unter der aufschiebenden Bedingung der Zuschlagserteilung angenommen werden.[166] Unproblematisch ist ein Austausch des Nachunternehmers vor Zuschlagserteilung nur dann, wenn es in den Ausschreibungsunterlagen ausdrücklich gestattet ist, sowie im Rahmen eines Verhandlungsverfahrens. Fällt ein Nachunternehmer (überraschend) aus, entfällt die Leistungsfähigkeit des Bieters, so dass das Angebot auszuschließen ist.[167]

Nach Erteilung des Zuschlages ist ein Austausch des Nachunternehmers in entsprechender Anwendung von § 4 Nr. 4 VOL/B und § 4 Abs. 8 VOB/B nur mit schriftlicher Genehmigung des Auftraggebers möglich.[168] Dieses **Zustimmungserfordernis** darf auch nicht durch eine nachträgliche Aufnahme von Nachunternehmern als Mitglieder in eine Arbeitsgemeinschaft umgangen werden.[169] Weiterhin ist insbesondere mit Blick auf Gene-

---

[156] *Dirksen/Schellenberg* VergabeR 2010, 17, 20.
[157] VK Hamburg Beschl. v. 23.5.2008, VK BSU 2/08.
[158] OLG Düsseldorf Beschl. v. 9.4.2008, VII-Verg 2/08; OLG Düsseldorf Beschl. v. 13.4.2006, VII-Verg 10/06; vgl. auch LSG Nordrhein-Westfalen Beschl. v. 10.3.2010, L 21 SF 41/10.
[159] Vgl. dazu *Ehrig* VergabeR 2010, 11, 14f.
[160] VK Hamburg Beschl. v. 23.5.2008, VK BSU 2/08.
[161] OLG Düsseldorf Beschl. v. 9.4.2008, VII-Verg 2/08, zustimmend *Ehrig* VergabeR 2010, 11, 15.
[162] OLG Bremen Beschl. v. 20.7.2000, Verg 1/00, BauR 2001, 94, 97.
[163] OLG Bremen Beschl. v. 20.7.2000, Verg 1/00, BauR 2001, 94, 97.
[164] OLG Düsseldorf Beschl. v. 5.5.2004, VII-Verg 10/04, NZBau 2004, 460.
[165] OLG Düsseldorf Beschl. v. 5.5.2004, VII-Verg 10/04, NZBau 2004, 460.
[166] OLG Düsseldorf Beschl. v. 5.5.2004, VII-Verg 10/04, NZBau 2004, 460, 461.
[167] OLG Düsseldorf Beschl. v. 5.5.2004, VII-Verg 10/04, NZBau 2004, 460, 461.
[168] Vgl. *Merkens* in Kapellmann/Messerschmidt, § 4 Rn. 195.
[169] *Hertwig/Nelskamp* BauRB 2004, 183, 185.

ralübernahmeverträge zu beachten, dass der Austausch des Nachunternehmers keine wesentlichen Vertragsänderungen bewirken darf, da diese nach der Rechtsprechung des EuGH eine Pflicht zur Neuvergabe nach sich zieht.[170] Ein Wechsel des Nachunternehmers stellt allerdings nur in Ausnahmefällen eine solche Änderung dar, wenn die Heranziehung eines Nachunternehmers anstelle eines anderen unter Berücksichtigung der besonderen Merkmale der betreffenden Leistung ein ausschlaggebendes Element für den Abschluss der Vertrages war.[171] Eine erneute Untervergabe wirkt sich somit nicht nur auf das Verhältnis zwischen dem Auftraggeber und dem Auftragnehmer aus, sondern kann auf das vom Vergaberecht beherrschte Verhältnis des Auftraggebers zu allen anderen am Auftrag interessierten Unternehmen durchschlagen und die Pflicht zur Neuvergabe auslösen.[172]

---

[170] EuGH Urt. v. 19.6.2008, Rs. C-454/06, NZBau 2008, 518 Rn. 35 ff – Pressetext; dazu *Scharen* NZBau 2009, 679.
[171] EuGH Urt. v.13.4.2010, Rs. C-91/108, NZBau 2010, 382, 385 Rn. 39 – Wall AG.
[172] *Burgi* NZBau 2010, 593, 598.

Kapitel 4 Auftragsgegenstand, Leistungsbeschreibung und Vergabeunterlagen

§ 17 Leistungsbeschreibung

Übersicht

	Rn.
A. Einleitung	1, 2
B. Ermittlung des Beschaffungsbedarfs	3–7
C. Arten der Leistungsbeschreibung	8–17
I. Beschreibung durch verkehrsübliche Bezeichnung	9, 10
II. Technisch-konstruktive Leistungsbeschreibung bzw. Leistungsbeschreibung mit Leistungsverzeichnis	11–13
III. Funktionale Leistungsbeschreibung	14, 15
IV. Rangverhältnis	16, 17
D. Grundsätze der Leistungsbeschreibung	18–55
I. Bestimmungsrecht des Auftraggebers	18
II. Auslegung der Leistungsbeschreibung	19–21
III. Eindeutige und erschöpfende Beschreibung	22–55
E. Verweis auf Normen und technische Regelwerke	56–84
I. Anknüpfungspunkt: Technische Anforderungen bzw. technische Spezifikationen	58–70
II. Bezugnahme auf Normen und technische Regelwerke	71–84
F. Umweltschutzanforderungen	85–118
I. Umweltschutzanforderungen als Teil der Leistungsbeschreibung	87–96
II. Zwingende Vorgaben zur Energieeffizienz	97–112
III. Zwingende Vorgaben für Straßenfahrzeuge	113–118

VOL/A: § 7
VOL/A EG: § 8
VOB/A: § 7
VOB/A EG: § 7
VOF: § 6
VgV: § 4 Abs. 4–7, Abs. 8 Nr. 1, § 6 Abs. 3–6
SektVO: § 7
VSVgV: § 15

VOL/A:

§ 7 VOL/A Leistungsbeschreibung

(1) Die Leistung ist eindeutig und erschöpfend zu beschreiben, so dass alle Bewerber die Beschreibung im gleichen Sinne verstehen müssen und dass miteinander vergleichbare Angebote zu erwarten sind (Leistungsbeschreibung).

(2) Die Leistung oder Teile derselben sollen durch verkehrsübliche Bezeichnungen nach Art, Beschaffenheit und Umfang hinreichend genau beschrieben werden. Andernfalls können sie
a) durch eine Darstellung ihres Zweckes, ihrer Funktion sowie der an sie gestellten sonstigen Anforderungen,

b) in ihren wesentlichen Merkmalen und konstruktiven Einzelheiten oder

c) durch Verbindung der Beschreibungsarten,

beschrieben werden.

(3) Bestimmte Erzeugnisse oder Verfahren sowie bestimmte Ursprungsorte und Bezugsquellen dürfen nur dann ausdrücklich vorgeschrieben werden, wenn dies durch die Art der zu vergebenden Leistung gerechtfertigt ist.

(4) Bezeichnungen für bestimmte Erzeugnisse oder Verfahren (z. B. Markennamen) dürfen ausnahmsweise, jedoch nur mit dem Zusatz „oder gleichwertiger Art", verwendet werden, wenn eine hinreichend genaue Beschreibung durch verkehrsübliche Bezeichnungen nicht möglich ist. Der Zusatz „oder gleichwertiger Art" kann entfallen, wenn ein sachlicher Grund die Produktvorgabe rechtfertigt. Ein solcher Grund liegt dann vor, wenn die Auftraggeber Erzeugnisse oder Verfahren mit unterschiedlichen Merkmalen zu bereits bei ihnen vorhandenen Erzeugnissen oder Verfahren beschaffen müssten und dies mit unverhältnismäßig hohem finanziellen Aufwand oder unverhältnismäßigen Schwierigkeiten bei Integration, Gebrauch, Betrieb oder Wartung verbunden wäre. Die Gründe sind zu dokumentieren.

VOL/A EG:

§ 8 EG VOL/A Leistungsbeschreibung, Technische Anforderungen

(1) Die Leistung ist eindeutig und erschöpfend zu beschreiben, so dass alle Bewerber die Beschreibung im gleichen Sinne verstehen müssen und dass miteinander vergleichbare Angebote zu erwarten sind (Leistungsbeschreibung).

(2) Die technischen Anforderungen sind in der Leistungsbeschreibung zu formulieren:
1. entweder unter Bezugnahme auf die im Anhang TS definierten technischen Spezifikationen in der Rangfolge:

    a) nationale Normen, mit denen europäische Normen umgesetzt werden,

    b) europäische technische Zulassungen,

    c) gemeinsame technische Spezifikationen,

    d) internationale Normen und andere technische Bezugssysteme, die von den europäischen Normungsgremien erarbeitet wurden oder,

    e) falls solche Normen und Spezifikationen fehlen, nationale Normen, nationale technische Zulassungen oder nationale technische Spezifikationen für die Planung, Berechnung und Ausführung von Bauwerken und den Einsatz von Produkten;

    jede Bezugnahme ist mit dem Zusatz „oder gleichwertig" zu versehen;

2. oder in Form von Leistungs- oder Funktionsanforderungen, die so genau zu fassen sind, dass sie ein klares Bild vom Auftragsgegenstand vermitteln und den Auftraggebern die Erteilung des Zuschlags ermöglichen;

3. oder als Kombination von Nummer 1 und 2, d. h.

    a) in Form von Leistungsanforderungen unter Bezugnahme auf die Spezifikationen gemäß Nummer 1 als Mittel zur Vermutung der Konformität mit diesen Leistungs- und Funktionsanforderungen,

    b) oder mit Bezugnahme auf die Spezifikationen gemäß Nummer 1, hinsichtlich bestimmter Merkmale und mit Bezugnahme auf die Leistungs- und Funktionsanforderungen gemäß Nummer 2 hinsichtlich anderer Merkmale.

(3) Verweisen die Auftraggeber auf die in Absatz 2 Nummer 1 Buchstabe a genannten technischen Anforderungen, so dürfen sie ein Angebot nicht mit der Begründung ablehnen, die angebotenen Waren und Dienstleistungen entsprächen nicht den von ihnen herangezogenen Spezifikationen, wenn die Unternehmen in ihren Angeboten den Auftraggebern mit geeigneten Mitteln nachweisen, dass die von ihnen vorgeschlagenen Lösungen den Anforderungen der technischen Spezifikation, auf die Bezug genommen wurde, gleichermaßen entsprechen. Als geeignete Mittel gelten insbesondere eine technische Beschreibung des Herstellers oder ein Prüfbericht einer anerkannten Stelle.

(4) Legen die Auftraggeber die technischen Anforderungen in Form von Leistungs- oder Funktionsanforderungen fest, so dürfen sie ein Angebot, das einer nationalen Norm, mit der eine europäische Norm umgesetzt wird oder einer europäischen technischen Zulassung, einer gemeinsamen technischen Spezifikation, einer internationalen Norm oder einem technischen Bezugssystem, das von den europäischen Normungsgremien erarbeitet wurde, entspricht, nicht zurückweisen, wenn diese Spezifikationen die von ihnen geforderten Leistungs- oder Funktionsanforderungen betreffen. Die Bieter müssen in ihren Angeboten mit geeigneten Mitteln nachweisen, dass die der Norm entsprechende jeweilige Ware oder Dienstleistung den Leistungs- oder Funktionsanforderungen der Auftraggeber entspricht. Als geeignete Mittel gelten insbesondere eine technische Beschreibung des Herstellers oder ein Prüfbericht einer anerkannten Stelle.

(5) Schreiben die Auftraggeber Umwelteigenschaften in Form von Leistungs- oder Funktionsanforderungen vor, so können sie die Spezifikationen verwenden, die in europäischen, multinationalen oder anderen Umweltzeichen definiert sind, wenn
a) sie sich zur Definition der Merkmale des Auftragsgegenstandes eignen,

b) die Anforderungen des Umweltzeichens auf der Grundlage von wissenschaftlich abgesicherten Informationen ausgearbeitet werden,

c) die Umweltzeichen im Rahmen eines Verfahrens erlassen werden, an dem interessierte Kreise wie staatliche Stellen, Verbraucher, Hersteller, Händler und Umweltorganisationen teilnehmen können und

d) das Umweltzeichen für alle Betroffenen zugänglich und verfügbar ist.

Die Auftraggeber können in den Vergabeunterlagen angeben, dass bei Waren oder Dienstleistungen, die mit einem Umweltzeichen ausgestattet sind, vermutet wird, dass sie den in der Leistungs- oder Aufgabenbeschreibung festgelegten technischen Anforderungen genügen. Die Auftraggeber müssen jedes andere geeignete Beweismittel, wie technische Unterlagen des Herstellers oder Prüfberichte anerkannter Stellen, akzeptieren.

(6) Anerkannte Stellen sind die Prüf- und Eichlaboratorien im Sinne des Eichgesetzes sowie die Inspektions- und Zertifizierungsstellen, die mit den anwendbaren europäischen Normen übereinstimmen. Die Auftraggeber erkennen Bescheinigungen von in anderen Mitgliedstaaten ansässigen anerkannten Stellen an.

(7) Soweit es nicht durch den Auftragsgegenstand gerechtfertigt ist, darf in den technischen Anforderungen nicht auf eine bestimmte Produktion oder Herkunft oder ein besonderes Verfahren oder auf Marken, Patente, Typen, einen bestimmten Ursprung oder eine bestimmte Produktion verwiesen werden, wenn dadurch bestimmte Unternehmen oder bestimmte Produkte begünstigt oder ausgeschlossen werden. Solche Verweise sind jedoch ausnahmsweise zulässig, wenn der Auftragsgegenstand nicht hinreichend genau und allgemein verständlich beschrieben werden kann; solche Verweise sind mit dem Zusatz „oder gleichwertig" zu versehen.

VOB/A:

§ 7 VOB/A Leistungsbeschreibung

Allgemeines

(1) 1. Die Leistung ist eindeutig und so erschöpfend zu beschreiben, dass alle Bewerber die Beschreibung im gleichen Sinne verstehen müssen und ihre Preise sicher und ohne umfangreiche Vorarbeiten berechnen können.

2. Um eine einwandfreie Preisermittlung zu ermöglichen, sind alle sie beeinflussenden Umstände festzustellen und in den Vergabeunterlagen anzugeben.

3. Dem Auftragnehmer darf kein ungewöhnliches Wagnis aufgebürdet werden für Umstande und Ereignisse, auf die er keinen Einfluss hat und deren Einwirkung auf die Preise und Fristen er nicht im Voraus schatzen kann.

4. Bedarfspositionen sind grundsätzlich nicht in die Leistungsbeschreibung aufzunehmen. Angehängte Stundenlohnarbeiten dürfen nur in dem unbedingt erforderlichen Umfang in die Leistungsbeschreibung aufgenommen werden.

5. Erforderlichenfalls sind auch der Zweck und die vorgesehene Beanspruchung der fertigen Leistung anzugeben.

6. Die für die Ausführung der Leistung wesentlichen Verhältnisse der Baustelle, z.B. Boden- und Wasserverhältnisse, sind so zu beschreiben, dass der Bewerber ihre Auswirkungen auf die bauliche Anlage und die Bauausführung hinreichend beurteilen kann.

7. Die „Hinweise für das Aufstellen der Leistungsbeschreibung" in Abschnitt 0 der Allgemeinen Technischen Vertragsbedingungen für Bauleistungen, DIN 18299 ff., sind zu beachten.

(2) Bei der Beschreibung der Leistung sind die verkehrsüblichen Bezeichnungen zu beachten.

Technische Spezifikationen

(3) Die technischen Anforderungen (Spezifikationen – siehe Anhang TS Nummer 1) an den Auftragsgegenstand müssen allen Bewerbern gleichermaßen zugänglich sein.

(4) Die technischen Spezifikationen sind in den Vergabeunterlagen zu formulieren:

1. entweder unter Bezugnahme auf die in Anhang TS definierten technischen Spezifikationen in der Rangfolge

a) nationale Normen, mit denen europäische Normen umgesetzt werden,

b) europäische technische Zulassungen,

c) gemeinsame technische Spezifikationen,

d) internationale Normen und andere technische Bezugssysteme, die von den europäischen Normungsgremien erarbeitet wurden oder,

e) falls solche Normen und Spezifikationen fehlen, nationale Normen, nationale technische Zulassungen oder nationale technische Spezifikationen für die Planung, Berechnung und Ausführung von Bauwerken und den Einsatz von Produkten.

Jede Bezugnahme ist mit dem Zusatz „oder gleichwertig" zu versehen;

2. oder in Form von Leistungs- oder Funktionsanforderungen, die so genau zu fassen sind, dass sie den Unternehmen ein klares Bild vom Auftragsgegenstand vermitteln und dem Auftraggeber die Erteilung des Zuschlags ermöglichen;

3. oder in Kombination von Nummer 1 und Nummer 2, d.h.

a) in Form von Leistungs- oder Funktionsanforderungen unter Bezugnahme auf die Spezifikationen gemäß Nummer 1 als Mittel zur Vermutung der Konformität mit diesen Leistungs- oder Funktionsanforderungen;

b) oder mit Bezugnahme auf die Spezifikationen gemäß Nummer 1 hinsichtlich bestimmter Merkmale und mit Bezugnahme auf die Leistungs- oder Funktionsanforderungen gemäß Nummer 2 hinsichtlich anderer Merkmale.

(5) Verweist der Auftraggeber in der Leistungsbeschreibung auf die in Absatz 4 Nummer 1 genannten Spezifikationen, so darf er ein Angebot nicht mit der Begründung ablehnen, die angebotene Leistung entspräche nicht den herangezogenen Spezifikationen, sofern der Bieter in seinem Angebot dem Auftraggeber nachweist, dass die von ihm vorgeschlagenen Losungen den Anforderungen der technischen Spezifikation, auf die Bezug genommen wurde, gleichermaßen entsprechen. Als geeignetes Mittel kann eine technische Beschreibung des Herstellers oder ein Prüfbericht einer anerkannten Stelle gelten.

(6) Legt der Auftraggeber die technischen Spezifikationen in Form von Leistungs- oder Funktionsanforderungen fest, so darf er ein Angebot, das einer nationalen Norm entspricht, mit der eine europäische Norm umgesetzt wird, oder einer europäischen technischen Zulassung, einer

gemeinsamen technischen Spezifikation, einer internationalen Norm oder einem technischen Bezugssystem, das von den europaischen Normungsgremien erarbeitet wurde, entspricht, nicht zurückweisen, wenn diese Spezifikationen die geforderten Leistungs- oder Funktionsanforderungen betreffen. Der Bieter muss in seinem Angebot mit geeigneten Mitteln dem Auftraggeber nachweisen, dass die der Norm entsprechende jeweilige Leistung den Leistungs- oder Funktionsanforderungen des Auftraggebers entspricht. Als geeignetes Mittel kann eine technische Beschreibung des Herstellers oder ein Prüfbericht einer anerkannten Stelle gelten.

(7) Schreibt der Auftraggeber Umwelteigenschaften in Form von Leistungs- oder Funktionsanforderungen vor, so kann er die Spezifikationen verwenden, die in europäischen, multinationalen oder anderen Umweltzeichen definiert sind, wenn

1. sie sich zur Definition der Merkmale des Auftragsgegenstands eignen,

2. die Anforderungen des Umweltzeichens auf Grundlage von wissenschaftlich abgesicherten Informationen ausgearbeitet werden,

3. die Umweltzeichen im Rahmen eines Verfahrens erlassen werden, an dem interessierte Kreise – wie z. B. staatliche Stellen, Verbraucher, Hersteller, Händler und Umweltorganisationen – teilnehmen können, und

4. wenn das Umweltzeichen für alle Betroffenen zuganglich und verfügbar ist.

Der Auftraggeber kann in den Vergabeunterlagen angeben, dass bei Leistungen, die mit einem Umweltzeichen ausgestattet sind, vermutet wird, dass sie den in der Leistungsbeschreibung festgelegten technischen Spezifikationen genügen. Der Auftraggeber muss jedoch auch jedes andere geeignete Beweismittel, wie technische Unterlagen des Herstellers oder Prüfberichte anerkannter Stellen, akzeptieren. Anerkannte Stellen sind die Prüf- und Eichlaboratorien sowie die Inspektions- und Zertifizierungsstellen, die mit den anwendbaren europäischen Normen übereinstimmen. Der Auftraggeber erkennt Bescheinigungen von in anderen Mitgliedstaaten ansässigen anerkannten Stellen an.

(8) Soweit es nicht durch den Auftragsgegenstand gerechtfertigt ist, darf in technischen Spezifikationen nicht auf eine bestimmte Produktion oder Herkunft oder ein besonderes Verfahren oder auf Marken, Patente, Typen eines bestimmten Ursprungs oder einer bestimmten Produktion verwiesen werden, wenn dadurch bestimmte Unternehmen oder bestimmte Produkte begünstigt oder ausgeschlossen werden. Solche Verweise sind jedoch ausnahmsweise zulässig, wenn der Auftragsgegenstand nicht hinreichend genau und allgemein verständlich beschrieben werden kann; solche Verweise sind mit dem Zusatz „oder gleichwertig" zu versehen.

Leistungsbeschreibung mit Leistungsverzeichnis

(9) Die Leistung ist in der Regel durch eine allgemeine Darstellung der Bauaufgabe (Baubeschreibung) und ein in Teilleistungen gegliedertes Leistungsverzeichnis zu beschreiben.

(10) Erforderlichenfalls ist die Leistung auch zeichnerisch oder durch Probestucke darzustellen oder anders zu erklären, z. B. durch Hinweise auf ähnliche Leistungen, durch Mengen- oder statische Berechnungen. Zeichnungen und Proben, die für die Ausführung maßgebend sein sollen, sind eindeutig zu bezeichnen.

(11) Leistungen, die nach den Vertragsbedingungen, den Technischen Vertragsbedingungen oder der gewerblichen Verkehrssitte zu der geforderten Leistung gehören (§ 2 Absatz 1 VOB/B), brauchen nicht besonders aufgeführt zu werden.

(12) Im Leistungsverzeichnis ist die Leistung derart aufzugliedern, dass unter einer Ordnungszahl (Position) nur solche Leistungen aufgenommen werden, die nach ihrer technischen Beschaffenheit und für die Preisbildung als in sich gleichartig anzusehen sind. Ungleichartige Leistungen sollen unter einer Ordnungszahl (Sammelposition) nur zusammengefasst werden, wenn eine Teilleistung gegenüber einer anderen für die Bildung eines Durchschnittspreises ohne nennenswerten Einfluss ist.

Leistungsbeschreibung mit Leistungsprogramm

(13) Wenn es nach Abwägen aller Umstande zweckmäßig ist, abweichend von Absatz 9 zusammen mit der Bauausführung auch den Entwurf für die Leistung dem Wettbewerb zu unterstellen, um die technisch, wirtschaftlich und gestalterisch beste sowie funktionsgerechteste Losung der Bauaufgabe zu ermitteln, kann die Leistung durch ein Leistungsprogramm dargestellt werden.

(14) 1. Das Leistungsprogramm umfasst eine Beschreibung der Bauaufgabe, aus der die Bewerber alle für die Entwurfsbearbeitung und ihr Angebot maßgebenden Bedingungen und Umstande erkennen können und in der sowohl der Zweck der fertigen Leistung als auch die an sie gestellten technischen, wirtschaftlichen, gestalterischen und funktionsbedingten Anforderungen angegeben sind, sowie gegebenenfalls ein Musterleistungsverzeichnis, in dem die Mengenangaben ganz oder teilweise offen gelassen sind.

2. Die Absätze 10 bis 12 gelten sinngemäß.

(15) Von dem Bieter ist ein Angebot zu verlangen, das außer der Ausführung der Leistung den Entwurf nebst eingehender Erläuterung und eine Darstellung der Bauausführung sowie eine eingehende und zweckmäßig gegliederte Beschreibung der Leistung – gegebenenfalls mit Mengen- und Preisangaben für Teile der Leistung – umfasst. Bei Beschreibung der Leistung mit Mengen- und Preisangaben ist vom Bieter zu verlangen, dass er

1. die Vollständigkeit seiner Angaben, insbesondere die von ihm selbst ermittelten Mengen, entweder ohne Einschränkung oder im Rahmen einer in den Vergabeunterlagen anzugebenden Mengentoleranz vertritt, und dass er

2. etwaige Annahmen, zu denen er in besonderen Fällen gezwungen ist, weil zum Zeitpunkt der Angebotsabgabe einzelne Teilleistungen nach Art und Menge noch nicht bestimmt werden können (z. B. Aushub-, Abbruch- oder Wasserhaltungsarbeiten) – erforderlichenfalls anhand von Planen und Mengenermittlungen – begründet.

VOB/A EG:

§ 7 EG VOB/A Leistungsbeschreibung, Technische Anforderungen

Allgemeines

(1) 1. Die Leistung ist eindeutig und so erschöpfend zu beschreiben, dass alle Bewerber die Beschreibung im gleichen Sinne verstehen müssen und ihre Preise sicher und ohne umfangreiche Vorarbeiten berechnen können.

2. Um eine einwandfreie Preisermittlung zu ermöglichen, sind alle sie beeinflussenden Umstände festzustellen und in den Vergabeunterlagen anzugeben.

3. Dem Auftragnehmer darf kein ungewöhnliches Wagnis aufgebürdet werden für Umstande und Ereignisse, auf die er keinen Einfluss hat und deren Einwirkung auf die Preise und Fristen er nicht im Voraus schatzen kann.

4. Bedarfspositionen sind grundsätzlich nicht in die Leistungsbeschreibung aufzunehmen. Angehängte Stundenlohnarbeiten dürfen nur in dem unbedingt erforderlichen Umfang in die Leistungsbeschreibung aufgenommen werden.

5. Erforderlichenfalls sind auch der Zweck und die vorgesehene Beanspruchung der fertigen Leistung anzugeben.

6. Die für die Ausführung der Leistung wesentlichen Verhältnisse der Baustelle, z. B. Boden- und Wasserverhältnisse, sind so zu beschreiben, dass der Bewerber ihre Auswirkungen auf die bauliche Anlage und die Bauausführung hinreichend beurteilen kann.

7. Die „Hinweise für das Aufstellen der Leistungsbeschreibung" in Abschnitt 0 der Allgemeinen Technischen Vertragsbedingungen für Bauleistungen, DIN 18299 ff., sind zu beachten.

(2) Bei der Beschreibung der Leistung sind die verkehrsüblichen Bezeichnungen zu beachten.

Technische Spezifikationen

(3) Die technischen Anforderungen (Spezifikationen – siehe Anhang TS Nummer 1) an den Auftragsgegenstand müssen allen Bewerbern gleichermaßen zugänglich sein.

(4) Die technischen Spezifikationen sind in den Vergabeunterlagen zu formulieren:

1. entweder unter Bezugnahme auf die in Anhang TS definierten technischen Spezifikationen in der Rangfolge

a) nationale Normen, mit denen europäische Normen umgesetzt werden,

b) europäische technische Zulassungen,

c) gemeinsame technische Spezifikationen,

d) internationale Normen und andere technische Bezugssysteme, die von den europäischen Normungsgremien erarbeitet wurden oder,

e) falls solche Normen und Spezifikationen fehlen, nationale Normen, nationale technische Zulassungen oder nationale technische Spezifikationen für die Planung, Berechnung und Ausführung von Bauwerken und den Einsatz von Produkten.

Jede Bezugnahme ist mit dem Zusatz „oder gleichwertig" zu versehen;

2. oder in Form von Leistungs- oder Funktionsanforderungen, die so genau zu fassen sind, dass sie den Unternehmen ein klares Bild vom Auftragsgegenstand vermitteln und dem Auftraggeber die Erteilung des Zuschlags ermöglichen;

3. oder in Kombination von Nummer 1 und Nummer 2, d. h.

a) in Form von Leistungs- oder Funktionsanforderungen unter Bezugnahme auf die Spezifikationen gemäß Nummer 1 als Mittel zur Vermutung der Konformität mit diesen Leistungs- oder Funktionsanforderungen;

b) oder mit Bezugnahme auf die Spezifikationen gemäß Nummer 1 hinsichtlich bestimmter Merkmale und mit Bezugnahme auf die Leistungs- oder Funktionsanforderungen gemäß Nummer 2 hinsichtlich anderer Merkmale.

(5) Verweist der Auftraggeber in der Leistungsbeschreibung auf die in Absatz 4 Nummer 1 genannten Spezifikationen, so darf er ein Angebot nicht mit der Begründung ablehnen, die angebotene Leistung entspräche nicht den herangezogenen Spezifikationen, sofern der Bieter in seinem Angebot dem Auftraggeber nachweist, dass die von ihm vorgeschlagenen Losungen den Anforderungen der technischen Spezifikation, auf die Bezug genommen wurde, gleichermaßen entsprechen. Als geeignetes Mittel kann eine technische Beschreibung des Herstellers oder ein Prüfbericht einer anerkannten Stelle gelten.

(6) Legt der Auftraggeber die technischen Spezifikationen in Form von Leistungs- oder Funktionsanforderungen fest, so darf er ein Angebot, das einer nationalen Norm entspricht, mit der eine europäische Norm umgesetzt wird, oder einer europaischen technischen Zulassung, einer gemeinsamen technischen Spezifikation, einer internationalen Norm oder einem technischen Bezugssystem, das von den europäischen Normungsgremien erarbeitet wurde, entspricht, nicht zurückweisen, wenn diese Spezifikationen die geforderten Leistungs- oder Funktionsanforderungen betreffen. Der Bieter muss in seinem Angebot mit geeigneten Mitteln dem Auftraggeber nachweisen, dass die der Norm entsprechende jeweilige Leistung den Leistungs- oder Funktionsanforderungen des Auftraggebers entspricht. Als geeignetes Mittel kann eine technische Beschreibung des Herstellers oder ein Prüfbericht einer anerkannten Stelle gelten.

(7) Schreibt der Auftraggeber Umwelteigenschaften in Form von Leistungs- oder Funktionsanforderungen vor, so kann er die Spezifikationen verwenden, die in europäischen, multinationalen oder anderen Umweltzeichen definiert sind, wenn

1. sie sich zur Definition der Merkmale des Auftragsgegenstands eignen,

2. die Anforderungen des Umweltzeichens auf Grundlage von wissenschaftlich abgesicherten Informationen ausgearbeitet werden,

3. die Umweltzeichen im Rahmen eines Verfahrens erlassen werden, an dem interessierte Kreise – wie z. B. staatliche Stellen, Verbraucher, Hersteller, Händler und Umweltorganisationen – teilnehmen können, und

4. wenn das Umweltzeichen für alle Betroffenen zuganglich und verfügbar ist.

Der Auftraggeber kann in den Vergabeunterlagen angeben, dass bei Leistungen, die mit einem Umweltzeichen ausgestattet sind, vermutet wird, dass sie den in der Leistungsbeschreibung festgelegten technischen Spezifikationen genügen. Der Auftraggeber muss jedoch auch jedes andere geeignete Beweismittel, wie technische Unterlagen des Herstellers oder Prüfberichte anerkannter Stellen, akzeptieren. Anerkannte Stellen sind die Prüf- und Eichlaboratorien sowie die Inspektions- und Zertifizierungsstellen, die mit den anwendbaren europäischen Normen übereinstimmen. Der Auftraggeber erkennt Bescheinigungen von in anderen Mitgliedstaaten ansässigen anerkannten Stellen an.

(8) Soweit es nicht durch den Auftragsgegenstand gerechtfertigt ist, darf in technischen Spezifikationen nicht auf eine bestimmte Produktion oder Herkunft oder ein besonderes Verfahren oder auf Marken, Patente, Typen eines bestimmten Ursprungs oder einer bestimmten Produktion verwiesen werden, wenn dadurch bestimmte Unternehmen oder bestimmte Produkte begünstigt oder ausgeschlossen werden. Solche Verweise sind jedoch ausnahmsweise zulässig, wenn der Auftragsgegenstand nicht hinreichend genau und allgemein verständlich beschrieben werden kann; solche Verweise sind mit dem Zusatz „oder gleichwertig" zu versehen.

Leistungsbeschreibung mit Leistungsverzeichnis

(9) Die Leistung ist in der Regel durch eine allgemeine Darstellung der Bauaufgabe (Baubeschreibung) und ein in Teilleistungen gegliedertes Leistungsverzeichnis zu beschreiben.

(10) Erforderlichenfalls ist die Leistung auch zeichnerisch oder durch Probestücke darzustellen oder anders zu erklären, z. B. durch Hinweise auf ähnliche Leistungen, durch Mengen- oder statische Berechnungen. Zeichnungen und Proben, die für die Ausführung maßgebend sein sollen, sind eindeutig zu bezeichnen.

(11) Leistungen, die nach den Vertragsbedingungen, den Technischen Vertragsbedingungen oder der gewerblichen Verkehrssitte zu der geforderten Leistung gehören (§ 2 Absatz 1 VOB/B), brauchen nicht besonders aufgeführt zu werden.

(12) Im Leistungsverzeichnis ist die Leistung derart aufzugliedern, dass unter einer Ordnungszahl (Position) nur solche Leistungen aufgenommen werden, die nach ihrer technischen Beschaffenheit und für die Preisbildung als in sich gleichartig anzusehen sind. Ungleichartige Leistungen sollen unter einer Ordnungszahl (Sammelposition) nur zusammengefasst werden, wenn eine Teilleistung gegenüber einer anderen für die Bildung eines Durchschnittspreises ohne nennenswerten Einfluss ist.

Leistungsbeschreibung mit Leistungsprogramm

(13) Wenn es nach Abwägen aller Umstande zweckmäßig ist, abweichend von Absatz 9 zusammen mit der Bauausführung auch den Entwurf für die Leistung dem Wettbewerb zu unterstellen, um die technisch, wirtschaftlich und gestalterisch beste sowie funktionsgerechteste Losung der Bauaufgabe zu ermitteln, kann die Leistung durch ein Leistungsprogramm dargestellt werden.

(14) 1. Das Leistungsprogramm umfasst eine Beschreibung der Bauaufgabe, aus der die Bewerber alle für die Entwurfsbearbeitung und ihr Angebot maßgebenden Bedingungen und Umstande erkennen können und in der sowohl der Zweck der fertigen Leistung als auch die an sie gestellten technischen, wirtschaftlichen, gestalterischen und funktionsbedingten Anforderungen angegeben sind, sowie gegebenenfalls ein Musterleistungsverzeichnis, in dem die Mengenangaben ganz oder teilweise offen gelassen sind.

2. Die Absätze 10 bis 12 gelten sinngemäß.

§ 17 Leistungsbeschreibung   Kap. 4

(15) Von dem Bieter ist ein Angebot zu verlangen, das außer der Ausführung der Leistung den Entwurf nebst eingehender Erläuterung und eine Darstellung der Bauausführung sowie eine eingehende und zweckmäßig gegliederte Beschreibung der Leistung – gegebenenfalls mit Mengen- und Preisangaben für Teile der Leistung – umfasst. Bei Beschreibung der Leistung mit Mengen- und Preisangaben ist vom Bieter zu verlangen, dass er

1. die Vollständigkeit seiner Angaben, insbesondere die von ihm selbst ermittelten Mengen, entweder ohne Einschränkung oder im Rahmen einer in den Vergabeunterlagen anzugebenden Mengentoleranz vertritt, und dass er

2. etwaige Annahmen, zu denen er in besonderen Fällen gezwungen ist, weil zum Zeitpunkt der Angebotsabgabe einzelne Teilleistungen nach Art und Menge noch nicht bestimmt werden können (z.B. Aushub-, Abbruch- oder Wasserhaltungsarbeiten) – erforderlichenfalls anhand von Planen und Mengenermittlungen – begründet.

VOF:

§ 6 VOF Aufgabenbeschreibung

(1) Die Aufgabe ist klar und eindeutig zu beschreiben, damit alle Bewerber oder Bieter die Beschreibung im gleichen Sinne verstehen können.

(2) Die technischen Anforderungen sind in der Aufgabenbeschreibung zu formulieren:

1. entweder unter Bezugnahme auf die im Anhang TS definierten technischen Spezifikationen in der Rangfolge:

a) nationale Normen, mit denen europäische Normen umgesetzt werden,

b) europäische technische Zulassungen,

c) gemeinsame technische Spezifikationen,

d) internationale Normen und andere technische Bezugssysteme, die von den europäischen Normungsgremien erarbeitet wurden oder,

e) falls solche Normen und Spezifikationen fehlen, nationale Normen, nationale technische Zulassungen oder nationale technische Spezifikationen für die Planung, Berechnung und Ausführung von Bauwerken und den Einsatz von Produkten.

Jede Bezugnahme ist mit dem Zusatz „oder gleichwertig" zu verstehen;

2. oder in Form von Leistungs- oder Funktionsanforderungen, die so genau zu fassen sind, dass sie ein klares Bild vom Auftragsgegenstand vermitteln und den Auftraggebern die Erteilung des Zuschlags ermöglichen;

3. oder als Kombination von Nummer 1 und 2, d.h.

a) in Form von Leistungsanforderungen unter Bezugnahme auf die Spezifikationen gemäß Nummer 1 als Mittel zur Vermutung der Konformität mit diesen Leistungs- oder Funktionsanforderungen;

b) oder mit Bezugnahme auf die Spezifikationen gemäß Nummer 1 hinsichtlich bestimmter Merkmale und mit Bezugnahme auf die Leistungs- und Funktionsanforderungen gemäß Nummer 2 hinsichtlich anderer Merkmale.

(3) Verweisen die Auftraggeber auf die in Absatz 2 Nummer 1 Buchstabe a genannten technischen Anforderungen, so dürfen sie ein Angebot nicht mit der Begründung ablehnen, die angebotene Dienstleistung entspräche nicht den Spezifikationen, sofern die Bieter in ihrem Angebot den Auftraggebern mit geeigneten Mitteln nachweisen, dass die von ihnen vorgeschlagenen Lösungen den Anforderungen der technischen Spezifikation, auf die Bezug genommen wurde, gleichermaßen entsprechen. Als geeignetes Mittel gelten insbesondere eine technische Beschreibung des Herstellers oder ein Prüfbericht einer anerkannten Stelle.

(4) Legen die Auftraggeber die technischen Anforderungen in Form von Leistungs- oder Funktionsanforderungen fest, so dürfen sie ein Angebot, das einer nationalen Norm, mit der eine europäische Norm umgesetzt wird, oder einer europäischen technischen Zulassung, einer gemeinsamen technischen Spezifikation, einer internationalen Norm oder einem technischen Bezugssystem, das von den europäischen Normungsgremien erarbeitet wurde, entspricht, nicht zurückweisen, wenn diese Spezifikationen die geforderten Leistungs- oder Funktionsanforderungen betreffen. Die Bieter müssen in ihren Angeboten mit geeigneten Mitteln dem Auftraggeber nachweisen, dass die der Norm entsprechende jeweilige Dienstleistung den Leistungs- oder Funktionsanforderungen der Auftraggeber entspricht. Als geeignete Mittel gelten eine technische Beschreibung des Herstellers oder ein Prüfbericht einer anerkannten Stelle.

(5) Schreiben Auftraggeber Umwelteigenschaften in Form von Leistungs- oder Funktionsanforderungen vor, so können sie die Spezifikationen verwenden, die in europäischen, multinationalen oder anderen Umweltzeichen definiert sind, wenn

a) sie sich zur Definition der Merkmale des Auftragsgegenstandes eignen,

b) die Anforderungen des Umweltzeichens auf der Grundlage von wissenschaftlich abgesicherten Informationen ausgearbeitet werden,

c) die Umweltzeichen im Rahmen eines Verfahrens erlassen werden, an dem interessierte Kreise wie z. B. staatliche Stellen, Verbraucher, Hersteller, Händler und Umweltorganisationen teilnehmen können und

d) das Umweltzeichen für alle Betroffenen zugänglich und verfügbar ist.

Die Auftraggeber können in den Vergabeunterlagen angeben, dass bei Dienstleistungen, die mit einem Umweltzeichen ausgestattet sind, vermutet wird, dass sie den in der Leistungs- oder Aufgabenbeschreibung festgelegten technischen Anforderungen genügen. Die Auftraggeber müssen jedes andere geeignete Beweismittel, wie technische Unterlagen des Herstellers oder Prüfberichte anerkannter Stellen, akzeptieren.

(6) Anerkannte Stellen sind die Prüf- und Eichlaboratorien im Sinne des Eichgesetzes sowie die Inspektions- und Zertifizierungsstellen, die mit den anwendbaren europäischen Normen übereinstimmen. Die Auftraggeber erkennen Bescheinigungen von in anderen Mitgliedstaaten ansässigen anerkannten Stellen an.

(7) Soweit es nicht durch den Auftragsgegenstand gerechtfertigt ist, darf in den technischen Anforderungen nicht auf eine bestimmte Produktion oder Herkunft oder ein besonderes Verfahren oder auf Marken, Patente, Typen, einen bestimmten Ursprung oder eine bestimmte Produktion verwiesen werden, wenn dadurch bestimmte Unternehmen oder bestimmte Produkte begünstigt oder ausgeschlossen werden. Solche Verweise sind jedoch ausnahmsweise zulässig, wenn der Auftragsgegenstand nicht hinreichend genau und allgemein verständlich beschrieben werden kann; solche Verweise sind mit dem Zusatz „oder gleichwertig" zu verstehen.

VgV:

§ 4 VgV Vergabe von Liefer- und Dienstleistungsaufträgen

(1) bis (3) hier nicht abgedruckt.

(4) Wenn energieverbrauchsrelevante Waren, technische Geräte oder Ausrüstungen Gegenstand einer Lieferleistung nach Absatz 1 oder wesentliche Voraussetzung zur Ausführung einer Dienstleistung nach Absatz 2 sind, müssen die Anforderungen der Absätze 6 bis 6b beachtet werden.

(5) In der Leistungsbeschreibung sollen im Hinblick auf die Energieeffizienz insbesondere folgende Anforderungen gestellt werden:
1. das höchste Leistungsniveau an Energieeffizienz und
2. soweit vorhanden, die höchste Energieeffizienzklasse im Sinne der Energieverbrauchskennzeichnungsverordnung.

(6) In der Leistungsbeschreibung oder an anderer geeigneter Stelle in den Vergabeunterlagen sind von den Bietern folgende Informationen zu fordern:
1. konkrete Angaben zum Energieverbrauch, es sei denn, die auf dem Markt angebotenen Waren, technischen Geräte oder Ausrüstungen unterscheiden sich im zulässigen Energieverbrauch nur geringfügig, und
2. in geeigneten Fällen,
   a) eine Analyse minimierter Lebenszykluskosten oder
   b) die Ergebnisse einer Buchstabe a vergleichbaren Methode zur Überprüfung der Wirtschaftlichkeit.

(6a) Die Auftraggeber dürfen nach Absatz 6 übermittelte Informationen überprüfen und hierzu ergänzende Erläuterungen von den Bietern fordern.

(6b) Im Rahmen der Ermittlung des wirtschaftlichsten Angebotes nach § 97 Absatz 5 des Gesetzes gegen Wettbewerbsbeschränkungen ist die anhand der Informationen nach Absatz 6 oder der Ergebnisse einer Überprüfung nach Absatz 6a zu ermittelnde Energieeffizienz als Zuschlagskriterium angemessen zu berücksichtigen.

(7) Öffentliche Auftraggeber gemäß § 98 Nummer 1 bis 3 des Gesetzes gegen Wettbewerbsbeschränkungen müssen bei der Beschaffung von Straßenfahrzeugen Energieverbrauch und Umweltauswirkungen als Kriterium angemessen berücksichtigen. Zumindest müssen folgende Faktoren, jeweils bezogen auf die Lebensdauer des Straßenfahrzeugs im Sinne der Tabelle 3 der Anlage 2, berücksichtigt werden:
1. Energieverbrauch,
2. Kohlendioxid-Emissionen,
3. Emissionen von Stickoxiden,
4. Emissionen von Nichtmethan-Kohlenwasserstoffen und
5. partikelförmige Abgasbestandteile.

(8) Zur Berücksichtigung des Energieverbrauchs und der Umweltauswirkungen nach Absatz 7 ist:
1. § 8 EG VOL/A mit der Maßgabe anzuwenden, dass der Auftraggeber in der Leistungsbeschreibung oder in den technischen Spezifikationen Vorgaben zu Energieverbrauch und Umweltauswirkungen macht.

(8 Nr. 2) bis (10) hier nicht abgedruckt.

§ 6 Vergabe von Bauleistungen

(1) bis (2) hier nicht abgedruckt.

(3) In der Leistungsbeschreibung sollen im Hinblick auf die Energieeffizienz insbesondere folgende Anforderungen gestellt werden:
1. das höchste Leistungsniveau an Energieeffizienz und
2. soweit vorhanden, die höchste Energieeffizienzklasse im Sinne der Energieverbrauchskennzeichnungsverordnung.

(4) In der Leistungsbeschreibung oder an anderer geeigneter Stelle in den Vergabeunterlagen sind von den Bietern folgende Informationen zu fordern:
1. konkrete Angaben zum Energieverbrauch, es sei denn, die auf dem Markt angebotenen Waren, technischen Geräte oder Ausrüstungen unterscheiden sich im zulässigen Energieverbrauch nur geringfügig, und
2. in geeigneten Fällen,
   a) eine Analyse minimierter Lebenszykluskosten oder
   b) die Ergebnisse einer Buchstabe a vergleichbaren Methode zur Überprüfung der Wirtschaftlichkeit.

(5) Die Auftraggeber dürfen nach Absatz 4 übermittelte Informationen überprüfen und hierzu ergänzende Erläuterungen von den Bietern fordern.

(6) Im Rahmen der Ermittlung des wirtschaftlichsten Angebotes nach § 97 Absatz 5 des Gesetzes gegen Wettbewerbsbeschränkungen ist die anhand der Informationen nach Absatz 4 oder der Ergebnisse einer Überprüfung nach Absatz 5 zu ermittelnde Energieeffizienz als Zuschlagskriterium angemessen zu berücksichtigen.

SektVO:

§ 7 SektVO Leistungsbeschreibung, technische Anforderungen

(1) Die Leistung ist eindeutig und erschöpfend zu beschreiben, so dass alle Bewerber die Beschreibung im gleichen Sinne verstehen müssen und miteinander vergleichbare Angebote zu erwarten sind (Leistungsbeschreibung).

(2) Der Auftraggeber gewährleistet, dass die technischen Anforderungen zur Beschreibung des Auftragsgegenstandes allen beteiligten Unternehmen gleichermaßen zugänglich sind. Auf Antrag benennt er den interessierten Unternehmen die technischen Anforderungen, die er regelmäßig verwendet.

(3) Die technischen Anforderungen sind in der Leistungsbeschreibung zu formulieren
1. unter Bezugnahme auf die in Anhang 2 definierten technischen Spezifikationen in der Rangfolge
   a) nationale Normen, mit denen europäische Normen umgesetzt werden,
   b) europäische technische Zulassungen,
   c) gemeinsame technische Spezifikationen,
   d) internationale Normen und andere technische Bezugssysteme, die von den europäischen Normungsgremien erarbeitet wurden, oder falls solche Normen und Spezifikationen fehlen, nationale Normen, nationale technische Zulassungen oder nationale technische Spezifikationen für die Planung, Berechnung und Ausführung von Bauwerken und den Einsatz von Produkten;

   jede Bezugnahme ist mit dem Zusatz „oder gleichwertig" zu versehen;
2. in Form von Leistungs- oder Funktionsanforderungen;
3. oder als Kombination von Nummer 1 und 2.

(4) Mit der Leistungsbeschreibung sind im Rahmen der technischen Anforderungen von den Bietern Angaben zum Energieverbrauch von technischen Geräten und Ausrüstungen zu fordern. Bei Bauleistungen sind diese Angaben dann zu fordern, wenn die Lieferung von technischen Geräten und Ausrüstungen Bestandteil dieser Bauleistungen sind. Dabei ist in geeigneten Fällen eine Analyse minimierter Lebenszykluskosten oder eine vergleichbare Methode zur Gewährleistung der Wirtschaftlichkeit vom Bieter zu fordern.

(5) Auftraggeber müssen bei der Beschaffung von Straßenfahrzeugen Energieverbrauch und Umweltauswirkungen berücksichtigen. Zumindest müssen folgende Faktoren, jeweils bezogen auf die Lebensdauer des Straßenfahrzeugs im Sinne der Tabelle 3 des Anhangs 4, berücksichtigt werden:
1. Energieverbrauch,
2. Kohlendioxid-Emissionen,
3. Emissionen von Stickoxiden,
4. Emissionen von Nichtmethan-Kohlenwasserstoffen und
5. partikelförmige Abgasbestandteile.

(6) Der Auftraggeber erfüllt die Verpflichtung nach Absatz 5 zur Berücksichtigung des Energieverbrauchs und der Umweltauswirkungen, indem er

1. Vorgaben zu Energieverbrauch und Umweltauswirkungen in der Leistungsbeschreibung oder in den technischen Spezifikationen macht oder

2. den Energieverbrauch und die Umweltauswirkungen von Straßenfahrzeugen als Kriterien bei der Entscheidung über den Zuschlag nach § 29 Absatz 2 Satz 3 bis 5 berücksichtigt.

(7) Verweist der Auftraggeber in der Leistungs- oder Aufgabenbeschreibung auf die in Absatz 3 Nummer 1 genannten technischen Anforderungen, so darf er ein Angebot nicht mit der Begründung ablehnen, die angebotenen Waren und Dienstleistungen entsprächen nicht den von ihm herangezogenen Spezifikationen, wenn das Unternehmen in seinem Angebot dem Auftraggeber nachweist, dass die vom Unternehmen vorgeschlagenen Lösungen diesen Anforderungen entsprechen. Nachweise können insbesondere eine geeignete technische Beschreibung des Herstellers oder ein Prüfbericht einer anerkannten Stelle sein.

(8) Legt der Auftraggeber die technischen Anforderungen in Form von Leistungs- oder Funktionsanforderungen fest, so darf er ein Angebot nicht zurückweisen, das Folgendem entspricht:
1. einer nationalen Norm, mit der eine europäische Norm umgesetzt wird,

2. einer europäischen technischen Zulassung,

3. einer gemeinsamen technischen Spezifikation,

4. einer internationalen Norm oder

5. einem technischen Bezugssystem, das von den europäischen Normungsgremien erarbeitet wurde,

wenn diese Spezifikationen die von ihnen geforderten Leistungs- oder Funktionsanforderungen betreffen. Das Unternehmen muss in seinem Angebot nachweisen, dass die jeweilige der Norm entsprechende Bauleistung, Ware oder Dienstleistung den Leistungs- oder Funktionsanforderungen des Auftraggebers entspricht. Nachweise können insbesondere eine technische Beschreibung des Herstellers oder ein Prüfbericht einer anerkannten Stelle sein.

(9) Schreibt der Auftraggeber Umwelteigenschaften in Form von Leistungs- oder Funktionsanforderungen vor, so kann er diejenigen Spezifikationen oder Teile davon verwenden, die in europäischen, multinationalen oder anderen Umweltzeichen definiert sind, wenn
1. diese Spezifikationen geeignet sind, die Merkmale derjenigen Waren oder Dienstleistungen zu definieren, die Gegenstand des Auftrags sind,

2. die Anforderungen des Umweltzeichens auf der Grundlage von wissenschaftlich abgesicherten Informationen ausgearbeitet werden,

3. die Umweltzeichen im Rahmen eines Verfahrens erlassen werden, an dem alle interessierten Kreise, wie staatliche Stellen, Verbraucher, Hersteller, Händler und Umweltorganisationen, teilnehmen können und

4. die Umweltzeichen für alle Betroffenen zugänglich sind.

Der Auftraggeber kann in den Vergabeunterlagen festlegen, dass bei Waren oder Dienstleistungen, die mit einem Umweltzeichen ausgestattet sind, davon ausgegangen werden kann, dass sie den in der Leistungs- oder Aufgabenbeschreibung festgelegten Spezifikationen genügen. Er muss jedes andere geeignete Beweismittel, wie geeignete technische Unterlagen des Herstellers oder Prüfberichte anerkannter Stellen, akzeptieren.

(10) Anerkannte Stellen sind die Prüf- und Eichlaboratorien im Sinne des Eichgesetzes sowie die Inspektions- und Zertifizierungsstellen, die die jeweils anwendbaren europäischen Normen erfüllen. Der Auftraggeber muss Bescheinigungen nach den Absätzen 5, 6 und 7 von anerkannten Stellen, die in anderen Mitgliedstaaten ansässig sind, anerkennen.

(11) In technischen Anforderungen darf nicht auf eine bestimmte Produktion oder Herkunft oder ein besonderes Verfahren oder auf Marken, Patente, Typen oder einen bestimmten Ursprung verwiesen werden, wenn dadurch bestimmte Unternehmen oder bestimmte Produkte begünstigt oder ausgeschlossen werden. Solche Verweise sind jedoch ausnahmsweise zulässig, wenn der Auftragsgegenstand anderenfalls nicht hinreichend genau und allgemein verständ-

lich beschrieben werden kann; die Verweise sind mit dem Zusatz „oder gleichwertig" zu versehen.

VSVgV:

§ 15 VSVgV Leistungsbeschreibung und technische Anforderungen

(1) Die Auftraggeber stellen sicher, dass die Leistungsbeschreibung allen Bewerbern und Bietern gleichermaßen zugänglich ist und die Öffnung des nationalen Beschaffungsmarktes für den Wettbewerb durch Anbieter aus anderen EU-Mitgliedstaaten nicht in ungerechtfertigter Weise behindert wird.

(2) Die Leistung ist eindeutig und vollständig zu beschreiben, sodass die Vergleichbarkeit der Angebote gewährleistet ist. Technische Anforderungen im Sinne des Anhangs III Nummer 1 Buchstabe b der Richtlinie 2009/81/EG sind zum Gegenstand der Bekanntmachung oder der Vergabeunterlagen zu machen.

(3) Unbeschadet zwingender technischer Vorschriften einschließlich solcher zur Produktsicherheit und technischer Anforderungen, die laut internationaler Standardisierungsvereinbarungen zur Gewährleistung der in diesen Vereinbarungen geforderten Interoperabilität zu erfüllen sind, sind technische Anforderungen in der Leistungsbeschreibung wie folgt festzulegen:

1. unter Bezugnahme auf die in Anhang III der Richtlinie 2009/81/EG definierten technischen Anforderungen in folgender Rangfolge, wobei jede dieser Bezugnahmen mit dem Zusatz „oder gleichwertig" zu versehen ist:

a) zivile Normen, mit denen europäische Normen umgesetzt werden,

b) europäische technische Zulassungen,

c) gemeinsame zivile technische Spezifikationen,

d) zivile Normen, mit denen internationale Normen umgesetzt werden,

e) andere internationale zivile Normen,

f) andere technische Bezugssysteme, die von den europäischen Normungsgremien erarbeitet wurden, oder, falls solche Normen und Spezifikationen fehlen, andere nationale zivile Normen, nationale technische Zulassungen oder nationale technische Spezifikationen für die Planung und Berechnung und Ausführungen von Erzeugnissen sowie den Einsatz von Produkten,

g) zivile technische Spezifikationen, die von der Industrie entwickelt wurden und von ihr allgemein anerkannt werden, oder

h) wehrtechnische Normen im Sinne des Anhangs III Nummer 3 der Richtlinie 2009/81/EG und Spezifikationen für Verteidigungsgüter, die diesen Normen entsprechen,

2. oder in Form von Leistungs- oder Funktionsanforderungen, die auch Umwelteigenschaften umfassen können. Diese Anforderungen müssen so klar formuliert werden, dass sie den Bewerbern und Bietern den Auftragsgegenstand eindeutig und abschließend erläutern und den Auftraggebern die Erteilung des Zuschlags ermöglichen,

3. oder als Kombination der Nummern 1 und 2,

a) entweder in Form von Leistungs- oder Funktionsanforderungen gemäß Nummer 2 unter Bezugnahme auf die in Anhang III der Richtlinie 2009/81/EG definierten technischen Anforderungen gemäß Nummer 1 als Mittel zur Vermutung der Konformität mit diesen Leistungs- und Funktionsanforderungen oder

b) hinsichtlich bestimmter Merkmale unter Bezugnahme auf die in Anhang III der Richtlinie 2009/81/EG definierten technischen Anforderungen gemäß Nummer 1 und hinsichtlich anderer Merkmale unter Bezugnahme auf die Leistungs- und Funktionsanforderungen gemäß Nummer 2.

(4) Verweisen die Auftraggeber auf die in Absatz 3 Nummer 1 genannten technischen Anforderungen, dürfen sie ein Angebot nicht mit der Begründung ablehnen, die angebotenen Güter und Dienstleistungen entsprächen nicht den von ihnen herangezogenen Anforderungen, sofern die Unternehmen in ihrem Angebot den Auftraggebern mit geeigneten Mitteln nachweisen, dass die von ihnen vorgeschlagenen Lösungen den technischen Anforderungen, auf die Bezug genommen wurde, gleichermaßen entsprechen. Als geeignetes Mittel gelten insbesondere eine technische Beschreibung des Herstellers oder ein Prüfbericht einer anerkannten Stelle.

(5) Legt der Auftraggeber die technischen Anforderungen nach Absatz 3 Nummer 2 in Form von Leistungs- oder Funktionsanforderungen fest, so darf er ein Angebot, das einer Norm, mit der eine europäische Norm umgesetzt wird, oder einer europäischen technischen Zulassung, einer gemeinsamen technischen Spezifikation, einer internationalen Norm oder einem technischen Bezugssystem, das von den europäischen Normungsgremien erarbeitet wurde, entspricht, nicht zurückweisen, wenn diese Spezifikationen die von ihm geforderten Leistungs- oder Funktionsanforderungen betreffen. Die Bieter müssen in ihren Angeboten dem Auftraggeber mit allen geeigneten Mitteln nachweisen, dass die der Norm entsprechende jeweilige Ware oder Dienstleistung den Leistungs- oder Funktionsanforderungen des Auftraggebers entspricht. Als geeignetes Mittel kann eine technische Beschreibung des Herstellers oder ein Prüfbericht einer anerkannten Stelle gelten.

(6) Schreiben die Auftraggeber Umwelteigenschaften in Form von Leistungs- oder Funktionsanforderungen gemäß Absatz 3 Nummer 2 vor, so können sie ganz- oder teilweise die Spezifikationen verwenden, die in europäischen, multinationalen, nationalen oder anderen Umweltzeichen definiert sind, wenn

1. diese sich zur Definition der Merkmale der Güter oder Dienstleistungen eignen, die Gegenstand des Auftrags sind,

2. die Anforderungen an das Umweltzeichen auf der Grundlage von wissenschaftlich abgesicherten Informationen ausgearbeitet werden,

3. die Umweltzeichen im Rahmen eines Verfahrens erlassen werden, an dem interessierte Kreise teilnehmen können und

4. das Umweltzeichen für alle Betroffenen zugänglich und verfügbar ist.

Die Auftraggeber können in der Leistungsbeschreibung angeben, dass bei Gütern oder Dienstleistungen, die mit einem Umweltzeichen ausgestattet sind, vermutet wird, dass diese den in der Leistungsbeschreibung festgelegten technischen Anforderungen genügen. Die Auftraggeber müssen jedes andere geeignete Beweismittel wie technische Unterlagen des Herstellers oder Prüfberichte anerkannter Stellen zulassen.

(7) Anerkannte Stellen sind die Prüf- und Eichlaboratorien im Sinne des Eichgesetzes sowie die Inspektions- und Zertifizierungsstellen, die den Anforderungen der jeweils anwendbaren europäischen Normen entsprechen. Die Auftraggeber erkennen Bescheinigungen von in anderen Mitgliedstaaten ansässigen anerkannten Stellen an.

(8) Soweit es nicht durch den Auftragsgegenstand gerechtfertigt ist, darf in der Leistungsbeschreibung nicht auf eine bestimmte Produktion oder Herkunft oder ein besonderes Verfahren oder auf Marken, Patente, Typen, einen bestimmten Ursprung oder eine bestimmte Produktion verwiesen werden, wenn dadurch bestimmte Unternehmen oder bestimmte Güter begünstigt oder ausgeschlossen werden. Solche Verweise sind jedoch ausnahmsweise zulässig, wenn der Auftragsgegenstand nach den Absätzen 2 und 3 nicht eindeutig und vollständig beschrieben werden kann; solche Verweise sind mit dem Zusatz „oder gleichwertig" zu versehen.

Literatur:
Brauer, Die Behandlung ungewöhnlicher Wagnisse nach der Neufassung der VOL/A, VergabeR 2012, 343; *Byok*, Das Verhandlungsverfahren: Praxishandbuch für die sichere Auftragsvergabe unter besonderer Berücksichtigung von PPP-Projekten, 2006; *Erdl*, Unklare Leistungsbeschreibung des öffentlichen Auftraggebers im Vergabe- und im Nachprüfungsverfahren, BauR 2004, 166; *Hertwig*,

Praxis der öffentlichen Auftragsvergabe: Systematik, Verfahren, Rechtsschutz, 2009; *Huerkamp*, Technische Spezifikationen und die Grenzen des § 97 IV 2 GWB, NZBau 2009, 755; *Jaeger*, Reichweite und Grenzen der Beschaffungsfreiheit des öffentlichen Auftraggebers, ZWeR 2011, 365; *Kaufhold*, Die Vergabe freiberuflicher Leistungen ober- und unterhalb der Schwellenwerte – Handlungsanleitungen mit Praxisbeispielen: VOF, GWB, VgV, SektVO, 2. Auflage 2011; *Krohn*, Leistungsbeschreibung und Angebotswertung bei komplexen IT-Vergaben, NZBau 2013, 79; *Krohn*, Öffentliche Auftragsvergabe und Umweltschutz, 2003; *Prieß*, Die Leistungsbeschreibung – Kernstück des Vergabeverfahrens, Teil 1: NZBau 2004, 20; Teil 2: NZBau 2004, 87; *Schneider*, Der Wettbewerbliche Dialog im Spannungsfeld der Grundsätze des Vergaberechts, Berlin 2009; *Schwabe*, Diskurs: Sind die neuen Energieeffizienzregelungen bieterschützend?, in Vergabeblog (www.vergabeblog.de) vom 19.12.2011; *Stockmann/Rusch*, Anforderungen an Leistungsbeschreibung und Wertung nach § 4 IV bis VI b VgV; *Wegener/Hahn*, Ausschreibung von Öko- und Fair-Trade-Produkten mittels Gütezeichen, NZBau 2012, 684; *Zeiss*, Energieeffizienz in der Beschaffungspraxis, NZBau 2012, 201.

A. Einleitung

1 Die Leistungsbeschreibung ist das **Kernstück der Vergabeunterlagen.** Sie ist für den Erfolg des Vergabeverfahrens von essentieller Bedeutung.[1] Die Leistungsbeschreibung ist für die Bieter die Basis der Angebotserstellung. Ohne aussagekräftige Angaben zum Leistungsinhalt können Bieter kein seriöses Angebot legen. Fehlen Angaben zur Leistung, läuft der Auftraggeber Gefahr, dass die Angebote seinen Anforderungen nicht gerecht werden. Ungewissheiten über den Leistungsinhalt können Bieter zu Risikozuschlägen veranlassen und damit zu unnötig hohen Preisen führen. Die Leistungsbeschreibung bildet gemeinsam mit den Zuschlagskriterien zugleich die entscheidende Grundlage für die Angebotswertung. Ohne klare Vorgaben zur anzubietenden Leistung droht ein inhaltliches Auseinanderlaufen der Angebote. Ein objektiver Angebotsvergleich ist dann nicht mehr möglich.[2]

2 Der Leistungsbeschreibung kommt **auch nach Vertragsschluss fundamentale Bedeutung** zu. Sie bestimmt, welche Leistungen der Auftragnehmer unter dem Vertrag erbringen muss und welche Mitwirkungspflichten dem Auftraggeber ggf. obliegen. Sie bildet damit die Grundlage für die Abrechnung der Leistungen des Auftragnehmers und die Beurteilung von Mängeln und Gewährleistungsfragen. Falsche, ungenaue oder lückenhafte Angaben in der Leistungsbeschreibung machen folglich nicht nur das Vergabeverfahren angreifbar, sondern wirken auch in der Phase der Vertragsabwicklung fort. Mängel der Leistungsbeschreibung führen regelmäßig zu Nachtragsforderungen des Auftragnehmers während der Ausführung, die aufgrund des dann fehlenden Wettbewerbsdrucks oft besonders kostspielig sind. Fehler der Leistungsbeschreibung können auch Schadensersatzansprüche des Auftragnehmers auslösen.[3] Aus all diesen Gründen liegt die Erstellung einer ordnungsgemäßen Leistungsbeschreibung im ureigensten Interesse des Auftraggebers.

B. Ermittlung des Beschaffungsbedarfs

3 Die Leistungsbeschreibung erfordert sorgfältige Vorbereitung. Ausgangspunkt ist eine vollständige und richtige Erfassung des Beschaffungsbedarfs. Der Auftraggeber kann die zu erbringende Leistung nur dann eindeutig und erschöpfend beschreiben, wenn er sich über Inhalt und Umfang seines Bedarfs im Klaren ist.

4 Bei der **Bedarfsermittlung** ist zu klären, welche Leistungen bzw. Produkte der Auftraggeber genau braucht und welche Anforderungen sie im Einzelnen erfüllen müssen. Dabei sind auch die Rahmenbedingungen der geplanten Beschaffung in den Blick zu

---

[1] *Prieß* NZBau 2004, 20, 21.
[2] BGH Urt. v. 24.4.2003, X ZR 50/01, NZBau 2003, 406, 407.
[3] Vgl. BGH Urt. v. 26.1.2010, X ZR 86/08.

nehmen. Beabsichtigt der Auftraggeber beispielsweise die Anschaffung von IT-Geräten, so ist bereits vorab zu klären, ob sich die Geräte in eine vorhandene IT-Infrastruktur einfügen müssen. Ferner ist bspw. zu überlegen, ob ergänzende Installations-, Service- und Supportleistungen für Einrichtung und Betrieb erforderlich sind. Dabei ist auch zu berücksichtigen, welche Aufgaben der Auftraggeber ggf. mit eigenem Personal bewältigen kann, und wie die Zusammenarbeit zwischen internen und externen Kräften koordiniert werden soll.

Nachdem der Auftraggeber seinen Bedarf ermittelt hat, muss er klären, wie er diesen **optimal decken** kann. Das erfordert einen guten Überblick über die am Markt verfügbaren Lösungen und deren Vor- und Nachteile. Hierin liegt insbesondere bei Beschaffungen in den schnelllebigen Bereichen der Hochtechnologie und der Informationstechnik sowie bei innovativen Beschaffungsvorhaben eine erhebliche Herausforderung. Bei der Gestaltung der Ausschreibung müssen zudem die **konkreten Verhältnisse auf dem Markt** berücksichtigt werden. Dies betrifft bspw. die Festlegung von marktgerechten Lieferfristen, Gewährleistungsregeln oder Versicherungspflichten. Leistungsbeschreibungen, die den tatsächlichen Marktgegebenheiten nicht gerecht werden, führen häufig zu qualitativ und preislich nicht optimalen Beschaffungsergebnissen. Verfügt der Auftraggeber selbst nicht über die notwendigen Marktkenntnisse, etwa weil vergleichbare Waren oder Dienstleistungen nur in größeren zeitlichen Abständen beschafft werden, ist die Einbeziehung externer Experten bei der Marktrecherche ratsam.

Bei besonders komplexen oder innovativen Beschaffungsprojekten kann sich die Markterkundung anhand der Durchführung eines **Interessenbekundungsverfahrens** anbieten. Dies gibt potentiell an dem Auftrag interessierten Unternehmen die Möglichkeit, Konzepte und Lösungsvorschläge zur Deckung des Beschaffungsbedarfs des Auftraggebers vorzulegen.[4] Dem Auftraggeber wird hierdurch eine marktgerechte Gestaltung der Leistungsbeschreibung erleichtert. Da das Interessenbekundungsverfahren den beteiligten Unternehmen im gewissen Umfang die Möglichkeit gibt, auf Inhalt und Ausgestaltung des Beschaffungsverfahrens Einfluss zu nehmen, muss der Auftraggeber allerdings darauf achten, dass die Teilnehmer der Interessenbekundung im anschließenden Vergabeverfahren nicht bevorzugt werden. Der Auftraggeber muss daher sowohl bei der Leistungsbeschreibung als auch im weiteren Verfahren geeignete Maßnahmen treffen, die gewährleisten, dass auch solchen Verfahrensteilnehmern, die nicht bereits am Interessenbekundungsverfahren beteiligt waren, die gleichen Chancen eröffnet und die gleichen Informationen zur Verfügung gestellt werden.[5]

Ist die **Hinzuziehung externer Experten** erforderlich, ist das bei der zeitlichen Planung des Vergabeverfahrens zu berücksichtigen. Auch der Beratervertrag ist ein öffentlicher Auftrag, der ggf. nach Vergaberecht auszuschreiben ist. Bei der Einschaltung externer Berater ist ferner die sog. **Projektantenproblematik**[6] im Blick zu behalten. Gerade bei technisch komplexen Beschaffungsvorhaben kommt es vor, dass einschlägig spezialisierte Unternehmen den Auftraggeber nicht nur bei der Vorbereitung des Projekts beraten, sondern auch am Auftrag selbst interessiert sind. In diesem Fall muss vermieden werden, dass die betreffenden Unternehmen daraus einen Wettbewerbsvorteil im anschließenden Kampf um den Auftrag ziehen können. Ein solcher Vorteil kann sich zum einen aus einer gezielten Beeinflussung des Leistungsinhalts entsprechend den eigenen wettbewerblichen Stärken ergeben (Problem der „maßgeschneiderten Leistungsbeschreibung"), zum anderen aus Informationsvorsprüngen, die das Unternehmen im Zuge seiner Beratungstätigkeit er-

---

[4] Siehe bspw. das Interessenbekundungsverfahrens des Landes Hessen für die Entwicklung/Lieferung von digitalen Alarmmeldeempfängern bzw. digitalen Sirenensteuerempfängern für den BOS-Digitalfunk, ABl. EG 2010/S 137–210872, zur Markterkundung als Vorstufe des anschließenden Verhandlungsverfahrens 2010/S 242–369999.

[5] Vgl. VK Bund Beschl. v. 10.7.2002, VK 2–34/02 (IT-Selbstinformationssystem).

[6] Siehe § 12 Rn. 2 ff.

C. Arten der Leistungsbeschreibung

8 Die vergaberechtlichen Regelungen unterscheiden im Grundsatz zwei Arten der Leistungsbeschreibung: zum einen die **klassische Leistungsbeschreibung**, im Liefer- und Dienstleistungsbereich durch verkehrsübliche Bezeichnungen, hilfsweise eine technisch-konstruktive Beschreibung, im Baubereich durch die sog. „Leistungsbeschreibung mit Leistungsverzeichnis"; zum anderen die **funktionale Leistungsbeschreibung**, im Baubereich bezeichnet als „Leistungsbeschreibung mit Leistungsprogramm". Im Anwendungsbereich der VOF wird nicht von einer „Leistungsbeschreibung", sondern von einer „Aufgabenbeschreibung" gesprochen (§ 6 VOF).[7]

I. Beschreibung durch verkehrsübliche Bezeichnung

9 Bei Lieferungen und Dienstleistungen – d.h. im Anwendungsbereich der VOL/A – ist die Leistung im Regelfall „durch verkehrsübliche Bezeichnungen nach Art, Beschaffenheit und Umfang" zu beschreiben (§ 7 Abs. 2 Satz 1 VOL/A). Diese Form wird mitunter auch als „**konventionelle Leistungsbeschreibung**" bezeichnet.[8] Sie ist insbesondere dann zweckmäßig, wenn es um handelsübliche und standardisierte Leistungsgegenstände geht.[9] Sie hat den Vorteil, dass sie im Regelfall wenig Aufwand erfordert und auch für Bieter leicht zu handhaben ist.

10 Auch im Baubereich sind die verkehrsüblichen Bezeichnungen zu beachten (§§ 7, 7 EG Abs. 2 VOB/A). Bauleistungen lassen sich damit allein allerdings im Regelfall nicht erschöpfend beschreiben; die Verwendung üblicher Bezeichnungen ist im Baubereich darum keine eigene Form der Leistungsbeschreibung, sondern ein allgemeiner Grundsatz, der der Klarheit und Wettbewerbsoffenheit der Beschreibung dient.

II. Technisch-konstruktive Leistungsbeschreibung bzw. Leistungsbeschreibung mit Leistungsverzeichnis

11 Bei komplexeren oder spezielleren Lieferungen oder Leistungen, die eine detailliertere Beschreibung erfordern, können die „wesentlichen Merkmale und konstruktiven Einzelheiten" angegeben werden (§ 7 Abs. 2 Satz 2 lit. b VOL/A).

12 Im Baubereich ist eine solche **technisch-konstruktive Beschreibung** der Regelfall. Sie wird dort als „Leistungsbeschreibung mit Leistungsverzeichnis" bezeichnet. Sie setzt sich üblicherweise aus einer allgemeinen Darstellung der zu erbringenden Leistung (Leistungsbeschreibung im engeren Sinne) und einem in Teilleistungen gegliederten Leistungsverzeichnis zusammen (vgl. § 7 Abs. 9 VOB/A). Das Leistungsverzeichnis enthält dann detaillierte Angaben zum Inhalt der Teilleistungen.

13 Aufgrund des **hohen Detaillierungsgrads** erfordert eine konstruktive Leistungsbeschreibung bzw. eine Leistungsbeschreibung mit Leistungsverzeichnis meist umfassende Fachkenntnisse des Auftraggebers (im Baubereich wird sie daher üblicherweise durch ei-

---

[7] Die unterschiedliche Terminologie beruht darauf, dass bei Vergabeverfahren nach der VOF nur die gestellte Aufgabe, nicht aber deren konkrete Lösung, d.h. die Leistung, vorab beschreibbar ist; vgl. *Kaufhold* Die Vergabe freiberuflicher Leistungen ober- und unterhalb der Schwellenwerte, § 6 Rn. 1.

[8] Siehe z.B. *Prieß* in Kulartz/Marx/Portz/Prieß VOL/A, § 7 Rn. 84.

[9] Vgl. die Erläuterung zu § 7 Abs. 2 in Anhang IV zur VOL/A; *Prieß* in Kulartz/Marx/Portz/Prieß VOL/A, § 7 Rn. 84.

nen Architekten oder Bauingenieur aufgestellt). Im Anwendungsbereich der VOB/A ist die Leistung erforderlichenfalls auch **zeichnerisch**, durch Probestücke oder anders zu erklären (§ 7 Abs. 10 VOB/A, § 7 EG Abs. 10 VOB/A). Auch bei VOL/VOF- und VSVgV-Vergaben kann der Textteil durch eine zeichnerische Darstellung ergänzt werden, wenn das für eine eindeutige und erschöpfende Beschreibung der Leistung sinnvoll ist.[10]

III. Funktionale Leistungsbeschreibung

Bei einer funktionalen Leistungsbeschreibung beschreibt der Auftraggeber die zu erbringende Leistung anhand einer Darstellung ihres **Zwecks**, ihrer **Funktion** und der sonstigen an sie gestellten **Anforderungen.** Die Art und Weise der Realisierung, d.h. das „Wie" der Ausführung, bleibt demgegenüber weitgehend offen.[11] Die Bieter müssen sich selbst darüber Gedanken machen, wie sie die Anforderungen des Auftraggebers umsetzen können. Die funktionale Leistungsbeschreibung wälzt die Festlegung der zur Ausführung der Leistung erforderlichen Arbeitsschritte damit zum Teil auf den Auftragnehmer über. Der Auftraggeber kann sich so bis zu einem gewissen Grad von der Entwicklung eigener technischer Lösungen entlasten;[12] gleichzeitig kann er sich das kreative Potential der Bieter zunutze machen.[13] Auch die funktionale Leistungsbeschreibung muss aber eine eindeutige und erschöpfende Beschreibung des Beschaffungsgegenstands enthalten.[14]   14

Insbesondere im Baubereich verlangt eine funktionale Ausschreibung von den Bietern typischerweise die **Erbringung planerischer Leistungen.** Hierfür müssen die Bieter über entsprechend ausgebildete Mitarbeiter verfügen oder sich dieses Know-how extern beschaffen.[15] Die Planungsleistungen erhöhen den mit der Angebotserstellung verbundenen Aufwand. § 8 Abs. 8 Nr. 1 VOB/A sieht daher vor, dass wenn der Auftraggeber von den Bietern die Ausarbeitung von Entwürfen, Plänen, Zeichnungen, technischen Berechnungen o.ä. verlangt, insbesondere bei funktionaler Leistungsbeschreibung, für alle Bieter einheitlich eine angemessene Entschädigung festzusetzen ist. In der Praxis wird über eine Entschädigung allerdings nicht selten hinweggegangen, oder sie ist nicht kostendeckend. Das führt tendenziell zu einer Benachteiligung kleiner und mittelständischer Unternehmen, denen die Verbuchung dieser Aufwendungen als Akquisekosten schwerer fällt. Anders als bei einem Architektenwettbewerb zielt die funktionale Leistungsbeschreibung bei Bauvergaben indes nicht primär auf die Erstellung einer Planung ab, sondern auf die Ausführung der Bauleistung.[16] Geht es dem Auftraggeber nur um eine etwaige Verbesserung vorhandener Planungsvorgaben, so kann er die Bieter durch Zulassung von Nebenangeboten zur Erstellung von Alternativvorschlägen auffordern.[17]   15

IV. Rangverhältnis

Im Bereich der VOL/A soll die Beschreibung **vorrangig durch verkehrsübliche Bezeichnungen** erfolgen. Lässt sich die Leistung auf diesem Wege nicht hinreichend genau beschreiben, stehen dem Auftraggeber die funktionale und die konstruktive Leistungsbe-   16

---

[10] Vgl. *Traupel* in Müller-Wrede VOL/A § 7 Rn. 15 mit Anwendungsbeispielen.
[11] Vgl. OLG Düsseldorf Beschl. v. 2.8.2002, Verg 25/02.
[12] *Traupel* in Müller-Wrede VOL/A § 8 EG Rn. 44
[13] OLG Naumburg Beschl. v. 16.9.2002, 1 Verg 2/02; *Hausmann/Mestwerdt* in Beck'sches Formularbuch Vergaberecht, A II. 12 Anm. 17.
[14] OLG Düsseldorf Beschl. v. 10.8.2011, VII Verg 36/11; *Prieß* in Kulartz/Marx/Portz/Prieß VOL/A, § 7 Rn. 84.
[15] *Ax/Schneider/Nette*, Kapitel 13, Rn. 44.
[16] *Hertwig*, Rn. 120.
[17] *Hertwig*, Rn. 121.

schreibung gleichrangig zur Verfügung.[18] Entsprechendes gilt für Vergaben nach VOF, SektVO, VSVgV. Auch eine Kombination der beiden Arten der Beschreibung ist zulässig (§ 7 Abs. 2 Satz 2 lit. c VOL/A).

17 Bei **VOB-Vergaben** ist die **Leistungsbeschreibung mit Leistungsverzeichnis vorrangig.** Das folgt aus § 7 Abs. 9 VOB/A und § 7 EG Abs. 8 VOB/A, wonach die Leistung „in der Regel" durch eine allgemeine Darstellung der Bauaufgabe (Baubeschreibung) und ein in Teilleistungen gegliedertes Leistungsverzeichnis zu beschreiben ist. Nur ausnahmsweise, wenn es nach Abwägen aller Umstände zweckmäßig ist, kann der Auftraggeber hiervon abweichend die Leistung funktional beschreiben (§ 7 Abs. 13 VOB/A, § 7 EG Abs. 13 VOB/A). Dem Auftraggeber steht dabei ein Ermessensspielraum zu. Die Entscheidung für eine funktionale Ausschreibung ist nicht zu beanstanden, wenn die zu beschaffenden Leistungen auf andere Wege nicht hinreichend genau beschrieben werden können, der Auftraggeber die Zweck- und Verhältnismäßigkeit der Funktionalausschreibung mit vertretbarem Ergebnis abgewogen hat und die Vergleichbarkeit der Angebote durch die Festlegung der Rahmenbedingungen und der wesentlichen Einzelheiten der Leistungen sichergestellt ist.[19]

D. Grundsätze der Leistungsbeschreibung

I. Bestimmungsrecht des Auftraggebers

18 Die Festlegung des **Beschaffungsgegenstands** unterliegt dem **Bestimmungsrecht** des Auftraggebers. Es ist seine kaufmännische Entscheidung, ob und welche Leistungen mit welchen Merkmalen ausgeschrieben werden. Allein der Auftraggeber entscheidet, was er haben will und wie er es haben will.[20] Seine Wahl unterliegt dabei allenfalls der haushaltsrechtlichen Überprüfung, nicht jedoch der vergaberechtlichen Kontrolle.[21] Die Entscheidung über den Beschaffungsgegenstand ist dem Anwendungsbereich des Vergaberechtsregimes **vorgelagert.**[22] Das Vergaberecht regelt nicht, was der öffentliche Auftraggeber beschafft, sondern nur die Art und Weise der Beschaffung.[23] So ist, wie das OLG Koblenz einmal sehr plastisch formuliert hat, bei einer Schienenverkehrsausschreibung die Vorgabe der „Ausstattung der Zugtoiletten mit goldenen Armaturen mit hoher Wahrscheinlichkeit ein Fall für die Aufsichtsbehörde oder den Rechnungshof, vergaberechtlich jedoch nicht zu beanstanden."[24]

II. Auslegung der Leistungsbeschreibung

19 Die Leistungsbeschreibung ist nach den allgemeinen Regeln für Willenserklärungen gemäß §§ 133 und 147 BGB vom **objektiven Empfängerhorizont** her auszulegen. Maßgeblich ist dementsprechend die Sicht der potentiellen Bieter.[25] Das subjektive Verständnis eines einzelnen Auftragnehmers ist nicht entscheidend. Abzustellen ist auf einen verständigen Bieter, der mit dem für die konkrete Ausschreibung verwendeten Fachvokabular

---

[18] Vgl. Erläuterungen zur VOL/A zu § 7 Abs. 2.
[19] OLG Düsseldorf Beschl. v. 16.8.2010, Verg 35/10; OLG Düsseldorf Beschl. v. 14.2.2009, Verg 14/00.
[20] OLG Koblenz Beschl. v. 5.9.2002, 1 Verg 2/02, NZBau 2002, 699, 703.
[21] *Jaeger* ZWeR 2011, 365 366.
[22] OLG Düsseldorf Beschl. v. 27.6.2012, Verg 7/12; *Jaeger* ZWeR 2011, 365, 366.
[23] OLG Düsseldorf Beschl. v. 1.8.2012, Verg 10/12; OLG Düsseldorf Beschl. v. 17.2.2010, VII-Verg 42/09; OLG Düsseldorf Beschl. v. 3.3.2010, VII-Verg 46/09; OLG München Beschl. v. 9.9.2010, Verg 10/10; OLG München Beschl. v. 28.7.2008, Verg 10/08; *Jaeger* ZWeR 2011, 365, 380
[24] OLG Koblenz Beschl. v. 5.9.2002, 1 Verg 2/02, NZBau 2002, 699, 703.
[25] BGH Urt. v. 22.4.1993, VII ZR 118/92; OLG Düsseldorf, Beschl. v. 31.7.2007, Verg 25/07.

vertraut ist. Soweit bei einem einzelnen Bieter Zweifel und Unklarheiten aufkommen, muss er diese ggf. durch eine Rückfrage beim Auftraggeber klären.[26] Der Bieter kann die Vergabeunterlagen nicht nach eigenem Belieben in einer ihm genehmen Weise auslegen.

Bei der Bestimmung des aus objektiver Empfängersicht gebotenen Verständnisses **20** kommt dem **Wortlaut** eine vergleichsweise große Bedeutung zu.[27] Sind die Vergabeunterlagen bereits danach nur in einem bestimmten Sinne zu verstehen, bleibt kein Raum für eine Auslegung.[28] Ist der Wortlaut nicht eindeutig, ist als Leitlinie der Auslegung grundsätzlich zu unterstellen, dass sich der öffentliche Auftraggeber **vergaberechtskonform** verhalten will. Im Zweifel sind die Vergabeunterlagen und andere Erklärungen im Vergabeverfahren daher so zu verstehen, dass sie im Einklang mit den vergaberechtlichen Vorschriften stehen.[29]

Lässt sich der Inhalt der Leistungsbeschreibung auch mittels Auslegung nicht eindeutig **21** ermitteln, ist sie mehrdeutig. Eine **mehrdeutige Leistungsbeschreibung** verstößt gegen das Gebot der eindeutigen und erschöpfenden Leistungsbeschreibung.[30] In einem solchen Fall ist das Verfahren in den Stand vor Versendung der Vergabeunterlagen zurück zu versetzen.[31] Kann der Mangel auch durch eine Zurückversetzung des Verfahrens nicht geheilt werden, leidet das Vergabeverfahren an einem schwerwiegenden Mangel und muss aufgehoben werden. Etwas anderes kann allenfalls dann gelten, wenn der Fehler im Leistungsverzeichnis nur einen Aspekt von ganz untergeordneter Bedeutung betrifft.[32] In einem solchen Fall kann der Auftraggeber bei der Ermessensentscheidung über eine Zurückversetzung bzw. Aufhebung der Ausschreibung auch berücksichtigen, dass die Bieter auf die Beendigung des Verfahrens durch Zuschlagserteilung vertrauen. Soweit nicht eine schwerwiegende Beeinträchtigung des Wettbewerbs oder gewichtige Interessen einzelner Bieter, etwa eine Beeinträchtigung der Chancengleichheit, entgegenstehen, kann der Auftraggeber das Verfahren dann trotz des Fehlers in der Leistungsbeschreibung fortführen.

III. Eindeutige und erschöpfende Beschreibung

1. Grundsatz

Für alle Formen der Leistungsbeschreibung gilt, dass die Leistung so eindeutig und er- **22** schöpfend zu beschreiben ist, dass sie von allen Bietern im gleichen Sinne verstanden wird und vergleichbare Angebote zu erwarten sind. Das Gebot der eindeutigen und erschöpfenden Beschreibung der Leistung dient der Transparenz und der Vermeidung von Diskriminierungen einzelner Bieter. Alle Bieter sollen ihr Angebot unter Verwendung vergleichbarer Informationen über die zu erbringende Leistung vorbereiten können. Nur durch eine eindeutige und erschöpfende Leistungsbeschreibung wird die **Vergleichbarkeit der Angebote** gewährleistet.[33] Wettbewerbsverzerrungen im Rahmen der Zuschlagsentscheidung lassen sich nur dadurch vermeiden, dass in die Wertung ausschließlich in jeder Hinsicht vergleichbare Angebote aufgenommen werden.[34]

Eindeutig ist eine Leistungsbeschreibung dann, wenn aus **Perspektive eines verstän-** **23** **digen Bieters** auch ohne intensive Auslegungsbemühungen klar ist, welche Leistung in

---

[26] OLG Brandenburg Beschl. v. 4.8.2008, Verg W 3/08.
[27] BGH Urt. v. 22.12.2011, VII ZR 67/11.
[28] OLG Brandenburg Beschl. v. 4.3.2008, Verg W 3/08.
[29] BGH Urt. v. 22.12.2011, VII ZR 67/11; BGH Urt. v. 11.5.2009, VII ZR 11/08; BGH Urt. v. 11.11.1993, VII ZR 47/93.
[30] Vgl. Rn. 22.
[31] OLG Koblenz Beschl. v. 26.10.2005, 1 Verg 4/05.
[32] BayObLG Beschl. v. 17.2.2005, Verg 27/04.
[33] OLG Brandenburg Beschl. v. 27.3.2012, Verg W 13/11.
[34] BGH Urt. v. 7.1.2003, X ZR 50/01.

welcher Weise gefordert wird.[35] Der bloße Umstand, dass die Leistungsbeschreibung überhaupt auslegungsbedürftig ist, stellt demgegenüber keinen Verstoß gegen das Gebot der eindeutigen Leistungsbeschreibung dar.[36] Gewisse sprachliche Ungenauigkeiten lassen sich auch bei sorgfältiger Erstellung der Leistungsbeschreibung nie vollständig ausschließen.

24 Erschöpfend ist die Leistungsbeschreibung, wenn keine Restbereiche verbleiben, die von der Vergabestelle nicht **klar umrissen** sind.[37] Entsprechend Sinn und Zweck des Gebots zur eindeutigen und erschöpfenden Leistungsbeschreibung bezieht sich das jedenfalls auf alle kalkulationsrelevanten Tatsachen. Nebensächliche Details ohne Kalkulationsrelevanz sind in dem Zusammenhang nicht maßgeblich.[38]

25 Sind dem Auftraggeber nicht **alle kalkulationsrelevanten Einzelheiten** bekannt, muss er sie ermitteln. Für Bauleistungen ergibt sich das ausdrücklich aus § 7 Abs. 1 Nr. 2 VOB/A (bzw. § 7 EG und § 7 VS VOB/A). Die frühere Parallelvorschrift für Lieferungen und Dienstleistungen (§ 8 Nr. 1 Abs. 2 VOL/A 2006) ist bei der VOL/A-Novelle 2009 zwar entfallen. Die Pflicht zur Ermittlung und Angabe aller kalkulationsrelevanten Umstände folgt jedoch unmittelbar aus dem Gebot der eindeutigen und erschöpfenden Leistungsbeschreibung[39] und gilt daher weiterhin auch im VOL-Bereich.

26 Ist der Auftraggeber nicht mit eigenen Mitteln in der Lage, alle für die Preisermittlung relevanten Umstände festzustellen, muss er erforderlichenfalls **externe Unterstützung** in Anspruch nehmen. Grenzen ergeben sich allerdings aus dem Verhältnismäßigkeitsgrundsatz. Nach wohl überwiegender Ansicht muss der Auftraggeber keinen unzumutbaren finanziellen Aufwand betreiben, um die kalkulationsrelevanten Leistungsgrundlagen zu ermitteln.[40] Das bedeutet indes nicht, dass ein Auftraggeber sich bei komplexen Projekten unter Berufung auf die Kosten der Pflicht zur Aufstellung einer ordnungsgemäßen Leistungsbeschreibung entziehen könnte.[41] Welcher Aufwand zumutbar ist, richtet sich vielmehr nach Größe und Komplexität des Vorhabens.[42] Das ist eine Frage des Einzelfalls. Lässt sich die Leistung mit angemessenem Aufwand nicht hinreichend genau beschreiben, dass vergleichbare Angebote erwartet werden können und eine seriöse Kalkulation möglich ist, muss der Auftraggeber erforderlichenfalls ein Planungsprojekt vorschalten.

27 Soweit die Bieter im Rahmen einer funktionalen Leistungsbeschreibung selbst Planungsunterlagen erstellen müssen, steht dies der Annahme einer erschöpfenden Leistungsbeschreibung nicht entgegen.[43] Die teilweise Überwälzung von Planungsleistungen auf die Bieter ist für die funktionale Leistungsbeschreibung gerade charakteristisch.[44] Ebenfalls zulässig und bei **komplexen Leistungen** insbesondere im IT- und Hochtechnologiebereich) nicht unüblich ist es, dass bei einer funktionalen Leistungsbeschreibung die Erstellung des konkreten Lastenhefts bzw. Leistungsverzeichnisses in die Ausführungsphase verlagert wird. In diesem Fall ist es besonders wichtig, dass die Funktionalbeschreibung tat-

---

[35] OLG Saarbrücken Beschl. v. 29.9.2004, 1 Verg 6/04. Für ein prägnantes Beispiel einer insoweit völlig untauglichen Leistungsbeschreibung siehe OLG Düsseldorf Beschl. v. 7.3.2012, VII-Verg 82/11.
[36] A.A. *Erdl* VergabeR 2004, 166, 167.
[37] OLG Saarbrücken Beschl. v. 29.9.2004, 1 Verg 6/04; VK Bund Beschl. v. 23.11.2009, VK 3–199/09.
[38] So ist bei der Beschaffung von Küchentechnik die Verwendung von „ca."-Maßen für Abmessungen sowie von Richtwerten für Anschlusswerte jedenfalls dann nicht zu beanstanden, wenn sie der hersteller- und produktneutralen Beschreibung dient, OLG Düsseldorf Beschl. v. 25.4.2012, VII-Verg 61/11.
[39] *Prieß* in Kulartz/Marx/Portz/Prieß, VOL/A, § 7 Rn. 30 u. 22 m.w.N.
[40] VK Lüneburg Beschl. v. 12.1.2007 – VgK-33/2006 (unter II.2.a); *Prieß* NZBau 2004, 87, 90.
[41] So zutreffend *Wolters* in Eschenbruch/Opitz, § 7 Rn. 27.
[42] VK Sachsen Beschl. v. 10.5.2011, 1/SVK/009–11.
[43] *Traupel* in Müller-Wrede VOL/A, § 8 EG, Rn. 36.
[44] Siehe Rn. 14f.

sächlich umfassend und hinreichend präzise ist, weil anderenfalls die Gefahr besteht, dass der Auftragnehmer bei der Erstellung des Lastenhefts (welches sodann Grundlage der weiteren Vertragsdurchführung wird) seine Leistungspflichten zu eigenen Gunsten einschränkt.

2. Sonderfälle

a) Rahmenvereinbarungen

Bei der Vergabe von Rahmenvereinbarungen gelten Besonderheiten für die Leistungsbeschreibung. Rahmenvereinbarungen zeichnen sich dadurch aus, dass das in Aussicht genommene **Auftragsvolumen**, ggf. aber auch die genauen Leistungsinhalte, in den Vergabeunterlagen noch nicht abschließend festgelegt sind (§ 4 Abs. 1 Satz 2 VOL/A, § 4 EG Abs. 1 Satz 2 VOL/A, § 9 Abs. 1 Satz 2 SektVO, § 4 Abs. 2 Satz 2 VSVgV); es genügt, wenn das Volumen „so genau wie möglich" angegeben wird. 28

Dem Bieter stehen damit oftmals nur Rahmendaten zur Abschätzung des Auftragsvolumens zur Verfügung. In der Praxis enthalten Rahmenvereinbarungen regelmäßig nur **unverbindliche Schätzungen** des Auftragsvolumens. Bei einer Unterschreitung der Schätzmengen trifft den Auftraggeber im Regelfall keine Abnahmeverpflichtung, sofern nicht ausdrücklich eine Mindestabnahmemenge vereinbart wurde. 29

Es liegt in der Natur der Sache, dass in diesem Fall **Unwägbarkeiten** verbleiben, die für den Bieter mit einem Kalkulationsrisiko verbunden sein können. Diese Unwägbarkeiten und Risiken sind einer Rahmenvereinbarung immanent. Die Gebote der Bestimmtheit, Eindeutigkeit und Vollständigkeit der Leistungsbeschreibung gelten für Rahmenvereinbarungen daher nur eingeschränkt.[45] Allerdings gewinnt die Pflicht, das in Aussicht genommene Auftragsvolumen zumindest „so genau wie möglich" zu ermitteln und bekannt zu geben, vor diesem Hintergrund besonderen Stellenwert. Der Auftraggeber muss dabei nicht nur Schätzmengen als solche bekannt geben, sondern – soweit möglich – auch die Schätzgrundlage offen legen, wie etwa historische Daten und Erfahrungswerte[46] oder sonstige Parameter, auf denen die Prognose basiert. 30

b) Freihändige Vergabe/Verhandlungsverfahren

Das Gebot der eindeutigen und erschöpfenden Leistungsbeschreibung gilt im Grundsatz auch für die Freihändige Vergabe und das Verhandlungsverfahren. Bei diesen Vergabearten kann der Auftraggeber den Verfahrensablauf zwar flexibel gestalten.[47] Das ändert jedoch nichts daran, dass der Beschaffungsgegenstand eindeutig beschrieben werden muss. Nur so lassen sich gleiche Ausgangsbedingungen für alle Verfahrensteilnehmer schaffen. Das gilt trotz des Umstands, dass bei Freihändiger Vergabe und im Verhandlungsverfahren über alle Aspekte des Auftrags und damit auch über den Leistungsinhalt verhandelt werden kann. Denn auch diese Verhandlungen benötigen aus Gründen der Gleichbehandlung und Transparenz einen für alle Bieter gleichermaßen gültigen Ausgangspunkt. Zudem eröffnen die Verhandlungen keinen unbegrenzten Spielraum zur Änderung der Leistung. Vielmehr ist in jedem Fall die **Identität des Beschaffungsvorhabens** zu wahren, d.h. es dürfen im Ergebnis nicht völlig andere Leistungen beschafft werden, als mit der Ausschreibung angekündigt.[48] 31

---

[45] Vgl. OLG Düsseldorf Beschl. v. 28.11.2012, Verg 8/12; OLG Düsseldorf Beschl. v. 18.4.2012, Verg 93/11.
[46] OLG Düsseldorf, Beschl. v. 18.4.2012, Verg 93/11.
[47] Siehe § 9 Rn. 41 u. § 10 Rn. 41.
[48] Vgl. OLG Dresden Beschl. v. 11.3.2005, WVerg 5/05; OLG Naumburg Beschl. v. 1.9.2004, 1 Verg 11/04; OLG Dresden Beschl. v. 3.12.2003, W Verg 15/03; OLG Celle Beschl. v. 16.1.2002, 13 Verg 1/02.

32 Allerdings stehen bestimmte Anwendungsfälle der Freihändigen Vergabe bzw. des Verhandlungsverfahrens in einem **Spannungsverhältnis** zur Pflicht zur vollständigen und erschöpfenden Beschreibung der Leistung.[49] So ist die Freihändige Vergabe zulässig, wenn die Leistung nach Art und Umfang vor der Vergabe nicht so eindeutig und erschöpfend beschrieben werden kann, dass hinreichend vergleichbare Angebote zu erwarten sind (§ 3 Abs. 5 lit. h VOL/A, § 3 Abs. 5 Nr. 3 VOB/A). Die Verhandlungsverfahren ist u. a. dann anwendbar, wenn die vertraglichen Spezifikationen nicht hinreichend genau festgelegt werden können (§ 3 EG Abs. 3 lit. c VOL/A) bzw. die Leistung nach Art und Umfang oder wegen der damit verbundenen Wagnisse nicht so erschöpfend beschrieben werden kann, dass eine einwandfreie Preisermittlung zur Vereinbarung einer festen Vergütung möglich ist (§ 3 EG Abs. 4 Nr. 3 VOB/A). Insbesondere im Rahmen der Vergabe von **PPP-Projekten** wird die Anwendung des Verhandlungsverfahrens vielfach auf diesen Ausnahmetatbestand gestützt.[50] Diese Ausnahmefälle setzen voraus, dass eine eindeutige und erschöpfende Leistungsbeschreibung im o.g. Sinne gerade nicht möglich ist, sondern der genaue Leistungsinhalt erst im Verhandlungswege erarbeitet werden muss. Der EuGH betont indessen regelmäßig, dass die Zulässigkeitsvoraussetzungen des Verhandlungsverfahrens eng auszulegen und nur im Ausnahmefall erfüllt sind.[51] Die EU-Kommission vertritt vor diesem Hintergrund die Ansicht, dass der Ausnahmetatbestand der nicht hinreichenden Beschreibbarkeit nur für Sonderfälle gilt, in denen Art oder Umfang der Leistungen von vorherein unwägbar sind, während sie nicht schon dann einschlägig sei, wenn aufgrund der komplexen rechtlichen oder finanztechnischen Konstruktion Probleme mit der vorherigen Preisfestlegung auftreten.[52] Der Auftraggeber bleibt in jedem Fall verpflichtet, den Beschaffungsgegenstand zumindest so weit wie möglich (ggf. funktional) zu beschreiben. Die Anforderungen an Eindeutigkeit und Vollständigkeit der Leistungsbeschreibung werden in diesen Sonderfällen somit zwar abgesenkt, entfallen jedoch nicht ganz.[53]

c) Wettbewerblicher Dialog

33 Der Wettbewerbliche Dialog ist nur anwendbar, wenn dem Auftraggeber die Beschreibung der **Lösung seines Beschaffungsproblems nicht möglich** ist (§ 3 EG Abs. 7 Satz 1 VOL/A, § 3 EG Abs. 7 Nr. 1 VOB/A, § 13 Abs. 1 VSVgV).[54] Der Beschaffungsgegenstand wird vom Auftraggeber erst in den Erörterungen mit den Teilnehmern des Wettbewerblichen Dialogs ermittelt. Demgemäß kann der Auftraggeber bei Durchführung eines Wettbewerblichen Dialogs insoweit auch nicht zur eindeutigen und erschöpfenden Beschreibung des Beschaffungsgegenstands verpflichtet sein.[55] Es ist ausreichend, wenn der Auftraggeber zu Beginn des Verfahrens seine Anforderungen und Bedürfnisse in der Bekanntmachung oder einer Beschreibung mitteilt (§ 3 EG Abs. 7 lit. a VOL/A, § 3 EG Abs. 7 Nr. 2 VOB/A, § 13 Abs. 2 Nr. 1 VSVgV). Nur auf diese Angaben zu seinem Beschaffungsbedarf beschränkt sich im Wettbewerblichen Dialog das Gebot der eindeutigen und erschöpfenden Beschreibung.

34 Die Beschreibung im Rahmen des Wettbewerblichen Dialogs darf nicht mit einer Leistungsbeschreibung im Sinne des § 8 EG VOL/A bzw. § 7 EG VOB/A verwechselt wer-

---

[49] VK Lüneburg Beschl. v. 8.7.2009, VgK-29/2009; *Kaelble* in Müller-Wrede, VOL/A, § 3 EG.
[50] *Kus* VergabeR 2006, 851, 862; *Byok* Das Verhandlungsverfahren, Rn. 187.
[51] EuGH Urt. v. 4.6.2009, Rs. C-250/07 – *Kraftwerk Kreta* Rn. 17; EuGH Urt. v. 8.4.2008, Rs. C-337/05 – *Agusta Helicopters*, Rn. 57; EuGH Urt. v. 2.6.2005, Rs. C-394 – *Megalopolis*, Rn. 33.
[52] *EU-Komm.* Grünbuch Partnerschaften, 10.
[53] Vgl. § 9 Rn. 46 f.
[54] Siehe § 11 Rn. 2.
[55] Zur Reichweite des Gebots der eindeutigen und erschöpfenden Beschreibung ausführlich *Schneider* Der Wettbewerbliche Dialog im Spannungsfeld der Grundsätze des Vergaberechts, 129 ff.

den.⁵⁶ Die Verfahrensregelungen des Wettbewerblichen Dialogs sehen die Aufstellung einer einheitlichen Leistungsbeschreibung weder zu Verfahrensbeginn noch am Ende der Dialogphase vor.⁵⁷

3. Bedarfs- und Wahlpositionen

Als **Bedarfs- oder Eventualpositionen** werden solche Positionen bezeichnet, bei denen sich der Auftraggeber vorbehält, die Ausführung noch anzuordnen. Neben die Grundpositionen der Ausschreibung, die in jedem Fall vom Auftragnehmer auszuführen sind, treten weitere Positionen, deren Ausführung der Auftraggeber nach Erteilung des Auftrags einfordern kann.⁵⁸ Von Bedarfspositionen zu unterscheiden sind **Wahl- oder Alternativpositionen.** Bei diesen behält sich der Auftraggeber vor, die Grundposition nach Kenntnisnahme der Angebotsinhalte durch die Wahlposition zu ersetzen.⁵⁹   35

Sowohl Bedarfspositionen als auch Wahlpositionen sind im Hinblick auf das Gebot der Eindeutigkeit der Leistungsbeschreibung problematisch. Durch ihre Aufnahme lässt der Auftraggeber offen, ob er die Leistung überhaupt in Anspruch nehmen will. Hierdurch wird die Kalkulation für die Bieter erheblich erschwert. Zudem kann die Aufnahme von Bedarfs- oder Wahlpositionen dem Bieter unerwünschte Spekulationsmöglichkeiten eröffnen. Wahlpositionen stehen zudem in einem **Spannungsverhältnis** zum vergaberechtlichen Transparenzgebot. Es besteht die Gefahr, dass der Auftraggeber durch seine Entscheidung für oder gegen eine Wahlposition das Wertungsergebnis beeinflusst.⁶⁰   36

a) Bedarfs- oder Eventualpositionen

Bei VOB-Vergaben sind Bedarfspositionen grundsätzlich nicht in die Leistungsbeschreibung aufzunehmen (§ 7 Abs. 1 Nr. 4 Satz 1 VOB/A, § 7 EG Abs. 1 Nr. 4 VOB/A). Die Verwendung von Bedarfspositionen ist danach ausdrücklich **nur in Ausnahmefällen** möglich. Hierfür gelten strenge Voraussetzungen. Trotz Ausschöpfung aller örtlichen und technischen Erkenntnismöglichkeiten darf im Zeitpunkt der Ausschreibung objektiv nicht feststellbar sein, ob und in welchem Umfang die Leistung ausgeführt werden muss, eine gesonderte Vergabe an ein anderes Unternehmen zu einem späteren Zeitpunkt muss technisch und wirtschaftlich unvertretbar sein und die zusätzliche Leistung muss zur Ausführung der ursprünglich vergebenen Leistung notwendig sein.⁶¹   37

VOL/A, VOF, SektVO VSVgV enthalten keine ausdrücklichen Regelungen zu Bedarfspositionen. Nach überwiegender Meinung dürfen jedoch auch dort Bedarfspositionen nur im Ausnahmefall in die Leistungsbeschreibung aufgenommen werden. Der Auftraggeber muss ein **anzuerkennendes Bedürfnis** nach der Aufnahme der Bedarfspositionen vorweisen können und die Bedarfsposition muss in den Vergabeunterlagen hinreichend als solche bezeichnet und für einen fachkundigen Bieter zu erkennen sein.⁶² Die zusätzliche Leistung darf zudem nur von untergeordneter Art sein und nur einen unerheblichen Anteil am Gesamtauftrag ausmachen.⁶³ Der zulässige Maximalanteil der Bedarfspositionen ist umstritten, wird aber überwiegend und zutreffend bei rund 10–15 %   38

---

⁵⁶ Die Bezeichnung als „Leistungsbeschreibung" in § 3 EG Abs. 7 lit. a VOL/A und § 13 Abs. 2 Nr. 1 VSVgV ist als redaktionelles Versehen anzusehen, siehe § 11 Rn. 21.
⁵⁷ Vgl. § 11 Rn. 69.
⁵⁸ OLG Düsseldorf Beschl. v. 13.4.2010, Verg 58/10.
⁵⁹ OLG Düsseldorf Beschl. v. 13.4.2010, Verg 58/10.
⁶⁰ OLG Düsseldorf Beschl. v. 13.4.2010, Verg 58/10. Siehe zur Pflicht des Auftraggebers, Bedarfspositionen, die wirksam vorgegeben wurden, auch bei der Angebotswertung zu berücksichtigen, VK Schleswig-Holstein, Beschl. v. 12.7.2005, VK-SH 14/05, unter II. 2.
⁶¹ *Kratzenberg* in Ingenstau/Korbion, § 7, Rn. 47.
⁶² OLG Düsseldorf Beschl. v. 10.2.2010, Verg 36/09.
⁶³ OLG Dresden Beschl. v. 2.8.2011, Verg 4/11; OLG Oldenburg Beschl. v. 3.5.2007, 8 U 254/06.

des Gesamtvolumens des Auftrags verortet.[64] Eine unbegrenzte Zulässigkeit von Bedarfspositionen lässt sich auch nicht daraus herleiten, dass die VOL im Gegensatz zur VOB den Abschluss von **Rahmenvereinbarungen** zulässt.[65] Das grundsätzliche Gebot einer eindeutigen und erschöpfenden Leistungsbeschreibung kann nicht unter Bezugnahme auf die speziellen Regelungen für die Vergabe von Rahmenvereinbarungen unterlaufen werden.[66]

b) Wahl- oder Alternativpositionen

39 Die Zulässigkeit von Wahlpositionen ist in VOB/A, VOL/A, VOF, SektVO und VSVgV nicht ausdrücklich geregelt. Sie bemisst sich aber nach ähnlichen Maßstäben wie die von Bedarfspositionen. Auch Wahlpositionen sind **nur unter engen Voraussetzungen** zulässig. Ihre Verwendung setzt zunächst voraus, dass der Auftraggeber ein berechtigtes Bedürfnis hat, die zu beauftragende Leistung in den betreffenden Punkten einstweilen offen zu halten.[67] Aus Transparenzgründen muss der Auftraggeber den Bietern zudem vorab bekannt geben, welche Kriterien für die Inanspruchnahme der Wahlposition maßgeblich sein sollen.[68] Wie auch bei Bedarfspositionen bestehen keine festen prozentualen Grenzen für den zulässigen Umfang von Wahlpositionen. Als noch zulässig wurden Wahlpositionen im Umfang von 10 % des Gesamtauftrags angesehen.[69]

4. Verbot ungewöhnlicher Wagnisse bzw. unzumutbarer Kalkulationsrisiken

40 Bei **Bauvergaben** darf dem Auftragnehmer nach § 7 EG Abs. 1 Nr. 3 VOB/A bzw. § 7 EG Abs. 1 Nr. 3 VOB/A kein ungewöhnliches Wagnis für Umstände und Ereignisse aufgebürdet werden, auf die er keinen Einfluss hat und deren Einwirkung auf die Preise und Fristen er nicht im Voraus schätzen kann. Zweck des Verbots ist es, zugunsten der häufig spezialisierten und auf öffentliche Aufträge angewiesenen Bieter einen Ausgleich zur überlegenen Marktmacht des Auftraggebers zu schaffen.[70] Es soll verhindert werden, dass der Auftraggeber auf die Bieter Wagnisse überwälzt, die **normale vertragliche Risiken überschreiten.**[71]

41 Ungewöhnlich im Sinne des § 7 EG Abs. 1 Nr. 3 VOB/A bzw. § 7 EG Abs. 1 Nr. 3 VOB/A sind solche Wagnisse, die nicht vom Auftragnehmer zu tragen sind und auf die er keinen Einfluss hat. Dies betrifft bspw. das Risiko der Finanzierbarkeit der Bauleistung, das Risiko der Richtigkeit von Beschaffenheitsangaben zum Baugrund und das Risiko unvorhersehbarer behördlicher Maßnahmen.[72] Selbst **außergewöhnliche Wagnisse** sollen allerdings dann nicht erfasst werden, wenn das Wagnis durch eine hohe Vergütungs-

---

[64] VK Bund Beschl. v. 14.7.2005, VK 1–50; *Prieß* in Kulartz/Marx/Portz/Prieß, § 8 EG Rn. 76; *Prieß* NZBau 2004, 20, 27. Das OLG München (Beschl. v. 6.8.2012, Verg 14/12) hat in einer jüngeren Entscheidung einen Mengenschwankungsvorbehalt von +/- 20 bis 25 % bei einem Auftrag über Restabfallentsorgung unter dem Aspekt eines unzumutbaren Kalkulationsrisikos als zwar „grenzwertig", aber noch zulässig angesehen.
[65] So aber *Schellenberg* in Pünder/Schellenberg, § 8 EG VOL/A, Rn. 42.
[66] Vgl. OLG Dresden Beschl. v. 2.8.2011, Verg 4/11 zur Unzulässigkeit der Ausschreibung eines Liefervertrags für Tausalz als Rahmenvereinbarung ohne Mindestabnahmemenge.
[67] OLG Düsseldorf Beschl. v. 13.4.2011, Verg 58/10; OLG München Beschl. v. 27.1.2006, Verg 1/06; OLG Düsseldorf Beschl. v. 24.3.2004, Verg 7/04; VK Bund Beschl. v. 18.6.2012, VK-2 53/12; VK Baden-Württemberg Beschl. v. 9.6.2011, 1 VK 26/11.
[68] OLG Düsseldorf Beschl. v. 13.4.2011, Verg 58/10; VK Bund Beschl. v. 18.6.2012, VK-2 53/12; *Prieß* in Kulartz/Marx/Portz/Prieß, § 8 EG Rn. 80.
[69] VK Lüneburg Beschl. v. 3.2.2004, 203-VgK-41/2003; *Prieß* in Kulartz/Marx/Portz/Prieß, § 8 EG Rn. 80. Offengelassen in OLG Düsseldorf Beschl. v. 13.4.2011, Verg 58/10
[70] OLG Saarbrücken Beschl. v. 29.9.2004, 1 Verg 6/04.
[71] *Kratzenberg* in Ingenstau/Korbion, § 7 VOB/A Rn. 37.
[72] *Kapellmann* in Kapellmann/Messerschmidt, § 7 VOB/A Rn. 21.

leistung des Auftraggebers oder durch Versicherungsleistungen gedeckt wird.[73] In diesem Fall ist der Bieter hinsichtlich des von ihm übernommenen Risikos finanziell abgesichert bzw. kann die für seine Risikoentlastung entstehenden Aufwendungen bei der Angebotskalkulation berücksichtigen.

Für **Lieferungen und Dienstleistungen** gibt es **kein ausdrückliches Verbot der Aufbürdung ungewöhnlicher Wagnisse** mehr. Die früheren Parallelvorschriften zu § 7 EG Abs. 1 Nr. 3 VOB/A bzw. § 7 EG Abs. 1 Nr. 3 VOB/A wurden im Zuge der VOL/A-Novelle 2009 gestrichen. Auch SektVO und VSVgV enthalten keine entsprechenden Vorschriften. Teilweise wird allerdings vertreten, dass sich die Unzulässigkeit der Überwälzung ungewöhnlicher Wagnisse bereits aus dem allgemeinen Gebot der eindeutigen und erschöpfenden Leistungsbeschreibung herleiten lässt.[74] Dem ist entgegenzuhalten, dass die Verpflichtung zur klaren und erschöpfenden Beschreibung nicht zwingend etwas damit zu tun hat, ob den Bietern bestimmte Risiken auferlegt werden dürfen oder nicht.[75] Ein Wagnis kann eindeutig und erschöpfend beschrieben sein und dennoch ein ungewöhnliches Risiko für den Bieter bleiben.[76] Nach wohl herrschender Meinung ist die Streichung des Verbots durch die Novelle von 2009 dementsprechend als echte Rechtsänderung zu verstehen, so dass die Überwälzung ungewöhnlicher Wagnisse im Liefer- und Dienstleistungsbereich **nicht mehr per se unzulässig** ist.[77]

Das bedeutet freilich nicht, dass der Auftraggeber nunmehr jegliches Risiko auf die Bieter abwälzen dürfte. Nach allgemeinen Grundsätzen sind **unzumutbare Anforderungen**, die eine vernünftige kaufmännische Kalkulation unmöglich machen, weiterhin unzulässig.[78] In der Praxis führt das zu ähnlichen Ergebnissen wie die frühere Rechtslage. Denn das Verbot der Überwälzung ungewöhnlicher Wagnisse galt schon immer (und gilt im Bereich der VOB/A auch heute noch) nur für solche Risiken, die vom Bieter nicht beherrschbar und für ihn nicht kalkulierbar sind. Bei solchen Risiken ist jedenfalls ab einer gewissen Größenordnung schnell die Schwelle der Unzumutbarkeit erreicht. Unterschiede dürften sich vor allem dort ergeben, wo zwar ungewöhnliche und schwer zu kalkulierend Risiken im Raum stehen, diese aber nicht so groß sind, dass die Bieter sie nicht durch **angemessene Risikozuschläge** auffangen könnten.

5. Grundsatz der Produktneutralität

Obwohl der Auftraggeber in der Festlegung des Beschaffungsgegenstands grundsätzlich frei ist,[79] erlegt das Vergaberecht der öffentlichen Hand zwecks Öffnung der öffentlichen Beschaffungsmärkte und zur effektiven Durchsetzung der Warenverkehrsfreiheit gewisse Restriktionen auf.[80] Zu den wesentlichen Beschränkungen gehört der Grundsatz der Produktneutralität. Er soll verhindern, dass der Auftraggeber den Wettbewerb durch eine **Vorfestlegung** auf bestimmte Produkte, Herkunftsorte, Bezugsquellen o. ä. einschränkt. Aus diesem Grund darf der Auftraggeber in der Leistungsbeschreibung grundsätzlich nicht

---

[73] *Kratzenberg* in Ingenstau/Korbion, § 7 VOB/A Rn. 42.
[74] OLG Dresden Beschl. v. 2.8.2011, WVerg 4/11; OLG Jena Beschl. v. 22.8.2011, 9 Verg 2/11; VK Sachsen Beschl. v. 19.5.2011, 1 SVK/015–11; Beschl. v. 10.5.2011, 1 SVK/009–11; *Traupel* in Müller-Wrede VOL/A, § EG Rn. 18; *Schellenberg* in Schellenberg/Pünder, Praxiskommentar Vergaberecht, § 8 EG VOL/A Rn. 26 ff.; tendenziell auch *Brauer*, VergabeR 2012, 343, 346 f.
[75] OLG Düsseldorf Beschl. v. 24.11.2011, VII Verg 62/11.
[76] OLG Düsseldorf Beschl. v. 24.11.2011, VII Verg 62/11.
[77] OLG Düsseldorf Beschl. v. 18.4.2012, VII-Verg 93/11 m.w.N.; Beschl. v. 19.10.2011, VII-Verg 54/11; OLG München Beschl. v. 6.8.2012, Verg 14/12; *Prieß* in Kulartz/Marx/Portz/Prieß, § 8 EG Rn. 41.
[78] OLG Düsseldorf Beschl. v. 18.4.2012, Verg 93/11; Beschl. v. 19.10.2011 – Verg 54/11; OLG München Beschl. v. 6.8.2012, Verg 14/12 (dort verneint für einen Mengenschwankungs-Vorbehalt von +/- 20 bis 25 %); tendenziell ähnlich bereits BGH Beschl. v. 10.6.2008, X ZR 78/07.
[79] Siehe Rn. 18.
[80] OLG Düsseldorf Beschl. v. 1.8.2012, Verg 10/12.

auf bestimmte Produkte, Marken, Verfahren oder Herkunftsquellen verweisen, wenn dadurch bestimmte Unternehmen oder Produkte begünstigt oder ausgeschlossen werden (Art. 23 Abs. 8 Satz 1 VKR, § 8 EG Abs. 7 VOL/A, § 7 Abs. 3 VOL/A, § 7 EG Abs. 7 VOB/A, § 7 VOB/A, § 6 Abs. 7 VOF, § 7 Abs. 1 SektVO, § 15 Abs. 8 VSVgV). Das Bestimmungsrecht des Auftraggebers wird dadurch bis zu einem gewissen Grad eingeschränkt.[81]

45 Der Grundsatz der produktneutralen Ausschreibung verbietet zunächst eine unmittelbare **hersteller- oder markenbezogene Beschreibung** des Beschaffungsgegenstands. Er ist aber auch dann verletzt, wenn der Auftraggeber die Ausschreibung durch **versteckte Festlegungen** auf ein bestimmtes Produkt zuschneidet. In der Praxis kommt das insbesondere dann vor, wenn der Auftraggeber die Leistung zwar mit allgemein formulierten Anforderungen beschreibt, dabei aber die Spezifikationen eines bestimmten Produkts „eins zu eins" übernimmt. Hierdurch macht der Auftraggeber den Bietern ein Ausweichen auf Alternativfabrikate unmöglich. Solche Vorgaben sind daher unter Wettbewerbsgesichtspunkten nicht anders zu bewerten als ausdrückliche Vorgaben zur Verwendung eines spezifischen Produkts.

a) Produktspezifische Ausschreibung bei sachlicher Rechtfertigung

46 Der Grundsatz der produktneutralen Beschreibung gilt allerdings nicht uneingeschränkt. Ausnahmsweise darf der Auftraggeber auf Marken, Produkte, etc. verweisen, wenn dies „durch den Auftragsgegenstand gerechtfertigt ist" (Art. 23 Abs. 8 Satz 2 VKR). Auftrags- und sachbezogene Gründe in diesem Sinne können sich insbesondere aus der besonderen Aufgabenstellung (z.B. auch dem Erfordernis der Kompatibilität mit Bestandsprodukten), der Nutzung der Sache (z.B. dem Einsatz unter speziellen Bedingungen) oder auch gestalterischen Anforderungen ergeben. Die Festlegung auf einen bestimmten Beschaffungsgegenstand ist vergaberechtlich dann zulässig, wenn sie auf **sach- und auftragsbezogenen Gründen** und nicht auf sachfremden, willkürlichen oder diskriminierenden Erwägungen beruht.[82]

47 Ob die vom Auftraggeber zugrundegelegten Gründe „richtig" und zweckmäßig sind, wird von den Nachprüfungsinstanzen nicht überprüft. Nach der jüngeren Rechtsprechung des OLG Düsseldorf beschränkt sich die **Kontrolle**, ob die Produkt- oder Verfahrensvorgabe durch den Auftragsgegenstand sachlich gerechtfertigt ist, darauf, ob der Auftraggeber dafür nachvollziehbare, objektive und auftragsbezogene Gründe angegeben hat, die Bestimmung willkürfrei getroffen worden ist, die Gründe tatsächlich vorhanden sind und die Bestimmung andere Wirtschaftsteilnehmer nicht diskriminiert.[83]

48 Ein Teil der Rechtssprechung verlangt zudem, dass der Auftraggeber sich zunächst einen möglichst breiten **Überblick über die im Markt verfügbaren Lösungen** verschafft und positiv feststellt, warum die durch die produktbezogene Ausschreibung ausgeschlossenen Lösungsvarianten nicht in Betracht kommen.[84] Das OLG Düsseldorf[85] folgt dem nicht und hebt die Bedeutung des Bestimmungsrechts des Auftraggebers hervor. Dem Auftraggeber könne nicht eine technische oder ästhetische Lösung vorgeschrieben werden, die von ihm aus nachvollziehbaren Gründen nicht gewünscht sei.[86] Die Effekti-

---

[81] OLG Düsseldorf Beschl. v. 1.8.2012, Verg 10/12.
[82] OLG Düsseldorf Beschl. v. 17.2.2010, VII-Verg 42/09, OLG Düsseldorf Beschl. v. 3.3.2010, VII-Verg 46/09; OLG Düsseldorf Beschl. v. 15.6.2010, VII-Verg 10/10; ebenso VK Münster Beschl. v. 24.6.2011, VK 6/11.
[83] OLG Düsseldorf Beschl. v. 1.8.2012, Verg 10/12.
[84] Vgl. OLG Jena Beschl. v. 26.6.2006, 9 Verg 2/06, NZBau 2006, 735; OLG Celle Beschl. v. 22.5.2008, 13 Verg 1/08; *Jaeger* ZWeR 2011, 365, 380.
[85] OLG Düsseldorf Beschl. v. 27.6.2012, Verg 7/12; OLG Düsseldorf Beschl. v. 27.6.2012, Verg 7/12. Ebenso OLG Naumburg Beschl. v. 20.9.2012, 2 Verg 4/12.
[86] OLG Düsseldorf Beschl. v. 27.6.2012, Verg 7/12.

vität der Beschaffung dürfe nicht zugunsten einer wettbewerblichen Norminterpretation verdrängt werden.[87] Der Auftraggeber sei nicht verpflichtet, die Ausschreibung so zu gestalten, dass sie zum Unternehmens- und Betriebskonzept eines jeden möglichen Bieters passt.[88] Daran ist richtig, dass der Auftraggeber vergaberechtlich nicht verpflichtet ist, Produkte zu beschaffen, die seinem Bedarf nicht gerecht werden. Andererseits ist zu beachten, dass der Grundsatz der Produktneutralität besonders großen Stellenwert für die Öffnung der Beschaffungsmärkte hat und jeder produktbezogenen Ausschreibung ein **hohes Missbrauchspotential** innewohnt.[89] Angesichts dessen kann von einem Auftraggeber durchaus erwartet werden, dass jeder Vorabfestlegung auf konkrete Produkte, Quellen oder Verfahren zumindest eine sorgfältige Ermittlung vorausgeht, ob sie tatsächlich der einzige Weg ist, seinen objektiven Bedarf zu decken. Das ist im Rahmen einer Nachprüfung ggf. auch zu kontrollieren.

Das Transparenzgebot verpflichtet den Auftraggeber in jedem Fall, die **rechtfertigenden Gründe** für eine produktbezogene Ausschreibung in der Vergabeakte vor Verabschiedung der Leistungsbeschreibung sorgfältig zu dokumentieren.[90] Die Dokumentation muss richterweise auch erkennen lassen, welche Ermittlungen der Auftraggeber unternommen hat um festzustellen, dass die Produktvorgabe tatsächlich der einzige Weg zur Deckung des Beschaffungsbedarfs ist.[91] 49

b) Vorgabe von Leitfabrikaten

Eine weitere Einschränkung des Gebots der produktneutralen Bezeichnung ergibt sich aus den Regelungen zur Zulässigkeit von Leitfabrikaten. Leitfabrikate sind solche Produkte, deren **Einsatz für sich genommen zwar nicht zwingend ist**, die aus Sicht des Auftraggebers jedoch seinen Bedarf decken würden. In der Leistungsbeschreibung nennt der Auftraggeber das Leitfabrikat als eine mögliche Lösung und lässt zugleich gleichwertige Alternativen zu (Beispiel: „Prozessor Intel XY oder gleichwertig"). 50

Aus Sicht des Auftraggebers ist die Angabe eines Leitfabrikats insbesondere bei Produkten attraktiv, die bei ihm bereits im Einsatz sind. Alternativfabrikate bergen stets das Risiko der **Inkompatibilität oder nur unzuverlässig funktionierender Schnittstellen** mit dem bestehenden System. Durch die Vorgabe des Leitfabrikats steuert der Auftraggeber die Ausschreibung auf das angegebene Produkt zu. Den Bietern ist zwar unbenommen, auch abweichende Produkte anzubieten. Sie müssen dann aber die Gleichwertigkeit des angebotenen Fabrikats zum Leitprodukt nachweisen.[92] Bieter, die das Leitprodukt anbieten, können hingegen gewiss sein, dass dies die Anforderungen des Auftraggebers erfüllt. Das Leitfabrikat wird damit in gewissem Umfang privilegiert. 51

Die Benennung eines konkreten Produkts, einer Type oder Marke als Leitprodukt kollidiert mit dem **Gebot der produktneutralen Beschreibung.** Nach den vergaberechtlichen Regelungen, insbesondere vor dem Hintergrund des Wettbewerbsgrundsatzes, sollen die Auftragnehmer grundsätzlich selbst bestimmen dürfen, welche Produkte sie liefern bzw. welche Materialien sie zu Ausführung des Auftrags einsetzen.[93] Die Vorgabe eines Leitfabrikats schränkt den kaufmännischen und technischen Wettbewerb zwischen den Unternehmen ein.[94] Leitfabrikate sind daher nur ausnahmsweise zulässig. Die vergaberechtlichen Ausnahmetatbestände zu Leitfabrikaten sind eng auszulegen.[95] 52

---

[87] OLG Düsseldorf Beschl. v. 1.8.2012, Verg 10/12.
[88] OLG Düsseldorf Beschl. v. 27.6.2012, Verg 7/12.
[89] *Orthmann* VergabeR 2012, 376, 385; vgl. bereits VK Düsseldorf Beschl. v. 6.2.2001, VK-1/2001-B.
[90] VK Münster Beschl. v. 24.6.2011, VK 6/11; VK Sachsen Beschl. v. 4.5.2011, 1/SVK010–11.
[91] *Orthmann* VergabeR 2012, 376, 390.
[92] *Kratzenberg* in Ingenstau/Korbion Rn. 85; *Prieß* in Kulartz/Marx/Portz/Prieß VOL/A Rn. 116.
[93] *Kratzenberg* in Ingenstau/Korbion Rn. 84.
[94] OLG Frankfurt Beschl. v. 29.5.2007, 11 Verg 12/06.

53 Voraussetzung für die Verwendung von Leitfabrikaten ist zunächst, dass die Leistung auf andere Weise nicht hinreichend genau und allgemein verständlich beschrieben werden kann (Art. 23 Abs. 8 Satz 2 VKR). Hierfür gelten strenge Anforderungen. Eine abstrakte Beschreibung anhand von Produktspezifika darf dem Auftraggeber nicht möglich sein.[95] Der Auftraggeber darf nicht allein deshalb ein Leitfabrikat angeben, weil ihm dies die Erstellung der Leistungsbeschreibung erleichtert. Die Vorgabe eines Leitfabrikats kommt insbesondere bei Produkten in Betracht, die sich aufgrund ihrer Verbreitung als **Quasi-Industriestandards** etabliert haben.[97] Selbst in solchen Fällen wird allerdings vielfach eine neutrale Beschreibung möglich sein.[98] Die Vorgabe eines Leitfabrikats ist dann unzulässig. Für die Verwendung von Leitfabrikaten verbleibt damit streng genommen nur ein kleiner Anwendungsbereich.[99]

54 Weitere Voraussetzung ist, dass die Leitfabrikate mit dem Zusatz **„oder gleichwertig"** versehen werden. Hieraus können die Bieter ersehen, dass es sich nicht um eine zwingende Vorgabe handelt, sondern auch andere gleichwertige Produkte eingesetzt werden können. Die Möglichkeit, gleichwertige Produkte anzubieten, darf dabei nicht durch überzogen strenge Vorgaben unterminiert werden. Der Auftraggeber darf nicht einerseits gleichwertige Fabrikate zulassen, andererseits aber die Spezifikationen des Leitfabrikats so umfassend und detailliert zur Mindestanforderung erheben, dass letztlich kein Alternativprodukt mehr in Betracht kommt.[100] In einem solchen Fall liegt nicht die Ausschreibung eines Leitfabrikats, sondern eine verdeckte produktbezogene Ausschreibung vor.

55 Für Vergaben von Leistungen unterhalb der EU-Schwellenwerte sieht § 7 Abs. 4 Satz 2 VOL/A die Möglichkeit vor, **auf den Zusatz „oder gleichwertig" zu verzichten**, wenn ein sachlicher Grund die Produktvorgabe rechtfertigt. Nach § 7 Abs. 4 Satz 3 VOL/A liegt ein solcher Grund insbesondere dann vor, wenn ansonsten Erzeugnisse oder Verfahren mit unterschiedlichen Merkmalen zu bereits vorhandenen Erzeugnissen oder Verfahren beschafft werden müssten und sich für den Auftraggeber ein unverhältnismäßig hoher finanzieller Aufwand oder unverhältnismäßige Schwierigkeiten bei Integration, Gebrauch oder Wartung ergeben würden. Die Vorschrift ist insbesondere auf IT-Beschaffungen zugeschnitten. Dort stellt sich regelmäßig das Problem der Kompatibilität und Integration neuer Produkte und Systeme. Die als Erleichterung für den Auftraggeber vorgesehene Regelung steht jedoch in dieser Allgemeinheit nicht mit dem EU-Recht in Einklang. Nach der Rechtsprechung des EuGH verstößt das Weglassen des Zusatzes „oder gleichwertig" auch bei Ausschreibungen im Unterschwellenbereich gegen die Warenverkehrsfreiheit nach Art. 34 AEUV.[101] Der Zusatz „oder gleichwertig" darf daher allenfalls dann weggelassen werden, wenn die oben unter a) beschriebenen Voraussetzungen für eine produktspezifische Ausschreibung erfüllt sind.

---

[95] BayObLG Beschl. v. 15.9.2004, 11 Verg 12/06;
[96] Instruktiv VK Bund Beschl. v. 27.10.2008, VK-3 134/08. In diesem Fall hatte der Auftraggeber einen Baustoff per Leitfabrikat ausgeschrieben. Nachdem es zum Streit über die Gleichwertigkeit des Angebots eines Bieters gekommen war, hatte der Auftraggeber den Stoff in einer anschließenden Ausschreibung für einen folgenden Bauabschnitt produktneutral beschrieben. Die Vergabekammer schloss hieraus, dass eine neutrale Beschreibung auch schon im ersten Bauabschnitt möglich gewesen wäre, so dass die Vorgabe des Leitfabrikats unzulässig war.
[97] Zu Leitfabrikaten bei IT-Ausschreibungen vgl. *Krohn* NZBau 2013, 79, 82.
[98] *Schellenberg* in Pünder/Schellenberg, § 8 VOL/A-EG Rn. 59.
[99] Was allerdings in gewissem Gegensatz zur Praxis insbesondere im Baubereich steht, wo die Verwendung von Leitfabrikaten weit verbreitet ist.
[100] VK Sachsen Beschl. v. 1.7.2011, 1/SVK/025–11.
[101] EuGH Beschl. v. 3.12.2001, Rs. C-59/00 – *Vestergaard*, Rn. 26; im gleichen Sinne bereits EuGH Urt. v. 24.1.1995, Rs. C-359/93 – *Unix*, Rn. 28.

E. Verweis auf Normen und technische Regelwerke

Die Vergabeordnungen und die SektVO und VSVgV enthalten umfangreiche Regelungen zur **Verwendung internationaler, europäischer und nationaler Normen** in der Leistungsbeschreibung. Diese Regelungen sind im Wesentlichen aus den jeweiligen EU-Richtlinien übernommen. Da es sich um EU-rechtliche Vorgaben handelt, betreffen sie im Ausgangspunkt nur Aufträge oberhalb der EU-Schwellenwerte. Für den Baubereich wurden sie durch Aufnahme in den 1. Abschnitt der VOB/A auch auf den Unterschwellenbereich erstreckt (im Gegensatz zum Liefer- und Dienstleistungsbereich, für den der 1. Abschnitt der VOL/A keine entsprechenden Regelungen enthält).

56

Die Vorgaben verpflichten die Auftraggeber, bei den technischen Anforderungen der Leistungsbeschreibung soweit wie möglich auf internationale bzw. europäische Normen und technische Regelwerke zurückzugreifen. Zweck der Vorschriften ist die weitere Öffnung der öffentlichen Beschaffungsmärkte.[102] Es liegt auf der Hand, dass Aufträge, deren technische Spezifikationen internationalen bzw. europäischen Normen und Standards entsprechen, für Anbieter aus anderen Mitgliedstaaten attraktiver und leichter erreichbar sind, als solche, die auf rein nationalen Regelwerken oder sogar individuellen Vorgaben des Auftraggebers basieren. Der Rückgriff auf allgemein akzeptierte Normen entspricht damit dem **Marktöffnungsziel der internationalen Produktnormung.** Flankierende Bestimmungen zur Zulassung gleichwertiger alternativer Lösungen sollen gewährleisten, dass die Verwendung von Normen und Standards nicht konträr zu ihrem Zweck zu einer Verengung des Wettbewerbs führt.

57

I. Anknüpfungspunkt: Technische Anforderungen bzw. technische Spezifikationen

Anknüpfungspunkt der Vorschriften zum Verweis auf Normen sind die in den Vergabeunterlagen enthaltenen „technischen Anforderungen" (so die Formulierung in den deutschen Vergabeordnungen sowie SektVO und VSVgV) bzw. „technischen Spezifikationen" (so die EU-Richtlinien). Die parallele Verwendung beider Begriffe sowie eine teilweise abweichende Verwendung des Begriffs „technische Spezifikationen" im deutschen Recht führen in der Praxis gelegentlich zu Schwierigkeiten; in der Sache handelt es sich jedoch um das gleiche.

58

1. EU-rechtliche Definition der „Technischen Spezifikationen"

Bei den technischen Spezifikationen im EU-rechtliche Sinne handelt es sich – vereinfacht gesagt – zunächst um alle **technischen Anforderungen**, die der Auftraggeber an die Leistung stellt. Diese Spezifikationen können sich unmittelbar **aus den Vergabeunterlagen** (insbesondere der Leistungsbeschreibung) ergeben. Der Auftraggeber kann aber auch auf **externe technische Regelwerke** Bezug nehmen. Der Begriff der technischen Spezifikationen umfasst in einem generellen Sinne auch derartige technische Regelwerke.

59

Begriffsgrundlage ist die **Definition in den Anhängen der EU-Richtlinien.**[103] Danach sind technische Spezifikationen „sämtliche, insbesondere die in den Verdingungsunterlagen enthaltenen technischen Anforderungen an eine Bauleistung, ein Material, ein Erzeugnis oder eine Lieferung, mit deren Hilfe die Bauleistung, das Material, das Erzeugnis oder die Lieferung so bezeichnet werden können, dass sie ihren durch den Auftraggeber festgelegten Verwendungszweck erfüllen."[104] Für Lieferungen und Dienstleistungen

60

---

[102] VKR Erwägungsgrund 29.
[103] Anhang VI Nr. 1 VKR, Anhang XXI Nr. 1 SKR und Anhang III Nr. 1 der Richtlinie 2009/81/EG.
[104] Anhang VI Nr. 1 a) VKR; Anhang TS Nr. 1 zur VOB/A.

wird der Begriff in den Richtlinien etwas anders definiert als „Spezifikationen, die in einem Schriftstück enthalten sind, das Merkmale für ein Erzeugnis oder eine Dienstleistung vorschreibt".

61 Die technischen Spezifikationen umfassen nach dem **Wortlaut der Definitionen** u. a. auch Qualitäts- und Umweltleistungsstufen, Vorgaben für die Konformitätsbewertung, die Gebrauchstauglichkeit, Verwendung, Sicherheit und Abmessungen; ferner Vorschriften über Verkaufsbezeichnungen, Prüfungen und Prüfverfahren, Verpackung, Kennzeichnung und Beschriftung sowie über Produktionsprozesse und -methoden.

62 Die EU-Richtlinien enthalten darüber hinaus gesonderte Definitionen spezieller Formen von technischen Spezifikationen, nämlich solcher, die in **standardisierten technischen Regelwerken**, insbesondere Normen, niedergelegt sind.[105]

63 Die EU-Definitionen wurden – teilweise mit geringfügigen Modifikationen[106] – in die **Anhänge TS** zur VOL/A, VOB/A und VOF bzw. Anhang 2 zur SektVO übernommen; die VSVgV verweist direkt auf Anhang III der Richtlinie 2009/81/EG. Allerdings wurde in der VOL/A (wohl versehentlich) die Definition für Bauleistungen übernommen, obwohl die VOL/A nur für Lieferungen und Dienstleistungen gilt; in der Sache ergibt sich jedoch kein Unterschied.

2. Meinungsstreit

64 In der Praxis führt der Begriff der technischen Spezifikation gelegentlich zu Schwierigkeiten. Das liegt nicht nur daran, dass die Begriffsdefinition umständlich ist,[107] sondern auch an der **Doppelgesichtigkeit des Begriffs.** Er umfasst einerseits alle vom Auftraggeber in den Vergabeunterlagen selbst formulieren technischen Anforderungen, andererseits aber auch Anforderungen, die sich aus den in den Richtlinien ebenfalls näher definierten standardisierten technischen Regelwerken (wie etwa Normen, technische Zulassungen, etc.), ergeben, auf die der Auftragnehmer bei der Festlegung seiner Anforderungen Bezug nehmen kann.

65 In der deutschen Praxis wird der Begriff der technischen Spezifikationen vor diesem Hintergrund **teilweise einschränkend** dahin gehend **ausgelegt**, dass er ausschließlich Anforderungen umfasst, die in **standardisierten technischen Regelwerken** niedergelegt sind, nicht aber individuelle, vom Auftraggeber für den Einzelfall selbst formulierte Anforderungen.[108] Das wird zum einen damit begründet, dass die in Anhang VI VKR genannten Anforderungen in allgemeinen oder speziellen Vorschriften geregelt seien.[109] Dabei wird insbesondere auf die Definition der „gemeinsamen technischen Spezifikationen" in Anhang VI Nr. 4 zur VKR verwiesen,[110] bei denen es sich um Spezifikationen handelt, die nach einem von den Mitgliedsstaaten anerkannten Verfahren erarbeitet und im Amtsblatt der europäischen Union veröffentlicht wurden. Technische Spezifikationen seien daher nur technische Regelwerke, Normen oder allgemeine Eigenschafts- und Funktionsbeschreibungen, nicht aber individuelle, auf das konkrete Vorhaben bezogene Angaben.[111] Zum anderen wird geltend gemacht, dass bei einem weiteren Begriffsverständnis die Gefahr drohe, dass der Auftraggeber keine verbindlichen individuellen tech-

---

[105] Anhang VI Nr. 2 bis 4 VKR, Anhang XXI Nr. 2 bis 4 SKR und Anhang III Nr. 2 bis 4 der Richtlinie 2009/81/EG.
[106] Hierzu *Huerkamp* NZBau 2009, 755,757.
[107] Siehe dazu *Krohn* Öffentliche Auftragsvergabe und Umweltschutz, 194 ff. zu den Definitionen in den Vorgängerrichtlinien 93/37/EG, 93/36/EG und 92/50/EWG.
[108] OLG München Beschl. v. 28. 7. 2008, Verg 10/08; OLG Düsseldorf Beschl. v. 6. 10. 2004, VII Verg 56/04; *Traupel* in Müller-Wrede VOL/A, § 8 EG Rn. 53.
[109] OLG Düsseldorf Beschl. v. 6. 10. 2004, VII Verg 56/04.
[110] OLG Düsseldorf Beschl. v. 6. 10. 2004, VII Verg 56/04; *Traupel* in Müller-Wrede VOL/A, § 8 EG Rn. 53.
[111] OLG München Beschl. v. 28. 7. 2008, Verg 10/08.

nischen Vorgaben mehr machen könne, da er nach den Vorschriften über die technischen Spezifikationen verpflichtet sei, auch abweichende technische Lösungen zu akzeptieren, wenn der Anbieter sich auf deren Gleichwertigkeit berufe.[112]

Das **einschränkende Begriffsverständnis überzeugt nicht.** Richtigerweise umfasst der Begriff der technischen Spezifikationen alle technischen Anforderungen des Auftraggebers, d. h. **auch solche, die von ihm als Auftraggeber individuell aufgestellt** wurden.[113] Das ergibt sich für Bauleistungen aus dem insoweit klaren Wortlaut der Definition, die „sämtliche technischen Anforderungen" umfasst, durch die der Auftraggeber die Leistung gemäß seinem Verwendungszweck beschreiben kann. Auch die Richtliniendefinition für Lieferungen und Dienstleistungen umfasst dem Wortlaut nach alle technischen Anforderungen, sofern diese „in einem Schriftstück enthalten" sind, was auch die Vergabeunterlagen einschließt. Das weite Begriffsverständnis wird durch Artikel 23 Abs. 3 VKR bestätigt, dem zufolge die technischen Spezifikationen vom Auftraggeber *entweder* unter Bezugnahme bestimmte Normen und andere technische Regelwerke *oder* in Form von Leistungs- und Funktionsanforderungen *oder* durch eine Kombination von beidem formulieren sind. Diese Regelung wäre widersprüchlich und sinnlos, wenn „technische Spezifikationen" von vornherein nur solche Anforderungen wären, die in Normen und anderen standardisierten technischen Regelwerken enthalten sind. 66

Der Umstand, dass die in den Richtlinien-Anhängen ebenfalls definierten Begriffe der „Norm", „europäischen technischen Zulassung" oder „gemeinsamen technischen Spezifikation" allgemeine, standardisierte technische Regelwerke betreffen, führt zu keinem anderen Ergebnis. Die Richtlinienvorschriften über die Festlegung der technischen Spezifikationen zielen gerade darauf ab, dass der Auftraggeber seine technischen Anforderungen **möglichst unter Bezugnahme auf solche Regelwerke** festlegt. Vor diesem Hintergrund ist es unlogisch und zweckwidrig, den Begriff der Technischen Spezifikationen (um deren Festlegung es geht) von vornherein nur auf solche Anforderungen zu beschränken, die in Regelwerken niedergelegt sind. 67

Auch der Einwand, der Auftraggeber könne bei einem umfassenden Begriffsverständnis aufgrund des den Bietern dann **immer möglichen Gleichwertigkeitsnachweises** keine verbindlichen technischen Vorgaben mehr machen, überzeugt nicht, sondern argumentiert vom Ergebnis her. Soweit die Vorschriften über die Pflicht zur Zulassung abweichender, aber gleichwertiger technischer Lösungen als zu weitgehend empfunden werden, ist das nicht über eine einschränkende Auslegung des Begriffs der technischen Spezifikation zu lösen, sondern über eine praxisgerechte Anwendung der Vorschriften über die Zulassung von Alternativlösungen. So muss ein Bieter bei vermeintlichen Abweichungen nachweisen, dass sein Angebot den zugrunde liegenden technischen Anforderungen bzw. den Leistungs- und Funktionsanforderungen des Auftraggebers „gleichermaßen entspricht"[114] (siehe dazu näher unten, Rn. 80). Eine Abweichung in der Sache liegt dann nicht mehr vor. Der Auftraggeber wird dadurch davor geschützt, Lösungen akzeptieren zu müssen, die seinen Anforderungen nicht gerecht werden. 68

3. Nur produktbezogene Anforderungen

Der Begriff der technischen Spezifikation umfasst nur produktbezogene Anforderungen.[115] Nach dem Wortlaut der Definitionen schließt das auch **Vorgaben an die Produktionsprozesse und -methoden** ein. Somit sind auch Anforderungen an den Herstellungsprozess umfasst (wie etwa der Verzicht auf Chlorbleiche bei der Herstellung des 69

---

[112] OLG München Beschl. v. 28. 7. 2008, Verg 10/08.
[113] So im Ergebnis auch *Prieß* in Kulartz/Marx/Portz/Prieß VOL/A, § 8 EG Rn. 89.
[114] Artikel 23 Abs. 4 und 5 VKR; § 8 EG Abs. 3 und 4 VOL/A; § 7 Abs. 5 und 6 VOB/A; § 7 EG Abs. 5 und 6 VOB/A; § 6 Abs. 3 und 4 VOF; § 7 Abs. 7 und 8 SektVO; § 15 Abs. 4 und 5 VSVgV.
[115] *Prieß* NZBau 2004, 87, 91.

zu liefernden Papiers), an Baumaterialien oder die für einen Dienstleistungsauftrag eingesetzten Gebrauchsgüter (z. B. Streumaterial).[116]

70 Anforderungen, die nicht produktbezogen in diesem Sinne sind, fallen nicht unter die technischen Spezifikationen, sondern sind **zusätzliche Bedingungen für die Auftragsausführung** im Sinne des § 97 Abs. 4 Satz 2 GWB. Da für diese Anforderungen andere Voraussetzungen und Regelungen gelten, ist die Abgrenzung durchaus praxisrelevant; beide Kategorien von Anforderungen stehen zueinander im Verhältnis der Exklusivität.[117] So handelt es sich z. B. bei der Anforderung, dass ein Produkt „fair gehandelt" wurde, nicht um eine technische Spezifikation, sondern eine Ausführungsbedingung, da sie sich nicht auf das Produkt, sondern die Handelsbedingungen zwischen Lieferant und Erzeuger bezieht.[118] Gleiches gilt für die Anforderung, dass der Liefergegenstand ohne Einsatz von Kinderarbeit hergestellt wurde.[119] Für derartige Vorgaben gelten die Bestimmungen über Technische Spezifikationen, insbesondere zur Bezugnahme auf Normen, nicht.

II. Bezugnahme auf Normen und technische Regelwerke

1. Grundkonzept

71 Nach den EU-Richtlinien und den deutschen Vergabeordnungen[120] bzw. SektVO und VSVgV hat der Auftraggeber die technischen Anforderungen an die Leistung bzw. die technischen Spezifikationen[121] (a) unter Bezugnahme auf die in den Vorschriften näher definierten Normen und anderen technischen Regelwerke oder (b) in Form von Leistungs- und Funktionsanforderungen oder (c) durch eine Kombination von beidem zu formulieren.[122]

72 Im erstgenannten Fall soll der Auftraggeber **in erster Linie** auf Normen Bezug nehmen, die **europäische Normen** umsetzen (der klassische Fall von EN/DIN-Normen), ersatzweise auf europäische technische Zulassungen, gemeinsame technische Spezifikationen oder internationale Normen oder andere technische Regelwerke, die von europäischen Normungsgremien erarbeitet wurden. Falls solche Normen und Spezifikationen fehlen, kann auf inländische Normen, technische Zulassungen oder technische Spezifikationen für die Errichtung von Bauwerken oder den Produkteinsatz zurückgegriffen werden. Die verschiedenen Kategorien von Normen sowie die Begriffe „europäische technische Zulassung" und „gemeinsame technische Spezifikation" sind in den Richtlinien-Anhängen und den Anhängen zu den Vergabeordnungen bzw. zur SektVO definiert. Europäische technische Zulassungen sind EU-weit anerkannte Nachweise der technischen Brauchbarkeit von Bauprodukten. Gemeinsame technische Spezifikationen sind auf europäischer Ebene erarbeitete und im EU-Amtsblatt veröffentlichte Spezifikationen unterhalb der Normebene.

73 Der Wortlaut der Vorschriften („in der Rangfolge") legt nahe, dass zwischen den verschiedenen Kategorien von Normen und sonstigen Regelwerken eine **Hierarchie** besteht. Soweit es um europäische Normen, europäische technische Zulassungen und gemeinsame technische Spezifikationen geht, ist das insoweit missverständlich, als diese Kategorien sich untereinander regelmäßig ausschließen; Grund ist, dass europäische

---

[116] *Huerkamp* NZBau 2009, 755, 757 f.
[117] *Huerkamp* NZBau 2009, 755, 756.
[118] EuGH Urt. v. 10.5.2012, Rs. C-368/10 *EKO und Max Havelaar*
[119] A.A. wohl *Huerkamp* NZBau 2009, 755, 758. Diese Auffassung dürfte allerdings durch die EuGH-Entscheidung v. 10.5.2012, Rs. C-368/10 *EKO und Max Havellar* überholt sein.
[120] Für Lieferungen und Dienstleistungen gem. VOL/A nur im Oberschwellenbereich.
[121] Siehe zur unterschiedlichen Begriffsverwendung oben unter I.; in der Sache handelt es sich um das gleiche.
[122] Artikel 23 Abs. 3 VKR bzw. Artikel 34 Abs. 2 SKR; § 8 EG Abs. 2 VOL/A; § 7 bzw. 7 EG Abs. 4 Nr. 1 VOB/A; § 6 Abs. 2 VOF; § 7 Abs. 3 SektVO; § 15 Abs. 3 VSVgV.

technische Zulassungen oder gemeinsame technische Spezifikationen typischerweise für Produkte und Anwendungen erarbeitet werden, für die europäische Normen (noch) nicht existieren.[123] Die Frage einer Hierarchie stellt sich dann nicht. Dagegen darf auf **rein nationale Normen** oder Regelwerke ausdrücklich nur dann Bezug genommen werden, wenn es an einer europäischen Standardisierung oder internationalen Normen fehlt.

2. Zulässigkeit strengerer oder abweichender Anforderungen

Die Verpflichtung zur Bezugnahme auf Normen und sonstige technische Regelwerke gilt nur insoweit, wie entsprechende Normen usw. existieren und diese dem Bedarf des Auftraggebers tatsächlich entsprechen. Soweit es für ein Produkt oder Leistungen keine einschlägigen Normen oder andere technischen Regeln gibt, kann (und muss) der Auftraggeber die **Anforderungen frei formulieren.** Entsprechendes gilt, wenn der Auftraggeber wegen des von ihm vorgesehenen Verwendungszwecks oder aus anderen Gründen Anforderungen an die Leistung stellt, die das in den einschlägigen Normen festgelegte Leistungsniveau übersteigen. Der Auftraggeber ist dann nicht gehindert, diese weitergehenden Anforderungen in die Leistungsbeschreibung aufzunehmen. Die Verpflichtung zur Bezugnahme auf Normen soll lediglich sicherstellen, dass der Auftraggeber insoweit, wie sein Beschaffungsbedarf mit Normprodukten befriedigt werden kann, auch die Ausschreibung entsprechend gestaltet, um einen möglichst breiten Wettbewerb zu ermöglichen. Sie dient dagegen nicht dazu, den Auftraggeber bei seinen Beschaffungen auf das Norm-Niveau zu beschränken. 74

Will ein Auftraggeber Anforderungen stellen, die über das in europäischen Normen oder sonstigen Regelwerken festgelegte Leistungsniveau hinausgehen oder davon abweichen, muss er somit zunächst sorgfältig prüfen, ob dies für die Erfüllung seines Beschaffungszwecks notwendig ist.[124] Dabei steht ihm ein weiter Beurteilungs- und Ermessensspielraum zu. Gelangt der Auftraggeber zu dem Ergebnis, dass nicht-normgerechte Produkte oder Leistungen benötigt werden, ist er nicht gehindert, seine Anforderungen entsprechend zu formulieren. 75

3. Zulassung gleichwertiger Lösungen

Bei jeder Bezugnahme auf Normen oder andere technische Regelwerke muss der Auftraggeber den **Zusatz „oder gleichwertig"** hinzusetzen.[125] Diese Vorgabe ist im Zusammenhang mit Art. 23 Abs. 4 VKR bzw. den Parallelregelungen der SKR und der deutschen Vorschriften[126] zu lesen, wonach ein Auftraggeber, der bei seinen technischen Anforderungen auf Normen oder andere Regelwerke verwiesen hat, ein Angebot nicht mit der Begründung ablehnen darf, die betreffende Spezifikationen sei nicht eingehalten, falls der Bieter mit geeigneten Mitteln nachweist, dass die von ihm angebotene Lösung der in Bezug genommenen Spezifikation gleichermaßen entspricht. 76

Diese Regelung soll sicherstellen, dass der **Marktöffnungseffekt**, der mit der Bezugnahme auf Normen und andere technische Standardisierungen verbunden ist, nicht dadurch in sein Gegenteil verkehrt wird, dass Lösungen, die den objektiven technischen Anforderungen ebenso entsprechen, ausgeschlossen werden, nur weil sie nicht unmittelbar der betreffenden Norm etc. entsprechen. 77

---

[123] *Krohn* Öffentliche Auftragsvergabe und Umweltschutz, 207.

[124] Das entspricht im Kern dem in § 8 Nr. 3 Abs. 1 VOL/A 2006 noch enthaltenen Grundsatz, dass „ungewöhnliche Anforderungen" an die Beschaffenheit der Leistung „nur so weit zu stellen sind, wie es unbedingt notwendig ist."

[125] Art. 23 Abs. 3 VKR; Art. 34 Abs. 3 SKR; § 8 EG Abs. 2 VOL/A; § 7 bzw. 7 EG Abs. 4 Nr. 1 Satz 2 VOB/A; § 6 Abs. 2 VOF; § 7 Abs. 3 SektVO; § 15 Abs. 3 VSVgV.

[126] Art. 23 Abs. 4 VKR; Art. 34 Abs. 4 SKR; § 8 EG Abs. 3 VOL/A; § 7 bzw. 7 EG Abs. 5 VOB/A; § 6 Abs. 3 VOF; § 7 Abs. 5 SektVO; § 15 Abs. 4 VSVgV.

78 Der Nachweis der Gleichwertigkeit obliegt dem Bieter.[127] Er kann insbesondere mit einer **technischen Beschreibung des Herstellers** oder einem **Prüfbericht einer anerkannten Stelle** geführt werden.[128] „Anerkannte Stellen" sind die Prüf- und Eichlaboratorien im Sinne des Eichgesetzes und die Inspektions- und Zertifizierungsstellen, die den anwendbaren europäischen Normen entsprechen. Bescheinigungen von in anderen Mitgliedstaaten ansässigen anerkannten Stellen sind vom Auftraggeber anzuerkennen.[129]

79 Legt der Bieter eine die Gleichwertigkeit bestätigende Herstellerbescheinigung oder einen Prüfbericht vor, wird die **Gleichwertigkeit vermutet**.[130] Es obliegt dann dem Auftraggeber bzw. ggf. einem die Vergabeentscheidung beanstandenden Konkurrenten, die Vermutung zu widerlegen.

80 **Abweichende Lösungen** sind allerdings nur zugelassen, wenn der Bieter nachweist, dass sie den zugrunde liegenden technischen Anforderungen der Norm „gleichermaßen entsprechen". Der Auftraggeber muss also keine Kompromisse eingehen, sondern kann verlangen, dass die angebotene Lösung die technischen Anforderungen, die der Norm zugrunde liegen, tatsächlich einschränkungslos erfüllt (d.h. im Grunde der Norm entspricht).

4. Bedeutung von Normen bei Vorgabe von Leistungs- und Funktionsanforderungen

81 Der Auftraggeber kann seine technischen Anforderungen auch in Form von Leistungs- und Funktionsanforderungen formulieren.[131] Der Sache nach handelt es sich um einen Fall der **funktionalen Leistungsbeschreibung.** Wählt der Auftraggeber diesen Weg, entfällt die Verpflichtung zur Bezugnahme auf die o.g. Normen und anderen technischen Regelwerke.

82 Allerdings spielen Normen bzw. Regelwerke auch in diesem Fall eine wichtige Rolle. Denn soweit es **europäische Normen** etc. gibt, die sich auf die betreffenden Leistungs- oder Funktionsanforderungen beziehen, müssen Angebote, die diesen Normen entsprechen, grundsätzlich zugelassen werden. Allerdings muss der Bieter mit dem Angebot nachweisen, dass die Norm (und damit das Angebot) tatsächlich die konkreten Leistungs- und Funktionsanforderungen des Auftraggebers erfüllt.[132] Der Auftraggeber muss also kein Norm-Niveau akzeptieren, das seinen spezifischen Anforderungen nicht gerecht wird. Sofern seine Anforderungen jedoch von der Norm abgedeckt werden und der Bieter dies mit dem Angebot nachgewiesen hat, sind Normprodukte zwingend zuzulassen.

83 Der **Nachweis**, dass die Normanforderungen den Leistungs- und Funktionsanforderungen des Auftraggebers entsprechen, kann wiederum durch eine technische Herstellerbeschreibung oder den Prüfbericht einer anerkannten Stelle geführt werden.[133]

84 Der Auftraggeber kann seine technischen Anforderungen auch mittels einer Kombination formulieren, bei der eine Beschreibung unter Bezugnahme auf Normen etc. mit der Vorgabe von Leistungs- und Funktionsanforderungen verbunden wird. Insbesondere kann der Auftraggeber bei **funktionalen Anforderungen** festlegen, dass die Erfüllung bestimmter Normen etc. die Vermutung der Konformität mit den Anforderungen begrün-

---

[127] *Prieß* in Kulartz/Marx/Portz/Prieß, VOL/A, § 8 EG Rn. 89.
[128] Art. 23 Abs. 4 Unterabs. 2 VKR; Art. 34 Abs. 4 Unterabs. 2 SKR; § 8 EG Abs. 3 Satz 2 VOL/A; § 7 bzw. 7 EG Abs. 5 Satz 2 VOB/A; § 6 Abs. 3 Satz 2 VOF; § 7 Abs. 5 Satz 2 SektVO; § 15 Abs. 4 Satz 2 VSVgV.
[129] Art. 23 Abs. 7 VKR; Art. 34 Abs. 7 SKR; § 8 EG Abs. 6 VOL/A; § 7 bzw. 7 EG Abs. 7 Satz 4 und 5 VOB/A (der sich nicht nur auf Umweltvorgaben bezieht, sondern in gemeinschaftsrechtskonformer Auslegung auch auf sonstige technische Anforderungen); § 6 Abs. 6 VOF; § 7 Abs. 8 SektVO; § 15 Abs. 7 VSVgV.
[130] *Prieß* in Kulartz/Marx/Portz/Prieß, VOL/A, § 8 EG Rn. 95.
[131] Siehe oben, Rn. 71.
[132] Art. 23 Abs. 5 VKR; Art. 34 Abs. 5 SKR; § 8 EG Abs. 4 VOL/A; § 7 bzw. 7 EG Abs. 6 VOB/A; § 6 Abs. 4 VOF; § 7 Abs. 6 SektVO; § 15 Abs. 5 VSVgV.
[133] Ebenda.

det. Ferner kann er einen Teil der Anforderungen unter Bezugnahme auf Normen etc. und die übrigen Anforderungen funktional beschreiben.[134] Für diese Fälle gelten die o.g. Ausführen zur Zulassung abweichender Lösungen bzw. normkonformer Produkte entsprechend.

F. Umweltschutzanforderungen

Ökologie und Nachhaltigkeit haben sich in den vergangenen Jahren zu einem wichtigen 85
Aspekt der öffentlichen Auftragsvergabe entwickelt. Aufgrund des großen Umfangs öffentlicher Beschaffungen bietet die **Berücksichtigung von Umweltschutzaspekten** beim Einkauf besonders hohes Potential für eine Minimierung nachteiliger Umweltauswirkungen des „öffentlichen Konsums".[135] Der öffentlichen Hand kommt darüber hinaus aufgrund ihrer besonderen Verantwortung für den Umweltschutz (u. a. aus Art. 20a GG) und ihrer Marktmacht eine besondere Vorreiter- und Vorbildfunktion bei der Etablierung ökologischer Standards für Waren und Dienstleistungen zu. Wenn die öffentliche Hand beim Einkauf umweltfreundlicher Produkte mit gutem Beispiel vorangeht, entfaltet das eine Signalwirkung auch für den Privatsektor. Eine gezielte öffentliche Nachfrage nach umweltfreundlichen Produkten kann zudem deren Konkurrenzfähigkeit stärken und damit einen Anreiz zu einem verstärkten Angebot oder zur Neuentwicklung solcher Produkte setzen.[136]

Während die Berücksichtigung von Umweltschutzaspekten bei der öffentlichen Be- 86
schaffung früher teilweise noch als **„vergabefremder Zweck"** charakterisiert wurde,[137] dessen Legitimität und Zulässigkeit zweifelhaft, zumindest aber erklärungsbedürftig schienen, ist die umweltfreundliche Beschaffung heute nicht nur anerkannte Praxis, sondern partiell sogar Teil des vergaberechtlichen Pflichtenkanons. Eingehende Ausführungen zur Berücksichtigung ökologischer Gesichtspunkte bei der Auftragsvergabe finden sich in § 21; die folgende Darstellung beschränkt sich auf spezifische Fragen der Einbeziehung von Umweltaspekten in die Leistungsbeschreibung.

I. Umweltschutzanforderungen als Teil der Leistungsbeschreibung

Öffentlichen Auftraggebern stehen **verschiedene Wege** offen, um Umweltschutzbelange 87
im Rahmen des Vergabeverfahrens zu berücksichtigen.[138] Die Aufnahme von Umweltschutzanforderungen in die Leistungsbeschreibung, insbesondere als Teil der technischen Anforderungen, ist der einfachste und verbreitetste Weg.

Die Vorgabe von Umweltanforderungen ist **bei jeder Art von Leistungsbeschrei-** 88
bung (konventionell, konstruktiv oder funktional) möglich. Für die Funktionalbeschreibung ergibt sich das unmittelbar aus Artikel 23 Abs. 3 lit. b VKR, der die Vorgabe von Umwelteigenschaften in Form von Leistungs- oder Funktionsanforderungen ausdrücklich vorsieht.[139] Die Anforderungen müssen dabei so genau gefasst werden, dass sie den Bie-

---

[134] Artikel 23 Abs. 3 lit. c und d VKR; Artikel 34 Abs. 3 lit. c und d SKR; § 8 EG Abs. 2 Nr. 3 lit. c und d VOL/A; § 7 bzw. 7 EG Abs. 4 Nr. 3 VOB/A; § 6 Abs. 2 Nr. 3 VOF; § 7 Abs. 3 Nr. 3 SektVO; § 15 Abs. 3 Nr. 3 VSVgV.
[135] So bereits die OECD-Studie „Greener Public Purchasing – Issues and Practical Solutions" (2000), S. 15 ff.
[136] *Krohn* Öffentliche Auftragsvergabe und Umweltschutz, 25 m.w.N.
[137] Siehe zu dem Begriff *Krohn* a.a.O., Öffentliche Auftragsvergabe und Umweltschutz, 8 ff.
[138] *Wegener/Hahn* NZBau 2012, 684.
[139] Die Vorschrift wurde insoweit zwar nicht direkt in die deutschen Vergaberegeln übernommen, die Möglichkeit zur Vorgabe funktional beschriebener Umweltanforderungen wird dort aber vorausgesetzt, wie § 8 EG Abs. 5 VOL/A bzw. die Parallelvorschriften in VOB/A, VOF, SektVO und VSVgV zeigen.

tern ein klares Bild vom Auftragsgegenstand vermitteln, so dass ohne weiteres vergleichbare, zuschlagsfähige Angebote zu erwarten sind.

1. Umweltanforderungen als Teil der technischen Anforderungen

89   Der klassische Weg zur Einbeziehung von Umweltaspekten in die Beschaffung ist die Aufnahme umweltbezogener Vorgaben im Rahmen der **technischen Produktanforderungen. bzw. Spezifikationen.**

a) Produktbezug der Umweltanforderungen

90   Technische Spezifikationen sind grundsätzlich produktbezogen,[140] d. h. sie beziehen sich ausschließlich auf die **Merkmale des Erzeugnisses selbst oder dessen Produktion.**[141] Im Rahmen der technischen Spezifikationen können daher nur solche Umweltanforderungen gestellt werden, die tatsächlich das Produkt selbst oder seine Herstellung betreffen. Dieses Konzept ist allerdings weit zu verstehen. Erfasst sind nicht nur Produktmerkmale, die **Umweltauswirkungen durch das Produkt als solches** – insbesondere beim Gebrauch – betreffen, wie etwa der Energieverbrauch oder der Schadstoffausstoß. Vielmehr gehören dazu auch Anforderungen, die **Umweltauswirkungen der Gewinnung, Herstellung, Verarbeitung oder Entsorgung** des Produkts betreffen.[142] Dabei ist nicht erforderlich, dass die Merkmale dem Produkt physisch „anhaften". Vielmehr können auch Umweltaspekte des Herstellungsprozesses einbezogen werden, die im Produkt selbst nicht unmittelbar nachwirken. Beispiele sind etwa die Beschaffung von Papier, das ohne Verwendung von Chlorbleiche hergestellt wurde, oder einer Gebäudereinigungsleistung ohne Einsatz phosphathaltiger Putzmittel, oder von Möbeln, deren Holzteile aus nachhaltiger Produktion stammen.

b) Verwendung von Umweltzeichen

91   Die **Festlegung sinnvoller umweltbezogener Anforderungen** ist für den Auftraggeber meist keine einfache Aufgabe. Hersteller von Produkten und Anbieter von Leistungen haben längst erkannt, dass Umweltfreundlichkeits- und Nachhaltigkeitsaspekte für ihre Kunden wichtige Themen sind. Der Stand der Technik unterliegt der ständigen Fortentwicklung und Verbesserung. Das erschwert den Überblick, welche Anforderungen zweckmäßig sind, um einerseits eine echte ökologische Wirkung zu erzielen, andererseits den Wettbewerb aber auch nicht unnötig zu begrenzen oder gar das Vergabeverfahren durch allzu ausgefallene oder schwer erfüllbare Vorgaben zu blockieren.

92   Vor diesem Hintergrund bietet es sich oftmals an, sich bei der Definition umweltbezogener Vorgaben an bestehenden **Umweltgütezeichen** zu orientieren. Nach Art. 23 Abs. 6 VKR können Auftraggeber detaillierte Spezifikationen aus europäischen, multinationalen oder anderen Umweltgütezeichen für Leistungs- und Funktionsanforderungen verwenden. Voraussetzung ist, dass sich die Umweltzeichen zur Definition der Merkmale des Auftragsgegenstands eignen, die Anforderungen des Umweltzeichens auf der Grundlage von wissenschaftlich abgesicherten Informationen ausgearbeitet werden, die Umwelt-

---

[140] Siehe oben, Rn. 69 f.; EuGH Urteil v. 10.5.2012, Rs. C-368/10 – *EKO und Max Havelaar*, Rn. 74.; *Prieß* NZBau 2004, 87, 91;

[141] Durch die ausdrückliche Aufnahme von „Produktionsprozessen und -methoden" in die Definition der technischen Spezifikationen in VKR und SKR (im Gegensatz zu den Definitionen in den Vorgängerrichtlinien 93/36/EG, 93/37/EG, 92/50/EWG und 93/38/EG) ist klargestellt, dass diese Spezifikationen auch Vorgaben an den Herstellungsprozess (und damit verbundene Umweltauswirkungen) umfassen; siehe zur früheren Rechtslage und der daran anknüpfenden Diskussion im Gesetzgebungsverfahren zur VKR und SKR *Krohn* Öffentliche Auftragsvergabe und Umweltschutz, 197 ff.

[142] *Kratzenberg* in Ingenstau/Korbion, § 7, Rn. 79; vgl. auch *Krohn* Öffentliche Auftragsvergabe und Umweltschutz, 222. f.

zeichen im Rahmen eines Verfahrens erlassen werden, an dem interessierte Kreise teilnehmen können und das Umweltzeichen für alle Betroffenen zugänglich und verfügbar ist. In Betracht kommen beispielsweise das Europäische Umweltzeichen („Europäische Blume"), das auf Grundlage der VO 1980/2000[143] von den zuständigen Stellen der Mitgliedstaaten vergeben wird, oder das deutsche Umweltzeichen „Blauer Engel".[144]

Art. 23 Abs. 6 VKR erlaubt die **Verwendung der** *Spezifikationen* **des Umweltzeichens**, nicht jedoch die Forderung des Umweltzeichens als solchen.[145] Den potentiellen Bietern soll nicht zugemutet werden, sich unter dem zeitlichen Druck des Vergabeverfahrens um die Verleihung eines Gütezeichens bemühen zu müssen oder nach Produkten zu suchen, die ein solches Zeichen tragen. Denn insbesondere bei Gütezeichen aus anderen Mitgliedsstaaten kann die Recherche nach Gütezeichen für Bieter einen unverhältnismäßigen Aufwand auslösen.[146] Der Umstand, dass ein Produkt ein bestimmtes Gütesiegel trägt, ist im Vergleich zu Produkten, die ebenfalls alle Spezifikationen des Gütezeichens erfüllen, ohne jedoch das Zeichen selbst zu tragen, mit keinem ökologischen Mehrwert verbunden. Will der Auftraggeber Umwelteigenschaften vorschreiben, die Gegenstand eines Umweltsiegels sind, so muss er die betreffenden Spezifikationen aus dem Siegel herausfiltern und für die Bieter klar verständlich in der Leistungsbeschreibung aufführen. Allerdings kann er in diesem Rahmen in begrenztem Umfang auch direkt auf das Umweltzeichen verweisen (siehe dazu sogleich). 93

c) Bezugnahme auf Vorschriften, Normen, Umweltzeichen und andere Regelwerke

Der Auftraggeber kann allerdings zur Beschreibung seiner umweltbezogenen Anforderungen auf Vorgaben in **Rechts- und Verwaltungsvorschriften, Normen oder auch Umweltzeichen verweisen**.[147] Wünscht der Auftraggeber beispielsweise Erzeugnisse, die aus ökologischem Landbau stammen, kann er auf die EU-Verordnung verweisen, die die Anforderungen an den ökologischen Landbau regelt.[148] Nach Art. 23 Abs. 6 Satz 2 VKR kann der Auftraggeber zudem festlegen, dass bei Produkten, die ein bestimmtes Umweltzeichen tragen, die Einhaltung der in den Vergabeunterlagen vorgegebenen Umweltspezifikationen vermutet wird. In der Praxis kann können Umweltzeichen damit recht weitgehend für die umweltfreundliche Vergabe nutzbar gemacht werden. Eine praktische Erleichterung stellt insbesondere die Möglichkeit dar, im Rahmen der technischen Anforderungen auf die Vorgaben einer EU-Verordnung zu verweisen, die die Voraussetzungen für die Vergabe eines bestimmten Umweltzeichens regelt, kombiniert mit der Vorgabe, dass bei der Kennzeichnung des Produkts mit dem Umweltzeichen die umweltbezogenen Anforderungen als erfüllt angesehen werden.[149] 94

2. Umweltanforderungen als zusätzliche Ausführungsbedingung

Bei ökologischen Anforderungen, die sich **nicht auf die Merkmale des Erzeugnisses selbst oder dessen Produktion** beziehen, handelt es sich nicht um technische Spezifikationen, sondern um zusätzliche Bedingungen für die Auftragsausführung im Sinne von Artikel 26 VKR.[150] Die Zulässigkeit derartiger Anforderungen richtet sich nach Artikel 26 VKR bzw. § 97 Abs. 4 Satz 2 GWB. Danach können umweltbezogene Aspekte, die mit dem Auftragsgegenstand in sachlichem Zusammenhang stehen, in die Leistungsbeschrei- 95

---

[143] VO (EG) Nr. 1980/2000 v. 17.7.2000 zur Revision des gemeinschaftlichen Systems zur Vergabe eines Umweltzeichens, Abl EG 2000 L 237,1.
[144] Krohn *Öffentliche Auftragsvergabe und Umweltschutz*, 9 f.
[145] EuGH Urteil v. 10.5.2012, Rs. C-368/10 – *EKO und Max Havelaar*, Rn. 63.
[146] *Wegner/Hahn* NZBau 2012, 684, 685.
[147] EuGH Urteil v. 10.5.2012, Rs. C-368/10 – *EKO und Max Havelaar*, Rn. 68.
[148] EuGH Urteil v. 10.5.2012, Rs. C-368/10 – *EKO und Max Havelaar*, Rn. 68.
[149] *Wegner/Hahn* NZBau 2012, 684, 685.
[150] *Wegner/Hahn* NZBau 2012, 683, 684.

bung aufgenommen werden. So ist beispielsweise die Vorgabe, dass der zu liefernde Kaffee aus „fairem Handel" stammen muss, keine technische Spezifikation, da sie sich auf Handelsbedingungen zwischen Lieferant und Erzeuger bezieht.[151] Gleichwohl kann eine solche Anforderung im Rahmen der Leistungsbeschreibung als besondere Ausführungsbedingung vorgegeben werden. Das Landesrecht sieht die Möglichkeit derartiger Nachhaltigkeitsanforderungen teilweise ausdrücklich vor.[152]

96 Auch in diesem Rahmen ist es möglich, auf **Vorschriften, Normen oder Gütesiegel Bezug zu nehmen.** So kann z.B. verlangt werden, dass bei der Produktion keine Kinderarbeit im Sinne der ILO-Normen eingesetzt wurde. Oder es kann auf die Vorgaben eines Fair Trade-Siegels verwiesen werden. Dabei ist die Forderung, dass ein Produkt oder eine Leistung mit dem Siegel gekennzeichnet sein muss, unzulässig. Es ist lediglich gestattet, die Einhaltung der dem Siegel zugrunde liegenden Bedingungen zu verlangen. Zudem kann der Umstand, dass das Siegel verliehen wurde, als Nachweis für die Erfüllung der Anforderungen akzeptiert werden.

II. Zwingende Vorgaben zur Energieeffizienz

97 § 4 Abs. 4 bis 6b VgV (Lieferungen und Dienstleistungen), § 6 Abs. 2 bis 6 VgV (Bauleistungen) und § 7 Abs. 4 und 6 Nr. 1 SektVO enthalten zwingende Vorgaben zur Berücksichtigung von Aspekten der Energieeffizienz bei der Auftragsvergabe. Die Regelungen dienen der Umsetzung von RL 2010/30/EU[153] sowie des Energiekonzepts der Bundesregierung vom 28. September 2010 zur Verbesserung der Energieeffizienz.[154]

98 Für die Beschaffung energieverbrauchsrelevanter Waren, technischer Geräte und Ausrüstungen stellen die Regelungen der VgV zwei Kernanforderungen an den Auftraggeber: Zum einen ist grundsätzlich das **höchste Energieeffizienzniveau zu verlangen**; hierzu sind von den Bietern geeignete Angaben zu den angebotenen Produkten einzuholen. Zum anderen ist die **Energieeffizienz beim Zuschlag angemessen zu berücksichtigen**. Im Sektorenbereich gelten etwas weniger strenge Anforderungen; hier genügt es, von den Bietern Angaben zum Energieverbrauch und, in geeigneten Fällen, zu den Lebenszykluskosten zu fordern.

99 Die Bestimmungen sind in gewisser Weise ein **Fremdkörper** in den Vergabevorschriften, da sie nicht das Beschaffungsverfahren, sondern den Beschaffungsinhalt betreffen. Sie **beschränken die Wahlfreiheit** des Auftraggebers bezüglich des Leistungsgegenstands, dessen Festlegung an sich dem Vergaberecht vorgelagert ist.[155] Unter pragmatischen Gesichtspunkten erscheint die Einordnung in die Verfahrensvorschriften der VgV bzw. SektVO allerdings sachgerecht, weil die Zusammenführung den Überblick über die Gesamtheit der bei der Vergabe zu beachtenden Regeln erleichtert.

1. Anwendungsbereich: „Energieverbrauchsrelevante" Güter

100 Die Regelungen erfassen alle energieverbrauchsrelevanten Waren, technischen Geräte und Ausrüstungen, die Gegenstand einer Lieferleistung, wesentliche Voraussetzung für die Ausführung einer Dienstleistung oder wesentlicher Bestandteil einer Bauleistung sind

---

[151] EuGH Urteil v. 10.5.2012, Rs. C-368/10 – *EKO und Max Havelaar*, Rn. 74.
[152] So etwa gemäß § 18 Abs. 1 Satz 2 Tariftreue- und Vergabegesetz Nordrhein-Westfalen.
[153] Richtlinie 2010/30/EU des Europäischen Parlaments und des Rates vom 19. Mai 2010 über die Angabe des Verbrauchs an Energie und anderen Ressourcen durch energieverbrauchsrelevante Produkte mittels einheitlicher Etiketten und Produktinformationen, ABl. EG Nr. L 153 v. 18.6.2010 S. 1.
[154] Begr. d. Verordnungsentwurfs, BR-Dr 345/11, 1.
[155] Vgl. *Zeiss* NZBau 2012, 201, 205.

(§§ 4 Abs. 4, 6 Abs. 2 VgV). Die Bestimmungen sind damit sowohl bei der Vergabe von Dienstleistungs- und Lieferverträgen als auch bei Bauaufträgen zu beachten.

Für die Bestimmung des Begriffs der „energieverbrauchsrelevanten Ware" kann auf die **101** **Legaldefinition** des „energieverbrauchsrelevanten Produkts" in Art. 2 lit. a RL 2010/30/EU zurückgegriffen werden.[156] Danach handelt es sich um einen „Gegenstand, dessen Nutzung den Verbrauch an Energie beeinflusst und der in der Union in Verkehr gebracht und/oder in Betrieb genommen wird, einschließlich Teilen, die zum Einbau in ein unter diese Richtlinie fallendes energieverbrauchsrelevantes Produkt bestimmt sind, als Einzelteil für Endverbraucher in Verkehr gebracht und/oder in Betrieb genommen werden und getrennt auf ihre Umweltverträglichkeit geprüft werden können". Die Definition umfasst sowohl Waren, die unmittelbar selbst Energie verbrauchen (wie z. B. Heizung, Klimaanlage, Lüftung, Beleuchtung, elektrische Bürogeräte) als auch solche, die mittelbar den Energieverbrauch beeinflussen (z. B. Stromabschaltautomatik, rollwiderstandsarme Reifen).[157]

Bei Dienstleistungsaufträgen sind all diejenigen Waren wesentliche Voraussetzung für **102** die Dienstleistung, ohne die die Dienstleistung nicht erbracht werden kann. Erforderlich ist zudem ein **unmittelbarer Sachzusammenhang zwischen der Ware und der Dienstleistung.** So sind z. B. Fahrzeuge wesentliche Voraussetzung für die Erbringung von Personenbeförderungsleistungen, jedoch nicht für die Erbringung von (Vor-Ort-) IT-Serviceleistungen.[158]

Bei Bauaufträgen gelten ähnliche Grundsätze. Ob ein **wesentlicher Bestandteil einer** **103** **Bauleistung** vorliegt, kann daher nicht anhand § 94 BGB beurteilt werden.[159] § 94 Abs. 2 BGB definiert als wesentliche Bestandteile eines Gebäudes alle zur Herstellung des Gebäudes *eingefügten* Sachen. Bei diesem Verständnis wären das zur Durchführung der Baumaßnahme eingesetzte technische Gerät wie z. B. Baufahrzeuge, Pumpen, Bohranlagen nie wesentlicher Bestandteil der Bauleistung. Es spricht daher viel dafür, analog zum Begriff der wesentlichen Voraussetzung für die Dienstleistung nach § 4 Abs. 4 VgV dann von einem wesentlichen Bestandteil der Bauleistung auszugehen, wenn die Bauleistung ohne die Ware, das technische Gerät oder die Ausrüstung nicht ausführbar wäre.

2. Vorgabe des höchsten Energieeffizienzniveaus

Nach §§ 4 Abs. 5 VgV, 6 Abs. 3 VgV sollen öffentliche Auftraggeber das höchste Leis- **104** tungsniveau an Energieeffizienz und, soweit vorhanden, die höchste Energieeffizienzklasse im Sinne der Energieverbrauchskennzeichnungsverordnung fordern. Der Begriff „sollen" räumt den Auftraggebern **Spielraum** für Fälle ein, in denen die Forderung des höchsten Energieeffizienzniveaus bzw. der höchsten Energieeffizienzklasse ausnahmsweise nicht möglich ist;[160] entsprechender Spielraum dürfte bestehen, wenn die Anforderung im Einzelfall unzweckmäßig ist. Von jeglichen Anforderungen an die Energieeffizienz absehen darf der Auftraggeber allerdings nicht. Der Auftraggeber ist in diesem Fall vielmehr gehalten, die höchstmöglichen Anforderungen zu stellen.[161]

Energieeffizienzklassen sind der Energieverbrauchskennzeichnungsverordnung derzeit **105** nur für Haushaltsgeräte zu entnehmen, so dass nur für diese die höchste Energieeffizienzklasse gefordert werden kann.[162] In allen anderen Fällen sind die Anforderungen in der Leistungsbeschreibung im Regelfall anhand des höchsten Leistungsniveaus an Energieeffi-

---

[156] Begr. d. Verordnungsentwurfs, BR-Dr 345/11, 9; *Zeiss* NZBau 2012, 201, 202; *Stockmann/Rusch* NZBau 2013, 71.
[157] *Zeiss* NZBau 2012, 201, 202.
[158] *Zeiss* NZBau 2012, 201, 202.
[159] Ähnlich *Hertwig/Slawinski* in Dreher/Motzke, Beck'scher Vergaberechtskommentar, SektVO, § 7 Rn. 22.
[160] Begr. d. Verordnungsentwurfs, BR-Dr 345/11, 8.
[161] Begr. d. Verordnungsentwurfs, BR-Dr 345/11, 8.
[162] *Zeiss* NZBau 2012, 201, 202.

zienz zu formulieren. Dieses Niveau ist ggf. anhand einer Marktrecherche zu ermitteln.[163] Nur ausnahmsweise kann der Auftraggeber von der Forderung des höchsten Leistungsniveaus absehen. Dies gilt vor allem dann, wenn dieses Leistungsniveau das Beschaffungsbudget des Auftraggebers für die Leistung oder Lieferung sprengen würde. In diesem Fall kollidiert die **Wahlfreiheit** des Auftraggebers hinsichtlich des Beschaffungsgegenstands[164] mit der Verpflichtung zur möglichst weitgehenden Berücksichtigung von Energieeffizienzaspekten. Der Konflikt kann dadurch gelöst werden, dass in der Leistungsbeschreibung ein finanziell akzeptables, niedrigeres Energieeffizienzniveau gefordert wird und der Energieeffizienz zugleich als Zuschlagskriterium in der Angebotswertung besonderes Gewicht zugemessen wird.[165]

106 Die Pflicht, das höchste Energieeffizienzniveau bzw. die höchste Energieeffizienzklasse zu verlangen, gilt nur für „klassische" öffentliche Auftraggeber und Aufträge; für die Sektorenbereich und Vergaben im Verteidigungs- und Sicherheitsbereich gilt sie nicht.

3. Forderung von Angaben zur Energieeffizienz

107 Der Auftraggeber hat von den Bietern in der Leistungsbeschreibung oder an anderer geeigneter Stelle der Unterlagen konkrete Angaben zum Energieverbrauch zu fordern, es sei denn, die auf dem Markt angebotenen Waren, technischen Geräte oder Ausrüstungen unterscheiden sich im zulässigen Energieverbrauch nur geringfügig (§§ 4 Abs. 6 Nr. 1, 6 Abs. 4 Nr. 1 VgV).

108 Die Pflicht, Angaben zum Energieverbrauch zu fordern, gilt auch im **Sektorenbereich** (§ 7 Abs. 4 SektVO), wobei diese Vorschrift keine Einschränkung für den Fall enthält, dass sich die am Markt angeboten Geräte nur geringfügig im Verbrauch unterscheiden.

109 In geeigneten Fällen sollen die Auftraggeber darüber hinaus eine **Analyse minimierter Lebenszykluskosten oder eine vergleichbare Wirtschaftlichkeitsanalyse** verlangen (§§ 4 Abs. 6 Nr. 2, 6 Abs. 4 Nr. 2 VgV, § 7 Abs. 4 SektVO). Die Regelung kommt immer dann zur Anwendung, wenn der Auftraggeber anhand der Informationen einschätzen kann, welche Kosten auf ihn über die Lebensdauer des zu beschaffenden Gegenstands – insbesondere unter dem Aspekt des Energieverbauchs – zukommen können.[166]

4. Bieterschützende Wirkung

110 Umstritten ist, ob die Pflicht der Auftraggeber, bei der Beschaffung von energieverbrauchsrelevanten Waren usw. das höchste bzw. höchstmögliche Energieeffizienzniveau zu verlangen, bieterschützende Wirkung entfaltet. Davon hängt ab, ob Bieter die Beachtung dieser Vorschriften einfordern und ggf. im Rahmen einer **Vergabenachprüfung** durchsetzen können.

111 Der bieterschützende Charakter wird teilweise mit der Begründung verneint, dass es sich bei den Vorgaben zum Anforderungsniveau an die Energieeffizienz nicht um eine Vorschrift über das Vergabeverfahren im Sinne von § 97 Abs. 7 GWB handelt, sondern eine **inhaltliche Beschränkung des Leistungsbestimmungsrecht** des Auftraggebers, die – ähnlich wie z.B. die Verpflichtung zur Beachtung technischer Vorschriften oder bauordnungsrechtlicher Beschränkungen – nicht dem Schutz des Wettbewerbs und der Wettbewerbschancen der Bieter dient, sondern allein allgemeinen umwelt- und strukturpolitischen Zielen.[167]

---

[163] *Stockmann/Rusch* NZBau 2013, 71,74; *Zeiss* NZBau 2012, 201, 203.
[164] Hierzu Rn. 18.
[165] *Zeiss* NZBau 2012, 201, 203.
[166] Siehe dazu näher *Stockmann/Rusch* NZBau 2013, 71,74.
[167] *Zeiss* NZBau 2012, 201, 205 f.; *Stockmann/Rusch* NZBau 2013, 71, 78.

Dem ist entgegenzuhalten, dass die Energieeffizienzvorschriften der VgV gerade auch einen Fördereffekt zugunsten einer stärkeren Verbreitung von energieeffizienten Waren, Geräten und Ausrüstungen entfalten sollen.[168] Das ergibt sich u.a. aus dem Normzweck, die Richtlinie 2010/30/EU umzusetzen,[169] in deren Erwägungsgründen der mit einer Einbeziehung von Energieeffizienzaspekten bei der öffentlichen Beschaffung verbundene Anreizeffekt zugunsten effizienter Produkte und eine erleichterte Marktaufnahme solcher Produkte ausdrücklich hervorgehoben wird.[170] Dieser Effekt kann nur erreicht werden, wenn Unternehmen, die sich – entsprechend dem Normzweck – darauf verlegen, entsprechen konzipierte Produkte anzubieten, von den Beschaffungsstellen auch die Anwendung der Vorgaben verlangen und diese ggf. durchsetzen können. Die Vorschriften sind daher richtigerweise als **bieterschützend** zu qualifizieren.[171]

112

III. Zwingende Vorgaben für Straßenfahrzeuge

Für die Beschaffung von Straßenfahrzeugen enthalten §§ 4 Abs. 7 bis 10 VgV und 7 Abs. 5 und 6 SektVO besondere Vorgaben für die Berücksichtigung des Energieverbrauchs und der Umweltauswirkungen (konkret der **Schadstoffemissionen**) der Fahrzeuge. Die Regelungen dienen nach der Verordnungsbegründung[172] der Umsetzung der RL 2009/33/EG.[173]

113

Öffentliche Auftraggeber sind danach bei der Beschaffung von Straßenfahrzeugen verpflichtet, Energieverbrauch und Umweltauswirkungen angemessen zu berücksichtigen. Neben dem Energieverbrauch ist „zumindest" der Ausstoß an Kohlendioxid, Stickoxiden, Kohlenwasserstoffen und Feinpartikeln zu berücksichtigen.

114

Zu diesem Zweck müssen die Auftraggeber in der Leistungsbeschreibung oder den technischen Spezifikationen Vorgaben zu Energieverbrauch und den Umweltauswirkungen (d.h. den Emissionen) machen; zusätzlich oder alternativ sind diese Aspekte angemessen als Zuschlagskriterium zu berücksichtigen. Der Wortlaut von § 4 Abs. 8 VgV („und") und § 7 Abs. 6 SektVO („oder") legt auf den ersten Blick nahe, dass „klassische" öffentliche Auftraggeber die Aspekte *sowohl* im Rahmen der Leistungsbeschreibung *als auch* bei den Zuschlagskriterien berücksichtigen müssen, während Sektorenauftraggeber diesbezüglich ein Wahlrecht haben (oder sich sogar für eine Variante entscheiden müssen). Das ist unrichtig; nach Sinn und Zweck der Vorschrift können sowohl klassische Auftraggeber als auch Sektorenauftraggeber nach **pflichtgemäßem Ermessen** entscheiden, in welcher Weise (in der Leistungsbeschreibung, bei den Zuschlagkriterien oder auf beiden Ebenen) die Umweltaspekte berücksichtigt werden.[174]

115

Im Gegensatz zu den Vorschriften zur Energieeffizienz verpflichten die Vorschriften für Straßenfahrzeuge den Auftraggeber nicht dazu, bei den genannten Umweltaspekten stets oder auch nur grundsätzlich das höchsten Leistungsniveaus zu verlangen; der Auftraggeber hat hinsichtlich der konkreten Vorgaben vielmehr ein Ermessen. Es besteht aber jedenfalls

116

---

[168] Siehe dazu oben, Rn. 85.
[169] Begr. d. Verordnungsentwurfs, BR-Dr 345/11, S. 1 und 5.
[170] Richtlinie 2010/30/EU v. 19. Mai 2010 über die Angabe des Verbrauchs an Energie und anderen Ressourcen durch energieverbrauchsrelevante Produkte mittels einheitlicher Etiketten und Produktinformationen, ABl. EG Nr. L 153 v. 18.6.2010 S. 1, Erwägungsgrund 16.
[171] OLG Düsseldorf Beschl. v. 1.8.2012, VII-Verg 105/11, unter II. 2. b) aa); *Schwabe* in Vergabeblog (www.vergabeblog.de) v. 19.12.2011.
[172] Begr. d. Verordnungsentwurfs, BR-Dr 345/11, S. 1 und 5.
[173] Richtlinie 2009/33/EG des Europäischen Parlaments und des Rates vom 23. April 2009 über die Förderung sauberer und energieeffizienter Straßenfahrzeuge, Abl.EG L 120 v. 15.5.2009, S. 5.
[174] Das ergibt sich nicht nur aus Sinn und Zweck der Vorschrift, sondern auch daraus, dass Zuschlagskriterien oftmals gar nicht streng von der Leistungsbeschreibung getrennt werden können; gerade bei technischen Gütern werden die Zuschlagskriterien direkt aus der Leistungsbeschreibung abgeleitet (Zuschlagskriterium ist der Grad der Erfüllung der Vorgaben der Leistungsbeschreibung).

eine **Verpflichtung, überhaupt Vorgaben** zu diesen Aspekten zu machen, d.h. der Auftraggeber muss in jedem Fall nach pflichtgemäßem Ermessen entscheiden, welche Vorgaben angemessen sind.

117 Die Vorgaben gelten nicht für Einsatzfahrzeuge der Streitkräfte, des Katastrophenschutzes, der Feuerwehren und der Polizei; allerdings sind die Vorgaben insoweit zu berücksichtigen, wie es der Stand der Technik zulässt und die Einsatzfähigkeit der Fahrzeuge nicht beeinträchtigt wird.[175] Für die Fahrzeugbeschaffung im Rahmen eines Verteidigungs- oder Sicherheitsauftrags gelten die Vorgaben insgesamt nicht.

118 Auch die Vorgaben zur Berücksichtigung von Energieverbrauch und Umweltauswirkungen von Straßenfahrzeugen sind **bieterschützend**; die Ausführungen oben unter 2.d) gelten insoweit entsprechend.

---

[175] § 4 Abs. 10 VgV.

§ 18 Vergabeunterlagen und Vertragsbedingungen

Übersicht

	Rn.
A. Einleitung	1–3
B. Bestandteile der Vergabeunterlagen	4–50
I. Anschreiben und Bewerbungsbedingungen	5–26
II. Vertragsunterlagen	27–42
III. Weitere mögliche Bestandteile	43–50
C. Eindeutigkeit und Auslegung der Vergabeunterlagen	51, 52
D. Verhältnis zwischen Bekanntmachung und Vergabeunterlagen	53, 54
E. Kostenersatz	55–59
I. Kostenersatz für Vergabeunterlagen	55–57
II. Kostenersatz für die Angebotserarbeitung	58, 59

VOL/A: § 8 Abs. 1–3, § 9
VOL/A EG: § 9 Abs. 1–4, § 10 Abs. 2, § 11
VOB/A: §§ 8, 9
VOB/A EG: §§ 8, 9

VOL/A:

§ 8 VOL/A Vergabeunterlagen

(1) Die Vergabeunterlagen umfassen alle Angaben, die erforderlich sind, um eine Entscheidung zur Teilnahme am Vergabeverfahren oder zur Angebotsabgabe zu ermöglichen. Sie bestehen in der Regel aus

a) dem Anschreiben (Aufforderung zur Angebotsabgabe oder Begleitschreiben für die Abgabe der angeforderten Unterlagen),

b) der Beschreibung der Einzelheiten der Durchführung des Verfahrens (Bewerbungsbedingungen), einschließlich der Angabe der Zuschlagskriterien, sofern nicht in der Bekanntmachung bereits genannt und

c) den Vertragsunterlagen, die aus Leistungsbeschreibung und Vertragsbedingungen bestehen.

(2) Bei Öffentlicher Ausschreibung darf bei direkter oder postalischer Übermittlung für die Vervielfältigung der Vergabeunterlagen Kostenersatz gefordert werden. Die Höhe des Kostenersatzes ist in der Bekanntmachung anzugeben.

(3) Sofern die Auftraggeber Nachweise verlangen, haben sie diese in einer abschließenden Liste zusammenzustellen.

(4) hier nicht abgedruckt.

§ 9 VOL/A Vertragsbedingungen

(1) Die Allgemeinen Vertragsbedingungen (VOL/B) sind grundsätzlich zum Vertragsgegenstand zu machen. Zusätzliche Allgemeine Vertragsbedingungen dürfen der VOL/B nicht widersprechen. Für die Erfordernisse einer Gruppe gleichgelagerter Einzelfälle können Ergänzende Vertragsbedingungen Abweichungen von der VOL/B vorsehen.

(2) Vertragsstrafen sollen nur für die Überschreitung von Ausführungsfristen vereinbart werden, wenn die Überschreitung erhebliche Nachteile verursachen kann. Die Strafe ist in angemessenen Grenzen zu halten.

(3) Andere Verjährungsfristen als nach § 14 VOL/B sind nur vorzusehen, wenn dies nach der Eigenart der Leistung erforderlich ist.

(4) Auf Sicherheitsleistungen soll ganz oder teilweise verzichtet werden, es sei denn, sie erscheinen ausnahmsweise für die sach- und fristgemäße Durchführung der verlangten Leistung notwendig. Die Sicherheit für die Erfüllung sämtlicher Verpflichtungen aus dem Vertrag soll 5 vom Hundert der Auftragssumme nicht überschreiten.

VOL/A EG:

§ 9 EG VOL/A Vergabeunterlagen

(1) Die Vergabeunterlagen umfassen alle Angaben, die erforderlich sind, um eine Entscheidung zur Teilnahme am Vergabeverfahren oder zur Angebotsabgabe zu ermöglichen. Sie bestehen in der Regel aus
a) dem Anschreiben (Aufforderung zur Angebotsabgabe oder Begleitschreiben für die Abgabe der angeforderten Unterlagen),
b) der Beschreibung der Einzelheiten der Durchführung des Verfahrens (Bewerbungsbedingungen), einschließlich der Angabe der Zuschlagskriterien und deren Gewichtung, sofern nicht in der Bekanntmachung bereits genannt und
c) den Vertragsunterlagen, die aus Leistungsbeschreibung und Vertragsbedingungen bestehen.

(2) Die Auftraggeber haben die Zuschlagskriterien zu gewichten. Die Gewichtung kann mit einer angemessenen Marge erfolgen. Kann nach Ansicht der Auftraggeber die Gewichtung aus nachvollziehbaren Gründen nicht angegeben werden, so legen die Auftraggeber die Kriterien in absteigender Reihenfolge ihrer Bedeutung fest.

(3) Im offenen Verfahren darf bei direkter oder postalischer Übermittlung für die Vervielfältigung der Vergabeunterlagen Kostenersatz gefordert werden. Die Höhe des Kostensatzes ist in der Bekanntmachung anzugeben.

(4) Sofern die Auftraggeber Nachweise verlangen, haben sie diese in einer abschließenden Liste zusammenzustellen.

(5) hier nicht abgedruckt.

§ 10 EG VOL/A Aufforderung zur Angebotsabgabe und zur Teilnahme am wettbewerblichen Dialog

(1) hier nicht abgedruckt.

(2) Bei Aufforderung zur Angebotsabgabe in nicht offenen Verfahren und Verhandlungsverfahren oder zur Teilnahme an einem wettbewerblichen Dialog enthalten die Vergabeunterlagen mindestens Folgendes:
a) im nicht offenen Verfahren und Verhandlungsverfahren mit öffentlichem Teilnahmewettbewerb den Hinweis auf die veröffentlichte Bekanntmachung,
b) beim wettbewerblichen Dialog den Termin und den Ort des Beginns der Dialogphase,
c) alle vorgesehenen Zuschlagskriterien, einschließlich deren Gewichtung oder, sofern diese aus nachvollziehbaren Gründen nicht angegeben werden können, der absteigenden Reihenfolge der ihnen zuerkannten Bedeutung,
d) ob beabsichtigt ist, ein Verhandlungsverfahren oder einen wettbewerblichen Dialog in verschiedenen Phasen abzuwickeln, um die Zahl der Angebote zu verringern,
e) die Stelle, an die sich der Bewerber oder Bieter zur Nachprüfung behaupteter Verstöße gegen Vergabebestimmungen wenden kann.

Die Angaben zu den Buchstaben c und d können anstatt in der Aufforderung auch in der Vergabebekanntmachung erfolgen.

§ 11 EG VOL/A Vertragsbedingungen

(1) Die Allgemeinen Vertragsbedingungen (VOL/B) sind grundsätzlich zum Vertragsgegenstand zu machen. Zusätzliche Allgemeine Vertragsbedingungen dürfen der VOL/B nicht wider-

sprechen. Für die Erfordernisse einer Gruppe gleichgelagerter Einzelfälle können Ergänzende Vertragsbedingungen Abweichungen von der VOL/B vorsehen.

(2) Vertragsstrafen sollen nur für die Überschreitung von Ausführungsfristen vereinbart werden, wenn die Überschreitung erhebliche Nachteile verursachen kann. Die Strafe ist in angemessenen Grenzen zu halten.

(3) Andere Verjährungsfristen als nach § 14 VOL/B sind nur vorzusehen, wenn dies nach der Eigenart der Leistung erforderlich ist.

(4) Auf Sicherheitsleistungen soll ganz oder teilweise verzichtet werden, es sei denn, sie erscheinen ausnahmsweise für die sach- und fristgemäße Durchführung der verlangten Leistung notwendig. Die Sicherheit für die Erfüllung sämtlicher Verpflichtungen aus dem Vertrag soll 5 vom Hundert der Auftragssumme nicht überschreiten.

(5) Wird ein Unternehmen, das nicht öffentlicher Auftraggeber ist, mit der Wahrnehmung oder Durchführung einer öffentlichen Aufgabe betraut, verpflichtet der Auftraggeber das Unternehmen, sofern es Unteraufträge an Dritte vergibt, die Regeln über die Berücksichtigung mittelständischer Interessen (§ 2 EG Absatz 2) einzuhalten.

VOB/A:

§ 8 VOB/A Vergabeunterlagen

(1) Die Vergabeunterlagen bestehen aus
1. dem Anschreiben (Aufforderung zur Angebotsabgabe), gegebenenfalls Bewerbungsbedingungen (§ 8 Absatz 2) und
2. den Vertragsunterlagen (§§ 7 und 8 Absätze 3 bis 6).

(2)
1. Das Anschreiben muss alle Angaben nach § 12 Absatz 1 Nummer 2 enthalten, die außer den Vertragsunterlagen für den Entschluss zur Abgabe eines Angebots notwendig sind, sofern sie nicht bereits veröffentlicht wurden.
2. Der Auftraggeber kann die Bieter auffordern, in ihrem Angebot die Leistungen anzugeben, die sie an Nachunternehmen zu vergeben beabsichtigen.
3. Der Auftraggeber hat anzugeben:

    a) ob er Nebenangebote nicht zulässt,

    b) ob er Nebenangebote ausnahmsweise nur in Verbindung mit einem Hauptangebot zulässt.

    Von Bietern, die eine Leistung anbieten, deren Ausführung nicht in Allgemeinen Technischen Vertragsbedingungen oder in den Vergabeunterlagen geregelt ist, sind im Angebot entsprechende Angaben über Ausführung und Beschaffenheit dieser Leistung zu verlangen.
4. Auftraggeber, die ständig Bauleistungen vergeben, sollen die Erfordernisse, die die Bewerber bei der Bearbeitung ihrer Angebote beachten müssen, in den Bewerbungsbedingungen zusammenfassen und dem Anschreiben beifügen.

(3) In den Vergabeunterlagen ist vorzuschreiben, dass die Allgemeinen Vertragsbedingungen für die Ausführung von Bauleistungen (VOB/B) und die Allgemeinen Technischen Vertragsbedingungen für Bauleistungen (VOB/C) Bestandteile des Vertrags werden. Das gilt auch für etwaige Zusätzliche Vertragsbedingungen und etwaige Zusätzliche Technische Vertragsbedingungen, soweit sie Bestandteile des Vertrags werden sollen.

(4)
1. Die Allgemeinen Vertragsbedingungen bleiben grundsätzlich unverändert. Sie können von Auftraggebern, die ständig Bauleistungen vergeben, für die bei ihnen allgemein gegebenen Verhältnisse durch Zusätzliche Vertragsbedingungen ergänzt werden. Diese dürfen den Allgemeinen Vertragsbedingungen nicht widersprechen.

2. Für die Erfordernisse des Einzelfalles sind die Allgemeinen Vertragsbedingungen und etwaige Zusätzliche Vertragsbedingungen durch Besondere Vertragsbedingungen zu ergänzen. In diesen sollen sich Abweichungen von den Allgemeinen Vertragsbedingungen auf die Fälle beschränken, in denen dort besondere Vereinbarungen ausdrücklich vorgesehen sind und auch nur soweit es die Eigenart der Leistung und ihre Ausführung erfordern.

(5) Die Allgemeinen Technischen Vertragsbedingungen bleiben grundsätzlich unverändert. Sie können von Auftraggebern, die ständig Bauleistungen vergeben, für die bei ihnen allgemein gegebenen Verhältnisse durch Zusätzliche Technische Vertragsbedingungen ergänzt werden. Für die Erfordernisse des Einzelfalles sind Ergänzungen und Änderungen in der Leistungsbeschreibung festzulegen.

(6)
1. In den Zusätzlichen Vertragsbedingungen oder in den Besonderen Vertragsbedingungen sollen, soweit erforderlich, folgende Punkte geregelt werden:
   a) Unterlagen (§ 8 Absatz 9; § 3 Absätze 5 und 6 VOB/B),

   b) Benutzung von Lager- und Arbeitsplätzen, Zufahrtswegen, Anschlussgleisen, Wasser- und Energieanschlüssen (§ 4 Absatz 4 VOB/B),

   c) Weitervergabe an Nachunternehmen (§ 4 Absatz 8 VOB/B),

   d) Ausführungsfristen (§ 9 Absatz 1 bis 4; § 5 VOB/B),

   e) Haftung (§ 10 Absatz 2 VOB/B),

   f) Vertragsstrafen und Beschleunigungsvergütungen (§ 9 Absatz 5; § 11 VOB/B),

   g) Abnahme (§ 12 VOB/B),

   h) Vertragsart (§ 4), Abrechnung (§ 14 VOB/B),

   i) Stundenlohnarbeiten (§ 15 VOB/B),

   j) Zahlungen, Vorauszahlungen (§ 16 VOB/B),

   k) Sicherheitsleistung (§ 9 Absatz 7 und 8; § 17 VOB/B),

   l) Gerichtsstand (§ 18 Absatz 1 VOB/B),

   m) Lohn- und Gehaltsnebenkosten,

   n) Änderung der Vertragspreise (§ 9 Absatz 9).

2. Im Einzelfall erforderliche besondere Vereinbarungen über die Mängelansprüche sowie deren Verjährung (§ 9 Absatz 6; § 13 Absatz 1, 4 und 7 VOB/B) und über die Verteilung der Gefahr bei Schäden, die durch Hochwasser, Sturmfluten, Grundwasser, Wind, Schnee, Eis und dergleichen entstehen können (§ 7 VOB/B), sind in den Besonderen Vertragsbedingungen zu treffen. Sind für bestimmte Bauleistungen gleichgelagerte Voraussetzungen im Sinne von § 9 Absatz 6 gegeben, so dürfen die besonderen Vereinbarungen auch in Zusätzlichen Technischen Vertragsbedingungen vorgesehen werden.

(7)
1. Bei Öffentlicher Ausschreibung kann eine Erstattung der Kosten für die Vervielfältigung der Leistungsbeschreibung und der anderen Unterlagen sowie für die Kosten der postalischen Versendung verlangt werden.

2. Bei Beschränkter Ausschreibung und Freihändiger Vergabe sind alle Unterlagen unentgeltlich abzugeben.

(8)
1. Für die Bearbeitung des Angebots wird keine Entschädigung gewährt. Verlangt jedoch der Auftraggeber, dass der Bewerber Entwürfe, Pläne, Zeichnungen, statische Berechnungen, Mengenberechnungen oder andere Unterlagen ausarbeitet, insbesondere in den Fällen des § 7 Absatz 13 bis 15, so ist einheitlich für alle Bieter in der Ausschreibung eine angemessene Entschädigung festzusetzen. Diese Entschädigung steht jedem Bieter zu, der ein der Ausschreibung entsprechendes Angebot mit den geforderten Unterlagen rechtzeitig eingereicht hat.

2. Diese Grundsätze gelten für die Freihändige Vergabe entsprechend.

(9) Der Auftraggeber darf Angebotsunterlagen und die in den Angeboten enthaltenen eigenen Vorschläge eines Bieters nur für die Prüfung und Wertung der Angebote (§ 16) verwenden. Eine darüber hinausgehende Verwendung bedarf der vorherigen schriftlichen Vereinbarung.

(10) Sollen Streitigkeiten aus dem Vertrag unter Ausschluss des ordentlichen Rechtswegs im schiedsrichterlichen Verfahren ausgetragen werden, so ist es in besonderer, nur das Schiedsverfahren betreffender Urkunde zu vereinbaren, soweit nicht § 1031 Absatz 2 der Zivilprozessordnung auch eine andere Form der Vereinbarung zulässt.

§ 9 VOB/A Vertragsbedingungen

Ausführungsfristen

(1)
1. Die Ausführungsfristen sind ausreichend zu bemessen; Jahreszeit, Arbeitsbedingungen und etwaige besondere Schwierigkeiten sind zu berücksichtigen. Für die Bauvorbereitung ist dem Auftragnehmer genügend Zeit zu gewähren.
2. Außergewöhnlich kurze Fristen sind nur bei besonderer Dringlichkeit vorzusehen.
3. Soll vereinbart werden, dass mit der Ausführung erst nach Aufforderung zu beginnen ist (§ 5 Absatz 2 VOB/B), so muss die Frist, innerhalb derer die Aufforderung ausgesprochen werden kann, unter billiger Berücksichtigung der für die Ausführung maßgebenden Verhältnisse zumutbar sein; sie ist in den Vergabeunterlagen festzulegen.

(2)
1. Wenn es ein erhebliches Interesse des Auftraggebers erfordert, sind Einzelfristen für in sich abgeschlossene Teile der Leistung zu bestimmen.
2. Wird ein Bauzeitenplan aufgestellt, damit die Leistungen aller Unternehmen sicher ineinander greifen, so sollen nur die für den Fortgang der Gesamtarbeit besonders wichtigen Einzelfristen als vertraglich verbindliche Fristen (Vertragsfristen) bezeichnet werden.

(3) Ist für die Einhaltung von Ausführungsfristen die Übergabe von Zeichnungen oder anderen Unterlagen wichtig, so soll hierfür ebenfalls eine Frist festgelegt werden.

(4) Der Auftraggeber darf in den Vertragsunterlagen eine Pauschalierung des Verzugsschadens (§ 5 Absatz 4 VOB/B) vorsehen; sie soll 5 v.H. der Auftragssumme nicht überschreiten. Der Nachweis eines geringeren Schadens ist zuzulassen.

Vertragsstrafen, Beschleunigungsvergütung

(5) Vertragsstrafen für die Überschreitung von Vertragsfristen sind nur zu vereinbaren, wenn die Überschreitung erhebliche Nachteile verursachen kann. Die Strafe ist in angemessenen Grenzen zu halten. Beschleunigungsvergütung (Prämien) sind nur vorzusehen, wenn die Fertigstellung vor Ablauf der Vertragsfristen erhebliche Vorteile bringt.

Verjährung der Mängelansprüche

(6) Andere Verjährungsfristen als nach § 13 Absatz 4 VOB/B sollen nur vorgesehen werden, wenn dies wegen der Eigenart der Leistung erforderlich ist. In solchen Fällen sind alle Umstände gegeneinander abzuwägen, insbesondere, wann etwaige Mängel wahrscheinlich erkennbar werden und wieweit die Mängelursachen noch nachgewiesen werden können, aber auch die Wirkung auf die Preise und die Notwendigkeit einer billigen Bemessung der Verjährungsfristen für Mängelansprüche.

Sicherheitsleistung

(7) Auf Sicherheitsleistung soll ganz oder teilweise verzichtet werden, wenn Mängel der Leistung voraussichtlich nicht eintreten. Unterschreitet die Auftragssumme 250 000 EUR ohne

Umsatzsteuer, ist auf Sicherheitsleistung für die Vertragserfüllung und in der Regel auf Sicherheitsleistung für die Mängelansprüche zu verzichten. Bei Beschränkter Ausschreibung sowie bei Freihändiger Vergabe sollen Sicherheitsleistungen in der Regel nicht verlangt werden.

(8) Die Sicherheit soll nicht höher bemessen und ihre Rückgabe nicht für einen späteren Zeitpunkt vorgesehen werden, als nötig ist, um den Auftraggeber vor Schaden zu bewahren. Die Sicherheit für die Erfüllung sämtlicher Verpflichtungen aus dem Vertrag soll 5 v.H. der Auftragssumme nicht überschreiten. Die Sicherheit für Mängelansprüche soll 3 v.H. der Abrechnungssumme nicht überschreiten.

Änderung der Vergütung

(9) Sind wesentliche Änderungen der Preisermittlungsgrundlagen zu erwarten, deren Eintritt oder Ausmaß ungewiss ist, so kann eine angemessene Änderung der Vergütung in den Vertragsunterlagen vorgesehen werden. Die Einzelheiten der Preisänderungen sind festzulegen.

VOB/A EG:

§ 8 EG VOB/A Vergabeunterlagen

(1) Die Vergabeunterlagen bestehen aus
1. dem Anschreiben (Aufforderung zur Angebotsabgabe), gegebenenfalls Bewerbungsbedingungen (Absatz 2) und
2. den Vertragsunterlagen (Absätze 3 bis 6 und § 7 EG).

(2)
1. Das Anschreiben muss die in Anhang II der Verordnung (EU) Nummer 842/2011 geforderten Informationen enthalten, die außer den Vertragsunterlagen für den Entschluss zur Abgabe eines Angebots notwendig sind, sofern sie nicht bereits veröffentlicht wurden.
2. Der Auftraggeber kann die Bieter auffordern, in ihrem Angebot die Leistungen anzugeben, die sie an Nachunternehmen zu vergeben beabsichtigen.
3. Hat der Auftraggeber in der Bekanntmachung Nebenangebote zugelassen, hat er anzugeben,

    a) ob er Nebenangebote ausnahmsweise nur in Verbindung mit einem Hauptangebot zulässt,

    b) die Mindestanforderungen an Nebenangebote.

    Von Bietern, die eine Leistung anbieten, deren Ausführung nicht in Allgemeinen Technischen Vertragsbedingungen oder in den Vergabeunterlagen geregelt ist, sind im Angebot entsprechende Angaben über die Ausführung und Beschaffenheit dieser Leistung zu verlangen.
4. Auftraggeber, die ständig Bauaufträge vergeben, sollen die Erfordernisse, die die Bewerber bei der Bearbeitung ihrer Angebote beachten müssen, in den Bewerbungsbedingungen zusammenfassen und dem Anschreiben beifügen.

(3) In den Vergabeunterlagen ist vorzuschreiben, dass die Allgemeinen Vertragsbedingungen für die Ausführung von Bauleistungen (VOB/B) und die Allgemeinen Technischen Vertragsbedingungen für Bauleistungen (VOB/C) Bestandteile des Vertrags werden. Das gilt auch für etwaige Zusätzliche Vertragsbedingungen und etwaige Zusätzliche Technische Vertragsbedingungen, soweit sie Bestandteile des Vertrags werden sollen.

(4)
1. Die Allgemeinen Vertragsbedingungen bleiben grundsätzlich unverändert. Sie können von Auftraggebern, die ständig Bauaufträge vergeben, für die bei ihnen allgemein gegebenen Verhältnisse durch Zusätzliche Vertragsbedingungen ergänzt werden. Diese dürfen den Allgemeinen Vertragsbedingungen nicht widersprechen.

2. Für die Erfordernisse des Einzelfalles sind die Allgemeinen Vertragsbedingungen und etwaige Zusätzliche Vertragsbedingungen durch Besondere Vertragsbedingungen zu ergänzen. In diesen sollen sich Abweichungen von den Allgemeinen Vertragsbedingungen auf die Fälle beschränken, in denen dort besondere Vereinbarungen ausdrücklich vorgesehen sind und auch nur soweit es die Eigenart der Leistung und ihre Ausführung erfordern.

(5) Die Allgemeinen Technischen Vertragsbedingungen bleiben grundsätzlich unverändert. Sie können von Auftraggebern, die ständig Bauaufträge vergeben, für die bei ihnen allgemein gegebenen Verhältnisse durch Zusätzliche Technische Vertragsbedingungen ergänzt werden. Für die Erfordernisse des Einzelfalles sind Ergänzungen und Änderungen in der Leistungsbeschreibung festzulegen.

(6)
1. In den Zusätzlichen Vertragsbedingungen oder in den Besonderen Vertragsbedingungen sollen, soweit erforderlich, folgende Punkte geregelt werden:
    a) Unterlagen (§ 8 EG Absatz 9; § 3 Absätze 5 und 6 VOB/B),
    b) Benutzung von Lager- und Arbeitsplätzen, Zufahrtswegen, Anschlussgleisen, Wasser- und Energieanschlüssen (§ 4 Absatz 4 VOB/B),
    c) Weitervergabe an Nachunternehmen (§ 4 Absatz 8 VOB/B),
    d) Ausführungsfristen (§ 9 EG Absatz 1 bis 4; § 5 VOB/B),
    e) Haftung (§ 10 Absatz 2 VOB/B),
    f) Vertragsstrafen und Beschleunigungsvergütungen (§ 9 EG Absatz 5; § 11 VOB/B),
    g) Abnahme (§ 12 VOB/B),
    h) Vertragsart (§ 4 EG), Abrechnung (§ 14 VOB/B),
    i) Stundenlohnarbeiten (§ 15 VOB/B),
    j) Zahlungen, Vorauszahlungen (§ 16 VOB/B),
    k) Sicherheitsleistung (§ 9 EG Absatz 7 und 8; § 17 VOB/B),
    l) Gerichtsstand (§ 18 Absatz 1 VOB/B),
    m) Lohn- und Gehaltsnebenkosten,
    n) Änderung der Vertragspreise (§ 9 EG Absatz 9).
2. Im Einzelfall erforderliche besondere Vereinbarungen über die Mängelansprüche sowie deren Verjährung (§ 9 EG Absatz 6; § 13 Absatz 1, 4 und 7 VOB/B) und über die Verteilung der Gefahr bei Schäden, die durch Hochwasser, Sturmfluten, Grundwasser, Wind, Schnee, Eis und dergleichen entstehen können (§ 7 VOB/B), sind in den Besonderen Vertragsbedingungen zu treffen. Sind für bestimmte Bauleistungen gleichgelagerte Voraussetzungen im Sinne von § 9 EG Absatz 6 gegeben, so dürfen die besonderen Vereinbarungen auch in Zusätzlichen Technischen Vertragsbedingungen vorgesehen werden.

(7)
1. Beim offenen Verfahren kann eine Erstattung der Kosten für die Vervielfältigung der Leistungsbeschreibung und der anderen Unterlagen sowie für die Kosten der postalischen Versendung verlangt werden.
2. Beim nicht offenen Verfahren, beim Verhandlungsverfahren und beim wettbewerblichen Dialog sind alle Unterlagen unentgeltlich abzugeben.

(8)
1. Für die Bearbeitung des Angebotes wird keine Entschädigung gewährt. Verlangt jedoch der Auftraggeber, dass der Bewerber Entwürfe, Pläne, Zeichnungen, statische Berechnungen, Mengenberechnungen oder andere Unterlagen ausarbeitet, insbesondere in den Fällen des § 7 EG Absatz 13 bis 15, so ist einheitlich für alle Bieter in der Ausschreibung eine angemessene Entschädigung festzusetzen. Diese Entschädigung steht jedem Bieter zu, der ein der Ausschreibung entsprechendes Angebot mit den geforderten Unterlagen rechtzeitig eingereicht hat.

2. Diese Grundsätze gelten für Verhandlungsverfahren und wettbewerblichen Dialog entsprechend.

(9) Der Auftraggeber darf Angebotsunterlagen und die in den Angeboten enthaltenen eigenen Vorschläge eines Bieters nur für die Prüfung und Wertung der Angebote (§ 16 EG) verwenden. Eine darüber hinausgehende Verwendung bedarf der vorherigen schriftlichen Vereinbarung.

(10) Sollen Streitigkeiten aus dem Vertrag unter Ausschluss des ordentlichen Rechtsweges im schiedsrichterlichen Verfahren ausgetragen werden, so ist es in besonderer, nur das Schiedsverfahren betreffender Urkunde zu vereinbaren, soweit nicht § 1031 Absatz 2 der Zivilprozessordnung auch eine andere Form der Vereinbarung zulässt.

§ 9 EG VOB/A Vertragsbedingungen

Ausführungsfristen

(1)
1. Die Ausführungsfristen sind ausreichend zu bemessen; Jahreszeit, Arbeitsbedingungen und etwaige besondere Schwierigkeiten sind zu berücksichtigen. Für die Bauvorbereitung ist dem Auftragnehmer genügend Zeit zu gewähren.
2. Außergewöhnlich kurze Fristen sind nur bei besonderer Dringlichkeit vorzusehen.
3. Soll vereinbart werden, dass mit der Ausführung erst nach Aufforderung zu beginnen ist (§ 5 Absatz 2 VOB/B), so muss die Frist, innerhalb derer die Aufforderung ausgesprochen werden kann, unter billiger Berücksichtigung der für die Ausführung maßgebenden Verhältnisse zumutbar sein; sie ist in den Vergabeunterlagen festzulegen.

(2)
1. Wenn es ein erhebliches Interesse des Auftraggebers erfordert, sind Einzelfristen für in sich abgeschlossene Teile der Leistung zu bestimmen.
2. Wird ein Bauzeitenplan aufgestellt, damit die Leistungen aller Unternehmen sicher ineinander greifen, so sollen nur die für den Fortgang der Gesamtarbeit besonders wichtigen Einzelfristen als vertraglich verbindliche Fristen (Vertragsfristen) bezeichnet werden.

(3) Ist für die Einhaltung von Ausführungsfristen die Übergabe von Zeichnungen oder anderen Unterlagen wichtig, so soll hierfür ebenfalls eine Frist festgelegt werden.

(4) Der Auftraggeber darf in den Vertragsunterlagen eine Pauschalierung des Verzugsschadens (§ 5 Absatz 4 VOB/B) vorsehen; sie soll fünf Prozent der Auftragssumme nicht überschreiten. Der Nachweis eines geringeren Schadens ist zuzulassen.

Vertragsstrafen, Beschleunigungsvergütung

(5) Vertragsstrafen für die Überschreitung von Vertragsfristen sind nur zu vereinbaren, wenn die Überschreitung erhebliche Nachteile verursachen kann. Die Strafe ist in angemessenen Grenzen zu halten. Beschleunigungsvergütung (Prämien) sind nur vorzusehen, wenn die Fertigstellung vor Ablauf der Vertragsfristen erhebliche Vorteile bringt.

Verjährung der Mängelansprüche

(6) Andere Verjährungsfristen als nach § 13 Absatz 4 VOB/B sollen nur vorgesehen werden, wenn dies wegen der Eigenart der Leistung erforderlich ist. In solchen Fällen sind alle Umstände gegeneinander abzuwägen, insbesondere, wann etwaige Mängel wahrscheinlich erkennbar werden und wieweit die Mängelursachen noch nachgewiesen werden können, aber auch die Wirkung auf die Preise und die Notwendigkeit einer billigen Bemessung der Verjährungsfristen für Mängelansprüche.

Sicherheitsleistung

(7) Auf Sicherheitsleistung soll ganz oder teilweise verzichtet werden, wenn Mängel der Leistung voraussichtlich nicht eintreten. Unterschreitet die Auftragssumme 250 000 € ohne Umsatzsteuer, ist auf Sicherheitsleistung für die Vertragserfüllung und in der Regel auf Sicherheitsleistung für die Mängelansprüche zu verzichten. Bei nicht offenen Verfahren sowie bei Verhandlungsverfahren und wettbewerblichem Dialog sollen Sicherheitsleistungen in der Regel nicht verlangt werden.

(8) Die Sicherheit soll nicht höher bemessen und ihre Rückgabe nicht für einen späteren Zeitpunkt vorgesehen werden, als nötig ist, um den Auftraggeber vor Schaden zu bewahren. Die Sicherheit für die Erfüllung sämtlicher Verpflichtungen aus dem Vertrag soll fünf Prozent der Auftragssumme nicht überschreiten. Die Sicherheit für Mängelansprüche soll drei Prozent der Abrechnungssumme nicht überschreiten.

Änderung der Vergütung

(9) Sind wesentliche Änderungen der Preisermittlungsgrundlagen zu erwarten, deren Eintritt oder Ausmaß ungewiss ist, so kann eine angemessene Änderung der Vergütung in den Vertragsunterlagen vorgesehen werden. Die Einzelheiten der Preisänderungen sind festzulegen.

Literatur:
Burgi, Nachunternehmerschaft und wettbewerbliche Untervergabe, NZBau 2010, 593; *Höfler*, Transparenz bei der Vergabe öffentlicher Aufträge, NZBau 2010, 73; *Höfler*, Kostenerstattung im Vergabeverfahren nach der VOB/A, BauR 2000, 337; *Horn*, Anforderungen an die Formulierung bei der Auslegung von Vergabeunterlagen, VergabeR 2008, 785; *Stoye/Hoffmann*, Nachunternehmerbenennung und Verpflichtungserklärung im Lichte der neuesten BGH-Rechtsprechung und der VOB/A 2009, VergabeR 2009, 569.

A. Einleitung

Bei den Vergabeunterlagen handelt es sich um diejenigen Unterlagen, die die Bieter bzw. Bewerber vom Auftraggeber zum Vergabeverfahren erhalten und die über alle für die Teilnahme am Vergabeverfahren notwendigen Einzelheiten informieren sollen.[1] Die Vergabeunterlagen bestehen daher zum einen aus den Informationen zum Ablauf des Vergabeverfahrens (Anschreiben, Bewerbungsbedingungen) und zum anderen aus den Informationen zum Auftragsgegenstand und den Auftragsbedingungen, den sog. Vertragsunterlagen, die sich wiederum regelmäßig aus der Leistungsbeschreibung und den Vertragsbedingungen zusammensetzen. Der früher verwendete Begriff der „**Verdingungsunterlagen**", der im Wesentlichen dem heutigen Begriff der „Vertragsunterlagen" entspricht,[2] aber auch als Synonym für Vergabeunterlagen verwendet wurde, ist mit Überarbeitung der VOL/A und VOB/A im Jahr 2009 vollständig abgelöst worden.[3] In den deutschen Fassungen der europäischen Richtlinien[4] wird hingegen weitgehend der Ausdruck „Verdingungsunterlagen" gebraucht. Im Bereich der freiberuflichen Leistungen wird der Ausdruck „Aufforderung zur Verhandlung" als Oberbegriff verwendet (vgl. § 11 Abs. 1, 2 VOF). 1

---

[1] Vgl. §§ 8 Abs. 1 Satz 1, 9 EG Abs. 1 Satz 1 VOL/A, §§ 8 Abs. 2 Nr. 1, 8 EG Abs. 2 Nr. 1 VOB/A.
[2] Vgl. *von Rintelen* in Kapellmann/Messerschmidt, § 8 VOB/A Rn. 1.
[3] *Verfürth* in Kulartz/Marx/Portz/Prieß VOL/A, § 8 Rn. 13; *Hänsel* in Ziekow/Völlink, § 8 VOB/A Rn. 1.
[4] Vgl. z. B. Art. 23 Abs. 1, 24 Abs. 3, 25, 26, 39 VKR und Art. 38, 45 Abs. 9, 46 SKR.

2 Die Vergabeunterlagen sind – neben der Bekanntmachung – die wesentlichen Informationsquellen für Bieter bzw. Bewerber in einem Vergabeverfahren. Sie dienen daher auch der **Transparenz** des Vergabeverfahrens.[5] Die normierten Anforderungen an Vergabeunterlagen sind dementsprechend regelmäßig als Konkretisierungen des allgemeinen Transparenzgrundsatzes, wie er in § 97 Abs. 1 GWB sowie den Vergabe- und Vertragsordnungen normiert ist (vgl. § 2 Abs. 1 Satz 1 VOL/A, § 2 Abs. 1 Nr. 1 VOB/A), zu verstehen,[6] und zwar im Sinne einer ex-ante-Transparenz, die eine Vorhersehbarkeit für den Bieter bewirkt;[7] er kann so etwa bis zu einem gewissen Maße abschätzen, welche Chancen er im Vergabeverfahren hat,[8] und sich im Vergabeverfahren mit seinen Möglichkeiten möglichst optimal präsentieren. Mit den Festlegungen in den Vergabeunterlagen bindet sich der öffentliche Auftraggeber und gewährleistet insoweit zugleich die Chancengleichheit bzw. **Gleichbehandlung** der Bieter.[9]

3 Obwohl in der Regel die Bekanntmachung einer beabsichtigten Auftragsvergabe für potentielle Bieter bzw. Bewerber den ersten erkennbaren Schritt in einem Vergabeverfahren darstellt und die Bereitstellung der Vergabeunterlagen zeitlich nachfolgt, sind aus Sicht des Auftraggebers zunächst die Vergabeunterlagen und damit die Ausschreibungsbedingungen einschließlich der Bestimmung des Auftragsgegenstands zu erarbeiten. Nur wenn diese feststehen, können auch die notwendigen Inhalte der Bekanntmachung bestimmt werden. Dementsprechend regelt § 2 (EG) Abs. 5 VOB/A ausdrücklich, dass der Auftraggeber erst dann ausschreiben soll, wenn alle Vergabeunterlagen fertiggestellt sind und damit die sog. Ausschreibungsreife gegeben ist.[10]

B. Bestandteile der Vergabeunterlagen

4 Vergabeunterlagen sollen den Bietern bzw. Bewerbern alle Informationen an die Hand geben, die für eine Entscheidung über die Teilnahme an einem Vergabeverfahren erforderlich sind (§§ 8 Abs. 1 Satz 1, 9 EG Abs. 1 Satz 1 VOL/A, § 8 (EG) Abs. 2 Nr. 1 VOB/A). Vergabeunterlagen umfassen dementsprechend zum einen Unterlagen, die über den **Ablauf des Vergabeverfahrens** informieren, und zum anderen Unterlagen, die den Auftragsgegenstand und die Auftragsbedingungen definieren und damit den späteren **Vertragsinhalt** bilden sollen.[11] Für Informationen zum Verfahrensablauf sind das **Anschreiben** und ggf. die **Bewerbungsbedingungen** vorgesehen (s.u. Rn. 5 ff.). Die Informationen zum Auftragsgegenstand und den Auftragsbedingungen sind in den sog. **Vertragsunterlagen** enthalten (s.u. Rn. 27 ff.), die wiederum regelmäßig aus der Leistungsbeschreibung und den Vertragsbedingungen bestehen. Auch wenn nach den Vergabe- und Vertragsordnungen den einzelnen Bestandteilen der Vergabeunterlagen jeweils bestimmte Informationsinhalte zugewiesen werden, die diese enthalten sollen, ist es mit Blick auf den Transparenzgrundsatz prinzipiell unschädlich und nicht per se vergaberechtswidrig, wenn Informationen in einem anderen als dem nach den Vergabe- und Vertragsordnungen vorgesehenen Teil der Vergabeunterlagen enthalten sind oder die Bestandteile abweichend von der in VOL/A und VOB/A verwendeten Terminologie be-

---

[5] Vgl. auch BGH Urt. v. 11.5.2009, VII ZR 11/08; *Verfürth* in Kulartz/Marx/Portz/Prieß VOB/A, § 8 Rn. 15; *Gnittke/Hattig* in Müller-Wrede VOL/A, § 8 Rn. 3, § 9 EG Rn. 2.

[6] Vgl. *Müller-Wrede* in Müller-Wrede GWB, § 97 Rn. 10 f.; *Brauer* in Kulartz/Kus/Portz, § 97 Rn. 21.

[7] Vgl. *Müller-Wrede* in Müller-Wrede GWB, § 97 Rn. 11.

[8] Vgl. *Höfler* NZBau 2010, 73, 76.

[9] Vgl. *Gnittke/Hattig* in Müller-Wrede VOL/A, § 9 EG Rn. 2.

[10] Vgl. zur Ausschreibungsreife *Völlink* in Ziekow/Völlink, § 2 VOB/A Rn. 31 ff.

[11] Vgl. *von Wietersheim* in Ingenstau/Korbion, § 8 VOB/A Rn. 4.

§ 18 Vergabeunterlagen und Vertragsbedingungen Kap. 4

zeichnet werden. Dies gilt jedenfalls, soweit die Bieter die notwendigen Informationen ohne Weiteres den Vergabeunterlagen insgesamt entnehmen können.[12]

I. Anschreiben und Bewerbungsbedingungen

1. Begriffe

Mit dem Anschreiben werden die Bieter zur Abgabe eines Angebots aufgefordert.[13] Soweit es sich nach § 8 Abs. 1 Satz 2 lit. a) bzw. § 9 EG Abs. 1 Satz 2 lit. a) VOL/A beim Anschreiben auch um ein „**Begleitschreiben** für die Abgabe der angeforderten Unterlagen" handeln kann, ist hier ein Anforderungsschreiben des Auftraggebers im Rahmen eines Teilnahmewettbewerbs gemeint, mit dem zur Abgabe eines Teilnahmeantrags und der dazu erforderlichen (Eignungs-)Unterlagen aufgefordert wird.[14] Neben dieser förmlichen **Aufforderung zur Angebotsabgabe** (invitatio ad offerendum) oder **zur Abgabe eines Teilnahmeantrags** fassen Anschreiben und Bewerbungsbedingungen im Übrigen diejenigen Bestimmungen des öffentlichen Auftraggebers zusammen, die das Vergabeverfahren selbst – im Gegensatz zum Auftragsgegenstand und zur Auftragsdurchführung – betreffen. Dabei werden die Begriffe „Anschreiben" und „Bewerbungsbedingungen" in VOL/A und VOB/A leicht unterschiedlich verstanden. Während das Anschreiben i.S. der §§ 8 Abs. 1 Satz 2 lit. a), 9 EG Abs. 1 Satz 2 lit. a) VOL/A vor allem die Angebotsaufforderung enthält und die Bewerbungsbedingungen gemäß Legaldefinition in den §§ 8 Abs. 1 Satz 2 lit. b), 9 EG Abs. 1 Satz 2 lit. b) VOL/A sämtliche **Durchführungsbestimmungen zum Vergabeverfahren** umfassen, sollen bei Bauleistungen die Durchführungsbestimmungen typischerweise bereits im Anschreiben nach §§ 8 Abs. 2 Nr. 1, 8 EG Abs. 2 Nr. 1 VOB/A mit enthalten sein; Bewerbungsbedingungen sind hier hingegen – wie sie in § 8 (EG) Abs. 2 Nr. 4 VOB/A definiert sind – enger zu verstehen, und zwar im Sinne einer standardisierten, formularhaften Zusammenfassung,[15] die ein Auftraggeber vornimmt, der „ständig" Vergabeverfahren durchführt. Dies ermöglicht es, das Anschreiben selbst übersichtlich zu halten[16] und die Erarbeitung und auch Prüfung von Vergabeunterlagen zu rationalisieren.[17] Welche Bestimmungen er in den Bewerbungsbedingungen zusammenfasst, ist dabei Sache des Auftraggebers.[18] Als für eine Vielzahl von Vergabeverfahren vorformulierte Bedingungen stellen die Bewerbungsbedingungen Allgemeine Geschäftsbedingungen im Sinne der §§ 305 ff. BGB dar;[19] dies setzt jedoch nach § 305 Abs. 1 BGB voraus, dass sie im Einzelfall vertragliche Regelungen enthalten.[20]

---

[12] Vgl. aber zur Unzulässigkeit von über die Vergabeunterlagen verteilten Leistungserfordernissen: OLG Düsseldorf Beschl. v. 7.3.2012, VII-Verg 82/11.
[13] Siehe Definition im Klammerzusatz zum Begriff „Anschreiben" in den §§ 8 Abs. 1 Satz 2 lit. a), 9 EG Abs. 1 Satz 2 lit. a) VOL/A, §§ 8 Abs. 1 Nr. 1, 8 EG Abs. 1 Nr. 1 VOB/A.
[14] So auch *Hänsel* in Ziekow/Völlink, § 8 VOL/A Rn. 3; *Verfürth* in Kulartz/Marx/Portz/Prieß VOL/A, § 8 Rn. 20, der darüber hinaus auch Nachforderungsschreiben davon erfasst sieht; zum umgekehrten Verständnis von Angebotsaufforderung und Begleitschreiben s. *Gnittke/Hattig* in Müller-Wrede VOL/A, § 9 EG Rn. 11.
[15] Vgl. auch *von Rintelen* in Kapellmann/Messerschmidt, § 8 VOB/A Rn. 11, 59.
[16] Vgl. auch *Hänsel* in Ziekow/Völlink, § 8 VOB/A Rn. 17.
[17] Vgl. OLG Koblenz Beschl. v. 7.7.2004, 1 Verg 1 und 2/04; *Heiermann/Bauer* in Heiermann/Riedl/Rusam, § 8 VOB/A Rn. 32.
[18] Vgl. OLG Koblenz Beschl. v. 7.7.2004, 1 Verg 1 und 2/04; *Heiermann/Bauer* in Heiermann/Riedl/Rusam, § 8 VOB/A Rn. 32.
[19] Vgl. OLG Koblenz Beschl. v. 7.7.2004, 1 Verg 1 und 2/04; *Heiermann/Bauer* in Heiermann/Riedl/Rusam, § 8 VOB/A Rn. 32.
[20] Vgl. *von Rintelen* in Kapellmann/Messerschmidt, § 8 VOB/A Rn. 60.

2. Inhalt

6   Gemäß § 8 Abs. 1 Satz 1 bzw. § 9 EG Abs. 1 Satz 1 VOL/A sollen die Vergabeunterlagen alle diejenigen Angaben enthalten, die erforderlich sind, um eine Entscheidung zur Teilnahme am Vergabeverfahren oder zur Angebotsabgabe zu ermöglichen. Speziell bezogen auf das Anschreiben soll dieses nach §§ 8 Abs. 2 Nr. 1, 8 EG Abs. 2 Nr. 1 VOB/A alle in der Bekanntmachung anzugebenden Informationen enthalten, die außer den Vertragsunterlagen für den Entschluss zur Abgabe eines Angebots notwendig sind, sofern sie nicht bereits bekanntgemacht wurden. Allen Regelungen lässt sich entnehmen, dass Anschreiben und ggf. Bewerbungsbedingungen alle diejenigen Informationen enthalten sollen, die ein potentieller Bewerber oder Bieter über die Vertragsunterlagen hinaus als **Entscheidungsgrundlage für eine Teilnahme** am Vergabeverfahren benötigt. Das sind – da die Vertragsunterlagen mit Leistungsbeschreibung und Vertragsbedingungen bereits den Auftragsgegenstand und die Ausführungsbedingungen definieren – vor allem Informationen zum Ablauf des Vergabeverfahrens (wie Fristen und Zuschlagskriterien) und mögliche Vorgaben für die Angebotserstellung bzw. Erstellung eines Teilnahmeantrags (z.B. erforderliche Erklärungen bzw. Nachweise oder Formvorgaben). Die Angaben, die eine jeweils dazugehörige Bekanntmachung enthalten muss bzw. soll, sind nach §§ 8 Abs. 2 Nr. 1, 8 EG Abs. 2 Nr. 1 VOB/A der Ausgangspunkt für Bauaufträge, stellen aber auch für die Gestaltung von Vergabeunterlagen für Liefer- und Dienstleistungsaufträge nach VOL/A eine gute Orientierung dar.

7   Ausdrücklich erwähnt sind in §§ 8 Abs. 1 Satz 1, 9 EG Abs. 1 Satz 1 VOL/A bzw. §§ 8 Abs. 2 Nr. 1, 8 EG Abs. 2 Nr. 1 VOB/A die Benennung der Zuschlagskriterien und ggf. deren Gewichtung (s.u. Rn. 12 ff.), Angaben zur Zulassung von und ggf. (Mindest-)Anforderungen an Nebenangebote (s.u. Rn. 17 ff.) und die mögliche Anforderung von Erklärungen zum Einsatz von Nachunternehmern (s.u. Rn. 22 ff.). Nach § 10 EG Abs. 2 Satz 1 VOL/A sind zudem abhängig von der jeweiligen Verfahrensart in nicht offenen Verfahren, Verhandlungsverfahren und wettbewerblichen Dialogen bestimmte Pflichtangaben erforderlich (s.u. Rn. 25 f.).

8   Teilweise wird die Pflicht zur Benennung bestimmter Angaben (z.B. der Zuschlagskriterien) davon abhängig gemacht, dass sie nicht bereits in der Bekanntmachung genannt wurden. Zur Übersichtlichkeit für die Bieter und damit aus Gründen der Transparenz sollten jedoch auch diese Angaben in den Vergabeunterlagen wiederholt werden.[21] Durch eine möglichst vollständige Darstellung der Ausschreibungsbedingungen in den Vergabeunterlagen kann der Auftraggeber unterstützen, dass alle Teilnehmer des Vergabeverfahrens auf derselben Informationsbasis ihre Angebote oder Teilnahmeanträge – ausgehend von allen maßgeblichen Ausschreibungsbedingungen – möglichst optimal erstellen. Dabei ist darauf zu achten, dass Widersprüche zwischen Vergabeunterlagen und Bekanntmachung vermieden werden (zu den Folgen s.u. Rn. 53 f.).

9   Soweit bestimmte **Anforderungen an Form und Inhalt** der Angebote nach §§ 13, 16 EG VOL/A bzw. §§ 13, 13 EG VOB/A gestellt werden (zu den Einzelheiten s.u. § 24), sollten auch diese in die Vergabeunterlagen aufgenommen werden. Für die Vergabe von Bauaufträgen schreibt dies § 13 Abs. 6 bzw. § 13 EG Abs. 6 VOB/A ausdrücklich vor.

10 Nach § 14 Abs. 1 VgV (aber auch § 10 EG Abs. 2 Satz 1 lit. e) VOL/A, § 21 EG VOB/A) ist der Auftraggeber im Rahmen der Vergabe von Aufträgen, die dem Kartellvergaberecht (§§ 97 ff. GWB) unterfallen,[22] zudem **verpflichtet**, nicht nur in der Bekanntmachung, sondern auch noch einmal in den Vergabeunterlagen die für die Nach-

---

[21] Vgl. auch *Hänsel* in Ziekow/Völlink, § 8 VOB/A Rn. 6.
[22] Insbesondere muss der fragliche Auftrag den maßgeblichen Schwellenwert nach § 100 Abs. 1 GWB erreichen und darf für ihn kein Ausnahmetatbestand nach § 100 Abs. 2 i.V.m. Abs. 3 bis 6, 8, §§ 100a bis 100c GWB einschlägig sein.

prüfung der jeweiligen Auftragsvergabe **zuständige Vergabekammer** zu benennen (zu den Einzelheiten s.u. § 21 Rn. 24 ff.). Nach § 21 VOB/A sind im Anwendungsbereich des ersten Abschnitts der VOB/A entsprechend mögliche **Nachprüfungsstellen** in Bekanntmachung und Vergabeunterlagen anzugeben (zu den Einzelheiten s.u. § 21 Rn. 51). Diese Angaben sollten in den Vergabeunterlagen systematisch zutreffend in das Anschreiben bzw. eventuelle Bewerbungsbedingungen aufgenommen werden.

Dem Anschreiben und den Bewerbungsbedingungen systematisch zuzuordnen, aber separat zu erstellen ist die gemäß §§ 8 Abs. 3, 9 EG Abs. 4 VOL/A erforderliche **Liste derjenigen Nachweise**, die der Auftraggeber von den Bietern oder Bewerbern verlangt. Für Bauaufträge enthält die VOB/A keine entsprechende Regelung. Auch hier kann jedoch eine Liste der geforderten Nachweise die Transparenz erhöhen und mögliche Nachforderungen minimieren. Zu den Anforderungen an eine solche Liste s.u. Rn. 43 ff.

a) Zuschlagskriterien und deren Gewichtung

In den Vergabeunterlagen sind insbesondere die **Zuschlagskriterien** und – soweit das Kartellvergaberecht (§§ 97 ff. GWB) anwendbar ist[23] – grundsätzlich auch die **Gewichtung** der Zuschlagskriterien anzugeben. Für Liefer- und Dienstleistungsaufträge ergibt sich dies aus § 8 Abs. 1 Satz 2 lit. b), § 9 EG Abs. 1 Satz 2 lit. b), Abs. 2 VOL/A, für Bauaufträge oberhalb der Schwellenwerte aus § 8 EG Abs. 2 Nr. 1 VOB/A i.V.m. Anhang II der Verordnung (EU) Nr. 842/2011, dort Ziffer IV.2.1). Die Verpflichtung zur Benennung der Zuschlagskriterien und deren Gewichtung gilt im Übrigen auch für die Aufforderung zur Verhandlung im Verhandlungsverfahren nach § 11 Abs. 2 VOF. Soweit nach diesen Vorschriften die Benennung in den Vergabeunterlagen entfallen kann, weil sie bereits in der Bekanntmachung erfolgte, empfiehlt es sich jedoch aus Transparenzgründen, Zuschlagskriterien und ggf. Gewichtung noch einmal in den Vergabeunterlagen zu wiederholen. Für **Bauaufträge unterhalb der Schwellenwerte** enthält die VOB/A hingegen weder für die Bekanntmachung noch für die Vergabeunterlagen eine Verpflichtung, Angaben zu Zuschlagskriterien zu machen.

In Bezug auf die Zuschlagskriterien und deren Gewichtung steht dem Auftraggeber grundsätzlich ein weiter **Bestimmungs- und Entscheidungsspielraum** zu; nach welchen Kriterien er seine Beschaffungsentscheidung ausrichten und wie er diese gewichten will, kann ihm grundsätzlich nicht vorgeschrieben werden.[24] Insbesondere kann der Auftraggeber prinzipiell wählen, ob er für die Bestimmung des wirtschaftlichsten Angebots als alleiniges Zuschlagskriterium den niedrigsten Preis[25] oder neben dem Preis weitere (auftragsbezogene) Zuschlagskriterien bestimmt.[26] Kriterien der Eignung sind hingegen als Zuschlagskriterien grundsätzlich nicht zulässig.[27] Soweit der Auftraggeber nicht den Preis als einziges Zuschlagskriterium wählt, sind zudem die Gewichtungen der einzelnen Kriterien zu bestimmen, d.h. in welchem Verhältnis zueinander sie in die Angebotswertung einfließen. Dies kann z.B. mithilfe von prozentualen Quoten geschehen (hier werden die

---

[23] Der EuGH verneint eine explizite Verpflichtung zur Angabe der Gewichtung der Zuschlagskriterien für sog. nachrangige Dienstleistungen (vgl. Anhang I Teil B der VOL/A), Urt. v. 18.11.2010, Rs C-226/09 – Kommission/Irland, Rn. 43; so aber noch – aufgrund des auch in diesen Fällen geltenden Gleichbehandlungs- und Transparenzgebots – OLG Düsseldorf Beschl. v. 23.3.2005, VII-Verg 77/04.

[24] Vgl. OLG Düsseldorf Beschl. v. 7.3.2012, VII-Verg 82/11.

[25] Will der Auftraggeber jedoch Nebenangebote zulassen, ist für Aufträge oberhalb der Schwellenwerte zu beachten, dass nach der Rechtsprechung des BGH eine Berücksichtigung von Nebenangeboten nur möglich ist, wenn nicht der Preis alleiniges Zuschlagskriterium ist; s. im Einzelnen § 26 Rn. 15 f.

[26] Vgl. OLG Düsseldorf Beschl. v. 14.1.2009, VII-Verg 59/08.

[27] Vgl. EuGH Urt. v. 24.1.2008, Rs. C-532/06 – Lianakis, Rn. 30; BGH Urt. v. 15.4.2008, X ZR 129/06; OLG Düsseldorf Beschl. v. 30.11.2009; Beschl. v. 14.1.2009, VII-Verg 59/08.

Kap. 4　　　　　　　　　　Auftragsgegenstand, Leistungsbeschreibung und Vergabeunterlagen

gewichteten Einzelbewertungen aufaddiert), oder es kann die Bildung eines bestimmten Preis-Leistungs-Verhältnisses[28] (im Wege der Division) oder auch eine Kombination von beiden Modellen vorgegeben werden. Zu den Vorgaben für die Bestimmung der Zuschlagskriterien und der Gewichtung im Einzelnen s.u. § 30 Rn. 5 ff.

14　Soweit der Auftraggeber zur Bekanntgabe der Gewichtung der Zuschlagskriterien gegenüber den Bietern verpflichtet ist, reicht nach § 9 EG Abs. 2 Satz 2 und 3 VOL/A als Angabe eine (der Bandbreite nach) angemessene Marge (vgl. Art. 53 Abs. 2 UAbs. 2 VKR) oder – wenn die Angabe einer Gewichtung aus nachvollziehbaren Gründen nicht möglich ist – eine Angabe der Kriterien in der absteigenden Reihenfolge ihrer Bedeutung (vgl. Art. 53 Abs. 2 UAbs. 3 VKR). Letzteres ist nur in begründeten Ausnahmefällen zulässig, etwa wenn aufgrund der Komplexität des zu vergebenden Auftrags eine Festlegung der Gewichtung im Vorhinein nicht möglich ist.[29]

15　Unabhängig davon, in welchem Umfang ein Auftraggeber im Einzelfall zur Angabe von Zuschlagskriterien und ggf. Unterkriterien sowie deren jeweiliger Gewichtung vergaberechtlich verpflichtet ist, sollte er diese in seinem eigenen Interesse an einer wirtschaftlichen Beschaffung den Bietern so weit wie möglich transparent machen. Denn aus diesen Angaben können sich die Bieter ein möglichst genaues Bild von den Nachfragepräferenzen des Auftraggebers machen und ihr Angebot so gut wie möglich daran ausrichten. Umgekehrt erfordert dies vom Auftraggeber, dass er im Vorhinein nicht nur den Auftragsgegenstand genau beschreibt, sondern auch Erwägungen dazu anstellt, welche qualitativen oder preislichen Eigenschaften des Auftragsgegenstands für ihn in welchem Maße von Bedeutung sind.

16　Soweit eine Pflicht zur Benennung von Zuschlagskriterien besteht, dürfen auch nur die den Bietern bekanntgegebenen Kriterien im Rahmen der **Angebotswertung** berücksichtigt werden (vgl. § 16 Abs. 7, § 19 EG Abs. 8 VOL/A, § 16 EG Abs. 7 Satz 1 VOB/A, § 11 Abs. 4 Satz 1 VOF). Dies gilt grundsätzlich auch für sog. Unterkriterien, die ein Zuschlagskriterium in einzelne Wertungsaspekte untergliedern.[30] Ebenso sind bei der Vergabe von Aufträgen, die dem Kartellvergaberecht (§§ 97 ff. GWB) unterfallen,[31] für die Angebotswertung nur die den Bietern bekanntgegebenen Gewichtungen der Zuschlagskriterien und ggf. der Unterkriterien zu berücksichtigen (§ 19 EG Abs. 8 VOL/A, § 16 EG Abs. 7 Satz 1 VOB/A, § 11 Abs. 4 Satz 1, 2 VOF).[32]

b) Angaben zu Nebenangeboten

17　Abhängig davon, ob ein Auftraggeber von den Bietern Nebenangebote[33] erhalten und diese berücksichtigen will, sind ggf. Angaben dazu in den Vergabeunterlagen erforderlich.

18　Für die Berücksichtigung von Nebenangeboten ist grundsätzlich erforderlich, dass sie vom Auftraggeber zugelassen wurden. Die **Zulassung von Nebenangeboten** muss bei Auftragsvergaben, die dem Kartellvergaberecht (§§ 97 ff. GWB) unterfallen,[34] mit Ausnahme der Vergabe von sog. nachrangigen Dienstleistungen gemäß Anhang I Teil B

---

[28] Vgl. Erwägungsgrund 46 (dort Abs. 3) VKR.
[29] Vgl. Erwägungsgrund 46 (dort Abs. 2) VKR.
[30] Vgl. OLG Düsseldorf Beschl. v. 10.9.2009, VII-Verg 12/09; OLG München Beschl. v. 19.3.2009, Verg 2/09; *Frister* in Kapellmann/Messerschmidt, § 16 VOB/A Rn. 132 f.; *Gnittke/Hattig* in Müller-Wrede VOL/A, § 9 EG Rn. 30 f.; zu den Voraussetzungen, unter denen ausnahmsweise nachträglich aufgestellte Unterkriterien und Untergewichtungen berücksichtigt werden können, vgl. EuGH, Urt. v. 24.1.2008, Rs. C-532/06 – Lianakis, Rn. 33 ff.; Urt. v. 24.11.2005, Rs. C-331/04 ATI La Linea Sp, Rn. 32.
[31] S. Fn. 22.
[32] Für nachrangige Dienstleistungen nach Anhang I Teil B der VOL/A s. aber Fn. 23.
[33] Zum Begriff des Nebenangebots s.u. § 26 Rn. 3.
[34] Insbesondere muss der fragliche Auftrag den maßgeblichen Schwellenwert nach § 100 Abs. 1 GWB erreichen und darf für ihn kein Ausnahmetatbestand nach § 100 Abs. 2 i.V.m. Abs. 3 bis 6, 8, §§ 100a bis 100c GWB einschlägig sein.

VOL/A bereits ausdrücklich in der Bekanntmachung erfolgen; eine nachträgliche Zulassung in den Vergabeunterlagen ist nicht mehr möglich (s. im Einzelnen unten § 26 Rn. 13 f.). Im Anwendungsbereich des jeweiligen **ersten Abschnitts der VOL/A bzw. VOB/A** ist die Zulassung hingegen sowohl in der Bekanntmachung als auch noch in den Vergabeunterlagen zulässig (§ 8 Abs. 4 VOL/A, §§ 8 Abs. 2 Satz 1 Nr. 3 lit. a), 16 Abs. 8 VOB/A). Fehlt sowohl in der Bekanntmachung als auch in den Vergabeunterlagen eine Aussage dazu, ob Nebenangebote zugelassen sind oder nicht, gilt im Falle von Liefer- und Dienstleistungsaufträgen, dass Nebenangebote nicht zugelassen sind (§ 8 Abs. 4 Satz 2 VOL/A). Im Falle von Bauaufträgen sind hingegen Nebenangebote grundsätzlich zugelassen (§§ 8 Abs. 2 Satz 1 Nr. 3 lit. a), 16 Abs. 1 Nr. 1 lit. e), Abs. 8 VOB/A); hier muss der Auftraggeber ausdrücklich angeben, wenn er keine Nebenangebote zulassen will (vgl. auch § 26 Rn. 17 f.). Soweit also der erste Abschnitt der VOL/A bzw. VOB/A anwendbar ist, sollte der Auftraggeber spätestens vor Herausgabe der Vergabeunterlagen eine Entscheidung zur Zulassung von Nebenangeboten treffen und dies den Bietern in den Vergabeunterlagen mitteilen. Angaben aus der Bekanntmachung sollten aus Transparenzgründen wiederholt werden.

Soweit der Auftraggeber Nebenangebote zugelassen hat, kann er die Berücksichtigung **19** von Nebenangeboten von der gleichzeitigen Abgabe eines wertungsfähigen Hauptangebots abhängig machen. Gemäß § 8 (EG) Abs. 2 Nr. 3 Satz 1 lit. b) VOB/A kann er eine entsprechende Vorgabe in die Vergabeunterlagen aufnehmen, dass Nebenangebote **nur in Verbindung mit einem Hauptangebot** zugelassen sind; Gleiches ist – auch ohne ausdrückliche Regelung in der VOL/A – bei der Vergabe von Liefer- und Dienstleistungsaufträgen möglich (vgl. im Einzelnen unten § 26 Rn. 19 f.).

Soweit eine Auftragsvergabe dem zweiten Abschnitt der VOL/A oder VOB/A unter- **20** liegt, sind für den Fall, dass Nebenangebote zugelassen sind, sog. **Mindestanforderungen** anzugeben, die Nebenangebote erfüllen müssen, um berücksichtigt zu werden (zu den Einzelheiten und Anforderungen an solche Mindestanforderungen s.u. § 26 Rn. 21 ff.). Fehlen entsprechende Angaben, dürfen abgegebene Nebenangebote nicht berücksichtigt werden (s. im Einzelnen unten § 26 Rn. 21, 25).

Speziell bei der Vergabe von **Bauaufträgen** ist im Rahmen der Erstellung der Verga- **21** beunterlagen zudem zu beachten, dass Bieter gemäß § 13 (EG) Abs. 3 Satz 1 VOB/A dazu verpflichtet sind, die **Anzahl der** von ihnen abgegebenen **Nebenangebote** an einer vom Auftraggeber bezeichneten Stelle aufzuführen; dies setzt voraus, dass der Auftraggeber eine solche Stelle in den Vergabeunterlagen vorgesehen hat. Zudem sind Nebenangebote gemäß § 13 (EG) Abs. 3 Satz 2 VOB/A auf **besonderer Anlage** zu machen und als solche **deutlich zu kennzeichnen.** Da ein Verstoß gegen diese Vorgabe mittlerweile gemäß § 16 (EG) Abs. 1 Nr. 1 lit. f) VOB/A zum Ausschluss des jeweiligen Nebenangebots führt (vgl. auch § 26 Rn. 38), ist es sinnvoll, den Bietern eine Formularvorlage für Nebenangebote mit den Vergabeunterlagen zur Verfügung zu stellen. Auf beide Formerfordernisse nach § 13 (EG) Abs. 3 Satz 1 und 2 VOB/A hat der Auftraggeber im Übrigen gemäß § 13 (EG) Abs. 6 VOB/A in den Vergabeunterlagen hinzuweisen. Zudem sind gemäß § 8 (EG) Abs. 2 Nr. 3 Satz 2 VOB/A in Bezug auf Nebenangebote Angaben über die Ausführung und Beschaffenheit einer Leistung zu verlangen, wenn die Ausführung der Leistung nicht in Allgemeinen Technischen Vertragsbedingungen (s.u. Rn. 32 f.) oder den Vergabeunterlagen geregelt ist; auch diese Forderung ist in die Vergabeunterlagen aufzunehmen.

c) Nachunternehmererklärungen

Gemäß § 8 Abs. 2 Nr. 2 bzw. § 8 EG Abs. 2 Nr. 2 VOB/A kann ein Auftraggeber in den **22** Vergabeunterlagen die Bieter auffordern, in ihrem Angebot diejenigen Leistungen anzugeben, die sie an Nachunternehmen zu vergeben beabsichtigen. Die Regelungen definieren dabei nicht, welche Leistungen begrifflich unter diese sog. **Nachunternehmerleis-**

tungen fallen. Allgemein anerkannt ist, dass trotz des offenen Wortlauts nicht jede beliebige Hilfs- oder Zuliefertätigkeit dazu zählt bzw. nicht jeder Erfüllungs- bzw. Verrichtungsgehilfe Nachunternehmer ist.[35] Um Nachunternehmerleistungen handelt es sich in jedem Fall bei Teilleistungen des zu vergebenden Auftrags entsprechend der Leistungsbeschreibung bzw. dem Leistungsverzeichnis, für die der Nachunternehmer dem Auftragnehmer selbst die Leistung vertraglich schuldet.[36] Nicht unter Nachunternehmerleistungen fallen hingegen bloße Zuliefertätigkeiten, Hilfstätigkeiten wie Speditionsleistungen oder Gerätevermietungen.[37]

23 Nach § 8 (EG) Abs. 2 Nr. 2 VOB/A können Angaben von den Bietern dazu verlangt werden, welche Leistungen von Nachunternehmern übernommen werden sollen. Hierfür sollte ein Auftraggeber, der diese Angaben anfordert, ein Formular (sog. **Nachunternehmerverzeichnis**) für die Bieter zur Verfügung stellen, in dem die geforderten Angaben (in der Regel) tabellarisch eingetragen werden können. Werden derartige Angaben gefordert, haben Bieter die erforderlichen Angaben vollständig und klar zu machen; insbesondere muss aus den Angaben eindeutig ersichtlich sein, um welche Leistungen es sich handelt, die von Nachunternehmern erbracht werden sollen.[38] Dies ist durch die Angabe von Ordnungsziffern des Leistungsverzeichnisses oder auch die Verwendung von Schlagwörtern, denen konkrete Leistungsbereiche zuordenbar sind, möglich.[39] Ist die eindeutige Zuordnung nicht möglich, fehlen die Angaben und führen ggf. zum Ausschluss des jeweiligen Angebots (vgl. auch § 16 Rn. 25).

24 Über den Wortlaut von § 8 (EG) Abs. 2 Nr. 2 VOB/A hinaus kann unter Umständen neben der Bezeichnung der Nachunternehmerleistungen von den Bietern die **Benennung** der jeweils vorgesehenen **Nachunternehmer** und die Vorlage von sog. **Verpflichtungserklärungen** verlangt werden, in denen die benannten Nachunternehmer sich verpflichten, im Falle der Auftragserteilung für die Ausführung der fraglichen Leistungen zur Verfügung zu stehen. Auch hierfür empfiehlt es sich für den Auftraggeber, den Bietern ein Muster oder Formular zur Verfügung zu stellen.[40] Die Benennung von Nachunternehmern und die Vorlage ihrer Verpflichtungserklärungen oder auch Eignungsnachweise der Nachunternehmer dürfen jedoch nur im Rahmen des Zumutbaren schon mit der Angebotsabgabe verlangt werden.[41]

d) Mindestangaben nach § 10 EG Abs. 2 VOL/A

25 Die Regelung des § 10 EG Abs. 2 Satz 1 VOL/A sieht für diejenigen Vergabeverfahrensarten im Oberschwellenbereich, im Rahmen derer nur zuvor selektierte Teilnehmer zur Angebotsabgabe aufgefordert werden (nicht offenes Verfahren, Verhandlungsverfahren und wettbewerblicher Dialog), vor, dass hier die Aufforderung zur Angebotsabgabe bestimmte **zwingende Angaben** enthält. Die Vorgabe nach § 10 EG Abs. 2 Satz 1 lit. c) VOL/A, dass die Zuschlagskriterien und deren Gewichtung bzw. Reihenfolge anzugeben

---

[35] Vgl. OLG Naumburg Beschl. v. 26.1.2005, 1 Verg 21/04; *Hänsel* in Ziekow/Völlink, § 8 VOB/A Rn. 10.
[36] Vgl. OLG Naumburg Beschl. v. 2.7.2009, 1 Verg 2/09; Beschl. v. 26.1.2005, 1 Verg 21/04; *Burgi* NZBau 2010, 593, 594 f.; *Hänsel* in Ziekow/Völlink, § 8 VOB/A Rn. 10.
[37] Vgl. OLG Düsseldorf Beschl. v. 27.10.2010, VII-Verg 47/10; OLG Naumburg Beschl. v. 26.1.2005, 1 Verg 21/04; *Hänsel* in Ziekow/Völlink, § 8 VOB/A Rn. 10; *von Rintelen* in Kapellmann/Messerschmidt, § 8 VOB/A Rn. 40.
[38] Vgl. OLG Dresden Beschl. v. 11.4.2006, WVerg 6/06; BayObLG Beschl. v. 27.7.2004, Verg 14/04; *Hänsel* in Ziekow/Völlink, § 8 VOB/A Rn. 13.
[39] Vgl. OLG Dresden Beschl. v. 11.4.2006, WVerg 6/06; OLG Schleswig Beschl. v. 10.3.2006, 1 (6) Verg 13/05; BayObLG Beschl. v. 27.7.2004, Verg 14/04; *Verfürth* in Kulartz/Marx/Portz/Prieß VOB/A, § 8 Rn. 28.
[40] Vgl. *Verfürth* in Kulartz/Marx/Portz/Prieß VOB/A, § 8 Rn. 27.
[41] Vgl. BGH Urt. v. 10.6.2008, X ZR 78/07; Urt. v. 3.4.2012, X ZR 130/10; OLG München Beschl. v. 22.1.2009, Verg 26/08; vgl. auch *Stoye/Hoffmann* VergabeR 2009, 569, 575 ff.

§ 18 Vergabeunterlagen und Vertragsbedingungen   Kap. 4

sind,[42] deckt sich allerdings mit der des § 9 EG Abs. 1 Satz 2 lit. b), Abs. 2 VOL/A; insoweit kann auf die Ausführungen unter Rn. 12 ff. verwiesen werden. Auch die Vorgabe nach § 10 EG Abs. 2 Satz 1 lit. e) VOL/A, die zuständige Nachprüfungsstelle (Vergabekammer) zu benennen, ist bereits in § 14 VgV geregelt (s. dazu oben Rn. 10).

Darüber hinaus ist nach § 10 EG Abs. 2 Satz 1 lit. a) VOL/A im **nicht offenen Verfahren** in der Angebotsaufforderung ein Hinweis auf die veröffentlichte Bekanntmachung aufzuführen. Ein solcher Hinweis auf die Bekanntmachung ist auch im **Verhandlungsverfahren mit Teilnahmewettbewerb** in die Angebotsaufforderung aufzunehmen. Sofern nicht bereits in der Bekanntmachung angegeben (§ 10 EG Abs. 2 Satz 2 VOL/A), sind zudem gemäß § 10 EG Abs. 2 Satz 1 lit. d) VOL/A im **Verhandlungsverfahren** (mit oder ohne Teilnahmewettbewerb)[43] Angaben dazu zu machen, ob beabsichtigt ist, das Verfahren in verschiedenen Phasen abzuschichten, um die Zahl der Angebote anhand der Zuschlagskriterien (vgl. Art. 30 Abs. 4 Satz 1 VKR) zu verringern. Dies ist auch im Falle eines **wettbewerblichen Dialogs** anzugeben (vgl. Art. 29 Abs. 4 Satz 1 VKR). In diesem Verfahren sind zusätzlich gemäß § 10 EG Abs. 2 Satz 1 lit. b) VOL/A in der Angebotsaufforderung Termin und Ort des Beginns der Dialogphase aufzuführen. 26

II. Vertragsunterlagen

Die Vertragsunterlagen für den Auftrag, der im Rahmen des Vergabeverfahrens vergeben werden soll, zählen ebenfalls zu den Vergabeunterlagen und bestehen aus der **Leistungsbeschreibung** und den **Vertragsbedingungen.** Für Vergaben von Dienst- und Lieferleistungen ergibt sich dies direkt aus § 8 Abs. 1 Satz 2 lit. c) bzw. § 9 EG Abs. 1 Satz 2 lit. c) VOL/A. Für Vergaben von **Bauleistungen** ergibt sich dies aus den Verweisen der §§ 8 Abs. 1 Nr. 2 bzw. 8 EG Abs. 1 Nr. 2 VOB/A auf § 7 bzw. § 7 EG VOB/A (Leistungsbeschreibung) und auf die Absätze 3 bis 6, in denen Regelungen zu den Vertragsbedingungen getroffen werden. 27

1. Leistungsbeschreibung

Die Leistungsbeschreibung dient der Beschreibung des konkret zu vergebenden Auftragsgegenstands, d. h. welche Leistung vom auszuwählenden Auftragnehmer nach Bezuschlagung zu erbringen ist. Die Anforderungen an die Leistungsbeschreibung sind in gesonderten Vorschriften geregelt (vgl. §§ 7, 8 EG VOL/A, §§ 7, 7 EG VOB/A,). Zu den Einzelheiten vgl. § 17 Rn. 22 ff.). 28

2. Vertragsbedingungen

a) Arten und Bedeutung von Vertragsbedingungen

Die Vertragsbedingungen regeln die Bedingungen für die Ausführung des Auftrags bzw. die Durchführung des mit der Auftragsvergabe geschlossenen Vertrags. Sie bilden zusammen mit der Leistungsbeschreibung den **Vertragsinhalt** für den zu erteilenden Auftrag. Gesonderte Regelungen zu Arten und Inhalten der Vertragsbedingungen finden sich in den §§ 9, 11 EG VOL/A und § 8 (EG) Abs. 3 bis 6, § 9 (EG) VOB/A. 29

Sowohl VOL/A als auch VOB/A unterscheiden darin zwischen Allgemeinen, Zusätzlichen und Ergänzenden (VOL/A) bzw. Besonderen (VOB/A) Vertragsbedingungen (s. 30

---

[42] Sofern die Zuschlagskriterien und deren Gewichtung nicht bereits in der Bekanntmachung angeben wurden, § 10 EG Abs. 2 Satz 2 VOL/A.
[43] Anders als die gemeinschaftsrechtliche Vorgabe des Art. 30 Abs. 4 Satz 1 VKR, die nur für das Verhandlungsverfahren mit Teilnahmewettbewerb gilt, differenziert § 10 EG Abs. 2 Satz 1 lit. d) VOL/A hier nicht danach, ob ein Verhandlungsverfahren mit und ohne Teilnahmewettbewerb durchzuführen ist.

dazu im Einzelnen unten Rn. 32 ff.). Die **Allgemeinen Vertragsbedingungen** sind in der VOL/B bzw. VOB/B niedergelegt; für Bauleistungen gibt es zudem Allgemeine Technische Vertragsbedingungen, die in der VOB/C festgehalten sind. Bei den **Zusätzlichen**[44] **Vertragsbedingungen** handelt es sich um Vertragsbedingungen, die vom Auftraggeber selbst für eine Vielzahl von Vergaben vorformuliert sind;[45] auch hier sind im Bereich der Bauauftragsvergabe sog. Zusätzliche Technische Vertragsbedingungen möglich. **Ergänzende Vertragsbedingungen** werden vom Auftraggeber für Gruppen gleichgelagerter Einzelfälle,[46] **Besondere Vertragsbedingungen** für den Einzelfall[47] aufgestellt. In den Allgemeinen Vertragsbedingungen ist jeweils entsprechend dem Grundsatz, dass individuelle bzw. speziellere Regelungen den allgemeineren vorgehen, die **Geltungsrangfolge** unter den verschiedenen Arten von Vertragsbedingungen geregelt (vgl. § 1 Nr. 2 VOL/B, § 1 Abs. 2 VOB/B).[48] Danach gehen bei Widersprüchen zwischen einzelnen Vertragsbedingungen die Besonderen Vertragsbedingungen den (nur in der VOL/A vorgesehenen) Ergänzenden Vertragsbedingungen, den Zusätzlichen (Technischen) und den Allgemeinen (Technischen) Vertragsbedingungen vor. Sollten § 1 Nr. 2 VOL/B bzw. § 1 Abs. 2 VOB/B im Einzelfall abbedungen sein, sollte der Auftraggeber in den Vergabeunterlagen eine anderweitige klare Regelung treffen. Sofern die entsprechenden Regelungen wirksam einbezogen werden, handelt es sich bei Allgemeinen (Technischen) Vertragsbedingungen und Zusätzlichen (Technischen) Vertragsbedingungen sowie ggf. Ergänzenden Vertragsbedingungen um **Allgemeine Geschäftsbedingungen** im Sinne der §§ 305 ff. BGB.[49] Im Einzelfall können auch Besondere Vertragsbedingungen Allgemeine Geschäftsbedingungen darstellen.[50]

31 Auch wenn Vertragsbedingungen erst die spätere Leistungserbringung und Durchführung des Auftrags betreffen, sind sie wie die Leistungsbeschreibung selbst als Kalkulationsgrundlage für die Angebotserstellung der Bieter und damit auch für das **Vergabeverfahren** von Bedeutung.[51] Wie im Falle von Leistungsanforderungen in der Leistungsbeschreibung kann insbesondere auch eine Vertragsbedingung oder das Fehlen einer vertraglichen Regelung zu einem bestimmten Aspekt ein **ungewöhnliches Wagnis** und damit einen Vergaberechtsverstoß nach § 7 (EG) Abs. 1 Nr. 3 VOB/A darstellen[52] (so bei Bauaufträgen) oder – nach Abschaffung des Verbots des ungewöhnlichen Wagnisses für den Anwendungsbereich der VOL/A[53] – in Einzelfällen wegen **Unzumutbarkeit** einer kaufmännisch vernünftigen Kalkulation vergaberechtlich unzulässig sein.[54]

---

[44] Gemäß §§ 9 Abs. 1 Satz 2, 11 EG Abs. 1 Satz 2 VOL/A „Zusätzliche Allgemeine Vertragsbedingungen".
[45] Vgl. *Gnittke/Hattig* in Müller-Wrede VOL/A, § 11 EG Rn. 12; *Kulartz* in Kulartz/Marx/Portz/Prieß VOL/A, § 11 EG Rn. 3; vgl. auch § 8 (EG) Abs. 4 Nr. 1 Satz 2 VOB/A.
[46] §§ 9 Abs. 1 Satz 3, 11 EG Abs. 1 Satz 3 VOL/A.
[47] §§ 8 Abs. 4 Nr. 2, 8 EG Abs. 4 Nr. 2 VOB/A.
[48] Vgl. *el-Barudi* in Heuvels/Höß/Kuß/Wagner, § 9 EG VOL/A Rn. 9; *Verfürth* in Kulartz/Marx/Portz/Prieß VOB/A, § 8 EG Rn. 42; *von Rintelen* in Kapellmann/Messerschmidt, § 1 VOB/B Rn. 30 f.
[49] Vgl. *Gnittke/Hattig* in Müller-Wrede VOL/A, § 11 EG Rn. 7, 12; *Verfürth* in Kulartz/Marx/Portz/Prieß VOB/A, § 8 Rn. 44.
[50] Vgl. dazu im Einzelnen: *von Rintelen* in Kapellmann/Messerschmidt, § 8 VOB/A Rn. 71.
[51] Vgl. *Gnittke/Hattig/Lux* in Müller-Wrede VOL/A, § 11 EG Rn. 1
[52] Vgl. OLG Düsseldorf Beschl. v. 7. 9. 2003, VII-Verg 26/03.
[53] Vgl. OLG Düsseldorf Beschl. v. 7. 11. 2012, VII-Verg 24/12; Beschl. v. 19. 10. 2011, VII-Verg 54/11, m.w.N.
[54] Vgl. OLG Düsseldorf Beschl. v. 7. 11. 2012, VII-Verg 24/12; Beschl. v. 7. 11. 2011, VII-Verg 90/11; Beschl. v. 19. 10. 2011, VII-Verg 54/11, m.w.N.

b) Einbeziehung und Inhalt

aa) Allgemeine Vertragsbedingungen. Die Allgemeinen (Technischen) Vertragsbedingungen (VOB/B und VOB/C) sind bei der Vergabe von Bauleistungen **zwingend** als Vertragsbestandteil vorzusehen.[55] Nach der Neufassung der VOL/A sind die Allgemeinen Vertragsbedingungen hingegen nur „**grundsätzlich**" zum Vertragsgegenstand zu machen[56]. Damit hat der Auftraggeber sie im Rahmen der Vergabe von Liefer- oder Dienstleistungen im Regelfall zu verwenden, kann jedoch in begründeten Einzelfällen davon abweichen.[57] Für die Einbeziehung als Vertragsbestandteil müssen die Allgemeinen Vertragsbedingungen, da sie allgemein veröffentlicht sind, nicht selbst beigefügt werden, sondern es reicht ein entsprechender Hinweis in den Vergabeunterlagen (vgl. § 8 (EG) Abs. 3 Satz 1 VOB/A) aus, z.B. im Anschreiben, den Vorbemerkungen der Leistungsbeschreibung, den Zusätzlichen oder sonstigen Vertragsbedingungen.[58]

Die Regelungen der VOL/B bzw. VOB/B und VOB/C sind zudem **grundsätzlich unverändert** zu belassen.[59] Insbesondere dürfen Zusätzliche (Technische) Allgemeine Vertragsbedingungen diese nur ergänzen und ihnen nicht widersprechen (§ 9 Abs. 1 Satz 2, § 11 EG Abs. 1 Satz 2 VOL/A, § 8 (EG) Abs. 4 Nr. 1 Satz 2, 3, Abs. 5 Satz 2 VOB/A). Abweichungen von der VOL/B bzw. VOB/B und VOB/C können lediglich für Einzelfälle in Ergänzenden bzw. Besonderen Vertragsbedingungen (§ 9 Abs. 1 Satz 3, § 11 EG Abs. 1 Satz 3 VOL/A, § 8 (EG) Abs. 4 Nr. 2 VOB/A) bzw. – bei Abweichungen von der VOB/C – in der Leistungsbeschreibung enthalten sein (§ 8 (EG) Abs. 5 Satz 3 VOB/A).

Die über einen langen Zeitraum gewachsenen Regelwerke von VOL/B bzw. VOB/B und VOB/C werden allgemein als **ausgewogen**, den Interessen beider Vertragspartner gerecht werdend angesehen.[60] Indem sie als Grundlage für den Vertragsinhalt einer Auftragsvergabe vorgeschrieben sind, kann einer missbräuchlichen Vertragsgestaltung durch den – vielfach nachfragemächtigen – Auftraggeber vorgebeugt werden.[61] Durch die durchgängige Verwendung von VOL/A bzw. VOB/A bei Auftragsvergaben können sich Unternehmen auf diese Art von Standardregelungen gut einstellen. Zudem ergibt sich durch die regelmäßige Verwendung eine Harmonisierung der rechtlichen Auftragsbedingungen.[62]

bb) Zusätzliche Vertragsbedingungen. Neben den Allgemeinen (Technischen) Vertragsbedingungen **können** öffentliche Auftraggeber auch eigene Zusätzliche (Allgemeine) Vertragsbedingungen aufstellen und zum Vertragsbestandteil machen.[63] Eine entsprechende Pflicht besteht jedoch nicht. Zur Einbeziehung als Vertragsbestandteil sind sie, wenn sie

---

[55] §§ 8 Abs. 3 Satz 1, 8 EG Abs. 3 Satz 1 VOB/A.
[56] §§ 9 Abs. 1 Satz 1, 11 EG Abs. 1 Satz 1 VOL/A.
[57] Vgl. *Hänsel* in Ziekow/Völlink, § 9 VOL/A Rn. 1; a.A. *Kulartz* in Kulartz/Marx/Portz/Prieß VOL/A, § 11 EG Rn. 2; *Gnittke/Hattig* in Müller-Wrede VOL/A, § 11 EG Rn. 7.
[58] Vgl. *Verfürth* in Kulartz/Marx/Portz/Prieß VOB/A, § 8 Rn. 45 f.; *Gnittke/Hattig* in Müller-Wrede VOL/A, § 11 EG Rn. 9.
[59] Dies ergibt sich für VOB/B und VOB/C bereits aus § 8 (EG) Abs. 4 Nr. 1 Satz 1, Abs. 5 Satz 1 VOB/A.
[60] Vgl. BGH Urt. v. 22.1.2004, VII ZR 419/02; *Verfürth* in Kulartz/Marx/Portz/Prieß VOB/A, § 8 Rn. 51; *Gnittke/Hattig* in Müller-Wrede VOL/A, § 11 EG Rn. 6.
[61] Vgl. *Gnittke/Hattig* in Müller-Wrede VOL/A, § 11 EG Rn. 6.
[62] Vgl. *Gnittke/Hattig* in Müller-Wrede VOL/A, § 11 EG Rn. 9.
[63] Vgl. insbesondere § 8 (EG) Abs. 3 Satz 2, Abs. 4 Nr. 1 Satz 2 VOB/A; implizit gehen auch §§ 9 Abs. 1 Satz 2, 11 EG Abs. 1 Satz 2 VOL/A von der möglichen Existenz von Zusätzlichen Allgemeinen Vertragsbedingungen aus.

nicht in geeigneter Form veröffentlicht und damit allen Bietern ohne Weiteres zugänglich sind, den Vergabeunterlagen beizufügen.[64]

36 Mithilfe von Zusätzlichen (Allgemeinen) Vertragsbedingungen können öffentliche Auftraggeber die Allgemeinen Vertragsbedingungen **ergänzen**. Von den Allgemeinen Vertragsbedingungen abweichende Regelungen sind in diesem Rahmen hingegen nicht zulässig.[65] Dadurch wird verhindert, dass die in ihrer Gesamtheit grundsätzlich als ausgewogen angesehenen Regelwerke der VOL/B, VOB/B und VOB/C formularmäßig zu Gunsten des Auftraggebers bzw. zu Lasten des Auftragnehmers verändert werden. § 8 (EG) Abs. 6 VOB/A sieht eine beispielhafte Aufzählung möglicher Regelungsinhalte von Zusätzlichen Vertragsbedingungen vor,[66] die allerdings auch in die Besonderen Vertragsbedingungen aufgenommen werden können. Typischerweise wird es sich bei dem Inhalt der Zusätzlichen Vertragsbedingungen um Regelungen handeln, die der Auftraggeber regelmäßig für von ihm zu vergebende Aufträge zur Anwendung bringen will.[67]

37 **cc) Ergänzende und Besondere Vertragsbedingungen.** Indem öffentliche Auftraggeber Ergänzende oder Besondere Vertragsbedingungen den Vergabeunterlagen beifügen, werden auch solche Vertragsbedingungen Vertragsinhalt. Bei den Besonderen Vertragsbedingungen handelt es sich um diejenigen Regelungen, die „den Erfordernissen des Einzelfalles" (vgl. § 8 (EG) Abs. 4 Nr. 2 Satz 1 VOB/A), d. h. den individuellen Umständen der einzelnen Auftragsvergabe Rechnung tragen sollen. Ergänzende Vertragsbedingungen – so nur in der VOL/A vorgesehen[68] – sollen dies für eine Gruppe von Einzelfällen tun. Die VOL/A sieht eine Begriffsdefinition der Besonderen Vertragsbedingungen im Gegensatz zur VOL/A 2006 nicht mehr vor und erwähnt diese Art von Vertragsbedingungen auch nicht mehr. Es versteht sich jedoch von selbst, dass für den jeweiligen Auftrag erforderliche **individuelle Vertragsregelungen** auch im Anwendungsbereich der VOL/A weiterhin möglich sind. § 1 Nr. 2 VOL/B, der die Geltungsrangfolge unter den verschiedenen Arten von Vertragsbedingungen regelt, führt die Besonderen Vertragsbedingungen dementsprechend unter lit. b) auf.[69] Auch § 9 Abs. 2 bis 4, § 11 EG Abs. 2 bis 4 VOL/A setzen die Möglichkeit individueller Vertragsbedingungen voraus.

38 Ergänzende und Besondere Vertragsbedingungen ergänzen die übrigen Vertragsbedingungen und dürfen – anders als Zusätzliche Vertragsbedingungen – von den Allgemeinen Vertragsbedingungen **abweichen**.[70] Dies ist der Notwendigkeit geschuldet, dass aufgrund der Umstände des Einzelfalls Abweichungen erforderlich sein können.[71] Im Rahmen der Vergabe von Bauaufträgen sollen sich die Abweichungen zudem auf Fälle beschränken, in denen die VOB/B sog. Öffnungsklauseln enthält, d.h. besondere Vereinbarungen ausdrücklich vorgesehen sind. § 8 (EG) Abs. 6 VOB/A enthält einen Beispielkatalog zu möglichen Regelungsinhalten, der nicht nur für Zusätzliche, sondern auch für Besondere Vertragsbedingungen gilt. Auch die Regelungen in § 9 (EG) VOB/A bzw. § 9 Abs. 2 bis 4, § 11 EG Abs. 2 bis 5 VOL/A weisen auf mögliche Inhalte hin. Möglich und – soweit der Auftraggeber die von den Bietern eingereichten Angebotsunterlagen über die Angebotswertung als zulässige Verwendung nach § 8 (EG) Abs. 9 Satz 1 VOB/A hinaus ver-

---

[64] Vgl. *Verfürth* in Kulartz/Marx/Portz/Prieß VOB/A, § 8 Rn. 46; *von Wietersheim* in Ingenstau/Korbion, § 8 VOB/A Rn. 28; *von Rintelen* in Kapellmann/Messerschmidt, § 8 VOB/A Rn. 66.
[65] Vgl. §§ 9 Abs. 1 Satz 2, 11 EG Abs. 1 Satz 2 VOL/A, §§ 8 Abs. 4 Nr. 1 Satz 3, 8 EG Abs. 4 Nr. 1 Satz 3 VOB/A.
[66] Vgl. *Franke/Klein* in Franke/Kemper/Zanner/Grünhagen, § 8 EG VOB/A Rn. 12; *von Wietersheim* in Ingenstau/Korbion, § 8 VOB/A Rn. 48.
[67] Vgl. auch § 8 (EG) Abs. 4 Nr. 1 Satz 2 VOB/A: „für die bei ihnen allgemein gegebenen Verhältnisse".
[68] § 9 Abs. 1 Satz 3, § 11 EG Abs. 1 Satz 3 VOL/A.
[69] Vgl. *el-Barudi* in Heuvels/Höß/Kuß/Wagner, § 9 EG VOL/A Rn. 7.
[70] § 9 Abs. 1 Satz 3, § 11 EG Abs. 1 Satz 3 VOL/A, § 8 (EG) Abs. 4 Nr. 2 Satz 2 VOB/A.
[71] Vgl. auch *von Wietersheim* in Ingenstau/Korbion, § 8 VOB/A Rn. 58.

wenden will – erforderlich ist zudem eine Regelung über darüber hinausgehende Verwendungsmöglichkeiten für den Auftraggeber (§ 8 (EG) Abs. 9 Satz 2 VOB/A).

dd) Insbesondere: Schiedsvereinbarungen. Nach § 8 (EG) Abs. 10 VOB/A hat eine 39 Vereinbarung zwischen Auftraggeber und Auftragnehmer, die eine Streitbeilegung – unter Ausschluss des ordentlichen Rechtswegs – allein einem schiedsrichterlichen Verfahren vorbehält, grundsätzlich in einer gesonderten, nur das Schiedsverfahren betreffenden Urkunde zu erfolgen. Danach ist die Aufnahme einer solchen Vereinbarung in die Zusätzlichen oder Besonderen Vertragsbedingungen im Rahmen einer Bauvergabe dem Grundsatz nach nicht zulässig. Dieses Formerfordernis gilt jedoch nicht (vgl. § 8 (EG) Abs. 10 VOB/A a.E.), wenn nach § 1031 Abs. 2 ZPO eine andere Form der Vereinbarung zulässig ist. Diese als Ausnahme formulierte Möglichkeit ist jedoch in der Regel anwendbar.[72] Denn nach § 1031 Abs. 5 ZPO müssen **Schiedsvereinbarungen** nur noch dann in einer von den Parteien eigenhändig unterzeichneten Urkunde enthalten sein, wenn ein Verbraucher (vgl. § 13 BGB) an der Vereinbarung beteiligt ist. Dies ist bei Auftragnehmern wie Auftraggebern regelmäßig nicht der Fall.[73] Demnach kann eine Schiedsvereinbarung in der Regel auch als Vertragsbedingung in die Zusätzlichen oder Besonderen Vertragsbedingungen aufgenommen werden. Dies gilt, da auch hier § 1031 Abs. 2, 5 ZPO anwendbar ist, ebenfalls bei der Beschaffung von Liefer- und Dienstleistungen.

ee) Vorgaben für einzelne Vertragsbedingungen. § 9 Abs. 2 bis 4, § 11 EG Abs. 2 bis 40 4 VOL/A und § 9 (EG) VOB/A enthalten Regelungen zu bestimmten Typen von Vertragsbedingungen, in denen für diese inhaltliche Vorgaben gemacht werden. Diese betreffen Vertragsstrafen,[74] die Verjährung von Mängelansprüchen[75] und Sicherheitsleistungen[76] sowie – im Anwendungsbereich der VOB/A – auch Ausführungsfristen,[77] eventuelle Prämien für vorzeitige Fertigstellung („Beschleunigungsvergütung")[78] und Preisgleitklauseln.[79]

Die dort enthaltenen Vorgaben sind regelmäßig in Form von **Sollvorschriften** formu- 41 liert. Dies bedeutet, dass sie im Regelfall einzuhalten sind, in begründeten Ausnahmefällen jedoch nicht eingreifen. Soweit es sich im Übrigen nicht um Sollvorgaben handelt, werden **ausfüllungsbedürftige Begriffe** wie „ausreichend", „angemessen" oder „erhebliche Nachteile" verwendet, die jeweils eine Beurteilung anhand der Umstände des Einzelfalls erfordern und damit für sich genommen ebenfalls keine zwingenden bzw. konkret messbaren Vorgaben darstellen. Es wird regelmäßig auch hier der **Regelfall** normiert, von dem **Ausnahmen möglich** sind (z.B. zu Ob und Höhe von Sicherheitsleistungen). Die Vorschriften stellen letztlich eine Konkretisierung des Üblichen an Vertragsbedingungen für die entsprechende Vergabe- und Vertragsordnung dar und geben damit Anhaltspunkte dafür, wann aufgrund des Abweichens von der üblichen (ausgewogenen) Risikoverteilung bzw. Interessenabwägung zwischen Auftraggeber und Auftragnehmer Vertragsbedingungen möglicherweise gegen das Verbot des ungewöhnlichen Wagnisses nach § 7 (EG) Abs. 1 Nr. 3 VOB/A verstoßen[80] bzw. – im Anwendungsbereich der VOL/A, für den keine Regelung dieses Verbots mehr besteht – in einem Maße für den Bieter (aus kalkula-

---

[72] Vgl. *Verfürth* in Kulartz/Marx/Portz/Prieß VOB/A, § 8 Rn. 122 f.
[73] Vgl. im Einzelnen *Verfürth* in Kulartz/Marx/Portz/Prieß VOB/A, § 8 Rn. 122; vgl. auch *Völlink/Hänsel* in Ziekow/Völlink, § 8 VOB/A Rn. 42.
[74] § 9 Abs. 2, § 11 EG Abs. 2 VOL/A, § 9 (EG) Abs. 5 VOB/A.
[75] § 9 Abs. 3, § 11 EG Abs. 3 VOL/A, § 9 (EG) Abs. 6 VOB/A.
[76] § 9 Abs. 4, § 11 EG Abs. 4 VOL/A, § 9 (EG) Abs. 7, 8 VOB/A.
[77] § 9 (EG) Abs. 1 bis 4 VOB/A.
[78] § 9 (EG) Abs. 5 VOB/A.
[79] § 9 (EG) Abs. 9 VOB/A.
[80] Vgl. *Schätzlein* in Heuvels/Höß/Kuß/Wagner, § 9 VOB/A Rn. 2; *Hänsel* in Ziekow/Völlink, § 9 VOB/A Rn. 18; *Franke/Klein* in Franke/Kemper/Zanner/Grünhagen, § 9 EG VOB/A Rn. 3.

torischen Gründen) unzumutbar sind, dass sie vergaberechtlich unzulässig sind.[81] Vor diesem Hintergrund muss in der Regel nicht entschieden werden, ob eine einzelne der genannten Regelungen für sich genommen bieterschützend ist.[82]

42 **§ 11 EG Abs. 5 VOL/A** wiederholt lediglich die Regelung des § 97 Abs. 3 Satz 4 GWB, so dass auf die Ausführungen zu dieser Vorschrift in § 1 Rn. 79 verwiesen werden kann.

III. Weitere mögliche Bestandteile

1. Liste der geforderten Nachweise

43 Bei der Vergabe von **Liefer- und Dienstleistungen** ist der öffentliche Auftraggeber, sofern er von den Bietern Nachweise verlangt, gemäß § 8 Abs. 3 bzw. § 9 EG Abs. 4 VOL/A dazu verpflichtet, eine abschließende Liste der Nachweise zusammenzustellen und diese den Bietern zur Verfügung zu stellen. Aus der systematischen Stellung der Regelung in den Vorschriften zu den Vergabeunterlagen folgt, dass die Liste **Teil der Vergabeunterlagen** sein soll.[83]

44 Die Regelung, die in die VOL/A 2009 neu aufgenommen wurde, erhöht die **Transparenz** für die Bieter dahingehend, welche Nachweise sie vorzulegen haben. Den Bietern wird dadurch die Abgabe eines vollständigen, alle geforderten Nachweise enthaltenden Angebots erleichtert, indem sie anhand der Liste ohne größeren Aufwand die Vollständigkeit ihrer Angebotsunterlagen kontrollieren können.[84] Während ansonsten von Auftraggebern vielfach an verschiedenen Stellen einzelne Nachweise gefordert werden und die Gefahr besteht, dass die Bieter Forderungen von Nachweisen übersehen, stellt die Zusammenstellung der Nachweise nunmehr weitgehend sicher, dass die Bieter insoweit vollständige Angebote einreichen.[85] Dies verringert auch den ggf. erforderlichen Aufwand bei Nachforderungen von Nachweisen nach §§ 16 Abs. 2 bzw. 19 EG Abs. 2 VOL/A.[86]

45 Entsprechend dem Wortlaut („**abschließende Liste**") und dem Sinn und Zweck von § 8 Abs. 3 bzw. § 9 EG Abs. 4 VOL/A hat der Auftraggeber eine gesonderte Aufstellung zu erstellen, die alle – ggf. an anderer Stelle in den Vergabeunterlagen schon einmal aufgeführten oder bereits in der Bekanntmachung genannten[87] – geforderten Nachweise (noch einmal) zusammenfasst.[88] Die Aufstellung soll als „Checkliste" („zum Abhaken") den Bietern einen verwendbaren und verlässlichen Überblick über die Nachweisforderungen des Auftraggebers geben.[89] Da es insofern an einer zusammenfassenden (einheitlichen) Aufstellung fehlt, ist auch eine bloße Ergänzung der Nachweisliste durch einzelne Angaben in Bieterinformationen nicht möglich; vielmehr ist es in diesem Fall erforderlich, dass eine neue vollständige Liste der geforderten Nachweise den Bietern übermittelt wird.[90]

---

[81] Vgl. OLG Düsseldorf Beschl. v. 7.11.2012, VII-Verg 24/12; Beschl. v. 7.11.2011, VII-Verg 90/11; Beschl. v. 19.10.2011, VII-Verg 54/11, m.w.N.
[82] Vgl. zum Streitstand bzw. differenzierenden Ansätzen im Einzelnen: *Sienz* in Ingenstau/Korbion, § 9 VOB/A Rn. 133.
[83] Vgl. auch OLG Düsseldorf Beschl. v. 3.8.2011, VII-Verg 30/11.
[84] Vgl. OLG Naumburg Beschl. v. 2.8.2012, 2 Verg 3/12; *Gnittke/Hattig* in Müller-Wrede VOL/A, § 9 EG Rn. 70.
[85] Vgl. *Gnittke/Hattig* in Müller-Wrede VOL/A, § 9 EG Rn. 70.
[86] Vgl. *Verfürth* in Kulartz/Marx/Portz/Prieß VOL/A, § 8 Rn. 49.
[87] Vgl. OLG Düsseldorf Beschl. v. 16.5.2011, VII-Verg 44/11.
[88] Vgl. OLG Düsseldorf Beschl. v. 26.3.2012, VII-Verg 4/12; Beschl. v. 3.8.2011, VII-Verg 30/11.
[89] Vgl. OLG Düsseldorf Beschl. v. 6.2.2013, VII-Verg 32/13; Beschl. v. 26.3.2012, VII-Verg 4/12; Beschl. v. 3.8.2011, VII-Verg 30/11; *Hänsel* in Ziekow/Völlink, § 8 VOL/A Rn. 8.
[90] Vgl. OLG Naumburg Beschl. v. 2.8.2012, 2 Verg 3/12.

Die Verpflichtung zur Erstellung einer zusammenfassenden Liste nach § 8 Abs. 3 bzw. **46** § 9 EG Abs. 4 VOL/A bezieht sich pauschal auf „**Nachweise**" und spezifiziert diese nicht weiter. Aufgrund der Verwendung desselben Begriffs in den §§ 6 Abs. 3 bzw. 7 EG Abs. 1 und 5 VOL/A sind in jedem Fall Eignungsnachweise umfasst.[91] Darüber hinaus schließt der Begriff im Rahmen der Anwendung von § 8 Abs. 3 bzw. § 9 EG Abs. 4 VOL/A jedoch auch alle anderen, insbesondere leistungsbezogenen Nachweise mit ein.[92]

Hat der Auftraggeber eine den Anforderungen entsprechende abschließende Liste der **47** geforderten Nachweise nicht erstellt und den Bietern bekanntgegeben, sind die Nachweise, soweit sie ansonsten wirksam gefordert wurden, von den Bietern nachzufordern und kann deren Fehlen nicht zu Lasten der Bieter als Ausschlussgrund herangezogen werden.[93] Das Gleiche gilt für einzelne Nachweise, die der Auftraggeber nicht in der Nachweisliste nach § 8 Abs. 3 bzw. § 9 EG Abs. 4 VOL/A aufgeführt hat.[94] § 9 EG Abs. 4 VOL/A ist insoweit bieterschützend.[95]

2. Formulare für die Angebotserstellung

Neben den eigentlichen Vergabeunterlagen wie dem Aufforderungsschreiben zur Ange- **48** botsabgabe, den Bewerbungs- und Vertragsbedingungen sind auch die (unausgefüllten) Formulare, die ein Auftraggeber den Bietern (oder auch Bewerbern) für die Erstellung ihrer Angebote oder auch Teilnahmeanträge zur Verfügung stellt, den Vergabeunterlagen zuzurechnen. Formulare werden in der Praxis häufig für das Angebotsschreiben selbst (das dann regelmäßig Eintragungen der Bieter zu Eignungsvoraussetzungen und ggf. auch zum Preis und eventuellen Preisnachlässen[96] vorsieht), aber auch für separate Eignungserklärungen oder sonstige Erklärungen wie Nachunternehmererklärungen vorgegeben. Sie enthalten vielfach – je nach Funktion – Konkretisierungen von Bewerbungsbedingungen (z.B. zu Zeitpunkten, wann bestimmte Nachweise vorzulegen sind) oder aber gelegentlich auch zu Vertragsbedingungen.

3. Antworten auf Bieterfragen und sonstige Bieterinformationen

Zu den Vergabeunterlagen zählen nicht nur die ursprünglich verschickten Unterlagen, **49** sondern grundsätzlich auch Antworten auf Bieterfragen, von den Auftraggebern geführte Fragen- und Antwortenkataloge sowie sonstige Informationen, die den Bietern in der Angebotsphase zur Verfügung gestellt werden (vgl. § 12 (EG) Abs. 7 VOB/A). Dies gilt insbesondere dann, wenn der Auftraggeber im Wege der Antwort auf eine Bieterfrage oder sonstiger Bieterinformation Teile der übersandten Vergabeunterlagen konkretisiert, ergänzt oder ändert. Davon, dass derartige Erläuterungen ebenfalls zu den Vergabeunterlagen zählen, geht auch die Rechtsprechung aus, ohne dies ausdrücklich herauszustellen. Den Vergabeunterlagen zuzurechnen sind danach z.B. Erläuterungen zu (fehlenden) Zuschlagskriterien,[97] zu geforderten Nachweisen,[98] zu Leistungsanforderungen[99] und zu Ver-

---

[91] Vgl. *Hänsel* in Ziekow/Völlink, § 8 VOL/A Rn. 8.
[92] Vgl. OLG Düsseldorf Beschl. v. 26.3.2012, VII-Verg 4/12; Beschl. v. 3.8.2011, VII-Verg 30/11; *Weyand*, ibr-online-Kommentar Vergaberecht (Stand: 16.12.2013), § 8 VOL/A Rn. 49.
[93] Vgl. OLG Düsseldorf Beschl. v. 17.7.2013, VII-Verg 10/13; anders (i.S. einer fehlenden wirksamen Forderung) noch Beschl. v. 26.3.2012, VII-Verg 4/12; Beschl. v. 3.8.2011, VII-Verg 30/11; s. auch *Weyand*, ibr-online-Kommentar Vergaberecht (Stand: 16.12.2013), § 8 VOL/A Rn. 47 ff.
[94] Vgl. OLG Naumburg Beschl. v. 2.8.2012, 2 Verg 3/12.
[95] Vgl. OLG Düsseldorf Beschl. v. 3.8.2011, VII-Verg 30/11.
[96] So sieht z.B. § 13 (EG) Abs. 4 VOB/A vor, dass Preisnachlässe ohne Bedingungen an einer vom Auftraggeber in den Vergabeunterlagen bezeichneten Stelle anzugeben sind; andernfalls können sie nicht gewertet werden, § 16 (EG) Abs. 10 Satz 1 VOB/A.
[97] Vgl. OLG Düsseldorf Beschl. v. 22.1.2012, VII-Verg 87/11.
[98] Vgl. OLG Naumburg Beschl. v. 2.8.2012, 2 Verg 3/12.

tragsbedingungen.[100] Damit die Bieter vergleichbare, weil denselben Leistungsanforderungen entsprechende Angebote erstellen können und das Vergabeverfahren ordnungsgemäß – insbesondere diskriminierungsfrei ohne Informationsvorsprünge einzelner Bieter – ablaufen kann, sind Antworten auf Bieterfragen und sonstige Erläuterungen zum Vergabeverfahren wie die Vergabeunterlagen selbst grundsätzlich allen Bietern zeitgleich zu übermitteln (vgl. auch § 12 (EG) Abs. 7 VOB/A).[101]

4. Insbesondere: Änderung von Vergabeunterlagen

50 Bieterinformationen können insbesondere zum Inhalt haben, dass Vergabeunterlagen geändert werden. Dies ist während des laufenden Vergabeverfahrens grundsätzlich zulässig.[102] Ein entsprechendes Verbot ist nicht normiert und gerade für den Fall, dass mit der Änderung Vergaberechtsverstöße beseitigt werden,[103] auch nicht angezeigt. Änderungen der Vergabeunterlagen müssen allerdings allen Bietern in einem transparenten und diskriminierungsfreien Verfahren mitgeteilt werden.[104] Zudem müssen Änderungen so rechtzeitig versandt werden, dass die Bieter sie bei der Angebotserstellung berücksichtigen können; ggf. ist die Angebotsfrist zu verlängern.[105]

C. Eindeutigkeit und Auslegung der Vergabeunterlagen

51 Vergabeunterlagen müssen **eindeutig und unmissverständlich** formuliert sein.[106] Dies gilt zum einen für die für das Vergabeverfahren aufgestellten Bedingungen, insbesondere wenn diese den Ausschluss eines Angebots vom Vergabeverfahren nach sich ziehen können.[107] Dementsprechend haben öffentliche Auftraggeber in den Vergabeunterlagen (ggf. i.V.m. der Bekanntmachung) eindeutige und unmissverständliche Festlegungen dahinhend zu treffen, welche Erklärungen, Unterlagen und Nachweise ein Bieter zu welchem Zeitpunkt und ggf. auf wessen Initiative und in welcher Form abzugeben hat.[108] So müssen die Bieter den Vergabeunterlagen – in Anbetracht der schwerwiegenden Konsequenzen – klar entnehmen können, welche Erklärungen oder Nachweise von ihnen mit Angebotsabgabe verlangt werden.[109] Fehlt es an der gebotenen Deutlichkeit der Forderung in den Vergabeunterlagen, darf ein Angebot nicht ohne Weiteres ausgeschlossen wer-

---

[99] Vgl. OLG Düsseldorf Beschl. v. 12.10.2011, VII-Verg 46/11; Beschl. v. 2.11.2011, VII-Verg 22/11; Beschl. v. 11.2.2009, VII-Verg 64/08.
[100] Vgl. OLG Naumburg Beschl. v. 29.1.2009, 1 Verg 10/08 (zu Sicherheiten); OLG Düsseldorf Beschl. v. 7.9.2003, VII-Verg 26/03.
[101] Vgl. BGH Beschl. v. 26.9.2006, X ZB 14/06; OLG Düsseldorf Beschl. v. 17.4.2008, VII-Verg 15/08; *Gnittke/Hattig* in Müller-Wrede VOL/A, § 9 EG Rn. 10.
[102] Vgl. *Verfürth* in Kulartz/Marx/Portz/Prieß VOB/A, § 8 Rn. 14; implizit auch: OLG Düsseldorf Beschl. v. 17.4.2008, VII-Verg 15/08; a.A. *Gnittke/Hattig* in Müller-Wrede VOL/A, § 9 EG Rn. 9.
[103] Vgl. auch BGH Beschl. v. 26.9.2006, X ZB 14/06 (zur Beseitigung unerfüllbarer Anforderungen); OLG Düsseldorf Beschl. v. 17.4.2008, VII-Verg 15/08; VK Bund Beschl. v. 30.7.2008, VK1-90/08.
[104] Vgl. BGH Beschl. v. 26.9.2006, X ZB 14/06; OLG Düsseldorf Beschl. v. 17.4.2008, VII-Verg 15/08; *Gnittke/Hattig* in Müller-Wrede VOL/A, § 9 EG Rn. 10.
[105] Vgl. *Verfürth* in Kulartz/Marx/Portz/Prieß VOB/A, § 8 Rn. 14; *Gnittke/Hattig* in Müller-Wrede VOL/A, § 9 EG Rn. 10.
[106] Vgl. BGH Urt. v. 3.4.2012, X ZR 130/10.
[107] Vgl. BGH Urt. v. 3.4.2012, X ZR 130/10; Urt. v. 10.6.2008, X ZR 78/07.
[108] Vgl. OLG München Beschl. v. 10.09.2009, Verg 10/09; *Gnittke/Hattig* in Müller-Wrede VOL/A, § 9 EG Rn. 8.
[109] Vgl. BGH Urt. v. 10.6.2008, X ZR 78/07; Urt. v. 3.4.2012, X ZR 130/10; BayObLG Beschl. v. 28.5.2003, Verg 6/03; OLG Düsseldorf Beschl. v. 20.10.2008, VII-Verg 41/08.

den.[110] In Bezug auf den Auftragsgegenstand ist die Eindeutigkeit der Vergabeunterlagen explizit in den Vorschriften zur Leistungsbeschreibung geregelt,[111] die eine eindeutige und erschöpfende – von allen Bewerbern im gleichen Sinne zu verstehende – Beschreibung der Leistung mit Blick auf die Vergleichbarkeit der Angebote verlangen (vgl. im Einzelnen § 17 Rn. 22 ff.). Auch der Ausschluss eines Angebots wegen Abweichung von den Vergabeunterlagen ist ausgeschlossen, wenn die Vergabeunterlagen mehrere Interpretationsmöglichkeiten eröffnen und es daher insoweit an zwingenden Vorgaben fehlt.[112] Sind Vergabeunterlagen teilweise unvollständig, in sich widersprüchlich oder missverständlich formuliert und verstoßen daher in ihrer Gesamtheit gegen den Transparenzgrundsatz nach § 97 Abs. 1 GWB, ist ein Vergabeverfahren zurückzuversetzen.[113] Ob Vergabeunterlagen hinreichend eindeutig formuliert sind bzw. welchen Erklärungswert sie haben, ist im Einzelfall im Wege der Auslegung zu ermitteln.

Für die **Auslegung** der Vergabeunterlagen sind die für die Auslegung von Willenserklärungen geltenden Grundsätze (§§ 133, 157 BGB) heranzuziehen, da die Vergabeunterlagen, auch wenn sie selbst keine Angebote im Sinne der §§ 145 ff. BGB sind, die von den Bietern einzureichenden Angebote gleichsam spiegelbildlich abbilden.[114] Für die Auslegung ist daher der **objektive Empfängerhorizont der potentiellen Bieter**, also eines abstrakt bestimmten Adressatenkreises, maßgeblich.[115] Dabei ist auf einen verständigen und fachkundigen, mit den ausgeschriebenen Beschaffungsleistungen vertrauten Bieter abzustellen.[116] Das tatsächliche (individuelle) Verständnis der Bieter hat demgegenüber nur indizielle Bedeutung.[117] Maßgeblich ist auch nicht das subjektive Verständnis des Auftraggebers.[118] Ausgangspunkt für die Auslegung ist der Wortlaut.[119] Zudem sind die konkreten Umstände des Einzelfalles, insbesondere die konkreten Verhältnisse der ausgeschriebenen Leistung zu berücksichtigen.[120] Verbleiben nach der Auslegung Zweifel, ist eine mehrdeutige Bestimmung in den Vergabeunterlagen restriktiv zugunsten der Bieter auszulegen.[121]

D. Verhältnis zwischen Bekanntmachung und Vergabeunterlagen

Soweit die Vergabeunterlagen sich inhaltlich in **Widerspruch zur** entsprechenden **Bekanntmachung** setzen, ist zu differenzieren, welcher Inhalt im Weiteren für die Teilneh-

---

[110] Vgl. BGH Urt. v. 3.4.2012, X ZR 130/10; OLG Brandenburg Beschl. v. 5.1.2006, Verg W 12/05.
[111] Vgl. §§ 7 Abs. 1, 8 EG Abs. 1 VOL/A, §§ 7 Abs. 1 Nr. 1, 7 EG Abs. 1 Nr. 1 VOB/A.
[112] Vgl. OLG München Beschl. v. 10.12.2009, Verg 16/09.
[113] Vgl. OLG Düsseldorf Beschl. v. 7.3.2012, VII-Verg 82/11.
[114] Vgl. BGH Urt. v. 10.6.2008, X ZR 78/07; vgl. auch OLG Düsseldorf Beschl. v. 20.10.2008, VII-Verg 41/08; OLG München Beschl. v. 24.11.2008, Verg 23/08.
[115] BGH Urt. v. 3.4.2012, X ZR 130/10; Urt. v. 10.6.2008, X ZR 78/07; OLG Düsseldorf Beschl. v. 20.10.2008, VII-Verg 41/08; OLG Saarbrücken Beschl. v. 13.6.2012, 1 U 357/11.
[116] Vgl. OLG Koblenz Beschl. v. 5.12.2007, 1 Verg 7/07, m.w.N.; vgl. auch BGH Urt. v. 3.6.2004, X ZR 30/03; OLG Düsseldorf Beschl. v. 11.2.2009, VII-Verg 64/08; OLG München Beschl. v. 24.11.2008, Verg 23/08; *Hänsel* in Ziekow/Völlink, § 8 VOB/A Rn. 3.
[117] Vgl. OLG Düsseldorf Beschl. v. 20.10.2008, VII-Verg 41/08; Beschl. v. 19.5.2010, VII-Verg 4/10.
[118] Vgl. OLG Düsseldorf Beschl. v. 19.5.2010, VII-Verg 4/10.
[119] Vgl. VK Bund Beschl. v. 1.2.2011, VK3–165/10; OLG Koblenz Beschl. v. 5.12.2007, 1 Verg 7/07, m.w.N.; vgl. auch BGH Urt. v. 3.6.2004, X ZR 30/03; OLG Düsseldorf Beschl. v. 11.2.2009, VII-Verg 64/08.
[120] Vgl. BGH Urt. v. 13.3.2008, VII ZR 194/06, m.w.N.; OLG Koblenz Beschl. v. 5.12.2007, 1 Verg 7/07; *Hänsel* in Ziekow/Völlink, § 8 VOB/A Rn. 3; *Gnittke/Hattig* in Müller-Wrede VOL/A, § 9 EG Rn. 7, m.w.N.
[121] Vgl. OLG Jena Beschl. v. 11.1.2007, 9 Verg 9/06; OLG Brandenburg Beschl. v. 5.1.2006, Verg W 12/05; *Gnittke/Hattig* in Müller-Wrede VOL/A, § 9 EG Rn. 8.

mer des Vergabeverfahrens maßgeblich ist. Handelt es sich um Angaben, die zwingend in der Bekanntmachung zu erfolgen haben, können diese nicht in den Vergabeunterlagen nachgeholt werden. Hier ist grundsätzlich der Inhalt der Bekanntmachung maßgeblich und geht den Vergabeunterlagen vor.[122] Auf diesen Inhalt haben sich die Bieter (europaweit) eingestellt.[123] Andernfalls könnte die Funktion der Bekanntmachung, potentiellen Bietern anhand der bekanntgemachten Ausschreibungsbedingungen eine (zutreffende) Informationsgrundlage für ihre Entscheidung über die Teilnahme am Vergabeverfahren zu geben, ausgehöhlt werden. Insoweit stellt sich in Bezug auf abweichende Vergabeunterlagen nur noch die Frage, ob sie eine zulässige Konkretisierung der Bekanntmachung darstellen oder ob sie als unbeachtlich zu verwerfen sind, weil es für das richtige Verständnis der Bekanntmachung grundsätzlich nur auf den Inhalt der Vergabebekanntmachung ankommen kann.[124] Beachtlich sind danach aber Abweichungen in den Vergabeunterlagen, die gegenüber der Bekanntmachung verminderte bzw. verringerte Vorgaben enthalten.[125]

54 Im Übrigen ist jedoch zu berücksichtigen, dass es sich bei den Vergabeunterlagen aus Sicht des Bieters um die Unterlagen handelt, die er später (nach der Bekanntmachung) erhalten hat und die im Übrigen detaillierter und ausführlicher sind. Er muss daher davon ausgehen können, dass der Inhalt dieser der Bekanntmachung nachfolgenden und detaillierteren Unterlagen in jedem Fall maßgeblich ist.[126] Soweit jedenfalls Widersprüche zwischen Bekanntmachung und Vergabeunterlagen dazu führen, dass Forderungen bestimmter Angaben oder Nachweise aus Sicht eines verständigen Bieters nicht eindeutig bzw. nicht unmissverständlich aufgestellt wurden, kann das Fehlen dieser Angaben bzw. die Nichtvorlage der Nachweise nicht zu Lasten der Bieter zum Angebotsausschluss führen; verbleibende Unklarheiten gehen vielmehr zu Lasten des Auftraggebers.[127] Das Gleiche gilt für andere Ausschreibungsbedingungen wie etwa die Angebotsfrist.[128]

E. Kostenersatz

I. Kostenersatz für Vergabeunterlagen

55 Der Auftraggeber darf nur in bestimmten Fällen ein Entgelt für die Bereitstellung der Vergabeunterlagen in Form eines **Kostenersatzes** von (potentiellen) Bietern verlangen (vgl. § 8 Abs. 2, § 9 EG Abs. 3 VOL/A, § 8 (EG) Abs. 7 Nr. 1 VOB/A). Dieser umfasst in jedem Fall die Kosten der Vervielfältigung; die erstmalige Erstellung der Vergabeunterlagen ist hingegen nicht einzurechnen.[129] Zu den **Vervielfältigungskosten** zählen neben Materialkosten (z.B. für Papier, Toner) auch Abschreibungs- und Instandhaltungskosten

---

[122] Vgl. OLG München Beschl. v. 12.11.2010, Verg 21/10; Beschl. v. 29.11.2007, Verg 13/07; OLG Düsseldorf Beschl. v. 24.5.2006, VII-Verg 14/06; OLG Naumburg, Beschl. v. 26.2.2004, Verg 17/03.
[123] Vgl. OLG München Beschl. v. 29.11.2007, Verg 13/07; OLG Naumburg, Beschl. v. 26.2.2004, Verg 17/03.
[124] Vgl. OLG Düsseldorf Beschl. v. 24.5.2006, VII-Verg 14/06.
[125] Vgl. für Mindestanforderungen an die Leistungsfähigkeit: OLG Düsseldorf Beschl. v. 28.11.2012, VII-Verg 8/12; OLG Jena Beschl. v. 21.9.2009, 9 Verg 7/09; zur De-facto-Revidierung der Zulassung von Nebenangeboten durch entsprechende Formulierung der Mindestanforderungen: OLG Düsseldorf Beschl. v. 4.2.2013, VII-Verg 31/12.
[126] Vgl. auch *von Rintelen* in Kapellmann/Messerschmidt, § 8 VOB/A Rn. 9, § 9 EG VOB/A Rn. 24; a.A. *Hänsel* in Ziekow/Völlink, § 8 VOB/A Rn. 4; in Bezug auf die Benennung von Zuschlagskriterien auch: *Verfürth* in Kulartz/Marx/Portz/Prieß VOL/A, § 9 EG Rn. 6.
[127] Vgl. OLG München Beschl. v. 2.3.2009, Verg 1/09.
[128] Vgl. OLG Düsseldorf Beschl. v. 12.12.2007, VII-Verg 34/07.
[129] Vgl. *Völlink* in Ziekow/Völlink, § 8 VOB/A Rn. 28.

für die genutzten Geräte sowie etwaige Materialgemeinkosten.[130] Umstritten ist, ob (anteilige) Arbeitskosten für die Vervielfältigung ebenfalls einzubeziehen sind.[131] Umsatzsteuer ist einzurechnen, wenn der Auftraggeber nicht vorsteuerabzugsberechtigt ist.[132] Soweit die VOB/A anwendbar ist, können darüber hinaus auch die **Kosten der postalischen Versendung** (insbesondere Materialkosten für die Verpackung und Portokosten) verlangt werden (vgl. § 8 (EG) Abs. 7 Nr. 1 VOB/A); in den maßgeblichen Vorschriften der VOL/A (§ 8 Abs. 2, § 9 EG Abs. 3) sind Übermittlungskosten nicht aufgeführt und können daher auch nicht verlangt werden.[133]

Voraussetzung für die Zulässigkeit eines Kostenersatzes ist zum einen, dass die Vergabe im **offenen Verfahren** bzw. im Rahmen einer **öffentlichen Ausschreibung** erfolgt (vgl. § 8 Abs. 2, § 9 EG Abs. 3 VOL/A, § 8 (EG) Abs. 7 Nr. 1, 2 VOB/A); in allen übrigen Verfahrensarten ist ein Kostenersatz somit ausgeschlossen. Der Grund der Differenzierung liegt darin, dass im offenen Verfahren bzw. bei einer öffentlichen Ausschreibung die Vergabeunterlagen grundsätzlich an eine durch den Auftraggeber nicht beschränkbare Anzahl von Unternehmen abzugeben sind, sondern grundsätzlich an alle anfordernden Unternehmen (vgl. § 12 Abs. 3 lit. a), § 15 EG Abs. 11 lit. a) VOL/A, § 6 (EG) Abs. 2 Nr. 1 VOB/A); dies kann mit einem erheblichen Kostenaufwand verbunden sein.[134] Zum anderen kann der Kostenersatz nur gefordert werden, wenn die Bieter tatsächlich vervielfältigte Vergabeunterlagen (postalisch oder direkt) erhalten haben und somit tatsächlich Kosten entstanden sind.[135] Eine elektronische Übersendung, die keine Vervielfältigung erfordert, hat kostenlos zu erfolgen.[136] 56

Die Höhe des Kostenersatzes und ggf. die Zahlungsbedingungen sind vorab **in der Bekanntmachung anzugeben.** Dies ergibt sich für EU-weite Bekanntmachungen aus § 9 EG Abs. 3 Satz 2 VOL/A bzw. § 12 EG Abs. 2 Nr. 2 Satz 1 VOB/A i.V.m. Anhang II der Verordnung (EU) Nr. 842/2011, wonach in dem zu verwendenden Standardformular unter Ziffer IV.3.3) entsprechende Angaben zu machen sind. Für nationale Bekanntmachungen ergibt sich die Pflicht zur Angabe der Höhe eines geforderten Kostenersatzes und ggf. der Zahlungsbedingungen aus § 12 Abs. 2 Satz 2 lit. m) VOL/A bzw. § 12 Abs. 1 Nr. 2 lit. l) VOB/A. 57

II. Kostenersatz für die Angebotserarbeitung

Nach § 8 (EG) Abs. 8 Nr. 1 Satz 1, Nr. 2 VOB/A sowie § 13 Abs. 2 VOF sind für die Ausarbeitung von Angeboten und Bewerbungsunterlagen (VOF) vom Auftraggeber **grundsätzlich keine Kosten** an die Bieter bzw. Bewerber **zu erstatten.** Insoweit handelt es sich um eine Klarstellung der Rechtslage, wonach den Bietern bzw. Bewerbern ein solcher Anspruch nicht zusteht, da es sich um allgemeinen Geschäftsaufwand handelt, den sie selbst zu tragen haben.[137] Verlangt der Auftraggeber jedoch, dass der Bieter im Angebot nicht nur Angaben zu den Leistungsinhalten macht, sondern darüber hinaus 58

---

[130] Vgl. *von Rintelen* in Kapellmann/Messerschmidt, § 8 VOB/A Rn. 86; *von Wietersheim* in Ingenstau/Korbion, § 8 VOB/A Rn. 71.
[131] Vgl. zum Streitstand: *Verfürth* in Kulartz/Marx/Portz/Prieß VOB/A, § 8 Rn. 74, dort Fn. 79, m.w.N.
[132] Vgl. *Völlink* in Ziekow/Völlink, § 8 VOB/A Rn. 28; *Verfürth* in Kulartz/Marx/Portz/Prieß VOB/A, § 8 Rn. 76.
[133] Vgl. *Verfürth* in Kulartz/Marx/Portz/Prieß VOL/A, § 8 Rn. 40.
[134] Vgl. *Völlink* in Ziekow/Völlink, § 8 VOB/A Rn. 26; *Verfürth* in Kulartz/Marx/Portz/Prieß VOB/A, § 8 Rn. 70.
[135] Vgl. *Verfürth* in Kulartz/Marx/Portz/Prieß VOL/A, § 8 Rn. 35.
[136] Vgl. *Völlink* in Ziekow/Völlink, § 8 VOB/A Rn. 28.
[137] Vgl. OLG Düsseldorf Beschl. v. 30.1.2003, I-5 U 13/02; *el-Barudi* in Heuvels/Höß/Kuß/Wagner, § 8 VOB/A Rn. 27; *Verfürth* in Kulartz/Marx/Portz/Prieß VOB/A, § 8 Rn. 86 ff.; *Völlink* in Ziekow/Völlink, § 8 VOB/A Rn. 31.

Entwürfe, Pläne, Zeichnungen, Berechnungen oder andere Unterlagen auszuarbeiten und einzureichen hat, sehen § 8 (EG) Abs. 8 Nr. 1 Satz 2, Nr. 2 VOB/A sowie § 13 Abs. 3 Satz 1 VOF die Verpflichtung des Auftraggebers vor, dafür eine **angemessene Entschädigung** festzusetzen. Daraus ergibt sich selbst keine unmittelbare Anspruchsgrundlage der Bieter; nach dem Standort der Regelung in § 8 (EG) VOB/A ist die Festsetzung einer solchen Entschädigung **in die Vergabeunterlagen aufzunehmen.** Die Entschädigung ist grundsätzlich allen Bietern und für diese einheitlich festzusetzen. § 8 (EG) Abs. 8 Nr. 1 Satz 3, Nr. 2 VOB/A begrenzt die Verpflichtung zur Entschädigung jedoch auf diejenigen Bieter, die ein der Ausschreibung entsprechendes Angebot mit den geforderten Unterlagen rechtzeitig eingereicht haben. Dies schützt den Auftraggeber vor Entschädigungszahlungen für Angebote, die aus formalen Gründen (§ 16 (EG) Abs. 1 VOB/A) ohnehin nicht in die Wertung gelangt wären[138] und daher für ihn nicht von Interesse sind. Die Höhe der Entschädigung bemisst sich – da ein einheitlicher Betrag für alle Bieter festzusetzen ist – nicht am konkreten Ausarbeitungsaufwand des jeweiligen Bieters, sondern an dem **durchschnittlichen voraussichtlichen Aufwand**; ein Gewinnanteil ist nicht einzurechnen.[139]

59 Soweit die VOL/A anwendbar ist, ist die Regelung, die bisher ähnlich wie § 8 (EG) Abs. 8 Nr. 1 Satz 2 VOB/A bzw. § 13 Abs. 3 VOF die Erstattung bestimmter Kosten der Angebotserarbeitung an den Bieter vorsah (vgl. § 20 Abs. 3 VOL/A a.F.), mittlerweile entfallen. Eine entsprechende Pflicht des Auftraggebers zur Regelung einer Entschädigung besteht somit nicht mehr.[140]

---

[138] Vgl. *Höfler* BauR 2000, 337; *von Rintelen* in Kapellmann/Messerschmidt, § 8 VOB/A Rn. 93; *Völlink* in Ziekow/Völlink, § 8 VOB/A Rn. 31.
[139] Vgl. *el-Barudi* in Heuvels/Höß/Kuß/Wagner, § 8 VOB/A Rn. 29; *Völlink* in Ziekow/Völlink, § 8 VOB/A Rn. 37; *von Rintelen* in Kapellmann/Messerschmidt, § 8 VOB/A Rn. 81.
[140] Vgl. *Verfürth* in Kulartz/Marx/Portz/Prieß VOL/A, § 8 Rn. 33.

§ 19 Öffentliches Preisrecht

Übersicht

	Rn.
A. Einleitung	1–6
B. Normen und Grundprinzipien des Preisrechts	7–16
I. Normen des Preisrechts	7–9
II. Prinzipien des öffentlichen Preisrechts	10
III. Das Höchstpreisprinzip	11–16
C. VO PR 30/53 und Leitsätze für die Preisermittlung auf Grund von Selbstkosten	17–105
I. Anwendungsbereich	18–24
II. Preistypen der VO	25–58
III. Ermittlung des Selbstkostenpreises nach LSP und Rechtsprechung	59–70
IV. Preisprüfung	71–85
V. Preisvorbehalte	86–98
VI. Verfassungsmäßigkeit der VO	99–102
VII. Folgen von Verstößen	103–105
D. HOAI	106–108

VOL/A: § 2 Abs. 4
VOL/A EG: § 2 Abs. 4

VOL/A:

§ 2 Abs. 4 VOL/A

(1)–(3) hier nicht abgedruckt.

(4) Bei der Vergabe sind die Vorschriften über die Preise bei öffentlichen Aufträgen zu beachten.

VOL/A EG:

§ 2 Abs. 4 EG VOL/A Grundsätze (wortgleich)

(1)–(3) hier nicht abgedruckt.

(4) Bei der Vergabe sind die Vorschriften über die Preise bei öffentlichen Aufträgen zu beachten.

Literatur:

Berstermann in Pünder/Schellenberg, Vergaberecht, 2011; *Berstermann/Petersen*, Vergaberecht und Preisrecht – Zivilrechtliche Unwirksamkeit des öffentlichen Auftrages bei Überschreitung des preisrechtlich zulässigen Höchstpreises, ZfBR 2008, 22; *Berstermann/Petersen*, Das Preisrecht – Bedeutungsloses Relikt aus dem letzten Jahrtausend oder praxisrelevante Ergänzung des Vergaberechts?, ZfBR 2007, 767; *Brüning*, Zum Verhältnis von öffentlichem Preisrecht und Vergaberecht, ZfBR 2012, 642; *Ebisch/Gottschalk/Hoffjan/Müller/Waldmann*, Preise und Preisprüfungen bei öffentlichen Aufträgen, 8. Aufl. 2010; *Fischer*, Marktwirtschaftliche Preisbildung bei öffentlichen Aufträgen, ZIP 3/2005, 106; *Gabriel/Schulz*, Die Verwendung von Preisgleitklauseln bei öffentlichen Auftragsvergaben, ZfBR 2007, 448; *Hertel/Pietraszek*, Die Preisbildung und das Preisprüfrecht bei öffentlichen Aufträgen – Ausgewählte Themen –, 1988; *Meng*, Die Auszehrung der allgemeinen preisrechtlichen Ermächtigungsgrundlage (§ 2 Abs. 1 Preisgesetz), DVBl. 1980, 613; *Michaelis/Rhösa*, Preisbildung bei öffentlichen Aufträgen; *Moritz*, Nichtigkeit der Verordnung PR Nr. 30/53 über Preise bei öffentlichen Aufträgen?, BB 1994, 1871; *Müller*, Das Preisrecht bei öffentlichen Aufträgen – vorbeugendes

Instrumentarium gegen Wettbewerbsverstöße, NZBau 2011, 720; *Müller*, Preisgestaltung bei öffentlichen Aufträgen, 1991; *Müller-Wrede*, Das Verhandlungsverfahren im Spannungsfeld zwischen Beurteilungsspielraum und Willkür, VergabeR 2010, 754; *Pauka/Chrobot*, Hinweise zu § 2 Abs. 4 VOL/A, insbesondere bei der Einbeziehung von Unterauftragnehmern, VergabeR 2011, 405; *Rittner*, Rechtsgrundlagen und Rechtsgrundsätze des öffentlichen Auftragswesens, 1988.

A. Einleitung

1 Das öffentliche Preisrecht ist Teil des Wirtschaftsrechts. Trotz einiger Überschneidungen sind **Vergaberecht und Preisrecht voneinander unabhängige Rechtsmaterien**. Das Preisrecht ergänzt das Vergaberecht insoweit, als dass das Vergaberecht regelt, zwischen wem und wie ein Vertrag (mit einem öffentlichen Auftraggeber) zustande kommt, und das Preisrecht in diesen Vertrag eingreift, indem es Regeln und Überprüfungsmechanismen bezüglich des in diesem Vertrag zu vereinbarenden Preises darlegt.[1] Damit regeln Vergaberecht und Preisrecht zusammen, wie und an wen zu welchem zulässigen Höchstpreis ein Auftrag zu vergeben ist, und bilden gemeinsam mit dem Haushalts- und Finanzrecht, dem allgemeinen Verwaltungsrecht, dem Kartellrecht und dem Recht der Europäischen Union das **Recht der öffentlichen Aufträge**.[2]

2 **Ziel** des öffentlichen Preisrechts ist, die Leistung des Auftragnehmers möglichst gerecht zu bestimmen, da der öffentliche Auftraggeber nicht immer in Marktkategorien denkt und die Marktverhältnisse nicht immer ausgewogen sind.[3] Der Wettbewerbsgrundsatz soll sich auch im öffentlichen Auftragswesen durchsetzen.[4] Das Preisrecht geht als zwingendes Recht der **Vertragsfreiheit** vor, lässt den Parteien dabei jedoch Spielräume.[5]

3 Das heutige Preisrecht hatte seine **Anfänge** bereits zu Beginn des vorigen Jahrhunderts, insbesondere durch Preisprüfung, -bildung und -vergleich im Militärbereich sowie Festsetzung von Höchstpreisen, um Preisauftrieben entgegenwirken zu können.[6] Zwischen 1935 und 1948 wurde der Schwerpunkt auf die Preislenkung gelegt, indem etwa Preiserhöhungen für Güter und Leistungen jeder Art untersagt wurden und eine Preisbildung nach bestimmten volkswirtschaftlichen Grundsätzen vorgeschrieben wurde.[7] Für die Bauwirtschaft wurden spezielle VO und Leitsätze erlassen wie Selbstkostenpreise zu errechnen sind.[8] Im Zuge des 2. Weltkrieges wurden viele der Normen angepasst sowie die RPÖ von der „Verordnung über die Preise bei öffentlichen Aufträgen" [VPÖ] vom 11.8.1943 (RGBl. 1943 I S. 482) ersetzt. Die VPÖ forderte vorrangig Einheits- und Gruppenpreise, nachrangig Selbstkostenpreise.

---

[1] Vgl. VG Düsseldorf Urt. v. 11.11.2003, 17 K 5472/02, NVwZ 2004, 1523, 1525.
[2] *Brüning* ZfBR 2012, 643; *Berstermann/Petersen* ZfBR 2007, 767, 769.
[3] *Dreher* in Immenga/Mestmäcker, GWB, Vorbemerkung vor §§ 97ff Rn. 136.
[4] *Müller* NZBau 2011, 720, 721.
[5] *Rittner*, Rn. 120, 156.
[6] *Michaelis/Rhösa*, Band 1, Einf., 3; vertiefend zur Historie *Berstermann* in Pünder/Schellenberg, Einl. VO PR Nr. 30/53 Rn. 5 ff.
[7] Richtlinien für die Preisbildung bei öffentlichen Aufträgen („RPÖ"), v. 15.11.1938, MittBl des RfPr. 1938, Nr. 39, 1; VO über die Preisermittlung aufgrund der Selbstkosten bei Leistungen für öffentliche Auftraggeber, RGBl. 1938 I, 1623 mit Leitsätzen für die Preisermittlung aufgrund der Selbstkosten bei Leistungen für öffentliche Auftraggeber („LSÖ") als Anlage, beschrieben in Michaelis/Rhösa, Band 1, Einf., 4.
[8] VO über die Baupreisbildung, v. 16.6.1939, RGBl. 1939 I, 1041; VO über die Preisermittlung aufgrund der Selbstkosten bei Bauleistungen für öffentliche Auftraggeber, v. 25.5.1940 (RGBl. 1940 I, 850) mit Leitsätzen für die Preisermittlung aufgrund der Selbstkosten bei Bauleistungen für öffentliche Auftraggeber („LSBÖ") als Anlage, beschrieben in Michaelis/Rhösa, Band 1, Einf., 4.

1948 wurden zunächst das **Preisgesetz** [PreisG] und das **Leitsätzegesetz** erlassen.[9] 4
Während ersteres trotz seines Übergangscharakters noch in Kraft ist, trat das Leitsätzegesetz schon Ende 1949 wieder außer Kraft. Bereits dem Leitsätzegesetz unterlag die **wirtschaftspolitische Zielsetzung**, welche im Grundsatz bis heute wirkt: Im Rahmen der Preispolitik sollten die natürlichen Gesetze der freien Marktwirtschaft zur Geltung kommen und staatliche Preisbildungsmaßnahmen eingedämmt werden. Letztere sollten erhalten bleiben, wo es erforderlich war, wirtschaftlich Schwächere zu schützen und die Ausnutzung einer Mangellage bei Monopolen zu unterbinden.[10] Ab 1951 wurden verschiedene VO im Preisrecht erlassen, insbesondere die auch heute noch in geänderter Fassung geltende VO PR Nr. 30/53 und die 1999 aufgehobene VO PR Nr. 1/72 für Bauleistungen.

Trotz seines Nischencharakters im Vergaberecht und des fortgeschrittenen Alters der 5
gesetzlichen Regelungen ist das öffentliche Preisrecht **aktuell praxisrelevant.** Aktualität folgt insbesondere aus den Auswirkungen des Preisrechts auf das Vergabeverfahren, in dem es den zu vereinbarenden Preis verändern oder zur zivilrechtlichen (Teil-)Unwirksamkeit eines öffentlichen Auftrags führen kann.[11]

Die **Rechtsprechung zum öffentlichen Preisrecht** behandelt nicht nur Streitigkeiten 6
ten zwischen Auftraggeber und -nehmer, sondern insbesondere Fälle, in denen Dritte einen Gebührenbescheid anfechten, dessen Gebühren am öffentlichen Preisrecht zu messen sind. In der Regel bedient sich die öffentliche Hand bei der Ausführung der gebührauslösenden Tätigkeit eines privaten Auftragnehmers, dessen Preis wiederum aufgrund des gesetzlichen Anwendungsbereichs preisrechtlicher Normen oder aufgrund vertraglicher Vereinbarung am öffentlichen Preisrecht zu messen ist.

B. Normen und Grundprinzipien des Preisrechts

I. Normen des Preisrechts

Rechtsgrundlage des Preisrechts ist zunächst das **PreisG**, erlassen 1948, aufgrund dessen 7
Ermächtigungsgrundlage (§ 2 PreisG) verschiedene VO erlassen wurden. Das PreisG wird durch zwei VO ergänzt – die **VO PR Nr. 30/53** über die Preise bei öffentlichen Aufträgen und die **VO PR Nr. 4/72** über die Bemessung des kalkulatorischen Zinssatzes.[12] Die 1953 erlassene VO PR Nr. 30/53 legt fest, dass für Leistungen auf Grund öffentlicher Aufträge bei der Vereinbarung von Preisen grundsätzlich Marktpreise und nicht Selbstkostenpreise anzuwenden sind und enthält Regelungen zur Preisprüfung. Ziel der VO ist es, auch auf dem Gebiet des öffentlichen Auftragswesens marktwirtschaftliche Grundsätze durchzusetzen.[13] Vervollständigt wird die VO durch die der VO anhängenden **Leitsätze für die Preisermittlung auf Grund von Selbstkosten** [LSP]. Bis 1999 existierte in Ergänzung der VO PR Nr. 30/53 die **VO PR Nr. 1/72** zur Preisbemessung für Bauleistungen auf Grund öffentlicher oder mit öffentlichen Mitteln finanzierter Aufträge.[14] Grund der Aufhebung war der starke Bezug der VO zu Selbstkostenpreisen, die jedoch

---

[9] Übergangsgesetz über Preisbildung und Preisüberwachung v. 10.4.1948; Gesetz über Leitsätze für die Bewirtschaftung und Preispolitik nach der Währungsreform v. 24.6.1948, WiGBl. 1948, 59.
[10] *Michaelis/Rhösa*, Band 1, Einf., 5.
[11] *Berstermann/Petersen* ZfBR 2007, 767.
[12] § 1 VO PR Nr. 4/72 legt einen zulässigen Höchstsatz für kalkulatorische Zinsen in Höhe von 6,5 % fest.
[13] Erster Runderlass betr. Durchführung der VO PR Nr. 30/53 über die Preise bei öffentlichen Aufträgen vom 21.11.1953, zu § 1 Abs. 1, v. 22.12.1953, MinBlBMWi 1953, 515.
[14] Baupreisverordnung, VO PR Nr. 1/72, ursprünglich v. 6.3.1972, BGBl. I, 293 aber danach geändert, mit Wirkung ab 1.7.1999 aufgehoben durch VO v. 16.6.1999, BGBl. I, 1419.

bei Bauaufträgen immer mehr an Bedeutung verloren.[15] Die VO PR Nr. 1/72 ist ersatzlos weggefallen, so dass nunmehr für Bauleistungen anstatt spezieller preisrechtlicher Regelungen nur allgemeine Pflichten, etwa zur wirtschaftlichen und sparsamen Haushaltsführung, gelten (siehe auch § 2 Abs. 5 VO PR Nr. 30/53 und § 7 BHO).[16]

8 **Weitere gesetzliche Regelungen** enthalten vereinzelte Bezüge zum Preisrecht (§ 3 Wirtschaftsstrafgesetz 1954, § 2 Abs. 4 VOL/A und VOL/A EG, Allgemeine Verwaltungsvorschrift zur Bundeshaushaltsordnung Punkt 1.2.4 zu § 23) oder betreffen besondere Aspekte des Preisrechts, die keinen unmittelbaren Bezug zum Vergaberecht aufweisen (PrKlG, Preisangabengesetz, Preisangabenverordnung). So normieren etwa das Preisangabengesetz und die Preisangabenverordnung zwar Pflichten von Anbietern von Waren oder Leistungen gegenüber Letztverbrauchern, zu denen auch die öffentliche Hand gehören kann;[17] die Pflichten beziehen sich jedoch auf (Preis-)angaben bei dem Anbieten und Werbung für Waren oder Leistungen, und nicht auf die Preisbildung selbst. Weitere Normen des öffentlichen Preisrechts finden sich in allgemeinen und besonderen Normen des Preisrechts[18] sowie in der grundlegenden Regelung des § 7 BHO, nach der bei der Ausführung des Haushaltsplans die Grundsätze der Wirtschaftlichkeit und Sparsamkeit zu beachten sind sowie für alle finanzwirksamen Maßnahmen angemessene Wirtschaftlichkeitsuntersuchungen durchzuführen sind.

9 **§ 2 Abs. 4 VOL/A und VOL/A EG** verweisen auf die VO PR Nr. 30/53 als für bei der Vergabe anzuwendende Preisvorschrift. Sollte es einen Widerspruch zwischen in der VOL/A Abschnitt 1 gemachten Aussagen zur Preisbildung (etwa § 2 Abs. 1 „angemessene Preise") und der VO PR Nr. 30/53 geben, so ginge letztere der VOL/A Abschnitt 1 als bloße Verwaltungsvorschrift vor. Ein Zusammenhang zwischen VOL/A und VO PR Nr. 30/53 lässt sich ferner, trotz unterschiedlicher Rechtsgrundlage, Rechtsnatur und Regelungsgegenstände, durch den Ersten Runderlass zur Durchführung der VO PR Nr. 30/53[19] herstellen, welcher zeigt, dass die Vergabe von Leistungen im Wettbewerb (durch Ausschreibung und Vergabe) bei mehreren Bietern grundsätzlich zur Bildung von Marktpreisen führt.[20]

II. Prinzipien des öffentlichen Preisrechts

10 Dem öffentlichen Preisrecht liegen verschiedene **Grundprinzipien** zugrunde. Diese gelten insbesondere für die VO PR Nr. 30/53, lassen sich jedoch auch verallgemeinert auf andere Regelungen des Preisrechts anwenden.
– Numerus Clausus an Preistypen
– Festgelegte Rangfolge abschließender Preistypen, insbesondere Vorrang des Marktpreises. Da das Preisrecht nur regulierend wirken soll, wo die Marktwirtschaft keinen ausreichenden Wettbewerb gewährleistet, hat der Marktpreis Vorrang vor dem Selbstkostenpreis; letzterer gilt nur subsidiär unter genau festgelegten Voraussetzungen. Ergänzt wird der Grundsatz durch den haushaltsrechtlichen Grundsatz der wirtschaftlichen und

---

[15] *Michaelis/Rhösa*, Band 1, § 2 VPöA, G, 1.
[16] Vgl. *Ebisch/Gottschalk*, § 2 Rn. 73, 75.
[17] *Köhler* in Köhler/Bornkamm, UWG, 30. Aufl. 2012, Vorbemerkungen PAngV Rn. 19.
[18] Siehe Rn. 25.
[19] Erster Runderlass betr. Durchführung der VO PR Nr. 30/53 über die Preise bei öffentlichen Aufträgen v. 21.11.1953, v. 22.12.1953, MinBlBMWi 1953 Nr. 24, 515, zu § 4 Abs. 1, lit. b): „Preise, die durch öffentliche oder beschränkte Ausschreibung ermittelt worden sind, sind Preise nach § 4, wenn der Wettbewerb der Anbieter alle ausreichenden Garantien für ein ordnungsgemäßes Zustandekommen der Preise geboten hat. Freihändige Vergabe besagt nicht, dass Selbstkostenpreise anzuwenden sind."
[20] *Marx* in Kulartz/Marx/Portz/Prieß, VOL/A, § 2 EG Rn. 57.

sparsamen Verwendung öffentlicher Mittel und die vergaberechtlichen Grundsätze der Auftragsvergabe.[21]
– Vorzug fester Preise zur Gewährleistung einer möglichst großen Preisstabilität.[22] Feste Preise sind sowohl Marktpreise gemäß § 4 VO PR Nr. 30/53 als auch Selbstkostenfestpreise nach § 6 Abs. 1 und 2 VO PR Nr. 30/53.[23] Feste Preise bieten beiden Vertragspartnern Vorteile; der Auftraggeber kann risikofrei kalkulieren und der Auftragnehmer weiß mit welchen Einnahmen er rechnen kann.[24] Allerdings trägt der Auftragnehmer dadurch das Risiko, dass Preise für Material etc unerwartet ansteigen. Dem kann durch Preisvorbehalte bzw. Preisgleitklauseln begegnet werden.[25] Nachträgliche Änderungen fester Preise sind durch zivilrechtliche Vereinbarung der Parteien möglich, solange die Änderung nicht gegen preisrechtliche Bestimmungen verstößt und mit Haushaltsrecht in Einklang steht, etwa mit § 58 Abs. 1 Nr. 1 BHO.[26]
– Höchstpreisprinzip
– Preisprüfung durch Preisüberwachungsbehörden[27]

III. Das Höchstpreisprinzip

Das Höchstpreisprinzip bedeutet, dass keine höheren Preise gefordert, versprochen, vereinbart, angenommen oder gewährt werden dürfen als nach den Bestimmungen der Preisvorschriften zulässig ist (§ 1 Abs. 3 VO PR Nr. 30/53). Auftraggeber und Auftragnehmer sind daran in gleichem Maße gebunden.[28] **11**

Höchstpreisprinzip bedeutet nicht im Umkehrschluss, dass das Preisrecht auch eine Aussage zu einem **Mindestpreis** träfe. Vielmehr darf der Höchstpreis zwar nicht über- aber unterschritten werden.[29] Es werden vielfach Einschränkungen dieses Prinzips diskutiert, insbesondere ob ein Unterschreiten des Selbstkostenpreises möglich ist. Ein Unterschreiten des preisrechtlich zulässigen Preises ist deswegen problematisch, weil die nach der VO PR Nr. 30/53 ermittelten Preise den „richtigen" Preis widerspiegeln sollen[30] und das Zivilrecht einer Unterschreitung dadurch Grenzen setzt, dass es Verträge für nichtig erklärt, in denen Leistung und Gegenleistung in einem offensichtlichen Missverhältnis stehen[31]. Letzteres sind jedoch eher Ausnahmefälle. Jedenfalls sofern ein Abweichen bereits in der Angebotsaufforderung bzw. im Vertrag enthalten ist,[32] ist ein Unterschreiten genau zu prüfen jedoch zulässig. Ebenso lehnt die Mehrheit der Literatur es ab, dass Selbstkostenpreise Festpreise seien und deshalb nicht unterschritten werden dürfen.[33] **12**

Der **Zeitpunkt**, an dem der zulässige Höchstpreis ermittelt wird, ist bei Marktpreisen, Selbstkostenfestpreisen und Selbstkostenerstattungspreisen der Angebotszeitpunkt. Der gleiche Zeitpunkt gilt bei Selbstkostenrichtpreisen für den bis zum Umwandlungsangebot **13**

---

[21] *Michaelis/Rhösa*, Band 1, Einf., 13 f.
[22] *Müller*, 23.
[23] *Müller*, 23; *Michaelis/Rhösa*, Band 1, § 1 VPöA, 8; *Ebisch/Gottschalk*, § 1 Rn. 43.
[24] *Michaelis/Rhösa*, Band 1, § 1 VPöA, 8.
[25] Siehe hierzu Rn. 86 ff.
[26] *Michaelis/Rhösa*, Band 1, § 1 VPöA, 9 f; siehe auch Allgemeine Verwaltungsvorschriften zur Bundeshaushaltsordnung (VV-BHO) zu § 58 BHO v. 14.3.2001, GMBl 2001, 307, welcher enge Voraussetzungen für eine nachträgliche Änderung durch ein Bundesministerium aufstellt.
[27] Siehe hierzu Rn. 71 ff.
[28] *Müller*, 23; *Berstermann/Petersen* ZfBR 2008, 22, 23; *Michaelis/Rhösa*, Band 1, § 1 VPöA, 28.
[29] *Berstermann/Petersen* ZfBR 2008, 22; *Michaelis/Rhösa*, Band 1, § 1 VPöA, 32; *Ebisch/Gottschalk*, § 1 Rn. 60.
[30] *Rittner*, Rn. 121.
[31] *Hertel/Pietraszek*, 10; *Michaelis/Rhösa*, Band 1, § 1 VPöA, 32 f.
[32] *Michaelis/Rhösa*, Band 1, § 1 VPöA, 33.
[33] Eine Zusammenfassung der Argumente gegen Selbstkostenpreise als Festpreise findet sich in *Michaelis/Rhösa*, Band 1, § 1 VPöA, 31 f.; siehe auch *Rittner*, Rn. 164; *Ebisch/Gottschalk*, § 5 Rn. 4 ff.

erbrachten Leistungsanteil; für den noch zu erbringenden Leistungsanteil dagegen der Zeitpunkt des Umwandlungsangebots.[34]

14 **Zuwiderhandlungen** gegen die Höchstpreisvorschriften der VO PR Nr. 30/53 werden nach § 3 Wirtschaftsstrafgesetz [WiStG] als Ordnungswidrigkeit geahndet. Den Tatbestand des Forderns eines unzulässig hohen Preises erfüllt der Bieter auch dann, wenn es später zu keiner Auftragserteilung kommt.[35] Ein Rechtsanspruch des öffentlichen Auftraggebers auf den **unzulässig erlangten Mehrerlös** lässt sich dem WiStG nicht entnehmen.[36] Stattdessen hat der Täter den Mehrerlös an das Land abzuführen (§ 8 Abs. 1 WiStG) und eine Rückerstattung an den Geschädigten geschieht nur auf Antrag des Geschädigten „wenn sein Rückforderungsanspruch gegen den Täter begründet erscheint" (§ 9 Abs. 1 WiStG). Beachte: Die Verpflichtung, den durch einen Preisrechtsverstoß erlangten Mehrerlös abzuführen, kann unabhängig von einem Verschulden des Auftragnehmers angeordnet werden (§ 8 Abs. 1 Satz 2 WiStG). Auch kann die Abführung oder Rückerstattung des Mehrerlöses unabhängig von Straf- oder Bußgeldverfahren angeordnet werden (§ 10 Abs. 1 WiStG).

15 Weitere **Folgen einer Höchstpreisüberschreitung** sind zivilrechtlicher Natur – d. h. der Verstoß kann zu einer Nichtigkeit des aufgrund des Auftrags geschlossenen zivilrechtlichen Vertrages führen. § 1 Abs. 3 VO PR Nr. 30/53 ist ein **Verbotsgesetz nach § 134 BGB**.[37] Ob und inwieweit Nichtigkeit eintritt hängt vom Stadium des öffentlichen Auftrags ab.[38] Liegt ein über dem preisrechtlich zulässigen liegendes Angebot eines Bieters vor, und will der Auftraggeber den Auftrag unter Beachtung des zulässigen Höchstpreises erteilen, so ist letzteres eine Angebotsablehnung mit neuem Antrag, dass dem Bieter freisteht an- oder abzulehnen (vgl. § 150 Abs. 2 BGB).[39] Wurde der Vertrag dagegen schon mit einem unzulässigen Preis geschlossen, träte nach § 134 BGB i.V.m. § 1 Abs. 3 VO PR Nr. 30/53 grundsätzlich Nichtigkeit des Vertrages ein – die Nichtigkeitsfolge wird jedoch nach allgemeiner Meinung dahingehend abgeändert, dass der Vertrag als zum zulässigen Preis zustande gekommen gilt.[40] Folglich bleibt der Rest des Vertrages unverändert bestehen. Entsprechendes gilt auch für Höchstpreisvorschriften außerhalb der VO PR Nr. 30/53, etwa § 7 Abs. 4 HOAI 2009 und die inzwischen aufgehobene VO PR Nr. 1/72. Hat der Auftraggeber bereits den unzulässigen Preis bezahlt, kann ein Rückforderungsanspruch aus § 812 Abs. 1 Satz 1 Alt. 1 BGB bestehen. Es kann davon ausgegangen werden, dass nur in Einzelfällen der Rückforderungsanspruch wegen Kenntnis der fehlenden Pflicht zur Leistung (§ 814 BGB) oder wegen vorsätzlichen Verstoßes (oder leichtfertigen Verschließen vor dem Verbotensein) beider Parteien gegen das Höchstpreisprinzip (§ 817 Satz 2 BGB) ausgeschlossen ist.[41]

---

[34] *Michaelis/Rhösa*, Band 1, § 1 VPöA, 29; im Wesentlichen ebenso *Ebisch/Gottschalk*, § 1 Rn. 64, 106.
[35] *Michaelis/Rhösa*, Band 1, § 1 VPöA, 28 f.
[36] *Müller*, 24.
[37] *Pauka/Chrobot* VergabeR 2011, 405, 407 mwN.
[38] *Berstermann/Petersen* ZfBR 2008, 22, 23.
[39] *Berstermann/Petersen* ZfBR 2008, 22, 24; *Berstermann* in Pünder/Schellenberg, § 1 VO PR Nr. 30/53 Rn. 43 ff.
[40] OVG Lüneburg Urt. v. 22.6.2009, 9 LC 409/06, BeckRS 2009, 36217; BGH Urt. v. 11.10.2007, VII ZR 25/06, NJW 2008, 55; BGH Urt. v. 3.6.1953, VI ZR 234/52, BeckRS 1953, 31370776 bzgl. solcher Geschäfte, deren Durchführung von volkswirtschaftlichen Bedürfnissen gefordert wird; OLG Hamm Urt. v. 1.7.1992, 12 U 143/91, BeckRS 1992, 30994153; *Michaelis/Rhösa*, Band 1, § 1 VPöA, 35; § 11 VPöA, 35 f; *Ebisch/Gottschalk*, § 1 Rn. 96; *Dreher* in Immenga/Mestmäcker, GWB, Vorbemerkung vor §§ 97 ff, Rn. 141 f.
[41] Vgl. zu den Voraussetzungen des § 814 BGB und § 817 Satz 2 BGB *Berstermann/Petersen* ZfBR 2008, 22, 25.

Entsprechendes gilt für einen Verstoß gegen das **Verbot des Unterschreitens der** 16
Mindestsätze der HOAI; nicht der gesamte Vertrag,[42] sondern nur die Preisabrede ist
unwirksam, und in der Regel kann der Architekt bzw. Planer das Honorar bis zur Höhe
des Mindestsatzes nachfordern.

C. VO PR 30/53 und Leitsätze für die Preisermittlung auf Grund von Selbstkosten

Die VO PR Nr. 30/53, auf die § 2 Abs. 4 VOL/A und VOL/A EG verweisen, ist das 17
Hauptregelwerk des öffentlichen Preisrechts, insbesondere in Bezug auf das Vergaberecht. Im Mittelpunkt der Preisbildung bei öffentlichen Aufträgen steht dabei der Marktpreis. Die Grundsätze der VO sind in § 1 VO PR Nr. 30/53[43] dargestellt. Besondere Bedeutung kommt dem Vorrang des Marktpreises zu – der öffentliche Auftraggeber soll weder schlechter noch besser als der private Auftraggeber gestellt sein.[44] Hinzu kommt der Vorrang fester Preise (§ 1 Abs. 2) und die Höchstpreisvorschrift (§ 1 Abs. 3).

I. Anwendungsbereich

Der Anwendungsbereich der VO bestimmt sich weitestgehend subjektiv über die Person 18
des Auftraggebers. Die VO ist anwendbar auf **Aufträge der sogenannten klassischen Auftraggeber**[45], d.h. Bund, Länder und Gemeinden oder sonstige juristische Personen des öffentlichen Rechts (§ 2 Abs. 1). Nicht darunter fallen gemischtwirtschaftliche Unternehmen in privater Rechtsform, so dass, werden öffentliche Aufgaben auf juristische Personen des Privatrechts ausgelagert, dies zu einer „Flucht aus dem Preisrecht" führt (da Preisrecht nicht anwendbar ist).[46] Insoweit bestehen auch Unterschiede zum vergaberechtlichen Begriff des öffentlichen Auftrags (§ 99 Abs. 1 GWB), da das Preisrecht nur die sogenannten „klassischen" Auftraggeber einbezieht.[47] Wird ein Auftrag dagegen von einem Unternehmen in einer privatrechtlichen Rechtsform im Namen des öffentlichen Auftraggebers durchgeführt, bleibt es bei einem öffentlichen Auftrag im Sinne der VO PR Nr. 30/53.[48] Aufträge ausländischer öffentlicher Auftraggeber sind nicht von der VO erfasst.[49]

Unerheblich für den Anwendungsbereich ist, ob der Auftragnehmer eine juristische 19
Person des öffentlichen oder privaten Rechts oder eine natürliche Person ist.[50] Strittig ist, ob neben inländischen Anbietern auch **ausländische Bieter**, die in Deutschland einen Auftrag erhalten, an die VO gebunden sind. Für die Anwendbarkeit sprechen der Wortlaut, der dies nicht ausschließt, und das Ziel der VO, den Preisstand nach § 2 PreisG zu erhalten.[51] Einige Literaturmeinungen lehnen eine Anwendbarkeit jedoch ab und verlangen eine ausdrückliche vertragliche Vereinbarung um die Anwendbarkeit zu begründen.[52]

---

[42] OLG Brandenburg Beschl. v. 8.1.2008, Verg W 16/07, IBR 2008, 197.
[43] Die nachfolgenden Paragraphen ohne Gesetzesangabe entstammen der VO PR Nr. 30/53.
[44] *Michaelis/Rhösa*, Band 1, Einf., 16.
[45] *Dreher* in Immenga/Mestmäcker, GWB, Vorbemerkung vor §§ 97 ff, Rn. 139.
[46] *Ebisch/Gottschalk*, § 1 Rn. 30; *Dreher* in Immenga/Mestmäcker, GWB, Vorbemerkung vor §§ 97 ff, Rn. 139.
[47] *Ebisch/Gottschalk*, § 1 Rn. 29.
[48] *Brüning* ZfBR 2012, 642 mit Diskussion einer Ausweitung; *Ebisch/Gottschalk*, § 1 Rn. 9.
[49] *Michaelis/Rhösa*, Band 1, § 2 VPöA, A, 12; *Ebisch/Gottschalk*, § 2 Rn. 12 ff.
[50] *Pauka/Chrobot* VergabeR 2011, 405, 406; *Berstermann* in Pünder/Schellenberg, § 2 VO PR Nr. 30/53 Rn. 8.
[51] *Ebisch/Gottschalk*, § 2 Rn. 16, 18; *Dreher* in Immenga/Mestmäcker, GWB, Vorbemerkung vor §§ 97 ff, Rn. 139.
[52] *Müller*, 17.

Das Ziel der VO kann in Zeiten des europäischen Binnenmarkts und einer fortschreitenden weltweiten Vergabe nicht sinnvoll erreicht werden, wenn ausländische Auftragnehmer per se vom Anwendungsbereich des Preisrechts ausgeklammert werden. Deswegen sind sie, mangels entgegenstehender Vorgaben in der VO, in den Anwendungsbereich einzubeziehen. Voraussetzung ist jedoch, dass die Leistung im deutschen Inland erbracht wird,[53] was bei inländischen öffentlichen Auftraggebern in der Regel unproblematisch der Fall ist.

20 Der **ursprüngliche Anwendungsbereich** der VO PR Nr. 30/53 ist im Laufe der Zeit immer mehr zurückgegangen, v. a. aufgrund der Privatisierung der Post und Bahn, so dass nunmehr v. a. Aufträge des Verteidigungs- und Forschungsbereichs erfasst sind.[54] Gleichzeitig hat sich der Anwendungsbereich der VO auf einem anderen Gebiet erweitert, nämlich durch die Überführung von kommunalen Regie- und Eigenbetrieben in Unternehmen des Privatrechts,[55] die nunmehr als Auftragnehmer infrage kommen.

21 Der persönliche Anwendungsbereich der VO kann durch **Verfügung des Bundeswirtschaftsministeriums** eingeschränkt werden, indem einzelne Unternehmen, die juristische Personen des öffentlichen Rechts sind oder von juristischen Personen des öffentlichen Rechts betrieben werden und im Wettbewerb mit privaten Unternehmen stehen, ausgenommen werden (§ 2 Abs. 2). Der praktische Bedarf für die Regelung ist gering; eine solche Verfügung wurde bisher nicht erlassen.[56] Ferner gilt die VO auch für in Deutschland **stationierte ausländische Truppen** und dem zivilen Gefolge einer Truppe iSv Art. I Abs. 1b des NATO-Truppenstatuts (§ 2 Abs. 3).

22 Gemäß **§ 2 Abs. 4 Nr. 1** findet die VO auch **Anwendung auf Unterauftragnehmer** (bzw. Nachunternehmer), sofern der öffentliche Auftraggeber dies (vom Hauptunternehmer) verlangt und der Nachunternehmer von diesem Verlangen vor oder bei Abschluss seines Vertrags Kenntnis erhalten hat oder nach Abschluss des Vertrags zustimmt. Solche (im Preisrecht so genannten) mittelbaren öffentlichen Aufträge sind keine öffentlichen Aufträge, weil sie vom Auftragnehmer mit seinem Auftragnehmer abgeschlossen werden.[57] Ein Verlangen nach § 2 Abs. 4 Nr. 1 soll nur in besonders begründeten Ausnahmefällen gestellt werden, insbesondere dann, wenn für die unmittelbare Leistung Selbstkostenpreise gelten und die mittelbare Leistung wesentlichen Einfluss auf den Preis der unmittelbaren Leistung ausübt.[58] Da die Kosten der Nachunternehmer bei Marktpreisen in der Regel unbedeutend sind, kommt § 2 Abs. 4 Nr. 1 an sich nur bei Selbstkostenpreisen zur Anwendung.[59] Der anzuwendende Preistyp für den Unterauftrag ist eigenständig zu ermitteln und ist nicht abhängig vom Hauptvertrag.[60] Erfährt der potenzielle Nachunternehmer vor Vertragsschluss vom Verlangen des öffentlichen Auftraggebers, kann er die Anwendung der VO nur dadurch verhindern, dass er auf den Vertragsschluss verzichtet.[61] Betrifft der Unterauftrag (auch) Bauleistungen, oder bilden Nichtbauleistungen (die grundsätzlich unter die VO PR Nr. 30/53 fallen) einen Unterauftrag von Bauleistungen, so kann die Geltung des Preisrechts für diese wegen der Bereichsausnahme des § 2 Abs. 5 (siehe Rn. 24) nicht verlangt werden.[62]

---

[53] Ähnlich *Michaelis/Rhösa*, Band 1, § 2 VPöA, A., 15.
[54] *Michaelis/Rhösa*, Band 1, Einf., 8.
[55] *Michaelis/Rhösa*, Band 1, Einf., 8.
[56] *Michaelis/Rhösa*, Band 1, § 2 VPöA, C, 2.
[57] *Hertel/Pietraszek*, 87; *Michaelis/Rhösa*, Band 1, § 2 VPöA, E, 1.
[58] Richtlinien des Bundesministers für Wirtschaft und des Bundesministers für Finanzen für öffentliche Auftraggeber zur Anwendung der VO PR Nr. 30/53 über die Preise bei öffentlichen Aufträgen v. 21.11.1953, v. 1.7.1955 idF v. 6.3.1961 und v. 18.7.1962, Nr. 12 a zu § 2 Abs. 4.
[59] *Pauka/Chrobot* VergabeR 2011, 405, 410; *Michaelis/Rhösa*, Band 1, § 2 VPöA, E, 3; *Ebisch/Gottschalk*, § 2 Rn. 46.
[60] *Hertel/Pietraszek*, 84; so auch *Michaelis/Rhösa*, Band 1, § 2 VPöA, E, 8b.
[61] *Michaelis/Rhösa*, Band 1, § 2 VPöA, E, 8; *Ebisch/Gottschalk*, § 2 Rn. 47.
[62] *Ebisch/Gottschalk*, § 2 Rn. 63–66.

Es besteht keine kommunal- oder gebührenrechtliche Pflicht, für mittelbare Leistungen die **Anwendbarkeit der VO PR Nr. 30/53** entsprechend § 2 Abs. 4 zu verlangen, auch nicht, wenn die mittelbare Leistung durch eine mehrheitlich vom öffentlichen Auftraggeber selbst gehaltene Gesellschaft erbracht wird.[63] Eine solche Verpflichtung ist denkbar, weil sonst der öffentliche Auftraggeber durch derartige vertragliche Konstruktionen die preisrechtliche Prüfung unterlaufen könnte. Im Einzelfall könnte sich eine solche Verpflichtung jedoch aus dem Grundsatz von Treu und Glauben zur Verhinderung eines Rechtsmissbrauchs ergeben.[64]

23

Die Art der vom Auftragnehmer **zu erbringenden Leistung** und die **Art des Entgelts** ist für die Anwendbarkeit der zu erbringenden Leistungen grundsätzlich ohne Bedeutung – d.h. ob Sach-, Werk-, Dienstleistungs- oder Kaufvertrag ist unerheblich, ebenso ob Preis ein Tauschobjekt oder eine Geldleistung ist, solange die Leistung im Gegenseitigkeitsverhältnis steht und gegen Entgelt erbracht wird.[65] Explizit ausgenommen sind jedoch **Bauleistungen** vom Anwendungsbereich der VO (§ 2 Abs. 5). Der sachliche Anwendungsbereich wurde zuletzt 2010 präzisiert, indem Bauleistungen nicht nur explizit vom Anwendungsbereich ausgenommen sind (so bereits zuvor), sondern diese auch, entsprechend § 3 der inzwischen aufgehobenen Baupreisverordnung PR Nr. 1/72, definiert wurden.[66]

24

II. Preistypen der VO

1. Allgemeines

Die VO PR Nr. 30/53 enthält eine abschließende Aufzählung an zulässigen Preistypen. Kein Preistyp im Sinne der VO PR Nr. 30/53 sind die staatlich festgelegten Preise (§ 3, „**allgemeine und besondere Preisvorschriften**"), da nur auf andere Vorschriften verwiesen wird. Sind solche Normen anwendbar, treten die § 4 ff der VO zurück.[67] Allgemeine Preisvorschriften sind im Gegensatz zu besonderen Preisvorschriften solche, die nicht an bestimmte Erzeugnisse oder Leistungen gebunden sind (z.B. GWB, UWG, WiStG); Beispiele für besondere Preisvorschriften sind das Arzneimittelgesetz, das Energiewirtschaftsgesetz, die Gasnetzentgeltverordnung oder die HOAI.[68]

25

Die VO verwendet eine so genannte **Preistreppe**, d.h. primär werden Marktpreise, sekundär Preise für vergleichbare Leistungen und nur ausnahmsweise Selbstkostenpreise zugelassen;[69] es besteht kein Wahlrecht der Auftragsparteien zwischen den Preistypen. Der Preistreppe vorgeschaltet sind die vorrangig geltenden staatlich geregelten Preise (§ 3). Der Marktpreis ist auch dann vorrangig, wenn bei einem Selbstkostenpreisvertrag für bestimmte Teilleistungen Marktpreise bestehen oder Stunden- oder Tagesverrechnungssätze Marktpreischarakter haben.[70] Selbst wenn ein Selbstkostenpreis einem Auftrag zugrunde gelegt wurde, sollte bei Anschlussaufträgen immer erneut geprüft werden ob eine Marktpreisbildung nunmehr möglich ist (§ 5 Abs. 5).

26

---

[63] OVG Münster Urt. v. 1.6.2007, 9 A 372/06, BeckRS 2007, 25337; OVG Münster Urt. v. 14.12.2004, 9 A 4187/01, BeckRS 2005, 22107; OVG Münster Beschl. v. 25.11.2010, 9 A 94/09, BeckRS 2010, 57035.
[64] VG Düsseldorf Urt. v. 10.9.2008, 16 K 4245/07, BeckRS 2008, 39462 und 16 K 4529/07, BeckRS 2008, 39578.
[65] *Michaelis/Rhösa*, Band 1, Einf., 16a, § 2 VPöA, A, 3f; *Ebisch/Gottschalk*, § 1 Rn. 8 ff.
[66] Vgl. BT Drs. 17/3109, 6. Näher zu Bauleistungen *Michaelis/Rhösa*, Band 1, § 2 VPöA, G, 2ff.
[67] *Ebisch/Gottschalk*, § 3 Rn. 14; *Müller*, 21.
[68] *Michaelis/Rhösa*, Band 1, § 3 VPöA, 9ff.
[69] *Michaelis/Rhösa*, Band 1, Einf., 12; *Ebisch/Gottschalk*, § 1 Rn. 70 ff; *Dreher* in Immenga/Mestmäcker, GWB, Vorbemerkung vor §§ 97ff, Rn. 140.
[70] *Müller*, 22. Anders *Berstermann* in Pünder/Schellenberg, § 5 VO PR Nr. 30/53 Rn. 39, 41.

27 Ebenso wie bei einem Verstoß gegen das Höchstpreisprinzip[71], ist, wurde eine unzulässige Preisart gewählt, der **Vertrag nur in diesem Teil nichtig** (§ 139 BGB) und der vereinbarte Selbstkostenpreis wird in der Regel durch den vorhandenen Marktpreis ersetzt.[72] Auch umgekehrt wird, wurde fälschlicherweise ein Marktpreis vereinbart, dieser durch den zulässigen Selbstkostenpreis ersetzt.[73]

2. Marktpreis

a) Voraussetzungen des Marktpreises

28 § 4 beschreibt Preise für marktgängige Leistungen und teilt diese ein in den objektiven, den (betriebs-)subjektiven Preis auf dem allgemeinen Markt sowie den Wettbewerbspreis auf einem besonderen Markt (Abs. 1), den abgeleiteten Marktpreis (Abs. 2) und den modifizierten Marktpreis (Abs. 4).

29 Die Frage, ob ein Marktpreis vorliegt, ist in die **zwei Tatbestandsvoraussetzungen** des § 4 Abs. 1, Marktgängigkeit und verkehrsüblicher Preis, zu unterteilen.

30 Strittig ist, ob der Marktpreis **mehrere Umsatzakte** erfordert. Ebenso ist sich die Literatur uneins darüber, ob dies eine Frage der Marktgängigkeit oder der Verkehrsüblichkeit ist.[74] Für die Erforderlichkeit mehrerer Umsatzakte spricht insbesondere das allgemeine Sprachverständnis der beiden Tatbestandsvoraussetzungen des § 4 Abs. 1, dagegen jedoch, dass dadurch alle neuen Anbieter vom Anwendungsbereich des Marktpreises ausgeschlossen würden und kleine und mittelständische Unternehmen benachteiligt werden könnten.[75] Einige Literaturstimmen verlangen eine Mehrzahl an Umsatzakten, stellen jedoch für die Mindestanzahl auf den Einzelfall ab.[76] Im Ergebnis sind grundsätzlich mehrere Umsatzakte zu fordern. Ergibt die Untersuchung der Wettbewerbssituation und des Zustandekommens des Preises jedoch, dass für die spezifische Leistung tatsächlich ein funktionierender Wettbewerb besteht, so muss im Einzelfall geprüft werden, ob nicht durch den Vergleich mit den Preisen anderer Unternehmer auch ohne mehrere Umsatzakte ein Marktpreis ermittelt werden kann.

31 **aa) Marktgängige Leistung.** Weder die VO noch Literatur und Rechtsprechung geben eine (einheitliche) **Definition** wann eine marktgängige Leistung vorliegt. Marktgängig sind grundsätzlich alle Leistungen, die Gegenstand des Marktes sind, d.h. hergestellt und gehandelt werden.[77] Entscheidend ist, *„ob es für die in Auftrag gegebene Leistung einen durch Angebot und Nachfrage gekennzeichneten Markt gibt, auf dem sich die Preisbildung durch einen funktionierenden Wettbewerb unter den Anbietern vollziehen kann".*[78] Dabei ist es unerheblich, ob ein allgemeiner Markt bereits besteht oder erst aus Anlass der Vergabe ein besonderer Markt entsteht.[79]

32 Eine marktgängige Leistung liegt auch dann vor, wenn ein Anbieter auf einem allgemeinen Markt eine Leistung eingeführt und mehrmals vertrieben hat, auch wenn er nur

---

[71] Siehe Rn. 15.
[72] *Hertel/Pietraszek*, 15; *Michaelis/Rhösa*, Band 1, § 1 VPöA, 5, § 5 VPöA, 7; *Ebisch/Gottschalk*, § 1 Rn. 102–104.
[73] *Michaelis/Rhösa*, Band 1, § 1 VPöA, 6; *Ebisch/Gottschalk*, § 1 Rn. 104.
[74] *Hertel/Pietraszek*, 17 f; *Fischer* ZIP 3/2005, 106, 107 f; *Ebisch/Gottschalk*, § 4 Rn. 50.
[75] *Fischer* ZIP 3/2005, 108.
[76] *Ebisch/Gottschalk*, § 4 Rn. 51.
[77] Erster Runderlass betr. Durchführung der VO PR Nr. 30/53 über die Preise bei öffentlichen Aufträgen vom 21.11.1953, v. 22.12.1953, MinBlBMWi 1953 Nr. 24, 515, zu § 4 Abs. 1 lit. a); *Fischer*, ZIP 3/2005, 106.
[78] VG Köln Urt. v. 26.2.1999, 14 K 7217/96 u.a., BeckRS 2004, 27199.
[79] *Fischer* ZIP 3/2005, 106.

einen öffentlichen Auftraggeber hat(te),[80] ebenso, wenn mehrere Nachfrager nur einem Auftragnehmer gegenüberstehen.[81] Dagegen besteht keine marktgängige Leistung, wenn nur ein Auftragnehmer und ein Auftraggeber existieren.[82] Die Vorgaben des **§ 5 Abs. 1 Nr. 2** der VO zeigen, dass ein Wettbewerbspreis nicht aufgrund jeder Wettbewerbsbeschränkung ausgeschlossen ist, sondern nur, wenn die **Wettbewerbsbeschränkung auf der Anbieterseite** besteht[83], d.h. insbesondere aufgrund einer mangelnden Anzahl von Anbietern der Wettbewerb gestört ist und diese Beschränkung erheblich die Preisbildung beeinflusst.[84] Entscheidend ist nicht die Ursache, sondern die Wirkung der Wettbewerbsbeschränkung.[85] Die VO schließt einen Marktpreis dagegen nicht aus, wenn der Wettbewerb aufgrund beschränkter Nachfrage, d.h. wenigen oder nur einem potentiellen Auftraggeber, beschränkt ist.[86]

Nicht immer können alle Leistungen eines Vertrags gleichermaßen als marktgängige Leistungen nach § 4 Abs. 1 eingestuft werden. In diesem Fall sind diejenigen Leistungen, die marktgängigen Leistungen entsprechen, nach den Kriterien des § 4 Abs. 1 zu beurteilen, und nur soweit die Leistungen wegen der „Eigenart des öffentlichen Bedarfs" nicht marktgängig sind, sind **Zu- oder Abschläge nach § 4 Abs. 2** vorzunehmen.[87] Ebenso ist es möglich, dass innerhalb einer Leistung, für die ein Selbstkostenpreis anwendbar ist, **für Teilleistungen ein Marktpreis** besteht, der dann auch für diese Teilleistungen vorrangig anzuwenden ist.[88]

Von der Rechtsprechung bejahte marktgängige Leistungen sind z.B. das Abschleppen und Verwahren abgeschleppter Fahrzeuge auf dem Gelände der Abschleppfirma[89] sowie die Abnahme thermisch verwertbarer Abfälle[90]. Nicht bejaht hat die Rechtsprechung die Kosten für die Abfallbeseitigung als marktgängige Leistung, da die Kosten innerhalb Deutschlands je nach den örtlichen Gegebenheiten erheblich differieren; hier gäbe es Marktpreise allenfalls für bestimmte Teilleistungen.[91]

Ob **ausländische Märkte** in die Einstufung als Marktpreis mit einzubeziehen sind, ist richtigerweise eine Frage des Einzelfalls und kann nicht pauschal beantwortet werden. In Zeiten der zusammenwachsenden Märkte haben ausländische Preise auch vermehrt Einfluss auf die nationale Preisbildung, da die Märkte nicht voneinander abgekoppelt sind.[92]

---

[80] *Fischer* ZIP 3/2005, 106; ähnlich VGH Kassel Urt. v. 29.8.2000, 11 UE 537/98, BeckRS 2005, 23185.
[81] *Ebisch/Gottschalk*, § 4 Rn. 43.
[82] OVG Münster Urt. v. 5.4.2001, 9 A 1795/99, NVwZ-RR 2002, 223, 225; VG Düsseldorf Urt. v. 11.11.2003, 17 K 5472/02, NVwZ 2004, 1523, 1524; VG Köln Urt. v. 25.2.2003, 14 K 20010/99, NWVBl. 2003, 443; *Müller*, 29, 31.
[83] Siehe hierzu auch *Müller*, 30.
[84] aA VG Darmstadt Urt. v. 16.6.1994, 3 E 1524/91 (3), abgedruckt in Michaelis/Rhösa, Band 4, Teil II 1991–1995, 3), das die Voraussetzungen des § 5 Abs. 1 Nr. 2 Alt. 2 VO PR Nr. 30/53 bereits deswegen bejahte, weil Nachfrager nicht zwischen mehreren Anbietern wählen konnten.
[85] *Fischer* ZIP 3/2005, 107; ähnlich *Berstermann* in Pünder/Schellenberg, § 5 VO PR Nr. 30/53 Rn. 12.
[86] Siehe auch Erster Runderlass betr. Durchführung der VO PR Nr. 30/53 über die Preise bei öffentlichen Aufträgen vom 21.11.1953, MinBlBMWi 1953 Nr. 24, 515, zu § 4 Abs. 1 lit. a).
[87] VGH Kassel Urt. v. 29.8.2000, 11 UE 537/98, BeckRS 2005, 23185.
[88] *Michaelis/Rhösa*, Band 1, § 5 VPöA, 43; *Ebisch/Gottschalk*, § 5 Rn. 45.
[89] VGH Kassel Urt. v. 29.8.2000, 11 UE 537/98, BeckRS 2005, 23185.
[90] OVG Lüneburg Urt. v. 20.12.2000, 7 L 1276/00, abgedruckt in Michaelis/Rhösa, Band 4, Teil II 1996–2000, 56, 58.
[91] VGH Mannheim Urt. v. 31.5.2010, 2 S 2423/08, BeckRS 2010, 50831; siehe auch VG Düsseldorf Urt. v. 11.11.2003, 17 K 5472/02, NVwZ 2004, 1523, 1525 mwN.
[92] Eher abl. gegenüber der Einbeziehung ausländischer Märkte *Müller*, 28 f; eher zust. *Willenbruch*, Juristische Aspekte der Regulierung von Arzneimittelpreisen, PharmR 2010, 321, 323; *Ebisch/Gottschalk*, § 4 Rn. 39.

36 **bb) Verkehrsüblich.** Der Begriff der Verkehrsüblichkeit ist nicht legal definiert. Konsens ist jedoch, dass darunter der Preis zu verstehen ist, der bei vergleichbaren Aufträgen üblicherweise auf dem Markt (derzeit) erzielt wird.[93] Besteht kein objektiver Marktpreis muss der im Verkehr übliche betriebssubjektive Preis gesucht werden,[94] d. h. der Preis, den der jeweilige Anbieter in der Regel für die Leistung erhält.

37 Für die Bejahung eines Marktpreises ist es nicht erforderlich, dass es nur einen verkehrsüblichen Preis auf dem Markt gibt; vielmehr können sich ohne weiteres **verschiedene wiederholt am Markt gezahlte Preise** finden, aus dessen Bandbreite sich der Marktpreis ergibt.[95]

38 **Listenpreise** sind nicht per se Marktpreise. Dass die Preisliste seit geraumer Zeit besteht und durch neuere Preislisten abgelöst und veröffentlicht wird ist jedoch ein Indiz für einen Marktpreis.[96] Werden Listenpreise nicht durchgehend angewandt[97] muss der verkehrsübliche Preis anhand der tatsächlichen Absätze ermittelt werden.[98]

b) Allgemeine und besondere Marktpreise

39 **Allgemeiner Markt ist** der sachlich, zeitlich und räumlich ordnungsgemäß abgegrenzte Markt für die benötigte Leistung, sofern sie allgemein beschafft werden kann. Der sich auf diesem Markt herausgebildete Preis ist der allgemeine Marktpreis. Ein **besonderer Markt** entsteht mit **Durchführung einer Wettbewerbsvergabe**, typischerweise durch Ausschreibung oder bei freihändiger Vergabe, wenn mehrere Unternehmer zur Angebotsabgabe aufgefordert worden sind.[99] Preisrechtlich entscheidend ist weniger, dass das Vergabeverfahren förmlich durchgeführt wird oder welche Vergabeart angewendet wird, sondern dass durch dieses Verfahren ein Markt mit wettbewerblicher Preisbildung entsteht.[100] Ein Wettbewerbspreis entsteht nur dann durch eine Vergabe, wenn (i) eine exakte Leistungsbeschreibung des Auftraggebers gewährleistet, dass sich alle Preisangebote auf die funktional oder konstruktiv gleiche Leistung beziehen, (ii) tatsächlich Angebote mehrerer Anbieter abgegeben werden, und (iii) die Angebote sowohl in technischer Leistung als auch preislich vergleichbar sind, d. h. in Preisart (z. B. Total-Festpreis versus Basis-Festpreis mit Preisgleitklausel) und Preisrelation (d. h. die Preise dürfen nicht so weit auseinander liegen, dass keine Wettbewerbswirkung mehr besteht).[101]

40 Ausschreibungs- bzw. Vergabeergebnisse können somit nicht automatisch als Marktpreise nach § 4 Abs. 1 anerkannt werden, sondern es muss zusätzlich zur Marktgängigkeit überprüft werden welches der verkehrsübliche Preis für die marktgängigen Leistungen in

---

[93] Richtlinien des Bundesministers für Wirtschaft und des Bundesministers für Finanzen für öffentliche Auftraggeber zur Anwendung der VO PR Nr. 30/53 über die Preise bei öffentlichen Aufträgen vom 21.11.1953, v. 1.7.1955 idF v. 6.3.1961 und v. 18.7.1962, Nummer 18 b; *Fischer*, ZIP 3/2005, 108; ähnlich: VGH Kassel Urt. v. 29.8.2000, 11 UE 537/98, BeckRS 2005, 23185; *Ebisch/Gottschalk*, § 4 Rn. 47, 53.

[94] *Ebisch/Gottschalk*, § 4 Rn. 48.

[95] OVG Lüneburg Urt. v. 20.12.2000, 7 L 1276/00, abgedruckt in Michaelis/Rhösa, Band 4, Teil II 1996–2000, 56, 61; Richtlinien des Bundesministers für Wirtschaft und des Bundesministers für Finanzen für öffentliche Auftraggeber zur Anwendung der VO PR Nr. 30/53 über die Preise bei öffentlichen Aufträgen vom 21.11.1953, v. 1.7.1955 idF v. 6.3.1961 und v. 18.7.1962, Nummer 18 b; aA auch nicht *Ebisch/Gottschalk*, § 4 Rn. 28, der lediglich feststellt, dass es nur einen preisrechtlich höchstzulässigen Preis gibt.

[96] Ähnlich *Müller*, 33 f; *Ebisch/Gottschalk*, § 4 Rn. 56 ff.

[97] Voraussetzung der Anerkennung als subjektiver Marktpreis VGH Kassel Urt. v. 29.8.2000, 11 UE 537/98, BeckRS 2005, 23185.

[98] *Hertel/Pietraszek*, 21.

[99] VGH Kassel Urt. v. 29.8.2000, 11 UE 537/98, BeckRS 2005, 23185.

[100] *Müller*, 40 f.

[101] *Müller*, 42 f.

diesem besonderen Markt ist.[102] Letzteres ist z. B. abzulehnen, wenn Bieter ihren betriebssubjektiven Preis überschreiten oder ohne eine Kalkulation auf gut Glück ein Angebot abgeben.[103]

Besteht kein allgemeiner Markt und wurde es unterlassen durch eine Ausschreibung 41 einen besonderen Markt zu schaffen, hat dies jedenfalls aus preisrechtlicher Sicht keine Folgen, weil sich eine wettbewerbliche Vergabe nicht nachholen lässt; der Preis wird dann anhand der Selbstkosten ermittelt.[104] Nach der Rechtsprechung führt das Fehlen einer erforderlichen Ausschreibung zwar nicht zur Rechtswidrigkeit einer Berücksichtigung vertraglich vereinbarter Entgelte in einer Gebührenkalkulation. Die öffentliche Hand muss dann jedoch auf andere Weise nachweisen, dass das vereinbarte und in die Kalkulation eingestellte Entgelt erforderlich ist. Dieser Nachweis, dass voraussichtlich auch bei einer Ausschreibung keine niedrigeren Entgelte hätten vereinbart werden können, ist in der Regel erbracht, wenn der geschlossene Vertrag den Vorschriften des Preisprüfungsrechts, v. a. der VO PR Nr. 30/53, entspricht, unerheblich davon, ob die VO PR Nr. 30/53 tatsächlich anwendbar ist.[105] (Preisrechtlich) entscheidend sei nicht die fehlende Ausschreibung, sondern ob die Preise erforderlich sind.[106]

c) Abgeleitete Marktpreise, § 4 Abs. 2 VO PR Nr. 30/53

Soweit Leistungen mit marktgängigen Leistungen im Wesentlichen vergleichbar sind, sind 42 Abschläge und können Zuschläge auf einen marktgängigen Preis vorgenommen werden, soweit es die Abweichungen von den marktgängigen Leistungen rechtfertigen (§ 4 Abs. 2).

Ein Preis kann dabei **nur aus originären Marktpreisen** und nicht aus besonderen 43 Preisen abgeleitet werden, weil die Wirkung besonderer Preise mit Erfüllung des ausgeschriebenen Auftrages untergeht und sonst die vorrangig durchzuführende Ausschreibung oder freihändige Vergabe durch Preisableitung nach § 4 Abs. 2 umgangen würde.[107]

Vergleichspreis ist bei technischen Leistungsunterschieden immer der Preis derjenigen 44 marktgängigen Leistung, die der geforderten Leistung technisch und marktgängig am nächsten steht und die unter gleichartigen Auftragsverhältnissen und örtlichen und zeitlichen Bedingungen zustande gekommen ist.[108]

Die wesentliche Vergleichbarkeit ist in der Regel **unter technischen Gesichtspunk-** 45 **ten zu prüfen.** Ein Preis nach § 4 Abs. 2 ist folgendermaßen zu ermitteln: Zunächst ist für die Mehr- oder Minderleistung ein Marktpreis zu ermitteln und dieser ist von dem Marktpreis der vergleichbaren Leistung abzuziehen oder zuzuschlagen. Ist dies nicht möglich, sind der Nutzungs- oder Gebrauchswert zwischen der beauftragten und der zu vergleichenden Marktleistung zu vergleichen und entsprechend ein Zu- oder Abschlag in Höhe des Unterschieds vorzunehmen. Kommt keine der beiden Möglichkeiten in Betracht, bestimmt die Höhe der Mehr- oder Minderkosten gegenüber der marktgängigen Leistung die Größe des Zu- oder Abschlags.[109] In der Praxis ist die letzte Methode die

---

[102] VGH Kassel Urt. v. 29.8.2000, 11 UE 537/98, BeckRS 2005, 23185; *Müller*, NZBau 2011, 720, 723 f; *Ebisch/Gottschalk*, § 4 Rn. 70.
[103] *Ebisch/Gottschalk*, § 4 Rn. 71 ff.
[104] VGH Mannheim Urt. v. 31.5.2010, 2 S 2423/08, BeckRS 2010, 50831; OVG Schleswig Urt. v. 16.2.2005, 2 LB 109/03, BeckRS 2005, 27260; *Müller*, 41 f; *Ebisch/Gottschalk*, § 1 Rn. 111.
[105] VG Stade Urt. v. 28.3.2007, 4 A 936/05, BeckRS 2007, 23200.
[106] VG Freiburg Urt. v. 20.6.2008, 4 K 1144/07, BeckRS 2008, 37895.
[107] *Müller*, 52.
[108] *Müller*, 51 f.
[109] Erster Runderlass betr. Durchführung der VO PR Nr. 30/53 über die Preise bei öffentlichen Aufträgen vom 21.11.1953, v. 22.12.1953, MinBlBMWi 1953 Nr. 24, 515, zu § 4 Abs. 2 lit. a).

häufigste.¹¹⁰ Bei der Ermittlung der Zu- und Abschläge sind die LSP nicht als zwingende Preisvorschrift anwendbar, sie können jedoch als Anhalt herangezogen werden.¹¹¹

d) Preisnachlässe, § 4 Abs. 3 VO PR Nr. 30/53

46 Gemäß § 4 Abs. 3 der VO ist der Auftragnehmer verpflichtet, dem öffentlichen Auftraggeber diejenigen **Vorteile** einzuräumen, die beim Vorliegen gleicher Verhältnisse nichtöffentlichen Auftraggebern üblicherweise gewährt werden oder gewährt werden würden. Zu den Vorteilen zählen Rabatte, d. h. z. B. Mengen- und Treuerabatte, Zahlungsbedingungen wie Skonti und Ratenzahlungen, sowie Lieferungsbedingungen wie Transportversicherungen und Verpackungskosten.¹¹² Vorteile die *„gewährt werden würden"* sind solche, die zwar bisher noch nicht gewährt wurden, aber bei denen mit an Sicherheit grenzender Wahrscheinlichkeit davon ausgegangen werden kann, dass der Auftragnehmer sie gewährt hätte, wenn ein solcher Fall bereits vorgekommen wäre (z. B. ein erhöhter Rabatt bei einer Bestellung in einer noch nicht vorgekommenen Größenordnung).¹¹³

e) Besondere Auftragsverhältnisse, § 4 Abs. 4 VO PR Nr. 30/53

47 § 4 Abs. 4 verlangt sowohl für originäre als auch für abgeleitete Marktpreise eine **zwingende Unterschreitung und fakultative Überschreitung des Marktpreises,** sollten es die besonderen Verhältnisse des Auftrages kostenmäßig rechtfertigen. Dies geschieht, indem das nach § 4 Abs. 1 bis 3 gefundene Ergebnis erneut überprüft wird. Derartige besonderen Umstände können z. B. vorliegen, wenn der Auftragnehmer aufgrund des außergewöhnlich hohen Umfangs des Auftrags geringere Kosten als üblich hat, oder der Auftraggeber Arbeitskräfte oder Material bereitstellt oder die Auftragsgegenstände selbst abholt und der Arbeitnehmer dadurch geringere Kosten hat.¹¹⁴ Nicht darunter fallen etwa Produktions- und Anlieferungsrisiken des Auftragnehmers.¹¹⁵

48 Bei Verstößen gegen die Vorgaben des § 4 Abs. 2 und 4 und daraus resultierendem Überschreiten des höchstzulässigen Preises greift § 134 BGB und es tritt der zulässige Preis an Stelle des vereinbarten.¹¹⁶

3. Selbstkostenpreise

49 Selbstkostenpreise bestehen in drei Formen: Selbstkostenfestpreise, Selbstkostenrichtpreise und Selbstkostenerstattungspreise (§ 5 Abs. 6). Selbstkostenpreise sind nur anwendbar, wenn (i) keine der VO vorgehenden allgemeinen oder besonderen Preisvorschriften bestehen, (ii) kein Marktpreis nach § 4 festgestellt werden kann oder (iii) eine Mangellage vorliegt oder der Wettbewerb auf der Anbieterseite beschränkt ist und hierdurch die Preisbildung nach § 4 nicht nur unerheblich beeinflusst wird (§ 5 Abs. 1).

50 Innerhalb der Selbstkostenpreise besteht wiederum ein **Stufenverhältnis.** Vorrangig sind Selbstkostenfestpreise zu vereinbaren, können diese nicht festgestellt werden Selbstkostenrichtpreise, und nur als letzte Möglichkeit Selbstkostenerstattungspreise.

51 Selbstkosten im Sinne des § 5 sind die angemessenen (nicht die tatsächlichen) Kosten des betroffenen Arbeitnehmers, der Begriff der Angemessenheit wird anhand der Vorga-

---

[110] *Ebisch/Gottschalk*, § 4 Rn. 110.
[111] OLG Koblenz Urt. v. 10.12.1999, 10 U 38/99, abgedruckt in Michaelis/Rhösa, Band 4, Teil II 1996–2000, 36.
[112] *Michaelis/Rhösa*, Band 1, Einf., 18 f.
[113] *Ebisch/Gottschalk*, § 4 Rn. 134 ff.
[114] *Müller*, 58 f.
[115] OLG Celle, Beschl. v. 6.11.1964, 3 Ws (B) 14/64, abgedruckt in Michaelis/Rhösa, Band 4, II 1961–1965, 16, 17.
[116] *Ebisch/Gottschalk*, § 4 Rn. 117, 161.

ben der LSP ausgelegt.[117] Der **Selbstkostenpreis besteht aus** den Selbstkosten, d. h. Herstellungskosten (Fertigungsstoffkosten, Fertigungskosten, Entwicklungs- und Entwurfskosten), Verwaltungskosten und Vertriebskosten sowie dem kalkulatorischen Gewinn (vgl. Nr. 4 Abs. 3 LSP).

Der Wettbewerb kann nach **§ 5 Abs. 1 Nr. 2** auf der Anbieterseite dadurch beschränkt sein, dass die Wettbewerber wettbewerbsbeschränkende Vereinbarungen tätigen (§ 1 GWB), z.B. Preise absprechen (und nicht nur, siehe oben, im Falle einer mangelnden Anzahl von Anbietern).[118] Erfährt der Auftraggeber von einer solchen wettbewerbsbeschränkenden Vereinbarung nach Durchführung der Ausschreibung, aber vor Erteilung des Zuschlags, so werden Angebote der betroffenen Bieter vom Verfahren ausgeschlossen (§ 16 Abs. 3f VOL/A). Ist der Vertrag bereits abgeschlossen, so hat der Auftraggeber das Recht vom Vertrag zurückzutreten oder ihn mit sofortiger Wirkung zu kündigen (§ 8 Nr. 2 VOL/B). Der Auftraggeber kann den Vertrag jedoch auch fortsetzen, wobei die Vergütung im Sinne von § 5 Abs. 1 Nr. 2 auf einen Selbstkostenpreis umzustellen wäre.[119] 52

a) Selbstkostenfestpreis, § 6 Abs. 1, 2 VO PR Nr. 30/53

Selbstkostenfestpreise werden anhand einer Vorkalkulation ermittelt und spätestens unmittelbar nach Abschluss des Vertrags festgelegt. Sie sind für beide Parteien von Vorteil, da Planungssicherheit bezüglich des finanziellen Spielraums besteht, der Auftragnehmer eventuell durch Einsparmaßnahmen weitere Gewinne erzielen kann und der Verwaltungsaufwand geringer ist als bei den anderen Arten der Selbstkostenpreise. Das Risiko, dass die tatsächlichen Kosten höher oder niedriger ausfallen als in der Vorkalkulation ermittelt, tragen, sofern keine anderslautenden Preisvorbehalte vereinbart werden, beide Parteien. 53

b) Selbstkostenrichtpreis, § 6 Abs. 3 VO PR Nr. 30/53

Der Selbstkostenrichtpreis wird anhand einer Vorkalkulation ermittelt und beim Vertragsabschluss als vorläufiger Preis vereinbart. Der Selbstkostenrichtpreis soll dann vor Beendigung der Fertigung, d. h. während der Leistungserbringung, und sobald die Grundlagen der Kalkulation übersehbar sind, in einen Selbstkostenfestpreis umgewandelt werden. Obwohl der Selbstkostenrichtpreis nicht bindend ist (und sich in beide Richtungen verändern kann), verlangen öffentliche Auftraggeber in der Regel, dass der später durch Umwandlung entstehende Selbstkostenfestpreis einem bestimmten Betrag gemäß in der Höhe begrenzt ist – in der Regel entspricht dieser vereinbarte Höchstbetrag dem Selbstkostenrichtpreis.[120] Anwendungsbereich der Selbstkostenrichtpreise sind z.B. neuartige Güter, Serienanfertigung bei Übergang von der Versuchsfertigung und umfangreiche Beschaffungsvorhaben von technisch hochwertigen und aus vielen Einzelteilen bestehenden Geräten.[121] 54

c) Selbstkostenerstattungspreis, § 7 VO PR Nr. 30/53

Selbstkostenerstattungspreise sind nur vorläufige Preise und werden endgültig durch Nachkalkulation ermittelt (Nr. 6 b LSP). Die Vergütung wird zunächst dem Grunde nach vereinbart, die Höhe ergibt sich dann durch Kalkulation nach Abschluss der Leistungser- 55

---

[117] *Ebisch/Gottschalk*, § 5 Rn. 12.
[118] Vertiefend hierzu *Michaelis/Rhösa*, Band 1, § 5 VPöA, 12 ff; *Ebisch/Gottschalk*, § 5 Rn. 16 ff.
[119] Siehe hierzu auch Richtlinien des Bundesministers für Wirtschaft und des Bundesministers für Finanzen für öffentliche Auftraggeber zur Anwendung der VO PR Nr. 30/53 über die Preise bei öffentlichen Aufträgen vom 21.11.1953, v. 1.7.1955 idF v. 6.3.1961 und v. 18.7.1962, Nr. 24 d (4), 15 sowie *Michaelis/Rhösa*, Band 1, § 5 VPöA, 18 ff.
[120] *Michaelis/Rhösa*, Band 1, § 6 VPöA, 32; *Ebisch/Gottschalk*, § 6 Rn. 40.
[121] *Michaelis/Rhösa*, Band 1, § 6 VPöA, 33.

bringung.[122] Die Unsicherheit der Vergütung und das damit einhergehende finanzielle Risiko der Parteien kann dadurch begrenzt werden, dass, entsprechend § 7 Abs. 1 Satz 2, die Höhe der erstattungsfähigen Kosten durch Vereinbarung begrenzt wird. Um dem Vorrang der anderen Preistypen genüge zu tun sollen auch bei grundsätzlicher Anwendung des Selbstkostenerstattungspreises, soweit möglich, für Kalkulationsbereiche feste Sätze oder Preise, d. h. Selbstkostenfestpreise, vereinbart werden (§ 7 Abs. 2).

56 Anwendungsbereich des Selbstkostenerstattungspreises sind Studien-, Forschungs- und Entwicklungsverträge, Instandsetzungs- und Wartungsleistungen, Fertigung von Prototypen und andere Leistungen, bei denen vor Abschluss der Leistungserbringung keine zuverlässigen Kalkulationsgrundlagen bestehen.[123]

d) Aufgaben der Preisbildungsstelle und Vorgehen bei gleichen Leistungsaufträgen an mehrere Auftragnehmer

57 Jedes Bundesland hat eine Preisbildungsstelle; sie ist zum Teil mit der Preisüberwachungsstelle identisch. **Zuständigkeiten der Preisbildungsstelle** liegen zum einen in dem Erlass von Verfügungen, wenn sich Auftraggeber und -nehmer nicht darüber einigen können ob eine Mangellage vorliegt oder der Wettbewerb auf der Anbieterseite beschränkt ist und hierdurch die Preisbildung nach § 4 der VO nicht nur unerheblich beeinflusst wird (§ 5 Abs. 2 Nr. 2), zum anderen in einer Festsetzungsbefugnis des Selbstkostenpreises im Falle einer fehlenden Einigung zwischen Auftraggeber und -nehmer über die Feststellung der Rechtmäßigkeit des Selbstkostenpreises durch den Auftraggeber (§ 10 Abs. 4 Satz 2). Im ersten Fall folgt aus einer Verfügung der Preisbildungsstelle, dass die Voraussetzungen nicht vorliegen, dass kein Selbstkostenpreis angewandt werden darf und ein Marktpreis zu bilden ist. Liegen die Voraussetzungen dagegen vor, so ist der Selbstkostenpreis anzuwenden.[124] Im Falle des § 10 Abs. 4 Satz 2 setzt die Preisbildungsstelle den zulässigen Selbstkostenpreis der Höhe nach (durch einen Verwaltungsakt)[125] fest.

58 Die Sollvorschrift des § 5 Abs. 4 normiert eine Abweichung vom grundsätzlich anzuwendenden betriebssubjektiven Preis, sofern **mehrere Auftragnehmer über die gleiche Leistung** zu Selbstkostenpreisen beauftragt werden. Liegen gleiche Voraussetzungen im Sinne von Startbedingungen vor und sind keine Besonderheiten bei einem Auftragnehmer zu berücksichtigen, so sollen für die Aufträge auch die gleichen Preise vereinbart werden.[126]

III. Ermittlung des Selbstkostenpreises nach LSP und Rechtsprechung

59 Die LSP sind nach § 8 der VO anwendbar bzw. in den in Nr. 1 Abs. 1 der LSP dargelegten Fällen für die Preisermittlung auf Grund von Selbstkosten heranzuziehen. Dass die Anwendbarkeit der LSP auch vertraglich vereinbart werden kann zeigt, dass es nicht nur verbindliche Preisvorschriften für öffentliche Aufträge sind, sondern betriebswirtschaftliche Grundsätze und Regeln zur Ermittlung eines nach wirtschafts- und preispolitischen Gesichtspunkten angemessenen Selbstkostenpreises. Allerdings muss bei der Forderung der **Anwendbarkeit** immer beachtet werden, dass nicht durch die Anwendbarkeit der Leitsätze in anderen Fällen als der VO PR Nr. 30/53 marktwirtschaftliche Grundsätze umgangen werden.[127]

---

[122] *Michaelis/Rhösa*, Band 1, § 7 VPöA, 4.
[123] *Michaelis/Rhösa*, Band 1, § 7 VPöA, 13.
[124] *Michaelis/Rhösa*, Band 1, § 5 VPöA, 31.
[125] *Michaelis/Rhösa*, Band 1, § 10 VPöA, 17.
[126] Siehe auch *Ebisch/Gottschalk*, § 5 Rn. 33 ff.
[127] *Michaelis/Rhösa*, Band 1, Einf., 22.

1. Allgemeine Anforderungen an Auftragnehmer

Nr. 2 LSP verpflichtet die Auftragnehmer zur Führung eines geordneten Rechnungswesens. Dies ist erforderlich, da nur dadurch auch tatsächlich Selbstkosten ermittelt, d.h. Kosten und Leistungen des Betriebes festgestellt werden können. Mindestinhalt des geordneten Rechnungswesens ist, dass dadurch Kosten und Leistungen festgestellt, Kosten- und Leistungsrechnung mit der Aufwands- und Ertragsrechnung abgestimmt sowie Preise auf Grund von Selbstkosten ermittelt werden können (Nr. 2 Satz 2 LSP). Soweit ein Auftragnehmer den Grundsätzen der ordnungsgemäßen Buchführung folgt, kann davon ausgegangen werden, dass auch dem Maßstab der Nr. 2 LSP genügt wird.[128]

Die Pflicht des Auftragnehmers nach Nr. 3 LSP, auf Verlangen eine Erklärung über die Einhaltung der preisrechtlichen Vorschriften und Leitsätze abzugeben, soll v.a. zur Beachtung der Vorschriften anhalten und wird insbesondere dann genutzt, wenn der Auftraggeber vom Auftragnehmer keine Einzelheiten der Kalkulation verlangt.[129]

2. Grundsätze der Preisermittlung

Abschnitt II der LSP enthält die Grundsätze der Preisermittlung auf Grund von Selbstkosten, d.h. welche Kosten bei der Preisermittlung zu berücksichtigen sind (Nr. 4), welche Arten der Preisermittlung auf Grund von Selbstkosten (Nr. 5) und Selbstkostenpreise (Nr. 6) existieren, welche Mengen zugrunde zu legen sind (Nr. 7), wie die Güter und Dienste in Bezug auf Vorsteuern und Beträge sowie Tagespreis bzw. Anschaffungspreis zu bewerten sind (Nr. 8), welche Angaben bei der Preiskalkulation anzugeben sind (Nr. 9) sowie Vorgaben zur Gliederung der Preiskalkulation (Nr. 10).

Nach Nr. 4 werden die Kosten aus Menge, d.h. Verbrauch, und Wert der verbrauchten Güter und in Anspruch genommenen Diensten ermittelt. Ferner sind, in Präzisierung der nur zulässigen Berücksichtigung von angemessenen Kosten (vgl. § 5 Abs. 1), nur solche Kosten zu berücksichtigen, die bei wirtschaftlicher Betriebsführung zur Erstellung der Leistungen entstehen. Diese zentrale Vorgabe verhindert, dass ein Selbstkostenpreis zur Kostentreibung und Unwirtschaftlichkeit verleitet.[130]

Praktische Bedeutung für den Auftragnehmer hat Nr. 10 LSP, die Vorgaben zu Aufbau und Form der Gliederung der Preiskalkulation macht, wobei dem Auftragnehmer ein Gestaltungsspielraum verbleibt.

3. Bestandteile des Selbstkostenpreises

Abschnitt III beschreibt, unterteilt in verschiedene Kosten, die einzelnen **Bestandteile des Selbstkostenpreises.** Im Detail machen die LSP Vorgaben zu den Stoffen (LSP Nr. 11–21), d.h. die verschiedenen Stoffarten werden erfasst und definiert sowie Vorgaben gemacht, inwieweit diese Stoffe in die Kosten einzuberechnen sind. Die Leitsätze teilen Stoffe in Fertigungsstoffe (Nr. 11), auswärtige Bearbeitung (Nr. 12), Hilfs- und Betriebsstoffe (Nr. 12), Sonderbetriebsmittel (Nr. 14) und Brennstoffe und Energie (Nr. 15) ein; Nr. 16 bis 21 geben dann zusätzliche Vorgaben wie bei den Stoffen die Menge zu ermitteln (Nr. 16) und zu bewerten ist (Nr. 17), Einstandspreise zu verstehen sind (Nr. 18) sowie Zulieferungen aus eigenen Vorbetrieben (Nr. 19), kostenlos beigestellte Stoffe (Nr. 20) sowie Reststoffe (Nr. 21) einzupreisen sind. Weitere Vorgaben beziehen sich etwa auf die Einbeziehung von Personalkosten, Steuern und Gebühren oder kalkulatorische Kosten wie Zinsen und Einzelwagnisse sowie den kalkulatorischen Gewinn. Die Regeln hier einzeln darzulegen würde den Rahmen dieser Kommentierung sprengen –

---

[128] *Hertel/Pietraszek*, 42.
[129] *Michaelis/Rhösa*, Band 1, Einf., 23.
[130] *Michaelis/Rhösa*, Band 1, Einf., 24.

erwähnt sei hier lediglich beispielhaft, dass grundsätzlich von den Leitsätzen abweichende Bewertungsgrundsätze zulässig sind (Nr. 17 Abs. 4) und der Auftragnehmer alle Vorteile wie Mengenrabatte an den Auftraggeber preismindernd weiterreichen muss (Nr. 18 Abs. 2, 3).

66 Vorgaben zur Berücksichtigung der **Kosten für Forschung und Entwicklung** finden sich vereinzelt in den LSP – sie sind in der Preiskalkulation gesondert auszuweisen (Nr. 10 Abs. 3 LSP) und es ist zwischen freier und gebundener Entwicklung zu unterscheiden, wobei letztere[131] zwischen Auftraggeber und Auftragnehmer ausdrücklich zu vereinbaren und in den Kalkulationen getrennt von den freien Entwicklungen auszuweisen sind (Nr. 28 Abs. 2 LSP). Während sich die freie Entwicklung an technischen und wirtschaftlichen Bedürfnissen des Auftragnehmers orientiert und so vom Auftragnehmer zu bestimmen ist, geht die explizit zu vereinbarende gebundene Entwicklung darüber hinaus und der Auftraggeber trägt die Kosten.[132]

67 Nr. 37 ff LSP machen **Vorgaben zu den kalkulatorischen Kosten**, d. h. Kostenarten, die nicht aufgrund ihres unmittelbaren Anfalls bei der Selbstkostenpreisbildung berücksichtigt werden können.[133] Hierzu zählen Anlageabschreibungen, Zinsen und Einzelwagnisse[134]. Die kalkulatorischen Kosten können als Mittel genutzt werden, den Preis anhand dieser dehnbaren Vorgaben zu verändern. Dadurch, dass es anders als bei den effektiv angefallenen Kosten keine tatsächlich eindeutige Preisangabe gibt, kann der öffentliche Auftraggeber etwa durch öffentliche Diskussion, ob die angegebenen Kosten gerechtfertigt sind, Druck auf den Auftragnehmer ausüben,[135] sowie der Auftragnehmer seinerseits Flexibilität an den Tag legen; selbstredend nur innerhalb einer zulässigen Auslegung der Regelungen.

68 Entsprechend Nr. 48 Abs. 1, 51, 52 LSP wird im Rahmen des kalkulatorischen Gewinns das **allgemeine Unternehmerwagnis**[136] sowie ein **Leistungsgewinn**, sofern eine besondere unternehmerische Leistung in wirtschaftlicher, technischer oder organisatorischer Hinsicht vorliegt, abgegolten. Letzterer kann nur berechnet werden, wenn er zwischen Auftraggeber und Auftragnehmer vereinbart wurde. Sinn des allgemeinen Unternehmerwagnisses ist es, langfristig das Unternehmen gegen Gefahren und Risiken unternehmerischer Tätigkeit zu sichern. Zum allgemeinen Unternehmerwagnis gehören z. B. Konjunkturrückgänge, plötzliche Nachfrageverschiebungen, Geldentwertungen und technische Fortschritte; außerdem müssen daraus alle Aufwendungen gedeckt werden, die nach den LSP nicht zu den Kosten gehören.[137]

69 Die **Höhe des kalkulatorischen Gewinns** richtet sich nach der jeweiligen Vereinbarung zwischen dem öffentlichen Auftraggeber und dem Auftragnehmer, berechnet sich in der Regel nach einem Prozentsatz der Netto-Selbstkosten und bewegt sich in der Praxis zwischen 2,5 % und 5 %.[138] Es ist jedoch jeder Einzelfall zu prüfen – auch ein Unternehmerwagnis von unter 1 % kann ausreichend sein, etwa wenn der Auftraggeber sich zu

---

[131] Nr. 27 LSP: „*Entwicklungs- und Entwurfsarbeiten, Forschungen, Versuche und Herstellung von Probestücken, die die werkseigene so genannte „freie" Entwicklung überschreiten".*
[132] *Ebisch/Gottschalk*, Nr. 27 LSP Rn. 3 f.
[133] *Hertel/Pietraszek*, 44.
[134] Nr. 47 Abs. 3 LSP: „*Einzelwagnisse sind die mit der Leistungserstellung in den einzelnen Tätigkeitsgebieten des Betriebes verbundenen Verlustgefahren".* Näheres zu Ermittlung und Nachweis der Einzelwagnisse in Nr. 48 Abs. 2, 49 und 50 LSP.
[135] *Hertel/Pietraszek*, 45 f.
[136] Nr. 47 Abs. 2 LSP: „*Wagnisse, die das Unternehmen als Ganzes gefährden, die in seiner Eigenart, in den besonderen Bedingungen des Wirtschaftszweiges oder in wirtschaftlicher Tätigkeit schlechthin begründet sind."*
[137] St. Rspr, z. B. OVG Münster Urt. v. 24.6.2008, 9 A 373/06, BeckRS 2008, 37215; VG Freiburg Urt. v. 20.6.2008, 4 K 1144/07, BeckRS 2008, 37895, Rn. 75.
[138] VGH Mannheim Urt. v. 31.5.2010, 2 S 2423/08, BeckRS 2010, 50831; *Michaelis/Rhösa*, Band 1, LSP Nr. 51, 7.

Mindestabnahmen verpflichtet hat.[139] Bei der Beurteilung der Angemessenheit eines Unternehmerwagnisses ist auch einzubeziehen ob die Preise vorkalkulatorisch oder nachkalkulatorisch festgelegt werden, da bei letzterem das Risiko von Ausfällen für den Auftragnehmer geringer ist, unabhängig davon, ob für die Selbstkostenfestpreise eine Preisgleitklausel vereinbart wurde.[140]

Obwohl die VO PR Nr. 30/53 grundsätzlich für jede Vergabe öffentlicher Aufträge gilt (in den Grenzen des § 2), können andere Vorschriften eine **nach den LSP zulässige Geltendmachung von Kosten ausschließen.** Speziell zum kalkulatorischen Gewinn hat das BVerwG ein Urteil des OVG Münster bestätigt und dessen Auslegung nicht widersprochen, wonach das Kommunalwirtschafts- und abgabenrecht bei der Vergabe eines öffentlichen Auftrags an eine kommunale Eigengesellschaft im Vergleich zur VO PR Nr. 30/53 speziellere Vorgaben macht und so die Geltendmachung eines Gewinnzuschlags ausschließen kann.[141] 70

IV. Preisprüfung

Im Rahmen der Preisprüfung überprüft die zuständige Dienststelle am Ort der Auftragnehmerleistung die Rechtmäßigkeit des Zustandekommens des Preises.[142] Das Preisprüfungsrecht ist ein öffentlich-rechtliches **Instrument der Preisüberwachung.** Es ist zwar systemfremd in einer freien Marktwirtschaft, jedoch zur Aufrechterhaltung des Preisstandes auf dem Gebiet des öffentlichen Auftragswesens und wohl auch aufgrund der besonderen Verantwortung des Fiskus für die Ausgabe von Steuergeldern erforderlich.[143] 71

Es bestehen **drei Arten von Preisprüfungsrechten** – dass der Preisdienststellen der Länder nach § 9, das Feststellungsrecht bezüglich Selbstkostenpreisen der dazu ermächtigten öffentlichen Auftraggeber nach § 10, und das des Bundesamtes für Wehrtechnik und Beschaffung auf der Grundlage des Übereinkommens zwischen dem Bundesminister der Verteidigung und dem Bundesminister für Wirtschaft vom 14.7.1966, letzte Fassung vom 1.2.2010. 72

Auch die Vereinbarung anderer Prüfrechte aufgrund **privatrechtlicher Vereinbarung** zusätzlich zu den hoheitlichen oder falls kein Prüfungsrecht nach §§ 9, 10 VO PR Nr. 30/53 greift ist üblich und zulässig, solange nicht in das hoheitliche Prüfungsrecht verändernd eingegriffen wird.[144] 73

1. Preisprüfungsrecht der Preisdienststellen

Die **Zahl der preisrechtlichen Prüfungen** bundesweit ist 2006 bis 2009 stetig gestiegen, um ab 2010 auf 2012 nunmehr 1.741 leicht zu fallen, der Wert der geprüften Aufträge dagegen war schwankend zwischen EUR 1.284.701.163 und EUR 4.099.982.300. Die vom BMWi veröffentlichten Statistiken[145] weisen für die Jahre 2006 bis 2012 jeweils 74

---

[139] OVG Schleswig Urt. v. 16.2.2005, 2 LB 109/03, BeckRS 2005, 27260.
[140] VG Minden Urt. v. 17.10.2007, 13 K 795/06, BeckRS 2008, 34049; vgl. auch OVG Münster, Urt. v. 24.6.2008, 9 A 373/06, BeckRS 2008, 37215; VG Düsseldorf Urt. v. 10.9.2008, 16 K 4245/07, BeckRS 2008, 39462.
[141] BVerwG Beschl. v. 14.9.2006, 9 B 2/06, NVwZ 2006, 1404,1405 f.
[142] *Hertel/Pietraszek*, 94.
[143] *Müller*, 26.
[144] Zum Streit um die Zulässigkeit privatrechtlicher Prüfungsrechte und Unterschieden zur hoheitlichen Prüfung siehe *Ebisch/Gottschalk*, § 2 Rn. 82 ff, § 10 Rn. 37 ff; Berstermann in Pünder/Schellenberg, § 9 VO PR Nr. 30/53 Rn. 34 ff.
[145] Statistische Erhebungen, Prüfung von deutschen Verteidigungs-, Stationierungs-, sonstigen öffentlichen Aufträgen und Zuwendungen in den Jahren 2005–2012, www.bmwi.de/DE/Themen/Wirtschaft/Wettbewerbspolitik/oeffentliche-auftraege,did=190906.html .

für verhängte Geldbußen und Mehrerlöse in allen Bundesländern einen Wert von Null aus, nennen jedoch zahlreiche Rechnungskürzungen.

75 Eine Preisprüfung muss nicht bedeuten, dass auch der Verdacht eines Preisverstoßes vorliegt. Sie kann auch stattfinden um einen Preisverstoß rechtzeitig zu vermeiden.[146] Grundsätzlich kann jeder im Zusammenhang mit öffentlichen Aufträgen angebotene, vereinbarte oder in Rechnung gestellte Preis einer Preisprüfung unterzogen werden.[147] In der Praxis beantragen meist Auftraggeber eine Preisprüfung – sie kann jedoch auch auf Initiative der Behörde oder auf Antrag des Auftragnehmers hin vorgenommen werden.[148]

76 Es gibt **keine zeitliche Befristung** der Preisprüfung. Die Preisprüfung ist frühestens ab Einreichung eines Angebots möglich.[149]

77 Das Preisprüfungsrecht nach § 9 bezieht sich auf alle Preisarten der VO und wird von den derzeit fast 40 Preisüberwachungsstellen der Bundesländer durchgeführt.[150] Prüft die Behörde Marktpreise und Wettbewerbspreise, so untersucht sie z.B. die Verkaufsunterlagen um die Marktgängigkeit und Verkehrsüblichkeit des Preises feststellen zu können und berücksichtigt dabei auch die tatsächliche Wettbewerbssituation auf der Anbieterseite.[151] Der **Nachweis des Zustandekommens des Preises** wird bei Marktpreisen nicht über Offenlegung einer Kalkulation gebracht, sondern durch Vorlage von Unterlagen, v.a. Angebotsaufforderungen, Angeboten, Verträgen und Rechnungen um damit nachzuweisen, dass die Leistung marktgängig ist, dass ein Marktpreis gebildet wurde und dem öffentlichen Auftraggeber kein über dem Marktpreis liegender Preis berechnet wurde sowie die anderen Voraussetzungen des § 4 Abs. 1, 2, 3 eingehalten wurden.[152] Die Preisbehörde prüft die Unterlagen vergleichend statt wie bei der Prüfung von Selbstkostenpreisen die Kalkulation.[153] Bei einer Überprüfung abgeleiteter Preise nach § 4 Abs. 2 und i.S.v. § 4 Abs. 4 modifizierter Marktpreise werden auch die Kosten untersucht.[154] Bei Selbstkostenerstattungspreisen überprüft die Behörde nur die Kosten.[155] Bestehen bei durch Ausschreibung oder freihändige Vergabe im Wettbewerb zustande gekommenem besonderem Marktpreis Zweifel, ob es einen ordnungsgemäßen Wettbewerb gab, wird die Preisbehörde die mit der Angebotsaufforderung zusammenhängenden Unterlagen prüfen.[156]

78 Im Rahmen der Preisprüfung obliegen den Auftragnehmern **Preisauskunfts- und Preisnachweispflichten**. Verlangen der Preisüberprüfungsbehörde nach § 9 sind in der Regel als Verwaltungsakte ausgestaltet[157] und können dann auch mit Widerspruch angegriffen werden. Innerhalb der (behördlichen oder) verwaltungsgerichtlichen Kontrolle der Verfügungen nach § 9 kann auch uneingeschränkt überprüft werden ob die Behörde den richtigen Preistyp bestimmt hat.[158] Der Auftragnehmer hat kein Recht, gegenüber der Preisüberprüfungsbehörde wegen Geschäftsgeheimnissen Dokumente oder Informationen

---

[146] *Michaelis/Rhösa*, Band 1, Einf., 21.
[147] *Müller*, 147.
[148] *Müller*, 150.
[149] *Michaelis/Rhösa*, Band 1, § 9 VPöA, 6.
[150] Liste unter http://www.bmwi.de/DE/Themen/Wirtschaft/Wettbewerbspolitik/oeffentliche-auftraege,did=190906.html . § 8 Abs. 1 Satz 1 PreisG, wonach die obersten Landesbehörden die Preisüberwachung ausüben, ist als Zuständigkeitsregel inzwischen obsolet, da das vorrangige Grundgesetz in Art. 83, Art. 84 Abs. 1 Satz 1 bestimmt, dass die Länder die Einrichtung der Behörden und das Verwaltungsverfahren ausführen und folglich die Festlegung der für die Preisüberwachung zuständigen Stelle den Ländern obliegt.
[151] *Müller*, 148.
[152] *Michaelis/Rhösa*, Band 1, § 9 VPöA, 19.
[153] *Michaelis/Rhösa*, Band 1, § 9 VPöA, 19; *Ebisch/Gottschalk*, § 9 Rn. 36.
[154] *Müller*, 148; *Michaelis/Rhösa*, Band 1, § 9 VPöA, 20.
[155] *Müller*, 149.
[156] *Michaelis/Rhösa*, Band 1, § 9 VPöA, 19f.
[157] *Müller*, 151; *Michaelis/Rhösa*, Band 1, § 9 VPöA, 42.
[158] OVG Lüneburg Urt. v. 20.12.2000, 7 L 1276/00, abgedruckt in Michaelis/Rhösa, Band 4, Teil II 1996–2000, 56, 58.

zurückzuhalten, da er ausreichend dadurch geschützt ist, dass die Behörde diese Informationen nicht weitergeben darf (§ 30 VwVfG).[159] Ein Auskunftsverweigerungsrecht des Auftragnehmers besteht im Rahmen des § 9 Abs. 2 nur insoweit, als sich der Auftragnehmer sonst selbst einer strafbaren Handlung oder Ordnungswidrigkeit bezichtigen würde.[160] Die Preisnachweis- und auskunftspflicht besteht bereits für den Bieter, auch den erfolglosen.[161] Dies begründet sich daraus, dass die VO bereits Verhaltensregeln für den Bietzeitraum aufstellt, dass bereits der Verstoß gegen die Preisvorschriften verhindert werden soll und es für die Preisprüfung keine zeitliche Vorgabe gibt. Zum Inhalt der Preisnachweispflicht siehe bereits oben. Beachte: Der Auftragnehmer muss nach § 9 Abs. 1 Satz 1 nicht die Zulässigkeit des Preises, sondern das Zustandekommen des Preises nachweisen. Die am weitesten gehenden Pflichten obliegen dem Auftragnehmer bei Selbstkostenpreisen; er muss umfassend die entstandenen Kosten und deren Angemessenheit nachweisen und der Preisbehörde hierfür alle erforderlichen Unterlagen zugänglich machen. Die LSP geben Aufschluss darüber, wie die Kosten im Rechnungswesen des Auftragnehmers darzustellen sind.

Die Prüfungsbehörde ist an den **Grundsatz der Erforderlichkeit** gebunden.[162] Dadurch können je nach Preistyp auch nur bestimmte Unterlagen verlangt und eingesehen werden, bei Marktpreisen nach § 4 Abs. 1 etwa Preislisten, Ausschreibungsunterlagen, Angebote, Ausgangsrechnungen und einschlägige Korrespondenz, bei Selbstkostenfestpreisen nach § 6 Abs. 2 dagegen die Vorkalkulation.[163] Weil der Preistyp die Erforderlichkeit des behördlichen Eingriffs festlegt, ist vor Erlass einer auf § 9 gestützten Verfügung eine verbindliche Entscheidung der Behörde über den Preistyp notwendig.[164] 79

Aus dem hoheitlichen Preisprüfungsrecht folgt auch die Pflicht der Auftragnehmer, die für die Überprüfung notwendigen Unterlagen mindestens fünf Jahre aufzubewahren (§ 9 Abs. 1 Satz 3). Die Fünfjahrespflicht beginnt im Falle eines Vergabeverfahrens mit Aushändigung des Angebots an den Auftraggeber.[165] 80

Als **Ergebnis der Preisprüfung** erstellt die Preisüberprüfungsbehörde einen Prüfungsbericht als gutachterliche Stellungnahme (d.h. keinen Verwaltungsakt), so dass die Vertragsparteien auch nicht per se an das Prüfergebnis gebunden sind.[166] Es besteht nur eine materielle Bindungswirkung insoweit, als dass der festgestellte Höchstpreis, sofern er ordnungsgemäß ermittelt wurde, nach § 1 Abs. 3 nicht überschritten werden darf. Gegen den Prüfbericht ist der Widerspruch mangels Verwaltungsaktscharakters nicht möglich; auch ein anderer förmlicher Rechtsbehelf vor den Verwaltungsgerichten wird in der Regel nicht zulässig sein (aufgrund fehlender Beschwer durch den Preisbericht). Die gerichtliche Überprüfung des Prüfberichts erfolgt jedoch inzident im Nachgang der Preisprüfung nach § 11.[167] Der Prüfungsbericht folgt in der Regel bundesweit abgestimmten Mustern.[168] 81

Es ist strittig was passiert, wenn bereits **vor Abschluss einer Preisvereinbarung** über einen Selbstkostenpreis die Preisbehörde zu dem Ergebnis kommt, dass der angebotene 82

---

[159] *Ebisch/Gottschalk*, § 9 Rn. 19.
[160] *Ebisch/Gottschalk*, § 9 Rn. 75.
[161] *Michaelis/Rhösa*, Band 1, § 9 VPöA, 11; *Ebisch/Gottschalk*, § 9 Rn. 51 f.
[162] Siehe Wortlaut § 9 Abs. 2 Satz 2 VO PR Nr. 30/53; *Rittner*, Rn. 172; *Michaelis/Rhösa*, Band 1, § 9 VPöA, 15; *Ebisch/Gottschalk*, § 9 Rn. 59.
[163] OVG Lüneburg Urt. v. 20.12.2000, 7 L 1276/00, abgedruckt in Michaelis/Rhösa, Band 4, Teil II 1996–2000, 56, 57.
[164] OVG Lüneburg Urt. v. 20.12.2000, 7 L 1276/00, abgedruckt in Michaelis/Rhösa, Band 4, Teil II 1996–2000, 56, 58.
[165] *Ebisch/Gottschalk*, § 9 Rn. 82.
[166] OVG Lüneburg Urt. v. 20.12.2000, 7 L 1276/00, abgedruckt in Michaelis/Rhösa, Band 4, Teil II 1996–2000, 56, 58; *Müller*, 150; *Hertel/Pietraszek*, 11, 96.
[167] *Michaelis/Rhösa*, Band 1, § 9 VPöA, 45.
[168] Abgedruckt in Michaelis/Rhösa, Band 2, Teil II 2 l.

Preis über dem zulässigen Preis liegt.[169] Nach einer Ansicht wird das Angebot durch das Ergebnis der Preisprüfung analog § 134 ff BGB angepasst und der Bieter ist an dieses abgewandelte Angebot gebunden. Für diese Ansicht spricht insbesondere, dass so das Höchstpreisgebot wirksam in jedem Stadium des Verfahrens durchgesetzt werden kann. Dagegen spricht jedoch, dass §§ 134 ff BGB für Rechtsgeschäfte gilt, nicht für eine einseitige Willenserklärung wie das Angebot des Bieters. Stattdessen könne der Auftraggeber das Angebot zwar mit einem anderen Preis annehmen, dies wäre dann jedoch ein neuer Antrag. Der Bieter kann nicht automatisch an ein von ihm so nicht abgegebenes Gebot gebunden sein. Im Ergebnis ist der letzteren Auffassung aus rechtssystematischen und wettbewerblichen Gründen Vorzug zu geben. Dem Höchstpreisgebot wird genüge getan, indem kein Vertrag mit einem gegen das Höchstpreisprinzip verstoßenden Preis abgeschlossen wird. Die Vertragsfreiheit, die auch Ausdruck des Wettbewerbsprinzips ist, welches wiederum auch dem Preisrecht zugrunde liegt, sowie eine präzise Anwendung der §§ 133–150 BGB gebieten es, den Bieter nicht ohne zwingenden Anlass an ein von ihm nicht getätigtes Angebot zu binden.

2. Feststellungsrechte nach § 10 VO PR Nr. 30/53

83 Das Feststellungsrecht ist das Recht, (neben der Preisbehörde) alle Arten von Selbstkostenpreisen anhand der VO PR Nr. 30/53 sowie der LSP zu prüfen.[170] Der Auftraggeber hat die in § 9 Abs. 2 Satz 2 und Abs. 3 beschriebenen Befugnisse. Da er diese nicht hoheitlich wahrnimmt, sondern aufgrund einer öffentlich-rechtlichen Ermächtigung privatrechtlich tätig wird, ist der Verwaltungsrechtsweg gegen Prüfmaßnahmen des Auftraggebers im Rahmen des Feststellungsrechts nicht möglich. Gerichtliche Auseinandersetzungen über Unterlassungsansprüche gegen den Auftraggeber oder zu leistende Zahlungen wären vor den ordentlichen Gerichten auszutragen. Gegenwärtig bestehen keine Feststellungsrechte nach § 10;[171] in der Vergangenheit besaßen die Deutsche Bundesbahn sowie die Deutsche Bundespost ein allgemeines Feststellungsrecht.[172]

3. Prüfungsrecht des Bundesamtes für Wehrtechnik und Beschaffung

84 Das Recht des Verteidigungsministeriums mit Auftragnehmern privatrechtliche Preisprüfrechte zu vereinbaren gründet sich auf das Übereinkommen mit dem BMWi.[173] Das Prüfungsrecht wird jeweils vertraglich mit dem Auftragnehmer vereinbart und bezieht sich nur auf Selbstkostenpreise – für die Überprüfung von Marktpreisen sind die Preisüberprüfungsbehörden ausschließlich zuständig und auch sonst bleiben die Befugnisse der Preisüberwachungsbehörden vom Ressortabkommen unberührt.

85 Auf ein Abkommen zwischen dem Bundesamt für Wehrtechnik und Beschaffung (BWB), dem Bundesminister für Wirtschaft und den für die Preisbildung zuständigen obersten Landesbehörden gründet sich auch eine besondere Form der Preisprüfung – die sogenannte **Kurzpreisprüfung.** Bei dieser überprüft die Preisüberprüfungsbehörde verkürzt eine marktgängige Leistung daraufhin, ob die Voraussetzungen des § 4, insbesondere Absatz 3 und 4, vorliegen. Ziel ist es, in Fällen besonderer Eile schnell über den zulässigen

---

[169] Vertiefend hierzu mwN *Michaelis/Rhösa*, Band 1, § 9 VPöA, 37 ff.
[170] *Michaelis/Rhösa*, Band 1, § 10 VPöA, 9.
[171] *Michaelis/Rhösa*, Band 1, Einf., 20.
[172] *Müller*, 152; *Hertel/Pietraszek*, 97; Verleihung des Feststellungsrechts vom 24.12.1953 abgedruckt in Michaelis/Rhösa, Band 2, Teil II 1 e; aufgehoben am 27.1.1994, *Michaelis/Rhösa* Band 2, Teil II 1 n.
[173] Übereinkommen zwischen dem Bundesminister der Verteidigung und dem Bundesminister für Wirtschaft v. 14.7.1966, zuletzt geändert am 1.2.2010. Siehe auch Erläuterungen des Bundesministers für Wirtschaft und Technologie zur Ressortvereinbarung v. 21.2.2006.

V. Preisvorbehalte

1. Zulässigkeit von Preisvorbehalten

Preisvorbehalte dienen dazu, bei Vertragsschluss nicht vorhersehbare Marktrisiken auf die Parteien zu verteilen, indem sich der zunächst vereinbarte Preis unter festgelegten Bedingungen im Nachhinein verändert oder veränderbar ist. Eine Form des Preisvorbehalts sind **Preisgleitklauseln**, bei denen der endgültige Preis, ausgehend vom ursprünglich festgelegten Preis, von der Preisentwicklung bestimmter Kostenelemente, etwa Materialpreise oder Löhne, abhängig gemacht und die Mehr- oder Minderkosten dem ursprünglichen Preis hinzugerechnet oder abgezogen werden.[176] Sie sind ein wichtiger Teil des Preisrechts, da sie Marktrisiken zwischen den Vertragspartnern verteilen, und dadurch sowohl zu Einsparungen für die öffentliche Hand führen können als auch dem Auftragnehmer einen Anreiz zur Angebotsabgabe geben. 86

Weder die VO PR Nr. 1/72 über die Preise für Bauleistungen bei öffentlichen oder mit öffentlichen Mitteln finanzierten Aufträgen noch die VO PR Nr. 30/53 enthalten eine **Regelung zur Zulässigkeit von Preisvorbehalten**. Insbesondere hat § 1 Abs. 2, wonach feste Preise vereinbart werden sollen, nichts mit Vereinbarungen eines Preisvorbehalts zu tun. Denn das Gegenstück zu festen Preisen sind nicht Preisvorbehalte sondern vorläufige Preise, d. h. im Rahmen der VO PR Nr. 30/53 Selbstkostenricht- und Selbstkostenerstattungspreise.[177] Weder die Vereinbarung von Preisvorbehalten noch die von Preisgleitklauseln wird durch den Grundsatz fester Preise ausgeschlossen,[178] da mit Vorbehalten und Gleitklauseln v. a. die in- und deflationäre Preisentwicklung während der Vertragslaufzeit nominal erfasst wird.[179] 87

Zu beachten sind jedoch die **Grundsätze zur Anwendung von Preisvorbehalten bei öffentlichen Aufträgen** von 1972 für alle öffentlichen Aufträge.[180] Nach diesen ist die Genehmigung von Preisvorbehalten restriktiv zu handhaben, da Preisvorbehalte dazu geeignet seien Preissteigerungsimpulse auszulösen und bestehende Preisauftriebstendenzen zu verstärken sowie den Widerstand von Unternehmen gegen Kostenerhöhungen zu schwächen. Das Rundschreiben erkennt jedoch auch das schwer kalkulierbare Risiko künftiger Entwicklungen für die Unternehmer an. Nichtsdestotrotz seien Preisvorbehalte nur zu vereinbaren, wenn wesentliche und nachhaltige Änderungen der Grundlagen für die Preisbildung zu erwarten seien. Im Wesentlichen werden folgende Grundsätze aufgestellt: Festen Preisen ohne Preisvorbehalten ist der Vorzug zu geben; Preisvorbehalte sind nicht zu vereinbaren, wenn sie unter den gegebenen Umständen nicht üblich sind; es soll keine Preisvorbehalte ohne Bindung an bestimmte Kostenfaktoren geben; und grundsätzlich sind Preisvorbehalte nur möglich, wenn zwischen Angebotsabgabe und Lieferung 88

---

[174] *Ebisch/Gottschalk*, § 9 Rn. 115.
[175] *Michaelis/Rhösa*, Band 1, § 9 VPöA, 32.
[176] *Michaelis/Rhösa*, Band 1, § 1 VPöA, 11.
[177] *Hertwig* in BeckVOB-Komm, § 15 VOB/A Rn. 35; Auch *Müller*, 23 beschreibt den Gegensatz von festen Preisen als Preise, die zunächst nur vorläufiger Natur sind bzw. nach Vertragsschluss in ihrer Höhe noch nicht feststehen, z. B. Selbstkostenricht- und Selbstkostenerstattungspreise.
[178] Siehe bereits Erster Runderlass betr. Durchführung der VO PR Nr. 30/53 über die Preise bei öffentlichen Aufträgen vom 21.11.1953, v. 22.12.1953, MinBlBMWi 1953 Nr. 24, 515, zu § 1 Abs. 2.
[179] *Müller*, 23.
[180] Rundschreiben des Bundesministers für Wirtschaft und Finanzen betr. Grundsätze zur Anwendung von Preisvorbehalten bei öffentlichen Aufträgen vom 2.5.1972, Anlage 6 zu *Ebisch/Gottschalk*.

bzw. Fertigstellung mindestens zehn Monate liegen. Zusätzlich werden recht strenge Vorgaben für Preisgleitklauseln aufgestellt.

89 Da die einschränkende Anwendung von Preisvorbehalten nicht verordnet, sondern lediglich in den Grundsätzen dargestellt wird, ist es den öffentlichen Auftraggebern nicht gesetzlich verwehrt, entgegen der Grundsätze Preisvorbehalte zuzugestehen oder abzulehnen. Die öffentlichen Auftraggeber sind jedoch innerdienstlich an die Grundsätze gebunden, so dass sie in der Regel auch angewandt werden.[181]

90 Im Prinzip sind Preisvorbehalte für alle Arten von festen Preisen möglich; bei Marktpreisen muss jedoch danach differenziert werden, ob nicht für die gleiche Leistung (zeitlich und sachlich) ein Marktpreis ohne Preisklausel besteht (dann unter Umständen Verstoß gegen Vorrang des Marktpreises),[182] ob sich der Marktpreis nach Listenpreisen richtet (dann Preisvorbehalt in der Regel möglich; Listenpreise werden anhand der veränderten Kosten neu kalkuliert), oder sich ein Marktpreis durch eine Vergabe herausgebildet hat (dann Preisvorbehalt möglich, sofern Auftraggeber einen solchen in der Angebotsaufforderung zugelassen hat).[183]

2. Insbesondere: Preisgleitklauseln

91 Preisgleitklauseln sind eine besondere Form der Preisvorbehalte.

92 Explizite Regeln zu Preisgleitklauseln im öffentlichen Preisrecht (auch außerhalb vom Vergaberecht) finden sich insbesondere im PrKG. § 1 Abs. 1 PrKG verbietet **automatisch wirkende Indexierungen.**[184] § 1 Abs. 2 PrKG benennt Klauseln, die von dem Verbot ausgenommen sind (Leistungsvorbehalts-, Spannungs- und Kostenelementeklauseln sowie Klauseln, die zu einer Ermäßigung der Geldschuld führen können), während § 2 Abs. 1 PrKG iVm §§ 3 bis 7 PrKG bestimmte Preisklauseln in bestimmten Vertragstypen von dem Verbot ausnimmt (näher eingegrenzte Preisklauseln in langfristigen Verträgen (§ 3), Erbbaurechtsverträge (§ 4), Geld- und Kapitalverkehr (§ 5), Verträge mit Gebietsfremden (§ 6) sowie Verträge zur Deckung des Bedarfs der Streitkräfte (§ 7)). Zusätzlich gilt die **Ausnahme vom Preisklauselverbot** bei langfristigen Verträgen nach § 3 PrKG und in Verbraucherkreditverträgen iSd §§ 491 und 506 BGB verwendeten Preisklauseln nur, wenn die Preisklausel hinreichend bestimmt ist und keine Vertragspartei unangemessen benachteiligt (§ 2 Abs. 1 PrKG). Die unbestimmten Rechtsbegriffe „hinreichend bestimmt" und „unangemessene Benachteiligung" werden in § 2 Abs. 2 und Abs. 3 PrKG näher erläutert. So ist es zwar nicht erforderlich, dass der Preis in beide Richtungen identisch durch die Preisklausel veränderbar ist, oder dass unterschiedliche Schwankungsbreiten oder Kappungsgrenzen zwischen Betrag und Bezugsgröße vorgesehen werden.[185] Es muss jedoch durch die Preisklausel nicht nur eine Erhöhung, sondern auch eine entsprechende Ermäßigung des Zahlungsanspruchs möglich sein (§ 2 Abs. 3 Nr. 1 PrKG) oder sich der geschuldete Betrag gegenüber der Entwicklung der Bezugsgröße unverhältnismäßig ändern können (§ 2 Abs. 3 Nr. 3 PrKG).

93 Anders als in der bis 2007 geltenden Rechtslage (siehe FN 184) sieht das PrKG **keine Genehmigungen von Preisklauseln** vor. Nicht unter die Ausnahmeklauseln fallende Preisklauseln sind (erst) unwirksam, wenn der Verstoß gegen das PrKG rechtskräftig festgestellt wurde; bis zu dieser Feststellung bestehen die Rechtswirkungen der Preisklausel fort (§ 8 PrKG). Dem Risiko, dass die Parteien die Klauseln selbst prüfen und dadurch

---

[181] *Ebisch/Gottschalk*, § 1 Rn. 51.
[182] *Ebisch/Gottschalk*, § 1 Rn. 56.
[183] *Michaelis/Rhösa*, Band 1, § 1 VPöA, 22 ff; zu letzterem siehe auch Rn. 97.
[184] BT Drs. 13/10334, 41; Die Norm befand sich bis zum 7.9.2007 in § 2 Abs. 1 Preisangabengesetz. § 2 Preisangabengesetz wurde zu dem Datum aufgehoben, ebenfalls die aufgrund von § 2 Abs. 2 Preisangabengesetz erlassene Preisklauselverordnung; alle Normen wurden im PrKG zusammengefügt.
[185] *Gabriel/Schulz* ZfBR 2007, 448, 450.

möglicherweise unwirksame Klauseln verwenden, wird dadurch Rechnung getragen, dass die Unwirksamkeit erst zum Zeitpunkt des rechtskräftig festgestellten Verstoßes eintritt.[186] Die Sonderregelung des § 8 Satz 1 PrKG geht folglich der nach § 134 BGB grundsätzlich sofort eintretenden Nichtigkeit vor.

Bezüglich der **Folge der Unwirksamkeit** der Preisklausel für den Rest des Vertrages gelten die allgemeinen Grundsätze der §§ 134 ff BGB,[187] insbesondere § 139 BGB. Im Falle eines überhöhten Preises ist aus Schutz des benachteiligten Vertragspartners grundsätzlich von einer Teil- und keiner Gesamtnichtigkeit auszugehen[188] und es ist zu prüfen, ob die Parteien eine andere wirksame Vereinbarung akzeptiert hätten um die Unwirksamkeit des Vertrags zu vermeiden.[189] Eventuelle Rückforderungsansprüche richten sich insbesondere nach § 812 Abs. 1 BGB.   94

Über die Regelungen im PrKG hinaus normiert **§ 9 Abs. 9 VOB/A** für öffentliche Beschaffungen über Bauleistungen, dass eine angemessene Änderung der Vergütung in den Vertragsunterlagen möglich ist, wenn wesentliche Änderungen der Preisermittlungsgrundlagen zu erwarten sind,[190] deren Eintritt oder Ausmaß ungewiss ist. Dabei sind die Einzelheiten der Preisänderungen festzulegen. Dem Wortlaut nach gilt § 9 Abs. 9 VOB/A zwar nicht nur für längerfristige Verträge, allerdings sind nur bei diesen wesentliche Änderungen der Preisermittlungsgrundlagen zu erwarten deren Eintritt oder Ausmaß ungewiss ist.[191] Nach § 9 Abs. 9 VOB/A liegen Preisgleitklauseln im Falle des Vorliegens der Voraussetzungen somit im Ermessen des öffentlichen Auftraggebers,[192] wobei bei der Beurteilung ob die Voraussetzungen gegeben sind und ob eine Preisgleitklausel vereinbart werden sollte die oben dargestellten Grundsätze des Bundesministers für Wirtschaft und Finanzen herangezogen werden können. Der Ermessensspielraum kann von den Vergabekammern nur begrenzt überprüft werden, d. h. es sind mehrere vertretbare Entscheidungsergebnisse möglich.[193]   95

§ 9 Abs. 9 VOB/A ist wortgleich mit dem bis 2009 geltenden § 15 VOB/A. Bis 2009 enthielt die VOL/A eine wortgleiche Regelung für längerfristige Verträge in § 15 Nr. 2, die jedoch im Zuge der **Vergaberechtsreform 2009** nicht in die **neue VOL/A** übernommen wurde. Stattdessen verweist die VOL/A lediglich auf VO PR Nr. 30/53 und VO PR Nr. 1/89 (§ 2 Abs. 4 VOL/A und § 2 EG Abs. 4 VOL/A). Die fehlende Übernahme von § 15 Nr. 2 VOL/A aF kann jedoch nicht bedeuten, dass Preisgleitklauseln nunmehr außerhalb des Anwendungsbereichs der VOB/A unzulässig sind. Denn die nach § 2 Abs. 4 VOL/A und § 2 EG Abs. 4 VOL/A geltende VO PR Nr. 30/53 enthält kein derartiges Verbot und die oben beschriebenen Grundsätze gelten auch hier. Für eine grundsätzliche Zulässigkeit spricht auch, dass eine Klausel in Ausschreibungsbedingungen, nach der eine Preiskorrektur gänzlich ausgeschlossen wird, unwirksam ist, weil es sich dabei um eine unangemessene Benachteiligung zu Lasten der Bieter handelt, mit dem der Auftraggeber einseitig seine Interessen ohne angemessene Berücksichtigung der Belange des Bieters durchzusetzen sucht.[194]   96

---

[186] OLG Celle Beschl. v. 20.12.2007, 4 W 220/07, NZM 2008, 301, 302.
[187] BGH Urt. v. 3.10.1953, II ZR 216/52, BeckRS 31203717.
[188] *Armbrüster* in Münchener Kommentar zum BGB, Band 1/1, 6. Aufl., § 134 Rn. 63, 107.
[189] *Gabriel/Schulz* ZfBR 2007, 448, 451.
[190] Siehe *Weyand* ibr-online, Stand 26.11.2012, § 9 VOB/A Rn. 86 mit Rechtsprechungsbeispielen.
[191] *Weyand* ibr-online, Stand 26.11.2012, § 9 VOB/A Rn. 90ff mwN zur Rechtsprechung zum Begriff „längerfristige Verträge".
[192] Siehe Wortlaut und z.B. VK Baden-Württemberg Beschl. v. 26.3.2010, 1 VK 11/10.
[193] VK Bund Beschl. v. 21.6.2010, VK 2–53/10; *Weyand* ibr-online, Stand 26.11.2012, § 9 VOB/A Rn. 79ff mwN.
[194] VK Hessen Beschl. v. 19.9.2002, 69 d VK – 46/2002; *Weyand* ibr-online, Stand 26.11.2012, § 9 VOB/A Rn. 82; Auch § 2 Nr. 3 VOL/B sowie § 2 Abs. 3 VOB/B, wonach unter bestimmten Umständen ein neuer Preis zu vereinbaren ist.

97 Um Vergleichbarkeit herzustellen können Preisgleitklauseln nur einheitlich durch entsprechende **Vorgaben in den Verdingungsunterlagen** von allen Bietern angeboten werden.[195] Denn würde ein Nebenvorschlag mit einer in den Verdingungsunterlagen nicht vorgesehenen Preisgleitklausel berücksichtigt werden, würde dies eine unterschiedliche Bewertung der Preise bedingen und damit die Preise untereinander nicht vergleichbar erscheinen lassen.[196] Der öffentliche Auftraggeber kann jedoch die Preisgleitklausel im Laufe der Ausschreibung statt in den ursprünglichen Verdingungsunterlagen aufnehmen; solange alle Bewerber informiert werden liegt auch kein Verstoß gegen den Gleichbehandlungsgrundsatz vor.[197]

98 Preisgleitklauseln sollten immer eine **Bagatellklausel** enthalten, d. h. erst wirksam werden wenn ein bestimmter Mindestbetrag der Kostenänderung überschritten wird.[198] Eine Preisgleitklausel ist mit einem Selbstkostenfestpreis vereinbar.[199]

VI. Verfassungsmäßigkeit der VO

99 § 2 PreisG und die VO PR Nr. 30/53 sind – unabhängig vom Alter und veränderten Wirtschaftsrahmenbedingungen – wirksam. Diese Einschätzung wird auch vom großen Teil der Literatur[200], gestützt auf die Rechtsprechung[201], geteilt.

100 Nach BVerfG-Entscheidungen[202] hat sich auch die etwas neuere **Rechtsprechung** explizit mit der Verfassungsgemäßheit des § 2 PreisG auseinandergesetzt und diese bestätigt.[203] Während das BVerfG noch offen gelassen hat, ob § 2 PreisG aufgrund seines Übergangscharakters infolge Zeitablaufs gegenstandslos geworden ist und somit nicht mehr als Ermächtigungsnorm dienen kann,[204] haben spätere Entscheidungen etwa des BVerwG dies explizit verneint.[205] Begründet wird dies damit, dass es Aufgabe des Gesetzgebers sei darüber zur entscheiden, ob ein nicht befristetes Gesetz wegen Erreichung seines Ziels außer Kraft treten soll. Ohne eine solche Entscheidung entfalle die rechtliche Wirksamkeit nur, wenn der Regelungsgegenstand oder der Regelungsanlass offensichtlich weggefallen ist; im Bereich des öffentlichen Auftragswesens dagegen hätten sich die Ver-

---

[195] VK Düsseldorf Beschl. v. 7. 6. 2001, VK – 13/2001 –B.
[196] VK Düsseldorf Beschl. v. 7. 6. 2001, VK – 13/2001 –B; *Weyand* ibr-online, Stand 26. 11. 2012, § 9 VOB/A Rn. 84.
[197] VK Baden-Württemberg Beschl. v. 26. 3. 2010, 1 VK 11/10.
[198] *Gabriel/Schulz* ZfBR 2007, 448, 452; *Weyand* ibr-online, Stand 26. 11. 2012, § 9 VOB/A Rn. 89.
[199] *Ebisch/Gottschalk*, Nr. 6 LSP Rn. 1.
[200] *Greiffenhagen* VergabeR 2013, 415; *Michaelis/Rhösa*, Band 1, Präambel VPöA, 3 ff; *Berstermann* in Pünder/Schellenberg, Einl. VO PR Nr. 30/53 Rn. 20 f.; *Ebisch/Gottschalk*, Einf. Rn. 18 f.
[201] St. Rspr, u. a. BVerwG Urt. v. 21. 2. 1995, 1 C 36.92, NVwZ-RR 1995, 425 zur VO PR Nr. 1/72; VGH Kassel Beschl. v. 27. 9. 2006, 5 N 358/04, BeckRS 2007, 20150; VGH Kassel Beschl. v. 11. 1. 1999, 8 UE 3300/94, BeckRS 1999, 21428; VG Freiburg Urt. v. 20. 6. 2008, 4 K 1144/07, BeckRS 2008, 37895; OLG Bayern Beschl. v. 30. 12. 1959, 4 StrS – BWReg 87/58, abgedruckt in Michaelis Rhösa, Band 4, I 1956–1960, 11.
[202] BVerfGE 65, 248 Beschl. v. 8. 11. 1983, 1 BvR 1249/81; BVerfGE 53, 1 Beschl. v. 4. 12. 1979, 2 BvR 64/78 und 460/79; BVerfG Beschl. v. 8. 8. 1978, 2 BvR 406/78, abgedruckt in Michaelis/Rhösa, Band 4, I 1976–1980, 1; BVerfGE 8, 274, Beschl. v. 12. 11. 1958, 2 BvL 4,26,40/56, 1, 7/57.
[203] OVG Thüringen Beschl. v. 13. 4. 1999, 8 E 3033/98, amtl. Umdruck Seite 4; BVerwG Urt. v. 21. 2. 1995, 1 C 36.92, NVwZ-RR 1995, 425; OVG Frankfurt/Oder Beschl. v. 13. 6. 1996, 4 B 85/96, abgedruckt in Michaelis/Rhösa, Band 4, Teil I 1996–2000, 1.
[204] BVerfGE 65, 248, 260 Beschl. v. 8. 11. 1983, 1 BvR 1249/81; BVerfGE 53, 1, 16 Beschl. v. 4. 12. 1979, 2 BvR 64/78 und 460/79.
[205] BVerwG Urt. v. 21. 2. 1995, 1 C 36.92, NVwZ-RR 1995, 425; OVG Thüringen Beschl. v. 13. 4. 1999, 8 E 3033/98, amtl. Umdruck Seite 4.; VGH Kassel Beschl. v. 11. 1. 1999, 8 UE 3300/94, BeckRS 1999, 21428.

hältnisse nicht derart grundlegend verändert.[206] Auch halte sich die VO PR Nr. 30/53 im Rahmen der Ermächtigung des § 2 PreisG, insbesondere da sie sich an marktwirtschaftlichen Verhältnissen orientiere und auf eine kontrollierende Tätigkeit der Preisbehörden ziele und nicht gegen europäisches Recht verstoße.[207] Im Übrigen komme es für die Gültigkeit der VO PR Nr. 30/53 nicht darauf an ob § 2 PreisG inzwischen obsolet sei, da eine im Zeitpunkt ihres Erlasses auf gesetzlicher Grundlage ergangene Rechtsverordnung nicht durch den Fortfall der Ermächtigungsvorschrift in ihrer Gültigkeit berührt werde.[208]

Zwar werden in der **Literatur** zum Teil **Zweifel** vorgebracht, ob § 2 Abs. 1 PreisG **101** Inhalt, Zweck und Ausmaß der Ermächtigung zum Erlass einer Rechtsverordnung hinreichend genau bestimmt und somit im Einklang mit Art. 80 Abs. 1 Satz 2 GG steht.[209] Argumentiert wird insbesondere, dass die VO PR Nr. 30/53 nichtig sei, da ihr Zweck außerhalb des vom BVerfG gesteckten Rahmens von § 2 PreisG sei beziehungsweise das Ziel, die Aufrechterhaltung des Preisstandes, längst durch andere gesetzliche Maßnahmen verwirklicht werde, insbesondere durch GWB und Stabilitätsgesetz.[210] Ferner sei die VO PR Nr. 30/53 mangels Ermächtigungsgrundlage nichtig, weil § 2 PreisG inzwischen mangels sachlichen Anwendungsbereichs seit Einführung des Stabilitätsgesetzes 1967 unanwendbar sei.[211]

Diesen Literaturstimmen ist an **rechtlichen Argumenten** im Wesentlichen nichts anderes entgegenzusetzen als bereits die ständige Rechtsprechung (siehe oben) an Argumenten vorgebracht hat. Zwar mag es stimmen, dass sich die Notwendigkeit einer gesetzlichen Regelung zur Aufrechterhaltung des Preisstandes seit Erlass des PreisG und der VO PR Nr. 30/53 durch Veränderung der marktwirtschaftlichen Rahmenbedingungen stark verändert hat. Jedoch bleibt jedenfalls im Bereich des öffentlichen Auftragswesens bis heute sowohl ein sachlicher Anwendungsbereich als auch die Notwendigkeit einer solchen Regelung, weil hier eben – trotz Marktwirtschaft – mit dem öffentlichen Beschaffungsmarkt ein besonderer Markt betroffen ist, der zusätzlicher unterstützender Regelungen bedarf. Die Existenz des Stabilitätsgesetzes ändert an diesem Ergebnis nichts, da Stabilitätsgesetz und VO PR Nr. 30/53 grundlegend unterschiedliche Instrumentarien bereitstellen. Ein Gesetz, bei dem es um Maßnahmen aufgrund einer die volkswirtschaftliche Leistungsfähigkeit übersteigenden Nachfrageausweitung oder eine gefährdende Abschwächung der allgemeinen Wirtschaftstätigkeit geht, kann nicht ohne weiteres eine VO ersetzen, die einen gezielten Preisprüfungsmechanismus konkreter Verträge vorsieht, da die Maßstäbe der Normen nicht vergleichbar sind.

VII. Folgen von Verstößen

Verstöße gegen die VO PR Nr. 30/53 sind **Ordnungswidrigkeiten** (vgl. § 11 i.V.m. **103** §§ 3, 16 WiStG). Der Verweis in § 11 ist erforderlich, da § 3 WiStG als Blankettnorm durch auf sie verweisende Normen ausgefüllt werden muss,[212] § 11 selbst ist jedoch auch eine Blankettvorschrift, die nicht benennt, bei welchen Verstößen das WiStG Anwendung findet. Es ist allgemein anerkannt, dass bußgeldbewehrt zum einen Verstöße gegen das materielle Preisrecht in Form des Höchstpreisprinzips sind (hierzu bereits oben

---

[206] BVerwG Beschl. v. 4.5.1999, 1 B 34–99, NVwZ 1999, 1112; BVerwG Urt. v. 21.2.1995, 1 C 36.92, NVwZ-RR 1995, 425, 426; Thüringer OVG Beschl. v. 13.4.1999, 8 E 3033/98, amtl. Umdruck Seite 4 f.; VGH Kassel Beschl. v. 11.1.1999, 8 UE 3300/94, BeckRS 1999, 21428.
[207] OVG Thüringen Beschl. v. 13.4.1999, 8 E 3033/98, amtl. Umdruck Seite 5 f.
[208] BVerwG Beschl. v. 4.5.1999, 1 B 34–99, NVwZ 1999, 1112; VGH Kassel Beschl. v. 11.1.1999, 8 UE 3300/94, BeckRS 1999, 21428 mwN zur BVerfG-Rechtsprechung.
[209] *Brüning* VergabeR 2012, 836; *Moritz* BB 1994, 1871.; *Meng* DVBl. 1980, 613.
[210] *Moritz* BB 1994, 1871, 1872 f.
[211] *Moritz* BB 1994, 1871, 1873 f.
[212] *Nack* in Müller-Gugenberger/Bieneck, Wirtschaftsstrafrecht, 2011, § 61 Rn. 92.

Rn. 14, d. h. Verstöße gegen allgemeine und besondere Preisvorschriften (§ 3) sowie insbesondere § 1 Abs. 3 i.V.m. §§ 4–7) als auch Verstöße gegen die über § 8 geltenden LSP sowie Verstöße gegen die Preisnachweispflicht in den §§ 9 und 10.[213] Trotz Zweifel an der Rechtmäßigkeit einer solchen nicht klar umrissenen Verweisung und damit verbundener Begründung von Ordnungswidrigkeiten wird die Norm allgemein nicht als ungültig angesehen sondern nur eine sorgfältige Beachtung des Grundsatzes der Verhältnismäßigkeit gefordert.[214] Das **Bußgeld** kann gemäß § 3 Abs. 2 WiStG bis zu 25.000 EUR betragen – bußgeldbewehrt ist jedoch nur vorsätzliches oder fahrlässiges Handeln. Erfasst werden sowohl der Auftragnehmer als auch der Auftraggeber,[215] nach dem OWiG kann auch Täter sein wer für einen anderen (juristische oder natürliche Person) handelt (§ 9 OWiG) oder wer seine Aufsichtspflicht verletzt (§ 130 OWiG). Ferner kann auch gegen juristische Personen und Personenvereinigungen des Privatrechts ein Bußgeld, ebenfalls bis zu 25.000 EUR, verhängt werden (§ 30 OWiG). Zuständig für die Verfolgung von Ordnungswidrigkeiten und die Verhängung von Bußgeldern ist die jeweils örtlich zuständige Preisüberwachungsbehörde (§§ 35 ff OWiG).[216]

104 **Mitbieter** können einen Verfügungsanspruch (und damit eine **eigene Rechtsverletzung**) durch das Berufen auf eine Verletzung des Preisrechts geltend machen, d. h. vorbringen, dass das dem Zuschlag erteilte Angebot eines Mitbewerbers unterhalb von zwingendem Preisrecht liegt.[217] Anspruchsgrundlage ist entweder §§ 311, 241, 280 BGB in Verbindung mit der jeweiligen Verdingungsordnung oder Art. 3 GG in Verbindung mit den sich aus dem Rechtsstaatsprinzip ergebenden wesentlichen Vergabegrundsätzen.[218]

105 Stehen vom Auftraggeber in den Vergabeunterlagen festgelegte Vergütungsbestimmungen im Widerspruch zu verbindlichem Preisrecht (z. B. der HOAI oder der VO PR Nr. 30/53), kann der potentielle Auftragnehmer dies in einem **Vergabenachprüfungsverfahren** beanstanden.[219] Dass die Vergütungsbestimmung verbindlichem Preisrecht widerspricht ist eine für die Bieter unzumutbare Auftragsbedingung, der sich die Bieter nur durch einen Widerspruch entziehen können, wodurch sie jedoch die Vergabeunterlagen abändern was wiederum zum Ausschluss der Wertung des Angebots führt.[220]

D. HOAI

106 Zwingendes öffentliches Preisrecht (siehe bereits oben Rn. 25) findet sich ferner in Spezialvorschriften, etwa der HOAI. Die HOAI benennt verschiedene Leistungen, Leistungsbilder und Honorarzonen, stellt Grundsätze auf, wie das Honorar berechnet werden darf, und listet zulässige Mindest- und Höchstsätze für die Leistungen.[221] Das zwischen den Parteien schriftlich zu vereinbarende Honorar muss sich grundsätzlich im Rahmen dieser Sätze halten; eine Unterschreitung ist nur in Ausnahmefällen möglich (§ 7 Abs. 3 HOAI 2013). Die Höchstsätze wiederum dürfen nur bei außergewöhnlichen oder ungewöhnlich lange dauernden Grundleistungen durch schriftliche Vereinbarung überschritten werden, wobei Umstände, soweit sie bereits für die Einordnung in die Honorarzonen

---

[213] *Ebisch/Gottschalk*, § 11 Rn. 7; *Michaelis/Rhösa*, Band 1, § 11 VPöA, 4, § 9 VPöA, 27 f.
[214] *Ebisch/Gottschalk*, § 11 Rn. 10; *Michaelis/Rhösa*, Band 1, § 11 VPöA, 3 f.
[215] *Michaelis/Rhösa*, Band 1, § 11 VPöA, 5; OLG Bayern Beschl. v. 28. 1. 1960, BayObLGSt 1960, 38 f.
[216] *Ebisch/Gottschalk*, § 11 Rn. 53.
[217] LG Potsdam Beschl. v. 20. 11. 2009, 4 O 371/09, BeckRS 2010, 11367.
[218] LG Potsdam Beschl. v. 20. 11. 2009, 4 O 371/09, BeckRS 2010, 11367.
[219] OLG Düsseldorf Beschl. v. 21. 5. 2008, Verg 19/08, ZfBR 2008, 834, 837; *Pauka/Chrobot* VergabeR 2011, 405.
[220] OLG Düsseldorf Beschl. v. 21. 5. 2008, Verg 19/08, ZfBR 2008, 834, 837.
[221] Siehe auch § 11 Abs. 5 Satz 3 VOF 2009 (§ 16 Abs. 3 S. 3 VOF aF).

oder für die Einordnung in den Rahmen der Mindest- und Höchstsätze mitbestimmend gewesen sind, außer Betracht bleiben (§ 7 Abs. 4 HOAI 2013).[222]

Zweck der Mindestsätze ist die Vermeidung eines ruinösen Preiswettbewerbs zwischen Architekten, der die Qualität der Planungstätigkeit gefährden würde.[223] Ein Ausnahmefall für ein zulässiges Unterschreiten der Mindestsätze nach § 7 Abs. 3 HOAI liegt zum Beispiel dann vor, wenn die besonderen Umstände des Einzelfalles dies aufgrund enger Bindungen rechtlicher, wirtschaftlicher, sozialer oder persönlicher Art angemessen erscheinen lassen oder eine ständige Geschäftsbeziehung zwischen den Parteien besteht, zum Beispiel ein Rahmenvertrag zwischen einem Unternehmen und einem Architekten.[224]

107

Grundsätzlich kann ein Bieter wegen Unterschreitens der Mindestsätze der HOAI vom Vergabeverfahren ausgeschlossen werden, der Auftraggeber kann ihn aber nicht sofort ausschließen, sondern erst nach Scheitern von Nachverhandlungen.[225]

108

---

[222] Siehe auch OLG Stuttgart Urt. v. 29.5.2012, 10 U 142/11, NJW-RR 2012, 1043.
[223] BT-Drs. 10/543, 4 und BT-Drs. 10/1562, 5; BR-Drs. 395/09, 147.
[224] BR-Drs. 395/09, 165; vertieft hierzu zu § 4 HOAI 2002 *Vygen* in Korbion/Mantscheff/Vygen, HOAI, 7. Aufl. 2009, § 4 Rn. 83ff mwN zur Rechtsprechung. Siehe auch *Scholtissek* NZBau 2012, 150 zu Kriterien der aktuellen Rechtsprechung des BGH mwN.
[225] OLG Brandenburg Beschl. v. 8.1.2008, Verg W 16/07, IBR 2008, 179; *Müller-Wrede* VergabeR 2010, 754, 758.

§ 20 Green Procurement

Übersicht

	Rn.
A. Einleitung	1–4
B. Rechtliche Grundlagen	5–18
I. Rechtsgrundlagen auf europäischer Ebene	6–11
II. Europäische Rechtsgrundlagen de lege ferenda	12
III. Rechtsgrundlagen auf nationaler Ebene	13–18
C. Gestaltung einer „grünen Ausschreibung"	19–37
I. Auswahl des Auftragsgegenstands	20
II. Leistungsbeschreibung	21–26
III. Eignungskriterien	27–29
IV. Zuschlagskriterien	30–35
V. Auftragsausführungsbedingungen	36, 37

AEUV: Art. 11
VKR: Art. 23 Abs. 6, Art. 26, Art. 50, Art. 53 Abs. 1 lit. a)
SKR: Art. 34 Abs. 6, Art. 38, Art. 52 Abs. 3, Art. 55 Abs. 1 lit. a)
GWB: § 97 Abs. 4 Satz 2
VgV: § 4 Abs. 5–10, § 6 Abs. 2–6
VOL/A EG: § 7 Abs. 11, § 8 Abs. 5–7, § 19 Abs. 9
VOB/A: § 7 Abs. 7, 8, § 16 Abs. 6 Nr. 3
VOB/A EG: § 6 Abs. 9, § 7 Abs. 7, § 16 Abs. 7
VOF: § 6 Abs. 5, 6,
SektVO: § 7 Abs. 4–10, §§ 23, 29 Abs. 2

AEUV:

Art. 11 AEUV Umweltschutz; Querschnittsklausel

Die Erfordernisse des Umweltschutzes müssen bei der Festlegung und Durchführung der Unionspolitiken und -maßnahmen insbesondere zur Förderung einer nachhaltigen Entwicklung einbezogen werden.

VKR:

Art. 23 Abs. 6 VKR Technische Spezifikationen

(1) bis (5) hier nicht abgedruckt.

(6) Schreiben die öffentlichen Auftraggeber Umwelteigenschaften in Form von Leistungs- oder Funktionsanforderungen gemäß Absatz 3 Buchstabe b vor, so können sie die detaillierten Spezifikationen oder gegebenenfalls Teile davon verwenden, die in europäischen, (pluri-)nationalen Umweltgütezeichen oder anderen Umweltgütezeichen definiert sind, wenn
– sie sich zur Definition der Merkmale der Waren oder Dienstleistungen eignen, die Gegenstand des Auftrags sind,

– die Anforderungen an das Gütezeichen auf der Grundlage von wissenschaftlich abgesicherten Informationen ausgearbeitet werden;

– die Umweltgütezeichen im Rahmen eines Verfahrens erlassen werden, an dem interessierte Kreise – wie z. B. staatliche Stellen, Verbraucher, Hersteller, Händler und Umweltorganisationen – teilnehmen können,

– und wenn das Gütezeichen für alle Betroffenen zugänglich und verfügbar ist.

Die öffentlichen Auftraggeber können angeben, dass bei Waren oder Dienstleistungen, die mit einem Umweltgütezeichen ausgestattet sind, vermutet wird, dass sie den in den Verdingungsunterlagen festgelegten technischen Spezifikationen genügen; sie müssen jedes andere geeignete Beweismittel, wie technische Unterlagen des Herstellers oder Prüfberichte anerkannter Stellen, akzeptieren.

(7) bis (8) hier nicht abgedruckt.

Art. 26 VKR Bedingungen für die Auftragsausführung

Die öffentlichen Auftraggeber können zusätzliche Bedingungen für die Ausführung des Auftrags vorschreiben, sofern diese mit dem Gemeinschaftsrecht vereinbar sind und in der Bekanntmachung oder in den Verdingungsunterlagen angegeben werden. Die Bedingungen für die Ausführung eines Auftrags können insbesondere soziale und umweltbezogene Aspekte betreffen.

Art. 50 VKR Normen für Umweltmanagement

Verlangen die öffentlichen Auftraggeber in den in Artikel 48 Absatz 2 Buchstabe f genannten Fällen zum Nachweis dafür, dass der Wirtschaftsteilnehmer bestimmte Normen für das Umweltmanagement erfüllt, die Vorlage von Bescheinigungen unabhängiger Stellen, so nehmen sie auf das Gemeinschaftssystem für das Umweltmanagement und die Umweltbetriebsprüfung (EMAS) oder auf Normen für das Umweltmanagement Bezug, die auf den einschlägigen europäischen oder internationalen Normen beruhen und von entsprechenden Stellen zertifiziert sind, die dem Gemeinschaftsrecht oder gemäß einschlägigen europäischen oder internationalen Zertifizierungsnormen entsprechen. Gleichwertige Bescheinigungen von Stellen in anderen Mitgliedstaaten sind anzuerkennen. Die öffentlichen Auftraggeber erkennen auch andere Nachweise für gleichwertige Umweltmanagement-Maßnahmen an, die von den Wirtschaftsteilnehmern vorgelegt werden.

Art. 53 Abs. 1a VKR Zuschlagskriterien

(1) Der öffentliche Auftraggeber wendet unbeschadet der für die Vergütung von bestimmten Dienstleistungen geltenden einzelstaatlichen Rechts- und Verwaltungsvorschriften bei der Erteilung des Zuschlags folgende Kriterien an:
a) entweder – wenn der Zuschlag auf das aus Sicht des öffentlichen Auftraggebers wirtschaftlich günstigste Angebot erfolgt – verschiedene mit dem Auftragsgegenstand zusammenhängende Kriterien, z. B. Qualität, Preis, technischer Wert, Ästhetik, Zweckmäßigkeit, Umwelteigenschaften, Betriebskosten, Rentabilität, Kundendienst und technische Hilfe, Lieferzeitpunkt und Lieferungs- oder Ausführungsfrist

(1b) und (2) hier nicht abgedruckt.

SKR:

Art. 34 Abs. 6 SKR Technische Spezifikationen

(1) bis (5) hier nicht abgedruckt.

(6) Schreiben die Auftraggeber Umwelteigenschaften in Form von Leistungs- oder Funktionsanforderungen gemäß Absatz 3 Buchstabe b) vor, so können sie die detaillierten Spezifikationen oder gegebenenfalls Teile davon verwenden, die in europäischen, (pluri-)nationalen oder anderen Umweltgütezeichen definiert sind, wenn

– diese Spezifikationen sich zur Definition der Merkmale der Waren oder Dienstleistungen eignen, die Gegenstand des Auftrags sind,

– die Anforderungen an das Gütezeichen auf der Grundlage von wissenschaftlich abgesicherten Informationen ausgearbeitet werden,

– die Umweltgütezeichen im Rahmen eines Verfahrens erlassen werden, an dem alle interessierten Kreise – wie staatliche Stellen, Verbraucher, Hersteller, Handels- und Umweltorganisationen – teilnehmen können, und

– die Gütezeichen für alle Betroffenen zugänglich sind.

§ 20 Green Procurement Kap. 4

Die Auftraggeber können angeben, dass bei Waren oder Dienstleistungen, die mit einem Umweltgütezeichen ausgestattet sind, vermutet wird, dass sie den in den Verdingungsunterlagen festgelegten technischen Spezifikationen genügen; sie müssen jedes andere geeignete Beweismittel, wie z. B. technische Unterlagen des Herstellers oder einen Prüfbericht einer anerkannten Stelle, akzeptieren.

(7) bis (8) hier nicht abgedruckt.

Art. 38 SKR Bedingungen für die Auftragsausführung

Die Auftraggeber können zusätzliche Bedingungen für die Ausführung des Auftrags vorschreiben, sofern diese mit dem Gemeinschaftsrecht vereinbar sind und in der Bekanntmachung, die als Aufruf zum Wettbewerb dient, oder in den Verdingungsunterlagen angegeben werden. Die Bedingungen für die Ausführung eines Auftrags können insbesondere soziale und umweltbezogene Aspekte betreffen.

Art. 52 Abs. 3 SKR Gegenseitige Anerkennung im Zusammenhang mit administrativen, technischen oder finanziellen Bedingungen sowie betreffend Zertifikate, Nachweise und Prüfbescheinigungen

(1) bis (2) hier nicht abgedruckt.

(3) Bei Bau- und Dienstleistungsaufträgen können die Auftraggeber zur Überprüfung der technischen Leistungsfähigkeit des Wirtschaftsteilnehmers in bestimmten Fällen einen Hinweis auf die Umweltmanagementmaßnahmen verlangen, die der Wirtschaftsteilnehmer bei der Ausführung des Auftrags anwenden kann. Verlangen die Auftraggeber zum Nachweis dafür, dass der Wirtschaftsteilnehmer bestimmte Normen für das Umweltmanagement erfüllt, die Vorlage von Bescheinigungen unabhängiger Stellen, so nehmen sie auf das EMAS oder auf Normen für das Umweltmanagement Bezug, die auf den einschlägigen europäischen oder internationalen Normen beruhen und von entsprechenden Stellen gemäß dem Gemeinschaftsrecht oder gemäß einschlägigen europäischen oder internationalen Zertifizierungsnormen zertifiziert sind.

Die Auftraggeber erkennen gleichwertige Bescheinigungen von Stellen aus anderen Mitgliedstaaten an. Daneben erkennen sie auch andere Nachweise über gleichwertige Qualitätssicherungsmaßnahmen von den Wirtschaftsteilnehmern an.

Art. 55 Abs. 1a SKR Zuschlagskriterien

(1) Unbeschadet nationaler Rechts- und Verwaltungsvorschriften über die Vergütung bestimmter Dienstleistungen sind die für die Zuschlagserteilung maßgebenden Kriterien
a) entweder, wenn der Zuschlag auf das aus Sicht des Auftraggebers wirtschaftlich günstigste Angebot erfolgt, verschiedene mit dem Auftragsgegenstand zusammenhängende Kriterien wie: Lieferfrist bzw. Ausführungsdauer, Betriebskosten, Rentabilität, Qualität, Ästhetik und Zweckmäßigkeit, Umwelteigenschaften, technischer Wert, Kundendienst und technische Hilfe, Zusagen hinsichtlich der Ersatzteile, Versorgungssicherheit, Preis, oder

(1b) und (2) hier nicht abgedruckt.

GWB:

§ 97 Abs. 4 GWB Allgemeine Grundsätze

(1) bis (3) hier nicht abgedruckt.

(4) Aufträge werden an fachkundige, leistungsfähige sowie gesetzestreue und zuverlässige Unternehmen vergeben. Für die Auftragsausführung können zusätzliche Anforderungen an Auftragnehmer gestellt werden, die insbesondere soziale, umweltbezogene oder innovative Aspekte betreffen, wenn sie im sachlichen Zusammenhang mit dem Auftragsgegenstand stehen und sich aus der Leistungsbeschreibung ergeben. Andere oder weitergehende Anforderungen dürfen an Auftragnehmer nur gestellt werden, wenn dies durch Bundes- oder Landesgesetz vorgesehen ist.

(4a) bis (7) hier nicht abgedruckt.

VgV:

§ 4 Abs. 5–10 VgV Vergabe von Liefer- und Dienstleistungsaufträgen

(1) bis (4) hier nicht abgedruckt.

(5) In der Leistungsbeschreibung sollen im Hinblick auf die Energieeffizienz insbesondere folgende Anforderungen gestellt werden:

1. das höchste Leistungsniveau an Energieeffizienz und

2. soweit vorhanden, die höchste Energieeffizienzklasse im Sinne der Energieverbrauchskennzeichnungsverordnung.

(6) In der Leistungsbeschreibung oder an anderer geeigneter Stelle in den Vergabeunterlagen sind von den Bietern folgende Informationen zu fordern:

1. konkrete Angaben zum Energieverbrauch, es sei denn, die auf dem Markt angebotenen Waren, technischen Geräte oder Ausrüstungen unterscheiden sich im zulässigen Energieverbrauch nur geringfügig, und

2. in geeigneten Fällen,
a) eine Analyse minimierter Lebenszykluskosten oder
b) die Ergebnisse einer Buchstabe a vergleichbaren Methode zur Überprüfung der Wirtschaftlichkeit.

(6a) Die Auftraggeber dürfen nach Absatz 6 übermittelte Informationen überprüfen und hierzu ergänzende Erläuterungen von den Bietern fordern.

(6b) Im Rahmen der Ermittlung des wirtschaftlichsten Angebotes nach § 97 Absatz 5 des Gesetzes gegen Wettbewerbsbeschränkungen ist die anhand der Informationen nach Absatz 6 oder der Ergebnisse einer Überprüfung nach Absatz 6a zu ermittelnde Energieeffizienz als Zuschlagskriterium angemessen zu berücksichtigen.

(7) Öffentliche Auftraggeber gemäß § 98 Nummer 1 bis 3 des Gesetzes gegen Wettbewerbsbeschränkungen müssen bei der Beschaffung von Straßenfahrzeugen Energieverbrauch und Umweltauswirkungen als Kriterium angemessen berücksichtigen. Zumindest müssen folgende Faktoren, jeweils bezogen auf die Lebensdauer des Straßenfahrzeugs im Sinne der Tabelle 3 der Anlage 2, berücksichtigt werden:

1. Energieverbrauch,

2. Kohlendioxid-Emissionen,

3. Emissionen von Stickoxiden,

4. Emissionen von Nichtmethan-Kohlenwasserstoffen und

5. partikelförmige Abgasbestandteile.

(8) Zur Berücksichtigung des Energieverbrauchs und der Umweltauswirkungen nach Absatz 7 ist:

1. § 8 EG VOL/A mit der Maßgabe anzuwenden, dass der Auftraggeber in der Leistungsbeschreibung oder in den technischen Spezifikationen Vorgaben zu Energieverbrauch und Umweltauswirkungen macht, und

2. § 19 EG VOL/A mit der Maßgabe anzuwenden, dass der Auftraggeber den Energieverbrauch und die Umweltauswirkungen von Straßenfahrzeugen als Kriterium angemessen bei der Entscheidung über den Zuschlag berücksichtigt.

(9) Sollen der Energieverbrauch und die Umweltauswirkungen von Straßenfahrzeugen im Rahmen der Entscheidung über den Zuschlag finanziell bewertet werden, ist die in Anlage 3 definierte Methode anzuwenden. Soweit die Angaben in Anlage 2 dem Auftraggeber einen Spielraum bei der Beurteilung des Energiegehaltes oder der Emissionskosten einräumen, nutzt der

Auftraggeber diesen Spielraum entsprechend den lokalen Bedingungen am Einsatzort des Fahrzeugs.

(10) Von der Anwendung des Absatzes 7 sind Straßenfahrzeuge ausgenommen, die für den Einsatz im Rahmen des hoheitlichen Auftrags der Streitkräfte, des Katastrophenschutzes, der Feuerwehren und der Polizeien des Bundes und der Länder konstruiert und gebaut sind (Einsatzfahrzeuge). Bei der Beschaffung von Einsatzfahrzeugen werden die Anforderungen nach Absatz 7 berücksichtigt, soweit es der Stand der Technik zulässt und hierdurch die Einsatzfähigkeit der Einsatzfahrzeuge zur Erfüllung des in Satz 1 genannten hoheitlichen Auftrags nicht beeinträchtigt wird.

§ 6 Abs. 2–6 VgV Vergabe von Bauleistungen

(1) hier nicht abgedruckt.

(2) Wenn die Lieferung von energieverbrauchsrelevanten Waren, technischen Geräten oder Ausrüstungen wesentlicher Bestandteil einer Bauleistung ist, müssen die Anforderungen der Absätze 3 bis 6 beachtet werden.

(3) In der Leistungsbeschreibung sollen im Hinblick auf die Energieeffizienz insbesondere folgende Anforderungen gestellt werden:

1. das höchste Leistungsniveau an Energieeffizienz und

2. soweit vorhanden, die höchste Energieeffizienzklasse im Sinne der Energieverbrauchskennzeichnungsverordnung.

(4) In der Leistungsbeschreibung oder an anderer geeigneter Stelle in den Vergabeunterlagen sind von den Bietern folgende Informationen zu fordern:

1. konkrete Angaben zum Energieverbrauch, es sei denn, die auf dem Markt angebotenen Waren, technischen Geräte oder Ausrüstungen unterscheiden sich im zulässigen Energieverbrauch nur geringfügig, und

2. in geeigneten Fällen,
a) eine Analyse minimierter Lebenszykluskosten oder
b) die Ergebnisse einer Buchstabe a vergleichbaren Methode zur Überprüfung der Wirtschaftlichkeit.

(5) Die Auftraggeber dürfen nach Absatz 4 übermittelte Informationen überprüfen und hierzu ergänzende Erläuterungen von den Bietern fordern.

(6) Im Rahmen der Ermittlung des wirtschaftlichsten Angebotes nach § 97 Absatz 5 des Gesetzes gegen Wettbewerbsbeschränkungen ist die anhand der Informationen nach Absatz 4 oder der Ergebnisse einer Überprüfung nach Absatz 5 zu ermittelnde Energieeffizienz als Zuschlagskriterium angemessen zu berücksichtigen.

VOL/A EG:

§ 7 EG Abs. 11 VOL/A Nachweis der Eignung

(1) bis (10) hier nicht abgedruckt.

(11) Verlangen bei der Vergabe von Dienstleistungsaufträgen die Auftraggeber als Nachweis der technischen Leistungsfähigkeit, dass die Unternehmen bestimmte Normen für das Umweltmanagement erfüllen, die Vorlage von Bescheinigungen unabhängiger Stellen, so nehmen sie auf das Gemeinschaftssystem für das Umweltmanagement und die Umweltbetriebsprüfung (EMAS) oder auf Normen für das Umweltmanagement Bezug, die auf den einschlägigen europäischen oder internationalen Normen beruhen und von entsprechenden Stellen zertifiziert sind, die dem europäischen Gemeinschaftsrecht oder europäischen oder internationalen Zertifizierungsnormen entsprechen. Gleichwertige Bescheinigungen von Stellen in anderen Mitgliedstaaten sind anzuerkennen. Die Auftraggeber erkennen auch andere Nachweise für

gleichwertige Umweltmanagementmaßnahmen an, die von den Unternehmen vorgelegt werden.

(12) bis (13) hier nicht abgedruckt.

§ 8 EG Abs. 5–7 VOL/A Leistungsbeschreibung, Technische Anforderungen

(1) bis (4) hier nicht abgedruckt.

(5) Schreiben die Auftraggeber Umwelteigenschaften in Form von Leistungs- oder Funktionsanforderungen vor, so können sie die Spezifikationen verwenden, die in europäischen, multinationalen oder anderen Umweltzeichen definiert sind, wenn
  a) sie sich zur Definition der Merkmale des Auftragsgegenstandes eignen,
  b) die Anforderungen des Umweltzeichens auf der Grundlage von wissenschaftlich abgesicherten Informationen ausgearbeitet werden,
  c) die Umweltzeichen im Rahmen eines Verfahrens erlassen werden, an dem interessierte Kreise wie staatliche Stellen, Verbraucher, Hersteller, Händler und Umweltorganisationen teilnehmen können und
  d) das Umweltzeichen für alle Betroffenen zugänglich und verfügbar ist.

Die Auftraggeber können in den Vergabeunterlagen angeben, dass bei Waren oder Dienstleistungen, die mit einem Umweltzeichen ausgestattet sind, vermutet wird, dass sie den in der Leistungs- oder Aufgabenbeschreibung festgelegten technischen Anforderungen genügen. Die Auftraggeber müssen jedes andere geeignete Beweismittel, wie technische Unterlagen des Herstellers oder Prüfberichte anerkannter Stellen, akzeptieren.

(6) Anerkannte Stellen sind die Prüf- und Eichlaboratorien im Sinne des Eichgesetzes sowie die Inspektions- und Zertifizierungsstellen, die mit den anwendbaren europäischen Normen übereinstimmen. Die Auftraggeber erkennen Bescheinigungen von in anderen Mitgliedstaaten ansässigen anerkannten Stellen an.

(7) Soweit es nicht durch den Auftragsgegenstand gerechtfertigt ist, darf in den technischen Anforderungen nicht auf eine bestimmte Produktion oder Herkunft oder ein besonderes Verfahren oder auf Marken, Patente, Typen, einen bestimmten Ursprung oder eine bestimmte Produktion verwiesen werden, wenn dadurch bestimmte Unternehmen oder bestimmte Produkte begünstigt oder ausgeschlossen werden. Solche Verweise sind jedoch ausnahmsweise zulässig, wenn der Auftragsgegenstand nicht hinreichend genau und allgemein verständlich beschrieben werden kann; solche Verweise sind mit dem Zusatz „oder gleichwertig" zu versehen.

§ 19 EG Abs. 9 VOL/A Prüfung und Wertung der Angebote

(1) bis (8) hier nicht abgedruckt.

(9) Bei der Entscheidung über den Zuschlag berücksichtigen die Auftraggeber verschiedene durch den Auftragsgegenstand gerechtfertigte Kriterien, beispielsweise Qualität, Preis, technischer Wert, Ästhetik, Zweckmäßigkeit, Umwelteigenschaften, Betriebskosten, Lebenszykluskosten, Rentabilität, Kundendienst und technische Hilfe, Lieferzeitpunkt und Lieferungs- oder Ausführungsfrist.

VOB/A:

§ 7 Abs. 7, 8 VOB/A Leistungsbeschreibung

(1) bis (6) hier nicht abgedruckt.

(7) Schreibt der Auftraggeber Umwelteigenschaften in Form von Leistungs- oder Funktionsanforderungen vor, so kann er die Spezifikationen verwenden, die in europäischen, multinationalen oder anderen Umweltzeichen definiert sind, wenn

§ 20 Green Procurement　　　　　　　　　　　　　　　　　　　　　　　　　　　Kap. 4

1. sie sich zur Definition der Merkmale des Auftragsgegenstands eignen,

2. die Anforderungen des Umweltzeichens auf Grundlage von wissenschaftlich abgesicherten Informationen ausgearbeitet werden,

3. die Umweltzeichen im Rahmen eines Verfahrens erlassen werden, an dem interessierte Kreise – wie z.B. staatliche Stellen, Verbraucher, Hersteller, Händler und Umweltorganisationen – teilnehmen können, und

4. wenn das Umweltzeichen für alle Betroffenen zugänglich und verfügbar ist.

Der Auftraggeber kann in den Vergabeunterlagen angeben, dass bei Leistungen, die mit einem Umweltzeichen ausgestattet sind, vermutet wird, dass sie den in der Leistungsbeschreibung festgelegten technischen Spezifikationen genügen. Der Auftraggeber muss jedoch auch jedes andere geeignete Beweismittel, wie technische Unterlagen des Herstellers oder Prüfberichte anerkannter Stellen, akzeptieren. Anerkannte Stellen sind die Prüf- und Eichlaboratorien sowie die Inspektions- und Zertifizierungsstellen, die mit den anwendbaren europäischen Normen übereinstimmen. Der Auftraggeber erkennt Bescheinigungen von in anderen Mitgliedstaaten ansässigen anerkannten Stellen an.

(8) Soweit es nicht durch den Auftragsgegenstand gerechtfertigt ist, darf in technischen Spezifikationen nicht auf eine bestimmte Produktion oder Herkunft oder ein besonderes Verfahren oder auf Marken, Patente, Typen eines bestimmten Ursprungs oder einer bestimmten Produktion verwiesen werden, wenn dadurch bestimmte Unternehmen oder bestimmte Produkte begünstigt oder ausgeschlossen werden. Solche Verweise sind jedoch ausnahmsweise zulässig, wenn der Auftragsgegenstand nicht hinreichend genau und allgemein verständlich beschrieben werden kann; solche Verweise sind mit dem Zusatz „oder gleichwertig" zu versehen.

(9) bis (12) hier nicht abgedruckt.

§ 16 Abs. 6 Nr. 3 VOB/A Wertung

(1) bis (5) hier nicht abgedruckt.

(6) In die engere Wahl kommen nur solche Angebote, die unter Berücksichtigung rationellen Baubetriebs und sparsamer Wirtschaftsführung eine einwandfreie Ausführung einschließlich Haftung für Mängelansprüche erwarten lassen. Unter diesen Angeboten soll der Zuschlag auf das Angebot erteilt werden, das unter Berücksichtigung aller Gesichtspunkte, wie z.B. Qualität, Preis, technischer Wert, Ästhetik, Zweckmäßigkeit, Umwelteigenschaften, Betriebs- und Folgekosten, Rentabilität, Kundendienst und technische Hilfe oder Ausführungsfrist als das wirtschaftlichste erscheint. Der niedrigste Angebotspreis allein ist nicht entscheidend.

(7) bis (9) hier nicht abgedruckt.

VOB/A EG:

§ 6 EG Abs. 9 VOB/A Teilnehmer am Wettbewerb

(1) bis (8) hier nicht abgedruckt.

(9)
1. Auftraggeber können zusätzlich Angaben über Umweltmanagementverfahren verlangen, die der Bewerber oder Bieter bei der Ausführung des Auftrages gegebenenfalls anwenden will. In diesem Fall kann der Auftraggeber zum Nachweis dafür, dass der Bewerber oder Bieter bestimmte Normen für das Umweltmanagement erfüllt, die Vorlage von Bescheinigungen unabhängiger Stellen verlangen. Die Auftraggeber nehmen dabei Bezug auf
  a) das Gemeinschaftssystem für das Umweltmanagement und die Umweltbetriebsprüfung (EMAS) oder
  b) Normen für das Umweltmanagement, die
     aa) auf den einschlägigen europäischen oder internationalen Normen beruhen und

bb) von entsprechenden Stellen zertifiziert sind, die dem Gemeinschaftsrecht oder einschlägigen europäischen oder internationalen Zertifizierungsnormen entsprechen.

Gleichwertige Bescheinigungen von Stellen in anderen Mitgliedstaaten sind anzuerkennen. Die Auftraggeber erkennen auch andere Nachweise für gleichwertige Umweltmanagement-Maßnahmen an, die von Bewerbern oder Bietern vorgelegt werden.

2. Auftraggeber können zum Nachweis dafür, dass der Bewerber oder Bieter bestimmte Qualitätssicherungsnormen erfüllt, die Vorlage von Bescheinigungen unabhängiger Stellen verlangen. Die Auftraggeber nehmen dabei auf Qualitätssicherungsverfahren Bezug, die
a) den einschlägigen europäischen Normen genügen und
b) von entsprechenden Stellen zertifiziert sind, die den europäischen Zertifizierungsnormen entsprechen.

Gleichwertige Bescheinigungen von Stellen aus anderen Mitgliedstaaten sind anzuerkennen. Die Auftraggeber erkennen auch andere gleichwertige Nachweise für Qualitätssicherungsmaßnahmen an.

§ 7 EG Abs. 7 VOB/A Leistungsbeschreibung

(1) bis (6) hier nicht abgedruckt.

(7) Schreibt der Auftraggeber Umwelteigenschaften in Form von Leistungs- oder Funktionsanforderungen vor, so kann er die Spezifikationen verwenden, die in europäischen, multinationalen oder anderen Umweltzeichen definiert sind, wenn

1. sie sich zur Definition der Merkmale des Auftragsgegenstands eignen,

2. die Anforderungen des Umweltzeichens auf Grundlage von wissenschaftlich abgesicherten Informationen ausgearbeitet werden,

3. die Umweltzeichen im Rahmen eines Verfahrens erlassen werden, an dem interessierte Kreise – wie z. B. staatliche Stellen, Verbraucher, Hersteller, Händler und Umweltorganisationen – teilnehmen können, und

4. das Umweltzeichen für alle Betroffenen zugänglich und verfügbar ist.

Der Auftraggeber kann in den Vergabeunterlagen angeben, dass bei Leistungen, die mit einem Umweltzeichen ausgestattet sind, vermutet wird, dass sie den in der Leistungsbeschreibung festgelegten technischen Spezifikationen genügen. Der Auftraggeber muss jedoch auch jedes andere geeignete Beweismittel, wie technische Unterlagen des Herstellers oder Prüfberichte anerkannter Stellen, akzeptieren. Anerkannte Stellen sind die Prüf- und Eichlaboratorien sowie die Inspektions- und Zertifizierungsstellen, die mit den anwendbaren europäischen Normen übereinstimmen. Der Auftraggeber erkennt Bescheinigungen von in anderen Mitgliedstaaten ansässigen anerkannten Stellen an.

(8) bis (15) hier nicht abgedruckt.

§ 16 EG Abs. 7 VOB/A Prüfung und Wertung der Angebote

(1) bis (6) hier nicht abgedruckt.

(7) Bei der Wertung der Angebote dürfen nur Kriterien und deren Gewichtung berücksichtigt werden, die in der Bekanntmachung oder in den Vergabeunterlagen genannt sind. Die Kriterien müssen mit dem Auftragsgegenstand zusammenhängen und können beispielsweise sein: Qualität, Preis, technischer Wert, Ästhetik, Zweckmäßigkeit, Umwelteigenschaften, Betriebs- und Folgekosten, Rentabilität, Kundendienst und technische Hilfe oder Ausführungsfrist.

(8) bis (11) hier nicht abgedruckt.

VOF:

§ 5 Abs. 8 VOF Nachweis der Eignung

(1) bis (7) hier nicht abgedruckt.

(8) Verlangen die Auftraggeber als Merkmal der technischen Leistungsfähigkeit den Nachweis dafür, dass die Bewerber oder Bieter bestimmte Normen für das Umweltmanagement erfüllen, die Vorlage von Bescheinigungen unabhängiger Stellen, so nehmen sie auf das Gemeinschaftssystem für das Umweltmanagement und die Umweltbetriebsprüfung (EMAS) oder auf Normen für das Umweltmanagement Bezug, die auf den einschlägigen europäischen oder internationalen Normen beruhen und von entsprechenden Stellen zertifiziert sind, die dem europäischen Gemeinschaftsrecht oder europäischen oder internationalen Zertifizierungsnormen entsprechen. Gleichwertige Bescheinigungen von Stellen in anderen EG-Mitgliedstaaten sind anzuerkennen. Die Auftraggeber erkennen auch andere Nachweise für gleichwertige Umweltmanagementmaßnahmen an, die von den Bewerbern oder Bietern vorgelegt werden.

(9) hier nicht abgedruckt.

§ 6 Abs. 5, 6 VOF Aufgabenbeschreibung

(1) bis (4) hier nicht abgedruckt.

(5) Schreiben die Auftraggeber Umwelteigenschaften in Form von Leistungs- oder Funktionsanforderungen vor, so können sie die Spezifikationen verwenden, die in europäischen, multinationalen oder anderen Umweltzeichen definiert sind, wenn
a) sie sich zur Definition der Merkmale des Auftragsgegenstands eignen,
b) die Anforderungen des Umweltzeichens auf der Grundlage von wissenschaftlich abgesicherten Informationen ausgearbeitet werden,
c) die Umweltzeichen im Rahmen eines Verfahrens erlassen werden, an dem interessierte Kreise wie z. B. staatliche Stellen, Verbraucher, Hersteller, Händler und Umweltorganisationen teilnehmen können und
d) das Umweltzeichen für alle Betroffenen zugänglich und verfügbar ist.

Die Auftraggeber können in den Vergabeunterlagen angeben, dass bei Dienstleistungen, die mit einem Umweltzeichen ausgestattet sind, vermutet wird, dass sie den in der Leistungs- oder Aufgabenbeschreibung festgelegten technischen Anforderungen genügen. Die Auftraggeber müssen jedes andere geeignete Beweismittel, wie technische Unterlagen des Herstellers oder Prüfberichte anerkannter Stellen, akzeptieren.

(6) Anerkannte Stellen sind die Prüf- und Eichlaboratorien im Sinne des Eichgesetzes sowie die Inspektions- und Zertifizierungsstellen, die mit den anwendbaren europäischen Normen übereinstimmen. Die Auftraggeber erkennen Bescheinigungen von in anderen Mitgliedstaaten ansässigen anerkannten Stellen an.

(7) hier nicht abgedruckt.

SektVO:

§ 7 Abs. 4–10 SektVO Leistungsbeschreibung, technische Anforderungen

(1) bis (3) hier nicht abgedruckt.

(4) Mit der Leistungsbeschreibung sind im Rahmen der technischen Anforderungen von den Bietern Angaben zum Energieverbrauch von technischen Geräten und Ausrüstungen zu fordern. Bei Bauleistungen sind diese Angaben dann zu fordern, wenn die Lieferung von technischen Geräten und Ausrüstungen Bestandteil dieser Bauleistungen sind. Dabei ist in geeigneten Fällen eine Analyse minimierter Lebenszykluskosten oder eine vergleichbare Methode zur Gewährleistung der Wirtschaftlichkeit vom Bieter zu fordern.

(5) Auftraggeber müssen bei der Beschaffung von Straßenfahrzeugen Energieverbrauch und Umweltauswirkungen berücksichtigen. Zumindest müssen folgende Faktoren, jeweils bezogen auf die Lebensdauer des Straßenfahrzeugs im Sinne der Tabelle 3 des Anhangs 4, berücksichtigt werden:

1. Energieverbrauch,

2. Kohlendioxid-Emissionen,

3. Emissionen von Stickoxiden,

4. Emissionen von Nichtmethan-Kohlenwasserstoffen und

5. partikelförmige Abgasbestandteile.

(6) Der Auftraggeber erfüllt die Verpflichtung nach Absatz 5 zur Berücksichtigung des Energieverbrauchs und der Umweltauswirkungen, indem er

1. Vorgaben zu Energieverbrauch und Umweltauswirkungen in der Leistungsbeschreibung oder in den technischen Spezifikationen macht oder

2. den Energieverbrauch und die Umweltauswirkungen von Straßenfahrzeugen als Kriterien bei der Entscheidung über den Zuschlag nach § 29 Absatz 2 Satz 3 bis 5 berücksichtigt.

(7) Verweist der Auftraggeber in der Leistungs- oder Aufgabenbeschreibung auf die in Absatz 3 Nummer 1 genannten technischen Anforderungen, so darf er ein Angebot nicht mit der Begründung ablehnen, die angebotenen Waren und Dienstleistungen entsprächen nicht den von ihm herangezogenen Spezifikationen, wenn das Unternehmen in seinem Angebot dem Auftraggeber nachweist, dass die vom Unternehmen vorgeschlagenen Lösungen diesen Anforderungen entsprechen. Nachweise können insbesondere eine geeignete technische Beschreibung des Herstellers oder ein Prüfbericht einer anerkannten Stelle sein.

(8) Legt der Auftraggeber die technischen Anforderungen in Form von Leistungs- oder Funktionsanforderungen fest, so darf er ein Angebot nicht zurückweisen, das Folgendem entspricht:

1. einer nationalen Norm, mit der eine europäische Norm umgesetzt wird,

2. einer europäischen technischen Zulassung,

3. einer gemeinsamen technischen Spezifikation,

4. einer internationalen Norm oder

5. einem technischen Bezugssystem, das von den europäischen Normungsgremien erarbeitet wurde,

wenn diese Spezifikationen die von ihnen geforderten Leistungs- oder Funktionsanforderungen betreffen. Das Unternehmen muss in seinem Angebot nachweisen, dass die jeweilige der Norm entsprechende Bauleistung, Ware oder Dienstleistung den Leistungs- oder Funktionsanforderungen des Auftraggebers entspricht. Nachweise können insbesondere eine technische Beschreibung des Herstellers oder ein Prüfbericht einer anerkannten Stelle sein.

(9) Schreibt der Auftraggeber Umwelteigenschaften in Form von Leistungs- oder Funktionsanforderungen vor, so kann er diejenigen Spezifikationen oder Teile davon verwenden, die in europäischen, multinationalen oder anderen Umweltzeichen definiert sind, wenn

1. diese Spezifikationen geeignet sind, die Merkmale derjenigen Waren oder Dienstleistungen zu definieren, die Gegenstand des Auftrags sind,

2. die Anforderungen des Umweltzeichens auf der Grundlage von wissenschaftlich abgesicherten Informationen ausgearbeitet werden,

3. die Umweltzeichen im Rahmen eines Verfahrens erlassen werden, an dem alle interessierten Kreise, wie staatliche Stellen, Verbraucher, Hersteller, Händler und Umweltorganisationen, teilnehmen können und

4. die Umweltzeichen für alle Betroffenen zugänglich sind.

Der Auftraggeber kann in den Vergabeunterlagen festlegen, dass bei Waren oder Dienstleistungen, die mit einem Umweltzeichen ausgestattet sind, davon ausgegangen werden kann, dass sie den in der Leistungs- oder Aufgabenbeschreibung festgelegten Spezifikationen genügen. Er muss jedes andere geeignete Beweismittel, wie geeignete technische Unterlagen des Herstellers oder Prüfberichte anerkannter Stellen, akzeptieren.

(10) Anerkannte Stellen sind die Prüf- und Eichlaboratorien im Sinne des Eichgesetzes sowie die Inspektions- und Zertifizierungsstellen, die die jeweils anwendbaren europäischen Normen erfüllen. Der Auftraggeber muss Bescheinigungen nach den Absätzen 5, 6 und 7 von anerkannten Stellen, die in anderen Mitgliedstaaten ansässig sind, anerkennen.

(11) hier nicht abgedruckt.

§ 23 SektVO Qualitätssicherungs- und Umweltmanagementnormen

(1) Verlangt der Auftraggeber die Vorlage von Bescheinigungen unabhängiger Stellen zum Nachweis dafür, dass das Unternehmen bestimmte Qualitätssicherungsnormen erfüllt, so muss er auf Qualitätssicherungsverfahren Bezug nehmen, die den einschlägigen europäischen Normen genügen und gemäß den europäischen Normen zertifiziert sind. Der Auftraggeber erkennt gleichwertige Bescheinigungen von Stellen aus anderen Mitgliedstaaten und andere Nachweise für gleichwertige Qualitätssicherungsmaßnahmen von den Unternehmen an.

(2) Verlangt der Auftraggeber zur Überprüfung der technischen Leistungsfähigkeit des Unternehmens bei der Vergabe von Bau- und Dienstleistungsaufträgen zum Nachweis dafür, dass das Unternehmen bestimmte Normen für das Umweltmanagement erfüllt, die Vorlage von Bescheinigungen unabhängiger Stellen, so nimmt er entweder auf das Gemeinschaftssystem für das Umweltmanagement und die Umweltbetriebsprüfung (EMAS) Bezug oder auf Normen für das Umweltmanagement, die auf den einschlägigen europäischen oder internationalen Normen beruhen und gemäß dem Gemeinschaftsrecht oder gemäß einschlägigen europäischen oder internationalen Zertifizierungsnormen zertifiziert sind. Der Auftraggeber erkennt gleichwertige Bescheinigungen von Stellen aus anderen Mitgliedstaaten und andere Nachweise über gleichwertige Qualitätssicherungsmaßnahmen an.

§ 29 Abs. 2 SektVO Zuschlag und Zuschlagskriterien

(1) hier nicht abgedruckt.

(2) Für den Zuschlag maßgeblich sind Kriterien, die im Zusammenhang mit dem Auftragsgegenstand stehen, zum Beispiel
– Lieferfrist, Ausführungsdauer;

– Betriebskosten, Rentabilität;

– Qualität;

– Ästhetik, Zweckmäßigkeit, Umwelteigenschaften;

– technischer Wert, Kundendienst, technische Hilfe, Versorgungssicherheit;

– Preis.

Bei technischen Geräten und Ausrüstungen kann deren Energieverbrauch berücksichtigt werden, bei Bauleistungen jedoch nur dann, wenn die Lieferung der technischen Geräte oder Ausrüstungen ein wesentlicher Bestandteil der Bauleistung ist. Der Auftraggeber kann den Energieverbrauch und die Umweltauswirkungen von Straßenfahrzeugen als Kriterien bei der Entscheidung über den Zuschlag berücksichtigen, um aus § 7 Absatz 5 folgende Verpflichtung zu erfüllen. Sollen der Energieverbrauch und die Umweltauswirkungen von Straßenfahrzeugen finanziell bewertet werden, ist die in Anhang 5 definierte Methode anzuwenden. Soweit die Angaben in Anhang 4 dem Auftraggeber einen Spielraum bei der Beurteilung des Energiegehaltes oder der Emissionskosten einräumen, nutzt der Auftraggeber diesen Spielraum entsprechend den lokalen Bedingungen am Einsatzort des Fahrzeugs.

(3) bis (5) hier nicht abgedruckt.

Kap. 4 Auftragsgegenstand, Leistungsbeschreibung und Vergabeunterlagen

Literatur:
Acker, Rechtliche Grundlagen der umweltfreundlichen Beschaffung, 33–62, in Umweltfreundliche Beschaffung Schulungsskripte, UBA 2010; *Acker/Quack*, Einführung in die Verwendung von Produktkriterien aus Umweltzeichen, 63–82, in Umweltfreundliche Beschaffung Schulungsskripte, UBA 2010; *Barth/Erdmenger/Günther*, Umweltfreundliche öffentliche Beschaffung, Innovationspotenziale, Hemmnisse, Strategien, Heidelberg, 2005; *Beckmann*, Die Verfolgung ökologischer Zwecke bei der Vergabe öffentlicher Aufträge, NZBau 2004, 600–605; *Benedict*, Sekundärzwecke im Vergabeverfahren, Springer Berlin 2000; Buy Smart, Beschaffung und Klimaschutz – Leitfaden zur Beschaffung energieeffizienter Produkte und Dienstleistungen, Allgemeiner Teil, Hrsg: Berliner Energieagentur GmbH, 2010; *Dross/Dageförde/Acker*, Rechtsgutachten Nationale Umsetzung der neuen EU-Beschaffungs-Richtlinien, UBA Texte Nr. 41/2008; *Europäische Kommission*, Buying green! A handbook on green public procurement, 2nd Edition, 2011; *Fischer/Barth*, Europäisches Vergaberecht und Umweltschutz Zur Berücksichtigung von Umweltbelangen bei der Vergabe öffentlicher Aufträge, NVwZ 2002, 1184–1192; *Fischer*, Vergabefremde Zwecke im öffentlichen Auftragswesen: Zulässigkeit nach Europäischem Gemeinschaftsrecht, EuZW 2004, 492–496; *Gabriel*, Nicht Zeichen setzen, sondern Standards!, EWS 2012, Heft 6, 1; *Gabriel/Weiner*, Vergaberecht und Energieeffizienz, Die Änderung der Vergabeverordnung im Zuge der Energiewende, REE 04–2011, S. 213–216; *Hartmann*, Umweltfreundliche Öffentliche Beschaffung, UBA 2009; *Hermann/Acker*, Rechtsgutachten Umweltfreundliche öffentliche Beschaffung, UBA Juli 2012; *Hermann/Acker*, Regelungen der Bundesländer auf dem Gebiet der umweltfreundlichen Beschaffung, UBA Texte 52/2011; Buy Smart, Beschaffung und Klimaschutz – Leitfaden zur Beschaffung energieeffizienter Produkte und Dienstleistungen, Allgemeiner Teil, Berliner Energieagentur, 2010; *Heyne*, Die Verfolgung von umweltschutzzielen im öffentlichen Beschaffungswesen, ZUR 2011, 578–586; *Homann/Büdenbender*, Die Beschaffung von Straßenfahrzeugen nach neuem Vergaberecht, VergabeR 2012, 1–9; *Huerkamp*, Technische Spezifikationen und die Grenzen des § 97 IV 2 GWB, NZBau 2009, 755–759; *Krohn*, Umweltschutz als Zuschlagskriterium: Grünes Licht für „Ökostrom", NZBau 2004, 92–96; *Kühling/Huerkamp*, Vergaberechtsnovelle 2010/2011: Reformbedarf bei den vergabefremden Ausführungsbedingungen nach § 97 Abs. 4 Satz 2 GWB?, VergabeR 2010, 545–554; *Leifer/Mißling*, Berücksichtigung von Umweltschutzkriterien im bestehenden und zukünftigen Vergaberecht am Beispiel des europäischen Umweltmanagementsystems EMAS, ZUR 2004, 266–273; *McKinsey & Company, Inc.*, Potenziale der öffentlichen Beschaffung für ökologische Industriepolitik und Klimaschutz, Studie im Auftrag des BMU 2008; *Müller-Wrede*, Nachhaltige Beschaffung, VergabeR 2012, 416–425; *Pforte-von Randow*, Getrennt oder gemeinsam? Ökologische und soziale Kriterien in der öffentlichen Beschaffung, 38–40, in Quo Vadis Beschaffung?, Nachweise – Kontrolle – Umsetzung, Hrsg: Netzwerk Unternehmensverantwortung, Berlin 2010; *Roth*, Energiekonzept der Bundesregierung: Änderung der VgV in Kraft getreten!, IBR 2011, 1150 (online); *Rust*, Die sozialen Kriterien im Vergaberecht – eine Duplik auf Rittner, EuZW 1999, 677, EuZW 2000, 205–208; *Schneider*, Umweltschutz im Vergaberecht, NVwZ 2009, 1057–1063; *Schrotz/Mayer*, Verordnete Innovationsförderung – Neue Vorgaben für die öffentliche Kfz-Beschaffung, KommJur 2011, 81–85; *Siemens*, „A Review and Critical Evaluation of Selected Greener Public Purchasing Programmes and Policies", The Environmental Performance of Public Procurement – Issues of policy coherence, OECD 2003, 51–91; *Steiff*, Vergabefremde Aspekte – eine Zwischenbilanz, VergabeR 2009, 290–302; *Steinberg*, Die Flexibilisierung des neuen europäischen Vergaberechts, NZBau 2005, 85–92; *Varga*, Berücksichtigung sozialpolitischer Anforderungen nach dem neuen § 97 Abs. 4 Satz 2 GWB – europarechtskonform?, VergabeR 2009, 535–543; *Wegener*, Umweltschutz in der öffentlichen Auftragsvergabe, NZBau 2010, 273–279; *Zeiss*, Weniger Energieverbrauch! – Beschaffung energieeffizienter Geräte und Ausrüstung, NZBau 2011, 658–662; *Ziekow*, Vergabefremde Zwecke und Europarecht, NZBau 2001, 72–78.

A. Einleitung

1 Während die Instrumentalisierung des Beschaffungsvorgangs zur Verfolgung vergabefremder, d. h. nicht unmittelbar mit dem Beschaffungsgegenstand zusammenhängender Ziele (z. B. sozial- oder umweltpolitischer Art) vor einigen Jahren insbesondere aus europäischer Sicht noch als unzulässig angesehen wurde, wird dem öffentlichen Auftragswesen aufgrund seiner wirtschaftlichen Bedeutung[1] zunehmend auch eine Rolle für die Ver-

---

[1] Schätzungen der EU Kommission zufolge macht das öffentlichen Auftragswesen etwa 16–18 %

wirklichung politischer Ziele zugedacht. Dabei spielen umweltpolitische bzw. ökologische Erwägungen eine zentrale, wenn nicht gar eine Vorreiterrolle.

Das sog. Green Procurement soll dabei einen spürbaren Umweltnutzen herbeiführen, indem Güter und Leistungen beschafft werden, die während ihrer gesamten Lebensdauer der Umwelt weniger schaden als andere vergleichbare Produkte.[2] Dabei kommt es nicht nur auf die offensichtliche Umweltfreundlichkeit der Produkte an, sondern auch auf wirtschaftliche Vorteile[3] wie zum Beispiel die Möglichkeit der Kostenersparnis durch den Einkauf klimafreundlicher Geräte mit vergleichsweise geringerem Energie- und Wasserverbrauch.[4] Green Procurement soll zudem dazu beitragen, die Erfüllung internationaler Klimaschutzabkommen zu unterstützen,[5] denn der umweltorientierten Beschaffung wird das Potenzial zugeschrieben bis 2020 mindestens 30 % der Treibhausgas-Emissionen des öffentlichen Sektors zu reduzieren.[6] Darüber hinaus soll Green Procurement die Innovation von Öko-Technologien in Europa stimulieren und somit die Wettbewerbsfähigkeit der europäischen Industrie in diesem Bereich erhöhen.[7]

Der erste Schritt in Richtung Öffnung des öffentlichen Auftragswesens für solche Erwägungen wurde im Rahmen der Neufassung der EU-Richtlinien in 2004 mit der Aufnahme „zusätzlicher Bedingungen für die Ausführung des Auftrags"[8] gemacht. Zuvor hatte der EuGH in zwei Entscheidungen die Berücksichtigung von ökologischen Kriterien für die Auftragsausführung grundsätzlich für zulässig erklärt,[9] wodurch auf europäischer Ebene eine Reform des Vergaberechts unter ökologischen Gesichtspunkten angestoßen wurde. In der Begründung der neusten Richtlinienentwürfe der EU-Kommission für das öffentliche Auftragswesen wird schließlich sogar die Möglichkeit der Instrumentalisierung des Vergabeverfahrens zur Verwirklichung politischer Ziele ausdrücklich hervorgehoben.[10] Damit kann der vergaberechtliche Paradigmenwechsel[11] im Hinblick auf die Berücksichtigung vergabefremder Zwecke endgültig als abgeschlossen angesehen werden.

In Deutschland begann die entsprechende Entwicklung dagegen schon viel früher und zwar ebenfalls hauptsächlich im Hinblick auf die Verwirklichung umweltpolitischer Ziele. So begann das Umweltbundesamt schon in den frühen achtziger Jahren Impulse für eine umweltfreundliche Beschaffung durch die öffentliche Hand zu setzen.[12] In jüngerer Zeit rückt auf nationaler Ebene die Berücksichtigung umweltpolitischer Ziele durch die Förderung der sog. nachhaltigen Beschaffung in den Fokus.[13]

---

des EU-weiten BIP aus, KOM (2008) 400, 2; KOM (2011) 869/2, 3 und KOM (2011) 895, 3; in Deutschland wird das jährliche Beschaffungsvolumen auf zwischen 150 und 360 Mrd. Euro geschätzt, *Hartmann*, 5.

[2] KOM (2008) 400, 5.
[3] *Siemens* in OECD, 64; Flugblatt „Umweltfreundliche Öffentliche Beschaffung", Umweltbundesamt (Hrsg.), Stand: Oktober 2011 (http://www.umweltbundesamt.de/produkte/beschaffung/doks/info.pdf).
[4] *Europäische Kommission* Buying green, 42.
[5] Wissenschaftlicher Beirat BMWi, Gutachten Nr. 2/07, Rn. 31.
[6] McKinsey-Studie, 16; *Hartmann*, 5.
[7] KOM (2008) 400, 2; *Wegener* NZBau 2010, 273, 274; *Steiff* VergabeR 2009, 290, 292.
[8] Art. 26 RL VKR.
[9] EuGH Urt. v. 17.9.2002, Rs. C-513/99 – Concordia Bus; EuGH Urt. v. 4.12.2003, Rs. C-448/01 – Wienstrom.
[10] KOM (2011) 896/2, 2f.; KOM (2011) 895, 2.
[11] *Gabriel*, EWS 2012, Heft 6, 1.
[12] Das „Handbuch Umweltfreundliche Beschaffung" wurde erstmals schon 1987 herausgegeben.
[13] Vgl. BT-Drs. 17/9485 v. 2.5.2012, Antwort auf 57 Fragen zum Thema „Öffentliche Beschaffung durch die Bundesregierung nach sozialen, ökologischen und entwicklungspolitischen Kriterien".

B. Rechtliche Grundlagen

5 Der überwiegende Teil der Regelungen zur Berücksichtigung von Umweltaspekten bei der Vergabe hat seine Grundlage in europäischen Richtlinien und Verordnungen und findet sich im nationalen Recht in den für öffentliche Aufträge oberhalb der EU-Schwellenwerte geltenden Vorschriften wieder, die unterhalb der Schwellenwerte keine Entsprechung finden. Das beschränkt jedoch nicht die Zulässigkeit der Berücksichtigung von Umweltaspekten bei der Auftragsvergabe im unterschwelligen Bereich, sondern lässt lediglich Pflichten entfallen, die in diesem Zusammenhang für die Auftragsvergaben oberhalb der Schwellenwerte explizit vorgesehen sind[14] und eröffnet dem Auftraggeber insoweit einen größeren Gestaltungsspielraum[15].

I. Rechtsgrundlagen auf europäischer Ebene

1. Primärrecht

6 **Primärrechtlich** kann die Berücksichtigung von umweltpolitischen Belangen bei der Beschaffung vornehmlich mit Bezugnahme auf Art. 11 AEUV (ehemals Art. 6 EGV) gerechtfertigt werden. Nach dieser sogenannten Querschnittsklausel müssen die „Erfordernisse des Umweltschutzes" in der Unionspolitik stets beachtet werden. Eine konkrete Verpflichtung zur umweltfreundlichen Vergabe ergibt sich für öffentliche Auftraggeber daraus zwar nicht, jedoch ist sie als **Unionszielbestimmung** stets zu beachten und zur Auslegung des europäischen und nationalen Rechts heranzuziehen.[16] Bei der Schaffung der Vergabekoordinierungsrichtlinie 2004/18/EG (VKR) wurde zudem ausdrücklich auf diese Querschnittsklausel Bezug genommen.[17]

7 Andere Bestimmungen aus dem Primärrecht setzen der Berücksichtigung von Umweltaspekten bei der Vergabe dagegen eher Grenzen. Insbesondere ist dabei an die Warenverkehrsfreiheit, Art. 34 AEUV, die Dienstleistungsfreiheit, Art. 56 AEUV, und das allgemeine Diskriminierungsverbot, Art. 18 AEUV, zu denken,[18] nach denen es Bietern aus anderen Mitgliedstaaten grundsätzlich nicht schwerer gemacht werden darf als einheimischen Bietern, an einem Vergabeverfahren teilzunehmen. Die Berücksichtigung von Umweltaspekten bei der Vergabe ist daher nur zulässig, soweit das nicht zur Benachteiligung ausländischer Bieter führt.

2. Sekundärrecht – Vergaberichtlinien

8 Auf **sekundärrechtlicher Ebene** finden sich bereits in den geltenden **Vergaberichtlinien VKR**[19] **und SKR**[20] ausdrückliche Regelungen zum Green Procurement. Nachdem der EuGH die Berücksichtigung von umweltbezogenen Aspekten für die Auftragsausführung bei der Vergabe auf Grundlage der Vorgängerrichtlinien[21] bereits in weiten Teilen für zulässig erklärt hatte,[22] wurden entsprechende Regelungen zur Klarstellung auch in die

---

[14] Vgl. dazu ausführlich *Dross/Dageförde/Acker*, 72 ff.
[15] *Müller-Wrede* VergabeR 2012, 416, 417.
[16] *Heyne* ZUR 2011, 578, 584.
[17] Erwägungsgrund 5.
[18] *Barth/Dross/Fischer* in Barth/Erdmenger/Günther, 239 ff. mit Beispielen.
[19] EU-ABl. L 134 vom 30.4.2004, S. 114 ff.
[20] EU-ABl. L 134 vom 30.4.2004, S. 1 ff.
[21] RL 92/50/EWG, RL 93/36/EWG, RL 93/37/EWG.
[22] EuGH Urt. v. 17.9.2002 Rs. C-513/99 – Concordia Bus, Rn. 69, EuGH Urt. v. 4.12.2003 Rs. C-448/01 – Wienstrom, Rn. 33.

Neufassungen der Richtlinien von 2004 aufgenommen.[23] Bereits in ihren Erwägungsgründen wird mehrfach auf die Förderung einer nachhaltigen Beschaffung hingewiesen[24]. In den geltenden Richtlinien finden sich folglich an verschiedenen Stellen Regelungen, die auf Umweltaspekte bei der Auftragsvergabe Bezug nehmen. Betroffen sind dabei fast alle Phasen des Vergabeverfahrens: In den Art. 23 Abs. 6 der VKR sowie deren Erwägungsgrund 29 und Art. 34 Abs. 6 der SKR sowie deren Erwägungsgrund 44 wird auf die Möglichkeit verwiesen, bei der Aufstellung von technischen Spezifikationen in der Leistungsbeschreibung auf Umweltgütezeichen zu verweisen.[25] In der Definition bestimmter technischer Spezifikationen[26] ist unter anderem auch die Vorgabe von Umweltleistungsstufen aufgeführt. Im Rahmen der Bieterauswahl können im Zusammenspiel mit dem nationalen Recht Verstöße gegen Umweltrecht als schwere Verfehlung im Sinne des Art. 45 Abs. 2 lit. d) VKR[27] gewertet werden,[28] welche zum Ausschluss des Bieters führen kann. Außerdem darf auf das Gemeinschaftssystem für das Umweltmanagement und die Umweltbetriebsprüfung (EMAS) zum Eignungsnachweis zurückgegriffen werden.[29] Schließlich wird auch bei der Festlegung von Zuschlagskriterien ausdrücklich die Einbeziehung von Umwelteigenschaften erwähnt[30] und zusätzlich können Umweltaspekte in die Bedingungen für die Auftragsausführung einfließen.[31] Sämtliche Regelungen wurden ins deutsche Recht übernommen.

3. Sekundärrecht – sonstige Richtlinien und Verordnungen

Im Einklang mit der Unionszielbestimmung des Art. 11 AEUV wurden in den letzten Jahren zudem außerhalb des vergaberechtlichen Fokus zahlreiche Richtlinien zur Verwirklichung umweltpolitischer Aspekte erlassen, die zum Teil auch relevante Vorgaben für die Vergabe öffentlicher Aufträge beinhalten.

Die **Energiedienstleistungsrichtlinie** 2006/32/EG[32] nimmt in ihrem 7. Erwägungsgrund Bezug auf die Concordia Bus-Entscheidung des EuGH und fordert in Art. 5 Abs. 1 die Mitgliedstaaten dazu auf, Energieeffizienzmaßnahmen mit Vorbildfunktion im öffentlichen Sektor zu ergreifen. Die **Energiekennzeichnungsrichtlinie** 2010/30/EU stellt dagegen konkrete Anforderungen an die Leistungsbeschreibung hinsichtlich der Energieeffizienz des Beschaffungsgegenstands auf.[33] Der öffentliche Auftraggeber soll nur Produkte beschaffen, die das höchste Leistungsniveau in Bezug auf Energieeffizienz vorweisen und zur höchsten Energieeffizienzklasse gehören. Die Richtlinie wurde im Zuge der Änderung der Vergabeverordnung im Jahr 2011 in §§ 4 Abs. 6, 6 Abs. 2–6 VgV umgesetzt. Ebenfalls Eingang in die VgV[34] fanden Regelungen der **Richtlinie zur Förderungen sauberer und energieeffizienter Straßenfahrzeuge** (RL 2009/33/EG),[35] der zufolge Energieverbrauch und Emissionen bei der Fahrzeugbeschaffung[36] in die Zuschlags-

---

[23] Erwägungsgründe 1 der SKR und VKR.
[24] Erwägungsgründe 5 und 6 der VKR und 12 und 13 der SKR.
[25] Näher Rn. 19 ff.
[26] Anhang VI Nr. 1 lit. b) VKR, Anhang XXI Nr. 1 lit. b) SKR.
[27] Art. 54 Abs. 4 SKR verweist auf diese Regelung.
[28] Erwägungsgrund 43 Satz 4 der VKR.
[29] Erwägungsgrund 44 und Art. 48 Abs. 2 lit. f), Art. 50 VKR und Erwägungsgrund 53 und Art. 52 Abs. 3 SKR; näher dazu siehe Rn. 27 ff. (C III).
[30] Art. 53 Abs. 1 lit. a) VKR und Art. 55 Abs. 1 lit. a) SKR.
[31] Erwägungsgrund 33 und Art. 26 VKR und Erwägungsgrund 44 und Art. 34 SKR.
[32] Neufassung vorgesehen in KOM (2011) 370 vom 22.6.2011.
[33] Vgl. Art. 9 Abs. 1 RL 2010/30/EU.
[34] §§ 4 Abs. 7–10 VgV; vgl. außerdem §§ 7 Abs. 5 und 6, 29 Abs. 2 Satz 3–5 SektVO.
[35] Insb. Art. 5 RL 2009/33/EG.
[36] Unstrittig bei Kauf, strittig bei anderen Beschaffungsformen wie Miete oder Leasing, wobei die englische Fassung für ein weites Verständnis spricht, näher dazu *Zeiss* NZBau 2011, 658, 659; *Hübner* AnwaltsSpiegel 6/2011, 12, 13; a.A. *Schrotz/Mayer* KommJur 2011, 81, 82 ff.

entscheidung mit einbezogen werden müssen. Nach einem **Vorschlag** der Europäischen Kommission für eine **Energieeffizienzrichtlinie** vom 22.6.2011,[37] welche die KWK-Richtlinie[38] und die Energiedienstleistungsrichtlinie[39] ersetzen soll, wird den öffentlichen Auftraggebern aufgegeben, von Dienstleistungserbringern die ausschließliche Verwendung von Produkten zu fordern, die bestimmte Energieeffizienzkriterien erfüllen.[40] Darüber hinaus soll Art. 9 Abs. 2 der Richtlinie Energiekennzeichnungsrichtlinie[41] wegfallen, wodurch die Begrenzung der Geltung der Richtlinie für Aufträge oberhalb des Schwellenwerts wegfällt, so dass die Energieeffizienzkriterien künftig auch auf Vergabeverfahren unterhalb der Schwellenwerte Anwendung finden. Mithin ebnet auch dieser Richtlinienentwurf den Weg zu einer Weiterentwicklung des Green Procurement.[42] Schließlich bestimmt Art. 9 Abs. 1 lit. b) der Richtlinie 2010/31/EU über die **Gesamtenergieeffizienz von Gebäuden**, dass neue Gebäude, die von Behörden als Eigentümer genutzt werden, ab 2019 Niedrigstenergiegebäude sein müssen. Die Umsetzungsfrist der Richtlinie ist noch nicht abgelaufen. Art. 9 der Richtlinie, welcher eine Mindestenergieeffizienz von Neubauten und Gebäude, die umfangreich renoviert werden, verlangt, ist spätestens ab 9. Januar 2013 anzuwenden.[43]

11 Neben den europäischen Regelungen, die sich konkret auf das Vergabeverfahren beziehen, gibt es zahlreiche **weitere Maßnahmen**, die schrittweise zur Verbesserung des Umweltschutzes im Zusammenhang mit der öffentlichen Auftragsvergabe führen sollen. Größtenteils handelt es sich dabei um die Entwicklung **einheitlicher Standards von Umweltkriterien** in verschiedenen Bereichen, die für höhere Kompatibilität zwischen den Mitgliedstaaten sorgen und somit geeignete Vorgaben etwa für technische Spezifikationen darstellen können. Dazu gehören die **Verordnung zum Europäischen Umweltzeichen**,[44] die **Energy-Star-Verordnung**[45] und die **Richtlinie zur umweltgerechten Gestaltung energiebetriebener Produkte**.[46] Nach Art. 12 Abs. 3 der Verordnung über das EU-Umweltzeichen[47] in Verbindung mit deren Anhang I Teil A Nr. 5 soll ein Leitfaden für öffentliche Auftraggeber erstellt und von den Mitgliedstaaten gefördert werden, in dem erläutert wird, wie die EU-Umweltzeichenkriterien anzuwenden sind.[48] Die einheitliche Kennzeichnungen hat auch die Verordnung zum Energy Star Programm[49] zum Gegenstand, nach dessen Art. 6 die Mitgliedstaaten verpflichtet werden, Stromsparanforderungen an IT Geräte zu stellen, welche vom öffentlichen Sektor beschafft werden. Die Energy-Star-Verordnung[50] verpflichtet die EU-Mitgliedstaaten dabei zur Stellung von Stromsparanforderungen bei der Vergabe öffentlicher Aufträge, die mindestens denjenigen der Verordnung entsprechen müssen.[51] Außerdem entwickelt die Euro-

---

[37] KOM (2011) 370 endgültig.
[38] RL 2004/8/EG, Richtlinie über die Förderung einer am Nutzwärmebedarf orientierten Kraft-Wärme-Kopplung im Energiebinnenmarkt.
[39] RL 2006/32/EG.
[40] Art. 5 iVm Anhang II lit. e) des Richtlinienentwurfs; die Energieeffizienzkriterien sind aufgeführt in Anhang III lit. a) bis d).
[41] RL 2010/30/EU.
[42] *Gabriel/Weiner* REE 04/2011, 213, 216; *Roth* IBR 2011, 1150, Rn. 12.
[43] Art. 28 RL 2010/31/EU.
[44] VO Nr. 66/2010 (vormals VO Nr. 1980/2000).
[45] VO Nr. 106/2008.
[46] RL 2009/125/EG (vormals RL 2005/32/EG).
[47] VO Nr. 66/2010.
[48] Bisher nicht vorhanden. Eine Datenbank über Umweltkennzeichen findet sich auf www.umweltbundesamt.de/produkte/beschaffung/datenbank.
[49] VO Nr. 106/2008.
[50] VO Nr. 106/2008.
[51] Art. 6 der VO Nr. 106/2008.

päische Kommission fortlaufend spezielle Umweltkriterien für immer mehr Produkt- und Dienstleistungsgruppen zur Orientierung öffentlicher Auftraggeber.[52]

II. Europäische Rechtsgrundlagen de lege ferenda

Darüber hinaus könnten schon bald weitere Änderungen aufgrund der aktuell durchgeführten Überarbeitung des EU-Vergaberechts anstehen.[53] Denn Gegenstand der Überarbeitung ist gerade auch die Möglichkeit der Berücksichtigung von Umweltaspekten im Vergabeverfahren. In der Begründung zu den aktuellen Richtlinienvorschlägen der EU-Kommission wird ausdrücklich auf die Möglichkeit öffentlicher Auftraggeber hingewiesen, die Auftragsvergabe auch zur Umsetzung umweltpolitischer Ziele zu nutzen.[54] Dazu gehört beispielsweise die Ermittlung des wirtschaftlich günstigsten Angebots unter Einbeziehung der Lebenszykluskosten,[55] zu denen neben den unmittelbaren Kosten der Vergabestelle ausdrücklich auch externe Kosten, wie die aufgrund von Treibhausgas- und Schadstoffemissionen verursachten, zählen.[56] Der Lebenszykluskosten-Ansatz findet in den geltenden Vergaberichtlinien noch keine Erwähnung. Darüber hinaus wird auch die Bedeutung von umweltrechtlicher Compliance im Zusammenhang mit den Möglichkeiten des Angebots- oder Bieterausschlusses betont. So ist ein zwingender Ausschluss ungewöhnlich niedriger Angebote aufgrund der Nichteinhaltung von Pflichten aus dem europäischen oder internationalen Umweltrecht[57] und – ausdrücklich – ein Bieterausschluss wegen Verstoßes gegen europäisches oder internationales Umweltrecht[58] vorgesehen. Auch in Bezug auf die Leistungsbeschreibung sieht der Richtlinienentwurf eine stärkere Betonung von Umweltaspekten vor. Diese sind als „Umweltmerkmale" als technische Spezifikationen vorgesehen[59] und der Verweis auf Umweltgütezeichen soll zukünftig in einer gesonderten Vorschrift geregelt werden.[60] Es deutet demnach alles darauf hin, dass künftig Umweltaspekte noch weiter in den Vordergrund des Vergabeverfahrens rücken.

12

III. Rechtsgrundlagen auf nationaler Ebene

Wie in den europäischen Rechtsgrundlagen werden Umweltkriterien auch in Deutschland durch zahlreiche unterschiedliche Normen, Maßnahmen und Beschlüsse in das Vergaberecht eingeführt. Auch auf nationaler Ebene wurde und wird die Einbeziehung (umwelt-)politischer Ziele in die Vergabeentscheidungen dabei als Instrumentalisierung des Vergaberechts für „**vergabefremde Zwecke**" grundsätzlich kritisch gesehen.[61] Infolge

13

---

[52] GPP- Schulungs- Toolkit: aktuell 19 Produktgruppen, siehe auch http://ec.europa.eu/environment/gpp/toolkit_en.htm.
[53] Richtlinienvorschlag des Europäischen Parlaments und des Rates zur Änderung der VKR in KOM (2011) 869/2 und Richtlinienvorschlag des Europäischen Parlaments und des Rates zur Änderung der SKR in KOM (2011) 895 endgültig; vgl. auch Rat der Europäischen Union, SN 3113/13 v. 5.8.2013.
[54] KOM (2011) 896/2, 2f.; KOM (2011) 895, 2; Rat der Europäischen Union, SN 3113/13 v. 5.8.2013, Erwägungsgrund 14f u. 14i, j, 36, 37a, Art. 15 Nr. 2.
[55] Art. 66 Nr. 1 lit. b) in KOM (2011) 869/2, Art. 76 Nr. 1 lit. b) in KOM (2011) 895.
[56] Art. 67 Nr. 1 lit. b) in KOM (2011) 869/2, Art. 77 Nr. 1 lit. b) in KOM (2011) 895.
[57] Art. Art. 69 Nr. 4 in KOM (2011) 869/2, Art. 79 Nr. 4 in KOM (2011) 895.
[58] Art. 54 Nr. 2, 55 Nr. 3 lit. a) in KOM (2011) 869/2 und Art. 70 Nr. 2, 74 KOM (2011) 895, bisher ist ein Umweltrechtsverstoß als Grund für den Bieterausschluss nur in einem Erwägungsgrund der VKR erwähnt.
[59] Art. 40 Nr. 3 lit. a) in KOM (2011) 869/2, Art. 54 Nr. 3 lit. a) in KOM (2011) 895.
[60] Art. 41 in KOM (2011) 869/2, Art. 55 in KOM (2011) 895.
[61] *Dreher* in Immenga/Mestmäcker, § 97 Rn. 172 ff.; *Ziekow* NZBau 2001, 72; *Fischer* EuZW 2004, 492.

der zunehmenden Anzahl an Regelungen, die die Berücksichtigung von Umweltaspekten bei der Auftragsvergabe explizit zulassen und teils sogar verlangen, dürfte sich diese Ansicht jedoch auf dem Rückzug befinden. Auch in der Praxis zeichnet sich dieser Trend ab: Laut eines Gutachtens des Wissenschaftlichen Beirats des Bundesministeriums für Wirtschaft und Technologie haben 2007 schon 30 % der Vergabestellen in Deutschland Umweltaspekte bei der Mehrzahl ihrer Vergaben berücksichtigt.[62] So wird der Begriff „vergabefremd" für die Berücksichtigung politischer Aspekte bei der Vergabe denn auch immer häufiger als irreführend[63] oder veraltet[64] bezeichnet und die Einbeziehung von Umweltaspekten in das Vergabeverfahren vielmehr als Teil der Entwicklung eines „ganzheitlichen Wirtschaftlichkeitsverständnisses"[65] hinsichtlich des Beschaffungswesens angesehen.

14 Der Umweltschutz ist im nationalen Recht zwar im Grundgesetz verankert, nach überwiegender Meinung kann aus dem **verfassungsrechtlich verankerten Umweltschutzziel des Art. 20a GG** jedoch keine Verpflichtung für die öffentliche Hand zur Berücksichtigung von Umweltaspekten bei der Auftragsvergabe abgeleitet werden. Allerdings kann mit Bezug hierauf eine Rechtfertigung für die Wahl des wegen der Umweltaspekte teureren Beschaffungsgegenstands erfolgen.[66] Die Staatszielbestimmung kann außerdem zur grundrechtskonformen Auslegung des Wirtschaftlichkeitsbegriffs herangezogen werden[67] und generell die Verfolgung ökologischer Zwecke bei der Auftragsvergabe rechtfertigen.[68]

15 In die **Vergabeordnungen** (VOB/A, VOL/A, VOF und neuerdings: SektVO sowie VSVgV) wurden Umweltaspekte erstmals mit Umsetzung der EU-Vergaberichtlinien im Jahr 2006 aufgenommen,[69] welche in den folgenden Jahren noch ergänzt wurden. In das **GWB** wurde mit Einfügung des § 97 Abs. 4 Satz 2 im Zuge der Reform im Jahr 2008 erstmals ausdrücklich eine Regelung zur Berücksichtigung umweltrechtlicher Aspekte im Rahmen des Beschaffungsvorgangs eingeführt. Die jüngsten Änderungen der **VgV** im Jahre 2011[70], mit welcher europäische Vorgaben in nationales Recht umgesetzt wurden, komplementieren schließlich (vorerst) die nationalen vergaberechtlichen Regeln zum Green Procurement.

16 Umweltschützende Vorgaben mit Bezug auf die staatliche Auftragsvergabe finden sich neben dem Vergaberecht auch in den §§ 4 Abs. 2, 37 Abs. 1 **KrW-/AbfG** und vergleichbaren landesrechtlichen Regelungen,[71] die grundsätzlich zur Prüfung der Umweltverträglichkeit im Rahmen der staatlichen Beschaffungstätigkeit verpflichten.[72]

17 Auf **Landesebene** enthalten lediglich die **Vergabegesetze** der drei Stadtstaaten Berlin, Bremen und Hamburg Vorgaben zum Green Procurement, indem der Wunsch des Gesetzgebers zur umweltfreundlichen Gestaltung des öffentlichen Auftragswesens durch

---

[62] Wissenschaftlicher Beirat BMWi, Gutachten Nr. 2/07, Rn. 35.
[63] *Barth/Dross/Fischer* in Barth/Erdmenger/Günther, 266; *Benedict*, 22f.; *Rust* EuZW 2000, 205, 206.
[64] *Pforte-von Randow* in Quo Vadis Beschaffung?, 38; *Acker* in Schulungsskripte UBA, 37.
[65] *Steiff* VergabeR 2009, 290, 292.
[66] Buy Smart, 9.
[67] *Barth/Dross/Fischer* in Barth/Erdmenger/Günther, 263; *Steiff* VergabeR 2009, 290, 293f.
[68] *Beckmann* NZBau 2004, 600.
[69] *Acker* in Schulungsskripte UBA, 36.
[70] Vom 20.8.2011, BGBl. I S. 1724, zur Umsetzung der Richtlinien 2006/32/EG und 2010/30/EU und vom 12.5.2011, BGBl. I S. 800, zur Umsetzung der Richtlinie 2009/33/EG,.
[71] Vgl. § 5 Abs. 2 LAbfG BW, Art. 2 Abs. 2 BayAbfG, §§ 23 Abs. 2 KrW-/AbfG Bln, 27 BbgAbfG, 2 HmbAbfG, 2 Abs. 1 HAKA, 2 Abs. 1, 2 AbfWG M-V, 3 Abs. 2 NabfG, 2 Abs. 1 LAbfG NRW, 2 LAbfWAG RP, 3 Abs. 1, 2 SAWG, 1 Abs. 1, 3 SächsABG, 2 AbfG LSA, 2 LabfWG-SH.
[72] *Barth/Dross/Fischer* in Barth/Erdmenger/Günther, 264; *Dippel* in Giesberts/Reinhardt, § 37 KrW-/AbfG Rn. 6.

die verbindliche Vorgabe von Grundsätzen und Zielen an die Normadressen deutlich wird.[73]

Darüber hinaus betreffen auch verschiedene **Beschlüsse der Bundesbehörden** die Berücksichtigung von Umweltaspekten bei der öffentlichen Beschaffung und zwar im Zusammenhang mit dem nachhaltigen Einkauf. Zu nennen sind beispielsweise der Gemeinsame Erlass des BMWi, des BMELV, des BMU und des BMVBS zur Beschaffung von Holzprodukten,[74] die Allgemeine Verwaltungsvorschrift zur Beschaffung energieeffizienter Produkte und Dienstleistungen[75] oder das Maßnahmenprogramm Nachhaltigkeit der Bundesregierung.[76] Darin wird beispielsweise zur Beschaffung von Holz nur aus nachhaltiger Forstwirtschaft, zum Einkauf energieeffizienter Geräte, zur Verwendung von Umweltzeichen und zur Umstellung auf Recyclingpapier aufgefordert.

C. Gestaltung einer „grünen Ausschreibung"

So genannte „grüne Kriterien" können in allen Phasen des Beschaffungsvorgangs berücksichtigt werden. Angefangen bei der Auswahl des Beschaffungsgegenstands über die Leistungsbeschreibung bis hin zum Zuschlag gibt es zahlreiche Möglichkeiten, Umweltaspekte bei der Auftragsvergabe in zulässiger Weise zu berücksichtigen.[77]

I. Auswahl des Auftragsgegenstands

Am Anfang des Beschaffungsvorgangs steht zunächst die **Definition des Auftragsgegenstands.** Dabei genießt der Auftraggeber einen umfassenden – grundsätzlich nicht justiziablen – Entscheidungsspielraum, denn das GWB-Vergaberecht enthält insoweit, ebenso wie die europäischen Vergaberichtlinien, keine Vorgaben.[78] Das heißt, es steht der öffentlichen Hand grundsätzlich frei, ihren Bedarf über die reine Funktionalität hinaus anhand von politischen Zielen zu definieren.[79] Der öffentliche Auftraggeber darf sich daher bei der Bedarfsanalyse von Umweltaspekten leiten lassen und zum Beispiel die Verwendung bestimmter Materialien für einen Bauauftrag[80] oder den Einsatz biologisch abbaubarer Putzmittel für Reinigungsdienstleistungen verlangen. Grenze des Entscheidungsspielraums ist dabei einerseits das primärrechtliche Diskriminierungsverbot[81]. So darf die Berücksichtigung der Umweltaspekte nicht dazu führen, dass nur noch ein bestimmtes Produkt in Frage käme. Auftraggeber sind vielmehr verpflichtet, zumindest gleichwertige Produkte zuzulassen.[82] Aus dem nationalen Recht ist andererseits das haushaltsrechtliche Gebot der Wirtschaftlichkeit und Sparsamkeit[83] zu beachten.[84] In Bezug auf die Produkt-

---

[73] *Hermann/Acker*, 19; vgl. §§ 7 BerlAVG, 19 TtVG Bremen, § 3b HmbVgG.
[74] Beschluss von den Bundesministerien für Wirtschaft und Technologie (BMWi), für Ernährung, Landwirtschaft und Verbraucherschutz, für Umwelt (BMELV), Naturschutz und Reaktorsicherheit (BMU) und für Verkehr, Bau und Stadtentwicklung (BMVBS) vom 17.1.2007.
[75] Beschluss des Bundeskabinetts vom 18.1.2008, geändert am 18.1.2012, BAnz. Nr. 13 vom 24.1.2012, S. 286.
[76] Beschluss des Staatssekretärausschusses für nachhaltige Entwicklung vom 6.12.2010.
[77] Beckmann NZBau 2004, 600.
[78] *Barth/Dross/Fischer* in Barth/Erdmenger/Günther, 202, 267; *Schneider* NVwZ 2009, 1057, 1058; *Fischer/Barth* NVwZ 2002, 1184, 1185.
[79] *Barth/Dross/Fischer* in Barth/Erdmenger/Günther, 278.
[80] Etwa Fensterrahmen aus Holz, vgl. KOM (2001), 12.
[81] *Europäische Kommission* Buying green, 22; *Steiff* VergabeR 2009, 290, 294.
[82] *Dross/Dageförde/Acker*, 67.
[83] §§ 6 Abs. 1 HGrG, 7 Abs. 1 Satz 1 BHO, 7 Abs. 1 Satz 1 LHO (weitestgehend gleichlautend in allen Bundesländern).

auswahl bedeutet das, dass keine unnötigen oder ungerechtfertigt kostspieligen Anschaffungen getätigt werden dürfen. Vor dem Hintergrund von Artikel 20a GG sowie den aktuellen Anstrengungen zur Nachhaltigkeit bei der Beschaffung dürften sich daraus für die Berücksichtigung von Umweltaspekten bei der Vergabe jedoch nur geringfügige Einschränkungen ergeben. Insofern bestehen in dieser Phase des Beschaffungsvorgangs umfassende Möglichkeiten, Umweltaspekte zu berücksichtigen. Eine Pflicht dazu besteht jedoch nicht.

II. Leistungsbeschreibung

21 Der Übergang zwischen der Auswahl des Beschaffungsgegenstands und der **Leistungsbeschreibung** ist mitunter fließend.[85] In der Leistungsbeschreibung sind Art und Umfang des zu vergebenden Auftrags so eindeutig und erschöpfend zu beschreiben, dass alle Bewerber oder Bieter die Beschreibung im gleichen Sinne verstehen müssen und die erwarteten Angebote miteinander vergleichbar sind.[86] Dafür soll der Auftragsgegenstand insbesondere mittels **technischer Spezifikationen**[87] detailliert werden. Dabei können Umweltaspekte etwa durch umweltschutzbezogene Anforderungen Berücksichtigung finden.[88] Dabei ist allerdings zu berücksichtigen, dass das Aufstellen von umweltbezogenen Bedingungen, die der Vertragsgegenstand erfüllen muss, häufig erheblichen zusätzlichen Aufwand für den Auftraggeber, z.B. durch einen vorzunehmenden Vergleich der Energieeffizienz, und für die Bieter, z.B. durch umfangreiche Analyse der Lebenszykluskosten, bedeutet. Gleichzeitig besteht die Gefahr einer Verknappung der Wettbewerbssituation auf der Nachfrageseite durch den Ausschluss solcher Unternehmen, die den geforderten Kriterien nicht gerecht werden können oder wollen. Zudem besteht das Risiko der versteckten Begünstigung bestimmter Anbieter und ggf. die Erhöhung der allgemeinen Korruptionsanfälligkeit.[89]

22 Seit Umsetzung der Energiedienstleistungs-[90] und der Energiekennzeichnungsrichtlinie[91] in der Vierten Änderungsverordnung zur VgV sind bei Vergaben oberhalb der Schwellenwerte vom öffentlichen Auftraggeber besondere umweltrelevante Vorgaben zu beachten. Mit den Neuregelungen möchte der Gesetzgeber die **Energieeffizienz** als Kriterium bei der Vergabe öffentliche Aufträge stärken.[92] Nach §§ 4 Abs. 5, 6 Abs. 3 VgV soll daher bei allen Vergaben, die energieverbrauchsrelevante Waren, technische Geräte oder Ausrüstungen zum Gegenstand haben bzw. wenn solche Geräte wesentliche Voraussetzung zur Ausführung einer Dienstleistung oder wesentlicher Bestandteil einer Bauleistung sind,[93] das **höchste Leistungsniveau** in Bezug auf Energieeffizienz und die **höchste Energieeffizienzklasse** gefordert werden. Dabei ist zu beachten, dass die Formulierung als Soll-Vorschrift gewählt wurde, um dem Auftraggeber Spielraum zu geben, von dieser Anforderung abzuweichen.[94] Die Gründe hierfür sollten dann im Vergabevermerk

---

[84] *Steiff* VergabeR 2009, 290, 294.
[85] *Barth/Dross/Fischer* in Barth/Erdmenger/Günther, 203.
[86] Vgl. §§ 7 Abs. 1, 8 EG Abs. 1 VOL/A, 7 Abs. 1 VOB/A, 7 Abs. 1 SektVO, 6 Abs. 1 VOF.
[87] Näheres zu „technischen Spezifikationen" in den Anhängen VI zur VKR, XXI zur SKR und Anhang TS zur VOB/A sowie in den §§ 7 Abs. 3–8 VOB/A, 8 EG VOL/A , 7 Abs. 3–11 SektVO, 6 Abs. 2–7 VOF, Art. 23 VKR und Art. 34 SKR.
[88] *Barth/Dross/Fischer* in Barth/Erdmenger/Günther, 272.
[89] *Steiff* VergabeR 2009, 290, 291f.; Wissenschaftlicher Beirat des BMWi, Gutachten Nr. 2/07, Rn. 15.
[90] RL 2006/32/EG.
[91] RL 2010/30/EU.
[92] BT-Drucks. 17/3049 vom 28.9.2010, S. 6.
[93] §§ 4 Abs. 4, 6 Abs. 2 VgV; nicht erfasst sind beispielsweise Geräte, die bloß anlässlich der Ausführung des Bauauftrags eingesetzt werden, *Zeiss* NZBau 2011, 658, 659.
[94] Vgl. BR-Drucks. 345/11 vom 6.6.2011, S. 8.

festgehalten[95] und stattdessen jedenfalls die höchstmöglichen Anforderungen an die Energieeffizienz gestellt werden.[96] Gerade in Fällen, in denen das höchste Leistungsniveau nicht gefordert werden kann, aber auch weil es innerhalb einer Energieeffizienzklasse noch erhebliche Unterschiede geben kann, müssen mit dem Angebot grundsätzlich auch **Informationen zum Energieverbrauch**[97] und in geeigneten Fällen eine **Analyse minimierter Lebenszykluskosten**[98] der angebotenen Leistung und Produkte abgefragt werden. Im Sektorenbereich ist die Informationsabfrage zum Energieverbrauch und den Lebenszykluskosten gemäß § 7 Abs. 4 SektVO im Gegensatz zu der Soll-Vorschrift gemäß §§ 4 Abs. 5, 6 Abs. 3 VgV zwingend vorgegeben. Eine Ausnahme von der Pflicht zur Abfrage des Energieverbrauchs, die auf zwei Beschlüsse des Bundesrats zurückgeht,[99] ist lediglich dann vorgesehen, wenn sich die auf dem Markt angebotenen Waren, technischen Geräte oder Ausrüstungen im zulässigen Energieverbrauch nur geringfügig unterscheiden, da in solchen Fällen die Entscheidung über den Energieverbrauch schon in der Planung gefallen ist und eine Abfrage im Vergabeverfahren für unnötigen Bürokratieaufwand sorgen würde.[100]

Grundsätzlich gehören der Energieaufwand beim Herstellungsprozess der Produkte und lediglich geringfügige Emissionen nicht zu dem im Zusammenhang mit den Anforderungen an die Energieeffizienz und der Abfrage des Energieverbrauchs zu berücksichtigenden Verbrauch.[101] Umwelteigenschaften, die der Auftragsgegenstand erfüllen muss, können sich aber auch auf bestimmte **Produktionsverfahren** beziehen.[102] Voraussetzung ist, dass alle herstellungsspezifischen Anforderungen und Gesichtspunkte zur Charakterisierung des Beschaffungsgegenstands beitragen.[103] So kann zum Beispiel die Forderung gestellt werden, dass zu liefernder Strom aus erneuerbaren Energien erzeugt wird.[104] Ebenso ist das Merkmal der ökologischen Landwirtschaft eine Produktionsmethode, die zur Charakterisierung des Produkts beiträgt.[105] 23

Emissionen spielen allerdings bei der **Beschaffung von Straßenfahrzeugen** eine Rolle, da dort nicht nur der Energieverbrauch, sondern auch die Umweltauswirkungen der Fahrzeuge berücksichtigt werden müssen. Nach § 4 Abs. 7 bis 10 VgV und § 7 Abs. 4 bis 6 SektVO, die zur Umsetzung der Richtlinie über die Förderung sauberer und energieeffizienter Straßenfahrzeuge[106] in das deutsche Vergaberecht eingefügt wurden, ist die Berücksichtigung dieser Fahrzeugeigenschaften sowohl durch Vorgaben zum Energieverbrauch und zu Umweltauswirkungen **in der Leistungsbeschreibung** bzw. den technischen Spezifikationen als auch **im Rahmen der Zuschlagskriterien** möglich. Auftraggeber im Sektorenbereich können sich dabei für eine dieser Berücksichtigungsmöglichkeiten entscheiden,[107] während Auftraggeber im Sinne des § 98 Nr. 1 bis 3 GWB den Energieverbrauch und die Umweltauswirkungen in der Leistungsbeschreibung und in ih- 24

---

[95] Weyand, § 8 EG VOL/A Rn. 36/2.
[96] Roth IBR 2011, 1150 Rn. 4; BR-Drucks. 345/11 vom 6.6.2011, S. 8.
[97] §§ 4 Abs. 6 Nr. 1, 6 Abs. 4 Nr. 1 VgV, § 7 Abs. 4 Satz 1 SektVO.
[98] §§ 4 Abs. 6 Nr. 2, 6 Abs. 4 Nr. 2 VgV, § 7 Abs. 4 Satz 3 SektVO.
[99] BR-Drucks. 40/10 (B) vom 26.3.2010, S. 4; BR-Drucks. 345/11 (B) vom 8.7.2011, S. 1.
[100] BR-Drucks. 345/11 (B) vom 8.7.2011, S. 1f.
[101] Weyand, § 4 VgV Rn. 83/1; Gabriel/Weiner REE 4/2011, 213, 214.
[102] Erwägungsgrund 29 und Anhang VI Nr. 1 VKR, Erwägungsgrund 42 und Anhang XXI Nr. 1 SKR; KOM (2011) 895 endgültig, 6; KOM (2011) 896/2, 11.
[103] KOM (2001) 274 endgültig, 12.
[104] Vgl. EuGH Urt. v. 4.12.2003 Rs. C-448/01 – Wienstrom, wo dieses Merkmal jedoch in der Zuschlagsentscheidung berücksichtigt wurde; Schneider NvWZ 2009, 1057, 1058; Wegener NZBau 2010, 273, 276.
[105] Wegener NZBau 2010, 273, 276.
[106] RL 2009/33/EG; näher zu den sich aus der RL ergebenden Vorgaben vgl. Homann/Büdenbender VergabeR 2012, 1, 3.
[107] § 7 Abs. 6 SektVO.

rer Zuschlagsentscheidung berücksichtigen müssen.[108] Davon ausgenommen ist gemäß § 4 Abs. 10 VgV lediglich die Beschaffung von Einsatzfahrzeugen.

25   Im Rahmen der Leistungsbeschreibung war es bisher zudem grundsätzlich üblich zur Beschreibung der geforderten Umwelteigenschaften des Auftragsgegenstands auf internationale und europäische Normen, technische Zulassungen oder **europäische, multinationale und andere Umweltzeichen** zu verweisen und eine solche Bezugnahme mit dem Zusatz „oder gleichwertig" zu versehen.[109] Solche Umweltzeichen werden in der Regel an Produkte verliehen, die sich durch eine geringere Umweltbelastung auszeichnen als vergleichbare konventionelle Produkte. Dadurch soll die Auswahl umweltgerechter Produkte erleichtert werden.[110] Der Nachweis, dass das angebotene Produkt mit dem jeweiligen Umweltzeichen ausgezeichnet ist, gilt dann als vereinfachter Nachweis für die Übereinstimmung des Produkts mit den technischen Spezifikationen. Die Zulässigkeit dieser Vorgehensweise – Inbezugnahme von Umweltzeichen zur Leistungsbeschreibung – hat der EuGH allerdings jüngst verneint und klargestellt, dass zur Beschreibung von Umwelteigenschaften gemäß Art. 23 Abs. 6 VKR nicht auf das Umweltzeichen selbst verwiesen werden darf, sondern lediglich die Spezifikationen der Umweltzeichen in der Leistungsbeschreibung verwandt werden dürfen.[111] Denn nur auf diese Weise wird die nötige Transparenz der Leistungsbeschreibung hergestellt und eine Diskriminierung ausländischer Bieter verhindert.[112] Das bedeutet, dass die Standards, die Gegenstand des Umweltzeichens sind und die der Beschaffungsgegenstand erfüllen muss, in der Leistungsbeschreibung ausdrücklich benannt werden müssen.[113]

26   Eine weitere Möglichkeit, Umweltaspekte bei der Auftragsvergabe zu berücksichtigen, ist die ausdrückliche Gestattung von **Nebenangeboten**,[114] um so umweltfreundliche Varianten bei der Zuschlagsentscheidung berücksichtigen zu können.[115] Indem neben den notwendigen Mindestanforderungen[116] auch ein auf die Berücksichtigung von Umweltaspekten gerichtetes Ziel für die Nebenangebote vorgegeben wird, besteht die Möglichkeit, den Zuschlag dem Angebot zu erteilen, welches das beste Verhältnis zwischen Umweltschutz und Preis bietet.[117] Die Zulassung von Nebenangeboten ist besonders dann empfehlenswert, wenn Beschaffer nicht sicher sind, ob umweltfreundliche Alternativen technisch möglich und zu einem angemessenen Preis auf dem Markt erhältlich sind.[118]

III. Eignungskriterien

27   Im Rahmen der **Eignungsprüfung** können Umweltaspekte in zweierlei Hinsicht eine Rolle spielen: zum einen auf der Ebene der (fakultativen) Ausschlussgründe und zum anderen bei dem Nachweis der technischen Leistungsfähigkeit. Nach §§ 16 EG Abs. 1 Nr. 2 lit. c), 16 Abs. 1 Nr. 2 lit. c) VOB/A, 6 EG Abs. 6 lit. c), 6 Abs. 5 lit. c) VOL/A, 21

---

[108] § 4 Abs. 8 VgV.
[109] §§ 8 EG Abs. 2 Nr. 1 letzter Hs. VOL/A, 7 EG Abs. 4 Nr. 1 letzter Hs., 7 Abs. 4 Nr. 1 letzter Hs. VOB/A, 7 Abs. 3 Nr. 1 letzter Hs. SektVO, 6 Abs. 2 Nr. 1 letzter Hs. VOF.
[110] *Acker/Quack* in Schulungsskripte UBA, 64; Beispiele für Umweltzeichen sind der Blaue Engel, der Skandinavische Schwan oder auch das EU-Umweltzeichen („EU-Blume").
[111] EuGH Urt. v. 10.5.2012, Rs. C-368/10 – EKO und MAX HAVELAAR, Rn. 63.
[112] EuGH Urt. v. 10.5.2012, Rs. C-368/10 – EKO und MAX HAVELAAR, Rn. 66f.
[113] *Gabriel* EWS 2012, Heft 6, 1
[114] Art. 24 Abs. 1 VKR, Art. 36 Abs. 1 SKR, §§ 8 Abs. 2 Nr. 3, 8 EG Abs. 2 Nr. 3 VOB/A, 8 Abs. 4 VOL/A, 9 EG Abs. 5 VOL/A, 8 Abs. 1 SektVO.
[115] *Barth/Dross/Fischer* in Barth/Erdmenger/Günther, 208; *Dross/Dageförde/Acker*, 68; *Heyne* ZUR 2011, 578, 580.
[116] §§ 8 EG Abs. 2 Nr. 3 lit. b) VOB/A, § 9 EG Abs. 5 Satz 3 VOL/A und § 8 Abs. 1 Satz 3 SektVO.
[117] KOM (2001) 274, 14f.; *Heyne* ZUR 2011, 578, 580.
[118] *Barth/Dross/Fischer* in Barth/Erdmenger/Günther, 208.

Abs. 4 Nr. 5 SektVO, 4 Abs. 9 lit. c) VOF kann ein Bieter ausgeschlossen werden, dem eine „schwere Verfehlung" vorgeworfen wird. Die Erwähnung von **Umweltstraftaten als möglicher Ausschlussgrund** im 43. Erwägungsgrund der VKR legt nahe, eine solche als schwere Verfehlung anzusehen, insbesondere dann, wenn zwischen dem Auftragsgegenstand und dem Delikt ein Zusammenhang besteht.[119] Hinzukommt, dass der Umweltschutz aufgrund der Staatszielbestimmung des Art. 20a GG als besonders schützenswertes Rechtsgut anzusehen ist und eine Verfehlung als „schwer" einzustufen ist, wenn sie erhebliche Auswirkungen hat, d. h. wenn besonders schützenswerte Rechtsgüter verletzt wurden und sie schuldhaft begangen wurde.[120] Vor diesem Hintergrund kann auch bei zumindest vorsätzlichem Begehen einer Umweltordnungswidrigkeit ein Ausschlussgrund vorliegen.[121]

Sofern im Rahmen der **Leistungsfähigkeit** Umweltaspekte berücksichtigt werden sollen, müssen diese direkt mit dem Auftragsgegenstand verknüpft sein.[122] Spezifische Erfahrungen im Umweltbereichen können mithin beispielsweise nur verlangt werden, wenn diese für den Auftrag erforderlich erscheinen, etwa für den Bau einer Abfallbeseitigungsanlage oder eines Niedrigenergiehauses.[123]   28

Bei Bau- und Dienstleistungsaufträgen kann zudem das Vorhalten eines Umweltmanagementsystems verlangt werden. Zwar darf ein **EMAS-Zertifikat**, das europäische Zertifikat in Bezug auf Umweltmanagementsysteme und Umweltbetriebsprüfung, nicht verlangt werden, doch gilt die Teilnahme am EMAS[124] oder anderen vergleichbaren Umweltmanagementmaßnahmen mit entsprechenden Bescheinigungen als hinreichender Eignungsnachweis.[125] Der Eingang der Normen zum EMAS in die Vergaberichtlinien und deren Umsetzung in den Vergabeordnungen ist vornehmlich auf die EMAS-Verordnung[126] zurückzuführen, die in Art. 38 Abs. 1 lit. c) die Berücksichtigung der EMAS-Registrierung im öffentlichen Beschaffungswesen anregt. Bei Lieferaufträgen ist der Eignungsnachweis durch Teilnahme am EMAS nicht vorgesehen. Umweltmanagementsysteme dürfen bei Aufträgen auch nur im Rahmen der Ausführung des Auftrags verlangt werden.[127] Die Möglichkeit, Umweltaspekte bei der Bieterauswahl zu berücksichtigen oder diese am EMAS zu orientieren ist demnach insgesamt eher beschränkt.[128]   29

---

[119] *Heyne* ZUR 2011, 578, 580; *Losch*, 50; *Schneider* NVwZ 2009, 1057, 1059.
[120] VK Lüneburg, Beschl. v. 24.3.2011, VgK-4/11.
[121] *Heyne* ZUR 2011, 578, 580; *Dageförde/Dross* NVwZ 2005, 19, 22; *Leifer/Mißling* ZUR 2004, 266, 268.
[122] KOM (2001) 274, 17; *Hermann*, 47; *Europäische Kommission* Buying green, 35; *Homann/Büdenbender* VergabeR 2012, 1, 2.
[123] KOM (2001) 274, 18; *Barth/Dross/Fischer* in Barth/Erdmenger/Günther, 211; *Dross/Dageförde/Acker*, 46; *Heyne* ZUR 2011, 578, 580; *Schneider* NVwZ 2009, 1057, 1059; *Beckmann* NZBau 2004, 600, 601.
[124] Eco- Management and Audit Scheme, vgl. VO Nr. 1221/2009, zuvor VO Nr. 761/2001.
[125] Art. 48 Abs. 2 lit. f), 50 VKR, Art. 52 Abs. 3 SKR; §§ 6 EG Abs. 9 Nr. 1 VOB/A, 7 EG Abs. 11 VOL/A, § 5 Abs. 8 VOF, § 23 Abs. 2 SektVO; *Leifer/Mißling* ZUR 2004, 266, 268; *Kühling/Huerkamp* VergabeR 2010, 545, 547f.
[126] VO Nr. 1221/2009, zuvor VO Nr. 761/2001.
[127] § 6 EG Abs. 9 Nr. 1 VOB/A; Art. 48 Abs. 2 lit. f) VKR, Art. 52 Abs. 3 SKR.
[128] *Barth/Dross/Fischer* in Barth/Erdmenger/Günther, 233.

IV. Zuschlagskriterien

1. Grundsätze

30 Umweltaspekte können zudem im Rahmen der Zuschlagsentscheidung berücksichtigt werden,[129] sofern sie der Ermittlung des wirtschaftlich günstigsten Angebots dienen[130] und mit dem Auftragsgegenstand im Zusammenhang stehen (Auftragsbezogenheit).[131] Darüber hinaus müssen die Umweltaspekte, die in Form von Zuschlagskriterien Eingang in das Vergabeverfahren finden, mit dem EU-Primärrecht in Einklang stehen. Das bedeutet insbesondere, dass sie das Diskriminierungsverbot nicht verletzen dürfen.[132]

31 **Auftragsbezogenheit** liegt vor, wenn die Umweltaspekte „durch den Auftragsgegenstand gerechtfertigt" sind.[133] Das heißt, die Umwelteigenschaften sind auf den Auftragsgegenstand selbst zu begrenzen und dürfen nicht das allgemeine Geschäftsgebaren des Bieters betreffen.[134] Keinen Bezug zum Produkt haben daher etwa die Form, in der das Unternehmen geführt wird,[135] allgemeine Anforderungen, die sich auf die gesamten Tätigkeiten des Bieters beziehen,[136] oder die generelle Verwendung von Recyclingpapier im Büro des Unternehmers.[137] Hinsichtlich Kriterien, die das Herstellungsverfahren des Beschaffungsgegenstands betreffen, gilt, dass diese sich nicht notwendig in physischen Produkteigenschaften niederschlagen müssen, solange der Herstellungsprozess des Beschaffungsgegenstands selbst (und nicht anderer Güter) betroffen ist.[138]

32 In der Regel dürfte sich eine Berücksichtigung von Umweltaspekten im Rahmen der Zuschlagsentscheidung mittels der **Lebenszykluskosten** (Life Cycle Costs/LCC) des Beschaffungsgegenstands anbieten.[139] Denn ein geringerer Energieverbrauch, längere Haltbarkeit oder einfachere Entsorgung wirken sich auf mittelfristige bis lange Sicht unmittelbar wirtschaftlich für den Auftraggeber aus, so dass eine in diesem Sinn nachhaltige Beschaffung häufig die kostengünstigere Alternative darstellt. Lebenszykluskosten umfassen alle Kosten, die bei Produktion, Verbrauch, Nutzung[140] und Entsorgung eines Produktes oder einer Dienstleistung anfallen,[141] angefangen bei der Beschaffung der Rohstoffe oder

---

[129] Vgl. §§ 19 EG Abs. 9 VOL/A, 25 Nr. 3 Abs. 3 VOB/A, 29 Abs. 2 SektVO, 16 Abs. 3 VOF und Art. 53 Abs. 1 lit. a) VKR.

[130] *Ruhland* in Pünder/Schellenberg, § 16 VOL/A Rn. 50; *Bungenberg* in Loewenheim/Meessen/Riesenkampff, § 97 Rn. 74.

[131] EuGH Urt. v. 17.9.2002 Rs. C-513/99 – Concordia Bus, Ls. 1; EuGH Urt. v. 20.9.1988, Rs. C-31/87 – Beentjes, Rn. 19; VK Niedersachsen Beschl. v. 17.3.2011, VgK-65/2010, IBR 2011, 1253; OLG Saarbrücken Beschl. v. 13.11.2002, 5 Verg 1/02, NZBau 2003, 625; *Burgi* in Grabitz/Hilf, B 13 Rn. 43.

[132] EuGH Urt. v. 17.9.2002 Rs. C-513/99 – Concordia Bus, Rn. 64, 69; EuGH Urt. v. 4.12.2003 Rs. C-448/01 – Wienstrom, Rn. 33f.; *Dross/Dageförde/Acker*, 68, 86; *Gabriel/Weiner* REE 04/2011, 213, 215.

[133] §§ 19 Abs. 9 EG VOL/A, 16 Abs. 8 VOL/A, 25 Nr. 3 Abs. 3 VOB/A, 29 Abs. 2 SektVO, 16 Abs. 3 VOF; Art. 53 Abs. 1 lit. a) VKR, Art. 55 Abs. 1 lit. a) SKR.

[134] EuGH Urt. v. 12.11.2009, Rs. C-199/07 – ERGA OSE, Rn. 55f.; VK Schleswig-Holstein Beschl. v. 22.4.2008, VK-SH 3/08.

[135] *Barth/Dross/Fischer* in Barth/Erdmenger/Günther, 206.

[136] KOM (2011) 895, 12; KOM (2011) 896/2, 11.

[137] *Dross/Dagefürder/Acker*, 53.

[138] Vgl EuGH Urt. v. 4.12.2003 Rs. C-448/01 – Wienstrom: die nachhaltige Erzeugung schlägt sich nicht im Strom wieder.

[139] Vgl. auch §§ 4 Abs. 6 Nr. 2 lit. a), 6 Abs. 4 Nr. 2 lit. a) VgV, 7 Abs. 4 Satz 3 SektVO.

[140] Etwa Energie- oder Wasserverbrauch.

[141] KOM (2001) 274, 22; *Barth/Dross/Fischer* in Barth/Erdmenger/Günther, 215; Europäische Kommission Buying green, 37, 42f.; anders *Zeiss* NZBau 2011, 658, 661, der unter „Lebenszykluskosten" lediglich die Betriebskosten eines Gerätes, die durch verschiedene Betriebsarten (volle Auslastung,

der Erzeugung von Ressourcen bis hin zu Entsorgung, Aufräumarbeiten bzw. Beendigung.[142] Nicht zu den Lebenszykluskosten zählen dagegen die Produktionskosten, da sie grundsätzlich schon vollständig im Preis enthalten sind.[143] Teil der Lebenszykluskosten sind daher nur diejenigen Kosten, die später im Lebenszyklus auftreten. In den neusten Änderungsvorschlägen der Vergaberichtlinien werden zudem neben den direkten monetären Aufwendungen auch externe Umweltkosten zu den Lebenszykluskosten gezählt, soweit ihr Geldwert bestimmt und überprüft werden kann.[144] Allerdings dürfte die Berücksichtigung der Lebenszykluskosten im Rahmen der Zuschlagsentscheidung häufig mit dem Alltag öffentlicher Auftraggeber nur schwer zu vereinbaren sein. Denn Budgetbegrenzungen durch einjährige Budgetzyklen erschweren den Einkauf von Geräten, die erst durch die Einbeziehung von Lebenszykluskosten zu Einsparungen führen.[145] Die Behördenwirklichkeit dürfte daher häufig dem politischen Wunsch nach nachhaltiger Beschaffung noch hinterher hinken. Hier sind weitere Anstrengen aller Beteiligter erforderlich, um den Rahmen zu schaffen, damit der Wunsch auch tatsächlich Realität werden kann.

Dabei muss das **wirtschaftlichste Angebot**, auf das nach § 97 Abs. 5 GWB der Zuschlag zu erteilen ist, jedoch nicht unbedingt allein anhand der betriebswirtschaftlich relevanten Kosten ermittelt werden.[146] Der Begriff des „wirtschaftlich günstigsten Angebots" ist insoweit weit zu verstehen. Das heißt, es ist nicht notwendig, dass die Berücksichtigung ökologischer Aspekte auch einen direkten wirtschaftlichen Vorteil begründet, etwa durch Einsparung von Betriebskosten.[147] Vielmehr können auch mittelbare Einsparungen, wie Einsparung von Kosten, die aufgrund von Treibhausgas- und Schadstoffemissionen verursacht werden,[148] ausreichen. Jedoch dürfen Aspekte, die mit den zulässigen Wirtschaftlichkeitskriterien gar nicht im Zusammenhang stehen, nach deutschem Vergaberecht nicht berücksichtigt werden.[149]

2. Zwingende Berücksichtigung

Nach der Energiekennzeichnungsrichtlinie besteht sogar eine **Pflicht** des öffentlichen Auftraggebers **Umweltaspekte** bei der Zuschlagsentscheidung **zu berücksichtigen**[150] Gemäß §§ 4 Abs. 6b, 6 Abs. 6 VgV muss – nach § 29 Abs. 2 Satz 2 SektVO kann – daher der mit der Leistungsbeschreibung abgefragte Energieverbrauch bei der Angebotswertung angemessen berücksichtigt werden. Das gilt auch, wenn der Auftraggeber sowieso die höchste Energieleistungsklasse von den angebotenen Produkten fordert, da auch innerhalb einer Leistungsklasse noch erhebliche Unterschiede beim Energieverbrauch bestehen können.[151] War die Forderung des höchsten Leistungsniveaus in Bezug auf die Energieeffizienz nicht möglich, so ist die **Energieeffizienz in der Wertungsentscheidung** noch

---

Stand-By, aus etc.) anfallen, versteht. Erwerbs-, Schulungs- und Entsorgungskosten seien dagegen nicht erfasst, da sie eh in der Wertung berücksichtigungsfähig seien.

[142] KOM (2011) 895, 12; KOM (2011) 896/2, 11; Erwägungsgrund 40 Änderungsvorschlag zur VKR; Erwägungsgrund 46 Änderungsvorschlag zur SKR.

[143] KOM (2001) 274, 22.

[144] KOM (2011) 895, 12; KOM (2011) 896/2, 11; Rat der Europäischen Union, SN 3113/13 v. 5.8.2013; Erwägungsgrund 40 und Art. 67 Änderungsvorschlag zur VKR; Erwägungsgrund 46 und Art. 77 Änderungsvorschlag zur SKR.

[145] Wissenschaftlicher Beirat des BMWi, Gutachten Nr. 2/07, Rn. 33.

[146] EuGH Urt. v. 17.9.2002 Rs. C-513/99 – Concordia Bus, Rn. 55; EuGH Urt. v. 4.12.2003 Rs. C-448/01 – Wienstrom, Rn. 32; *Steiff* VergabeR 2009, 290, 297.

[147] *Heyne* ZUR 2011, 578, 581; *Steiff* VergabeR 2009, 290, 297.

[148] Art. 67 Nr. 1 lit. b) in KOM (2011) 869/2, Art. 77 Nr. 1 lit. b) in KOM (2011) 895.

[149] *Burgi* in Grabitz/Hilf, B 13 Rn. 45; in Europa wurden weitere Kriterien in einer stark kritisierten Entscheidung des EuGH für zulässig gehalten, EuGH Urt. v. 26.9.2000 Rs. C-225/98 – Calais, Rn. 49 ff.

[150] RL 2010/30/EU.

[151] BR-Drucks. 345/11 vom 6.6.2011, 9.

größeres Gewicht einzuräumen.[152] Eine Gewichtung von 45 % für die Beschaffung von Strom aus erneuerbaren Energien[153] oder 40 % für das Wertungskriterium „Gesamt-Ökologie" bei dem Bau und Betrieb eines Biomasseheizwerks[154] werden dabei durchaus als zulässig anerkannt.

3. Beschaffung von Straßenfahrzeugen

35 Auch bei der **Beschaffung von Straßenfahrzeugen** müssen deren Energieverbrauch und Emissionen grundsätzlich bei der Zuschlagsentscheidung berücksichtigt werden, § 4 Abs. 8 Nr. 2 VgV. Im Rahmen der SektVO ist das lediglich eine Option, §§ 7 Abs. 6, 29 Abs. 2 Satz 3 bis 5 SektVO.[155]

V. Auftragsausführungsbedingungen

36 Nach § 97 Abs. 4 Satz 2 GWB können Umweltaspekte schließlich auch in Form von Auftragsausführungsbedingungen Berücksichtigung finden. Wie die meisten anderen Regelungen des Vergaberechts mit Umweltbezug wurde auch durch die Regelung des § 97 Abs. 4 Satz 2 GWB eine europäische Vorgabe in nationales Recht umgesetzt.[156] Die zusätzlichen Anforderungen für die Auftragsausführung bzw. Auftragsausführungsbedingungen im Sinne des § 97 Abs. 4 Satz 2 GWB stellen ein *aliud* zu den Eignungs- und Zuschlagskriterien dar.[157] Denn sie betreffen den auf Grundlage des Vergabeverfahrens abzuschließenden Vertrag[158] und geben vor, wie der Auftrag auszuführen ist. Sie werden demnach erst nach Abschluss des Vergabeverfahrens relevant.[159]

37 Ebenso wie die Zuschlagskriterien müssen die Anforderungen an die Auftragsausführung einen **Bezug zum konkreten Auftragsgegenstand** haben[160] und sich aus der Leistungsbeschreibung ergeben.[161] Unzulässig ist demnach etwa die Vorgabe, dass sich das Unternehmen im Allgemeinen am Markt oder bei seiner internen Unternehmenspolitik an bestimmte (z.B. Umweltschutz-) Standards halten soll.[162] Die Einhaltung solcher Standards bei Ausführung des konkreten Auftrags kann hingegen gefordert werden.[163] Allerdings darf von den Bietern nicht verlangt werden, schon während des Vergabeverfahrens nachzuweisen, dass sie sich an die Ausführungsklauseln halten werden.[164] Vor diesem Hintergrund sollten vor allem vertragliche Konsequenzen bei Nichterfüllung vorgesehen werden. Das können beispielsweise entsprechende Rücktritts- und Kündigungsrechte so-

---

[152] BR-Drucks. 345/11 (B) vom 8.7.2011, 3.
[153] EuGH Urt. v. 4.12.2003 Rs. C-448/01 – Wienstrom, Ls. 1.
[154] VK Nordbayern Beschl. v. 2.7.2008, 21.VK-3194–29/08.
[155] Vgl. schon weiter oben, Rn. 24.
[156] Art. 26 VKR und Art. 38 SKR, vgl. BT-Drucks. 16/10117 vom 13.8.2008, 16.
[157] *Dreher* in Immenga/Mestmäcker, § 97 Rn. 192; *Varga* VergabeR 2009, 535, 536; für Beispiele zu Auftragsausführungsbedingungen siehe *Eropäische Kommission* Buying green, 47f. und *Dross/Dageförde/Acker*, 59.
[158] *Varga* VergabeR 2009, 535, 536; *Fischer* EuZW 2004, 492, 494.
[159] *Varga* VergabeR 2009, 535, 540.
[160] *Dreher* in Immenga/Mestmäcker, § 97 Rn. 193; *Europäische Kommission* Buying green, 46.
[161] Vgl. § 97 Abs. 4 Satz 2 GWB; nach *Varga* wird in europarechtskonformer Auslegung der Publizität schon genügt, wenn die Ausführungsbedingungen in der Bekanntmachung oder den Verdingungsunterlagen veröffentlicht werden, VergabeR 2009, 535, 539f. und 542; ähnlich *Steiff* VergabeR 2009, 290, 300.
[162] *Varga* VergabeR 2009, 535; *Kühling/Huerkamp* VergabeR 2010, 545, 547.
[163] *Varga* VergabeR 2009, 535, 539; vgl. auch *Burgi* in Grabitz/Hilf, B 13 Rn. 46; zur Zulässigkeit von Tariftreueregelungen als Ausführungsbedingung siehe BVerfG Urt. v. 11.7.2006, 1 BvL 4/00, NZBau 2007, 53ff.
[164] *Europäische Kommission* Buying green, 46.

wie Vertragsstraferegelungen sein.[165] Das ist auch notwendig, um zu verhindern, dass die Berücksichtigung von Umweltaspekten durch Auftragsausführungsbedingungen lediglich eine bloße Symbolpolitik darstellt. Denn wenn eine Vergabestelle die Einhaltung von Auftragsausführungsklauseln gem. § 97 Abs. 4 Satz 2 GWB weder ex-ante überprüft noch durch Kündigung oder Vertragsstrafen durchzusetzen vermag,[166] kommt ihnen keine praktische Bedeutung zu. Um den Nutzen der zusätzlichen Bedingungen zu gewährleisten muss es dem Auftraggeber außerdem möglich sein, solche Bieter, bei denen bereits im Vergabeverfahren feststeht, dass sie die Bedingungen nicht einhalten können oder wollen, vom Verfahren auszuschließen.[167]

---

[165] *Varga* VergabeR 2009, 535, 538; *Europäische Kommission* Buying green, 48.
[166] *Kühling/Huerkamp* VergabeR 2010, 545, 551.
[167] *Kühling/Huerkamp* VergabeR 2010, 545, 550; *Heyne* ZUR 2011, 578, 581; *Schneider* NVwZ 2009, 1057, 1060; *Steinberg* NZBau 2005, 85, 91.

Kapitel 5 Bekanntmachungen, Form- und Fristvorgaben

§ 21 Auftragsbekanntmachungen und andere Ex-ante-Veröffentlichungen

Übersicht

	Rn.
A. Einleitung	1–3
B. Auftragsbekanntmachung	4–54
I. Allgemeines	4–7
II. Bekanntmachungspflicht	8–11
III. EU-weite Bekanntmachung	12–41
IV. Bekanntmachung auf nationaler Ebene	42–52
V. Auslegung von Bekanntmachungen	53, 54
C. Vorinformation	55–70
I. Allgemeines	55–58
II. Anwendungsbereich und Erforderlichkeit einer Vorinformation	59–61
III. Erstellung der Vorinformation	62, 63
IV. Veröffentlichung der Vorinformation	64–68
V. Rechtsfolgen einer Vorinformation	69, 70
D. Freiwillige Bekanntmachungen	71–73
I. Freiwillige Bekanntmachung trotz fehlender Bekanntmachungspflicht	71, 72
II. Freiwillige Ex-ante-Transparenzbekanntmachung	73
E. Beschafferprofil	74, 75

VgV: § 14
VOL/A: § 12 Abs. 1, 2
VOL/A EG: § 15 Abs. 1 bis 9
VOB/A: § 12 Abs. 1, 2, § 21
VOB/A EG: § 12 Abs. 1 bis 3, § 21
VOF: § 9

VgV:

§ 14 VgV Bekanntmachungen

(1) Die Auftraggeber geben in der Bekanntmachung und den Vergabeunterlagen die Anschrift der Vergabekammer an, der die Nachprüfung obliegt.

(2) Bei Bekanntmachungen im Amtsblatt der Europäischen Union nach diesen Bestimmungen haben die Auftraggeber die Bezeichnungen des Gemeinsamen Vokabulars für das öffentliche Auftragswesen (Common Procurement Vocabulary – CPV) zur Beschreibung des Auftragsgegenstandes zu verwenden.

(3) Das Bundesministerium für Wirtschaft und Technologie gibt im Bundesanzeiger einen Hinweis auf die Rechtsvorschrift zur Änderung der CPV bekannt.

VOL/A:

§ 12 VOL/A Bekanntmachung, Versand von Vergabeunterlagen

(1) Öffentliche Ausschreibungen, Beschränkte Ausschreibungen mit Teilnahmewettbewerb und Freihändige Vergaben mit Teilnahmewettbewerb sind in Tageszeitungen, amtlichen Veröffentlichungsblättern, Fachzeitschriften oder Internetportalen bekannt zu machen. Bekanntmachungen in Internetportalen müssen zentral über die Suchfunktion des Internetportals www.bund.de ermittelt werden können.

(2) Aus der Bekanntmachung müssen alle Angaben für eine Entscheidung zur Teilnahme am Vergabeverfahren oder zur Angebotsabgabe ersichtlich sein. Sie enthält mindestens:

a) die Bezeichnung und die Anschrift der zur Angebotsabgabe auffordernden Stelle, der den Zuschlag erteilenden Stelle sowie der Stelle, bei der die Angebote oder Teilnahmeanträge einzureichen sind,

b) die Art der Vergabe,

c) die Form, in der Teilnahmeanträge oder Angebote einzureichen sind,

d) Art und Umfang der Leistung sowie den Ort der Leistungserbringung,

e) gegebenenfalls die Anzahl, Größe und Art der einzelnen Lose,

f) gegebenenfalls die Zulassung von Nebenangeboten,

g) etwaige Bestimmungen über die Ausführungsfrist,

h) die Bezeichnung und die Anschrift der Stelle, die die Vergabeunterlagen abgibt oder bei der sie eingesehen werden können,

i) die Teilnahme- oder Angebots- und Bindefrist,

j) die Höhe etwa geforderter Sicherheitsleistungen,

k) die wesentlichen Zahlungsbedingungen oder Angabe der Unterlagen, in denen sie enthalten sind,

l) die mit dem Angebot oder dem Teilnahmeantrag vorzulegenden Unterlagen, die die Auftraggeber für die Beurteilung der Eignung des Bewerbers oder Bieters verlangen,

m) sofern verlangt, die Höhe der Kosten für die Vervielfältigungen der Vergabeunterlagen bei Öffentlichen Ausschreibungen,

n) die Angabe der Zuschlagskriterien, sofern diese nicht in den Vergabeunterlagen genannt werden.

(3) bis (4) hier nicht abgedruckt.

VOL/A EG:

§ 15 EG VOL/A Bekanntmachung, Versand der Vergabeunterlagen

(1) Die Bekanntmachung einer beabsichtigten Auftragsvergabe wird nach dem in Anhang II der Verordnung (EG) zur Einführung von Standardformularen für die Veröffentlichung von Vergabebekanntmachungen auf dem Gebiet der öffentlichen Aufträge in der jeweils geltenden Fassung enthaltenen Muster erstellt.

(2) Die Bekanntmachung ist auf elektronischem oder auf anderem Wege unverzüglich dem Amt für amtliche Veröffentlichungen der Europäischen Gemeinschaften zu übermitteln. Sofern keine elektronische Übermittlung der Bekanntmachung erfolgt, ist der Inhalt der Bekanntmachung auf ca. 650 Worte beschränkt. In Fällen besonderer Dringlichkeit muss die Bekanntmachung mittels Telekopie oder auf elektronischem Weg übermittelt werden. Die Auftraggeber müssen den Tag der Absendung nachweisen können.

(3) Elektronisch erstellte und übersandte Bekanntmachungen werden spätestens fünf Tage nach ihrer Absendung an das Amt für amtliche Veröffentlichungen der Europäischen Gemeinschaften veröffentlicht. Nicht elektronisch erstellte und übersandte Bekanntmachungen werden spätestens zwölf Tage nach der Absendung veröffentlicht. Die Bekanntmachungen werden unentgeltlich ungekürzt im Supplement zum Amtsblatt der Europäischen Gemeinschaften in der jeweiligen Originalsprache und eine Zusammenfassung der wichtigsten Bestandteile davon in den anderen Amtssprachen der Gemeinschaft veröffentlicht; hierbei ist nur der Wortlaut in der Originalsprache verbindlich.

(4) Die Bekanntmachung darf in der Bundesrepublik Deutschland nicht vor dem Tag der Absendung an das Amt für amtliche Veröffentlichungen der Europäischen Gemeinschaften veröf-

fentlicht werden. Diese Veröffentlichung darf keine anderen Angaben enthalten als die an das Amt für amtliche Veröffentlichungen der Europäischen Gemeinschaften abgesandte Bekanntmachung oder als in einem Beschafferprofil veröffentlicht wurden. Auf das Datum der Absendung der europaweiten Bekanntmachung an das Amt für amtliche Veröffentlichungen der Europäischen Gemeinschaften ist in der nationalen Bekanntmachung hinzuweisen.

(5) Die Auftraggeber können im Internet ein Beschafferprofil einrichten. Es enthält Angaben über geplante und laufende Vergabeverfahren, über vergebene Aufträge sowie alle sonstigen für die Auftragsvergabe relevanten Informationen wie zum Beispiel Kontaktstelle, Telefon- und Telefaxnummer, Anschrift, E-Mail-Adresse des Auftraggebers.

(6) Die Auftraggeber veröffentlichen sobald wie möglich nach Beginn des jeweiligen Haushaltsjahres nicht verbindliche Bekanntmachungen, die Angaben enthalten über alle für die nächsten 12 Monate beabsichtigten Aufträge, deren nach der Vergabeverordnung geschätzter Wert jeweils mindestens 750 000 Euro beträgt. Die Lieferaufträge sind nach Warenbereichen unter Bezugnahme auf die Verordnung (EG) über das Gemeinsame Vokabular für öffentliche Aufträge (CPV) des Europäischen Parlaments und des Rates in der jeweils geltenden Fassung aufzuschlüsseln, die Dienstleistungsaufträge nach den im Anhang I A genannten Kategorien.

(7) Die Vorinformation wird sobald wie möglich nach Beginn des Haushaltsjahres an das Amt für amtliche Veröffentlichungen der Europäischen Gemeinschaften gesandt oder im Beschafferprofil veröffentlicht. Veröffentlichen die Auftraggeber eine Vorinformation im Beschafferprofil, melden sie dies dem Amt für amtliche Veröffentlichungen der Europäischen Gemeinschaften zuvor auf elektronischem Wege nach dem in Anhang VIII der in Absatz 1 genannten Verordnung (EG) enthaltenen Muster. Die Bekanntmachung ist nur dann zwingend vorgeschrieben, wenn die Auftraggeber die Möglichkeit wahrnehmen, die Frist für den Eingang der Angebote gemäß § 12 EG Absatz 3 zu verkürzen.

(8) Die Bekanntmachung über die Vorinformation ist nach dem im Anhang I der in Absatz 1 genannten Verordnung (EG) enthaltenen Muster zu erstellen und an das Amt für amtliche Veröffentlichungen der Europäischen Gemeinschaften zu übermitteln.

(9) Die Auftraggeber können auch Bekanntmachungen über öffentliche Liefer- oder Dienstleistungsaufträge, die nicht der Bekanntmachungspflicht unterliegen, an das Amt für amtliche Veröffentlichungen der Europäischen Gemeinschaften übermitteln.

(10) bis (12) hier nicht abgedruckt.

VOB/A:

§ 12 VOB/A Bekanntmachung, Versand der Vergabeunterlagen

(1)
1. Öffentliche Ausschreibungen sind bekannt zu machen, z. B. in Tageszeitungen, amtlichen Veröffentlichungsblättern oder auf Internetportalen, sie können auch auf www.bund.de veröffentlicht werden.
2. Diese Bekanntmachungen sollen folgende Angaben enthalten:

    a) Name, Anschrift, Telefon-, Telefaxnummer sowie E-Mailadresse des Auftraggebers (Vergabestelle),

    b) gewähltes Vergabeverfahren,

    c) gegebenenfalls Auftragsvergabe auf elektronischem Wege und Verfahren der Ver- und Entschlüsselung,

    d) Art des Auftrags,

    e) Ort der Ausführung,

    f) Art und Umfang der Leistung,

    g) Angaben über den Zweck der baulichen Anlage oder des Auftrags, wenn auch Planungsleistungen gefordert werden,

h) falls die bauliche Anlage oder der Auftrag in mehrere Lose aufgeteilt ist, Art und Umfang der einzelnen Lose und Möglichkeit, Angebote für eines, mehrere Lose oder alle Lose einzureichen,

i) Zeitpunkt, bis zu dem die Bauleistungen beendet werden sollen oder Dauer des Bauleistungsauftrags; sofern möglich, Zeitpunkt, zu dem die Bauleistungen begonnen werden sollen,

j) gegebenenfalls Angaben nach § 8 Absatz 2 Nummer 3 zur Zulässigkeit von Nebenangeboten,

k) Name und Anschrift, Telefon- und Faxnummer, E-Mailadresse der Stelle, bei der die Vergabeunterlagen und zusätzliche Unterlagen angefordert und eingesehen werden können,

l) gegebenenfalls Höhe und Bedingungen für die Zahlung des Betrags, der für die Unterlagen zu entrichten ist,

m) bei Teilnahmeantrag: Frist für den Eingang der Anträge auf Teilnahme, Anschrift, an die diese Anträge zu richten sind, Tag, an dem die Aufforderungen zur Angebotsabgabe spätestens abgesandt werden,

n) Frist für den Eingang der Angebote,

o) Anschrift, an die die Angebote zu richten sind, gegebenenfalls auch Anschrift, an die Angebote elektronisch zu übermitteln sind,

p) Sprache, in der die Angebote abgefasst sein müssen,

q) Datum, Uhrzeit und Ort des Eröffnungstermins sowie Angabe, welche Personen bei der Eröffnung der Angebote anwesend sein dürfen,

r) gegebenenfalls geforderte Sicherheiten,

s) wesentliche Finanzierungs- und Zahlungsbedingungen und/oder Hinweise auf die maßgeblichen Vorschriften, in denen sie enthalten sind,

t) gegebenenfalls Rechtsform, die die Bietergemeinschaft nach der Auftragsvergabe haben muss,

u) verlangte Nachweise für die Beurteilung der Eignung des Bewerbers oder Bieters,

v) Zuschlagsfrist,

w) Name und Anschrift der Stelle, an die sich der Bewerber oder Bieter zur Nachprüfung behaupteter Verstöße gegen Vergabebestimmungen wenden kann.

(2)
1. Bei Beschränkten Ausschreibungen nach Öffentlichem Teilnahmewettbewerb sind die Unternehmen durch Bekanntmachungen, z. B. in Tageszeitungen, amtlichen Veröffentlichungsblättern oder auf Internetportalen, aufzufordern, ihre Teilnahme am Wettbewerb zu beantragen.
2. Diese Bekanntmachungen sollen die Angaben gemäß § 12 Absatz 1 Nummer 2 enthalten.

(3) bis (7) hier nicht abgedruckt.

§ 21 VOB/A Nachprüfungsstellen

In der Bekanntmachung und den Vergabeunterlagen sind die Nachprüfungsstellen mit Anschrift anzugeben, an die sich der Bewerber oder Bieter zur Nachprüfung behaupteter Verstöße gegen die Vergabebestimmungen wenden kann.

VOB/A EG:

§ 12 EG VOB/A Vorinformation, Bekanntmachung, Versand der Vergabeunterlagen

Vorinformation

(1)
1. Als Vorinformation sind die wesentlichen Merkmale der beabsichtigten Bauaufträge mit mindestens einem geschätzten Gesamtauftragswert für Bauleistungen nach § 2 Nummer 3 VgV ohne Umsatzsteuer bekannt zu machen.
2. Eine Vorinformation ist nur dann verpflichtend, wenn die Auftraggeber von der Möglichkeit einer Verkürzung der Angebotsfrist gemäß § 10 EG Absatz 1 Nummer 2 oder Absatz 2 Nummer 4 Gebrauch machen möchten.
3. Die Vorinformation ist nach dem in Anhang I der Verordnung (EU) Nummer 842/2011 enthaltenen Muster zu erstellen.
4. Nach Genehmigung der Planung ist die Vorinformation sobald wie möglich dem Amt für Veröffentlichungen der Europäischen Union zu übermitteln oder im Beschafferprofil nach § 11 EG Absatz 2 zu veröffentlichen; in diesem Fall ist dem Amt für Veröffentlichungen der Europäischen Union zuvor auf elektronischem Weg die Veröffentlichung mit dem in Anhang VIII der Verordnung (EU) Nummer 842/2011 enthaltenen Muster zu melden. Die Vorinformation kann außerdem in Tageszeitungen, amtlichen Veröffentlichungsblättern oder Internetportalen veröffentlicht werden.

Bekanntmachung

(2)
1. Die Unternehmen sind durch Bekanntmachungen aufzufordern, ihre Teilnahme am Wettbewerb zu beantragen, wenn Bauaufträge im Sinne von § 1 EG in einem offenen Verfahren, in einem nicht offenen Verfahren, in einem Verhandlungsverfahren mit öffentlicher Vergabebekanntmachung oder in einem wettbewerblichen Dialog vergeben werden.
2. Die Bekanntmachungen müssen die in Anhang II der Verordnung (EU) Nummer 842/2011 geforderten Informationen enthalten und sollen nicht mehr als 650 Wörter umfassen, wenn der Inhalt der Bekanntmachung nicht auf elektronischem Wege gemäß dem Muster und unter Beachtung der Verfahren bei der Übermittlung nach Anhang VIII Nummer 3 der Richtlinie 2004/18/EG abgesendet wird. Bekanntmachungen sind im Amtsblatt der Europäischen Union zu veröffentlichen und dem Amt für Veröffentlichungen der Europäischen Union unverzüglich, in Fällen des beschleunigten Verfahrens per Telefax oder elektronisch zu übermitteln.
3. Der Auftraggeber muss nachweisen können, an welchem Tag die Bekanntmachung an das Amt für Veröffentlichungen der Europäischen Union abgesendet wurde.
4. Die Bekanntmachung wird unentgeltlich, spätestens zwölf Tage nach der Absendung im Supplement zum Amtsblatt der Europäischen Union in der Originalsprache veröffentlicht. Eine Zusammenfassung der wichtigsten Angaben wird in den übrigen Amtssprachen der Gemeinschaften veröffentlicht; der Wortlaut der Originalsprache ist verbindlich.
5. Bekanntmachungen, die über das Internetportal des Amtes für Veröffentlichungen der Europäischen Union auf elektronischem Weg erstellt und übermittelt wurden, werden abweichend von Nummer 4 spätestens fünf Kalendertage nach ihrer Absendung veröffentlicht.
6. Die Bekanntmachungen können zusätzlich im Inland veröffentlicht werden, beispielsweise in Tageszeitungen, amtlichen Veröffentlichungsblättern oder Internetportalen, sie können auch auf www.bund.de veröffentlicht werden. Sie dürfen nur die Angaben enthalten, die dem Amt für Veröffentlichungen der Europäischen Union übermittelt wurden, und dürfen nicht vor Absendung an dieses Amt veröffentlicht werden.

(3)
1. Die Bekanntmachung ist beim offenen Verfahren, nicht offenen Verfahren, Verhandlungsverfahren und wettbewerblichen Dialog nach dem im Anhang II der Verordnung (EU) Nummer 842/2011 enthaltenen Muster zu erstellen.

2. Dabei sind zu allen Nummern Angaben zu machen; die Texte des Musters sind nicht zu wiederholen.

(4) bis (7) hier nicht abgedruckt.

§ 21 EG VOB/A Nachprüfungsbehörden

In der Bekanntmachung und den Vergabeunterlagen ist die Nachprüfungsbehörde mit Anschrift anzugeben, an die sich der Bewerber oder Bieter zur Nachprüfung behaupteter Verstöße gegen die Vergabebestimmungen wenden kann.

VOF:

§ 9 VOF Bekanntmachungen

(1) Die Bekanntmachung einer beabsichtigten Auftragsvergabe wird nach dem in Anhang II der Verordnung (EG) Nr. 1564/2005 enthaltenen Muster erstellt.

(2) Auftraggeber, die einen Wettbewerb nach Kapitel 2 durchführen wollen, teilen ihre Absicht durch Bekanntmachung nach dem in Anhang XII der Verordnung (EG) Nr. 1564/2005 enthaltenen Muster mit. Die Bekanntmachung ist dem Amt für amtliche Veröffentlichungen der Europäischen Gemeinschaften unverzüglich mitzuteilen.

(3) Die Bekanntmachung ist auf elektronischem oder anderem Wege unverzüglich dem Amt für amtliche Veröffentlichungen der Europäischen Gemeinschaften zu übermitteln. Soweit keine elektronische Übermittlung der Bekanntmachung erfolgt, darf der Inhalt der Bekanntmachung nicht mehr als 650 Wörter umfassen. In Fällen besonderer Dringlichkeit muss die Bekanntmachung per Telefax oder auf elektronischem Weg übermittelt werden. Der Auftraggeber muss den Tag der Absendung nachweisen können.

(4) Elektronisch erstellte und übersandte Bekanntmachungen werden spätestens fünf Tage nach ihrer Absendung an das Amt für amtliche Veröffentlichungen veröffentlicht. Nicht elektronisch erstellte und übermittelte Bekanntmachungen werden spätestens zwölf Tage nach der Absendung veröffentlicht. Die Bekanntmachungen werden unentgeltlich und ungekürzt im Supplement zum Amtsblatt der Europäischen Gemeinschaften in der jeweiligen Originalsprache und eine Zusammenfassung der wichtigsten Bestandteile davon in den anderen Amtssprachen der Gemeinschaft veröffentlicht. In den Amtsblättern oder der Presse des Landes des Auftraggebers darf die Bekanntmachung nicht vor dem Tag der Absendung an das Amt für amtliche Veröffentlichungen der Europäischen Gemeinschaften veröffentlicht werden; bei der Veröffentlichung ist dieser Zeitpunkt anzugeben. Die Veröffentlichung darf nur die im Amtsblatt der Europäischen Gemeinschaften oder die in einem Beschafferprofil nach Absatz 5 veröffentlichten Angaben enthalten.

(5) Die Auftraggeber können im Internet ein Beschafferprofil einrichten. Es enthält Angaben über geplante und laufende Vergabeverfahren, über vergebene Aufträge sowie alle sonstigen für die Auftragsvergabe relevanten Informationen wie zum Beispiel Kontaktstelle, Telefon- und Telefaxnummer, Anschrift, E-Mail-Adresse des Auftraggebers.

Literatur:
Dicks, Verfahrensrechtliche Entscheidungen der Vergabesenate im Jahre 2009 – Teil I, ZfBR 2010, 235; *Drügemöller*, Elektronische Bekanntmachungen im Vergaberecht, NVwZ 2007, 177; *Jaeger*, Neuerungen zur Rügeobliegenheit (§ 107 III GWB) durch das Vergaberechtsmodernisierungsgesetz, NZBau 2009, 558; *Just/Sailer*, Die neue Vergabeverordnung 2010, NVwZ 2010, 937; *Lindenthal*, Erläuterungen zu den neuen Standardmustern für Veröffentlichungen im EU-Amtsblatt gemäß Ver-

ordnung EG/1564/2005, VergabeR 2006, 1; *Kuhn*, Zur Pflicht der Benennung eines Schlusstermins für die Anforderung von Vergabeunterlagen in der Vergabebekanntmachung, VergabeR 2012, 21; *Opitz*, Die Entwicklung des EG-Vergaberechts in den Jahren 2001 und 2002 – Teil 1, NZBau 2003, 183.

A. Einleitung

Mit Bekanntmachungen treten öffentliche Auftraggeber mit einem Beschaffungsvorhaben an die Öffentlichkeit heran. Mit Ex-ante-Bekanntmachungen machen sie auf voraussichtliche oder beabsichtigte öffentliche Auftragsvergaben aufmerksam. Sie sind dabei meist der **erste äußere Hinweis** für potentielle Bewerber oder Bieter auf ein mögliches oder beabsichtigtes Beschaffungsvorhaben.[1] Bekanntmachungen dienen vor allem dem **Transparenz- und** dem **Wettbewerbsgrundsatz.** Mit ihnen bekunden öffentliche Auftraggeber für jedermann ersichtlich ihre Absicht, bestimmte Waren oder Leistungen zu beschaffen, und sorgen so dafür, dass möglichst viele Wirtschaftsteilnehmer von dem Beschaffungsvorhaben erfahren und am Wettbewerb um den vergebenden Auftrag teilnehmen können.[2] Bekanntmachungen enthalten erste wichtige Informationen zur geplanten oder beabsichtigten Auftragsvergabe, die es den potentiellen Bewerbern oder Bietern ermöglicht zu entscheiden, ob sie an dem jeweiligen Vergabeverfahren teilnehmen wollen bzw. auch können.[3]

Neben der eigentlichen **Auftragsbekanntmachung** (s.u. Rn. 4ff.), mit der Bewerber oder Bieter zur Teilnahme am Vergabeverfahren aufgefordert werden, gibt es im Oberschwellenbereich[4] zudem die Möglichkeit, bereits zuvor durch eine sog. **Vorinformation** (s.u. Rn. 55ff.) auf eine geplante Auftragsvergabe aufmerksam zu machen; zudem können Auftraggeber ein sog. **Beschafferprofil** einrichten, auf dem über geplante oder laufende Vergabeverfahren informiert wird (s.u. Rn. 74f.). Zu unterscheiden von den hier erläuterten (Ex-ante-)Bekanntmachungen vor Auftragsvergabe sind im Übrigen die **Ex-post-Bekanntmachungen**, die nach einer erfolgten Zuschlagserteilung vorzunehmen sind (s. hierzu § 34 Rn. 88ff.).

Zu den Besonderheiten von Bekanntmachungen im **Sektorenbereich** sowie im Bereich **Verteidigung und Sicherheit** siehe die gesonderten Ausführungen in § 51 Rn. 5ff. bzw. § 61.

B. Auftragsbekanntmachung

I. Allgemeines

Mit der Bekanntmachung einer beabsichtigten Auftragsvergabe (nachfolgend als **Auftragsbekanntmachung**[5] bezeichnet) oder – im Anwendungsbereich der VOF darüber hinaus – die Bekanntmachung der beabsichtigten Durchführung eines Wettbewerbs nach

---

[1] Vgl. OLG München Beschl. v. 12.11.2010, Verg 21/10.
[2] Vgl. *Völlink* in Ziekow/Völlink, § 12 VOB/A Rn. 2; *Rechten* in Kulartz/Marx/Portz/Prieß VOL/A, § 15 EG Rn. 1.
[3] Vgl. auch OLG Frankfurt Beschl. v. 10.6.2008, 11 Verg 3/08; OLG Düsseldorf Beschl. v. 9.3.2007, VII-Verg 5/07; Beschl. v. 1.2.2006, VII-Verg 83/05.
[4] Insbesondere muss der fragliche öffentliche Auftrag den maßgeblichen Schwellenwert nach § 100 Abs. 1 GWB erreichen und darf für ihn kein Ausnahmetatbestand nach § 100 Abs. 2 i.V.m. Abs. 3 bis 6, 8, §§ 100a bis 100c GWB einschlägig sein; auf sog. nachrangige Dienstleistungen nach Anhang I Teil B der VOL/A sowie Dienstleistungen nach VOF sind die Regelungen zur Vorinformation allerdings nicht anwendbar (s.u. Rn. 57).
[5] Vgl. auch Verordnung (EU) Nr. 842/2011, Anhang II (Standardformular 2).

§§ 15 ff. VOF (nachfolgend als **Wettbewerbsbekanntmachung**[6] bezeichnet) werden potentielle Bieter oder Bewerber bzw. Teilnehmer öffentlich dazu aufgerufen, sich am jeweiligen Beschaffungsverfahren – je nach Verfahrensart durch Angebotsabgabe oder zunächst Einreichung eines Teilnahmeantrags – zu beteiligen.

5 Die Bekanntmachung der Beschaffungsabsicht dient der Verwirklichung des **Wettbewerbsgrundsatzes** (§ 97 Abs. 1 GWB bzw. § 2 Abs. 1 Satz 1 VOL/A, § 2 Abs. 1 Nr. 2 VOB/A), indem durch die mit der Bekanntmachung bewirkte Publizität ein möglichst großer potentieller Bewerber- bzw. Bieterkreis angesprochen wird.[7] Zudem gibt der Auftraggeber mit der Bekanntmachung interessierten Unternehmen die Möglichkeit, ihr Interesse an dem Auftrag zu bekunden,[8] und macht den potentiellen Bietern bzw. Bewerbern wesentliche Informationen zum Auftragsgegenstand und Vergabeverfahren zugänglich, die für die Unternehmen die Entscheidungsgrundlage dafür bilden, ob sie sich am bekanntgegebenen Vergabeverfahren beteiligen.[9] Damit trägt der Auftraggeber dem **Transparenzgebot** (§ 97 Abs. 1 GWB bzw. § 2 Abs. 1 Satz 1 VOL/A, § 2 Abs. 1 Nr. 1 VOB/A) Rechnung.[10]

6 Die Auftragsbekanntmachung ist für die meisten Vergabeverfahrensarten **konstitutiver Bestandteil des Vergabeverfahrens**. So dient die Bekanntmachung im offenen Verfahren bzw. der öffentlichen Ausschreibung als **Aufruf** an alle potentiellen Bieter, **Angebote abzugeben**. Im nicht offenen Verfahren bzw. der beschränkten Ausschreibung mit Teilnahmewettbewerb sowie im Verhandlungsverfahren mit öffentlicher Aufforderung zur Teilnahme und im wettbewerblichen Dialog fungiert die Bekanntmachung als öffentlicher Aufruf **zur Teilnahme** am Vergabeverfahren. Kennzeichnend ist dabei jeweils, dass sich die Bekanntmachung an die Öffentlichkeit und damit einen grundsätzlich **unbeschränkten Bieter- bzw. Bewerberkreis** richtet.[11] Ohne Bekanntmachung würden Vergabeverfahren nicht den genannten Verfahrensarten entsprechen.[12]

7 Die (Absendung der) Bekanntmachung markiert in der Regel den **Beginn des formellen Vergabeverfahrens**.[13] Sie ist regelmäßig der erste Schritt, mit dem der Auftraggeber nach außen erkennbar mit der Durchführung eines Verfahrens beginnt, das zu einem konkreten Vertragsabschluss führen soll.[14]

II. Bekanntmachungspflicht

8 Ob eine Bekanntmachungspflicht für den Auftraggeber besteht, bestimmt sich in erster Linie danach, welche Verfahrensart er für die Auftragsvergabe zu wählen hat.[15] Als Be-

---

[6] Vgl. auch Verordnung (EU) Nr. 842/2011, Anhang XII (Standardformular 12).
[7] Vgl. BayObLG Beschl. v. 4.2.2003, Verg 31/02; *Völlink* in Ziekow/Völlink, § 12 VOB/A Rn. 2.
[8] Vgl. EuGH Urt. v. 21.7.2005, Rs. C-231/03 – Coname, Rn. 21; *Drügemöller* NVwZ 2007, 177, 178.
[9] Vgl. OLG Naumburg Beschl. v. 26.2.2004, 1 Verg 17/03.
[10] Vgl. auch OLG Frankfurt Beschl. v. 10.6.2008, 11 Verg 3/08; OLG Düsseldorf Beschl. v. 9.3.2007, VII-Verg 5/07; Beschl. v. 1.2.2006, VII-Verg 83/05; BayObLG Beschl. v. 4.2.2003, Verg 31/02.
[11] Vgl. § 101 Abs. 2 GWB, § 3 Abs. 1 Satz 1 VOL/A, § 3 Abs. 1 Satz 1 VOB/A; vgl. auch BayObLG Beschl. v. 4.2.2003, Verg 31/02.
[12] Vgl. zu den Definitionen der Verfahrensarten § 101 Abs. 2 bis 5 GWB, § 3 Abs. 1 VOL/A, § 3 Abs. 1 VOB/A.
[13] Vgl. OLG Düsseldorf Beschl. v. 7.3.2012, VII-Verg 82/11; Beschl. v. 15.9.2010, VII-Verg 16/10; OLG Naumburg Beschl. v. 8.10.2009, 1 Verg 9/09; *Haug/Panzer* in jurisPK-VergR, § 9 VOF Rn. 47.
[14] Vgl. OLG München Beschl. v. 12.11.2010, Verg 21/10.
[15] Zu den einzelnen Vergabeverfahrensarten vgl. §§ 9 ff.

§ 21 Auftragsbekanntmachungen und andere Ex-ante-Veröffentlichungen   Kap. 5

standteil der meisten **Verfahrensarten** ist die Bekanntmachung der beabsichtigten Auftragsvergabe für den Auftraggeber verpflichtend. Dies gilt für
– offene Verfahren bzw. öffentliche Ausschreibungen,
– nicht offene Verfahren bzw. beschränkte Ausschreibungen,
– wettbewerbliche Dialoge sowie
– Verhandlungsverfahren mit vorheriger öffentlicher Aufforderung zur Teilnahme (Teilnahmewettbewerb) bzw. freihändige Vergaben mit Teilnahmewettbewerb.

Die Bekanntmachungspflicht ergibt sich für Aufträge, die dem Kartellvergaberecht nach 9 §§ 97 ff. GWB unterliegen,[16] bereits aus § 101 Abs. 2 bis 5 GWB, der von der öffentlichen Aufforderung spricht.[17] Des Weiteren ist die Bekanntmachungspflicht für Liefer- und Dienstleistungen in § 15 EG Abs. 1 bzw. § 12 Abs. 1 Satz 1 VOL/A, für Bauleistungen in § 12 EG Abs. 2 Nr. 1 bzw. § 12 Abs. 1 Nr. 1, Abs. 2 Nr. 1 VOB/A und für freiberufliche Dienstleistungen in § 9 Abs. 1 VOF geregelt. Daneben besteht auch eine Bekanntmachungspflicht nach § 9 Abs. 2 VOF bzw. § 3 EG Abs. 8 Satz 2 lit. a) VOL/A, wenn der öffentliche Auftraggeber einen **Wettbewerb (Auslobungsverfahren)** nach §§ 15 ff. VOF bzw. § 3 EG Abs. 8 VOL/A durchzuführen beabsichtigt.

Abhängig davon, welche dieser vergaberechtlichen Vorschriften im Einzelnen anwendbar ist, besteht die Pflicht, die beabsichtigte Auftragsvergabe entweder EU-weit (s.u. 10 Rn. 12 ff.) oder (nur) auf nationaler Ebene (s.u. Rn. 42 ff.) bekanntzumachen. Eine **EU-weite Bekanntmachungspflicht** ist – soweit eine der o.g. Verfahrensarten zu wählen ist – gegeben, wenn auf einen Auftrag Kartellvergaberecht (§§ 97 ff. GWB)[18] sowie der zweite Abschnitt der VOL/A[19] bzw. VOB/A[20] oder die VOF umfassend[21] anwendbar sind. Ist dies nicht der Fall, hat die Bekanntmachung nur **auf nationaler Ebene** zu erfolgen. Dies ist insbesondere der Fall, wenn Aufträge die maßgeblichen Schwellenwerte nach § 100 Abs. 1 GWB i.V.m. § 2 VgV nicht erreichen oder sie nachrangige Dienstleistungen nach Anhang I Teil B der VOL/A zum Gegenstand haben.

Besteht im Einzelfall keine Bekanntmachungspflicht, so kann eine Bekanntmachung 11 auf **freiwilliger** Basis erfolgen (s. auch unten Rn. 71 f.).

III. EU-weite Bekanntmachung

Aus § 15 EG Abs. 1 bis 4 VOL/A, § 12 EG Abs. 2 VOB/A sowie § 9 Abs. 1 bis 4 VOF 12 ergibt sich für den öffentlichen Auftraggeber die Pflicht, eine beabsichtigte Auftragsvergabe oder Durchführung eines Wettbewerbs nach §§ 15 ff. VOF bzw. § 3 EG Abs. 8 VOL/A EU-weit bekanntzumachen. Eine Bekanntmachung ist **lediglich entbehrlich**, wenn ausnahmsweise die Vergabe im **Verhandlungsverfahren ohne vorherige öffentliche Aufforderung** zur Teilnahme[22] zulässig ist. Soweit eine Bekanntmachungspflicht nicht besteht, ist allerdings eine freiwillige Bekanntmachung möglich (s.u. Rn. 71 f.).[23]

---

[16] Der fragliche öffentliche Auftrag muss den maßgeblichen Schwellenwert nach § 100 Abs. 1 GWB erreichen; zudem darf für ihn kein Ausnahmetatbestand nach § 100 Abs. 2 i.V.m. Abs. 3 bis 6, 8, §§ 100a bis 100c GWB einschlägig sein.
[17] Vgl. auch OLG Düsseldorf Beschl. v. 7.3.2012, VII-Verg 82/11.
[18] S.o. Fn. 16.
[19] Vgl. hierzu § 4 Abs. 1, 2 Satz 1 Nr. 1 VgV; sog. nachrangige Dienstleistungen nach Anhang I Teil B der VOL/A sind danach ausgenommen, vgl. § 4 Abs. 2 Satz 1 Nr. 2 VgV.
[20] Vgl. § 6 Abs. 1 VgV.
[21] Vgl. hierzu § 5 Abs. 1 Satz 1 Nr. 1 VgV; auf sog. nachrangige Dienstleistungen nach Anhang I Teil B der VOF sind danach nur einzelne Vorschriften anwendbar, vgl. § 5 Abs. 1 Satz 1 Nr. 2 VgV.
[22] Zu den Anwendungsvoraussetzungen s. § 3 EG Abs. 4 VOL/A, § 3 EG Abs. 5 VOB/A, § 3 Abs. 4 VOF.
[23] So explizit § 15 EG Abs. 9 VOL/A; vgl. auch Art. 37 VKR.

13 Die Veröffentlichung einer EU-weiten Bekanntmachung erfolgt im **Amtsblatt der Europäischen Union**, dort im sog. **Supplement**.[24] Die EU-weite Bekanntmachung dient insbesondere dem grenzüberschreitenden diskriminierungsfreien Wettbewerb in einem einheitlichen **Binnenmarkt**.[25]

1. Bekanntmachungsinhalt

a) Bekanntmachungsmuster und sonstige allgemeine Vorgaben

14 Was nach Gemeinschaftsrecht zwingend in der (Auftrags-)Bekanntmachung anzugeben ist, ergibt sich gemäß **Art. 36 Abs. 1 VKR** aus der entsprechenden Auflistung in **Anhang VII Teil A** der VKR (im Abschnitt „Bekanntmachung"). Diese Vorgaben wurden in die entsprechenden sog. Standardformulare übernommen, die im Anhang zur **Verordnung (EU) Nr. 842/2011** aufgeführt sind und als Muster für die Bekanntmachung dienen. Gemäß Art. 2 der Verordnung, die nach Art. 288 AEUV unmittelbar anwendbar ist, sind diese Muster zwingend zu verwenden.

15 In den Vergabe- und Vertragsordnungen setzen § 15 EG Abs. 1 VOL/A, § 12 EG Abs. 2 Nr. 2 Satz 1, Abs. 3 VOB/A und § 9 Abs. 1 VOF diese Vorgaben für **Auftragsbekanntmachungen** um und regeln dementsprechend, dass das Muster nach Anhang II der Verordnung (EU) Nr. 842/2011[26] für den Bekanntmachungstext zu verwenden ist bzw. die darin geforderten Informationen anzugeben sind. Soweit § 9 Abs. 1 VOF noch auf Anhang II der Vorgängerregelung Verordnung (EG) Nr. 1564/2005 verweist, ist dies aufgrund der unmittelbaren Anwendbarkeit der Verordnung (EU) Nr. 842/2011 unbeachtlich; auch hier gelten die Vorgaben der aktuellen Verordnung. Für EU-weite Auftragsbekanntmachungen ist daher – soweit nicht ausnahmsweise ein spezielles Muster vorgegeben ist (s.u. Rn. 16) – das Muster aus **Anhang II der Verordnung (EU) Nr. 842/2011** (sog. Standardformular 2) **zu verwenden**. Für den (notwendigen) Inhalt der Bekanntmachung bedeutet dies, dass die in dem Standardformular abgefragten Angaben einzutragen sind, soweit sie nach dem Formular erforderlich sind. Dies ist insbesondere dann nicht der Fall, wenn das entsprechende Feld den Zusatz „falls zutreffend" enthält und die entsprechende Abfrage in Bezug auf das konkrete Vergabeverfahren bzw. den Auftragsgegenstand nicht einschlägig ist. Soweit § 12 EG Abs. 3 Nr. 2 VOB/A vorgibt, dass Angaben zu allen Nummern im Standardformular zu machen sind, kann dies nur so verstanden werden, dass das Formular vollständig auszufüllen ist, aber dort, wo Angaben im Einzelfall entbehrlich oder nicht zutreffend sind, auch keine zu machen sind;[27] ggf. kann als Bemerkung „entfällt" eingetragen werden.[28]

16 Für die Bekanntmachung der beabsichtigten Durchführung eines **Wettbewerbs** nach §§ 15 ff. VOF bzw. § 3 EG Abs. 8 VOL/A ist das Standardformular 12 („Wettbewerbsbekanntmachung") nach **Anhang XII** der Verordnung (EU) Nr. 842/2011 zu verwenden (vgl. § 9 Abs. 2 VOF, § 3 EG Abs. 8 Satz 2 lit. a) VOL/A). Besondere Standardformulare gibt es zudem für die Bekanntmachung der Vergabe einer **Baukonzession** (gemäß § 22 EG Abs. 2 Nr. 2 Satz 2 VOB/A das Standardformular 10 gemäß **Anhang X** der Verordnung (EU) Nr. 842/2011) und für Auftragsbekanntmachungen im **Sektorenbereich** sowie im Bereich **Verteidigung und Sicherheit** (Anhang V bzw. XVI der Verordnung (EU) Nr. 842/2011).

17 Alle Standardformulare stehen als pdf- oder Online-Formular zur Verfügung.[29]

---

[24] Reihe S „Bekanntmachungen öffentlicher Aufträge" (ABl. S) des Amtsblatts der Europäischen Union.
[25] Vgl. *Haug/Panzer* in jurisPK-VergR, § 9 VOF Rn. 9, 35.
[26] § 15 EG Abs. 1 VOL/A enthält dabei eine dynamische Verweisung.
[27] Vgl. auch *Kuhn* VergabeR 2012, 21, 24 f.
[28] Vgl. *von Wietersheim* in Ingenstau/Korbion, § 12 EG VOB/A Rn. 15.
[29] S. www.simap.europa.eu.

Gemäß § 15 EG Abs. 2 Satz 2 VOL/A, § 12 EG Abs. 2 Nr. 2 Satz 1 VOB/A bzw. § 9 18
Abs. 3 Satz 2 VOF soll bzw. darf der Inhalt der Bekanntmachung (ca.) **650 Wörter** nicht
überschreiten, **sofern** der Bekanntmachungstext **nicht elektronisch übermittelt** wird
(s. zu den Einzelheiten Rn. 32). Die entsprechenden Regelungen beruhen auf Art. 36
Abs. 6 VKR und sollen vermutlich den in diesem Fall beim Amt für Veröffentlichungen
der Europäischen Union anfallenden Aufwand der Datenübertragung in das Supplement
des EU-Amtsblatts auf ein bestimmtes Maß begrenzen. Aus Art. 36 Abs. 6 VKR ergibt
sich bereits („ca."), dass es sich um keine starre Grenze handelt; praktische Erfahrungen
zeigen offensichtlich, dass auch längere Bekanntmachungstexte veröffentlicht werden.[30]
Für elektronisch übermittelte Bekanntmachungen gilt diese Inhaltsbegrenzung im Übrigen nicht.

b) Einzelheiten

Aufgeführt entsprechend der Reihung im zu verwendenden Standardformular für Auf- 19
tragsbekanntmachungen[31] sind zu einzelnen auszufüllenden Feldern die folgenden Hinweise angezeigt. Sie sind – ggf. unter anderer Bezifferung – auch für andere Standardformulare (wie etwa die Wettbewerbsbekanntmachung nach Anhang XII der Verordnung
(EU) Nr. 842/2011) von Bedeutung.

aa) Beschreibung des Auftragsgegenstands mithilfe des CPV.
Unter **Ziffer II.1.6)** des 20
Standardformulars ist der Beschaffungsgegenstand mithilfe des sog. Gemeinsamen Vokabulars für das öffentliche Auftragswesen (**Common Procurement Vocabulary – CPV**) zu
beschreiben. Gemäß § 14 Abs. 2 VgV ist die Verwendung des CPV für die Beschreibung
des Auftragsgegenstands **zwingend** vorgeschrieben. Es handelt sich dabei um ein (alpha-)
numerisches Klassifizierungssystem, das der Transparenz dienen soll[32] und in der Verordnung (EG) Nr. 213/2008,[33] dort vor allem im Anhang I aufgeführt ist. Die Klassifizierung
durch sog. CPV-Codes ermöglicht insbesondere die sprachbarrierefreie **Recherche** in
Tenders Electronic Daily[34] und erleichtert so interessierten Unternehmen binnenmarktweit einen Überblick über Beschaffungsvorgänge jeweils bezogen auf bestimmte Leistungen.[35] Die Verordnung gilt gemäß Art. 288 AEUV unmittelbar in den EU-Mitgliedstaaten, ohne dass es einer Umsetzung in nationales Recht bedarf. Auch eine gesonderte nationale Bekanntgabe im Bundesanzeiger erfolgt nicht mehr (so noch § 14 Satz 2 VgV
a.F.).[36] Sobald das CPV allerdings geändert wird, gibt das Bundesministerium für Wirtschaft und Energie gemäß § 14 Abs. 3 VgV einen Hinweis auf die Änderungsvorschrift
(in der Regel wiederum eine Verordnung der Europäischen Kommission[37]) im Bundesanzeiger bekannt. Im Übrigen enthält die Internetseite der Europäischen Kommission einen
Link auf das aktuell geltende CPV.[38]

Das CPV enthält alle denkbaren Arten von Waren und Bau- sowie Dienstleistungen, 21
denen jeweils eine acht- bzw. neunstellige Zahl (sog. „Hauptteil" des CPV-Codes) zugeordnet ist; für die Einordnung sind nur die ersten acht Ziffern relevant, während die

---

[30] Vgl. *Haug/Panzer* in jurisPK-VergR, § 9 VOF Rn. 288.
[31] S. Anhang II (Standardformular 2) der Verordnung (EU) Nr. 842/2011.
[32] Vgl. *Opitz* NZBau 2003, 183, 187; *Müller* in Byok/Jaeger, § 14 VgV Rn. 10; *Beurskens* in Hattig/Maibaum, Praxiskommentar, § 14 VgV Rn. 8.
[33] Verordnung zur Änderung der Verordnung (EG) Nr. 2195/2002, mit der das CPV eingeführt wurde.
[34] Elektronische Datenbank aller EU-weiten Bekanntmachungen; unter www.ted.europa.eu; s. auch unten Rn. 35.
[35] Vgl. auch *Schneider* in Kapellmann/Messerschmidt, § 14 VgV Rn. 1, 6.
[36] Vgl. auch *Just/Sailer* NVwZ 2010, 937, 939.
[37] Vgl. Art. 2, 3 Abs. 2 Verordnung (EG) Nr. 2195/2002
[38] S. http://simap.europa.eu.

neunte Ziffer als Kontrollziffer dient. So sind z. B. alle erdenklichen Waren (mit Ausnahme von Software und IT-Servern) unter den Ziffern 03000000−1 bis 44930000−8 und anschließend Bauleistungen und bauverwandte Leistungen ab Ziffer 45000000−7 aufgeführt. Die Leistungen sind dabei jeweils nach Abteilungen (die ersten beiden Ziffern), darunter nach Gruppen (ersten drei Ziffern), Klassen (ersten vier Ziffern) und Kategorien (ersten fünf Ziffern) geordnet. Mithilfe der letzten drei Ziffern kann innerhalb der Kategorien weiter spezifiziert werden. Der jeweils zutreffende Zahlen-Code ist im Formular in der Spalte „Hauptteil" einzutragen. In der Spalte „Zusatzteil" kann ggf. ein weiterer alphanumerischer Code eingetragen werden, mit dem eine bestimmte Eigenschaft oder Zweckbestimmung verbunden ist, um den Beschaffungsgegenstand weiter zu präzisieren.

22   **bb) Zulassung von Nebenangeboten.** Unter **Ziffer II.1.9)** des Standardformulars ist anzugeben, ob Nebenangebote („Varianten/Alternativangebote") zugelassen sind. Nur wenn in der Bekanntmachung (positiv) angegeben bzw. angekreuzt ist, dass Nebenangebote zulässig sind, können Nebenangebote vom öffentlichen Auftraggeber berücksichtigt werden. Fehlt es an einer Angabe hierzu, sind Nebenangebote nicht zugelassen (s. zu den Einzelheiten § 26 Rn. 13 f.).

23   **cc) Eignungsanforderungen.** Neben Angaben unter Ziffer III.2.1), welche Anforderungen an die Bieter oder Bewerber im Hinblick auf ihre persönliche Lage und Registereintragungen gestellt werden, sind unter den **Ziffern III.2.2) und III.2.3)** des Standardformulars jeweils Angaben zur erforderlichen wirtschaftlichen und finanziellen bzw. technischen Leistungsfähigkeit (vgl. Art. 47, 48 VKR) zu machen. Dabei umfasst der im Formular verwendete gemeinschaftsrechtliche Begriff der „technischen Leistungsfähigkeit" gemäß Art. 48 VKR neben der technischen Leistungsfähigkeit im Sinne von verfügbaren Kapazitäten auch das Eignungskriterium der Fachkunde (vgl. § 97 Abs. 4 Satz 1 GWB). An diese wirtschaftliche, finanzielle oder technische Leistungsfähigkeit können **Mindestanforderungen** (z. B. in Bezug auf Umsätze) gestellt werden, die ein Bewerber oder Bieter erfüllen muss (vgl. Art. 44 Abs. 2 UAbs. 1 VKR). Diese Mindestanforderungen sind – soweit der Auftraggeber sie fordern möchte – zwingend in der Bekanntmachung anzugeben (vgl. Art. 44 Abs. 2 UAbs. 3 VKR);[39] in der VOL/A ist diese Vorgabe in § 7 EG Abs. 5 Satz 1 insoweit umgesetzt worden, als dass Nachweise der Leistungsfähigkeit bzw. Eignung in der Bekanntmachung anzugeben sind.[40] Eine Benennung von Mindestanforderungen bzw. Eignungsnachweisen erst in den Vergabeunterlagen reicht danach nicht aus.[41] Zu einem späteren Zeitpunkt (etwa in den Vergabeunterlagen) können sie **nicht mehr wirksam gefordert**, sondern allenfalls konkretisiert oder verringert werden.[42] So kann noch in den Vergabeunterlagen konkretisiert werden, ob und welche der in der Bekanntmachung angegebenen Anforderungen bzw. Nachweise mit dem Angebot eingereicht werden müssen, welche ggf. später nachgefordert werden oder auf wel-

---

[39] Vgl. etwa OLG Jena Beschl. v. 21.9.2009, 9 Verg 7/09, m.w.N.; OLG Düsseldorf Beschl. v. 12.3.2008, VII-Verg 56/07; vgl. auch OLG Jena Beschl. v. 16.9.2013, 9 Verg 3/13; nach OLG Düsseldorf Beschl. v. 16.11.2011, VII-Verg 60/11, reicht u.U. ein Link auf ein entsprechendes Formblatt als Angabe aus.

[40] Die Vorschrift geht damit über die Vorgaben von Art. 47 Abs. 4 und Art. 48 Abs. 6 VKR hinaus, die die Benennung von vorzulegenden Eignungsnachweisen (soweit sie nicht zugleich Mindestanforderungen darstellen) auch noch in den Vergabeunterlagen zulassen; vgl. hierzu auch *Hausmann/von Hoff* in Kulartz/Marx/Portz/Prieß VOL/A, § 7 EG Rn. 65; zur Benennungspflicht bzgl. Eignungsnachweise nach VOB/A vgl. OLG Jena Beschl. v. 16.9.2013, 9 Verg 3/13.

[41] Vgl. OLG Düsseldorf Beschl. v. 28.11.2012, VII-Verg 8/12; *Hänsel* in Ziekow/Völlink, § 7 EG VOL/A Rn. 17.

[42] Vgl. OLG Düsseldorf Beschl. v. 28.11.2012, VII-Verg 8/12; Beschl. v. 23.6.2010, VII-Verg 18/10; Beschl. v. 12.12.2007, VII-Verg 34/07; OLG Jena Beschl. v. 21.9.2009, 9 Verg 7/09, m.w.N.; OLG Frankfurt Beschl. v. 10.6.2008, 11 Verg 3/08.

che ganz verzichtet wird.[43] Die frühzeitige Benennung der Mindestanforderungen ermöglicht es interessierten Unternehmen, bereits anhand der Bekanntmachung zu erkennen, ob sie für die Ausführung des Auftrags überhaupt in Frage kommen.[44] Für die Angabe von Mindestanforderungen an die Leistungsfähigkeit ist im Standardformular jeweils ein **gesondertes Feld** („Möglicherweise geforderte Mindeststandards") unter den Ziffer III.2.2) und III.2.3) vorgesehen.[45]

dd) Angabe der zuständigen Vergabekammer. In der Bekanntmachung ist gemäß § 14 Abs. 1 VgV die **Vergabekammer** mit Anschrift zu nennen, die für eine Nachprüfung[46] des jeweiligen Vergabeverfahrens zuständig ist. § 15 EG Abs. 10 VOL/A und § 21 EG VOB/A wiederholen diese Regelung mit anderen Worten. Mit der Angabe der für eine Nachprüfung zuständigen Vergabekammer wird es (potentiellen) Bewerbern oder Bietern erleichtert, die für den Primärrechtsschutz zuständigen Stellen zu finden, um Vergaberechtsverstöße geltend machen zu können. Da vielfach der Verlust des Primärrechtsschutzes durch Zuschlagserteilung droht, ist ein zeitnaher Nachprüfungsantrag bei der zuständigen Vergabekammer von großer Bedeutung für den Bieter. Die Regelung dient daher der Gewährleistung eines **effektiven Rechtsschutzes**[47] und setzt die Vorgabe des Art. 36 Abs. 1 i.V.m. Anhang VII Teil A VKR, dort Nr. 24 im Abschnitt „Bekanntmachung", um. 24

Welches die **zuständige Vergabekammer** ist, ergibt sich aus den §§ 104 Abs. 1, 106, 106a GWB. In den Fällen einer länderübergreifenden Beschaffung ist gemäß § 106a Abs. 3 Satz 2 GWB in der Bekanntmachung nur eine zuständige Vergabekammer zu benennen. Wird fälschlicherweise in einer Bekanntmachung eine **unzuständige Vergabekammer** benannt, begründet die Benennung selbst nicht die Zuständigkeit der Kammer;[48] die Benennung hat keine konstitutive Wirkung. Die angerufene Vergabekammer hat jedoch das Nachprüfungsverfahren an die zuständige Kammer entsprechend § 83 VwGO, § 17a GVG zu verweisen.[49] In der Regel wird sie zuvor den Nachprüfungsantrag an den öffentlichen Auftraggeber übermitteln bzw. ihn über den Nachprüfungsantrag gemäß § 115 Abs. 1 GWB informieren und damit das Zuschlagsverbot auslösen; nur so kann – wenn die Zuschlagserteilung droht – der Primärrechtsschutz dem Antragsteller erhalten bleiben.[50] Gleiches gilt, wenn ein Bieter aufgrund einer fehlenden Benennung der zuständigen Vergabekammer seinen Nachprüfungsantrag bei einer unzuständigen Kammer anhängig macht. Die falsche oder fehlende Benennung der Vergabekammer kann ggf. Schadensersatzansprüche der Bieter oder Bewerber begründen.[51] 25

Als **Anschrift** ist in jedem Fall die Postanschrift anzugeben. Darüber hinaus ist auch die Angabe von Telefonnummer und vor allem Faxnummer der Vergabekammer sinnvoll; letztere ermöglicht einem Bewerber oder Bieter die schnelle Übermittlung eines Nachprüfungsantrags, die etwa in Anbetracht der Fristen nach § 101a Abs. 1 Satz 3, 4 oder § 107 Abs. 3 Satz 1 Nr. 4 GWB erforderlich sein kann.[52] Das für die Bekanntmachung zu 26

---

[43] Vgl. OLG Düsseldorf Beschl. v. 14.1.2009, VII-Verg 59/08; Beschl. v. 12.12.2007, VII-Verg 34/07.
[44] Vgl. OLG Jena Beschl. v. 21.9.2009, 9 Verg 7/09, m.w.N.
[45] Vgl. auch *Lindenthal* VergabeR 2006, 1, 5.
[46] Zum Nachprüfungsverfahren s. im Einzelnen §§ 38 ff.
[47] S. Begründung zur Vorgängervorschrift des § 17 VgV a.F., BR-Drs. 455/00, S. 20 (zu § 17 VgV).
[48] Vgl. *Glahs* in Kapellmann/Messerschmidt, § 21 EG VOB/A Rn. 8; *Völlink* in Ziekow/Völlink, § 21 EG VOB/A Rn. 3.
[49] Vgl. *Glahs* in Kapellmann/Messerschmidt, § 21 EG VOB/A Rn. 8.
[50] Vgl. auch *Schneider* in Kapellmann/Messerschmidt, § 14 VgV Rn. 5.
[51] Vgl. *Glahs* in Kapellmann/Messerschmidt, § 21 EG VOB/A Rn. 1, 8; *Portz* in Ingenstau/Korbion, § 21 EG VOB/A Rn. 9.
[52] Vgl. auch *Greb* in Ziekow/Völlink, § 14 VgV Rn. 4.

verwendende **Standardformular** sieht unter **Ziffer VI.4.1)**, unter der die Vergabekammer als zuständige Nachprüfungsinstanz einzutragen ist, neben der Postanschrift als **weitere Angaben** die von Telefon- und Faxnummer sowie E-Mail- und Internetadresse vor.

27   Dem gegenüber § 14 VgV offener gehaltenen Wortlaut von § 15 EG Abs. 10 VOL/A und § 21 EG VOB/A („Stelle … zur Nachprüfung" bzw. „Nachprüfungsbehörde") könnte prinzipiell entnommen werden, dass neben den Vergabekammern auch eventuell existierende **Vergabeprüfstellen** im Sinne des § 103 GWB a.f. mit umfasst sind.[53] Dagegen spricht allerdings, dass Vergabeprüfstellen nach § 103 GWB a.f. nicht zur „Nachprüfung", sondern nur zur „Überprüfung der Einhaltung der … Vergabebestimmungen" eingerichtet wurden und sowohl § 15 EG Abs. 10 VOL/A als auch § 21 EG VOB/A jeweils nur von einer einzelnen „Stelle" bzw. „Nachprüfungsbehörde" sprechen, bei der es sich zwingend um die Vergabekammer handeln muss.[54] Soweit eine Vergabeprüfstelle jedoch als Stelle für ein Schlichtungsverfahren fungiert, kann sie unter Ziffer VI.4.1) als „Zuständige Stelle für Schlichtungsverfahren" in das Standardformular eingetragen werden.

28   **ee) Angaben zur Einlegung von Rechtsbehelfen.** Unter den **Ziffern VI.4.2) und VI.4.3)** des Standardformulars sind genaue Angaben zu den Fristen für die Einlegung von Rechtsbehelfen bzw. zu der Stelle einzutragen, die Auskünfte über die Einlegung von Rechtsbehelfen erteilt. Entsprechend dem Hinweis unter Ziffer VI.4.2) sind zumindest zu einer der beiden Ziffern (vollständige) Angaben zu machen. Dass diese Informationen in der Bekanntmachung enthalten sein müssen, ergibt sich aus Art. 36 Abs. 1 i.V.m. Anhang VII Teil A VKR, dort Nr. 24 im Abschnitt „Bekanntmachung". Danach sind neben der Bezeichnung der Nachprüfungsinstanz und ggf. Schlichtungsstelle „[g]enaue Hinweise in Bezug auf die Fristen für die Einlegung von Rechtsbehelfen bzw. gegebenenfalls Name, Adresse,… des Dienstes, bei dem diese Auskünfte eingeholt werden können" erforderlich. Mit der in § 15 EG Abs. 1 VOL/A, § 12 EG Abs. 2 Nr. 2 Satz 1 VOB/A bzw. § 9 Abs. 1 VOF geregelten Pflicht, das Standardformular zu verwenden, sind auch diese Vorgaben umgesetzt worden.

29   Die danach erforderlichen Angaben haben vorliegend zum **Nachprüfungsverfahren** nach §§ 102 ff. GWB als dem nach deutschem Vergaberecht vorgesehenen Rechtsbehelfsverfahren zu erfolgen. Für dieses besteht grundsätzlich keine allgemeine Rechtsbehelfsfrist im Sinne einer Ausschlussfrist.[55] Etwas anderes gilt, wenn der Auftraggeber einem Bieter auf dessen Rüge mitteilt, dass er der Rüge nicht abhelfe. Mit Eingang dieser Mitteilung beginnt für den Bieter gemäß **§ 107 Abs. 3 Satz 1 Nr. 4 GWB** eine Ausschlussfrist von 15 Kalendertagen, nach deren Ablauf ein Nachprüfungsantrag nicht mehr zulässig ist.[56] Auf diese Rechtsbehelfsfrist[57] ist daher unter Ziffer VI.4.2) des Standardformulars hinzuweisen; zumindest ist unter Ziffer VI.4.3) die Stelle zu benennen, bei der darüber Auskunft eingeholt werden kann. Fehlt ein solcher Hinweis in der Bekanntmachung, ist die Zurückweisung eines Nachprüfungsantrags wegen Unzulässigkeit nach § 107 Abs. 3 Satz 1 Nr. 4 GWB nicht möglich.[58]

2. Veröffentlichung im EU-Amtsblatt

30   Die Veröffentlichung der Bekanntmachung erfolgt im **Supplement des Amtsblatts der Europäischen Union** (vgl. zu den Einzelheiten Rn. 35 ff.). Um die Veröffentlichung zu

---

[53] So noch *Mertens* in Franke/Kemper/Zauner/Grünhagen, 4. Aufl., § 21a VOB/A Rn. 6.
[54] Vgl. auch *Portz* in Ingenstau/Korbion, § 21 EG VOB/A Rn. 1.
[55] Vgl. auch *Jaeger* NZBau 2009, 558, 561; *Lindenthal* VergabeR 2006, 1, 7.
[56] Zu den Einzelheiten vgl. § 39 Rn. 86 f.
[57] Vgl. *Jaeger* NZBau 2009, 558, 562.
[58] Vgl. OLG Brandenburg Beschl. v. 13.9.2011; OLG Celle Beschl. v. 12.5.2010, 13 Verg 3/10; OLG Düsseldorf Beschl. v. 9.12.2009, VII-Verg 37/09; *Dicks* ZfBR 2010, 235, 242; *Jaeger* NZBau 2009, 558, 562.

bewirken, ist der Bekanntmachungstext dem Amt für Veröffentlichungen der Europäischen Union zu übermitteln (s.u. Rn. 31 ff.). Die Veröffentlichung ist anschließend vom Auftraggeber zu dokumentieren (s.u. Rn. 38 ff.). Neben der Veröffentlichung im EU-Amtsblatt ist zudem eine Veröffentlichung im Inland möglich (s.u. Rn. 39 ff.).

a) Übermittlung

Zur Veröffentlichung ist der Bekanntmachungstext dem Amt für Veröffentlichungen der Europäischen Union zu übermitteln. Für die Übermittlung stehen dem Auftraggeber **unterschiedliche Übermittlungswege** zur Verfügung. 31

Die Übermittlung der Bekanntmachung kann zum einen auf **elektronischem Wege** erfolgen. Die Modalitäten der elektronischen Übermittlung sind gemäß Anhang VIII Nr. 3 VKR im Internet unter http://simap.eu.int abrufbar. Danach ist eine elektronische Übermittlung derzeit über die web-basierte Anwendung eNotices oder über eine Qualifizierung als sog. eSender möglich.[59] Unter der Anwendung **eNotices**, die nach einer (kostenlosen) Registrierung kostenlos zugänglich ist und vermutlich überwiegend genutzt wird, werden alle Standardformulare als **Online-Formulare** zur Verfügung gestellt, die über Eingabemasken ausgefüllt, ggf. zwischengespeichert und schließlich elektronisch abgesandt werden können. Erfolgt die Übermittlung elektronisch, sind ggf. **Fristverkürzungen möglich.** So kann in einem offenen Verfahren die Angebotsfrist und in einem nicht offenen Verfahren, Verhandlungsverfahren oder wettbewerblichen Dialog die Frist für Teilnahmeanträge um sieben Tage verkürzt werden (vgl. § 12 EG Abs. 6 VOL/A, § 10 EG Abs. 1 Nr. 3, Abs. 2 Nr. 2, Abs. 3 Nr. 1, Abs. 4 VOB/A, § 7 Abs. 1 VOF).[60] Darüber hinaus kann in Fällen besonderer Dringlichkeit (sog. beschleunigtes Verfahren) unter der Voraussetzung der elektronischen Übermittlung die Frist für Teilnahmeanträge im nicht offenen oder Verhandlungsverfahren auf bis zu zehn Tage (statt fünfzehn Tage) verkürzt werden (vgl. § 12 EG Abs. 4 Satz 2 VOL/A, § 10 EG Abs. 2 Nr. 6 lit. a) VOB/A, § 7 Abs. 2 VOF).[61] 32

Erfolgt die Übermittlung nicht auf elektronischem Wege, so ist sie **auf anderem Wege** zu bewirken. Dazu stehen dem Auftraggeber aufgrund der vom Amt für Veröffentlichungen der Europäischen Union zur Verfügung gestellten Kontaktdaten[62] der Postweg, Fax- und E-Mail-Übersendung zur Verfügung. Dabei ist das **ausgefüllte Standardformular** nach Verordnung (EU) Nr. 842/2011 zu verwenden. Wird wegen besonderer Dringlichkeit ein sog. **beschleunigtes Verfahren** durchgeführt (vgl. § 12 EG Abs. 4 Satz 2, Abs. 5 Satz 2 VOL/A, § 10 EG Abs. 2 Nr. 6 VOB/A, § 7 Abs. 2 VOF),[63] hat die Übermittlung elektronisch oder per Fax zu erfolgen (vgl. § 15 EG Abs. 2 Satz 3 VOL/A, § 12 EG Abs. 2 Nr. 2 Satz 2 VOB/A, § 9 Abs. 3 Satz 3 VOF);[64] die Übermittlung auf dem Postweg scheidet dann aus. 33

Nach § 15 EG Abs. 2 Satz 1 VOL/A, § 12 EG Abs. 2 Nr. 2 Satz 2 VOB/A bzw. § 9 Abs. 2 Satz 2, Abs. 3 Satz 1 VOF soll die Übermittlung an das Amt für Veröffentlichungen der Europäischen Union „**unverzüglich**" erfolgen. Eine mögliche Verzögerung hat allerdings in Bezug auf die Bekanntmachung selbst keine Konsequenzen und wird dementsprechend auch nicht sanktioniert. Dass damit jedoch der Tag der Absendung und der Tag der Veröffentlichung jeweils ein späterer Termin ist, hat der Auftraggeber vor allem mit Blick auf den weiteren zeitlichen Ablauf des Vergabeverfahrens zu berücksichtigen. 34

---

[59] Vgl. dazu auch *Haug/Panzer* in jurisPK-VergR, § 9 VOF Rn. 18 ff., 25 ff.; zum Online-Dienst eSenders und seinen Zugangsvoraussetzungen s. http://simap.europa.eu.
[60] Vgl. auch Art. 38 Abs. 5 VKR.
[61] Vgl. auch Art. 38 Abs. 8 lit. a) VKR.
[62] S. http://publications.europa.eu.
[63] Vgl. Art. 38 Abs. 8 VKR.
[64] Vgl. Art. 36 Abs. 2 Satz 2 VKR.

Eine zögerliche Übermittlung kann im Übrigen Zweifel an einer dringlichen Vergabe aufkommen lassen.

b) Veröffentlichung

35 Die Veröffentlichung der Bekanntmachung erfolgt im **Supplement des Amtsblatts der Europäischen Union**.[65] Dieses erscheint mittlerweile nicht mehr in Papierform, sondern nur noch elektronisch, und zwar als wöchentlich erscheinende DVD-ROM, die kostenpflichtig abonniert werden kann, oder im Internet auf **„Tenders Electronic Daily"** („TED"), der elektronischen Datenbank der Europäischen Union, in der alle EU-weiten Bekanntmachungen eingestellt werden.[66]

36 Abhängig davon, welcher Übermittlungsweg vom öffentlichen Auftraggeber genutzt wird, erfolgt die **Veröffentlichung** im Supplement des EU-Amtsblatts – wenn die Übermittlung elektronisch erfolgte, s. o. Rn. 32 – spätestens fünf Tage nach Absendung des Bekanntmachungstextes durch den Auftraggeber oder – bei Übermittlung auf anderem Wege – spätestens zwölf Tage ab Absendung (vgl. § 15 EG Abs. 3 Satz 1, 2 VOL/A, § 12 EG Abs. 2 Nr. 4, 5 VOB/A, § 9 Abs. 4 Satz 1, 2 VOF).[67] Die Veröffentlichung erfolgt ungekürzt in der Originalsprache; daneben werden Zusammenfassungen in den anderen Amtssprachen der Europäischen Union veröffentlicht; verbindlich ist dabei allein der in der Originalsprache veröffentlichte – und damit vom Auftraggeber selbst stammende – Text (vgl. § 15 EG Abs. 3 Satz 3 VOL/A, § 12 EG Abs. 2 Nr. 4 VOB/A, § 9 Abs. 4 Satz 3 VOF).[68]

37 Die Bekanntmachung im Supplement des EU-Amtsblatts erfolgt für den Auftraggeber **kostenlos**. Die Veröffentlichungskosten werden von der Europäischen Union getragen (vgl. Art. 36 Abs. 4 UAbs. 2 VKR).

c) Dokumentation der Veröffentlichung

38 Der Auftraggeber muss den **Tag der Absendung** der Bekanntmachung an das Amt für Veröffentlichungen der Europäischen Union **nachweisen** können (vgl. § 15 EG Abs. 2 Satz 4 VOL/A, § 12 EG Abs. 2 Nr. 3 VOB/A, § 9 Abs. 3 Satz 4 VOF).[69] Der Tag der Absendung ist maßgeblich für die Berechnung von Angebots- bzw. Bewerbungsfristen nach § 12 EG VOL/A, § 10 EG VOB/A bzw. § 7 VOF. Er ist zudem der früheste Zeitpunkt, zu dem die parallele Veröffentlichung einer Bekanntmachung im Inland zulässig ist (s. u. Rn. 38). Da ein Nachweis[70] gefordert ist und nicht nur eine Dokumentation nach § 24 EG Abs. 1 VOL/A, § 20 EG Abs. 1 Satz 1 VOB/A, § 12 Abs. 1 VOF,[71] dürfte eine Aktennotiz im Vergabevermerk ggf. nicht ausreichen.[72] Als Nachweis sollte vielmehr der Fax-Sendebericht, der Ausdruck der versandten E-Mail, Poststempel auf dem Einlieferungsschein oder ähnliches genutzt werden.[73] Erfolgt die Übermittlung online über eNotices (s. o. Rn. 32), wird das Datum der Absendung automatisch eingetragen; hier kann ein Ausdruck zu den Akten genommen werden.

---

[65] Reihe S „Bekanntmachungen öffentlicher Aufträge" (ABl. S) des Amtsblatts der Europäischen Union.
[66] Vgl. ausführlich *Haug/Panzer* in jurisPK-VergR, § 9 VOF Rn. 10 ff.
[67] Vgl. auch Art. 36 Abs. 3 UAbs. 2 VKR.
[68] Vgl. auch Art. 36 Abs. 4 UAbs. 1 VKR.
[69] Vgl. auch Art. 36 Abs. 7 VKR.
[70] In der englischen Fassung von Art. 36 Abs. 7 VKR heißt es „to supply proof".
[71] Wonach die „einzelnen Stufen des Verfahrens" zu dokumentieren sind.
[72] So aber *Rechten* in Kulartz/Marx/Portz/Prieß VOB/A, § 12 EG Rn. 69; wohl auch *Völlink* in Ziekow/Völlink, § 12 EG VOB/A Rn. 9.
[73] Vgl. *von Wietersheim* in Ingenstau/Korbion, § 12 EG VOB/A Rn. 9.

3. Parallele Veröffentlichung im Inland

Die Auftragsbekanntmachung kann zusätzlich zur EU-weiten Veröffentlichung auch **im** 39 **Inland veröffentlicht** werden (§ 15 EG Abs. 4 VOL/A, § 12 EG Abs. 1 Nr. 6 VOB/A, § 9 Abs. 4 Satz 4, 5 VOF); diese Möglichkeit setzt Art. 36 Abs. 5 VKR, der die gemeinschaftsrechtlichen Vorgaben für eine parallele nationale Veröffentlichung regelt, implizit voraus. Nach den genannten Vorschriften dürfen zusätzlich auf nationaler Ebene veröffentlichte Bekanntmachungen nur diejenigen Angaben enthalten, die auch dem Amt für Veröffentlichungen der Europäischen Union für die Veröffentlichung auf EU-Ebene übermittelt wurden. Dies gewährleistet, dass inländische Bieter oder Bewerber **keinen** inhaltlichen **Informationsvorsprung** gegenüber ausländischen Unternehmen erhalten, die im Zweifel die inländische Veröffentlichung nicht kennen, und dient der Gleichbehandlung.[74] In zeitlicher Hinsicht ist zu beachten, dass die Veröffentlichung der Bekanntmachung im Inland nicht vor Absendung der Bekanntmachung an das Amt für Veröffentlichungen der Europäischen Union erfolgen darf. Auch hierdurch soll ein möglicher Vorsprung inländischer Bieter in zeitlicher Hinsicht begrenzt werden.[75] Des Weiteren ist in der nationalen Bekanntmachung auf das Datum der Absendung an das Amt für Veröffentlichungen der Europäischen Union hinzuweisen.

4. Rechtsfolgen einer fehlenden Bekanntmachung

Die Verpflichtung des öffentlichen Auftraggebers, eine beabsichtigte Auftragsvergabe EU- 40 weit bekanntzumachen, ist – auch als Teil der entsprechend einzuhaltenden Verfahrensart – grundsätzlich **bieterschützend**.[76] Das gilt auch, falls statt einer erforderlichen EU-weiten Bekanntmachung nur eine Bekanntmachung auf nationaler Ebene erfolgt.[77] Hat ein Unternehmen allerdings trotz fehlender Bekanntmachung von der beabsichtigten Auftragsvergabe erfahren und die Möglichkeit erhalten, ein Angebot oder einen Teilnahmeantrag abzugeben, fehlt es regelmäßig an der entsprechenden Antragsbefugnis bzw. Rechtsverletzung dieses Bieters bzw. Bewerbers.[78]

Ist ein öffentlicher Auftrag vergeben worden, ohne dass zuvor eine (EU-weite oder im 41 Falle von sog. nachrangigen Dienstleistungen eine nationale)[79] Bekanntmachung erfolgt ist, obwohl sie vergaberechtlich geboten war, kann dies zur Folge haben, dass der geschlossene **Vertrag unwirksam** ist. § 101b Abs. 1 Nr. 2 GWB ist grundsätzlich auch dann anwendbar, wenn der Auftraggeber zwar mit mehreren Bietern verhandelt, aber die erforderliche Bekanntmachung unterlassen hat; dies gilt jedenfalls dann, wenn ein nicht an den Verhandlungen beteiligtes Unternehmen die Unwirksamkeit geltend macht.[80] In jedem Fall ist Voraussetzung, dass die Feststellung der Unwirksamkeit nach § 101b Abs. 2 GWB rechtzeitig[81] beantragt wird.

---

[74] vgl. *Rechten* in Kulartz/Marx/Portz/Prieß VOB/A, § 12 EG Rn. 72; *Müller-Wrede* in Müller-Wrede VOF, § 9 Rn. 134.
[75] vgl. *Rechten* in Kulartz/Marx/Portz/Prieß VOB/A, § 12 EG Rn. 71; *Müller-Wrede* in Müller-Wrede VOF, § 9 Rn. 134.
[76] Vgl. BGH Urt. v. 27.11.2007, X ZR 18/07; *Rechten* in Kulartz/Marx/Portz/Prieß VOB/A, § 12 EG Rn. 13.
[77] Vgl. BGH Urt. v. 27.11.2007, X ZR 18/07; OLG Düsseldorf Beschl. v. 14.4.2010, VII-Verg 60/09.
[78] Vgl. BGH Urt. v. 27.11.2007, X ZR 18/07.
[79] Vgl. OLG Düsseldorf Beschl. v. 28.3.2012, VII-Verg 37/11.
[80] Vgl. OLG Düsseldorf Beschl. v. 28.3.2012, VII-Verg 37/11; Beschl. v. 3.8.2011, VII-Verg 33/11.
[81] Vgl. zur europarechtskonformen (einschränkenden) Auslegung von § 101b Abs. 2 Satz 1 GWB: OLG Düsseldorf Beschl. v. 1.8.2012, VII-Verg 15/12.

IV. Bekanntmachung auf nationaler Ebene

1. Anwendungsbereich

42 Eine Pflicht zur Bekanntmachung auf nationaler Ebene besteht für Auftragsvergaben, die nicht unter das Kartellvergaberecht fallen, wenn diese im Wege der **öffentlichen Ausschreibung** oder der **beschränkten Ausschreibung mit Teilnahmewettbewerb** zu erfolgen haben (§ 12 Abs. 1 Satz 1 VOL/A, § 12 Abs. 1 Nr. 1, Abs. 2 Nr. 1 VOB/A). Wählt der Auftraggeber für die Vergabe eines Liefer- oder Dienstleistungsauftrags nach VOL/A die dort mögliche Form der **freihändigen Vergabe mit Teilnahmewettbewerb**, ist ebenfalls eine Bekanntmachung erforderlich. Im Rahmen der Auftragsvergabe im Wege der beschränkten Ausschreibung ohne Teilnahmewettbewerb und der schlichten freihändigen Vergabe (ohne Teilnahmewettbewerb) ist hingegen – wie sich aus den Verfahrensarten bereits ergibt – keine Bekanntmachung vorzunehmen.

43 Der Bekanntmachungspflicht auf nationaler Ebene unterfällt des Weiteren die Auftragsvergabe von sog. **nachrangigen Dienstleistungen** nach Anhang I Teil B der VOL/A, die dem Kartellvergaberecht (§§ 97 ff. GWB) unterliegen, auf die jedoch gemäß § 4 Abs. 2 Nr. 2 VgV weitgehend nur der erste Abschnitt der VOL/A anzuwenden ist. Eine Bekanntmachungspflicht entfällt hier nur, wenn ausnahmsweise die Durchführung eines Verhandlungsverfahrens ohne Teilnahmewettbewerb zulässig ist. Da sich im Falle einer Auftragsvergabe dieser Dienstleistungen oberhalb der Schwellenwerte die Bekanntmachungspflicht schon aus § 101 Abs. 2 bis 5, 7 GWB ergibt, kann hinsichtlich der **Folgen einer fehlenden Bekanntmachung** auf die Ausführungen unter Rn. 40 f. verwiesen werden.

2. Bekanntmachungsinhalt

44 Anders als bei einer EU-weiten Bekanntmachung gibt es für die Bekanntmachung auf nationaler Ebene **keine Muster**, die bei der Erstellung des Bekanntmachungstextes zu nutzen sind. Die Bekanntmachung soll Bietern bzw. Bewerbern jedoch als Grundlage für ihre Entscheidung dienen, ob sie sich an dem jeweiligen Vergabeverfahren beteiligen wollen bzw. können, und daher alle Informationen enthalten, die **für eine Entscheidung über die Teilnahme** erforderlich sind. Darauf weist nunmehr § 12 Abs. 2 Satz 1 VOL/A ausdrücklich hin; es gilt jedoch übergreifend für alle Auftragsarten, dass die Bekanntmachung am Auftrag interessierten Unternehmen eine sachgerechte Entscheidung darüber ermöglichen soll, ob sie sich am Vergabeverfahren beteiligen bzw. eine Teilnahme für sie in Frage kommt.[82] Die in der Bekanntmachung veröffentlichten Angaben sollen einem Unternehmen daher eine ausreichende Kenntnis über die zu erbringenden Leistungen und über die an ihr Unternehmen gestellten besonderen Anforderungen verschaffen.[83] Gegenüber den Vergabeunterlagen, die ebenfalls alle Angaben enthalten sollen, die für eine Entscheidung zur Teilnahme bzw. zur Angebotsabgabe erforderlich sind (vgl. § 8 Abs. 1 Satz 1 VOL/A, § 8 Abs. 2 Nr. 1 VOB/A), hat jedoch der Bekanntmachungsinhalt meist einen geringeren Detaillierungs- bzw. Konkretisierungsgrad aufzuweisen;[84] dies gilt naturgemäß insbesondere für die Beschreibung der zu vergebenden Leistung, die in der Bekanntmachung kurz umschrieben werden kann, während erst Leistungsbeschreibung bzw. -verzeichnis eine genaue Beschreibung liefern.

---

[82] Vgl. OLG Frankfurt Beschl. v. 10.6.2008, 11 Verg 3/08; OLG Düsseldorf Beschl. v. 9.3.2007, VII-Verg 5/07; Beschl. v. 1.2.2006, VII-Verg 83/05; *von Wietersheim* in Ingenstau/Korbion, § 12 VOB/A Rn. 4.

[83] Vgl. OLG Düsseldorf Beschl. v. 1.2.2006, VII-Verg 83/05.

[84] Vgl. auch *Rechten* in Kulartz/Marx/Portz/Prieß VOL/A, § 12 Rn. 17.

Sowohl VOL/A als auch VOB/A enthalten jeweils einen **Katalog** von Angaben, die 45
in einer Bekanntmachung enthalten sein müssen (§ 12 Abs. 2 Satz 2 VOL/A) bzw. sollen
(§ 12 Abs. 1 Nr. 2, Abs. 2 Nr. 2 VOB/A). Diese Kataloge sind jeweils **nicht abschließend**; es können vielmehr auch darüber hinaus weitere Angaben in eine Bekanntmachung aufgenommen werden.[85] Nach § 12 Abs. 2 Satz 2 VOL/A handelt es sich bei dem Katalog um **Mindestangaben**, d.h. dass eine Bekanntmachung jeweils Angaben dazu enthalten muss. Zu beachten ist jedoch, dass auch hier nur Angaben gemacht werden müssen, soweit sie einschlägig bzw. erforderlich sind. Dies ergibt sich aus den Formulierungen „gegebenenfalls", „etwa(ige)" und „sofern" (vgl. § 12 Abs. 2 Satz 2 lit. e), f), g), j), m) und n) VOL/A). Nach § 12 Abs. 1 Nr. 2, Abs. 2 Nr. 2 VOB/A „soll" eine Bekanntmachung die Katalogangaben enthalten. Auch hier ist jedoch mit Blick auf die Funktion der Bekanntmachung in der Regel von Mindestangaben auszugehen,[86] von denen – außer wenn sie nicht einschlägig sind – allenfalls in atypischen Sonderfällen abgewichen werden kann.[87]

Die **Kataloge von Mindestangaben** gelten einheitlich für alle Vergabeverfahrensarten, 46
sofern diese eine Bekanntmachung erfordern (vgl. § 12 Abs. 1 i.V.m. Abs. 2 VOL/A,
§ 12 (Abs. 2 Nr. 2 i.V.m.) Abs. 1 Nr. 2 VOB/A). Auch **unterscheiden sich** die Kataloge
für Liefer- und Dienstleistungsaufträge einerseits und Bauaufträge andererseits inhaltlich
kaum. § 12 Abs. 1 Nr. 2 VOB/A sieht zusätzlich Angaben zur Sprache, in der die Angebote abgefasst sein müssen (lit. p)), zum Submissionstermin (lit. q)), der nach der VOL/A
ohnehin nicht vorgesehen ist, und zu einer ggf. vorgegebenen Rechtsform für Bietergemeinschaften (lit. u)) vor; zudem ist die Stelle zu benennen, an die sich ein Bewerber
oder Bieter zur Nachprüfung behaupteter Vergaberechtsverstöße wenden kann (lit. w; s.
hierzu auch Rn. 51). § 12 Abs. 2 Satz 2 lit. n) VOL/A sieht optional ferner die Angabe
der Zuschlagskriterien vor.

Entsprechend den Katalogen sind insbesondere die **Kontaktdaten** des **Auftraggebers** 47
(des künftigen Vertragspartners) und ggf. – falls hier die Kontaktdaten abweichen – der
Stelle, die das Vergabeverfahren durchführt (**Vergabestelle**), der Stelle, bei der die Vergabeunterlagen und ggf. zusätzliche relevante Unterlagen angefordert bzw. eingesehen werden können, sowie der Stelle, bei der die Teilnahmeanträge oder Angebote einzureichen
sind, anzugeben. Des Weiteren ist der **Auftragsgegenstand** möglichst konkret und aussagekräftig zu beschreiben, insbesondere dahingehend, um welche Art von Leistungen es
sich handelt, wo und in welchem Zeitrahmen diese zu erbringen sind, welchen Umfang
sie haben und ob eine losweise Vergabe beabsichtigt ist; in diesem Fall sind auch die einzelnen Lose genau zu beschreiben und ggf. Loslimitierungen[88] mitzuteilen. Zur Beschreibung des Auftragsgegenstands gehören auch eventuell vorzuweisende Sicherheiten und
für den Auftrag geltende Finanzierungs- und Zahlungsbedingungen.

In Bezug auf das durchzuführende Vergabeverfahren ist die **Verfahrensart** anzugeben 48
und abhängig davon die **Abgabefrist** für Angebote bzw. Teilnahmeanträge. Für Bauaufträge sind zudem genaue Angaben zum Submissionstermin (§ 14 VOB/A) und zu den
Voraussetzungen der Teilnahme daran zu machen. Auch die **Zuschlagskriterien** und ggf.
ihre Gewichtung können schon in der Bekanntmachung transparent gemacht werden.
Soweit der Auftraggeber für die Bereitstellung der Vergabeunterlagen Kostensatz verlangen möchte (vgl. im Einzelnen § 18 Rn. 55 ff.), hat er die Höhe des erforderlichen Be-

---

[85] Vgl. *Rechten* in Kulartz/Marx/Portz/Prieß VOL/A, § 12 Rn. 16; *Mertens* in Franke/Kemper/Zanner/Grünhagen, § 12 VOB/A Rn. 14.
[86] Vgl. *Rechten* in Kulartz/Marx/Portz/Prieß VOB/A, § 12 Rn. 19; *Völlink* in Ziekow/Völlink, § 12 VOB/A Rn. 9.
[87] Vgl. *Rechten* in Kulartz/Marx/Portz/Prieß VOB/A, § 12 Rn. 19.
[88] Beschränkung der Bieter, nur für ein Los oder eine bestimmte Anzahl von Losen Angebote einreichen zu dürfen.

trags in der Bekanntmachung anzugeben (§ 8 Abs. 2 Satz 2 VOL/A, § 12 Abs. 1 Nr. 2 lit. l) VOB/A).

49 Auch eventuelle **Vorgaben für** die Erstellung der **Angebote bzw. Teilnahmeanträge** sollen in der Bekanntmachung angegeben werden. Darunter fallen insbesondere **Formvorgaben** für die Einreichung (z. B. für die elektronische Form) und die Benennung der vom Bieter oder Bewerber vorzulegenden **Eignungsnachweise**. Zudem kann der Auftraggeber bereits in der Bekanntmachung eine Entscheidung über die **Zulassung von Nebenangeboten** treffen.

50 Im Falle der Vergabe von **nachrangigen Dienstleistungen** nach Anhang I Teil B der VOL/A oberhalb der Schwellenwerte ist in der Bekanntmachung gemäß § 14 VgV die für eine Nachprüfung **zuständige Vergabekammer** zu benennen (zu den Einzelheiten s. o. Rn. 24 ff.).

51 Für **Bauaufträge** sehen §§ 12 Abs. 1 Nr. 2 lit. w), 21 VOB/A ebenfalls die Benennung der Stelle vor, an die sich Bewerber oder Bieter für eine Nachprüfung wenden können. Da es sich hier um Aufträge unterhalb der Schwellenwerte handelt und daher Kartellvergaberecht einschließlich des Rechtsschutzes nach §§ 102 ff. GWB vor den Vergabekammern nicht anwendbar ist,[89] sind hier anderweitige **Nachprüfungsstellen** (einschließlich deren Anschrift) zu benennen. Dies sind grundsätzlich die zuständigen Fach- bzw. Rechtsaufsichtsbehörden der jeweiligen Auftraggeber.[90] Zum Rechtsschutz unterhalb der Schwellenwerte s. u. § 80.

3. Veröffentlichung

52 Bekanntmachungen zu **Liefer- und Dienstleistungsaufträgen** sind nach § 12 Abs. 1 Satz 1 VOL/A in Tageszeitungen, amtlichen Veröffentlichungsblättern, Fachzeitschriften oder Internetportalen zu veröffentlichen, wobei Bekanntmachungen in Internetportalen zentral über die Suchfunktion des Internetportals www.bund.de ermittelbar sein müssen, § 12 Abs. 1 Satz 2 VOL/A. Die Aufzählung der Veröffentlichungsorgane ist abschließend. Für Bekanntmachungen von **Bauaufträgen** findet sich in § 12 Abs. 1 Nr. 1, Abs. 2 Nr. 1 VOB/A hingegen nur eine beispielhafte Aufzählung der Veröffentlichungsorgane (Tageszeitungen, amtliche Veröffentlichungsblätter, Internetportale und – für öffentliche Ausschreibungen – auch www.bund.de). Der Auftraggeber ist grundsätzlich frei in der Wahl des Veröffentlichungsorgans. Wegen des Sinns und Zwecks der Bekanntmachung, einen möglichst großen Kreis von Unternehmen von der beabsichtigten Auftragsvergabe zu informieren, hat der Auftraggeber jedoch dabei darauf zu achten, dass das Veröffentlichungsorgan einen **ausreichenden Verbreitungsgrad** hat.[91] So kann die Veröffentlichung allein in einer nur regional verbreiteten Tageszeitung unzureichend sein, zumal sie ortsansässige Unternehmen bzw. solche aus einer speziellen Region unzulässigerweise bevorzugt (vgl. § 6 Abs. 1 Nr. 1 VOB/A bzw. § 2 Abs. 1 Satz 2 VOL/A, § 2 Abs. 2 VOB/A).[92] Auch bei der Benutzung von Internetportalen kann – je nach Nutzerkreis und ggf. auch Zersplitterungsgrad der in einem Bereich tätigen Bekanntmachungsportale[93] – drohen, dass der Verbreitungsgrad bei Veröffentlichung auf einer Internetplattform sehr klein ist. Zentrale Veröffentlichungsplattformen wie www.bund.de können dem entgegenwir-

---

[89] Die Benennung einer Vergabekammer würde auch nicht den Rechtsweg zu der Kammer eröffnen; vgl. OLG München Beschl. v. 28.9.2005, Verg 19/05; OLG Stuttgart Beschl. v. 12.8.2002, 2 Verg 9/02; *Glahs* in Kapellmann/Messerschmidt, § 21 VOB/A Rn. 1.
[90] Vgl. *Mertens* in Franke/Kemper/Zanner/Grünhagen, § 21 VOB/A Rn. 1, 4; *Portz* in Ingenstau/Korbion, § 21 VOB/A Rn. 2; *Glahs* in Kapellmann/Messerschmidt, § 21 VOB/A Rn. 4.
[91] Vgl. BayObLG Beschl. v. 4.2.2003, Verg 31/02; *Völlink* in Ziekow/Völlink, § 12 VOB/A Rn. 6.
[92] Vgl. BayObLG Beschl. v. 4.2.2003, Verg 31/02; *Rechten* in Kulartz/Marx/Portz/Prieß VOL/A, § 12 Rn. 7.
[93] Vgl. auch *Drügemöller* NVwZ 2007, 177, 179 f.

ken. Gegebenenfalls ist auch eine Bekanntmachung parallel in mehreren Veröffentlichungsorganen in Betracht zu ziehen.

V. Auslegung von Bekanntmachungen

Da sich eine Bekanntmachung an eine unbestimmte Vielzahl von Adressaten richtet, ist 53 für die Auslegung der Bekanntmachung der **objektive Empfängerhorizont** maßgeblich.[94] Daher sind nicht die subjektiven Vorstellungen einzelner Bieter oder Bewerber ausschlaggebend; entscheidend ist vielmehr die objektive Sicht eines verständigen und mit Leistungen der ausgeschriebenen Art vertrauten Bieters oder Bewerbers.[95] Unerheblich für die Auslegung und den danach festgestellten Inhalt der Bekanntmachung ist zudem, welchen Inhalt die später an die Bieter versandten Vergabeunterlagen haben.[96] Nur solche Umstände, die bis zur Veröffentlichung der Bekanntmachung bereits vorlagen, können für die Auslegung relevant und dafür von Bedeutung sein, wie die Bekanntmachung zum maßgeblichen Zeitpunkt der Veröffentlichung objektiv zu verstehen war.[97] Der danach der Bekanntmachung zuzumessende Inhalt kann nicht durch später übersandte Vergabeunterlagen verändert werden.[98] Zu trennen ist allerdings hiervon die Frage, welche Inhalte maßgeblich sind, falls die im Anschluss versandten **Vergabeunterlagen** inhaltlich **von der Bekanntmachung abweichen.** Siehe hierzu § 18 Rn. 53 f.

Wie konkret und eindeutig Bekanntmachungsinhalte formuliert sind, kann im Einzel- 54 fall in einem dem Kartellvergaberecht unterliegenden Vergabeverfahren auch für die Frage von Bedeutung sein, ob seitens eines Bieter eine Rügeobliegenheit nach § 107 Abs. 3 Satz 1 Nr. 2 GWB besteht.[99] Dies setzt voraus, dass der geltend gemachte Vergaberechtsverstoß aufgrund der Bekanntmachung erkennbar ist.[100]

C. Vorinformation

I. Allgemeines

Bei der Vorinformation handelt es sich um eine Bekanntmachung, die bereits vor der ei- 55 gentlichen Auftragsbekanntmachung (s. o. Rn. 4 ff.) erfolgt. Mit der Vorinformation kann ein öffentlicher Auftraggeber bereits zu einem sehr frühen Zeitpunkt und **im Vorfeld des eigentlichen Vergabeverfahrens** auf eine mögliche Auftragsvergabe hinweisen. Anders als zur Auftragsbekanntmachung ist der Auftraggeber zur Veröffentlichung einer Vorinformation grundsätzlich **nicht verpflichtet** (s. u. Rn. 60).

Die Veröffentlichung einer Vorinformation **dient dazu**, dass sich an dem jeweiligen 56 Auftrag interessierte Wirtschaftsteilnehmer aufgrund des zeitlichen Vorlaufs frühzeitig auf eine Teilnahme am Vergabeverfahren einstellen und insbesondere ihre Kapazitäten für eine mögliche Auftragsdurchführung daraufhin ausrichten können.[101] Dies gilt insbeson-

---

[94] Vgl. OLG München Beschl. v. 10.9.2009, Verg 10/09; *Völlink* in Ziekow/Völlink, § 12 VOB/A Rn. 10; *Lausen* in jurisPKVergR, § 12 VOB/A Rn. 21.
[95] Vgl. OLG Düsseldorf Beschl. v. 22.9.2005, VII-Verg 49 und 50/05; Beschl. v. 24.5.2006, VII-Verg 14/06; *Lausen* in jurisPKVergR, § 12 VOB/A Rn. 21.
[96] Vgl. OLG Düsseldorf Beschl. v. 24.5.2006, VII-Verg 14/06; *Völlink* in Ziekow/Völlink, § 12 VOB/A Rn. 10.
[97] Vgl. OLG Düsseldorf Beschl. v. 24.5.2006, VII-Verg 14/06.
[98] Vgl. OLG Düsseldorf Beschl. v. 24.5.2006, VII-Verg 14/06.
[99] Vgl. auch OLG Frankfurt Beschl. v. 10.6.2008, 11 Verg 3/08.
[100] Zu den Einzelheiten s.u. § 39 Rn. 74 f.
[101] Vgl. auch *Völlink* in Ziekow/Völlink, § 12 EG VOB/A Rn. 2; *von Wietersheim* in Ingenstau/Korbion, § 12 EG VOB/A Rn. 2.

dere auch für ausländische Unternehmen.[102] So kann ein Wettbewerb unter möglichst vielen Teilnehmern um den jeweiligen Auftrag entstehen. Andererseits eröffnet die Veröffentlichung einer Vorinformation dem öffentlichen Auftraggeber die Möglichkeit, die Angebotsfristen in offenen und nicht offenen Verfahren zu verkürzen (s.u. Rn. 60).

57 Das Instrument der Vorinformation wurde im Gemeinschaftsrecht geprägt. Seine Grundlagen sind derzeit in Art. 35 Abs. 1, 36 VKR normiert. Dementsprechend ist im deutschen Vergaberecht nur für öffentliche Aufträge oberhalb der Schwellenwerte (sog. **Oberschwellenbereich**[103]) die Möglichkeit geregelt, mit der Vorinformation die Öffentlichkeit über eine geplante Auftragsvergabe bereits im Vorfeld zu informieren. Die nachfolgenden Ausführungen gelten daher auch nur für diese Auftragsvergaben. **Ausgenommen** ist allerdings die Vergabe von sog. **nachrangigen Dienstleistungen** gemäß Anhang I Teil B VOL/A, da gemäß § 4 Abs. 2 Satz 1 Nr. 2 VgV nur einzelne Vorschriften des zweiten Abschnitts der VOL/A zur Anwendung kommen, nicht aber diejenigen zur Vorinformation. Darüber hinaus enthält auch die **VOF** keine Regelungen mehr zur Vorinformation. Dies liegt vermutlich daran, dass die VOF als einzige Vergabeart das Verhandlungsverfahren vorsieht, für das eine Verkürzung der Angebotsfrist aufgrund einer zuvor erfolgten Vorinformation ohnehin nicht möglich ist; dies ist nach Art. 38 Abs. 4 i.V.m. Abs. 2 und 3 lit. b) VKR nur für offene und nicht offene Verfahren vorgesehen.

58 Da jedoch eine Vorinformation weder für Auftragsvergaben von **nachrangigen oder freiberuflichen Dienstleistungen** noch für solche **unterhalb der Schwellenwerte** verboten ist, ist es grundsätzlich möglich, dass ein öffentlicher Auftraggeber auch in diesem Fall mit einer (nach Art. 37 VKR möglichen) freiwilligen Vorinformation oder anderweitigen Vorabbekanntmachung bereits frühzeitig auf Pläne einer Beschaffung hinweist.[104] Auch wenn es dafür keine speziellen Regelungen im Vergaberecht gibt, ist dabei darauf zu achten, dass die allgemein geltenden Grundsätze der Transparenz, des Wettbewerbs und der Gleichbehandlung – z.B. bei der Wahl des Bekanntmachungsmediums – nicht verletzt werden.

II. Anwendungsbereich und Erforderlichkeit einer Vorinformation

59 Grundsätzlich ist das Instrument der Vorinformation nur für öffentliche Aufträge im sog. **Oberschwellenbereich**[105] normiert (vgl. § 15 EG Abs. 6 bis 8, § 12 EG Abs. 1 VOB/A); eine Regelung für nachrangige Dienstleistungen nach Anhang I Teil B in der VOL/A und für freiberufliche Dienstleistungen in der VOF fehlt.[106] Somit ist die Vorinformation nur für **Bau- und Lieferaufträge** sowie Aufträge über **vorrangige Dienstleistungen** nach Anhang I Teil A der VOL/A geregelt, die in den Oberschwellenbereich fallen. Der Hinweis auf das erforderliche Erreichen des Schwellenwerts nach § 2 Nr. 3 VgV a.F. in § 12 EG Abs. 1 Nr. 1 VOB/A ist danach ohne zusätzliche Bedeutung.

60 **Erforderlich** ist die Veröffentlichung einer Vorinformation immer dann, wenn der Auftraggeber von der Möglichkeit einer Verkürzung der Angebotsfrist nach § 12 EG Abs. 3 oder 5 Satz 3, 4 VOL/A bzw. § 10 EG Abs. 1 Nr. 2 oder Abs. 2 Nr. 4 VOB/A Gebrauch machen möchte. Dies ist nur in offenen und nicht offenen Verfahren möglich (vgl. Art. 38 Abs. 4 i.V.m. Abs. 2 und 3 lit. b) VKR). In diesem Fall ist wichtig, dass die Vorinformation auch die inhaltlichen und zeitlichen Vorgaben erfüllt (s.u. Rn. 63 und

---

[102] Vgl. EuGH, Urt. v. 26.9.2000, Rs. C-225/98; *Völlink* in Ziekow/Völlink, § 12 EG VOB/A Rn. 2.
[103] Insbesondere muss der fragliche Auftrag den maßgeblichen Schwellenwert nach § 100 Abs. 1 GWB erreichen und darf für ihn kein Ausnahmetatbestand nach § 100 Abs. 2 i.V.m. Abs. 3 bis 6, 8, §§ 100a bis 100c GWB einschlägig sein.
[104] Vgl. auch *Haug/Panzer* in jurisPK-VergR, § 9 VOF Rn. 44.
[105] S.o. Fn. 103.
[106] Vgl. oben Rn. 57.

Rn. 67). Im Übrigen ist der öffentliche Auftraggeber zu einer Vorinformation **nicht verpflichtet.**[107] Für Bauaufträge regelt dies ausdrücklich § 12 EG Abs. 1 Nr. 2 VOB/A, wonach eine Vorinformation nur dann verpflichtend ist, wenn der Auftraggeber von der Möglichkeit der Verkürzung der Angebotsfrist Gebrauch machen möchte, und übernimmt damit weitgehend wörtlich die zugrunde liegende europäische Regelung des Art. 35 Abs. 1 UAbs. 5 VKR. Für Liefer- und Dienstleistungsaufträge, für die § 15 EG Abs. 6 bis 8 VOL/A gelten,[108] regelt § 15 EG Abs. 7 Satz 3 VOL/A, dass die Vorinformation nur im Falle der Fristverkürzung nach § 12 EG Abs. 3 VOL/A zwingend vorgeschrieben ist; das Gleiche muss natürlich auch für Fristverkürzungen nach § 12 EG Abs. 5 Satz 3, 4 VOL/A gelten. Für die Freiwilligkeit der Vorinformation spricht auch, dass sie explizit Voraussetzung für die Fristverkürzung nach § 12 EG Abs. 3 oder 5 Satz 3, 4 VOL/A bzw. § 10 EG Abs. 1 Nr. 2 oder Abs. 2 Nr. 4 VOB/A ist; eine solche Regelung wäre bei einer generellen Verpflichtung zur Vorinformation überflüssig.[109]

Soweit § 15 EG Abs. 6 Satz 1 VOL/A für Liefer- und Dienstleistungsaufträge regelt, 61 dass Vorinformationen Angaben über alle für die nächsten 12 Monate beabsichtigten Aufträge mit jeweils einem geschätzten Nettoauftragswert von mindestens 750.000 Euro enthalten sollen, soll damit die Regelung des Art. 35 Abs. 1 lit. a) und b) VKR umgesetzt werden. Dies könnte so verstanden werden, dass einmalig für eine Vielzahl von Aufträgen eine „Sammel"-Vorinformation erfolgen soll. Dem für die Vorinformation zu verwendenden Standardformular (s.u. Rn. 62) ist jedoch zu entnehmen, dass auch hier jeweils einzelne geplante Beschaffungsvorgänge bekanntgemacht werden. Da grundsätzlich keine Pflicht zur Vorinformation besteht, ist auch die erwähnte Nettoauftragswertgrenze von 750.000 Euro ohne Bedeutung.

III. Erstellung der Vorinformation

Welche **inhaltlichen Angaben** eine Vorinformation enthalten muss, ergibt sich aus dem 62 Anhang I der Verordnung (EU) Nr. 842/2011,[110] auf den § 15 EG Abs. 8 VOL/A und § 12 EG Abs. 1 Nr. 3 VOB/A verweisen; dieser Anhang enthält ein entsprechendes Muster (Standardformular 1) für Vorinformationen (einheitlich sowohl für Liefer- und Dienstleistungsaufträge als auch für Bauaufträge). Das Standardformular ist zwingend zu verwenden. Dass § 12 EG Abs. 1 Nr. 1 VOB/A daneben für Bauaufträge normiert, dass die wesentlichen Merkmale der beabsichtigen Bauaufträge bekanntzumachen sind, hat für die inhaltlichen Angaben einer Vorinformation keine weitere Bedeutung; es ist vielmehr davon auszugehen, dass diese wesentlichen Merkmale bereits in dem fraglichen Standardformular der Verordnung (EU) Nr. 842/2011 enthalten sind. Auch die Eintragung des jeweiligen CPV-Codes, wie § 15 EG Abs. 6 Satz 2 VOL/A für Lieferaufträge vorschreibt, ist dort vorgesehen.[111] Die auszufüllenden Felder des Standardformulars „Vorinformation" entsprechen weitgehend Feldern des Standardformulars „Bekanntmachung"; für Einzelheiten kann daher auf die Ausführungen dazu verwiesen werden (s. o. Rn. 19 ff.).

Voraussetzung **für eine Fristverkürzung** ist nach § 12 EG Abs. 3 lit. a) Satz 2 VOL/A 63 bzw. § 10 EG Abs. 1 Nr. 2 Satz 3 bzw. Abs. 2 Nr. 4 Satz 3 VOB/A, dass die Vorinformation alle für die Auftragsbekanntmachung geforderten Angaben enthält, soweit diese zum Zeitpunkt der Absendung der Vorinformation vorliegen. Dies entspricht den gemeinschaftsrechtlichen Vorgaben nach Art. 38 Abs. 4 UAbs. 3 VKR.

---

[107] Vgl. EuGH Urt. v. 26.9.2000, Rs. C-225/98 – Kommission Frankreich, Rn. 38.
[108] Ausgenommen sind Aufträge über Dienstleistungen nach Anhang I Teil B der VOL/A, die den Regelung gemäß § 4 Abs. 2 Nr. 2 VgV nicht unterfallen.
[109] Vgl. auch EuGH Urt. v. 26.9.2000, Rs. C-225/98 – Kommission Frankreich, Rn. 39.
[110] Dem liegen die Vorgaben von Anhang VII Teil A der VKR, dort Abschnitt „Bekanntmachung einer Vorinformation", zugrunde.
[111] Vgl. *Rechten* in Kulartz/Marx/Portz/Prieß VOL/A, § 15 EG Rn. 91.

IV. Veröffentlichung der Vorinformation

64 Die Veröffentlichung kann zum einen durch Übermittlung des ausgefüllten Standardformulars (Anhang I der Verordnung (EU) Nr. 842/2011) an das Amt für Veröffentlichungen der Europäischen Union bewirkt werden. In diesem Fall wird die Vorinformation im **Supplement zum EU-Amtsblatt** entsprechend dem übermittelten Standardformular als solche veröffentlicht, also vor allem auf „Tenders Electronic Daily" eingestellt.[112] Die Zuleitung kann sowohl in der herkömmlichen Schriftform als auch in der Übermittlung eines elektronischen Dokuments oder online durch Ausfüllen des von der EU unter http://simap.europa.eu bereitgehaltenen Musters erfolgen.[113] Die Veröffentlichung im Amtsblatt der Europäischen Union ist kostenlos (vgl. Art. 36 Abs. 4 UAbs. 2 VKR).

65 Alternativ dazu ist auch eine Veröffentlichung auf dem **Beschafferprofil** des Auftraggebers möglich, wenn dieser ein solches eingerichtet hat (s. u. Rn. 74 f.). In diesem Fall ist die Veröffentlichung zuvor dem Amt für Veröffentlichungen der Europäischen Union durch Übersendung des in Anhang VIII der Verordnung (EU) Nr. 842/2011 enthaltenen und ausgefüllten Musters (Standardformular 8) zu melden; die Übersendung hat dabei auf elektronischem Wege[114] zu erfolgen (§ 15 EG Abs. 7 Satz 2 VOL/A, § 12 EG Abs. 1 Nr. 4 Satz 1 Hs. 2 VOB/A). Das Datum der Absendung ist anzugeben (Art. 36 Abs. 5 UAbs. 3 VKR). Das Standardformular enthält u. a. einen Hinweis auf das Beschafferprofil und wird im Supplement des EU-Amtsblatts veröffentlicht. Diese verkürzte zusätzliche Bekanntmachung weist potentielle Bieter auf die vollständige Veröffentlichung im Beschafferprofil hin.[115]

66 Für den **Zeitpunkt**, wann die Veröffentlichung zu erfolgen hat, sehen die Vergabe- und Vertragsordnungen (wie auch die zugrunde liegende Regelung des Art. 35 Abs. 1 UAbs. 2 und 3 VKR) unterschiedliche Vorgaben für Liefer- und Dienstleistungsaufträge einerseits und Bauaufträge andererseits vor. Vorinformationen zu **Liefer- und Dienstleistungsaufträgen** sollen sobald wie möglich nach Beginn des Haushaltsjahres veröffentlicht werden (§ 15 EG Abs. 7 Satz 1 VOL/A). Die Veröffentlichung soll im Falle von **Bauaufträgen** hingegen sobald wie möglich nach der Genehmigung der Planung erfolgen (§ 12 EG Abs. 1 Nr. 4 Satz 1 VOB/A). Welche Genehmigungen erforderlich sind, richtet sich dabei nach den jeweils maßgeblichen baurechtlichen Vorschriften; zudem müssen die Genehmigungsentscheidungen bestandskräftig sein.[116] Außer bei der Verletzung der zeitlichen Vorgaben, die einzuhalten sind, wenn aufgrund einer Vorinformation die Angebotsfrist verkürzt werden soll (s. u. Rn. 67), hat die verspätete oder auch verfrühte Veröffentlichung einer Vorinformation jedoch mangels entsprechender Regelungen keine nachteiligen Rechtsfolgen.[117]

67 Für den Fall, dass der Auftraggeber die Veröffentlichung der Vorinformation vornimmt, um die **Angebotsfrist zu verkürzen**, hat er die **zeitlichen Vorgaben** nach § 12 EG Abs. 3 lit. a) VOL/A bzw. § 10 EG Abs. 1 Nr. 2 Satz 2 bzw. Abs. 2 Nr. 4 Satz 2 VOB/A zu beachten. Danach hat die Vorinformation **mindestens 52 Tage und höchstens 12 Monate** vor Absendung der entsprechenden Bekanntmachung des Auftrags an das Amt für Veröffentlichungen der Europäischen Union zu erfolgen. Die VOB/A stellt dabei auf den Zeitpunkt der Absendung der Vorinformation ab; dies entspricht der zugrunde liegenden gemeinschaftsrechtlichen Vorschrift des Art. 38 Abs. 4 UAbs. 3 VKR („Übermitt-

---

[112] Vgl. *Rechten* in Kulartz/Marx/Portz/Prieß VOL/A, § 15 EG Rn. 96; vgl. auch oben Rn. 35.
[113] Vgl. *von Wietersheim* in Ingenstau/Korbion, § 12 EG VOB/A Rn. 5; s auch oben Rn. 32 f.
[114] Vgl. dazu oben Rn. 32.
[115] Vgl. *Lindenthal* VergabeR 2006, 1, 3.
[116] Vgl. *von Wietersheim* in Ingenstau/Korbion, § 12 EG VOB/A Rn. 5; *Völlink* in Ziekow/Völlink, § 12 EG VOB/A Rn. 6.
[117] Vgl. *von Wietersheim* in Ingenstau/Korbion, § 12 EG VOB/A Rn. 6.

§ 21 Auftragsbekanntmachungen und andere Ex-ante-Veröffentlichungen   Kap. 5

lung"). Nach § 12 EG Abs. 3 lit. a) VOL/A soll hingegen der Zeitpunkt der Veröffentlichung der Vorinformation maßgeblich sein. Bei europarechtskonformer Anwendung der Vorschrift mit Blick auf Art. 38 Abs. 4 Uabs. 3 VKR ist daher für den Fall, dass Absendungs- und Veröffentlichungszeitpunkt auseinanderfallen (was regelmäßig der Fall sein wird), zu beachten, dass für den maximal zulässigen Zeitabstand von 12 Monaten bis zur Auftragsbekanntmachung der Zeitpunkt der Absendung als früherer Zeitpunkt maßgeblich ist.

Eine Vorinformation kann zusätzlich zur europaweiten Veröffentlichung auch **auf nationaler Ebene veröffentlicht** werden; davon geht Art. 36 Abs. 5 VKR implizit aus. Dementsprechend sieht § 12 EG Abs. 1 Nr. 4 Satz 2 VOB/A für Bauaufträge die Veröffentlichung in (inländischen) Tageszeitungen, amtlichen Veröffentlichungsblättern oder Internetportalen ausdrücklich vor. Aber auch in Bezug auf Liefer- und Dienstleistungsaufträge steht der inländischen Veröffentlichung keine Regelung entgegen.[118] Wie bei Auftragsbekanntmachungen ist allerdings zu beachten, dass Vorinformationen auf nationaler Ebene nicht vor Absendung des entsprechenden Standardformulars an das Amt für Veröffentlichungen der Europäischen Union veröffentlicht werden dürfen (vgl. Art. 36 Abs. 5 UAbs. 1 VKR) und dass die auf nationaler Ebene veröffentlichten Vorinformationen nur die Angaben enthalten dürfen, die auch EU-weit veröffentlicht werden, und zudem einen Hinweis auf das Datum der Absendung bzw. der Veröffentlichung im Beschafferprofil enthalten müssen (vgl. Art. 36 Abs. 5 UAbs. 2 VKR). Diese europarechtlichen Vorgaben, die für alle Bekanntmachungen und damit auch für Vorinformationen gelten, sind in VOL/A und VOB/A nur in Bezug auf die Auftragsbekanntmachungen umgesetzt worden, gelten jedoch entsprechend auch für Vorinformationen. 68

V. Rechtsfolgen einer Vorinformation

Die Vorinformation hat grundsätzlich **keine verbindlichen Rechtsfolgen** für den öffentlichen Auftraggeber.[119] Weder ist der bekanntgemachte Inhalt der Vorinformation für den Auftraggeber verbindlich[120] noch ist der Auftraggeber verpflichtet, ein Vergabeverfahren einzuleiten oder gar den Auftrag zu vergeben.[121] Die Regelungen zur Vorinformation begründen damit grundsätzlich keine subjektiven Rechte eines (potentiellen) Bieters.[122] Mit der Vorinformation hat regelmäßig auch noch kein Vergabeverfahren begonnen, das der Nachprüfung nach den §§ 102 ff. GWB unterliegt; ein entsprechender Nachprüfungsantrag wäre unstatthaft.[123] 69

Die Veröffentlichung einer Vorinformation eröffnet dem öffentlichen Auftraggeber die Möglichkeit der Fristverkürzung nach § 12 EG Abs. 3 lit. a), Abs. 5 VOL/A bzw. § 10 EG Abs. 1 Nr. 2 Satz 2, Abs. 2 Nr. 4 Satz 2 VOB/A (s. o. Rn. 60). Insoweit ist allerdings der **Zeitpunkt der Absendung** der Vorinformation von Bedeutung, weil dieser das 70

---

[118] In § 15 EG Abs. 4 Satz 2 VOL/A, der sich systematisch eigentlich nur auf Auftragsbekanntmachungen und deren parallele nationale Veröffentlichung bezieht, wird zudem auf die Veröffentlichung im Beschafferprofil Bezug genommen, die speziell für Vorinformationen vorgesehen ist.
[119] Vgl. *von Wietersheim* in Ingenstau/Korbion, § 12 EG VOB/A Rn. 2; *Schwabe* in Müller-Wrede VOL/A, § 15 EG Rn. 149.
[120] Vgl. OLG Düsseldorf Beschl. v. 15.9.2010, VII-Verg 16/10; *Völlink* in Ziekow/Völlink, § 12 EG VOB/A Rn. 4; *Schwabe* in Müller-Wrede VOL/A, § 15 EG Rn. 149; so auch § 15 EG Abs. 6 Satz 1 VOL/A ausdrücklich.
[121] Vgl. OLG Düsseldorf Beschl. v. 15.9.2010, VII-Verg 16/10; *Völlink* in Ziekow/Völlink, § 12 EG VOB/A Rn. 4.
[122] Vgl. *Rechten* in Kulartz/Marx/Portz/Prieß VOB/A, § 12 EG Rn. 15.
[123] Vgl. OLG Düsseldorf Beschl. v. 15.9.2010, VII-Verg 16/10; nach OLG Naumburg (Beschl. v. 8.10.2009, 1 Verg 9/09) ist ein Primärrechtsschutz prinzipiell möglich, obwohl mit der Vorinformation noch kein konkretes Vergabeverfahren eingeleitet wurde; vgl. ähnlich auch noch VK Bund Beschl. v. 25.2.2010, VK 3-9/10; VK Sachsen Beschl. v. 10.2.2012, 1/SVK/050-11.

Zeitfenster für die nachfolgende Auftragsbekanntmachung bestimmt (s. o. Rn. 67). Da die Veröffentlichung einer Vorinformation grundsätzlich unverbindlich ist, ist es auch möglich und rechtlich zulässig, bezogen auf einen Beschaffungsgegenstand mehrfach hintereinander eine Vorinformation zu veröffentlichen, etwa um auch nach Ablauf einer ersten 12-monatigen Frist nach § 12 EG Abs. 3 lit. a) VOL/A bzw. § 10 EG Abs. 1 Nr. 2 Satz 2 bzw. Abs. 2 Nr. 4 Satz 2 VOB/A die Möglichkeit der Fristverkürzung nutzen zu können.[124]

D. Freiwillige Bekanntmachungen

I. Freiwillige Bekanntmachung trotz fehlender Bekanntmachungspflicht

71   Soweit eine Pflicht zur **EU-weiten Bekanntmachung** einer Auftragsvergabe nicht besteht, hat der Auftraggeber trotz allem die Möglichkeit, dies zu tun. Dies ergibt sich aus Art. 37 VKR, der in § 15 EG Abs. 9 VOL/A umgesetzt wurde, darüber hinaus jedoch auch für Aufträge gilt, die nicht dem zweiten Abschnitt der VOL/A unterfallen.[125] Eine freiwillige EU-weite Bekanntmachung kommt danach insbesondere bei der Vergabe von nachrangigen Dienstleistungen nach Anhang I Teil B der VOL/A bzw. VOF sowie Aufträgen unterhalb der jeweils maßgeblichen Schwellenwerte in Betracht.[126] Insbesondere wenn eine Auftragsvergabe Binnenmarktrelevanz hat, kann eine freiwillige EU-weite Bekanntmachung für die erforderliche Transparenz sorgen.[127] Für die freiwillige EU-weite Bekanntmachung eines Auftrags ist jeweils dasjenige Bekanntmachungsmuster nach Verordnung (EU) Nr. 842/2011 zu verwenden, das im Falle einer Bekanntmachungspflicht zu verwenden wäre.[128]

72   Auch soweit keine Bekanntmachungspflicht **auf nationaler Ebene** besteht, besteht die Möglichkeit einer freiwilligen Bekanntmachung. Dies ergibt sich für Aufträge, die (nur) EU-weit bekanntzumachen sind, aus § 15 EG Abs. 4 VOL/A, § 12 EG Abs. 2 Nr. 6 VOB/A und § 9 Abs. 4 Satz 4 VOF (s. zu den zu beachtenden Vorgaben Rn. 39). Aber auch im Übrigen ist eine Bekanntmachung auf nationaler Ebene mangels anderweitigen Verbots grundsätzlich zulässig.

II. Freiwillige Ex-ante-Transparenzbekanntmachung

73   Von einer freiwilligen EU-weiten Bekanntmachung nach Art. 37 VKR zu unterscheiden ist die freiwillige Ex-ante-Transparenzbekanntmachung, für die Verordnung (EU) Nr. 842/2011 in Anhang XIV das **Standardformular 15** vorsieht. Nach Art. 2d Abs. 4 RL 89/665/EWG bzw. RL 92/13/EWG, jeweils in ihrer durch die RMR geänderten Fassung, ist vorgesehen, dass ein unter Verstoß gegen die Bekanntmachungspflicht vergebener Auftrag nicht unwirksam ist (so aber ansonsten nach Art. 2d Abs. 1 lit. a) der genannten Richtlinien), falls der Auftraggeber zuvor, wenn er der Auffassung ist, dass der Auftrag nicht bekanntzumachen ist, eine solche (den Vorgaben des Art. 3a der genannten Richtlinien entsprechende) freiwillige Ex-ante-Transparenzbekanntmachung veröffent-

---

[124] Vgl. *von Wietersheim* in Ingenstau/Korbion, § 12 EG VOB/A Rn. 6.
[125] Für Bauaufträge vgl. *Rechten* in Kulartz/Marx/Portz/Prieß VOB/A, § 12 EG Rn. 87.
[126] Vgl. *Rechten* in Kulartz/Marx/Portz/Prieß VOB/A, § 12 EG Rn. 87 f.; *Rechten* in Kulartz/Marx/Portz/Prieß VOL/A, § 15 EG Rn. 101.
[127] Vgl. Mitteilung der Kommission zu Auslegungsfragen in Bezug auf das Gemeinschaftsrecht, das für die Vergabe öffentlicher Aufträge gilt, die nicht oder nur teilweise unter die Vergaberichtlinien fallen, ABl. EU Nr. C 179, S. 2, dort unter Ziffer 2.1.2; *Rechten* in Kulartz/Marx/Portz/Prieß VOB/A, § 12 EG Rn. 87; *Haug/Panzer* in jurisPK-VergR, § 9 VOF Rn. 33.
[128] Vgl. *Rechten* in Kulartz/Marx/Portz/Prieß VOB/A, § 12 EG Rn. 89; *Rechten* in Kulartz/Marx/Portz/Prieß VOL/A, § 15 EG Rn. 102.

licht hat und eine Wartefrist von zehn Kalendertage ab Veröffentlichung eingehalten hat. Diese nach Gemeinschaftsrecht mögliche Ausnahme von der Unwirksamkeit von nicht bekanntgemachten bzw. De-facto-Vergaben hat jedoch der deutsche Gesetzgeber in § 101b Abs. 2 GWB nicht umgesetzt. Daher kann eine Ex-ante-Transparenzbekanntmachung entsprechend dem Standardformular 15 nach deutschem Vergaberecht der Unwirksamkeit einer Auftragsvergabe nicht vorbauen. Ob Art. 2d Abs. 4 der fraglichen Richtlinien ggf. unmittelbar anwendbar oder § 101b Abs. 2 GWB entsprechend auszulegen ist, ist bisher nicht abschließend entschieden worden. Eine Nutzung dieser Bekanntmachungsmöglichkeit steht dem Auftraggeber jedoch frei und kann ggf. auch eine Klärung zur Bekanntmachungspflicht und damit Rechtssicherheit herbeiführen, wenn potentielle Bieter die Bekanntmachung zum Anlass für ein Nachprüfungsverfahren nehmen.[129]

E. Beschafferprofil

Gemäß § 15 EG Abs. 5 Satz 1 VOL/A, § 11 (EG) Abs. 2 VOB/A bzw. § 9 Abs. 5 Satz 1 VOF können Auftraggeber im Internet ein sog. Beschafferprofil einrichten. Bei dem Beschafferprofil handelt es sich um einen **Internetauftritt**, auf dem ein Auftraggeber Informationen zu Auftragsvergaben veröffentlichen kann. Der Begriff des Beschafferprofils stammt aus Art. 35 Abs. 1 VKR mit Verweis auf Anhang VIII Nr. 2 lit. b), wonach ein Beschafferprofil Bekanntmachungen von Vorinformationen, Angaben über laufende Ausschreibungen, geplante und vergebene Aufträge, annullierte (= aufgehobene) Verfahren sowie sonstige Informationen von allgemeinem Interesse wie insbesondere Kontaktstelle, Telefon- und Faxnummer, Postanschrift und E-Mail-Adresse enthalten kann. § 15 EG Abs. 5 Satz 1 VOL/A, § 11 (EG) Abs. 2 VOB/A bzw. § 9 Abs. 5 Satz 2 VOF übernehmen diesen Informationskatalog fast wörtlich; auf die Möglichkeit der Veröffentlichung von Vorinformationen im Beschafferprofil weisen § 15 EG Abs. 7 Satz 1 VOL/A und § 12 EG Abs. 1 Nr. 4 VOB/A hin. Das Beschafferprofil stellt insoweit ein alternatives Veröffentlichungsmedium zum EU-Amtsblatt dar.[130] Die Aufzählung von möglichen Angaben im Beschafferprofil ist jeweils nicht abschließend, so dass darüber hinaus auch weitere Informationen aufgenommen werden können.[131] Die Einrichtung eines Beschafferprofils ist **freiwillig**; das Beschafferprofil sollte in diesem Fall von einem Auftraggeber trotz leicht unterschiedlicher Formulierungen zu den Inhalten in VOL/A, VOB/A und VOF einheitlich für alle Arten von Aufträgen geführt werden. Auch die Aufnahme von Informationen zu Aufträgen, die nicht den genannten Vorschriften unterfallen (z. B. wegen Nichterreichens von Schwellenwerten) ist möglich.

74

Die Einrichtung eines Beschafferprofils ermöglicht es interessierten Unternehmen, sich bezüglich der **Beschaffungsaktivitäten eines bestimmten Auftraggebers** zu informieren; daher sind regelmäßige Aktualisierungen seitens des Auftraggeber sinnvoll. Dem jeweiligen Auftraggeber ermöglicht das Beschafferprofil, dort unter bestimmten Bedingungen **Vorinformationen** zu Aufträgen **bekanntzumachen**.[132]

75

---

[129] Vgl. auch *Rechten* in Kulartz/Marx/Portz/Prieß VOB/A, § 12 EG Rn. 93 (sowie zum Ganzen: Rn. 90 ff.).
[130] Vgl. *Lindenthal* VergabeR 2006, 1, 2 f.
[131] Vgl. *Rechten* in Kulartz/Marx/Portz/Prieß VOL/A, § 15 EG Rn. 82.
[132] S.o. Rn. 65.

§ 22 Versand von Vergabeunterlagen

Übersicht

	Rn.
A. Einleitung	1–6
B. Fristen für den Versand	7–55
II. Unterschwellenbereich	8–28
III. Oberschwellenbereich	29–55
C. Kostenerstattung für die Versendung	56–85
I. Versendung erst nach Zahlung	58–61
II. VOB/A	62–74
III. VOL/A	75–81
IV. VOF	82–85
D. Rechtsfolgen verspäteter Versendung	86, 87
E. Sektorenbereich	88–99
I. Fristen für die Versendung der Vergabeunterlagen	88–96
II. Kostenerstattung	97–99
F. Bereich Verteidigung und Sicherheit	100–112
I. VSVgV	100–108
II. VOB/A-VS	109–112

VOB/A: § 6 Abs. 1 Nr. 1, § 8 Abs. 2, 7, § 12 Abs. 4
VOB/A EG: § 6 Abs. 2 Nr. 1, § 9 Abs. 3
VOL/A: § 12 Abs. 3 lit. a–c
VOL/A EG: § 12 Abs. 7, § 15 Abs. 11 lit. a–c
VKR: Art. 39, Art. 38 Abs. 6
VOB/A VS: § 12 Abs. 4
VOF: § 13 Abs. 1
SektVO: § 19 Abs. 1
VSVgV: §11 Abs. 1, § 22 Abs. 5

VOB/A:

§ 6 VOB/A Teilnehmer am Wettbewerb

(1)
1. Der Wettbewerb darf nicht auf Unternehmen beschränkt werden, die in bestimmten Regionen oder Orten ansässig sind.

(Nr. 2) und (3) hier nicht abgedruckt.

(2)
1. Bei Öffentlicher Ausschreibung sind die Unterlagen an alle Bewerber abzugeben, die sich gewerbsmäßig mit der Ausführung von Leistungen der ausgeschriebenen Art befassen.
2. Bei Beschränkter Ausschreibung sollen mehrere, im Allgemeinen mindestens 3 geeignete Bewerber aufgefordert werden.
3. Bei Beschränkter Ausschreibung und Freihändiger Vergabe soll unter den Bewerbern möglichst gewechselt werden.

(3) hier nicht abgedruckt.

§ 8 VOB/A Vergabeunterlagen

(1) hier nicht abgedruckt.

(2)

1. Das Anschreiben muss alle Angaben nach § 12 Absatz 1 Nummer 2 enthalten, die außer den Vertragsunterlagen für den Entschluss zur Abgabe eines Angebots notwendig sind, sofern sie nicht bereits veröffentlicht wurden.

2. Der Auftraggeber kann die Bieter auffordern, in ihrem Angebot die Leistungen anzugeben, die sie an Nachunternehmen zu vergeben beabsichtigen.

3. Der Auftraggeber hat anzugeben:

   a) ob er Nebenangebote nicht zulässt,

   b) ob er Nebenangebote ausnahmsweise nur in Verbindung mit einem Hauptangebot zulässt.

Von Bietern, die eine Leistung anbieten, deren Ausführung nicht in Allgemeinen Technischen Vertragsbedingungen oder in den Vergabeunterlagen geregelt ist, sind im Angebot entsprechende Angaben über Ausführung und Beschaffenheit dieser Leistung zu verlangen.

4. Auftraggeber, die ständig Bauleistungen vergeben, sollen die Erfordernisse, die die Bewerber bei der Bearbeitung ihrer Angebote beachten müssen, in den Bewerbungsbedingungen zusammenfassen und dem Anschreiben beifügen.

(3) bis (6) hier nicht abgedruckt.

(7)

1. Bei Öffentlicher Ausschreibung kann eine Erstattung der Kosten für die Vervielfältigung der Leistungsbeschreibung und der anderen Unterlagen sowie für die Kosten der postalischen Versendung verlangt werden.

2. Bei Beschränkter Ausschreibung und Freihändiger Vergabe sind alle Unterlagen unentgeltlich abzugeben.

(8) bis (10) hier nicht abgedruckt.

§ 12 VOB/A Bekanntmachung, Versand der Vergabeunterlagen

(1) bis (3) hier nicht abgedruckt.

(4)

1. Die Vergabeunterlagen sind den Bewerbern unverzüglich in geeigneter Weise zu übermitteln.

2. Die Vergabeunterlagen sind bei Beschränkter Ausschreibung und Freihändiger Vergabe an alle ausgewählten Bewerber am selben Tag abzusenden.

(5) bis (7) hier nicht abgedruckt.

VOB/A EG:

§ 6 EG VOB/A Teilnehmer am Wettbewerb

(1) hier nicht abgedruckt.

(2)

1. Beim offenen Verfahren sind die Unterlagen an alle Bewerber abzugeben.

2. Beim nicht offenen Verfahren müssen mindestens fünf geeignete Bewerber aufgefordert werden. Auf jeden Fall muss die Zahl der aufgeforderten Bewerber einen echten Wettbewerb sicherstellen. Die Eignung ist anhand der mit dem Teilnahmeantrag vorgelegten Nachweise zu prüfen.

3. Beim Verhandlungsverfahren mit öffentlicher Vergabebekanntmachung und beim wettbewerblichen Dialog müssen bei einer hinreichenden Anzahl geeigneter Bewerber mindestens drei Bewerber zu Verhandlungen oder zum Dialog aufgefordert werden.

§ 22 Versand von Vergabeunterlagen Kap. 5

4. Will der Auftraggeber die Zahl der Teilnehmer im nicht offenen Verfahren, im Verhandlungsverfahren oder im wettbewerblichen Dialog begrenzen, so gibt er in der Bekanntmachung Folgendes an:

a) die von ihm vorgesehenen objektiven, nicht diskriminierenden und auftragsbezogenen Kriterien und

b) die vorgesehene Mindestzahl und gegebenenfalls auch die Höchstzahl der einzuladenden Bewerber.

(3) bis (9) hier nicht abgedruckt.

§ 9 EG VOB/A Vertragsbedingungen

Ausführungsfristen

(1) bis (2) hier nicht abgedruckt.

(3) Ist für die Einhaltung von Ausführungsfristen die Übergabe von Zeichnungen oder anderen Unterlagen wichtig, so soll hierfür ebenfalls eine Frist festgelegt werden.

(4) bis (9) hier nicht abgedruckt.

VOL/A:

§ 12 VOL/A Bekanntmachung, Versand von Vergabeunterlagen

(1) bis (2) hier nicht abgedruckt.

(3) Die Vergabeunterlagen sind zu übermitteln
a) bei Öffentlicher Ausschreibung an alle anfordernden Unternehmen,
b) bei Beschränkter Ausschreibung mit Teilnahmewettbewerb und Freihändiger Vergabe mit Teilnahmewettbewerb an die Unternehmen, die einen Teilnahmeantrag gestellt haben, geeignet sind und ausgewählt wurden, oder
c) bei Beschränkter Ausschreibung und Freihändiger Vergabe ohne Teilnahmewettbewerb an die Unternehmen, die von den Auftraggebern ausgewählt wurden.

(4) hier nicht abgedruckt.

VOL/A EG:

§ 12 EG VOL/A Fristen

(1) bis (6) hier nicht abgedruckt.

(7) Machen die Auftraggeber die Vergabeunterlagen und alle zusätzlichen Unterlagen nicht auf elektronischem Weg frei, direkt und vollständig verfügbar und sind die Vergabeunterlagen und die zusätzlichen Unterlagen rechtzeitig angefordert worden, so müssen die Auftraggeber die genannten Unterlagen innerhalb von 6 Tagen nach Eingang des Antrags an die Unternehmen absenden.

(8) bis (10) hier nicht abgedruckt.

§ 15 EG VOL/A Bekanntmachung, Versand der Vergabeunterlagen

(1) bis (10) hier nicht abgedruckt.

(11) Die Vergabeunterlagen sind zu übermitteln
a) im offenen Verfahren an alle anfordernden Unternehmen,

b) im nicht offenen Verfahren und Verhandlungsverfahren mit Teilnahmewettbewerb an die Unternehmen, die einen Teilnahmeantrag gestellt haben, geeignet sind und ausgewählt wurden oder

c) bei Verhandlungsverfahren ohne Teilnahmewettbewerb an die Unternehmen, die von den Auftraggebern ausgewählt wurden.

(12) hier nicht abgedruckt.

VKR:

Art. 39 Offene Verfahren: Verdingungsunterlagen, zusätzliche Unterlagen und Auskünfte

(1) Wenn der öffentliche Auftraggeber bei offenen Verfahren nicht die Verdingungsunterlagen und alle zusätzlichen Unterlagen auf elektronischem Weg gemäß Artikel 38 Absatz 6 frei, direkt und vollständig verfügbar macht, werden die Verdingungsunterlagen und zusätzlichen Unterlagen den Wirtschaftsteilnehmern binnen sechs Tagen nach Eingang des Antrags zugesandt, sofern dieser Antrag rechtzeitig vor dem Schlusstermin für den Eingang der Angebote eingegangen ist.

(2) Zusätzliche Auskünfte zu den Verdingungsunterlagen und den zusätzlichen Unterlagen erteilen der öffentliche Auftraggeber oder die zuständigen Stellen, sofern sie rechtzeitig angefordert worden sind, spätestens sechs Tage vor dem Schlusstermin für den Eingang der Angebote.

Art. 38 Fristen für den Eingang der Anträge auf Teilnahme und der Angebote

(1) bis (5) hier nicht abgedruckt.

(6) Die in Absatz 2 und Absatz 3 Buchstabe b genannten Fristen für den Eingang der Angebote können um 5 Tage verkürzt werden, wenn der öffentliche Auftraggeber ab der Veröffentlichung der Bekanntmachung die Verdingungsunterlagen und alle zusätzlichen Unterlagen entsprechend den Angaben in Anhang VIII auf elektronischem Wege frei, direkt und vollständig verfügbar macht; in der Bekanntmachung ist die Internet-Adresse anzugeben, unter der diese Unterlagen abrufbar sind.

Diese Verkürzung kann mit der in Absatz 5 genannten Verkürzung kumuliert werden.

(7) bis (8) hier nicht abgedruckt.

VOB/A VS:

§ 12 VS VOB/A Vorinformation, Bekanntmachung, Versand der Vergabeunterlagen

(1) bis (3) hier nicht abgedruckt.

(4)
1. Die Vergabeunterlagen sind den Bewerbern unverzüglich in geeigneter Weise zu übermitteln.
2. Die Vergabeunterlagen sind bei nicht offenen Verfahren sowie bei Verhandlungsverfahren und wettbewerblichem Dialog an alle ausgewählten Bewerber am selben Tag abzusenden.

(5) bis (7) hier nicht abgedruckt.

VOF:

§ 13 VOF Kosten

(1) Von den Bewerbern oder Bietern dürfen Entgelte für die Durchführung der Vergabeverfahren nicht erhoben werden. Bei Wettbewerben nach Kapitel 2 können Kopierkosten bei postalischer oder direkter Versendung erhoben werden.

(2) und (3) hier nicht abgedruckt.

SektVO:

§ 19 SektVO Fristen für Vergabeunterlagen, zusätzliche Unterlagen und Auskünfte

(1) Macht der Auftraggeber die Vergabeunterlagen und alle zusätzlichen Unterlagen nicht auf elektronischem Weg vollständig verfügbar, hat er diese Unterlagen unverzüglich, jedoch spätestens am sechsten Kalendertag nach Eingang eines entsprechenden Antrags an die Unternehmen zu senden, sofern dieser Antrag rechtzeitig innerhalb der Eingangsfrist für Angebote eingegangen war.

(2) und (3) hier nicht abgedruckt.

VSVgV:

§ 11 VSVgV Arten der Vergabe von Liefer- und Dienstleistungsaufträgen

(1) Die Vergabe von Liefer- und Dienstleistungsaufträgen erfolgt im nicht offenen Verfahren oder im Verhandlungsverfahren mit Teilnahmewettbewerb. In begründeten Ausnahmefällen ist ein Verhandlungsverfahren ohne Teilnahmewettbewerb oder ein wettbewerblicher Dialog zulässig.

(2) und (3) hier nicht abgedruckt.

§ 22 VSVgV Allgemeine Vorgaben zum Nachweis der Eignung

(1) bis (4) hier nicht abgedruckt.

(5) Im nicht offenen Verfahren und Verhandlungsverfahren mit Teilnahmewettbewerb dürfen die Vergabeunterlagen nur an geeignete Unternehmen übersandt werden. Im Verhandlungsverfahren ohne Teilnahmewettbewerb dürfen die Vergabeunterlagen an die Unternehmen übermittelt werden, die vom Auftraggeber unter Beachtung der §§ 6 und 7 ausgewählt wurden.

(6) hier nicht abgedruckt.

A. Einleitung

Europarechtliche Vorgaben mit unmittelbarem Bezug zum Versand der Vergabeunterlagen existieren kaum. Dies sieht bei der in § 18 dieses Buches behandelten Gestaltung der Unterlagen schon anders aus, erst recht bei den auf die Versendung folgenden Phasen der Angebotserstellung, Verhandlung/Aufklärung etc. So gibt es zahlreiche aus dem EU-Recht kommende Vorschriften zur Dauer und Verkürzung von Bewerbungs- und Angebotsfristen. 1

Vergaberechtliche Grundsätze wie **Gleichbehandlung der Bieter** und **Selbstbindung des Auftraggebers** sind natürlich dennoch zu beachten. Diese Grundsätze hat das deutsche Vergaberecht für einige Vergabeverfahren näher ausgestaltet. 2

In der Praxis werden die Versendung der Vergabeunterlagen und die damit zusammenhängenden Vorgaben als Routine wahrgenommen, rechtlich spielen die Vorgaben zum 3

Versand auch kaum eine Rolle. So gibt es praktisch keine Entscheidungen von Nachprüfungsinstanzen, bei denen Fragen im Zusammenhang mit der Versendung der Vergabeunterlagen entscheidungsrelevant sind.

4   Auch wenn die Versendung als Routine-Vorgang wahrgenommen wird, sind die mit ihr zusammenhängenden **Folgefragen** praxisrelevant (werden aber oft auch als Routine wahrgenommen), so geht es z. B. um die Bemessung und ggf. Verlängerung von Angebotsfristen, etwa bei verspätetem Versand oder der Ergänzung von Vergabeunterlagen.

5   Der **Begriff der Vergabeunterlagen** und die Vorgaben für deren **Inhalt und Form** sind in § 18 dieses Buches dargestellt. Dieser Abschnitt befasst sich mit den Modalitäten der Versendung der Vergabeunterlagen an die Bewerber.

6   Lediglich klarstellend ist darauf hinzuweisen, dass in den Texten der EU-Richtlinien noch der in Deutschland mittlerweile nicht mehr verwendete Begriff der „Verdingungsunterlagen" benutzt wird. Inhaltlich hat dies keine Auswirkungen.

B. Fristen für den Versand

7   Bei der Darstellung der vom Auftraggeber zu beachtenden Fristen ist zu differenzieren zwischen den Regelungen für Aufträge mit Auftragswerten unterhalb der EU-Schwellenwerte und solchen mit Auftragswerten oberhalb. Hinzu kommen Unterschiede zwischen den Vergabeordnungen.

II. Unterschwellenbereich

1. VOB/A

a) Öffentliche Ausschreibung

8   Bei der öffentlichen Ausschreibung veröffentlicht der Auftraggeber eine Bekanntmachung und die interessierten Unternehmen wenden sich an ihn, um die Unterlagen zu erhalten. Wann die Unternehmen von der Ausschreibung erfahren, wie schnell sie den Entschluss, sich zu beteiligen, fassen und ihm mitteilen und wie schnell eine ggf. verlangte Zahlung für die Vergabeunterlagen nachgewiesen werden kann, entzieht sich den Steuerungsmöglichkeiten des Auftraggebers.

9   Daher kann er im Ergebnis nur auf die **eingehenden Bewerbungen** reagieren. Dementsprechend verlangt die VOB/A vom Auftraggeber in § 12 Abs. 4 VOB/A, dass die Unterlagen **unverzüglich** an die Bewerber zu versenden sind. Nach § 6 Abs. 2 Nr. 1 VOB/A sind die Unterlagen an alle Unternehmen zu versenden, die sich gewerbsmäßig mit der Ausführung von Leistungen der ausgeschriebenen Art befassen. Der maßgebliche Zeitpunkt der Versendung ist zu **dokumentieren.**

10 Diese Verpflichtung setzt mit Zugang der Bewerbung ein. Der Zeitpunkt des Zugangs ist nach allgemeinen Regeln zu beurteilen, d. h. ein nach Dienstschluss eingeworfener Brief oder eine nachts versandte Mail gehen erst am nächsten Arbeitstag zu.

11 Auch der Begriff der **Unverzüglichkeit** ist nach allgemeinen Regeln zu bestimmen und beinhaltet, dass der Auftraggeber ohne schuldhaftes Zögern handeln muss, § 121 Abs. 1 BGB.

12 „Unverzüglich" heißt nicht sofort, sondern innerhalb einer nach den Umständen des Einzelfalls zu bemessenden **Prüfungs- und Überlegungsfrist.** Bei der Versendung der Unterlagen hat der Auftraggeber allenfalls zu prüfen, ob der Bewerber auch tatsächlich einen verlangten Kostenvorschuss für die Vergabeunterlagen eingezahlt hat und ob die Voraussetzungen des § 6 Abs. 2 Nr. 1 VOB/A vorliegen. Nach § 6 Abs. 2 Nr. 1 VOB/A sind die Unterlagen an alle Unternehmen zu versenden, die sich gewerbsmäßig mit der Ausführung von Leistungen der ausgeschriebenen Art befassen. Da die Anforderung der Angebotsunterlagen keine Vorlagen von Eignungsnachweisen irgendeiner Art erfordert,

wird der Auftraggeber regelmäßig keine Möglichkeit haben, das Vorliegen dieser Voraussetzungen in Frage zu stellen. Daher sollte der Auftraggeber die Unterlagen im Zweifel an alle Bewerber versenden. Eine einzige denkbare Ausnahme sind Bewerber, bei denen sich bereits aus dem Firmennamen ganz eindeutig ergibt, dass sie einen ganz anderen Geschäftsgegenstand haben. Fordert z.B. eine „XY Bekanntmachungsdienste GmbH" Unterlagen für ein Tiefbauvorhaben an, so wird sie die ausgeschriebenen Leistungen keinesfalls selber anbieten. Der Auftraggeber sollte dann überlegen, ob er hier Aufklärung verlangt – wozu er nach allgemeinen Regeln vor einer endgültigen Entscheidung verpflichtet sein dürfte – oder die Unterlagen dennoch versendet. Immerhin hat auch dieser Bewerber den Kostenvorschuss geleistet und es ist sein Problem, was er mit den übersandten Unterlagen macht. Hinzu kommt, dass ein Auftraggeber immer an einem möglichst breiten Wettbewerb interessiert sein sollte, was regelmäßig maßgeblich für die Versendung an jeden Bewerber sprechen dürfte.

Will ein Bewerber die Unterlagen ausschließlich verwenden, um sie selber Dritten zugänglich zu machen, muss der Auftraggeber berücksichtigen, dass es **nachträgliche Änderungen** geben kann. Dann muss er im Eigeninteresse sicherstellen, dass er eindeutig erkennen kann, ob der Bewerber – dem er die Änderungen natürlich mitteilen muss – diese auch an die Dritten weitergeleitet hat oder nicht. Dazu muss er die Vergabeunterlagen und vor allem die Änderungen entsprechend gestalten, also z.B. eindeutige Bearbeitungsstände aufnehmen oder ähnliches. 13

Angesichts dieser sehr eingeschränkten Prüfungen und Überlegungen dürfte eine Versendung der Vergabeunterlagen regelmäßig innerhalb kürzester Frist erfolgen können. 14

Ein Engpass kann sein, dass der Auftraggeber in Papierform zu sendenden Unterlagen **nicht in der ausreichenden Anzahl** vorbereitet hat und daher erst weitere Kopien anfertigen muss. Dies muss er mit der gebotenen Eile nachholen. 15

Diese Verzögerung ist von den Bewerbern grundsätzlich hinzunehmen, da man vom Auftraggeber nicht erwarten kann, dass er bei jedem Vergabeverfahren größere Stückzahlen der Vergabeunterlagen produziert. 16

Eine schuldhafte Verzögerung kann darin liegen, dass der Auftraggeber die vorbereitete Anzahl der Vergabeunterlagen erkennbar zu niedrig angesetzt hat. Gab es bei ähnlichen Vergaben in der Vergangenheit bereits eine Vielzahl von Bewerbern, muss der Auftraggeber hierauf vorbereitet sein. Hat der Auftraggeber die Anzahl der Bewerber unterschätzt und kommt es zu Verzögerungen beim Versand, so muss er ggf. die Angebotsfrist verlängern. 17

Die VOB/A sieht bei öffentlichen Ausschreibungen nicht vor, dass der Auftraggeber ab einem bestimmten Zeitpunkt keine Unterlagen mehr versenden müsste. Daher muss der Auftraggeber auch bei einer kurz vor dem Ende der Angebotsfrist eintreffenden Bewerbung die Unterlagen unverzüglich versenden. Eine **Verlängerung der Angebotsfrist** ist jedoch allein wegen einer solchen späten Anforderung nicht geboten. 18

Wie im Oberschwellenbereich dürfte es auch im Unterschwellenbereich nicht zweckmäßig sein, eine Frist für das Ende der Anforderungsmöglichkeit zu setzen[1]. 19

b) Beschränkte Ausschreibung und Freihändige Vergabe

Bei beschränkter Ausschreibung und freihändiger Vergabe bestimmt der Auftraggeber selber, welche **Bewerber** in welcher Zahl er aussucht. Dieser **Auswahlprozess** findet rein Auftraggeber-intern statt, so dass der Auftraggeber den Abschluss des Auswahlprozesses festlegen und kontrollieren kann. 20

---

[1] Für den Oberschwellenbereich OLG Düsseldorf Beschl. v. 21.12.2005, Verg 75/05 jedenfalls bei undeutlicher Formulierung, wenn es um auf dem Postweg zum Interessenten verloren gegangene Unterlagen geht.

21 Die VOB/A verlangt daher vom Auftraggeber, dass er nach Abschluss des Auswahlprozesses die Vergabeunterlagen an alle Bewerbern **am selben Tag** absendet, § 12 Abs. 4 Nr. 2 VOB/A. Der Zeitpunkt der Versendung ist zu dokumentieren.

2. VOL/A

22 Die VOL/A enthält im Unterschwellenbereich **keine ausdrücklichen Vorgaben**, welche Fristen der Auftraggeber bei der Versendung der Unterlagen beachten muss.

23 Es lassen sich jedoch die Regelungen der VOB/A weitgehend übertragen, da sie auf allgemeinen Grundsätzen des Vergaberechts beruhen.

24 Nach § 12 Abs. 3 lit. a) VOL/A sind die Vergabeunterlagen bei öffentlicher Ausschreibung an alle anfordernden Unternehmen zu übermitteln.

25 Bei öffentlichen Ausschreibungen verlangt es der vom Auftraggeber zu fördernde Wettbewerb, möglichst vielen Unternehmen die Beteiligung am Vergabeverfahren zu ermöglichen. Dies wird dadurch gefördert, dass die sich bewerbenden Unternehmen die Unterlagen möglichst früh erhalten und damit möglichst viel Zeit haben, ihre Angebote zu erstellen. Daher sind die Vergabeunterlagen bei öffentlichen Ausschreibungen auch bei der VOL/A **unverzüglich** an die Bewerber zu versenden.

26 Ob nach allgemeinen Grundsätzen eine Beschränkung auf Unternehmen, die sich **gewerbsmäßig** mit den ausgeschriebenen Leistungen befassen, zulässig ist, kann angesichts der praktisch nicht gegebenen Auswirkungen offengelassen werden. Hat ein Unternehmen für die Vergabeunterlagen gezahlt, kann es diese verwenden, wie es das für richtig hält. Bewirbt sich ein Unternehmen mit dem offensichtlichen Ziel, die Unterlagen ausschließlich Dritten zur Verfügung zu stellen, so muss der Auftraggeber erst recht darauf achten, dass er spätere von ihm selber veranlasste und versandte Änderungen der Vergabeunterlagen deutlich kennzeichnet und eine sichere Überprüfung, ob ein Angebot die letzte Fassung der Vergabeunterlagen berücksichtigt, möglich ist.

27 Bei beschränkter Ausschreibung mit Teilnahmewettbewerb und freihändiger Vergabe mit Teilnahmewettbewerb sind die Vergabeunterlagen an die Unternehmen zu übermitteln, die einen Teilnahmeantrag gestellt haben, geeignet sind und ausgewählt wurden (§ 12 Abs. 3 lit. b) VOL/A) und bei beschränkter Ausschreibung und freihändiger Vergabe ohne Teilnahmewettbewerb an die Unternehmen, die von den Auftraggebern ausgewählt wurden (§ 12 Abs. 3 lit. c) VOL/A).

28 Bei beschränkten Ausschreibungen und freihändigen Vergaben beruht **die gleichzeitige Absendung** der Vergabeunterlagen an alle Bieter auf dem Gleichbehandlungsgrundsatz. Daher ist auch bei der VOL/A auf diese Weise vorzugehen.

III. Oberschwellenbereich

1. Vorgaben der Vergabekoordinierungsrichtlinie

29 Die einzige ausdrückliche Vorgabe der Vergabekoordinierungsrichtlinie zum Versand der Vergabeunterlagen findet sich in **Art. 39 VKR**. Danach sind bei **offenen Verfahren** die Vergabeunterlagen und die zusätzlichen Unterlagen den Wirtschaftsteilnehmern binnen sechs Tagen nach Eingang des Antrags zuzusenden, sofern dieser Antrag rechtzeitig vor dem Schlusstermin für den Eingang der Angebote eingegangen ist.

30 Vorgaben für andere Verfahrensarten enthält die Vergabekoordinierungsrichtlinie nicht.

31 Durch die Verweisung in Art. 39 Abs.1 VKR auf Art. 38 Abs. 6 VKR wird die Möglichkeit angesprochen, den Bietern die Vergabeunterlagen und alle zusätzlichen Unterlagen auf anderem Weg als durch Versand zugänglich zu machen, nämlich frei, direkt und vollständig auf elektronischem Wege.

32 Die Rechtsfolgen verspäteter Versendung, die in Art. 38 und 40 VKR angesprochen sind, sind unten in § 24 Rn. 64 dargestellt.

2. VOB/A

a) Offenes Verfahren

Nach § 6 EG Abs. 2 Nr. 1 VOB/A[2] sind die Unterlagen **an alle Bewerber** abzugeben. 33
Eine Beschränkung auf solche Unternehmen, die sich gewerbsmäßig mit Leistungen der ausgeschriebenen Art befassen, ist anders als in § 6 Abs. 2 Nr. 1 VOB/A nicht vorgesehen. Die Vorgabe des Art 39 Abs. 1 VKR wird in § 12 EG Abs. 4 Nr. 1 VOB/A umgesetzt. Danach sind, wenn die Vergabeunterlagen nicht auf elektronischem Wege frei zugänglich, direkt und vollständig zur Verfügung gestellt werden, diese **unverzüglich, spätestens aber innerhalb von sechs Kalendertagen** nach Eingang des Antrags an den Bewerber zu versenden, sofern dieser Antrag rechtzeitig vor Ablauf der Angebotsfrist eingegangen ist. Gegenüber Art. 39 Abs. 1 VKR enthält diese Regelung insofern eine Änderung, als sie dem Auftraggeber eine in der Verabekoordinierungsrichtlinie nicht vorgesehene Beschleunigung auferlegt. Diese Beschleunigung liegt in der Forderung, die Vergabeunterlagen, müssten „unverzüglich, spätestens aber innerhalb von sechs Kalendertagen" abgeschickt werden. In der Verabekoordinierungsrichtlinie sind die 6 Kalendertage als eine Art Rahmenfrist formuliert, die nur nicht überschritten werden darf.

Die Verpflichtung zur **„unverzüglichen"** Versendung gilt bei § 12 EG Abs. 4 Nr. 1 34
VOB/A eingeschränkter als im Unterschwellenbereich, da auch eine längstmögliche Frist genannt ist. Dennoch hat der Auftraggeber die Unterlagen ohne schuldhaftes Zögern zu versenden, sobald ihm dies möglich ist. Es ist aber davon auszugehen, dass die Versendung innerhalb der sechs-Tages-Frist regelmäßig ausreichend ist. Bei der Beschleunigung der Versendung muss der Auftraggeber diskriminierungsfrei vorgehen, d. h. es steht ihm nicht frei, bei einem Unternehmen die Unterlagen sofort, bei einem anderen jedoch erst am Ende der sechs-Tages-Frist zu versenden. Die 6 Kalendertage dürften vom Auftraggeber regelmäßig einzuhalten sein, auch wenn zusätzliche Exemplare der Vergabeunterlagen anzufertigen sind.

Im Einzelfall ist festzustellen, ob ein Antrag noch **„rechtzeitig vor Ablauf der Ange-** 35
botsfrist" eingegangen ist. Abzustellen ist darauf, ob es dem Bewerber nach Erhalt der Unterlagen noch möglich sein wird, ein Angebot zu erstellen und zum Auftraggeber zu transportieren. Dies liegt natürlich maßgeblich im Bereich des Bewerbers und ist vom Auftraggeber nur schwer einzuschätzen. Dies macht das Verfahren OLG Düsseldorf VII 75/05, Beschl. vom 21.12.2005, deutlich. Dort hatte der Auftraggeber eine Bearbeitungsfrist von zwei Werktagen angesetzt, der Geschäftsführer eines Bewerbers ging von einem einzigen „langen Arbeitstag" aus, was vom OLG Düsseldorf anerkannt wurde. Der Antragsteller konnte darlegen, dass er z.B. Nachunternehmerangebote in kürzester Zeit erhalten kann und ihm viele Preise aus ähnlichen Vorhaben bekannt waren. Weil der Auftraggeber im Ergebnis zu Unrecht die Vergabeunterlagen zurückgehalten hatte, wurde das Vergabeverfahren in das Stadium vor Versendung der an die Bewerber zu richtenden Aufforderungen zur Abgabe von Angeboten zurückversetzt.

Daher sollte ein Auftraggeber **im Zweifel** die Unterlagen auch dann versenden, wenn 36
er der Auffassung ist, dass die Angebotserstellung nur unter ganz besonderen Anstrengungen möglich ist. Da es allein die Aufgabe der Unternehmen ist, sich wegen interessanter Aufträge zu informieren, muss der Auftraggeber wegen einer solchen späten Versendung auch nicht die Angebotsfrist verlängern.

Aus den dargestellten Gründen dürfte es für den Auftraggeber nur schwer möglich 37
sein, die Dauer der Angebotserstellung bereits bei der Bekanntmachung zu ermitteln und dort eine Frist festzulegen, bis zu der die Bewerber die Unterlagen abzufordern haben. Die Standardformulare sehen eine solche Fristsetzung in „IV.3.3) Bedingungen für den Erhalt von Ausschreibungs- und ergänzenden Unterlagen bzw. der Beschreibung" jeden-

---

[2] Auf den 3. Abschnitt der VOB/A wird unten nach der Darstellung zur VSVgV eingegangen.

falls vor. Das OLG Düsseldorf hatte sich damit zu befassen, dass die Formulierung des Auftraggebers gerade für den streitgegenständlichen Sachverhalt, dass Vergabeunterlagen auf dem Weg zum Bieter verloren gehen, zu undeutlich und deswegen unbeachtlich war[3].Teilweise wird angenommen, der Auftraggeber sei zur Benennung einer solchen Frist auch verpflichtet[4] (zur Zulässigkeit einer solchen Forderung auch VK Bund VK 3–119/12 v. 5.10.2012). Angesichts der Schwierigkeit des Auftraggebers, dieser Frist richtig zu ermitteln und genau zu beschreiben, ohne damit den Wettbewerb übermäßig zu beschränken, erscheint **eine solche Verpflichtung nicht sinnvoll.** Dies hat *Kuhn* unter Bezugnahme auf den Text der Vergabekoordinierungsrichtlinie und ihre Vorgaben überzeugend dargestellt[5].

38 Will der Auftraggeber eine solche Frist setzen, so ist *Horn* der Auffassung, diese müsse spätestens sieben Tage vor Ablauf der Angebotsfrist enden[6]. Diese für die VOL/A geäußerte Meinung dürfte jedenfalls bei der VOB/A angesichts der zusätzlich dem Auftraggeber aufgegebenen Beschleunigung („unverzüglich, spätestens aber") nicht zwingend sein. Auch im Rahmen der VOL/A dürfte es einem Auftraggeber unbenommen sein, durch interne Vorgaben eine zeitnahe Versendung der Vergabeunterlagen sicherzustellen und sich – auch im Interesse eines möglichst breiten Bieterkreises – mit der Frist für die Abforderung der Angebotsunterlagen näher an den Ablauf der Angebotsfrist zu legen.

39 Ein solcher kurzer zeitlicher Abstand kann auch nicht so verstanden werden, dass der Auftraggeber der Auffassung ist, eine späte Abforderung reiche zur Erstellung des Angebotes – und dass daher ein Bieter, der die Unterlagen spät abfordert und sich außerstande sieht, ein Angebot fristgerecht zu kalkulieren, Schadensersatzansprüche geltend machen könnte. Vielmehr handelt es sich bei der Fristsetzung um eine Erklärung ohne einen Erklärungswert jenseits der Fristfestlegung.

b) Nicht offenes Verfahren/Verhandlungsverfahren/wettbewerblicher Dialog

40 Bei nicht offenen Verfahren, Verhandlungsverfahren und dem wettbewerblichen Dialog verlangt die VOB/A vom Auftraggeber, dass er die Vergabeunterlagen **an alle ausgewählten Bewerber am gleichen Tag** verschickt, § 12 EG Abs. 4 Nr. 2 VOB/A.

41 Eine entsprechende Vorgabe findet sich zwar nicht in der Verabekoordinierungsrichtlinie, aufgrund des Gleichbehandlungsgrundsatzes wäre jedoch jede andere Vorgehensweise des Auftraggebers vergaberechtswidrig.

3. VOF

42 In der VOF findet sich eine ausdrückliche Vorgabe für die Versendung der Vergabeunterlagen nur für **Wettbewerbe.** Bei Wettbewerben sind die Informationen (die bei Wettbewerben den Vergabeunterlagen entsprechen) den Teilnehmern zum gleichen Zeitpunkt zu übermitteln, § 15 Abs. 5 Satz 2 VOF.

43 Die VOF sieht als Regelverfahren das Verhandlungsverfahren vor, das offene Verfahren ist in ihrem Geltungsbereich gar nicht vorgesehen. Konsequenterweise ist daher eine Umsetzung der EU-Vorgaben für die Versendung der Vergabeunterlagen in Art 39 VKR unterblieben.

44 Für das **Verhandlungsverfahren** enthält die VOF keine ausdrückliche Regelung, wann der Auftraggeber die Vergabeunterlagen zu versenden hat. Nach dem im Vergaberecht nach § 97 Abs. 2 GWB zu beachtenden Gleichbehandlungsgrundsatz, den § 2

---

[3] OLG Düsseldorf Beschl. v. 21.12.2005, Verg 75/05.
[4] *Planker* in Kapellmann/Messerschmidt, § 12a VOB/A Rn. 16; *Rechten* in Kulartz/Marx/Porz/Prieß, § 12a VOB/A Rn. 54.
[5] *Kuhn* VergabeR 2012, 21; vgl. in diesem Sinne auch VK Sachsen Beschl. v. 19.4.2012, 1/SKV/009–12.
[6] *Horn* in Müller-Wrede § 12 VOL/A, Rn. 27.

Abs. 2 VOF wiederholt, kann die Versendung jedoch nur so erfolgen, dass der Auftraggeber sie an alle von ihm ausgewählten Bewerber am gleichen Tag versendet[7].

4. VOL/A

a) Offenes Verfahren. Nach § 15 EG Abs. 11 lit. a) VOL/A sind im offenen Verfahren die Vergabeunterlagen an alle Unternehmen zu übermitteln, die sie anfordern. 45

In der VOL/A wurde die Vorgabe des Art. 39 VKR unverändert umgesetzt. Nach § 12 EG Abs. 7 VOL/A müssen Auftraggeber die Vergabeunterlagen innerhalb von sechs Tagen nach Eingang des Antrags an die Unternehmen absenden, sofern sie die Vergabeunterlagen und alle zusätzlichen Unterlagen nicht auf elektronischem Weg frei, direkt und vollständig verfügbar gemacht haben. 46

Eine darüber hinausgehende Beschleunigung der Versendung sieht die VOL/A, anders als die VOB/A in § 12 EG Abs. 4 Nr. 1 VOB/A, nicht vor. 47

Wie bei Vergaben nach der VOB/A stellt sich auch bei der VOL/A die Frage, ob der Auftraggeber zwingend **einen spätestmöglichen Termin** für die Abforderung der Vergabeunterlagen festlegen muss und wie lange ein solcher Termin vor Ablauf der Angebotsfrist liegen muss. 48

Oben in Rn. 37 wird ausführlich begründet, dass eine solche Verpflichtung des Auftraggebers nicht besteht und dass der Auftraggeber nicht einen zeitlichen Mindestabstand zum Ablauf der Angebotsfrist einhalten muss. 49

b) Nicht offenes Verfahren/Verhandlungsverfahren/wettbewerblicher Dialog

Im nicht offenen Verfahren und im Verhandlungsverfahren mit Teilnahmewettbewerb sind die Vergabeunterlagen nach § 15 EG Abs. 11 lit. b) VOL/A an die Unternehmen zu übermitteln, die einen Teilnahmeantrag gestellt haben, geeignet sind und vom Auftraggeber ausgewählt wurden. Beim Verhandlungsverfahren ohne Teilnahmewettbewerb sind die Unterlagen an die vom Auftraggeber ausgewählten Unternehmen zu übermitteln, § 15 EG Abs. 11 lit. c) VOL/A. 50

Die VOL/A enthält keine ausdrückliche Regelung, wann der Auftraggeber beim nicht offenen Verfahren, beim Verhandlungsverfahren und beim wettbewerblichen Dialog die Vergabeunterlagen an die Bewerber zu senden hat. 51

Nach dem Gleichbehandlungsgrundsatz aus § 97 Abs. 2 GWB, den § 2 EG Abs. 1 Satz 2 VOL/A wiederholt, sind die Unterlagen **an alle Bewerber am gleichen Tag** zu versenden[8]. 52

5. Dokumentation

a) Zeitpunkt des Versands

Um die Einhaltung seiner Pflichten zur fristgerechten bzw. an alle Bewerber am gleichen Tag erfolgten Absendung nachweisen zu können, muss der Auftraggeber jeweils den **Zeitpunkt der Versendung** dokumentieren. 53

Dies muss in einer Weise erfolgen, die in einem Nachprüfungsverfahren nachvollzogen werden kann. Insofern bietet es sich an, auf die Grundsätze für die Dokumentation des Zeitpunktes des Eingangs eines Angebotes zurückzugreifen. 54

Der Auftraggeber muss also dokumentieren, **welcher Mitarbeiter** die an einen bestimmten Unternehmer gerichteten Vergabeunterlagen an die Poststelle gegeben hat. Hierzu muss es einen mit **Namenszug** versehenen Versand- bzw. Übergabebeleg geben, aus dem der Aussteller hervorgeht. 55

---

[7] So allgemein zum Informationsstand *Leinemann*, Rn. 1215.
[8] *Roth* in Müller-Wrede, § 2 EG VOL/A Rn. 42.

C. Kostenerstattung für die Versendung

56 Das Verlangen einer Kostenerstattung für die Vergabeunterlagen lassen VOB/A und VOL/A nur für **öffentliche Ausschreibungen bzw. offene Verfahren** zu. Diese Differenzierung beruht nicht zuletzt darauf, dass der Auftraggeber bei diesen Verfahren keinerlei Einfluss darauf hat, welche und wie viele Unternehmen die Unterlagen anfordern. Auch ist in keiner Weise absehbar, wie viele der anfordernden Unternehmen dann tatsächlich ein Angebot abgeben.

57 Sucht der Auftraggeber, ob mit oder ohne Teilnahmewettbewerb, hingegen eine geringe Anzahl von Bietern aus, so halten sich zum einen die Kosten für Vervielfältigung und Versendung in Grenzen, zum anderen ist damit zu rechnen, dass diese Unternehmen auch tatsächlich ein Angebot einreichen, da sie sich vergleichsweise gute Chancen auf die Auftragserteilung ausrechnen können.

I. Versendung erst nach Zahlung

58 Die Vergabeordnungen sehen bei öffentlichen Ausschreibungen bzw. offenen Verfahren vor, dass der Auftraggeber von den Bewerbern eine Kostenerstattung verlangen kann. Diese Kostenerstattung müssen die Bewerber **vor Anforderung der Unterlagen** bezahlen, die Zahlung ist dem Auftraggeber nachzuweisen. Der Auftraggeber kann die Versendung der Vergabeunterlagen **davon abhängig machen**, dass die Zahlung auch tatsächlich erfolgt ist[9].

59 In den Formularen für die Auftragsbekanntmachung für Aufträgen mit Auftragswerten oberhalb der EU-Schwellenwerte ist unter „IV.3.3) Bedingungen für den Erhalt von Ausschreibungs- und ergänzenden Unterlagen bzw. der Beschreibung" die Möglichkeit eröffnet anzugeben, ob die Unterlagen kostenpflichtig sind oder nicht. Sind die Unterlagen kostenpflichtig, sind der Preis und die Währung anzugeben, außerdem sind Angaben zu Zahlungsbedingungen und -weise zu machen. Als Minimum sind die Möglichkeiten der Zahlung zu benennen, also in der Regel IBAN, Konto-Inhaber und BIC.

60 Über diese Angaben im Formular hinaus enthält die Verabekoordinierungsrichtlinie keine Vorgabe hinsichtlich einer Kostenerstattung durch die Bewerber.

61 Der Auftraggeber sollte **hier eindeutige Angaben** darüber machen, ob er die Versendung der Unterlagen von der vorherigen Einzahlung abhängig macht oder nicht. Wie bei fast allen Angaben im Vergabeverfahren gehen nicht eindeutige Angaben zu Lasten des Auftraggebers.

II. VOB/A

1. Möglichkeit der Kostenerstattung

62 Nach den im Unter- und Oberschwellenbereich inhaltlich gleichen Regeln darf der Auftraggeber bei öffentlicher Ausschreibung bzw. offenen Verfahren eine Erstattung für die **Kosten der Vervielfältigung** der Leistungsbeschreibung und der anderen Unterlagen sowie für die **Kosten der postalischen Versendung** verlangen.

63 Bei Unterschwellenvergaben ist der Betrag nach § 12 Abs. 1 Nr. 2 lit. l) VOB/A nebst Kontoverbindung bekanntzugeben.

64 Nach Art. 40 Abs. 3 VKR darf der Auftraggeber dann, wenn eine andere Einrichtung als der für das Vergabeverfahren zuständige öffentliche Auftraggeber die Vergabeunter-

---

[9] Ohne weiteres für zulässig gehalten z.B. in OLG Düsseldorf Beschl. v. 21.12.2005, Verg 75/05; ebenso *Franzius* in Pünder/Schellenberg, § 8 VOB/A, Rn. 56.

lagen, oder die zusätzlichen Unterlagen bereithält, eine Erstattung der anfallenden Kosten verlangen. Allerdings betrifft Art. 40 VKR nur nicht offene Verfahren, Verhandlungsverfahren und wettbewerbliche Dialoge. Es spricht jedoch nichts dagegen, diese Möglichkeit auch bei offenen Verfahren vorzusehen.

Bei Oberschwellenvergaben ist die Anforderung von Kosten in den Formularen für die Auftragsbekanntmachung unter „IV.3.3) Bedingungen für den Erhalt von Ausschreibungs- und ergänzenden Unterlagen bzw. der Beschreibung" anzugeben. Weiter sind der Preis und die Währung anzugeben, außerdem muss der Auftraggeber Angaben zu Zahlungsbedingungen und –weise machen. Hier ist auch bekanntzumachen, ob der Auftraggeber die Versendung der Unterlagen von einer vorherigen Zahlung abhängig macht. Der insoweit heranzuziehende Art. 40 Abs. 3 VKR sieht vor, dass den Bewerbern die Unterlagen **unverzüglich nach Anforderung** (also ohne ein Zuwarten auf die Gutschrift oder die interne Verbuchung der Zahlung) zuzusenden sind, allerdings enthält Art. 40 VKR Vorgaben nur für nicht offene Verfahren, Verhandlungsverfahren und wettbewerbliche Dialoge, so dass eine andere Regelung für offene Verfahren zulässig ist. 65

Der Auftraggeber kann von dieser Möglichkeit Gebrauch machen, muss es aber nicht. Stehen also z.B. die erwarteten Kosten und der mit der Buchung etc. zusammenhängende Aufwand nicht in einem wirtschaftlichen Verhältnis, kann der Auftraggeber auf die Geltendmachung der Kostenerstattung **verzichten.** 66

Auch die **Kosten einer elektronischen Vervielfältigung** kann der Auftraggeber – anders als die Kosten der elektronischen Versendung – erstattet verlangen. Allerdings dürfte sich dies im Kern auf das Kopieren von DVD und CD beschränken. Das Vorhalten von Daten auf einer elektronischen Vergabeplattform dürfte hingegen weder eine Vervielfältigung noch einen (sowieso nicht erstattungsfähigen) Versand darstellen. 67

2. Höhe der Kostenerstattung

Die vom Auftraggeber zu verlangende Kostenerstattung bezieht bei der VOB/A sowohl die Kosten der Vervielfältigung als auch die der postalischen Versendung ein. 68

Die Kosten der postalischen Versendung können bei umfangreichen Vergabeunterlagen mit einer großen Anzahl von Plänen etc. erheblich sein. Dies unterscheidet das typische große Bauvorhaben von wohl den allermeisten Vergaben von Liefer- und Dienstleistungen. Daher sieht die VOB/A anders als die VOL/A auch insoweit eine Kostenerstattung vor. 69

Erstattungsfähig sind die Kosten für die Vervielfältigung der gesamten Vergabeunterlagen. Teilweise wird eine Erstattungsfähigkeit für die Vervielfältigung des Bieteranschreibens und der Bewerbungsbedingungen verneint, weil in § 8 Abs. 7 Nr. 1 VOB/A von der Leistungsbeschreibung und „anderen Unterlagen" gesprochen wird. Diese „anderen Unterlagen" sollen (nur) die zusätzlichen Unterlagen i.S.d. § 12 Abs. 1 Nr. 2 lit. k) VOB/A sein[10]. Diese Auffassung übersieht, dass der Begriff der Unterlagen in der VOB/A z.B. in § 6 Abs. 2 Nr. 1 VOB/A für **die gesamten Vergabeunterlagen** verwendet wird, der Begriff der „anderen Unterlagen" hingegen nirgends sonst. Auch in § 8 Abs. 7 Nr. 2 VOB/A heißt es, dass „alle Unterlagen" unentgeltlich abzugeben sind. In § 8 Abs. 7 Nr. 1 VOB/A wird die Leistungsbeschreibung aufgrund ihres Umfanges besonders angesprochen. 70

Lässt der Auftraggeber die Vervielfältigung von einem Dritten vornehmen, so sind die Kosten für diesen Auftrag vollständig erstattungsfähig. 71

Erstellt **der Auftraggeber selber** die Vervielfältigungen, kann er für die Erstattung die Selbstkosten heranziehen. Dies sind alle Kosten, die sich der Erstellung der Vervielfältigung zuordnen lassen, also Papierkosten, aber auch anteilige Kosten für Toner, Anschaffung von Vervielfältigungsgeräten, Personal etc. 72

---

[10] *Von Rintelen* in Kapellmann/Messerschmidt, § 8 VOB/A Rn. 88.

73 Die Kosten für den Versand umfassen insbesondere Verpackung und Porto.
74 Umsatzsteuer kann der Auftraggeber jeweils zu den Kosten hinzurechnen, sofern er nicht vorsteuerabzugsberechtigt ist.

III. VOL/A

75 In § 8 Abs. 2 VOL/A und § 9 EG Abs. 3 VOL/A ist vorgesehen, dass der Auftraggeber bei öffentlichen Ausschreibungen bzw. offenen Verfahren bei direkter oder postalischer Übermittlung für die **Vervielfältigung der Vergabeunterlagen** Kostenersatz fordern darf.
76 Die Höhe des Kostenersatzes ist nach § 8 Abs. 2 VOL/A bei Unterschwellenvergaben in der Bekanntmachung anzugeben.
77 Bei Oberschwellenvergaben ist die Anforderung von Kosten in den Formularen für die Auftragsbekanntmachung unter „IV.3.3) Bedingungen für den Erhalt von Ausschreibungs- und ergänzenden Unterlagen bzw. der Beschreibung" anzugeben. Weiter sind der Preis und die Währung anzugeben, außerdem muss der Auftraggeber Angaben zu Zahlungsbedingungen und –weise machen. Hier ist auch bekanntzumachen, ob der Auftraggeber die Versendung der Unterlagen von einer vorherigen Zahlung abhängig macht.
78 Die Regelung unterscheidet sich in Details von der in der VOB/A vorgesehenen.
79 Die Möglichkeit der Kostenerstattung ist auf die Fälle beschränkt, dass die Unterlagen direkt oder postalisch übermittelt werden.
80 Anders als bei der VOB/A kann der Auftraggeber bei der VOL/A die Kosten der Versendung nicht erstattet verlangen.
81 Die Höhe der **erstattungsfähigen Kosten** ist wie bei der VOB/A zu bemessen, insofern wird auf die Darstellung oben verwiesen.

IV. VOF

82 Die VOF sieht **bei Vergabeverfahren keine Kostenerstattung** vor, weder für die Vervielfältigung noch für die Versandkosten. Dies ist in § 13 Abs. 1 Satz 1 VOF ausdrücklich geregelt.
83 Nach § 13 Abs. 1 Satz 2 VOF dürfen vom Auftraggeber bei **Wettbewerben** nach Kapitel 2 bei postalischer oder direkter Versendung Kopierkosten erhoben werden.
84 Wie bei VOL/A und VOB/A beschränkt sich diese Möglichkeit auf die Fälle, in denen Unterlagen direkt oder postalisch versendet werden, die digitale Versendung ist also nicht abgedeckt. Kosten der Versendung dürfen, insoweit vergleichbar mit der VOL/A, hingegen nicht erhoben werden.
85 Zur Höhe der erstattungsfähigen Kosten kann auf die Darlegung zur VOB/A verwiesen werden, da der Begriff der Kopierkosten identisch mit dem Begriff der Kosten der Vervielfältigung ist.

D. Rechtsfolgen verspäteter Versendung

86 Art 38 Abs. 7 VKR sieht vor, dass für den Fall, dass, aus welchem Grund auch immer, die Vergabeunterlagen obwohl sie rechtzeitig angefordert wurden, nicht innerhalb der vorgegebenen Fristen zugesandt wurden, die Fristen vom Auftraggeber entsprechend zu verlängern sind.
87 Daher muss der Auftraggeber auch nach deutschem Recht die Angebotsfrist verlängern, wenn sie wegen einer von ihm gesetzten Ursache sonst für einige Bieter verkürzt würde. Letztlich beruht die Verpflichtung des Auftraggebers jedoch auf allgemeinen Grundsätzen, so z. B. der Gleichbehandlung der Bieter und der Gewährung eines fairen

Wettbewerbs. Anders ist es, wenn der Bieter selber die Verantwortung für den verspäteten Erhalt trägt. Zum einen trägt der Bieter das Risiko, dass die Unterlagen auf dem Postweg verlorengehen, zum anderen muss er z. B. eine geeignete Adresse angeben.[11]

E. Sektorenbereich

I. Fristen für die Versendung der Vergabeunterlagen

1. Vorgaben

§ 19 SektVO sieht in Abs. 1 vor, dass der Auftraggeber die Vergabeunterlagen und alle zusätzlichen Unterlagen **unverzüglich**, jedoch spätestens am sechsten Kalendertag nach Eingang eines entsprechenden Antrags an die Unternehmen zu senden hat, sofern dieser Antrag rechtzeitig innerhalb der Eingangsfrist für Angebote eingegangen war. 88

Dies kann sich nur auf das **offene Verfahren** beziehen, da nur dieses einen solchen Antrag ohne nachfolgende Eignungsprüfung und Bieterauswahl vorsieht. Jedenfalls beruht diese Regelung ersichtlich auf Art. 46 Abs. 1 SKR, der ausdrücklich nur für offene Verfahren gilt. 89

Eine Frist für die Anforderung der Unterlagen sieht § 19 Abs. 1 SektVO nicht vor, sondern verlangt nur, dass der Antrag „**rechtzeitig innerhalb der Eingangsfrist für Angebote**" eingegangen ist. Dies könnte so verstanden werden, dass der Antrag sowohl „rechtzeitig" als auch „innerhalb der Eingangsfrist" eingegangen sein muss. Damit kann aber allenfalls gemeint sein, dass der Antrag so rechtzeitig eintreffen muss, dass für den Auftraggeber überhaupt die Möglichkeit besteht, die Vergabeunterlagen versandfertig zu machen und dem Bewerber zuzusenden. Entscheidend kommt es auf die Einhaltung der Angebotsfrist und einen für den Auftraggeber ausreichenden Zeitraum davor an. Eine Festsetzung der Frist zur Abforderung der Unterlagen sieht die SektVO nicht vor und wäre nach dieser Regelung wohl auch nicht konform mit den EU-Vorgaben und ihrer Umsetzung in der SektVO. 90

Wie bei der VOB/A enthält die SektVO mit der Forderungen nach einer unverzüglichen Versendung eine Verschärfung gegenüber der europarechtlichen Vorgabe, hier in der Sektorenkoordinierungsrichtlinie, die in Art 46 Abs. 1 SKR nur das Einhalten der 6-Tages-Frist fordert. 91

Für Bemessung der Unverzüglichkeit kann oben auf die Ausführungen zur VOB/A verwiesen werden. 92

Für **nicht offene und Verhandlungsverfahren** enthält die SektVO keine Vorgaben hinsichtlich der Versendung der Vergabeunterlagen. Nach dem allgemeinen Grundsatz der Gleichbehandlung muss die Versendung bei diesen Verfahren an alle Bieter am gleichen Tag erfolgen. 93

2. Verlängerung

Für den Fall, dass der Auftraggeber die Vergabeunterlagen und die zusätzlichen Unterlagen nicht innerhalb der Frist der §§ 18, 19 SektVO versendet oder wenn die Angebote nur nach einer Ortsbesichtigung oder Einsichtnahme in Anlagen zu den Vergabeunterlagen vor Ort erstellt werden können, sieht § 17 Abs. 4 SektVO vor, dass der Auftraggeber die jeweilige Frist angemessen verlängern muss. 94

Diese Verpflichtung zur Fristverlängerung gilt dann nicht, wenn die Frist im gegenseitigen Einvernehmen festgelegt worden ist. Allerdings sollten Auftraggeber immer prüfen, ob sie mit zu kurzen Fristen nicht den in ihrem eigenen Interesse stehenden Wettbewerb über die Maßen behindern. 95

---

[11] OLG Karlsruhe Beschl. v. 2.10.2009, Verg 4/09.

96 Grundlage ist für offene Verfahren Art. 46 Abs. 2 SKR.

II. Kostenerstattung

97 Die Möglichkeit des Auftraggebers, von den Bewerbern eine Kostenerstattung zu verlangen, ist in der SektVO **weder ausdrücklich vorgesehen noch ausdrücklich ausgeschlossen.** Nach Art. 47 Abs. 2 SKR muss der Auftraggeber den Betrag, der für den Erhalt der Unterlagen zu entrichten ist, dann angeben, wenn eine andere Einrichtung als der für das Vergabeverfahren zuständige Auftraggeber die Vergabeunterlagen bereithält. Dementsprechend findet sich in dem nach den EU-Vorgaben zu verwendenden Formular für die Auftragsbekanntmachung unter „IV.3.3) Bedingungen für den Erhalt von Ausschreibungs- und ergänzenden Unterlagen" die Möglichkeit, diese als kostenpflichtig zu bezeichnen sowie Preis, Währung und Zahlungsbedingungen und -weise anzugeben. In § 25 Abs. 4 Nr. 2 SektVO wird dies etwas verklausuliert angesprochen, wenn vom Auftraggeber gefordert wird, in der Aufforderung zu Angebotsabgabe die Bedingungen für die Anforderung der Unterlagen aufzunehmen.

98 Allerdings bezieht sich Art. 47 SKR nach Abs. 1 Satz 1 auf nicht offene Verfahren und Verhandlungsverfahren. Es gibt aber überhaupt keinen Ansatzpunkt dafür, wieso ein Sektorenauftraggeber nach der SektVO – anders als die klassischen öffentlichen Auftraggeber nach VOL/A, VOB/A und VOF – **in offenen Verfahren** keine Erstattung der ihm entstandenen Kosten verlangen dürfte. Ganz im Gegenteil spricht die privatwirtschaftlich und bei den meisten SektVO auch zwingend gewinnorientierte Ausrichtung dagegen, ihnen die Möglichkeit einer Kostenerstattung zu nehmen oder auf bestimmte Verfahrensarten zu beschränken. Gerade bei offenen Verfahren können dem Sektorenauftraggeber ganz erhebliche Kosten durch die Vervielfältigung und den Versand der Vergabeunterlagen entstehen, aufgrund der theoretisch unbegrenzten Bewerberzahl sogar deutlich höher als im nicht offenen und Verhandlungsverfahren. Die bis 2009 für bestimmte Sektorenauftraggeber geltenden **3. Abschnitte von VOL/A und VOB/A** sahen gerade für offene Verfahren die Kostenerstattung auch ausdrücklich so vor, vgl. § 20 Nr. 1 Abs. 1 VOB/A 2006. Dies spricht nach einem erst-recht-Schluss maßgeblich dafür, den Sektorenauftraggebern bei allen Vergabeverfahren die Forderung einer Kostenerstattung zu erlauben[12].

99 Der Höhe nach ist keine Begrenzung auf Vervielfältigungskosten ohne Erstattung von Versandkosten ersichtlich oder nachvollziehbar. Nach dem Rechtsgedanken der in der VOB/A 2006 geltenden Regelung ist die Kostenerstattung auf die tatsächlich entstandenen Kosten für Vervielfältigung und Versand zu beschränken.

F. Bereich Verteidigung und Sicherheit

I. VSVgV

100 Die VSVgV sieht aufgrund der Eigenart der von ihr umfassten Leistungen nicht die Vergabe in offenen Verfahren vor. **Regelverfahren** sind nach § 11 Abs. 1 VSVgV das nicht offene Verfahren und das Verhandlungsverfahren.

101 Bei diesen Verfahren sucht der Auftraggeber die Bieter aus, die er zur Abgabe eines Angebotes auffordert, § 22 Abs. 5 VSVgV.

102 Die VSVgV differenziert hinsichtlich der Übersendung der Vergabeunterlagen an die derart ausgesuchten Bieter danach, ob der Auftraggeber selber oder eine andere Stelle die Vergabeunterlagen bereithalten.

---

[12] Offengelassen bei *Reichling* in Müller-Wrede, § 25 SektVO Rn. 8.

Eine ausdrückliche Regelung ist für den Fall vorgesehen, dass **eine andere Stelle** als 103
der Auftraggeber die Vergabeunterlagen bereithält. Bei dieser Stelle müssen die Bewerber
dann die Unterlagen anfordern. Nach § 19 Abs. 3 VSVgV gibt der Auftraggeber in der
Aufforderung zur Abgabe eines Angebotes diese Stelle an. Weiter gibt er den Zeitraum
an, bis zu dem diese Unterlagen angefordert werden können und den Betrag, der für den
Erhalt der Unterlagen zu entrichten ist, nebst den Zahlungsbedingungen.

Nach § 29 Abs. 3 Satz 3 VSVgV erhalten die Unternehmen „die Unterlagen **unver-** 104
züglich nach Zugang der Anforderung". Dies unterscheidet sich deutlich von der europarechtlichen Vorgabe in Art. 34 Abs. 3 Satz 2 RL 2009/81. Danach schicken die zuständigen Stellen diese Unterlagen den Wirtschaftsteilnehmern nach Erhalt der Anfrage
unverzüglich zu. Diese Formulierung beschreibt deutlicher als die deutsche Umsetzung,
welche Pflicht der Auftraggeber bzw. die von ihm beauftragte Stelle hat. Entscheidend ist
das unverzügliche Versenden an die Bewerber. Wann diese die Unterlagen erhalten und
ob dies unverzüglich ist, hängt auch von den Möglichkeiten der Versendung ab und das
Risiko, dass es hierbei zu einer schuldhaften Verzögerung durch das mit der Versendung
beauftragten Unternehmen kommt, ist nach der RL 2009/81 wie im gesamten Vergaberecht dem Bewerber zugewiesen.

Weil sowohl die VSVgV als auch die RL 2009/81 ausschließlich auf den Eingang der 105
Aufforderung des Bewerbers bei der beauftragten Stelle abstellen, erscheint es auf den ersten Blick unzulässig, die Versendung von dem Eingang des verlangten Betrages abhängig zu machen. Hierfür spricht auch, dass die Bewerber zu diesem Zeitpunkt ja bereits ausgesucht sind und die Angebotsfrist läuft. Ein Warten auf den Zahlungseingang, die Verbuchung und die interne Mitteilung der Verbuchung würde zu erheblichen Verzögerungen
führen. Außerdem geht es, weil der Auftraggeber nur eine beschränkte Zahl von Unternehmen auffordert, nur um eine geringe Anzahl an Vergabeunterlagen. Für die hierfür
entstehenden Kosten trägt der Auftraggeber das Ausfallrisiko, wenn er die Unterlagen vor
Gutschrift, Verbuchung etc. versendet.

Für den Fall, dass der Auftraggeber die Unterlagen selber bereitstellt, enthält die 106
VSVgV wie die RL 2009/81 weder eine Regelung **wann** die Vergabeunterlagen zu versenden sind noch etwas zur **Kostenerstattung**.

Hält der Auftraggeber die Vergabeunterlagen selber vor, spricht der allgemeine Grund- 107
satz der Gleichbehandlung der Bewerber dafür, dass der Auftraggeber die Vergabeunterlagen bereits mit der Aufforderung zur Abgabe eines Angebotes versendet, und zwar **an
alle ausgesuchten Bewerber am gleichen Tag.**

Es spricht nichts dagegen, dass der Auftraggeber auch für die derart versandten Unter- 108
lagen eine **Kostenerstattung** verlangt, da es letztlich zufällig ist, wo die Unterlagen bereit liegen, ob beim Auftraggeber oder bei einem Dritten. Allerdings darf der Auftraggeber auch in diesem Fall die Versendung nicht von der vorherigen Zahlung des dafür
verlangten Betrages abhängig machen. Hierfür spricht, dass in dem Formular zur Bekanntmachung eines Auftrages unter „IV.3.3) Bedingungen für den Erhalt von Ausschreibungs- und ergänzenden Unterlagen bzw. der Beschreibung" auch für Vergaben im Bereich von Verteidigung und Sicherheit die Möglichkeit besteht, die Kostenpflichtigkeit
der Unterlagen anzugeben.

II. VOB/A-VS

Die VOB/A-VS enthält in § 12 VS Abs. 4 Nr. 2 VOB/A die ausdrückliche Regelung, 109
dass die Vergabeunterlagen bei nicht offenen Verfahren sowie bei Verhandlungsverfahren
und wettbewerblichem Dialog **an alle ausgewählten Bewerber am selben Tag** abzusenden sind.

Die in § 12 VS Abs. 4 Nr. 1 VOB/A vorgesehene Regelung, dass die Vergabeunter- 110
lagen den Bewerbern unverzüglich in geeigneter Weise zu übermitteln, kann sich nur auf

das in der VOB/A-VS gar nicht vorgesehene offene Verfahren beziehen und hat daher letztlich keinen Anwendungsfall.

111 Eine **Kostenerstattung** für die Kosten der Vervielfältigung oder des Versandes spricht die VOB/A-VS nicht ausdrücklich an, also weder gestattend noch verbietend. Die Vorschrift des § 29 VSVgV ist in § 2 Abs. 2 VSVgV bei den für die Vergabe von Bauleistungen geltenden Vorschriften nicht ausdrücklich angesprochen.

112 Dies lässt jedoch für sich genommen keinen Rückschluss darauf zu, ob eine solche Kostenerstattung der VOB/A-VS unzulässig sein soll oder nicht. Im 1. und 2. Abschnitt ist für die entsprechenden Verfahren die Erstattung ausdrücklich ausgeschlossen. Auch sehen die europarechtlichen Vorgaben insoweit anders aus. Letztlich erscheint es daher zulässig, unter Rückgriff auf Art. 34 RL 2009/81 dem Auftraggeber die Möglichkeit einer Kostenerstattung zuzugestehen.

§ 23 Fristen

Übersicht

	Rn.
A. Einleitung	1–3
B. Grundlagen der Fristberechnung	4–16
I. Abgrenzung Tag – Kalendertag – Werktag – Arbeitstag	4–8
II. Beginn und Ende von Fristen	9–16
C. VOB/A Unterschwellenbereich	17–48
I. Öffentliche Ausschreibung	18–40
II. Freihändige Vergabe	41, 42
III. Beschränkte Ausschreibung	43–48
D. VOB/A Oberschwellenbereich	49–98
I. Offenes Verfahren	52–72
II. Nicht offenes Verfahren	73–88
III. Verhandlungsverfahren	89–95
IV. Wettbewerblicher Dialog	96–98
E. VOL/A Unterschwellenbereich	99–101
F. VOL/A Oberschwellenbereich	102–134
I. Offenes Verfahren	105–114
II. Nicht offenes Verfahren	115–127
III. Verhandlungsverfahren	128–131
IV. Wettbewerblicher Dialog	132–134
G. Fristen nach VOF	135–141
I. Vergabeverfahren	135–139
II. Wettbewerbe	140, 141
H. Fristen im Sektorenbereich	142–164
I. Europarechtliche Grundlagen	142–144
II. Vorgaben der SektVO	145–164
I. Fristen im Verteidigungs- und Sicherheitsbereich	165–196
I. VSVgV	165–179
II. VOB/A-VS	180–196

VOB/A: § 10
VOB/A EG: §§ 10
VOB/A VS: § 11
VOL/A: § 10
VOL/A EG: § 12
VOF: §§ 7, 15 Abs. 5
SektVO: § 17
VSVgV: § 20

VOB/A:

§ 10 VOB/A Fristen

(1) Für die Bearbeitung und Einreichung der Angebote ist eine ausreichende Angebotsfrist vorzusehen, auch bei Dringlichkeit nicht unter 10 Kalendertagen. Dabei ist insbesondere der zusätzliche Aufwand für die Besichtigung von Baustellen oder die Beschaffung von Unterlagen für die Angebotsbearbeitung zu berücksichtigen.

(2) Die Angebotsfrist läuft ab, sobald im Eröffnungstermin der Verhandlungsleiter mit der Öffnung der Angebote beginnt.

(3) Bis zum Ablauf der Angebotsfrist können Angebote in Textform zurückgezogen werden.

(4) Für die Einreichung von Teilnahmeanträgen bei Beschränkter Ausschreibung nach Öffentlichem Teilnahmewettbewerb ist eine ausreichende Bewerbungsfrist vorzusehen.

(5) Die Zuschlagsfrist beginnt mit dem Eröffnungstermin.

(6) Die Zuschlagsfrist soll so kurz wie möglich und nicht länger bemessen werden, als der Auftraggeber für eine zügige Prüfung und Wertung der Angebote (§ 16) benötigt. Eine längere Zuschlagsfrist als 30 Kalendertage soll nur in begründeten Fällen festgelegt werden. Das Ende der Zuschlagsfrist ist durch Angabe des Kalendertages zu bezeichnen.

(7) Es ist vorzusehen, dass der Bieter bis zum Ablauf der Zuschlagsfrist an sein Angebot gebunden ist.

(8) Die Absätze 5 bis 7 gelten bei Freihändiger Vergabe entsprechend.

VOB/A EG:

§ 10 EG VOB/A Fristen

Fristen im offenen Verfahren

(1)
1. Beim offenen Verfahren beträgt die Frist für den Eingang der Angebote (Angebotsfrist) mindestens 52 Kalendertage, gerechnet vom Tag nach Absendung der Bekanntmachung.

2. Die Angebotsfrist kann auf 36 Kalendertage, gerechnet vom Tag nach Absendung der Bekanntmachung verkürzt werden; sie darf 22 Kalendertage nicht unterschreiten. Voraussetzung dafür ist, dass eine Vorinformation nach dem vorgeschriebenen Muster gemäß § 12 EG Absatz 1 Nummer 3 mindestens 52 Kalendertage, höchstens aber 12 Monate vor Absendung der Bekanntmachung des Auftrages an das Amt für Veröffentlichungen der Europäischen Union abgesandt wurde. Diese Vorinformation muss mindestens die im Muster einer Bekanntmachung nach § 12 EG Absatz 2 Nummer 2 für das offene Verfahren geforderten Angaben enthalten, soweit diese Informationen zum Zeitpunkt der Absendung der Vorinformation vorlagen.

3. Bei Bekanntmachungen, die über das Internetportal des Amtes für Veröffentlichungen der Europäischen Union auf elektronischem Weg erstellt und übermittelt werden (elektronische Bekanntmachung), können die in den Nummern 1 und 2 genannten Angebotsfristen um sieben Kalendertage verkürzt werden.

4. Die Angebotsfrist kann um weitere fünf Kalendertage verkürzt werden, wenn ab der Veröffentlichung der Bekanntmachung die Vertragsunterlagen und alle zusätzlichen Unterlagen auf elektronischem Weg frei zugänglich, direkt und vollständig zur Verfügung gestellt werden; in der Bekanntmachung ist die Internetadresse anzugeben, unter der diese Unterlagen abgerufen werden können.

5. Können die Vertragsunterlagen, die zusätzlichen Unterlagen oder die geforderten Auskünfte wegen ihres Umfangs nicht innerhalb der in § 12 EG Absatz 4 und 5 genannten Fristen zugesandt oder erteilt werden, sind die in den Nummern 1 und 2 vorgesehenen Fristen angemessen zu verlängern.

6. Die Fristen sind angemessen zu verlängern, wenn die Angebote nur nach einer Ortsbesichtigung oder Einsichtnahme in nicht übersandte Unterlagen erstellt werden können.

7. Die Angebotsfrist läuft ab, sobald im Eröffnungstermin der Verhandlungsleiter mit der Öffnung der Angebote beginnt.

8. Bis zum Ablauf der Angebotsfrist können Angebote in Textform zurückgezogen werden.

9. Die Zuschlagsfrist beginnt mit dem Eröffnungstermin.

10. Die Zuschlagsfrist soll so kurz wie möglich und nicht länger bemessen werden, als der Auftraggeber für eine zügige Prüfung und Wertung der Angebote (§ 16 EG) benötigt. Eine längere Zuschlagsfrist als 30 Kalendertage soll nur in begründeten Fällen festgelegt werden. Das Ende der Zuschlagsfrist ist durch Angabe des Kalendertages zu bezeichnen.

11. Es ist vorzusehen, dass der Bieter bis zum Ablauf der Zuschlagsfrist an sein Angebot gebunden ist.

Fristen im nicht offenen Verfahren

(2)
1. Beim nicht offenen Verfahren beträgt die Frist für den Eingang der Anträge auf Teilnahme (Bewerbungsfrist) mindestens 37 Kalendertage, gerechnet vom Tag nach Absendung der Bekanntmachung.
2. Die Bewerbungsfrist kann bei elektronischen Bekanntmachungen gemäß Absatz 1 Nummer 3 um sieben Kalendertage verkürzt werden.
3. Die Angebotsfrist beträgt mindestens 40 Kalendertage, gerechnet vom Tag nach Absendung der Aufforderung zur Angebotsabgabe.
4. Die Angebotsfrist kann auf 36 Kalendertage, gerechnet vom Tag nach Absendung der Bekanntmachung, verkürzt werden; sie darf 22 Kalendertage nicht unterschreiten. Voraussetzung dafür ist, dass eine Vorinformation nach dem vorgeschriebenen Muster gemäß § 12 EG Absatz 1 Nummer 3 mindestens 52 Kalendertage, höchstens aber 12 Monate vor Absendung der Bekanntmachung des Auftrages an das Amt für Veröffentlichungen der Europäischen Union abgesandt wurde. Diese Vorinformation muss mindestens die im Muster einer Bekanntmachung nach § 12 EG Absatz 2 Nummer 2 für das nicht offene Verfahren geforderten Angaben enthalten, soweit diese Informationen zum Zeitpunkt der Absendung der Vorinformation vorlagen.
5. Die Angebotsfrist kann um weitere fünf Kalendertage verkürzt werden, wenn ab der Veröffentlichung der Bekanntmachung die Vertragsunterlagen und alle zusätzlichen Unterlagen auf elektronischem Weg frei zugänglich, direkt und vollständig zur Verfügung gestellt werden; in der Bekanntmachung ist die Internetadresse anzugeben, unter der diese Unterlagen abgerufen werden können.
6. Aus Gründen der Dringlichkeit kann

    a) die Bewerbungsfrist auf mindestens 15 Kalendertage oder mindestens zehn Kalendertage bei elektronischer Bekanntmachung gemäß Absatz 1 Nummer 4,

    b) die Angebotsfrist auf mindestens zehn Kalendertage

    verkürzt werden.
7. Die Fristen sind angemessen zu verlängern, wenn die Angebote nur nach einer Ortsbesichtigung oder Einsichtnahme in nicht übersandte Unterlagen erstellt werden können.
8. Die Angebotsfrist läuft ab, sobald im Eröffnungstermin der Verhandlungsleiter mit der Öffnung der Angebote beginnt.
9. Bis zum Ablauf der Angebotsfrist können Angebote in Textform zurückgezogen werden.
10. Die Zuschlagsfrist beginnt mit dem Eröffnungstermin.
11. Die Zuschlagsfrist soll so kurz wie möglich und nicht länger bemessen werden, als der Auftraggeber für eine zügige Prüfung und Wertung der Angebote (§ 16 EG) benötigt. Eine längere Zuschlagsfrist als 30 Kalendertage soll nur in begründeten Fällen festgelegt werden. Das Ende der Zuschlagsfrist ist durch Angabe des Kalendertages zu bezeichnen.
12. Es ist vorzusehen, dass der Bieter bis zum Ablauf der Zuschlagsfrist an sein Angebot gebunden ist.

Fristen im Verhandlungsverfahren

(3)
1. Beim Verhandlungsverfahren mit öffentlicher Vergabebekanntmachung ist entsprechend Absatz 2 Nummer 1, 2, 6a, 10 bis 12 zu verfahren.

2. Beim Verhandlungsverfahren ohne öffentliche Vergabebekanntmachung ist auch bei Dringlichkeit für die Bearbeitung und Einreichung der Angebote eine ausreichende Angebotsfrist nicht unter 10 Kalendertagen vorzusehen. Dabei ist insbesondere der zusätzliche Aufwand für die Besichtigung von Baustellen oder die Beschaffung von Unterlagen für die Angebotsbearbeitung zu berücksichtigen. Es ist entsprechend Absatz 2 Nummer 10 bis 12 zu verfahren.

Fristen im wettbewerblichen Dialog

(4) Beim wettbewerblichen Dialog ist entsprechend Absatz 2 Nummer 1, 2, 10 bis 12 zu verfahren

VOB/A VS:

§ 11 VS VOB/A Grundsätze der Informationsübermittlung

(1)
1. Die Auftraggeber geben in der Bekanntmachung oder den Vergabeunterlagen an, ob Informationen per Post, Telefax, direkt, elektronisch oder durch eine Kombination dieser Kommunikationsmittel übermittelt werden.

2. Das für die elektronische Übermittlung gewählte Netz muss allgemein verfügbar sein und darf den Zugang der Bewerber und Bieter zu den Vergabeverfahren nicht beschränken. Die dafür zu verwendenden Programme und ihre technischen Merkmale müssen allgemein zugänglich, mit allgemein verbreiteten Erzeugnissen der Informations- und Kommunikationstechnologie kompatibel und nicht diskriminierend sein.

3. Die Auftraggeber haben dafür Sorge zu tragen, dass den interessierten Unternehmen die Informationen über die Spezifikationen der Geräte, die für die elektronische Übermittlung der Anträge auf Teilnahme und der Angebote erforderlich sind, einschließlich Verschlüsselung zugänglich sind. Außerdem muss gewährleistet sein, dass die in Anhang I genannten Anforderungen erfüllt sind.

(2) Die Auftraggeber können im Internet ein Beschafferprofil einrichten, in dem allgemeine Informationen wie Kontaktstelle, Telefon- und Faxnummer, Postanschrift und E-Mailadresse sowie Angaben über Ausschreibungen, geplante und vergebene Aufträge oder aufgehobene Verfahren veröffentlicht werden können.

(3) Die Auftraggeber haben die Datenintegrität und die Vertraulichkeit der übermittelten Anträge auf Teilnahme am Vergabeverfahren auf geeignete Weise zu gewährleisten. Per Post oder direkt übermittelte Anträge sind
1. in einem verschlossenen Umschlag einzureichen,

2. als Anträge auf Teilnahme auf dem Umschlag zu kennzeichnen und

3. bis zum Ablauf der vorgesehenen Frist unter Verschluss zu halten.

Bei elektronisch übermittelten Teilnahmeanträgen sind Datenintegrität und Vertraulichkeit durch entsprechende organisatorische und technische Lösungen nach den Anforderungen des Auftraggebers und durch Verschlüsselung sicherzustellen. Die Verschlüsselung muss bis zum Ablauf der Frist, die für die Einreichung der Anträge bestimmt ist, aufrechterhalten bleiben.

(4) Anträge auf Teilnahme am Vergabeverfahren können auch per Telefax oder telefonisch gestellt werden, müssen dann aber vom Bewerber bis zum Ablauf der Frist für die Abgabe der Teilnahmeanträge durch Übermittlung per Post, direkt oder elektronisch bestätigt werden.

VOL/A:

§ 10 VOL/A Fristen

(1) Für die Bearbeitung und Abgabe der Teilnahmeanträge und der Angebote sowie für die Geltung der Angebote sind ausreichende Fristen (Teilnahme-, Angebots- und Bindefristen) vorzusehen.

(2) Bis zum Ablauf der Angebotsfrist können Angebote in allen für deren Einreichung vorgesehenen Formen zurückgezogen werden.

VOL/A EG:

§ 12 EG VOL/A Fristen

(1) Bei der Festsetzung der Fristen für den Eingang der Angebote und der Anträge auf Teilnahme berücksichtigen die Auftraggeber unbeschadet der nachstehend festgelegten Mindestfristen insbesondere die Komplexität des Auftrags und die Zeit, die für die Ausarbeitung der Angebote erforderlich ist. Die Auftraggeber bestimmen eine angemessene Frist, innerhalb der die Bieter an ihre Angebote gebunden sind (Bindefrist).

(2) Beim offenen Verfahren beträgt die Angebotsfrist mindestens 52 Tage, gerechnet vom Tage der Absendung der Bekanntmachung an.

(3) Diese Angebotsfrist kann verkürzt werden, wenn
a) die öffentlichen Auftraggeber eine Vorinformation gemäß § 15 EG Absatz 6 nach dem vorgeschriebenen Muster (Anhang I der Verordnung (EG) zur Einführung von Standardformularen für die Veröffentlichung von Vergabebekanntmachungen auf dem Gebiet der öffentlichen Aufträge in der jeweils geltenden Fassung) mindestens 52 Tage, höchstens aber 12 Monate vor dem Zeitpunkt der Absendung der Bekanntmachung des Auftrags im Offenen Verfahren nach § 15 EG Absatz 1 bis 4 im *Amtsblatt der Europäischen Gemeinschaften* oder in ihrem Beschafferprofil nach § 15 EG Absatz 5 veröffentlicht haben. Diese Vorinformation oder das Beschafferprofil muss mindestens ebenso viele Informationen wie das Muster einer Bekanntmachung für das offene Verfahren (Anhang II der in Satz 1 genannten Verordnung [EG]) enthalten, soweit diese Informationen zum Zeitpunkt der Veröffentlichung der Bekanntmachung für die Vorinformation vorlagen, und

b) die verkürzte Frist für die Interessenten ausreicht, um ordnungsgemäße Angebote einreichen zu können. Sie sollte in der Regel nicht weniger als 36 Tage vom Zeitpunkt der Absendung der Bekanntmachung des Auftrags an betragen; sie muss auf jeden Fall mindestens 22 Tage betragen.

(4) Beim nicht offenen Verfahren, wettbewerblichen Dialog und im Verhandlungsverfahren mit öffentlichem Teilnahmewettbewerb beträgt die von den Auftraggebern festzusetzende Frist für den Antrag auf Teilnahme mindestens 37 Tage ab dem Tag der Absendung der Bekanntmachung. In Fällen besonderer Dringlichkeit (beschleunigtes Verfahren) beim nicht offenen Verfahren und Verhandlungsverfahren mit öffentlichem Teilnahmewettbewerb beträgt diese Frist mindestens 15 Tage oder mindestens 10 Tage bei elektronischer Übermittlung, jeweils gerechnet vom Tag der Absendung der Bekanntmachung an.

(5) Die von den Auftraggebern festzusetzende Angebotsfrist beim nicht offenen Verfahren beträgt mindestens 40 Tage, gerechnet vom Tag der Absendung der Aufforderung zur Angebotsabgabe an. In Fällen besonderer Dringlichkeit beträgt die Frist mindestens 10 Tage, gerechnet vom Tage der Absendung der Aufforderung zur Angebotsabgabe an. Haben die Auftraggeber eine Vorinformation veröffentlicht, können sie die Frist für den Eingang der Angebote im Allgemeinen auf 36 Tage ab dem Tag der Absendung der Aufforderung zur Angebotsabgabe, jedoch keinesfalls weniger als 22 Tage festsetzen. Absatz 3 Buchstabe a gilt entsprechend.

(6) Bei elektronisch erstellten und übermittelten Bekanntmachungen können die Fristen nach Absatz 2 und 3 Buchstabe b und Absatz 4 Satz 1 um 7 Tage verkürzt werden. Machen die Auftraggeber die Vergabeunterlagen und alle zusätzliche Unterlagen elektronisch frei, direkt

und vollständig verfügbar, können sie die Frist für den Eingang der Angebote nach Absatz 2 und Absatz 5 Satz 1 um weitere 5 Tage verkürzen.

(7) Machen die Auftraggeber die Vergabeunterlagen und alle zusätzlichen Unterlagen nicht auf elektronischem Weg frei, direkt und vollständig verfügbar und sind die Vergabeunterlagen und die zusätzlichen Unterlagen rechtzeitig angefordert worden, so müssen die Auftraggeber die genannten Unterlagen innerhalb von 6 Tagen nach Eingang des Antrags an die Unternehmen absenden.

(8) Die Auftraggeber müssen rechtzeitig angeforderte zusätzliche Auskünfte über die Vergabeunterlagen und das Anschreiben spätestens 6 Tage, beim nicht offenen Verfahren oder beschleunigten Verhandlungsverfahren spätestens 4 Tage vor Ablauf der Angebotsfrist erteilen.

(9) Können die Angebote nur nach einer Ortsbesichtigung oder Einsichtnahme in nicht übersandte Vergabeunterlagen erstellt werden oder konnten die Fristen nach Absatz 7 oder 8 nicht eingehalten werden, so sind die Angebotsfristen entsprechend zu verlängern.

(10) Bis zum Ablauf der Angebotsfrist können Angebote in allen für deren Einreichung vorgesehenen Formen zurückgezogen werden.

VOF:

§ 7 VOF Fristen

(1) Die von den Auftraggebern festgesetzte Frist für den Antrag auf Teilnahme beträgt mindestens 37 Tage ab dem Tag der Absendung der Bekanntmachung. Bei elektronisch erstellten und übermittelten Bekanntmachungen kann diese Frist um sieben Tage verkürzt werden.

(2) In den Fällen besonderer Dringlichkeit beträgt die Frist für den Antrag auf Teilnahme mindestens 15 Tage, oder mindestens 10 Tage bei elektronischer Übermittlung, jeweils ab dem Tag der Absendung der Bekanntmachung (Beschleunigtes Verfahren).

(3) Die Auftraggeber müssen rechtzeitig angeforderte, zusätzliche Auskünfte über die Aufgaben spätestens 6 Tage, im Beschleunigten Verfahren spätestens 4 Tage vor Ablauf der Bewerbungsfrist, erteilen.

(4) Können die Teilnahmeanträge oder Angebote nur nach einer Ortsbesichtigung oder Einsichtnahme in nicht übersandte Unterlagen erstellt werden oder können die Auftraggeber die Auskünfte nicht rechtzeitig erteilen, so sind die Bewerbungs- oder Angebotsfristen entsprechend zu verlängern.

§ 15 VOF Grundsätze

(1) bis (5) hier nicht abgedruckt.

(5) Der Auslober eines Wettbewerbes hat zu gewährleisten, dass jedem Bewerber und jedem Teilnehmer die gleiche Chance eingeräumt wird.

Für alle Teilnehmer gelten die gleichen Bedingungen und Fristen. Ihnen werden die gleichen Informationen jeweils zum gleichen Zeitpunkt übermittelt.

(6) hier nicht abgedruckt.

SektVO:

§ 17 SektVO Fristen

(1) Der Auftraggeber setzt für die Ausarbeitung von Teilnahmeanträgen und Einreichung der Teilnahmeanträge und den Eingang von Angeboten angemessene Fristen.

(2) Bei offenen Verfahren beträgt die Frist für den Eingang der Angebote 52 Kalendertage, gerechnet ab dem Tag der Absendung der Bekanntmachung.

(3) Bei nicht offenen Verfahren und Verhandlungsverfahren mit Bekanntmachung beträgt die Frist für den Eingang

1. von Teilnahmeanträgen mindestens 37 Kalendertage, gerechnet ab dem Tag der Absendung der Bekanntmachung; sie darf nicht kürzer sein als 15 Kalendertage, wenn die Bekanntmachung auf elektronischem Weg oder mittels Telefax zur Veröffentlichung übermittelt wurde. Die Frist darf auf keinen Fall kürzer sein als 22 Kalendertage, wenn die Bekanntmachung nicht auf elektronischem Weg oder per Telefax zur Veröffentlichung übermittelt wurde;

2. von Angeboten regelmäßig 24 Kalendertage, gerechnet ab dem Tag der Absendung der Aufforderung zur Angebotsabgabe, falls nicht einvernehmlich zwischen dem Auftraggeber und den Bewerbern eine andere Frist festgelegt wurde. Die Frist darf nicht kürzer als zehn Kalendertage sein.

(4) Werden die Vergabeunterlagen und die zusätzlichen Unterlagen oder Auskünfte trotz rechtzeitiger Anforderung nicht innerhalb der in den §§ 18 und 19 festgesetzten Fristen zugesandt oder erteilt oder können die Angebote nur nach einer Ortsbesichtigung oder Einsichtnahme in Anlagen zu den Vergabeunterlagen vor Ort erstellt werden, so hat der Auftraggeber die jeweilige Frist angemessen zu verlängern. Dies gilt nicht, wenn die Frist im gegenseitigen Einvernehmen festgelegt worden ist.

VSVgV:

§ 20 VSVgV Fristen für den Eingang von Anträgen auf Teilnahme und Eingang der Angebote

(1) Bei der Festsetzung der Fristen für den Eingang der Angebote und der Anträge auf Teilnahme berücksichtigen die Auftraggeber unbeschadet der nachstehend festgelegten Mindestfristen insbesondere die Komplexität des Auftrags und die Zeit, die für die Ausarbeitung der Angebote erforderlich ist.

(2) Beim nicht offenen Verfahren, im Verhandlungsverfahren mit Teilnahmewettbewerb und im wettbewerblichen Dialog beträgt die von den Auftraggebern festzusetzende Frist für den Eingang der Anträge auf Teilnahme mindestens 37 Tage ab dem Tag der Absendung der Bekanntmachung. In Fällen besonderer Dringlichkeit (beschleunigtes Verfahren) beim nicht offenen Verfahren und Verhandlungsverfahren mit Teilnahmewettbewerb beträgt diese Frist mindestens 15 Tage oder mindestens zehn Tage bei elektronischer Übermittlung, jeweils gerechnet vom Tag der Absendung der Bekanntmachung an.

(3) Die von den Auftraggebern festzusetzende Angebotsfrist beim nicht offenen Verfahren beträgt mindestens 40 Tage, gerechnet vom Tag der Absendung der Aufforderung zur Angebotsabgabe an. Im beschleunigten Verfahren beträgt die Frist mindestens zehn Tage, gerechnet vom Tag der Absendung der Aufforderung zur Angebotsabgabe an. Haben die Auftraggeber eine Vorinformation gemäß § 17 veröffentlicht, können sie die Frist für den Eingang der Angebote in der Regel auf 36 Tage ab dem Tag der Absendung der Aufforderung zur Angebotsabgabe, jedoch keinesfalls weniger als 22 Tage festsetzen. Diese verkürzte Frist ist zulässig, sofern die Vorinformation alle die für die Bekanntmachung nach Anhang IV der Richtlinie 2009/81/EG geforderten Informationen – soweit diese zum Zeitpunkt der Veröffentlichung der Bekanntmachung vorlagen – enthielt und die Vorinformation spätestens 52 Tage und frühestens zwölf Monate vor dem Tag der Absendung der Bekanntmachung zur Veröffentlichung übermittelt wurde.

(4) Bei elektronisch erstellten und übermittelten Bekanntmachungen können die Auftraggeber die Frist nach Absatz 2 Satz 1 um sieben Tage verkürzen. Die Auftraggeber können die Frist für den Eingang der Angebote nach Absatz 3 Satz 1 um weitere fünf Tage verkürzen, wenn sie ab der Veröffentlichung der Bekanntmachung die Vergabeunterlagen und unterstützende Unterlagen entsprechend der Angaben in Anhang VI der Richtlinie 2009/81/EG elektronisch frei, direkt und vollständig verfügbar machen; in der Bekanntmachung ist die Internetadresse anzugeben, unter der diese Unterlagen abrufbar sind. Diese Verkürzung nach Satz 2 kann mit der in Satz 1 genannten Verkürzung verbunden werden.

(5) Die Auftraggeber müssen rechtzeitig angeforderte zusätzliche Informationen über die Vergabeunterlagen, die Beschreibung oder die unterstützenden Unterlagen im Falle des nicht offenen Verfahrens spätestens sechs Tage oder im Falle des beschleunigten Verhandlungsverfahrens spätestens vier Tage vor Ablauf der für die Einreichung von Angeboten festgelegten Frist übermitteln.

(6) Können die Angebote nur nach einer Ortsbesichtigung oder Einsichtnahme in nicht übersandte Vergabeunterlagen erstellt werden oder konnten die Fristen nach Absatz 5 nicht eingehalten werden, so sind die Angebotsfristen entsprechend zu verlängern, und zwar so, dass alle betroffenen Unternehmen von allen Informationen, die für die Erstellung des Angebots notwendig sind, Kenntnis nehmen können.

(7) Bis zum Ablauf der Angebotsfrist können Bieter ihre Angebote zurückziehen. Dabei sind die für die Einreichung der Angebote maßgeblichen Formerfordernisse zu beachten.

A. Einleitung

1 Für Fristen enthalten die europäischen Vorgaben vergleichsweise detaillierte Vorgaben. Ziel dieser Regelungen ist es im besonderen Maße, die **Diskriminierung** – insbesondere von auswärtigen Bietern – zu verhindern[1].

2 Dabei differenzieren die europarechtlichen Vorgaben erheblich zwischen den Vergabeverfahren, um dem Auftraggeber keine übermäßigen Fesseln anzulegen. So sind z. B. für Verhandlungsverfahren und Wettbewerblichen Dialog nur Fristen für die Bewerbung geregelt, alle weiteren stehen im Ermessen des Auftraggebers.

3 Grundlage für die Bemessung der Fristen ist neben den Vergaberichtlinien insbesondere die Verordnung VO 1182/71 v. 3.6.1971 (**FristenVO**), die auch Anhang III der VOL/A-EG bildet. Vorgaben finden sich auch im BGB.

B. Grundlagen der Fristberechnung

I. Abgrenzung Tag – Kalendertag – Werktag – Arbeitstag

4 Der Begriff „Tag" wird in verschiedenen Zusammensetzungen verwendet, die teilweise zu einer anderen Berechnung führen. Die Begriffe „Tag – Kalendertag – Werktag – Arbeitstag" sind näher zu definieren.

5 Hierzu gibt es jeweils gesetzliche Grundlagen.

6 Der Begriff „**Tag**" ist in Art. 3 Abs. 2, 3 FristenVO erläutert. Art. 3 Abs. 2 lit. b) FristenVO definiert Beginn und Ende der nach Tagen ausgedrückten Fristen. Eine solche Frist beginnt am Anfang der ersten Stunde des ersten Tages und endet mit Ablauf der letzten Stunde des letzten Tages der Frist. Art. 3 Abs. 2 FristenVO verweist in seinem ersten Satz aber auch auf Art. 3 Abs. 3 FristenVO, der also auch für die Bemessung einer Frist gilt, die in Tagen bemessen wird. Nach Art. 3 Abs. 3 FristenVO umfasst eine solche Frist die Feiertage, Sonntage und die Sonnabende. Damit ist der Begriff des Tages letztlich identisch mit dem Begriff „**Kalendertag**".

7 **Werktage** sind nach der gesetzlichen Definition des § 3 Abs. 2 Bundesurlaubsgesetz alle Kalendertage, die nicht Sonn- oder gesetzliche Feiertage sind. Also ist insbesondere der Samstag – sofern er kein gesetzlicher Feiertag ist – ein Werktag. Der Begriff des „Werktages" wird z.B. in § 115 Abs. 4 GWB verwendet, außerdem ist er wichtig für die Anwendung des § 193 BGB.

8 **Arbeitstage** sind alle Tage, die kein Feiertag, Sonntag oder Samstag sind. Dies ergibt sich wiederum aus Art. 3 Abs. 3 FristenVO, wonach eine Frist auch die Feiertage, Sonntag und Samstage umfasst, außer sie ist nach Arbeitstagen bemessen.

---

[1] *Prieß*, S. 233.

II. Beginn und Ende von Fristen

1. Beginn

Zahlreiche Fristen des Vergaberechts knüpfen an eine **Handlung des Auftraggebers** an: An das Versenden der Bekanntmachung, der Bieterinformation nach § 101a GWB und viele andere mehr. In den vergaberechtlichen Vorschriften werden unterschiedliche Formulierungen dafür verwendet, wann in Bezug auf diese Handlungen eine Frist beginnt. Letztlich ist jedoch die Fristberechnung aufgrund der europarechtlichen Vorgaben der FristenVO **einheitlich**.

Die Vergabekoordinierungsrichtlinie und in ihrer Folge VOL/A, SektVO und VSVgV sprechen davon, dass z.B. die Angebotsfrist „ab dem Tag der Absendung der Bekanntmachung" zu rechnen ist. In der VOB/A ist im Zusammenhang mit der gleichen Frist vorgesehen, dass diese ab dem „Tag nach Absendung der Bekanntmachung" zu rechnen ist. Auch § 101a GWB sieht in Abs. 1 Satz 5 vor, dass die dort geregelte Frist am **Tag nach der Absendung** beginnt.

Die Vergabekoordinierungsrichtlinie und die darauf beruhenden deutschen Umsetzungsakte müssen konform mit dem sonstigen Primär- und Sekundärrecht ausgelegt werden. Daher ist für ihre richtige Anwendung die **FristenVO** maßgeblich. Nach Art. 3 Abs. 1 UA 2 FristenVO gilt, dass wenn für den Anfang einer nach Tagen bemessenen Frist der Zeitpunkt maßgebend ist, an dem eine Handlung vorgenommen wird, bei der Berechnung der Frist der Tag nicht mitgerechnet wird, in den die Handlung fällt. **Damit beginnen alle an eine Handlung geknüpften Fristen erst am Tag nach der Handlung**, bei der Absendung der Bekanntmachung also erst am Tag nach der Absendung. In § 187 Abs. 1 BGB findet sich die gleiche Regelung.

Die VOB/A hat dies zur Klarstellung in ihren Text übernommen, bei den anderen Vorschriften muss diese Regelung hinzugelesen werden.

2. Ende

Die europarechtliche Vorgabe für das Ende von Fristen findet sich in Art. 3 Abs. 2 lit. b) FristenVO. Danach endet eine nach Tagen bemessene Frist mit dem **Ablauf der letzten Stunde des letzten Tages**.

Bei der Bemessung von Fristen ist demnach zu berücksichtigen, dass der letzte Tag einer Frist mit seiner letzten Stunde endet und daher voll zur Verfügung stehen muss. Nimmt man die Mindestangebotsfrist von 52 Tagen, so ist der erste Tag dieser Frist der nach Absendung der Bekanntmachung. Damit die Frist den Bietern vollständig zur Verfügung steht, muss der Auftraggeber entweder am 52. Tag bis Mitternacht für den Empfang von Angeboten bereit sein oder er darf ein Fristende (z.B. in Form des Eröffnungstermines) erst auf den Verlauf des nächsten Tages festsetzen.

Eine **Ausnahme** gilt für Fristen, die an einem **Feiertag, einem Samstag oder Sonntag** enden. Nach Art. 3 Abs. 4 UA 1 FristenVO endet eine solche Frist mit Ablauf der letzten Stunde des folgenden Arbeitstages. Endet also eine vom Auftraggeber zu gewährende Angebotsfrist an einem Sonntag, kann der Bieter den gesamten nachfolgenden Montag nutzen. Das BGB bestimmt in § 193 BGB, dass bei einer Frist für die Abgabe einer Erklärung, deren Ende auf einen Samstag, Sonntag oder einen Feiertag fällt, an die Stelle eines solchen Tages der nächste Werktag fällt. Im europarechtlich begründeten Vergaberecht führt dies jedoch nicht zu einem Unterschied.

Allerdings gilt diese Verlängerung nur für Fristen, bis zu deren Ende eine Handlung vorzunehmen ist. Tritt am letzten Tag eine **Rechtswirkung** ein – wie z.B. bei § 101a GWB die Möglichkeit, wirksam den Zuschlag zu erteilen – so verschiebt sich das Fristende nicht. Wird also ein Informationsschreiben nach § 101a GWB per Telefax versandt, so läuft eine Frist von zehn Kalendertagen an. Wird ein solches Informationsschreiben an einem Mittwoch verschickt, ist der Donnerstag der erste Tag der Frist und der übernächste Samstag der 10. Tag. Der Auftraggeber muss weder Sonntag noch Montag abwarten, er kann vielmehr am Sonntag das Zuschlagsschreiben versenden. Auch wenn es dem Empfänger normalerweise erst am Montag früh zugeht, ist jedenfalls ein am Montag tagsüber eingereichter Nachprüfungsantrag unzulässig.

C. VOB/A Unterschwellenbereich

17 Der **erste Abschnitt der VOB/A** beruht nicht auf europarechtlichen Vorgaben. Die in ihm enthaltenen Regelungen dienen nicht zuletzt der Konkretisierung der Anforderungen einer wirtschaftlichen und geordneten Beschaffung. Anders als im Oberschwellenbereich finden sich jedoch keine detaillierten Vorgaben zu Fristen. Stattdessen wird dem Auftraggeber jedenfalls insoweit **ein weiter Spielraum** gelassen, seine Vergabeverfahren an die zu vergebende Leistung bzw. Art und Umfang der Vergabeunterlagen einerseits und die den Bewerbern zustehende Bearbeitungszeit andererseits anzupassen. Daher sind die Hinweise der VOB/A für die Bemessung der Fristen im ersten Abschnitt sehr allgemein gehalten.

I. Öffentliche Ausschreibung

1. Bewerbungsfrist

18 So verlangt § 10 Abs. 4 VOB/A, dass der Auftraggeber die Bewerbungsfrist, also die Frist zur Einreichung von Teilnahmeanträgen bei beschränkter Ausschreibung nach öffentlichem Teilnahmewettbewerb, **in ausreichender Länge** vorsieht.

19 Mit dem Teilnahmewettbewerb tritt der Auftraggeber an den Markt heran und eröffnet interessierten Unternehmen die Möglichkeit, sich an dem Vergabeverfahren zu beteiligen. Da der Auftraggeber an einem möglichst **intensiven Wettbewerb** um seinen Auftrag interessiert ist, sollte er auf keinen Fall eine zu knappe Frist setzen. Bei der Fristsetzung muss der Auftraggeber berücksichtigen, dass die von ihm an die ausgewählten Veröffentlichungsorgane versandte Bekanntmachung dort nicht sofort veröffentlicht wird. Die potentiell interessierten Unternehmen benötigen eine gewisse Zeit, die erfolgte Veröffentlichung zu entdecken und als relevant zu ermitteln. Dann folgt die Zusammenstellung der vom Auftraggeber verlangten Nachweise. Hier muss der Auftraggeber im Vorhinein überlegen, ob diese ohne weiteres vorhanden sind oder ob interessierte Unternehmen sie erst besorgen oder aktualisieren müssen. Natürlich sollte er auch **nur die Nachweise** verlangen, die er tatsächlich benötigt, um die Eignung des auszuwählenden Unternehmens zu prüfen. Das Abarbeiten immer der gleichen Liste ist zwar weit verbreitet, aber durchaus nicht unterschiedslos bei jeder Vergabe sinnvoll.

20 Zuletzt muss die Bewerbung von den interessierten Unternehmen zum Auftraggeber gelangen. Je nach den zulässigen **Kommunikationswegen** muss auch hierfür ein gewisser Spielraum gelassen werden.

2. Angebotsfrist

a) Bemessung

21 Auch für die Angebotsfrist verlangt § 10 Abs. 1 VOB/A **eine ausreichende Bemessung.** Eine generelle Mindestfrist wird nicht festgesetzt, doch darf die Angebotsfrist **auch bei Dringlichkeit** nicht kürzer als 10 Tage sein.

22 Bei der Bemessung der Frist muss der Auftraggeber unterscheiden zwischen den Verfahren, bei denen Unternehmen überhaupt erst von dem Vergabeverfahren erfahren müssen, um dann die Vergabeunterlagen anzufordern – also allen öffentlichen Aus-

schreibungen – und denjenigen, bei denen er den Bewerbern mit der Aufforderung zur Abgabe eines Angebotes die Unterlagen zusendet.

Bei **öffentlichen Ausschreibungen** muss die Angebotsfrist entsprechend länger sein und auch die Zeiträume für Veröffentlichung der Bekanntmachung, Finden durch interessierte Unternehmen, Entschluss zur Teilnahme, Entrichten und Verbuchung der Zahlung für die Vergabeunterlagen, den Zeitraum für Versendung der Vergabeunterlagen durch den Auftraggeber und die Zeit, bis die Vergabeunterlagen beim Bieter sind, berücksichtigen. 23

Die Angebotsfrist soll so bemessen sein, dass Bewerber die **Vergabeunterlagen** auswerten und bepreisen sowie dem Auftraggeber übermitteln können. Sind sehr unterschiedliche Leistungen umfasst, müssen die Unternehmen Subunternehmeranfragen vorbereiten und auswerten. Bei ganz oder teilweise **funktional beschriebenen Leistungen** müssen die Unternehmen Gelegenheit haben, die Vorgaben des Auftraggebers auszufüllen. 24

Der Auftraggeber sollte **im eigenen Interesse** den Bewerbern ausreichend Zeit lassen, die Angebotsunterlagen auszuwerten. Bieter sind verpflichtet, die Leistungsbeschreibung zu prüfen und erkennbare **Lücken** und **Unklarheiten** zu klären[2]. Sie dürfen Unklarheiten nicht einfach hinnehmen und ausnutzen[3]. Der Auftraggeber muss den Bewerbern daher Gelegenheit geben, Unklarheiten zu finden und sich mit einer Frage an ihn zu wenden. 25

Je nach Art der vom Auftraggeber eröffneten Kommunikationsmittel und dem Umfang der verlangten Erklärungen und Nachweise kann auch die Übermittlung des Angebotes spürbare Zeit in Anspruch nehmen. 26

Auch bei Dringlichkeit soll die Angebotsfrist 10 Tage nicht unterschreiten. 27

Allerdings kann es in den Fällen des § 3 Abs. 5 Satz 1 Nr. 2 VOB/A – der **freihändigen Vergabe wegen besonderer Dringlichkeit der Leistung** – nicht möglich sein, die Mindestfrist von 10 Tagen einzuhalten, da es sich um nicht aufschiebbare Notmaßnahmen wie Sicherungsmaßnahmen an Dämmen etc. geht, bei denen also im Zweifel Gefahr im Verzug ist. Daher gilt die Vorgabe des § 10 Abs. 1 VOB/A für diese Vergaben nicht. Allerdings ist eine Verkürzung auf eine Zeit unterhalb der 10 Tage auf Notmaßnahmen beschränkt, bei einem unmittelbar bevorstehenden Dammbruch also auf Maßnahmen zum Verhindern dieses Bruches, sie gilt aber nicht für darüberhinausgehende Verstärkungsmaßnahmen etc. 28

Eine **Verlängerung** der Angebotsfrist ist erforderlich, wenn der Auftraggeber die Vergabeunterlagen verspätet verschickt hat oder wenn die Erstellung des Angebotes nur erfolgen kann, wenn die Bewerber Einsicht in weitere Unterlagen nehmen oder wenn eine Ortsbesichtigung erforderlich ist. 29

Angesichts der sehr flexiblen Regelung ist besonders darauf hinzuweisen, dass Auftraggeber ein Eigeninteresse an möglichst vielen Angeboten und an möglichst sorgfältig erarbeiteten Angeboten haben. Daher sollten sie den interessierten Unternehmen ausreichend Zeit lassen, sich für bekanntgemachte Aufträge zu interessieren und ihre Angebote zu erstellen. 30

b) Beginn

Die Angebotsfrist beginnt bei öffentlichen Ausschreibungen am Tag nach der **Versendung** der Bekanntmachung. 31

---

[2] BGH Urt. v. 13.3.2008, VII ZR 194/06 unter Verweis auf BGH Urt. v. 25.6.1897, VII ZR 107/86, wo dies bereits als gefestigte Rechtsprechung bezeichnet wird.

[3] Zum Ausnutzen von Unklarheiten durch Vorsehen eines sittenwidrigen Einzelpreises OLG Jena Urt. vom 11.8.2009, 5 U 899/05; zum Ausnutzen klarer Fehler einer Leistungsbeschreibung OLG München Beschl. v. 4.4.2013 – Verg 4/13; OLG Stuttgart Urt. v. 9.2.2010, 10 U 76/09 und BGH Urt. v. 14.5.2014, VII ZR 334/12 mit der Pflicht von Bietern, Änderungen deutlich zu kennzeichnen.

c) Ende

32 Nach § 10 Abs. 2 VOB/A endet die Angebotsfrist, sobald im Eröffnungstermin der Verhandlungsleiter **mit der Öffnung der Angebote beginnt.**

33 Der Beginn der Öffnung ist plastisch zu verstehen und bedeutet, dass der Verhandlungsleiter mit einem Brieföffner in den ersten Umschlag sticht.

34 Nach § 14 Abs. 2 VOB/A sind nur solche Angebote zur Eröffnung **zugelassen**, die dem Verhandlungsleiter bei Öffnung des ersten Angebotes vorliegen. Ist dem Auftraggeber ein Angebot nachweislich vor Ablauf der Angebotsfrist zugegangen, liegt es dem Verhandlungsleiter aber aus vom Bieter nicht zu vertretenden Gründen nicht vor, ist es wie ein rechtzeitig vorliegendes Angebot zu behandeln.

3. Zuschlagsfrist

a) Bemessung

35 Nach § 10 Abs. 6 Satz 1 VOB/A soll die Zuschlagsfrist **so kurz wie möglich** sein. So soll sie nicht länger sein, als der Auftraggeber für eine zügige Prüfung und Wertung der Angebote benötigt. Zusätzlich zu dieser eher allgemeinen Forderung enthält § 10 Abs. 6 Satz 2 VOB/A die Festlegung, dass eine längere Zuschlagsfrist als 30 Tage **nur in begründeten Fällen** festgelegt werden soll. Eine Rechtfertigung für die Überschreitung dieser Frist kann z.B. sein, dass es sich um ein größeres Bauvorhaben handelt und mit zahlreichen Nebenangeboten zu rechnen ist. Aber auch die zwingend erforderliche Einschaltung kommunaler Gremien gibt dem Auftraggeber die Möglichkeit, eine längere Frist festzusetzen. Bereits 1991 hat der BGH entschieden, dass diese Frist keine Höchst- oder Obergrenze darstellt und längere Bindungsfristen lediglich einer **hinreichenden Begründung** bedürfen[4].

36 Außerdem sind hier die organisatorischen und sonstigen Besonderheiten des Auftraggebers zu berücksichtigen. Bei öffentlichen Auftraggebern, die zum sparsamen und sorgfältigen Umgang mit den ihnen anvertrauten Steuermitteln verpflichtet sind, gibt es eine Vielzahl von internen Prüfungen und Genehmigungen, um die Erfüllung dieser Verpflichtungen sicherzustellen und zu überwachen. Dies unterscheidet öffentliche Auftraggeber von privaten Auftraggebern zumindest im Maß der Formalitäten, denn auch in der privaten Wirtschaft gibt es sehr differenzierte Vorgaben zu Mitzeichnungen und abgestuften Vollmachtsverhältnissen. Diese Besonderheiten sind von den Bietern als unabänderbar hinzunehmen und dürfen daher auch bei der Bemessung der Zuschlagsfrist berücksichtigt werden.

37 Hinzu kommt, dass die aus früheren Ausgaben der VOB/A überkommene Höchstfrist auch in der Ausgabe 2012 unverändert geblieben ist. Eine Anpassung hätte nahegelegen. So sieht die VOB/A seit der Ausgabe 2009 zwingend vor, dass **Auftraggeber fehlende Nachweise und Erklärungen** nachfordern müssen und sieht hierfür eine nicht abzuändernde Frist von sechs Kalendertagen vor. Damit sind allein die erste formale Prüfung, die Nachforderung mit der Nachforderungsfrist und die zweite Prüfung, ob alle Unterlagen nachgereicht wurden, kaum unter zwei Wochen zu schaffen.

b) Beginn

38 Die Zuschlagsfrist beginnt nach der Festlegung in § 10 Abs. 5 VOB/A mit dem **Eröffnungstermin**, wobei der Tag des Eröffnungstermines nicht mitzurechnen ist.

---

[4] BGH Urt. v. 21.11.1991, VII ZR 203/90, BauR 1992, 221.

c) Ende

Nach § 10 Abs. 6 Satz 3 VOB/A ist der Auftraggeber verpflichtet, das Ende der Zuschlagsfrist durch **Angabe eines Kalendertages** anzugeben. 39

Kann der Auftraggeber den festgelegten Zuschlagstermin nicht einhalten, besteht die Möglichkeit, die Bindefristen durch Vereinbarung mit den Bietern einvernehmlich zu **verlängern**. Dabei müssen nicht alle Bieter der Verlängerung zustimmen, aber der Auftraggeber muss diskriminierungsfrei bei allen Bietern angefragt haben[5]. Diese Verlängerungsmöglichkeit besteht auch nach Ablauf der Zuschlagsfrist[6]. 40

II. Freihändige Vergabe

Es gelten für die Fristen bei freihändiger Vergabe die **Regelungen zur öffentlichen Ausschreibung entsprechend.** Dies sagt zwar nicht der aus dem § 19 VOB/A 2006 übernommene § 10 Abs. 8 VOB/A, bei dem nur die Verweisung geändert wurde. Aber bereits unter der Geltung des § 18 VOB/A a.F. wurden die für die öffentliche Ausschreibung geregelten Fristen auf Freihändige Vergaben entsprechend angewendet. Eine inhaltliche Änderung war mit der Zusammenführung von §§ 18, 19 VOB/A a.F. im derzeitigen § 10 VOB/A nicht beabsichtigt. 41

Bei freihändiger Vergabe ist kein Eröffnungstermin vorgesehen, daher kommt es für das Ende der Zuschlagsfrist auf den vom Auftraggeber gesetzten Termin an. 42

III. Beschränkte Ausschreibung

1. Bewerbungsfrist

Bei beschränkten Ausschreibungen mit öffentlichem Teilnahmewettbewerb ist zunächst der Teilnahmewettbewerb durchzuführen und den interessierten Unternehmen die Möglichkeit zu geben, sich zu bewerben. 43

Für die Bewerbungsfrist, also die Frist zur Einreichung von Teilnahmeanträgen bei beschränkter Ausschreibung nach öffentlichem Teilnahmewettbewerb ist, so § 10 Abs. 4 VOB/A, **eine ausreichende Frist** vorzusehen. 44

Bei der Prüfung, welche Frist angemessen ist, muss der Auftraggeber u. a. die Erscheinungsdaten seiner Bekanntmachung, Entscheidungsfristen bei den interessierten Unternehmen und die Zeit für die Zusammenstellung der geforderten Nachweise berücksichtigen. Dabei sollte er im Zweifel mehr Zeit lassen als bei äußerster Anstrengung der Unternehmen ausreichen würde, um einen möglichst intensiven Wettbewerb zu gewährleisten. 45

2. Angebotsfrist

Für die Festlegung der Angebotsfrist gilt im Grundsatz das Gleiche wie bei öffentlichen Ausschreibungen, insbesondere die Forderung nach einer **ausreichenden Bemessung.** Die Mindestfrist von 10 Tagen gilt auch für beschränkte Ausschreibungen. Die Angebotsfrist kann allerdings kürzer ausfallen, weil keine Zeiten für die Bewerbung (also Auffinden der Bekanntmachung etc.) zu berücksichtigen sind. 46

Die Vergabeunterlagen sind an alle Bieter am gleichen Tag abzusenden. 47

---

[5] OLG Naumburg Beschl. v. 13.5.2003, 1 Verg 2/03; BayObLG Beschl. v. 21.5.1999, Verg 1/99, NZBau 2000, 49; Thüringer OLG Beschl. v. 22.12.1999, 6 Verg 3/99 ZVgR 2000, 38.
[6] BayObLG Beschl. v. 21.5.1999, Verg 1/99, NZBau 2000, 49; OLG Düsseldorf Beschl. v. 29.12.2001, Verg 22/01; VK Baden-Württemberg Beschl. v. 26.1.2007, 1 VK 78/06; VK Bund Beschl. v. 26.2.2007, VK 2–9/07.

3. Zuschlagsfrist

48 Hier gilt uneingeschränkt das Gleiche wie für öffentliche Ausschreibungen.

D. VOB/A Oberschwellenbereich

49 Für die Vergabe von Aufträgen mit Auftragswerten oberhalb der EU-Schwellenwerte enthält das EU-Sekundärrecht, wie oben angesprochen, in den **Vergaberichtlinien** und der FristenVO umfassende Vorgaben zu Bemessung und Berechnung von Fristen.

50 In der VOB/A **Ausgabe 2012** sind in § 10 EG VOB/A die Regelungen zu Fristen neu zusammengestellt. Praktisch ohne inhaltliche Änderungen sind für jede Verfahrensart die Fristen vollständig dargestellt. Dies führt teilweise zu Wiederholungen, erhöht aber die Anwenderfreundlichkeit der Vorschrift erheblich.

51 Die Regelungen der VOB/A-VS sind unten nach den Erläuterungen zur VSVgV dargestellt.

I. Offenes Verfahren

1. Angebotsfrist

a) Dauer

52 Beim offenen Verfahren findet **kein separates Bewerbungsverfahren** statt, so dass in die Angebotsfrist auch alles einzurechnen ist, was erforderlich ist, damit interessierte Unternehmen von einem Vergabeverfahren erfahren und die Angebotsunterlagen erhalten.

53 Nach § 10 EG Abs. 1 Nr. 1 VOB/A ist die Angebotsfrist auf **mindestens 52 Kalendertage** festzusetzen. Diese 52 Kalendertage sind eine Mindestfrist, von der im Allgemeinen auszugehen ist.

54 Diese Mindestfrist dürfte jedoch für sehr viele **Bauvergaben nicht ausreichend** sein. Bei der Frist sind neben dem Postweg zum Unternehmen und zurück auch die Zeiten für Angebotsprüfung, Einholen von Nachunternehmerangeboten, ggf. Ermittlung von Kalkulationsgrundlagen etc. zu berücksichtigen. In solchen Fällen wird ein Auftraggeber auch die nachfolgend dargestellten Verkürzungsmöglichkeiten nicht nutzen können, ohne massiv den Wettbewerb zu beschränken.

b) Verkürzungsmöglichkeit durch Vorinformation

55 Die Verkürzungsmöglichkeit in § 10 EG Abs. 1 Nr. 2 VOB/A **auf 36 Kalendertage** wurde gegenüber der Formulierung in §10a Abs. 2 VOB/A etwas umformuliert, ist aber inhaltlich unverändert geblieben. Voraussetzung für die Verkürzung ist, dass der Auftraggeber eine Vorinformation nach § 12 EG Abs. 1 Nr. 1 VOB/A versandt hat. Diese Vorinformation muss mindestens die im Muster einer Bekanntmachung geforderten **Angaben** enthalten, soweit sie zum Zeitpunkt der Versendung vorlagen. Die Versendung der Vorinformation muss mindestens 54 Kalendertage, höchstens aber 12 Monate vor Absendung der Auftragsbekanntmachung erfolgt sein.

56 Wie bisher darf diese Frist, wenn **besondere Dringlichkeitsgründe** hinzutreten, weiter verkürzt werden, nämlich auf bis zu 22 Kalendertage, die als absolute Untergrenze genannt sind.

57 Diese Fristverkürzung soll berücksichtigen, dass sich Unternehmen bereits im Vorfeld auf das Vergabeverfahren einstellen können. Daher sollte der Auftraggeber so viele Informationen wie möglich veröffentlichen, um den interessierten Unternehmen eine frühzeitige Entscheidung über die Beteiligung zu ermöglichen.

§ 23 Fristen   Kap. 5

Bei dieser Verkürzung ist jedoch vom Auftraggeber zu beachten, dass es sich nur um **58** eine **Handlungsmöglichkeit** handelt. Zum einen muss er hiervon keinen Gebrauch machen, zum anderen muss außerdem eine Angebotsbearbeitung durch die Bieter und Bewerber möglich bleiben.

c) Verkürzungsmöglichkeit bei elektronischer Kommunikation

Zwei Möglichkeiten zur Verkürzung der Angebotsfrist bieten § 10 EG Abs. 1 Nr. 3 und **59** Nr. 4 VOB/A.

Um Anreize für eine stärkere Nutzung der elektronischen Medien und der papierlosen **60** Kommunikation zu schaffen, erlaubt § 10 EG Abs. 1 Nr. 3 VOB/A dem Auftraggeber, die Angebotsfrist **um bis zu 7 Kalendertage** zu verkürzen, wenn er die **Bekanntmachung** über das Internetportal des Amtes für amtliche Veröffentlichungen der Europäischen Union auf elektronischem Wege erstellt und übermittelt. Dies erleichtert und beschleunigt die Aufnahme der Bekanntmachung in das Amtsblatt der EU.

Eine weitere Verkürzungsmöglichkeit besteht, wenn der Auftraggeber ab der Ver- **61** öffentlichung der Bekanntmachung **die Vertragsunterlagen** und alle zusätzlichen Unterlagen auf elektronischem Wege frei, direkt und vollständig verfügbar macht. Dies erlaubt dem Auftraggeber nach § 10 EG Abs. 1 Nr. 4 VOB/A, die **Angebotsfrist um weitere 5 Kalendertage** zu verkürzen. In der Bekanntmachung muss der Auftraggeber die Internetadresse angeben, unter der die Unterlagen abrufbar sind.

Diese beiden Verkürzungen kann der Auftraggeber **kumulieren**, und zwar ohne dass **62** eine Mindestfrist zu beachten wäre, d. h. er kann die volle Verkürzungsmöglichkeit von 12 Kalendertagen ausnutzen. Die in der Ausgabe 2009 in § 10a Abs. 1 Nr. 6 VOB/A 2009 vorgegebene Mindestfrist für die verkürzte Angebotsfrist von 15 Kalendertagen ist in der VOB/A 2012 nicht mehr vorgesehen.

Der Auftraggeber sollte aber darauf achten, nicht durch zu kurze Fristen den Wett- **63** bewerb über die Maßen zu beeinträchtigen, da dies letztlich bei zu wenigen Angeboten zu seinen Lasten geht.

d) Verlängerung wegen verspäteter Übersendung oder verspäteter Auskunft

In § 10 EG Abs. 1 Nr. 5 VOB/A ist vorgesehen, dass die Angebotsfrist zu verlängern ist, **64** wenn der Auftraggeber Unterlagen nicht fristgerecht versendet oder Auskünfte nicht innerhalb der vorgesehenen Zeit (vgl. dazu § 12 EG Abs. 4, 5 VOB/A) versendet. Diese bereits nach allgemeinen Grundsätzen einleuchtende Vorschrift beruht auf Art. 38 Abs. 7 VKR und entspricht der allseitigen Verpflichtung, die Vorgaben der VOB/A zu beachten. Tut der Auftraggeber dies nicht, indem er nicht fristgerecht tätig wird, darf er die Bewerber nicht an eine durch sein Verschulden verkürzte Frist binden und ist zur Verlängerung verpflichtet.

e) Verlängerung bei Erfordernis der Einsichtnahme oder einer Ortsbesichtigung

Nach § 10 EG Abs. 1 Nr. 6 VOB/A ist die Angebotsfrist angemessen zu **verlängern**, **65** wenn die Angebote nur nach einer Ortsbesichtigung oder Einsichtnahme in nicht übersandte Unterlagen erstellt werden können. Diese auf Art. 38 Abs. 7 VKR beruhende Vorschrift ist so anzuwenden, dass auch entfernt sitzenden Bewerbern die Möglichkeit der Einsichtnahme bzw. Ortsbesichtigung möglich ist, d. h. es sind Reisezeiten zu berücksichtigen.

f) Beginn

Nach der ausdrücklichen Festlegung der VOB/A beginnt die Angebotsfrist am **Tag nach** **66** **Absendung der Bekanntmachung** i.S.d. § 12 EG Abs. 2 Nr. 1 VOB/A. Daher muss

g) Ende

67 Die Angebotsfrist endet nach § 10 EG Abs. 1 Nr. 7 VOB/A, wenn im Eröffnungstermin der Verhandlungsleiter mit der **Öffnung der Angebote beginnt.** Die Formulare für die Auftragsbekanntmachung sehen in „IV.3.4) Schlusstermin für den Eingang der Angebote oder Teilnahmeanträge" vor, dass der Auftraggeber Datum und Uhrzeit angibt, bei offenen Verfahren wird hier regelmäßig der Beginn des Submissionstermins anzugeben sein.

68 Nach § 14 EG Abs. 2 VOB/A sind nur solche Angebote zur Eröffnung zugelassen, die dem Verhandlungsleiter bei Öffnung des ersten Angebotes vorliegen. Ist dem Auftraggeber ein Angebot nachweislich vor Ablauf der Angebotsfrist zugegangen, liegt es dem Verhandlungsleiter aber aus vom Bieter nicht zu vertretenden Gründen nicht vor, ist es nach § 14 EG Abs. 6 Nr. 1 VOB/A wie ein rechtzeitig vorliegendes Angebot zu behandeln.

2. Zuschlagsfrist

a) Bemessung

69 Die Regelung für offene Verfahren in § 10 EG Abs. 1 Nr. 10 VOB/A entspricht wortgleich § 10 Abs. 6 VOB/A und § 10 EG Abs. 2 Nr. 11 VOB/A. Danach soll die Zuschlagsfrist so kurz wie möglich sein und nicht länger dauern, als der Auftraggeber für eine zügige Prüfung und Wertung der Angebote benötigt.

70 Anders als im Geltungsbereich des 1. Abschnittes der VOB/A können Vergaben nach dem 2. Abschnitt in **Nachprüfungsverfahren** i.S.d. §§ 102 ff. GWB angegriffen werden. Diese gesetzliche Möglichkeit der Bieter kann vom Auftraggeber antizipiert werden, indem er bei der Bemessung der Zuschlagsfrist die Dauer eines möglichen Nachprüfungsverfahrens berücksichtigt. Die Vergabekammern sollen nach 5 Wochen ihre Entscheidung getroffen haben, § 113 Abs. 1 GWB, das Zuschlagsverbot läuft dann noch weitere 2 Wochen bis zum Ende der Beschwerdefrist, § 115 Abs. 1 GWB. Zumindest diesen Zeitraum kann der Auftraggeber daher in die Zuschlagsfrist einrechnen.

b) Beginn

71 Wie im Unterschwellenbereich beginnt die Zuschlagsfrist mit dem **Eröffnungstermin**, also mit der Öffnung des ersten Angebotes. Die Regelung in § 10 EG Abs. 1 Nr. 7 VOB/A ist wortgleich mit § 10 Abs. 5 VOB/A § 10 EG Abs. 2 Nr. 10 VOB/A.

c) Ende

72 Die Zuschlagsfrist endet mit Ablauf des vom Auftraggeber **angegebenen Zeitpunktes.** Verlängerungsmöglichkeiten – auch nach Ablauf der Zuschlagsfrist – sind oben in Rn. 40 dargestellt.

II. Nicht offenes Verfahren

73 Das nicht offene Verfahren sieht immer einen **öffentlichen Teilnahmewettbewerb** vor. Für diesen ist eine Bewerbungsfrist festzulegen. Bei der Angebotsfrist ist demgegenüber zu berücksichtigen, dass alle mit der Bewerbung und dem Eignungsnachweis zusammenhängenden Prozesse bereits abgeschlossen sind und dass an alle Bewerber die Unterlagen am gleichen Tag versandt werden.

1. Bewerbungsfrist

a) Bemessung

In § 10 EG Abs. 2 Nr. 1 VOB/A ist die Dauer der Bewerbungsfrist auf mindestens 37 Kalendertage festgesetzt. Die Bewerbungsfrist ist ab **dem Tag nach Versendung der Bekanntmachung** zu rechnen. Der Zeitpunkt der Versendung ist demgemäß zu dokumentieren.

74

b) Verkürzungsmöglichkeit bei elektronischer Kommunikation

Eine Verkürzungsmöglichkeit **um 7 Kalendertage** sieht die VOB/A in § 10 EG Abs. 2 Nr. 2 VOB/A nur für den Fall vor, dass die **Bekanntmachung** über das Internetportal des Amtes für amtliche Veröffentlichungen der Europäischen Union auf elektronischem Wege erstellt und übermittelt wurde.

75

c) Verkürzungsmöglichkeit bei Dringlichkeit

Nach § 10 EG Abs. 2 Nr. 6 lit. a) VOB/A darf der Auftraggeber die Bewerbungsfrist aus Gründen der Dringlichkeit **auf 15 Kalendertage** verkürzen. Diese 15 Kalendertage sind dabei als unterste Grenze der Verkürzung zu beachten.

76

Ob und inwieweit eine Dringlichkeit vorliegt, die dem Auftraggeber eine Verkürzung erlaubt, richtet sich nach den Gegebenheiten des Einzelfalles. Wichtig ist dabei, dass hier eine Dringlichkeit und nicht eine besondere Dringlichkeit zu fordern ist. Hier kommt es für die Beurteilung der Dringlichkeit auf rein sachliche Gründe an, die eine eilige Vergabe notwendig machen, und zwar allein deswegen, weil die eilige Ausführung erforderlich ist. Dabei stellt die Vorschrift eine Ausnahmeregelung dar, so dass zum einen die Möglichkeit eng auszulegen ist und zum anderen der Auftraggeber für das Vorliegen der Voraussetzungen in einem Nachprüfungsverfahren darlegungspflichtig ist.

77

Diese Verkürzungsmöglichkeit war in der VOB/A Ausgabe 2009 in § 10a Abs. 2 Nr. 1 Satz 2 VOB/A 2009 zu finden.

78

Eine Verkürzung aus anderen Gründen sieht die VOB/A nicht vor. Kann der Auftraggeber diese Frist nicht einhalten, ist die Durchführung eines Verhandlungsverfahrens ohne öffentlichen Teilnahmewettbewerb nach § 3 EG Abs. 5 Nr. 4 VOB/A zu prüfen.

79

2. Angebotsfrist

a) Bemessung

Die Angebotsfrist kann wegen des durchgeführten Bewerbungs- und Auswahlverfahrens kürzer ausfallen als bei offenen Verfahren. Nach § 10 EG Abs. 2 Nr. 3 VOB/A beträgt die Angebotsfrist **mindestens 40 Kalendertage.** Dies ist als **Mindestfrist** zu verstehen.

80

Die Frist ist ab der Absendung der Aufforderung zur Angebotsabgabe durch den Auftraggeber zu rechnen, sie beginnt am Tag nach der Absendung.

81

b) Verkürzungsmöglichkeit bei Vorinformation

Bei der Möglichkeit, die Angebotsfrist nach Versenden einer Vorinformation zu verkürzen, wurde die VOB/A 2012 gegenüber der Ausgabe 2009 an einer Stelle geändert. Nach § 10 EG Abs. 2 Nr. 4 VOB/A (Vorgängervorschrift ist § 10a Abs. 2 Nr. 3 Satz 2 VOB/A 2009) kann die Angebotsfrist **auf 36 Kalendertage** verkürzt werden, wenn der Auftraggeber eine Vorinformation i.S.v. § 12 EG Abs. 1 VOB/A versandt hatte. Die verkürzte Angebotsfrist darf aber 22 Kalendertage nicht unterschreiten.

82

83 Die in § 10a Abs. 2 Nr. 3 VOB/A 2009 genannte Mindestfrist von 26 Kalendertagen entsprach nicht den Vorgaben der Vergabekoordinierungsrichtlinie und wurde daher korrigiert.

84 Zu den Anforderungen an die Vorinformation gilt das oben Gesagte.

c) Verkürzungsmöglichkeiten bei elektronischer Kommunikation und bei Dringlichkeit

85 Auch beim nicht offenen Verfahren hat der Auftraggeber die Möglichkeit, die Angebotsfrist bei Einsatz elektronischer Kommunikationsmittel zu verkürzen. Nach § 10 EG Abs. 2 Nr. 5 VOB/A kann die Angebotsfrist **um weitere 5 Kalendertage** verkürzt werden, wenn der Auftraggeber ab der Veröffentlichung der Bekanntmachung die **Vertragsunterlagen** und alle zusätzlichen Unterlagen auf elektronischem Wege frei, direkt und vollständig zugänglich zu Verfügung stellt.

86 § 10 EG Abs. 2 Nr. 6 lit. b) VOB/A bestimmt, dass aus Gründen der **Dringlichkeit** die Angebotsfrist auf 10 Kalendertage verkürzt werden kann. Auch diese Abkürzung der Angebotsfrist muss eine seltene Ausnahme sein. Für eine solche Verkürzung müssen ganz besondere Gründe der Dringlichkeit vorliegen, wie z.B. eine Baumaßnahme, deren schnellstmögliche Erledigung im Allgemeininteresse liegt und die derart dringend ist, dass sie keinen Aufschub duldet. Der Auftraggeber ist in der vollen Darlegungslast dafür, dass diese Voraussetzungen vorliegen. Hinsichtlich der Dringlichkeit kann im Übrigen auf das oben in Rn. 77 Dargestellte verwiesen werden.

d) Verlängerung bei Erfordernis der Einsichtnahme oder einer Ortsbesichtigung

87 Auch für das nicht offene Verfahren sieht § 10 EG Abs. 2 Nr. 7 VOB/A eine **Verlängerung** vor, wenn das Angebot nur nach einem Ortstermin oder nach Einsicht in nicht übersandte Unterlagen erstellt werden kann.

3. Zuschlagsfrist

88 Die Regelungen zur Zuschlagsfrist sind wortgleich mit denen bei offenen Verfahren, daher kann insoweit auf die obige Darstellung in Rn. 69 ff. verwiesen werden.

III. Verhandlungsverfahren

1. Verhandlungsverfahren mit öffentlicher Vergabebekanntmachung

89 Eng angelehnt an die Vorgaben der Vergabekoordinierungsrichtlinie enthält die VOB/A für Verhandlungsverfahren nur wenige Vorgaben hinsichtlich der Fristen.

90 Bei Verhandlungsverfahren mit öffentlicher Vergabebekanntmachung i.S.d. § 3 EG Abs. 4 VOB/A legt § 10 EG Abs. 3 Nr. 1 fest, dass die Regelungen zum nicht offenen Verfahren teilweise entsprechend gelten.

91 Diese **entsprechende Geltung** ist vorgesehen für
– § 10 EG Abs. 2 Nr. 1 VOB/A mit der Vorgabe einer **Bewerbungsfrist** von regelmäßig mindestens 37 Kalendertagen
– § 10 EG Abs. 2 Nr. 2 VOB/A mit der Möglichkeit der **Verkürzung der Bewerbungsfrist bei elektronischen Bekanntmachungen** entsprechend § 10 EG Abs. 2 Nr. 2 VOB/A und
– die Möglichkeit der **Fristverkürzung aus Gründen der Dringlichkeit** nach § 10 EG Abs. 2 Nr. 6 lit. a) VOB/A sowie
– die Regelungen zu **Beginn und Dauer der Zuschlagsfrist** sowie der Bindung der Bieter an ihr Angebot in § 10 EG Abs. 2 Nr. 10 bis 12 VOB/A.

92 Keine Vorgaben enthält die VOB/A für die **Angebotsfrist** und die Verhandlungsrunden. Hier gilt der allgemeine Grundsatz, dass diese **angemessen** sein müssen und den inter-

essierten Unternehmen eine ausreichende Bearbeitungszeit bieten müssen. Dies sollte der Auftraggeber auch aus dem eigenen Interesse an einem verzerrungsfreien und spekulationsfreien Wettbewerb beachten.

2. Verhandlungsverfahren ohne öffentliche Vergabebekanntmachung

Für das Verhandlungsverfahren ohne öffentliche Bekanntmachung i.S.d. § 3 EG Abs. 5 VOB/A sehen Vergabekoordinierungsrichtlinie und in ihrer Folge die VOB/A noch weniger Regelungen vor. 93

Allerdings weicht die VOB/A mit der VOB/A 2012 in einem Punkt von der Vergabekoordinierungsrichtlinie ab und enthält eine dort nicht vorgesehene Frist. Nach § 10 EG Abs. 3 Nr. 2 VOB/A ist bei einem Verhandlungsverfahren ohne Vergabebekanntmachung auch bei Dringlichkeit eine **ausreichende Angebotsfrist** vorzusehen, wobei diese Angebotsfrist 10 Kalendertage nicht unterschreiten darf. 94

Ausnahmen von dieser Mindestfrist müssen jedoch möglich sein, insbesondere für dringliche Maßnahmen im Sinne des § 3 EG Abs. Abs. 5 Nr. 4 VOB/A. Dieser erlaubt ein Verhandlungsverfahren ohne öffentliche Bekanntmachung in Fällen wie **Notmaßnahmen** zur Abstützung von brechenden Dämmen, einsturzgefährdeten Gebäuden etc. Diese Fallgestaltungen lassen auch eine auf 10 Tage verkürzte Angebotsfrist nicht zu. Natürlich müssen sich die beauftragten Leistungen auf das unbedingt und dringend Erforderliche beschränken. Der Auftraggeber trägt die Nachweislast für das Vorliegen eines solchen Ausnahmefalls. 95

IV. Wettbewerblicher Dialog

Auch für den wettbewerblichen Dialog ist in § 10 EG Abs. 4 VOB/A nur die entsprechende Anwendung einiger für das nicht offene Verfahren formulierte Bestimmungen vorgesehen. Dies sind 96
- § 10 EG Abs. 2 Nr. 1 VOB/A mit der Vorgabe einer **Bewerbungsfrist** von regelmäßig mindestens 37 Kalendertagen;
- die Möglichkeit der **Verkürzung der Bewerbungsfrist** bei elektronischen Bekanntmachungen entsprechend § 10 EG Abs. 2 Nr. 2 VOB/A sowie
- die Regelungen zu **Beginn und Dauer der Zuschlagsfrist** sowie der Bindung der Bieter an ihr Angebot in § 10 EG Abs. 2 Nr. 10 bis 12 VOB/A.

Es wird daher auf die Darstellung zum nicht offenen Verfahren oben unter Rn. 73 ff. verwiesen. 97

Für die Angebotsfrist und die verschiedenen Runden des Dialogs sieht die VOB/A keine Vorgaben vor. Hier gilt der allgemeine Grundsatz, dass diese **angemessen** sein müssen und den interessierten Unternehmen eine ausreichende Bearbeitungszeit bieten müssen. Dies sollte der Auftraggeber auch aus dem eigenen Interesse an einem verzerrungsfreien und spekulationsfreien Wettbewerb beachten. 98

E. VOL/A Unterschwellenbereich

Zu den Fristen ist die VOL/A im Unterschwellenbereich noch knapper formuliert als die VOB/A. Die einzige Regelung hierzu findet sich in § 10 VOL/A. Danach soll der Auftraggeber für die Bearbeitung und Abgabe der Teilnahmeanträge und der Angebote sowie für die Geltung der Angebote **ausreichende Fristen** vorsehen. Angesichts der großen Bandbreite von Leistungen, die nach der VOL/A vergeben werden, ist vermutlich kaum eine andere Regelung sinnvoll vorzugeben. 99

Um dieser Vorgabe der VOL/A zu genügen, muss der Auftraggeber also jeweils **im Einzelfall prüfen und festlegen**, welche Frist angemessen ist. Dabei muss er u.a. die 100

Möglichkeiten der branchenspezifischen Bekanntmachung prüfen und die Komplexität der Leistungsbeschreibung, die Erforderlichkeit von Nachunternehmerangeboten usw. berücksichtigen.

101 Für die **Zuschlagsfrist** enthält die VOL/A im Unterschwellenbereich gar keine Regelung. Hier sollte der Auftraggeber aber berücksichtigen, dass bereits die Bindung an ein Angebot für ein Unternehmen Kosten verursachen kann, wenn nämlich etwa Kapazitäten freigehalten werden müssen. Daher sollte er auch bei Vergaben nach der VOL/A keine unangemessen lange Zuschlagsfrist mit der damit verbundenen Bindung der Bieter vorgeben.

F. VOL/A Oberschwellenbereich

102 VOB/A und VOL/A beruhen auf den gleichen europarechtlichen Vorgaben der **Vergabekoordinierungsrichtlinie.** Daher gelten inhaltlich praktisch durchweg die gleichen Fristen wie bei der VOB/A, weswegen nachfolgend nur die wesentlichen Regelungen sowie etwaige Unterschiede zur VOB/A beschrieben werden.

103 Die VOL/A leitet die Regelungen zu den Fristen insoweit abweichend von der VOB/A mit einer **grundsätzlichen Regelung** ein. Nach § 12 EG Abs. 1 VOL/A berücksichtigt der Auftraggeber bei der Festsetzung der Fristen für den Eingang der Angebote und der Anträge auf Teilnahme unbeschadet der in § 12 EG VOL/A festgelegten Mindestfristen insbesondere die Komplexität des Auftrags und die Zeit, die für die Ausarbeitung der Angebote erforderlich ist.

104 Diese an Art. 38 Abs. 1 VKR angelehnte Formulierung macht deutlich, dass zum einen die in Art. 38 f. VKR – umgesetzt in der VOL/A – genannten Fristen als **Mindestfristen** zu verstehen sind, zum anderen ist das **Prüfprogramm** des Auftraggebers für die Festsetzung einer angemessenen Frist näher benannt.

I. Offenes Verfahren

1. Angebotsfrist

105 Die Regelungen zur Angebotsfrist entsprechen bis auf Details bei der Formulierung und einer Abweichung bei der Verkürzungsmöglichkeit bei elektronischer Bereitstellung weitestgehend denen der VOB/A.

106 Die Dauer der Angebotsfrist soll nach § 12 EG Abs. 2 VOL/A **mindestens 52 Tage** betragen.

107 Die Verkürzungsmöglichkeit durch Veröffentlichung einer **Vorinformation** ist in § 12 EG Abs. 3 VOL/A geregelt. Ausdrücklich findet sich in § 12 EG Abs. lit. 3 b) VOL/A der Hinweis, dass die Verkürzung **nur zulässig ist**, wenn die verkürzte Frist für Interessenten ausreicht, um ordnungsgemäße Angebote einreichen zu können. Die Frist kann auf nicht weniger als 36 Tage, mindestens aber 22 Tage verkürzt werden.

108 Bei elektronisch erstellten und übermittelten **Bekanntmachungen** erlaubt § 12 EG Abs. 6 VOL/A eine Verkürzung der Regelmindestfrist nach § 12 EG Abs. 2 VOL/A und der nach Veröffentlichung einer Vorinformation verkürzten Frist nach § 12 EG Abs. 3 lit. b) VOL/A um 7 Tage. Die Formulierung weicht von der VOB/A insofern ab, als diese eine Verkürzung um „bis zu" 7 Tage erlaubt, also auch eine geringere Verkürzung.

109 Abweichend von der VOB/A kann bei **elektronischer Bereitstellung der Vergabeunterlagen** nur die Regelmindestfrist von 52 Tagen in § 12 EG Abs. 2 VOL/A um weitere 5 Tage gekürzt werden.

110 Die **Verlängerung** wegen verspäteter Übersendung von Vergabeunterlagen oder zu erteilender Auskünfte sowie bei Erfordernis einer Ortsbesichtigung ist in § 12 EG Abs. 9 VOL/A geregelt.

Die Angebotsfrist ist nach dem Wortlaut der VOL/A ab dem Tag der Absendung der Bekanntmachung zu rechnen. Nach der **FristenVO** wird aber, wie oben in Rn. 9 f. dargestellt, der Tag der Absendung nicht mitgezählt. 111

Zum **Ende der Angebotsfrist** enthält die VOL/A anders als die VOB/A keine ausdrückliche Vorgabe. Bei VOL/A-Verfahren endet die Angebotsfrist **zu dem vom Auftraggeber gesetzten Zeitpunkt,** nicht aber mit dem Zeitpunkt der tatsächlichen Angebotsöffnung. Das Ende der Angebotsfrist und die Angebotsöffnung sind insoweit entkoppelt[7]. 112

2. Zuschlagsfrist

Anders als die VOB/A sieht die VOL/A keine Regelfrist vor. Als Grundsatz ist in § 12 EG Abs. 1 VOL/A ausgesprochen, dass die Auftraggeber **eine angemessene Frist** bestimmen müssen, innerhalb der die Bieter an ihre Angebote gebunden sind. Diese Frist wird durch einen Klammerzusatz als Bindefrist definiert. 113

Da auch bei der VOB/A der Auftraggeber ein weites Ermessen hat, besteht insoweit kein inhaltlicher Unterschied zur VOL/A. 114

II. Nicht offenes Verfahren

1. Bewerbungsfrist

Die Regelungen zur Bewerbungsfrist entsprechen inhaltlich denen der VOB/A. 115

Nach § 12 EG Abs. 4 VOL/A muss die Bewerbungsfrist **mindestens 37 Tage** betragen. Die Verkürzung dieser Regelfrist bei elektronisch erstellten und übermittelten **Bekanntmachungen** um 7 Tage sieht § 12 EG Abs. 6 Satz 1 VOL/A vor. 116

Bei **Dringlichkeit** kann die Bewerbungsfrist auf 15 Tage verkürzt werden und bei elektronisch übermittelter Bekanntmachung sogar auf 10 Tage, § 12 EG Abs. 4 Satz 2 VOL/A. 117

Die Bewerbungsfrist ist nach dem Wortlaut der VOL/A ab dem Tag der Absendung der Bekanntmachung zu rechnen. Nach der **FristenVO** wird aber, wie oben in Rn. 9 f. dargestellt, der Tag der Absendung nicht mitgezählt. 118

2. Angebotsfrist

Bei der Angebotsfrist für nicht offene Verfahren bestehen keine wesentlichen inhaltlichen Unterschiede zur VOB/A. 119

Die Angebotsfrist muss nach § 12 EG Abs. 5 VOL/A **mindestens 40 Tage** betragen. In Fällen besonderer **Dringlichkeit** kann sie auf mindestens 10 Tage verkürzt werden. 120

Bei Veröffentlichung einer **Vorinformation** kann sie auf 36 Tage, mindestens aber 22 Tage verkürzt werden. 121

Die Verkürzung der Mindest-Regelfrist von 40 Tagen bei **elektronischer Bereitstellung der Vergabeunterlagen** regelt § 12 EG Abs. 6 VOL/A. 122

Die Verlängerung wegen verspäteter Übersendung von Vergabeunterlagen oder zu erteilender Auskünfte sowie bei Erfordernis einer Ortsbesichtigung ist in § 12 EG Abs. 9 VOL/A geregelt. 123

Die Angebotsfrist ist nach dem Wortlaut der VOL/A ab am Tag der Absendung der Aufforderung zur Angebotsabgabe zu rechnen. Nach der **FristenVO** wird aber, wie oben in Rn. 9 f. dargestellt, der Tag der Absendung nicht mitgezählt. 124

Zum **Ende der Angebotsfrist** enthält die VOL/A anders als die VOB/A keine ausdrückliche Vorgabe, doch endet auch bei VOL/A-Verfahren die Angebotsfrist zu dem vom Auftraggeber gesetzten Zeitpunkt. 125

---

[7] *Müller-Wrede* in Müller-Wrede, § 17 EG VOL/A, Rn. 13.

3. Zuschlagsfrist

126 Anders als die VOB/A sieht die VOL/A keine Regelfrist für die Zuschlagsfrist vor. Als Grundsatz ist in § 12 EG Abs. 1 VOL/A ausgesprochen, dass die Auftraggeber **eine angemessene Frist** bestimmen, innerhalb der die Bieter an ihre Angebote gebunden sind. Diese Frist wird durch einen Klammerzusatz als Bindefrist definiert.

127 Da auch bei der VOB/A der Auftraggeber ein weites Ermessen hat, besteht insoweit kein inhaltlicher Unterschied zur VOL/A.

III. Verhandlungsverfahren

1. Verhandlungsverfahren mit öffentlicher Vergabebekanntmachung

128 Wie bei der VOB/A sind auch bei der VOL/A die Regelungen zur Bewerbungsfrist für nicht offene Verfahren und für Verhandlungsverfahren mit öffentlicher Vergabebekanntmachung identisch. Bei der VOB/A ist dies durch die Verweisung in § 12 EG Abs. 3 Nr. 1 VOB/A geregelt, bei der VOL/A, indem das Verhandlungsverfahren in § 12 EG Abs. 4 VOL/A ausdrücklich genannt ist.

129 Anders als die VOB/A sieht die VOL/A keine Regelfrist für die Dauer der **Zuschlagsfrist** vor. Als Grundsatz ist in § 12 EG Abs. 1 VOL/A ausgesprochen, dass die Auftraggeber eine angemessene Frist bestimmen, innerhalb der die Bieter an ihre Angebote gebunden sind. Diese Frist wird durch einen Klammerzusatz als Bindefrist definiert.

130 Da auch bei der VOB/A der Auftraggeber ein weites Ermessen hat, besteht insoweit kein inhaltlicher Unterschied zu VOL/A.

2. Verhandlungsverfahren ohne öffentliche Vergabebekanntmachung

131 Für Fristen bei Verhandlungsverfahren ohne öffentliche Vergabekanntmachung i.S.d. § 3 EG Abs. 4 VOL/A enthält die VOL/A gar **keine Vorgaben**, auch nicht die in § 10 EG Abs. 3 Nr. 2 VOB/A vorgesehene und nicht in der Vergabekoordinierungsrichtlinie wurzelnde Mindestfrist. Diese Regelung ist daher bei der VOL/A auch nicht entsprechend anwendbar.

IV. Wettbewerblicher Dialog

132 Wie bei der VOB/A sind auch bei der VOL/A die Regelungen zur **Bewerbungsfrist** bei nicht offenem Verfahren und wettbewerblichem Dialog identisch. Bei der VOB/A ist dies durch die Verweisung in § 12 EG Abs. 4 VOB/A geregelt, bei der VOL/A, indem der wettbewerbliche Dialog in § 12 EG Abs. 4 VOL/A ausdrücklich genannt ist.

133 Vorgaben für die Angebotsfrist oder die Verhandlungsrunden enthält die VOL/A wie die VOB/A nicht.

134 Bei der **Zuschlagsfrist** ist der Grundsatz in § 12 EG Abs. 1 VOL/A zu beachten, wonach die Auftraggeber eine angemessene Frist bestimmen, innerhalb der die Bieter an ihre Angebote gebunden sind.

G. Fristen nach VOF

I. Vergabeverfahren

135 Auch die VOF beruht wie VOL/A und VOB/A auf der **Vergabekoordinierungsrichtlinie** und hat die dort vorgegebenen Regelungen zu Fristen umgesetzt, wobei **Regelverfahren** das Verhandlungsverfahren ist. Daher enthält die VOF nur Vorgaben für

die **Bewerbungsfrist**. Vorgaben für die Angebotsfrist und die Zuschlagsfrist sind in der VOF wie in der Vergabekoordinierungsrichtlinie nicht vorgesehen.

Nach § 7 Abs. 1 VOF beträgt die vom Auftraggeber festzusetzende Frist für den Antrag auf Teilnahme **mindestens 37 Tage**. Bei elektronisch erstellten und übermittelten Bekanntmachungen kann der Auftraggeber diese Frist um sieben Tage verkürzen. 136

In den Fällen **besonderer Dringlichkeit** sieht § 7 Abs. 2 VOF vor, dass die Frist für den Antrag auf Teilnahme mindestens 15 Tage, oder mindestens 10 Tage bei elektronischer Übermittlung beträgt. Diese Verfahren werden als beschleunigte Verfahren bezeichnet. 137

Gemäß § 7 Abs. 4 VOF hat der Auftraggeber die Fristen zu **verlängern**, wenn die Teilnahmeanträge oder Angebote nur nach einer Ortsbesichtigung oder Einsichtnahme in nicht übersandte Unterlagen erstellt werden können oder er die Auskünfte nicht rechtzeitig erteilen kann. 138

Die Bewerbungsfrist ist nach dem Wortlaut der VOF ab dem Tag der Absendung der Bekanntmachung zu rechnen. Nach der **FristenVO** wird aber, wie oben dargestellt, der Tag der Absendung nicht mitgezählt. 139

II. Wettbewerbe

Ganz schlank ist die Regelung für Wettbewerbe in § 15 Abs. 5 VOF. Danach hat der Auslober eines Wettbewerbes zu gewährleisten, dass jedem Bewerber und jedem Teilnehmer die gleiche Chance eingeräumt wird. Insbesondere ist dort angesprochen, dass für alle Teilnehmer **die gleichen Bedingungen und Fristen** gelten. Ihnen werden die gleichen Informationen jeweils zum gleichen Zeitpunkt übermittelt. 140

Diese Regelung entspricht schon dem allgemeinen Gleichbehandlungsgrundsatz. 141

H. Fristen im Sektorenbereich

I. Europarechtliche Grundlagen

Grundlage der deutschen Regelungen ist weitestgehend die **Sektorenkoordinierungsrichtlinie.** In der Begründung zur SektVO wurde besonders betont, dass nur **Mindeststandards** umgesetzt wurden[8], daher gibt es auch bei den Fristen keine Abweichungen von der Sektorenkoordinierungsrichtlinie. 142

In der SektVO sind nur offenes und nicht offenes Verfahren sowie Verhandlungsverfahren vorgesehen, nicht aber der wettbewerbliche Dialog. 143

Generell gilt für alle in der SektVO genannten Fristen, bei denen für den Fristbeginn auf eine Handlung abgestellt wird, dass wie oben in Rn. 9 f. ausführlich dargestellt, die Frist nach der **FristenVO** erst ab dem auf die Handlung folgenden Tag berechnet wird, insoweit **abweichend vom Wortlaut** der SektVO. 144

II. Vorgaben der SektVO

1. Grundsatz

In § 17 Abs. 1 SektVO ist der Grundsatz festgehalten, dass der Auftraggeber für die Ausarbeitung von Teilnahmeanträgen und Einreichung der Teilnahmeanträge und den Eingang von Angeboten **angemessene Fristen** setzt. 145

Bei einigen Verfahrensarten macht die SektVO noch weitere Angaben, doch handelt es sich in der Regel um **Mindestfristen**, die jeweils auf eine angemessene Dauer verlängert 146

---

[8] BR-Drs. 522/09.

werden müssen. Grundlage der Regelung in § 17 Abs. 1 SektVO ist Art. 45 Abs. 1 SKR, wonach bei der Festsetzung der Fristen für den Eingang der Angebote und der Anträge auf Teilnahme die Auftraggeber unbeschadet der in Art. 45 SKR festgelegten Mindestfristen insbesondere die Komplexität des Auftrags und die Zeit, die für die Ausarbeitung der Angebote erforderlich ist, berücksichtigen. Diese Formulierung macht deutlich, dass zum einen die in Art. 45 SKR genannten Fristen – umgesetzt in der SektVO – als **Mindestfristen** zu verstehen sind, zum anderen ist das **Prüfprogramm** des Auftraggebers für die Festsetzung einer angemessenen Frist näher benannt.

147 Ein Rückgriff auf den Grundsatz in § 17 Abs. 1 SektVO ist außerdem dann notwendig, wenn Sektorenkoordinierungsrichtlinie und SektVO noch nicht einmal eine Mindestfrist vorgeben.

2. Offene Verfahren

a) Angebotsfrist

148 Die Angebotsfrist soll nach § 17 Abs. 2 SektVO **52 Kalendertage** betragen. Nach dem Wortlaut der Vorschrift wird diese Frist ab dem Tag der Absendung der Bekanntmachung gerechnet, entsprechend den Vorgaben der FristenVO kann sie jedoch erst ab dem Tag, der auf die Absendung folgt, gerechnet werden.

149 Wie Art. 45 Abs. 2 SKR deutlich macht, handelt es sich bei den 52 Kalendertagen um eine **Mindestfrist**, die bei den von der SektVO erfassten Verträgen jeweils einzelfallangemessen zu verlängern ist.

150 Die Angebotsfrist ist nach § 17 Abs. 4 SektVO zu **verlängern**, wenn die Vergabeunterlagen und die zusätzlichen Unterlagen oder Auskünfte trotz rechtzeitiger Anforderung nicht innerhalb der in den §§ 18 und 19 SektVO festgesetzten Fristen zugesandt oder erteilt werden oder wenn die Angebote nur nach einer Ortsbesichtigung oder Einsichtnahme in Anlagen zu den Vergabeunterlagen vor Ort erstellt werden können.

151 Diese Regelung entspricht den Vorgaben bei VOB/A und VOL/A.

152 Auch die SektVO sieht eine **Verkürzung** der Angebotsfrist vor, wenn der Auftraggeber eine regelmäßige nicht verbindliche **Bekanntmachung** oder – insoweit gibt die Sektorenkoordinierungsrichtlinie mehr Spielraum – ein **Beschafferprofil** veröffentlicht hatte. Eine solche Veröffentlichung gibt dem Auftraggeber nach § 18 Abs. 1 SektVO die Möglichkeit, die Angebotsfrist auf 22 Kalendertage zu verkürzen. Zu den Anforderungen an die Veröffentlichung führt § 18 Abs. 1 SektVO aus, dass sie alle erforderlichen Informationen enthalten muss, die für die Bekanntmachung einer beabsichtigten Auftragsvergabe gefordert sind, soweit sie zum Zeitpunkt der Veröffentlichung der Bekanntmachung vorlagen, sowie spätestens 52 Kalendertage und frühestens zwölf Monate vor dem Tag der Absendung der Bekanntmachung der beabsichtigten Auftragsvergabe veröffentlicht worden sein muss.

153 Liegt die Veröffentlichung zu weit zurück, kann der Auftraggeber sie wiederholen und – nach Ablauf von mindestens 52 Kalendertagen – als Grundlage der Verkürzung benutzen.

154 Beim offenen Verfahren kann der Auftraggeber die Angebotsfrist um sieben Kalendertage verkürzen, wenn er die Bekanntmachungen **elektronisch erstellt und versendet**, § 18 Abs. 2 SektVO. Eine weitere Verkürzungsmöglichkeit steht ihm nach § 18 Abs. 3 SektVO offen, wenn er ab der Veröffentlichung der Bekanntmachung sämtliche Vergabeunterlagen elektronisch vollständig verfügbar macht.

155 Nach § 18 Abs. 4 SektVO darf der Auftraggeber beide Fristverkürzungen nutzen, allerdings darf eine Mindestfrist von 15 Kalendertagen nicht unterschritten werden.

156 Hiervon ausgenommen sind – beim offenen Verfahren allerdings nach dem regelmäßigen Ablauf ausgeschlossene – einvernehmlich festgelegte Fristen.

b) Zuschlagsfrist

Zur Zuschlagsfrist enthält die SektVO **keine Vorgaben**, auch nicht in Form eines Grundsatzes. Ein fair agierender Auftraggeber wird jedoch insofern von einer übermäßigen Bindung der Bieter Abstand nehmen. Es steht ihm jedoch frei, sowohl interne Vorgänge als auch die Zeit eines Nachprüfungsverfahrens zu berücksichtigen. 157

3. Nicht offene Verfahren

a) Bewerbungsfrist

Nach § 17 Abs. 3 Nr. 1 SektVO beträgt die Bewerbungsfrist bei nicht offenen **Verfahren mindestens 37 Kalendertage.** Auch wenn die Bekanntmachung per Fax oder elektronisch versendet wurde, darf sie nicht kürzer sein als 15 Kalendertage, § 18 Abs. 4 Nr. 2 SektVO. Die Frist darf auf keinen Fall kürzer sein als 22 Kalendertage, wenn die Bekanntmachung nicht auf elektronischem Weg oder per Telefax zur Veröffentlichung übermittelt wurde. 158

b) Angebotsfrist

Für die Angebotsfrist enthält § 17 Abs. 3 Nr. 2 SektVO die Vorgabe, dass **sie regelmäßig 24 Kalendertage** beträgt, falls nicht einvernehmlich zwischen dem Auftraggeber und den Bewerbern eine andere Frist festgelegt wurde. Die Frist darf nicht kürzer als zehn Kalendertage sein. 159

Auch wenn die Frist von 24 Kalendertagen durch den Zusatz „regelmäßig" als Regelfrist gekennzeichnet ist, dürfte sie bei der größeren Zahl der Vergabeverfahren **zu kurz sein**, um ein ordnungsgemäßes Angebot zu erstellen. Dies sollten Auftraggeber berücksichtigen, zumal ein Auftragnehmer immer versucht sein wird, anfängliche Kalkulationsfehler und ähnliches im Auftragsfall durch Nachträge etc. wett zu machen. 160

Eine Möglichkeit zur **Verkürzung** der Angebotsfrist steht dem Auftraggeber nach § 18 Abs. 3 SektVO offen, wenn er ab der Veröffentlichung der Bekanntmachung sämtliche Vergabeunterlagen elektronisch vollständig verfügbar macht. In diesem Fall kann er die Angebotsfrist um 5 Kalendertage verkürzen. Nach § 18 Abs. 4 Nr. 1 SektVO darf jedoch eine Mindestfrist von 10 Kalendertagen nicht unterschritten werden. 161

c) Zuschlagsfrist

Vorgaben für die Bemessung der Zuschlagsfrist enthält die SektVO nicht. 162

4. Verhandlungsverfahren

Für das Verhandlungsverfahren **mit öffentlicher Vergabekanntmachung** sieht die SektVO ebenso wie die Sektorenkoordinierungsrichtlinie nur Vorgaben zur **Bewerbungsfrist** vor. Diese sind identisch mit denen bei nicht offenen Verfahren. 163

Für Verhandlungsverfahren **ohne öffentliche Vergabebekanntmachung** enthält die SektVO keine Vorgaben. 164

I. Fristen im Verteidigungs- und Sicherheitsbereich

1. VSVgV

Europarechtliche Grundlage der VSVgV und der VOB/A-VS ist die Richtlinie 2009/81/EG des europäischen Parlaments und des Rates vom 13. Juli 2009 über die Koordinierung der Verfahren zur Vergabe bestimmter Bau-, Liefer- und Dienstleistungsaufträge in 165 den Bereichen Verteidigung und Sicherheit und zur Änderung der Richtlinien 2004/17/EG und 2004/18/EG (nachfolgend RL 2009/81/EG).

166 Dort finden sich in Art. 33 RL 2009/81/EG Vorgaben zu den vom Auftraggeber zu beachtenden Fristen. Diese ähneln in weiten Teilen denen in Vergabekoordinierungsrichtlinie und Sektorenkoordinierungsrichtlinie.

167 Als **Regelverfahren** sieht die VSVgV nicht offene Verfahren oder Verhandlungsverfahren mit Teilnahmewettbewerb vor. In begründeten Ausnahmefällen sind ein Verhandlungsverfahren ohne Teilnahmewettbewerb oder ein wettbewerblicher Dialog zulässig.

168 Generell gilt für alle in der VSVgV genannten Fristen, bei denen für den Fristbeginn auf eine Handlung abgestellt wird, dass wie oben in Rn. 9 f. ausführlich dargestellt, die Frist nach der **FristenVO** erst ab dem auf die Handlung folgenden Tag berechnet wird, insoweit abweichend vom Wortlaut der VSVgV.

1. Grundsatz

169 Nach § 20 Abs. 1 VSVgV berücksichtigen die Auftraggeber bei der Festsetzung der Fristen für den Eingang der Angebote und der Anträge auf Teilnahme unbeschadet der weiteren in § 20 VSVgV festgelegten Mindestfristen insbesondere die Komplexität des Auftrags und die Zeit, die für die Ausarbeitung der Angebote erforderlich ist. Dies ist praktisch wörtlich aus Art. 33 Abs. 1 RL 2009/81/EG übernommen. Wie auch bei Sektorenkoordinierungsrichtlinie und Vergabekoordinierungsrichtlinie bzw. den deutschen Umsetzungsakten sind die in den vergaberechtlichen Vorschriften genannten Fristen auch im Bereich der VSVgV grundsätzlich **Mindestfristen**. Der Auftraggeber muss diese verlängern, um den interessierten Unternehmen angemessene Bearbeitungszeiten zu ermöglichen und damit einen möglichst intensiven Wettbewerb zu ermöglichen.

2. Bewerbungsfrist bei nicht offenen Verfahren, im Verhandlungsverfahren mit Teilnahmewettbewerb und im wettbewerblichen Dialog

170 Die Bewerbungsfrist beträgt für die drei Verfahrensarten nicht offenes Verfahren, Verhandlungsverfahren mit Teilnahmewettbewerb und wettbewerblichen Dialog einheitlich nach § 20 Abs. 1 VSVgV **mindestens 37 Tage.**

171 Diese Frist können Auftraggeber nach § 20 Abs. 4 Satz 1 VSVgV um sieben Tage kürzen, wenn sie die Bekanntmachung elektronisch erstellen und übermitteln.

172 In Fällen **besonderer Dringlichkeit** kann bei nicht offenen Verfahren und Verhandlungsverfahren mit Teilnahmewettbewerb diese Frist auf mindestens 15 Tage bzw. mindestens zehn Tage bei elektronischer Übermittlung verkürzt werden.

3. Angebotsfrist bei nicht offenen Verfahren

a) Bemessung

173 Nach § 20 Abs. 3 VSVgV beträgt die Angebotsfrist beim nicht offenen Verfahren **mindestens 40 Tage**, gerechnet vom Tag nach Absendung der Aufforderung zur Angebotsabgabe.

174 Im beschleunigten Verfahren, also Verfahren mit besonderer Dringlichkeit i.S. § 20 Abs. 2 VSVgV, beträgt die Frist mindestens zehn Tage, gerechnet vom Tag nach Absendung der Aufforderung zur Angebotsabgabe an.

b) Möglichkeit der Fristverkürzung bei Vorinformation

175 Hat der Auftraggeber eine **Vorinformation** gemäß § 17 VSVgV veröffentlicht, hat er nach § 20 Abs. 3 VSVgV die Möglichkeit, die Angebotsfrist „**in der Regel**" auf 36 Tage ab dem Tag nach der Absendung der Aufforderung zur Angebotsabgabe zu verkürzen, sie darf jedoch keinesfalls weniger als 22 Tage betragen. Voraussetzung ist, dass die Vor-

information alle die im Bekanntmachungsformular geforderten Informationen – soweit diese zum Zeitpunkt der Veröffentlichung der Bekanntmachung vorlagen und soweit sie für das Vergabeverfahren jeweils relevant sind – enthielt und sie spätestens 52 Tage und frühestens zwölf Monate vor dem Tag der Absendung der Bekanntmachung zur Veröffentlichung übermittelt wurde. Der Auftraggeber hat zur Wahrung dieser Verkürzungsmöglichkeit auch die Möglichkeit, die Vorinformation zu wiederholen. Es kommt für die Einhaltung der Fristen auf die zuletzt veröffentliche Vorinformation an.

c) Fristverlängerung

Wenn die Angebote nur nach einer **Ortsbesichtigung** oder Einsichtnahme in nicht übersandte Vergabeunterlagen erstellt werden können oder der Auftraggeber Informationen oder Antworten auf Bieteranfragen nicht innerhalb der Frist des § 20 Abs. 5 VSVgV versenden konnte, ist die Angebotsfrist nach § 20 Abs. 6 VSVgV zu verlängern, und zwar so, dass alle betroffenen Unternehmen von allen Informationen, die für die Erstellung des Angebots notwendig sind, Kenntnis nehmen können. **176**

d) Verkürzung bei elektronischer Kommunikation

Nach § 20 Abs. 4 Satz 2 VSVgV kann ein Auftraggeber die Angebotsfrist um weitere fünf Tage verkürzen, wenn er ab der Veröffentlichung der Bekanntmachung die Vergabeunterlagen und unterstützende Unterlagen elektronisch frei, direkt und vollständig verfügbar macht. Diese Verkürzung kann mit der Verkürzung der Angebotsfrist bei elektronischer Übermittlung der Bekanntmachung kombiniert werden. Hintergrund der Verkürzungsmöglichkeit ist, dass interessierte Unternehmen sich bereits frühzeitig ein Bild von den Anforderungen des Auftraggebers machen können und die Angebotserstellung – auch wenn sie vom Auftraggeber erst noch als Bewerber auszuwählen sind – vorbereiten können. Daher muss der Zugang tatsächlich frei sein, also unabhängig von einer Prüfung des Auftraggebers hinsichtlich Zuverlässigkeit etc. Bei den regelmäßig **sensiblen** Vergaben im Bereich von Verteidigung und Sicherheit dürfte eine allgemein zugängliche Verfügbarkeit jedoch nicht geboten sein, so dass diese Verkürzungsmöglichkeit kaum praktische Anwendung finden dürfte. **177**

4. Verhandlungsverfahren

Für Verhandlungsverfahren mit Teilnahmewettbewerb enthält die VSVgV nur die Vorgaben betreffend die **Bewerbungsfrist**, die oben in Rn. 170f. dargestellt sind. Darüber hinaus sind keine Regelungen vorgesehen, erst recht nicht für Verhandlungsverfahren **ohne Teilnahmewettbewerb.** **178**

5. Auskunftsfrist bei nicht offenen Verfahren und Verhandlungsverfahren

Nach § 20 Abs. 5 VSVgV müssen Auftraggeber rechtzeitig angeforderte zusätzliche Informationen über die Vergabeunterlagen, die Beschreibung oder die unterstützenden Unterlagen im Falle des nicht offenen Verfahrens spätestens sechs Tage oder im Falle des infolge Dringlichkeit beschleunigten Verhandlungsverfahrens spätestens vier Tage vor Ablauf der für die Einreichung von Angeboten festgelegten Frist übermitteln. **179**

II. VOB/A-VS

Die VOB/A-VS enthält gegenüber der VSVgV mehrere für Bauvorhaben erforderliche spezifische Regelungen. Wesentlicher Unterschied ist zum einen, dass die VOB/A-VS Vorgaben für die **Zuschlagsfrist** enthält und zum andern dass die VOB/A-VS wie die **180**

VOB/A-EG eine Mindest-Angebotsfrist für **Verhandlungsverfahren ohne öffentliche Vergabebekanntmachung** vorsieht.

181 Die Fristberechnung ist in der VOB/A-VS abweichend vom Wortlaut der VSVgV geregelt, aber entsprechend der **FristenVO**, also jeweils bei einer von einer Handlung abhängigen Frist wird der Tag, auf den die Handlung fällt, nicht mitgezählt.

182 Der Aufbau des § 10 VS VOB/A entspricht in seiner Grundidee dem des § 10 EG VOB/A. Für jedes Verfahren finden sich zusammengefasst in einem Absatz die dafür geltenden Vorgaben. Aufgrund des nicht zu regelnden offenen Verfahrens fällt die Regelung jedoch kürzer aus als in der VOB/A-EG und enthält kaum Wiederholungen.

1. Nicht offene Verfahren

a) Bewerbungsfrist

183 Nach § 10 VS Abs. 1 Nr. 1 VOB/A beträgt die Bewerbungsfrist **mindestens 37 Kalendertage.** Diese Frist wird also ausdrücklich als Mindestfrist bezeichnet und sollte daher im Regelfall länger angesetzt werden.

184 Der Auftraggeber kann nach § 10 VS Abs. 1 Nr. 2 VOB/A die Bewerbungsfrist um sieben Kalendertage kürzen, wenn er die **Bekanntmachung** auf elektronischem Weg erstellt und übermittelt.

185 Bei Dringlichkeit kann der Auftraggeber die Bewerbungsfrist nach § 10 VS Abs. 1 Nr. 6 lit. a) VOB/A auf mindestens 15 Kalendertage bzw. – wenn er die Bekanntmachung auf elektronischem Weg erstellt und übermittelt hat – auf mindestens 10 Kalendertage kürzen. Dies steht unter der zusätzlichen Bedingung, dass alle zusätzlichen Unterlagen **auf elektronischem Weg frei** zugänglich, direkt und vollständig zur Verfügung gestellt werden. Bei nicht offenen Verfahren nach der VSVgV wurde oben auf die besondere Problematik dieser Regelung bei geheimhaltungsbedürftigen Unterlagen hingewiesen.

b) Angebotsfrist

186 Für die Angebotsfrist sieht § 10 VS Abs. 1 Nr. 3 VOB/A vor, dass sie **mindestens 40 Tage** dauern soll. Angesichts der von der Geltung der VOB/A-VS erfassten Bauvorhaben dürfte diese Mindestfrist tatsächlich nur in wenigen Ausnahmefällen ausreichend sein, um ein Angebot zu erstellen.

187 Gemäß § 10 VS Abs. 1 Nr. 4 VOB/A kann nach Veröffentlichung einer **Vorinformation** gemäß § 12 VS Abs. 1 Nr. 3 VOB/A die Angebotsfrist **auf 36 Kalendertage verkürzt** werden, dabei darf sie 22 Kalendertage nicht unterschreiten. Diese Vorinformation muss mindestens 52 Kalendertage, höchstens aber 12 Monate vor Absendung der Bekanntmachung des Auftrages an das Amt für Veröffentlichungen der Europäischen Union abgesandt worden sein. Sie muss mindestens die im Bekanntmachungsmuster einer Bekanntmachung für das nicht offene Verfahren geforderten Angaben enthalten, soweit diese Informationen zum Zeitpunkt der Absendung der Vorinformation vorlagen.

188 Eine weitere Verkürzungsmöglichkeit um 5 Kalendertage bietet § 10 VS Abs. 1 Nr. 5 VOB/A dem Auftraggeber, wenn er ab der Veröffentlichung der Bekanntmachung die Vertragsunterlagen und alle zusätzlichen Unterlagen **auf elektronischem Weg frei** zugänglich, direkt und vollständig zur Verfügung stellt Bei nicht offenen Verfahren nach der VSVgV wurde oben auf die besondere Problematik dieser Regelung bei geheimhaltungsbedürftigen Unterlagen hingewiesen.

189 Bei **Dringlichkeit** kann nach § 10 VS Abs. 1 Nr. 6 VOB/A die Angebotsfrist auf mindestens 10 Kalendertage verkürzt werden. Bei einer solchen kurzen Frist ist der Auftraggeber natürlich gehalten, seinerseits bei Auswahl der Kommunikationswege alle Beschleunigungsmöglichkeiten zu nutzen.

§ 10 VS Abs. 1 Nr. 7 VOB/A sieht vor, dass die Angebotsfrist zu **verlängern** ist, wenn 190
die Angebote nur nach einer Ortsbesichtigung oder Einsichtnahme in nicht übersandte
Unterlagen erstellt werden können.

Das **Ende der Angebotsfrist** ist in der VOB/A-VS ausdrücklich geregelt. Wie bei 191
den anderen Abschnitten der VOB/A endet sie, sobald im Eröffnungstermin der Verhandlungsleiter mit der Öffnung der Angebote beginnt.

c) Zuschlagsfrist

Anders als die VSVgV enthält die VOB/A-VS auch Regelungen zur **Zuschlagsfrist.** 192
Diese sind identisch mit den Regelungen im 1. und 2. Abschnitt der VOB/A. Nach § 10
VS Abs. 1 Nr. 11 VOB/A soll die Zuschlagsfrist **so kurz wie möglich** und nicht länger
bemessen werden, als der Auftraggeber für eine zügige Prüfung und Wertung der Angebote benötigt. Eine längere Zuschlagsfrist als 30 Kalendertage soll nur in begründeten Fällen festgelegt werden, wobei diese Frist in der Praxis kaum zu halten sein dürfte und dem
Auftraggeber insoweit ein weiter Bestimmungsspielraum zugestanden wird[9].

2. Verhandlungsverfahren

a) Verhandlungsverfahren mit öffentlicher Vergabebekanntmachung

Hinsichtlich des Verhandlungsverfahrens mit öffentlicher Vergabebekanntmachung sieht 193
§ 10 VS Abs. 2 Nr. 1 VOB/A vor, dass die Regelungen zur **Bewerbungsfrist** in § 10 VS
Abs. 1 Nr. 1, Nr. 2, 6a VOB/A (Mindestdauer 37 Kalendertage, Verkürzung bei elektronischen Bekanntmachungen um sieben Kalendertage und bei Dringlichkeit) und zur
Zuschlagsfrist in § 10 VS Abs. 1 Nr. 10 bis 12 VOB/A (Beginn, Dauer und Bindung
der Bieter) entsprechend anzuwenden sind.

b) Verhandlungsverfahren ohne öffentliche Vergabebekanntmachung

Abweichend von der VSVgV sieht die VOB/A-VS – insoweit wie die VOB/A-EG – 194
eine **Mindest-Angebotsfrist** für Verhandlungsverfahren ohne öffentliche Vergabebekanntmachung vor. Diese Frist soll nach § 10 VS Abs. 2 Nr. 2 VOB/A auch bei Dringlichkeit nicht unter 10 Kalendertagen liegen. Als **Handlungsanweisung** gibt die VOB/
A-VS vor, dass insbesondere der zusätzliche Aufwand für die Besichtigung von Baustellen
oder die Beschaffung von Unterlagen für die Angebotsbearbeitung zu berücksichtigen ist.

Außerdem sind die Vorgaben zur **Zuschlagsfrist** in § 10 VS Abs. 1 Nr. 10 bis 12 195
VOB/A (Beginn, Dauer und Bindung der Bieter) entsprechend anzuwenden.

3. Wettbewerblicher Dialog

Hinsichtlich Fristen sieht die VOB/A-VS in § 10 VS Abs. 3 VOB/A für wettbewerbliche 196
Dialoge vor, dass die Regelungen zur **Bewerbungsfrist** in § 10 VS Abs. 1 Nr. 1, Nr. 2
VOB/A (Mindestdauer 37 Kalendertage, Verkürzung bei elektronischen Bekanntmachungen um sieben Kalendertage) und zur **Zuschlagsfrist** in § 10 VS Abs. 1
Nr. 10 bis 12 VOB/A (Beginn, Dauer und Bindung der Bieter) entsprechend anzuwenden sind. Darüber hinaus enthält die VOB/A-VS insoweit keine weiteren Regelungen.

---

[9] Vgl. oben Rn. 70 f.

§ 24 Form und Inhalt von Teilnahmeanträgen und Angeboten

Übersicht

	Rn.
A. Formerfordernisse	1–18
I. Grundsätze der Informationsübermittlung	1–3
II. Spezifische Anforderungen an Teilnahmeanträge	4–11
III. Anforderungen an Angebote	12–18
B. Notwendige Inhalte	19–74
I. Eindeutige Bezeichnung des Bewerbers bzw. Bieters	19
II. Inhalte des Teilnahmeantrages	20–58
III. Weitergehende Inhalte des Angebots	59–74

VOB/A EG: § 6 Abs. 3 und 8, §§ 11, 13
VOL/A EG: §§ 7, 13, 14, 16
VOF: §§ 5, 8
SektVO: §§ 5, 20 Abs. 3

VOB/A EG:

§ 6 EG VOB/A Teilnehmer am Wettbewerb

(1) bis (2) hier nicht abgedruckt.

(3) 1. Zum Nachweis ihrer Eignung ist die Fachkunde, Leistungsfähigkeit sowie Gesetzestreue und Zuverlässigkeit der Bewerber oder Bieter zu prüfen.

2. Dieser Nachweis kann mit der vom Auftraggeber direkt abrufbaren Eintragung in die allgemein zugängliche Liste des Vereins für die Präqualifikation von Bauunternehmen e. V. (Präqualifikationsverzeichnis) erfolgen und umfasst die folgenden Angaben:

a) den Umsatz des Unternehmens jeweils bezogen auf die letzten drei abgeschlossenen Geschäftsjahre, soweit er Bauleistungen und andere Leistungen betrifft, die mit der zu vergebenden Leistung vergleichbar sind, unter Einschluss des Anteils bei gemeinsam mit anderen Unternehmen ausgeführten Aufträgen,

b) die Ausführung von Leistungen in den letzten drei abgeschlossenen Geschäftsjahren, die mit der zu vergebenden Leistung vergleichbar sind,

c) die Zahl der in den letzten drei abgeschlossenen Geschäftsjahren jahresdurchschnittlich beschäftigten Arbeitskräfte, gegliedert nach Lohngruppen mit gesondert ausgewiesenem technischem Leitungspersonal,

d) die Eintragung in das Berufsregister ihres Sitzes oder Wohnsitzes,

    sowie Angaben,

e) ob ein Insolvenzverfahren oder ein vergleichbares gesetzlich geregeltes Verfahren eröffnet oder die Eröffnung beantragt worden ist oder der Antrag mangels Masse abgelehnt wurde oder ein Insolvenzplan rechtskräftig bestätigt wurde,

f) ob sich das Unternehmen in Liquidation befindet,

g) dass nachweislich keine schwere Verfehlung begangen wurde, die die Zuverlässigkeit als Bewerber in Frage stellt,

h) dass die Verpflichtung zur Zahlung von Steuern und Abgaben sowie der Beiträge zur gesetzlichen Sozialversicherung ordnungsgemäß erfüllt wurde,

i) dass sich das Unternehmen bei der Berufsgenossenschaft angemeldet hat.

Diese Angaben können die Bewerber oder Bieter auch durch Einzelnachweise erbringen. Der Auftraggeber kann dabei vorsehen, dass für einzelne Angaben Eigenerklärungen ausreichend sind. Diese sind von den Bietern, deren Angebote in die engere Wahl kommen, durch entsprechende Bescheinigungen der zuständigen Stellen zu bestätigen.

Die Eintragung in ein gleichwertiges Verzeichnis anderer Mitgliedstaaten ist als Nachweis zugelassen.

3. Andere, auf den konkreten Auftrag bezogene zusätzliche, insbesondere für die Prüfung der Fachkunde geeignete Angaben können verlangt werden.

4. Der Auftraggeber wird andere ihm geeignet erscheinende Nachweise der wirtschaftlichen und finanziellen Leistungsfähigkeit zulassen, wenn er feststellt, dass stichhaltige Gründe dafür bestehen.

5. Beim offenen Verfahren sind in der Aufforderung zur Angebotsabgabe die Nachweise zu bezeichnen, deren Vorlage mit dem Angebot verlangt oder deren spätere Anforderung vorbehalten wird. Beim nicht offenem Verfahren und Verhandlungsverfahren mit öffentlicher Vergabebekanntmachung ist zu verlangen, dass die Nachweise bereits mit dem Teilnahmeantrag vorgelegt werden.

6. Beim nicht offenen Verfahren und Verhandlungsverfahren ist vor der Aufforderung zur Angebotsabgabe die Eignung der Bewerber zu prüfen. Dabei sind die Bewerber auszuwählen, deren Eignung die für die Erfüllung der vertraglichen Verpflichtungen notwendige Sicherheit bietet, dies bedeutet, dass sie die erforderliche Fachkunde, Leistungsfähigkeit sowie Gesetzestreue und Zuverlässigkeit besitzen.

(4) bis (7) hier nicht abgedruckt.

(8) Ein Bieter kann sich, gegebenenfalls auch als Mitglied einer Bietergemeinschaft, zur Erfüllung eines Auftrages der Fähigkeiten anderer Unternehmen bedienen. Dabei kommt es nicht auf den rechtlichen Charakter der Verbindung zwischen ihm und diesen Unternehmen an. In diesem Fall fordert der Auftraggeber von den in der engeren Wahl befindlichen Bietern den Nachweis darüber, dass ihnen die erforderlichen Mittel zur Verfügung stehen. Als Nachweise können beispielsweise entsprechende Verpflichtungserklärungen dieser Unter-nehmen vorgelegt werden.

(9) hier nicht abgedruckt.

§ 11 EG VOB/A Grundsätze der Informationsübermittlung

(1) 1. Die Auftraggeber geben in der Bekanntmachung oder den Vergabeunterlagen an, ob Informationen per Post, Telefax, direkt, elektronisch oder durch eine Kombination dieser Kommunikationsmittel übermittelt werden.

2. Das für die elektronische Übermittlung gewählte Netz muss allgemein verfügbar sein und darf den Zugang der Bewerber und Bieter zu den Vergabeverfahren nicht beschränken. Die dafür zu verwendenden Programme und ihre technischen Merkmale müssen allgemein zugänglich, mit allgemein verbreiteten Erzeugnissen der Informations- und Kommunikationstechnologie kompatibel und nichtdiskriminierend sein.

3. Die Auftraggeber haben dafür Sorge zu tragen, dass den interessierten Unternehmen die Informationen über die Spezifikationen der Geräte, die für die elektronische Übermittlung der Anträge auf Teilnahme und der Angebote erforderlich sind, einschließlich Verschlüsselung zugänglich sind. Außerdem muss gewährleistet sein, dass die in Anhang I genannten Anforderungen erfüllt sind.

(2) Die Auftraggeber können im Internet ein Beschafferprofil einrichten, in dem allgemeine Informationen wie Kontaktstelle, Telefon- und Faxnummer, Postanschrift und E-Mailadresse sowie Angaben über Ausschreibungen, geplante und vergebene Aufträge oder aufgehobene Verfahren veröffentlicht werden können.

(3) Die Auftraggeber haben die Datenintegrität und die Vertraulichkeit der übermittelten Anträge auf Teilnahme am Vergabeverfahren auf geeignete Weise zu gewährleisten. Per Post oder direkt übermittelte Anträge sind
1. in einem verschlossenen Umschlag einzureichen,

2. als Anträge auf Teilnahme auf dem Umschlag zu kennzeichnen und

3. bis zum Ablauf der vorgesehenen Frist unter Verschluss zu halten.

Bei elektronisch übermittelten Teilnahmeanträgen sind Datenintegrität und Vertraulichkeit durch entsprechende organisatorische und technische Lösungen nach den Anforderungen des Auftraggebers und durch Verschlüsselung sicherzustellen. Die Verschlüsselung muss bis zum Ablauf der Frist, die für die Einreichung der Anträge bestimmt ist, aufrechterhalten bleiben.

(4) Anträge auf Teilnahme am Vergabeverfahren können auch per Telefax oder telefonisch gestellt werden, müssen dann aber vom Bewerber bis zum Ablauf der Frist für die Abgabe der Teilnahmeanträge durch Übermittlung per Post, direkt oder elektronisch bestätigt werden.

§ 13 EG VOB/A Form und Inhalt der Angebote

(1) 1. Der Auftraggeber legt fest, in welcher Form die Angebote einzureichen sind. Sie müssen unterzeichnet sein. Elektronisch übermittelte Angebote sind nach Wahl des Auftraggebers mit einer fortgeschrittenen elektronischen Signatur nach dem Signaturgesetz und den Anforderungen des Auftraggebers oder mit einer qualifizierten elektronischen Signatur nach dem Signaturgesetz zu versehen.

2. Die Auftraggeber haben die Datenintegrität und die Vertraulichkeit der Angebote auf geeignete Weise zu gewährleisten. Per Post oder direkt übermittelte Angebote sind in einem verschlossenen Umschlag einzureichen, als solche zu kennzeichnen und bis zum Ablauf der für die Einreichung vorgesehenen Frist unter Verschluss zu halten. Bei elektronisch übermittelten Angeboten ist dies durch entsprechende technische Lösungen nach den Anforderungen des Auftraggebers und durch Verschlüsselung sicherzustellen. Die Verschlüsselung muss bis zur Öffnung des ersten Angebots aufrechterhalten bleiben.

3. Die Angebote müssen die geforderten Preise enthalten.

4. Die Angebote müssen die geforderten Erklärungen und Nachweise enthalten.

5. Änderungen an den Vergabeunterlagen sind unzulässig. Änderungen des Bieters an seinen Eintragungen müssen zweifelsfrei sein.

6. Bieter können für die Angebotsabgabe eine selbstgefertigte Abschrift oder Kurzfassung des Leistungsverzeichnisses benutzen, wenn sie den vom Auftraggeber verfassten Wortlaut des Leistungsverzeichnisses im Angebot als allein verbindlich anerkennen; Kurzfassungen müssen jedoch die Ordnungszahlen (Positionen) vollzählig, in der gleichen Reihenfolge und mit den gleichen Nummern wie in dem vom Auftraggeber verfassten Leistungsverzeichnis, wiedergeben.

7. Muster und Proben der Bieter müssen als zum Angebot gehörig gekennzeichnet sein.

(2) Eine Leistung, die von den vorgesehenen technischen Spezifikationen nach § 7 EG Absatz 3 abweicht, kann angeboten werden, wenn sie mit dem geforderten Schutzniveau in Bezug auf Sicherheit, Gesundheit und Gebrauchstauglichkeit gleichwertig ist. Die Abweichung muss im Angebot eindeutig bezeichnet sein. Die Gleichwertigkeit ist mit dem Angebot nachzuweisen.

(3) Die Anzahl von Nebenangeboten ist an einer vom Auftraggeber in den Vergabeunterlagen bezeichneten Stelle aufzuführen. Etwaige Nebenangebote müssen auf besonderer Anlage gemacht und als solche deutlich gekennzeichnet werden.

(4) Soweit Preisnachlässe ohne Bedingungen gewährt werden, sind diese an einer vom Auftraggeber in den Vergabeunterlagen bezeichneten Stelle aufzuführen.

(5) Bietergemeinschaften haben die Mitglieder zu benennen sowie eines ihrer Mitglieder als bevollmächtigten Vertreter für den Abschluss und die Durchführung des Vertrags zu bezeichnen. Fehlt die Bezeichnung des bevollmächtigten Vertreters im Angebot, so ist sie vor der Zuschlagserteilung beizubringen.

(6) Der Auftraggeber hat die Anforderungen an den Inhalt der Angebote nach den Absätzen 1 bis 5 in die Vergabeunterlagen aufzunehmen.

VOL/A EG:

§ 7 EG VOL/A Nachweis der Eignung

(1) Von den Unternehmen dürfen zum Nachweis ihrer Fachkunde, Leistungsfähigkeit und Zuverlässigkeit (Eignung) nur Unterlagen und Angaben gefordert werden, die durch den Gegenstand des Auftrags gerechtfertigt sind. Grundsätzlich sind Eigenerklärungen zu verlangen. Die Forderung von anderen Nachweisen als Eigenerklärungen haben die Auftraggeber in der Dokumentation zu begründen.

(2) In finanzieller und wirtschaftlicher Hinsicht kann von dem Unternehmen zum Nachweis seiner Leistungsfähigkeit in der Regel Folgendes verlangt werden:
a) Vorlage entsprechender Bankauskünfte,

b) bei Dienstleistungsaufträgen entweder entsprechende Bankerklärungen oder den Nachweis entsprechender Berufshaftpflichtversicherungsdeckung,

c) Vorlage von Bilanzen oder Bilanzauszügen des Unternehmens, falls deren Veröffentlichung nach dem Gesellschaftsrecht des Staates, in dem das Unternehmen ansässig ist, vorgeschrieben ist,

d) Erklärung über den Gesamtumsatz des Unternehmens sowie den Umsatz bezüglich der besonderen Leistungsart, die Gegenstand der Vergabe ist, jeweils bezogen auf die letzten drei Geschäftsjahre.

(3) In fachlicher und technischer Hinsicht kann das Unternehmen je nach Art, Menge und Verwendungszweck der zu erbringenden Leistung seine Leistungsfähigkeit folgendermaßen nachweisen:
a) durch eine Liste der wesentlichen in den letzten drei Jahren erbrachten Leistungen mit Angabe des Rechnungswertes, der Leistungszeit sowie der öffentlichen oder privaten Auftraggeber:

– bei Leistungen an öffentliche Auftraggeber durch eine von der zuständigen Behörde ausgestellte oder beglaubigte Bescheinigung,

– bei Leistungen an private Auftraggeber durch eine von diesen ausgestellte Bescheinigung; ist eine derartige Bescheinigung nicht erhältlich, so ist eine einfache Erklärung des Unternehmens zulässig,

b) durch die Beschreibung der technischen Ausrüstung, der Maßnahmen des Unternehmens zur Gewährleistung der Qualität sowie der Untersuchungs- und Forschungsmöglichkeiten des Unternehmens,

c) durch Angaben über die technische Leitung oder die technischen Stellen, unabhängig davon, ob sie dem Unternehmen angeschlossen sind oder nicht, und zwar insbesondere über diejenigen, die mit der Qualitätskontrolle beauftragt sind,

d) bei Lieferaufträgen durch Muster, Beschreibungen und/oder Fotografien der zu erbringenden Leistung, deren Echtheit auf Verlangen des Auftraggebers nachgewiesen werden muss,

e) bei Lieferaufträgen durch Bescheinigungen der zuständigen amtlichen Qualitätskontrollinstitute oder -dienststellen, mit denen bestätigt wird, dass die durch entsprechende Bezugnahmen genau gekennzeichneten Leistungen bestimmten Spezifikationen oder Normen entsprechen,

f) sind die zu erbringenden Leistungen komplexer Art oder sollen sie ausnahmsweise einem besonderen Zweck dienen, durch eine Kontrolle, die von den Behörden des Auftraggebers oder in deren Namen von einer anderen damit einverstandenen zuständigen amtlichen Stelle aus dem Land durchgeführt wird, in dem das Unternehmen ansässig ist; diese Kontrolle betrifft die Produktionskapazitäten und erforderlichenfalls die Untersuchungs- und Forschungsmöglichkeiten des Unternehmens sowie die von diesem zur Gewährleistung der Qualität getroffenen Vorkehrungen,

g) durch Studiennachweise und Bescheinigungen über die berufliche Befähigung, insbesondere der für die Leistungen verantwortlichen Personen.

§ 24 Form und Inhalt von Teilnahmeanträgen und Angeboten Kap. 5

(4) Die Auftraggeber können Eignungsnachweise, die durch Präqualifizierungsverfahren erworben werden, zulassen.

(5) Die Auftraggeber geben bereits in der Bekanntmachung an, welche Nachweise vorzulegen sind. Kann ein Unternehmen aus einem stichhaltigen Grund die vom Auftraggeber geforderten Nachweise nicht beibringen, so kann es seine Leistungsfähigkeit durch Vorlage anderer, vom Auftraggeber für geeignet erachteter Belege nachweisen.

(6) Als Nachweis dafür, dass die Kenntnis gemäß § 6 EG Absatz 4 unrichtig ist und die dort genannten Fälle nicht vorliegen, akzeptieren die Auftraggeber einen Auszug aus dem Bundeszentralregister oder einer gleichwertige Urkunde einer zuständigen Gerichts- oder Verwaltungsbehörde des Herkunftslands. Wenn eine Urkunde oder Bescheinigung vom Herkunftsland nicht ausgestellt wird oder nicht vollständig alle vorgesehenen Fälle erwähnt, kann dies durch eine eidesstattliche Erklärung oder eine förmliche Erklärung vor einer zuständigen Gerichts- oder Verwaltungsbehörde, einem Notar oder einer dafür qualifizierten Berufsorganisation des Herkunftslands ersetzt werden.

(7) Die Auftraggeber können von den Bewerbern oder Bietern entsprechende Bescheinigungen der zuständigen Stellen oder Erklärungen darüber verlangen, dass die in § 6 EG Absatz 6 genannten Ausschlussgründe auf sie nicht zutreffen. Als ausreichender Nachweis für das Nichtvorliegen der in § 6 EG Absatz 6 genannten Tatbestände sind zu akzeptieren:
– bei den Buchstaben a und b ein Auszug aus dem Strafregister, eine Erklärung der Stelle, die das Insolvenzregister führt, oder – in Ermangelung solcher – eine gleichwertige Bescheinigung einer Gerichts- oder Verwaltungsbehörde des Ursprungs- oder Herkunftslandes des Unternehmens, aus der hervorgeht, dass sich das Unternehmen nicht in einer solchen Lage befindet,

– bei dem Buchstaben d eine von der zuständigen Behörde des betreffenden Mitgliedstaates ausgestellte Bescheinigung.

Wird eine solche Bescheinigung in dem betreffenden Land nicht ausgestellt oder werden darin nicht alle in § 6 EG Absatz 6 Buchstaben a bis c vorgesehenen Fälle erwähnt, so kann sie durch eine eidesstattliche Erklärung ersetzt werden, die das betreffende Unternehmen vor einer Gerichts- oder Verwaltungsbehörde, einem Notar oder jeder anderen befugten Behörde des betreffenden Staates abgibt.

In den Staaten, in denen es einen derartigen Eid nicht gibt, kann dieser durch eine feierliche Erklärung ersetzt werden. Die zuständige Behörde oder der Notar stellen eine Bescheinigung über die Echtheit der eidesstattlichen oder der feierlichen Erklärung aus.

(8) Unternehmen können aufgefordert werden, den Nachweis darüber zu erbringen, dass sie im Berufs- oder Handelsregister nach Maßgabe der Rechtsvorschriften des Landes der Gemeinschaft oder des Vertragsstaates des EWR-Abkommens eingetragen sind, in dem sie ansässig sind.

(9) Ein Unternehmen kann sich, auch als Mitglied einer Bietergemeinschaft, zum Nachweis der Leistungsfähigkeit und Fachkunde der Fähigkeiten anderer Unternehmen bedienen, ungeachtet des rechtlichen Charakters der zwischen ihm und diesen Unternehmen bestehenden Verbindungen. Es muss in diesem Fall dem Auftraggeber nachweisen, dass ihm die erforderlichen Mittel bei der Erfüllung des Auftrags zur Verfügung stehen, indem es beispielsweise eine entsprechende Verpflichtungserklärung dieser Unternehmen vorlegt.

(10) Verlangen die Auftraggeber zum Nachweis dafür, dass das Unternehmen bestimmte Qualitätsanforderungen erfüllt, die Vorlage von Bescheinigungen von unabhängigen Qualitätsstellen, so nehmen diese auf Qualitätsnachweisverfahren auf der Grundlage der einschlägigen Normen und auf Bescheinigungen Bezug, die durch Stellen zertifiziert sind, die den europäischen Zertifizierungsnormen entsprechen. Gleichwertige Bescheinigungen von Stellen aus anderen Mitgliedstaaten sind anzuerkennen. Die Auftraggeber erkennen auch andere gleichwertige Nachweise für Qualitätssicherungsmaßnahmen an.

(11) Verlangen bei der Vergabe von Dienstleistungsaufträgen die Auftraggeber als Nachweis der technischen Leistungsfähigkeit, dass die Unternehmen bestimmte Normen für das Umweltmanagement erfüllen, die Vorlage von Bescheinigungen unabhängiger Stellen, so nehmen

sie auf das Gemeinschaftssystem für das Umweltmanagement und die Umweltbetriebsprüfung (EMAS) oder auf Normen für das Umweltmanagement Bezug, die auf den einschlägigen europäischen oder internationalen Normen beruhen und von entsprechenden Stellen zertifiziert sind, die dem europäischen Gemeinschaftsrecht oder europäischen oder internationalen Zertifizierungsnormen entsprechen. Gleichwertige Bescheinigungen von Stellen in anderen Mitgliedstaaten sind anzuerkennen. Die Auftraggeber erkennen auch andere Nachweise für gleichwertige Umweltmanagementmaßnahmen an, die von den Unternehmen vorgelegt werden.

(12) Die Unternehmen sind verpflichtet, die geforderten Nachweise vor Ablauf der Teilnahme- oder der Angebotsfrist oder der nach § 19 EG Absatz 2 vorgesehenen Frist einzureichen, wenn diese nicht für den Auftraggeber auf elektronischem Weg verfügbar sind.

(13) Die Auftraggeber können Unternehmen auffordern, die vorgelegten Nachweise zu vervollständigen oder zu erläutern.

§ 13 EG VOL/A Grundsätze der Informationsübermittlung

(1) Die Auftraggeber geben in der Bekanntmachung oder den Vergabeunterlagen an, ob Informationen auf dem Postweg, mittels Telekopie, direkt, elektronisch oder durch eine Kombination dieser Kommunikationsmittel übermittelt werden.

(2) Das für die elektronische Übermittlung gewählte Netz muss allgemein verfügbar sein und darf den Zugang der Bewerber oder Bieter zu den Vergabeverfahren nicht beschränken. Die dafür zu verwendenden Programme und ihre technischen Merkmale müssen
– allgemein zugänglich,
– kompatibel mit allgemein verbreiteten Erzeugnissen der Informations- und Kommunikationstechnologie und
– nichtdiskriminierend

sein.

(3) Die Auftraggeber haben dafür Sorge zu tragen, dass den interessierten Unternehmen die Informationen über die Anforderungen an die Geräte, die für die elektronische Übermittlung der Anträge auf Teilnahme und der Angebote erforderlich sind, einschließlich Verschlüsselung zugänglich sind. Außerdem muss gewährleistet sein, dass die Geräte die in Anhang II genannten Anforderungen erfüllen können.

§ 14 EG VOL/A Anforderungen an Teilnahmeanträge

(1) Die Auftraggeber gewährleisten die Unversehrtheit und die Vertraulichkeit der übermittelten Teilnahmeanträge.

(2) Auf dem Postweg oder direkt übermittelte Teilnahmeanträge sind in einem verschlossenen Umschlag einzureichen und als solche zu kennzeichnen. Bis zum Ablauf der für ihre Einreichung vorgesehenen Frist werden sie unter Verschluss gehalten.

(3) Bei mittels Telekopie übermittelten Teilnahmeanträgen ist dies durch entsprechende organisatorische und technische Lösungen nach den Anforderungen des Auftraggebers sicherzustellen; dies gilt auch für elektronisch übermittelte Teilnahmeanträge, wobei deren Vertraulichkeit durch Verschlüsselung sicherzustellen ist. Die Verschlüsselung muss bis zum Ablauf der für die Einreichung vorgesehenen Frist aufrechterhalten bleiben.

(4) Telefonisch angekündigte Teilnahmeanträge sind vom Bewerber vor Ablauf der Frist für die Abgabe der Teilnahmeanträge in Textform einzureichen.

§ 16 EG VOL/A Form und Inhalt der Angebote

(1) Die Auftraggeber legen fest, in welcher Form die Angebote einzureichen sind. Auf dem Postweg oder direkt übermittelte Angebote müssen unterschrieben sein; elektronisch übermittelte Angebote sind mit einer „fortgeschrittenen elektronischen Signatur" nach dem Signatur-

§ 24 Form und Inhalt von Teilnahmeanträgen und Angeboten Kap. 5

gesetz und den Anforderungen der Auftraggeber oder mit einer „qualifizierten elektronischen Signatur" nach dem Signaturgesetz zu versehen; bei Abgabe des Angebotes mittels Telekopie genügt die Unterschrift auf der Telekopievorlage.

(2) Die Auftraggeber haben die Unversehrtheit und Vertraulichkeit der Angebote zu gewährleisten. Auf dem Postweg oder direkt zu übermittelnde Angebote sind in einem verschlossenen Umschlag einzureichen, als solche zu kennzeichnen und bis zum Ablauf der Angebotsfrist unter Verschluss zu halten. Bei elektronisch zu übermittelnden Angeboten ist die Unversehrtheit durch entsprechende organisatorische und technische Lösungen nach den Anforderungen des Auftraggebers und die Vertraulichkeit durch Verschlüsselung sicherzustellen. Die Verschlüsselung muss bis zum Ablauf der Angebotsfrist aufrechterhalten bleiben.

(3) Die Angebote müssen alle geforderten Angaben, Erklärungen und Preise enthalten.

(4) Änderungen an den Vertragsunterlagen sind unzulässig. Änderungen des Bieters an seinen Eintragungen müssen zweifelsfrei sein.

(5) Der Bieter hat auf Verlangen im Angebot anzugeben, ob für den Gegenstand des Angebots gewerbliche Schutzrechte bestehen oder von dem Bieter oder anderen beantragt sind. Der Bieter hat stets anzugeben, wenn er erwägt, Angaben aus seinem Angebot für die Anmeldung eines gewerblichen Schutzrechtes zu verwerten.

(6) Bietergemeinschaften haben in den Angeboten jeweils die Mitglieder sowie eines ihrer Mitglieder als bevollmächtigten Vertreter für den Abschluss und die Durchführung des Vertrages zu benennen. Fehlt eine dieser Angaben im Angebot, so ist sie vor der Zuschlagserteilung beizubringen.

VOF:

§ 5 VOF Nachweis der Eignung

(1) Zum Nachweis der Fachkunde, Leistungsfähigkeit und Zuverlässigkeit (Eignung) dürfen nur Unterlagen und Angaben gefordert werden, die durch den Gegenstand des Auftrages gerechtfertigt sind. Dabei hat der Auftraggeber die berechtigten Interessen der Bewerber oder Bieter am Schutz ihrer technischen, fachlichen oder handelsbezogenen Betriebsgeheimnisse zu berücksichtigen; die Verpflichtung zur beruflichen Verschwiegenheit bleibt unberührt.

(2) Grundsätzlich sind als Nachweise nach Absatz 4 Buchstabe c und Absatz 5 Buchstabe b bis f und h sowie nach § 4 Absatz 9 Eigenerklärungen zu verlangen. Die Forderung von darüber hinausgehenden Unterlagen und Angaben haben die Auftraggeber in der Dokumentation zu begründen.

(3) Fehlende Erklärungen und Nachweise, die bis zum Ablauf der Bewerbungsfrist nicht vorgelegt wurden, können auf Anforderung der Auftraggeber bis zum Ablauf einer zu bestimmenden Nachfrist nachgereicht werden.

(4) Der Nachweis der finanziellen und wirtschaftlichen Leistungsfähigkeit des Bewerbers kann in der Regel durch einen oder mehrere der nachstehenden Nachweise erbracht werden:
 a) entsprechende Bankerklärung oder den Nachweis entsprechender Berufshaftpflichtversicherungsdeckung,
 b) Vorlage von Bilanzen oder Bilanzauszügen, falls deren Veröffentlichung nach dem Gesellschaftsrecht des Mitgliedsstaates, in dem der Bewerber ansässig ist, vorgeschrieben ist,
 c) Erklärung über den Gesamtumsatz des Bewerbers und seinen Umsatz für entsprechende Dienstleistungen in den letzten drei Geschäftsjahren.

Kann ein Bewerber oder Bieter aus einem berechtigten Grund die vom Auftraggeber geforderten Nachweise nicht beibringen, so kann er den Nachweis seiner finanziellen und wirtschaftlichen Leistungsfähigkeit durch Vorlage jedes anderen, vom Auftraggeber für geeignet erachteten Belegs erbringen.

(5) Der Nachweis der fachlichen Eignung kann folgendermaßen erbracht werden:

a) soweit nicht bereits durch Nachweis der Berufszulassung erbracht, durch Studiennachweise und Bescheinigungen über die berufliche Befähigung des Bewerbers oder Bieters und/oder der Führungskräfte des Unternehmens, insbesondere der für die Dienstleistungen verantwortlichen Person oder Personen,

b) durch eine Liste der wesentlichen in den letzten drei Jahren erbrachten Leistungen mit Angabe des Rechnungswertes, der Leistungszeit sowie der öffentlichen oder privaten Auftraggeber der Dienstleistungen,

   – bei Leistungen für öffentliche Auftraggeber durch eine von der zuständigen Behörde ausgestellte oder beglaubigte Bescheinigung,

   – bei Leistungen für private Auftraggeber durch eine vom Auftraggeber ausgestellte Bescheinigung; ist eine derartige Bescheinigung nicht erhältlich, so ist eine einfache Erklärung des Bewerbers zulässig,

c) durch Angabe über die technische Leitung,

d) durch eine Erklärung, aus der das jährliche Mittel der vom Bewerber oder Bieter in den letzten drei Jahren Beschäftigten und die Anzahl seiner Führungskräfte in den letzten drei Jahren ersichtlich ist,

e) durch eine Erklärung, aus der hervorgeht, über welche Ausstattung, welche Geräte und welche technische Ausrüstung der Bewerber oder Bieter für die Dienstleistungen verfügen wird,

f) durch eine Beschreibung der Maßnahmen des Bewerbers oder Bieters zur Gewährleistung der Qualität und seiner Untersuchungs- und Forschungsmöglichkeiten (z. B. durch Fortbildungszertifikate von Kammern und Verbänden),

g) sind die zu erbringenden Leistungen komplexer Art oder sollten sie ausnahmsweise einem besonderen Zweck dienen, durch eine Kontrolle, die vom Auftraggeber oder in dessen Namen von einer anderen damit einverstandenen zuständigen amtlichen Stelle aus dem Land durchgeführt wird, in dem der Bewerber oder Bieter ansässig ist; diese Kontrolle betrifft die Leistungsfähigkeit und erforderlichenfalls die Untersuchungs- und Forschungsmöglichkeiten des Bewerbers sowie die zur Gewährleistung der Qualität getroffenen Vorkehrungen,

h) durch die Angabe, welche Teile des Auftrags der Bewerber oder Bieter unter Umständen als Unterauftrag zu vergeben beabsichtigt.

(6) Ein Bewerber oder Bieter kann sich, auch als Mitglied einer Bietergemeinschaft, bei der Erfüllung eines Auftrags der Kapazitäten anderer Unternehmen bedienen, ungeachtet des rechtlichen Charakters der zwischen ihm und diesen Unternehmen bestehenden Verbindungen. Er muss in diesem Fall vor Zuschlagserteilung dem Auftraggeber gegenüber nachweisen, dass ihm die erforderlichen Mittel zur Verfügung stehen, z. B. durch Vorlage einer entsprechenden Verpflichtungserklärung dieser Unternehmen.

(7) Verlangen die Auftraggeber zum Nachweis dafür, dass die Bewerber oder Bieter bestimmte Qualitätssicherungsnormen erfüllen, die Vorlage von Bescheinigungen unabhängiger Stellen, so nehmen sie auf Qualitätssicherungsverfahren Bezug, die den einschlägigen europäischen Normen entsprechen und von entsprechenden Stellen gemäß den europäischen Zertifizierungsnormen zertifiziert sind. Gleichwertige Bescheinigungen von Stellen aus anderen EG-Mitgliedstaaten sind anzuerkennen. Die Auftraggeber erkennen auch andere gleichwertige Nachweise für Qualitätssicherungsmaßnahmen an.

(8) Verlangen die Auftraggeber als Merkmal der technischen Leistungsfähigkeit den Nachweis dafür, dass die Bewerber oder Bieter bestimmte Normen für das Umweltmanagement erfüllen, die Vorlage von Bescheinigungen unabhängiger Stellen, so nehmen sie auf das Gemeinschaftssystem für das Umweltmanagement und die Umweltbetriebsprüfung (EMAS) oder auf Normen für das Umweltmanagement Bezug, die auf den einschlägigen europäischen oder internationalen Normen beruhen und von entsprechenden Stellen zertifiziert sind, die dem europäischen Gemeinschaftsrecht oder europäischen oder internationalen Zertifizierungsnormen entsprechen. Gleichwertige Bescheinigungen von Stellen in anderen EG-Mitgliedstaaten sind

§ 24 Form und Inhalt von Teilnahmeanträgen und Angeboten Kap. 5

anzuerkennen. Die Auftraggeber erkennen auch andere Nachweise für gleichwertige Umweltmanagementmaßnahmen an, die von den Bewerbern oder Bietern vorgelegt werden.

(9) Bei der Prüfung der Eignung erkennen die Auftraggeber als Nachweis auch Bescheinigungen der zuständigen Berufskammer an.

§ 8 VOF Grundsätze der Informationsübermittlung

(1) Die Auftraggeber geben in der Bekanntmachung oder den Vergabeunterlagen an, ob Informationen auf dem Postweg, mittels Telefax, direkt, elektronisch oder durch eine Kombination dieser Kommunikationsmittel übermittelt werden.

(2) Das für die elektronische Übermittlung gewählte Netz muss allgemein verfügbar sein und darf den Zugang der Bewerber und Bieter zu den Vergabeverfahren nicht beschränken. Die dafür zu verwendenden Programme und ihre technischen Merkmale müssen
– allgemein zugänglich,
– kompatibel mit allgemein verbreiteten Erzeugnissen der Informations- und Kommunikationstechnologie und
– nicht diskriminierend

sein.

(3) Die Auftraggeber gewährleisten die Unversehrtheit und die Vertraulichkeit der übermittelten Anträge auf Teilnahme und der Angebote. Auf dem Postwege oder direkt übermittelte Anträge auf Teilnahme und Angebote sind in einem verschlossenen Umschlag einzureichen und als solche zu kennzeichnen. Bis zum Ablauf der für ihre Einreichung vorgesehenen Frist werden sie unter Verschluss gehalten. Bei per Telefax übermittelten Anträgen auf Teilnahme und Angeboten ist dies durch entsprechende organisatorische und technische Lösungen nach den Anforderungen des Auftraggebers sicherzustellen; dies gilt auch für elektronisch übermittelte Anträge auf Teilnahme und Angebote, wobei deren Vertraulichkeit durch Verschlüsselung sicherzustellen ist. Die Verschlüsselung muss bis zum Ablauf der für ihre Einreichung vorgesehenen Frist aufrechterhalten bleiben.

(4) Telefonisch gestellte Anträge auf Teilnahme sind vom Bewerber bis zum Ablauf der Frist für die Abgabe der Anträge auf Teilnahme in Textform zu bestätigen.

(5) Angebote müssen unterschrieben sein. Elektronisch übermittelte Angebote sind mit einer fortgeschrittenen elektronischen Signatur nach dem Signaturgesetz und den Anforderungen des Auftraggebers oder mit einer qualifizierten elektronischen Signatur nach dem Signaturgesetz zu versehen. Bei Abgabe des Angebotes per Telefax genügt die Unterschrift auf der Telefaxvorlage.

(6) Die Auftraggeber haben dafür zu sorgen, dass den interessierten Unternehmen die Informationen über die Anforderungen an die Geräte, die für die elektronische Übermittlung der Anträge auf Teilnahme und der Angebote erforderlich sind, einschließlich Verschlüsselung zugänglich sind. Außerdem muss gewährleistet sein, dass die Geräte die in Anhang II genannten Anforderungen erfüllen können.

SektVO:

§ 5 SektVO Wege der Informationsübermittlung, Vertraulichkeit der Teilnahmeanträge und Angebote

(1) Der Auftraggeber gibt in der Bekanntmachung oder den Vergabeunterlagen an, ob Informationen durch einen Boten, mittels Post, Telefax, Internet oder in vergleichbarer elektronischer Weise übermittelt werden. Er gibt hier auch an, in welcher Form Teilnahmeanträge oder Angebote einzureichen sind, insbesondere welche elektronische Signatur für die Angebote im Fall der elektronischen Übermittlung zu verwenden ist.

(2) Das für die elektronische Übermittlung gewählte Netz muss allgemein verfügbar sein, so dass der Zugang der Unternehmen zum Vergabeverfahren nicht beschränkt wird. Die dafür zu verwendenden Vorrichtungen und deren technischen Merkmale

1. dürfen keinen diskriminierenden Charakter haben,
2. müssen allgemein zugänglich sein und
3. müssen mit den allgemein verbreiteten Erzeugnissen der Informations- und Kommunikationstechnologie kompatibel sein.

(3) Bei der Mitteilung, beim Austausch und der Speicherung von Informationen sind die Vollständigkeit der Daten sowie die Vertraulichkeit der Angebote und der Teilnahmeanträge zu gewährleisten; der Auftraggeber darf vom Inhalt der Angebote und der Teilnahmeanträge erst nach Ablauf der Frist von deren Eingang Kenntnis nehmen.

(4) Der Auftraggeber hat dafür zu sorgen, dass den interessierten Unternehmen die Informationen über die Spezifikationen der Geräte zugänglich sind, die für eine elektronische Übermittlung der Teilnahmeanträge, Angebote oder der Pläne erforderlich sind, einschließlich der Verschlüsselung. Außerdem muss der Auftraggeber gewährleisten, dass für die Teilnahmeanträge und Angebote die von ihm vorgeschriebene elektronische Signatur verwendet werden kann.

(5) Bei Wettbewerben nach § 11 ist bei der Übermittlung, dem Austausch und der Speicherung von Informationen die Vollständigkeit und Vertraulichkeit aller von den Teilnehmern des Wettbewerbs übermittelten Informationen zu gewährleisten. Das Preisgericht darf vom Inhalt der Pläne erst Kenntnis erhalten, wenn die Frist für ihre Vorlage abgelaufen ist.

(6) Telefonisch angekündigte Teilnahmeanträge, die nicht bis zum Ablauf der Frist für deren Eingang in Textform bestätigt sind, dürfen nicht berücksichtigt werden.

§ 20 SektVO Eignung und Auswahl der Unternehmen

(3) Verlangt der Auftraggeber Nachweise der wirtschaftlichen und finanziellen oder der technischen oder beruflichen Leistungsfähigkeit, können sich die Unternehmen oder Bietergemeinschaften bei einem bestimmten Auftrag auf die Kapazitäten anderer Unternehmen oder Mitglieder der Bietergemeinschaft stützen, unabhängig von dem Rechtsverhältnis, in dem die Unternehmen oder Bietergemeinschaften zu dem anderen Unternehmen stehen. In diesem Fall muss das Unternehmen oder die Bietergemeinschaft nachweisen, dass ihm oder ihr die Mittel zur Verfügung stehen, die für die Erfüllung des Auftrags erforderlich sind. Dies kann unter anderem durch entsprechende Verpflichtungserklärungen des oder der anderen Unternehmen erfolgen.

Literatur:
Dreher, Die Berücksichtigung mittelständischer Interessen bei der Vergabe öffentlicher Aufträge, NZBau 2005, 426; *Jagenburg/Schröder/Baldringer*, Der ARGE-Vertrag, 3. Aufl. 2012; *Joussen/Schranner*, Die wesentlichen Änderungen der VOB/A 2006, BauR 2006, 1038; *Lux*, Bietergemeinschaften im Schnittfeld zwischen Gesellschafts- und Vergaberecht, 2009; *Ohrtmann*, Bietergemeinschaften, VergabeR 2008, 426; *Pooth/Sudbrock*, Auswirkungen der Sektorenverordnung auf die Vergabepraxis in kommunalen Unternehmen, KommJur 2010, 446; *Schindler*, Zulässigkeit der Beschränkung der Angebotsabgabe auf elektronische Form durch öffentlichen Auftraggeber, NZBau 2008, 746; *Schwenker/Schmidt*, Anmerkung zum Beschluss des OLG München vom 22.01.2009, Az.: Verg 26/08, VergabeR 2009, 485; *Uwer/Hübschen*, Gewerbezentralregisterauszug und Vergabeverfahren – Zur Umgehung beschränkter Auskunftsansprüche öffentlicher Auftraggeber, NZBau 2007, 757.

A. Formerfordernisse

I. Grundsätze der Informationsübermittlung

1 Den äußeren Rahmen für die im Vergabeverfahren bestehenden Übermittlungsmöglichkeiten geben die „Grundsätze der Informationsübermittlung" an. Hiermit wird allgemein festgelegt, wie Informationen zwischen dem Auftraggeber und den Bietern ausgetauscht

§ 24 Form und Inhalt von Teilnahmeanträgen und Angeboten Kap. 5

werden.¹ Der Auftraggeber gibt in der Bekanntmachung oder den Vergabeunterlagen an, ob Informationen durch einen Boten, mittels Post, Telefax, Internet und/oder anderer elektronischer Weise übermittelt werden (§ 11 Abs. 1 EG VOB/A, § 13 Abs. 1 EG VOL/A, § 8 Abs. 1 VOF, § 5 Abs. 1 SektVO). Die Auswahl der Kommunikationsmittel steht im Ermessen des Auftraggebers.² Eine Kombination verschiedener Übermittlungswege ist zulässig.³ Bei elektronischer Übermittlung ist sicherzustellen, dass das gewählte Netz allgemein verfügbar ist und den Wettbewerb nicht beschränken darf.

Das Vertrauen der Bieter auf eine gleich behandelnde Einhaltung der bekannt gegebenen Übermittlungswege ist geschützt; Verstöße können zur Aufhebung des Vergabeverfahrens führen.⁴   2

Diese Grundsätze bilden wie dargelegt nur den äußeren Rahmen für den Informationsaustausch im Vergabeverfahren; für die Einreichung von Teilnahmeanträgen und Angeboten gelten zusätzlich besondere Vorschriften.⁵   3

II. Spezifische Anforderungen an Teilnahmeanträge

1. Übermittlungswege für Teilnahmeanträge

Die Vergabeordnungen⁶ lassen alle nach den „Grundsätzen der Informationsübermittlung" zulässigen Übermittlungswege auch für den Teilnahmeantrag zu. Sie verpflichten den Auftraggeber indessen nicht, alle rechtlich zulässigen Übermittlungswege den Bewerbern auch zu eröffnen. Dem Auftraggeber steht hier eine umfassende Wahlfreiheit zu; Bewerber haben keinen Anspruch darauf, dass ihnen bestimmte rechtlich an sich zulässige Übermittlungswege vom Auftraggeber für die Einreichung ihres Teilnahmeantrages eröffnet werden.⁷ Der Auftraggeber ist insbesondere entsprechend verbreiteter Praxis berechtigt, allein die Einreichung von Teilnahmeanträgen in verschlossenen Umschlägen zuzulassen. Der Auftraggeber muss seine Wahl in der Bekanntmachung oder in etwa für den Teilnahmeantrag von den Bewerbern anzufordernden Vergabeunterlagen treffen.⁸   4

2. Unversehrtheit/Vertraulichkeit der Teilnahmeanträge

Als obersten – und vergaberechtlich selbstverständlichen – Grundsatz bestimmen §§ 14 Abs. 1 EG VOL/A, 11 EG Abs. 1 VOB/A, 5 Abs. 3 SektVO und 8 Abs. 3 VOF, dass der Auftraggeber die Unversehrtheit bzw. Datenintegrität und Vertraulichkeit der Teilnahmeanträge sicherzustellen hat. Die Teilnahmeanträge sind bis zum Ablauf der Bewerbungsfrist unter Verschluss zu halten; mit der Sichtung und Auswertung ihres Inhalts darf erst   5

---

¹ Vgl. *Planker* in Kapellmann/Messerschmidt, VOB, § 11 VOB/A, Rdn. 1.
² Vgl. *Scheel* in Heuvels/Hoß/Kuß/Wagner, Vergaberecht, § 11 VOB/A, Rdn. 4; *Joussen/Schranner*, BauR 2006, 1038, 1042.
³ Vgl. *Verfürth* in Kulartz/Marx/Portz/Prieß, VOL/A, § 13 EG, Rdn. 4; *Völlink* in Ziekow/Völlink, Vergaberecht, § 11 VOB/A, Rdn. 1.
⁴ Vgl. *Planker* in Kapellmann/Messerschmidt, VOB, § 11 VOB/A, Rdn. 1; *Scheel* in Heuvels/Hoß/Kuß/Wagner, Vergaberecht, § 11 VOB/A, Rdn. 2.
⁵ Vgl. *Scheel* in Heuvels/Hoß/Kuß/Wagner, Vergaberecht, § 11 VOB/A, Rdn. 6; *Verfürth* in Kulartz/Marx/Portz/Prieß, VOL/A, § 13 EG, Rdn. 5.
⁶ Hiermit sind die verschiedenen Regelungswerke zur Ausgestaltung von Vergabeverfahren, also VOB/A, VOL/A, VOF und SektVO gemeint.
⁷ Vgl. *Völlink* in Ziekow/Völlink, Vergaberecht, § 11a VOB/A, Rdn. 5; *Dittmann* in Kulartz/Marx/Portz/Prieß, VOB/A, § 11a, Rdn. 3; *Stalmann* in Eschenbruch/Opitz, SektVO, § 5, Rdn. 8 f.; *Marx* in Müller-Wrede, VOF, § 8, Rdn. 9.
⁸ Vgl. *Dittman* in Kulartz/Marx/Portz/Prieß, VOL/A, § 14 EG, Rdn. 3; *Stalmann* in Eschenbruch/Opitz, SektVO, § 5, Rdn. 8.

nach Fristablauf begonnen werden.⁹ Diese Anforderungen werden für die verschiedenen Wege der Einreichung eines Teilnahmeantrages wie folgt spezifiziert:
- Per Post oder direkt (persönlich) übermittelte Teilnahmeanträge sind in einem verschlossenen Umschlag einzureichen, als solche zu kennzeichnen und bis zum Ablauf der Teilnahmefrist vom Auftraggeber unter Verschluss zu halten (§ 11 EG Abs. 3 VOB/A, § 14 Abs. 2 VOL/A, § 8 Abs. 3 VOF);
- bei elektronisch eingereichten Teilnahmeanträgen ist – neben organisatorischen und technischen Vorkehrungen des Auftraggebers – eine Verschlüsselung erforderlich, die bis zum Ablauf der Teilnahmefrist aufrecht erhalten bleibt (§ 11 EG Abs. 3 Sätze 3 und 4 VOB/A, § 14 EG Abs. 3 VOL/A, § 8 Abs. 3 Sätze 4 und 5 VOF);
- wird ein Teilnahmeantrag per Telefax übermittelt, sind die Unversehrtheit und Vertraulichkeit durch – nicht näher spezifizierte – organisatorische und technische Lösungen des Auftraggebers zu gewährleisten (§ 14 EG Abs. 3 Satz 1 VOL/A, § 8 Abs. 3 Satz 4 VOF).

6 Die SektVO definiert die Schutzvorkehrungen nicht in der vorgenannten Art und Weise näher. Jedoch dürfte im Ergebnis nichts anderes gelten, da die vorgenannten Instrumentarien letztlich unverzichtbar für die Wahrung der Vertraulichkeit und Unversehrtheit der Teilnahmeanträge sind. Deshalb wird zu Recht vertreten, dass ein physisch übergebener Teilnahmeantrag auch im Sektorenbereich auszuschließen ist, wenn er nicht verschlossen oder nicht als Teilnahmeantrag gekennzeichnet ist und deshalb vom Auftraggeber vor Schluss der Teilnahmefrist zur Kenntnis genommen werden kann.¹⁰ Gleiches gilt bei elektronischem Versand für unverschlüsselte Teilnahmeanträge.¹¹

7 Welche geeigneten Vorkehrungen der Auftraggeber im Übrigen zum Schutz der Unversehrtheit/Datenintegrität und der Vertraulichkeit von Teilnahmeanträgen trifft, steht in seinem Ermessen. Zur Gewährleistung der Unversehrtheit kann es etwa geboten sein, den Kreis derjenigen Personen, der Zugang zu den unter Verschluss gehaltenen Teilnahmeanträgen hat, zu begrenzen. Dies kann bei körperlich vorliegenden Anträgen durch Verschluss in einem nur den zuständigen Personen zugänglichen Raum/Schrank geschehen. In Bezug auf elektronisch eingereichte Teilnahmeanträge bietet sich neben einer Zugangskontrolle, welche den Kreis der Nutzer einschränkt, eine Zugriffskontrolle an, mit welcher ein unbefugtes Lesen, Kopieren, Verändern oder Entfernen der Daten verhindert wird.¹² Im Übrigen bietet sich eine Orientierung an den Maßgaben des Bundesdatenschutzgesetzes an.¹³

8 Besonders problematisch sind Teilnahmeanträge per Telefax, weil hier eine effektive Zugangskontrolle und überdies – anders als bei Teilnahmeanträgen in einem verschlossenen Umschlag oder elektronisch in verschlüsselter Form eingereichten Teilnahmeanträgen – eine Kenntnisnahme vom Inhalt ohne Weiteres möglich ist. Auch wenn ein nur einem mit dem Verfahren nicht betrauten Mitarbeiter zugängliches Faxgerät eingesetzt wird, liegt hier am ehesten eine Gefährdung der Vertraulichkeit und Unversehrtheit des Teilnahmeantrages vor.¹⁴ Es wird deshalb empfohlen, die Einreichung von Teilnahmeanträgen per Telefax nur in Ausnahmefällen zuzulassen, etwa wenn dies aufgrund besonderer Dringlichkeit sinnvoll erscheint.¹⁵

---

⁹ Vgl. *Völlink* in Ziekow/Völlink, Vergaberecht, § 11a VOB/A, Rdn. 3; *Stalmann* in Eschenbruch/Opitz, SektVO, § 5, Rdn. 29; *Schubert* in Willenbruch/Bischoff, Vergaberecht, § 16a VOB/A, Rdn. 2.
¹⁰ Vgl. *Stalmann* in Eschenbruch/Opitz, SektVO, § 5, Rdn. 35; in diese Richtung auch *Greb/Müller*, SektVO, § 5, Rdn. 16.
¹¹ Vgl. *Stalmann* in Eschenbruch/Opitz, SektVO, § 5, Rdn. 36.
¹² Vgl. *Dittmann* in Kulartz/Marx/Portz/Prieß, VOL/A, § 16 EG, Rdn. 38.
¹³ Vgl. *Dittmann* in Kulartz/Marx/Portz/Prieß, VOL/A, § 16 EG, Rdn. 38.
¹⁴ Vgl. *Stalmann* in Eschenbruch/Opitz, SektVO, § 5, Rdn. 37.
¹⁵ Vgl. *Dittmann* in Kulartz/Marx/Portz/Prieß, VOL/A, § 14 EG, Rdn. 14.

3. Unterschriftserfordernisse / Elektronische Signatur

Anders als hinsichtlich der Angebote verhalten sich die Vergabeordnungen nicht dazu, ob schriftlich (in einem Umschlag oder per Telefax) eingereichte Teilnahmeanträge unterschrieben sein müssen. Daraus wird nachvollziehbar gefolgert, dass die Unterzeichnung von Teilnahmeanträgen nicht erforderlich ist und bewusst auf das Unterschriftserfordernis verzichtet wurde.[16] Ebenso wenig wird eine qualifizierte elektronische Signatur nach dem Signaturgesetz bei elektronisch übermittelten Teilnahmeanträgen gefordert; auch diese ist für einen Teilnahmeantrag deshalb nicht erforderlich.

Dem Auftraggeber ist es allerdings unbenommen, strengere Anforderungen zu stellen und eine Unterschrift bzw. eine elektronische Übermittlung mit qualifizierter Signatur zu verlangen.[17] Unter dem Gesichtspunkt der Diskriminierungsfreiheit kann allerdings die alleinige Zulassung einer elektronischen Übermittlung mit qualifizierter Signatur problematisch sein, solange nicht alle am Auftrag interessierten Unternehmen über eine solche Signatur verfügen.[18]

4. Bestätigung von Teilnahmeanträgen

Mündlich bzw. telefonisch angekündigte bzw. gestellte Teilnahmeanträge genügen – wenig überraschend – nicht. Sie müssen bis zum Ablauf der Teilnahmefrist bestätigt werden. Diese Bestätigung hat nach § 14 EG Abs. 4 VOL/A, § 8 Abs. 4 VOF und § 5 Abs. 6 SektVO in Textform zu erfolgen; § 11 EG Abs. 4 VOB/A sieht die Bestätigung per Post, direkt oder elektronisch vor. Nur noch die VOB/A verlangt in § 11 EG Abs. 4 auch die Bestätigung von per Telefax eingegangenen Teilnahmeanträgen; die VOL/A sah dies noch in § 16a Nr. 2 Satz 2 a.F. vor, nahm jedoch im Rahmen der Neufassung hiervon Abstand.

III. Anforderungen an Angebote

1. Formvorgaben

Gemäß § 13 EG Abs. 1 VOB/A und § 16 EG Abs. 1 VOL/A legt der Auftraggeber fest, in welcher Form die Angebote einzureichen sind. Physisch (per Post oder direkt) übergebene Angebote müssen unterzeichnet sein (§ 16 EG Abs. 1 Satz 2 VOL/A, § 13 EG Abs. 2 VOB/A, § 8 Abs. 5 VOF). Auch im Bereich der SektVO ist die Unterschrift zwingender Bestandteil des Angebots und konstitutiv für das Vorliegen eines Angebots.[19] Elektronisch übermittelte Angebote sind nach Wahl des Auftraggebers mit einer fortgeschrittenen elektronischen Signatur nach dem Signaturgesetz und den etwa weitergehenden Anforderungen des Auftraggebers oder mit einer qualifizierten elektronischen Signatur nach dem Signaturgesetz zu versehen (§ 13 EG Abs. 1 VOB/A; § 16 EG Abs. 1 VOL/A, § 8 Abs. 5 VOF). Die SektVO gibt lediglich vor, dass der Auftraggber angibt, mit welcher elektronischen Signatur elektronisch übermittelte Angebote zu versehen sind (§ 5 Abs. 1 SektVO). Den Anforderungen des § 5 Abs. 1 SektVO entsprechen allerdings ebenso allein die qualifizierte oder fortgeschrittene elektronische Signatur.[20]

---

[16] Vgl. *Dittmann* in Kulartz/Marx/Portz/Prieß, VOB/A, § 11a, Rdn. 13; *Dittmann* in Kulartz/Marx/Portz/Prieß, VOL/A, § 14 EG, Rdn. 13.

[17] Zutreffend *Dittmann* in Kulartz/Marx/Portz/Prieß, VOL/A, § 14 EG, Rdn. 13; *Dittmann* in Kulartz/Marx/Portz/Prieß, VOB/A, § 11a, Rdn. 13.

[18] Vgl. *Stalmann* in Eschenbruch/Opitz, SektVO, § 5, Rdn. 9.

[19] Vgl. *von Wietersheim* in Müller-Wrede, SektVO, § 26, Rdn. 23; *Röwekamp* in Eschenbruch/Opitz, SektVO, § 26, Rdn. 30.

[20] Vgl. *Reichling* in Müller-Wrede, SektVO, § 5, Rdn. 23.

13 Während die VOL/A in § 16 EG Abs. 1 die Übersendung des Angebots per Telefax zulässt und die Unterzeichnung der Telekopievorlage ausreichen lässt, ist diese Übermittlungsform in § 13 EG Abs. 1 VOB/A nicht erwähnt. Die Einreichung eines Angebots per Telefax ist damit im Bereich der VOB/A unzulässig.[21]

14 Auch in Bezug auf die Angebotsabgabe hat der Auftraggeber die Wahl, welche Übermittlungswege er zulässt; Bieter haben keinen Anspruch auf die Eröffnung einer bestimmten Übermittlungsform.[22] Bei Bauvergaben unterhalb der Schwellenwerte sind allerdings schriftlich eingereichte Angebote immer zuzulassen (§ 13 Abs. 1 Satz 2 VOB/A).

2. Unterschriftserfordernisse

15 Schriftlich eingereichte Angebote sind wie dargelegt zu unterschreiben. Eine „rechtsverbindliche" Unterschrift, wie sie früher in der VOB/A und der VOL/A gefordert wurde, wird bereits seit der Neufassung der VOB/A und VOL/A 2000 nicht mehr gefordert. Die Unterzeichnung muss deshalb nicht unbedingt durch Geschäftsführer oder Prokuristen eines Unternehmens erfolgen, sondern es gelten die allgemeinen Regeln der Stellvertretung.[23] Die Vertretungsmacht ist nicht zwingend mit dem Angebot nachzuweisen;[24] der Auftraggeber kann aber eine Bestätigung der Vollmacht nachfordern, wenn er Zweifel an der hinreichenden Vertretungsmacht hat.

16 Bei Bietergemeinschaften ist grundsätzlich eine Unterzeichnung des Angebots durch sämtliche Mitglieder notwendig; wurde allerdings in der Bietergemeinschaftserklärung oder sonstwie ein Mitglied zum Vertreter der Bietergemeinschaft bestimmt, so genügt dessen Unterschrift.[25]

17 Der Auftraggeber ist nicht gehindert, weitergehende Anforderungen an das Angebot zu stellen und diese in der Bekanntmachung oder der Angebotsaufforderung zu formulieren. Er ist insbesondere berechtigt, bereits mit Angebotseinreichung einen Nachweis der Vertretungsmacht zu fordern.[26]

18 Zur Wahrung des Unterschriftserfordernisses wird eine Originalunterschrift auf dem Angebot gefordert. Da bei einem Telefax keine Originalunterschrift auf dem eigentlichen Angebot in seiner eingereichten Form möglich ist, wird hieraus entscheidend – und unabhängig von der fehlenden Erwähnung dieser Übermittlungsmethode in § 13 EG Abs. 1 VOB/A – die Unzulässigkeit der Einreichung von Angeboten per Telefax gefolgert.[27] Als ausreichend wird es ausnahmsweise angesehen, wenn neben dem per Telefax übersandten Angebot vor dem Schluss der Angebotsfrist ein mit einer Originalunterschrift des Bieters versehenes Bestätigungsschreiben eingeht.[28] Da die VOL/A in § 16 EG Abs. 1 VOL/A ausdrücklich die Angebotseinreichung per Fax genügen lässt, wurde dort zur Vereinfachung ausdrücklich aufgenommen, dass die Unterschrift auf der Telekopie ausreichend ist.

---

[21] Vgl. *Stolz* in Willenbruch/Bischoff, Vergaberecht, § 21 VOB/A, Rdn. 4 – begründet u. a. mit der Erforderlichkeit einer Originalunterschrift auf dem Angebot, welche bei einem Telefax nicht möglich sei; ebenso *Dittmann* in Kulartz/Marx/Portz/Prieß, VOB/A, § 13, Rdn. 8.

[22] Vgl. *Dittmann* in Kulartz/Marx/Portz/Prieß, VOL/A, § 16, Rdn. 11; *Schindler*, NZBau 2008, 746 f.

[23] Vgl. *Kratzenberg* in Ingenstau/Korbian, VOB, § 13 VOB/A, Rdn. 5.

[24] Vgl. *Kratzenberg* in Ingenstau/Korbian, VOB, § 13 VOB/A, Rdn. 5; *Haupt* in Jagenburg/Schröder/Baldringer, Der ARGE-Vertrag, Anhang 4, Rdn. 756; a.A. *Ohrtmann*, VergabeR 2008, 426, 428; *Stolz* in Willenbruch/Bischoff, Vergaberecht, § 21 VOL/A, Rdn. 21.

[25] Vgl. *Lux*, Bietergemeinschaften, S. 139; *Haupt* in Jagenburg/Schröder/Baldringer, Der ARGE-Vertrag, Anhang 4, Rdn. 756.

[26] Vgl. OLG Karlsruhe, Beschluss vom 24.7.2013, 17 Verg 61/07; *Dittmann* in Kulartz/Marx/Portz/Prieß, VOB/A, § 13, Rdn. 18.

[27] Vgl. *Stolz* in Willenbruch/Bischoff, Vergaberecht, § 21 VOB/A, Rdn. 4; *Dittmann* in Kulartz/Marx/Portz/Prieß, VOB/A, § 13, Rdn. 8; *Kratzenberg* in Ingenstau/Korbion, VOB/A, § 13, Rdn. 3.

[28] Vgl. *Kratzenberg* in Ingenstau/Korbion, VOB, § 13, Rdn. 8.

B. Notwendige Inhalte

I. Eindeutige Bezeichnung des Bewerbers bzw. Bieters

Im Grunde eine Selbstverständlichkeit ist es, dass aus dem Teilnahmeantrag bzw. dem Angebot eindeutig hervorgehen muss, wer sich bewirbt. In der Praxis fällt die Identifikation des Bieters mitunter gleichwohl nicht leicht. So lässt sich etwa aus Bewerbungen im Konzernverbund stehender Unternehmen zuweilen nicht eindeutig ablesen, welches Unternehmen sich konkret bewirbt und es ist nicht immer eindeutig, ob es sich um einen Einzelbieter mit Nachunternehmer oder eine Bietergemeinschaft handelt.[29] Mit Schluss der Angebotsfrist und bei vorgezogenem Teilnahmewettbewerb bei Schluss der Bewerbungsfrist muss jedoch der Kreis der am Vergabeverfahren teilnehmenden Unternehmen feststehen; spätere Identitätsäderungen des Bewerbers bzw. Bieters sind unzulässig.[30] Der Teilnahmeantrag bzw. das Angebot muss deshalb eine sichere Feststellung der Identität des Bewerbers/Bieters ermöglichen; ist beispielsweise nicht ersichtlich, ob die ein Einzelbieter oder eine Bietergemeinschaft bewirbt, muss dies zwingend zum Ausschluss des Bewerbers/Bieters führen.[31]

19

II. Inhalte des Teilnahmeantrages

Gesonderte Regelungen zu den Inhalten eines Teilnahmeantrages halten die Vergabeordnungen nicht bereit. Es gelten insoweit die entsprechend heranzuziehenden Maßgaben der §§ 16 EG Abs. 3 VOL/A und 13 EG Abs. 4 VOB/A, wonach die Angebote – und somit auch die Teilnahmeanträge – alle geforderten Angaben, Erklärungen und Nachweise enthalten müssen. Maßgebend ist also, welche Angaben der Auftraggeber im Rahmen des Teilnahmeantrages verlangt.

20

Im Teilnahmewettbewerb wird in erster Linie die Eignung der Unternehmen überprüft, sodass vorrangig Eignungsnachweise zur Zuverlässigkeit, sowie zur wirtschaftlichen und technischen Leistungsfähigkeit vorzulegen sind. Die Auftraggeber können aber auch die ihnen für die Auftragsdurchführung wichtig erscheinenden Mindestbedingungen überprüfen, wie etwa eine ausreichende Haftpflichtversicherung der Bewerber. Im Teilnahmewettbewerb werden zudem regelmäßig die notwendigen Erklärungen nach den Tariftreue- und Vergabegesetzen der Länder abgefragt.

21

1. Formblätter

Soweit möglich sollten die von den Bewerbern abgefragten Erklärungen auf vom Auftraggeber vorbereiteten Formblättern abgefragt werden. Dies reduziert die Fehlerquote ungemein und vermindert so die Notwendigkeit von Nachforderungen und/oder Ausschlüssen. Möchte der Auftraggeber etwa bei Referenzen neben einer Beschreibung der erbrachten Leistungen den Zeitraum der Auftragsdurchführung und einen Ansprechpartner beim Referenz-Auftraggeber genannt bekommen, so ist die Fehlerrate deutlich geringer, wenn diese Angaben auf Formblättern mit jeweils vorbereiteten Feldern für die ein-

22

---

[29] Vgl. zum letztgenannten Fall etwa VK Bund, Beschluss vom 18.2.2010, VK 3–6/10.
[30] Vgl. allgemein OLG Celle, Beschluss vom 5.9.2007, 13 Verg 9/07, NZBau 2007, 663 ff.; OLG Düsseldorf, Beschluss vom 24.5.2005, Verg 28/05; OLG Düsseldorf, Beschluss vom 18.10.2006, Verg 30/06 sowie zur Vorverlagerung des maßgeblichen Zeitpunkts auf den Schluss des Teilnahmewettbewerbs OLG Hamburg, Beschluss vom 2.10.2002, 1 Verg 1/00, NZBau 2003, 223; VK Bund, Beschluss vom 22.2.2008, VK 1–4/08.
[31] Vgl. VK Bund, Beschluss vom 18.2.2010, VK 3–6/10.

zelnen Informationen eingetragen werden können, als wenn der Bewerber seine Referenzen in „freier Prosa" zu Papier bringt.

23 Die Tariftreue- und Vergabegesetze der Länder bzw. die zur Durchführung erlassenen Rechtsverordnungen sehen zunehmend die Abgabe von Erklärungen etwa zur Zahlung von Tariflöhnen, zur Herkunft von Waren und zur Frauenförderung auf entsprechenden Formblättern vor.

2. Erklärungen und Nachweise zu Mindestbedingungen

24 Der Auftraggeber kann ein berechtigtes Interesse daran haben, auch außerhalb der geforderten Eignungsnachweise Mindestbedingungen des Auftrages bereits für den Teilnahmewettbewerb zu formulieren und sich hierfür Nachweise bzw. Erklärungen vorlegen zu lassen. Hierzu werden bei europaweiten Ausschreibungen Erklärungen in der Regel unter Ziff. III.1.1 „Bedingungen für den Auftrag" des europäischen Bekanntmachungsformulars verlangt.

25 Ein häufiger Fall ist im Bereich von Dienstleistungen das Bestehen bzw. die Verpflichtung zum Abschluss einer ausreichenden Haftpflichtversicherung. Soweit die geforderte Haftpflichtversicherung über die nach gesetzlichen Vorschriften etwa vom Bewerberkreis ohnehin vorzuhaltende Versicherung (nach Höhe oder sachlichem Umfang) hinausgeht, wäre es allerdings unverhältnismäßig, von den Bewerbern hierfür bereits im Teilnahmewettbewerb – und damit noch ohne konkrete Aussicht auf den Auftrag – die Vorlage eines entsprechenden Versicherungsnachweises zu verlangen; hier muss ersatzweise die verbindliche Erklärung des Bewerbers ausreichen, dass er im Fall der Auftragserteilung eine entsprechende Versicherung abschließen werde.[32] Demgegenüber sieht die bislang wohl herrschende Meinung das Verlangen des bereits mit dem Teilnahmeantrag zu erbringenden Nachweises eines bereits in der geforderten Höhe bestehenden Versicherungsschutzes als zulässig an.[33] Diese Wertung wird damit begründet, dass nach § 7 EG Abs. 2 lit. b) VOL/A bzw. § 5 Abs. 4 lit. a) VOF der Auftraggeber zum Nachweis der finanziellen und wirtschaftlichen Leistungsfähigkeit den Nachweis „entsprechender Berufshaftpflichtversicherung" verlangen kann. Hierbei gilt jedoch der allgemeine Grundsatz, dass nur die „durch den Auftragsgegenstand gerechtfertigten" Unterlagen und Angaben gefordert werden können (§ 7 EG Abs. 1 Satz 1 VOL/A, § 5 Abs. 1 Satz 1 VOF). Durch den Auftrag ist nur das Verlangen gerechtfertigt, dass für die Auftragserfüllung eine entsprechende Haftpflichtversicherung bereitgestellt wird; diesem Interesse ist auch mit einer Selbstverpflichtung des Auftragnehmers Rechnung getragen, die Versicherung im Fall der Auftragserteilung abzuschließen bzw. an die Vorgaben des Auftraggebers anzupassen. Der Auftraggeber kann dem für den Zuschlag vorgesehenen Bieter aufgeben, den Nachweis einer angepassten Haftpflichtversicherung vor Zuschlagserteilung beizubringen; gelingt dem Bieter dies entgegen seiner Eigenerklärung nicht, so wäre er auszuschließen.

3. Eignungsnachweise

26 Im Zentrum des Teilnahmewettbewerbs steht der Nachweis der Eignung für den konkreten Auftrag. Die Auftraggeber geben bereits in der Bekanntmachung an, welche Nachweise vorzulegen sind (vgl. etwa § 7 Abs. 5 EG VOL/A). Der Auftraggeber darf insoweit „die durch den Auftragsgegenstand gerechtfertigten" Unterlagen und Angaben fordern (vgl. etwa § 7 EG Abs. 1 VOL/A). Die geforderten Nachweise müssen also zur Prüfung

---

[32] Vgl. OLG Thüringen, Beschluss vom 30.4.2009, 9 Verg 3/09; *Hänsel* in Ziekow/Völlink, Vergaberecht, § 7 EG VOL/A, Rdn. 4.
[33] Vgl. etwa VK Lüneburg, Beschluss vom 11.3.2013, VgK-3/2013; VK Thüringen, Beschluss vom 18.7.2012, 250–4004–9055/2012-E-002-HBN; *Hausmann/von Wolff* in Kulartz/Marx/Portz/Prieß, VOL/A, § 7 EG, Rdn. 38; *Scherer-Leyendecker* in Heuvels/Höß/Kuß/Wagner, Vergaberecht, § 7 EG VOL/A, Rdn. 9.

der Eignung geeignet und verhältnismäßig sein.³⁴ Die SektVO verlangt in ihrem § 20 Abs. 1 lediglich die Auswahl anhand „objektiver Kriterien". Auch hier gelten indes die allgemeinen Grundsätze der Transparenz, Diskriminierungsfreiheit und Gleichbehandlung, sodass insbesondere auch hier das Gebot geeigneter und angemessener Kriterien besteht.³⁵

Die Entscheidung über die von den Bewerbern beizubringenden Eignungsnachweise **27** steht im – gerichtlich nur eingeschränkt überprüfbaren – Ermessen des Auftraggebers.³⁶ Die Grenze zulässiger Ermessensbetätigung ist dort überschritten, wo sich die Eignungsanforderung nicht mehr durch den Auftragsgegenstand vernünftig begründen lässt. Handelt es sich etwa um eine schlichte Lieferung der von einem Dritten hergestellten Ware, so wäre es nicht nachvollziehbar, hohe Anforderungen an die technische Leistungsfähigkeit des Auftragnehmers als bloßem Lieferanten zu stellen. Ebenso wenig wäre es angemessen, Erfahrungen mit der Erstellung eines Netzwerks mit mindestens 1000 angeschlossenen PCs zu fordern, wenn an das konkret in Rede stehende Netz nur 200 PCs angeschlossen werden sollen. Die Rechtsprechung stellt zu Recht im Ergebnis darauf ab, ob der Wettbewerb unnötig eingeschränkt wird.³⁷

Der Auftraggeber ist an die einmal festgelegten Eignungsanforderungen gebunden und **28** kann im Nachhinein bei der Wertung der Teilnahmeanträge bzw. Angebote nicht hiervon abweichen und etwa zugunsten einzelner Bewerber/Bieter auf die Einhaltung von Mindestanforderungen verzichten.³⁸ Der Auftraggeber darf allerdings im Wege der Zurückversetzung des Verfahrens die Eignungsanforderungen im Verlauf des Verfahrens ändern, muss insoweit aber transparent und diskriminierungsfrei vorgehen.³⁹ Wird bei einer Reduktion der Eignungsanforderungen ein anderer Bieterkreis angesprochen, so muss auf der Grundlage einer ergänzenden Bekanntmachung der Wettbewerb zu den ermäßigten Bedingungen neu eröffnet werden.

Bei der Festlegung der Eignungsnachweise kann der Auftraggeber Mindestvoraussetzungen festlegen, bei deren Nichterfüllung der Bewerber in jedem Fall auszuschließen **29** ist.⁴⁰ Darüber hinaus können im nicht offenen Verfahren und im Verhandlungsverfahren relative Eignungsanforderungen festgelegt werden, die bei vorgesehener Verringerung des Teilnehmerkreises auf die (z.B. fünf) am besten geeigneten Unternehmen zur Auswahl herangezogen werden.

Die VOB/A und die VOL/A geben für die finanzielle und wirtschaftliche Leistungsfähigkeit einerseits und die technische Leistungsfähigkeit andererseits an, welche Nachweise **30** regelmäßig zulässigerweise gefordert werden können (vgl. etwa § 7 EG Abs. 2 und 3 VOL/A). Hinsichtlich der Zuverlässigkeit können aus den Ausschlusstatbeständen Hinweise auf zulässige Eignungsnachweise entnommen werden (vgl. § 6 EG Abs. 4, 6 VOL/A).

In der VOL/A wird der Grundsatz aufgestellt, dass vorrangig Eigenerklärungen zu verlangen sind; die Forderung von Nachweisen von dritten Stellen bedarf einer Begründung **31** in der Vergabedokumentation (§ 7 EG Abs. 1 Sätze 2 und 3 VOL/A). Die VOB/A überlässt es demgegenüber der Entscheidung des Auftraggebers, ob er Eigenerklärungen (zunächst) ausreichen lässt und sieht hinsichtlich der in die engere Wahl gelangten Bieter vor, dass diese Eigenerklärungen im Nachgang durch Bescheinigungen der zuständigen Stellen zu bestätigen sind (Vgl. § 6 EG Abs. 3 Nr. 2 Satz 2 VOB/A). Eigenerklärungen sollten

---

³⁴ Vgl. *Opitz* in Eschenbruch/Opitz, SektVO, § 20, Rdn. 22; *Pooth/Sudbrock*, KommJur 2010, 446, 450.
³⁵ Vgl. *Haupt/Baldringer* in Lampe-Hellbig/Jagenburg, Handbuch der Bauvergabe, Teil F, Rdn. 167.
³⁶ Vgl. *Hänsel* in Ziekow/Völlink, Vergaberecht, § 7 EG VOL/A, Rdn. 2; *Hausmann/von Hoff* in Kulartz/Marx/Portz/Prieß, VOL/A, § 7 EG, Rdn. 21 ff.
³⁷ Vgl. OLG Koblenz, Beschluss vom 16.6.2012, 1 Verg 2/12.
³⁸ Vgl. *Hausmann/von Hoff* in Kulartz/Marx/Portz/Prieß, VOL/A § 7 EG, Rdn. 2.
³⁹ Vgl. OLG Düsseldorf, Beschluss vom 16.5.2011, Verg 44/11.
⁴⁰ Vgl. *Opitz* in Eschenbruch/Opitz, SektVO, § 20, Rdn. 22.

vor allem dann im Teilnahmewettbewerb als ausreichend gekennzeichnet werden, wenn die Beschaffung von Fremderklärungen im konkreten Fall erfahrungsgemäß zeitaufwändig ist.

32 Der Eignungsnachweis kann auch durch die im Präqualifikationsverfahren erworbenen und vom Auftraggeber direkt abrufbaren Eignungsnachweise geführt werden (§ 6 EG Abs. 3 Nr. 2 Satz 1 VOB/A, § 7 EG Abs. 4 VOL/A).

a) Nachweise und Erklärungen zur persönlichen Zuverlässigkeit

33 Ein Unternehmen ist nach § 6 EG Abs. 4 VOL/A und § 6 EG Abs. 4 VOB/A zwingend aus einem Vergabeverfahren auszuschließen, wenn der Auftraggeber davon Kenntnis erlangt, dass eine Person, deren Verhalten dem Unternehmen zuzurechnen ist, bestimmte schwere Straftaten (u.a. Bestechung, Betrug oder Subventionsbetrug zum Nachteil der EU) begangen hat. Dementsprechend kann eine Eigenerklärung des Inhalts verlangt werden, dass keine Ausschlussgründe nach § 6 EG Abs. 4 VOL/A bzw. § 6 EG Abs. 4 VOB/A vorliegen.

34 Die SektVO sieht in derartigen Fällen in ihrem § 21 Abs. 1 einen zwingenden Ausschluss für solche Auftraggeber vor, die zugleich die Voraussetzungen des § 98 Nrn. 1, 2 oder 3 GWB erfüllen; reine Sektorenauftraggeber haben insoweit Ermessen. Dementsprechend kann im Sektorenbereich eine Eigenerklärung oder ein Nachweis (§ 21 Abs. 1 Satz 3 SektVO) verlangt werden, dass keine Ausschlussgründe nach § 21 Abs. 1 SektVO vorliegen.

35 Darüber hinaus sehen § 6 EG Abs. 6 VOL/A, § 16 EG Abs. 1 Nr. 2 VOB/A, § 4 Abs. 6 VOF und § 21 SektVO einen fakultativen Ausschluss beim Vorliegen weiterer die Zuverlässigkeit in Frage stellender Tatbestände vor. Hierunter zählen
- die Eröffnung eines Insolvenzverfahrens bzw. die Ablehnung des Insolvenzantrages mangels Masse,
- die Liquidation eines Unternehmens,
- das Begehen schwerer Verfehlungen, welche die Zuverlässigkeit in Frage stellen,
- die nicht ordnungsgemäße Abführung von Steuern, Abgaben sowie Beiträgen zur gesetzlichen Sozialversicherung und
- die Abgabe vorsätzlich falscher Erklärungen zur Eignung.

36 Vor diesem Hintergrund bietet sich auch insoweit das Verlangen einer Eigenerklärung – möglichst auf einem vorbereiteten Formblatt – an, dass keiner dieser Ausschlussgründe in der Person des Bieters vorliegt.

37 Um sich einen Überblick über die Verhältnisse beim Bieter verschaffen zu können, darf der Auftraggeber darüber hinaus die Vorlage eines aktuellen Handelsregistereintrages fordern. Hierdurch weist der Bewerber nach, dass er seine Tätigkeit in gewerberechtlich zulässiger Weise ausübt.[41] Bei europaweiten Vergabeverfahren sind entsprechende Nachweise aus anderen Mitgliedsstaaten zu akzeptieren; gibt es keine entsprechende Eintragung, so darf deren Fehlen nicht zum Ausschluss des Bewerbers führen.[42] Üblich und angemessen ist hier die Forderung, dass der Auszug bezogen auf den Schluss der Teilnahme- bzw. Angebotsfrist nicht älter als 3 Monate sein darf.

38 Entsprechend verbreiteter Praxis darf auch die Vorlage eines aktuellen Gewerbezentralregisterauszuges gefordert werden.[43] Hieraus sind insbesondere behördliche Entscheidungen zur Untersagung der Gewerbeausübung sowie zur Rücknahme von Gewerbeerlaubnissen und rechtskräftige Bußgeldentscheidungen bzw. rechtskräftige Verurteilungen wegen bestimmter Straftaten im Zusammenhang mit der Gewerbeausübung ersichtlich (vgl. § 149 GewO). Aus der Möglichkeit öffentlicher Auftraggeber nach § 98 Abs. 1–3 sowie

---

[41] Vgl. Hänsel in Ziekow/Völlink, Vergaberecht, § 6 VOB/A, Rdn. 23.
[42] Vgl. EuGH, NZBau 2004, 102.
[43] Vgl. etwa VK Bund, Beschluss vom 30.10.2007, VK 1–113/07; VK Sachsen, Beschluss vom 28.7.2008, 1/SVK/037–08; kritisch Uwer/Hübschen, NZBau 2007, 757, 758 ff.

5 GWB, derartige Auszüge selbst anzufordern resultiert nicht die Unzulässigkeit der Forderung einer Beibringung eines Gewerbezentralregisterauszuges durch die Bewerber bzw. Bieter selbst.[44]

b) Nachweise und Erklärungen zur wirtschaftlichen Leistungsfähigkeit

Zum Nachweis der finanziellen und wirtschaftlichen Leistungsfähigkeit sehen § 7 EG Abs. 2 VOL/A, § 6 EG Abs. 3 VOB/A sowie § 5 Abs. 4 VOF folgende Erklärungen und Nachweise vor: 39
- Vorlage von Bankauskünften
- Vorlage von Bilanzen/Bilanzauszügen, soweit deren Veröffentlichung vorgeschrieben ist
- Erklärung über den Gesamtumsatz in den letzten drei Geschäftsjahren
- Erklärung über den Umsatz mit vergleichbaren Leistungen in den letzten drei Geschäftsjahren

Diese Aufzählungen haben nur beispielhaften Charakter; der Auftraggeber kann – soweit es durch den Auftragsgegenstand gerechtfertigt erscheint – ebenso weitergehende Eignungsnachweise fordern wie hinter den vorgeschlagenen Anforderungen zurückbleiben.[45] 40

Wenn Bankauskünfte gefordert werden, empfiehlt sich eine nähere Konkretisierung der notwendigen Inhalte durch den Auftraggeber. Allgemeine Bankauskünfte sind regelmäßig nicht konkret genug, um tragfähige Rückschlüsse auf die wirtschaftliche und finanzielle Leistungsfähigkeit des Bewerbers für das konkrete Projekt zuzulassen. 41

Aus diesem Grund ist eine zunehmende Tendenz festzustellen, zusätzlich oder anstelle einer Bankauskunft die Vorlage einer – regelmäßig deutlich aussagekräftigeren – Bonitätsauskunft der Creditreform oder vergleichbarer Institute zu verlangen. Hiergegen bestehen – abgesehen von der gebotenen Zulassung des Nachweises durch vergleichbare Zertifikate anderer Institute – dann keine Bedenken, wenn die Einschätzung des jeweiligen Instituts nicht ungeprüft zur Grundlage der Eignungsbewertung gemacht wird.[46] Es ist zwingend erforderlich, dass die Vergabestelle stets selbst auf der Grundlage der vorgelegten Unterlagen und Erklärungen die Eignung prüft und die Eignungsprüfung nicht im Wege unreflektierter Zugrundelegung von Drittauskünften faktisch auf Dritte verlagert. Unzulässig ist deshalb etwa eine Auswahl der am besten geeigneten Teilnehmer nach dem Bonitätsindex der Creditreform.[47] Die Eignungsauswahl muss zudem auf gesicherter Grundlage erfolgen. Angesichts der von der Rechtsprechung angenommenen Fehleranfälligkeit von Bonitätsbewertungen muss den Bewerbern/Bietern die Möglichkeit offen stehen, die betreffenden Auskünfte auf Richtigkeit zu kontrollieren und gegebenenfalls Einwände und Korrekturen anzubringen, deren Berechtigung der Auftraggeber dann überprüfen muss.[48] Soweit also eine Bonitätsauskunft der Creditreform gefordert wurde und diese nach Auffassung des Bewerbers/Bieters fehlerhaft ist, sollte der Bewerber also nicht nur die Bonitätsauskunft vorlegen, sondern auch etwaige Unrichtigkeiten der dortigen Annahmen herausstellen und belegen. 42

c) Nachweise und Erklärungen zur technischen Leistungsfähigkeit

In Bezug auf die technische Leistungsfähigkeit kommt es ebenso auf die fachliche Kompetenz wie auf die technische Ausrüstung der Unternehmen an. Die VOL/A stellt einen ausführli- 43

---

[44] Vgl. etwa VK Sachsen, Beschluss vom 28.7.2008, 1/SVK/037–08.
[45] Vgl. *Hänsel* in Ziekow/Völlink, Vergaberecht, § 7 EG VOL/A, Rdn. 2; *Müller-Wrede* in Müller-Wrede, VOL/A, § 7 EG, Rdn. 25.
[46] Vgl. OLG Düsseldorf, Beschluss vom 21.12.2011, Verg 84/11; VK Baden-Württemberg, Beschluss vom 9.4.2013, 1 VK 8/13.
[47] Vgl. OLG Düsseldorf, Beschluss vom 21.12.2011, Verg 84/11.
[48] Vgl. OLG Düsseldorf, Beschluss vom 21.12.2011, Verg 84/11; VK Baden-Württemberg, Beschluss vom 9.4.2013, 1 VK 8/13.

chen Kanon zulässiger Nachweise für die technische Leistungsfähigkeit bereit, der – anders als die Auflistung betreffend mögliche Nachweise der finanziellen und wirtschaftlichen Leistungsfähigkeit – keinen beispielhaften Charakter hat, sondern als abschließend zu betrachten ist und lediglich Konkretisierungen, nicht aber Erweiterungen zulässt.[49]

44 In der Praxis sind insbesondere folgende Nachweise relevant:
- Referenzen zu vergleichbaren Leistungen in den letzten drei Geschäftsjahren mit Angabe des Rechnungswerts, der Leistungszeit sowie des Auftraggebers
- Angaben zur technischen Ausrüstung des Unternehmens
- Angaben zu Qualitätssicherungsmaßnahmen im Unternehmen
- Qualifikation und Berufserfahrung des für die Auftragsdurchführung vorgesehenen Leitungspersonals (etwa: Projektleiter, Bauleiter)
- Bei Lieferaufträgen die Vorlage von Mustern

45 Die Forderung von Referenzen dient der Prüfung, ob der Bewerber/Bieter Aufträge vergleichbarer Art zufriedenstellend erfüllen kann.[50] Diese werden deshalb üblicherweise auf die „mit dem zu vergebenden Auftrag vergleichbaren" Leistungen bezogen. Es empfiehlt sich, die Anforderungen an die Referenzen und insbesondere die Vergleichbarkeit der Leistungen klar zu definieren, da die Berücksichtigungsfähigkeit von Referenzen in der Praxis häufig Streit auslöst.[51] Die Vergabestelle kann sich – im Wege der Konkretisierung des Kanons zulässiger Forderungen von Eignungsnachweisen – auch einen Ansprechpartner nebst Kontaktinformationen des in der Referenz angegebenen Auftraggebers angeben lassen.[52]

46 Hinsichtlich der technischen Ausrüstung muss es – da es um die Leistungsfähigkeit hinsichtlich des konkret anstehenden Auftrages geht – genügen, dass die erforderlichen Geräte/Maschinen bis zum Beginn der Auftragsdurchführung beschafft werden und der Bewerber/Bieter nachweist, dass er zur Beschaffung im Auftragsfall in der Lage ist.[53] Denn es sind nur solche Eignungsanforderungen zulässig, die zur Sicherstellung einer ordnungsgemäßen Ausführung des zu vergebenden Auftrages erforderlich sind;[54] ist hierfür ein bestimmter Maschinenpark notwendig, so genügt es, wenn dieser im Rahmen der Auftragsdurchführung zur Verfügung steht.

4. Besonderheiten bei Bietergemeinschaften

47 Der Zusammenschluss mehrerer Unternehmen zu einer Bewerber- bzw. Bietergemeinschaft[55] erleichtert – gerade bei komplexen Projekten – den Nachweis der Eignung und ermöglicht es damit auch mittelständischen Unternehmen, sich gemeinsam um größere Aufträge zu bewerben.

Von der Bietergemeinschaft ist eine Bietergemeinschaftserklärung abzugeben, aus welcher die Mitglieder der Bietergemeinschaft und ein bevollmächtigter Vertreter ersichtlich sind (vgl. etwa § 13 EG Abs. 5 Satz 1 VOB/A, § 16 EG Abs. 6 Satz 1 VOL/A). Fehlt diese Erklärung im Teilnahmeantrag oder Angebot, so ist sie jedenfalls vor Zuschlagserteilung beizubringen (§ 13 EG Abs. 5 Satz 2 VOB/A, § 16 EG Abs. 6 Satz 2 VOL/A).

---

[49] Vgl. *Hausmann/von Hoff* in Kulartz/Marx/Portz/Prieß, VOL/A, § 7 EG, Rdn. 46; *Müller-Wrede* in Müller-Wrede, VOL/A, § 7 EG, Rdn. 35; *Hänsel* in Ziekow/Völlink, Vergaberecht, VOL/A, § 7 EG, Rdn. 7; *Scherer-Leyendecker* in Heuvels/Höß/Kuß/Wagner, Vergaberecht, VOL/A, § 7 EG, Rdn. 12; a.A. VK Düsseldorf, Beschluss vom 23.5.2008, VK-7/2008.
[50] Vgl. OLG Celle, Beschluss vom 24.2.2004, 13 Verg 3/04; *Hausmann/von Hoff* in Kulartz/Marx/Portz/Prieß, VOL/A, § 7 EG, Rdn. 51.
[51] Vgl. *Hänsel* in Ziekow/Völlink, Vergaberecht, § 7 EG VOL/A, Rdn. 9.
[52] Vgl. *Hausmann/von Hoff* in Kulartz/Marx/Portz/Prieß, VOL/A, § 7 EG, Rdn. 50.
[53] Vgl. VK Nordbayern, Beschluss vom 18.9.2008, 21.VK-3194–43/08; *Hänsel* in Ziekow/Völlink, Vergaberecht, § 7 VOL/A, Rdn. 10.
[54] Vgl. *Opitz* in Eschenbruch/Opitz, SektVO, § 20, Rdn. 22.
[55] Nachfolgend übergreifend jeweils als „Bietergemeinschaft" bezeichnet.

§ 24 Form und Inhalt von Teilnahmeanträgen und Angeboten   Kap. 5

Im Hinblick auf die wirtschaftliche und technische Leistungsfähigkeit können die Unternehmen ihre Ressourcen bündeln und leichter den Eignungsnachwies führen. Die fehlende Zuverlässigkeit auch nur eines einzigen Bietergemeinschaftsmitgliedes gefährdet demgegenüber die Bewerbung. 48

a) Zuverlässigkeit

Unabdingbare Voraussetzung für die Eignung einer Bietergemeinschaft ist es, dass sämtliche ihrer Mitglieder die erforderliche Zuverlässigkeit besitzen bzw. nachweisen.[56] Die Unzuverlässigkeit eines Bietergemeinschaftsmitglieds strahlt auf die Bietergemeinschaft insgesamt aus und führt zwingend zur Unzuverlässigkeit der Bietergemeinschaft insgesamt.[57] Auch wenn der Auftraggeber dies in der Bekanntmachung nicht ausdrücklich verlangt, sind deshalb die Erklärungen und Nachweise zur Zuverlässigkeit stets von allen Mitgliedern einer Bietergemeinschaft zu erbringen.[58] 49

b) Finanzielle und technische Leistungsfähigkeit

Hinsichtlich der finanziellen/wirtschaftlichen und technischen Leistungsfähigkeit wird von der herrschenden Rechtsprechung und Literatur demgegenüber auf die Bietergemeinschaft als Gesamtheit abgestellt. Hintergrund ist, dass es der Zweck der nach §§ 6 EG Abs. 1 Nr. 2 VOB/A, 6 EG Abs. 2 Satz 1 VOL/A und § 22 SektVO ausdrücklich zulässigen und Einzelbietern gleichzustellenden Bietergemeinschaften ist, zur Schaffung der erforderlichen Kapazitäten ihre Ressourcen zu bündeln und zu ergänzen. 50

Entscheidend ist deshalb nach der herrschenden Auffassung, dass die Bietergemeinschaft als solche über die erforderlichen finanziellen und technischen Ressourcen verfügt, ohne dass jedes einzelne Mitglied diese jeweils gesondert nachweisen müsste. Es ist deshalb nach dieser Auffassung nicht erforderlich, dass alle Mitglieder der Bietergemeinschaft jeweils sämtliche der geforderten Nachweise zur finanziellen und technischen Leistungsfähigkeit einreichen. Formal wird es vielmehr als ausreichend angesehen, wenn jeder geforderte Nachweis bzw. jede Erklärung von zumindest einem Mitglied der Bietergemeinschaft abgegeben wird.[59] 51

Dem ist nicht uneingeschränkt zu folgen: Zwar ist es richtig, dass für die Eignung der Bietergemeinschaft auf die Gesamtheit der Mitglieder abzustellen ist, sodass es etwa bei zwei geforderten Referenzen ausreichend ist, wenn beide Mitglieder einer Bietergemeinschaft je eine Referenz nachweisen. Jedoch ist hieraus entgegen der wohl überwiegenden Auffassung nicht der Schluss zu ziehen, dass die formale Vorlage der geforderten Nachweise für die anderen Mitglieder einer Bietergemeinschaft entbehrlich ist, wenn ein Mitglied bereits allein ausreichende Referenzen etc. vorlegen kann. Denn bei einer solchen nur ausschnittsweisen Vorlage von Eignungsnachweisen ergäbe sich für den Auftraggeber nur ein bruchstückhaftes Bild, das keinen wirklich aussagekräftigen Überblick über die Eignung der Bietergemeinschaft zu- 52

---

[56] Vgl. OLG Düsseldorf, Beschluss vom 31.7.2007, Verg 25/07; OLG Naumburg, Beschluss vom 30.4.2007, 1 Verg 1/07, NZBau 2008, 73 ff.; *Gabriel/Benecke/Geldsetzer*, Die Bietergemeinschaft, S. 85; *Haupt* in Jagenburg/Schröder/Baldringer, Der ARGE-Vertrag, Anhang 4, Rdn. 758.
[57] Vgl. OLG Düsseldorf, Beschluss vom 15.12.2004, Verg 48/04; *Schranner* in Ingenstau/Korbion, VOB, § § 2 VOB/A, Rdn. 21; *Haupt* in Jagenburg/Schröder/Baldringer, Der ARGE-Vertrag, Anhang 4, Rdn. 758; a.A. *Lux*, Bietergemeinschaften, S. 135 – Ausgleich der Unzuverlässigkeit eines Mitglieds der Bietergemeinschaft durch die Zuverlässigkeit der anderen Mitglieder und Verpflichtung der Vergabestelle zur Gesamtbetrachtung.
[58] Vgl. OLG Naumburg, Beschluss vom 30.4.2007, 1 Verg 1/07, NZBau 2008, 73 ff.; *Haupt* in Jagenburg/Schröder/Baldringer, Der ARGE-Vertrag, Anhang 4, Rdn. 758.
[59] Vgl. OLG Naumburg, Beschluss vom 30.4.2007, 1 Verg 1/07, NZBau 2008, 73 ff.; OLG Düsseldorf, Beschluss vom 31.7.2007, Verg 25/07; *Schranner* in Ingenstau/Korbion, VOB, § 2 VOB/A, Rdn. 21; *Vavra* in Kulartz/Marx/Portz/Prieß, VOB/, § 2, Rdn. 17; a.A. *Dreher*, NZBau 2005, 426, 432; *Harr* in Willenbruch/Bischoff, Vergaberecht, § 10 VOF, Rdn. 39 und wohl auch OLG Dresden, Beschluss vom 17.10.2006, WVerg 15/06.

lassen würde. Treten etwa ein technisch sehr versiertes aber aufgrund massiver Umsatzrückgänge finanzschwaches und ein finanzstarkes aber technisch nicht erfahrenes Unternehmen als Bietergemeinschaft auf, so resultiert hieraus nicht ein finanziell und technisch starker Bewerber. In dieser Konstellation bestünde nämlich – vor allem bei langfristig angelegten Projekten – die erhöhte Gefahr, dass das angeschlagene technisch versierte Unternehmen in Insolvenz geriete und deshalb die Bietergemeinschaft den Auftrag im Zuschlagsfall nicht abschließend erfüllen könnte. Die sichere und aussagekräftige Prüfung der Leistungsfähigkeit einer Bietergemeinschaft kann deshalb nur erfolgen, wenn sämtliche Mitglieder der Bietergemeinschaft auch hinsichtlich der finanziellen und technischen Leistungsfähigkeit alle geforderten Eignungsnachweise einreichen.

53 Deshalb spricht viel dafür, dass zwar für die materielle Eignungsprüfung die Eignung der Bietergemeinschaft insgesamt und damit ggf. auch die Leistungsfähigkeit eines einzelnen Mitglieds ausreicht, aber für sämtliche Mitglieder jeweils alle geforderten Erklärungen und Nachweise zur finanziellen und technischen Leistungsfähigkeit eingereicht werden müssen.[60] Dies bedeutet nicht, dass alle Mitglieder der Bietergemeinschaft etwa sämtliche Referenzen nachweisen müssten; es genügt, wenn sie sich hierzu erklären, also etwa die Mitteilung machen, über keine eigenen Referenzen zu verfügen.

54 Soweit weitergehend verlangt wird, dass alle Mitglieder der Bietergemeinschaft jeweils für sich nicht nur zuverlässig, sondern auch finanziell und technisch leistungsfähig sein müssten,[61] kann dem allerdings nur eingeschränkt in dem Sinne zugestimmt werden, dass zwar nicht für sich betrachtet alle Mitglieder für die Auftragsdurchführung die volle Leistungsfähigkeit besitzen müssen, aber doch durch eine stark eingeschränkte Leistungsfähigkeit einzelner Mitglieder die Eignung der Bietergemeinschaft nicht insgesamt in Frage gestellt sein darf, was etwa im Falle drohender Insolvenz eines Mitglieds der Fall sein kann.

5. Nachunternehmererklärungen

a) Verpflichtende Angabe von Nachunternehmern

55 Der Auftraggeber kann ein berechtigtes Interesse an einer Erklärung haben, hinsichtlich welcher Leistungsbestandteile Nachunternehmer eingesetzt werden sollen und welche Nachunternehmer vorgesehen sind. Derartige Erklärungen können aber – abgesehen vom Fall der Eignungsleihe – im Rahmen des Teilnahmewettbewerbs noch keine Bedeutung haben und deshalb frühestens im Rahmen des Angebots gefordert werden; die Verpflichtung zur Angabe konkreter Nachunternehmer ist selbst zum Zeitpunkt der Angebotsabgabe regelmäßig unzumutbar.[62]

b) Eignungsleihe

56 Die Angabe von Nachunternehmern kann allerdings bereits im Teilnahmeantrag notwendig werden, wenn der Bewerber sich zum Nachweis der Eignung auf die Fähigkeiten eines Nachunternehmers stützen möchte, etwa hinsichtlich der technischen Leistungsfähigkeit. Ein Bewerber/Bieter kann sich nach § 6 EG Abs. 8 VOB/A, § 7 EG Abs. 9 VOL/A bzw. § 20 Abs. 3 SektVO zum Nachweis der wirtschaftlichen/finanziellen und technischen Leistungsfähigkeit der Fähigkeiten anderer Unternehmen bedienen. Hierbei handelt es sich meist um Nachunternehmer, es kommt aber auch die Eignungsleihe bei solchen Unternehmen in Betracht, die nicht als Nachunternehmer auftreten.[63]

---

[60] Vgl. *Haupt* in Jagenburg/Schröder/Baldringer, Der ARGE-Vertrag, Anhang 4, Rdn. 759; in diese Richtung auch Herig, Praxiskommentar VOB, A, § 25, Rdn. 78.
[61] Vgl. *Harr* in Willenbruch/Bischoff, Vergaberecht, § 10 VOF, Rdn. 39; *Dreher*, NZBau 2005, 426, 432.
[62] Vgl. zur eingeschränkten Zulässigkeit der Forderung einer Nachunternehmerangabe im Rahmen des Angebots BGH, Urteil vom 10.6.2008, X ZR 78/07 sowie nachfolgend unter 3c).
[63] Vgl. OLG Düsseldorf, Beschluss vom 30.6.2010, Verg 13/10.

§ 24 Form und Inhalt von Teilnahmeanträgen und Angeboten   Kap. 5

Im Rahmen einer solchen „Eignungsleihe" ist etwa durch eine Verpflichtungserkärung 57 des Drittunternehmens der Nachweis zu führen, dass dem Bewerber/Bieter die Mittel des Drittunternehmens im Auftragsfall zur Verfügung stehen.[64]

Will oder muss sich der Bewerber bzw. Bieter zum Nachweis der Eignung auf die 58 Fähigkeiten eines Nachunternehmers beziehen, so ist es – auch wenn außerhalb der Eignungsleihe die Angabe von Nachunternehmern mit dem Teilnahmeantrag regelmäßig nicht gefordert werden kann – eine selbstverständliche Obliegenheit, entsprechende Angaben und Verfügbarkeitsnachweise bzw. Nachunternehmererklärungen im Teilnahmewettbewerb bzw. im offenen Verfahren mit dem Angebot einzureichen.[65]

III. Weitergehende Inhalte des Angebots

1. Preise, Erklärungen und Angaben

Über die Inhalte eines Teilnahmeantrages hinaus müssen die Angebote alle geforderten 59 Angaben, Erklärungen und Preise enthalten (vgl. § 13 EG Abs. 1 Nrn. 3 und 4 VOB/A, § 16 EG Abs. 3 VOL/A). Für den Sektorenbereich ergibt sich diese im Grunde selbstverständliche Forderung mittelbar aus der Regelung zur Nachforderung fehlender Nachweise und Erklärungen in § 19 Abs. 3 SektVO; gleiches gilt für die VOF, die ebenfalls lediglich in § 11 Abs. 3 die Nachforderung fehlender Erklärungen und Nachweise regelt.

Die Begriffe der „Angaben und Erklärungen" sind sehr weit zu verstehen und umfas- 60 sen alle Angaben und Unterlagen, die der Auftraggeber von den Bietern verlangt, wie beispielsweise Eignungsnachweise, Formblätter, Urkalkulation, Muster und Proben.[66]

Dem Angebot ist im Bereich der VOB/A grundsätzlich ein ausgefülltes Leistungsver- 61 zeichnis beizufügen; Bieter können jedoch gem. § 13 EG Abs. 1 Nr. 6 VOB/A eine selbstgefertigte Abschrift oder Kurzfassung des Leistungsverzeichnisses beifügen, wenn sie den vom Auftraggeber verfassten Wortlaut des Leistungsverzeichnisses im Angebot als allein verbindlich anerkennen. Eine entsprechende Erklärung ist in diesem Fall also Voraussetzung für die Vollständigkeit des Angebots. Bei Verwendung von Kurzfassungen müssen die Ordnungszahlen bzw. Positionen vollständig, in identischer Reihenfolge und mit den gleichen Nummern wie in dem vom Auftraggeber vorgesehenen Leistungsverzeichnis wiedergegeben werden (vgl. § 13 EG Abs. 1 Nr. 6 2. Halbsatz VOB/A).

Muster und Proben sind als zum Angebot gehörig zu kennzeichnen (§ 13 EG Abs. 1 62 Nr. 7 VOB/A). Sie haben den Zweck, die angebotene Leistung eindeutig und erschöpfend darzustellen.[67] Die Kennzeichnung muss nicht nur erkennen lassen, zu welchem Angebot sie gehört, sondern auch, welchen Teil des Angebots die Probe konkret ergänzt.[68]

Auf Verlangen muss der Bieter im Bereich der VOL/A (und entsprechend auch in in 63 anderen Vergaberegimen) angeben, ob für den Gegenstand des Angebots gewerbliche Schutzrechte bestehen oder beantragt sind (§ 16 EG Abs. 5 Satz 1 VOL/A). Hintergrund ist, dass beim Bestehen fremder Schutzrechte der Bieter wegen Schutzrechtsverletzung vom Rechteinhaber auf Unterlassung der Lieferung in Anspruch genommen und in diesem Fall für den konkreten Auftrag nicht als leistungsfähig angesehen werden kann.[69] Sofern der Bieter erwägt, Angaben aus seinem Angebot für die Anmeldung eines gewerblichen Schutzrechts zu verwerten, muss dies unaufgefordert mit dem Angebot mitgeteilt werden (§ 16 EG Abs. 5 Satz 2 VOL/A).

---

[64] Vgl. hierzu etwa OLG München, Beschluss vom 9.8.2012, Verg 10/12.
[65] Vgl. *Opitz* in Eschenbruch/Opitz, SektVO, § 8, Rdn. 39; *Schwenker/Schmidt*, VergabeR 2009, 485.
[66] Vgl. *Dittmann* in Kulartz/Marx/Portz/Prieß, VOL/A, § 16 EG, Rdn. 62. m.w.N.
[67] Vgl. *Kratzenberg* in Ingenstau/Korbion, VOB, § 13 VOB/A, Rdn. 22.
[68] Vgl. *Kratzenberg* in Ingenstau/Korbion, VOB, § 13 VOB/A, Rdn. 22.
[69] Vgl. *Marx* in Kulartz/Marx/Portz/Prieß, VOL/A, § 16 EG, Rdn. 107.

64 Nicht vergessen werden darf schließlich bei schriftlich übermittelten Angeboten die Unterschrift bzw. bei elektronisch eingereichten Angeboten die jeweils geforderte elektronische Signatur als nicht nur formaler sondern auch inhaltlicher Teil des Angebots (vgl. § 16 EG Abs. 1 VOL/A, § 13 EG Abs. 1 VOB/A, § 8 Abs. 5 VOF). Dies gilt auch im Sektorenbereich, wo die Unterschrift ebenfalls konstitutiv für die Angebotseinreichung ist[70] und ebenfalls für Angebote eine elektronische Signatur vom Auftraggeber nach § 5 Abs. 1 SektVO zu verlangen ist.[71]

2. Angabe der notwendigen Inhalte in der Angebotsaufforderung

65 Der Auftraggeber ist seit der Neufassung der VOL/A in deren Anwendungsbereich verpflichtet, sämtliche von ihm verlangten „Nachweise" in den Vergabeunterlagen in einer abschließenden Liste aufzuführen (Vgl. § 9 EG Abs. 4 VOL/A). Sinn und Zweck der Regelung ist die Schaffung einer größeren Übersicht für den Bieter, indem an einer zentralen Stelle alle zu erbringenden Nachweise aufgeführt werden.[72]

66 Da die VOL/A in § 7 EG Abs. 1 Sätze 2 und 3 zwischen Erklärungen und Nachweisen unterscheidet, sind bloße Erklärungen wie etwa Eigenerklärungen zur Eignung nicht als von der Regelung des § 9 EG Abs. 4 VOL/A umfasst anzusehen.[73] Erfasst sind insbesondere die Eignungsnachweise aber auch vom Auftraggeber sonst verlangte Nachweise wie etwa Gleichwertigkeitsnachweise oder Zertifikate.[74]

67 Sofern der Auftraggeber die Erstellung einer abschließenden Nachweis-Liste versäumt bzw. einzelne Nachweise nur an anderer Stelle aufführt, so sind die entsprechenden Nachweise grundsätzlich als nicht wirksam gefordert anzusehen.[75] Dies hat zur Folge, dass die nicht erfolgte Beibringung eines nur an anderer Stelle geforderten Nachweises weder einen Ausschluss noch eine Nachforderung des Nachweises rechtfertigt.[76]

68 Angesichts der erst 2009 erfolgten Neuregelung sah das OLG Düsseldorf in seiner Entscheidung vom 3.8.2011[77] einen Verstoß des Auftraggebers gegen die Erstellung einer abschließenden Nachweisliste als nicht erkennbar an und verneinte deshalb eine Verletzung der Rügepflichten. Inzwischen ist die Regelung allerdings seit mehreren Jahren etabliert und hat als ein zentrales Element der Vergabeunterlagen sichtbaren Niederschlag in der Vergabepraxis gefunden. Inzwischen kann deshalb angenommen werden, dass die Verpflichtung zur Aufstellung einer abschließenden Nachweisliste den Bietern bekannt ist. Unterlässt deshalb ein Auftraggeber die Zusammenstellung einer abschließenden Nachweisliste, wäre dies nunmehr von Bietern innerhalb der Angebotsfrist gem. § 107 Abs. 3 GWB zu rügen; unterbleibt eine solche Rüge, so kann sich der Bieter nicht mehr darauf berufen, dass der Auftraggeber die Nachweise nicht wirksam gefordert habe.[78]

---

[70] Vgl. *Röwekamp* in Eschenbruch/Opitz, SektVO, § 26, Rdn. 30; *von Wietersheim* in Müller-Wrede, SektVO; § 26, Rdn. 23.

[71] Vgl. hierzu oben I 3 a) und b).

[72] Vgl. *el-Barudi* in Heuvels/Höß/Kuß/Wagner, Vergaberecht, § 9 EG VOL/A, Rdn. 22; *Verfürth/Kus* in Kulartz/Marx/Portz/Prieß, VOL/A, § 8, Rdn. 49; *Gnittke/Hattig* in Müller-Wrede, VOL/A, § 9 EG, Rdn. 70.

[73] Vgl. *Verfürth/Kus* in Kulartz/Marx/Portz/Prieß, VOL/A, § 8, Rdn. 50; *el-Barudi* in Heuvels/Höß/Kuß/Wagner, Vergaberecht, § 9 EG VOL/A, Rdn. 22.

[74] Vgl. *Verfürth/Kus* in Kulartz/Marx/Portz/Prieß, VOL/A, § 8, Rdn. 51.

[75] Vgl. OLG Düsseldorf, Beschluss vom 3.8.2011, Verg 30/11; *el-Barudi* in Heuvels/Höß/Kuß/Wagner, Vergaberecht, § 9 EG VOL/A, Rdn. 23; *Verfürth/Kus* in Kulartz/Marx/Portz/Prieß, VOL/A, § 8, Rdn. 49.

[76] Vgl. OLG Düsseldorf, Beschluss vom 3.8.2011, Verg 30/11; *Verfürth/Kus* in Kulartz/Marx/Portz/Prieß, VOL/A, § 8, Rdn. 49; *el-Barudi* in Heuvels/Höß/Kuß/Wagner, Vergaberecht, § 9 EG VOL/A, Rdn. 23.

[77] Verg 30/11.

[78] In diese Richtung überzeugend *el-Barudi* in Heuvels/Höß/Kuß/Wagner, Vergaberecht, § 9 EG VOL/A, Rdn. 24.

3. Nachunternehmererklärungen

Der Auftraggeber kann von den Bietern mit dem Angebot Angaben zu Leistungen verlangen, die an Nachunternehmer vergeben werden sollen. Dieses berechtigte Anliegen des Auftraggebers ist in der VOB/A explizit geregelt, (§ 8 EG Abs. 2 Nr. 2 VOB/A), kann dem Auftraggeber aber in den anderen Vergaberegimen nicht abgesprochen werden. 69

Nachunternehmer sind zumindest im Bereich der VOB/A nur diejenigen vom Auftragnehmer eingeschalteten Unternehmen, die selbst einen werkvertraglichen Erfolg schulden, nicht hingegen bloße Lieferanten oder Zulieferer.[79] 70

Hinsichtlich der Angabe der zur Vergabe an Nachunternehmer vorgesehenen Leistungen ist eine klare und eindeutige Eingrenzung erforderlich. Regelmäßig erfordert dies die Bezugnahme auf bestimmte Leistungspositionen.[80] Umschreibungen der Leistungsbereiche genügen den Bestimmtheitsanforderungen nur dann, wenn sich die entsprechenden Leistungsbereiche, ggf. im Wege der Auslegung, eindeutig ermitteln lassen.[81] 71

Darüber hinaus kann der Auftraggeber auch die namentliche Angabe der vorgesehenen Nachunternehmer verlangen, um auf dieser Grundlage deren Eignung prüfen zu können.[82] Regelmäßig wird allerdings eine Benennung der konkreten Nachunternehmer – vom Fall der Eignungsleihe[83] abgesehen – bereits mit Angebotsabgabe dem Bieter nicht zumutbar sein.[84] Spätestens ist die Angabe der vorgesehenen Nachunternehmer aber vor Zuschlagserteilung geschuldet. 72

4. Angaben bei Nebenangeboten

Die Anzahl von Nebenangeboten ist nach § 13 EG Abs. 3 VOB/A an einer vom Auftraggeber vorgesehenen Stelle aufzuführen. Nebenangebote sind auf einer gesonderten Anlage einzureichen und als solche kenntlich zu machen. Dies erfordert ein vom Hauptangebot getrenntes Dokument, welches die klare Kennzeichnung als Nebenangebot enthält.[85] Die Einreichung eines Nebenangebots auf gesonderter und gekennzeichneter Anlage ist konstitutiv für die Wertbarkeit eines Nebenangebots.[86] Diese Anforderungen sind auf andere Vergaberegime zu übertragen, denn ein Nebenangebot muss in jedem Fall erkennen lassen, dass der Bieter ein alternatives Angebot abgeben will.[87] 73

Der Auftraggeber gibt bei der Zulassung von Nebenangeboten die Mindestanforderungen an Nebenangebote an (vgl. etwa § 8 EG Abs. 2 Nr. 3 lit. b) VOB/A). Bei der Einreichung von Nebenangeboten ist deshalb die Wahrung sämtlicher Mindestanforderungen sicherzustellen bzw. darzulegen. 74

---

[79] Vgl. *von Rintelen* in Kapellmann/Messerschmidt, VOB, § 8 VOB/A, Rdn. 40.
[80] Vgl. VK Schleswig-Holstein, Beschluss vom 6.10.2005, VK-SH 27/05; *von Rintelen* in Kapellmann/Messerschmidt, VOB, § 8 VOB/A, Rdn. 43.
[81] Vgl. OLG Schleswig, Urteil vom 10.3.2006, 1 Verg 13/05; *von Rintelen* in Kapellmann/Messerschmidt, VOB, § 8 VOB/A, Rdn. 43.
[82] Vgl. BGH, Beschluss vom 18.9.2007, X ZR 89/04; *Hänsel* in Ziekow/Völlink, Vergaberecht, § 8 VOB/A, Rdn. 8; *el-Barudi* in Heuvels/Höß/Kuß/Wagner, Vergaberecht, § 8 VOB/A, Rdn. 9.
[83] Vgl. hierzu oben II 2. g) bb).
[84] Vgl. BGH, Urteil vom 10.6.2008, X ZR 78/07; OLG München, Beschluss vom 22.1.2009, Verg 26/08; *Hänsel* in Ziekow/Völlink, Vergaberecht, § 8 VOB/A, Rdn. 8; kritisch: *von Wietersheim* in Ingenstau/Korbion, VOB, § 8 VOB/A, Rdn. 11.
[85] Vgl. *Kratzenberg* in Ingenstau/Korbion, VOB, § 13 VOB/A, Rdn. 31.
[86] Vgl. *Vavra* in Ziekow/Völlink, Vergaberecht, § 13 VOB/A, Rdn. 19
[87] Vgl. *Opitz* in Eschenbruch/Opitz, SektVO, § 8, Rdn. 10; *Gnittke/Hattig* in Müller-Wrede, SektVO, § 8, Rdn. 14.

Kapitel 6 Angebote und Wertung

§ 25 Angebotsöffnung

Übersicht

		Rn.
A.	Einleitung	1–7
	I. Europarechtlicher Hintergrund	1–3
	II. Bedeutung	4–6
	III. Begriffliches	7
B.	VOB/A	8–37
	I. Eröffnungstermin bei Ausschreibungen	9–30
	II. Freihändige Vergabe/Verhandlungsverfahren/Wettbewerblicher Dialog	31–37
C.	VOL/A	38–56
	I. Regelungen für Ausschreibungen und Verhandlungsverfahren	39–54
	II. Freihändige Vergabe	55
	III. Wettbewerblicher Dialog	56
D.	VOF	57, 58
E.	SektVO	59, 60
F.	Bereich Verteidigung und Sicherheit	61–68
	I. VSVgV	62–65
	II. VOB/A-VS	66–68

VOB/A: § 14
VOB/A EG: § 14
VOB/A VS: § 14
VOL/A: § 14
VOL/A EG: § 17
VSVgV: § 30 Abs. 1, 2

VOB/A:

§ 14 Öffnung der Angebote, Eröffnungstermin VOB/A

(1) Bei Ausschreibungen ist für die Öffnung und Verlesung (Eröffnung) der Angebote ein Eröffnungstermin abzuhalten, in dem nur die Bieter und ihre Bevollmächtigten zugegen sein dürfen. zu diesem Termin sind die zugegangenen Angebote auf dem ungeöffneten Umschlag mit Eingangsvermerk zu versehen und unter Verschluss zu halten. Elektronische Angebote sind zu kennzeichnen und verschlüsselt aufzubewahren.

(2) Zur Eröffnung zuzulassen sind nur Angebote, die dem Verhandlungsleiter bei Öffnung des ersten Angebots vorliegen.

(3)
1. Der Verhandlungsleiter stellt fest, ob der Verschluss der schriftlichen Angebote unversehrt ist und die elektronischen Angebote verschlüsselt sind.
2. Die Angebote werden geöffnet und in allen wesentlichen Teilen im Eröffnungstermin gekennzeichnet. Name und Anschrift der Bieter und die Endbeträge der Angebote oder ihrer einzelnen Abschnitte, ferner andere den Preis betreffende Angaben (wie z. B. Preisnachlässe ohne Bedingungen) werden verlesen. Es wird bekannt gegeben, ob und von wem und in welcher Zahl Nebenangebote eingereicht sind. Weiteres aus dem Inhalt der Angebote soll nicht mitgeteilt werden.
3. Muster und Proben der Bieter müssen im Termin zur Stelle sein.

(4)

1. Über den Eröffnungstermin ist eine Niederschrift in Schriftform oder in elektronischer Form zu fertigen. Sie ist zu verlesen; in ihr ist zu vermerken, dass sie verlesen und als richtig anerkannt worden ist oder welche Einwendungen erhoben worden sind.

2. Sie ist vom Verhandlungsleiter zu unterschreiben oder mit einer Signatur nach § 13 Absatz 1 Nummer 1 zu versehen; die anwesenden Bieter und Bevollmächtigten sind berechtigt, mit zu unterzeichnen oder eine Signatur nach § 13 Absatz 1 Nummer 1 anzubringen.

(5) Angebote, die bei der Öffnung des ersten Angebots nicht vorgelegen haben (Absatz 2), sind in der Niederschrift oder in einem Nachtrag besonders aufzuführen. Die Eingangszeiten und die etwa bekannten Gründe, aus denen die Angebote nicht vorgelegen haben, sind zu vermerken. Der Umschlag und andere Beweismittel sind aufzubewahren.

(6)

1. Ein Angebot, das nachweislich vor Ablauf der Angebotsfrist dem Auftraggeber zugegangen war, aber bei Öffnung des ersten Angebots aus vom Bieter nicht zu vertretenden Gründen dem Verhandlungsleiter nicht vorgelegt hat, ist wie ein rechtzeitig vorliegendes Angebot zu behandeln.

2. Den Bietern ist dieser Sachverhalt unverzüglich in Textform mitzuteilen. In die Mitteilung sind die Feststellung, dass der Verschluss unversehrt war und die Angaben nach Absatz 3 Nummer 2 aufzunehmen.

3. Dieses Angebot ist mit allen Angaben in die Niederschrift oder in einen Nachtrag aufzunehmen. Im Übrigen gilt Absatz 5 Satz 2 und 3.

(7) Den Bietern und ihren Bevollmächtigten ist die Einsicht in die Niederschrift und ihre Nachträge (Absätze 5 und 6 sowie § 16 Absatz 5) zu gestatten; den Bietern sind nach Antragstellung die Namen der Bieter sowie die verlesenen und die nachgerechneten Endbeträge der Angebote sowie die Zahl ihrer Nebenangebote nach der rechnerischen Prüfung unverzüglich mitzuteilen. Die Niederschrift darf nicht veröffentlicht werden.

(8) Die Angebote und ihre Anlagen sind sorgfältig zu verwahren und geheim zu halten; dies gilt auch bei Freihändiger Vergabe.

VOB/A EG:

§ 14 EG VOB/A Öffnung der Angebote, Eröffnungstermin

(1) Bei Ausschreibungen ist für die Öffnung und Verlesung (Eröffnung) der Angebote ein Eröffnungstermin abzuhalten, in dem nur die Bieter und ihre Bevollmächtigten zugegen sein dürfen. Bis zu diesem Termin sind die zugegangenen Angebote auf dem ungeöffneten Umschlag mit Eingangsvermerk zu versehen und unter Verschluss zu halten. Elektronische Angebote sind zu kennzeichnen und verschlüsselt aufzubewahren.

(2) Zur Eröffnung zuzulassen sind nur Angebote, die dem Verhandlungsleiter bei Öffnung des ersten Angebots vorliegen.

(3)

1. Der Verhandlungsleiter stellt fest, ob der Verschluss der schriftlichen Angebote unversehrt ist und die elektronischen Angebote verschlüsselt sind.

2. Die Angebote werden geöffnet und in allen wesentlichen Teilen im Eröffnungstermin gekennzeichnet. Name und Anschrift der Bieter und die Endbeträge der Angebote oder ihrer einzelnen Abschnitte, ferner andere den Preis betreffende Angaben (wie z. B. Preisnachlässe ohne Bedingungen) werden verlesen. Es wird bekannt gegeben, ob und von wem und in welcher Zahl Nebenangebote eingereicht sind. Weiteres aus dem Inhalt der Angebote soll nicht mitgeteilt werden.

3. Muster und Proben der Bieter müssen im Termin zur Stelle sein.

(4)
1. Über den Eröffnungstermin ist eine Niederschrift in Schriftform oder in elektronischer Form zu fertigen. Sie ist zu verlesen; in ihr ist zu vermerken, dass sie verlesen und als richtig anerkannt worden ist oder welche Einwendungen erhoben worden sind.
2. Sie ist vom Verhandlungsleiter zu unterschreiben oder mit einer Signatur nach § 13 EG Absatz 1 Nummer 1 zu versehen; die anwesenden Bieter und Bevollmächtigten sind berechtigt, mit zu unterzeichnen oder eine Signatur nach § 13 EG Absatz 1 Nummer 1 anzubringen.

(5) Angebote, die bei der Öffnung des ersten Angebots nicht vorgelegen haben (Absatz 2), sind in der Niederschrift oder in einem Nachtrag besonders aufzuführen. Die Eingangszeiten und die etwa bekannten Gründe, aus denen die Angebote nicht vorgelegen haben, sind zu vermerken. Der Umschlag und andere Beweismittel sind aufzubewahren.

(6)
1. Ein Angebot, das nachweislich vor Ablauf der Angebotsfrist dem Auftraggeber zugegangen war, aber bei Öffnung des ersten Angebots aus vom Bieter nicht zu vertretenden Gründen dem Verhandlungsleiter nicht vorgelegen hat, ist wie ein rechtzeitig vorliegendes Angebot zu behandeln.
2. Den Bietern ist dieser Sachverhalt unverzüglich in Textform mitzuteilen. In die Mitteilung sind die Feststellung, dass der Verschluss unversehrt war und die Angaben nach Absatz 3 Nummer 2 aufzunehmen.
3. Dieses Angebot ist mit allen Angaben in die Niederschrift oder in einen Nachtrag aufzunehmen. Im Übrigen gilt Absatz 5 Satz 2 und 3.

(7) Den Bietern und ihren Bevollmächtigten ist die Einsicht in die Niederschrift und ihre Nachträge (Absätze 5 und 6 sowie § 16 EG Absatz 5) zu gestatten; den Bietern sind nach Antragstellung die Namen der Bieter sowie die verlesenen und die nachgerechneten Endbeträge der Angebote sowie die Zahl ihrer Nebenangebote nach der rechnerischen Prüfung unverzüglich mitzuteilen. Die Niederschrift darf nicht veröffentlicht werden.

(8) Die Angebote und ihre Anlagen sind sorgfältig zu verwahren und geheim zu halten; dies gilt auch bei Verhandlungsverfahren und wettbewerblichem Dialog.

VOB/A VS:

§ 14 VS VOB/A

(1) Beim nicht offenen Verfahren ist für die Öffnung und Verlesung (Eröffnung) der Angebote ein Eröffnungstermin abzuhalten, in dem nur die Bieter und ihre Bevollmächtigten zugegen sein dürfen. Bis zu diesem Termin sind die zugegangenen Angebote auf dem ungeöffneten Umschlag mit Eingangsvermerk zu versehen und unter Verschluss zu halten. Elektronische Angebote sind zu kennzeichnen und verschlüsselt aufzubewahren.

(2) Zur Eröffnung zuzulassen sind nur Angebote, die dem Verhandlungsleiter bei Öffnung des ersten Angebots vorliegen.

(3)
1. Der Verhandlungsleiter stellt fest, ob der Verschluss der schriftlichen Angebote unversehrt ist und die elektronischen Angebote verschlüsselt sind.
2. Die Angebote werden geöffnet und in allen wesentlichen Teilen im Eröffnungstermin gekennzeichnet. Name und Anschrift der Bieter und die Endbeträge der Angebote oder ihrer einzelnen Abschnitte, ferner andere den Preis betreffende Angaben (wie z.B. Preisnachlässe ohne Bedingungen) werden verlesen. Es wird bekannt gegeben, ob und von wem und in welcher Zahl Nebenangebote eingereicht sind. Weiteres aus dem Inhalt der Angebote soll nicht mitgeteilt werden.
3. Muster und Proben der Bieter müssen im Termin zur Stelle sein.

(4)

1. Über den Eröffnungstermin ist eine Niederschrift in Schriftform oder in elektronischer Form zu fertigen. Sie ist zu verlesen; in ihr ist zu vermerken, dass sie verlesen und als richtig anerkannt worden ist oder welche Einwendungen erhoben worden sind.

2. Sie ist vom Verhandlungsleiter zu unterschreiben oder mit einer Signatur nach § 13 VS Absatz 1 Nummer 1 zu versehen; die anwesenden Bieter und Bevollmächtigten sind berechtigt, mit zu unterzeichnen oder eine Signatur nach § 13 VS Absatz 1 Nummer 1 anzubringen.

(5) Angebote, die bei der Öffnung des ersten Angebots nicht vorgelegen haben (Absatz 2), sind in der Niederschrift oder in einem Nachtrag besonders aufzuführen. Die Eingangszeiten und die etwa bekannten Gründe, aus denen die Angebote nicht vorgelegen haben, sind zu vermerken. Der Umschlag und andere Beweismittel sind aufzubewahren.

(6)

1. Ein Angebot, das nachweislich vor Ablauf der Angebotsfrist dem Auftraggeber zugegangen war, aber bei Öffnung des ersten Angebots aus vom Bieter nicht zu vertretenden Gründen dem Verhandlungsleiter nicht vorgelegen hat, ist wie ein rechtzeitig vorliegendes Angebot zu behandeln.

2. Den Bietern ist dieser Sachverhalt unverzüglich in Textform mitzuteilen. In die Mitteilung sind die Feststellung, dass der Verschluss unversehrt war und die Angaben nach Absatz 3 Nummer 2 aufzunehmen.

3. Dieses Angebot ist mit allen Angaben in die Niederschrift oder in einen Nachtrag aufzunehmen. Im Übrigen gilt Absatz 5 Satz 2 und 3.

(7) Den Bietern und ihren Bevollmächtigten ist die Einsicht in die Niederschrift und ihre Nachträge (Absätze 5 und 6 sowie § 16 VS Absatz 5) zu gestatten; den Bietern sind nach Antragstellung die Namen der Bieter sowie die verlesenen und die nachgerechneten Endbeträge der Angebote sowie die Zahl ihrer Nebenangebote nach der rechnerischen Prüfung unverzüglich mitzuteilen. Die Niederschrift darf nicht veröffentlicht werden.

(8) Die Angebote und ihre Anlagen sind sorgfältig zu verwahren und geheim zu halten; dies gilt auch bei Verhandlungsverfahren und wettbewerblichem Dialog.

VOL/A:

§ 14 VOL/A Öffnung der Angebote

(1) Bei Ausschreibungen sind auf dem Postweg und direkt übermittelte Angebote ungeöffnet zu lassen, mit Eingangsvermerk zu versehen und bis zum Zeitpunkt der Öffnung unter Verschluss zu halten. Elektronische Angebote sind auf geeignete Weise zu kennzeichnen und verschlüsselt aufzubewahren. Mittels Telekopie eingereichte Angebote sind ebenfalls entsprechend zu kennzeichnen und auf geeignete Weise unter Verschluss zu halten.

(2) Die Öffnung der Angebote wird von mindestens zwei Vertretern des Auftraggebers gemeinsam durchgeführt und dokumentiert. Bieter sind nicht zugelassen. Dabei wird mindestens festgehalten:

a) Name und Anschrift der Bieter,

b) die Endbeträge ihrer Angebote und andere den Preis betreffende Angaben,

c) ob und von wem Nebenangebote eingereicht worden sind.

(3) Die Angebote und ihre Anlagen sowie die Dokumentation über die Angebotsöffnung sind auch nach Abschluss des Vergabeverfahrens sorgfältig zu verwahren und vertraulich zu behandeln.

VOL/A EG:

§ 17 EG VOL/A Öffnung der Angebote

(1) Auf dem Postweg und direkt übermittelte Angebote sind ungeöffnet zu lassen, mit Eingangsvermerk zu versehen und bis zum Zeitpunkt der Öffnung unter Verschluss zu halten. Elektronische Angebote sind auf geeignete. Weise zu kennzeichnen und verschlüsselt aufzubewahren. Mittels Telekopie eingereichte Angebote sind ebenfalls entsprechend zu kennzeichnen und auf geeignete Weise unter Verschluss zu halten.

(2) Die Öffnung der Angebote wird von mindestens zwei Vertretern des Auftraggebers gemeinsam durchgeführt und dokumentiert. Bieter sind nicht zugelassen. Dabei wird mindestens festgehalten:
a) Name und Anschrift der Bieter,
b) die Endbeträge ihrer Angebote und andere den Preis betreffende Angaben,
c) ob und von wem Nebenangebote eingereicht worden sind.

(3) Die Angebote und ihre Anlagen sowie die Dokumentation über die Angebotsöffnung sind auch nach Abschluss des Vergabeverfahrens sorgfältig zu verwahren und vertraulich zu behandeln.

VSVgV:

§ 30 VSVgV Öffnung der Angebote

(1) Auf dem Postweg und direkt übermittelte Angebote sind ungeöffnet zu lassen, mit Eingangsvermerk zu versehen und bis zum Zeitpunkt der Öffnung unter Verschluss zu halten. Elektronische Angebote sind auf geeignete Weise zu kennzeichnen und verschlüsselt aufzubewahren. Mittels Telefax eingereichte Angebote sind ebenfalls entsprechend zu kennzeichnen und auf geeignete Weise unter Verschluss zu halten.

(2) Die Öffnung der Angebote wird von mindestens zwei Vertretern des Auftraggebers gemeinsam durchgeführt und dokumentiert. Bieter sind nicht zugelassen. Dabei wird mindestens festgehalten:
1. Name und Anschrift der Bieter,
2. die Endbeträge ihrer Angebote und andere den Preis betreffenden Angaben,
3. ob und von wem Nebenangebote eingereicht worden sind.

(3) hier nicht abgedruckt.

A. Einleitung

I. Europarechtlicher Hintergrund

Für den Vorgang der Angebotsöffnung selber gibt es in den Vergaberichtlinien selber keine europarechtlichen Vorgaben, also gelten hierfür die **allgemeinen Grundsätze**, insbesondere die Grundsätze von Geheimwettbewerb und Diskriminierungsverbot[1]. 1

Zeit und Ort der Angebotsöffnung werden aber in den **Bekanntmachungsformularen** angesprochen. Nach einer älteren Entscheidung des EuGH sind diese Angaben – soweit sie in den Formularen ohne Einschränkung vorgesehen sind – zwingend zu machen, um eine Bieterteilnahme zu ermöglichen[2]. Betont wird in dieser Entscheidung unter Ver- 2

---

[1] *Prieß*, 273.
[2] EuGH Urt. v. 24.1.1995, C-359/93 – Kommission ./. Königreich der Niederlande

weis auf die Anträge des Schlussanwalts, dass nur diese Informationen es den Unternehmen ermöglichen, herauszufinden, wer ihre Konkurrenten sind und zu prüfen, ob diese die verlangte Eignung haben[3]. Diese Teilnahmemöglichkeit wird als Kontrollmöglichkeit bezeichnet, die nicht durch Nicht-Nennung von Termin und Ort vereitelt werden darf. Ob daraus geschlossen werden kann, dass diese Kontrollmöglichkeit durch einen nichtöffentlichen Öffnungstermin zulässigerweise vereitelt werden darf, erscheint nicht sicher. Allerdings erging dieses Urteil zur früheren Rechtslage. Die damalige Regelung der RL 77/62 bzw. das damalige Muster in Anhang III sah keine Einschränkungen bei der Angabe der Personen, die bei der Öffnung anwesend sein dürfen, während das derzeit geltende Muster sowohl bei dieser Angabe als auch bei der Angabe des Ortes den Zusatz „**falls zutreffend**" enthält. Daraus kann geschlossen werden, dass diese Angaben anders als nach der früheren Rechtslage nicht mehr zwingend zu machen sind und daher jedenfalls die heutigen Rechtsgrundlagen nicht zwingend eine bieteröffentliche Teilnahme verlangen.

3   Europarechtliche Vorgaben gibt es jedoch für die Wahrung der Integrität der Daten und der Vertraulichkeit der Angebote, Art. 42 Abs. 3 VKR.

II. Bedeutung

1. Schutz vor Manipulation

4   Die Öffnung der Angebote ist ein sensibler Moment des Vergabeverfahrens. Wurden Angebote beispielsweise schon vor dem Öffnungstermin geöffnet und die darin enthaltenen Informationen weitergegeben, wäre das ein massiver Verstoß gegen den Grundsatz des Geheimwettbewerbes und natürlich ein pflichtwidriges Verhalten des Auftraggeber-seitig Handelnden. Daher muss die Öffnung mit der damit einhergehenden Prüfung der Angebote möglichst durch am Vergabeverfahren nicht Beteiligte erfolgen.

2. Bindung des Bieters

5   Eine der entscheidenden Rechtswirkungen der Angebotsöffnung ist, dass die Bieter ihre Angebote nicht mehr frei zurücknehmen können. Steht ihnen dies bis zum Ablauf der Angebotsfrist jederzeit offen, sind sie ab dem Ablauf zivilrechtlich **an ihre Angebote gebunden.**

6   Kündigt ein Bieter bereits **vor Auftragserteilung** an, den Vertrag nicht erfüllen zu wollen, macht er sich wegen Verschuldens bei Vertragsverhandlungen schadensersatzpflichtig und der Auftraggeber kann Ersatz der Mehrkosten verlangen, die ihm durch die Beauftragung eines anderen Bieters entstehen. Dabei muss der Auftraggeber nicht dem seinen Vertragsbruch ankündigenden Bieter den Auftrag erteilen und dann anschließend wieder entziehen. Der Auftraggeber kann ohne diesen Zwischenschritt einen anderen Bieter beauftragen und vom dem vertragsbrüchigen Bieter Schadensersatz in Höhe der Mehrkosten verlangen[4].

III. Begriffliches

7   Die Begriffe „**Submissionstermin**" und „**Eröffnungstermin**" werden in der vergaberechtlichen Rechtsprechung und Literatur synonym verwendet. Da nur der Begriff „Eröffnungstermin" in den vergaberechtlichen Vorschriften, und zwar mehrfach in der VOB/A, vorgesehen ist, wird in diesem Beitrag ausschließlich dieser Begriff verwendet.

---

[3] Schlussanträge des Generalanwalts Tesauro v. 17.11.1994, Ziff. 8
[4] BGH Urt. v. 24.11.2005, VII ZR 87/04, BauR 2006, 514; *Planker* in Kapellmann/Messerschmidt, § 10 VOB/A, Rn. 31

B. VOB/A

Weil § 14 VOB/A und § 14 EG VOB/A wortgleich sind, werden die Regelungen nachfolgend gemeinsam erläutert. Auf § 14 VOB/A-VS wird unten nach der Darstellung zur VSVgV eingegangen. **8**

I. Eröffnungstermin bei Ausschreibungen

1. Zwingender Eröffnungstermin, Teilnehmer

Nach § 14 Abs. 1 VOB/A und dem gleichlautenden § 14 EG Abs. 1 VOB/A ist bei **Ausschreibungen** – also öffentlicher und beschränkter Ausschreibung bzw. offenem und nicht offenem Verfahren – zwingend ein bieteröffentlicher Eröffnungstermin abzuhalten[5]. An diesem dürfen nur **Bieter und ihre Vertreter** teilnehmen. In der Bekanntmachung hat der Auftraggeber bei Unterschwellenvergaben nach § 12 Abs. 1 Nr. 2 lit. q) VOB/A Angaben zu Datum, Uhrzeit und Ort des Eröffnungstermines zu machen sowie anzugeben, welche Personen anwesend sein dürfen. Bei **Oberschwellenvergaben** sind diese Angaben in der Bekanntmachung des Auftrages unter „IV.3.8) Bedingungen für die Öffnung der Angebote" zu machen. **9**

Die VOB/A sieht nicht ausdrücklich vor, dass für den Auftraggeber mehrere Personen teilnehmen müssen, sondern spricht nur den Verhandlungsleiter im Singular an. Von Seiten des Auftraggebers sollten bei diesem wichtigen Verfahrensschritt dennoch nach dem Vier-Augen-Prinzip **mindestens zwei Personen** teilnehmen, und diese sollten nicht mit dem konkreten Vergabeverfahren oder der zu vergebenden Leistung befasst sein[6]. **10**

2. Umgang mit eingegangenen Angeboten

Bis zum Zeitpunkt der Angebotsöffnung sind die zugegangenen Angebote verschlossen bzw. bei elektronischen Angeboten verschlüsselt zu halten. Bei in Papierform eingegangenen Angeboten ist der ungeöffnete Umschlag mit einem **Eingangsvermerk** zu versehen. Bereits das Fehlen eines solchen Vermerkes verletzt ein bieterschützendes Recht und führt zur Zurückversetzung des Vergabeverfahrens[7]. Dieser muss erkennen lassen, wer den Vermerk angebracht hat[8]. Ist ein Angebot bereits zu diesem Zeitpunkt unverschlossen, bietet es sich zu Beweiszwecken an, dies mit dem Eingangsvermerk zu dokumentieren. **11**

Elektronische Angebote sind zu kennzeichnen und verschlüsselt aufzubewahren. In diesem Zusammenhang ist besonders auf Anhang I zur VOB/A und die dort zusammengestellten Anforderungen an die Geräte, die für den elektronischen Empfang der Anträge auf Teilnahme und der Angebote verwendet werden, hinzuweisen. Die Geräte müssen danach gewährleisten, dass (lit. b) Tag und Uhrzeit des Eingangs der Teilnahmeanträge oder Angebote genau bestimmbar sind, (lit c) ein Zugang zu den Daten nicht vor Ablauf des hierfür festgesetzten Termins erfolgt, (lit. d) bei einem Verstoß gegen das Zugangsverbot der Verstoß sicher festgestellt werden kann, (lit e) ausschließlich die hierfür bestimmten Personen den Zeitpunkt der Öffnung der Daten festlegen oder ändern können, (lit. f) der Zugang zu den übermittelten Daten nur möglich ist, wenn die hierfür bestimmten Personen gleichzeitig und erst nach dem festgesetzten Zeitpunkt tätig werden und (lit. g) die übermittelten Daten ausschließlich den zur Kenntnisnahme bestimmten Personen zugänglich bleiben. Diese Regelungen beruhen auf europarechtlichen Vorgaben in Art. 42 Abs. 3 VKR. **12**

---

[5] *Kratzenberg* in Ingenstau/Korbion, § 14 VOB/A Rn. 2
[6] *Blaufuß* in juris: Praxiskommentar, § 14 VOB/A Rn. 23 f.
[7] OLG Naumburg Beschl. vom 27.5.2010, 1 Verg 1/10
[8] OLG Naumburg Beschl. vom 27.5.2010, 1 Verg 1/10

13 Nach § 14 Abs. 2, 14 EG Abs. 2 VOB/A sind zur Eröffnung nur Angebote zugelassen, die dem Verhandlungsleiter **bei Öffnung des ersten Angebots** vorliegen. Maßgeblich ist dabei nicht der vom Auftraggeber festgesetzte Termin, sondern der konkrete Zeitpunkt der Öffnung des ersten Angebotes im Submissionstermin. Um aber eine Gleichbehandlung der Bieter zu sichern und die Bindung des Auftraggebers an die einmal gesetzte Frist auch faktisch zu wahren, sollte der tatsächliche Beginn der Öffnung daher möglichst identisch mit dem festgesetzten Beginn des Eröffnungstermins sein. Die VK Lüneburg[9] hat zwar einen Rahmen von 15 bis maximal 30 Minuten als vergaberechtlich tolerierbar angesehen, doch weist *Christiani*[10] zu Recht darauf hin, dass bereits ein solcher Zeitraum Möglichkeiten für Manipulationen eröffnet. Ein Hinausschieben des Eröffnungstermines – zu unterscheiden von einer Verlängerung der Angebotsfrist – ist daher nur unter außergewöhnlichen, völlig unvorhergesehenen, später eingetretenen Ereignissen möglich, die mehrere Bieter betreffen[11]. Ein solcher wichtiger Grund ist z. B. nicht der Verlust von Vergabeunterlagen auf dem Postweg zu einem Bieter mit der Folge, dass er sie erneut erhalten muss[12].

3. Prüfung der Unversehrtheit

14 Nach § 14 Abs. 3 Nr. 1 VOB/A prüft der Verhandlungsleiter, ob die Angebote unversehrt sind. Bei digitalen Angeboten prüft er die Verschlüsselung.

15 Geöffnete oder entschlüsselte Angebote sind **zwingend** vom Vergabeverfahren auszuschließen. Dies betrifft z. B. bei der VOB/A per Telefax oder mündlich eingereichte Angebote.

16 Nicht ausdrücklich angesprochen ist die sehr sinnvolle Prüfung, ob ihm alle eingegangenen Angebote vorliegen. Dazu ist im Vorfeld des Eröffnungstermins eine Eingangsliste zu führen, mit der die vorliegenden Angebote abgeglichen werden.

17 Ist ein Angebot bereits vor Beginn der Öffnung durch den Verhandlungsleiter unverschlossen bzw. unverschlüsselt, ist dies im Protokoll des Eröffnungstermins zu vermerken. Der Ursache ist nachzugehen, insbesondere ob eine Wettbewerbsverfälschung möglich ist; dem Bieter ist Gelegenheit zur Stellungnahme zu geben. Ist der Bieter anwesend und wurde das erste Angebot noch nicht eröffnet, kann er das geöffnete Angebot zurückziehen und ein neues einreichen.

4. Kennzeichnung der Angebote

18 Nach Öffnung der Angebote sind diese zu kennzeichnen. Dies muss noch im Eröffnungstermin erfolgen, also im gleichen Raum und im unmittelbaren Anschluss an die Öffnung. Ist dies nicht möglich – etwa weil ein nicht transportables Stanzgerät in einem anderen Raum steht – muss die Kennzeichnung unmittelbar im Anschluss erfolgen und muss durch Zeugen begleitet werden.

19 Es müssen alle wesentlichen Teile der Angebote markiert werden, dies sind insbesondere alle, die mit **Preisen oder preisrelevanten Angaben** versehen sind.

20 Die Kennzeichnung dient dazu, einen späteren Austausch einzelner Blätter oder Unterlagenteile zu verhindern und muss daher entsprechend deutlich erfolgen. Daher reichen veränderbare Zeichen nicht aus, in der Praxis hat sich weitgehend das Stanzen durchgesetzt.

---

[9] VK Lüneburg Beschl. v. 20.12.2004, 203-VgK 54/2004
[10] *Christiani* in Pünder/Schellenberg, § 14 VOB/A Rn. 13
[11] *Kratzenberg* in Ingenstau/Korbion, § 14 VOB/A Rn. 7
[12] OLG Düsseldorf Beschl. v. 21.12.2005, Verg 75/05

Bei einem **Verstoß** gegen die Kennzeichnungspflicht ist ein ordnungsgemäßer Wettbewerb nicht mehr gegeben und die Ausschreibung ist aufzuheben[13]. Das OLG Hamburg[14] ist nicht generell abgeneigt, auch ein Stanzen nach Verlesung aller Angebote zuzulassen, dies sei im Sinne der Bieter und sie könnten ja bis zum Abschluss auch des Stanzens anwesend bleiben. Allerdings ist dem Urteil zu entnehmen, dass bei einem solch nachträglichen Stanzen Manipulationsmöglichkeiten durch Zeugen vorgebeugt werden sollte.

5. Verlesung

§§ 14 Abs. 3 Nr. 2, 14 EG Abs. 3 Nr. 2 VOB/A geben vor, was aus den Angeboten zu verlesen ist. Dies sind Name und Anschrift der Bieter, die Endbeträge ihrer Angebote oder einzelner Abschnitte (z. B. bei vorbehaltener Losvergabe). Weiter sollen andere den Preis betreffende Angaben wie z. B. Preisnachlässe ohne Bedingungen verlesen werden. Es wird bekannt gegeben, ob und von welchen Bietern in welcher Zahl Nebenangebote eingereicht wurden. Ausdrücklich schließt die Regelung mit dem Satz, dass weiteres aus dem Inhalt der Angebote **nicht mitgeteilt** werden soll. Dies ist vor dem Hintergrund des Schutzes von Geschäftsgeheimnissen einerseits und der Wahrung eines möglichst gleichen Informationsstandes aller Bieter andererseits möglichst zu beachten.

Wird aber z.B. ein eingereichtes Nebenangebot entgegen dieser Vorschrift nicht bekanntgegeben, so führt dies nicht zum Ausschluss, weil es sich um eine reine **Ordnungsvorschrift** handelt[15]. Auch das Nichtverlesen von einzelnen Angaben führt nicht insoweit zu einem Prüf- oder Wertungsausschluss[16].

6. Niederschrift

§ 14 Abs. 4 Nr. 1 VOB/A verlangt, dass über den Eröffnungstermin eine Niederschrift aufgenommen wird. Dieses Protokoll ist ein wichtiges **Beweismittel** für Auftraggeber wie für die Bieter.

Die **Form** der Niederschrift ist dem Auftraggeber insofern freigestellt, als gleichwertig die Schriftform und die elektronische Form zugelassen sind. Die in Schriftform erstellte Niederschrift ist nach § 14 Abs. 4 Nr. 2 VOB/A vom Verhandlungsleiter zu unterschreiben, die Niederschrift in elektronischer Form ist mit einer Signatur i.S.v. § 13 Abs. 1 Nr. 1 VOB/A zu versehen. Die anwesenden Bieter und ihre Bevollmächtigten sind berechtigt, in gleicher Weise zu zeichnen.

In der Niederschrift sind **die wichtigsten Vorgänge** der Eröffnung zu vermerken. Neben den zu verlesenden Merkmalen der Angebote sind dies vor allem Tag und Stunde des Eröffnungstermins, die Namen der Teilnehmer und der Nachweis ihrer Vertretungsmacht sowie die Feststellungen zu Verschluss bzw. Verschlüsselung der Angebote.

Nach § 14 Abs. 4 Nr. 1 VOB/A ist die Niederschrift zu verlesen. Dieses **Verlesen** ist ausdrücklich aufzunehmen und es ist zu vermerken, dass die Niederschrift als richtig anerkannt wurde oder ob – und ggf. welche – Einwendungen erhoben wurden.

War ein Angebot dem Auftraggeber rechtzeitig zugegangen, lag es aber dem Verhandlungsleiter nicht zu Beginn des Eröffnungstermins vor, so ist es wie ein rechtzeitig eingegangenes Angebot zu behandeln und nach § 14 Abs. 6 Nr. 3 VOB/A in die Niederschrift oder einen Nachtrag dazu aufzunehmen.

---

[13] *Kratzenberg* in Ingenstau/Korbion, § 14 VOB/A Rn. 23; *Christiani* in Pünder/Schellenberg, § 14 VOB/A, Rn. 40
[14] OLG Hamburg Beschl. v. 21.1.2004, 1 Verg 5 03
[15] *Planker* in Messerschmidt/Kapellmann, § 14 VOB/A, Rn. 21.
[16] *Kratzenberg* in Ingenstau/Korbion, § 14 VOB/A, Rn. 27; VK Baden-Württemberg Beschl. v. 22.6.2004, 1 VK 32/04

7. Einsicht und Mitteilung

29 Bieter und ihre Bevollmächtigten dürfen nach § 14 Abs. 7 Satz 1 VOB/A **Einsicht** in die Niederschrift nehmen.

30 Stellt ein Bieter nach dem Eröffnungstermin einen entsprechenden Antrag, sind ihm die Namen der Bieter, die verlesen und die nachgerechneten Endbeträge der Angebote sowie die Zahl der Nebenangebote unverzüglich **mitzuteilen.** Antragsberechtigt sind alle Bieter, die ein rechtzeitig eingegangenes Angebot eingereicht haben[17]. Darüber hinaus darf der Auftraggeber keine Mitteilungen machen. Nach § 14 Abs. 7 Satz 2 VOB/A darf die Niederschrift nicht veröffentlicht werden, dies schließt auch das **Übersenden** von vollständigen Kopien auf einen Antrag i.S.d. § 14 Abs. 7 Satz 1 VOB/A hin aus. Zulässig ist die Versendung von Kopien, bei denen alle außer den mitzuteilenden Informationen geschwärzt sind.

II. Freihändige Vergabe/Verhandlungsverfahren/Wettbewerblicher Dialog

31 Weil §§ 14, 14 EG VOB/A nur für Ausschreibungen gelten, können sie für die freihändige Vergabe, Verhandlungsverfahren und den wettbewerblichen Dialog nicht direkt angewendet werden. Für diese Verfahren sind die **allgemeinen Grundsätze** zu berücksichtigen.

1. Freihändige Vergabe

32 Bei der freihändigen Vergabe, die nach § 3 Abs. 1 Satz 3 VOB/A „ohne ein förmliches Verfahren" abläuft, sind die Anforderungen niedriger anzusetzen.

33 Es steht dem Auftraggeber frei, Bieter zur Eröffnung zuzulassen oder nicht.

34 Der Grundsatz der Gleichbehandlung sowie die Selbstbindung des Auftraggebers erlaubt nur die Berücksichtigung **rechtzeitig eingegangener** Angebote. Zur Wahrung des **Geheimwettbewerbes** muss sichergestellt sein, dass eine Kenntnisnahme der Angebote vor Ende der Angebotsfrist nicht möglich ist. Auch bei einer freihändigen Vergabe sollten zwei nicht mit dem Vergabeverfahren befasste Mitarbeiter des Auftraggebers die Angebotsöffnung durchführen, um Manipulationsmöglichkeiten insoweit zu verhindern.

2. Verhandlungsverfahren

35 Beim Verhandlungsverfahren sind ebenfalls die **allgemeinen Grundsätze** des Vergaberechts zu beachten und durch entsprechende Vorgehensweisen zu sichern. Hierfür steckt die Regelung in § 17 EG VOL/A mit den Erläuterungen unten einen sinnvollen Rahmen ab. Hinter die dort beschriebenen prozessualen Absicherungen sollte ein Auftraggeber nicht zurückgehen, weil ansonsten die Manipulationsrisiken erheblich steigen.

36 Führt der Auftraggeber mehrere Verhandlungsrunden durch, empfiehlt sich eine Angebotsöffnung nach jeder Verhandlungsrunde.

3. Wettbewerblicher Dialog

37 Beim wettbewerblichen Dialog ist die entscheidende Phase die **Eröffnung eines Dialoges** im Sinne des § 3 EG Abs. 7 Nr. 3 VOB/A. Hinsichtlich dessen Ausgestaltung und Durchführung wird oben auf § 11 verwiesen.

---

[17] *Kratzenberg* in Ingenstau/Korbion, § 14 VOB/A, Rn. 50

C. VOL/A

Auch bei der VOL/A sind die Regelungen für Unterschwellen- und Oberschwellenvergabe in §§ 14, 17 EG VOL/A fast identisch und werden daher nachfolgend gemeinsam erläutert. Wesentliche **Unterschiede zur VOB/A** sind die nicht-bieteröffentliche Angebotsöffnung, die Zulassung von Angeboten per Telefax und die Geheimhaltung des Protokolls über die Angebotsöffnung. Insgesamt sind die Regelungen weniger formalisiert als bei der VOB/A.

38

I. Regelungen für Ausschreibungen und Verhandlungsverfahren

§ 14 VOL/A ist fast wortgleich mit § 17 EG VOL/A, allerdings gilt die Unterschwellenregelung nur für **Ausschreibungen**, also öffentliche und beschränkte Ausschreibung, während die Oberschwellenregelung des § 17 EG VOL/A für alle Arten von Vergaben außer für den wettbewerblichen Dialog gilt.

39

Im Vergleich zur Fassung 2006 sind die Texte der VOL/A 2009 gerade zu diesem Punkt stark gekürzt. Wie das OLG Düsseldorf für die entfallene Regelung zum ungewöhnlichen Wagnis festgestellt hat[18], spricht dies dafür, dass die entfallenen Vorschriften nicht mehr gelten sollen[19]. Daher ist insoweit nur ein Rückgriff auf **allgemeine Grundsätze** rechtlich vorgegeben. Auftraggeber können natürlich darüber hinaus zur Sicherung von Verfahrenstransparenz und Verhinderung von Manipulationen strengere Verfahrensvorschriften vorsehen.

40

1. Keine Bieteröffentlichkeit, Anwesenheit

Ein wesentlicher Unterschied zur VOB/A ist, dass die VOL/A **keinen bieteröffentlichen Eröffnungstermin** vorsieht.

41

In §§ 14 Abs. 2, 17 EG Abs. 2 VOL/A ist geregelt, dass die Öffnung der Angebote von **mindestens zwei Vertretern des Auftraggebers** gemeinsam durchgeführt und dokumentiert wird. Die Anwesenheit von Bietern wird in §§ 14 Abs. 2 Satz 2, 17 EG Abs. 2 Satz 2 VOL/A ausdrücklich ausgeschlossen. Dies wird teilweise im Vergleich zur VOB/A als ein Verstoß des Gleichbehandlungsgrundsatzes diskutiert[20]. Angesichts der zahlreichen Unterschiede zwischen den Vergabeordnungen erscheint es jedoch eindeutiger gesetzgeberischer Wille zu sein, solche Unterschiede aufrechtzuerhalten, zumal beide Regelungen mit dem Europarecht vereinbar sind[21].

42

Die Vertreter des Auftraggebers sollten solche sein, die ansonsten mit dem Vergabeverfahren und der zu vergebenden Leistung nicht befasst sind.

43

2. Umgang mit eingegangenen Angeboten

Die gleichlautenden Regelungen in §§ 14 Abs. 1, 17 EG Abs. 1 VOL/A sehen vor, dass auf dem **Postweg** und direkt übermittelte Angebote nicht geöffnet werden dürfen. Sie sind mit einem Eingangsvermerk zu versehen und bis zum Zeitpunkt der Öffnung unter Verschluss zu halten. Der Eingangsvermerk muss so gestaltet sein, dass der genaue **Zeitpunkt des Eingangs und der Ersteller** erkennbar sind[22]. Ist ein Angebot bereits zu diesem Zeitpunkt unverschlossen, bietet es sich an, dies zu Beweiszwecken mit dem Eingangsvermerk zu dokumentieren.

44

---

[18] OLG Düsseldorf Beschl. v. 19.10.2011, VII – Verg 54/11
[19] A.A. *Müller-Wrede* in Müller-Wrede, § 17 EG VOL/A, Rn. 2
[20] *Müller-Wrede* in Müller-Wrede, § 17 EG VOL/A, Rn. 15
[21] vgl. oben Rn. 2
[22] OLG Naumburg Beschl. vom 27.5.2010, 1 Verg 1/10

45 **Elektronische Angebote** sind auf geeignete Weise zu kennzeichnen und verschlüsselt aufzubewahren.

46 Eine in der VOB/A nicht vorgesehene Regelung betrifft Angebote, die per **Telefax** eintreffen. Diese sind ebenfalls entsprechend zu kennzeichnen und auf geeignete Weise unter Verschluss zu halten. Solche Angebote sind bei der VOB/A von vorneherein auszuschließen, weil sie technikbedingt offen eintreffen. Die Berücksichtigung solcher Angebote ist in der Tat angesichts der **Geheimhaltungspflicht** des Auftraggebers nach Art. 42 Abs. 3 VKR europarechtlich nicht ganz unbedenklich[23].

47 Allerdings gibt es mittlerweile Techniken, die bessere Handlungsmöglichkeiten und eine Möglichkeit der Geheimhaltung bieten. So ist es möglich, Faxe nicht auszudrucken, sondern direkt als Datei unter einer bestimmten, besonders geschützten Email-Adresse zu empfangen. Damit handelt es sich um digitale Informationen, bei denen sich Zugangszeitpunkt und Möglichkeiten der Kenntnisnahme technisch bestimmen lassen. Ein elektronisches Angebot ist dies natürlich nicht, so fehlt die Möglichkeit, eine Signatur anzubringen.

3. Trennung von Ablauf Angebotsfrist und Angebotsöffnung

48 Bei der VOL/A sind der Ablauf der Angebotsfrist und die tatsächliche Angebotsöffnung nicht miteinander verbunden. Die Angebotsfrist endet mit dem Zeitpunkt, den der Auftraggeber **bestimmt** hat. Ob ein Angebot rechtzeitig eingetroffen ist, wird bei der (möglichst zeitnah) später stattfindenden Angebotsöffnung anhand des Eingangsvermerkes geprüft.

4. Prüfung und Kennzeichnung

49 In der VOL/A 2009 sind die in der VOL/A 2006 und in der VOB/A vorgesehene Prüfung auf Verschlossenheit bzw. Verschlüsselung und die Kennzeichnung der Angebote nicht mehr ausdrücklich vorgesehen.

50 Die Prüfung, ob ein Angebot verschlossen bzw. verschlüsselt war, ist jedoch zwingend vorzunehmen, um Verstöße gegen den Geheimwettbewerb zu verhindern.

51 Eine **Kennzeichnung** nach Öffnung hingegen ist zwar zum Verhindern von nachträglichen Manipulationen sinnvoll, aber nach der VOL/A nicht mehr vorgeschrieben und kann daher auch unterbleiben.

5. Dokumentation

52 Nach §§ 14 Abs. 2 Satz 3, 17 EG Abs. 2 Satz 3 VOL/A sind **mindestens** zu dokumentieren Name und Anschrift der Bieter, die Endbeträge der Angebote und andere den Preis betreffende Angaben sowie ob und von wem Nebenangebote eingereicht wurden. Nicht mehr zu dokumentieren ist, ob die Angebote ordnungsgemäß verschlossen waren[24].

53 Darüber hinaus sind andere für das weitere Vergabeverfahren **erhebliche Punkte** zu dokumentieren, so sollte ein Hinweis nicht fehlen, dass die Angebote verschlüsselt bzw. verschlossen waren – auf jeden Fall muss aber festgehalten werden, falls dies einmal nicht der Fall war.

6. Umgang mit Dokumentation

54 Die Dokumentation der Angebotsöffnung darf nach §§ 14 Abs. 3, 17 EG Abs. 3 VOL/A **weder den Bietern noch sonst** öffentlich gemacht werden. Auch dies ist ein Unterschied zur VOB/A. Bieter verfügen also bei Vergaben nach der VOL/A über deutlich weniger Informationen, wie ihr Angebot im Vergleich zu den Konkurrenten liegt – auch

---

[23] *Höfler* NZBau 2000, 449, 452
[24] VK Sachsen-Anhalt v. 26.1.2012, 2 VK LSA 33/11

wenn der Endpreis bei der Zulassung und Einreichung Nebenangeboten sich noch stark bewegen kann.

II. Freihändige Vergabe

Für die freihändige Vergabe gelten insgesamt deutlich geringere Anforderungen an die Verfahrensstrenge, es wird insoweit auf die Ausführungen zur freihändigen Vergabe nach VOB/A verwiesen[25]. 55

III. Wettbewerblicher Dialog

Beim wettbewerblichen Dialog ist die entscheidende Phase die **Eröffnung eines Dialoges** im Sinne des § 3 EG Abs. 7 lit. b) VOL/A. Hinsichtlich dessen Ausgestaltung und Durchführung wird oben auf § 11 verwiesen. 56

D. VOF

Die VOF enthält gar **keine Vorgaben** für die Durchführung der Angebotsöffnung. Auch bei Vergaben nach der VOF sind die **allgemeinen Grundsätze** der Vertraulichkeit, Transparenz und Gleichbehandlung zu wahren[26] und die Vorgaben an Integrität der Daten und Vertraulichkeit der Angebote aus Art. 42 Abs. 3 VKR zu beachten. 57

Insgesamt erscheinen die Vorgaben von §§ 14, 17 EG VOL/A mit den oben dargestellten Erläuterungen sinnvolle Mindestanforderungen für die Durchführung der Angebotsöffnung zu bieten. Daher wird insoweit nach oben verwiesen. Auftraggebern steht es natürlich frei, auch strengere formale Vorgaben zu verwenden, um den sensiblen Vorgang der Angebotsöffnung möglichst manipulationssicher und gut dokumentiert durchzuführen. 58

E. SektVO

Grundlage der deutschen Regelungen ist weitestgehend die Sektorenkoordinierungsrichtlinie. In der Begründung zur SektVO wurde besonders betont, dass nur **Mindeststandards** umgesetzt wurden, daher enthält die SektVO entsprechend dem Schweigen der Sektorenkoordinierungsrichtlinie hierzu keine ausdrücklichen Regelungen. 59

Insgesamt erscheinen auch für den Geltungsbereich der SektVO die Vorgaben von §§ 14, 17 EG VOL/A mit den oben dargestellten Erläuterungen sinnvolle Mindestanforderungen für die Durchführung der Angebotsöffnung zu bieten. Daher wird insoweit nach oben verwiesen. Auftraggebern steht es natürlich frei, auch **strengere formale Vorgaben** zu verwenden, um den sensiblen Vorgang der Angebotsöffnung möglichst manipulationssicher und gut dokumentiert durchzuführen. So entspricht z. B. die Durchführung eines bieteröffentlichen Öffnungstermins erst recht den Vorgaben an ein transparentes Vergabeverfahren. 60

---

[25] vgl. oben Rn. 32 ff.
[26] *Müller-Wrede* in Müller-Wrede, § 17 EG VOL/A, Rn. 6

F. Bereich Verteidigung und Sicherheit

61 Die europarechtlichen Vorgaben im Bereich von Verteidigung und Sicherheit entsprechen inhaltlich weitgehenden denen der Vergabekoordinierungsrichtlinie und der Sektorenkoordinierungsrichtlinie.

I. VSVgV

62 Nach § 30 Abs. 1 VSVgV sind die Angebote **ungeöffnet** zu lassen, mit einem **Eingangsvermerk** zu versehen und bis zum Zeitpunkt der Öffnung unter Verschluss zu halten. **Elektronische Angebote** sind ebenfalls auf geeignete Weise zu kennzeichnen und unter Verschluss zu halten. Mittels Telefax eingereichte Angebote sind entsprechend zu kennzeichnen und auf geeignete Weise unter Verschluss zu halten

63 Bei Angeboten per **Telefax** stellt sich das Problem der Geheimhaltung, das durch technische Vorgaben wie Umleitung auf ein geschütztes Mail-Postfach gelöst werden muss.

64 Die Vorgabe des § 30 Abs. 2 VSVgV ähnelt im Übrigen stark der Regelung in der VOL/A. Danach müssen **mindestens zwei Vertreter des Auftraggebers** gemeinsam die Angebotsöffnung durchführen und dokumentieren. Die Angebotsöffnung ist nichtbieteröffentlich.

65 Bei der Öffnung sind zu dokumentieren Name und Anschrift der Bieter, Endbeträge und andere den Preis betreffende Angaben sowie ob und von wem Nebenangebote eingereicht wurden. Außerdem sind alle für den ordnungsgemäßen Vergabevorgang wesentlichen Punkte zu dokumentieren, so z.B. ob die Angebote verschlossen bzw. verschlüsselt waren und ggf. bei welchem Angebot dies nicht der Fall war.

II. VOB/A-VS

1. Nicht offenes Verfahren

66 Die Regelung in § 14 VS VOB/A gilt nach § 14 VS Abs. 1 Satz 1 VOB/A nur für nicht offene Verfahren – offene Verfahren sind im Bereich der VOB/A-VS gar nicht vorgesehen – und ist im Übrigen wortgleich mit den Regelungen in §§ 14, 14 EG VOB/A. Daher wird auf die Erläuterung oben zu diesen Vorschriften verwiesen. Eine Angebotseinreichung per Telefax ist allerdings in der VOB/A-VS anders als in der VSVgV nicht vorgesehen und daher wie bei allen anderen Abschnitten der VOB/A unzulässig[27].

2. Verhandlungsverfahren, wettbewerblicher Dialog

67 Insgesamt erscheinen auch für den Geltungsbereich der VOB/A-VS die Vorgaben von §§ 14, 17 EG VOL/A mit den oben dargestellten Erläuterungen sinnvolle Mindestanforderungen für die Durchführung der Angebotsöffnung zu bieten. Daher wird insoweit nach oben verwiesen. Auftraggebern steht es natürlich frei, auch strengere formale Vorgaben zu verwenden, um den sensiblen Vorgang der Angebotsöffnung möglichst manipulationssicher und gut dokumentiert durchzuführen.

68 Beim wettbewerblichen Dialog ist die entscheidende Phase die **Eröffnung eines Dialoges** im Sinne des § 3 VS Abs. 5 Nr. 3 VOB/A. Hinsichtlich dessen Ausgestaltung und Durchführung wird oben auf § 11 verwiesen.

---

[27] *Kratzenberg* in Ingenstau/Korbion, § 14 VOB/A, Rn. 9

§ 26 Nebenangebote

Übersicht

	Rn.
A. Einleitung	1, 2
B. Begriff	3–8
I. Abweichung von den Vergabeunterlagen	4
II. Abgrenzung zu Hauptangeboten	5–8
C. Voraussetzungen für die Zulässigkeit von Nebenangeboten	9–28
I. Zulassung von Nebenangeboten	10–20
II. Mindestanforderungen	21–26
III. Sonstige Anforderungen	27, 28
D. Wertung von Nebenangeboten	29–40
I. Besonderheiten bei inhaltlichen Anforderungen	30–35
II. Gegebenenfalls: Vorliegen eines wertbaren Hauptangebots	36
III. Besonderheiten bei formalen Anforderungen	37–40

VOL/A: § 8 Abs. 4
VOL/A EG: § 9 Abs. 5
VOB/A: § 13 Abs. 3, § 16 Abs. 8
VOB/A EG: § 13 Abs. 3

VOL/A:

§ 8 VOL/A Vergabeunterlagen

(1) bis (3) hier nicht abgedruckt.

(4) Die Auftraggeber können Nebenangebote zulassen. Fehlt eine entsprechende Angabe in der Bekanntmachung oder den Vergabeunterlagen, sind keine Nebenangebote zugelassen.

VOL/A EG:

§ 9 EG VOL/A Vergabeunterlagen

(1) bis (4) hier nicht abgedruckt.

(5) Die Auftraggeber können Nebenangebote zulassen. Fehlt eine entsprechende Angabe in der Bekanntmachung oder den Vergabeunterlagen, sind keine Nebenangebote zugelassen. Lassen die Auftraggeber Nebenangebote zu, legen sie hierzu in der Bekanntmachung oder den Vergabeunterlagen Mindestanforderungen fest.

VOB/A:

§ 13 VOB/A Form und Inhalt der Angebote

(1) bis (2) hier nicht abgedruckt.

(3) Die Anzahl von Nebenangeboten ist an einer vom Auftraggeber in den Vergabeunterlagen bezeichneten Stelle aufzuführen. Etwaige Nebenangebote müssen auf besonderer Anlage gemacht und als solche deutlich gekennzeichnet werden.

(4) bis (6) hier nicht abgedruckt.

§ 16 VOB/A Prüfung und Wertung der Angebote

(1) bis (7) hier nicht abgedruckt.

(8) Nebenangebote sind zu werten, es sei denn, der Auftraggeber hat sie in der Bekanntmachung oder in den Vergabeunterlagen nicht zugelassen.

(9) bis (10) hier nicht abgedruckt.

VOB/A EG:

§ 13 EG VOB/A Form und Inhalt der Angebote

(1) bis (2) hier nicht abgedruckt.

(3) Die Anzahl von Nebenangeboten ist an einer vom Auftraggeber in den Vergabeunterlagen bezeichneten Stelle aufzuführen. Etwaige Nebenangebote müssen auf besonderer Anlage gemacht und als solche deutlich gekennzeichnet werden.

(4) bis (6) hier nicht abgedruckt.

Literatur:
Dicks, Nebenangebote – Erfordern Zulassung, Zulässigkeit, Mindestanforderungen und Gleichwertigkeit inzwischen einen Kompass?, VergabeR 2012, 318; *Frister*, Entrechtlichung und Vereinfachung des Vergaberechts, VergabeR 2011, 295; *Kues/Kirch*, Nebenangebote und Zuschlagskriterien: Das Offensichtliche (v)erkannt, NZBau 2011, 335; *Goede*, Anmerkung zu OLG Schleswig, Beschluss vom 15.4.2011, 1 Verg 10/10, VergabeR 2011, 595; *ders.*, Anmerkung zu OLG Brandenburg, Beschluss vom 17.5.2011, VergabeR 2012, 131; *Herrmann*, Rechtsprobleme bei der Zulassung und Wertung von Nebenangeboten im Bereich europaweiter Ausschreibungen, VergabeR 2012, 673; *Müller-Wrede*, Anmerkung zu BGH, Urteil vom 30.8.2011, VergabeR 2012, 30; *Noelle*, Anmerkung zu OLG Brandenburg, Beschluss vom 23.2.2012, 2 Verg 15/11, VergabeR 2012, 739; *Schweda*, VergabeR 2003, 268; *Stolz*, Die Behandlung von Angeboten, die von den ausgeschriebenen Leistungspflichten abweichen, VergabeR 2008, 322; *Stoye*, Anmerkung zu OLG Düsseldorf, Beschluss vom 2.11.2011, VII-Verg 22/11, VergabeR 2012, 193; *Wagner/Steinkemper*, Bedingungen für die Berücksichtigung von Nebenangeboten und Änderungsvorschlägen, NZBau 2004, 253.

A. Einleitung

1 Neben Hauptangeboten können Bieter unter bestimmten Voraussetzungen auch sog. Nebenangebote abgeben. Vereinzelt werden dafür auch die Begriffe „Änderungsvorschlag", „Alternativvorschlag" oder „Alternativangebot" gebraucht. Im europäischen Recht wird der Begriff der „Variante" verwendet; dort finden sich die maßgeblichen Regelungen in Art. 24 VKR bzw. den weitgehend gleichlautenden Art. 36 SKR und Art. 19 RL 2009/81/EG. Bei Varianten bzw. Nebenangeboten handelt es sich um Angebote, die von dem eigentlich geforderten Angebot und damit von den Vergabeunterlagen – oder genauer: den Vertragsunterlagen[1] – abweichen. Nebenangebote stellen insoweit – ihre Zulässigkeit im Einzelfall vorausgesetzt – eine **Ausnahme** vom grundsätzlich geltenden **Verbot des Abweichens von den Vergabeunterlagen**[2] dar.

2 Im Rahmen von Nebenangeboten haben Bieter die Möglichkeit, Konzepte zur Deckung des Beschaffungsbedarfs des Auftraggebers anzubieten, die sich von den aus den Vergabeunterlagen vorgegebenen und vom Auftraggeber vorbedachten Lösungsmöglichkeiten unterscheiden.[3] Aus Sicht des Auftraggebers dient die Zulassung von Nebenangeboten dazu, das unternehmerische Potenzial der für die Bedarfsdeckung geeigneten Bieter dadurch auszuschöpfen, dass der Auftraggeber Vorschläge für alternative Lösungen erhält,

---

[1] Zur begrifflichen Differenzierung vgl. § 18 Rn. 4.
[2] Vgl. §§ 16 Abs. 3 lit. d), 19 EG Abs. 3 lit. d) VOL/A bzw. § 16 (EG) Abs. 1 Nr. 1 lit. b) i.V.m. § 13 (EG) Abs. 1 Nr. 5 VOB/A.
[3] Vgl. OLG Düsseldorf Beschl. v. 23.12.2009, VII-Verg 30/09.

auf die er bzw. seine Mitarbeiter nicht kommen (konnten).[4] Dies ist insbesondere dann für den Auftraggeber interessant, wenn alternative Lösungsansätze zu Kosteneinsparungen führen können. Vor allem in Verfahren ohne Verhandlungen (offenen und nicht offenen Verfahren bzw. öffentlichen und beschränkten Ausschreibungen) und wenn es sich beim Auftragsgegenstand nicht um weitgehend homogene Güter oder Leistungen handelt, kann die Zulassung von Nebenangeboten nützlich sein.

B. Begriff

Eine Legaldefinition des „Nebenangebots" findet sich weder im GWB noch in den Vergabe- und Vertragsordnungen. Aus den synonym verwandten Begriffen „Änderungsvorschlag", „Alternativvorschlag" oder „Alternativangebot" sowie auch dem im europäischen Recht verwendeten Begriff der „Variante" lässt sich jedoch ablesen, dass eine alternative und damit von den Vorgaben des Auftraggebers abweichende Lösung für die Bedarfsdeckung angeboten wird (s.u. Rn. 4). In Einzelfällen ist besonders sorgfältig zu prüfen, ob es sich wirklich um ein Nebenangebot oder doch ein Hauptangebot handelt (s.u. Rn. 5 ff.). 3

I. Abweichung von den Vergabeunterlagen

Der Begriff des „Nebenangebots" umfasst jede **Abweichung vom geforderten (Haupt-) Angebot**,[5] d.h. von der geforderten Leistung, wie sie der Auftraggeber in den Vergabeunterlagen formuliert hat (sog. Amtsentwurf oder Amtsvorschlag). Ein Nebenangebot liegt vor, wenn der Gegenstand des Angebots von der nach den Vergabeunterlagen vorgesehenen Leistung in technischer, wirtschaftlicher oder rechtlicher Hinsicht abweicht.[6] Typischerweise betreffen die Abweichungen die Leistungsbeschreibung bzw. das Leistungsverzeichnis und damit die technischen Leistungsinhalte. Dabei kann es sich ebenso um qualitative wie um quantitative Abweichungen handeln.[7] Denkbar sind aber auch Abweichungen von den Vertragsbedingungen im Übrigen, wie etwa Ausführungszeiträume oder Zahlungsmodalitäten.[8] Sie sollten allerdings die Ausführungsbedingungen für die zu erbringende Leistung oder die Bedingungen für die Auftragsabwicklung betreffen. Demgegenüber handelt es sich bei unbedingten oder bedingten Preisnachlässen bzw. Skonti für sich genommen nicht um Nebenangebote;[9] sie stellen keine Abweichung von den Leistungsvorgaben dar. Dementsprechend wird in der VOB/A die Wertung von Preisnachlässen separat geregelt (vgl. §§ 16 Abs. 9, 16 EG Abs. 10 VOB/A).[10] Nicht maßgeblich ist, wie umfänglich oder wesentlich eine Abweichung von den Leistungsvorgaben des Auftraggebers ist.[11] 4

---

[4] Vgl. BGH Urt. v. 30.8.2011, X ZR 55/10; Beschl. v. 7.1.2014, X ZB 15/13.
[5] Vgl. OLG Saarbrücken Beschl. v. 13.6.2012, 1 U 357/11–107; *Planker* in Kapellmann/Messerschmidt, § 13 VOB/A Rn. 33; *Gnittke/Hattig* in Müller-Wrede VOL/A, § 9 EG Rn. 72; vgl. auch Erläuterungen zur VOL/A (Anhang IV zur VOL/A 2009), dort III., Abschnitt 1, zu § 8 Abs. 4.
[6] Vgl. OLG Düsseldorf Beschl. v. 2.11.2011, VII-Verg 22/11; OLG Jena Beschl. v. 21.9.2009, 9 Verg 7/09; *Frister* in Kapellmann/Messerschmidt, § 16 VOB/A Rn. 148; *Franke/Klein* in Franke/Kemper/Zanner/Grünhagen, § 8 VOB/A Rn. 5.
[7] Vgl. OLG Düsseldorf Beschl. v. 23.12.2009, VII-Verg 30/09.
[8] Vgl. *Planker* in Kapellmann/Messerschmidt, § 13 VOB/A Rn. 34; *Herrmann* VergabeR 2012, 673, 676 f.
[9] Vgl. OLG Jena Beschl. v. 21.9.2009, 9 Verg 7/09; *Frister* in Kapellmann/Messerschmidt, § 16 VOB/A Rn. 148; *Dippel* in jurisPK-VergR, § 13 VOB/A Rn. 50; s. aber auch BGH Beschl. v. 11.3.2008, X ZR 134/05 (von den Vorgaben des Auftraggebers abweichendes Skontoangebot als mögliches Nebenangebot).
[10] Vgl. *Herrmann* VergabeR 2012, 673, 676.
[11] Vgl. OLG Düsseldorf Beschl. v. 29.11.2000, Verg 21/00; OLG Frankfurt Beschl. v. 21.4.2005, 11 Verg 1/05; *Dicks* VergabeR 2012, 318; *Frister* in Kapellmann/Messerschmidt, § 16 VOB/A Rn. 148.

II. Abgrenzung zu Hauptangeboten

5   Für die Frage, ob es sich bei einem Angebot um ein Nebenangebot oder doch um ein Hauptangebot handelt, ist nicht entscheidend, dass dieses als Nebenangebot bezeichnet wird. Maßgeblich ist vielmehr der materielle Angebotsinhalt und damit, ob das Angebot von den Leistungsvorgaben des Auftraggebers abweicht. Eine **Falschbezeichnung** macht ein Hauptangebot somit noch nicht zum Nebenangebot.[12] Umgekehrt würde allerdings die fehlende (deutliche) Kennzeichnung eines (echten) Nebenangebots in Fällen von Bauauftragsvergaben gegen § 13 (EG) Abs. 3 Satz 2 VOB/A verstoßen und dann nach § 16 (EG) Abs. 1 Nr. 1 lit. f) VOB/A zum Ausschluss des Nebenangebots führen.[13]

6   Zu unterscheiden sind Nebenangebote von Hauptangeboten hingegen danach, von wem die angebotenen Alternativen herrühren. Der Inhalt eines Nebenangebots wird **vom Bieter** – jedenfalls soweit er von der geforderten Leistung abweicht – selbst **gestaltet** und nicht vom Auftraggeber vorgegeben;[14] inhaltliche Vorgaben stellt der Auftraggeber allenfalls im Rahmen von Mindestanforderungen (s.u. Rn. 21 ff.) auf. Mit der Zulassung von Nebenangeboten soll gerade das Potenzial der Bieter, innovative und möglicherweise wirtschaftlichere – vom Auftraggeber bisher nicht bedachte – Lösungsvorschläge zu entwickeln, genutzt werden. In Abgrenzung dazu weichen Hauptangebote **mit Alternativ- oder Wahlpositionen** (auch alternative Hauptangebote genannt) gerade nicht von der Leistungsbeschreibung des Auftraggebers ab, sondern entsprechen dieser vielmehr.[15] Im Falle von alternativen Hauptangeboten hat der Auftraggeber selbst eine alternative Ausführung vorgesehen und deren Parameter bestimmt.[16]

7   Abzugrenzen von Nebenangeboten sind zudem Angebote, die lediglich zulässige Abweichungen von sog. **technischen Spezifikationen**[17] enthalten. Im Unterschied zu Nebenangeboten stellen angebotene Abweichungen von den in der Leistungsbeschreibung enthaltenen technischen Spezifikationen gerade keine Abweichungen von den Vergabeunterlagen dar. Denn technische Spezifikationen dienen lediglich der Beschreibung von Leistungsvorgaben und sind dementsprechend grundsätzlich auch produktneutral zu formulieren (vgl. § 8 EG Abs. 7 VOL/A, § 7 (EG) Abs. 8 VOB/A). Eine Abweichung davon ist per se zugelassen, wenn der erforderliche Nachweis der Gleichwertigkeit vom Bieter erfolgreich geführt wird. Ein Angebot, das solche Abweichungen enthält, ist dementsprechend als Hauptangebot zu werten (vgl. so explizit §§ 16 Abs. 7, 16 EG Abs. 9 VOB/A).[18] Die Abgrenzung zwischen Haupt- und Nebenangeboten hängt hier somit maßgeblich vom Begriff der technischen Spezifikationen ab, der zum Teil im engeren Sinne von abstrakt-generellen Normen verstanden wird,[19] zum Teil aber auch so weit ausgelegt wird, dass er individuelle Leistungsanforderungen in den Vergabeunterlagen ebenfalls umfasst[20] (zu den weiteren Einzelheiten siehe § 17 Rn. 64 ff.). Des Weiteren ist auch dann von einem Hauptangebot auszugehen, wenn **Leitfabrikate** vom Auftraggeber

---

[12] Vgl. OLG München Beschl. v. 6.12.2012, Verg 25/12; OLG Düsseldorf Beschl. v. 9.3.2011, VII-Verg 52/10; *Dicks* VergabeR 2012, 318, 329.
[13] S.u. Rn. 38.
[14] Vgl. OLG Düsseldorf Beschl. v. 2.11.2011, VII-Verg 22/11; Beschl. v. 9.3.2011, VII-Verg 52/10; OLG Jena Beschl. v. 21.9.2009, 9 Verg 7/09; so wohl auch BGH Beschl. v. 23.1.2013, X ZB 8/11.
[15] Vgl. OLG Düsseldorf Beschl. v. 22.12.2012, VII-Verg 87/11; Beschl. v. 2.11.2011, VII-Verg 22/11.
[16] Vgl. OLG Düsseldorf Beschl. v. 2.11.2011, VII-Verg 22/11.
[17] Vgl. zur Definition jeweils Anhang TS zur VOL/A, VOB/A bzw. VOF; s. auch § 17 Rn. 58 ff.
[18] Vgl. BGH Beschl. v. 7.1.2014, X ZB 15/13; OLG München Beschl. v. 6.12.2012, Verg 25/12; OLG Düsseldorf Beschl. v. 1.10.2012, VII-Verg 34/12; Beschl. v. 14.10.2009, VII-Verg 9/09; OLG Koblenz Beschl. v. 2.2.2011, 1 Verg 1/11; *Dicks* VergabeR 2012, 318, 329.
[19] Vgl. OLG München Beschl. v. 28.7.2008, Verg 10/08; OLG Düsseldorf Beschl. v. 6.10.2004, VII-Verg 56/04.
[20] Vgl. zum Ganzen *Dicks* VergabeR 2012, 318, 331; vgl. auch *Stolz* VergabeR 2008, 322, 328 f.

angegeben wurden oder unzulässigerweise **produktspezifisch** ausgeschrieben wurde und der Bieter davon abweicht und gleichwertige Leistungen anbietet.[21]

Soweit ein als Nebenangebot bezeichnetes Angebot tatsächlich ein Hauptangebot darstellt, steht dem grundsätzlich nicht entgegen, dass der Bieter daneben bereits ein Hauptangebot abgegeben hat. Denn Bietern ist prinzipiell erlaubt, **mehrere Hauptangebote** in einem Vergabeverfahren abzugeben.[22] 8

C. Voraussetzungen für die Zulässigkeit von Nebenangeboten

Falls der öffentliche Auftraggeber von den Bietern Nebenangebote erhalten und diese bei der Wertung berücksichtigen möchte, muss er grundsätzlich vorab die Abgabe von Nebenangeboten **zulassen** (s.u. Rn. 10 ff.) sowie ggf. **Mindestanforderungen** aufstellen, die Nebenangebote erfüllen müssen, damit sie gewertet werden dürfen (s.u. Rn. 21 ff.). Nur unter diesen Voraussetzungen ist die Berücksichtigung von Nebenangeboten bei der Angebotswertung grundsätzlich zulässig. Ob die konkret eingereichten Nebenangebote im Einzelfall für die Zuschlagserteilung berücksichtigt werden dürfen, ist dann anschließend im Rahmen der Angebotswertung zu klären (s.u. Rn. 29 ff.). 9

I. Zulassung von Nebenangeboten

Nebenangebote dürfen von Bietern nur angeboten und bei der Angebotswertung berücksichtigt werden, wenn sie **vom Auftraggeber** als solche **zugelassen** sind. Lässt er Nebenangebote zu, müssen diese gewertet werden.[23] Sind Nebenangebote hingegen in einem Vergabeverfahren nicht zugelassen, sind von Bietern trotz allem abgegebene Nebenangebote zwingend auszuschließen (vgl. §§ 16 Abs. 3 lit. g), 19 EG Abs. 3 lit. g) VOL/A, §§ 16 Abs. 1 Nr. 1 lit. e), 16 EG Abs. 1 Nr. 1 lit. e) VOB/A).[24] Die Zulassung von Nebenangeboten erfolgt grundsätzlich durch **Bekanntgabe** gegenüber den Bietern.[25] 10

Wie diese zu erfolgen hat, ist davon abhängig, ob eine Vergabe dem Kartellvergaberecht unterfällt und damit dem sog. **Oberschwellenbereich**[26] zuzuordnen ist (s.u. Rn. 13 f.), auf den jeweils der zweite Abschnitt der VOL/A bzw. VOB/A (EG-Vorschriften) Anwendung findet, oder nur den Regelungen des jeweils ersten Abschnitts der Vergabe- und Vertragsordnungen (s.u. Rn. 17 f.) unterliegt (sog. **Unterschwellenbereich**). Für sog. **nachrangige Dienstleistungen** gemäß Anhang I Teil B VOL/A gelten sowohl oberhalb als auch unterhalb der Schwellenwerte die Ausführungen zum Unterschwellenbereich, da bei Vergabe dieser Dienstleistungen gemäß § 4 Abs. 2 Satz 1 Nr. 2 VgV nur wenige Vorschriften des zweiten Abschnitts der VOL/A, nicht aber diejenigen in Bezug auf Nebenangebote zur Anwendung kommen. 11

---

[21] Vgl. OLG München Beschl. v. 6.12.2012, Verg 25/12; OLG Düsseldorf Beschl. v. 1.10.2012, VII-Verg 34/12; *Frister* in Kapellmann/Messerschmidt, § 16 VOB/A Rn. 149.

[22] Vgl. OLG Düsseldorf Beschl. v. 1.10.2012, VII-Verg 34/12; Beschl. v. 9.3.2011, VII-Verg 52/10; vgl. auch OLG München Beschl. v. 6.12.2012, Verg 25/10; *Frister* in Kapellmann/Messerschmidt, § 16 VOB/A Rn. 150.

[23] Dies ist nur dann ausnahmsweise nicht der Fall, wenn als alleiniges Zuschlagskriterium der Preis bestimmt wurde, vgl. Rn. 15 f.

[24] Vgl. im Einzelnen § 27 Rn. 114 ff.

[25] Nur ausnahmsweise (s.u. Rn. 18) sind auch bei fehlender Äußerung des Auftraggebers Nebenangebote zugelassen.

[26] Insbesondere muss der fragliche Auftrag den maßgeblichen Schwellenwert nach § 100 Abs. 1 GWB erreichen und darf für ihn kein Ausnahmetatbestand nach § 100 Abs. 2 i.V.m. Abs. 3 bis 6, 8, §§ 100a bis 100c GWB einschlägig sein.

12 In seiner Entscheidung, ob er Nebenangebote zulässt oder nicht, ist der öffentliche Auftraggeber grundsätzlich frei. Er kann zudem die Zulassung von Nebenangeboten von der Abgabe eines Hauptangebots abhängig machen (s.u. Rn. 19 f.).

1. Oberschwellenbereich

a) Zulassung in der Bekanntmachung

13 Soweit ein Vergabeverfahren dem Oberschwellenbereich[27] unterfällt, hat der öffentliche Auftraggeber bereits **in der Bekanntmachung** anzugeben, ob er Nebenangebote zulässt. Für **Bauleistungen** ergibt sich dies aus § 12 EG Abs. 2 Nr. 2 VOB/A, der auf das Bekanntmachungsformular in Anhang II der Verordnung (EU) Nr. 842/2011 verweist; dort ist unter Ziffer II.1.9) die Angabe, ob Varianten/Alternativangebote zulässig sind, vorgesehen. Ebenso setzt § 8 EG Abs. 2 Nr. 3 VOB/A die Zulassung in der Bekanntmachung voraus. Für **Dienst- und Lieferleistungen** suggeriert § 9 EG Abs. 5 VOL/A, dass die Angabe, ob Nebenangebote zugelassen sind, auch erst in den Vergabeunterlagen erfolgen kann. § 15 EG Abs. 1 VOL/A verweist allerdings ebenfalls auf das Bekanntmachungsformular in Anhang II der o.g. Verordnung. Zudem ist zu beachten, dass nach **Art. 24 Abs. 2 VKR**, der in nationales Recht umzusetzen ist, die Zulassung von Nebenangeboten bereits in der Bekanntmachung zu erfolgen hat und nationale Vorschriften, die eine Zulassung von Nebenangeboten auch noch in den Vergabeunterlagen zulassen, die europäische Regelung nur unvollständig umsetzen würden; § 9 EG Abs. 5 VOL/A ist daher richtlinienkonform dahingehend auszulegen, dass eine Angabe über die Zulassung von Nebenangeboten bereits in der Bekanntmachung zu erfolgen hat.

14 **Fehlt die Angabe** des öffentlichen Auftraggebers in der Bekanntmachung dazu, ob er Nebenangebote zulässt, sind Nebenangebote nicht zugelassen. Dies ergibt sich aus § 9 EG Abs. 5 Satz 2 VOL/A, § 16 EG Abs. 1 Nr. 1 lit. e) VOB/A sowie auch aus Art. 24 Abs. 2 Hs. 2 VKR. § 9 EG Abs. 5 Satz 2 VOL/A ist wiederum richtlinienkonform dahingehend auszulegen, dass eine spätere Zulassung in den Vergabeunterlagen nicht ausreicht.[28] Demnach sind Nebenangebote grundsätzlich – d. h. insbesondere bei Schweigen der Bekanntmachung dazu – nicht zugelassen. Für die Zulassung von Nebenangeboten bedarf es vielmehr einer **ausdrücklichen positiven Aussage** des Auftraggebers dazu in der Bekanntmachung.[29] Eine in der Bekanntmachung vorgenommene Zulassung von Nebenangeboten kann allerdings in den Vergabeunterlagen auch wieder **zurückgenommen** werden, etwa wenn in den Vergabeunterlagen als Mindestanforderungen[30] für Nebenangebote dieselben Anforderungen wie für Hauptangebote vorgegeben werden und damit eine Abweichung davon nicht mehr möglich ist.[31]

b) Keine wirksame Zulassung bei alleinigem Zuschlagskriterium des niedrigsten Preises

15 Nunmehr höchstrichterlich geklärt ist die in der Rechtsprechung bisher umstrittene Frage, ob die Zulassung von Nebenangeboten im Oberschwellenbereich nur möglich ist, wenn nicht nur der niedrigste Preis als (alleiniges) Zuschlagskriterium bestimmt worden ist, sondern neben dem Preis auch andere, in der Regel qualitative Kriterien als Zuschlagskriterien benannt sind. Diese Frage hat der BGH nunmehr bejaht.[32] Hintergrund

---

[27] S.o. Fn. 26; mit Ausnahme von sog. nachrangigen Dienstleistungen, vgl. Rn. 11.
[28] S.o. Rn. 13.
[29] Vgl. auch *Frister* in Kapellmann/Messerschmidt § 16 VOB/A Rn. 151.
[30] Zu den Einzelheiten s.u. Rn. 21 ff.
[31] Vgl. OLG Düsseldorf Beschl. v. 4.2.2013, VII-Verg 31/12, m.w.N.
[32] Vgl. BGH Beschl. v. 7.1.2014, X ZB 15/13 (nach Divergenzvorlage durch das OLG Jena mit Beschl. v. 16.9.2013, 9 Verg 3/13); über eine zuvor anhängige Divergenzvorlage des OLG Düsseldorf mit Beschl. v. 2.11.2011 (VII-Verg 22/11) zu dieser Frage musste wegen Erledigung in der

der bisherigen Diskussion waren vornehmlich die Regelungen in Art. 24 Abs. 1 und Art. 53 Abs. 1 VKR. Nach Art. 53 Abs. 1 VKR kann für die Zuschlagserteilung wahlweise entweder auf den **niedrigsten Preis** (lit. b)) oder aber auf das (aus Sicht des öffentlichen Auftraggebers) „**wirtschaftlich günstigste Angebot**" (lit. a)) abgestellt werden, für deren Bestimmung verschiedene mit dem Auftragsgegenstand zusammenhängende Kriterien – und nicht nur der Preis – heranzuziehen sind. Nach Art. 24 Abs. 1 VKR können bei „Aufträgen, die nach dem Kriterium des wirtschaftlich günstigsten Angebots vergeben werden," Varianten (Nebenangebote) zugelassen werden. Geht man davon aus, dass in der VKR grundsätzlich zwischen den Zuschlagskriterien „niedrigster Preis" und „wirtschaftlich günstigstes Angebot" unterschieden wird (vgl. Art. 53 Abs. 1 VKR),[33] ist die Regelung in Art. 24 Abs. 1 VKR so zu verstehen, dass mit Bezugnahme nur auf das eine Kriterium („wirtschaftlich günstigstes Angebot") im Umkehrschluss die Möglichkeit der Zulassung von Nebenangeboten im Falle des anderen Kriteriums („niedrigster Preis") nicht besteht;[34] nur so hat der ansonsten überflüssige Einschub des Relativsatzes überhaupt einen Regelungsgehalt. Im Übrigen kann mit der Berücksichtigung zusätzlicher – auftragsbezogener – Zuschlagskriterien dem Umstand Rechnung getragen werden, dass Nebenangebote in qualitativer Hinsicht regelmäßig nur den aufgestellten Mindestanforderungen entsprechen (und daher in der Regel auch preisgünstiger sind), während Hauptangebote alle Anforderungen des Auftraggebers erfüllen; mögliche Qualitätsunterschiede zwischen Haupt- und Nebenangeboten können so berücksichtigt und Preisvorteile von Nebenangeboten ggf. durch ein mehr an Qualität von Hauptangeboten ausgeglichen werden.[35] Nach allem steht nach hier vertretener Auffassung Art. 24 Abs. 1 VKR (ebenso wie Art. 36 Abs. 1 SKR und Art. 19 Abs. 1 RL 2009/81/EG) der Zulassung von Nebenangeboten entgegen, wenn alleiniges Zuschlagskriterium der Preis ist.[36] Nach anderer Auffassung[37] lässt sich weder Art. 24 Abs. 1 VKR noch der VKR im Übrigen ein (ausdrückliches) Verbot von Nebenangeboten entnehmen, wenn einziges Zuschlagskriterium der Preis ist. Nach der **Rechtsprechung des BGH** ist es bereits nach nationalem Vergaberecht – und damit auch unabhängig von Vorgaben aus den europäischen Richtlinien zum Vergaberecht – grundsätzlich unzulässig, Nebenangebote zuzulassen, wenn alleiniges Zuschlagskriterium der Preis ist. Nebenangebote in diesem Fall zu werten, bzw. dies folgt aus dem Wettbewerbsgrundsatz nach § 97 Abs. 2 GWB und dem mit diesem in engem Zusammenhang stehenden, aus § 97 Abs. 5 GWB folgenden Gebot, den Zuschlag auf das wirtschaftlichste Angebot zu erteilen.[38] Denn – wie schon oben in Bezug auf die gemeinschaftsrechtlichen Vorgaben (insbesondere Art. 24 Abs. 1 VKR) dargestellt – kann mit dem Preis als alleinigem Zuschlagskriterium nicht sichergestellt werden, dass eine etwaige

---

Hauptsache nicht entschieden werden; der BGH hätte andernfalls den EuGH um eine Vorabentscheidung nach Art. 267 Abs. 3 AEUV ersucht (vgl. Beschl. v. 23.1.2013, X ZB 8/11).

[33] Vgl. auch Erwägungsgrund 46 der VKR, wonach nur zwei Zuschlagskriterien zuzulassen sind: das des „niedrigsten Preises" und das des „wirtschaftlichsten Angebots".

[34] Vgl. OLG Jena Beschl. v. 16.9.2013, 9 Verg 3/13; OLG Düsseldorf Beschl. v. 18.10.2010, VII-Verg 39/10; Beschl. v. 2.11.2011, VII-Verg 22/11, m.w.N.; *Dicks* VergabeR 2012, 318, 320 ff.; *Herrmann* VergabeR 2012, 673, 681 f.; *Kues/Kirch* NZBau 2011, 335, 337 ff.; *Stolz* VergabeR 2008, 322, 334 f.; wohl auch schon ebenso: BayObLG Beschl. v. 22.6.2004, Verg 13/04.

[35] Vgl. OLG Düsseldorf Beschl. v. 2.11.2011, VII-Verg 22/11; auch OLG Jena Beschl. v. 16.9.2013, 9 Verg 3/13; *Kues/Kirch* NZBau 2011, 335, 338; *Stolz* VergabeR 2008, 322, 335; in diesem Sinne nun auch BGH Beschl. v. 7.1.2014, X ZB 15/13.

[36] Vgl. OLG Düsseldorf Beschl. v. 18.10.2010, VII-Verg 39/10; Beschl. v. 2.11.2011, VII-Verg 22/11, m.w.N.; OLG Jena Beschl. v. 16.9.2013, 9 Verg 3/13; *Dicks* VergabeR 2012, 318, 320 ff.; *Herrmann* VergabeR 2012, 673, 681 f.; *Kues/Kirch* NZBau 2011, 335, 337 ff.; *Stolz* VergabeR 2008, 322, 334 f.; wohl auch schon ebenso: BayObLG Beschl. v. 22.6.2004, Verg 13/04.

[37] Vgl. OLG Schleswig Beschl. v. 15.4.2011, 1 Verg 10/10; bisher offen gelassen: OLG München Beschl. v. 31.1.2013, Verg 31/12; OLG Koblenz Beschl. v. 26.7.2010, 1 Verg 6/10; OLG Celle Beschl. v. 3.6.2010, 13 Verg 6/10; *Goede* VergabeR 2011, 595, 596 f.

[38] Vgl. BGH Beschl. v. 7.1.2014, X ZB 15/13.

qualitative Diskrepanz zwischen (nur) die Mindestanforderungen (s.u. Rn. 21 ff.) erfüllenden Nebenangeboten einerseits und Hauptangeboten andererseits im Rahmen der Bewertung der Wirtschaftlichkeit angemessen berücksichtigt werden kann. Um eine vergaberechtskonforme Wertung von Nebenangeboten zu gewährleisten, müssen demzufolge die gewählten Zuschlagskriterien es ermöglichen, das Qualitätsniveau von Nebenangeboten und ihren technisch-funktionellen und sonstigen sachlichen Wert über die Mindestanforderungen hinaus nachvollziehbar und überprüfbar mit dem für die Hauptangebote nach dem Amtsvorschlag vorausgesetzten Standard zu vergleichen.[39] Eine Prüfung anhand ungeschriebener Wertungskriterien wie einer allgemeinen Gleichwertigkeit der Nebenangebote mit dem Amtsvorschlag kommt schon aufgrund fehlender Bekanntgabe gegenüber den Bietern und damit fehlender Transparenz eines solchen Wertungskriteriums nicht in Betracht.[40] Ob bei einer Beschaffung weitgehend homogener Leistungen, bei der sich die Homogenität der nachgefragten Leistungen auch auf eingereichte Nebenangebote erstreckt, ausnahmsweise Nebenangebote auch dann zugelassen bzw. gewertet werden können, wenn alleiniges Zuschlagskriterium der Preis ist, lässt der BGH offen. Hierfür ist zunächst entscheidend, wie die gemeinschaftsrechtlichen Vorgaben (Art. 24 Abs. 1 VKR) zu verstehen sind und ob eine teleologische Reduktion in diesem Fall möglich ist.[41] Nach allem werden öffentliche Auftraggeber in der Regel – auch im Interesse, das wirtschaftlichste (Haupt- oder Neben-)Angebot anhand der Zuschlagskriterien ermitteln zu können – neben dem Angebotspreis ein oder mehrere aussagekräftige, zum qualitativen Vergleich von Haupt- und Nebenangeboten geeignete Zuschlagskriterien benennen, wenn sie Nebenangebote zulassen wollen.

16 Bestimmt der öffentliche Auftraggeber den Preis als alleiniges Zuschlagskriterium, ist eine **Zulassung** von Nebenangeboten somit grundsätzlich nicht zulässig und eine trotz allem bekanntgegebene Zulassung **unbeachtlich.** Von den Bietern abgegebene Nebenangebote dürfen daher nicht gewertet werden.[42] Soweit ein Bieter im Rahmen einer Nachprüfung die Wertung seiner Nebenangebote geltend macht, müssen die Nachprüfungsinstanzen ggf. prüfen, ob der Bieter dahingehend in seinen Rechten verletzt ist, dass er durch die letztlich unbeachtliche Zulassung von Nebenangeboten in der Kalkulation seines Hauptangebots in unzulässigem Maße nachteilig beeinflusst wurde, und daher eine Zurückversetzung des Vergabeverfahrens in den Stand vor Angebotsabgabe erforderlich ist.[43]

---

[39] Vgl. zum Ganzen (mit weiteren Ausführungen): BGH Beschl. v. 7.1.2014, X ZB 15/13.
[40] Vgl. BGH Beschl. v. 7.1.2014, X ZB 15/13; s. auch Rn. 33 ff.
[41] Vgl. BGH Beschl. v. 7.1.2014, X ZB 15/13; Beschl. v. 23.1.2013, X ZB 8/11, mit Hinweis auf eine Vorlagebedürftigkeit nach Art. 267 Abs. 3 AEUV. Die künftig geltende, bis zum 18.6.2016 umzusetzende Richtlinie über die öffentliche Auftragsvergabe (Richtlinie 2014/24/EU v. 26.2.2014, ABl. L 94 v. 28.3.2014, S. 65), die die VKR ersetzen wird, sieht im Übrigen in der Regelung zu Varianten (Art. 45) – anders als Art. 24 Abs. 1 VKR – keine von der Wahl des Zuschlagskriteriums abhängige Einschränkung der Zulassung von Varianten (Nebenangeboten) mehr vor. Allerdings hat der öffentliche Auftraggeber bei Zulassung von Nebenangeboten die Zuschlagskriterien so zu wählen, dass sie sowohl auf Nebenangebote, die die Mindestanforderungen erfüllen, angewandt werden können als auch auf Hauptangebote; insoweit bestehen Ähnlichkeiten zur Rechtsprechung des BGH (Beschl. v. 7.1.2014, X ZB 15/13) zur Auswahl der Zuschlagskriterien im Hinblick auf Nebenangebote.
[42] Vgl. OLG Düsseldorf Beschl. v. 2.11.2011, VII-Verg 22/11; Beschl. v. 18.10.2010, VII-Verg 39/10.
[43] Vgl. OLG Düsseldorf Beschl. v. 2.11.2011, VII-Verg 22/11; Beschl. v. 9.3.2011, VII-Verg 52/10; vgl. auch BGH Beschl. v. 7.1.2014, X ZB 15/13; OLG Jena Beschl. v. 16.9.2013, 9 Verg 3/13; *Dicks* VergabeR 2012, 318, 323 f.; vgl. auch *Stoye* VergabeR 2012, 193.

2. Unterschwellenbereich

Im **Unterschwellenbereich**[44] kann die Zulassung von Nebenangeboten seitens des Auftraggebers entweder durch entsprechende Angabe **in der Bekanntmachung oder** aber auch erst **in den Vergabeunterlagen** erfolgen (vgl. § 8 Abs. 4 VOL/A, § 16 Abs. 8 VOB/A). Bei der Vergabe von Bauleistungen ist zudem gemäß § 8 Abs. 2 Nr. 3 Satz 1 lit. a) VOB/A in jedem Fall zwingend in den Vergabeunterlagen durch den Auftraggeber anzugeben, ob er Nebenangebote nicht zulässt. 17

Fehlt eine Angabe des Auftraggebers dahingehend, ob Nebenangebote zugelassen sind, sind Nebenangebote, soweit es sich um die Vergabe von **Liefer- oder Dienstleistungen** nach VOL/A handelt, gemäß § 8 Abs. 4 Satz 2 VOL/A nicht zugelassen; Nebenangebote sind somit grundsätzlich nicht zugelassen, es sei denn, der Auftraggeber gibt dies ausdrücklich in der Bekanntmachung oder den Vergabeunterlagen bekannt. Bei der Vergabe von **Bauleistungen** sind hingegen im Unterschwellenbereich Nebenangebote grundsätzlich zugelassen (vgl. §§ 8 Abs. 2 Nr. 3 Satz 1 lit. a), 16 Abs. 1 Nr. 1. lit. e) VOB/A);[45] hier bedarf es einer ausdrücklichen Äußerung des Auftraggebers in der Bekanntmachung oder den Vergabeunterlagen, wenn er Nebenangebote nicht zulassen will.[46] 18

3. Notwendigkeit eines Hauptangebots

Bei der Vergabe von **Bauleistungen** hat der öffentliche Auftraggeber gemäß § 8 Abs. 2 Nr. 3 Satz 1 lit. b) VOB/A bzw. § 8 EG Abs. 2 Nr. 3 Satz 1 lit. a) VOB/A in den Vergabeunterlagen anzugeben, ob er Nebenangebote ausnahmsweise **nur in Verbindung mit einem Hauptangebot** zulässt. Fehlt eine entsprechende Angabe des Auftraggebers, sind Nebenangebote bei der Wertung zu berücksichtigen, auch wenn sie nicht zusammen mit einem Hauptangebot abgegeben werden. Dies ist auch dem Zusatz „**ausnahmsweise**" zu entnehmen, wonach die Unabhängigkeit des Nebenangebots vom Hauptangebot die Regel und die zwingende Verknüpfung die Ausnahme ist. Lässt der Auftraggeber Nebenangebote nur im Zusammenhang mit Hauptangeboten zu, kann dies nicht nur eine einschränkende Wirkung auf den Bieterkreis zur Folge haben,[47] sondern auch Konsequenzen für die Anzahl der wertbaren Nebenangebote, da deren Wertbarkeit dann von der Wertbarkeit des jeweiligen Hauptangebots abhängt (s.u. Rn. 36). 19

Für Vergaben von **Liefer- und Dienstleistungen** enthält die VOL/A **keine entsprechenden Vorschriften**. Es ist allerdings denkbar und möglich, dass der öffentliche Auftraggeber Nebenangebote nur unter der Bedingung (im Sinne einer formalen Mindestanforderung) zulässt, dass sie in Verbindung mit einem Hauptangebot eingereicht werden.[48] 20

II. Mindestanforderungen

1. Oberschwellenbereich

Soweit ein Vergabeverfahren in den **Oberschwellenbereich**[49] fällt, dürfen Nebenangebote – auch wenn sie grundsätzlich zugelassen worden sind (s. o. Rn. 13 ff.) – nur dann berücksichtigt werden, wenn der öffentliche Auftraggeber für sie zuvor sog. Mindestanforderungen **in den Vergabeunterlagen** festgelegt hat (§ 9 EG Abs. 5 Satz 3 VOL/A, 21

---

[44] D.h. wenn der Auftrag nicht in den Oberschwellenbereich (vgl. Fn. 26) fällt bzw. sog. nachrangige Dienstleistungen zum Gegenstand hat (vgl. Rn. 11).
[45] Vgl. auch *Frister* in Kapellmann/Messerschmidt § 16 VOB/A Rn. 151.
[46] Vgl. *Franke/Klein* in Franke/Kemper/Zanner/Grünhagen, § 8 VOB/A Rn. 6, m.w.N.
[47] Vgl. *Heiermann/Bauer* in Heiermann/Riedl/Rusam, § 8 VOB/A Rn. 30.
[48] Vgl. *Gnittke/Hattig* in Müller-Wrede VOL/A, § 9 EG Rn. 73.
[49] Vgl. oben Fn. 27.

§ 8 EG Abs. 2 Nr. 3 Satz 1 lit. b) VOB/A).[50] D.h. der Auftraggeber hat in den Vergabeunterlagen diejenigen Anforderungen zu benennen, die Nebenangebote in jedem Fall erfüllen müssen, um in die Wertung zu gelangen. Die genannten Vorschriften dienen der Umsetzung der Vorgaben des Art. 24 Abs. 3 VKR.[51] Die Bekanntgabe in den Vergabeunterlagen ermöglicht es den Bietern, in gleicher Weise von den Mindestanforderungen Kenntnis nehmen zu können; die entsprechende Verpflichtung des Auftraggebers zur Transparenz dient der Gewährleistung der Gleichbehandlung aller Bieter.[52] Nach § 9 EG Abs. 5 Satz 3 VOL/A ist die Bekanntgabe der Mindestanforderungen auch schon in der Bekanntmachung möglich.[53] Mit Blick auf Art. 24 Abs. 3 VKR, der die Bekanntgabe in den Vergabeunterlagen vorsieht,[54] und für eine gute Übersichtlichkeit der Angebotsbedingungen ist es zumindest ratsam, die Mindestanforderungen an Nebenangebote – wenn sie bereits in der Bekanntmachung bekanntgegeben wurden – in den Vergabeunterlagen zu wiederholen.

22   Mindestanforderungen müssen **inhaltliche (materielle) Vorgaben** in Bezug auf den Auftrag enthalten.[55] Rein formale Anforderungen reichen nicht aus.[56] Dies ergibt sich aus dem Umstand, dass in der umgesetzten Vorschrift des Art. 24 Abs. 3 VKR[57] zwischen „Mindestanforderungen" einerseits und Vorgaben zur „Art und Weise", in der Nebenangebote eingereicht werden sollen, und damit formalen Vorgaben andererseits differenziert wird. Mindestanforderungen müssen sich somit inhaltlich auf die anzubietende Leistung beziehen bzw. sachlich-technischer Art sein.[58]

23   Die Mindestanforderungen dürfen zudem nicht lediglich abstrakt gehalten und für die konkrete Gestaltung von Nebenangeboten inhaltsleer sein,[59] sondern müssen **konkrete Vorgaben** enthalten. So genügt z.B. der Hinweis, dass das Nebenangebot alle Leistungen umfassen muss, die zu einer einwandfreien Ausführung der (Bau-)Leistung erforderlich sind, nicht.[60] Nicht ausreichend ist ferner der allgemeine Hinweis des Auftraggebers auf die in der Leistungsbeschreibung erwähnten Leistungskriterien,[61] auf das Erfordernis einer Gleichwertigkeit des Nebenangebots mit dem Hauptangebot[62] oder auf eine entsprechende Rechtsvorschrift.[63] Ein (pauschaler) Rückgriff auf die Anforderungen, die das Leistungsverzeichnis bzw. die Leistungsbeschreibung aufstellt, ist auch schon deshalb nicht geeignet, da es sich hier gerade um die Anforderungen handelt, die an das Hauptangebot

---

[50] Vgl. nur OLG Düsseldorf Beschl. v. 19.5.2010, VII-Verg 4/10; OLG Brandenburg Beschl. v. 20.3.2007, Verg W 12/06; OLG Koblenz Beschl. v. 31.5.2006, 1 Verg 3/06; vgl. auch EuGH Urt. v. 16.10.2003, Rs. C-421/01 – Traunfellner, Rn. 32f. (zu Art. 19 Abs. 2 BKR).
[51] Weitgehend gleichlautend: Art. 36 Abs. 1 UAbs. 2 SKR, Art. 19 Abs. 3 RL 2009/81/EG.
[52] Vgl. EuGH Urt. v. 16.10.2003, Rs. C-421/01 – Traunfellner, Rn. 29; BGH Beschl. v. 7.1.2014, X ZB 15/13; OLG Düsseldorf Beschl. v. 22.10.2009, VII-Verg 25/09; BayObLG Beschl. v. 22.6.2004, Verg 13/04.
[53] Allerdings sieht das für die Bekanntmachung zu verwendende Standardformular (Anhang II der Verordnung (EU) Nr. 842/2011) kein spezielles Feld für solche Angaben vor.
[54] Nach Art. 36 Abs. 1 UAbs. 2 SKR ist die Nennung der Mindestanforderungen in den „Spezifikationen" und damit ebenfalls in (einem Teil der) Vergabeunterlagen vorgesehen.
[55] Vgl. OLG Düsseldorf Beschl. v. 24.10.2007, VII-Verg 32/07; *Dicks* VergabeR 2012, 318, 324; *Frister* VergabeR 2011, 295, 303; implizit auch: BGH Urt. v. 30.8.2011, X ZR 55/10.
[56] Vgl. OLG Koblenz Beschl. v. 31.5.2006, 1 Verg 3/06; OLG Brandenburg Beschl. v. 20.3.2007, Verg W 12/06; *Dicks* VergabeR 2012, 318, 324; *Frister* VergabeR 2011, 295, 303f.
[57] So auch Art. 36 Abs. 1 UAbs. 2 SKR.
[58] Vgl. OLG Koblenz Beschl. v. 31.5.2006, 1 Verg 3/06; OLG Brandenburg Beschl. v. 20.3.2007, Verg W 12/06.
[59] Vgl. OLG Düsseldorf Beschl. v. 23.12.2009, VII-Verg 30/09, m.w.N.
[60] Vgl. OLG München Beschl. v. 11.8.2005, Verg 12/05.
[61] Vgl. OLG Düsseldorf Beschl. v. 22.10.2009, VII-Verg 25/09.
[62] Vgl. BGH Beschl. v. 7.1.2014, X ZB 15/13; OLG Düsseldorf Beschl. v. 23.12.2009, VII-Verg 30/09; BayObLG Beschl. v. 22.6.2004, Verg 13/04.
[63] Vgl. EuGH Urt. v. 16.10.2003, Rs. C-421/01 – Traunfellner, Rn. 30.

gestellt werden, und ein Nebenangebot typischerweise gerade davon abweicht.[64] Ein den Anforderungen an Hauptangebote entsprechendes „Nebenangebot" wäre im Übrigen nur ein (zweites) Hauptangebot.[65] Hingegen kann es sich um ausreichende Mindestanforderungen handeln, wenn auf die inhaltlichen Anforderungen an Hauptangebote Bezug genommen wird, diesbezüglich jedoch eine inhaltliche Auswahl getroffen wird,[66] wenn die inhaltlichen Anforderungen an Hauptangebote für Nebenangebote in bestimmtem Umfang gelockert werden[67] oder wenn Mindestanforderungen negativ umschrieben sind (d. h. wenn beschrieben ist, welche Abweichungen von den Vergabeunterlagen nicht zugelassen sind).[68] Inhaltlich hinreichend können auch Mindestanforderungen sein, wonach Nebenangebote den Konstruktionsprinzipien und den vom Auftraggeber vorgesehenen Planungsvorgaben entsprechen müssen.[69] Wie eingehend und detailliert Mindestanforderungen an Nebenangebote beschrieben sein müssen, ist vom Einzelfall und den jeweiligen Gesamtumständen abhängig. Dabei spielen vor allem der Auftragsgegenstand (insbesondere seine mögliche Komplexität) sowie der Zweck von Nebenangeboten, das unternehmerische Potenzial der Bieter zu nutzen, auf der einen Seite und der Sinn und Zweck von Mindestanforderungen (die Schaffung einer gewissen Transparenz zugunsten der Bieter) auf der anderen Seite eine Rolle. Erforderlich, aber im Interesse des Transparenzgebots auch ausreichend ist, dass den Bietern als Mindestanforderungen in allgemeinerer Form der Standard und die wesentlichen Merkmale deutlich gemacht werden, die eine Alternativausführung aus Sicht des öffentlichen Auftraggebers aufweisen muss.[70]

Mindestanforderungen müssen aufgrund ihrer Zielrichtung, den Bietern die Wertungsvoraussetzungen von Nebenangeboten transparent zu machen, außerdem **eindeutig und verständlich**[71] formuliert sein. Maßgeblich dafür, wie Mindestanforderungen im Einzelnen inhaltlich zu verstehen sind, ist – wie auch im Übrigen bei Vergabeunterlagen – nicht das individuelle Verständnis eines Bieters oder des Auftraggebers, sondern das eines verständigen, sach- und fachkundigen Bieters.[72]

Versäumt es der öffentliche Auftraggeber, Mindestanforderungen überhaupt oder in inhaltlich hinreichendem Ausmaß bekanntzugeben, dürfen in dem betreffenden Vergabeverfahren abgegebene Nebenangebote bei der Wertung nicht berücksichtigt werden.[73] Im Einzelfall ist zu prüfen, ob Bieter, die auf die vom Auftraggeber bekanntgegebene Zulassung von Nebenangeboten vertraut haben und deren Nebenangebote wegen fehlender Mindestanforderungen nicht berücksichtigt werden können, derart in ihren Rechten verletzt sind, dass eine Zurückversetzung des Vergabeverfahrens in den Stand vor Angebotsabgabe angezeigt ist.[74]

---

[64] Vgl. BayObLG Beschl. v. 22.6.2004, Verg 13/04; *Frister* in Kapellmann/Messerschmidt, § 16 VOB/A Rn. 155, m.w.N.
[65] Vgl. OLG Düsseldorf Beschl. v. 4.2.2013, VII-Verg 31/12.
[66] Vgl. OLG Düsseldorf Beschl. v. 22.8.2007, VII-Verg 20/07.
[67] Vgl. OLG Düsseldorf Beschl. v. 24.10.2007, VII-Verg 32/07.
[68] Vgl. *Summa* in jurisPK-VergR, § 16 EG VOB/A Rn. 21, mit Verweis auf: OLG Düsseldorf Beschl. v. 10.12.2008, VII-Verg 51/08.
[69] Vgl. OLG Düsseldorf Beschl. v. 23.12.2009, VII-Verg 30/09.
[70] Vgl. zum Ganzen ausführlich: BGH Beschl. v. 7.1.2014, X ZB 15/13.
[71] Vgl. OLG Düsseldorf Beschl. v. 19.5.2010, VII-Verg 4/10; OLG Schleswig Beschl. v. 15.4.2011, 1 Verg 10/10.
[72] S.o. § 18 Rn. 52; vgl. auch OLG Düsseldorf Beschl. v. 19.5.2010, VII-Verg 4/10; OLG München Beschl. v. 24.11.2008, Verg 23/08.
[73] Vgl. EuGH Urt. v. 16.10.2003, Rs. C-421/01 – Traunfellner, Rn. 33; OLG Koblenz Beschl.v. 31.5.2006, 1 Verg 3/06; *Frister* VergabeR 2011, 295, 304; *Stolz* VergabeR 2008, 322, 335.
[74] Vgl. *Frister* VergabeR 2011, 295, 304, Fn. 32; *Dicks* VergabeR 2012, 318, 323 f.

2. Unterschwellenbereich

26 Für Vergaben im **Unterschwellenbereich**[75] ist die Festlegung von **Mindestanforderungen** für Nebenangebote **nicht vorgeschrieben**. Die entsprechenden Vorschriften aus den zweiten Abschnitten der VOL/A und VOB/A sind – mangels ungewollter Regelungslücke – auch nicht analog anwendbar.[76] Gegebenenfalls – sofern ein grenzüberschreitendes Interesse am Auftrag zu bejahen ist[77] – ist im Einzelfall zu prüfen, ob aus dem Primärrecht der Europäischen Union (insbesondere zur Warenverkehrs- oder Dienstleistungsfreiheit) und den abgeleiteten Grundsätzen der Gleichbehandlung und Transparenz Verpflichtungen für den Auftraggeber abzuleiten sind.[78] Die Vorgabe inhaltlich-auftragsbezogener Mindestanforderungen ist allerdings auch danach wohl nicht erforderlich; Vorgaben des Auftraggebers dazu, wie Nebenangebote vom Bieter auszugestalten bzw. zu beschreiben sind, können ausreichen.[79] Aus Gründen der Transparenz und Gleichbehandlung kann es jedoch auch im Unterschwellenbereich sinnvoll oder auch geboten sein, dass der Auftraggeber mit gewissen Mindestanforderungen den Bietern bekannt gibt, welches aus seiner Sicht die qualitativen Untergrenzen einer Abweichung vom Amtsentwurf sind bzw. in welcher Hinsicht Nebenangebote auftraggeberseitig nicht gewollt oder gerade erwünscht sind.[80]

III. Sonstige Anforderungen

27 Gemäß § 8 (EG) Abs. 2 Nr. 3 Satz 2 VOB/A ist bei der Vergabe von **Bauleistungen** von den Bietern, die als Nebenangebot Leistungen anbieten, deren Ausführung nicht in den Vergabeunterlagen oder Allgemeinen Technischen Vertragsbedingungen (VOB/C) geregelt sind, zu verlangen, dass sie im Angebot entsprechende **Angaben über die Ausführung und Beschaffenheit der Leistung** machen. Diese Anforderung hat der Auftraggeber – wie sich aus dem Standort der Regelung ergibt – in die Vergabeunterlagen aufzunehmen. Darüber hinaus ist seitens der Bieter – auch im Rahmen **anderer Auftragsvergaben** – grundsätzlich darauf zu achten, dass Nebenangebote hinreichend präzise und konkret beschrieben werden, damit sich dem Auftraggeber der Angebotsinhalt umfassend erschließt, um ihn prüfen und werten zu können.[81] Ein eindeutiger Angebotsinhalt ist im Übrigen auch für die spätere Ausführung des Auftrags von Bedeutung.[82]

28 Gemäß § 13 (EG) Abs. 6 i.V.m. Abs. 3 VOB/A ist bei Bauaufträgen in die Vergabeunterlagen die Anforderung an die Bieter mit aufzunehmen, dass die **Anzahl der Nebenangebote** an der vom Auftraggeber in den Vergabeunterlagen bezeichneten Stelle aufzuführen ist und etwaige Nebenangebote auf **besonderer Anlage** gemacht und als solche **deutlich gekennzeichnet** werden müssen. Legt ein Bieter Nebenangebote in der erforderlichen Form nicht vor, führt dies in der Regel zum Angebotsausschluss (s.u. Rn. 38).

---

[75] Vgl. oben Fn. 44.
[76] Vgl. BGH Urt. v. 30.8.2011, X ZR 55/10; OLG Koblenz Urt. v. 22.3.2010, 12 U 354/07; *Müller-Wrede* VergabeR 2012, 30, m.w.N.
[77] Vgl. EuGH Urt. v. 23.12.2009, Rs. C-376/08 – Serrantoni, Rn. 24; vgl. auch BGH Urt. v. 30.8.2011, X ZR 55/10.
[78] Zurückhaltend: BGH Urt. v. 30.8.2011, X ZR 55/10; vgl. dazu auch ausführlich *Frister* in Kapellmann/Messerschmidt, § 16 VOB/A Rn. 156.
[79] Vgl. BGH Urt. v. 30.8.2011, X ZR 55/10; *Müller-Wrede* VergabeR 2012, 30, 31.
[80] Vgl. auch *Frister* in Kapellmann/Messerschmidt § 16 VOB/A Rn. 157.
[81] Vgl. *Gnittke/Hattig* in Müller-Wrede VOL/A, § 9 EG Rn. 84; *von Wietersheim* in Ingenstau/Korbion, § 8 VOB/A Rn. 18; *von Rintelen* in Kapellmann/Messerschmidt, § 8 Rn. 58.
[82] Vgl. *von Wietersheim* in Ingenstau/Korbion, § 8 VOB/A Rn. 16.

D. Wertung von Nebenangeboten

Dass Nebenangebote in einem Vergabeverfahren grundsätzlich bei der Wertung berücksichtigt werden dürfen, setzt zunächst voraus, dass sie zulässig sind (s. o. Rn. 9 ff.). Zudem sind auf sie grundsätzlich auch die allgemein für die Angebotswertung geltenden Vorschriften anzuwenden.[83] Im Folgenden soll nur auf Besonderheiten bei der Wertung von Nebenangeboten eingegangen werden.

29

I. Besonderheiten bei inhaltlichen Anforderungen

Nebenangebote haben bestimmte inhaltliche Anforderungen zu erfüllen, damit sie als **vergleichbar** mit Hauptangeboten angesehen und in der Wertung berücksichtigt werden können. Dazu hat der öffentliche Auftraggeber zuvor ggf. Mindestanforderungen aufgestellt (s. o. Rn. 21 ff.), die zu erfüllen sind (s. u. Rn. 32), oder die Vergleichbarkeit wird im Rahmen einer sog. Gleichwertigkeitsprüfung ermittelt (s. u. Rn. 33 ff.). Berücksichtigungsfähige Haupt- und Nebenangebote sind dann – bei Vorliegen der übrigen Wertungsvoraussetzungen – einheitlich nach den vom Auftraggeber bekanntgegebenen Zuschlagskriterien zu werten.[84]

30

Um Nebenangebote werten zu können, aber auch um beurteilen zu können, ob sie die nachfolgend aufgeführten inhaltlichen Anforderungen erfüllen, muss der **Angebotsinhalt** der Nebenangebote entsprechend **klar und deutlich** in den vom Bieter vorgelegten Angebotsunterlagen **beschrieben** sein.[85] Da ein Nebenangebot definitionsgemäß von den Leistungsvorgaben des Auftraggebers abweicht, sind regelmäßig insbesondere die Abweichungen, etwa in Art und Maß, präzise zu beschreiben.[86] Insgesamt ist eine Orientierung an den Anforderungen einer eindeutigen Leistungsbeschreibung (vgl. § 17 Rn. 22 ff.) angezeigt.[87] Eine entsprechende Verpflichtung trifft hier den Bieter; er muss Nebenangebote so eindeutig und erschöpfend beschreiben, dass sich der Auftraggeber ein klares Bild von der angebotenen Leistung machen kann, insbesondere von der vorgesehenen Ausführung der Leistung, ihrem Preis sowie Art und Umfang der geplanten Abweichung vom sog. Amtsvorschlag.[88] Angebotsaufklärungen richten sich nach den allgemeinen Regeln (vgl. § 15, § 18 EG VOL/A, § 15 (EG) VOB/A). Unklarheiten gehen zu Lasten des Bieters.[89]

31

1. Erfüllen der Mindestanforderungen

Nebenangebote müssen, soweit das fragliche Vergabeverfahren in den sog. **Oberschwellenbereich**[90] fällt, die für sie vom Auftraggeber für das Vergabeverfahren festgelegten und den Bietern bekanntgegebenen Mindestanforderungen (s. o. Rn. 21 ff.) erfüllen; andernfalls sind die Nebenangebote auszuschließen (vgl. § 19 EG Abs. 3 lit. g) VOL/A, § 16 EG Abs. 1 Nr. 1 lit. e) VOB/A). Bei Vergabeverfahren im **Unterschwellenbereich** ist das Aufstellen von Mindestanforderungen durch den Auftraggeber grundsätzlich nicht erfor-

32

---

[83] So auch für die formalen Anforderungen: *Dittmann* in Kulartz/Marx/Portz/Prieß VOB/A, § 13 Rn. 122.
[84] Vgl. *Frister* in Kapellmann/Messerschmidt, § 16 Rn. 159.
[85] Vgl. OLG Koblenz Beschl. v. 2.2.2011, 1 Verg 1/11; *Gnittke/Hattig* in Müller-Wrede VOL/A, § 9 EG Rn. 84.
[86] Vgl. *Gnittke/Hattig* in Müller-Wrede VOL/A, § 9 EG Rn. 84.
[87] Vgl. *von Rintelen* in Kapellmann/Messerschmidt, § 8 VOB/A Rn. 58; *Schweda* VergabeR 2003, 268, 276; *Kratzenberg* in Ingenstau/Korbion, § 16 VOB/A Rn. 135.
[88] Vgl. OLG Koblenz Urt. v. 22.3.201, 12 U 354/07; Beschl. v. 29.8.2003, 1 Verg 7/03; *Kratzenberg* in Ingenstau/Korbion, § 16 VOB/A Rn. 135.
[89] Vgl. OLG Koblenz Beschl. v. 2.2.2011, 1 Verg 1/11.
[90] Vgl. oben Fn. 27.

derlich (s. o. Rn. 26). Hat ein Auftraggeber dies trotz allem getan, kann dies als Begrenzung der Zulassung von Nebenangeboten bzw. als Maßstab für eine Gleichwertigkeitsprüfung (s.u. Rn. 33 ff.) zu verstehen sein. In jedem Fall haben auch dann Nebenangebote die aufgestellten Anforderungen zu erfüllen.

2. Gleichwertigkeitsprüfung

33 Im Rahmen der Wertung von Nebenangeboten wird unter der sog. Gleichwertigkeitsprüfung die Prüfung der Gleichwertigkeit der Nebenangebote mit den für das Hauptangebot maßgeblichen Leistungsanforderungen verstanden. Hintergrund ist, eine Vergleichbarkeit von eingereichten – von den Leistungsanforderungen abweichenden – Nebenangeboten mit den die Leistungsanforderungen vollumfänglich erfüllenden Hauptangeboten zu gewährleisten.[91] Zu trennen ist davon eine Gleichwertigkeitsprüfung, die bei einem Abweichen von technischen Spezifikationen oder Leitfabrikaten ggf. zu prüfen ist, das für sich genommen kein Nebenangebot darstellt.[92]

34 Ob bei Vergabeverfahren im **Oberschwellenbereich**[93] über die Prüfung der Mindestanforderungen hinaus (s.o. Rn. 32) grundsätzlich die Durchführung einer Gleichwertigkeitsprüfung zulässig bzw. sogar erforderlich ist, ist umstritten.[94] Dies ist, jedenfalls wenn das Erfordernis der Gleichwertigkeit nicht zuvor in den Vergabeunterlagen bekanntgegeben wurde, richtigerweise zu verneinen. Denn die Bekanntgabe von Mindestanforderungen dient gemäß der Rechtsprechung des EuGH zu Art. 24 Abs. 3 VKR[95] der Transparenz für die Bieter dahingehend, welche Anforderungen ein Nebenangebot erfüllen muss, um bei der Wertung vom Auftraggeber berücksichtigt zu werden. Dies muss dann jedoch auch umgekehrt bedeuten, dass der Auftraggeber verpflichtet ist, ein Nebenangebot in die Angebotswertung einzubeziehen, wenn es die geforderten Mindestanforderungen erfüllt. Andernfalls würde es diesbezüglich an der gemäß Art. 24 Abs. 3 VKR geforderten Transparenz fehlen. Eine über die Mindestanforderungen hinausgehende allgemeine Gleichwertigkeitsprüfung ist nach Art. 24 VKR auch nicht vorgesehen und würde mithin gegen europäisches Recht verstoßen.[96] Für die Vergleichbarkeit von Nebenangeboten mit Hauptangeboten ist danach allein maßgeblich, ob die Mindestanforderungen erfüllt sind.[97] Hingegen unbenommen bleibt es dem öffentlichen Auftraggeber, die Gleichwertigkeit bzw. den **Nachweis der Gleichwertigkeit** von Nebenangeboten **als Mindestanforderung** zu fordern.[98] Mit Blick auf das Transparenzgebot ist dabei jedoch auch hier darauf zu achten, dass nicht pauschal – ohne weitere Konkretisierungen – die Gleichwertigkeit mit den Leistungsanforderungen an Hauptangebote gefordert wird; vielmehr muss auch hier für den Bieter transparent werden, welche konkreten inhaltlichen Anforderungen an

---

[91] Vgl. zur Problematik der Vergleichbarkeit von Haupt- und Nebenangeboten auch BGH Beschl. v. 23. 1. 2013, X ZB 8/11.
[92] S.o. im Einzelnen Rn. 7.
[93] Vgl. oben Fn. 27.
[94] Für eine Prüfung der Gleichwertigkeit: OLG Brandenburg Beschl. v. 17.5.2011, Verg W 16/10; OLG Saarbrücken Beschl. v. 27.4.2011, 1 Verg 5/10, m.w.N.; gegen eine Prüfung der Gleichwertigkeit: OLG Koblenz Beschl. v. 26.7.2010, 1 Verg 6/10; OLG München Beschl. v. 7.4.2011, Verg 5/11; *Vavra* in Ziekow/Völlink, § 16 VOB/A Rn. 62; *Dicks* VergabeR 2012, 318, 326; *Herrmann* VergabeR 2012, 673, 684 ff.; *Frister* VergabeR 2011, 295, 305; *Stolz* VergabeR 2008, 322, 336; *Goede* VergabeR 2011, 595, 596; implizit auch: OLG Düsseldorf Beschl. v. 10.8.2011, VII-Verg 66/11; ablehnend wohl auch: BGH Beschl. v. 7.1.2014, X ZB 15/13.
[95] Vgl. EuGH Urt. v. 16.10.2003, Rs. C-421/01 – Traunfellner, Rn. 29.
[96] Vgl. *Dicks* VergabeR 2012, 318, 326; *Stolz* VergabeR 2008, 322, 336.
[97] Vgl. OLG Düsseldorf Beschl. v. 10.8.2011, VII-Verg 66/11; OLG Schleswig Beschl. v. 15.4.2011, 1 Verg 10/10.
[98] Vgl. *Frister* VergabeR 2011, 295, 305; *Dicks* VergabeR 2012, 318, 327; vgl. auch OLG Düsseldorf Beschl. v. 10.8.2011, VII-Verg 66/11 – in dem zu entscheidenden Fall wurde im Rahmen der aufgestellten Mindestanforderungen vom Auftraggeber die objektive Gleichwertigkeit gefordert.

die Leistung gestellt werden[99] (vgl. oben Rn. 22 f.) und wo umgekehrt Spielraum für eigene Konzepte, Innovationen etc. verbleibt.

Die konkrete Beurteilung der Gleichwertigkeit eines Nebenangebots durch den Auftraggeber ist regelmäßig abhängig von den Umständen des Einzelfalls und ggf. **nur eingeschränkt** von den Nachprüfungsinstanzen bzw. den Instanzen des Sekundärrechtsschutzes **überprüfbar**.[100] Es kommt darauf an, dass die Beurteilung vertretbar ist.[101] Voraussetzung für eine Nachvollziehbarkeit durch die Gerichte ist eine angemessene Dokumentation der Beurteilung, ggf. im Rahmen einer Nachholung.[102] Die Beurteilung der Gleichwertigkeit eines Nebenangebots setzt voraus, dass der Bieter sein Nebenangebot in Bezug auf die maßgeblichen Aspekte ausreichend beschrieben hat; er hat die Gleichwertigkeit **darzulegen und nachzuweisen**.[103]

II. Gegebenenfalls: Vorliegen eines wertbaren Hauptangebots

Sind Nebenangebote vom Auftraggeber nur in Verbindung mit einem Hauptangebot zugelassen worden (s. o. Rn. 19 f.), kann das Nebenangebot eines Bieters nur dann bei der Wertung berücksichtigt werden, wenn auch sein Hauptangebot wertbar ist; umgekehrt hat der Ausschluss des Hauptangebots eines Bieters in diesem Fall automatisch auch den Ausschluss seiner Nebenangebote zur Folge.[104] Wurde die Zulassung von Nebenangeboten nicht von der Abgabe eines Hauptangebots abhängig gemacht, sind die Nebenangebote grundsätzlich unabhängig von einem eventuellen Ausschluss des Hauptangebots zu werten. Dabei können allerdings unter Umständen dieselben Ausschlussgründe, die für die Nichtberücksichtigung des Hauptangebots ausschlaggebend sind, auch den Ausschluss eines Nebenangebots nach sich ziehen, etwa wenn das Angebot insgesamt nicht rechtzeitig eingereicht wurde oder der Bieter als unzuverlässig auszuschließen ist.

III. Besonderheiten bei formalen Anforderungen

1. Unterzeichnung von Nebenangeboten

Soweit Angebote zu unterzeichnen sind (vgl. §§ 13 Abs. 1 Satz 2, 16 EG Abs. 1 Satz 2 VOL/A, §§ 13 Abs. 1 Nr. 1 Satz 3, 13 EG Abs. 1 Nr. 1 Satz 2 VOB/A), ist für Nebenangebote Folgendes zu beachten: Ein Nebenangebot muss grundsätzlich **nicht gesondert unterschrieben** werden, wenn zugleich ein unterzeichnetes Hauptangebot eingereicht wird; im Regelfall ist es vom Bindungswillen des Bieters mit umfasst, wenn dieser das Nebenangebot zusammen mit dem ordnungsgemäß unterzeichneten Hauptangebot unterbreitet und in Bezug auf das Nebenangebot die vom Auftraggeber festgelegten und von der einschlägigen Vergabe- und Vertragsordnung hierfür vorgesehenen Formvorschriften einhält.[105] Allenfalls aufgrund besonderer Umstände können im Einzelfall Zweifel am Bindungswillen hinsichtlich des Nebenangebots zu einer anderen rechtlichen Beurteilung führen.

---

[99] Vgl. *Dicks* VergabeR 2012, 318, 327; vgl. auch BGH Beschl. v. 7.1.2014, X ZB 15/13.
[100] Vgl. BGH Urt. v. 23.3.2011, X ZR 92/09.
[101] *Dicks* VergabeR 2012, 318, 328, mit Verweis auf: BGH Urt. v. 23.3.2011, X ZR 92/09.
[102] *Dicks* VergabeR 2012, 318, 328; zur ggf. möglichen Nachholung der Dokumentation vgl. BGH Beschl. v. 8.2.2011, X ZB 4/10.
[103] Vgl. OLG Koblenz Beschl. v. 29.8.2003, 1 Verg 7/03.
[104] Vgl. OLG Düsseldorf Beschl. v. 23.12.2009, VII-Verg 30/09.
[105] Vgl. BGH Urt. v. 23.3.2011, X ZR 92/09; vgl. auch Vorinstanz: OLG Karlsruhe Urt. v. 8.7.2009, 7 U 160/08.

2. Besondere Formerfordernisse bei Bauaufträgen

38 Für die Vergabe von **Bauleistungen** sind nach §§ 13 Abs. 3 bzw. 13 EG Abs. 3 VOB/A **zusätzliche Anforderungen** an die Form des (Neben-)Angebots vorgesehen. So haben die Bieter die **Anzahl ihrer Nebenangebote** an einer vom Auftraggeber in den Vergabeunterlagen bezeichneten Stelle anzugeben (vgl. §§ 13 Abs. 3 Satz 1 bzw. 13 EG Abs. 3 Satz 1 VOB/A), die dann auch im Submissionstermin verlesen wird (vgl. §§ 14 Abs. 3 Nr. 2 Satz 3, 14 EG Abs. 3 Nr. 2 Satz 3 VOB/A). Dies setzt voraus, dass der Auftraggeber eine solche Stelle in den Vergabeunterlagen überhaupt vorgesehen hat. Fehlt eine Angabe der Anzahl der Nebenangebote, ist ein Ausschluss nur denkbar, wenn es sich bei der Angabe nach den Vergabeunterlagen um eine geforderte Erklärung handelt; diese wäre dann zunächst nach § 16 Abs. 1 Nr. 3 bzw. § 16 EG Abs. 1 Nr. 3 VOB/A nachzufordern.[106] Ein separater Ausschlussgrund ist in §§ 16, 16 EG VOB/A nicht vorgesehen. Etwas anderes gilt für die Erfordernisse nach §§ 13 Abs. 3 Satz 2 bzw. 13 EG Abs. 3 Satz 2 VOB/A, Nebenangebote **auf besonderer Anlage** zu machen und **deutlich zu kennzeichnen**. Eine besondere Anlage setzt die deutliche körperliche Trennung von Haupt- und Nebenangeboten einschließlich sämtlicher Anlagen voraus,[107] so dass der öffentliche Auftraggeber ohne Weiteres erkennen kann, was Inhalt des Hauptangebots ist und welche hiervon abweichenden Vorschläge die Nebenangebote ausmachen.[108] Entsprechendes muss dem Auftraggeber aufgrund der Kennzeichnung als Nebenangebot möglich sein. Bei Nichtbeachtung dieser Erfordernisse ist gemäß §§ 16 Abs. 1 Nr. 1 f) bzw. 16 EG Abs. 1 Nr. 1 lit. f) VOB/A mittlerweile[109] der zwingende Ausschluss des jeweiligen Nebenangebots vorgesehen.[110] Auftraggeber haben auf diese formalen Anforderungen in den Vergabeunterlagen gemäß § 13 (EG) Abs. 6 i.V.m. Abs. 3 VOB/A hinzuweisen; zudem sollten sie auch auf den neuen Ausschlussgrund in den Vergabeunterlagen hinweisen, um die Bieter zu sensibilisieren und sich nicht der Möglichkeit zu berauben, interessante, aber die genannten formalen Anforderungen nicht erfüllende Nebenangebote berücksichtigen zu können.

39 Für die Vergabe von **Dienst- und Lieferleistungen** sieht die VOL/A keine entsprechenden Vorschriften vor. Zum Teil wird darin eine fehlende Umsetzung von Art. 24 Abs. 3 VKR gesehen, wonach Auftraggeber auch anzugeben haben, in welcher Art und Weise Bieter ihre Nebenangebote einreichen sollen.[111] Im Gegensatz zu fehlenden (inhaltlichen) Mindestforderungen besteht hier jedoch grundsätzlich nicht die Gefahr, dass der Transparenz- bzw. Gleichbehandlungsgrundsatz zu Lasten der Bieter verletzt wird. Denn bei Fehlen entsprechender vorab bekanntgegebener Formerfordernisse können solche auch nicht nachträglich vom Auftraggeber als Ausschlussgrund herangezogen werden.

3. Nachreichen von Erklärungen und Nachweisen

40 Erklärungen oder Nachweise, die vom Auftraggeber zu Nebenangeboten gefordert werden, unterfallen grundsätzlich ebenso wie geforderte Erklärungen und Nachweise zu Hauptangeboten den Vorschriften über die **Nachforderung** dieser Unterlagen (§§ 16 Abs. 2, 19 EG Abs. 2 VOL/A, §§ 16 Abs. 1 Nr. 3, 16 EG Abs. 1 Nr. 3 VOB/A).[112]

---

[106] Vgl. OLG Naumburg Beschl. v. 23.2.2012, 2 Verg 15/11; OLG Düsseldorf Beschl. v. 10.8.2011, VII-Verg 66/11; *Noelle* VergabeR 2012, 739.
[107] Siehe *Dittmann* in Kulartz/Marx/Portz/Prieß VOB/A, § 13 Rn. 119, mit Verweis auf OLG Düsseldorf Beschl. v. 29.3.2006, VII-Verg 77/05.
[108] Siehe *Dittmann* in Kulartz/Marx/Portz/Prieß VOB/A, § 13 Rn. 119; *Kratzenberg* in Ingenstau/Korbion, § 13 VOB/A Rn. 31.
[109] Mit Inkrafttreten der VOB/A 2012.
[110] So schon früher: OLG Frankfurt Beschl. v. 21.4.2005, 11 Verg 1/05.
[111] Vgl. *Gnittke/Hattig* in Müller-Wrede VOL/A, § 9 EG Rn. 83.
[112] Vgl. OLG Naumburg Beschl. v. 23.2.2012, 2 Verg 15/11; OLG Düsseldorf Beschl. v. 10.8.2011, VII-Verg 66/11; *Noelle* VergabeR 2012, 739.

§ 27 Formelle Angebotsprüfung (erste Wertungsstufe)

Übersicht

	Rn.
A. Einleitung	1–4
B. Zwingende Ausschlussgründe	5–123
I. Verspätete Angebote	5–22
II. Formal fehlerhafte Angebote	23–26
III. Änderungen an den Vergabeunterlagen	27–40
IV. Nicht eindeutige Änderungen an Eintragungen des Bieters	41–44
V. Fehlende Erklärungen und Nachweise	45–62
VI. Fehlende Preisangaben	63–83
VII. Wettbewerbsbeschränkende Abreden	84–113
VIII. Nicht zugelassene und nicht den Mindestanforderungen entsprechende Nebenangebote	114–119
IX. Abgabe vorsätzlich unzutreffender Angaben zur Eignung	120–123
C. Fakultative Ausschlussgründe	124–149
I. Insolvenzverfahren	125–131
II. Liquidation	132
III. Nachweisbare schwere Verfehlung, die die Eignung in Frage stellt	133–146
IV. Verstoß gegen die Pflicht zur Zahlung von Steuern und Abgaben	147, 148
V. Fehlende Anmeldung bei einer Berufsgenossenschaft	149

VOB/A EG: § 6, § 13, § 14, § 16
VOL/A EG: § 6 Abs. 4, § 19
VOF: § 4
SektVO: § 19, § 21

VOB/A EG:

§ 6 EG VOB/A Teilnehmer am Wettbewerb

(1)
1. Der Wettbewerb darf nicht auf Unternehmen beschränkt werden, die in bestimmten Regionen oder Orten ansässig sind.
2. Bietergemeinschaften sind Einzelbietern gleichzusetzen.
3. Justizvollzugsanstalten, Einrichtungen der Jugendhilfe, Aus- und Fortbildungsstätten und ähnliche Einrichtungen sowie Betriebe der öffentlichen Hand und Verwaltungen sind zum Wettbewerb mit gewerblichen Unternehmen nicht zuzulassen.

(2)
1. Beim offenen Verfahren sind die Unterlagen an alle Bewerber abzugeben.
2. Beim nicht offenen Verfahren müssen mindestens fünf geeignete Bewerber aufgefordert werden. Auf jeden Fall muss die Zahl der aufgeforderten Bewerber einen echten Wettbewerb sicherstellen. Die Eignung ist anhand der mit dem Teilnahmeantrag vorgelegten Nachweise zu prüfen.
3. Beim Verhandlungsverfahren mit öffentlicher Vergabebekanntmachung und beim wettbewerblichen Dialog müssen bei einer hinreichenden Anzahl geeigneter Bewerber mindestens drei Bewerber zu Verhandlungen oder zum Dialog aufgefordert werden.
4. Will der Auftraggeber die Zahl der Teilnehmer im nicht offenen Verfahren, im Verhandlungsverfahren oder im wettbewerblichen Dialog begrenzen, so gibt er in der Bekanntmachung Folgendes an:
    a) die von ihm vorgesehenen objektiven, nicht diskriminierenden und auftragsbezogenen Kriterien und

b) die vorgesehene Mindestzahl und gegebenenfalls auch die Höchstzahl der einzuladenden Bewerber.

(3)
1. Zum Nachweis ihrer Eignung ist die Fachkunde, Leistungsfähigkeit sowie Gesetzestreue und Zuverlässigkeit der Bewerber oder Bieter zu prüfen.
2. Dieser Nachweis kann mit der vom Auftraggeber direkt abrufbaren Eintragung in die allgemein zugängliche Liste des Vereins für die Präqualifikation von Bauunternehmen e.V. (Präqualifikationsverzeichnis) erfolgen und umfasst die folgenden Angaben:

   a) den Umsatz des Unternehmens jeweils bezogen auf die letzten drei abgeschlossenen Geschäftsjahre, soweit er Bauleistungen und andere Leistungen betrifft, die mit der zu vergebenden Leistung vergleichbar sind, unter Einschluss des Anteils bei gemeinsam mit anderen Unternehmen ausgeführten Aufträgen,

   b) die Ausführung von Leistungen in den letzten drei abgeschlossenen Geschäftsjahren, die mit der zu vergebenden Leistung vergleichbar sind,

   c) die Zahl der in den letzten drei abgeschlossenen Geschäftsjahren jahresdurchschnittlich beschäftigten Arbeitskräfte, gegliedert nach Lohngruppen mit gesondert ausgewiesenem technischem Leitungspersonal,

   d) die Eintragung in das Berufsregister ihres Sitzes oder Wohnsitzes,

   sowie Angaben,

   e) ob ein Insolvenzverfahren oder ein vergleichbares gesetzlich geregeltes Verfahren eröffnet oder die Eröffnung beantragt worden ist oder der Antrag mangels Masse abgelehnt wurde oder ein Insolvenzplan rechtskräftig bestätigt wurde,

   f) ob sich das Unternehmen in Liquidation befindet,

   g) dass nachweislich keine schwere Verfehlung begangen wurde, die die Zuverlässigkeit als Bewerber in Frage stellt,

   h) dass die Verpflichtung zur Zahlung von Steuern und Abgaben sowie der Beiträge zur gesetzlichen Sozialversicherung ordnungsgemäß erfüllt wurde,

   i) dass sich das Unternehmen bei der Berufsgenossenschaft angemeldet hat.

Diese Angaben können die Bewerber oder Bieter auch durch Einzelnachweise erbringen. Der Auftraggeber kann dabei vorsehen, dass für einzelne Angaben Eigenerklärungen ausreichend sind. Diese sind von den Bietern, deren Angebote in die engere Wahl kommen, durch entsprechende Bescheinigungen der zuständigen Stellen zu bestätigen. Die Eintragung in ein gleichwertiges Verzeichnis anderer Mitgliedstaaten ist als Nachweis zugelassen.

3. Andere, auf den konkreten Auftrag bezogene zusätzliche, insbesondere für die Prüfung der Fachkunde geeignete Angaben können verlangt werden.
4. Der Auftraggeber wird andere ihm geeignet erscheinende Nachweise der wirtschaftlichen und finanziellen Leistungsfähigkeit zulassen, wenn er feststellt, dass stichhaltige Gründe dafür bestehen.
5. Beim offenen Verfahren sind in der Aufforderung zur Angebotsabgabe die Nachweise zu bezeichnen, deren Vorlage mit dem Angebot verlangt oder deren spätere Anforderung vorbehalten wird. Beim nicht offenem Verfahren und Verhandlungsverfahren mit öffentlicher Vergabebekanntmachung ist zu verlangen, dass die Nachweise bereits mit dem Teilnahmeantrag vorgelegt werden.
6. Beim nicht offenen Verfahren und Verhandlungsverfahren ist vor der Aufforderung zur Angebotsabgabe die Eignung der Bewerber zu prüfen. Dabei sind die Bewerber auszuwählen, deren Eignung die für die Erfüllung der vertraglichen Verpflichtungen notwendige Sicherheit bietet, dies bedeutet, dass sie die erforderliche Fachkunde, Leistungsfähigkeit sowie Gesetzestreue und Zuverlässigkeit besitzen.

(4)
1. Ein Unternehmen ist von der Teilnahme an einem Vergabeverfahren wegen Unzuverlässigkeit auszuschließen, wenn der Auftraggeber Kenntnis davon hat, dass eine Person, deren Verhalten dem Unternehmen zuzurechnen ist, rechtskräftig wegen Verstoßes gegen eine der folgenden Vorschriften verurteilt worden ist:

   a) § 129 des Strafgesetzbuches – StGB (Bildung krimineller Vereinigungen), § 129a StGB (Bildung terroristischer Vereinigungen), § 129b StGB (kriminelle und terroristische Vereinigungen im Ausland),

   b) § 261 StGB (Geldwäsche, Verschleierung unrechtmäßig erlangter Vermögenswerte),

   c) § 263 StGB (Betrug), soweit sich die Straftat gegen den Haushalt der EU oder gegen Haushalte richtet, die von der EU oder in ihrem Auftrag verwaltet werden,

   d) § 264 StGB (Subventionsbetrug), soweit sich die Straftat gegen den Haushalt der EU oder gegen Haushalte richtet, die von der EU oder in ihrem Auftrag verwaltet werden,

   e) § 334 StGB (Bestechung), auch in Verbindung mit Artikel 2 des EU-Bestechungsgesetzes, Artikel 2 § 1 des Gesetzes zur Bekämpfung internationaler Bestechung, § 1 Absatz 2 Nummer 10 des NATO-Truppen-Schutzgesetzes und § 2 des Gesetzes über das Ruhen der Verfolgungsverjährung und die Gleichstellung der Richter und Bediensteten des Internationalen Strafgerichtshofes,

   f) Artikel 2 § 2 des Gesetzes zur Bekämpfung internationaler Bestechung (Bestechung ausländischer Abgeordneter im Zusammenhang mit internationalem Geschäftsverkehr),

   g) § 299 StGB (Bestechlichkeit und Bestechung im geschäftlichen Verkehr),

   h) § 370 der Abgabenordnung, auch in Verbindung mit § 12 des Gesetzes zur Durchführung der gemeinsamen Marktorganisationen und der Direktzahlungen (MOG), soweit sich die Straftat gegen den Haushalt der EU oder gegen Haushalte richtet, die von der EU oder in ihrem Auftrag verwaltet werden.

   Einem Verstoß gegen diese Vorschriften gleichgesetzt sind Verstöße gegen entsprechende Strafnormen anderer Staaten. Ein Verhalten ist einem Unternehmen zuzurechnen, wenn eine für dieses Unternehmen handelnde Person, die für die Führung der Geschäfte verantwortlich handelt, selbst gehandelt hat oder ein Aufsichts- oder Organisationsverschulden gemäß § 130 des Gesetzes über Ordnungswidrigkeiten (OWiG) dieser Person im Hinblick auf das Verhalten einer anderen für den Bewerber handelnden Person vorliegt.

2. Als Nachweis, dass die Ausschlussgründe nach Nummer 1 nicht vorliegen, akzeptiert der Auftraggeber eine Urkunde einer zuständigen Gerichts- oder Verwaltungsbehörde des Herkunftslands. Wenn eine Urkunde oder Bescheinigung vom Herkunftsland nicht ausgestellt ist oder darin nicht vollständig alle vorgesehenen Fälle erwähnt werden, kann sie durch eine eidesstattliche Erklärung oder eine förmliche Erklärung vor einer zuständigen Gerichts- oder Verwaltungsbehörde, einem Notar oder einer dafür qualifizierten Berufsorganisation des Herkunftslands ersetzt werden.

3. Von einem Ausschluss nach Nummer 1 kann nur abgesehen werden, wenn zwingende Gründe des Allgemeininteresses vorliegen und andere die Leistung nicht angemessen erbringen können oder wenn auf Grund besonderer Umstände des Einzelfalls der Verstoß die Zuverlässigkeit des Unternehmens nicht in Frage stellt.

4. Gesetzliche Ausschlussgründe bleiben unberührt.

(5)
1. Der Umfang der geforderten Eignungsnachweise sowie die gegebenenfalls gestellten Mindestanforderungen an die Leistungsfähigkeit des Bewerbers oder Bieters müssen mit dem Auftragsgegenstand in sachlichem Zusammenhang stehen und dem Auftragsgegenstand angemessen sein.

2. Kann ein Unternehmen aus einem berechtigten Grund die geforderten Nachweise nicht beibringen, kann es den Nachweis seiner Eignung durch Vorlage anderer Belege erbringen, die der Auftraggeber für geeignet hält.

(6) Der Auftraggeber kann von Bietergemeinschaften die Annahme einer bestimmten Rechtsform verlangen, wenn dies für die ordnungsgemäße Durchführung des Auftrages notwendig ist. Die Annahme dieser Rechtsform kann von der Bietergemeinschaft nur verlangt werden, wenn ihr der Auftrag erteilt wird.

(7) Hat ein Bieter oder Bewerber vor Einleitung des Vergabeverfahrens den Auftraggeber beraten oder sonst unterstützt, so hat der Auftraggeber sicherzustellen, dass der Wettbewerb durch die Teilnahme dieses Bieters oder Bewerbers nicht verfälscht wird.

(8) Ein Bieter kann sich, gegebenenfalls auch als Mitglied einer Bietergemeinschaft, zur Erfüllung eines Auftrages der Fähigkeiten anderer Unternehmen bedienen. Dabei kommt es nicht auf den rechtlichen Charakter der Verbindung zwischen ihm und diesen Unternehmen an. In diesem Fall fordert der Auftraggeber von den in der engeren Wahl befindlichen Bietern den Nachweis darüber, dass ihnen die erforderlichen Mittel zur Verfügung stehen. Als Nachweise können beispielsweise entsprechende Verpflichtungserklärungen dieser Unternehmen vorgelegt werden.

(9)
1. Auftraggeber können zusätzlich Angaben über Umweltmanagementverfahren verlangen, die der Bewerber oder Bieter bei der Ausführung des Auftrages gegebenenfalls anwenden will. In diesem Fall kann der Auftraggeber zum Nachweis dafür, dass der Bewerber oder Bieter bestimmte Normen für das Umweltmanagement erfüllt, die Vorlage von Bescheinigungen unabhängiger Stellen verlangen. Die Auftraggeber nehmen dabei Bezug auf

   a) das Gemeinschaftssystem für das Umweltmanagement und die Umweltbetriebsprüfung (EMAS) oder

   b) Normen für das Umweltmanagement, die

      aa) auf den einschlägigen europäischen oder internationalen Normen beruhen und

      bb) von entsprechenden Stellen zertifiziert sind, die dem Gemeinschaftsrecht oder einschlägigen europäischen oder internationalen Zertifizierungsnormen entsprechen.

   Gleichwertige Bescheinigungen von Stellen in anderen Mitgliedstaaten sind anzuerkennen. Die Auftraggeber erkennen auch andere Nachweise für gleichwertige Umweltmanagement-Maßnahmen an, die von Bewerbern oder Bietern vorgelegt werden.

2. Auftraggeber können zum Nachweis dafür, dass der Bewerber oder Bieter bestimmte Qualitätssicherungsnormen erfüllt, die Vorlage von Bescheinigungen unabhängiger Stellen verlangen. Die Auftraggeber nehmen dabei auf Qualitätssicherungsverfahren Bezug, die

   a) den einschlägigen europäischen Normen genügen und

   b) von entsprechenden Stellen zertifiziert sind, die den europäischen Zertifizierungsnormen entsprechen.

   Gleichwertige Bescheinigungen von Stellen aus anderen Mitgliedstaaten sind anzuerkennen. Die Auftraggeber erkennen auch andere gleichwertige Nachweise für Qualitätssicherungsmaßnahmen an.

§ 13 EG VOB/A Form und Inhalt der Angebote

(1)
1. Der Auftraggeber legt fest, in welcher Form die Angebote einzureichen sind. Sie müssen unterzeichnet sein. Elektronisch übermittelte Angebote sind nach Wahl des Auftraggebers mit einer fortgeschrittenen elektronischen Signatur nach dem Signaturgesetz und den Anforderungen des Auftraggebers oder mit einer qualifizierten elektronischen Signatur nach dem Signaturgesetz zu versehen.

2. Die Auftraggeber haben die Datenintegrität und die Vertraulichkeit der Angebote auf geeignete Weise zu gewährleisten. Per Post oder direkt übermittelte Angebote sind in einem verschlossenen Umschlag einzureichen, als solche zu kennzeichnen und bis zum Ablauf der für die Einreichung vorgesehenen Frist unter Verschluss zu halten. Bei elektronisch übermittelten Angeboten ist dies durch entsprechende technische Lösungen nach den Anforderun-

§ 27 Formelle Angebotsprüfung (erste Wertungsstufe)   Kap. 6

gen des Auftraggebers und durch Verschlüsselung sicherzustellen. Die Verschlüsselung muss bis zur Öffnung des ersten Angebots aufrechterhalten bleiben.

3. Die Angebote müssen die geforderten Preise enthalten.
4. Die Angebote müssen die geforderten Erklärungen und Nachweise enthalten.
5. Änderungen an den Vergabeunterlagen sind unzulässig. Änderungen des Bieters an seinen Eintragungen müssen zweifelsfrei sein.
6. Bieter können für die Angebotsabgabe eine selbstgefertigte Abschrift oder Kurzfassung des Leistungsverzeichnisses benutzen, wenn sie den vom Auftraggeber verfassten Wortlaut des Leistungsverzeichnisses im Angebot als allein verbindlich anerkennen; Kurzfassungen müssen jedoch die Ordnungszahlen (Positionen) vollzählig, in der gleichen Reihenfolge und mit den gleichen Nummern wie in dem vom Auftraggeber verfassten Leistungsverzeichnis, wiedergeben.
7. Muster und Proben der Bieter müssen als zum Angebot gehörig gekennzeichnet sein.

(2) Eine Leistung, die von den vorgesehenen technischen Spezifikationen nach § 7 EG Absatz 3 abweicht, kann angeboten werden, wenn sie mit dem geforderten Schutzniveau in Bezug auf Sicherheit, Gesundheit und Gebrauchstauglichkeit gleichwertig ist. Die Abweichung muss im Angebot eindeutig bezeichnet sein. Die Gleichwertigkeit ist mit dem Angebot nachzuweisen.

(3) Die Anzahl von Nebenangeboten ist an einer vom Auftraggeber in den Vergabeunterlagen bezeichneten Stelle aufzuführen. Etwaige Nebenangebote müssen auf besonderer Anlage gemacht und als solche deutlich gekennzeichnet werden.

(4) Soweit Preisnachlässe ohne Bedingungen gewährt werden, sind diese an einer vom Auftraggeber in den Vergabeunterlagen bezeichneten Stelle aufzuführen.

(5) Bietergemeinschaften haben die Mitglieder zu benennen sowie eines ihrer Mitglieder als bevollmächtigten Vertreter für den Abschluss und die Durchführung des Vertrags zu bezeichnen. Fehlt die Bezeichnung des bevollmächtigten Vertreters im Angebot, so ist sie vor der Zuschlagserteilung beizubringen.

(6) Der Auftraggeber hat die Anforderungen an den Inhalt der Angebote nach den Absätzen 1 bis 5 in die Vergabeunterlagen aufzunehmen.

§ 14 EG VOB/A Öffnung der Angebote, Eröffnungstermin

(1) Bei Ausschreibungen ist für die Öffnung und Verlesung (Eröffnung) der Angebote ein Eröffnungstermin abzuhalten, in dem nur die Bieter und ihre Bevollmächtigten zugegen sein dürfen. Bis zu diesem Termin sind die zugegangenen Angebote auf dem ungeöffneten Umschlag mit Eingangsvermerk zu versehen und unter Verschluss zu halten. Elektronische Angebote sind zu kennzeichnen und verschlüsselt aufzubewahren.

(2) Zur Eröffnung zuzulassen sind nur Angebote, die dem Verhandlungsleiter bei Öffnung des ersten Angebots vorliegen.

(3)
1. Der Verhandlungsleiter stellt fest, ob der Verschluss der schriftlichen Angebote unversehrt ist und die elektronischen Angebote verschlüsselt sind.
2. Die Angebote werden geöffnet und in allen wesentlichen Teilen im Eröffnungstermin gekennzeichnet. Name und Anschrift der Bieter und die Endbeträge der Angebote oder ihrer einzelnen Abschnitte, ferner andere den Preis betreffende Angaben (wie z. B. Preisnachlässe ohne Bedingungen) werden verlesen. Es wird bekannt gegeben, ob und von wem und in welcher Zahl Nebenangebote eingereicht sind. Weiteres aus dem Inhalt der Angebote soll nicht mitgeteilt werden.
3. Muster und Proben der Bieter müssen im Termin zur Stelle sein.

(4)
1. Über den Eröffnungstermin ist eine Niederschrift in Schriftform oder in elektronischer Form zu fertigen. Sie ist zu verlesen; in ihr ist zu vermerken, dass sie verlesen und als richtig anerkannt worden ist oder welche Einwendungen erhoben worden sind.

2. Sie ist vom Verhandlungsleiter zu unterschreiben oder mit einer Signatur nach § 13 EG Absatz 1 Nummer 1 zu versehen; die anwesenden Bieter und Bevollmächtigten sind berechtigt, mit zu unterzeichnen oder eine Signatur nach § 13 EG Absatz 1 Nummer 1 anzubringen.

(5) Angebote, die bei der Öffnung des ersten Angebots nicht vorgelegen haben (Absatz 2), sind in der Niederschrift oder in einem Nachtrag besonders aufzuführen. Die Eingangszeiten und die etwa bekannten Gründe, aus denen die Angebote nicht vorgelegen haben, sind zu vermerken. Der Umschlag und andere Beweismittel sind aufzubewahren.

(6)
1. Ein Angebot, das nachweislich vor Ablauf der Angebotsfrist dem Auftraggeber zugegangen war, aber bei Öffnung des ersten Angebots aus vom Bieter nicht zu vertretenden Gründen dem Verhandlungsleiter nicht vorgelegt hat, ist wie ein rechtzeitig vorliegendes Angebot zu behandeln.

2. Den Bietern ist dieser Sachverhalt unverzüglich in Textform mitzuteilen. In die Mitteilung sind die Feststellung, dass der Verschluss unversehrt war und die Angaben nach Absatz 3 Nummer 2 aufzunehmen.

3. Dieses Angebot ist mit allen Angaben in die Niederschrift oder in einen Nachtrag aufzunehmen. Im Übrigen gilt Absatz 5 Satz 2 und 3.

(7) Den Bietern und ihren Bevollmächtigten ist die Einsicht in die Niederschrift und ihre Nachträge (Absätze 5 und 6 sowie § 16 EG Absatz 5) zu gestatten; den Bietern sind nach Antragstellung die Namen der Bieter sowie die verlesenen und die nachgerechneten Endbeträge der Angebote sowie die Zahl ihrer Nebenangebote nach der rechnerischen Prüfung unverzüglich mitzuteilen. Die Niederschrift darf nicht veröffentlicht werden.

(8) Die Angebote und ihre Anlagen sind sorgfältig zu verwahren und geheim zu halten; dies gilt auch bei Verhandlungsverfahren und wettbewerblichem Dialog.

§ 16 EG VOB/A Prüfung und Wertung der Angebote

Ausschluss

(1)
1. Auszuschließen sind:
   a) Angebote, die im Eröffnungstermin dem Verhandlungsleiter bei Öffnung des ersten Angebots nicht vorgelegen haben, ausgenommen Angebote nach § 14 EG Absatz 6,

   b) Angebote, die den Bestimmungen des § 13 EG Absatz 1 Nummer 1, 2 und 5 nicht entsprechen,

   c) Angebote, die den Bestimmungen des § 13 EG Absatz 1 Nummer 3 nicht entsprechen; ausgenommen solche Angebote, bei denen lediglich in einer einzelnen unwesentlichen Position die Angabe des Preises fehlt und durch die Außerachtlassung dieser Position der Wettbewerb und die Wertungsreihenfolge, auch bei Wertung dieser Position mit dem höchsten Wettbewerbspreis, nicht beeinträchtigt werden,

   d) Angebote von Bietern, die in Bezug auf die Ausschreibung eine Abrede getroffen haben, die eine unzulässige Wettbewerbsbeschränkung darstellt,

   e) nicht zugelassene Nebenangebote, sowie Nebenangebote, die den Mindestanforderungen nicht entsprechen,

   f) Nebenangebote, die dem § 13 EG Absatz 3 Satz 2 nicht entsprechen,

   g) Angebote von Bietern, die im Vergabeverfahren vorsätzlich unzutreffende Erklärungen in Bezug auf ihre Fachkunde, Leistungsfähigkeit und Zuverlässigkeit abgegeben haben.

§ 27 Formelle Angebotsprüfung (erste Wertungsstufe) Kap. 6

2. Außerdem können Angebote von Bietern ausgeschlossen werden, wenn
   a) ein Insolvenzverfahren oder ein vergleichbares gesetzlich geregeltes Verfahren eröffnet oder die Eröffnung beantragt worden ist oder der Antrag mangels Masse abgelehnt wurde oder ein Insolvenzplan rechtskräftig bestätigt wurde,
   b) sich das Unternehmen in Liquidation befindet,
   c) nachweislich eine schwere Verfehlung begangen wurde, die die Zuverlässigkeit als Bewerber in Frage stellt,
   d) die Verpflichtung zur Zahlung von Steuern und Abgaben sowie der Beiträge zur gesetzlichen Sozialversicherung nicht ordnungsgemäß erfüllt wurde,
   e) sich das Unternehmen nicht bei der Berufsgenossenschaft angemeldet hat.
3. Fehlen geforderte Erklärungen oder Nachweise und wird das Angebot nicht entsprechend den Nummern 1 oder 2 ausgeschlossen, verlangt der Auftraggeber die fehlenden Erklärungen oder Nachweise nach. Diese sind spätestens innerhalb von sechs Kalendertagen nach Aufforderung durch den Auftraggeber vorzulegen. Die Frist beginnt am Tag nach der Absendung der Aufforderung durch den Auftraggeber. Werden die Erklärungen oder Nachweise nicht innerhalb der Frist vorgelegt, ist das Angebot auszuschließen.

VOL/A EG:

§ 6 EG VOL/A Teilnehmer am Wettbewerb

(1) bis (3) hier nicht abgedruckt.

(4) Ein Unternehmen ist von der Teilnahme an einem Vergabeverfahren wegen Unzuverlässigkeit auszuschließen, wenn der Auftraggeber Kenntnis davon hat, dass eine Person, deren Verhalten dem Unternehmen zuzurechnen ist, rechtskräftig verurteilt ist wegen:
   a) § 129 des Strafgesetzbuches (Bildung krimineller Vereinigungen), § 129a des Strafgesetzbuches (Bildung terroristischer Vereinigungen), § 129b des Strafgesetzbuches (kriminelle und terroristische Vereinigungen im Ausland),
   b) § 261 des Strafgesetzbuches (Geldwäsche, Verschleierung unrechtmäßig erlangter Vermögenswerte),
   c) § 263 des Strafgesetzbuches (Betrug), soweit sich die Straftat gegen den Haushalt der Europäischen Gemeinschaften oder gegen Haushalte richtet, die von den Europäischen Gemeinschaften oder in deren Auftrag verwaltet werden,
   d) § 264 des Strafgesetzbuches (Subventionsbetrug), soweit sich die Straftat gegen den Haushalt der Europäischen Gemeinschaften oder gegen Haushalte richtet, die von den Europäischen Gemeinschaften oder in deren Auftrag verwaltet werden,
   e) § 334 des Strafgesetzbuches (Bestechung), auch in Verbindung mit Artikel 2 des EU-Bestechungsgesetzes, Artikel 2 § 1 des Gesetzes zur Bekämpfung internationaler Bestechung, Artikel 7 Absatz 2 Nummer 10 des Vierten Strafrechtsänderungsgesetzes und § 2 des Gesetzes über das Ruhen der Verfolgungsverjährung und die Gleichstellung der Richter und Bediensteten des Internationalen Strafgerichtshofes,
   f) Artikel 2 § 2 des Gesetzes zur Bekämpfung internationaler Bestechung (Bestechung ausländischer Abgeordneter im Zusammenhang mit internationalem Geschäftsverkehr) oder
   g) § 370 der Abgabenordnung, auch in Verbindung mit § 12 des Gesetzes zur Durchführung der gemeinsamen Marktorganisationen und der Direktzahlungen (MOG), soweit sich die Straftat gegen den Haushalt der Europäischen Gemeinschaften oder gegen Haushalte richtet, die von den Europäischen Gemeinschaften oder in deren Auftrag verwaltet werden.

Einem Verstoß gegen diese Vorschriften gleichgesetzt sind Verstöße gegen entsprechende Strafnormen anderer Staaten. Ein Verhalten einer rechtskräftig verurteilten Person ist einem Unternehmen zuzurechnen, wenn sie für dieses Unternehmen bei der Führung der Geschäfte selbst verantwortlich gehandelt hat oder ein Aufsichts- oder Organisationsverschulden gemäß

§ 130 des Gesetzes über Ordnungswidrigkeiten (OWiG) einer Person im Hinblick auf das Verhalten einer anderen für das Unternehmen handelnden, rechtskräftig verurteilten Person vorliegt.

(5) hier nicht abgedruckt.

(6) Von der Teilnahme am Wettbewerb können Bewerber ausgeschlossen werden,
a) über deren Vermögen das Insolvenzverfahren oder ein vergleichbares gesetzliches Verfahren eröffnet oder die Eröffnung beantragt oder dieser Antrag mangels Masse abgelehnt worden ist,

b) die sich in Liquidation befinden,

c) die nachweislich eine schwere Verfehlung begangen haben, die ihre Zuverlässigkeit als Bewerber in Frage stellt,

d) die ihre Verpflichtung zur Zahlung von Steuern und Abgaben sowie der Beiträge zur gesetzlichen Sozialversicherung nicht ordnungsgemäß erfüllt haben,

e) die im Vergabeverfahren vorsätzlich unzutreffende Erklärungen in Bezug auf ihre Eignung abgegeben haben.

(7) Hat ein Bieter oder Bewerber vor Einleitung des Vergabeverfahrens den Auftraggeber beraten oder sonst unterstützt, so hat der Auftraggeber sicherzustellen, dass der Wettbewerb durch die Teilnahme des Bieters oder Bewerbers nicht verfälscht wird.

§ 19 EG VOL/A Prüfung und Wertung der Angebote

(1) Die Angebote sind auf Vollständigkeit sowie auf rechnerische und fachliche Richtigkeit zu prüfen.

(2) Erklärungen und Nachweise, die auf Anforderung der Auftraggeber bis zum Ablauf der Angebotsfrist nicht vorgelegt wurden, können bis zum Ablauf einer zu bestimmenden Nachfrist nachgefordert werden. Dies gilt nicht für Preisangaben, es sei denn, es handelt sich um unwesentliche Einzelpositionen, deren Einzelpreise den Gesamtpreis nicht verändern oder die Wertungsreihenfolge und den Wettbewerb nicht beeinträchtigen.

(3) Ausgeschlossen werden:
a) Angebote, die nicht die geforderten oder nachgeforderten Erklärungen und Nachweise enthalten,

b) Angebote, die nicht unterschrieben bzw. nicht elektronisch signiert sind,

c) Angebote, in denen Änderungen des Bieters an seinen Eintragungen nicht zweifelsfrei sind,

d) Angebote, bei denen Änderungen oder Ergänzungen an den Vertragsunterlagen vorgenommen worden sind,

e) Angebote, die nicht form- oder fristgerecht eingegangen sind, es sei denn, der Bieter hat dies nicht zu vertreten,

f) Angebote von Bietern, die in Bezug auf die Vergabe eine unzulässige, wettbewerbsbeschränkende Abrede getroffen haben,

g) nicht zugelassene Nebenangebote sowie Nebenangebote, die die verlangten Mindestanforderungen nicht erfüllen.

(4) Außerdem können Angebote von Bietern ausgeschlossen werden, die auch als Bewerber von der Teilnahme am Wettbewerb hätten ausgeschlossen werden können (§ 6 EG Absatz 6).

VOF:

§ 4 VOF Teilnehmer am Vergabeverfahren

(1) bis (5) hier nicht abgedruckt.

§ 27 Formelle Angebotsprüfung (erste Wertungsstufe) Kap. 6

(6) Ein Bewerber oder Bieter ist von der Teilnahme an einem Vergabeverfahren wegen Unzuverlässigkeit auszuschließen, wenn der Auftraggeber Kenntnis davon hat, dass eine Person, deren Verhalten dem Unternehmen zuzurechnen ist, rechtskräftig verurteilt worden ist:
a) § 129 des Strafgesetzbuches (StGB) (Bildung krimineller Vereinigungen), § 129a StGB (Bildung terroristischer Vereinigungen), § 129b StGB (kriminelle und terroristische Vereinigungen im Ausland),

b) § 261 StGB (Geldwäsche, Verschleierung unrechtmäßig erlangter Vermögenswerte),

c) § 263 StGB (Betrug), soweit sich die Straftat gegen den Haushalt der EG oder gegen Haushalte richtet, die von der EG oder in ihrem Auftrag verwaltet werden,

d) § 264 StGB (Subventionsbetrug), soweit sich die Straftat gegen den Haushalt der EG oder gegen Haushalte richtet, die von der EG oder in ihrem Auftrag verwaltet werden,

e) § 334 StGB (Bestechung), auch in Verbindung mit Artikel 2 des EU-Bestechungsgesetzes, Artikel 2 § 1 des Gesetzes zur Bekämpfung internationaler Bestechung, Artikel 7 Absatz 2 Nummer 10 des Vierten Strafrechtsänderungsgesetzes und § 2 des Gesetzes über das Ruhen der Verfolgungsverjährung und die Gleichstellung der Richter und Bediensteten des Internationalen Strafgerichtshofes,

f) Artikel 2 § 2 des Gesetzes zur Bekämpfung internationaler Bestechung (Bestechung ausländischer Abgeordneter im Zusammenhang mit internationalem Geschäftsverkehr),

g) § 370 der Abgabenordnung, auch in Verbindung mit § 12 des Gesetzes zur Durchführung der gemeinsamen Marktorganisationen und der Direktzahlungen (MOG), soweit sich die Straftat gegen den Haushalt der EG oder gegen Haushalte richtet, die von der EG oder in ihrem Auftrag verwaltet werden.

Einem Verstoß gegen diese Vorschriften gleichgesetzt sind Verstöße gegen entsprechende Strafnormen anderer Staaten. Ein Verhalten einer rechtskräftig verurteilten Person ist einem Bewerber oder Bieter zuzurechnen, wenn sie für diesen Bewerber oder Bieter bei der Führung der Geschäfte selbst verantwortlich gehandelt hat oder ein Aufsichts- oder Organisationsverschulden gemäß § 130 des Gesetzes über Ordnungswidrigkeiten (OWiG) dieser Person im Hinblick auf das Verhalten einer anderen für den Bewerber oder Bieter handelnden, rechtskräftig verurteilten Person vorliegt.

(7) hier nicht abgedruckt.

SektVO:

§ 19 SektVO Fristen für Vergabeunterlagen, zusätzliche Unterlagen und Auskünfte

(1) bis (2) hier nicht abgedruckt.

(3) Erklärungen und Nachweise, die auf Anforderung des Auftraggebers bis zum Ablauf der Frist für den Eingang der Teilnahmeanträge oder Angebote nicht von den Unternehmen vorgelegt wurden, können bis zum Ablauf einer vom Auftraggeber zu bestimmenden Nachfrist angefordert werden.

§ 21 SektVO Ausschluss vom Vergabeverfahren

(1) Auftraggeber, die die Voraussetzungen des § 98 Nummer 1, 2 oder 3 des Gesetzes gegen Wettbewerbsbeschränkungen erfüllen, haben ein Unternehmen wegen Unzuverlässigkeit von der Teilnahme an einem Vergabeverfahren auszuschließen, wenn sie Kenntnis davon haben, dass eine Person, deren Verhalten dem Unternehmen nach Absatz 2 zuzurechnen ist, wegen Verstoßes gegen eine der folgenden Vorschriften rechtskräftig verurteilt worden ist:
1. §§ 129, 129a oder 129b des Strafgesetzbuches,
2. §§ 333 oder 334 des Strafgesetzbuches, auch in Verbindung mit Artikel 2 § 1 des EU-Bestechungsgesetzes vom 10. September 1998 (BGBl. 1998 II S. 2340), das zuletzt durch Artikel 6 Absatz 1 des Gesetzes vom 21. Juli 2004 (BGBl. I S. 1763) geändert worden ist, Artikel 2 § 1 des Gesetzes zur Bekämpfung Internationaler Bestechung vom 10. September

1998 (BGBl. 1998 II S. 2327; 1999 II S. 87), § 1 Absatz 2 Nummer 10 des NATO-Truppen-Schutzgesetzes in der Fassung der Bekanntmachung vom 27. März 2008 (BGBl. I S. 490), § 2 des Gesetzes über das Ruhen der Verfolgungsverjährung und die Gleichstellung der Richter und Bediensteten des Internationalen Strafgerichtshofes vom 21. Juni 2002 (BGBl. I S. 2144, 2162),

3. § 299 des Strafgesetzbuches,

4. Artikel 2 § 2 des Gesetzes zur Bekämpfung internationaler Bestechung,

5. § 108e des Strafgesetzbuches,

6. § 264 des Strafgesetzbuches,

7. § 261 des Strafgesetzbuches.

Einem Verstoß gegen diese Vorschriften stehen Verstöße gegen vergleichbare Straftatbestände anderer Staaten gleich. Der Auftraggeber kann für eine Prüfung, ob die Voraussetzungen dieses Absatzes vorliegen, vom Unternehmen entsprechende Nachweise verlangen. Sofern die Unternehmen von den zuständigen Behörden Auskünfte über die Person, deren Verhalten dem Unternehmen zuzurechnen ist, erhalten haben, können sie diese verwenden.

(2) Ein Verhalten ist einem Unternehmen zuzurechnen, wenn eine Person, die für die Führung der Geschäfte dieses Unternehmens verantwortlich handelt, selbst gehandelt hat oder ein Aufsichts- oder Organisationsverschulden dieser Person im Hinblick auf das Verhalten einer anderen für das Unternehmen handelnden Person vorliegt.

(3) Von einem Ausschluss nach Absatz 1 Satz 1 kann nur abgesehen werden, wenn
1. dies aus zwingenden Gründen des Allgemeininteresses geboten ist und
2. andere Unternehmen die Leistung nicht angemessen erbringen können oder
3. wenn auf Grund besonderer Umstände des Einzelfalls die Zuverlässigkeit des Unternehmens durch den Verstoß nicht in Frage gestellt wird.

(4) Auftraggeber können ein Unternehmen ausschließen, wenn
1. über sein Vermögen ein Insolvenzverfahren oder ein vergleichbares Verfahren beantragt oder eröffnet worden ist oder die Eröffnung eines solchen Verfahrens mangels Masse abgelehnt worden ist,

2. es sich im Verfahren der Liquidation befindet,

3. es die Pflicht zur Zahlung von Steuern, Abgaben und der Beiträge zur Sozialversicherung verletzt oder verletzt hat,

4. es unzutreffende Erklärungen in Bezug auf seine Fachkunde, Leistungsfähigkeit oder Zuverlässigkeit (Eignung) abgibt oder diese Auskünfte unberechtigt nicht erteilt oder

5. eine schwere Verfehlung nachweislich vorliegt, durch die die Zuverlässigkeit des Unternehmens oder einer Person, die nach Absatz 2 für das Unternehmen verantwortlich handelt, in Frage gestellt wird.

(5) Hat der Auftraggeber Kriterien zum Ausschluss von Unternehmen vorgegeben, so hat er die Unternehmen auszuschließen, die diese Kriterien erfüllen.

A. Einleitung

1 Die formelle Angebotsprüfung beinhaltet die Prüfung von Ausschlussgründen und steht am Anfang der Angebotsprüfung. Die VOB/A gibt in § 16 bzw. § 16 EG ausdrücklich eine Prüfungsreihenfolge vor. Auf der ersten Wertungsstufe steht hiernach die Prüfung von Ausschlussgründen, die Eignungsprüfung folgt auf der 2. Wertungsstufe, gefolgt von der Prüfung ungewöhnlich niedriger oder hoher Preise auf der 3. Wertungsstufe und schließlich der Wertung der in die engere Wahl gekommenen Angebote nach den bekannt gegebenen Zuschlagskriterien auf der 4. Wertungsstufe. Die Einhaltung dieser Wertungsstufen dient insbesondere der Transparenz des Verfahrens.[1]

Die VOL/A, die VOF und die SektVO geben demgegenüber keine Wertungsstufen 2 vor, sodass insoweit keine verbindliche Prüfungsreihenfolge vorgegeben ist.[2] Es bietet sich gleichwohl eine Prüfung entsprechend der in der VOB/A vorgegebenen Prüfungsreihenfolge an, da sie erstens sachlich logisch ist und das Verfahren transparenter und weniger angreifbar macht.

Zumindest im Bereich der VOB/A sind die Wertungsstufen grundsätzlich strikt ge- 3 trennt durchzuführen; das Wertungsergebnis einer Stufe ist in die nächste Stufe zu übernehmen und dort nicht erneut aufzugreifen.[3] Der Auftraggeber ist an das Ergebnis auf einer Wertungsstufe grundsätzlich gebunden.[4] Treten allerdings auf einer nachfolgenden Wertungsstufe erstmals Tatsachen zu Tage, die eine neue Betrachtung rechtfertigen, so kann – ausnahmsweise – zurückgesprungen und die Prüfung erneut durchgeführt werden.[5] Stellt sich beispielsweise erst auf der Ebene der 4. Wertungsstufe die Erheblichkeit einer unterbliebenen Preisangabe heraus, so kann folgerichtig erneut in die erste Wertungsstufe eingetreten werden.[6]

Im Rahmen der 1. Wertungsstufe ist zu unterscheiden zwischen zwingenden Aus- 4 schlussgründen, bei deren Vorliegen der Auftraggeber ohne Wahlmöglichkeit einen Ausschluss vornehmen muss und fakultativen Ausschlussgründen, bei welchem die Entscheidung über den Ausschluss im Ermessen des Auftraggebers steht.

B. Zwingende Ausschlussgründe

I. Verspätete Angebote

Ein nicht fristgerecht vorgelegtes Angebot ist zur Wahrung des Gleichbehandlungsgrund- 5 satzes zwingend von der Wertung auszuschließen, es sei denn der Bieter hat die Verspätung nicht zu vertreten (vgl. § 19 EG Abs. 3 lit. e VOL/A, § 16 EG Abs. 1 Nr. 1 lit. a) VOB/A).[7] Auch wenn ein entsprechender Ausschlussgrund in der VOF und der SektVO nicht ausdrücklich niedergelegt wurde, ist diese Entscheidung durch den Gleichbehandlungsgrundsatz (vgl. § 97 Abs. 2 GWB) für alle Vergaberegime zwingend vorgegeben.[8]

Die Vorgaben zum Ausschluss verspäteter Angebote dienen einem unverfälschten Wett- 6 bewerb und damit insbesondere auch der Gleichbehandlung und Chancengleichheit; sie haben deshalb bieterschützende Wirkung.[9] Ein Bieter, dessen Angebot rechtzeitig vorlag, hat also einen Anspruch darauf, dass unentschuldigt verspätet eingegangene Angebote auf der ersten Wertungsstufe ausgeschlossen und nicht in die Wertung auf der 4. Wertungsstu-

---

[1] Vgl. *Heuvels* in Heuvels/Höß/Kuß/Wagner, Vergaberecht, § 16 VOB/A, Rdn. 4.
[2] Vgl. etwa *Dittmann* in Kulartz/Marx/Portz/Prieß, VOL/A, § 16, Rdn. 1.
[3] Vgl. *Frister* in Kapellmann/Messerschmidt, VOB, § 16 VOB/A, Rdn. 2; *Dittmann* in Kulartz/Marx/Portz/Prieß, VOB/A, § 16, Rdn. 1.
[4] Vgl. *Röwekamp* in Eschenbruch/Opitz, SektVO, § 26, Rdn. 9.
[5] Vgl. *Vavra* in Ziekow/Völlink, Vergaberecht, § 16 VOB/A, Rdn. 2; *Dittmann* in Kulartz/Marx/Portz/Prieß, VOB/A, § 16, Rdn. 1; *Röwekamp* in Eschenbruch/Opitz, SektVO, § 26, Rdn. 9.
[6] Vgl. *Frister* in Kapellmann/Messerschmidt, VOB, § 16 VOB/A, Rdn. 22; *Heuvels* in Heuvels/Höß/Kuß/Wagner, Vergaberecht, § 16 VOB/A, Rdn. 4.
[7] Vgl. *Dittmann* in Kulartz/Marx/Portz/Prieß, VOL/A, § 16, Rdn. 128.
[8] Vgl. VK Bund, Beschluss vom 10.5.2013, VK 1–27/13; *Röwekamp* in Eschenbruch/Opitz, SektVO, § 26, Rdn. 8, 29; *von Wietersheim* in Müller-Wrede, SektVO, § 26, Rdn. 13 f; *Müller-Wrede* in Müller-Wrede, VOF, § 7, Rdn. 29.
[9] Vgl. *Müller-Wrede/Horn/Roth* in Müller-Wrede, VOL/A, § 19 EG, Rdn. 247; *Dittmann* in Kulartz/Marx/Portz/Prieß, VOL/A, Rdn. 129.

fe einbezogen werden. Dies gilt auch für lediglich kurzzeitige Verspätungen von wenigen Minuten.[10]

1. Maßgeblicher Zeitpunkt

7 Der für die Rechtzeitigkeit der Angebote maßgebliche Zeitpunkt und die Detailanforderungen sind unterschiedlich geregelt:

a) VOB/A

8 Die VOB/A stellt in § 16 EG Abs. 1 Nr. 1 lit. a) bzw. § 16 Abs. 1 Nr. 1 lit. a) darauf ab, dass die Angebote „im Eröffnungstermin dem Verhandlungsleiter bei Öffnung des ersten Angebots" vorgelegen haben. Der Eröffnungstermin bzw. Submissionstermin ist eine Besonderheit der VOB/A. Die Angebote werden in einer Sitzung, an welcher die Bieter und ihre Bevollmächtigten zugegen sein dürfen, geöffnet und verlesen (vgl. § 14 Abs. 1 bzw. § 14 EG Abs. 1 VOB/A). Nur dieser Termin ist entscheidend, wobei es nicht auf den bekannt gegebenen Beginn des Submissionstermins sondern den tatsächlichen Zeitpunkt der ersten Angebotsöffnung ankommt.[11]

9 Hat der Auftraggeber also beispielsweise die Angebotsfrist und den Beginn der Submission auf den 5.5. um 11 Uhr festgelegt, wird aber die erste Angebotsöffnung erst um 11.05 Uhr vorgenommen, so ist ein Angebot auch zuzulassen, wenn es erst um 11.04 Uhr dem Verhandlungsleiter vorgelegt worden ist.[12]

10 Eine Sonderregelung enthalten §§ 14 Abs. 6 bzw. 14 EG Abs. 6 VOB/A für Angebote, die zwar vor der ersten Angebotseröffnung dem Auftraggeber zugegangen sind, jedoch aus vom Bieter nicht zu vertretenden Gründen dem Verhandlungsleiter nicht rechtzeitig vorgelegen haben; diese sind wie ein rechtzeitig zugegangenes Angebot zu behandeln (vgl. hierzu nachfolgend b).

b) VOL/A, VOF und SektVO

11 Die anderen Vergabeordnungen[13] kennen den Submissionstermin nicht. Sie stellen deshalb folgerichtig auf die Einhaltung der vom Auftraggeber festgelegten Angebotsfrist ab (vgl. etwa § 19 EG Abs. 3 lit. e) VOL/A). Die VOF sowie die SektVO enthalten keine ausdrücklichen Ausschlusstatbestände für verspätete Angebote; vom Auftraggeber gesetzte Angebotsfristen (vgl. etwa § 17 Abs. 1 SektVO), sind jedoch auch ohne ausdrücklich normierten Ausschluss verspäteter Angebote für den Auftraggeber bindend und verpflichten den Auftraggeber zum Ausschluss verspäteter Angebote.[14]

12 Entscheidend ist, dass das Angebot vor Schluss der Angebotsfrist beim Auftraggeber und zwar bei der von diesem angegebenen Stelle eingegangen ist;[15] auf den Zeitpunkt der Angebotsöffnung kommt es nicht an.[16] Der „Eingang" ist mit einem „Zugang" einer Willenserklärung nach § 130 BGB gleichzusetzen.[17] Ein Angebot ist beim Auftraggeber eingegangen, wenn es derart in den Herrschaftsbereich des Auftraggebers übergegangen

---

[10] Vgl. OLG Düsseldorf, Beschluss vom 7.1.2002, Verg 36/01.
[11] Vgl. *Heuvels* in Heuvels/Höß/Kuß/Wagner, Vergaberecht, § 16 VOB/A, Rdn. 6.
[12] Vgl. *Heuvels* in Heuvels/Höß/Kuß/Wagner, Vergaberecht, § 16 VOB/A, Rdn. 6.
[13] Unter dem Begriff der „Vergabeordnungen" werden die VOB/A, die VOL/A, die VOF und die SektVO zum Zwecke der Vereinfachung nachfolgend zusammengefasst.
[14] Vgl. VK Bund, Beschluss vom 10.5.2013, VK 1–27/13; *Röwekamp* in Eschenbruch/Opitz, SektVO, § 26, Rdn. 8, 29; *von Wietersheim* in Müller-Wrede, SektVO, § 26, Rdn. 13f.
[15] Vgl. VK Brandenburg, Beschluss vom 26.1.2005, VK 81/04.
[16] Vgl. OLG Jena, Beschluss vom 22.4.2004, 6 Verg 2/04; *Röwekamp* in Eschenbruch/Opitz, SektVO, § 26, Rdn. 31.
[17] Vgl. OLG Celle, Beschluss vom 7.6.2007, 13 Verg 5/07; *Müller-Wrede* in Müller-Wrede, VOL/A, § 19 EG, Rdn. 139.

ist, dass er die Möglichkeit hat, hiervon unter normalen Umständen Kenntnis zu nehmen und gleichzeitig der Bieter keine Möglichkeit mehr hat, den Inhalt seines Angebots zu verändern.[18]

Der Auftraggeber ist verpflichtet, die Fristwahrung effektiv zu überprüfen; verlangt er 13 etwa die Einreichung von Angeboten über sein Postfach, so muss er das Postfach zum Fristablauf leeren.[19]

Die Beweislast für die rechtzeitige Vorlage des Angebots beim Auftraggeber trägt indes 14 der Bieter, da die fristgerechte Angebotseinreichung in seinem Verantwortungsbereich liegt.[20] Nicht zu folgen ist der Auffassung, dass der Auftraggeber die Verspätung als Voraussetzung eines Ausschlussgrundes beweisen müsse, weil er sich auf das Vorliegen eines Ausschlussgrundes berufe.[21] Diese Auffassung berücksichtigt nicht hinreichend die Verantwortungssphären der Beteiligten. Der Auftraggeber kann nur feststellen, ob nach den Feststellungen seiner Mitarbeiter ein Angebot vor Schluss der Angebotsfrist bzw. im Bereich der VOB/A vor Angebotseröffnung vorgelegen hat; wenn der Bieter demgegenüber einen rechtzeitigen Zugang behauptet, so muss er diesen auch beweisen. Nach allgemeinen Grundsätzen trägt prinzipiell der Erklärende die Beweislast für den rechtzeitigen Zugang einer Willenserklärung und damit auch eines Angebots.[22]

2. Entschuldbarkeit von Verspätungen

Ein verspätetes Angebot ist ausnahmsweise dann nicht auszuschließen, sondern in die 15 weitere Wertung einzubeziehen, wenn der Bieter die Verspätung nicht zu vertreten hat (vgl. etwa § 19 EG Abs. 3 lit. e) VOL/A).

a) Vertretenmüssen von Verspätungen

Der Bieter muss sich dabei nicht nur eigenes Verschulden, sondern auch ein Verschulden 16 der von ihm zur Angebotsübermittlung eingeschalteten Boten- oder Postdienste zurechnen lassen.[23] Der Bieter trägt grundsätzlich das Risiko der Übermittlung und des rechtzeitigen Eingangs seines Angebots.[24] Ein Angebot wäre also beispielsweise auch dann als verspätet auszuschließen, wenn der Bieter das Angebot mit angemessenem Vorlauf einem Botendienst übergibt, dieser das Dokument jedoch verliert oder aufgrund eines von ihm verschuldeten Unfalls nicht rechtzeitig abgeben kann.

Die Zurechnung einer Verspätung scheidet im Ergebnis nur dann aus, wenn sie auf 17 höhere Gewalt zurückzuführen ist (etwa: Naturereignisse, unverschuldeter Unfall eines Botendienstes und daraus folgende Unmöglichkeit rechtzeitiger Angebotseinreichung trotz an sich ausreichenden zeitlichen Vorlaufs) oder – allein – vom Auftraggeber zu vertreten ist.[25] Ein bloßes Mitverschulden des Auftraggebers genügt insoweit nicht; vielmehr hat der Bieter jedes auch nur geringe Mitverschulden zu vertreten und ist nur dann nicht

---

[18] Vgl. OLG Koblenz, Beschluss vom 2.12.2009, VK 1–206/09; VK Bund, Beschluss vom 28.8. 2006, VK 3–99/06; *Dittmann* in Kulartz/Marx/Portz/Prieß, VOL/A, § 19 EG, Rdn. 133
[19] Vgl. VK Bund, Beschluss vom 28.8.2006, VK 3–99/06; VK Bund, Beschluss vom 2.12.2009, VK 1–206/99.
[20] Vgl. VK Bund, Beschluss vom 28.8.2006, VK 3–99/06; *Dittmann* in Kulartz/Marx/Portz/ Prieß, VOL/A, § 19 EG, Rdn. 25; *Müller-Wrede* in Müller-Wrede, VOL/A, § 19 EG, Rdn. 146.
[21] So etwa *Dittmann* in Kulartz/Marx/Portz/Prieß, VOL/A, § 19 EG, Rdn. 135.
[22] Vgl. *Panadt*, BGB, § 130, Rdn. 21 m.w.N.
[23] Vgl. VK Bund, Beschluss vom 28.8.2006, VK 3–99/06; OLG Frankfurt a.M., Beschluss vom 11.5.2004, 11 Verg 8/04; *Müller-Wrede* in Müller-Wrede, VOL/A, § 19 EG, Rdn. 143; *Röwekamp* in Eschenbruch/Opitz, SektVO, § 26, Rdn. 31.
[24] Vgl. *Vavra* in Ziekow/Völlink, Vergaberecht, § 16 VOB/A, Rdn. 4.
[25] Vgl. *Röwekamp* in Eschenbruch/Opitz, SektVO, § 26, Rdn. 31.

verantwortlich, wenn überhaupt niemand oder der Auftraggeber allein die Verspätung zu vertreten hat.[26]

18 Ein Verschulden des Auftraggebers liegt etwa vor, wenn dieser durch unpräzise/widersprüchliche Angaben die Abgabe bei einer falschen Stelle veranlasst,[27] aus in seiner Sphäre liegenden Gründen ein (elektronisches oder per Fax eingereichtes) Angebot nicht rechtzeitig zugeht[28] oder er die gebotenen organisatorischen Maßnahmen zur Sicherstellung des ordnungsgemäßen Posteingangs unterlässt.

19 Hinsichtlich der letztgenannten Fallkonstellation hat die VK Bund ein Verschulden des Auftraggebers allein deshalb bejaht, weil dieser bei Einschreibebriefen nicht realisiert hatte, dass (bei fortlaufender Nummerierung) ein Beleg für den Zugang fehlte und deshalb nicht nachgeforscht sowie die versehentlich unterbliebene Zustellung innerhalb der Angebotsfrist noch einmal veranlasst hatte.[29] Dies dürfte indes die Sorgfalts- und Organisationspflichten des Auftraggebers überdehnen.

b) Besonderheiten in der VOB/A

20 Im Bereich der VOB/A kann eine Verspätung demgegenüber nur in dem Fall entschuldigt werden, dass das Angebot zwar in den Herrschaftsbereich des Auftraggebers gelangt ist, dem Verhandlungsleiter jedoch aus vom Bieter nicht zu vertretenden Gründen nicht vor der Öffnung des ersten Angebots zugeleitet wurde. Ein insoweit verspätetes Angebot ist nach §§ 16 EG Abs. 1 lit. a), 14 EG Abs. 6 VOB/A dann als rechtzeitig zugegangen zu betrachten.

21 Ein Angebot, das erst nach Angebotsöffnung in den Herrschaftsbereich des Auftraggebers gelangt, muss demgegenüber unabhängig davon ausgeschlossen werden, ob dieser verspätete Zugang vom Bieter zu vertreten ist oder nicht.[30] Dies gilt mit Blick auf ansonsten gegebene Manipulationsmöglichkeiten sogar bei unberechtigter Annahmeverweigerung durch den Auftraggeber,[31] wobei in diesem Fall freilich Schadensersatzansprüche des Bieters in Rede stehen.

22 Der Bieter ist gehalten, dem Auftraggeber sein Angebot so rechtzeitig einzureichen, dass unter Berücksichtigung eines ordnungsgemäßen internen Postlaufs eine rechtzeitige Vorlage beim Auftraggeber gewährleistet ist.[32] Der Bieter kann nicht erwarten, dass der Auftraggeber bei einem Eingang der Angebote erst wenige Minuten vor Beginn des Submissionstermins verstärkte Kräfte bereit hält, um beschleunigt ein Angebot noch rechtzeitig dem Verhandlungsleiter aushändigen zu können.[33] Es ist allerdings auch nicht zu beanstanden, wenn der Verhandlungsleiter zum vorgesehenen Beginn des Submissionstermins bei der Poststelle anfragt, ob noch Angebote eingegangen sind und bejahendenfalls mit der ersten Angebotsöffnung bis zum Eintreffen dieser Angebote bei ihm zuwartet.

---

[26] Vgl. VK Nordbayern, Beschluss vom 1.4.2008, 21.VK-3194/08; *Müller-Wrede* in Müller-Wrede, VOL/A, § 19 EG, Rdn. 143.
[27] Vgl. *Röwekamp* in Eschenbruch/Opitz, SektVO, § 26, Rdn. 31.
[28] Vgl. *Vavra* in Ziekow/Völlink, Vergaberecht, § 16 VOB/A, Rdn. 4 zum Faxzugang.
[29] Vgl. VK Bund, Beschluss vom 2.12.2009, VK 1–206/09.
[30] Vgl. *Koenigsmann-Hölken* in Heuvels/Höß/Kuß/Wagner, Vergaberecht, § 14 VOB/A, Rdn. 27; *Kratzenberg* in Ingenstau/Korbion, VOB, § 14 VOB/A, Rdn. 42.
[31] Vgl. OLG Koblenz, Beschluss vom 20.2.2009, 1 Verg 1/09; *Koenigsmann-Kölken* in Heuvels/Höß/Kuß/Wagner, Vergaberecht, § 14 VOB/A, Rdn. 27.
[32] Vgl. *Vavra* in Ziekow-Völlink, Vergaberecht, § 16 VOB/A, Rdn. 4.
[33] Vgl. *Kratzenberg* in Ingenstau/Korbion, VOB, § 14 VOB/A, Rdn. 42; *Vavra* in Ziekow/Völlink, Vergaberecht, § 16 VOB/A, Rdn 4.

II. Formal fehlerhafte Angebote

Ein Angebot ist auch dann zwingend auszuschließen, wenn es die durch die Vergabeordnungen bzw. vom Auftraggeber vorgegebenen formalen Anforderungen[34] nicht erfüllt. Dies ist in der VOB/A und der VOL/A ausdrücklich vorgeschrieben (vgl. § 16 EG Abs. 1 Nr. 1 lit. b) i.V.m. § 13 EG Abs. 1 VOB/A, § 19 EG Abs. 3 lit. b) und e) VOL/A). 23

In der SektVO und der VOF sind zwar die Formvorgaben (§ 5 SektVO, § 8 VOF), nicht aber die Folgen einer Abweichung hiervon geregelt. Auch hier muss ein Formverstoß allerdings zwingend zum Angebotsausschluss führen. Die Einhaltung der Form ist Voraussetzung dafür, dass überhaupt ein wirksames Angebot vorliegt.[35] Der Auftraggeber ist an seine den Bietern bekannt gegebenen Formvorgaben gebunden und kann mit Blick auf den Gleichbehandlungsgrundsatz hiervon nicht nachträglich abweichen und insbesondere zugunsten einzelner Bieter abschwächen.[36] 24

Ein Ausschluss wegen formalen Mängeln ist in folgenden Fällen zwingend: 25
- Das Angebot wird in der falschen Form übermittelt (z.B. elektronisch bei allein zulässiger Übermittlung im Briefumschlag (vgl. § 16 EG Abs. 1 Nr. 1 lit. b) i.V.m. § 13 EG Abs. 1 Nr. 1 Satz 1 VOB/A);
- ein schriftliches Angebot ist nicht unterzeichnet (vgl. § 16 EG Abs. 1 Nr. 1 lit. b) i.V.m. § 13 EG Abs. 1 Nr. 1 Satz 2 VOB/A);
- ein elektronisches Angebot ist nicht mit der vom Auftraggeber geforderten elektronischen Signatur versehen (vgl. § 16 EG Abs. 1 Nr. 1 lit. b) i.V.m. § 13 EG Abs. 1 Nr. 1 Satz 3 VOB/A);
- ein per Post oder direkt übermitteltes Angebot wird nicht in einem verschlossenen Umschlag eingereicht oder nicht als Angebot gekennzeichnet (vgl. § 16 EG Abs. 1 Nr. 1 lit. b) i.V.m. § 13 EG Abs. 1 Nr. 2 Satz 2 VOB/A)
- ein elektronisch übermitteltes Angebot verfügt nicht über eine Verschlüsselung oder diese bleibt nicht bis zum Schluss der Angebotsfrist (VOL/A, VOF, SektVO) bzw. bis zur Öffnung des ersten Angebots (VOB/A) aufrecht erhalten (vgl. § 16 EG Abs. 1 Nr. 1 lit. b) i.V.m. § 13 EG Abs. 1 Nr. 2 Sätze 3 und 4 VOB/A).

Eine Nachbesserung wie bei der Nachforderung fehlender Erklärungen und Nachweise (vgl. § 16 EG Abs. 1 Nr. 3 VOB/A, § 19 EG Abs. 2 VOL/A, § 19 Abs. 3 SektVO) ist nicht möglich.[37] Insbesondere kann die Unterzeichnung des Angebots nicht als fehlende „Erklärung" nachgefordert werden: Die Vorschriften zur Nachforderung fehlender Erklärungen und Nachweise sind auf eine Vervollständigung des Angebots gerichtet; eine Angebotsunterschrift ergänzt demgegenüber nicht das Angebot, sondern schafft überhaupt erst ein wirksames Angebot.[38] 26

---

[34] Vgl. hierzu oben § 26.
[35] Vgl. Röwekamp in Eschenbruch/Opitz, SektVO, § 26, Rdn. 30; Marx in Müller-Wrede, VOF, § 8, Rdn. 11.
[36] Vgl. Röwekamp in Eschenbruch/Opitz, SektVO, § 26, Rdn. 29; Jäger in Heuvels/Höß/Kuß/Wagner, Vergaberecht, § 26 SektVO, Rdn. 5; von Wietersheim in Müller-Wrede, SektVO, § 26, Rdn. 6; Opitz, VergabeR 2009, 689, 698.
[37] Vgl. Röwekamp in Eschenbruch/Opitz, SektVO, § 26, Rdn. 29.
[38] Vgl. Finke in Eschenbruch/Opitz, SektVO, § 19, Rdn. 23; Dittmann in Kulartz/Marx/Portz/Prieß, VOL/A, § 19 EG, Rdn. 115; Haupt/Baldinger in Lampe-Helbig/Jagenburg/Baldinger, Handbuch der Bauvergabe, Teil F, Rdn. 176.

III. Änderungen an den Vergabeunterlagen

27 Der Auftraggeber muss auch solche Angebote ausschließen, die (unzulässige) Änderungen an den Vergabe- bzw. Vertragsunterlagen beinhalten (vgl. § 19 EG Abs. 3 lit. d) VOL/A, § 16 EG Abs. 1 Nr. 1 lit. b) i.V.m. § 13 EG Abs. 1 Nr. 5 VOB/A). Das Verbot einer Änderung der Vergabe- bzw. Vertragsunterlagen dient insbesondere der Vergleichbarkeit der Angebote und damit einem fairen Wettbewerb.[39]

1. Vorliegen einer Änderung an den Vergabeunterlagen

28 Der Begriff der „Änderung" ist weit auszulegen.[40] Betroffen sind Abweichungen sowohl hinsichtlich der Leistungsinhalte (Änderung des Leistungsverzeichnisses bzw. der Leistungsbeschreibung) als auch in Bezug auf die Vertragsbedingungen.[41] Es dürfen also weder in rechtlicher, noch in technischer oder zeitlicher Hinsicht Abweichungen von den vorgegebenen Kalkulationsgrundlagen im Angebot enthalten sein.[42]

29 Im Verhandlungsverfahren und im wettbewerblichen Dialog kann der Auftraggeber Elemente seiner rechtlichen, zeitlichen oder technischen Vorgaben zur Verhandlung stellen, sodass insoweit im ausdrücklich zugelassenen Rahmen Änderungen zulässig sein können. Insoweit bestimmt die VOB/A folgerichtig, dass u. a. die Ausschlussgründe des § 16 (EG) Abs. 1 Nrn. 1 und 2 „entsprechend" auch bei Verhandlungsverfahren und wettbewerblichen Dialogen anzuwenden sind (vgl. § 16 EG Abs. 11 VOB/A). Sie gelten also unter Berücksichtigung der Besonderheiten dieser Verfahrensarten.

30 Eine Änderung der Vergabeunterlagen liegt insbesondere bei Streichungen oder Hinzufügungen vor.[43] Eine Änderung muss nicht in den Vergabeunterlagen selbst vermerkt sein, sondern kann sich auch aus Inhalten eines Angebotsschreibens bzw. Begleitschreibens ergeben, wenn hieraus der Wille zur Modifizierung der vertraglichen oder technischen Auftragsbedingungen ersichtlich wird.[44] Entscheidend ist, wie die Erklärung des Bieters aus der Sicht eines verständigen und branchenkundigen sowie mit der ausgeschriebenen Leistung vertrauten Empfängers zu verstehen ist.[45]

31 Aufgrund der weiten Auslegung des Änderungsbegriffs ist eine unzulässige Änderung der Vergabe- bzw. Vertragsunterlagen in der Praxis häufig. So nimmt die Rechtsprechung beispielsweise bereits dann eine unzulässige Änderung der Vergabeunterlagen an, wenn der Bieter von den Vorgaben für die Berechnung der Bauzeit abweicht und diese nach eigenen Berechnungsmethoden ermittelt.[46]

32 Das Fehlen einer Leistungsverzeichnisposition ist nicht gleichzusetzen mit einer fehlenden Preisangabe, sondern stellt eine Änderung der Vergabeunterlagen dar.[47] Eine Änderung der Vergabeunterlagen und nicht (lediglich) eine fehlende Preisangabe oder Erklärung stellt es deshalb etwa dar, wenn der Bieter sein Angebot auf eine ursprüngliche Fas-

---

[39] Vgl. *Müller-Wrede* in Müller-Wrede, VOL/A, § 19 EG, Rdn. 129; *Vavra* in Ziekow/Völlink, Vergaberecht, § 16 VOB/A, Rdn. 9.

[40] Vgl. OLG Frankfurt a.M., Beschluss vom 26.6.2012, 11 Verg 12/11; OLG Frankfurt a.M., Beschluss vom 26.5.2009, 11 Verg 2/09.

[41] Vgl. OLG Frankfurt a.M., Beschluss vom 26.6.2012, 11 Verg 12/11; *Lausen* in Müller-Wrede, VOL/A, § 16 EG, Rdn. 83; *Dittmann* in Kulartz/Marx/Portz/Prieß, VOL/A, § 16 EG, Rdn. 83.

[42] Vgl. *Frister* in Kapellmann/Messerschmidt, VOB/A, § 16, Rdn. 10.

[43] Vgl. *Kratzenberg* in Ingenstau/Korbion, VOB; § 13 VOB/A, Rdn. 12; *Vavra* in Ziekow/Völlink, Vergaberecht, § 16 VOB/A, Rdn. 6.

[44] Vgl. OLG Stuttgart, Urteil vom 9.2.2010, 10 U 76/09; OLG München, IBR 2008, 232; *Vavra* in Ziekow/Völlink, Vergaberecht, § 16 VOB/A, Rdn. 6.

[45] Vgl. OLG Düsseldorf, Beschluss vom 27.9.2006, Verg 36/06; *Frister* in Kapellmann/Messerschmidt, VOB, § 16 VOB/A, Rdn. 11.

[46] Vgl. OLG Frankfurt a.M., Urteil vom 21.2.2012, 11 Verg 11/11.

[47] Vgl. VK Hessen, Beschluss vom 10.12.2010, 69d-VK-38/2010

sung des Leistungsverzeichnisses bezieht und eine zwischenzeitliche Ergänzung um weitere Positionen unberücksichtigt lässt.[48] Ein Angebotsausschluss ist insoweit allerdings nur gerechtfertigt, wenn der Auftraggeber die ergänzte (im Angebot fehlende) Position unmissverständlich verlangt hat.[49]

Auf die Wettbewerbsrelevanz der Änderung kommt es nicht an; es ist nicht entscheidend, ob sie zu einer wesentlichen oder bloß geringfügigen Änderung des Vertrages führt.[50] Denn die Vorschrift dient auch dem Schutz des Auftraggebers vor Angeboten, die er mit diesem Inhalt nicht wollte.[51]

Der Bieter kann auch nicht zulässiger Weise – vermeintliche – Fehler des Auftraggebers durch eine Änderung der Vergabeunterlagen korrigieren. Selbst wenn der Bieter weiß, dass der Auftraggeber eine bestimmte Leistungsposition bei einem anderen Beschaffungsvorhaben nachträglich wegen technischer Probleme anders ausführen ließ als jetzt ausgeschrieben, muss gleichwohl die im konkreten Vergabeverfahren nachgefragte Leistung angeboten werden.[52]

Der Auftraggeber kann nicht auf eine nachträgliche Korrektur bzw. Rücknahme einer durch den Bieter erfolgten Änderung der Vergabeunterlagen hinwirken, da für den Angebotsinhalt der Schluss der Angebotsfrist maßgebend ist.[53] Insbesondere sind Aufklärungsgespräche, die dem Ziel einer Beseitigung von Abweichungen des Angebots von den Vergabeunterlagen dienen, im offenen und nicht offenen Verfahren als unzulässige Nachverhandlung anzusehen.[54]

2. Problemfall: Allgemeine Geschäftsbedingungen

Immer wieder scheitern Bieter bei der Bewerbung um öffentliche Aufträge an ihren eigenen Allgemeinen Geschäftsbedingungen (AGB), weil sie diese – bewusst oder unbewusst – zur Grundlage ihres Angebotes machen. Dies gilt zunächst, wenn ein Bieter in seinem Angebot ausdrücklich auf seine AGB Bezug nimmt.[55] Aber auch wenn dem Angebot (ggf. auf der Rückseite des Begleitschreibens) lediglich die AGB des Bieters beigefügt sind, kann dies als Änderung der Vergabeunterlagen verstanden werden.[56]

Entscheidend ist, ob eine am Empfängerhorizont orientierte Auslegung des Angebots dazu führt, dass die Bieter-AGB dem Angebot zugrunde gelegt werden sollten; auf die subjektive Zielrichtung des Bieters kommt es dagegen nicht an, weshalb auch die irrtümliche Beifügung der Bieter-AGB zum Ausschluss des Angebots führen kann.[57] Die Vergabestelle muss bei einer Beifügung von AGB auch ohne ausdrückliche Inbezugnahme regelmäßig davon ausgehen, dass der Bieter sein Angebot sorgfältig erstellt hat und die Bei-

---

[48] Vgl. VK Hessen, Beschluss vom 10.12.2010, 69d-VK-38/2010.
[49] Vgl. BGH, Beschluss vom 10.6.2008, X ZR 78/07; OLG München, Beschluss vom 7.4.2011, Verg 5/11.
[50] Vgl. OLG Frankfurt a.M., Beschluss vom 26.6.2012, 11 Verg 12/11; OLG München, Beschluss vom 2.3.2009, Verg 1/09; *Müller-Wrede* in Müller-Wrede, VOL/A, § 19 EG, Rdn. 132.
[51] Vgl. OLG Frankfurt a.M., Beschluss vom 21.2.2012, 11 Verg 11/11.
[52] Vgl. OLG Düsseldorf, Beschluss vom 12.2.2013, Verg 1/13.
[53] Vgl. *Dittmann* in Kulartz/Marx/Portz/Prieß, VOL/A, § 16 EG, Rdn. 88.
[54] Vgl. BGH, Beschluss vom 18.9.2007, X ZR 89/04; OLG Düsseldorf, Beschluss vom 22.10.2009, Verg 9/09; *Dittmann* in Kulartz/Marx/Portz/Prieß, VOL/A, § 16 EG Rdn. 88.
[55] Vgl. VK Bund, Beschluss vom 6.6.2013, VK 3–35/13.
[56] Vgl. hierzu OLG München, Beschluss vom 21.2.2008, Verg 1/08; OLG Schleswig-Holstein, Beschluss vom 30.6.2005, 6 Verg 5/05; *Müller-Wrede* in Müller-Wrede, VOL/A, § 19 EG, Rdn. 131; *Vavra* in Ziekow/Völlink, Vergaberecht, § 16 VOB/A, Rdn. 6; *Dittmann* in Kulartz/Marx/Portz/Prieß, VOL/A, § 16 EG, Rdn. 87; ablehnend wenn kein Verweis auf die AGB vorgenommen wird: OLG Celle, Beschluss vom 22.5.2008, 13 Verg 1/08.
[57] Vgl. *Müller-Wrede* in Müller-Wrede, VOL/A, § 19 EG, Rdn. 131; *Vavra* in Ziekow/Völlink, Vergaberecht, § 16 VOB/A, Rdn. 6; *Frister* in Kapellmann/Messerschmidt, VOB, § 13 VOB/A, Rdn. 19.

fügung von AGB nicht versehentlich erfolgt, der Bieter sie also in sein Angebot einbeziehen will.[58] Soweit dem entgegengehalten wird, der Auftraggeber habe eine Prüfungspflicht, ob die AGB wirksamer Angebotsbestandteil geworden sind,[59] überzeugt dies nicht; Zweifel müssen insoweit zu Lasten des Bieters gehen.[60]

38 Eine eingehende materielle Prüfung des Auftraggebers, ob sich die AGB des Bieters und die der Ausschreibung zugrunde liegenden Vertragsbedingungen des Auftraggebers ausnahmsweise nicht widersprechen, ist nicht erforderlich.[61] Bietern ist es also zu empfehlen, eine Beifügung oder gar Inbezugnahme von AGB tunlichst zu unterlassen.

3. Umdeutung in ein Nebenangebot

39 Nebenangeboten ist eine Abweichung von den Vorgaben der Ausschreibung, sei es in technischer, zeitlicher oder rechtlicher Hinsicht, immanent. Für sie gilt deshalb das Verbot einer Änderung der Vergabeunterlagen nicht. Vor diesem Hintergrund ist nach herrschender Auffassung ein (Haupt-)Angebot, welches eine Änderung der Vergabeunterlagen beinhaltet, regelmäßig in ein Nebenangebot umzudeuten.[62] Dabei ist freilich zu beachten, dass Nebenangebote zumindest im Bereich der VOB/A, aber bei entsprechender Forderung des Auftraggebers auch in anderen Bereichen eindeutig als solche gekennzeichnet sein müssen (vgl. § 13 EG Abs. 3 VOB/A). Über die Qualifizierung eines Nebenangebotes durch Abweichungen von den Vergabeunterlagen[63] wird man eine solche eindeutige Kennzeichnung indes nur annehmen können, wenn der Wille zu Abweichungen und damit zur Abgabe eines Nebenangebotes deutlich hervortritt.

40 Die Umdeutung in ein Nebenangebot hilft dem Bieter freilich nur dann, wenn Nebenangebote überhaupt zugelassen sind. Bei europaweiten Ausschreibungen sind Nebenangebote nur zulässig, wenn der Auftraggeber sie ausdrücklich in der Bekanntmachung oder den Vergabeunterlagen zugelassen hat (vgl. etwa 9 EG Abs. 5 VOL/A, § 8 Abs. 1 Satz 5 SektVO, § 8 EG Abs. 2 Nr. 3 VOB/A). Dies gilt im Bereich der VOL/A nach deren § 8 Abs. 4 auch für nationale Vergaben. Für nationale Bauvergaben sieht § 8 Abs. 2 Nr. 3 VOB/A demgegenüber vor, dass der Auftraggeber angeben muss, wenn er **keine** Nebenangebote zulassen will; hier sind Nebenangebote also zulässig, wenn der Auftraggeber nichts Gegenteiliges mitgeteilt hat. Nicht zugelassene Nebenangebote sind zwingend auszuschließen (vgl. § 16 Abs. 3 lit. g) VOL/A, § 19 EG Abs. 3 lit. g) VOL/A, § 16 (EG) Abs. 1 Nr. 1 lit. e) VOB/A).

IV. Nicht eindeutige Änderungen an Eintragungen des Bieters

41 Ein Angebot muss einen eindeutigen Inhalt aufweisen, damit es mit den Angeboten der anderen Bieter sachgerecht verglichen werden kann.[64] Hierzu bestimmen die VOB/A und die VOL/A ausdrücklich, dass Änderungen des Bieters an seinen Eintragungen – die bis zum Schluss der Angebotsfrist (VOL/A) bzw. bis zur Öffnung des ersten Angebots (VOB/A) grundsätzlich zulässig sind[65] – „zweifelsfrei" sein müssen (vgl. § 13 EG Abs. 1 Nr. 5 Satz 2 VOB/A, § 16 EG Abs. 4 Satz 2 VOL/A). Hierdurch soll auch sichergestellt

---

[58] Zutreffend *Lausen* in Müller-Wrede, VOL/A, § 16 EG, Rdn. 92.
[59] Vgl. VK Bund, Beschluss vom 29.3.2006, VK 2–11/06.
[60] Vgl. *Lausen* in Müller-Wrede, VOL/A, § 16 EG, Rdn. 92.
[61] Vgl. OLG München, Beschluss vom 21.2.2008, 13 Verg 1/08; *Vavra* in Ziekow/Völlink, Vergaberecht, § 16 VOB/A, Rdn. 6.
[62] Vgl. BGH, Beschluss vom 16.4.2002 X ZR 67/00; OLG Düsseldorf, Beschluss vom 22.10.2009, Verg 25/09; *Dittmann* in Kulartz/Marx/Portz/Prieß, VOL/A, § 16 EG, Rdn. 91; *Müller-Wrede* in Müller-Wrede, VOL/A, § 19 EG, Rdn. 133.
[63] Vgl. hierzu *Dittmann* in Kulartz/Marx/Portz/Prieß, VOL/A, § 16 EG, Rdn. 96.
[64] Vgl. *Müller-Wrede* in Müller-Wrede, VOL/A, § 19 EG, Rdn. 119.
[65] Vgl. *Frister* in Kapellmann/Messerschmidt, VOB/A, § 13 VOB/A, Rdn. 22.

werden, dass sich Bieter nicht durch mehrdeutige Änderungen an ihren Eintragungen einer Festlegung entziehen in der Hoffnung, der Auftraggeber werde die unklare Eintragung zu ihren Gunsten auslegen.[66]

Der Begriff der „Änderungen" ist weit auszulegen und umfasst jedwede Korrekturen 42
am ursprünglichen Angebotsinhalt und an allen seinen Bestandteilen.[67] Nach zutreffender Auffassung beziehen sich die einschlägigen Vorschriften nur auf „angebotswesentliche" Inhalte, sodass mehrdeutige Änderungen an für die Vertragsbeziehung von vorneherein nicht relevanten Erklärungen nicht zum Ausschluss führen.[68]

Korrekturen mittels Selbstklebekorrekturband werden als eindeutig betrachtet, sofern 43
sich das Korrekturband nicht ohne Beschädigung des Papiers lösen lässt.[69] Korrekturen mittels Tipp-Ex sind zumindest dann nicht zu beanstanden, wenn nach den Inhalten des Angebots eine Manipulation ausgeschlossen ist, etwa weil sich aus der Multiplikation der Mengenzahl mit dem korrigierten Einheitspreis der unkorrigierte Gesamtpreis ergibt.[70] Wichtig ist, dass die Änderung eindeutig auf den Bieter zurückgeführt werden kann, weshalb eine Angabe des Urhebers und Änderungstages empfohlen[71] bzw. sogar als zwingend erforderlich betrachtet wird.[72]

Der Auftraggeber kann das Angebot zur Beurteilung der Zweifelsfreiheit von Ände- 44
rungen auslegen.[73] Ob hingegen der Auftraggeber den Inhalt einer Korrektur durch Aufklärung ermitteln darf,[74] erscheint fraglich, denn die Aufklärung dient gerade der Ausräumung von Zweifeln was in Widerspruch zur – aus sich heraus gegebenen – Zweifelsfreiheit der Änderungen steht.

V. Fehlende Erklärungen und Nachweise

Große praktische Bedeutung hat der vorgeschriebene Ausschluss bei (endgültig) fehlenden 45
Erklärungen und Nachweisen (vgl. § 19 EG Abs. 3 lit. a) VOL/A und § 16 EG Abs. 3 VOB/A).

1. Erklärungen und Nachweise

Die Begriffe der „Erklärungen" und „Nachweise" sind weit zu verstehen und umfassen 46
sämtliche angebots- und eignungsbezogenen Angaben und Erklärungen sowie Nachweise des Bieters.[75] Hierunter fallen alle Eignungsnachweise und Eigenerklärungen zur Eignung sowie beispielsweise Hersteller-, Typ- und Produktangaben, Produktdatenblätter[76] sowie

---

[66] Vgl. *Müller-Wrede* in Müller-Wrede, VOL/A, § 19 EG, Rdn. 119.
[67] Vgl. OLG Düsseldorf, Beschluss vom 13.8.2008, Verg 42/07; *Lausen* in Müller-Wrede, VOL/A, § 16 EG, Rdn. 110.
[68] Vgl. OLG Schleswig, Beschluss vom 11.8.2006, 1 Verg 1/06.
[69] Vgl. OLG Schleswig, Beschluss vom 11.8.2006, 1 Verg 1/06.
[70] Vgl. OLG München, Beschluss vom 23.6.2009, Verg 8/09; vgl. auch VK Bund, Beschluss vom 29.6.2006, VK 3-39/06; kritisch wegen der Gefahr eines Ablösens des Korrekturlacks VK Südbayern, Beschluss vom 14.12.2004, 69-10/04.
[71] Vgl. *Vavra* in Ziekow/Völlink, Vergaberecht, § 16 VOB/A, Rdn. 7; *Müller-Wrede* in Müller-Wrede, VOL/A, § 19 EG, Rdn. 121.
[72] Vgl. *Koenigsmann-Hölken* in Heuvels/Höß/Kuß/Wagner, Vergaberecht, § 13 VOB/A, Rdn. 29.
[73] Vgl. *Dittmann* in Kulartz/Marx/Portz/Prieß, VOL/A, § 19 EG, Rdn. 122; *Müller-Wrede* in Müller-Wrede, VOL/A, § 19 EG, Rdn. 122.
[74] So *Dittmann* in Kulartz/Marx/Portz/Prieß, VOL/A, § 19 EG, Rdn. 122; *Müller-Wrede* in Müller-Wrede, VOL/A, § 19 EG, Rdn. 122, sofern es nicht zu einer Angebotsänderung kommt.
[75] Vgl. *Heuvels* in Heuvels/Höß/Kuß/Wagner, Vergaberecht, § 16 VOB/A, Rdn. 51; *Frister* in Kapellmann/Messerschmidt, VOB, § 16 VOB/A, Rdn. 38; im Ergebnis auch *Dittmann* in Kulartz/Marx/Portz/Prieß, VOL/A, § 19 EG, Rdn. 30, 45.
[76] Vgl. *Frister* in Kapellmann/Messerschmidt, VOB, § 16 VOB/A, Rdn. 38.

technische Erklärungen und Erläuterungen zu technischen Nebenangeboten.[77] Die Grenze ist dort erreicht, wo nicht eine das Angebot ergänzende Erklärung fehlt, sondern der Angebotsinhalt selbst nicht mehr ohne die Nachforderung ermittelbar ist.[78] Erfasst sind nicht nur die mit dem Angebot einzureichenden Erklärungen und Nachweise, sondern auch die nach Angebotsabgabe von der Vergabestelle zusätzlich verlangten Unterlagen.[79]

2. „Fehlende" Erklärungen und Nachweise

47 Erhebliche Unsicherheit besteht nach wie vor hinsichtlich der Frage, wann eine „fehlende" Erklärung vorliegt: Nach inzwischen gefestigter Rechtsprechung „fehlt" eine Erklärung bzw. ein Nachweis nur dann, wenn diese(r) entweder nicht vorgelegt wurde, unvollständig ist oder formale Mängel aufweist,[80] obgleich die Erklärung bzw. der Nachweis eindeutig und unmissverständlich gefordert wurde.[81] Für unvollständige Eignungsnachweise sieht § 7 EG Abs. 13 VOL/A eine gesonderte Nachforderungs- und Erläuterungsmöglichkeit vor. Demgegenüber kommt eine inhaltliche Nachbesserung von Eignungsnachweisen, d.h. die Nachforderung „besserer" Erklärungen und Nachweise nicht in Betracht.[82]

48 Eine Erklärung fehlt auch dann, wenn sie zwar vorgelegt, aber nicht unterschrieben wurde. Denn die Unterschrift als entsprechende Bestätigung der geforderten Erklärung ist nichts anderes als eine eigenständige Erklärung des Bewerbers bzw. Bieters.[83]

49 Schwierigkeiten bereitet in der Praxis allerdings die Abgrenzung zwischen formalen und inhaltlichen Mängeln: Eindeutig ist noch, dass eine Referenz, der es an inhaltlicher Vergleichbarkeit mangelt, kein Gegenstand einer Nachforderung sein kann.[84] Demgegenüber fehlt ersichtlich ein Nachweis wenn statt des geforderten ein anderer, nicht geforderter Nachweis erbracht wurde, wie etwa eine Creditreform-Auskunft anstelle einer geforderten Bankauskunft.

50 Schwieriger ist indes die Beurteilung, wenn etwa ein zu alter (Eignungs-)Nachweis vorgelegt wurde. Die VK Münster hat einen nicht den Aktualitätsanforderungen entsprechenden Eigenkapitalnachweis als inhaltlich unzureichend und deshalb nicht nachforderbar angesehen.[85] Zur Begründung hat sie aufgeführt, dass die Eignung zu bestimmten Zeitpunkten geprüft werde. Diese Bewertung ist nicht frei von rechtlichen Bedenken: Denn bei der Feststellung, dass ein Nachweis nicht aktuell genug ist, bedarf es letztlich keiner inhaltlichen (Eignungs-)Prüfung; der Nachweis entspricht schlicht nicht einer – durchaus formalen – Anforderung. Zu dieser Feststellung bedarf es keiner inhaltlichen Prüfung, ein Blick auf das Ausstellungsdatum genügt. Es spricht deshalb einiges dafür, dass nicht hinreichend aktuelle Nachweise als formal ungenügend und damit im Rechtssinne „fehlend" bzw. nachforderbar angesehen werden können.

---

[77] Vgl. OLG Naumburg, Beschluss vom 23.3.2011, 2 Verg 15/11.
[78] Vgl. OLG Dresden, Beschluss vom 21.2.2012, Verg 1/12; VK Thüringen, Beschluss vom 12.4.2013, 250–4002–2400/2013-E-008-SOK.
[79] Vgl. OLG Celle, Beschluss vom 16.6.2011, 13 Verg 3/11.
[80] Vgl. OLG Düsseldorf, Beschluss vom 12.9.2012, Verg 108/11; OLG Düsseldorf, Beschluss vom 17.11.2011, Verg 56/10; OLG München, Beschluss vom 15.3.2012, Verg 2/12; OLG Koblenz, Beschluss vom 30.3.2012, 1 Verg 1/12; *Horn* in Müller-Wrede, SektVO, § 19, Rdn. 33f.
[81] Vgl. hierzu OLG München, Beschluss vom 12.10.2012, Verg 16/12.
[82] Vgl. OLG Düsseldorf, Beschluss vom 12.9.2012, Verg 108/11; *Heuvels* in Heuvels/Höß/Kuß/Wagner, Vergaberecht, § 16 VOB/A, Rdn. 53; *Haupt/Baldringer* in Lampe-Helbig/Jagenburg, Handbuch der Bauvergabe, Teil F, Rdn. 177.
[83] Vgl. OLG Düsseldorf, Beschluss vom 25.4.2012, Verg 9/2; *Horn* in Müller-Wrede, SektVO, § 19, Rdn. 29; *Haupt/Baldringer* in Lampe-Helbig/Jagenburg, Handbuch der Bauvergabe, Teil F, Rdn. 175.
[84] Vgl. OLG Düsseldorf, Beschluss vom 17.12.2012, Verg 47/12.
[85] Vgl. VK Münster, Beschluss vom 17.1.2013, VK 22/12.

Eine Erklärung fehlt auch dann, wenn Erklärungen/Nachweise für einen falschen Zeitraum eingereicht werden. Sind also etwa Umsatzzahlen für die letzten drei Geschäftsjahre gefordert (2012, 2011, 2010) und werden statt dessen Zahlen für die Jahre 2011, 2010 und 2009 eingereicht, so fehlt die Angabe für das Jahr 2012; diese kann nachgefordert werden. In Bezug auf die Abgrenzung formaler und inhaltlicher Unzulänglichkeiten von Erklärungen und Nachweisen bleiben die Grenzen durch die Rechtsprechung noch auszuloten. 51

3. Möglichkeit bzw. Pflicht zur Nachforderung

Bis zur Vergaberechtsreform 2009 musste eine Vielzahl von oftmals attraktiven Angeboten – nicht nur zum Leidwesen der Bieter, sondern oft auch zum Nachteil des Auftraggebers – wegen Fehlens auch nur eines einzigen Nachweises bzw. auch nur einer einzigen Erklärung ausgeschlossen werden. Dies hat in der Praxis den Wettbewerb unnötig eingeengt, weshalb nun mit unterschiedlichen Nuancen eine Nachforderung fehlender Nachweise vorgesehen bzw. ermöglicht wurde. 52

Die VOB/A ist hierbei wiederum besonders formal: Sofern das Angebot nicht aus den Gründen des § 16 bzw. § 16 EG Abs. 1 Nrn. 1 oder 2 VOB/A (zwingende bzw. fakultative Ausschlussgründe) ausgeschlossen wird, „verlangt der Auftraggeber die fehlenden Erklärungen oder Nachweise nach" (§ 16 bzw. § 16 EG Abs. 1 Nr. 3 VOB/A). Der Auftraggeber ist hiernach verpflichtet, fehlende Erklärungen und Nachweise und hat insoweit kein Ermessen.[86] Der Auftraggeber kann hiervon auch nicht durch strengere Angaben in der Bekanntmachung oder den Vergabeunterlagen abweichen, in dem er erklärt, dass ein Angebot bei Fehlen von Unterlagen ohne Nachforderungsmöglichkeit ausgeschlossen wird.[87] 53

Diese Struktur kann zumindest in der Theorie erhebliche Manipulationsgefahren begründen: Ein Bieter könnte bewusst eine Erklärung „vergessen" ohne ein Risiko einzugehen, da ja nach gefordert werden muss. Erfährt er sodann im Submissionstermin, dass sein Angebot deutlich niedriger als das Konkurrenzumfeld war und erkennt er einen Kalkulationsirrtum, so reicht er die fehlende Erklärung auf Anforderung des Auftragsgebers nicht nach und kann so einen Angebotsausschluss erreichen, sich also durch eine Unvollständigkeit ein „Hintertürchen" offen halten.[88] Bis dato ist allerdings in der Praxis keine strukturelle und zielgerichtete Verhaltensweise der Bieter in dieser Richtung zu erkennen. Sie würde bei Wiederholung auch die Zuverlässigkeit eines Bieters massiv in Frage stellen. 54

Auch im Bereich der VOF muss der Auftraggeber fehlende Erklärungen und Nachweise nachfordern. § 11 Abs. 3 VOF bestimmt: „Fehlende Erklärungen und Nachweise können auf Verlangen der Auftraggeber bis zum Ablauf einer zu bestimmenden Frist nachgereicht werden". Dem Auftraggeber wird insoweit kein Ermessen eingeräumt; die Frist ist vom Auftraggeber zu bestimmen. Das Wort „können" bezieht sich nicht auf den Auftraggeber, sondern auf den Bieter, welcher fehlende Erklärungen und Nachweise nachreichen kann.[89] 55

Demgegenüber bestimmt die VOL/A in § 19 Abs. 2 und ebenso die SektVO in § 19 Abs. 3, dass fehlende Erklärungen und Nachweise bis zu einer zu bestimmenden Nachfrist nachgefordert werden „können". Folglich steht dem Auftraggeber hier – anders als in der 56

---

[86] Vgl. OLG Düsseldorf, Beschluss vom 10.8.2011, Verg 66/11; *Heuvels* in Heuvels/Höß/Kuß/Wagner, Vergaberecht, § 16 VOB/A, Rdn. 54; *Kratzenberg* in Ingenstau/Korbion, VOB, § 16 VOB/A, Rdn. 67; *Vavra* in Ziekow/Völlink, Vergaberecht, § 16 VOB/A, Rdn. 28; *Röwekamp/Fandrey*, NZBau 2011, 463, 464.

[87] Vgl. OLG Celle, Beschluss vom 16.6.2011, 13 Verg 3/11.

[88] Vgl. *Röwekamp/Fandrey*, NZBau 2011, 463, 465; *Schwabe/John*, VergabeR 2012, 559, 560 f.; *Dittmann*, VergabeR 2012, 292, 294 m.w.N.

[89] Vgl. OLG Düsseldorf, Beschluss vom 7.11.2012, Verg 12/12.

VOB/A – hinsichtlich der Entscheidung, ob er nachfordert, ein Ermessen zu und kann ein Bieter keinen Anspruch auf Nachforderung, sondern lediglich auf ordnungsgemäße Ermessensausübung haben.[90]

57 Das Ermessen ist unter Beachtung des Gleichheitsgrundsatzes auszuüben. Wird also hinsichtlich eines Nachweises einem Bewerber/Bieter eine Nachfrist gewährt, so muss sie auch hinsichtlich aller anderen fehlenden Erklärungen und Nachweise und auch gegenüber allen Bewerbern/Bietern gewährt werden.[91] Eine Nachforderung ist allerdings entbehrlich, wenn das Angebot eines Bieters bereits aus anderen Gründen zwingend auszuschließen wäre; die Nachforderung wäre von Anfang an fruchtlose Förmelei, wollte man sie in derartigen Fällen zur Erfüllung des Gleichheitsgebots verlangen.[92]

58 Der Auftraggeber kann seine Ermessensausübung vorverlagern und seine Entscheidung, in welchen Fällen er nachfordert, bereits in der Auftragsbekanntmachung verbindlich niederlegen.[93] Verdeutlicht der Auftraggeber in der Bekanntmachung, dass eine Nachreichungsmöglichkeit hinsichtlich bestimmter oder sämtlicher Nachweise und Erklärungen nicht gewährt wird, sondern unvollständige Teilnahmeanträge bzw. Angebote ausgeschlossen werden, so ist er an diese Entscheidung gebunden und kann nicht im Nachhinein eine Nachfrist zur Einreichung von Unterlagen gewähren.[94]

59 Diese Ermessensentscheidung muss allerdings zur Wahrung der erforderlichen Transparenz eindeutig sein. Ob bereits aus Formulierungen wie „hat der Bieter vorzulegen" eine solche Ermessensbindung hervorgeht,[95] erscheint zweifelhaft. Denn die Entscheidung, dass eine Erklärung zwingend gefordert wird, sagt nicht unbedingt etwas darüber aus, ob hierzu ggf. eine Nachfrist gewährt wird oder nicht. Eine verbindliche Vorverlagerung der Ermessensausübung wird man nur dann annehmen können, wenn der Auftraggeber sichtbar und unmissverständlich von der ihm grundsätzlich eingeräumten Nachforderungsmöglichkeit abrückt.[96] Die Rechtsprechung scheint indes zu einer strengen Handhabung zu tendieren, sodass Bieter sich generell nicht auf eine Nachreichungsmöglichkeit verlassen sollten.

4. Länge der Nachfrist

60 Die Länge der Nachfrist ist in der VOB/A vorgegeben. Nach § 16 bzw. 16 EG Abs. 1 Nr. 3 VOB/A sind die nachgeforderten Unterlagen spätestens innerhalb von 6 Kalendertagen nach der Aufforderung des Auftraggebers vorzulegen. Der Auftraggeber ist durch den eindeutigen Wortlaut gehindert, eine längere Frist einzuräumen.[97]

61 Die Frist beginnt am Tag nach der Absendung der Aufforderung durch den Auftraggeber, auf den Zugang beim Bieter kommt es nicht an.[98] Endet die Frist an einem Samstag,

---

[90] Vgl. OLG Karlsruhe, Beschluss vom 23.3.2011, 15 Verg 2/11; VK Nordbayern, Beschluss vom 9.2.2012, 21.VK-3194–43/11; *Dittmann* in Kulartz/Marx/Portz/Prieß, VOL/A, § 19 EG; Rdm. 37.
[91] Vgl. OLG Naumburg, Beschluss vom 18.8.2011, 2 Verg 3/11; *Finke* in Eschenbruch/Opitz, SektVO, § 19, Rdn. 30; *Horn* in Müller-Wrede, SektVO, § 19, Rdn. 46; *Dittmann* in Kulartz/Marx/Portz/Prieß, VOL/A, § 19 EG, Rdn. 37; *Dittmann*, VergabeR 2012, 292, 297.
[92] Vgl. *Dittmann*, VergabeR 2012, 292, 297.
[93] Vgl. VK Münster, Beschluss vom 17.1.2013, VK 2/12; VK Hessen, Beschluss vom 18.4.2012– 69d VK 10/2012.
[94] Vgl. VK Hessen, Beschluss vom 18.4.2012, 69d VK-10/2012; VK Münster, Beschluss vom 17.1.2013, VK 22/12; *Haupt/Baldringer* in Lampe-Helbig/Jagenburg/Baldringer, Handbuch der Bauvergabe, Teil F, Rdn. 172.
[95] So VK Hessen, Beschluss vom 18.4.2012, 69d VK-10/2012.
[96] Vgl. *Haupt/Baldringer* in Lampe-Helbig/Jagenburg, Handbuch der Bauvergabe, Teil F, Rdn. 173.
[97] Vgl. *Vavra* in Ziekow/Völlink, Vergaberecht, § 16 VOB/A, Rdn. 29; *Dittmann*, VergabeR 2012, 292, 294; a.A. von Münchhausen, VergabeR 2010, 374, 377.
[98] Vgl. *Dittmann*, VergabeR 2012, 292, 294.

Sonntag oder an einem am Empfangsort des Auftraggebers geltenden gesetzlichen Feiertag, so läuft sie erst am folgenden Werktag ab.[99]

Die VOL/A ebenso wie die SektVO verzichten auf eine solche Vorgabe. Hiernach 62 sind die Unterlagen bis zum Ablauf „einer (vom Auftraggeber) zu bestimmenden" Nachfrist vorzulegen. Der Auftraggeber ist in der Bestimmung der Frist weitgehend frei; da ein Bieter keinen Anspruch auf Nachforderung hat, kann er auch keine ihm genehme Frist zu einer ihm gewährten Nachreichung beanspruchen. Bei der Fristbestimmung kann berücksichtigt werden, dass der Bieter nicht erstmalig von der Forderung des Auftraggebers erfährt.[100] Der Auftraggeber hat einen Entscheidungsspielraum, um welchen Zeitraum er bereit ist, sein Vergabeverfahren durch die Nachforderung von Unterlagen zu verzögern. Es ist grundsätzlich eine Orientierung an der 6-Kalendertags-Frist aus der VOB/A empfehlenswert; es kann allerdings auch eine u. U. deutlich kürzere Frist angemessen sein.[101]

VI. Fehlende Preisangaben

1. „Fehlende" Preisangabe

Eine Preisangabe „fehlt", wenn ein Preis überhaupt nicht eingetragen ist. Eine Preisangabe 63 mit 0,00 € oder wenigen Cent beinhaltet demgegenüber ein Preisangebot und kann deshalb nicht als fehlende Preisangabe angesehen werden.[102] Ein Strich im Preisfeld einer Position stellt ebenfalls eine Preisangabe dar, denn er ist so zu verstehen, dass für diese Position kein Entgelt gefordert wird, also die Leistung zu 0,00 € angeboten wird. Auch ein Minuspreis stellt eine Preisangabe dar; ein Minuspreis wird beispielsweise mitunter bei Entsorgungsleistungen angeboten, wenn das zu entsorgende Gut einen Marktwert hat (z. B. Altpapier), der über den Aufwand des Bieters zur Einsammlung und zum Transport hinausgeht.

2. Ausschluss bei fehlenden Preisangaben in der VOB/A und der VOL/A

In Bezug auf fehlende Preisangaben sehen die VOB/A und die VOL/A jeweils einen 64 zwingenden Ausschluss vor, gewähren aber auf unterschiedlichen Wegen Flexibilisierungen für „unwesentliche" Preisangaben:

a) Überblick

Die VOB/A trennt in § 13 Abs. 1 Nrn. 3 und 4 bzw. § 13 EG Abs. 1 Nrn. 3 und 4 be- 65 grifflich zwischen Erklärungen und Nachweisen auf der einen Seite und Preisangaben auf der anderen Seite. Das Gebot einer Nachforderung fehlender Erklärungen und Nachweise in § 16 Abs. 1 Nr. 3 VOB/A bzw. § 16 EG Abs. 1 Nr. 3 VOB/A ist deshalb nicht auf fehlende Preisangaben anzuwenden.[103] Fehlt eine Preisangabe, so kann sie deshalb nicht nachgefordert werden. Das Fehlen einer Preisangabe führt nach § 16 Abs. 1 Nr. 3 bzw. § 16 EG Abs. 1 Nr. 3 VOB/A grundsätzlich zum Ausschluss. Etwas anderes gilt nur dann, wenn lediglich in einer „einzelnen unwesentlichen Position" die Preisangabe fehlt und durch die Außerachtlassung dieser Position bzw. dieses Preises der Wettbewerb und die

---

[99] Vgl. *Dittmann*, VergabeR 2012, 292, 294.
[100] Vgl. *Dittmann* in Kulartz/Marx/Portz/Prieß, VOL/A, § 19 EG, Rdn. 40; *Dittmann*, VergabeR 2012, 292, 299.
[101] Vgl. *Dittmann* in Kulartz/Marx/Portz/Prieß, VOL/A, § 19 EG, Rdn. 40.
[102] Vgl. OLG München, Beschluss vom 12. 11. 2010, Verg 21/10; OLG Naumburg, Beschluss vom 29. 1. 2009, Verg 10/08; *Vavra* in Ziekow/Völlink, Vergaberecht, § 16 VOB/A, Rdn. 10; *Koenigsmann-Hölken* in Heuvels/Höß/Kuß/Wagner, Vergaberecht, § 13 VOB/A, Rdn. 18.
[103] Vgl. *Heuvels* in Heuvels/Höß/Kuß/Wagner, Vergaberecht, § 16 VOB/A, Rdn. 51.

Wertungsreihenfolge auch bei Wertung dieser Position mit dem höchsten Wettbewerbspreis nicht beeinträchtigt wird.

66   Die VOL/A schafft auf anderem Wege eine vergleichbare Flexibilisierung. Sie trennt anders das die VOB/A nicht strikt zwischen Erklärungen, Nachweisen und Preisen, sodass Preisangaben im Bereich der VOL/A als „Erklärung" anzusehen sind.[104] In § 16 Abs. 3 lit. a) bzw. § 19 EG Abs. 3 lit. a) VOL/A ist ein zwingender Angebotsausschluss vorgesehen, wenn ein Angebot nicht die geforderten oder nachgeforderten „Erklärungen und Nachweise" enthält. Erklärungen und Nachweise können nach § 16 Abs. 2 bzw. § 19 EG Abs. 2 VOL/A nachgefordert werden. Für Preisangaben wird diese Nachforderungsmöglichkeit allerdings eingeschränkt auf „unwesentliche Einzelpositionen, deren Einzelpreise den Gesamtpreis nicht verändern oder die Wertungsreihenfolge und den Wettbewerb nicht beeinträchtigen". Wird die Preisangabe dann auf Nachforderung nicht nachgeliefert, ist das Angebot zwingend auszuschließen.

67   Im Bereich der VOB/A ist deshalb ein Angebot wegen fehlender Preisangaben auszuschließen, wenn:
• nicht nur eine „einzelne" Position betroffen ist, also Preisangaben zu zwei oder mehr Positionen fehlen;[105]
• die Preisangabe nicht „unwesentlich" ist oder
• der Wettbewerb oder die Wertungsreihenfolge durch die Außerachtlassung dieser Position oder bei Ansatz des höchsten Wettbewerbspreises beeinträchtigt wird.

68   Im Bereich der VOL/A führt jede (endgültig) fehlende Preisangabe zum Ausschluss, der Auftraggeber ist allerdings berechtigt, Preisangaben nachzufordern, es sei denn
• die Preisangabe ist nicht „unwesentlich" oder
• der Wettbewerb oder die Wertungsreihenfolge werden durch die Nachforderung beeinträchtigt.

69   Die zentralen Fragestellungen sind also gleich: Handelt es sich um eine „unwesentliche" Position und wird der Wettbewerb bzw. die Wertungsreihenfolge durch die Nachforderung bzw. Außerachtlassung der fehlenden Preisangabe beeinträchtigt?

b) „Unwesentliche Einzelposition"

70   Teilweise wird vertreten, die Frage der „Unwesentlichkeit" habe keine eigenständige Bedeutung und werde durch die weiter geforderte Wettbewerbsneutralität erschöpfend definiert.[106] Dem ist entgegenzuhalten, dass das Merkmal der „Unwesentlichkeit" nach dieser Auslegung letztlich inhaltsleer und überflüssig wäre. Hiervon kann jedoch nicht ausgegangen werden; die Frage der „Wesentlichkeit" einer Position spricht ihre Bedeutung vor allem im Hinblick auf das insgesamt in Rede stehende Auftragsvolumen an.

71   Zu Recht wird deshalb dem Merkmal der „Unwesentlichkeit" von der wohl überwiegenden Auffassung in Rechtsprechung und Literatur eine eigenständige Bedeutung zugesprochen und wird zur Prüfung der „Unwesentlichkeit" einer Position primär ein Vergleich zum Auftragsvolumen angestellt, da sich daran letztlich ihre Bedeutung für das Angebot bemisst.[107]

---

[104] Vgl. OLG Düsseldorf, Beschluss vom 25.4.2012, Verg 9/12; *Jürschik* in Heuvels/Höß/Kuß/Wagner, Vergaberecht, § 16 VOL/A, Rdn. 27; *Müller-Wrede* in Müller-Wrede, VOL/A, § 19 EG, Rdn. 96.

[105] Vgl. OLG Brandenburg, Beschluss vom 24.5.2011, Verg W 8/11; *Kratzenberg* in Ingenstau/Korbion, VOB, § 16 VOB/A, Rdn. 14; *Heuvels/Höß/Kuß/Wagner*, Vergaberecht, § 16 VOB/A, Rdn. 14.

[106] Vgl. *Kulartz* in Kulartz/Marx/Portz/Prieß, VOL/A, § 19 EG, Rdn. 106; *Dicks* in Kulartz/Marx/Portz/Prieß, VOB/A, § 16, Rdn. 40; *Gröning*, VergabeR 2009, 117, 125.

[107] Vgl. OLG Brandenburg, Beschluss vom 1.11.2011, Verg W 12/1; *Müller-Wrede* in Müller-Wrede, VOL/A, § 19 EG, Rdn. 101; *Heuvels* in Heuvels/Höß/Kuß/Wagner, Vergaberecht, § 16

§ 27 Formelle Angebotsprüfung (erste Wertungsstufe) Kap. 6

Insoweit wird eine Schwelle von 1 % des Gesamtauftragswerts vorgeschlagen.[108] Dem **72** Auftraggeber wird allerdings bei der Beurteilung der Wesentlichkeit ein auftragsbezogener Beurteilungsspielraum zugestanden,[109] sodass er auch nicht gehindert wäre, im Einzelfall einen Anteil von 1,2 % als unwesentlich anzusehen. Dieser Beurteilungsspielraum ist indes nicht grenzenlos. Ein Anteil von 10 % am Gesamtauftragsvolumen kann jedenfalls nicht mehr als „unwesentlich" angesehen werden.[110]

Bei großvolumigen Aufträgen kann zudem auch eine summenmäßige Betrachtung ge- **73** boten sein. Das Verhältnis zum Gesamtauftragsvolumen ist wie dargelegt zwar prinzipiell eine zutreffende Beurteilungsgrundlage; bei summenmäßig hohen Einzelpositionen fällt es aber unabhängig von dem Verhältnis zur Gesamtauftragssumme schwer, von einer „unwesentlichen" Position zu sprechen. So wäre beispielsweise bei einem großvolumigen Bauauftrag von 120 Millionen Euro eine Position von 1,1 Millionen € zwar prozentual nicht bedeutend, jedoch wertmäßig unabhängig hiervon nicht mehr als unbedeutend oder unwesentlich anzusehen. Leistungen, die das Volumen eines in der Praxis üblichen Teilloses erreichen und als solches nicht privilegiert wären, können spätestens nicht mehr als „unwesentlich" angesehen werden.

Soweit darüber hinaus auch die Summe der Positionen eines Leistungsverzeichnisses **74** zur Prüfung der Wesentlichkeit herangezogen wird,[111] so überzeugt dies nicht. Auch kompakte Leistungsverzeichnisse mit wenigen Positionen können einzelne unwesentliche Positionen enthalten, wenn diese denn nur einen unbedeutenden Anteil am Gesamtauftragswert ausmachen.

c) Beeinträchtigung der Wertung

Ein Einfluss der unbedeutenden Position auf die Wertung bzw. das Wertungsergebnis **75** muss sicher ausgeschlossen sein. Dies ist zunächst der Fall, wenn der fehlende Preis nachweislich in den Gesamtpreis eingeflossen ist und sich aus der Differenz zwischen den übrigen Einzelpreisen und dem angebotenen Gesamtpreis der fehlende Einzelpreis ermitteln lässt.[112] Weiterhin wird die Wertung auch dann nicht beeinträchtigt, wenn der Preisangabe in Bezug auf den (preislichen) Rang des Angebots keine wettbewerbliche Relevanz zukommt.[113] Dies ist nur dann der Fall, wenn der Rang des Angebots auch bei Einsatz des höchsten Wettbewerbspreises nicht verändert wird.[114]

Im Baubereich stellt § 16 bzw. § 16 EG Abs. 1 Nr. 1 c) VOB/A **zusätzlich** darauf ab, **76** dass auch bei „Außerachtlassung" der Position das Wettbewerbsergebnis nicht beeinträchtigt werden darf; deshalb muss hier zusätzlich noch ein Vergleich der Angebote ohne die fragliche Position durchgeführt werden.[115] Nur wenn in beiden Vergleichen die Reihen-

---

VOB/A, Rdn. 14; *Kratzenberg* in Ingenstau/Korbion, VOB, § 16 VOB/A, Rdn. 14; *Vavra* in Ziekow/Völlink, Vergaberecht, § 16 VOB/A, Rdn. 13.
[108] Vgl. *Bauer* in Heiermann/Riedl/Rusam, VOB, § 16 VOB/A, Rdn. 43; *Kratzenberg* in Ingenstau/Korbion, VOB, § 16 VOB/A, Rdn. 14 mit Verweis auf die Diskussion zur Neuregelung im Ausschuss.
[109] Vgl. *Kratzenberg* in Ingenstau/Korbion, VOB, § 16 VOB/A, Rdn. 14; *Heuvels* in Heuvels/Höß/Kuß/Wagner, Vergaberecht, § 16 VOB/A, Rdn. 14.
[110] So OLG Brandenburg, Beschluss vom 1.11.2011, Verg W 12/11.
[111] So OLG Brandenburg, Beschluss vom 1.11.2011, Verg W 12/11: Wesentlichkeit, wenn eine Position von 17 nicht eingetragen wird und damit 6 % der geforderten Preisangaben fehlen.
[112] Vgl. *Dittmann* in Kulartz/Marx/Portz/Prieß, VOL/A, § 19 EG, Rdn. 107.
[113] Vgl. *Kulartz/Dicks* in Kulartz/Marx/Portz/Prieß, VOL/A, § 19 EG, Rdn. 108.
[114] Vgl. OLG Brandenburg, Beschluss vom 1.11.2011, Verg W 12/11; *Kulartz/Dicks* in Kulartz/Marx/Portz/Prieß, VOL/A, § 19 EG, Rdn. 109.
[115] Vgl. *Heuvels* in Heuvels/Höß/Kuß/Wagner, Vergaberecht, § 16 VOB/A, Rdn. 16; *Vavra* in Ziekow/Völlink, Vergaberecht, § 16 VOB/A, Rdn. 13; *Frister* in Kapellmann/Messerschmidt, VOB, § 16 VOB/A, Rdn. 22.

folge der Wertung unverändert bleibt, kann im Bereich der VOB/A ein Ausschluss unterbleiben.[116]

3. Besonderheiten im Sektorenbereich

77 Die SektVO gewährt dem Auftraggeber demgegenüber nach zutreffender Auffassung größere Flexibilität: Sie enthält – anders als die VOL/A – keine Einschränkungen zur Nachforderung fehlender Preisangaben und beschränkt sich in § 19 Abs. 3 SektVO auf Vorgaben zur Nachforderung fehlender „Erklärungen und Nachweise". Von Teilen der Literatur wird die nicht gesondert integrierte Regelung zu fehlenden Preisangaben dahingehend interpretiert, dass Preisangaben nach dem Willen des Verordnungsgebers nicht unter die Regelung des § 19 Abs. 3 SektVO fallen sollen.[117] Da in den Parallelvorschriften der VOL/A nur eine ganz eingeschränkte Nachforderung „unwesentlicher" Preisangaben gestattet werde und sich in der SektVO hierzu überhaupt keine Ermächtigung finde, sei in der SektVO – strenger als im förmlichen Vergaberecht der VOL/A – generell die Nachforderung von Preisangaben ausgeschlossen, woraus der zwingende Ausschluss eines Angebots bei fehlenden (wesentlichen oder unwesentlichen) Preisangaben folge.[118]

78 Diese Auffassung berücksichtigt indes nicht, dass die Sektorenverordnung eine Privilegierung für die Sektorenauftraggeber darstellt, indem sie ihnen eine größere Flexibilität bei der Auftragsvergabe einräumt und nie strengere Vorgaben begründen kann und will als das förmliche Vergaberecht.

79 Auch lässt sich aus einer am Wortlaut orientierten Auslegung kein Verbot der Nachforderung von Preisangaben entnehmen: § 19 Abs. 3 SektVO gestattet ohne Einschränkung die Nachforderung fehlender „Erklärungen und Nachweise". Aus der ausdrücklichen Einschränkung in § 19 EG Abs. 2 Satz 2 VOL/A für Preisangaben ist zu schließen, dass Preisangaben dort zunächst einmal als grundsätzlich nachforderbare „Erklärungen" gewertet werden. Anders als § 13 EG Abs. 1 Nrn. 3 und 4 VOB/A unterscheidet die SektVO auch nicht begrifflich zwischen Preisangaben und sonstigen Erklärungen. Wenn die SektVO also – anders als das förmliche Vergaberecht – die Nachforderung von Erklärungen und Nachweisen ohne Einschränkung zulässt, so muss folgerichtig auch die Nachforderung von Preisangaben als zulässig angesehen werden.[119]

80 Somit ist grundsätzlich davon auszugehen, dass fehlende Preisangaben im Geltungsbereich der SektVO nachgefordert werden können. Hierbei ist der Spielraum größer als bei der VOL/A, die nur die Nachforderung „unwesentlicher" Preisangaben gestattet, sofern kein Einfluss auf das Wettbewerbsergebnis besteht. Eine Beschränkung auf „unwesentliche" Preisangaben ist im Bereich der Sektorenverordnung mangels entsprechender Regelung nicht anzunehmen.[120]

81 Zur Gewährleistung eines unverfälschten Wettbewerbs ist eine Grenze allerdings dort zu ziehen, wo der Bieter durch das Nachreichen von Preisangaben im Rahmen verbindlicher Angebote die Möglichkeit erhalten würde, seinen Angebotspreis nach allen anderen Bietern zu benennen und damit das Wettbewerbsergebnis zu verändern. Die Nachreichung solcher Preisangaben wäre mit dem Gebot eines transparenten Verfahrens nicht vereinbar. Nachgefordert und nachgereicht werden dürfen Preisangaben im Bereich der

---

[116] Vgl. *Heuvels* in Heuvels/Höß/Kuß/Wagner, Vergaberecht, § 16 VOB/A, Rdn. 16.
[117] Vgl. *Röwekamp* in Eschenbruch/Opitz, SektVO, § 26, Rdn. 34; *Finke* in Eschenbruch/Opitz, SektVO, § 19, Rdn. 23 ff.
[118] Vgl. OLG Brandenburg, Beschluss vom 16.2.2012, Verg W 1/12; *Röwekamp* in Eschenbruch/Opitz, SektVO, § 26, Rdn. 34; *Otting*, CuR 2010, 153, 158.
[119] Vgl. mit eingehender Begründung OLG Düsseldorf, Beschluss vom 25.4.2012, Verg 9/12; vgl. auch *Portner*, IBR 2012, 605 (Anmerkung); *Haupt/Baldringer* in Lampe-Helbig/Jagenburg/Baldringer, Handbuch der Bauvergabe, Teil F, Rdn. 194.
[120] Vgl. *Haupt/Baldringer* in Lampe-Helbig/Jagenburg/Baldringer, Handbuch der Bauvergabe, Teil F, Rdn. 195.

SektVO deshalb nur, sofern und soweit nicht zu erwarten steht, dass das Wettbewerbsergebnis hierdurch verändert bzw. verfälscht wird.[121] Dies ist – wie in der VOL/A – dann der Fall, wenn sich der Rang des Angebots auch durch den Einsatz des höchsten Wettbewerbspreises bei der/n fehlenden Position(en) nicht verändert.

Der zentrale Unterschied zwischen der SektVO und der VOL/A liegt also hinsichtlich der Nachforderung fehlender Preisangaben in der Erforderlichkeit der „Unwesentlichkeit" einer Preisangabe, die nur die VOL/A verlangt. Liegt etwa das günstigste Angebot bei 10 Millionen Euro und das zweitgünstigste bei 10,6 Millionen Euro, fehlt aber eine Preisangabe zu einer Position, die im Wettbewerb mit 100.000–150.000 € angeboten wurde, so bestehen in beiden Regimen unterschiedliche Rechtsfolgen: Eine Preisangabe zu einer solchen Position wäre nicht „unwesentlich", weshalb sie im Bereich der VOL/A nicht nachgefordert werden könnte. Sie ist aber nicht entscheidend für das Wettbewerbsergebnis, weshalb sie im Bereich der SektVO nachgefordert werden dürfte. 82

4. Regelung in der VOF

Auch die VOF regelt fehlende Preisangaben nicht ausdrücklich, sondern lediglich allgemein in § 11 Abs. 3 die Nachreichung fehlender Erklärungen und Nachweise. Da Preisangaben auch in diesem Zusammenhang „Erklärungen" sind, können deshalb auch im Bereich der VOF fehlende Preisangaben nachgereicht werden.[122] Angesichts des Wortlauts des § 11 Abs. 3 (vgl. hierzu oben 5 c) ist der Auftraggeber sogar verpflichtet, eine Nachreichungsmöglichkeit zu eröffnen und hat insoweit wie in der VOB/A kein Ermessen.[123] 83

VII. Wettbewerbsbeschränkende Abreden

Nach § 19 EG Abs. 3 lit. f) VOL/A bzw. § 16 EG Abs. 1 Nr. 1 lit. d) VOB/A sind Angebote von Bietern auszuschließen, die in Bezug auf die Ausschreibung eine Abrede getroffen haben, die eine unzulässige Wettbewerbsbeschränkung darstellt. Der hiermit zum Ausdruck gebrachte Wettbewerbsgrundsatz ist bieterschützend.[124] Der Begriff der „unzulässigen wettbewerbsbeschränkenden Abrede" ist außerordentlich weit auszulegen und umfasst alle Absprachen und sonstigen Verhaltensweisen eines Bieters, die mit dem vergaberechtlichen Gebot eines unverfälschten Wettbewerbs nicht vereinbar sind.[125] Hierunter können Kartellabsprachen wie Preisabsprachen oder Marktaufteilungen ebenso fallen wie ein sachlich nicht zu rechtfertigender Zusammenschluss von Bietergemeinschaften oder die Verletzung des Geheimwettbewerbs durch wechselseitige Kenntnis von Angebotsinhalten. 84

1. Kartellabsprachen

Den eklatantesten und zugleich regelmäßig am schwersten zu beweisenden Verstoß stellen unzulässige Kartellabsprachen zwischen Unternehmen dar wie etwa Preisabsprachen oder Marktaufteilungen mit der Folge einer u.U. massiven Wettbewerbsverengung. Ein aktuelles Beispiel stellt des „Feuerwehrkartell" bzw. „Feuerwehrfahrzeugekartell" dar, welches im Jahr 2011 durch das Bundeskartellamt aufgedeckt wurde. Auf dem Markt für Feuer- 85

---

[121] Vgl. *Haupt/Baldringer* in Lampe-Helbig/Jagenburg/Baldringer, Handbuch der Bauvergabe, Teil F, Rdn. 196.
[122] Vgl. OLG Düsseldorf, Beschluss vom 7.11.2012, Verg 12/12.
[123] Vgl. OLG Düsseldorf, Beschluss vom 7.11.2012, Verg 12/12.
[124] Vgl. OLG Düsseldorf, Beschluss vom 4.2.2013, Verg 31/12.
[125] Vgl. OLG Düsseldorf, Beschluss vom 4.2.2013, Verg 31/12; OLG München, Beschluss vom 11.8.2008, Verg 16/08; OLG Düsseldorf, Beschluss vom 27.7.2006, Verg 23/06; OLG Brandenburg, Beschluss vom 6.10.2005, Verg W 7/05; *Verfürth* in Kulartz/Marx/Portz/Prieß, VOL/A, § 19EG, Rdn. 139.

wehrfahrzeuge in Deutschland hatten vier Unternehmen einen Marktanteil von zusammen 90 %; diese vier Unternehmen vereinbarten eine Marktaufteilung zu festgelegten Sollquoten, sprachen Preise ab und teilten sich so den Markt in einer Weise auf, dass bei Ausschreibungen de facto keine Konkurrenz mehr bestand und entsprechend höhere Preise durchgesetzt werden konnten.[126]

86   Ein Auftraggeber darf in einer solchen Konstellation einen Bieter nicht erst dann ausschließen, wenn (rechtskräftige) Bußgeldentscheidungen oder strafgerichtliche Urteile gegen den Bieter vorliegen. Er muss „sichere Kenntnis" von dem Verstoß haben, wozu es ausreicht, dass er aufgrund konkreter Anhaltspunkte davon ausgehen kann bzw. muss, dass der Bieter unzulässige Preis- bzw. Kartellabsprachen getroffen hat.[127]

87   Ein zwingender Ausschluss ist allerdings nur vorgegeben, wenn die unzulässigen Preis- bzw. Kartellabsprachen „in Bezug auf die (konkrete) Ausschreibung" getroffen wurden. Derartige Absprachen in Bezug auf andere Ausschreibungen können (lediglich) unter dem Gesichtspunkt „nachweislicher schwerer Verfehlungen" einen fakultativen Ausschlussgrund nach § 16 (EG) Abs. 1 Nr. 2 lit. c) VOB/A bzw. § 19 EG Abs. 4 i.V.m. § 6 EG Abs. 6 VOL/A darstellen.[128]

2. Bildung von Bietergemeinschaften

88   Immer wieder wird auch die Bildung einer Bietergemeinschaft unter dem Gesichtspunkt wettbewerbsbeschränkender Abreden kritisch betrachtet. Es wird empfohlen, bei Angeboten von Bietergemeinschaft stets ein „besonderes Augenmerk" auf die Einhaltung des Wettbewerbsgrundsatzes zu legen.[129] Die Bildung einer Bietergemeinschaft ist jedoch vergaberechtlich grundsätzlich zulässig und kann nur in Ausnahmefällen eine wettbewerbsbeschränkende Handlung darstellen:

a) Grundsätzliche Zulässigkeit von Bietergemeinschaften

89   Übereinstimmend sehen Art. 4 Abs. 2 der Vergabekoordinierungsrichtlinie[130] und Art. 11 Abs. 2 der Sektorenkoordinierungsrichtlinie[131] die Beteiligung von Bietergemeinschaften vor. Die Richtlinien enthalten weiterhin Regelungen zu Vorgaben an die Rechtsform von Bietergemeinschaften sowie zur Eignungsbewertung bei Beteiligung von Bietergemeinschaften. Das europäische Vergaberecht geht folglich von der prinzipiellen Zulässigkeit der Beteiligung von Bietergemeinschaften aus.

90   Auch die nationalen Vergabevorschriften sehen die Bietergemeinschaft ausdrücklich vor. So bestimmen § 6 Abs. 1 VOB/A, § 6 EG Abs. 1 Nr. 2 VOB/A, § 6 Abs. 1 sowie § 6 EG Abs. 2 VOL/A und § 22 SektVO übereinstimmend, dass Bietergemeinschaften Einzelbietern gleichzusetzen sind.

---

[126] Vgl. BKartA, Beschluss vom 10.2.2011, B 12–11/09.
[127] Vgl. OLG München, Beschluss vom 22.11.2012, Verg 22/12.
[128] Vgl. hierzu nachfolgend C III 1.
[129] Vgl. *Verfürth* in Kulartz/Marx/Portz/Prieß, VOL/A, § 19 EG, Rdn. 141.
[130] Richtlinie 2004/18/EG des Europäischen Parlaments und des Rates vom 31.03.2004 über die Koordinierung der Verfahren zur Vergabe öffentlicher Bauaufträge, Lieferaufträge und Dienstleistungsaufträge.
[131] Richtlinie 2004/17/EG des Europäischen Parlaments und des Rates über die Koordinierung der Zuschlagserteilung durch Auftraggeber im Bereich der Wasser-, Energie- und Verkehrsversorgung sowie der Postdienste.

b) Grundsätzlich keine Wettbewerbsbeschränkung

Die Bildung einer Bietergemeinschaft begründet grundsätzlich keine unzulässige Wettbewerbsbeschränkung im Sinne des § 1 GWB.[132] Dies gilt nicht nur dann, wenn sich Unternehmen verschiedener Fachrichtungen zu einer Bietergemeinschaft zusammenschließen und die Mitglieder dementsprechend unterschiedliche, technisch abgrenzbare Teilleistungen des Auftrages erbringen (vertikale Ausrichtung); ebenso ist es auch zulässig, wenn sich mehrere Unternehmen einer Fachrichtung aus Kapazitätsgründen zusammenschließen, um die Leistung gemeinsam zu erbringen (horizontale Ausrichtung).[133] 91

Der vertikale Zusammenschluss mehrerer Spezialunternehmen bedingt keine Wettbewerbsverkürzung, sondern schafft regelmäßig erst die Möglichkeit zur Beteiligung am Vergabeverfahren und führt so zu einer Stärkung des Wettbewerbs. Solche Zusammenschlüsse können deshalb grundsätzlich keine unzulässigen Wettbewerbsbeschränkungen bedingen. 92

Auch horizontale Bietergemeinschaften aus mehreren Unternehmen einer Fachrichtung begründen grundsätzlich nicht den Verdacht einer Wettbewerbsbeschränkung. Solche Bietergemeinschaften sind problemlos dann zulässig, wenn die Mitgliedsunternehmen allein mangels ausreichender Kapazitäten und ausreichender Wirtschaftskraft nicht allein am Ausschreibungsverfahren teilnehmen könnten.[134] 93

Ist eine alleinige Teilnahme am Verfahren wirtschaftlich nicht zweckmäßig oder kaufmännisch nicht vernünftig, so ist die Bietergemeinschaft selbst dann zulässig, wenn sich Großunternehmen zusammenschließen, deren Kapazitäten, technische Einrichtungen und fachliche Kenntnisse objektiv ausreichen würden, um den Auftrag eigenständig durchzuführen.[135] Entscheidend ist damit die Zweckmäßigkeit des Zusammenschlusses im Einzelfall.[136] Im Rahmen dieser Bewertung dürfen weder der Auftraggeber noch die Vergabenachprüfungsinstanzen die Überlegungen der beteiligten Unternehmen durch eigene „unternehmerische" Erwägungen ersetzen.[137] Vielmehr steht den Unternehmen eine Einschätzungsprärogative zu, im Rahmen eines Nachprüfungsverfahrens nur auf Vertretbarkeit zu überprüfen ist.[138] 94

c) Erforderlichkeit einer Prüfung im Einzelfall

Da öffentliche Auftraggeber nicht primär mit der Prüfung kartellrechtlicher Vorgaben befasst sind, müssen sie nur offensichtliche bzw. sich aufdrängende Verstöße einer Prüfung unterziehen.[139] Liegt ein solcher Fall nicht vor, kann die Vergabestelle im Hinblick auf die grundsätzliche Zulässigkeit von Bietergemeinschaften von deren Zulässigkeit ausgehen auf eine Prüfung verzichten.[140] Nur in besonders gelagerten Einzelfällen ist deshalb überhaupt die Zulässigkeit einer Bietergemeinschaft qualifiziert zu untersuchen; im Übrigen ist diese prinzipiell zu unterstellen.[141] 95

---

[132] Vgl. OLG Koblenz, Beschl. v. 29.12.2004, 1 Verg 6/04, VergabeR 2005, 527; *Hänsel* in Ziekow/Völlink, Vergaberecht, § 6 VOB/A, Rdn. 4; *Haupt* in Jagenburg/Schröder/Baldringer, Der ARGE-Vertrag, Anhang 4, Rdn. 742.
[133] Vgl. *Hänsel* in Ziekow/Völlink, Vergaberecht, § 6 VOB/A, Rdn. 4.
[134] Vgl. *Haupt* in Jagenburg/Schröder/Baldringer, Der ARGE-Vertrag, Anhang 4, Rdn. 742.
[135] Vgl. BGH, Urt. v. 13.12.1983, KRB 3/8; *Hausmann* in Kulartz/Marx/Portz/Prieß, VOB/A, § 6 Rdn. 34.
[136] Vgl. OLG Düsseldorf, Beschl. v. 23.03.2005, Verg 68/04.
[137] Vgl. OLG Koblenz, Beschluss vom 29.12.2004, 1 Verg 6/04; *Röwekamp* in Eschenbruch/Opitz, SektVO, § 26, Rdn. 20.
[138] Vgl. OLG Düsseldorf, Beschluss vom 9.11.2011, Verg 35/11; *Röwekamp* in Eschenbruch/Opitz, SektVO, § 26, Rdn. 20.
[139] *Lux*, Bietergemeinschaften, S. 62.
[140] *Lux*, Bietergemeinschaften, S. 61.
[141] Vgl. *Haupt* in Jagenburg/Schröder/Baldringer, Der ARGE-Vertrag, Anhang 4, Rdn. 743.

96 Eine Prüfung ist grundsätzlich nur dann veranlasst, wenn zumindest ein Mitgliedsunternehmen den Auftrag auch allein ausführen könnte, was freilich wie dargelegt allein noch nicht zur Unzulässigkeit des Zusammenschlusses führt. Ein solcher Zusammenschluss kann allerdings die Zahl der Bieter im Vergabeverfahren verringern und dadurch den Wettbewerb einschränken.[142] Deshalb kann hier eine Prüfung erforderlich sein; hierbei wird für den notwendigen Anfangsverdacht aber hinzutreten müssen, dass eine spürbare Beeinflussung der Marktverhältnisse eintritt. Dies kann der Fall sein, wenn für einen komplexen Auftrag nur wenige Unternehmen in Betracht kommen und sich in diesem engen Wettbewerbsrahmen gerade die leistungsstärksten Marktteilnehmer zusammenschließen.[143]

97 Selbst eine solche Konstellation bedeutet indes nicht automatisch die Unzulässigkeit der Bietergemeinschaft. Vielmehr ist hier eine Prüfung durch den Auftraggeber vorzunehmen und nach zutreffender Auffassung in Rechtsprechung und Literatur darauf abzustellen, ob vernünftige unternehmerische Gründe für den Zusammenschluss angeführt werden können.[144] Für den Zusammenschluss können etwa Aspekte der Risikobegrenzung, der Bindung vorhandener technischer, personeller oder finanzieller Ressourcen durch andere Projekte, und sonstige nachvollziehbare unternehmerische Erwägungen sprechen.[145]

98 Kann die Bietergemeinschaft in solch einem Fall jedoch keine nachvollziehbaren Gründe für den Zusammenschluss darlegen und ist folglich von einer wettbewerbsbeschränkenden Abrede auszugehen, so ist der Auftraggeber verpflichtet, die Bietergemeinschaft auszuschließen.

3. Kenntnis des Bieters von Angeboten anderer Bieter

99 Der Begriff der wettbewerbsbeschränkenden Abrede ist weit auszulegen und umfasst grundsätzlich alle Absprachen und Verhaltensweisen, eines Bieters, die mit dem vergaberechtlichen Wettbewerbsgebot nicht vereinbar sind.[146] Eine solche unzulässige Wettbewerbsbeschränkung liegt auch dann vor, wenn mehrere Bieter ihre Angebote in wechselseitiger Kenntnis der Angebotsinhalte abgegeben haben.[147] Denn nur wenn die Bieter ihre Angebote wechselseitig in Unkenntnis von den Angeboten der Konkurrenz abgeben, kann echter Wettbewerb entstehen.[148]

100 Eine unzulässige Durchbrechung des Geheimwettbewerbs ist hierbei nicht erst dann gegeben, wenn der Angebots(gesamt-)preis bekannt ist; ausreichend kann auch das Wissen um Angebotsgrundlagen, Angebotsteile oder die Kalkulation sein.[149] Dabei wird es als ausreichend angesehen, wenn ein Bieter „wesentliche Teile" des Angebots des Mitbewerbers kennt; eine Kenntnis von mehr als 50 % der Angebotsgrundlagen eines Mitbewerbers ist insoweit „mehr als ausreichend".[150] Die Grenze einer unbedenklichen „unwesentlichen Kenntnis" ist in der Rechtsprechung noch nicht geklärt. Für die Frage, wann eine Kennt-

---

[142] Vgl. *Gabriel/Benecke/Geldsetzer*, Die Bietergemeinschaft, Rdn. 32; *Hertwig/Nelskamp*, BauRB 2004, 183, 185.
[143] Vgl. OLG Koblenz, VergabeR 2005, 527, 528; *Gabriel/Benecke/Geldsetzer*, a.a.O.
[144] Vgl. BGH, BB 1984, 364; OLG Düsseldorf, Beschl. v. 3.6.2004, W (Kart) 14/04; OLG Frankfurt/Main, NZBau 2004, 60; *Hertwig/Nelskamp*, BauRB 2004, 183, 185.
[145] Vgl. *Haupt* in Jagenburg/Schröder/Baldringer, Der ARGE-Vertrag, Anhang 4, Rdn. 743.
[146] Vgl. OLG Düsseldorf, Beschl. v. 16.9.2003, Verg 52/03, IBR 2003, 686; OLG München, Beschl. v. 11.8.2008, Verg 16/08, VergabeR 2009, 61 ff.; *Verfürth* in Kulartz/Marx/Portz/Prieß, VOB/A, § 16, Rdn. 102.
[147] OLG Düsseldorf, Beschl. v. 16.9.2003, Verg 52/03, IBR 2003, 686; *Schranner* in Ingenstau/Korbion, VOB, § 2 VOB/A, Rdn. 67; *Ziekow/Völlink*, Vergaberecht, § 16 VOB/A, Rdn. 15.
[148] Vgl. OLG München, Beschluss vom 11.8.2008, Verg 17/08; *Röwekamp* in Eschenbruch/Opitz, SektVO, § 26, Rdn. 21.
[149] VK Rheinland-Pfalz, Beschl. v. 14.6.2005, VK 16/05; *Gabriel/Benecke/Geldsetzer*, Die Bietergemeinschaft, Rdn. 41.
[150] Vgl. OLG München, Beschl. v. 11.8.2008, Verg 16/08.

a) Mehrfachbeteiligung von Mitgliedern einer Bietergemeinschaft

Wiederholt sind Verstöße gegen den Geheimwettbewerb aufgrund einer Mehrfachbeteiligung von Mitgliedern einer Bietergemeinschaft (als Mitglied mehrerer Bietergemeinschaften oder als Einzelbieter und zudem als Mitglied einer Bietergemeinschaft) und daraus folgender wechselseitiger Angebotskenntnis festgestellt worden. Eine solche Mehrfachbeteiligung ist regelmäßig als unzulässige Wettbewerbsbeschränkung anzusehen, die beispielsweise nach § 16 bzw. 16 EG Abs. 1 Nr. 1 lit. d) VOB/A zum zwingenden Ausschluss aller betroffenen Bieter bzw. Bietergemeinschaften aus dem Vergabeverfahren führt:[151] 101

Bewirbt sich ein Unternehmen nicht nur als Mitglied einer Bietergemeinschaft um einen Auftrag, sondern gibt darüber hinaus auch als Einzelbieter ein Angebot ab, so besteht eine (nur mit erheblichem Aufwand widerlegbare) Vermutung dafür, dass der Geheimwettbewerb nicht gewahrt ist, weil wechselseitige Kenntnis der Angebote oder zumindest der Angebotsgrundlagen bestand.[152] Ein automatischer Ausschluss ohne Eröffnung bzw. Berücksichtigung der Führung des Gegenbeweises durch die betroffenen Bieter ist indes unzulässig.[153] 102

Das parallel als eigenständiger Bieter auftretende Mitglied der Bietergemeinschaft hat jedenfalls grundsätzlich Kenntnis von dem Angebot der Bietergemeinschaft, der es angehört. Umgekehrt hat auch die Bietergemeinschaft über ihr sich mehrfach beteiligendes Mitglied Kenntnis von dessen Einzelangebot. Selbst wenn keine Information der Bietergemeinschaft bzw. der übrigen Mitglieder erfolgt, muss sich die Bietergemeinschaft die Kenntnis ihres Mitglieds zurechnen lassen.[154] 103

Dementsprechend muss prinzipiell eine Verletzung des Geheimwettbewerbs bei Mehrfachbeteiligungen angenommen und einer Prüfung durch die Vergabestelle unterzogen werden. Dies gilt wegen der Zurechnung der Kenntnisse eines Mitglieds gegenüber der jeweiligen Bietergemeinschaft ebenso bei doppelter Beteiligung als Mitglied von zwei Bietergemeinschaften. 104

Nicht alle Formen der Mehrfachbeteiligung sind jedoch dem Verdacht wettbewerbsbeschränkender Abreden ausgesetzt. Kritisch und zumeist unzulässig sind Mehrfachbeteiligungen „für dieselbe Leistung". Als zulässig wird es hingegen angesehen, wenn sich eine Bietergemeinschaft um einen Gesamtauftrag bewirbt und Mitglieder der Bietergemeinschaft entsprechend ihrem Aufgabenbereich in der Bietergemeinschaft daneben Angebote für ein oder mehrere Lose abgeben.[155] Hierin liegt nach der Rechtsprechung keine Bewerbung um „dieselbe Leistung" und entsteht keine – durch wechselseitiges Angebotswissen durchbrochene – Konkurrenzsituation, da sich die Bewerbung auf unterschiedliche Auftragsinhalte bezieht. 105

---

[151] Vgl. *Haupt* in Jagenburg/Schröder/Baldringer, Der ARGE-Vertrag, Anhang 4, Rdn. 762.
[152] Vgl. OLG Naumburg, Beschl. v. 30.7.2004, 1 Verg 10/04, IBR 2005, 115; OLG Celle, Beschl. v. 13.12.2007, 13 Verg 10/07; *Verfürth* in Kulartz/Marx/Portz/Prieß, VOB/A, § 16, Rdn. 107; *Röwekamp* in Eschenbruch/Opitz, SektVO, § 26, Rdn. 22.
[153] EuGH, Urt. v. 23.12.2009, C-376/08 – Serrantoni.
[154] Zutreffend *Lux*, Bietergemeinschaften, S. 143 f.
[155] OLG Düsseldorf, Beschl. v. 28.5.2003, VergabeR 2003, 461; OLG Thüringen, Beschl. v. 31.8.2009, 9 Verg 6/09; skeptisch *Leinemann*, VergabeR 2003, 467, 468.

b) Mehrfachbeteiligung von Nachunternehmern

106 Große praktische Bedeutung hat die Frage, ob auch bei einer Mehrfachbeteiligung von Nachunternehmern eine wechselseitige Angebotskenntnis vermutet und von den Bietern widerlegt werden muss.[156] Diese Frage stellt sich zuvorderst, wenn ein Unternehmen einmal als Bieter und einmal als Nachunternehmer auftritt. Eine solche Parallelbeteiligung bedeutet nicht immer einen Verstoß gegen das Gebot des Geheimwettbewerbs. Einem Nachunternehmer ist grundsätzlich keine Kenntnis von dem Angebot des betreffenden Bieters zu unterstellen; anders als ein Bietergemeinschaftsmitglied kennt er regelmäßig nur den von ihm angebotenen Preis, nicht aber die weiteren Inhalte des Angebots und insbesondere die Preise des auf ihn zugreifenden Bieters. Es müssen deshalb weitere Tatsachen hinzukommen, die nach Art und Umfang des Nachunternehmereinsatzes sowie mit Rücksicht auf die Begleitumstände eine Kenntnis von dem zur selben Ausschreibung abgegebenen Konkurrenzangebot annehmen lassen.[157] Erstrecken sich die Leistungen des Nachunternehmers auf große Teile oder gar die gesamte operative Leistung des Konkurrenzangebotes, so kennt er wesentliche Kalkulationsgrundlagen, die einer Kenntnis des Angebotes selbst gleichzustellen sind. Stellt der Nachunternehmer in einer solchen Konstellation zusätzlich ein eigenes Angebot, so liegt ein Verstoß gegen den Grundsatz des Geheimwettbewerbs vor.

107 Praxisrelevant ist zudem die Beteiligung eines Unternehmens als Nachunternehmer für mehrere Bieter. Denn insbesondere bei komplexen und hoch spezialisierten Aufträgen wird nicht selten ein und dasselbe Unternehmen von mehreren Bietern als Nachunternehmer angesprochen. Der Nachunternehmer kennt zumindest dann wesentliche Angebotsgrundlagen, wenn er zentrale Leistungsinhalte abdeckt. Entscheidend ist aber nicht die Kenntnis des Nachunternehmers, sondern die Kenntnis des Bieters. Da ein Bieter regelmäßig keine Kenntnis davon hat, dass der von ihm angesprochene Nachunternehmer auch für andere Bieter Nachunternehmerleistungen im für einen ausgeschriebenen Auftrag anbietet, kann aus der Beteiligung eines Unternehmens als Nachunternehmer für mehrere Bieter regelmäßig nicht auf eine wettbewerbsbeschränkende Verhaltensweise der betroffenen Bieter geschlossen werden, sodass in dieser Konstellation ein Ausschlussgrund regelmäßig nicht vorliegt.

c) Bewerbung mehrerer konzernverbundener Unternehmen

108 Die Vermutung wechselseitiger Angebotskenntnis besteht nicht nur bei mehrfacher Beteiligung eines Unternehmens, sondern erstreckt sich auch auf die parallele Beteiligung konzernverbundener Unternehmen. Denn auch hier ist grundsätzlich von einer entsprechenden Informationsweitergabe auszugehen, sodass auch in diesem Fall eine – widerlegbare – Vermutung für eine Verletzung des Geheimwettbewerbs besteht.[158] Gleiches gilt, wenn mehrere Angebote rechtlich verschiedener und auch nicht konzernverbundener Anbieter von ein und derselben Person (etwa einem Berater) erstellt worden sind.[159]

d) Widerlegung der Vermutung

109 Sofern die Vermutung einer Verletzung des Geheimwettbewerbs im Raum steht, droht der Ausschluss aller beteiligten Bieter aus dem Vergabeverfahren. Diesem Ausschluss kann

---

[156] Vgl. zu dieser Thematik eingehend *Hertwig*, Praxis der Auftragsvergabe, Rdn. 479.
[157] Vgl. OLG Düsseldorf, Beschluss vom 13.4.2006, Verg 10/06; VK Sachsen-Anhalt, Beschluss vom 5.3.2012, 2 VK LSA 35/11; VK Schleswig-Holstein, Beschluss vom 17.9.2008, VK-SH 10/08.
[158] Vgl. OLG Düsseldorf, Beschl. v. 13.4.2011, Verg 4/11; a.A. *Röwekamp* in Eschenbruch/Opitz, SektVO, § 26, Rdn. 23.
[159] OLG Thüringen, Beschl. v. 19.4.2004, 6 Verg 3/04; *Schranner* in Ingenstau/Korbion, VOB, § 2 VOB/A, Rdn. 69.

nur mit dem Nachweis entgegen gewirkt werden, dass auf Grund entsprechender Vorkehrungen keine relevante Angebotskenntnis besteht.

Ein solcher Nachweis dürfte für die Beteiligung eines Unternehmens als Mitglied einer Bietergemeinschaft und als Einzelbieter nur selten möglich sein, wenn sich beide Angebote auf die Gesamtleistung beziehen. Hier müsste erstens der Leistungsanteil in der Bietergemeinschaft unwesentlich sein, um die Kenntnis des Bieters noch als unbedenklich einstufen zu können. Zweitens müsste zusätzlich durch rechtliche und/oder technische Maßgaben sichergestellt sein, dass das betroffene Unternehmen keinerlei Kenntnisse von den übrigen Angebotsinhalten der Bietergemeinschaft erhält und wechselseitig keine Informationen ausgetauscht werden. 110

Bei paralleler Beteiligung konzernverbundener Unternehmen kann über die Darlegung unterschiedlicher Personalbesetzungen und entsprechende technische und/oder rechtliche Sicherungsmechanismen (Chinese Walls o.Ä.) der erforderliche Nachweis durchaus erbracht werden. 111

Ein entsprechender Nachweis ist spätestens bei Angebotsabgabe erforderlich. Denn nach der Rechtsprechung bedarf es nicht aktiver Aufklärungsbemühungen des Auftraggebers, sondern sind die Bieter gehalten, entsprechende Verdachtsmomente (spätestens) bei der Angebotserhebung auszuräumen.[160] Es obliegt dem Bieter, in seinem Angebot diejenigen besonderen Umstände und Vorkehrungen nachzuweisen, die ausnahmsweise einem Angebotsausschluss entgegen stehen.[161] 112

Bei Verfahren mit vorgeschaltetem Teilnahmewettbewerb empfiehlt sich eine entsprechende Darlegung bereits bei Einreichung des Teilnahmeantrages. Vor Angebotsabgabe besteht zwar regelmäßig keine Kenntnis wettbewerblicher Angebotspreise oder Angebotsgrundlagen, sodass noch kein Verstoß gegen den Wettbewerbsgrundsatz bzw. den Geheimwettbewerb vorliegt.[162] Allerdings wäre es widersinnig, wenn der Auftraggeber trotz absehbarem Ausschluss die betroffenen Bewerber sämtlich zur Angebotsabgabe auffordern müsste. Deshalb wirkt der (drohende) Verstoß gegen den Grundsatz des Geheimwettbewerbs bereits auf den Teilnahmewettbewerb vor, sodass der öffentliche Auftraggeber die betroffenen Bewerber – bei evidenten Verstößen – bereits im Teilnahmewettbewerb ausschließen kann.[163] In Zweifelsfällen wird zwar hier eine Aufklärung durch den öffentlichen Auftraggeber erforderlich sein; vorsorglich ist ein Nachweis der betroffenen Bewerber jedoch bereits bei Einreichung des Teilnahmeantrages zu empfehlen. 113

VIII. Nicht zugelassene und nicht den Mindestanforderungen entsprechende Nebenangebote

Ein nicht zugelassenes Nebenangebot ist zwingend auszuschließen. Hierdurch wird sichergestellt, dass erstens der Auftraggeber nicht gegen seinen Willen gezwungen werden kann, Nebenangebote in seine Wertung einzubeziehen und zweitens es einem Bieter nicht möglich ist, sich durch die ungefragte Einreichung eines Nebenangebots zusätzliche Zuschlagschancen zum Nachteil der anderen Bieter zu verschaffen. 114

Hierbei ist nach der aktuellen Rechtsprechung des OLG Düsseldorf allerdings eine genaue Prüfung erforderlich, ob es sich um ein Haupt- und Nebenangebot handelt oder zwei Hauptangebote vorliegen. Ein Bieter ist hiernach nicht gehindert, zwei in technischer Hinsicht unterschiedliche Hauptangebote abzugeben; die irrtümliche Bezeichnung als Nebenangebot 115

---

[160] So OLG Düsseldorf in st. Rspr, vgl. insbesondere Beschl. v. 27.7.2006, Verg 23/06, VergabeR 2007, 229, 233; Beschl. v. 13.4.2011, Verg 4/11.
[161] Vgl. OLG Düsseldorf, Beschl. v. 27.7.2006, Verg 23/06, VergabeR 2007, 229, 233.
[162] Vgl. OLG München, Beschl. v. 28.4.2006, Verg 6/06; *Meininger/Kayser*, BB 2006, 283, 285.
[163] Vgl. VK Brandenburg, Beschl. v. 2.10.2006, 2 VK 38/06; VK Brandenburg, Beschl. v. 21.2.2007, 2 VK 58/06; *Meininger/Kayser*, BB 2006, 283, 285; *Lux*, Bietergemeinschaften, S. 147.

schadet nicht.[164] Ein zweites Hauptangebot liegt etwa vor, wenn der Bieter neben dem Leitfabrikat ein als gleichwertig dargestelltes Alternativfabrikat anbietet, also von der Leistungsbeschreibung nicht abweichen möchte; ein Nebenangebot ist demgegenüber anzunehmen, wenn der Bieter eine andere als die nachgefragte Leistung anbietet.[165]

116 Für nationale Bauvergaben muss ein Auftraggeber Nebenangebote ausdrücklich ausschließen, wenn er sie nicht zulassen will; ohne einen solchen Hinweis sind sie zulässig. § 16 Abs. 1 Nr. 1 lit. e) VOB/A sieht deshalb einen Ausschluss von Nebenangeboten nur dann vor, wenn der Auftraggeber in der Bekanntmachung oder den Vergabeunterlagen erklärt hat, dass er keine Nebenangebote zulässt. Im 2. Abschnitt der VOB/A sowie in den anderen Vergabeordnungen gilt, dass Nebenangebote unzulässig sind, wenn sie nicht ausdrücklich zugelassen wurden.[166] Im Gegensatz zum ersten Abschnitt der VOB/A sind Nebenangebote nach § 19 EG Abs. 3 lit. g) VOL/A, § 16 EG Abs. 1 Nr. 1 lit. e) VOB/A und § 8 Abs. 1 SektVO auszuschließen, wenn sie nicht ausdrücklich zugelassen worden sind.

117 Weiterhin sind auch solche Nebenangebote zwingend auszuschließen, welche die vom Auftraggeber festgelegten Mindestanforderungen nicht erfüllen. Diese Vorgabe dient in erster Linie einem fairen Wettbewerb, denn nur Angebote, welche die Mindestbedingungen des Auftraggebers erfüllen, können sachgerecht miteinander verglichen werden. Diese hat der Auftraggeber in der Bekanntmachung oder den Vergabeunterlagen festzulegen (vgl. etwa § 9 EG Abs. 5 Satz 3 VOL/A). Ein öffentlicher Auftraggeber ist an seine einmal festgelegten Mindestanforderungen gebunden und darf nicht im Nachhinein zugunsten einzelner Bieter hiervon abweichen.[167]

118 Ein Ausschluss ist zudem auch dann zwingend, wenn der Auftraggeber zwar Nebenangebote formell zugelassen, jedoch die Formulierung von Mindestanforderungen unterlassen hat.[168] Denn ohne entsprechende Mindestanforderungen ist eine Vergleichbarkeit der Angebote nicht mehr sichergestellt und kann eine transparente Angebotswertung nicht mehr durchgeführt werden.

119 Im Bereich der VOB/A ist ein Angebotsausschluss ferner dann vorgeschrieben, wenn die formalen Anforderungen an Nebenangebote nicht eingehalten werden, also das Nebenangebot nicht auf gesonderter Anlage eingereicht und als solches gekennzeichnet wird (vgl. § 16 bzw. 16 EG Abs. 1 Nr. 1 lit. f) i.V.m. § 13 bzw. § 13 EG Abs. 3 Satz 2 VOB/A).

IX. Abgabe vorsätzlich unzutreffender Angaben zur Eignung

120 Schließlich ist nach § 16 bzw. § 16 EG Abs. 1 Nr. 1 lit. g) VOB/A ein Angebot auch dann auszuschließen, wenn der Bieter im Vergabeverfahren vorsätzlich unzutreffende Erklärungen in Bezug auf seine Fachkunde, Leistungsfähigkeit und Zuverlässigkeit, also seine Eignung, abgegeben hat. Die VOL/A sieht für diesen Fall demgegenüber in § 19 EG Abs. 4 i.V. § 6 EG Abs. 6 lit. e) lediglich einen fakultativen Ausschluss vor. Diese Ausschlusstatbestände tragen dem Umstand Rechnung, dass ein Bieter, der vorsätzlich die Unwahrheit zu seiner Eignung vorträgt, nicht vertrauenswürdig sein kann; der Auftraggeber soll nicht gezwungen sein, einen Vertrag mit einem solchen Bieter zu schließen.[169]

121 Der Tatbestand ist nur dann erfüllt, wenn **im konkreten Vergabeverfahren** vorsätzlich unzutreffende Angaben gemacht wurden; Falscherklärungen aus anderen Vergabever-

---

[164] Vgl. OLG Düsseldorf, Beschluss vom 9.3.2011, Verg 52/10.
[165] Vgl. OLG Düsseldorf, Beschluss vom 9.3.2011, Verg 52/11.
[166] Vgl. *Kus* in Kulartz/Marx/Portz/Prieß, VOL/A, § 8, Rdn. 53; *Verfürth/Dittmann* in Kulartz/Marx/Portz/Prieß, VOL/A, § 19 EG, Rdn. 152; *Opitz* in Eschenbruch/Opitz, SektVO, § 8, Rdn. 17.
[167] Vgl. *Dittmann* in Kulartz/Marx/Portz/Prieß, VOL/A, § 19 EG, Rdn. 157,
[168] Vgl. *Dittmann* in Kulartz/Marx/Portz/Prieß, VOL/A, § 19 EG, Rdn. 158.
[169] Vgl. *Kratzenberg* in Ingenstau/Korbion, VOB, § 16 VOB/A, Rdn. 34.

fahren genügen nicht.[170] Soweit eine Ausdehnung auf Falscherklärungen in anderen Vergabeverfahren befürwortet wird,[171] lässt sich dies angesichts der immer gebotenen engen Auslegung von Ausschlussgründen mit dem Wortlaut nicht vereinbaren. Der Ausschluss wird vorgesehen, wenn der Bieter „im Vergabeverfahren" und nicht „in einem" Vergabeverfahren vorsätzliche Falschauskünfte erteilt hat. Die Bezugnahme auf die „im Vergabeverfahren" erteilten Auskünfte stellt einen Bezug zu dem konkreten Ausschreibungsverfahren her. Allerdings kann eine frühere vorsätzliche Falschdarstellung u. U. auf der zweiten Wertungsstufe im Hinblick auf die Zuverlässigkeit des Bieters relevant sein.[172]

Der Begriff der „Vorsätzlichkeit" ist nach allgemeinen Maßstäben auszulegen. Letztlich muss eine arglistige Täuschung des Auftraggebers vorliegen.[173] Der Tatbestand ist sowohl dann erfüllt, wenn der Bieter positiv weiß, dass er unzutreffend vorträgt, als auch, wenn er Behauptungen „ins Blaue hinein" aufstellt.[174] Die Fehlerhaftigkeit der Darstellung kann auch aus dem gezielten Unterlassen einzelner Angaben resultieren.[175] Es genügt im Übrigen auch, wenn der Bieter mit der Unrichtigkeit seiner Angaben rechnet und diese Unrichtigkeit billigend in Kauf nimmt (bedingter Vorsatz).[176] Falschauskünfte eines vom Bieter benannten Nachunternehmers sind dem Bieter zuzurechnen.[177] **122**

Ein Ausschluss wurde etwa für zulässig erachtet, wenn der Bieter angibt, keine Nachunternehmer einsetzen zu wollen, sich jedoch in der Aufklärung (der Bieter hatte in der Kalkulation auch Zuschläge für Nachunternehmer aufgeführt, sodass widersprüchliche Angaben vorlagen) herausstellt, dass er dies sehr wohl vorhatte.[178] **123**

C. Fakultative Ausschlussgründe

Neben den zwingenden Ausschlussgründen formulieren die VOB/A sowie die VOL/A einen abschließenden Katalog[179] weiterer Tatbestände, in welchen die Entscheidung über den Ausschluss im Ermessen des Auftraggebers steht. Die Ausschlussgründe sprechen Sachverhalte an, in welchen typischerweise die Zuverlässigkeit oder Leistungsfähigkeit eines Unternehmens zweifelhaft erscheint; der Sache nach handelt es sich insoweit um einen vorweggenommenen Teil der Eignungsprüfung.[180] **124**

I. Insolvenzverfahren

Ein Bieter kann nach § 16 bzw. 16 EG Abs. 1 Nr. 2 lit. a VOB/A bzw. nach §§ 19 EG Abs. 4 i.V.m. § 6 EG Abs. 6 lit. a) VOL/A ausgeschlossen werden, wenn **125**
- über das Vermögen des Bieters ein Insolvenzverfahren oder ein vergleichbares Verfahren eröffnet wurde oder
- die Eröffnung beantragt wurde oder
- dieser Antrag mangels Masse abgelehnt worden ist.

---

[170] Vgl. *Heuvels* in Heuvels/Höß/Kuß/Wagner, Vergaberecht, § 16 VOB/A, Rdn. 32; *Hausmann/von Hoff* in Kulartz/Marx/Portz/Prieß, § 6 EG, Rdn. 127.
[171] So *Kratzenberg* in Ingenstau/Korbion, VOB, § 16 VOB/A, Rdn. 37.
[172] Zutreffend *Heuvels* in Heuvels/Höß/Kuß/Wagner, Vergaberecht, § 16 VOB/A, Rdn. 32.
[173] Vgl. *Kratzenberg* in Ingenstau/Korbion, VOB, § 16 VOB/A, Rdn. 39.
[174] Vgl. *Kratzenberg* in Ingenstau/Korbion, VOB, § 16 VOB/A, Rdn. 35.
[175] Vgl. VK Hessen, Beschluss vom 28.6.2005, 69d VK-07/2005; *Hausmann/von Hoff* in Kulartz/Marx/Portz/Prieß, VOL/A, § 6 EG, Rdn. 128.
[176] Vgl. VK Sachsen-Anhalt, Beschluss vom 30.7.2012, 2 VK LSA 15/12.
[177] Vgl. OLG Düsseldorf, Beschluss vom 16.11.2011, Verg 60/11.
[178] Vgl. VK Sachsen-Anhalt, Beschluss vom 30.7.2012, 2 VK LSA 15/12.
[179] Vgl. *Heuvels* in Heuvels/Höß/Kuß/Wagner, Vergaberecht, § 16 VOB/A, Rdn. 33.
[180] Vgl. *Frister* in Kapellmann/Messerschmidt, VOB, § 16 VOB/A, Rdn. 29.

126 In diesen Fällen steht es im Ermessen des Auftraggebers, ob er das Unternehmen ausschließt, oder das Angebot in die (weitere) Wertung hineinnimmt. Maßstab für die Ermessensausübung ist die Frage der Eignung, die mit der Eröffnung oder Beantragung eines Insolvenzverfahrens nicht automatisch entfällt, sondern im jeweiligen Einzelfall zu prüfen ist. Hierbei steht dem Auftraggeber ein eigener Beurteilungsspielraum zu.[181]

127 Der Auftraggeber ist zu einer umfassenden Prüfung und Nachforschung verpflichtet, ob der Bieter im Hinblick auf seine personelle, technische und finanzielle Ausstattung für den konkreten Auftrag die Gewähr einer reibungslosen Abwicklung bietet und ob man sich auf ihn verlassen kann.[182] Dabei indiziert die Beantragung bzw. Eröffnung eines Insolvenzverfahrens allein noch keine fehlende Leistungsfähigkeit und gestattet keine generalisierende Ermessensbetätigung des Auftraggebers.[183] Die allgemeinen Risiken, die bei einem insolventen Unternehmen immer bestehen, können deshalb für sich genommen keinen Ausschluss rechtfertigen.[184]

128 Geboten ist deshalb eine Beurteilung der Leistungsfähigkeit und Zuverlässigkeit für den konkreten Auftrag, wofür insbesondere ein Insolvenzplan, die Höhe der von Gläubigern angemeldeten Forderungen und sonstige Erkenntnisse zur Wahrscheinlichkeit einer Erholung des Unternehmens herangezogen werden können.[185] Auf der anderen Seite kann der Auftraggeber die Bedeutung, Komplexität und Dauer des ausgeschriebenen Auftrages sowie die Risiken einer vorzeitigen Beendigung des Auftrages in seiner Betrachtungen einstellen.

129 Die Rechtsprechung billigt dem Auftraggeber einen Entscheidungsspielraum zu, in welchem Maße er bereit ist, Risiken einzugehen. Hierbei kann der Auftraggeber auch den Abstand zum nächsten Bieter berücksichtigen und somit wirtschaftliche Chancen und Risiken in die Entscheidung einfließen lassen.[186]

130 Sofern ein Insolvenzantrag allerdings mangels Masse abgelehnt wurde, wird in aller Regel eine positive Prognose kaum möglich sein und ist ein Ausschluss regelmäßig ohne tiefer gehende Aufklärungen und Ermessenserwägungen gerechtfertigt.[187]

131 Teilweise wird angenommen, dass der Ausschlussgrund bei der Beteiligung von Bietergemeinschaften bereits dann eröffnet ist, wenn ein Mitglied der Bietergemeinschaft insolvent wird.[188] Dies erscheint insoweit zweifelhaft, als die Ausschlussgründe an die Insolvenz des Bewerbers bzw. Bieters anknüpfen und die einem Einzelbieter gleichzusetzende Bietergemeinschaft als solche in dieser Konstellation nicht in Insolvenz geraten ist. Allerdings ist freilich die Insolvenz eines Bietergemeinschaftsmitglieds auf der Ebene der Eignungsprüfung zu würdigen.[189] Darüber hinaus begründet bei einer zweigliedrigen Bietergemeinschaft der Wegfall eines Mitglieds durch Insolvenz einen zwingenden Ausschluss, weil das verbliebene Mitglied nunmehr als Einzelbieter auftritt und damit eine unzulässige

---

[181] Vgl. VK Sachsen-Anhalt, Beschluss vom 20.12.2012, 2 VK-LSA 37/12.
[182] Vgl. OLG Celle, Beschluss vom 18.2.2013, 13 Verg 1/13; *Summa* in Juris-PK-Vergaberecht, § 16 VOB/A, Rdn. 225f.
[183] Vgl. OLG Düsseldorf, Beschluss vom 2.5.2012, Verg 68/11; OLG Celle, Beschluss vom 18.2.2013, Verg 1/13; *Frister* in Kapellmann/Messerschmidt, VOB, § 16 VOB/A, Rdn. 30.
[184] Vgl. OLG Celle, Beschluss vom 18.2.2013, Verg 1/13.
[185] Vgl. OLG Celle, Beschluss vom 18.2.2013, Verg 1/13; VK Sachsen-Anhalt, Beschluss vom 21.6.2012, 2 VK-LSA 08/12.
[186] Vgl. OLG Celle, Beschluss vom 18.2.2013, Verg 1/13.
[187] Vgl. *Kratzenberg* in Ingenstau/Korbion, VOB, § 16 VOB/A, Rdn. 42; *Hausmann/von Hoff* in Kulartz/Marx/Portz/Prieß, VOL/A, § 19 EG, Rdn. 99; *Heuvels* in Heuvels/Höß/Kuß/Wagner, Vergaberecht, § 16 VOB/A, Rdn. 36.
[188] Vgl. *Hausmann/von Hoff* in Kulartz/Marx/Portz/Prieß, VOL/A, § 6 EG, Rdn. 100.
[189] Vgl. OLG Celle, Beschluss vom 17.7.2007, 13 Verg 9/07; *Müller-Wrede* in Müller-Wrede, VOL/A, § 6 EG, Rdn. 53.

§ 27 Formelle Angebotsprüfung (erste Wertungsstufe)　　　　　　　　　　Kap. 6

Identitätsänderung vorliegt.[190] Der Ausschlussgrund entfällt schließlich, wenn das Insolvenzverfahren beendet wurde und der Betrieb wieder ordnungsgemäß arbeitet und insbesondere seine Verpflichtungen wieder voll erfüllt.[191]

II. Liquidation

Sofern sich ein Unternehmen in Liquidation befindet, kann das Angebot ebenfalls ausgeschlossen werden (vgl. etwa § 16 (EG) Abs. 1 Nr. 2 lit. b) VOB/A). Die Liquidation setzt die Auflösung der Gesellschaft voraus und beinhaltet die Abwicklung des Unternehmens bis zum Erlöschen.[192] Bei der Liquidation ist damit – im Gegensatz zum Insolvenzantrag – das Erlöschen des Unternehmens ausdrücklich angestrebt und konkret absehbar. Zumindest für längerfristige Verträge kann ein solches Unternehmen nicht mehr als leistungsfähig angesehen werden, weshalb die Liquidation in aller Regel einen Ausschluss des Bieters rechtfertigt.[193]

132

III. Nachweisbare schwere Verfehlung, die die Eignung in Frage stellt

Einen in der Praxis bedeutenden Ausschlussgrund stellt der Tatbestand der „nachweislich schweren Verfehlung" des Bieters (vgl. etwa § 16 (EG) Abs. 1 Nr. 2, lit. c) VOB/A) dar, welche dessen Zuverlässigkeit in Zweifel zieht. Unter den Begriff der „schweren Verfehlungen" können insbesondere Straftaten und Ordnungswidrigkeiten im Rahmen einer Geschäftstätigkeit, schwerwiegende Verstöße gegen Grundprinzipien des Vergaberechts wie etwa Wettbewerb und Diskriminierungsfreiheit sowie schwere Vertragsverstöße fallen.[194]

133

1. Begehung von Straftaten und Ordnungswidrigkeiten

Eine schwere Verfehlung kann insbesondere dann vorliegen, wenn sich Führungskräfte eines Unternehmens der Begehung von Straftaten im Zusammenhang mit der Geschäftstätigkeit schuldig gemacht oder schwere Ordnungswidrigkeiten begangen haben.[195] Bedeutsam sind insoweit insbesondere Vermögens- und Eigentumsdelikte wie etwa Betrugsdelikte, Bestechung, Vorteilsgewährung oder Urkundenfälschung.[196] Relevant sind ebenfalls Verstöße gegen Vorschriften des GWB, des UWG, des Umweltrechts, des Schwarzarbeitsgesetzes oder des Arbeitnehmerüberlassungsgesetzes.[197]

134

Im Bereich europaweiter Vergaben ist bei rechtskräftiger Verurteilung wegen bestimmter Straftatbestände, insbesondere solcher zum Nachteil der Europäischen Union, sogar ein zwingender Ausschluss vorgegeben (im Bereich der SektVO nach § 21 Abs. 1 nur für solche Auftraggeber, die zugleich die Voraussetzungen des § 98 Nummern 1, 2 oder 3 GWB erfüllen), von welchem der Auftraggeber nur in eng begrenzten Fällen absehen kann (vgl. § 6 EG Abs. 4 VOB/A, § 6 EG Abs. 4 VOL/A, § 4 Abs. 6 VOF, § 21 Abs. 1 SektVO). Ein Ausschluss ist in diesen Fällen nur dann entbehrlich, wenn das öffentliche

135

---

[190] Vgl. OLG Karlsruhe, Beschluss vom 15.10.2008, 15 Verg 9/08; OLG Düsseldorf, Beschluss vom 24.5.2005, Verg 28/05.
[191] Vgl. *Kratzenberg* in Ingenstau/Korbion, VOB, § 16 VOB/A, Rdn. 42.
[192] Vgl. *Müller-Wrede* in Müller-Wrede, VOL/A, § 6 EG, Rdn. 54.
[193] Vgl. *Heuvels* in Heuvels/Höß/Kuß/Wagner, Vergaberecht, § 16 VOB/A, Rdn. 37; *Frister* in Kapellmann/Messerschmidt, VOB, § 16 VOB/A, Rdn. 31; *Kratzenberg* in Ingenstau/Korbion, VOB, § 16 VOB/A, Rdn. 43.
[194] Vgl. *Müller-Wrede* in Müller-Wrede, VOL/A, § 6 EG, Rdn. 58.
[195] Vgl. *Glahs* in Kapellmann/Messerschmidt, VOB, § 6 VOB/A, Rdn. 49, 59.
[196] Vgl. *Frister* in Kapellmann/Messerschmidt, VOB, § 16 VOB/A, Rdn. 32; *Heuvels/Höß/Kuß/Wagner*, Vergaberecht, § 16 VOB/A, Rdn. 39.
[197] Vgl. *Müller-Wrede* in Müller-Wrede, VOL/A, § 6 EG, Rdn. 58.

Interesse dies zwingend erfordert, andere Unternehmen die Leistung nicht erbringen können oder aufgrund besonderer Umstände des Einzelfalls (etwa: Selbstreinigung) die Zuverlässigkeit des Unternehmens nicht bzw. nicht mehr in Frage gestellt wird (vgl. etwa § 6 EG Abs. 4 Nr. 3 VOB/A).

136 Eine Verurteilung oder gar deren Rechtskraft sind für die „Nachweislichkeit" der zum fakultativen Ausschluss berechtigenden Straftaten hingegen nicht erforderlich; es genügt ein konkreter und greifbarer Tatverdacht.[198] Dieser ist insbesondere dann zu bejahen, wenn ein Haftbefehl wegen dringenden Tatverdachts beantragt und erlassen worden ist[199] oder durch die Staatsanwaltschaft Anklage erhoben wurde.[200]

137 Der Auftraggeber ist auf die Feststellungen von Strafverfolgungsbehörden und Gerichten indes nicht angewiesen, sondern kann den Nachweis auch selbst führen. Hierbei reichen bloße Verdächtigungen und Vorwürfe indes nicht aus, sondern es müssen zumindest konkrete und belastbare Anhaltspunkte vorliegen, die sich aus Aufzeichnungen, Belegen oder sonstigen Urkunden aus seriösen Quellen ergeben.[201] Wegen der Schwierigkeiten eines sicheren Nachweises wird den Auftraggebern ein zurückhaltender Umgang mit Ausschlüssen wegen Straftaten empfohlen, wenn die Schuld des Bieters nicht durch behördliche und/oder gerichtliche Feststellung dokumentiert ist.[202]

138 Entscheidend für die Auswirkungen eines strafbewehrten Verhaltens ist neben Art und Schwere der Straftat auch der zeitliche Zusammenhang mit dem Auftrag. Eine Straftat wird umso eher zur Negierung der Zuverlässigkeit führen müssen, je kürzer der Zeitraum zwischen der Begehung und der formellen Angebotsprüfung im konkreten Vergabeverfahren ist.[203]

2. Vertragswidriges Verhalten

139 Auch ein vertragswidriges Verhalten kann eine „schwerwiegende Verfehlung" darstellen, welche die Zuverlässigkeit in Frage stellt.[204] Zwar rechtfertigen Streitigkeiten über Vertragsinhalte nicht per se die Annahme der Unzuverlässigkeit des Vertragspartners, auch wenn sie gerichtlich ausgefochten werden.[205] Allerdings können nachweisliche, schwerwiegende und vorsätzliche Vertragsverstöße den Vorwurf der Unzuverlässigkeit tragen.

140 Dabei kann und muss der Auftraggeber insbesondere auch das frühere Vertragsverhalten des Bieters ihm gegenüber berücksichtigen. Ein Ausschluss wegen früherer Vertragsverstöße ist insbesondere dann gerechtfertigt, wenn über den konkret neu zu vergebenden Auftrag solche Streitigkeiten bestanden, dass der Vertrag nicht durchgeführt werden konnte und sich das gekündigte Unternehmen im Rahmen der Neuausschreibung der Leistungen wieder um den Auftrag bewirbt.[206] So ist beispielsweise der Ausschluss eines Unternehmens bestätigt worden, welches den Auftraggeber zunächst durch Kündigungsandrohung zur sofortigen Akzeptanz eines eklatant übersetzten Nachtrags von rund 140 % der ursprünglichen Auftragssumme bewegen wollte, ansonsten diverse Vertragspflichten nicht beachtete (etwa eine ver-

---

[198] Vgl. OLG München, Beschluss vom 22.11.2012, Verg 22/12; OLG Saarbrücken, Beschluss vom 18.12.2003, Verg 4/03.
[199] Vgl. OLG München, Beschluss vom 22.11.2012, Verg 22/12; OLG Saarbrücken, Beschluss vom 18.12.2003, Verg 4/03.
[200] Vgl. *Kratzenberg* in Ingenstau/Korbion, VOB, § 16 VOB/A, Rdn. 53.
[201] OLG Düsseldorf, Beschluss vom 9.4.2003, Verg 43/02; *Frister* in Kapellmann/Messerschmidt, VOB, § 16 VOB/A, Rdn. 34.
[202] Vgl. *Kratzenberg* in Ingenstau/Korbion, VOB, § 16 VOB/A, Rdn. 54.
[203] Vgl. *Heuvels* in Heuvels/Höß/Kuß/Wagner, Vergaberecht, § 16 VOB/A, Rdn. 43.
[204] Vgl. *Müller-Wrede* in Müller-Wrede, VOL/A, § 6 EG, Rdn. 60 m.w.N.
[205] Vgl. *Hausmann/von Hoff*, in:: Kulartz/Marx/Portz/Prieß, VOL/A, § 6 EG, Rdn. 105.
[206] Vgl. OLG Düsseldorf, Beschluss vom 25.7.2012, Verg 27/12; OLG Düsseldorf, Beschluss vom 4.2.2009, Verg 65/08; OLG Brandenburg, Beschluss vom 14.9.2010, Verg W 8/10; VK Köln, Beschluss vom 18.6.2012, VK VOL 1/2012 und VK VOL 4/2012).

einbarte Sicherheit nicht stellte) und schließlich selbst den Auftrag rechtswidrig fristlos gekündigt hatte, ohne dass ein nachvollziehbarer Grund vorlag.[207]

3. Bezugspunkt: Handelnde Personen

Bei der Prüfung schwerer Verfehlungen ist nicht auf das Unternehmen, sondern die verantwortlich handelnden natürlichen Personen abzustellen, denn die Frage der Zuverlässigkeit hängt entscheidend von den handelnden Personen ab.[208] Deshalb kann ein Ausschluss nach § 16 (EG) Abs. 1 Nr. 2, lit. c) VOB/A bzw. den Parallelvorschriften in der VOL/A auch dann gerechtfertigt sein, wenn der handelnde Mitarbeiter seine Verfehlung noch während einer Tätigkeit für ein anderes Unternehmen beging, jedoch inzwischen bei dem Bieter tätig ist.[209] 141

Des Weiteren kann die Unzuverlässigkeit eines Unternehmens auf andere Unternehmen ausstrahlen; dies gilt insbesondere auch dann, wenn (konzernverbundene) Unternehmen weitgehende Identität aufweisen, weil sie die denselben Geschäftsführer und denselben Justitiar haben sowie unter gleicher Anschrift und identischen Kontaktdaten auftreten.[210] Auch eine formale Unternehmensneugründung kann deshalb bei Identität der handelnden Personen die Unzuverlässigkeit nicht ausräumen.[211] 142

Das Handeln einer natürlichen Person ist dem Unternehmen zuzurechnen, wenn die natürliche Person für das Unternehmen bei der Führung der Geschäfte selbst verantwortlich gehandelt hat oder ein Aufsichts- oder Organisationsverschulden gemäß § 130 OWiG vorliegt.[212] 143

4. Vergabesperre

Verfehlungen der dargestellten Art können über das konkrete Vergabefahren hinaus die Vermutung der Unzuverlässigkeit begründen, sodass ein Auftraggeber berechtigt sein kann, das Unternehmen nicht nur vom aktuellen Vergabeverfahren auszuschließen, sondern für einen gewissen Zeitraum von u. U. mehreren Jahren eine Vergabesperre gegen das Unternehmen zu verhängen.[213] Da die Eignung jeweils im konkreten Verfahren geprüft wird, entbindet eine Vergabesperre den Auftraggeber indes nicht, im konkreten Vergabeverfahren erneut die Voraussetzungen eines Ausschlusses zu prüfen und sein Ermessen auszuüben; er kann sich zwar auf die seiner Vergabesperre zugrunde liegenden Feststellungen stützen, muss jedoch prüfen, ob diese auch aktuell noch und für das konkrete Vergabeverfahren den Vorwurf der Unzuverlässigkeit tragen. 144

5. Selbstreinigung

Selbst ein schwerer Verstoß kann einen Ausschluss und eine Vergabesperre hingegen dann nicht rechtfertigen, wenn das Unternehmen in der Zwischenzeit effektive Maßnahmen der „Selbstreinigung" durchgeführt hat. Eine solche Selbstreinigung muss insbesondere in der unverzüglichen und eindeutigen Trennung des Unternehmens von den für die Ver- 145

---

[207] Vgl. OLG Düsseldorf, Beschluss vom 25.7.2012, Verg 27/12; vorhergehend VK Köln, Beschluss vom 18.6.2012, VK VOL 1/2012 und VK VOL 4/2012).
[208] Vgl. OLG Düsseldorf, Beschluss vom 28.7.2005, Verg 42/05; *Müller-Wrede* in Müller-Wrede, VOL/A, § 6 EG, Rdn. 61.
[209] Vgl. *Müller-Wrede* in Müller-Wrede, VOL/A, § 6 EG, Rdn. 62.
[210] Vgl. OLG Düsseldorf, Beschluss vom 25.7.2012, Verg 27/12.
[211] Vgl. OLG Düsseldorf, Beschluss vom 18.7.2001, Verg 16/01; *Müller-Wrede* in Müller-Wrede, VOL/A, § 6 EG, Rdn. 62.
[212] Vgl. ausführlich *Hausmann/von Hoff* in Kulartz/Marx/Portz/Prieß, VOL/A, § 6 EG, Rdn. 107, 50 ff.
[213] Vgl. KG Berlin, Urteil vom 17.1.2011, 2 U 4/06 Kart, NZBau 2012, 56 ff.

fehlung verantwortlichen Mitarbeitern bestehen.²¹⁴ Darüber hinaus muss das Unternehmen den verantwortlichen Personen jeden Einfluss auf die Geschäftsführung verwehren, was insbesondere bei Gesellschaftern in der Praxis meist nicht ausreichend gelingt.²¹⁵ Es genügt also keine bloß formale Trennung, sondern es ist sicherzustellen, dass die verantwortlichen Personen auch tatsächlich keinerlei Einfluss mehr auf die Geschäftsführung des Unternehmens, sei es als Gesellschafter oder Berater haben.

146 Hat die Verfehlung, wie etwa bei Kartellabsprachen, zu Schäden bei öffentlichen Auftraggebern geführt, so setzt eine die Zuverlässigkeit wieder herstellende Selbstreinigung im Weiteren eine Mitwirkung an der Aufklärung sowie aktive Bemühungen zur Schadenswiedergutmachung voraus.²¹⁶

IV. Verstoß gegen die Pflicht zur Zahlung von Steuern und Abgaben

147 Weiterhin kann auch ein Verstoß gegen die Pflichten zur Zahlung von Steuern und Abgaben sowie der Beiträge zur gesetzlichen Sozialversicherung nach § 16 (EG) Abs. 1 Nr. 2 lit. d) VOB/A bzw. § 19 EG Abs. Abs. 4 i.V.m. § 6 EG Abs. 6 lit. d) den Ausschluss aus dem Vergabeverfahren rechtfertigen. Entsprechende Verfehlungen stellen die Leistungsfähigkeit des Bieters in Frage.²¹⁷ Steuerrückstände beinhalten angesichts drohender Vollstreckungsmaßnahmen und hoher Säumniszuschläge erhebliche Nachteile für den Bieter; wenn der Bieter schon diese für ihn besonders bedrohlichen Forderungen nicht erfüllen kann, liegt die Vermutung nahe, dass seine Liquidität deutlich angeschlagen ist.²¹⁸

148 Entscheidend ist, dass der Bieter seine Zahlungspflichten „nicht ordnungsgemäß" entrichtet hat; die tatsächliche Zahlung aller Steuern ist demgegenüber nicht erforderlich. Sind Steuern oder Abgaben gestundet oder wurde die Vollziehung ausgesetzt, kann deshalb die bloße Nichtzahlung keinen Ausschluss rechtfertigen.²¹⁹ Ein Ausschluss ist zudem nur dann gerechtfertigt, wenn die Pflichten aktuell verletzt sind oder die Pflichtverletzung in der Vergangenheit in einer Intensität erfolgt ist, dass eine konkrete Wiederholungsgefahr auch aktuell noch anzunehmen ist.²²⁰

V. Fehlende Anmeldung bei einer Berufsgenossenschaft

149 Schließlich ist der Auftraggeber im Bereich der VOB nach § 16 (EG) VOB/A bzw. § 19 EG Abs. 4 i.V.m. § 6 EG Abs. 6 lit. e) VOB/A auch dann zu einem Ausschluss berechtigt, wenn sich der Bieter nicht bei einer Berufsgenossenschaft angemeldet hat. Es gehört zur Zuverlässigkeit eines Unternehmens, seiner Pflicht zur Anmeldung bei einer Berufsgenossenschaft nachzukommen.²²¹ Die Vorschrift trägt dem Umstand Rechnung, dass die Sicherung einer Kontrolle der Unfallverhütungsvorschriften insbesondere im Baubereich für den öffentlichen Auftraggeber von besonderer Bedeutung ist.²²²

---

²¹⁴ Vgl. *Heuvels* in Heuvels/Höß/Kuß/Wagner, § 16 VOB/A, Rdn. 43; *Müller-Wrede* in Müller-Wrede, VOL/A, § 6 EG, Rdn. 75; *Verfürth* in Kulartz/Marx/Portz/Prieß, VOB/A, § 16, Rdn. 145.
²¹⁵ Vgl. OLG Düsseldorf, Beschluss vom 28.7.2005, Verg 42/05.
²¹⁶ Vgl. VK Lüneburg, Beschluss vom 24.3.2011, VgK-4/2011; VK Lüneburg, Beschluss vom 14.2.2012, VgK-5/2012.
²¹⁷ Vgl. *Verfürth* in Kulartz/Marx/Portz/Prieß, VOB/A, § 16, Rdn. 136.
²¹⁸ Vgl. *Verfürth* in Kulartz/Marx/Portz/Prieß, VOB/A, § 16, Rdn. 136.
²¹⁹ Vgl. *Frister* in Kapellmann/Messerschmidt, VOB; § 16 VOB/A, Rdn. 35.
²²⁰ Vgl. *Kratzenberg* in Ingenstau/Korbion, VOB, § 16 VOB/A, Rdn. 60; *Heuvels* in Heuvels/Höß/Kuß/Wagner, Vergaberecht, § 16 VOB/A, Rdn. 45.
²²¹ Vgl. *Heuvels/Höß/Kuß/Wagner*, Vergaberecht, § 16 VOB/A, Rdn. 46.
²²² Vgl. *Kratzenberg* in Ingenstau/Korbion, VOB, § 16 VOB/A, Rdn. 64.

§ 28 Eignungsprüfung (zweite Wertungsstufe)

Übersicht

	Rn.
A. Einleitung	1–3
B. Die Eignungskriterien	4–23
I. Fachkunde	8–10
II. Leistungsfähigkeit	11–13
III. Zuverlässigkeit	14–18
IV. Gesetzestreue	19–23
C. Keine Vermengung von Eignungskriterien und Zuschlagskriterien	24–26
D. Mindestanforderungen an die Eignung	27–29
E. Die Eignungsprüfung	30–57
I. Zeitpunkt der Eignungsprüfung	45–49
II. Entscheidungsspielraum des Auftraggebers	50, 51
III. Aufklärungen über die Eignung	52–57
F. Eignungsnachweise	58–101
I. Allgemeine Anforderungen an die Eignungsnachweise	58
II. Eignungsnachweise in den Einzelbereichen	59–95
III. Qualität der Nachweise	96, 97
IV. Abschließende Festlegung der Eignungsnachweise in der gesetzlichen Normierung?	98–101
G. Präqualifikationssysteme	102–116
I. Einführung	102, 103
II. Begriffsbestimmung und Vorteile des Präqualifikationsverfahrens	104, 105
III. Einrichtung von Präqualifikationssystemen	106–112
IV. Nachweise der Eignung mittels Präqualifikationssystem	113, 114
V. Anerkennung anderer Präqualifikationsverzeichnisse	115, 116
H. Zeitpunkt der Vorlage der geforderten Nachweise	117–129
I. Bekanntgabe der geforderten Nachweise in der Bekanntmachung	117–120
II. Vorlage mit dem Teilnahmeantrag bzw. dem Angebot	121, 122
III. Nachforderung fehlender Nachweise	123–126
IV. Nachweis der Eignung durch Bezugnahme auf dritte Unternehmen	127–129
J. Vervollständigung oder Erläuterung der Nachweise	130–132
K. Nachweis der Eignung durch andere geeignete Nachweise	133

VOL/A: § 16 Abs. 4, Abs. 5
VOL/A EG: § 19 Abs. 4, 5
VOB/A: § 16 Abs. 1, Abs. 2
VOF: § 10 Abs. 1–4

VOL/A:

§ 16 VOL/A Prüfung und Wertung der Angebote

(1) bis (3) hier nicht abgedruckt.

(4) Außerdem können Angebote von Bietern ausgeschlossen werden, die auch als Bewerber von der Teilnahme am Wettbewerb hätten ausgeschlossen werden können (§ 6 Absatz 5).

(5) Bei der Auswahl der Angebote, die für den Zuschlag in Betracht kommen, sind nur Bieter zu berücksichtigen, die für die Erfüllung der vertraglichen Verpflichtungen die erforderliche Eignung besitzen.

(6) bis (8) hier nicht abgedruckt.

VOL/A EG:

§ 19 EG VOL/A Prüfung und Wertung der Angebote

(1) bis (3) hier nicht abgedruckt.

(4) Außerdem können Angebote von Bietern ausgeschlossen werden, die auch als Bewerber von der Teilnahme am Wettbewerb hätten ausgeschlossen werden können (§ 6EG Absatz 6).

(5) Bei der Auswahl der Angebote, die für den Zuschlag in Betracht kommen, sind nur Bieter zu berücksichtigen, die die für die Erfüllung der vertraglichen Verpflichtungen erforderliche Eignung besitzen.

(6) bis (9) hier nicht abgedruckt.

VOB/A:

§ 16 Abs. 1 Nr. 2, Abs. 2 VOB/A Prüfung und Wertung der Angebote

(1)
(Nr. 1) hier nicht abgedruckt.

2. Außerdem können Angebote von Bietern ausgeschlossen werden, wenn
   a) ein Insolvenzverfahren oder ein vergleichbares gesetzlich geregeltes Verfahren eröffnet oder die Eröffnung beantragt worden ist oder der Antrag mangels Masse abgelehnt wurde oder ein Insolvenzplan rechtskräftig bestätigt wurde,
   b) sich das Unternehmen in Liquidation befindet,
   c) nachweislich eine schwere Verfehlung begangen wurde, die die Zuverlässigkeit als Bewerber in Frage stellt,
   d) die Verpflichtung zur Zahlung von Steuern und Abgaben sowie der Beiträge zur gesetzlichen Sozialversicherung nicht ordnungsgemäß erfüllt wurde,
   e) sich das Unternehmen nicht bei der Berufsgenossenschaft angemeldet hat.

(Nr. 3) hier nicht abgedruckt.

Eignung

(2)
1. Bei öffentlicher Ausschreibung ist zunächst die Eignung der Bieter zu prüfen. Dabei sind anhand der vorgelegten Nachweise die Angebote der Bieter auszuwählen, deren Eignung die für die Erfüllung der vertraglichen Verpflichtungen notwendigen Sicherheiten bieten; dies bedeutet, dass sie die erforderliche Fachkunde, Leistungsfähigkeit und Zuverlässigkeit besitzen und über ausreichende technische und wirtschaftliche Mittel verfügen.
2. Bei beschränkter Ausschreibung und freihändiger Vergabe sind nur Umstände zu berücksichtigen, die nach Aufforderung zur Angebotsabgabe Zweifel an der Eignung des Bieters begründen (vgl. § 6 Absatz 3 Nummer 6).

(3) bis (10) hier nicht abgedruckt.

VOF:

§ 10 VOF Auswahl der Bewerber

(1) Die Auftraggeber wählen unter den Bewerbern, die nicht ausgeschlossen wurden und die die Eignungskriterien (Fachkunde, Zuverlässigkeit und Leistungsfähigkeit) erfüllen, diejenigen aus, die sie zu Verhandlungen auffordern.

(2) Die der Auswahl zugrunde gelegten Eignungskriterien und die erforderlichen Erklärungen und Nachweise sind von den Auftraggebern in der Bekanntmachung zu benennen.

(3) Erfüllen mehrere Bewerber gleichermaßen die Anforderungen und ist die Bewerberzahl nach einer objektiven Auswahl entsprechend der zu Grunde gelegten Kriterien zu hoch, kann die Auswahl unter den verbleibenden Bewerbern durch Los getroffen werden.

(4) Die Auftraggeber haben die Mindestzahl und gegebenenfalls die Höchstzahl der zu Verhandlungen aufzufordernden Bewerber in der Bekanntmachung zu benennen. Bei hinreichender Anzahl geeigneter Bewerber darf die Mindestzahl nicht unter drei liegen.

(5) hier nicht abgedruckt.

Literatur:
Bonhage/Ritzenhoff, Mindestanforderungen an die finanzielle Leistungsfähigkeit in Vergabeverfahren, NZBau 2013, 151; *Csaki/Freundt*, Europarechtskonformität von vergaberechtlichen Mindestlöhnen, KommJur 2012, 246; *Dreher/Hoffmann*, Der Marktzutritt von Newcomern als Herausforderung für das Kartellvergaberecht, NZBau 2008, 545; *Freise*, Berücksichtigung von Eignungsmerkmalen bei der Ermittlung des wirtschaftlichsten Angebots?, NZBau 2009, 225; *Hözl/Friton*, Entweder – Oder: Eignungs- sind keine Zuschlagskriterien, NZBau 2008, 307; *Hofmann*, Noch einmal: Die Auswirkungen von Rüffert, RdA 2010, 351; *Ingenstau/Korbion*, VOB Teile A und B, Köln 2013; *Kapellmann/Messerschmidt*, VOB Teile A und B, München 2013; *Kulartz/Kus/Portz*, Kommentar zum GWB-Vergaberecht, 2. Auflage 2009; *Kus*, Inhalt und Reichweite des Begriffs der Gesetzestreue in § 97 Abs. 4 GWB 2009, VergabeR 2010, 321; *Meißner*, Landesvergabegesetze – Besonderheiten, Innovationen, Schwierigkeiten, ZfBR 2013, 20; *Motzke/Pietzcker/Prieß*, Beck,scher VOB Kommentar, 1. Auflage 2002; *Müller-Wrede*, Vergabe- und Vertragsordnung für Leistungen, Berlin 2010; *Redmann*, Landesvergaberecht 2.0, LKV 2012, 295; *Thüsing/Granetzny*, Noch einmal: Was folgt aus Rüffert?, NZA 2009, 183; *Wirner*, Die Eignung von Bewerbern und Bietern bei der Vergabe öffentlicher Bauaufträge, ZfBR 2003, 545; *Wittjen*, Tariftreue am Ende?, ZfBR 2009, 30.

A. Einleitung

Auf der zweiten Wertungsstufe prüfen Auftraggeber die Eignung von Bietern oder Bewerbern. Die Eignungsprüfung dient im System der Wertungsstufen dazu, diejenigen Unternehmen zu ermitteln, die zur Erbringung der konkret nachgefragten Leistung nach Fachkunde, Leistungsfähigkeit, Zuverlässigkeit und Gesetzestreue in Betracht kommen. Sie dient nach ständiger Rechtsprechung jedoch nicht dazu, qualitative Unterschiede zwischen den einzelnen Bewerbern oder Bietern herauszuarbeiten. 1

Die Eignungsprüfung ist streng unternehmensbezogen durchzuführen. Dies bedeutet insbesondere, dass die Eignungskriterien wie auch die Eignungsnachweise sich nur auf das Unternehmen und nicht etwa die verfahrensgegenständliche Auftragsdurchführung beziehen. 2

Zur Vereinfachung der Eignungsprüfung und letztlich zum Zwecke des Bürokratieabbaus dient die Einführung von Präqualifikationssystemen. Unternehmen können in solchen Systemen unabhängig von einer konkreten Auftragsvergabe ihre Eignungsnachweise, wie zum Beispiel ihre Referenzen, hinterlegen. Dies bietet für Unternehmen den Vorteil, dass sie ihre Eignungsnachweise nicht für jedes Vergabeverfahren erneut zusammenstellen müssen. Öffentlichen Auftraggebern erleichtern Präqualifikationssysteme die Durchführung der Eignungsprüfung, da sie sich auf die Vollständigkeit und Aktualität der dort hinterlegten Nachweise verlassen können. 3

B. Die Eignungskriterien

4 Mit den Eignungskriterien legen Auftraggeber die Anforderungen an die Bieter und Bewerber fest, welche diese erfüllen müssen, um sich an dem konkreten Vergabeverfahren beteiligen zu können. Die Eignungskriterien sind damit strikt von den Auftrags- oder Zuschlagskriterien zu trennen; die jeweiligen Kriterien dürfen nicht miteinander vermischt werden. Eignung und Wertung sind also zwei unterschiedliche Vorgänge, die unterschiedlichen Regeln unterliegen.[1]

5 Kriterien, nach denen die Eignung eines Bewerbers oder Bieters zu bestimmen ist, sind dessen Fachkunde, Leistungsfähigkeit und Zuverlässigkeit (Eignungstrias) sowie dessen Gesetzestreue.[2] Die inhaltliche Bedeutung des in Art. 47 VKR enthaltenen Begriffs der „wirtschaftlichen und finanziellen Leistungsfähigkeit" ist mit dem Kriterium der Leistungsfähigkeit aus § 97 Abs. 4 GWB gleichzusetzen und die „technische und/oder berufliche Leistungsfähigkeit" (Art. 48 VKR) stimmt inhaltlich deckungsgleich mit der Fachkunde überein.[3]

6 Nach ständiger Rechtsprechung handelt es sich bei den Eignungskriterien um unbestimmte Rechtsbegriffe.[4] Die Überprüfung, ob die Eignungskriterien von einem Bewerber oder Bieter erfüllt werden ist eine Wertungsentscheidung, in die zahlreiche einzelne Umstände einfließen. Zudem handelt bei der Prüfung der Eignung eines Bieters um eine Prognoseentscheidung, im Rahmen derer ihm ein Beurteilungsspielraum zukommt. Der Beurteilungsspielraum der Auftraggeber ist nur einer eingeschränkten Kontrolle durch die Nachprüfungsinstanzen zugänglich.[5]

7 Hat der Auftraggeber die Eignung geprüft und bejaht, erlangt aber vor wirksamer Zuschlagserteilung Kenntnis von Umständen, die – bezogen auf den zu vergebenden Auftrag – nunmehr Zweifel an der Eignung des Bieters begründen, muss er erneut in die Eignungsprüfung eintreten.[6]

I. Fachkunde

8 Das Kriterium der Fachkunde bezieht sich auf Kenntnisse, Erfahrungen und Fertigkeiten, die es einem Unternehmen ermöglichen, den zu vergebenden Auftrag ordnungsgemäß durchzuführen.[7] Ein „fachkundiges" Unternehmen verfügt mithin über die für die Auftragsdurchführung notwendigen Kenntnisse. Dies umfasst z. B. auch die Anzahl und Qualifikation der Mitarbeiter des Unternehmens,[8] oder die bestehende Erfahrung in dem betreffenden Leistungsbereich.[9]

9 Grundsätzlich wird die Fachkunde eines Unternehmens durch die personelle Ausstattung geprägt und beruht auf den Erfahrungen und Kenntnissen der Mitarbeiter. Woher diese Kenntnisse stammen, ist jedoch letztlich unerheblich; deshalb können Mitarbeiter ihre Kenntnisse und Erfahrungen auch bei anderen Unternehmen erworben haben.[10]

---

[1] BGH Urteil v. 15.4.2008, X ZR 129/06.
[2] § 97 Abs. 4 S. 1 GWB, § 6 Abs. 3 Nr. 1 VOB/A, § 6 EG Abs. 3 Nr. 1 VOB/A, § 6 VS Abs. 3 Nr. 1 VOB/A, § 6 Abs. 3 S. 1 VOL/A, § 7 EG Abs. 1 S. 1 VOL/A, § 5 Abs. 1 S. 1 VOF.
[3] *Dreher/Hoffmann* NZBau 2008, 545, 546.
[4] OLG Düsseldorf Beschl. v. 25.7.2012, VII-Verg 25/12.
[5] OLG Düsseldorf Beschl. v. 17.8.2011, VII-Verg 55/11.
[6] OLG Düsseldorf Beschl. v. 25.4.2012, Verg 61/11.
[7] *Müller-Wrede* in Müller-Wrede, § 7 EG VOL/A Rn. 20 unter Vw. auf OLG Saarbrücken Beschl. v. 12.5.2004, 1 Verg 4/04; VK Düsseldorf Beschl. v. 21.1.2009, VK 43/2008-L.
[8] Vgl. VK Sachsen Beschl. v. 15.11.2012, 1/SVK/033–12.
[9] Vgl. OLG Düsseldorf Beschl. v. 16.11.2011 Verg 60/11.
[10] Thüringer OLG Beschl. v. 21.9.2009, 9 Verg 7/09.

Die Fachkunde eines Bewerbers oder Bieters muss für alle geforderten Leistungsbereiche, die Gegenstand des Vergabeverfahrens sind, vorliegen. Ein Ausschluss wegen mangelnder Fachkunde ist demnach schon dann möglich, wenn bereits einzelne, vom Auftraggeber jedoch für wesentlich erachtete Leistungsbestandteile des zu vergebenen Auftrags nach Überzeugung des Auftraggebers von dem Unternehmen nicht erbracht werden können.[11]

II. Leistungsfähigkeit

Ein Bieter ist leistungsfähig, wenn sein Betrieb in technischer, kaufmännischer, personeller und finanzieller Hinsicht so ausgestattet ist, dass er Gewähr und Sicherheit für die fach- und fristgerechte Ausführung der zu erbringenden Leistungen innerhalb der Vertragsfrist bietet.[12]

In **finanzieller Hinsicht** verlangt die Leistungsfähigkeit, dass das Unternehmen über ausreichend finanzielle Mittel verfügt, die es ihm ermöglichen, seinen laufenden Verpflichtungen gegenüber seinem Personal, dem Staat und sonstigen Gläubigern nachzukommen.[13] Die Feststellung einer ausreichenden finanziellen Leistungsfähigkeit soll sicherstellen, dass der spätere Auftragnehmer finanziell in der Lage ist, den zu vergebenen Auftrag abzuwickeln. Sie ist zu verneinen, wenn der Unternehmer nicht in der Lage ist, seinen laufenden Verpflichtungen nachzukommen.

In **technischer Hinsicht** muss der Betrieb so eingerichtet sein, dass er nach Ausstattung und Organisation den verfahrensgegenständlichen Auftrag erbringen kann. Dem Unternehmen müssen dementsprechend die notwendigen Maschinen, Werkzeuge oder IT-Austattung zur Verfügung stehen, um den Auftrag fachgerecht zu erbringen.

III. Zuverlässigkeit

Von der Zuverlässigkeit eines Bewerbers kann ausgegangen werden, wenn er in seiner Person und nach seinem Verhalten im Berufsleben die Gewähr dafür bietet, in der notwendigen sorgfältigen Weise die verlangte Leistung zu erbringen.[14] Bei der Zuverlässigkeit eines Bewerbers ist zu prüfen, ob er seinen gesetzlichen Verpflichtungen, auch zur Entrichtung von Steuern und sonstigen Abgaben, nachkommt und ob er eine sorgfältige und einwandfreie Ausführung der ausgeschriebenen Leistungen entsprechend den rechtlichen und technischen Normen einschließlich Gewährleistung erwarten lässt.[15]

Der Tatbestand § 16 Abs. 1 Nr. 2 lit c), d) und e) VOB/A zählt die Umstände auf, bei denen eine derartige Ausführung nicht zu erwarten ist, dass der Unternehmer den abzuschließenden Vertrag ordnungsgemäß erfüllt. Dies ist insbesondere dann der Fall, wenn eine schwere Verfehlung begangen wurde (lit. c), Steuern und Abgaben sowie die Beiträge zur gesetzlichen Sozialversicherung (lit. d) oder sich das Unternehmen nicht bei der Berufsgenossenschaft angemeldet hat (lit. e).

Damit eine schwere Verfehlung die Zuverlässigkeit eines Unternehmens nach § 16 Abs. 1 Nr. 2 lit c) VOB/A in Frage stellen kann, muss die Verfehlung zunächst im Zusammenhang mit der Ausführung des Auftrags stehen und es sich nicht um ein bloßes

---

[11] VK Bund Beschl. v. 11.1.2005, VK 2–220/04.
[12] *Wirner* ZfBR 2003, 545, 545.
[13] OLG Düsseldorf Beschl. v. 9.6.2004, Verg 11/04; VK Baden-Württemberg Beschl. v. 9.4.2013, 1 VK 08/13.
[14] *Glahs* in Kapellmann/Messerschmidt, § 2 VOB/A Rn. 16.
[15] *Glahs* in Kapellmann/Messerschmidt, § 2 VOB/A Rn. 16; OLG Brandenburg Beschl. v. 15.3.2011 Verg W 5/11.

Bagatelldelikt handeln. Nach der Rechtsprechung des OLG Düsseldorf[16] muss eine schwere Verfehlung im Sinne der genannten Vorschriften bei wertender Betrachtung vom Gewicht her den zwingenden Ausschlussgründen des § 6 EG Abs. 4 VOB/A zumindest nahe kommen.[17]

17 Soll einem Unternehmen die Zuverlässigkeit in einem Vergabeverfahren abgesprochen werden, müssen öffentliche Auftraggeber neben der Feststellung des Vorliegens einer schweren Verfehlung auch sachliche Gründe dafür benennen, dass wegen der Verfehlungen in der Vergangenheit für den zu vergebenden Auftrag Zweifel an der Zuverlässigkeit des Bewerbers oder Bieters bestehen.[18]

18 Die Rechtsprechung nimmt weiter an, dass für den Nachweis einer schweren Verfehlung keine rechtskräftige Verurteilung vorliegen muss.[19] Dem öffentlichen Auftraggeber sei nicht zuzumuten, bei dringenden Verdachtsmomenten mit dem betreffenden Unternehmen in eine vertragliche Beziehung zu treten.[20] Allerdings ist der Auftraggeber für das Vorliegen der behaupteten schweren Verfehlung beweisbelastet.[21] Zudem hat der Auftraggeber bei einer Verfehlung, die nicht in einem gerichtlichen Urteil festgestellt wurde, dem Unternehmen rechtliches Gehör zu gewähren.

IV. Gesetzestreue

19 Durch das Merkmal der **Gesetzestreue** wurde mit dem „Gesetz zur Modernisierung des Vergaberechts" vom 20.04.2009, BGBl I 2009, 790 ausdrücklich ein neues Eignungsmerkmal eingeführt. Allerdings hat über die Veränderung des Wortlautes des § 97 Abs. 4 S. 1 GWB nach allgemeiner Ansicht keine Erweiterung des materiellen Gehalts der Eignungskriterien stattgefunden.[22]

20 Vielmehr sollte durch die Aufnahme der Gesetzestreue eine Klarstellung im Hinblick auf die Zuverlässigkeit erfolgen.[23] So führt die Beschlussempfehlung und der Bericht des Ausschusses für Wirtschaft und Technologie (BT-Drs. 16/11428) zur Begründung des § 97 Abs. 4 GWB aus: Die Aufnahme des Begriffs „gesetzestreu" macht klarer, was im Gesetz gemeint ist. Nur das Unternehmen, das die deutschen Gesetze einhält, wird zum Wettbewerb um öffentliche Aufträge zugelassen. Die Aufzählung der Gesamtheit der einzuhaltenden Regeln im Gesetz ist weder möglich noch nötig. Es geht um alle Regeln, an die sich alle Unternehmen, die eine entsprechende Tätigkeit ausüben, halten müssen. Das gilt selbstverständlich auch und gerade für so wichtige Grundregeln wie die Kernarbeitsnormen der Internationalen Arbeitsorganisation. Sie sind zwingender Bestandteil unserer Rechtsordnung. Zu den von allen Unternehmen einzuhaltenden Regeln gehören auch für allgemeinverbindlich erklärte Tarifverträge. Auch wenn dies keine formellen Gesetze sind, so sind es doch allgemeinverbindliche gesetzesähnliche Rechtsakte, denen sich kein Unternehmen entziehen darf.[24]

---

[16] OLG Düsseldorf Beschl. v. 9.4.2008 Verg 2/08.
[17] So auch *Hausmann* in Kulartz/Marx/Portz/Prieß, VOL/A, § 7 Rn. 225 ff.
[18] VK Baden-Württemberg Beschl. v. 21.12.2011, 1 VK 64/11.
[19] VK Düsseldorf Beschl. v. 13.3.2006, VK – 08/2006 – L; VK Nordbayern Beschl. v. 22.1.2007, 21.VK – 3194–44/06.
[20] Saarländisches OLG Beschl. v. 18.12.2003, Verg 4/03; LG Berlin Urteil v. 22.3.2006, 23 O 118/04; VK Niedersachsen Beschl. v. 12.12.2011, VgK-53/2011.
[21] VK Hessen Beschl. v. 9.2.2004, 69 d – VK – 79/2003 und 80/2003; VK Lüneburg Beschl. v. 18.10.2005; VK Niedersachsen Beschl. v. 12.12.2011, VgK-53/2011.
[22] *Kulartz* in Kulartz/Kus/Portz, § 97 Rn. 105; *Kus*, VergabeR 2010, 321; *Weyand*, § 97 GWB Rn. 676.
[23] VK Niedersachsen Beschl. v. 14.12.2012, VgK – 48/2012.
[24] BT-Drs. 16/11428 v. 17.12.2008, s. 33; vgl. auch Gesetzesentwurf der Bundesregierung in BT-Drs. 16/10117 v. 13.8.2008, S. 16.

Das Merkmal der Gesetzestreue ist deshalb in der Vergabepraxis eng mit dem Erfordernis der **Tariftreue** verknüpft. Die Entscheidung des EuGH in der Rechtssache „Rüffert" führte zur Unanwendbarkeit einer Vielzahl von landesrechtlichen Tariftreueregelungen.[25] Eine Verpflichtung zur Einhaltung tarifvertraglicher Mindestlöhne durch sog. „Tariftreueerklärungen" auch durch ausländische Bieter erachtete der EuGH als europarechtswidrig, wenn durch die zugrundeliegenden landesrechtlichen Regelungen auch die Einhaltung einfacher, nicht für allgemeinverbindlich erklärter Tarifverträge gefordert wurde, da dies gegen Art. 3 Abs. 1 der Arbeitnehmerentsenderichtlinie 96/71/EG verstoße. Des Weiteren stelle es einen Eingriff in die primärrechtliche Dienstleistungsfreiheit dar, denn ausländische Unternehmen deren Wettbewerbsvorteil oft durch Lohnkosten begründet werde, würden durch die Pflicht zur Einhaltung einfacher Tarifverträge diskriminiert.[26] 21

Verschiedene Länder haben inzwischen ihre Tariftreueregelungen novelliert und sehen insbesondere folgende Vorgaben vor:[27] 22
– Eine Tariftreueverpflichtungserklärung ist nur dann bei der öffentlichen Auftragsvergabe von den Unternehmen abzufordern, wenn für die zu beschaffende Leistung, deren Erbringung dem Arbeitnehmerentsendegesetz (AEntG) unterfällt, Mindestarbeitsbedingungen einschließlich des Mindestentgelts durch einen für allgemein verbindlich erklärten Tarifvertrag oder eine nach den §§ 7, 11 des AEntG erlassene Rechtsverordnung verbindlich vorgegeben sind.
– Für die Verkehrsbranche wird die Einhaltung vom Landesministerium für Arbeit vorgegebener repräsentativer Tarifverträge angeordnet.
– Für Aufträge, die nicht vom Arbeitnehmerentsendegesetzes erfasst sind, werden in einigen Bundesländern die Tarifregelungen mit der Vorgabe eines vergabespezifischen Mindestlohns flankiert.[28]

Die Europarechtskonformität solcher Regelungen wird in der Literatur teilweise weiterhin in Frage gestellt.[29] 23

C. Keine Vermengung von Eignungskriterien und Zuschlagskriterien

Es darf grundsätzlich keine Vermengung von Kriterien, die innerhalb der bieterbezogenen Eignungsprüfung maßgeblich sind, und den auftragsbezogenen Zuschlagskriterien, nach denen bei der Wirtschaftlichkeitsprüfung der obsiegende Bieter ermittelt wird, erfolgen.[30] Eignung und Wertung sind also zwei unterschiedliche Vorgänge, die unterschiedlichen Regeln unterliegen.[31] 24

Die Prüfung der Eignung und der Zuschlag unterliegen verschiedenen Regeln. Sie sind als unterschiedliche Vorgänge klar voneinander zu trennen. Bei der den Zuschlag betreffenden Entscheidung dürfen nur Kriterien zur Anwendung kommen, die der Ermittlung 25

---

[25] EuGH Urt. v. 3.4.2008, Rs. C-346/06 – Rüffert; *Csaki/Freundt*, KommJur 2012, 246, 247.
[26] EuGH Urt. v. 3.4.2008, Rs. C-346/06 – Rüffert; Handlungskonsequenzen aus diesem Urteil aufgezeigt bei *Hofmann* RdA 2010, 351; *Thüsing/Granetzny* NZA 2009, 183; *Wittjen* ZfBR 2009, 30.
[27] *Csaki/Freundt*, KommJur 2012, 246, 247; vgl. insbesondere § 4 Tariftreue- und Vergabegesetz Nordrhein-Westfalen.
[28] z.B. Berlin, Bremen, Rheinland-Pfalz; Baden-Württemberg, Brandenburg, Nordrhein-Westfalen, Saarland, Mecklenburg-Vorpommern; vgl. die Übersicht bei *Meißner* ZfBR 2013, 20; *Redmann* LKV 2012, 295.
[29] *Csaki/Freundt* KommJur 2012, 246, 248 ff.. Die Vergabekammer Arnsberg hat die Mindestlohnregelung aus dem TVgG NRW dem EuGH zur Entscheidung vorgelegt. VK Arnsberg Beschl. v. 26.9.2013, VK 18/13.
[30] Vgl. zu der Thematik Freise NZBau 2009, 225; vgl. BGH Urt. v. 15.4.2008, X ZR 129/06; BGH Urt. v. 16.10.2001, X ZR 100/99; BGH Urt. v. 8.9.1998, X ZR 109–96; OLG Celle Beschl. v. 12.1.2012, 13 Verg 9/11; OLG Naumburg Beschl. v. 12.4.2012, 2 Verg 1/12; *Hözl/Friton* NZBau 2008, 307.
[31] EuGH Urteil v. 12.11.2009, C-199/07.

des wirtschaftlichsten Angebots dienen. Das bedeutet, dass prinzipiell nur Faktoren berücksichtigt werden dürfen, die mit dem Gegenstand des Auftrags zusammenhängen, d. h. sich auf die Leistung beziehen, die den Gegenstand des Auftrags bildet.[32] Infolge dessen ist eine nochmalige Anwendung von Eignungskriterien im Rahmen der Wirtschaftlichkeitsprüfung prinzipiell ausgeschlossen.[33]

26 Dementsprechend hat es der Europäische Gerichtshof als unzulässig erachtet, wenn der öffentliche Auftraggeber im Rahmen eines Vergabeverfahrens die Erfahrung der Bieter, deren Personalbestand und deren Ausrüstung sowie deren Fähigkeit, den Auftrag zum vorgesehenen Zeitpunkt zu erfüllen, nicht als „Eignungskriterien", sondern als „Zuschlagskriterien" berücksichtigt.[34]

D. Mindestanforderungen an die Eignung

27 Der Auftraggeber kann Mindestanforderungen an die Eignung formulieren; es steht ihm ein Beurteilungsspielraum zu, welche Mindestanforderungen die Bieter erfüllen müssen.[35] Diesen muss er unter Berücksichtigung der Grundsätze der Transparenz, Gleichbehandlung und Verhältnismäßigkeit wahrnehmen, insbesondere muss ein Bezug zum konkreten Auftrag bestehen.[36] Er ist jedoch nicht zur Festlegung von Mindestanforderungen verpflichtet.[37]

28 In der Vergabebekanntmachung müssen Mindestanforderungen konkret benannt werden. Der Auftraggeber darf sich nicht damit begnügen, in der Bekanntmachung auf die Vergabeunterlagen zu verweisen. Ihre erstmalige Bekanntgabe in den Vergabeunterlagen ist unzulässig.[38]

29 Durch die Vorgabe von Mindestbedingungen erfolgt eine Selbstbindung des Auftraggebers. Er darf im weiteren Verfahren von diesen Anforderungen nicht mehr Abrücken; jedenfalls nicht, wenn mindestens ein Bieter die Mindestanforderungen erfüllt.[39] Ein Angebot, das die Mindestanforderungen nicht erfüllt, ist aufgrund des Gleichbehandlungsgrundsatzes und des Wettbewerbsprinzips aus dem weiteren Verfahren auszuschließen.[40] Diese Grundsätze finden auch im Verhandlungsverfahren Anwendung.[41]

E. Die Eignungsprüfung

30 Nach der Ermittlung, welche Angebote wegen inhaltlicher oder formeller Mängel auszuschließen sind, dient die zweite Stufe der Angebotswertung der Eignungsprüfung.[42] Der Auftraggeber prüft hierbei, ob ein Unternehmen für die vertragsgemäße Ausführung der Leistungen die erforderliche Fachkunde, Leistungsfähigkeit, Gesetzestreue und Zuverlässigkeit hat.

---

[32] Vgl. exemplarisch zur ständigen EuGH-Rechtsprechung EuGH Urt. v. 24.1.2008, Rs C-532/06 – Lianakis, m.w.N.
[33] OLG Düsseldorf Beschl. v. 3.8.2011, VII-Verg 16/11.
[34] EuGH Urt. v. 24.1.2008, Rs C-532/06 – Lianakis.
[35] OLG Düsseldorf Beschl. v. 16.5.2011, VII-Verg 44/11.
[36] Vgl. *Bonhage/Ritzenhoff* NZBau 2013, 151, 153.
[37] VK Bund Beschl. v. 4.10.2012, VK 2–86/12.
[38] OLG Düsseldorf Beschl. v. 17.1.2013, Verg 35/12; OLG Düsseldorf Beschl. v. 5.12.2012, VII-Verg 29/12 m.w.N.; VK Bund Beschl. v. 23.12.2010, VK 1–133/10.
[39] OLG Celle Beschl. v. 4.3.2010, 13 Verg 1/10.
[40] OLG Düsseldorf Beschl. v. 3.3.2010, Verg 46/09; VK Bund Beschl. v. 23.7.2012, VK 3–81/12; VK Düsseldorf Beschl. v. 29.3.2007, VK – 08/2007.
[41] OLG Düsseldorf Beschl. v. 3.3.2010, Verg 46/09; BGH Urt. v. 1.8.2006, X ZR 115/04.
[42] Vgl. § 16 EG Abs. 1 Nr. 1 VOB/A, § 16 Abs. 1 Nr. 1 VOB/A, § 19 EG Abs. 3 VOL/A, § 16 Abs. 3 VOL/A.

Die Eignungsprüfung muss zu einem abschließenden und unbedingten Ergebnis kommen, ob die Eignung eines Bieters/Bewerbers vorliegt.[43] 31

Hierbei ist grundsätzlich keine Eignungsabstufung zwischen den Bietern vorzunehmen. Ein „Mehr an Eignung" darf bei der Eignungsprüfung keine Rolle spielen. Eine Ausnahme hierzu besteht nur bei der Durchführung eines Teilnahmewettbewerbs, bei welchem die Eignungsprüfung vorgelagert und grundsätzlich abschließend im Teilnahmewettbewerb erfolgt und eine gewisse Anzahl an Bewerbern nach vorab festgelegten und transparenten Kriterien ausgewählt und zur Abgabe eines Angebotes aufgefordert wird.[44] 32

Für die Durchführung der Eignungsprüfung ist weder ein bestimmtes Verfahren noch eine bestimmte Form vorgeschrieben.[45] Im Rahmen der formellen Eignungsprüfung ist die Vollständigkeit der für den Beleg der Eignung geforderten Nachweise zu prüfen. Durch die materielle Eignungsprüfung wird festgestellt, ob der Inhalt der vorgelegten Nachweise tatsächlich die Eignung des Bieters/Bewerbers belegt.[46] Für jeden Auftrag ist die Eignung des Bieters spezifisch und auftragsbezogen festzustellen.[47] Es kann deshalb beim Fehlen von Eignungsnachweisen auch nach Ablauf einer Frist zur Nachreichung, die Eignung nicht allein auf der Grundlage von Kenntnissen aus früheren Verfahren bejaht werden. Er hat solche Erkenntnisse aber im Rahmen der materiellen Eignungsprüfung zu berücksichtigen, denn der Auftraggeber hat bei der Eignungsprüfung alle Quellen zu berücksichtigen, aus denen sich Informationen über den Bieter gewinnen lassen.[48] Aber vorangegangene schlechte Erfahrungen mit einem sich erneut beteiligenden Bieter berechtigen keinesfalls zu einer nicht substantiell begründeten Ablehnung. Vielmehr ist in jedem Vergabeverfahren erneut eine Einzelfallprüfung vorzunehmen, weil der Unternehmer Anspruch auf eine ordnungsgemäße Prüfung seiner Eignung hat.[49] 33

Hierbei sind an die Sachverhaltsermittlung keine überspannten Anforderungen zu stellen. Der Aufwand, den der Auftraggeber zumutbar zur Ermittlung des relevanten Sachverhalts und zur Durchführung der Eignungsprüfung leisten kann, wird begrenzt durch den kurzen Zeitraum, in dem die Entscheidung über die Auftragsvergabe zu treffen ist, sowie durch die begrenzten Ressourcen und administrativen Möglichkeiten des öffentlichen Auftraggebers, weitere Überprüfungen vorzunehmen.[50] 34

Da die Prüfung der Eignung eines Unternehmens ein wertender Vorgang ist, in den zahlreiche Einzelumstände einfließen, ist davon auszugehen, dass den Auftraggebern ein Beurteilungsspielraum zur Verfügung steht, der nur einer eingeschränkten Kontrolle durch die Nachprüfungsinstanzen zugänglich ist.[51] Die Vergabekammer kann im Rahmen eines Nachprüfungsverfahrens die Entscheidung der Vergabestelle über die Eignung eines Unternehmens folglich nur daraufhin überprüfen, ob die rechtlichen Grenzen dieses Beurteilungsspielraums überschritten sind.[52] 35

---

[43] Vgl. *Weyand*, § 97 GWB Rn. 601 u.Vw.a. VK Bund Beschl. v. 9.9.2010, VK 3–87/10.

[44] *Ziekow* in Ziekow/Völlink, § 97 GWB Rn. 92.

[45] Vgl. VK Lüneburg Beschl. v. 14.1.2002, 203-VgK-22/2001; VK Sachsen Beschl. v. 3.11.2005, 1-SVK/125/05.

[46] OLG Karlsruhe Beschl. v. 22.7.2011, 15 Verg 8/11.

[47] OLG München Beschl. v. 5.10.2012, Verg 15/12.

[48] *Brinker* in Motzke/Pietzcker/Prieß, § 25 VOB/A Rn. 27.

[49] OLG Frankfurt am Main Beschl. v. 24.2.2009, 11 Verg 19/08.

[50] *Frister* in Kapellmann/Messerschmidt, § 16 VOB/A Rn. 76; vgl. zur zumutbaren Sachverhaltsermittlung beim Mittelstandsschutz VK Bund Beschl. v. 18.10.2012, VK 2–77/12.

[51] VK Niedersachsen Beschl. v. 4.10.2012, VgK – 38/2012; BayObLG Beschl. v. 3.7.2002, Verg 13/02; VK Lüneburg Beschl. v. 18.10.2005, VgK-47/05; OLG Hamm Urt. v. 12.9.2012, 12 U 50/12.

[52] VK Niedersachsen Beschl. v. 23.11.2012, VgK-43/2012; OLG München Beschl. v. 21.4.2006, Verg 8/06; OLG Düsseldorf Beschl. v. 5.10.2005, VII-Verg 55/05; OLG Düsseldorf Beschl. v. 25.7.2012, VII – Verg 27/12.

36 Die Feststellung, dass ein Bieter die erforderliche Fachkunde, Leistungsfähigkeit, Gesetzestreue und Zuverlässigkeit besitzt, um einen Auftrag zufriedenstellend auszuführen, ist Ergebnis einer fachlich tatsächlichen Prognose,[53] die zum einen – ähnlich einer Bewertungsentscheidung in Prüfungsverfahren – auf einer Vielzahl von Detailerwägungen beruht, für welche die Verwaltungsbehörde in aller Regel fachlich besser geeignet und erfahrener ist als die Nachprüfungsinstanz und zum anderen eine subjektive Komponente in der Einschätzung des Auftraggebers hinsichtlich der zu erwartenden Auftragserfüllung beinhaltet.[54]

37 Die Beurteilung der **Fachkunde** fragt danach, ob der Unternehmer die Erfahrungen und Kenntnisse besitzt, um gerade die ausgeschriebenen vertraglichen Verpflichtungen zu erfüllen.

38 Bei der **Wertung der finanziellen Leistungsfähigkeit** ist einem Auftraggeber ein Beurteilungsspielraum eingeräumt, der durch die Vergabekammer nur begrenzt nachprüfbar ist. Dieser Beurteilungsspielraum ist erst dann überschritten, wenn das vorgeschriebenen Verfahren nicht eingehalten wird, nicht von einem zutreffend oder vollständig ermittelten Sachverhalt ausgegangen wird, sachwidrige Erwägungen in die Wertung einbezogen werden oder der sich im Rahmen der Beurteilungsermächtigung haltende Beurteilungsmaßstab nicht zutreffend angewandt wird.[55]

39 Gleiches gilt auch für die Beurteilung der **technischen Leistungsfähigkeit.** Der Auftraggeber hat insoweit zu prüfen, ob ein Unternehmen, das aufgrund seiner Personalausstattung zwar der Durchführung eines kleineren oder mittleren Auftragsvolumens gewachsen ist, auch den verfahrensgegenständlichen Auftrag erbringen kann, der womöglich ein größeres und komplexeres Vorhaben darstellt. Ebenso können spezifische technische Anforderungen eines Projekts die Eignung eines Bieters limitieren. Individuelle und konkrete Aspekte des ausgeschriebenen Auftrags können es demnach zweifelsfrei rechtfertigen, die Eignung eines Unternehmens für diesen Auftrag zu verneinen und bei anderen Vorhaben zu bejahen.[56]

40 Für die Bewertung der **Zuverlässigkeit** eines Bieters oder im Vergabeverfahren ist maßgebend, inwieweit die Umstände des einzelnen Falles die Aussage rechtfertigen, er werde gerade die von ihm angebotenen Leistungen, die Gegenstand des Vergabeverfahrens sind, vertragsgerecht erbringen können.[57]

41 Die Prüfung der Zuverlässigkeit erfolgt im Wesentlichen auf der Grundlage einer Analyse des in der Vergangenheit liegenden Geschäftsgebarens des Bieters,[58] aber auch unter Berücksichtigung von Vorkommnissen im laufenden oder in einem früheren Vergabeverfahren.[59] Das Merkmal der Zuverlässigkeit darf – soll es aussagekräftig bewertet werden – nicht aufgrund einer bloßen Momentaufnahme im Rahmen einer laufenden Ausschreibung beurteilt werden, will sich der Auftraggeber nicht dem Vorwurf aussetzen, einen unvollständigen Sachverhalt zu Grunde gelegt zu haben. Vielmehr ist gerade auch das frühere Vertragsverhalten eines Unternehmers zu berücksichtigen. Dies gilt umso mehr, wenn ein Auftrag vergeben werden soll, der mit dem vorhergehenden Auftrag weitgehend identisch ist. Deshalb hat das Leistungsverhalten des Bewerbers im Rahmen des frü-

---

[53] OLG Düsseldorf Beschl. v. 25.4.12, Verg 61/11; OLG Düsseldorf Beschl. v. 17.8.11, Verg 55/11; OLG Celle Beschl. v. 8.9.11, 13 Verg 4/11; OLG München Beschl. v. 1.7.2013, Verg 8/13.
[54] VK Arnsberg Beschl. v. 21.11.2012, VK-14/12; OLG Koblenz Beschl. v. 15.10.2009, 1 Verg 9/09; 2. VK Bund Beschl. v. 30.10.2009, VK 2–118/09; *Weyand*, ibr-online-Kommentar Vergaberecht, § 97 GWB, Rdn. 714.
[55] VK Arnsberg Beschl. v. 9.4.2009, VK 05/09.
[56] OLG München Beschl. v. 5.10.2012, Verg 15/12.
[57] VK Sachsen Beschl. v. 4.2.2013, 1/SVK/039–12.
[58] OLG Brandenburg Beschl. v. 14.9.2010, Verg W 8/10; OLG Düsseldorf Beschl. v. 4.2.2009, VII-Verg 65/08.
[59] VK Sachsen Beschl. v. 4.2.2013, 1/SVK/039–12.

heren Vertrages zwangsläufig auch Auswirkungen auf die Entscheidung über die neue Vergabe.[60]

Für die Prüfung der Frage, ob ein Bieter zuverlässig ist, darf sich die Vergabestelle auch auf Informationen Dritter stützen, soweit es sich um eine seriöse Quelle handelt und die Umstände auf einer gesicherten Erkenntnis beruhen.[61]   42

Ein Ausschluss eines Unternehmens von der Vergabe öffentlicher Aufträge wegen Unzuverlässigkeit kann schwerwiegende Folgen für das Unternehmen haben. Deshalb sind die Hürden für einen derartigen Ausschluss relativ hoch. Insbesondere muss es sich um gravierende und vor allem um nachgewiesene Verfehlungen handeln.[62]   43

Erforderlich ist eine umfassende Abwägung aller in Betracht kommenden Gesichtspunkte unter angemessener Berücksichtigung des Umfanges, der Intensität, des Ausmaßes und des Grades der Vorwerfbarkeit der Pflichtverletzungen.[63] Aus der Tatsache einer Vertragsverletzung oder einer mangelhaften Leistung kann daher nur dann der Rückschluss auf eine Unzuverlässigkeit des Unternehmers gezogen werden, wenn der Mangel gravierend ist, d. h. zu einer deutlichen Belastung des Auftraggebers, sei es in tatsächlicher oder finanzieller Hinsicht, geführt hat.[64]   44

I. Zeitpunkt der Eignungsprüfung

Sofern ein Verfahren mit vorgeschaltetem Teilnahmewettbewerb durchgeführt wird, erfolgt die Prüfung der Eignung der Bewerber abschließend im Rahmen des Teilnahmewettbewerbs.   45

Wird kein Teilnahmewettbewerb vorgeschaltet, so ist im Rahmen der Angebotswertung nach Ermittlung der Angebote, die aufgrund inhaltlicher oder formeller Mängel auszuschließen sind die Eignung der Bieter zu prüfen. Nur die geeigneten Bieter können in die weitere Wertung der Angemessenheit des Preises und der Auswahl des wirtschaftlichsten Angebots einbezogen werden.[65]   46

Sofern sich nach Abschluss der Eignungsprüfung jedoch noch Anhaltspunkte ergeben, die das Ergebnis der Eignungsprüfung in Frage stellen, muss der Auftraggeber erneut die Eignung des Bieters prüfen und hierbei diese Anhaltspunkte berücksichtigen und prüfen.[66]   47

Die strikte Einhaltung der Reihenfolge der Wertungsstufen ist jedoch keineswegs zwingend vorgegeben. Artikel 44 Abs. 1 der Richtlinie 2004/18/EG kann nicht so verstanden werden, dass ein Zwang besteht, die Eignung abschließend vor der Wirtschaftlichkeit zu prüfen. Eine Änderung der Prüfungsfolge kann allenfalls dazu führen, dass das Angebot, das als wirtschaftlichstes ermittelt wurde, heraus fällt und das nächst wirtschaftlichste „nachrückt"; das Ergebnis wäre nicht anders als bei Einhaltung der regelmäßigen Reihenfolge.[67] Deshalb ist es unproblematisch, dass der Auftraggeber in eine erneute Prüfung der Eignung eintritt, wenn die Vergabestelle z. B. von schweren Verfehlungen erst nachträg-   48

---

[60] OLG Düsseldorf Beschl. v. 25.7.2012, Verg 27/12Verg W 5/11; OLG Düsseldorf Beschl. v. 10.5.2000, Verg 5/00; VK Nordbayern Beschl. v. 12.6.2012–21. VK-3194–10/12; OLG München Beschl. v. 1.7.2013, Verg 8/13.
[61] VK Schleswig-Holstein Beschl. v. 27.1.2009, VK-SH 19/08.
[62] VK Nordbayern Beschl. v. 12.6.2012, 21 VK-3194–10/12.
[63] VK Nordbayern Beschl. v. 12.6.2012, 21 VK-3194–10/12; OLG Düsseldorf Beschl. v. 28.8.2001, Verg 27/01.
[64] OLG Stuttgart Urt. v. 29.4.2003, 1 U 130/02; VK Nordbayern Beschl. v. 18.12.2007, 21. VK – 3194–47/07; VK Nordbayern Beschl. v. 12.6.2012–21. VK-3194–10/12.
[65] VK Bund Beschl. v. 25.1.2013, VK 3–2/13.
[66] VK Bund Beschl. v. 25.1.2013, VK 3–2/13; VK Niedersachsen Beschl. v. 7.8.2009, VgK – 32/2009.
[67] *Weyand*, § 16 VOB/A Rn. 26f.

lich erfährt; dann ist der Auftraggeber sogar verpflichtet, die Zuverlässigkeitsprüfung nochmals aufzugreifen.[68]

49 Der Grundsatz der Trennung der Wertungsstufen ist also nicht zeitlich dergestalt zu verstehen, dass jede einzelne Stufe gleichermaßen „bestandskräftig" abgeschlossen ist, bevor die nächste angegangen wird. Vielmehr ist das Gebot der Trennung der Wertungsstufen in erster Linie inhaltlicher Natur, das heißt Aspekte, die bereits auf einer Stufe bei der Angebotsprüfung eine Rolle gespielt haben, dürfen bei der späteren Wertung auf der vierten Stufe nicht mehr berücksichtigt werden. Dies betrifft, wie vorstehend geschildert, in erster Linie die Trennung von Eignung und Wirtschaftlichkeitsprüfung, so dass einem geeignetem Unternehmen bei der Wirtschaftlichkeitsprüfung auf der vierten Wertungsebene nicht nochmals „Pluspunkte" gegeben werden dürfen, weil der Auftraggeber es für geeigneter hält als einen ebenfalls grundsätzlich geeigneten Konkurrenten.[69]

II. Entscheidungsspielraum des Auftraggebers

50 Grundsätzlich kann ein Auftraggeber, der die Eignung eines Bieters oder Bewerbers für einen Auftrag geprüft und bejaht hat, seine Beurteilung nicht nachträglich auf identischer Informationsbasis revidieren. Er ist vielmehr an seine Einschätzung gebunden.[70] Dies setzt allerdings voraus, dass eine Eignungsprüfung vorgenommen wurde und sich der Abschluss der Prüfung nach außen niedergeschlagen hat, sei es in Form eines Aktenvermerks oder durch Kundgabe gegenüber dem Bieter.[71] Der Auftraggeber hat nicht die Möglichkeit, den Mangel an Eignung durch den Übergang in die nächste Verfahrensstufe zu heilen.[72] Der Auftraggeber ist an die getroffene Wertungsentscheidung im Hinblick auf die Eignung gebunden und kann diese auf einer anderen Wertungsstufe nicht wieder rückgängig machen kann.[73] Dies gilt aber nur für Ermessensentscheidungen, die ohne Änderung der Sachlage willkürlich revidiert werden.[74] Ergeben sich jedoch neue Sachverhalte, die die Eignung eines Bieters in Frage stellen, muss der Auftraggeber diese Sachverhalte im Rahmen einer erneuten Prüfung der Eignung dieses Bieters einbeziehen.

51 Die Eignung des Unternehmens zur vertragsgemäßen Auftragsausführung muss für den Auftraggeber zweifelsfrei feststehen. Können berechtigte Zweifel des Auftraggebers an der Eignung, die sich nicht auf bloße Vermutungen des Auftraggebers stützen dürfen, sondern auf einer vom Auftraggeber gesicherten Tatsachengrundlage beruhen müssen, vom Bewerber oder Bieter nicht ausgeräumt werden, dann braucht sich der Auftraggeber auf die Bewerbung oder das Angebot dieses Unternehmens nicht einzulassen.[75]

III. Aufklärungen über die Eignung

52 Die Verdingungsordnungen sehen vor, dass die Aufklärungen über die Eignung des Bieters vorgenommen werden dürfen.[76]

53 Aufklärungsgespräche sind jedoch kein jedem Bieter grundsätzlich eröffnetes Forum zur Erläuterung seines Angebots oder zur Beseitigung eventueller Unklarheiten, sondern

---

[68] 2. VK Mecklenburg-Vorpommern Beschl. v. 7.1.2008, 2 VK 5/07.
[69] 3. VK Bund Beschl. v. 23.1.2009, VK 3–194/08.
[70] OLG Frankfurt Beschl. v. 20.7.2004, Verg 6/04; OLG Jena Beschl. v. 16.9.2013–9 Verg 3/13.
[71] OLG München Beschl. v. 5.10.2012, Verg 15/12.
[72] VK Bund Beschl. v. 25.1.2013, VK 3–2/13.
[73] OLG Düsseldorf Beschl. v. 7.11.2001, Verg 23/01.
[74] VK Bund Beschl. v. 25.1.2013, VK 3–2/13.
[75] *Schranner* in Ingenstau/Korbion, § 6 Rn. 92; OLG Düsseldorf Beschl. v. 15.8.2011, VII Verg 71/11.
[76] § 18 EG S. 1 VOL/A, § 15 S. 1 VOL/A, § 15 VS Abs. 1 Nr. 1 VOB/A, § 15 EG Abs. 1 Nr. 1 VOB/A, § 15 Abs. 1 Nr. 1 VOB/A.

eine restriktiv zu handhabende Ausnahme vom allgemeinen vergaberechtlichen Nachverhandlungsverbot. Es besteht demnach grundsätzlich kein Anspruch des Bieters auf eine Aufklärung seines Angebotes.[77] Ein Anspruch kann sich nur in Ausnahmefällen ergeben: Wenn der Auftraggeber zuvor einen Vertrauenstatbestand geschaffen hat, kann er nach den Grundsätzen von Treu und Glauben zur Aufklärung vepflichtet sein;[78] ebenso wenn er die Unklarheiten im Angebot verursacht hat.[79]

Bei der Ausübung des Ermessens, über das der öffentliche Auftraggeber somit verfügt, 54 hat er die verschiedenen Bewerber gleich und fair zu behandeln, so dass am Ende des Verfahrens zur Auswahl der Angebote und im Hinblick auf das Ergebnis dieses Verfahrens nicht der Eindruck entstehen kann, dass die Aufforderung zur Erläuterung den oder die Bewerber, an den bzw. die sie gerichtet war, ungerechtfertigt begünstigt oder benachteiligt hätte.[80]

Die Nachverhandlung von Angeboten im offenen und im nicht offenen Verfahren ist 55 unzulässig, insbesondere, wenn sie die Änderung der Angebote oder Preise zum Gegenstand hat.[81] Verbindliche Angebote dürfen nur so gewertet werden, wie sie vorgelegt wurden. Als oberster Grundsatz für Aufklärungsgespräche gilt, dass solche Gespräche nur zur Abklärung bestehender Zweifelsfragen, niemals aber zur Abänderung des Angebots führen dürfen, weil sonst der Gleichbehandlungsgrundsatz nicht gewahrt werden würde.[82] Dieser Gedanke ist auch für eingereichte Unterlagen heranzuziehen, welche nicht unmittelbar das Angebot selbst, wohl aber Eignungsnachweise, wie zum Beispiel auch Referenzen, betreffen.[83] Eine unzulässige Änderung des Angebots und damit ein Verstoß gegen das Nachverhandlungsverbot ist daher ebenfalls gegeben, wenn die Ausführungszeit abweichend von den Ausschreibungsbedingungen bestimmt werden soll. Eine unstatthafte Verhandlung über den Preis liegt insbesondere dann vor, wenn einzelne Preispositionen geändert oder nachträglich ergänzt werden.[84] Bei nachverhandelten verbindlichen Angeboten erfolgt kein Ausschluss des Bieters aus der Wertung, sondern lediglich des geänderten Angebotes, in der Weise, dass die Änderungen, die Gegenstand der Nachverhandlung waren, unberücksichtigt bleiben.[85]

Es besteht jedoch nur Anlass zur Aufklärung, wenn beim Auftraggeber tatsächlich ein 56 Aufklärungsbedarf besteht. Aufklärungsbedarf bedeutet, dass der Auftraggeber für die ordnungsgemäße Prüfung und Wertung des Angebots Erläuterungen oder Angaben benötigt, weil es Zweifel an dem Inhalt des Angebotes oder an der Eignung des Bieters gibt. Die Zweifel müssen so erheblich sein, dass ohne die Aufklärung eine inhaltliche Bewertung des Angebotes nicht möglich ist.[86]

Kommt ein Bieter dem Aufklärungsverlangen des Auftraggebers nicht nach, so geht 57 dies zu Lasten des Bieters, denn schließlich ist es **Sache des Bieters, ein vollständiges und zweifelsfreies Angebot abzugeben.**[87] Kommt er dieser Vorgabe durch Verweige-

---

[77] OLG Frankfurt Beschl. v. 16.9.2003, 11 Verg 11/03; OLG Brandenburg Beschl. v. 6.9.2011, 6 U 2/11; OLG Dresden Beschl. v. 9.1.2004, WVerg 16/03; VK Mecklenburg-Vorpommern Beschl. v. 20.5.2011–2 VK 2/11.
[78] OLG Dresden Beschl. v. 10.7.2003, WVerg 0015/02.
[79] Vgl. die Beispiele bei *Weyand*, § 15 VOL/A, Rn. 10ff.; OLG Frankfurt Beschl. v. 26.5.2009, 11 Verg 2/09; vgl. auch VK Rheinland-Pfalz Beschl. v. 18.7.2012, VK 2–14/12.
[80] EuGH Urt. v. 29.3.2012, Rs. C-599/10.
[81] OLG Koblenz Beschl. v. 15.7.2008, 1 Verg 2/08.
[82] OLG München Beschl. v. 2.9.2010, Verg 17/10.
[83] OLG München Beschl. v. 15.3.2012, Verg 2/12.
[84] VK Hessen Beschl. v. 23.5.2014, 69 d – VK–5/2013.
[85] OLG Düsseldorf Beschl. v. 14.10.2009, VII – Verg 9/09; BGH Urt. v. 6.2.2002, X ZR 185/99; *Vavra* in Ziekow/Völlink, § 15 VOB/A Rn. 23.
[86] *Christiani* in Pünder/Schellenberg, § 18 EG VOL/A Rn. 12; vgl. auch VK Rheinland-Pfalz Beschl. v. 18.7.2012, VK 2–14/12.
[87] OLG Koblenz Beschl. v. 15.7.2008, 1 Verg 2/08.

rung gegenüber dem Aufklärungsverlangen des Auftraggebers nicht nach, kann sein Angebot aus dem weiteren Verfahren berechtigt ausgeschlossen werden.[88]

F. Eignungsnachweise

I. Allgemeine Anforderungen an die Eignungsnachweise

58 Mit der Pflicht des Auftraggebers, die Eignung der am Auftrag interessierten Unternehmen zu prüfen, korrespondiert aber auch das Recht, die Vorlage von Eignungsnachweisen zu fordern.[89] Die Eignungsnachweise müssen jedoch in unmittelbarem Sachzusammenhang mit dem zu vergebenden Auftrag stehen bzw. durch den Auftragsgegenstand gerechtfertigt sein.[90]

II. Eignungsnachweise in den Einzelbereichen

1. Nachweis der Zuverlässigkeit

a) Zwingender Ausschluss

59 Es besteht die grundsätzliche Annahme, dass es sich bei einem Bewerber/Bieter um ein zuverlässiges Unternehmen handelt. Erst wenn der Auftraggeber positive Kenntnis davon hat, dass eine Person, deren Verhalten dem Unternehmen zuzurechnen ist, rechtskräftig wegen Verstoßes gegen bestimmte Vorschriften verurteilt worden ist, kommt es zu einem zwingenden Ausschluss des Unternehmens nach § 6 EG Abs. 4 VOB/A oder § 6 EG Abs. 4 VOL/A.

60 **aa) Ausschlussgründe.** § 6 EG Abs. 4 VOL/A und § 6 EG Abs. 4 VOB/A regeln lediglich den jeweiligen Ausschlusstatbestand. In beiden Vorschriften ist jedoch jeweils nicht vorgesehen, ob und welche Nachweise sich ein öffentlicher Auftraggeber von den Bietern zum Beleg ihrer Zuverlässigkeit vorlegen lassen muss.[91] Nach der Rechtsprechung der Vergabekammer des Bundes erscheint es jedoch ohne weitere Anhaltspunkte nicht angezeigt, die Bewerber und Bieter von vornherein gleichsam unter einen Generalverdacht zu stellen, die in § 6 EG Abs. 4 VOL/A und § 6 EG Abs. 4 VOB/A genannten schwerwiegenden Straftatbestände verwirklicht zu haben. Ein öffentlicher Auftraggeber braucht sich daher weder hier noch in anderen Vergabeverfahren von einem Bieter grundsätzlich ausdrücklich bestätigen oder bescheinigen zu lassen, dass dieser nicht wegen einer solchen Tat rechtskräftig verurteilt wurde.

61 In der Praxis erfolgt dennoch eine derartige Abfrage häufig in Form von vorformulierten Eigenerklärungen. Mittels der Eigenerklärung bestätigen die Bewerber und Bieter, dass keine der in § 6 EG Abs. 4 VOL/A oder § 6 EG Abs. 4 VOB/A vorgesehenen Straftatbestände erfüllt wurden. So sieht das Formular 124 des Vergabehandbuchs des Bundes (VHB) eine Eigenerklärung vor, die in ihrem Inhalt sogar über den Wortlaut der vorgenannten Vorschriften hinausgeht.

62 **bb) Ausnahmetatbestände.** Gemäß § 6 EG Abs. 5 VOL/A, § 6 EG Abs. 4 Nr. 3 VOB/A kann von einem Ausschluss nur abgesehen werden, wenn zwingende Gründe des Allgemeininteresses vorliegen und andere die Leistung nicht angemessen erbringen können

---

[88] VK Niedersachsen Beschl. v. 3.11.2011, VgK – 47/2011.
[89] VK Sachsen Beschl. v. 4.2.2013, 1/SVK/039–12.
[90] § 7 EG Abs. 1 S. 1 VOL/A, § 6 EG Abs. 3 S. 1 VOL/A, § 6 EG Abs. 3 Nr. 3 VOB/A, § 6 Abs. 3 Nr. 3 VOB/A, § 6 VS Abs. 3 Nr. 3 VOB/A.
[91] 1. VK Bund Beschl. v. 26.11.2009, VK 1–197/09.

oder wenn auf Grund besonderer Umstände des Einzelfalls der Verstoß die Zuverlässigkeit des Unternehmens nicht in Frage stellt. Die Tatbestände stellen eng auszulegende Ausnahmen vom zwingenden Ausschluss von Unternehmen dar. Sie eröffnen Auftraggebern ein Ermessen, im begründeten Einzelfall von einem Ausschluss abzusehen.

cc) Nachweis der Unrichtigkeit der Kenntnis der Unzuverlässigkeit. Der Bieter hat die 63 Möglichkeit, mit Hilfe amtlicher Urkunden den Nachweis zu führen, dass der Kenntnisstand des Auftraggebers falsch ist und ein Ausschluss unrechtmäßig wäre (§ 7 EG Abs. 6 VOL/A bzw. § 6 Abs. 4 Nr. 2 VOB/A). Der Auftraggeber muss hierzu die Urkunde eines zuständigen Gerichts- oder einer Verwaltungsbehörde des Herkunftslands akzeptieren. Wenn eine Urkunde oder Bescheinigung vom Herkunftsland nicht ausgestellt ist oder darin nicht vollständig alle vorgesehenen Fälle erwähnt werden, kann sie durch eine eidesstattliche Erklärung oder eine förmliche Erklärung vor einer zuständigen Gerichts- oder Verwaltungsbehörde, einem Notar oder einer dafür qualifizierten Berufsorganisation des Herkunftslands ersetzt werden. Unternehmen mit Sitz in Deutschland können für ihre Vorstände und Geschäftsführer Führungszeugnisse aus dem Bundeszentralregister vorlegen.

b) Fakultativer Ausschluss

aa) Ausschlussgründe. Bewerber oder Bieter, denen eine „schwere Verfehlung" nachgewiesen wurde, können von einem laufenden Vergabeverfahren wegen Unzuverlässigkeit gemäß § 6 EG Abs. 6 VOL/A ausgeschlossen werden.[92]

bb) Nachweis der Zuverlässigkeit. Das Recht, von jedem Bieter im Voraus den „Entlastungsbeweis" zu verlangen, gibt § 7 EG Abs. 7 VOL/A dem Auftraggeber für die in § 6 Abs. 6 EG aufgeführten fakultativen Ausschlussgründe. Ein Unternehmen kann also nicht schon gemäß § 6 EG Abs. 4 VOL/A ausgeschlossen werden, wenn der Auftraggeber Zweifel daran hat, ob eine entsprechende Eigenerklärung eines Bieters richtig oder vollständig ist.[93]

2. Nachweis der Leistungsfähigkeit (wirtschaftliche Leistungsfähigkeit)

a) Bankauskünfte

Nach § 7 EG, Abs. 2 lit. a VOL/A können Auftraggeber von Bewerbern und Bietern die 66 Vorlage „entsprechender Bankauskünfte" verlangen.

Auftraggebern sollten bei der Forderung von Bankerklärungen definieren, welchen ge- 67 nauen Erklärungsinhalt sie wünschen. Unterlässt der Auftraggeber eine solche Definition, welche Bankerklärung mit welchem Inhalt er möchte, entscheidet der objektive Empfängerhorizont, d. h. es wird maßgeblich darauf abgestellt, wie ein durchschnittlicher Bieter die Anforderung verstehen durfte. Dementsprechend bleibt es bei fehlender Konkretisierung der Nachweisforderung den Bietern überlassen, mit welchem Inhalt solche Bankerklärungen abgegeben werden.[94] Nur wenn eine bestimmte Erklärung unmissverständlich gefordert wurde, ist damit auch ein Ausschluss des Angebots zulässig.

b) Bankerklärung/Nachweis der Berufshaftpflichtversicherungsdeckung

Bei Dienstleistungsaufträgen können „entsprechende Bankerklärungen oder der Nachweis 68 einer Berufshaftpflichtversicherung verlangt werden. Während § 7 EG VOL/A diesen

---

[92] Vgl. § 14.
[93] OLG Koblenz Beschl. v. 25. 9. 2012, 1 Verg 5/12.
[94] OLG Düsseldorf Beschl. v. 6. 7. 2005, Verg 22/05; VK Düsseldorf Beschl. v. 28. 10. 2005, VK – 34/2005 – L.

69 Nachweis nur für Dienstleistungsaufträge zulässt, ist für Aufträge bis zu den Schwellenwerten ein solcher Nachweis auch für Lieferaufträge zulässig.

Nach § 7 EG, Abs. 2 lit. b VOL/A können Auftraggeber einen vollumfänglichen Versicherungsschutz verlangen.[95] Dies dient einer Gefährdung der vertragsgemäßen Leistungserbringung durch eine Verschlechterung der wirtschaftlichen Lage des Leistungserbringers ebenso entgegenzuwirken, wie die Realisierung der eigenen Ansprüche auf Schadensersatz gegen das Risiko einer Insolvenz des Auftragnehmers abzusichern. Die Vorgabe einer Mindestdeckungssumme für einzelne Risiken ist dabei nicht nur zulässig, sondern auch ratsam, um die Vergleichbarkeit der Angebote sicherzustellen.[96]

70 Aus Gründen der unzumutbaren Einschränkung von Bieterrechten ist im Regelfall lediglich die Zusage von Bewerbern und Bietern zu verlangen, dass sie im Auftragsfall eine Versicherung in entsprechender Höhe abschließen werden. Versicherungen stellen darüber hinaus auch Erklärungen aus, dass sie im Zuschlagsfall eine Versicherungsdeckung, die den Vorgaben des Auftraggebers entspricht, bereitstellen werden.

c) Bilanzen oder Bilanzauszüge

71 Nach § 7 EG, Abs. 2 lit. c VOL/A können Auftraggeber Bilanzen oder Bilanzauszüge verlangen, soweit dies nach dem nationalen Gesellschaftsrecht eine Veröffentlichung vorgesehen ist. Für Deutschland ergibt sich dies für Kapitalgesellschaften aus §§ 325 ff. HGB und nach § 264a HGB für offene Handelsgesellschaften und die Kommanditgesellschaft.

72 Der Europäische Gerichtshof hat kürzlich entschieden, dass Mindestanforderungen an die wirtschaftliche und finanzielle Leistungsfähigkeit nicht unter Bezugnahme auf die Bilanz im Ganzen festgelegt werden können. Solche Mindestanforderungen seien nur hinsichtlich einzelner oder mehrerer vorab definierter Elemente der Bilanz zulässig. Hinsichtlich der Auswahl dieser Elemente der Bilanzen bestehe für Auftraggeber Wahlfreiheit wie bei der Bestimmung der Mindestanforderungen an die wirtschaftliche und finanzielle Leistungsfähigkeit.[97] Allerdings müssen die Mindestanforderungen an die Leistungsfähigkeit mit dem Auftragsgegenstand zusammenhängen und ihm angemessen sein.

d) Erklärung über den Gesamtumsatz

73 Nach § 7 EG, Abs. 2 lit. d VOL/A und § 6 Abs. 3 Nr. 2 lit. a VOB/A dürfen Auftraggeber Nachweise über den Umsatz des Unternehmens in den letzten drei Geschäftsjahren verlangen. Dies betrifft sowohl den Gesamtumsatz als auch den Umsatz in den verfahrensgegenständlichen Leistungsbereichen. In die Berechnung des letztgenannten Teilumsatzes eines Unternehmens kann auch der Umsatz einfließen, der in Form einer Bietergemeinschaft erzielt wurde. Allerdings ist dabei nur der von dem Unternehmen erwirtschaftete Umsatzteil der Bietergemeinschaft zu berücksichtigen.

74 Mit der Angabe der Umsatzzahlen sollen Auftraggeber beurteilen können, in welchem finanziellen Rahmen sich die bisherige Geschäftstätigkeit eines Bieters bewegte und ob er voraussichtlich über die wirtschaftliche Leistungsfähigkeit verfügt, die für die Ausführung des konkreten Auftrags notwendig ist.[98]

75 Ein Verweis auf die Umsätze von anderen Konzerngesellschaften ist unzulässig, solange diese nicht als Nachunternehmer benannt werden. Ist eine solche Nachunternehmerbe-

---

[95] OLG Jena Beschl. v. 6.6.2007, 9 Verg 3/07; VK Baden-Württemberg Beschl. v. 13.11.2008, 1 VK 41/08; VK Südbayern Beschl. v. 7.7.2006, 11–04/06; VK Niedersachsen Beschl. v. 11.3.2013, VgK-03/2013.
[96] VK Baden-Württemberg Beschl. v. 13.11.2008, 1 VK 41/08.
[97] EuGH Urteil v. 18.10.2012, C-218/11.
[98] OLG Koblenz Beschl. v. 25.9.2012, 1 Verg 5/12.

nennung ausgeblieben, kann nur der Umsatz des sich bewerbenden Unternehmens angegeben werden.[99]

Besteht das Unternehmen weniger als drei Jahre, kann es insoweit keine vollständigen Angaben zum Umsatz über drei Geschäftsjahre hinweg machen. Daraus kann jedoch nicht die Folgerung gezogen werden, dass das neugegründete Unternehmen die gestellten Eignungsanforderungen nicht erfüllt. Dies ist nur dann der Fall, wenn der Auftraggeber explizit eine Mindestanforderung definiert hat, dass er nicht nur – soweit vorhanden – die Daten aus drei vergangenen Geschäftsjahren erhalten möchte, sondern dass eine (mindestens) dreijährige Existenz bzw. werbende Tätigkeit des Unternehmens eine Mindestanforderung an die Eignung darstellt.[100]

Es steht im Ermessen der Auftraggeber, als Nachweis der wirtschaftlichen und finanziellen Leistungsfähigkeit einen Mindestumsatz zu fordern, da die Eignungsnachweise in finanzieller und wirtschaftlicher Hinsicht nicht abschließend sind. Der geforderte Mindestumsatz muss allerdings in einem angemessenen Verhältnis zur ausgeschriebenen Leistung stehen.[101]

In der Praxis wird die Aussagekraft dieser häufig geforderten Angabe überschätzt. Solange ein Auftraggeber in diesem Eignungskriterium keine Mindestanforderungen festsetzt, wird er kaum Bewerber oder Bieter auf der Grundlage einer vergleichsweise geringen Umsatzangabe von einem Vergabeverfahren mangels Eignung ausschließen, da diese nicht auf mangelnde Leistungsfähigkeit schließen lässt.[102]

3. Nachweis der Fachkunde

Im Rahmen des Nachweises der erforderlichen Fachkunde/technischen Leistungsfähigkeit orientieren sich die geforderten Nachweise an Art, Menge und Verwendungszweck der zu erbringenden Leistung.[103]

Die Nachweise umfassen im Anwendungsbereich der VOL/A insbesondere:[104]

a) Referenzen

Referenzen dienen Bewerbern und Bietern als Nachweis ihrer praktischen Erfahrung bei der Durchführung von Vorhaben, die mit dem verfahrensgegenständlichen Vorhaben vergleichbar sind.[105] Insbesondere auch weil in der jüngsten Vergabepraxis die übrigen Eignungsnachweise meist aus Eigenerklärungen bestehen, bekommen Referenzen einen höheren Stellenwert. Die Eignungsprüfung maßgeblich auf die Referenzen eines Unternehmens zu stützen ist eine geeignete, vergaberechtskonforme Maßnahme, die nicht zu beanstanden ist.[106]

§ 7 EG Abs. 3 lit a) VOL/A fordert, dass Referenzen von Öffentlichen Auftraggebern als eine von der referenzgebenden Behörde beglaubigte Bescheinigung vorgelegt werden.[107] Bei privaten Auftraggebern genügt eine Eigenerklärung des Unternehmens. Auftraggeber sind gerade bei Eigenerklärungen gut beraten, bei den Ansprechpartnern bezüglich der Referenzen nachzufragen, ob die Leistungen erbracht wurden, wie in der Refe-

---

[99] 3. VK Bund Beschl. v. 26.6.2008, VK 3–71/08.
[100] VK Hessen Beschl. v. 27.6.2012, 69 d VK – 21/2012; VK Düsseldorf Beschl. v. 2.11.2011, VK – 24/2011 – L.
[101] 2. VK Sachsen-Anhalt Beschl. v. 10.6.2009, VK 2 LVwA LSA – 13/09.
[102] BGH NZBau 2005, 594.
[103] § 7 EG Abs. 3 S. 1 VOL/A.
[104] § 7 EG Abs. 3 lit. a ff. VOL/A.
[105] VK Schleswig-Holstein Beschl. v. 27.1.2009, VK-SH 19/08.
[106] OLG Koblenz Beschl. v. 4.10.2010, 1 Verg 9/10.
[107] Vgl. VHB Formular 444.

renz beschrieben. Eine Verpflichtung, die Referenzangaben zu überprüfen, wird jedoch von der Rechtsprechung abgelehnt.[108]

83 Nach der Rechtsprechung des OLG Düsseldorf ist eine Beschränkung der Anzahl der Referenzen (z.B. maximal drei Referenzen) unzulässig, auch wenn diese Praxis den Wertungsvorgang auf Seiten des Auftraggebers beschleunigt. Das Oberlandesgericht sieht hierin jedoch einen Verstoß gegen den Wettbewerbsgrundsatz im Sinne des § 97 Abs. 1 GWB.[109]

84 Auftraggeber fordern häufig, dass die angebotenen **Referenzen vergleichbar** mit dem verfahrensgegenständlichen Auftrag sein müssen. Der Auftraggeber darf und sollte die vorzulegenden Nachweise in dieser Hinsicht auf „vergleichbare" Leistungen beschränken – und das in der Bekanntmachung eindeutig klarstellen, denn Unklarheiten gehen zu seinen Lasten.[110] Wann eine Referenz tatsächlich vergleichbar mit dem verfahrensgegenständlichen Vorhaben ist, ist in der Praxis dabei häufig umstritten. Zwar verweist die Rechtsprechung bei der Bestimmung der Vergleichbarkeit auf die Auslegung des Wortlauts der Vergabeunterlagen unter Berücksichtigung von Sinn und Zweck der geforderten Angaben sowie unter Berücksichtigung des Wettbewerbs- und Gleichbehandlungsgrundsatzes des Vergabeverfahrens. Die vorgelegten Referenzen müssen danach quantitativ und qualitativ vergleichbare oder gleichartige Leistungen betreffen und den Schluss zulassen, dass der Bieter in der Lage sein wird, die ausgeschriebene Maßnahme vertragsgemäß durchzuführen.[111] Vergleichbar oder gleichartig ist eine Leistung bereits dann, wenn sie der ausgeschriebenen Leistung nahe kommt und entsprechend ähnelt; sie muss keineswegs identisch mit der ausgeschriebenen Leistung sein.[112]

85 Der Auftraggeber hat bezogen auf die Frage, ob eine Referenz vergleichbar ist, ein nur eingeschränkt überprüfbaren Beurteilungsspielraum.[113]

86 Aus Sicht von Bewerbern und Bietern gestaltet sich die Auswahl von vergleichbaren Referenzen in der Praxis gerade in Teilnahmewettbewerben als eine anspruchsvolle Aufgabe, weil dann der eigentliche Ausschreibungsgegenstand lediglich in knappen Worten in der Vergabebekanntmachung beschrieben ist. Daher liegen bei der Zusammenstellung der Unterlagen für den Teilnahmewettbewerb nur wenige Anhaltspunkte für die Vergleichbarkeit der Referenzen vor. Zur Vermeidung von Konflikten sind Auftraggeber gut beraten, konkrete Vorgaben für die Vergleichbarkeit zu machen. Solche Vorgaben können die Ausführungsdauer, die benötigte Personalstärke oder das Auftragsvolumen beinhalten.

87 Sowohl § 6 Abs. 3 Nr. 2 lit. b) VOB/A, § 7 EG Abs. 3 lit. a) VOL/A als auch § 5 Abs. 5 lit. b) VOF legen einen Referenzzeitraum von drei Jahren zugrunde.

b) Beschreibung technischer Ausrüstung, der Maßnahmen zur Qualitätsgewährleistung, der Untersuchungs- und Forschungsmöglichkeiten

88 Auftraggeber können Bewerber und Bieter auffordern, Angaben über die ihnen bei der Auftragsdurchführung zur Verfügung stehende technische Ausrüstung zu machen. Dies ist in der Praxis besonders relevant bei Aufträgen, in denen Bieter eigene Ausrüstung für die Auftragsdurchführung verwenden sollen. Wie bei anderen Eignungsnachweisen kann es dabei genügen, wenn der Bewerber oder Bieter darstellt, dass ihm die relevante techni-

---

[108] 3. VK Bund Beschl. v. 27.9.2011, VK 3–119/11; VK Nordbayern Beschl. v. 9.2.2012, 21.VK – 3194–43/11; VK Sachsen Beschl. v. 14.11.2012, 1/SVK/035-12.
[109] OLG Düsseldorf Beschl. v. 12.9.2012, VII-Verg 108; so ausdrücklich auch für einen Teilnahmewettbewerb: 2. VK Bund Beschl. v. 3.6.2013, VK 2–31/13.
[110] 2. VK Bund Beschl. v. 17.7.2012, VK 2–4712.
[111] 2. VK Bund Beschl. v. 30.4.2010 , VK 2–29/10.
[112] OLG Karlsruhe Beschl. v. 22.7.2011, 15 Verg 8/11; VK Baden-Württemberg Beschl. v. 27.3. 2012 – Az.: 1 VK 06/12; OLG München Beschl. v. 12.11.2012, Verg 23/12; VK Arnsberg Beschl. v. 6.8.2013, VK 11/13.
[113] OLG München Beschl. v. 12.11.2012 , Verg 23/12.

sche Ausrüstung im Auftragsfall zur Verfügung stehen wird oder von Dritten zur Verfügung gestellt werden.

c) Angabe technische Leitung/technische Stellen

Dieser Eignungsnachweis erstreckt sich vorrangig auf die berufliche Befähigung des im Auftragsfalle für die technische Leitung vorgesehenen Personals. Der Bieter hat nachzuweisen, dass ihr Personal für die technische Leitung des Vorhabens über die notwendige Qualifikation verfügt. Dies gilt insbesondere für das Personal, das mit der Qualitätskontrolle bei der Auftragsdurchführung betraut wird. 89

d) Muster, Beschreibungen, Fotografien

Bereits im Rahmen der Eignungsprüfung kann sich bei Lieferaufträgen anbieten, sich Muster von Produkten der Bewerber oder Bieter vorlegen zu lassen. Dies ermöglicht eine Überprüfung des Qualitätsniveaus. 90

e) Amtliche Bescheinigungen über Entsprechung von Spezifikationen/Normen

Auftraggeber dürfen weiterhin Entsprechungserklärungen verlangen. Darin bestätigen amtliche Kontrollinstitute, ob die von einem Unternehmen angebotenen Produkte den relevanten Spezifikationen oder Normen entsprechen. 91

f) Kontrolle zuständiger Stellen

Um die eigene Lieferkette lückenlos zu kontrollieren, können Auftraggeber, entweder selbst oder durch dritte Behördenstellen, die Produktion von Bewerbern oder Bietern überprüfen. Eine solche aufwendige Vorgehensweise bietet sich dann an, wenn zum Beispiel bei der Beschaffung von Textilprodukten die Einhaltung von Regeln über Arbeitsstandards im Ausland kontrolliert werden soll. 92

g) Studien- und berufliche Befähigungsnachweise verantwortlicher Personen

Letztlich kann sich der Auftraggeber auch die Studiennachweise des verantwortlichen Personals eines Bewerbers oder Bieters vorlegen lassen. 93

h) Umweltmanagement

Nach § 6 EG Abs. 9 Nr. 1 VOB/A dürfen Auftraggeber Angaben zur Implementierung eines Umweltmanagementsystems bei den Bewerbern oder Bietern verlangen. Dies kann zum Beispiel in Form einer EMAS Zertifizierung (Eco-Management and Audit Scheme) erfolgen. Der Verweis auf das Qualitätsmanagementsystems, was unter Umständen nach der DIN EN ISO 9001: 2000 zertifiziert ist, ist kein geeigneter Nachweis eines Umweltmanagementsystems.[114] 94

i) Qualitätssicherung

Nach § 6 EG Abs. 9 Nr. 2 VOB/A können Auftraggeber zum Nachweis dafür, dass der Bewerber oder Bieter bestimmte Qualitätssicherungsnormen erfüllt, die Vorlage von Bescheinigungen unabhängiger Stellen verlangen. 95

---

[114] VK Schleswig-Holstein Beschl. v. 22.4.2008, VK-SH 03/08.

III. Qualität der Nachweise

96   Grundsätzlich sind zum Nachweis der Eignung von den Bietern Eigenerklärungen über die relevanten Informationen für die Eignungsprüfung abzufordern.[115] Der Nachweisaufwand und damit die Hürden für Unternehmen, sich um einen Auftrag zu bewerben sollen damit gemindert werden, was letztendlich dem Wettbewerbsprinzip geschuldet ist.

97   Sofern weitergehende Anforderungen an die Qualität der Nachweise gestellt werden, besteht eine Pflicht des Auftraggebers, dies zu begründen und die Gründe zu dokumentieren.

IV. Abschließende Festlegung der Eignungsnachweise in der gesetzlichen Normierung?

98   Gemäß den Vorgaben der VOB/A können neben den enumerativ aufgelisteten Nachweisen andere Angaben verlangt werden. Dies gilt insbesondere für Angaben zum Nachweis der Fachkunde. Im Hinblick auf andere dem Auftraggeber zum Beleg der wirtschaftlichen und finanziellen Leistungsfähigkeit geeignet erscheinende Nachweise muss der Auftraggeber festgestellt haben, dass stichhaltige Gründe für die Forderung bestehen.[116]

99   Auch diese Nachweise müssen einen sachlichen Bezug zu den konkreten ausgeschriebenen Leistungen aufweisen. Wenn die Leistung beispielsweise besonders umfangreich oder komplex bzw. hochspezialisiert ist, kann es besonderer fachlicher Qualifikation und zusätzlichen Wissens des ausführenden Personals bedürfen.[117]

100   In der VOL/A existiert diese ausdrückliche Möglichkeit, andere oder weitere Nachweise, als ausdrücklich im Gesetz aufgezählt anzufordern, nicht. Dennoch kann der Katalog der möglichen Eignungsnachweise auch in der VOL/A nicht als abschließend betrachtet werden. Je nach den spezifischen Erfordernissen einer ausgeschriebenen Leistung muss es dem Auftraggeber möglich sein, korrespondierend hierzu entsprechende Anforderungen an den Nachweis der Eignung zu stellen.[118]

101   Die vorstehend erörterte Situation betrifft den Fall, dass der Auftraggeber andere als die gesetzlich ausdrücklich genannten Nachweise fordert. Hiervon zu unterscheiden ist die Situation, dass der Auftraggeber bestimmte Nachweise gefordert hat und der Bewerber/Bieter die geforderten Nachweise nicht beibringen kann. Sofern die Vorlage der geforderten Nachweise durch das Unternehmen aus stichhaltigen Gründen unterbleibt, muss dem Unternehmen die Möglichkeit gegeben werden, die erforderliche Eignung auch durch andere Nachweise, die der Auftraggeber jedoch auch als zum Eignungsnachweis geeignet erachten muss, nachzuweisen.[119] Diese Regelung setzt die zwingende Vorgabe in Art. 47 Abs. 5 VKR um.

G. Präqualifikationssysteme

I. Einführung

102   Bereits Ende der 1980er/Anfang der 1990er Jahre wurde die Einführung eines allgemein gültigen, auftragübergreifenden Präqualifizierungsverfahrens in Deutschland im Bereich

---

[115] § 7 EG Abs. 1 VOL/A, § 6 Abs. 3 S. 2 und S. 3 VOL/A, § 5 Abs. 2 VOF.
[116] § 6 EG Abs. 3 Nr. 3, Nr. 4 VOB/A, § 6 Abs. 3 Nr. 3, Nr. 4 VOB/A, § 6 VS Abs. 3 Nr. 3, Nr. 4 VOB/A.
[117] Vgl. *Mertens* in VERIS-VOB/A-Online-Kommentar, § 6 Abs. 3 Nr. 3 VOB/A.
[118] Vgl. OLG Karlsruhe Beschl. v. 29.8.2008, 15 Verg 8/08; VK Düsseldorf Beschl. v. 23.5.2008, VK – 7/2008 – L; VK Saarland Beschl. v. 19.1.2004, 3 VK 05/2003.
[119] § 6 EG Abs. 5 Nr. 2 VOB/A, § 7 EG Abs. 5 VOL/A.

der klassischen öffentlichen Auftragsvergabe gefordert.[120] Bis zur tatsächlichen Einführung eines solchen Präqualifikationsverfahrens in der Bundesrepublik zogen jedoch noch einige Jahre ins Land. Erst im Jahre 2002 wurde das erste Präqualifikationsverfahren eingeführt, welches jedoch zunächst nur Sektorenauftraggebern vorbehalten blieb[121]. Dies änderte sich mit dem Erlass der Vergabekoordinierungsrichtlinie (Richtlinie 2004/18/EG) im Jahre 2004. Zwei Jahre nach Erlass dieser Richtlinie wurde für den Baubereich eine nationale untergesetzliche Regelung erlassen, die auf das zwischenzeitlich etablierte nationale Präqualifikationsverfahren verwies (vgl. § 8 Nr. 3 VOB/A 2006). Mit der Novellierung des Gesetzes gegen Wettbewerbsbeschränkungen (GWB) im Jahr 2009 wurde eine allgemeine und für alle Bereiche (Sektorenbereich, Bereich der klassischen öffentlichen Auftraggeber) geltende Regelung zu Präqualifikationsverfahren in das GWB aufgenommen[122]. Auf untergesetzlicher Ebene befindet sich aktuell im § 6 Abs. 3 Nr. 2 VOB/A eine Regelung betreffend das Präqualifikationsverfahren. Nach dieser Vorschrift ist die Präqualifikation die favorisierte Form der Vorlage von Eignungsnachweisen.

Nach § 97 Abs. 4a GWB können öffentliche Auftraggeber Präqualifikationssysteme **103** einrichten oder zulassen, mit denen die Eignung von Unternehmen nachgewiesen werden kann. § 97 Abs. 4 a GWB setzt damit eine in Art. 52 VKR und Art. 53 SKR vorgesehene Möglichkeit zur Einrichtung solcher Prüfsysteme um. Art. 52 der VKR spricht hierbei von amtlichen Verzeichnissen zugelassener Bauunternehmer, Lieferanten oder Dienstleistungserbringer oder von einer Zertifizierung durch öffentlich-rechtliche oder private Stellen. Art. 53 Abs. 1 SKR spricht hingegen von Prüfsystemen und legt einzelne Vorgaben für die Ausgestaltung der Prüfsysteme fest (objektive Kriterien, bzgl. technische Spezifikationen, jederzeitiges Verlangen der Prüfung).

II. Begriffsbestimmung und Vorteile des Präqualifikationsverfahrens

Nach allgemeiner Begriffsbestimmung bedeutet Präqualifikation (PQ) die generelle und **104** vom konkreten Einzelvergabefall unabhängige Bewertung eines Unternehmens, ob bzw. inwieweit es zur Ausführung bestimmter Leistungen überhaupt geeignet ist. Im Rahmen der Präqualifizierung werden ausschließlich unternehmensbezogene Eignungskriterien geprüft. Die Präqualifikation erfolgt verfahrensunabhängig und freiwillig.[123]

Der große Vorteil für Bieter bei einem solchen Bewertungssystem besteht darin, dass der **105** Aufwand für die Beteiligung an Ausschreibungen reduziert wird, weil eine einmal festgestellte Eignung für diverse Auftragsbewerbungen verwendet werden kann.[124] Die Präqualifikation entlastet darüber hinaus auch die öffentlichen Auftraggeber vom Aufwand der Eignungsprüfung im Einzelfall.[125] Über die Aufwandsminimierung hinaus können durch die Einführung von Präqualifikationsverfahren Kosten auf Seiten der Vergabestellen gesenkt werden. Auch werden illegale Praktiken in der Bauwirtschaft einer besseren Kontrolle unterzogen. Ein solches Verfahren dient desweiteren wegen der abgestimmten, für alle Präqualifizierungsstellen verbindlichen Prüfmaßstäbe für die Eignung und Zuverlässigkeit der Unternehmer der Chancengleichheit und Gewährleistung von Transparenz bei der Eignungs- und Zuverlässigkeitsprüfung.[126]

---

[120] Vgl. *Werner* NZBau, 2006, S. 12 (12).
[121] *Tugendreich* NZBau 2011, 467 (467).
[122] *Tugendreich* NZBau 2011, 467 (468).
[123] Vgl. *Braun/Petersen* VergabeR 3/2010, 433 (441).
[124] *Tugendreich* NZBau 2011, 467 (467).
[125] Vgl. Erlass des Bundesministerium für Verkehr, Bau und Stadtentwicklung (im Folgenden BMVBS) vom 17.1.2008, Az.: B 15–01082–102/11.
[126] Erlass des BMVBS vom 17.1.2008, Az.: B 15–01082–102/11.

III. Einrichtung von Präqualifikationssystemen

106 Nachdem im Jahre 2002 offiziell das Scheitern der Arbeiten an einer Europäischen Norm zur Qualifizierung erklärt worden war, wurde im darauffolgenden Jahr zwischen den damaligen Bundesministern einerseits und Bauwirtschaftsverbänden sowie der IG Bau andererseits vereinbart, möglichst schnell ein nationales Präqualifikationssystem am deutschen Baumarkt aufzubauen[127]. Das Scheitern einer europäischen Norm wurde darauf zurückgeführt, dass viele europäische Länder bereits über ein Präqualifikationssystem verfügten, mit diesem zufrieden waren, und daher eine Europäische Norm nur unter der Bedingung akzeptieren wollten, dass diese ihr vorhandenes System nicht beeinträchtigen würde[128]. Das nationale Präqualifikationssystem PQ-VOB wiederum sollte möglichst unbürokratisch sein sowie keine finanzielle Belastung der öffentlichen Hand nach sich ziehen. Zu diesem Zweck wurde auf Ebene der Staatssekretäre von Bundesministerium für Wirtschaft und Arbeit (BMWA) und Bundesministerium für Verkehr, Bau- und Wohnungswesen (BMVBW) unter Einbezug der am Branchengespräch Beteiligten eine interministerielle Arbeitsgruppe ins Leben gerufen, die die Einzelheiten zur Schaffung eines nationalen Präqualifikationssystems erarbeiten sollte[129]. Insbesondere erstellte sie hierfür eine Leitlinie (Leitlinie des BMVBS vom 25.04.2005), welche u.a. ihrerseits die Organisation und die Vorgehensweise des Vereins für Präqualifikation e.V. regelt.

107 Am 20.06.2005 wurde sodann der privatrechtlich organisierte „Verein für die Präqualifikation von Bauunternehmen e.V." (im Folgenden Präqualifikationsverein) gegründet. Zweck des Vereins war bzw. ist es, eine bundesweit einheitliche Liste der präqualifizierten Unternehmen zu führen. Die hierfür erforderlichen Daten erhält der Verein wiederum von den Präqualifizierungsstellen.[130] Dem Präqualifikationsverein gehören Vertreter zahlreicher öffentlicher Auftraggeber, Behördenvertreter des Bundes und der Länder, sonstige öffentliche Auftraggeber, kommunale Spitzenverbände und Spitzenorganisationen der Wirtschaft und der Technik an.[131] Im Frühjahr 2005 wurde die Dienstleistung der Präqualifizierungsstellen öffentlich ausgeschrieben. Insgesamt wurden sechs Institutionen hierfür ausgewählt. Der Verein beauftragt die im Wettbewerb ausgewählten Präqualifizierungsstellen, überwacht und kontrolliert deren Arbeitsweise und sorgt für die Einhaltung eines bundesweit einheitlichen Verfahrens aller Präqualifikationsstellen.[132] Die Präqualifikationsstellen haben sich verpflichtet, die Beschlüsse des Vereins bzw. des Beirates „Präqualifikation von Bauunternehmen" umzusetzen.[133] Der Verein selbst ist bei seiner Tätigkeit an die Leitlinie des BMVBS für die Durchführung eines Präqualifizierungsverfahrens gebunden.[134]

108 § 8 Abs. 2 S. 1 VOB/A 2006 besagte, dass als Nachweis der Eignung insbesondere auch die vom Auftraggeber direkt abrufbare Eintragung in die allgemein zugängliche Liste des Vereins für die Präqualifikation von Bauunternehmen e.V. zulässig sei.

109 Mit der Novellierung des GWB im Jahr 2009 wurde eine allgemeine und für alle Bereiche geltende Regelung auf Gesetzesniveau zu Präqualifikationsverfahren in das GWB aufgenommen. § 97 Abs. 4a GWB ist die erste deutsche Regelung über Präqualifikationsverfahren und gilt sowohl für den Sektorenbereich als auch für den Bereich der klassi-

---

[127] *Werner* NZBau 2006, 12 (14).
[128] *Werner* NZBau 2006, 12, (13).
[129] *Werner* NZBau 2006, 12 (14).
[130] *Koenig* VergabeR 2006, 691 (691).
[131] *Koenig* VergabeR 2006, 691 (691).
[132] *Werner* NZBau 2006, 12 (14).
[133] Vgl. Leitlinie des Bundesministeriums für Verkehr, Bau und Stadtentwicklung (im Folgenden BMVBS) für die Durchführung eines Präqualifizierungsverfahrens vom 25. April 2005 in der Fassung vom 7.4.2011, 1 (5).
[134] Vgl. *Steinberg* NVwZ 2006, 1349 (1352).

schen öffentlichen Auftraggeber[135]. Danach können Auftraggeber Präqualifikationssysteme einrichten oder zulassen, mit denen die Eignung von Unternehmen nachgewiesen werden kann. Die Vorschrift beruht auf Art. 52 Abs. 5 der Richtlinie 2004/18/EG, der ausdrücklich vorsieht, dass die Mitgliedstaaten amtliche Verzeichnisse zugelassener Bauunternehmer, Lieferanten oder Dienstleistungserbringer oder eine Zertifizierung durch öffentlich-rechtliche oder privat-rechtliche Stellen einführen können[136].

Seit dem 1.10.2008 sind bei Vergaben unterhalb der Schwellenwerte, welche von dem Bundeshochbau ausgeschrieben werden im Verfahren der Beschränkten Ausschreibung ohne öffentlichen Teilnahmewettbewerb (§ 3 Nr. 3 Abs. 1 VOB/A) und im Verfahren der Freihändigen Vergabe (§ 3 Nr. 4 VOB/A) grundsätzlich nur Unternehmen zur Abgabe eines Angebots aufzufordern, die ihre Eignung durch eine Eintragung in die allgemein zugängliche Liste der Vereins für die Präqualifikation von Bauunternehmen e.V. (PQ-Liste) nachgewiesen haben. Dies wurde vom BMVBS im Erlasswege angeordnet.[137] Hierdurch soll die Vergabestelle bei beschränkten Ausschreibungen ohne Teilnahmewettbewerb und bei Freihändigen Vergaben von der Prüfung der Eignung der Unternehmer weitgehend entlastet werden.[138]   **110**

Neben PQ-VOB existieren weitere Präqualifikationssyteme, wobei insbesondere das Hessische Präqualifikationssystem HPQR zu nennen sind, das im Vergabegesetz des Landes in dessen § 7 verankert ist.   **111**

Im Bereich der Liefer- und Dienstleistungen sind Präqualifikationsverzeichnisse nach § 6 Abs. 4 VOL/A ebenfalls zulässige Instrumente für Bewerber oder Bieter, um ihre Eignung nachzuweisen. In Deutschland betreibt der Deutsche Industrie- und Handelskammertag (DIHK) ein Präqualifikationssystem für den Bereich der VOL/A, das PQ-VOL heißt. Der Zertifizierungsumfang des PQ-VOL orientiert sich an den auftragsunabhängigen Kriterien, die in der VOL/A verankert sind und von den Beschaffungsstellen regelmäßig als Eignungsnachweis gefordert werden.   **112**

IV. Nachweise der Eignung mittels Präqualifikationssystem

Präqualifizierte Bewerber oder Bieter können ihre Eignungsnachweise mittels ihrer Registrierung im Präqualifikationssystem erbringen. So kann statt der Abgabe von Referenzen auf die im Präqualifikationssystem hinterlegten Referenzen durch die Angabe der Registernummer verwiesen werden. Der Auftraggeber ist dann gehalten, sich die Unterlagen aus dem Präqualifikationssystem beizuziehen. Bewerber und Bieter sind jedoch gut beraten, die Anforderungen des Auftraggebers in jedem Einzelfall zu erfassen, um zu entscheiden, ob die im Präqualifikationssystem hinterlegten Informationen alle Anforderungen quantitativ wie qualitativ erfüllen. Gegebenenfalls sind die Präqualifikationsunterlagen durch Einzelnachweise zu ergänzen. Andernfalls droht ein unvollständiges Angebot oder ein unvollständiger Teilnahmeantrag.[139]   **113**

Eine Frage, die sich in der Praxis häufig im Zusammenhang mit der Präqualifikation stellt ist, was passiert, wenn die Gültigkeit eines zertifizierten Einzelnachweises abläuft oder turnusmäßig aktuelle Referenzen noch nicht zertifiziert sind. Die Vergabekammer Sachsen entschied hierzu, dass die Präqualifikation ad absurdum geführt würde, wenn Nachweislücken, die sich lediglich aufgrund der noch nicht durch die Präqualifizierungsstelle erfolgten jährlichen Aktualisierungen ergeben, zu Lasten eines Bieters gingen. Dann wäre der Bieter – wie zuvor auch – vor jeder neuen Ausschreibung gehalten, zu überprü-   **114**

---

[135] *Tugendreich* NZBau 2011, 467 (467).
[136] Vgl. *Werner* NZBau 2006, 12 (12).
[137] Vgl. Erlass des BMVBS vom 17.1.2008, Az.: B 15–01082–102/11.
[138] Vgl. Erlass des BMVBS vom 17.1.2008, Az.: B 15–01082–102/11.
[139] 2. VK Bund Beschl. v. 30.11.2009, VK 2–195/09.

fen, ob die hinterlegten Dokumente noch dem aktuellen Anforderungsniveau entsprechen.[140]

V. Anerkennung anderer Präqualifikationsverzeichnisse

115 Die Formulierung des § 6 Abs. 3 Nr. 2 VOB/A legt vom Wortlaut her eine Fokussierung auf PQ-VOB nahe. Ihrem Wortlaut nach lässt die VOB/A keine andere Präqualifizierung als PQ-VOB zu. Eine solche Beschränkung auf ein nationales Präqualifikationssystem wäre jedoch bereits europarechtlich unzulässig, da sie Anbieter aus anderen EU Mitgliedsstaaten diskriminieren würde.

116 Der mit der VOB/A 2012 neu eingeführte § 6 EG Abs. 3 Nr. 2 Satz 5 VOB/A stellt nunmehr ausdrücklich klar, dass die Eintragung in ein gleichwertiges Verzeichnis anderer Mitgliedstaaten als Nachweis zugelassen ist. Die Vorschrift erfasst auch deutsche Präqualifikationssysteme, die neben dem PQ-VOB System existieren. Eintragungen in solche gleichwertigen Präqualifikationsregister sind nach § 6 EG Abs. 3 Nr. 2 Satz 5 VOB/A von Auftraggebern als Eignungsnachweise zuzulassen.

H. Zeitpunkt der Vorlage der geforderten Nachweise

I. Bekanntgabe der geforderten Nachweise in der Bekanntmachung

117 Eignungsanforderungen bedürfen gemäß Art. 44 Abs. 2 der Richtlinie 2004/18/EG einer Angabe in der EU-Bekanntmachung. Diese Vorgabe wurde auch in den Verdingungsordnungen umgesetzt.[141]

118 Die Vorgaben des Auftraggebers zu den Eignungsnachweisen in der Bekanntmachung sind verbindlich. Dies erfordert der Transparenz- und Gleichbehandlungsgrundsatz. Es darf im Nachgang hiervon nicht abgewichen werden, lediglich eine Konkretisierung der Angaben der Bekanntmachung ist in den Vergabeunterlagen möglich.[142] Es darf also weder auf geforderte Nachweise verzichtet noch dürfen weitere Nachweise gefordert werden. Eine unmittelbare und freie Zugänglichkeit der Anforderung an den Nachweis der Eignung über eine Verlinkung dieser Angaben aus der Bekanntmachung heraus kann diesen Vorgaben genügen.[143]

119 Die Vergabebekanntmachung muss etwaige Mindestanforderungen konkret bezeichnen und darf sich nicht damit begnügen, auf die Vergabeunterlagen zu verweisen. Ihre erstmalige Bekanntgabe in den Vergabeunterlagen ist unzulässig.[144]

120 Ebenfalls unzulässig ist die nachträgliche Verschärfung von Eignungsnachweisen in den Vergabeunterlagen. Der Auftraggeber ist vielmehr an die Festlegungen in der Bekanntmachung gebunden und darf in den Vergabeunterlagen keine weiteren Anforderungen stellen, sondern die in der Bekanntmachung verlangten Nachweise nur konkretisieren.[145]

---

[140] VK Sachsen Beschluss vom 11.5.2010, 1/SVK/011–10.
[141] § 7 EG Abs. 5 S. 1 VOL/A, § 12 Abs. 2 S. 2 lit. l VOL/A, § 12 Abs. 1 Nr. 2 lit. u VOB/A.
[142] OLG Düsseldorf Beschl. v. 6.2.2013, VII-Verg 32/12; OLG Düsseldorf Beschl. v. 23.6.2010, VII-Verg 18/10; OLG Frankfurt Beschl. v. 15.7.2008, 11 Verg 4/08.
[143] OLG Düsseldorf Beschl. v. 16.11.2011, VII – Verg 60/11; VK Bund Beschl. v. 11.7.2012, VK 1–67/12.
[144] OLG Düsseldorf Beschl. v. 17.1.2013, VII – Verg 35/12; OLG Düsseldorf Beschl. v. 5.12.2012, VII-Verg 29/12 m.w.N.
[145] OLG Jena Beschl. v. 21.9.2009, 9 Verg 7/09.

II. Vorlage mit dem Teilnahmeantrag bzw. dem Angebot

Es richtet sich grundsätzlich nach der Vorgabe des Auftraggebers, zu welchem Zeitpunkt bestimmte Erklärungen und Nachweise vorgelegt werden müssen. § 7 EG Abs. 12 VOL/A sieht vor, dass eine Vorlage grundsätzlich bis zum Ablauf der Teilnahme- oder der Angebotsfrist oder Nachforderungsfrist für die Vorlage fehlender Nachweise zu erfolgen hat.[146] Es besteht auch die tatsächliche Notwendigkeit, dass der Auftraggeber bei Durchführung der Eignungsprüfung über die erforderlichen Nachweise verfügt, um diese vornehmen zu können. Deshalb sind bei der Durchführung eines Teilnahmewettbewerbs die geforderten Eignungsnachweise mit dem Teilnahmeantrag und ansonsten grundsätzlich mit dem Angebot vorzulegen. 121

Bis zum Ablauf dieser Fristen können Nachweise jederzeit nachgeliefert oder vervollständigt werden.[147] 122

III. Nachforderung fehlender Nachweise

Vor Erlass der aktuellen Verdingungsordnungen war es ein kritisches Thema in der Vergabepraxis, ob und unter welchen Umständen eine Nachforderung von fehlenden Nachweisen und Erklärungen vorgenommen werden kann. Hieran schloss sich auch die Frage an, wann fehlende Nachweise und Erklärungen zum Angebotsausschluss führen dürfen bzw. müssen. 123

Inzwischen sehen die Regelungen der Verdingungsordnungen vor, dass Erklärungen und Nachweise, die auf Anforderung der Auftraggeber bis zum Ablauf der Angebotsfrist nicht vorgelegt wurden, bis zum Ablauf einer zu bestimmenden Nachfrist nachgefordert werden.[148] In der VOB/A regelt darüber hinaus ausdrücklich, dass die fehlenden Erklärungen und Nachweise innerhalb von sechs Kalendertagen nach Aufforderung durch den Auftraggeber nachgereicht werden müssen.[149] 124

Nachweise und Erklärungen im Sinne dieser Regelungen umfassen jedenfalls solche, die die Eignung eines Bieters betreffen.[150] Jedoch können keine fehlenden wesentlichen Preisangaben nachgereicht werden. Es kann auch kein Austausch tatsächlich vorgelegter, aber inhaltlich unzureichender Unterlagen erfolgen.[151] 125

Angebote, die auch nach Ablauf der Nachforderungsfrist nicht alle Nachweise vorgelegt haben, müssen von der weiteren Wertung ausgeschlossen werden.[152] 126

IV. Nachweis der Eignung durch Bezugnahme auf dritte Unternehmen

Ein Unternehmen kann sich zum Nachweis der Leistungsfähigkeit und Fachkunde der Fähigkeit anderer Unternehmen bedienen. 127

Sofern sich ein Unternehmen zum Nachweis seiner eigenen Eignung auf die Ressourcen eines Drittunternehmens stützt, ist der Nachweis der tatsächlichen Verfügbarkeit die- 128

---

[146] Vgl. ebenso § 6 EG Abs. 3 Nr. 5 VOB/A, § 6 Abs. 3 Nr. 5 VOB/A, § 6 VS Abs. 3 Nr. 5 VOB/A.
[147] *Schranner* in Ingenstau/Korbion, § 6 VOB/A Rn. 135.
[148] § 19 EG Abs. 2 VOL/A, § 16 Abs. 2 S. 1 VOL/A, § 5 Abs. 3 VOF, vgl. auch § 22 Abs. 6 S. 1 VSVgV.
[149] § 16 EG Abs. 1 Nr. 3 VOB/A, § 16 Abs. 1 Nr. 3 VOB/A, § 16 VS Abs. 1 Nr. 3 VOB/A.
[150] *Kratzenberg* in Ingenstau/Korbion, § 16 VOB/A Rn. 66.
[151] OLG Düsseldorf Beschl. v. 12.9.2012, VII-Verg 108/11.
[152] S. hierzu § 29; § 19 EG Abs. 3 lit. a VOL/A, § 16 Abs. 3 lit. a VOL/A, § 16 EG Abs. 1 Nr. 3 S. 4 VOB/A, § 16 Abs. 1 Nr. 3 S. 4 VOB/A, § 16 VS Abs. 1 Nr. 3 S. 4 VOB/A, § 22 Abs. 6 S. 2 VSVgV.

ser Ressourcen notwendig zum Nachweis der Eignung des betreffenden Unternehmens. Entsprechende Verpflichtungserklärungen von solchen Drittunternehmen/Nachunternehmern sind deshalb eignungsnachweise und ebenso mit dem Angebot bzw. Teilnahmeantrag vorzulegen.

129   Bei dem Einsatz von Leiharbeitnehmern handelt es sich weder um Nachunternehmer noch um sonstige „Drittunternehmen" im Sinne des § 7 EG Abs. 9 VOL/A. Der Leiharbeitnehmer selbst steht zu dem entleihenden Unternehmen in keiner Rechtsbeziehung, da vertragliche Beziehungen ausschließlich zwischen dem Entleiher und Verleiher bestehen. Der Leiharbeitnehmer wird nur vorübergehend in den Betrieb des Entleihers integriert und zählt zu den „internen Ressourcen" des Auftragnehmers.[153]

J. Vervollständigung oder Erläuterung der Nachweise

130   § 7 EG Abs. 13 VOL/A gestattet Auftraggebern Bewerber und Bieter aufzufordern, vorgelegte Nachweise zu vervollständigen oder zu erläutern. Die Vorschrift bezieht sich auf alle Eignungsanforderungen.[154] Der öffentliche Auftraggeber ist jedoch nur berechtigt, einen Bieter zur Vervollständigung aufzufordern, wenn ein konkreter Nachweis zwar vorgelegt wurde, dieser aber uneindeutig oder lückenhaft ist.

131   Das Oberlandesgericht München hat § 7 EG Abs. 13 VOL/A von § 19 EG Abs. 2 VOL/A trennscharf abgegrenzt. Während § 7 EG Abs. 13 VOL/A die Vervollständigung bereits vorgelegter Nachweise regelt, betrifft § 19 EG Abs. 2 VOL/A diejenigen Fälle, in denen es Unternehmen bislang verabsäumt haben, Nachweise vorzulegen.[155]

132   Ob die Vorschrift auch auf Teilnahmewettbewerbe anzuwenden ist, bleibt fraglich. Insoweit besteht eine Regelungslücke, welche in der VOF durch § 5 Abs. 3 VOF nicht besteht.

K. Nachweis der Eignung durch andere geeignete Nachweise

133   Letztlich ist es Unternehmen nach § 7 EG Abs. 5 Satz 2 VOL/A gestattet, wenn es aus einem berechtigten Grund die geforderten Nachweise nicht beibringen kann, den Nachweis seiner Eignung durch Vorlage jedes anderen vom Auftraggeber als geeignet erachteten Belegs zu erbringen. Im Umkehrschluss sind Auftraggeber verpflichtet, die von ihnen als geeignet erachteten Belege anzuerkennen. Geeignet sind nur solche Nachweise, welche dem Auftraggeber die Überprüfung der Eignung in gleicher Weise ermöglichen.

---

[153] VK Rheinland-Pfalz Beschl. v. 31. 10. 2012, VK 1–26/12; VK Sachsen-Anhalt Beschl. v. 15. 2. 2013, 2 VK LSA 42/12.
[154] OLG Düsseldorf Beschl. v. 14. 10. 2009, VII-Verg 40/09.
[155] OLG München Beschl. v. 12. 11. 2012, Verg 23/12.

§ 29 Preisprüfung (dritte Wertungsstufe)

Übersicht

	Rn.
A. Einleitung	1–6
B. Bieterschützende Funktion	7–13
I. Verbot der Zuschlagserteilung	8–11
II. Preisaufklärung	12, 13
C. Inhalt und Ablauf der Preisprüfung	14–107
I. Unterkostenangebot	14–95
II. Überhöhter Preis	96–107

VOL/A: § 16 Abs. 6
VOL/A EG: § 19 Abs. 6, 7
VOB/A: § 16 Abs. 6
VOB/A EG: § 16 Abs. 6

VOL/A:

§ 16 VOL/A Prüfung und Wertung der Angebote

(1) bis (5) hier nicht abgedruckt.

(6) Erscheint ein Angebot im Verhältnis zu der zu erbringenden Leistung ungewöhnlich niedrig, verlangen die Auftraggeber vom Bieter Aufklärung. Auf Angebote, deren Preise in offenbarem Missverhältnis zur Leistung stehen, darf der Zuschlag nicht erteilt werden.

(7) und (8) hier nicht abgedruckt.

VOL/A EG:

§ 19 EG VOL/A Prüfung und Wertung der Angebote

(1) bis (5) hier nicht abgedruckt.

(6) Erscheint ein Angebot im Verhältnis zu der zu erbringenden Leistung ungewöhnlich niedrig, verlangen die Auftraggeber vom Bieter Aufklärung. Auf Angebote, deren Preise in offenbarem Missverhältnis zur Leistung stehen, darf der Zuschlag nicht erteilt werden.

(7) Angebote, die aufgrund einer staatlichen Beihilfe ungewöhnlich niedrig sind, können allein aus diesem Grund nur dann zurückgewiesen werden, wenn das Unternehmen nach Aufforderung innerhalb einer von den Auftraggebern festzulegenden ausreichenden Frist nicht nachweisen kann, dass die betreffende Beihilfe rechtmäßig gewährt wurde. Auftraggeber, die unter diesen Umständen ein Angebot zurückweisen, müssen die Kommission der Europäischen Gemeinschaften darüber unterrichten.

(8) und (9) hier nicht abgedruckt.

VOB/A:

§ 16 VOB/A Prüfung und Wertung der Angebote

Wertung

(1) bis (5) hier nicht abgedruckt.

(6) 1. Auf ein Angebot mit einem unangemessen hohen oder niedrigen Preis darf der Zuschlag nicht erteilt werden.

2. Erscheint ein Angebotspreis unangemessen niedrig und ist anhand vorliegender Unterlagen über die Preisermittlung die Angemessenheit nicht zu beurteilen, ist in Textform vom Bieter Aufklärung über die Ermittlung der Preise für die Gesamtleistung oder für Teilleistungen zu verlangen, gegebenenfalls unter Festlegung einer zumutbaren Antwortfrist. Bei der Beurteilung der Angemessenheit sind die Wirtschaftlichkeit des Bauverfahrens, die gewählten technischen Lösungen oder sonstige günstige Ausführungsbedingungen zu berücksichtigen.

(6) (Nr. 3) bis (10) hier nicht abgedruckt.

§ 16 EG VOB/A Prüfung und Wertung der Angebote

(1) bis (5) hier nicht abgedruckt.

Wertung

(6) 1. Auf ein Angebot mit einem unangemessen hohen oder niedrigen Preis darf der Zuschlag nicht erteilt werden.

2. Erscheint ein Angebotspreis unangemessen niedrig und ist anhand vorliegender Unterlagen über die Preisermittlung die Angemessenheit nicht zu beurteilen, ist vor Ablehnung des Angebots vom Bieter in Textform Aufklärung über die Ermittlung der Preise für die Gesamtleistung oder für Teilleistungen zu verlangen, gegebenenfalls unter Festlegung einer zumutbaren Antwortfrist. Bei der Beurteilung der Angemessenheit prüft der Auftraggeber – in Rücksprache mit dem Bieter – die betreffende Zusammensetzung und berücksichtigt dabei die gelieferten Nachweise.

(6) (Nr. 3) bis (7) hier nicht abgedruckt.

(8) Sind Angebote auf Grund einer staatlichen Beihilfe ungewöhnlich niedrig, ist dies nur dann ein Grund sie zurückzuweisen, wenn der Bieter nicht nachweisen kann, dass die betreffende Beihilfe rechtmäßig gewährt wurde. Für diesen Nachweis hat der Auftraggeber dem Bieter eine ausreichende Frist zu gewähren. Auftraggeber, die trotz entsprechender Nachweise des Bieters ein Angebot zurückweisen, müssen die Kommission der Europäischen Union darüber unterrichten.

(9) bis (11) hier nicht abgedruckt.

Literatur:
V. Bechtolsheim/Fichtner, „Stolperstein Angemessenheitsprüfung", VergabeR 2005, 574; *Csaki*, Die Auskömmlichkeitsprüfung nach § 19 VI VOL/A-EG. Prüfpflicht, Drittschutz und besondere Anforderungen aufgrund landesrechtlicher Vorschriften, NZBau 2013, 342; *Hartung*, Anmerkung zu OLG Karlsruhe, Beschluss vom 27.7.2009, 15 Verg 3/09, VergabeR 2010, 104; *Brieskorn/Stamm*, Die vergaberechtliche Renaissance der Urkalkulation und deren Bedeutung für das Nachtragsmanagement, NZBau 2008, 414; *Gabriel*, Die vergaberechtliche Preisprüfung auf dritter Angebotsbewertungsstufe und die (Un-)Zulässigkeit von sog. Unterkostenangeboten, VergabeR 2013, 300; *Gabriel/Schulz*, Auskömmlichkeit von Unterkostenangeboten mittels Einpreisung des Großhandelszuschlags?, PharmR 2011, 448; *Hausmann/Ruf*, Anmerkung zu EuGH, Urteil vom 29.3.2012, C-599/10 – SAG ELV Slovensko u.a., VergabeR 2012, 591; *Knauff*, Anmerkung zu EuGH, Urteil vom 29.3.2012, C-599/10 – SAG ELV Slovensko u.a., EuZW 2012, 391; *Müller-Wrede*, Die Wertung von Unterpreisangeboten – Das Ende einer Legende, VergabeR 2011, 46; *Noch*, Anmerkung zu OLG München, Beschluss vom 2.6.2006, Verg 12/06, VergabeR 2006, 808; *Otting*, Anmerkung zu EuGH, Urteil vom 15.5.2008, C-147/06 und C-148/06 – SECAP und Santoroso, VergabeR 2008, 630; *Schranner*, Anmerkung zu OLG Düsseldorf, Beschluss vom 19.12.2000, Verg 28/00, VergabeR 2001, 129; *Stolz*, Die Behandlung von Niedrigpreisangeboten unter Berücksichtigung gemeinschaftsrechtlicher Vorgaben, VergabeR 2002, 219; *Summa*, Die Entscheidung über die Auftragsvergabe – Ein Ausblick auf das künftige Unionsrecht, NZBau 2012, 729; *Ulshöfer*, Anmerkung zu OLG Düsseldorf, Beschluss vom 9.5.2011, Verg 45/11, VergabeR 2011, 886; *Weihrauch*, Anmerkung zu EuGH, Urteil vom 29.3.2012, C-599/10 – SAG ELV Slovensko u.a., IBR 2012, 278.

A. Einleitung

Sinn und Zweck der Preisprüfung auf der dritten Stufe der Angebotsbewertung ist es, 1
diejenigen Angebote, deren Preis außer Verhältnis zur Leistung steht, ohne dass dies
durch Gründe veranlasst ist, die mit einem fairen Wettbewerb vereinbar sind, zu identifizieren und auszuschließen, sodass für die vierte Stufe der Angebotsbewertung nur noch
Angebote mit angemessenem Preis im Sinne von §§ 2 Abs. 1 VOL/A, 2 Abs. 1 VOL/A-EG, 2 Abs. 1 Nr. 1 VOB/A, 2 Abs. 1 Nr. 1 VOB/A-EG verbleiben.

Im Hinblick auf die zentrale Frage der dritten Stufe der Angebotsprüfung verwenden 2
die VOL/A und VOB/A unterschiedliche Begriffe. In § 16 Abs. 6 Nr. 1 VOB/A und
dem wortgleichen § 16 Abs. 6 Nr. 1 VOB/A-EG ist von Angeboten mit einem **unangemessen hohen oder niedrigen Preis** die Rede, auf das der Zuschlag nicht erteilt werden darf. Für **unangemessen niedrig** erscheinende Angebote statuieren die §§ 16 Abs. 6
Nr. 2 Satz 1 VOB/A, 16 Abs. 6 Nr. 2 Satz 1 VOB/A-EG eine Aufklärungspflicht. §§ 19
Abs. 6 VOL/A und 19 Abs. 6 Satz 1 VOL/A-EG unterscheiden zwischen der Aufklärungspflicht und dem Ausschluss des Angebots. Ein im Verhältnis zur Leistung **ungewöhnlich niedrig** erscheinendes Angebot begründet eine Aufklärungspflicht. Im Fall eines **offenbaren Missverhältnisses** zwischen Preis und Leistung darf ein Zuschlag nicht
erteilt werden. Trotz dieser Unterschiede im Wortlaut besteht letztlich zwischen den Regelungen in der Sache kein Unterschied.[1] Sowohl im Anwendungsbereich der VOB/A
als auch in dem der VOL/A knüpft die dritte Wertungsstufe systematisch an §§ 2 Abs. 1
Nr. 1 VOB/A, 2 Abs. 1 Nr. 1 VOB/A-EG bzw. §§ 2 Abs. 1 Satz 1 VOL/A, 2 Abs. 1
Satz 1 VOL/A-EG an, wonach nur Aufträge mit **angemessenen** Preisen den Zuschlag
erhalten.[2] Ein Gleichlauf des Prüfungsmaßstabs wird ferner durch Art. 55 VKR nahegelegt, der zwischen Dienst- und Lieferleistungen einerseits und Bauleistungen andererseits
nicht differenziert.[3] Vor diesem Hintergrund gelten die nachfolgenden Ausführungen für
Bauleistungen ebenso wie für Lieferungen und Dienstleistungen.

Die gesamte dritte Wertungsstufe dient der Beurteilung der Angemessenheit des Prei- 3
ses, weshalb sie mehrheitlich zutreffend als „**Angemessenheitsprüfung**" im weiten Sinne bezeichnet wird. Der gleichwohl weitverbreitete Begriff der „Auskömmlichkeitsprüfung"[4] ist als Bezeichnung für die dritte Wertungsstufe unpräzise. Den folgenden Ausführungen liegt das Verständnis zugrunde, dass die Auskömmlichkeit des Preises bei
Unterkostenangeboten nur *ein* Kriterium der dritten Wertungsstufe ist.[5]

Für **Angebote mit niedrigem Preis** lässt sich die dritte Stufe der Angebotsprüfung in 4
mehrere Prüfschritte untergliedern.[6] Im ersten Schritt werden zunächst Angebote, die
hinsichtlich ihres Preises ungewöhnlich bzw. unangemessen niedrig erscheinen und deshalb Anlass zu einer genaueren Prüfung geben, ermittelt.[7] In einem zweiten Schritt hat
der Auftraggeber von den jeweiligen Bietern eines solchen Angebots **Aufklärung** zu verlangen.[8] Die vorgelegten Erklärungen überprüft der Auftraggeber sodann auf Vollständigkeit und Schlüssigkeit. Auf dieser Grundlage nimmt er danach eine Beurteilung des Preises vor. Diese erfolgt in zwei – zumindest gedanklich zu trennenden – Schritten[9]: Zu-

---

[1] Vgl. *Müller-Wrede/Horn/Roth* in Müller-Wrede, § 19 VOL/A-EG Rn. 18; *v. Bechtolsheim/Fichtner* VergabeR 2005, 574, 575, 196, 198.
[2] *v. Bechtolsheim/Fichtner* VergabeR 2005, 574, 575.
[3] *v. Bechtolsheim/Fichtner* VergabeR 2005, 574, 575.
[4] Statt vieler VK Münster Beschl. v. 19.10.2011, VK 15/11, juris, Rn. 71.
[5] Vgl. *v. Bechtolsheim/Fichtner* VergabeR 2005, 574, 574 ff.
[6] Vgl. EuGH Urt. v. 27.11.2001, Rs. C-285/99 und C-286/99, NZBau 2002, 101 Rn. 55 – Lombardini und Mantovani; *v. Bechtolsheim/Fichtner* VergabeR 2005, 574, 574 ff.
[7] Vgl. C.I.1.
[8] Vgl. C.I.2.
[9] Vgl. *v. Bechtolsheim/Fichtner* VergabeR 2005, 574, 581 ff.

nächst prüft der Auftraggeber das Angebot in tatsächlicher Hinsicht auf seine **Auskömmlichkeit** hin, d.h. ob ein sog. Unterkostenangebot vorliegt. Dies ist der Fall, wenn der Angebotspreis dem Bieter keine kostendeckende Auftragserfüllung ermöglicht.[10] Anschließend bewertet der Auftraggeber die **Angemessenheit des Preises im engeren Sinne**.[11] Das Erfordernis einer sich der Auskömmlichkeitsprüfung anschließenden Bewertung impliziert, dass ein nicht kostendeckendes Angebot nicht zwingend ausgeschlossen werden muss. Entscheidend ist insofern, ob die Gründe im konkreten Fall für ein nicht kostendeckendes Angebot wettbewerblich legitim sind. Im letzten Schritt hat der Auftraggeber dann darüber zu entscheiden, ob das Angebot aus der Wertung auszuschließen ist oder nicht.[12]

5 Bei **überhöhten Preisen** beschränkt sich die dritte Wertungsstufe auf die Prüfung der Angemessenheit (im engeren Sinne). Eine Vorprüfung und ein Aufklärungsverfahren sind nicht vorgeschrieben. Die Frage der Auskömmlichkeit stellt sich bei deutlich überhöhten Preisen selbstverständlich nicht.

6 Im Ausgangspunkt gilt für die Preisprüfung auf der dritten Stufe der **Grundsatz der Kalkulationsfreiheit der Bieter** als Teil des Kernbereichs unternehmerischer Freiheit im Wettbewerb um öffentliche Aufträge. Danach ist es dem Bieter überlassen, wie er seine Preise kalkuliert und zu welchen Preisen er welche Leistungen anbietet.[13] Verbindliche Kalkulationsvorgaben sind gesetzlich nicht vorgesehen[14] und auch der Auftraggeber darf nicht ohne weiteres die Kalkulationsfreiheit der Bieter beschränken.[15] Gleichwohl muss sich jedes Angebot im Rahmen der Preisprüfung unabhängig von der individuellen Kalkulation des Bieters an objektiven Kriterien messen lassen.

B. Bieterschützende Funktion

7 Die Rechtsfrage, die im Zusammenhang mit der dritten Stufe der Angebotsprüfung seit Jahren im Zentrum der Diskussion steht, ist, ob bzw. inwieweit die entsprechenden vergaberechtlichen Vorschriften Drittschutz vermitteln, d.h. bieterschützend sind. In der Praxis entscheidet die Antwort auf diese Frage darüber, ob sich ein unterlegener Bieter erfolgreich gegen die geplante Zuschlagserteilung auf das Angebot eines Konkurrenten zur Wehr setzen und zulässigerweise ein Nachprüfungsverfahren gemäß §§ 107 Abs. 2 Satz 1, 97 Abs. 7 GWB einleiten kann, wenn Anhaltspunkte dafür bestehen, dass der für den Zuschlag vorgesehene Bieter einen unangemessen niedrigen Preis angeboten hat.

I. Verbot der Zuschlagserteilung

1. Grundsätzlich kein Bieterschutz

8 Ob das Verbot der Zuschlagserteilung in der dritten Wertungsstufe bieterschützend ist, ist nach wie vor zumindest in Einzelheiten umstritten. Das Meinungsspektrum in der Recht-

---

[10] Vgl. C.I.3a.
[11] Vgl. C.I.3b.
[12] Vgl. C.I.5.
[13] BGH Beschl. v. 18.5.2004, X ZB 7/04, BGHZ 159, 186, 196; OLG Düsseldorf Beschl. v. 9.2.2009, Verg 66/08, VergabeR 2009, 956, 961; Beschl. v. 28.9.2006, Verg 49/06, juris, Rn. 14; OLG München Beschl. v. 21.5.2010, Verg 02/10, ZfBR 2010, 606, 619; OLG Naumburg Beschl. v. 29.1.2009, 1 Verg 10/08, VergabeR 2009, 642, 645.
[14] Vgl. OLG Brandenburg Beschl. v. 13.9.2005, Verg W9/05, NZBau 2066, 126, 128.
[15] Für eine (möglicherweise weitgehende) Einschränkbarkeit der Kalkulationsfreiheit der Bieter durch die „Bestimmungsfreiheit des Auftraggebers hinsichtlich der Regularien des Vergabeverfahrens" aber jüngst OLG Düsseldorf Beschl. v. 14.11.2012, VII-Verg 42/12, ibr-online.

sprechung erstreckt sich potenziell von einer vollständig ablehnenden[16] bis zu einer weitgehend bejahenden Auffassung[17]. Beide Extrempositionen werden heute indes kaum noch[18] vertreten.

Nach der mittlerweile wohl herrschenden Auffassung, die auf das OLG Düsseldorf zurückgeht und der sich immer mehr Vergabesenate und Vergabekammern anschließen[19], sind die Vorschriften grundsätzlich den Interessen des Auftraggebers zu dienen bestimmt und vermitteln im Regelfall keinen Bieterschutz.[20] Insbesondere ist es nicht Aufgabe der Vergabestelle, einen Bieter vor einem für ihn wirtschaftlich ungünstigen Vertragsabschluss zu schützen. Es ist nicht Sinn und Zweck der Regelungen über die Preisprüfung, den Bietern auskömmliche Preise zu garantieren und den einzelnen Bieter vor sich selbst zu schützen.[21] Folglich ist es den Bietern verwehrt, wegen Unauskömmlichkeit des eigenen Angebots den Ausschluss desselben zu verlangen, denn das Risiko einer Fehlkalkulation trägt grundsätzlich der Bieter.[22] In erster Linie dienen die Regelungen dem **Schutz des Auftraggebers** davor, einem Bieter den Zuschlag zu erteilen, der keine hinreichende Gewähr für eine ordnungsgemäße Vertragserfüllung bietet und damit den zweckmäßigen und wirtschaftlichen Einsatz öffentlicher Mittel zu gefährden droht.[23] Insbesondere bei Bezuschlagung eines Unterkostenangebotes besteht nämlich die Gefahr, dass die vom Bieter kalkulierte Vergütung für die auftragsgegenständlichen Leistungen nicht ausreichend bemessen ist, um ihm die ordnungsgemäße und mangelfreie Auftragsausführung zu ermöglichen. Dies kann je nach wirtschaftlicher Bedeutung des Auftrags für den Bieter sogar dessen wirtschaftliche Existenz gefährden. Im Extremfall könnte es zu einer vollständigen wirtschaftlichen oder finanziellen Überforderung bis hin zur Insolvenz des Zuschlagsempfängers vor erfolgreicher Ausführung des Auftrags kommen.

---

[16] Z.B. BayOLG Beschl. v. 12.9.2000, Verg 4/00, VergabeR 2001, 65, 69.

[17] Z.B. OLG Saarbrücken Beschl. v. 29.10.2003, 1 Verg 2/03, NZBau 2004, 117, 118; OLG Celle Beschl. v. Beschl. v. 30.4.1999, 13 Verg 1/99, NJW 1999, 3497, 3497; VK Sachsen Beschl. v. 1.10.2002, 1/SVK/084–02, juris, Rn. 34; Beschl. v. 26.7.2001, 1/SVK 73–01, ZfBR 2002, 91, 94; VK Brandenburg Beschl. v. 10.11.2006, 2 VK 44/06, ibr-online; aus der Literatur zuletzt *Csaki* NZBau 2013, 342, 345f. unter ausführlicher, im Ergebnis aber zu weit gehender und die dortigen Ausführungen überspannender Bezugnahme auf EuGH Urt. v. 29.3.2012, C-599/10, NZBau 2012, 376 – SAG ELV Slovensko u.a., sowie OLG Düsseldorf Beschl. v. 31.10.2012, VII-Verg 17/12, NZBau 2013, 333, das diese Frage jedoch ausdrücklich offen ließ (336).

[18] Jüngst aber – ausdrücklich in Abweichung von der herrschenden Meinung – VK Sachsen-Anhalt Beschl. v. 19.10.2011, 2 VK LSA 05/11, ibr-online.

[19] Vgl. die Aufgabe der früheren (keinen Bieterschutz gewährenden) Rechtsprechung durch BayObLG Beschl. v. 3.7.2002, Verg 13/02, NZBau 2003, 105, 107 und die (wenn auch nicht ausdrückliche) Aufgabe der früheren (umfassend bejahenden) Auffassung durch OLG Celle Beschl. v. 18.12.2003, 13 Verg 22/03, VergabeR 2004, 397, 405; ebenso OLG Jena Beschl. v. 5.6.2009, 9 Verg 5/09, VergabeR 2009, 809, 811; OLG Koblenz Beschl.v. 16.10.2005, 1 Verg 4/05, VergabeR 2006, 392, 401f.; die Frage des Bieterschutzes bewusst offenlassend, jedoch zu Bieterschutz tendierend OLG München Beschl. v. 11.5.2007, Verg 04/07, ZfBR 2007, 599, 601.

[20] OLG Bremen Beschl. v. 9.10.2012, Verg 1/12, ibr-online ; OLG Düsseldorf Beschl. v. 22.12.2010, Verg 40/10, ZfBR 2011, 388, 390; Beschl. v. 19.12.2000, Verg 28/00, VergabeR 2001, 128, 128; BayObLG Beschl. v. 3.7.2002, Verg 13/02, NZBau 2003, 105, 107; OLG Koblenz Beschl. v. 26.10.2005, 1 Verg 4/05, VergabeR 2006, 392, 401f.; OLG Naumburg Beschl. v. 2.4.2009, 1 Verg 10/08, VergabeR 2009, 642, 645.; KG Beschl. v. 23.6.2011, 2 Verg 7/10, juris, Rn. 74; LSG Nordrhein-Westfalen Beschl. v. 10.3.2010, L 21 SF 41/10 Verg, juris, Rn. 44; VK Baden-Württemberg Beschl. v. 26.3.2010, 1 VK 11/10, juris, Rn. 53.

[21] BGH Beschl. v. 31.8.1994, 2 StR 256/94; NJW 1995, 737, 737; OLG Düsseldorf Beschl. v. 19.12.2000, Verg 28/00; VergabeR 2001, 128, 128.

[22] Vgl. zu einer etwaigen Anfechtung wegen Irrtums im Falle eines Unterangebots *Frister* in Kapellmann/Messerschmidt § 16 Rn. 108.

[23] BGH Beschl. v. 31.8.1994, 2 StR 256/94; NJW 1995, 737, 737; OLG Naumburg Beschl. v. 22.11.2004, 1 U 56/04, juris, Rn. 10; OLG Düsseldorf Beschl. v. 17.6.2002, Verg 18/02, NZBau 2002, 626, 627f.

2. Bieterschützender Charakter in Ausnahmefällen

10 Drittschutz vermitteln die Vorschriften über den Angebotsausschluss in der dritten Wertungsstufe daher nur im Ausnahmefall. Nach der Rechtsprechung insbesondere des OLG Düsseldorf haben sie nur einen eingeschränkt bieterschützenden Charakter.[24] Bieterschutz im Rechtssinn entfalten die entsprechenden Bestimmungen nur, wenn das an den Auftraggeber gerichtete Gebot, wettbewerbswidrige Praktiken im Vergabeverfahren zu verhindern, den Ausschluss des als unangemessen niedrig gerügten Angebots gebietet.[25] Bieter können folglich nur dann in ihren Rechten verletzt sein, wenn die Bezuschlagung eines Unterkostenangebots aufgrund seiner Wettbewerbswidrigkeit unterbleiben muss.[26] Dies wird in der Regel angenommen bei

- Angeboten mit unauskömmlichem Preis, die in der zielgerichteten **Absicht der Marktverdrängung** abgegeben wurden oder bei denen zumindest die Gefahr besteht, dass bestimmte Wettbewerber vom Markt verdrängt werden, sowie bei
- Angeboten, deren Preis so niedrig kalkuliert ist, dass die Zuschlagserteilung den Auftragnehmer voraussichtlich in so erhebliche Schwierigkeiten bringen würde, dass er den Auftrag nicht ordnungsgemäß zu Ende ausführen könnte, sondern gegebenenfalls zum Abbruch der Ausführung gezwungen wäre (**negative Vertragserfüllungsprognose**)[27].

11 Nur wenn eine Marktverdrängung(sabsicht) oder eine negative Vertragserfüllungsprognose vorliegt, vermittelt die jeweils einschlägige Regelung über das Zuschlagsverbot überhaupt Drittschutz (und ist ein Angebotsausschluss möglich). Das bedeutet, dass nur in diesen Fällen ein unterlegener Bieter den Ausschluss des anstelle seines Angebotes für den Zuschlag vorgesehenen Angebotes verlangen kann und ein entsprechender Vergabenachprüfungsantrag überhaupt zulässig ist.[28]

II. Preisaufklärung

12 Weitgehende Einigkeit besteht darüber, dass die Pflicht des öffentlichen Auftraggebers zur (weiteren) Aufklärung unter Aufforderung des Bieters zur Stellungnahme im Falle eines ungewöhnlich bzw. unangemessen niedrigen Preises gemäß §§ 16 Abs. 6 Satz 1 VOL/A, § 19 Abs. 6 Satz 1 VOL/A-EG, 16 Abs. 6 Nr. 2 Satz 1 VOB/A, 16 Abs. 6 Nr. 2 Satz 1 VOB/A-EG bieterschützend ist.[29] Allerdings soll sich die bieterschützende Wirkung die-

---

[24] Beschl. v. 19.12.2000, Verg 28/00, VergabeR 2001, 128, 128.
[25] OLG Düsseldorf Beschl. v. 9.5.2011, Verg 45/11, VergabeR 2011, 884, 885; OLG Düsseldorf Beschl. v. 17.6. 2002, Verg 18/02, NZBau 2002, 626, 627 f. Das Gebot wird im Anwendungsbereich der VOL/A aus der Formulierung „*im Wettbewerb*" in § 2 Abs. 1 Satz 1 VOL/A bzw. § 2 Abs. 1 Satz 1 VOL/A-EG abgeleitet; eindeutiger war insofern § 2 Nr. 1 Abs. 2 VOL/A a.F., wonach wettbewerbsbeschränkende und unlautere Verhaltensweisen zu bekämpfen sind. Diese Formulierung entspricht dem heute gültigen Wortlaut der wortgleichen § 2 Abs. 1 Nr. 2 Satz 2 VOB/A und § 2 Abs. 1 Nr. 2 Satz 2 VOB/A-EG.
[26] OLG Düsseldorf Beschl. v. 19.12.2000, Verg 28/00; VergabeR 2001, 128, 128; VK Rheinland-Pfalz Beschl. v. 23.5.2012, VK 2–11/12, juris, Rn. 65.
[27] OLG Düsseldorf Beschl. v. 9.5.2011, Verg 45/11 VergabeR 2011, 884, 885; Beschl. v. 28.9. 2006, Verg 49/06, juris, Rn. 17; OLG Düsseldorf Beschl. v. 17.6. 2002, Verg 18/02, NZBau 2002, 626, 627 f.
[28] Zur Europarechtskonformität dieser Rechtsprechung *Stolz* VergabeR 2002, 219, 223.
[29] OLG Düsseldorf Beschl. v. 12.3.2003, Verg 49/02, CuR 2004, 26, 29; OLG Frankfurt Urteil v. 22.3.2006, 4 U 94/05, BauR 2007, 124, 127; OLG Jena Beschl. v. 22.12.1999, 6 Verg 3/99, NZBau 2000, 349, 352; VK Südbayern Beschl. v. 16.9.2010, Z3–3–3194–1–48–07/10, juris, Rn. 156; VK Düsseldorf Beschl. v. 19.3.2007, VK-3/2007-B, juris, Rn. 78; VK Brandenburg Beschl. v. 8.12.2006, 1 VK 49/06, ibr-online; nach VK Sachsen Beschl. v. 17.11.2011, 1/SVK/042–11, juris, Rn. 99 jedenfalls dann bieterschützend, wenn überhaupt keine Prüfung vorgenommen worden ist; *Vavra* in Ziekow/Völlink, § 16 VOB/A Rn. 48; *Frister* in Kapellmann/Messerschmidt, § 16 VOB/A Rn. 105; *Dicks* in Kulartz/Marx/Portz/Prieß, § 16 VOB/A Rn. 241.

ser Prüfpflicht auf denjenigen Bieter beschränken, dessen Angebot von der Preisprüfung betroffen ist (sog. **relative Schutzwirkung**).[30] Das hat zur Folge, dass der Bieter, dessen Angebot ausgeschlossen wurde, im Nachprüfungsverfahren verlangen kann, dass das Vergabeverfahren in die Phase der dritten Wertungsstufe zurückversetzt und die unterlassene oder nur unzureichend durchgeführte Prüfung nachgeholt wird.[31] Gleichzeitig bedeutet dies, dass sich ein anderer (unterlegener) Bieter als der, dessen Angebot auffällig ist, nicht auf eine Verletzung dieser Überprüfungspflicht trotz hinreichender Anhaltspunkte für einen unangemessenen Preis berufen könnte. Dem mag grundsätzlich unter dem Aspekt zuzustimmen sein, dass einerseits ein betroffener Bieter beanspruchen kann, dass sein Angebot nicht auf der dritten Wertungsstufe ausgeschlossen wird, ohne dass ihm der Auftraggeber zuvor Gelegenheit gegeben hat, hierzu Stellung zu nehmen. Andererseits wird man die bieterschützende Wirkung der Aufklärungsverpflichtung auch auf die Bieter ausdehnen müssen, die mit dem Urheber des preisauffälligen Angebotes konkurrieren, wenn die Voraussetzungen einer der oben dargestellten Ausnahmefälle (Marktverdrängung[sabsicht] oder negative Vertragserfüllungsprognose) vorliegen. Dann ist auch den konkurrierenden Mitbietern ein Anspruch auf Prüfung zuzugestehen, damit sie die Überprüfung, ob einer der Ausnahmefälle vorliegt, erzwingen können.[32]

Die Auffassung, die einen Bieterschutz hinsichtlich der Preisaufklärung auch zugunsten der Mitbewerber bejaht, könnte im Hinblick auf das Urteil des EuGH vom 29.3.2012 künftig eine größere Bedeutung erlangen. Der EuGH geht darin davon aus, dass die Aufklärungspflicht die Willkür des öffentlichen Auftraggebers verhindern und einen gesunden Wettbewerb zwischen den Unternehmen gewährleisten soll.[33] Diese Argumentation des EuGH hinsichtlich der Zweckrichtung der Preisaufklärung stellt die bisherige deutsche Rechtsprechung zur relativen Schutzwirkung in Frage und ist geeignet, ein subjektives Recht der Mitbewerber auf Einhaltung der Preisaufklärungspflicht zu begründen.[34]

13

C. Inhalt und Ablauf der Preisprüfung

I. Unterkostenangebot

Die Preisprüfung im Falle ungewöhnlich niedriger Angebote ist, wie dargelegt[35], in mehreren Prüfschritten durchzuführen. Dabei hat der Auftraggeber zwei wesentliche Prüfungsaufgaben: Zum einen muss er ungewöhnlich niedrige Angebote identifizieren, um von den betroffenen Bietern Aufklärung zu verlangen. Zum anderen muss er auf Grundlage dieser Aufklärung feststellen, ob der Preis unangemessen niedrig und daher das Angebot auszuschließen ist.

14

---

[30] OLG Düsseldorf Beschl. v. 28.9.2006, Verg 49/06, Verg 49/06, juris, Rn. 16; Beschl. v. 11.2.2009, Verg 69/08, juris, Rn. 42; VK Bund Beschl. v. 6.9.2010, VK 2–74/10, juris, Rn. 27; Beschl. v. 29.1.2009, VK 1–180/08, juris, Rn. 41; VK Baden-Württemberg Beschl. v. 8.6.2010, 1 VK 23/10, juris, Rn. 62; *Frister* in Kapellmann/Messerschmidt, § 16 VOB/A Rn. 105; *Dicks* in Kulartz/Marx/Portz/Prieß, § 16 VOB/A Rn. 241.
[31] Zur Möglichkeit der Heilung eines unterlassenen Preisaufklärungsverfahrens in einem Nachprüfungsverfahren oder einem Beschwerdeverfahren vgl. BayObLG Beschl. v. 18.9.2003, Verg 12/03, NZBau 2004, 294, 296; OLG Naumburg Beschl. v. 7.5.2002, 1 Verg 19/01, ZfBR 2002, 618, 621.
[32] VK Sachsen Beschl. v. 17.11.2011, 1/SVK/042–11, juris, Rn. 99.
[33] EuGH Urt. vom 29.3.2012, C-599/10, NZBau 2012, 376 Rn. 29 – SAG ELV Slovensko u.a.
[34] So *Weihrauch* IBR 2012, 278; offengelassen von OLG Düsseldorf Beschl. v. 31.10.2012, Verg 17/12, juris, Rn. 46.
[35] Vgl. A.

1. Vorprüfung: Ermittlung zweifelhafter Angebote

15 In einem ersten Schritt ist zu ermitteln, ob überhaupt Anlass zu einer vertieften Überprüfung der Angemessenheit des Preises besteht. §§ 16 Abs. 6 Satz 1 VOL/A, 19 Abs. 6 Satz 1 VOL/A-EG, 16 Abs. 6 Nr. 2 VOB/A, 16 Abs. 6 Nr. 2 VOB/A-EG statuieren eine Preisaufklärungspflicht (nur) für den Fall, dass ein Angebot im Verhältnis zu der zu erbringenden Leistung unangemessen bzw. ungewöhnlich niedrig erscheint. Die genannten Normen wie auch Art. 55 VKR enthalten weder eine Definition des ungewöhnlich bzw. unangemessen niedrig erscheinenden Preises noch eine konkrete Berechnungsmethode.[36]

a) Beurteilungsspielraum

16 Aus dem Wortlaut der Vorschriften („erscheint") ergibt sich, dass dem Auftraggeber ein gewisser Beurteilungsspielraum in der Frage zukommt, ab welcher Preisabweichung er ein Angebot als ungewöhnlich niedrig qualifiziert und deshalb eine Pflicht zur Aufklärung besteht.[37] Logische Konsequenz eines Beurteilungsspielraums ist eine nur beschränkt mögliche Überprüfung dieser Beurteilung durch die Nachprüfungsinstanzen im Rahmen eines Nachprüfungsverfahrens.[38]

b) Prüfungsgegenstand: Gesamtpreis

17 Bei der Vorprüfung, ob ein Angebot im Verhältnis zur Leistung unangemessen bzw. ungewöhnlich hoch oder niedrig ist, ist stets der **Gesamtpreis** maßgebend.[39] Die einschlägigen Regelungen stellen alle auf das „Angebot" als solches ab, während sich § 25 Nr. 2 Abs. 2 S. 1 VOL/A a.F. noch auf „Einzelposten" bezog.[40] Das bedeutet, dass im Rahmen der Vorprüfung, bei der sich entscheidet, ob ein Angebot überhaupt im Hinblick auf die Auskömmlichkeit auffällig ist und einer näheren Überprüfung unterzogen werden muss, nicht die Einzelpreise bzw. die Einzelpositionen maßgeblich sind, sondern der Angebotsendpreis. Das bedeutet allerdings nicht, dass die Einzelpreise im Rahmen der dritten Wertungsstufe völlig unberücksichtigt blieben. Sie sind jedoch erst dann gemäß §§ 16 Abs. 6 Satz 1 VOL/A, 19 Abs. 6 Satz 1 VOL/A-EG, 16 Abs. 6 Nr. 2 VOB/A, 16 Abs. 6 Nr. 2 VOB/A-EG näher zu überprüfen, wenn feststeht, dass der Gesamtangebotspreis ungewöhnlich bzw. unangemessen niedrig erscheint.

18 Strikt von der dritten Wertungsstufe zu unterscheiden sind die rechnerische Prüfung von Angebotspreisen und ein Ausschluss eines Angebots auf der ersten Wertungsstufe aufgrund unvollständiger oder unrichtiger Preisangaben einzelner Preisposten.[41] Insofern sind jeweils die einzelnen Leistungspositionen maßgeblich.

c) Aufgreifkriterien

19 Ob ein Angebot ungewöhnlich bzw. unangemessen niedrig erscheint, kann nur in Relation zu einer bestimmten Vergleichsgröße, sogenannter Aufgreifkriterien, entschieden wer-

---

[36] Vgl. EuGH Urt. v. 27.11.2001, C-285/99 und C-286/99, NZBau 2002, 101 Rn. 67 – Lombardini und Mantovani noch zu Artikel 30 Abs. 4 Richtlinie 93/37/EWG des Rates v. 14.6.1993 („*Scheinen bei einem Auftrag Angebote im Verhältnis zur Leistung ungewöhnlich niedrig …*").
[37] OLG Celle Beschl. v. 17.11.2011, 13 Verg 6/11, juris, Rn. 30; *Müller-Wrede/Horn* in Müller-Wrede, § 19 VOL/A-EG Rn. 179.
[38] *Müller-Wrede/Horn* in Müller-Wrede, § 19 VOL/A-EG Rn. 179.
[39] OLG München Beschl. v. 6.12.2012, Verg 29/12, Veris, unter II. 2. b); *Gabriel* VergabeR 2013, 300, 301; *v. Bechtolsheim/Fichtner* VergabeR 2005, 574, 577.
[40] *Müller-Wrede/Horn* in Müller-Wrede, § 19 VOL/A-EG Rn. 176.
[41] Vgl. BGH Beschl. v. 18.5.2004, X ZB 7/04, BGHZ 159, 186, 194; *Stolz* in Willenbruch/Wieddekind, § 19 VOL/A-EG Rn. 77.

den. Am aussagekräftigsten ist ein Vergleich mit dem üblichen Marktpreis[42]. Dieser steht jedoch nicht abstrakt fest, sondern ergibt sich regelmäßig gerade durch eine aktuelle Nachfrage und aktuelle Angebote.[43] Die Durchführung einer detaillierten Marktanalyse zur Bestimmung des Marktpreises kann dem Auftraggeber im Rahmen der Vorprüfung nicht zugemutet werden.[44] Daher kommen als Vergleichsmaßstäbe vor allen Dingen die eigenen Kostenermittlungen bzw. die Kostenschätzung des Auftraggebers (sog. Haushaltsansatz)[45] – soweit diese vertretbar und belastbar sind[46] – und die Preise der eingegangenen Konkurrenzangebote[47] in Betracht.[48] Denkbar ist es aber auch, auf Angebote aus früheren oder auch nachfolgenden vergleichbaren Vergabeverfahren[49] oder auf Grobkalkulationen beratender Ingenieurbüros[50] abzustellen. Entscheidend ist, dass ausschließlich auf objektive Kriterien zurückgegriffen werden kann.[51] In der Praxis werden in der Regel mehrere Kriterien kombiniert.

aa) Eigene Kostenermittlung. Die eigene Kostenermittlung des Auftraggebers ist nur 20 dann eine zuverlässige Vergleichsgröße, wenn sie aktuell, zutreffend und präzise genug ist.[52] Enthält die Kostenberechnung des Auftraggebers beispielsweise gar nicht sämtliche Leistungen, die letztlich ausgeschrieben wurden, so ist sie als Vergleichsmaßstab offensichtlich nicht aussagekräftig und somit ungeeignet.[53] Bei bloßen Schätzungen des Auftragsvolumens ist zu berücksichtigen, dass diese in der Regel erforderlich sind, um die notwendigen Mittel im Haushalt einplanen zu können. Hierbei wird häufig auf bisherige Erfahrungswerte zurückgegriffen und ein Sicherheitszuschlag einkalkuliert, sodass die Schätzung oftmals nicht dem Marktpreis entspricht.[54] Dieser ergibt sich nämlich erst aus einer aktuellen Nachfrage auf dem Markt, wobei je nach Ausschreibungsgegenstand und Ausschreibungszeitpunkt zahlreiche individuelle Faktoren mit einfließen.[55] Insofern ist jedem Auftraggeber eine selbstkritische Überprüfung der eigenen Kostenermittlung anzuraten, soll sie als Vergleichsmaßstab

---

[42] Vgl. zum Marktpreis OLG München Beschl. v. 2.6.2006, Verg 12/06, ZfBR 2006, 600, 604.
[43] VK Hessen Beschl. v. 30.5.2005, 69d VK-16/2005, juris, Rn. 63; VK Niedersachsen Beschl. v. 19.11.2010, VgK-55/2010, juris, Rn. 84.
[44] OLG München Beschl. v. 7.3.2013, Verg 36/12, BeckRS 2013, 05399, unter A. II.; *v. Bechtolsheim/Fichtner* VergabeR 2005, 574, 578.
[45] Vgl. OLG Celle Beschl. v. 30.9.2010, 13 Verg 10/10, NZBau 2011, 189, 190; VK Südbayern Beschl. v. 31.5.2011, Z3-3-3194-1-11-03/11, ZfBR 2012, 397, 400; VK Sachsen Beschl. v. 9.2.2008, 1/SVK/071-08, juris, Rn. 121.
[46] Zu den insoweit geltenden Anforderungen OLG München Beschl. v. 7.3.2013, Verg 36/12, BeckRS 2013, 05399, unter A. II.
[47] OLG München Beschl. v. 21.5.2010, Verg 02/10, ZfBR 2010, 606, 619.
[48] Auf die Risiken und Unzuverlässigkeit dieser Methoden weist *Csaki* NZBau 2013, 342, 343, zu Recht hin.
[49] OLG Karlsruhe Beschl. v. 27.7.2009, 15 Verg 3/09, ZfBR 2010, 196, 200; vgl. VK Niedersachsen Beschl. v. 19.11.2010, VgK-55/2010, juris, Rn. 84; a.A. OLG Koblenz Beschl. v. 23.12.2003, 1 Verg 8/03, ZfBR 2004, 488, 489; VK Sachsen Beschl. v. 26.7.2001, 1 SVK 73-01, ZfBR 2002, 91, 93. Zweifel äußert *Hartung* VergabeR 2010, 104, 105.
[50] OLG Karlsruhe Beschl. v. 27.7.2009, 15 Verg 3/09, ZfBR 2010, 196, 198; OLG Koblenz Beschl. v. 23.12.2003, 1 Verg 8/03, ZfBR 488, 489.
[51] OLG München Beschl. v. 7.3.2013, Verg 36/12, BeckRS 2013, 05399, unter A. II.
[52] Vgl. zu einem unzulässigen Rückgriff auf die eigenen Kostenberechnungen OLG München Beschl. v. 31.10.2012, Verg 19/12, juris, Rn. 40; vgl. OLG Düsseldorf Beschl. v. 12.10.2005, Verg 37/05, juris, Rn. 22.
[53] Vgl. VK Schleswig-Holstein Beschl. v. 6.4.2011, VK-SH 05/11, juris, Rn. 54; OLG Düsseldorf Beschl. v. 12.10.2005, Verg 37/05, juris, Rn. 22.
[54] VK Hessen Beschl. v. 30.5.2005, 69d VK-16/2005, juris, Rn. 63.
[55] VK Hessen Beschl. v. 30.5.2005, 69d VK-16/2005, juris, Rn. 63f.

für die Vorprüfung herangezogen werden.[56] Von besonderer Bedeutung ist der Vergleich mit der eigenen Kostenermittlung insbesondere dann, wenn das zweitgünstigste Angebot selbst unangemessen niedrig oder umgekehrt bereits übteuert ist.[57] Liegt das zweitgünstigste Angebot deutlich über der eigenen Kostenermittlung, kann dies ein Indiz für eine unzulässige Preisabsprache[58] oder zumindest dafür sein, dass das Problem nicht in einer Unauskömmlichkeit des erstplatzierten sondern eher in einer überhöhten Kalkulation des nächstplatzierten Bieters liegt[59]. Der Umstand, dass die (nach obigen Kriterien belastbare) Kostenkalkulation des Auftraggebers unter allen Angeboten liegt, spricht grundsätzlich gegen die Annahme unangemessen niedriger Preise.[60]

21   **bb) Konkurrenzangebote.** Die Preise der Konkurrenzangebote sind in der Praxis das wichtigste Aufgreifkriterium. Am gängigsten ist zunächst ein Vergleich mit dem nächstgünstigsten Angebot. Teilweise wird als Aufgreifkriterium auch der Mittelwert verschiedener Angebote, die relativ eng beieinander liegen (sog. Angebotsgruppe), oder aber der Durchschnittspreis aller Angebote herangezogen.[61]

22   Die Rechtsprechung ist – zumindest auf den ersten Blick – uneinheitlich in der Frage, ob Konkurrenzangebote, die auf einer vorherigen Wertungsstufe bereits ausgeschlossen werden mussten, beim Preisvergleich zu berücksichtigen sind.[62] Besonders relevant ist diese Frage in der Vergabepraxis, wenn dem Auftraggeber allein ausgeschlossene Angebote als Vergleichsmaßstab zur Verfügung stehen.

23   Nach Auffassung des **OLG Koblenz** können bereits ausgeschlossene Angebote nicht mehr „mittelbar wertend zur Prüfung der Wirtschaftlichkeit" der übrigen Angebote herangezogen werden.[63] Dem liegt die Annahme zugrunde, dass sich der Ausschlussgrund inzident auf den Preis auswirken müsse. Richtigerweise ist die Aussage des Urteils dahingehend zu beschränken, dass ausgeschlossene Angebote nur dann nicht bei der Wertung der übrigen Angebote berücksichtigt werden dürfen, wenn der Ausschlussgrund tatsächlich kalkulationserheblich ist. Im konkreten Fall ging das OLG – insoweit zumindest vertretbar[64] – von der Kalkulationserheblichkeit der Nachunternehmererklärungen aus.

24   Das **OLG München** lehnt ausdrücklich eine streng formale Berücksichtigung eines Ausschlusses ab und sieht in Angeboten, die aufgrund eines Verstoßes gegen Formvorschriften oder aufgrund des Fehlens für das Gesamtvorhaben belangloser Angaben ausgeschlossen wurden, einen zulässigen Vergleichsmaßstab.[65] Nur vereinzelt wird die Richtigkeit dieser Auffassung mit dem Argument angezweifelt, dass hinter einem formalen Ausschlussgrund insbesondere auch Kalkulationsirrtümer stehen könnten.[66]

25   Nach zutreffender Ansicht ist im Einzelfall zu prüfen, ob der Ausschluss auf kalkulationserheblichen Gründen beruht.[67] Ist dies der Fall, so sind die ausgeschlossenen Angebote

---

[56] VK Thüringen Beschl. v. 12.4.2001, 216–4003 . 20–024/01 – EF – S, veris, und VK Sachsen Beschl. v. 09.2.2008, 1/SVK/071–08, juris, Rn. 122 differenzieren insbesondere zwischen Kostenschätzungen (vgl. § 3 VgV) und Kostenberechnungen.
[57] Vgl. v. *Bechtolsheim/Fichtner* VergabeR 2005, 574, 578.
[58] Vgl. v. *Bechtolsheim/Fichtner* VergabeR 2005, 574, 578.
[59] OLG Bremen Beschl. v. 9.10.2012, Verg 1/12, ibr-online.
[60] OLG Brandenburg Beschl. v. 6.11.2007, Verg W 12/07, VergabeR 2008, 676, 678.
[61] VK Thüringen Beschl. v. 12.4.2001, 216–4003 . 20–024/01 – EF – S, veris.
[62] Vgl. VK Hessen Beschl. v. 28.2.2006, 69d-VK-02/2006, ibr-online.
[63] OLG Koblenz Beschl. v. 23.12.2003, 1 Verg 8/03, VergabeR 2004, 244, 246 zu einem unangemessen hohen Preis.
[64] Der Grad der Untervergabe an Nachunternehmer kann im Einzelfall durchaus kalkulationserheblich sein.
[65] OLG München Beschl. v. 2.6.2006, Verg 12/06, ZfBR 2006, 600, 604.
[66] Mit etwas konstruiert anmutenden Beispielen *Noch* VergabeR 2006, 808, 809f.
[67] *Gabriel* VergabeR 2013, 300, 302; *Müller-Wrede/Horn* in Müller-Wrede, § 19 VOL/A-EG Rn. 177; *Dicks* in Kulartz/Marx/Portz/Prieß, § 19 VOL/A-EG Rn. 225; VK Nordbayern Beschl. v.

kein zulässiger Vergleichsmaßstab. Auch bei Angeboten, die aufgrund fehlender Eignung ausgeschlossen wurden, ist im Einzelfall genau zu prüfen, ob Mängel in Bezug auf Fachkunde, Leistungsfähigkeit oder Zuverlässigkeit sich auf den Preis ausgewirkt haben (können).[68] Ist eine Preisrelevanz des Ausschlussgrundes zu verneinen, steht einer Berücksichtigung des Angebots beim Preisvergleich nichts entgegen.

d) Aufgreifschwelle

Ab welcher Aufgreifschwelle, d. h. ab welchem prozentualen Abstand zu obigen Aufgreifkriterien, insbesondere zum nächstgünstigsten Angebot, der Auftraggeber zur Durchführung einer Preisaufklärung und einer tiefergehenden Prüfung verpflichtet ist, ist eine Frage des Einzelfalls – je nach Auftragsgegenstand und Marktsituation.[69] So liegt beispielsweise auf volatilen Märkten die Aufgreifschwelle deutlich höher als auf gefestigten Märkten ohne große Preisschwankungen.[70]   26

Bezugspunkt für die prozentuale Abweichung ist immer das nächsthöhere Angebot (= 100 %). Mehrheitlich gehen die Nachprüfungsinstanzen von einer einheitlichen Aufgreifschwelle von 20 % sowohl für den Liefer- und Dienstleistungsbereich als auch für die Vergabe von Bauleistungen aus.[71] Teilweise soll im Anwendungsbereich der VOB wegen engerer Marktverhältnisse eine Aufgreifschwelle von nur 10 % gelten.[72] Insbesondere das Vergabe- und Vertragshandbuch für die Baumaßnahmen des Bundes[73] schreibt als Aufgreifschwelle einen Abstand ab 10 % vor. Vereinzelt lässt die Rechtsprechung selbst im Anwendungsbereich der VOL eine Abweichung von 10 % genügen.[74]   27

Die VK Thüringen geht sogar davon aus, dass auch Preisdifferenzen unterhalb von 10 % Anlass zu Zweifeln an der Angemessenheit des Preises geben können, wenn im Einzelfall wesentliche Kostenbestandteile von der Vergabestelle zwingend vorgegeben werden und diese einen großen Anteil der gesamten Kosten ausmachen.[75] Dem mag im Einzelfall ausnahmsweise zuzustimmen sein; gleichwohl ist es vergaberechtlich mit Blick auf den   28

27.6.2008, 21 VK – 3194–23/08, juris, Rn. 86; a.A. VK Bund Beschl. v. 20.4.2005, VK 1–23/05, juris, Rn. 82 mit Verweis auf OLG Koblenz Beschl. v. 23.12.2003, 1 Verg 8/03.

[68] *Dicks* in Kulartz/Marx/Portz/Prieß, § 16 VOL/A Rn. 213.

[69] OLG Celle Beschl. v. 18.12.2003, 13 Verg 22/03, VergabeR 2004, 397, 405; VK Lüneburg Beschl. v. 8.7.2011, VgK-23/2011, juris, Rn. 106; *Müller-Wrede/Horn* in Müller-Wrede, § 19 VOL/A-EG Rn. 178.

[70] *Müller-Wrede/Horn* in Müller-Wrede, § 19 VOL/A-EG Rn. 178; ähnlich *Gabriel* VergabeR 2013, 300, 301; *Csaki* NZBau 2013, 342, 343.

[71] OLG Düsseldorf Beschl. v. 25.4.2012, Verg 61/11, ZfBR 2012, 613, 615; nur zur VOL/A OLG Düsseldorf Beschl. v. 23.1.2008, Verg 36/07, juris, Rn. 71; Beschl. v. 23.3.2005, Verg 77/04, juris, Rn. 84; OLG Celle Beschl. v. 17.11.2011, 13 Verg 6/11, juris, Rn. 31; OLG Frankfurt am Main Beschl. v. 30.3.2004, 11 Verg 4/04, 11 Verg 5/04, juris, Rn. 49; VK Münster Beschl. v. 19.10.2011, VK 15/11, juris, Rn. 91; dem OLG Jena Beschl. v. 22.12.1999, 6 Verg 3/99, NZBau 2000, 349, 352 genügt eine Abweichung von 20 % noch nicht; zur VOB VK Baden-Württemberg Beschl. v. 26.1.2010, 1 VK 71/09, juris, Rn. 89; *Dicks* in Kulartz/Marx/Portz/Prieß, § 16 VOL/A Rn. 215, § 16 VOB/A Rn. 237.

[72] Nach OLG Dresden Beschl. v. 28.3.2006, WVerg 4/06, VergabeR 2006, 793, 798 besteht jedenfalls bei einem Preisabstand von weniger als 10 % keine Pflicht zur Preisaufklärung; VK Südbayern Beschl. v. 31.5.2011, Z3-3-3194-1-11-03/11, ZfBR 2012, 397, 400; VK Nordbayern Beschl. v. 15.1.2004, 320.VK-3194-46/03, juris, Rn. 108; VK Sachsen Beschl. v. 12.4.2002, 1/SVK/024-02, ibr-online; VK Sachsen Beschl. v. 26.7.2001, 1/SVK 73-01, ZfBR 2002, 91, 93.

[73] Ausgabe 2008; Stand August 2012; abrufbar unter: http://www.bmvbs.de.

[74] OLG Brandenburg Beschl. v. 22.3.2011, Verg W 18/10, juris, Rn. 44 unter Hinweis auf die verbreitete Auffassung von 20 %; (nur) in einem obiter dictum OLG München Beschl. v. 2.6.2006, Verg 12/06, ZfBR 2006, 600, 604 (das betroffene Angebot lag „*weit jenseits der Spanne von 10 %*"); vgl. auch VK Thüringen Beschl. v. 30.1.2006, 360-4003.20-055/05-EF-S, ibr-online; *Ruhland* in Pünder/Schellenberg, § 16 VOL/A Rn. 46, § 16 VOB/A Rn. 102; *Noch* VergabeR 2006, 808, 808f.

[75] Vgl. VK Thüringen Beschl. v. 30.1.2006, 360-4003.20-055/05-EF-S, S. 18/30, ibr-online.

erheblichen Prüfungsaufwand innerhalb der Zuschlagsfrist nicht zu beanstanden, wenn Auftraggeber im Anwendungsbereich der VOL grundsätzlich von einer Aufgreifschwelle von 20 % ausgehen und nur bei besonders engen Marktverhältnissen bereits eine geringere Aufgreifschwelle zum Anlass nehmen, in die detaillierte Preisprüfung einzusteigen. Bei der Vergabe von Bauleistungen sind Auftraggeber hingegen gut beraten, grundsätzlich eine Aufgreifschwelle von 10 % genügen zu lassen, es sei denn es liegen Marktstrukturen vor, die Abstände von mehr als 10 % rechtfertigen.

29 In einigen Bundesländern sind jedoch gesetzliche Regelungen zu beachten, die explizit eine Aufgreifschwelle von 10 % sowie z. T. die besondere Prüfung der Tariftreue in diesem Zusammenhang vorschreiben, sodass insofern der Beurteilungsspielraum eingeschränkt ist.[76] Auch auf europäischer Ebene wurde überlegt, eine konkrete Aufgreifschwelle vorzugeben. So sah der Richtlinienentwurf der Europäischen Kommission für eine Neuregelung des europäischen Vergaberechts[77] in Art. 69 Abs. 1 eine Preisaufklärung zwingend vor, wenn der Angebotspreis mehr als 20 % unter dem Preis oder den Kosten des zweitniedrigsten Angebots und mehr als 50 % unter dem Durchschnitt der übrigen Angebote liegt und wenn mindestens fünf Angebote eingereicht wurden. Eine solche Regelung wäre im Sinne zusätzlicher Rechtssicherheit grundsätzlich zu begrüßen.[78] Es ist aber zweifelhaft, ob durch solch starre Kriterien alle relevanten Fälle erfasst würden. Als abschließende Regelung für alle Fallkonstellationen dürften sich derart pauschale Vorgaben wohl nicht eignen; dann allerdings ist auch kaum eine Mehr an Rechtssicherheit zu erzielen, weshalb im Ergebnis nicht beklagt werden muss, dass dieser Vorschlag letztlich keinen Eingang in den am 15.1.2014 vom Europäischen Parlament verabschiedeten Richtlinientext fand.[79]

30 Insbesondere in der Literatur wird teilweise die Auffassung vertreten, dass ein Anlass zur weiteren Prüfung auch dann bestehe, wenn ein auffälliger Abstand zwar nicht zwischen dem günstigsten und dem zweitgünstigsten, dafür aber zwischen zwei schlechter platzierten Angeboten besteht.[80] Dem kann nicht pauschal gefolgt werden. Vielmehr ist in solchen Fällen eine genaue Betrachtung aller Umstände des Einzelfalles erforderlich. Liegen etwa von zehn Angeboten die beiden günstigsten sehr eng beieinander, sind allerdings erheblich günstiger als alle anderen, kann dies ein Aufgreifen beider Angebote rechtfertigen. Besteht dagegen beispielsweise bei insgesamt fünf vorliegenden Angeboten zwischen dem dritt- und viertplatzierten Angebot ein größerer Abstand, wird man alleine daraus kaum Rückschlüsse auf die Angemessenheit der Preise der drei günstigsten Angebote ziehen können.

---

[76] Z.B. sieht § 14 Abs. 2 Satz 1 Tariftreue- und Vergabegesetz Bremen eine Überprüfungspflicht im Falle der Abweichung der Lohnkalkulation um mehr als 10 % vor. § 5 Satz 1 HS 2 Landesvergabegesetz Niedersachsen sieht eine Überprüfungspflicht bei einer Abweichung von mindestens 10 % vor, gilt jedoch gemäß § 1 nur für öffentliche Bauaufträge. Siehe ferner § 6 Satz 1 Hamburgisches Vergabegesetz, § 3 Satz 2 Berliner Ausschreibungs- und Vergabegesetz. Zur Auskömmlichkeitsprüfung im Anwendungsbereich des TVgG-NW vgl. VK Münster Beschl. v. 1.10.2013, VK 12/13, ibr-online; VK Düsseldorf Beschl. v. 9.1.2013, VK-29/2012, ZfBR 2013, 301; *Csaki* NZBau 2013, 342, 346.
[77] Europäische *Kommission*, Vorschlag für Richtlinie des Europäischen Parlaments und des Rates über die öffentliche Auftragsvergabe, KOM(2011) 896/2.
[78] So die Stellungnahme der Bundesrechtsanwaltskammer vom 16.11.2012 zum Richtlinienvorschlag unter Nr. 18, juris.
[79] Zum ungewissen Schicksal dieser Regelung im Rahmen des Reformprozesses bereits *Summa* NZBau 2012, 729, 736 Fn. 33.
[80] So (uneingeschränkt) *Gabriel* VergabeR 2013, 300, 301.

e) Grundsätzlich keine Informationspflicht bzgl. Aufgreifkriterien und -schwelle

Die Vergabestelle kann eine relative Grenze für das Einsetzen der Aufklärungspflicht selbst **31** bereits vor Durchführung der Ausschreibung festlegen.[81] Eine Pflicht hierzu besteht nicht. Eine vorherige Festlegung einer absoluten Preisgrenze auf Grundlage eigener Schätzungen wäre indes vergaberechtlich unzulässig.[82] Schließlich soll gerade die Durchführung eines Vergabeverfahrens einen angemessenen Preis ergeben. Legt der Auftraggeber aber im Vorfeld bereits fest, ab welchem konkreten Preis ein Angebot angemessen ist, so vereitelt er einen ungehinderten Wettbewerb.

Legt die Vergabestelle intern bestimmte Aufgreifkriterien und eine bestimmte Aufgreif- **32** schwelle fest, besteht grundsätzlich keine Pflicht, die Bieter darüber zu informieren.[83] Da die Aufgreifschwelle in einem ersten Schritt nur eine Prüfungspflicht auslöst, ist sie kein Zuschlagskriterium, das gemäß § 8 Abs. 1 Satz 2 lit. b) VOL/A, § 9 Abs. 1 Satz 2 lit. b) VOL/A-EG in die Vergabeunterlagen aufzunehmen bzw. gemäß § 3 Abs. 7 Nr. 8 Satz 1 VOB/A-EG bekannt zu machen ist.[84] Zudem handelt es sich bei einer Aufgreifschwelle in aller Regel nicht um eine bekannt zu machende Mindestanforderung im Rahmen der Eignung; auch aus den Grundsätzen des Wettbewerbs, der Transparenz und der Gleichbehandlung lässt sich grundsätzlich keine Pflicht zur Bekanntmachung ableiten.[85]

f) Ergebnis der Vorprüfung

Ist das Ergebnis der Vorprüfung, dass das Angebot unangemessen bzw. ungewöhnlich **33** niedrig erscheint, so führt dies allein noch nicht zu einem (automatischen) Ausschluss des Angebots. Ein zwingender Ausschluss (alleine) aufgrund mathematischer Kriterien ohne eine vorherige Aufklärung wäre mit dem Wortlaut der nationalen Vorschriften und auch mit den Vorgaben des Europarechts[86] nicht zu vereinbaren.

Keine Zustimmung verdient eine Entscheidung der VK Bund, wonach ein beträchtli- **34** cher Preisabstand zwischen dem niedrigsten und den nachfolgenden Angeboten nicht ausreiche, um von einem ungewöhnlich niedrig erscheinenden Preis auszugehen; bereits im Rahmen der Vorprüfung seien Anhaltspunkte dafür erforderlich, dass es sich nicht um einen Wettbewerbspreis handelt.[87] Damit überstrapaziert die VK Bund die Anforderungen an ein ungewöhnlich niedrig erscheinendes Angebot innerhalb der Vorprüfung. Ob das betroffene Angebot wettbewerblich begründet ist, ist richtigerweise eine nach erfolgter Preisaufklärung innerhalb der Angemessenheitsprüfung zu klärende Frage.[88]

---

[81] VK Bund Beschl. v. 20.4.2005, VK 1–23/05, juris, Rn. 81.
[82] VK Hessen Beschl. v. 30.5.2005, 69d VK-16/2005, juris, Rn. 64.
[83] VK Bund Beschl. v. 31.5.2011, VK 3–56/11, juris, Rn. 82ff.
[84] VK Bund Beschl. v. 5.10.2012, VK 3–111/12, juris, Rn. 83ff.; Beschl. v. 31.5.2011, VK 3–56/11, juris, Rn. 83.
[85] VK Bund Beschl. v. 31.5.2011, VK 3–56/11, juris, Rn. 83f., auch zu denkbaren Ausnahmefällen. Viel zu weitgehend daher die Anforderungen unter Transparenzgesichtspunkten im Beschluss der VK Bund vom 1.2.2011 (VK 3–126/10), BeckRS 2011, 55205; diese Entscheidung erlangte zwar Bestandskraft, wurde vom OLG Düsseldorf durch Beschl. v. 9.5.2011, VII-Verg 45/11, VergabeR 2011, 884, in einem obiter dictum aber für falsch erklärt, so dass eine Fortsetzung dieser Rechtsprechung nicht zu erwarten ist, zumal es einen nicht verallgemeinerungsfähigen Sonderfall (Staffelrabatte im Rahmen einer Ausschreibung von Arzneimittelrabattverträgen gem. § 130a Abs. 8 SGB V) betraf; s. auch *Gabriel* VergabeR 2013, 300, 307; *Ulshöfer* VergabeR 2011, 886 ff.
[86] EuGH Urt. v. 27.11.2001, C-285/99 und 286/99, NZBau 2002, 101 Rn. 45, 47f., 53 – Lombardini und Mantovani.
[87] VK Bund Beschl. v. 30.6.1999, VK A 12/99, NZBau 2000, 165, 166 mit Verweis auf VK Bund Beschl. v. 17.12.1997, 1 VÜ 23/97, IBR 1998, 136, 136.
[88] EuGH Urt. v. 29.3.2012, Rs. C-599/10, NZBau 2012, 376 Rn. 28f. – SAG ELV Slovensko u.a.; EuGH Urt. V. 27.11.2001, C-285/99 und C-286/99, NZBau 2002, 101 Rn. 44, 50f., 55f. – Lombardini und Mantovani (noch zu Artikel 30 Abs. 4 Richtlinie 93/37/EWG des Rates v. 14.6.

35 Insbesondere dann, wenn der Auftraggeber in der Vorprüfung zum Ergebnis kommt, dass eine Preisprüfung nicht geboten ist, ist eine nachvollziehbare Dokumentation der diesbezüglich angestellten Überlegungen im Vergabevermerk besonders wichtig.

2. Preisaufklärung

36 Gelangt der Auftraggeber nach Maßgabe der hier dargelegten Kriterien – im Rahmen seines Beurteilungsspielraums – aufgrund der Vorprüfung zu dem Ergebnis, dass ein ungewöhnlich bzw. unangemessen niedriges Angebot vorliegt, trifft ihn eine Preisaufklärungspflicht. Die Preisaufklärung dient der Beschaffung aller für die Prüfung der Auskömmlichkeit und der Angemessenheit und letztlich für die Entscheidung über einen Ausschluss notwendigen Informationen über die Preisbildung.

a) Aufklärungspflicht

37 **aa) Europarechtliche Vorgaben: kein Ausschluss ohne vorherige Aufklärung.** Art. 55 VKR verlangt nach der Rechtsprechung des EuGH **zwingend**[89], dass eine „**effektive kontradiktorische Erörterung**" zwischen dem öffentlichen Auftraggeber und dem Bewerber stattfindet, die dem Bieter ermöglicht, die Seriosität seines Angebots nachzuweisen[90]. Dadurch soll Willkür des Auftraggebers ausgeschlossen und ein gesunder Wettbewerb zwischen den Unternehmen gewährleistet werden.[91]

38 Selbst bei Aufträgen, die unterhalb des Schwellenwerts liegen oder die nicht-prioritäre Dienstleistungen zum Gegenstand haben und deshalb nicht von der Richtlinie erfasst sind, kann eine Aufklärung aufgrund des Primärrechts, namentlich aufgrund des Verbots der Diskriminierung aus Gründen der Staatsangehörigkeit europarechtlich geboten sein.[92] Zu beachten ist, dass die sich aus dem Primärrecht ergebenden Anforderungen nicht deckungsgleich mit den Vorgaben des Art. 55 VKR sind; insbesondere soll die Aufklärung nicht immer zwingend erforderlich sein.[93] Eine indirekte Diskriminierung kann nach Ansicht des EuGH nämlich darin gesehen werden, dass ein Ausschluss ohne eine vorherige Anhörung Bieter aus anderen Mitgliedstaaten benachteiligt, die sich beispielsweise mit geringeren Gewinnmargen zufrieden geben, um auf dem Markt in einem anderen Mitgliedstaat Fuß fassen zu können.[94] Voraussetzung für die Anwendung des Primärrechts ist allerdings, dass es sich um einen Auftrag handelt, an dem ein **eindeutiges grenzüberschreitendes Interesse** besteht.[95] Ob dies im Einzelfall gegeben ist und ein Aufklärungsverfahren aufgrund der Vorgaben des Primärrechts erforderlich ist, hat indes kaum praktische Relevanz, da sich eine Aufklärungspflicht im deutschen Recht bereits aus den Basisparagrafen der VOL/A und der VOB/A ergibt[96].

1993: Art. 30 Abs. 4 Unterabs. 4 der Richtlinie, der nur Fälle bis Ende 1992 erfasst, stelle die einzige Ausnahme vom kontradiktorischen Verfahren dar); vgl. *Stolz* VergabeR 2002, 219, 219f.

[89] *v. Bechtolsheim/Fichtner* VergabeR 2005, 574, 579; *Gabriel* VergabeR 2013, 300, 301 m.w.N. auch zur Bedeutung des Verhältnismäßigkeitsgrundsatzes in der diesbezüglichen Rechtsprechung des EuGH.

[90] EuGH Urt. v. 29.3.2012, Rs. C-599/10, NZBau 2012, 376. Rn. 29 – SAG ELV Slovensko u.a.; Urt. V. 27.11.2001, C-285/99 und C-286/99, NZBau 2002, 101 Rn. 57 – Lombardini und Mantovani; s. auch VK Bund Beschl. v. 24.4.2013, VK 3–20/13, ibr-online.

[91] EuGH Urt. v. 29.3.2012, Rs. C-599/10, NZBau 2012, 376 Rn. 29 – SAG ELV Slovensko u.a.

[92] EuGH Urt. v. 15.5.2008, C-147/06 und C-148/06, NZBau 2008, 453 Rn. 20ff.– SECAP.

[93] EuGH Urt. v. 15.5.2008, C-147/06 und C-148/06, NZBau 2008, 453 Rn. 32 – SECAP.

[94] EuGH Urt. v. 15.5.2008, C-147/06 und C-148/06, NZBau 2008, 453 Rn. 34ff.– SECAP.

[95] EuGH Urt. v. 15.5.2008, C-147/06 und C-148/06, NZBau 2008, 453 Rn. 21 – SECAP. Zur Beweislast siehe *Otting* VergabeR 2008, 630, 631.

[96] Vgl. OLG Celle Beschl. v. 30.9.2010, 13 Verg 10/10, NZBau 2011, 189, 191.

§ 29 Preisprüfung (dritte Wertungsstufe) Kap. 6

Demnach steht es bei Vorliegen entsprechender Anhaltspunkte für einen ungewöhnlich 39
bzw. unangemessen niedrigen Angebotspreis nicht im Ermessen der Vergabestelle, ob sie
eine Überprüfung und eine entsprechende Aufklärung durchführt oder nicht.[97]

bb) Ausnahmen von der Aufklärungspflicht? Fraglich ist, ob in Ausnahmefällen auch 40
ein Ausschluss ohne vorherige kontradiktorische Aufklärung zulässig sein kann. Eine in
der deutschen Rechtsprechung immer wieder erwähnte mögliche Ausnahme von der
Aufklärungspflicht für Angebote, bei denen der angebotene (Gesamt-)Preis derart eklatant
von dem an sich angemessenen Preis abweicht, dass es sofort ins Auge fällt[98], erscheint mit
Blick auf die europarechtlichen Vorgaben fragwürdig. Sie ist weder im Wortlaut der Normen angelegt noch ist sie nach Sinn und Zweck der Aufklärungspflicht geboten. Auch im
Falle einer eklatanten Abweichung soll der Bieter vor der Willkür des Auftraggebers geschützt werden und die Möglichkeit erhalten, seine Leistungsfähigkeit darzulegen. Daher
wäre eine solche Ausnahme, sofern man sie überhaupt zulassen will, sehr restriktiv zu
handhaben. Selbst in Fällen, in denen ein Angebot nach Auffassung des Auftraggebers
unrealistisch bzw. völlig wirklichkeitsfremd ist, ist ihm daher zu empfehlen, dem Bieter
dennoch zur Stellungnahme aufzufordern.[99]

Auch die Vereinbarkeit der Einschränkung der §§ 16 Abs. 6 Nr. 2 Satz 1 VOB/A und 41
16 Abs. 6 Nr. 2 Satz 1 VOB/A-EG, wonach eine Aufklärungspflicht nur dann besteht,
wenn anhand vorliegender Unterlagen über die Preisermittlung die Angemessenheit nicht
zu beurteilen ist, mit den europarechtlichen Vorgaben des Art. 55 VKR ist zweifelhaft.[100]
Dies gilt gerade auch für den Fall, dass der Auftraggeber bereits bei Abgabe des Angebots
die Einreichung einer sogenannten Urkalkulation, d.h. einer detaillierten Gesamtkalkulation des Bieters, verlangt. Urkalkulationen sind in der Praxis vor allem aus dem Anwendungsbereich der VOB bekannt, wo sie die Grundlage für Nachtragskalkulationen im
Rahmen des § 2 Abs. 2 VOB/B bilden. Auftraggeber sind nach mittlerweile herrschender
Meinung grundsätzlich berechtigt, das Vorlegen einer Urkalkulation bereits bei Abgabe
des Angebots zu verlangen.[101] Selbst dann darf die Vergabestelle aber nicht auf eine Aufklärung verzichten, sondern muss dem Bieter vor einem möglichen Ausschluss Gelegenheit zur Stellungnahme geben.[102]

Vor dem Hintergrund der europarechtlichen Vorgaben sind Vergabestellen bei Verga- 42
beverfahren – jedenfalls im Anwendungsbereich der VKR – gut beraten, in der dritten
Wertungsstufe ohne vorheriges (kontradiktorisches) Aufklärungsverfahren keinen Ausschluss auszusprechen.

cc) Fakultative Aufklärung. Aus der Aufklärungspflicht ab einer bestimmten Aufgreif- 43
schwelle lässt sich unstreitig der Umkehrschluss ziehen, dass bei nicht ungewöhnlich bzw.
unangemessen niedrig erscheinenden Angeboten keine Pflicht zur Aufklärung besteht.
Uneinigkeit besteht allerdings in der Frage, ob der Auftraggeber bei nicht ungewöhnlich

---

[97] VK Bund Beschl. v. 20.4.2005, VK 1–23/05, juris, Rn. 80; Beschl. v. 25.2.2005, VK 1–08/05, veris; VK Schleswig-Holstein Beschl. v. 6.4.2011, VK-SH 05/11, juris, Rn. 55; *Müller-Wrede/Horn* in Müller-Wrede, § 19 VOL/A-EG Rn. 180; *Dicks* in Kulartz/Marx/Portz/Prieß, § 19 VOL/A-EG Rn. 223.
[98] OLG Celle Beschl. v. 30.9.2010, 13 Verg 10/10, NZBau 2011, 189, 190 mit Verweis auf OLG Düsseldorf Beschl. v. 19.11.2003, Verg 22/03, VergabeR 2004, 248, 251 und BGH Beschl. v. 21.10.1976, VII ZR 327/74, BauR 1977, 52, 53.
[99] VK Lüneburg Beschl. v. 24.9.2003, 203-VgK-17/2003, veris.
[100] Vgl. *v. Bechtolsheim/Fichtner* VergabeR 2005, 574, 580; *Stolz* VergabeR 2002, 219, 221.
[101] OLG Karlsruhe Beschl. v. 24.7.2007, 17 Verg 6/07, NJOZ 2008, 3347, 3353; *Brieskorn/Stamm* NZBau 2008, 414, 414ff.; a.A. z.B. noch VÜA Hessen Beschl. v. 9.1.1998, VÜA 7/97, IBR 1999, 453, 453.
[102] OLG Celle Beschl. v. 30.9.2010, 13 Verg 10/10, NZBau 2011, 189, 190; *Stolz* in Willenbruch/Wieddekind, § 19 VOL/A-EG Rn. 80; *Stolz* VergabeR 2002, 219, 220.

bzw. unangemessen niedrig erscheinenden Angeboten zu einer fakultativen Aufklärung und Preisüberprüfung berechtigt ist. Dagegen könnte sprechen, dass das Verlangen weiterer Kalkulationsnachweise möglicherweise die Geschäftsgeheimnisse des Bieters berühren und daher eine ausdrückliche Legitimation des Auftraggebers erforderlich machen könnte.[103] Insofern kann allerdings auf die allgemeinen Vorschriften (§§ 15 VOL/A, 18 VOL/A-EG, 15 Abs. 1 Nr. 1 VOB/A, 15 Abs.1 Nr. 1 VOB/A-EG) zur Aufklärung über das Angebot bzw. die Angemessenheit der Preise zurückgegriffen werden. Unter teleologischen Gesichtspunkten kann es nicht überzeugen, aus der *Pflicht* zur Aufklärung bei ungewöhnlich niedrig erscheinenden Angeboten ein *Verbot* der Aufklärung bei nicht ungewöhnlich niedrig erscheinenden Angeboten abzuleiten. Die dritte Wertungsstufe dient in erster Linie dem Schutz des Auftraggebers vor dem Risiko der Zuschlagserteilung an einen Bieter, der keine hinreichende Gewähr für eine ordnungsgemäße Vertragserfüllung bietet.[104] Daher muss es dem Auftraggeber zumindest erlaubt sein, auch Angebote, die zwar – gemessen an der Aufgreifschwelle der Rechtsprechung – nicht überprüfungspflichtig sind, aber konkreten Anlass zur Prüfung geben, vertieft zu überprüfen und eine Preisaufklärung vorzunehmen.[105]

b) Formelle Anforderungen an das Verfahren

44 **aa) Form.** Nach §§ 16 Abs. 6 Nr. 2 VOB/A, 16 Abs. 6 Nr. 2 VOB/A-EG ist der Auftraggeber ausdrücklich verpflichtet, vom Bieter in **Textform** Aufklärung über die Ermittlung der Preise zu verlangen. Während die Altfassung des § 25 Nr. 2 Abs. 2 VOL/A noch explizit eine Anhörung in Textform vorsah, machen die §§ 16 Abs. 6 VOL/A, 19 Abs. 6 VOL/A-EG diesbezüglich keine Vorgaben mehr. Die Streichung dürfte aufgrund einer angestrebten Straffung des Normtextes erfolgt sein.[106] Demnach ist im Anwendungsbereich der VOL/A nach nationalem Recht zumindest für Vergabeverfahren, die nicht von Art. 55 VKR erfasst werden, der „schriftlich" verlangt[107], auch eine mündliche Preisaufklärung vergaberechtlich zulässig.[108] Gründe der Transparenz, insbesondere die hohen Dokumentationsanforderungen des § 24 VOL/A EG, sprechen jedoch dafür, an der Textform gleichwohl auch im Anwendungsbereich der VOL/A festzuhalten.[109] Textform wird gemäß § 126b BGB auch durch E-Mail oder Fax gewahrt.[110] Dies entspricht auch der in Art. 55 VKR vorgesehenen „Schriftlichkeit" der Preisaufklärung nach der Legaldefinition in Art. 1 Abs. 12 VKR.

45 Neben dem Verfahren in Textform ist zusätzlich auch eine Ladung zum Bietergespräch nach §§ 15 VOL/A, 18 VOL/A-EG, 15 Abs. 1 VOB/A, 15 Abs. 1 VOB/A-EG möglich.[111]

---

[103] VK Bund Beschl. v. 26. 4. 2011, VK 3–50/11, juris, Rn. 55.
[104] Vgl. B.I.
[105] VK Sachsen Beschl. v. 11. 2. 2005, 1/SVK/128–04, ibr-online; *v. Bechtolsheim/Fichtner* VergabeR 2005, 574, 577; a.A. VK Bund Beschl. v. 26. 4. 2011, VK 3–50/11, juris, Rn. 54 f. ohne eine Auseinandersetzung mit dem von der VK Sachsen vorgebrachten teleologischen Argument.
[106] *Weyand*, IBR-Online-Kommentar, 121.8.2.1 Rn. 610.
[107] In Art. 69 der am 15.1.2014 vom Europäischen Parlament beschlossenen Richtlinie über die öffentliche Auftragsvergabe und zur Aufhebung der Richtlinie 2004/18/EG (Dok. Nr. PE-CONS 74/13–2011/0438 (COD)) ist das Schriftformerfordernis nicht mehr enthalten.
[108] VK Schleswig-Holstein Beschl. v. 6. 4. 2011, VK-SH 05/11, juris, Rn. 59; *Dicks* in Kulartz/Marz/Portz/Prieß, § 19 VOL/A-EG Rn. 224.
[109] *Ruhland* in Pünder/Schellenberg, § 19 VOL/A Rn. 47; *Weihrauch* IBR 2010, 649; weiter gehend *Csaki* NZBau 2013, 342, 343 (Schriftform).
[110] *Ellenberger* in Palandt, § 126b Rn. 3; *Ruhland* in Plünder/Schellenberg, § 16 VOB/A Rn. 103.
[111] Vgl. *v. Bechtolsheim/Fichtner* VergabeR 2005, 574, 581.

bb) Frist. Dem Bieter kann für seine Antwort eine zumutbare bzw. angemessene Frist 46 gesetzt werden.[112] In der Regel wird eine kurze Frist (z. B. von nur wenigen Tagen) zumutbar bzw. angemessen sein, da Bieter ohnehin bereits mit ihrer eigenen Kalkulation vertraut sind und daher eine Aufklärung in kurzer Zeit leisten können.[113] Für eine kurze Frist sprechen im Übrigen auch der das Vergabeverfahren prägende Beschleunigungsgrundsatz und die gebotene Rücksicht auf andere Bieter.[114]

Hält der Bieter die zumutbare Frist nicht ein, ist ein Ausschluss des Angebots – unabhängig 47 von einer etwaigen Unangemessenheit des Preises – möglich.[115] Zu weitgehend ist indes die Auffassung, eine Verlängerung der Frist sei dann grundsätzlich nur mit Zustimmung der anderen Bieter zulässig.[116] Da es dem Auftraggeber obliegt, die Frist zu bestimmen, ist es ihn auch unbenommen, eine Nachfrist zu setzen, solange er alle Bieter gleich behandelt.

Gibt der Bieter innerhalb der Frist Erklärungen ab, die widersprüchlich oder nicht 48 nachvollziehbar sind, dann kann eine Angemessenheitsprüfung nicht durchgeführt werden und ist das Angebot folglich wegen Unangemessenheit des Preises auszuschließen.[117] Dem Bieter kann auch in diesem Fall grundsätzlich eine weitere Frist zur Ergänzung seiner Darlegungen gesetzt bzw. erneut Gelegenheit zur Stellungnahme zu geben, solange die Gleichbehandlung gewahrt ist.[118] Grundsätzlich ist der Auftraggeber zwar nur zu einer einmaligen Aufklärung und nicht zur wiederholten Aufklärung bis zur Behebung sämtlicher Zweifel verpflichtet[119]; ein Anspruch des Bieters auf Einräumung einer Möglichkeit zur Ergänzung bzw. Nachholung der Darlegung besteht nicht.[120] Eine Nachfristsetzung ist ihm indes auch nicht von vorneherein versagt. Vergaberechtlich nicht zu beanstanden ist es daher, wenn der Auftraggeber – unter strikter Wahrung des Gleichbehandlungsgrundsatzes – von den Bietern weitere Präzisierungen der aus Sicht des Auftraggebers noch unzureichenden Erklärungen verlangt.

c) Inhalt der Aufklärung

Das Aufklärungsverfahren soll der Rechtsprechung des EuGH zufolge dem Bieter den 49 Nachweis der „**Seriösität des Angebots**" ermöglichen.[121] Dem oben[122] beschriebenen Prüfungsprogramm der dritten Wertungsstufe entsprechend obliegt es dem Bieter,
- den Nachweis der **Auskömmlichkeit** zu erbringen oder
- darzulegen, in welcher konkreten Höhe das Angebot unauskömmlich ist und dass der Angebotspreis ungeachtet dessen bei wertender Betrachtung **angemessen** ist.

---

[112] So explizit §§ 16 Abs. 6 Nr. 2 VOB/A, 16 Abs. 6 Nr. 2 VOB/A-EG. Dies gilt – ohne explizite Regelung – nach Auffassung der Nachprüfungsinstanzen auch im Anwendungsbereich der VOL/A bzw. VOL/A-EG, vgl. OLG Celle Beschl. v. 30. 9. 2010, 13 Verg 10/10, NZBau 2011, 189, 190; VK Bund Beschl. v. 9. 5. 2011, VK 3–47/11, juris, Rn. 44; *Dicks* in Kulartz/Marz/Portz/Prieß, § 19 VOL/A-EG Rn. 224.
[113] *Csaki* NZBau 2013, 342, 344; *Dicks* in Kulartz/Marx/Portz/Prieß, § 19 VOL/A-EG Rn. 224.
[114] *Kratzenberg* in Vygen/Kratzenberg, § 16 VOB/A Rn. 110.
[115] *v. Bechtolsheim/Fichtner* VergabeR 2005, 574, 581 stellen hierzu auf eine analoge Anwendung des § 24 Abs. 2 VOB/A a.F., der § 15 Abs. 2 VOB/A n.F. entspricht, ab. Im Bereich der VOL/A entsprechen dem wohl die §§ 16 Abs. 3 lit. a) VOL/A, 19 Abs. 3 lit. a) VOL/A-EG; vgl. VK Sachsen Beschl. v. 8. 7. 2004, 1/SVK/004–04, veris.
[116] So *Kratzenberg* in Vygen/Kratzenberg, § 16 VOB/A Rn. 110.
[117] Vgl. VK Thüringen Beschl. v. 30. 1. 2006, 360–4003.20–055/05-EF-S, ibr-online; Beschl. v. 9. 9. 2005, 360–4002.20–009/05-SON, ibr online.
[118] A.A. *Wirner* IBR 2006, 221.
[119] VK Schleswig-Holstein Beschl. v. 6. 4. 2011, VK-SH 05/11, juris, Rn. 62.
[120] OLG Frankfurt a.M. Beschl. v. 6. 3. 2013, 11 Verg 7/12, Veris; *Gabriel* VergabeR 2013, 300, 303 f.
[121] EuGH Urt. v. 29. 3. 2012, Rs. C-599/10, NZBau 2012, 376 Rn. 28 f. – SAG ELV Slovensko u. a.
[122] Vgl. A.

50 Dazu muss er insbesondere darlegen und gegebenenfalls Belege dafür vorbringen, dass trotz der Unauskömmlichkeit seine Leistungsfähigkeit gewährleistet ist und dass er sein Angebot nicht in Marktverdrängungsabsicht abgegeben hat.

51 Im Gegensatz zur Vorprüfung, in der allein der Gesamtpreis maßgeblich ist, bezieht sich die Preisaufklärung dem ausdrücklichen Wortlaut des Art. 55 Abs. 1 Satz 1 VKR zufolge auf **Einzelposten**, deren Aufklärung der Auftraggeber für angezeigt hält. Dies ist namentlich bei denjenigen zweifelhaften Preiselementen der Fall, aus denen wesentlich der niedrige Gesamtpreis resultiert.[123]

52 Art. 55 Abs. 1 Unterabs. 2 VKR lautet:[124]

„Die betreffenden Erläuterungen können insbesondere Folgendes betreffen:

a) die Wirtschaftlichkeit des Bauverfahrens, des Fertigungsverfahrens oder der Erbringung der Dienstleistung,

b) die gewählten technischen Lösungen und/oder alle außergewöhnlich günstigen Bedingungen, über die der Bieter bei der Durchführung der Bauleistungen, der Lieferung der Waren oder der Erbringung der Dienstleistung verfügt,

c) die Originalität der Bauleistungen, der Lieferungen oder der Dienstleistungen wie vom Bieter angeboten,

d) die Einhaltung der Vorschriften über Arbeitsschutz und Arbeitsbedingungen, die am Ort der Leistungserbringung gelten,

e) die etwaige Gewährung einer staatlichen Beihilfe an den Bieter".

53 Diese Norm enthält eine nicht abschließende[125] Aufzählung („insbesondere") der im Rahmen der kontradiktorischen Erörterung maßgeblichen Gesichtspunkte. Die Aufzählung ist nach Auffassung des EuGH jedoch nicht nur beispielhaft, so dass der Auftraggeber in der Wahl der Aufklärungsgegenstände nicht völlig frei sei, sondern sich an der Aufzählung der Richtlinie zu orientieren habe.[126] Die Aufklärungsgegenstände des Art. 55 Abs. 1 Unterabs. 2 VKR machen deutlich, dass die Aufklärung neben rechnerischen Unklarheiten auch alle preisrelevanten inhaltlichen Aspekte des Angebots umfasst.[127]

54 Die nationalen Vorschriften in § 16 Abs. 6 VOL/A und § 19 Abs. 6 VOL/A-EG machen bezüglich der für die Aufklärung maßgeblichen Gesichtspunkte keine Vorgaben. Eine richtlinienkonforme Auslegung gebietet insofern eine Orientierung an den Vorgaben der Richtlinie.[128] Nach § 16 Abs. 6 Nr. 2 Satz 2 VOB/A hingegen sind die Wirtschaft-

---

[123] VK Thüringen Beschl. v. 12.4.2001, 216–4003.20–024/01 – EF – S, veris; *Csaki* NZBau 2013, 342f.

[124] Die Vorschrift wird – ungeachtet gewisser „kosmetischer" Änderungen des Wortlauts – durch die am 15.1.2014 vom Europäischen Parlament beschlossene Richtlinie über die öffentliche Auftragsvergabe und zur Aufhebung der Richtlinie 2004/18/EG (Dok. Nr. PE-CONS 74/13–2011/0438 (COD)) im Wesentlichen lediglich hinsichtlich der bisher in Art. 55 Abs. 1 UAbs. 2 lit. d) enthaltenen Bezugnahme auf arbeitsrechtliche Vorschriften geändert und ausgeweitet; insoweit werden künftig auch Erläuterungen zur Einhaltung von „umwelt-, sozial- und arbeitsrechtlichen Verpflichtungen" aus Rechtsvorschriften auf EU- oder nationaler Ebene (auch im Hinblick auf das Verhältnis zu Unterauftragsnehmern) ausdrücklich zugelassen (Art. 69 Abs. 3 lit. ca und cb i.V.m. Art. 15 Abs. 2 und Art. 71 Abs. 1 der Richtlinie).

[125] EuGH Urt. v. 29.3.2012, Rs. C-599/10, NZBau 2012, 376 Rn. 30 – SAG ELV Slovensko u.a.

[126] EuGH Urt. v. 29.3.2012, Rs. C-599/10, NZBau 2012, 376 Rn. 30 – SAG ELV Slovensko u.a.

[127] Vgl. VK Niedersachsen, B. v. 18.1.2011, VgK-61/2010, juris, Rn. 85.

[128] *Hausmann/Ruf* VergabeR 2012, 591, 560; *Dicks* in Kulartz/Marx/Portz/Prieß, § 19 VOL/A-EG Rn. 228.

lichkeit des Bauverfahrens, die gewählten technischen Lösungen oder sonstige günstige[129] Ausführungsbedingungen im Rahmen der Angemessenheitsprüfung zu berücksichtigen, sodass diese Aspekte auch bereits nach den Vorgaben des nationalen Rechts Gegenstand der Aufklärung sind.

Für die Gewährleistung der praktischen Anwendbarkeit von Art. 55 Abs. 1 VKR ist eine **klare und unmissverständliche Formulierung** der Aufklärungsaufforderung des Auftraggebers erforderlich. Andernfalls wäre nicht gewährleistet, dass die Bewerber den vollen Beweis der Seriösität der Angebote erbringen können.[130] Der Auftraggeber muss, um seiner Aufklärungspflicht gerecht zu werden, dem Bieter ganz konkrete und präzise Fragen (gegebenenfalls auch zu den jeweiligen zweifelhaften Preiselementen) stellen.[131]

d) Anforderungen an die Darlegung

Der VOL/A und der VOB/A lässt sich keine Definition der vom Bieter zu erbringenden „Nachweise" entnehmen. Aus § 7 Abs. 1 Satz 2, 3 VOL/A-EG ergibt sich zum einen, dass Eigenerklärungen begrifflich zu den Nachweisen zählen und zum anderen aber auch, dass auch andere Erklärungen als Eigenerklärungen vom Begriff der „Nachweise" erfasst sind.[132] Welche Art von Nachweisen der Bieter im kontradiktorischen Verfahren zu erbringen hat, kann der Auftraggeber in der Bekanntmachung und/oder den Vergabeunterlagen konkretisieren.[133]

Häufig verlangt der Auftraggeber, dass der Bieter eine eindeutige und aussagekräftige Bestätigung eines unabhängigen Wirtschaftsprüfers vorlegt, die insbesondere Angaben zum Prüfungsumfang, der Prüfungstiefe und den herangezogenen Unterlagen sowie die uneingeschränkte Aussage enthält, dass das Angebot kein Unterkostenangebot darstellt.[134]

Macht der Auftraggeber diesbezüglich keine näheren Angaben, so darf der Bieter davon ausgehen, dass er seiner Nachweispflicht jedenfalls dann genügt, wenn er die Kalkulationsgrundlage seines Angebotes umfassend, schlüssig und nachvollziehbar in einem gesondert erstellten Dokument darlegt.[135] Allgemein gehaltene formelhafte und inhaltsleere Erklärungen und Ausführungen sind unzulänglich.[136] Erforderlich sind konkrete Angaben und schlüssige Erklärungen, deren Stichhaltigkeit und Richtigkeit durch entsprechende Nachweise belegt wird und objektiv überprüfbar sind.[137]

Entscheidend ist, dass dem Bieter der Nachweis der Widerspruchsfreiheit und der Nachvollziehbarkeit der Kalkulationsmethode aus betriebswirtschaftlicher und rechtlicher Sicht gelingt.[138] Dies setzt freilich voraus, dass sich seine Darlegungen auf die im Angebot enthaltenen Preise beziehen. Eine nachträgliche Änderung dieser Preise ist (abgesehen

---

[129] Zu Zweifeln an der Europarechtkonformität der Beschränkung auf *günstige* Ausführungsbedingungen *Stolz* VergabeR 2002, 219, 221.
[130] EuGH Urt. v. 29.3.2012, Rs. C-599/10, NZBau 2012, 376 Rn. 31 – SAG ELV Slovensko u. a.
[131] *Ruhland* in Pünder/Schellenberg, § 16 VOB/A Rn. 104; vgl. beispielhaft VK Bund Beschl. v. 31.5.2011, VK 3 56/11, juris, Rn. 26.
[132] OLG Düsseldorf Beschl. v. 31.10.2012, Verg 17/12, juris, Rn. 50.
[133] OLG Düsseldorf Beschl. v. 31.10.2012, Verg 17/12, juris, Rn. 50; a.A. wohl VK Bund Beschl. v. 26.4.2011, VK 3–50/11, juris, Rn. 56.
[134] Vgl. zur vergaberechtlichen Zulässigkeit z.B. VK Bund Beschl. v. 7.4.2011, VK 3–28/11, juris, Rn. 46.
[135] OLG Düsseldorf Beschl. v. 31.10.2012, Verg 17/12, juris, Rn. 49; ähnlich *Gabriel* VergabeR 2013, 300, 303.
[136] Vgl. VK Thüringen Beschl. v. 11.2.2010, 250–4002.20–253/2010–001-EF, veris; VK Schleswig-Holstein Beschl. v. 6.4.2011, VK-SH 05/11, juris, Rn. 57.
[137] VK Schleswig-Holstein Beschl. v. 6.4.2011, VK-SH 05/11, juris, Rn. 57.
[138] Vgl. VK Thüringen Beschl. v. 30.1.2006, 360–4003.20–055/05-EF-S, ibr-online.

von nach den einschlägigen Regelungen in den Verdingungsordnungen in engen Grenzen ausdrücklich zugelassenen Ergänzungen oder Berichtigungen) nicht zulässig.[139]

e) Rechtsfolge: Beweislastumkehr

60 Die ordnungsgemäße Durchführung eines erforderlichen Aufklärungsverfahrens hat zur Folge, dass der Auftraggeber nicht den Nachweis der Unauskömmlichkeit erbringen muss. Nunmehr trägt der Bieter die **Beweislast** für die Auskömmlichkeit seines Angebots.[140] Der Übergang der Beweislast auf den Bieter lässt sich mit Sinn und Zweck der dritten Wertungsstufe, dem Schutz des Auftraggebers vor nicht ordnungsgemäßer Auftragsdurchführung, begründen.[141] Kann der Bieter die erheblichen Zweifel des Auftraggebers nicht entkräften, kann dem Auftraggeber nicht zugemutet werden, ein aus seiner Sicht unangemessenes Angebot annehmen zu müssen und bei Vertragsdurchführung seine (Gewährleistungs-)Rechte geltend zu machen. Schließlich ist es gerade Sinn und Zweck der dritten Wertungsstufe, diejenigen Angebote auszuschließen, die erhebliche Zweifel an einer ordnungsgemäßen Vertragsdurchführung auslösen.[142] Verbleibende Zweifel gehen daher zu Lasten des Bieters.[143] Dies ist auch vor dem Hintergrund sachgerecht, dass nur der betreffende Bieter in der Lage ist, die Zweifel des Auftraggebers an der Auskömmlichkeit der Kalkulation zu widerlegen.[144]

61 Stellt sich heraus, dass der Bieter im Rahmen des kontradiktorischen Verfahrens falsche Angaben gemacht hat, kann dies zum Ausschluss aufgrund mangelnder Zuverlässigkeit im Sinne von § 97 Abs. 4 GWB führen.[145]

3. Bewertung der Erklärungen des Bieters

62 Sämtliche im Rahmen des kontradiktorischen Verfahrens vom Bieter abgegebenen Erklärungen hat der Auftraggeber auf Vollständigkeit und Schlüssigkeit zu prüfen und zu bewerten und bei der abschließenden Prüfung der Auskömmlichkeit und der Angemessenheit zu berücksichtigen.[146]

a) Auskömmlichkeit

63 Ein Angebot ist dann ein Unterkostenangebot und damit unauskömmlich, wenn der Erlös, der dem Bieter durch den Auftrag voraussichtlich zufließen wird, unterhalb der Selbstkosten liegt, die dem Bieter durch die Auftragsdurchführung voraussichtlich entstehen werden.[147] Maßgeblicher Beurteilungszeitpunkt ist dabei regelmäßig der Ablauf der Angebotsfrist[148], so dass z. B. nachträgliche Kostensteigerungen grundsätzlich außer Be-

---

[139] *Gabriel* VergabeR 2013, 300, 302.
[140] OLG Brandenburg Beschl. v. 22.3.2011, Verg W 18/10, juris, Rn. 52; VK Bund Beschl. v. 20.4.2005, VK 1–23/05, juris, Rn. 87; VK Schleswig-Holstein Beschl. v. 6.4.2011, VK-SH 05/11, juris, Rn. 64; VK Brandenburg Beschl. v. 8.12.2006, 1 VK 49/06, ibr-online; *Gabriel* VergabeR 2013, 300, 303; *Müller-Wrede/Horn* in Müller-Wrede, § 19 VOL/A-EG, Rn. 180; a.A. *Frister* in Kapellmann/Messerschmidt, § 16 VOB/A Rn. 106 mit Verweis auf die Rechtsprechung zu unvollständigen Preisangaben.
[141] OLG Brandenburg Beschl. v. 22.3.2011, Verg W 18/10, juris, Rn. 52.
[142] VK Bund Beschl. v. 20.4.2005, VK 1–23/05, juris, Rn. 85.
[143] *Knauff* EuZW 2012, 387, 392.
[144] VK Bund Beschl. v. 20.4.2005, VK 1–23/05, juris, Rn. 87.
[145] *Gabriel* VergabeR 2013, 300, 303.
[146] EuGH Urt. v. 27.11.2001, Rs. C-285/99 und C-286/99, NZBau 2002, 101 Rn. 51, 82 – Lombardini und Mantovani.
[147] Dieses Verständnis von der Auskömmlichkeit(sprüfung) wird etwa von VK Bund Beschl. v. 28.4.2011, VK 3–47/11, juris, Rn. 47 ausdrücklich gebilligt.
[148] OLG Karlsruhe Beschl. v. 27.7.2009, 15 Verg 13/09, ZfBR 2010, 196, 198; VK Bund Beschl. v. 17.1.2011, VK 1–139/10, juris, Rn. 48.

tracht bleiben. Außer Betracht lassen müssen wird man auf der anderen Seite auch vom Bieter behauptete zukünftige Erlöse, auf die der Bieter entweder keinen Rechtsanspruch hat oder deren Erzielung nicht zumindest mit einer gewissen Wahrscheinlichkeit unterstellt werden kann.[149]

Fraglich ist in diesem Zusammenhang, welche Kostenpositionen dabei als „Selbstkosten" anzusetzen sind. Diese Frage ist nach betriebswirtschaftlichen Grundsätzen unter Berücksichtigung des konkreten Auftragsgegenstandes und der spezifischen Unternehmensstruktur und wirtschaftlichen Situation des Bieters zu beantworten. Dabei kann beispielsweise auf die „Leitsätze für die Preisermittlung auf Grund von Selbstkosten"[150] zurückgegriffen werden. Insbesondere vom Bieter hinreichend dargelegte Einsparpotentiale, Synergieeffekte und nachgewiesene Sonderkonditionen (niedrigere Bezugspreise, Rabatte) können – nach kritischer Würdigung der Plausibilität und Höhe – zu berücksichtigen sein und im Einzelfall zur Auskömmlichkeit des Angebots führen.[151] **64**

Das Kriterium der Auskömmlichkeit bezieht sich dabei – wie auch bereits die Vorprüfung – im Ergebnis nur auf den Angebotsendpreis (Gesamtpreis), d. h. auf die Summe aller Einzelpreise („Einzelposten" i. S. von Art. 55 Abs. 1 VKR), nicht aber auf die Einzelpreise.[152] Für diese Einzelpreise, die zwar grundsätzlich auch jeweils für sich überprüft werden können, gilt das Erfordernis der Auskömmlichkeit nicht isoliert, sofern das Angebot insgesamt auskömmlich kalkuliert ist.[153] **65**

Maßgeblich für die Auskömmlichkeit ist allein der jeweilige konkrete Auftrag. Eine etwaige Quersubventionierung durch Folge- oder Parallelaufträge muss an dieser Stelle außer Acht gelassen werden.[154] **66**

Die bloße Unauskömmlichkeit ist nicht per se unzulässig[155] und berechtigt daher den Auftraggeber nicht zum Ausschluss des Angebots. **67**

b) Angemessenheit (i. e. S.)

Stellt sich das Angebot in der Auskömmlichkeitsprüfung als nicht kostendeckend heraus, hat der Auftraggeber abschließend – ebenfalls unter Berücksichtigung der Erkenntnisse aus dem kontradiktorischen Verfahren – die Angemessenheit[156] des Preises zu bewerten. **68**

aa) Prüfungsmaßstab: Wettbewerbspreis.
Für die Angemessenheit des Preises entscheidend ist allein das **Verhältnis zwischen Preis und angebotener Leistung** des vom Ausschluss bedrohten Angebots unter Berücksichtigung der konkreten Angebotssituation.[157] Das Verhältnis zum nächstgünstigsten Angebot oder den übrigen Angeboten ist hierfür grundsätzlich irrelevant, da und soweit nicht feststeht, dass diese Preise die allein marktgerechten sind.[158] Insbesondere gibt es keinen festen Prozentsatz, ab dem von einem **69**

---

[149] Sehr weitgehend insoweit *Gabriel/Schulz* PharmR 2011, 448, 449 f. zu einem Spezialproblem der Auskömmlichkeitsprüfung bei der Ausschreibung von Arzneimittelrabattverträgen.

[150] Anlage zur Verordnung PR Nr. 30/53 v. 21.11.1953, BAnz. 1953 Nr. 244, zuletzt geändert durch Art. 289 der Verordnung v. 25.11.2003, BGBl. I, S. 2304.

[151] *Gabriel* VergabeR 2013, 300, 303; vgl. auch *v. Bechtolsheim/Fichtner* VergabeR 2005, 574, 581 f.; VK Thüringen Beschl. v. 29.9.1999, 002/99-SLF, veris; VK Sachsen Beschl. v. 8.7.2004, 1/SVK/044–04.

[152] Statt vieler OLG Düsseldorf Beschl. v. 10.12.2008, Verg 51/08, juris, Rn. 116.

[153] OLG Düsseldorf Beschl. v. 10.12.2008, Verg 51/08, juris, Rn. 116.

[154] *Ruhland* in Pünder/Schellenberg, § 16 VOL/A Rn. 48.

[155] VK Südbayern Beschl. v. 16.9.2010, Z3–3–3194–1–48–07/10, juris, Rn. 156.

[156] Angemessenheit ist gleichzusetzen mit einem „offenbaren Missverhältnis" zwischen Preis und Leistung gemäß §§ 16 Abs. 6 Satz 2 VOL/A, 19 Abs. 6 Satz 2 VOL/A-EG; vgl. hierzu bereits die Ausführungen zur unterschiedlichen Terminologie unter A.

[157] VK Hessen Beschl. v. 30.5.2005, 69d VK-16/2005, juris, Rn. 59.

[158] OLG Düsseldorf Beschl. v. 12.10.2005, Verg 37/05, juris, Rn. 22; VK Bund Beschl. v. 15.7.2011, VK 1–72/11, juris, Rn. 69.

unangemessen niedrigen Preis ausgegangen werden kann. Auch auf dieser letzten Prüfungsebene ist auf den **Gesamtpreis** abzustellen.[159]

70 Die festgestellte Unauskömmlichkeit ist eine notwendige[160], aber nicht hinreichende Voraussetzung für die Unangemessenheit des Preises. Sie genügt für sich allein betrachtet noch nicht, um darauf einen Angebotsausschluss zu stützen.[161] Das ergibt sich bereits unmittelbar aus dem Wortlaut, der nicht darauf abstellt, ob der Preis auskömmlich ist. Vielmehr muss für einen Ausschluss des Angebots in der dritten Wertungsstufe der Preis „unangemessen" sein bzw. in einem „offenbaren Missverhältnis zur Leistung stehen".

71 Der Wortlaut geht somit über die bloße Unauskömmlichkeit hinaus. Auch Sinn und Zweck der Regelungen zur dritten Wertungsstufe verlangen nicht den zwingenden Ausschluss eines Unterkostenangebots. Primär soll der Auftraggeber durch die dritte Wertungsstufe davor geschützt werden, dass der Auftragnehmer aufgrund der Unauskömmlichkeit den Auftrag nicht zuverlässig und vertragsgerecht zu Ende führen werden kann. Diese Gefahr mag bei Vorliegen eines Unterkostenangebots unter Umständen naheliegend sein, kann jedoch bei entsprechenden Nachweisen des Bieters durchaus ausgeschlossen werden. Das Vergaberecht insgesamt soll der öffentlichen Hand die Ermittlung des wirtschaftlichsten Angebots gemäß § 97 Abs. 5 GWB und dadurch einen zweckmäßigen und wirtschaftlichen Einsatz öffentlicher Mittel ermöglichen. Daher sind besonders niedrige Preise als Ausdruck eines funktionierenden Preiswettbewerbs grundsätzlich erwünscht und selbst Unterkostenpreise grundsätzlich zulässig, sofern nicht im Einzelfall gewichtige (wettbewerbliche) Gründe gegen eine Bezuschlagung eines Unterangebots sprechen.[162] Schließlich würde es auch einen Verstoß gegen das für die Auslegung der VOB/A und der VOL/A heranzuziehende Gemeinschaftsrecht bedeuten, wenn eine Vergabestelle verpflichtet wäre, nur auskömmliche oder kostendeckende Preise der Bieter zu akzeptieren.[163]

72 Mehrheitlich wird davon ausgegangen, dass im Rahmen der Angemessenheit zu prüfen ist, ob der Preis des unauskömmlichen Angebots ein zulässiger **Wettbewerbspreis** oder aufgrund seiner Wettbewerbswidrigkeit auszuschließen ist.[164] Gestützt werden kann dieser

---

[159] So bereits BGH Urt. v. 21.20.1976, VII ZR 327/74, BauR 1977, 52, 53 zur Frage, ob ein „offenbares Missverhältnis" zwischen Preis und Leistung im Sinne des § 25 Nr. 2 Abs. 2 Satz 1 VOB/A (1952) vorliegt; OLG Karlsruhe Beschl. v. 22.7.2011, 15 Verg 8/11, juris, Rn. 46; OLG München Beschl. v. 21.5.2010, Verg 02/10, ZfBR 2010, 606, 619; OLG Düsseldorf Beschl. v. 9.2. 2009, Verg 66/08, VergabeR 2009, 956, 962; a.A. OLG Köln Urt. v. 29.4.1997, 20 U 124–96, NJW-RR 1999, 316, 316 f.; *Weihrauch* IBR 2012, 278 mit Verweis auf EuGH Urt. v. 29.3.2012, C-599/10, NZBau 2012, 376 Rn. 29. – SAG ELV Slovensko u. a.

[160] A.A. wohl VK Bund Beschl. v. 7.9.2000, VK 2–26/00, NZBau 2001, 167, 168; Beschl. v. 30.6. 1999, VK A 12/99, NZBau 2000, 165, 166.

[161] So explizit OLG Düsseldorf Beschl. v. 9.5.2011, Verg 45/11, VergabeR 2011, 884, 885 f.; OLG Naumburg Beschl. v. 23.4.2009, Verg 7/08, VergabeR 2009, 793, 797; KG Berlin Beschl. v. 7.11.2001, KartVerg 8/01, VergabeR 2002, 95, 98 mit Verweis auf BGH Urt. v. 21.11.2000, 1 StR 300/00, wistra 2001, 103; VK Münster, Beschl. v. 15.9.2009, VK 14/09, juris, Rn. 153; *Ulshöfer* VergabeR 2011, 886, 888; im Ergebnis wohl auch *Schranner* VergabeR 2001, 129, 130 f.; a.A. wohl VK Sachsen Beschl. v. 8.7.2004, 1/SVK/044–04, veris.

[162] VK Bund Beschl. v. 7.9.2000, VK 2–26/00, NZBau 2001, 167, 168.

[163] EuGH Urt. v. 27.11.2001 – C-285/99 und 286/99, NZBau 2002, 101 Rn. 45, 47 f., 53 – Lombardini und Mantovani; Urt. v. 22.6.1989, C-103/88, NVwZ 1990, 649, 650, R. 18, 20 – Costanzo/Stadt Mailand; OLG Düsseldorf Beschl. v. 19.12.2000, Verg 28/00, VergabeR 2001, 128, 128; Beschl. v. 17.6.2002, Verg 18/02, NZBau 2002, 626, 628.

[164] OLG Karlsruhe Beschl. v. 16.6.2010, 15 Verg 4/10, juris, Rn. 42; OLG München Beschl. v. 21.5.2010, Verg 02/10, ZfBR 2010, 606, 619; OLG Dresden Beschl. v. 6.6.2002, WVerg 5/02, VergabeR 2003, 64, 67; VK Bund Beschl. v. 15.7.2011, VK 1–72/11, juris, Rn. 69; *Dicks* in Kulartz/Marx/Portz/Prieß, § 16 VOL/A Rn. 218.

Prüfungsmaßstab auf das allgemeine an den Auftraggeber gerichtete Gebot, wettbewerbswidrige Praktiken im Vergabeverfahren zu verhindern.[165]

Zum Teil werden die Wettbewerbswidrigkeit und die hierzu bestehenden Fallgruppen[166] (nur) als Voraussetzung für eine bieterschützende Wirkung der Vorschriften zur dritten Wertungsstufe genannt. Zum Teil werden die Aspekte jedoch auch im Rahmen der Angemessenheitsprüfung angesprochen. Die Rechtsprechung ist insofern nicht einheitlich. Sachgerechter erscheint es, sie bereits als Tatbestandsvoraussetzung für das Vorliegen eines Angebots mit unangemessen niedrigem Preis zu verstehen. Die Fallgruppen konkretisieren die nach herrschender Meinung erforderliche Bewertung der Unauskömmlichkeit[167] und stellen insofern für die Angemessenheitsprüfung einen klaren Prüfungsmaßstab für die Praxis dar. Mit diesem Verständnis ist zudem eindeutig klargestellt, dass ein Bieter, dessen Angebot zwar unauskömmlich, aber nachweislich nicht wettbewerbswidrig ist, d.h wenn insbesondere keine Marktverdrängungsabsicht besteht und eine positive Vertragserfüllungsprognose vorliegt, gegen den Ausschluss seines Angebots vorgehen kann, da es insofern an den Voraussetzungen eines Ausschlusses fehlt. Der primäre Sinn und Zweck der Preisprüfung, der Schutz des Auftraggebers vor unseriösen Angeboten, kann in diesem Fall keinen Ausschluss rechtfertigen. 73

bb) Wettbewerbliche Rechtfertigung der Unauskömmlichkeit. Grundsätzlich kann auch 74 ein Unterkostenangebot wettbewerblich gerechtfertigt sein. Für ein unauskömmliches Angebot kann es nämlich eine Vielzahl plausibler und nicht zu beanstandener Gründe geben. Ein zu niedrig bemessenes Angebot kann beispielsweise darauf basieren, dass ein Bieter seine Kapazitäten auslasten möchte, dass ein „Newcomer" in einem bestimmten Markt Fuß fassen möchte, oder darauf, dass ein Marktteilnehmer einen prestigeträchtigen Auftrag unbedingt erhalten möchte, auch wenn dies für ihn ein Zuschussgeschäft bedeutet. Derartige Motive sind betriebswirtschaftlich sinnvoll und vergaberechtlich und auch wettbewerbsrechtlich nicht zu beanstanden.[168] Erforderlich ist aber in diesen Fällen, dass die wirtschaftliche Leistungsfähigkeit des Bieters nachweislich für die gesamte Dauer des Auftrags gewährleistet ist und somit kein Fall der negativen Vertragserfüllungsprognose vorliegt.

cc) Fallgruppen der Wettbewerbswidrigkeit der Unauskömmlichkeit. In der Rechtsprechung haben sich die im Folgenden dargestellten beiden Fallgruppen der Wettbewerbswidrigkeit herausgebildet.[169] Liegt eine dieser Fallgruppen vor, so hat dies zur Folge, dass das betreffende Angebot auszuschließen ist.[170] Spricht der Auftraggeber dennoch keinen 75

---

[165] Vgl. Fn. 25.
[166] s. o. B.I.2.
[167] Vgl. *v. Bechtolsheim/Fichtner* VergabeR 2005, 574, 583 ff.
[168] Vgl. OLG Düsseldorf Beschl. v. 19.12.2000, Verg 28/00, VergabeR 2011, 128, 128; VK Bund Beschl. v. 7.9.2000, VK 2–26/00, NZBau 2001, 167, 168; *Müller-Wrede/Horn* in Müller/Wrede, § 19 VOL/A-EG Rn. 178; *Vavra* in Ziekow/Völlink, § 16 VOB/A Rn. 46.
[169] Vereinzelt wurde in der Rechtsprechung noch eine dritte Fallgruppe genannt: Angebote, die darauf angelegt sind, den Auftraggeber bei Durchführung der Leistung zu übervorteilen (**Übervorteilungsabsicht**); s. OLG München Beschl. v. 21.5.2010, Verg 02/10, ZfBR 2010, 606, 619; ebenso bereits KG Beschl. v. 15.3.2004, 2 Verg 17/03, juris, Rn. 38 ff.; VK Südbayern Beschl. v. 10.2.2006, Z3–3–3194–1–57–12/05, juris, Rn. 41. Diese Fallkonstellationen werden allerdings zutreffender unter dem Gesichtspunkt der Mischkalkulation bzw. des Spekulationsangebotes erfasst und u. U. auf der ersten Stufe der Angebotsprüfung ausgeschlossen; s. näher § 29. Denn es geht um Fälle spekulativer Auf- und Abpreisungen von einzelnen Leistungspositionen in der Erwartung, die Leistungsmenge bzw. der Leistungsinhalt werde sich bei Auftragsdurchführung anders entwickeln als es das vom Auftraggeber vorgegebene Mengengerüst bzw. die Leistungsbeschreibung erwarten ließe. KG Beschl. v. 15.3.2004, 2 Verg 17/03, juris, Rn. 38 f.
[170] Eine zusätzliche Fallgruppe scheint die EU-Kommission im Rahmen des aktuellen Reformprozesses des europäischen Vergaberechts einführen zu wollen. Ihr Vorschlag für Richtlinie des Europäi-

Ausschluss aus und beabsichtigt, das betreffende Angebot zu bezuschlagen, so kann dies durch einen unterlegenen Bieter mit Erfolg gerügt und im Rahmen eines Nachprüfungsverfahrens angegriffen werden.

76 **(1) Negative Vertragserfüllungsprognose.** In der Praxis von größter Bedeutung ist die Fallgruppe der negativen Vertragserfüllungsprognose. Es ist allgemeine Meinung, dass ein Angebot auszuschließen ist, wenn der Auftragnehmer aufgrund der Unauskömmlichkeit in so erhebliche Schwierigkeiten geraten kann, dass er den Auftrag nicht zuverlässig und vertragsgerecht zu Ende zu führen imstande ist.[171] Dies zu verhindern ist gerade Sinn und Zweck der Preisprüfung. Umgekehrt bedeutet dies, dass ein Unterkostenangebot, bei dem die Vertragserfüllungsprognose positiv ausfällt, grundsätzlich in der Wertung verbleiben muss. Es ist Sache des Bieters, im Rahmen der Preisprüfung bei Unauskömmlichkeit seines Angebotes darzulegen, dass er gleichwohl während der gesamten Dauer der Auftragsausführung leistungsfähig und in der Lage ist, den Auftrag ordnungsgemäß durchzuführen. Auch insoweit sind die Mittel und Möglichkeiten zur Darlegung vielfältig[172] und letztlich durch den Auftraggeber zu bewerten.

77 Die Wettbewerbswidrigkeit eines Unterkostenangebotes bei negativer Vertragserfüllungsprognose kann darin gesehen werden, dass andere Mitbewerber, die Angebote mit angemessenem Preis abgegeben haben, zu einem späteren Zeitpunkt etwa wegen anderweitiger Bindung ihrer Ressourcen den Auftrag nicht mehr übernehmen können und dadurch geschädigt werden.[173]

78 Im Rahmen der negativen Vertragserfüllungsprognose wird in der Praxis häufig ein grundlegender Zusammenhang übersehen und von unterlegenen Bietern gegen die vorgesehene Zuschlagserteilung ins Feld geführt, der Zuschlagsdestinatär sei weniger leistungsfähig und könne schon daher nicht billiger sein, er habe nicht die hinreichenden Ressourcen und sei daher mit der Auftragsdurchführung überfordert.[174] Derartige Sachverhalte jedoch sind allenfalls geeignet, die Eignung eines Bieters oder die Qualität der von ihm angebotenen Leistung und die Übereinstimmung des Angebotes mit den Bewerbungsbedingungen in Frage zu stellen. Darum geht es aber im Rahmen der dritten Wertungsstufe bei der Vertragserfüllungsprognose nicht. Es geht vielmehr um die Frage, ob sich ein Bieter mit seinem Angebotspreis derart „verkalkuliert" hat, dass die Vergütung, die er im Zuschlagsfall zu beanspruchen hätte, zu gering wäre, um ihn in die Lage zu versetzen, den Auftrag ordnungsgemäß, mangelfrei und in der vorgesehenen Zeit zu Ende auszuführen.

79 Die bloße Unauskömmlichkeit eines Preisangebots führt nicht zwingend zu einer negativen Vertragserfüllungsprognose.[175] Ein solcher Automatismus wäre nicht mit dem oben

---

schen Parlaments und des Rates über die öffentliche Auftragsvergabe, KOM(2011) 896/2, enthält in Art. 69 Abs. 4 UAbs. 2 folgende Regelung: Die öffentlichen Auftraggeber lehnen das Angebot ab, wenn sie festgestellt haben, dass das Angebot ungewöhnlich niedrig liegt, weil es den Anforderungen der Unionsrechtsvorschriften auf dem Gebiet des Sozial- und Arbeitsrechts oder des Umweltrechts bzw. der in Anhang XI genannten internationalen Sozial- und Umweltrechtsvorschriften nicht genügt. *Summa* NZBau 2012, 729, 736, weist zu Recht auf den insoweit noch bestehenden erheblichen Klarstellungsbedarf hin.

[171] OLG München Beschl. v. 21.5.2010, Verg 02/10, ZfBR 2010, 619; OLG Naumburg Beschl. v. 23.4.2009, Verg 7/08, VergabeR 2009, 793, 797; OLG Düsseldorf Beschl. v. 19.12.2000, Verg 28/00, VergabeR 2011, 128, 128 f.

[172] Vgl. *Gabriel* VergabeR 2013, 300, 305 f., insbesondere zur Vorlage einer Bestätigung eines unabhängigen Wirtschaftsprüfers oder einer sog. harten Patronatserklärung eines Dritten.

[173] OLG Düsseldorf Beschl. v. 9.5.2011, Verg 45/11, VergabeR 2011, 884, 885; Beschl. v. 19.12.2000, Verg 28/00, VergabeR 2001, 128, 128 f.

[174] Missverständlich insoweit VK Niedersachsen Beschl. v. 8.7.2011, VgK-23/2011; Beschl. v. 28.6.2011, VgK-21/2011, juris, Rn. 55.

[175] OLG Düsseldorf Beschl. v. 9.5.2011, Verg 45/11, VergabeR 2011, 884, 886.

beschriebenen Erfordernis einer zusätzlichen Bewertung des Unterkostenangebots vereinbar. Der Auftraggeber hat daher eine den Besonderheiten des Einzelfalls Rechnung tragende **Prognoseentscheidung** zu treffen, die auf Grundlage des Angebots und der im Rahmen des kontradiktorischen Verfahrens abgegebenen Erklärungen zu erfolgen hat. Er verfügt bei dieser Entscheidung über einen **Beurteilungsspielraum**, welcher nur beschränkt von den Nachprüfungsinstanzen überprüfbar ist.[176] Die Nachprüfungsinstanzen überprüfen lediglich, ob der Auftraggeber seiner Aufklärungs- und Prüfungspflicht nachgekommen ist, seiner Entscheidung einen zutreffenden und vollständig ermittelten Sachverhalt zugrunde gelegt hat und aufgrund sachgemäßer und sachlich nachvollziehbarer Erwägungen zu dem Ergebnis gelangt ist, dass der betreffende Bieter nicht zuverlässig und vertragsgerecht während der gesamten Dauer des Auftrags wird leisten können.[177] Dieser Umstand führt in der Praxis dazu, dass es dem Bieter des ausgeschlossenen Angebots häufig nicht gelingt, die Ausschlussentscheidung vor den Nachprüfungsinstanzen mit Erfolg anzugreifen.

(2) Marktverdrängung(sabsicht). Nach der Rechtsprechung sind zudem Angebote, die 80 in der zielgerichteten Absicht der Marktverdrängung abgegeben wurden oder bei denen zumindest die Gefahr besteht, dass bestimmte Wettbewerber vom Markt verdrängt werden, als wettbewerbswidrige Angebote in der dritten Wertungsstufe auszuschließen.[178]

Nach der Rechtsprechung des OLG Düsseldorf handelt es sich bei der Marktverdrän- 81 gungsabsicht und der objektiven Gefahr der Marktverdrängung um zwei alternative Tatbestände.[179] Die Marktverdrängungsabsicht ist abzugrenzen von dem zulässigen wettbewerblichen Bestreben der Bieter, mit einem günstigen Angebot die Konkurrenz zu unterbieten. Sie soll eine „geradezu wettbewerbsfeindliche Gesinnung" voraussetzen.[180]

Allein aufgrund eines niedrigen Preises kann nicht auf eine Marktverdrängungsabsicht 82 oder eine Gefahr der Marktverdrängung geschlossen werden.[181] Erforderlich ist vielmehr eine Marktabgrenzung im Einzelfall. Einigkeit besteht jedenfalls insofern, als eine Verdrängung aus der konkreten Auftragsvergabe grundsätzlich nicht ausreichen kann.[182] Für die Bestimmung des Marktes gelten die Vorgaben des Kartellrechts nicht unmittelbar. Im Kern handelt es sich um eine lauterkeitsrechtliche Prüfung.[183] Dabei darf der Markt nicht etwa auf den Zuständigkeitsbereich des Auftraggebers eingegrenzt werden.[184] Bestehen für die Bieter Ausweichmöglichkeiten jenseits des Zuständigkeitsbereichs des Auftraggebers, so spricht dies gegen die Gefahr einer Marktverdrängung.

---

[176] OLG Brandenburg Beschl. v. 22.3.2011, Verg W 18/10, juris, Rn. 45, 61; VK Schleswig-Holstein Beschl. v. 6.4.2011, VK-SH 05/11, juris, Rn. 54.
[177] VK Bund Beschl. v. 31.5.2011, VK 3–56/11, juris, Rn. 77; vgl. VK Sachsen Beschl. v. 8.7.2004, 1/SVK/004–04, veris.
[178] OLG München Beschl. v. 21.5.2010, Verg 02/10, ZfBR 2010, 606, 619; OLG Düsseldorf Beschl. v. 19.12.2000, Verg 28/00, VergabeR 2001, 128, 128f.; Bedenken insbesondere bzgl. der Europarechtskonformität äußert insoweit *Müller-Wrede* VergabeR 2011, 46, 46ff.
[179] OLG Düsseldorf Beschl. v. 9.5.2011, Verg 45/11, VergabeR 2011, 884, 885; Beschl. v. 19.12.2000, Verg 28/00, VergabeR 2001, 128, 128; a.A. wohl VK Baden Württemberg Beschl. v. 21.12.2011, 1 VK 64/11, ibr-online; Beschl. v. 16.4.2010, 1 VK 16/10, juris, Rn. 86. Ob allein die objektive Gefahr, dass ein Mitbewerber vom Markt verdrängt wird, ausreichend ist, lässt KG Beschl. v. 23.6.2011, 2 Verg 7/10, juris, Rn. 74 offen.
[180] *Gabriel* VergabeR 2013, 300, 306 m.w.N.
[181] OLG Düsseldorf Beschl. v. 4.9.2002, Verg 37/02, veris.
[182] OLG Düsseldorf Beschl. v. 17.6.2002, Verg 18/02, NZBau 2002, 626, 628; OLG Koblenz Beschl. v. 26.10.2005, 1 Verg 4/05, VergabeR 2006, 392, 401f.
[183] OLG Düsseldorf Beschl. v. 4.9.2002, Verg 37/02, veris.
[184] OLG Düsseldorf Beschl. v. 25.2.2009, Verg 6/09, juris, Rn. 8; hingegen im Einzelfall allein auf den „regionalen" Markt abstellend OLG Düsseldorf Beschl. v. 12.10.2005, Verg 37/05, juris, Rn. 23.

c) Besonderheiten bei Unterangeboten aufgrund staatlicher Beihilfen

83 § 16 Abs. 8 VOB/A-EG und § 19 Abs. 7 VOL/A-EG enthalten jeweils Sonderregelungen für Angebote, die aufgrund einer staatlichen Beihilfe „ungewöhnlich niedrig" sind. Diese können nach diesen Vorschriften auf der dritten Stufe der Angebotsprüfung nur dann zurückgewiesen werden, wenn der Bieter nach entsprechender Aufforderung durch den Auftraggeber nicht innerhalb einer von dem Auftraggeber festzusetzenden ausreichenden Frist nachweisen kann, dass die Beihilfe rechtmäßig gewährt wurde. Schließt ein Auftraggeber in einem solchen Fall ein Angebot aus, muss er nach Satz 2 der jeweiligen Regelung die Kommission darüber unterrichten.

84 Auch wenn diese Regelungen jeweils als gesonderte Absätze ausgestaltet sind, regeln sie letztlich nur einen Sonderfall im Rahmen der wettbewerblichen Rechtfertigung eines Unterkostenangebotes.[185] Entsprechend ist der Begriff des ungewöhnlich niedrigen Angebotes im Sinne dieser Vorschriften nicht anders auszulegen als in §§ 16 Abs. 6 VOL/A, 19 Abs. 6 VOL/A-EG bzw. der Begriff des unangemessen niedrig erscheinenden Angebotspreises im Sinne der §§ 16 Abs. 6 Nr. 2 VOB/A, 16 Abs. 6 Nr. 2 VOB/A-EG.[186] Auch ansonsten gelten die obigen Ausführungen zur Preisprüfung bei Unterangeboten, insbesondere zu den Aufgreifschwellen, zum Verfahren etc. entsprechend.

85 Die Besonderheit in den Fällen der §§ 19 Abs. 7 VOL/A-EG bzw. 16 Abs. 8 VOB/A-EG liegt darin, dass die Ursache des ungewöhnlich niedrigen Angebotspreises eine staatliche Beihilfe sein muss. Der Begriff der Beihilfe ist dabei ähnlich wie im Beihilfenrecht weit zu fassen. Unter einer Beihilfe werden daher alle von der öffentlichen Hand gewährten geldwerten Vergünstigungen zugunsten des Unternehmens des Bieters verstanden.[187] Entscheidend ist dabei auf den Sinn und Zweck der Regelung abzustellen. Dieser liegt darin, Wettbewerbsverzerrungen aufgrund nicht gerechtfertigter staatlicher Subventionen zu verhindern, gleichzeitig aber soll verhindert werden, dass rechtmäßig gewährte Subventionen dem entsprechenden Bieter nicht zum Nachteil gereichen, weil diese nicht den Wettbewerb beeinträchtigen, sondern durch Ausgleich von Wettbewerbsnachteilen des subventionierten Unternehmens gerade zur Sicherstellung eines fairen Wettbewerbs beitragen.[188] Dementsprechend ist der Auftraggeber in einem solchen Fall verpflichtet, dem betroffenen Bieter Gelegenheit zur Stellungnahme um aufzuklären, ob die Beihilfe rechtmäßig gewährt wurde, was insbesondere dann nicht der Fall ist, wenn es sich um eine europarechtswidrig nicht modifizierte Beihilfe handelt. Nur im Falle einer nicht gerechtfertigten Beihilfe liegt ein Ausschlussgrund vor. Der Ausschluss ist in diesem Fall allerdings nicht zwingend; dies gilt auch dann, wenn aufgrund mangelnder Kooperation des Bieters nicht aufgeklärt werden kann, ob es sich um eine rechtmäßige oder rechtswidrige Beihilfe handelt.[189] Wichtig dabei ist, dass eine rechtswidrige staatliche Beihilfe nur dann den Ausschluss des Angebots des begünstigten Bieters rechtfertigen kann, wenn es sich um ein Unterkostenangebot handelt und sich eine Kausalität der rechtswidrigen Beihilfe für den ungewöhnlich niedrigen Angebotspreis nachweisen lässt. Alleine die Tatsache der Gewährung einer rechtswidrigen Beihilfe an ein bestimmtes Unternehmen ist im Übrigen ein Vorgang außerhalb des Vergabeverfahrens und kann schon deshalb (auch unter anderen rechtlichen Gesichtspunkten) einen Angebotsausschluss nicht begründen.[190]

---

[185] *Herrmann* in Ziekow/Völlink, § 16a VOB/A Rn. 11.
[186] *Frister* in Kapellmann/Messerschmidt, § 16a VOB/A Rn. 4; *Vavra* in Kulartz/Marx/Portz/Prieß, VOB/A, § 16a VOB/A Rn. 27.
[187] *Frister* in Kapellmann/Messerschmidt, § 16a VOB/A Rn. 4; *Ruland* in Pünder/Schellenberg, § 16a VOB/A Rn. 11.
[188] *Vavra* in Kulartz/Marx/Portz/Prieß, VOL/A, § 19 VOL/A-EG Rn. 242.
[189] *Vavra* in Kulartz/Marx/Portz/Prieß, VOL/A, § 19 VOL/A-EG Rn. 247; für eine Reduzierung des Ermessens auf null im Sinne einer Ausschlusspflicht im Regelfall unter Gleichbehandlungsgesichtspunkten *Ruland* in Pünder/Schellenberg, § 16a VOB/A Rn. 12.
[190] Vgl. OLG Düsseldorf Beschl. v. 26.7.2002, Verg 22/02, NZBau 2002, 634, 636 ff.

4. Darlegung im Streitfall

Für die Darlegungs- und Beweislast gilt es zwei unterschiedliche prozessuale Konstellationen zu unterscheiden: das Vorgehen eines ausgeschlossenen Bieters gegen die Ausschlussentscheidung und das Vorgehen eines unterlegenen Bieters gegen die beabsichtigte Zuschlagserteilung auf das möglicherweise nicht auskömmliche Angebot eines Konkurrenten. 86

a) Ausschluss

Hat der Auftraggeber einen Ausschluss im Rahmen der dritten Wertungsstufe ausgesprochen und will der Bieter des ausgeschlossenen Angebots gegen den Ausschluss vorgehen, muss er nach ordnungsgemäßer Durchführung des kontradiktorischen Verfahrens darlegen und beweisen, dass sein Angebot entgegen den Indizien, die die Aufklärungspflicht ausgelöst haben, auskömmlich oder trotz Unauskömmlichkeit wettbewerblich gerechtfertigt ist.[191] 87

Kann der Bieter Zweifel des Auftraggebers an der dauerhaften, zuverlässigen und ordnungsgemäßen Vertragsdurchführung nicht ausräumen, muss der Auftraggeber zum eigenen Schutz einen Ausschluss aussprechen können. Der Bieter trägt insofern die Beweislast dafür, dass eine positive Vertragserfüllungsprognose vorliegt. Dazu muss der Bieter den Nachweis erbringen, dass er über ausreichende eigene oder fremde Mittel verfügt, um den Fehlbetrag zu decken, der bei der Vertragsausführung voraussichtlich entstehen wird.[192] 88

Will der Auftraggeber das Angebot hingegen aufgrund angeblicher Marktverdrängung(sabsicht) ausschließen, obwohl dem Bieter der Nachweis gelungen ist, dass er zuverlässig und vertragsgerecht den Auftrag zu Ende führen werden kann, dann trifft den Auftraggeber bezüglich der Marktverdrängung(sabsicht) die Beweislast.[193] 89

b) Kein Ausschluss

Nicht unerhebliche Darlegungs- und Beweisschwierigkeiten ergeben sich in der Praxis, wenn ein unterlegener Bieter gegen den Zuschlag an ein vermeintlich wettbewerbswidriges Unterkostenangebot vorgehen will. Die Beweislast trifft denjenigen Bieter, der sich auf das Vorliegen einer der Fallgruppen beruft.[194] Dies gilt im Hinblick auf eine Rüge ebenso wie im Rahmen eines Vergabenachprüfungsverfahrens. Der unterlegene Bieter muss tatsächliche Anhaltspunkte vortragen, die es zumindest als naheliegend erscheinen lassen, dass ein unauskömmliches Angebot vorliegt, welches die Gefahr einer Marktverdrängung birgt oder eine negative Vertragserfüllungsprognose begründet oder dessen Preisgestaltung auf eine Marktverdrängungsabsicht schließen lässt. Reine Vermutungen und Behauptungen ins Blaue hinein genügen nicht.[195] Dies gilt insbesondere für die in der Praxis häufig anzutreffende Behauptung, man habe selbst an der Grenze zur Selbstkostendeckung angeboten, so dass jedes noch günstigere Angebot zwangsläufig ein wett- 90

---

[191] Vgl. C.I.2.e).
[192] Für mögliche Nachweise kann er sich z.B. an § 7 Abs. 2 VOL/A-EG orientieren.
[193] Vgl. OLG München Beschl. v. 21.5.2010, Verg 02/10, ZfBR 2010, 606, 619; VK Brandenburg Beschl. v. 20.9.2010, VK 45/10, juris, Rn. 33.
[194] OLG München Beschl. v. 21.5.2010, Verg 02/10, ZfBR 2010, 606, 619; VK Brandenburg Beschl. v. 20.9.2010, VK 45/10, juris, Rn. 33.
[195] OLG Koblenz Beschl. v. 18.9.2013, 1 Verg 6/13, BeckRS 2013, 16938 unter II.2.; anschaulich auch VK Baden-Württemberg Beschl. v. 23.10.2012, 1 VK 37/12; vgl. zudem VK Baden-Württemberg Beschl. v. 21.8.2009, 1 VK 40/09, juris, Rn. 103.

bewerbswidriges Dumping-Angebot sein müsse.[196] Andererseits ist zu berücksichtigen, dass der unterlegene Bieter häufig (etwa aufgrund der Geheimhaltung der Angebotspreise in VOL/A-Verfahren) kaum über die erforderlichen Informationen verfügt, um hinreichend sicher abschätzen zu können, ob ein Konkurrent ein unauskömmliches Angebot unterbreitet hat und aus diesem Grund die Gefahr besteht, dass er den Auftrag nicht ordnungsgemäß wird zu Ende ausführen können. Gleichwohl wird man von ihm zumindest erwarten können, dass er anhand der eigenen Kalkulation und eines strukturellen Vergleichs seines Unternehmens mit dem des Konkurrenten konkrete Anhaltspunkte dafür benennt, warum aus seiner Sicht ein Ausschluss gerechtfertigt sein könnte.

91 Darüber hinaus wird man an die Darlegung jedenfalls im Rahmen der Zulässigkeitsprüfung keine überspannten Anforderungen stellen dürfen.[197] Soweit es indes um das Vorliegen einer möglichen Marktverdrängungsabsicht oder einer Gefahr der Marktverdrängung geht, ist es Sache des unterlegenen Bieters, konkret vorzutragen und darzulegen, dass und aus welchen Gründen im Falle der Zuschlagserteilung seine Verdrängung aus dem Markt droht. In der Praxis wird ein Bieter die Gefahr der Verdrängung vom Markt oft nicht belegen können, ohne die eigene Kalkulation und wirtschaftlichen Verhältnisse im öffentlichen Verfahren preiszugeben.[198] Ein Verfahren „in camera" ist insoweit nicht vorgesehen.[199] Demnach ist in der Praxis der Nachweis eines wettbewerbswidrigen Unterkostenangebots für einen konkurrierenden Bieter nur schwer zu erbringen.

5. Entscheidung über den Ausschluss

92 Die dritte Wertungsstufe endet mit der Entscheidung des Auftraggebers über den Ausschluss aus dem Vergabeverfahren.

93 Erfüllt ein Unterkostenangebot die Voraussetzungen einer der genannten Fallgruppen und handelt es sich somit um keinen wettbewerblich begründeten Preis, dann liegt bei wertender Betrachtung ein „offenbares Missverhältnis" zwischen Preis und Leistung bzw. ein „unangemessen niedriger Preis" vor. Ein Angebotsausschluss ist nach dem eindeutigen Wortlaut der §§ 16 Abs. 6 Satz 2 VOL/A, 19 Abs. 6 Satz 2 VOL/A-EG, 16 Abs. 6 Nr. 1 VOB/A, 16 Abs. 6 Nr. 1 VOB/A-EG **zwingend**.[200] Art. 55 VKR verlangt zwar keinen zwingenden Ausschluss, steht dem aber auch nicht entgegen.[201] Ein Zuschlag auf ein wettbewerbswidriges Unterkostenangebot würde einem Nachprüfungsverfahren nicht standhalten.

94 Kommt der Auftraggeber hingegen zu dem Schluss, dass der unauskömmliche Preis wettbewerblich begründet ist, dann muss er es in der Wertung belassen. Ein Ausschluss wäre vergaberechtlich unzulässig. Der Bieter des ausgeschlossenen Angebots könnte mit Erfolg gegen den Ausschluss vorgehen.

95 Die Gründe für die Ablehnung von Angeboten mit einem unangemessen niedrigen Preis sind gemäß §§ 20 VOL/A, 24 Abs. 2 lit. d) VOL/A-EG, 20 Abs. 1 Satz 2 Nr. 6 VOB/A, 20 Abs. 1 Satz 2 Nr. 6 VOB/A-EG zu dokumentieren, um einen effektiven Rechtsschutz der Bieter zu gewährleisten.[202] Dies gilt gemäß § 12 Abs. 2 lit. d) VOF auch für Vergabeverfahren von freiberuflichen Leistungen.

---

[196] Vgl. zur Unzulässigkeit einer subjektiven Bewertung VK Hessen Beschl. v. 30.5.2005, 69d VK-16/2005, juris, Rn. 58.
[197] Vgl. VK Brandenburg Beschl. v. 8.12.2006, 1 VK 49/06, ibr-online.
[198] OLG München Beschl. v. 11.5.2007, Verg 04/07, ZfBR 2007, 599, 601.
[199] OLG München Beschl. v. 11.5.2007, Verg 04/07, ZfBR 2007, 599, 601; vgl. zum „in-camera-Verfahren" BVerfG Beschl. v. 14.3.2006, 1 BvR 2087/03, 1 BvR 2111/03, BVerfGE 115, 205.
[200] *Stolz* VergabeR 2002, 219, 220f.
[201] *Stolz* VergabeR 2002, 219, 220ff.; Bedenken äußert *Müller-Wrede* VergabeR 2011, 46, 48ff.
[202] Vgl. zu den Dokumentationspflichten VK Sachsen-Anhalt Beschl. v. 19.10.2011, 2 VK LSA 05/11, ibr-online.

II. Überhöhter Preis

Nach § 16 Abs. 6 Nr. 1 VOB/A und § 16 Abs. 6 Nr. 1 VOB/A-EG darf der Zuschlag nicht auf ein Angebot mit einem unangemessen hohen Preis erteilt werden. In § 16 Abs. 6 Satz 2 VOL/A und § 19 Abs. 6 Satz 2 VOL/A-EG ist jeweils nicht von einem unangemessen hohen Preis, sondern (nur) von einem offenbaren Missverhältnis zwischen Preis und Leistung die Rede. Auch diese neutrale Formulierung erfasst indes das sog. Überangebot.[203]

In aller Regel führt die vierte Wertungsstufe ohnehin dazu, dass Angebote mit unangemessen hohen Preisen nicht den Zuschlag erhalten. Daher sind die Regelungen zum Überangebot insbesondere dann von praktischer Relevanz, wenn ausschließlich Angebote mit unangemessen niedrigen oder hohen Preisen vorliegen, wenn die übrigen Angebote bereits vor der dritten Wertungsstufe ausgeschlossen wurden oder wenn von vorneherein nur das (vermeintliche) Überangebot als einziges Angebot abgegeben wurde.[204]

Die Vorschriften des deutschen Rechts gehen insoweit über Art. 55 VKR hinaus, als dass Art. 55 VKR nur den Fall eines ungewöhnlich niedrigen Angebots regelt. Gleichwohl werden §§ 16 Abs. 6 Nr. 1 VOB, 16 Abs. 6 Nr. 1 VOB/A-EG als insoweit „überschießende" Richtlinienumsetzung als europarechtskonform angesehen[205], da die VKR keine umfassende Gemeinschaftsregelung, sondern lediglich eine Koordinierung der nationalen Vergabeverfahren anstrebt.[206] Die Vorschriften sind daher auch auf Vergabeverfahren, die den Schwellenwert überschreiten, anzuwenden.

1. Keine Vorprüfung und keine Aufklärungspflicht

Dem Wortlaut der §§ 16 Abs. 6 Satz 1 VOL/A, 19 Abs. 6 Satz 1 VOL/A-EG, 16 Abs. 6 Nr. 2 Satz 1 VOB/A, 16 Abs. 6 Nr. 2 Satz 1 VOB/A-EG zufolge besteht die Pflicht des Auftraggebers, vom Bieter Aufklärung zu verlangen, nur im Falle ungewöhnlich bzw. unangemessen niedrig erscheinender Angebote. Eine Vorprüfung, ob ein Angebot ungewöhnlich erscheint, und ein sich der Vorprüfung anschließendes Aufklärungsverfahren wird vom Wortlaut der Normen nicht verlangt.

Zum Teil wird gleichwohl argumentiert, es ergebe sich eine entsprechende Aufklärungspflicht des Auftraggebers aus der allgemeinen Vorschrift zur Aufklärung des Angebotsinhalts (§§ 15 VOL/A, 18 VOL/A-EG, 15 VOB/A, 15 VOB/A-EG).[207] Die Tragfähigkeit dieser Argumentation ist aber fraglich, da sich aus dem Wortlaut der jeweiligen Vorschrift lediglich ein Recht, jedoch keine Pflicht ergibt, Aufklärung vom Bieter zu verlangen. Gegen eine analoge Anwendung der Regelungen zur Aufklärungspflicht bei Unterangeboten spricht, dass in dem vom Normgeber geregelten Fall des besonders niedrigen Angebots der Auftraggeber vor einer nicht ordnungsgemäßen Auftragsdurchführung geschützt werden soll.[208] Eine solche Gefahr besteht bei Überangeboten nicht, so dass zu-

---

[203] OLG München Beschl. v. 7.3.2013, Verg 36/12, BeckRS 2013, 05399, unter A. I.
[204] *Stolz* in Willenbruch/Wieddekind, § 19 VOL/A-EG Rn. 84.
[205] OLG Karlsruhe Beschl. v. 27.7.2009, 15 Verg 3/09, ZfBR 2010, 196, 197; offengelassen von OLG Düsseldorf Beschl. v. 6.6.2007, Verg 8/07, NZBau 2008, 141, 144.
[206] Vgl. EuGH Urt. v. 27.11.2001, C-285/99 und C-286/99, NZBau 2002, 101 Rn. 33 – Lombardini und Mantovani – zur Richtlinie 93/37/EWG mit Verweis auf ihren 2. Erwägungsgrund; vgl. 2. Erwägungsgrund VKR. Kritisch insofern zur Schaffung eines zwingenden Ausschlusses *Müller-Wrede* VergabeR 2011, 46, 48 ff.
[207] *Dicks* in Kulartz/Marx/Portz/Prieß, §19 VOL/A-EG Rn. 233; vgl. VK Bund Beschl. v. 4.7.2012, VK 1–64/12, juris, Rn. 64 ohne Bezugnahme auf eine konkrete Norm, allein darauf abstellend, dass das Vorliegen eines unangemessen hohen Preises dieselbe Rechtsfolge, nämlich die Nichtberücksichtigung des Angebots, wie das Vorliegen eines unangemessen niedrigen Preises hat.
[208] Vgl. B.I.1.; *Frister* in Kapellmann/Messerschmidt, § 16 VOB/A Rn. 101.

mindest zum Schutz des Auftraggebers eine analoge Anwendung nicht geboten erscheint. Da Art. 55 VKR den Fall eines ungewöhnlich hohen Angebots nicht erfasst, verlangt auch die Richtlinie dem Wortlaut nach keine Aufklärungspflicht. Allenfalls ließe sich zum Schutz des Bieters eine Aufklärungspflicht mit ihrem Zweck begründen, Willkür des Auftraggebers zu verhindern[209]. Dagegen spricht jedoch die geringe Schutzbedürftigkeit, da unangemessen hohe Angebote regelmäßig ohnehin spätestens auf der vierten Wertungsstufe ausgeschlossen werden. Nach der zutreffenden herrschenden Auffassung lässt sich eine Aufklärungspflicht daher nicht begründen.[210] Gleichwohl bleibt eine weitere Aufklärung des Preises des Überangebots auf Grundlage von §§ 15 VOL/A, 18 VOL/A-EG, 15 Abs. 1 VOB/A, 15 Abs. 1 VOB/A-EG zulässig[211] und dürfte in der Praxis regelmäßig auch ratsam sein.

2. Angemessenheitsprüfung

101 Für die Prüfung der Angemessenheit des Angebots ist wie bei Unterangeboten auch bei Überangeboten grundsätzlich der Gesamtpreis maßgeblich.[212] Anlass zur Überprüfung der Angemessenheit können insoweit jedoch auch abgeschlossene Teile eines Angebotes oder gewichtige Einzelpositionen ergeben.[213]

102 Unklar ist, wo die Angreifschwelle anzusiedeln ist. Nach Auffassung des OLG München kann zur Feststellung eines unangemessen hohen Preises auf die zum Unterkostenangebot entwickelten Maßstäbe, namentlich die vom OLG München selbst vertretene Preisspanne von 10 % zum nächsten Angebot, zurückgegriffen werden.[214] Das OLG Karlsruhe hält dem zu Recht entgegen, dass eine Übertragung nicht ohne weiteres möglich sei, da ein Ausschluss eines Unterangebots primär der Gewährleistung einer zuverlässigen Ausführung des Auftrags und damit einem grundlegend anderen Zweck dient.[215]

103 Ein unangemessen hoher Preis liegt vor, wenn Preis und Leistung in einem erheblichen Missverhältnis stehen.[216] Ab wann dies angenommen werden kann, lässt sich nur unter Abwägung der konkreten Umstände des jeweiligen Vergabeverfahrens entscheiden.[217] Grundsätzlich können insoweit die Maßstäbe für die Prüfung von Unterkostenangeboten entsprechend (umgekehrt) angewendet werden. [218]Maßgebliches Vergleichskriterium ist im Wesentlichen der **Marktpreis**[219], dessen Bestimmung dem Auftraggeber allerdings häufig erhebliche Schwierigkeiten bereiten kann.

104 Nicht eindeutig ist auch hier die Rechtsprechung in der für die Praxis insbesondere bei Überangeboten bedeutsamen Frage, ob für die Ermittlung eines angemessenen Preises auch die Preise bereits ausgeschlossener Angebote zu berücksichtigen sind. Nach richtiger Auffassung ist eine Berücksichtigung dann zulässig, wenn der Ausschlussgrund keinerlei Auswirkungen auf die Höhe des Preises hatte, wie dies etwa bei Verstößen gegen Formvorschriften regelmäßig anzunehmen ist.[220]

---

[209] EuGH Urt. v. 29.3.2012, C-599/10, NZBau 2012, 376 Rn. 29. – SAG ELV Slovensko u. a.
[210] VK Brandenburg Beschl. v. 13.12.2007, VK 50/07, juris, Rn. 88; *Stolz* in Willenbruch/Wieddekind, § 19 VOL/A-EG Rn. 88; *Frister* in Kapellmann/Messerschmidt, § 16 VOB/A Rn. 101; *Kratzenberg* in Vygen/Kratzenberg, § 16 VOB/A Rn. 109.
[211] *Müller-Wrede/Horn* in Müller-Wrede, § 19 VOL/A-EG Rn. 185.
[212] OLG Karlsruhe Beschl. v. 27.7.2009, 15 Verg 3/09, ZfBR 2010, 196, 198; VK Bund Beschl. v. 17.1.2011, VK 1–139/10, juris, Rn. 48.
[213] VK Brandenburg Beschl. v. 13.12.2007, VK 50/07, juris, Rn. 80.
[214] OLG München Beschl. v. 2.6.2006, Verg 12/06, ZfBR 2006, 600, 604.
[215] OLG Karlsruhe Beschl. v. 27.7.2009, 15 Verg 3/09, ZfBR 2010, 196, 198.
[216] VK Baden-Württemberg Beschl. v. 29.4.2009, 1 VK 15/09, juris, Rn. 60.
[217] OLG Karlsruhe Beschl. v. 27.7.2009, 15 Verg 3/09, ZfBR 2010, 196, 198.
[218] *Dicks* in Kulartz/Marx/Portz/Prieß, § 16 VOB7 A Rn. 245.
[219] OLG Karlsruhe Beschl. v. 27.7.2009, 15 Verg 3/09, ZfBR 2010, 196, 198.
[220] Vgl. C.I.1.a.bb.

3. Entscheidung über den Ausschluss

Bei der Entscheidung über einen Ausschluss eines Angebots aufgrund unangemessen hohen Preises kommt dem Auftraggeber ein Beurteilungsspielraum[221] zu mit der Folge einer nur beschränkten Überprüfbarkeit durch die Nachprüfungsinstanzen. 105

Auch die Entscheidung darüber, ob ein Ausschluss in der Sache gerechtfertigt bzw. angezeigt ist, ist aber auch nicht leicht. Die VK Baden-Württemberg lässt eine Überschreitung des Markpreises von 16 % für die Annahme eines groben Missverhältnisses nicht genügen.[222] Demgegenüber hält das OLG München in einem obiter dictum eine Abweichung von 10 % zum nächsten Angebot für ein brauchbares Kriterium für die Bestimmung eines unangemessen hohen Preises.[223] Das OLG Frankfurt geht bei einer Abweichung von 23 % von der eigenen Kostenschätzung von einem unangemessen hohen Preis aus.[224] Ein einheitlicher Richtwert lässt sich der Rechtsprechung nicht entnehmen. 106

Sind sämtliche in der Wertung verbliebene Angebote Überangebote, ist eine Aufhebung des Vergabeverfahrens nach §§ 17 Abs. 1 Nr. 3 VOB/A, 17 Abs. 1 Nr. 3 VOB/A-EG, 17 Abs. 1 lit. c) VOL/A, 20 Abs. 1 lit. c) VOL/A-EG möglich und geboten.[225] 107

---

[221] So VK Baden-Württemberg Beschl. v. 29.4.2009, 1 VK 15/09, juris, Rn. 65.
[222] VK Baden-Württemberg Beschl. v. 29.4.2009, 1 VK 15/09, juris, Rn. 65.
[223] OLG München Beschl. v. 2.6.2006, Verg 12/06, ZfBR 2006, 600, 604.
[224] OLG Frankfurt Beschl. v. 28.6.2005, 11 Verg 21/04, VergabeR 2006, 131, 135.
[225] OLG Karlsruhe Beschl. v. 27.7.2009, 15 Verg 3/09, ZfBR 2010, 196, 197 lässt, da im Ergebnis unerheblich, offen, ob dieser Fall von § 17 Abs. 1 Nr. 1 oder Nr. 3 VOB/A bzw. § 17 Abs. 1 Nr. 1 oder Nr. 3 VOB/A-EG erfasst wird; vgl. OLG Düsseldorf Beschl. v. 13.12.2006, Verg 54/06, NZBau 2007, 462, 464 f.; OLG München Beschl. v. 31.10.2012, Verg 19/12, VergabeR 2013, 487, 491. Einen speziellen Aufhebungsgrund für Vergabeverfahren, die kein wirtschaftliches Ergebnis gehabt haben, enthalten die §§ 17 Abs. 1 lit. c) VOL/A und 20 Abs. 1 lit. c) VOL/A-EG.

§ 30 Die Angebotswertung (vierte Wertungsstufe)

Übersicht

	Rn.
A. Einleitung	1–4
B. Auswahl und Bekanntmachung der Zuschlagskriterien	5–65
I. „Niedrigster Preis"	11–13
II. „Wirtschaftlich günstigstes Angebot"	14–56
III. Bestimmtheit der Zuschlagskriterien – Unterkriterien	57–60a
IV. Bekanntmachung der Zuschlagskriterien und Unterkriterien	61–65
C. Auswahl und Bekanntmachung der Gewichtung und Wertungsmatrix	66–85
I. Die Gewichtung	67–72
II. Berechnungsmethode – Wertungsmatrix	73–85
D. Durchführung der Wertung	86–93

GWB: § 97 Abs. 5
VOL/A EG: § 19 Abs. 8, Abs. 9
VOB/A EG: § 16 Abs. 7

GWB:

§ 97 GWB Allgemeine Grundsätze

(1) bis (4) hier nicht abgedruckt.

(5) Der Zuschlag wird auf das wirtschaftlichste Angebot erteilt.

(6) bis (7) hier nicht abgedruckt.

VOL/A EG:

§ 19 EG VOL/A Prüfung und Wertung der Angebote

(1) bis (7) hier nicht abgedruckt.

(8) Bei der Wertung der Angebote berücksichtigen die Auftraggeber entsprechend der bekannt gegebenen Gewichtung vollständig und ausschließlich die Kriterien, die in der Bekanntmachung oder den Vergabeunterlagen genannt sind.

(9) Bei der Entscheidung über den Zuschlag berücksichtigen die Auftraggeber verschiedene durch den Auftragsgegenstand gerechtfertigte Kriterien, beispielsweise Qualität, Preis, technischer Wert, Ästhetik, Zweckmäßigkeit, Umwelteigenschaften, Betriebskosten, Lebenszykluskosten, Rentabilität, Kundendienst und technische Hilfe, Lieferzeitpunkt und Lieferungs- oder Ausführungsfrist.

VOB/A EG:

§ 16 EG VOB/A Prüfung und Wertung der Angebote

(1) bis (6) hier nicht abgedruckt.

(7) Bei der Wertung der Angebote dürfen nur Kriterien und deren Gewichtung berücksichtigt werden, die in der Bekanntmachung oder in den Vergabeunterlagen genannt sind. Die Kriterien müssen mit dem Auftragsgegenstand zusammenhängen und können beispielsweise sein: Qualität, Preis, technischer Wert, Ästhetik, Zweckmäßigkeit, Umwelteigenschaften, Betriebs- und Folgekosten, Rentabilität, Kundendienst und technische Hilfe oder Ausführungsfrist.

(8) bis (11) hier nicht abgedruckt.

Kap. 6

Literatur:
Braun/Kappenmann, Die Bestimmung des wirtschaftlichsten Bieters nach den Zuschlagskriterien der Richtlinie 2004/18/EG, NZBau 2006, 544; *Dittmann*, Qualität durch Eignungs- und/oder Zuschlagskriterien?, NZBau 2013, 746; *Fischer*, Vergabefremde Zwecke im öffentlichen Auftragswesen: Zulässigkeit nach Europäischen Gemeinschaftsrecht, EuZW 2004, 492; *Gaus*, Ökologische Kriterien in der Vergabeentscheidung – Eine Hilfe für vergaberechtskonformen nachhaltigen Beschaffung, NZBau 2013, 401; *Gröning*, Spielräume für die Auftraggeber bei der Wertung von Angeboten, NZBau, 2003, 86; *Hertwig*, Zuschlagskriterien und Wertung bei ÖPP-Vergaben, 2007, 543; *Jasper*, Zur Aufweichung der strikten Trennung von Eignungs- und Zuschlagskriterien, VergabeR 2010, 775; *Jablonski*, Von der Norm zur Wirklichkeit – Strategien zur Implementierung ökologischer und sozialer Aspekte am Beispiel der Freien Hansestadt Bremen, VergabeR 2012, 310; *Kraus*, Die Gewichtung von Zuschlagskriterien mittels Margen, VergabeR 2011, 171; *Krohn*, Leistungsbeschreibung und Angebotswertung bei komplexen IT-Vergaben, NZBau 2013, 79; *Roth*, Methodik und Bekanntgabe von Wertungsverfahren zur Ermittlung des wirtschaftlichsten Angebots, NZBau, 2011, 75; *Schaller*, Prüfung und Wertung von Angeboten bei Liefer- und Dienstleistungsaufträgen im nationalen Bereich, LKV 2011, 145; *Völlink*, Auswahl, Bekanntmachung und Gewichtung von Zuschlagskriterien im Lichte aktueller Rechtsprechung, VergabeR 2009, 352, Zeiss, Landestariftreue- und Vergabegesetze, VPR 2014, 1.

A. Einleitung

1 Im Oberschwellenbereich bilden § 97 Abs. 5 GWB sowie § 19 EG Abs. 8 und 9 VOL/A bzw. § 16 EG Abs. 7 VOB/A die **normative Grundlage** der Wertung der Angebote auf der vierten und letzten Wertungsstufe (Wertung im engeren Sinne). Im Unterschwellenbereich finden sich die Grundlagen der Wertung in §§ 18 Abs. 1, 16 Abs. 7 und 8 VOL/A bzw. § 16 Abs. 6 Nr. 3 VOB/A. Neben dieser normativen Grundlage regeln verschiedene weitere Normen im GWB, der VOL/A und der VOB/A Aspekte der Wertung wie etwa die Auswahl und Bekanntmachung von Zuschlagskriterien und Gewichtung oder die Dokumentation der Wertung (vgl. dazu im Folgenden).

2 Bei der Wertung im engeren Sinne geht es um die Auswahl des Angebots, auf das der Zuschlag erteilt werden soll, d. h. das die in der Bekanntmachung oder den Vergabeunterlagen dargestellten Zuschlagskriterien des Auftraggebers am besten erfüllt und zuvor nicht bereits in den ersten drei Wertungsstufen ausgeschieden ist. Denn wertungsfähig sind nur Angebote, die in den vorhergehenden Wertungsstufen die formalen Anforderungen sowie Eignungsanforderungen erfüllt haben und nicht aufgrund eines „ungewöhnlich niedrigen" Preises auszuschließen waren.

3 Grundlage der Wertung sind die in der Bekanntmachung oder den Vergabeunterlagen darzustellenden Zuschlagskriterien sowie deren Gewichtung. An die bekannt gemachten Zuschlagskriterien sowie deren Gewichtung ist der öffentliche Auftraggeber bei Durchführung der Wertung gebunden. Bei der Auswahl der Zuschlagskriterien steht dem Auftraggeber jedoch ein weiter Ermessens- bzw. Beurteilungsspielraum zu.

4 Der Begriff des Zuschlagskriteriums ist nicht legal definiert, so dass in Rechtsprechung, Literatur und Praxis auch andere Begriffe wie z.B. Wertungs-, Auswahl- oder Vergabekriterien synonym verwandt werden.

B. Auswahl und Bekanntmachung der Zuschlagskriterien

5 Dem Auftraggeber kommt bei der Auswahl der Zuschlagskriterien ein weiter Entscheidungsspielraum zu, der nur eingeschränkt überprüfbar ist.

6 Zunächst muss sich der Auftraggeber zwischen den beiden Grundmodellen für die Wertung – (1) **wirtschaftlich günstigstes Angebot** oder (2) **niedrigster Preis** – entsprechend der Erfordernisse des konkreten Vergabeverfahrens entscheiden.

§ 30 Die Angebotswertung (vierte Wertungsstufe)

Die grundsätzliche Differenzierung verschiedener Modelle für die Auswahl der Zuschlagskriterien ist ausdrücklich in Art. 53 Abs. 1 lit. a) und b) VKR vorgesehen und wird in der **neuen Vergabekoordinierungsrichtlinie**[1] um den Begriff der Kosten (z.B. Lebenszykluskosten) ergänzt. In Umsetzung der Vorgaben der VKR hat der deutsche Gesetzgeber § 97 Abs. 5 GWB erlassen. Danach „*wird der Zuschlag auf das wirtschaftlichste Angebot erteilt*". Eine Definition des **Begriffs „wirtschaftlichste Angebot"** ist dem Gesetz nicht zu entnehmen. Entsprechend der Begründung des Regierungsentwurfs ist hierunter die Ermittlung des **besten Preis-Leistungs-Verhältnisses** unter Berücksichtigung der zuvor bekannt gegebenen Kriterien zu verstehen[2]. 7

Damit scheint sich der deutsche Gesetzgeber dafür entschieden zu haben, die vom europäischen Recht gewährte Wahlfreiheit der öffentlichen Auftraggeber einzuschränken, denn der „niedrigste Preis" wird in § 97 Abs. 5 GWB nicht ausdrücklich als Alternative zum „wirtschaftlichsten Angebot" aufgeführt.[3] 8

Dennoch ist es, jedenfalls im **Ober**schwellenbereich, anerkanntermaßen auch nach dem deutschen Vergaberecht zulässig, den „niedrigsten Preis" als einziges Zuschlagskriterium vorzusehen und die Angebote entsprechend zu werten[4]. Ob dieses Ergebnis durch eine richtlinienkonforme Auslegung des § 97 Abs. 5 GWB oder durch eine unmittelbare Anwendung des Art. 53 Abs. 1b VKR aufgrund eines teilweisen Umsetzungsdefizits erreicht wird, hat lediglich akademische Bedeutung[5]. 9

Bei Vergaben im **Unter**schwellenbereich ist die Frage, ob der „niedrigste Preis" das alleinige Zuschlagskriterium sein kann, nicht abschließend geklärt. Die § 18 Abs. 1 Satz 2 VOL/A sowie § 16 Abs. 6 Nr. 3 Satz 3 VOB/A bestimmen, dass bei der Wertung „*der niedrigste Angebotspreis allein*" nicht entscheidend ist. Anders als im Oberschwellenbereich, können die Bestimmungen der VKR weder unmittelbar noch zur Auslegung herangezogen werden. Daher wird in der Literatur teilweise vertreten, dass es im Unterschwellenbereich einen Vergaberechtsverstoß darstellt, wenn der „niedrigste Preis" als alleiniges Zuschlagskriterium bestimmt wird[6]. Andere Stimmen in der Literatur sehen in den Vorschriften lediglich eine Aufforderung an die Auftraggeber, die „*Beschaffung grundsätzlich nach einem optimalen Preis-Leistungs-Verhältnis vorzunehmen*"[7]. Nach dieser Ansicht soll der „niedrigste Preis" auch bei Unterschwellenvergaben als alleiniges Zuschlagskriterium zulässig sein, wenn sich aufgrund der strengen Vorgaben der Vergabeunterlagen die Angebote allein aufgrund des Preises unterscheiden lassen. 10

---

[1] Die Legislative Entschließung des Europäischen Parlaments vom 15. Januar 2014 zu dem Vorschlag für eine Richtlinie des Europäischen Parlaments und des Rates über die öffentliche Auftragsvergabe (COM(2011)0896 – C7–0006/2012–2011/0438(COD))- nachfolgend auch „**neue VKR**" nennt für die Bestimmung des wirtschaftlich günstigsten Angebots neben den Kriterien des Preises und des besten Preisleistungsverhältnisses auch die Kosten (mittels eines Kosten-Wirksamkeits-Ansatzes wie der Lebenszykluskostenberechnung).

[2] BT-Drs. 13/9340, 14.

[3] Inwiefern sich das bei der Umsetzung der neuen VKR ändern wird, bleibt abzuwarten, zumal diese ausdrücklich die Möglichkeit vorsieht, die Verwendung des Preises oder der Kosten als alleiniges Zuschlagskriterium zu verwenden (vgl. Art. 67 Abs. 2 der neuen VKR).

[4] BGH Urteil v. 15.4.2008, X ZR 129/06; OLG Frankfurt Beschl. v. 5.6.2012, 11 Verg 4/12; OLG Düsseldorf Beschl. v. 9.2.2009, Verg 66/08.

[5] Vgl. vertiefend zum Meinungsstand: OLG Frankfurt Beschl. v. 5.6.2012, 11 Verg 4/12.

[6] *Vavra* in Ziekow/Völlink, § 18 VOL/A, Rn 2.

[7] *Wiedemann* in Kulartz/Marx/Protz/Prieß, § 18 Rn 7.

I. „Niedrigster Preis"

11 Jedenfalls im Oberschwellenbereich ist es grundsätzlich zulässig, den „niedrigsten Preis" als alleiniges Zuschlagskriterium zu bestimmen[8].

12 In der Praxis sinnvoll erscheint der „niedrigste Preis" als alleiniges Zuschlagskriterium jedoch **vorrangig bei (Standard-)Produkten**, die über die Leistungsbeschreibung derart genau bestimmt werden können, dass andere, insbesondere qualitative Aspekte, bei der Auswahl zwischen verschiedenen Angeboten keine Rolle mehr spielen können.

13 Hat sich der öffentliche Auftraggeber für den „niedrigsten Preis" als alleiniges Zuschlagskriterium entschieden, so besteht bei der Durchführung der Wertung kein Beurteilungs- und Ermessensspielraum. Die **Zuschlagsentscheidung** stellt vielmehr eine **gebundene**, allein vom Preis der Angebote abhängige **Entscheidung** dar. Unzulässig wäre es, im Rahmen der Wertung neben dem Preis, doch andere, nicht bekannt gemachte Kriterien zu berücksichtigen, denn dadurch „*würde die Entscheidung – vergaberechtswidrig – von einem bislang nicht bekannt gegebenen, neuen Zuschlagskriterium abhängig gemacht*"[9].

II. „Wirtschaftlich günstigstes Angebot"

14 Entscheidet sich der öffentliche Auftraggeber dafür, den Auftrag nach dem Kriterium des „wirtschaftlich günstigsten Angebots" zu vergeben, so spielen neben dem Preis weitere Zuschlagskriterien eine Rolle zur Bestimmung des besten **Preis-Leistungs-Verhältnisses**. Sowohl Art. 53 Abs. 1 VKR als auch die nationalen Vergabevorschriften (vgl. § 19 EG Abs. 9 VOL/A; § 16 EG Abs. 7 VOB/A) listen neben dem Preis exemplarisch aber nicht abschließend verschiedene Kriterien auf; z. B.

- Qualität,
- Ästhetik,
- Betriebskosten,
- Lebenszykluskosten,
- technische Werte,
- Umwelteigenschaften[10],
- Zweckmäßigkeit,
- Rentabilität,
- technische Hilfe oder
- Lieferungs- und Ausführungsfristen.[11]

15 Da der **Preis** zur Bestimmung des Preis-Leistungs-Verhältnisses von entscheidender Bedeutung ist, muss dieser **zwingend** eines der vom Auftraggeber zur Beurteilung des „wirtschaftlich günstigsten Angebots" benannten Kriterien sein[12]. Bei der Auswahl der weiteren Kriterien, die neben dem Preis bei der Wertung der Angebote berücksichtigt

---

[8] Vgl. Rn. 9. Die neue VKR eröffnet den Mitgliedsstaaten die Möglichkeit, die Verwendung des Preises oder der Kosten als einziges Zuschlagskriterium zu verbieten bzw. zu beschränken. Ob bzw. inwieweit Deutschland davon Gebrach machen wird, bleibt abzuwarten.

[9] OLG Düsseldorf Beschl. v. 9.12.2009, VII-Verg 37/09.

[10] Vgl. hierzu § 20 Green Procurement.

[11] In der neuen VKR wird der Kreis der denkbaren Zuschlagskriterien ausgedehnt; z. B. durch die Zulassung der Beurteilung der Qualität des Personals unter bestimmten Umständen oder auch die Betonung, dass Faktoren aus jedem Lebenszyklus-Stadium herangezogen werden können, auch wenn sie sich nicht auf die materiellen Eigenschaften des Auftragsgegenstands auswirken, wie z. B. Fair Trade.

[12] OLG Dresden Beschl. v. 5.1.2001, Verg 11 u. 12/00; OLG Düsseldorf Beschl. v. 25.5.2005, VII Verg 8/05; anders allenfalls in Sonderfällen, wie z. B. bei Buchbeschaffungen unter Buchpreisbindung.

werden sollen, steht dem Auftraggeber ein weiter Ermessensspielraum zu.[13] Von Ausnahmefällen abgesehen[14] steht es dem Auftraggeber innerhalb der nachfolgend beschriebenen Grenzen frei, eines oder mehrere der oben dargestellten Kriterien auszuwählen oder eigene zu formulieren. Diese dürfen jedoch, wie das OLG Düsseldorf kürzlich klarstellte[15], mit Blick auf das zu bildende Preis-Leistungs-Verhältnis neben dem Preis keine reine Alibifunktion haben. Im konkreten Fall entschied das OLG Düsseldorf, dass eine Gewichtung des Preises mit 95 % und der weiteren Kriterien mit lediglich 5 % nicht in einem angemessenen Verhältnis zueinander stehe und damit gegen den Wirtschaftlichkeitsgrundsatz des § 97 Abs. 5 GWB verstoßen werde[16]. Hintergrund der Entscheidung war, sogenannten „Ausweichstrategien" der Einfügung reiner pro-forma Zuschlagskriterien zur Umgehung der inzwischen höchstrichterlich bestätigten[17] Unzulässigkeit der Zulassung und Wertung von Nebenangeboten bei Verwendung des Preises als einzigem Zuschlagskriterium zu begegnen.

Bereits aus dem allgemeinen, vergaberechtlichen Diskriminierungsverbot ergibt sich als 16 absolute Grenze des Auswählermessens, dass **keine** Zuschlagskriterien gewählt werden dürfen, die einzelne Bieter **willkürlich**, d.h. ohne einen objektiven, sachlichen Grund **benachteiligen oder bevorzugen.** Ein Kriterium, das bei einer bestimmten Ortsnähe des Bieters oder bestimmter Produktionsstätten zum Auftraggeber *bereits zum Zeitpunkt der Angebotsabgabe* zu einer höheren Punktzahl bei der Wertung führt, wäre daher beispielsweise unzulässig[18]. Ebenso sind bestimmte Anfahrtszeiten vom *Sitz* des Auftragnehmers zum Ort der Leistungserbringung (z.B. einer Baustelle) kein zulässiges Zuschlagskriterium[19], denn es steht jedem Bieter frei, für die Auftragsausführung eine näher gelegene Niederlassung oder sonstige Präsenz einzurichten.

Grundsätzlich sind bei der Auswahl von Zuschlagskriterien die folgenden Gesichtspunkte zu bedenken: 17

1. Wertungsfähigkeit eines Zuschlagskriteriums

Als zulässige Zuschlagskriterien kommen nur solche Aspekte in Betracht, bei denen im 18 Vergleich zwischen den eingereichten Angeboten **bewertend** beurteilt werden kann, in welchem Maß ein bestimmtes Angebot das jeweilige Zuschlagskriterium erfüllt hat. Stellt der Auftraggeber hingegen **Mindestbedingungen** für die Erteilung eines Auftrags auf (z.B. die Erfüllung bestimmter technischer Werte), so ist **vor** einer Wertung des Angebots anhand der bekannt gegebenen Zuschlagskriterien zu prüfen, ob diese Mindestbedingungen eingehalten wurden. Ein Angebot, das die Mindestbedingungen nicht erfüllt, kann nicht gewertet, sondern muss ausgeschlossen werden, da es die Vergabeunterlagen abändert (§ 19 EG Abs. 3 lit. d) VOL/A).

Die Entscheidung, ob ein bestimmtes Kriterium ein Mindest- oder ein Zuschlagskriterium darstellen soll, sollte sorgfältig überlegt und dann eindeutig in den Vergabeunterlagen dargestellt werden. Denn die Folgen der Nichterfüllung der jeweiligen Kriterien 19

---

[13] *Völlink* VergabeR, 2009, 352, 353.
[14] § 4 Abs. 7–10 VgV verpflichtet die Auftraggeber bei der Beschaffung von Straßenfahrzeugen zur Berücksichtigung des Energieverbrauchs und der Umweltauswirkungen und gibt dabei eine detaillierte Auflistung von zu berücksichtigenden Unterkriterien vor (Sondereinsatzfahrzeuge werden von der Vorschrift nicht erfasst vgl. § 4 Abs. 10 VgV).
[15] OLG Düsseldorf Beschl. v. 27.11.2013, Verg 20/13.
[16] OLG Düsseldorf Beschl. v. 27.11.2013, Verg 20/13. Der Hinweis des Gerichts auf sog. „Ausweichstrategien" zur Rechtsprechung zur Unzulässigkeit der Wertung von Nebenangeboten, wenn der Preis das einzige Zuschlagskriterium ist, legt nahe, dass insbesondere derartigen pro-forma Qualitätskriterien entgegengewirkt werden sollte.
[17] BGH, Beschl. v. 7.1.2014, X ZB 15/13.
[18] EuGH Urt. v. 27.10.2005, C 234/03 – „Häusliche Atemtherapiedienste", Rn. 55; *Wiedemann* in Kulartz/Marx/Portz/Prieß, § 16 Rn 253.
[19] VK Südbayern Beschl. v. 17.6.2009, Z3-3-3194-1-21-05/09.

(Ausschluss von der Wertung beim Mindestkriterium und Bewertung mit Null Punkten beim Zuschlagskriterium) unterscheiden sich erheblich. Der Auftraggeber sollte daher abwägen, welche Kriterien für ihn tatsächlich unverzichtbar sind und welche lediglich die Bewertung des Angebots verbessern oder verschlechtern sollen – bei entsprechender Gewichtung durchaus auch erheblich.

2. Kein mehr an Eignung

20   Der EuGH sowie der BGH weisen in ständiger Rechtsprechung darauf hin, dass zwischen der zweiten Wertungsebene (Eignung) und der vierten Wertungsebene (Wertung im engeren Sinne anhand der Zuschlagskriterien) strikt zu trennen ist[20]. So entschied der BGH, dass „*es mit dem System der Wertungsvorschriften insbesondere nicht zu vereinbaren [ist], unterschiedliche Eignungsgrade von Bietern bei der Entscheidung über den Zuschlag im Rahmen der Wirtschaftlichkeitsprüfung in der Weise zu berücksichtigen, dass dem Angebot eines für geeignet befundenen Bieters dasjenige eines Konkurrenten maßgeblich wegen dessen höher eingeschätzter Eignung vorgezogen wird.*"[21]

21   Diese Differenzierung ist in der Praxis teilweise schwer vermittelbar. Schließlich spielt abseits des Vergaberechts bei der Auswahl eines Vertragspartners immer auch eine entscheidende Rolle, wer für zuverlässiger, fachkundiger oder leistungsfähiger gehalten wird. Im Vergaberecht sind solche Überlegungen jedoch nur in Ausnahmefällen zulässig.[22] Hat der Auftraggeber sich anhand der von ihm aufgestellten Eignungskriterien von der Zuverlässigkeit, Fachkunde und Leistungsfähigkeit der Bieter überzeugt, gelten im Folgenden grundsätzlich alle als gleich geeignet[23].

22   In der Praxis kann es jedoch zu **schwierigen Abgrenzungsfragen** kommen, ob ein bestimmtes Kriterium eher ein Eignungs- oder ein Zuschlagskriterium darstellt[24]. Schließlich können auch subjektive Aspekte vom Auftraggeber als Zuschlagskriterien benannt werden[25].

23   Zulässig kann es etwa sein, die mündliche Präsentation eines Beraterteams als Zuschlagskriterium festzulegen, wenn Beratungsdienstleistungen ausgeschrieben sind, bei denen es auch auf die kommunikativen Fähigkeiten des Auftragnehmers ankommt.[26]

24   Bei der Einordnung eines fraglichen Kriteriums in das vergaberechtliche Wertungssystem ist entscheidend, ob das Kriterium **auftragsbezogen** ist und zur Ermittlung der Wirtschaftlichkeit des Angebots herangezogen werden kann – dann zulässiges Zuschlagskriterium - oder ob es tatsächlich auf persönliche Merkmale des Bieters abstellt und damit im Zusammenhang mit dessen Eignung für die Durchführung des Auftrags steht – dann nur Eignungskriterium und im Rahmen der Angebotswertung im engeren Sinne nicht (nochmals) wertbar.

---

[20] EuGH Urt. v. 12.11.2009, Rs. C-199/07 – „COMMUNIC", Rn. 1; EuGH Urt. v. 24.1.2008, C-532/06 – „Lianakis AE u.a./Planitiki AE", Rn. 32; BGH Urt. v. 15.04.2008, X ZR 129/06; BGH, Urt. v. 8.9.1998, X ZR 109–96; kritisch hierzu *Jasper* VergabeR 2010, 775, 776.

[21] BGH Urt. v. 15.4.2008, X ZR 129/06.

[22] Vgl. zu den derzeitigen Ausnahmen und zum Thema insgesamt *Dittmann*, NZBau 2013, 746 ff.

[23] Zu den Möglichkeiten einer Reduktion des Bewerberkreises aufgrund vergleichender Betrachtung der Eignung wird auf § 28 Eignungsprüfung verwiesen.

[24] Im Folgenden einige Beispiele aus der Rechtsprechung, in denen vom Auftraggeber festgelegte „Zuschlagskriterien" als auf der vierten Wertungsstufe unzulässige „Eignungskriterien" bewertet wurden: OLG Düsseldorf Beschl. v. 3.8.2011, Verg 16/11 („*Kommunikationsfähigkeit und Kooperationsbereitschaft des Projektleiters*"); OLG Karlsruhe Beschl. v. 20.7.2011, 15 Verg 6/11(„*Beschreibung des angewendeten Personalkonzepts*", „*Referenzen*"); OLG Düsseldorf Beschl. v. 10.9.2009, Verg 12/09 („*Erfahrungen mit der Projektdurchführung*", „*Mitarbeiterprofile*"); VK Düsseldorf Beschl. v. 14.7.2011, VK 02/2011 L (bestimmte qualitative Anforderungen an das interne Management der Bieter).

[25] OLG München Beschl. v. 17.1.2008, Verg 15/07 (Das Kriterium „*Präsentation des Beraterteams*" wurde grundsätzlich als zulässiges Zuschlagskriterium bewertet.).

[26] OLG München Beschl. v. 25.7.2013, Verg 7/13.

Als Eignungskriterien und damit nicht (nochmals) im Rahmen der vierten Wertungsstufe wertbar wurden etwa die folgenden „Zuschlagskriterien" in der Rechtsprechung bewertet: (1) „Referenzen der Bieter"[27], (2) „Erfahrungen und Qualifikation der Mitarbeiter"[28], (3) „Erfahrungen mit Projektdurchführungen"[29]. 25

Die dargestellte strikte Trennung zwischen Eignungs- und Zuschlagskriterien wird im Rahmen der neuen VKR in Frage gestellt. So sieht der aktuelle Entwurf der neuen VKR in Art. 67 Abs. 2 vor, dass unter besonderen Voraussetzungen die Organisation, Qualifikation und Erfahrung des mit der Durchführung des Auftrags betrauten Personals als Zuschlagskriterium berücksichtigt werden kann. 26

Erwägungsgrund 94 des Entwurfs der neuen VKR erläutert hierzu: 27

„Wenn die Qualität des eingesetzten Personals für das Niveau der Auftragsausführung relevant ist, sollte es öffentlichen Auftraggebern ferner gestattet sein, die **Organisation, Qualifikation und Erfahrung der Mitarbeiter, die für die Ausführung des betreffenden Auftrags eingesetzt werden**, als Zuschlagskriterien zugrunde zu legen, da sich dies auf die Qualität der Vertragserfüllung und damit auf den wirtschaftlichen Wert des Angebots auswirken kann. Dies kann beispielsweise bei Aufträgen für geistig-schöpferische Dienstleistungen, wie Beratungstätigkeiten oder Architektenleistungen, der Fall sein. Öffentliche Auftraggeber, die von dieser Möglichkeit Gebrauch machen, sollten mit Hilfe geeigneter vertragsrechtlicher Mittel sicherstellen, dass die zur Auftragsausführung eingesetzten Mitarbeiter die angegebenen Qualitätsnormen effektiv erfüllen und dass diese Mitarbeiter nur mit Zustimmung des öffentlichen Auftraggebers ersetzt werden können, wenn dieser sich davon überzeugt hat, dass das Ersatzpersonal ein gleichwertiges Qualitätsniveau hat."

Auch auf nationaler Ebene gibt es Bestrebungen, die Trennung aufzuweichen. So können entsprechend der siebten Verordnung zur Änderung der Verordnung über die Vergabe öffentlicher Aufträge[30] bei der Vergabe von Aufträgen, die Dienstleistungen nach Anlage 1 Teil B zum Gegenstand haben[31], die Organisation, Qualifikation und Erfahrung des bei der Durchführung des betreffenden Auftrags eingesetzten Personals zulässige Zuschlagskriterien zur Ermittlung des wirtschaftlichsten Angebots sein, wenn tatsächliche Anhaltspunkte dafür vorliegen, dass diese Kriterien erheblichen Einfluss auf die Qualität der Auftragsausführung haben können (vgl. § 4 Abs. 2 S. 2 VgV). Bei der Bewertung dieser Kriterien können insbesondere der Erfolg und die Qualität bereits erbrachter Leistungen berücksichtigt werden. Die Gewichtung der Organisation, der Qualifikation und der Erfahrung des mit der Durchführung des betreffenden Auftrags betrauten Personals soll zusammen 25 Prozent der Gewichtung aller Zuschlagskriterien nicht überschreiten (vgl. § 4 Abs. 2 S. 3 und 4 VgV). Eine analoge Regelung findet sich auch für die Vergabe von Aufträgen für Dienstleistungen, die im Rahmen einer freiberuflichen Tätigkeit erbracht oder im Wettbewerb mit freiberuflichen Tätigkeiten angeboten werden, sowie bei Auslobungsverfahren, die zu solchen Dienstleistungsaufträgen führen sollen, soweit sie Dienstleistungen nach Anlage 1 Teil B zum Gegenstand haben (vgl. § 5 Abs. 1 S. 2–4 VgV). 28

Damit lässt sich eine deutliche Tendenz des deutschen und europäischen Gesetzgebers erkennen, anstelle der bisherigen apodiktischen Trennung zwischen Eignungs- und Zuschlagskriterien in der Zukunft mehr Flexibilität bei der Einbeziehung bestimmter, bieterbezogener Merkmale in die Zuschlagskriterien zuzulassen. Es bleibt abzuwarten, ob bei 29

---

[27] EuGH Urt. v. 19.6.2003, C-315/01 – „GAT", Rn. 67.
[28] EuGH Urt. v. 24.1.2008, C 532/06 – „Lianakis AE u.a./Planitiki AE", Rn. 31; OLG Düsseldorf Beschl. v. 28.4.2008, VII-Verg 1/08.
[29] OLG Düsseldorf Beschl. v. 10.9.2009, VII-Verg 12/09.
[30] Veröffentlicht im Bundesgesetzblatt Jahrgang 2013 Teil I Nr. 63, ausgegeben zu Bonn am 24. Oktober 2013.
[31] Z.B. Rechtsberatung oder Unterrichtswesen.

der Umsetzung der neuen VKR auch für sonstige Aufträge[32] die Einbeziehung der Organisation, Qualifikation und Erfahrung als Zuschlagskriterium zugelassen wird.

3. Objektivität der Zuschlagskriterien

30 Einen allgemeinen Grundsatz, dass nur objektiv bewertbare Kriterien zulässige Zuschlagskriterien darstellen, gibt es zwar nicht. So findet sich in den exemplarischen Auflistungen von Zuschlagskriterien sowohl in Art. 53 Abs. 1 VKR als auch in § 19 EG Abs. 9 VOL/A und § 16 EG Abs. 7 VOB/A beispielsweise das Zuschlagskriterium der „Ästhetik", bei dem immer zumindest ein Rest von Subjektivität in der Bewertung verbleiben wird. Die **Objektivität und Überprüfbarkeit** der Zuschlagsentscheidung ist jedoch eines der wesentlichen Anliegen des nationalen und europäischen Vergaberechts. So heißt es in Erwägungsgrund 46 VKR:[33]

„Die Zuschlagserteilung sollte auf der Grundlage objektiver Kriterien erfolgen, die die Einhaltung der Grundsätze der Transparenz, der Nichtdiskriminierung und der Gleichbehandlung gewährleisten und sicherstellen, dass die Angebote unter wirksamen Wettbewerbsbedingungen bewertet werden."

31 Das Vergaberecht strebt demnach nach einer möglichst **objektivierbaren**, nachvollziehbaren **Vergaberechtsentscheidung**, die insbesondere willkürliche Entscheidungen vermeidet. Als allgemeiner Grundsatz gilt daher, dass Zuschlagskriterien so eindeutig und verständlich formuliert sein müssen, dass ein fachkundiger Bieter verstehen kann, welche Anforderungen an sein Angebot gestellt werden[34].

32 Sollen subjektiv geprägte Aspekte wie zum Beispiel die Ästhetik oder die Bewertung einer Angebotspräsentation als Zuschlagskriterien herangezogen werden, so sind besondere Vorkehrungen zu treffen, um der geforderten Objektivierbarkeit der Entscheidungsfindung Rechnung zu tragen und dem Vorwurf eines willkürlichen Wertungsergebnisses zu entgehen. Zu empfehlen ist, besonderes Augenmerk auf die Transparenz der einzelnen Unterkriterien zu legen, anhand derer die Erfüllung des jeweiligen (subjektiven) Zuschlagskriteriums gemessen werden soll, d. h. im Zweifel die vollständige Bewertungsmatrix offenzulegen. Ebenfalls anzuraten ist, um dem Vorwurf der Willkür zu entgehen, für subjektive Entscheidungen mehrköpfig besetzte Gremien zu schaffen und den Bewertungsvorgang selbst genau zu dokumentieren.

4. Auftragsbezug und Vergabefremde Kriterien

33 Zulässig sind ferner grundsätzlich nur Zuschlagskriterien, die in hinreichendem Maße auftragsbezogen sind, d. h. **mit dem Auftragsgegenstand in einem Zusammenhang stehen**[35]. Ausdrücklich hat dies zwar nur der europäische Gesetzgeber bestimmt (vgl. Art. 53 Abs. 1 VKR sowie Erwägungsgrund 46 hierzu[36]). Aber auch im deutschen Vergaberecht ist anerkannt, dass Zuschlagskriterien ohne Auftragsbezug regelmäßig unzulässig sind. In diesem Zusammenhang immer wieder diskutiert wird die Zulässigkeit sog. „vergabefremder Kriterien".

---

[32] D. h. über die 1B-Dienstleistungen hinaus.
[33] So auch Erwägungsgrund 90 der neuen VKR, der zusätzlich die Bedeutung der Vergleichbarkeit der Angebote hervorhebt.
[34] OLG Düsseldorf Beschl. v. 31.10.2012, VII-Verg 1/12; OLG Bremen Beschl. v. 6.1.2012, Verg 5/11.
[35] OLG Düsseldorf Beschl. v. 1.8.2012, Verg 105/11.
[36] Art. 67 Abs. 3 und Erwägungsgrund 97 der neuen VKR bestätigen diesen Grundsatz und stellen klar, dass ein derartiger Zusammenhang besteht, wenn die Kriterien sich „*in irgendeiner Hinsicht und in irgendeinem Lebenszyklus-Stadium*" auf die auftragsgegenständlichen Leistungen beziehen, einschließlich Faktoren, die mit Produktions- oder Lieferprozessen etc. zusammenhängen.

Die Terminologie ist insofern nicht einheitlich. Folgt man einer **weiten Definition** 34 des Begriffs des „**vergabefremden Kriteriums**", umfasst dieser sämtliche Kriterien, die „*nicht lediglich den betriebswirtschaftlich effizientesten Weg der Beschaffung verfolgen, sondern auch allgemeine gesellschaftspolitische Zwecke*"[37]. Bestimmte ursprünglich „vergabefremde Kriterien" in diesem Sinne wie z.B. Umwelteigenschaften oder auch soziale Aspekte finden sich immer wieder in Vergabeverfahren als Mindestanforderungen, Eignungs- oder Zuschlagskriterien.

Dabei sollte unterschieden werden zwischen solchen „vergabefremden Aspekten", die 35 losgelöst von dem konkreten Auftrag als zusätzliche Anforderungen an die am Auftrag interessierten **Unternehmen** gestellt werden, also im Rahmen der Eignungsprüfung relevant werden, und solchen „vergabefremden Kriterien", die im Rahmen der Wertung der Angebote als Zuschlagskriterien berücksichtigt werden und die **Auftragsausführung** betreffen.

Von einer generellen Unzulässigkeit „vergabefremder Kriterien" im Sinne der oben ge- 36 nannten weiten Definition als Zuschlagskriterien ist nicht auszugehen. Der EuGH hat in verschiedenen Entscheidungen, in denen es um die Wertung im engeren Sinne d.h. die Ermittlung des wirtschaftlich günstigsten Angebots ging, wesentliche Leitlinien zur Beurteilung der Zulässigkeit „vergabefremder Kriterien" gegeben. Aus den Entscheidungen des EuGH geht hervor, dass öffentliche Auftraggeber durchaus auch andere als rein betriebswirtschaftliche Effizienzgesichtspunkte als Zuschlagskriterium zur Beurteilung des wirtschaftlich günstigsten Angebots anwenden dürfen, wenn das jeweilige Kriterium:
- in einem sachlichen Zusammenhang zum Auftragsgegenstand steht;
- dem Auftraggeber keine uneingeschränkte Entscheidungsfreiheit einräumt;
- in der Leistungsbeschreibung oder der Bekanntmachung hinreichend konkret benannt wird;
- die allgemeinen Grundsätze des Gemeinschaftsrechts (insbesondere das Diskriminierungsverbot) eingehalten werden.[38]

Entscheidend ist dabei in der Praxis vor allem die erste Anforderung, nämlich der sachli- 37 che Zusammenhang mit dem Auftragsgegenstand. Die Bedingung eines Bezugs zum Auftragsgegenstand schließt dementsprechend Kriterien und Bedingungen bezüglich der allgemeinen Unternehmenspolitik aus, da es sich dabei nicht um einen Faktor handelt, der den konkreten Prozess der Herstellung oder Bereitstellung der beauftragten Bauleistungen, Lieferungen oder Dienstleistungen charakterisiert.[39] Die Bewertung, ob ein solcher Auftragsbezug gegeben ist, ist nur anhand des jeweiligen Einzelfalls möglich[40].

Der europäische sowie deutsche Gesetzgeber hat die Rechtsprechung des EuGH aufge- 38 griffen und Regelungen für die Einbeziehung bestimmter „vergabefremder Kriterien" geschaffen (vgl. Art. 26 VKR und § 97 Abs. 4 Satz 2 GWB). In § 97 Abs. 4 Satz 2 GWB heißt es:

„Für die Auftragsausführung können zusätzliche Anforderungen an Auftragnehmer gestellt werden, die insbesondere soziale, umweltbezogene oder innovative Aspekte betreffen, wenn sie im sachlichen Zusammenhang mit dem Auftragsgegenstand stehen und sich aus der Leistungsbeschreibung ergeben."

---

[37] *Prieß*, 277; teilweise werden unter dem Begriff des „vergabefremden Kriteriums" jedoch auch nur solche Kriterien verstanden, die keinen konkreten Bezug zum Auftragsgegenstand haben und daher unzulässig sind vgl. etwa *Vavra* in Ziekow/Völlink, § 16 VOL/A Rn. 51.
[38] EuGH Urt. v. 4.12.2003, Rs. C – 448/01 – „EVN und Wienstrom", Rn. 33, 34; EuGH Urt. v. 17.9.2002, Rs. C – 513/99 – „Concordia", Rn. 69.
[39] So auch Erwägungsgrund 97 der neuen VKR.
[40] OLG Düsseldorf Beschl. v. 17.1.2013, VII – Verg 35/12; OLG Rostock, Beschl. v. 29.11. 2012, 1 Verg 6/12; VK Brandenburg, Beschl. v. 17.10.2011, VK 39/11; VK Düsseldorf Beschl. v. 14.7.2011, VK 02–2011 L; OLG Rostock, Beschl. v. 30.05.2005, 17 Verg 4/05; BayObLG, Beschl. v. 03.07.2002, Verg 13/02; 2. VK Bund, Beschl. v. 30.04.2002, VK 2–10/02.

39 Bei diesen „zusätzlichen Anforderungen" handelt es sich im Ergebnis um die oben beschriebenen „vergaberechtsfremden Kriterien", wie sich auch aus der Gesetzbegründung[41] ergibt. In der Gesetzesbegründung werden als derartige Kriterien beispielhaft die Begrenzung des Schadstoffausstoßes von Dienstkraftfahrzeugen oder die Vorgabe bestimmter Produktionsverfahren („Strom aus erneuerbaren Energien", „Recyclingpapier") aber auch die Beschäftigung von Langzeitarbeitslosen genannt.

40 Entscheidend ist dabei, dass die Anforderungen, z.B. an bestimmte Umwelteigenschaften oder Quoten z.B. für Auszubildende, **nicht generell, sondern nur in Bezug auf den konkret auszuführenden Auftrag** und für dessen Ausführungszeitraum gefordert und bewertet werden dürfen. Denn auch die gesetzliche Regelung bestätigt nochmals deutlich, dass es hinsichtlich der Zulässigkeit solcher „vergabefremden Kriterien" entscheidend auf den Sachzusammenhang mit dem Auftragsgegenstand ankommen soll. Kann ein solcher Zusammenhang bejaht werden, so sind bei Einhaltung der weiteren allgemeinen Anforderungen an Zuschlagskriterien auch solche an sich „vergabefremde Kriterien" grundsätzlich zulässig.

41 Dem entsprechend wurde z.B. vom OLG Rostock bei einem Auftrag zur Restabfallentsorgung die Transportentfernung zu der Abfallbeseitigungsanlage als zulässiges Wertungskriterium erachtet, weil der Transportaufwand im Hinblick auf die erheblichen Immissionen der Transportfahrzeuge kein ausschreibungsfernes Kriterium darstellte.[42] Als **nicht** zulässig erachtet wurde hingegen die Forderung, bei einem Gebäudereinigungsauftrag nur sozialversicherungspflichtiges Personal einzusetzen. Nach Auffassung des OLG Düsseldorf war ein hinreichender sachlicher Zusammenhang mit dem Auftragsgegenstand nicht erkennbar, weil aus dem Einsatz nicht sozialversicherungspflichten Personals weder ein Nachteil für die Leistungserbringung zu erwarten sei, noch die Verpflichtung des öffentlichen Auftraggebers zur Beachtung und Förderung sozialer Belange ausreiche, eine arbeitsrechtlich erlaubte Gestaltungsmöglichkeit zu versagen.[43]

42 Neben der Berücksichtigung als Zuschlagskriterien können vergabefremde Aspekte, wie oben dargestellt, auch auf Eignungsebene eine Rolle spielen. Die Gesetzestreue – und damit nach Auffassung des Gesetzgebers z.B. auch die Einhaltung allgemein verbindlich erklärter Tarifverträge – darf gem. § 97 Abs. 4 S. 1 GWB allgemein verlangt werden[44]; „*andere oder weitergehende Anforderungen [...] an Auftragnehmer*" dürfen (nur) gestellt werden, wenn dies durch Bundes- oder Landesgesetz vorgesehen ist (§ 97 Abs. 4 S. 3 GWB)[45].

5. Typische Zuschlagskriterien

43 Nachfolgend sollen einige in der Praxis häufig verwendete Zuschlagskriterien näher betrachtet werden.

a) Preis

44 Der öffentliche Auftraggeber hat auch bei der Vergabe auf das wirtschaftlich günstigste Angebot den Angebotspreis als Kriterium zu berücksichtigen. Nur so lässt sich das vom Gesetzgeber vorgegebene Preis-Leistungs-Verhältnis bestimmen[46].

---

[41] BT-Drs. 16/10117, 16.
[42] OLG Rostock, Beschl. v. 30.05.2005, 17 Verg 4/05.
[43] OLG Düsseldorf, Beschl. v. 17.01.2013, VII – Verg 35/11.
[44] Gem. § 7 EG Abs. 1 S. 1 VOL/A müssen geforderte Eignungsnachweise allerdings generell „durch den Gegenstand des Auftrags gerechtfertigt" sein.
[45] Vgl. hierzu im Einzelnen § 28 Eignung; nahezu alle Bundesländer sehen in Landesvergabe-/Tariftreuegesetzen für den Zeitraum des Auftrags eine Bezahlung nach Tarifvertrag und/oder oberhalb bestimmter Mindestlöhne vor, siehe hierzu auch § 79 (Landesvergabegesetze); Christoph Zeiss in VPR 2014, 1, Landestariftreue und Vergabegesetze.
[46] Vgl. Rn. 15.

Welche Elemente in die Wertung des „Preises" einbezogen werden, wird sich von Verfahren zu Verfahren unterscheiden; beispielsweise neben dem Preis für zu beschaffende Schienenfahrzeuge auch die – möglicherweise nach Zeitpunkt des Abrufes gestaffelten – Preise für optional zu beschaffende weitere Fahrzeuge. Wichtig ist auch hier, dass die einbezogenen Elemente und ihr Einfluss auf die Preiswertung transparent dargestellt werden[47]. 45

Nicht abschließend geklärt ist, mit welchem Gewicht der Preis in die Wertung des **wirtschaftlich günstigsten Angebots** einfließen muss. Einigkeit herrscht wohl noch dahingehend, dass er jedenfalls keine völlig untergeordnete Bedeutung haben darf. Eine pro-forma Berücksichtigung des Preises mit beispielsweise 1 % dürfte, von Sonderfällen wie z. B. der Beschaffung von Büchern unter Buchpreisbindung abgesehen, einen Vergaberechtsverstoß darstellen. Beispielsweise in der Rechtsprechung des OLG Dresden wurde gefordert, dass der Preis „*regelmäßig*" mit einer Mindestgewichtung von 30 % in die Wertung einbezogen werden muss[48]. Einer solchen **Mindestgewichtung** ist das OLG Düsseldorf entgegen getreten, und hat betont, dass dem Auftraggeber auch hinsichtlich der Frage, in welchem Umfang er den Angebotspreis in die Wertung einbezieht, „*ein weiter Beurteilungs- und Ermessensspielraum*" zusteht[49]. Begrenzt wird dieser Spielraum nach Ansicht des OLG Düsseldorf lediglich dadurch, dass „*der Preis allerdings kein nur am Rande dieser Wertung stehendes Beurteilungselement bleiben*" darf[50]. Das OLG Düsseldorf hat diese Position in einer jüngeren Entscheidung unterstrichen, dabei jedoch gleichzeitig ausgeführt, dass der Preis auch nicht derart dominant in der Gewichtung der Zuschlagskriterien sein darf, dass andere Wirtschaftlichkeitskriterien nur noch eine marginale Rolle spielen, wenn sich der Auftraggeber dafür entschließt den Zuschlag auf das „wirtschaftlich günstigste Angebot" zu vergeben[51]. Im konkreten Fall wurde eine Gewichtung mit 50 % als weder zu hoch noch zu niedrig angesehen. Eine Gewichtung des Preises mit 95 % hielt das Gericht in einer weiteren Entscheidung für zu hoch, da die Vergabeentscheidung sich faktisch allein nach dem Angebotspreis richtet und das qualitative Kriterium mit 5 % eine reine „Alibifunktion" habe[52]. 46

In der Praxis sind Fälle, bei denen der Preis eine gegenüber anderen Kriterien ganz untergeordnete Rolle spielt, selten. Soll im Einzelfall die vom OLG Dresden statuierte Grenze von 30 % unterschritten werden, so bedarf es jedenfalls einer genauen und ausreichend dokumentierten Abwägung der Gründe, die ausnahmsweise für eine solch niedrige Gewichtung des Preises sprechen. Sind solche wesentlichen Gründe vorhanden, so erscheint es mit Blick auf die Rechtsprechung des OLG Düsseldorf im Einzelfall vertretbar, den Preis auch mit einer Gewichtung unter 30 % anzusetzen. 47

b) Qualität

Die Qualität eines Produktes bzw. einer Leistung ist nach dem Preis in der Praxis das wichtigste Kriterium bei der Bewertung des wirtschaftlich günstigsten Angebots. Anders als der Preis ist die **Qualität kein selbsterklärendes Kriterium.** Daher hat der öffentliche Auftraggeber die qualitativen Anforderungen an das nachgefragte Produkt, die im Rahmen der Wertung herangezogen werden sollen, so genau wie möglich zu beschreiben 48

---

[47] Leitlinien für die Bewertung von Optionen finden sich z.B. in folgenden Entscheidungen: OLG Düsseldorf Beschl. v. 10.2.2010, VII-Verg 36/09; Saarländisches OLG Beschl. v. 24.6.2008, 4 U 478/07; VK Nordbayern Beschl. v. 4.10.2005, 320 VK 3194 30/05; VK Bund Beschl. v. 14.7.2005, VK 1–50/05; VK Schleswig-Holstein Beschl. v. 12.7.2005, VK-SH 14/05; Beschl. v. 3.11.2004, VK-SH 28/04.
[48] OLG Dresden Beschl. v. 5.1.2001, Verg 11 u. 12/00.
[49] OLG Düsseldorf Beschl. v. 25.5.2005, VII Verg 8/05.
[50] OLG Düsseldorf Beschl. v. 25.5.2005, VII Verg 8/05.
[51] OLG Düsseldorf Beschl. v. 21.5.2012, Verg 3/12.
[52] OLG Düsseldorf Beschl. v. 27.11.2013, Verg 20/13.

und entsprechende Unterkriterien zu bilden. Allgemeine Verweise auf die „Qualität" oder rein floskelhafte Umschreibungen genügen nicht dem Transparenzgrundsatz des § 97 Abs. 1 GWB und stellen damit einen Vergaberechtsverstoß dar[53].

49 Genauso wie die Hauptzuschlagskriterien müssen auch die weiteren zur Konkretisierung verwendeten Anforderungen an die Qualität bzw. Unterkriterien einen Bezug zum nachgefragten Produkt haben. Die konkreten Unterkriterien unterscheiden sich daher ganz erheblich je nachdem, was der Auftraggeber beschaffen will: im Rahmen einer Ausschreibung für den Bau einer Brücke könnten für die Beurteilung der Qualität/Technik beispielsweise Durchführbarkeit und Konsistenz der Termin- und Bauablaufplanung, des Qualitätsmanagementsystems und des Erhaltungskonzepts maßgeblich sein, während der Auftraggeber bei der Beschaffung von IT-Services ggf. mehr Wert legt auf den Grad der Erfüllung der Anforderungen in den technischen Leistungsbeschreibungen/Lastenheften und die Schlüssigkeit der Lösungskonzepte für die relevanten IT-Aufgaben.

50 Grundsätzlich unzulässig[54], aber in der Praxis immer wieder zu beobachten, ist es, wenn sich qualitative Anforderungen nicht auf ein Produkt oder eine Leistung sondern auf den Bieter beziehen. Die Qualifikation bzw. qualitative Anforderungen an einen Bieter sind bereits im Rahmen der Eignungsprüfung, d. h. auf der 2. Wertungsstufe zu prüfen und dürfen (bislang) grundsätzlich nicht als Zuschlagskriterien bei der Wertung im engeren Sinne berücksichtigt werden. Die Abgrenzung kann im Einzelfall äußerst schwierig sein. Auch aus diesem Grund empfiehlt es sich, bei der Vorbereitung des Verfahrens konkrete Unterkriterien für die Beurteilung der Qualität zu erarbeiten und entsprechend zu prüfen, ob diese Unterkriterien einen hinreichenden Bezug zum ausgeschriebenen Produkt bzw. zur Leistung haben[55].

c) Ästhetik

51 Auch dieses Kriterium wird sowohl im europäischen (vgl. Art. 53 Abs. 1 VKR) als auch im nationalen Recht (vgl. § 19 EG Abs. 9 VOL/A sowie 16 EG Abs. 7 VOB/A) exemplarisch erwähnt. Der Gesetzgeber hat damit deutlich gemacht, dass nicht nur rein objektiv zu beurteilende Kriterien zulässige Zuschlagskriterien sein können, sondern auch die **subjektive Wahrnehmung des Beschaffungsgegenstands** eine Rolle bei der Auswahlentscheidung spielen kann[56]. An diesem Kriterium wird ebenfalls zu Recht deutlich, dass nicht ausschließlich solche Aspekte als zulässige Zuschlagskriterien verwandt werden dürfen, die sich unmittelbar monetär umrechnen lassen. Die Akzeptanz beispielsweise einer öffentlichen (Infrastruktur-) Einrichtung hängt auch von deren ästhetischer Gestaltung ab, die damit für den Auftraggeber ein wesentliches Zuschlagskriterium bilden kann. Notwendig ist es jedoch, für eine möglichst hohe Objektivierbarkeit der Entscheidungsfindung zu sorgen, etwa durch ein besonders hohes Maß an Transparenz bezüglich der Entscheidungsfindung und die Schaffung eines mehrköpfigen Entscheidungsgremiums[57]. So kann beispielsweise für die Bewertung der Ästhetik ob von Bussen oder Gebäuden ein Expertengremium gebildet werden, das anhand eines vorgegebenen und den Bietern mitgeteilten Kriterienkatalogs eine Punktewertung vornimmt.

d) Betriebskosten und Lebenszykluskosten

52 Allgemein umfasst das Kriterium der Betriebskosten alle Kosten, die anfallen, um den Beschaffungsgegenstand während eines definierten Zeitraums bestimmungsgemäß zu nutzen. Unter diese Kosten können insbesondere

---

[53] VK Düsseldorf Beschl. v. 14.7.2011, VK 02/2011 L.
[54] Zu den Ausnahmen vgl. Rn. 28.
[55] Vgl. Rn. 59 ff.
[56] Vgl. Rn. 30–32.
[57] Vgl. Rn. 32.

- Energiekosten,
- Wartungs- und Reparaturkosten
- aber auch Kosten der Entsorgung

fallen. Bei einer langfristig angelegten Nutzung des Beschaffungsgegenstands kann die Wirtschaftlichkeit durchaus entscheidend davon abhängen, in welchem Maße der Beschaffungsgegenstand Energie verbraucht oder welche Wartungsintensität zur Erhaltung im gewünschten Zustand notwendig sein wird. So können nicht nur bei der Fahrzeug- oder Computerbeschaffung, sondern beispielsweise auch bei Baumaßnahmen für ein Schulgebäude die Verbrauchs- und Reparaturkosten von erheblicher Bedeutung für die langfristige Wirtschaftlichkeit der Beschaffung sein. Jedenfalls bei der Beschaffung „energieverbrauchsrelevanter Waren, technischer Geräte oder Ausrüstungen" i.S.d. § 4 Abs. 4 VgV sind die **Energieeffizienz** und bei der Beschaffung von Straßenfahrzeugen gem. § 4 Abs. 7 VgV **Energieverbrauch** und **Umweltauswirkungen** als Kriterien „angemessen" zu berücksichtigen[58].

Sollen die Betriebskosten als Zuschlagskriterium berücksichtigt werden, muss der öffentliche Auftraggeber zur Sicherstellung einer hinreichenden Transparenz in den Vergabeunterlagen genau bekannt machen, was er darunter versteht. Dazu muss er die Annahmen, die in eine erforderliche Modellrechnung einfließen, bekannt machen und die Bieter dazu auffordern, die für diesen Betrieb richtigen technischen Kennzahlen mitzuteilen[59]; beispielsweise bei Beschaffung eines Kopiergeräts die zu erwartende Zahl der Kopien, Art der Nutzung der Geräte im Ruhezustand, im Standby- oder im Arbeitsmodus etc. 53

Möglich ist auch, dass nicht nur die Betriebskosten sondern umfassend diejenigen Kosten berücksichtigt werden, die in allen Phasen der Existenz des Beschaffungsgegenstands anfallen – angefangen von der Rohstoffbeschaffung oder der Erzeugung von Ressourcen bis hin zu Entsorgung, Aufräumarbeiten bzw. Beendigung (sog. Lebenszykluskosten)[60]. Auch hier gilt jedoch, dass der öffentliche Auftraggeber genau bekannt zu machen hat, welche Kosten er unter dem Gesichtspunkt der Lebenszykluskosten berücksichtigen möchte und unter welchen Nutzungs- und Umgebungsannahmen diese kalkuliert werden sollen. Entscheidend ist, dass die zu berücksichtigenden Aspekte des Lebenszyklus monetarisierbar und kontrollierbar sind. 54

Im Rahmen der **Reformvorschläge der Kommission** zur neuen VKR wird deutlich, dass der europäische Gesetzgeber die Nutzung der Lebenszykluskosten als Zuschlagskriterium in Zukunft stärker betonen möchte, um die Auftragsvergabe zur Erzielung nachhaltigen Wachstums zu nutzen[61]. Dafür sieht die neue VKR erstmals in Art. 2 Abs. 20 eine Legaldefinition des Begriffs „Lebenszyklus" vor. Unter „Lebenszyklus" sind danach „*alle aufeinander folgenden und/oder miteinander verbundenen Stadien, einschließlich der durchzuführenden Forschung und Entwicklung, der Produktion, des Handels und der damit verbundenen Bedingungen, des Transports, der Nutzung und Wartung, während der Lebensdauer einer Ware oder eines Bauwerks oder während der Erbringung einer Dienstleistung, angefangen von der Beschaffung der Rohstoffe oder Erzeugung von Ressourcen bis hin zu Entsorgung, Aufräumarbeiten und Beendigung der Dienstleistung oder Nutzung*" zu verstehen. 55

Die Aufwertung des Kriteriums der Lebenszykluskosten wird auch anhand einer wesentlichen begrifflichen Änderung der neuen VKR deutlich. So stellt Art. 67 Abs. 2 der neuen VKR anders als der bisherige Art. 53 Abs. 1 VKR neben dem „wirtschaftlich günstigsten Angebots" nicht mehr nur auf den „niedrigsten Preis" sondern auch auf die „**niedrigsten Kosten**" ab. Diese sollen mittels eines Kosten-Wirksamkeits-Ansatzes, z. B. Lebenszykluskosten gemäß den Bedingungen des Artikels 68 der neuen VKR, bewertet werden können. In Art. 68 der neuen VKR wird näher bestimmt, welche Kosten in der Lebenszykluskostenrechnung umfasst sein können und dass bzw. wie öffentliche Auftrag- 56

---

[58] Vgl. zu einzelnen Anwendungs- und Abgrenzungsfragen im § 20 Green Procurement.
[59] VK Brandenburg Beschl. v. 28.6.2006, 2 VK 22/06.
[60] Bislang vom Gesetzgeber nur in § 19 EG Abs. 9 VOL/A ausdrücklich erwähnt.
[61] Erwägungsgründe 95, 96 und 97 des Entwurfs zur neuen VKR.

geber transparente Methoden zur Bestimmung der Lebenszykluskosten entwickeln und bekanntzugeben haben[62]. Durch verbindlichen Rechtsakt der Union können Berechnungsmethoden für Lebenszykluskosten festgeschrieben werden – bisher findet sich im hierfür vorgesehen Anhang XIII lediglich die Richtlinie zur Förderung sauberer und energieeffizienter Straßenfahrzeuge[63].

III. Bestimmtheit der Zuschlagskriterien – Unterkriterien

57 Aus dem vergaberechtlichen Transparenzgebot folgt die Verpflichtung, dass die vom Auftraggeber vorgesehenen Zuschlagskriterien hinreichend bestimmt und inhaltlich **für den fachkundigen Bieter verständlich sind**[64]. Der fachkundige Bieter soll so in die Lage versetzt werden, das Angebot optimal auf die Bedürfnisse des Auftraggebers auszurichten und anzupassen.

58 Unbestimmte Begriffe, wie „Machbarkeit" oder „Bestmögliche Erfüllung der Bedürfnisse", die ohne weitere Erläuterung von dem Auftraggeber als Zuschlagskriterien bestimmt werden, stellen eine Verletzung des Transparenzgebots dar und verhindern eine echte Vergleichbarkeit der Angebote[65]. Denn ohne weitere Erläuterung ist für keinen Bieter nachvollziehbar, welche Aspekte im Angebot positiv bewertet werden. Aber auch mit Blick auf die oben dargestellten Zuschlagskriterien wie etwa die „Qualität" wird deutlich, dass zwingend eine inhaltliche Konkretisierung erfolgen muss.

59 Hierzu werden in der Praxis Unterkriterien zu den jeweiligen Zuschlagskriterien gebildet und diese meist in den Vergabeunterlagen näher erläutert. Unterkriterien untergliedern die Zuschlagskriterien und versetzen so die Bieter in den meisten Fällen erst in die Lage zu erkennen, worauf es dem Auftraggeber bei der Wertung entscheidend ankommt, um ihre Angebote entsprechend zu konzipieren. Die Bildung solcher Unterkriterien sollte dabei bereits in einer frühen Phase der Ausschreibungsvorbereitung erfolgen, da eine hinreichende Konkretisierung nicht nur der erforderlichen Transparenz dient. Die inhaltlichen Anforderungen an die Zuschlagskriterien ergeben sich auch aus und haben umgekehrt wiederum Einfluss auf die Leistungsbeschreibung und sind damit untrennbarer Teil der Definition des Beschaffungsgegenstands. Die hinreichende Konkretisierung der Zuschlagskriterien in den Vergabeunterlagen ist auch insofern im Interesse der Auftraggeber, als die Qualität der Angebote steigt, je genauer in dem Vergabeverfahren vom Auftraggeber dargestellt wird, worauf es ihm ankommt.

60 Wie genau, d.h. in welcher inhaltlichen Tiefe Zuschlagskriterien durch erläuternde Unterkriterien zu konkretisieren sind, lässt sich kaum abstrakt beschreiben, sondern bleibt eine Entscheidung des jeweiligen Einzelfalls[66]. Entsprechend der oben dargestellten Begründung für eine Konkretisierung, kommt es im Ergebnis darauf an, ob aus den Unterkriterien und deren jeweiliger Erläuterung für einen fachkundigen Bieter hervorgeht, welche Anforderungen der Auftraggeber an die jeweiligen Angebotsbestandteile stellt.

---

[62] In der neuen VKR werden neben den Anschaffungskosten etwa Kosten für den Energie- und sonstigen Ressourcenverbrauch oder Recyclingkosten aber auch Kosten der Emission von Treibhausgasen oder anderen Schadstoffen sowie sonstige Kosten für die Eindämmung des Klimawandels benannt.

[63] S. Anhang XIII der neuen VKR mit Verweis auf Richtlinie 2009/33/EG (Über die Förderung sauberer und energieeffizienter Straßenfahrzeuge.

[64] EuGH Urt. v. 18.10.2001, C-19/00 – „SIAC Construction Ltd/County Council of the County of Mayo", Rn. 42; OLG Düsseldorf Beschl. v. 31.10.2012, VII-Verg 1/12; OLG Bremen Beschl. v. 6.1.2012, Verg 5/11; OLG Düsseldorf Beschl. v. 22.12.2010, Verg 40/10; OLG Düsseldorf Beschl. v. 16.11.2005, Verg 59/05.

[65] OLG Düsseldorf Beschl. v. 22.12.2010, Verg 40/10; OLG Düsseldorf Beschl. v. 16.11.2005, Verg 59/05; VK Lüneburg Beschl. v. 26.11.2012, VgK-40/2012.

[66] OLG Brandenburg Beschl. v. 19.12.2011, Verg W 17/11; OLG Düsseldorf Beschl. v. 30.7.2009, VII-Verg 10/09; VK Lüneburg Beschl. v. 5.10.2010, VgK-39/2010.

Nicht gefordert ist es jedenfalls, die Zuschlagskriterien und Unterkriterien derart eng darzustellen, dass dem Auftraggeber kein Beurteilungsspielraum bei der Bewertung der Angebote verbleibt[67]. Das OLG Düsseldorf führt hierzu aus:

„Der Auftraggeber muss für die Angebotswertung kein bis in letzte Unterkriterien und deren Gewichtung gestaffeltes Wertungssystem aufstellen, das im Übrigen dann auch Gefahr liefe, endlos und unpraktikabel zu werden. Insoweit ist auch daran zu erinnern, dass der Auftraggeber auf der letzten Ebene der Angebotswertung einen Wertungsspielraum hat. ... Die Grenze, ab der das Offenlassen konkreter Bewertungsmaßstäbe vergaberechtlich unzulässig ist, ist allerdings erreicht, wenn die aufgestellten Wertungsmaßstäbe so unbestimmt sind, dass Bieter nicht mehr angemessen über die Kriterien und Modalitäten informiert werden, anhand deren das wirtschaftlich günstigste Angebot ermittelt wird (vgl. insoweit auch den 46. Erwägungsgrund, 2. Abs., der Vergabekoordinierungsrichtlinie 2004/18/EG), und sie infolgedessen auch vor einer willkürlichen und/oder diskriminierenden, d. h. einer die Gebote der Gleichbehandlung und der Transparenz verletzenden Angebotswertung nicht mehr effektiv zu schützen sind."[68]

Auch die 2. Vergabekammer des Bundes bestätigte kürzlich explizit, dass der Auftraggeber in Ausübung seines Beurteilungsspielraums die Angebotsinhalte unter die bekanntgemachten Kriterien subsumieren könne, ohne dass jedes Wertungsdetail, das im Rahmen der Subsumtion bedeutsam wird, vorab bekannt zu machen wäre – die Grenze sei allerdings bei der Verwendung nicht bekanntgemachter **überraschender** Unterkriterien erreicht, wie z. B. im konkreten Fall der Bewertung der als „reine Erwartung" bezeichneten Wirtschaftlichkeit im Rahmen des Kriteriums „planerische Herangehensweise zur Umsetzung der W-LAN Technik"[69]. **60a**

IV. Bekanntmachung der Zuschlagskriterien und Unterkriterien

Die **Pflicht zur Bekanntmachung** und die **Bindung an die bekanntgemachten Zuschlagskriterien** folgen bereits aus den allgemeinen vergaberechtlichen Grundsätzen der Transparenz und Gleichbehandlung (§ 97 Abs. 1 und 2 GWB)[70]. Die Bieter müssen bereits zu Beginn des Verfahrens erkennen können, auf welche Kriterien es dem Auftraggeber bei der Entscheidung über die Vergabe der Leistungen ankommt, um ihre Angebote innerhalb der Angebotsfrist entsprechend zu konzipieren[71]. Zudem werden die Bieter dadurch nicht nur vor Willkürentscheidungen geschützt, sondern auch vor nachträglichen Abweichungen des Auftraggebers von den bekanntgegebenen Zuschlagskriterien. **61**

Der Gesetzgeber hat diese Verpflichtung auch ausdrücklich in den Vergabeordnungen geregelt. So ist die Bekanntmachung der vom Auftraggeber festgelegten Zuschlagskriterien in § 19 EG Abs. 8 VOL/A; § 16 EG Abs. 7 VOB/A zwingend vorgeschrieben. Sie hat danach entweder in der Bekanntmachung oder den Vergabeunterlagen zu erfolgen. Die Zuschlagskriterien müssen nicht nur ausdrücklich genannt werden, sondern unmissverständlich und so klar formuliert sein, dass jedenfalls fachkundige Bieter keine Verständnisschwierigkeiten haben und die Kriterien bei Anwendung der üblichen Sorgfalt in der gleichen Weise auslegen können[72]. **62**

Die hinreichende Bekanntmachung der Zuschlagskriterien ist auch deshalb von entscheidender Bedeutung, da bei der Durchführung der Wertung nur solche Zuschlagskriterien berücksichtigt werden dürfen, die in der Bekanntmachung oder den Vergabeunterlagen genannt sind (§ 19 EG Abs. 8 VOL/A, § 16 EG Abs. 7 VOB/A). Werden keine Zu- **63**

---

[67] OLG Düsseldorf Beschl. v. 30.7.2009, VII-Verg 10/09.
[68] OLG Düsseldorf Beschl. v. 30.7.2009, VII-Verg 10/09.
[69] VK Bund Beschl. v. 21.11.2013, VK 2–102/13
[70] EuGH Urt. v. 24.1.2008, Rs. C-532/06 – „Lianakis AE u.a./Planitiki AE", Rn. 33 ff.
[71] *Völlink* VergabeR 2009, 352, 359.
[72] Vgl. im Einzelnen Rn. 57 ff.

schlagskriterien genannt, so stellt – jedenfalls nach dem überwiegenden Teil der Rechtsprechung – der Preis das alleinige Zuschlagskriterium dar und nur dieser darf dann auch gewertet werden[73].

64 Ebenfalls bekannt zu geben sind die zur Konkretisierung vorgesehenen Unterkriterien – jedenfalls dann, wenn nicht auszuschließen ist, dass sich deren Kenntnis auf die Angebotserstellung und die Angebotsinhalte auswirken kann[74]. Da kaum Fälle vorstellbar sind, in denen sich das ausschließen lässt, besteht im Ergebnis eine Verpflichtung zur Bekanntmachung von Unterkriterien[75]. Auch eine Aufstellung von Unterkriterien erst nach Angebotsabgabe oder eine nachträgliche Änderung von bekanntgemachten Zuschlagskriterien kommt allenfalls in eng begrenzten Ausnahmefällen in Betracht. Die Bindung der Auftraggeber an die bekanntgemachten Kriterien ist zur Sicherstellung eines transparenten und diskriminierungsfreien Verfahrens und zur Vorbeugung von Manipulationen dringend notwendig[76]. Das OLG München führt in diesem Zusammenhang anschaulich aus:

„Nach der grundsätzlichen Entscheidung des EuGH vom 24.1.2008 – C-532/06 müssen alle Kriterien, die vom Auftraggeber bei der Bestimmung des wirtschaftlich günstigsten Angebotes berücksichtigt werden, und ihre relative Bedeutung den potenziellen Bietern zum Zeitpunkt der Vorbereitung ihrer Angebote bekannt sein, da sie in die Lage versetzt werden müssen, bei der Vorbereitung ihrer Angebote vom Bestehen und von der Tragweite dieser Kriterien Kenntnis zu nehmen. Der Auftraggeber seinerseits darf keine Gewichtungsregeln oder Unterkriterien für die Zuschlagskriterien anwenden, die er den Bietern nicht vorher zur Kenntnis gebracht hat. Dies gilt auch dann, wenn der Auftraggeber die Unterkriterien und Regeln erst im Nachhinein, also nach Angebotsabgabe, aufgestellt hat. Eine solche Verhaltensweise wird vom EuGH nur dann gebilligt, wenn die Unterkriterien oder Gewichtungsregeln die Hauptzuschlagskriterien nicht ändern, diese nicht unter Berücksichtigung von Umständen gewählt wurden, die einen der Bieter diskriminieren könnten, und diese nichts enthalten, was, wenn es bei der Vorbereitung der Angebote bekannt gewesen wäre, diese Vorbereitung hätte beeinflussen können (EuGH aaO Rn. 43–45)."[77]

65 Aus der **Bindungswirkung der bekanntgemachten Zuschlagskriterien** folgt auch, dass der Auftraggeber alle bekanntgegeben Zuschlagskriterien bei der Wertung anzuwenden hat und nicht etwa einzelne unberücksichtigt lassen darf[78].

C. Auswahl und Bekanntmachung der Gewichtung und Wertungsmatrix

66 Werden neben dem Preis weitere Zuschlagskriterien und Unterkriterien zur Bestimmung des wirtschaftlichsten Angebots bestimmt, stellt sich die Frage, in welchem Rangverhältnis bzw. welcher Gewichtung diese Kriterien zueinander stehen.

---

[73] OLG München Beschl. v. 12.11.2010, Verg 21/10; Thüringer OLG Beschl. v. 18.5.2009, 9 Verg 4/09; BayObLG Beschl. v. 3.7.2002, Verg 13/02; OLG Frankfurt am Main Beschl. v. 10.4. 2001, 11 Verg 1/01; Dagegen jedoch: OLG Düsseldorf Beschl. v. 5.5.2009, Verg 14/09; VK Bund Beschl. v. 11.7.2008, VK 3–86/08 die eine Rückversetzung in den Stand des Verfahrens, in dem die Zuschlagskriterien hätten bekannt gemacht werden müssen, für erforderlich hielten.
[74] EuGH Urt. v. 24.1.2008, Rs. C-532/06 – „Lianitiki AE u.a. / Planitiki AE"; OLG München Beschl. v. 25.7.2013, Verg 7/13; OLG Düsseldorf Beschl. v. 19.6.2013, Verg 8/13; OLG München Beschl. v. 19.3.2009, Verg 2/09; OLG Düsseldorf Beschl. v. 23.1.2008, Verg 31/07; OLG Düsseldorf Beschl. v. 14.11.2007, Verg 23/07; VK Bund Beschl. v. 21.11.2013, VK 2–102/13; VK Südbayern Beschl. v. 29.10.2013, Z3-3-3194-1-25-08/13.
[75] OLG Düsseldorf Beschl. v. 19.6.2013, Verg 8/13.
[76] EuGH Urt. v. 24.1.2008, Rs. C-532/06 – „Lianakis AE u.a./Planitiki AE", Rn. 43–45; BGH Urteil v. 17.2.1999, X ZR 101/97; OLG Bremen Beschl. v. 6.1.2012, Verg 5/11; KG Beschl. v. 28.9.2009, 2 Verg 8/09.
[77] OLG München Beschl. v. 19.3.2009, Verg 2/09.
[78] KG Beschl. v. 28.9.2009, 2 Verg 8/09.

I. Die Gewichtung

Mit der Gewichtung bestimmt der Auftraggeber die **relative Bedeutung der ausge-** 67
wählten Zuschlags- und Unterkriterien für seine Vergabeentscheidung. Bei der Bestimmung der Gewichtung ist er weitgehend frei[79].

Die Gewichtung der Zuschlagskriterien ist Voraussetzung eines transparenten und dis- 68
kriminierungsfreien Verfahrens. Das OLG Brandenburg führt in diesem Zusammenhang treffend aus:

„Den am Auftrag interessierten Unternehmen müssen in Fällen, in denen der Auftraggeber den Zuschlag auf das wirtschaftlichste Angebot erteilen will, aus Gründen der Chancengleichheit, der Transparenz des Vergabeverfahrens und der Vergleichbarkeit der eingehenden Angebote alle Kriterien, Unterkriterien und **deren relative Bedeutung**, die bei der Bestimmung des wirtschaftlichsten Angebots berücksichtigt werden sollen, im Zeitpunkt der Vorbereitung der Angebote bekannt sein"[80].

Wird für den Bau einer Brücke der Preis mit 35 % und die Qualität (der Planungen, 69
Materialien, Konzepte etc.) mit 65 % gewichtet, wird der Auftraggeber vollkommen andere Angebote erhalten als bei einer Gewichtung des Preises mit 80 % und der Qualität mit 20 %. Vor diesem Hintergrund ist Auftraggebern eine intensive Befassung mit der Priorisierung der eigenen Ziele und Wünsche und deren jeweiligen Wechselwirkungen anzuraten: z.B. dazu, welche Rolle der Preis spielen soll, ob es vielleicht einen Maximalpreis gibt, ab dem keine Punkte mehr vergeben werden sollen; in welchem Umfang mit Qualitätspunkten Preisnachteile ausgeglichen werden können sollen etc. Der Lohn der Mühe wird in Angeboten bestehen, die genau auf die so definierten und bekanntgemachten Prioritäten des Auftraggebers ausgerichtet sind.

Für Vergaben oberhalb der Schwellenwerte ist die grundsätzliche Verpflichtung der 70
Auftraggeber, die Zuschlagskriterien zu gewichten und die Gewichtung in der Bekanntmachung oder den Vergabeunterlagen darzustellen, in den §§ 9 EG Abs. 2, 19 EG Abs. 8 VOL/A sowie § 16 EG Abs. 7 VOB/A geregelt. Nach inzwischen wohl überwiegender Ansicht der Rechtsprechung ist die Gewichtung nicht nur für die Zuschlagskriterien mitzuteilen, sondern auch für die vom Auftraggeber aufgestellten und in den Vergabeunterlagen zu beschreibenden Unterkriterien[81].

Bei der Durchführung der Wertung ist der Auftraggeber grundsätzlich an die bekannt- 71
gemachte Gewichtung der Zuschlags- und Unterkriterien gebunden, d.h. er darf diese grundsätzlich nicht nachträglich verändern (vgl. § 19 EG Abs. 8 VOL/A; § 16 EG Abs. 7 VOB/A)[82]. Üblicherweise wird die Gewichtung in Form von Prozentzahlen oder Punkten angegeben, etwa wie im nachfolgenden einfachen Beispiel für die Ausschreibung von Wirtschaftsberatungsleistungen:

---

[79] Zur Mindestberücksichtigung des „Preises" als Zuschlagskriterium im Rahmen der Bestimmung des wirtschaftlich günstigsten Angebots vergleiche Rn. 15, 44–47.
[80] OLG Brandenburg Beschl. v. 13.9.2011, Verg W 10/11 (Hervorhebung hinzugefügt).
[81] OLG Düsseldorf Beschl. v. 19.6.2013, Verg 8/13; OLG Brandenburg Beschl. v. 13.09.2011, Verg W 10/11; OLG München Beschl. v. 19.3.2009, Verg 2/09; VK Bund 14.10.2013, VK 2–84/13; so auch Krohn NZBau, 2013, 79,85.
[82] EuGH Urt. v. 18.11.2010, Rs. C-226/09 – „Kommission/Irland", Rn. 60–62.

Zuschlagskriterium	Unterkriterien	Gewichtung
Angebotspreis		40 %
	Niedrigster maximaler Gesamtpreis für alle Leistungsstufen gemäß Ziffer [X] der Leistungsbeschreibung	30 %
	Niedrigster Tagessatz	10 %
Qualität des Konzepts		40 %
	Vollständigkeit und Plausibilität der Darstellung möglicher Modelle zur Restrukturierung des/der [X]	20 %
	Vollständigkeit und Plausibilität der Darstellung der strukturierten Markterkundung	17,5 %
	Vollständigkeit und Plausibilität der Darstellung der Prozessabläufe, Maßnahmen und möglichen Zeitpläne zur Realisierung der Restrukturierung	2,5 %
Präsentation des Beraterteams		20 %

72 Grundsätzlich ist es auch zulässig, die **Gewichtung in Bandbreiten/Margen** anzugeben, wobei die Bandbreite angemessen sein muss (vgl. Art. 53 Abs. 2 Satz 2 VKR; § 9 EG Abs. 2 Satz 2 VOL/A)[83]. Von der Möglichkeit zur Angabe von Margen sollte jedoch nur in Ausnahmefällen Gebrauch gemacht werden. Einerseits besteht bei Margen stets ein erhöhtes Risiko, dass die Wertung gegen das Transparenzgebot verstößt, andererseits erschwert eine solche Gewichtung es den Bietern, optimal auf die Bedürfnisse des Auftraggebers zugeschnittene Angebote abzugeben[84]. Zum Schutz der Bieter vor Willkür allenfalls in Ausnahmefällen zulässig ist es, auf die **Angabe einer Gewichtung ganz zu verzichten**, wenn nach Ansicht des Auftraggebers die Gewichtung aus nachvollziehbaren Gründen nicht angegeben werden kann (Art. 53 Abs. 2 Satz 2 VKR; § 9 EG Abs. 2 S. 3 VOL/A)[85]. In diesem Fall sind die Zuschlagskriterien zumindest in absteigender Reihenfolge festzulegen. Sachlich nachvollziehbare Gründe, warum eine Gewichtung der Zuschlagskriterien nicht möglich ist, dürften allerdings nur in den seltensten Fällen vorliegen und belegbar sein und sind jedenfalls umfassend vom Auftraggeber zu dokumentieren (vgl. § 24 EG Abs. 2 lit. j) VOL/A) sowie nach Ansicht der VK Münster zusätzlich auch den Bietern mitzuteilen[86].

II. Berechnungsmethode – Wertungsmatrix

73 Neben der Bestimmung und Bekanntgabe der Gewichtung der Zuschlags- und Unterkriterien stellt sich für die Durchführung der Wertung der Angebote die Frage, wie der Grad der Erfüllung bzw. Nichterfüllung der Zuschlagskriterien bestimmt und anhand welcher

---

[83] Unter Richtlinien konformer Auslegung auch für die VOB/A anerkannt: *Vavra* in Kulartz/Marx/Portz/Prieß, § 16a, Rn 19.
[84] Vgl. zu Morgen auch *Braun/Kappenmann* NZBau 2006, 544, 547 sowie grnds. *Kraus* VergabeR 2011, 171 ff.
[85] VK Südbayern Beschl. v. 29.4.2009, Z3–3–3194–1–11–03/09; Vgl. hierzu auch VKR 2004/18/EG Erwägungsgrund 46 Abs. 2.
[86] VK Münster Beschl. v. 30.3.2007, VK 4/07.

§ 30 Die Angebotswertung (vierte Wertungsstufe)   Kap. 6

Berechnungsformel/-methode die Angebote innerhalb der jeweiligen Zuschlagskriterien zueinander ins Verhältnis gesetzt werden sollen. Vergibt der Auftraggeber wie üblich Punkte, die den Grad des Erreichens der Zuschlagskriterien bestimmen – beispielsweise eine **Punkteskala** von 0 bis 40 –, so bestimmt die jeweilige Berechnungsmethode, mit der der Auftraggeber die Angebote in ein Verhältnis zueinander setzt, über die Punktabstände. Dabei sind absolute und relative Bewertungen denkbar. Anhand des Zuschlagskriteriums Preis seien beispielhaft zwei verschiedene Berechnungsmethoden dargestellt:

Beispiel 1:

Das Angebot mit dem niedrigsten Angebotspreis erhält 40 Punkte. Angebote, die einen mindestens 50 % höheren Angebotspreis aufweisen, erhalten in diesem Kriterium 0 Punkte. Für dazwischen liegende Werte werden die Punkte jeweils linear interpoliert und auf 2 Stellen nach dem Komma gerundet. Sofern kein Angebot abgegeben wird, das einen mindestens 50 % höheren Angebotspreis in Relation zum niedrigsten Gebot aufweist, wird zum Zwecke der Wertung ein entsprechendes Angebot, dessen Angebotspreis um 50 % vom niedrigsten Gebot abweicht, fingiert. Dieses fiktive Angebot erhält dann 0 Punkte. Für die Angebote, deren Angebotspreis zwischen dem niedrigsten Gebot und dem fiktiven 0-Punkte-Gebot liegen, werden die Punkte jeweils linear interpoliert und auf 2 Stellen nach dem Komma gerundet.   **74**

Beispiel 2:

Das Angebot mit dem niedrigsten Angebotspreis erhält 40 Punkte. Bei Angeboten mit einem höheren Angebotspreis wird pro 1.000 € Abweichung 1 Punkt in der Wertung abgezogen. Für dazwischen liegende Werte werden die Punkte jeweils linear interpoliert und auf 2 Stellen nach dem Komma gerundet.   **75**

Die obigen Beispiele zeigen nicht nur zwei mögliche Berechnungsmethoden zur Bestimmung des Verhältnisses verschiedener Angebote innerhalb des Zuschlagskriteriums Preis zueinander, sondern verdeutlichen zudem, dass die Berechnungsmethode wesentlichen Einfluss auf die möglichen Punkteabstände der Angebote haben kann.   **76**

Noch deutlicher wird das, wenn eine weitere Ebene eingefügt wird: in der Praxis wird zur Bewertung der Technik/Qualität z.B. häufig der Grad der Erfüllung der technischen Anforderungen in einem detaillierten Leistungsverzeichnis/Lastenheft maßgeblich sein. Dieser wird anhand der in diesem Lastenheft erreichten Punktzahl gemessen. Die Punktevergabe in diesem Kriterium kann nun in unterschiedlicher Form gestaltet werden: entweder relativ, d.h. am jeweils besten Angebotswert orientiert oder aber absolut, d.h. am fiktiven Bestwert orientiert (in Abstufung zur maximal erhältlichen Punktzahl). Erhält das **beste eingereichte Angebot** die bestmögliche Bewertung im Zuschlagskriterium Qualität und die weiteren jeweils im Verhältnis zu ihren Abweichungen eine etwas schlechtere, so erfolgt eine relative Bewertung. Diese wird zu einer anderen Spreizung der Punktwerte führen, als wenn im Rahmen einer absoluten Bewertung die bestmögliche Bewertung nur bei **Erfüllung aller Anforderungen des Lastenhefts** erfolgt – denn dann erhält unter Umständen keiner der Bieter die beste Bewertung für dieses Kriterium. Sowohl absolute als auch relative Berechnungsmethoden sind grundsätzlich zulässig. Die jeweils angewandte Methode muss jedoch transparent und nachvollziehbar in der Bekanntmachung oder den Vergabeunterlagen dargestellt werden.   **77**

Eine ausdrückliche normative Regelung dazu, ob ein Auftraggeber eine Berechnungsmethode bereits vor Durchführung der Wertung festgelegt haben muss und sie den Bietern gemeinsam mit den Zuschlagskriterien und deren Gewichtung bekanntzumachen hat, fehlt. Eine diesbezügliche Verpflichtung kann sich jedoch aus den allgemeinen Vergaberechtsgrundsätzen der Transparenz und Gleichbehandlung ergeben. Die Position der Rechtsprechung zu dieser Frage ist nicht einheitlich. Die wohl h.M. spricht sich jedoch grundsätzlich für eine **Bekanntmachungspflicht** aus – jedenfalls wenn nicht auszu-   **78** schließen ist, dass sich die Bekanntmachung der Berechnungsmethode auf die Abfassung der Angebote auswirken kann[87]. Verwiesen wird dabei neben den Grundsätzen der Transparenz und Gleichbehandlung auch auf das Grundsatzurteil des EuGH in Sachen „Lianakis AE u. a./Planitiki AE"[88]. Die VK Lüneburg führte hierzu exemplarisch aus:

„Die Bekanntgabepflicht erstreckt sich darüber hinaus auch auf die für die Zuschlagskriterien vom Auftraggeber in der Angebotswertung verwendeten Umrechnungsformeln und Bewertungsregeln (vgl. VK Schleswig-Holstein, Beschluss vom 22.01.2010, Az.: VK-SH 26/29; VK Thüringen, Beschluss vom 17.11.2008, Az.: 250–4003.20–5125/2008–029-J; VK Bund, Beschluss vom 10.08.2006, Az.: VK1 55/06; jeweils zitiert nach ibr-online). Die potenziellen Bieter müssen in die Lage versetzt werden, bei der Vorbereitung ihrer Angebote nicht nur vom Bestehen, sondern auch von der Tragweite der Zuschlagskriterien Kenntnis zu nehmen (vgl. EuGH, Urteil vom 24.01.2008, Az.: C 532/06, m.w.N.). Zur Tragweite der Zuschlagskriterien gehört nicht nur die Gewichtung selbst, sondern auch die jeweilige Umrechnungsformel bei der Wertung. Denn die inhaltliche Gestaltung der von dem Auftraggeber zur Errechnung der Punkte angewendeten Formel ermöglicht eine Einflussnahme auf die über die jeweiligen Kriterien erzielbare Punkteverteilung. Der Auftraggeber ist daher weiterhin gehalten, den Bietern mit der neuen Aufforderung zur Angebotsabgabe auch sämtliche Bewertungsmaßstäbe mitzuteilen, damit die Bieter die Bewertung innerhalb der Zuschlagskriterien im gleichen Sinne verstehen müssen und bei der Kalkulation ihrer Angebote berücksichtigen können."[89]

79   Auch bei einer vergaberechtlichen Verpflichtung zur umfassenden Darstellung des Wertungssystems bestehend aus Zuschlags- und Unterkriterien, Gewichtung und Berechnungsmethode, darf aber weiterhin ein Wertungsspielraum des Auftraggebers verbleiben, so dass grundsätzlich keine Ausformulierung des Wertungssystems bis in das letzte Detail erforderlich ist[90].

80   Als ausreichende Darstellung der Bewertungsmethode kann auch die Angabe einer einfachen Notenskala verbunden mit der Erläuterung anzuerkennen sein, welche Punktzahlen den jeweiligen Noten zugeordnet werden.[91] Der vergaberechtlich erforderliche Detaillierungsgrad der Darstellung bleibt eine Entscheidung des jeweiligen Einzelfalls[92].

81   Unabhängig von der Frage, ob eine Bekanntgabe der Bewertungsmethode vergaberechtlich stets zwingend erforderlich ist und wie detailliert die Darstellung zu erfolgen hat, ist eine verständliche und präzise Darstellung im Interesse des Auftraggebers und der Bieter anzuraten. Durch die frühzeitige Festlegung und Bekanntmachung des gesamten Wertungssystems reduziert sich nicht nur das Risiko späterer Anfechtungen der Wertung durch erfolglose Bieter. Vielmehr tragen konkrete Angaben wesentlich dazu bei, auf den konkreten Bedarf des Auftraggebers zugeschnittene Angebote abgeben zu können bzw. zu erhalten.

82   In der Praxis üblich ist eine textliche Beschreibung der Methodik – vgl. etwa die Beispiele 1 und 2 einer Bewertungsmethode des Zuschlagskriteriums „Preis"[93] – zusammen mit einer graphischen Darstellung in Form einer **Wertungsmatrix.** Eine solche Darstellung in den Vergabeunterlagen könnte z.B. wie in den folgenden beiden Varianten aussehen:

---

[87] **Dafür:** OLG Düsseldorf Beschl. v. 19.6.2013, Verg 8/13; OLG Brandenburg Beschl. 19.12.2011, Verg W 17/11; OLG München Beschl. v. 19.3.2009, Verg 2/09; OLG Düsseldorf. Beschl. v. 13.8.2008, Verg 28/08; VK Nordbayern Beschl. v. 3.2.2012, 21.VK-3194–42/11; VK Lüneburg Beschl. v. 29.10.2010, Az VgK 52/2010; **differenzierend:** OLG Schleswig-Holstein Beschl. v. 2.7.2010, 1 Verg 1/10; **dagegen jedoch wohl:** VK Sachsen Beschl. v. 31.1.2011, 1/SVK/051–10.
[88] EuGH Urt. v. 24.1.2008, C-532/06.
[89] VK Lüneburg Beschl. v. 29.10.2010, Az. VgK 52/2010.
[90] OLG Düsseldorf Beschl. v. 30.7.2009, VII-Verg 10/09.
[91] VK Lüneburg Beschl. v. 28.11.2013, VgK-36/2013.
[92] OLG Brandenburg Beschl. v. 19.12.2011, Verg W 17/11.
[93] Vgl. Rn. 74 und 75.

§ 30 Die Angebotswertung (vierte Wertungsstufe)   Kap. 6

- Variante 1 (einfache Übertragung der prozentualen Gewichtung in Punkte):   83

Zuschlagskriterium	Unterkriterien	Gesamtgewicht (Punkte)	
Angebotspreis		40	
	Niedrigster maximaler Gesamtpreis für alle Leistungsstufen gemäß Ziffer [X] der Leistungsbeschreibung		30
	Niedrigster Tagessatz		10
Qualität des Konzepts		40	
	Vollständigkeit und Plausibilität der Darstellung möglicher Modelle zur Restrukturierung des/der [X]		20
	Vollständigkeit und Plausibilität der Darstellung der strukturierten Markterkundung		17,5
	Vollständigkeit und Plausibilität der Darstellung der Prozessabläufe, Maßnahmen und möglichen Zeitplänen zur Realisierung der Restrukturierung		2,5
Präsentation des Beraterteams		20	

- Variante 2 (differenzierende Punkteverteilung mit Angabe des Gewichtungsfaktors):   84

Zuschlagskriterium	Unterkriterien	Gewichtung	Punkte (maximal)	Gewichtungsfaktor
Angebotspreis		40 %		
	Niedrigster maximaler Gesamtpreis für alle Leistungsstufen gemäß Ziffer [X] der Leistungsbeschreibung	30 %	100	0,3
	Niedrigster Tagessatz	10 %	100	0,1
Qualität des Konzepts		40 %		
	Vollständigkeit und Plausibilität der Darstellung möglicher Modelle zur Restrukturierung des/der [X]	20 %	100	0,2
	Vollständigkeit und Plausibilität der Darstellung der strukturierten Markterkundung	17,5	100	0,175

	Vollständigkeit und Plausibilität der Darstellung der Prozessabläufe, Maßnahmen und möglichen Zeitplänen zur Realisierung der Restrukturierung		2,5	100	0,025
Präsentation des Beraterteams		20 %		100	0,2

85   Für den **Unterschwellenbereich** wurde die Verpflichtung zur Bekanntmachung der Gewichtung der Zuschlagskriterien anders als bei den EG-Paragraphen nicht in die Basisparagraphen der VOB/A und VOL/A aufgenommen. Dem Wortlaut nach besteht also keine Verpflichtung zur Angabe der Gewichtung. Da die europäische und nationale Rechtsprechung jedoch mehrfach betont hat, dass die Angabe aller Kriterien, Unterkriterien und deren relative Bedeutung, die bei der Bestimmung des wirtschaftlichsten Angebots berücksichtigt werden sollen, bereits den allgemeinen vergaberechtlichen Grundsätzen der Gleichbehandlung und Transparenz des Vergabeverfahrens und der Vergleichbarkeit der eingehenden Angebote zu entnehmen ist[94], spricht alles dafür, dass die oben dargestellten Grundsätze zur Bekanntgabe von Gewichtung und Wertungsmatrix grundsätzlich auch im Unterschwellenbereich beachtet werden sollten.

D. Durchführung der Wertung

86   Die Wertung der Angebote auf der vierten Wertungsstufe bildet den Schwerpunkt der Angebotswertung. In ihr werden anhand der bekanntgegebenen Zuschlags- und Unterkriterien, deren Gewichtung sowie der Bewertungsmethode diejenigen eingegangenen Angebote miteinander verglichen, die die drei vorherigen Wertungsstufen überstanden haben, um so entweder das preisgünstigste oder das wirtschaftlich günstigste Angebot zu ermitteln.

87   Entsprechend der bereits oben beschriebenen **Bindung** des Auftraggebers **an das bekanntgemachte Wertungssystem**[95] sind bei der Wertung der Angebote sämtliche bekanntgemachten Kriterien, Gewichtungen und Bewertungsmethoden zu berücksichtigen und anzuwenden. Ebenso wenig wie Zuschlagskriterien hinzukommen oder geändert werden dürfen, dürfen einzelne Zuschlagskriterien unberücksichtigt gelassen werden. Auch die Gewichtung darf bei Durchführung der Wertung nicht verändert werden. Innerhalb dieses Rahmens besteht dann ein **Beurteilungsspielraum** des Auftraggebers bei der Bestimmung des wirtschaftlich günstigsten Angebots, der der Kontrolle im Nachprüfungsverfahren entzogen ist, soweit die Grenzen des Beurteilungsspielraums eingehalten werden[96]. Die teilweise komplexen technischen oder prognostischen Beurteilungen der Angebote anhand der Zuschlagskriterien obliegen der Vergabestelle und können grundsätzlich nicht durch die Beurteilungen der Vergabenachprüfungsinstanzen ersetzt werden. Wurde jedoch der Preis als einziges Zuschlagskriterium bestimmt, so ist die Wertung beschränkt auf den Vergleich der Angebotspreise. Die Zuschlagsentscheidung ist dann eine gebundene Entscheidung[97].

88   **Grenzen des weiten Beurteilungsspielraums** zur Ermittlung des wirtschaftlichsten Angebots sind zunächst das Transparenz- und Gleichbehandlungsgebot. Beurteilungsgrenzen werden dabei jedenfalls dann überschritten, wenn der Auftraggeber den Sachverhalt

---

[94] EuGH Urt. v. 24.1.2008, C-532/06 – „Lianakis AE u.a./Planitiki AE"; OLG Brandenburg Beschl. v. 13.9.2011, Verg W 10/11.
[95] Vgl. Rn. 61–65.
[96] EuG Urt. v. 9.9.2010, T-300/07, Rn. 76 ff.; OLG Koblenz Beschl. v. 2.10.2012, 1 Verg 4/12; OLG Düsseldorf Beschl. v. 7.7.2010, Verg 22/10.
[97] Vgl. Rn. 13.

nicht hinreichend ermittelt hat[98] oder sachfremde Erwägungen in die Entscheidung hat einfließen lassen[99].

In welchem Umfang eine Sachverhaltsaufklärung erforderlich ist, lässt sich nur anhand 89 des jeweiligen Einzelfalls beurteilen. So führt das OLG Düsseldorf mit Blick auf die Wertungsentscheidung, ob ein Angebot bestimmte Mindestanforderungen der Leistungsbeschreibung erfüllt, aus:

„In welchem Umfang bzw. welcher Tiefe der öffentliche Auftraggeber das Angebot eines Bieters zu prüfen hat, ist nicht nur an den Grundsätzen der Transparenz und Diskriminierungsfreiheit zu messen, sondern auch am Interesse des öffentlichen Auftraggebers an einer zügigen Umsetzung von Beschaffungsabsichten und einem raschen Abschluss des Vergabeverfahrens. Dem öffentlichen Auftraggeber kommt insoweit zu Gute, dass sich aus dem auch im Vergaberecht geltenden Grundsatz von Treu und Glauben **Zumutbarkeitsgrenzen** für die anstehenden Überprüfungen ergeben. Hinsichtlich der Eignungsprüfung hat der Senat bereits entschieden, dass in dem durch die Beteiligung an einer Ausschreibung gemäß §§ 311 Abs. 2, 241 Abs. 2 BGB begründeten Schuldverhältnis die Belange der anderen am Auftrag interessierten Unternehmen nur im Rahmen des Zumutbaren zu berücksichtigen sind. Die Grenzen der Zumutbarkeit werden durch den kurzen Zeitraum, in dem die Entscheidung über die Auftragsvergabe zu treffen ist sowie durch die begrenzten Ressourcen und administrativen Möglichkeiten des öffentlichen Auftraggebers, weitere Überprüfungen vorzunehmen, bestimmt (vgl. Senat, Beschl. v. 02.12.2009, VII Verg 39/09, NZBau 2010, 333; Scharen, GRUR 2009, 345, 347 ff.; vgl. auch EuGH, Urteil v. 15.05.2008, C-147/07 und C 148/06, NZBau, 2008, 453, Rn. 32, 33)."[100]

Diese Grundsätze dürften auf die Sachverhaltsermittlung und Durchführung der Wer- 90 tung im engeren Sinne, d.h. auf der vierten Wertungsstufe übertragbar sein.

Weiterhin ist zu beachten, dass der öffentliche Auftraggeber seine Verpflichtung zur 91 Vornahme der Wertung und **Entscheidung über den Zuschlag nicht delegieren** darf, sondern diese Entscheidung grundsätzlich selbst und zwar durch sachkundige Mitarbeiter treffen muss[101]. Das schließt aber keineswegs aus, dass sich der Auftraggeber bei der Vorbereitung seiner Entscheidung umfassend **externer Berater und Sachverständiger** bedienen darf, soweit er durch diese lediglich über alle wesentlichen Entscheidungsgrundlagen objektiv zutreffend und nachvollziehbar aufgeklärt wird und dann auf dieser Grundlage selbst eine eigenverantwortliche Entscheidung trifft[102].

Besonderes Augenmerk ist auch auf die **Dokumentationspflicht** bezüglich der 92 Durchführung der Wertung (vgl. auch § 24 EG Abs. 2 lit. b) und c) VOL/A sowie § 20 EG Nr. 4. und 5. VOB/A) und der Begründung der jeweils wesentlichen Entscheidungen zu legen. Zwar muss nicht auf jede Einzelheit eingegangen werden, aber es muss zumindest eine zusammenfassende Darstellung der tragenden Gründe der Wertung eines jeden Zuschlagskriteriums für jedes Angebot erfolgen[103].

Abschließend sei darauf hingewiesen, dass soweit in einem konkreten Vergabeverfahren 93 **Nebenangebote** zulässig sind, für deren Wertung gewisse Besonderheiten gelten. Auch Nebenangebote sind grundsätzlich an den gleichen Wertungs- und Zuschlagskriterien zu messen wie Hauptangebote im jeweiligen Verfahren – allerdings erst nachdem sozusagen

---

[98] Beispiele: OLG Bremen Beschl. v. 26.6.2009, Verg 3/05; OLG München Beschl. v. 17.1.2008, Verg 15/07; KG Berlin Beschl. v. 13.3.2008, 2 Verg 18/07; vgl. auch *Schaller* LKV 2011, 145, 152.
[99] Beispiele: BGH Urt. v. 1.8.2006, X ZR 115/04; KG Berlin Beschl. v. 18.3.2010, 2 Verg 7/09; OLG Naumburg Urt. v. 26.10.2004, 1 U 30/04.
[100] OLG Düsseldorf Beschl. v. 5.7.2012, Verg 13/12.
[101] OLG Koblenz Beschl. v. 2.10.2012, 1 Verg 4/12.
[102] EuGH Urt. v. 18.10.2001, C-19/00 – „SIAC Construction Ltd/County Council of the County of Mayo", Rn. 44–45; OLG Karlsruhe Beschl. v. 16.6.2010, 15 Verg 4/10; OLG München Beschl. v. 29.9.2009, Verg 12/09; OLG Naumburg Beschl. v. 26.2.2004, 1 Verg 17/03.
[103] OLG Schleswig Beschl. v. 2.7.2010, 1 Verg 1/10; VK Lüneburg Beschl. v. 10.2.2012, VgK-44/2011.

vorgeschaltet die Erfüllung der für Nebenangebote geltenden Mindestanforderungen und die Gleichwertigkeit bejaht worden sind. Wenn das Nebenangebot gemessen an diesem Maßstab das wirtschaftlichste Angebot ist, muss der Zuschlag auf das Nebenangebot erteilt werden[104].

---

[104] Zu den Einzelheiten bei der Wertung von Nebenangeboten wird auf § 26 Nebenangebote Rn. 29 ff. verwiesen

Kapitel 7 Beendigung des Vergabeverfahrens

§ 31 Aufhebung

Übersicht

	Rn.
A. Einleitung	1–15
I. Begrifflichkeiten	1
II. Rechtsnatur und Wirksamkeit der Aufhebung	2–7
III. Rechtsrahmen der Aufhebung	8–13
IV. Kein Kontrahierungszwang	14, 15
B. Die Aufhebungstatbestände der VOB/A und VOL/A	16–69
I. Anwendungsbereich	16–18
II. Ausnahmecharakter der Aufhebungstatbestände; Darlegungs- und Beweislast	19–21
III. Die einzelnen Aufhebungstatbestände	22–66
IV. Teilaufhebung	67–69
C. Die Aufhebung von Vergabeverfahren im Bereich der VOF	70–72
D. Ermessensentscheidung des Auftraggebers	73–75
E. Mitteilungspflichten	76–86
I. § 17 Abs. 2 VOL/A	77–79
II. § 20 EG Abs. 2 und 3 VOL/A	80–82
III. § 17 Abs. 2 VOB/A	83, 84
IV. § 17 EG Abs. 2 VOB/A	85
V. § 14 Abs. 6 VOF	86
F. Rechtsschutz gegen die Aufhebung	87–98
I. Statthaftigkeit eines Nachprüfungsantrags	87–95
II. Rügeobliegenheit	96
III. Materiell-rechtlicher Prüfungsmaßstab	97, 98
G. Schadensersatz	99–103

VOL/A: § 17
VOL/A EG: § 20
VOB/A: § 17
VOB/A EG: § 17
VOF: § 14 Abs. 6

VOL/A:

§ 17 VOL/A Aufhebung von Vergabeverfahren

(1) Die Vergabeverfahren können ganz oder bei Vergabe nach Losen auch teilweise aufgehoben werden, wenn

a) kein Angebot eingegangen ist, das den Bewerbungsbedingungen entspricht,

b) sich die Grundlagen der Vergabeverfahren wesentlich geändert haben,

c) sie kein wirtschaftliches Ergebnis gehabt haben,

d) andere schwerwiegende Gründe bestehen.

(2) Die Bewerber oder Bieter sind von der Aufhebung der Vergabeverfahren unter Bekanntgabe der Gründe unverzüglich zu benachrichtigen.

VOL/A EG:

§ 20 EG VOL/A Aufhebung von Vergabeverfahren

(1) Die Vergabeverfahren können ganz oder bei Vergabe nach Losen auch teilweise aufgehoben werden, wenn

a) kein Angebot eingegangen ist, das den Bewerbungsbedingungen entspricht,

b) sich die Grundlagen der Vergabeverfahren wesentlich geändert haben,

c) sie kein wirtschaftliches Ergebnis gehabt haben,

d) andere schwerwiegende Gründe bestehen.

(2) Die Bewerber oder Bieter sind von der Aufhebung der Vergabeverfahren unter Bekanntgabe der Gründe unverzüglich zu benachrichtigen.

(3) Die Auftraggeber teilen den Bewerbern oder Bietern nach Aufhebung des Vergabeverfahrens unverzüglich die Gründe für ihre Entscheidung mit, auf die Vergabe eines im Amtsblatt der Europäischen Gemeinschaften bekannt gemachten Auftrages zu verzichten oder das Verfahren erneut einzuleiten. Auf Antrag teilen sie ihnen dies auch in Textform mit.

VOB/A:

§ 17 VOB/A Aufhebung der Ausschreibung

(1) Die Ausschreibung kann aufgehoben werden, wenn:

1. kein Angebot eingegangen ist, das den Ausschreibungsbedingungen entspricht,

2. die Vergabeunterlagen grundlegend geändert werden müssen,

3. andere schwer wiegende Gründe bestehen.

(2) Die Bewerber und Bieter sind von der Aufhebung der Ausschreibung unter Angabe der Gründe, gegebenenfalls über die Absicht, ein neues Vergabeverfahren einzuleiten, unverzüglich in Textform zu unterrichten.

VOB/A EG:

§ 17 EG VOB/A Aufhebung der Ausschreibung

(1) Die Ausschreibung kann aufgehoben werden, wenn:

1. kein Angebot eingegangen ist, das den Ausschreibungsbedingungen entspricht,

2. die Vergabeunterlagen grundlegend geändert werden müssen,

3. andere schwer wiegende Gründe bestehen.

(2) 1. Die Bewerber und Bieter sind von der Aufhebung der Ausschreibung unter Angabe der Gründe, gegebenenfalls über die Absicht, ein neues Vergabeverfahren einzuleiten, unverzüglich in Textform zu unterrichten.

2. Dabei kann der Auftraggeber bestimmte Informationen zurückhalten, wenn die Weitergabe

a) den Gesetzesvollzug behindern,

b) dem öffentlichen Interesse zuwiderlaufen,

c) die berechtigten geschäftlichen Interessen von öffentlichen oder privaten Unternehmen schädigen oder

d) den fairen Wettbewerb beeinträchtigen würde.

VOF:

§ 14 VOF Information über die Auftragserteilung, Verzicht auf die Auftragserteilung

(1) bis (5) hier nicht abgedruckt.

(6) Die Auftraggeber teilen den Bewerbern unverzüglich die Gründe mit, aus denen beschlossen wurde, auf die Vergabe eines bekannt gemachten Auftrages zu verzichten oder das Verfahren erneut einzuleiten. Auf Antrag teilen sie dies in Textform mit. Die Entscheidung, auf die Vergabe eines Auftrages zu verzichten, teilen die Auftraggeber dem Amt für amtliche Veröffentlichungen der Europäischen Gemeinschaften mit.

Literatur:

Antweiler Erledigung des Nachprüfungsverfahrens i. S. von § 114 II 2 GWB, NVwZ 2005, 35; *Barth* Das Vergaberecht außerhalb des Anwendungsbereichs der EG-Vergaberichtlinien, 2010; *Bauer/Kegel* Anm. zu EuGH Urt. v. 18.6.2002, Rs. C-92/00 – Hospital Ingenieure, EuZW 2002, 502; *Burbulla* Aufhebung der Ausschreibung und Vergabenachprüfungsverfahren, ZfBR 2009, 134; *Burgi* Rechtsschutz ohne Vergabeverfahren?, NZBau 2003, 16; *Conrad* Der Rechtsschutz gegen die Aufhebung eines Vergabeverfahrens bei Fortfall des Vergabewillens, NZBau 2007, 287; *Dähne* Schadensersatz wegen unberechtigter Aufhebung einer Ausschreibung nach § 26 Nr. 1 VOB/A, VergabeR 2004, 32; *Dieck-Bogatzke* Probleme der Aufhebung der Ausschreibung, VergabeR 2008, 392; *Diehr* „Vergabeprimärrecht" nach der An-Post-Rechtsprechung des EuGH, VergabeR 2009, 719; *Dreher* Rechtsschutz nach Zuschlag, NZBau 2001, 244; *Drittler* Schadensersatzanspruch aus c.i.c. bei nachgewiesenem Verstoß gegen §§ 25 und 26 VOB/A, BauR 1994, 451; *Feber* Schadensersatzansprüche aus culpa in contrahendo bei VOB/A-Verstößen öffentlicher Auftraggeber, BauR 1989, 553; *Gabriel* Der persönliche Anwendungsbereich des primären EG-Vergaberechts, VergabeR 2009, 7; *Gnittke/Michels* Aufhebung der Aufhebung einer Ausschreibung durch die Vergabekammer?, VergabeR 2002, 571; *Gröning* Ersatz des Vertrauensschadens ohne Vertrauen?, GRUR 2009, 266; *Hattig/Maibaum* Praxiskommentar Vergaberecht, 2010; *Hübner* Die Aufhebung der Ausschreibung – Gegenstand des Nachprüfungsverfahrens?, VergabeR 2002, 429; *Jasper/Pooth* Rechtsschutz gegen die Aufhebung einer Ausschreibung, NZBau 2003, 261; *Jennert* Rechtsschutz bei rechtswidriger Aufhebung einer europaweiten Ausschreibung, WRP 2002, 1252; *Kaelble* Anmerkung zu OLG Dresden Beschl. v. 4.12.2002, WVerg 0015/02 und 0016/02, ZfBR 2003, 196; *Kaelble* Anspruch auf Zuschlag und Kontrahierungszwang im Vergabeverfahren, ZfBR 2003, 657; *Kapellmann/Messerschmidt* VOB Teile A und B, 4. Aufl. 2013; *Kus* Primärrechtsschutz nach Aufhebung eines Vergabeverfahrens, NVwZ 2003, 1083; *Lampe-Helbig/Zeit* Die Anwendung der zivilrechtlichen Haftung aus culpa in contrahendo auf die Vergabe von Bauleistungen nach VOB/A durch die öffentliche Hand, BauR 1988, 659; *Mantler* Die Nachprüfung der Aufhebung, VergabeR 2003, 119; *Meier* Primärrechtsschutz bei der Aufhebung einer Ausschreibung?, NZBau 2003, 137; *Müller-Wrede* Anmerkung zu BGH Beschl. v. 18.3.1003, X ZB 43/02, VergabeR 2003, 318; *Müller-Wrede/Schade* Anspruch ausgeschlossener Bieter auf Aufhebung, VergabeR 2005, 460; *Portz* Aufhebung von Ausschreibungen im Nachprüfungsverfahren angreifbar, ZfBR 2002, 551; *Prieß* EuGH locuta, causa finita: Die Aufhebung ist aufhebbar, NZBau 2002, 433; *Regler* Das Vergaberecht zwischen öffentlichem und privatem Recht, 2007; *Reidt/Brosius-Gersdorf* Die Nachprüfung der Aufhebung der Ausschreibung im Vergaberecht, VergabeR 2002, 580; *Scharen* Aufhebung der Ausschreibung und Vergaberechtsschutz, NZBau 2003, 585; *Summa* § 26 VOB/A – Notwendigkeit einer vergaberechtsspezifischen Auslegung und Anwendung im Nachprüfungsverfahren?, VergabeR 2007, 734; *Voppel/Osenbrück/Bubert* VOF, 3. Aufl. 2012.

A. Einleitung

I. Begrifflichkeiten

Statt durch Erteilung des Auftrages kann das Vergabeverfahren auch ohne Zuschlag beendet werden[1]. Das Vergaberecht bezeichnet diese zuschlagslose Beendigung teilweise als

---

[1] Diese Alternativität wird ausdrücklich klargestellt in § 11 Abs. 7 VOF.

Aufhebung des Verfahrens (§ 114 Abs. 2 Satz 2 GWB, § 17 VOL/A, § 20 EG VOL/A, § 17 VOB/A, § 17 EG VOB/A), teilweise als **Verzicht** auf die Auftragserteilung (§ 20 EG Abs. 3 Satz 1 VOL/A, § 24 EG Abs. 2 lit. g) VOL/A, § 20 Abs. 1 Satz 2 Nr. 10 VOB/A, § 20 EG Abs. 1 Satz 2 Nr. 10 VOB/A, § 14 Abs. 6 VOF). Beide Begriffe werden überwiegend als bedeutungsgleich verstanden[2]. Soweit § 114 Abs. 2 Satz 2 GWB daneben die **Einstellung** des Vergabeverfahrens nennt, soll damit nach teilweise vertretener Auffassung im Unterschied zur bloßen Beendigung des konkreten Vergabeverfahrens die vollständige Abstandnahme des Auftraggebers vom Beschaffungsvorhaben gemeint sein[3]. Da sich jedoch auch die Tatbestandsvariante der Einstellung des Vergabeverfahrens in § 114 Abs. 2 Satz 2 GWB bereits ihrem Wortlaut nach nur auf das konkrete Vergabeverfahren bezieht, kann es auf das Schicksal des mit dem Verfahren verfolgten Beschaffungsvorhabens nicht ankommen, so dass eine Unterscheidung danach entbehrlich ist. Welche Vorstellung der gesetzgeberischen Differenzierung zwischen Aufhebung und Einstellung statt dessen zugrunde gelegen haben mag, lässt sich den Gesetzgebungsmaterialien nicht entnehmen[4]. Daher spricht einiges dafür, diese Begriffe entweder als gänzlich gleichbedeutend anzusehen[5] oder als Verfahrenseinstellung nur diejenigen Fälle zu betrachten, in denen die zuschlagslose Beendigung des Vergabeverfahrens wie zB in § 14 Abs. 6 VOF nicht ausdrücklich als Aufhebung bezeichnet wird[6]. Im vorliegenden Kapitel wird der Begriff der Aufhebung **einheitlich** für alle Formen der zuschlagslosen Beendigung des Vergabeverfahrens verwendet.

II. Rechtsnatur und Wirksamkeit der Aufhebung

2   Entgegen einer verbreiteten Auffassung[7] ist die Aufhebung des Vergabeverfahrens selbst keine **Willenserklärung.** Eine Willenserklärung ist nur die Äußerung eines Willens, der unmittelbar auf die Herbeiführung einer Rechtsfolge gerichtet ist.[8] Die Aufhebung aber hat lediglich **verfahrensbeendende** Wirkung, ohne final auf die Bewirkung dieser Rechtsfolge gerichtet zu sein, und stellt mithin ebenso wie die verfahrenseinleitende Bekanntmachung des Auftrags lediglich eine Verfahrenshandlung des Auftraggebers dar. Dabei kann die Aufhebung des Vergabeverfahrens auch nicht als eine auf die Beendigung eines Verfahrensrechtsverhältnisses gerichtete Erklärung verstanden werden, da die Teilnahme am Vergabeverfahren anders als etwa die Beteiligung am Zivilprozess[9] kein solches

---

[2] *Lischka* in Müller-Wrede, VOL/A, § 17 Rn. 2, § 20 EG Rn. 2, 23, auch zu einer unter einer früheren Rechtslage teilweise vertretenen Differenzierung; *Voppel/Osenbrück/Bubert*, § 16 Rn. 51; anders *Portz* in Müller-Wrede, VOF, § 17 Rn. 76.

[3] *Brauer* in Ziekow/Völlink, § 114 GWB Rn. 34; *Gause* in Willenbruch/Wieddekind, § 114 GWB Rn. 11; *Maier* in Kulartz/Kus/Portz, § 114 Rn. 56.

[4] BT-Drs. 13/9340, S. 9.

[5] Im Ergebnis ebenso *Antweiler* NZBau 2005, 35, 36; *Diemon-Wies* in Hattig/Maibaum, § 114 GWB Rn. 38; *Nowak* in Pünder/Schellenberg, § 114 GWB Rn. 30.

[6] *Heuvels* in Loewenheim, § 114 GWB Rn. 18; *Reidt* in Reidt/Stickler/Glahs, § 114 Rn. 44.

[7] VK Brandenburg Beschl. v. 21.5.2008, VK 9/08, IBR online; VK Schleswig-Holstein Beschl. v. 4.2.2008, VK-SH 28/07, IBR online; VK Schleswig-Holstein Beschl. v. 14.9.2005, VK-SH 21/05, IBR online; VK Schleswig-Holstein Beschl. v. 24.10.2003, VK-SH 24/03, juris; VK Thüringen Beschl. v. 20.5.2008, 250-4003.20-1121/2008-011-EF, IBR online; *Burbulla* ZfBR 2009, 134, 135; *Bauer* in Heiermann/Riedl/Rusam, § 17 VOB/A, Rn. 7; *Lischka* in Müller-Wrede, VOL/A, § 20 EG Rn. 85; *Maier* in Kulartz/Kus/Portz, § 114 Rn. 58; *Portz* in Ingenstau/Korbion, § 17 VOB/A Rn. 38; *Portz* in Kulartz/Marx/Portz/Prieß, VOB/A, § 17 Rn. 39.

[8] S. nur BGH Urt. v. 17.10.2000, X ZR 97/99, NJW 2001, 289, 290; *Ellenberger* in Palandt, Einf. v. § 116 Rn. 1; jeweils m. w. N.

[9] Statt vieler *Gottwald* in Rosenberg/Schwab/Gottwald, Zivilprozessrecht, 17. Aufl., § 2 Rn. 1 ff.

spezifisch verfahrensbezogenes Rechtsverhältnis begründet[10]. Die Teilnahme am Vergabeverfahren führt vielmehr nicht anders als eine Vielzahl sonstiger geschäftlicher Kontakte lediglich zu einem allgemeinen **vorvertraglichen Rechtsverhältnis** i. S. v. § 311 Abs. 2 BGB zwischen dem Auftraggeber und den Verfahrensteilnehmern[11], welches regelmäßig in der Aufhebung des Vergabeverfahrens sein Ende findet[12]. Diese Folge aber macht die Aufhebung nicht zu einer Willenserklärung, da die Aufhebung nicht final auf die Beendigung des vorvertraglichen Rechtsverhältnisses gerichtet ist. Der Erfolg tritt nicht deswegen ein, „*weil er gewollt ist*"[13], sondern auch dann, wenn ihn der Auftraggeber gar nicht in Betracht zieht[14] und beispielsweise nur beabsichtigt, den Vertrag nicht zu schließen.

Die Aufhebung des Vergabeverfahrens ist nicht identisch mit der **Ablehnung der ab-** 3 **gegebenen Angebote.** Dies folgt bereits daraus, dass ein Vergabeverfahren auch und gerade dann aufgehoben werden kann, wenn gar keine Angebote abgegeben worden sind, und dass umgekehrt der Auftraggeber einzelne Angebote ablehnen kann, ohne das Vergabeverfahren als Ganzes aufzuheben. Für die Ablehnung der Angebote gelten keine Besonderheiten; sie führt zum Erlöschen der Angebote (§ 146 1. Var. BGB) und ist im Gegensatz zur Aufhebung der Ausschreibung eine einseitige, empfangsbedürftige Willenserklärung[15]. In aller Regel liegt in der Mitteilung des Auftraggebers an einen Bieter über die Aufhebung des Vergabeverfahrens zugleich die konkludente Ablehnung seines Angebotes.

Die **Wirksamkeit** der Aufhebung soll nach verbreiteter Auffassung der Bekanntgabe 4 gegenüber dem jeweiligen Bieter bedürfen[16]. Selbst wenn man dies namentlich mangels normativer Grundlage eines solchen Erfordernisses anders sieht, werden die Bieter jedenfalls durch die Pflicht zur unverzüglichen Benachrichtigung über die Aufhebung, die aus § 17 Abs. 2 VOL/A, § 20 EG Abs. 2 VOL/A, § 17 Abs. 2 VOB/A, § 17 EG Abs. 2 Nr. 1 VOB/A und § 14 Abs. 6 VOF folgt, vor einer verzögerten Information durch den Auftraggeber geschützt.

Teilweise wird angenommen, die Aufhebung sei unwirksam, wenn sie nur **zum** 5 **Schein** erfolge. Dies sei dann der Fall, wenn die Aufhebung missbräuchlich zur willkürlichen Benachteiligung des aussichtsreichsten Bieters vorgenommen werde, um den Auftrag anschließend in einem neuen Verfahren ggf. freihändig einem anderen Bieter zukommen zu lassen[17]. Für eine derartige Wirksamkeitsvoraussetzung findet sich jedoch kein normativer Anhaltspunkt. Vielmehr gilt für die Beendigung des Vergabeverfahrens ebenso

---

[10] Vgl. aber *Regler* Das Vergaberecht zwischen öffentlichem und privatem Recht, 130 ff., 227 ff. zur Existenz eines „Vergaberechtsverhältnisses".

[11] BVerwG Beschl. v. 2.5.2007, 6 B 10.07, BVerwGE 129, 9, 13 f.; BGH Urt. v. 5.6.2012, X ZR 161/11, NZBau 2012, 652, 653; BGH Urt. v. 9.6.2011, X ZR 143/10, NZBau 2011, 498, 499; BGH Urt. v. 16.12.2003, X ZR 282/02, NJW 2004, 2165; BGH Urt. v. 8.9.1998, X ZR 48/97, BGHZ 139, 259, 260 f.; *Scharen* NZBau 2003, 585 ff.

[12] OLG Düsseldorf Beschl. v. 6.2.2002, VII-Verg 37/01, VergabeR 2002, 378, 379; zustimmend *Bauer* in Heiermann/Riedl/Rusam, § 17 VOB/A Rn. 7; *Portz* in Ingenstau/Korbion, § 17 VOB/A Rn. 38; *Portz* in Kulartz/Marx/Portz/Prieß, VOB/A, § 17 Rn. 39.

[13] BGB Mot. I, § 64, S. 126.

[14] Instruktiv zu diesem Abgrenzungskriterium BGH Urt. v. 17.10.2000, X ZR 97/99, NJW 2001, 289, 290.

[15] *Busche* in MünchKommBGB, § 146 Rn. 2.

[16] OLG Düsseldorf Beschl. v. 28.2.2002, VII-Verg 37/01, VergabeR 2002, 378, 379; OLG Düsseldorf Beschl. v. 15.3.2000, VII-Verg 4/00, NZBau 2000, 306, 309; OLG Koblenz Beschl. v. 10.4. 2003, 1 Verg 1/03, NZBau 2003, 567; VK Brandenburg Beschl. v. 17.9.2002, VK 50/02, IBR online; VK Brandenburg Beschl. v. 30.7.2002, VK 38/02, ZfBR 2003, 88, 92; *Bauer* in Heiermann/Riedl/Rusam, § 17 VOB/A Rn. 7; *Fett* in Willenbruch/Wieddekind, § 17 VOL/A Rn. 20; *Lischka* in Müller-Wrede, VOL/A, § 20 EG Rn. 82; *Ruhland* in Pünder/Schellenberg, § 17 VOL/A Rn. 12, § 17 VOB/A Rn. 17, 29.

[17] So *Lischka* in Müller-Wrede, VOL/A, § 20 EG Rn. 82; *Ruhland* in Pünder/Schellenberg, § 17 VOB/A Rn. 17; vgl. dazu *Portz* in Kulartz/Marx/Portz/Prieß, VOB/A, § 17 Rn. 7; *Portz* in Kulartz/Marx/Portz/Prieß, VOL/A, § 17 Rn. 11.

wie für die Beendigung sonstiger vorvertraglicher Rechtsverhältnisse[18], dass bereits die faktische Beendigung des geschäftlichen Kontakts zur Beendigung des Rechtsverhältnisses führt, unabhängig von der Motivlage des Auftraggebers. Der Schutz der Bieter vor willkürlichen Aufhebungen wird durch diese Sichtweise nicht beeinträchtigt, da die Überprüfbarkeit der Aufhebungsentscheidung im Nachprüfungsverfahren eine hinreichende Möglichkeit zur Abwehr eines rechtswidrigen Auftraggeberverhaltens bietet[19].

6   Von der Wirksamkeit der Aufhebung zu trennen ist ihre **Rechtmäßigkeit.** Diese beurteilt sich nach den §§ 17 Abs. 1 VOL/A, 20 EG Abs. 1 VOL/A, 17 Abs. 1 VOB/A und 17 EG Abs. 1 VOB/A sowie den sonstigen im Einzelfall anwendbaren Regeln[20]. Umgekehrt hängt die Wirksamkeit der Aufhebung nicht davon ab, ob die Aufhebung von einem der in den §§ 17 Abs. 1 VOL/A, 20 EG Abs. 1 VOL/A, 17 Abs. 1 VOB/A und 17 EG Abs. 1 VOB/A genannten Gründe gedeckt ist[21]. Hebt der Auftraggeber etwa im Anwendungsbereich der VOB/A-EG eine öffentliche Ausschreibung auf, ohne dass einer der Aufhebungstatbestände in § 17 EG Abs. 1 VOB/A erfüllt ist, ist die Aufhebung daher zwar rechtswidrig, aber gleichwohl wirksam.

7   Von der Wirksamkeit und der Rechtmäßigkeit der Aufhebung ist ferner zu unterscheiden, ob die Aufhebung zum **Gegenstand eines Nachprüfungsverfahrens** gemacht werden kann und ob die einmal ausgesprochene Aufhebung im Wege eines Nachprüfungsverfahrens rückgängig gemacht werden kann[22]. Da sich die Aufhebung nur auf das konkrete Vergabeverfahren bezieht, ist sie ferner nicht gleichbedeutend mit dem endgültigen **Fortfall des Vergabewillens,** d. h. der Aufgabe des auf den jeweiligen Auftrag bezogenen Beschaffungsbedarfs. Den Beschaffungsbedarf kann der Auftraggeber auch nach zuschlagsloser Beendigung des Vergabeverfahrens aufrecht erhalten und in einem Folgeverfahren derselben oder einer anderen Verfahrensart decken, z. B. im Wege eines nach § 3 EG Abs. 3 lit. a) VOL/A eingeleiteten Verhandlungsverfahrens.

III. Rechtsrahmen der Aufhebung

8   Der für die Aufhebung maßgebliche Rechtsrahmen wird durch verschiedene Anforderungen unterschiedlicher Normebenen geprägt.

1. Vergabeordnungen

9   Für bestimmte Bereiche der Auftragsvergabe stellen zunächst § 17 Abs. 1 VOL/A, § 20 EG Abs. 1 VOL/A, § 17 Abs. 1 VOB/A und § 17 EG Abs. 1 VOB/A **inhaltliche Anforderungen** an die Aufhebung eines Vergabeverfahrens und bestimmen, dass diese nur in bestimmten Fällen zulässig ist. Innerhalb des jeweiligen Anwendungsbereichs der Aufhebungsbestimmungen der Vergabeordnungen setzt die Rechtmäßigkeit einer Aufhebung damit voraus, dass einer der dort bestimmten Aufhebungsgründe vorliegt.

2. Allgemeine Grundsätze des Vergaberechts

10   Daneben sind bei der Entscheidung des Auftraggebers über die Aufhebung die **allgemeinen Grundsätze des Vergaberechts,** die sich aus § 97 GWB ergeben, zu beachten[23].

---

[18] Dazu *Grüneberg* in Palandt, § 311 Rn. 25; *Kindl* in Erman, § 311 Rn. 23; *Löwisch/Feldmann* in Staudinger, Neubearb. 2013, § 311 Rn. 112.
[19] Dazu unter Rn. 87 ff.
[20] Dazu unter Rn. 9 ff.
[21] LG Düsseldorf Urt. v. 29. 10. 2008, 14c O 264/08, NZBau 2009, 142, 143; *Lischka* in Müller-Wrede, VOL/A, § 20 EG Rn. 82; *Maier* in Kulartz/Kus/Portz, § 114 Rn. 57; *Ruhland* in Pünder/Schellenberg, § 17 VOL/A Rn. 12, § 17 VOB/A Rn. 17; a. A. *Burbulla* ZfBR 2009, 134, 136.
[22] Dazu unter Rn. 87 ff.
[23] *Lischka* in Müller-Wrede, VOL/A, § 17 Rn. 1, § 20 EG Rn. 1.

Dies gilt freilich nur im Anwendungsbereich des Kartellvergaberechts, also insbesondere nur für öffentliche Auftraggeber iSv § 98 GWB und Aufträge oberhalb der Schwellenwerte gemäß § 100 Abs. 1 GWB. Inhaltlich bedeutet dies für den Auftraggeber va eine einfachgesetzliche Pflicht zur Gleichbehandlung (§ 97 Abs. 2 GWB), zur Transparenz (§ 97 Abs. 1 GWB) und zur Wahrung des Wettbewerbs (§ 97 Abs. 1 GWB). Diese Pflicht besteht auch dann, wenn die ausdrücklichen Aufhebungsregeln der §§ 17 VOL/A, 20 EG VOL/A, 17 VOB/A und 17 EG VOB/A nicht anwendbar sind, also insbesondere im Bereich der VOF[24].

3. Grundrechte

Anforderungen an die Rechtmäßigkeit der Aufhebung ergeben sich ferner aus den **Grundrechten**. Ob und bejahendenfalls in welchem Umfange die öffentliche Hand bei der Vergabe von Aufträgen an die Grundrechte gebunden ist, wird zwar weiterhin unterschiedlich beantwortet[25]. Das Bundesverfassungsgericht bejaht aber zumindest die Anwendbarkeit des Rechts auf Gleichbehandlung (Art. 3 Abs. 1 GG) und leitet daraus insbesondere ein Willkürverbot ab[26]. Das Bundesverwaltungsgericht ist dem beigetreten[27]. Als Folge daraus haben öffentliche Auftraggeber, soweit sie grundrechtsverpflichtet sind, bei der Entscheidung über die Aufhebung eines Vergabeverfahrens jedenfalls willkürfrei vorzugehen. Dies gilt unabhängig davon, ob darüber hinaus die ausdrücklichen Aufhebungsregeln nach § 17 VOL/A, § 20 EG VOL/A, § 17 VOB/A oder § 17 EG VOB/A Anwendung finden, und ebenfalls unabhängig davon, ob die Auftragsvergabe dem Geltungsbereich des Kartellvergaberechts unterliegt. Eine Verfahrensaufhebung, die allein dem Zweck dient, einem missliebigen erstplatzierten Bieter ohne sachlichen Grund den Zuschlag vorzuenthalten, um den Auftrag in einem nachfolgenden Verfahren einem anderen Bieter zukommen lassen zu können, ist demnach grundrechtswidrig[28]. Im Anwendungsbereich des Kartellvergaberechts verstößt sie zudem gegen den aus § 97 Abs. 2 GWB folgenden einfachgesetzlichen Gleichbehandlungsgrundsatz.

4. Europarecht

Das europäische Vergaberecht enthält keine ausdrücklichen inhaltlichen Voraussetzungen, unter welchen die Mitgliedstaaten den öffentlichen Auftraggebern die Aufhebung eines Vergabeverfahrens gestatten können. Art. 41 Abs. 1 VKR setzt lediglich eine **Unterrichtungspflicht** fest, nach welcher der Auftraggeber den Bewerbern und Bietern schnellstmöglich, auf Antrag auch schriftlich, ua die Gründe mitzuteilen hat, aus denen beschlossen wurde, auf den Abschluss einer Rahmenvereinbarung oder die Vergabe eines Auftrags, für den eine Ausschreibung stattgefunden hat, zu verzichten und[29] das Verfahren erneut einzuleiten. Für den Sektorenbereich enthält Art. 49 Abs. 1 SKR eine vergleichbare Bestimmung. Darüber hinausgehende Vorgaben für die Aufhebung eines Vergabeverfahrens sehen die Vergaberichtlinien nicht vor; sie begrenzen die Befugnis des öffentlichen Auftraggebers zum Vergabeverzicht insbesondere nicht auf Ausnahmefälle oder auf Fälle

---

[24] *Schubert* in Willenbruch/Wieddekind, § 14 VOF Rn. 34.
[25] Zum Streitstand *Bungenberg* in Loewenheim, vor §§ 97 ff. GWB Rn. 10 ff.; *Fehling* in Pünder/Schellenberg, § 97 GWB Rn. 40 ff.; *Glahs* in Reidt/Stickler/Glahs, Einleitung Rn. 27 ff.; *Starck* in v. Mangoldt/Klein/Starck, GG, 6. Aufl., Art. 1 Abs. 3 Rn. 228; *Rüfner* in Isensee/Kirchhof, Handbuch des Staatsrechts, Band IX, 3. Aufl., § 197 Rn. 68 ff.
[26] BVerfG Beschl. v. 13.6.2006, 1 BvR 1160/03, BVerfGE 116, 135, 153.
[27] BVerwG Beschl. v. 2.5.2007, BVerwG 6 B 10.07, BVerwGE 129, 9, 16.
[28] *Scharen* NZBau 2003, 585, 587.
[29] Englischsprachige Fassung: „or"; dazu *Lischka* in Müller-Wrede, VOL/A, § 20 EG Rn. 11.

schwerwiegender Gründe[30]. Der am 15. Januar 2014 im Europäischen Parlament beschlossene Entwurf einer neuen Richtlinie des Europäischen Parlaments und des Rates über die öffentliche Auftragsvergabe[31], die an die Stelle der Vergabekoordinierungsrichtlinie treten soll, enthält ebenfalls keine Vorgaben dazu, unter welchen Voraussetzungen die Mitgliedstaaten die Aufhebung eines Vergabeverfahrens gestatten können.

13 Nach der Rechtsprechung des EuGH ist der Auftraggeber gleichwohl verpflichtet, bei der Entscheidung über die Aufhebung die *„fundamentalen Regeln des Gemeinschaftsrechts"* zu beachten, zu denen insbesondere die **primärrechtlichen Grundsätze des Niederlassungsrechts und der Dienstleistungsfreiheit** gehören[32]. Namentlich folgen daraus ein Verbot der Diskriminierung aus Gründen der Staatsangehörigkeit[33] sowie eine Verpflichtung auf den Gleichbehandlungsgrundsatz[34]. Ferner hat der EuGH aus diesen Grundsätzen, allerdings bislang ohne konkreten Bezug zur Aufhebung eines Vergabeverfahrens, eine allgemeine Pflicht zur Transparenz hergeleitet[35]. Diese Regeln gelten nach der Rechtsprechung des EuGH auch außerhalb des Anwendungsbereichs der Vergaberichtlinien[36]. Bei der Entscheidung über die Aufhebung sind mithin diese im EU-Primärrecht wurzelnden Grundsätze zu beachten, und zwar wiederum unabhängig von der Anwendbarkeit der ausdrücklichen Aufhebungsregeln nach § 17 VOL/A, § 20 EG VOL/A, § 17 VOB/A oder § 17 EG VOB/A und unabhängig von der Geltung des Kartellvergaberechts. Voraussetzung ist vielmehr allein, dass die Regeln des EU-Primärvergaberechts Anwendung finden[37]. Neben der Eröffnung des persönlichen Anwendungsbereichs[38] gehört dazu insbesondere, dass der Auftrag einen grenzüberschreitenden Bezug aufweist[39].

---

[30] EuGH Urt. v. 16.10.2003, Rs. C-244/02 – Kauppatalo, Rn. 29; EuGH Urt. v. 18.6.2002, Rs. C-92/00 – Hospital Ingenieure, Rn. 40; EuGH Urt. v. 16.9.1999, Rs. C-27/98 – Metalmeccanica Fracasso und Leitschutz, Rn. 23, 25, 27; zustimmend *Dieck-Bogatzke* VergabeR 2008, 392 ff.

[31] PE-CONS 74/13–2011/0438 (COD).

[32] EuGH Urt. v. 16.10.2003, Rs. C-244/02 – Kauppatalo, Rn. 29 ff.; EuGH Urt. v. 18.6.2002, Rs. C-92/00 – Hospital Ingenieure, Rn. 42, 47; zustimmend *Dieck-Bogatzke* VergabeR 2008, 392 ff.; *Lischka* in Müller-Wrede, VOL/A, § 20 EG Rn. 9; *Portz* in Ingenstau/Korbion, § 17 VOB/A Rn. 3; *Portz* in Kulartz/Marx/Portz/Prieß, VOB/A, § 17 Rn. 3.

[33] EuGH Urt. v. 18.6.2002, Rs. C-92/00 – Hospital Ingenieure, Rn. 47.

[34] EuGH Urt. v. 16.10.2003, Rs. C-244/02 – Kauppatalo, Rn. 36.

[35] EuGH Urt. v. 23.12.2009, Rs. C-376/08 – Serrantoni, Rn. 23; EuGH Urt. v. 21.2.2008, Rs. C-412/04 – Kommission ./. Italien, Rn. 82; EuGH Urt. v. 13.11.2007, Rs. C-507/03 – An Post, Rn. 30; EuGH Urt. v. 6.4.2006, C-410/04 – ANAV, Rn. 23 f.; EuGH Urt. v. 13.10.2005, Rs. C-458/03 – Parking Brixen, Rn. 52 ff.; EuGH Urt. v. 21.7.2005, Rs. C-231/03 – Coname, Rn. 19, 23; EuGH Urt. v. 7.12.2000, Rs. C-324/98 – Telaustria und Telefonadress, Rn. 71 f.

[36] EuGH Urt. v. 18.11.2010, Rs. C-226/09 – Kommission ./. Irland, Rn. 29; EuGH Urt. v. 23.12.2009, Rs. C-376/08 – Serrantoni, Rn. 21 ff.; EuGH Urt. v. 15.5.2008, verb. Rs. C-147/06, C-148/06 – SECAP und Santorso, Rn. 20; EuGH Urt. v. 21.2.2008, Rs. C-412/04 – Kommission ./. Italien, Rn. 66, 81; EuGH Urt. v. 13.11.2007, Rs. C-507/03 – An Post, Rn. 26, 30; EuGH Urt. v. 6.4.2006, C-410/04 – ANAV, Rn. 19; EuGH Urt. v. 20.10.2005, Rs. C-264/03 – Kommission ./. Frankreich, Rn. 22 f.; EuGH Urt. v. 13.10.2005, Rs. C-458/03 – Parking Brixen, Rn. 48 f.; EuGH Urt. v. 21.7.2005, Rs. C-231/03 – Coname, Rn. 17 f.; EuGH Beschl. v. 3.12.2001, Rs. C-59/00 – Vestergaard, Rn. 20 f.; EuGH Urt. v. 7.12.2000, Rs. C-324/98, Telaustria und Telefonadress, Rn. 60; ebenso EuG Urt. v. 20.5.2010, Rs. T-258/06, Bundesrepublik Deutschland ./. Kommission, Rn. 73 ff.; zur Anwendung im deutschen Recht BGH Urt. v. 30.8.2011, X ZR 55/10, VergabeR 2012, 26; allgemein zum EU-Primärvergaberecht *Barth* Das Vergaberecht außerhalb des Anwendungsbereichs der EG-Vergaberichtlinien, 34 ff.; *Diehr* VergabeR 2009, 719; *Bungenberg* in Loewenheim, vor §§ 97 ff. GWB Rn. 48 ff.; *Fehling* in Pünder/Schellenberg, § 97 GWB Rn. 16; *Frenz* in Willenbruch/Wieddekind, § 97 GWB Rn. 2 ff.; *Kühling/Huerkamp* in MünchKommBeihilferecht, vor §§ 97 ff. GWB Rn. 6 ff.; eingehend ferner §§ 73 bis 77.

[37] Dazu im Einzelnen § 74 sowie *Kühling/Huerkamp* in MünchKommBeihilferecht, vor §§ 97 ff. GWB Rn. 37 ff.

[38] Dazu *Gabriel* VergabeR 2009, 7 ff.

IV. Kein Kontrahierungszwang

Dass der Auftraggeber das einmal eingeleitete Vergabeverfahren nur unter bestimmten Voraussetzungen aufheben darf, bedeutet indes nicht, dass er einem **Kontrahierungszwang** ausgesetzt wäre, der es ihm geböte, bei Nichtvorliegen dieser Voraussetzungen das Vergabeverfahren zu Ende zu führen und den Auftrag dem Bieter mit dem besten Angebot zu erteilen. Vielmehr ist anerkannt, dass der Auftraggeber frei darin ist, seinen **Vergabewillen aufzugeben** und den konkreten Auftrag trotz eines bereits begonnenen Vergabeverfahrens nicht zu vergeben[40]. Eine Pflicht des Auftraggebers zur Auftragserteilung gibt es daher ebenso wenig wie einen damit korrespondierenden Anspruch der Bieter, die sich an dem Vergabeverfahren beteiligt haben. Dies ist die Folge der Vertragsfreiheit, die auch dem öffentlichen Auftraggeber zukommt[41] und die insbesondere durch die Aufhebungstatbestände der VOB/A und der VOL/A nicht eingeschränkt wird. Auch wenn diese Vertragsfreiheit des öffentlichen Auftraggebers in vielen Fällen mangels Grundrechtsfähigkeit nicht aus der allgemeinen Handlungsfreiheit nach Art. 2 Abs. 1 GG hergeleitet werden kann, so können gleichwohl insbesondere § 17 Abs. 1 VOL/A, § 20 EG Abs. 1 VOL/A, § 17 Abs. 1 VOB/A und § 17 EG Abs. 1 VOB/A die jedenfalls nach allgemeinen vertragsrechtlichen Grundsätzen bestehende Befugnis des öffentlichen Auftraggebers, auf den Abschluss eines angestrebten Vertrages jederzeit zu verzichten, nicht beschränken. Eine derartige Verpflichtung des öffentlichen Auftraggebers auf das einmal eingeleitete Vergabeverfahren wäre insbesondere mit dem Zweck des Vergaberechts, *„der öffentlichen*

---

[39] EuGH Urt. v. 18.11.2010, Rs. C-226/09 – Kommission ./. Irland, Rn. 31; EuGH Urt. v. 23.12.2009, Rs. C-376/08 – Serrantoni, Rn. 24; EuGH Urt. v. 15.5.2008, verb. Rs. C-147/06, C-148/06 – SECAP und Santorso, Rn. 21; EuGH Urt. v. 21.2.2008, Rs. C-412/04 – Kommission ./. Italien, Rn. 66; EuGH Urt. v. 13.11.2007, Rs. C-507/03 – An Post, Rn. 29; EuGH Urt. v. 13.10.2005, Rs. C-458/03 – Parking Brixen, Rn. 55; EuGH Urt. v. 21.7.2005, Rs. C-231/03 – Coname, Rn. 20; EuG Urt. v. 20.5.2010, Rs. T-258/06, Bundesrepublik Deutschland ./. Kommission, Rn. 80, 91 ff.; BGH Urt. v. 30.8.2011, X ZR 55/10, VergabeR 2012, 26; OLG Düsseldorf, Beschl. v. 21.4.2010, VII-Verg 55/09, VergabeR 2011, 122, 126 m. Anm. *Zirbes*; *Diehr* VergabeR 2009, 719, 722 ff.; *Kühling/Huerkamp* in MünchKommBeihilferecht, vor §§ 97 ff. GWB Rn. 39 ff.

[40] BGH Beschl. v. 18.2.2003, X ZB 43/02, NZBau 2003, 293, 294 f.; BGH Urt. v. 5.11.2002, X ZR 232/00, NZBau 2003, 168, 169; OLG Frankfurt a. M. Beschl. v. 28.6.2005, 11 Verg 21/04, VergabeR 2006, 131, 134; OLG Köln Urt. v. 18.6.2010, 19 U 98/09, NRWE; OLG München Beschl. v. 23.12.2010, Verg 21/10, VergabeR 2011, 525, 529 m. Anm. *Mantler*; VK Bund Beschl. v. 22.7.2011, VK 3–83/11, www.bundeskartellamt.de; *Burbulla* ZfBR 2009, 134, 138; *Dieck-Bogatzke* VergabeR 2008, 392 ff.; *Conrad* NZBau 2007, 287, 288; *Müller-Wrede/Schade* VergabeR 2005, 460, 462; *Burgi* NZBau 2003, 16, 22; *Scharen* NZBau 2003, 585, 588; *Reidt/Brosius-Gersdorf* VergabeR 2002, 580, 590; *Bauer* in Heiermann/Riedl/Rusam, § 17 VOB/A Rn. 4; *Brauer* in Ziekow/Völlink, § 114 GWB Rn. 21 f.; *Diemon-Wies* in Hattig/Maibaum, § 114 GWB Rn. 38; *Gause* in Willenbruch/Wieddekind, § 114 GWB Rn. 6, 11; *Glahs* in Kapellmann/Messerschmidt, § 17 VOB/A Rn. 25; *Herrmann* in Ziekow/Völlink, vor § 17 VOB/A Rn. 15 f.; *Heuvels* in Loewenheim, § 114 GWB Rn. 8; *Lischka* in Müller-Wrede, VOL/A, § 20 EG Rn. 24, 107; *Maier* in Kulartz/Kus/Portz, § 114 Rn. 59; *Portz* in Ingenstau/Korbion, § 17 VOB/A Rn. 4 f., 57; *Portz* in Kulartz/Marx/Portz/Prieß, VOB/A, § 17 Rn. 4 f.; *Portz* in Kulartz/Marx/Portz/Prieß, VOL/A, § 17 Rn. 8; *Portz* in Müller-Wrede, VOF, § 17 Rn. 92; *Rechten* in Kulartz/Marx/Portz/Prieß, VOL/A, § 18 Rn. 22; *Reidt* in Reidt/Stickler/Glahs, § 114 Rn. 25; *Ruhland* in Pünder/Schellenberg, § 17 VOL/A Rn. 5, 20, § 17 VOB/A Rn. 8, 28; *Stickler* in Kapellmann/Messerschmidt, § 18 VOB/A Rn. 10; *Voppel/Osenbrück/Bubert*, § 16 Rn. 56; *Wiedemann* in Kulartz/Marx/Portz/Prieß, VOL/A, § 18 Rn. 8; *von Wietersheim* in Ingenstau/Korbion, § 18 VOB/A Rn. 7; kritisch hingegen *Kaelble* ZfBR 2003, 657; vgl. außerdem BayObLG Beschl. v. 5.11.2002, Verg 22/02, VergabeR 2003, 186, 192 f. m. Anm. *Schabel*, *Schweda* (VergabeR 2003, 374), *Steenhoff* (VergabeR 2003, 373) und *Willenbruch* (VergabeR 2003, 477).

[41] Allgemein BayObLG Beschl. v. 17.2.2005, Verg 27/04, VergabeR 2005, 349, 354 m. Anm. *Otting*; kritisch *Kaelble* ZfBR 2003, 657, 666 ff.

Hand eine die Bindung der ihr anvertrauten Mittel und das Gebot sparsamer Wirtschaftsführung beachtende Beschaffung zu angemessenen Preisen zu ermöglichen"[42], nicht in Einklang zu bringen. Mit den Vorgaben des europäischen Vergaberechts ist diese Sichtweise vereinbar, da den europäischen Vergaberichtlinien nach der Rechtsprechung des EuGH nicht entnommen werden kann, dass der Auftraggeber zur Erteilung des zum Gegenstand eines Vergabeverfahrens gemachten Auftrages gezwungen werden muss[43].

15 Die Möglichkeit des Auftraggebers, jederzeit von dem angestrebten Vertragsschluss Abstand zu nehmen, sagt allerdings für sich genommen noch nichts über die **Rechtmäßigkeit der Aufhebung** aus. Hebt der Auftraggeber ein Vergabeverfahren im Anwendungsbereich der VOB/A oder der VOL/A auf, ohne dass einer der in § 17 Abs. 1 VOL/A, § 20 EG Abs. 1 VOL/A, § 17 Abs. 1 VOB/A bzw. § 17 EG Abs. 1 VOB/A normierten Aufhebungstatbestände erfüllt ist, ist die Aufhebung trotz dieser Freiheit des Auftraggebers, von dem Beschaffungsvorhaben Abstand zu nehmen, rechtswidrig. Aus dem Fehlen einer Kontrahierungspflicht folgt dann lediglich, dass der Auftraggeber im vergaberechtlichen Nachprüfungsverfahren nicht zur Auftragserteilung gezwungen werden kann. Dass er sich aber als Folge seines rechtswidrigen Verhaltens gleichwohl schadensersatzpflichtig machen kann, wird dadurch nicht verhindert[44].

B. Die Aufhebungstatbestände der VOB/A und VOL/A

I. Anwendungsbereich

16 § 17 Abs. 1 VOL/A, § 20 EG Abs. 1 VOL/A, § 17 Abs. 1 VOB/A und § 17 EG Abs. 1 VOB/A enthalten tatbestandliche Voraussetzungen, bei deren jeweiliger Erfüllung der Auftraggeber befugt ist, das Vergabeverfahren aufzuheben. Entsprechend ihrer systematischen Stellung sind sie nur im Geltungsbereich **der jeweiligen Vergabeordnung** anwendbar. Formal treffen § 20 EG Abs. 1 VOL/A und § 17 EG Abs. 1 VOB/A Sonderregelungen für den Bereich des Kartellvergaberechts (§ 4 Abs. 1, § 6 Abs. 1 VgV); die Aufhebungstatbestände sind jedoch wortgleich mit den Bestimmungen in § 17 Abs. 1 VOL/A bzw. § 17 VOB/A.

17 **§ 17 VOL/A und § 20 EG VOL/A** gelten schon ihrem Wortlaut nach für **alle Vergabeverfahren,** unterscheiden also nicht nach den verschiedenen Vergabearten iSv § 3 VOL/A und § 3 EG VOL/A. Denn die durchgehende Verwendung des Begriffs Vergabeverfahren in der Mehrzahl in beiden Normen weist darauf hin, dass alle Arten von Vergabeverfahren umfasst sein sollen. Deshalb sind § 17 VOL/A und § 20 EG VOL/A nicht nur auf öffentliche Ausschreibungen und offene Verfahren anwendbar. Sie gelten darüber hinaus auch für beschränkte Ausschreibungen und nicht offene Verfahren, für freihändige Vergaben und Verhandlungsverfahren sowie für wettbewerbliche Dialoge[45]. Bei den nicht wettbewerbsoffenen Verfahrensarten kommt es dabei nicht darauf an, ob der Vergabe ein Teilnahmewettbewerb vorangegangen ist[46]. Die Gegenauffassung, welche § 17 VOL/A und § 20 EG VOL/A nur auf offene und nichtoffene Verfahren anwenden will[47], findet bereits im Wortlaut der beiden Normen keinen Anhaltspunkt. Soweit für frühere Normfassungen vor Geltung der VOL/A 2009[48] auf den damals abweichenden Wortlaut der

---

[42] BGH Urt. v. 5.11.2002, X ZR 232/00, NZBau 2003, 168, 169.
[43] Dazu unter Rn. 12.
[44] Dazu unter Rn. 99 ff.
[45] *Fett* in Willenbruch/Wieddekind, § 17 VOL/A Rn. 4; *Lischka* in Müller-Wrede, VOL/A § 20 EG Rn. 21; *Portz* in Kulartz/Marx/Portz/Prieß, VOL/A, § 17 Rn. 16.
[46] *Fett* in Willenbruch/Wieddekind, § 17 VOL/A Rn. 4; *Portz* in Kulartz/Marx/Portz/Prieß, VOL/A, § 17 Rn. 17.
[47] So *Ruhland* in Pünder/Schellenberg, § 17 VOL/A Rn. 4, § 20 EG VOL/A Rn. 2.
[48] Bekanntmachung vom 20.11.2009, BAnz. Nr. 196 a, ber. 2010 S. 755.

Norm abgestellt wurde[49], der sich nur auf die Aufhebung der „*Ausschreibung*" bezog[50], ist dies mit der Neufassung in § 17 VOL/A und § 20 EG VOL/A überholt.

Für den Bereich der **VOB/A** bestehen hingegen Unsicherheiten über den Anwendungsbereich der Aufhebungsbestimmungen in § 17 Abs. 1 VOB/A und § 17 EG VOB/A, da diese ihrem Wortlaut nach ebenso wie die Unterrichtungspflicht nach § 17 Abs. 2 VOB/A und § 17 EG Abs. 2 VOB/A nur für Ausschreibungen gelten. Nach der Bestimmung der Vergabearten in § 3 und § 3 EG VOB/A sind damit die öffentliche (§ 3 Abs. 1 Satz 1 VOB/A) und die beschränkte Ausschreibung (§ 3 Abs. 1 Satz 2 VOB/A) gemeint, denen im Bereich des Abschnitts 2 der VOB/A das offene Verfahren (§ 3 EG Abs. 1 Nr. 1 VOB/A) und das nichtoffene Verfahren (§ 3 EG Abs. 1 Nr. 2 VOB/A) entsprechen. Teilweise wird vertreten, § 17 Abs. 1 und 2 VOB/A und § 17 EG Abs. 1 und 2 VOB/A über diesen vom Wortlaut umfassten Anwendungsbereich hinaus auch auf die übrigen Verfahrensarten im Geltungsbereich der VOB/A, also die freihändige Vergabe (§ 3 Abs. 1 Satz 3 VOB/A) bzw. das Verhandlungsverfahren mit oder ohne Vergabebekanntmachung (§ 3 EG Abs. 1 Nr. 3 VOB/A) sowie den wettbewerblichen Dialog (§ 3 EG Abs. 1 Nr. 4 VOB/A), anzuwenden[51]. Dafür spricht fraglos, dass das in § 17 VOB/A und § 17 EG VOB/A zum Ausdruck kommende Sachanliegen, die Aufhebung eines Vergabeverfahrens zur Vermeidung willkürlicher Ungleichbehandlungen und zur Konkretisierung des zwischen dem Auftraggeber und den am Auftrag interessierten Unternehmen bestehenden vorvertraglichen Rechtsverhältnisses[52] nur unter bestimmten Voraussetzungen zuzulassen und an bestimmte Transparenzpflichten zu knüpfen, dem Grunde nach für alle Verfahrensarten gilt. Gleichwohl genügt dies noch nicht für eine Erstreckung von § 17 VOB/A und § 17 EG VOB/A über den Wortlaut hinaus, da es aus Sicht des Normgebers keineswegs planwidrig sein muss, die strengen Aufhebungsvoraussetzungen des § 17 Abs. 1 VOB/A und des § 17 EG Abs. 1 VOB/A für die ohnehin aufgelockerten Verfahrensarten jenseits der Ausschreibung nicht gelten zu lassen. In vergleichbarer Weise sieht die VOF, die nur das Verhandlungsverfahren als Verfahrensart kennt (§ 3 Abs. 1 VOF), keine ausdrücklichen Voraussetzungen für die Aufhebung des Vergabeverfahrens vor[53]. Eine analoge Anwendung von § 17 VOB/A und § 17 EG VOB/A auf die Verfahrensarten, die keine Ausschreibung sind, scheidet daher aus[54]. Dies bedeutet allerdings nicht, dass in diesen Verfahren eine Aufhebung stets rechtmäßig wäre. Vielmehr ist dann immer noch der übrige Rechtsrahmen der Aufhebungsentscheidung[55], d. h. je nach Einzelfall

---

[49] So VK Bund Beschl. v. 28. 4. 2003, VK 1–19/03, www.bundeskartellamt.de; VK Detmold Beschl. v. 19. 12. 2002, VK 21–41/02.

[50] Z. B. § 26 VOL/A Ausgabe 2006.

[51] OLG Celle Beschl. v. 13. 1. 2011, 13 Verg 15/10, VergabeR 2011, 531, 533 m. Anm. *Hölzl/ Friton*; OLG Düsseldorf Beschl. v. 8. 6. 2011, VII-Verg 55/10, ZfBR 2012, 193, 195; *Dieck-Bogatzke* VergabeR 2008, 392, 393; der Sache nach ebenso BGH Urt. v. 1. 8. 2006, X ZR 115/04, NZBau 2006, 797, 799; wohl auch *Glahs* in Kapellmann/Messerschmidt, § 17 VOB/A Rn. 4; ähnlich *Portz* in Ingenstau/Korbion, § 17 VOB/A Rn. 12 f.; *Portz* in Kulartz/Marx/Portz/Prieß, VOB/A, § 17 Rn. 13; *Ruhland* in Pünder/Schellenberg, § 17 VOB/A Rn. 5 (analoge Anwendung nur im Verhandlungsverfahren mit vorheriger Bekanntmachung).

[52] BVerwG Beschl. v. 2. 5. 2007, BVerwG 6 B 10.07, BVerwGE 129, 9, 13 f.; BGH Urt. v. 5. 6. 2012, X ZR 161/11, NZBau 2012, 652, 653; BGH Urt. v. 9. 6. 2011, X ZR 143/10, NZBau 2011, 498, 499; BGH Urt. v. 16. 12. 2003, X ZR 282/02, NJW 2004, 2165; BGH Urt. v. 8. 9. 1998, X ZR 48/97, BGHZ 139, 259, 260 f.

[53] Dazu unter Rn. 70 ff.

[54] Ebenso im Ergebnis VK Bund Beschl. v. 28. 4. 2003, VK 1–19/03, www.bundeskartellamt.de (für den Bereich der VOL/A); VK Detmold Beschl. v. 19. 12. 2002, VK 21–41/02 (für den Bereich der VOL/A); *Fett* in Willenbruch/Wieddekind, § 17 VOB/A Rn. 4; *Herrmann* in Ziekow/Völlink, vor § 17 VOB/A Rn. 7.

[55] Dazu unter Rn. 10 ff.

insbesondere die aus § 97 GWB folgenden Grundsätze des Vergaberechts und die aus dem EU-Primärrecht folgenden Bindungen des Auftraggebers, zu beachten[56].

II. Ausnahmecharakter der Aufhebungstatbestände; Darlegungs- und Beweislast

19 Die Aufhebungstatbestände in § 17 Abs. 1 VOL/A, § 20 EG Abs. 1 VOL/A, § 17 Abs. 1 VOB/A und § 17 EG Abs. 1 VOB/A werden allgemein als **Ausnahmeregeln** verstanden[57], da sie von dem Regelfalle, nach dem ein Vergabeverfahren durch die Erteilung des Auftrages beendet wird, abweichen und es dem Auftraggeber gestatten, in rechtmäßiger Weise und damit ohne für ihn nachteilige Folgen von der Vergabe abzusehen. Auf Grund dieses Ausnahmecharakters werden die Aufhebungstatbestände üblicherweise **eng ausgelegt**[58]. Dem ist trotz der methodisch schwachen Fundierung der Regel von der engen Auslegung von Ausnahmetatbeständen und trotz ihrer deshalb beschränkten Aussagekraft[59] zuzustimmen. Denn die Begrenzung der zuschlagslosen Beendigung von Vergabeverfahren auf bestimmte Ausnahmefälle ist das normative Gegenstück zu den beträchtlichen Aufwendungen, zu denen der Auftraggeber die Bieter regelmäßig veranlasst, wenn er sie zur Teilnahme am Vergabeverfahren auffordert[60]. Es entspricht einer „*nach allen Seiten aus-*

---

[56] VK Bund Beschl. v. 31. 8. 2009, VK 1 – 152/09, www.bundeskartellamt.de (für den Bereich der VOL/A); VK Brandenburg Beschl. v. 17. 9. 2002, VK 50/02, IBR online (für den Bereich der VOL/A); VK Brandenburg Beschl. v. 30. 7. 2002, VK 38/02, ZfBR 2003, 88, 92 f. (für den Bereich der VOL/A); *Fett* in Willenbruch/Wieddekind, § 17 VOB/A Rn. 4; *Herrmann* in Ziekow/Völlink, vor § 17 VOB/A Rn. 7; *Ruhland* in Pünder/Schellenberg, § 17 VOB/A Rn. 5.

[57] BGH Urt. v. 25. 11. 1992, VIII ZR 170/91, NJW 1993, 520, 521; OLG Celle Beschl. v. 10. 6. 2010, 13 Verg 18/09, IBR online (für den Bereich der VOB/A); OLG Düsseldorf Beschl. v. 13. 12. 2006, VII-Verg 54/06, NZBau 2007, 462, 464 (für den Bereich der VOB/A); VK Bund Beschl. v. 29. 11. 2009, VK 1 – 167/09, www.bundeskartellamt.de (für den Bereich der VOL/A); VK Lüneburg Beschl. v. 14. 4. 2011, VgK-09/2011, ZfBR 2011, 795, 799 (für den Bereich der VOL/A); *Dieck-Bogatzke* VergabeR 2008, 392, 393; *Scharen* NZBau 2003, 585, 586; *Bauer* in Heiermann/Riedl/Rusam, § 17 VOB/A Rn. 8 f.; *Fett* in Willenbruch/Wieddekind, § 17 VOL/A Rn. 6; *Glahs* in Kapellmann/Messerschmidt, § 17 VOB/A Rn. 5; *Herrmann* in Ziekow/Völlink, vor § 17 VOB/A Rn. 2; *Lischka* in Müller-Wrede, VOL/A, § 20 EG Rn. 28; *Portz* in Ingenstau/Korbion, § 17 VOB/A Rn. 11; *Portz* in Kulartz/Marx/Portz/Prieß, VOB/A, § 17 Rn. 11; *Portz* in Kulartz/Marx/Portz/Prieß, VOL/A, § 17 Rn. 15; *Ruhland* in Pünder/Schellenberg, § 17 VOB/A Rn. 9.

[58] BGH Urt. v. 20. 11. 2012, X ZR 108/10, ZfBR 2013, 154, 156 (für den Bereich der VOB/A); BGH Urt. v. 12. 6. 2001, X ZR 150/99, NZBau 2001, 637, 640 (für den Bereich der VOB/A); BGH Urt. v. 8. 9. 1998, NJW 1998, 3636, 3637 (für den Bereich der VOB/A); BayObLG Beschl. v. 15. 7. 2002, Verg 15/02, NZBau 2002, 689, 691 (für den Bereich der VOB/A); OLG Celle Beschl. v. 13. 1. 2011, 13 Verg 15/10, VergabeR 2011, 531, 533 m. Anm. *Hölzl/Friton* (für den Bereich der VOB/A); OLG Celle Beschl. v. 10. 6. 2010, 13 Verg 18/09, IBR online (für den Bereich der VOB/A); OLG Düsseldorf, Beschl. v. 13. 12. 2006, VII-Verg 54/06, NZBau 2007, 462, 464 (für den Bereich der VOB/A); OLG Düsseldorf Beschl. v. 3. 1. 2005, VII-Verg 72/04, NRWE (für den Bereich der VOL/A); OLG München Beschl. v. 6. 12. 2012, Verg 25/12, VergabeR 2013, 492, 495 m. Anm. *Amelung* (für den Bereich der VOB/A); VK Bund Beschl. v. 25. 1. 2013, VK 3 – 5/13, www.bundeskartellamt.de (für den Bereich der VOL/A); VK Bund Beschl. v. 29. 11. 2009, VK 1 – 167/09, www.bundeskartellamt.de (für den Bereich der VOL/A); VK Bund Beschl. v. 24. 6. 2004, VK 2 – 73/04, www.bundeskartellamt.de (für den Bereich der VOB/A); VK Sachsen, Beschl. v. 21. 7. 2004, 1/SVK/050 – 04, IBR online (für den Bereich der VOL/A); *Fett* in Willenbruch/Wieddekind, § 17 VOL/A Rn. 6; *Glahs* in Kapellmann/Messerschmidt, § 17 VOB/A Rn. 5; *Herrmann* in Ziekow/Völlink, vor § 17 VOB/A Rn. 2; *Lischka* in Müller-Wrede, VOL/A, § 20 EG Rn. 28; *Ruhland* in Pünder/Schellenberg, § 17 VOL/A Rn. 6, § 17 VOB/A Rn. 9.

[59] BVerfG Beschl. v. 25. 6. 1974, 2 BvF 2, 3/73, BVerfGE 37, 363, 405; *Müller/Christensen*, Juristische Methodik, Band I, 10. Aufl., Rn. 370.

[60] BGH Urt. v. 8. 9. 1998, X ZR 99/96, BGHZ 139, 280, 283; *Herrmann* in Ziekow/Völlink, vor § 17 VOB/A Rn. 2.

gewogenen Risikoverteilung"[61], dass das Leitbild des Vergabeverfahrens eine Beendigung durch Zuschlag vorsieht, da der Bieter dadurch erwarten kann, dass seine Zuschlagsaussichten regelmäßig nur von auf ihn selbst und auf sein Angebot bezogenen Gesichtspunkten, also insbesondere seiner Eignung (§ 97 Abs. 4 GWB) und der Wirtschaftlichkeit seines Angebots im Verhältnis zu den Konkurrenzangeboten (§ 97 Abs. 5 GWB), abhängen. Aus denselben Gründen ist es dem Auftraggeber untersagt, ohne ernstliche Beschaffungsabsicht ein Vergabeverfahren einzuleiten (§ 2 Abs. 3 VOL/A, § 2 EG Abs. 3 VOL/A, § 2 Abs. 4 VOB/A, § 2 EG Abs. 4 VOB/A) oder einen Auftrag vorschnell auszuschreiben (§ 2 Abs. 5 VOB/A, § 2 EG Abs. 5 VOB/A). Auch wenn § 17 Abs. 1 VOL/A, § 20 EG Abs. 1 VOL/A, § 17 Abs. 1 VOB/A und § 17 EG Abs. 1 VOB/A die Pflicht des Auftraggebers zur Rücksichtnahme auf die Belange des Bieters insoweit begrenzen[62], ist es mithin geboten, diese Ausnahme ihrerseits einzugrenzen. Dass die § 17 Abs. 1 VOL/A, § 20 EG Abs. 1 VOL/A, § 17 Abs. 1 VOB/A und § 17 EG Abs. 1 VOB/A nur einen tatbestandlich beschränkten Anwendungsbereich haben, der sich allein auf Vergabeverfahren nach der VOB/A und der VOL/A sowie im Bereich der VOB/A nur auf Ausschreibungen[63] erstreckt, widerspricht dem nur scheinbar: Denn auf die Erfolgsaussichten eines ordnungsgemäßen und wirtschaftlichen Angebotes darf der Bieter im Wesentlichen dann vertrauen, wenn der Auftraggeber die formalisierte öffentliche oder beschränkte Ausschreibung (das offene oder nichtoffene Verfahren) als Verfahrensart gewählt hat, wohingegen ein Bieter als Teilnehmer an einem Verhandlungsverfahren sehr viel eher damit rechnen muss, dass die Verhandlungen auch scheitern können[64].

Das Vorliegen eines Ausnahmetatbestandes ist eine dem Auftraggeber zuzuordnende 20 Tatsache. Für das Nachprüfungs- und das Beschwerdeverfahren nach den §§ 102 ff. GWB folgt daraus nach den allgemeinen Grundsätzen[65], dass der Auftraggeber die **materielle Beweislast** dafür trägt, dass die Voraussetzungen des Ausnahmetatbestandes, auf den er sich beruft, vorliegen[66]. Ist nicht aufklärbar, ob die Voraussetzungen eines Aufhebungstatbestandes erfüllt waren, geht dies mithin zu Lasten des Auftraggebers. Auf Grund des Untersuchungsgrundsatzes (§ 110 Abs. 1 GWB bzw. § 120 iVm § 70 Abs. 1 GWB) gibt es hingegen im Nachprüfungs- und Beschwerdeverfahren grundsätzlich keine formelle Beweislastverteilung[67]. Eine Obliegenheit des Auftraggebers, Beweis für das Vorliegen der Aufhebungsgründe anzubieten (Beweisführungslast), besteht mithin nur insoweit, wie das Gesetz selbst die Geltung des Untersuchungsgrundsatzes einschränkt und eine Mitwirkung der Beteiligten an der Sachverhaltsermittlung anordnet (insbesondere § 110 Abs. 1 Satz 2 und 3 GWB bzw. § 120 iVm § 70 Abs. 2 und 3 GWB).

---

[61] BGH Urt. v. 8.9.1998, X ZR 99/96, BGHZ 139, 280, 283.
[62] BGH Urt. v. 8.9.1998, X ZR 99/96, BGHZ 139, 280, 283.
[63] Dazu unter Rn. 18.
[64] Vgl. *Portz* in Kulartz/Marx/Portz/Prieß, VOB/A, § 17 Rn. 12.
[65] Rosenbergsche Formel; s. für den ebenfalls dem Untersuchungsgrundsatz (§ 86 Abs. 1 VwGO) unterliegenden Verwaltungsprozess BVerwG Beschl. v. 22.12.2004, 1 B 111/04, juris; BVerwG Beschl. v. 1.11.1993, 7 B 190/93, NJW 1994, 468; BVerwG Urt. v. 13.10.1988, 5 C 35/85, BVerwGE 80, 290, 296; BVerwG Urt. v. 27.1.1956, II C 40.54, BVerwGE 3, 115; OVG Berlin-Brandenburg, Urt. v. 10.11.2011, OVG 2 B 11.10, juris; *Schenke* in Kopp/Schenke, § 108 Rn. 13.
[66] BGH Urt. v. 25.11.1992, VIII ZR 170/91, NJW 1993, 520, 521 (für einen Schadensersatzprozess); OLG Karlsruhe Beschl. v. 27.7.2009, 15 Verg 3/09, VergabeR 2010, 96, 99 (für den Bereich der VOB/A); OLG Köln Urt. v. 18.6.2010, 19 U 98/09, NRWE (für einen Schadensersatzprozess im Bereich der VOB/A); VK Lüneburg Beschl. v. 14.4.2011, VgK-09/2011, ZfBR 2011, 795, 799 (für den Bereich der VOL/A); VK Rheinland-Pfalz Beschl. v. 13.8.2009, VK 1–39/09, IBR online (für den Bereich der VOL/A); *Portz* in Ingenstau/Korbion, § 17 VOB/A Rn. 11; *Portz* in Kulartz/Marx/Portz/Prieß, VOB/A, § 17 Rn. 11; *Portz* in Kulartz/Marx/Portz/Prieß, VOL/A, § 17 Rn. 15.
[67] *Bungenberg* in Pünder/Schellenberg, § 110 GWB Rn. 21; *Dieck-Bogatzke* in Pünder/Schellenberg, § 120 GWB Rn. 6.

21 Daneben trifft den Auftraggeber die **Darlegungslast** hinsichtlich derjenigen Tatsachen, auf welche er die Aufhebung stützt[68]. Er hat daher im Nachprüfungs- und Beschwerdeverfahren vorzutragen, auf Grund welcher tatsächlicher Umstände die Voraussetzungen einer rechtmäßigen Verfahrensaufhebung erfüllt sind. Dies gilt allerdings wiederum nur insoweit, wie der Untersuchungsgrundsatz von Gesetzes wegen durch Mitwirkungslasten der Beteiligten eingeschränkt ist (insbesondere § 110 Abs. 1 Satz 2 und 3 GWB bzw. § 120 iVm § 70 Abs. 2 und 3 GWB). Darüber hinaus können die untergesetzlichen Normen der §§ 17 Abs. 1 VOL/A, 20 EG Abs. 1 VOL/A, §§ 17 Abs. 1 VOB/A und 17 EG Abs. 1 VOB/A den Untersuchungsgrundsatz nicht beschränken. Eine allgemeine Darlegungslast besteht darum nicht.

III. Die einzelnen Aufhebungstatbestände

1. VOL/A

22 Im Bereich der VOL/A enthalten § 17 Abs. 1 VOL/A und § 20 EG Abs. 1 VOL/A jeweils vier **wortgleiche** Aufhebungstatbestände.

a) Kein Angebot, das den Bewerbungsbedingungen entspricht

23 Gemäß § 17 Abs. 1 lit. a) VOL/A und § 20 EG Abs. 1 lit. a) VOL/A kann ein Vergabeverfahren aufgehoben werden, wenn kein Angebot eingegangen ist, das den Bewerbungsbedingungen entspricht. Offensichtliches Anliegen der Norm ist es, diejenigen Fälle zu regeln, in denen der Auftraggeber den Zuschlag nicht erteilen kann, weil **kein zuschlagsfähiges Angebot** vorliegt. Ausgehend von diesem Zweck hätte es nahegelegen, § 17 Abs. 1 lit. a) VOL/A und § 20 EG Abs. 1 lit. a) VOL/A weit zu formulieren und tatbestandlich hierunter alle in Betracht kommenden Verfahrenslagen zu fassen, in denen ein Zuschlag mangels hinreichender Verfahrensbeteiligung der Auftragsinteressenten nicht möglich ist. Gleichwohl enthält der Aufhebungstatbestand seinem Wortlaut nach zwei einschränkende Tatbestandsmerkmale: Er bezieht sich nur auf Situationen, in denen zum einen kein bedingungsgemäßes **Angebot** abgegeben wurde und zum anderen kein den **Bewerbungsbedingungen** entsprechendes Angebot vorliegt.

24 Die Beschränkung des Tatbestandes auf Fälle, in denen kein bedingungsgemäßes **Angebot** abgegeben wurde, wird bisweilen so verstanden, dass gemäß § 17 Abs. 1 lit. a) VOL/A und § 20 EG Abs. 1 lit. a) VOL/A eine Aufhebung nur in denjenigen Verfahrensarten und -stadien möglich ist, in denen überhaupt Angebote abzugeben waren. Eine beschränkte Ausschreibung bzw. ein nicht offenes Verfahren oder ein freihändiges Vergabeverfahren bzw. ein Verhandlungsverfahren, das bereits vor der Angebotsabgabe im Teilnahmewettbewerb **aus Mangel an ordnungsgemäßen Bewerbungen steckengeblieben** ist, soll mithin nicht nach § 17 Abs. 1 lit. a) VOL/A bzw. § 20 EG Abs. 1 lit. a) VOL/A, sondern nur nach § 17 Abs. 1 lit. d) VOL/A bzw. § 20 EG Abs. 1 lit. d) VOL/A aufgehoben werden können[69]. Indessen ist eine solche Auslegung vom Wortlaut der Normen keineswegs vorgegeben. Denn auch dann,

---

[68] BGH Urt. v. 25.11.1992, VIII ZR 170/91, NJW 1993, 520, 521 (für einen Schadensersatzprozess); OLG Düsseldorf Beschl. v. 3.1.2005, VII-Verg 72/04, NRWE (für den Bereich der VOL/A); OLG Karlsruhe Beschl. v. 27.7.2009, 15 Verg 3/09, VergabeR 2010, 96, 99 (für den Bereich der VOB/A); OLG Köln Urt. v. 18.6.2010, 19 U 98/09, NRWE (für einen Schadensersatzprozess im Bereich der VOB/A); VK Lüneburg Beschl. v. 14.4.2011, VgK-09/2011, ZfBR 2011, 795, 799 (für den Bereich der VOL/A); VK Rheinland-Pfalz Beschl. v. 13.8.2009, VK 1–39/09, IBR online (für den Bereich der VOL/A); VK Baden-Württemberg Beschl. v. 28.10.2008, 1 VK 39/08, IBR online (für den Bereich der VOB/A); *Lischka* in Müller-Wrede, VOL/A, § 20 EG Rn. 28; *Portz* in Ingenstau/Korbion, § 17 VOB/A Rn. 11; *Portz* in Kulartz/Marx/Portz/Prieß, VOB/A, § 17 Rn. 11; *Portz* in Kulartz/Marx/Portz/Prieß, VOL/A, § 17 Rn. 15.

[69] *Lischka* in Müller-Wrede, VOL/A, § 20 EG Rn. 35.

wenn mangels ordnungsgemäßer Bewerbungen niemand zur Angebotsabgabe aufgefordert werden kann, liegt begrifflich eine Situation vor, in der Angebote, die den Bewerbungsbedingungen entsprechen, nicht eingegangen sind. Ein solches Verständnis entspricht zudem gerade dem Zweck der Normen, einen Aufhebungstatbestand für alle diejenigen Situation zu schaffen, in denen ein Zuschlag mangels hinreichender Verfahrensbeteiligung nicht erteilt werden kann. § 17 Abs. 1 lit. a) VOL/A und § 20 EG Abs. 1 lit. a) VOL/A sind daher auch auf diejenigen Fälle anzuwenden, in denen eine Vergabeverfahren bereits aus Mangel an ordnungsgemäßen Bewerbungen nicht fortgeführt werden kann.

25 § 17 Abs. 1 lit. a) VOL/A und § 20 EG Abs. 1 lit. a) VOL/A umfassen zudem ihrem Wortlaut nach nur Vergabeverfahren, in denen keine Angebote abgegeben wurden, die **den Bewerbungsbedingungen entsprechen.** Die Beifügung dieses zusätzlichen Tatbestandsmerkmals ist sprachlich misslungen. Denn bei den Bewerbungsbedingungen handelt es sich gemäß § 8 Abs. 1 Satz 2 lit. b) VOL/A und § 9 EG Abs. 1 Satz 2 lit. b) VOL/A nur um die vom Auftraggeber vorgegebene Beschreibung der Einzelheiten der Durchführung des Verfahrens, die von der Bekanntmachung, dem Anschreiben und den Vertragsunterlagen ebenso zu trennen ist wie von den Anforderungen, welche bereits die Vergabeordnungen an eine ordnungsgemäße Angebotsabgabe stellen. Nimmt man den Aufhebungstatbestand in § 17 Abs. 1 lit. a) VOL/A und § 20 EG Abs. 1 lit. a) VOL/A beim Wort, so hängt seine Anwendbarkeit mithin wesentlich von den Formulierungsentscheidungen des Auftraggebers ab. Ein Verstoß der eingegangenen Angebote gegen eine Anforderung, die sich nur aus der Leistungsbeschreibung ergibt und die der Auftraggeber nicht in den Bewerbungsbedingungen wiederholt hat, kann dann nicht zur Grundlage einer Aufhebungsentscheidung nach § 17 Abs. 1 lit. a) VOL/A bzw. § 20 EG Abs. 1 lit. a) VOL/A gemacht werden, auch wenn die Angebote nach § 16 Abs. 3 lit. d) VOL/A bzw. § 19 EG Abs. 3 lit. d) VOL/A auszuschließen sind. Einen sinnvollen Grund für diese Unterscheidung gibt es nicht, zumal das Verfahren ohne Eingang wertungsfähiger Angebote ohnehin nicht durch Zuschlag beendet werden kann, unabhängig davon, worauf die fehlende Wertungsfähigkeit der Angebote beruht. Daher wird teilweise vertreten, § 17 Abs. 1 lit. a) VOL/A und § 20 EG Abs. 1 lit. a) VOL/A erweiternd dahingehend auszulegen, dass sämtliche Fälle, in denen keine wertungsfähigen Angebote eingegangen sind, darunter fallen[70]. Gegen eine solche Analogie spricht allerdings, dass eine echte Regelungslücke nicht besteht, da auch bei einer wortlautgetreuen Auslegung diejenige Fälle, die nicht unter § 17 Abs. 1 lit. a) VOL/A bzw. § 20 EG Abs. 1 lit. a) VOL/A fallen, in denen aber gleichwohl mangels hinreichender Bieterbeteiligung ein Zuschlag nicht erteilt werden kann, unter die Auffangnorm des § 17 Abs. 1 lit. d) VOL/A bzw. § 20 EG Abs. 1 lit. d) VOL/A gefasst werden können. Trotz des inhaltlich unbefriedigenden Ergebnisses besteht mithin für eine Überschreitung des Wortlautes kein hinreichender Grund. Unter § 17 Abs. 1 lit. a) VOL/A und § 20 EG Abs. 1 lit. a) VOL/A fallen daher nur Situationen, in denen alle Angebote auf Grund eines Verstoßes gegen die Bewerbungsbedingungen ausgeschlossen werden[71]. Hierzu kann grundsätzlich jeder der in § 16 Abs. 3 bis 6 VOL/A bzw. § 19 EG Abs. 3 bis 7 VOL/A genannten Ausschlusstatbestände gehören, soweit er sich in den Bewerbungsbedingungen des Auftraggebers wiederfindet.

26 Es versteht sich von selbst, dass der Aufhebungstatbestand in § 17 Abs. 1 lit. a) VOL/A und § 20 EG Abs. 1 lit. a) VOL/A nicht erfüllt ist, wenn **mindestens ein Angebot** eingegangen ist, welches den Bewerbungsbedingungen entspricht[72]. Zwar verstößt es nicht

---

[70] *Lischka* in Müller-Wrede, VOL/A, § 20 EG Rn. 30; wohl auch *Portz* in Kulartz/Marx/Portz/Prieß, VOL/A, § 17 Rn. 26.

[71] Im Ergebnis ebenso *Fett* in Willenbruch/Wieddekind, § 17 VOL/A Rn. 8.

[72] OLG Frankfurt a. M., Beschl. v. 5.8.2003, 11 Verg 1/02, VergabeR 2003, 725, 729; OLG Koblenz, Beschl. v. 23.12.2003, 1 Verg 8/03, VergabeR 2004, 244, 247 (für den Bereich der VOB/A); VK Lüneburg Beschl. v. 24.10.2008, VgK-35/2008, IBR online; VK Schleswig-Holstein Beschl. v. 24.10.2003, VK-SH 24/03, juris; *Fett* in Willenbruch/Wieddekind, § 17 VOL/A Rn. 8, § 17

gegen die Vorgaben des EU-Vergaberechts, dem Auftraggeber zu gestatten, bei Vorliegen nur eines wertungsfähigen Angebotes das Vergabeverfahren mangels Vergleichsmöglichkeiten aufzuheben[73]. § 17 Abs. 1 lit. a) VOL/A und § 20 EG Abs. 1 lit. a) VOL/A gehen jedoch über die europarechtlichen Mindestanforderungen hinaus und erlauben die Aufhebung erst dann, wenn dem Auftraggeber kein einziges den Bewerbungsbedingungen entsprechendes Angebot vorliegt. Dies schließt es freilich nicht aus, ein Vergabeverfahren, in dem nur ein den Bewerbungsbedingungen entsprechendes Angebot eingegangen ist, nach § 17 Abs. 1 lit. d) VOL/A bzw. § 20 EG Abs. 1 lit. d) VOL/A aufzuheben, soweit im Einzelfalle die Voraussetzungen dafür erfüllt sind. Ausgehend von der in § 17 Abs. 1 lit. a) und § 20 EG Abs. 1 lit. a) VOL/A zum Ausdruck kommenden Wertungsentscheidung sind daran jedoch hohe Anforderungen zu stellen[74].

27 In denjenigen Fällen, in denen zwar Angebote eingegangen sind, diese jedoch nicht alle in den Bewerbungsbedingungen geforderten Erklärungen oder Nachweise enthalten, stellt der Aufhebungstatbestand in § 17 Abs. 1 lit. a) VOL/A und § 20 EG Abs. 1 lit. a) VOL/A die Komplementärnorm zu **§ 16 Abs. 2 VOL/A** bzw. **§ 19 EG Abs. 2 VOL/A** dar. Der Auftraggeber hat in einer solchen Situation zunächst darüber zu befinden, ob er von der ihm eingeräumten Möglichkeit Gebrauch macht, fehlende Erklärungen oder Nachweise nachzufordern. Entscheidet er sich für eine Nachforderung, ist ihm der Rückgriff auf die Aufhebung zumindest einstweilen verwehrt. Lehnt er eine Nachforderung ab, kann er gleichwohl an dem Vergabeverfahren festhalten und unter transparenter und diskriminierungsfreier Änderung der Bewerbungsbedingungen den Bietern und ggf. etwaigen weiteren Interessenten, die zuvor kein Angebot abgegeben haben, zur erneuten Angebotsabgabe Gelegenheit geben[75]. Macht er auch davon keinen Gebrauch, eröffnen § 17 Abs. 1 lit. a) VOL/A und § 20 EG Abs. 1 lit. a) VOL/A die Möglichkeit zur Verfahrensaufhebung. Daher ist das Ermessen, das § 17 Abs. 1 VOL/A und § 20 EG Abs. 1 VOL/A dem Auftraggeber hinsichtlich der Aufhebungsentscheidung einräumen[76], nicht etwa schon dann **auf null reduziert,** wenn keine Angebote vorliegen, die den Bewerbungsbedingungen entsprechen[77]. Vielmehr hat der Auftraggeber zu ermitteln, welche Handlungsoptionen ihm im Einzelnen zur Verfügung stehen, und über diese eine ermessensfehlerfreie Entscheidung zu treffen.

b) Wesentliche Änderung der Grundlagen der Vergabeverfahren

28 Nach § 17 Abs. 1 lit. b) VOL/A und § 20 EG Abs. 1 lit. b) VOL/A dürfen Vergabeverfahren aufgehoben werden, wenn sich ihre Grundlagen wesentlich geändert haben. Entgegen einer im Schrifttum vertretenen Lesart[78] deutet die Verwendung des Plurals in diesem Aufhebungstatbestand nicht darauf hin, dass sich die Grundlagen nicht nur

---

VOB/A Rn. 6; *Lischka* in Müller-Wrede, VOL/A, § 20 EG Rn. 34; *Portz* in Ingenstau/Korbion, § 17 VOB/A Rn. 21; *Portz* in Kulartz/Marx/Portz/Prieß, VOL/A, § 17 Rn. 21; *Portz* in Kulartz/Marx/Portz/Prieß, VOL/A, § 17 Rn. 25; *Ruhland* in Pünder/Schellenberg, § 17 VOL/A Rn. 7, § 17 VOB/A Rn. 5.

[73] EuGH Urt. v. 16.9.1999, Rs. C-27/98 – Metalmeccanica Fracasso und Leitschutz, Rn. 32 f.
[74] Dazu unter Rn. 50 ff.
[75] BGH, Beschl. v. 26.9.2006, X ZB 14/06, NZBau 2006, 800, 802; BGH Urt. v. 1.8.2006, X ZR 115/04, NZBau 2006, 797, 799 (für den Bereich der VOB/A).
[76] Dazu unter Rn. 73 ff.
[77] BGH Beschl. v. 26.9.2006, X ZB 14/06, NZBau 2006, 800, 806; BGH Urt. v. 1.8.2006, X ZR 115/04, NZBau 2006, 797, 799 (für den Bereich der VOB/A); OLG Jena Beschl. v. 20.6.2005, 9 Verg 3/05, NZBau 2005, 476, 479 (für den Bereich der VOB/A); OLG Naumburg, Beschl. v. 26.10.2005, 1 Verg 12/05, ZfBR 2006, 92, 94; VK Brandenburg, Beschl. v. 15.11.2005, 2 VK 64/05, IBR online; *Lischka* in Müller-Wrede, VOL/A, § 20 EG Rn. 34; anders VK Südbayern, Beschl. v. 29.7.2009, Z3-3-3194-1-27-05/09, IBR online; *Portz* in Kulartz/Marx/Portz/Prieß, VOL/A, § 17 Rn. 26.
[78] *Lischka* in Müller-Wrede, VOL/A, § 20 EG Rn. 36.

des jeweils aufzuhebenden, sondern auch noch weiterer Vergabeverfahren wesentlich geändert haben müssen. Dies ist vielmehr die Folge dessen, dass sowohl § 17 VOL/A als auch § 20 EG VOL/A durchgehend im Plural gefasst sind[79], so dass sich daraus keine zusätzlichen inhaltlichen Anforderungen an die einzelnen Aufhebungstatbestände ergeben. Sowohl § 17 Abs. 1 lit. b) VOL/A als auch § 20 EG Abs. 1 lit. b) VOL/A beziehen sich deshalb allein auf eine wesentliche Änderung der Grundlagen **des jeweils aufzuhebenden Verfahrens.**

Allgemein gilt, dass sich die Grundlagen des Vergabeverfahrens immer dann wesentlich geändert haben, wenn es für den Auftraggeber **objektiv sinnlos** oder **unzumutbar** wäre, das Vergabeverfahren mit einem Zuschlag zu beenden[80]. Dabei ist anerkannt, dass die Umstände, die zu einer wesentlichen Änderung der Verfahrensgrundlagen geführt haben, **nachträglich,** d. h. nach Einleitung des Vergabeverfahrens, eingetreten oder erstmals erkennbar geworden sein müssen[81] und **nicht vom Auftraggeber zu vertreten sein** dürfen[82]. Diese Einschränkungen ergeben sich ebenso wie der Grundsatz der engen Auslegung der Aufhebungstatbestände[83] aus dem Leitbild einer Beendigung des Vergabeverfahrens durch den Zuschlag, welches den Ausgleich für die von den Bietern mit ihrer Verfahrensbeteiligung regelmäßig gemachten Aufwendungen bildet und damit einer „*nach allen Seiten ausgewogenen Risikoverteilung*"[84] entspricht. Was der Auftraggeber zu vertreten hat, ergibt sich dabei in dem zwischen ihm und den Bietern bestehenden Schuldverhältnis nach § 311 Abs. 2 BGB aus den §§ 276 und 278 BGB[85].

29

---

[79] Dazu unter Rn. 17.
[80] OLG Düsseldorf Beschl. v. 3. 1. 2005, VII-Verg 72/04, NRWE; OLG Köln Urt. v. 18. 6. 2010, 19 U 98/09, NRWE (für den Bereich der VOB/A); VK Bund Beschl. v. 9. 2. 2012, VK 3–6/12, www.bundeskartellamt.de; *Lischka* in Müller-Wrede, VOL/A, § 20 EG Rn. 37; *Ruhland* in Pünder/Schellenberg, § 17 VOL/A Rn. 18; ähnlich auch *Fett* in Willenbruch/Wieddekind, § 17 VOL/A Rn. 9, § 17 VOB/A Rn. 7; *Portz* in Kulartz/Marx/Portz/Prieß, VOL/A, § 17 Rn. 29.
[81] BGH Urt. v. 8. 9. 1998, X ZR 99/96, BGHZ 139, 280, 284 (für den Bereich der VOB/A); OLG Düsseldorf Beschl. v. 3. 1. 2005, VII-Verg 72/04, NRWE; OLG Frankfurt a. M. Beschl. v. 2. 3. 2007, 11 Verg 14/06, NZBau 2007, 466, 467 (für den Bereich der VOB/A); OLG Köln Urt. v. 18. 6. 2010, 19 U 98/09, NRWE (für den Bereich der VOB/A); OLG München Beschl. v. 6. 12. 2012, Verg 25/12, VergabeR 2013, 492, 495 m. Anm. *Amelung* (für den Bereich der VOB/A); VK Bund Beschl. v. 9. 2. 2012, VK 3–6/12, www.bundeskartellamt.de; VK Bund Beschl. v. 29. 11. 2009, VK 1–167/09, www.bundeskartellamt.de (für alle Aufhebungstatbestände); VK Bund Beschl. v. 15. 6. 2004, VK 2–40/03, www.bundeskartellamt.de; VK Baden-Württemberg Beschl. v. 28. 1. 2009, 1 VK 58/08, IBR online; VK Sachsen Beschl. v. 18. 8. 2006, 1/SVK/077–06, IBR online; *Scharen* NZBau 2003, 585, 586 (für alle Aufhebungstatbestände); *Fett* in Willenbruch/Wieddekind, § 17 VOL/A Rn. 9, § 17 VOB/A Rn. 8; *Glahs* in Kapellmann/Messerschmidt, § 17 VOB/A Rn. 8; *Herrmann* in Ziekow/Völlink, § 17 VOB/A Rn. 9; *Lischka* in Müller-Wrede, VOL/A, § 20 EG Rn. 38; *Portz* in Ingenstau/Korbion, § 17 VOB/A Rn. 10; *Portz* in Kulartz/Marx/Portz/Prieß, VOB/A, § 17 Rn. 10; *Portz* in Kulartz/Marx/Portz/Prieß, VOL/A, § 17 Rn. 27; *Ruhland* in Pünder/Schellenberg, § 17 VOB/A Rn. 9 (für alle Aufhebungstatbestände).
[82] OLG Düsseldorf Beschl. v. 29. 2. 2012, VII-Verg 75/11, NRWE (für alle Aufhebungstatbestände); OLG Düsseldorf Beschl. v. 8. 3. 2005, VII-Verg 40/04, NRWE (für alle Aufhebungstatbestände); OLG München Beschl. v. 6. 12. 2012, Verg 25/12, VergabeR 2013, 492, 495 m. Anm. *Amelung* (für den Bereich der VOB/A); VK Bund Beschl. v. 29. 11. 2009, VK 1–167/09, www.bundeskartellamt.de (für alle Aufhebungstatbestände); VK Bund Beschl. v. 15. 6. 2004, VK 2–40/03, www.bundeskartellamt.de; *Fett* in Willenbruch/Wieddekind, § 17 VOL/A Rn. 9, § 17 VOB/A Rn. 8; *Lischka* in Müller-Wrede, VOL/A, § 20 EG Rn. 38; *Portz* in Ingenstau/Korbion, § 17 VOB/A Rn. 10; *Portz* in Kulartz/Marx/Portz/Prieß, VOB/A, § 17 Rn. 10; *Portz* in Kulartz/Marx/Portz/Prieß, VOL/A, § 17 Rn. 27; *Ruhland* in Pünder/Schellenberg, § 17 VOB/A Rn. 9 (für alle Aufhebungstatbestände); a. A. *Glahs* in Kapellmann/Messerschmidt, § 17 VOB/A Rn. 18.
[83] Dazu unter Rn. 19.
[84] BGH Urt. v. 8. 9. 1998, X ZR 99/96, BGHZ 139, 280, 283.
[85] Ähnlich *Lischka* in Müller-Wrede, VOL/A, § 20 EG Rn. 39.

30 Ausgehend hiervon lassen sich die von § 17 Abs. 1 lit. b) und § 20 EG Abs. 1 lit. b) VOL/A umfassten Fälle zu **drei Fallgruppen** zusammenfassen:
– der nachträglichen Unmöglichkeit der Erfüllung des zu vergebenden Vertrages,
– der nachträglichen wesentlichen Änderung des Beschaffungsbedarfs und
– der nachträglichen wesentlichen Änderung der Vergabeunterlagen.

31 Alle drei Fallgruppen enthalten Überschneidungen zu den jeweils anderen Fallgruppen. So kann beispielsweise eine während des Vergabeverfahrens eintretende Gesetzesänderung gleichzeitig dazu führen, dass der ursprünglich ausgeschriebene Vertrag nicht mehr erfüllt werden kann, dass der Auftraggeber nunmehr andere als die ausgeschriebenen Leistungen beziehen will und dass dadurch die Vergabeunterlagen in wesentlichen Punkten geändert werden müssen. Gleichwohl sind die Fallgruppen nicht deckungsgleich, sondern weisen jeweils einen eigenständigen Geltungsbereich auf, der von keiner der anderen Fallgruppen umfasst wird.

32 **aa) Nachträgliche Unmöglichkeit der Vertragserfüllung.** Wird die Erfüllung des zu vergebenden Vertrages nachträglich unmöglich, stellt dies **regelmäßig** eine wesentliche Änderung der Grundlagen des Vergabeverfahrens dar[86]. Der Begriff der Nachträglichkeit bezieht sich dabei anders als im allgemeinen Schuldrecht nicht auf den Zeitpunkt des Vertragsschlusses (des Zuschlages), sondern auf den Zeitpunkt der Einleitung des Vergabeverfahrens.

33 Die Unmöglichkeit kann **rechtlicher** oder **tatsächlicher** Natur sein. Hingegen sind Fälle der **persönlichen** Unmöglichkeit (§ 275 Abs. 3 BGB) kaum denkbar, solange der Vertrag noch nicht geschlossen ist. Eine **faktische** Unmöglichkeit (§ 275 Abs. 2 BGB) kann ebenfalls regelmäßig erst bei Bestehen des vertraglichen Schuldverhältnisses entstehen, so dass diese Fälle allenfalls ausnahmsweise unter § 17 Abs. 1 lit. b) VOL/A bzw. § 20 EG Abs. 1 lit. b) VOL/A gefasst werden können.

34 Beispiele für eine nachträglich eintretende Unmöglichkeit können sein:
– **Nachträglich in Kraft getretene Rechtsvorschriften** machen dem künftigen Auftragnehmer die Leistungserbringung unmöglich[87]. Dies kann etwa der Fall sein, wenn eine Änderung eines Bebauungsplans während des Vergabeverfahrens die Errichtung des ursprünglich geplanten Gebäudes verhindert.
– Das **Leistungssubstrat** fällt nachträglich weg, beispielsweise dadurch, dass das zu sanierende Gebäude während des Vergabeverfahrens durch einen Brand zerstört wird.
– Die **Leistungsbeschreibung** des Auftraggebers erweist sich aus Gründen, die erst während des Vergabeverfahrens zutage treten und auch zuvor nicht erkannt werden konnten, als technisch undurchführbar. Keinen Fall der eine Aufhebung rechtfertigenden nachträglichen Unmöglichkeit stellt es hingegen dar, wenn der Auftraggeber die Leistungsbeschreibung aus Unachtsamkeit widersprüchlich formuliert hat und sie deshalb von niemandem ausgeführt werden kann, soweit dieser Umstand vom Auftraggeber zu vertreten ist und mithin keinen Anknüpfungspunkt für eine Aufhebung nach § 17 Abs. 1 lit. b) VOL/A bzw. § 20 EG Abs. 1 lit. b) VOL/A bilden kann[88].

35 Die Unmöglichkeit muss sich dabei nicht zwingend auf die von dem Auftragnehmer zu erbringenden Leistungen beziehen. Vielmehr kommen auch Leistungshindernisse auf Seiten des Auftraggebers in Betracht, beispielsweise eine **Haushaltssperre** (z.B. nach § 41 BHO), die es ihm unmöglich macht, Verpflichtungen einzugehen.[89]

36 Ob die Unmöglichkeit nachträglich entstanden und nicht vom Auftraggeber zu vertreten ist, kann im Einzelfall schwierig abzugrenzen sein. So stellt beispielsweise die endgül-

---

[86] *Portz* in Kulartz/Marx/Portz/Prieß, VOL/A, § 17 Rn. 29.
[87] *Lischka* in Müller-Wrede, VOL/A, § 20 EG Rn. 46.
[88] *Lischka* in Müller-Wrede, VOL/A, § 20 EG Rn. 41.
[89] OLG Düsseldorf Beschl. v. 26.6.2013, VII-Verg 2/13, ZfBR 2014, 88, 89 ff. (für § 17 EG Abs. 1 Nr. 3 VOB/A).

tige **Versagung einer nach öffentlich-rechtlichen Vorschriften erforderlichen Genehmigung, insbesondere einer Baugenehmigung,** während des laufenden Vergabeverfahrens keinen Fall der nachträglichen Unmöglichkeit dar, soweit dem Auftraggeber die Genehmigungsbedürftigkeit bei Einleitung des Vergabeverfahrens bekannt sein musste[90]. Hingegen kann sich der Auftraggeber im Falle einer nachträglich versagten Genehmigung durchaus auf § 17 Abs. 1 lit. b) VOL/A bzw. § 20 EG Abs. 1 lit. b) VOL/A berufen, wenn er die Bieter bei Einleitung des Vergabeverfahrens auf den noch bestehenden Genehmigungsvorbehalt hinweist, da dem Anliegen der §§ 17 Abs. 1 VOL/A und 20 EG Abs. 1 VOL/A, die Bieter vor Aufwendungen zu schützen, die sich mangels Zuschlagsaussichten niemals auszahlen können, dann hinreichend Rechnung getragen wird[91].

bb) Nachträgliche wesentliche Änderung des Beschaffungsbedarfs. Nachträgliche Änderungen des Beschaffungsbedarfs können ebenfalls eine wesentliche Änderung der Grundlagen des Vergabeverfahrens darstellen[92], allerdings **nicht mit derselben Regelmäßigkeit** wie in den Fällen der nachträglichen Unmöglichkeit. 37

Die nachträgliche Änderung des Beschaffungsbedarfs ist entsprechend den allgemeinen Kriterien für die Anwendung von § 17 Abs. 1 lit. b) VOL/A und § 20 EG Abs. 1 lit. b) VOL/A dann **wesentlich,** wenn das Festhalten an dem ursprünglichen Beschaffungsbedarf für den Auftraggeber objektiv sinnlos oder unzumutbar ist[93]. Bei einer vollständigen Aufgabe des Vergabewillens ist dies immer der Fall. Hält der Auftraggeber den Beschaffungsbedarf hingegen dem Grunde nach aufrecht und ändert ihn lediglich in seiner Ausgestaltung, ist nach Ausmaß und Bedeutung der Änderung abzugrenzen. Maßstab ist dabei, ob das geänderte Beschaffungsziel des Auftraggebers im laufenden Vergabeverfahren ohne wesentliche Änderungen erreicht werden kann. Bedingt die Änderung des Beschaffungsziels einen erheblichen Eingriff in das laufende Verfahren, etwa indem alle Bieter sowie sonstige Interessenten ohne Aufhebung erneut zur Angebotsabgabe aufgefordert werden müssten, handelt es sich um eine wesentliche Änderung, die dem Auftraggeber bei Vorliegen der übrigen Voraussetzungen die Aufhebung nach § 17 Abs. 1 lit. b) bzw. § 20 EG Abs. 1 lit. b) VOL/A ermöglicht. 38

Durch die einschränkenden Voraussetzungen der **Nachträglichkeit** der eingetretenen Umstände und des **fehlenden Vertretenmüssens** des Auftraggebers[94] wird ein hinreichender Schutz der Bieter vor willkürlichen Änderungen des Beschaffungsbedarfs sichergestellt. Insbesondere bloße Motivänderungen des Auftraggebers können danach nicht genügen, um eine Aufhebung auf § 17 Abs. 1 lit. b) VOL/A bzw. § 20 EG Abs. 1 lit. b) VOL/A zu stützen. Ist die Änderung des Beschaffungsbedarfs hingegen auf vom Auftraggeber nicht beeinfluss- und vorhersehbare Umstände, etwa neue Erkenntnisse zur künftigen Entwicklung der Schülerzahlen beim Bau eines Schulgebäudes, zurückzuführen, kann dies durchaus unter § 17 Abs. 1 lit. b) VOL/A bzw. § 20 EG Abs. 1 lit. b) VOL/A gefasst werden. 39

Einen praxisrelevanten Unterfall des geänderten Beschaffungsziels bilden diejenigen Fälle, in denen sich die **wirtschaftlichen Grundlagen** des Beschaffungsvorhabens wesentlich ändern, so dass sich das ursprüngliche Beschaffungsvorhaben des Auftraggebers mit der anfangs dafür vorgesehenen Finanzierung nicht verwirklichen lässt. Dies kann einerseits die Höhe des zu erwartenden Auftragsentgelts betreffen, etwa weil auf Grund erheblicher Preissteigerungen auf den Rohstoffmärkten mit deutlich höheren Angebotspreisen als ursprünglich erwartet zu rechnen ist[95]. Andererseits kann sich dies auf die vorgesehene Finanzierung des 40

---

[90] OLG Köln Urt. v. 18.6.2010, 19 U 98/09, NRWE (für den Bereich der VOB/A).
[91] Ähnlich *Lischka* in Müller-Wrede, VOL/A, § 20 EG Rn. 46.
[92] *Portz* in Kulartz/Marx/Portz/Prieß, VOL/A, § 17 Rn. 28.
[93] Dazu unter Rn. 29.
[94] Dazu unter Rn. 29.
[95] *Fett* in Willenbruch/Wieddekind, § 17 VOL/A Rn. 9; *Portz* in Kulartz/Marx/Portz/Prieß, VOL/A, § 17 Rn. 28.

Auftrags beziehen, die beispielsweise auf Grund nicht gewährter Förderungen oder auf Grund unerwartet ausbleibender Haushaltsmittel gefährdet sein kann[96]. Insbesondere bei einem Wegfall der ursprünglich vorgesehenen Finanzierung ist allerdings mit besonderer Sorgfalt danach zu fragen, ob die maßgeblichen Umstände nachträglich eingetreten und vom Auftraggeber nicht zu vertreten sind. Leitet der Auftraggeber ein Vergabeverfahren ein, obwohl die Finanzierung des Vorhabens noch nicht gesichert ist, ist der spätere Wegfall seiner Beschaffungsabsicht auf Grund einer ausbleibenden Finanzierung weder nachträglich noch vom Auftraggeber nicht zu vertreten, so dass die Aufhebung nicht auf § 17 Abs. 1 lit. b) VOL/A bzw. § 20 EG Abs. 1 lit. b) VOL/A gestützt werden kann[97]. Entsprechend der Situation bei noch nicht erfüllten Genehmigungsvorbehalten[98] kann sich der Auftraggeber allerdings dann auf diesen Aufhebungstatbestand berufen, wenn er die finanzielle Unsicherheit den Bietern offengelegt hat[99].

41 **cc) Nachträgliche wesentliche Änderung der Vergabeunterlagen.** Nachträgliche Änderungen der Vergabeunterlagen (§ 8 Abs. 1 VOL/A, § 9 EG Abs. 1 VOL/A) können **im Einzelfalle** ebenfalls eine Aufhebung eines Vergabeverfahrens rechtfertigen. Im Bereich der VOB/A ist dies in § 17 Abs. 1 Nr. 2 VOB/A und § 17 EG Abs. 1 Nr. 2 VOB/A ausdrücklich normiert. Im Bereich der VOL/A hingegen handelt es sich dabei um einen Unterfall des Aufhebungstatbestandes in § 17 Abs. 1 lit. b) VOL/A und § 20 EG Abs. 1 lit. b) VOL/A.

42 Die Anerkennung eines Aufhebungsgrundes bei einer Änderung der Vergabeunterlagen erscheint zunächst widersprüchlich, da eine Änderung der Vergabeunterlagen impliziert, dass das ursprünglich begonnene Verfahren weitergeführt wird. Gemeint sind daher diejenigen Fälle, in denen die Vergabeunterlagen wesentlich geändert werden müssen und das Verfahren nicht fortgesetzt, sondern aufgehoben wird. Dem Auftraggeber wird damit in einer solchen Situation ein **Wahlrecht** zugestanden, ob er das Verfahren mit geänderten Unterlagen weiterführt oder aufhebt und ggf. neu beginnt.

43 Das bedeutendste Abgrenzungskriterium ist auch hier die aus den allgemeinen Kriterien für die Anwendung von § 17 Abs. 1 lit. b) VOL/A und § 20 EG Abs. 1 lit. b) VOL/A[100] abzuleitende **Wesentlichkeit** der Änderung. Nur solche nachträglichen Umstände, die das Festhalten an den bisherigen Vergabeunterlagen für den Auftraggeber objektiv sinnlos oder unzumutbar machen, rechtfertigen eine Aufhebung des Vergabeverfahrens[101]. Als Richtschnur dafür, welche Änderungen noch hinzunehmen sind, können § 2 Nr. 1 und 3 VOL/B herangezogen werden[102]. Beispiele für wesentliche Änderungen der Vergabeunterlagen, die eine Aufhebung des Verfahrens erlauben können, sind neue technische Er-

---

[96] *Fett* in Willenbruch/Wieddekind, § 17 VOL/A Rn. 9; *Portz* in Kulartz/Marx/Portz/Prieß, VOL/A, § 17 Rn. 28; vgl. aber OLG Düsseldorf Beschl. v. 8.6.2011, VII-Verg 55/10, NZBau 2011, 699, 700; VK Bund Beschl. v. 9.2.2012, VK 3–6/12, www.bundeskartellamt.de; VK Arnsberg Beschl. v. 13.2.2013, VK 20/12, IBR online: anderer schwerwiegender Grund.
[97] BGH Urt. v. 8.9.1998, X ZR 99/96, BGHZ 139, 280, 286 (für den Bereich der VOB/A); *Lischka* in Müller-Wrede, VOL/A, § 20 EG Rn. 42.
[98] Dazu unter Rn. 36.
[99] Ähnlich *Lischka* in Müller-Wrede, VOL/A, § 20 EG Rn. 45; anders hingegen *Portz* in Kulartz/Marx/Portz/Prieß, VOL/A, § 17 Rn. 28; offen gelassen von BGH Urt. v. 8.9.1998, X ZR 48/97, NJW 1998, 3636, 3638 (für den Bereich der VOB/A).
[100] Dazu unter Rn. 29.
[101] Ähnlich *Portz* in Ingenstau/Korbion, § 17 VOB/A Rn. 24; *Portz* in Kulartz/Marx/Portz/Prieß, VOB/A, § 17 Rn. 24; *Ruhland* in Pünder/Schellenberg, § 17 VOB/A Rn. 12; s. ferner OLG München Beschl. v. 6.12.2012, Verg 25/12, VergabeR 2013, 492, 495 m. Anm. *Amelung* (für den Bereich der VOB/A).
[102] *Fett* in Willenbruch/Wieddekind, § 17 VOL/A Rn. 9; *Portz* in Ingenstau/Korbion, § 17 VOB/A Rn. 26; *Portz* in Kulartz/Marx/Portz/Prieß, VOB/A, § 17 Rn. 26; *Portz* in Kulartz/Marx/Portz/Prieß, VOL/A, § 17 Rn. 28; *Ruhland* in Pünder/Schellenberg, § 17 VOB/A Rn. 12.

kenntnisse während des Vergabeverfahrens, die eine grundlegende Änderung der Leistungsbeschreibung bedingen, oder Änderungen der rechtlichen Rahmenbedingungen des Auftrags, etwa auf Grund von Gesetzesänderungen. Fehler des Auftraggebers bei der Erstellung der Vergabeunterlagen können zwar ebenfalls eine wesentliche Änderung begründen, rechtfertigen aber gleichwohl eine Aufhebung nach § 17 Abs. 1 lit. b) VOL/A bzw. § 20 EG Abs. 1 lit. b) VOL/A nicht, wenn sie vom Auftraggeber zu vertreten sind[103].

c) Kein wirtschaftliches Ergebnis

§ 17 Abs. 1 lit. c) VOL/A und § 20 EG Abs. 1 lit. c) VOL/A erlauben die Aufhebung **44** eines Vergabeverfahrens, das kein wirtschaftliches Ergebnis gehabt hat. Diese Aufhebungsmöglichkeit dient der sparsamen Verwendung von Haushaltsmitteln[104]. Die Wirtschaftlichkeit des Ergebnisses wird allgemein bezogen auf das **Preis-Leistungs-Verhältnis** der eingegangenen Angebote[105], wobei für die Beurteilung der Wirtschaftlichkeit des Verfahrensergebnisses auf dasjenige Angebot abzustellen ist, das ohne die Aufhebungsentscheidung den Zuschlag erhielte[106]. Dabei ist zu beachten, dass der Begriff der Wirtschaftlichkeit in § 17 Abs. 1 lit. c) VOL/A und § 20 EG Abs. 1 lit. c) VOL/A ebenso zu verstehen ist wie in § 97 Abs. 5 GWB, § 18 Abs. 1 Satz 1 VOL/A, § 21 EG Abs. 1 Satz 1 VOL/A und § 16 Abs. 6 Nr. 3 Satz 2 VOB/A. Daher sind für die Frage, ob das Ergebnis eines Vergabeverfahrens wirtschaftlich ist, dieselben Kriterien heranzuziehen, anhand derer gemäß § 97 Abs. 5 GWB das wirtschaftlichste Angebot zu ermitteln ist. Maßgeblich sind damit die vom Auftraggeber vorab festzulegenden Zuschlagskriterien (§ 18 Abs. 1 VOL/A, § 20 EG Abs. 2 VOL/A). Während die Wirtschaftlichkeit bei der Ermittlung des Zuschlagsempfängers gemäß § 97 Abs. 5 GWB sowie gemäß § 18 Abs. 1 VOL/A und § 20 EG Abs. 2 VOL/A allerdings als relatives Kriterium gebraucht wird, anhand dessen die Angebote im Verhältnis zueinander beurteilt werden, ist im Rahmen von § 17 Abs. 1 lit. c) VOL/A und § 20 EG Abs. 1 lit. c) VOL/A eine absolute Betrachtungsweise anzulegen.

Der Vergleichsmaßstab, anhand dessen die Wirtschaftlichkeit des Verfahrensergebnisses **45** zu bejahen oder zu verneinen ist, ist nach einer verbreiteten Auffassung **anhand objektiver Kriterien** zu bestimmen[107]. Daran ist richtig, dass diese Frage nicht ins vollständige Belieben des Auftraggebers gestellt werden kann, da § 17 Abs. 1 lit. c) VOL/A und § 20 EG Abs. 1 lit. c) VOL/A andernfalls ein Einfallstor für unrealistische und wirklichkeitsferne Wirtschaftlichkeitsvorstellungen des Auftraggebers und somit letztlich für willkürliche

---

[103] Dazu unter Rn. 29.
[104] VK Bund Beschl. v. 11.6.2008, VK 1–63/08, www.bundeskartellamt.de; VK Lüneburg Beschl. v. 14.4.2011, VgK-09/2011, IBR online; VK Rheinland-Pfalz Beschl. v. 13.8.2009, VK 1–39/09, IBR online; VK Schleswig-Holstein, Beschl. v. 24.10.2003, VK-SH 24/03, juris; *Fett* in Willenbruch/Wieddekind, § 17 VOL/A Rn. 10; *Lischka* in Müller-Wrede, VOL/A, § 20 EG Rn. 49; *Ruhland* in Pünder/Schellenberg, § 17 VOL/A Rn. 9.
[105] VK Bund Beschl. v. 11.6.2008, VK 1–63/08, www.bundeskartellamt.de; VK Bund Beschl. v. 28.6.2007, VK 2–60/07, www.bundeskartellamt.de; VK Lüneburg Beschl. v. 14.4.2011, VgK-09/2011, ZfBR 2011, 795, 799; VK Nordbayern Beschl. v. 30.7.2008, 21.VK-3194–13/08, IBR online; VK Rheinland-Pfalz Beschl. v. 13.8.2009, VK 1–39/09, IBR online; *Fett* in Willenbruch/Wieddekind, § 17 VOL/A Rn. 10; *Herrmann* in Ziekow/Völlink, § 17 VOL/A Rn. 4; *Lischka* in Müller-Wrede, VOL/A, § 20 EG Rn. 49; *Portz* in Kulartz/Marx/Portz/Prieß, VOL/A, § 17 Rn. 33; *Ruhland* in Pünder/Schellenberg, § 17 VOL/A Rn. 9.
[106] VOL/A Anhang IV Erläuterung zu § 17 Abs. 1 lit. c: Selbst das Mindestangebot wird für zu hoch befunden.
[107] VK Bund Beschl. v. 22.7.2011, VK 3–83/11, www.bundeskartellamt.de; VK Lüneburg Beschl. v. 14.4.2011, VgK-09/2011, ZfBR 2011, 795, 800; VK Rheinland-Pfalz Beschl. v. 13.8.2009, VK 1–39/09, IBR online; VK Schleswig-Holstein Beschl. v. 24.10.2003, VK-SH 24/03, juris; VK Südbayern Beschl. v. 21.8.2003, 32–07/03, IBR online; *Portz* in Kulartz/Marx/Portz/Prieß, VOL/A, § 17 Rn. 33; *Ruhland* in Pünder/Schellenberg, § 17 VOL/A Rn. 9; ähnlich *Fett* in Willenbruch/Wieddekind, § 17 VOL/A Rn. 10.

Aufhebungsentscheidungen böten[108]. Umgekehrt darf das Abstellen auf objektive Kriterien freilich nicht dahingehend missverstanden werden, dass das Wirtschaftlichkeitskriterium als Maßstab für die Aufhebungsentscheidung jeglicher Einflussnahme des Auftraggebers enthoben wäre. Denn was wirtschaftlich ist, ergibt sich häufig letztlich erst aus dem Blickwinkel des Beschaffenden. Ebenso wie die Wahl der Zuschlagskriterien und damit des Maßstabs für den Vergleich der Wirtschaftlichkeit der Angebote zueinander vom Auftraggeber getroffen wird[109], obliegt es dem Auftraggeber, festzulegen, ab wann das Vergabeergebnis absolut gesehen die Schwelle zur Wirtschaftlichkeit überschritten hat. So kann es beispielsweise eine Vielzahl triftiger Gründe dafür geben, dass ein Auftraggeber damit rechnet, mit einem Vergabeverfahren ein deutlich besseres Ergebnis als den Marktpreis zu erzielen, etwa weil er die begründete Erwartung hegt, dass der von ihm zu vergebende Auftrag von den interessierten Unternehmen als prestigeträchtig wahrgenommen wird und die Bieter deshalb zu marktunüblich günstigen Konditionen veranlasst. Dem Auftraggeber kommt daher ein Beurteilungsspielraum dahingehend zu, wann das Ergebnis eines Vergabeverfahrens als wirtschaftlich zu beurteilen ist[110]. Insoweit ist die Aufhebungsentscheidung durch Vergabekammern oder Gerichte nur darauf hin überprüfbar, ob sie auf objektiven Kriterien und einem zutreffend ermittelten Sachverhalt beruht[111] und frei von sachfremden Erwägungen ist[112].

46 Ein in der Praxis häufig herangezogenes und für sich genommen nicht zu beanstandendes Kriterium für die Beurteilung der Wirtschaftlichkeit des Verfahrensergebnisses stellt dabei der **Vergleich mit den Marktpreisen** dar. Das Ergebnis eines Vergabeverfahrens kann daher dann als unwirtschaftlich eingestuft werden, wenn es in nicht ganz unerheblichem Ausmaß über dem Marktpreis liegt[113]. Dies mutet zwar zunächst merkwürdig an, da ein wettbewerbsoffenes Vergabeverfahren im Idealfalle gerade den sich unter wettbewerblichen Umständen einstellenden Marktpreis als Ergebnis hervorbringen soll. Dennoch wird in der Vergabepraxis dieser Idealzustand häufig nicht erreicht, und eine Vielzahl von Umständen kann im konkreten Vergabeverfahren dazu führen, dass das Ergebnis nicht den Marktpreis widerspiegelt.

47 Zur Ermittlung des Marktpreises kann der Auftraggeber insbesondere auf **Erfahrungen aus früheren Vergabeverfahren** mit einem vergleichbaren Beschaffungsgegenstand zurückgreifen[114]. Er kann zudem **Preislisten** in Frage kommender Anbieter einsehen oder einen **Sachverständigen**[115] mit der Begutachtung der Marktverhältnisse beauftra-

---

[108] S. auch BGH Urt. v. 20. 11. 2012, X ZR 108/10, ZfBR 2013, 154, 156.
[109] Dazu unter § 30 Rn. 5 ff.
[110] Ähnlich OLG Karlsruhe Beschl. v. 27. 7. 2009, 15 Verg 3/09, VergabeR 2010, 96, 99 m. Anm. *Hartung*; *Lischka* in Müller-Wrede, VOL/A, § 20 EG Rn. 49; unklar *Burbulla* ZfBR 2009, 134, 137; allgemein ablehnend *Dieck-Bogatzke* VergabeR 2008, 392, 393; *Glahs* in Kapellmann/Messerschmidt, § 17 VOB/A Rn. 21.
[111] Beispiel: VK Bund Beschl. v. 22. 7. 2011, VK 3–83/11, www.bundeskartellamt.de.
[112] Enger hingegen BGH Urt. v. 20. 11. 2012, X ZR 108/10, ZfBR 2013, 154, 156, für die Aufhebung nach § 17 Abs. 1 Nr. 3 VOB/A: Interessenabwägung.
[113] VK Bund Beschl. v. 11. 6. 2008, VK 1–63/08, www.bundeskartellamt.de; VK Bund Beschl. v. 28. 6. 2007, VK 2–60/07, www.bundeskartellamt.de; VK Südbayern Beschl. v. 21. 8. 2003, 32–07/03, IBR online; *Herrmann* in Ziekow/Völlink, § 17 VOL/A Rn. 4; *Lischka* in Müller-Wrede, VOL/A, § 20 EG Rn. 49; *Ruhland* in Pünder/Schellenberg, § 17 VOL/A Rn. 9; zur Frage, in welchem Ausmaß der Marktpreis für die Bejahung eines unwirtschaftlichen Verfahrensergebnisses überschritten werden muss, ferner OLG Frankfurt a. M. Beschl. v. 28. 6. 2005, 11 Verg 21/04, VergabeR 2006, 131, 135; VK Lüneburg Beschl. v. 14. 4. 2011, VgK-09/2011, ZfBR 2011, 795, 800.
[114] VK Bund Beschl. v. 28. 6. 2007, VK 2–60/07, www.bundeskartellamt.de; *Portz* in Kulartz/Marx/Portz/Prieß, VOL/A, § 17 Rn. 34.
[115] *Lischka* in Müller-Wrede, VOL/A, § 20 EG Rn. 51; *Portz* in Kulartz/Marx/Portz/Prieß, VOL/A, § 17 Rn. 33.

gen. Zulässig ist außerdem das Abstellen auf eine **Kostenschätzung**[116]. Dabei gilt unabhängig von der gewählten Vorgehensweise, dass der Marktpreis nur dann den Vergleichsmaßstab für die Wirtschaftlichkeit bilden kann, wenn er methodisch zutreffend ermittelt wurde. Zieht der Auftraggeber eine Kostenschätzung heran, bedeutet dies, dass die Kostenschätzung ordnungsgemäß und mit der gebotenen Sorgfalt erstellt worden sein muss[117]. Dabei ist grundsätzlich nicht erforderlich, dass die Kostenschätzung bereits bei Beginn des Vergabeverfahrens vorliegt[118]. Auch dann, wenn eine ordnungsgemäße Kostenschätzung oder eine sonstige Marktpreisermittlung erst während des laufenden Verfahrens vorgenommen wird und sich anhand ihrer ergibt, dass die abgegebenen Angebote deutlich über den Marktpreisen liegen, ist das Ergebnis des Verfahrens unwirtschaftlich iSv § 17 Abs. 1 lit. c) VOL/A bzw. § 20 EG Abs. 1 lit. c) VOL/A[119]. Denn § 17 Abs. 1 lit. c) VOL/A und § 20 EG Abs. 1 lit. c) VOL/A stellen nicht auf eine Abweichung des Verfahrensergebnisses von früheren Vorstellungen des Auftraggebers ab, sondern allein auf das Ergebnis des Verfahrens, mithin dasjenige Bild, das sich zum Zeitpunkt des Abschlusses der Prüfung und Wertung der eingegangenen Angebote ergibt. Erweist sich umgekehrt das für einen Zuschlag in Betracht kommende Angebot auf Grund eines Vergleichs mit einer ordnungsgemäß erstellten Kostenschätzung als wirtschaftlich, kann eine Aufhebung auch dann nicht auf § 17 Abs. 1 lit. c) VOL/A bzw. § 20 EG Abs. 1 lit. c) VOL/A gestützt werden, wenn dem Auftraggeber nicht die für das Vorhaben erforderlichen Mittel zur Verfügung stehen, weil er seinen Finanzbedarf anhand einer nicht ordnungsgemäß erstellten Kostenschätzung ermittelt hat[120].

Die Unwirtschaftlichkeit des Verfahrensergebnisses kann ferner **aus dem Verfahren selbst** hervorgehen. Dies kann dann der Fall sein, wenn ein oder mehrere Angebote auf Grund von Mängeln nach § 16 Abs. 2 bis 6 VOL/A bzw. § 19 EG Abs. 2 bis 7 VOL/A **ausgeschlossen** werden müssen und das danach für einen Zuschlag in Betracht kommende Angebot wesentlich weniger wirtschaftlich als die ausgeschlossenen Angebote ist. Dann nämlich legt die Existenz deutlich besserer, aber nicht zuschlagsfähiger Angebote nahe, dass der Marktpreis unterhalb der Preise der noch in der Wertung verbliebenen An-

48

---

[116] OLG Frankfurt a. M. Beschl. v. 28.6.2005, 11 Verg 21/04, VergabeR 2006, 131, 135; VK Bund Beschl. v. 11.6.2008, VK 1–63/08, www.bundeskartellamt.de; VK Lüneburg Beschl. v. 14.4.2011, VgK-09/2011, ZfBR 2011, 795, 800; VK Nordbayern Beschl. v. 30.7.2008, 21.VK-3194–13/08, IBR online; VK Rheinland-Pfalz Beschl. v. 13.8.2009, VK 1–39/09, IBR online; *Fett* in Willenbruch/Wieddekind, § 17 VOL/A Rn. 10; *Herrmann* in Ziekow/Völlink, § 17 VOL/A Rn. 4; *Lischka* in Müller-Wrede, VOL/A, § 20 EG Rn. 51; *Portz* in Kulartz/Marx/Portz/Prieß, VOL/A, § 17 Rn. 33; *Ruhland* in Pünder/Schellenberg, § 17 VOL/A Rn. 9.

[117] BGH Urt. v. 20.11.2012, X ZR 108/10, ZfBR 2013, 154, 156 (für den Bereich der VOB/A); VK Bund Beschl. v. 25.1.2013, VK 3–5/13, www.bundeskartellamt.de; VK Bund Beschl. v. 22.7.2011, VK 3–83/11, www.bundeskartellamt.de; VK Bund Beschl. v. 11.6.2008, VK 1–63/08, www.bundeskartellamt.de; VK Lüneburg Beschl. v. 14.4.2011, VgK-09/2011, IBR online; VK Rheinland-Pfalz Beschl. v. 13.8.2009, VK 1–39/09, IBR online; VK Schleswig-Holstein Beschl. v. 24.10.2003, VK-SH 24/03, juris; VK Südbayern Beschl. v. 21.8.2003, 32–07/03, IBR online; *Fett* in Willenbruch/Wieddekind, § 17 VOL/A Rn. 10; *Herrmann* in Ziekow/Völlink, § 17 VOL/A Rn. 4; *Lischka* in Müller-Wrede, VOL/A, § 20 EG Rn. 51, 55; *Portz* in Kulartz/Marx/Portz/Prieß, VOL/A, § 17 Rn. 33; *Ruhland* in Pünder/Schellenberg, § 17 VOL/A Rn. 9.

[118] A. A. ohne nähere Begründung VK Lüneburg Beschl. v. 14.4.2011, VgK-09/2011, ZfBR 2011, 795, 800; VK Schleswig-Holstein, Beschl. v. 24.10.2003, VK-SH 24/03, juris; VK Südbayern Beschl. v. 21.8.2003, 32–07/03, IBR online; *Fett* in Willenbruch/Wieddekind, § 17 VOL/A Rn. 10.

[119] Ähnlich *Lischka* in Müller-Wrede, VOL/A, § 20 EG Rn. 57 f., der zusätzlich die fehlende Kausalität der unterlassenen ordnungsgemäßen Kostenschätzung verlangt, auf die es indes mangels einer allgemeinen Pflicht des Auftraggebers zur vorherigen Kostenschätzung nicht ankommen kann.

[120] BGH Urt. v. 5.11.2002, X ZR 232/00, NZBau 2003, 168 (für den Bereich der VOB/A); *Lischka* in Müller-Wrede, VOL/A, § 20 EG Rn. 54, 57.

gebote liegt[121]. Allerdings bedarf es in diesen Fällen zusätzlicher Indizien für die Unwirtschaftlichkeit des Verfahrensergebnisses, da der Auftraggeber andernfalls das Verfahren immer dann aufheben könnte, wenn das bestplatzierte Angebot nicht zuschlagsfähig ist. Dies wäre mit dem Wettbewerbsgrundsatz (§ 97 Abs. 1 GWB), zu dem auch der Wettbewerb der Bieter um ordnungsgemäß erstellte Angebote gehört, nicht zu vereinbaren[122]. Derartige Indizien können beispielsweise ein besonders großer Abstand zwischen den ausgeschlossenen Angeboten und den in der Wertung verbliebenen Angeboten, eine für die Marktüblichkeit ihres jeweiligen Preises sprechende große Anzahl ausgeschlossener Angebote oder außerhalb des Verfahrens liegende Umstände[123] sein. Ausgeschlossene Angebote, deren Ausschluss gerade auf kalkulationserheblichen Umständen beruht, sind dabei nicht zu berücksichtigen, da sie keinen Schluss auf ein der Wirtschaftlichkeit entsprechendes Preisniveau zulassen[124]. Daher können beispielsweise unauskömmliche Angebote, die auf Grund eines Missverhältnisses zwischen Preis und Leistung nach § 16 Abs. 6 Satz 2 VOL/A bzw. § 19 EG Abs. 6 Satz 2 VOL/A ausgeschlossen wurden, nicht zur Begründung der Unwirtschaftlichkeit des Verfahrensergebnisses herangezogen werden.

49 Hingegen erlauben **nicht zugelassene Nebenangebote** regelmäßig keinen Schluss auf die Wirtschaftlichkeit des Verfahrensergebnisses[125]. Nicht zugelassene Nebenangebote weichen zwingend in einem oder mehreren Punkten von dem Beschaffungsgegenstand ab, so dass ihr Preis nicht mit dem Preis der Hauptangebote verglichen werden kann. Gleichwohl können nicht zugelassene Nebenangebote im Einzelfalle zu neuen Erkenntnissen des Auftraggebers führen, die eine Änderung des Beschaffungsbedarfs und damit eine Aufhebung nach § 17 Abs. 1 lit. b) bzw. § 20 EG Abs. 1 lit. b) VOL/A rechtfertigen können[126]. Sind Nebenangebote zugelassen, ist ein Vergleich der Angebotspreise zwar statthaft, da der Auftraggeber dann selbst die Vergleichbarkeit von Haupt- und Nebenangeboten hergestellt hat. Dann aber stellt sich die Frage ihrer Berücksichtigung im Rahmen von § 17 Abs. 1 lit. c) bzw. § 20 EG Abs. 1 lit. c) VOL/A nicht[127], da sie wie Hauptangebote in die Wertung eingehen. Dem Grunde nach zugelassene, aber auf Grund von Mängeln nach § 16 Abs. 2 bis 6 bzw. § 19 EG Abs. 2 bis 7 VOL/A ausgeschlossene Nebenangebote können ebenso wie mangelhafte Hauptangebote[128] den Schluss auf die Unwirtschaftlichkeit des Verfahrensergebnisses zulassen[129].

---

[121] Ähnlich VK Baden-Württemberg Beschl. v. 27.9.2004, 1 VK 66/04, IBR online (für den Bereich der VOB/A); *Fett* in Willenbruch/Wieddekind, § 17 VOL/A Rn. 10; *Lischka* in Müller-Wrede, VOL/A, § 20 EG Rn. 52; *Portz* in Kulartz/Marx/Portz/Prieß, VOL/A, § 17 Rn. 33; a. A. VK Schleswig-Holstein Beschl. v. 14.9.2005, VK-SH 21/05, IBR online, die sich hierfür auf den Ausnahmecharakter der Aufhebung und die allerdings so nicht gegebene Kalkulationserheblichkeit jedes Ausschlussgrundes beruft; *Ruhland* in Pünder/Schellenberg, § 17 VOL/A Rn. 9.

[122] Vgl. die Argumentation bei VK Schleswig-Holstein Beschl. v. 14.9.2005, VK-SH 21/05, IBR online.

[123] Dazu unter Rn. 46.

[124] VK Baden-Württemberg Beschl. v. 27.9.2004, 1 VK 66/04, IBR online (für den Bereich der VOB/A); VK Hessen Beschl. v. 28.2006, 69d-VK-02/2006, IBR online; *Fett* in Willenbruch/Wieddekind, § 17 VOL/A Rn. 10; *Lischka* in Müller-Wrede, VOL/A, § 20 EG Rn. 52; s. zur Parallelfrage bei § 16 Abs. 6 VOL/A und 19 EG Abs. 6 VOL/A unter § 29 Rn. 22 ff.

[125] Im Ergebnis ebenso *Lischka* in Müller-Wrede, VOL/A, § 20 EG Rn. 59 f.; a. A. ohne nähere Begründung *Herrmann* in Ziekow/Völlink, § 17 VOL/A Rn. 4.

[126] Ähnlich (abweichend nur hinsichtlich des Aufhebungstatbestandes) BGH Urt. v. 25.11.1992, VIII ZR 170/91, NJW 1993, 520, 521 f.; *Bauer* in Heiermann/Riedl/Rusam, § 17 VOB/A Rn. 17; *Glahs* in Kapellmann/Messerschmidt, § 17 VOB/A Rn. 15; *Portz* in Ingenstau/Korbion, § 17 VOB/A Rn. 33; *Portz* in Kulartz/Marx/Portz/Prieß, VOB/A, § 17 Rn. 34; *Portz* in Kulartz/Marx/Portz/Prieß, VOL/A, § 17 Rn. 41.

[127] Ähnlich *Lischka* in Müller-Wrede, VOL/A, § 20 EG Rn. 61; *Portz* in Kulartz/Marx/Portz/Prieß, VOL/A, § 17 Rn. 33.

[128] Dazu unter Rn. 48.

[129] Im Ergebnis ebenso *Lischka* in Müller-Wrede, VOL/A, § 20 EG Rn. 61.

d) Andere schwerwiegende Gründe

§ 17 Abs. 1 lit. d) VOL/A und § 20 EG Abs. 1 lit. d) VOL/A erlauben die Aufhebung 50
eines Vergabeverfahrens, wenn andere schwerwiegende Gründe bestehen. Die Normen sind
als Generalklauseln ausgestaltet[130] und sind daher gegenüber den benannten Aufhebungsgründen in § 17 Abs. 1 lit. a) bis c) VOL/A bzw. § 20 EG Abs. 1 lit. a) bis c) VOL/A subsidiär. Gemäß den allgemeinen Grundsätzen über die Auslegung der Aufhebungstatbestände[131] ist allerdings auch dieser Aufhebungsgrund **eng zu verstehen**[132]. Daher können schwerwiegende Gründe nur solche Umstände sein, die hinsichtlich ihres Gewichts und ihrer Bedeutung für das Vergabeverfahren mit einem der benannten Aufhebungsgründe in § 17 Abs. 1 lit. a) bis c) VOL/A bzw. § 20 EG Abs. 1 lit. a) bis c)VOL/A **vergleichbar** sind[133]. Dies folgt ohnehin bereits aus dem Wortlaut, welcher die Existenz *„anderer"* schwerwiegender Gründe verlangt und damit zum Ausdruck bringt, dass benannte und unbenannte Aufhebungsgründe von vergleichbarem Gewicht sein müssen. Wann dies der Fall ist, ist durch eine Interessenabwägung für jeden Einzelfall zu ermitteln[134]. Dabei ist eine Gesamtbetrachtung vorzunehmen, so dass einzelne, für sich genommen weniger schwerwiegende Gründe durch ihr Zusammentreffen die Schwelle des § 17 Abs. 1 lit. d) VOL/A bzw. § 20 EG Abs. 1 lit. d) VOL/A überschreiten können[135].

---

[130] *Fett* in Willenbruch/Wieddekind, § 17 VOL/A Rn. 11; *Lischka* in Müller-Wrede, VOL/A, § 20 EG Rn. 62; *Portz* in Kulartz/Marx/Portz/Prieß, VOL/A, § 17 Rn. 36; *Ruhland* in Pünder/Schellenberg, § 17 VOL/A Rn. 10.

[131] Dazu unter Rn. 19.

[132] BGH Urt. v. 12.6.2001, X ZR 150/99, NZBau 2001, 637, 640; OLG Celle Beschl. v. 13.1.2011, 13 Verg 15/10, VergabeR 2011, 531, 533 (für den Bereich der VOB/A); OLG Dresden Beschl. v. 28.3.2006, WVerg 4/06, VergabeR 2006, 793, 795 (für den Bereich der VOB/A); OLG Düsseldorf Beschl. v. 13.12.2006, VII-Verg 54/06, NZBau 2007, 462, 464 (für den Bereich der VOB/A); OLG Düsseldorf Beschl. v. 26.1.2005, VII-Verg 45/04, ZfBR 2005, 410, 415; OLG Düsseldorf Beschl. v. 3.1.2005, VII-Verg 72/04, NRWE; OLG Koblenz Beschl. v. 10.4.2003, 1 Verg 1/03, NZBau 2003, 576, 577; OLG München Beschl. v. 27.1.2006, Verg 1/06, VergabeR 2006, 537, 545; VK Brandenburg Beschl. v. 18.1.2007, 1 VK 41/06, IBR online; VK Hamburg Beschl. v. 25.7.2002, VgK FB 1/02, IBR online; VK Lüneburg Beschl. v. 24.10.2008, VgK-35/2008, IBR online; VK Lüneburg Beschl. v. 27.1.2005, 203-VgK-57/2004, IBR online; VK Lüneburg Beschl. v. 30.8.2004, 203-VgK-38/2004, IBR online; *Bauer* in Heiermann/Riedl/Rusam, § 17 VOB/A Rn. 13; *Fett* in Willenbruch/Wieddekind, § 17 VOL/A Rn. 11; *Glahs* in Kapellmann/Messerschmidt, § 17 VOB/A Rn. 12; *Herrmann* in Ziekow/Völlink, § 17 VOB/A Rn. 10; *Lischka* in Müller-Wrede, VOL/A, § 20 EG Rn. 63; *Portz* in Ingenstau/Korbion, § 17 VOB/A Rn. 27 f.; *Portz* in Kulartz/Marx/Portz/Prieß, VOB/A, § 17 Rn. 27 f.; *Portz* in Kulartz/Marx/Portz/Prieß, VOL/A, § 17 Rn. 37; *Ruhland* in Pünder/Schellenberg, § 17 VOL/A Rn. 10, § 17 VOB/A Rn. 14.

[133] BayObLG Beschl. v. 17.2.2005, Verg 27/04, VergabeR 2005, 349, 354; OLG Düsseldorf Beschl. v. 13.12.2006, VII-Verg 54/06, NZBau 2007, 462, 464 (für den Bereich der VOB/A); OLG München Beschl. v. 27.1.2006, Verg 1/06, VergabeR 2006, 537, 545; *Fett* in Willenbruch/Wieddekind, § 17 VOL/A Rn. 11, § 17 VOB/A Rn. 9; *Herrmann* in Ziekow/Völlink, § 17 VOB/A Rn. 10; *Lischka* in Müller-Wrede, VOL/A, § 20 EG Rn. 63; *Portz* in Ingenstau/Korbion, § 17 VOB/A Rn. 28; *Portz* in Kulartz/Marx/Portz/Prieß, VOB/A, § 17 Rn. 30; *Portz* in Kulartz/Marx/Portz/Prieß, VOL/A, § 17 Rn. 39; *Ruhland* in Pünder/Schellenberg, § 17 VOB/A Rn. 14.

[134] BGH Urt. v. 12.6.2001, X ZR 150/99, NZBau 2001, 637, 640; OLG Düsseldorf Beschl. v. 13.12.2006, VII-Verg 54/06, NZBau 2007, 462, 464 f. (für den Bereich der VOB/A); OLG Düsseldorf Beschl. v. 3.1.2005, VII-Verg 72/04, NRWE; OLG Koblenz Beschl. v. 10.4.2003, 1 Verg 1/03, NZBau 2003, 576, 577; VK Brandenburg Beschl. v. 18.1.2007, 1 VK 41/06, IBR online; *Fett* in Willenbruch/Wieddekind, § 17 VOL/A Rn. 11; *Portz* in Ingenstau/Korbion, § 17 VOB/A Rn. 28; *Portz* in Kulartz/Marx/Portz/Prieß, VOB/A, § 17 Rn. 29; *Portz* in Kulartz/Marx/Portz/Prieß, VOL/A, § 17 Rn. 38.

[135] VK Hamburg Beschl. v. 25.7.2002, VgK FB 1/02, IBR online; *Bauer* in Heiermann/Riedl/Rusam, § 17 VOB/A Rn. 18; *Fett* in Willenbruch/Wieddekind, § 17 VOL/A Rn. 15, § 17 VOB/A Rn. 9; *Herrmann* in Ziekow/Völlink, § 17 VOB/A Rn. 16; *Portz* in Ingenstau/Korbion, § 17 VOB/A Rn. 31; *Portz* in Kulartz/Marx/Portz/Prieß, VOB/A, § 17 Rn. 32; *Portz* in Kulartz/Marx/Portz/

51 Allgemein gilt auch für den Aufhebungstatbestand nach § 17 Abs. 1 lit. d) VOL/A und § 20 EG Abs. 1 lit. d) VOL/A[136], dass nur **nachträglich** eingetretene oder erstmals erkennbare Umstände eine Aufhebung gestatten[137]. Entgegen einer verbreiteten Auffassung[138] dürfen die zur Aufhebung nach § 17 Abs. 1 lit. d) bzw. § 20 EG Abs. 1 lit. d) VOL/A führenden Umstände grundsätzlich auch nicht **vom Auftraggeber zu vertreten** sein[139]. Sähe man dies anders, führte dies zu offensichtlichen Wertungswidersprüchen im Vergleich zu dem Aufhebungsgrund in § 17 Abs. 1 lit. b) VOL/A und § 20 EG Abs. 1 lit. b) VOL/A, dessen Anwendung ebenfalls bei einem Vertretenmüssen des Auftraggebers ausgeschlossen ist, und eröffnete dem Auftraggeber die Möglichkeit, sich durch vorsätzliche Herbeiführung schwerwiegender Gründe rechtmäßig von dem Vergabeverfahren zu lösen. Eine Ausnahme von diesem Grundsatz gilt nur für die Fälle, in denen eine rechtmäßige Fortführung des Vergabeverfahrens nicht mehr möglich ist[140]. Dann können auch vom Auftraggeber zu vertretende Umstände eine Aufhebung nach § 17 Abs. 1 lit. d) VOL/A bzw. § 20 EG Abs. 1 lit. d) VOL/A rechtfertigen, da der Auftraggeber andernfalls in eine nicht auflösbare Pflichtenkollision gebracht würde.

52 Anerkanntermaßen stellen Umstände, die eine Beendigung des Vergabeverfahrens durch Zuschlag **aus tatsächlichen oder rechtlichen Gründen unmöglich** machen, andere schwerwiegende Gründe iSv § 17 Abs. 1 lit. d) VOL/A und § 20 EG Abs. 1 lit. d) VOL/A, die eine Aufhebung des Verfahrens rechtfertigen, dar, soweit sie nicht bereits eine Aufhebung nach § 17 Abs. 1 lit. a) VOL/A bzw. § 20 EG Abs. 1 lit. a) VOL/A rechtfertigen.

53 Dazu gehören zunächst diejenigen Fälle, in denen ein Zuschlag aus tatsächlichen Gründen ausgeschlossen ist, weil **kein zuschlagsfähiges Angebot** vorhanden ist. Zwar lässt sich ein Teil dieser Fälle bereits unter den Aufhebungstatbestand in § 17 Abs. 1 lit. a) VOL/A und § 20 EG Abs. 1 lit. a) VOL/A subsumieren, doch kann es daneben eine Vielzahl sonstiger Situationen geben, in denen kein Verstoß gegen die Bewerbungsbedin-

---

Prieß, VOL/A, § 17 Rn. 37; *Ruhland* in Pünder/Schellenberg, § 17 VOL/A Rn. 11, § 17 VOB/A Rn. 15.

[136] S. zur vergleichbaren Situation bei § 17 Abs. 1 lit. b) VOL/A und § 20 EG Abs. 1 lit. b) VOL/A unter Rn. 29.

[137] BGH Urt. v. 8.9.1998, X ZR 99/96, BGHZ 139, 280, 284 (für den Bereich der VOB/A); BGH Urt. v. 24.4.1997, VIII ZR 106/95, NJW-RR 1997, 1106, 1107 (für den Bereich der VOB/A); BGH Urt. v. 25.11.1992, VIII ZR 170/91, NJW 1993, 520, 521; OLG Celle Beschl. v. 13.1.2011, 13 Verg 15/10, VergabeR 2011, 531, 533 m. Anm. *Hölzl/Friton* (für den Bereich der VOB/A); OLG Düsseldorf Beschl. v. 13.12.2006, VII-Verg 54/06, NZBau 2007, 462, 464 (für den Bereich der VOB/A); VK Bund Beschl. v. 29.11.2009, VK 1–167/09, www.bundeskartellamt.de (für alle Aufhebungstatbestände); VK Sachsen Beschl. v. 18.8.2006, 1/SVK/077–06, IBR online (für alle Aufhebungstatbestände); *Scharen* NZBau 2003, 585, 586 (für alle Aufhebungstatbestände); *Fett* in Willenbruch/Wieddekind, § 17 VOL/A Rn. 11; *Hermann* in Ziekow/Völlink, § 17 VOB/A Rn. 11; *Lischka* in Müller-Wrede, VOL/A, § 20 EG Rn. 63; *Portz* in Ingenstau/Korbion, § 17 VOB/A Rn. 10; *Portz* in Kulartz/Marx/Portz/Prieß, VOB/A, § 17 Rn. 10; *Portz* in Kulartz/Marx/Portz/Prieß, VOL/A, § 17 Rn. 39; *Ruhland* in Pünder/Schellenberg, § 17 VOB/A Rn. 9 (für alle Aufhebungstatbestände).

[138] OLG Frankfurt a. M. Beschl. v. 2.3.2007, 11 Verg 14/06, NZBau 2007, 466, 467 (für den Bereich der VOB/A); *Summa* VergabeR 2007, 734; *Glahs* in Kapellmann/Messerschmidt, § 17 VOB/A Rn. 18; *Portz* in Ingenstau/Korbion, § 17 VOB/A Rn. 32 (vgl. aber Rn. 10); *Portz* in Kulartz/Marx/Portz/Prieß, VOB/A, § 17 Rn. 33 (vgl. aber Rn. 10); *Portz* in Kulartz/Marx/Portz/Prieß, VOL/A, § 17 Rn. 40; wohl auch *Fett* in Willenbruch/Wieddekind, § 17 VOL/A Rn. 15.

[139] OLG Düsseldorf Beschl. v. 29.2.2012, VII-Verg 75/11, NRWE (für alle Aufhebungstatbestände); OLG Düsseldorf Beschl. v. 8.3.2005, VII-Verg 40/04, NRWE (für alle Aufhebungstatbestände); OLG München Beschl. v. 28.8.2012, Verg 11/12, ZfBR 2012, 812, 813 (für alle Aufhebungstatbestände); VK Bund Beschl. v. 29.11.2009, VK 1–167/09, www.bundeskartellamt.de (für alle Aufhebungstatbestände); *Hermann* in Ziekow/Völlink, § 17 VOB/A Rn. 11; *Ruhland* in Pünder/Schellenberg, § 17 VOB/A Rn. 9 (für alle Aufhebungstatbestände); wohl ebenso *Lischka* in Müller-Wrede, VOL/A, § 20 EG Rn. 29, 63 m. Fn. 83.

[140] Dazu unter Rn. 54.

gungen vorliegt, ein Zuschlag aber gleichwohl unmöglich ist. Dies kann beispielsweise dann der Fall sein, wenn sämtliche Angebote wegen eines offenbaren Missverhältnisses zwischen Preis und Leistung nach § 16 Abs. 6 Satz 2 bzw. § 19 EG Abs. 6 Satz 2 VOL/A ausgeschlossen werden[141] und die Bewerbungsbedingungen hierzu keine Bestimmungen treffen. Ein zuschlagsfähiges Angebot liegt ferner auch dann nicht mehr vor, wenn die Bindefrist zuschlagslos abgelaufen ist und danach kein Bieter mehr zum Vertragsschluss bereit ist[142].

Aus rechtlichen Gründen kann die Beendigung des Vergabeverfahrens durch Zuschlag 54 dann ausgeschlossen sein, wenn das Vergabeverfahren an einem **so schweren Fehler** leidet, dass der Auftraggeber es nicht mehr in rechtmäßiger Weise fortführen oder durch Zuschlag beenden kann[143]. Dies setzt voraus, dass einerseits eine Bindung des Auftraggebers an das bemakelte Vergabeverfahren mit Gesetz und Recht nicht zu vereinbaren wäre und andererseits von den Verfahrensteilnehmern erwartet werden kann, dass sie auf diese rechtlichen und tatsächlichen Bindungen des Auftraggebers Rücksicht nehmen[144]. Zu bejahen ist dies beispielsweise dann, wenn die Vergabeunterlagen nicht behebbare Mängel aufweisen oder wenn einzelne Bieter einen mit dem Wettbewerbsgrundsatz nicht zu vereinbarenden Informationsvorsprung erlangt haben. Hingegen genügt nicht schon jeder Vergaberechtsverstoß des Auftraggebers für die Annahme eines anderen schwerwiegenden Grundes iSv § 17 Abs. 1 lit. d) VOL/A und § 20 EG Abs. 1 lit. d) VOL/A, da es der Auftraggeber andernfalls in der Hand hätte, durch vorsätzliche Rechtsverstöße einen Aufhebungsgrund zu schaffen[145]. Ist eine rechtmäßige Fortführung des Verfahrens oder eine

---

[141] *Bauer* in Heiermann/Riedl/Rusam, § 17 VOB/A Rn. 15.
[142] BayObLG Beschl. v. 12.9.2000, Verg 4/00, ZfBR 2001, 45, 48; *Fett* in Willenbruch/Wieddekind, § 17 VOB/A Rn. 9; *Herrmann* in Ziekow/Völlink, § 17 VOB/A Rn. 15; *Portz* in Ingenstau/Korbion, § 17 VOB/A Rn. 33; *Portz* in Kulartz/Marx/Portz/Prieß, VOB/A, § 17 Rn. 34; *Portz* in Kulartz/Marx/Portz/Prieß, VOL/A, § 17 Rn. 41; *Ruhland* in Pünder/Schellenberg, § 17 VOB/A Rn. 15; *von Wietersheim* in Ingenstau/Korbion, § 18 VOB/A Rn. 19; weitergehend auch für die Ablehnung einer Bindefristverlängerung nur durch den erstplatzierten Bieter OLG Frankfurt a. M. Beschl. v. 5.8.2003, 11 Verg 1/02, VergabeR 2003, 725; *Lischka* in Müller-Wrede, VOL/A, § 20 EG Rn. 65.
[143] BGH Urt. v. 12.6.2001, X ZR 150/99, NZBau 2001, 637, 640 f.; OLG Brandenburg Beschl. v. 13.9.2011, Verg W 10/11, IBR online; OLG Dresden Beschl. v. 28.3.2006, WVerg 4/06, VergabeR 2006, 793, 795 m. Anm. *Mantler* (für den Bereich der VOB/A); OLG Frankfurt a. M. Beschl. v. 2.3.2007, 11 Verg 14/06, NZBau 2007, 466, 467 (für den Bereich der VOB/A); OLG Koblenz Beschl. v. 10.4.2003, 1 Verg 1/03, NZBau 2003, 576, 577; OLG München Beschl. v. 27.1.2006, Verg 1/06, VergabeR 2006, 537, 545; VK Brandenburg Beschl. v. 18.1.2007, 1 VK 41/06, IBR online; *Bauer* in Heiermann/Riedl/Rusam, § 17 VOB/A Rn. 19; *Fett* in Willenbruch/Wieddekind, § 17 VOB/A Rn. 9; *Herrmann* in Ziekow/Völlink, § 17 VOB/A Rn. 14; *Lischka* in Müller-Wrede, VOL/A, § 20 EG Rn. 67; *Portz* in Ingenstau/Korbion, § 17 VOB/A Rn. 33; *Portz* in Kulartz/Marx/Portz/Prieß, VOB/A, § 17 Rn. 34; *Portz* in Kulartz/Marx/Portz/Prieß, VOL/A, § 17 Rn. 41; *Ruhland* in Pünder/Schellenberg, § 17 VOL/A Rn. 10 f., § 17 VOB/A Rn. 14 f.
[144] BGH Urt. v. 12.6.2001, X ZR 150/99, NZBau 2001, 637, 641; OLG Dresden Beschl. v. 28.3.2006, WVerg 4/06, VergabeR 2006, 793, 795 m. Anm. *Mantler* (für den Bereich der VOB/A); OLG Frankfurt a. M. Beschl. v. 2.3.2007, 11 Verg 14/06, NZBau 2007, 466, 467 (für den Bereich der VOB/A); OLG Koblenz Beschl. v. 10.4.2003, 1 Verg 1/03, NZBau 2003, 576, 577; OLG München Beschl. v. 27.1.2006, Verg 1/06, VergabeR 2006, 537, 545; *Fett* in Willenbruch/Wieddekind, § 17 VOL/A Rn. 11; *Lischka* in Müller-Wrede, VOL/A, § 20 EG Rn. 67; *Portz* in Ingenstau/Korbion, § 17 VOB/A Rn. 28; *Portz* in Kulartz/Marx/Portz/Prieß, VOB/A, § 17 Rn. 29; *Portz* in Kulartz/Marx/Portz/Prieß, VOL/A, § 17 Rn. 38; *Ruhland* in Pünder/Schellenberg, § 17 VOL/A Rn. 10, § 17 VOB/A Rn. 14.
[145] BGH Beschl. v. 10.11.2009, X ZB 8/09, ZfBR 2010, 298, 303; BGH Urt. v. 12.6.2001, X ZR 150/99, NZBau 2001, 637, 640 f.; OLG Koblenz Beschl. v. 10.4.2003, 1 Verg 1/03, NZBau 2003, 576, 577; *Dieck-Bogatzke* VergabeR 2008, 392, 394; *Lischka* in Müller-Wrede, VOL/A, § 20 EG Rn. 67; *Portz* in Ingenstau/Korbion, § 17 VOB/A Rn. 28; *Portz* in Kulartz/Marx/Portz/Prieß,

rechtmäßige Zuschlagserteilung allerdings ausgeschlossen, kommt es darauf, ob der Auftraggeber den Fehler zu vertreten hat, für die Zulässigkeit der Aufhebungsentscheidung entgegen dem allgemeinen Grundsatz[146] nicht mehr an[147]. Andernfalls würde der Auftraggeber in die Situation einer unauflösbaren Pflichtenkollision gebracht. Selbstverständlich schließt die dann gemäß § 17 Abs. 1 lit. d) bzw. § 20 EG Abs. 1 lit. d) VOL/A rechtmäßige Verfahrensaufhebung einen Schadensersatzanspruch der von der Aufhebung betroffenen Bieter wegen des vorangegangenen Fehlverhaltens des Auftraggebers, das für die Aufhebung ursächlich war, nicht aus[148].

55 Darüber hinaus wird bisweilen erwogen, einen **unzureichenden Bieterwettbewerb** als anderen schwerwiegenden Grund iSv § 17 Abs. 1 lit. d) VOL/A und § 20 EG Abs. 1 lit. d) VOL/A anzusehen und dem Auftraggeber die Aufhebung des Vergabeverfahrens insbesondere dann zu gestatten, wenn nur ein Angebot abgegeben wurde[149] und bei einer Neueinleitung des Verfahrens mit einer stärkeren Bieterbeteiligung zu rechnen ist[150]. Bei der Anerkennung derartiger Fälle ist jedoch Zurückhaltung geboten[151]. Denn grundsätzlich wird auch die Frage, wie viele und welche Unternehmen sich um einen Auftrag bewerben, im Wettbewerb entschieden. Eine geringe Beteiligung an einem Vergabeverfahren deutet daher nicht schon für sich genommen auf fehlenden Wettbewerb hin, sondern ist vielmehr regelmäßig gerade das Ergebnis des Zusammenspiels von Angebot und Nachfrage, das ja nicht erst mit der Angebotslegung, sondern weit früher beginnt.

56 Die mangelnde Beteiligung interessierter Unternehmen am Vergabeverfahren kann daher nur **im Ausnahmefalle** als anderer schwerwiegender Grund iSv § 17 Abs. 1 lit. d) VOL/A und § 20 EG Abs. 1 lit. d) VOL/A angesehen werden. Eine derartige Ausnahme ist insbesondere dann zu bejahen, wenn hinreichende Anhaltspunkte dafür vorliegen, dass das fehlende Interesse gerade nicht dem Wettbewerb geschuldet ist, sondern das Ergebnis wettbewerbswidriger Verhaltensweisen, beispielsweise einer vorherigen Absprache unter den in Frage kommenden Bietern, ist.

57 Erst recht kann der Umstand, dass im nicht offenen Verfahren bzw. bei beschränkter Ausschreibung oder im Verhandlungsverfahren mit Teilnahmewettbewerb bzw. bei freihändiger Vergabe **die Untergrenze für die Höchstzahl der zur Angebotsabgabe aufzufordernden Unternehmen** gemäß § 3 Abs. 1 Satz 4 VOL/A oder § 3 EG Abs. 5 Satz 3 VOL/A (im Bereich der VOB/A: § 6 Abs. 2 Nr. 2 VOB/A, § 6 EG Abs. 2 Nr. 2 und 3 VOB/A; im Bereich der VOF: § 10 Abs. 4 Satz 2 VOF) unterschritten wird, in aller Regel eine Aufhebung nach § 17 Abs. 1 lit. d) VOL/A bzw. § 20 EG Abs. 1 lit. d) VOL/A nicht tragen[152]. Denn der Teilnahmewettbewerb ist ebenfalls eine Form des Wettbewerbs, auch wenn in seinem Rahmen nicht einzelne Angebote, sondern die Bewerber selbst miteinander konkurrieren, und sein Ergebnis ist mithin ein im Wettbewerb entstandenes, das nicht durch den Verweis auf mangelnden Wettbewerb unterlaufen wer-

---

VOB/A, § 17 Rn. 29; *Portz* in Kulartz/Marx/Portz/Prieß, VOL/A, § 17 Rn. 38; *Ruhland* in Pünder/Schellenberg, § 17 VOB/A Rn. 14.

[146] Dazu unter Rn. 51.
[147] *Lischka* in Müller-Wrede, VOL/A, § 20 EG Rn. 29.
[148] *Bauer* in Heiermann/Riedl/Rusam, § 17 VOB/A Rn. 33; *Dähne* VergabeR 2004, 32, 33; *Glahs* in Kapellmann/Messerschmidt, § 17 VOB/A Rn. 3, 18, 30; *Lischka* in Müller-Wrede, VOL/A, § 20 EG Rn. 67 m. Fn. 95; *Portz* in Ingenstau/Korbion, § 17 VOB/A Rn. 32.
[149] Dazu auch unter Rn. 26.
[150] So VK Lüneburg Beschl. v. 24.10.2008, VgK-35/2008, IBR online (vgl. aber VK Lüneburg Beschl. v. 27.1.2005, 203-VgK-57/2004, IBR online; VK Lüneburg Beschl. v. 30.8.2004, 203-VgK-38/2004, IBR online); *Lischka* in Müller-Wrede, VOL/A, § 20 EG Rn. 64.
[151] Ähnlich *Herrmann* in Ziekow/Völlink, § 17 VOB/A Rn. 15.
[152] So aber *Lischka* in Müller-Wrede, VOL/A, § 20 EG Rn. 66; *Portz* in Kulartz/Marx/Portz/Prieß, VOL/A, § 17 Rn. 41.

den darf[153]. Dem kann auch nicht entgegengehalten werden, dass das Vorhandensein einer Untergrenze für die Höchstzahl der aufzufordernden Bieter die Verfahrensteilnehmer weniger schutzwürdig mache, da sie ohnehin bei einer Unterschreitung mit einer Aufhebung rechnen müssten[154]. Denn die Untergrenze für die Höchstzahl in § 3 Abs. 1 Satz 4 VOL/A und § 3 EG Abs. 5 Satz 3 VOL/A bezieht sich nur auf diejenigen Fälle, in denen überhaupt eine hinreichend große Anzahl von Bewerbern den Teilnahmewettbewerb besteht, was für den Bereich der VOF von § 10 Abs. 4 Satz 2 VOF ausdrücklich bestätigt wird. Ist keine hinreichende Anzahl annehmbarer Bewerbungen eingegangen, kann die Untergrenze unterschritten werden[155], so dass sich aus ihrer Existenz nichts für eine leichtere Aufhebbarkeit des Verfahrens herleiten lässt.

2. VOB/A

In der VOB/A sieht **§ 17 Abs. 1 VOB/A** lediglich drei Aufhebungstatbestände vor. Sie sind identisch mit den in § 17 EG Abs. 1 VOB/A für den Abschnitt 2 normierten Aufhebungstatbeständen. 58

a) Kein Angebot, das den Ausschreibungsbedingungen entspricht

§ 17 Abs. 1 Nr. 1 VOB/A und § 17 EG Abs. 1 Nr. 1 VOB/A ähneln dem Aufhebungstatbestand in § 17 Abs. 1 lit. a) VOL/A und § 20 EG Abs. 1 lit. a) VOL/A, gehen aber inhaltlich über diesen hinaus, da nicht auf eine Übereinstimmung mit den Bewerbungsbedingungen, sondern auf eine Übereinstimmung mit den Ausschreibungsbedingungen abgestellt wird. 59

Der Begriff der Ausschreibungsbedingungen wird in der VOB/A im Übrigen nicht verwendet. Er wird allgemein verstanden als Sammelbegriff für sämtliche Anforderungen, die sich an eine **formell und materiell ordnungsgemäße Angebotsabgabe** aus der VOB/A und den Vergabeunterlagen (§ 8 Abs. 1 VOB/A, § 8 EG VOB/A) ergeben[156]. Damit ist es für die Anwendbarkeit von § 17 Abs. 1 Nr. 1 VOB/A und § 17 EG Abs. 1 Nr. 1 VOB/A anders als im Geltungsbereich von § 17 Abs. 1 lit. a) bzw. § 20 EG Abs. 1 lit. a) VOL/A unbeachtlich, auf welcher der Prüfungs- und Wertungsstufen des § 16 VOB/A und § 16 EG VOB/A ein Angebot ausgeschlossen wird und ob der Ausschlussgrund auf einer Abweichung von den Bewerbungsbedingungen beruht. Es genügt vielmehr, wenn als Ergebnis der Angebotsprüfung und -wertung kein Angebot vorliegt, auf das der Zuschlag erteilt werden kann. 60

Auch für die Anwendung von § 17 Abs. 1 Nr. 1 VOB/A und § 17 EG Abs. 1 Nr. 1 VOB/A gilt, dass eine Aufhebung ausgeschlossen ist, sobald **mindestens ein Angebot** vorliegt, auf das der Zuschlag erteilt werden kann[157]. Enthalten die eingegangenen Angebote nicht sämtliche geforderten Erklärungen und Nachweise, kommt eine Aufhebung nach § 17 Abs. 1 Nr. 1 VOB/A und § 17 EG Abs. 1 Nr. 1 VOB/A erst dann in Betracht, wenn der Auftraggeber von der zwingenden **Nachforderung** gemäß § 16 Abs. 1 Nr. 3 VOB/A oder § 16 EG Abs. 1 Nr. 3 VOB/A Gebrauch gemacht hat. Ebenso wie bei § 17 Abs. 1 lit. a) VOL/A und § 20 EG Abs. 1 lit. a) VOL/A ist auch im Geltungsbereich von 61

---

[153] OLG Naumburg Beschl. v. 17. Mai 2006, 1 Verg 3/06, VergabeR 2006, 814, 817 m. Anm. *Voppel* (für den Bereich der VOF).
[154] So aber *Lischka* in Müller-Wrede, VOL/A, § 20 EG Rn. 66.
[155] *Stickler/Kallmayer* in Kapellmann/Messerschmidt, § 3a VOB/A Rn. 11; s. ferner Art. 44 Abs. 3 3. Unterabs. Satz 2 VKR.
[156] *Bauer* in Heiermann/Riedl/Rusam, § 17 VOB/A Rn. 11; *Fett* in Willenbruch/Wieddekind, § 17 VOB/A Rn. 5; *Glahs* in Kapellmann/Messerschmidt, § 17 VOB/A Rn. 6; *Hermann* in Ziekow/Völlink, § 17 VOB/A Rn. 1; *Portz* in Ingenstau/Korbion, § 17 VOB/A Rn. 21 f.; *Portz* in Kulartz/Marx/Portz/Prieß, VOB/A, § 17 Rn. 21 f.; *Ruhland* in Pünder/Schellenberg, § 17 VOB/A Rn. 10.
[157] Dazu unter Rn. 26.

§ 17 Abs. 1 Nr. 1 VOB/A und § 17 EG Abs. 1 Nr. 1 VOB/A das Aufhebungsermessen des Auftraggebers **nicht auf null reduziert**[158].

b) Grundlegende Änderung der Vergabeunterlagen

62 Nachträgliche grundlegende Änderungen der Vergabeunterlagen können gemäß § 17 Abs. 1 Nr. 2 VOB/A und § 17 EG Abs. 1 Nr. 2 VOB/A ebenfalls eine Aufhebung einer Ausschreibung rechtfertigen. Es handelt sich dabei um einen Unterfall des im Bereich der VOL/A geltenden Aufhebungstatbestandes der wesentlichen Änderung der Grundlagen des Vergabeverfahrens in § 17 Abs. 1 lit. b) VOL/A und § 20 EG Abs. 1 lit. b) VOL/A[159].

63 Die Voraussetzung einer **grundlegenden** Änderung entspricht dem Kriterium der Wesentlichkeit in § 17 Abs. 1 lit. b) VOL/A und § 20 EG Abs. 1 lit. b) VOL/A[160] und ist wie dieses zu verstehen. Zur Abgrenzung grundlegender von sonstigen Änderungen können die Wertungen in § 1 Abs. 3 und § 2 Abs. 5 VOB/B herangezogen werden[161].

c) Andere schwerwiegende Gründe

64 Gemäß § 17 Abs. 1 Nr. 3 VOB/A und § 17 EG Abs. 1 Nr. 3 VOB/A kann eine Ausschreibung dann aufgehoben werden, wenn andere schwerwiegende Gründe bestehen. Die Bestimmung ist wortgleich mit § 17 Abs. 1 lit. d) VOL/A und § 20 EG Abs. 1 lit. d) VOL/A[162].

65 Ein wesentlicher Unterschied zur Systematik der Aufhebungstatbestände der VOL/A ergibt sich indes daraus, dass § 17 Abs. 1 VOB/A und § 17 EG Abs. 1 VOB/A anders als § 17 Abs. 1 VOL/A und § 20 EG Abs. 1 VOL/A keinen gesonderten Aufhebungstatbestand für diejenigen Fälle vorsehen, in denen die Ausschreibung **kein wirtschaftliches Ergebnis** hervorgebracht hat. Als Folge daraus ist anerkannt, dass ein schwerwiegender Grund iSv § 17 Abs. 1 Nr. 3 VOB/A und § 17 EG Abs. 1 Nr. 3 VOB/A auch dann vorliegt, wenn das Ergebnis der Ausschreibung unwirtschaftlich ist[163]. Dabei gelten die zu § 17 Abs. 1 lit. b) VOL/A und § 20 EG Abs. 1 lit. b) VOL/A entwickelten Auslegungsmaßgaben entsprechend[164]. Zu beachten ist allerdings, dass auf Grund des Erfordernisses eines schwerwiegenden Grundes nicht schon jede geringfügige Unwirtschaftlichkeit eine Aufhebung rechtfertigt. Vielmehr kann ein schwerwiegender Grund insbesondere bei der Überschreitung einer Kostenschätzung des Auftraggebers erst dann angenommen werden, wenn eine beträchtliche Abweichung vorliegt[165].

---

[158] Dazu unter Rn. 27.
[159] Dazu unter Rn. 28 ff.
[160] Dazu unter Rn. 43.
[161] OLG Köln Urt. v. 18.6.2010, 19 U 98/09, NRWE; *Hermann* in Ziekow/Völlink, § 17 VOB/A Rn. 3; s. ferner OLG München Beschl. v. 6.12.2012, Verg 25/12, VergabeR 2013, 492, 495 m. Anm. *Amelung*.
[162] Dazu unter Rn. 50 ff.
[163] BGH Urt. v. 20.11.2012, X ZR 108/10, ZfBR 2013, 154, 156; OLG Düsseldorf Beschl. v. 13.12.2006, VII-Verg 54/06, NZBau 2007, 462, 465; *Bauer* in Heiermann/Riedl/Rusam, § 17 VOB/A Rn. 17; *Dieck-Bogatzke* VergabeR 2008, 392, 394; *Fett* in Willenbruch/Wieddekind, § 17 VOL/A Rn. 9, § 17 VOB/A Rn. 3; *Glahs* in Kapellmann/Messerschmidt, § 17 VOB/A Rn. 14; *Hermann* in Ziekow/Völlink, § 17 VOB/A Rn. 13, § 17 VOL/A Rn. 4; *Lischka* in Müller-Wrede, VOL/A, § 17 Rn. 7; *Portz* in Ingenstau/Korbion, § 17 VOB/A Rn. 33; *Portz* in Kulartz/Marx/Portz/Prieß, VOB/A, § 17 Rn. 34; *Ruhland* in Pünder/Schellenberg, § 17 VOB/A Rn. 16.
[164] Dazu unter Rn. 44 ff.
[165] BGH Urt. v. 20.11.2012, X ZR 108/10, ZfBR 2013, 154, 156.

3. Abschließender Charakter der Aufhebungstatbestände

Die in § 17 Abs. 1 VOL/A, § 20 EG Abs. 1 VOL/A, § 17 Abs. 1 VOB/A und § 17 EG **66** Abs. 1 VOB/A normierten Aufhebungsgründe sind **abschließend**[166]. Dem Auftraggeber ist es mithin verwehrt, eine Aufhebung auf andere, nicht ausdrücklich geregelte Gründe zu stützen. Dies ergibt sich als Folge des Ausnahmecharakters der Aufhebung, welcher einem Findungsrecht des Auftraggebers für neue Aufhebungsgründe im Wege steht. Unabhängig davon kommt dem Auftraggeber jedoch eine gewisse Flexibilität dadurch zugute, dass der Aufhebungstatbestand der anderen schwerwiegenden Gründe (§ 17 Abs. 1 lit. d) VOL/A, § 20 EG Abs. 1 lit. d) VOL/A, § 17 Abs. 1 Nr. 3 VOB/A, § 17 EG Abs. 1 Nr. 3 VOB/A) als Generalklausel praktisch bereits den allergrößten Teil derjenigen Fälle erfassen dürfte, in denen ein unabweisbares Bedürfnis nach einer zuschlagslosen Verfahrensbeendigung besteht. Hinzu tritt, dass dem Auftraggeber jedenfalls hinsichtlich des Aufhebungsgrundes des fehlenden wirtschaftlichen Ergebnisses, der von § 17 Abs. 1 lit. d) VOL/A, § 20 EG Abs. 1 lit. d) VOL/A und als Unterfall auch von § 17 Abs. 1 Nr. 3 VOB/A und von § 17 EG Abs. 1 Nr. 3 VOB/A[167] erfasst wird, ein Beurteilungsspielraum bei der Bewertung des Verfahrensergebnisses[168] zukommt. Auch hierdurch kann der Auftraggeber gestalterischen Einfluss auf die Anwendung der Aufhebungstatbestände nehmen, ohne dass dies zu einer übermäßigen Verkürzung des Schutzes der Bieter vor dem mit der Aufhebung verbundenen Verlust ihrer Zuschlagschancen führte.

IV. Teilaufhebung

§ 17 Abs. 1 VOL/A und § 20 EG Abs. 1 VOL/A gestatten ausdrücklich die Teilaufhe- **67** bung des Vergabeverfahrens, wenn der Auftrag **in Losen vergeben** wird. Aus dem Zusammenhang, aber auch aus Sacherwägungen heraus folgt, dass sich eine derartige Teilaufhebung nur auf die Aufhebung einzelner Lose eines Verfahrens beziehen kann. Denn eine andere Form der Teilaufhebung, beispielsweise hinsichtlich einzelner Positionen des Leistungsverzeichnisses, wäre zumeist wenig sinnvoll. Zudem stünde ihr der Schutz der Bieter vor einer nachträglichen und nicht vorhersehbaren Teilung des Auftrages entgegen[169].

Im Unterschied zu den Bestimmungen der VOL/A sehen **§ 17 Abs. 1 VOB/A und** **68** **§ 17 EG Abs. 1 VOB/A** die Möglichkeit einer Teilaufhebung nicht vor. Gleichwohl ist anerkannt, dass auch Vergabeverfahren im Bereich der VOB/A teilweise, d.h. hinsichtlich einzelner Teil- oder Fachlose, aufgehoben werden dürfen[170]. Eine derartige Befugnis des

---

[166] VK Sachsen Beschl. v. 18.8.2006, 1/SVK/077–06, IBR online; *Dieck-Bogatzke* VergabeR 2008, 392, 393; *Bauer* in Heiermann/Riedl/Rusam, § 17 VOB/A Rn. 8; *Fett* in Willenbruch/Wieddekind, § 17 VOL/A Rn. 6; *Glahs* in Kapellmann/Messerschmidt, § 17 VOB/A Rn. 5; *Herrmann* in Ziekow/Völlink, vor § 17 VOB/A Rn. 11; *Lischka* in Müller-Wrede, VOL/A, § 20 EG Rn. 27; *Portz* in Kulartz/Marx/Portz/Prieß, VOB/A, § 17 Rn. 10; *Portz* in Kulartz/Marx/Portz/Prieß, VOL/A, § 17 Rn. 14; *Ruhland* in Pünder/Schellenberg, § 17 VOL/A Rn. 6, § 17 VOB/A Rn. 9.
[167] Dazu unter Rn. 65.
[168] Dazu unter Rn. 45.
[169] *Ruhland* in Pünder/Schellenberg, § 17 VOB/A Rn. 19; im Ergebnis ebenso VK Sachsen Beschl. v. 29.7.2002, 1/SVK/069–02, IBR online; *Fett* in Willenbruch/Wieddekind, § 17 VOL/A Rn. 19; *Herrmann* in Ziekow/Völlink, vor § 17 VOB/A Rn. 9; *Lischka* in Müller-Wrede, VOL/A, § 20 EG Rn. 74.
[170] VK Baden-Württemberg Beschl. v. 28.10.2008, 1 VK 39/08, IBR online; VK Sachsen Beschl. v. 29.7.2002, 1/SVK/069–02, IBR online; *Bauer* in Heiermann/Riedl/Rusam, § 17 VOB/A Rn. 20; *Fett* in Willenbruch/Wieddekind, § 17 VOL/A Rn. 3; *Herrmann* in Ziekow/Völlink, vor § 17 VOB/A Rn. 8; *Lischka* in Müller-Wrede, VOL/A, § 17 Rn. 8; § 20 EG Rn. 15; *Portz* in Kulartz/Marx/Portz/Prieß, VOL/A, § 17 Rn. 16; *Ruhland* in Pünder/Schellenberg, § 17 VOB/A Rn. 19.

Auftraggebers ist in der allgemeinen Aufhebungsbefugnis, wie sie in § 17 Abs. 1 VOB/A und § 17 EG Abs. 1 VOB/A ausdrücklich vorgesehen ist, als Minus enthalten. Die Belange der Bieter werden dadurch nicht beeinträchtigt, denn da bei einer Vergabe in Losen jedes Los auch hinsichtlich der Angebotsprüfung und -wertung ein eigenes Schicksal nimmt[171], können sie ohnehin nicht damit rechnen, bei einem Erfolg ihres Angebotes den Zuschlag zwingend für alle Lose zu erhalten

69   **Besondere Voraussetzungen** an die Teilaufhebung, die über die Voraussetzungen einer Vollaufhebung hinausgehen, stellen § 17 Abs. 1 VOB/A, § 17 EG Abs. 1 VOB/A, § 17 Abs. 1 VOL/A und § 20 EG Abs. 1 VOL/A nicht auf[172]. Maßgeblich ist, ob die allgemeinen Aufhebungsvoraussetzungen in Bezug auf den aufzuhebenden Leistungsteil erfüllt sind. Soweit danach eine Teilaufhebung in Betracht kommt, hat der Auftraggeber daher nicht nur ein Entschließungsermessen hinsichtlich des Ob einer Verfahrensaufhebung, sondern hat darüber hinaus eine ermessensgeleitete Auswahl zwischen den Möglichkeiten einer Voll- und einer Teilaufhebung zu treffen[173].

C. Die Aufhebung von Vergabeverfahren im Bereich der VOF

70   Anders als die VOL/A und die VOB/A enthält die VOF keine ausdrücklichen Bestimmungen über die Voraussetzungen einer Verfahrensaufhebung. Die Möglichkeit einer Verfahrensbeendigung ohne Vertragsschluss wird allerdings von § 14 Abs. 6 VOF, wonach der Verzicht auf die Auftragsvergabe den Bietern bekanntzugeben ist, stillschweigend vorausgesetzt. Dass ein solches Mittel bestehen muss, ergibt sich zudem daraus, dass es selbstverständlich auch im Bereich der VOF eine Vielzahl von Situationen gibt, in denen ein Auftraggeber keine Möglichkeit hat, ein bereits begonnenes Vergabeverfahren mit dem Abschluss des angestrebten Vertrages zu beenden. Daher ist die Möglichkeit einer Verfahrensaufhebung[174] auch im Bereich der VOF **allgemein anerkannt**[175].

71   Bedingt durch das Fehlen ausdrücklicher Aufhebungstatbestände ist die Verfahrensaufhebung im Bereich der VOF grundsätzlich möglich, **ohne dass es hierfür besonderer Voraussetzungen bedürfte**[176]. Im Vergleich zu den Parallelbestimmungen in § 17 Abs. 1 VOL/A, § 20 EG Abs. 1 VOL/A, § 17 Abs. 1 VOB/A und § 17 EG Abs. 1 VOB/A bedeutet dies eine deutliche Privilegierung. Dies ist allerdings insoweit konsequent, als nach der hier vertretenen Sichtweise § 17 Abs. 1 VOB/A und § 17 EG Abs. 1 VOB/A nur auf öffentliche und beschränkte Ausschreibungen (im Bereich des Abschnitts 2: offene und nichtoffene Verfahren) Anwendung finden, nicht hingegen auf freihändige Vergaben bzw. Verhandlungsverfahren[177]. Da die VOF nur das Verhandlungsverfahren als Verfahrensart kennt (§ 3 Abs. 1 VOF), besteht insoweit ein Gleichlauf.

72   Dass die Verfahrensaufhebung im Bereich der VOF nicht an besondere Voraussetzungen geknüpft ist, bedeutet indes nicht, dass sie vollkommen frei von allen rechtlichen

---

[171] Zur Vergabe in Losen unter § 1 Rn. 69ff.
[172] *Portz* in Kulartz/Marx/Portz/Prieß, ‚VOB/A, § 17 Rn. 16; *Portz* in Kulartz/Marx/Portz/Prieß, VOL/A, § 17 Rn. 43; *Ruhland* in Pünder/Schellenberg, § 17 VOL/A Rn. 14, § 17 VOB/A Rn. 19.
[173] *Herrmann* in Ziekow/Völlink, vor § 17 VOB/A Rn. 8; *Lischka* in Müller-Wrede, VOL/A, § 20 EG Rn. 75.
[174] S. zur Terminologie unter Rn. 1.
[175] OLG Naumburg Beschl. v. 17.5.2006, 1 Verg 3/06, VergabeR 2006, 814, 817 m. Anm. *Voppel*; VK Brandenburg Beschl. v. 18.6.2003, VK 20/03, IBR online; VK Sachsen Beschl. v. 17.1.2006, 1/SVK/151–05, IBR online; *Portz* in Kulartz/Marx/Portz/Prieß, VOL/A § 17 Rn. 7 (vgl. aber *Portz* in Müller-Wrede, VOF, § 17 Rn. 76); *Schubert* in Willenbruch/Wieddekind, § 14 VOF Rn. 34; *Voppel/Osenbrück/Bubert*, § 16 Rn. 51.
[176] *Ruhland* in Pünder/Schellenberg, § 1 VOF Rn. 30; *Voppel/Osenbrück/Bubert*, § 16 Rn. 55 (abweichend noch in der Voraufl. Rn. 27).
[177] Dazu unter Rn. 18.

Bindungen vorgenommen werden könnte. Wie bereits dargelegt, muss jede Aufhebungsentscheidung im Einklang mit allen für sie geltenden Rechtsvorschriften stehen, die sich nicht allein auf die Aufhebungstatbestände der Verdingungsordnungen beschränken. Zu beachten können daher insbesondere **die sich aus § 97 GWB ergebenden allgemeinen Grundsätze des Vergaberechts, die Grundrechte sowie die Vorgaben des EU-Primärrechts** sein[178]. Soweit sie im jeweiligen Einzelfalle anwendbar sind, sind diese Vorgaben daher auch bei Aufhebungsentscheidungen im Bereich der VOF zu beachten.

D. Ermessensentscheidung des Auftraggebers

Die Entscheidung über die Aufhebung des Vergabeverfahrens steht im **Ermessen** des Auftraggebers[179]. Im Anwendungsbereich von § 17 Abs. 1 VOL/A, § 20 EG Abs. 1 VOL/A, § 17 Abs. 1 VOB/A und § 17 EG Abs. 1 VOB/A folgt dies bereits aus dem Wortlaut der Normen, die bei der Erfüllung eines der dort festgelegten Tatbestände eine Aufhebung des Verfahrens nur als mögliche, nicht aber als zwingende Reaktion des Auftraggebers vorsehen. Im Geltungsbereich der VOF, die ohnehin keine normierten Aufhebungstatbestände kennt, gilt dies erst recht. 73

Über die Aufhebung des Vergabeverfahrens sowie ggf. ihren Umfang hat der Auftraggeber mithin nach **pflichtgemäßem** Ermessen zu befinden. Er hat dabei insbesondere die Grenzen des ihm eingeräumten Ermessens zu beachten, die sich nicht nur aus § 17 Abs. 1 VOL/A, § 20 EG Abs. 1 VOL/A, § 17 Abs. 1 VOB/A und § 17 EG Abs. 1 VOB/A, sondern auch aus sämtlichen sonstigen anwendbaren Vorgaben ergeben[180], zu beachten. Innerhalb dieser Grenzen verbleibt ihm aber regelmäßig ein weiter Entscheidungsspielraum. 74

Im Einzelfalle kann das Ermessen des Auftraggebers **auf null reduziert** sein. Dies ist dann der Fall, wenn die Aufhebung des Verfahrens die einzige rechtmäßige Handlungsoption ist, die dem Auftraggeber in der jeweiligen Situation zur Verfügung steht[181]. Eine derartige Ermessensreduzierung darf jedoch nicht schon vorschnell dann angenommen werden, wenn ein Zuschlag beispielsweise mangels formell und materiell ordnungsgemäßer Angebote ausgeschlossen ist[182]. Vielmehr können dem Auftraggeber auch in einer sol- 75

---

[178] OLG Naumburg Beschl. v. 17.5.2006, 1 Verg 3/06, VergabeR 2006, 814, 817 m. Anm. *Voppel*; VK Brandenburg Beschl. v. 18.6.2003, VK 20/03, IBR online; VK Sachsen Beschl. v. 17.1. 2006, 1/SVK/151-05, IBR online; *Conrad* NZBau 2007, 287, 288; *Ruhland* in Pünder/Schellenberg, § 1 VOF Rn. 31; *Schubert* in Willenbruch/Wieddekind, § 14 VOF Rn. 34; *Voppel/Osenbrück/Bubert*, § 16 Rn. 54 f.

[179] BGH Beschl. v. 10.11.2009, X ZB 8/09, ZfBR 2010, 298, 303; BayObLG Beschl. v. 17.2. 2005, Verg 27/04, VergabeR 2005, 349, 354; OLG Celle Beschl. v. 10.6.2010, 13 Verg 18/09, IBR online; OLG Karlsruhe Beschl. v. 27.7.2009, 15 Verg 3/09, VergabeR 2010, 96, 99 m. Anm. *Hartung*; OLG München Beschl. v. 6.12.2012, Verg 25/12, VergabeR 2013, 492, 495 m. Anm. *Amelung*; OLG München Beschl. v. 23.21.2010, Verg 21/10, VergabeR 2011, 525, 528; *Burbulla* ZfBR 2009, 134, 137; *Dieck-Bogatzke* VergabeR 2008, 392, 393; *Bauer* in Heiermann/Riedl/Rusam, § 17 VOB/A Rn. 9; *Fett* in Willenbruch/Wieddekind, § 17 VOL/A Rn. 16, § 17 VOB/A Rn. 11; *Glahs* in Kapellmann/Messerschmidt, § 17 VOB/A Rn. 21; *Herrmann* in Ziekow/Völlink, vor § 17 VOB/A Rn. 12; *Lischka* in Müller-Wrede, VOL/A, § 20 EG Rn. 26; *Portz* in Ingenstau/Korbion, § 17 VOB/A Rn. 17; *Portz* in Kulartz/Marx/Portz/Prieß, VOB/A, § 17 Rn. 17; *Portz* in Kulartz/Marx/Portz/Prieß, VOL/A, § 17 Rn. 20; *Ruhland* in Pünder/Schellenberg, § 17 VOL/A Rn. 5, § 17 VOB/A Rn. 7.

[180] Dazu unter Rn. 8 ff.

[181] BayObLG Beschl. v. 17.2.2005, Verg 27/04, VergabeR 2005, 349, 354; OLG Celle Beschl. v. 8.4.2004, 13 Verg 6/04, IBR online; *Bauer* in Heiermann/Riedl/Rusam, § 17 VOB/A Rn. 10; *Herrmann* in Ziekow/Völlink, vor § 17 VOB/A Rn. 13; *Lischka* in Müller-Wrede, VOL/A, § 20 EG Rn. 26; *Portz* in Ingenstau/Korbion, § 17 VOB/A Rn. 17, 19; *Portz* in Kulartz/Marx/Portz/Prieß, VOB/A, § 17 Rn. 19; *Portz* in Kulartz/Marx/Portz/Prieß, VOL/A, § 17 Rn. 20; *Ruhland* in Pünder/Schellenberg, § 17 VOL/A Rn. 5, § 17 VOB/A Rn. 7.

[182] Dazu auch unter Rn. 23 ff., 59 ff.

chen Situation Möglichkeiten der Fortführung des Verfahrens, namentlich durch Zurückversetzung des Verfahrens in ein früheres Stadium[183], zur Verfügung stehen[184]. Diese Möglichkeiten hat der Auftraggeber in seine Ermessensentscheidung einzubeziehen[185]. Jedenfalls solange das Aufhebungsermessen des Auftraggebers nicht auf null reduziert ist, besteht auch kein **Anspruch** der Bieter auf Aufhebung[186].

E. Mitteilungspflichten

76 Für den Fall einer Aufhebung normieren § 17 Abs. 2 VOL/A, § 20 EG Abs. 2 und 3 VOL/A, § 17 Abs. 2 VOB/A, § 17 EG Abs. 2 VOB/A sowie § 14 Abs. 6 VOF jeweils unterschiedliche Mitteilungspflichten. Der **Zweck** dieser Mitteilungspflichten besteht darin, den Bewerbern und Bietern frühzeitig Kenntnis davon zu verschaffen, dass der Auftrag nicht mehr vergeben wird und sie mithin die für die Leistungserbringung vorgesehenen persönlichen und sächlichen Mittel nicht länger vorhalten müssen[187]. Zudem soll es die Mitteilung den Bewerbern und Bietern ermöglichen zu prüfen, ob die Aufhebung rechtmäßig ist, und damit im Anwendungsbereich des Kartellvergaberechts die Erfolgsaussichten einer Rüge und eines Nachprüfungsantrages hiergegen abzuschätzen[188].

I. § 17 Abs. 2 VOL/A

77 Gemäß § 17 Abs. 2 VOL/A sind alle **Bewerber und Bieter** über die Aufhebung des Vergabeverfahrens zu unterrichten. Dies sind nach allgemeinem Sprachgebrauch[189] sowohl diejenigen Unternehmen, die ein Angebot abgegeben haben (Bieter), als auch diejenigen, die in einem Verfahren mit Teilnahmewettbewerb lediglich einen Teilnahmeantrag eingereicht haben (Bewerber).

78 **Inhalt** der Mitteilung müssen der Umstand der Aufhebung selbst sowie die Gründe dafür sein. Für die Mitteilung der Gründe genügt es nicht, lediglich den vom Auftraggeber herangezogenen Aufhebungstatbestand in § 17 Abs. 1 VOL/A zu wiederholen[190], da andernfalls diese Pflicht für den Adressaten wenig Nutzen brächte. Insbesondere wäre es

---

[183] Im Schrifttum teilweise als horizontale Teilaufhebung bezeichnet, s. *Herrmann* in Ziekow/Völlink, vor § 17 VOB/A Rn. 10.
[184] BGH Beschl. v. 10.11.2009, X ZB 8/09, ZfBR 2010, 298, 303; BGH Beschl. v. 26.9.2006, X ZB 14/06, NZBau 2006, 800, 806; großzügiger OLG Celle Beschl. vom 8.4.2004, 13 Verg 6/04, IBR online.
[185] *Glahs* in Kapellmann/Messerschmidt, § 17 VOB/A Rn. 21; ähnlich *Portz* in Kulartz/Marx/Portz/Prieß, VOB/A, § 17 Rn. 20; *Portz* in Kulartz/Marx/Portz/Prieß, VOL/A, § 17 Rn. 29.
[186] BGH Beschl. v. 10.11.2009, X ZB 8/09, ZfBR 2010, 298, 303; BGH Beschl. v. 26.9.2006, X ZB 14/06, NZBau 2006, 800, 806; *Müller-Wrede/Schade* VergabeR 2005, 461, 464 f.; *Lischka* in Müller-Wrede, VOL/A, § 20 EG Rn. 118.
[187] VK Schleswig-Holstein, Beschl. v. 24.10.2003, VK-SH 24/03, juris; *Bauer* in Heiermann/Riedl/Rusam, § 17 VOB/A Rn. 23; *Lischka* in Müller-Wrede, VOL/A, § 20 EG Rn. 90; *Portz* in Ingenstau/Korbion, § 17 VOB/A Rn. 35; *Portz* in Kulartz/Marx/Portz/Prieß, VOB/A, § 17 Rn. 36; *Portz* in Kulartz/Marx/Portz/Prieß, VOL/A, § 17 Rn. 46.
[188] VK Brandenburg Beschl. v. 17.9.2002, VK 50/02, IBR online; VK Brandenburg Beschl. v. 30.7.2002, VK 38/02, ZfBR 2003, 88, 94 f.
[189] S. die Definition in Art. 1 Abs. 8 3. Unterabs. VKR.
[190] OLG Frankfurt a. M. Beschl. v. 28.6.2005, 11 Verg 21/04, VergabeR 2006, 131, 136; *Bauer* in Heiermann/Riedl/Rusam, § 17 VOB/A Rn. 26; *Fett* in Willenbruch/Wieddekind, § 17 VOL/A Rn. 20, § 17 VOB/A Rn. 14; *Glahs* in Kapellmann/Messerschmidt, § 17 VOB/A Rn. 24; *Portz* in Ingenstau/Korbion, § 17 VOB/A Rn. 42 f.; *Portz* in Kulartz/Marx/Portz/Prieß, VOB/A, § 17 Rn. 43 f.; *Portz* in Kulartz/Marx/Portz/Prieß, VOL/A, § 17 Rn. 47; *Ruhland* in Pünder/Schellenberg, § 17 VOL/A Rn. 16; differenzierend: *Herrmann* in Ziekow/Völlink, § 17 VOB/A Rn. 18; *Lischka* in Müller-Wrede, VOL/A, § 20 EG Rn. 89.

den Bewerbern und Bietern dann nicht möglich, die Rechtmäßigkeit der Aufhebung nachzuvollziehen und, soweit das Vergabeverfahren dem Anwendungsbereich des Kartellvergaberechts unterfällt, die Erfolgsaussichten einer Rüge und eines Nachprüfungsantrages abzuschätzen. Insoweit dient die Pflicht zu einer nachvollziehbaren Begründung der Aufhebungsentscheidung auch der Sicherstellung eines wirksamen Rechtsschutzes[191]. Eine Verpflichtung, alle Umstände, die zur Aufhebung geführt haben, vollständig und erschöpfend mitzuteilen, besteht indes nicht[192]; gleichwohl sind jedenfalls die tragenden Gründe darzulegen[193].

Die Unterrichtung ist **unverzüglich,** d.h. ohne schuldhaftes Zögern (§ 121 Abs. 1 Satz 1 BGB)[194], vorzunehmen. **79**

II. § 20 EG Abs. 2 und 3 VOL/A

Für den Anwendungsbereich des Abschnitts 2 der VOL/A **wiederholt** § 20 EG Abs. 2 VOL/A wörtlich die Vorgaben aus § 17 Abs. 2 VOL/A. **80**

Hinzu treten allerdings zusätzliche Voraussetzungen, die sich aus § 20 EG Abs. 3 VOL/A ergeben und die dann zu erfüllen sind, wenn der Auftrag **im Amtsblatt der EU** bekannt gemacht wurde. Ist dies der Fall, sind den Bewerbern und Bietern zusätzlich unverzüglich (§ 121 Abs. 1 Satz 1 BGB) die **Gründe** für den Verzicht auf die Vergabe sowie für eine etwaige Neueinleitung des Verfahrens mitzuteilen (§ 20 EG Abs. 3 Satz 1 VOL/A). Diese Pflicht entspricht zum einen Teil den Vorgaben aus § 17 Abs. 2 VOL/A, geht aber zum anderen Teil über diese hinaus, als auch nach dem insoweit eindeutigen Wortlaut der Norm die Gründe für eine etwaige Neueinleitung mitzuteilen sind. **81**

Die Mitteilung ist in beiden Fallgruppen des § 20 EG Abs. 2 und 3 VOL/A grundsätzlich formlos möglich. Nur auf Antrag des Bieters oder Bewerbers ist sie gemäß § 20 EG Abs. 3 Satz 2 VOL/A im Anwendungsbereich dieses Absatzes **in Textform** gemäß § 126b BGB zu machen. **82**

III. § 17 Abs. 2 VOB/A

Die Informationspflicht nach § 17 Abs. 2 VOB/A entspricht zu einem großen Teil der Regelung in **§ 17 Abs. 2 VOL/A.** Unterschiede bestehen insoweit, als § 17 Abs. 2 VOB/A anders als § 17 Abs. 2 VOL/A den Auftraggeber verpflichtet, die Absicht, ein **83**

---

[191] OLG Koblenz Beschl. v. 10.4.2003, 1 Verg 1/03, NZBau 2003, 576, 577; VK Schleswig-Holstein Beschl. v. 10.2.2005, VK-SH 02/05, juris (für den Bereich der VOB/A); vgl. auch *Lischka* in Müller-Wrede, VOL/A, § 20 EG Rn. 117.

[192] OLG Koblenz Beschl. v. 10.4.2003, 1 Verg 1/03, NZBau 2003, 576, 577; VK Schleswig-Holstein Beschl. v. 10.2.2005, VK-SH 02/05, juris (für den Bereich der VOB/A); *Bauer* in Heiermann/Riedl/Rusam, § 17 VOB/A Rn. 26; *Fett* in Willenbruch/Wieddekind, § 17 VOL/A Rn. 14; *Herrmann* in Ziekow/Völlink, § 17 VOB/A Rn. 18; *Lischka* in Müller-Wrede, VOL/A, § 20 EG Rn. 89; *Portz* in Ingenstau/Korbion, § 17 VOB/A Rn. 41; *Portz* in Kulartz/Marx/Portz/Prieß, VOB/A, § 17 Rn. 41; *Portz* in Kulartz/Marx/Portz/Prieß, VOL/A, § 17 Rn. 47, § 20 EG Rn. 8; *Ruhland* in Pünder/Schellenberg, § 17 VOL/A Rn. 21.

[193] OLG Koblenz Beschl. v. 10.4.2003, 1 Verg 1/03, NZBau 2003, 576, 577; *Lischka* in Müller-Wrede, VOL/A, § 20 EG Rn. 89, 94.

[194] OLG Frankfurt a. M. Beschl. v. 28.6.2005, 11 Verg 21/04, VergabeR 2006, 131, 136; *Bauer* in Heiermann/Riedl/Rusam, § 17 VOB/A Rn. 23; *Fett* in Willenbruch/Wieddekind, § 17 VOL/A Rn. 20; *Glahs* in Kapellmann/Messerschmidt, § 17 VOB/A Rn. 23; *Herrmann* in Ziekow/Völlink, § 17 VOB/A Rn. 17; *Lischka* in Müller-Wrede, VOL/A, § 20 EG Rn. 90; *Portz* in Ingenstau/Korbion, § 17 VOB/A Rn. 36; *Portz* in Kulartz/Marx/Portz/Prieß, VOB/A, § 17 Rn. 37; *Ruhland* in Pünder/Schellenberg, § 17 VOL/A Rn. 16, § 20 EG VOL/A Rn. 5, § 17 VOB/A Rn. 20.

neues Vergabeverfahren über denselben Auftrag einzuleiten, zum Gegenstand der Mitteilung zu machen.

84 Zudem muss die Benachrichtigung gemäß § 17 Abs. 2 VOB/A anders als im Geltungsbereich von § 17 Abs. 2 VOL/A in **Textform** erfolgen, deren Definition aus § 126b BGB folgt.

IV. § 17 EG Abs. 2 VOB/A

85 § 17 EG Abs. 2 Nr. 1 VOB/A ist identisch mit § 17 Abs. 2 VOB/A. Darüber hinaus gestattet es § 17 EG Abs. 2 Nr. 2 VOB/A dem Auftraggeber, die nach § 17 EG Abs. 2 Nr. 1 VOB/A den Bietern mitzuteilenden Informationen **zurückzuhalten**, wenn die Weitergabe den Gesetzesvollzug behinderte, dem öffentlichen Interesse zuwiderliefe, die berechtigten geschäftlichen Interessen von öffentlichen oder privaten Unternehmen schädigte oder den lauteren Wettbewerb beeinträchtigte. Inhaltlich entspricht dies weitgehend der Bestimmung in § 19 Abs. 3 VOL/A[195]. Ein Unterschied besteht allerdings va insoweit, als § 17 EG Abs. 2 Nr. 2 lit. a) VOB/A bereits eine Behinderung des Gesetzesvollzuges ausreichen lässt, während § 19 Abs. 3 VOL/A seine Vereitelung erfordert.

V. § 14 Abs. 6 VOF

86 Für den Bereich der VOF enthält § 14 Abs. 6 VOF eine weitgehend mit **§ 20 EG Abs. 3 VOL/A** identische Regelung. Danach ist der Auftraggeber verpflichtet, den Bewerbern unverzüglich (§ 121 Abs. 1 Satz 1 BGB) die Gründe für den Verzicht auf die Auftragsvergabe sowie eine etwaige Neueinleitung des Verfahrens mitzuteilen (§ 14 Abs. 6 Satz 1 VOF). Auch hier ist die **Textform** (§ 126b BGB) nur auf Antrag zu wahren (§ 14 Abs. 6 Satz 2 VOF), während die Mitteilung selbst auch ohne Antrag zu machen ist[196]. Ergänzend bestimmt § 14 Abs. 6 Satz 3 VOF, dass die Entscheidung über den Verzicht dem Amt für amtliche Veröffentlichungen der Europäischen Gemeinschaften (jetzige Bezeichnung: Amt für Veröffentlichungen der Europäischen Union) mitzuteilen ist.

F. Rechtsschutz gegen die Aufhebung

I. Statthaftigkeit eines Nachprüfungsantrags

1. Grundsatz

87 Nach der **Rechtsprechung des EuGH** folgt aus Art. 1 Abs. 1 der Richtlinie 89/665/EWG, dass die Entscheidung des öffentlichen Auftraggebers, ein Vergabeverfahren aufzuheben, jedenfalls auf Verstöße gegen das europäische Vergaberecht oder die innerstaatlichen Umsetzungsvorschriften überprüft und gegebenenfalls aufgehoben werden kann[197]. Für das Nachprüfungsverfahren nach den Bestimmungen des GWB bedeutet dies, dass ein Nachprüfungsantrag, der sich gegen die Aufhebungsentscheidung des öffentlichen Auftraggebers richtet, dem Grunde nach zulässig ist und nicht schon mangels eines tauglichen Antragsgegenstandes als unstatthaft angesehen werden kann[198]. Der frühere

---

[195] Dazu unter § 34 Rn. 56 ff.
[196] *Mentzinis* in Pünder/Schellenberg, § 14 VOF Rn. 6; *Schubert* in Willenbruch/Wieddekind, § 14 VOL/A Rn. 35; *Voppel/Osenbrück/Bubert*, § 16 Rn. 59.
[197] EuGH Urt. v. 3.6.2005, Rs. C-15/04 – Koppensteiner, Rn. 30 f.; EuGH Urt. v. 18.6.2002, Rs. C-92/00 – Hospital Ingenieure, Rn. 55.
[198] BGH Beschl. v. 18.2.2003, X ZB 43/02, NZBau 2003, 293; KG Beschl. v. 10.12.2002, Kart Verg 16/02, VergabeR 2003, 180, 182 m. Anm. *Otting*; OLG Frankfurt a. M. Beschl. v. 28.6.2005,

Streit, der sich um diese Frage rankte[199], kann mittlerweile als überholt angesehen werden, da die Rechtsprechung des EuGH allgemein Gefolgschaft gefunden hat.

2. Materiell-rechtlicher Ausgangspunkt

In materiell-rechtlicher Hinsicht liegt der Überprüfbarkeit der Aufhebungsentscheidung 88 die Erkenntnis zugrunde, dass die Rechtsnormen, die der Auftraggeber bei der Aufhebung eines Vergabeverfahrens zu beachten hat, jedenfalls im Geltungsbereich des Kartellvergaberechts[200] dem einzelnen Bieter vielfach subjektive Rechte vermitteln[201]. Aus ihnen folgt ein **Abwehranspruch des Bieters gegen rechtswidrige Aufhebungsentscheidungen** des Auftraggebers. Der Grundsatz des effektiven Rechtsschutzes im Vergabeverfahren, der europarechtlich in Art. 1 Abs. 1 der Richtlinie 89/665/EWG normiert ist[202] und zudem innerstaatlich aus dem allgemeinen Justizgewährungsanspruch der Bieter folgt[203], gebietet es, das Nachprüfungsverfahren zur Durchsetzung dieses Abwehranspruchs nutzbar zu machen und den Bieter nicht etwa auf die Geltendmachung von Schadensersatzansprüchen zu verweisen.

Da der Auftraggeber allerdings dessen ungeachtet materiell-rechtlich **keinem Kontra-** 89 **hierungszwang** unterliegt[204], besteht dieser Abwehranspruch gegen rechtswidrige Aufhebungsentscheidungen nur insoweit, wie der Auftraggeber an dem Beschaffungsvorhaben festhält. Hat er seinen Vergabewillen aufgegeben, hat der Bieter keinen Anspruch auf Fortführung des Vergabeverfahrens. In derartigen Fällen kann mithin im Nachprüfungsverfahren eine Rückgängigmachung der Aufhebung nicht begehrt werden. Das Verfahrensrecht trägt dieser Begrenzung des materiell-rechtlichen Abwehranspruchs dadurch Rechnung, dass die Nachprüfungsinstanzen dann nicht befugt sind, eine Fortführung des Vergabeverfahrens anzuordnen[205].

Bisweilen wird darüber hinaus angenommen, auch bei fortbestehendem Beschaffungs- 90 willen könne eine Fortführung des Vergabeverfahrens dann nicht mehr begehrt werden, wenn sich der Auftraggeber auf einen **sachlichen Grund** für die Aufhebung des Verfahrens berufen könne und diese nicht nur dem Zweck diene, Bieter zu diskriminieren[206].

---

11 Verg 21/04, VergabeR 2006, 131, 134; VK Bund Beschl. v. 22.7.2011, VK 3–83/11, www.bundeskartellamt.de; VK Bund Beschl. v. 29.11.2009, VK 1–167/09, www.bundeskartellamt.de; *Dieck-Bogatzke* VergabeR 2008, 392, 395; *Conrad* NZBau 2007, 287, 288; *Burgi* NZBau 2003, 16, 22; *Kaelble* ZfBR 2003, 196, 198; *Mantler* VergabeR 2003, 119, 120; *Müller-Wrede* VergabeR 2003, 318, 319; *Hübner* VergabeR 2002, 429, 432f.; *Portz* ZfBR 2002, 551, 552f.; *Brauer* in Ziekow/Völlink, § 114 GWB Rn. 20; *Byok* in Byok/Jaeger, § 114 GWB Rn. 7; *Diemon-Wies* in Hattig/Maibaum, § 114 GWB Rn. 39; *Fett* in Willenbruch/Wieddekind, § 114 GWB Rn. 17; *Gause* in Willenbruch/Wieddekind, § 114 GWB Rn. 6, 11; *Glahs* in Kapellmann/Messerschmidt, § 17 VOB/A Rn. 25; *Herrmann* in Ziekow/Völlink, vor § 17 VOB/A Rn. 17, § 17 VOB/A Rn. 23; *Heuvels* in Loewenheim, § 114 GWB Rn. 6; *Lischka* in Müller-Wrede, VOL/A, § 20 EG Rn. 100; *Maier* in Kulartz/Kus/Portz, § 114 Rn. 60; *Portz* in Ingenstau/Korbion, § 17 VOB/A Rn. 51 ff.; *Portz* in Kulartz/Marx/Portz/Prieß, VOB/A, § 17 Rn. 52 ff.; *Portz* in Kulartz/Marx/Portz/Prieß, VOL/A, § 17 Rn. 54 ff.; *Portz* in Müller-Wrede, VOF, § 17 Rn. 90; *Reidt* in Reidt/Stickler/Glahs, § 114 Rn. 25; *Ruhland* in Pünder/Schellenberg, § 17 VOL/A Rn. 20, § 17 VOB/A Rn. 28, 33; *Voppel/Osenbrück/Bubert*, § 16 Rn. 57.

[199] Zum früheren Streitstand *Meier* NZBau 2003, 137; *Bauer/Kegel* EuZW 2002, 502.
[200] S. zur Existenz subjektiver Rechte außerhalb des Kartellvergaberechts unter § 80 Rn. 15.
[201] Dazu unter Rn. 97 f.
[202] Dazu *Prieß* NZBau 2002, 433, 434.
[203] *Scharen* NZBau 2003, 585, 590; a. A. (Art. 19 Abs. 4 Satz 1 GG) *Reidt/Brosius-Gersdorf* VergabeR 2002, 580, 582 ff.
[204] Dazu unter Rn. 14.
[205] BGH Beschl. v. 18.2.2003, X ZB 43/02, NZBau 2003, 293, 294.
[206] OLG Düsseldorf Beschl. v. 8.6.2011, VII-Verg 55/10, ZfBR 2012, 193, 194; OLG Düsseldorf Beschl. v. 16.11.2010, VII-Verg 50/10, NRWE; OLG Düsseldorf Beschl. v. 10.11.2010, VII-Verg 28/10, VergabeR 2011, 519, 523 m. Anm. *Meißner*; OLG Düsseldorf Beschl. v. 8.7.2009, VII-Verg

Diese Annahme setzt gedanklich voraus, den materiell-rechtlichen Abwehranspruch gegen rechtswidrige Verfahrensaufhebungen auf Fälle sachlich nicht begründbarer Aufhebungen einzuschränken. Einer solchen Überlegung kann jedoch nicht beigetreten werden. Denn die normativen Bindungen, denen der Auftraggeber bei der Entscheidung über die Aufhebung unterliegt und die sich insbesondere aus den Aufhebungstatbeständen der VOB/A und der VOL/A, aber auch aus den allgemeinen Grundsätzen des Vergaberechts ergeben können, sehen eine derartige Einschränkung nach den inhaltlichen Motiven, die der Abkehr vom konkreten Beschaffungsvorhaben zugrunde liegen, nicht vor. Insbesondere kann aus dem Fehlen eines Kontrahierungszwangs des Auftraggebers nicht zugleich die Befugnis des Auftraggebers abgeleitet werden, sich bei Bestehen eines sachlichen Grundes trotz fortbestehenden Vergabewillens nach eigenem Ermessen von dem Verfahren zu lösen. Die Vertragsfreiheit des Auftraggebers ist keine Verfahrensfreiheit, wie bereits aus den vielfältigen Verfahrensvorgaben des Vergaberechts deutlich wird. Erst wenn der Auftraggeber sein Vergabeziel ändert, folgt daraus, dass er nicht mehr auf die Fortführung des ursprünglich begonnenen Verfahrens verpflichtet werden kann.

3. Verfahrensrechtliche Umsetzung

91 In verfahrensrechtlicher Hinsicht wurde früher häufig angenommen, die Aufhebung des Vergabeverfahrens führe zur Beendigung des Vergabeverfahrens und damit zur **Erledigung des Nachprüfungsantrags** mit der Folge, dass ein erst nach der Aufhebung gestellter Nachprüfungsantrag unzulässig ist[207], da § 114 Abs. 2 Satz 2 GWB einen Fortsetzungsfeststellungsantrag nur dann erlaubt, wenn das erledigende Ereignis nach Antragstellung eingetreten ist[208]. Richtigerweise steht indes nach der Rechtsprechung des Bundesgerichtshofes § 114 Abs. 2 Satz 2 GWB einer Nachprüfung der Aufhebungsentscheidung nicht im Wege. Aus dieser Norm folgt nicht, dass die Aufhebung des Vergabeverfahrens stets zur Erledigung des Nachprüfungsverfahrens führt. Vielmehr kann eine Erledigung allenfalls dann angenommen werden, wenn der öffentliche Auftraggeber nicht nur das Verfahren aufhebt, sondern zugleich sein Beschaffungsvorhaben aufgegeben hat[209], da der Fortfall des Vergabewillens mangels eines materiell-rechtlichen Kontrahierungsanspruchs des Bieters von den Nachprüfungsinstanzen nicht rückgängig gemacht werden kann.

13/09, NRWE; VK Bund Beschl. v. 4.7.2012, VK 1–64/12, www.bundeskartellamt.de; VK Bund Beschl. v. 29.11.2009, VK 1–167/09, www.bundeskartellamt.de; *Dieck-Bogatzke* VergabeR 2008, 392, 395 ff.; *Brauer* in Ziekow/Völlink, § 114 GWB Rn. 22, 33; *Byok* in Byok/Jaeger, § 114 GWB Rn. 7; ähnlich OLG Düsseldorf Beschl. v. 23.3.2005, VII-Verg 76/04, NRWE; OLG Düsseldorf Beschl. v. 6.2.2005, VII-Verg 72/04, NRWE; OLG Düsseldorf Beschl. v. 26.1.2005, VII-Verg 45/04; *Portz* in Ingenstau/Korbion, § 17 VOB/A Rn. 8; *Portz* in Kulartz/Marx/Portz/Prieß, VOB/A, § 17 Rn. 8; *Portz* in Kulartz/Marx/Portz/Prieß, VOL/A, § 17 Rn. 12; einschränkend (sachlicher Grund nur bei rechtmäßiger Aufhebung) *Glahs* in Kapellmann/Messerschmidt, § 17 VOB/A Rn. 25.
[207] Nachweise bei *Bauer/Kegel* EuZW 2002, 502.
[208] *Antweiler* NZBau 2005, 35, 37.
[209] Grundlegend BGH Beschl. v. 18.2.2003, X ZB 43/02, NZBau 2003, 293; zustimmend VK Bund Beschl. v. 22.7.2011, VK 3–83/11, www.bundeskartellamt.de; *Conrad* NZBau 2007, 287, 288; *Kus* NVwZ 2003, 1083; *Scharen* NZBau 2003, 585, 589; *Byok* in Byok/Jaeger, § 114 GWB Rn. 7; *Diemon-Wies* in Hattig/Maibaum, § 114 GWB Rn. 39; *Gause* in Willenbruch/Wieddekind, § 114 GWB Rn. 11; *Glahs* in Kapellmann/Messerschmidt, § 17 VOB/A Rn. 25; *Heuvels* in Loewenheim, § 114 GWB Rn. 8; *Lischka* in Müller-Wrede, VOL/A, § 20 EG Rn. 25, 100, 103, 107; *Maier* in Kulartz/Kus/Portz, § 114 Rn. 61 f.; *Portz* in Ingenstau/Korbion, § 17 VOB/A Rn. 54, 56 f.; *Portz* in Kulartz/Marx/Portz/Prieß, VOB/A, § 17 Rn. 55, 57 f.; *Portz* in Kulartz/Marx/Portz/Prieß, VOL/A, § 17 Rn. 59; *Portz* in Müller-Wrede, VOF, § 17 Rn. 93; *Schweda* in Langen/Bunte, § 114 GWB Rn. 14; *Voppel/Osenbrück/Bubert*, § 16 Rn. 57; a. A. *Antweiler* NZBau 2005, 35, 36 (nur Rechtmäßigkeit der Aufhebung für Erledigung maßgeblich); *Müller-Wrede* VergabeR 2003, 318, 321 (keine Beschränkung auf Fälle fortbestehenden Vergabewillens).

Hinsichtlich der **Verfahrensfolgen** des Fortfalls des Vergabewillens ist zu unterscheiden: Ist gerade die Aufgabe des Vergabewillens umstritten und bedarf mithin *„der Erörterung und Klärung"*[210] durch die Nachprüfungsinstanzen, liegt noch keine Erledigung des Nachprüfungsverfahrens iSv § 114 Abs. 2 Satz 2 GWB vor[211]. Ein Nachprüfungsantrag, der auf die Fortführung des Vergabeverfahrens gerichtet ist, kann daher auch noch **nach Aufhebung** des Vergabeverfahrens in zulässiger Weise angebracht werden[212]. Ergibt das Nachprüfungsverfahren, dass der Vergabewille aufgegeben wurde und mithin eine Verpflichtung des Auftraggebers zur Fortsetzung des Vergabeverfahrens nicht in Betracht kommt, können die Nachprüfungsinstanzen die Rechtswidrigkeit der Aufhebung feststellen[213]. Die Zulässigkeit einer feststellenden Entscheidung der Vergabekammer ergibt sich dabei aus § 114 Abs. 1 Satz 1 GWB[214]. Unzulässig ist hingegen nur ein Nachprüfungsantrag, dem von Anfang an auch aus Sicht des Antragstellers die Erkenntnis zugrunde liegt, dass der Auftraggeber von der Beschaffung endgültig Abstand genommen hat und der mithin von vornherein nur noch auf die Feststellung der Rechtswidrigkeit der Aufhebung gerichtet sein könnte[215]. Will man in einem solchen praktisch wohl seltenen Ausnahmefall nicht § 114 Abs. 2 Satz 2 GWB analog heranziehen[216], verbleibt dem Bieter allein die Möglichkeit, die Rechtswidrigkeit der Aufhebung *incidenter* in einem Schadensersatzprozess geltend zu machen. 92

Auf die **Rechtmäßigkeit** der Aufhebung kommt es für die Frage der Erledigung iSv § 114 Abs. 2 Satz 2 GWB trotz einer vielfach vertretenen dahin gehenden Auffassung[217] ebenfalls nicht an. Denn auch die rechtmäßige Aufhebung erledigt das Nachprüfungsverfahren nicht, sondern gestattet die Überprüfung gerade ihrer Rechtmäßigkeit durch die Nachprüfungsinstanzen[218]. Ein auf die Fortsetzung des Vergabeverfahrens gerichteter Nachprüfungsantrag ist mithin auch dann zulässig, wenn die Aufhebung rechtmäßig ist; ihm fehlt es allerdings an der Begründetheit. 93

Indizien für einen fortbestehenden Vergabewillen können sich insbesondere aus dem Verhalten des Auftraggebers nach der Aufhebungsentscheidung ergeben. Macht er den Auftrag unverändert zum Gegenstand eines neuen Vergabeverfahrens, spricht dies für ei- 94

---

[210] BGH Beschl. v. 28.2.2003, X ZB 43/02, NZBau 2003, 293, 295.
[211] Näher *Conrad* NZBau 2007, 287, 289 f.
[212] BGH Beschl. v. 28.2.2003, X ZB 43/02, NZBau 2003, 293, 294 f.
[213] BGH Beschl. v. 28.2.2003, X ZB 43/02, NZBau 2003, 293, 294 ff.; *Dieck-Bogatzke* VergabeR 2002, 392, 395; *Brauer* in Ziekow/Völlink, § 114 GWB Rn. 21 f.; *Herrmann* in Ziekow/Völlink, § 17 VOB/A Rn. 23; *Lischka* in Müller-Wrede, VOL/A, § 20 EG Rn. 111; *Maier* in Kulartz/Kus/Portz, § 114 Rn. 62; *Portz* in Ingenstau/Korbion, § 17 VOB/A Rn. 55; *Portz* in Kulartz/Marx/Portz/Prieß, VOB/A, § 17 Rn. 56; *Portz* in Kulartz/Marx/Portz/Prieß, VOL/A, § 17 Rn. 59; *Portz* in Müller-Wrede, VOF, § 17 Rn. 93; *Voppel/Osenbrück/Bubert*, § 16 Rn. 57; wohl a. A. (generell keine Überprüfbarkeit der Aufhebung bei Fortfall des Vergabewillens) *Burbulla* ZfBR 2009, 134, 137 (vgl. aber 140); *Gause* in Willenbruch/Wieddekind, § 114 GWB Rn. 6, 11.
[214] *Conrad* NZBau 2007, 287, 290; a. A. (§ 114 Abs. 2 Satz 2 analog) *Jasper/Pooth* NZBau 2003, 261, 263; *Herrmann* in Ziekow/Völlink, § 17 VOB/A Rn. 23; *Portz* in Ingenstau/Korbion, § 17 VOB/A Rn. 55; *Portz* in Kulartz/Marx/Portz/Prieß, VOB/A, § 17 Rn. 56.
[215] *Conrad* NZBau 2007, 287, 290; wohl a. A. *Herrmann* in Ziekow/Völlink, § 17 VOB/A Rn. 23.
[216] So *Herrmann* in Ziekow/Völlink, § 17 VOB/A Rn. 23; *Portz* in Ingenstau/Korbion, § 17 VOB/A Rn. 55; *Portz* in Kulartz/Marx/Portz/Prieß, VOB/A, § 17 Rn. 56.
[217] So *Burbulla* ZfBR 2009, 134, 136; *Antweiler* NZBau 2005, 35, 36; *Jennert* WRP 2002, 1252, 1255; *Reidt/Brosius-Gersdorf* VergabeR 2002, 580, 589; *Diemon-Wies* in Hattig/Maibaum, § 114 GWB Rn. 38, 42; *Gause* in Willenbruch/Wieddekind, § 114 GWB Rn. 11; *Hölzl* in MünchKomm-Beihilferecht, § 114 GWB Rn. 34; *Maier* in Kulartz/Kus/Portz, § 114 Rn. 63; *Nowak* in Pünder/Schellenberg, § 114 GWB Rn. 31; *Reidt* in Reidt/Stickler/Glahs, § 114 Rn. 43; vgl. ferner *Dreher* NZBau 2001, 244, 246.
[218] BGH Beschl. v. 18.2.2003, X ZB 43/02, NZBau 2003, 293, 294 f.

nen weiterhin bestehenden Beschaffungswillen[219]. Hingegen belegen bereits kleinere Abweichungen des Neuauftrags von dem ursprünglichen Verfahrensgegenstand eine Aufgabe des ursprünglichen konkreten Beschaffungsziels[220]. Auch in diesen Fällen kommt eine Verpflichtung zur Fortführung des ursprünglichen Verfahrens auf Grund der Vertragsfreiheit des Auftraggebers nicht in Betracht. Auf die Erheblichkeit der für den Folgeauftrag vorgenommenen Änderungen kommt es dafür hingegen nicht an[221], da die Vertragsfreiheit des Auftraggebers auch die Befugnis umfasst, von dem Beschaffungsvorhaben in seiner konkreten Gestalt Abstand zu nehmen.

95   Die Erkenntnis von der Überprüfbarkeit der Aufhebung im Nachprüfungsverfahren sagt noch nichts darüber aus, ob sie von den Nachprüfungsinstanzen rechtsgestaltend selbst aufgehoben werden kann oder ob diese lediglich die Verpflichtung des Auftraggebers zur Rückgängigmachung aussprechen können. Nach § 114 Abs. 1 Satz 1 GWB steht der Vergabekammer die Befugnis zu, die geeigneten Maßnahmen zur Beseitigung der Rechtsverletzung des Bieters (selbst) zu treffen. Dies spricht dafür, dass die Vergabekammer die **Aufhebung der Aufhebung** selbst aussprechen kann[222], soweit diese eine Rechtsfolge, nämlich die Beendigung des Vergabeverfahrens, herbeiführt. Für den Antragsteller stellt dies zudem gegenüber einem Verpflichtungstenor die rechtsschutzintensivere Maßnahme dar[223]. Als tauglichen Antrag kann der Antragsteller mithin die Kassation der Aufhebungsentscheidung durch die Vergabekammer begehren. Da die Aufhebung des Vergabeverfahrens ebenso wie seine Fortführung zugleich tatsächliche Elemente aufweist[224], wird der Antragsteller dieses Begehren idR um die Verpflichtung des Auftraggebers ergänzen, das Vergabeverfahren unter Beachtung der Rechtsauffassung der Vergabekammer fortzuführen. Besteht der Vergabewille des Auftraggebers nicht mehr fort, kann die Vergabekammer zumindest die Rechtswidrigkeit der Aufhebung feststellen.

II. Rügeobliegenheit

96   Die allgemeinen Grundsätze über die Rügeobliegenheit (§ 107 Abs. 3 GWB) gelten auch dann, wenn sich der Antragsteller gegen eine rechtswidrige Aufhebung wendet[225]. Hat der Auftraggeber den Auftrag nach Aufhebung des Vergabeverfahrens zum Gegenstand eines weiteren Vergabeverfahrens gemacht, wird teilweise vertreten, dass der Antragsteller verpflichtet sei, auch gegen das neu eingeleitete Vergabeverfahren mittels einer Rüge und ggf. eines Nachprüfungsantrages vorzugehen (sog. **doppelte Rügeobliegenheit**). Unterlässt er dies, entfalle das Rechtsschutzbedürfnis für den gegen die Aufhebung gerichteten

---

[219] *Brauer* in Ziekow/Völlink, § 114 GWB Rn. 22; *Lischka* in Müller-Wrede, VOL/A, § 20 EG Rn. 108.

[220] Vgl. OLG München Beschl. v. 23.12.2010, Verg 21/10, VergabeR 2011, 525, 529 f.; großzügiger hingegen *Lischka* in Müller-Wrede, VOL/A, § 20 EG Rn. 108 f.

[221] So aber *Lischka* in Müller-Wrede, VOL/A, § 20 EG Rn. 109.

[222] Im Ergebnis wohl ebenso *Herrmann* in Ziekow/Völlink, vor § 17 VOB/A Rn. 17, 19; *Lischka* in Müller-Wrede, VOL/A, § 20 EG Rn. 114, 116; *Nowak* in Pünder/Schellenberg, § 114 GWB Rn. 18; anders *Diemon-Wies* in Hattig/Maibaum, § 114 GWB Rn. 41; allgemein gegen die Zulässigkeit von Gestaltungsentscheidungen *Otting* in Bechtold, § 114 Rn. 5.

[223] Vgl. zur Parallelsituation im Verwaltungsprozess *Ibler* in Friauf/Höfling, GG, Stand: Oktober 2002, C Art. 19 Abs. 4 Rn. 195, 197; *Pietzcker* in Schoch/Schneider/Bier, § 43 Rn. 40; *Schmidt-Aßmann* in Maunz/Dürig, Art. 19 Abs. 4 Rn. 280, 288.

[224] S. dazu unter Rn. 2.

[225] VK Bund Beschl. v. 22.7.2011, VK 3–83/11, www.bundeskartellamt.de; *Burbulla* ZfBR 2009, 134, 137; *Müller-Wrede* VergabeR 2003, 318, 319; *Gnittke/Michels* VergabeR 2002, 571, 572; *Hübner* VergabeR 2002, 429, 433 f.; *Reidt/Brosius-Gersdorf* VergabeR 2002, 580, 591; *Lischka* in Müller-Wrede, VOL/A, § 20 EG Rn. 105; *Portz* in Ingenstau/Korbion, § 17 VOB/A Rn. 55; *Portz* in Kulartz/Marx/Portz/Prieß, VOB/A, § 17 Rn. 56; *Portz* in Kulartz/Marx/Portz/Prieß, VOL/A, § 17 Rn. 59; *Portz* in Müller-Wrede, VOF, § 17 Rn. 91; *Voppel/Osenbrück/Bubert*, § 16 Rn. 59.

Nachprüfungsantrag[226]. Dieser Sichtweise kann jedoch nicht beigetreten werden. Der Auftraggeber ist nicht gehindert, den Auftrag zweimal zu erteilen, auch wenn er sich dann möglicherweise vertragswidrig verhält und sich Schadensersatzpflichten aussetzt. Eine Veranlassung des Bieters zur Rüge gegen die Einleitung eines neuerlichen Vergabeverfahrens besteht mithin nicht[227].

III. Materiell-rechtlicher Prüfungsmaßstab

Der auf Rückgängigmachung der Aufhebungsentscheidung gerichtete Nachprüfungsantrag ist begründet, wenn die Aufhebungsentscheidung rechtswidrig ist und den Antragsteller in seinen Rechten verletzt (§ 114 Abs. 1 Satz 1 GWB). Prüfungsmaßstab sind daher alle rechtlichen Bindungen, denen der öffentliche Auftraggeber bei der Aufhebung des Vergabeverfahrens unterliegt, soweit sie dem Antragsteller **subjektive Rechte** iSv § 97 Abs. 7 GWB vermitteln[228]. 97

Dies ist insbesondere für **§ 20 EG Abs. 1 VOL/A** und für **§ 17 EG Abs. 1 VOB/A** der Fall[229]. Durch die Begrenzung der Möglichkeit des Auftraggebers zur Aufhebung des Vergabeverfahrens auf eng umrissene Ausnahmefälle sollen die Bieter davor geschützt werden, dass die Aufhebung zur ungerechtfertigten Schlechterstellung einzelner Bieter missbraucht wird[230]. Zudem soll verhindert werden, dass die mit der Angebotslegung verbundenen Aufwendungen durch eine ins Belieben des Auftraggebers gestellte Aufhebungsmöglichkeit jederzeit entwertet werden können. Es handelt sich mithin bei den Aufhebungstatbeständen um bieterschützende Normen, deren Verletzung im Nachprüfungsverfahren geltend gemacht werden kann[231]. 98

G. Schadensersatz

Ist die Aufhebung des Vergabeverfahrens rechtswidrig, ist der öffentliche Auftraggeber unter den Voraussetzungen des **§ 280 Abs. 1 BGB iVm § 241 Abs. 2, § 311 Abs. 2 Nr. 1 BGB** zum Ersatz des entstandenen Schadens verpflichtet[232]. 99

---

[226] OLG Koblenz Beschl. v. 10.4.2003, 1 Verg 1/03, NZBau 2003, 576; VK Sachsen Beschl. v. 10.5.2006, 1/SVK/037–06, IBR online; *Burbulla* ZfBR 2009, 134, 137.

[227] OLG Naumburg Beschl. v. 17.5.2006, 1 Verg 3/06, VergabeR 2006, 814, 816 f. m. Anm. *Voppel*; *Lischka* in Müller-Wrede, VOL/A, § 20 EG Rn. 106; im Ergebnis auch *Portz* in Kulartz/Marx/Portz/Prieß, VOL/A, § 17 Rn. 59; *Portz* in Müller-Wrede, VOF, § 17 Rn. 91; *Voppel/Osenbrück/Bubert*, § 16 Rn. 60.

[228] A. A. *Gnittke/Michels* VergabeR 2002, 571, 573 ff.

[229] BGH Beschl. v. 28.2.2003, X ZB 43/02, NZBau 2003, 293 f.; *Burbulla* ZfBR 2009, 134, 135; *Dieck-Bogatzke* VergabeR 2008, 392, 393; *Reidt/Brosius-Gersdorf* VergabeR 2002, 580, 583 f.; *Brauer* in Ziekow/Völlink, § 114 GWB Rn. 20; *Fett* in Willenbruch/Wieddekind, § 17 VOL/A Rn. 21, § 17 VOB/A Rn. 17; *Hermann* in Ziekow/Völlink, § 17 VOL/A Rn. 23; § 17 VOL/A Rn. 9; *Lischka* in Müller-Wrede, VOL/A, § 20 EG Rn. 101, 123; *Portz* ZfBR 2002, 551, 553; *Portz* in Ingenstau/Korbion, § 17 VOB/A Rn. 75; *Portz* in Kulartz/Marx/Portz/Prieß, VOL/A, § 17 Rn. 52; *Ruhland* in Pünder/Schellenberg, § 20 EG VOL/A Rn. 4, § 17 VOB/A Rn. 3; differenzierend *Scharen* NZBau 2003, 585, 587; a. A. *Mantler* VergabeR 2003, 119.

[230] BGH Beschl. v. 28.2.2003, X ZB 43/02, NZBau 2003, 293, 294.

[231] Für eine vergaberechtsspezifische Auslegung der Aufhebungstatbestände im Nachprüfungsverfahren *Summa* VergabeR 2007, 734.

[232] BGH Urt. v. 9.6.2011, X ZR 143/10, NZBau 2011, 498, 500; BGH Urt. v. 21.2.2006, X ZR 39/03, NZBau 2006, 456, 457; BGH Urt. v. 16.12.2003, X ZR 282/02, NZBau 2004, 283; BGH Urt. v. 8.9.1998, X ZR 48/97, NJW 1998, 3636 f.; BGH Urt. v. 8.9.1998, X ZR 99/96, NJW 1998, 3640 f.; BGH Urt. v. 26.3.1981, VII ZR 185/80, NJW 1981, 1673; OLG Köln Urt. v. 18.6.2010, 19 U 98/09, NRWE; *Bauer* in Heiermann/Riedl/Rusam, § 17 VOB/A Rn. 29; *Fett* in Willenbruch/Wieddekind, § 17 VOL/A Rn. 23, § 17 VOB/A Rn. 20; *Glahs* in Kapellmann/Mes-

100 Als Schaden kann der Bieter das **positive Interesse**[233] an dem Erhalt des angestrebten Auftrags ersetzt verlangen[234]. Dies setzt allerdings voraus, dass der Auftrag bei wirtschaftlicher Betrachtungsweise später tatsächlich so vergeben wurde, wie er Gegenstand des rechtswidrig aufgehobenen Vergabeverfahrens war, und dass dem Anspruchsteller bei ordnungsgemäßer Fortsetzung des aufgehobenen Vergabeverfahrens der Zuschlag hätte erteilt werden müssen, weil er das annehmbarste Angebot abgegeben hat[235].

101 Als ersatzfähiger Schaden kann ferner das **negative Interesse** geltend gemacht werden, dh die Aufwendungen, die den Unternehmen durch die Teilnahme an dem Vergabeverfahren entstanden sind[236]. Dazu gehören insbesondere die Kosten für die Erstellung eines Teilnahmeantrags oder eines Angebots, aber auch für die Beauftragung eines Rechtsanwalts, soweit auf Grund eines rechtswidrigen Verhaltens des Auftraggebers dafür Anlass bestand[237]. Anders als hinsichtlich des positiven Interesses ist es für die Geltendmachung des negativen Interesses nicht immer erforderlich, dass dem Anspruchsteller bei ordnungsgemäßem Verlauf des Vergabeverfahrens der Vertrag hätte zugeschlagen werden müssen. Vielmehr genügt es zur Annahme eines kausal verursachten Schadens, wenn der geltend gemachte Schaden des Bieters ohne das rechtswidrige Verhalten des Auftraggebers nicht entstanden wäre. Dies ist beispielsweise auch dann der Fall, wenn der Bieter ohne den Vergaberechtsverstoß gar kein Angebot oder ein solches unter anderen Voraussetzungen abgegeben hätte[238].

102 Unabhängig von der Höhe des geltend gemachten Schadens setzt ein auf § 280 Abs. 1 BGB iVm § 241 Abs. 2, § 311 Abs. 2 Nr. 1 BGB gestützter Schadensersatzanspruch nach der jüngeren Rechtsprechung des BGH im Anwendungsbereich des Kartellvergaberechts **nicht** voraus, dass der Anspruchsteller auf die Rechtmäßigkeit des Verhaltens des Auftrag-

---

serschmidt, § 17 VOB/A Rn. 27; *Herrmann* in Ziekow/Völlink, § 17 VOB/A Rn. 25; *Lischka* in Müller-Wrede, VOL/A, § 20 EG Rn. 121; *Portz* in Ingenstau/Korbion, § 17 VOB/A Rn. 66; *Portz* in Kulartz/Marx/Portz/Prieß, VOB/A, § 17 Rn. 67; *Portz* in Kulartz/Marx/Portz/Prieß, VOL/A, § 17 Rn. 63, § 20 EG Rn. 14; *Ruhland* in Pünder/Schellenberg, § 17 VOL/A Rn. 21, § 17 VOB/A Rn. 31; *Voppel/Osenbrück/Bubert*, § 16 Rn. 61 f.

[233] Ausführlich zur Schadensberechnung *Drittler* BauR 1994, 451.

[234] S. dazu unter § 36 Rn. 93 ff.

[235] BGH Urt. v. 20.11.2012, X ZR 108/10, ZfBR 2013, 154, 156; BGH Urt. v. 5.6.2012, X ZR 161/11, NZBau 2012, 652, 653; BGH Urt. v. 16.12.2003, X ZR 282/02, NZBau 2004, 283; BGH Urt. v. 8.9.1998, X ZR 48/97, NJW 1998, 3636 f.; OLG Köln Urt. v. 18.6.2010, 19 U 98/09, NRWE; *Dähne* VergabeR 2004, 32, 34; *Bauer* in Heiermann/Riedl/Rusam, § 17 VOB/A Rn. 32; *Fett* in Willenbruch/Wieddekind, § 17 VOB/A Rn. 22 f., § 17 VOB/A Rn. 19 f.; *Glahs* in Kapellmann/Messerschmidt, § 17 VOB/A Rn. 33; *Herrmann* in Ziekow/Völlink, § 17 VOB/A Rn. 28; *Ruhland* in Pünder/Schellenberg, § 17 VOL/A Rn. 21, § 17 VOB/A Rn. 32; *Voppel/Osenbrück/Bubert*, § 16 Rn. 62; differenzierend *Portz* in Ingenstau/Korbion, § 17 VOB/A Rn. 81 ff.; *Portz* in Kulartz/Marx/Portz/Prieß, VOB/A, § 17 Rn. 82 ff.; *Portz* in Kulartz/Marx/Portz/Prieß, VOL/A, § 17 Rn. 79 ff.; a. A. *Feber* BauR 1989, 553; kritisch ferner *Lampe-Helbig/Zeit* BauR 1988, 659.

[236] BGH Urt. v. 9.6.2011, X ZR 143/10, NZBau 2011, 498, 500; BGH Urt. v. 16.12.2003, X ZR 282/02, NZBau 2004, 283; BGH Urt. v. 8.9.1998, X ZR 48/97, NJW 1998, 3636 f.; OLG Köln Urt. v. 18.6.2010, 19 U 98/09, NRWE (für den Bereich der VOB/A); *Dähne* VergabeR 2004, 32, 35; *Bauer* in Heiermann/Riedl/Rusam, § 17 VOB/A Rn. 29; *Fett* in Willenbruch/Wieddekind, § 17 VOB/A Rn. 22 f., § 17 VOB/A Rn. 19 f.; *Glahs* in Kapellmann/Messerschmidt, § 17 VOB/A Rn. 33; *Herrmann* in Ziekow/Völlink, § 17 VOB/A Rn. 67, 77 f.; *Portz* in Kulartz/Marx/Portz/Prieß, VOB/A, § 17 Rn. 68, 78 f.; *Portz* in Kulartz/Marx/Portz/Prieß, VOL/A, § 17 Rn. 73 f.; *Ruhland* in Pünder/Schellenberg, § 17 VOL/A Rn. 21, § 17 VOB/A Rn. 32; *Voppel/Osenbrück/Bubert*, § 16 Rn. 62; s. ferner unter § 36 Rn. 93 ff.

[237] BGH Urt. v. 9.6.2011, X ZR 143/10, NZBau 2011, 498, 500.

[238] BGH Urt. v. 9.6.2011, X ZR 143/10, NZBau 2011, 498, 500; BGH Urt. v. 27.11.2007, X ZR 18/07, VergabeR 2008, 219, 223 f. m. Anm. *Kraus*; BGH Urt. v. 27.6.2007, X ZR 34/04, BGHZ 173, 33, 39 f.; *Gröning* GRUR 2009, 266, 269; *Scharen* in Willenbruch/Wieddekind, § 126 GWB Rn. 15; *Stockmann* in Immenga/Mestmäcker § 126 Rn. 23.

gebers **vertraut** hat[239]. Dies ist die Folge daraus, dass der auf diese Normen gestützte Schadensersatzanspruch lediglich eine Verletzung der in dem Schuldverhältnis begründeten gegenseitigen Rücksichtnahmepflichten voraussetzt, welcher bereits in einem Verstoß des Auftraggebers gegen bieterschützende Bestimmungen des Vergaberechts iSv § 97 Abs. 7 GWB liegt. In Abweichung von der früheren Rechtsprechung ist damit nicht mehr erforderlich, dass der Bieter sich ohne Vertrauen auf die Rechtmäßigkeit des Vergabeverfahrens daran gar nicht oder nicht so wie geschehen beteiligt hätte[240].

Daneben kann dem Bieter bei einer rechtswidrigen Aufhebung nach **§ 126 Satz 1 GWB** ein verschuldensunabhängiger Schadensersatzanspruch gegen den Auftraggeber zustehen, soweit die dafür erforderlichen Voraussetzungen erfüllt sind[241]. Dieser Anspruch ist auf Ersatz des negativen Interesses gerichtet[242]. 103

---

[239] BGH Urt. v. 9.6.2011, X ZR 143/10, NZBau 2011, 498, 500; dazu *Gröning* GRUR 2009, 266.

[240] So noch BGH Urt. v. 27.11.2007, X ZR 18/07, VergabeR 2008, 219, 223 m. Anm. *Kraus*; BGH Urt. v. 27.6.2007, X ZR 34/04, BGHZ 173, 33, 36 f.; BGH Urt. v. 16.12.2003, X ZR 282/02, NZBau 2004, 283; BGH Urt. v. 8.9.1998, X ZR 48/97, NJW 1998, 3636 f.; BGH Urt. v. 8.9.1998, X ZR 99/96, BGHZ 139, 280, 283 ff.

[241] *Dieck-Bogatzke* VergabeR 2008, 392, 403; *Glahs* in Kapellmann/Messerschmidt, § 17 VOB/A Rn. 27; *Herrmann* in Ziekow/Völlink, § 17 VOB/A Rn. 30; *Lischka* in Müller-Wrede, VOL/A, § 20 EG Rn. 121; *Portz* in Ingenstau/Korbion, § 17 VOB/A Rn. 68; *Portz* in Kulartz/Marx/Portz/Prieß, VOB/A, § 17 Rn. 69; *Portz* in Kulartz/Marx/Portz/Prieß, VOL/A, § 17 Rn. 64, § 20 EG Rn. 16; *Ruhland* in Pünder/Schellenberg, § 17 VOB/A Rn. 31; s. ferner unter § 36 Rn. 52 ff.

[242] *Alexander* in Pünder/Schellenberg, § 126 GWB Rn. 48 f.

§ 32 Informations- und Wartepflicht

Übersicht

	Rn.
A. Einleitung	1–6
B. Anwendungsbereich	7–14
I. Vergabearten	8–11
II. De-facto-Vergaben	12–14
C. Informationspflicht	15–51
I. Empfänger der Information	15–32
II. Inhalt der Information	33–44
III. Form der Information	45–49
IV. Zeitpunkt der Information	50
V. Verhältnis zu sonstigen Informationspflichten	51
D. Wartepflicht	52–60
I. Inhalt der Wartepflicht	52–54
II. Dauer der Wartefrist	55–58
III. Beginn der Wartefrist	59, 60
E. Ausnahme	61–63
F. Folgen eines Verstoßes	64–66
I. § 101b Abs. 1 Nr. 1 GWB	64
II. Anspruch auf Einhaltung der Informations- und Wartepflicht	65, 66
G. § 19 EG Abs. 2 und 3 VOB/A	67

GWB: § 101a
VOB/A EG: § 19 Abs. 2, 3

GWB:

§ 101a GWB Informations- und Wartepflicht

(1) Der Auftraggeber hat die betroffenen Bieter, deren Angebote nicht berücksichtigt werden sollen, über den Namen des Unternehmens, dessen Angebot angenommen werden soll, über die Gründe der vorgesehenen Nichtberücksichtigung ihres Angebots und über den frühesten Zeitpunkt des Vertragsschlusses unverzüglich in Textform zu informieren. Dies gilt auch für Bewerber, denen keine Information über die Ablehnung ihrer Bewerbung zur Verfügung gestellt wurde, bevor die Mitteilung über die Zuschlagsentscheidung an die betroffenen Bieter ergangen ist. Ein Vertrag darf erst 15 Kalendertage nach Absendung der Information nach den Sätzen 1 und 2 geschlossen werden. Wird die Information per Fax oder auf elektronischem Weg versendet, verkürzt sich die Frist auf zehn Kalendertage. Die Frist beginnt am Tag nach der Absendung der Information durch den Auftraggeber; auf den Tag des Zugangs beim betroffenen Bieter und Bewerber kommt es nicht an.

(2) Die Informationspflicht entfällt in Fällen, in denen das Verhandlungsverfahren ohne vorherige Bekanntmachung wegen besonderer Dringlichkeit gerechtfertigt ist.

VOB/A EG:

§ 19 EG VOB/A Nicht berücksichtigte Bewerbungen und Angebote

(1) hier nicht abgedruckt.

(2) Der Auftraggeber hat die betroffenen Bieter, deren Angebote nicht berücksichtigt werden sollen,
  1. über den Namen des Unternehmens, dessen Angebot angenommen werden soll,
  2. über die Gründe der vorgesehenen Nichtberücksichtigung ihres Angebots und

3. über den frühesten Zeitpunkt des Vertragsschlusses

unverzüglich in Textform zu informieren. Dies gilt auch für Bewerber, denen keine Information über die Ablehnung ihrer Bewerbung zur Verfügung gestellt wurde, bevor die Mitteilung über die Zuschlagserteilung an die betroffenen Bieter ergangen ist. Ein Vertrag darf erst 15 Kalendertage nach Absendung der Information nach den Sätzen 1 und 2 geschlossen werden. Wird die Information per Telefax oder auf elektronischem Weg versendet, verkürzt sich die Frist auf 10 Tage. Die Frist beginnt am Tag nach Absendung der Information durch den Auftraggeber; auf den Tag des Zugangs bei betroffenen Bieter oder Bewerber kommt es nicht an.

(3) Die Informationspflicht nach Absatz 2 entfällt in den Fällen, in denen das Verhandlungsverfahren ohne vorherige Bekanntmachung wegen besonderer Dringlichkeit gerechtfertigt ist.

(4) bis (6) hier nicht abgedruckt.

Literatur:

Antweiler Vergaberechtsverstöße und Vertragsnichtigkeit, DB 2001, 1975; *Bär* § 13 Satz 4 VgV und rechtwidrig unterlassene Vergabeverfahren, ZfBR 2001, 375; *Barth* Das Vergaberecht außerhalb des Anwendungsbereichs der EG-Vergaberichtlinien, 2010; *Bergmann/Grittmann* Keine Nichtigkeit bei De-facto-Vergabe, NVwZ 2004, 946; *J. Braun* Zur Wirksamkeit des Zuschlags von kartellvergabewidrig nicht gemeinschaftsweit durchgeführten Vergabeverfahren der öffentlichen Hand, NVwZ 2004, 441; *Brinker* Vorabinformation der Bieter über den Zuschlag oder Zwei-Stufen-Theorie im Vergaberecht?, NZBau 2000, 174; *Buhr* Die Richtlinie 2004/18/EG und das deutsche Vergaberecht, 2009; *Bulla/Schneider* Das novellierte Vergaberecht zwischen Beschleunigungsgrundsatz und effektivem Bieterschutz, VergabeR 2011, 664; *Bungenberg* Vergaberecht im Wettbewerb der Systeme, 2007; *Conrad* Anm. zu OLG Naumburg Beschl. v. 25.9.2006, 1 Verg 10/06, ZfBR 2007, 138; *Dicks* Nochmals: Primärrechtsschutz bei Aufträgen unterhalb der Schwellenwerte, VergabeR 2012, 531; *Dieckmann* Effektiver Primärrechtsschutz durch Zuschlagsverbote im deutschen Vergaberecht, VergabeR 2005, 10; *Dieckmann* Nichtigkeit des Vertrags gem. § 13 VgV bei unterlassener Ausschreibung?, NZBau 2001, 481; *Dreher* Rechtsschutz nach Zuschlagserteilung, NZBau 2001, 244; *Dreher/Hoffmann* Die Informations- und Wartepflicht sowie die Unwirksamkeitsfolge nach den neuen §§ 101a und 101b GWB, NZBau 2009, 216; *Erdl* Rechtliche und praktische Fragen zur Informationspflicht des § 13 Vergabeverordnung, VergabeR 2001, 10; *Erdl* Neues Vergaberecht: Effektiver Rechtsschutz und Vorab-Informationspflicht des Auftraggebers, BauR 1999, 1341; *Gesterkamp* Die Sicherung des Primärrechtsschutzes durch Zuschlagsverbote und Informationspflicht, WuW 2001, 665; *Gottschalck* Anm. zu EuGH Urt. v. 18.6.2002, Rs. C-92/00 – Hospital Ingenieure, VergabeR 2002, 368; *Hailbronner* Rechtsfolgen fehlender Information oder unterlassener Ausschreibung bei Vergabe öffentlicher Aufträge (§ 13 VgV), NZBau 2002, 474; *Hattig/Maibaum* Praxiskommentar Vergaberecht, 2010; *Hertwig* Ist der Zuschlag ohne Vergabeverfahren nichtig?, NZBau 2001, 241; *Heuvels/Kaiser* Die Nichtigkeit des Zuschlags ohne Vergabeverfahren, NZBau 2001, 479; *Hoffmann* Der materielle Bieterbegriff im Kartellvergaberecht. Eine Betrachtung am Beispiel des § 13 VgV, NZBau 2008, 749; *Höfler* Die Novelle erobert die Praxis – Erste Entscheidungen zum neuen Vergaberecht, NJW 2000, 120; *Hofmann* Zivilrechtsfolgen von Vergabefehlern – Oberhalb der EG-Schwellenwerte –, 2010; *Höß* Die Informationspflicht des Auftraggebers nach § 13 VgV, VergabeR 2002, 443; *Jasper/Pooth* De-facto-Vergabe und Vertragsnichtigkeit, ZfBR 2004, 543; *Kapellmann/Messerschmidt* VOB Teile A und B, 4. Aufl. 2013; *Klingner* Die Vorabinformationspflicht des öffentlichen Auftraggebers, 2005; *Kratzenberg* Die Neufassung der Vergabeverordnung, NZBau 2001, 119; *Kus* Das Zuschlagverbot, NZBau 2005, 96; *Lück/Oexle* Zur Nichtigkeit von De-facto-Vergaben ohne wettbewerbliches Verfahren, VergabeR 2004, 302; *Macht/Städler* Die Informationspflichten des öffentlichen Auftraggebers für ausgeschiedene Bewerber – Sinn oder Unsinn?, NZBau 2012, 143; *Müller-Wrede/Kaelble* Primärrechtsschutz, Vorabinformation und die Rechtsfolgen einer De-facto-Vergabe, VergabeR 2002, 1; *Niestedt/Hölzl* Zurück aus der Zukunft? Verfassungsmäßigkeit der Primärrechtsschutzbeschränkung im Vergaberecht oberhalb bestimmter Schwellenwerte, NJW 2006, 3680; *Otting* Privatisierung und Vergaberecht, VergabeR 2002, 11; *Portz* Aufhebung von Ausschreibungen im Nachprüfungsverfahren angreifbar, ZfBR 2002, 551; *Portz* Die Informationspflicht des § 13 VgV unter besonderer Berücksichtigung von VOF-Verfahren, VergabeR 2002, 211; *Prieß* Das Vergaberecht in den Jahren 1999 und 2000, EuZW 2001, 365; *Prieß/Hölzl* Kein Wunder: Architektenwettbewerb „Berliner Schloss" vergaberechtskonform, NZBau 2010, 354; *Putzier* Die Informationspflicht nach dem neuen

§ 13 Vergabeverordnung, DÖV 2002, 517; *Reidt/Brosius-Gersdorf* Die Nachprüfung der Aufhebung der Ausschreibung im Vergaberecht, VergabeR 2002, 580; *Rojahn* Die Regelung des § 13 VgV im Spiegel der höchstrichterlichen Rechtsprechung, NZBau 2004, 382; *Sauer/Hollands* Mangelnder Rechtsschutz im Unterschwellenbereich – Verfassungsrechtliche Zweifel und politischer Handlungsbedarf, NZBau 2006, 763; *Schaller* Dokumentations-, Informations-, Mitteilungs-, Melde- und Berichtspflichten im öffentlichen Auftragswesen, VergabeR 2007, Sonderheft 2a, 394; *Schröder* Die Informationspflicht nach § 13 VgV im Spiegel der aktuellen Rechtsprechung, NVwZ 2002, 1440; *Schulte/Just* Kartellrecht, 2012; *Schwintowski* Bieterbegriff – Suspensiveffekt und konkrete Stillhaltefrist im deutschen und europäischen Vergaberecht, VergabeR 2010, 877; *Stockmann* § 13 VgV in der Rechtspraxis, NZBau 2003, 591; *Voppel/Osenbrück/Bubert* VOF, 3. Aufl. 2012; *Wegmann* Die Vorabinformation über den Zuschlag bei der öffentlichen Auftragsvergabe, NZBau 2001, 475.

A. Einleitung

§ 101a GWB normiert eine **Informations- und Wartepflicht** des Auftraggebers. Vor 1 dem Zuschlag hat er die Unternehmen, die bei der beabsichtigten Auftragserteilung nicht zum Zuge kommen sollen, über den bevorstehenden Vertragsschluss zu benachrichtigen. Kommt er dieser Pflicht nicht nach, ist der geschlossene Vertrag gemäß § 101b Abs. 1 Nr. 1 GWB unwirksam.

§ 101a GWB entspricht inhaltlich weitgehend der ehemaligen Norm des **§ 13 VgV** 2 und wurde mit dem Vergaberechtsmodernisierungsgesetz vom 20.4.2009[1] in den Normenbestand des GWB übernommen. Dabei wurden zugleich die Änderungen in das deutsche Recht umgesetzt, die an der Richtlinie 89/665/EWG (Rechtsmittelrichtlinie) durch die Richtlinie 2007/66/EG[2] vorgenommen worden waren[3].

Die Pflicht des Auftraggebers, vor dem Zuschlag die nicht zum Zuge kommenden 3 Bieter über den bevorstehenden Vertragsschluss zu unterrichten, dient dem **Rechtsschutz** dieser Bieter[4]. Da mit dem Zuschlag zugleich der angestrebte Vertrag geschlossen wird, kann der einmal wirksam erteilte Zuschlag nicht mehr ohne Mitwirkung beider Vertragsparteien rückgängig gemacht werden[5]. Auch den Nachprüfungsinstanzen kommt eine derartige Kompetenz nicht zu (§ 114 Abs. 2 Satz 1 GWB). Der Auftraggeber kann daher durch den Zuschlag vollendete Tatsachen schaffen und dem erfolglosen Bieter die Möglichkeit nehmen, vor den Vergabekammern um Rechtsschutz gegen einen rechtswidrigen Zuschlag nachzusuchen. Dem Bieter verbleibt in einer solchen Lage nur die Möglichkeit, Schadensersatz nach § 126 Satz 1 GWB oder nach § 280 Abs. 1 BGB i. V. m. § 241 Abs. 2, § 311 Abs. 2 Nr. 1 BGB geltend zu machen (sogenannter Sekundärrechtsschutz). Durch die Pflicht des Auftraggebers, die übergangenen Bieter vor dem Zuschlag zu benachrichtigen, werden diese in die Lage versetzt, vor dem Vertragsschluss bei

---

[1] BGBl I 2009, 790.
[2] Richtlinie 2007/66/EG des Europäischen Parlaments und des Rates zur Änderung der Richtlinien 89/665/EWG und 92/13/EWG des Rates im Hinblick auf die Verbesserung der Wirksamkeit der Nachprüfungsverfahren bezüglich der Vergabe öffentlicher Aufträge, ABL. EU Nr. L 355/31.
[3] S. dazu BT-Drs. 19/10117, S. 21.
[4] BGH Urt. v. 22.2.2005, KZR 36/03, NZBau 2005, 530, 531; OLG Dresden Beschl. v. 14.2.2003, WVerg 0011/01, WuW/E Verg 914, 915; OLG Düsseldorf Beschl. v. 3.8.2011, VII-Verg 6/11, VergabeR 2012, 72, 82 f.; OLG München Beschl. v. 12.5.2011, Verg 26/10, NZBau 2011, 630, 634; *Klingner* Die Vorabinformationspflicht des öffentlichen Auftraggebers, 256 ff.; *Hoffmann* NZBau 2008, 749, 750; *Portz* VergabeR 2002, 211, 212; *Putzier* DÖV 2002, 517; *Erdl* VergabeR 2001, 10, 11 f.; *Ch. Braun* in Ziekow/Völlink, § 101a GWB Rn. 1; *Fett* in Willenbruch/Wieddekind, § 101a GWB Rn. 38; *Hattig* in Hattig/Maibaum, § 101a GWB Rn. 2 ff.; *Just* in Schulte/Just, Kartellrecht, § 101a GWB Rn. 1; *H. König* in Kulartz/Kus/Portz, § 101a GWB Rn. 1 ff.; *Kühnen* in Byok/Jaeger, § 101a GWB Rn. 2; *Mentzinis* in Pünder/Schellenberg, § 101a GWB Rn. 2; *Reider* in Münch-KommBeihilferecht, § 101a GWB Rn. 6; *O. Wagner* in Langen/Bunte, § 101a GWB Rn. 2; *von Wietersheim* in Ingenstau/Korbion, § 18 VOB/A Rn. 5.
[5] S. dazu unter § 40 Rn. 19 ff.

der Vergabekammer Rechtsschutz gegen den bevorstehenden Zuschlag zu begehren. Die Folge der schwebenden Unwirksamkeit aus § 101b Abs. 1 Nr. 1 GWB schützt die Bieter dabei vor einem Verstoß des Auftraggebers gegen die Informations- und Wartepflicht. Hat ein Bieter einen Nachprüfungsantrag gestellt und hat die Vergabekammer den Auftraggeber hierüber in Textform unterrichtet, bewahrt das Zuschlagsverbot gemäß § 115 Abs. 1 GWB, dessen Missachtung gemäß § 134 BGB zur Nichtigkeit des geschlossenen Vertrages führt[6], die Bieter davor, dass sich der Nachprüfungsantrag durch den Zuschlag erledigt. Aus dem Zusammenspiel von § 101a GWB, § 101b Abs. 1 Nr. 1 GWB und § 115 Abs. 1 GWB ergibt sich damit eine lückenlose Kette an Schutzvorkehrungen, die den Zugang der Bieter zu den Nachprüfungsinstanzen wirksam sichert.

4   § 101a GWB trägt zudem den Vorgaben des **EU-Vergaberechts** Rechnung. Nach der Rechtsprechung des EuGH folgt aus Art. 2 Abs. 1 lit. a) und b) i. V. m. Art. 6 2. Unterabs. der Richtlinie 89/665/EWG, dass die Mitgliedstaaten verpflichtet sind, die Entscheidung des Auftraggebers, welcher Bieter den Zuschlag erhalten soll, einem Nachprüfungsverfahren zugänglich zu machen, mit welchem der Antragsteller einen rechtswidrigen Zuschlag verhindern kann[7]. Demnach ist es mit dem Grundsatz des wirksamen Vergaberechtsschutzes (Art. 1 Abs. 1 der Richtlinie 89/665/EWG) nicht zu vereinbaren, wenn Entscheidungen des Auftraggebers, die der europarechtlich geforderten Nachprüfung unterliegen, nicht zum Gegenstand des Primärrechtsschutzes der Bieter gemacht werden können. Der europäische Richtliniengeber hat mit der **Richtlinie 2007/66/EG** diese Erkenntnis normativ konkretisiert und die Rechtsmittelrichtlinie 89/665/EWG dahingehend ergänzt, dass die Mitgliedstaaten nunmehr verpflichtet sind, eine Stillhaltefrist vorzusehen, innerhalb derer der Auftraggeber den Vertragsschluss nicht bewirken darf, widrigenfalls der geschlossene Vertrag unwirksam ist (Art. 2a Abs. 2, 2b, 2d Abs. 1 lit. d) RL 89/665/EWG idF der RL 2007/66/EG). § 101a GWB setzt diese Verpflichtung in das deutsche Recht um[8].

5   Unabhängig von diesen europarechtlichen Anforderungen stellt sich die Frage, ob die Pflicht des Gesetzgebers, einen wirksamen Primärrechtsschutz gegen rechtswidrige Zuschlagsentscheidungen des Auftraggebers einzurichten, auch aus verfassungsrechtlichen Vorgaben folgt[9]. Soweit dem Einzelnen, der sich um einen öffentlichen Auftrag bewirbt, subjektive Rechte zukommen, kann erwogen werden, aus dem **Justizgewährungsanspruch**[10] eine derartige Vorgabe an die Ausgestaltung des Rechtsschutzes gegen rechtswidrige Auftragsvergaben herzuleiten. Jedenfalls für Vergaben unterhalb der Schwellenwerte hat das Bundesverfassungsgericht diese Frage verneint: Der Justizgewährungsanspruch könne nicht als Verpflichtung begriffen werden, die Rechtsschutzmöglichkeiten des Bieters ohne Rücksicht auf die dabei gleichzeitig berührten Belange anderer zu maximieren. Vielmehr sei es nicht zu beanstanden, wenn der Gesetzgeber in einer vielschichtigen Interessenlage wie derjenigen bei der Vergabe öffentlicher Aufträge, bei der dem Rechtsschutzinteresse der erfolglosen Bieter das Interesse des Auftraggebers und der hinter ihm stehenden Allgemeinheit an der sparsamen und zügigen Bedarfsdeckung ebenso wie das wirtschaftliche Interesse des vorgesehenen Auftragnehmers gegenüberstehe, unterhalb der Schwellenwerte eine rechtsschutzsichernde Pflicht zur Vorinformation nicht vorse-

---

[6] S. dazu unter § 42 Rn. 1.
[7] EuGH Urt. v. 3.4.2008, Rs. C-444/06 – Kommission ./. Spanien, Rn. 37 ff.; EuGH Urt. v. 28.10.1999, Rs. C-81/98 – Alcatel Austria, Rn. 29 ff.
[8] BT-Drs. 19/10117, S. 21; *Hattig* in Hattig/Maibaum, § 101a GWB Rn. 6; *Kriener* in Müller-Wrede, GWB, § 101a Rn. 3; *Mentzinis* in Pünder/Schellenberg, § 101a GWB Rn. 5.
[9] Bejahend für den Geltungsbereich des Kartellvergaberechts VK Bund Beschl. v. 29.4.1999, VK 1–7/99, NJW 2000, 151, 152 ff.; dazu *Hailbronner* NZBau 2002, 474, 476; *Brinker* NZBau 2000, 174; *Höfler* NJW 2000, 120, 121 f.; *Erdl* BauR 1999, 1341, 1345 f.
[10] S. zur Abgrenzung zwischen Art. 19 Abs. 4 GG und dem allgemeinen Justizgewährungsanspruch beim Rechtsschutz gegen rechtswidriges Handeln bei der Vergabe öffentlicher Aufträge BVerfG Beschl. v. 13.6.2006, 1 BvR 1160/03, BverfGE 116, 135, 149 ff.

he[11]. Ausgehend hiervon lässt sich auch für Aufträge oberhalb der Schwellenwerte aus dem Justizgewährungsanspruch kein Erfordernis einer Information der erfolglosen Bieter vor der Auftragserteilung herleiten. Die Erwägungen, die das Bundesverfassungsgericht zur Verneinung einer derartigen verfassungsrechtlichen Anforderung unterhalb der Schwellenwerte veranlasst haben, gelten hier dem Grunde nach in gleicher Weise. Insbesondere besteht auch oberhalb der Schwellenwerte das Interesse der erfolglosen Bieter an dem Erhalt des zu vergebenden Auftrages lediglich in einer Umsatzchance, deren Vereitelung mit dem Schadensersatzanspruch, der dem zu Unrecht übergangenen Bieter zusteht, grundsätzlich ausgeglichen werden kann[12]. Schon deshalb gebietet der Vorrang des Primärrechtsschutzes, der auch im Anwendungsbereich von Art. 19 Abs. 4 GG keine strikte Unrechtsbeseitigung fordert[13], nicht die systematische Gewährleistung einer unwirksamkeitsbewehrten Informations- und Stillhaltepflicht des Auftraggebers, selbst wenn dieser Vorrang auf den Anwendungsbereich des Justizgewährungsanspruchs übertragen werden mag.

Ausgehend von der Rechtsschutzfunktion der Informations- und Wartepflicht kann 6 überdies die Frage aufgeworfen werden, ob § 101a GWB entsprechend anzuwenden ist, wenn der Auftraggeber die **Aufhebung des Vergabeverfahrens** beabsichtigt. Dies wird teilweise mit einem Verweis auf den im Geltungsbereich des Kartellvergaberechts bestehenden Anspruch der Bieter auf Auswahl des wirtschaftlichsten Angebots begründet, der unterlaufen werde, wenn der Auftraggeber das Vergabeverfahren ohne Rechtfertigungsgrund aufhebe und den Auftrag in einem neuen Verfahren vergebe[14]. Ein Bedürfnis für die Erstreckung der Informations- und Wartepflicht auf diese Fälle besteht jedoch nicht: Denn mit der grundsätzlichen Anerkennung der Zulässigkeit eines gegen eine Verfahrensaufhebung gerichteten Nachprüfungsantrags[15] ist ein wirksamer Schutz der subjektiven Rechte der an dem aufgehobenen Verfahren beteiligten Bieter bereits in hinreichendem Maße gewährleistet. Durch die Pflicht des Auftraggebers zur unverzüglichen Benachrichtigung der Bieter über die Aufhebung (§ 17 Abs. 2 VOL/A, § 20 EG Abs. 2 VOL/A, § 17 Abs. 2 VOB/A, § 17 EG Abs. 2 VOB/A, § 14 Abs. 6 VOF) wird dabei sichergestellt, dass die Bieter von der Aufhebung erfahren und sich insbesondere rechtzeitig vor der Neuvergabe des Auftrags in einem Folgeverfahren[16] gegen die Aufhebung zur Wehr setzen können. Anders als bei der Verfahrensbeendigung durch Zuschlag kann der Auftraggeber somit durch die Aufhebung des Verfahrens keine vollendeten Tatsachen schaffen. Eine Erstreckung von § 101a GWB über seinen eigentlichen Geltungsbereich hinaus auf die Fälle der bevorstehenden Verfahrensaufhebung scheidet deshalb aus[17].

---

[11] BVerfG Beschl. v. 13.6.2006, 1 BvR 1160/03, BVerfGE 116, 135, 158f.; zustimmend ua OLG Saarbrücken Urt. v. 13.6.2012, 1 U 357/11, ZfBR 2012, 799, 801; *Barth* Das Vergaberecht außerhalb des Anwendungsbereichs der EG-Vergaberichtlinien, 151 ff.; *Mentzinis* in Pünder/Schellenberg, § 101a GWB Rn. 25; *Stickler* in Kapellmann/Messerschmidt, § 19 VOB/A Rn. 3; aA ua *Bungenberg* Vergaberecht im Wettbewerb der Systeme, 255 ff.; *Dicks* VergabeR 2012, 531, 544f.; *Niestedt/Hölzl* NJW 2006, 3680; *Sauer/Hollands* NZBau 2006, 763, 765; vgl. ferner OLG Dresden Beschl. v. 25.4.2006, 20 U 467/06, VergabeR 2006, 774, 775 mAnm *Köhler;* OLG Düsseldorf Urt. v. 19.10.2011, I-27 W 1/11, VergabeR 2012, 669, 670 mAnm *Krist.*

[12] Für den Bereich unterhalb der Schwellenwerte: BVerfG Beschl. v. 13.6.2006, 1 BvR 1160/03, BVerfGE 116, 135, 158.

[13] Dazu *Erbguth* VVDStRL 62 (2001), 221, 227 ff.; *Schmidt-Aßmann* in Maunz/Dürig, Art. 19 Abs. 4 Rn. 28, 282 f.

[14] *Erdl* VergabeR 2001, 10, 13 ff.; wohl ebenso *Gottschalck* VergabeR 2002, 368, 369; *Portz* ZfBR 2002, 551, 554.

[15] Dazu unter § 31 Rn. 87 ff.

[16] S. zum Rechtsschutz des Bieters bei Einleitung eines Folgeverfahrens auch unter § 31 Rn. 96.

[17] *Portz* VergabeR 2002, 211, 216; *Reidt/Brosius-Gersdorf* VergabeR 2002, 580, 592; *Wegmann* NZBau 2001, 475, 477; *Ch. Braun* in Ziekow/Völlink, § 101a GWB Rn. 45; *Glahs* in Reidt/Stickler/Glahs, § 101a Rn. 12; *Kühnen* in Byok/Jaeger, § 101a GWB Rn. 13; *Mentzinis* in Pünder/Schellenberg, § 101a GWB Rn. 22; *Portz* in Ingenstau/Korbion, § 19 a VOB/A Rn. 14 f.; *Portz* in Ku-

B. Anwendungsbereich

7 § 101a GWB enthält vorbehaltlich des Ausnahmetatbestandes in Abs. 2 keine ausdrückliche Einschränkung seines Anwendungsbereichs. Daraus ergeben sich in mehrfacher Hinsicht Fragen hinsichtlich der Reichweite der Informations- und Wartepflicht.

I. Vergabearten

8 Unter der Geltung von § 13 VgV aF war fraglich, ob sich der Anwendungsbereich der Informations- und Wartepflicht auch auf Aufträge erstreckte, die ohne Schaffung von Markttransparenz vergeben wurden, also insbesondere **freihändig oder im Verhandlungsverfahren ohne vorangehende Bekanntmachung** vergebene Aufträge. Nach der Rechtsprechung war dies zu bejahen; die Anwendbarkeit von § 13 VgV aF sollte nicht von der gewählten Verfahrensart abhängen[18].

9 Mit der Änderung der Rechtsmittelrichtlinie 89/665/EWG durch die Richtlinie 2007/66/EG fällt die Antwort auf diese Frage noch eindeutiger aus. Denn die Bestimmungen über die Stillhaltefrist nach dem neugefassten Art. 2a Abs. 2 RL 89/665/EWG idF der RL 2007/66/EG gelten für alle Aufträge, die in den Anwendungsbereich der Vergabekoordinierungsrichtlinie fallen, ohne dass es darauf ankommt, welche Verfahrensart der Auftraggeber für die Vergabe gewählt hat. Der Richtliniengeber hat damit an die vorangehende Rechtsprechung des EuGH, nach welcher der Anwendungsbereich der Richtline 89/665/EWG nicht einmal von der Durchführung eines förmlichen Vergabeverfahrens abhängt, angeknüpft[19]. Nach den Grundsätzen über die **richtlinienkonforme Auslegung** kann dieser Befund auf die Regelungen über die Informations- und Wartepflicht in § 101a GWB übertragen werden, die nach der ausdrücklichen Vorstellung des Gesetzgebers der Umsetzung der Änderungen an der Rechtsmittelrichtlinie 89/665/EWG dienen sollen[20]. Dasselbe Ergebnis folgt aus der **Systematik** des innerstaatlichen Rechts. Der Anwendungsbereich des Kartellvergaberechts des vierten Teils des GWB und mit ihm der Informations- und Wartepflicht nach § 101a GWB ist gemäß § 100 Abs. 1 GWB vorbehaltlich der Ausnahmetatbestände in § 100 Abs. 2 GWB nur von dem Vorliegen eines öffentlichen Auftrages iSv § 99 GWB und von dem Erreichen der Schwellenwerte abhängig. Darauf, in welcher Verfahrensart der Auftrag vergeben wird, kommt es hingegen nicht an[21].

10 § 101a GWB ist mithin vorbehaltlich des Ausnahmetatbestandes in Abs. 2 unabhängig davon anwendbar, welche **Vergabeart** der Auftraggeber gewählt hat[22].

---

lartz/Marx/Portz/Prieß, VOB/A, § 19 Rn. 14 f.; *Portz* in Kulartz/Marx/Portz/Prieß, VOL/A, § 19 Rn. 22 f.

[18] OLG Dresden Beschl. v. 16.10.2001, WVerg 0007/01, ZfBR 2002, 298, 300; OLG Düsseldorf Beschl. v. 23.2.2005, VII-Verg 85/04, NZBau 2005, 536; OLG Düsseldorf Beschl. v. 30.4.2003, VII-Verg 67/02, NZBau 2003, 400, 405; OLG Jena Beschl. v. 28.1.2004, 6 Verg 11/03, IBR online; OLG Naumburg Beschl. v. 25.9.2006, 1 Verg 10/06, ZfBR 2007, 183, 184; OLG Schleswig Beschl. v. 28.11.2005, 6 Verg 7/05, VergabeR 2006, 258, 259; ebenso *Klingner*, Die Vorabinformationspflicht des öffentlichen Auftraggebers, 272 ff.; *Stockmann* NZBau 2003, 591 ff.; *Höß* VergabeR 2002, 443, 444.

[19] EuGH Urt. v. 11.1.2005, Rs. C-26/03 – Stadt Halle u. Recyclingpark Lochau GmbH, Rn. 34 ff.

[20] BT-Drs. 19/10117, S. 1, 13, 21.

[21] *Kühnen* in Byok/Jaeger, § 101a GWB Rn. 3.

[22] *Glahs* in Reidt/Stickler/Glahs, § 101a Rn. 10; *Hattig* in Hattig/Maibaum, § 101a GWB Rn. 14; *Kriener* in Müller-Wrede, GWB, § 101a GWB Rn. 7 ff.; *Kühnen* in Byok/Jaeger, § 101a GWB Rn. 3; *Mentzinis* in Pünder/Schellenberg, § 101a GWB Rn. 13; *Portz* in Kulartz/Marx/Portz/Prieß, VOL/A, § 19 Rn. 16; *O. Wagner* in Langen/Bunte, § 101a GWB Rn. 8.

Bestätigt wird dieses Ergebnis zudem durch die Ausnahmebestimmung in **§ 101a** 11
Abs. 2 GWB, welche die Informationspflicht dann entfallen lässt, wenn das Verhandlungsverfahren ohne vorherige Bekanntmachung wegen besonderer Dringlichkeit gerechtfertigt ist. *E contrario* folgt daraus, dass die Informationspflicht in allen anderen Fällen des Verhandlungsverfahrens zu beachten ist.

II. De-facto-Vergaben

Unter der Geltung von **§ 13 VgV aF** stellte sich ferner die Frage der Anwendbarkeit der 12
Informations- und Wartepflicht auf De-facto-Vergaben, also die Vergabe öffentlicher Aufträge iSv § 99 GWB ohne Durchführung eines geregelten Vergabeverfahrens iS der §§ 97 ff. GWB.[23] Die Problematik lag darin begründet, dass §13 VgV aF nach Wortlaut und systematischer Stellung nur auf Auftragsvergaben anwendbar war, denen eine Angebotsabgabe durch mehrere Bieter voranging[24]. Zur Sicherstellung eines wirksamen Rechtsschutzes gegen rechtswidrige De-facto-Vergaben wurde daher häufig angenommen, dass die Norm in analoger Anwendung auf Auftragsvergaben erstreckt werden müsse, denen kein geregeltes Verfahren vorangehe[25].

Nach dem In-Kraft-Treten des Vergaberechtsmodernisierungsgesetzes vom 20. 4. 2009[26] 13
hat sich die Problematik dadurch deutlich entschärft, dass **§ 101b Abs. 1 Nr. 2 GWB** ausdrücklich die Unwirksamkeit eines Vertrages anordnet, der unter Verstoß gegen die Pflicht des Auftraggebers zur Durchführung eines wettbewerbsoffenen Verfahrens zustande gekommen ist[27]. Diese Rechtsfolge besteht unabhängig von der Informations- und Wartepflicht des Auftraggebers nach § 101a GWB, so dass ein wirksamer Schutz gegen rechtswidrige De-facto-Vergaben unabhängig von der Verpflichtung des Auftraggebers, den bevorstehenden Zuschlag bekannt zu geben, besteht. Gleichwohl kann die Frage aufgeworfen werden, ob § 101a GWB darüber hinaus eine Informations- und Wartepflicht des Auftraggebers auch für De-facto-Vergaben anordnet, deren Verletzung zu einer Unwirksamkeit des Vertrages nach **§ 101b Abs. 1 Nr. 1 GWB** führt. Ergebnisrelevant ist dies dann, wenn man unter die De-facto-Vergaben auch diejenigen Fälle fasst, in denen der Auftraggeber zwar kein geordnetes Vergabeverfahren durchführt, aber gleichwohl mit

---

[23] S. zur Begriffsverwendung BGH Beschl. v. 1.2.2005, X ZB 27/04, ZfBR 2005, 398; OLG Düsseldorf Beschl. v. 1.10.2009, VII-Verg 31/09, IBR online.

[24] AA (unmittelbare Anwendung of § 13 VgV) OLG Düsseldorf Beschl. v. 1.10.2009, VII-Verg 31/09, IBR online; OLG Jena Beschl. v. 28.1.2004, 6 Verg 11/03, IBR online; OLG Jena Beschl. v. 14.10.2003, 6 Verg 5/03, ZfBR 2004, 193, 195; OLG Naumburg Beschl. v. 15.3.2007, 1 Verg 14/06, ZfBR 2007, 384, 385; *Dieckmann* VergabeR 2005, 10, 13 f.; *Bär* ZfBR 2001, 375, 376 ff.

[25] BGH Beschl. v. 1.2.2005, X ZB 27/04, ZfBR 2005, 398, 403; OLG Celle, Beschl. v. 14.9.2006, 13 Verg 3/06, ZfBR 2006, 818, 820 f.; OLG Dresden Beschl. v. 24.1.2008, WVerg 10/07, VergabeR 2008, 567, 570; OLG Hamburg Beschl. v. 25.1.2007, 1 Verg 5/06, NZBau 2007, 801, 803; OLG Karlsruhe Beschl. v. 6.2.2007, 17 Verg 7/06, ZfBR 2007, 511, 516; OLG München Beschl. v. 7.6.2005, Verg 4/05, ZfBR 2005, 597, 601; *Hoffmann* NZBau 2008, 749, 750; *Kus* NZBau 2005, 96, 97 f.; *Stockmann* NZBau 2003, 591, 592; *Otting,* VergabeR 2002, 11, 17 f.; *Dreher* NZBau 2001, 244, 245; *Hertwig* NZBau 2001, 241; *Prieß* EuZW 2001, 365, 367; einschränkend OLG Brandenburg Beschl. v. 22.4.2010, Verg W 5/10, WuW/E DE-R 2958, 2960 ff.; aA KG Beschl. v. 11.11.2004, 2 Verg 16/04, NZBau 2005, 538, 542; OLG Düsseldorf Beschl. v. 3.12.2003, VII-Verg 37/03, NZBau 2004, 113, 115 f.; *Buhr* Die Richtlinie 2004/18/EG und das deutsche Vergaberecht, 246 f.; *Hofmann* Zivilrechtsfolgen von Vergabefehlern, 80 ff.; *Bergmann/Grittmann* NVwZ 2004, 946 ff.; *J. Braun* NVwZ 2004, 441, 444; *Jasper/Pooth* ZfBR 2004, 543, 545 f.; *Lück/Oexle* VergabeR 2004, 302, 306 ff.; *Hailbronner* NZBau 2002, 474, 479; *Müller-Wrede/Kaelble* VergabeR 2002, 1, 5 ff.; *Portz* VergabeR 2002, 211, 217 f.; *Putzier* DÖV 2002, 517, 518; *Antweiler* DB 2001, 1975, 1979 f.; *Dieckmann* NZBau 2001, 481; *Gesterkamp* WuW 2001, 665, 669; *Heuvels/Kaiser,* NZBau 2001, 479.

[26] BGBl I 2009, 790.

[27] S. unter § 35 Rn. 6 ff.

mehreren Interessenten verhandelt, so dass diesen ein Berufen auf § 101b Abs. 1 Nr. 2 GWB verwehrt ist[28]. Insoweit lebt der ursprüngliche Streit in verändertem Gewande fort.

14 Vor dem Hintergrund von Art. 2a Abs. 2 RL 89/665/EWG idF der RL 2007/66/EG muss dabei gelten, dass **§ 101a GWB** auch auf Aufträge Anwendung findet, die außerhalb eines geregelten Verfahrens *de facto* vergeben werden. Denn die Anwendbarkeit der Rechtsmittelrichtlinie und mit ihr der dort angeordneten Stillhaltefrist hängt wie dargelegt nicht davon ab, dass der Auftraggeber ein geregeltes Vergabeverfahren eingeleitet hat[29]. Als Umsetzungsnorm der Vorgaben aus Art. 2a Abs. 2 RL 89/665/EWG idF der RL 2007/66/EG[30] muss § 101a GWB daher richtlinienkonform ebenso verstanden werden. Hinzu tritt, dass nach der Systematik des vierten Teils des GWB die Anwendbarkeit des Kartellvergaberechts und damit der Informations- und Wartepflicht nach § 101a GWB nur das Vorliegen eines öffentlichen Auftrags iSv § 100 Abs. 1 GWB und das Erreichen der Schwellenwerte bedingt, nicht jedoch, dass der Auftraggeber ein geordnetes Vergabeverfahren durchgeführt hat[31]. Zudem hängt § 101a GWB als Gesetz im formalen Sinne anders als noch § 13 VgV aF nicht von der Reichweite der Verordnungsermächtigung in § 97 Abs. 6 GWB ab, so dass auch in normenhierarchischer Hinsicht kein Anlass dazu besteht, die Informations- und Wartepflicht nur auf geregelte Vergabeverfahren iS der §§ 97 ff. GWB anzuwenden[32]. Deswegen ist die Durchführung eines geregelten Vergabeverfahrens für die Anwendbarkeit von § 101a GWB unbeachtlich[33]; die Norm ist vielmehr vorbehaltlich der Ausnahme in Abs. 2 bei der Vergabe **jedes öffentlichen Auftrages** iSv § 99 GWB anzuwenden.

C. Informationspflicht

I. Empfänger der Information

15 Nach § 101a Abs. 1 Satz 1 und 2 GWB ist die Mitteilung über den beabsichtigten Zuschlag an die Bieter, deren Angebote nicht berücksichtigt werden sollen, sowie an die Bewerber, die zuvor noch nicht über die Ablehnung ihrer Bewerbung unterrichtet wurden, zu richten. Es besteht mithin keine Pflicht zur **Information der Allgemeinheit** über den bevorstehenden Vertragsschluss. Dies ist die Folge daraus, dass § 101a GWB lediglich dem Zweck dient, den im Vergabeverfahren in ihren subjektiven Rechten verletzten Auftragsinteressenten den Zugang zum Nachprüfungsverfahren zu ermöglichen[34]. Wer keine wie auch immer beschaffene Beziehung zu dem Verfahren aufweist und mithin nicht in seinen Rechten verletzt sein kann, muss auch nicht über den bevorstehenden Zuschlag informiert werden.

---

[28] *Glahs* in Reidt/Stickler/Glahs, § 101a Rn. 13.
[29] Dazu unter Rn. 9.
[30] Dazu unter Rn. 4.
[31] Dazu unter Rn. 9.
[32] Vgl. zu § 13 VgV aF BGH Beschl. v. 1.2.2005, X ZB 27/04, ZfBR 2005, 398, 402; BGH Beschl. v. 9.2.2004, X ZB 44/03, NZBau 2004, 229, 230 f.
[33] Im Ergebnis ebenso OLG Düsseldorf Beschl. v. 1.10.2009, VII-Verg 31/09, IBR online; *Ch. Braun* in Ziekow/Völlink, § 101a GWB Rn. 18, 52 ff.; *Glahs* in Reidt/Stickler/Glahs, § 101a Rn. 13; *Hattig* in Hattig/Maibaum, § 101a GWB Rn. 14; *Kühnen* in Byok/Jaeger, § 101a GWB Rn. 3; für nur entsprechende Anwendung ohne nähere Begründung VK Sachsen Beschl. v. 8.4.2011, 1/SVK/002-11, ZfBR 2011, 604, 610.
[34] OLG Dresden Beschl. v. 14.2.2003, WVerg 0011/01, WuW/E Verg 914, 915; *Portz* in Kulartz/Marx/Portz/Prieß, VOL/A, § 19 Rn. 16.

1. Unterlegene Bieter

Zu informieren sind alle **betroffenen Bieter, deren Angebote nicht berücksichtigt** 16
werden sollen. Dieser Empfängerkreis wird durch drei Tatbestandsmerkmale bestimmt, nämlich die Stellung als Bieter, die vorgesehene Nichtberücksichtigung des Angebots und die Betroffenheit.

a) Stellung als Bieter

Ausgehend davon, dass die Informationspflicht auch im Verhandlungsverfahren sowie bei 17 freihändigen Vergaben anwendbar ist, kann der Empfängerkreis der Information nicht auf diejenigen Unternehmen beschränkt werden, die ein verbindliches Angebot abgegeben haben, da dies oftmals nicht auf alle Verfahrensteilnehmer zutrifft. Erst recht gilt dies dann, wenn der Auftraggeber gar kein geregeltes Vergabeverfahren durchgeführt hat und damit auch keine Verfahrensteilnehmer in einem formalen Sinne vorhanden sind. Gleichwohl muss sich der Schutz des § 101a GWB auch auf Unternehmen erstrecken, die keine Verfahrensteilnehmer in diesem Sinne sind, da auch ihnen subjektive Rechte zukommen können, deren wirksame Durchsetzbarkeit durch die Einführung der Informations- und Wartepflicht gesichert werden soll. Die Mitteilung über die bevorstehende Auftragsvergabe ist daher allgemein an sämtliche Unternehmen zu richten, die gegenüber dem Auftraggeber haben erkennen lassen, dass sie **an dem Auftrag interessiert** sind[35] **(Bieter im materiellen Sinne).** Zu informieren sind daher beispielsweise Unternehmen, die den Auftrag bisher ausgeführt haben[36], Unternehmen, die im Rahmen einer einem Verhandlungsverfahren vorangehenden Ausschreibung ein Angebot abgegeben haben[37], und Unternehmen, die im Rahmen von Markterkundungen des Auftraggebers mitteilen, dass sie bei einer Auftragsvergabe interessiert daran sind, ein Angebot abzugeben[38], soweit bereits eine konkrete Beschaffungsabsicht des Auftraggebers besteht[39].

Zur Vermeidung von Rechtsschutzlücken müssen ferner auch diejenigen Unternehmen 18 über den bevorstehenden Zuschlag unterrichtet werden, die sich an einem **mehrstufig ausgestalteten Vergabeverfahren** beteiligt haben, aber ausgeschlossen wurden, bevor

---

[35] OLG Celle Beschl. v. 14.9.2006, 13 Verg 2/06, NZBau 2007, 126, 128; OLG Celle Beschl. v. 14.9.2006, 13 Verg 3/06, ZfBR 2006, 818, 821; OLG Düsseldorf Beschl. v. 2.12.2009, VII-Verg 39/09, NZBau 2010, 393, 395; OLG Düsseldorf Beschl. v. 24.2.2005, VII-Verg 88/04, NZBau 2005, 535; OLG Hamburg Beschl. v. 25.1.2007, 1 Verg 5/06, NZBau 2007, 801, 804; OLG Naumburg Beschl. v. 15.3.2007, 1 Verg 14/06, ZfBR 2007, 384, 385 f.; *Prieß/Hölzl* NZBau 2010, 354, 356; *Hoffmann* NZBau 2008, 749, 750; *Schröder* NVwZ 2002, 1440, 1441; *Ch. Braun* in Ziekow/Völlink, § 101a GWB Rn. 14; *Glahs* in Reidt/Stickler/Glahs, § 101a Rn. 16 f.; *Mentzinis* in Pünder/Schellenberg, § 101a GWB Rn. 6; *Portz* in Kulartz/Marx/Portz/Prieß, VOL/A, § 19 Rn. 15; enger hingegen OLG Karlsruhe Beschl. v. 18.3.2008, 17 Verg 8/07, VergabeR 2008, 985, 986 f.; *H. König* in Kulartz/Kus/Portz, § 101a Rn. 7 ff.; *Kühnen* in Byok/Jaeger, § 101a GWB Rn. 6; *Reider* in MünchKommBeihilferecht, § 101a GWB Rn. 8; differenzierend *O. Wagner* in Langen/Bunte, § 101a GWB Rn. 14 f.

[36] OLG München Beschl. v. 7.6.2005, Verg 4/05, ZfBR 2005, 597, 601; für den Fall der Neuvergabe nach vorzeitiger Kündigung des vorangehenden Vertrages auch *Mentzinis* in Pünder/Schellenberg, § 101a GWB Rn. 23.

[37] OLG Dresden Beschl. v. 25.1.2008, WVerg 10/07, VergabeR 2008, 567, 570; OLG Düsseldorf Beschl. v. 25.9.2008, VII-Verg 57/08, IBR online; OLG Düsseldorf Beschl. v. 24.2.2005, VII-Verg 88/04, NZBau 2005, 535; OLG Naumburg Beschl. v. 3.9.2009, 1 Verg 4/09, VergabeR 2009, 933, 938; OLG Naumburg Beschl. v. 15.3.2007, 1 Verg 14/06, ZfBR 2007, 384, 385 f.; VK Sachsen-Anhalt Beschl. v. 12.7.2007, 1 VK LVwA 13/097, IBR online; *Glahs* in Reidt/Stickler/Glahs, § 101a Rn. 18; *Hattig* in Hattig/Maibaum, § 101a GWB Rn. 23; *Kriener* in Müller-Wrede, GWB, § 101a Rn. 11 f.; *Mentzinis* in Pünder/Schellenberg, § 101a GWB Rn. 7; *O. Wagner* in Langen/Bunte, § 101a GWB Rn. 15.

[38] OLG Celle Beschl. v. 5.2.2004, 13 Verg 26/03, NZBau 2005, 51, 52.

[39] OLG Karlsruhe Beschl. v. 6.2.2007, 17 Verg 7/06, ZfBR 2007, 511, 516.

sie ein verbindliches Angebot abgegeben haben. Neben den von § 101a Abs. 1 Satz 2 GWB umfassten abgelehnten Bewerbern betrifft dies insbesondere diejenigen Unternehmen, die in einem aus mehreren Verhandlungsrunden bestehenden Verhandlungsverfahren vor der Aufforderung zur Abgabe verbindlicher Angebote aus den weiteren Verhandlungen ausgeschlossen werden[40]. Die Pflicht zur Information dieser Personen gemäß § 101a Abs. 1 Satz 1 GWB entfällt jedoch, soweit sie nicht mehr betroffen iSv § 101a Abs. 1 Satz 1 GWB sind oder soweit nach § 101a Abs. 1 Satz 2 GWB von ihrer Benachrichtigung abgesehen werden kann.

19 Anerkannt ist zudem, dass darüber hinaus auch diejenigen Unternehmen wie ein Bieter zu informieren sind, denen die Gelegenheit zur Angebotsabgabe vom Auftraggeber **rechtswidrig verwehrt** wurde[41]. Neben den Fällen der auch von § 101a Abs. 1 Satz 2 GWB umfassten unzulässigerweise abgelehnten Bewerber[42] wird dies insbesondere bejaht für Auftragsinteressenten, die auf Grund rechtswidriger Vorgaben des Auftraggebers kein Angebot abgegeben haben[43].

20 Zu den zu benachrichtigenden Personen gehören darüber hinaus auch die Teilnehmer eines **Wettbewerbs** iSv § 15 VOF einschließlich der Preisträger[44]. Durch die Entscheidung des Preisgerichts wird noch keine abschließende Entscheidung über den Zuschlag getroffen, da dem Auftraggeber gemäß § 17 Abs. 1 VOF die Entscheidung darüber obliegt, welcher der Preisträger mit den Leistungen beauftragt wird, und da der Auftraggeber zudem prüfen muss, ob mindestens einer der Preisträger eine einwandfreie Ausführung der zu übertragenden Leistungen gewährleistet und ob sonstige wichtige Gründe der Beauftragung entgegenstehen[45]. Über die erst nach Abschluss dieser Prüfung mögliche Zuschlagsentscheidung sind die Wettbewerbsteilnehmer zu benachrichtigen[46].

21 Keine Informationspflicht besteht hingegen gegenüber ehemaligen Bietern, die ihr Angebot **zurückgezogen** haben und damit zum Ausdruck gebracht haben, an dem Auftrag nicht mehr interessiert zu sein[47]. Sie bedürfen des Schutzes der Informations- und Wartepflicht nicht mehr und sind keine Bieter iSv § 101a Abs. 1 Satz 1 GWB mehr.

---

[40] VK Schleswig-Holstein Beschl. v. 14.5.2008, VK-SH 06/08, IBR online; *Hattig* in Hattig/Maibaum, § 101a GWB Rn. 20.

[41] OLG Dresden Beschl. v. 16.10.2001, WVerg 0007/01, ZfBR 2002, 298, 299; OLG Düsseldorf Beschl. v. 30.4.2003, VII-Verg 67/02, NZBau 2003, 400, 405; OLG Naumburg Beschl. v. 3.9.2009, 1 Verg 4/09, VergabeR 2009, 933, 938; OLG Naumburg Beschl. v. 25.9.2006, 1 Verg 10/06, ZfBR 2007, 183, 184; ebenso *Hoffmann* NZBau 2008, 749, 750; *Conrad* ZfBR 2007, 138 f.; *Höß* VergabeR 2002, 443, 445; *Glahs* in Reidt/Stickler/Glahs, § 101a Rn. 16 f.; *Mentzinis* in Pünder/Schellenberg, § 101a GWB Rn. 6; offen gelassen von OLG Düsseldorf Beschl. v. 3.8.2011, VII-Verg 33/11, IBR online; ablehnend (aber mit Subsumtion dieser Fälle unter § 101a Abs. 1 Satz 2 GWB) *Kühnen* in Byok/Jaeger, § 101a GWB Rn. 8.

[42] Dazu unter Rn. 28 ff.

[43] OLG Düsseldorf Beschl. v. 30.4.2003, VII-Verg 67/02, NZBau 2003, 400, 405; OLG Naumburg Beschl. v. 3.9.2009, 1 Verg 4/09, VergabeR 2009, 933, 938.

[44] OLG Düsseldorf Beschl. v. 2.12.2009, VII-Verg 39/09, NZBau 2010, 393, 395; VK Bund Beschl. v. 11.9.2009, VK 3–157/09, IBR online; *Prieß/Hölzl* NZBau 2010, 354, 355 f.; *Ch. Braun* in Ziekow/Völlink, § 101a GWB Rn. 34; *Glahs* in Reidt/Stickler/Glahs, § 101a Rn. 11; *Hattig* in Hattig/Maibaum, § 101a GWB Rn. 20; *Kühnen* in Byok/Jaeger, § 101a GWB Rn. 6.

[45] OLG Düsseldorf Beschl. v. 2.12.2009, VII-Verg 39/09, NZBau 2010, 393, 395; VK Bund Beschl. v. 11.9.2009, VK 3–157/09, IBR online.

[46] S. zur davon zu unterscheidenden Behandlung der Entscheidung des Preisgerichts selbst OLG Koblenz Beschl. v. 26. Mai 2010, 1 Verg 2/10, IBR online gegen OLG Düsseldorf Beschl. v. 31.3.2004, VII-Verg 4/04, IBR online; *Kriener* in Müller-Wrede, GWB, § 101a Rn. 9; *Voppel/Osenbrück/Bubert*, Anh. § 17 Rn. 16.

[47] *Fett* in Willenbruch/Wieddekind, § 101a GWB Rn. 36; *Hattig* in Hattig/Maibaum, § 101a GWB Rn. 20; *Just* in Schulte/Just, Kartellrecht, § 101a GWB Rn. 3; *Kriener* in Müller-Wrede, GWB, § 101a Rn. 4; *Kühnen* in Byok/Jaeger, § 101a GWB Rn. 6; *O. Wagner* in Langen/Bunte, § 101a GWB Rn. 16.

b) Vorgesehene Nichtberücksichtigung des Angebots

Das Tatbestandsmerkmal der vorgesehenen Nichtberücksichtigung des Angebots ist dann 22 erfüllt, wenn dem jeweiligen Bieter **der Vertrag nicht zugeschlagen werden soll**. Ausgehend davon, dass der Kreis der Bieter nach materiellen Gesichtspunkten zu ziehen ist, kommt es nicht darauf an, ob der jeweilige Interessent tatsächlich ein verbindliches Angebot abgegeben hat.

Unerheblich ist zudem der **Grund für die Nichtberücksichtigung** des Bieters, so 23 dass nicht nur Bieter, deren Angebot nicht das wirtschaftlichste ist, sondern auch Bieter, deren Angebot auf einer früheren Prüfungs- oder Wertungsstufe (§ 19 EG Abs. 1 bis 7 VOL/A, § 16 EG Abs. 1 bis 6 VOB/A) ausgeschlossen wurde, zu benachrichtigen sind[48]. Denn Rechtsverletzungen, gegen die § 101a GWB einen wirksamen Schutz sicherstellen soll, können auf allen Prüfungs- und Wertungsstufen begangen werden. Daher ist die Information beispielsweise auch an diejenigen Bieter zu richten, deren Angebot wegen eines verspäteten Eingangs unberücksichtigt geblieben ist[49].

Umgekehrt zählt der Bieter, **dem der Vertrag zugeschlagen werden soll,** schon 24 nach dem Wortlaut des § 101a Abs. 1 Satz 1 GWB nicht zu dem Kreise der zu benachrichtigenden Bieter[50]. Eine Benachrichtigung ist auch nach dem Sinn von § 101a GWB nicht geboten, da in der uneingeschränkten Annahme des Angebots eines Bieters schlechterdings keine Rechtsverletzung liegen kann, zu deren Abwehr eine Information angezeigt wäre. Auch die Richtlinie 89/665/EWG idF der RL 2007/66/EG steht einer solchen Einschränkung der Informationspflicht nicht entgegen. Denn gemäß Art. 2a Abs. 1 iVm Art. 1 Abs. 3 RL 86/665/EWG müssen die von den Mitgliedstaaten festzulegenden Wartefristen nur sicherstellen, dass jeder, der ein Interesse an dem Auftrag hat und dem durch einen behaupteten Verstoß ein Schaden entstanden ist oder zu entstehen droht, gegen die Zuschlagsentscheidung ein wirksames Nachprüfungsverfahren anstrengen kann. Der vorgesehene Zuschlagsempfänger aber kann durch die Auftragserteilung keinen Schaden erleiden.

Unbeachtlich ist, ob die Ablehnung des Angebotes des jeweiligen Bieters **rechtswidrig** 25 ist. Zu informieren sind mithin auch diejenigen Bieter, deren Angebot der Auftraggeber zu Recht nicht für einen Zuschlag in Betracht zieht. Dessen ungeachtet bleibt ein allein auf die Verletzung der Informationspflicht gestützter Nachprüfungsantrag eines zu Recht ausgeschlossenen Bieters erfolglos[51].

c) Betroffenheit

Voraussetzung für eine Pflicht, den jeweiligen Bieter gemäß § 101a Abs. 1 Satz 1 GWB 26 über den bevorstehenden Zuschlag zu benachrichtigen, ist darüber hinaus seine **Betroffenheit**. Dieses Tatbestandsmerkmal ist ebenso zu verstehen wie der Begriff der Betroffenheit in Art. 2a Abs. 2 RL 89/665/EWG idF der RL 2007/66/EG[52], dessen Umset-

---

[48] *Glahs* in Reidt/Stickler/Glahs, § 101a Rn. 15; *Kühnen* in Byok/Jaeger, § 101a GWB Rn. 6.
[49] VK Sachsen Beschl. v. 16.12.2004, 1/SVK/118-04, IBR online; *Kühnen* in Byok/Jaeger, § 101a GWB Rn. 6; *Mentzinis* in Pünder/Schellenberg, § 101a GWB Rn. 8.
[50] *Erdl* VergabeR 2001, 10, 12 f. (zu § 13 VgV aF); *Ch. Braun* in Ziekow/Völlink, § 101a GWB Rn. 12; *Fett* in Willenbruch/Wieddekind, § 101a GWB Rn. 37; *Glahs* in Reidt/Stickler/Glahs, § 101a Rn. 23; *Hattig* in Hattig/Maibaum, § 101a GWB Rn. 24; *Kriener* in Müller-Wrede, GWB § 101a GWB Rn. 6; *Kühnen* in Byok/Jaeger, § 101a GWB Rn. 4; *Mentzinis* in Pünder/Schellenberg, § 101a GWB Rn. 24; *Portz* in Kulartz/Marx/Portz/Prieß, VOL/A, § 19 Rn. 17; *O. Wagner* in Langen/Bunte, § 101a GWB Rn. 17; ähnlich OLG Düsseldorf Urt. v. 25.6.2003, U (Kart) 36/02, NZBau 2004, 170, 171 f.
[51] Dazu unter Rn. 65 f.
[52] BT-Drs. 16/10117, S. 21; *Bulla/Schneider* VergabeR 2011, 664, 666 f.; *Fett* in Willenbruch/Wieddekind, § 101a GWB Rn. 34; *Glahs* in Reidt/Stickler/Glahs, § 101a GWB Rn. 15; *Hattig* in Hattig/Maibaum, § 101a GWB Rn. 7, 21; *O. Wagner* in Langen/Bunte, § 101a GWB Rn. 16; im Ergebnis

zung § 101a GWB dient. Bieter sind daher betroffen, „*wenn sie noch nicht endgültig ausgeschlossen wurden. Ein Ausschluss ist dann endgültig, wenn er den betroffenen Bietern mitgeteilt wurde und entweder von einer unabhängigen Nachprüfungsstelle als rechtmäßig anerkannt wurde oder keinem Nachprüfungsverfahren mehr unterzogen werden kann.*"[53]

27 Das Tatbestandsmerkmal der Betroffenheit sondert deshalb diejenigen Unternehmen aus dem Kreise der zu benachrichtigenden Bieter aus, die bereits gesicherte Kenntnis davon haben, dass sie für den Auftrag nicht in Frage kommen, und die diese Absage **gegen sich gelten lassen müssen**. Da sie sich nicht mehr gegen ihren Ausschluss zur Wehr setzen können und mithin keine Möglichkeit mehr haben, den Zuschlag zu erhalten, können sie nicht mehr um Rechtsschutz gegen den Zuschlag nachsuchen und bedürfen des Schutzes durch die Informations- und Wartepflicht nicht mehr[54]. Ein solcher Fall kann beispielsweise dann eintreten, wenn der Auftraggeber die Angebotsprüfung und -wertung zeitlich in mehrere Abschnitte geteilt hat und nach Durchlaufen einzelner Abschnitte, etwa der Eignungsprüfung, den Bietern das jeweilige Ergebnis mitteilt. Die Endgültigkeit eines solchen Ausschlusses kann entweder durch die bestands- bzw. rechtskräftige Entscheidung der Vergabekammer oder des Beschwerdegerichts oder durch das Verstreichenlassen der Rüge- oder Antragsfrist nach § 107 Abs. 3 Satz 1 Nr. 1 bzw. Nr. 4 GWB eintreten[55].

2. Bewerber, deren Bewerbung abgelehnt wurde

28 § 101a Abs. 1 Satz 2 GWB erweitert den Kreis der zu informierenden Unternehmen auf diejenigen Bewerber, deren Bewerbung abgelehnt wurde. Durch diese Ergänzung, die in Umsetzung Art. 2a Abs. 2 RL 89/665/EWG idF der RL 2007/66/EG mit dem Vergaberechtsmodernisierungsgesetz vom 20. 4. 2009[56] in das innerstaatliche Recht aufgenommen wurde, wird klargestellt, dass die Informationspflicht auch zugunsten derjenigen Unternehmen besteht, die im Stadium des **Teilnahmewettbewerbs** und damit vor der eigentlichen Abgabe eines Angebots aus dem Vergabeverfahren ausgeschlossen wurden. Dies betrifft namentlich das nicht offene Verfahren (die beschränkte Ausschreibung) und das Verhandlungsverfahren mit vorherigem Teilnahmewettbewerb. Ausgehend von dem bereits zu § 13 VgV aF entwickelten weiten Verständnis vom Begriff des Bieters[57] bedeutet die Ergänzung in § 101a Abs. 1 Satz 2 GWB allerdings keine inhaltliche Ausdehnung der Informations- und Wartepflicht, sondern hat lediglich den Charakter einer normativen Bestätigung der bisherigen Entscheidungspraxis der Nachprüfungsinstanzen[58].

29 Die Informationspflicht nach § 101a Abs. 1 Satz 2 GWB besteht nur dann, wenn der jeweilige Bewerber zum Zeitpunkt der Mitteilung des bevorstehenden Zuschlags an die betroffenen Bieter **noch nicht über die Ablehnung seiner Bewerbung informiert wurde**. Eine derartige Information kann insbesondere auf der Grundlage von § 19 EG Abs. 1 VOB/A, § 22 EG Abs. 1 VOL/A oder § 14 Abs. 5 VOF ergangen sein[59]. Diese Einschränkung ist sachlich gerechtfertigt, denn ein Bewerber, der vorab über die Erfolglosigkeit seiner Bewerbung unterrichtet wurde, hatte bereits die Möglichkeit, hiergegen

---

ebenso: VK Berlin Beschl. v. 29. 9. 2009, VK-B2–28/09, IBR online; *Kriener* in Müller-Wrede, GWB, § 101a Rn. 4; *Kühnen* in Byok/Jaeger, § 101a GWB Rn. 7.

[53] Art. 2a Abs. 2 2. Unterabs. RL 89/665/EWG idF der RL 2007/66/EG.
[54] *Kühnen* in Byok/Jaeger, § 101a GWB Rn. 7.
[55] *Hattig* in Hattig/Maibaum, § 101a GWB Rn. 21.
[56] BGBl I 2009, 790.
[57] Dazu unter Rn. 17 ff.
[58] *Dreher/Hoffmann* NZBau 2009, 216, 217; *O. Wagner* in Langen/Bunte, § 101a GWB Rn. 18.
[59] *Fett* in Willenbruch/Wieddekind, § 101a GWB Rn. 9; *Mentzinis* in Pünder/Schellenberg, § 101a GWB Rn. 10.

die Nachprüfungsinstanzen anzurufen. Zur Gewährleistung eines wirksamen Rechtsschutzes bedarf es daher keiner nochmaligen Information[60].

Damit führt § 101a Abs. 1 Satz 2 GWB zu einer **Reduzierung** der Informationspflicht 30 bei abgelehnten Bewerbern, da ihnen lediglich die Ablehnung ihrer Bewerbung mitgeteilt werden muss, während die inhaltlich weitergehenden Angaben gemäß § 101a Abs. 1 Satz 1 GWB über den vorgesehenen Zuschlagsempfänger, die Gründe für die Ablehnung und den frühesten möglichen Zeitpunkt des Vertragsschlusses nicht erforderlich sind[61]. Auch ein Formerfordernis hinsichtlich der Information über die Ablehnung der Bewerbung sieht § 101a Abs. 1 Satz 2 GWB nicht vor[62]. Diese unterschiedliche Behandlung geht zurück auf Art. 2a Abs. 2 3. Unterabs. RL 89/665/EWG idF der RL 2007/66/EG, wonach Bewerber nur dann als betroffene Bewerber über den bevorstehenden Zuschlag zu informieren sind, wenn sie zuvor nicht über die Ablehnung ihrer Bewerbung benachrichtigt wurden. Den Bedenken, die bisweilen gegen die Vereinbarkeit von § 101a Abs. 1 Satz 2 GWB mit den Vorgaben des europäischen Vergaberechts geäußert werden[63], kann daher nicht beigetreten werden.

§ 101a Abs. 1 Satz 2 GWB bewirkt im Ergebnis eine ähnliche Folge wie das Tatbe- 31 standsmerkmal der Betroffenheit in § 101a Abs. 1 Satz 1 GWB, welches hinsichtlich des Kreises der abgelehnten, aber nicht betroffenen Bieter ebenfalls zu einer Reduzierung der Informationspflicht führt, da diese Bieter ebenso wie die abgelehnten Bewerber nur über die Tatsache der Ablehnung, nicht aber über die weiteren von der Informationspflicht nach § 101a Abs. 1 Satz 1 GWB umfassten Umstände zu benachrichtigen sind. Im Unterschied zur Abgrenzung zwischen betroffenen und nicht betroffenen Bietern verlangt § 101a Abs. 1 Satz 2 GWB jedoch nicht, dass der Ausschluss des jeweiligen Bewerbers **endgültig** sein muss. Diese Abweichung ist bereits in Art. 2a Abs. 2 3. Unterabs. RL 89/665/EWG idF der RL 2007/66/EG angelegt und vom Gesetzgeber übernommen worden.

Anders als teilweise noch unter Geltung von § 13 VgV aF angenommen wurde[64], 32 kommt es auch bei der Informationspflicht nach § 101a Abs. 1 Satz 2 GWB nicht darauf an, ob die Ablehnung der Bewerbung des jeweiligen Unternehmens **rechtswidrig** ist.

II. Inhalt der Information

1. Absicht des Vertragsschlusses

Aus der Information muss zunächst hervorgehen, dass der Auftraggeber überhaupt beab- 33 sichtigt, den Zuschlag zu erteilen. Auch wenn § 101a Abs. 1 Satz 1 GWB dies nicht ausdrücklich anordnet, so ergibt sich dieser Mindestinhalt aus der **Warnfunktion** der Informationspflicht. Dem Empfänger der Information muss klar werden, dass der Zuschlag unmittelbar bevorsteht und dass er deshalb zügig um Rechtsschutz nachsuchen muss, widrigenfalls er Gefahr läuft, dass der Nachprüfungsantrag unzulässig ist, da der einmal wirksam erteilte Zuschlag nicht aufgehoben werden kann (§ 114 Abs. 2 Satz 1 GWB).

2. Name des vorgesehenen Zuschlagsempfängers

Gemäß § 101a Abs. 1 Satz 1 GWB sind die übergangenen Bieter und Bewerber daneben 34 über den Namen des Unternehmens, dessen Angebot angenommen werden soll, zu un-

---

[60] *Glahs* in Reidt/Stickler/Glahs, § 101a Rn. 22; *Kriener* in Müller-Wrede, GWB, § 101a Rn. 5.
[61] Vgl. dazu *Hattig* in Hattig/Maibaum, § 101a GWB Rn. 28.
[62] *Kühnen* in Byok/Jaeger, § 101a GWB Rn. 8.
[63] *Otting* in Bechtold, § 101a Rn. 3 unter Berufung auf EuGH Urt. v. 28.1.2010, Rs. C-456/08 – Kommission ./. Irland. Der Entscheidung lag allerdings noch der Rechtsstand vor Inkrafttreten der RL 2007/66/EG zugrunde.
[64] OLG Naumburg Beschl. v. 25.9.2006, 1 Verg 10/06, ZfBR 2007, 183, 184.

terrichten[65]. Zweck dieses Bestandteils der Unterrichtungspflicht ist es, den Empfängern der Information zumindest im Ansatz zu ermöglichen, **die Rechtmäßigkeit der Zuschlagsentscheidung** des Auftraggebers prüfen zu können[66]. Auch wenn es einem Bieter in aller Regel nicht möglich ist, die Rechtmäßigkeit des Zuschlags vollständig nachzuvollziehen, da er keine Kenntnis vom Inhalt der eingegangenen Angebote der übrigen Bieter hat, so kann er in Kenntnis des Namens des vorgesehenen Zuschlagsempfängers doch zumindest ermitteln, ob in der Person dieses Unternehmens liegende Umstände, insbesondere Eignungsmängel, einer Auftragserteilung entgegenstehen[67], und dies ggf. zum Anknüpfungspunkt eines Nachprüfungsverfahrens machen.

35 Die Angaben zum Namen des vorgesehenen Zuschlagsempfängers haben daher so präzise und aussagekräftig zu sein, dass es den Adressaten möglich ist, den ausgewählten Bieter **eindeutig zu identifizieren**[68]. Anzugeben sind daher mindestens bei Kaufleuten die vollständige **Firma** (§ 17 HGB) und bei natürlichen Personen, ggf. zusätzlich zur Firma, der **Name** (§ 12 BGB), bestehend aus Vor- und Familiennamen. In der Regel ist darüber hinaus zudem die **Anschrift** des vorgesehenen Zuschlagsempfängers mitzuteilen, da allein die Kenntnis der Firma oder des Namens üblicherweise zur Identifikation nicht ausreicht, da die Unterscheidungskraft der Firma örtlich begrenzt ist (§ 30 HGB) und der Name noch weniger als die Firma Verwechslungen ausschließt. Ist die Identität des vorgesehenen Zuschlagsempfängers hingegen auch ohne Angabe der Anschrift eindeutig, kann die Mitteilung der Anschrift entfallen; dies kann beispielsweise dann der Fall sein, wenn allen anderen Bietern auf Grund eines eng begrenzten Marktes klar ist, dass nur ein bestimmtes Unternehmen gemeint sein kann.

36 Soll der Zuschlag auf das Angebot einer **Bietergemeinschaft** erteilt werden, sind alle Mitglieder der Bietergemeinschaft zu benennen[69], damit der übergangene Bieter erkennen kann, ob in der Person der einzelnen Mitglieder liegende Umstände einem Zuschlag entgegenstehen.

3. Gründe der vorgesehenen Nichtberücksichtigung

37 Anzugeben sind ferner die **Gründe,** aus denen das Angebot des jeweiligen Empfängers der Mitteilung nicht den Zuschlag erhalten soll. Auch dies soll die Bieter in die Lage

---

[65] Einschränkend hinsichtlich der Rechtsfolge bei unterlassener Namensnennung OLG Naumburg Beschl. v. 26.4.2004, 1 Verg 2/04, IBR online; ebenso *Mentzinis* in Pünder/Schellenberg, § 101a GWB Rn. 27.

[66] BGH Urt. v. 22.2.2005, KZR 36/03, NZBau 2005, 530, 531; OLG Düsseldorf Beschl. v. 3.8.2011, VII-Verg 6/11, VergabeR 2012, 72, 82 f.; OLG Düsseldorf Beschl. v. 19.3.2008, VII-Verg 13/08, VergabeR 2009, 193, 198; LG Düsseldorf Urt. v. 23.10.2002, 34 O (Kart) 72/02, NZBau 2003, 109 f.; *Hattig* in Hattig/Maibaum, § 101a GWB Rn. 30, 33; *Kühnen* in Byok/Jaeger, § 101a GWB Rn. 11; *Reider* in MünchKommBeihilferecht, § 101a GWB Rn. 11.

[67] *Fett* in Willenbruch/Wieddekind, § 101a GWB Rn. 13; *Kriener* in Müller-Wrede, GWB, § 101a Rn. 15; *Reider* in MünchKommBeihilferecht, § 101a GWB Rn. 11; *O. Wagner* in Langen/Bunte, § 101a GWB Rn. 20.

[68] *Fett* in Willenbruch/Wieddekind, § 101a GWB Rn. 13; *Hattig* in Hattig/Maibaum, § 101a GWB Rn. 34; *Just* in Schulte/Just, Kartellrecht, § 101a GWB Rn. 5; *H. König* in Kulartz/Kus/Portz, § 101a GWB Rn. 12; *Kriener* in Müller-Wrede, GWB, § 101a Rn. 15; *Kühnen* in Byok/Jaeger, § 101a GWB Rn. 11; *Reider* in MünchKommBeihilferecht, § 101a GWB Rn. 11; *O. Wagner* in Langen/Bunte, § 101a GWB Rn. 20; teilweise abweichend OLG Schleswig Beschl. v. 28.11.2005, 6 Verg 7/05, VergabeR 2006, 258, 259 m. abl. Anm. *Hertwig* und OLG Schleswig Beschl. v. 1.9.2006, 1 (6) Verg 8/05, IBR online, wodurch allerdings ausgeblendet wird, dass die Informationspflicht dem Bieter auch die Möglichkeit eröffnen will, die Rechtmäßigkeit des Zuschlags zu prüfen.

[69] *Glahs* in Reidt/Stickler/Glahs, § 101a Rn. 25; aA *Reider* in MünchKommBeihilferecht, § 101a GWB Rn. 11.

versetzen, die **Rechtmäßigkeit** der Zuschlagsentscheidung zumindest ansatzweise nachvollziehen zu können[70].

Daraus folgt, dass die Benennung der Gründe es dem Bieter zumindest ermöglichen **38** muss, konkret zu erkennen, welchen **Mangel** sein Angebot oder im Falle von § 101a Abs. 1 Satz 2 GWB seine Bewerbung aufweist[71]. Es genügt daher nicht, wenn der Auftraggeber lediglich den Wortlaut eines gesetzlichen Tatbestandes für die Nichtberücksichtigung eines Angebots, beispielsweise aus § 19 EG Abs. 3 bis 7 VOL/A, wiederholt[72]. Vielmehr hat er darüber hinaus diejenigen konkreten Tatsachen anzugeben, die der Entscheidung des Auftraggebers, das Angebot nicht für den Zuschlag vorzusehen, zugrunde liegen. Der Mitteilungsempfänger kann dadurch prüfen, ob der Auftraggeber von einem zutreffenden Sachverhalt ausgegangen ist und eine korrekte Subsumtion vorgenommen hat. Stützt der Auftraggeber die Nichtberücksichtigung auf **mehrere tragende Gründe,** sind diese sämtlich zu benennen[73]. Soweit in der älteren Rechtsprechung und im Schrifttum mit Verweis auf den Wortlaut von § 13 Satz 1 VgV aF vertreten wurde, an die Nennung der Gründe seien keine hohen Anforderungen zu stellen[74], ist dies mit der Neufassung von § 101a Abs. 1 Satz 1 GWB, wonach die „*Gründe*" (§ 13 Satz 1 VgV aF: der „*Grund*") der vorgesehenen Nichtberücksichtigung anzugeben sind, überholt[75].

Die Pflicht zur Mitteilung der Gründe berechtigt den Auftraggeber jedoch nicht, den **39** **Wettbewerbsgrundsatz** (§ 97 Abs. 1 GWB), zu dem auch der Grundsatz des Geheimwettebewerbs gehört, zu durchbrechen und den Bietern Einzelheiten des Angebots, auf das der Zuschlag erteilt werden soll, mitzuteilen[76]. Zudem sind die **Betriebs- und Geschäftsgeheimnisse** des vorgesehenen Zuschlagsempfängers zu wahren. Für den in der

---

[70] BayObLG Beschl. v. 18.6.2002, Verg 8/02, VergabeR 2002, 657, 658; KG Beschl. v. 4.4. 2002, Kart Verg 5/02, NZBau 2002, 522, 523; VK Bund Beschl. v. 28.9.2009, VK 3–169/09, IBR online; VK Berlin Beschl. v. 15.8.2011, VK B 2–22/11, IBR online; *Bulla/Schneider* VergabeR 2011, 664, 666; *Dreher/Hoffmann* NZBau 2009, 216, 218; *Schröder* NVwZ 2002, 1440, 1442; *Wegmann* NZBau 2001, 475, 477; *Ch. Braun* in Ziekow/Völlink, § 101a GWB Rn. 59; *Glahs* in Reidt/Stickler/Glahs, § 101a Rn. 27; *Hattig* in Hattig/Maibaum, § 101a GWB Rn. 30; *H. König* in Kulartz/Kus/Portz*, § 101a Rn. 13; *Kühnen* in Byok/Jaeger, § 101a GWB Rn. 11.

[71] KG Beschl. v. 4.4.2002, Kart Verg 5/02, NZBau 2002, 522, 523; VK Berlin Beschl. v. 15.8. 2011, VK B 2–22/11, IBR online; *Just* in Schulte/Just, Kartellrecht, § 101a GWB Rn. 7; *Kriener* in Müller-Wrede, GWB, § 101a Rn. 17; *Portz* in Kulartz/Marx/Portz/Prieß, VOL/A, § 19 Rn. 19; *Reider* in MünchKommBeihilferecht, § 101a GWB Rn. 12; *O. Wagner* in Langen/Bunte, § 101a GWB Rn. 21.

[72] *Kühnen* in Byok/Jaeger, § 101a GWB Rn. 11; *Reider* in MünchKommBeihilferecht, § 101a GWB Rn. 12; *O. Wagner* in Langen/Bunte, § 101a GWB Rn. 22.

[73] *Bulla/Schneider* VergabeR 2011, 664, 666; *Dreher/Hoffmann* NZBau 2009, 216, 218; *Hattig* in Hattig/Maibaum, § 101a GWB Rn. 36; *Kühnen* in Byok/Jaeger, § 101a GWB Rn. 11; *Portz* in Kulartz/Marx/Portz/Prieß, VOL/A, § 19 Rn. 18; *Reider* in MünchKommBeihilferecht, § 101a GWB Rn. 12.

[74] BayObLG Beschl. v. 3.7.2002, Verg 13/02, VergabeR 2002, 637, 638 mAnm *Ch. Wagner*; BayObLG Beschl. v. 18.6.2002, Verg 8/02, VergabeR 2002, 657, 658; OLG Düsseldorf Beschl. v. 6.8.2001, VII-Verg 28/01, VergabeR 2001, 429, 430 mAnm *Abel*; OLG Koblenz Beschl. v. 25.3. 2002, 1 Verg 1/02, VergabeR 2002, 384, 386 mAnm *Glahs/Külpmann*; *Schaller* VergabeR 2007, Sonderheft 2a, 394, 401 f.; *Portz* VergabeR 2002, 211, 213 f.; *Kratzenberg* NZBau 2001, 119, 120.

[75] Im Ergebnis ebenso OLG Düsseldorf Beschl. v. 17.2.2010, VII-Verg 51/09, NRWE; *Bulla/Schneider* VergabeR 2011, 664, 666; *Fett* in Willenbruch/Wieddekind, § 101a GWB Rn. 14; *Glahs* in Reidt/Stickler/Glahs, § 101a Rn. 27; *Hattig* in Hattig/Maibaum, § 101a GWB Rn. 36; *Kriener* in Müller-Wrede, GWB, § 101a Rn. 16; *Kühnen* in Byok/Jaeger, § 101a GWB Rn. 11; *Portz* in Kulartz/Marx/Portz/Prieß, VOL/A, § 19 Rn. 18; *Reider* in MünchKommBeihilferecht, § 101a GWB Rn. 12; *O. Wagner* in Langen/Bunte, § 101a GWB Rn. 21; einschränkend hingegen VK Berlin Beschl. v. 15.8.2011, VK B 2–22/11, IBR online; VK Nordbayern Beschl. v. 18.11.2011, 21.VK-3194–36/11, IBR online; unklar im Verweis auf den Wortlaut *Mentzinis* in Pünder/Schellenberg, § 101a GWB Rn. 28.

[76] VK Baden-Württemberg Beschl. v. 1.4.2010, 1 VK 13/10, IBR online.

Praxis wohl häufigsten Fall der Nichtberücksichtigung eines Angebots, die Ablehnung mangels Wirtschaftlichkeit (§ 21 EG Abs. 1 Satz 1 VOL/A, § 16 EG Abs. 7 VOB/A, § 11 Abs. 6 VOF), bedeutet dies, dass Angaben zum Preis des Angebots des vorgesehenen Zuschlagsempfängers regelmäßig nicht gemacht werden können. Sähe man dies anders, so wäre ferner bei einer Zurückversetzung des Vergabeverfahrens in ein früheres Stadium eine Angebotsabgabe ohne Kenntnis der voraussichtlichen Angebotskonditionen der übrigen Bieter nicht mehr möglich. Der Auftraggeber muss sich daher hinsichtlich der Wirtschaftlichkeit regelmäßig darauf beschränken, den übergangenen Bietern Angaben zur Wertung jeweils ihres eigenen Angebots, beispielsweise die vergebene Punktzahl, mitzuteilen[77].

40 Von einer Verpflichtung des Auftraggebers, die **Rangstelle** des abgelehnten Angebotes anzugeben, wurde im Gesetzgebungsverfahren zur Einführung von § 101a GWB im Rahmen des Vergaberechtsmodernisierungsgesetzes vom 20. 4. 2009[78] bewusst abgesehen[79]. Gleichwohl kann es sinnvoll und auf Grund der aus dem vorvertraglichen Vertragsverhältnis (§ 311 Abs. 2 i. V. m. § 241 Abs. 2 BGB)[80] folgenden Rücksichtnahmepflichten sogar geboten sein, im Rahmen der Information nach § 101a GWB auch darüber Mitteilung zu machen, um Nachprüfungsverfahren, die mangels Zuschlagschancen wegen § 107 Abs. 2 Satz 2 GWB keine Aussicht auf Erfolg haben, zu vermeiden[81].

4. Frühester Zeitpunkt des Vertragsschlusses

41 Darüber hinaus hat der Auftraggeber den nicht zum Zuge kommenden Bietern und Bewerbern denjenigen Zeitpunkt mitzuteilen, zu dem der Vertrag frühestens geschlossen wird. Auch diese Vorgabe, mit deren Normierung die Vorgaben aus Art. 2a Abs. 2 RL 89/665/EWG idF der RL 2007/66/EG umgesetzt werden, dient der **Warnfunktion** der Informationspflicht. Die Mitteilungsempfänger erfahren dadurch, welcher Zeitraum ihnen verbleibt, um ein Nachprüfungsverfahren einzuleiten.

42 Der früheste Zeitpunkt des Vertragsschlusses ist **als kalendarisches Datum** anzugeben[82]. Dies folgt bereits aus der Formulierung der Informationspflicht in § 101a Abs. 1 Satz 1 GWB, die die Angabe des Zeitpunktes verlangt[83]. Die Angabe einer Frist genügt daher auch dann nicht, wenn der Empfänger der Mitteilung mit allen für die Berechnung des Fristendes notwendigen Angaben ausgestattet wird, da § 101a Abs. 1 Satz 1 GWB die Bieter hiervon gerade enthebt. Erst recht genügt die Angabe einer Frist dann nicht, wenn der Empfänger den Zeitpunkt ihres Beginns oder ihre Dauer nicht kennt[84].

43 Gibt der Auftraggeber fehlerhaft ein **zu frühes Datum** an, tritt stets die Unwirksamkeitsfolge aus § 101b Abs. 1 Nr. 1 GWB ein[85]. Dafür ist es nicht erforderlich, dass der

---

[77] Ähnlich *Fett* in Willenbruch/Wieddekind, § 101a GWB Rn. 19; *Kühnen* in Byok/Jaeger, § 101a GWB Rn. 11.
[78] BGBl I 2009, 790.
[79] BT-Drs. 19/10117, S. 21.
[80] BVerwG Beschl. v. 2. 5. 2007, BVerwG 6 B 10.07, BVerwGE 129, 9, 13 f.; BGH Urt. v. 5. 6. 2012, X ZR 161/11, NZBau 2012, 652, 653; BGH Urt. v. 9. 6. 2011, X ZR 143/10, NZBau 2011, 498, 499; BGH Urt. v. 16. 12. 2003, X ZR 282/02, NJW 2004, 2165; BGH Urt. v. 8. 9. 1998, X ZR 48/97, BGHZ 139, 259, 260 f.; OLG München Beschl. v. 15. 3. 2012, Verg 2/12, NZBau 2012, 460, 461.
[81] BT-Drs. 19/10117, S. 21; *Portz* VergabeR 2002, 211, 213; *Ch. Braun* in Ziekow/Völlink, § 101a GWB Rn. 63; *Glahs* in Reidt/Stickler/Glahs, § 101a Rn. 27; *Hattig* in Hattig/Maibaum, § 101a GWB Rn. 39; *Kriener* in Müller-Wrede, GWB, § 101a Rn. 18; *Reider* in MünchKommBeihilferecht, § 101a GWB Rn. 10; *O. Wagner* in Langen/Bunte, § 101a GWB Rn. 24.
[82] OLG Jena Beschl. v. 9. 9. 2010, 9 Verg 4/10, VergabeR 2011, 96, 98.
[83] *Schwintowski* VergabeR 2010, 877, 889 f. hält dies für europarechtswidrig.
[84] OLG Jena Beschl. v. 9. 9. 2010, 9 Verg 4/10, VergabeR 2011, 96, 98; VK Südbayern Beschl. v. 16. 5. 2011, Z3-3-3194-1-09-03/11, IBR online.
[85] *Reider* in MünchKommBeihilferecht, § 101a GWB Rn. 15.

betroffene Bieter, der sich auf die Unwirksamkeitsfolge beruft, im Zeitraum zwischen dem vom Auftraggeber angegebenen Datum und dem eigentlichen Ende der Wartefrist einen Nachprüfungsantrag gestellt hat. Denn es kann nicht ausgeschlossen werden, dass sich der Bieter durch die fehlerhafte Angabe des zu frühen Datums von vornherein an der Anbringung eines Nachprüfungsantrags gehindert sah.

Die Unwirksamkeitsfolge aus § 101b Abs. 1 Nr. 1 GWB tritt ebenfalls ein, wenn der Auftraggeber einen frühestmöglichen Zeitpunkt des Vertragsschlusses benennt, der **nach dem Ablauf der Wartefrist** liegt[86]. Auch in einem solchen Fall verstößt der Auftraggeber gegen § 101a GWB, und die Adressaten der Mitteilung laufen Gefahr, auf Grund der falschen Angabe einen Nachprüfungsantrag erst dann einzureichen, wenn die tatsächliche Wartefrist bereits abgelaufen und der Zuschlag wirksam erteilt ist. Von einer derartigen inhaltlich falschen Mitteilung ist die Zusage des Auftraggebers, den Zuschlag auch nach Ablauf der Wartefrist zunächst nicht erteilen zu wollen, zu unterscheiden. Derartige Zusagen des Auftraggebers können die gesetzliche Wartefrist nach § 101a Abs. 1 Satz 3 und 4 GWB nicht verlängern[87]. Sie sind für den Auftraggeber jedoch gleichwohl verbindlich[88]. Verstößt der Auftraggeber gegen seine so begründete Selbstbindung und erteilt den Zuschlag nach Ablauf der gesetzlichen Wartefrist, aber vor Eintritt des selbst zugesagten Zeitpunktes, tritt die Unwirksamkeitsfolge nach § 101b Abs. 1 Nr. 1 GWB nicht ein. Gleichwohl können den betroffenen Bietern Schadensersatzansprüche gegen den Auftraggeber nach § 280 Abs. 1 BGB i. V. m. § 241 Abs. 2, § 311 Abs. 2 Nr. 1 BGB zustehen. Im Einzelfalle kommt zudem eine Nichtigkeit des geschlossenen Vertrages nach § 138 Abs. 1 BGB in Betracht. Für die Bieter bedeutet diese Sichtweise keine Einschränkung ihrer Möglichkeit, gegen eine rechtswidrige Zuschlagsentscheidung um wirksamen Rechtsschutz nachzusuchen, da zu ihren Gunsten in jedem Fall die gesetzliche Wartefrist nach § 101a Abs. 1 Satz 3 und 4 GWB einzuhalten ist.

III. Form der Information

§ 101a Abs. 1 Satz 1 GWB bestimmt, dass die Information **in Textform** zu übermitteln ist. Gemäß § 126b BGB setzt dies voraus, dass die Erklärung in einer Urkunde oder auf andere zur dauerhaften Wiedergabe in Schriftzeichen geeignete Weise abgegeben, die Person des Erklärenden genannt und der Abschluss der Erklärung durch Nachbildung der Namensunterschrift oder anders erkennbar gemacht werden. Ein Versand als **Telefax** oder über das Internet als **E-Mail** erfüllt nach allgemeinem Verständnis diese Voraussetzungen[89]. Hingegen genügt eine mündliche oder fernmündliche Information des Auftrag-

---

[86] VK Bund Beschl. v. 16.7.2002, VK 2–50/02, www.bundeskartellamt.de; *Ch. Braun* in Ziekow/Völlink, § 101a GWB Rn. 76; *Glahs* in Reidt/Stickler/Glahs, § 101a Rn. 26; *Kriener* in Müller-Wrede, GWB, § 101a Rn. 19; aA aber für Verlängerung der Wartefrist *Kühnen* in Byok/Jaeger, § 101a GWB Rn. 21; wohl auch *O. Wagner* in Langen/Bunte, § 101a GWB Rn. 23, 29.

[87] *Fett* in Willenbruch/Wieddekind, § 101a GWB Rn. 38; *Glahs* in Reidt/Stickler/Glahs, § 101a Rn. 26; *Hattig* in Hattig/Maibaum, § 101a GWB Rn. 43; ebenso zu § 13 VgV aF: OLG Bremen Beschl. v. 17.11.2003, Verg 6/2003, NZBau 2004, 172; OLG Düsseldorf Beschl. v. 23.5.2007, VII-Verg 14/07, IBR online; aA OLG Bremen Beschl. v. 5.3.2007, Verg 4/2007, IBR online; *Kühnen* in Byok/Jaeger, § 101a GWB Rn. 21; ablehnend wohl auch OLG Jena Beschl. v. 14.2.2005, 9 Verg 1/05, VergabeR 2005, 521, 524; differenzierend *Mentzinis* in Pünder/Schellenberg, § 101a GWB Rn. 19, 34.

[88] *Dreher/Hoffmann* NZBau 2009, 216, 218; *Hattig* in Hattig/Maibaum, § 101a GWB Rn. 38; *Kriener* in Müller-Wrede, GWB, § 101a Rn. 30; wohl auch *Portz* in Kulartz/Marx/Portz/Prieß, VOL/A, § 19 Rn. 17; aA *Glahs* in Reidt/Stickler/Glahs, § 101a Rn. 26.

[89] *Ch. Braun* in Ziekow/Völlink, § 101a GWB Rn. 67; *Glahs* in Reidt/Stickler/Glahs, § 101a Rn. 28; *Hattig* in Hattig/Maibaum, § 101a GWB Rn. 40; *H. König* in Kulartz/Kus/Portz, § 101a Rn. 18; *Kriener* in Müller-Wrede, GWB, § 101a Rn. 24; *Kühnen* in Byok/Jaeger, § 101a GWB

gebers nicht, da ein Mindestmaß an Verlässlichkeit gewährleistet werden soll[90]. Die Verpflichtung auf die Textform stellt somit einen Kompromiss zwischen dem Interesse der übergangenen Bieter an einer verlässlichen Unterrichtung und dem Interesse des Auftraggebers und des vorgesehenen Zuschlagsempfängers an einem raschen Fortgang des Verfahrens dar.

46 Jenseits der Vorgabe der Textform überlässt es § 101a Abs. 1 GWB dem Auftraggeber, einen geeigneten **Übermittlungsweg** zu wählen. Allgemein kommt daher jeder geeignete Übermittlungsweg in Betracht, bei dem die Textform gewahrt werden kann.

47 Allerdings hängt von der Wahl des Übermittlungsweges die **Dauer der Wartefrist** ab. § 101a Abs. 1 Satz 4 GWB bestimmt, dass sich die Regelwartefrist von 15 Kalendertagen auf zehn Kalendertage verkürzt, wenn die Information auf elektronischem Weg oder als Telefax versandt wird. Der Auftraggeber wird daher üblicherweise einen dieser beiden Wege wählen, um einen raschen Zuschlag zu ermöglichen.

48 Gleichwohl kann es im Einzelfalle sinnvoll sein, einen Übermittlungsweg zu wählen, der es erlaubt, über die Mindestanforderungen der Textform hinauszugehen und die übergangenen Bieter in Schriftform zu unterrichten, zB im Wege des Versandes eines Einschreibens oder der Übergabe des Schreibens durch einen Boten. Dies bietet sich insbesondere dann an, wenn der Auftraggeber **Beweisschwierigkeiten** hinsichtlich der Übermittlung der Information vermeiden will.

49 Aus der **Warnfunktion**[91] der Informationspflicht folgt, dass der vom Auftraggeber gewählte Übermittlungsweg sicherstellen muss, dass die Mitteilung eine **Anstoßwirkung** auf die betroffenen Bieter hat. Der gewählte Übermittlungsweg muss daher zumindest eine individuelle Ansprache des einzelnen Bieters bewirken. Dem wird beispielsweise die bloße **Veröffentlichung** der Information in einem Mitteilungsblatt oder im Internet zum Ausdruck durch die Bieter nicht gerecht, obgleich diese Veröffentlichungsarten für sich genommen das Erfordernis der Textform nach § 126b BGB wahren können. Die erforderliche Anstoßwirkung kann bei einer Veröffentlichung erst dann erreicht werden, wenn der Auftraggeber den betroffenen Bietern zum Zeitpunkt der Veröffentlichung individuell mitteilt, dass und wo die Information verfügbar ist.

IV. Zeitpunkt der Information

50 Gemäß § 101a Abs. 1 Satz 1 GWB sind die erfolglosen Bieter **unverzüglich,** d. h. ohne schuldhaftes Zögern (§ 121 BGB)[92], zu unterrichten. Anknüpfungspunkt für die Bestimmung der Unverzüglichkeit ist der Abschluss der Prüfung und Wertung der eingegangenen Angebote, mithin derjenige Zeitpunkt, zu dem der Auftraggeber abschließend ermittelt hat, welches Angebot angenommen werden soll.

V. Verhältnis zu sonstigen Informationspflichten

51 Die Informationspflicht nach § 101a Abs. 1 Satz 1 GWB ist unabhängig von den **sonstigen Informationspflichten des Auftraggebers,** die sich insbesondere aus § 22 EG

Rn. 16; *Mentzinis* in Pünder/Schellenberg, § 101a GWB Rn. 29; *Reider* in MünchKommBeihilferecht, § 101a GWB Rn. 16; *O. Wagner* in Langen/Bunte, § 101a GWB Rn. 25.

[90] Einschränkend OLG Schleswig Beschl. v. 28.11.2005, 6 Verg 7/05, VergabeR 2006, 258, 259 m. abl. Anm. *Hertwig*, sowie *Mentzinis* in Pünder/Schellenberg, § 101a GWB Rn. 30; dagegen zu Recht *Fett* in Willenbruch/Wieddekind, § 101a GWB Rn. 32; *Hattig* in Hattig/Maibaum, § 101a GWB Rn. 40.

[91] Dazu unter Rn. 3, 33.

[92] *Ch. Braun* in Ziekow/Völlink, § 101a GWB Rn. 69; *Fett* in Willenbruch/Wieddekind, § 101a GWB Rn. 41; *Kühnen* in Byok/Jaeger, § 101a GWB Rn. 17.

VOL/A, § 19 EG Abs. 1 VOB/A sowie § 14 Abs. 5 VOF ergeben[93]. Diese weichen sowohl hinsichtlich ihres Zwecks[94] als auch hinsichtlich der an ihren Inhalt zu stellenden Anforderungen von der Informationspflicht nach § 101a Abs. 1 GWB ab. Dies schließt es freilich nicht aus, dass der Auftraggeber mit einem einheitlichen Mitteilungsschreiben alle Informationspflichten erfüllt, soweit dieses den jeweiligen Anforderungen Genüge tut[95].

D. Wartepflicht

I. Inhalt der Wartepflicht

§ 101a Abs. 1 Satz 3 GWB bestimmt, dass der Vertrag erst 15 Kalendertage nach der Absendung der Nachricht über den bevorstehenden Vertragsschluss gemäß § 101a Abs. 1 Satz 1 und 2 GWB geschlossen werden darf. Die rechtsschutzsichernde Wirkung von § 101a GWB wird erst durch die Anordnung dieser **Wartepflicht** erreicht, da sie erforderlich ist, um den Adressaten der Mitteilung die Möglichkeit zu gewähren, rechtzeitig um Rechtsschutz gegen den bevorstehenden Vertragsschluss nachzusuchen. 52

Aus dem Zweck der Wartepflicht folgt, dass die Wartepflicht nicht zu einer allgemeinen **Aussetzung** des Vergabeverfahrens führt. Die betroffenen Bieter sollen lediglich davor geschützt werden, dass der Auftraggeber mit dem Zuschlag vollendete Tatsachen schafft. Vergleichbare irreversible Rechtsverletzungen, wie sie durch den Zuschlag bewirkt werden können, drohen jedoch durch die übrigen Verfahrensschritte üblicherweise nicht. Daher ist es dem Auftraggeber nicht verwehrt, während der Wartefrist das Verfahren fortzuführen und beispielsweise den Zuschlag vorzubereiten und sich auf die bevorstehende Vertragsdurchführung einzurichten. Lediglich des Zuschlags selbst hat er sich bis zum Ablauf der Wartefrist zu enthalten. 53

Die Wartepflicht ist zudem unabhängig vom **Suspensiveffekt eines Nachprüfungsantrags** gemäß § 115 Abs. 1 GWB. Wird der Vertrag nicht unmittelbar nach Ablauf der Wartefrist geschlossen, so bewirkt ein dem Auftraggeber vor dem Zuschlag in Textform zur Kenntnis gebrachter Nachprüfungsantrag die Rechtsfolgen aus § 115 Abs. 1 GWB auch dann, wenn zum Zeitpunkt seiner Anbringung die Wartefrist nach § 101a Abs. 1 Satz 3 und 4 GWB bereits verstrichen ist. § 101a Abs. 1 GWB stellt mithin keine Präklusionsregelung zu Lasten des Antragstellers im Nachprüfungsverfahren dar[96]. Vielmehr hat es allein der Auftraggeber in der Hand, wann er nach Ablauf der Wartefrist den Zuschlag erteilt und dadurch später angebrachten Nachprüfungsanträgen die Erfolgsaussichten nimmt. 54

---

[93] *Ch. Braun* in Ziekow/Völlink, § 101a GWB Rn. 25; *Kriener* in Müller-Wrede, GWB, § 101a Rn. 23; *Kühnen* in Byok/Jaeger, § 101a GWB Rn. 12; *O. Wagner* in Langen/Bunte, § 101a GWB Rn. 6 f.; teilweise einschränkend *Mentzinis* in Pünder/Schellenberg, § 19 VOB/A Rn. 4, 10; *Portz* in Ingenstau/Korbion, § 19 VOB/A Rn. 2; *Völlink* in Ziekow/Völlink, § 19 VOB/A Rn. 4; *Voppel/Osenbrück/Bubert*, Anh. § 17 Rn. 10; vgl. auch OLG Koblenz Beschl. v. 22.3.2001, Verg 9/00, VergabeR 2001, 407, 409.

[94] Dazu unter § 34 Rn. 46.

[95] *Macht/Städler* NZBau 2012, 143, 144 ff.; *Ch. Braun* in Ziekow/Völlink, § 101a GWB Rn. 25; *Hailbronner* NZBau 2002, 474, 477; *Kriener* in Müller-Wrede, GWB, § 101a Rn. 23; *Kühnen* in Byok/Jaeger, § 101a GWB Rn. 12; *Mentzinis* in Pünder/Schellenberg, § 101a GWB Rn. 4; *Voppel/Osenbrück/Bubert*, Anh. § 17 Rn. 10.

[96] OLG Düsseldorf Beschl. v. 14.5.2008, VII-Verg 11/08, NRWE; *Hattig* in Hattig/Maibaum, § 101a GWB Rn. 42; *O. Wagner* in Langen/Bunte, § 101a GWB Rn. 28.

II. Dauer der Wartefrist

55 Die Wartefrist beträgt gemäß § 101a Abs. 1 Satz 3 GWB im Regelfalle **15 Kalendertage.** Dies wird als ausreichend erachtet, um den Bietern die Möglichkeit zu geben, den in Aussicht gestellten Zuschlag auf Rechtsverletzungen zu prüfen und ggf. einen Nachprüfungsantrag so rechtzeitig bei der Vergabekammer anzubringen, dass der Auftraggeber vor Vertragsschluss darüber in Textform unterrichtet und mithin gemäß § 115 Abs. 1 GWB an dem Zuschlag gehindert wird.

56 Versendet der Auftraggeber die Mitteilung als Telefax oder auf elektronischem Wege, verkürzt sich die Frist gemäß § 101a Abs. 1 Satz 4 GWB auf **zehn Kalendertage.** Dadurch wird dem Umstand Rechnung getragen, dass maßgeblich für den Fristbeginn der Zeitpunkt der Absendung der Mitteilung ist, so dass die Dauer der Übermittlung bis zum Zugang der Mitteilung beim Empfänger in die Frist fällt. Sorgt der Auftraggeber durch die Wahl eines zeitlich verkürzten Versandweges für eine kurze Übermittlungsdauer, profitiert er von einer Verkürzung der Wartefrist.

57 Während der Begriff des **Telefax** allgemein verständlich ist, bleibt nach dem Gesetzeswortlaut offen, welche Versandarten als **elektronischer Weg** anzusehen sind. Ausgehend von dem Normzusammenhang muss es als erforderlich, aber auch ausreichend angesehen werden, wenn die Information nicht verkörpert, sondern mittels elektronischer Signalübertragung übermittelt wird und der Übermittlungsweg unter gewöhnlichen Umständen ein unmittelbar auf die Absendung folgendes Eintreffen beim Empfänger gewährleistet. Der in der Praxis gebräuchliche Versand über das Internet als **E-Mail** erfüllt diese Voraussetzungen[97]. Daneben kommt auch ein Versand über das Telefon- oder Mobilfunknetz als **Kurzmitteilung** in Betracht.

58 Bei der Berechnung der Wartefrist findet **§ 193 BGB** keine Anwendung[98]. Die Wartefrist kann mithin auch an einem Samstag, Sonntag oder Feiertag enden. Dies folgt bereits aus dem Wortlaut von § 101a Abs. 1 Satz 3 und 4 GWB, wonach für die Berechnung nur auf Kalendertage abzustellen ist. Zudem gilt § 193 BGB nur für Fristen und Termine, die für die Abgabe einer Willenserklärung oder die Bewirkung einer Leistung zu beachten sind[99]. Tritt hingegen mit dem Ablauf der Frist eine bestimmte Rechtswirkung ein, ist § 193 BGB nicht anwendbar. Aus demselben Grund kommt eine entsprechende Anwendung von § 193 BGB, auch als Gesamtanalogie unter Berücksichtigung von § 222 Abs. 2 ZPO und § 31 Abs. 3 VwVfG, ebenfalls nicht in Betracht[100].

III. Beginn der Wartefrist

59 Gemäß § 101a Abs. 1 Satz 5 GWB beginnt die Wartefrist am Tage nach demjenigen Tage, an dem der Auftraggeber die Mitteilung **abgesandt** hat. Maßgeblich für die Absendung ist, wann sich der Auftraggeber der Mitteilungen an die betroffenen Bieter entäußert, sie also so aus seinem Herrschaftsbereich herausgibt, dass sie bei bestimmungsgemäßem weiteren Verlauf der Dinge sämtliche Bieter erreichen, deren Angebote nicht berücksichtigt werden sollen[101]. Der Zeitpunkt des Zugangs beim Empfänger ist nach dem ausdrücklichen Wortlaut des Gesetzes, der auf die Formulierung in Art. 2a Abs. 2 1. Un-

---

[97] *Dreher/Hoffmann* NZBau 2009, 216, 218.
[98] OLG Düsseldorf Beschl. v. 14.5.2008, VII-Verg 11/08, NRWE; *Glahs* in Reidt/Stickler/Glahs, § 101a Rn. 30; *Hattig* in Hattig/Maibaum, § 101a GWB Rn. 45; *Kriener* in Müller-Wrede, GWB, § 101a Rn. 32; *O. Wagner* in Langen/Bunte, § 101a GWB Rn. 34.
[99] *Ellenberger* in Palandt, § 193 Rn. 2; *Grothe* in MünchKommBGB., § 193 BGB Rn. 6.
[100] OLG Düsseldorf Beschl. v. 14.5.2008, VII-Verg 11/08, NRWE.
[101] BGH Beschl. v. 9.2.2004, X ZB 44/03, NZBau 2004, 229, 232 zu § 13 VgV aF.

terabs. RL 89/665/EWG idF RL 2007/66/EG zurückgeht, nicht maßgeblich[102]. Dies gilt selbst dann, wenn die Mitteilung den Empfänger erst nach Ablauf der Wartefrist und damit möglicherweise nach Vertragsschluss erreicht[103]. Das Risiko von Verzögerungen bei der Übermittlung der Information trägt mithin der Empfänger[104]. Da bei ordnungsgemäßem Lauf der Dinge damit gerechnet werden kann, dass eine per Post übersandte Mitteilung über den bevorstehenden Zuschlag auch einen Empfänger in einem anderen Mitgliedstaat der EU innerhalb weniger Tage erreicht[105], ist dieses Risiko allerdings überschaubar und die gesetzgeberische Entscheidung zur Verteilung dieses Risikos nicht zu beanstanden. Erst recht gelten diese Erwägungen, wenn der Auftraggeber die Bieter per Fax oder auf elektronischem Wege benachrichtigt. Weiß der Auftraggeber allerdings, dass der Bieter die von ihm abgesandte Mitteilung etwa wegen Ortsabwesenheit nicht zeitnah zur Kenntnis nehmen kann, kann es auf Grund des zwischen ihm und den Bietern bestehenden vorvertraglichen Pflichtenverhältnisses treuwidrig sein, sich auf die Absendung der Mitteilung zu berufen[106].

Hingegen entbindet § 101a Abs. 1 Satz 5 GWB nicht von dem Erfordernis des **Zugangs** der Mitteilung beim Empfänger **überhaupt.** Erreicht die Information den betroffenen Bieter nicht, wird die Informationspflicht mithin nicht erfüllt, und der Vertrag darf nicht geschlossen werden[107]. Dies folgt bereits aus der Vorgabe in § 101a Abs. 1 Satz 1 GWB, welche den Auftraggeber zur Information der Bieter und nicht lediglich zur Entäußerung einer entsprechenden Nachricht verpflichtet. Verzichtete man auf den Zugang der Information, wäre dies mit dem Schutzzweck der Informations- und Wartepflicht nicht vereinbar, da die betroffenen Bieter dann gerade keinen wirksamen Rechtsschutz gegen die Zuschlagsentscheidung erlangen könnten. Dieses Ergebnis stellt auch keinen unüberwindbaren Wertungswiderspruch[108] zu dem Umstand dar, dass der Zugang der Mitteilung nach Ablauf der Wartefrist zur Erfüllung der Informations- und Wartepflicht ausreicht, da der Fristablauf keineswegs zwingend den unmittelbaren Vertragsschluss bedeutet, so dass der Primärrechtsschutz der erfolglosen Bieter in diesen Fällen nicht von vornherein ausgeschlossen ist. Gewissheit über den Zugang der Mitteilung kann sich der Auftraggeber auch bei einem Versand als Telefax oder auf elektronischem Wege beispielsweise dadurch verschaffen, dass er die Empfänger um eine Bestätigung des Zugangs bittet. **60**

E. Ausnahme

§ 101a Abs. 2 GWB erlaubt es dem Auftraggeber, von der Information abzusehen, wenn das **Verhandlungsverfahren ohne vorherige Bekanntmachung** wegen besonderer Dringlichkeit gerechtfertigt ist. Der Gesetzgeber verweist damit auf die untergesetzlichen **61**

---

[102] Unter Geltung von § 13 VgV aF vor Novellierung der Vergabeverordnung vom 15.2.2003 war dies umstritten; dazu BGH Beschl. v. 9.2.2004, X ZB 44/03, NZBau 2004, 229, 232; KG Beschl. v. 4.4.2002, Kart Verg 5/02, NZBau 2002, 522, 524f.; OLG Jena Beschl. v. 9.6.2002, 6 Verg 4/02, ZfBR 2003, 75; *Klingner,* Die Vorabinformationspflicht des öffentlichen Auftraggebers, 295 ff.; *Rojahn* NZBau 2004, 382; *Stockmann* NZBau 2003, 591, 593f.; *Portz* VergabeR 2002, 211, 215; *Erdl* VergabeR 2001, 10, 19 ff.; *Wegmann* NZBau 2001, 475, 477; jeweils mwN.
[103] *Kühnen* in Byok/Jaeger, § 101a GWB Rn. 24; wohl aA *Dreher/Hoffmann* NZBau 2009, 216, 218.
[104] *Kus* NZBau 2005, 96, 98.
[105] BGH Beschl. v. 9.2.2004, X ZB 44/03, NZBau 2004, 229, 232.
[106] OLG München Beschl. v. 15.3.2012, Verg 2/12, NZBau 2012, 460, 461f.
[107] *Bulla/Schneider* VergabeR 2011, 664, 668; *Dreher/Hoffmann* NZBau 2009, 216, 218; *Fett* in Willenbruch/Wieddekind, § 101a GWB Rn. 38, 42; *Glahs* in Reidt/Stickler/Glahs, § 101a Rn. 32; zu § 13 VgV aF: OLG Naumburg Beschl. v. 17.2.2004, 1 Verg 15/03, VergabeR 2004, 634, 639; aA *Kühnen* in Byok/Jaeger, § 101a GWB Rn. 24; *O. Wagner* in Langen/Bunte, § 101a GWB Rn. 33.
[108] So aber *Kühnen* in Byok/Jaeger, § 101a GWB Rn. 24.

Bestimmungen über die Wahl der Vergabeart und nimmt auf § 3 EG Abs. 4 lit. d) VOL/A, auf § 3 EG Abs. 5 Nr. 4 VOB/A und auf § 3 Abs. 4 lit. c) VOF Bezug. Ist die Auftragsvergabe derartig dringlich, dass der Auftraggeber nach diesen Bestimmungen das Verhandlungsverfahren ohne vorherige Bekanntmachung wählen kann, so kann er zudem vor dem Zuschlag von einer Information der Bieter oder Bewerber absehen[109]. Damit schafft der Gesetzgeber einen Ausgleich zwischen dem in solchen Fällen in besonderem Maße gesteigerten Interesse des Auftraggebers und der hinter ihm stehenden Allgemeinheit an einer raschen Auftragsvergabe und dem Interesse der übergangenen Bieter an einem wirksamen Rechtsschutz gegen eine rechtswidrige Auftragsvergabe[110].

62   Nach dem Wortlaut von § 101a Abs. 2 GWB ist nicht erforderlich, dass der Auftraggeber **tatsächlich** das Verhandlungsverfahren ohne vorherige Bekanntmachung gewählt hat, da die Norm es bei strenger Lesart bereits ausreichen lässt, wenn die tatsächlichen Voraussetzungen für ein solches Verfahren wegen besonderer Dringlichkeit vorliegen. Gleichwohl muss man eine derartige Einschränkung des Anwendungsbereichs von § 101a Abs. 2 GWB bereits aus Gründen der Transparenz fordern, da es andernfalls für die Teilnehmer am Vergabeverfahren nicht vorhersehbar wäre, ob eine Mitteilung nach § 101a GWB zu erwarten ist. § 101a Abs. 2 GWB kann daher nur dann angewandt werden, wenn der Auftrag tatsächlich im Verhandlungsverfahren ohne vorherige Bekanntmachung vergeben wird[111]. Hingegen ist es unschädlich, wenn die Wahl dieses Verfahrens nicht nur wegen der besonderen Dringlichkeit des Auftrags, sondern auch aus **anderen Gründen** gerechtfertigt ist.

63   Aus denselben Erwägungen findet die Ausnahme nach § 101a Abs. 2 GWB auf **De-facto-Vergaben,** die ohne geordnetes Vergabeverfahren vorgenommen werden, keine Anwendung[112].

F. Folgen eines Verstoßes

I. § 101b Abs. 1 Nr. 1 GWB

64   Schließt der Auftraggeber einen Vertrag unter Verstoß gegen die Pflichten aus § 101a GWB, ist der geschlossene Vertrag gemäß § 101b Abs. 1 Nr. 1 GWB von Anfang an unwirksam[113].

II. Anspruch auf Einhaltung der Informations- und Wartepflicht

65   Als Hilfsmittel zur Durchsetzung materiellrechtlicher Ansprüche vermittelt § 101a GWB dem betroffenen Bieter seinerseits ein **subjektives Recht** auf Wahrung der Informations- und Wartepflicht[114]. Gleichwohl kann dieses Recht im vergaberechtlichen Nachprüfungsverfahren nur eingeschränkt durchgesetzt werden. Nach anerkannter Auffassung kann ein Nachprüfungsantrag nicht schon darauf gestützt werden, dass der Auftraggeber gegen die Informations- und Wartepflicht verstoßen hat. Vielmehr bedarf es einer **über den Infor-**

---

[109] Weitergehend VK Berlin Beschl. v. 29.9.2009, VK-B2–28/09, IBR online, und *Fett* in Willenbruch/Wieddekind, § 101a GWB Rn. 43, nach denen nur maßgeblich sein soll, dass aufgrund der besonderen Eilbedürftigkeit des Auftrags ein Zuwarten von zehn Tagen untunlich oder unzumutbar wäre.
[110] Kritisch *Ch. Braun* in Ziekow/Völlink, § 101a GWB Rn. 81 ff.
[111] Im Ergebnis ebenso *Glahs* in Reidt/Stickler/Glahs, § 101a Rn. 34.
[112] Im Ergebnis ebenso OLG Düsseldorf Beschl. v. 1.10.2009, Verg 31/09, IBR online.
[113] Dazu unter § 35.
[114] OLG Jena Beschl. v. 14.2.2005, 9 Verg 1/05, VergabeR 2005, 521, 523; VK Brandenburg Beschl. v. 21.4.2004, VK 12/04, IBR online; *Erdl* VergabeR 2001, 10, 12; *Ch. Braun* in Ziekow/Völlink, § 101a GWB Rn. 22.

mations- und Wartepflichtverstoß hinausgehenden** Rechtswidrigkeit des Zuschlags, die den Auftraggeber in seinen Rechten verletzt[115]. Andernfalls fehlt es dem Antragsteller jedenfalls an der nach § 107 Abs. 2 Satz 2 GWB erforderlichen Antragsbefugnis, da er nicht geltend machen kann, dass ihm durch den Informations- und Wartepflichtverstoß ein Schaden entstanden ist oder zu entstehen droht.

Diese faktische Einschränkung der Durchsetzbarkeit der Informations- und Wartepflicht ist die Folge einerseits der **dienenden Funktion** dieser Pflicht, die lediglich die Durchsetzung anderer subjektiver Rechte ermöglichen will[116], und andererseits des insbesondere durch § 107 Abs. 2 GWB eingeschränkten Prüfumfangs des vergaberechtlichen Nachprüfungsverfahrens, das nicht auf eine volle Rechtmäßigkeitskontrolle ausgelegt ist. Gleichwohl ändert die eingeschränkte Durchsetzbarkeit der Informations- und Wartepflicht im Nachprüfungsverfahren nichts an der Rechtswidrigkeit eines Verstoßes gegen § 101a Abs. 1 GWB. 66

G. § 19 EG Abs. 2 und 3 VOB/A

Mit der VOB/A 2012[117] wurden in § 19 Abs. 2 und 3 EG VOB/A die Bestimmungen aus § 101a GWB wortgleich in den Normbestand des zweiten Abschnitts der VOB/A übernehmen. Damit wird die Informations- und Wartepflicht nunmehr auch auf untergesetzlicher Ebene angeordnet. Die Vorschriften haben keinen über § 101a GWB hinausgehenden Regelungsgehalt und sind entbehrlich. 67

---

[115] OLG Brandenburg Beschl. v. 18.5.2004, Verg W 03/04, IBR online; OLG Dresden Beschl. v. 14.2.2003, WVerg 0011/01, WuW/E Verg 914, 916; OLG München Beschl. v. 12.5.2011, Verg 26/10, NZBau 2011, 630, 634; VK Bund Beschl. v. 10.10.2013, VK 1-83/13, www.bundeskartellamt.de; VK Brandenburg Beschl. v. 21.4.2004, VK 12/04, IBR online; VK Sachsen Beschl. v. 27.1.2003, 1/SVK/123–02, IBR online; *Hattig* in Hattig/Maibaum, § 101a GWB Rn. 52; aA unter Berufung auf den Wortlaut von § 101a Abs. 1 GWB *Ch. Braun* in Ziekow/Völlink, § 101a GWB Rn. 78 f.

[116] OLG Dresden Beschl. v. 14.2.2003, WVerg 0011/01, WuW/E 914, 915 f.; *Hattig* in Hattig/Maibaum, § 101a GWB Rn. 51.

[117] Bekanntmachung vom 24.10.2011 (BAnz. Nr. 182a vom 2.12.2011, BAnz AT 7.5.2012 B1), berichtigt durch Bekanntmachung vom 24.4.2012 (BAnz AT 07.05.2012 B1) und geändert durch Bekanntmachung vom 26.6.2012 (BAnz AT 13.7.2012 B3).

§ 33 Zuschlagserteilung

Übersicht

	Rn.
A. Einleitung	1–6
B. Wirksamkeit des Zuschlags	7–17
I. Grundsatz	7
II. Verstöße gegen vergaberechtliche Bestimmungen	8–10
III. Verstöße gegen vertragsrechtliche Bestimmungen	11–17
C. Zeitpunkt des Zuschlags	18–20
D. Form des Zuschlags	21–30
I. Vergaberechtliche Formerfordernisse	22–28
II. Formerfordernisse aus sonstigen Bestimmungen	29, 30
E. Stellvertretung	31–33

VOL/A: § 18 Abs. 2, 3
VOL/A EG: § 21 Abs. 2, 3
VOB/A: § 18
VOB/A EG: § 18 Abs. 1, 2
VOF: § 11 Abs. 6, 7

VOL/A:

§ 18 VOL/A Zuschlag

(1) hier nicht abgedruckt.

(2) Die Annahme eines Angebotes (Zuschlag) erfolgt in Schriftform, elektronischer Form oder mittels Telekopie.

(3) Bei einer Zuschlagserteilung in elektronischer Form genügt eine „fortgeschrittene elektronische Signatur", in den Fällen des § 3 Absatz 5 Buchstabe i eine „elektronische Signatur" nach dem Signaturgesetz, bei Übermittlung durch Telekopie die Unterschrift auf der Telekopievorlage.

VOL/A:

§ 21 EG VOL/A Zuschlag

(1) hier nicht abgedruckt.

(2) Die Annahme eines Angebotes (Zuschlag) erfolgt in Schriftform, elektronischer Form oder mittels Telekopie.

(3) Bei einer Zuschlagserteilung in elektronischer Form genügt eine „fortgeschrittene elektronische Signatur" nach dem Signaturgesetz, bei Übermittlung durch Telekopie die Unterschrift auf der Telekopievorlage.

VOB/A:

§ 18 VOB/A Zuschlag

(1) Der Zuschlag ist möglichst bald, mindestens aber so rechtzeitig zu erteilen, dass dem Bieter die Erklärung noch vor Ablauf der Zuschlagsfrist (§ 10 Abs. 5 bis 8) zugeht.

(2) Werden Erweiterungen, Einschränkungen oder Änderungen vorgenommen oder wird der Zuschlag verspätet erteilt, so ist der Bieter bei Erteilung des Zuschlags aufzufordern, sich unverzüglich über die Annahme zu erklären.

VOB/A EG:

§ 18 EG VOB/A Zuschlag

(1) Der Zuschlag ist möglichst bald, mindestens aber so rechtzeitig zu erteilen, dass dem Bieter die Erklärung noch vor Ablauf der Zuschlagsfrist zugeht.

(2) Werden Erweiterungen, Einschränkungen oder Änderungen vorgenommen oder wird der Zuschlag verspätet erteilt, so ist der Bieter bei Erteilung des Zuschlags aufzufordern, sich unverzüglich über die Annahme zu erklären.

(3) und (4) hier nicht abgedruckt.

VOF:

§ 11 VOF Aufforderung zur Verhandlung, Angebotsabgabe, Auftragserteilung

(1) bis (5) hier nicht abgedruckt.

(6) Die Entscheidung für einen Bieter ist nur auf der Grundlage eines zuschlagsfähigen Angebotes zulässig.

Der Auftraggeber schließt den Vertrag mit dem Bieter, der aufgrund des ausgehandelten Auftragsinhalts und der ausgehandelten Auftragsbedingungen im Rahmen der bekannt gemachten Zuschlagskriterien die bestmögliche Leistung erwarten lässt.

(7) Das Verfahren endet mit Vertragsschluss oder mit Verzicht auf die Auftragserteilung.

Literatur:
Antweiler Vergaberechtsverstöße und Vertragsnichtigkeit, DB 2001, 1975; *Bergmann/Grittmann* Keine Nichtigkeit bei De-facto-Vergabe, NVwZ 2004, 946; *Boesen* Das Vergaberechtsänderungsgesetz im Lichte der europarechtlichen Vorgaben, EuZW 1998, 551; *J. Braun* Zur Wirksamkeit des Zuschlags von kartellvergabewidrig nicht gemeinschaftsweit durchgeführten Vergabeverfahren der öffentlichen Hand, NVwZ 2004, 441; *Brinker* Vorabinformation der Bieter über den Zuschlag oder Zwei-Stufen-Theorie im Vergaberecht?, NZBau 2000, 174; *Buhr* Die Richtlinie 2004/18/EG und das deutsche Vergaberecht, 2009; *Conrad* Anm. zu OLG Naumburg Beschl. v. 25.9.2006, 1 Verg 10/06, ZfBR 2007, 138; *Dieckmann* Nichtigkeit des Vertrags gem. § 13 VgV bei unterlassener Ausschreibung, NZBau 2001, 481; *Ennuschat/Ulrich* Keine Anwendung der Zwei-Stufen-Lehre im Vergaberecht, NJW 2007, 2224; *Frenz* Rechtsmitteländerungsrichtlinie und Folgen einer Vergaberechtswidrigkeit, VergabeR 2009, 1; *Gesterkamp* Die Sicherung des Primärrechtsschutzes durch Zuschlagsverbote und Informationspflicht, WuW 2001, 665; *Hailbronner* Rechtsfolgen fehlender Information oder unterlassener Ausschreibung bei Vergabe öffentlicher Aufträge (§ 13 VgV), NZBau 2002, 474; *Hertwig* Ist der Zuschlag ohne Vergabeverfahren nichtig?, NZBau 2001, 241; *Heuvels/Kaiser* Die Nichtigkeit des Zuschlags ohne Vergabeverfahren, NZBau 2001, 479; *Höfler/Bert* Die neue Vergabeverordnung, NJW 2000, 3310; *Hofmann* Zivilrechtsfolgen von Vergabefehlern – Oberhalb der EG-Schwellenwerte –, 2010; *Jasper/Pooth* De-facto-Vergabe und Vertragsnichtigkeit, ZfBR 2004, 543; *Kaiser* Die Nichtigkeit so genannter De-facto-Verträge oder: „In dubio pro submissione publica", NZBau 2005, 311; *Kapellmann/Messerschmidt* VOB Teile A und B, 4. Aufl. 2013; *Klingner* Die Vorabinformationspflicht des öffentlichen Auftraggebers, 2005; *Kramer* Beurkundung von Angebot und Annahme im Vergabeverfahren, VergabeR 2004, 706; *Müller-Wrede/Kaelble* Primärrechtsschutz, Vorabinformation und die Rechtsfolgen einer De-facto-Vergabe, VergabeR 2002, 1; *Raabe* Verbindlichkeit „faktisch" vergebener öffentlicher Aufträge? – Zum Müllverbrennungsbeschluss des OLG Düsseldorf, NJW 2004, 1284; *Reidt* Das Verhältnis von Zuschlag und Auftrag im Vergaberecht – Gemeinschafts- oder verfassungsrechtlich bedenklich?, BauR 2000, 22; *Vill* Das vorläufige Verbot der Zuschlagserteilung gemäß

§ 115 Abs. 1 GWB ein Verbotsgesetz i. S. von § 134 BGB?, BauR 1999, 971; *Wegmann* Die Vorabinformation über den Zuschlag bei der öffentlichen Auftragsvergabe, NZBau 2001, 475.

A. Einleitung

Mit dem Zuschlag wird der Auftrag erteilt und das Vergabeverfahren abgeschlossen. Der Zuschlag ist **identisch** mit der auf die Annahme des Vertragsangebotes i. S. der §§ 147 bis 152 BGB[1] gerichteten Willenserklärung des Auftraggebers[2]. Er ist unter Abwesenden empfangsbedürftig i. S. v. § 130 Abs. 1 Satz 1 BGB, soweit keine Ausnahme (§ 151 Satz 1, § 152 Satz 1 BGB) vorliegt. Der Zuschlag hat mithin eine **Doppelnatur** und ist gleichzeitig Verfahrenshandlung und auf den Abschluss des Vertrages gerichtete Willenserklärung. Es handelt sich nicht etwa um zwei Akte, die lediglich äußerlich zusammenfallen, sondern um eine einheitliche Handlung des Auftraggebers. 1

Normativ kommt diese Doppelnatur in § 18 Abs. 2 und § 21 EG Abs. 2 VOL/A zum Ausdruck, soweit der Zuschlag dort ausdrücklich als Annahme eines Angebotes definiert wird[3]. Daneben ist die Einheit von Zuschlag und Vertragsschluss **seit jeher anerkannt**[4]. 2

Mit der Identität des Zuschlags und des Vertragsschlusses geht einher, dass der wirksam erteilte Zuschlag im vergaberechtlichen Nachprüfungsverfahren **nicht rückgängig gemacht werden** kann. Verfahrensrechtlich folgt dies aus § 114 Abs. 2 Satz 1 GWB; materiell-rechtlich handelt es sich dabei um eine Ausprägung des Grundsatzes „*pacta sunt servanda*". 3

Mit dem Zuschlag wird das Angebot des Bieters, dem der Vertrag zugeschlagen werden soll, **so angenommen, wie es abgegeben wurde.** Weicht die Annahmeerklärung des Auftraggebers von dem Angebot, das angenommen werden soll, ab, handelt es sich dabei trotz der missverständlichen Formulierung in § 18 Abs. 2 VOB/A und § 18 EG Abs. 2 VOB/A nicht um einen Zuschlag[5]. Vielmehr liegt in einer solchen Erklärung gemäß § 150 Abs. 2 BGB die Ablehnung des Angebots, verbunden mit einem neuen Antrag[6]. 4

---

[1] Für den Sonderfall des Abschlusses eines öffentlich-rechtlichen Vertrages gelten die Bestimmungen auf Grund der verwaltungsverfahrensrechtlichen Verweisungsbestimmungen, insbesondere in § 62 Satz 2 VwVfG, entsprechend.

[2] BVerwG Beschl. v. 2.5.2007, 6 B 10.07, BVerwGE 129, 9, 13; BayObLG Beschl. v. 9.11.2004, Verg 18/04, VergabeR 2005, 126, 127 m. Anm. *Dähne;* OLG Düsseldorf Beschl. v. 14.3.2001, VII-Verg 30/00, VergabeR 2001, 226, 227; OLG Jena Beschl. v. 29.5.2002, 6 Verg 2/02, NZBau 2002, 526; OLG Jena Beschl. v. 8.6.2000, 6 Verg 2/00, NZBau 2001, 163, 164 f.; OLG Naumburg Beschl. v. 16.10.2007, 1 Verg 6/07, ZfBR 2008, 83, 85; *Klingner,* Die Vorabinformationspflicht des öffentlichen Auftraggebers, 152 ff.; *Wegmann* NZBau 2001, 475 f.; *Brinker* NZBau 2000, 174; *Reidt* BauR 2000, 22; *Boesen* EuZW 1998, 551, 553; *Bauer* in Heiermann/Riedl/Rusam, § 18 VOB/A Rn. 3; *Fett* in Willenbruch/Wieddekind, § 101a GWB Rn. 10, § 18 VOL/A Rn. 10, § 21 EG VOL/A Rn. 6; *Kühnen* in Byok/Jaeger, § 101a GWB Rn. 2; *Kus* in Kulartz/Marx/Portz/Prieß, VOB/A, § 18 Rn. 3; *Mentzinis* in Pünder/Schellenberg, § 18 VOB/A Rn. 2; *Roth* in Müller-Wrede, VOL/A, § 21 EG Rn. 12; *Völlink* in Ziekow/Völlink, § 18 VOB/A Rn. 2; *von Wietersheim* in Ingenstau/Korbion, § 18 VOB/A Rn. 1 f.; teilweise einschränkend („regelmäßiges" Zusammenfallen) *Rechten* in Kulartz/Marx/Portz/Prieß, VOL/A, § 18 Rn. 13; zur Möglichkeit einer Trennung zwischen Zuschlagsentscheidung und Zuschlag *Ennuschat/Ulrich* NJW 2007, 2224; *Reidt* BauR 2000, 22, 23 f.; *Stickler* in Kapellmann/Messerschmidt, § 18 VOB/A Rn. 6.

[3] *Rechten* in Kulartz/Marx/Portz/Prieß, VOL/A, § 18 Rn. 10.

[4] *Boesen* EuZW 1998, 551, 553, verweist auf Grundlagen im germanischen Recht.

[5] Nach VK Bremen Beschl. v. 16.7.2003, VK 12/03, IBR online, soll die Formulierung in § 18 Abs. 2 VOB/A Anknüpfungspunkt dafür sein, dass der Zuschlag vom Vertragsschluss zu trennen sei; widerlegt von OLG Naumburg Beschl. v. 16.10.2007, 1 Verg 6/07, ZfBR 2008, 83, 85.

[6] BGH Urt. v. 11.5.2009, VII ZR 11/08, NJW 2009, 2443, 2445; KG Urt. v. 20.5.2011, 7 U 125/10, ZfBR 2011, 715, 717; OLG Naumburg Beschl. v. 16.10.2007, 1 Verg 6/07, ZfBR 2008, 83, 85; *Bauer* in Heiermann/Riedl/Rusam, § 18 VOB/A Rn. 16; *Mentzinis* in Pünder/Schellenberg, § 18 VOB/A Rn. 8; *Rechten* in Kulartz/Marx/Portz/Prieß, VOL/A, § 18 Rn. 42, 51; *Roth* in Mül-

Dabei folgt aus § 18 Abs. 2 VOB/A und § 18 EG Abs. 2 VOB/A nicht, dass eine derartige Abweichung von dem Angebot aus der Sicht des Vergaberechts stets gestattet wäre. Derartige Abweichungen sind vielmehr nur dann zulässig, wenn damit nicht gegen das Nachverhandlungsverbot (§ 15 Satz 2 VOL/A, § 18 EG Satz 2 VOL/A, § 15 Abs. 3 VOB/A, § 15 EG Abs. 3 VOB/A) verstoßen wird[7].

5   Die **verfahrensbeendende Wirkung** des Zuschlags wird ausdrücklich erwähnt in § 11 Abs. 7 VOF; sie besteht darüber hinaus auch in sämtlichen sonstigen Vergabeverfahren außerhalb des Geltungsbereichs der VOF[8]. Bedeutung hat diese Beendigungswirkung des Zuschlags[9] im Wesentlichen für die Rechtsnatur des Vergabeverfahrens als vorvertragliches Rechtsverhältnis, welches zwischen dem Bieter und den Teilnehmern am Vergabeverfahren besteht[10]. Das vorvertragliche Rechtsverhältnis des Auftraggebers zu dem Bieter, dem der Vertrag zugeschlagen wird, wandelt sich mit dem Zuschlag in ein Vertragsverhältnis, während das vorvertragliche Rechtsverhältnis des Auftraggebers zu den übrigen Auftragsinteressenten mit dem Zuschlag in aller Regel ersatzlos beendet wird. Freilich bedeutet dies nicht, dass den Auftraggeber nach dem Zuschlag des Vertrages keine Pflichten mit Blick auf das Vergabeverfahren mehr treffen; derartige über das Verfahren hinauswirkende Pflichten können sich insbesondere hinsichtlich der Information der nicht berücksichtigten Bieter über den Zuschlag (§ 19 VOB/A; § 19 EG VOB/A; §§ 19, 22 EG VOL/A; § 14 Abs. 5 VOF) oder hinsichtlich der Dokumentation des Verfahrens (§§ 20, 24 EG VOL/A; § 20 VOB/A; § 20 EG VOB/A) ergeben.

6   Im Anwendungsbereich der **VOF** wird der Begriff des Zuschlags häufig durch den Begriff der Auftragserteilung (§ 11 Abs. 5 Satz 1 VOF) ersetzt[11]. Nach herkömmlichem Verständnis geschieht dies deshalb, weil der Auftraggeber im Verhandlungsverfahren, welches gemäß § 3 VOF die einzige Verfahrensart nach der VOF darstellt, häufig bereits vor dem Vertragsschluss nur noch mit einem Bieter abschließende Vertragsverhandlungen führt[12]. Gleichwohl kann, wie aus § 11 Abs. 6 und § 12 Abs. 2 lit. e) VOF folgt, auch im Bereich der VOF die Auftragserteilung als Zuschlag bezeichnet werden. Zudem bestimmt die Regelung in § 11 Abs. 6 VOF, die im Zuge der Neufassung der VOF zum 18.11.2009[13] erstmals aufgenommen wurde, dass die endgültige Entscheidung für einen Bieter nur auf der Grundlage eines zuschlagsfähigen Angebotes zulässig ist, so dass eine Festlegung des Auftraggebers zu einem früheren Zeitpunkt nicht statthaft ist. Außerhalb der VOF ist die Verwendung des Begriffs des Zuschlags auch im Verhandlungsverfahren üblich[14].

---

ler-Wrede, VOL/A, § 21 EG Rn. 17; *Stickler* in Kapellmann/Messerschmidt, § 18 VOB/A Rn. 37; *Völlink* in Ziekow/Völlink, § 18 VOB/A Rn. 15 f.; *von Wietersheim* in Ingenstau/Korbion, § 18 VOB/A Rn. 13, 18.
   [7] BGH Urt. v. 22.7.2010, VII ZR 213/08, ZfBR 2010, 814, 816; BGH Urt. v. 11.5.2009, VII ZR 11/08, NJW 2009, 2443, 2446; *Bauer* in Heiermann/Riedl/Rusam, § 18 VOB/A Rn. 21; *Kus* in Kulartz/Marx/Portz/Prieß, VOB/A, § 18 Rn. 32 ff.; *Stickler* in Kapellmann/Messerschmidt, § 18 VOB/A Rn. 38.
   [8] *Rechten* in Kulartz/Marx/Portz/Prieß, VOL/A, § 18 Rn. 14.
   [9] S. zur vergleichbaren Wirkung der Aufhebung des Vergabeverfahrens unter § 31 Rn. 2.
   [10] BVerwG Beschl. v. 2.5.2007, BVerwG 6 B 10.07, BVerwGE 129, 9, 13 f.; BGH Urt. v. 5.6.2012, X ZR 161/11, NZBau 2012, 652, 653; BGH Urt. v. 9.6.2011, X ZR 143/10, NZBau 2011, 498, 499; BGH Urt. v. 16.12.2003, X ZR 282/02, NJW 2004, 2165; BGH Urt. v. 8.9.1998, X ZR 48/97, BGHZ 139, 259, 260 f.
   [11] S. zur Begriffsverwendung bei Verhandlungsverfahren und freihändigen Vergaben im Bereich der VOB/A *Bauer* in Heiermann/Riedl/Rusam, § 18 VOB/A Rn. 2.
   [12] OLG Dresden Beschl. v. 21.10.2005, WVerg 0005/05, VergabeR 2006, 249, 254 m. Anm. *Voppel*; OLG Dresden Beschl. v. 21.7.2000, WVerg 5/00, WuW/E Verg 384.
   [13] BAnz. Nr. 185a.
   [14] OLG Düsseldorf Beschl. v. 23.2.2005, VII-Verg 85/04, NZBau 2005, 536; *Rechten* in Kulartz/Marx/Portz/Prieß, VOL/A, § 18 Rn. 19.

B. Wirksamkeit des Zuschlags

I. Grundsatz

Aus der Doppelnatur des Zuschlags folgt, dass die Anforderungen an seine Wirksamkeit 7 sowohl dem **Vergaberecht** als auch dem jeweils einschlägigen **Vertragsrecht** zu entnehmen sind. Leidet der Zuschlag an einem Wirksamkeitsmangel, ist er **insgesamt unwirksam,** unabhängig davon, ob gegen eine Wirksamkeitsvoraussetzung des Vergaberechts oder des Vertragsrechts verstoßen wurde.

II. Verstöße gegen vergaberechtliche Bestimmungen

Die Folgen dieser gesteigerten Wirksamkeitsanforderungen werden allerdings dadurch gemildert, 8 dass das Vergaberecht nahezu keine Wirksamkeitsanforderungen an den Zuschlag stellt. Vielmehr gilt der Grundsatz, dass **Verstöße gegen vergaberechtliche Bestimmungen** zwar zur Rechtswidrigkeit, nicht aber zur Unwirksamkeit des Zuschlags führen[15]. Dies gilt insbesondere für die Regeln über die Prüfung und Wertung der Angebote. Verstöße des Auftraggebers hiergegen lassen die Wirksamkeit des Zuschlags für sich genommen unberührt.

Anders ist dies hingegen dann, wenn vergaberechtliche Bestimmungen im Einzelfalle 9 bei einem Vergaberechtsverstoß die Unwirksamkeit des Zuschlags anordnen. Dies gilt namentlich für die Unwirksamkeitstatbestände in **§ 101b Abs. 1 Nr. 1 und 2 GWB,** für welche die Unwirksamkeitsfolge bereits aus dem Wortlaut der Norm folgt.

Aus der Sicht der durch einen rechtswidrigen Zuschlag benachteiligten Bieter führt die 10 vergaberechtliche Konzeption, nach der Vergaberechtsverstöße nur im Ausnahmefall zu einer Unwirksamkeit des Vertrages führen, nicht zu einer Vereitelung ihrer im Anwendungsbereich des Kartellvergaberechts nach § 97 Abs. 7 GWB anerkannten subjektiven Bieterrechte. Denn mit der Endgültigkeit des Zuschlags korrelieren die Pflicht des Auftraggebers zur Information der Bieter über den bevorstehenden Zuschlag nach § 101a Abs. 1 GWB und die damit geschaffene Möglichkeit der Bieter, innerhalb der Wartefrist nach § 101a Abs. 1 Satz 3 und 4 GWB einen Nachprüfungsantrag anzubringen und damit gemäß § 115 Abs. 1 GWB ein vorübergehendes Zuschlagsverbot zu bewirken. Dadurch wird ein **wirksamer Rechtsschutz** gegen rechtswidrige Zuschlagsentscheidungen sichergestellt. Hingegen wäre es mit den europarechtlichen Vorgaben an einen wirksamen Rechtsschutz gegen Vergaberechtsverstöße nicht vereinbar, wenn der Zuschlag nicht mehr rückgängig gemacht werden könnte, ohne dass der Auftraggeber verpflichtet wäre, die betroffenen Bieter vorab über den bevorstehenden Zuschlag zu benachrichtigen[16].

III. Verstöße gegen vertragsrechtliche Bestimmungen

Eine wesentlich größere Bedeutung für die Wirksamkeit des Zuschlags kommt den **ver-** 11 **tragsrechtlichen Wirksamkeitsanforderungen** zu. Für den Regelfall des Abschlusses eines zivilrechtlichen Vertrages ergeben sie sich aus den zivilrechtlichen Anforderungen an das Zustandekommen von Verträgen, insbesondere nach den §§ 145 ff. BGB, und schlie-

---

[15] BGH Beschl. v. 19.12.2000, X ZB 14/00, BGHZ 146, 202, 214; BGH Urt. v. 27.6.1996, VII ZR 59/95, NJW 1997, 61; OLG Düsseldorf Beschl. v. 3.12.2003, VII-Verg 37/03, NZBau 2004, 1113, 1114; *Armbrüster* in MünchKommBGB., § 134 BGB Rn. 28; *Wegmann* NZBau 2001, 476; a. A. für den Fall der unzulässigen De-facto-Vergabe *Müller-Wrede/Kaelble* VergabeR 2002, 1, 7 ff.; wohl auch *Heuvels/Kaiser* NZBau 2001, 479, 480; s. ferner unter § 35 Rn. 54 ff.; § 40 Rn. 22 f.

[16] EuGH Urt. v. 28.10.1999, Rs. C-81/98 – Alcatel Austria, Rn. 29 ff.; dazu unter § 32 Rn. 4.

Kap. 7   Beendigung des Vergabeverfahrens

ßen zudem die zivilrechtlichen Nichtigkeitsgründe ebenso wie die zivilrechtlichen Bestimmungen über Willensmängel[17] ein. Kommt der mit dem Zuschlag zu schließende Vertrag nicht wirksam zustande, ist der Zuschlag **insgesamt unwirksam**[18]. Der Auftrag ist nicht erteilt, das Vergabeverfahren ist nicht beendet, und etwaige gegen den Zuschlag gerichtete Nachprüfungsanträge können trotz der grundsätzlichen Sperrwirkung des Zuschlags gemäß § 114 Abs. 2 Satz 1 GWB noch in zulässiger Weise gestellt werden.

1. § 134 BGB

12   Zu den zivilrechtlichen Nichtigkeitsgründen, die der Wirksamkeit des Zuschlags entgegenstehen können, gehört insbesondere die Nichtigkeit wegen Verstoßes gegen ein gesetzliches Verbot nach **§ 134 BGB**. Dies wirft die Frage auf, in welchem Ausmaß Verstöße gegen vergaberechtliche Bestimmungen zu einer Nichtigkeit nach § 134 BGB führen können. Allgemein gilt, dass nicht bereits jeder vergaberechtliche Verstoß die Nichtigkeitsfolge des § 134 BGB nach sich ziehen kann[19]. Wäre dies anders, würde die anerkannte Zweiteilung zwischen dem nur rechtswidrigen, aber wirksamen Zuschlag einerseits und dem unwirksamen Zuschlag andererseits unterlaufen, und es würde jeder vergaberechtliche Rechtsverstoß zum Nichtigkeitsgrund erhoben. Darunter litte zudem die Rechtssicherheit, da es für denjenigen Bieter, dem der Vertrag zugeschlagen wird, in aller Regel nicht erkennbar ist, ob das dem Zuschlag vorangegangene Vergabeverfahren einen rechtmäßigen Verlauf genommen hat und ob insbesondere die Auswahl seines Angebotes für den Zuschlag mit den vergaberechtlichen Anforderungen im Einklang steht. Richtigerweise kann daher ein Verstoß gegen vergaberechtliche Bestimmungen nur im Ausnahmefalle zu einer Nichtigkeit nach § 134 BGB führen[20]. Dies ist dann der Fall, wenn bereits aus der jeweils missachteten vergaberechtlichen Norm mit den Mitteln der Auslegung entnommen werden kann, dass es sich bei ihr nicht nur um eine vergaberechtliche Rechtmäßigkeitsvoraussetzung, sondern darüber hinaus gerade um eine Wirksamkeitsanforderung an den zu schließenden Vertrag handelt, deren Missachtung einem wirksamen Zuschlag des Vertrages entgegensteht. In allen anderen Fällen handelt es sich hingegen bei den vergaberechtlichen Anforderungen an den Zuschlag nicht um Verbotsgesetze i. S. v. § 134 BGB.

13   Den bedeutendsten Fall eines vergaberechtlichen Verbotsgesetzes, dessen Missachtung zu einer Nichtigkeit des Vertrages nach § 134 BGB führt, bildet das **Zuschlagsverbot nach § 115 Abs. 1 GWB**[21]. Erteilt der Auftraggeber den Zuschlag, obwohl er zuvor von der Vergabekammer in Textform über den Nachprüfungsantrag unterrichtet wurde, ist

---

[17] *Rechten* in Kulartz/Marx/Portz/Prieß, VOL/A, § 18 Rn. 18.
[18] OLG Jena Beschl. v. 8.6.2000, 6 Verg 2/00, NZBau 2001, 163, 165; *Stickler* in Kapellmann/Messerschmidt, § 18 VOB/A Rn. 32.
[19] BGH Beschl. v. 19.12.2000, X ZB 14/00, BGHZ 146, 202, 214; OLG Düsseldorf Beschl. v. 3.12.2003, VII-Verg 37/03, NZBau 2004, 113, 114; OLG Hamburg Beschl. v. 25.1.2007, 1 Verg 5/06, NZBau 2007, 801, 803; *Hailbronner* NZBau 2002, 474, 475; *Antweiler* DB 2001, 1975; *Stickler* in Kapellmann/Messerschmidt, § 18 VOB/A Rn. 33; *Völlink* in Ziekow/Völlink, § 18 VOB/A Rn. 23; wohl auch *J. Braun* NVwZ 2004, 441, 444; s. ferner unter § 35 Rn. 54ff.; § 40 Rn. 22f.
[20] *Hofmann* Zivilrechtsfolgen von Vergabefehlern, 46 ff.
[21] BayObLG Beschl. v. 9.11.2004, Verg 18/04, VergabeR 2005, 126, 127 m. Anm. *Dähne*; OLG Düsseldorf Beschl. v. 14.2.2001, VII-Verg 13/00, NZBau 2002, 54, 56; OLG Naumburg Beschl. v. 16.1.2003, 1 Verg 10/02, VergabeR 2003, 360, 362f. m. Anm. *Stickler*; VK Bund Beschl. v. 7.6.2010, VK 3–54/10, www.bundeskartellamt.de; *Hofmann* Zivilrechtsfolgen von Vergabefehlern, 30 ff.; *Hailbronner* NZBau 2002, 474, 475; *Antweiler* DB 2001, 1975, 1976 f.; *Gesterkamp* WuW 2001, 665, 666; *Boesen* EuZW 1998, 551, 558; *Armbrüster* in MünchKommBGB., § 134 Rn. 28; *Kühnen* in Byok/Jaeger, § 101a GWB Rn. 2; *Kus* in Kulartz/Marx/Portz/Prieß, VOB/A, § 18 Rn. 11; *Stickler* in Kapellmann/Messerschmidt, § 18 VOB/A Rn. 34; *Völlink* in Ziekow/Völlink, § 18 VOB/A Rn. 23; *Vygen* in Ingenstau/Korbion Einl. Rn. 96; a. A. *Vill* BauR 1999, 971; s. ferner unter § 40 Rn. 23.

der geschlossene Vertrag nichtig. Gleiches gilt bei einem Verstoß des Auftraggebers gegen das **Zuschlagsverbot während des Beschwerdeverfahrens** nach § 118 Abs. 1 Satz 1 und 3[22] oder Abs. 3 GWB[23].

Bei Verstößen gegen **die Informations- und Wartepflicht des Auftraggebers nach § 101a GWB** ordnet § 101b Abs. 1 Nr. 1 GWB bereits ausdrücklich die Unwirksamkeit des geschlossenen Vertrages an. Eine etwaige Nichtigkeit nach § 134 BGB tritt dahinter zurück[24]. 14

Gleiches gilt für einen Verstoß gegen die Pflicht zur Durchführung eines wettbewerbsoffenen Verfahrens, der nach **§ 101b Abs. 1 Nr. 2 GWB** ebenfalls kraft ausdrücklicher gesetzlicher Regelung zur Unwirksamkeit des geschlossenen Vertrages führt. Die frühere Diskussion dazu, ob eine unzulässige De-facto-Vergabe auf Grund eines Verstoßes gegen ein Verbotsgesetz i. S. v. § 134 BGB oder aus sonstigen Gründen nichtig ist[25], ist daher jedenfalls im Geltungsbereich des Kartellvergaberechts überholt[26]. 15

2. § 138 Abs. 1 BGB

Ähnliche Fragen stellen sich mit Blick auf die Nichtigkeit sittenwidriger Rechtsgeschäfte nach § 138 Abs. 1 BGB. Auch insoweit gilt, dass **Verstöße gegen vergaberechtliche Bestimmungen** nicht schon für sich genommen zu einer Sittenwidrigkeit des Vertrages und somit zu einer Unwirksamkeit des Zuschlags führen können[27]. Erforderlich ist vielmehr ein über den bloßen Rechtsverstoß hinausgehendes Element der Unsittlichkeit, das nach den allgemeinen zu § 138 Abs. 1 BGB entwickelten Kriterien zu ermitteln ist. In Betracht kommt dafür insbesondere das **kollusive Zusammenwirken**[28] von Auftraggeber und Zuschlagsempfänger zur rechtswidrigen Übergehung weiterer Auftragsinteressenten oder zum Nachteil der Allgemeinheit[29], das auch darin bestehen kann, dass zwei öffentliche Auftraggeber zusammenwirken, um durch rechtswidrige Aufspaltung des Auf- 16

---

[22] OLG Naumburg Beschl. v. 16.1.2003, 1 Verg 10/02, VergabeR 2003, 360, 362 f. m. Anm. *Stickler*; *Hofmann* Zivilrechtsfolgen von Vergabefehlern, 42 ff.; *Antweiler* DB 2001, 1975, 1977; *Gesterkamp* WuW 2001, 665, 666 f.; *Boesen* EuZW 1998, 551, 558; *Kühnen* in Byok/Jaeger, § 101a GWB Rn. 2; *Stickler* in Kapellmann/Messerschmidt, § 18 VOB/A Rn. 34.

[23] *Hofmann* Zivilrechtsfolgen von Vergabefehlern, 41 f.; *Antweiler* DB 2001, 1975, 1977; *Gesterkamp* WuW 2001, 665, 667; *Boesen* EuZW 1998, 551, 558; *Armbrüster* in MünchKommBGB., § 134 Rn. 28; *Stickler* in Kapellmann/Messerschmidt, § 18 VOB/A Rn. 34.

[24] *Armbrüster* in MünchKommBGB., § 134 Rn. 28; a. A. *Höfler/Bert* NJW 2000, 3310, 3314 (zu § 13 VgV a. F.).

[25] OLG Düsseldorf Beschl. v. 3.12.2003, VII-Verg 37/03, NZBau 2004, 1331, 1332; *Buhr* Die Richtlinie 2004/18/EG und das deutsche Vergaberecht, 247; *Hofmann* Zivilrechtsfolgen von Vergabefehlern, 79 f.; *Kaiser* NZBau 2005, 311; *Bergmann/Grittmann* NVwZ 2004, 946, 947; *Jasper/Pooth* ZfBR 2004, 543, 545 f.; *Raabe* NJW 2004, 1284, 1285; *Müller-Wrede/Kaelble* VergabeR 2002, 1, 7 ff.; *Dieckmann* NZBau 2001, 481; *Hertwig* NZBau 2001, 241; *Heuvels/Kaiser* NZBau 2001, 479; *Wegmann* NZBau 2001, 475, 478.

[26] *Armbrüster* in MünchKommBGB., § 134 Rn. 28.

[27] *Frenz* VergabeR 2009, 1, 4; s. ferner unter § 35 Rn. 59.

[28] OLG Brandenburg Beschl. v. 22.4.2010, Verg W 5/10, WuW/E DE-R 2958, 2962; OLG Celle Beschl. v. 25.8.2005, 13 Verg 8/05, ZfBR 2005, 719, 720; OLG Düsseldorf Beschl. v. 3.12.2003, VII-Verg 37/03, NZBau 2004, 113, 116; OLG Düsseldorf Beschl. v. 12.1.2000, VII-Verg 4/99, NZBau 2000, 391, 394 f.; OLG Hamburg Beschl. v. 25.1.2007, 1 Verg 5/06, NZBau 2007, 801, 803; OLG Naumburg Beschl. v. 25.9.2006, 1 Verg 10/06, ZfBR 2007, 183, 185; *Conrad* ZfBR 2007, 138, 139; *Fett* in Willenbruch/Wieddekind, § 18 VOL/A Rn. 16; *Heuvels/Kaiser* NZBau 2001, 479, 480 f.; *Kus* in Kulartz/Marx/Portz/Prieß, VOB/A, § 18 Rn. 15; *Rechten* in Kulartz/Marx/Portz/Prieß, VOL/A, § 18 Rn. 49; *Stickler* in Kapellmann/Messerschmidt, § 18 VOB/A Rn. 35; *Völlink* in Ziekow/Völlink, § 18 VOB/A Rn. 23.

[29] Allgemein zur Drittschädigung als Anknüpfungspunkt für die Sittenwidrigkeit *Armbrüster* in MünchKommBGB., § 138 Rn. 96 ff.

trags mutwillig die Überschreitung der Schwellenwerte nach § 2 VgV zu vermeiden und damit den Beschaffungsvorgang dem Vergaberecht zu entziehen[30].

17 Soweit in der Vergangenheit erwogen wurde, eine rechtswidrige **De-facto-Vergabe** als sittenwidrig und damit den so geschlossenen Vertrag als gemäß § 138 Abs. 1 BGB nichtig einzustufen[31], hat diese Fragestellung durch die Einführung des in diesen Fällen erfüllten Unwirksamkeitstatbestandes in § 101b Abs. 1 Nr. 2 GWB ihre Bedeutung verloren.

C. Zeitpunkt des Zuschlags

18 Hinsichtlich des Zeitpunkts des Zuschlags enthalten lediglich § 18 Abs. 1 VOB/A und § 18 EG Abs. 1 VOB/A Vorgaben. Danach ist der Zuschlag **möglichst bald,** mindestens aber so rechtzeitig zu erteilen, dass dem Bieter die Erklärung noch vor Ablauf der Zuschlagsfrist (§ 10 Abs. 5 bis 8 VOB/A, § 10 EG Abs. 1 Nr. 9 bis 11, Abs. 2 Nr. 10 bis 12 VOB/A) zugeht. Da in diesen Regeln lediglich ohnehin bestehende Pflichten des Auftraggebers zum Ausdruck kommen, lassen sie sich auf Vergabeverfahren außerhalb des Anwendungsbereichs der VOB/A übertragen.

19 Mit der Pflicht zu einem möglichst raschen Zuschlag nach § 18 Abs. 1 VOB/A und § 18 EG Abs. 1 VOB/A wird die allgemeine Pflicht des Auftraggebers zur **Rücksichtnahme auf die Belange der Bieter,** die sich nach § 241 Abs. 2 BGB aus dem vorvertraglichen Pflichtenverhältnis zwischen dem Auftraggeber und den Bietern gemäß § 311 Abs. 2 BGB ergibt[32], konkretisiert. Der für den Vertragsschluss vorgesehene Bieter soll möglichst frühzeitig Gewissheit darüber haben, dass er den Auftrag ausführen wird, damit er seinen Betrieb auf den Auftrag einstellen und die dafür nötigen Vorbereitungen treffen kann[33]. Damit korrespondiert die Pflicht des Auftraggebers, bereits die Zuschlags- und Bindefrist im Rahmen des Angemessenen zu halten (§ 12 EG Abs. 1 Satz 2 VOL/A, § 10 Abs. 6 Satz 1 und 2 VOB/A, § 10 EG Abs. 1 Nr. 10, Abs. 2 Nr. 11 VOB/A), um zu vermeiden, dass die Bieter ihre Kapazitäten übermäßig lang vorhalten müssen[34]. Anknüpfungspunkt dafür, wann der Zuschlag zu erteilen ist, ist der Abschluss der vom Auftraggeber vorzunehmenden Prüfung und Wertung der eingegangenen Angebote und die daraus folgende Ermittlung eines Bieters als des vorgesehenen Zuschlagsempfängers. Im Anwendungsbereich des Kartellvergaberechts ist zudem die Wartefrist nach § 101a Abs. 1 Satz 3 und 4 GWB zu beachten.

20 Die Verpflichtung des Auftraggebers auf die **Wahrung der Zuschlagsfrist** nach § 18 Abs. 1 VOB/A und § 18 EG Abs. 1 VOB/A ist die Folge der Vorgabe einer verbindlichen Zuschlags- und Bindefrist[35] nach § 10 Abs. 1 VOL/A, § 12 EG Abs. 1 Satz 2 VOL/A, § 10 Abs. 5 bis 8 VOB/A und § 10 EG Abs. 1 Nr. 9 bis 11, Abs. 2 Nr. 10 bis 12 VOB/A, innerhalb derer die Bieter an ihr Angebot gebunden sind. Lässt der Auftraggeber die Zuschlags- und Bindefrist verstreichen, ohne den Vertrag geschlossen zu haben,

---

[30] OLG Düsseldorf Beschl. v. 25.1.2005, VII-Verg 93/04, ZfBR 2005, 404, 406 f.
[31] OLG Celle Beschl. v. 25.8.2005, 13 Verg 8/05, ZfBR 2005, 719, 720; OLG Düsseldorf Beschl. v. 12.1.2000, VII-Verg 4/99, NZBau 2000, 391, 394 f.; *Hofmann* Zivilrechtsfolgen von Vergabefehlern, 85 ff.; *Klingner*, Die Vorabinformationspflicht des öffentlichen Auftraggebers, 407 ff.; *Jasper/Pooth* ZfBR 2004, 543, 546 f.
[32] BVerwG Beschl. v. 2.5.2007, BVerwG 6 B 10.07, BVerwGE 129, 9, 13 f.; BGH Urt. v. 5.6.2012, X ZR 161/11, NZBau 2012, 652, 653; BGH Urt. v. 9.6.2011, X ZR 143/10, NZBau 2011, 498, 499; BGH Urt. v. 16.12.2003, X ZR 282/02, NJW 2004, 2165; BGH Urt. v. 8.9.1998, X ZR 48/97, BGHZ 139, 259, 260 f.; OLG München Beschl. v. 15.3.2012, Verg 2/12, NZBau 2012, 460, 461.
[33] *Stickler* in Kapellmann/Messerschmidt, § 18 VOB/A Rn. 12.
[34] *Kus* in Kulartz/Marx/Portz/Prieß, VOB/A, § 18 Rn. 17.
[35] Dazu unter § 23.

kommt ein Vertragsschluss auch außerhalb des Anwendungsbereichs von § 18 Abs. 1 VOB/A und § 18 EG Abs. 1 VOB/A bereits gemäß §§ 146 BGB i. V. m. § 147 Abs. 2, 148 BGB auf der Grundlage der abgegebenen Angebote nicht mehr in Betracht[36]. Der Vertrag kann in einer solchen Situation gemäß § 150 Abs. 1 BGB nur durch ein neues Angebot des Auftraggebers und eine darauf bezogene Annahmeerklärung des jeweiligen Bieters zustande kommen[37]. Vergaberechtlich ist der Auftraggeber an einer solchen Vorgehensweise regelmäßig nicht gehindert; er kann aus haushaltsrechtlichen Gründen dazu sogar verpflichtet sein[38]. Nach § 18 Abs. 2 VOB/A und § 18 EG Abs. 2 VOB/A ist der Bieter aufzufordern, sich unverzüglich über die Annahme zu erklären.

D. Form des Zuschlags

Ausgehend von der Doppelnatur des Zuschlags als Verfahrenshandlung und Vertragsschluss ergeben sich die Formanforderungen an den Zuschlag einerseits aus dem Vergaberecht und andererseits aus sonstigen rechtlichen Bestimmungen, welche einen Formenzwang für den Vertragsschluss anordnen. 21

I. Vergaberechtliche Formerfordernisse

1. VOL/A

Für den Bereich der VOL/A stellen § 18 Abs. 2 und 3 VOL/A sowie § 21 EG Abs. 2 und Abs. 3 VOL/A inhaltsgleiche Formanforderungen an den Zuschlag auf[39]. Der Zuschlag ist demnach in Schriftform, in elektronischer Form oder mittels Telekopie zu erteilen. Es handelt sich bei diesen Bestimmungen um **gesetzliche Formerfordernisse** i. S. v. § 125 Satz 1 BGB[40]. Genügt der Vertragsschluss diesen Vorgaben nicht, ist der Vertrag nichtig[41]. 22

---

[36] BayObLG Beschl. v. 15.7.2002, Verg 15/02, NZBau 2002, 689, 690; OLG Düsseldorf Beschl. v. 9.12.2008, VII-Verg 70/08, NRWE; OLG Jena Beschl. v. 29.5.2002, 6 Verg 2/02, NZBau 2002, 526; OLG Saarbrücken Urt. v. 21.3.2006, 4 U 51/05–79, NZBau 2006, 462, 463; *Fett* in Willenbruch/Wieddekind, § 18 VOL/A Rn. 14; *Rechten* in Kulartz/Marx/Portz/Prieß, VOL/A, § 18 Rn. 41; *Völlink* in Ziekow/Völlink, § 18 VOB/A Rn. 8; *von Wietersheim* in Ingenstau/Korbion, § 18 VOB/A Rn. 18.

[37] BayObLG Beschl. v. 15.7.2002, Verg 15/02, NZBau 2002, 689, 690; BayObLG Beschl. v. 12.9.2000, Verg 4/00, ZfBR 2001, 45, 48; OLG Düsseldorf Beschl. v. 9.12.2008, VII-Verg 70/08, NRWE; OLG Jena Beschl. v. 30.10.2006, 9 Verg 4/06, VergabeR 2007, 118, 122 m. Anm. *Stickler*; OLG Naumburg Beschl. v. 1.9.2004, 1 Verg 11/04, IBR online; OLG Saarbrücken Urt. v. 21.3.2006, 4 U 51/05–79, NZBau 2006, 462, 463; *Bauer* in Heiermann/Riedl/Rusam, § 18 VOB/A Rn. 5, 20; *Kus* in Kulartz/Marx/Portz/Prieß, VOB/A, § 18 Rn. 21; *Mentzinis* in Pünder/Schellenberg, § 18 VOB/A Rn. 9; *Rechten* in Kulartz/Marx/Portz/Prieß, VOL/A, § 18 Rn. 55; *Roth* in Müller-Wrede, VOL/A, § 21 EG Rn. 17; *Stickler* in Kapellmann/Messerschmidt, § 18 VOB/A Rn. 40, 42.

[38] BGH Urt. v. 28.10.2003, X ZR 248/02, ZfBR 2004, 290, 291; BayObLG Beschl. v. 15.7.2002, Verg 15/02, NZBau 2002, 689, 690; OLG Düsseldorf Beschl. v. 9.12.2008, VII-Verg 70/08, NRWE; OLG Düsseldorf Beschl. v. 25.4.2007, VII-Verg 3/07, NRWE.

[39] Vgl. zur abweichenden Rechtslage unter Geltung der VOL/A 2006 OLG Düsseldorf Beschl. v. 14.5.2008, VII-Verg 17/08, IBR online, sowie *Rechten* in Kulartz/Marx/Portz/Prieß, VOL/A, § 18 Rn. 25 f.

[40] So bereits unter Geltung der VOL/A 2006 VK Münster Beschl. v. 13.2.2008, VK 29/07, IBR online.

[41] Im Ergebnis ebenso *Rechten* in Kulartz/Marx/Portz/Prieß, VOL/A, § 18 Rn. 12.

a) Schriftform

23 Das Erfordernis der Schriftform nach § 18 Abs. 2 und § 21 EG Abs. 2 VOL/A verweist auf die Regelungen zur Schriftform in **§ 126 BGB**. Dabei gelten keine Besonderheiten.

b) Elektronische Form

24 Die elektronische Form wird definiert in **§ 126a BGB**. Abweichend von den Vorgaben in § 126a Abs. 1 BGB bedarf es für den Zuschlag jedoch nicht der Anbringung einer qualifizierten elektronischen Signatur; vielmehr genügt nach § 18 Abs. 3 VOL/A bzw. § 21 EG Abs. 3 VOL/A die Verwendung einer **fortgeschrittenen elektronischen Signatur**. Gemäß § 2 Nr. 2 SigG unterliegt diese weniger strengen Anforderungen als die qualifizierte elektronische Signatur i. S. v. § 2 Nr. 3 SigG; es ist weder erforderlich, dass sie auf einem zum Zeitpunkt ihrer Erzeugung gültigen qualifizierten Zertifikat beruht, noch muss sie mit einer sicheren Signaturerstellungseinheit erzeugt werden.

25 Für die Fälle der freihändigen Vergabe nach **§ 3 Abs. 5 lit. i) VOL/A,** in denen die freihändige Vergabe durch einen Erlass des Bundes- oder Landesministers bis zu einer bestimmten Wertgrenze erlaubt ist, genügt gemäß § 18 Abs. 3 VOL/A die Anbringung einer einfachen **elektronischen Signatur.** Nach § 2 Nr. 1 SigG handelt es sich dabei um die einfachste denkbare Form einer elektronischen Signierung, nämlich um Daten in elektronischer Form, die anderen elektronischen Daten beigefügt oder logisch mit ihnen verknüpft sind und die zur Authentifizierung dienen. Hierfür genügen bereits eine eingescannte Unterschrift[42] oder die Wiedergabe des Namens des Urhebers der Erklärung[43]. Da mit einer derartigen Signatur keinerlei Sicherheitswert verbunden ist[44], werden die an die elektronische Form nach § 126b BGB zu stellenden Anforderungen damit nahezu vollständig ausgehöhlt. Da es sich bei den nach § 3 Abs. 5 lit. i) VOL/A vergebenen Aufträgen um Beschaffungsvorgänge von geringem Wert handelt, kann dies hingenommen werden[45].

26 Die Verwendung der **Anführungszeichen** im Normtext von § 18 Abs. 3 und § 21 EG Abs. 3 VOL/A EG dürfte keine Bedeutung haben; insbesondere geht aus dem Zusammenhang hervor, dass der Verweis auf die Begriffsbestimmungen des Signaturgesetzes nicht etwa nur im übertragenen Sinne gemeint ist.

c) Telekopie

27 Daneben gestatten § 18 Abs. 2 VOL/A und § 21 EG Abs. 2 VOL/A die Erteilung des Zuschlags mittels Telekopie, d.h. **Telefax.** Auch dies stellt eine Erleichterung gegenüber § 18 Abs. 2 Var. 1 und 2 VOL/A und § 21 EG Abs. 2 Var. 1 und 2 VOL/A dar, da die Übermittlung per Telefax weder den Anforderungen an die Schriftform nach § 126 BGB noch den Anforderungen an die elektronische Form nach § 126b BGB genügt. § 18 Abs. 3 VOL/A und § 21 EG Abs. 3 VOL/A stellen dabei klar, dass bei der Übermittlung mittels Telefax die Unterschrift auf der Vorlage, die Grundlage der Übermittlung ist, genügt.

---

[42] BT-Drs. 14/4662, S. 18; *Gramlich* in Spindler/Schuster, Recht der elektronischen Medien, 2. Aufl., § 2 SigG Rn. 6.
[43] *Gramlich* in Spindler/Schuster, Recht der elektronischen Medien, 2. Aufl., § 2 SigG Rn. 6.
[44] BT-Drs. 14/4662, S. 18; *Roth* in Müller-Wrede, VOL/A, § 18 Rn. 8.
[45] *Rechten* in Kulartz/Marx/Portz/Prieß, VOL/A, § 18 Rn. 34.

2. VOB/A, VOF

Im Bereich der VOB/A und der VOF bestehen **keine vergaberechtlichen Anforde-** 28
rungen an die Form des Zuschlags[46]. Vorbehaltlich anderweitiger Formbindungen kann der Vertrag im Anwendungsbereich dieser Vergabeordnungen mithin formfrei, also auch mündlich oder fernmündlich[47], geschlossen werden. Aus Gründen der besseren Nachweisbarkeit des Vertragsschlusses empfiehlt sich allerdings auch hier die Wahrung eines gewissen Mindestmaßes an Formenstrenge, beispielsweise die Einhaltung der Textform i. S. v. § 126b BGB.

II. Formerfordernisse aus sonstigen Bestimmungen

Formerfordernisse, die bei dem Zuschlag zu beachten sind, können sich daneben **aus** 29
sämtlichen sonstigen Bestimmungen ergeben, welche den Vertragsschluss unter den Vorbehalt der Wahrung einer bestimmten Form stellen[48]. In Betracht kommt beispielsweise die Pflicht zur notariellen Beurkundung[49] von Grundstückskaufverträgen nach § 311b Abs. 1 Satz 1 BGB[50]. Ist der abzuschließende Vertrag nicht privatrechtlicher, sondern öffentlich-rechtlicher Natur, sind die Formbestimmungen des Verwaltungsverfahrensrechts, z. B. nach § 57 VwVfG oder § 56 SGB X, zu beachten.

Landesrechtliche Formerfordernisse, die sich insbesondere aus dem Bestimmungen 30
des Kommunalrechts, z. B. aus § 54 GemO B.-W., ergeben, werden von der Rechtsprechung als Vertretungsregelungen betrachtet[51]. Ihre Missachtung führt daher nicht zur Unwirksamkeit des Vertrages, sondern ist grundsätzlich nach den Bestimmungen über die Vertretung ohne Vertretungsmacht zu beurteilen[52]. Für den Zuschlag gelten diese Grundsätze in gleicher Weise[53].

---

[46] OLG Düsseldorf Beschl. v. 23.5.2007, VII-Verg 14/07, IBR online, für die VOB/A; *Bauer* in Heiermann/Riedl/Rusam, § 18 VOB/A Rn. 10; *Kus* in Kulartz/Marx/Portz/Prieß, VOB/A, § 18 Rn. 4; *Mentzinis* in Pünder/Schellenberg, § 18 VOB/A Rn. 6; *Stickler* in Kapellmann/Messerschmidt, § 18 VOB/A Rn. 20; *Völlink* in Ziekow/Völlink, § 18 VOB/A Rn. 10; *von Wietersheim* in Ingenstau/Korbion, § 18 VOB/A Rn. 27.

[47] VK Sachsen Beschl. v. 4.8.2003, 1/SVK/084–03, IBR online; *Bauer* in Heiermann/Riedl/Rusam, § 18 VOB/A Rn. 10; *Kus* in Kulartz/Marx/Portz/Prieß, VOB/A, § 18 Rn. 4; *Mentzinis* in Pünder/Schellenberg, § 18 VOB/A Rn. 6; *Stickler* in Kapellmann/Messerschmidt, § 18 VOB/A Rn. 20; *Völlink* in Ziekow/Völlink, § 18 VOB/A Rn. 10; *von Wietersheim* in Ingenstau/Korbion, § 18 VOB/A Rn. 27.

[48] *Kus* in Kulartz/Marx/Portz/Prieß, VOB/A, § 18 Rn. 6.

[49] Eingehend zur notariellen Beurkundung des Zuschlags *Kramer* VergabeR 2004, 706.

[50] *Kus* in Kulartz/Marx/Portz/Prieß, VOB/A, § 18 Rn. 7; *Roth* in Müller-Wrede, VOL/A, § 21 EG Rn. 15; *Stickler* in Kapellmann/Messerschmidt, § 18 VOB/A Rn. 24; *Völlink* in Ziekow/Völlink, § 18 VOB/A Rn. 10; *von Wietersheim* in Ingenstau/Korbion, § 18 VOB/A Rn. 29.

[51] BGH Urt. v. 15.4.1998, VIII ZR 129/97, NJW 1998, 3058, 3060; BGH Urt. v. 20.1.1994, VII ZR 174/92, NJW 1994, 1528; BGH Urt. v. 6.3.1986, VII ZR 235/84, BGHZ 97, 224, 226 f.; *Ellenberger* in Palandt, § 125 Rn. 14 f.; differenzierend *Einsele* in MünchKommBGB., § 125 Rn. 30 f.

[52] BGH Urt. v. 10.5.2001, III ZR 111/99, NJW 2001, 2626, auch zu Einschränkungen dieses Grundsatzes; BGH Urt. v. 15.4.1998, VIII ZR 129/97, NJW 1998, 3058, 3060; BGH Urt. v. 6.3.1986, VII ZR 235/84, BGHZ 97, 224, 226 f.; *Ellenberger* in Palandt, § 125 Rn. 15.

[53] OLG Schleswig Beschl. v. 28.11.2005, 6 Verg 7/05, VergabeR 2006, 258, 260; OLG Schleswig Beschl. v. 1.6.1999, 6 VerG 1/99, NZBau 2000, 96, 97; *Klingner*, Die Vorabinformationspflicht des öffentlichen Auftraggebers, 157 ff.; *Bauer* in Heiermann/Riedl/Rusam, § 18 VOB/A Rn. 10; *Fett* in Willenbruch/Wieddekind, § 18 VOL/A Rn. 11; *Kus* in Kulartz/Marx/Portz/Prieß, VOB/A, § 18 Rn. 9; *Mentzinis* in Pünder/Schellenberg, § 18 VOB/A Rn. 7; *Rechten* in Kulartz/Marx/Portz/Prieß, VOL/A, § 18 Rn. 28; *Stickler* in Kapellmann/Messerschmidt, § 18 VOB/A Rn. 25; *Völlink* in Ziekow/Völlink, § 18 VOB/A Rn. 12; *von Wietersheim* in Ingenstau/Korbion, § 18 VOB/A Rn. 27.

E. Stellvertretung

31 Vor dem Hintergrund der vergaberechtlichen Pflicht des Auftraggebers, die Entscheidung über den Zuschlag ebenso wie alle sonstigen wesentlichen Verfahrensentscheidungen selbst zu treffen[54], ist die Frage nach der Zulässigkeit einer **Stellvertretung** beim Zuschlag differenziert zu beantworten. Da der Stellvertreter nicht lediglich die Willenserklärung des Vertretenen übermittelt, sondern eine eigene Willenerklärung abgibt[55], steht die vergaberechtliche Pflicht des Auftraggebers zur Selbstentscheidung einer unbegrenzten Zulässigkeit der Stellvertretung beim Zuschlag entgegen[56]. Gleichzeitig bedeutet die Pflicht zur Selbstentscheidung jedoch nicht, dass sich der Auftraggeber bei dem Zuschlag jeder Stellvertretung zu enthalten hat und ausschließlich durch seine Organe handeln darf. Vielmehr kommt ein Handeln durch einen Vertreter insbesondere dann in Betracht, wenn der Vertreter aus der für die Einhaltung des Selbstentscheidungsgebots maßgeblichen Sicht des Vergaberechts dem Auftraggeber angehört, also insbesondere ein Mitarbeiter des Auftraggebers ist. Ist diese Voraussetzung gewahrt, ist eine Stellvertretung vergaberechtlich unbedenklich. Darüber hinaus ist eine Stellvertretung durch einen nicht zum Auftraggeber gehörenden beliebigen Dritten dann unbedenklich, wenn dieser mindestens im Innenverhältnis zum Auftraggeber an die Zuschlagsentscheidung des Auftraggebers gebunden ist und somit bei der Abgabe der Willenserklärung keinen eigenen Entscheidungsspielraum hat.

32 Für die **Wirksamkeit** des Zuschlags im Falle der Stellvertretung kommt es allein darauf an, ob nach Maßgabe der vertragsrechtlichen Bestimmungen, insbesondere der §§ 164 ff. BGB, ein wirksamer Vertrag mit dem Auftraggeber zustande gekommen ist. Hingegen hindert ein etwaiger Verstoß gegen das vergaberechtliche Selbstentscheidungsgebot die Wirksamkeit nicht. Insoweit gilt nichts anderes als bei einem Verstoß gegen sonstige vergaberechtliche Bestimmungen, die die Wirksamkeit des Vertragsschlusses in aller Regel unberührt lassen[57].

33 Anders als eine Stellvertretung beim Zuschlag ist der Zuschlag durch einen **Boten,** also die bloße Übermittlung der Willenserklärung des Auftraggebers durch einen Dritten[58], aus der Sicht des Vergaberechts uneingeschränkt zulässig.

---

[54] OLG München Beschl. v. 15.7.2005, Verg 14/05, VergabeR 2005, 799, 800 f. m. Anm. *Schranner*; VK Lüneburg Beschl. v. 23.11.2012, VgK-43/2012, ZfBR 2013, 409, 411 f.
[55] *Schramm* in MünchKommBGB., § 164 Rn. 1.
[56] Ähnlich *Fett* in Willenbruch/Wieddekind § 18 VOL/A Rn. 10; a. A. *Rechten* in Kulartz/Marx/Portz/Prieß, VOL/A, § 18 Rn. 24, der allerdings die Stellvertretung auf eine bloße Informationsübermittlung reduziert; *Stickler* in Kapellmann/Messerschmidt, § 18 VOB/A Rn. 27; *Völlink* in Ziekow/Völlink, § 18 VOB/A Rn. 13; *von Wietersheim* in Ingenstau/Korbion, § 18 VOB/A Rn. 32.
[57] Dazu unter Rn. 8 ff.
[58] BGH Urt. v. 24.2.1954, II ZR 63/53, BGHZ 12, 327, 334; *Ellenberger* in Palandt, Einführung vor § 164 Rn. 11; *Schramm* in MünchKommBGB., Vorbemerkung vor § 164 Rn. 42.

§ 34 Dokumentation, Information über nicht berücksichtigte Bewerbungen und Angebote und andere Ex-post-Bekanntmachungs-, Melde- und Berichtspflichten

Übersicht

	Rn.
A. Einleitung	1
B. Vergabevermerk (Dokumentation)	2–43
I. Funktionen des Vergabevermerks	7–11
II. Inhalt des Vergabevermerks	12–34
III. Form des Vergabevermerks	35–37
IV. Zeitpunkt der Dokumentation	38
V. Folgen eines Dokumentationsmangels	39–43
C. Mitteilung über nicht berücksichtigte Bewerbungen und Angebote	44–87
I. § 19 Abs. 1 und 3 VOL/A	50–61
II. § 22 EG VOL/A	62
III. § 19 Abs. 1 bis 4 VOB/A	63–74
IV. § 19 EG VOB/A	75–80
V. VOF	81–87
D. Bekanntmachung der Auftragsvergabe	88–114
I. § 19 Abs. 2 VOL/A	92–95
II. § 23 EG VOL/A	96–102
III. § 20 Abs. 3 VOB/A	103–106
IV. § 18 EG Abs. 3 und 4 VOB/A	107–110
V. § 14 Abs. 1 bis 4 VOF	111–114
E. Mitteilung über beabsichtigte beschränkte Ausschreibungen	115, 116
F. Melde- und Berichtspflichten	117–122

VgV: § 17
VOL/A: § 19, § 20
VOL/A EG: § 22–24
VOB/A: § 19, § 20
VOB/A EG: § 18 Abs. 3, 4, § 19 Abs. 1, 4–6, § 20
VOF: § 10 Abs. 5, § 12, § 14 Abs. 1 bis 5

VgV:

§ 17 VgV Melde- und Berichtspflichten

(1) Die Auftraggeber übermitteln der zuständigen Stelle eine jährliche statistische Aufstellung der im Vorjahr vergebenen Aufträge, und zwar getrennt nach öffentlichen Liefer-, Dienstleistungs- und Bauaufträgen (§§ 4 bis 6).

(2) Für jeden Auftraggeber enthält die statistische Aufstellung mindestens die Anzahl und den Wert der vergebenen Aufträge. Die Daten werden soweit möglich wie folgt aufgeschlüsselt:

a) nach den jeweiligen Vergabeverfahren,

b) nach Waren, Dienstleistungen und Bauarbeiten gemäß den Kategorien der CPV-Nomenklatur,

c) nach der Staatsangehörigkeit des Bieters, an den der Auftrag vergeben wurde.

(3) Werden die Aufträge im Verhandlungsverfahren vergeben, so werden die Daten auch nach den in § 3 EG Absatz 3 und 4 VOL/A, § 3 Absatz 1 und 4 VOF und § 3a Absatz 5 und 6 VOB/A genannten Fallgruppen aufgeschlüsselt und enthalten die Anzahl und den Wert der

vergebenen Aufträge nach Staatszugehörigkeit der erfolgreichen Bieter zu einem Mitgliedstaat der EU oder einem Drittstaat.

(4) Die Daten enthalten zudem die Anzahl und den Gesamtwert der Aufträge, die auf Grund der Ausnahmeregelungen zum Beschaffungsübereinkommen vergeben wurden.

(5) Die statistischen Aufstellungen für oberste und obere Bundesbehörden und vergleichbare Bundeseinrichtungen enthalten auch den geschätzten Gesamtwert der Aufträge unterhalb der EU-Schwellenwerte sowie nach Anzahl und Gesamtwert der Aufträge, die auf Grund der Ausnahmeregelungen zum Beschaffungsübereinkommen vergeben wurden. Sie enthalten keine Angaben über Dienstleistungen der Kategorie 8 des Anhangs I Teil A und über Fernmeldedienstleistungen der Kategorie 5, deren CPC-Referenznummern 7524 (CPV-Referenznummer 64228000–0), 7525 (CPV-Referenznummer 64221000–1) und 7526 (CPV-Referenznummer 64227000–3) lauten, sowie über Dienstleistungen des Anhangs I Teil B, sofern der geschätzte Wert ohne Umsatzsteuer unter 200 000 Euro liegt.

VOL/A:

§ 19 VOL/A Nicht berücksichtigte Bewerbungen und Angebote, Informationen

(1) Die Auftraggeber teilen unverzüglich, spätestens innerhalb von 15 Tagen nach Eingang eines entsprechenden Antrags, den nicht berücksichtigten Bietern die Gründe für die Ablehnung ihres Angebotes, die Merkmale und Vorteile des erfolgreichen Angebotes sowie den Namen des erfolgreichen Bieters und den nicht berücksichtigten Bewerbern die Gründe für ihre Nichtberücksichtigung mit.

(2) Die Auftraggeber informieren nach Beschränkten Ausschreibungen ohne Teilnahmewettbewerb und Freihändigen Vergaben ohne Teilnahmewettbewerb für die Dauer von drei Monaten über jeden vergebenen Auftrag ab einem Auftragswert von 25.000 Euro ohne Umsatzsteuer auf Internetportalen oder ihren Internetseiten. Diese Information enthält mindestens folgende Angaben:

– Name des Auftraggebers und dessen Beschaffungsstelle sowie deren Adressdaten,

– Name des beauftragten Unternehmens; soweit es sich um eine natürliche Person handelt, ist deren Einwilligung einzuholen oder die Angabe zu anonymisieren,

– Vergabeart,

– Art und Umfang der Leistung,

– Zeitraum der Leistungserbringung.

(3) Die Auftraggeber können die Informationen zurückhalten, wenn die Weitergabe den Gesetzesvollzug vereiteln würde oder sonst nicht im öffentlichen Interesse läge oder die berechtigten Geschäftsinteressen von Unternehmen oder den fairen Wettbewerb beeinträchtigen würde.

§ 20 VOL/A Dokumentation

Das Vergabeverfahren ist von Anbeginn fortlaufend zu dokumentieren, so dass die einzelnen Stufen des Verfahrens, die einzelnen Maßnahmen sowie die Begründung der einzelnen Entscheidungen festgehalten werden.

VOL/A EG:

§ 22 EG VOL/A Nicht berücksichtigte Bewerbungen und Angebote

(1) Die Auftraggeber teilen unverzüglich, spätestens innerhalb von 15 Tagen nach Eingang eines entsprechenden Antrags, den nicht berücksichtigten Bietern die Gründe für die Ablehnung ihres Angebotes, die Merkmale und Vorteile des erfolgreichen Angebots sowie den Namen des

erfolgreichen Bieters und den nicht berücksichtigten Bewerbern die Gründe für ihre Nichtberücksichtigung mit

(2) Die Auftraggeber können die Informationen zurückhalten, wenn die Weitergabe den Gesetzesvollzug vereiteln würde oder sonst nicht im öffentlichen Interesse läge, oder die berechtigten Geschäftsinteressen von Unternehmen oder den fairen Wettbewerb beeinträchtigen würde.

§ 23 EG VOL/A Bekanntmachung über die Auftragserteilung

(1) Die Auftraggeber machen innerhalb von 48 Tagen nach Vergabe des Auftrags über jeden vergebenen Auftrag Mitteilung nach dem im Anhang III der Verordnung (EG) zur Einführung von Standardformularen für die Veröffentlichung von Vergabebekanntmachungen auf dem Gebiet der öffentlichen Aufträge in der jeweils geltenden Fassung an das Amt für amtliche Veröffentlichungen der Europäischen Gemeinschaften. Die Auftraggeber brauchen bestimmte Angaben über die Auftragsvergabe jedoch nicht mitzuteilen, wenn die Weitergabe den Gesetzesvollzug vereiteln würde oder dies dem öffentlichen Interesse zuwiderläuft, die legitimen geschäftlichen Interessen einzelner öffentlicher oder privater Unternehmen berührt oder den fairen Wettbewerb zwischen den Unternehmen beeinträchtigen würde.

(2) Bei der Mitteilung von vergebenen Aufträgen über Dienstleistungen nach Anhang I B geben die Auftraggeber an, ob sie mit der Veröffentlichung einverstanden sind.

(3) Bei Rahmenvereinbarungen umfasst die Bekanntmachung den Abschluss der Rahmenvereinbarung, aber nicht die Einzelaufträge, die aufgrund der Rahmenvereinbarung vergeben wurden.

(4) Die Auftraggeber können die Bekanntmachung nach Abs. 1 mit dem Ergebnis der Vergabe der Einzelaufträge im Rahmen eines dynamisch elektronischen Verfahrens pro Quartal eines Kalenderjahres zusammenfassen. In diesem Fall versenden sie die Zusammenstellung spätestens 48 Tage nach Quartalsende.

§ 24 EG VOL/A Dokumentation

(1) Das Vergabeverfahren ist von Anbeginn fortlaufend zu dokumentieren, so dass die einzelnen Stufen des Verfahrens, die einzelnen Maßnahmen sowie die Begründung der einzelnen Entscheidungen festgehalten werden.

(2) Die Dokumentation umfasst mindestens Folgendes:

a) den Namen und die Anschrift des öffentlichen Auftraggebers, Gegenstand und Wert des Auftrags, der Rahmenvereinbarung oder des dynamischen Beschaffungssystems,

b) die Namen der berücksichtigten Bewerber oder Bieter und die Gründe für ihre Auswahl,

c) die Namen der nicht berücksichtigten Bewerber oder Bieter und die Gründe für ihre Ablehnung,

d) die Gründe für die Ablehnung von ungewöhnlich niedrigen Angeboten,

e) den Namen des erfolgreichen Bieters und die Gründe für die Auswahl seines Angebots sowie – falls bekannt – den Anteil am Auftrag oder an der Rahmenvereinbarung, den der Zuschlagsempfänger an Dritte weiterzugeben beabsichtigt,

f) bei nicht offenen Verfahren, Verhandlungsverfahren und wettbewerblichen Dialogen die Gründe, die die Anwendung dieser Verfahrens rechtfertigen,

g) gegebenenfalls die Gründe, aus denen die Auftraggeber auf die Vergabe eines Auftrags, den Abschluss einer Rahmenvereinbarung oder die Einrichtung eines dynamischen Beschaffungssystems verzichtet haben,

h) die Gründe, aufgrund derer mehrere Teil- oder Fachlose zusammen vergeben werden sollen,

i) die Gründe, warum der Gegenstand des Auftrags die Vorlage von Eignungsnachweisen erfordert und warum in diesen Fällen Nachweise verlangt werden müssen, die über Eigenerklärungen hinausgehen,

j) die Gründe der Nichtangabe der Gewichtung der Zuschlagskriterien.

VOB/A:

§ 19 VOB/A Nicht berücksichtigte Bewerbungen und Angebote

(1) Bieter, deren Angebote ausgeschlossen worden sind (§ 16 Absatz 1) und solche, deren Angebote nicht in die engere Wahl kommen, sollen unverzüglich unterrichtet werden. Die übrigen Bieter sind zu unterrichten, sobald der Zuschlag erteilt worden ist.

(2) Auf Verlangen sind den nicht berücksichtigten Bewerbern oder Bietern innerhalb einer Frist von 15 Kalendertagen nach Eingang ihres in Textform gestellten Antrags die Gründe für die Nichtberücksichtigung ihrer Bewerbung oder ihres Angebots in Textform mitzuteilen, den Bietern auch die Merkmale und Vorteile des Angebots des erfolgreichen Bieters sowie dessen Name.

(3) Nicht berücksichtigte Angebote und Ausarbeitungen der Bieter dürfen nicht für eine neue Vergabe oder für andere Zwecke benutzt werden.

(4) Entwürfe, Ausarbeitungen, Muster und Proben zu nicht berücksichtigten Angeboten sind zurückzugeben, wenn dies im Angebot oder innerhalb von 30 Kalendertagen nach Ablehnung des Angebots verlangt wird.

(5) Auftraggeber informieren fortlaufend Unternehmen auf Internetportalen oder in ihren Beschafferprofilen über beabsichtigte Beschränkte Ausschreibungen nach § 3 Absatz 3 Nummer 1 ab einem voraussichtlichen Auftragswert von 25 000 € ohne Umsatzsteuer.

Diese Informationen müssen folgende Angaben enthalten:

1. Name, Anschrift, Telefon-, Faxnummer und E-Mailadresse des Auftraggebers,

2. Auftragsgegenstand,

3. Ort der Ausführung,

4. Art und voraussichtlicher Umfang der Leistung,

5. voraussichtlicher Zeitraum der Ausführung.

§ 20 VOB/A Dokumentation

(1) Das Vergabeverfahren ist zeitnah so zu dokumentieren, dass die einzelnen Stufen des Verfahrens, die einzelnen Maßnahmen, die maßgebenden Feststellungen sowie die Begründung der einzelnen Entscheidungen in Textform festgehalten werden. Diese Dokumentation muss mindestens enthalten:

1. Name und Anschrift des Auftraggebers,

2. Art und Umfang der Leistung,

3. Wert des Auftrags,

4. Namen der berücksichtigten Bewerber oder Bieter und Gründe für ihre Auswahl,

5. Namen der nicht berücksichtigten Bewerber oder Bieter und die Gründe für die Ablehnung,

6. Gründe für die Ablehnung von ungewöhnlich niedrigen Angeboten,

7. Name des Auftragnehmers und Gründe für die Erteilung des Zuschlags auf sein Angebot,

8. Anteil der beabsichtigten Weitergabe an Nachunternehmen, soweit bekannt,

§ 34 Dokumentation, Information über nicht berücksichtigte Bewerbungen und Angebote   Kap. 7

9. bei Beschränkter Ausschreibung, Freihändiger Vergabe Gründe für die Wahl des jeweiligen Verfahrens,

10. gegebenenfalls die Gründe, aus denen der Auftraggeber auf die Vergabe eines Auftrags verzichtet hat.

Der Auftraggeber trifft geeignete Maßnahmen, um den Ablauf der mit elektronischen Mitteln durchgeführten Vergabeverfahren zu dokumentieren.

(2) Wird auf die Vorlage zusätzlich zum Angebot verlangter Unterlagen und Nachweise verzichtet, ist dies in der Dokumentation zu begründen.

(3) Nach Zuschlagserteilung hat der Auftraggeber auf geeignete Weise, z. B. auf Internetportalen oder im Beschafferprofil zu informieren, wenn bei

1. Beschränkten Ausschreibungen ohne Teilnahmewettbewerb der Auftragswert 25 000 € ohne Umsatzsteuer

2. Freihändigen Vergaben der Auftragswert 15 000 € ohne Umsatzsteuer

übersteigt. Diese Informationen werden 6 Monate vorgehalten und müssen folgende Angaben enthalten:

a) Name, Anschrift, Telefon-, Faxnummer und E-Mailadresse des Auftraggebers,

b) gewähltes Vergabeverfahren,

c) Auftragsgegenstand,

d) Ort der Ausführung,

e) Name des beauftragten Unternehmens.

VOB/A EG:

§ 18 EG VOB/A Zuschlag

(1) und (2) hier nicht abgedruckt.

(3) 1. Die Erteilung eines Bauauftrages ist bekannt zu machen.

2. Die Bekanntmachung ist nach dem in Anhang III der Verordnung (EG) Nummer 842/2011 enthaltenen Muster zu erstellen.

3. Nicht in die Bekanntmachung aufzunehmen sind Angaben, deren Veröffentlichung

a) den Gesetzesvollzug behindern,

b) dem öffentlichen Interesse zuwiderlaufen,

c) die berechtigten geschäftlichen Interessen öffentlicher oder privater Unternehmen schädigen oder

d) den fairen Wettbewerb beeinträchtigen würden.

(4) Die Bekanntmachung ist dem Amt für Veröffentlichungen der Europäischen Union in kürzester Frist – spätestens 48 Kalendertage nach Auftragserteilung – zu übermitteln.

§ 19 EG VOB/A Nicht berücksichtigte Bewerbungen und Angebote

(1) Bieter, deren Angebote ausgeschlossen worden sind (§ 16 EG Absatz 1) und solche, deren Angebote nicht in die engere Wahl kommen, sowie Bewerber, deren Bewerbung abgelehnt wurde, sollen unverzüglich unterrichtet werden.

(2) und (3) hier nicht abgedruckt.

(4) Auf Verlangen ist den nicht berücksichtigten Bewerbern unverzüglich, spätestens jedoch innerhalb einer Frist von 15 Kalendertagen nach Eingang ihres schriftlichen Antrags, Folgendes mitzuteilen:

1. die Entscheidung über die Zuschlagserteilung sowie

2. die Gründe für die Ablehnung ihrer Bewerbung.

Auf Verlangen sind den Bietern, die ein ordnungsgemäßes Angebot eingereicht haben, die Merkmale und Vorteile des Angebots des erfolgreichen Bieters sowie dessen Name schriftlich mitzuteilen. § 17 EG Absatz 2 Nummer 2 gilt entsprechend.

(5) Nicht berücksichtigte Angebote und Ausarbeitungen der Bieter dürfen nicht für eine neue Vergabe oder für andere Zwecke benutzt werden.

(6) Entwürfe, Ausarbeitungen, Muster und Proben zu nicht berücksichtigten Angeboten sind zurückzugeben, wenn dies im Angebot oder innerhalb von 30 Kalendertagen nach Ablehnung des Angebots verlangt wird.

§ 20 EG VOB/A Dokumentation

(1) Das Vergabeverfahren ist zeitnah so zu dokumentieren, dass die einzelnen Stufen des Verfahrens, die einzelnen Maßnahmen, die maßgebenden Feststellungen sowie die Begründung der einzelnen Entscheidungen in Textform festgehalten werden. Diese Dokumentation muss mindestens enthalten:

1. Name und Anschrift des Auftraggebers,

2. Art und Umfang der Leistung,

3. Wert des Auftrages,

4. Namen der berücksichtigten Bewerber oder Bieter und Gründe für ihre Auswahl,

5. Namen der nicht berücksichtigten Bewerber oder Bieter und Gründe für die Ablehnung,

6. Gründe für die Ablehnung von ungewöhnlich niedrigen Angeboten,

7. Name des Auftragnehmers und Gründe für die Erteilung des Zuschlags auf sein Angebot,

8. Anteil der beabsichtigten Weitervergabe an Nachunternehmen, soweit bekannt,

9. bei nicht offenen Verfahren, Verhandlungsverfahren und wettbewerblichem Dialog Gründe für die Wahl des jeweiligen Verfahrens,

10. gegebenenfalls die Gründe, aus denen der Auftraggeber auf die Vergabe eines Auftrags verzichtet hat.

Der Auftraggeber trifft geeignete Maßnahmen, um den Ablauf der mit elektronischen Mitteln durchgeführten Vergabeverfahren zu dokumentieren.

(2) Wird auf die Vorlage zusätzlich zum Angebot verlangter Unterlagen und Nachweise verzichtet, ist dies in der Dokumentation zu begründen.

VOF:

§ 10 VOF Auswahl der Bewerber

(1) bis (4) hier nicht abgedruckt.

(5) Die Auftraggeber teilen den nicht berücksichtigten Bewerbern nach Abschluss des Teilnahmewettbewerbs innerhalb von 15 Tagen die Gründe für die Ablehnung ihrer Bewerbung um Teilnahme am Verhandlungsverfahren mit. Die Auftraggeber können in Satz 1 genannte Informationen über die Auftragsvergabe zurückhalten, wenn die Weitergabe den Gesetzesvollzug vereiteln würde oder sonst nicht im öffentlichen Interesse läge oder den berechtigten Geschäftsinteressen von Bewerbern oder dem fairen Wettbewerb schaden würde.

§ 12 VOF Dokumentation

(1) Das Vergabeverfahren ist von Anbeginn fortlaufend zu dokumentieren, sodass die einzelnen Stufen des Verfahrens, die einzelnen Maßnahmen sowie die Begründung der einzelnen Entscheidungen festgehalten werden.

(2) Die Dokumentation umfasst mindestens Folgendes:

a) den Namen und die Anschrift des Auftraggebers, Gegenstand und Wert des Auftrags,

b) die Namen der berücksichtigten Bewerber oder Bieter und die Gründe für ihre Auswahl,

c) die Namen der nicht berücksichtigten Bewerber oder Bieter und die Gründe für ihre Ablehnung,

d) die Gründe für die Ablehnung von ungewöhnlich niedrigen Angeboten,

e) den Namen des erfolgreichen Bieters und die Gründe für die Auswahl seines Angebots sowie – falls bekannt – den Anteil am Auftrag, den der Zuschlagempfänger an Dritte weiterzugeben beabsichtigt,

f) die Gründe für einen Verzicht auf die Vergabe eines bekannt gemachten Auftrages.

§ 14 VOF Information über die Auftragserteilung, Verzicht auf die Auftragserteilung

(1) Die Auftraggeber machen über jeden vergebenen Auftrag Mitteilung anhand einer Bekanntmachung. Sie wird nach dem im Anhang III der Verordnung (EG) Nr. 1564/2005 enthaltenen Muster erstellt und ist spätestens 48 Tage nach Vergabe des Auftrags an das Amt für amtliche Veröffentlichungen der Europäischen Gemeinschaften zu übermitteln.

(2) Auftraggeber, die einen Wettbewerb durchgeführt haben, geben spätestens 48 Tage nach Durchführung eine Bekanntmachung nach Anhang XIII der Verordnung (EG) Nr. 1564/2005 an das Amtsblatt der Europäischen Gemeinschaften.

(3) Bei der Bekanntmachung von Dienstleistungsaufträgen des Anhangs I Teil B geben die Auftraggeber in ihrer Bekanntmachung an, ob sie mit der Veröffentlichung einverstanden sind.

(4) Bestimmte Angaben über die Auftragsvergabe brauchen jedoch bei bestimmten Einzelaufträgen nicht veröffentlicht zu werden, wenn ihre Bekanntgabe den Gesetzesvollzug behindern, dem öffentlichen Interesse in anderer Weise zuwiderlaufen, die legitimen geschäftlichen Interessen einzelner Personen berühren oder den fairen Wettbewerb beeinträchtigen würde.

(5) Die Auftraggeber teilen unverzüglich, spätestens innerhalb von 15 Tagen nach Eingang eines entsprechenden Antrags, den nicht berücksichtigten Bietern die Gründe für die Ablehnung ihres Angebotes, die Merkmale und Vorteile des erfolgreichen Angebots sowie den Namen des erfolgreichen Bieters mit.

(6) hier nicht abgedruckt.

Literatur:

Frister Entrechtlichung und Vereinfachung des Vergaberechts, VergabeR 2011, 295; *Hattig/Maibaum* Praxiskommentar Vergaberecht, 2010; *Jaeger* Reichweite und Grenzen der Beschaffungsfreiheit des öffentlichen Auftraggebers, ZWeR 2011, 365; *Just/Sailer* Die neue Vergabeverordnung 2010, NVwZ 2010, 937; *Kapellmann/Messerschmidt* VOB Teile A und B, 4. Aufl. 2013; *Macht/Städler* Die Informationspflichten des öffentlichen Auftraggebers für ausgeschiedene Bewerber – Sinn oder Unsinn?, NZBau 2012, 143; *Nelskamp/Dahmen* Dokumentation im Vergabeverfahren, KommJur 2010, 208; *Schaller* Dokumentations-, Informations-, Mitteilungs-, Melde- und Berichtpflichten im öffentlichen Auftragswesen, VergabeR 2007, Sonderheft 2a, 394; *Scharen* Patentschutz und öffentliche Vergabe, GRUR 2009, 345; *Tugendreich* Der Kunde ist König – Umfang des Leistungsbestimmungsrechts des Auftraggebers, NZBau 2013, 90; *Voppel/Osenbrück/Bubert* VOF, 3. Aufl. 2012.

A. Einleitung

1 Das Vergaberecht unterwirft den Auftraggeber zahlreichen unterschiedlichen **Mitteilungspflichten**. Diese sind nur teilweise Folge des kartellvergaberechtlichen Transparenzgebotes (§ 97 Abs. 1 GWB). Sie gehen vielmehr im Einzelnen weit über den auf subjektive Informationsrechte ausgerichteten Transparenzansatz des Kartellvergaberechts hinaus und können insbesondere die Unterrichtung staatlicher Prüfungsinstanzen, der Institutionen der EU oder der Öffentlichkeit bezwecken. Ausgehend davon, ob ein zukünftiges oder ein bereits geschehenes Handeln des Auftraggebers Gegenstand der Mitteilung ist, lassen sich die Informationspflichten in Ex-ante-Pflichten und Ex-post-Pflichten einteilen. Die Pflichten des Auftraggebers, die auf die rückblickende Unterrichtung über sein Handeln bei der Auftragsvergabe gerichtet sind, bestehen im Wesentlichen in der Pflicht zur Erstellung eines Vergabevermerks, in der Pflicht zur Unterrichtung der nicht berücksichtigten Bewerber und Bieter, in der Pflicht zur öffentlichen Bekanntmachung der Auftragsvergabe und in statistischen Melde- und Berichtspflichten.

B. Vergabevermerk (Dokumentation)

2 § 20 VOL/A, § 24 EG VOL/A, § 20 VOB/A, § 20 EG VOB/A und § 12 VOF verpflichten den Auftraggeber, das Vergabeverfahren von Anbeginn fortlaufend zu dokumentieren. Das Ergebnis der Dokumentation wird in Art. 43 VKR ebenso wie im herkömmlichen vergaberechtlichen Sprachgebrauch als **Vergabevermerk** bezeichnet[1], auch wenn dieser Begriff im aktuellen Normenbestand der Vergabeordnungen nicht mehr verwendet wird[2].

3 Die Pflicht zur Erstellung eines Vergabevermerks ist ein normativ konkretisierter Unterfall der **allgemeinen Pflicht der Verwaltung zur Aktenführung**, die sich dann, wenn sie nicht ausdrücklich gesetzlich angeordnet ist, aus der Bindung der Verwaltung an Recht und Gesetz (Art. 20 Abs. 3 GG) und aus dem Rechtsstaatsprinzip ergibt[3]. Teilweise geht die vergaberechtliche Dokumentationspflicht jedoch über diese allgemeine Pflicht hinaus, soweit sie auch Auftraggeber trifft, die etwa als juristische Personen des Privatrechts nicht dieser allgemeinen Pflicht zur Aktenführung unterliegen.

4 Die allgemeine Pflicht zur Aktenführung ist eine Pflicht zur **ordnungsgemäßen** Aktenführung. Aus ihr folgen insbesondere die Grundsätze der **Aktenvollständigkeit** und der **Aktenwahrheit**[4]. Für die Dokumentation des Vergabeverfahrens gelten diese Grundsätze in gleicher Weise. Der Vergabevermerk muss daher die einzelnen Verfahrensschritte vollständig und inhaltlich zutreffend wiedergeben und die Auftragsvergabe einschließlich des zu ihr führenden Verfahrens nachvollziehbar machen. Hinsichtlich der Maßnahmen und Entscheidungen des Auftraggebers sind alle für sie maßgeblichen Umstände und Überlegungen vollständig und wahrheitsgemäß mitzuteilen[5]. Werden einzelne Bestandtei-

---

[1] *Diehl* in Müller-Wrede, VOL/A, § 20 Rn. 4.
[2] *Stickler* in Kapellmann/Messerschmidt, § 20 VOB/A Rn. 2; *Zeise* in Kulartz/Marx/Portz/Prieß, VOB/A, § 20 Rn. 1; *Zeise* in Kulartz/Marx/Portz/Prieß, VOL/A, § 20 Rn. 1, § 24 EG Rn. 1 erachten die Begriffe nicht als gleichbedeutend; a. A. *Fett* in Willenbruch/Wieddekind, § 20 VOL/A Rn. 2, § 24 EG VOL/A Rn. 2.
[3] BVerfG Beschl. v. 6.6.1983, 2 BvR 244, 310/83, NJW 1983, 2135; BVerwG Beschl. v. 16.3.1988, 1 B 153/87, NVwZ 1988, 621, 622; *Bonk/Kallerhoff* in Stelkens/Bonk/Sachs VwVfG, 7. Aufl., § 29 Rn. 30.
[4] BVerfG Beschl. v. 6.6.1983, 2 BvR 244, 310/83, NJW 1983, 2135; *Bonk/Kallerhoff* in Stelkens/Bonk/Sachs VwVfG, 7. Aufl., § 29 Rn. 30.
[5] OLG Düsseldorf Beschl. v. 14.8.2003, VII-Verg 46/03, VergabeR 2004, 232, 234; OLG Karlsruhe Beschl. v. 21.7.2010, 15 Verg 6/10, VergabeR 2011, 87, 91 m. Anm. *Hübner*.

le des Vergabevermerks nachträglich überschrieben oder gelöscht, widerspricht dies der Verpflichtung zur wahrheitsgemäßen Dokumentation des Verfahrens[6].

Soweit der Auftraggeber **nach sonstigen Vorschriften** zur Aktenführung und Dokumentation der Auftragsvergabe verpflichtet ist, bleiben diese Pflichten von der vergaberechtlichen Dokumentationspflicht unberührt.

Das Vergaberecht enthält keine Vorgaben zur **Aufbewahrung und Aussonderung** der Unterlagen über das Vergabeverfahren. Insoweit hat der Auftraggeber die allgemein für ihn geltenden gesetzlichen oder verwaltungsinternen Vorschriften zu beachten, zu denen insbesondere die Pflicht gehören kann, nicht mehr benötigte Vergabeunterlagen dem zuständigen Archiv anzubieten (z. B. gemäß § 2 Abs. 1 Satz 1 BArchG). Auftraggeber in privater Rechtsform haben zudem die für sie geltenden handels- und steuerrechtlichen Aufbewahrungsbestimmungen einzuhalten.

I. Funktionen des Vergabevermerks

Ebenso wie die allgemeine Pflicht der Verwaltung zur Aktenführung dient der Vergabevermerk dem Zweck, das Handeln des Auftraggebers nachvollziehbar und transparent zu machen[7]. Im Geltungsbereich des Kartellvergaberechts ist er Ausdruck des Transparenzgebots nach § 97 Abs. 1 GWB. Ausgehend hiervon erfüllt der Vergabevermerk unterschiedliche Funktionen.

1. Kontrolle des Vergabeverfahrens

Der Vergabevermerk dient zunächst der **Kontrolle der Recht- und ggf. Zweckmäßigkeit** des Vergabeverfahrens[8]. Die Kontrolle wird im Anwendungsbereich des Kartellvergaberechts namentlich durch die Vergabekammern und Beschwerdegerichte im Nachprüfungsverfahren nach den §§ 107 ff. GWB zum Zwecke der Durchsetzung subjektiver Rechte ausgeübt. Hinzu tritt die auf objektive Kontrolle gerichtete Prüfung der Auftragsvergabe beispielsweise durch innerbehördliche Prüfstellen, vorgesetzte Behörden der Fach- oder Rechtsaufsicht oder Organe der Finanzkontrolle[9].

---

[6] OLG Düsseldorf Beschl. v. 10.8.2011, VII-Verg 36/11, NZBau 2011, 765, 767 f.
[7] BayObLG Beschl. v. 1.10.2001, Verg 6/01, VergabeR 2002, 63, 69; OLG Brandenburg Beschl. v. 3.8.1999, 6 Verg 1/99, NZBau 2000, 39, 44 f.; OLG Celle Beschl. v. 12.5.2010, 13 Verg 3/10, IBR online; OLG Celle Beschl. v. 11.2.2010, 13 Verg 16/09, VergabeR 2010, 669, 673 m. Anm. *Gulich*; OLG Düsseldorf Beschl. v. 17.3.2004, VII-Verg 1/04, ZfBR 2004, 500, 500; OLG Düsseldorf Beschl. v. 14.8.2003, VII-Verg 46/03, VergabeR 2004, 232, 234; OLG Karlsruhe Beschl. v. 21.7.2010, 15 Verg 6/10, VergabeR 2011, 87, 91 m. Anm. *Hübner*; OLG Naumburg Beschl. v. 17.2.2004, 1 Verg 15/03, VergabeR 2004, 634, 640 m. Anm. *Krist*; *Schaller* VergabeR 2007, Sonderheft 2a, 394; *Diehl* in Müller-Wrede, VOL/A, § 20 Rn. 1, 6, § 24 EG Rn. 2; *Düsterdiek* in Ingenstau/Korbion, § 20 VOB/A Rn. 2; *Fett* in Willenbruch/Wieddekind, § 20 VOL/A Rn. 8, § 24 EG VOL/A Rn. 1; *Hänsel* in Ziekow/Völlink, § 20 VOB/A Rn. 1; *Mentzinis* in Pünder/Schellenberg, § 20 VOL/A Rn. 1, § 24 EG VOL/A Rn. 1, § 20 VOB/A Rn. 1, § 12 VOF Rn. 1; *Portz* in Müller-Wrede, VOF, § 12 Rn. 6; *Stickler* in Kapellmann/Messerschmidt, § 20 VOB/A Rn. 5; *Zeise* in Kulartz/Marx/Portz/Prieß, VOB/A, § 20 Rn. 2; *Zeise* in Kulartz/Marx/Portz/Prieß, VOL/A, § 20 Rn. 2, § 24 EG Rn. 2.
[8] OLG Düsseldorf Beschl. v. 17.3.2004, VII-Verg 1/04, ZfBR 2004, 500; *Nelskamp/Dahmen* KommJur 2010, 208, 210; *Diehl* in Müller-Wrede, VOL/A, § 20 Rn. 7; *Voppel/Osenbrück/Bubert*, § 18 Rn. 3.
[9] OLG Brandenburg Beschl. v. 3.8.1999, 6 Verg 1/99, NZBau 2000, 39, 44; *Nelskamp/Dahmen* KommJur 2010, 208, 209; *Bauer* in Heiermann/Riedl/Rusam, § 20 VOB/A Rn. 3 f.; *Düsterdiek* in Ingenstau/Korbion, § 20 VOB/A Rn. 4; *Portz* in Müller-Wrede, VOF, § 12 Rn. 6; *Stickler* in Kapellmann/Messerschmidt, § 20 VOB/A Rn. 5; *Voppel/Osenbrück/Bubert*, § 18 Rn. 3; *Zeise* in Kulartz/Marx/Portz/Prieß, VOB/A, § 20 Rn. 3; *Zeise* in Kulartz/Marx/Portz/Prieß, VOL/A, § 20 Rn. 3, § 24 EG Rn. 3.

2. Rechtsschutz der am Auftrag interessierten Unternehmen

9 Daneben kommt dem Vergabevermerk eine wichtige Funktion bei der Sicherstellung eines **wirksamen Rechtsschutzes** gegen Rechtsverletzungen des Auftraggebers zu[10]. Den am Vergabeverfahren beteiligten Unternehmen ist es häufig nur durch eine Einsicht in die vom Auftraggeber erstellte Vergabedokumentation möglich, die Rechtmäßigkeit des Vergabeverfahrens nachzuvollziehen und etwaige Rechtsverletzungen zu erkennen.

10 Für das vergaberechtliche Nachprüfungsverfahren wird die Pflicht des Auftraggebers zur Vergabedokumentation daher ergänzt durch ein **Recht des Antragstellers auf Akteneinsicht** gemäß § 111 GWB[11]. Ohne ein derartiges Einsichtsrecht wäre die Dokumentationspflicht des Auftraggebers für den einzelnen Bieter von wesentlich geringerem Nutzen. Für den Bereich der Auftragsvergabe außerhalb des Kartellvergaberechts[12] kommt dem Vergabevermerk daher lediglich eingeschränkte Relevanz im Hinblick auf den Rechtsschutz der am Auftrag interessierten Unternehmen zu.

3. Dokumentation des Vertragsschlusses

11 Ferner dient der Vergabevermerk der **Dokumentation des Vertragsschlusses und des ihm vorangegangenen Verfahrens.** Dies ist insbesondere dann von Bedeutung, wenn für die Auslegung des geschlossenen Vertrages und der mit ihm begründeten Rechte und Pflichten auf Umstände aus dem Vergabeverfahren zurückzugreifen ist, beispielsweise hinsichtlich des Inhalts der Vergabeunterlagen oder der vom Auftraggeber auf Anforderung der Interessenten gegebenen zusätzlichen Auskünfte zu den Vergabeunterlagen (§ 12 Abs. 7 VOB/A, § 12 EG Abs. 7 VOB/A, § 12 EG Abs. 8 VOL/A). Insoweit dient die Dokumentationspflicht auch den Interessen des Auftraggebers.

II. Inhalt des Vergabevermerks

12 Aus den Funktionen des Vergabevermerks sowie aus der Herleitung der Dokumentationspflicht aus der allgemeinen Pflicht zur Aktenführung folgt zunächst, dass der Vergabevermerk den **Grundsätzen der Vollständigkeit und Wahrheit** genügen muss[13]. Hinzu treten konkrete Anforderungen, die sich aus den einzelnen Vergabeordnungen ergeben und die der Umsetzung der europarechtlichen Vorgaben aus **Art. 43 VKR** dienen.

13 Der am 15. Januar 2014 im Europäischen Parlament beschlossene Entwurf einer neuen Richtlinie des Europäischen Parlaments und des Rates über die öffentliche Auftragsvergabe[14], die an die Stelle der Vergabekoordinierungsrichtlinie treten soll, übernimmt die bisherigen Bestimmungen zur Dokumentation in Art. 85. Über die bisherigen Vorgaben hinaus sollen die Auftraggeber danach künftig verpflichtet werden, zusätzlich zu den bisher obligatorischen Angaben u. a. auch die gesamte Kommunikation mit den Wirtschafts-

---

[10] OLG Brandenburg Beschl. v. 3.8.1999, 6 Verg 1/99, NZBau 2000, 39, 44 f.; OLG Düsseldorf Beschl. v. 17.3.2004, VII-Verg 1/04, ZfBR 2004, 500; OLG Frankfurt a. M. Beschl. v. 28.11.2006, 11 Verg 4/06, NZBau 2007, 804, 805; *Nelskamp/Dahmen* KommJur 2010, 208, 210 f.; *Bauer* in Heiermann/Riedl/Rusam, § 20 VOB/A Rn. 3 f.; *Mentzinis* in Pünder/Schellenberg, § 20 VOL/A Rn. 1, § 24 EG VOL/A Rn. 1, § 20 VOB/A Rn. 1, § 12 VOF Rn. 1; *Portz* in Müller-Wrede, VOF, § 12 Rn. 6; *Stickler* in Kapellmann/Messerschmidt, § 20 VOB/A Rn. 5; *Voppel/Osenbrück/Bubert*, § 18 Rn. 3; *Zeise* in Kulartz/Marx/Portz/Prieß, VOB/A, § 20 Rn. 3; *Zeise* in Kulartz/Marx/Portz/Prieß, VOL/A, § 20 Rn. 3, § 24 EG Rn. 3.

[11] Für einen darüber hinausgehenden selbständigen Anspruch der Bieter auf Offenlegung des Vergabevermerks *Portz* in Müller-Wrede, VOF, § 12 Rn. 8.

[12] S. zu Akteneinsichtsrechten außerhalb von § 111 GWB unter § 40 Rn. 9 ff.

[13] Dazu unter Rn. 4.

[14] PE-CONS 74/13 – 2011/0438 (COD).

teilnehmern, sämtliche interne Beratungen des Auftraggebers sowie die Vorbereitung der Auftragsunterlagen zu dokumentieren und die Dokumentation für mindestens drei Jahre ab Zuschlag aufzubewahren.

1. VOL/A

a) § 20 VOL/A

Im Abschnitt 1 der VOL/A enthält **§ 20 VOL/A** nähere Vorgaben an die Dokumentation des Vergabeverfahrens, die allerdings hinsichtlich ihres Konkretisierungsgrades hinter den sonstigen Bestimmungen über den Vergabevermerk zurückbleiben. 14

Zum Inhalt des Vergabevermerks bestimmt § 20 VOL/A in zeitlicher Hinsicht, dass das Vergabeverfahren **von Anbeginn** zu dokumentieren ist. Nach ganz überwiegendem Verständnis beginnt das Vergabeverfahren damit, dass der Auftraggeber nach außen hin wirkende Maßnahmen ergreift, um einen intern gefassten Beschaffungsbeschluss umzusetzen[15], so dass dadurch zugleich der Beginn der vergaberechtlichen Dokumentationspflicht des Auftraggebers markiert wird[16]. Dies bedeutet freilich nicht, dass Entscheidungen des Auftraggebers mit Bezug auf das Vergabeverfahren, die zeitlich vor einer solchen Externalisierung des Beschaffungsbeschlusses getroffen wurden, nicht zu dokumentieren sind. Sie unterliegen vielmehr ebenfalls der Dokumentationspflicht, soweit sie den Inhalt der Bekanntmachung oder sonstiger Maßnahmen des Auftraggebers im Vergabeverfahren festlegen und die Bestimmungen des Vergaberechts auf sie Anwendung finden. Daher sind beispielsweise Entscheidungen, die der Auftraggeber über die Losaufteilung[17], die an die Bieter zu stellenden Eignungsanforderungen oder die späteren Zuschlagskriterien trifft, im Vergabevermerk niederzulegen, auch wenn sie vorgenommen werden, bevor die Vergabebekanntmachung veröffentlicht wird oder der Auftraggeber das Beschaffungsvorhaben in sonstiger Weise publik gemacht hat[18]. 15

Nicht der Dokumentationspflicht unterliegt hingegen die Ermittlung und Bestimmung des **Beschaffungsbedarfs** des Auftraggebers[19]. Die darauf gerichteten Maßnahmen und Entscheidungen des Auftraggebers sind dem Vergabeverfahren vorgelagert und entziehen sich inhaltlich weitgehend den Anforderungen des Vergaberechts[20]. Dies gilt auch für die Frage, ob Nebenangebote zugelassen werden und welche Mindestanforderungen diese ggf. erfüllen müssen[21]. Erst das Ergebnis der Bedarfsermittlung und -festlegung des Auftraggebers, nämlich die Beschreibung des eigentlichen Auftragsgegenstandes, ist im Verga- 16

---

[15] OLG Düsseldorf Beschl. v. 1.8.2012, VII-Verg 7/12, ZfBR 2013, 63, 64 m.w.N.; dazu auch unter § 12 Rn. 71, § 21 Rn. 7.
[16] Eher formal hingegen *Zeise* in Kulartz/Marx/Portz/Prieß, VOL/A, § 20 Rn. 6, § 24 EG Rn. 6.
[17] OLG Düsseldorf Beschl. v. 17.3.2004, VII-Verg 1/04, ZfBR 2004, 500; *Nelskamp/Dahmen* KommJur 2010, 208, 212.
[18] *Nelskamp/Dahmen* KommJur 2010, 208, 212; *Diehl* in Müller-Wrede, VOL/A, § 24 EG Rn. 22; *Fett* in Willenbruch/Wieddekind, § 20 VOL/A Rn. 5; *Zeise* in Kulartz/Marx/Portz/Prieß, VOL/A, § 20 Rn. 7, § 24 EG Rn. 7.
[19] OLG München Beschl. v. 2.8.2007, Verg 7/07, ZfBR 2007, 732, 734; VK Bund Beschl. v. 6.7.2011, VK 1–60/11, IBR online; VK Bund Beschl. v. 6.9.2005, VK 2–105/05, www.bundeskartellamt.de; wohl a. A. *Diehl* in Müller-Wrede, VOL/A, § 24 EG Rn. 22.
[20] OLG Düsseldorf Beschl. v. 1.8.2012, VII-Verg 10/12, ZfBR 2013, 63, 66 f.; OLG Düsseldorf Beschl. v. 27.7.2012, VII-Verg 7/12, ZfBR 2012, 723, 724 f.; OLG Düsseldorf Beschl. v. 15.6.2010, VII-Verg 10/10, VergabeR 2011, 84 f.; OLG Düsseldorf Beschl. v. 3.3.2010, VII-Verg 46/09, NRWE; OLG Düsseldorf Beschl. v. 17.2.2010, VII-Verg 42/09, NRWE; OLG München Beschl. v. 28.7.2008, Verg 10/08, VergabeR 2008, 965, 968; enger hingegen OLG Celle Beschl. v. 22.5.2008, 13 Verg 1/08, OLGR Celle 2008, 663, 665 f.; OLG Jena Beschl. v. 26.6.2006, 9 Verg 2/06, ZfBR 2006, 704, 705 f.; allgemein dazu *Tugendreich* NZBau 2013, 90; *Frister* VergabeR 2011, 295, 300 ff.; *Jaeger* ZWeR 2011, 365; *Scharen* GRUR 2009, 345; dazu ferner unter § 17 Rn. 44 ff.
[21] OLG München Beschl. v. 2.8.2007, Verg 7/07, ZfBR 2007, 732, 734.

bevermerk niederzulegen[22] (vgl. § 24 EG Abs. 2 lit. a) VOL/A, § 20 Abs. 1 Satz 2 Nr. 2 VOB/A, § 20 EG Abs. 1 Satz 2 Nr. 2 VOB/A, § 12 Abs. 2 lit. a) VOF). Soweit allerdings die Vorgaben des Vergaberechts, insbesondere der Grundsatz der produktneutralen Beschaffung (§ 7 Abs. 3 und 4 VOL/A, § 8 EG Abs. 7 VOL/A, § 7 Abs. 8 VOB/A, § 7 EG Abs. 8 VOB/A), bereits bei der Ermittlung und Bestimmung des Beschaffungsbedarfs zu beachten sind[23], sind die dahingehenden Maßnahmen und Entscheidungen des Auftraggebers im Vergabevermerk abzubilden[24].

17 § 20 VOL/A verlangt ferner, dass **die einzelnen Stufen des Vergabeverfahrens und die einzelnen Maßnahmen** festgehalten werden. Damit wird lediglich eine Selbstverständlichkeit der ordnungsgemäßen Aktenführung ausgedrückt. Aus dem Vergabevermerk müssen daher sowohl die **nach außen tretenden** Verfahrensschritte und Maßnahmen wie die Aufforderung zur Angebotsabgabe und der Zuschlag als auch die **verfahrensinternen** Handlungen des Auftraggebers wie die Prüfung und Wertung der einzelnen Angebote hervorgehen. Festzuhalten sind alle Tätigkeiten des Auftraggebers, die für das Verfahren von Bedeutung sind. Dabei sind die einzelnen Verfahrensschritte und die Umstände und Erwägungen, welche den Auftraggeber zu einzelnen Maßnahmen und Entscheidungen veranlasst haben, detailliert und nachvollziehbar darzustellen[25].

18 Daneben ist gemäß § 20 VOL/A die **Begründung der einzelnen Entscheidungen** festzuhalten. Dieses Erfordernis dient in besonderem Maße der Nachprüfung der Rechtmäßigkeit des Handelns des Auftraggebers, da ihm in vielen Fällen Beurteilungs- oder Ermessensspielräume zukommen, deren ordnungsgemäße Ausfüllung nur in Kenntnis der der Entscheidung zugrunde liegenden Erwägungen des Auftraggebers überprüft werden kann. Niederzulegen sind daher **alle tragenden Gründe,** die den Auftraggeber zu einer bestimmten Entscheidung bewogen haben[26].

19 Da der Vergabevermerk zunächst nur ein verwaltungsinternes Dokument bildet, dürfen **geheimhaltungsbedürftige Angaben** nicht aus der Dokumentation ausgenommen werden. Soweit der Vergabevermerk im Wege der Akteneinsicht im Nachprüfungsverfahren anderen Beteiligten zur Kenntnis gegeben wird, ist dem bei der Bestimmung des Umfangs der Einsicht gemäß § 111 Abs. 2 GWB Rechnung zu tragen.

b) § 24 EG VOL/A

20 Im Abschnitt 2 der VOL/A enthält § 24 EG VOL/A genauere Vorgaben für den Vergabevermerk. **§ 24 EG Abs. 1 VOL/A** stimmt wörtlich mit der Regelung in § 20 VOL/A überein[27].

21 **§ 24 EG Abs. 2 VOL/A** benennt darüber hinaus einzelne konkrete Mindestinhalte, welche Gegenstand der Dokumentation sein müssen. Überwiegend handelt es sich dabei

---

[22] *Zeise* in Kulartz/Marx/Portz/Prieß, VOB/A, § 20 Rn. 11; *Zeise* in Kulartz/Marx/Portz/Prieß, VOL/A, § 20 Rn. 7.
[23] S. dazu die Nachweise in Fn. 20.
[24] OLG Karlsruhe Beschl. v. 21.7.2010, 15 Verg 6/10, IBR online; OLG Naumburg Beschl. v. 20.9.2012, 2 Verg 4/12, VergabeR 2013, 55, 63.
[25] OLG Bremen Beschl. v. 14.4.2005, Verg 1/2005, VergabeR 2005, 537, 541 m. Anm. *Willenbruch;* OLG Celle Beschl. v. 12.5.2010, 13 Verg 3/10, IBR online; OLG Düsseldorf Beschl. v. 11.7.2007, VII-Verg 10/07, IBR online; OLG Karlsruhe Beschl. v. 21.7.2010, 15 Verg 6/10, VergabeR 2011, 87, 91 m. Anm. *Hübner;* OLG Koblenz Beschl. v. 15.10.2009, 1 Verg 9/09, VergabeR 2010, 696, 698 m. Anm. *Hartung;* VK Lüneburg Beschl. v. 28.6.2011, VgK 21/2011, IBR online; *Nelskamp/Dahmen* KommJur 2010, 208, 211; *Schaller* VergabeR 2007, Sonderheft 2a, 394, 396; *Diehl* in Müller-Wrede, VOL/A, § 24 EG Rn. 29; *Portz* in Müller-Wrede, VOF, § 12 Rn. 11.
[26] VK Lüneburg Beschl. v. 28.6.2011, VgK 21/2011, IBR online; *Nelskamp/Dahmen* KommJur 2010, 208, 211; *Fett* in Willenbruch/Wieddekind, § 20 VOL/A Rn. 9, § 24 EG VOL/A Rn. 6 f.; *Voppel/Osenbrück/Bubert,* § 18 Rn. 6; *Zeise* in Kulartz/Marx/Portz/Prieß, VOB/A, § 20 Rn. 12; *Zeise* in Kulartz/Marx/Portz/Prieß, VOL/A, § 20 Rn. 8, § 24 EG Rn. 8.
[27] Dazu unter Rn. 14 ff.

um die Gründe für diejenigen wesentlichen Entscheidungen und Maßnahmen im Vergabeverfahren, bei denen dem Auftraggeber ein Beurteilungs- oder Ermessensspielraum zukommt. Dadurch soll sichergestellt werden, dass der Vergabevermerk hinsichtlich dieser Gesichtspunkte, hinsichtlich derer der Auftraggeber das Verfahren und seinen Ausgang in besonderem Maße lenken kann, seine Funktionen, die Nachprüfbarkeit des Auftraggeberhandelns und einen wirksamen Rechtsschutz der übergangenen Bieter gegen Rechtsverletzungen des Auftraggebers zu gewährleisten, erfüllen kann. Der Katalog in § 24 EG Abs. 2 VOL/A entspricht im Wesentlichen dem, was der Auftraggeber bereits nach allgemeinen Grundsätzen zu dokumentieren hat[28]. Inhaltlich ist er an Art. 43 1. Unterabs. VKR ausgerichtet.

§ 24 EG Abs. 2 **lit. a)** VOL/A beginnt mit einer Selbstverständlichkeit und verpflichtet den Auftraggeber, seinen Namen und seine Anschrift sowie den Gegenstand und den Wert des Auftrags, der Rahmenvereinbarung oder des dynamischen Beschaffungssystems festzuhalten. 22

Nach § 24 EG Abs. 2 **lit. b)** und **c)** VOL/A sind die Namen der berücksichtigten und der nicht berücksichtigten Bewerber oder Bieter und jeweils die Gründe für ihre Auswahl bzw. Ablehnung zu vermerken. Aus der Zusammenschau mit der Regelung in § 24 EG Abs. 2 **lit. e)** VOL/A ergibt sich, dass mit den Begriffen der Auswahl und der Ablehnung noch nicht die Entscheidung des Auftraggebers über den Zuschlag gemeint ist, sondern vielmehr die Auswahl bzw. Ablehnung einzelner Bewerber oder Bieter auf einer dem Zuschlag vorangehenden Verfahrensstufe[29], also insbesondere der Eignungsprüfung oder ggf. eines gesonderten Teilnahmewettbewerbs. 23

§ 24 EG Abs. 2 **lit. d)** VOL/A verlangt die Wiedergabe der Gründe für die Ablehnung ungewöhnlich niedriger Angebote und nimmt damit auf die Prüfungsstufe nach § 19 EG Abs. 6 VOL/A Bezug. 24

Die Zuschlagsentscheidung des Auftraggebers ist gemäß § 24 EG Abs. 2 **lit. e)** VOL/A zu dokumentieren, wobei insbesondere die Gründe für die Auswahl des erfolgreichen Angebots niederzulegen sind. Der Auftraggeber hat somit die von ihm herangezogenen Zuschlagskriterien sowohl abstrakt als auch in ihrer Anwendung auf das konkrete Angebot darzustellen. Nach einer in der Spruchpraxis der Nachprüfungsinstanzen verbreiteten Auffassung sollen dabei die Gründe für die Wahl der einzelnen Zuschlagskriterien nicht zu dokumentieren sein[30]. Dem steht allerdings entgegen, dass der Auftraggeber bei der Festlegung der Zuschlagskriterien trotz seiner dabei bestehenden Freiheiten normativen Bindungen unterliegt, die sich namentlich aus § 97 Abs. 5 GWB und aus § 19 EG Abs. 9 VOL/A ergeben. Hinsichtlich der Einhaltung dieser Grenzen unterliegt die Wahl der Zuschlagskriterien der Kontrolle durch die Nachprüfungsinstanzen, so dass bereits deshalb eine vollständige Dokumentation der Umstände und Erwägungen, die für den Auftraggeber maßgeblich sind, geboten ist. 25

Wählt der Auftraggeber gemäß § 3 EG Abs. 1 Satz 2 VOL/A eine vom offenen Verfahren abweichende Vergabeart, sind die Gründe dafür gemäß § 24 EG Abs. 2 **lit. f)** VOL/A zu vermerken. Anzugeben sind ferner gemäß § 24 EG Abs. 2 **lit. g)** VOL/A die Gründe für den Verzicht auf die Auftragsvergabe (§ 20 EG VOL/A). 26

Nach § 24 EG Abs. 2 **lit. h)** VOL/A sind außerdem die Gründe für die gemeinsame Vergabe mehrerer Teil- oder Fachlose (§ 97 Abs. 2 Satz 2 GWB, § 2 EG Abs. 2 Satz 3 VOL/A) zu dokumentieren. Damit wird die Rechtsprechung der Vergabenachprüfungs- 27

---

[28] VK Lüneburg Beschl. v. 28.6.2011, VgK 21/2011, IBR online; *Zeise* in Kulartz/Marx/Portz/Prieß, VOL/A, § 20 Rn. 19.
[29] Wohl a. A. *Zeise* in Kulartz/Marx/Portz/Prieß, VOL/A, § 24 EG Rn. 21.
[30] VK Bund Beschl. v. 6.7.2011, VK 1–60/11, www.bundeskartellamt.de.

instanzen, die auch ohne ausdrückliche Regelung die Angabe der Erwägungen des Auftraggebers für die Losaufteilung verlangt[31], normativ bestätigt.

28 Zu benennen sind darüber hinaus gemäß § 24 EG Abs. 2 **lit. i)** VOL/A die Gründe für das Anfordern von Eignungsnachweisen und das Verlangen von Eignungsnachweisen, die über Eigenerklärungen hinausgehen (§ 7 EG Abs. 1 Satz 1 und 3 VOL/A), sowie gemäß § 24 EG Abs. 2 **lit. j)** VOL/A die Gründe für die Nichtangabe der Gewichtung der Zuschlagskriterien (§ 9 EG Abs. 2 Satz 3 VOL/A).

2. VOB/A

29 Für den Bereich der VOB/A werden in **§ 20 Abs. 1 und 2 VOB/A sowie in § 20 EG Abs. 1 und 2 VOB/A** Vorgaben für die Dokumentation des Vergabeverfahrens aufgestellt. § 20 Abs. 1 und 2 VOB/A einerseits und § 20 EG Abs. 2 und 2 VOB/A andererseits sind mit Ausnahme der Bezeichnung der Vergabearten in § 20 Abs. 9 VOB/A und § 20 EG Abs. 9 VOB/A im Wortlaut identisch.

30 **§ 20 Abs. 1 Satz 1 VOB/A und § 20 EG Abs. 1 Satz 1 VOB/A** entsprechen inhaltlich weitgehend der Regelung in § 20 VOL/A und § 24 EG Abs. 1 VOL/A. Soweit § 20 VOB/A und § 20 EG VOB/A nicht ausdrücklich anordnen, dass das Vergabeverfahren **von Anbeginn** zu dokumentieren ist, bleibt dies im Ergebnis folgenlos, da Gegenstand der Dokumentation ohnehin das Verfahren als Ganzes ist[32]. Abweichend von § 20 VOL/A und § 24 EG Abs. 1 VOL/A verlangen § 20 Abs. 1 Satz 1 VOB/A und § 20 EG Abs. 1 Satz 1 VOB/A ausdrücklich die Niederlegung der **maßgebenden Feststellungen,** womit insbesondere die Feststellungen des Auftraggebers bei der Prüfung und Wertung der Angebote gemeint sind. Inhaltlich bedeutet auch dies keine Abweichung von den Parallelvorschriften der VOL/A, da diese Feststellungen die wesentliche Grundlage für die Entscheidung des Auftraggebers über die Ablehnung einzelner Angebote und den Zuschlag sind und mithin in jedem Falle der Dokumentation bedürfen.

31 Über die allgemeinen Anforderungen in § 20 Abs. 1 Satz 1 VOB/A und § 20 EG Abs. 1 Satz 1 VOB/A hinaus stellen **§ 20 Abs. 1 Satz 2 VOB/A und § 20 EG Abs. 1 Satz 2 VOB/A** einen Katalog an Mindestinhalten an den Vergabevermerk auf. Er entspricht weitgehend dem Katalog in § 24 EG Abs. 2 VOL/A, verzichtet jedoch auf die gesonderte Aufführung der Entscheidung über die gemeinsame Losvergabe (§ 24 EG Abs. 2 lit. h) VOL/A), der Entscheidung über die Anforderung von Eignungsnachweisen (§ 24 EG Abs. 2 lit. i) VOL/A) sowie der Entscheidung über die Nichtangabe der Gewichtung der Zuschlagskriterien (§ 24 EG Abs. 2 lit. j) VOL/A). Diese Entscheidungen gehören aber bereits nach § 20 Abs. 1 Satz 1 VOB/A und § 20 EG Abs. 1 Satz 1 VOB/A zum Mindestinhalt des Vergabevermerks, so dass sich aus dem Verzicht auf ihre gesonderte Erwähnung in dem Katalog nach § 20 Abs. 1 Satz 2 VOB/A und § 20 EG Abs. 1 Satz 2 VOB/A keine Folgen ergeben[33].

32 **§ 20 Abs. 1 Satz 3 VOB/A und § 20 EG Abs. 1 Satz 3 VOB/A** stellen klar, dass der Auftraggeber geeignete Maßnahmen treffen muss, um den Ablauf eines mit elektronischen Mitteln durchgeführten Vergabeverfahrens zu dokumentieren. Dies bedeutet insbesondere, dass elektronisch veröffentlichte oder übermittelte Erklärungen oder Mitteilungen, z.B. eine elektronische Bekanntmachung (§ 12 EG Abs. 2 Nr. 5 VOB/A) oder elektronisch übermittelte Angebote (§ 13 Abs. 1 Nr. 1 Satz 5 VOB/A, § 13 EG Abs. 1 Nr. 1 Satz 3 VOB/A), in geeigneter Weise zum Bestandteil des Vergabevermerks gemacht werden müssen, beispielsweise durch Beifügung einer gedruckten Fassung oder eines Datenträgers.

---

[31] OLG Düsseldorf Beschl. v. 17.3.2004, VII-Verg 1/04, ZfBR 2004, 500; VK Bund Beschl. v. 9.5.2007, VK 1–26/07, www.bundeskartellamt.de; dazu *Diehl* in Müller-Wrede, VOL/A, § 24 EG Rn. 9, 22.
[32] Vgl. *Zeise* in Kulartz/Marx/Portz/Prieß, VOB/A, § 20 Rn. 10.
[33] Vgl. *Zeise* in Kulartz/Marx/Portz/Prieß, VOB/A, § 20 Rn. 11.

Gemäß **§ 20 Abs. 2 VOB/A und § 20 EG Abs. 2 VOB/A** hat der Auftraggeber ferner darzulegen, warum auf die Vorlage zusätzlich zum Angebot verlangter Unterlagen und Nachweise verzichtet wurde. Dies sind insbesondere Unterlagen und Nachweise, anhand derer gemäß § 6 Abs. 3 VOB/A oder § 6 EG Abs. 3 VOB/A die Eignung der Bewerber und Bieter geprüft wird[34]. Da ein Verzicht auf derartige Unterlagen und Nachweise nur in Ausnahmefällen zulässig ist, dürfte der Anwendungsbereich von § 20 Abs. 2 VOB/A und § 20 EG Abs. 2 VOB/A unbedeutend sein[35]. 33

3. VOF

Für Vergabeverfahren im Anwendungsbereich der VOF normiert **§ 12 VOF** die Pflicht zur Erstellung eines Vergabevermerks. Dabei enthält **§ 12 Abs. 1 VOF** allgemeine Vorgaben an den Vergabevermerk; die Norm stimmt wortgleich mit § 20 VOL/A und § 24 EG Abs. 1 VOL/A überein. **§ 12 Abs. 2 VOF** geht darüber hinaus und stellt bestimmte Mindestvorgaben an den Inhalt des Vergabevermerks auf. Der Katalog entspricht in seinen Bestandteilen den Parallelbestimmungen in § 24 EG Abs. 2 VOL/A, § 20 Abs. 1 Satz 2 VOB/A und § 20 EG Abs. 1 Satz 2 VOB/A, bleibt aber auf Grund der Besonderheiten des Verhandlungsverfahrens nach der VOF in einzelnen Punkten hinter diesen zurück. 34

III. Form des Vergabevermerks

Für Vergabeverfahren im Anwendungsbereich der VOB/A bestimmen § 20 Abs. 1 Satz 1 VOB/A und § 20 EG Abs. 1 Satz 1 VOB/A, dass der Vergabevermerk **in Textform** (§ 126b BGB) zu führen ist[36]. Demgegenüber enthalten die VOL/A und die VOF keine gesonderten Vorgaben an die Form der Dokumentation. Da aber eine auf Dauer angelegte Dokumentation des Vergabeverfahrens in einer Form, die nicht einmal die Anforderungen der Textform erfüllt, praktisch nicht vorstellbar ist, muss bereits aus allgemeinen Erwägungen heraus auch außerhalb des Anwendungsbereichs von § 20 Abs. 1 Satz 1 VOB/A die Textform als Mindestform des Vergabevermerks gefordert werden[37]. Soweit teilweise die Unterschrift des Urhebers verlangt wird[38], ist dies auf Grund der ausdrücklichen Bestimmung in § 20 Abs. 1 Satz 1 VOB/A und § 20 EG Abs. 1 Satz 1 VOB/A jedenfalls im Geltungsbereich dieser Normen einschränkend dahingehend zu verstehen, dass auch die zur Wahrung der Textform gemäß § 126b BGB lediglich erforderliche Nennung der Person des Erklärenden in Verbindung mit einer Kenntlichmachung des Abschlusses der Erklärung durch Nachbildung der Namensunterschrift oder in anderer Weise genügt. 35

---

[34] *Bauer* in Heiermann/Riedl/Rusam, § 20 VOB/A Rn. 9; *Düsterdiek* in Ingenstau/Korbion, § 20 VOB/A Rn. 23; *Zeise* in Kulartz/Marx/Portz/Prieß, VOB/A, § 20 Rn. 35.

[35] *Bauer* in Heiermann/Riedl/Rusam, § 20 VOB/A Rn. 10; *Düsterdiek* in Ingenstau/Korbion, § 20 VOB/A Rn. 23; *Zeise* in Kulartz/Marx/Portz/Prieß, VOB/A, § 20 Rn. 35.

[36] A. A. *Düsterdiek* in Ingenstau/Korbion, § 20 VOB/A Rn. 3; *Nelskamp/Dahmen* KommJur 2010, 208, 209: Schriftform.

[37] *Zeise* in Kulartz/Marx/Portz/Prieß, VOL/A, § 20 Rn. 4, § 24 EG Rn. 4.

[38] OLG Bremen Beschl. v. 14.4.2005, Verg 1/2005, VergabeR 2005, 537, 541 m. Anm. *Willenbruch*; OLG Celle Beschl. v. 11.2.2010, 13 Verg 16/09, VergabeR 2010, 669, 674 m. Anm. *Gulich*; OLG München Beschl. v. 15.7.2005, Verg 14/05, VergabeR 2005, 799, 801 m. Anm. *Schranner*; VK Südbayern Beschl. v. 19.1.2009, Z3–3–3194–1–39–11–08, IBR online; *Nelskamp/Dahmen* KommJur 2010, 208, 211; *Schaller* VergabeR 2007, Sonderheft 2a, 394, 397; *Diehl* in Müller-Wrede, VOL/A, § 24 EG Rn. 43; *Düsterdiek* in Ingenstau/Korbion, § 20 VOB/A Rn. 9; *Fett* in Willenbruch/Wieddekind, § 20 VOL/A Rn. 5, § 24 EG VOL/A Rn. 5, 21; *Hänsel* in Ziekow/Völlink, § 20 VOB/A Rn. 5; *Portz* in Müller-Wrede, VOF, § 12 Rn. 12; *Stickler* in Kapellmann/Messerschmidt, § 20 VOB/A Rn. 15; *Voppel/Osenbrück/Bubert*, § 18 Rn. 6; *Zeise* in Kulartz/Marx/Portz/Prieß, VOB/A, § 20 Rn. 8; *Zeise* in Kulartz/Marx/Portz/Prieß, VOL/A, § 20 Rn. 4, § 24 EG Rn. 4.

36 Dabei versteht sich von selbst, dass nur diejenigen Bestandteile formgebunden sind, die vom Auftraggeber selbst erstellt werden, wohingegen die lediglich aktenmäßig abzulegenden Bestandteile der Dokumentation, d. h. insbesondere die von den Bietern abgegebenen Angebote und sonstigen eingereichten Erklärungen und Nachweise, so zu erfassen sind, wie sie beim Auftraggeber eingegangen sind. Bei Vergabeverfahren, die mit elektronischen Mitteln durchgeführt werden, trifft der Auftraggeber nach **§ 20 Abs. 1 Satz 3 VOB/A und § 20 Abs. 1 Satz 3 VOB/A** geeignete Maßnahmen zur Dokumentation[39].

37 Die Pflicht zur Dokumentation des Vergabeverfahrens in einem Vergabevermerk bedeutet nicht, dass ein **zusammenhängender, das gesamte Vergabeverfahren beschreibender Text** zu verfassen ist. Eine derartige Verfahrensbeschreibung ist zur Wahrung der Funktionen des Vergabevermerks nicht erforderlich. Daher genügt es, wenn die Dokumentation aus einer aktenmäßig geordneten Zusammenstellung der einzelnen im Laufe des Verfahrens entstandenen Schriftstücke besteht, solange das Vergabeverfahren dadurch vollständig, wahrheitsgemäß und nachvollziehbar abgebildet wird[40].

IV. Zeitpunkt der Dokumentation

38 Nach § 20 VOL/A, § 24 EG Abs. 1 VOL/A, § 20 Abs. 1 Satz 1 VOB/A, § 20 EG Abs. 1 Satz 1 VOB/A und § 12 Abs. 1 VOF ist das Vergabeverfahren **fortlaufend** bzw. **zeitnah** zu dokumentieren. Daraus folgt ebenso wie schon aus den Funktionen der Dokumentation, dass der Vergabevermerk **während des laufenden Vergabeverfahrens** zu erstellen ist und zu jedem Zeitpunkt den gegenwärtigen Stand des Verfahrens vollständig wiedergeben muss[41]. Unter dem Gesichtspunkt des Verständnisses der vergaberechtlichen Dokumentationspflicht als Unterfall der allgemeinen Pflicht zur ordnungsgemäßen Aktenführung stellt dies eine Selbstverständlichkeit dar. In gleicher Weise gilt dies mit Blick auf die Rechtsschutzfunktion des Vergabevermerks, da in nahezu jedem Stadium des Vergabeverfahrens Rechtsverletzungen des Auftraggebers denkbar sind, so dass es der Vergabevermerk den betroffenen Bietern zu jeder Zeit ermöglichen muss, den bisherigen Gang des Verfahrens und die getroffenen Maßnahmen und Entscheidungen des Auftraggebers nachzuvollziehen. Eine **unverzügliche** Dokumentation ist jedoch nicht erforderlich[42].

---

[39] Dazu unter Rn. 32.
[40] OLG Koblenz Beschl. v. 6.11.2008, 1 Verg 3/08, ZfBR 2009, 93, 95 f.; OLG Naumburg Beschl. v. 20.9.2012, 2 Verg 4/12, VergabeR 2013, 55, 62; VK Bund Beschl. v. 30.9.2010, VK 2–80/10, www.bundeskartellamt.de; VK Nordbayern Beschl. v. 24.10.2007, 21.VK-3194–38/07, IBR online; *Bauer* in Heiermann/Riedl/Rusam, § 20 VOB/A Rn. 3; *Diehl* in Müller-Wrede, VOL/A, § 24 EG Rn. 15; *Düsterdiek* in Ingenstau/Korbion, § 20 VOB/A Rn. 11; *Fett* in Willenbruch/Wieddekind, § 24 EG VOL/A Rn. 21; *Zeise* in Kulartz/Marx/Portz/Prieß, VOB/A, § 20 Rn. 8; *Zeise* in Kulartz/Marx/Portz/Prieß, VOL/A, § 20 Rn. 4, § 24 EG Rn. 4.
[41] BayObLG Beschl. v. 1.10.2001, Verg 6/01, VergabeR 2002, 63, 69; OLG Brandenburg Beschl. v. 3.8.1999, 6 Verg 1/99, NZBau 2000, 39, 44 f.; OLG Bremen Beschl. v. 14.4.2005, VergabeR 2005, 538, 541 m. Anm. *Willenbruch*; OLG Celle Beschl. v. 12.5.2010, 13 Verg 3/10, IBR online; OLG Celle Beschl. v. 11.2.2010, 13 Verg 16/09, VergabeR 2010, 669, 673 m. Anm. *Gulich*; OLG Düsseldorf Beschl. v. 17.3.2004, VII-Verg 1/04, ZfBR 2004, 500, 500 f.; OLG Düsseldorf Beschl. v. 14.8.2003, VII-Verg 46/03, VergabeR 2004, 232, 234; OLG Karlsruhe Beschl. v. 21.7.2010, 15 Verg 6/10, VergabeR 2011, 87, 91 m. Anm. *Hübner*; OLG München Beschl. v. 17.1.2008, Verg 15/07, VergabeR 2008, 574, 578; OLG Naumburg Beschl. v. 20.9.2012, 2 Verg 4/12, VergabeR 2013, 55, 62; *Nelskamp/Dahmen* KommJur 2010, 208, 211; *Düsterdiek* in Ingenstau/Korbion, § 20 VOB/A Rn. 7; *Fett* in Willenbruch/Wieddekind, § 20 VOL/A Rn. 15; *Hänsel* in Ziekow/Völlink, § 20 VOB/A Rn. 2; *Portz* in Müller-Wrede, VOF, § 12 Rn. 11; *Voppel/Osenbrück/Bubert*, § 18 Rn. 3.
[42] *Nelskamp/Dahmen* KommJur 2010, 208, 211; *Düsterdiek* in Ingenstau/Korbion, § 20 VOB/A Rn. 7; *Stickler* in Kapellmann/Messerschmidt, § 20 VOB/A Rn. 12; *Zeise* in Kulartz/Marx/Portz/Prieß, VOB/A, § 20 Rn. 16; *Zeise* in Kulartz/Marx/Portz/Prieß, VOL/A, § 20 Rn. 14, § 24 EG Rn. 14.

V. Folgen eines Dokumentationsmangels

Da die Bestimmungen über die Verpflichtung zur Führung eines Vergabevermerks auch darauf gerichtet sind, den Bewerbern und Bietern einen wirksamen Rechtsschutz gegen Rechtsverletzungen des Auftraggebers im Vergabeverfahren zu ermöglichen, begründen sie jedenfalls innerhalb des Kartellvergaberechts[43] als Ausprägung des Transparenzgebotes nach § 97 Abs. 1 GWB ein **subjektives Recht** der Bewerber und Bieter auf ordnungsgemäße Dokumentation des Vergabeverfahrens[44]. 39

Gleichwohl kommt dem Vergabevermerk nur eine **Hilfsfunktion** zur Durchsetzung anderer, außerhalb des Dokumentationsanspruchs liegender Rechte zu. Daher kann ein Nachprüfungsantrag nur dann auf Dokumentationsmängel gestützt werden, wenn sich diese Mängel gerade auf die subjektive Rechtsstellung des Antragstellers im Vergabeverfahren nachteilig ausgewirkt haben können[45]. Andernfalls ist die Entstehung eines Schadens ausgeschlossen, so dass der Antragsteller nicht antragsbefugt gemäß § 107 Abs. 2 Satz 2 GWB ist. 40

Hinsichtlich der Frage, ob Dokumentationsmängel nachträglich, insbesondere während eines Nachprüfungsverfahrens, durch Ergänzung oder Korrektur des Vergabevermerks **geheilt** werden können, wird bisweilen vertreten, eine derartige Heilung komme schon aus grundsätzlichen Erwägungen heraus nicht in Betracht, um die Transparenz des Vergabeverfahrens zu gewährleisten und Manipulationsversuchen des Auftraggebers vorzubeugen[46]. Diese Sichtweise blendet jedoch aus, dass die zu dokumentierenden Tatsachen von 41

---

[43] S. zur Existenz subjektiver Rechte außerhalb des Kartellvergaberechts unter § 80 Rn. 15.
[44] BayObLG Beschl. v. 1.10.2001, Verg 6/01, VergabeR 2002, 63, 69; BayObLG Beschl. v. 20.8. 2001, Verg 9/01, NZBau 2002, 348, 350; OLG Celle Beschl. v. 12.5.2010, 13 Verg 3/10, IBR online; OLG Celle Beschl. v. 11.2.2010, 13 Verg 16/09, VergabeR 2010, 669, 673 m. Anm. *Gulich;* OLG Düsseldorf Beschl. v. 10.8.2011, VII-Verg 36/11, NZBau 2011, 765, 768; OLG Düsseldorf Beschl. v. 17.3.2004, VII-Verg 1/04, ZfBR 2004, 500, 501; *Nelskamp/Dahmen* KommJur 2010, 208, 210 f.; *Schaller* VergabeR 2007, Sonderheft 2a, 394, 398; *Bauer* in Heiermann/Riedl/Rusam, § 20 VOB/A Rn. 4; *Diehl* in Müller-Wrede, VOL/A, § 24 EG Rn. 47; *Düsterdiek* in Ingenstau/Korbion, § 20 VOB/A Rn. 2, 28; *Fett* in Willenbruch/Wieddekind, § 20 VOL/A Rn. 16; *Hänsel* in Ziekow/Völlink, § 20 VOB/A Rn. 10; *Mentzinis* in Pünder/Schellenberg, § 20 VOL/A Rn. 2, § 20 VOB/A Rn. 1, 9, § 12 VOF Rn. 1, 5; *Stickler* in Kapellmann/Messerschmidt, § 20 VOB/A Rn. 5; *Voppel/Osenbrück/Bubert,* § 18 Rn. 3; *Zeise* in Kulartz/Marx/Portz/Prieß, VOB/A, § 20 Rn. 3; *Zeise* in Kulartz/Marx/Portz/Prieß, VOL/A, § 20 Rn. 31, § 24 EG Rn. 3; einschränkend OLG Jena Beschl. v. 29.1.2007, 9 Verg 8/06, NZBau 2008, 77; *Portz* in Müller-Wrede, VOF, § 12 Rn. 35; wohl a. A. OLG München Beschl. v. 5.4.2012, Verg 3/12, IBR online.
[45] BayObLG Beschl. v. 20.8.2001, Verg 9/01, NZBau 2002, 348, 350; OLG Celle Beschl. v. 12.5.2010, 13 Verg 3/10, IBR online; OLG Celle Beschl. v. 11.2.2010, 13 Verg 16/09, VergabeR 2010, 669, 673 m. Anm. *Gulich;* OLG Düsseldorf Beschl. v. 10.8.2011, VII-Verg 36/11, NZBau 2011, 765, 768; OLG Düsseldorf Beschl. v. 17.3.2004, VII-Verg 1/04, ZfBR 2004, 500, 501; OLG Frankfurt a. M. Beschl. v. 23.1.2007, 11 Verg 11/06, IBR online; OLG München Beschl. v. 17.1. 2008, Verg 15/07, VergabeR 2008, 574, 578; VK Sachsen Beschl. v. 5.3.2012, 1/SVK/003–12, IBR online; *Diehl* in Müller-Wrede, VOL/A, § 24 EG Rn. 48; *Düsterdiek* in Ingenstau/Korbion, § 20 VOB/A Rn. 19 f., 28; *Fett* in Willenbruch/Wieddekind, § 24 EG VOL/A Rn. 23; *Hänsel* in Ziekow/Völlink, § 20 VOB/A Rn. 10; *Stickler* in Kapellmann/Messerschmidt, § 20 VOB/A Rn. 9; *Voppel/Osenbrück/Bubert,* § 18 Rn. 28; *Zeise* in Kulartz/Marx/Portz/Prieß, VOB/A, § 20 Rn. 4; *Zeise* in Kulartz/Marx/Portz/Prieß, VOL/A, § 20 Rn. 31, § 24 EG Rn. 33.
[46] OLG Bremen Beschl. v. 14.4.2005, Verg 1/2005, VergabeR 2005, 537, 541 m. Anm. *Willenbruch;* OLG Celle Beschl. v. 11.2.2010, 13 Verg 16/09, VergabeR 2010, 669, 673 f. m. Anm. *Gulich* (vgl. aber OLG Celle Beschl. v. 13.1.2011, 13 Verg 15/10, VergabeR 2011, 531, 535); OLG Düsseldorf Beschl. v. 17.3.2004, VII-Verg 1/04, ZfBR 2004, 500, 501; OLG Frankfurt a. M. Beschl. v. 9.8.2007, 11 Verg 6/07, ZfBR 2009, 83, 84; OLG Frankfurt a. M. Beschl. v. 28.11.2006, 11 Verg 4/06, NZBau 2007, 804, 806; OLG Jena Beschl. v. 9.9.2010, 9 Verg 4/10, VergabeR 2011, 96, 100; VK Düsseldorf Beschl. v. 13.9.2011, VK-21/2011-B, juris; *Nelskamp/Dahmen* KommJur 2010,

ganz unterschiedlicher Art und Bedeutung sein können. Zu Recht ist der Bundesgerichtshof daher zu dem Ergebnis gelangt, dass die Zulässigkeit einer nachträglichen Heilung von Dokumentationsmängeln nur differenziert beantwortet werden kann[47]. Zu unterscheiden ist demnach insbesondere zwischen dem sich aus den Vergabeordnungen ergebenden Mindestinhalt des Vergabevermerks und ergänzenden Gesichtspunkten, mit denen der Auftraggeber nachträglich, d. h. namentlich im Nachprüfungsverfahren, die sachliche Richtigkeit seiner Entscheidung verteidigt. Der Heilung entzogen sind daher in der Regel lediglich diejenigen Umstände, deren Nachschieben im Nachprüfungsverfahren nicht ausreichen könnte, um eine wettbewerbsgemäße Auftragsvergabe zu gewährleisten[48].

42 Aus diesen Grundsätzen kann insbesondere der Schluss gezogen werden, dass eine nachträgliche Korrektur der Dokumentation hinsichtlich **bereits abgeschlossener tatsächlicher Ereignisse** uneingeschränkt möglich ist, da insoweit Manipulationsmöglichkeiten des Auftraggebers ausgeschlossen sind und lediglich bereits Geschehenes dokumentiert wird. Fehlerhaft nicht in der Dokumentation enthaltene Unterlagen, z. B. Schreiben des Auftraggebers oder der Bieter, dürfen daher jederzeit nachträglich hinzugefügt werden. Betrifft die nachträgliche Korrektur hingegen **Entscheidungen des Auftraggebers,** hinsichtlich derer ihm ein Beurteilungs- oder Ermessensspielraum zukommt, kommt eine nachträgliche Ergänzung oder gar vollständige Nachholung der Begründung der Entscheidung des Auftraggebers nur in engen Grenzen in Betracht. Insbesondere betrifft dies die in § 24 EG Abs. 2 lit. c) bis j) VOL/A, § 20 Abs. 1 Satz 2 Nr. 3 bis 10 VOB/A, § 20 EG Abs. 1 Satz 2 Nr. 3 bis 10 VOB/A und § 12 Abs. 2 lit. b) bis f) VOF genannten Entscheidungen des Auftraggebers. Insoweit können zur Abgrenzung auch die anerkannten Grundsätze zum Nachschieben von Gründen im Verwaltungsprozess[49] entsprechend herangezogen werden[50].

43 Ist eine Heilung eines Dokumentationsmangels nach den genannten Grundsätzen ausgeschlossen, ist das Vergabeverfahren ab demjenigen Verfahrensabschnitt, der nicht ordnungsgemäß dokumentiert ist, zu **wiederholen**[51].

C. Mitteilung über nicht berücksichtigte Bewerbungen und Angebote

44 Die Vergabeordnungen enthalten in § 19 Abs. 1 und 3 VOL/A, § 22 EG VOL/A, § 19 Abs. 1 bis 4 VOB/A, § 19 EG Abs. 1 und 4 bis 6 VOB/A, § 10 Abs. 5 VOF und § 14

208, 213; *Schaller* VergabeR 2007, Sonderheft 2a, 394, 397; *Diehl* in Müller-Wrede, VOL/A, § 20 Rn. 8, § 24 EG Rn. 4; *Düsterdiek* in Ingenstau/Korbion, § 20 VOB/A Rn. 17; *Fett* in Willenbruch/Wieddekind, § 24 EG VOL/A Rn. 23; *Hänsel* in Ziekow/Völlink, § 20 VOB/A Rn. 10; *Mentzinis* in Pünder/Schellenberg, § 23 EG VOL/A Rn. 2, § 20 VOB/A Rn. 9, § 12 VOF Rn. 4; *Stickler* in Kapellmann/Messerschmidt, § 20 VOB/A Rn. 10; differenzierend *Diehl* in Müller-Wrede, § 24 EG Rn. 44 ff.

[47] BGH Beschl. v. 8.2.2011, X ZB 4/10, NZBau 2011, 175, 184; ähnlich VK Lüneburg Beschl. v. 28.6.2011, VgK 21/2011, IBR online; *Zeise* in Kulartz/Marx/Portz/Prieß, VOB/A, § 20 Rn. 20; *Zeise* in Kulartz/Marx/Portz/Prieß, VOL/A, § 20 Rn. 18, § 24 EG Rn. 18.

[48] BGH Beschl. v. 8.2.2011, X ZB 4/10, NZBau 2011, 175, 184.

[49] Dazu statt vieler *Schenke* in Kopp/Schenke, § 113 Rn. 71 ff.

[50] Vgl. OLG Düsseldorf Beschl. v. 8.9.2011, VII-Verg 48/11, VergabeR 2012, 193, 196 mit Verweis auf § 114 VwGO.

[51] OLG Celle Beschl. v. 11.2.2010, 13 Verg 16/09, VergabeR 2010, 669, 674 m. Anm. *Gulich;* OLG Celle Beschl. v. 3.3.2005, 13 Verg 21/04, IBR online; OLG Düsseldorf Beschl. v. 17.3.2004, VII-Verg 1/04, ZfBR 2004, 500, 501; OLG Frankfurt a. M. Beschl. v. 9.8.2007, 11 Verg 6/07, ZfBR 2009, 83, 84; OLG Frankfurt a. M. Beschl. v. 28.11.2006, 11 Verg 4/06, NZBau 2007, 804, 805; OLG Karlsruhe Beschl. v. 21.7.2010, 15 Verg 6/10, VergabeR 2011, 87, 92 f. m. Anm. *Hübner*; *Düsterdiek* in Ingenstau/Korbion, § 20 VOB/A Rn. 19; *Mentzinis* in Pünder/Schellenberg, § 20 VOB/A Rn. 9; *Stickler* in Kapellmann/Messerschmidt, § 20 VOB/A Rn. 8; *Voppel/Osenbrück/Bubert,* § 18 Rn. 27.

Abs. 5 VOF Bestimmungen über die Benachrichtigung derjenigen Bewerber und Bieter, deren Bewerbungen bzw. Angebote nicht berücksichtigt wurden. Sie dienen der Umsetzung der europarechtlichen Vorgaben aus Art. 41 VKR und sind deshalb weitgehend inhaltsgleich. Im Bereich der Abschnitte 1 der VOL/A und der VOB/A übernimmt der nationale Normgeber damit die Mitteilungsregeln des EU-Vergaberechts, ohne auf Grund der Richtlinienbestimmungen dazu verpflichtet zu sein.

Der am 15. Januar 2014 im Europäischen Parlament beschlossene Entwurf einer neuen Richtlinie des Europäischen Parlaments und des Rates über die öffentliche Auftragsvergabe[52], die an die Stelle der Vergabekoordinierungsrichtlinie treten soll, sieht in Art. 53 die Verpflichtung der Mitgliedstaaten vor, eine Unterrichtung der nicht berücksichtigten Bewerber und Bieter durch die Auftraggeber sicherzustellen. Inhaltlich ergeben sich keine wesentlichen Änderungen gegenüber den bisherigen Bestimmungen in Art. 41 VKR. **45**

Die Mitteilungspflicht des Auftraggebers besteht unabhängig von der Pflicht zur Ankündigung des Zuschlags nach § 101a GWB. Ihr **Zweck** besteht vorrangig darin, den Unternehmen, die bei der Auftragsvergabe nicht zum Zuge kommen, möglichst bald Kenntnis über ihre Ablehnung zu verschaffen, damit sie ihre für den Auftrag vorgesehenen Ressourcen nicht länger vorhalten müssen und für anderweitige Verwendungen einplanen können[53]. Insoweit entspricht sie der Pflicht des Auftraggebers nach § 17 Abs. 2 VOL/A, § 20 EG Abs. 2 und 3 VOL/A, § 17 Abs. 2 VOB/A sowie § 17 EG Abs. 2 VOB/A, die Bieter möglichst rasch über eine Aufhebung des Vergabeverfahrens zu unterrichten. Soweit die Mitteilungspflicht darüber hinaus die Angabe der Gründe für die Ablehnung des jeweiligen Angebotes verlangt, erfüllt sie ferner den Zweck, die Vergabeentscheidung des Auftraggebers transparent zu machen und dem einzelnen Bieter aufzuzeigen, an welchen Voraussetzungen sein Angebot gescheitert ist, auch damit er daraus Schlüsse für die Teilnahme an künftigen Vergabeverfahren ziehen kann[54]. Zudem kann die Mitteilung dem Adressaten die Durchsetzung seiner subjektiven Rechte erleichtern, da ihn die Kenntnis der Gründe für die Nichtberücksichtigung seiner Bewerbung oder seines Angebots in die Lage versetzt, die Rechtmäßigkeit der Entscheidung des Auftraggebers zumindest im Ansatz zu prüfen[55]. Im Vergleich zur Informationspflicht nach § 101a GWB ist diese Rechtsschutzfunktion der Mitteilung über die Nichtberücksichtigung jedoch deutlich eingeschränkt, schon weil die Mitteilung anders als die Information nach § 101a GWB nicht zwingend vor dem Zuschlag zu übersenden ist. Bedeutung kann den in den Vergabeordnungen vorgesehenen Mitteilungspflichten daher vorrangig hinsichtlich etwaiger Schadensersatzansprüche der erfolglosen Bieter zukommen[56]. **46**

Im Verhältnis der Mitteilungspflicht zur Informationspflicht nach **§ 101a GWB** gilt hier ebenso wie im umgekehrten Falle[57], dass der Auftraggeber beide Pflichten durch **47**

---

[52] PE-CONS 74/13 – 2011/0438 (COD).
[53] *Ch. Braun* in Ziekow/Völlink, § 101a GWB Rn. 27; *Fett* in Willenbruch/Wieddekind, § 19 VOL/A Rn. 1; *Mentzinis* in Pünder/Schellenberg, § 101a GWB Rn. 4, § 19 VOL/A Rn. 1, § 19 VOB/A Rn. 1; *Portz* in Ingenstau/Korbion § 19 VOB/A Rn. 5; *Portz* in Kulartz/Marx/Portz/Prieß, VOB/A, § 19 Rn. 5; *Portz* in Kulartz/Marx/Portz/Prieß, VOL/A, § 19 Rn. 10; *Portz* in Müller-Wrede, VOF, § 14 Rn. 7, 33; *Roth* in Müller-Wrede, VOL/A, § 19 Rn. 1, § 22 EG Rn. 1; *Völlink* in Ziekow/Völlink, § 19 VOB/A Rn. 1 f.; *Voppel/Osenbrück/Bubert*, § 17 Rn. 44; *O. Wagner* in Langen/Bunte, § 101a GWB Rn. 7.
[54] *Fett* in Willenbruch/Wieddekind, § 19 VOL/A Rn. 1.
[55] *Portz* in Kulartz/Marx/Portz/Prieß, VOL/A, § 19 Rn. 10; *Voppel/Osenbrück/Bubert*, § 17 Rn. 44.
[56] *Mentzinis* in Pünder/Schellenberg, § 19 VOL/A Rn. 3, § 19 VOB/A Rn. 3; *Portz* in Kulartz/Marx/Portz/Prieß, VOL/A, § 19 Rn. 14; *Portz* in Müller-Wrede, VOF, § 14 Rn. 7.
[57] Dazu unter § 32 Rn. 51.

Übermittlung einer einheitlichen Mitteilung erfüllen kann, soweit diese die Anforderungen beider Pflichten erfüllt[58].

48 Über die einzelnen Vergabeordnungen hinweg bestehen die Mitteilungspflichten im Interesse der zu unterrichtenden Bewerber und Bieter und begründen daher im Geltungsbereich des Kartellvergaberechts[59] ein **subjektives Recht** des jeweiligen Adressaten auf ordnungsgemäße Information[60]. Im Nachprüfungsverfahren nach den §§ 102 ff. GWB kann dieses Recht jedoch ebenso wie die Pflicht zur Information nach § 101a Abs. 1 GWB nur dann geltend gemacht werden, wenn der Antragsteller gemäß § 107 Abs. 2 Satz 2 GWB einen über die bloße Rechtsverletzung hinausgehenden, bereits entstandenen oder drohenden Schaden darlegen kann. Zudem kommt ein Nachprüfungsantrag zur Geltendmachung des Informationsanspruchs nur während des laufenden Vergabeverfahrens und damit vor der Erteilung des Zuschlages in Betracht[61].

49 Lässt der Bewerber oder Bieter eine ihm nach den bestehenden Mitteilungsregeln zukommende Möglichkeit zur Information ungenutzt, kann ihm dies nicht zum Nachteil gereichen, wenn er dadurch erst verzögert von einer Rechtsverletzung des Auftraggebers Kenntnis erlangt. Mit dem Recht auf Information korrespondiert keine **Erkundigungsobliegenheit** des jeweiligen Adressaten[62].

I. § 19 Abs. 1 und 3 VOL/A

50 Im Anwendungsbereich des Abschnitts 1 der VOL/A normiert **§ 19 Abs. 1 VOL/A** die Pflicht des Auftraggebers, die nicht berücksichtigten Bewerber und Bieter über ihre Nichtberücksichtigung zu unterrichten. Mitteilung ist damit nicht nur über die Zuschlagsentscheidung des Auftraggebers zu machen, sondern auch über etwaige ihr vorangehende Zwischenentscheidungen wie das Ergebnis eines Teilnahmewettbewerbs. Ein **Formzwang** besteht nicht[63].

1. Zeitpunkt der Mitteilung

51 Die Mitteilung ist **unverzüglich,** d.h. ohne schuldhaftes Zögern (§ 121 Abs. 1 BGB), zu machen. Anknüpfungspunkt für die Bestimmung der Unverzüglichkeit ist der Abschluss des jeweiligen Verfahrensschritts, also insbesondere der vollständigen Prüfung und Wertung der Angebote zur Ermittlung des Zuschlagsempfängers oder des Teilnahmewettbewerbs zur Ermittlung der zur Angebotsabgabe aufzufordernden Bewerber. Die Mitteilungspflicht des Auftraggebers besteht unabhängig von einem darauf gerichteten Antrag der Bieter oder Bewerber[64], da ein solcher nach dem Wortlaut von § 19 Abs. 1 VOL/A nur für die Bestimmung der Informationsfrist von Bedeutung ist.

---

[58] *Macht/Städler* NZBau 2012, 143, 144 ff.; *Kühnen* in Byok/Jaeger, § 101a GWB Rn. 12; *Mentzinis* in Pünder/Schellenberg, § 101a GWB Rn. 4; *Voppel/Osenbrück/Bubert,* Anh. § 17 Rn. 10.
[59] S. zur Existenz subjektiver Rechte außerhalb des Kartellvergaberechts unter § 80 Rn. 15.
[60] OLG Düsseldorf Beschl. v. 19.7.2000, VII-Verg 10/00, BauR 2000, 1623, 1625; *Portz* in Ingenstau/Korbion, § 19 VOB/A Rn. 30; *Portz* in Kulartz/Marx/Portz/Prieß, VOB/A, § 19 Rn. 31; *Portz* in Kulartz/Marx/Portz/Prieß, VOL/A, § 19 Rn. 52; *Roth* in Müller-Wrede, VOL/A, § 22 EG Rn. 24; zweifelnd *Mentzinis* in Pünder/Schellenberg, § 19 VOL/A Rn. 10 (vgl. aber § 19 VOB/A Rn. 10).
[61] Dazu unter § 40 Rn. 19 ff.
[62] VK Brandenburg Beschl. v. 26.3.2002, VK 4/02, juris.
[63] *Portz* in Kulartz/Marx/Portz/Prieß, VOL/A, § 19 Rn. 30; *Roth* in Müller-Wrede, VOL/A, § 22 EG Rn. 7; *Völlink* in Ziekow/Völlink, § 19 VOL/A Rn. 3, § 22 EG VOL/A Rn. 2; für Textformerfordernis *Mentzinis* in Pünder/Schellenberg, § 19 VOL/A Rn. 7.
[64] A. A. ohne Begründung *Mentzinis* in Pünder/Schellenberg, § 19 VOL/A Rn. 7; *Völlink* in Ziekow/Völlink, § 19 VOL/A Rn. 2.

Stellt der Bewerber oder Bieter einen auf Mitteilung gerichteten **Antrag,** ist die Mitteilung innerhalb von 15 Tagen nach Eingang dieses Antrags zu machen. Maßgeblich für die Fristwahrung ist die Absendung der Mitteilung[65]. Da § 19 Abs. 1 VOL/A keine Vorgaben zum Zeitpunkt der Antragstellung macht und dieser mithin beispielsweise schon bei der Abgabe des Angebots angebracht werden kann, ist die Norm einschränkend dahingehend zu verstehen, dass die Frist von 15 Tagen frühestens dann beginnt, wenn der jeweilige Verfahrensschritt abgeschlossen ist und die der Mitteilung zugrunde liegenden Entscheidungen des Auftraggebers getroffen sind[66]. Auf die Frage einer zeitlichen Begrenzung der Antragsmöglichkeit kommt es in aller Regel nicht an[67], da der Auftraggeber auch ohne Antrag zur Mitteilung verpflichtet ist. 52

2. Inhalt der Mitteilung

Der Inhalt der Mitteilung besteht in der Angabe, dass die Bewerbung oder das Angebot keine Berücksichtigung gefunden hat, sowie in der Benennung der **Gründe** für diese Entscheidung. Anzugeben sind die tragenden Gründe, die für die Entscheidung des Auftraggebers maßgeblich waren[68]. Auf Grund der Transparenzfunktion der Mitteilung genügt es nicht, wenn der Auftraggeber lediglich den Wortlaut eines gesetzlichen Tatbestandes für die Nichtberücksichtigung eines Angebots, beispielsweise aus § 16 Abs. 3 bis 7 VOL/A, wiederholt[69]. Vielmehr hat er darüber hinaus diejenigen konkreten Tatsachen nachvollziehbar darzulegen, die der Entscheidung des Auftraggebers, das Angebot nicht für den Zuschlag vorzusehen, zugrunde liegen. Wird das Angebot mangels Wirtschaftlichkeit abgelehnt, gehören dazu insbesondere die Angabe der herangezogenen Zuschlagskriterien und die Begründung der Wertung des konkreten Angebots, etwa durch Mitteilung der vergebenen Punktzahl[70]. 53

Darüber hinaus hat der Auftraggeber den **Namen des erfolgreichen Bieters** und die **Merkmale und Vorteile des erfolgreichen Angebotes** zu nennen. Diese Pflicht besteht nur gegenüber den nicht erfolgreichen Bietern, nicht hingegen gegenüber nicht ausgewählten Bewerbern. Da die Mitteilungspflicht anders als die Informationspflicht nach § 101a GWB nicht vorrangig der Durchsetzung eines wirksamen Rechtsschutzes gegen rechtswidrige Vergabeentscheidungen dient, ist der Begriff des Bieters in diesem Zusammenhang formal zu verstehen. Maßgeblich ist, ob das jeweilige Unternehmen ein Angebot abgegeben hat. 54

Hinsichtlich der Angabe des Namens des erfolgreichen Bieters gelten die zu § 101a Abs. 1 Satz 1 GWB herausgearbeiteten Grundsätze entsprechend[71]. Hinsichtlich der Merkmale und Vorteile des erfolgreichen Angebotes, die ebenfalls zum Gegenstand der Mitteilung zu machen sind, lässt § 19 Abs. 1 VOL/A offen, wie diese zu bestimmen sind. Aus dem Zusammenhang ergibt sich aber, dass damit diejenigen Eigenschaften eines Angebotes gemeint sind, die **für die Zuschlagsentscheidung des Auftraggebers maßgeblich** waren[72]. Eine wesentliche Einschränkung erfährt dieser Grundsatz jedoch durch die Möglichkeit, Informationen nach § 19 Abs. 3 VOL/A zurückzuhalten. Konkrete An- 55

---

[65] *Portz* in Kulartz/Marx/Portz/Prieß, VOL/A, § 19 Rn. 36.
[66] *Roth* in Müller-Wrede, VOL/A, § 22 EG Rn. 15.
[67] So aber *Fett* in Willenbruch/Wieddekind, § 19 VOL/A Rn. 5; *Roth* in Müller-Wrede, VOL/A, § 22 EG Rn. 17; *Völlink* in Ziekow/Völlink, § 19 VOL/A Rn. 2.
[68] *Fett* in Willenbruch/Wieddekind, § 19 VOL/A Rn. 8; *Mentzinis* in Pünder/Schellenberg, § 19 VOL/A Rn. 8; *Portz* in Kulartz/Marx/Portz/Prieß, VOL/A, § 19 Rn. 33.
[69] S. zur Parallelsituation bei § 101a GWB § 32 Rn. 37 ff.
[70] Ähnlich *Fett* in Willenbruch/Wieddekind, § 19 VOL/A Rn. 9.
[71] Dazu unter § 32 Rn. 34 ff.
[72] *Fett* in Willenbruch/Wieddekind, § 19 VOL/A Rn. 15; *Portz* in Ingenstau/Korbion, § 19a VOB/A Rn. 26; *Portz* in Kulartz/Marx/Portz/Prieß, VOB/A, § 19 Rn. 26; *Portz* in Kulartz/Marx/Portz/Prieß, VOL/A, § 19 Rn. 34; unklar *Roth* in Müller-Wrede, VOL/A, § 22 EG Rn. 8.

gaben zum Preis und zu den technischen Einzelheiten des erfolgreichen Angebots sind daher regelmäßig von der Informationspflicht ausgenommen.

3. Zurückhalten von Informationen

56 Nach **§ 19 Abs. 3 VOL/A** kann der Auftraggeber Informationen zurückhalten, wenn ihre Weitergabe den Gesetzesvollzug vereitelte, sonst nicht im öffentlichen Interesse läge oder die berechtigten Geschäftsinteressen von Unternehmen oder den lauteren Wettbewerb beeinträchtigte. Nach der Systematik der Norm bezieht sich der Ausnahmetatbestand nicht nur auf die Informationspflicht nach § 19 Abs. 2 VOL/A, sondern auch auf die Pflicht zur Mitteilung nach § 19 Abs. 1 VOL/A[73].

57 Die einzelnen Tatbestandsvarianten sind **weit** gefasst und erlauben dem Auftraggeber, in einer Vielzahl von Fällen von der Informationsübermittlung abzusehen.

58 Soweit eine Zurückhaltung von Angaben gestattet ist, wenn ihre Weitergabe den **Gesetzesvollzug** vereitelte, ist damit nicht nur der Vollzug der das Vergabeverfahren regelnden Gesetze gemeint. In Betracht kommen vielmehr alle Rechtsnormen. Dazu gehören insbesondere Gesetze, zu deren Ausführung die beschaffte Lieferung oder Leistung dient, beispielsweise die gesetzlichen Bestimmungen zur Abwehr von Gefahren für die öffentliche Sicherheit und Ordnung[74]. Entgegen einer im Schrifttum vertretenen Auffassung kann der Ausnahmetatbestand nicht auf solche Fälle beschränkt werden, in denen das Gesetz selbst die Verbreitung der jeweiligen Information untersagt[75]. Hiergegen spricht bereits der weite Wortlaut des Tatbestandsmerkmals des Gesetzesvollzuges, das sich ganz allgemein auf den Vollzug der Gesetze bezieht, ohne dass damit nur Gesetze eines bestimmten Inhaltes bezeichnet werden.

59 Zudem geht die Tatbestandsvariante der Vereitelung des Gesetzesvollzugs vollständig in dem weiteren Ausnahmetatbestand der **Beeinträchtigung des öffentlichen Interesses** auf[76], da eine Vereitelung des Vollzugs von Gesetzen stets dem öffentlichen Interesse widerspricht. Im Wortlaut von § 19 Abs. 3 VOL/A kommt dies durch das Wort „*sonst*" zum Ausdruck. Auf Grund dieser Teilidentität kann eine genaue Abgrenzung des Ausnahmetatbestandes der Vereitelung des Gesetzesvollzuges in aller Regel unterbleiben. Zu den sonstigen Fällen der Beeinträchtigung öffentlichen Interesses jenseits der Verhinderung des Gesetzesvollzuges gehören insbesondere diejenigen Situationen, in denen die Wahrnehmung öffentlicher Aufgaben durch die Angaben erschwert würde, beispielsweise weil die Person des Vertragspartners geheim zu halten ist. Insoweit korrespondiert die Befreiung von der Veröffentlichungspflicht mit der Befugnis des Auftraggebers, einen Auftrag gemäß § 3 Abs. 3 lit. f) VOL/A freihändig zu vergeben, wenn es aus Gründen der Geheimhaltung erforderlich ist.

60 Eine praktisch bedeutsame Ausnahme von der Unterrichtungspflicht sieht § 19 Abs. 3 VOL/A dann vor, wenn die Mitteilung die **berechtigten Geschäftsinteressen von Unternehmen** beeinträchtigte. Dieser Tatbestand ist v. a. dann erfüllt, wenn die Weitergabe der Informationen Betriebs- und Geschäftsgeheimnisse des erfolgreichen Bieters verletzte. Zudem würde durch eine solche Information der lautere Wettbewerb verletzt, zu dessen wesentlichen Bestandteilen der Schutz von Betriebs- und Geschäftsgeheimnissen zählt. Nach dem allgemeinen, nicht nur auf das Vergaberecht beschränken Begriffsver-

---

[73] *Fett* in Willenbruch/Wieddekind, § 19 VOL/A Rn. 18.
[74] *Portz* in Kulartz/Marx/Portz/Prieß, VOL/A, § 19 Rn. 47; *Portz* in Müller-Wrede, VOF, § 14 Rn. 27; *Roth* in Müller-Wrede, VOL/A, § 22 EG Rn. 20, § 23 EG Rn. 9; einschränkend *Fett* in Willenbruch/Wieddekind, § 19 VOL/A Rn. 19.
[75] So aber *Rechten* in Kulartz/Marx/Portz/Prieß, VOB/A, § 18a VOB/A Rn. 22; *Rechten* in Kulartz/Marx/Portz/Prieß, VOL/A, § 23 EG Rn. 27.
[76] *Portz* in Kulartz/Marx/Portz/Prieß, VOL/A, § 19 Rn. 48; *Rechten* in Kulartz/Marx/Portz/Prieß, VOB/A, § 18a VOB/A Rn. 23; *Rechten* in Kulartz/Marx/Portz/Prieß, VOL/A, § 23 EG Rn. 30.

ständnis sind Betriebs- und Geschäftsgeheimnisse alle auf ein Unternehmen bezogenen Tatsachen, Umstände und Vorgänge, die nicht offenkundig, sondern nur einem begrenzten Personenkreis zugänglich sind und an deren Nichtverbreitung der Rechtsträger ein berechtigtes Interesse hat[77]. Dazu gehören insbesondere die Angebote selbst[78]. Daraus folgt, dass Angaben zum Preis des erfolgreichen Angebots in aller Regel nicht gemacht werden müssen, auch wenn dieser für den Zuschlag maßgeblich war und daher zu den Merkmalen und Vorteilen des erfolgreichen Angebotes i. S. v. § 19 Abs. 1 VOL/A gehört. Auch sonstige Angaben zum Inhalt des erfolgreichen Angebotes können darunter fallen, insbesondere zu seinen technischen Einzelheiten, die es gegenüber anderen Angeboten auszeichnen. Die genaue Grenzziehung hängt vom Einzelfall ab; hat der erfolgreiche Bieter beispielsweise ein marktgängiges Produkt angeboten, dessen Eigenschaften er allgemein bekannt gemacht hat, so verletzt der Auftraggeber kein Betriebs- oder Geschäftsgeheimnis und berührt auch sonst keine berechtigten Geschäftsinteressen des Zuschlagsempfängers, wenn er den übergangenen Bietern mitteilt, welche dieser Eigenschaften für den Zuschlag maßgeblich waren.

Die Tatbestandsvariante der Beeinträchtigung des **lauteren Wettbewerbs** schließlich 61 geht über den Schutz der berechtigten Geschäftsinteressen noch hinaus. Zurückgehalten werden können sämtliche Informationen, deren Bekanntwerden geeignet ist, den Wettbewerb auf dem jeweiligen Markt nachteilig zu beeinflussen[79]. Dazu können beispielsweise Angaben über die Zusammensetzung des Bieterfeldes und über die Angebotskonditionen der übrigen Bieter gehören, soweit diese Aufschluss über Kalkulation oder Marktstragie der jeweiligen Konkurrenten geben.

II. § 22 EG VOL/A

Für den Abschnitt 2 der VOL/A normiert § **22 EG VOL/A** die Pflicht des Auftragge- 62 bers zur Mitteilung an die nicht berücksichtigten Bewerber und Bieter. Die Norm entspricht wörtlich den Bestimmungen in § **19 Abs. 1 und 3 VOL/A**.

III. § 19 Abs. 1 bis 4 VOB/A

Im Anwendungsbereich der VOB/A enthält § **19 Abs. 1 bis 4 VOB/A** eine Pflicht des 63 Auftraggebers, die nicht berücksichtigten Bewerber und Bieter über seine Entscheidung zu informieren.

1. Allgemeine Mitteilungspflicht

Ähnlich wie die Regelung in § 19 Abs. 1 VOL/A begründet § **19 Abs. 1 VOB/A** eine 64 allgemeine Pflicht des Bieters, den erfolglosen Bietern eine Mitteilung über ihre Ablehnung zu machen. Die Pflicht ist nicht von einem darauf gerichteten Antrag des jeweiligen Bieters abhängig[80] und besteht nach dem Wortlaut von § 19 Abs. 1 VOB/A nur gegenüber Bietern, nicht aber gegenüber Bewerbern[81]. Ein Formzwang ist nicht vorgesehen[82].

---

[77] BVerfG Beschl. v. 14.3.2006, 1 BvR 2087/03, NVwZ 2006, 1041, 1042; BGH Urt. v. 10.5.1995, 1 StR 764/94, NJW 1995, 2301; jeweils m. w. N.
[78] BGH Urt. v. 10.5.1995, 1 StR 764/94, NJW 1995, 2301.
[79] *Portz* in Kulartz/Marx/Portz/Prieß, VOL/A, § 19 Rn. 50.
[80] *Völlink* in Ziekow/Völlink, § 19 VOB/A Rn. 3.
[81] *Mentzinis* in Pünder/Schellenberg, § 19 VOB/A Rn. 8; *Portz* in Ingenstau/Korbion, § 19 VOB/A Rn. 6; *Portz* in Kulartz/Marx/Portz/Prieß, VOL/A, § 19 Rn. 6; *Stickler* in Kapellmann/Messerschmidt, § 19 VOB/A Rn. 4.

65 Hinsichtlich des **Zeitpunkts** der Mitteilung wird eine differenzierte Regelung getroffen: Bieter, deren Angebote gemäß § 16 Abs. 1 VOB/A ausgeschlossen worden sind, und solche, deren Angebote nicht in die engere Wahl kommen, sollen unverzüglich (§ 121 Abs. 1 BGB: ohne schuldhaftes Zögern[83]) benachrichtigt werden. Welche Angebote nicht in die engere Wahl kommen, ergibt sich aus § 16 Abs. 6 Nr. 3 Satz 1 VOB/A[84]. Dies sind demnach alle Angebote, die wegen eines zwingenden oder fakultativen Ausschlussgrundes (§ 16 Abs. 1 Nr. 1 und 2 VOB/A), wegen mangelnder Eignung des Bieters (§ 16 Abs. 2 VOB/A), wegen unangemessen hoher oder niedriger Preise (§ 16 Abs. 6 Nr. 1 und 2 VOB/A) oder wegen einer negativen Vertragserfüllungsprognose (§ 16 Abs. 6 Nr. 3 Satz 1 VOB/A) nicht für einen Zuschlag in Betracht kommen. Die Bieter, deren Angebote in die engere Wahl kommen, sind gemäß § 19 Abs. 1 Satz 2 VOB/A erst zu unterrichten, sobald der Zuschlag erteilt wurde.

66 In **inhaltlicher** Hinsicht fordert § 19 Abs. 1 VOB/A lediglich die Mitteilung über die Ablehnung des Angebotes.

2. Pflicht zur Angabe der Gründe

67 Nur auf Verlangen[85] hat der Auftraggeber gemäß **§ 19 Abs. 2 VOB/A** den nicht berücksichtigten Bewerbern und Bietern die Gründe für die Nichtberücksichtigung ihrer Bewerbung oder ihres Angebots mitzuteilen. Die persönliche Reichweite dieser Pflicht ist im Vergleich zur allgemeinen Mitteilungspflicht nach § 19 Abs. 1 VOB/A erweitert, da sie auch gegenüber Bewerbern besteht[86].

68 In **inhaltlicher** Hinsicht verlangt § 19 Abs. 2 VOB/A die Angabe der Gründe für die Nichtberücksichtigung der Bewerbung oder des Angebotes sowie gegenüber Bietern die Nennung der Merkmale und Vorteile des Angebotes des erfolgreichen Bieters und seines Namens. Insoweit entspricht die Norm nahezu wörtlich § 19 Abs. 1 VOL/A und § 22 EG Abs. 1 VOL/A[87].

69 Die **Frist** für die Übermittlung der Informationen nach § 19 Abs. 2 VOB/A beträgt 15 Kalendertage; ihr Beginn ist von dem Eingang eines in Textform (§ 126b BGB) gestellten Antrags des Bieters oder Bewerbers abhängig. Dadurch, dass § 19 Abs. 2 VOB/A unabhängig von dem Eingang eines solchen Antrags anordnet, dass die Auskünfte „*auf Verlangen*" zu erteilen sind, wird klargestellt, dass die Informationspflicht dem Grunde nach auch dann besteht, wenn der Antrag das Erfordernis der Textform nicht erfüllt[88]; der Auftraggeber muss ihr dann allerdings nicht innerhalb einer bestimmten Frist nachkommen. Bei einem zu langen Zuwarten bis zur Anbringung eines Antrags kann der Anspruch der Bewerber und Bieter auf Auskunft **verwirkt sein**[89].

---

[82] *Mentzinis* in Pünder/Schellenberg, § 19 VOB/A Rn. 11; *Stickler* in Kapellmann/Messerschmidt, § 19 VOB/A Rn. 7; kritisch *Portz* in Ingenstau/Korbion, § 19 VOB/A Rn. 10; *Portz* in Kulartz/Marx/Portz/Prieß, VOB/A, § 19 Rn. 10.

[83] *Mentzinis* in Pünder/Schellenberg, § 19 VOB/A Rn. 12; *Portz* in Ingenstau/Korbion, § 19 VOB/A Rn. 10; *Portz* in Kulartz/Marx/Portz/Prieß, VOB/A, § 19 Rn. 10; *Stickler* in Kapellmann/Messerschmidt, § 19 VOB/A Rn. 8.

[84] *Mentzinis* in Pünder/Schellenberg, § 19 VOB/A Rn. 9; *Portz* in Ingenstau/Korbion, § 19 VOB/A Rn. 8; *Stickler* in Kapellmann/Messerschmidt, § 19 VOB/A Rn. 6; *Völlink* in Ziekow/Völlink, § 19 VOB/A Rn. 6 f.

[85] *Portz* in Ingenstau/Korbion, § 19 VOB/A Rn. 12; *Portz* in Kulartz/Marx/Portz/Prieß, VOB/A, § 19 Rn. 12; *Völlink* in Ziekow/Völlink, § 19 VOB/A Rn. 8.

[86] *Mentzinis* in Pünder/Schellenberg, § 19 VOB/A Rn. 14.

[87] Dazu unter Rn. 50 ff.

[88] A. A. *Portz* in Ingenstau/Korbion, § 19 VOB/A Rn. 12; *Portz* in Kulartz/Marx/Portz/Prieß, VOB/A, § 19 Rn. 12; *Völlink* in Ziekow/Völlink, § 19 VOB/A Rn. 8.

[89] *Portz* in Ingenstau/Korbion, § 19 VOB/A Rn. 19; *Portz* in Kulartz/Marx/Portz/Prieß, VOB/A, § 19 Rn. 19; *Stickler* in Kapellmann/Messerschmidt, § 19 VOB/A Rn. 20; *Völlink* in Ziekow/Völlink, § 19 VOB/A Rn. 8.

Die Mitteilung des Auftraggebers muss nach dem ausdrücklichen Wortlaut von § 19 Abs. 2 VOB/A ebenfalls die **Textform** wahren[90]. 70

3. Umgang mit Bieterunterlagen

Die Vorgaben aus **§ 19 Abs. 3 und 4 VOB/A** gehören inhaltlich nicht mehr zu den Unterrichtungspflichten, stehen aber in Sachzusammenhang zu dem Umgang mit nicht berücksichtigten Bewerbungen und Angeboten. Soweit sie Konkretisierungen des Wettbewerbsgrundsatzes und der Pflicht des Auftraggebers zur Wahrung von Betriebs- und Geschäftsgeheimnissen darstellen, können sie für Vergabeverfahren außerhalb ihres unmittelbaren Anwendungsbereichs entsprechend herangezogen werden[91]. 71

Gemäß § 19 Abs. 3 VOB/A dürfen **nicht berücksichtigte Angebote und Ausarbeitungen der Bieter** nicht für eine neue Vergabe oder für andere Zwecke benutzt werden. Dieses Verbot der vergabefremden Nutzung der Bieterunterlagen steht im Zusammenhang mit der Bestimmung in § 8 Abs. 8 Nr. 1 Satz 1 VOB/A, nach der für die Erstellung des Angebots in der Regel keine Entschädigung gewährt wird. Durch das Nutzungsverbot soll verhindert werden, dass der Auftraggeber das Vergabeverfahren zu vergabefremden Zwecken missbraucht und sich Ausarbeitungen unentgeltlich, aber auf Kosten der Bieter verschafft. Auftraggeber und Bieter sind indes nicht daran gehindert, einvernehmlich eine abweichende Vereinbarung zu treffen[92]. 72

§ 19 Abs. 4 VOB/A führt diesen Gedanken fort und sieht vor, dass **Entwürfe, Ausarbeitungen, Muster und Proben zu nicht berücksichtigten Angeboten** zurückzugeben sind, wenn dies im Angebot oder innerhalb von 30 Kalendertagen nach Ablehnung des Angebots verlangt wird. Die Norm gibt keine Frist vor, innerhalb derer die Unterlagen zurückzugeben sind, so dass der Anspruch des Bieters sofort mit dem Rückgabeverlangen fällig wird (§ 271 Abs. 1 BGB). 73

Sonstige **Unterlassungs- oder Herausgabeansprüche** der Bieter, die sich z.B. aus dem Eigentums- oder Urheberrecht an den eingereichten Unterlagen oder aus vertraglichen Abreden ergeben können, werden von § 19 Abs. 3 und 4 VOB/A nicht berührt[93]. Insbesondere gilt die 30-Tages-Frist nach § 19 Abs. 4 VOB/A nur für den mit dieser Norm begründeten Anspruch und begrenzt schon aus Gründen der Normensystematik und -hierarchie nicht etwa einen damit konkurrierenden Herausgabeanspruch des Bieters aus § 985 BGB. 74

IV. § 19 EG VOB/A

Im Anwendungsbereich des Abschnitts 2 der VOB/A sieht **§ 19 EG VOB/A** gesonderte Bestimmungen über die Mitteilungspflicht des Auftraggebers vor. 75

§ 19 EG Abs. 1 VOB/A entspricht im Wesentlichen § 19 Abs. 1 VOB/A. § 19 EG Abs. 2 und 3 VOB/A wiederholen die Informationspflicht nach § 101a GWB[94]. 76

§ 19 EG Abs. 4 VOB/A entspricht im Grundsatz § 19 Abs. 2 VOB/A. Anders als die Parallelvorschrift unterscheidet § 19 EG Abs. 4 VOB/A jedoch zwischen Bewerbern und Bietern. Den nicht berücksichtigten Bewerbern sind gemäß § 19 EG Abs. 4 Satz 1 VOB/A dann, wenn eine entsprechende Mitteilung verlangt wird, unverzüglich, spätestens je- 77

---

[90] *Stickler* in Kapellmann/Messerschmidt, § 19 VOB/A Rn. 19; *Völlink* in Ziekow/Völlink, § 19 VOB/A Rn. 9; unklar *Mentzinis* in Pünder/Schellenberg, § 19 VOB/A Rn. 18.
[91] *Portz* in Kulartz/Marx/Portz/Prieß, VOL/A, § 19 Rn. 5.
[92] *Mentzinis* in Pünder/Schellenberg, § 19 VOB/A Rn. 19; *Portz* in Ingenstau/Korbion, § 19 VOB/A Rn. 22; *Portz* in Kulartz/Marx/Portz/Prieß, VOB/A, § 19 Rn. 22; *Stickler* in Kapellmann/Messerschmidt, § 19 VOB/A Rn. 27; *Völlink* in Ziekow/Völlink, § 19 VOB/A Rn. 15.
[93] *Portz* in Ingenstau/Korbion, § 19 VOB/A Rn. 23; *Portz* in Kulartz/Marx/Portz/Prieß, VOB/A, § 19 Rn. 23; *Völlink* in Ziekow/Völlink, § 19 VOB/A Rn. 17.
[94] Dazu unter § 32.

doch innerhalb einer Frist von 15 Kalendertagen nach Eingang eines schriftlichen Antrags, die Entscheidung über den Zuschlag und die Gründe für die Ablehnung ihrer Bewerbung mitzuteilen. Ebenso wie die Pflicht nach § 19 Abs. 2 VOB/A[95] besteht auch die Pflicht nach § 19 EG Abs. 4 Satz 1 VOB/A dem Grunde nach unabhängig davon, ob der Antrag dieses Formerfordernis wahrt[96]; es ist lediglich für den Fristbeginn von Bedeutung.

78 Erfolglosen Bietern sind nach § 19 EG Abs. 4 Satz 2 VOB/A auf Verlangen der Name des erfolgreichen Bieters sowie die Merkmale und Vorteile seines Angebotes schriftlich mitzuteilen. Diese Pflicht gilt allerdings nur gegenüber denjenigen Bietern, die ein **ordnungsgemäßes Angebot** abgegeben haben. Dies sind diejenigen Angebote, die nur deswegen nicht angenommen wurden, weil sie nicht das wirtschaftlichste waren, die also nicht schon auf einer der ersten drei Prüfungs- und Wertungsstufen wegen formaler Mängel, mangelnder Eignung des Bieters oder unangemessener Preise ausgeschlossen wurden[97].

79 Auf Grund des in § 19 EG Abs. 4 Satz 3 VOB/A enthaltenen Verweises auf **§ 17 EG Abs. 2 Nr. 2 VOB/A** kann der Auftraggeber Informationen **zurückhalten,** wenn ihre Weitergabe den Gesetzesvollzug behinderte, dem öffentlichen Interesse zuwiderliefe, die berechtigten geschäftlichen Interessen von öffentlichen oder privaten Unternehmen schädigte oder den lauteren Wettbewerb beeinträchtigte. Dies entspricht weitgehend der Regelung in § 19 Abs. 3 VOL/A[98].

80 **§ 19 EG Abs. 5 und 6 VOB/A** entsprechen den Bestimmungen in § 19 Abs. 3 und 4 VOB/A.

V. VOF

81 Die Mitteilungspflichten des Auftraggebers bei Vergabeverfahren nach der VOF werden in § 10 Abs. 5 VOF und in § 14 Abs. 5 VOF geregelt. Der Anwendungsbereich der Normen unterscheidet sich hinsichtlich des Verfahrensabschnitts, über dessen Ausgang Mitteilung zu machen ist; während sich § 10 Abs. 5 VOF auf den Teilnahmewettbewerb bezieht, betrifft § 14 Abs. 5 VOF die Auftragserteilung.

1. § 10 Abs. 5 VOF

82 Gemäß § 10 Abs. 5 Satz 1 VOF hat der Auftraggeber lediglich den nicht berücksichtigten **Bewerbern** nach Abschluss des Teilnahmewettbewerbs die Gründe für die Ablehnung ihrer Bewerbung mitzuteilen.

83 Die Mitteilung ist **innerhalb von 15 Tagen nach Abschluss des Teilnahmewettbewerbs** zu machen, ohne dass es eines darauf gerichteten Antrags der Bewerber bedarf[99]. Mitzuteilen sind lediglich die Gründe für die Ablehnung der Bewerbung[100], nicht aber Angaben zu den erfolgreichen Bewerbungen anderer Unternehmen[101].

84 Nach § 10 Abs. 5 Satz 2 VOF können die Informationen **zurückgehalten** werden, wenn die Weitergabe den Gesetzesvollzug vereitelte, sonst nicht im öffentlichen Interesse läge oder den berechtigten Geschäftsinteressen der Bewerber oder dem lauteren Wettbewerb schadete. Dies entspricht der Regelung in § 19 Abs. 3 VOL/A[102]. Nach dem Wort-

---

[95] Dazu unter Rn. 67 ff.
[96] A. A. *Portz* in Ingenstau/Korbion, § 19a VOB/A Rn. 21; *Portz* in Kulartz/Marx/Portz/Prieß, VOB/A, § 19a Rn. 21; *Völlink* in Ziekow/Völlink, § 19 VOB/A-EG Rn. 10.
[97] *Portz* in Ingenstau/Korbion, § 19a VOB/A Rn. 25; *Portz* in Kulartz/Marx/Portz/Prieß, VOB/A, § 19a Rn. 25; *Stickler* in Kapellmann/Messerschmidt, § 19a VOB/A Rn. 8.
[98] Dazu unter Rn. 56 ff.
[99] *Macht/Städler* NZBau 2012, 143, 144; *Röwekamp* in Müller-Wrede, VOF, § 10 Rn. 44.
[100] Dazu unter Rn. 53.
[101] *Röwekamp* in Müller-Wrede, VOF, § 10 Rn. 48.
[102] Dazu unter Rn. 56 ff.

laut von § 10 Abs. 5 Satz 2 VOF besteht die Möglichkeit, Angaben zurückzuhalten, nur hinsichtlich der in § 10 Abs. 5 Satz 1 VOF genannten Informationen *„über die Auftragsvergabe".* Da § 10 Abs. 5 Satz 1 VOF indessen nur Angaben zum Ausgang des Teilnahmewettbewerbs, nicht aber zu der späteren Auftragsvergabe vorsieht, dürfte es sich dabei um ein Redaktionsversehen handeln. Die Norm ist daher dahingehend berichtigend auszulegen, dass die in § 10 Abs. 5 Satz 1 VOF genannten Informationen über den Ausgang des Teilnahmewettbewerbs zurückgehalten werden dürfen.

2. § 14 Abs. 5 VOF

§ 14 Abs. 5 VOF begründet eine Pflicht zur Information der **Bieter**, die zwar den Teilnahmewettbewerb erfolgreich durchlaufen haben, in der anschließenden Verhandlungsphase allerdings nicht als Vertragspartner ausgewählt wurden. 85

Ihnen sind **unverzüglich,** d.h. ohne schuldhaftes Zögern (§ 121 Abs. 1 BGB)[103], die Gründe für die Ablehnung ihres Angebotes, die Merkmale und Vorteile des erfolgreichen Angebotes sowie der Name des erfolgreichen Bieters mitzuteilen. Die Pflicht besteht unabhängig davon, ob der Bieter ein entsprechendes Begehren geäußert hat[104]. Nach dem Wortlaut von § 14 Abs. 5 VOF ist ein auf Mitteilung gerichteter Antrag des Bieters nicht für das Entstehen der Mitteilungspflicht selbst, sondern nur für die Frist, innerhalb derer die Angaben mitzuteilen sind, maßgeblich; sie beträgt **15 Tage** nach Eingang des Antrags. Da die Mitteilungspflicht nicht von einem Antrag des betroffenen Bieters abhängig ist, stellt sich die Frage nach einer zeitlichen Grenze des Antragsrechts regelmäßig nicht[105]. 86

Die Anforderungen an den **Inhalt** der Mitteilung entsprechen den Vorgaben nach § 19 Abs. 1 VOL/A für die Mitteilung an die nicht berücksichtigten Bieter[106]. 87

D. Bekanntmachung der Auftragsvergabe

Während die Mitteilungspflichten des Auftraggebers der Unterrichtung der an dem Vergabeverfahren beteiligten Bewerber und Bieter dienen, bezwecken die vergaberechtlichen Bestimmungen über die Bekanntmachung der Auftragsvergabe die **Information der Allgemeinheit** über den Vertragsschluss sowie die Ermöglichung statistischer Erhebungen[107]. Sie tragen zur allgemeinen Transparenz der Vergabe öffentlicher Aufträge bei und vermitteln den einzelnen Teilnehmern am Vergabeverfahren auch im Geltungsbereich des Kartellvergaberechts grundsätzlich kein subjektives Recht auf ihre Einhaltung[108]. Dies gilt allerdings nicht, soweit die Pflicht zur Bekanntmachung einen Auftrag betrifft, der vor seiner Vergabe nicht bekannt gemacht wurde, etwa weil er im Verhandlungsverfahren ohne vorangehenden Teilnahmewettbewerb vergeben wurde. In einem solchen Fall vermittelt erst die nachträgliche Bekanntmachung den nicht zum Zuge gekommenen Auftragsinteressenten die Kenntnis über den Auftrag, die es ihnen ermöglicht, im Falle eines Vergaberechtsverstoßes gemäß § 101b Abs. 1 Nr. 2 GWB die Unwirksamkeit des Vertrages im Nachprüfungsverfahren feststellen zu lassen. In dieser Ausprägung dienen die Bestimmungen über die nachträgliche Bekanntmachung der Auftragsvergabe dem Schutz der betrof- 88

---

[103] *Mentzinis* in Pünder/Schellenberg, § 14 VOF Rn. 4.
[104] A. A. *Portz* in Müller-Wrede, VOF, § 14 Rn. 7, 40.
[105] So aber *Portz* in Müller-Wrede, VOF, § 14 Rn. 42.
[106] Dazu unter Rn. 53 ff.
[107] *Rechten* in Kulartz/Marx/Portz/Prieß, VOL/A, § 23 EG Rn. 4.
[108] OLG Jena Beschl. v. 16.1.2002, 6 Verg 7/01, IBR online; LG Leipzig Urt. v. 24.1.2007, 06 HK 1866/06, VergabeR 2007, 417, 420 f. m. Anm. *Hartung*; *Mentzinis* in Pünder/Schellenberg, § 23 EG VOL/A Rn. 3, § 18a VOB/A Rn. 4; *Stickler* in Kapellmann/Messerschmidt, § 18a VOB/A Rn. 17; *Völlink* in Ziekow/Völlink, § 18 VOB/A-EG Rn. 12; *Voppel/Osenbrück/Bubert*, § 17 VOF Rn. 9; a. A. *Roth* in Müller-Wrede, VOL/A, § 23 EG Rn. 17.

fenen Auftragsinteressenten und begründen im Geltungsbereich des Kartellvergaberechts ein subjektives Recht auf ordnungsgemäße Information[109].

89 Subjektive Rechte vermitteln die kartellvergaberechtlichen Bestimmungen über die Bekanntmachung vergebener Aufträge darüber hinaus auch dann, soweit die Bekanntmachungspflicht **im Interesse einzelner Personen** eingeschränkt wird[110], z.B. gemäß § 23 EG Abs. 1 Satz 2 VOL/A.

90 Im Anwendungsbereich des Kartellvergaberechts dienen die Bekanntmachungspflichten der Umsetzung von **Art. 35 Abs. 4 VKR;** sie gehen daher deutlich weiter als die haushaltsvergaberechtlichen Bekanntmachungspflichten.

91 Der am 15. Januar 2014 im Europäischen Parlament beschlossene Entwurf einer neuen Richtlinie des Europäischen Parlaments und des Rates über die öffentliche Auftragsvergabe[111], die an die Stelle der Vergabekoordinierungsrichtlinie treten soll, sieht eine vergleichbare Bekanntmachungspflicht in Art. 48 vor. Diese entspricht im Wesentlichen den bisherigen Vorgaben an die Mitgliedstaaten, verkürzt aber die Bekanntmachungsfrist auf 30 Tage statt bisher 48 Tage.

I. § 19 Abs. 2 VOL/A

92 Im Anwendungsbereich des Abschnitts 1 der VOL/A sieht § 19 Abs. 2 VOL/A nur eine eingeschränkte Bekanntmachungspflicht des Auftraggebers vor. Gegenstand der Bekanntmachung sind gemäß § 19 Abs. 2 Satz 1 VOL/A lediglich diejenigen Aufträge, die nach einer **beschränkten Ausschreibung ohne Teilnahmewettbewerb** oder **im freihändigen Verfahren ohne Teilnahmewettbewerb** vergeben wurden, soweit ihr jeweiliger Auftragswert ohne Umsatzsteuer mindestens 25.000 EUR beträgt. Damit sind allein diejenigen Aufträge zu veröffentlichen, deren Vergabe nicht schon zu Beginn des Verfahrens Gegenstand einer an die Allgemeinheit gerichteten Veröffentlichung war. Für sie wird durch die Ex-post-Bekanntmachung ein Mindestmaß an Transparenz geschaffen[112]. Dies dient zugleich den Anforderungen des europäischen Primärrechts an die Transparenz der binnenmarktrelevanten Auftragsvergaben außerhalb des Anwendungsbereichs der europäischen Vergaberichtlinien[113].

93 Als **Veröffentlichungsort** benennt § 19 Abs. 2 Satz 1 VOL/A die Internetseiten des Auftraggebers oder ein Internetportal. Über den Wortlaut der Norm hinaus muss der gewählte Veröffentlichungsort der Transparenzfunktion der Bekanntmachungspflicht entsprechen, so dass beispielsweise eine versteckte Information an einer entlegenen Stelle der Internetseiten des Auftraggebers diesen Anforderungen nicht genügt[114]. Zum Verständnis des Begriffs des Internetportals finden sich Anhaltspunkte in den Erläuterungen zu § 12 Abs. 1 in Teil III des Anhangs IV zur VOL/A.

94 Die gemäß § 19 Abs. 2 Satz 2 VOL/A **erforderlichen Angaben** beschränken sich auf grundlegende Angaben zu dem vergebenen Auftrag. Angaben zum Inhalt des erfolgreichen Angebots sind nicht zu machen.

---

[109] *Rechten* in Kulartz/Marx/Portz/Prieß, VOB/A, § 18a Rn. 7; *Rechten* in Kulartz/Marx/Portz/Prieß, VOL/A, § 23 EG Rn. 7.
[110] *Mentzinis* in Pünder/Schellenberg, § 18a VOB/A Rn. 4; *Rechten* in Kulartz/Marx/Portz/Prieß, VOB/A, § 18a Rn. 8; *Rechten* in Kulartz/Marx/Portz/Prieß, VOL/A, § 18a Rn. 8; *Stickler* in Kapellmann/Messerschmidt, § 18a VOB/A Rn. 4, 17.
[111] PE-CONS 74/13 – 2011/0438 (COD).
[112] *Portz* in Kulartz/Marx/Portz/Prieß, VOL/A, § 19 Rn. 38.
[113] *Düsterdiek* in Ingenstau/Korbion, § 20 VOB/A Rn. 25.
[114] Noch strenger hinsichtlich der Vergabebekanntmachung VK Südbayern Beschl. v. 25.6.2010, Z3-3-3194-1-30-05/10, IBR online.

Die Möglichkeit, Informationen gemäß § 19 Abs. 3 VOL/A **zurückzuhalten,** gilt 95
auch für die Bekanntmachung nach § 19 Abs. 2 VOL/A[115].

II. § 23 EG VOL/A

Im Vergleich zu § 19 Abs. 2 VOL/A gehen die Bekanntmachungspflichten im Ab- 96
schnitt 2 der VOL/A deutlich weiter. **§ 23 EG Abs. 1 Satz 1 VOL/A** bestimmt, dass
über **jeden vergebenen Auftrag** eine Mitteilung an das Amt für Veröffentlichungen der
Europäischen Union (vormals: Amt für amtliche Veröffentlichungen der Europäischen
Gemeinschaften) zum Zweck der Veröffentlichung im Supplement zum Amtsblatt der
EU zu machen ist.

Beim Abschluss von **Rahmenvereinbarungen** (§ 4 EG VOL/A) erstreckt sich die 97
Pflicht zur Veröffentlichung nur auf die Rahmenvereinbarung selbst, nicht aber auf Einzelabrufe (§ 23 EG Abs. 3 VOL/A). Diese Einschränkung ist sachgerecht, da eine Veröffentlichungspflicht für jeden Einzelabruf einen unverhältnismäßig hohen Aufwand erforderte[116] und im Bereich der Massenbeschaffung, z.B. der Rahmenvereinbarungen über
die Rabattgewährung bei der Abgabe von Arzneimitteln gemäß § 130a Abs. 8 SGB V[117],
praktisch nicht mehr zu bewerkstelligen wäre.

§ 23 EG Abs. 1 Satz 1 VOL/A ist im **Satzbau** fehlerhaft. Dennoch geht aus der Norm 98
mit hinreichender Klarheit hervor, dass für die Bekanntmachung der Vordruck nach **Anhang III** der Verordnung (EG) zur Einführung von Standardformularen für die Veröffentlichung von Vergabebekanntmachungen auf dem Gebiet der öffentlichen Aufträge in
der jeweils geltenden Fassung zu verwenden ist. Derzeit ist dies die Durchführungsverordnung (EU) Nr. 842/2011 vom 19.8.2011[118]. Der Verweis auf die europarechtlichen
Formularbestimmungen ist dynamisch ausgestaltet, so dass Änderungen unmittelbar inkorporiert werden[119].

Die Mitteilung an das Amt für Bekanntmachungen der Europäischen Union ist inner- 99
halb von **48 Tagen** nach der Vergabe des Auftrags vorzunehmen. Für die Berechnung
der Frist sind die Bestimmungen der Verordnung (EWG/Euratom) Nr. 1182/71 zu beachten[120]. Anders als hinsichtlich der Vergabebekanntmachung nach § 15 EG Abs. 3 Satz 1
und 2 VOL/A hat das Amt für Bekanntmachungen hier keine verbindlichen Veröffentlichungsfristen zu beachten.

Gemäß § 23 EG Abs. 1 Satz 2 VOL/A brauchen die Auftraggeber bestimmte Angaben 100
über die Auftragsvergabe **nicht mitzuteilen,** wenn die Weitergabe den Gesetzesvollzug
vereitelte, dem öffentlichen Interesse zuwiderliefe, die legitimen (berechtigten) geschäftlichen Interessen einzelner öffentlicher oder privater Unternehmen berührte oder den lauteren Wettbewerb zwischen den Unternehmen beeinträchtigte. Inhaltlich entspricht dies
den Ausnahmetatbeständen in § 19 Abs. 3 VOL/A[121].

§ 23 EG Abs. 2 VOL/A enthält eine **Privilegierung** der sogenannten nachrangigen 101
(nicht prioritären) Dienstleistungen nach **Anhang I Teil B** der VOL/A. Bei der Vergabe
derartiger Aufträge können die Auftraggeber wählen, ob sie mit der Veröffentlichung einverstanden sind. Obgleich eine ausdrückliche Regelung dazu fehlt, ergibt die Bestimmung
nur dann einen Sinn, wenn die Veröffentlichung unterbleiben muss, wenn der Auftragge-

---

[115] Dazu unter Rn. 56 ff.
[116] *Rechten* in Kulartz/Marx/Portz/Prieß, VOL/A, § 23 EG Rn. 40; *Roth* in Müller-Wrede, VOL/A,
§ 23 EG Rn. 15.
[117] S. zur Einordnung dieser Verträge als Rahmenvereinbarungen unter § 70 Rn. 4 ff.
[118] ABl. L 222 v. 27.8.2011, S. 1.
[119] *Rechten* in Kulartz/Marx/Portz/Prieß, VOL/A, § 23 EG Rn. 3.
[120] *Rechten* in Kulartz/Marx/Portz/Prieß, VOL/A, § 23 EG Rn. 19; *Roth* in Müller-Wrede, VOL/A,
§ 23 EG Rn. 7.
[121] Dazu unter Rn. 56 ff.

ber mit ihr nicht einverstanden ist. Diese Wahlfreiheit des Auftraggebers folgt daraus, dass die Vergabe nachrangiger Dienstleistungen dem Anwendungsbereich des europäischen Vergaberechts mangels grenzüberschreitenden Interesses weitestgehend entzogen ist[122], und korrespondiert mit der Entbindung des Auftraggebers von einer Pflicht zur Bekanntmachung des zu vergebenden Auftrages im Amtsblatt der EU (§ 1 EG Abs. 3 VOL/A i. V. m. § 4 Abs. 4 VgV)[123]. Fehlt es an einer positiven Zustimmung des Auftraggebers zur Veröffentlichung, etwa weil er sich dazu nicht ausdrücklich erklärt hat, darf die Veröffentlichung mangels einer Veröffentlichungspflicht des Auftraggebers nicht vorgenommen werden[124].

102 Darüber hinaus schafft § 23 EG Abs. 4 VOL/A eine Erleichterung für die Auftragsvergabe im Rahmen **dynamischer elektronischer Verfahren** (§ 5 EG VOL/A).

III. § 20 Abs. 3 VOB/A

103 Für den Bereich der VOB/A schafft § 20 Abs. 3 VOB/A eine Verpflichtung zur Ex-post-Transparenz bei **beschränkten Ausschreibungen und freihändigen Vergaben.** Die Norm entspricht weitgehend der Parallelregelung in § 19 Abs. 2 VOL/A[125]. Bekanntzumachen sind lediglich Aufträge, die in beschränkter Ausschreibung ohne Teilnahmewettbewerb oder freihändig vergeben wurden und deren Auftragswert die Grenze von 25.000 EUR bzw. 15.000 EUR jeweils ohne Umsatzsteuer übersteigt. Da Aufträge, die in diesen Verfahrensarten vergeben werden, nicht schon zu Beginn des Vergabeverfahrens bekannt gemacht werden, wird durch § 20 Abs. 3 VOB/A erreicht, dass sie zumindest nachträglich der Öffentlichkeit bekannt gegeben werden. Dadurch wird auch den Anforderungen des europäischen Primärrechts an die Transparenz bei binnenmarktrelevanten Auftragsvergaben außerhalb des Anwendungsbereichs der europäischen Vergaberichtlinien Rechnung getragen[126].

104 Die Angaben sind **auf geeignete Weise für sechs Monate** zu veröffentlichen, z.B. auf Internetportalen oder im Beschafferprofil des Auftraggebers (§ 11 Abs. 2 VOB/A). In Betracht kommt auch eine Bekanntmachung in amtlichen Mitteilungsblättern oder Tageszeitungen[127], da die Anforderungen an die Ex-post-Transparenz nicht über dasjenige hinausgehen können, was für die Auftragsbekanntmachung nach § 12 Abs. 1 Nr. 1 VOB/A erforderlich ist. Wie auch bei § 19 Abs. 2 VOL/A muss der gewählte Veröffentlichungsort der Transparenzfunktion der Bekanntmachungspflicht entsprechen, so dass beispielsweise eine versteckte Information an einer entlegenen Stelle der Internetseiten des Auftraggebers diesen Anforderungen nicht genügt[128].

105 Die gemäß § 20 Abs. 3 Satz 2 VOB/A **erforderlichen Angaben** beschränken sich auf grundlegende Angaben zu dem vergebenen Auftrag. Angaben zum Inhalt des erfolgreichen Angebots sind nicht zu machen.

106 Über die Möglichkeit, Informationen **zurückzuhalten,** trifft § 20 Abs. 3 VOB/A keine ausdrückliche Aussage. Allerdings können die Ausnahmetatbestände nach § 18 EG Abs. 3 Nr. 3 VOB/A[129] entsprechend herangezogen werden, da die Transparenzpflichten

---

[122] Erwägungsgründe 18 und 19 der VKR.
[123] *Rechten* in Kulartz/Marx/Portz/Prieß, VOL/A, § 23 EG Rn. 35.
[124] *Portz* in Müller-Wrede, VOF, § 14 Rn. 22; *Rechten* in Kulartz/Marx/Portz/Prieß, VOL/A, § 23 EG Rn. 37; *Roth* in Müller-Wrede, VOL/A, § 23 EG Rn. 14; *Voppel/Osenbrück/Bubert,* § 17 Rn. 13, 32.
[125] Dazu unter Rn. 92 ff.
[126] *Düsterdiek* in Ingenstau/Korbion, § 20 VOB/A Rn. 25.
[127] *Düsterdiek* in Ingenstau/Korbion, § 20 VOB/A Rn. 27.
[128] Noch strenger hinsichtlich der Vergabebekanntmachung VK Südbayern Beschl. v. 25.6.2010, Z3–3–3194–1–30–05/10, IBR online.
[129] Dazu unter Rn. 109.

des Auftraggebers im Anwendungsbereich der Basisparagraphen der VOB/A allgemein nicht über dasjenige Maß hinausgehen, das im Kartellvergaberecht verlangt wird.

IV. § 18 EG Abs. 3 und 4 VOB/A

Vergleichbar zu § 23 EG Abs. 1 VOL/A statuieren § 18 EG Abs. 3 und 4 VOB/A eine **Bekanntmachungspflicht** für den Anwendungsbereich des Abschnitts 2 der VOB/A. Bekanntzumachen ist gemäß § 18 EG Abs. 3 Nr. 1 VOB/A jede Erteilung eines Bauauftrages, der nach den Bestimmungenn des Abschnitts 2 vergeben wird. Ebenso wie als die VOL/A enthält die VOB/A für die Auftragsvergabe außerhalb des Anwendungsbereichs des Kartellvergaberechts mit Ausnahme von § 20 Abs. 3 VOB/A keine allgemeine Pflicht zur Bekanntmachung. 107

Auch hier ist die Bekanntmachung **dem Amt für Bekanntmachungen der Europäischen Union** zu übermitteln, wobei gemäß § 18 EG Abs. 3 Nr. 2 VOB/A der Vordruck nach Anhang III der Durchführungsverordnung (EU) Nr. 842/2011 vom 19.8. 2011[130] zu verwenden ist. 108

§ 18 EG Abs. 3 Nr. 3 VOB/A enthält diejenigen Voraussetzungen, unter denen die Veröffentlichung einzelner Angaben **unterbleibt.** Diese entsprechen weitgehend den Bestimmungen in § 23 EG Abs. 1 Satz 2 VOL/A[131], wobei allerdings gemäß § 18 EG Abs. 3 Nr. 3 lit. a) VOB/A bereits die Behinderung des Gesetzesvollzuges genügt, während § 23 EG Abs. 1 Satz 2 VOL/A seine Vereitelung verlangt. Im Unterschied zu § 23 EG Abs. 1 Satz 2 VOL/A stellt § 18 EG Abs. 3 Nr. 3 VOB/A das Unterlassen der Veröffentlichung einzelner Angaben zudem nicht in das Ermessen des Auftraggebers, sondern ordnet ihre Nichtaufnahme in die Bekanntmachung verbindlich an. 109

Nach § 18 EG Abs. 4 VOB/A ist die Bekanntmachung **in kürzester Frist,** d.h. so rasch wie möglich, dem Amt für Veröffentlichungen der Europäischen Union zu übermitteln, wobei die Übermittlung spätestens 48 Kalendertage nach der Erteilung des Auftrages vorgenommen werden muss. 110

V. § 14 Abs. 1 bis 4 VOF

Für Vergabeverfahren, die nach den Bestimmungen der VOF vorgenommen werden, enthält **§ 14 Abs. 1 bis 4 VOF** vergleichbare Bestimmungen. Nach § 14 Abs. 1 VOF hat der Auftraggeber über jeden vergebenen Auftrag eine Mitteilung anhand des Vordrucks nach Anhang III der Verordnung (EG) Nr. 1564/2005 zu machen. Die Verordnung (EG) Nr. 1564/2005 ist inzwischen durch die Durchführungsverordnung (EU) Nr. 842/2011 vom 19.8.2011[132] ersetzt; § 14 Abs. 1 VOF trägt dem noch nicht Rechnung. Gemäß § 14 Abs. 1 Satz 2 VOF ist die Mitteilung spätestens 48 Tage nach Auftragsvergabe an das Amt für Veröffentlichungen der Europäischen Union zu übermitteln. 111

Wurde ein **Wettbewerb i. S. der §§ 15 bis 17 VOF** durchgeführt, ist das Ergebnis des Wettbewerbs gemäß § 14 Abs. 2 VOF unter Verwendung des Vordrucks nach Anhang XIII der Verordnung (EG) Nr. 1564/2005 bekannt zu machen. Auch hier steht eine Anpassung an die Durchführungsverordnung (EU) Nr. 842/2011 vom 19.8.2011 noch aus. 112

Ebenso wie § 23 EG Abs. 2 VOL/A[133] bestimmt § 14 Abs. 3 VOF, dass der Auftraggeber bei der Bekanntmachung der Vergabe sogenannter **nachrangiger (nicht prioritärer)** 113

---

[130] ABl. L 222 v. 27.8.2011, S. 1.
[131] Dazu unter Rn. 100.
[132] ABl. L 222 v. 27.8.2011, S. 1.
[133] Dazu unter Rn. 101.

Dienstleistungen nach Anhang I Teil B der VOF anzugeben hat, ob er mit der Veröffentlichung einverstanden ist[134].

114 Die Gründe, bei deren Vorliegen bestimmte Angaben über die Auftragsvergabe **zurückgehalten** werden dürfen, ergeben sich aus § 14 Abs. 4 VOF und entsprechen den Paralleltatbeständen in § 18 EG Abs. 3 Nr. 3 VOB/A und § 23 EG Abs. 1 Satz 2 VOL/A[135], wobei § 14 Abs. 4 VOF ebenso wie § 18 EG Abs. 3 Nr. 3 lit. a) VOB/A die Behinderung des Wettbewerbs ausreichen lässt. Die Zurückhaltung einzelner Angaben steht in Abweichung von § 18 EG Abs. 3 Nr. 3 lit. a) VOB/A grundsätzlich im Ermessen des Auftraggebers.

E. Mitteilung über beabsichtigte beschränkte Ausschreibungen

115 § 19 Abs. 5 VOB/A enthält eine Besonderheit für die Auftragsvergabe im Bereich des Abschnitts 1 der VOB/A. Die Norm bestimmt, dass Auftraggeber fortlaufend über **beabsichtigte beschränkte Ausschreibungen** nach § 3 Abs. 3 Nr. 1 VOB/A ab einem voraussichtlichen Auftragswert von 25.000 EUR ohne Umsatzsteuer informieren. Diese Ex-ante-Pflicht ist begrenzt auf diejenigen beschränkten Ausschreibungen, bei denen die Wahl der Vergabeart nach § 3 Abs. 3 Nr. 1 VOB/A getroffen wurde, bei denen also der Auftragswert die dort genannten Grenzen nicht überschreitet. Durch die fortlaufende Veröffentlichung dieser Aufträge werden in Frage kommende Unternehmen in die Lage versetzt, gegenüber dem Auftraggeber ihr Interesse an der Ausführung zu bekunden, um ggf. vom Auftraggeber zur Angebotsabgabe aufgefordert zu werden[136].

116 Die Informationen sind auf einem **Internetportal** oder im **Beschafferprofil** des Auftraggebers (§ 11 Abs. 2 VOB/A) zu veröffentlichen. Sie müssen die in § 19 Abs. 5 Satz 2 VOB/A genannten Angaben enthalten.

F. Melde- und Berichtspflichten

117 Neben den Pflichten zur Benachrichtigung der Bewerber und Bieter über die Auftragsvergabe und zur Unterrichtung der Allgemeinheit bestehen nach § 17 VgV allgemeine Melde- und Berichtspflichten, die im Wesentlichen statistischen Zwecken, aber auch der Prüfung der Umsetzung der europarechtlichen Vorgaben für die Auftragsvergabe in den Mitgliedstaaten durch die Kommission[137] dienen. Die Bestimmungen über die Melde- und Berichtspflichten setzen die europarechtlichen Vorgaben aus Art. 75 f. VKR um[138].

118 Der am 15. Januar 2014 im Europäischen Parlament beschlossene Entwurf einer neuen Richtlinie des Europäischen Parlaments und des Rates über die öffentliche Auftragsvergabe[139], die an die Stelle der Vergabekoordinierungsrichtlinie treten soll, ändert die europarechtlichen Berichtspflichten grundlegend. Die bisherige Verpflichtung der Mitgliedstaaten zur Übermittlung einer statistischen Aufstellung der im Anwendungsbereich der VKR vergebenen Aufträge entfällt. Stattdessen sind künftig nur noch statistische Schätzungen über den Wert der unterhalb der Schwellenwerte vergebenen Aufträge zu übermitteln (Art. 86 Abs. 1a des Entwurfs). Im Übrigen ist die EU-Kommission gehalten, statistische

---

[134] Dazu unter Rn. 101.
[135] Dazu unter Rn. 100, 109.
[136] *Hänsel* in Ziekow/Völlink, § 20 VOB/A Rn. 8.
[137] *Beurskens* in Hattig/Maibaum, § 17 VgV Rn. 2; *Mentzinis* in Pünder/Schellenberg, § 23a VOB/A Rn. 1; *H.-M. Müller* in Byok/Jaeger, § 17 VgV Rn. 2; *Voppel/Osenbrück/Bubert*, § 19 Rn. 5; *Zeise* in Kulartz/Marx/Portz/Prieß, VOB/A, § 23a Rn. 2.
[138] BR-Drucks. 40/10, S. 19; ebenso *H.-M. Müller* in Byok/Jaeger, § 17 VgV Rn. 2; *Schubert* in Willenbruch/Wieddekind, § 17 VgV Rn. 2; *Zeise* in Kulartz/Marx/Portz/Prieß, VOB/A, § 23a Rn. 2.
[139] PE-CONS 74/13 – 2011/0438 (COD).

§ 34 Dokumentation, Information über nicht berücksichtigte Bewerbungen und Angebote   Kap. 7

Informationen über die Auftragsvergabe selbst anhand der Veröffentlichungen der Auftraggeber zu erstellen (Erwägungsgrund 48p des Entwurfs). Nur wenn die dortigen Angaben unzureichend sind, fordert die EU-Kommission von dem jeweiligen Mitgliedstaat zusätzliche Informationen an (Art. 86 Abs. 1 des Entwurfs). Art. 83 Abs. 3 des Entwurfs begründet daneben die Pflicht der Mitgliedstaaten, der EU-Kommission regelmäßige Überwachungsberichte, die Aufschluss u. a. über häufige Fehler bei der Anwendung des Vergaberechts geben sollen, zu übermitteln.

§ 17 Abs. 1 VgV normiert die Pflicht der Auftraggeber, der zuständigen Stelle eine **119 jährliche statistische Aufstellung** der im jeweiligen Vorjahr vergebenen Aufträge zu übermitteln. Dieser Pflicht unterliegen sämtliche Auftraggeber im Anwendungsbereich der Vergabeverordnung, also i. S. der Definition in § 98 GWB. Vorbehaltlich der Sonderbestimmung in § 17 Abs. 5 VgV sind lediglich öffentliche Aufträge, die in den Anwendungsbereich des Kartellvergaberechts fallen, die also die Voraussetzungen nach § 99 und § 100 GWB erfüllen, bei der Aufstellung zu berücksichtigen. Die Mitteilung ist an die zuständige Stelle zu machen. Welche Stelle die Funktion der zuständigen Stelle erfüllt, geht aus dem Text der Norm nicht hervor. Nach dem Verständnis des Normgebers handelt es sich um das Bundesministerium für Wirtschaft und Technologie[140], während andere daneben die Wirtschaftsministerien der Länder für zuständig halten[141].

Die Mitteilung muss nach § 17 Abs. 2 Satz 1 VgV für jeden Auftraggeber mindestens **120** die **Anzahl und den Wert der vergebenen Aufträge** enthalten. Daneben sind die Angaben gemäß § 17 Abs. 1 VgV nach der Auftragsart zu trennen und gemäß § 17 Abs. 2 Satz 2 VgV nach den dort genannten Kriterien zu untergliedern, soweit dies möglich ist. Bei Aufträgen, die im Verhandlungsverfahren vergeben werden, verlangt § 17 Abs. 3 VgV darüber hinaus die Zuordnung zu den einzelnen Fallgruppen, in denen die Wahl des Verhandlungsverfahrens mit oder ohne vorangehenden Teilnahmewettbewerb gestattet ist. Anzugeben sind ferner gemäß § 17 Abs. 4 VgV die Anzahl und der Gesamtwert der Aufträge, die auf Grund der Ausnahmeregelungen zum Beschaffungsübereinkommen (GPA) vergeben wurden.

§ 17 Abs. 5 VgV sieht eine darüber hinausgehende **Berichtspflicht** für oberste und **121** obere Bundesbehörden und vergleichbare Bundeseinrichtungen (§ 2 Nr. 1 VgV) vor, nach der der geschätzte Gesamtwert der Aufträge unterhalb der Schwellenwerte sowie die Anzahl und der Gesamtwert der Aufträge, die auf Grund der Ausnahmeregelungen zum Beschaffungsübereinkommen vergeben wurden, mitzuteilen sind. Bestimmte Aufträge, insbesondere Aufträge über Dienstleistungen der Kategorie 8 des Anhangs I Teil A und über Dienstleistungen des Anhangs I Teil B (erg. jeweils: der VOL/A), sind nicht aufzunehmen, sofern ihr geschätzter Wert ohne Umsatzsteuer jeweils unter 200.000 EUR liegt.

Die Berichtspflichten nach **§ 23a VOB/A 2009**, die die Pflichten aus § 17 VgV wie- **122** derholen, sind mit der VOB/A 2012[142] entfallen.

---

[140] BR-Drucks. 40/10, S. 19; ebenso *Schubert* in Willenbruch/Wieddekind, § 17 VgV Rn. 2; *Stickler* in Reidt/Stickler/Glahs, § 17 VgV Rn. 4.
[141] *Mentzinis* in Pünder/Schellenberg, § 17 VgV Rn. 2.
[142] Bekanntmachung vom 24.10.2011 (BAnz. Nr. 182a vom 2.12.2011, BAnz AT 7.5.2012 B1), berichtigt durch Bekanntmachung vom 24.4.2012 (BAnz AT 07.05.2012 B1) und geändert durch Bekanntmachung vom 26.6.2012 (BAnz AT 13.7.2012 B3).

Kapitel 8 Rechtsfolgen von Vergaberechtsverstößen

§ 35 Unwirksamkeit und Rückabwicklung

Übersicht

	Rn.
A. Einleitung	1, 2
B. Unwirksamkeitsgründe nach § 101b GWB	3–52
I. Unwirksamkeit wegen Verstoßes gegen § 101a GWB (§ 101b Abs. 1 Nr. 1 GWB)	3–5
II. Unwirksamkeit wegen de facto-Vergabe (§ 101b Abs. 1 Nr. 2 GWB) ..	6–16
III. Feststellung der Unwirksamkeit in einem Nachprüfungsverfahren (§ 101b Abs. 1 a.E., Abs. 2 GWB)	17–40a
IV. Rechtsfolgen	41–52
C. Sonstige Unwirksamkeitsgründe	53–59
I. Anwendbarkeit sonstiger Nichtigkeitstatbestände neben § 101b GWB ..	54
II. § 134 BGB	55–58
III. § 138 BGB	59

GWB: § 101b

§ 101b GWB Unwirksamkeit

(1) Ein Vertrag ist von Anfang an unwirksam, wenn der Auftraggeber

1. gegen § 101a verstoßen hat oder

2. einen öffentlichen Auftrag unmittelbar an ein Unternehmen erteilt, ohne andere Unternehmen am Vergabeverfahren zu beteiligen und ohne dass dies aufgrund Gesetzes gestattet ist

und dieser Verstoß in einem Nachprüfungsverfahren nach Absatz 2 festgestellt worden ist.

(2) Die Unwirksamkeit nach Absatz 1 kann nur festgestellt werden, wenn sie im Nachprüfungsverfahren innerhalb von 30 Kalendertagen ab Kenntnis des Verstoßes, jedoch nicht später als sechs Monate nach Vertragsschluss geltend gemacht worden ist. Hat der Auftraggeber die Auftragsvergabe im Amtsblatt der Europäischen Union bekannt gemacht, endet die Frist zur Geltendmachung der Unwirksamkeit 30 Kalendertage nach Veröffentlichung der Bekanntmachung der Auftragsvergabe im Amtsblatt der Europäischen Union.

Literatur:

Bitterich, Kündigung vergaberechtswidrig zu Stande gekommener Verträge durch öffentliche Auftraggeber, NJW 2006, 1845; *Bulla/Schneider*, Das novellierte Vergaberecht zwischen Beschleunigungsgrundsatz und effektivem Bieterschutz, VergabeR 2011, 664; *Dreher/Hoffmann*, Die Informations- und Wartepflicht sowie die Unwirksamkeitsfolge nach den neuen §§ 101a und 101b GWB, NZBau 2009, 216; *Dreher/Hoffmann*, Die schwebende Unwirksamkeit nach § 101b I GWB, NZBau 2010, 201; *v. Gehlen*, Vertragsnichtigkeit bei unzulässiger De-facto-Vergabe, NZBau 2005, 503; *Hofmann*, Zivilrechtsfolgen von Vergabefehlern – Oberhalb der EG-Schwellenwerte –, 2009; *Hübner*, Anmerkung zu OLG Karlsruhe, Beschl. v. 21.7.2010–15 Verg 6/10 –, VergabeR 2011, 93; *Jasper/Pooth*, de-facto-Vergabe und Vertragsnichtigkeit, ZfBR 2004, 543; *Kaiser*, Die Nichtigkeit sogenannter De-facto-Verträge oder: „In dubio pro submissione publica", NZBau 2005, 311; *Peters*, Die Vergabe ohne Ausschreibung und die vorzeitige Vergabe nach Ausschreibung, NZBau 2011, 7; *Prieß/Gabriel*, Beendigung des Dogmas durch Kündigung: Keine Bestandsgarantie für vergaberechtswidrige Verträge, NZBau 2006, 219; *Shirvani*, Zur unionsrechtskonformen Auslegung des § 101b GWB, VergabeR 2013, 669.

A. Einleitung

1 § 101b GWB wurde durch das VgRModG in das GWB eingefügt; die bisherige Regelung zur Nichtigkeitsfolge bei Missachtung der Vorinformationspflicht in § 13 S. 6 VgV a.F. entfiel daher. Die Vorschrift dient der Umsetzung des Art. 2d RMR in das deutsche Recht. Diese Umsetzung der europarechtlichen Vorgaben hat zu **Änderungen gegenüber der bisherigen Rechtslage** geführt. Während bislang ein Verstoß gegen die Informationspflicht gemäß § 13 S. 6 VgV unmittelbar die Nichtigkeit des abgeschlossenen Vertrags zur Folge hatte, sieht § 101b GWB die Unwirksamkeit von Verträgen (ex tunc) nur vor, wenn zwei Voraussetzungen gegeben sind:
1. Ein Verstoß gegen die Informations- und Wartefrist des § 101a GWB (§ 101b Abs. 1 Nr. 1 GWB) oder eine rechtswidrige de facto-Vergabe (§ 101a Abs. 1 Nr. 2 GWB) und
2. die Feststellung dieses Verstoßes in einem Nachprüfungsverfahren.

2 § 101a Abs. 2 GWB enthält Fristen zur Geltendmachung der Unwirksamkeit in einem Nachprüfungsverfahren, nach deren Ablauf Rechtssicherheit über den geschlossenen Vertrag besteht.[1]

B. Unwirksamkeitsgründe nach § 101b GWB

I. Unwirksamkeit wegen Verstoßes gegen § 101a GWB (§ 101b Abs. 1 Nr. 1 GWB)

3 Gemäß § 101b Abs. 1 Nr. 1 GWB tritt die Unwirksamkeitsfolge – eine Feststellung in einem Nachprüfungsverfahren vorausgesetzt – ein, wenn der Auftraggeber gegen § 101a GWB verstoßen hat. Nach dem Wortlaut dieser Vorschrift führt **jeder Verstoß** gegen die Informations- und Wartepflicht des § 101a GWB[2] zur Unwirksamkeit des Vertrags. Eine Differenzierung zwischen schweren Verstößen gegen § 101a GWB – insbesondere das vollständige Unterlassen einer Information an einen benachrichtigungspflichtigen Bieter oder Bewerber, die Nichteinhaltung der Wartefrist, die Nichtnennung des Namens des Unternehmens, dessen Angebot angenommen werden soll, oder das Fehlen jeglicher Begründung der Nichtberücksichtigung – und weniger klaren Verstößen wie beispielsweise einer inhaltlich unvollständigen oder unzutreffenden Information, ist dem Wortlaut der Vorschrift nicht zu entnehmen.

4 Umstritten ist allerdings, ob in solchen Fällen, in denen das Informationsschreiben zwar die gesetzlich geforderten Mindestangaben enthält, diese aber unzutreffend, unzureichend oder unvollständig sind oder das Schreiben sonst inhaltlich fehlerhaft ist, eine **teleologische Reduktion** des § 101b Abs. 1 Nr. 1 GWB geboten ist. Für eine solche teleologische Reduktion wird insbesondere angeführt, dass zur Gewährung effektiven Rechtsschutzes die Unwirksamkeitsfolge nicht notwendig sei, wenn trotz eines Verstoßes gegen § 101a GWB unter keinem denkbaren Gesichtspunkt der Rechtsschutz eines Bieters verkürzt worden sein kann. Das betreffe insbesondere Fälle eines unzureichend begründeten Informationsschreibens, so lange ein effektiver Bieterrechtsschutz noch während der Wartefrist des § 101a GWB gewährleistet sei.[3] Darüber hinaus wird auf die frühere Rechtsprechung zu § 13 S. 6 VgV Bezug genommen.[4]

---

[1] Vgl. die Gesetzesbegründung in BT-Drs. 16/10117, S. 21.
[2] Zu den Anforderungen des § 101a GWB vgl. § 32 Rn. 7 ff.
[3] VK Nordbayern Beschl. v. 18.11.2011, 21 VK 3194–36/11; *Glahs* in Reidt/Stickler/Glahs, § 101b Rn. 7; *Koenig* in Kulartz/Kus/Portz, § 101b Rn. 3; *Hattig* in Hattig/Maibaum, Praxiskommentar Kartellvergaberecht, 2010, § 101b Rn. 8 f.
[4] Vgl. nur *Hattig* in Hattig/Maibaum, Praxiskommentar Kartellvergaberecht, 2010, § 101b GWB Rn. 9 m.w.N.

Eine derartige teleologische Reduktion des § 101b Abs. 1 Nr. 1 GWB ist indes **abzu- 5 lehnen**.[5] Der Wortlaut der Vorschrift ist eindeutig und differenziert nicht zwischen schweren und sonstigen Verstößen gegen die Informations- und Wartepflicht. Eine derartige Differenzierung war vom Gesetzgeber bei Schaffung des § 101b GWB im VgR-ModG auch offensichtlich nicht gewollt. Denn nach Art. 2d Abs. 1 b) RMR ist die Einführung einer Unwirksamkeitsfolge bei einem Verstoß gegen die Informations- und Wartepflichten verpflichtend nur vorgesehen, „falls dieser Verstoß dazu führt, dass der Bieter, der eine Nachprüfung beantragt, nicht mehr die Möglichkeit hat, vor Abschluss des Vertrags Rechtsschutz zu erlangen". Diese Einschränkung hat der deutsche Gesetzgeber bei der Richtlinienumsetzung aber gerade nicht übernommen. Letztlich besteht auch kein Anlass für eine teleologische Reduktion. Denn in Fällen einer unzureichenden Vorinformation nach § 101a GWB kann der Bieter diesen Fehler als selbstständigen Vergaberechtsverstoß rügen und bei Nichtabhilfe einen Nachprüfungsantrag stellen. Holt die Vergabestelle die ordnungsgemäße Information dann im laufenden Nachprüfungsverfahren nach, kann der Bieter das Verfahren unter Verwahrung gegen die Kostenlast für erledigt erklären. Beseitigt die Vergabestelle die Mängel des Vorinformationsschreibens dagegen nicht, besteht kein Anlass zu einer teleologischen Einschränkung des § 101b GWB.[6]

II. Unwirksamkeit wegen de facto-Vergabe (§ 101b Abs. 1 Nr. 2 GWB)

Gemäß § 101b Abs. 1 Nr. 2 GWB ist ein Vertrag **von Anfang an unwirksam**, wenn 6 der Auftraggeber einen öffentlichen Auftrag unmittelbar an ein Unternehmen erteilt, ohne andere Unternehmen am Vergabeverfahren zu beteiligen und ohne dass dies aufgrund Gesetzes gestattet ist. Diese gesetzliche Regelung zur Unwirksamkeit im Falle sogenannter de facto-Vergaben ist gegenüber der früheren Rechtslage neu.

1. De facto-Vergaben

a) Direktvergaben

Nach dem Wortlaut des § 101b Abs. 1 Nr. 2 GWB führen die krassesten Fälle einer Miss- 7 achtung des Vergaberechts durch öffentliche Auftraggeber, nämlich **Direktvergaben an ein Unternehmen** ohne Durchführung eines wettbewerblichen Auswahlverfahrens, zur Unwirksamkeit des geschlossenen Vertrages.[7] Die Vorschrift ist allerdings nicht nur anwendbar, wenn der Auftrag an ein Unternehmen erteilt worden ist, sondern auch dann, wenn er an **zwei (oder ggf. mehrere) Unternehmen** vergeben wurde. Denn Sinn und Zweck der Regelung, zum Schutz übergangener Wettbewerber Direktvergaben nur in den gesetzlich zulässigen Fällen zu ermöglichen, greift immer dann, wenn ein Auftrag ohne ein gebotenes wettbewerbliches Verfahren erteilt wird.[8]

Für die Anwendung des § 101b Abs. 1 Nr. 2 GWB spielt es keine Rolle, aus welchen 8 Gründen der Auftraggeber von der Durchführung der objektiv-rechtlich gebotenen Ausschreibung abgesehen hat. Weder ein Rechtsirrtum über das anzuwendende Vergabeverfahren noch eine unzutreffende, aber entschuldbare Fehleinschätzung der tatsächlichen Voraussetzungen (etwa die unzutreffende Annahme der besonderen Dringlichkeit der

---

[5] So auch *Braun* in Ziekow/Völlink Vergaberecht 2011, § 101b GWB Rn. 21 ff.; *Fett* in Willenbruch/Wieddekind, § 101b GWB Rn. 5 f.
[6] Zutreffend *Fett* in Willenbruch/Wieddekind, § 101b GWB Rn. 5; zur Frage der Antragsbefugnis vgl. allerdings unten Rn. 34 f.
[7] Allgemeine Meinung, vgl. nur *Braun* in Ziekow/Völlink, § 101b GWB Rn. 38; *Otting* in Bechtold, § 101b GWB Rn. 3.
[8] OLG Dresden Beschl. v. 12.10.2010, WVerg 9/10.

Vergabe) oder eine entschuldbar unrichtige Schätzung des Auftragswerts stehen der Annahme einer unzulässigen de facto-Vergabe entgegen.[9]

9 Schließlich greift § 101b Abs. 1 Nr. 2 GWB nicht nur in den Fällen, in denen der öffentliche Auftraggeber im Wege der Direktvergabe explizit einen neuen Vertrag schließt. Vielmehr sind auch solche Beschaffungsakte des öffentlichen Auftraggebers im Wege der Direktvergabe sanktioniert, die in wirtschaftlicher Hinsicht bei wertender Betrachtung den Wirkungen einer Neuvergabe gleichkommen und daher eine Neuausschreibungspflicht begründen;[10] das betrifft insbesondere die **(wesentliche) Änderung eines bestehenden Vertragsverhältnisses.**[11]

b) De facto-Vergaben im weiteren Sinne

10 Auch wenn die Formulierung „ohne andere Unternehmen am Vergabeverfahren zu beteiligen" ein Verständnis nahelegt, dass nur de facto-Vergaben im engeren Sinne, also Direktvergaben, in den Anwendungsbereich der Vorschrift fallen, ist mittlerweile weitgehend anerkannt, dass die Vorschrift auch auf de facto-Vergaben im weiteren Sinne[12], d. h. Vergaben, bei denen es zwar an einem förmlichen Vergabeverfahren fehlt, allerdings ein wettbewerbliches Verfahren unter Beteiligung mehrerer Unternehmen durchgeführt wurde, Anwendung findet.[13]

11 Das betrifft insbesondere den Fall, dass ein öffentlicher Auftraggeber eine **nationale Ausschreibung anstelle** der rechtlich gebotenen **EU-weiten Ausschreibung** vornimmt. Eine europarechtskonforme Auslegung der Vorschrift spricht dafür, von einer vergaberechtswidrigen de facto-Vergabe auch dann auszugehen, wenn der öffentliche Auftraggeber den Auftrag zwar national, trotz Vorliegens der Voraussetzungen aber nicht europaweit ausgeschrieben und damit den Kreis der in Kenntnis gesetzten möglichen Bewerber begrenzt hat. Denn § 101b Abs. 1 Nr. 2 GWB ist vor dem Hintergrund des Art. 2d Abs. 1 a) der RMR richtlinienkonform auszulegen. Danach greift die Vorschrift bereits dann ein, wenn „der öffentliche Auftraggeber einen Auftrag ohne vorherige Veröffentlichung einer Bekanntmachung im Amtsblatt der Europäischen Union vergeben hat, ohne dass dies nach der Richtlinie 2004/18/EG zulässig ist".[14] Nach dem 13. und 14. Erwägungsgrund der RMR sollen verhältnismäßige und abschreckende Sanktionen vorgesehen werden, um gegen die rechtswidrige freihändige Vergabe von Aufträgen vorzugehen, die der Europäische Gerichtshof als schwerwiegendste Verletzung des Gemeinschaftsrechts im Bereich des öffentlichen Auftragswesens durch öffentliche Auftraggeber bezeichnet hat. Von einer „freihändigen Vergabe" im Sinne der RMR ist der Richtliniengeber dabei ausweislich des 14. Erwägungsgrunds der RMR bei allen Auftragsvergaben ausgegangen, die ohne vorherige Veröffentlichung einer Bekanntmachung im Amtsblatt der Europäischen Union durchgeführt wurden. Nach Art. 2d Abs. 1 a) RMR sind die Mitgliedstaaten daher verpflichtet, dafür Sorge zu tragen, dass ein Vertrag unwirksam ist, falls der öffentliche Auftraggeber einen Auftrag ohne vorherige Veröffentlichung einer

---

[9] *Koenig* in Kulartz/Kus/Portz, § 101b GWB Rn. 3; *Braun* in Ziekow/Völlink, § 101b GWB Rn. 40.
[10] OLG Naumburg Beschl. v. 26.7.2012, 2 Verg 2/12, VergabeR 2013, 21 f., 227.
[11] OLG Naumburg Beschl. v. 29.4.2010, 1 Verg 3/10, BeckRS 2010, 13763; vgl. dazu auch § 4 Rn. 16 ff.
[12] Zur terminologischen Unterscheidung *Dreher/Hoffmann* NZBau 2009, 216, 219.
[13] OLG Düsseldorf Beschl. v. 3.8.2011, Verg 33/11; VK Lüneburg Beschl. v. 1.2.2011, VgK-75/2010; VK Baden-Württemberg Beschl. v. 21.10.2009, 1 VK 51/09; *Fett* in Willenbruch/Wieddekind, § 101b GWB Rn. 8; *Braun* in Ziekow/Völlink, § 101b GWB Rn. 46; *König* in Kulartz/Kus/Portz, § 101b GWB Rn. 3, *Hattig* in Hattig/Maibaum, Praxiskommentar Kartellvergaberecht, 2010, § 101b Rn. 18; a.A. VK Berlin, Beschl. v. 13.6.2011, VK B 2–7/11.
[14] OLG Düsseldorf Beschl. v. 3.8.2011, Verg 33/11; *Hübner* VergabeR 2011, 93, 95; *Shirvani* VergabeR 2013, 669, 675.

Bekanntmachung im Amtsblatt der Europäischen Union vergeben hat, ohne dass dies nach der RMR zulässig ist. Eine solche rechtswidrige freihändige Vergabe im Sinne der RMR liegt demnach auch dann vor, wenn Wirtschaftsteilnehmern dadurch rechtswidrig Wettbewerbsmöglichkeiten vorenthalten werden, dass der Auftraggeber einen öffentlichen Auftrag lediglich national, trotz vorliegender Voraussetzungen aber nicht EU-weit ausgeschrieben hat.[15]

Eine Berufung auf die Unwirksamkeit des Vertrags kommt bei richtlinienkonformem 12 Verständnis des § 101b Abs. 1 Nr. 2 GWB auch dann in Betracht, wenn ein **Auftrag ohne vorherige Veröffentlichung einer EU-Bekanntmachung** vergeben worden ist, ohne dass dies nach der VKR oder SKR (respektive nach VOL/A, VOF oder SektVO) zulässig ist.[16] Das betrifft insbesondere Fälle, in denen der öffentliche Auftraggeber zu Unrecht davon ausgegangen ist, nach Maßgabe der VKR oder SKR von der Veröffentlichung einer Vergabebekanntmachung absehen zu dürfen, etwa weil er zu Unrecht vom Vorliegen nichtprioritärer Dienstleistungen oder eines Ausnahmegrunds für die Durchführung eines Verhandlungsverfahrens oder eines nicht offenen Verfahrens ohne Teilnahmewettbewerb ausgeht.

Eine Anwendung des § 101b Abs. 1 Nr. 2 GWB kommt demgegenüber **nicht** in Be- 13 tracht, wenn der Auftraggeber lediglich gegen die Vorgaben verstoßen hat, die sich nach der Rechtsprechung des Europäischen Gerichtshofs aus dem **EU-Primärrecht** für die Vergabe solcher öffentlicher Aufträge ergeben, die ganz oder weitgehend aus dem Anwendungsbereich der VKR oder SKR herausfallen.[17] Ein derartiges Verständnis des § 101b Abs. 1 Nr. 2 GWB wäre von einer richtlinienkonformen Auslegung nicht mehr umfasst, da Art. 2d Abs. 1a RMR solche Fälle seinerseits nicht erfasst. Zwar könnte hier eine analoge Anwendung des § 101b GWB erwogen werden. Eine Analogie kommt jedoch nur in Betracht, wenn eine planwidrige Regelungslücke vorliegt. Seit Inkrafttreten der Neuregelung des § 101b GWB durch das VgRModG zum 24. 4. 2009 kann von einer solchen planwidrigen Regelungslücke jedoch nicht mehr ausgegangen werden. Da der Gesetzgeber in § 101b Abs. 1 Nr. 2 GWB nunmehr die Fälle der de facto-Vergabe einer expliziten und abschließenden Regelung zugeführt hat, scheidet eine analoge Anwendung auf darüber hinaus reichende Fälle aus. Der nationale Gesetzgeber geht offensichtlich davon aus, dass die Möglichkeit der Geltendmachung von Schadensersatzansprüchen vor den Zivilgerichten in Fällen, in denen es um die Vergabe nichtprioritärer Dienstleistungen geht, die nicht der VOL/A unterfallen, einen adäquaten und ausreichenden Rechtsschutz darstellt, um den Vorgaben der Rechtsmittelrichtlinie und den aus dem Primärrecht abgeleiteten Anforderungen an den Rechtsschutz zu genügen.[18]

2. Ausnahmen vom Verbot der de facto-Vergabe

a) Gestattung aufgrund Gesetzes

Nach § 101b Abs. 2 Nr. 2 GWB führt eine de facto-Vergabe dann nicht zur Unwirksam- 14 keit des Vertrags, wenn das Absehen von der Durchführung eines Vergabeverfahrens aufgrund Gesetzes gestattet ist. „Aufgrund Gesetzes" bedeutet, dass die Legitimation der vergaberechtsfreien Auftragsvergabe auch in einem auf gesetzlicher Grundlage erlassenen un-

---

[15] OLG Dresden Beschl. v. 24.7.2012, Verg 2/12; VK Lüneburg Beschl. v. 1.2.2011, VgK-75/2010 m.w.N.
[16] OLG Düsseldorf Beschl. v. 21.4.2010, NZBau 2010, 390, 391; *Bulla/Schneider* VergabeR 2011, 664, 670.
[17] 3. VK Bund Beschl. v. 1.12.2009, VK 3–205/09.
[18] 3. VK Bund Beschl. v. 1.12.2009, VK 3–205/09; anders OLG Düsseldorf Beschl. v. 21.4. 2010, NZBau 2010, 390, 391 in der Rechtsmittelinstanz, insoweit allerdings inkonsequent, weil das OLG entgegen dem selbst aufgestellten Obersatz letztlich gerade keinen Verstoß gegen Bekanntmachungspflichten nach der RMR feststellt.

Freytag

tergesetzlichen Regelwerk enthalten sein kann.[19] Praktisch geht es insbesondere um die Fälle, in denen nach den Vergabe- und Vertragsordnungen VOB/A und VOL/A bzw. der Vergabeordnung für freiberufliche Leistungen (VOF) oder der SektVO **Verhandlungsverfahren ohne Teilnahmewettbewerb** zulässig sind. Das betrifft Fälle des § 3a Abs. 6 VOB/A, § 3 Abs. 4 VOL/A-EG, § 3 Abs. 4 VOF sowie § 6 Abs. 2 SektVO.

15   Eine Befreiung von Ausschreibungspflichten aufgrund **Landesrechts** kommt demgegenüber **nicht** in Betracht. Denn dies hätte, wie etwa in § 97 Abs. 4 Satz 3 GWB, ausdrücklich im Wortlaut der Bestimmung des § 101b Abs. 1 Nr. 2 GWB hervorgehoben werden müssen. Ohne eine solche bundesgesetzliche Zulassung der Einschränkung des Vergaberechts durch Landesrecht besteht eine Landeskompetenz zur Einschränkung des bundeseinheitlichen Vergaberechts nicht mehr, nachdem der Bund den Vierten Teil des GWB geschaffen und damit von seiner konkurrierenden Gesetzgebungskompetenz Gebrauch gemacht hat (Art. 72, 74 Abs. 1 Nr. 1, 11, 16, 109 Abs. 3 GG).[20]

b) Zulässige Inhouse-Vergabe

16   Eine weitere – gesetzlich nicht geregelte – Ausnahme von der Ausschreibungspflicht und demnach von der Unwirksamkeitsfolge bei Direktvergaben stellen zulässige Inhouse-Vergaben dar. Ob eine zulässige Inhouse-Vergabe vorliegt oder nicht, ist im Einzelfall auf der Grundlage der dazu ergangenen Rechtsprechung zu beurteilen.[21]

III. Feststellung der Unwirksamkeit in einem Nachprüfungsverfahren (§ 101b Abs. 1 a.E., Abs. 2 GWB)

17   Anders als nach der früheren Regelung in § 13 Satz 6 VgV a.F. tritt die Unwirksamkeit des Vertrags nach der Neuregelung in § 101b GWB nicht mehr automatisch ein. Vielmehr muss der jeweilige Verstoß in einem Nachprüfungsverfahren nach § 101b Abs. 2 GWB festgestellt worden sein (§ 101b Abs. 1 a.E. GWB). Bis zu dieser Feststellung der Unwirksamkeit ergibt sich eine schwebende Unwirksamkeit[22] bzw. – dogmatisch richtiger – die schwebende Wirksamkeit[23] des Vertrages. Die Feststellung eines Verstoßes in einem Nachprüfungsverfahren setzt voraus, dass eine solche Nachprüfung zulässig und begründet ist.[24] Besonderheiten gegenüber sonstigen Vergabenachprüfungsverfahren ergeben sich insbesondere aus den Fristbestimmungen des § 101b Abs. 2 GWB sowie hinsichtlich der Rügeobliegenheit.

1. Fristen zur Geltendmachung der Unwirksamkeit

18   Gemäß § 101b Abs. 2 GWB kann die Unwirksamkeit eines Vertrages nur festgestellt werden, wenn sie im Nachprüfungsverfahren innerhalb von 30 Kalendertagen ab Kenntnis des Verstoßes, jedoch nicht später als 6 Monate nach Vertragsschluss geltend gemacht worden ist. Hat der Auftraggeber die Auftragsvergabe im Amtsblatt der Europäischen Union bekannt gemacht, endet die Frist zur Geltendmachung der Unwirksamkeit 30 Kalendertage nach Veröffentlichung der Bekanntmachung der Auftragsvergabe im Amtsblatt der Europäischen Union.

---

[19] Vgl. nur *Otting* in Bechtold, § 101b Rn. 3.
[20] BGH NZBau 2009, 201, 204; *Braun* in Ziekow/Völlink, § 101 GWB Rn. 48.
[21] Siehe § 6 Rn. 6 ff.
[22] So die Gesetzesbegründung, BT-Drs. 16/10117, S. 21; wohl auch *Hofmann*, Zivilrechtsfolgen von Vergabefehlern, S. 21 ff.
[23] So die h.M., vgl. *Bulla/Schneider* VergabeR 2011, 664, 668; *Dreher/Hoffmann* NZBau 2009, 216, 219; *Dreher/Hoffmann* NZBau 2010, 201 ff.; *Braun* in Ziekow/Völlink, § 101b GWB Rn. 73 m.w.N.
[24] OLG Düsseldorf Beschl. v. 17.8.2011, Verg 55/11; VK Münster Beschl. v. 18.3.2010, VK 2/10.

Die Einführung dieser Fristen beruht auf dem Anliegen der RMR, nach Ablauf von angemessenen „Mindest-Verjährungsfristen" für Nachprüfungen für Rechtssicherheit hinsichtlich der Entscheidungen der öffentlichen Auftraggeber zu sorgen.[25] Auch nach dem Willen des deutschen Gesetzgebers besteht nach Ablauf der Frist Rechtssicherheit über den geschlossenen Vertrag.[26]

19

Insgesamt normiert § 101b Abs. 2 GWB damit **drei verschiedene Fristen**, die zu beachten sind:
- 30 Kalendertage ab Kenntnis des Verstoßes (§ 101b Abs. 2 Satz 1, 1. Halbs. GWB);
- 6 Monate nach Vertragsschluss (§ 101b Abs. 2 Satz 1, 2. Halbs. GWB);
- 30 Kalendertage nach Veröffentlichung der Bekanntmachung über vergebene Aufträge im Amtsblatt der Europäischen Union (§ 101b Abs. 2 Satz 2 GWB).

20

a) Fristberechnung

Die Fristberechnung richtet sich nach den **Frist-Regelungen des BGB.**[27]

21

Der Lauf der 30-Tages-Frist nach § 101b Abs. 2 Satz 1, 1. Halbs. und Satz 2 GWB beginnt nach § 187 Abs. 1 BGB am Tag nach der Kenntniserlangung bzw. Veröffentlichung im Amtsblatt zu laufen. Für das Fristende ist § 188 Abs. 1 BGB einschlägig. Danach endigt eine nach Tagen bestimmte Frist mit dem Ablauf des letzten Tages der Frist. Im Fall der 30-Tages-Frist ist das also der Ablauf (24 Uhr) des 30. Kalendertages nach der Kenntniserlangung bzw. Veröffentlichung im Amtsblatt.

22

Die 6-Monats-Frist nach § 101b Abs. 2 Satz 1, 2. Halbs. GWB beginnt gemäß § 187 Abs. 1 BGB am Tag nach dem Vertragsschluss zu laufen. Für das Fristende ist hier auf § 188 Abs. 2 BGB abzustellen. Danach endet die Frist mit Ablauf des Tages des 6. Monats, der durch seine Zahl dem Tag entspricht, an dem der Vertrag abgeschlossen wurde.

23

b) Kenntnis des Verstoßes

Der Begriff der Kenntnis des Vergaberechtsverstoßes in § 101b Abs. 2 GWB ist ebenso auszulegen wie der **Kenntnisbegriff in § 107 Abs. 3 GWB.** Kenntnis eines Vergaberechtsverstoßes setzt danach voraus, dass der Antragsteller nicht nur die Fakten kennt, welche dem Vergaberechtsverstoß zu Grunde liegen, sondern auch aus den Tatsachen auf den Vergaberechtsverstoß schließt. Dazu genügt seine laienhafte Wertung, dass das Handeln des Auftraggebers eine Missachtung von Bestimmungen über das Vergabeverfahren enthält.[28] Nach den allgemeinen Verfahrensgrundsätzen obliegt zwar dem antragstellenden Unternehmen die **Darlegungs- und Beweislast** für die Einhaltung der Frist für das Nachprüfungsverfahren nach § 101b Abs. 2 GWB. Allerdings obliegt es grundsätzlich dem Auftraggeber, der sich auf einen für ihn günstigen Umstand im Nachprüfungsverfahren beruft, die Umstände darzulegen und gegebenenfalls zu beweisen, die für eine Fristversäumnis des Antragstellers sprechen. Ebenso wie hinsichtlich der Kenntnis des Vergaberechtsverstoßes im Sinne des § 107 Abs. 3 GWB muss der Auftraggeber daher gegebenenfalls die (frühere) Kenntnis des Antragstellers nachweisen. Soweit dieser Nachweis,

24

---

[25] RMR Erwägungsgrund 25.
[26] Gesetzesbegründung, BT-Drs. 16/10117, S. 21.
[27] Vgl. zur Anwendbarkeit der BGB-Fristregelungen auch *Braun* in Ziekow/Völlink, § 101 GWB Rn. 57 m.w.N.; *Koenig* in Kulartz/Kus/Portz, § 101b GWB Rn. 6; OLG Schleswig Beschl. v. 1.4. 2010, 1 Verg 5/09, BeckRS 2010, 08707. Vgl. zur Fristberechnung allgemein auch oben § 23 Rn. 4 ff.
[28] OLG München Beschl. v. 10.3.2011, Verg 1/11; BGH Urt. v. 26.9.2006, X ZB 14/06, VergabeR 2007, 59; *Wiese* in Kulartz/Kus/Portz, § 107 Rn. 64; für eine richtlinienkonforme einschränkende Auslegung des § 101b Abs. 2 Satz 1 GWB *Shirvani* VergabeR 2013, 669, 675 f.; siehe auch oben § 39 Rn. 78 f.

was regelmäßig der Fall sein dürfte, nicht gelingt, ist auf die Angaben des Antragstellers abzustellen.[29]

c) Belehrung über Fristbeginn?

25 Zu den derzeit umstrittensten Fragen im Rahmen des § 101b GWB zählt die Frage, ob die Fristen nach § 101b Abs. 2 GWB nur in Lauf gesetzt werden, wenn der öffentliche Auftraggeber eine entsprechende Belehrung über die Fristen erteilt hat.

26 **Für eine Belehrungspflicht** wird insbesondere angeführt, dass durch § 101b GWB gerade die Rechtsschutzmöglichkeiten für den unterlegenen Bieter verbessert werden sollten. Der Belehrung liege ein Schutzbedürfnis des betroffenen Unternehmens zugrunde. Die Kenntnis von einem Vergaberechtsverstoß, der die sehr kurzen Fristen des § 101b Abs. 2 GWB in Lauf setze, setze aber eine ordnungsgemäße Belehrung über diese Rechtsschutzmöglichkeiten voraus. Darüber hinaus wird eine analoge Anwendung des § 58 VwGO erwogen, wonach die Rechtsbehelfsfristen nur zu laufen beginnen, wenn der Beteiligte über den Rechtsbehelf, die Verwaltungsbehörde oder das Gericht, bei denen der Rechtsbehelf anzubringen ist, den Sitz und die einzuhaltende Frist schriftlich belehrt worden ist. Entscheidend seien zudem unionsrechtliche Überlegungen. Denn nationale Ausschlussfristen dürften die Ausübung von Rechten, die dem Betroffenen gegebenenfalls nach dem EU-Recht zustehen, nicht praktisch unmöglich machen oder übermäßig erschweren. Auch soweit die Rechtsmittelrichtlinie die Einführung von Fristen für Rechtsbehelfe im innerstaatlichen Recht zulasse, müssten die Mitgliedstaaten hinreichend klare, bestimmte und überschaubare Regelungen schaffen, so dass die Einzelnen ihre Rechte und Pflichten erkennen können. Die Betroffenen müssten daher hinreichend klar darüber informiert werden, dass sie sachgerecht innerhalb der vorgeschriebenen Fristen Anträge auf Nachprüfung stellen können.[30]

27 **Gegen eine Belehrungspflicht** als Voraussetzung für das Inlaufsetzen der Fristen des § 101b GWB wird demgegenüber insbesondere der Wortlaut des § 101b Abs. 2 GWB angeführt. Diesem Wortlaut sei nicht zu entnehmen, dass es für den Beginn oder den Ablauf der Fristen bestimmter Belehrungen, etwa Hinweise auf die Nachprüfungsstelle und gegebenenfalls einzuhaltende Fristen, bedürfe. Weder das deutsche noch das europäische Vergabeverfahrensrecht fordere eine Rechtsmittelbelehrung, wie sie etwa in § 58 Abs. 1 VwGO vorgesehen sei. Der Gesetzgeber sei insoweit davon ausgegangen, dass die betroffenen Bieter jedenfalls dann, wenn sie aufgrund der in Artikel 2 f. RMR geforderten Angaben erkennen können, dass der bekanntgegebene – vergebene – Auftrag für sie von Interesse ist, die weiteren Anforderungen zur Rechtsverfolgung ohne weiteres dem Gesetz entnehmen können. Weder im Rahmen der Rechtsmittelrichtlinie noch des § 101b Abs. 2 GWB seien die detaillierten Anforderungen an eine Belehrung über Adressat oder Frist eines Rechtsbehelfs für einen Antrag auf Feststellung der Unwirksamkeit eines Vertrages übernommen worden.[31]

28 **Zutreffend** erscheint die **vermittelnde Position**. Danach wird zwar keine allgemeine Pflicht zur Rechtsbehelfsbelehrung über die Fristen des § 101b Abs. 2 GWB und die zuständige Nachprüfungsinstanz angenommen. Allerdings wird für die Fristverkürzung des § 101b Abs. 2 Satz 2 GWB im Falle der nachträglichen Bekanntmachung der Auftragsvergabe im Amtsblatt der Europäischen Union gefordert, dass eine (europarechtlich)

---

[29] OLG Naumburg Beschl. v. 26.7.2012, 2 Verg 2/12, VergabeR 2013, 218, 225 f.; *Braun* in Ziekow/Völlink, § 101b GWB Rn. 59; *Fett* in Willenbruch/Wieddekind, § 101b GWB Rn. 13.
[30] So insbesondere *Braun* in Ziekow/Völlink, § 101b GWB Rn. 62 ff. m.w.N.
[31] OLG Schleswig Beschl. v. 1.4.2010, 1 Verg 5/09; wohl auch OLG Naumburg Beschl. v. 26.7.2012, 2 Verg 2/12, VergabeR 2013, 218, 224 f.; hinsichtlich der Fristen nach § 101b Abs. 2 Satz 1 GWB wohl auch OLG München Beschl. v. 10.3.2011, Verg 1/11.

ordnungsgemäße Bekanntmachung erfolgt ist.[32] Der deutsche Gesetzgeber hat durch die Regelung zur 30-Tages-Frist in § 101b Abs. 2 Satz 2 GWB Art. 2f. Abs. 1 lit. a RMR umgesetzt. Nach dieser Vorschrift der RMR können die Mitgliedstaaten vorsehen, dass eine Nachprüfung vor Ablauf von mindestens 30 Kalendertagen beantragt werden muss, gerechnet ab dem Tag, der auf den Tag folgt, an dem entweder der öffentliche Auftraggeber eine Bekanntmachung über die Auftragsvergabe gemäß Art. 35 Abs. 4 und den Art. 36 und 37 der Richtlinie 2004/18/EG veröffentlicht hat, sofern darin die Entscheidung des öffentlichen Auftraggebers begründet wird, einen Auftrag ohne vorherige Veröffentlichung einer Bekanntmachung im Amtsblatt der Europäischen Union zu vergeben, oder der öffentliche Auftraggeber die betroffenen Bieter und Bewerber über den Abschluss des Vertrags informiert hat, sofern diese Information eine Zusammenfassung der einschlägigen Gründe gemäß Art. 41 Abs. 2 der Richtlinie 2004/18/EG enthält, vorbehaltlich des Art. 41 Abs. 3 der genannten Richtlinie. Art. 35 Abs. 4 VKR enthält die Pflicht zur Veröffentlichung einer Bekanntmachung über vergebene Aufträge. Gemäß Art. 36 Abs. 1 VKR enthalten die Bekanntmachungen die in Anhang VII Teil A zur VKR aufgeführten Informationen gemäß dem jeweiligen Muster der Standardformulare, die von der Kommission angenommen werden. Diese Formulare zur Bekanntmachung vergebener Aufträge sind von der EU-Kommission zuletzt mit der Verordnung (EG) Nr. 1150/2009[33] aktualisiert worden. Neu gefasst wurden insoweit die Formulare „Bekanntmachung über vergebene Aufträge" und „Bekanntmachung über vergebene Aufträge – Sektoren", die sich in Anhängen III und IV der Formularverordnung finden. Geändert wurden dabei insbesondere die jeweiligen Anhänge D mit der Begründung für die Auftragsvergabe ohne vorherige Bekanntmachung. Diese dienen gerade der Bekanntmachung von Vergaben, durch die die verkürzte Frist des § 101b Abs. 2 Satz 2 GWB in Lauf gesetzt wird. Die geänderten Formulare waren ab dem 1. Dezember 2009 verbindlich zu verwenden. Die Regelung über die Fristverkürzung auf eine 30-Tages-Frist nach § 101b Abs. 2 Satz 2 GWB im Falle einer nachträglichen Auftragsbekanntmachung im Amtsblatt der EU kann in diesem Zusammenhang nur so verstanden werden, dass nur eine **ordnungsgemäße EU-Bekanntmachung über vergebene Aufträge** diese Fristverkürzung auslöst. Anhaltspunkte dafür, dass der deutsche Gesetzgeber hier hinter den Anforderungen zurückbleiben wollte, die sich aus dem EU-Recht für die Bekanntmachung im EU-Amtsblatt ergeben, sind nicht ersichtlich. Jedenfalls aber ist die Regelung in § 101b Abs. 2 Satz 2 GWB im Wege einer richtlinienkonformen Auslegung dahingehend zu verstehen, dass die europarechtlich verbindlich vorgegebenen Anforderungen an die Bekanntmachung vergebener Aufträge im Amtsblatt der EU zu beachten sind. Nach diesen Standardformularen besteht eine ausführliche **Begründungspflicht** für Auftragsvergaben ohne vorherige Veröffentlichung einer Bekanntmachung im Amtsblatt der EU. Außerdem sind Angaben zum Nachprüfungsverfahren, u.a. die **zuständige Stelle für Nachprüfungsverfahren** sowie genaue **Angaben zu den Fristen** für die Einlegung von Rechtsbehelfen zu machen. Auch aus systematischen und teleologischen Gründen besteht nur dann Anlass, den Lauf der 30-Tages-Frist des § 101b Abs. 2 Satz 2 GWB anzunehmen, wenn diese Angaben vollständig und zutreffend gemacht wurden. Denn nur in diesem Fall erscheint eine Fristverkürzung auf 30 Tage, die der Frist in Fällen positiver Kenntnis des Interessenten von einem Vergaberechtsverstoß entspricht, sachgerecht. Dem kann auch nicht entgegengehalten werden, die Fristen des § 101b Abs. 2 GWB stellten absolute Fristen dar, die keiner Verlängerung zugänglich seien. Denn es geht hier nicht um eine Fristverlängerung, sondern darum, dass der Lauf der Frist infolge fehlerhafter EU-Bekanntmachung bereits nicht in Gang gesetzt wird. Außerdem bleibt es bei der

---

[32] VK Sachsen Beschl. v. 8.4.2011, 1/SVK/002–11; *Hattig* in Hattig/Maibaum, Praxiskommentar Kartellvergaberecht, 2010, § 101b GWB Rn. 38f.; ähnlich *Fett* in Willenbruch/Wieddekind, § 101b GWB Rn. 15.
[33] ABl. EU 2009 L 313/3.

Grenze der 6-Monats-Frist des § 101b Abs. 2 Satz 1, 2. Halbs. GWB ab Vertragsschluss. Damit ist dem gesetzgeberischen Anliegen, für Rechtssicherheit zu sorgen, vollständig Genüge getan.

d) Gesetzliche Ausschlussfrist

29   Bei den Fristen des § 101b Abs. 2 GWB handelt es sich um **gesetzliche Ausschlussfristen**, die es Interessenten nach einem gewissen Zeitablauf unmöglich machen, die Unwirksamkeit des nicht ausgeschriebenen Vertrages geltend zu machen. Der Ablauf dieser Ausschlussfristen führt demnach zum **endgültigen vergaberechtlichen Rechtsverlust** betroffener Interessenten.[34]

30   Umstritten ist, ob ggf. eine **Wiedereinsetzung in den vorigen Stand** in Betracht kommt. In der vergaberechtlichen Literatur wird teilweise angenommen, der zur Stellung des Nachprüfungsantrags Berechtigte könne, sofern er ohne Verschulden die Frist zur Geltendmachung des Nachprüfungsantrags versäume, entsprechend den zivilprozessualen Vorschriften Wiedereinsetzung in den vorigen Stand gegen die Versäumung der Frist erlangen.[35] Die vergaberechtliche **Rechtsprechung** geht demgegenüber ganz überwiegend davon aus, dass es sich bei den Fristen des § 101b Abs. 2 GWB um gesetzliche Ausschlussfristen handelt, die weder in analoger Anwendung der Verjährungsvorschriften gehemmt werden können, noch eine Wiedereinsetzung in den vorigen Stand ermöglichen.[36] Es handele sich um **formelle Ausschlussfristen**, weil sie die prozessuale Geltendmachung materiell-rechtlicher Verstöße nach einer gewissen Frist im Interesse der Rechtssicherheit und Rechtsklarheit nicht mehr möglich machen sollen. Sinn der Regelung des § 101b Abs. 2 GWB sei es gerade, Rechtssicherheit für den abgeschlossenen Vertrag herzustellen. Eine Korrektur formeller Ausschlussfristen sei im Interesse der Rechtsklarheit und Rechtssicherheit aber nur in Ausnahmefällen möglich. So soll auf prozessuale Ausschlussfristen § 242 BGB keine Anwendung finden, es gibt keine Verlängerung und keine Heilung dieser Fristen und auch keine Wiedereinsetzung in den vorigen Stand.[37] Eine **Ausnahme** kommt nur in Betracht, wenn ein Verstoß gegen das **Gebot des fairen Verfahrens** vorliegt.[38] Dieses Verständnis entspricht dem gesetzgeberischen Zweck, durch die Fristenregelungen in § 101b Abs. 2 GWB Rechtsklarheit zu schaffen.

31   Die Nichteinhaltung der Fristen des § 101b Abs. 2 GWB führt allerdings nur zur Unzulässigkeit eines Vergabenachprüfungsverfahrens. Die Geltendmachung der Unwirksamkeit des abgeschlossenen Vertrages aus anderen Gründen[39] oder die Einleitung eines Vertragsverletzungsverfahrens durch die Europäische Kommission[40] bleibt dadurch unbeeinflusst.

2. Antragsbefugnis

32   Der Antragsteller eines Nachprüfungsverfahrens nach § 101b GWB muss – wie auch sonst Antragsteller von Vergabenachprüfungsverfahren – antragsbefugt sein. Die Vorschrift des § 107 Abs. 2 GWB gilt auch für die Feststellungsverfahren nach § 101b GWB. Denn § 107 GWB befindet sich am Beginn des Abschnitts der Normen, die das Verfahren vor

---

[34] OLG Schleswig Beschl. v. 1.4.2010, 1 Verg 5/09, BeckRS 2010, 08707; OLG München Beschl. v. 10.3.2011, Verg 1/11; VK Sachsen Beschl. v. 8.4.2011, 1/SVK/002–11.
[35] So *Koenig* in Kulartz/Kus/Portz, § 101b Rn. 6; *Braun* in Ziekow/Völlink, § 101b GWB Rn. 65 ff.
[36] OLG München Beschl. v. 10.3.2011, Verg 1/11; OLG Schleswig Beschl. v. 1.4.2010, 1 Verg 5/09, BeckRS 2010, 08707; so auch *Fett* in Willenbruch/Wieddekind, § 101b GWB Rn. 15.
[37] OLG München Beschl. v. 10.3.2011, Verg 1/11; *Krieger* in Zöller ZPO, 29. Aufl. 2012, § 233 Rn. 8, § 234 Rn. 12.
[38] BVerfG Beschl. v. 15.4.2004, 1 BvR 622/98.
[39] S. dazu unten Rn. 53 ff.
[40] S. dazu § 37 Rn. 17 ff.

der Vergabekammer regeln und gilt als grundlegende Norm in sämtlichen Nachprüfungsverfahren. Nach dem klaren Wortlaut des § 101b Abs. 2 GWB wird die Unwirksamkeit des Vertrags „im Nachprüfungsverfahren" festgestellt. Auf dieses Nachprüfungsverfahren finden daher die Regelungen des Zweiten Abschnitts des Vierten Teils des GWB, darunter auch § 107 Abs. 2 GWB, Anwendung.[41]

Die Antragsbefugnis richtet sich nach § 107 Abs. 2 Satz 1 GWB. Danach ist jedes Unternehmen antragsbefugt, das ein Interesse am Auftrag hat und eine Verletzung in seinen Rechten nach § 97 Abs. 7 GWB durch Nichtbeachtung von Vergabevorschriften geltend macht. Darüber hinaus muss ihm durch die behauptete Verletzung von Vergabevorschriften ein Schaden entstanden sein oder zu entstehen drohen. 33

a) Antragsbefugnis in Fällen des § 101b Abs. 1 Nr. 1 GWB

In Fällen des Verstoßes gegen die Informations- und Wartepflicht des § 101a GWB hat in der Regel ein Vergabeverfahren stattgefunden. In diesem Fall wird das Interesse am Auftrag regelmäßig durch die Abgabe eines Angebots dokumentiert. Zwingende Voraussetzung für die Bejahung der Antragsbefugnis ist die Angebotsabgabe allerdings nicht. Auch eine sonstige Interessenbekundung an dem ausgeschriebenen Auftrag ist ausreichend.[42] 34

Ein Verstoß gegen die Informations- und Wartepflicht des § 101a GWB allein ist jedoch in der Regel **nicht** geeignet, einen **Schaden** im Sinne des § 107 Abs. 2 Satz 2 GWB zu begründen. Denn die Zuschlagschancen oder sonstigen Erfolgsaussichten des Antragstellers werden durch das Unterlassen dieser Information bzw. die Nichteinhaltung der Frist nicht beeinflusst.[43] 35

Eine Beeinträchtigung der Chancen auf den Zuschlag und damit die Antragsbefugnis ist auch ausgeschlossen, wenn der **Bestbieter** sich auf die Nichteinhaltung des § 101a GWB berufen möchte. Es ist nicht Ziel des Nachprüfungsverfahrens nach § 101b GWB, es dem Bestbieter und zugleich Auftragnehmer zu ermöglichen, sich unter Berufung auf die Nichteinhaltung des § 101a GWB wieder von dem Vertrag zu lösen.[44] 36

b) Antragsbefugnis in Fällen des § 101b Abs. 1 Nr. 2 GWB

Auch in Fällen unzulässiger de facto-Vergaben wird das Interesse am Auftrag häufig durch die Abgabe eines Angebots, eben in einem nicht ordnungsgemäßen Verfahren, dokumentiert. Regelmäßig werden sich hier aber Unternehmen gegen die de facto-Vergabe zur Wehr setzen wollen, die an dem Verfahren nicht beteiligt wurden. Wegen des verfassungsrechtlichen Gebots, effektiven Rechtsschutz zu gewähren, dürfen an die Antragsbefugnis nach § 107 Abs. 2 GWB **keine allzu hohen Anforderungen** gestellt werden; die Darlegungslast darf insoweit nicht überspannt werden.[45] Interessent ist neben den Bewerbern und Bietern jedes Unternehmen, das am Vergabeverfahren in rechtswidriger Weise nicht beteiligt worden ist. Wird vom Antragsteller eines Nachprüfungsverfahrens behauptet, dass ein nach Maßgabe des § 97 Abs. 1 GWB geregeltes Vergabeverfahren bislang nicht stattgefunden habe, genügt für die Antragsbefugnis grundsätzlich, dass das Unternehmen vorträgt, es hätte sich bei EU-weiter Vergabebekanntmachung mit einem Ange- 37

---

[41] Vgl. OLG Brandenburg Beschl. v. 14.9.2010, Verg W 8/10.
[42] OLG Düsseldorf Beschl. v. 17.8.2011, Verg 55/11; s. im Einzelnen auch § 39 Rn. 47 ff.
[43] VK Bund Beschl. v. 10.10.2013, VK 1-83/13; VK Schleswig-Holstein Beschl. v. 11.2.2010, VK SH-29/09; *Hattig* in Hattig/Maibaum Praxiskommentar Kartellvergaberecht, 2010, § 101b Rn. 31.
[44] Gesetzesbegründung BT-Drs. 16/10117 Seite 21.
[45] OLG Karlsruhe Beschl. v. 15.11.2013, 15 Verg 5/13 m.w.N.; OLG Brandenburg Beschl. v. 14.9.2010, Verg W 8/10; BVerfG Beschl. v. 29.7.2004, 2 BvR 2248/03 NZBau 2004, 564, 566; BGH Beschl. v. 1.2.2005, X ZB 27/04.

Freytag

bot um den Auftrag beworben.[46] In der Versagung einer Chance zur Beteiligung am Verfahren zur Auftragsvergabe liegt außerdem stets bereits eine Verschlechterung der Zuschlagschancen und damit ein möglicher Schaden.[47] Die Frage, ob der öffentliche Auftraggeber ein (potentielles) Angebot eines Interessenten nicht berücksichtigen musste, weil berechtigte Zweifel an der Eignung des Antragstellers bestehen, ist dann keine Frage der Zulässigkeit, sondern der Begründetheit des Nachprüfungsantrags.[48]

3. Besonderheiten hinsichtlich der Rügeobliegenheit

a) Rügeobliegenheit in Fällen des § 101b Abs. 1 Nr. 1 GWB

38 Eine Rügeobliegenheit in Fällen, in denen sich der Antragsteller darauf beruft, eine Vorinformation entspreche nicht den Vorgaben des § 101a GWB, ergibt sich aus § 107 Abs. 3 GWB. Gemäß § 107 Abs. 3 Nr. 1 GWB ist der Nachprüfungsantrag unzulässig, soweit der Antragsteller den gerügten Verstoß gegen Vergabevorschriften im Vergabeverfahren erkannt und gegenüber dem Auftraggeber nicht unverzüglich gerügt hat. Ob diese Vorschrift wegen fehlender Bestimmtheit der Rügefrist überhaupt unionsrechtskonform ist oder wegen Verstoßes gegen das Unionsrecht unangewendet bleiben muss, ist derzeit allerdings ebenso **umstritten** wie – die Anwendbarkeit der Vorschrift vorausgesetzt – die Frage, binnen welcher Frist eine solche Rüge noch als unverzüglich anzusehen ist. Hinsichtlich der Einzelheiten zur Rügeobliegenheit und den Rügefristen nach § 107 Abs. 3 Nr. 1 GWB kann auf die Ausführungen zu § 107 Abs. 3 GWB verwiesen werden.[49]

39 Anlass, die Regelung des § 101b Abs. 2 GWB mit den insoweit längeren Fristen als eine § 107 Abs. 3 GWB verdrängende Sonderregelung anzusehen, soweit der Antragsteller ein (nach seinen Darlegungen unzureichendes) Informationsschreiben nach § 101a GWB erhalten hat, gibt es nicht. § 101b Abs. 2 GWB regelt lediglich gesetzliche Ausschlussfristen für die Stellung eines Nachprüfungsantrags, nicht aber Anforderungen an die Rügeobliegenheit. Vielmehr ist im Umkehrschluss aus der Regelung des § 107 Abs. 3 Satz 2 GWB zu folgern, dass § 107 Abs. 3 Satz 1 GWB bei Anträgen auf Feststellung der Unwirksamkeit des Vertrags nach § 101b Abs. 1 Nr. 1 GWB uneingeschränkt Anwendung findet. § 107 Abs. 3 GWB ist insoweit neben § 101b Abs. 2 GWB anwendbar.[50]

b) Keine Rügeobliegenheit in Fällen des § 101b Abs. 1 Nr. 2 GWB

40 Bei der Geltendmachung der Unwirksamkeit eines Vertrags aufgrund unzulässiger de facto-Vergabe gemäß § 101b Abs. 1 Nr. 2 GWB besteht demgegenüber **keine Rügeobliegenheit**. Gemäß **§ 107 Abs. 3 Satz 2 GWB** gilt die Rügeobliegenheit nach § 107 Abs. 3 Satz 1 GWB ausdrücklich nicht bei einem Antrag auf Feststellung der Unwirksamkeit des Vertrages nach § 101b Abs. 1 Nr. 2 GWB. In Fällen der de facto-Vergabe ist eine Rügepräklusion demnach ausdrücklich ausgeschlossen.[51] Angesichts des klaren Gesetzeswortlauts ist hier kein Raum für die Annahme, dass ausnahmsweise eine Rüge dann er-

---

[46] OLG Karlsruhe Beschl. v. 15.11.2013, 15 Verg 5/13 m.w.N.; OLG Düsseldorf Beschl. v. 21.4.2010, VII-Verg 55/09; NZBau 2010, 390; OLG Naumburg Beschl. v. 4.11.2010, 1 Verg 10/10.
[47] OLG Naumburg Beschl. v. 26.7.2012, 2 Verg 2/12, VergabeR 2013, 218, 224 m.w.N.; OLG Naumburg Beschl. v. 22.12.2011, 2 Verg 10/11.
[48] OLG Düsseldorf Beschl. v. 17.8.2011, Verg 55/11; OLG Brandenburg Beschl. v. 14.9.2010, Verg W 8/10.
[49] S. im Einzelnen § 39 Rn.64ff.
[50] OLG Naumburg Beschl. v. 29.10.2009, 1 Verg 5/09; *Braun* in Ziekow/Völlink, § 101b GWB Rn. 80ff. m.w.N.; offen gelassen vom OLG München Beschl. v. 13.8.2010, Verg 10/10.
[51] OLG Dresden Beschl. v. 12.10.2010, WVerg 9/10; OLG Rostock Beschl. v. 20.10.2010, 17 Verg 5/10; OLG Celle Beschl. v. 29.10.2009, 13 Verg 8/09; *Braun* in Ziekow/Völlink, § 101b GWB Rn. 83.

forderlich sei, wenn der nicht beteiligte Unternehmer über eine entsprechende Absicht des Auftraggebers zur de facto-Vergabe unterrichtet ist und ihm die Rüge möglich und im Hinblick auf ein Vertrauensverhältnis zur Vergabestelle zumutbar ist.[52] Eine derartige Auslegung scheitert am eindeutigen Wortlaut des § 107 Abs. 3 Satz 2 GWB.[53] Auch besteht kein Anlass zu einer teleologischen Reduktion, da der Auftraggeber in Fällen einer unzulässigen de facto-Vergabe nicht schutzwürdig ist.

Nach zutreffender Ansicht findet bei de facto-Vergaben auch die 15-Tages-Frist des § 107 Abs. 3 Satz 1 Nr. 4 GWB selbst dann keine Anwendung, wenn der Interessent tatsächlich von der beabsichtigten Vergabe Kenntnis erlangt und diese gerügt hat und der Auftraggeber diese Rüge daraufhin ausdrücklich hat. Denn die Anwendbarkeit des § 107 Abs. 3 Satz 1 Nr. 4 GWB setzt das Bestehen einer Rügeverpflichtung voraus. Eine solche Rügeobliegenheit besteht nach § 101b Abs. 1 Nr. 2 GWB bei de facto-Vergaben aber gerade nicht. Eine analoge Anwendung scheidet mangels Regelungslücke aus.[54] **40a**

IV. Rechtsfolgen

Gemäß § 101b Abs. 1 GWB ist ein **Vertrag von Anfang an unwirksam**, wenn der Auftraggeber gegen § 101a GWB verstoßen oder eine unzulässige de facto-Vergabe durchgeführt hat und dieser Verstoß in einem Nachprüfungsverfahren festgestellt worden ist. **41**

1. Tenorierung durch die Vergabekammer

Sofern der von einem Antragsteller gestellte Nachprüfungsantrag zulässig und begründet ist, ist die Tenorierung durch die Vergabekammer durch § 101b Abs. 1 GWB vorgezeichnet: Die Vergabekammer hat zunächst die **Feststellung der Unwirksamkeit des abgeschlossenen Vertrages von Anfang an** auszusprechen.[55] **42**

Darüber hinaus hat die Vergabekammer nach § 114 Abs. 1 GWB die **geeigneten Maßnahmen** zu treffen, um eine Rechtsverletzung des Antragstellers zu beseitigen und eine Schädigung der betroffenen Interessen zu verhindern. Dazu kann die Anordnung gehören, das bisherige (vergaberechtswidrige) Vergabeverfahren aufzuheben. Ebenso kann die Vergabekammer den Antragsteller verpflichten, im Falle fortbestehender Vergabeabsicht ein vergaberechtskonformes Vergabeverfahren durchzuführen. **43**

Um die festgestellte Vergaberechtsverletzung zu beseitigen und eine Schädigung der betroffenen Bieterinteressen zu verhindern, ist demgegenüber die Anordnung der Rückabwicklung des unwirksamen Vertrags durch die Vergabekammer nach herrschender Meinung nicht erforderlich.[56] **44**

---

[52] So aber VK Sachsen Beschl. v. 3.5.2012, 1/SVK/008-12; *Koenig* in Kulartz/Kus/Portz, § 101b Rn. 3.

[53] OLG Karlsruhe Beschl. v. 15.11.2013, 15 Verg 5/13; *Braun* in Ziekow/Völlink, § 101b GWB Rn. 84; *Dreher/Hoffmann* NZBau 2010, 201, 206.

[54] Vgl. OLG Karlsruhe Beschl. v. 15.11.2013, 15 Verg 5/13 m.w.N.; a.A. VK Sachsen Beschl. v. 31.8.2011, 1/SVK/030-11; wohl auch VK Lüneburg Beschl. v. 3.2.2012, VgK – 01/2012, beide allerdings unter Berufung auf eine Entscheidung des OLG Naumburg (Beschl. v. 2.3.2006, 1 Verg 1/06) aus der Zeit vor Einführung des § 107 Abs. 3 Satz 2 GWB.

[55] Allgemeine Meinung, vgl. nur OLG Dresden Beschl. v. 12.10.2010, WVerg 9/10; VK Arnsberg Beschl. v. 16.12.2009, VK 36/09; *Braun* in Ziekow/Völlink, § 101b GWB Rn. 70.

[56] Vgl. OLG Karlsruhe NZBau 2009, 403, 404; VK Sachsen Beschl. v. 8.4.2011, 1/SVK/002-11; *Braun* in Ziekow/Völlink, § 101b GWB Rn. 70 m.w.N.; s. dazu auch unten Rn. 50.

2. Rechtsfolgen der Unwirksamkeit ex tunc

45   Mit Bestands-/Rechtskraft der Entscheidung der Vergabenachprüfungsinstanzen, durch die die Unwirksamkeit gemäß § 101b GWB festgestellt wird, ist der abgeschlossene Vertrag von Anfang an unwirksam. Er entfaltet keinerlei Rechtswirkungen mehr. Diese Unwirksamkeit gilt nicht nur im Verhältnis zwischen Antragsteller, öffentlichem Auftraggeber und Bestbieter/Auftragnehmer. Sie entfaltet vielmehr auch **unmittelbare Wirkung gegenüber Dritten**.[57]

46   Im Verhältnis zwischen öffentlichem Auftraggeber und dem **Vertragspartner** des für unwirksam erklärten Vertrages richten sich die Rechtsfolgen der Unwirksamkeit nach allgemeinen **zivilrechtlichen Grundsätzen**.

47   Hat der Auftragnehmer die Leistungen bereits ganz oder teilweise erbracht, führt die Unwirksamkeit des Vertrages ex tunc dazu, dass die Leistungen ohne Rechtsgrund erbracht wurden und der geschlossene Vertrag nach den Grundsätzen der **ungerechtfertigten Bereicherung** gemäß §§ 812ff. BGB rückabzuwickeln ist. Insoweit liegen die Voraussetzungen einer Leistungskondiktion nach § 812 Abs. 1 Satz 1 Alt. 1 BGB vor. Soweit es dem Auftraggeber danach nicht möglich ist, das Erlangte in natura herauszugeben, hat er gemäß § 818 Abs. 2 BGB dessen Wert zu ersetzen. Zu ersetzen ist danach in der Regel der objektive Verkehrswert, den das Erlangte nach seiner tatsächlichen Beschaffenheit für jedermann hat bzw. der Betrag, den ein Dritter am Markt dafür zu zahlen bereit wäre. Maßgeblich ist die übliche, hilfsweise die angemessene, vom Auftraggeber ersparte, höchstens jedoch die vereinbarte Vergütung. Nicht zu ersetzen ist demgegenüber das besondere Interesse eines Beteiligten, auch nicht der bei der Veräußerung erzielte Gewinn des Empfängers.[58]

48   Für den öffentlichen Auftraggeber ergibt sich aus der Feststellung der Unwirksamkeit nach § 101b GWB zugleich eine **Rückabwicklungspflicht**.[59] Denn der gesetzlichen Anordnung der Unwirksamkeit des Vertrages ex tunc in § 101b GWB ist der Wille des Gesetzgebers zu entnehmen, dass ein Leistungsaustausch auf der Grundlage eines derart unwirksamen Vertrages keinen dauerhaften Bestand haben soll. Ansonsten hätte die Anordnung einer Unwirksamkeit ex nunc genügt. Schließlich dürfte auch nur die Annahme einer Rückabwicklungspflicht des öffentlichen Auftraggebers dem Anliegen der Rechtsmittelrichtlinie Rechnung tragen.[60]

49   Dem Auftragnehmer können außerdem **Schadenersatzansprüche** gegen den öffentlichen Auftraggeber zustehen. Das gilt insbesondere in Fällen, in denen noch nicht mit der Vertragserfüllung begonnen wurde, aber auch, soweit Bereicherungsansprüche nach Leistungsbeginn den Interessen des Auftragnehmers nicht gerecht werden, etwa weil insoweit Vorbereitungshandlungen unvergütet bleiben. Ein Ersatz des Vertrauensschadens kommt hier gemäß §§ 280 Abs. 1, 241 Abs. 2, 311 Abs. 2 BGB in Betracht.[61]

50   Für den **erfolgreichen Antragsteller** hat die Feststellung der Unwirksamkeit des Vertrages gemäß § 101b GWB zunächst zur Folge, dass das bisherige vergaberechtswidrig durchgeführte Vergabeverfahren aufgehoben werden muss. Sofern der Auftraggeber weiterhin (bzw. nach Rückabwicklung der erbrachten Leistungen) einen Beschaffungsbedarf hat und diesen am Markt (also nicht über eine möglicherweise zulässige Inhouse-Vergabe) befriedigen möchte, hat der Antragsteller darüber hinaus einen **Anspruch auf Durch-**

---

[57] Zutreffend *Peters* NZBau 2011, 7; Braun in Ziekow/Völlink, § 101b GWB Rn. 92ff.
[58] *Sprau* in Palandt, § 818 BGB Rn. 19 m.w.N.; so auch *Dreher/Hoffmann* NZBau 2010, 201, 206; *Hattig* in Hattig/Maibaum, Praxiskommentar Kartellvergaberecht, 2010, § 101b GWB Rn. 42, *Glahs* in Reidt/Stickler/Glahs, § 101b Rn. 20; *Braun* in Ziekow/Völlink, § 101b GWB Rn. 88; a.A. für bereits erbrachte Leistungen *Koenig* in Kulartz/Kus/Portz, § 101b Rn. 5.
[59] Zutreffend *Dreher/Hoffmann* NZBau 2010, 201, 206.
[60] Vgl. RMR Erwägungsgrund 14; *Dreher/Hoffmann* NZBau 2010, 201, 206.
[61] *Peters* NZBau 2011, 7, 8.

führung eines neuen Vergabeverfahrens unter Beachtung der vergaberechtlichen Vorschriften und der Rechtsauffassung der Vergabekammer oder des Vergabesenats.[62] Ein Rückabwicklungsanspruch, der durch die Vergabekammer tenoriert werden müsste, steht dem erfolgreichen Antragsteller nach herrschender Meinung demgegenüber grundsätzlich nicht zu. Ein solcher folgt weder aus § 114 GWB noch aus § 8 Abs. 1 Satz 1 UWG i.V.m. §§ 3, 4 Nr. 11 UWG.[63] Dieser grundsätzlichen Ablehnung eines Rückabwicklungsanspruchs liegt die Auffassung zugrunde, dass sich der öffentliche Auftraggeber seiner Bindung an Recht und Gesetz bewusst ist und daher rechtstreu verhält, indem er die Rechtsfolgen der Vertragsunwirksamkeit beachtet und die rechtlichen Konsequenzen daraus zieht. Davon wird man in der Regel auch ausgehen können. Sollte der öffentliche Auftraggeber die ihm obliegende Rückabwicklungspflicht demgegenüber missachten, so ist in solchen Ausnahmefällen ein Rückabwicklungsanspruch des Antragstellers zu bejahen.[64]

3. Ausnahmen von der Unwirksamkeitsfeststellung?

Vereinzelt wird die Auffassung vertreten, in ganz seltenen Fällen könne die Feststellung **51** der Unwirksamkeit untragbar sein, etwa wenn die Verzögerung von Bauprojekten mit einem erheblichen Anstieg der Kosten verbunden wäre. In solchen Ausnahmefällen sollten dann die **alternativen Sanktionen des Art. 2e RMR** angewendet werden.[65] Auf der Grundlage des Art. 2e RMR ist es zulässig, Geldbußen oder -strafen gegen den öffentlichen Auftraggeber zu verhängen oder die Laufzeit des Vertrags zu verkürzen.

Dagegen spricht indes, dass diese Bestimmungen der Rechtsmittelrichtlinie über alter- **52** native Sanktionen vom deutschen Gesetzgeber **gerade nicht umgesetzt** wurden und vom Richtliniengeber auch nicht als verbindliche Richtlinienbestimmungen formuliert waren. Der Richtliniengeber ist selbst davon ausgegangen, dass schwere Verstöße gegen die obligatorische Stillhaltefrist und den automatischen Suspensiveffekt grundsätzlich zur Unwirksamkeit des Vertrags führen sollten, wenn sie mit Verstößen gegen die VKR oder die SKR einhergehen und dies in einem Nachprüfungsverfahren festgestellt wurde. Nur bei „anderen Verstößen gegen förmliche Anforderungen" könnten die Mitgliedstaaten den Grundsatz der Unwirksamkeit als ungeeignet betrachten. In diesen Fällen sollten die Mitgliedstaaten die Möglichkeit haben, alternative Sanktionen vorzusehen.[66] Von dieser Möglichkeit hat der deutsche Gesetzgeber bei der Umsetzung der RMR indes keinen Gebrauch gemacht. Er hat vielmehr vorgesehen, dass Verträge, die unter Verstoß gegen § 101b Abs. 1 GWB zustande gekommen sind, (ausnahmslos) von Anfang an unwirksam sind. Eine Abweichung von dieser nach Wortlaut und gesetzgeberischer Intention klaren Regelung ist durch Auslegung nicht zu erreichen. Sie bedürfte vielmehr einer entsprechenden rechtlichen Regelung. In Ausnahmefällen kann allerdings ein Antrag nach § 101b Abs. 2 GWB treuwidrig sein.[67]

C. Sonstige Unwirksamkeitsgründe

Neben der Unwirksamkeit eines Vertrags nach § 101b GWB kommt eine Unwirksamkeit **53** bzw. Nichtigkeit eines vergaberechtswidrig geschlossenen Vertrages grundsätzlich auch aus anderen Gründen, nämlich insbesondere nach §§ 134 oder 138 BGB in Betracht. Hier

---

[62] Vgl. OLG Naumburg Beschl. v. 3.9.2009, 1 Verg 4/09, BeckRS 2009, 26654; *Braun* in Ziekow/Völlink, § 101b GWB Rn. 89 ff.
[63] Vgl. OLG Karlsruhe NZBau 2009, 403, 404.
[64] Zutreffend *Braun* in Ziekow/Völlink, § 101b GWB Rn. 91.
[65] So wohl *Braun* in Ziekow/Völlink, § 101b GWB Rn. 71.
[66] RMR Erwägungsgründe 18 f.
[67] Vgl. OLG München Beschl. v. 13.6.2013, Verg 1/13.

stellt sich allerdings zunächst die Frage, ob § 101b GWB eine Sperrwirkung gegenüber solchen anderen Nichtigkeitsgründen entfaltet.

I. Anwendbarkeit sonstiger Nichtigkeitstatbestände neben § 101b GWB

54 In der vergaberechtlichen Rechtsprechung ist noch nicht abschließend geklärt, inwieweit die Geltendmachung der Gesetzes- oder Sittenwidrigkeit eines ohne Ausschreibung abgeschlossenen Vertrages in Anbetracht der Regelung des § 101b GWB überhaupt noch möglich ist.[68] In der vergaberechtlichen Literatur wird aber ganz überwiegend angenommen, dass die Nichtigkeit eines Vertrages, der nach Maßgabe des § 101b GWB unwirksam ist, aus anderen Gründen unberührt bleibt.[69] **Gegen eine Sperrwirkung** spricht insbesondere die Gesetzeshistorie des § 101b GWB. So hat die Bundesregierung in ihrer Gegenäußerung zur Stellungnahme des Bundesrats, der eine entsprechende Klarstellung gefordert hatte, ausgeführt, dass nach Auffassung der Bundesregierung gesetzliche Klarstellungen im GWB zur Anwendung der Vorschriften des BGB auf den zwischen öffentlichem Auftraggeber und Auftragnehmer geschlossenen zivilrechtlichen Vertrag nicht systemgerecht wären. Die Frage der Anwendbarkeit der zivilrechtlichen Vorschriften sei nach den tatsächlichen Umständen des jeweiligen Einzelfalls zu beantworten.[70] Auch spricht die Konstruktion eines schwebend wirksamen Vertrages nach § 101b GWB dafür, dass ein von Anfang an wegen Sittenwidrigkeit oder Gesetzeswidrigkeit nichtiger Vertrag nie schwebend wirksam oder gar, wenn nicht innerhalb der in § 101b Abs. 2 GWB gesetzten Fristen ein Nachprüfungsverfahren eingeleitet wurde oder die Nachprüfung erfolglos war, für immer wirksam sein kann.[71] Richtigerweise ist daher davon auszugehen, dass Unwirksamkeits- bzw. Nichtigkeitsgründe, die sich aus anderen gesetzlichen Vorschriften ergeben, neben § 101b GWB anwendbar sind.

II. § 134 BGB

55 Gemäß § 134 BGB sind Verträge, die gegen ein gesetzliches Verbot verstoßen, nichtig. In der Regel greift diese Nichtigkeitsfolge allerdings nur bei einem Verstoß gegen beiderseitige Verbotsgesetze, also Gesetze, deren Verbote sich gegen beide Parteien richten. Ist ein Rechtsgeschäft nur für einen Teil verboten, ist das verbotswidrige Geschäft demgegenüber in der Regel gültig. Das gilt insbesondere dann, wenn der Gesetzesverstoß ein bloßes Internum in der Sphäre einer Partei bleibt. In Ausnahmefällen kann sich aber aus dem Zweck des Verbots auch die Nichtigkeit des Geschäfts ergeben.[72]

56 Bereits vor Einführung des § 101b GWB wurde in der Rechtsprechung und Literatur diskutiert, ob sich die Unwirksamkeit eines Vertrages neben der in § 13 Satz 6 VgV a.F. angeordneten Nichtigkeitsfolge, die nur in seltenen Fällen zur Anwendung kam,[73] auch auf § 134 BGB stützen lässt, wenn der Vertrag vergaberechtswidrig de facto vergeben wurde.[74] Insbesondere von der vergaberechtlichen Rechtsprechung wurde dies jedoch

---

[68] Offengelassen von OLG München Beschl. v. 10.3.2011, Verg 1/11.
[69] *Kriener* in Müller-Wrede GWB, § 101b Rn. 14; *Fett* in Willenbruch/Wieddekind, § 101b GWB Rn. 16; *Braun* in Ziekow/Völlink, § 101b GWB Rn. 95.
[70] BT-Drs. 16/10117, S. 32, 41.
[71] OLG München Beschl. v. 10.3.2011, Verg 1/11.
[72] *Ellenberger* in Palandt, § 134 BGB Rn. 8 f. m.w.N.
[73] Vgl. *Jasper/Pooth* ZfBR 2004, 543.
[74] Für Nichtigkeit: *Kaiser* NZBau 2005, 311, 312 ff.; gegen Nichtigkeit: *Bitterich* NJW 2006, 1845, 1846; *v. Gehlen* NZBau 2005, 503, 504; *Prieß/Gabriel* NZBau 2006, 219, 220; eingehend zum Diskussionsstand *Hofmann*, Zivilrechtsfolgen von Vergabefehlern, S. 29 ff. m.w.N.

ganz überwiegend abgelehnt.[75] Zur Begründung wurde darauf abgestellt, dass die Missachtung der vergaberechtlichen Vorschriften als solche noch kein Zuschlagsverbot auslöse. Nach § 115 Abs. 1 GWB entsteht ein solches Zuschlagsverbot vielmehr erst mit der Zustellung eines Nachprüfungsantrags an den Auftraggeber. Dieses Zuschlagsverbot gilt aber unabhängig davon, ob das Vergabeverfahren tatsächlich vergaberechtlich zu beanstanden ist oder nicht. Die darin zum Ausdruck gekommene gesetzgeberische Entscheidung sei zu respektieren, ohne dass es darauf ankomme, ob gegen einzelne Vorschriften oder das Vergaberecht insgesamt verstoßen wird.[76]

Auch nach Inkrafttreten der Neuregelung des § 101b GWB besteht kein Anlass, die Einschätzung, dass **vergaberechtliche Vorschriften keine Verbotsgesetze** im Sinne des § 134 BGB sind, zu revidieren.[77] Denn bereits nach dem Wortlaut des § 101b GWB hat ein Verstoß selbst gegen wesentliche Vergabevorschriften wie das Verbot unzulässiger de facto-Vergaben gerade nicht die Vertragsnichtigkeit, sondern nur unter bestimmten Voraussetzungen die Unwirksamkeit des Vertrags ex tunc zur Folge. Liegen die Voraussetzungen des § 101b Abs. 2 GWB nicht vor, soll der Vertrag demgegenüber wirksam bleiben. Diese Entscheidung des Gesetzgebers ist weiterhin zu respektieren.

57

Auch durch die §§ 114 Abs. 2 Satz 1 und 115 Abs. 1 GWB wird zum Ausdruck gebracht, dass ein Zuschlag trotz eines möglicherweise rechtswidrigen Vergabeverfahrens wirksam erteilt werden kann. Das spricht klar dagegen, vergaberechtliche Vorschriften als Verbotsgesetze im Sinne des § 134 BGB anzusehen. Andernfalls entbehrten diese Vorschriften eines Regelungszwecks. Vergaberechtsverstöße führen daher nicht zur Nichtigkeit des Vertrags, es sei denn, diese Sanktion wäre ausdrücklich angeordnet.[78]

58

III. § 138 BGB

Im Einzelfall kann sich eine Nichtigkeit des Vertrags wegen Sittenwidrigkeit gem. § 138 BGB ergeben. Eine Nichtigkeit nach § 138 Abs. 1 BGB setzt allerdings voraus, dass der öffentliche Auftraggeber in **bewusster Missachtung des Vergaberechts** gehandelt hat – er also weiß, dass der betreffende Auftrag dem Kartellvergaberecht unterfällt oder er sich einer solchen Kenntnis mutwillig verschließt – und überdies **kollusiv**, also zum Nachteil eines Dritten – beispielsweise eines Konkurrenten des Auftragnehmers – mit dem Auftragnehmer zusammengewirkt hat.[79] Die sittenwidrige Vorgehensweise nur einer Vertragspartei genügt zur Annahme der Nichtigkeit des Vertrages demgegenüber nicht.[80] In der Praxis gelingt der Nachweis der Sittenwidrigkeit eines vergaberechtswidrig geschlossenen Vertrages daher nur äußerst selten.

59

---

[75] Vgl. OLG Düsseldorf Beschl. v. 3.12.2003, VII-Verg 37/03, VergabeR 2004, 216, 219 ff.; OLG Hamburg Beschl. v. 25.1.2007, 1 Verg 5/06; zweifelnd KG Berlin Beschl. v. 11.11.2004, 2 Verg 16/04, VergabeR 2005, 236, 243 ff.
[76] Prieß/Gabriel NZBau 2006, 219, 220; Hattig in Hattig/Maibaum Praxiskommentar Kartellvergaberecht, 2010, § 101b GWB Rn. 43.
[77] Vgl. OLG München Beschl. v. 10.3.2011, Verg 1/11.
[78] VK Südbayern Beschl. v. 29.4.2010, Z3-3-3194-1-03-01/10 m.w.N.
[79] OLG Düsseldorf Beschl. v. 18.6.2008, VII-Verg 23/08; Beschl. v. 30.4.2008, VII-Verg 23/08; Hofmann, Zivilrechtsfolgen von Vergabefehlern, S. 84 ff.; Hattig in Hattig/Maibaum Praxiskommentar Kartellvergaberecht, 2010, § 101b GWB Rn. 44 m.w.N.
[80] OLG Brandenburg Beschl. v. 22.4.2010, Verg W 5/10 m.w.N.; OLG Hamburg Beschl. v. 25.1.2007, 1 Verg 5/06; OLG Celle Beschl. v. 25.8.2005, 13 Verg 8/05.

§ 36 Schadensersatz

Übersicht

	Rn.
A. Einleitung	1–6
B. Schadensersatz bei Rechtsmissbrauch gemäß § 125 GWB	7–51
I. Rechtsmissbräuchliche Nachprüfungsanträge und Beschwerden (§ 125 Abs. 1, 2 GWB)	8–40
II. Ungerechtfertigte vorläufige Maßnahmen (§ 125 Abs. 3 GWB)	41–47
III. Rechtsweg	48
IV. Darlegungs- und Beweislast	49, 50
V. Verjährung des Anspruchs	51
C. Anspruch auf Ersatz des Vertrauensschadens gemäß § 126 Satz 1 GWB	52–90
I. Anspruchsvoraussetzungen	53–84
II. Umfang des Schadensersatzes	85–87
III. Verjährung	88
IV. Rechtsweg	89
V. Darlegungs- und Beweislast	90
D. Weitergehende Schadensersatzansprüche, § 126 Satz 2 GWB	91–121
I. Vertragsähnliche Ansprüche aus culpa in contrahendo gemäß §§ 311 Abs. 2, 241 Abs. 2, 280 Abs. 1 BGB	93–115
II. Deliktische Ansprüche	116–119
III. Sonstige Ansprüche	120, 121

GWB: §§ 125, 126

§ 125 GWB Schadensersatz bei Rechtsmissbrauch

(1) Erweist sich der Antrag nach § 107 oder die sofortige Beschwerde nach § 116 als von Anfang an ungerechtfertigt, ist der Antragsteller oder der Beschwerdeführer verpflichtet, dem Gegner und den Beteiligten den Schaden zu ersetzen, der ihnen durch den Missbrauch des Antrags- oder Beschwerderechts entstanden ist.

(2) Ein Missbrauch ist es insbesondere,

1. die Aussetzung oder die weitere Aussetzung des Vergabeverfahrens durch vorsätzlich oder grob fahrlässig vorgetragene falsche Angaben zu erwirken;

2. die Überprüfung mit dem Ziel zu beantragen, das Vergabeverfahren zu behindern oder Konkurrenten zu schädigen;

3. einen Antrag in der Absicht zu stellen, ihn später gegen Geld oder andere Vorteile zurückzunehmen.

(3) Erweisen sich die von der Vergabekammer entsprechend einem besonderen Antrag nach § 115 Abs. 3 getroffenen vorläufigen Maßnahmen als von Anfang an ungerechtfertigt, hat der Antragsteller dem Auftraggeber den aus der Vollziehung der angeordneten Maßnahme entstandenen Schaden zu ersetzen.

§ 126 GWB Anspruch auf Ersatz des Vertrauensschadens

Hat der Auftraggeber gegen eine den Schutz von Unternehmen bezweckende Vorschrift verstoßen und hätte das Unternehmen ohne diesen Verstoß bei der Wertung der Angebote eine echte Chance gehabt, den Zuschlag zu erhalten, die aber durch den Rechtsverstoß beeinträchtigt wurde, so kann das Unternehmen Schadensersatz für die Kosten der Vorbereitung des Angebots oder der Teilnahme an einem Vergabeverfahren verlangen. Weiterreichende Ansprüche auf Schadensersatz bleiben unberührt.

Kap. 8   Rechtsfolgen von Vergaberechtsverstößen

Literatur:
Alexander, Vergaberechtlicher Schadensersatz gemäß § 126 GWB, WRP 2009, 28, *Alexander,* Öffentliche Auftragsvergabe und unlauterer Wettbewerb, WRP 2004, 700; *Ax/Schneider,* Rechtsschutz bei der öffentlichen Auftragsvergabe, 2011; *Bitterich,* Anmerkung zu BGH, Urt. v. 9.6.2011, X ZR 143/10, JZ 2012, 316; *Gabriel/Schulz,* Die Rechtsprechung des EuGH auf dem Gebiet des Vergaberechts in den Jahren 2010 und 2011, EWS 2011, 449; *Glahs,* Anmerkung zu BGH, Urt. v. 27.11.2007, X ZR 18/07, VergabeR 2010, 844; *Gröning,* Ersatz des Vertrauensschadens ohne Vertrauen?, VergabeR 2009, 839; *Gröning,* Mögliche Tendenzen der nationalen Rechtsprechung zum Vergaberecht, VergabeR 2010, 762; *Hesshaus,* Schadensersatzansprüche des Auftraggebers wegen Blockierung der Auftragsvergabe durch Nachprüfungsverfahren, VergabeR 2008, 372; *Horn/Graef,* Vergaberechtliche Sekundäransprüche, NZBau 2005, 505; *Kau/Hänsel,* Verzögerte Vergabe – Schadensersatz für die Verzögerung des Zuschlags?, NJW 2011, 1914; *Kraus,* Anmerkung zu OLG Düsseldorf, Urt. v. 15.12.2008, I-27 U 1/07, VergabeR 2009, 512; *Prieß/Hölzl,* Drei Worte des EuGH: Schadensersatz ohne Verschulden!, NZBau 2011, 21; *Voppel,* Anmerkung zu OLG Dresden, Urt. v. 10.2.2004, VergabeR 2004, 505

A. Einleitung

1   Durch die Teilnahme an einem Vergabeverfahren werden zwischen dem öffentlichen Auftraggeber und den einzelnen Bewerbern bzw. Bietern vertragsähnliche Vertrauensverhältnisse gemäß § 311 Abs. 2 i.V.m. § 241 Abs. 2 BGB begründet.[1] Die Verletzung der aus diesem vertragsähnlichen Vertrauensverhältnis resultierenden Pflichten zu gegenseitiger Rücksichtnahme und Loyalität kann zu wechselseitigen Schadensersatzansprüchen führen. Der Gesetzgeber hat darüber hinaus durch das Vergaberechtsänderungsgesetz vom 26. August 1998 mit § 125 und § 126 GWB **zwei spezialgesetzlich normierte Schadensersatztatbestände** geschaffen, die im Zuge der Vergaberechtsmodernisierung von 2009 nicht mehr verändert wurden.

2   § 125 GWB enthält eine Anspruchsgrundlage für **Schadensersatz bei Rechtsmissbrauch.** Der Gesetzgeber war davon ausgegangen, dass das vielfach hohe wirtschaftliche Interesse der konkurrierenden Bieter an dem Auftrag die Gefahr des Missbrauchs von Rechtsschutzmöglichkeiten berge. Dem sollte durch eine besondere Schadensersatzpflicht entgegengewirkt werden. Unternehmen, die Rechtsschutzmöglichkeiten missbräuchlich einsetzten, müssten danach mit hohen Schadensersatzforderungen rechnen. Zugleich sollte dadurch willkürlichen Beschwerden und Anträgen entgegengewirkt werden. Die Schadensersatzregelung in § 125 GWB ist nach dem gesetzgeberischen Willen eine spezielle Ausprägung der sittenwidrigen Schädigung nach § 826 BGB und des Prozessbetrugs nach § 823 Abs. 2 BGB i.V.m. § 263 StGB. In § 125 Abs. 2 GWB sind die typischen Missbrauchstatbestände bezeichnet. In § 125 Abs. 3 GWB ist ein dem § 945 ZPO nachgebildeter Schadensersatzanspruch für den Fall statuiert, dass der Antragsteller mit besonderem Antrag über das automatische Zuschlagsverbot hinaus vorläufig in das Vergabeverfahren bremsend eingreift und sich später herausstellt, dass die von der Vergabekammer angeordneten einzelnen Maßnahmen nicht gerechtfertigt waren.[2]

3   Aufgrund des grundgesetzlich garantierten Rechts auf effektiven Rechtsschutz ist allerdings eine restriktive Auslegung dieses Schadensersatzanspruchs geboten. Der BGH hat insoweit festgestellt, dass die Voraussetzungen des Schadensersatzanspruchs gemäß § 125 GWB „aus gutem Grund hoch sind".[3] Diese hohen tatbestandlichen Anforderungen an die Erfüllung des Schadensersatzanspruchs, gepaart mit den zivilrechtlichen Regelungen zur Darlegungs- und Beweislast des Anspruchstellers haben dazu geführt, dass § 125 GWB in der Praxis als Schadensersatzanspruch nahezu keine Bedeutung erlangt hat. **Prozessuale Bedeutung** kommt § 125 GWB allerdings insoweit zu, als die vergaberechtliche

[1] BGH NJW 1993, 520; 2000, 661; 2004, 2165; *Grüneberg* in Palandt, § 311 Rn. 36 m.w.N.
[2] Vgl. die Gesetzesbegründung in BT-Drs. 13/9340, S. 22.
[3] BGH Urt. v. 10.9.2009, VII ZR 82/08.

Rechtsprechung diese Vorschrift heranzieht, um in Ausnahmefällen den vergaberechtlichen Primärrechtsschutz wegen fehlenden Rechtsschutzbedürfnisses zu versagen.[4]

§ 126 GWB enthält eine Anspruchsgrundlage für Bieter zur Geltendmachung von Schadensersatz gegenüber dem öffentlichen Auftraggeber, wenn bieterschützende Vergabevorschriften verletzt wurden und der Bieter ohne den Vergaberechtsverstoß eine „echte Chance" auf Zuschlagserteilung gehabt hätte. Der Anspruch besteht verschuldensunabhängig,[5] ist seinem Umfang nach allerdings auf den **Ersatz des Vertrauensschadens** beschränkt. § 126 Satz 2 GWB stellt klar, dass weiterreichende Ansprüche auf Schadensersatz, insbesondere also solche auf Ersatz des entgangenen Gewinns, unberührt bleiben. 4

§ 126 GWB war im Zuge des Gesetzgebungsverfahrens zunächst als bloße Beweislastregelung zur Umsetzung des Art. 2 Abs. 7 der Rechtsmittelrichtlinie im Sektorenbereich 92/13/EWG[6] vorgeschlagen worden.[7] Auf die Stellungnahme des Bundesrats im Gesetzgebungsverfahren hin wurde die Regelung dann als allgemeine Anspruchsgrundlage ausgestaltet, allerdings – entgegen der Kritik des Bundesrats – nicht auf den Sektorenbereich beschränkt, sondern als für das gesamte Vergaberecht einheitliche Regelung ausgestaltet.[8] § 126 GWB normiert damit über die europäischen Vorgaben hinausgehende Ansprüche auf Ersatz des Vertrauensschadens bei Vergaberechtsverstößen.[9] 5

Der Anwendungsbereich des § 126 GWB beschränkt sich auf den Geltungsbereich des Kartellvergaberechts nach §§ 97 ff. GWB. Außerhalb des Anwendungsbereichs der §§ 97 ff. GWB richtet sich der Sekundärrechtsschutz nach den allgemeinen zivilrechtlichen Regelungen.[10] In der Praxis spielt der Schadensersatzanspruch aus § 126 GWB eine eher untergeordnete Rolle. Das beruht einerseits auf der engen Auslegung des Begriffs der „echten Chance" durch den BGH[11], aber auch darauf, dass es für die Bieter häufig schwierig ist, die Anspruchsvoraussetzungen zu beweisen. Zum anderen sind die Primärrechtsschutzmöglichkeiten im Oberschwellenbereich inzwischen so gut, dass die Bieter ihre Interessen bereits durch Vergabenachprüfungsverfahren selbst gewahrt sehen.[12] 6

B. Schadensersatz bei Rechtsmissbrauch gemäß § 125 GWB

§ 125 Abs. 1 und 2 GWB normieren einen Schadensersatzanspruch bei Missbrauch des Nachprüfungsantrags- oder Beschwerderechts durch den Antragsteller oder Beschwerdeführer. Dieser Schadensersatzanspruch setzt sowohl objektive als auch subjektive Umstände voraus, die kumulativ vorliegen müssen und damit nur insgesamt den Vorwurf rechtsmissbräuchlichen Verhaltens rechtfertigen.[13] § 125 Abs. 3 GWB regelt eine verschuldens- 7

---

[4] Vgl. VK Baden-Württemberg Beschl. v. 16.1.2009, 1 VK 64/08, BeckRS 2011, 01113 m.w.N.; OLG Düsseldorf, Beschl. v. 14.5.2008, Verg 27/08, ZfBR 2008, 820, 822; VK Brandenburg Beschl. v. 20.12.2005, 1 VK 75/05; BayObLG Beschl. v. 20.12.1999, Verg 8/99, NZBau 2000, 259, 261.

[5] S. dazu Rn. 75 ff.

[6] RL 92/13/EWG vom 25.2.1992 (Rechtsmittelrichtlinie für Auftraggeber im Bereich der Wasser-, Energie- und Verkehrsversorgung sowie im Telekommunikationssektor), ABl. EG Nr. L 76 v. 13.3.1992, S. 1 ff.

[7] § 135 des Entwurfs eines Gesetzes zur Änderung der Rechtsgrundlagen für die Vergabe öffentlicher Aufträge (Vergaberechtsänderungsgesetz – VgRÄG), BT-Drs. 13/9340, S. 9, 22 f.

[8] Vgl. Stellungnahme des Bundesrates und Gegenäußerung der Bundesregierung im Gesetzgebungsverfahren, BT Drs. 13/9340, S. 44, 51.

[9] Allg. Meinung, vgl. nur *Losch* in Ziekow/Völlink, § 126 GWB Rn. 2 m.w.N.

[10] Vgl. OLG Düsseldorf Urt. v. 13.1.2010, I-27 U 1/09, NZBau 2010, 328; BVerfG Beschl. v. 13.6.2006, 1 BvR 1160/03, NZBau 2006, 791, 795 f.; *Losch* in Ziekow/Völlink, § 126 GWB Rn. 3.

[11] BGH Urt. v. 27.11.2007, X ZR 18/07, WRP 2008, 370, 373.

[12] *Glahs* in Reidt/Stickler/Glahs, § 126 Rn. 3.

[13] *Hesshaus* VergabeR 2008, 372, 373.

unabhängige Haftung für Schäden, die dem Auftraggeber aus der Vollziehung vorläufiger Maßnahmen nach § 115 Abs. 3 GWB entstanden sind.

I. Rechtsmissbräuchliche Nachprüfungsanträge und Beschwerden (§ 125 Abs. 1, 2 GWB)

8 § 125 Abs. 1 GWB sieht vor, dass in Fällen, in denen sich der Antrag nach § 107 GWB oder die sofortige Beschwerde nach § 116 GWB als von Anfang an ungerechtfertigt erweist, der Antragsteller oder der Beschwerdeführer verpflichtet ist, dem Gegner und den Beteiligten den Schaden zu ersetzen, der ihnen durch den Missbrauch des Antrags- oder Beschwerderechts entstanden ist. § 125 Abs. 2 GWB enthält sodann drei Regelbeispiele für einen derartigen Missbrauch.

1. Normadressaten

9 **Anspruchsverpflichteter** des Schadensersatzanspruchs aus § 125 Abs. 1, 2 GWB ist ausweislich des klaren Wortlauts des § 125 Abs. 1 GWB entweder der Antragsteller eines Nachprüfungsantrags nach § 107 GWB oder der Beschwerdeführer einer sofortigen Beschwerde nach § 116 GWB. Als Antragsteller eines Nachprüfungsantrags nach § 107 GWB kommen insbesondere Bewerber oder Bieter in Betracht, die eine Verletzung ihrer Rechte geltend machen. Aber auch Unternehmen, die nicht am Vergabeverfahren beteiligt wurden, können Antragsteller eines Nachprüfungsverfahrens sein, insbesondere, wenn sie gerade die unzulässige de facto-Vergabe beanstanden. Zum Kreis der Anspruchsverpflichteten bei sofortigen Beschwerden zählen darüber hinaus die Beigeladenen des Nachprüfungsverfahrens und der öffentliche Auftraggeber selbst, sofern er, nachdem er im Nachprüfungsverfahren unterlegen war, einen Antrag auf sofortige Beschwerde nach § 116 GWB stellt. Im Rahmen des § 125 Abs. 2 Nr. 2 GWB kann der öffentliche Auftraggeber allerdings nicht Anspruchsverpflichteter sein, da er in keiner prozessualen Konstellation die Überprüfung des Vergabeverfahrens beantragt und auch keinen Konkurrenten schädigt.[14]

10 **Anspruchsberechtigt** sind gemäß § 125 Abs. 1 GWB der Gegner und die Beteiligten. Gegner eines Nachprüfungsantrags ist immer der öffentliche Auftraggeber. Wer Gegner eines sofortigen Beschwerdeverfahrens ist, richtet sich danach, welcher Verfahrensbeteiligte des Nachprüfungsverfahrens die sofortige Beschwerde beantragt hat. Beantragt der im Nachprüfungsverfahren erfolglos gebliebene Antragsteller die sofortige Beschwerde, ist Gegner wiederum der öffentliche Auftraggeber. Stellen der öffentliche Auftraggeber oder ein Beigeladener Antrag auf sofortige Beschwerde, ist Gegner der Antragsteller des Nachprüfungsverfahrens. Letztlich ist eine exakte Abgrenzung der Frage, wer formell als Gegner des Nachprüfungsverfahrens bzw. sofortigen Beschwerdeverfahrens anzusehen ist, aber nicht erforderlich, da gemäß § 125 Abs. 1 GWB auch „den Beteiligten" ein Schadensersatzanspruch zusteht.

11 Umstritten ist, wie der **Begriff der Beteiligten** im Sinne des § 125 Abs. 1 GWB auszulegen ist. Teilweise wird insoweit die Auffassung vertreten, aufgrund der missbrauchsverhindernden Wirkung des § 125 GWB sei der Begriff des Beteiligten weit zu verstehen. Neben den Verfahrensbeteiligten im Sinne des § 109 GWB werde daher auch derjenige Geschädigte erfasst, der zwar nicht selbst an dem Nachprüfungsverfahren, dafür aber an dem Vergabeverfahren, z.B. als Bieter, beteiligt war.[15] Nach ganz überwiegender Auffassung entspricht der Begriff des Beteiligten in § 125 GWB dagegen dem des **Verfahrens-**

---

[14] *Losch* in Ziekow/Völlink, § 125 GWB Rn. 20 m.w.N.
[15] *Dippel* in Heiermann/Zeiss/Kullack/Blaufuß Juris-Praxiskommentar Vergaberecht, 2. Aufl. 2008, § 125 GWB Rn. 9; *Stockmann* in Immenga/Mestmäcker GWB, § 125 Rn. 4.

beteiligten in § 109 Satz 1 GWB.[16] Nach der Legaldefinition in § 109 Satz 1 GWB sind „Verfahrensbeteiligte" der Antragsteller, der Auftraggeber und die Unternehmen, deren Interessen durch die Entscheidung schwerwiegend berührt werden und die deswegen von der Vergabekammer beigeladen worden sind. Eine Auslegung des § 125 Abs. 1 GWB nach Wortlaut, Systematik und Sinn und Zweck spricht dafür, dass es auch hier auf diesen prozessualen Beteiligtenbegriff ankommt. So wird im Vierten Teil des GWB der Begriff des „Beteiligten" generell im prozessualen Sinne verstanden. Soweit es um die Beteiligung an einem Vergabeverfahren geht, hat der Gesetzgeber demgegenüber die Begriffe „Teilnehmer" (§ 97 Abs. 2 GWB), „Bieter" oder „Bewerber" (§ 107a GWB) gewählt. Der Begriff der „Beteiligten" (vgl. § 111 Abs. 1, § 116 Abs. 1, § 119 GWB) wird dagegen rein prozessual verstanden. Beteiligte des Nachprüfungsverfahrens sind danach die Verfahrensbeteiligten im Sinne des § 109 GWB. Beteiligte des sofortigen Beschwerdeverfahrens sind gemäß § 119 GWB die an dem Verfahren vor der Vergabekammer Beteiligten. Dieser gesetzlichen Terminologie und Systematik würde es widersprechen, wenn im Zusammenhang mit der Schadensersatzregelung in § 125 Abs. 1 GWB der Beteiligtenbegriff in einem anderen Sinne verstanden würde.[17] Für dieses prozessuale Verständnis spricht auch eine teleologische Auslegung. Ausweislich der Gesetzesbegründung stellt die Schadensersatzregelung des § 125 Abs. 1, 2 GWB eine spezielle Ausprägung der sittenwidrigen Schädigung nach § 826 BGB und des Prozessbetrugs nach § 823 Abs. 2 BGB i.V.m. § 263 StGB dar. Gerade ein Prozessbetrug kommt aber nur gegenüber anderen Verfahrensbeteiligten des Prozesses in Betracht. Auch soweit man § 125 Abs. 1 GWB als spezielle Ausprägung der vorvertraglichen Vertrauenshaftung (§ 311 Abs. 2 i.V.m. § 241 Abs. 2 BGB) versteht, fehlt es im Verhältnis des antragstellenden Bieters bzw. Bewerbers zu einem sonstigen „Beteiligten" am Vergabeverfahren in aller Regel an der für eine solche Vertrauenshaftung erforderlichen Nähebeziehung.[18] Eine Ausweitung des Begriffs der Beteiligten auf die Teilnehmer des Vergabeverfahrens scheidet damit aus.

2. Ungerechtfertigt gestellter Nachprüfungsantrag oder sofortige Beschwerde

Voraussetzung eines Schadensersatzanspruchs nach § 125 Abs. 1, 2 GWB ist zunächst, dass 12 ein Nachprüfungsantrag gemäß § 107 GWB oder eine sofortige Beschwerde nach § 116 GWB eingelegt wurde. Hinsichtlich der Einlegung eines Nachprüfungsantrags ist darüber hinaus erforderlich, dass dieser **Nachprüfungsantrag** von der Vergabekammer nicht als offensichtlich unzulässig oder unbegründet verworfen wurde, sondern dem Auftraggeber nach § 110 Abs. 2 GWB **übermittelt** wurde. Andernfalls ist die Entstehung eines Schadens beim Auftraggeber oder sonstigen Beteiligten nicht denkbar, da ein Zuschlagsverbot gemäß § 115 Abs. 1 GWB erst durch diese Information des Auftraggebers ausgelöst wird.

Der Nachprüfungsantrag bzw. die sofortige Beschwerde muss sich darüber hinaus als 13 von Anfang an ungerechtfertigt erweisen und missbräuchlich sein.

a) Ungerechtfertigtheit des Rechtsmittels

Ein Nachprüfungsantrag bzw. die sofortige Beschwerde sind nach ganz herrschender Lite- 14 raturauffassung „ungerechtfertigt", wenn am Ende des Verfahrens die **Unzulässigkeit oder Unbegründetheit** feststeht.[19]

---

[16] *Losch* in Ziekow/Völlink Vergaberecht, § 125 GWB Rn. 7f.; *Gronstedt* in Byok/Jaeger, § 125 Rn. 1255; *Braun* in Müller-Wrede GWB, § 125 Rn. 30; *Verfürth* in Kulartz/Kus/Portz, § 125 Rn. 6; *Hesshaus* VergabeR 2008, 372, 373f.
[17] So auch *Hesshaus* VergabeR 2008, 372, 373f.
[18] *Hesshaus* VergabeR 2008, 372, 374 m.w.N.
[19] Vgl. nur *Losch* in Ziekow/Völlink, § 125 GWB Rn. 9; *Verfürth* in Kulartz/Kus/Portz, § 125 Rn. 9.

15 Die Mindermeinung, die eine offensichtliche Unzulässigkeit oder offensichtliche Unbegründetheit des Rechtsmittels fordert[20], vermag nicht zu überzeugen. Bereits der klare Wortlaut des § 125 Abs. 1 GWB spricht gegen die Annahme eines derartigen zusätzlichen ungeschriebenen Tatbestandsmerkmals. Auch würde der Anwendungsbereich der Vorschrift außerordentlich eingeschränkt, da jedenfalls ein Vergabenachprüfungsantrag im Falle seiner offensichtlichen Unzulässigkeit bzw. Unbegründetheit in der Regel von der Vergabekammer nicht an den Antragsgegner übermittelt wird (§ 110 Abs. 2 GWB). Auch Sinn und Zweck der Regelung gebieten keine derartige Einschränkung. Als spezielle Ausprägung der sittenwidrigen Schädigung nach § 826 BGB und des Prozessbetrugs nach § 823 Abs. 2 BGB i.V.m. § 263 StGB ist eine Einschränkung des grundsätzlich weiten Anwendungsbereichs erst beim Merkmal des Missbrauchs angezeigt.[21] Zutreffenderweise genügt es demnach, dass ein objektiv unzulässiger oder objektiv unbegründeter Nachprüfungsantrag bzw. sofortige Beschwerde vorliegen.[22]

b) Von Anfang an

16 Nach dem klaren Gesetzeswortlaut muss das Rechtsmittel „von Anfang an" ungerechtfertigt gewesen sein. Das bedeutet, dass es bereits im **Zeitpunkt seiner Einlegung** objektiv unzulässig oder unbegründet gewesen sein muss. Es genügt nicht, dass das Rechtsmittel erst im Lauf des Nachprüfungs- bzw. Beschwerdeverfahrens unzulässig und/oder unbegründet wurde.[23]

17 Zu prüfen ist dabei **jede Instanz für sich.** Eine sofortige Beschwerde kann daher von Anfang an ungerechtfertigt sein, nachdem ein ursprünglich zulässiger und begründeter Nachprüfungsantrag erst im Verlauf des Verfahrens unzulässig bzw. unbegründet geworden ist.[24]

18 Soweit teilweise die Auffassung vertreten wird, bei mehreren in einem Nachprüfungsantrag erhobenen Vorwürfen könne ein Anknüpfungspunkt für ein Schadensersatzbegehren bereits gegeben sein, wenn jedenfalls einer von diesen Vorwürfen den gestellten Antrag nicht rechtfertigte[25], kann dem nicht gefolgt werden. Denn ein Nachprüfungsantrag ist nicht von Anfang an unbegründet, wenn neben begründeten Rügen auch Rügen erhoben werden, die sich im weiteren Verlauf des Nachprüfungsverfahrens nicht beweisen lassen oder sich aus sonstigen Gründen als von Anfang an unbegründet herausstellen. Nach dem Wortlaut des § 125 Abs. 1 GWB kommt es insoweit auf das **Rechtsmittel insgesamt** an, nicht auf einzelne erhobene Vorwürfe. Ebenso wenig kann der Auffassung gefolgt werden, ein von Anfang an ungerechtfertigter Nachprüfungsantrag liege auch dann vor, wenn der Antragsteller das Nachprüfungsverfahren mit der Behauptung eines Vergabefehlers einleite, der sich im weiteren Verfahren nicht beweisen lasse, es ihm allerdings – etwa aufgrund der wegen seines Nachprüfungsantrags gewährten Akteneinsicht nach § 111 GWB – gelinge, einen anderen begründeten Vergaberechtsverstoß des öffentlichen Auftraggebers geltend zu machen und damit seinem Antrag zum Erfolg zu verhelfen.[26] Gegen ein solches Verständnis spricht der Gesetzeswortlaut. Denn die Formulierung

---

[20] *Noch*, S. 84.
[21] *Verfürth* in Kulartz/Kus/Portz, § 125 Rn. 10 m.w.N.
[22] *Losch* in Ziekow/Völlink, § 125 Rn. 10; *Verfürth* in Kulartz/Kus/Portz, § 125 Rn. 10; *Gronstedt* in Byok/Jaeger, § 125 Rn. 1250; *Hesshaus* VergabeR 2008, 372, 374; *Horn/Graef* NZBau 2005, 505, 507.
[23] Ganz h.M., vgl. nur *Losch* in Ziekow/Völlink, § 125 GWB Rn. 11 m.w.N.; *Verfürth* in Kulartz/Kus/Portz, § 125 Rn. 9.
[24] Zutreffend *Losch* in Ziekow/Völlink, § 125 GWB Rn. 10.
[25] So *Scharen* in Willenbruch/Wieddekind, § 125 GWB Rn. 5; *Hattig* in Hattig/Maibaum, Praxiskommentar Kartellvergaberecht, 2010, § 125 GWB Rn. 10.
[26] So *Scharen* in Willenbruch/Wieddekind, § 125 GWB Rn. 5; *Hattig* in Hattig/Maibaum, Praxiskommentar Kartellvergaberecht, 2010, § 125 GWB Rn. 10.

„von Anfang an" impliziert, dass ein Rechtsmittel nicht nur anfänglich, sondern gerade von seiner Einlegung an bis zum Verfahrensschluss ungerechtfertigt ist. In vergaberechtlichen Nachprüfungsverfahren kann es mit Blick auf die beschränkten Kenntnisse des Antragstellers im Zeitpunkt der Stellung des Nachprüfungsantrags durchaus vorkommen, dass eine ursprünglich erhobene Rüge sich nicht beweisen lässt. Nach ganz herrschender Meinung ist es allerdings zulässig, dass während eines Nachprüfungsverfahrens noch weitere Rügen erhoben werden dürfen und dann zum Gegenstand des Nachprüfungsverfahrens werden. Stellt sich danach ein Vergabeverfahren als rechtswidrig heraus, erscheint es unbillig und mit Blick auf Sinn und Zweck des § 125 GWB auch nicht geboten, Schadensersatzansprüche gegen den Antragsteller zu gewähren.

c) Missbrauch des Antrags- bzw. Beschwerderechts

Der Schadensersatzanspruch nach § 125 Abs. 1 GWB setzt darüber hinaus einen Missbrauch des Antrags- oder Beschwerderechts voraus. Zu der objektiven Komponente des von Anfang an ungerechtfertigten Rechtsmittels muss demnach noch eine subjektive Komponente, nämlich eine **Missbrauchs- bzw. Schädigungsabsicht** hinzukommen. Das Handeln des Anspruchsgegners muss sich danach als verwerflich darstellen. 19

Dabei ist zu beachten, dass üblicherweise einer Partei nicht vorgeworfen werden kann, ein gesetzlich vorgesehenes Rechtsmittel einzuleiten oder zu betreiben, auch wenn ihr Begehren sachlich nicht gerechtfertigt ist und dem anderen Teil aus dem Verfahren über die erzwungene Verfahrensbeteiligung hinaus weitere Nachteile erwachsen. Der Rechtsmittelführer haftet daher für die Folgen einer nur fahrlässigen Fehleinschätzung über die im Verfahrensrecht vorgesehenen Sanktionen (insbesondere Kostentragungspflicht) hinaus grundsätzlich nicht.[27] Ausweislich der Gesetzesbegründung wollte der Gesetzgeber willkürlichen Beschwerden und Anträgen entgegenwirken".[28] Selbst bei einer negativen Erfolgsprognose kann daher die Einleitung eines Verfahrens nicht als rechtsmissbräuchlich angesehen werden, wenn nicht der Zielsetzung des Antragstellers oder seinem Verhalten im Verfahren weitergehende Aspekte zu entnehmen sind, die auf eine missbräuchliche, also letztlich **rücksichtslose Ausnutzung seiner prozessualen Rechte** schließen lässt. Wie den Regelbeispielen in § 125 Abs. 2 GWB zu entnehmen ist, muss es dem Antragsteller eines Nachprüfungsantrags bzw. dem Beschwerdeführer einer sofortigen Beschwerde bereits im Zeitpunkt der Antragstellung bzw. Erhebung der sofortigen Beschwerde auf die Behinderung des Vergabeverfahrens oder Schädigung des Konkurrenten ankommen.[29] Auch ist der redlich handelnden und ihre Rechte wahrnehmenden Partei nach herrschender Lehre ein „fahrlässiges Recht auf Irrtum" zuzubilligen.[30] 20

Ob ein Missbrauch des Antrags- oder Beschwerderechts vorliegt, ist anhand der Besonderheiten des jeweiligen Einzelfalls unter Berücksichtigung der in § 125 Abs. 2 GWB aufgeführten Regelbeispiele für Missbrauchsfälle zu beurteilen. 21

3. Beispiele für missbräuchliches Verhalten (§ 125 Abs. 2 GWB)

§ 125 Abs. 2 GWB enthält eine Aufzählung von drei Regelbeispielen, bei deren Vorliegen von einem Missbrauch des Antrags- oder Beschwerderechts im Sinne des § 125 Abs. 1 GWB auszugehen ist. Wie die Formulierung („insbesondere") klarstellt, handelt es sich um eine **nicht abschließende Aufzählung** von Missbrauchstatbeständen. Es kön- 22

---

[27] Vgl. BGH Beschl. v. 15.7.2005, GSZ 1/04, NJW 2005, 3141, 3142; *Scharen* in Willenbruch/Wieddekind, § 125 GWB Rn. 6.
[28] Gesetzesbegründung BT-Drs. 13/9340, S. 22.
[29] *Losch* in Ziekow/Völlink, § 125 GWB Rn. 13 m.w.N.; *Verfürth* in Kulartz/Kus/Portz, § 125 Rn. 11.
[30] *Losch* in Ziekow/Völlink, § 125 GWB Rn. 13; *Braun* in Müller-Wrede GWB, § 125 Rn. 13 m.w.N.

nen daher auch andere, unbenannte Missbrauchsfälle zu einem Schadensersatzanspruch nach § 125 Abs. 1 GWB führen.

a) Aussetzung durch falsche Angaben (§ 125 Abs. 2 Nr. 1 GWB)

23 Gemäß § 125 Abs. 2 Nr. 1 GWB liegt ein Missbrauch insbesondere dann vor, wenn die Aussetzung oder die weitere Aussetzung des Vergabeverfahrens durch vorsätzlich oder grob fahrlässig vorgetragene falsche Angaben erwirkt wird. Es geht hier um einen Fall des vorsätzlichen oder grob fahrlässigen Verstoßes gegen die prozessuale Wahrheitspflicht. Der Tatbestand ist erfüllt, wenn es durch falschen Sachverhaltsvortrag zu einer (weiteren) Aussetzung des Vergabeverfahrens kommt.

24 Angaben sind **falsch**, wenn sie objektiv nicht der Wahrheit entsprechen.[31] Zu einer **Aussetzung des Vergabeverfahrens** kommt es durch Auslösung des Zuschlagsverbots mit Zustellung des Nachprüfungsantrags gemäß § 115 Abs. 1 GWB. Eine weitere Aussetzung des Vergabeverfahrens kommt in folgenden Fällen in Betracht:
– Wiederherstellung des Zuschlagsverbots durch das Beschwerdegericht nach vorläufiger Zuschlagsgestattung durch die Vergabekammer gemäß § 115 Abs. 2 Satz 5 GWB;
– Auslösung der aufschiebenden Wirkung für zwei Wochen durch Einlegung der sofortigen Beschwerde, § 118 Abs. 1 Satz 1, 2 GWB;
– Verlängerung der aufschiebenden Wirkung der sofortigen Beschwerde durch das Beschwerdegericht, § 118 Abs. 1 Satz 3 GWB;
– Beeinflussung der Entscheidung der Vergabekammer über die vorzeitige Zuschlagsgestattung gemäß § 115 Abs. 2 Satz 1 GWB;
– Beeinflussung der Entscheidung des Beschwerdegerichts über die Vorabentscheidung über den Zuschlag, § 121 Abs. 1 GWB.

25 Die Vorschrift setzt weiter voraus, dass die falschen Angaben **vorsätzlich oder grob fahrlässig** vorgetragen wurden. Die Begriffe des Vorsatzes und der groben Fahrlässigkeit sind wie im Zivilrecht auszulegen.[32] Vorsätzlich falsche Angaben macht derjenige, der sicher weiß oder billigend in Kauf nimmt, dass seine Angaben ganz oder teilweise der Wahrheit nicht entsprechen, und er sie dennoch vorträgt.[33] Grobe Fahrlässigkeit liegt vor, wenn die im Verkehr erforderliche Sorgfalt in besonders schwerem Maße verletzt worden ist, wenn also schon die einfachsten, ganz naheliegenden Überlegungen, die ein besonnener und gewissenhafter Beteiligter an einem Vergabeverfahren der betreffenden Art in der konkreten Lage angestellt hätte, nicht angestellt werden und nicht beachtet wird, was im gegebenen Fall jedem einleuchten muss; dabei sind auch subjektive, in der Person des Handelnden begründete Umstände zu berücksichtigen.[34] In Vergabenachprüfungsverfahren ist allerdings zu berücksichtigen, dass der Antragsteller vor Einleitung des Nachprüfungsverfahrens regelmäßig keine Akteneinsicht in die Vergabeakten erhält und Auskünfte der Vergabestellen auf Bieterfragen und Rügen nicht immer umfassend sind. Mit Blick auf diese beschränkten Kenntnisse des Antragstellers kommt es in der Praxis daher nicht selten zum Vortrag im Nachprüfungsantrag unter Darlegungsnot. Insbesondere soweit eine (nur) bedingt vorsätzliche oder grob fahrlässige Tatbegehung im Sinne des § 125 Abs. 2 Nr. 1 GWB im Raum steht, sind diese Besonderheiten bei Anlegung des **Sorgfaltsmaßstabs** zu berücksichtigen. Gerade mit Blick auf den gesetzgeberischen Willen, rechtsmissbräuchliche und willkürliche Anträge und Beschwerden zu verhindern, sollte daher nicht vorschnell von einem rechtsmissbräuchlichen Verhalten des Antragstellers aus-

---

[31] Vgl. *Losch* in Ziekow/Völlink, § 125 GWB Rn. 15.
[32] *Losch* in Ziekow/Völlink, § 125 GWB Rn. 15.
[33] *Losch* in Ziekow/Völlink, § 125 GWB Rn. 15; *Hesshaus* VergabeR 2008, 372, 375; *Grüneberg* in Palandt, § 276 Rn. 10 m.w.N.
[34] *Grüneberg* in Palandt, § 277 Rn. 5 m.w.N.; *Hattig* in Hattig/Maibaum Praxiskommentar Kartellvergaberecht, 2010, § 125 GWB Rn. 13 m.w.N.

gegangen werden. Vielmehr ist im Rahmen einer Gesamtschau darauf abzustellen, ob die vom Gesetz geforderte Vorwerfbarkeit gegeben ist.[35]

Die falschen Angaben müssen schließlich **ursächlich** für die (weitere) Aussetzung des Vergabeverfahrens gewesen sein. Die (weitere) Aussetzung des Verfahrens muss nach dem Gesetzeswortlaut nämlich gerade durch die falschen Angaben erwirkt worden sein. Wäre es demnach auch ohne die falschen Angaben zu einer (weiteren) Aussetzung des Vergabeverfahrens gekommen, fehlt es an dieser Kausalität. Es liegt dann kein Missbrauchsfall im Sinne des § 125 Abs. 2 Nr. 1 GWB vor.[36] 26

b) Behinderungs- oder Schädigungsabsicht (§ 125 Abs. 2 Nr. 2 GWB)

Einen weiteren Missbrauchsfall stellt es gemäß § 125 Abs. 2 Nr. 2 GWB dar, die Überprüfung mit dem Ziel zu beantragen, das Vergabeverfahren zu behindern oder Konkurrenten zu schädigen. Aus dem Wortlaut der Norm ergibt sich, dass der Antragsteller eines Nachpüfungsantrags bzw. Beschwerdeführer einer sofortigen Beschwerde die Überprüfung des Vergabeverfahrens mit dem **gewollten Ziel** beantragen muss, das Vergabeverfahren zu behindern oder Konkurrenten zu schädigen. Mit „Überprüfung" ist sowohl das Nachprüfungsverfahren als auch die sofortige Beschwerde gemeint. Daher kann den Missbrauchstatbestand auch derjenige erfüllen, der zwar den Nachprüfungsantrag nicht missbräuchlich gestellt hat, dann aber die offensichtlich erfolglose sofortige Beschwerde einlegt.[37] 27

Eine **Behinderung des Vergabeverfahrens** ergibt sich aufgrund der Regelungen über das Zuschlagsverbot und dessen Aufrechterhaltung bereits automatisch aus der Zustellung eines Nachprüfungsantrags bzw. der Einlegung einer sofortigen Beschwerde (vgl. § 115 Abs. 1 GWB, § 118 Abs. 1 GWB). Verfahrensverzögerungen können sich darüber hinaus aus Anträgen auf Verlängerung der aufschiebenden Wirkung der sofortigen Beschwerde gemäß § 118 Abs. 1 Satz 3 GWB oder Anträgen auf Wiederherstellung des Zuschlagsverbots nach § 115 Abs. 2 Satz 5 GWB ergeben. Nach dem Wortlaut des § 125 Abs. 2 Nr. 2 GWB muss Ziel der Überprüfung sein, das Vergabeverfahren zu behindern. Angesichts der Tatsache, dass sich Behinderungen des Vergabeverfahrens bereits aus den gesetzlich angeordneten Zuschlagsverboten ergeben, ist umstritten, welche weiteren Anforderungen an die **Motivation des Antragstellers** hier zu stellen sind. Nicht ausreichend ist insoweit bloßes grob fahrlässiges Handeln oder Handeln mit bloßem Eventualvorsatz, bei dem der Erfolg, nämlich die Verfahrensverzögerung, lediglich billigend in Kauf genommen wird. Das Ziel der Verfahrensverzögerung muss vielmehr im Vordergrund stehen. Auf der anderen Seite muss die Verfahrensbehinderung nicht alleiniges Motiv oder Ziel des Antragstellers sein. Etwaige weitere Ziele des Anspruchstellers sind insoweit unschädlich. Es kommt auch nicht darauf an, dass der Antragsteller eine Behinderung des Verfahrens beabsichtigt, die über das mit dem Antrag verbundene Zuschlagsverbot oder über die aufschiebende Wirkung der sofortigen Beschwerde hinausgeht. Denn dadurch würde der Anwendungsbereich der Vorschrift zu sehr eingeschränkt. Vielmehr erfasst § 125 Abs. 2 Nr. 2 GWB nach zutreffender Auffassung alle Fälle, in denen ein Nachprüfungsverfahren bzw. eine sofortige Beschwerde trotz erkannter Aussichtslo- 28

---

[35] *Hesshaus* VergabeR 2008, 372, 375 f.
[36] h.M. vgl. nur *Losch* in Ziekow/Völlink, § 125 GWB Rn. 16; *Verfürth* in Kulartz/Kus/Portz, § 125 Rn. 19; *Hattig* in Hattig/Maibaum Praxiskommentar Kartellvergaberecht, 2010, § 125 GWB Rn. 14.
[37] *Dippel* in Heiermann/Zeiss/Kullack/Blaufuß Juris Praxiskommentar Vergaberecht, § 125 GWB Rn. 17; *Losch* in Ziekow/Völlink, § 125 GWB Rn. 17.

sigkeit und ohne dominierende Hoffnung, in dem Verfahren zu obsiegen, eingeleitet wird.[38]

29 Die **Absicht, einen Konkurrenten zu schädigen**, liegt vor, wenn zielgerichtet die Zuschlagserteilung im Vergabeverfahren an den Wettbewerber verhindert werden soll. Auch bei dieser Alternative muss die Schädigungsabsicht im Vordergrund stehen.[39] Auf den tatsächlichen Eintritt des erstrebten Erfolges kommt es wie bei der ersten Alternative des § 125 Abs. 2 Nr. 2 GWB aber nicht an.[40]

30 Das Vorliegen einer Behinderungs- oder Schädigungsabsicht lässt sich in der Praxis nur **äußerst schwer nachweisen**. Als sogenannte innere Tatsachen, zu denen Beweggründe, Überlegungen und Willensentscheidungen zählen, sind solche Absichten einem unmittelbaren Beweis kaum zugänglich. Die Missbrauchsabsicht des Antragstellers oder Beschwerdeführers kann daher regelmäßig nur aus objektiven Umständen abgeleitet werden, die den Schluss zulassen, dass mit der Einleitung des Nachprüfungsverfahrens, der Einlegung der sofortigen Beschwerde oder sonstigen Verfahrenshandlungen das Ziel verfolgt wurde, den Fortgang des Vergabeverfahrens zu behindern oder einen Konkurrenten zu schädigen. Dabei muss es sich um ganz besondere Umstände handeln, da der Antragsteller bzw. Beschwerdeführer mit seinem Rechtsmittel regelmäßig das Ziel verfolgt, selbst den Zuschlag zu erhalten. Indizien für eine beabsichtigte Schädigung eines Konkurrenten können beispielsweise falsche und diffamierende Angaben über dessen Eignung sein, wenn daraus ersichtlich wird, dass die Angaben einer tatsächlichen Grundlage entbehren und nur zum Ziel haben, den Konkurrenten zu diffamieren.[41]

c) „Abkaufenlassen" der Antragsrücknahme (§ 125 Abs. 2 Nr. 3 GWB)

31 Nach § 125 Abs. 2 Nr. 3 GWB stellt es schließlich einen Missbrauch dar, einen Antrag in der Absicht zu stellen, ihn später gegen Geld oder andere Vorteile zurückzunehmen. Mit Blick auf den Zweck der Regelung, einem Missbrauch von Rechtsschutzmöglichkeiten umfassend entgegenzuwirken, ist der **Begriff des „Antrags"** im Sinne dieser Vorschrift nicht nur als Stellung eines Nachprüfungsantrags zu verstehen.[42] Vielmehr sind darunter auch Anträge zur Einleitung der sofortigen Beschwerde sowie die im Eilverfahren gestellten Anträge nach §§ 115 Abs. 2 Satz 5, 118 Abs. 1 Satz 3 und 121 GWB zu verstehen.[43] Voraussetzung ist, dass der Antragsteller bereits im Zeitpunkt der Antragstellung die **Absicht** hat, den Antrag zu einem späteren Zeitpunkt gegen Geld oder andere Vorteile, beispielsweise die Einräumung von Unteraufträgen, zurückzunehmen. Primäres Ziel des Antragstellers muss also ein Vorteil sein, auf den er keinen Anspruch hat. Die tatsächliche Rücknahme des Antrags ist weder Voraussetzung, noch reicht sie für die Annahme des Missbrauchs aus.[44]

32 Der Tatbestand setzt eine nachweisbare **Kausalität** zwischen der Antragstellung und seiner Rücknahme aus finanziellen Interessen voraus.[45] Dabei ist zu berücksichtigen, dass der Versuch einer einvernehmlichen Einigung als solcher zunächst grundsätzlich unsank-

---

[38] *Verfürth* in Kulartz/Kus/Portz, § 125 Rn. 21 m.w.N.; *Hesshaus* VergabeR 2008, 372, 376 m.w.N.; ähnlich *Hattig* in Hattig/Maibaum Praxiskommentar Kartellvergaberecht, 2010, § 125 GWB Rn. 17; *Scharen* in Willenbruch/Wieddekind, § 125 GWB Rn. 8.
[39] *Verfürth* in Kulartz/Kus/Portz, § 125 Rn. 22 m.w.N.; *Losch* in Ziekow/Völlink, § 125 Rn. 19 m.w.N.
[40] *Hattig* in Hattig/Maibaum Praxiskommentar Kartellvergaberecht, 2010, § 125 GWB Rn. 19.
[41] Vgl. *Hattig* in Hattig/Maibaum, Praxiskommentar Kartellvergaberecht, 2010, § 125 GWB Rn. 18 f.
[42] So aber *Stockmann* in Immenga/Mestmäcker GWB, § 125 Rn. 9.
[43] *Verfürth* in Kulartz/Kus/Portz, § 125 GWB Rn. 23 m.w.N.; *Hattig* in Hattig/Maibaum Praxiskommentar Kartellvergaberecht, 2010, § 125 GWB Rn. 20.
[44] *Verfürth* in Kulartz/Kus/Portz, § 125 GWB Rn. 25.
[45] VK Sachsen Beschl. v. 31.3.2002, 1/SVK/011–02.

tioniert bleibt, so dass aus einem vor Einleitung des Nachprüfungsverfahrens unterbreiteten Vorschlag, gegen eine Geldzahlung von einem Nachprüfungsantrag abzusehen, nicht zwingend geschlossen werden kann, dass der dann doch gestellte Nachprüfungsantrag nur aus dem Motiv heraus eingereicht wurde, grob eigennützig Geld aus einer Rücknahme zu erzielen.[46] Auch steht § 125 Abs. 2 Nr. 3 GWB der Beendigung eines Nachprüfungsverfahrens durch Vergleich zwischen Antragsteller und Auftraggeber sowie gegebenenfalls Beigeladenen nicht entgegen, wenn ein solcher Vergleich einen Interessenausgleich zwischen den Parteien schafft, z. B. indem die Verfahrenskosten in Abweichung von den gesetzlichen Kostentragungsregelungen aufgeteilt werden.[47] Die Kausalität kann aber beispielsweise bejaht werden, wenn der Antragsteller der Vergabestelle zunächst anbietet, sich gegen eine unberechtigte und überzogene Geldzahlung aus dem Vergabeverfahren endgültig zurückzuziehen, und der zeitliche Ablauf zwischen Geltendmachung der unberechtigten Forderung und der Einreichung des Nachprüfungsantrag dann den Schluss darauf zulässt, dass die Einleitung des Nachprüfungsverfahrens als Druckmittel benutzt wurde, um dieser Forderung Nachdruck zu verleihen.[48]

Der Vorschrift des § 125 Abs. 2 Nr. 3 GWB kommt in der Praxis insbesondere dadurch Bedeutung zu, dass die vergaberechtliche Rechtsprechung in diesen Fällen von der **Unzulässigkeit eines gestellten Nachprüfungsantrags** wegen Rechtsmissbrauchs ausgeht.[49] 33

d) Sonstige ungeschriebene Missbrauchsfälle

§ 125 Abs. 2 GWB enthält keine abschließende Aufzählung von Missbrauchstatbeständen, vielmehr wird nur beispielhaft („insbesondere") aufgezählt, was als missbräuchlich im Sinne der Vorschrift anzusehen ist. Daher verbleibt Raum für weitere, unbenannte Missbrauchsfälle. Allerdings müssen andere unbenannte Gründe ebenso schwer wiegen und mit den benannten Tatbeständen **vergleichbar** sein.[50] Ob ein gesetzlich nicht geregelter Missbrauchsfall angenommen werden kann, ist im Einzelfall unter Berücksichtigung der Auslegung des Wortlauts bzw. von Sinn und Zweck des § 125 Abs. 1 GWB und einer vergleichenden Wertung mit den in Abs. 2 genannten Regelbeispielen zu ermitteln.[51] Dabei ist zu berücksichtigen, dass der Vorschrift des § 125 GWB der Rechtsgedanke zu Grunde liegt, dass die Treuwidrigkeit (erst) in der rücksichtslosen **Ausnutzung einer formellen Rechtsposition** zu sehen ist.[52] In Betracht kommen etwa Sachverhalte, die den Tatbestand der Urteilserschleichung gemäß § 826 BGB oder eines Prozessbetrugs nach § 823 Abs. 2 BGB i.V.m. § 263 StGB erfüllen.[53] In jedem Falle ist erforderlich, dass dem zum Schadensersatz Verpflichteten einerseits objektives Fehlverhalten vorgeworfen werden kann und andererseits auch ein subjektiver Vorwurf zu machen ist, er habe die rechtlichen Möglichkeiten bewusst in zweckwidriger Weise aus Eigeninteresse ausgeschöpft.[54] 34

---

[46] VK Baden-Württemberg Beschl. v. 16. 1. 2009, 1 VK 64/08, BeckRS 2011, 01113; so auch *Hattig* in Hattig/Maibaum Praxiskommentar Kartellvergaberecht, 2010, § 125 GWB Rn. 22.

[47] Vgl. VK Sachsen Beschl. v. 21. 3. 2002, 1 SVK/011–02; VK Brandenburg Beschl. v. 20. 12. 2005, 1 VK 75/05; *Hattig* in Hattig/Maibaum Praxiskommentar Kartellvergaberecht, 2010, § 125 GWB Rn. 22.

[48] Vgl. VK Brandenburg Beschl. v. 20. 12. 2005, 1 VK 75/05.

[49] OLG Düsseldorf Beschl. v. 14. 5. 2008, Verg 27/08, ZfBR 2008, 820, 822; BayObLG Beschl. v. 20. 12. 1999, Verg 8/99, NZBau 2000, 259, 261; VK Baden-Württemberg Beschl. v. 16. 1. 2009, 1 VK 64/08, BeckRS 2011, 01113; VK Brandenburg Beschl. v. 20. 12. 2005, 1 VK 75/05.

[50] VK Baden-Württemberg Beschl. v. 16. 1. 2009, 1 VK 64/08, BeckRS 2011, 01113.

[51] *Hattig* in Hattig/Maibaum Praxiskommentar Kartellvergaberecht, 2010, § 125 GWB Rn. 11.

[52] VK Baden-Württemberg Beschl. v. 16. 1. 2009, 1 VK 64/08, BeckRS 2011, 01113.

[53] *Losch* in Ziekow/Völlink, § 125 GWB Rn. 23; *Verfürth* in Kulartz/Kus/Portz, § 125 Rn. 15 m.w.N.

[54] *Verfürth* in Kulartz/Kus/Portz, § 125 Rn. 15 m.w.N.

4. Schaden

35 Dem Gegner bzw. Verfahrensbeteiligten muss aus dem Missbrauch des Antrags- oder Beschwerderechts ein Schaden entstanden sein. Zu ersetzen ist der **adäquat-kausal** durch die missbräuchliche Antragstellung bzw. Beschwerdeeinlegung entstandene **Schaden.** Das setzt voraus, dass die missbräuchliche Handlung nicht hinweggedacht werden kann, ohne dass der eingetretene Schaden entfiele.[55]

36 Der Schadensersatzanspruch nach § 125 Abs. 1 GWB ist ein deliktischer Anspruch, auf den die §§ 823 ff. BGB ergänzend anzuwenden sind.[56] Der **Umfang des Schadensersatzanspruchs** richtet sich daher nach den §§ 249 ff. BGB. Danach ist der Geschädigte so zu stellen, wie er gestanden hätte, wenn der zum Ersatz verpflichtende Umstand nicht eingetreten wäre. Eine Naturalrestitution wird in der Regel nicht möglich sein. Nach §§ 251 Abs. 1, 253 Abs. 1 BGB wird deshalb regelmäßig Geldersatz für den Vermögensschaden geschuldet, der adäquat-kausal auf der betreffenden Handlung beruht. Zu ermitteln ist die Differenz zwischen der Vermögenslage (einschließlich der vermögenswerten Aussichten), die auf Seiten des Anspruchstellers vor der fraglichen Handlung bestand, und derjenigen Vermögenslage, die als Folge der missbräuchlichen Handlung tatsächlich eingetreten ist. Schäden, die einem Beteiligten durch die Einwirkung Dritter während eines missbräuchlich eingeleiteten Nachprüfungs- oder Beschwerdeverfahrens oder ohne Zutun des sich missbräuchlich verhaltenden Antragstellers oder Beschwerdeführers zugefügt wurden, lösen demgegenüber keine Schadensersatzpflicht aus. Auch Schäden, die wegen eines besonders eigenartigen, unwahrscheinlichen und nach dem gewöhnlichen Verlauf der Dinge außer Betracht zu lassenden Umstandes eintraten, sind nicht zu berücksichtigen.[57] Als ersatzfähige Schäden kommen beispielsweise Nutzungsausfall, Vorhaltekosten, Kosten für Interimslösungen, Finanzierungskosten oder sonstige Mehrkosten aufgrund der Verzögerung des Vergabeverfahrens in Betracht. Wenn die missbräuchliche Handlung verhindert hat, dass ein Wettbewerber den ausgeschriebenen Auftrag erhalten hat, kommt insoweit auch der Ersatz des entgangenen Gewinns oder eines Deckungsbeitrags in Betracht.[58]

37 Der Schadensersatzanspruch nach § 125 Abs. 1, 2 GWB kann – wie jeder andere Schadensersatzanspruch auch – wegen **Mitverschuldens des Anspruchstellers** gemäß § 254 BGB gemindert sein oder sogar ganz entfallen.[59] Mitverschulden des öffentlichen Auftraggebers gemäß § 254 Abs. 1 BGB kommt beispielsweise in Betracht, wenn der öffentliche Auftraggeber dem rügenden Bieter keine Antwort auf seine Rüge gibt und ihn dadurch zur Einleitung eines aussichtslosen Nachprüfungsverfahrens veranlasst; allerdings ist zu bedenken, dass in solchen Fällen häufig bereits kein Missbrauch des Nachprüfungsrechts vorliegen dürfte. In Betracht kommt dagegen eine Minderung nach § 254 Abs. 2 Satz 1 BGB, wonach ein Schadensersatzgläubiger gehalten ist, den zu ersetzenden Schaden gering zu halten. Ein Verstoß gegen diese Schadensminderungspflicht ist beispielsweise gegeben, wenn der öffentliche Auftraggeber es unterlassen hat, das Vergabeverfahren zügig weiter zu betreiben, obwohl das Oberlandesgericht die aufschiebende Wirkung nach § 118 Abs. 1 Satz 3 GWB nicht verlängert hat.[60]

---

[55] *Losch* in Ziekow/Völlink, § 125 GWB Rn. 24 m.w.N.
[56] h.M., vgl. nur *Otting* in Bechtold, § 125 Rn. 4; *Verfürth* in Kulartz/Kus/Portz, § 125 Rn. 34 m.w.N.
[57] BGH Urt. v. 20.1.1998, VII ZR 59/97, NJW 1998, 1137; *Scharen* in Willenbruch/Wieddekind, § 125 GWB Rn. 12 m.w.N.
[58] Vgl. *Hesshaus* VergabeR 2008, 372, 377; *Losch* in Ziekow/Völlink, § 125 GWB Rn. 25; *Scharen* in Willenbruch/Wieddekind, § 125 GWB Rn. 12.
[59] h.M., vgl. nur *Scharen* in Willenbruch/Wieddekind, § 125 GWB Rn. 13 m.w.N.; *Losch* in Ziekow/Völlink, § 125 GWB Rn. 26 m.w.N.
[60] *Scharen* in Willenbruch/Wieddekind, § 125 GWB Rn. 13.

5. Haftung für Dritte

Da die §§ 823 ff. BGB auf den Schadensersatzanspruch nach § 125 Abs. 1, 2 GWB Anwendung finden, kommt auch eine Haftung für Dritte nach § 831 BGB in Betracht, wenn die Führung des Nachprüfungsverfahrens insgesamt oder bestimmte Handlungen in dessen Rahmen Hilfspersonen übertragen worden sind. Handelt der Anspruchsgegner dagegen durch seine Organe, hat er für deren Verhalten bereits nach § 31 BGB einzustehen. Im Rahmen des § 125 Abs. 1 GWB ist vor allem denkbar, dass der prozessbevollmächtigte Rechtsanwalt zu einer Prozessführung greift, die als Missbrauch des Antrags- oder Beschwerderecht zu qualifizieren ist und dies nicht mit dem Anspruchsgegner abgestimmt hat (sonst haftet der Anspruchsgegner bereits selbst). Eine Ersatzpflicht tritt nach § 831 Abs. 1 Satz 2 BGB allerdings nicht ein, wenn der Anspruchsgegner bei der Auswahl des Verrichtungsgehilfen die im Verkehr erforderliche Sorgfalt beobachtet hat oder wenn der Schaden auch bei Anwendung dieser Sorgfalt entstanden wäre.[61]

6. Verhältnis zu sonstigen Anspruchsgrundlagen

Ausweislich der Gesetzesbegründung ist § 125 Abs. 1 GWB eine spezielle Ausprägung der sittenwidrigen Schädigung nach § 826 BGB und des Prozessbetrugs nach § 823 Abs. 2 BGB i.V.m. § 263 StGB.[62] Dieses Spezialitätsverhältnis spricht dafür, dass § 125 Abs. 1 GWB diesen allgemeinen Vorschriften vorgeht, soweit es um Ansprüche zwischen den an dem missbräuchlichen Nachprüfungsverfahren bzw. Beschwerdeverfahren Beteiligten geht.[63]

Für andere vom Missbrauch des Antrags- oder Beschwerderechts Betroffene, etwa Bewerber oder Bieter des Vergabeverfahrens, die nicht beigeladen wurden, bleiben die §§ 826, 823 Abs. 2 BGB i.V.m. § 263 StGB dagegen anwendbar. Neben § 125 Abs. 1 GWB können außerdem Ansprüche aus § 126 GWB oder aus culpa in contrahendo nach § 311 i.V.m. § 241 Abs. 2 BGB bestehen. Gegenüber etwaigen Ansprüchen aus §§ 311 Abs. 2 i.V.m. 241 Abs. 2 BGB dürfte § 125 Abs. 1 GWB allerdings nach Sinn und Zweck der Regelung eine Sperrwirkung insoweit entfalten, als ein Schadensersatzanspruch aus culpa in contrahendo nicht bereits wegen leichter Fahrlässigkeit begründet werden kann, sondern auch in diesem Rahmen zumindest grob fahrlässiges Handeln vorauszusetzen ist.[64]

II. Ungerechtfertigte vorläufige Maßnahmen (§ 125 Abs. 3 GWB)

§ 125 Abs. 3 GWB normiert – in Anlehnung an die Vorschrift des § 945 ZPO[65] – einen verschuldensunabhängigen Schadensersatzanspruch des öffentlichen Auftraggebers gegen den Antragsteller. Erweisen sich die von der Vergabekammer entsprechend einem besonderen Antrag nach § 115 Abs. 3 GWB getroffenen vorläufigen Maßnahmen als von Anfang an ungerechtfertigt, hat der Antragsteller gemäß § 125 Abs. 3 GWB dem Auftraggeber den aus der Vollziehung der angeordneten Maßnahme entstandenen Schaden zu ersetzen.

---

[61] *Scharen* in Willenbruch/Wieddekind, § 125 GWB Rn. 10.
[62] BT-Drs. 13/9340, S. 22.
[63] So auch *Scharen* in Willenbruch/Wieddekind, § 125 GWB Rn. 16; a.A. *Hattig* in Hattig/Maibaum Praxiskommentar Kartellvergaberecht, 2010, § 125 GWB Rn. 39; *Hesshaus* VergabeR 2008, 372, 378 (für Idealkonkurrenz).
[64] *Hesshaus* VergabeR 2008, 372, 378 m.w.N.
[65] Vgl. Gesetzesbegründung BT-Drs. 13/9340, S. 22.

1. Normadressaten

42 Anspruchsberechtigt aus § 125 Abs. 3 GWB kann – wie dem Wortlaut klar zu entnehmen ist – ausschließlich der öffentliche Auftraggeber sein.

43 Anspruchsverpflichtet ist derjenige, der den Antrag nach § 115 Abs. 3 GWB gestellt hat. Es handelt sich dabei um den Antragsteller des Nachprüfungsantrags.

2. Tatbestandsvoraussetzungen

44 Der Schadensersatzanspruch nach § 125 Abs. 3 GWB setzt zunächst voraus, dass der Antragsteller eines Nachprüfungsantrags gemäß § 115 Abs. 3 GWB einen „besonderen Antrag" auf Erlass vorläufiger Maßnahmen zur Abwendung einer Gefährdung der Rechte des Antragstellers aus § 97 Abs. 7 GWB, die durch andere Weise als durch den drohenden Zuschlag eintritt, gestellt hat und dass die Vergabekammer antragsgemäß vorläufige Maßnahmen angeordnet hat. Als derartige **vorläufige Maßnahmen** kommen etwa die Verlegung eines Termins zur Angebotsabgabe, das Verschieben des Submissionstermins, die Verlängerung der Zuschlagsfrist, das Verbot, die streitgegenständlichen Leistungen bis zum Abschluss des Nachprüfungsverfahrens weiter fortzuführen oder das vorläufige Verbot der Aufhebung eines Vergabeverfahrens in Betracht.[66]

45 Die von der Vergabekammer angeordneten vorläufigen Maßnahmen im Sinne des § 115 Abs. 3 GWB müssen sich als **von Anfang an ungerechtfertigt** erweisen. Wie im Rahmen des § 125 Abs. 1 GWB kommt es darauf an, dass aus Sicht eines objektiven Betrachters bereits zum Zeitpunkt der Anordnung die Voraussetzungen für die vorläufigen Maßnahmen objektiv nicht vorlagen.[67]

46 Dem öffentlichen Auftraggeber muss aus der Vollziehung der von der Vergabekammer auf Antrag des Antragstellers angeordneten vorläufigen Maßnahmen ein **Schaden** entstanden sein. Das setzt zum einen voraus, dass die vorläufigen Maßnahmen nach § 115 Abs. 3 GWB tatsächlich vollzogen, also tatsächlich ergriffen bzw. in Gang gesetzt worden sind, wobei der Beginn der dazu erforderlichen Handlung genügt.[68] Hat die Vergabekammer als vorläufige Maßnahme beispielsweise die Verlängerung der Angebotsfrist angeordnet,[69] ist die vorläufige Maßnahme bereits vollzogen, wenn der öffentliche Auftraggeber die Mitteilung über die Verlängerung der Frist versendet.[70] Der dem öffentlichen Auftraggeber entstandene Schaden muss adäquat-kausal durch die Vollziehung der angeordneten vorläufigen Maßnahme entstanden sein. Denkbar sind insoweit insbesondere Schäden, wenn durch die angeordneten Maßnahmen Zeitverluste entstehen, die für den Auftraggeber zu höheren Kosten führen.[71]

3. Umfang des Schadensersatzanspruchs

47 Der Umfang des Schadensersatzanspruchs richtet sich – wie im Rahmen des § 125 Abs. 1 GWB – nach den allgemeinen zivilrechtlichen Grundsätzen der §§ 249 ff. BGB. Danach ist der Geschädigte so zu stellen, wie er gestanden hätte, wenn der zum Ersatz verpflichtende Umstand nicht eingetreten wäre.[72]

---

[66] Vgl. *Hattig* in Hattig/Maibaum Praxiskommentar Kartellvergaberecht, 2010, § 125 GWB Rn. 41 m.w.N.

[67] *Losch* in Ziekow/Völlink, § 125 GWB Rn. 32; *Verfürth* in Kulartz/Kus/Portz, § 145 GWB Rn. 28 m.w.N.; zu § 945 ZPO: *Vollkommer* in Zöller ZPO, 29. Aufl. 2012, § 945 Rn. 6 m.w.N.

[68] BGH Urt. v. 20.7.2006, IX ZR 94/03 zu § 945 ZPO.

[69] Vgl. OLG Naumburg Beschl. v. 9.8.2006, 1 Verg 11/06; OLG Celle Beschl. v. 15.7.2004, 13 Verg 11/04.

[70] *Hattig* in Hattig/Maibaum Praxiskommentar Kartellvergaberecht, 2010, § 125 GWB Rn. 45.

[71] *Verfürth* in Kulartz/Kus/Portz, § 125 Rn. 33.

[72] S. dazu bereits oben Rn. 36.

III. Rechtsweg

Die Schadensersatzansprüche nach § 125 GWB sind im **Zivilrechtsweg** geltend zu machen (vgl. § 104 Abs. 3, § 124 Abs. 1 GWB). Da es sich dem Wesen nach um deliktische Ansprüche handelt[73], ergibt sich die **örtliche Zuständigkeit** aus § 32 ZPO. Danach ist für Klagen aus unerlaubten Handlungen das Gericht zuständig, in dessen Bezirk die Handlung begangen ist. Die Klage kann demnach im allgemeinen Gerichtsstand des Anspruchsgegners (d. h. in der Regel vor dem Gericht, in dessen Bezirk der Anspruchsgegner wohnt bzw. seinen Sitz hat, §§ 12 ff. ZPO) oder vor dem Gericht erhoben werden, in dessen Bezirk nach der Behauptung des Klägers die zum Anlass der Klage genommene Handlung begangen worden ist. **Sachlich zuständig** sind ausschließlich die Landgerichte, und zwar unabhängig vom Wert des Streitgegenstands (§ 87 GWB).[74]   48

IV. Darlegungs- und Beweislast

Auch die Darlegungs- und Beweislast richtet sich nach **zivilrechtlichen Grundsätzen.** Danach hat der Kläger als Anspruchsteller alle Umstände darzulegen und – soweit streitig – zu beweisen, aus denen sich ergibt, dass die anspruchsbegründenden Voraussetzungen vorliegen. Im Falle des § 125 Abs. 1 GWB betrifft das die Ungerechtfertigtheit des Antrags bzw. der Beschwerde von Anfang an, den Missbrauch des Antrags- oder Beschwerderechts, das Verschulden, den Schaden sowie die Kausalität; im Fall des § 125 Abs. 3 GWB die Ungerechtfertigtheit der vorläufigen Maßnahmen, den korrespondierenden Antrag des Beklagten, sowie ebenfalls Schaden und Kausalität.[75]   49

Nach herrschender Meinung kann sich eine **Beweiserleichterung** für den Kläger aus einer entsprechenden Anwendung des § 124 GWB ergeben. Bei der Entscheidung im Schadensersatzprozess ist eine bestandskräftige Entscheidung der Vergabenachprüfungsinstanz maßgeblich, soweit sie in Bestandskraft erwachsene Feststellungen zu den Voraussetzungen des § 125 Abs. 1 GWB, also etwa zum Fehlen der Rechtfertigung von Nachprüfungsantrag oder sofortiger Beschwerde, enthält. Da die Vergabekammer allerdings nur selten Ausführungen zum Zeitpunkt der Unzulässigkeit bzw. Unbegründetheit eines Nachprüfungsantrags macht, wird eine Bindungswirkung nur in Ausnahmefällen in Betracht kommen.[76]   50

V. Verjährung des Anspruchs

Schadensersatzansprüche aus § 125 GWB unterliegen der Verjährung. Es gelten insoweit die **zivilrechtlichen Grundsätze.** Anwendbar sind die allgemeinen Vorschriften der §§ 194 ff. BGB über Dauer der Verjährung, Hemmung, Ablaufhemmung, Neubeginn und Rechtsfolgen der Verjährung. Die regelmäßige Verjährungsfrist beträgt danach drei Jahre und beginnt mit dem Schluss des Jahres, in dem der Anspruch entstanden ist und der Gläubiger von den den Anspruch begründenden Umständen und der Person des   51

---

[73] h.M., vgl. nur *Losch* in Ziekow/Völlink, § 125 GWB Rn. 29, 35 m.w.N.; *Verfürth* in Kulartz/Kus/Portz, § 125 Rn. 34 m.w.N.; zu § 945 ZPO: *Vollkommer* in Zöller ZPO, § 945 Rn. 6 m.w.N.; a.A. *Verfürth* in Kulartz/Kus/Portz, § 125 Rn. 36 hinsichtlich des Anspruchs aus § 125 Abs. 3 GWB; *Scharen* in Willenbruch/Wieddekind, § 125 GWB Rn. 15.

[74] *Losch* in Ziekow/Völlink, § 125 GWB Rn. 29; *Verfürth* in Kulartz/Kus/Portz, § 125 Rn. 36 m.w.N.; s. auch unten Rn. 89.

[75] *Losch* in Ziekow/Völlink, § 125 GWB Rn. 27 m.w.N.; *Scharen* in Willenbruch/Wieddekind, § 125 GWB Rn. 15 m.w.N.

[76] *Losch* in Ziekow/Völlink, § 125 GWB Rn. 28; *Scharen* in Willenbruch/Wieddekind, § 125 GWB Rn. 15.

Schuldners Kenntnis erlangt oder ohne grobe Fahrlässigkeit erlangen müsste (§§ 195, 199 Abs. 1 BGB). § 199 Abs. 3 BGB sieht ferner eine zeitliche Höchstgrenze vor, nach deren Ablauf der Anspruch in jedem Fall verjährt ist. Diese beträgt entweder 10 Jahre seit der Entstehung des Anspruchs oder 30 Jahre seit der Handlung, die die Pflichtverletzung darstellt, oder dem sonstigen, den Schaden auslösenden Ereignis; maßgeblich ist die früher endende Frist.

C. Anspruch auf Ersatz des Vertrauensschadens gemäß § 126 Satz 1 GWB

52 § 126 Satz 1 GWB sieht vor, dass ein Unternehmen Schadensersatz für die Kosten der Vorbereitung des Angebots oder der Teilnahme an einem Vergabeverfahren verlangen kann, wenn der Auftraggeber gegen eine den Schutz von Unternehmen bezweckende Vorschrift verstoßen hat und das Unternehmen ohne diesen Verstoß bei der Wertung der Angebote eine echte Chance gehabt hätte, den Zuschlag zu erhalten.

I. Anspruchsvoraussetzungen

1. Normadressaten

a) Anspruchsberechtigter

53 Anspruchsberechtigt ist nach dem Wortlaut des § 126 Satz 1 GWB grundsätzlich **jedes Unternehmen**, wobei es sich dabei um eine natürliche oder juristische Person handeln kann.[77] Eine Einschränkung des Kreises der Anspruchsberechtigten ergibt sich allerdings aus den weiteren Tatbestandsvoraussetzungen des § 126 Satz 1 GWB, insbesondere daraus, dass das Unternehmen ohne den Vergaberechtsverstoß bei der Wertung der Angebote eine echte Chance auf Zuschlagserteilung gehabt haben müsste, die durch den Rechtsverstoß beeinträchtigt wurde. Ein Schadensersatzanspruch setzt damit grundsätzlich die Teilnahme an einem Vergabeverfahren voraus, da andernfalls keine echte Zuschlagschance entstehen kann. Nach überwiegender Meinung ist § 126 GWB allerdings auch in Fällen anwendbar, in denen sich ein Unternehmen aufgrund von Vergaberechtsverstößen an einem Vergabeverfahren nicht mit einer Angebotsabgabe beteiligt hat oder eine ordnungsgemäße Ausschreibung ganz unterblieb (de facto-Vergaben). In solchen Fällen entsteht allerdings regelmäßig kein gemäß § 126 Satz 1 GWB erstattungsfähiger Schaden. Rein praktisch dürfte jedenfalls der Nachweis, durch den Vergaberechtsverstoß sei eine echte Chance auf den Zuschlag beeinträchtigt worden, ohne vorherige Abgabe eines Angebots kaum geführt werden können. Ein Schadensersatzanspruch scheitert in solchen Konstellationen daher regelmäßig an den weiteren Tatbestandsvoraussetzungen.[78]

54 Nicht eindeutig geregelt ist, ob bzw. unter welchen Voraussetzungen auch **einzelne Mitglieder einer Bietergemeinschaft** auf der Grundlage des § 126 GWB Schadensersatz geltend machen können. Bei richtlinienkonformer Auslegung des § 126 Satz 1 GWB ist das allerdings zu bejahen. Denn der EuGH hat zu der Frage, wie die Rechtsmittelrichtlinie und das unionsrechtlich verankerte Recht auf effektiven gerichtlichen Rechtsschutz auszulegen ist, entschieden, dass der Sekundärrechtsschutz auch für einzelne Mitglieder einer Bietergemeinschaft eröffnet sein muss, die einen individuellen Schaden nachweisen können.[79]

---

[77] *Scharen* in Willenbruch/Wieddekind, § 126 GWB Rn. 3.
[78] *Losch* in Ziekow/Völlink, § 126 GWB Rn. 4 m.w.N.; *Verfürth* in Kulartz/Kus/Portz, § 126 Rn. 27 m.w.N.
[79] EuGH Urt. v. 6.5.2010, Rs. C-145, 149/08, NVwZ 2010, 825, 829 ‚Rn. 80 – Club Hotel Loutraki; so auch *Losch* in Ziekow/Völlink, § 126 GWB Rn. 5.

Nicht anspruchsberechtigt ist das Unternehmen, das den Auftrag tatsächlich erhalten 55 hat. Denn für diesen Bieter hat sich die Zuschlagschance tatsächlich realisiert und kann daher durch etwaige Vergaberechtsverstöße nicht beeinträchtigt worden sein. Ebensowenig anspruchsberechtigt sind Unternehmen, die nur als Nachunternehmer eines Bieters an der Auftragserfüllung mitwirken wollten. Denn diese Unternehmen haben selbst keine eigene Zuschlagschance im Rahmen eines Vergabeverfahrens.

b) Anspruchsgegner

Anspruchsgegner kann nur ein **öffentlicher Auftraggeber** im Sinne des § 98 GWB 56 sein.[80] Denn § 126 GWB findet nur im Geltungsbereich des Kartellvergaberechts Anwendung, so dass nur die Normadressaten des Kartellvergaberechts, die nach diesen Regelungen zur Ausschreibung verpflichtet sind, als Anspruchsgegner in Betracht kommen.[81]

Damit scheiden natürliche oder juristische Personen aus, die sich lediglich als öffentlicher 57 Auftraggeber im Sinne des § 98 GWB gerieren oder als mittelbare Stellvertreter im Interesse und für Rechnung eines öffentlichen Auftraggebers den Vertrag im eigenen Namen abschließen, ohne selbst die Voraussetzungen des § 98 GWB zu erfüllen.[82] Beschaffen mehrere öffentliche Auftraggeber eine Leistung gemeinsam und enthält die Leistungsbeschreibung für sie alle zusammengefasst Leistungsteile, sind sie gemeinschaftlich Auftraggeber und haften dann gegebenenfalls als Gesamtschuldner.[83] Bloße Hilfspersonen des öffentlichen Auftraggebers, derer er sich bei der Durchführung des Vergabeverfahrens bedient (z.B. Architekten oder sonstige Berater) scheiden als Ersatzpflichtige nach § 126 Satz 1 GWB aus. Das gilt selbst dann, wenn solche Dritten mit ihrer Beteiligung am Vergabeverfahren ein eigenes wirtschaftliches Interesse verfolgen, persönliches Vertrauen in Anspruch nehmen oder das fehlerhafte Vergabeverfahren wesentlich beeinflusst haben, so dass nach der früheren Rechtsprechung zur Dritthaftung aus culpa in contrahendo eine Eigenhaftung des Vertreters in Betracht käme. Denn § 126 Satz 1 GWB ist den Regeln der culpa in contrahendo, die mittlerweile in § 311 Abs. 2 BGB kodifiziert sind, nicht nachgebildet, sondern stellt eine eigenständige Anspruchsgrundlage dar.[84] Solche Hilfspersonen werden im Auftragsfall auch gerade nicht zu Auftraggebern, so dass nach dem Wortlaut des § 126 Satz 1 GWB deren Haftung ausscheidet.

Vertreter eines öffentlichen Auftraggebers, die ihrerseits die Voraussetzungen des § 98 58 GWB erfüllen, kommen allerdings in Ausnahmefällen als Anspruchsverpflichtete in Betracht, wenn sie bei der Ausschreibung und/oder Auftragserteilung zwar nur als Vertreter des öffentlichen Auftraggebers auftreten wollten, das aber nicht hinreichend deutlich gemacht haben und daher gemäß § 164 Abs. 2 BGB zum Vertragspartner werden.[85]

2. Verstoß gegen bieterschützende Vorschriften

§ 126 Satz 1 GWB setzt zunächst voraus, dass der Auftraggeber „gegen eine den Schutz 59 von Unternehmen bezweckende Vorschrift verstoßen" hat.

a) Unternehmensschützende Vorschriften

§ 126 Satz 1 GWB enthält selbst keine Hinweise darauf, welche Vorschriften als unter- 60 nehmensschützend in diesem Sinne anzusehen sind.

---

[80] *Scharen* in Willenbruch/Wieddekind, § 126 GWB Rn. 4 m.w.N.
[81] So auch *Stockmann* in Immenga/Mestmäcker, § 126 Rn. 6; *Losch* in Ziekow/Völlink, § 126 GWB Rn. 29.
[82] *Scharen* in Willenbruch/Wieddekind, § 126 GWB Rn. 4 m.w.N.
[83] Vgl. OLG Frankfurt Urt. v. 14.4.2000, 10 U 145/99, BauR 2000, 1746.
[84] *Scharen* in Willenbruch/Wieddekind, § 126 GWB Rn. 5.
[85] *Scharen* in Willenbruch/Wieddekind, § 126 GWB Rn. 6 m.w.N.

Kap. 8   Rechtsfolgen von Vergaberechtsverstößen

61   Einigkeit besteht soweit ersichtlich darüber, dass nur der Verstoß gegen **Vorschriften des Vergaberechts** erfasst wird.[86] In Betracht kommen demnach die Bestimmungen des 4. Teils des GWB, der VgV, der SektVO, der VOB/A, der VOL/A, der VOF sowie der VSVgV. Auch die Vergaberichtlinien der EU dienen grundsätzlich dem Schutz der Bieter und kommen damit, jedenfalls soweit sie mangels ordnungsgemäßer Umsetzung in das nationale Recht unmittelbar anwendbar sind, als bieterschützende Vorschriften im Sinne des § 126 GWB in Betracht.[87] Im Übrigen bestehen Meinungsverschiedenheiten darüber, welche vergaberechtlichen Normen als „unternehmensschützend" anzusehen sind.[88] Nach zutreffender überwiegender Ansicht bezweckt eine Vorschrift den nach § 126 Satz 1 GWB geforderten Unternehmensschutz, wenn sie nach Inhalt und Zielrichtung – zumindest auch – im wohlverstandenen Interesse am Auftrag interessierter Unternehmen aufgestellt und (auch) deshalb für den öffentlichen Auftraggeber verbindlich ist.[89] Die Frage, ob eine verletzte Vergabevorschrift unternehmensschützend ist, ist sodann durch Auslegung zu beantworten.

62   Da der Schutz von Unternehmen in Vergabeverfahren zentral in § 97 Abs. 7 GWB normiert ist, gehören unstreitig **sämtliche bieterschützenden Normen** im Sinne des § 97 Abs. 7 GWB auch zu den unternehmensschützenden Normen im Sinne des § 126 GWB.[90] Auch werden die in § 97 Abs. 1 und 2 GWB genannten Grundsätze der Vergabe im Wettbewerb, der diskriminierungsfreien Gleichbehandlung und Transparenz, jedenfalls aber die sie ausfüllenden Einzelvorschriften, als bieterschützend angesehen.[91] Deshalb sind beispielsweise Vorschriften über die zulässige Vergabeart,[92] Vorschriften zum Schwellenwert und seiner Ermittlung sowie die sich daraus ergebende Pflicht zur europaweiten Ausschreibung,[93] Vorschriften zu den Dokumentationspflichten des öffentlichen Auftraggebers über die Vergabe an fachkundige, leistungsfähige und zuverlässige Unternehmen,[94] § 97 Abs. 4 GWB,[95] § 118 GWB zur aufschiebenden Wirkung der sofortigen Beschwerde[96] und § 101a GWB bzw. der frühere § 13 VgV a.F. über die Vorabinformation[97] als unternehmensschützend anzusehen.[98]

63   Als **nicht bieterschützend** werden demgegenüber Vorschriften angesehen, denen eine reine Ordnungsfunktion zukommt, sowie Vorschriften, die ausschließlich haushaltswirtschaftliche oder -rechtliche Gründe haben oder ausschließlich gesamtwirtschaftspoliti-

---

[86] *Verfürth* in Kulartz/Kus/Portz, § 126 Rn. 7 m.w.N.; *Glahs* in Reidt/Stickler/Glahs, § 126 Rn. 16 m.w.N.; vgl. auch die Gesetzesbegründung, BT Drs. 13/9340, S. 22.
[87] BGH Urt. v. 27.11.2007, X ZR 18/07, WRP 2008, 370, 372; *Verfürth* in Kulartz/Kus/Portz, § 126 Rn. 7; *Glahs* in Reidt/Stickler/Glahs, *§ 126 Rn. 16.*
[88] Nachweise zum Diskussionsstand bei *Verfürth* in Kulartz/Kus/Portz, § 126 Rn. 8; *Glahs* in Reidt/Stickler/Glahs, § 126 Rn. 17.
[89] *Scharen* in Willenbruch/Wieddekind, § 126 GWB Rn. 8; *Verfürth* in Kulartz/Kus/Portz, § 126 Rn. 10; *Glahs* in Reidt/Stickler/Glahs, § 126 Rn. 18; *Alexander* WRP 2009, 28, 30.
[90] *Losch* in Ziekow/Völlink, § 126 Rn. 7 f.; *Alexander* WRP 2009, 28, 30.
[91] *Scharen* in Willenbruch/Wieddekind, § 126 GWB Rn. 8 m.w.N.; zum bieterschützenden Charakter der einzelnen Vorschriften des Kartellvergaberechts vgl. die Darstellungen zu den jeweiligen Vorschriften in diesem Handbuch.
[92] KG Beschl. v. 17.10.2002, 2 KartVerg 13/02, VergabeR 2003, 50.
[93] BGH Urt. v. 27.11.2007, X ZR 18/07, WRP 2008, 370, 371 f.; KG Beschl. v. 17.10.2002, 2 KartVerg 13/02, VergabeR 2003, 50.
[94] OLG Düsseldorf Beschl. v. 26.7.2002, Verg 28/02, VergabeR 2003, 87 m.w.N.
[95] OLG Brandenburg Beschl. v. 16.1.2007, Verg W 7/06, VergabeR 2007, 235.
[96] OLG Stuttgart Beschl. v. 28.6.2001, 2 Verg 2/01, VergabeR 2001, 451.
[97] BGH Urt. v. 22.2.2005, KZR 36/03, ZfBR 2005, 499.
[98] Vgl. *Scharen* in Willenbruch/Wieddekind, § 126 GWB Rn. 9 mit einer beispielhaften Übersicht über weitere bieterschützende Vorschriften.

schen Zielen dienen.[99] Dazu sollen insbesondere auf Bundes- oder Landesgesetz beruhende Regelungen zu sogenannten vergabefremden Anforderungen (z. B. Tariftreue, Frauenförderung etc.) zählen.[100] Keine unternehmensschützenden Vorschriften im Sinne des § 126 GWB stellen schließlich Regelungen außerhalb des Vergaberechts dar. Das gilt insbesondere für die unionsrechtlichen Beihilfevorschriften[101], das nationale sowie unionsrechtliche Kartellverbot[102] sowie für kommunalrechtliche Regelungen zum Marktzugang der Gemeinden.[103]

b) Zuwiderhandlung

Der öffentliche Auftraggeber muss gegen eine solche, den Schutz von Unternehmen bezweckende Vorschrift, verstoßen haben. Das ist der Fall, wenn deren Tatbestand durch eine Handlung verwirklicht worden ist, die ihm **zuzurechnen** ist. Dabei finden die zivilrechtlichen Vorschriften über die Zurechnung von Organhandeln (§ 31 BGB) Anwendung. Für das Handeln von Personen mit rechtsgeschäftlicher Vertretungsmacht findet eine Zurechnung nach dem Rechtsgedanken des § 278 Satz 1 BGB statt, wenn sich der öffentliche Auftraggeber der betreffenden Personen zur Durchführung und Abwicklung des Vergabeverfahrens bedient hat. Da nach Sinn und Zweck des § 126 Satz 1 GWB keine unerlaubte Handlung im engeren Sinne ausgeglichen wird, sondern Sekundärrechtsschutz für Rechtsverstöße in vertragsähnlichen Rechtsverhältnissen gewährt wird, ist die Anwendung des Rechtsgedankens des § 278 Satz 1 BGB (der im Gegensatz zu § 831 Satz 2 BGB keine Exculpationsmöglichkeit vorsieht) sachgerecht.[104]

64

3. Beeinträchtigung einer echten Chance auf Zuschlagserteilung

Weitere Voraussetzung nach § 126 Satz 1 GWB ist, dass durch den Verstoß gegen die unternehmensschützende Vorschrift für den Antragsteller eine echte Chance, bei der Wertung der Angebote den Zuschlag zu erhalten, beeinträchtigt wurde. Der Vergaberechtsverstoß muss demnach für die Beeinträchtigung der Zuschlagchance kausal geworden sein.

65

a) Echte Chance auf Zuschlagserteilung

Der Begriff der „echten Chance" ist im nationalen Recht nicht definiert. Er wurde im Laufe des Gesetzgebungsverfahrens aus der unionsrechtlichen Regelung des Art. 2 Abs. 7 der Rechtsmittelsektorenrichtlinie 92/13/EG übernommen; allerdings findet sich auch dort keine Begriffsdefinition.

66

In der Literatur war seit Inkrafttreten des § 126 GWB umstritten, wie der Begriff der echten Chance zu verstehen sei. Die Auffassungen reichten von der Annahme, jedes Angebot, das die formellen Voraussetzungen der Ausschreibung erfülle, habe eine echte Chance, über die Gleichsetzung mit dem in § 25 Nr. 3 Abs. 3 VOB/A a.F. (jetzt § 16 Abs. 6 Nr. 3 VOB/A) enthaltenen Begriff der „engeren Wahl" bzw. der Forderung der

67

---

[99] *Losch* in Ziekow/Völlink, § 126 Rn. 10 m.w.N.; *Verfürth* in Kulartz/Kus/Portz, § 126 Rn. 11; *Glahs* in Reidt/Stickler/Glahs, § 126 Rn. 16; *Scharen* in Willenbruch/Wieddekind, § 126 GWB Rn. 11 m.w.N.
[100] *Scharen* in Willenbruch/Wieddekind, § 126 GWB Rn. 11; *Gronstedt* in Byok/Jaeger, Rn. 1284.
[101] *Losch* in Ziekow/Völlink, § 126 GWB Rn. 14 m.w.N.
[102] OLG Düsseldorf Beschl. v. 4. 5. 2009, VII Verg 68/08, VergabeR 2009, 905; *Losch* in Ziekow/Völlink, § 126 GWB Rn. 15.
[103] Vgl. BGH Urt. v. 25. 4. 2002, I ZR 250/00, NVwZ 2002, 1141; *Scharen* in Willenbruch/Wieddekind, § 126 GWB Rn. 11; *Losch* in Ziekow/Völlink, § 126 GWB Rn. 13 m.w.N.; a.A. OLG Düsseldorf Beschl. v. 13. 8. 2008, Verg 42/07, BeckRS 2008, 21712; OLG Düsseldorf Beschl. v. 4. 5. 2009, VII Verg 68/08, VergabeR 2009, 905.
[104] So auch *Scharen* in Willenbruch/Wieddekind, § 126 GWB Rn. 13.

Zugehörigkeit zu einer Spitzengruppe bis hin zu der Ansicht, eine echte Chance sei nur zu bejahen, wenn es innerhalb des Wertungsspielraums der Vergabestelle gelegen hätte, dem Angebot den Zuschlag zu erteilen.[105]

68 Der letztgenannten Auffassung schloss sich der **BGH** in seinem Urteil vom 27.11. 2007[106] an. Der BGH entnimmt zutreffend einer historischen Auslegung, dass es nicht ausreicht, wenn das fragliche Angebot in die engere Wahl gelangt wäre. Denn der Bundesrat hat in seiner Stellungnahme zum Regierungsentwurf für das Vergaberechtsänderungsgesetz vorgeschlagen, diesen Begriff durch den der echten Chance zu ersetzen, weil ersterer über das hinausgehe, was Artikel 2 Abs. 7 der Richtlinie 92/13/EWG verlange und insoweit unterschiedliche Grade der Stellung in der Bieterfolge vorlägen.[107] Dem hatte die Bundesregierung in ihrer Gegenäußerung bezüglich des Tatbestandsmerkmals der echten Chance zugestimmt.[108] Hinzu komme, dass das Kriterium der engeren Wahl sich zwar in § 25 Nr. 3 Abs. 3 VOB/A (a.F.) finde, nicht aber in den entsprechenden Regelungen der anderen Verdingungsordnungen VOL/A und VOF, was aus Sicht des BGH damit zusammenhängt, dass es sich nicht überall als eigenständige Wertungsstufe eignet. Selbst nach der Systematik des Wertungsprozesses nach der VOB/A handele es sich bei der engeren Wahl erst um eine Vorsichtung, die noch keinen Rückschluss darauf zulasse, ob jedes darin einbezogene Angebot große Aussichten auf den Zuschlag habe.[109] Das Merkmal der Zugehörigkeit zu einer nahe zusammen liegenden Spitzengruppe verwarf der BGH als generell wenig aussagekräftig dafür, ob tatsächlich die vom Gesetz vorausgesetzten Aussichten auf den Zuschlag bestehen. Auch sei das Kriterium gerade in Verfahren mit wenigen Teilnehmern schon von seinen Voraussetzungen her unpassend. Mit dem Attribut „echt" bringe das Gesetz zum Ausdruck, dass das Angebot „**besonders qualifizierte Aussichten auf die Zuschlagserteilung** hätte haben müssen". Das könne erst angenommen werden, wenn der Auftraggeber darauf im Rahmen des ihm zustehenden **Wertungsspielraums** den Zuschlag hätte erteilen dürfen.[110]

69 Ob die Erteilung des Zuschlags an den Schadensersatz begehrenden Bieter innerhalb des dem Auftraggeber eröffneten Wertungsspielsraums gelegen hätte, ist eine Frage des Einzelfalls, die nur unter Berücksichtigung der für die Auftragserteilung vorgesehenen Wertungskriterien und deren Gewichtung beantwortet werden kann.[111] Zu prüfen ist demnach, ob überhaupt wertbare und vergleichbare Angebote vorliegen und ob die Erteilung des Zuschlags im Rahmen des Beurteilungsspielraums des Auftraggebers gelegen hätte.[112]

70 Ob der Anspruchsteller in diesem Sinne eine echte Chance auf Zuschlagserteilung hatte, muss **hypothetisch** (ohne den Vergaberechtsverstoß) **geprüft** werden. Wurde das Angebot des Antragstellers rechtswidrig von dem Vergabeverfahren ausgeschlossen, muss dieser Angebotsausschluss bei der Beurteilung des Vorliegens einer echten Chance im Rahmen einer hypothetischen Betrachtung hinweggedacht werden. Eine echte Chance läge dann vor, wenn – den rechtswidrigen Ausschluss hinweggedacht – das ausgeschlossene Angebot in den Kreis derjenigen Angebote gekommen wäre, aus dem der Auftraggeber im Rahmen seines Beurteilungsspielraums den Zuschlag hätte erteilen können.[113]

---

[105] Nachweise zum Meinungsstand in der Literatur bei *Losch* in Ziekow/Völlink, § 126 GWB Rn. 17; *Alexander* WRP 2009, 28, 31, jeweils m.w.N.
[106] X ZR 18/07, WRP 2008, 370 = VergabeR 2008, 219.
[107] Vgl. BT-Drs. 13/9340, S. 44 zu Nr. 37.
[108] Vgl. BT-Drs. 13/9340, S. 51 zu Nr. 37.
[109] BGH Urt. v. 27.11.2007, X ZR 18/07, WRP 2008, 370, 373.
[110] BGH Urt. v. 27.11.2007, X ZR 18/07, WRP 2008, 370, 373; kritisch dazu *Alexander* WRP 2009, 28, 34; *Glahs* VergabeR 2010, 844, 845; *Prieß/Hölzl* NZBau 2011, 21, 23 mit Blick auf jüngere EuGH-Rechtsprechung zur Auslegung der Richtlinie 89/665/EWG.
[111] BGH Urt. v. 27.11.2007, X ZR 18/07, WRP 2008, 370, 373f.
[112] Zutreffend *Losch* in Ziekow/Völlink, § 126 GWB Rn. 21 m.w.N.
[113] *Losch* in Ziekow/Völlink, § 126 GWB Rn. 23; *Glahs* in Reidt/Stickler/Glahs, § 126 Rn. 27.

§ 36 Schadensersatz   Kap. 8

An einer **echten Chance fehlt** es dagegen, wenn der Anspruchsteller überhaupt kein 71
wertbares Angebot abgegeben hat, das Angebot also an Fehlern litt, die zum zwingenden
Angebotsausschluss hätten führen müssen.[114] Dasselbe gilt in Fällen einer fehlerhaften
Leistungsbeschreibung, weil eine nicht hinreichend spezifizierte und daher unklare Ausschreibung zu sachlich unterschiedlichen Angeboten führt, zwischen denen keine Vergleichbarkeit hergestellt werden kann. Nur über einen solchen Vergleich ist aber das Bestehen einer echten Chance festzustellen.[115] Wird eine Ausschreibung rechtmäßig aufgehoben, fehlt es ebenfalls am Vorliegen echter Chancen auf Zuschlagserteilung.[116] Dasselbe kann gelten, wenn das Vergabeverfahren zulässigerweise nicht in der gewählten Form hätte stattfinden dürfen, so dass für keinen Bieter eine Chance auf Zuschlagserteilung entstand.[117]

Hat die Vergabestelle pflichtwidrig die Durchführung eines europaweiten Vergabever- 72
fahrens unterlassen, kann zwar theoretisch eine echte Chance auf Zuschlagserteilung im
Sinne des § 126 GWB vorliegen, da sich andernfalls die Vergabestelle den Vorschriften
des Kartellvergaberechts einschließlich der Schadensersatzpflicht nach § 126 GWB entziehen könnte.[118] Allerdings dürfte jedenfalls dann, wenn der Bieter kein Angebot abgegeben hat, der Nachweis einer echten Chance auf den Zuschlag praktisch kaum zu führen
sein.

b) Beeinträchtigung der echten Chance/Kausalität

Voraussetzung des Schadensersatzanspruchs ist weiter, dass die echte Chance auf Zu- 73
schlagserteilung durch den Verstoß gegen die unternehmensschützende Vorschrift beeinträchtigt wurde. Eine Beeinträchtigung der Zuschlagschance ist anzunehmen, wenn sich
die **Chancen** auf Zuschlagserteilung durch den Vergaberechtsverstoß **verschlechtern.**[119]
Erforderlich ist demnach ein **Kausalzusammenhang** zwischen dem Rechtsverstoß und
der Beeinträchtigung der Zuschlagschance. Dieser Kausalzusammenhang setzt nach den
allgemeinen zivilrechtlichen Grundsätzen (sogenannte Äquivalenztheorie) voraus, dass der
Rechtsverstoß des Auftraggebers nicht hinweggedacht werden können darf, ohne dass die
Beeinträchtigung entfiele.[120] Im Rahmen der Äquivalenztheorie gilt der Grundsatz, dass
zur Feststellung des Ursachenzusammenhangs nur die pflichtwidrige Handlung hinweggedacht, aber kein weiterer Umstand hinzugedacht werden darf. Damit sind hypothetische
Handlungen des Geschädigten oder des Schädigers gemeint, deren Hinzudenken den Erfolg – bei ansonsten gegebener Kausalität des schadensstiftenden Verhaltens – entfallen ließen.[121]

In Fällen, in denen eine nationale statt der richtigerweise erforderlichen EU-weiten 74
Ausschreibung stattgefunden hat, gilt allerdings eine Besonderheit: Hier entspräche es
nicht der Lebenswirklichkeit, die schadensstiftende Durchführung der Ausschreibung
(nur) auf nationaler Ebene im Rahmen der Prüfung des Kausalzusammenhangs in schlichter Negation ersatzlos hinwegzudenken, weil der Auftraggeber, wenn er die Notwendig-

---

[114] OLG Düsseldorf VergabeR 2003, 704, 707.
[115] BGH Urt. v. 1.8.2006, X ZR 146/03, WRP 2006, 1531, 1532 f.; KG Urt. v. 14.8.2003, 27 U 264/02, NZBau 2004, 167, 168.
[116] VK Bund Beschl. v. 13.4.2004, VK 2–151/04; VK Sachsen Beschl. v. 17.1.2007, 1/SVK/ 002–05.
[117] OLG Dresden VergabeR 2004, 500, 504 f.; siehe aber auch unten Rn. 74.
[118] OLG Koblenz Urt. v. 15.1.2007, 12 U 1016/05, IBR 2007, 272; *Dippel* in Heiermann/Zeiss/ Kullack/Blaufuß, § 126 GWB Rn. 15; *Losch* in Ziekow/Völlink, § 126 GWB Rn. 24.
[119] *Verfürth* in Kulartz/Kus/Portz, § 126 Rn. 19; *Glahs* in Reidt/Stickler/Glahs, § 126 Rn. 28 *Losch* in Ziekow/Völlink, § 126 GWB Rn. 26 m.w.N.
[120] allg. Ansicht vgl. nur BGH Urt. v. 27.11.2007, X ZR 18/07, WRP 2008, 370, 372 m.w.N.; *Verfürth* in Kulartz/Kus/Portz, § 126 Rn. 18; *Losch* in Ziekow/Völlink, § 126 GWB Rn. 25 m.w.N.
[121] BGH Urt. v. 27.11.2007, X ZR 18/07, WRP 2008, 370, 372 m.w.N.

keit gemeinschaftsweiter Ausschreibung rechtzeitig erkannt hätte, zwangsläufig auf die eine oder andere Weise reagiert hätte. Ist nach den Feststellungen im Einzelfall davon auszugehen, dass die Vergabestelle, hätte sie die Notwendigkeit einer gemeinschaftsweiten Ausschreibung erkannt, ein gemeinschaftsweites Vergabeverfahren durchgeführt hätte, ist das im Rahmen der Kausalitätsbetrachtung zu berücksichtigen. Es wird dann keine im vorgenannten Sinne hypothetische Handlung hinzugefügt.[122]

4. Verschuldensunabhängige Haftung

75 Nach herrschender Meinung gewährt § 126 Satz 1 GWB einen **verschuldensunabhängigen** Schadensersatzanspruch.[123]

76 § 126 Satz 1 GWB erfordert nach seinem Wortlaut kein Verschulden. Die Formulierung entspricht mit Blick auf die Verschuldensunabhängigkeit vielmehr derjenigen in gesetzlichen Bestimmungen, in denen eine solche Haftungsverschärfung des Schuldners angeordnet ist (vgl. § 833 BGB, § 7 Abs. 1 StVG; §§ 1, 2 HPflG, § 1 ProdHaftG; § 1 UmweltHaftG). Auch zeigt die Entstehungsgeschichte der Norm, dass der Gesetzgeber von Anfang an eine verschuldensunabhängig konzipierte spezialgesetzliche Regelung schaffen wollte. Nach § 135 des Regierungsentwurfs für das Vergaberechtsänderungsgesetz, aus dem § 126 Satz 1 GWB hervorgegangen ist, sollte ein Schadensersatz für die Kosten des Angebots oder die Teilnahme am Vergabeverfahren verlangendes Unternehmen lediglich nachweisen müssen, dass eine seinen Schutz bezweckende Vergabevorschrift verletzt worden ist und dass es ohne diesen Rechtsverstoß bei der Wertung der Angebote in die engere Wahl gekommen wäre. Soweit die Bestimmung im Verlauf des Gesetzgebungsverfahrens umformuliert wurde, diente das dem Zweck, den eigentlichen Charakter der Norm als Anspruchsgrundlage zum Ausdruck zu bringen und den Begriff der engeren Wahl durch den der echten Chance zu ersetzen. Dass der Nachweis des Verschuldens der Auftraggeberseite nicht vorgesehen war, wurde dagegen weder in Frage gestellt noch korrigiert.[124]

77 Die Gegenauffassung stellt im Wesentlichen darauf ab, der Gesetzgeber hätte eine etwa gewollte verschuldensunabhängige Haftung eindeutig zum Ausdruck bringen müssen, weil es sich dabei um eine weder europarechtlich vorgegebene noch im Gesetzgebungsverfahren angesprochene Verschärfung der Haftung des Auftraggebers handele[125] bzw. weil eine Schadensersatzhaftung nach deutschem Recht grundsätzlich Verschulden voraussetze.[126]

78 Der Meinungsstreit um die Frage der **Verschuldensunabhängigkeit** des § 126 Satz 1 GWB wurde spätestens durch das **Urteil des EuGH vom 30.9.2010**[127] beendet. Der EuGH hat in diesem Urteil entschieden, dass auf der Grundlage der Rechtsmittelrichtlinie 89/665/EWG[128] der Anspruch auf Ersatz des Schadens, der einem Bieter durch den Verstoß eines öffentlichen Auftraggebers gegen Vergaberecht entstanden ist, nicht von dessen Verschulden abhängig sein darf, und zugleich klargestellt, dass auch Regelungen, wonach ein Verschulden des öffentlichen Auftraggebers vermutet wird und er sich nicht auf das Fehlen individueller Fähigkeiten und damit auf mangelnde subjektive Vorwerfbarkeit des

---

[122] BGH WRP 2008, 370, 372.
[123] BGH WRP 2008, 370, 372 f. m.w.N.; *Verfürth* in Kulartz/Kus/Portz, § 126 Rn. 24; *Glahs* in Reidt/Stickler/Glahs, § 126 Rn. 32; *Losch* in Ziekow/Völlink, § 126 Rn. 27.
[124] Vgl. BT-Drs. 13/9340, S. 9, S. 44 zu Nr. 36; BGH WRP 2008, 370, 373.
[125] *Stockmann* in Immenga/Mestmäcker, § 126 Rn. 9.
[126] *Gronstedt* in Byok/Jaeger, Rn. 1301; vgl. auch die Nachweise bei BGH WRP 2008, 370, 373; kritisch zur Entscheidung des BGH auch *Alexander* WRP 2009, 28, 34 f.
[127] Rs. C-314/09, NZBau 2010, 773 – Stadt Graz.
[128] Inzwischen geändert durch die RMR, wobei die hier maßgeblichen Regelungen unverändert blieben.

behaupteten Verstoßes berufen kann, mit der Richtlinie nicht in Einklang stehen.[129] Der Auffassung, wonach der Schadensersatzanspruch nach § 126 Satz 1 GWB Verschulden voraussetzt, ist damit der Boden entzogen.

5. Einwand rechtmäßigen Alternativverhaltens

Umstritten ist, ob der Kausalzusammenhang zwischen Vergaberechtsverstoß und Beeinträchtigung der Zuschlagschance durch den Einwand des rechtmäßigen Alternativverhaltens durch den Auftraggeber unterbrochen wird. Praktisch besonders relevant ist insoweit der Einwand, dass der Auftraggeber die Ausschreibung hätte aufheben können und der eingetretene Schaden dann vermieden worden wäre. Gegen die Zulässigkeit dieses Einwands wird vorgebracht, dieser widerspreche dem Transparenzgebot des § 97 Abs. 1 GWB und würde zu einer Umgehung der Schadensersatznorm führen.[130]

79

Ganz überwiegend wird der Einwand des rechtmäßigen Alternativverhaltens indes für **grundsätzlich zulässig** erachtet.[131] Voraussetzung für die Berufung auf ein rechtmäßiges Alternativverhalten ist allerdings, dass der Auftraggeber darlegt und beweist, dass er den gleichen Erfolg nicht nur hätte herbeiführen können, sondern dass er ihn auch tatsächlich **herbeigeführt hätte**; bei Ermessensentscheidungen setzt das voraus, dass das bestehende Ermessen auf Null reduziert war, sich also zu einer Pflicht verdichtet hat.[132] In Fällen, in denen der Auftraggeber sich bereits während des Vergabeverfahrens mit einer konkreten Handlungsalternative auseinandergesetzt, sich dann aber für die den Vergaberechtsverstoß begründende Handlungsweise entschieden hatte, wird er in der Regel nicht mehr darlegen können, er hätte sich tatsächlich für eine andere Variante entschieden. Insbesondere in Fällen, in denen sich der öffentliche Auftraggeber trotz Kenntnis von seinem Verstoß gegen die Schutzvorschrift gegen die Möglichkeit der Aufhebung seiner Ausschreibung entscheidet, würde er sich mit der Geltendmachung des Einwands des rechtmäßigen Alternativverhaltens in Widerspruch zu seinem eigenen früheren Willen setzen. Aus Gründen der Billigkeit ist ihm in solchen Fällen eine Berufung auf rechtmäßiges Alternativverhalten zu verweigern.[133]

80

6. Mitverschulden

Der Ersatzanspruch kann durch Mitverschulden des Anspruchstellers gemäß § 254 BGB gemindert sein oder sogar ganz entfallen. Die verschuldensunabhängige Ausgestaltung des Ersatzanspruchs aus § 126 Satz 1 GWB steht dem nicht entgegen, denn dieser Umstand soll dem Anspruchsteller lediglich die Geltendmachung seines Anspruchs erleichtern, ihn dagegen nicht von den Konsequenzen eigenen Verschuldens befreien.[134]

81

---

[129] EuGH Urt. v. 30.9.2010, Rs. C-314/09, NZBau 2010, 773, 775f. Rn. 34ff. – Stadt Graz; vgl. dazu *Prieß/Hölzl* NZBau 2011, 21, 22f.
[130] *Gronstedt* in Byok/Jaeger, § 126 Rn. 1300 m.w.N.
[131] BGH Urt. v. 27.11.2007, X ZR 18/07, WRP 2008, 370, 372; BGH Urt. v. 25.11.1992, VIII ZR 170/91, BGHZ 120, 281, 286f.; *Verfürth* in Kulartz/Kus/Portz, § 126 Rn. 29 m.w.N.; *Glahs* in Reidt/Stickler/Glahs, § 126 Rn. 33; *Scharen* in Willenbruch/Wieddekind, § 126 GWB Rn. 24.
[132] BGH Urt. v. 25.11.1992, VIII ZR 170/91, BGHZ 120, 281, 288; OLG Düsseldorf Urt. v. 15.12.2008, VergabeR 2009, 501; OLG München Urt. v. 18.5.2000, U(K) 5047/99, NZBau 2000, 590; *Verfürth* in Kulartz/Kus/Portz, § 126 Rn. 30; *Glahs* in Reidt/Stickler/Glahs, § 126 Rn. 33; *Scharen* in Willenbruch/Wieddekind, § 126 GWB Rn. 24
[133] Vgl. BGH Urt. v. 3.2.2000, III ZR 296/98, BGHZ 143, 362 zu einem Amtshaftungsprozess; *Scharen* in Willenbruch/Wieddekind, § 126 GWB Rn. 24; ähnlich *Verfürth* in Kulartz/Kus/Portz, § 126 Rn. 30.
[134] *Verfürth* in Kulartz/Kus/Portz, § 126 Rn. 32; *Glahs* in Reidt/Stickler/Glahs, § 126 Rn. 34; *Grüneberg* in Palandt, § 254 Rn. 2.

82 Mitverschulden liegt vor, wenn der Anspruchsteller die ihm in eigenen Angelegenheiten obliegende Sorgfalt nicht beachtet hat, hierdurch zur Entstehung der Kosten beigetragen hat und das für ihn vorhersehbar und vermeidbar war.[135]

83 Umstritten ist, in welchen Fällen ein derartiges Mitverschulden in Betracht kommt. Überwiegend wird die Ansicht vertreten, dass das **Unterlassen eines Nachprüfungsverfahrens** den Einwand des Mitverschuldens begründen kann.[136] Teilweise wird zwar kein Nachprüfungsantrag, aber zumindest eine Rüge gefordert.[137] Nach der Gegenansicht kommt das Unterlassen der Durchführung eines Nachprüfungsverfahrens nicht als Umstand, der Mitverschulden auslösen kann, in Betracht. Zur Begründung wird insbesondere ausgeführt, dass andernfalls der Anspruchsberechtigte entgegen dem Willen des Gesetzgebers in den Primärrechtsschutz gezwungen werde. Auch könne es dem Bieter nicht zugemutet werden, Kosten für ein im Prinzip aussichtsloses Nachprüfungsverfahren aufzuwenden.[138] Diese Gegenansicht überzeugt indes nicht. Denn den Vergabebestimmungen lässt sich trotz des Beschleunigungsgrundsatzes nicht entnehmen, dass der Primärrechtsschutz möglichst beschränkt werden sollte und dass aus Sicht des Gesetzgebers wünschenswert wäre, dass kein Nachprüfungsverfahren eingeleitet, sondern Sekundärrechtsschutz in Anspruch genommen wird. Vielmehr verdeutlicht gerade die kontinuierliche Verbesserung der Voraussetzungen für die Inanspruchnahme von Primärrechtsschutz insbesondere aufgrund der RMR und der Vergaberechtsreform 2009, dass die Gewährung von Primärrechtsschutz in Vergabeverfahren weiterhin im Vordergrund steht. Auch wenn sich dem GWB (und auch dem EU-Vergaberecht) keine Pflicht zur Nachprüfung entnehmen lässt, spricht das nicht dagegen, das schuldhafte Unterlassen der Inanspruchnahme von Vergaberechtsschutzmöglichkeiten, die dem Bieter durch das GWB rechtlich eingeräumt wurden, als Mitverschulden anzusehen. Richtigerweise ist daher nur die Frage zu stellen, ob das Unterlassen einer Rüge bzw. eines Nachprüfungsantrags als schuldhaftes Außerachtlassen der dem Bieter in eigenen Angelegenheiten obliegenden Sorgfalt anzusehen ist. Maßstab dafür dürfen nicht die Vorschriften der §§ 107 ff. GWB, insbesondere nicht § 107 Abs. 3 GWB zur Rügeobliegenheit sein, denn diese Regeln betreffen nur die Zulässigkeit und den Gang eines Nachprüfungsverfahrens, ohne eine schadensersatzrechtliche Vorgabe zu bezwecken.[139] Bei der Beurteilung der Frage des Mitverschuldens ist vielmehr entscheidend, ob der Bieter durch Rüge und/oder Einleitung eines Nachprüfungsverfahrens tatsächlich die Chance hatte, seine Zuschlagschancen zu erhalten und ob ihm die Einleitung insbesondere eines **Nachprüfungsverfahrens zumutbar war.** Das ist beispielsweise zu verneinen, wenn es innerhalb des Beurteilungsspielraums des Auftraggebers lag, auf das Angebot des Bieters den Zuschlag zu erteilen, dieses Angebot aber auch unberücksichtigt zu lassen.[140] Eine unterlassene Rüge oder ein unterlassener Nachprüfungsantrag können den Schadensersatzanspruch auch nur dann mindern oder ausschließen, wenn festgestellt werden kann, dass bei rechtzeitigem Vorgehen die Chance auf den Zuschlag erhalten geblieben wäre.

84 Schließlich kann ein Verstoß gegen die Schadensabwendungs- und -minderungspflicht des § 254 Abs. 2 Satz 1 BGB in Betracht kommen.[141]

---

[135] *Grüneberg* in Palandt, § 254 Rn. 1, 9; *Scharen* in Willenbruch/Wieddekind, § 126 GWB Rn. 25.
[136] *Glahs* in Reidt/Stickler/Glahs, § 126 Rn. 36 m.w.N.; *Scharen* in Willenbruch/Wieddekind, § 126 GWB Rn. 25 m.w.N.; *Gronstedt* in Byok/Jaeger, Rn. 1304; *Voppel* VergabeR 2004, 505, 507.
[137] *Verfürth* in Kulartz/Kus/Portz, § 126 Rn. 33.
[138] OLG Dresden Urt. v. 10.2.2004, 20 U 169/03, VergabeR 2004, 500; *Verfürth* in Kulartz/Kus/Portz, § 126 Rn. 31 m.w.N.; *Losch* in Ziekow/Völlink, § 126 Rn. 37.
[139] So auch *Scharen* in Willenbruch/Wieddekind, § 126 GWB Rn. 25 m.w.N.
[140] *Glahs* in Reidt/Stickler/Glahs, § 126 Rn. 36; *Verfürth* in Kulartz/Kus/Portz, § 126 Rn. 31.
[141] *Scharen* in Willenbruch/Wieddekind, § 126 GWB Rn. 25.

II. Umfang des Schadensersatzes

Gemäß § 126 Satz 1 GWB kann das Unternehmen als **Vertrauensschaden** die Kosten der Vorbereitung des Angebots oder der Teilnahme an dem Vergabeverfahren verlangen. Einigkeit besteht darüber, dass die Formulierung „oder" nicht im Sinne einer Ausschließlichkeit zu verstehen ist, sondern dass der schadenersatzberechtigte Bieter sowohl die Kosten der Vorbereitung des Angebots als auch die Kosten der Teilnahme an dem Vergabeverfahren geltend machen kann.[142] Derartige Schäden können im offenen Verfahren in der Regel ab Anforderung der Vergabeunterlagen, in nicht offenen und in Verhandlungsverfahren ab Vorbereitung der Teilnahmeanträge, spätestens aber mit der Aufforderung zur Angebotsabgabe entstehen.[143] Nicht erstattungsfähig sind damit nur Schäden, die durch ein Verhalten entstanden sind, das vor der Teilnahme am Vergabeverfahren bzw. Angebotsvorbereitung lag.

85

Zu den **erstattungsfähigen Kosten** gehören alle für die Vorbereitung des Angebots oder die Teilnahme an dem Vergabeverfahren entstandenen Kosten des Anspruchstellers. Das betrifft insbesondere innerbetriebliche Materialkosten, Kosten für mit der Angebotserstellung zusammenhängende Ortsbesichtigungen sowie Kosten für Verhandlungen mit Nachunternehmern, soweit diese durch die Teilnahme am Vergabeverfahren bzw. zur Angebotsausarbeitung verursacht wurden. Überwiegend wird außerdem die Auffassung vertreten, dass Personalaufwendungen sowie die anteiligen Gemeinkosten zu den erstattungsfähigen Kosten zählen.[144]

86

Beauftragt ein Wettbewerbsteilnehmer einen Rechtsanwalt im Rahmen einer Ausschreibung mit der Prüfung der Ausschreibungsunterlagen und stellt dieser einen Vergaberechtsverstoß fest, so soll er die dadurch entstandenen Kosten jedoch nicht geltend machen können, da er den Rechtsanwalt nicht im Vertrauen auf die Rechtmäßigkeit der Ausschreibung beauftragte und die Kosten auch nicht aus dem später durch den Rechtsanwalt festgestellten Rechtsverstoß entstanden sind.[145] Dem ist allerdings nicht zuzustimmen. Nach dem Wortlaut des § 126 Satz 1 GWB können auch derartige **Rechtsanwaltskosten** ohne weiteres als Kosten der Teilnahme an einem Vergabeverfahren angesehen werden.[146] Dass erstattungsfähige Kosten nur solche sind, die im Vertrauen auf die Rechtmäßigkeit der Ausschreibung angefallen sind oder aus dem Rechtsverstoß entstanden sind, lässt sich der Vorschrift nicht entnehmen. Vielmehr wird eine Kausalität nur zwischen dem Vergaberechtsverstoß und der Beeinträchtigung der Zuschlagschance gefordert. Allenfalls aufgrund des Einwands rechtmäßigen Alternativverhaltens können derartige Rechtsanwaltskosten für die Überprüfung der Ausschreibungsunterlagen entfallen, wenn der Auftraggeber beweist, dass der Anspruchsteller diese Kosten auch bei rechtmäßigem Verhalten aufgewendet hätte.

87

---

[142] Vgl. nur *Verfürth* in Kulartz/Kus/Portz, § 126 Rn. 35 m.w.N.; *Losch* in Ziekow/Völlink, § 126 GWB Rn. 40 m.w.N.; *Alexander* WRP 2009, 28, 31 m.w.N.
[143] Nicht ganz eindeutig insoweit *Losch* in Ziekow/Völlink, § 126 GWB Rn. 40.
[144] *Glahs* in Reidt/Stickler/Glahs; § 126 Rn. 42 m.w.N.; *Verfürth* in Kulartz/Kus/Portz, § 126 Rn. 34 m.w.N.; a.A. zu den Personalkosten KG Urt. v. 14.8.2003, 27 U 264/02, VergabeR 2004, 496; wohl auch OLG Naumburg Urt. v. 1.8.2013, 2 U 151/12.
[145] LG Magdeburg Urt. v. 2.7.2010, 36 O 25/10 (007); *Losch* in Ziekow/Völlink, § 126 GWB Rn. 42.
[146] Vgl. auch OLG Naumburg Urt. v. 1.8.2013, 2 U 151/12.

III. Verjährung

88 Schadensersatzansprüche gemäß § 126 GWB verjähren in drei Jahren gemäß §§ 195, 199 BGB.[147] Wegen der Einzelheiten wird auf die Ausführungen zu § 125 GWB verwiesen.[148]

IV. Rechtsweg

89 Schadensersatzklagen nach § 126 Satz 1 GWB sind vor den **Zivilgerichten** zu erheben (vgl. § 104 Abs. 3, § 124 Abs. 1 GWB). Sachlich zuständig sind in erster Instanz ausschließlich die **Landgerichte**, und zwar unabhängig vom Wert des Streitgegenstands (§ 87 GWB).[149] Soweit teilweise die Auffassung vertreten wird, bei Schadensersatzansprüchen nach § 126 GWB handele es sich nicht um Kartellsachen im Sinne des § 87 GWB,[150] vermag das nicht zu überzeugen. Der Gesetzeswortlaut des § 87 Satz 1 GWB, wonach bürgerliche Rechtsstreitigkeiten, die die Anwendung „dieses Gesetzes", also des GWB betreffen, ohne Rücksicht auf den Wert des Streitgegenstands den Landgerichten zugewiesen werden, spricht für dessen Anwendbarkeit. Der Einwand, dass sich § 87 GWB stets nur auf Kartellsachen bezogen habe und dass die Regelung sich nicht auf den später eingefügten Vierten Abschnitt des GWB erstrecke, kann nicht mehr durchgreifen, da § 87 GWB zwischenzeitlich nach Einführung des Vierten Teils des GWB geändert wurde, zivilrechtliche Ansprüche nach dem Vierten Teil des GWB im Zuge dieser Reform aber gerade nicht von dessen Anwendungsbereich ausgenommen wurden.

V. Darlegungs- und Beweislast

90 Die Darlegungs- und Beweislast richtet sich nach **zivilrechtlichen Grundsätzen.** Danach hat der Kläger als Anspruchsteller alle Umstände darzulegen und – soweit streitig – zu beweisen, aus denen sich ergibt, dass die anspruchsbegründenden Voraussetzungen vorliegen. Im Falle des § 126 Satz 1 GWB betrifft das den Schutznormverstoß, das Bestehen einer echten Chance, die Beeinträchtigung und Kausalität, sowie den Schaden samt Kausalität. Eine Beweiserleichterung für den Kläger kann sich allerdings aus § 124 Abs. 1 GWB ergeben, wenn eine bestandskräftige Entscheidung einer Vergabekammer, eines Vergabesenats oder des BGH vorliegt, soweit darin Feststellungen zum Verstoß gegen die Vergabevorschriften getroffen wurden, die Grundlage des Schadensersatzprozesses nach § 126 GWB sind.[151] Dem Kläger können darüber hinaus die Grundsätze der sogenannten sekundären Darlegungslast[152] zugute kommen. Danach trifft den öffentlichen Auftraggeber als Beklagten die Pflicht, die zugrunde gelegten Wertungskriterien, sofern sie nicht in der Vergabebekanntmachung oder in den Vergabeunterlagen mitgeteilt worden sind, sowie ggf. deren Gewichtung vorzutragen und ggf. substantiiert darzulegen, warum es nicht innerhalb seines Beurteilungsspielraums gelegen hätte, den Zuschlag auf das Angebot des Anspruchstellers zu erteilen. Der beklagte öffentliche Auftraggeber hat nach allgemeinen Beweislastregeln darüber hinaus die Umstände darzulegen und – soweit streitig – zu beweisen, die unter dem Gesichtspunkt eines rechtmäßigen Alternativverhaltens einer Zu-

---

[147] Allg. Meinung vgl. nur *Glahs* in Reidt/Stickler/Glahs, § 126 Rn. 38; *Scharen* in Willenbruch/Wieddekind, § 126 GWB Rn. 26.
[148] S. dort Rn. 51.
[149] LG Bonn Urt. v. 24.6.2004, 1 O 112/04, VergabeR 2004, 665; *Otting* in Bechtold, § 126 Rn. 1; *Scharen* in Willenbruch/Wieddekind, § 126 GWB Rn. 27.
[150] *Glahs* in Reidt/Stickler/Glahs, § 126 Rn. 12; vgl. auch *Losch* in Ziekow/Völlink, § 126 GWB Rn. 45 m.w.N.
[151] *Scharen* in Willenbruch/Wieddekind, § 126 GWB Rn. 27 m.w.N.
[152] BGH Urt. v. 7.12.1998, II ZR 266/97, BGHZ 140, 156, 158 f.

§ 36 Schadensersatz   Kap. 8

rechnung von Kosten entgegenstehen, den Vorwurf des Mitverschuldens begründen oder aus denen sich die Verjährung ergibt.[153]

D. Weitergehende Schadensersatzansprüche, § 126 Satz 2 GWB

§ 126 Satz 2 GWB stellt klar, dass weiterreichende Ansprüche auf Schadensersatz unberührt bleiben. Das betrifft insbesondere Anspruchsgrundlagen, die den **Ersatz für entgangenen Gewinn** umfassen. Diese Anspruchsgrundlagen sind neben dem Schadensersatzanspruch nach § 126 Satz 1 GWB anwendbar und werden auch inhaltlich durch die besonderen Anspruchsvoraussetzungen jener Vorschrift nicht beschränkt. Nach der Rechtsprechung des BGH können neben § 126 Satz 1 GWB aber auch andere Ansprüche auf **Ersatz des Vertrauensschadens** bestehen; eine wie auch immer zu verstehende Exklusivität des § 126 Satz 1 GWB für Ansprüche auf Ersatz des Vertrauensschadens sei der Regelung nicht zu entnehmen.[154]

91

Als sonstige Schadensersatzansprüche, die neben § 126 Satz 1 GWB geltend gemacht werden können, kommen insbesondere Ansprüche aus culpa in contrahendo nach §§ 311 Abs. 2, 241 Abs. 2, 280 Abs. 1 BGB, aber auch deliktische Ansprüche (§§ 823 ff. BGB) sowie kartellrechtliche oder wettbewerbsrechtliche Schadensersatzansprüche in Betracht.[155]

92

I. Vertragsähnliche Ansprüche aus culpa in contrahendo gemäß §§ 311 Abs. 2, 241 Abs. 2, 280 Abs. 1 BGB

Mit der Schuldrechtsreform zum 1. Januar 2002 hat der Gesetzgeber das bis dahin als Gewohnheitsrecht anerkannte Rechtsinstitut der culpa in contrahendo gesetzlich in §§ 311 Abs. 2 und 3, 241 Abs. 2 und 280 Abs. 1 BGB normiert. Nach diesen Vorschriften können Schadensersatzansprüche geltend gemacht werden, wenn der Auftraggeber im Rahmen eines Vergabeverfahrens gegen Vergabevorschriften verstößt. Danach muss der Unternehmer so gestellt werden, wie er stünde, wenn der Vergaberechtsverstoß nicht stattgefunden hätte. Dieser Anspruchsgrundlage kommt in der Praxis große Bedeutung zu, da sie neben dem Ersatz des negativen Interesses auch den **Ersatz des positiven Interesses** mit umfasst. Außerdem führt **neuere Rechtsprechung** des EuGH zur verschuldensunabhängigen Haftung öffentlicher Auftraggeber für Vergaberechtsverstöße[156] sowie des BGH zum Wegfall des Vertrauenserfordernisses im Rahmen der culpa in contrahendo[157] zu deutlichen Erleichterungen für Bieter bei der Geltendmachung von Schadensersatzansprüchen aus culpa in contrahendo.

93

1. Anspruchsvoraussetzungen

a) Vorvertragliches Schuldverhältnis

Gemäß § 311 Abs. 2 BGB entsteht ein Schuldverhältnis, das Pflichten nach § 241 Abs. 2 BGB, also zur Rücksichtnahme auf die Rechte, Rechtsgüter und Interessen des anderen Teils, begründet, durch die Aufnahme von Vertragsverhandlungen, die Anbahnung eines Vertrags oder ähnliche geschäftliche Kontakte. Ein solches vorvertragliches Schuldverhältnis entsteht nach ständiger Rechtsprechung des BGH bei der Durchführung eines Vergabeverfahrens und Beteiligung des Bewerbers bzw. Bieters an diesem Verfahren. Denn nach An-

94

---

[153] Vgl. nur *Scharen* in Willenbruch/Wieddekind, § 126 Rn. 27 m.w.N.
[154] BGH Urt. v. 27.11.2007, X ZR 18/07, WRP 2008, 370, 374.
[155] Zu den Konkurrenzen vgl. auch *Scharen* in Willenbruch/Wieddekind, § 126 Rn. 29.
[156] EuGH Urt. v. 30.9.2010, Rs. C-314/09, NZBau 2010, 773 – Stadt Graz.
[157] BGH Urt. v. 9.6.2011, X ZR 143/10, NZBau 2011, 498.

sicht des BGH handelt es sich – in je nach Verfahrensart mehr oder minder stark formalisierter Form – bei der Durchführung eines Verfahrens zur Vergabe öffentlicher Aufträge um die Aufnahme von Vertragsverhandlungen im Sinne des § 311 Abs. 2 Nr. 1 BGB.[158]

95 Der genaue **Zeitpunkt des Entstehens** eines vorvertraglichen Schuldverhältnisses hängt von der konkreten Art des Vergabeverfahrens ab, das der öffentliche Auftraggeber durchführt. Im offenen Verfahren entsteht ein solches Schuldverhältnis spätestens mit der Anforderung der Ausschreibungsunterlagen durch den Bewerber.[159] Teilweise wird mit Blick auf BGH-Rechtsprechung, wonach bereits in einseitigen Maßnahmen eines Vertragsteils, die den anderen zu einem Vertragsschluss veranlassen sollen, eine Aufnahme von Vertragsverhandlungen liegen soll,[160] die Auffassung vertreten, das Schuldverhältnis entstehe bei offenen Verfahren bereits mit der Veröffentlichung der Auftragsbekanntmachung.[161] Bei nicht offenen Verfahren und Verhandlungsverfahren mit vorausgehendem Teilnahmewettbewerb entsteht das Schuldverhältnis mit der Beteiligung des Bewerbers im Teilnahmewettbewerb, in der Regel durch Abgabe eines Teilnahmeantrags.[162] In Verfahren ohne vorherigen Teilnahmewettbewerb wird ein Schuldverhältnis durch die Übersendung der Angebotsaufforderung des öffentlichen Auftraggebers an den Bewerber begründet.

96 Bei **de facto-Vergaben** fehlt es demgegenüber regelmäßig an jeglichem Kontakt zwischen dem öffentlichen Auftraggeber und möglichen Interessenten (abgesehen von dem Unternehmen, mit dem der Vertrag geschlossen wird). Ansprüche aus §§ 311 Abs. 2, 241 Abs. 2, 280 Abs. 1 BGB scheiden mangels vorvertraglichen Schuldverhältnisses in diesen Fällen daher aus.[163]

97 In der Regel entsteht das vorvertragliche Schuldverhältnis zwischen dem öffentlichen Auftraggeber als **Anspruchsgegner** und dem Bewerber/Bieter als **Anspruchsberechtigtem.** § 311 Abs. 3 BGB erweitert den Kreis der in ein Schuldverhältnis mit Rücksichtnahmepflichten Einbezogenen um bestimmte **weitere Personen.** Danach kann ein Schuldverhältnis mit Pflichten nach § 241 Abs. 2 BGB auch zu Personen entstehen, die nicht selbst Vertragspartei werden sollen. Ein solches Schuldverhältnis entsteht insbesondere, wenn der Dritte in besonderem Maße Vertrauen für sich in Anspruch nimmt und dadurch die Vertragsverhandlungen oder den Vertragsschluss erheblich beeinflusst. Danach können auch natürliche oder juristische Personen **Anspruchsgegner** sein, die nicht selbst Vertragspartei werden sollen, also nicht der öffentliche Auftraggeber sind.[164] Das besondere Vertrauen, das für eine derartige Eigenhaftung Dritter notwendig ist, kann entweder in der besonderen Sachkunde des Betreffenden für den Vertragsgegenstand, in dessen persönlicher Zuverlässigkeit oder in dessen eigener Einflussmöglichkeit auf die Vertragsabwicklung bestehen. Eine Dritthaftung tritt darüber hinaus ein, wenn der Betreffende wirtschaftlich betrachtet gleichsam in eigener Sache bei dem Beschaffungsvorgang so mitgewirkt hat, dass er als wirtschaftlicher Herr des Geschehens angesehen werden kann; das betrifft Fälle, in denen der Dritte die Deckung des Bedarfs eines Anderen wie ein eigenes Geschäft führt oder gegenüber der anderen Partei sonst in einer Weise aufgetreten ist, die seine Gleichstellung mit dem künftigen Vertragspartner rechtfertigt. Das OLG Dresden hat einen öffentlichen Auftraggeber als richtigen Beklagten angesehen, obwohl der ausgeschriebene Auftrag im Namen eines Dritten mit dem ausgewählten Bieter abgeschlossen

---

[158] BGH NJW 2004, 2165; BGH NZBau 2007, 727, 729; BGH NZBau 2009, 771, 775; BGH NZBau 2011, 498, 499; BGHZ 49, 79; BGHZ 60, 223.
[159] BGH NZBau 2005, 709; BGHZ 139, 259, 260; *Losch* in Ziekow/Völlink, § 126 Rn. 49; a.A.: Erst mit Angebotsabgabe, *Horn/Graef* NZBau 2005, 505, 506.
[160] *Grüneberg* in Palandt, § 311 Rn. 22 m.w.N.
[161] *Verfürth* in Kulartz/Kus/Portz, § 126 Rn. 49.
[162] OLG Düsseldorf VergabeR 2009, 501, 503.
[163] KG Urt. v. 27.11.2003, 2 U 174/02, VergabeR 2004, 490, 491; *Horn/Graef* NZBau 2005, 505, 507; *Verfürth* in Kulartz/Kus/Portz, § 126 Rn. 50.
[164] *Scharen* in Willenbruch/Wieddekind, § 126 Rn. 37 m.w.N.

§ 36 Schadensersatz

worden ist, weil er die Bauleistungen ausgeschrieben, sich als Adressaten der abzugebenden Angebote bezeichnet und einen Vertragsschluss in eigenem Namen angekündigt hatte und der Dritte dem Beklagten intern für die Beschaffung einzustehen hatte.[165] Ein bloßes mittelbares Eigeninteresse genügt dagegen nicht. Die Aussicht auf ein Entgelt, das ein im Rahmen eines Vergabeverfahrens beteiligter Architekt oder sonstiger Berater erwarten kann, oder das allgemeine Interesse am Erfolg der Gesellschaft, das das Handeln deren Geschäftsführers, Vorstands oder Gesellschafters leitet, genügt für sich genommen nicht zur Anwendung von § 311 Abs. 3 BGB. Ebenso wenig kommen daher in der Regel normale Angestellte oder Mitarbeiter der Vergabestelle als Verpflichtete in Betracht.[166]

b) Kein zusätzliches Vertrauenselement mehr

Nach der früheren Rechtsprechung des BGH setzte der aus Verschulden bei Vertragsanbahnung hergeleitete Schadensersatzanspruch ein zusätzliches Vertrauenselement auf Seiten des Schadensersatz verlangenden Bieters voraus.[167] Hintergrund war die hergebrachte Auffassung, dass die Schadensersatzverpflichtung des Auftraggebers aus culpa in contrahendo auf dem schutzwürdigen Vertrauen der Bewerber bzw. Bieter, das Vergabeverfahren werde nach den einschlägigen Vorschriften des Vergaberechts abgewickelt, beruhe und dass der Wettbewerbsteilnehmer daher grundsätzlich nur insoweit geschützt werde, als sein Interesse auch schutzwürdig ist.[168] 98

An einem derartigen Vertrauenstatbestand fehlte es nach der früheren Rechtsprechung, wenn dem Bieter bekannt war oder er hätte erkennen können, dass die Ausschreibung fehlerhaft ist.[169] Insbesondere in Fällen, in denen der Bieter Vergaberechtsfehler (beispielsweise eine nicht ordnungsgemäße Leistungsbeschreibung) gerügt, dann aber doch ein Angebot abgegeben hatte, schieden Ersatzansprüche aus culpa in contrahendo daher aus. Denn erkannte der Bieter, dass die Leistung nicht ordnungsgemäß ausgeschrieben war, so handelte er nach früherer Rechtsprechung bei der Abgabe des Angebots nicht im Vertrauen darauf, dass das Vergabeverfahren insoweit nach den einschlägigen Vorschriften des Vergaberechts abgewickelt werden kann. Ein etwaiges Vertrauen darauf, dass sein Angebot gleichwohl Berücksichtigung finden könnte, wurde als nicht schutzwürdig angesehen.[170] Diese Rechtsprechung knüpfte daran an, dass die auf die gewohnheitsrechtlich anerkannte Rechtsfigur der culpa in contrahendo gestützte Haftung im Allgemeinen die Gewährung von in Anspruch genommenem Vertrauen voraussetzte.[171] 99

Diese **Rechtsprechung** hat der BGH mit Urteil vom 9.6.2011[172] nun **aufgegeben**. Der BGH stellt in diesem Urteil ausdrücklich fest, dass er an dem tatbestandlichen Erfordernis eines solchen **zusätzlichen Vertrauenselements** für Schadensersatzansprüche, die auf ein vergaberechtliches Fehlverhalten des öffentlichen Auftraggebers vor Vertragsschluss gestützt sind, **nicht festhält**.[173] Der BGH begründet dies überzeugend mit dem Wortlaut der gesetzlichen Regelung der culpa in contrahendo in §§ 311 Abs. 2 Nr. 1, 241 Abs. 2, 280 Abs. 1 BGB, der nur an die Verletzung einer aus dem Schuldverhältnis herrührenden 100

---

[165] OLG Dresden Urt. v. 27.1.2006, 20 U 1873/05, ZfBR 2006, 381.
[166] *Scharen* in Willenbruch/Wieddekind, § 126 Rn. 37 m.w.N.; *Grüneberg* in Palandt, § 311 Rn. 60ff. m.w.N.
[167] Vgl. nur BGH Urt. v. 8.9.1998, X ZR 99/96, BGHZ 139, 280, 283; BGH Urt. v. 27.11.2007, X ZR 18/07, WRP 2008, 370, 374.
[168] Vgl. nur *Losch* in Ziekow/Völlink, § 126 Rn. 50; *Verfürth* in Kulartz/Kus/Portz, § 126 Rn. 56ff.; *Ax/Schneider*, Rechtsschutz bei der öffentlichen Auftragsvergabe, S. 164f.; alle m.w.N. zur früheren Rechtsprechung.
[169] BGH Urt. v. 27.6.2007, X ZR 34/04, NZBau 2007, 727, 729 m.w.N.
[170] BGH Urt. v. 1.8.2006, X ZR 146/03, WRP 2006, 1531, 1533.
[171] Vgl. *Heinrichs* in Palandt BGB 61. Aufl. 2002, § 276 BGB a.F. Rn. 65f.
[172] X ZR 143/10, NZBau 2011, 498.
[173] BGH Urt. v. 9.6.2011, NZBau 2011, 498, 500; zuvor bereits kritisch zu dem Vertrauenselement *Gröning* VergabeR 2009, 839, 841ff. und VergabeR 2010, 762, 763.

Rücksichtnahmepflicht der Beteiligten anknüpft. Dafür, dass dem Gläubiger nur dann Schadensersatz zustehen soll, wenn er bei der Verletzung einer solchen Rücksichtnahmepflicht zusätzlich gewährtes Vertrauen in Anspruch genommen hat, ist der gesetzlichen Regelung nichts zu entnehmen. Auch sieht der BGH keinen Anlass, für das Recht der öffentlichen Auftragsvergabe das Vertrauen des Bieters etwa als ungeschriebenes Tatbestandsmerkmal weiter zu fordern. Denn dieses Rechtsgebiet ist durch die Besonderheit gekennzeichnet, dass der Ablauf der Vertragsverhandlungen und die dem Auftraggeber dabei auferlegten Verhaltenspflichten eingehend geregelt sind. Oberhalb der gemäß § 2 VgV vorgesehenen Schwellenwerte gelten die Bestimmungen des Vierten Teils des GWB, der Vergabeverordnung sowie der Vergabe- und Vertragsordnungen für Bauleistungen und Leistungen und der Vergabeordnung für freiberufliche Leistungen, und für Vergabeverfahren unterhalb dieser Schwellenwerte sind die Vorschriften der Vergabe- oder Vertragsordnungen für Bauleistungen und Leistungen einschlägig, sofern der Auftraggeber ankündigt, die Vergabe auf der Grundlage dieser Vorschriften durchzuführen. Im Geltungsbereich des Vierten Teils des GWB haben die Unternehmen aber Anspruch darauf, dass der Auftraggeber die Bestimmungen über das Vergabeverfahren einhält (§ 97 Abs. 7 GWB). An die daraus resultierenden Verhaltenspflichten knüpfen die Rücksichtnahmepflichten nach § 241 Abs. 2 BGB unmittelbar an. Der Inanspruchnahme besonderen Vertrauens als eines Tatbestands, an dessen Erfüllung die Haftung wegen Verschuldens bei Vertragsanbahnung überhaupt erst festgemacht werden könnte, bedarf es deshalb nicht.[174]

c) Pflichtverletzung

101 Voraussetzung eines Schadensersatzanspruchs aus culpa in contrahendo ist eine objektive Pflichtverletzung des Auftraggebers. Gemäß § 241 Abs. 2 BGB ergeben sich aus einem Schuldverhältnis insbesondere die Pflicht zur Rücksichtnahme auf die Rechtsgüter und Vermögensinteressen des potentiellen Vertragspartners sowie die Pflicht zur gegenseitigen Loyalität.[175] Verstöße gegen derartige **allgemeine Rücksichtnahmepflichten** können auch in Vergabeverfahren zu Schadensersatzansprüchen führen. So kann das vorvertragliche Schuldverhältnis bei einer Ausschreibung beispielsweise gebieten, den Bieter auf für diesen nicht erkennbare Umstände hinzuweisen, die – wie die Rüge von Vergaberechtsverstößen durch einen Mitbewerber – die Erteilung des Zuschlags und damit die erfolgreiche Teilnahme des Bieters am Vergabeverfahren in Frage stellen können. Bei Verletzung solcher Aufklärungspflichten kann ein Anspruch auf Ersatz der für die Teilnahme am Vergabeverfahren verbundenen Aufwendungen bestehen, wenn der Bieter in Kenntnis des Sachverhalts die Aufwendungen nicht getätigt hatte.[176]

102 Im Rahmen formalisierter Vergabeverfahren hat der öffentliche Auftraggeber darüber hinaus aber **spezielle vergaberechtliche Verhaltenspflichten**, die sich aus den einschlägigen vergaberechtlichen Regelungen der §§ 97 ff. GWB, der VgV, der VOB/A, der VOL/A, der VOF, der SektVO oder der VSVgV ergeben. Nach § 97 Abs. 7 GWB haben die Unternehmen Anspruch darauf, dass der öffentliche Auftraggeber die Bestimmungen über das Vergabeverfahren einhält. An die daraus resultierenden Verhaltenspflichten knüpfen die Rücksichtnahmepflichten aus § 241 Abs. 2 BGB an.[177] Für die Frage, welche Rechtsverstöße im Einzelnen eine Pflichtverletzung im Sinne des § 241 Abs. 2 BGB darstellen können, ist – wie im Rahmen der Haftung nach § 126 GWB – darauf abzustellen, ob es um die Verletzung einer unternehmensschützenden Norm geht.[178]

---

[174] BGH NZBau 2011, 498, 500.
[175] *Grüneberg* in Palandt, § 241 Rn. 6 ff. m.w.N.
[176] BGH Urt. v. 27.6.2007, X ZR 34/04, NZBau 2007, 727; näher zur Frage der Kausalität unten Rn. 108 ff
[177] BGH Urt. v. 9.6.2011, NZBau 2011, 498, 500.
[178] So auch *Losch* in Ziekow/Völlink, § 126 Rn. 54; s. dazu im Einzelnen oben Rn. 60 ff.

§ 36 Schadensersatz

d) Verschulden?

Gemäß § 280 Abs. 1 Satz 2 BGB entsteht eine Schadensersatzpflicht nicht, wenn der Schuldner die Pflichtverletzung nicht zu vertreten hat. **Bisher** war daher soweit ersichtlich unstreitig, dass der Schadensersatzanspruch aus § 311 Abs. 2, 241 Abs. 2, 280 Abs. 1 BGB voraussetzte, dass die Vergabestelle **schuldhaft pflichtwidrig** handelte. Es griff lediglich die Beweislastumkehr des § 280 Abs. 1 Satz 2 BGB. Abgestellt wurde auf den Haftungsmaßstab des § 276 BGB, wonach der Schuldner für Vorsatz und Fahrlässigkeit haftet. Dabei war ihm das Verschulden seiner Erfüllungsgehilfen nach § 278 BGB, das Verhalten seiner Organe nach §§ 89 Abs. 1, 31 BGB zuzurechnen.[179]

Angesichts eines aktuellen **Urteils des EuGH vom 30.9.2010**[180] wird an dem Verschuldenserfordernis jedoch **nicht länger festgehalten** werden können.[181] Höchstrichterlich ist diese Frage allerdings nicht entschieden.[182]

Der EuGH hat mit Urteil vom 30.9.2010 in einem Vorabentscheidungsverfahren des Österreichischen Obersten Gerichtshofs entschieden, dass die Richtlinie 89/665/EWG in der durch die Richtlinie 92/50/EWG geänderten Fassung dahin auszulegen ist, dass sie einer nationalen Regelung, die den Schadensersatzanspruch wegen Verstoßes eines öffentlichen Auftraggebers gegen Vergaberecht von der Schuldhaftigkeit des Verstoßes abhängig macht, auch dann entgegensteht, wenn bei der Anwendung dieser Regelung ein Verschulden des öffentlichen Auftraggebers vermutet wird und er sich nicht auf das Fehlen individueller Fähigkeiten und damit auf mangelnde subjektive Vorwerfbarkeit des behaupteten Verstoßes berufen kann. Die für diese Entscheidung des EuGH maßgeblichen Vorschriften der Richtlinie 89/665/EWG wurden durch die RMR nicht geändert. Nach Artikel 2 Abs. 1 lit. c der Richtlinie 89/665/EWG stellen die Mitgliedstaaten sicher, dass für die in Artikel 1 dieser Richtlinie genannten Nachprüfungsverfahren die erforderlichen Befugnisse vorgesehen werden, damit denjenigen, die durch den Rechtsverstoß geschädigt worden sind, Schadensersatz zuerkannt werden kann. Der EuGH anerkennt zwar, dass die Richtlinie 89/665/EWG insoweit nur die Mindestvoraussetzungen für die Gewährung von Rechtsschutz festlegt und dass es demnach Sache jedes Mitgliedsstaates ist, in seiner nationalen Rechtsordnung die Maßnahmen zu bestimmen, die erforderlich sind, um sicherzustellen, dass denjenigen, die durch einen Verstoß gegen Vergaberecht geschädigt worden sind, im Nachprüfungsverfahren wirksam Schadensersatz zuerkannt werden kann. Die Umsetzung dieser Richtlinienvorschrift fällt demnach grundsätzlich in die Verfahrensautonomie der Mitgliedstaaten.[183] Allerdings prüft der EuGH weiter, ob diese Richtlinienbestimmung in ihrer Auslegung unter Berücksichtigung des allgemeinen Regelungszusammenhangs und des allgemeinen Zwecks, in deren Rahmen die Rechtsschutzmöglichkeit zur Erlangung von Schadensersatz vorgesehen ist, einer nationalen Vorschrift entgegensteht, die die Zuerkennung von Schadensersatz davon abhängig macht, dass der Verstoß des öffentlichen Auftraggebers gegen das Vergaberecht schuldhaft war. Der EuGH weist darauf hin, dass der Wortlaut der Richtlinienvorschrift keinen Hinweis darauf enthält, dass der zum Schadensersatz verpflichtende Verstoß gegen Vergabevorschriften besondere Merkmale aufweisen müsste, wie z.B. dass er mit einem erwiesenen oder vermuteten Verschulden des öffentlichen Auftraggebers verknüpft ist. Diese Feststellungen sieht der EuGH auch durch den Regelungszusammenhang und Zweck der in der

---

[179] *Verfürth* in Kulartz/Kus/Portz, § 126 Rn. 63 m.w.N.; *Losch* in Ziekow/Völlink, § 126 Rn. 55 m.w.N.; *Glahs* in Reidt/Stickler/Glahs, § 126 Rn. 54 m.w.N.; *Scharen* in Willenbruch/Wieddekind, § 126 Rn. 50 m.w.N.
[180] Rs. C-314/09, NZBau 2010, 773 – Stadt Graz.
[181] So auch *Gabriel/Schulz* EWS 2011, 449, 450; *Kau/Hänsel* NJW 2011, 1914, 1917; wohl auch *Grüneberg* in Palandt, § 311 Rn. 36; *Bitterich* JZ 2012, 316, 320; wohl a.A. *Prieß/Hölzl* NZBau 2011, 21, 23.
[182] Ausdrücklich offengelassen in BGH Urt. v. 9.6.2011, NZBau 2011, 498, 500.
[183] EuGH Urt. v. 30.9.2010, Rs. C-314/09, NZBau 2010, 773, 775 Rn. 33 f. – Stadt Graz.

Richtlinie 89/665/EWG vorgesehenen Rechtsschutzmöglichkeit zur Erlangung von Schadensersatz bestätigt. In Anbetracht der Möglichkeit der Mitgliedstaaten, für die Gewährung von Primärrechtsschutz Ausschlussfristen und nach dem Vertragsschluss nur noch Sekundärrechtsansprüche vorzusehen, leitet er aus dem **Effektivitätsgrundsatz** ab, dass Rechtsschutzmöglichkeiten zur Erlangung von Schadensersatz nur dann eine verfahrensmäßige Alternative zur Primärrechtsschutzgewährung darstellen, wenn sie – genauso wenig wie die anderen in Art. 2 Abs. 1 der Richtlinie vorgesehenen Rechtsschutzmöglichkeiten – davon abhängig sind, dass ein Verschulden des öffentlichen Auftraggebers festgestellt wird. Daher ist nach Auffassung des EuGH auch unerheblich, wenn nach nationalem Recht der öffentliche Auftraggeber die zu seinen Lasten bestehende Verschuldensvermutung zu widerlegen hat und dabei die Gründe, auf die er sich dafür berufen kann, beschränkt sind.[184]

106 Diese Erwägungen des EuGH sind **auf die deutsche Rechtslage übertragbar.** Man könnte sich allenfalls die Frage stellen, ob in der Bundesrepublik Deutschland eine ausreichende Umsetzung des Artikel 2 Abs. 1 lit. c der Richtlinie 89/665/EWG (Art. 2 Abs. 1 lit. c) RMR) bereits durch die Gewährung des verschuldensunabhängigen Schadensersatzanspruchs nach § 126 Satz 1 GWB stattgefunden hat, so dass die weitergehenden Schadensersatzansprüche aus §§ 311 Abs. 2, 241 Abs. 2, 280 Abs. 1 BGB weiterhin verschuldensabhängig ausgestaltet sein dürften. Das überzeugt allerdings letztlich nicht. Denn der Schadensersatzanspruch aus § 126 Satz 1 GWB ist auf den Ersatz des negativen Interesses beschränkt. In § 126 Satz 2 GWB hat der deutsche Gesetzgeber daher bereits ausdrücklich die Klarstellung aufgenommen, dass weiterreichende Schadensersatzansprüche unberührt bleiben. Auch diese dienen damit der Umsetzung der Richtlinienvorgabe über die Gewährleistung von Schadensersatzansprüchen, die unter Beachtung der Grundsätze der Gleichwertigkeit und Effektivität im nationalen Recht umzusetzen sind. Dem Gleichwertigkeitsgrundsatz wäre durch eine verschuldensabhängige Ausgestaltung des Schadensersatzspruches, wie er auch in übrigen Anwendungsbereichen der culpa in contrahendo eingreift, sicher Genüge getan. Leitet der EuGH nun aber aus dem Effektivitätsgrundsatz ab, dass für den Bereich der Zuerkennung von Schadensersatz für Vergaberechtsverstöße eine verschuldensunabhängige Anspruchsgrundlage geschaffen werden muss, so ist das auf das deutsche Recht übertragbar. Dass nach § 280 Abs. 1 Satz 2 BGB das Verschulden des öffentlichen Auftraggebers vermutet wird und im Rahmen von § 276 BGB ein objektiver Sorgfaltsmaßstab gilt, lässt der EuGH ausdrücklich nicht genügen.

107 Eine **richtlinienkonforme Auslegung** der §§ 311 Abs. 2, 241 Abs. 2, 280 Abs. 1 BGB ergibt demnach, dass – jedenfalls im Anwendungsbereich des Kartellvergaberechts – das Verschuldenserfordernis des § 280 Abs. 1 Satz 2 BGB keine Anwendung findet.

e) Schaden und Kausalität

108 Weitere Voraussetzung eines Schadensersatzanspruchs nach §§ 311 Abs. 2, 241 Abs. 2, 280 Abs. 1 BGB ist, dass dem Anspruchsteller aus der Pflichtverletzung ein Schaden entstanden ist. Grundsätzlich kommt danach der Ersatz des negativen Interesses, also des Vertrauensschadens, aber auch des positiven Interesses, also des entgangenen Gewinns, in Betracht.

109 Voraussetzung für den **Ersatz des positiven Interesses** ist aber, dass der Anspruchsteller darlegen und beweisen kann, dass er den Auftrag bei rechtmäßigem Verlauf des Vergabeverfahrens hätte erhalten müssen, und dass der ausgeschriebene bzw. ein diesem wirtschaftlich gleichzusetzender Auftrag auch tatsächlich erteilt worden ist. Die zweite Voraussetzung ergibt sich daraus, dass es keinen Anspruch auf Zuschlagserteilung gibt.[185]

---

[184] EuGH Urt. v. 30.9.2010, Rs. C-314/09, NZBau 2010, 773, 776 Rn. 35 ff. – Stadt Graz.
[185] St. Rspr., vgl. nur BGH Urt. v. 20.11.2012, X ZR 108/10, VergabeR 2013, 208, 210 Rn. 16 m.w.N.; BGH Urt. v. 8.9.1998, X ZR 48/97, BGHZ 139, 259; BGH Urt. v. 5.11.2002, X

Auch beim **negativen Interesse** kommt im Wesentlichen derjenige als Anspruchsteller 110 in Betracht, der den Auftrag ohne den Vergaberechtsverstoß hätte erhalten müssen. Denn bei nachrangigen Bietern fehlt es in der Regel an der Kausalität zwischen dem Vergaberechtsverstoß und dem Schaden, nämlich den Kosten für die Teilnahme an dem Vergabeverfahren, da diese Bieter auch ohne den Vergaberechtsverstoß den Zuschlag nicht erhalten hätten und daher ihre Kosten nicht hätten amortisieren können. Eine Ausnahme von dem Grundsatz, dass nicht nur der auf das Erfüllungsinteresse, sondern auch der auf das negative Interesse gerichtete Schadensersatzanspruch nur dem Bieter zusteht, der bei regulärem Verlauf des Vergabeverfahrens den Zuschlag hätte bekommen müssen, greift aber dann ein, wenn der Bieter darlegen kann, dass er ohne Vertrauen auf die Rechtmäßigkeit der Ausschreibung kein Angebot oder ein anderes Angebot abgegeben hätte und dadurch Aufwendungen erspart hätte. Das betrifft insbesondere die Fälle der ungerechtfertigten Aufhebung des Vergabeverfahrens.[186] Dasselbe gilt in Fällen, in denen der Auftraggeber eine allgemeine schuldrechtliche, also nicht spezifisch vergaberechtliche Hinweispflicht, etwa die Pflicht zur Information der am Vergabeverfahren beteiligten Bieter über eine Rüge, die zur Aufhebung des Verfahrens führen kann, verletzt hat.[187] In diesen Fällen kommt dann eine Mehrheit von Anspruchstellern in Betracht. Häufig wird es einem Bieter allerdings schwerfallen, schlüssig darzulegen und zu beweisen, dass er von der Teilnahme an dem Vergabeverfahren abgesehen hätte und kein oder ein anderes Angebot, das geringere Kosten ausgelöst hätte, abgegeben hätte, wenn und nur weil er einen bestimmten Fehler erkennt. Insbesondere in Fällen einer unterbliebenen europaweiten Ausschreibung liegt es nämlich häufig näher anzunehmen, dass der Bieter auch im Falle der Kenntnis des Vergaberechtsverstoßes die Vorteile des nur geringeren nationalen Wettbewerbs genutzt und trotzdem ein Angebot abgegeben hätte.[188]

Der **Umfang des erstattungsfähigen Schadens** ist anhand des Schutzzwecks des 111 § 241 Abs. 2 BGB zu bestimmen. Im Falle der Erstattung des negativen Interesses zählen dazu alle Kosten, die mit der Teilnahme an Vergabeverfahren und insbesondere der Angebotserstellung verbunden sind.[189] Dazu können auch Rechtsanwaltskosten für die Prüfung der Vergabeunterlagen gehören.[190] Maßgeblich ist insoweit, dass der Bieter aufgrund der objektiv gegebenen Vergaberechtswidrigkeit der Vergabeunterlagen, etwa wegen der Festlegung unzulässiger Wertungskriterien, Anlass hatte, anwaltliche Hilfe in Anspruch zu nehmen. Unerheblich ist, dass der Bieter sich der Vergaberechtswidrigkeit der Vergabeunterlagen bei Beauftragung des Rechtsanwalts regelmäßig nicht sicher sein wird, sondern diesbezüglich erfahrungsgemäß allenfalls Zweifel hegen wird.[191] Die Erstattungsfähigkeit von Rechtsanwaltskosten setzt grundsätzlich auch keine irgendwie geartete Mahnung des Gläubigers bzw. eigene Rüge gegenüber dem Auftraggeber vor Einschaltung des Rechtsanwalts voraus. Etwas anderes kann möglicherweise in Konstellationen gelten, in denen Vergaberechtsverstöße für den Bieter im Sinne von § 107 Abs. 3 Nrn. 2 und 3 GWB erkennbar sind.[192] In solchen Fällen dürfte den Bietern jedenfalls Mitverschulden nach § 254 BGB vorgeworfen werden können.

ZR 232/00, VergabeR 2003, 163; *Gröning* VergabeR 2010, 762, 764; *Horn/Graef* NZBau 2005, 505, 507 m.w.N.
[186] BGH Urt. v. 9.6.2011, X ZR 143/10, NZBau 2011, 498, 500 m.w.N.; BGH VergabeR 2008, 219; *Gröning* VergabeR 2010, 762, 767; *Horn/Graef* NZBau 2005, 505, 507.
[187] BGH Urt. v. 27.6.2007, X ZR 34/04, NZBau 2007, 727, 730; *Gröning* VergabeR 2010, 762, 765.
[188] Vgl. BGH Urt. v. 27.11.2007, X ZR 18/07, VergabeR 2008, 219; *Losch* in Ziekow/Völlink, § 126 GWB Rn. 59.
[189] S. oben Rn. 85 ff.
[190] BGH Urt. v. 9.6.2011, X ZR 143/10, NZBau 2011, 498, 500.
[191] BGH Urt. v. 9.6.2011, X ZR 143/10, NZBau 2011, 498, 500.
[192] BGH Urt. v. 9.6.2011, X ZR 143/10, NZBau 2011, 498, 500.

f) Rechtmäßiges Alternativverhalten

112 Grundsätzlich kann sich der öffentliche Auftraggeber gegenüber dem Schadensersatzanspruch darauf berufen, die fraglichen Kosten wären auch entstanden, wenn er sich vergaberechtskonform verhalten hätte. Dazu zählt insbesondere der Einwand, dass die **Voraussetzungen für eine rechtmäßige Aufhebung** des Vergabeverfahrens vorgelegen hätten.[193]

113 Eine solche Berufung auf rechtmäßiges Alternativverhalten scheidet aber ausnahmsweise aus, wenn das mit dem Schutzzweck der verletzten Norm nicht vereinbar wäre.[194] Maßgeblich ist dabei der **Schutzzweck von § 241 Abs. 2 BGB**.[195] Danach scheidet eine Berufung auf rechtmäßiges Alternativverhalten jedenfalls dann aus, wenn die Vergabeunterlagen, etwa wegen der Festlegung unzulässiger Wertungskriterien, in der Weise fehlerhaft sind, dass eine vergaberechtskonforme Angebotswertung überhaupt nicht mehr möglich ist. Denn einem tatsächlich durchgeführten Vergabeverfahren, bei dem ein vergaberechtswidriges Wertungsschema verwendet worden ist, kann nicht im Wege einer fiktiven Alternativbetrachtung ein solches mit vergaberechtlich unbedenklichen Wertungskriterien gegenübergestellt und die hypothetische Prüfung daran angeschlossen werden, ob der Schaden auch in diesem Falle eingetreten wäre.[196] In Fällen der rechtswidrigen Aufhebung eines Vergabeverfahrens scheidet nach dem Schutzzweck des § 241 Abs. 2 BGB die Berufung des öffentlichen Auftraggebers darauf, alle Bieter, die nicht das wirtschaftlichste Angebot abgegeben haben, hätten ihre Aufwendungen zur Angebotserstellung auch dann verloren, wenn das Verfahren nicht aufgehoben worden wäre, ebenfalls aus.[197] Denn die nach § 241 Abs. 2 BGB vom öffentlichen Auftraggeber zu beachtende Rücksichtnahmepflicht besteht gerade darin, das Vergabeverfahren nur aufzuheben, wenn ein dafür anerkannter Grund vorliegt. Besteht diese Rücksichtnahmepflicht nach der Rechtsprechung des BGH aber gerade nicht nur gegenüber dem Bestbieter, sondern gegenüber allen betroffenen Bietern, kann er sich bei der gebotenen wertenden Betrachtung nicht darauf berufen, der Schaden wäre bei allen Bietern mit Ausnahme des potentiellen Ausschreibungsgewinners auch im Falle rechtmäßiger Verfahrensgestaltung eingetreten. Andernfalls könnte sich der Auftraggeber jeder Eigenverantwortung für sein vergaberechtliches Handeln entziehen.[198]

g) Verjährung

114 Für die Verjährung gelten die allgemeinen zivilrechtlichen Grundsätze. Nach § 195 BGB verjähren die Ansprüche innerhalb der dreijährigen Regelverjährungsfrist.

2. Darlegungs- und Beweislast

115 Die Darlegungs- und Beweislast richtet sich nach **allgemeinen zivilrechtlichen Grundsätzen**. Danach hat der Kläger als Anspruchsteller alle Umstände darzulegen und – soweit streitig – zu beweisen, aus denen sich ergibt, dass die anspruchsbegründenden Voraussetzungen vorliegen. Das betrifft die Pflichtverletzung, den Schaden sowie die Kausalität. Insbesondere muss der Bieter demnach darlegen und ggf. beweisen, dass er nicht ungeeignet war, dass sein Angebot nicht im Rahmen der Angebotswertung hätte ausgeschlossen werden können und dass sein Angebot nach den angegebenen Zuschlagskriterien das

---

[193] *Gröning* VergabeR 2010, 762, 767; *Kraus* VergabeR 2009, 512, 513; *Losch* in Ziekow/Völlink, § 126 GWB Rn. 60.
[194] BGH Urt. v. 9.6.2011, X ZR 143/10, NZBau 2011, 498, 501 m.w.N.
[195] BGH Urt. v. 9.6.2011, X ZR 143/10, NZBau 2011, 498, 501; *Gröning* VergabeR 2010, 762, 768.
[196] BGH Urt. v. 9.6.2011, X ZR 143/10, NZBau 2011, 498, 501.
[197] Zutreffend *Gröning* VergabeR 2010, 762, 768.
[198] *Gröning* VergabeR 2010, 762, 768.

wirtschaftlichste gewesen wäre und er daher den Zuschlag hätte erhalten müssen; letzteres entfällt nur in Fällen der rechtswidrigen Aufhebung eines Vergabeverfahrens. Allerdings können dem Kläger die Grundsätze der sogenannten sekundären Darlegungslast des Auftraggebers zugute kommen, so dass der Kläger erst auf substantiiertes Bestreiten hin zu bestimmten Aspekten (z. B. der Ordnungsmäßigkeit seines Angebots) vortragen muss.[199] Der beklagte öffentliche Auftraggeber hat nach allgemeinen Beweislastregeln darüber hinaus die Umstände darzulegen und ggf. zu beweisen, die unter dem Gesichtspunkt eines rechtmäßigen Alternativverhaltens einer Zurechnung des entstandenen Schadens entgegenstehen, den Vorwurf des Mitverschuldens begründen oder aus denen sich die Verjährung ergibt.[200]

II. Deliktische Ansprüche

1. § 823 Abs. 1 BGB

Im Fall von Vergaberechtsverstößen kommt eine Schadensersatzhaftung aus unerlaubter Handlung gemäß § 823 Abs. 1 BGB in Betracht. Voraussetzung für einen Anspruch aus § 823 Abs. 1 BGB ist allerdings die **Verletzung eines absolut geschützten Rechts** durch die Vergabestelle. Das Vermögen, das bei Verstößen gegen vergaberechtliche Vorschriften am ehesten beeinträchtigt wird, zählt nicht zu den absoluten Rechten im Sinne des § 823 Abs. 1 BGB.[201] In Betracht kommt ein Schadensersatzanspruch nach § 823 Abs. 1 BGB aber wegen Eingriffs in den eingerichteten und ausgeübten Gewerbebetrieb. Ein solcher liegt jedoch nur vor, wenn mit dem Vergaberechtsverstoß betriebsbezogen, d. h. direkt und unmittelbar, in den Betrieb des Bieters eingegriffen wird.[202] Ein solcher betriebsbezogener Eingriff wird nur ausnahmsweise in Betracht kommen, etwa im Fall von Vergabesperren.[203]

116

2. § 823 Abs. 2 BGB i.V.m. Schutzgesetzen

Die Vorschriften des Kartellvergaberechts enthalten subjektive Rechte der Bieter auf Einhaltung der Verfahrensvorschriften (§ 97 Abs. 7 GWB) und stellen damit Schutzgesetze im Sinne des § 823 Abs. 2 BGB dar.[204] Im Anwendungsbereich des Kartellvergaberechts, also oberhalb der Schwellenwerte, kommen demnach Schadensersatzansprüche aus § 823 Abs. 2 BGB in Betracht.

117

3. § 826 BGB

In Betracht kommt auch ein Anspruch aus § 826 BGB. Voraussetzung ist allerdings eine vorsätzliche sittenwidrige Schädigung des Bieters durch die Vergabestelle. Denkbar erscheint das etwa, wenn Mitarbeiter der Vergabestelle Manipulationen an den Angebotsunterlagen vornehmen, oder im Falle eines kollusiven Zusammenwirkens zwischen öffentlichem Auftraggeber und einem Konkurrenten des Anspruchstellers. Ein solches Verhalten des öffentlichen Auftraggebers dürfte sich allerdings nur in den seltensten Fällen nachweisen lassen.

118

---

[199] Vgl. *Gröning* VergabeR 2010, 762, 766 m.w.N.; s. auch oben Rn. 90.
[200] S. dazu oben Rn. 90.
[201] *Sprau* in Palandt, § 823 Rn. 11 m.w.N.
[202] *Sprau* in Palandt, § 823 Rn. 128 m.w.N.
[203] *Losch* in Ziekow/Völlink, § 126 GWB Rn. 65 m.w.N.; *Stockmann* in Immenga/Mestmäcker GWB, § 126 Rn. 34; *Scharen* in Willenbruch/Wieddekind, § 126 GWB Rn. 69 m.w.N.
[204] OLG Karlsruhe Urt. v. 17. 4. 2008, 8 U 228/06, BeckRS 2008, 21262; *Scharen* in Willenbruch/Wieddekind, § 126 GWB Rn. 70 ff. m.w.N.; *Ax/Schneider* Rechtsschutz bei der öffentlichen Auftragsvergabe, 2011, S. 175 f. Rn. 270; *Horn/Graef* NZBau 2005, 505, 507.

4. § 839 BGB i.V.m. Art. 34 GG

119 Amtshaftungsansprüche gemäß § 839 BGB i.V.m. Art. 34 GG wegen der vergaberechtswidrigen Behandlung eines Bieters kommen **nicht** in Betracht. Denn die Vergabestelle übt nach der Rechtsprechung des Bundesverfassungsgerichts gerade keine hoheitliche Tätigkeit aus, sondern wird – wie andere Marktteilnehmer – als Nachfrager am Markt tätig.[205] Die Tätigkeit der Vergabestellen bei der Vergabe öffentlicher Aufträge zählt zum Verwaltungsprivatrecht, auf das Art. 34 Satz 1 GG keine Anwendung findet.[206]

III. Sonstige Ansprüche

1. Kartellrechtliche Ansprüche

120 Ein Schadensersatzanspruch der Bieter kann sich aus §§ 19, 20 Abs. 1, 33 GWB ergeben. Voraussetzung ist allerdings der Missbrauch einer marktbeherrschenden Stellung durch den öffentlichen Auftraggeber. Eine derartige **marktbeherrschende Stellung** des öffentlichen Auftraggebers kommt insbesondere im Bereich des Straßen- und Brückenbaus (Tiefbau) sowie im Bereich der militärischen Beschaffung durch die Bundeswehr in Betracht.[207] Aber auch bei der Bildung von Einkaufsgemeinschaften öffentlicher Auftraggeber kann es unter Umständen zu einer marktbeherrschenden Stellung kommen. Weitere Voraussetzung des kartellrechtlichen Schadensersatzanspruchs ist allerdings, dass diese marktbeherrschende Nachfragemacht **missbräuchlich ausgenutzt** wird oder ein **Verstoß gegen das Diskriminierungsverbot bzw. das Verbot unbilliger Behinderung** nach § 20 Abs. 1 GWB vorliegt. Zentral für das Diskriminierungsverbot ist die Frage, ob die jeweilige unterschiedliche Behandlung oder Behinderung sachlich gerechtfertigt ist. Das ist aufgrund einer Abwägung der Interessen der Beteiligten unter Berücksichtigung der auf die Freiheit des Wettbewerbs gerichteten Zielsetzung des GWB zu beurteilen. Insbesondere bei der Wahl eines Verhandlungsverfahrens oder eines nichtoffenen Verfahrens anstelle des eigentlich gebotenen offenen Verfahrens sind danach Schadensersatzansprüche denkbar,[208] allerdings dürfte hier der Schadensbeweis außerordentlich schwerfallen. Ein kartellrechtlicher Schadensersatzanspruch kann sich darüber hinaus beispielsweise in Fällen ergeben, in denen eine rechtswidrige Auftrags-/Vergabesperre verhängt wurde.[209]

2. Wettbewerbsrechtliche Ansprüche

121 Denkbar sind schließlich Schadensersatzansprüche aus § 9 Abs. 1 UWG i.V.m. §§ 3, 4 Nr. 11 UWG. Eine Anspruchskonkurrenz zwischen kartellvergaberechtlichen und lauterkeitsrechtlichen Ansprüchen ist durch § 104 Abs. 2 GWB nicht ausgeschlossen. Das Kartellvergaberecht regelt die zivilrechtlichen Ansprüche, die im Fall von Vergabeverstößen geltend gemacht werden können, nicht abschließend. Das GWB enthält für das Kartellvergaberecht gerade kein in sich geschlossenes Rechtsschutzsystem, das eine Verfolgung von Rechtsverstößen nach § 4 Nr. 11 UWG ausschließen würde.[210] Nach der Rechtsprechung des BGH sind die Vorschriften des 4. Teils des GWB, aus denen sich die Pflicht

---

[205] BVerfG Beschl. v. 13.6.2006, 1 BvR 1160/03, BVerfGE 116, 135, 149 f.
[206] *Papier* in Maunz/Dürig Grundgesetz-Kommentar, 64. Ergänzungslieferung 2012, Art. 34 Rn. 122, 125; BVerwG Beschl. v. 2.5.2007, 6 B 10.07, DVBl. 2007, 969, 970 f.
[207] *Losch* in Ziekow/Völlink, § 126 GWB Rn. 69 m.w.N.
[208] *Stockmann* in Immenga/Mestmäcker GWB, § 126 Rn. 31 f. m.w.N.
[209] *Scharen* in Willenbruch/Wieddekind, § 126 GWB Rn. 80 m.w.N.
[210] BGH Urt. v. 3.7.2008, I ZR 145/05, WRP 2008, 1182, 1183; *Alexander* WRP 2009, 28; *ders.* WRP 2004, 700, 706 f. m.w.N.

zur Ausschreibung öffentlicher Aufträge ergibt, Marktverhaltensregeln im Sinne des § 4 Nr. 11 UWG. Die Verletzung vergaberechtlicher Vorschriften durch den Auftraggeber kann daher gemäß §§ 3, 4 Nr. 11 UWG unlauter sein.[211] Nach dem eindeutigen Wortlaut des § 9 Satz 1 UWG bestehen Schadensersatzansprüche zwar nur im Verhältnis zwischen Mitbewerbern, nicht dagegen unmittelbar im Verhältnis zwischen Bietern und öffentlichem Auftraggeber. Allerdings kann sich eine Haftung der öffentlichen Hand aus allgemeinen Teilnahmeregeln (§ 830 Abs. 2 BGB) ergeben.[212]

---

[211] BGH Urt. v. 3.7.2008, I ZR 145/05, WRP 2008, 1182, 1186; *Alexander* WRP 2004, 700, 705 ff. m.w.N.
[212] BGH Urt. v. 3.7.2008, I ZR 145/05, WRP 2008, 1182, 1184; *Köhler* in Köhler/Bornkamm UWG, 30. Aufl. 2012, § 4 Rn. 13.27 m.w.N.

§ 37 Vertragsverletzungsverfahren

Übersicht

	Rn.
A. Einleitung	1–6
B. Korrekturmechanismus der Kommission gemäß § 129 GWB	7–16
I. Regelungsgehalt	7, 8
II. Ablauf des Verfahrens	9–16
C. Vertragsverletzungsverfahren durch die EU-Kommission gemäß Art. 258 AEUV	17–87
I. Verfahrensablauf	18–55
II. Rechtsfolgen der Feststellung eines Unionsrechtsverstoßes	56–76
III. Beendigung von Beschaffungsverträgen bei festgestelltem Unionsrechtsverstoß	77–86
IV. Beendigung unionsrechtswidriger Beschaffungsverträge ohne Beanstandung durch den EuGH?	87

GWB: § 129
AEUV: Art. 258, Art. 260

GWB:

§ 129 GWB Korrekturmechanismus der Kommission

(1) Erhält die Bundesregierung im Laufe eines Vergabeverfahrens vor Abschluss des Vertrages eine Mitteilung der Kommission der Europäischen Gemeinschaften, dass diese der Auffassung ist, es liege ein schwerer Verstoß gegen das Gemeinschaftsrecht im Bereich der öffentlichen Aufträge vor, der zu beseitigen sei, teilt das Bundesministerium für Wirtschaft und Technologie dies dem Auftraggeber mit.

(2) Der Auftraggeber ist verpflichtet, innerhalb von 14 Kalendertagen nach Eingang dieser Mitteilung dem Bundesministerium für Wirtschaft und Technologie eine umfassende Darstellung des Sachverhaltes zu geben und darzulegen, ob der behauptete Verstoß beseitigt wurde oder zu begründen, warum er nicht beseitigt wurde, ob das Vergabeverfahren Gegenstand eines Nachprüfungsverfahrens ist oder aus sonstigen Gründen ausgesetzt wurde.

(3) Ist das Vergabeverfahren Gegenstand eines Nachprüfungsverfahrens oder wurde es ausgesetzt, so ist der Auftraggeber verpflichtet, das Bundesministerium für Wirtschaft und Technologie unverzüglich über den Ausgang des Nachprüfungsverfahrens zu informieren.

AEUV:

Art. 258 AEUV [Vertragsverletzungsverfahren]

Hat nach Auffassung der Kommission ein Mitgliedstaat gegen eine Verpflichtung aus den Verträgen verstoßen, so gibt sie eine mit Gründen versehene Stellungnahme hierzu ab; sie hat dem Staat zuvor Gelegenheit zur Äußerung zu geben.

Kommt der Staat dieser Stellungnahme innerhalb der von der Kommission gesetzten Frist nicht nach, so kann die Kommission den Gerichtshof der Europäischen Union anrufen.

Art. 260 AEUV [Wirkung und Durchsetzung von Urteilen; Zwangsgeld]

(1) Stellt der Gerichtshof der Europäischen Union fest, dass ein Mitgliedstaat gegen eine Verpflichtung aus den Verträgen verstoßen hat, so hat dieser Staat die Maßnahmen zu ergreifen, die sich aus dem Urteil des Gerichtshofs ergeben.

Kap. 8
Rechtsfolgen von Vergaberechtsverstößen

(2) Hat der betreffende Mitgliedstaat die Maßnahmen, die sich aus dem Urteil des Gerichtshofs ergeben, nach Auffassung der Kommission nicht getroffen, so kann die Kommission den Gerichtshof anrufen, nachdem sie diesem Staat zuvor Gelegenheit zur Äußerung gegeben hat. Hierbei benennt sie die Höhe des von dem betreffenden Mitgliedstaat zu zahlenden Pauschalbetrags oder Zwangsgelds, die sie den Umständen nach für angemessen hält.

Stellt der Gerichtshof fest, dass der betreffende Mitgliedstaat seinem Urteil nicht nachgekommen ist, so kann er die Zahlung eines Pauschalbetrags oder Zwangsgelds verhängen.

Dieses Verfahren lässt den Artikel 259 unberührt.

(3) Erhebt die Kommission beim Gerichtshof Klage nach Artikel 258, weil sie der Auffassung ist, dass der betreffende Mitgliedstaat gegen seine Verpflichtung verstoßen hat, Maßnahmen zur Umsetzung einer gemäß einem Gesetzgebungsverfahren erlassenen Richtlinie mitzuteilen, so kann sie, wenn sie dies für zweckmäßig hält, die Höhe des von dem betreffenden Mitgliedstaat zu zahlenden Pauschalbetrags oder Zwangsgelds benennen, die sie den Umständen nach für angemessen hält.

Stellt der Gerichtshof einen Verstoß fest, so kann er gegen den betreffenden Mitgliedstaat die Zahlung eines Pauschalbetrags oder eines Zwangsgelds bis zur Höhe des von der Kommission genannten Betrags verhängen. Die Zahlungsverpflichtung gilt ab dem vom Gerichtshof in seinem Urteil festgelegten Zeitpunkt.

Literatur:
Antweiler, Europarechtliche Rechtsbehelfe gegen fehlerhafte Auftragsvergaben, VergabeR 2002, 109; 103; *Bitterich,* Kündigung vergaberechtswidrig zu Stande gekommener Verträge durch öffentliche Auftraggeber, NJW 2006, 1845; *Bitterich,* Kein „Bestandsschutz" für vergaberechtswidrige Verträge gegenüber Aufsichtsmaßnahmen nach Art. 226 EG, EWS 2005, 162; *Burger,* Die Haftung der Kommunen für Verstöße gegen EU-Recht – Teil 2, KommJur 2013, 41; *Heuvels,* Fortwirkender Richtlinienverstoß nach De-facto-Vergaben, NZBau 2005, 32; *Heuvels,* Folgen vergaberechtswidrig geschlossener Verträge, in: Forum Vergabe, Elfte Badenweiler Gespräche, 2006, S.109; *Jennert/Räuchle,* Beendigungspflicht für vergaberechtswidrige Verträge, NZBau 2007, 555; *Portz,* Kein „pacta sunt servanda" bei vergaberechtswidrigen Verträgen – Anmerkung zu EuGH, Urt. v. 18.7.2007 – C-503/04 (Kommission/Deutschland), KommJur 2007, 335; *Kalbe,* EWS-Kommentar, EWS 2003, 566; *Prieß/Gabriel,* Beendigung des Dogmas durch Kündigung: Keine Bestandsgarantie für vergaberechtswidrige Verträge, NZBau 2006, 219; *Vavra,* Folgen vergaberechtswidrig geschlossener Verträge, in: Forum Vergabe, Elfte Badenweiler Gespräche, 2006, S. 109

A. Einleitung

1 **§ 129 GWB** in seiner heutigen Form wurde durch das Vergaberechtsmodernisierungsgesetz eingefügt. Gegenstand des bisherigen § 129 GWB war eine Regelung zu den Kosten der Vergabeprüfstellen, die allerdings überflüssig wurde, nachdem die Regelungen zu den Vergabeprüfstellen aufgehoben wurden. In § 129 GWB übernahm der Gesetzgeber mit marginalen Änderungen die bisherigen Regelungen des § 21 VgV a.F. zum **Korrekturmechanismus der Kommission** in das GWB. Gesetzgeberisches Anliegen war, dass die Vergabeverordnung in ihrer heutigen Form nicht mehr mit Regelungen über Nachprüfungsmöglichkeiten überfrachtet sein sollte, sondern dass diese künftig allein im GWB enthalten sein sollten.[1]

2 § 129 GWB dient der Umsetzung der Art. 3 und 8 der RMR über den Korrekturmechanismus der Europäischen Kommission.[2] Nach diesen Vorschriften kann die Europäische Kommission vor Abschluss eines Vertrages, also **während eines laufenden Vergabeverfahrens**, im Falle schwerer Verstöße gegen das Gemeinschaftsrecht im Bereich des

---
[1] Begründung des Gesetzentwurfs zum VgRModG, BT-Drs. 16/10117, Seite 25.
[2] Gesetzesbegründung BT-Drs. 16/10117, Seite 25.

öffentlichen Auftragswesens von den Mitgliedstaaten Informationen verlangen sowie die Beseitigung des Verstoßes durch geeignete Maßnahmen fordern. Dieser spezielle Korrekturmechanismus wird häufig auch als **Beanstandungsverfahren** bezeichnet.[3] Nachdem das Beanstandungsverfahren, ursprünglich, d. h. in § 21 VgV a.F., sich auf der Grundlage der früheren Fassungen des Art. 3 der Richtlinie 89/665/EWG und des Art. 8 der Richtlinie 92/13/EWG auf „klare und eindeutige Verstöße" gegen Gemeinschaftsvorschriften für das öffentliche Auftragswesen bezog, wurde der Korrekturmechanismus in § 129 GWB nunmehr auf die **schweren Verstöße** gegen das Gemeinschaftsrecht im Bereich des öffentlichen Auftragswesens beschränkt.[4]

Mit dem Korrekturmechanismus verfügt die Kommission im Bereich des Vergaberechts über besondere Kompetenzen, die ihre Möglichkeiten im Rahmen eines **Vertragsverletzungsverfahrens** nach Art. 258 AEUV ergänzen.[5] Ziel des Korrekturmechanismus ist es, schwere Verstöße gegen EU-Vergaberecht noch im laufenden Vergabeverfahren zu beheben, um später langwierige Vertragsverletzungsverfahren und Prozesse vor dem Europäischen Gerichtshof zu vermeiden. Ist der Vertrag bereits abgeschlossen, ist § 129 GWB dagegen nicht mehr anwendbar. Dann kann die Kommission nur noch im Wege des Vertragsverletzungsverfahrens nach Art. 258 AEUV vorgehen.[6]

Das in **Art. 258 AEUV** geregelte **Vertragsverletzungsverfahren** ist das wohl wichtigste Instrument in der EU-Komm., um ihrer Aufgabe als Hüterin der Verträge nach Art. 17 Abs. 1 EUV nachzukommen und für eine einheitliche Beachtung und Durchsetzung des Unionsrechts zu sorgen. Als **Verfahren objektiver Rechtskontrolle** ermächtigt Art. 258 AEUV die EU-Komm. zur Erhebung einer Klage vor dem EuGH mit dem Ziel, eine objektive Verletzung des Unionsrechts seitens eines Mitgliedstaats feststellen zu lassen, ohne dass eine Verletzung eigener Rechte der EU-Komm. oder der Rechte der Unionsbürger erforderlich wäre.[7]

Die **praktische Bedeutung** des Vertragsverletzungsverfahrens ist erheblich. Während die EU-Komm. bis zum Jahr 1980 den EuGH in nur insgesamt 116 Fällen angerufen hatte, stieg die Zahl der Klageerhebungen in den Folgejahren und insbesondere in jüngerer Zeit signifikant an auf jährlich über 200 Gerichtsverfahren ab dem Jahr 2003.[8] Im Jahr 2010 sank die Zahl der Vertragsverletzungen insgesamt wieder; die Klageerhebungen gingen auf 114 zurück.[9] Die EU-Komm. erklärte diesen Rückgang der Zahl der laufenden Vertragsverletzungsverfahren mit der Wirksamkeit des Projekts EU-Pilot, das seit April 2008 den Zweck verfolgt, schneller und besser auf Anfragen von Bürgern oder Unternehmen zu antworten und Lösungen für die aus der Anwendung des EU-Rechts resultierenden Probleme zu bieten. Dieses Projekt EU-Pilot habe zur Klärung und zufriedenstellenden Lösung einiger der von der Kommission monierten Probleme betreffend die Anwendung des EU-Rechts beigetragen, ohne dass Vertragsverletzungsverfahren eingeleitet werden mussten.[10]

Das Vertragsverletzungsverfahren kann von der EU-Komm. entweder von Amts wegen oder aufgrund eingehender Beschwerden eingeleitet werden. Es umfasst zunächst ein

---

[3] *Antweiler* VergabeR 2002, 109, 113; *Kadenbach* in Willenbruch/Wieddekind, § 129 GWB Rn. 3.
[4] Vgl. dazu Erwägungsgrund 28 der RMR.
[5] *Müller* in Willenbruch/Wieddekind, § 129 GWB Rn. 3 m.w.N.; *Schröder* in Müller-Wrede, GWB, § 129 Rn. 2 m.w.N.
[6] *Antweiler* VergabeR 2002, 109, 113; *Müller* in Byok/Jaeger, § 129 GWB Rn. 3; *Kadenbach* in Willenbruch/Wieddekind, § 129 GWB Rn. 3.
[7] *Cremer* in Calliess/Ruffert, EUV/AEUV, 4. Aufl. 2011, Art. 258 AEUV Rn. 2 m.w.N.; *Spiegel* in Willenbruch/Wieddekind, Art. 258 AEUV Rn. 1 m.w.N.
[8] *Cremer* in Calliess/Ruffert, Art. 258 AEUV Rn. 3 m.w.N.
[9] EU-Komm., 28. Jahresbericht über die Kontrolle der Anwendung des EU-Rechts (2010) vom 29.9.2011, KOM(2011) 588 endgültig, S. 3 f.
[10] EU-Komm., 28. Jahresbericht über die Kontrolle der Anwendung des EU-Rechts (2010) vom 29.9.2011, KOM(2011) 588 endgültig, S. 5, 8.

zweistufiges Vorverfahren (Aufforderungsschreiben; mit Gründen versehene Stellungnahme), dem ein informelles Vorverfahren (Prüfungsphase) vorausgehen kann. Im Anschluss an dieses mehrphasige Verwaltungsverfahren kann die EU-Komm. durch Anrufung des EuGH das gerichtliche Verfahren einleiten. Sowohl hinsichtlich der Einleitung des Vertragsverletzungsverfahrens als auch hinsichtlich der Einreichung der Vertragsverletzungsklage verfügt die EU-Komm. über einen Ermessensspielraum.[11] Stellt der EuGH fest, dass ein Mitgliedstaat gegen Unionsrecht verstoßen hat, und hat der betreffende Mitgliedstaat die Maßnahmen, die sich aus dem Urteil ergeben, nach Auffassung der EU-Komm. nicht getroffen, so kann die Kommission ein **Sanktionsverfahren** nach Art. 260 Abs. 2 AEUV einleiten. In diesem Verfahren kann der EuGH gegen den Mitgliedstaat die Zahlung eines Pauschalbetrags und/oder eines Zwangsgelds verhängen.

B. Korrekturmechanismus der Kommission gemäß § 129 GWB

I. Regelungsgehalt

7   § 129 GWB dient der Umsetzung des in Art. 3 und 8 der RMR geregelten Korrekturmechanismus der Kommission in das deutsche Recht. Dabei beschränkt sich § 129 GWB auf die Umsetzung derjenigen Regelungen des Korrekturmechanismus nach der RMR, die sich nicht ausschließlich mit Kompetenzen der Kommission gegenüber den Mitgliedstaaten, sondern mit den Pflichten des Mitgliedstaats befassen, zu deren Erfüllung dieser seinerseits auf den öffentlichen Auftraggeber zurückgreifen muss. Nicht umgesetzt wurden daher Art. 3 Abs. 2 letzter Halbsatz und Art. 8 Abs. 2 letzter Halbsatz der RMR, wonach die Kommission die Beseitigung eines von ihr festgestellten schweren Verstoßes „durch geeignete Maßnahmen" fordert, sowie Art. 3 Abs. 5 und Art. 8 Abs. 5 der RMR, wonach der Mitgliedstaat im Falle der Aussetzung des Vergabeverfahrens die Kommission über die Beendigung der Aussetzung oder die Eröffnung eines neuen Vergabeverfahrens, das sich ganz oder teilweise auf das frühere Vergabeverfahren bezieht, informiert.[12] Darüber hinaus enthält § 129 GWB die Regelungen über die **nationale Zuständigkeitsverteilung** im Rahmen des Beanstandungsverfahrens. Während Ansprechpartner der Europäischen Kommission die Bundesregierung ist, wird das weitere nationale Verfahren, insbesondere die Korrespondenz mit dem öffentlichen Auftraggeber, durch das Bundesministerium für Wirtschaft und Technologie geführt.

8   Die **praktische Bedeutung** des Korrekturmechanismus nach § 129 GWB ist soweit ersichtlich sehr begrenzt. Zwar bietet sich für ein **Unternehmen** – neben einer Rüge gegenüber dem öffentlichen Auftraggeber oder einem Vergabenachprüfungsverfahren – durch den Korrekturmechanismus eine weitere Möglichkeit, in einem Vergabeverfahren seine Rechte wahrzunehmen, indem das Unternehmen die Kommission über einen vermeintlichen schweren Vergaberechtsverstoß im Sinne des § 129 GWB informiert.[13] Einen **Anspruch auf Einschreiten** der Kommission hat das Unternehmen allerdings **nicht**, da den Regelungen der Art. 3, 8 der RMR keine Drittwirkung zukommt.[14] Gerade angesichts der Tatsache, dass § 129 GWB sowie Art. 3, 8 der RMR der Kommission keine Sanktionsmöglichkeiten einräumen, können Korrekturen letztlich nur aufgrund politischen Drucks oder auf der Grundlage von Rechtsgrundlagen aus anderen Rechtsbereichen (z.B. Kommunalaufsichtsrecht) erwirkt werden. Gelingt dies nicht, wird die Kommission auf der Grundlage der erlangten Informationen ggf. ein Vertragsverletzungsverfahren nach Art. 258 AEUV einleiten.

---

[11] Vgl. *Cremer* in Calliess/Ruffert, Art. 258 AEUV Rn. 1 m.w.N.
[12] Vgl. *Dittmann* in Ziekow/Völlink, § 129 GWB Rn. 6.
[13] *Dittmann* in Ziekow/Völlink, § 129 GWB Rn. 8; *Müller* in Byok/Jaeger, § 129 GWB Rn. 8.
[14] EuGH Beschl. v. 3.4.2009, C-387/08, VergabeR 2009, 773, 776 Rn. 23; EuG Beschl. v. 25.6.2008, T-185/08 und Beschl. v. 26.6.2008, T-185/08 R.

II. Ablauf des Verfahrens

1. Voraussetzungen für die Einleitung des Korrekturmechanismus (§ 129 Abs. 1 GWB)

Der Korrekturmechanismus wird gemäß § 129 Abs. 1 GWB durch eine **Mitteilung der EU-Komm. an die Bundesregierung** eingeleitet. In dieser Mitteilung legt die EU-Komm. dar, dass nach ihrer Auffassung ein schwerer Verstoß gegen das Gemeinschaftsrecht im Bereich der öffentlichen Aufträge vorliegt, der zu beseitigen sei. Voraussetzung einer solchen Mitteilung der EU-Komm. ist gemäß § 129 Abs. 1 GWB, dass das **Vergabeverfahren noch nicht** durch Abschluss des Vertrags **beendet** worden ist. Weitere Voraussetzung ist, dass nach Auffassung der Kommission ein **schwerer Verstoß** gegen das Gemeinschaftsrecht vorliegt. Nach dieser leicht geänderten Neufassung des § 129 Abs. 1 GWB (infolge der entsprechenden Änderungen des Korrekturmechanismus durch Art. 3, Art. 8 RMR) genügen demnach leichte Verstöße gegen das Gemeinschaftsrecht selbst dann nicht (mehr), wenn sie klar und eindeutig sind.[15] Schließlich setzt die Einleitung des Beanstandungsverfahrens durch die EU-Komm. voraus, dass es sich um einen Verstoß gegen das Gemeinschaftsrecht **im Bereich der öffentlichen Aufträge** handelt. Darunter fallen sämtliche speziell vergaberechtlichen Vorschriften der Europäischen Union, insbesondere die Vergaberichtlinien, aber auch die allgemeinen Grundsätze des EU-Primärrechts, insbesondere also der Art. 18, 49 und 56 AEUV, soweit diese auf die Vergabe öffentlicher Aufträge angewendet werden.[16]

2. Stellungnahme des öffentlichen Auftraggebers (§ 129 Abs. 2 GWB)

Erhält die Bundesregierung eine entsprechende Mitteilung der EU-Komm., teilt das Bundesministerium für Wirtschaft und Technologie dies ohne vorausgehende inhaltliche Prüfung[17] dem öffentlichen Auftraggeber mit und fordert ihn zur Stellungnahme nach § 129 Abs. 2 GWB auf. Gemäß § 129 Abs. 2 GWB ist der öffentliche Auftraggeber verpflichtet, zu den Beanstandungen der EU-Komm. Stellung zu nehmen. Die **Frist** für diese Stellungnahme beträgt **14 Kalendertage** nach Eingang der Mitteilung des Bundesministeriums für Wirtschaft und Technologie gemäß § 129 Abs. 1 GWB.

Der **Inhalt der Stellungnahme** ergibt sich aus dem Wortlaut des § 129 Abs. 2 GWB: So muss die Stellungnahme eine umfassende Darstellung des Sachverhalts enthalten sowie Darlegungen dazu, ob der behauptete Verstoß beseitigt wurde, oder eine Begründung, warum er nicht beseitigt wurde, ob das Vergabeverfahren Gegenstand eines Nachprüfungsverfahrens ist oder aus sonstigen Gründen ausgesetzt wurde.

Der öffentliche Auftraggeber hat diese Stellungnahme an das Bundesministerium für Wirtschaft und Technologie zu richten.

3. Weitergehende Informationspflicht (§ 129 Abs. 3 GWB)

Sofern das **Vergabeverfahren Gegenstand eines Nachprüfungsverfahrens** ist oder ausgesetzt wurde, ist der öffentliche Auftraggeber gemäß § 129 Abs. 3 GWB verpflichtet, das Bundesministerium für Wirtschaft und Technologie unverzüglich über den **Ausgang des Nachprüfungsverfahrens** zu informieren. Diese Information dient dem Ministerium dazu, die EU-Komm. seinerseits gemäß Art. 3 Abs. 4 Satz 2, Art. 8 Abs. 4 Satz 2 der RMR über den Ausgang des Nachprüfungsverfahrens zu informieren.

---

[15] Vgl. auch *Kadenbach* in Willenbruch/Wieddekind, § 129 GWB Rn. 5; *Dittmann* in Ziekow/Völlink, § 129 GWB Rn. 9.
[16] Zutreffend *Dittmann* in Ziekow/Völlink, § 129 GWB Rn. 9.
[17] So auch *Kadenbach* in Willenbruch/Wieddekind, § 129 GWB Rn. 5.

14 Nicht ausdrücklich geregelt wurde demgegenüber eine Informationspflicht des öffentlichen Auftraggebers über den Fortgang bzw. Ausgang des Vergabeverfahrens bzw. die Eröffnung eines neuen Vergabeverfahrens, das sich ganz oder teilweise auf das frühere Vergabeverfahren bezieht, in Fällen, in denen das **Vergabeverfahren** nicht Gegenstand eines Nachprüfungsverfahrens war, sondern vom öffentlichen Auftraggeber **ausgesetzt** wurde. Zwar wird diese Konstellation in § 129 Abs. 3 GWB eingangs als zweite Variante neben Vergabeverfahren, die Gegenstand eines Nachprüfungsverfahrens sind, angesprochen, es fehlt dann allerdings eine ausdrückliche Informationspflicht, vergleichbar derjenigen, die für den Ausgang des Nachprüfungsverfahrens in § 129 Abs. 3 GWB a.E. vorgesehen ist. Die Vorgängerregelung des § 129 GWB, nämlich § 21 VgV a.F., enthielt insoweit noch eine Informationspflicht mit der allgemeinen Formulierung „Ausgang des Verfahrens", die sich auf beide im Einleitungssatz angesprochenen Fallgruppen bezog. Diese Regelung wurde durch das Vergaberechtsmodernisierungsgesetz bei der Übernahme in § 129 GWB dann allerdings – ohne nähere Begründung durch den Gesetzgeber – in „Ausgang des Nachprüfungsverfahrens" geändert. Da der Gesetzesbegründung zu dieser Neuformulierung nichts zu entnehmen ist, ist anzunehmen, dass es sich dabei um ein Redaktionsversehen handelt.[18] Vor diesem Hintergrund und in Anbetracht der Tatsache, dass die Bundesrepublik nach Art. 3 Abs. 5, Art. 8 Abs. 5 der RMR verpflichtet ist, ihrerseits die Kommission über die Beendigung der Aussetzung oder die Eröffnung eines neuen Vergabeverfahrens, das sich ganz oder teilweise auf das frühere Vergabeverfahren bezieht, zu informieren und dass ausweislich der Gesetzesbegründung § 129 GWB der Umsetzung der Art. 3, 8 der RMR dient, ist davon auszugehen, dass hier eine vom Gesetzgeber unbeabsichtigte Regelungslücke entstanden ist, die eine **analoge Anwendung** der in § 129 Abs. 3 GWB geregelten Informationspflicht auf den Ausgang des Verfahrens in Fällen der Aussetzung ermöglicht.[19]

4. Weiteres Verfahren

15 Das weitere Beanstandungsverfahren ist in § 129 GWB nicht mehr geregelt. Dieses ergibt sich unmittelbar aus **Art. 3, 8 der RMR**. Danach ist die Bundesrepublik Deutschland verpflichtet, innerhalb von 21 Kalendertagen nach Eingang der Mitteilung der EU-Komm. der Kommission entweder eine Bestätigung, dass der Verstoß beseitigt wurde, eine Begründung dafür, weshalb der Verstoß nicht beseitigt wurde, oder die Mitteilung, dass das Vergabeverfahren durch den öffentlichen Auftraggeber oder aufgrund eines Nachprüfungsverfahrens ausgesetzt wurde, zu übermitteln (Art. 3 Abs. 3, Art. 8 Abs. 3 der RMR). Ebenso ist die Bundesrepublik Deutschland verpflichtet, die EU-Komm. über den Ausgang eines etwaigen Vergabenachprüfungsverfahrens oder über die Beendigung der Aussetzung oder die Eröffnung eines neuen Vergabeverfahrens, das sich ganz oder teilweise auf das frühere Vergabeverfahren bezieht, zu informieren (Art. 3 Abs. 4 und 5, Art. 8 Abs. 4 und 5 der RMR).

16 Das Tätigwerden der EU-Komm. löst im Ergebnis lediglich **Informationspflichten des betroffenen Mitgliedstaates** aus. Der EU-Komm. stehen dagegen **keine Sanktionsmechanismen** zu, um die von ihr geforderte Beseitigung des Verstoßes durch geeignete Maßnahmen im Wege unmittelbarer Einwirkung auf das laufende Vergabeverfahren durchzusetzen. Beseitigt der Mitgliedstaat – bzw. der betreffende öffentliche Auftraggeber – den von der EU-Komm. beanstandeten Vergaberechtsverstoß nicht, kann die EU-Komm. allerdings auf der Grundlage der aus dem Korrekturmechanismus gewonnenen Erkenntnisse ggf. ein Vertragsverletzungsverfahren gegen den Mitgliedstaat gemäß Art. 258 AEUV einleiten.

---

[18] So auch *Dittmann* in Ziekow/Völlink, § 129 GWB Rn. 14.
[19] So wohl auch *Kadenbach* in Willenbruch/Wieddekind, § 129 GWB Rn. 8; a.A. *Dittmann* in Ziekow/Völlink, § 129 GWB Rn. 14.

C. Vertragsverletzungsverfahren durch die EU-Kommission gemäß Art. 258 AEUV

In Art. 258 AEUV ist das Vertragsverletzungsverfahren durch die EU-Komm. geregelt. Hat nach Auffassung der Kommission ein Mitgliedstaat gegen eine Verpflichtung aus den Verträgen verstoßen, gibt die Kommission, nachdem sie dem Staat zuvor Gelegenheit zur Äußerung zu geben hat, eine mit Gründen versehene Stellungnahme hierzu ab. Kommt der Staat dieser Stellungnahme innerhalb einer von der Kommission gesetzten Frist nicht nach, kann die Kommission den Gerichtshof der Europäischen Union (EuGH) anrufen. Regelungen zur Wirkung und Durchsetzung von Vertragsverletzungsurteilen des EuGH finden sich sodann in Art. 260 AEUV.

I. Verfahrensablauf

Der Ablauf des Vertragsverletzungsverfahrens ist in Art. 258 AEUV nur recht rudimentär geregelt und soll daher im Folgenden ausführlicher dargestellt werden.

1. Einleitung des Verfahrens

Das Vertragsverletzungsverfahren wird immer von der EU-Komm. eingeleitet. Dabei ist zwischen einer Einleitung des Verfahrens **von Amts wegen** und der Einleitung eines Verfahrens aufgrund einer **Beschwerde** zu unterscheiden.

a) Einleitung von Amts wegen

Die EU-Komm. kann jederzeit von Amts wegen ein Vertragsverletzungsverfahren einleiten, wenn sie im Rahmen ihrer allgemeinen Tätigkeiten von einer mitgliedstaatlichen Verletzung des Unionsrechts Kenntnis erlangt.[20] Derartige Kenntnis kann die Kommission etwa bei der Bearbeitung parlamentarischer Anfragen oder Petitionen, im Zuge von in den Mitgliedstaaten durchgeführten Untersuchungen oder aufgrund von Medienberichten erhalten.[21] Darüber hinaus verfolgt die EU-Komm. die beim EuGH eingehenden Vorabentscheidungsersuchen, die ihr – ebenso wie den Mitgliedstaaten – zur Stellungnahme vorgelegt werden. Ergeben sich daraus Anzeichen für einen Verstoß gegen das Recht der Europäischen Union, leitet die EU-Komm. ggf. parallel zu dem laufenden Vorabentscheidungsverfahren ein Vertragsverletzungsverfahren ein.[22]

b) Einleitung aufgrund einer Beschwerde

Zumeist erfährt die EU-Komm. von einer Verletzung des Rechts der Europäischen Union durch eine Beschwerde natürlicher oder juristischer Personen. Seit September 2009 werden solche Beschwerden von Bürgern, Unternehmen, Verbänden oder politischen Gruppierungen über die neue IT-Anwendung „CHAP" („Complaint handling/Accueil des plaignants") verarbeitet. Sämtliche Beschwerden werden in dieser Anwendung registriert. Die EU-Komm. hat in einer Mitteilung vom 2.4.2012 die Verwaltungsmaßnahmen zugunsten des Beschwerdeführers dargelegt, zu deren Einhaltung sie sich bei der Bearbeitung seiner Beschwerde und der Prüfung des entsprechenden Vertragsverletzungsdos-

---

[20] *Cremer* in Calliess/Ruffert, Art. 258 AEUV Rn. 4; *Spiegel* in Willenbruch/Wieddekind, Art. 258 AEUV Rn. 26.
[21] *Borchardt* in Lenz, Kommentar zu dem Vertrag über die Europäische Union und zu dem Vertrag zur Gründung der Europäischen Gemeinschaft, 4. Aufl. 2006, Art. 226 EGV Rn. 9; *Spiegel* in Willenbruch/Wieddekind, Art. 258 AEUV Rn. 26 m.w.N.
[22] *Spiegel* in Willenbruch/Wieddekind, Art. 258 AEUV Rn. 26.

siers verpflichtet.²³ Danach kann jede Person bei der Kommission **unentgeltlich** Beschwerde gegen eine Maßnahme (Rechts- oder Verwaltungsvorschrift), eine Unterlassung oder eine Verwaltungspraxis eines Mitgliedstaats einlegen, die nach ihrer Auffassung gegen Unionsrecht verstößt. Die Beschwerde setzt **kein besonderes Rechtsschutzinteresse** voraus, d. h. der Beschwerdeführer braucht weder nachzuweisen, dass Handlungsbedarf besteht, noch, dass er selbst von der beanstandeten Maßnahme, Unterlassung oder Praxis unmittelbar betroffen ist.²⁴ Beschwerden müssen zwecks Registrierung in der IT-Anwendung **per Brief, Fax oder E-Mail** übermittelt und in einer der Amtssprachen der Union abgefasst sein. Außerdem müssen zum Zweck der Registrierung die Anschrift des Absenders, ein Hinweis auf den Mitgliedstaat, dem der Unionsrechtsverstoß vorgeworfen wird, sowie Beschwerdegründe dargestellt werden. Um die Bearbeitung der Beschwerden zu erleichtern und zu beschleunigen, sollte ein von der EU-Komm. veröffentlichtes **Standard-Formular**²⁵ verwendet werden.²⁶ Der Beschwerdeführer erhält binnen 15 Arbeitstagen eine Empfangsbestätigung und wird über den weiteren Verlauf des Verfahrens detailliert informiert.²⁷

22 Um die Bearbeitung der Beschwerde zu erleichtern und zu beschleunigen, sollten die Beschwerdeführer den gerügten Sachverhalt so vollständig wie möglich darstellen und mit der Beschwerde alle ihnen zur Verfügung stehenden Dokumente vorlegen. In Vergabesachen sollte die Beschwerde möglichst umfassende Angaben zum Vergabeverfahren (Auftraggeber, Auftragsgegenstand, Datum des Verfahrens, Vertragswert, Datum der Zuschlagserteilung, Zuschlagsempfänger, Laufzeit des Vertrags) und zu dem gerügten Rechtsverstoß enthalten. Von besonderer Bedeutung sind Angaben darüber, ob die Vertragsausführung bereits begonnen hat, und über die Laufzeit des Vertrags. Der Beschwerdeführer sollte wenn möglich mindestens die Vergabeunterlagen und eventuelle Korrespondenz mit dem öffentlichen Auftraggeber sowie Dokumente aus einem eventuellen Nachprüfungsverfahren vorlegen.²⁸

c) Ermessen der EU-Kommission

23 Nach ständiger Rechtsprechung des EuGH verfügt die EU-Komm. über ein **weites Ermessen** hinsichtlich der Einleitung und Durchführung von Vertragsverletzungsverfahren, das nicht der Nachprüfung durch das EuGH unterliegt. So ist es in ihr Ermessen gestellt, ob²⁹ und wann³⁰ sie ein Vertragsverletzungsverfahren einleitet und wann³¹ sie den EuGH anruft.³²

---

²³ Mitteilung der Kommission an den Rat und das Europäische Parlament „Aktualisierung der Mitteilung über die Beziehungen zu Beschwerdeführern in Fällen der Anwendung von Unionsrecht" vom 2.4.2012, COM(2012) 154 final.
²⁴ Mitteilung der Kommission an den Rat und das Europäische Parlament „Aktualisierung der Mitteilung über die Beziehungen zu Beschwerdeführern in Fällen der Anwendung von Unionsrecht" vom 2.4.2012, COM(2012) 154 final Nr. 2.
²⁵ Abrufbar unter http://ec.europa.eu/eu_law/your_rights/your_rights_forms_de.htm bzw. ABl. EG 1999, C 119, S. 5.
²⁶ Mitteilung der Kommission an den Rat und das Europäische Parlament „Aktualisierung der Mitteilung über die Beziehungen zu Beschwerdeführern in Fällen der Anwendung von Unionsrecht" vom 2.4.2012, COM(2012) 154 final Nrn. 3, 5.
²⁷ Mitteilung der Kommission an den Rat und das Europäische Parlament „Aktualisierung der Mitteilung über die Beziehungen zu Beschwerdeführern in Fällen der Anwendung von Unionsrecht" vom 2.4.2012, COM(2012) 154 final Nrn. 4, 7 ff.
²⁸ *Spiegel* in Willenbruch/Wieddekind, Art. 258 AEUV Rn. 29.
²⁹ EuGH Urt. v. 6.12.1989, Rechtssache C–329/88, EuGHE 1989, I-4159 – Kommission/Griechenland; Urt. v. 27.11.1990, C-200/88, EuGHE 1990, I-4299, 4307 Rn. 9 – Kommission/Griechenland; Urt. v. 14.5.2002, C-383/00, EuGHE 2002, I-04219, 4225 Rn. 19 – Kommission/Griechenland.

Der Beschwerdeführer hat daher **kein subjektives Recht** auf Einleitung eines Vertragsverletzungsverfahrens durch die EU-Komm. Gegen die Ablehnung der Verfahrenseinleitung kann der Beschwerdeführer weder im Wege der Nichtigkeitsklage noch der Untätigkeitsklage mit Aussicht auf Erfolg vorgehen.[33] 24

2. Informelles Vorverfahren

Der förmlichen Einleitung des Vertragsverletzungsverfahrens durch Versendung eines Aufforderungsschreibens geht häufig zunächst ein informelles Vorverfahren voraus. Das gilt insbesondere für Vertragsverletzungsverfahren, die aufgrund von Beschwerden eingeleitet werden. Diese Phase ist durch **informelle Kontakte** zwischen der EU-Komm. und den Behörden des betroffenen Mitgliedstaats geprägt, um die Sach- und Rechtslage näher aufzuklären. Stellt sich dabei heraus, dass tatsächlich gegen das Unionsrecht verstoßen wurde, versucht die EU-Komm., den Fall in bilateralen Kontakten mit den zuständigen Behörden einer **einvernehmlichen Lösung** zuzuführen.[34] In den letzten Jahren konnten die meisten Vertragsverletzungsfälle auf diese Art vor Versendung eines förmlichen Aufforderungsschreibens an die Mitgliedstaaten abgeschlossen werden, da die Mitgliedstaaten auf Betreiben der Kommission geeignete Maßnahmen ergriffen, um dem EU-Recht zu entsprechen.[35] Auch im Bereich des **Vergaberechts** hat sich dieses informelle Vorverfahren bewährt, da Beschwerden über Einzelfälle so rasch und ressourcenschonend erledigt werden können.[36] 25

3. Förmliches Vorverfahren

Das **Vertragsverletzungsverfahren** nach Art. 258 AEUV beginnt mit Einleitung des sog. förmlichen Vorverfahrens durch Übersendung eines Aufforderungsschreibens (auch Mahnschreiben genannt) der EU-Komm. an den Mitgliedstaat. Es besteht aus zwei Phasen, nämlich dem Aufforderungsschreiben und, sofern die Kommission den Fortgang des Vertragsverletzungsverfahrens beschließt, der Übersendung der mit Gründen versehenen Stellungnahme. 26

a) Aufforderungsschreiben

Gemäß Art. 258 Abs. 1 AEUV muss die Kommission dem Mitgliedstaat „Gelegenheit zur Äußerung" geben, bevor sie eine mit Gründen versehene Stellungnahme abgibt. Das geschieht durch Übersendung eines Aufforderungsschreibens, auch „Mahnschreiben" genannt, durch die EU-Komm. an die Zentralregierung des Mitgliedstaats. 27

---

[30] EuGH Urt. v. 1.6.1994, C-317/92, EuGHE 1994, I-2039, 2054 Rn. 4 – Kommission/Deutschland; Urt. v. 10.5.1995, C-422/92, EuGHE 1995, I-1097, 1124 Rn. 18 – Kommission Deutschland.
[31] EuGH Urt. v. 6.10.2009, C-562/07, EuGHE 2009, I-9553 Rn. 18 ff. – Kommission/Spanien.
[32] Vgl. auch Mitteilung der Kommission an den Rat und das Europäische Parlament „Aktualisierung der Mitteilung über die Beziehungen zu Beschwerdeführern in Fällen der Anwendung von Unionsrecht" vom 2.4.2012, COM(2012) 154 final, S. 3 m.w.N.; *Spiegel* in Willenbruch/Wieddekind, Art. 258 AEUV Rn. 31 m.w.N.
[33] Vgl. auch Mitteilung der Kommission an den Rat und das Europäische Parlament „Aktualisierung der Mitteilung über die Beziehungen zu Beschwerdeführern in Fällen der Anwendung von Unionsrecht" vom 2.4.2012, COM(2012) 154 final, S. 3 m.w.N.; *Spiegel* in Willenbruch/Wieddekind, Art. 258 AEUV Rn. 32 m.w.N.
[34] *Spiegel* in Willenbruch/Wieddekind, Art. 258 AEUV Rn. 38.
[35] Kommission, 28. Jahresbericht über die Kontrolle der Anwendung des EU-Rechts (2010) vom 29.9.2011, KOM(2011) 588 endgültig, S. 4; 30. Jahresbericht über die Anwendung des EU-Rechts (2012) vom 22.10.2013, KOM(2013) 726 endgültig, S 8.
[36] So auch *Spiegel* in Willenbruch/Wieddekind, Art. 258 AEUV Rn. 38.

28 Art. 258 AEUV sind keine näheren Vorgaben über die Ausgestaltung dieser ersten Stufe des förmlichen Vorverfahrens, insbesondere zu Inhalt und Frist zu entnehmen. Nach der Rechtsprechung des EuGH soll das Aufforderungsschreiben den **Gegenstand des Verfahrens eingrenzen** und dem Mitgliedstaat die **notwendigen Angaben zur Vorbereitung seiner Verteidigung** übermitteln. Dabei sind geringere Anforderungen an die Substantiierung des vorgeworfenen Unionsrechtsverstoßes zu stellen als an die mit Gründen versehene Stellungnahme. Danach genügt es, wenn das Aufforderungsschreiben eine erste **knappe Zusammenfassung der Beanstandungen** enthält, die die EU-Komm. dann später in der mit Gründen versehenen Stellungnahme näher darlegen kann.[37] Auch die herrschende Literaturmeinung lässt es ausreichen, dass das Aufforderungsschreiben eine **Sachverhaltsdarstellung** mit Mitteilung der Tatsachen, die nach Auffassung der EU-Komm. die Vertragsverletzung begründen, einen Verweis auf die anwendbaren Unionsrechtsvorschriften, die wesentliche rechtliche Gesichtspunkte zur Begründung des Unionsrechtsverstoßes sowie den Hinweis enthält, dass wegen dieser Tatsachen das Vertragsverletzungsverfahren eingeleitet wurde.[38]

29 Darüber hinaus ist anerkannt, dass bereits in dem Aufforderungsschreiben eine **angemessene Frist** anzugeben ist, innerhalb derer sich der Mitgliedstaat zu den Vorwürfen äußern kann.[39] In der Regel setzt die EU-Komm. eine Frist von zwei Monaten.[40] Die Frist kann in Einzelfällen aber auch kürzer sein. Ob die festgesetzte Frist angemessen ist, ist dabei unter Berücksichtigung sämtlicher Umstände des Einzelfalls zu beurteilen. Sehr kurze Fristen (z. B. eine Woche für die Beantwortung des Mahnschreibens, zwei Wochen für die Beantwortung der mit Gründen versehenen Stellungnahme) können unter besonderen Umständen gerechtfertigt sein, insbesondere, wenn einer Vertragsverletzung schnell begegnet werden muss oder wenn der betroffene Mitgliedstaat den Standpunkt der Kommission schon vor Einleitung des förmlichen Vorverfahrens vollständig kennt.[41]

30 Durch die Sachverhaltsschilderung in dem Mahnschreiben wird insbesondere der Gegenstand des Vertragsverletzungsverfahrens eingegrenzt. Eine **Erweiterung oder Veränderung des Streitgegenstands** in einem späteren Verfahrensstadium ist aus Gründen der Wahrung des rechtlichen Gehörs des Mitgliedstaats nicht mehr möglich. Vielmehr muss die EU-Komm. in einem solchen Fall ein **ergänzendes Aufforderungsschreiben** an den Mitgliedstaat richten, in dem die neuen oder geänderten Gesichtspunkte dargestellt werden und dem Mitgliedstaat erneut eine Frist zur Äußerung eingeräumt wird.[42] Der Mitgliedstaat erhält durch das Aufforderungsschreiben die Gelegenheit, sich zu den Vorwürfen der EU-Komm. zu äußern. Demgegenüber besteht **keine Äußerungspflicht** für den Mitgliedstaat. Auch begründet Art. 258 AEUV als Verfahren objektiver Rechtskontrolle für die Mitgliedstaaten **keine Obliegenheit**, die zur Präklusion bestimmter Einwände oder zur Verwirkung führen würde. Die Mitgliedstaaten sind allerdings gemäß Art. 4 Abs. 2 EUV verpflichtet, an den von der Kommission durchgeführten Untersuchungen mitzuwirken und die von ihr geforderten Auskünfte zu erteilen.[43] Ein Verstoß

---

[37] *Cremer* in Calliess/Ruffert, Art. 258 AEUV Rn. 8 m.w.N.
[38] Vgl. *Cremer* in Calliess/Ruffert, Art. 258 AEUV Rn. 9 ff. m.w.N.; *Spiegel* in Willenbruch/Wieddekind, Art. 258 AEUV Rn. 40 f. m.w.N.
[39] EuGH Urt. v. 28. 10. 1999, Rs. C-328/96, NZBau 2000, 150, 152 Rn. 51 – Kommission/Republik Österreich.
[40] Vgl. *Cremer* in Calliess/Ruffert, Art. 258 AEUV Rn. 12 m.w.N.
[41] EuGH Urt. v. 28. 10. 1999, Rs. C-328/96, NZBau 2000, 150, 152 Rn. 53 ff. – Kommission/Republik Österreich; *Cremer* in Calliess/Ruffert, Art. 258 AEUV Rn. 12 m.w.N.
[42] *Spiegel* in Willenbruch/Wieddekind, Art. 258 AEUV Rn. 42; *Cremer* in Calliess/Ruffert, Art. 258 AEUV Rn. 9.
[43] EuGH Urt. v. 24. 3. 1988, Rs. C-240/86, EuGHE 1988, 1852 Rn. 27 – Kommission/Griechenland; *Cremer* in Calliess/Ruffert, Art. 258 AEUV Rn. 14 m.w.N; *Spiegel* in Willenbruch/Wieddekind, Art. 258 AEUV Rn. 43 m.w.N.

gegen diese Mitwirkungs- und Auskunftspflicht aus Art. 4 Abs. 3 EUV kann von der EU-Komm. ggf. in einem separaten Vertragsverletzungsverfahren verfolgt werden.

Nach Ablauf der im Aufforderungsschreiben gesetzten Frist zur Äußerung entscheidet 31 die EU-Komm. über die **Einstellung** oder **Fortsetzung des Verfahrens.** Insoweit kommt ihr ein weites Ermessen zu.[44] Eine Einstellung des Verfahrens kommt vor allem in Betracht, wenn der Mitgliedstaat der EU-Komm. neue Informationen übermittelt hat, aus denen sich ergibt, dass die beanstandete Unionsrechtsverletzung nicht besteht oder vollständig beseitigt wurde. Tritt der Mitgliedstaat den Beanstandungen aus dem Aufforderungsschreiben dagegen nicht mit überzeugenden Argumenten entgegen oder äußert er sich überhaupt nicht, wird die EU-Komm. die zweite Phase des Vorverfahrens durch Übersendung der mit Gründen versehenen Stellungnahme einleiten.

b) Mit Gründen versehene Stellungnahme

Die mit Gründen versehene Stellungnahme enthält eine förmliche Aufforderung der EU- 32 Komm. an den Mitgliedstaat, die **beanstandete Vertragsverletzung** innerhalb einer von der EU-Komm. gesetzten Frist **zu beenden** und ihr die ergriffenen Maßnahmen mitzuteilen. Wie bereits hinsichtlich des Aufforderungsschreibens ergeben sich aus Art. 258 AEUV keine konkreten inhaltlichen Vorgaben für die Stellungnahme. Diese wurden vielmehr durch die Rechtsprechung des EuGH und die Literatur konkretisiert. Die mit Gründen versehene Stellungnahme besteht danach aus einer zusammenhängenden Darstellung der Tatsachen, Rechtsgründe und Beweismittel, auf die die EU-Komm. ihren Vorwurf einer konkreten Vertragsverletzung stützt. Sie muss so abgefasst sein, dass der betroffene Mitgliedstaat deutlich erkennen kann, gegen welche Bestimmungen des Unionsrechts er verstoßen haben soll und auf welche Tatsachen die Kommission ihre Auffassung stützt. Daher darf sich die EU-Komm. nicht auf bloße Vermutungen stützen oder die Unionsrechtskonformität des Verhaltens lediglich in Zweifel ziehen.[45]

Von besonderer Bedeutung ist darüber hinaus das **Kontinuitätsgebot.** Danach darf die 33 mit Gründen versehene Stellungnahme das Vorbringen aus dem Aufforderungsschreiben lediglich präzisieren, nicht aber um zusätzliche Aspekte ergänzen.[46] Umstritten ist die Frage, ob ein erneutes Aufforderungsschreiben erforderlich ist oder ob das Verfahren weitergeführt werden darf, falls der betroffene Mitgliedstaat die beanstandete Maßnahme nach Empfang des Aufforderungsschreibens oder der mit Gründen versehenen Stellungnahme durch eine Neuregelung ersetzt bzw. die Verwaltungspraxis ändert, die geänderten Normen bzw. die geänderte Verwaltungspraxis nach Auffassung der Kommission aber ebenfalls unionsrechtswidrig sind. Überwiegend – und zutreffend – wird insoweit die Auffassung vertreten, dass ein neues Aufforderungsschreiben nicht erforderlich ist, wenn der im ursprünglichen Aufforderungsschreiben gerügte Vertragsverstoß im weiteren Lauf des Verfahrens lediglich durch eine in tatsächlicher und rechtlicher Hinsicht gleich gelagerte Regelung ersetzt wird. Andernfalls hätten es die Mitgliedstaaten in der Hand, gegebenenfalls durch geringfügige Modifikationen ihrer Rechtsordnung oder -praxis das Vertragsverletzungsverfahren der EU-Komm. dauerhaft zu behindern und damit zu torpedieren.[47]

Auch in der mit Gründen versehenen Stellungnahme muss die EU-Komm. dem be- 34 troffenen Mitgliedstaat eine **angemessene Frist** setzen, innerhalb derer der beanstandete Vertragsverstoß zu beseitigen ist.[48]

---

[44] Siehe dazu oben Rn. 23.
[45] Vgl. *Spiegel* in Willenbruch/Wieddekind, Art. 258 AEUV Rn. 46 m.w.N.
[46] EuGH Urt. v. 8. 2. 1983, Rs. 124/81, EuGHE 1983, 203 Rn. 6 – Kommission/Vereinigtes Königreich; *Cremer* in Calliess/Ruffert, Art. 258 AEUV Rn. 16 m.w.N.; *Spiegel* in Willenbruch/Wieddekind, Art. 258 AEUV Rn. 47 m.w.N.
[47] Eingehend dazu *Cremer* in Calliess/Ruffert, Art. 258 AEUV Rn. 19 ff m.w.N.
[48] Siehe dazu oben Rn. 29.

35 Kommt der Mitgliedstaat innerhalb der gesetzten Frist der Aufforderung nicht nach, trifft die EU-Komm. eine **Entscheidung über die Anrufung des EuGH.** Diese Entscheidung muss aufgrund des Kollegialprinzips (Art. 250 AEUV) von der EU-Komm. gemeinschaftlich beraten werden. Nach der Rechtsprechung des EuGH braucht das Kollegium dagegen nicht selbst den Wortlaut der Rechtsakte, durch die die Entscheidungen umgesetzt werden, und ihre endgültige Ausgestaltung zu beschließen.[49] Die Entscheidung über die Klageerhebung steht im **Ermessen** der Kommission. Diese bezieht sich sowohl auf die Frage des Ob als auch des Wann der Klageerhebung.[50]

4. Gerichtsverfahren

36 Gemäß Art. 258 Abs. 1 AEUV kann die Kommission, wenn der Mitgliedstaat der mit Gründen versehenen Stellungnahme nicht innerhalb der von der Kommission gesetzten Frist nachkommt, den EuGH anrufen. Wie der Formulierung des Art. 260 Abs. 1 AEUV zu entnehmen ist, handelt es sich dabei um eine reine **Feststellungsklage.** Die Klage ist auf die Feststellung gerichtet, dass der beklagte Staat durch ein bestimmtes Verhalten gegen das Unionsrecht verstoßen hat. Dagegen kann im Wege der Vertragsverletzungsklage nicht erreicht werden, dass der EuGH nationale Rechtsnormen für unionsrechtswidrig erklärt oder den Mitgliedstaat zu einem bestimmten Verhalten oder Unterlassen verurteilt.

a) Zulässigkeit der Klage

37 **aa) Zuständigkeit.** Gemäß Art. 258 Abs. 2 AEUV ist **ausschließlich** der **EuGH** für Vertragsverletzungsverfahren nach dieser Vorschrift zuständig.

38 **bb) Parteifähigkeit.** Parteifähig im Klageverfahren nach Art. 258 AEUV sind die **EU-Kommission als Klägerin** und die **Mitgliedstaaten als Beklagte.** Die Mitgliedstaaten werden dabei durch ihre (Zentral-)Regierungen vertreten. Weder der Beschwerdeführer oder andere betroffene natürliche oder juristische Personen noch die für die beanstandete Handlung verantwortliche innerstaatliche Stelle sind förmlich an dem Vertragsverletzungsverfahren beteiligt. In **Vergabesachen** hat das zur Folge, dass der öffentliche Auftraggeber, dem der Verstoß gegen das Unionsrecht vorgeworfen wird, nicht unmittelbar am Verfahren beteiligt ist. Wird etwa eine Auftragsvergabe durch eine deutsche Kommune oder ein Bundesland beanstandet, so kann sich weder die Kommune noch das Bundesland direkt gegenüber der EU-Komm. oder vor dem Gerichtshof rechtfertigen. Kommune und Bundesland können ihre Position nur indirekt über die zuständigen Bundesbehörden einbringen.[51]

39 **cc) Klagegegenstand.** Zulässiger Klagegegenstand im Vertragsverletzungsverfahren sind nur **staatliche Vertragsverletzungen.** Der Begriff der Vertragsverletzung ist dabei weit auszulegen. Erfasst ist das gesamte für die Mitgliedstaaten verbindliche Recht der Europäischen Union, d. h. das gesamte Primär- und Sekundärrecht einschließlich ungeschriebener Rechtsgrundsätze sowie Abkommen der Europäischen Union mit Drittstaaten.[52]

40 Die Unionsrechtsverletzung muss dem Staat zurechenbar sein. Als Urheber kommen dabei **alle staatlichen Einrichtungen** in dem betreffenden Mitgliedstaat in Betracht. Neben der staatlichen Zentralgewalt sind demnach auch sämtliche Behörden und Stellen der staatlichen Untergliederungen erfasst. Den Mitgliedstaaten werden insbesondere sol-

---

[49] *Cremer* in Calliess/Ruffert, Art. 258 AEUV Rn. 23 m.w.N.
[50] Siehe dazu oben Rn. 23.
[51] *Spiegel* in Willenbruch/Wieddekind, Art. 258 AEUV Rn. 12.
[52] Vgl. *Spiegel* in Willenbruch/Wieddekind, Art. 258 AEUV Rn. 24 m.w.N.

che Vertragsverletzungen zugerechnet, die von einem Bundesland[53] oder einer Region[54] im Rahmen seiner/ihrer Zuständigkeiten oder durch eine Gebietskörperschaft[55] in Ausübung ihres Selbstverwaltungsrechts begangen worden sind. Auch Handlungen oder Unterlassungen **verfassungsmäßig unabhängiger Organe**, also insbesondere von Parlamenten und Gerichten, werden dem Mitgliedstaat zugerechnet, wobei die EU-Komm. gegen Vertragsverletzungen durch mitgliedstaatliche Gerichte bislang eher zurückhaltend und nur in Fällen bewusster Unionsrechtsverstöße vorgeht.[56] Das Verhalten Privater kann grundsätzlich nicht Gegenstand eines Vertragsverletzungsverfahrens sein. Anderes gilt aber, wenn dem Mitgliedstaat entscheidender Einfluss auf das Verhalten Privater zukommt, etwa wenn es sich um privatrechtlich organisierte, aber staatlich kontrollierte bzw. finanzierte Gesellschaften handelt.[57] Im **Vergaberecht** hat die umfassende Zurechnung staatlichen Handelns zur Folge, dass die Handlungen von **öffentlichen Auftraggebern** im Sinne von Art. 1 IX der Richtlinie 2004/18/EG sowie von Auftraggebern im Sinne von Art. 2 Abs. 1 der Richtlinie 2004/17/EG durchweg Gegenstand von Vertragsverletzungen sein können.[58]

dd) Ordnungsgemäße Durchführung des Vorverfahrens und Kontinuitätsgebot. Die Zulässigkeit der Klage setzt die ordnungsgemäße Durchführung des förmlichen Vorverfahrens voraus. Insbesondere müssen die formalen und inhaltlichen Anforderungen an das Aufforderungsschreiben und die mit Gründen versehene Stellungnahme eingehalten worden sein.[59] 41

Bezüglich der Frage, ob eine **unangemessen kurze Fristsetzung** im Mahnschreiben oder in der mit Gründen versehenen Stellungnahme stets zur Unzulässigkeit der Klage führt oder ob dieser Mangel heilbar ist, findet sich in der EuGH-Rechtsprechung eine sehr feinsinnige Differenzierung. Während der EuGH das bloße Vorbringen der EU-Komm., eine zu kurz bemessene Frist im Mahnschreiben und in der mit Gründen versehene Stellungnahme sei unschädlich, da sie eine Antwort des Mitgliedstaats auch nach Fristablauf noch berücksichtigt hätte, für nicht ausreichend erachtet, hat er eine Klage in einem Fall als zulässig eingestuft, in dem die EU-Komm. die ca. drei Monate nach Ablauf der zu kurzen Frist eingegangene Antwort des betroffenen Mitgliedstaats tatsächlich abgewartet hatte, bevor sie Klage erhob.[60] 42

Für die Zulässigkeit der Klage von ausschlaggebender Bedeutung ist außerdem die **Wahrung des Kontinuitätsgebots.** Nach ständiger Rechtsprechung des EuGH muss die Klage auf das gleiche Vorbringen gestützt werden wie die mit Gründen versehene Stellungnahme. Rügen, die nicht bereits in der mit Gründen versehenen Stellungnahme enthalten waren, werden vom EuGH als unzulässig erachtet und daher nicht geprüft. Das gilt selbst dann, wenn sich der Mitgliedstaat in seiner Antwort auf die mit Gründen versehene Stellungnahme aus eigenem Antrieb bereits zu dem erweiterten Vorwurf geäußert hat.[61] 43

---

[53] Vgl. EuGH Urt. v. 12.6.1990, Rs. C-8/88, EuGHE 1990, I-2321 Rn. 13 – Deutschland/Kommission.
[54] Vgl. EuGH Urt. v. 13.12.1991, Rs. C-33/90, EuGHE 1991, I-5987 Rn. 24 – Kommission/Italien.
[55] Vgl. EuGH Urt. v. 10.4.2003, Rs. C-20/01 und C-28/01, NZBau 2003, 393 – Abfallentsorgung Braunschweig I.
[56] Vgl. *Cremer* in Calliess/Ruffert, Art. 258 AEUV Rn. 28 m.w.N.
[57] Vgl. EuGH Urt. v. 24.11.1982, Rs. 249/81, EuGHE 1982, 4005 Rn. 15 – Kommission/Irland; *Cremer* in Calliess/Ruffert, Art. 258 AEUV Rn. 27 m.w.N.
[58] *Spiegel* in Willenbruch/Wieddekind, Art. 258 AEUV Rn. 25.
[59] Siehe dazu oben Rn. 27 ff., 32 ff.
[60] Vgl. *Cremer* in Calliess/Ruffert, Art. 258 AEUV Rn. 13 m.w.N.
[61] Vgl. *Spiegel* in Willenbruch/Wieddekind, Art. 258 AEUV Rn. 52 m.w.N.; *Cremer* in Calliess/Ruffert, Art. 258 AEUV Rn. 29.

44 **ee) Rechtsschutzinteresse.** Als Verfahren der objektiven Rechtskontrolle setzt das Vertragsverletzungsverfahren **weder eine Klagebefugnis noch ein subjektives Interesse der EU-Komm.** voraus; die EU-Kommission braucht daher kein „spezifisches Rechtsschutzinteresse" nachzuweisen.[62] Allerdings stellt sich die Frage, ob eine Klage mangels – objektiv verstandenen – Rechtsschutzinteresses unzulässig ist, wenn sich die **Vertragsverletzung nach Verfahrenseinleitung erledigt** hat. Nach herrschender Meinung ist maßgeblicher Zeitpunkt für die Beurteilung des Vorliegens einer Vertragsverletzung der Ablauf der in der mit Gründen versehenen Stellungnahme gesetzten Frist.[63]

45 In **Vergabesachen** ist darauf abzustellen, dass der Unionsrechtsverstoß – regelmäßig wird es um einen Verstoß gegen die Vergaberichtlinien gehen – erst dann nicht mehr besteht, wenn bei Ablauf der Frist aus der mit Gründen versehenen Stellungnahme alle Wirkungen der streitgegenständlichen Ausschreibung erschöpft sind. Es genügt demnach nicht, dass das Vergabeverfahren in diesem Zeitpunkt abgeschlossen war. Vielmehr müssen auch die streitigen Verträge in diesem Zeitpunkt bereits vollständig erfüllt worden sein. Denn nach der Rechtsprechung des EuGH dauert die durch die Missachtung der Vergaberichtlinien erfolgte Beeinträchtigung des freien Dienstleistungsverkehrs während der gesamten Dauer der Erfüllung der unter Verstoß gegen diese Richtlinien geschlossenen Verträge fort.[64]

46 **ff) Form und Frist.** Die Klageschrift muss den allgemeinen Anforderungen über Klagen vor dem EuGH nach Art. 21 Abs. 1 Satz 2 EuGH-Satzung und Art. 37 EuGH-Verfahrensordnung genügen. Sie muss neben der Bezeichnung der Parteien und den Klageanträgen insbesondere eine Darstellung des Streitgegenstands und der Klagegründe enthalten sowie die Bezeichnung der Beweismittel.

47 Eine Frist, innerhalb derer die EU-Komm. den EuGH im Vertragsverletzungsverfahren anrufen muss, sieht der AEUV nicht vor. Der Kommission kommt insoweit Ermessen zu bei der Entscheidung darüber, wann sie nach Ablauf der Frist aus der mit Gründen versehenen Stellungnahme den EuGH anruft.[65] In der Literatur wird allerdings angenommen, dass die Kommission ihr Klagerecht verwirkt, wenn sie unangemessen lange untätig bleibt.[66]

b) Begründetheit der Klage

48 **aa) Objektive Vertragsverletzung.** Die Vertragsverletzungsklage ist begründet, wenn der von der Kommission behauptete Verstoß gegen Unionsrecht objektiv besteht und dem Mitgliedstaat zuzurechnen ist. Auf ein Verschulden des Mitgliedstaats oder sonstige subjektive Tatbestandsmerkmale kommt es dabei nicht an.[67] Maßgeblicher Zeitpunkt für die Beurteilung des Vorliegens der Vertragsverletzung ist dabei der Ablauf der in der mit Gründen versehenen Stellungnahme gesetzten Frist.[68]

---

[62] St. Rspr., vgl. nur EuGH Urt. v. 11.8.1995 Rs. C-431/92, EuGHE 1995, I-2189 Rn. 21 m.w.N.; EUGH Urt. v. 10.4.2003, Rs. C-20/01 und 28/01, NZBau 2003, 393 Rn. 29 m.w.N. – Abfallentsorgung Braunschweig I; *Cremer* in Calliess/Ruffert, Art. 258 AEUV Rn. 30 m.w.N.

[63] Ausführlich zum Meinungsstand *Cremer* in Calliess/Ruffert, Art. 258 AEUV Rn. 30 f. m.w.N.

[64] EuGH Urt. v. 10.4.2003, Rs. C-20/01 und C-28/01, NZBau 2003, 393, 394 – Abfallentsorgung Braunschweig I; EuGH Urt. v. 18.7.2007, Rs. C-503/04, NZBau 2007, 594, 595 – Abfallentsorgung Braunschweig II; *Bitterich* EWS 2005, 162, 164; *Spiegel* in Willenbruch/Wieddekind, Art. 258 AEUV Rn. 54.

[65] Siehe oben Rn. 23.

[66] Vgl. *Cremer* in Calliess/Ruffert, Art. 258 AEUV m.w.N.

[67] *Spiegel* in Willenbruch/Wieddekind, Art. 258 AEUV Rn. 58.

[68] EuGH Urt. v. 18.7.2007, Rs. C-503/04, NZBau 2007, 594, 595 Rn. 19 – Abfallentsorgung Braunschweig II; siehe dazu bereits oben Rn. 44 f.

bb) Beweislast und Einwendungen des Mitgliedstaats. Die Beweislast für die behauptete Vertragsverletzung trägt grundsätzlich die **EU-Komm.** Nach ständiger Rechtsprechung des EuGH muss sie alle Anhaltspunkte liefern, die der EuGH zur Prüfung des Vorliegens der Vertragsverletzung benötigt, wobei sie sich nicht auf Vermutungen stützen darf.[69] Richtet sich die Klage gegen die nationale Verwaltungspraxis bei der Anwendung einer bestimmten Vorschrift, muss die Kommission beweisen, dass eine **hinreichend verfestigte und allgemeine Verwaltungspraxis** besteht. Im Vergaberecht kommt insoweit etwa die Aufzählung exemplarischer Einzelfälle und weiterer Gesichtspunkte, wie etwa eine ungewöhnlich niedrige Zahl europaweiter Ausschreibungen, in Betracht.[70] In Verfahren wegen Verstößen gegen die **primärrechtlichen Grundsätze der Transparenz und Nichtdiskriminierung** bei der Vergabe öffentlicher Aufträge außerhalb des Anwendungsbereichs der Vergaberichtlinien, also insbesondere bei Aufträgen unterhalb der Schwellenwerte, bei öffentlichen Aufträgen über nicht-prioritäre Dienstleistungen und bei Dienstleistungskonzessionen, muss die EU-Kommission beweisen, dass der betreffende Auftrag für ein Unternehmen aus einem anderen Mitgliedstaat von eindeutigem Interesse ist und dass dieses Unternehmen nicht in der Lage war, sein Interesse an dem Auftrag zu bekunden, weil es vor dessen Vergabe keinen Zugang zu angemessenen Informationen hatte. Der bloße Hinweis auf die Beschwerde eines Unternehmens, die die EU-Kommission im Zusammenhang mit dem fraglichen Auftrag erhalten hat, genügt für den Nachweis eines eindeutigen grenzüberschreitenden Interesses an diesem Auftrag allerdings nicht.[71]

Den **Mitgliedstaat** trifft die Beweislast für sämtliche Umstände, die einer Verletzung des Unionsrechts entgegenstehen. Im **Vergaberecht** betrifft das insbesondere das Eingreifen von Ausnahmebestimmungen, die eine Auftragsvergabe ohne vorherige europaweite Bekanntmachung rechtfertigen.[72]

Die **Verteidigungsmöglichkeiten des beklagten Mitgliedstaats** beschränken sich auf das Bestreiten des von der Kommission vorgetragenen Sachverhalts sowie auf die Darlegung ihm günstiger Rechtsansichten. Demgegenüber können sich Mitgliedstaaten nicht mit Erfolg auf Bestimmungen, Übungen oder Umstände ihrer nationalen Rechtsordnung (einschließlich des Verfassungsrechts) berufen, um die Nichtbeachtung unionsrechtlicher Verpflichtungen zu rechtfertigen.[73] Ebenso wenig können sich Mitgliedstaaten zur Rechtfertigung ihrer Vertragsverletzung darauf berufen, dass auch andere Mitgliedstaaten oder Organe der EU sich vertragswidrig verhielten. Auch den Einwand, eine Änderung des innerstaatlichen Rechts sei wegen des ohnehin eingreifenden Anwendungsvorrangs des Unionsrechts nicht erforderlich, hat der EuGH zurückgewiesen. Dasselbe gilt für den Einwand einer nur geringen Schwere des Verstoßes. Schließlich lässt auch die Tatsache, dass der Mitgliedstaat an den durch den Verstoß Geschädigten bereits Schadensersatz geleistet hat, die Vertragsverletzung nicht entfallen.[74] Eine Rechtfertigung ist nur möglich, wenn es dem Mitgliedstaat **objektiv unmöglich** ist, sich vertragsgemäß zu verhalten.[75]

---

[69] EuGH Urt. v. 6.11.2003, Rs. C-434/01, EuGHE 2003, I-13239 Rn. 21 – Kommission/Vereinigtes Königreich; EuGH Urt. v. 13.11.2007, Rs. C-507/03, EuGHE 2007 I-09777 Rn. 33 m.w.N. – Kommission/Irland.
[70] *Spiegel* in Willenbruch/Wieddekind, Art. 258 Rn. 59 m.w.N.
[71] EuGH Urt. v. 13.11.2007, Rs. C-507/03, EuGHE 2007 I-09777 Rn. 32, 34 – Kommission/Irland; *Spiegel* in Willenbruch/Wieddekind, Art. 258 Rn. 60.
[72] EuGH Urt. v. 10.4.2003, Rs. C-20/01 und C-28/01, NZBau 2003, 393, 396 Rn. 67 – Abfallentsorgung Braunschweig I; EuGH Urt. v. 15.10.2009, Rs. C-275/08, EuZW 2009, 858, 861 f. Rn. 56 ff. – Kommission/Deutschland; *Ax/Schneider* Rechtsschutz bei der öffentlichen Auftragsvergabe, S. 197 Rn. 316.
[73] St. Rspr., vgl. nur EuGH Urt. v. 18.7.2007, Rs. C-503/04, NZBau 2007, 594, 596 Rn. 38 m.w.N. – Abfallentsorgung Braunschweig II.
[74] Vgl. *Cremer* in Calliess/Ruffert, Art. 258 AEUV Rn. 34 m.w.N.

c) Urteil

52 Erweist sich die Vertragsverletzungsklage als zulässig und begründet, stellt der EuGH fest, dass der beklagte Mitgliedstaat gegen eine Verpflichtung aus dem Unionsrecht verstoßen hat (vgl. Art. 260 Abs. 1 AEUV). Es ergeht demnach ein **Feststellungsurteil**. Der EuGH darf demgegenüber die vertragswidrige Maßnahme weder aufheben noch den vertragsbrüchigen Mitgliedstaat verpflichten, den Unionsrechtsverstoß zu beseitigen. Allerdings kann der EuGH in den Urteilsgründen Hinweise dazu geben, wie die Vertragsverletzung beseitigt werden kann.[76] Die **Rechtsfolgen** eines solchen Feststellungsurteils ergeben sich aus **Art. 260 AEUV**.[77]

53 Erweist sich die Vertragsverletzungsklage als unzulässig oder unbegründet, ergeht ein klageabweisendes Urteil des EuGH. Eine erneute Befassung des EuGH mit demselben Streitgegenstand (Klageantrag und Klagegrund) ist im Falle einer Klageabweisung wegen Unzulässigkeit grundsätzlich möglich, nachdem ein erneutes korrektes Vorverfahren durchgeführt wurde. Im Falle der Unbegründetheit der Klage kommt eine erneute Anrufung des EuGH wegen desselben Streitgegenstands dagegen nur nach Maßgabe des Wiederaufnahmeverfahrens gemäß Art. 44 EuGH-Satzung in Betracht. Das setzt insbesondere voraus, dass eine Tatsache von entscheidender Bedeutung bekannt wird, die vor Verkündung des klagabweisenden Urteils dem EuGH und der die Wiederaufnahme beantragenden Partei unbekannt war.

5. Beschleunigung des Verfahrens und einstweilige Anordnungen

54 Gerade in Vergabesachen erweist sich das mehrstufige Vorverfahren und das recht langwierige Klageverfahren vor dem EuGH als erhebliche Hürde bei der Herstellung unionsrechtskonformen Verhaltens der Mitgliedstaaten, da unionsrechtswidrig erteilte öffentliche Aufträge häufig bereits erfüllt sind, bevor eine Vertragsverletzungsklage erhoben wird oder ein entsprechendes Urteil des EuGH ergeht. Die EU-Komm. kann das **Verfahren beschleunigen,** indem sie **kurze Fristen im Vorverfahren** setzt[78] oder auf die gemäß Art. 20 EuGH-Satzung ermöglichte **Replik verzichtet.**

55 Darüber hinaus kann die EU-Komm. nach Klageerhebung einen Antrag auf Erlass einer **einstweiligen Anordnung** durch den EuGH gemäß Art. 279 AEUV stellen. Der EuGH hält solche einstweiligen Anordnungen – die Eilbedürftigkeit und die Notwendigkeit der Maßnahmen zur Abwendung irreparabler und schwerer Schäden vorausgesetzt – für unproblematisch. In der Literatur wird demgegenüber teilweise eingewandt, der EuGH gehe mit der Anwendung des Art. 279 AEUV über die im Hauptverfahren allein mögliche Feststellung einer Vertragsverletzung hinaus.[79]

II. Rechtsfolgen der Feststellung eines Unionsrechtsverstoßes

1. Pflicht zur Beseitigung der Vertragsverletzung, Art. 260 Abs. 1 AEUV

56 Stellt der EuGH fest, dass ein Mitgliedstaat gegen eine Verpflichtung aus den Verträgen verstoßen hat, so ist dieser Staat gemäß Art. 260 Abs. 1 AEUV verpflichtet, die Maßnahmen zu ergreifen, die sich aus dem Urteil des Gerichtshofs ergeben. Art. 260 Abs. 1 AEUV enthält demnach eine **primärrechtliche Verpflichtung zur Beendigung des mit dem Urteil festgestellten Vertragsverstoßes.**

---

[75] EuGH Urt. v. 4.7.1996, Rs. C-50/94, EuGHE 1996 I-3331 Rn. 39 m.w.N. – Griechenland/Kommission; *Cremer* in Calliess/Ruffert, Art. 258 AEUV Rn. 34 m.w.N.
[76] *Cremer* in Calliess/Ruffert, Art. 260 AEUV Rn. 2.
[77] Siehe dazu unten Rn. 56 ff.
[78] Siehe dazu oben Rn. 29, 34.
[79] Vgl. zum Meinungsstand *Cremer* in Calliess/Ruffert, Art. 258 AEUV Rn. 36 f. m.w.N.

§ 37 Vertragsverletzungsverfahren Kap. 8

a) Adressat

Adressat der Verpflichtung aus Art. 260 Abs. 1 AEUV ist der Mitgliedstaat. Das umfasst **alle staatlichen Stellen**, die für die Durchführung der Maßnahmen, die sich aus dem Urteil ergeben, zuständig sind. Wird im Urteil die Unvereinbarkeit bestimmter nationaler Rechtsvorschriften mit dem Unionsrecht festgestellt, müssen die zuständigen gesetzgebenden Organe die nationale Rechtsvorschrift entsprechend den Anforderungen des Unionsrechts ändern, aufheben oder ergänzen. Verwaltungsbehörden sind verpflichtet, ihre Praxis zu ändern und die europarechtswidrige Bestimmung nicht anzuwenden. Auch Gerichte müssen das Feststellungsurteil beachten und nationale Rechtsvorschriften ggf. europarechtskonform auslegen. Da sämtliche staatlichen Stellen zur Umsetzung des Vertragsverletzungsurteils verpflichtet sind, können sich im Bereich des **Vergaberechts** auch unmittelbare Handlungspflichten für den **öffentlichen Auftraggeber**, der die rechtswidrige Vergabe durchgeführt hat, ergeben.[80] 57

b) Frist

Art. 260 Abs. 1 AEUV enthält keine ausdrückliche Frist für die Beseitigung der Vertragsverletzung. Nach ständiger Rechtsprechung des EuGH verlangt jedoch das Interesse an einer sofortigen und einheitlichen Anwendung des Unionsrechts, dass diese Durchführung **unverzüglich** begonnen und innerhalb kürzestmöglicher Frist abgeschlossen wird.[81] 58

c) Inhalt der Beseitigungspflicht in Vergabesachen

Nachdem im Anschluss an die gegen die Bundesrepublik Deutschland ergangene Entscheidung des EuGH in Sachen „Abfallentsorgung Braunschweig I" vom 10. 4. 2003[82] umstritten war, welche Rechtspflichten sich aus der dortigen Feststellung des EuGH, dass die durch die Missachtung der Bestimmungen der Richtlinie 92/50/EWG erfolgte Beeinträchtigung des freien Dienstleistungsverkehrs während der gesamten Dauer der Erfüllung der unter Verstoß gegen diese Richtlinie geschlossenen Verträge fortdauere, ergeben,[83] hat der EuGH mit seinem Urteil vom 18. 7. 2007 in Sachen „Abfallentsorgung Braunschweig II"[84] klargestellt, dass grundsätzlich eine **Pflicht zur Beendigung europarechtswidriger Verträge** besteht.[85] Der EuGH stellt in diesem Urteil fest, dass dadurch, dass der im Verhandlungsverfahren ohne vorherige Vergabebekanntmachung vergebene Abfallentsorgungsvertrag nicht vor Ablauf der von der Kommission in der mit Gründen versehenen Stellungnahme gesetzten Frist gekündigt worden war, die Vertragsverletzung zu diesem Zeitpunkt noch weiter bestand. Die durch die Missachtung der Richtlinie 92/50/EWG erfolgte Beeinträchtigung des freien Dienstleistungsverkehrs dauere nämlich während der gesamten Dauer der Erfüllung der unter Verstoß gegen diese Richtlinie geschlossenen Verträge fort. Daher könne nicht davon die Rede sein, dass die Bundesrepublik Deutschland in Bezug auf diesen von der Stadt Braunschweig geschlosse- 59

---

[80] *Spiegel* in Willenbruch/Wieddekind, Art. 260 AEUV Rn. 4 m.w.N.
[81] EuGH Urt. v. 25. 11. 2003, Rs. C-278/01, EuGHE 2003, I-14141 Rn. 27 m.w.N. – Kommission/Spanien; *Cremer* in Calliess/Ruffert, Art. 260 AEUV Rn. 6 m.w.N.; *Spiegel* in Willenbruch/Wieddekind, Art. 260 AEUV Rn. 5.
[82] EuGH Urt. v. 10. 4. 2003, Rs. C-20/01 und C-28/01, NZBau 2003, 393 – Abfallentsorgung Braunschweig I.
[83] Für Vertragsbeendigung/Rückabwicklung *Kalbe* EWS 2003, 566, 567; *Bitterich* EWS 2005, 162, 165; a.A. *Heuvels* NZBau 2005, 32, 33 ff.
[84] EuGH Urt. v. 18. 7. 2007, Rs. C-503/04, NZBau 2007, 594 – Abfallentsorgung Braunschweig II.
[85] Vgl. auch *Burger*, KommJur 2013, 41, 52; *Jennert/Räuchle* NZBau 2007, 555, 556; *Cremer* in Calliess/Ruffert, Art. 260 AEUV Rn. 5 m.w.N.; *Spiegel* in Willenbruch/Wieddekind, Art. 260 AEUV Rn. 6 ff.

nen Vertrag die sich aus dem Urteil „Abfallentsorgung Braunschweig I" vom 10. 4. 2003 ergebenden Maßnahmen ergriffen hätte.[86] Die von der Bundesrepublik Deutschland dagegen vorgebrachten Einwände ließ der EuGH nicht gelten. Zu Art. 2 Abs. 6 Unterabs. 2 der Richtlinie 89/665/EWG, wonach ein Mitgliedstaat in seinen Rechtsvorschriften vorsehen kann, dass nach dem Vertragsschluss im Anschluss an die Zuschlagserteilung nur noch Schadensersatzklagen zulässig sind, während Primärrechtsschutz ausgeschlossen ist, verwies der EuGH (wie bereits im Urteil „Abfallentsorgung Braunschweig I") darauf, dass diese Richtlinienbestimmung nicht dazu führen könne, dass das Verhalten des Auftraggebers gegenüber Dritten nach Abschluss dieser Verträge als gemeinschaftsrechtskonform anzusehen sei; sie lasse damit die Tragweite des Art. 258 AEUV unberührt. Das gelte auch für Art. 260 AEUV, weil sonst die Tragweite der die Schaffung des Binnenmarkts betreffenden Bestimmungen des Vertrags beschränkt würde.[87] Soweit sich die Bundesregierung auf die Grundsätze der Rechtssicherheit und des Vertrauensschutzes sowie den Grundsatz „pacta sunt servanda" und das Grundrecht auf Eigentum berief, erklärte der EuGH, dass diese Grundsätze sowie das Grundrecht, selbst wenn sie im Verhältnis zwischen dem öffentlichen Auftraggeber und dessen Vertragspartner bei einer Kündigung des Vertrags geltend gemacht werden können, keinesfalls geeignet seien, die Nichtdurchführung eines eine Vertragsverletzung nach Art. 258 AEUV feststellenden Urteils zu rechtfertigen, wodurch sich der Mitgliedstaat nämlich seiner gemeinschaftsrechtlichen Verantwortung entziehen könnte.[88] Damit hat der EuGH sämtliche für einen **Bestandsschutz** des unionsrechtswidrig abgeschlossenen Vertrags vorgebrachten Argumente **zurückgewiesen**. Daraus ist die Schlussfolgerung zu ziehen, dass die Mitgliedstaaten grundsätzlich verpflichtet sind, einen öffentlichen Auftrag, dessen europarechtswidrige Vergabe in einem Vertragsverletzungsurteil festgestellt wurde, innerhalb kürzestmöglicher Zeit zu beenden. Dabei sind die Mitgliedstaaten verpflichtet, alle nach nationalem Recht bestehenden Möglichkeiten zu ergreifen und unter Beachtung der Grundsätze der Gleichwertigkeit und der Effektivität die zur Durchsetzung des Unionsrechts zur Verfügung stehenden Rechtsbehelfe auszuschöpfen.[89]

60 In dem Fall der Vergabe einer **Dienstleistungskonzession** hat der EuGH insoweit klargestellt, dass der Grundsatz der Gleichbehandlung und das Verbot der Diskriminierung aus Gründen der Staatsangehörigkeit, die in den Art. 43 und 49 EG verankert sind, sowie die daraus fließende Transparenzpflicht nicht in allen Fällen, in denen behauptet wird, dass diese Pflicht bei der Vergabe von Dienstleistungskonzessionen verletzt worden sei, die nationalen Behörden zur Kündigung des Vertrags und die nationalen Gerichte zu einer Unterlassungsanordnung verpflichten. Es sei vielmehr Sache des innerstaatlichen Rechts, die Rechtsschutzmöglichkeiten, die den Schutz der dem Bürger aus dieser Pflicht erwachsenden Rechte gewährleisten sollen, so zu regeln, dass sie nicht weniger günstig ausgestaltet sind als die entsprechenden innerstaatlichen Rechtsschutzmöglichkeiten und die Ausübung dieser Rechte nicht praktisch unmöglich machen oder übermäßig erschweren.[90] Neben dem Abschluss von Aufhebungsverträgen ist zum Zweck der kurzfristigen Vertragsbeendigung insbesondere die Möglichkeit einer ordentlichen oder außerordentlichen Kündigung zu prüfen.[91]

2. Sanktionsverfahren, Art. 260 Abs. 2 AEUV

61 Bis zum In-Kraft-Treten des Maastrichter Vertrags am 1. 11. 1993 enthielt das Gemeinschaftsrecht keine spezifischen Regelungen über Sanktionen gegenüber Mitgliedstaaten,

---

[86] EuGH Urt. v. 18. 7. 2007, Rs. C-503/04, NZBau 2007, 594, 596 Rn. 29 f.
[87] EuGH Urt. v. 18. 7. 2007, Rs. C-503/04, NZBau 2007, 594, 596 Rn. 33 f.
[88] EuGH Urt. v. 18. 7. 2007, Rs. C-503/04, NZBau 2007, 594, 596 Rn. 36.
[89] Zutreffend *Spiegel* in Willenbruch/Wieddekind, Art. 260 AEUV Rn. 8.
[90] EuGH Urt. v. 13. 4. 2010, Rs. C-91/08, NZBau 2010, 382, 386 Rn. 65 – Wall AG.
[91] Siehe dazu unten Rn. 77 ff.

die ein Urteil in einem Vertragsverletzungsverfahren nicht befolgen. Die EU-Kommission hatte bis dahin lediglich die Möglichkeit, ein zweites Vertragsverletzungsverfahren nach Art. 258 AEUV (früher Art. 226 EGV) einzuleiten. Dieses zweite Vertragsverletzungsverfahren konnte allerdings ebenfalls wieder nur zu der Feststellung durch den EuGH führen, dass der Mitgliedstaat seiner aus dem ersten Vertragsverletzungsurteil folgenden Pflicht zur Beseitigung des Vertragsverstoßes nicht nachgekommen ist.[92] Durch die Einfügung des neuen Abs. 2 in Art. 260 AEUV durch den Maastrichter Vertrag wurde erstmals ein **spezielles Sanktionsverfahren** geschaffen, das dem EuGH die Möglichkeit eröffnet, nicht mehr nur die Nichtbefolgung des ersten Vertragsverletzungsurteils festzustellen, sondern gegen den betreffenden Mitgliedstaat auch die **Zahlung eines Pauschalbetrags** und/oder eines **Zwangsgelds** zu verhängen. Das Sanktionsverfahren, das einem solchen Urteil des EuGH gemäß Art. 260 Abs. 2 AEUV vorausgehen muss, ähnelt dem Vertragsverletzungsverfahren nach Art. 258 AEUV. Es ist ebenfalls als mehrstufiges Verfahren mit einem **Vorverfahren** und einem **Klageverfahren** ausgestaltet. Anders als in Vertragsverletzungsverfahren gemäß Art. 258 AEUV ist jedoch durch den Vertrag von Lissabon die Notwendigkeit einer mit Gründen versehenen Stellungnahme weggefallen. Die EU-Komm. kann daher nach dem fruchtlosen Ablauf der im Aufforderungsschreiben gesetzten Frist unmittelbar den EuGH anrufen. Das in Art. 260 Abs. 2 AEUV vorgesehene Verfahren läuft damit in der Praxis schneller ab. Die EU-Kommission gibt als durchschnittliche Dauer einen Zeitraum zwischen acht und achtzehn Monaten an.[93]

a) Verfahrensablauf

aa) Informelles Vorverfahren. Nach Erlass eines klagestattgebenden Urteils in einem Vertragsverletzungsverfahren gemäß Art. 258 AEUV richtet die EU-Komm. in der Regel innerhalb von vier Wochen ein Verwaltungsschreiben an den verurteilten Mitgliedstaat, in dem sie diesen an seine Verpflichtung nach Art. 260 Abs. 1 AEUV erinnert und um Mitteilung der zur Befolgung des Urteils ergriffenen Maßnahmen bittet.[94] Reagiert der Mitgliedstaat auf dieses Erinnerungsschreiben nicht oder aus Sicht der Kommission nicht in zufriedenstellender Weise, entscheidet die EU-Komm. über die Einleitung des Sanktionsverfahrens nach Art. 260 Abs. 2 AEUV. 62

bb) Förmliches Vorverfahren. Die Anforderungen an das förmliche Vorverfahren gemäß Art. 260 Abs. 2 AEUV entsprechen im Wesentlichen denen des förmlichen Vorverfahrens im Rahmen des Vertragsverletzungsverfahrens nach Art. 258 AEUV. Auf die dortigen Ausführungen kann daher verwiesen werden.[95] Anders als im Vertragsverletzungsverfahren nach Art. 258 AEUV ist jedoch nach dem Aufforderungsschreiben (Mahnschreiben) **keine mit Gründen versehene Stellungnahme** mehr erforderlich. Äußert sich der Mitgliedstaat innerhalb der von der EU-Komm. gesetzten Frist nicht oder nicht zur Zufriedenheit der EU-Komm. zu dem Vorwurf, das erste Vertragsverletzungsurteil ganz oder teilweise nicht ordnungsgemäß umgesetzt zu haben, entscheidet die EU-Komm. im Rahmen ihres Ermessens über die Anrufung des EuGH.[96] 63

Gemäß Art. 260 Abs. 2 Satz 2 AEUV benennt die EU-Komm. bei Anrufung des EuGH die Höhe des von dem betreffenden Mitgliedstaat zu zahlenden Pauschalbetrags oder Zwangsgelds, die sie den Umständen nach für angemessen hält. 64

---

[92] Vgl. *Cremer* in Calliess/Ruffert, Art. 260 AEUV Rn. 9 m.w.N.
[93] EU-Komm., Mitteilung zur Anwendung von Art. 260 Abs. 3 AEUV, ABl. EU 2011, C 12/1 Abschnitt I Punkt 3.
[94] *Spiegel* in Willenbruch/Wieddekind, Art. 260 AEUV Rn. 18 .
[95] Siehe oben Rn. 26 ff.
[96] Vgl. EU-Komm., Mitteilung zur Anwendung von Art. 260 Abs. 3 AEUV, ABl. EU 2011 C 12/1.

65 **cc) Gerichtsverfahren.** Das Klageverfahren vor dem EuGH nach Art. 260 Abs. 2 AEUV läuft vergleichbar einem Vertragsverletzungsverfahren gemäß Art. 258 AEUV ab. Die **Zulässigkeit der Klage** setzt daher im Wesentlichen voraus, dass ein ordnungsgemäßes Vorverfahren gemäß Art. 260 Abs. 2 AEUV durchgeführt wurde, wobei hier wie dargelegt nur ein Aufforderungsschreiben, dagegen keine mit Gründen versehene Stellungnahme mehr erforderlich ist. Außerdem muss die **Vertragsverletzung**, die in der nicht vollständigen Umsetzung des ersten Vertragsverletzungsurteils liegt, bei Ablauf der Frist aus dem Aufforderungsschreiben noch vorliegen. Hat der Mitgliedstaat bis zu diesem Zeitpunkt die Maßnahmen, die sich aus dem Vertragsverletzungsurteil des EuGH nach Art. 258 AEUV ergeben, bereits vollständig durchgeführt, ist eine Klage unzulässig.[97]

66 Die Klage wird dagegen nicht dadurch unzulässig, dass ein Mitgliedstaat nach Ablauf der Frist aus dem Aufforderungsschreiben die notwendigen Maßnahmen ergreift, also etwa einen europarechtswidrig vergebenen Vertrag kündigt oder rückabwickelt. In einem solchen Fall entfällt zwar regelmäßig aufgrund des Verhältnismäßigkeitsgrundsatzes die Notwendigkeit, ein Zwangsgeld zu verhängen. Da der EuGH aber befugt ist, eine ggf. von der Kommission nicht vorgeschlagene finanzielle Sanktion aufzuerlegen, ist die Klage aufgrund der bloßen Tatsache, dass die Kommission auf einer bestimmten Stufe des Verfahrens vor dem EuGH erklärt, dass ein Zwangsgeld nicht mehr geboten sei, nicht unzulässig.[98]

67 Die Klage ist **begründet**, wenn der Mitgliedstaat es versäumt hat, die sich aus dem Vertragsverletzungsurteil gemäß Art. 258 AEUV ergebenden Maßnahmen zu treffen (Art. 260 Abs. 1, 2 AEUV).

68 Hinsichtlich der **Darlegungs- und Beweislast** kann auf die Ausführungen zu Art. 258 AEUV verwiesen werden.[99] Insbesondere gilt auch im Verfahren nach Art. 260 Abs. 2 AEUV, dass sich ein Mitgliedstaat nicht auf Bestimmungen, Übungen oder Umstände seiner internen Rechtsordnung berufen kann, um die Nichteinhaltung der aus dem Gemeinschaftsrecht folgenden Verpflichtungen zu rechtfertigen.[100] Der beklagte Mitgliedstaat kann daher beispielsweise nicht geltend machen, das öffentliche Auftragswesen sei nach seiner Rechtsordnung zivilrechtlich ausgestaltet und der öffentliche Auftraggeber daher aufgrund des Grundsatzes pacta sunt servanda an den privatrechtlichen Vertrag mit dem Auftragnehmer gebunden.[101]

b) Sanktionen

69 **aa) Sanktionsmittel.** Stellt der EuGH fest, dass der betreffende Mitgliedstaat einem Urteil aus dem ersten Vertragsverletzungsverfahren nicht nachgekommen ist, so kann er gemäß Art. 260 Abs. 2 Unterabs. 2 AEUV die Zahlung eines **Pauschalbetrags** oder **Zwangsgelds** verhängen. Mittlerweile ist anerkannt, dass auch eine **kumulative Verhängung** von Pauschalbetrag und Zwangsgeld in Betracht kommt. Das hatte die EU-Komm. in ihrer Mitteilung zur Anwendung von Art. 228 EG-Vertrag (jetzt Art. 260 AEUV) aus dem Jahr 2005 angekündigt.[102] Auch in der Rechtsprechung des EuGH ist anerkannt, dass

---

[97] Vgl. EuGH Urt. v. 18.7.2007, Rs. C-503/04, NZBau 2007, 594, 595 Rn. 19 m.w.N. – Abfallentsorgung Braunschweig II; *Spiegel* in Willenbruch/Wieddekind, Art. 260 AEUV Rn. 20.
[98] EuGH Urt. v. 18.7.2007, Rs. C-503/04, NZBau 2007, 594, 595 Rn. 19 ff. – Abfallentsorgung Braunschweig II.
[99] Siehe oben Rn. 49 ff.
[100] EuGH Urt. v. 18.7.2007, Rs. C-503/04, NZBau 2007, 594, 596 Rn. 38 m.w.N. – Abfallentsorgung Braunschweig II.
[101] Zutreffend *Spiegel* in Willenbruch/Wieddekind, Art. 260 AEUV Rn. 24 m.w.N.
[102] EU-Komm., Mitteilung zur Anwendung von Art. 228 EG-Vertrag, SEK(2005) 1658, Nr. 10.3.

für den gleichen Verstoß beide finanziellen Sanktionen, nämlich Zwangsgeld und Pauschalbetrag, verhängt werden können.[103]

Die EU-Kommission hat in ihrer Mitteilung zur Anwendung von Art. 228 EG-Vertrag aus dem Jahr 2005 die Kriterien und Berechnungsmethode erläutert, die sie bei der Beantragung von Sanktionen anwendet.[104] **70**

Das **Zwangsgeld** ist die (vorbehaltlich eines anderen Bezugszeitraums in Sonderfällen) im Prinzip in Tagessätzen berechnete Summe, die ein Mitgliedstaat zu zahlen hat, wenn er einem Urteil des Gerichtshofs nicht nachkommt. Es wird berechnet ab dem Tag, an dem das Sanktionsurteil des EuGH nach Art. 260 AEUV dem betreffenden Mitgliedstaat zugestellt wird bis zur Beendigung des Verstoßes.[105] Der Tagessatz für das Zwangsgeld wird berechnet aus der Multiplikation eines **einheitlichen Grundbetrags** mit einem **Schwerekoeffizienten** und einem **Dauerkoeffizienten** sowie mit einem **festen Länderfaktor** (Faktor n), der sowohl die Zahlungsfähigkeit des betreffenden Mitgliedstaats aus auch seine Stimmenzahl im Europäischen Rat berücksichtigt.[106] Der einheitliche Grundbetrag, der durch jährliche Mitteilungen der EU-Komm. aktualisiert wird, beträgt derzeit einheitlich für alle Mitgliedstaaten EUR 650,00 pro Tag.[107] Der Schwerekoeffizient wird von der EU-Komm. auf der Grundlage der Bedeutung der gemeinschaftlichen Rechtsvorschriften, gegen die der Mitgliedstaat verstoßen hat, sowie der Folgen dieses Verstoßes sowohl für das Gemeinwohl als auch für die Interessen einzelner auf einen Multiplikator von mindestens eins und höchstens zwanzig festgesetzt.[108] Der Dauerkoeffizient wird unter Berücksichtigung der Dauer des Verstoßes ab dem ersten Vertragsverletzungsurteil des EuGH bis zur Entscheidung der Kommission, den EuGH im Verfahren nach Art. 260 AEUV anzurufen, berechnet. Dabei wird je nach Dauer des Verstoßes auf den einheitlichen Grundbetrag ein Multiplikatorkoeffizient von mindestens eins und höchstens drei angewandt, der ab der Verkündung des nach Art. 258 AEUV ergangenen Urteils mit 0,10/Monat berechnet wird.[109] Da die Höhe des Zwangsgelds nicht nur angemessen sein, sondern auch eine abschreckende Wirkung entfalten muss, wird die Abschreckungswirkung durch einen Faktor n berücksichtigt, der als geometrischer Durchschnittswert auf dem Bruttoinlandsprodukt und der Stimmengewichtung des betreffenden Mitgliedstaats im Rat beruht. Dieser Faktor n wird ebenfalls regelmäßig aktualisiert und wurde zuletzt durch Mitteilung der Kommission vom 21.11.2013 festgelegt.[110] **71**

Der **Pauschalbetrag** soll ebenfalls abschreckenden Charakter entfalten, muss aber zugleich den Grundsätzen der Verhältnismäßigkeit und der Gleichbehandlung der Mitgliedstaaten Rechnung tragen. Nach den Berechnungsgrundsätzen der EU-Komm. aus der Mitteilung von 2005 berechnet er sich auf der Grundlage von **Tagessätzen** durch Multiplikation eines einheitlichen Grundbetrags mit dem gleichen Schwerekoeffizienten und **72**

---

[103] EuGH Urt. v. 12.7.2005, Rs. C-304/02, EuGHE 2005, I-6263 Rn. 80 ff. – Kommission/Frankreich; vgl. auch *Cremer* in Calliess/Ruffert, Art. 280 AEUV Rn. 12; *Spiegel* in Willenbruch/Wieddekind, Art. 260 AEUV Rn. 26.

[104] EU-Komm., Mitteilung zur Anwendung von Art. 228 EG-Vertrag, SEK(2005) 1658. Diese Mitteilung ersetzt die vorangegangenen Mitteilungen von 1996 (ABl. EG 1996, C 242, S. 6) und 1997 (ABl. EG 1997, C 63, S. 2).

[105] EU-Komm., Mitteilung zur Anwendung von Art. 228 EG-Vertrag, SEK(2005) 1658, Nr. 14.

[106] EU-Komm., Mitteilung zur Anwendung von Art. 228 EG-Vertrag, SEK(2005) 1658, Nr. 14 ff.

[107] EU-Komm., Mitteilung zur Aktualisierung der Daten zur Berechnung der Pauschalbeträge und Zwangsgelder, die die Kommission dem Gerichtshof bei Vertragsverletzungsverfahren vorschlägt vom 21.11.2013, C(2013) 8101 final, Abschnitt III.

[108] EU-Komm., Mitteilung zur Anwendung von Art. 228 EG-Vertrag, SEK(2005) 1658, Nr. 16 ff.

[109] EU-Komm., Mitteilung zur Anwendung von Art. 228 EG-Vertrag, SEK(2005) 1658, Nr. 17.

[110] EU-Komm., Mitteilung zur Anwendung von Art. 228 EG-Vertrag, SEK(2005) 1658, Nr. 18 ff.; EU-Komm., Mitteilung zur Aktualisierung der Daten zur Berechnung der Pauschalbeträge und Zwangsgelder, die die Kommission dem Gerichtshof bei Vertragsverletzungsverfahren vorschlägt vom 21.11.2013, C(2013) 8101 final, S. 4. Für Deutschland beträgt dieser Faktor n derzeit 21,29.

dem gleichen Länderfaktor n wie beim Zwangsgeld.[111] Der einheitliche Grundbetrag für die Berechnung des Pauschalbetrages beträgt derzeit EUR 220,00 pro Tag.[112] Der Tagessatz wird mit der Anzahl der Tage, an denen der Mitgliedstaat dem Urteil des EuGH nicht nachkommt, multipliziert, gerechnet ab dem Tag der Verkündung des ersten Vertragsverletzungsurteils, also des Urteils gemäß Art. 258 AEUV. Durch einen **festen Mindestpauschalbetrag** soll außerdem vermieden werden, dass rein symbolische Beträge ohne jeden abschreckenden Charakter genannt werden, die die Autorität der Urteile des EuGH eher schwächen als stärken würden.[113] Dieser Mindestpauschalbetrag wurde aktuell durch die Mitteilung vom 21.11.2013 festgelegt.[114]

73   bb) **Entscheidung des EuGH.** Der EuGH verfügt bei der Festsetzung der Sanktionen über einen **weiten Ermessensspielraum**, der sich auf das Ob der Sanktionierung, die Art der Sanktion und deren Höhe erstreckt. Er ist dabei weder an den Vorschlag der EU-Komm. noch an die Kriterien, die die EU-Komm. in ihren Mitteilungen herausgebildet hat, gebunden.[115] Bei der Festsetzung der Sanktionsmittel hat der EuGH allerdings den **Verhältnismäßigkeitsgrundsatz** zu beachten. Dabei orientiert sich der EuGH durchaus an dem von der EU-Komm. aufgestellten Kriterienkatalog. Je nach Art des Verstoßes kann es nach Ansicht des EuGH aber sachgerecht sein, das Zwangsgeld nicht auf Tagessatzbasis festzusetzen, sondern auf Halbjahres- oder Jahresbasis, etwa wenn die zur Beseitigung des Verstoßes erforderlichen Umsetzungsmaßnahmen ihrer Natur nach nicht sofort durchgeführt oder die Auswirkungen dieser Maßnahmen nicht sofort festgestellt werden können. Das Zwangsgeld wird dann erst fällig, wenn der Verstoß nach Ablauf des ersten festgesetzten Zeitraums nach Verkündung des Urteils gemäß Art. 260 Abs. 2 AEUV noch fortbesteht. Außerdem kann der Verhältnismäßigkeitsgrundsatz gebieten, dass die Höhe des Zwangsgelds sich in Abhängigkeit von den Fortschritten, die der betroffene Mitgliedstaat bei der Erfüllung seiner Verpflichtungen aus dem ersten Vertragsverletzungsurteil macht, verringert.[116]

3. Sanktionsverhängung gemäß Art. 260 Abs. 3 AEUV

74   Eine wichtige Neuerung durch den Vertrag von Lissabon zum Sanktionsverfahren findet sich im neuen Absatz 3 von Art. 260 AEUV. Mit diesem Absatz wurde ein völlig **neues Sanktionsinstrument** für Fälle geschaffen, in denen ein Mitgliedstaat gegen seine Pflicht zur Mitteilung von Maßnahmen zur Umsetzung von Richtlinien verstoßen hat. Hier kann die EU-Komm. dem EuGH **bereits in ihrer Vertragsverletzungsklage nach Art. 258 AEUV** vorschlagen, in dem Urteil, in dem er die Vertragsverletzung des Mitgliedstaats feststellt, die Zahlung eines **Pauschalbetrags** oder eines **Zwangsgelds** zu verhängen. Der in Art. 260 Abs. 3 AEUV genannte Verstoß des Mitgliedstaats kann sowohl darin bestehen, dass Maßnahmen zur Umsetzung einer Richtlinie überhaupt nicht gemeldet werden, als auch darin, dass eine Meldung von Umsetzungsmaßnahmen unvollständig

---

[111] EU-Komm., Mitteilung zur Anwendung von Art. 228 EG-Vertrag, SEK(2005) 1658, Nr. 19 ff.
[112] EU-Komm., Mitteilung zur Aktualisierung der Daten zur Berechnung der Pauschalbeträge und Zwangsgelder, die die Kommission dem Gerichtshof bei Vertragsverletzungsverfahren vorschlägt vom 21.11.2013, C(2013) 8101 final, S. 3.
[113] EU-Komm., Mitteilung zur Anwendung von Art. 228 EG-Vertrag, SEK(2005) 1658, Nr. 20.
[114] EU-Komm., Mitteilung zur Aktualisierung der Daten zur Berechnung der Pauschalbeträge und Zwangsgelder, die die Kommission dem Gerichtshof bei Vertragsverletzungsverfahren vorschlägt vom 21.11.2013, C(2013) 8101 final, S. 4. Für Deutschland beträgt er derzeit EUR 11.467.000.
[115] Vgl. EuGH Urt. v. 4.7.2000, Rs. C-387/97, EuGHE 2000, I-5047, Rn. 89 – Kommission/Griechenland; EuGH Urt. v. 18.7.2007, Rs. C-503/04, NZBau 2007, 594, 595 Rn. 22 – Abfallentsorgung Braunschweig II; *Cremer* in Calliess/Ruffert, Art. 260 AEUV Rn. 17 m.w.N.; *Spiegel* in Willenbruch/Wieddekind, Art. 260 AEUV Rn. 25.
[116] Zu den Einzelheiten vgl. *Cremer* in Calliess/Ruffert, Art. 260 AEUV Rn. 18 m.w.N.

ist, etwa weil sich die Umsetzungsmaßnahmen nicht auf das ganze Hoheitsgebiet des Mitgliedstaats erstrecken oder sich nur auf einen Teil der Richtlinie beziehen. Bei der Beantragung von Sanktionsmitteln nach Art. 260 Abs. 3 AEUV kommt der Kommission ein **breiter Ermessensspielraum** zu. Einzelheiten zur Ausübung dieses Ermessens hat die EU-Komm. in ihrer Mitteilung zur Anwendung von Art. 260 Abs.3 AEUV vom 15.1. 2011 festgelegt.[117]

In der Literatur wird die Auffassung vertreten, Art. 260 Abs. 3 AEUV sei teleologisch **75** zu reduzieren, weil nach Sinn und Zweck der Regelung nur die Fälle erfasst werden sollten, in denen der Mitgliedstaat gänzlich untätig geblieben ist und nicht nur die Mitteilung der Richtlinienumsetzung, sondern die Richtlinienumsetzung selbst unterlassen hat.[118] Auch die EU-Komm. geht davon aus, Ziel dieser Neuregelung sei, die Mitgliedstaaten stärker dazu anzuhalten, die Richtlinien innerhalb der vom Gesetzgeber festgelegten Fristen umzusetzen und so sicherzustellen, dass die Rechtsvorschriften der Union tatsächlich wirksam sind. Art. 260 Abs. 3 AEUV habe daher zum Ziel, „eine wirksame Antwort auf die verbreitete und nach wie vor besorgniserregende verspätete Umsetzung von Richtlinien zu finden".[119] Ob mit Blick darauf tatsächlich eine teleologische Reduktion notwendig ist, dürfte jedoch eher eine akademische Frage bleiben. Denn regelmäßig wird davon auszugehen sein, dass Mitgliedstaaten bereits im Rahmen des informellen Vorverfahrens, das durch die EU-Komm. vor Einleitung eines Vertragsverletzungsverfahrens gemäß Art. 258 AEUV durchgeführt wird, spätestens aber nach Empfang des Aufforderungsschreibens bzw. der mit Gründen versehenen Stellungnahme, eine gegebenenfalls nur versäumte Mitteilung tatsächlich durchgeführter Umsetzungsmaßnahmen nachholen werden. Zu einer Anrufung des EuGH durch die EU-Komm., in deren Rahmen dann erst gemäß Art. 260 Abs. 3 AEUV die Festsetzung eines Zwangsgelds oder Pauschalbetrags beantragt werden könnte, wird es daher in aller Regel nicht mehr kommen.

Stellt der Gerichtshof einen Verstoß gegen die Verpflichtung des Mitgliedstaats, Maß- **76** nahmen zur Richtlinienumsetzung mitzuteilen, fest, kann er gegen den betreffenden Mitgliedstaat die Zahlung eines Pauschalbetrags oder eines Zwangsgelds – allerdings nur bis zur Höhe des von der Kommission genannten Betrags – verhängen. Die Zahlungsverpflichtung gilt dann ab dem vom Gerichtshof in seinem Urteil festgelegten Zeitpunkt (Art. 260 Abs. 3 Unterabs. 2 AEUV).

III. Beendigung von Beschaffungsverträgen bei festgestelltem Unionsrechtsverstoß

Stellt der EuGH in einem Urteil gemäß Art. 258 AEUV fest, dass die Bundesrepublik **77** Deutschland gegen Unionsrecht (also insbesondere gegen die EG-Vergaberichtlinien bzw. die Grundregeln des AEUV) verstoßen hat, besteht gemäß Art. 260 Abs. 1 AEUV eine Pflicht zur Beendigung des unionsrechtswidrig abgeschlossenen Vertrags nach Maßgabe des nationalen Rechts.[120] Die Bundesrepublik Deutschland ist damit verpflichtet, den beanstandeten Vertrag nach Maßgabe der im nationalen deutschen Recht zur Verfügung stehenden Rechtsinstitute zu beenden.[121] Zu denken ist insbesondere an den Abschluss eines Aufhebungsvertrags oder die ordentliche oder außerordentliche Kündigung des Vertrags.

---

[117] EU-Komm., Mitteilung zur Anwendung von Art. 260 Abs. 3 AEUV, ABl. EU 2011, C 12, S. 1.
[118] *Cremer* in Calliess/Ruffert, Art. 260 AEUV Rn. 19.
[119] EU-Komm., Mitteilung zur Anwendung von Art. 260 Abs. 3 AEUV, ABl. EU 2011, C 12/2 Nr. 7, 11.
[120] Siehe dazu oben Rn. 59.
[121] Vgl. EuGH Urt. v. 13.4.2010, Rs. C-91/08, NZBau 2010, 382, 385 f. Rn. 42, 61 ff. – Wall AG; *Scharen* in Willenbruch/Wieddekind, Art. 258 AEUV Rn. 65; *Bitterich* EWS 2005, 162, 167.

1. Vertragsnichtigkeit?

78 Eine Beendigung des unionsrechtswidrig abgeschlossenen Vertrags durch den öffentlichen Auftraggeber würde sich erübrigen, wenn der Vertrag bereits wegen des Unionsrechtsverstoßes nichtig wäre. Denn im Fall der Vertragsnichtigkeit bestehen keine wechselseitigen Leistungspflichten aus dem Vertrag, so dass die Vertragserfüllung unmittelbar eingestellt und eine Rückabwicklung der bereits erbrachten Leistungen nach §§ 812 ff. BGB gefordert werden kann. Eine derartige Unwirksamkeit des abgeschlossenen Vertrags ex tunc kann sich insbesondere aus § 101b GWB ergeben. Dies setzt allerdings voraus, dass ein Unwirksamkeitsgrund nach dieser Vorschrift (also ein Verstoß gegen die Informations- und Wartepflicht gemäß § 101a GWB oder eine unzulässige de facto-Vergabe) vorliegt und innerhalb der in § 101b genannten Fristen in einem Vergabenachprüfungsverfahren festgestellt wurde.[122] Die Nichtigkeit eines vergaberechtswidrig geschlossenen Vertrags kann sich darüber hinaus aus §§ 134 oder 138 BGB ergeben. Der Verstoß gegen Unionsrecht als solcher führt allerdings nicht zur Nichtigkeit gemäß § 134 BGB.[123] Eine Vertragsnichtigkeit wegen Sittenwidrigkeit nach § 138 BGB wird nur in Ausnahmefällen in Betracht kommen.[124]

2. Vertragsaufhebung als Schadensersatz

79 In Ausnahmefällen wird der öffentliche Auftraggeber gemäß §§ 311 Abs. 2, 241 Abs. 2, 280 Abs. 1 BGB die Aufhebung des Beschaffungsvertrags als Schadensersatz wegen der Verletzung vorvertraglicher Rücksichtnahmepflichten verlangen können.[125] Durch die Teilnahme des Bieters bzw. späteren Auftragnehmers an dem Vergabeverfahren kommt zwischen dem öffentlichen Auftraggeber und dem Bieter gemäß § 311 Abs. 2 BGB ein vorvertragliches Schuldverhältnis zustande, das Pflichten nach § 241 Abs. 2 BGB begründet. Dazu zählt insbesondere die Pflicht, auf die Rechte, Rechtsgüter und Interessen des anderen Teils Rücksicht zu nehmen.[126] Zu diesen vorvertraglichen Rücksichtnahmepflichten kann u. a. die Pflicht des späteren Auftragnehmers zählen, den öffentlichen Auftraggeber auf erkannte Vergabefehler hinzuweisen, die zu einem Vertragsverletzungsverfahren und gegebenenfalls zu Zwangsmaßnahmen gegenüber der Bundesrepublik Deutschland führen können. Jedenfalls soweit die Bundesrepublik Deutschland Aufsichtsmaßnahmen gegenüber dem öffentlichen Auftraggeber ergreifen kann und diesen dadurch zwingen kann, einen unionsrechtswidrig abgeschlossenen Vertrag zu beenden, werden dadurch die Interessen des öffentlichen Auftraggebers beeinträchtigt. Das Unterlassen der gebotenen Information an den öffentlichen Auftraggeber berechtigt diesen, gemäß § 280 Abs. 1 BGB Schadensersatz zu verlangen.[127] Zu beachten ist allerdings, dass eine Aufklärungspflicht seitens des Bieters bzw. späteren Auftragnehmers erst mit dessen positiver Kenntnis von dem Unionsrechtsverstoß entsteht. Zugleich muss der öffentliche Auftraggeber selbst gutgläubig sein, da andernfalls keine Informationspflicht ihm gegenüber entsteht. Diese Voraussetzungen dürften eher selten vorliegen bzw. bewiesen werden können.

3. Außerordentliche Kündigung gemäß §§ 313, 314 BGB

80 Die durch die Schuldrechtsreform in das BGB eingeführten §§ 313, 314 BGB enthalten gesetzliche Regelungen über die Anpassung und Beendigung von Verträgen bei Störung

---

[122] Siehe oben § 35 Rn. 41 ff.
[123] Siehe dazu oben § 35 Rn. 55 ff.
[124] Siehe dazu oben § 35 Rn. 59.
[125] *Scharen* in Willenbruch/Wieddekind, Art. 258 AEUV Rn. 70.
[126] Siehe dazu oben § 36 Rn. 94 ff., 101 f.
[127] Vgl. *Scharen* in Willenbruch/Wieddekind, Art. 258 AEUV Rn. 70.

der Geschäftsgrundlage (§ 313 BGB) bzw. zum Kündigungsrecht aus wichtigem Grund bei Dauerschuldverhältnissen (§ 314 BGB). Bei Verträgen, die **kein Dauerschuldverhältnis** begründen, kommt ein Rücktritt vom Vertrag nur gemäß § 313 Abs. 3 Satz 1 BGB in Betracht. Diese Fälle dürften in der Praxis angesichts der Dauer von Vertragsverletzungsverfahren nach Art. 258 AEUV kaum relevant werden. Ist ein Vertrag vollständig abgewickelt, wirkt der Unionsrechtsverstoß nach der Rechtsprechung des EuGH nicht mehr fort. Dann kommt ein Vertragsverletzungsurteil nach Art. 258 AEUV bzw. die Verhängung von Zwangsmitteln gemäß Art. 260 AEUV nicht mehr in Betracht.[128]

Bei **Dauerschuldverhältnissen** ist angesichts der Verweisung in § 313 Abs. 3 Satz 2 BGB umstritten, in welchem Verhältnis die Störung der Geschäftsgrundlage zur Möglichkeit der Kündigung von Dauerschuldverhältnissen aus wichtigem Grund gemäß § 314 BGB steht.[129] Wohl überwiegend und zutreffend wird die Auffassung vertreten, das bei Dauerschuldverhältnissen bestehende Kündigungsrecht aus wichtigem Grund gemäß § 314 BGB verdränge die Grundsätze der Geschäftsgrundlage, soweit es um die Auflösung des Vertrags geht.[130] Allerdings kann das Kündigungsrecht ausgeschlossen sein, wenn sich die Vertragsstörung durch eine Anpassung des Vertrags an die veränderten Umstände ausgleichen lässt und beiden Parteien die Fortsetzung des Vertrags zuzumuten ist.[131] Richtiger Ansatzpunkt für die Prüfung der Kündigung von Dauerschuldverhältnissen ist damit § 314 BGB.[132] 81

Die Kündigung gemäß § 314 BGB setzt das Vorliegen eines **wichtigen Grundes** voraus. Ein wichtiger Grund liegt gemäß § 314 Abs. 1 Satz 2 BGB vor, wenn dem kündigenden Teil unter Berücksichtigung aller Umstände des Einzelfalls und unter Abwägung der beiderseitigen Interessen die Fortsetzung des Vertragsverhältnisses bis zur vereinbarten Beendigung oder bis zum Ablauf einer Kündigungsfrist nicht zugemutet werden kann. Es ist anerkannt, dass dazu eine schuldhafte Pflichtverletzung des anderen Teils weder erforderlich noch ausreichend ist und auch das eigene Verschulden ein Kündigungsrecht nur ausschließt, wenn der Kündigende die Störung des Vertrauensverhältnisses überwiegend verursacht hat.[133] Auch eine wesentliche Änderung der Verhältnisse kann ein außerordentliches Kündigungsrecht begründen. Allerdings ist insoweit zu berücksichtigen, in wessen Verantwortungs- oder Risikobereich die Störung – hier der Vergaberechtsverstoß – fällt. Störungen aus dem eigenen Risikobereich begründen grundsätzlich kein Kündigungsrecht.[134] Die Einhaltung der einschlägigen Vergaberechtsvorschriften bei der Vergabe öffentlicher Aufträge fällt in den Verantwortungs- und Risikobereich des öffentlichen Auftraggebers. Denn er muss die für ihn maßgeblichen Vergabevorschriften kennen und beachten.[135] Abgesehen von Sonderfällen, in denen der öffentliche Auftraggeber vom späteren Vertragspartner zu dem Vergaberechtsverstoß angestiftet wurde oder der Auftragnehmer sonst maßgeblich zu dem Vergaberechtsverstoß beigetragen hat, was regelmäßig bereits zur Unwirksamkeit des Vertrags gemäß § 138 Abs. 1 BGB führen dürfte, gehört es daher zum Risikobereich des öffentlichen Auftraggebers, dass es zu dem Vertragsver- 82

---

[128] Siehe dazu oben Rn. 44 ff., 65; vgl. auch *Bitterich* NJW 2006, 1845, 1849.
[129] Vgl. *Bitterich* NJW 2006, 1845, 1848 m.w.N.
[130] BGH Urt. v. 9.10.1996, VIII ZR 266/95, ZIP 1997, 257, 259; *Grüneberg* in Palandt § 313 BGB Rn. 14; *Unberath* in Bamberger/Roth, Beckscher Online-Kommentar BGB, Stand 1.3.2011, § 313 Rn. 23.
[131] *Grüneberg* in Palandt § 313 BGB Rn. 14 m.w.N.; *Unberath* in Bamberger/Roth, Beckscher Online-Kommentar BGB, § 313 Rn. 23 m.w.N.; *Bitterich* NJW 2006, 1845, 1849.
[132] So auch *Scharen* in Willenbruch/Wieddekind, Art. 258 AEUV Rn. 71 m.w.N.
[133] Vgl. *Grüneberg* in Palandt § 314 Rn. 7 m.w.N.
[134] *Grüneberg* in Palandt § 314 BGB Rn. 9 m.w.N.; *Unberath* in Bamberger/Roth, Beckscher Online-Kommentar BGB, § 314 Rn. 10 ff. m.w.N.; *Scharen* in Willenbruch/Wieddekind, Art. 258 AEUV Rn. 73 m.w.N.
[135] *Bitterich* NJW 2006, 1845, 1848; *Vavra*, 11. Badenweiler Gespräche, S. 103, 105; *Scharen* in Willenbruch/Wieddekind, Art. 258 AEUV Rn. 73.

letzungsurteil des EuGH und eventuellen Zwangsmaßnahmen gegenüber der Bundesrepublik Deutschland gekommen ist. Folglich scheidet auf der Grundlage der bestehenden höchstrichterlichen Rechtsprechung ein außerordentliches Kündigungsrecht des öffentlichen Auftraggebers nach § 314 BGB in der Regel aus.[136]

83 Ausnahmen von dem Grundsatz, wonach eine außerordentliche Kündigung gemäß § 314 BGB nicht in Betracht kommt, wenn sie auf Umstände gestützt werden soll, die allein im Risikobereich des Kündigenden liegen, hat die höchstrichterliche Rechtsprechung bisher nur sehr zurückhaltend anerkannt. Solche Ausnahmen wurden bisher nur zugelassen in Fällen anderweitiger Regelung oder in Fällen, die durch ein besonders enges Vertrauensverhältnis zwischen den Vertragsparteien und durch eine besonders enge Bindung auch des anderen Teils an den wirtschaftlichen Erfolg des Kündigenden geprägt waren.[137] Ob eine derartige Ausnahme in den hier interessierenden Fällen, in denen der EuGH Vertragsverletzungsurteile gemäß Art. 258, 260 AEUV wegen Vergaberechtsverstößen gegen die Bundesrepublik Deutschland erlassen hat, anzuerkennen ist, ist in der Literatur umstritten. Einerseits wird argumentiert, eine derart enge Abhängigkeit im Sinne einer Schicksalsgemeinschaft in Bezug auf den Erhalt des wirtschaftlichen Erfolgs des Unternehmens, wie sie in den Ausnahmefällen von der höchstrichterlichen Rechtsprechung gefordert wurde, lasse sich in Vertragsverletzungsfällen kaum einmal feststellen. Auf der Grundlage des geltenden Rechts in der Anwendung durch die bisherige Rechtsprechung dürfte es daher in aller Regel ausscheiden, dem öffentlichen Auftraggeber ein Recht zur außerordentlichen Kündigung des Beschaffungsvertrags (nur) deshalb zuzubilligen, weil gegen die Bundesrepublik Deutschland ein Feststellungsurteil nach Art. 260 AEUV ergangen ist, das die Aufhebung dieses Vertrags erfordert und/oder weil Sanktionen nach Art. 260 Abs. 2 AEUV verhängt worden sind.[138] Die Gegenansicht nimmt eine derartige Schicksalsgemeinschaft demgegenüber auch für die hier interessierenden Sachverhalte an oder argumentiert, die mit dem Vertragsverletzungsurteil festgestellte fortwirkende Unionsrechtsverletzung bei Aufrechterhaltung des vergaberechtswidrig geschlossenen Vertrages müsse mit erheblichem Gewicht in die europarechtlich determinierte Abwägung des Beendigungsinteresses des öffentlichen Auftraggebers gegenüber dem Fortsetzungsinteresse des Vertragspartners eingestellt werden, was in der Regel die Annahme eines wichtigen Grunds nahelegen werde.[139] Gerade mit Blick auf die unionsrechtlichen Verpflichtungen der Bundesrepublik Deutschland zur Beendigung von Vertragsverletzungen und zur loyalen Zusammenarbeit (Art. 4 Abs. 3 EUV) spricht viel dafür, dass die unbestimmten Rechtsbegriffe des § 314 BGB **unionsrechtskonform** so **auszulegen** sind, dass eine Beendigung des unionsrechtswidrigen Vertrags ermöglicht wird. Zwar anerkennt der EuGH, dass es in Ermangelung einer Unionsregelung Sache des innerstaatlichen Rechts der einzelnen Mitgliedstaaten ist, die Rechtsschutzmöglichkeiten zu bestimmen, die den Schutz der dem Bürger aus dem Unionsrecht erwachsenen Rechte gewährleisten sollen, wobei diese nicht weniger günstig ausgestaltet sein dürfen als die entsprechenden innerstaatlichen Rechtsschutzmöglichkeiten (Grundsatz der Gleichwertigkeit/Äquivalenz) und die Ausübung der durch die Unionsrechtsordnung verliehenen Rechte nicht praktisch unmöglich

---

[136] Vgl. *Vavra*, 11. Badenweiler Gespräche, S. 103, 105; *Scharen* in Willenbruch/Wieddekind, Art. 258 AEUV Rn. 73. Vgl. auch VG Bayreuth Urt. v. 11.12.2012, B 1 K 12.445, BeckRS 2013, 51196.

[137] *Grüneberg* in Palandt § 314 BGB Rn. 9 m.w.N.; *Scharen* in Willenbruch/Wieddekind, Art. 258 AEUV Rn. 74 m.w.N.

[138] So *Scharen* in Willenbruch/Wieddekind, Art. 258 AEUV Rn. 74; wohl auch *Vavra*, 11. Badenweiler Gespräche, S. 103, 105.

[139] *Heuvels*, 11. Badenweiler Gespräche, S. 109, 113; *Bitterich* NJW 2006, 1845, 1849; für ein Kündigungsrecht auch LG München I, 33 O 16465/05, NZBau 2006, 269; zustimmend *Prieß/Gabriel* NZBau 2006, 219, 221 f.

machen oder übermäßig erschweren dürfen (Grundsatz der Effektivität).[140] Gerade der Grundsatz der Effektivität legt es in den hier gegebenen Konstellationen nahe, einen wichtigen Grund anzuerkennen, wenn der EuGH eine Vertragsverletzung der Bundesrepublik Deutschland durch Abschluss eines unionsrechtswidrigen Beschaffungsvertrags eines öffentlichen Auftraggebers festgestellt hat.

Die soweit ersichtlich einzige Entscheidung deutscher Gerichte zur Kündigung vergaberechtswidrig geschlossener Verträge ist ein **Urteil des Landgerichts München I** vom 20. 12. 2005.[141] Dem Urteil lag der Sachverhalt zugrunde, dass die Stadt München, Betreiberin des Heizkraftwerks München-Nord, ohne Durchführung einer öffentlichen Ausschreibung einen Vertrag mit einem privaten Transportunternehmen abschloss, durch den sie diesem Unternehmen den Transport der Abfälle zu dem genannten Heizkraftwerk übertrug, falls sie ihrerseits den Zuschlag für den Auftrag zur Entsorgung von Abfällen im Entsorgungsgebiet Donau-Wald erhält. An dieser Ausschreibung hatte sich die Stadt München als Bieterin beteiligt und den Zuschlag erhalten. Die EU-Komm. und – ihr in einem Vertragsverletzungsurteil nach Art. 226 EG-Vertrag (jetzt Art. 258 AEUV) folgend – der EuGH stellten fest, die Stadt gelte auch dann als öffentlicher Auftraggeber, wenn sie sich in freier Konkurrenz auf dem Markt betätige, und stellten daher eine Vertragsverletzung fest.[142] In der Folgezeit übte die EU-Komm. Druck auf die Bundesrepublik Deutschland aus, die Konsequenzen aus dem EuGH-Urteil zu ziehen und drohte mit einem Sanktionsverfahren. Nach längeren Auseinandersetzungen kündigte die Stadt München daraufhin den Transportvertrag, wogegen sich das Transportunternehmen mit einer negativen Feststellungsklage vor dem LG München I wandte. Das LG München I hielt die außerordentliche Kündigung auf der Grundlage einer vertraglichen „Loyalitätsklausel" in Verbindung mit § 313 Abs. 3 BGB für zulässig. Eine Änderung der Verhältnisse im Sinne der Loyalitätsklausel (bzw. wohl auch im Sinne des § 313 BGB) sah das Gericht in dem Vertragsverletzungsurteil des EuGH. Diese rechtliche Beurteilung in ihrer Eindeutigkeit sei den Parteien vorher nicht bekannt gewesen. Unter Heranziehung der allgemeinen Grundsätze von Treu und Glauben und unter Abwägung der sich gegenüberstehenden Interessen der Parteien sei nach dem Rechtsgedanken der in § 313 BGB geregelten Grundsätze der Störung der Geschäftsgrundlage der Fall eingetreten, in dem die Beklagte analog § 313 Abs. 3 Satz 2 BGB als „ultima ratio" den Transportvertrag kündigen durfte.[143]

In der **Literatur** ist diese Entscheidung des LG München I sowohl auf Zustimmung[144] als auch auf Kritik[145] gestoßen. Angesichts der Tatsache, dass es soweit ersichtlich keine weiteren nationalen Gerichtsentscheidungen zur Kündigung vergaberechtswidrig geschlossener Verträge und insbesondere keine höchstrichterliche Rechtsprechung zu dieser Frage gibt und die Kündigungsmöglichkeiten in der Literatur außerordentlich umstritten sind, verbleibt für öffentliche Auftraggeber hier ein erhebliches (Schadensersatz-)Risiko. Bei Unsicherheiten über bestehende europaweite Ausschreibungspflichten empfiehlt sich daher, sicherheitshalber ein europaweites Vergabeverfahren durchzuführen. Gegebenenfalls kann auch vertraglich ein Kündigungsrecht für den Fall eines festgestellten Unionsrechtsverstoßes vereinbart werden.[146] Eine solche Vertragsklausel birgt allerdings unter Umständen die Gefahr, dass nationale Gerichte darin ein Indiz für sittenwidriges Verhal-

---

[140] St. Rspr., vgl. nur EuGH Urt. v. 13. 4. 2010, Rs. C-91/08, NZBau 2010, 382, 386 Rn. 63 f. m.w.N. – Wall AG.
[141] LG München I, 33 O 16465/05, NZBau 2006, 269.
[142] EuGH Urt. v. 18. 11. 2004, Rs. C-126/03, NZBau 2005, 49 – Stadt München.
[143] LG München I, 33 O 16465/05, NZBau 2006, 269, 270 f.
[144] Zustimmend *Prieß/Gabriel* NZBau 2006, 219, 221; *Heuvels*, 11. Badenweiler Gespräche, S. 109 ff.
[145] *Scharen* in Willenbruch/Wieddekind, Art. 258 AEUV Rn. 76; wohl auch *Vavra*, 11. Badenweiler Gespräche, S. 103, 105 f.
[146] Vgl. *Burger*, KommJur 2013, 41, 52; *Portz* KommJur 2007, 335, 338.

ten, nämlich die kollusive Umgehung von EU-Vergaberecht, sehen und den Vertrag daher als gemäß § 138 BGB nichtig ansehen könnten.

4. Kündigung von Dauerschuldverhältnissen entsprechend § 649 BGB

86 Teilweise wird in der Literatur schließlich die Auffassung vertreten, eine Beendigung von Verträgen, deren Unionsrechtswidrigkeit vom EuGH festgestellt wurde, könne auf § 649 BGB (ggf. analog) gestützt werden.[147] Gemäß § 649 BGB kann der Besteller bis zur Vollendung des Werks jederzeit den Vertrag kündigen. In diesem Fall ist der Werkunternehmer berechtigt, die vereinbarte Vergütung zu verlangen, muss sich allerdings dasjenige anrechnen lassen, was er infolge der Aufhebung des Vertrags an Aufwendungen erspart oder durch anderweitige Verwendung seiner Arbeitskraft erwirbt oder zu erwerben böswillig unterlässt. Dabei wird vermutet, dass dem Unternehmer 5 % der auf den noch nicht erbrachten Teil der Werkleistung entfallenden vereinbarten Vergütung zustehen. Die Vorschrift des § 649 BGB gilt explizit nur für Werkverträge und über § 651 S. 2 BGB für bestimmte Lieferverträge. Die Vorschrift ist demgegenüber nicht anwendbar auf Dienstverträge, da insoweit mit §§ 626, 627 BGB speziellere Regelungen bestehen; nach wohl h.M. ist § 649 BGB auch auf Sukzessivlieferverträge unanwendbar.[148] Raum für eine analoge Anwendung der Vorschrift verbleibt demnach kaum. Darüber hinaus sind abweichende Individualvereinbarungen, die das Kündigungsrecht aus § 649 BGB einschränken oder ausschließen, möglich.[149]

IV. Beendigung unionsrechtswidriger Beschaffungsverträge ohne Beanstandung durch den EuGH?

87 Abschließend stellt sich noch die Frage, ob eine Pflicht des öffentlichen Auftraggebers zur Beendigung eines unter Verstoß gegen Unionsrecht geschlossenen Vertrages auch dann besteht, wenn der EuGH einen solchen Unionsrechtsverstoß (noch) nicht festgestellt hat. Eine solche Pflicht könnte auf den Grundsatz der Recht- und Gesetzmäßigkeit staatlichen Handelns gemäß Art. 20 Abs. 3 GG, der über Art. 28 Abs. 1, 2 GG auch für die Länder und Gemeinden gilt, sowie auf den in Art. 4 Abs. 3 EUV normierten Grundsatz der Gemeinschaftstreue, wonach die Mitgliedstaaten alle geeigneten Maßnahmen zur Erfüllung der Verpflichtungen, die sich aus dem Unionsrecht oder den Handlungen der Organe der Union ergeben, ergreifen, gestützt werden. Dieser Grundsatz der Gemeinschaftstreue begründet damit auch für öffentliche Auftraggeber, die nicht dem Bund zuzurechnen sind, zumindest mittelbar die Verpflichtung, gemeinschaftsrechtswidrige Zustände mit allen ihnen möglichen Mitteln schnellstmöglich zu beenden. Allerdings ist in diesem Zusammenhang zu bedenken, dass eine derartige Pflicht nur besteht, wenn der Unionsrechtsverstoß tatsächlich besteht. Das wird mit Sicherheit letztlich erst durch ein Vertragsverletzungsurteil des EuGH festgestellt. Eine Kündigung nach **§§ 313 bzw. 314 BGB** kommt daher grundsätzlich nur in Betracht, wenn ein Vertragsverletzungsurteil ergangen ist, aus dem sich gemäß Art. 260 Abs. 1 AEUV die Verpflichtung zur Durchführung des Urteils, nämlich zur Kündigung des unionsrechtswidrigen Vertrages ergibt. Allenfalls kann erwogen werden, die **Grundsätze zum Staatshaftungsrecht** wegen der Verletzung von Unionsrecht zu **übertragen**. Erforderlich ist danach, dass ein Verstoß gegen Unionsrecht „hinreichend qualifiziert" ist.[150] Ein solcher hinreichend qualifizierter Unionsrechtsverstoß

---

[147] *Scharen* in Willenbruch/Wieddekind, Art. 258 AEUV Rn. 77.
[148] Vgl. nur *Weidenkaff* in Palandt § 649 Rn. 1 m.w.N.; *Busche* in Münchener Kommentar zum BGB, 6. Aufl. 2012, § 649 Rn. 4 m.w.N.
[149] *Weidenkaff* in Palandt, § 649 Rn. 16 m.w.N.; *Busche* in Münchener Kommentar zum BGB, § 649 Rn. 5 m.w.N.
[150] Vgl. *Heuvels*, 11. Badenweiler Gespräche, S. 109, 112.

liegt nach der Rechtsprechung des EuGH nur vor, wenn ein nationales Organ die Grenzen, die seinem Ermessen gesetzt sind, offenkundig und erheblich überschritten bzw. wenn – im Falle richterlicher Entscheidungen – das Gericht offenkundig gegen das geltende Recht verstoßen hat. Zu berücksichtigen sind dabei insbesondere das Maß an Klarheit und Genauigkeit der verletzten Vorschriften, der Umfang des Ermessensspielraums, den die verletzte Vorschrift belässt, die Frage, ob der Verstoß vorsätzlich zugefügt wurde, die Entschuldbarkeit oder Unentschuldbarkeit eines etwaigen Rechtsirrtums und der Umstand, dass die Verhaltensweisen eines Gemeinschaftsorgans möglicherweise dazu beigetragen haben, dass nationale Maßnahmen oder Praktiken in gemeinschaftsrechtswidriger Weise unterlassen, eingeführt oder aufrecht erhalten wurden. Dabei kommt ein hinreichend qualifizierter Gemeinschaftsrechtsverstoß insbesondere in Betracht, wenn der Verstoß trotz Erlasses eines Urteils, in dem der zur Last gelegte Verstoß festgestellt wird, oder eines Urteils im Vorabentscheidungsverfahren oder aber einer gefestigten einschlägigen Rechtsprechung des EuGH, aus der sich die Pflichtwidrigkeit des fraglichen Verhaltens ergibt, fortbestanden hat.[151] Da bereits geringfügige Abweichungen im Sachverhalt vergaberechtlich zu Unterschieden der Beurteilung der Zulässigkeit einer Direktvergabe oder sonstiger Verstöße gegen EU-Vergaberecht führen können, dürfte auch dieser rechtliche Ansatz in aller Regel zur Folge haben, dass eine Pflicht zur Kündigung nur besteht, wenn der Vergaberechtsverstoß vom EuGH tatsächlich festgestellt wurde.

---

[151] Vgl. *Heuvels*, 11. Badenweiler Gespräche, S. 109, 112; *Stettner* in Dauses-EU-Wirtschaftsrecht, 30. EL. 2012, A.IV. Rn. 83 m.w.N.

Kapitel 9 Rechtsschutz

§ 38 Zuständigkeiten

Übersicht

	Rn.
A. Einleitung	1–6
B. EG-Rechtsmittel-Richtlinien	7–10
C. Zuständigkeit für das Vergabenachprüfungsverfahren in erster Instanz	11–31
I. Rechtliche Einordnung der Vergabekammern	11–13
II. Örtliche Zuständigkeiten: § 106a GWB	14–31
D. Zuständigkeit in zweiter Instanz	32–36
I. Zuständigkeit der Oberlandesgerichte	32–34
II. Zwischenzeitliche Zuständigkeit der Landessozialgerichte für GKV-Leistungserbringerverträge	35, 36

GWB: §§ 102, 104 Abs. 1, 105, 106, 106a, 116 Abs. 3, 4, 129a
VgV: § 17

GWB:

§ 102 GWB Grundsatz

Unbeschadet der Prüfungsmöglichkeiten von Aufsichtsbehörden unterliegt die Vergabe öffentlicher Aufträge der Nachprüfung durch die Vergabekammern.

§ 104 Abs. 1 GWB Vergabekammern

(1) Die Nachprüfung der Vergabe öffentlicher Aufträge nehmen die Vergabekammern des Bundes für die dem Bund zuzurechnenden Aufträge, die Vergabekammern der Länder für die diesen zuzurechnenden Aufträge wahr.

(2) und (3) hier nicht abgedruckt.

§ 105 GWB Besetzung, Unabhängigkeit

(1) Die Vergabekammern üben ihre Tätigkeit im Rahmen der Gesetze unabhängig und in eigener Verantwortung aus.

(2) Die Vergabekammern entscheiden in der Besetzung mit einem Vorsitzenden und zwei Beisitzern, von denen einer ein ehrenamtlicher Beisitzer ist. Der Vorsitzende und der hauptamtliche Beisitzer müssen Beamte auf Lebenszeit mit der Befähigung zum höheren Verwaltungsdienst oder vergleichbar fachkundige Angestellte sein. Der Vorsitzende oder der hauptamtliche Beisitzer müssen die Befähigung zum Richteramt haben; in der Regel soll dies der Vorsitzende sein. Die Beisitzer sollen über gründliche Kenntnisse des Vergabewesens, die ehrenamtlichen Beisitzer auch über mehrjährige praktische Erfahrungen auf dem Gebiet des Vergabewesens verfügen. Bei der Überprüfung der Vergabe von verteidigungs- und sicherheitsrelevanten Aufträgen im Sinne des § 99 Absatz 7 können die Vergabekammern abweichend von Satz 1 auch in der Besetzung mit einem Vorsitzenden und zwei hauptamtlichen Beisitzern entscheiden.

(3) Die Kammer kann das Verfahren dem Vorsitzenden oder dem hauptamtlichen Beisitzer ohne mündliche Verhandlung durch unanfechtbaren Beschluss zur alleinigen Entscheidung übertragen. Diese Übertragung ist nur möglich, sofern die Sache keine wesentlichen Schwierigkeiten in tatsächlicher oder rechtlicher Hinsicht aufweist und die Entscheidung nicht von grundsätzlicher Bedeutung sein wird.

(4) Die Mitglieder der Kammer werden für eine Amtszeit von fünf Jahren bestellt. Sie entscheiden unabhängig und sind nur dem Gesetz unterworfen.

§ 106 GWB Einrichtung, Organisation

(1) Der Bund richtet die erforderliche Anzahl von Vergabekammern beim Bundeskartellamt ein. Einrichtung und Besetzung der Vergabekammern sowie die Geschäftsverteilung bestimmt der Präsident des Bundeskartellamts. Ehrenamtliche Beisitzer und deren Stellvertreter ernennt er auf Vorschlag der Spitzenorganisationen der öffentlich-rechtlichen Kammern. Der Präsident des Bundeskartellamts erlässt nach Genehmigung durch das Bundesministerium für Wirtschaft und Technologie eine Geschäftsordnung und veröffentlicht diese im Bundesanzeiger.

(2) Die Einrichtung, Organisation und Besetzung der in diesem Abschnitt genannten Stellen (Nachprüfungsbehörden) der Länder bestimmen die nach Landesrecht zuständigen Stellen, mangels einer solchen Bestimmung die Landesregierung, die die Ermächtigung weiter übertragen kann. Die Länder können gemeinsame Nachprüfungsbehörden einrichten.

§ 106a GWB Abgrenzung der Zuständigkeit der Vergabekammern

(1) Die Vergabekammer des Bundes ist zuständig für die Nachprüfung der Vergabeverfahren

1. des Bundes;

2. von Auftraggebern im Sinne des § 98 Nr. 2, sofern der Bund die Beteiligung überwiegend verwaltet oder die sonstige Finanzierung überwiegend gewährt hat oder über die Leitung überwiegend die Aufsicht ausübt oder die Mitglieder des zur Geschäftsführung oder zur Aufsicht berufenen Organs überwiegend bestimmt hat, es sei denn, die an dem Auftraggeber Beteiligten haben sich auf die Zuständigkeit einer anderen Vergabekammer geeinigt;

3. von Auftraggebern im Sinne des § 98 Nr. 4, sofern der Bund auf sie einen beherrschenden Einfluss ausübt; ein beherrschender Einfluss liegt vor, wenn der Bund unmittelbar oder mittelbar die Mehrheit des gezeichneten Kapitals des Auftraggebers besitzt oder über die Mehrheit der mit den Anteilen des Auftraggebers verbundenen Stimmrechte verfügt oder mehr als die Hälfte der Mitglieder des Verwaltungs-, Leitungs- oder Aufsichtsorgans des Auftraggebers bestellen kann;

4. von Auftraggebern im Sinne des § 98 Nr. 5, sofern der Bund die Mittel überwiegend bewilligt hat;

5. von Auftraggebern nach § 98 Nr. 6, sofern die unter § 98 Nr. 1 bis 3 fallende Stelle dem Bund zuzuordnen ist;

6. die im Rahmen der Organleihe für den Bund durchgeführt werden.

(2) Wird das Vergabeverfahren von einem Land im Rahmen der Auftragsverwaltung für den Bund durchgeführt, ist die Vergabekammer dieses Landes zuständig. Ist in entsprechender Anwendung des Absatzes 1 Nr. 2 bis 6 ein Auftraggeber einem Land zuzuordnen, ist die Vergabekammer des jeweiligen Landes zuständig.

(3) In allen anderen Fällen wird die Zuständigkeit der Vergabekammern nach dem Sitz des Auftraggebers bestimmt. Bei länderübergreifenden Beschaffungen benennen die Auftraggeber in der Vergabebekanntmachung nur eine zuständige Vergabekammer.

§ 116 Abs. 3 und Abs. 4 GWB

(1) und (2) hier nicht abgedruckt.

(3) Über die sofortige Beschwerde entscheidet ausschließlich das für den Sitz der Vergabekammer zuständige Oberlandesgericht. Bei den Oberlandesgerichten wird ein Vergabesenat gebildet.

(4) Rechtssachen nach den Absätzen 1 und 2 [sofortige Beschwerden gegen Entscheidungen der Vergabekammern] können von den Landesregierungen durch Rechtsverordnung anderen Oberlandesgerichten oder dem Obersten Landesgericht zugewiesen werden. Die Landesregierungen können die Ermächtigung auf die Landesjustizverwaltungen übertragen.

§ 129a GWB Unterrichtungspflichten der Nachprüfungsinstanzen

Die Vergabekammern und die Oberlandesgerichte unterrichten das Bundesministerium für Wirtschaft und Technologie bis zum 31. Januar eines jeden Jahres über die Anzahl der Nachprüfungsverfahren des Vorjahres und deren Ergebnisse.

VgV:

§ 17 VgV Melde- und Berichtspflichten

(1) Die Auftraggeber übermitteln der zuständigen Stelle eine jährliche statistische Aufstellung der im Vorjahr vergebenen Aufträge, und zwar getrennt nach öffentlichen Liefer-, Dienstleistungs- und Bauaufträgen (§§ 4 bis 6).

(2) Für jeden Auftraggeber enthält die statistische Aufstellung mindestens die Anzahl und den Wert der vergebenen Aufträge. Die Daten werden soweit möglich wie folgt aufgeschlüsselt:

   a) nach den jeweiligen Vergabeverfahren,

   b) nach Waren, Dienstleistungen und Bauarbeiten gemäß den Kategorien der CPV-Nomenklatur,

   c) nach der Staatsangehörigkeit des Bieters, an den der Auftrag vergeben wurde.

(3) Werden die Aufträge im Verhandlungsverfahren vergeben, so werden die Daten auch nach den in § 3 EG Absatz 3 und 4 VOL/A, § 3 Absatz 1 und 4 VOF und § 3a Absatz 5 und 6 VOB/A genannten Fallgruppen aufgeschlüsselt und enthalten die Anzahl und den Wert der vergebenen Aufträge nach Staatszugehörigkeit der erfolgreichen Bieter zu einem Mitgliedstaat der EU oder einem Drittstaat.

(4) Die Daten enthalten zudem die Anzahl und den Gesamtwert der Aufträge, die auf Grund der Ausnahmeregelungen zum Beschaffungsübereinkommen vergeben wurden.

(5) Die statistischen Aufstellungen für oberste und obere Bundesbehörden und vergleichbare Bundeseinrichtungen enthalten auch den geschätzten Gesamtwert der Aufträge unterhalb der EU-Schwellenwerte sowie nach Anzahl und Gesamtwert der Aufträge, die auf Grund der Ausnahmeregelungen zum Beschaffungsübereinkommen vergeben wurden. Sie enthalten keine Angaben über Dienstleistungen der Kategorie 8 des Anhangs I Teil A und über Fernmeldedienstleistungen der Kategorie 5, deren CPC-Referenznummern 7524 (CPV-Referenznummer 64228000–0), 7525 (CPV-Referenznummer 64221000–1) und 7526 (CPV-Referenznummer 64227000–3) lauten, sowie über Dienstleistungen des Anhangs I Teil B, sofern der geschätzte Wert ohne Umsatzsteuer unter 200 000 Euro liegt.

Literatur:

Amelung/Heise, Zuständigkeit der Sozialgerichtsbarkeit für die Überprüfung von Vergabekammer-Entscheidungen, NZBau 2008, 489 ff.; *Arlt*, Die Umsetzung der Vergabekoordinierungsrichtlinien in Deutschland, VergabeR 2007, 280 ff.; *Brauer*, Das Verfahren vor der Vergabekammer, NZBau 2009, 297 ff.; *Conrad*, Der Rechtsschutz gegen die Aufhebung eines Vergabeverfahrens bei Fortfall des Vergabewillens, NZBau 2007, 287 ff.; *Costa-Zahn/Lutz*, Die Reform der Rechtsmittelrichtlinien, NZBau 2008, 22 ff.; *Hölzl/Eichler*, Rechtsweg für die Überprüfung der Vergabe von Rabattverträgen – Alea iacta est: Der Gesetzgeber hat gewürfelt, NVwZ 2009, 27 ff.; *Frenz*, Rechtsmitteländerungsrichtlinie und Folgen einer Vergaberechtswidrigkeit, VergabeR 2009, 1 ff.; *Hübner*, Effektiver vergaberechtlicher Primärrechtsschutz nach dem „Koppensteiner"-Urteil des EuGH?, NZBau 2005, 438 ff.; *Kaelble*, Anspruch auf Zuschlag und Kontrahierungszwang im Vergabeverfahren, ZfBR 2003, 657 ff.; *Knauff*, Das System des Vergaberechts zwischen Verfassungs-, Wirtschafts- und Haushaltsrecht, VergabeR 2008, 312 ff.; *Maier*, Die prozessualen Grundsätze des Nachprüfungsverfahrens, NZBau 2004, 667 ff.; *Maimann*, Der kartellvergaberechtliche Rechtsweg, NZBau 2004, 492 ff.; *Neun*, Die Zuständigkeit der Vergabekammern in der Praxis – Wahlrecht des Antragstellers vs. Bestimmungsrecht des öffentlichen Auftraggebers, in: Wettbewerb – Transparenz – Gleichbehandlung, 15 Jahre

GWB-Vergaberecht, Festschrift für Fridhelm Marx, 2013, S. 473 ff.; *Röbke/Rechten*, Voraussetzungsfreie Direktvergabe von SPNV-Leistungen möglich?, *Thüsing/Granetzny*, Der Rechtsweg in Vergabefragen des Leistungserbringungsrechts nach dem SGB V, NJW 2008, 3188 ff.; *Wilke*, Das Beschwerdeverfahren vor dem Vergabesenat beim Oberlandesgericht, NZBau 2005, 326 ff.

A. Einleitung

1 Primärrechtsschutz im Vergaberecht oberhalb der Schwellenwerte wird seit dem 1. Januar 1999[1] – in dem Sinne, dass Handlungen der öffentlichen Auftraggeber bis hin zur Zuschlagsentscheidung überprüft und untersagt werden können – im Wege des **Vergabenachprüfungsverfahrens** (§§ 102 ff. GWB) gewährt.[2]

2 Gemäß § 129a GWB führt das Bundesministerium für Wirtschaft und Technologie, gespeist durch die Unterrichtungen der Vergabenachprüfungsinstanzen **Statistiken zu Anzahl und Ergebnissen der Nachprüfungsverfahren**.[3]

3 Weitere Statistikverpflichtungen zum öffentlichen Auftragswesen folgen aus
 – Art. 75 und 76 Richtlinie 2004/18/EG (VKR), umgesetzt in § 17 Vergabeverordnung (VgV),
 – Art. 67 Richtlinie 2004/17/EG (SKR), umgesetzt in § 33 Sektorenverordnung (SektVO) und
 – Art. 65 und 67 Richtlinie 2009/81/EG, umgesetzt in § 44 Vergabeverordnung für die Bereiche Verteidigung und Sicherheit (VSVgV).

4 Bei diesen „**EU-Statistiken**" geht es zunächst um Meldungen durch öffentliche Auftraggeber an das Bundesministerium für Wirtschaft und Technologie.[4]

5 Zahl und Inhalte der Entscheidungen in Vergabenachprüfungsverfahren seit 1999 sind nur noch schwer zu überschauen. Die nachfolgende Darstellung soll die **Grundlinien des deutschen (Vergabe-) Rechtsschutzes oberhalb der Schwellenwerte** skizzieren und stützt sich vor allem auf diejenige Vergaberechtsprechung, die seit 2009 ergangen ist, weil mit dem Vergaberechtsmodernisierungsgesetz 2009[5] im April 2009 doch erhebliche Änderungen in Kraft getreten sind. Aus dem gleichen Grund ist in die besonderen Literaturverzeichnisse zu den nachfolgenden §§ nur jüngeres Schrifttum aufgenommen worden. Nicht aufgenommen wurden auch Entscheidungsanmerkungen, die es zu vergaberechtlichen Beschlüssen der Vergabekammern und -senate in großer Zahl etwa in den Zeitschriften VergabeR, NZBau, ZfBR, NVwZ, DVBl. usw. gibt; eine Aufnahme dieser Anmerkungen hätte den Rahmen der Literaturverzeichnisse und dieses Handbuch-Kapitels gesprengt.

6 Die **Motive des deutschen Gesetzgebers** für die einzelnen Regelungen zum Vergaberechtsschutz (§§ 102 ff. GWB) lassen sich im ersten Zugriff über die Begründungen
 – zum VgRÄG[6] und
 – zum Vergaberechtsmodernisierungsgesetz 2009[7]
erschließen.

---

[1] In-Kraft-Treten des Vergaberechtsänderungsgesetzes (VgRÄG) vom 26.8.1998 (BGBl. I S. 2512).
[2] Daneben kann ein Bieter, der sich benachteiligt oder rechtswidrig behandelt sieht, ggf. die Aufsichtsbehörde des öffentlichen Auftraggebers befassen (§ 102 GWB), z. B. mit dem Ziel, eine Beanstandungsverfügung zu erwirken.
[3] Für das Jahr 2012 sind die Ergebnisse abrufbar unter http://www.bmwi.de/DE/Themen/Wirtschaft/Wettbewerbspolitik/oeffentliche-auftraege,did=190910.html.
[4] Näheres zu diesen „EU-Statistiken" ist abrufbar unter http://www.bmwi.de/DE/Themen/Wirtschaft/Wettbewerbspolitik/oeffentliche-auftraege,did=191002.html.
[5] BGBl. I S. 790.
[6] BT-Drs. 13/9340.
[7] BT-Drs. 16/10117.

B. EG-Rechtsmittel-Richtlinien

Den Ausgangspunkt auch für den Vergaberechtsschutz bildet das Unions- bzw. Gemeinschaftsrecht. Die Richtlinie 2007/66/EG vom 11. Dezember 2007 zur Änderung der Richtlinien 89/665/EWG und 92/13/EWG im Hinblick auf die Verbesserung der Wirksamkeit der Nachprüfungsverfahren bezüglich der Vergabe öffentlicher Aufträge (**EG-Rechtsmittel-RL**)[8] verlangt, dass die Mitgliedstaaten sicherstellen, dass hinsichtlich der in den Anwendungsbereich der Richtlinien 2004/18/EG (VKR) und 2004/17/EG (SKR) fallenden Aufträge Entscheidungen der öffentlichen Auftraggeber wirksam auf Verstöße gegen das Gemeinschaftsrecht im Bereich des öffentlichen Auftragswesens oder gegen die einzelstaatlichen Vorschriften, die dieses Recht umsetzen, nachgeprüft werden können und dass für diese Nachprüfungsverfahren die erforderlichen Befugnisse vorgesehen werden, damit erstens vorläufige Maßnahmen ergriffen werden können, um den behaupteten Verstoß zu beseitigen oder weitere Schädigungen der betroffenen Interessen zu verhindern; und zweitens in der Hauptsache die Aufhebung rechtswidriger Entscheidungen vorgenommen oder veranlasst werden kann.

Die **Statthaftigkeit** des Vergaberechtsweges folgt nicht bereits daraus, dass eine EU-weite Ausschreibung oder ein anderes förmliches Vergabeverfahren durchgeführt worden ist. Ob ein Nachprüfungsantrag nach §§ 102 ff. GWB statthaft ist, hängt vielmehr von der objektiven Erfüllung der gesetzlichen Zugangsvoraussetzungen ab, insbesondere von der **Eröffnung des Anwendungsbereichs des Kartellvergaberechts**. Ein Beispiel: Macht ein öffentlicher Auftraggeber einen Auftrag (freiwillig) europaweit bekannt, obwohl der nachvollziehbar geschätzte Auftragswert den maßgeblichen Schwellenwert unterschreitet, ist der Rechtsweg zu den Vergabenachprüfungsinstanzen nicht eröffnet.[9]

Ganz entscheidend für die Wirksamkeit und Effektivität des Vergaberechtsschutzes sind die Bestimmungen in **Art. 2 Abs. 3 der RL 89/665/EWG und Art. 2 Abs. 3 der RL 92/13/EWG**: „*Wird eine gegenüber dem öffentlichen Auftraggeber unabhängige Stelle in erster Instanz mit der Nachprüfung einer Zuschlagsentscheidung befasst, so sorgen die Mitgliedstaaten dafür, dass der öffentliche Auftraggeber den* **Vertragsschluss nicht vornehmen kann**, *bevor die Nachprüfungsstelle eine Entscheidung über einen Antrag auf vorläufige Maßnahmen oder eine Entscheidung in der Hauptsache getroffen hat.*"

Dieser **unionsrechtlich gebotene Suspensiveffekt** auf das laufende Vergabeverfahren wird im deutschen Recht vor allem über das – nach Übermittlung eines Nachprüfungsantrags an den betreffenden öffentlichen Auftraggeber – gesetzlich angeordnete Zuschlagsverbot (§ 115 Abs. 1 GWB – s. dazu noch u. § 42 Rn. 1 ff.) und die Verpflichtung der Auftraggeber zur Vorabinformation unterlegener Bieter (§ 101a GWB – s. dazu § 40 Rn. 27) sichergestellt.

C. Zuständigkeit für das Vergabenachprüfungsverfahren in erster Instanz

I. Rechtliche Einordnung der Vergabekammern

Zuständig für die Nachprüfung von Vergaben oberhalb der Schwellenwerte sind nach deutschem Recht in erster Instanz gemäß § 104 Abs. 1 GWB die **Vergabekammern** des Bundes und/oder der Länder, **gerichtsähnlich ausgestaltete Spruchkörper bei Be-**

---

[8] ABl. EU Nr. L 335/31.
[9] Im Rahmen des sekundären Rechtsschutzes (also eines Schadensersatzprozesses – s. dazu § 36) kann es für den materiellen Prüfungsmaßstab aber durchaus relevant sein, wenn der Auftraggeber ausdrücklich oder konkludent (etwa mit einer EU-weiten Bekanntmachung) zum Ausruck gebracht hat, dass er bestimmte Normen des Vergaberechts gegen sich gelten lassen wollte – BGH Urt. v. 21.2.2006, X ZR 39/03, NZBau 2006, 456.

hörden, in zweiter Instanz die **Vergabesenate bei den Oberlandesgerichten**. Errichtung und Sitz der Vergabekammern ist Gegenstand organisationsrechtlicher Regelungen des Bundes (die Vergabekammern des Bundes sind beim Bundeskartellamt eingerichtet) bzw. der Länder. Näheres hierzu regelt § 106 GWB.

12 Die Einzelheiten **zur Besetzung der Vergabekammern** mit einem/einer Vorsitzenden, einem/einer hauptamtlichen Beisitzer(in) und einem/einer ehrenamtlichen Beisitzer(in) regelt § 105 GWB.

13 Die **Vergabekammern sind Behörden i.S. der VwVfG**; sie sind keine Gerichte gemäß Art. 92 GG,[10] da sie – Maßstab ist hier die Gewaltenteilung gemäß Art. 20 Abs. 2 GG – nicht von der Verwaltung getrennt sind. Sie werden vielmehr von der Exekutive organisiert. Dass § 105 GWB den Vergabekammern für die Ausübung ihrer Tätigkeit eine **gerichtsähnliche Rechtsstellung** (richterähnliche Unabhängigkeit ihrer Mitglieder durch entsprechende Garantie in Abs. 1 und durch Bestellung für eine Amtszeit von fünf Jahren[11]) einräumt, führt nicht zur Qualifizierung einer Vergabekammer als Gericht. Strikt von dieser verfassungs- und prozessrechtlichen Frage zu trennen ist die weitere, vor dem Hintergrund von Art. 267 AEUV zu führende Diskussion, ob eine Vergabekammer zu Vorabentscheidungsersuchen an den EuGH berechtigt oder gar verpflichtet ist.[12]

II. Örtliche Zuständigkeiten: § 106a GWB

14 Die örtlichen Zuständigkeiten sind inzwischen weitgehend gesetzlich geregelt. Mit dem Gesetz zur Modernisierung des Vergaberechts[13] zonte **§ 106a GWB** die Bestimmungen des bis dahin geltenden § 18 VgV für die Zuständigkeiten der verschiedenen Vergabekammern auf die gesetzliche Ebene.

1. Zurechnung des Auftrags bzw. des Auftraggebers zu einer Gebietskörperschaft

15 Die **Abgrenzung der Zuständigkeiten** der Vergabekammern richtet sich danach, ob der jeweilige Auftrag dem Bund oder einem Land zuzurechnen ist. Nach § 106a GWB sind die Vergabekammern des Bundes zuständig bei Vergabeverfahren des Bundes selbst (§ 106a Abs. 1 Nr. 1 GWB) sowie bei Vergabeverfahren solcher Auftraggeber, die auf Grund überwiegender Beteiligung, Finanzierung oder Aufsicht des Bundes (§ 106a Abs. 1 Nr. 2 GWB), beherrschenden Einflusses des Bundes (§ 106a Abs. 1 Nr. 3 GWB) oder überwiegender Mittelbewilligung durch den Bund (§ 106a Abs. 1 Nr. 4 GWB) dem Bund zuzuordnen sind. Folgerichtig bestimmt § 106a Abs. 2 Satz 2 GWB die Zuständigkeit der Vergabekammer des jeweiligen Landes, wenn der Auftraggeber einem Land zuzuordnen ist.

16 Lässt sich der **öffentliche Auftraggeber weder dem Bund noch einem Land zuordnen**, was etwa der Fall ist für Sektorenauftraggeber nach § 98 Nr. 4 GWB, so bestimmt sich die Zuständigkeit der Vergabekammer nach dem Sitz des Auftraggebers (§ 106a Abs. 3 Satz 1 GWB).

17 Die **Abgrenzung der Binnenzuständigkeiten unter mehreren Vergabekammern der Länder** (so die Situation etwa in Nordrhein-Westfalen und Hamburg) ist nach § 106 Abs. 2 GWB Sache des Organisationsrechts des jeweiligen Landes.

---

[10] BGH Beschl. v. 25.10.2011, X ZB 5/10, NZBau 2012, 186; OLG Brandenburg Beschl. v. 7.8.2008, Verg W 11/08; OLG Celle Beschl. v. 4.5.2001, 13 Verg 5/00.
[11] Ein Widerruf der Bestellung – unter den Voraussetzungen des § 49 VwVfG des Bundes oder der Länder – ist aber nicht ausgeschlossen; Hamburgisches OVG Beschl. v. 30.6.2005, 1 Bs 182/05, NVwZ 2005, 1447.
[12] Zum Ganzen OLG Naumburg Beschl. v. 31.1.2011, 2 Verg 1/11.
[13] V. 20.4.2009, BGBl. I S. 790.

Die Frage, welche Vergabekammer zuständig ist, wenn ein Auftrag gemeinsam von 18 mehreren Auftraggebern vergeben wird, die unterschiedlichen Ländern zuzuordnen sind, beantwortet **§ 106a Abs. 3 Satz 2 GWB** dahingehend, dass der/die Auftraggeber für eine Konzentration der örtlichen Zuständigkeit bei einer Vergabekammer sorgen können. Die Norm gibt (nur) in diesen Fällen den Auftraggebern unmittelbar die Verpflichtung auf, in der Vergabebekanntmachung „nur eine zuständige Vergabekammer" zu benennen (s. zu den verbleibenden Problemfällen u. Rn. 19 ff.).

2. Problemfälle

Sie erfasst aber, jedenfalls unmittelbar, nur „länderübergreifende Beschaffungen". Als – 19 durchaus sehr praxisrelevante – Konstellationen, in denen eine eindeutige Zuständigkeitsabgrenzung weiterhin Schwierigkeiten bereitet, verbleiben Vergabeverfahren (**Bund-Land-Beschaffungen**)

– in denen Auftraggeber der Bund und ein oder mehrere Länder gemeinsam sind, so dass nach § 106a Abs. 1 Nr. 1 GWB einerseits und § 106a Abs. 1 Nr. 1 i. V. m. Abs. 2 Satz 2 GWB andererseits sowohl die Vergabekammer des Bundes als auch die Vergabekammer des jeweiligen Landes für die Nachprüfung zuständig wären – vom Wortlaut des § 106a Abs. 3 Satz 2 GWB wird dieser Fall nicht umfasst[14], und

– in denen der Auftraggeber bereits für sich genommen nach § 106a Abs. 1 Nr. 2 bis 6, Abs. 2 GWB sowohl dem Bund als auch einem Land zuzuordnen ist; ein solcher Fall – auch er unterfällt nicht unmittelbar dem Anwendungsbereich § 106a Abs. 3 Satz 2 GWB – kann eintreten, wenn ein öffentlicher Auftraggeber mehrere der Tatbestandsvarianten aus § 98 Nr. 2 bis 6 GWB erfüllt, die zu unterschiedlichen Zuständigkeiten nach § 106a Abs. 1 Nr. 2 bis 6, Abs. 2 GWB führen.

Der zuletzt genannte Fall kann z.B. bei gesetzlichen Krankenkassen eintreten: Folgt man 20 der vom Gerichtshof der Europäischen Gemeinschaften[15] ebenso wie von nationalen Gerichten und Vergabekammern[16] vertretenen Auffassung, nach der es sich bei gesetzlichen Krankenkassen um öffentliche Auftraggeber nach § 98 Nr. 2 GWB handelt, weil sie nach den bundesrechtlichen Regeln des SGB IV und SGB V (mittelbar) vom Bund finanziert werden, dann unterliegen die von ihnen vergebenen Aufträge gemäß § 106a Abs. 1 Nr. 2 GWB zunächst der Nachprüfung durch die Vergabekammer des Bundes. Gleichzeitig können die gesetzlichen Krankenkassen aber auch deshalb als öffentliche Auftraggeber eingeordnet werden, weil sie wie alle Träger der Sozialversicherung nach den Bestimmungen des SGB IV vom Staat beaufsichtigt werden.[17]

Bejaht man dies, fallen diejenigen Krankenkassen, die – wie die Allgemeinen Ortskran- 20a kenkassen – von den Ländern beaufsichtigt werden, zudem unter die Zuständigkeitszuweisung nach § 106a Abs. 1 Nr. 2 i. V. m. Abs. 2 Satz 2 GWB. Für die Nachprüfung der von ihnen vergebenen Aufträge ist also **bei uneingeschränkter Anwendung von**

---

[14] Ebenso *Brauer* NZBau 2009, 297 f.
[15] EuGH Urt. v. 11.6.2009, Rs. C-300/07 – Oymanns, NZBau 2009, 520.
[16] Etwa OLG Brandenburg Beschl. v. 12.2.2008, Verg W 18/07, VergabeR 2008, 555; OLG Düsseldorf Beschl. v. 19.12.2007, Verg 51/07, VergabeR 2008, 73; 1. VK des Bundes Beschl. v. 9.5.2007, VK 1–26/07; 2. VK des Bundes Beschl. v. 24.10.2007, VK 2–102/07; VK Lüneburg Beschl. v. 21.9.2004, 203-VgK-42/2004; VK Sachsen Beschl. v. 19.12.2008, 1/SVK/064–08; VK Schleswig-Holstein Beschl. v. 17.9.2008, VK-SH 10/08.
[17] Etwa LSG Baden-Württemberg Beschl. v. 28.10.2008, L 11 KR 4810/08 ER-B, VergabeR 2009, 182; OLG Düsseldorf Beschl. v. 19.12.2007, Verg 51/07, VergabeR 2008, 73; 2. VK des Bundes Beschl. v. 15.11.2007, VK 2–102/07; VK Sachsen Beschl. v. 19.12.2008, 1/SVK/064–08; VK Schleswig-Holstein Beschl. v. 17.9.2008, VK-SH 10/08.

§ 106a Abs. 1 und 2 GWB neben der Vergabekammer des Bundes gleichzeitig die Vergabekammer des jeweiligen Landes zuständig.[18]

21 § 106a Abs. 3 Satz 2 GWB soll nach der im Gesetzgebungsverfahren geäußerten Auffassung des Bundesrates, auf den die Neufassung zurückgeht, das Problem lösen, welches sich ergibt, wenn bei länderübergreifender Beschaffung, eine Zuständigkeitsabgrenzung erforderlich ist.[19] Es liegt einigermaßen nahe, diesen Grundgedanken – durch eine Benennungsbefugnis des Auftraggebers eine eindeutige und singuläre Zuständigkeitszuweisung zu schaffen – auf die Fälle der Bund-Land-Beschaffung zu übertragen. Der Antragsgegner kann sich etwa bei Terminierung verschiedener Vergabekammern an ein- und demselben Tag schlechterdings nicht teilen, und es ist eigentlich auch nicht zulässig, Kopien der Vergabeakten zu übersenden. Vor allem aber ist fraglich, wie die gesetzgeberisch eigentlich nicht gewollten **Mehrfachzuständigkeiten und das Beschleunigungsgebot (§ 113 Abs. 1 GWB)** zueinander passen sollen.

22 Die jüngere Rechtsprechung hat sich diesen Erwägungen richtigerweise nicht mehr verschlossen. Etwa die VK Rheinland-Pfalz[20] hat in grundsätzlicher Anerkennung des **Wahlrechts des Antragstellers analog § 35 ZPO** festgestellt: *„Die Vergabekammer des Bundes ist zuständig, weil die Antragsgegnerinnen durch die Festlegungen in der Vergabebekanntmachung und in den Bewerbungsbedingungen die grundsätzlich bestehende Freiheit der Antragstellerin, zwischen den Ländervergabekammern und der Bundesvergabekammer zu wählen, in zulässiger Weise eingeschränkt haben. Die Antragstellerin hätte Vorbehalte gegen die Beschränkung der Wahlfreiheit durch die Zuständigkeitszuordnung zur VK Bund bereits mit einer Rüge angreifen müssen. Da sie sich jedoch rügelos auf die Vorgaben der Antragsgegnerinnen eingelassen hat, ist sie jetzt mit ihrer Einlassung, nicht an die getroffene Zuständigkeitswahl gebunden zu sein, bereits präkludiert und die Benennung der Vergabekammer des Bundes ist zu ihren Lasten als vergaberechtskonform zu werten".*

23 Der Antragsteller kann also nach Auffassung der VK Rheinland-Pfalz von seinem Wahlrecht keinen Gebrauch mehr machen, wenn er die **Angabe der „einen" zuständigen Nachprüfungsinstanz in der Vergabebekanntmachung** nicht beanstandet (d.h.: nicht gerügt – s. dazu u. § 39 Rn. 64 ff.) hat. Und die Festlegung durch den/die Auftraggeber auf eine bestimmte (zuständige) Vergabekammer in der Bekanntmachung begegne keinen durchgreifenden rechtlichen Bedenken, sondern sei *„im Rahmen der Anforderungen eines zügigen Nachprüfungsverfahrens sinnvollerweise geboten. Die Alternativlösung ... führt zu nicht vertretbaren zeitlichen Verzögerungen. Die Bieter und zugleich potentiellen Antragsteller hätten es in der Hand, zeitgleich mehrere Vergabekammern mit der Nachprüfung ein und derselben Vergabe zu betrauen. Im Rahmen der sofortigen Beschwerde könnten unterschiedliche [Beschwerdegerichte] VK-Entscheidungen überprüfen und Rechtssicherheit wäre bei divergierenden Entscheidungen erst durch Vorlagen [nach § 124 Abs. 2 GWB] zu erreichen. Diese Entscheidungsverzögerungen widersprechen dem Beschleunigungsgrundsatz des § 113 GWB ...".*

24 Noch konsequenter ist – richtigerweise – das OLG Dresden[21]: Danach kann der Auftraggeber durch die Bestimmung einer (zuständigen) Vergabekammer in der Vergabebekanntmachung das Wahlrecht der Antragstellerin – unabhängig von dem Umstand, ob Rügen hiergegen vorliegen oder nicht – wirksam ausschließen. Die **Interessenlage bei einer Überschneidung der Zuständigkeit der Vergabekammer eines Landes und der Vergabekammern des Bundes** sei mit der Interessenlage bei länderübergreifenden Zuständigkeiten vergleichbar. Dies lege es – in entsprechender Anwendung von § 106a Abs. 3 Satz 2 GWB nahe, auch in der erstgenannten Fallgestaltung den Auftraggebern das

---

[18] Vgl. OLG Düsseldorf Beschl. v. 19.12.2007, Verg 51/07, NZBau 2008, 194; VK Sachsen Beschl. v. 19.12.2008, 1/SVK/064–08; VK Schleswig-Holstein Beschl. v. 17.9.2008, VK-SH 10/08.
[19] BR-Drs. 349/08, S. 15 f.
[20] VK Rheinland-Pfalz Beschl. v. 15.12.2010, VK 1–51/10.
[21] OLG Dresden Beschl. v. 26.6.2012, Verg 3/12, VergabeR 2013, 517.

Recht zur Bestimmung einer zuständigen Vergabekammer mit Bindungswirkung zu eröffnen.

§ 106a Abs. 3 Satz 2 GWB analog begründet damit eine einfache und praxistaugliche Möglichkeit, die Zuständigkeit der verschiedenen Vergabekammern bei länderübergreifenden Beschaffungen voneinander abzugrenzen und Doppelzuständigkeiten zu vermeiden.[22]

Weiterer Streit hierzu ist allerdings vorprogrammiert, nachdem das OLG Düsseldorf erneut das Wahlrecht des Antragstellers gestärkt hat und die VK Baden-Württemberg länderübergreifende Beschaffungen i. S. des § 106a Abs. 3 Satz 2 GWB nur bei Vergaben einer einheitlichen Gesamtleistung über Ländergrenzen hinweg angenommen und auch sonst bei der Auslegung der Regelung die erkennbaren Intentionen des Gesetzgebers außer Acht gelassen hat.[23] Der VK Baden-Württemberg ist zwar im Ausgangspunkt zuzustimmen, dass eine in der Bekanntmachung fälschlicherweise als zuständig bezeichnete Vergabekammer diese Vergabekammer nicht binden kann.[24] § 106a Abs. 3 Satz 2 GWB fordert die Auftraggeber aber gerade auf, eine von mehreren *zuständigen* Vergabekammern zu bezeichnen (d. h. der Gesetzgeber geht davon aus, dass bei länderübergreifenden Beschaffungen mehrere Vergabekammern zuständig sind und nicht nur diejenige Vergabekammer, in deren Land der Schwerpunkt der Maßnahme liegt). Gehen Auftraggeber so vor, liegt darin keine **„falsche" Benennung einer Vergabekammer.**

3. Verweisung bei Unzuständigkeit

Eine unzuständige Vergabekammer hat den Nachprüfungsantrag in entsprechender Anwendung des § 17a GVG an die örtlich zuständige Vergabekammer zu verweisen.[25] Gegen den Verweisungsbeschluss ist die sofortige Beschwerde (oder ein anderes Mittel zur isolierten Anfechtung) nicht gegeben.[26]

Die Verweisung ist für die Vergabekammer, an die verwiesen wird, grundsätzlich bindend. Für Ausnahmen gelten im Vergaberecht die gleichen Grundsätze wie für Verweisungen durch Gerichte.

4. Örtliche Zuständigkeit und richtiger Antragsgegner

Auseinanderzuhalten sind die Fragen nach der örtlich zuständigen Vergabekammer einerseits und nach dem **richtigen Antragsgegner** andererseits.

Exemplarisch lässt sich dies anhand von Auftragsvergaben im Rahmen der Bundesauftragsverwaltung darstellen.

Aus § 106a Abs. 2 Satz 1 GWB folgt, dass für Nachprüfungen zu Vergabeverfahren, die von einem Land im Rahmen der Auftragsverwaltung für den Bund durchgeführt werden (z. B. Ausschreibungen von Bauleistungen für Autobahnen bzw. Bundesfernstraßen durch Behörden eines Landes), die Vergabekammern der Länder zuständig sind. Ob das betreffende Land oder der Bund richtiger Antragsgegner im Nachprüfungsverfahren ist, ist damit aber nicht gesagt. Richtiger Antragsgegner des Nachprüfungsverfahrens im Sinne von § 108 Abs. 2 GWB (s. dazu auch u. § 40 Rn. 4) ist in diesen Fällen der Bund. Denn er wird vom Land bzw. von bestimmten Landesbehörden beim Vertragsschluss vertreten. **Berechtigt und verpflichtet aus dem Vertrag** ist aber der Bund als Vertretener und

---

[22] *Neun* in Festschrift Marx, 2013, S. 473, 482 ff.
[23] OLG Düsseldorf Beschl. v. 11.12.2013, VII-Verg 25/13; VK Baden-Württemberg Beschl. v. 16.5.2013, 1 VK 12/13.
[24] So auch OLG München Beschl. v. 12.5.2011, Verg 26/10 für eine mehrere EU-Mitgliedstaaten betreffende Beschaffung.
[25] OLG Bremen Beschl. v. 17.8.2000, Verg 2/2000; 3. VK des Bundes Beschl. v. 11.8.2011, VK 3–113/11.
[26] OLG Dresden Beschl. v. 26.6.2012, Verg 3/12, VergabeR 2013, 517.

nicht das Land. Dies schlägt auf die Rechte und Pflichten im vorvertraglichen Verhältnis durch. Mit den Worten des OLG München: *"Weswegen der Rechtsträger, der Vertragspartner wird und der auch in sachlicher Hinsicht die Entscheidungshoheit behält, nicht auch im gerichtlichen Nachprüfungsverfahren als Antragsgegner die Verantwortung für die Ordnungsmäßigkeit der Ausschreibung übernehmen soll, ist nicht einsichtig."*[27]

D. Zuständigkeit in zweiter Instanz

I. Zuständigkeit der Oberlandesgerichte

32 Gegen die Entscheidungen der Vergabekammer (oder gegen die Fiktion der Ablehnung eines Nachprüfungsantrags durch Nichtstun der Vergabekammer innerhalb der gesetzlichen – ggf. verlängerten – Entscheidungsfrist des § 113 Abs. 1 GWB – s. hierzu noch u. § 40 Rn. 17) ist die sofortige Beschwerde statthaft (§ 116 Abs. 1 und 2 GWB), und zwar zum Vergabesenat des – **für den Sitz der Vergabekammer – örtlich zuständigen Oberlandesgerichts.**

33 § 116 Abs. 4 GWB bestimmt, dass sofortige Beschwerden gegen Entscheidungen der Vergabekammern von den Landesregierungen (oder Landesjustizverwaltungen) durch Rechtsverordnung anderen als den eigentlich örtlich (bezogen auf den Sitz der erstinstanzlich entscheidenden Vergabekammer) zuständigen Oberlandesgerichten zugewiesen werden können. Für **sofortige Beschwerden gegen Entscheidungen der Vergabekammern des Bundes** sowie aller Vergabekammern Nordrhein-Westfalens (Köln, Detmold, Düsseldorf und Arnsberg) ist etwa – auf Basis von nach § 116 Abs. 4 GWB getroffenen Organisationsentscheidungen des Landes – einheitlich das **Oberlandesgericht Düsseldorf** zuständig. Die mit Abstand größte Fallzahl und Erfahrung sowie gerade die Zuständigkeit für Vergaben des Bundes verleiht den Entscheidungen des OLG Düsseldorf zumindest faktisch besonderes Gewicht.

34 Das Verfahren der sofortigen Beschwerde und die dazugehörigen Eilrechtsschutzmöglichkeiten werden unter § 41 (s. u.) näher dargestellt.

II. Zwischenzeitliche Zuständigkeit der Landessozialgerichte für GKV-Leistungserbringerverträge

35 Zwischenzeitlich wurde (mit dem Gesetz zur Weiterentwicklung der Organisationsstrukturen in der gesetzlichen Krankenversicherung – GKV-OrgWG – vom 15. Dezember 2008[28]) die zweitinstanzliche Zuständigkeit der Landessozialgerichte für Vergabekammerentscheidungen zu **Verträgen nach den §§ 69 ff. SGB V (Recht der Verträge gesetzlicher Krankenkassen mit Leistungserbringern** – s. dazu materiell-u rechtlich eingehend Kapitel 13) eingeführt.[29] Die Rechtsprechung der LSGs ist insbesondere für Arzneimittelrabatt- und Hilfsmittelversorgungsverträge bedeutsam gewesen und strahlt zumindest insoweit auch noch auf die heutige Rechtsprechung der Oberlandesgerichte zu solchen Vergabeverfahren aus.

---

[27] OLG München Beschl. v. 31.5.2012, Verg 4/12 mit ausführlicher Darstellung des Sach- und Streitstandes hierzu; a.A. etwa OLG Frankfurt/Main Beschl. v. 11.4.2012, 11 Verg 10/11.
[28] BGBl. I S. 2426; dazu *Amelung/Heise* NZBau 2008, 489 ff.; *Hölzl/Eichler* NVwZ 2009, 27 ff.; *Thüsing/Granetzny* NJW 2008, 3188 ff.
[29] Zum Vergaberechtsschutz bezogen auf solche Leistungserbringerverträge *vor* In-Kraft-Treten des GKV-OrgWG vgl. die lesenswerten Entscheidungen des BSG Beschl. v. 22.4.2008, B 1 SF 1/08 R, und des BGH Beschl. v. 15.7.2008, X ZB 17/08.

Ende 2010 erfolgte durch das **Arzneimittelmarktneuordnungsgesetz (AMNOG)** 36
vom 22. Dezember 2010[30] mit Wirkung zum 1. Januar 2011 die Zuständigkeitszuweisung auch der solche Vergaben betreffenden sofortigen Beschwerden an die Oberlandesgerichte. Beschwerdegerichte in Vergabesachen sind danach heute wieder einheitlich und ausschließlich die Oberlandesgerichte.

---

[30] BGBl. I S. 2262.

§ 39 Rechtswegkonzentration, Antragsbefugnis und Rügeobliegenheit

Übersicht

	Rn.
A. Einleitung	1–3
B. § 97 Abs. 7 GWB	4–10
I. Fundamentale Neuerung der Rechtslage durch das VgRÄG 1998	4
II. Subjektive Rechte auf Durchsetzung des Vergaberechts aus Grundrechten?	5, 6
III. Anspruch auf Vertragsschluss oder zumindest auf „Aufhebung einer Aufhebung"?	7–10
C. Rechtswegkonzentration	11–44
I. Dienstleistungskonzessionen	17–19
II. Verhältnis der §§ 102 ff. GWB zu Bestimmungen anderer Prozessordnungen	20–37
III. Beschränkung des § 104 Abs. 2 GWB: Ansprüche gegen öffentliche Auftraggeber	38, 39
IV. Beschränkung des § 104 Abs. 2 GWB: Ansprüche auf Handlungen in einem Vergabeverfahren	40–43
V. Streit über die Zulässigkeit des beschrittenen Vergaberechtswegs	44
D. Antragsbefugnis	45–63
I. Interesse am Auftrag	47–49
II. Möglichkeit der Verletzung von Vergabevorschriften	50–53
III. (Drohender) Schaden	54–60
IV. Kein vorbeugender Rechtsschutz	61–63
E. Rügeobliegenheit (§ 107 Abs. 3 GWB)	64–95
I. Grundsätze	64–73
II. Erkennbare Vergaberechtsverstöße	74, 75
III. Positiv erkannte Vergaberechtsverstöße	76–84
IV. Verhältnis der Nrn. 1 bis 3 des § 107 Abs. 3 Satz 1 GWB	85
V. 15-Tages-Frist des § 107 Abs. 3 Satz 1 Nr. 4 GWB nach Zurückweisung einer Rüge	86, 87
VI. Entbehrlichkeit einer Rüge	88–91
VII. Rügeobliegenheit und Untersuchungsgrundsatz	92–95

GWB: §§ 97 Abs. 7, 104 Abs. 2, 3, 107

§ 97 GWB Allgemeine Grundsätze

(1) bis (6) hier nicht abgedruckt.

(7) Die Unternehmen haben Anspruch darauf, dass der Auftraggeber die Bestimmungen über das Vergabeverfahren einhält.

§ 104 GWB Vergabekammern

(1) hier nicht abgedruckt.

(2) Rechte aus § 97 Abs. 7 sowie sonstige Ansprüche gegen öffentliche Auftraggeber, die auf die Vornahme oder das Unterlassen einer Handlung in einem Vergabeverfahren gerichtet sind, können nur vor den Vergabekammern und dem Beschwerdegericht geltend gemacht werden.

(3) Die Zuständigkeit der ordentlichen Gerichte für die Geltendmachung von Schadensersatzansprüchen und die Befugnisse der Kartellbehörden zur Verfolgung von Verstößen insbesondere gegen §§ 19 und 20 bleiben unberührt.

§ 107 GWB Einleitung, Antrag

(1) Die Vergabekammer leitet ein Nachprüfungsverfahren nur auf Antrag ein.

(2) Antragsbefugt ist jedes Unternehmen, das ein Interesse am Auftrag hat und eine Verletzung in seinen Rechten nach § 97 Abs. 7 durch Nichtbeachtung von Vergabevorschriften geltend macht. Dabei ist darzulegen, dass dem Unternehmen durch die behauptete Verletzung der Vergabevorschriften ein Schaden entstanden ist oder zu entstehen droht.

(3) Der Antrag ist unzulässig, soweit

1. der Antragsteller den gerügten Verstoß gegen Vergabevorschriften im Vergabeverfahren erkannt und gegenüber dem Auftraggeber nicht unverzüglich gerügt hat,

2. Verstöße gegen Vergabevorschriften, die aufgrund der Bekanntmachung erkennbar sind, nicht spätestens bis Ablauf der in der Bekanntmachung benannten Frist zur Angebotsabgabe oder zur Bewerbung gegenüber dem Auftraggeber gerügt werden,

3. Verstöße gegen Vergabevorschriften, die erst in den Vergabeunterlagen erkennbar sind, nicht spätestens bis zum Ablauf der in der Bekanntmachung benannten Frist zur Angebotsabgabe oder zur Bewerbung gegenüber dem Auftraggeber gerügt werden,

4. mehr als 15 Kalendertage nach Eingang der Mitteilung des Auftraggebers, einer Rüge nicht abhelfen zu wollen, vergangen sind.

Satz 1 gilt nicht bei einem Antrag auf Feststellung der Unwirksamkeit des Vertrages nach § 101b Abs. 1 Nr. 2. § 101a Abs. 1 Satz 2 bleibt unberührt.

Literatur:

Antweiler, Bieterrechtsschutz unter Zumutbarkeitsvorbehalt?, VergabeR 2011, 306 ff.; *Boesen/Upleger*, Die Antragsbefugnis eines Antragstellers bei zwingendem Ausschlussgrund, NZBau 2005, 672 ff.; *Brauer*, Das Verfahren vor der Vergabekammer, NZBau 2009, 297 ff.; *Burbulla*, Aufhebung der Ausschreibung und Vergabenachprüfungsverfahren, ZfBR 2009, 134 ff.; *Byok*, Das Gesetz zur Modernisierung des Vergaberechts – GWB 2009, NVwZ 2009, 551 ff.; *Dicks*, Verfahrensrechtliche Entscheidungen der Vergabesenate im Jahre 2009 – Teil I, ZfBR 2010, 235 ff.; *Dicks*, Verfahrensrechtliche Entscheidungen der Vergabesenate im Jahre 2009 – Teil II, ZfBR 2010, 339 ff.; *Dirksen*, Fristablauf nach § 107 Abs. 3 Satz 1 Nr. 4 GWB, VergabeR 2013, 410 ff.; *Dittmann*, Ansprüche eines zu Recht ausgeschlossenen Bieters, VergabeR 2008, 339 ff.; *Fürmann*, Zur Zulässigkeit von Anforderungsfristen und der praxisgerechten Auslegung des § 107 Abs. 3 Satz 1 Nr. 2 und 3 GWB, VergabeR 2010, 420 ff; *Hertwig*, Uneingeschränkte Relevanz des Gemeindewirtschaftsrechts im Vergabenachprüfungsverfahren, NZBau 2009, 355 ff.; *Hübner*, Das Ende der „unverzüglichen" und uneingeschränkten Rügeobliegenheit (§ 107 Abs. 3 Satz 1 Nr. 1 GWB), VergabeR 2010, 414 ff.; *Jaeger*, Neuerungen zur Rügeobliegenheit (§ 107 III GWB) durch das Vergaberechtsmodernisierungsgesetz, NZBau 2009, 558 ff.; *Müller-Wrede*, Kausalität des Vergaberechtsverstoßes als Voraussetzung für den Rechtsschutz, NZBau 2011, 650 ff.; *Polster/Naujok*, Vergaberechtsreform 2009/2010, NVwZ 2011, 786 ff.; *Pooth*, Muss man unverzüglich rügen? – Auswirkungen der EuGH-Entscheidung vom 28.10.2010, VergabeR 2011, 358 ff.; *Rechten/Junker*, Das Gesetz zur Modernisierung des Vergaberechts – oder: Nach der Reform ist vor der Reform, NZBau 2009, 490 ff.

A. Einleitung

1 **§ 97 Abs. 7 GWB** stellte die wohl bedeutsamste und einschneidenste Änderung des zum 1. Januar 1999 in Kraft getretenen neuen *Kartell*vergaberechts[1] gegenüber der bis dahin vorgefundenen Situation des *Haushalts*vergaberechts dar. Erstmals erhielten Interessenten,

---

[1] Gesetz zur Änderung der Rechtsgrundlagen für die Vergabe öffentlicher Aufträge (Vergaberechtsänderungsgesetz – VgRÄG) v. 26.8.1998, BGBl. I S. 2512.

Bewerber und Bieter damit einen **einklagbaren Anspruch auf Einhaltung der vergaberechtlichen Bestimmungen durch die öffentlichen Auftraggeber.**

Weitere zentrale Normen des deutschen Kartellvergaberechts für den Primärrechtsschutz durch das Vergabenachprüfungsverfahren sind 2
- der **§ 104 Abs. 2 GWB** (mit der Intention, alle Bieteransprüche gegen einen öffentlichen Auftraggeber, die auf Vornahme oder Unterlassung einer Handlung in einem Vergabeverfahren gerichtet sind, auf das Vergabe-nachprüfungsverfahren zu konzentrieren),
- der **§ 107 Abs. 2 GWB** zur **Antragsbefugnis** des Antragstellers in einem Nachprüfungsverfahren (die Einleitung eines solchen Nachprüfungsverfahrens setzt stets einen Antrag voraus – § 107 Abs. 1 GWB) und
- der **§ 107 Abs. 3 GWB** zur **Rügeobliegenheit** des Bieters, der einen Vergaberechtsverstoß erkannt hat oder hätte erkennen können.

Aus diesen Bestimmungen lassen sich ganz wesentliche Grundlinien für das Verfahrensrecht ableiten, das für das Vergabenachprüfungsverfahren in Deutschland zugrunde zu legen ist. 3

B. § 97 Abs. 7 GWB

I. Fundamentale Neuerung der Rechtslage durch das VgRÄG 1998

Die Ablösung des vormaligen – nur eingeschränkt individualschützenden und justiziablen 4
– **Haushaltsvergaberechts** (zumindest oberhalb bestimmter festgelegter Schwellenwerte) durch gerichtlich nicht nur im Wege von Schadensersatz durchsetzbares Vergaberecht war nach Maßgabe höherrangigen europäischen Rechts unausweichlich geworden. Die frühere Rechtslage in Deutschland (im Wesentlichen vermittelt durch das Haushaltsgrundsätzegesetz, die Haushaltsordnungen sowie diversen Haushaltsverordnungen für öffentlich-rechtliche Körperschaften, jeweils i.V.m. mit Verdingungsordnungen) stand nicht mehr im Einklang mit dem EG-Vergaberecht, insbesondere nicht mit den Vorgaben der EG-Rechtsmittelrichtlinien.

II. Subjektive Rechte auf Durchsetzung des Vergaberechts aus Grundrechten?

Die Einführung von § 97 Abs. 7 GWB und eines Vergaberechtsschutzes, mit dem Zuschlagsuntersagungen und sonstige Einwirkungen auf die Rechtmäßigkeit laufender Vergabeverfahren effektiv erreicht werden konnten, war auch deshalb zwingend, weil sich anerkanntermaßen Abwehransprüche unterlegener Bieter aus **Art. 12 Abs. 1 GG** nicht herleiten ließen und lassen. Die Berufsfreiheit umfasst einen Anspruch auf Erfolg im Wettbewerb und auf Sicherung künftiger Erwerbsmöglichkeiten nicht.[2] Und auch der allgemeine Gleichheitssatz (Art. 3 Abs. 1 GG) ließ und lässt sich für effektiven Primärrechtsschutz (der Eingriffe in laufende Vergabeverfahren erlaubt) praktisch nur sehr eingeschränkt fruchtbar machen. 5

§ 97 Abs. 7 GWB vermittelt keine Ansprüche, die auf **künftige Vergabeverfahren** 6 gerichtet sind (s. zum Ausschluss vorbeugenden Rechtsschutzes u. Rn. 61 ff.).

---

[2] Vgl. Statt vieler nur BVerfG Beschl. v. 1.11.2010, 1 BvR 261/10, NZS 2011, 580; BVerfG Beschl. v. 27.2.2008, 1 BvR 437/08, ZfBR 2008, 816; BVerfG Beschl. v. 13.6.2006, 1 BVR 1160/03, NZBau 2006, 791.

III. Anspruch auf Vertragsschluss oder zumindest auf „Aufhebung einer Aufhebung"?

7 § 97 Abs. 7 GWB vermittelt auch keinen Anspruch auf Vertragsschluss, weil das materielle Vergaberecht, um dessen Einhaltung es geht, **keinen Kontrahierungszwang** für den öffentlichen Auftraggeber kennt. Dieser soll vielmehr die uneingeschränkte Dispositionsfreiheit haben und behalten, ob er ein Beschaffungsvorhaben in Gang setzt, aufrechterhält, aufgibt, wieder aufgreift, zum Abschluss bringt etc.

8 Es ist dem öffentlichen Auftraggeber unbenommen, aus welchen Gründen auch immer, von einer Vergabe abzusehen und eine Ausschreibung **aufzuheben.** Falls die Aufhebung rechtswidrig ist, muss der öffentliche Auftraggeber den Bietern, die danach verlangen, i. d. R. ihre Schäden und Aufwendungen ersetzen. Dies ist eine der häufigsten Konstellationen des Sekundärrechtsschutzes.

9 Allerdings: Hat der Auftraggeber sein konkretes Beschaffungsvorhaben gar nicht aufgegeben, sondern verfolgt es weiter (wobei der Beschaffungsgegenstand gleich geblieben ist), nimmt die Rechtsprechung inzwischen zutreffend an, dass die Aufhebung der Vergabe mit Erfolg im Weg des Vergabenachprüfungsverfahren angegriffen werden kann mit dem Ziel, die **„Aufhebung der Aufhebung"** und die Fortsetzung des ursprünglichen Vergabeverfahrens zu erreichen. Das OLG München bringt die Begründung hierfür wie folgt auf den Punkt: *„Mit diesen Maßnahmen wird einerseits dem antragstellenden Bieter ein effektiver Primärrechtsschutz ermöglicht, weil er nicht auf reinen Schadensersatz verwiesen wird, andererseits aber dem öffentlichen Auftraggeber die Heilung des Mangels und eine einwandfreie Beendigung des Ausschreibungsverfahrens – und damit auch die Vermeidung von Schadensersatzansprüchen – ermöglicht."*[3]

10 Aufhebungen ohne Aufhebungsgrund (für Lieferungen und Dienstleistungen folgen die Aufhebungsgründe aus § 20 EG Abs. 1 lit. a) bis d) VOL/A) können Schadensersatzansprüche der betroffenen Bieter im Hinblick auf deren frustrierte Aufwendungen begründen. Sie sind aber nicht zwangsläufig unwirksam, im Gegenteil. Voraussetzung für die **Wirksamkeit der Aufhebung** ist – neben der Aufgabe des konkreten Beschaffungsvorhabens (dazu soeben Rn. 9) – lediglich, dass der Auftraggeber einen rechtfertigenden Grund für die Aufhebung hat. Ein solcher Grund liegt vor, wenn das Vergabeverfahren – ohne dass dies schon von einer Vergabekammer festgestellt worden ist – fehlerbehaftet ist oder zumindest sein könnte.[4]

C. Rechtswegkonzentration

11 Neben dem durch Übermittlung von Nachprüfungsanträgen von Gesetzes wegen eintretenden Suspensiveffekt (§ 115 Abs. 1 GWB – s. dazu o. § 38 Rn. 10) ist vor allem eine Bestimmung fundamental für die Effektivität und Akzeptanz des vergaberechtlichen Primärrechtsschutzes nach deutschem Recht: **§ 104 Abs. 2 GWB.**

12 Die Norm bestimmt, dass für **Ansprüche aus § 97 Abs. 7 GWB und für „sonstige Ansprüche gegen öffentliche Auftraggeber"**, die auf die Vornahme oder das Unterlassen einer Handlung in einem Vergabeverfahren – auf das der Vierte Teil des GWB anwendbar ist – gerichtet sind, „nur" der Rechtsweg zu den Vergabekammern (und anschließend zu den Beschwerdegerichten/Oberlandesgerichten) eröffnet ist.

13 Unberührt von dieser Rechtswegkonzentration bleiben nur die **Zuständigkeit der ordentlichen Gerichte für die Geltendmachung von Schadensersatzansprüchen**

---

[3] OLG München Beschl. v. 31.10.2012, Verg 19/12, VergabeR 2013, 487 unter Hinweis auf OLG Düsseldorf Beschl. v. 13.12.2006, Verg 54/06, NZBau 2007, 462.
[4] 1. VK des Bundes Beschl. v. 4.7.2012, VK 1–64/12; ähnlich OLG Düsseldorf Beschl. v. 8.6.2011, VII-Verg 55/10.

(Sekundärrechtsschutz – dazu § 36 Rn. 89) und die **Befugnisse der Kartellbehörden** zur Verfolgung von Verstößen insbesondere gegen §§ 19 und 20 GWB. Es ist allerdings praktisch kaum ein Fall vorstellbar, bei dem eine kartellrechtliche Diskriminierung (etwa kleiner und mittelständischer Unternehmen) durch den öffentlichen Auftraggeber festgestellt werden könnte, wenn die Vergabenachprüfungsinstanzen Verstöße gegen das vergaberechtliche Diskriminierungsverbot (§ 97 Abs. 2 GWB) verneint haben.

Diese Rechtswegkonzentration führt zur Unzulässigkeit des Zivilrechtswegs und – für öffentlich-rechtliche Verträge – des Verwaltungs- oder Sozialrechtswegs für den Primärrechtsschutz oberhalb der Schwellenwerte. Zum **Primärrechtsschutz unterhalb der Schwellenwerte** sei auf § 80 verwiesen. 14

§ 104 Abs. 2 GWB liest sich klar und einfach, birgt in der praktischen Anwendung aber Sprengkraft. Die Norm hat den Vergabenachprüfungsinstanzen teilweise die Kritik eingetragen, sie würden sich Aussagen zu Rechtsmaterien und Fragestellungen anmaßen, die kraft anderweiter gesetzlicher Verfahrensregelungen (im gleichen Rang) etwa des Patentrechts, des SGG, der VwGO usw. anderen Spruchkörpern und/oder Gerichtsbarkeiten zugewiesen sind. Umgekehrt haben andere Spruchkörper (etwa in bestimmten Bereichen Verwaltungs- und Sozialgerichte) § 104 Abs. 2 GWB so interpretiert, dass er Entscheidungsbefugnisse in Vergabeverfahren nicht nur für Vergabekammern und -senate eröffnet. Pauschalvorwürfe dergestalt, dass Oberlandesgerichte etwa vom Gemeindewirtschaftsrecht zu wenig verstünden, während umgekehrt etwa die Verwaltungsgerichte mit (Ansprüchen gegen öffentliche Auftraggeber in) Vergabeverfahren nichts anzufangen wüssten, weil sie hierauf nicht spezialisiert sind, sind schon im politischen Raum fragwürdig; rechtlich sind sie haltlos. Die Fachgerichte müssen sich ja etwa mit Unterschwellenvergaben und sonstigen Vergaben außerhalb des Anwendungsbereichs des Kartellvergaberechts durchaus befassen. Auch die EG-Rechtmittel-RL verlangen die Rechtswegkonzentration für Vergabeverfahren bei bestimmten spezialisierten Spruchkörpern nicht,[5] und der BGH hat mit der Eröffnung zivilgerichtlichen (Vergabe-) Rechtsschutzes unter Konkurrenten (gestützt auf § 4 Nr. 11 UWG – s. dazu u. Rn. 38 f.) dafür gesorgt, dass ein antragstellender Bieter in bestimmten Konstellationen auf zwei verschiedenen Wegen Primärrechtsschutz erlangen kann. Auch § 104 Abs. 3 GWB enthält mit der Anordnung, dass die kartellbehördlichen Befugnisse unberührt bleiben, weitere **Durchbrechungen der intendierten Konzentration des Vergaberechtsschutzes** oberhalb der Schwellenwerte bei den Vergabekammern und -senaten. Umgekehrt lässt sich nicht bestreiten: Dass Behörden und Gerichte bei ihren Entscheidungen Rechtsfragen mitentscheiden (müssen), für die sie nicht originär oder nicht ausschließlich zuständig sind, ist in der Rechtsordnung ein ubiquitäres Phänomen. 15

Die nachfolgenden Problemfälle und -lösungen haben sich in der Rechtsprechung herauskristallisiert: 16

I. Dienstleistungskonzessionen

Probleme hinsichtlich des Rechtsweges bereiteten lange Zeit die Dienstleistungskonzessionen, auf welche der **Vierte Teil des GWB nicht anzuwenden ist** (s. dazu § 5 Rn. 55), die aber häufig nur schwer von Dienstleistungsaufträgen abgrenzbar sind und für die sich somit in einem Vergabenachprüfungsverfahren – im Rahmen der Statthaftigkeitsprüfung – die Frage stellen kann, ob der Vergaberechtsschutz eröffnet ist (Dienstleistungsauftrag) oder nicht eröffnet ist (Dienstleistungskonzession). 17

---

[5] Art. 2 Abs. 2 der EG-Rechtsmittel-Richtlinien geben den Mitgliedstaaten jeweils die Freiheit, die in dieser Richtlinie genannten Befugnisse getrennt mehreren, unterschiedlichen Spruchkörpern zu übertragen; EuGH, Urt. v. 19.6.2003, Rs. C-315/01 – GAT, Rn. 44 ff.

Kap. 9 Rechtsschutz

18   Geklärt ist inzwischen: Wird ein Anspruch auf Einhaltung der Bestimmungen über das Vergabeverfahren darauf gestützt, dass die angekündigte Beschaffung von Entsorgungsleistungen durch Vergabe einer Dienstleistungskonzession gesetzwidrig sei und nur im Wege eines öffentlichen Auftrags erfolgen dürfe, sind die Nachprüfungsinstanzen des Vierten Teils des Gesetzes gegen Wettbewerbsbeschränkungen zuständig.[6] Stellt sich dann aber im Vergabenachprüfungsverfahren heraus, dass kein Dienstleistungsauftrag, sondern eine Dienstleistungskonzession vorliegt, gelten dieselben Grundsätze wie für die Bestimmung des Rechtswegs bei Streitigkeiten aus der Vergabe öffentlicher Aufträge mit einem die Schwellenwerte unterschreitenden Volumen. Das bedeutet: Für die Überprüfung der Vergabe einer Dienstleistungskonzession sind die ordentlichen Gerichte zuständig, wenn die Vergabe durch privatrechtlichen Vertrag erfolgt.[7] Erfolgt die Vergabe hingegen in den Formen des öffentlichen Rechts, gehört der Rechtsstreit vor die Verwaltungsgerichte.[8]

19   Der Vergabesenat (nicht die Vergabekammer) hat ein nach § 116 GWB vor ihn gelangtes Nachprüfungsverfahren – wie auch Nachprüfungsverfahren zu Unterschwellenvergaben[9] – mit Bindungswirkung nach § 17a GVG an das Gericht des zulässigen Rechtswegs zu **verweisen**, wenn es eine Dienstleistungskonzession zum Gegenstand hat.

II. Verhältnis der §§ 102 ff. GWB zu Bestimmungen anderer Prozessordnungen

20   Im Kern nicht befriedigend gelöst (und vielleicht auch kaum lösbar) ist das Verhältnis des § 104 Abs. 2 GWB zu prozessualen Normen, die bestimmte Rechtsstreitigkeiten ausschließlich bei anderen **Fachgerichtsbarkeiten** verorten. Richtig ist und bleibt die gesetzgeberische Intention, Rechtsschutz gegen öffentliche Auftragsvergaben (oder gegen unterbliebene wettbewerbliche Vergaben) auf einem Sonderrechtsweg zu konzentrieren und hierfür ein spezielles Prozessrecht vorzusehen, das – jedenfalls im Regelfall – für eine beschleunigte Beendigung des Streits sorgt und die Beteiligten nicht für Einzelfragen an weitere Gerichtsbarkeiten verweist. Andere Rechtswege können aber für Vorfragen eröffnet sein und trotz § 104 Abs. 2 GWB eröffnet bleiben. Einige exemplarische Fälle werden nachfolgend dargestellt.

1. Kartellrecht

21   Besonders umstritten ist die Auslegung des § 104 Abs. 2 GWB in Bezug auf kartellrechtliche Anspruchsgrundlagen, gerade auch mit Blick auf § 104 Abs. 3 GWB. Danach gilt: Unberührt von der Verfahrenskonzentration bei den Vergabekammern und -senaten bleibt die Zuständigkeit der Kartellbehörden zur Verfolgung von Kartellverstößen.

22   Die Rechtsprechung insbesondere des OLG Düsseldorf ist jedenfalls bis 2010 in einer ganzen Reihe von Beschlüssen davon ausgegangen, dass Handlungen mehrerer Auftraggeber (etwa der Zusammenschluss zu einer Einkaufsgemeinschaft unter kartellrechtlichen Gesichtspunkten) nicht überprüft werden können, weil sie sich **zeitlich vor Beginn des Vergabeverfahrens** zugetragen haben (und somit schon dem Wortlaut nach keine „Handlungen in einem Vergabeverfahren" i.S. des § 104 Abs. 2 GWB sind. Inzwischen hat sich das OLG Düsseldorf zu einer differenzierteren Herangehensweise entschlossen.

23   Zunächst hatte das Gericht spezifisch bezogen auf Rahmenvereinbarungen Anfang 2011 entschieden, dass das „in Art. 32 Abs. 2 UA 5 der Richtlinie 2004/18/EG enthalte-

---

[6] BGH Beschl. v.18.6.2012, X ZB 9/11, ZfBR 2012, 721.
[7] BGH Beschl. v. 23.1.2012, X ZB 5/11; OLG Karlsruhe Beschl. v. 6.2.2013, 15 Verg 11/12.
[8] Vgl. zur in der Entscheidung gar nicht weiter thematisierten Zuständigkeit der Verwaltungsgerichtsbarkeit etwa für bestimmte Vergaben von Rettungsdienstleistungen im Konzessionsmodell jüngst etwa OVG Lüneburg Beschl. v. 12.11.2012 ‚13 ME 231/12, NordÖR 2013, 117.
[9] Zu einem solchen Fall (Verweisung vom OLG an das LG) vgl. OLG Frankfurt/Main Beschl. v. 8.5.2012, 11 Verg 2/12.

§ 39 Rechtswegkonzentration, Antragsbefugnis und Rügeobliegenheit   Kap. 9

ne **Missbrauchsverbot** weiterhin [gilt], auch wenn eine ausdrückliche Umsetzung der Vorschrift in § 4 EG VOL/A – anders als früher in § 3a Nr. 4 Abs. 2 VOL/A 2006 – nunmehr fehlt ... Ein Missbrauch kann auch in der kartellrechtlich unzulässigen Nachfragebündelung liegen."[10]

Einen Schritt weiter – auch in der Begründungstiefe – ging das OLG Düsseldorf dann Mitte 2012: „Unionsrecht fordert [die Prüfung kartellrechtlicher Einwände gegen das Vorgehen des/der öffentlichen Auftraggeber(s)] nicht, schließt dies aber auch nicht aus. Art. 1 Abs. 1 UA 3 Richtlinie 89/665/EWG i. d. F. von Art. 1 Richtlinie 2007/66/EG nennt als Prüfungsgegenstand eines Vergabenachprüfungsverfahrens ‚das Gemeinschaftsrecht im Bereich des öffentlichen Auftragswesens oder gegen die einzelstaatlichen Vorschriften, die dieses Recht umsetzen'. Unionsrecht schließt auch gemeinsame Beschaffungen öffentlicher Auftraggeber nicht aus, sondern überlässt die Entscheidung darüber den Mitgliedstaaten (vgl. Art. 1 Abs. 10 RL 2004/18/EG und Erwägungsgrund 15). Die nationale Vorschrift des § 97 Abs. 7 GWB bezieht sich lediglich auf ‚Bestimmungen über das Vergabeverfahren'. § 104 Abs. 2 GWB nennt als zu prüfende Ansprüche auch ‚sonstige Ansprüche gegen öffentliche Auftraggeber, die auf die Vornahme oder das Unterlassen einer Handlung in einem Vergabeverfahren gerichtet sind'. Dies schließt auf Kartellrecht gestützte Ansprüche nicht von vornherein aus. § 104 Abs. 3 GWB ... begründet nur die – gegebenenfalls parallele – Zuständigkeit der ordentlichen Gerichte und Kartellbehörden, schließt aber eine gleichzeitige Zuständigkeit der Vergabenachprüfungsinstanzen ebenso wenig aus (‚bleiben unberührt'). ... Der Bundesgerichtshof (Beschluss vom 18.01.2000 – KVR 23/98 S. 21 BA) hat in einer Nebenbemerkung geäußert, das unter einem besonderen Beschleunigungsbedürfnis stehende Vergabeverfahren sei zur Klärung komplexer und bei einer Prüfung von Kartellrecht regelmäßig aufgeworfener Fragen der Marktabgrenzung und der Bewertung der Stellung des Auftraggebers im fraglichen Markt nicht geeignet ... Im Ergebnis könnte ... einiges dafür sprechen, **kartellrechtliche Verstöße des Auftraggebers, die ohne zeitaufwändige Untersuchung einwandfrei festzustellen sind**, in einem Vergabenachprüfungsverfahren zu berücksichtigen."[11]

Dies dürfte die aktuelle Richtschnur für kartellrechtliche Prüfungen in Vergabenachprüfungsverfahren sein.[12] In der Praxis wird die Schwierigkeit aber gerade sein, die „*ohne zeitaufwändige Untersuchung einwandfrei feststellbaren*" Verstöße von denjenigen (Kartellrechts-) Verstößen zu unterscheiden und **abzugrenzen**, die diese Merkmale nicht aufweisen.

Vorzugswürdig wäre eine Lösung, die kartellrechtliche Prüfungen der Vergabenachprüfungsinstanzen weiterhin nur bei **hinreichenden Anknüpfungspunkten in vergaberechtlichen Normen** verlangt, etwa
– an das Missbrauchsverbot für Rahmenvereinbarungen oder
– an die – etwa aus § 19 EG Abs. 3 lit. f) VOL/A folgende – Ausschlussnotwendigkeit für Angebote von Bietern, die in Bezug auf die Vergabe eine unzulässige, wettbewerbsbeschränkende Abrede getroffen haben.
Dieser Ansatz würde der Anordnung des § 104 Abs. 3 GWB, wonach die **Befugnisse der Kartellbehörden unberührt bleiben**, am ehesten gerecht werden.

24

25

26

27

---

[10] OLG Düsseldorf Beschl. v. 17.1.2011, VII-Verg 3/11, unter Hinweis auf *Zeise* in Kulartz/Marx/Portz/Prieß, VOL/A, § 4 EG Rdnr. 28.
[11] OLG Düsseldorf Beschl. v. 27.6.2012, VII-Verg 7/12, ZfBR 2012, 723.
[12] Anders OLG Schleswig Beschl. v. 25.1.2013, NZBau 2013, 395: Danach ist „*die Bündelung der Bedarfe mehrerer öffentlicher Auftraggeber in einem ... Vergabeverfahren ... vergaberechtlich unbedenklich. Die dadurch entstandene Struktur entspricht derjenigen einer Einkaufsgemeinschaft. ... Anhaltspunkte dafür, dass die ‚gebündelte Nachfrage' zu einer bedenklichen Marktmacht führt ... wären außerhalb des Vergaberechtsweges zu prüfen*".

2. Patentrecht

28 Nach OLG Düsseldorf[13] hat sich die Eignungsprüfung des öffentlichen Auftraggebers „selbstverständlich darauf zu erstrecken, ob ein Bieter auch rechtlich in der Lage ist, die ausgeschriebene Leistung zu erbringen, dies jedenfalls in solchen Fällen, in denen für den öffentlichen Auftraggeber zureichende Anhaltspunkte hervortreten, die Leistungsfähigkeit eines Bieters in dieser Hinsicht anzuzweifeln". Die am Vergabeverfahren beteiligten Unternehmen hätten wegen der bieterschützenden §§ 97 Abs. 4 GWB und (heute) 19 EG Abs. 5 VOL/A einen Anspruch darauf, dass der Auftraggeber die Leistungsfähigkeit der Konkurrenten auch in rechtlicher Hinsicht prüft, namentlich dann, wenn sich hierzu ein besonderer Anlass bietet. **Rechtliche Leistungsfähigkeitshindernisse, die aus Patentrecht resultieren,** zu prüfen, falle in die Kompetenz der Vergabenachprüfungsinstanzen, weil dies eine Frage sei, der sich – unter den oben dargelegten Voraussetzungen – auch der öffentliche Auftraggeber im Rahmen der Bewertung der Eignung des Bieters zu stellen habe. Die Sicherstellung des Primärrechtsschutzes – wie er § 104 Abs. 2 GWB vorschwebt – gebiete es, dass grundsätzlich alle Entscheidungen der Vergabebehörden, die in subjektive Bieterrechte eingreifen können, einer Nachprüfung durch die dazu berufenen Instanzen unterliegen. Die **Prüfungskompetenz der Vergabenachprüfungsinstanzen** sei **im Hinblick auf bieterschützende Vergaberechtsnormen** mit den Prüfungsobliegenheiten der Vergabestelle kongruent.

29 Die dahinter stehende Konzeption, für die Prüfung anderer Rechtsmaterien (für die es Fachgerichte gibt) den Konnex zu bieterschützenden vergaberechtlichen Bestimmungen herzustellen und zu fordern, verdient – wie gleich auch noch anhand anderer Beispiele zu zeigen sein wird – Zustimmung.

3. Sozialversicherungsrecht

30 Anlass zu Streit hat auch immer wieder die Frage gegeben, ob und inwieweit im Wege des Vergabenachprüfungsverfahrens Normen des **Leistungs- und Leistungserbringerrechts der gesetzlichen Krankenkassen (§§ 27 ff. SGB V sowie §§ 69 ff. SGB V)** zu prüfen bzw. durchsetzbar sind.

31 Richtigerweise war Antragstellern die Antragsbefugnis (§ 107 Abs. 2 GWB) abzusprechen, die (angeblich) rechtswidrige Eingriffe in Rechte der Versicherten und Vertragsärzte oder eine Gefährdung des Versorgungsauftrages der gesetzlichen Krankenkassen geltend gemacht hatten. Diese als verletzt gerügten Regelungen weisen keinen bieterschützenden Charakter auf, und das Nachprüfungsverfahren dient nicht der Klärung abstrakter Rechtsfragen und erst recht nicht der Durchsetzung von Rechten Dritter.[14] Im Nachprüfungsverfahren geht es um Ansprüche eines Bieterunternehmens gegen den öffentlichen Auftraggeber. Rechte Dritter sind hingegen allein von den jeweiligen Normadressaten im Rahmen der hierfür vorgesehenen gerichtlichen Verfahren geltend zu machen. Dementsprechend obliegt es nicht den Bietern, etwaige Verstöße gegen Rechte Dritter im Nachprüfungsverfahren geltend zu machen.[15]

32 Solche Rechte Dritter können aber **im Rahmen der Prüfung vergaberechtlicher Bestimmung**en eine Rolle spielen und auf diese Weise eine Antragsbefugnis vermitteln (und – konsequentermaßen – weitergehend einem Nachprüfungsantrag auch zur Begründetheit verhelfen). Dies etwa dann, wenn wegen objektiv falscher Darstellungen des Auftraggebers zum späteren Versorgungsgeschehen in den Bewerbungsbedingungen die Kal-

---

[13] OLG Düsseldorf Beschl. v. 21.2.2005, VII-Verg 91/04; dem folgt die VK Nordbayern Beschl. v. 3.8.2012, 21.VK-3194–12/12, mit Blick auf vergleichbare Rechtsfragen des Urheberrechts dezidiert nicht.
[14] *Summa* in jurisPK, § 107 GWB, Rn. 57.
[15] LSG Essen Beschluss vom 22.7.2010, L 21 SF 152/10 Verg.

kulierbarkeit der Angebote (bei Vorliegen kaufmännisch vernünftig schlechterdings nicht mehr zu bewältigender Umstände – s. dazu § 17 Rn. 43) und/oder Vergleichbarkeit (unterschiedliche Vorstellungen der Bieter über den Inhalt der ausgeschriebenen Leistung) Schaden nimmt.[16] Die Nachprüfungsinstanzen prüfen dann aber nicht Sozialversicherungsrecht, sondern **§ 8 EG Abs. 1 VOL/A.**

Das Sozialversicherungsrecht ist Gegenstand des Vergabenachprüfungsverfahrens also nur „eingebettet" bzw. eingekleidet in eine vergaberechtliche Anknüpfungsnorm und ist nur in diesem Kontext von den Vergabenachprüfungsinstanzen zu prüfen. Die Begründung liegt auch hier darin, dass der Gesetzgeber mit § 104 Abs. 2 GWB Befugnisse und Kompetenzen anderer Gerichtsbarkeiten nur insoweit beschränkt hat (und von Verfassungs wegen beschränken durfte), wie es um die Prüfung von Bieteransprüchen gegen den öffentlichen Auftraggeber geht, die auf die Vornahme oder Unterlassung einer Handlung in einem Vergabeverfahren gerichtet sind. § 104 Abs. 3 GWB enthält einen weiteren ungeschriebenen Vorbehalt: Nicht nur die gesetzlich eingeräumten kartellbehördlichen und -gerichtlichen Befugnisse, sondern auch die **gesetzlichen Befugnisse anderer Gerichte** bleiben von § 104 Abs. 2 GWB unberührt. 33

4. Weitere Beispiele: Kommunalwirtschaftsrecht, Abfallrecht und Wasserrecht

Im Ergebnis nicht anders stellt sich die Situation mit Blick auf **andere „vergaberechtsfremde" Materien** dar, welche inzident im Rahmen der Prüfung von Vergaberecht (etwa hinsichtlich der Fragen, ob der Anwendungsbereich des Vergaberechts und damit der Weg zu den Vergabenachprüfungsinstanzen überhaupt eröffnet ist oder ob ein Bieter hinreichend leistungsfähig ist) mitbeantwortet werden müssen. 34

Wenn etwa das OLG Düsseldorf[17] und der BGH[18] ausführlich eine **kreislaufwirtschafts- und abfallrechtliche Fragestellung** prüft, um zu eruieren, ob die Vergabe eine Dienstleistungskonzession nach § 16 KrW-/AbfG untersagt ist, dann ist expliziter Ausgangspunkt hierfür ein vergaberechtlicher Anspruch (der aus § 97 Abs. 7 GWB). Dieser besteht zwar nur dann, wenn der Anwendungsbereich des Kartellvergaberechts eröffnet ist. Gleichwohl handelt es sich um die Prüfung von Vergabe- und nicht Abfallrecht. 35

Gleiches gilt, wenn andere Vergabesenate **wasserhaushalts- und kommunalabgabenrechtlichen Aspekten** nachgehen.[19] Sie können nur (und müssen) so vorgehen, wenn es auf diese Aspekte entscheidend ankommt, und zwar inzident für die Auslegung von Vergaberecht, nicht weil abwasserrechtliche Anspruchsgrundlagen im Vergabenachprüfungsverfahren zu prüfen wären. Welche *abwasserrechtlichen* Ansprüche sollten auch auf die Vornahme oder das Unterlassen einer Handlung des Auftraggebers in einem Vergabeverfahren gerichtet sein. 36

Ein weiteres Beispiel betrifft die (rechtliche) Leistungsfähigkeit (s. dazu o. Rn. 28) von städtischen Unternehmen nach **Kommunalwirtschaftsrecht.**[20] Auch hier gibt es eine klare **vergaberechtliche Anknüpfung.** 37

---

[16] Zu einem instruktiven Fall betreffend Zytostatikaverträge nach § 129 Abs. 5 Satz 3 SGB V (s. dazu auch u. § 69 Rn. 9 ff.) LSG Essen Beschluss vom 22. 7. 2010, L 21 SF 152/10 Verg; LSG Potsdam, Beschl. v. 7. 5. 2010, L 1 SF 95/10 B.
[17] OLG Düsseldorf Beschl. v. 19. 10. 2011, VII-Verg 51/11; ablehnend gegenüber der Prüfung abfallrechtlicher Vorschriften im Vergabenachprüfungsverfahren noch OLG Karlsruhe Beschl. v. 1. 4. 2011, 15 Verg 1/11.
[18] BGH Beschl. v. 18. 6. 2012, X ZB 9/11.
[19] Vgl. OLG Brandenburg Beschl. v. 28. 8. 2012, Verg W 19/11.
[20] Vgl. hierzu nur *Hertwig* NZBau 2009, 355 ff.

III. Beschränkung des § 104 Abs. 2 GWB: Ansprüche gegen öffentliche Auftraggeber

38 Wie der BGH entschieden hat, gilt § 104 Abs. 2 GWB jedoch nur für Ansprüche von Unternehmen gegen den öffentlichen Auftraggeber[21], was die mit der Norm intendierte Rechtswegkonzentration bei Vergabesachverhalten oberhalb der Schwellenwerte tatsächlich nicht eintreten lässt. Denn sind – so der BGH weiter – die Vorschriften des Vierten Teils des GWB **Marktverhaltensregeln i.S. des § 4 Nr. 11 UWG**, steht Unternehmen nicht nur der Vergaberechtsweg (gegen den öffentlichen Auftraggeber), sondern auch das Instrument wettbewerbsrechtlicher Beseitigungs- und Unterlassungsklagen gegen Konkurrenten auf dem Zivilrechtsweg zur Verfügung. Die Bestimmungen des Vierten Teils des GWB richten sich zwar nur an öffentliche Auftraggeber, denkbar ist jedoch eine Teilnahme (Anstiftung oder Beihilfe) privater Unternehmer an Vergaberechtsverstößen des öffentlichen Auftraggebers. Diese Konstellation ist für den öffentlichen Auftraggeber misslich, erfährt er doch von einem solchen zivilgerichtlichen Verfahren, das sein Vergabeverfahren unmittelbar betrifft, u.U. erst spät.

39 Konsequent wäre es, § 104 Abs. 2 GWB – wie es vor der BGH-Entscheidung der herrschenden Meinung entsprach – erweiternd so auszulegen, dass die Rechtswegkonzentration nicht durch Konkurrentenklagen auf anderen Rechtswegen konterkariert werden kann. Der Wortlaut des § 104 Abs. 2 GWB stünde einer solchen Auslegung nicht entgegen: Dass sich die Norm nur zu Geltendmachung von Ansprüchen gegen den öffentlichen Auftraggeber explizit äußert, bedeutet nicht zwangsläufig, dass das gesetzgeberische Ziel über die Geltendmachung von Ansprüchen gegen Dritte ausgehebelt werden kann. Für die Zulässigkeit wettbewerbsrechtlicher Streitigkeiten besteht angesichts der effektiven Rechtsschutzmöglichkeiten gegen den öffentlichen Auftraggeber keinerlei praktische Notwendigkeit; es dürfte schlicht am **Rechtsschutzbedürfnis** fehlen.

IV. Beschränkung des § 104 Abs. 2 GWB: Ansprüche auf Handlungen in einem Vergabeverfahren

40 § 104 Abs. 2 GWB ist in einer weiteren Hinsicht limitiert. Es geht nur um Ansprüche von Unternehmen gegen den öffentlichen Auftraggeber auf (Vornahmen oder Unterlassungen von) Handlungen „in einem Vergabeverfahren".

41 Zugrunde zu legen ist aber ein materielles (nicht: ein förmliches) Verständnis des Vergabeverfahrens. Beschließt ein öffentlicher Auftraggeber, kein Vergabeverfahren einzuleiten, weil der Auftrag seiner Auffassung nach nicht in den Anwendungsbereich des Vergaberechts fällt, und begehrt der Antragsteller im Wege des Nachprüfungsverfahrens, dass der Auftraggeber diese Entscheidung revidieren möge, so handelt es sich um eine Entscheidung in einem Vergabeverfahren, die i.S. des Art. 1 Abs. 1 EG-Rechtsmittel-Richtlinien 89/665/EWG und 92/13/EWG jeweils i.d.F. der Richtlinie 2007/66/EG gerichtlich überprüfbar ist.[22]

42 Nicht stichhaltig ist eine Entscheidung des OLG Schleswig, in der anklingt, der öffentliche Auftraggeber könne auch zu einem bisher unterbliebenen Vergabeverfahren in bestimmter Form verpflichtet werden, ohne dass der Antragsteller eine konkrete – und sei es auch nur eine de-facto erfolgte – Vergabe angegriffen hatte.[23]

---

[21] BGH Urt. v. 3.7.2008, I ZR 145/05, NZBau 2008, 664.
[22] EuGH Urt. v. 11.1.2005, Rs. C-26/03; OLG Düsseldorf Beschl. v. 2.12.2009, VII-Verg 39/09; OLG Hamburg Beschl. v. 14.11.2010, 1 Verg 5/10; OLG Karlsruhe Beschl. v. 17.4.2008, 8 U 228/06.
[23] OLG Schleswig Beschl. v. 7.10.2011, 1 Verg 1/11.

Zutreffend hat das KG in einem Zivilrechtsstreit entschieden, dass Klagen gegen auftraggeberseitig verhängte **Vergabesperren**, also nicht nur für ein konkretes Vergabeverfahren geltende Ausschlussentscheidungen gegen ein bestimmtes Unternehmen wegen Verfehlungen in der Vergangenheit, erstens losgelöst von einem bestimmten Vergabeverfahren zulässig sind und zweitens auch nicht wegen § 104 Abs. 2 GWB vor die Vergabenachprüfungsinstanzen gehören.[24] 43

V. Streit über die Zulässigkeit des beschrittenen Vergaberechtswegs

Streiten sich die Beteiligten über die Zulässigkeit bzw. Richtigkeit des vom Antragsteller beschrittenen Rechtswegs zu den Vergabenachprüfungsinstanzen, so muss das Beschwerdegericht (nicht schon die Vergabekammer, weil diese nicht mit bindender Wirkung an ein Gericht eines anderen Rechtswegs verweisen kann) über die Zulässigkeit des Rechtswegs vorab entscheiden (§ 17a Abs. 3 Satz 2 GVG; vgl. zu dieser Entscheidung und dem hiergegen zulässigen Rechtsmittel noch näher u. § 41 Rn. 9 und § 44 Rn. 14). 44

D. Antragsbefugnis

Die Vergabekammer leitet ein Vergabenachprüfungsverfahren nur auf **Antrag** ein (§ 107 Abs. 1 GWB). Fehlt es an einem Antrag, etwa weil dieser (auch noch in der Beschwerdeinstanz) zurückgenommen wurde, können die anderen Beteiligten den Streit nicht fortführen, auch wenn sich die Beigeladene – was ihr freisteht – die Rechtspositionen der Antragstellerin zu eigen gemacht hat. Der Vergaberechtsstreit ist dann beendet und wird von der Vergabekammer i. d. R. zusätzlich – deklaratorisch – für beendet erklärt. 45

Eine der Voraussetzungen für einen zulässigen Antrag ist die Antragsbefugnis. Sie ist gegeben, wenn der Antragsteller ein **Interesse am Auftrag** hat, eine **Verletzung des Anspruchs aus § 97 Abs. 7 GWB (auf Einhaltung des Vergaberechts)** geltend macht und dabei darlegt, dass ihm infolge dieser Verletzung ein **Schaden** entweder bereits entstanden ist oder zu entstehen droht. 46

I. Interesse am Auftrag

Hat der Antragsteller ein **Angebot** abgegeben, hat er ein Interesse am Auftrag;[25] in gleicher Weise gilt dies für die Einreichung einer Bewerbung in Verfahren mit vorgeschaltetem Teilnahmewettbewerb. Für eine Bietergemeinschaft gelten hinsichtlich der Antragsbefugnis keine Besonderheiten. Einzelne Bietergemeinschaftsmitglieder[26] und Unterauftragnehmer oder sonstige „Dritte" (etwa im Sinne des § 7 EG Abs. 9 VOL/A) sind aber grundsätzlich nicht antragsbefugt. 47

Ein Interesse am Auftrag hat auch ein Unternehmen, das nachvollziehbar darlegt, sich aufgrund der von ihm vorgebrachten vergaberechtlichen Beanstandung (z. B. kaufmännisch nicht mehr vernünftig zu bewältigende Wagnisse oder Widersprüche in der Leis- 48

---

[24] KG Urt. v. 17.1.2011, 2 U 4/06, NZBau 2012, 56.
[25] BVerfG Urt. v. 29.7.2004, 2 BvR 2248/03, NZBau 2004, 564.
[26] EuGH Urt. v. 23.1.2003, Rs. C-57/01, NZBau 2003, 219 – Makedoniko Metro, sowie EuGH Urt. v. 8.9.2005, Rs. C-129/04, ZfBR 2005, 822 – Espace Trianon, Rn. 24; zum Fall der unbeschränkt erteilten Vertretungsmacht an ein Mitglied der Bietergemeinschaft OLG Düsseldorf Beschl. v. 27.11.2013, VII-Verg 20/13, Ls. 1; ferner OLG Dresden Beschl. v. 23.7.2013 – Verg 4/13.

tungsbeschreibung, welche miteinander vergleichbare Angebote nicht erwarten lassen) **außerstande** gesehen hat, **ein Angebot zu legen**.[27]

49 Erleichterungen hinsichtlich der Darlegung des Interesses am Auftrag gelten bei sog. „**de-facto-Vergaben**" und bei Vergaben, die im Verhandlungsverfahren ohne Vergabebekanntmachung erfolgt sind. Dass in diesen Konstellationen nicht auf die Einreichung eines Angebots abzustellen ist, versteht sich von selbst. Man wird vom Antragsteller aber hinreichend konkrete, nachprüfbare Angaben dazu verlangen müssen, dass sein Tätigkeitsfeld Aufträge der betreffenden Art umfasst,[28] dass er also entweder die vergebenen Leistungen im eigenen Betrieb zu erbringen in der Lage ist oder aber dass er sich ggf. mit Hilfe von Dritten (Bietergemeinschaftsmitgliedern oder Subunternehmern) beteiligen würde, wenn die Gelegenheit dazu eröffnet wäre. Hilfreich kann in diesem Zusammenhang etwa der Verweis darauf sein, an anderen wettbewerblichen Verfahren zu vergleichbaren Auftragsgegenständen beteiligt gewesen zu sein. Allein aus der Einreichung und Aufrechterhaltung eines Nachprüfungsantrags auf ein Auftragsinteresse zu schließen,[29] erscheint hingegen als zweifelhaft; es dürfte sich um einen Zirkelschluss handeln.

II. Möglichkeit der Verletzung von Vergabevorschriften

50 Im zweiten Schritt muss ein Antragsteller für seine Antragsbefugnis geltend machen, dass er gerade durch einen *Vergabe*rechtsverstoß in eigenen Rechten verletzt sein könnte (die Geltendmachung allein einer Rechtsverletzung beispielsweise durch Verstöße des Auftraggebers gegen Patentrecht, Sozialversicherungsrecht, Arzneimittelrecht, Apothekenrecht, Kartellrecht oder Kommunalrecht genügt nicht); daran ändert auch § 104 Abs. 2 GWB nichts – s. zu diesem Problem o. Rn. 20 ff. Für Ansprüche gegen einen öffentlichen Auftraggeber auf ein Tun oder ein Unterlassen in einem Vergabeverfahren bedarf es der Prüfung vergaberechtlicher Normen (**Anknüpfungsnormen**).

51 Wie auch nach anderen Prozessordnungen (vgl. § 42 Abs. 2 VwGO) reicht es allerdings aus, wenn nach dem Vortrag des Antragstellers Vergaberechtsverstöße konkret (hinreichend substantiiert) bezeichnet sind[30] und als möglich (also als nicht von vorneherein ausgeschlossen) erscheinen. An die **Möglichkeit von Vergaberechtsverstößen** sind – wie das BVerfG früh klargestellt hat[31] – **keine allzu hohen Anforderungen** zu stellen, geht es doch aus Gründen höherrangigen Rechts um die Eröffnung von effektivem Vergaberechtsschutz.

52 Der Antragsteller muss allerdings Verstöße gegen Vergabevorschriften rügen, die – zumindest auch – seinem Schutz zu dienen bestimmt sind (**bieterschützende Bestimmungen**); relevant wird dies etwa im Zusammenhang mit den – primär den Schutz des Auftraggebers bezweckenden – Vorschriften der Vergabeordnungen zur Angemessenheit und Auskömmlichkeit des Gesamtpreises (s. dazu § 29).

53 Maßstab der Prüfung der **Begründetheit eines Nachprüfungsantrags** ist selbstverständlich, ob Vergaberechtsverstöße (und damit Verletzungen des Anspruchs aus § 97 Abs. 7 GWB) nicht nur möglich sind, sondern auch tatsächlich zum Schaden oder Nach-

---

[27] OLG Düsseldorf Beschl. v. 7.3.2012, VII-Verg 82/11; OLG Rostock Beschl. v. 24.9.2001, 17 W 11/01, VergabeR 2002, 193.
[28] OLG Jena Beschl. v. 19.10.2010, 9 Verg 5/10.
[29] So aber wohl OLG Schleswig Beschl. v. 30.10.2012, 1 Verg 5/12, ZfBR 2013, 69 m.w.N. Davon zu unterscheiden ist freilich die Frage, ob die Aufrechterhaltung eines Nachprüfungsantrags trotz Ablaufs der Bindefrist mangels ausdrücklich erklärter Einwilligung in die Verlängerung der Bindefrist als eine schlüssig erklärte Einwilligung interpretiert werden kann. Letzteres wird von der wohl herrschenden Meinung bejaht.
[30] OLG Düsseldorf Beschl. v. 23.1.2008, Verg 36/07.
[31] BVerfG Beschl. v. 29.7.2004, 2 BvR 2248/03, NZBau 2004, 564.

teil des Antragstellers vorliegen³² (s. zu Ausnahmekonstellationen, die aus der Vorschrift des § 107 Abs. 3 Satz 1 Nr. 4 GWB resultieren, noch u. Rn. 87). Dies folgt daraus, dass das Vergabenachprüfungsverfahren dem Schutz und der Durchsetzung der subjektiven Bieterrechte aus § 97 Abs. 7 GWB dient und nicht zu der Feststellung führen soll, ob das Vergabeverfahren objektiv fehlerbehaftet war oder rechtmäßig abgelaufen ist. Ein Nachprüfungsantrag kann also trotz festgestellten Vergaberechtsverstoßes und trotz festgestellten – die Antragsbefugnis vermittelnden – drohenden Schadens unbegründet sein; allerdings muss dann mit hinreichender Sicherheit zur Überzeugung der Nachprüfungsinstanz feststehen, dass Nachteile gerade des Antragstellers ausgeschlossen sind. ³³

III. (Drohender) Schaden

Schließlich bedarf es für die Antragsbefugnis nach § 107 Abs. 2 GWB der Darlegung, dass 54 dem Antragsteller infolge der geltend gemachten (Vergabe-) Rechtsverletzung ein Schaden entstanden ist oder zu entstehen droht.

Davon ist auszugehen, wenn der Bieter im Falle der ordnungsgemäßen Durchführung 55 des beanstandeten Vergabeverfahrens oder in einem Neuanlauf des Vergabeverfahrens, unter Korrektur des bisherigen Vergaberechtsverstoßes (unterstellt, ein solcher liegt vor), **bessere Zuschlagschancen** haben würde als in dem verfahrensgegenständlichen Verfahren.

Auch hier gilt, dass an die Darlegung eines Schadens keine überzogenen Anforderun- 56 gen gestellt werden dürfen. Es ist für die Antragsbefugnis wiederum nicht entscheidend, ob und inwieweit der dargelegte (drohende) Schaden bei näherer Prüfung tatsächlich eingetreten ist oder tatsächlich droht. So ist der Nachprüfungsantrag eines Bieters, der rügt, zu Unrecht ausgeschlossen worden zu sein (auch wenn der Antragsgegner zwingende Ausschlussgründe geltend macht), nicht unzulässig, sondern unbegründet, falls sich im Nachprüfungsverfahren herausstellt, dass der **Angebotsausschluss** mit Recht erfolgt ist.³⁴ Der in einer solchen Konstellation im Rahmen der Antragsbefugnis lediglich zu prüfende drohende Schaden ist hingegen noch zu bejahen, denn
– möglicherweise sind auch alle anderen Angebote nicht zuschlagsfähig,³⁵ oder
– der bestehende Ausschlussgrund wirkt sich u. U. deshalb für den Erfolg des Nachprüfungsantrages nicht nachteilig aus, weil aus anderen Gründen (Vergaberechtsverstöße bereits in den Ausschreibungsgrundlagen) der Zuschlag zu untersagen und – bei fortbestehender Beschaffungsabsicht – die Zurückversetzung des Vergabeverfahrens in ein Stadium *vor* Realisierung des Vergaberechtsverstoßes anzuordnen ist.³⁶

Der Antragsteller kämpft dann mit dem Nachprüfungsantrag jeweils legitimerweise um 57 seine „**zweite Chance**", also um die Möglichkeit, an einer etwaigen Neuauflage der Ausschreibung mit Erfolg teilzunehmen, was ihm eine hinreichende Antragsbefugnis nach § 107 Abs. 2 GWB vermittelt.³⁷

---

³² OLG Düsseldorf Beschl. v. 30.6.2011, VII-Verg 25/11 unter Hinweis auf die vergleichbare Situation im Verwaltungsprozess (§§ 42 Abs. 2, 113 Abs. 1 VwGO); ferner OLG Düsseldorf Beschl. v. 3.8.2011, VII-Verg 6/11.
³³ Vgl. OLG Düsseldorf Beschl. v. 28.12.2012, VII-Verg 73/11.
³⁴ Vgl. dazu auch EuGH Urt. v. 19.6.2003, Rs. C-249/01, NZBau 2003, 509 – Hackermüller, Rn. 21 ff.; OLG Thüringen Beschl. v. 11.1.2007, 9 Verg 9/06, ZfBR 2007, 380.
³⁵ BGH Beschl. v. 26.9.2006, X ZB 14/06, NZBau 2006, 800; die Einschränkung, dann auf der Ebene der Begründetheit hinsichtlich der anderen Angebote nur danach zu suchen, ob der gleiche (bzw. ein ähnlicher, vergleichbarer) Ausschlussgrund vorliegt (vgl. zu einem solchen Fall VK Arnsberg Beschl. v. 9.1.2013, VK 17 u. 19/12), ist diskussionswürdig, lässt sich aber wohl mit Blick auf § 110 Abs. 1 Satz 3 GWB und auf das Beschleunigungsgebot (§ 113 GWB) vertreten; vgl. auch OLG Düsseldorf Beschl. v. 8.5.2002,Verg 4/02; Beschl. v. 19.11.2003, Verg 22/03; Beschl. v. 15.12.2004, VII-Verg 47/04; Beschl. v. 30.6.2004, Verg 22/04.
³⁶ Vgl. OLG Düsseldorf Beschl. v. 14.11.2012, VII Verg 42/12.
³⁷ OLG Düsseldorf Beschl. v. 15.12.2004, VII–Verg 47/04.

58 Ähnliches gilt für in der Wirtschaftlichkeitsbewertung **abgeschlagene Bieter**. Der Umstand, dass diese auch bei Korrektur der Fehler bei der Angebotsbewertung des Erstplatzierten nicht zum Zuge kommen würden (weil andere, besser platzierte Bieter nachrücken würden), kann erst im Rahmen der Begründetheitsprüfung (bei der Prüfung der tatsächlichen Rechtsverletzung zum Schaden des Antragstellers – § 114 Abs. 1 GWB) zulasten des Antragstellers ausschlagen. Die Rechtsprechung hierzu ist aber nicht einheitlich. Wenn jedwede realistische Zuschlagchance fehlt, soll es teilweise bereits an der Antragsbefugnis nach § 107 Abs. 2 GWB und damit an der Zulässigkeit des Nachprüfungsantrags mangeln.[38]

59 Beanstandet ein Bieter die **unzulässige Wahl des Verhandlungsverfahrens** (mit vorheriger Bekanntmachung), vermittelt ihm dies i. d. R. eine Antragsbefugnis, weil das grundsätzlich anzuwendende offene Verfahren, für das ein Verhandlungsverbot gilt und dem kein Teilnahmewettbewerb vorgeschaltet ist, *per se* die Vermutung einer besseren Zuschlagchance begründet.[39]

60 Daraus folgt auch, dass ein Antragsteller mit dem **Vortrag, eine Ausschreibung (bzw. präziser: ein offenes Verfahren) sei unzweckmäßig** und habe zu unterbleiben, im Vergabenachprüfungsverfahren nicht gehört werden kann.[40] Bei diesem Vortrag fehlt es überdies bereits an der Möglichkeit einer Vergaberechtsverletzung, ist das offene Verfahren doch das in § 101 Abs. 7 Satz 1 GWB vorgesehene Regelverfahren: Andere Verfahren *können* nach der Systematik des § 101 Abs. 7 Satz 1 GWB allenfalls – im Sektorenbereich nach Wahl des Auftraggebers, bei „klassischen" Vergaben nur ausnahmsweise – zulässig sein, ihre Wahl ist allerdings vergaberechtlich unter keinen Umständen zwingend.

IV. Kein vorbeugender Rechtsschutz

61 Das Vergabenachprüfungsverfahren vermittelt keinen vorbeugenden Rechtsschutz. **Schäden infolge eines später für möglich erachteten**, aber sich aktuell überhaupt noch nicht konkret abzeichnenden **Vergaberechtsverstoßes** begründen keine Antragsbefugnis.[41] Auch eine de facto-Vergabe muss bereits stattgefunden haben[42] (s. auch o. Rn. 49), wenn sie zulässigerweise Gegenstand eines Vergabenachprüfungsantrags sein soll.

62 Ein **Anspruch auf ein Tun oder Unterlassen in einem *künftigen* Vergabeverfahren** folgt aus dem Vergaberecht nicht;[43] der Auftraggeber kann nur zur Beachtung der Rechtsauffassung der Vergabenachprüfungsinstanzen verpflichtet werden, wenn er sein aktuelles Beschaffungsvorhaben fortsetzt, wobei freilich lediglich marginale, minimale Änderungen des Zuschnitts der beanstandeten Vergabe noch nicht aus der „Beachtensverpflichtung" herausführen.

63 Eine Verpflichtung des Antragsgegners zu bestimmten Verhaltensweisen bei zukünftigen Vergaben hat deshalb auszuscheiden, weil der **Antragsgegner** im Regelfall die **uneingeschränkte Bestimmungsfreiheit** darüber hat, ob und wie er eine künftige Vergabe angeht.[44]

---

[38] OLG Düsseldorf Beschl. v. 26.1.2012, VII-Verg 107/11; Beschl. v. 28.7.2011, VII-Verg 20/11, NZBau 2012, 50.
[39] Vgl. BGH Beschl. v. 10.11.2009, X ZB 8/09; unklar zu einem ähnlichen Fall OLG Düsseldorf Beschl. v. 30.6.2011, VII-Verg 25/11.
[40] LSG Essen Beschl. v. 22.7.2010, L 21 SF 152/10 Verg. Dies entspricht auch der ständigen Rechtsprechung der Oberlandesgerichte.
[41] 3. VK des Bundes Beschl. v. 4.5.2012, VK 3–30/12.
[42] KG Beschl. v. 13.9.2012, Verg 4/12.
[43] Ein solcher Anspruch ergibt sich im Übrigen auch nicht aus dem BGB: BGH Beschl. v. 5.6.2012, X ZR 161/11.
[44] OLG Düsseldorf Beschl. v. 1.8.2012, VII-Verg 15/12.

E. Rügeobliegenheit (§ 107 Abs. 3 GWB)

I. Grundsätze

Ganz entscheidende Bedeutung für die Zulässigkeit des Nachprüfungsantrags hat die Erfüllung der Rügeobliegenheit nach § 107 Abs. 3 Satz 1 Nrn. 1 bis 3 GWB. Es handelt sich um eine der zentralen Normen des Vergaberechtsschutzes, deren Einhaltung die Vergabekammern typischerweise schon bei der allerersten kursorischen Prüfung der Erfolgsaussichten eines Nachprüfungsantrages nach § 110 Abs. 2 Satz 1 GWB in den Blick nehmen. Denn bei Nichteinhaltung der Rügeobliegenheit und der hierfür geltenden Fristen ist der Bieter mit den entsprechenden Beanstandungen **präkludiert**;[45] der Nachprüfungsantrag wäre dann insoweit unzulässig, auch wenn die geltend gemachten Vergaberechtsverstöße sich in der Sache als stichhaltig erweisen würden. Zu dieser materiellen Prüfung kommt es dann im Nachprüfungsverfahren gar nicht mehr (auch wenn die Nachprüfungsinstanzen in der Praxis nicht selten dazu neigen, das Ergebnis noch zusätzlich über hilfsweise Erwägungen zur Unbegründetheit des Nachprüfungsantrages abzusichern). Umgekehrt tendieren Vergabekammern und -senate in Fällen, in denen sich die Unbegründetheit einer vergaberechtlichen Beanstandung vergleichsweise eindeutig feststellen lässt, dazu, die Frage, ob die Rügeobliegenheit rechtzeitig beachtet wurde oder nicht, im Zweifel offen zu lassen. 64

Die Rügeobliegenheit soll nach den Intentionen des Gesetzgebers die Einleitung unnötiger Nachprüfungsverfahren und die taktische Spekulation mit Vergabefehlern zur Verzögerung von Auftragserteilungen verhindern. Der Auftraggeber erhält durch die Rüge die Möglichkeit, einen etwaigen Fehler zu erkennen und zu korrigieren **(Appellfunktion der Rüge)**; Nachprüfungsverfahren lassen sich so vermeiden.[46] § 107 Abs. 3 Satz 1 GWB enthält sowohl **Zulässigkeitsvoraussetzungen für den Nachprüfungsantrag** als auch materielle Präklusionsregeln.[47] 65

Eine Rügeobliegenheit kann – was sich von selbst versteht – erst entstehen, wenn der Auftraggeber einen (zumindest vermeintlichen) **Vergaberechtsverstoß bereits begangen** hat. Dass ein Vergaberechtsverstoß in der Zukunft droht, ist noch kein zu rügender oder auch nur rügefähiger Sachverhalt.[48] 66

Fraglich ist, wie mit einem Sachverhalt umzugehen ist, in dem sich der **Zugang** der Rüge beim Auftraggeber (dieser ist analog § 130 BGB zu fordern) nicht mit hinreichen- 67

---

[45] Das OLG Düsseldorf nimmt die gleiche Rechtsfolge auch für Vergaben an, die nicht dem Kartellvergaberecht unterliegen, also etwa für die Ausschreibung von Dienstleistungskonzessionen nach AEUV oder nach § 46 EnWG sowie bei Unterschwellenvergaben; Beschl. v. 4.2.2013, VII-Verg 31/12; Beschl. v. 9.1.2013, VII-Verg 26/12, NZBau 2013, 120 mit zahlreichen Nachweisen: „*Bei den einer Nachprüfung nach dem GWB nicht unterliegenden (reinen) Konzessionsvergaben nach § 46 EnWG ergibt sich – im Sinn einer unselbständigen Nebenpflicht – eine Verpflichtung der Bieter, den Auftraggeber insbesondere auch auf Rechtsverstöße im Vergabeverfahren hinzuweisen, im Übrigen aus dem durch Anforderung der Vergabeunterlagen begründeten vorvertraglichen Schuldverhältnis nach §§ 241 Abs. 2, 311 Abs. 2 Nr. 1 BGB … Eine Verletzung der vorvertraglichen Hinweispflicht wird im Allgemeinen angemessen nur in der Weise zu sanktionieren sein, dass die betreffenden Rügen bei dem regelmäßig anzustrengenden Verfügungsverfahren nach §§ 935 ff. ZPO von einer Nachprüfung jedenfalls materiell-rechtlich ausgeschlossen sind …*"; a.A. OLG Schleswig Urt. v. 22.11.2012, 16 U (Kart) 22/12, EnWZ 2013, 84.
[46] OLG München Beschl. v. 17.9.2007, Verg 10/07, ZfBR 2007, 828, Beschl. v. 2.8.2007, Verg 7/07, ZfBR 2007, 732.
[47] OLG Karlsruhe Beschl. v. 6.2.2007, 17 Verg 7/06, NZBau 2007, 395.
[48] OLG Düsseldorf Beschl. v. 30.6.2011, VII-Verg 25/11 mit dem instruktiven Beispiel, dass einem Auftraggeber ein Vergaberechtsverstoß in Bezug auf die Bewertung eines (angeblich) auszuschließenden Angebots erst unterlaufen kann, wenn er überhaupt schon eine Angebotsbewertung vorgenommen und das kritisierte Angebot „im Rennen" belassen hat.

der Sicherheit aufklären lässt. Nach den Grundsätzen der materiellen Beweislast (s. dazu u. § 40 Rn. 3) muss in solchen Fällen der Rügeführer den Zugang nachweisen.[49]

68 In Ausnahmefällen ist es nicht erforderlich, dass dem Auftraggeber **Zeit und Gelegenheit** gegeben wird, auf die Rüge noch vor Einleitung eines Nachprüfungsantrags **zu antworten**. Insbesondere bei unmittelbar drohenden Zuschlägen ist nur zu fordern, dass die Rüge vor der Einreichung des Nachprüfungsantrags erhoben wird. Dies konterkariert zwar ein Stück weit Sinn und Zweck der Rüge (dem Auftraggeber Gelegenheit zur Korrektur zu geben), ist aber ein Szenario, das angesichts der engen Fristen des Vergaberechts – beispielhaft sei die 10-Tages-Frist des § 101a GWB genannt – im Interesse effektiven Primärrechtsschutzes noch nicht zur Unzulässigkeit des Nachprüfungsantrags führen sollte.

69 Der Auftraggeber behält die **Möglichkeit, noch während des laufenden Nachprüfungsverfahrens abzuhelfen.** Der Umstand, dass sich das Nachprüfungsverfahren im Nachhinein als vermeidbar herausgestellt hat, kann dann im Rahmen der Kostenentscheidung der Vergabekammer zulasten des Antragstellers unter Billigkeitsgesichtspunkten (§ 128 Abs. 3 Satz 5 GWB) berücksichtigt werden.[50]

70 Im Regelfall ist ein Unternehmen also gut beraten, wenn es dem Auftraggeber vor Einleitung eines Nachprüfungsverfahrens ausreichend Zeit zur Stellungnahme (und damit auch zum Überdenken seines bisherigen Vorgehens und ggf. zur Umkehr) gibt: Zum einen lassen sich aus der **Rügeerwiderung** nicht selten wichtige Erkenntnisse (etwa der eigene Rangplatz) ableiten, die für die Frage des „Ob" und „Wie" eines anschließenden Nachprüfungsantrags relevant sind. Zum anderen nutzen Auftraggeber gar nicht so selten die Chance, einen Vergaberechtsverstoß zu beseitigen oder zumindest Klarstellungen vorzunehmen, mit denen dem Rügeführer u. U. schon geholfen sein kann. Es gibt aber **keine Verpflichtung** des öffentlichen Auftraggebers, eine Rüge zu erwidern oder überhaupt auf sie zu reagieren. Er hat daran aber typischerweise ein Interesse, nachdem es unterdessen eine 15-Tages-Frist für den Rügeführer zur Einreichung eines Nachprüfungsantrags gibt, gerechnet ab Eingang der Mitteilung einer Nichtabhilfeentscheidung durch den öffentlichen Auftraggeber.

71 Das Rügeschreiben muss nicht als „Rüge" bezeichnet sein und dieses Wort auch nicht enthalten. Es muss noch nicht einmal zwingend ein Rügeschreiben geben. Mündliche Rügeerhebungen reichen aus, sind aber aus naheliegenden Gründen nicht zu empfehlen. Eine Bieter-, Bewerber- oder Interessentenäußerung muss, um der Rügeobliegenheit zu genügen, **aus objektiver Empfängersicht so zu verstehen sein, dass** *erstens* **ein bestimmter Sachverhalt aus einem bestimmten Grund als (Vergaberechts-) Verstoß angesehen** wird (ausführliche rechtliche Ausführungen sind aber nicht geschuldet) und dass *zweitens* der Rügeführer von der Vergabestelle erwartet und bei ihr erreichen will, dass der Verstoß behoben wird.[51] Beide Elemente sind unverzichtbare Bestandteile der Rüge.[52] Ob einem Schreiben diese beiden Erklärungselemente zu entnehmen sind, ist durch Auslegung nach den §§ 133, 157 BGB zu ermitteln. Übertriebene Anforderungen sind nicht zu stellen.[53] Erklärt ein Bieter Beanstandungen, ohne hierfür anwaltliche Hilfe in Anspruch zu nehmen, ist dies bei der Auslegung der Erklärung zu berücksichtigen; es ist dann in höherem Maße, als dies nach § 133 BGB ohnehin der Fall wäre, darauf abzustellen, was der Bieter vernünftigerweise meint und will.

---

[49] 3. VK des Bundes Beschl. v. 5.11.2012, VK 3–120/12, zum nicht erweislichen Zugang einer E-Mail (abrufbereiter Eingang im elektronischen Postfach des Empfängers); vgl. ferner zum Zugang einer Vorabinformation gemäß § 101a GWB per E-Mail OLG München Beschl. v. 15.3.2012 – Verg 2/12. Zur Bedeutung des OK-Vermerks bei Telefax-Übermittlung sei auf BGH Beschl. v. 21.7.2011, IX ZR 148/10 verwiesen.
[50] OLG Düsseldorf Beschl. v. 11.5.2011, VII-Verg 10/11.
[51] OLG Celle Beschl. v. 10.1.2008, 13 Verg 11/07; OLG München Beschl. v. 26.6.2007, Verg 6/07, VergabeR 2007, 684; OLG Frankfurt Beschl. v. 2.3.2007, 11 Verg 15/06.
[52] OLG München Beschl. v. 2.8.2007, Verg 7/07, ZfBR 2007, 732.
[53] OLG Düsseldorf Beschl. v. 7.12.2011, Verg 81/11.

§ 39 Rechtswegkonzentration, Antragsbefugnis und Rügeobliegenheit   Kap. 9

Nicht zwingend, aber ratsam ist es, wenn der Rügeführer dem öffentlichen Auftragge- 72
ber eine bestimmte (realistische) **Frist** setzt und darauf hinweist, dass nach fruchtlosem
Ablauf ein Nachprüfungsantrag gestellt werden wird.

Rügt ein Bevollmächtigter, muss er nicht zugleich seine **Vollmacht** im Original nach- 73
weisen; § 174 BGB gilt nicht, um den ohnehin schon herausfordernden Vorgang nicht
noch mit zusätzlichen Formvorschriften zu befrachten.

II. Erkennbare Vergaberechtsverstöße

Aufgrund der Bekanntmachung oder der Vergabeunterlagen erkennbare Verstöße gegen 74
Vergabevorschriften sind – je nach Art des Vergabeverfahrens – bis zum Ablauf der Frist
zur Bewerbungs- oder Angebotsabgabe zu rügen (**§ 107 Abs. 3 Satz 1 Nrn. 2 und 3
GWB**). Regelmäßig schon aufgrund der Bekanntmachung erkennbar sind etwa nicht gerechtfertigte Abweichungen vom Vorrang des offenen Verfahrens: Wer rügelos – trotz bereits aus der Bekanntmachung ersichtlicher Wahl des Verhandlungsverfahrens – einen
Teilnahmeantrag abgibt, verliert grundsätzlich das Recht, sich auf einen Verstoß gegen
§ 101 Abs. 7 Satz 1 GWB zu berufen (es sei denn, die fehlende vergaberechtliche Rechtfertigung für eine Abweichung vom Vorrang des offenen Verfahrens wird erst aufgrund
der Verhandlungsaufforderung (also aufgrund der „Vergabeunterlagen") erkennbar – dann
kann die Rüge noch bis zur Angebotsabgabe erfolgen. Erkennbar sind Vergabeverstöße,
die bei üblicher Sorgfalt und den üblichen Kenntnissen von einem durchschnittlichen
Unternehmen erkannt werden[54]. Dabei kommt es unter anderem darauf an, ob das Unternehmen schon Erfahrungen mit öffentlichen Aufträgen hat und daher gewisse Rechtskenntnisse vorausgesetzt werden können, die bei einem unerfahrenen Unternehmen nicht
vorhanden sind[55].

Ungeachtet des rechtlichen Maßstabs für eine Erkennbarkeit soll es nach Auffassung des 75
OLG Düsseldorf nur für solche **Rechtsverstöße** eine Rügeobliegenheit geben, die auftragsbezogen sind, **auf einer allgemeinen Überzeugung der Vergabepraxis beruhen
und ins Auge fallen.**[56] Diese Einschränkung findet allerdings im Gesetz keine Stütze; sie
würde – setzte sie sich durch – den Sinn der Rügeobliegenheit, insbesondere deren Appellfunktion (s.o. Rn. 65), erheblich schwächen (s. dazu auch noch u. Rn. 92 ff. im Zusammenhang mit dem Amtsermittlungsgrundsatz im Nachprüfungsverfahren).

III. Positiv erkannte Vergaberechtsverstöße

Im Vergabeverfahren positiv *erkannte* Verstöße gegen Vergabevorschriften muss der Bieter 76
„unverzüglich", d.h. ohne schuldhaftes Zögern, rügen (**§ 107 Abs. 3 Satz 1 Nr. 1
GWB**).

1. Unverzüglichkeit

Unverzüglich bedeutet „**ohne schuldhaftes Zögern**" (**§ 121 Abs. 1 Satz 1 BGB**). Es 77
ist slo zu rügen, sobald dies dem Bieter unter Berücksichtigung der für die Prüfung und
Begründung der Rüge notwendigen Zeit möglich und zumutbar ist.[57] Die Rechtsprechung ist nicht einheitlich, sie wird jedoch immer restriktiver, gerade dann, wenn der

---

[54] Vgl. *Byok* in Byok/Jaeger, § 107 GWB Rn. 83.
[55] VK Sachsen Beschl. v. 25.1.2008, 1/SVK/088–07.
[56] OLG Düsseldorf Beschl. v. 9.1.2013, VII-Verg 26/12, NZBau 2013, 120, Beschl. v. 3.8.2011, VII-Verg 30/11, VergabeR 2011, 868.
[57] OLG Celle Beschl. v. 10.1.2008, 13 Verg 11/07; OLG Düsseldorf Beschl. v. 5.9.2007, Verg 19/07.

Schwierigkeitsgrad der Sach- und Rechtslage überschaubar ist.[58] In keinem Fall mehr unverzüglich ist eine Rüge erhoben, wenn – in Anlehnung an die zivilgerichtliche Rechtsprechung zu § 121 BGB – mehr als 14 Tage seit Kenntniserlangung verstrichen sind. Je nach Komplexität des Sachverhalts und der vergaberechtliche daran anknüpfenden Wertung kann aber auch ein Zögern von wenigen (etwa mehr als drei)[59] Tagen oder von einer Woche[60] bereits schuldhaft sein.

2. „Kenntnis"

78 Fristbeginn ist die **positive Kenntnis des (Vergabe-) Rechtsverstoßes**. Erforderlich ist, dass das Unternehmen (der Antragsteller) sichere Tatsachen- und Rechtskenntnis hat; es muss also nicht nur die die Rechtswidrigkeit begründenden Tatsachen kennen, sondern aus ihnen auch den Schluss auf die Rechtswidrigkeit gezogen haben.

79 Um diesen Schluss ziehen zu können, ist es dem Bieter zuzubilligen, zunächst **anwaltlichen Rat** in Anspruch zu nehmen. Solange der Bieter also noch im Gespräch mit seinem Anwalt ist und dieser die Lage prüft, kann eine Präklusion nach § 107 Abs. 3 Satz 1 Nr. 1 GWB schon deshalb nicht erfolgen, weil die Rügefrist noch gar nicht in Gang gesetzt ist. Es ist darüber hinaus auch nicht anzunehmen, dass mit Einschaltung eines spezialisierten Anwalts automatisch und „schlagartig die Kenntnis (oder auch nur die Erkennbarkeit) einsetzen würde.[61]

3. Darlegungs- und Beweislast

80 In der Praxis ist die Berufung auf eine Rügepräklusion nach § 107 Abs. 3 Satz 1 Nr. 1 GWB für den **Auftraggeber**, der die Verspätung geltend macht, ein eher stumpfes Schwert. Er wird dem Antragsteller schwerlich das Gegenteil **nachweisen** können, wenn dieser behauptet, er habe das für ihn nicht recht verständliche Vorabinformationsschreiben erst nach mehreren Tagen an einen auf Vergaberecht spezialisierten Anwalt überreicht, damit dieser ihm im Hinblick auf die zwar für möglich gehaltenen, aber noch nicht positiv erkannten Vergaberechtsverstöße eine rechtliche Bewertung zukommen lässt.

81 Praktisch bedeutsam sind aber Ausnahmen, wenn ein Unternehmen ähnliche Vergaberechtsverstöße bereits in vorangegangenen Vergabeverfahren vorgebracht hat. Dann kann es sich später nicht auf fehlende Kenntnis berufen. Und: Das **mutwillige Sich-Verschließen vor der Erkenntnis steht der positiven Kenntnis gleich**[62]; auch Fälle solchen Mutwillens stoßen in der Praxis aber auf Darlegungs- und Beweisschwierigkeiten.

4. Vereinbarkeit mit Unionsrecht?

82 Im Zuge von EuGH-Entscheidungen[63] sind Zweifel an der **EU-Rechtskonformität des § 107 Abs. 3 Satz 1 Nr. 1 GWB** und des darin enthaltenen Unverzüglichkeitskriteriums laut geworden. Die Frage wird von der nationalen Rechtsprechung nicht einheitlich beurteilt.

83 Das Spektrum der Entscheidungen reicht dabei von der Vereinbarkeit[64] des § 107 Abs. 3 Satz 1 Nr. 1 GWB mit den EG- Rechtsmittel-RL bis hin zur strikten Ablehnung

---

[58] OLG Düsseldorf Beschl. v. 5.9.2007, Verg 19/07.
[59] OLG Koblenz Beschl. v. 18.9.2003, 1 Verg 4/03, ZfBR 2003, 822.
[60] OLG Dresden Beschl. v. 11.9.2006, WVerg 13/06, VergabeR 2007, 549.
[61] OLG Düsseldorf Beschl. v. 9.1.2013, VII-Verg 26/12, NZBau 2013, 120.
[62] BGH Beschl. v. 26.9.2006, X ZB 14/06, NZBau 2006, 800.
[63] EuGH Urt. v. 28.1.2010, Rs. C-406/08 – Uniplex, VergabeR 2010, 451; EuGH Urt. v. 28.1.2010, Rs. C-456/08 – Kommission ./. Irland, VergabeR 2010, 457.
[64] Mit Hinweis auf die Rechtsnatur als materielle Präklusionsnorm (im Gegensatz zu einer reinen Frist für die Einleitung des Nachprüfungsverfahrens) und der Definition des § 121 Abs. 1 Satz 1 BGB: OLG Dresden Beschl. v. 7.5.2010, WVerg 6/10, NZBau 2010, 526; OLG Brandenburg Be-

der Rügepräklusion,[65] weil § 107 Abs. 3 Satz 1 Nr. 1 GWB nach den EuGH-Urteilen unanwendbar zu bleiben habe. Die meisten Entscheidungen lassen die Frage der unverzüglichen Rüge nach Kenntnis unterdessen – wenn es der Sach- und Streitstand zulässt – ausdrücklich offen,[66] was auch schon bis 2009 durchaus häufig so gehandhabt wurde, um den mit § 107 Abs. 3 Satz 1 Nr. 1 GWB verbundenen Beweisfragen nicht nachgehen zu müssen.

Die besseren Argumente streiten allerdings für die Ansicht, dass § 107 Abs. 3 Satz 1 Nr. 1 GWB weiter anzuwenden ist. Das Kriterium der **„Unverzüglichkeit"** ist durch § 121 Abs. 1 Satz 1 BGB und die hierzu ergangene Zivilrechtsprechung sowie durch die Vergaberechtsprechung **hinreichend bestimmt**. 84

IV. Verhältnis der Nrn. 1 bis 3 des § 107 Abs. 3 Satz 1 GWB

Die **Tatbestände des § 107 Abs. 3 Satz 1 Nrn. 1 bis 3 GWB stehen selbständig nebeneinander.** War ein Vergabeverstoß für den Bieter aus der Vergabebekanntmachung nicht nur erkennbar, sondern hat der Bieter diesen Verstoß positiv erkannt (etwa durch Vermittlung eines Rechtsrats) und kann diese positive Kenntnis des Bieters nachgewiesen werden, darf der Bieter nicht bis zum Ablauf der Angebotsfrist bzw. Bewerbungsfrist mit der Rüge zuwarten. 85

V. 15-Tages-Frist des § 107 Abs. 3 Satz 1 Nr. 4 GWB nach Zurückweisung einer Rüge

Nach § 107 Abs. 3 Satz 1 Nr. 4 GWB ist ein Nachprüfungsantrag seit In-Kraft-Treten des Vergaberechtsmodernisierungsgesetzes im April 2009 unzulässig, wenn er nicht spätestens 15 Kalendertage nach Eingang der Mitteilung des Auftraggebers, einer Rüge nicht abhelfen zu wollen, gestellt wird. Die Vorschrift hat ihr **Ziel** erreicht. Sie schiebt sog. „Vorratsrügen" (also Versuchen, vermeintliche Vergaberechtsverstöße früh zu platzieren, dann aber in aller Ruhe den Ausgang des Verfahrens abzuwarten) einen Riegel vor. 86

(Gelegentlich geäußerte) Grundsätzliche **Kritik hieran** drängt sich – vor dem Hintergrund der Intention des Gesetzgebers, effektiven Rechtsschutz in beschleunigten Verfahren zu gewähren – nicht auf. Die Vorschrift provoziert auch keine unzulässigen Nachprüfungsverfahren. Ist ein Antragsteller aufgrund einer – ja zwangsläufig innerhalb bestimmter Fristen vorzubringenden – frühen Rüge und aufgrund einer raschen Nichtabhilfeentscheidung des Auftraggebers etwa gezwungen, noch während der Angebotsphase oder während der Angebotsbewertung (möglicherweise sogar schon während des Teilnahmewettbewerbs) einen Nachprüfungsantrag einzureichen, so sind die Anforderungen an die Darlegung eines drohenden Schadens infolge des Vergaberechtsverstoßes weiter abzusenken. Der Auftraggeber (Antragsgegner) kann also in solchen Fällen – eines nach § 107 Abs. 3 Satz 1 Nr. 4 GWB gestellten Nachprüfungsantrages – nicht mit Erfolg argumentieren, dass die Realisierung des vermeintlichen Vergaberechtsverstoßes gerade zum Nachteil des Antragstellers noch völlig ungewiss ist, weil der Antragsteller ja möglicherweise bei Fortführung des Verfahrens trotz des Vergaberechtsverstoßes den Zuschlag erhalten kann. *„Die Absicht des Gesetzgebers, durch Bestimmung einer Antragsfrist einen Antragsteller möglichst frühzeitig zur Anbringung eines Nachprüfungsantrags anzuhalten, schließt aus, die Zulässigkeit und genauso die Begründet-* 87

---

schl. v. 30.4.2013 – Verg W 3/13; OLG Rostock Beschl. v. 20.10.2010, 17 Verg 5/10; 1. VK des Bundes Beschl. v. 5.3.2010, VK 1–16/10.

[65] OLG Celle, Beschl. v. 26.4.2010, 13 Verg 4/10, GewA 2010, 375.
[66] OLG München Beschl. v. 3.11.2011, Verg 14/11; OLG Celle Beschl. v. 30.9.2010, 13 Verg 10/10, NZBau 2011, 189; OLG Düsseldorf Beschl. v. 9.6.2010, VII-Verg 5/10, ZfBR 2010, 826; OLG Frankfurt/Main Beschl. v. 13.12.2011, 11 Verg 8/11.

heit eines solchen Antrags davon abhängig zu machen, dass der Antragsteller durch den behaupteten Rechtsverstoß eine … Beeinträchtigung seiner Auftragschancen erfährt".[67] Eine abstrakt mögliche Schädigung der Auftragschancen des Antragstellers genügt also in derartigen Konstellationen.

VI. Entbehrlichkeit einer Rüge

1. De-facto-Vergaben

88 Bei de facto-Vergaben ist eine **Rüge nicht erforderlich (§ 107 Abs. 3 Satz 2 GWB)**, d.h. Nachprüfungsanträge, mit denen gemäß § 101b Abs. 1 Nr. 1, Abs. 2 GWB die Feststellung der Nichtigkeit de facto vergebener Verträge begehrt wird, sind auch dann zulässig, wenn der Antragsteller zuvor nicht mit seinem Begehren beim öffentlichen Auftraggeber vorstellig geworden ist. Die ganz herrschende Meinung hatte die Rügeobliegenheit auch bereits vor Einführung des § 107 Abs. 3 Satz 2 GWB im April 2009 verneint, weil Sinn und Zweck der Rüge, den Auftraggeber zur Korrektur von Vergabefehlern anzuhalten, leerlaufen, wenn der Auftraggeber sich der Mühe, ein förmliches Vergabeverfahren durchzuführen, von vornherein enthoben hat. Die Klarstellung durch § 107 Abs. 3 Satz 2 GWB ist gleichwohl zu begrüßen.

2. Förmelei

89 Auf die Rüge kann ausnahmsweise verzichtet werden, **wenn der Auftraggeber klar zu erkennen gibt** (hierfür ist ein strenger Maßstab anzulegen), **dass er unumstößlich an seiner Entscheidung festhält**. In einer solchen Situation eine Rüge zu fordern, wäre reine Förmelei.[68]

3. Sachverhalte, die erst im Rahmen eines Nachprüfungsverfahrens bekannt werden

90 Keine Rügeobliegenheit besteht hinsichtlich solcher **Fehler, die dem Antragsteller erst im laufenden Nachprüfungsverfahren – etwa aufgrund der Akteneinsicht – bekannt werden**. Solche Fehler können sofort im Nachprüfungsverfahren geltend gemacht werden, auch wenn sich der Nachprüfungsantrag darauf ursprünglich nicht bezogen hat.[69] Einer gesonderten Rüge bedarf es nach Einleitung eines Nachprüfungsverfahrens deshalb nicht mehr. Dies leuchtet unmittelbar ein: Mit einer Rüge ließe sich das Nachprüfungsverfahren hier ja nicht mehr vermeiden. Und es ist gerade Sinn und Zweck der Akteneinsicht, dem Antragsteller weitere Einblicke in die Abläufe und Vergabeentscheidungen zu geben, die zu zusätzlichen Beanstandungen im Rahmen des laufenden Nachprüfungsverfahren führen können.[70]

91 Streitig ist, ob der Antragsteller einen von ihm erst im Nachprüfungsverfahren erkannten Vergaberechtsverstoß unverzüglich vor der Vergabekammer oder ggf. im Beschwerde-

---

[67] OLG Düsseldorf Beschl. v. 10.8.2011, VII-Verg 36/11, NZBau 2011, 765.
[68] OLG Karlsruhe Beschl. v. 6.2.2007, 17 Verg 7/06, NZBau 2007, 395.
[69] BGH Beschl. v. 26.9.2006, X ZB 14/06, NZBau 2006, 800; OLG München Beschl. v. 2.8.2007, Verg 7/07, ZfBR 2007, 732.
[70] Es ist daher nach richtiger Auffassung auch nicht etwa zu fordern, dass der Antragsteller wegen solcher, zusätzlich erkannter Vergaberechtsverstöße ein neues Nachprüfungsverfahren einzuleiten hat. Vielmehr können die neuen Vergaberechtsverstöße in das laufende Nachprüfungsverfahren eingebracht werden, jedenfalls dann, wenn sie in diesem laufenden Verfahren ohne Verzögerung beschieden werden können. Jede andere Sichtweise liefe dem Beschleunigungsgebot zuwider; OLG Celle Beschl. v. 12.5.2005, 13 Verg 5/05.

verfahren vor dem OLG geltend machen muss.[71] Richtigerweise wird das jeweils anhand der **Umstände des Einzelfalls** und mit Blick auf § 113 Abs. 2 GWB zu beurteilen sein: Hat etwa die Vergabekammer mit der Übersendung der Aktenbestandteile keine Frist zur Stellungnahme gesetzt (und möglicherweise sogar schon zu erkennen gegeben, dass die Entscheidungsfrist wegen mehrerer anderer, vordringlicher Verfahren voraussichtlich über die gesetzlich möglichen zwei Wochen hinaus verlängert wird), wäre es unbillig, vom Antragsteller zu fordern, dass er die Vergabeakte innerhalb der üblicherweise für die Unverzüglichkeit geltenden zeitlichen Maßstäbe (s. dazu o. Rn. 77) auswertet und die Ergebnisse in das Verfahren einführt.

VII. Rügeobliegenheit und Untersuchungsgrundsatz

Eine der noch nicht befriedigend beantworteten Fragen des Vergabeprozessrechts betrifft das **Verhältnis zwischen § 107 Abs. 3 Satz 1 GWB und dem Untersuchungsgrundsatz (§§ 110 Abs. 1, 114 Abs. 1 GWB)** – s. dazu auch u. § 40 Rn. 6 ff.). 92

Wenn und soweit ein Vergabeverstoß von dem Bieter nicht gerügt wurde, bleibt dieser Fehler grundsätzlich unbeanstandet[72]. In Ausnahmefällen, insbesondere bei besonders schwerwiegenden Vergabeverstößen, kann die Vergabenachprüfungsinstanz aber **auch ohne entsprechende Rüge des Bieters einen Vergabeverstoß feststellen und geeignete Maßnahmen zur Wiederherstellung eines rechtmäßigen Verfahrens anordnen.** 93

Das gilt auch für die zweite Instanz: Rechtsverstöße, die vom **Beschwerdegericht** „gelegentlich" festgestellt werden, ohne dass sie der Antragsteller erkannt und geltend gemacht hat, sind „*nach zutreffender Auslegung des Untersuchungsgrundsatzes (§§ 70 Abs. 1, 120 Abs. 2 GWB) im Beschwerdeverfahren ... aufzugreifen. Solche Erkenntnisse, die sich aus Anlass der Prüfung behaupteter Rechtsverstöße aufdrängen, dürfen, sofern damit eine Rechtsverletzung des Antragstellers verbunden ist, die Vergabenachprüfungsinstanzen nicht unberücksichtigt lassen ... Das Beschwerdegericht kann in entsprechender Anwendung von § 114 Abs. 1 Satz 2 GWB darauf unabhängig von den gestellten Anträgen diejenigen Maßnahmen ergreifen, die zur Beseitigung der Rechtsbeeinträchtigung erforderlich sind ...* ".[73] 94

Richtigerweise wird man dazu fordern müssen, dass die Vorschrift des § 107 Abs. 3 Satz 1 GWB zur Rügeobliegenheit des Antragstellers durch Amtsermittlungen der Vergabenachprüfungsinstanzen und durch rechtliche Erwägungen zu **Vergaberechtsfehlern, die von keiner Partei vorgebracht wurden**, nicht ausgehebelt werden darf. Das ist leicht gesagt, wirft in der Praxis aber Schwierigkeiten auf, nachdem die Rechtsprechung sogar zwei der Kardinalfehler, die ein Auftraggeber begehen kann (die Vermischung von Eignungs- und Zuschlagskriterien und einen Verstoß gegen das Gebot der produktneutralen Ausschreibung) als nicht erkennbar eingestuft hat.[74] Legt man an die Erkennbarkeit so hohe Maßstäbe an, würde die Rügeobliegenheit ihren Sinn weitgehend verlieren. 95

---

[71] OLG München Beschl. v. 2.8.2007, Verg 7/07, ZfBR 2007, 732; OLG Celle Beschl. v. 8.3.2007, 13 Verg 2/07, ZfBR 2007, 373; Beschl. v. 10.1.2008, 13 Verg 11/07; OLG Frankfurt/Main Beschl. v. 24.6.2004, 11 Verg. 15/04.
[72] OLG Koblenz Beschl. v. 3.4.2008, 1 Verg 1/08.
[73] OLG Düsseldorf Beschl. v. 5.5.2008, VII-Verg 5/05, NZBau 2009, 269. Beschl. v. 13.6.2007, VII-Verg 2/07, VergabeR 2007, 634.
[74] Nach OLG Düsseldorf Beschl. v. 3.8.2011, VII-Verg 16/11, soll die Vermischung von Eignungs- und Zuschlagskriterien kein auf allgemeiner Überzeugung der Vergabepraxis beruhender, ins Auge fallender „offensichtlicher" Rechtsverstoß sein. Zur fehlenden Erkennbarkeit von Verstößen gegen das Gebot zu produktneutraler Ausschreibung OLG Düsseldorf Beschl. v. 9.1.2013, VII-Verg 33/12.

§ 40 Nachprüfungsverfahren

Übersicht

		Rn.
A.	Einleitung	1
B.	Verfahrensgrundsätze	2–18
	I. Untersuchungs- oder Amtsermittlungsgrundsatz	2–8
	II. Mündliche Verhandlung	9–12
	III. Beschleunigungsmaxime	13–18
C.	Unzulässigkeit des Nachprüfungsantrags nach wirksam geschlossenem Vertrag	19–30
	I. Grundsätze	20–26
	II. Verzahnung mit den §§ 101a, 101b GWB	27–30
D.	Fortsetzungsfeststellungsverfahren	31–34
	I. Erledigung des Nachprüfungsverfahrens	31–33
	II. Fortsetzungsfeststellungsinteresse	34
E.	Beiladung	35, 36
F.	Akteneinsichtsrechte	37–50
	I. Schranken	38–43
	II. Rechtsmittel?	44
	III. Weitergehende Akteneinsichtsrechte kraft der Informationsfreiheitsgesetze	45–50
G.	Befangenheit	51–53
H.	Nachprüfungsverfahren und Vergleiche der Beteiligten	54

GWB: §§ 108, 109, 110 Abs. 1, 111, 112, 113, 114 Abs. 1, 2, 115a, 129a

§ 108 GWB Form

(1) Der Antrag ist schriftlich bei der Vergabekammer einzureichen und unverzüglich zu begründen. Er soll ein bestimmtes Begehren enthalten. Ein Antragsteller ohne Wohnsitz oder gewöhnlichen Aufenthalt, Sitz oder Geschäftsleitung im Geltungsbereich dieses Gesetzes hat einen Empfangsbevollmächtigten im Geltungsbereich dieses Gesetzes zu benennen.

(2) Die Begründung muss die Bezeichnung des Antragsgegners, eine Beschreibung der behaupteten Rechtsverletzung mit Sachverhaltsdarstellung und die Bezeichnung der verfügbaren Beweismittel enthalten sowie darlegen, dass die Rüge gegenüber dem Auftraggeber erfolgt ist; sie soll, soweit bekannt, die sonstigen Beteiligten benennen.

§ 109 GWB Verfahrensbeteiligte, Beiladung

Verfahrensbeteiligte sind der Antragsteller, der Auftraggeber und die Unternehmen, deren Interessen durch die Entscheidung schwerwiegend berührt werden und die deswegen von der Vergabekammer beigeladen worden sind. Die Entscheidung über die Beiladung ist unanfechtbar.

§ 110 GWB Untersuchungsgrundsatz

(1) Die Vergabekammer erforscht den Sachverhalt von Amts wegen. Sie kann sich dabei auf das beschränken, was von den Beteiligten vorgebracht wird oder ihr sonst bekannt sein muss. Zu einer umfassenden Rechtmäßigkeitskontrolle ist die Vergabekammer nicht verpflichtet. Sie achtet bei ihrer gesamten Tätigkeit darauf, dass der Ablauf des Vergabeverfahrens nicht unangemessen beeinträchtigt wird.

(2) hier nicht abgedruckt.

§ 111 GWB Akteneinsicht

(1) Die Beteiligten können die Akten bei der Vergabekammer einsehen und sich durch die Geschäftsstelle auf ihre Kosten Ausfertigungen, Auszüge oder Abschriften erteilen lassen.

(2) Die Vergabekammer hat die Einsicht in die Unterlagen zu versagen, soweit dies aus wichtigen Gründen, insbesondere des Geheimschutzes oder zur Wahrung von Betriebs- oder Geschäftsgeheimnissen geboten ist.

(3) Jeder Beteiligte hat mit Übersendung seiner Akten oder Stellungnahmen auf die in Absatz 2 genannten Geheimnisse hinzuweisen und diese in den Unterlagen entsprechend kenntlich zu machen. Erfolgt dies nicht, kann die Vergabekammer von seiner Zustimmung auf Einsicht ausgehen.

(4) Die Versagung der Akteneinsicht kann nur im Zusammenhang mit der sofortigen Beschwerde in der Hauptsache angegriffen werden.

§ 112 GWB Mündliche Verhandlung

(1) Die Vergabekammer entscheidet auf Grund einer mündlichen Verhandlung, die sich auf einen Termin beschränken soll. Alle Beteiligten haben Gelegenheit zur Stellungnahme. Mit Zustimmung der Beteiligten oder bei Unzulässigkeit oder bei offensichtlicher Unbegründetheit des Antrags kann nach Lage der Akten entschieden werden.

(2) Auch wenn die Beteiligten in dem Verhandlungstermin nicht erschienen oder nicht ordnungsgemäß vertreten sind, kann in der Sache verhandelt und entschieden werden.

§ 113 GWB Beschleunigung

(1) Die Vergabekammer trifft und begründet ihre Entscheidung schriftlich innerhalb einer Frist von fünf Wochen ab Eingang des Antrags. Bei besonderen tatsächlichen oder rechtlichen Schwierigkeiten kann der Vorsitzende im Ausnahmefall die Frist durch Mitteilung an die Beteiligten um den erforderlichen Zeitraum verlängern. Dieser Zeitraum soll nicht länger als zwei Wochen dauern. Er begründet diese Verfügung schriftlich.

(2) Die Beteiligten haben an der Aufklärung des Sachverhalts mitzuwirken, wie es einem auf Förderung und raschen Abschluss des Verfahrens bedachten Vorgehen entspricht. Den Beteiligten können Fristen gesetzt werden, nach deren Ablauf weiterer Vortrag unbeachtet bleiben kann. Zeitraum soll nicht länger als zwei Wochen dauern. Er begründet diese Verfügung schriftlich.

§ 114 GWB Entscheidung der Vergabekammer

(1) Die Vergabekammer entscheidet, ob der Antragsteller in seinen Rechten verletzt ist und trifft die geeigneten Maßnahmen, um eine Rechtsverletzung zu beseitigen und eine Schädigung der betroffenen Interessen zu verhindern. Sie ist an die Anträge nicht gebunden und kann auch unabhängig davon auf die Rechtmäßigkeit des Vergabeverfahrens einwirken.

(2) Ein wirksam erteilter Zuschlag kann nicht aufgehoben werden. Hat sich das Nachprüfungsverfahren durch Erteilung des Zuschlags, durch Aufhebung oder durch Einstellung des Vergabeverfahrens oder in sonstiger Weise erledigt, stellt die Vergabekammer auf Antrag eines Beteiligten fest, ob eine Rechtsverletzung vorgelegen hat. § 113 Absatz 1 gilt in diesem Fall nicht.

(3) hier nicht abgedruckt.

§ 115a GWB Ausschluss von abweichendem Landesrecht

Soweit dieser Unterabschnitt Regelungen zum Verwaltungsverfahren enthält, darf hiervon durch Landesrecht nicht abgewichen werden.

§ 40 Nachprüfungsverfahren

Literatur:
Brauer, Das Verfahren vor der Vergabekammer, NZBau 2009, 297 ff.; *Braun, J.,* Beschleunigungsgebot und Ablehnungsfiktion im Vergaberegime des GWB, NZBau 2003, 134 ff.; *Düsterdiek,* Das Akteneinsichtsrecht (§ 111 GWB), NZBau 2004, 605 ff.; *Just/Sailer,* DVBl 2010, 418, 419; *Maier,* Die prozessualen Grundsätze des Nachprüfungsverfahrens, NZBau 2004, 667 ff.; *Losch,* Akteneinsicht im Vergabeverfahren – ein Widerstreit zwischen Transparenzgebot und Geheimhaltungsschutz, VergabeR 2008, 739 ff.; *Polenz,* Informationsfreiheit und Vergaberecht, NVwZ 2009, 883 ff.; Rittwage, Vergleichsvereinbarungen bei der Vergabe öffentlicher Aufträge, NZBau 2007, 484 ff.; *Sellmann/ Augsberg,* Beteiligteninduzierte Beendigung vergaberechtlicher Nachprüfungsverfahren, NVwZ 2005, 1255 ff.

A. Einleitung

Die vorstehend zitierten Normen enthalten eine Reihe von Verfahrensgrundsätzen und 1 -regelungen, die dem **Vergabenachprüfungsverfahren (insbesondere, aber nicht nur der ersten Instanz)** ein besonderes Gepräge geben. Lücken in den §§ 107 ff. GWB – etwa im Hinblick auf die Befangenheit eines Mitglieds der Vergabekammer (s.u. Rn. 51 ff.) – müssen durch Rückgriff auf das VwVfG oder anderen Prozessordnungen geschlossen werden.

B. Verfahrensgrundsätze

I. Untersuchungs- oder Amtsermittlungsgrundsatz

In Vergabesachen gilt der Untersuchungs- oder Amtsermittlungsgrundsatz (**§ 110 Abs. 1** 2 **Satz 1 GWB).** Das betrifft auch die **zweite Instanz.** Dass § 110 GWB in § 120 Abs. 2 GWB (mit den Verfahrensvorschriften für die sofortige Beschwerde) nicht aufgeführt ist, ist unschädlich, weil § 120 Abs. 2 GWB stattdessen auf **§ 70 Abs. 1 GWB** verweist.[1]

Nicht mit dem Untersuchungsgrundsatz des § 110 Abs. 1 GWB zu vereinbaren wäre 3 eine prozessuale Darlegungs- und Beweislast. Die **Grundsätze der materiellen Beweislast** kommen jedoch zum Tragen, wenn die Aufklärungsbemühungen der Vergabekammer nicht zu einem feststehenden Ergebnis führen. Der Beteiligte, der sich auf einen für ihn günstigen Sachverhalt beruft, trägt – wenn die Bemühungen zur Sachverhaltsaufklärung von Amts wegen nicht zu einem Erfolg führen – materiell die Darlegungs- und Beweislast.

Auch statuiert § 108 Abs. 1 Satz 1 und Abs. 2 GWB die Pflicht des Antragstellers, sei- 4 nen Nachprüfungsantrag unverzüglich und ordnungsgemäß (also z.B. mit Bezeichnung der Rechtsverletzung und nachvollziehbarer Sachverhaltsdarstellung) zu **begründen.**

Nach § 114 Abs. 1 Satz 2 GWB ist die Vergabekammer **an die Anträge nicht ge-** 5 **bunden** und kann auch unabhängig davon auf die Rechtmäßigkeit des Verfahrens einwirken; Voraussetzung ist aber nach allgemeiner Ansicht ein zulässiger Antrag.

Die Vergabenachprüfungsinstanzen haben den Sachverhalt **von Amts wegen zu er-** 6 **forschen, soweit dies durch den Streitstoff veranlasst ist.** U.a. über § 110 Abs. 2 Satz 5 GWB sind der Vergabekammer hierfür weitgehende Rechte auf Auskunftseinholung und Prüfung an die Hand gegeben.[2] Eine darüber hinausgehende – allgemeine – Rechtmäßigkeitskontrolle gibt der Gesetzgeber den Nachprüfungsinstanzen nicht auf (§ 110 Abs. 1 Sätze 2 und 3 GWB), schließt eine solche aber auch nicht aus, soweit dadurch nicht die Rügeobliegenheiten gemäß § 107 Abs. 3 Satz 1 GWB *ad absurdum* geführt werden.

---

[1] Instruktiv OLG Düsseldorf Beschl. v. 28.4.2008, VII-Verg 1/08.
[2] Vgl. hierzu OLG Düsseldorf Beschl. v. 16.2.2012, VII-Verg 2/12.

7   Gänzlich unsubstantiierten und pauschalen **Beanstandungen des Vergabeverfahrens durch den Antragsteller „ins Blaue"** hinein (die in der Praxis allerdings in „Reinform" gar nicht so häufig anzutreffen sind, weil man dem Antragsteller billigerweise wohl zugestehen muss, aus bestimmten Tatsachen, die für sich genommen, noch nicht zu einem Vergaberechtsverstoß führen, weitergehende Schlüsse zu ziehen[3]) muss die Vergabekammer also nicht nachgehen.[4] Es gibt aber auch keine Bestimmung, die ihr ein solches Vorgehen – oder gar eine Fehlersuche gänzlich ohne Anknüpfungspunkt im Vortrag des Antragstellers – verwehren würde.

8   In der Praxis werden viele Streitigkeiten in diesem Spannungsfeld, das **erhebliche Unwägbarkeiten für alle Beteiligten** mit sich bringt, entschieden. § 110 Abs. 1 Sätze 1 bis 3 GWB führen in ihrem Zusammenspiel nicht gerade dazu, dass Entscheidungen der Vergabenachprüfungsinstanzen vorhersehbarer geworden sind.[5] *De lege ferenda* wäre die klare Beschränkung des Amtsermittlungsgrundsatzes auf das Vorbringen der Beteiligten, insbesondere auf die vom Antragsteller erhobenen Rügen, wünschenswert (s. zum Ganzen auch o § 39 Rn. 92 ff.).

II. Mündliche Verhandlung

9   Die Vergabekammer entscheidet auf Grund einer mündlichen Verhandlung; diese **soll sich auf einen Termin beschränken** (§ 112 Abs. 1 Satz 1 GWB), was in der Praxis nicht immer gelingt, seitdem § 107 Abs. 3 Satz 1 Nr. 4 GWB Unternehmen teils zu sehr frühen Nachprüfungsanträgen zwingt und sich dann im weiteren Verlauf des Vergabeverbeverfahrens (dieses muss durch den Nachprüfungsantrag ja nicht angehalten werden – s. u. § 42 Rn. 9) Entwicklungen ergeben, die prozessual zu berücksichtigen sind (etwa in Form notwendiger Beiladungen).

10 Mit Zustimmung der Beteiligten oder bei Unzulässigkeit oder bei offensichtlicher Unbegründetheit des Antrags kann ohne mündliche Verhandlung **nach Lage der Akten entschieden** werden (§ 112 Abs. 1 Satz 2 GWB). Für die Herbeiführung der 1. Alternative werden die Beteiligten nicht allzu häufig Veranlassung sehen. Das Problem der 2. und 3. Alt. der Norm ist, dass nicht recht klar ist, worin sich der Prüfungsmaßstab von demjenigen Maßstab unterscheidet, welcher der Entscheidung der Vergabekammer über die Übermittlung des Nachprüfungsantrags an den Antragsgegner schon zugrunde lag (§ 110 Abs. 2 Satz 1 GWB; dazu noch u. § 42 Rn. 4 ff.).

11 Auch in Abwesenheit einzelner Beteiligter kann in der Sache verhandelt und entschieden werden (§ 112 Abs. 2 GWB); zu achten ist aber auf eine ordnungsgemäße **Ladung**.

12 Kommt es auf eine Tatsachenfrage an und ist diese Tatsache streitig, muss darüber bereits im erstinstanzlichen Nachprüfungsverfahren **Beweis erhoben** werden. Benennt der materiell beweisbelastete Beteiligte hierfür etwa Zeugen, so muss die Vergabekammer diesem Beweisantritt nachgehen.[6]

---

[3] OLG Brandenburg Beschl. v. 29.5.2012, Verg W 5/12.

[4] Vgl. aber auch KG Beschl. v. 29.2.2012, Verg 8/11, wonach ein Vergabenachprüfungsantrag, der jeden „konkret-aktuellen Tatsachenvortrag" zur behaupteten (de facto-) Vergabe vermissen lässt, nach § 108 Abs. 1 Satz 1 und Abs. 2 GWB (Pflicht zur unverzüglichen Begründung unter Beschreibung der behaupteten Rechtsverletzung mit Sachverhaltsdarstellung) unzulässig ist (s. zur Begründungserfordernis o. Rn. 4).

[5] Auf der einen Seite soll der Untersuchungsgrundsatz nicht dazu führen, unsubstantiierte Anträge zu substantiieren – vgl. OLG München Beschl. v. 2.8.2007, Verg 7/07, ZfBR 2007, 732. Auf der anderen Seite betonen die Vergabenachprüfungsinstanzen immer wieder, dass sie die Augen vor eklatanten Vergaberechtsverstößen keinesfalls verschließen dürfen, auch dann nicht, wenn der Antragsteller mit seinem Vortrag eigentlich auf ganz andere (im Ergebnis nicht vorliegende) Vergaberechtsverstöße hinaus möchte.

[6] OLG Düsseldorf Beschl. v. 29.4.2009, VII-Verg 73/08; Beschl. v. 20.1.2006, VII – Verg 98/05.

III. Beschleunigungsmaxime

Die Vergabekammer hat über den Antrag binnen fünf Wochen zu entscheiden (§ 113 Abs. 1 Satz 1 GWB).

Die Frist kann durch den Vorsitzenden verlängert werden, und zwar eigentlich nur um weitere zwei Wochen auf sieben Wochen (§ 113 Abs. 1 Satz 3 GWB). Da es sich um eine „Soll"-Vorschrift handelt, sehen sich Antragsgegner und Beigeladene aber nicht selten mit längeren erstinstanzlichen Verfahren konfrontiert.

Es besteht zwar die Möglichkeit, nach § 115 Abs. 2 GWB einen **Eilantrag auf vorzeitige Zuschlagsgestattung** zu erwirken (s. dazu u. § 42 Rn. 14); eine solche Zuschlagsgestattung ist allerdings nicht ohne Weiteres zu bekommen.

Lange durfte als gesichert gelten, dass gegen die Verlängerung der Entscheidungsfrist kein **Rechtsmittel** gegeben ist; zumindest das OLG Düsseldorf meint aber, dass die Beteiligten sich in geeigneten Fällen im Wege einer Untätigkeitsbeschwerde gegen eine übermäßige Verfahrensdauer zur Wehr setzen können.[7]

Ggf. mehrmalige Entscheidungsfristverlängerungen stehen zwar im Gegensatz zur Beschleunigungsmaxime, sind aber immer noch deutlich einem Szenario vorzuziehen, dass in **§ 116 Abs. 2 GWB** angesprochen ist. Danach ist es auch denkbar, dass die Vergabekammer innerhalb der (gesetzlichen oder vom Vorsitzenden verlängerten) Entscheidungsfrist schlicht nicht entscheidet. Der Nachprüfungsantrag gilt dann als abgelehnt („**Ablehnungsfiktion**"). Gegen diesen fiktiven Verwaltungsakt ist zwar die sofortige Beschwerde des Antragstellers gegeben; es bleibt dennoch zu hoffen, dass die Ablehnungsfiktion nur in absoluten Ausnahmefällen zum Zuge kommt. Den Ausnahmecharakter des fiktiven Verwaltungsakts nach § 116 Abs. 2 GWB unterstreichen auch die Vergabenachprüfungsinstanzen, wenn sie für die Wirksamkeit einer Entscheidungsfristverlängerung des Vorsitzenden keine hohen Hürden aufstellen: Die Entscheidung muss zwar schriftlich begründet sein (§ 113 Abs. 1 Satz 4 GWB); die Wirksamkeit der Verlängerung hängt aber nicht von der Güte oder auch nur der Richtigkeit der Begründung ab.

Die Vergabekammer muss innerhalb der Entscheidungsfrist nur entscheiden (also den Beschluss **aktenkundig absetzen**, d. h. ihn zu fassen, zu unterschreiben und zur Geschäftsstelle zu geben), nicht auch an die Beteiligten zustellen oder den Verwaltungsakt auf sonstige Weise bekanntgeben.[8] Wegen der mit § 116 Abs. 2 GWB verbundenen Unwägbarkeiten vor allem für den Antragsteller sollte es sich aber im Grundsatz von selbst verstehen, dass die Vergabekammer noch innerhalb der Entscheidungsfrist entweder den Beschluss oder aber eine erneute Entscheidungsfristverlängerung vorab per Fax übermittelt. Gibt es keine fingierte Ablehnung des Nachprüfungsantrags, weil die Vergabekammer innerhalb der Entscheidungsfrist entschieden hat (ohne freilich förmlich zuzustellen), kann die Beschwerdefrist selbstverständlich erst mit der förmlichen Zustellung in Gang gesetzt werden.

C. Unzulässigkeit des Nachprüfungsantrags nach wirksam geschlossenem Vertrag

Fundamental für das Verständnis des deutschen Vergaberechtsschutzes ist – wie schon erwähnt – **§ 114 Abs. 2 Satz 1 GWB:**

---

[7] Beschl. v. 7.3.2012, VII-Verg 82/11, unter Hinweis auf OLG Düsseldorf Beschl. v. 23.9.2008, I-5 W 46/08, BauR 2009, 1933.
[8] OLG Naumburg Beschl. v. 13.10.2006, 1 Verg 6/06 und 7/06.

Neun

I. Grundsätze

20 Nach einem *wirksamen* Vertragsschluss ist der hiergegen gerichtete Nachprüfungsantrag unzulässig.[9] Die Voraussetzung der Wirksamkeit, die schon immer zu fordern war, steht inzwischen durch die Formulierung in § 114 Abs. 2 Satz 1 GWB zweifelsfrei fest.

21 Das bedeutet aber umgekehrt auch, dass unwirksame, schwebend unwirksame und noch nicht wirksame Verträge noch mit dem Vergabenachprüfungsverfahren angegriffen werden können. Auf den Grund der Unwirksamkeit kommt es nicht an; er muss nicht dem Vergaberecht entstammen. Das betrifft z. B. **Verträge, die gegen die beihilferechtlichen Notifizierungsgebote bzw. Durchführungsverbote** verstoßen und deshalb nichtig sind.[10] Auch **formunwirksame** (weil nicht notariell beurkundete) Grundstücksgeschäfte bleiben trotz § 114 Abs. 2 Satz 1 GWB angreifbar. Gleiches gilt für öffentlich-rechtliche Verträge, die – entgegen den Vorschriften in den VwVfG des Bundes und der Länder oder im SGB X – nicht schriftlich geschlossen wurden.

22 Wie sich daraus schon erschließt: **Für den Vertragsschluss gelten die Regelungen des BGB**, ggf. – für öffentlich-rechtliche Verträge – ergänzt um einzelne Bestimmungen des VwVfG oder SGB X. Der Zuschlag durch den öffentlichen Auftraggeber ist gleichbedeutend mit der Annahme des Angebots des Bestbieters. Ist das Zuschlagsschreiben (die Annahmeerklärung) beim Bieter noch nicht zugegangen, fehlt es an einem wirksamen Vertragsschluss, es sei denn, der Bieter hat auf den Zugang der Willenserklärung verzichtet.

23 Nichtig sind auch Verträge, die im Wege **kollusiven Zusammenwirkens von Auftraggeber und Auftragnehmer** zustande gekommen sind (§ 138 BGB);[11] es gelten hierfür die allgemeinen – strengen – Maßstäbe, nicht jeder unter Verstoß gegen Vergaberecht zustande gekommene Vertrag ist gleich sittenwidrig. Das Gegenteil ist richtig. **Vergaberechtliche Bestimmungen sind grundsätzlich keine Verbotsnormen i.S. des § 134 BGB.**[12] Und es gibt nur (drei) Nichtigkeitstatbestände, die im Vierten Teil des GWB selbst normiert sind (§§ 101b Abs. 1 Nrn. 1 und 2, 115 Abs. 1 GWB – s. dazu sogleich u. Rn. 27 und § 35 Rn. 1 ff.).

24 Nicht nichtig, sondern nur schnellstmöglich zu beenden sind **Verträge, für welche der EuGH in einem Vertragsverletzungsverfahren einen Vergaberechtsverstoß festgestellt hat.**[13] Die Verpflichtung zur Herstellung vergaberechtskonformer Zustände besteht für die Bundesrepublik Deutschland gegenüber der EU.

25 (Aufschiebend und erst recht auflösend) **bedingt geschlossene Verträge** sind als wirksam zu betrachten; vom Eintritt oder Nichteintritt der Bedingung hängen nicht die Wirksamkeit oder Unwirksamkeit des geschlossenen Vertrages, sondern nur seine Wirkungen für die Parteien ab.[14]

---

[9] BGH Urt. v. 19.12.2000, X ZB 14/00, BGHZ 146, 202.

[10] Die Annahme der Gesamtnichtigkeit des Vertrages ist bei einem solchen beihilferechtllichen Verstoß in Zukunft aber kaum mehr möglich nach der „Klarstellung" des BGH im Urt. v. 5.12.2012, I ZR 92/11.

[11] OLG Düsseldorf Beschl. v. 18.6.2008, VII-Verg 23/08, ZfBR 2009, 197, Beschl. v. 30.4.2008, VII-Verg 23/08, NZBau 2008, 461; Beschl. v. 3.12.2003, VII-Verg 37/03, NZBau 2004, 113; VK Baden-Württemberg Beschl. v. 13.4.2005, 1 VK 07/05.

[12] KG Berlin Beschl. v. 19.4.2012, Verg 7/11, VergabeR 2012, 783.

[13] OLG Düsseldorf Beschl. v. 18.6.2008, VII-Verg 23/08, unter Hinweis auf EuGH Urt. v. 18.7.2007, Rs. C-503/04, NZBau 2007, 594 – Kommission ./. Deutschland, Rn. 33 ff.; Urt. v. 3.4.2008, Rs. C-444/06, ZfBR 2008, 516 – Kommission ./. Spanien, Rn. 37 ff.; vgl. zum außerordentlichen Kündigungsrecht für solche Verträge auch LG München I Urt. v. 20.12.2005, 33 O 16465/05, NZBau 2006, 269.

[14] *Reidt* in Reidt/Stickler/Glahs, § 114 GWB Rn. 37.

§ 114 Abs. 2 Satz 1 GWB ist uneingeschränkt sinnvoll. Er lässt **Rechtsfrieden** einkehren, bewirkt ab einem bestimmten Zeitpunkt schutzwürdiges Vertrauen in den Bestand eines vergebenen öffentlichen Auftrags (nicht nur beim öffentlichen Auftraggeber; die Norm dient auch dem Schutz des erfolgreichen Bieters) und schafft so die Voraussetzungen für Investitionen der öffentlichen Hand. Gleichwohl ist die Bestimmung nicht unproblematisch, kann sie doch effektiven Primärrechtsschutz, der auf die Verhinderung rechtswidriger Zuschläge zielt, tendenziell vereiteln. Dies vor allem dann, wenn unterlegene Bieter von dem bevorstehenden Zuschlag keine Kenntnis haben oder wenn es – mangels eines wettbewerblichen Verfahrens – im Wortsinne gar keine anderen – *unterlegenen* – *Bieter* gibt. 26

II. Verzahnung mit den §§ 101a, 101b GWB

Aus diesem Grund gibt es die **Vorinformationspflicht**, seit April 2009 geregelt in § 101a GWB. Ein 27
- ohne Vorabinformation an die unterlegenen Bieter (der fehlenden Vorabinformation stehen eine Vorabinformation, die nicht alle Pflichtinhalte aufweist, und eine nachweislich nicht zugegangene Vorabinformation gleich[15]) oder
- vor Ablauf der in § 101a GWB normierten Fristen

erteilter Zuschlag ist gem. § 101b Abs. 1 Nr. 1 GWB unwirksam; so dass § 114 Abs. 2 Satz 1 GWB der Statthaftigkeit eines Nachprüfungsverfahrens nicht entgegen steht. Auf der anderen Seite bedeutet dies (wie schon unter Geltung des früheren § 13 VgV) auch, dass nach Ablauf der in § 101a GWB normierten Zeiträume (gerechnet ab Versendung der Vorabinformation) ein wirksamer Vertragsschluss möglich ist. Auch wenn es für einen Nachprüfungsantrag *grundsätzlich*[16] keine Frist gibt, folgt aus § 101a GWB für den Antragsteller die praktische Notwendigkeit, innerhalb der dort geregelten Stillhaltefristen (10 oder 15 Tage, ja nach Form der Vorabinformation) seine Rügen gegen die Angebotsbewertung zu platzieren und einen Nachprüfungsantrag einzureichen. Dies muss überdies so rechtzeitig geschehen, dass damit zu rechnen ist, dass die Vergabekammer den Nachprüfungsantrag auch noch innerhalb der Stillhaltefrist an den öffentlichen Auftraggeber übermittelt (mindestens in Textform – § 115 Abs. 1 GWB). Andernfalls droht ein wirksamer Zuschlag vor Übermittlung des Nachprüfungsantrags an den Auftraggeber, was wegen § 114 Abs. 2 Satz 1 GWB nicht wieder rückgängig zu machen ist. Die vorherige Ankündigung der Einreichung eines Nachprüfungsantrags bei dem oder der Vorsitzenden der Vergabekammer unter Hinweis auf den Ablauf der Stillhaltefrist nach § 101a GWB ist zu empfehlen.

Da ein Nachprüfungsantrag unzulässig ist, wenn der Zuschlag bereits wirksam erteilt wurde, regelt § 101b Abs. 1 Nr. 2 GWB nunmehr auch, unter welchen Voraussetzungen ein ohne Durchführung eines wettbewerblichen Vergabeverfahrens – also im Wege einer sog. **de-facto-Vergabe** – abgeschlossener Vertrag (schwebend) unwirksam ist. Bis zum Inkraft-Treten von § 101b GWB musste diese Rechtsfolge aus der entsprechenden Anwendung des § 13 Satz 6 VgV a.F. oder aus § 138 BGB abgeleitet werden. 28

Die beiden Nichtigkeitsgründe des § 101b Abs. 1 Nrn. 1 und 2 GWB müssen innerhalb bestimmter **Fristen** im Wege des Vergabenachprüfungsverfahrens geltend gemacht werden. 30 Tage nach Kenntnis vom Vergaberechtsverstoß bzw. sechs Monate nach Ver- 29

---

[15] Zum fehlenden Zugang der Vorabinformation (bzw. zur fehlenden Möglichkeit des Auftraggebers, sich auf den Zugang zu berufen, s. OLG München Beschl. v. 15.3.2012, Verg 2/12.

[16] Zu beachten sind aber die (6-Monats- und 30-Tages-) Fristen des § 101b Abs. 2 GWB für Nachprüfungsanträge, welche auf die Feststellung der Nichtigkeit eines bereits geschlossenen Vertrages gerichtet sind, und der Umstand, dass mehr als 15 Kalendertage nach Zurückweisung einer Rüge ein Nachprüfungsantrag wegen des gerügten Verstoßes unzulässig wird (§ 107 Abs. 3 Satz 1 Nr. 4 GWB).

tragsschluss soll nunmehr allerdings Rechtsfrieden einkehren und ein de-facto oder ohne Vorabinformation geschlossener Vertrag im Wege der Vergabenachprüfung nicht mehr angreifbar sein (**§ 101b Abs. 2 GWB**). Die 30-Tages-Frist wird aber erst in Lauf gesetzt, wenn der Antragsteller die Kenntnis (vom Vertragsschluss im Wege der de facto-Vergabe) durch eine Information des Auftraggebers (durch eine *ex post*-Bekanntmachung über den vergebenen Auftrag oder auf andere Weise) erhält;[17] eine Kenntniserlangung durch eigene Recherche oder über Dritte reicht nicht aus. Das OLG Düsseldorf folgert das zutreffend aus Art. 2f Abs. 1 lit. a) der EG-Rechtsmittel-RL 2007/66.[18] Allerdings sind Nachprüfungsanträge gegen de-facto-Vergaben erst dann zulässig/statthaft, wenn eine de-facto-Vergabe bereits stattgefunden hat.[19]

30   Mit der Feststellung der Nichtigkeit der Verträge sind die entsprechenden Nachprüfungsanträge keineswegs schon automatisch begründet. Die Nichtigkeit führt zunächst nur dazu, dass § 114 Abs. 2 Satz 1 GWB der Zulässigkeit des Nachprüfungsantrags nicht entgegensteht. Die mit einem Nachprüfungsantrag nach § 101b Abs. 2 GWB konfrontierte Nachprüfungsinstanz hat neben den weiteren Zulässigkeitsvoraussetzungen im Rahmen der Begründetheit – wie sonst auch – noch zu prüfen, ob ein Vergaberechtsverstoß zu Lasten des Antragstellers gegeben ist.[20]

D. Fortsetzungsfeststellungsverfahren

I. Erledigung des Nachprüfungsverfahrens

31   Bei **Erledigung der Hauptsache** ist die Einstellung des Verfahrens auszusprechen (§ 92 Abs. 3 VwGO analog), eine Kostengrundentscheidung zu treffen sowie ggf. über die Notwendigkeit der Hinzuziehung der anwaltlichen Bevollmächtigten zu befinden. Für die Erledigung eines vergaberechtlichen Nachprüfungsverfahrens (vgl. § 114 Abs. 2 Satz 2 GWB: *„durch Erteilung des Zuschlags, durch Aufhebung oder … Einstellung des Vergabeverfahrens oder in sonstiger Weise"*) reicht es aus, dass der auf Vornahme oder Unterlassung gerichtete Antrag des Antragstellers (vgl. zum Antragsinhalt § 104 Abs. 2 GWB) gegenstandslos geworden ist; auf die ursprüngliche Zulässigkeit und Begründetheit des Nachprüfungsantrages kommt es nicht an.[21] Zu stützen ist dies auf den Wortlaut des § 114 Abs. 2 Satz 2 GWB, wonach – nach Umstellung auf einen Fortsetzungsfeststellungsantrag – noch zu prüfen ist, *„ob eine Rechtsverletzung vorgelegen hat"*. Eine solche Prüfung wäre aber entbehrlich, wenn einer Erledigung immer einen zuvor Erfolg versprechenden Antrag voraussetzen würde.

32   Bei einer Erledigung (praktisch relevant sind vor allem auch Abhilfemaßnahmen des Antragsgegners während des Nachprüfungsverfahrens) hat der **Antragsteller im Wesentlichen folgende Möglichkeiten:**

---

[17] Vgl. OLG Düsseldorf Beschl. v. 3.8.2011, VII-Verg 33/11 – in diesem Fall hatte die (spätere) Antragstellerin Kenntnis vom Vertragsschluss (ohne wettbewerbliches Verfahren) durch eine Schutzschrift der Antragsgegnerin in einem anderen Rechtsschutzverfahren erlangt und dann mehr als 30 Tage bis zur Einleitung des Nachprüfungsverfahrens verstreichen lassen.
[18] OLG Düsseldorf Beschl. v. 1.8.2012, VII-Verg 15/12.
[19] KG Beschl. v. 13.9.2012, Verg 4/12.
[20] Vgl. noch zu § 13 VgV OLG Düsseldorf Beschl. v. 2.12.2009, VII-Verg 39/09: In einer solchen Situation kann das nichtige Rechtsgeschäft nach § 141 BGB bestätigt werden. Vgl. ferner 1. VK des Bundes Beschl. v. 10.10.2013, VK 1-83/13.
[21] OLG Düsseldorf Beschl. v. 8.6.2011, VII-Verg 2/11 m.w.N.; a.A. etwa OLG Frankfurt/Main Beschl. v. 6.3.2012, 11 Verg 7/12.

- er führt das Antragsverfahren unverändert weiter; dann verliert er es mangels fortbestehender Beschwer;[22] das Primärbegehren des Antragstellers ist auch nicht etwa erledigt (dies setzte eine Erledigungserklärung voraus[23]);
- er stellt um auf einen Fortsetzungsfeststellungsantrag (§ 114 Abs. 2 Satz 2 GWB); dann entscheidet die Nachprüfungsinstanz – ohne dass hierfür noch der Beschleunigungsgrundsatz und die Ablehnungsfiktion gelten würden (§ 114 Abs. 2 Satz 4 GWB) – nur noch über den Feststellungsantrag (ggf. dient des Ergebnis dem Antragsteller zur Vorbereitung eines zivilprozessualen Schadensersatzprozesses – § 124 Abs. 1 GWB) und über die Kosten, und zwar anhand der Erfolgsaussichten des Nachprüfungsantrages vor Eintritt des erledigenden Ereignisses;
- er erklärt für erledigt – dieser Erklärung kann sich der Antragsgegner anschließen (zu den Kostenfolgen s. u. § 45 Rn. 32 f.) oder
- er nimmt zurück (zu den Kostenfolgen s. u. § 45 Rn. 28 ff.).

§ 114 Abs. 2 Satz 2 GWB gilt entsprechend auch für das sofortige Beschwerdeverfahren. 33

II. Fortsetzungsfeststellungsinteresse

Für die Frage des Fortsetzungsfeststellungsinteresses ist nicht allein auf eine wie auch immer geartete Wiederholungsgefahr abzustellen,[24] sondern es reicht **jedes rechtliche, wirtschaftliche oder auch nur ideelle Interesse** aus.[25] Wegen § 124 Abs. 1 GWB ist dieser Prüfungspunkt eigentlich entbehrlich geworden, weil der Antragsteller eigentlich immer darlegen kann, dass er einen Schadensersatzprozess gegen den Auftraggeber in Betracht zieht und hierfür eine – die Zivilgerichte bindende – Entscheidung einer Vergabenachprüfungsinstanz erlangen möchte. Nur wenn ein Schadensersatzprozess als völlig ausgeschlossen oder aussichtslos erscheint, kann das Fortsetzungsfeststellungsinteresse fehlen. Für die Nachprüfungsinstanz bedeutet es i. d. R. auch nur noch einen margialen Unterschied, ob sie sich mit einem Fortetzungsfeststellungsantrag oder mit einem beidseits für erledigt erklärten Verfahren zu befassen hat. 34

E. Beiladung

Diejenigen **Unternehmen, deren Interessen durch die Entscheidung schwerwiegend berührt werden**, sind notwendig beizuladen (§ 109 Satz 1 GWB). Das betrifft ohne jeden Zweifel das oder die Bieterunternehmen, das/die bereits als Zuschlagsempfänger ausgewählt worden ist/sind (zur Unanfechtbarkeit der Entscheidung über die Beiladung – § 109 Satz 2 GWB – s. u. § 41 Rn. 8). 35

Die Beiladung **kann auch noch in der Beschwerdeinstanz erfolgen.** Dem steht § 119 GWB nicht entgegen, wonach die Beteiligten des Beschwerdeverfahrens die Beteiligten des Verfahrens vor der Vergabekammer sind. Das bedeutet jedoch nicht, dass der Vergabesenat nicht zu Unrecht unterbliebene Beiladungsentscheidungen der Vergabekammer korrigieren kann. Kristallisiert sich erst im Beschwerdeverfahren heraus, dass ein bestimmtes Unternehmen durch die Entscheidung des Vergabesenats materiell beschwert sein kann (etwa weil das Vergabeverfahren erst im laufenden Beschwerdeverfahren ein 36

---

[22] *Reidt* in Reidt/Stickler/Glahs, § 114 GWB Rn. 50 m.w.N.
[23] OLG Düsseldorf Beschl. v. 28. 3. 2012, VII-Verg 37/11; s. zum Widerruf der Erledigungserklärung BGH Urt. v. 14. 5. 2013, II ZR 262/08.
[24] So liest sich aber 3. VK des Bundes Beschl. v. 2. 7. 2012, VK 3–66/12.
[25] OLG Frankfurt/Main Beschl. v. 6. 3. 2012, 11 Verg 7/12.

Stadium erreicht, in dem Vorabinformationen des öffentlichen Auftraggebers versandt werden), so muss die Beiladung ebenfalls durch das Beschwerdegericht erfolgen.[26]

F. Akteneinsichtsrechte

37 Im Vergabeverfahren haben alle Beteiligten ein Recht auf Akteneinsicht (§ 111 GWB). Die Vergabestelle ist verpflichtet, die Akten sofort nach Übermittlung des Nachprüfungsantrags vollständig und geordnet der Vergabekammer zu übergeben (§ 110 Abs. 2 Satz 4 GWB).

I. Schranken

38 Das Akteneinsichtsrecht findet seine Grenze insbesondere in **Geheimschutz**interessen des Auftraggebers[27] und im **Schutz von Betriebs- und Geschäftsgeheimnissen** konkurrierender Bieter (§ 111 Abs. 2 GWB; vgl. auch § 110a GWB).

39 Das Recht zur **Akteneinsicht umfasst** daher regelmäßig nicht die Einsicht in die **Angebote der Mitbewerber sowie deren Kalkulationsgrundlagen**. Im Einzelfall kann es aber zur Gewährung effektiven Rechtsschutzes notwendig sein, in Abwägung der Interessen des Antragstellers, des Antragsgegners und der Allgemeinheit sowie des von der Akteneinsicht Betroffenen nach den §§ 111 Abs. 2; 72 Abs. 2 Satz 4 GWB den Antragsteller in anonymisierter Form über bestimmte Akteninhalte in Kenntnis zu setzen.[28] Etwa Nachprüfungsverfahren, die gegen die Angebotsbewertung gerichtet sind, werden sich häufig auf andere Weise gar nicht sinnvoll führen lassen, jedenfalls dann, wenn Antragsteller und Beigeladener nicht nur auf die Schwärzung der eigentlichen Angebotsunterlagen, sondern auch aller weiteren Inhalte der Vergabeakte bestehen, die Rückschlüsse auf den in Streit stehenden Angebotsinhalt zulassen könnten.

40 Nach § 111 Abs. 3 GWB haben der Auftraggeber und die Bieter jeweils in den Akten und Stellungnahmen aus ihrer Sicht zu **kennzeichnen, was der Akteneinsicht nicht zugänglich ist.** Soweit dies nicht erfolgt, kann die Vergabekammer davon ausgehen, dass der Gewährung von Akteneinsicht nichts im Wege steht. Daher ist Teilnehmern an einem Vergabeverfahren dringend anzuraten, bereits in ihren Angeboten kenntlich machen, was sie für geheimhaltungsbedürftig halten. Die gleiche Empfehlung ist auch den öffentlichen Auftraggebern hinsichtlich ihrer Vergabeakte zu geben (etwa soweit darin Verschlusssachen o. Ä. enthalten sind).

41 Akteneinsichtsrechte sind **durch den seitens des Antragstellers bestimmten Sach- und Streitstoff begrenzt.**[29] Dieser Sach- und Streitstoff wird allenfalls erweitert durch solche Rügen,
– die nach Akteneinsicht vom Antragsteller ergänzend vorgebracht werden,
– welche der Beigeladene zusätzlich erhebt, und
– durch diejenigen Gesichtspunkte, die seitens der Vergabenachprüfungsinstanz von Amts wegen aufgegriffen werden.[30]

42 Ein Beispiel: Erhebt ein Bieter in einem Verhandlungsverfahren oder nichtoffenen Verfahren gegen die Eignung des vorgesehenen Zuschlagsempfängers keinerlei Einwände, so

---

[26] Statt vieler OLG Naumburg Beschl. v. 9.12.2004, 1 Verg 21/04; Beschl. v. 9.9.2003, 1 Verg 5/03; KG Beschl. v. 18.10.2012, Verg 8/11.
[27] OLG Düsseldorf Beschl. v. 28.12.2007, Verg 40/07, VergabeR 2008, 281.
[28] Zu einem solchen Fall instruktiv OLG Naumburg, Beschl. v. 1.6.2011, 2 Verg 3/11.
[29] OLG Brandenburg Beschl. v. 10.11.2011, Verg W 13/11.
[30] OLG Naumburg Beschl. v. 1.6.2011, 2 Verg 3/11; OLG Jena Beschl. v. 4.5.2005, 9 Verg 3/05.

bedarf es seiner Einsichtnahme in die Dokumentation des Auftraggebers zum Teilnahmewettbewerb nicht.

Auch die **Erfolgsaussicht des Nachprüfungsantrages** spielt eine Rolle für das „Ob" 43 und „Wie" der Gewährung von Akteneinsicht. Das Akteneinsichtsrecht gemäß § 111 GWB besteht auch dann nicht, wenn der Vergabenachprüfungsantrag unzulässig ist und die zur Einsicht in Betracht kommenden Aktenbestandteile für die Beurteilung der Zulässigkeit des Vergabenachprüfungsantrags unerheblich sind.[31]

II. Rechtsmittel?

Gegen **Versagungen der Vergabekammer zum Akteneinsichtsrecht ist kein iso-** 44 **liertes Rechtsmittel des Antragstellers gegeben**; die Entscheidung kann nur im Rahmen des Beschwerdeverfahrens angegriffen werden (so die klare Regelung des § 111 Abs. 4 GWB). Streitig ist, ob die sofortige Beschwerde für die anderen Beteiligten gegen die Nebenentscheidung der Vergabekammer, Akteneinsicht – zu weitgehend – zu gewähren, zulässig ist.[32] Die besseren Gründe sprechen für die Statthaftigkeit einer solchen sofortigen Beschwerde.

III. Weitergehende Akteneinsichtsrechte kraft der Informationsfreiheitsgesetze

Inwieweit die **Informationsfreiheitsgesetze weitergehende Akteneinsichtsrechte** 45 begründen können, bedarf noch der höchstrichterlichen Klärung. Im Ergebnis dürfen durch die IFGs des Bundes oder der Länder die Regelungen des § 111 Abs. 2 GWB zu Betriebs- und Geschäftsgeheimnissen und zum Geheimschutz und die Regelungen der Vergabeordnungen zur Vertraulichkeit der Angebote, die der Auftraggeber auch über den Abschluss des Vergabeverfahrens hinaus zu gewährleisten hat, nicht ausgehöhlt werden.

Einige Entscheidungen der Verwaltungsgerichte scheinen in eine andere Richtung zu 46 gehen. Exemplarisch hat etwa das Verwaltungsgericht Stuttgart entschieden: Die Regelung der VOL/A zur Verwahrung und vertraulichen Behandlung der Angebote (§ 17 EG Abs. 3 VOL/A) *„dehnt die Verwahrpflicht und die Pflicht des Auftraggebers zur vertraulichen Behandlung in zeitlicher Hinsicht zwar auch auf die Zeit nach Abschluss des Vergabeverfahrens aus. Die Regelung bezieht sich jedoch ausdrücklich ebenfalls nur auf die ‚Angebote und ihre Anlagen' sowie auf die ‚Dokumentation über die Angebotseröffnung'. Sie enthält demnach keine Vorgaben für den Umgang mit Unterlagen, die dem Auftraggeber erst nach dem Abschluss des Vergabeverfahrens im Rahmen der Vertragserfüllung zugehen und begründet damit nach ihrem klaren Wortlaut offensichtlich auch keine Pflicht des Auftraggebers zur vertraulichen Behandlung der Dokumentation"*.[33] Das mag im Hinblick auf die **im Rahmen der Vertragsausführung generierten Informationen und Dokumente** zutreffen (soweit nicht vertragliche Bestimmungen die vertrauliche Behandlung durch den Auftraggeber gebieten).

Soweit angeblich auch **Angebotsdokumente** über die Informationsfreiheitsgesetze 47 zugänglich sein sollen, verkennt diese Rechtsprechung aber die gesetzgeberische Entscheidung, Angebotsinhalte generell auch nach Abschluss des Vergabeverfahrens dem Zugriff

---

[31] KG Beschl. v. 13.9.2012, Verg 4/12, Beschl. v. 29.2.2012, Verg 8/11; OLG München Beschl. v. 8.11.2010, Verg 20/10, VergabeR 2011, 228, 229; *Dicks* in: Ziekow/Völlink, § 111 GWB Rdnr. 4; *Kus* in: Kulartz/Kus/Portz, § 111 Rdnr. 19.

[32] Dafür OLG Düsseldorf Beschl. v. 16.2.2012, VII-Verg 2/12 (s. dort auch zur Frage, dass sich die Anträge auf Akteneinsicht nur auf Akten beziehen können, die zur Vergabeakte des Antragsgegners gehören, wozu Verträge, die zwischen zwei Beigeladenen geschlossen werden, nicht notwendigerweise gehören); ferner OLG Düsseldorf Beschl. v. 28.12.2007, VII-Verg 40/07, VergabeR 2008, 281.

[33] Exemplarisch VG Stuttgart Urt. v. 17.5.2011, 13 K 3505/09; ähnlich *Polenz* NVwZ 2009, 883, 884; a. A. (wie hier): *Just/Sailer* DVBl 2010, 418, 419.

konkurrierender Bieter zu entziehen. Ein Wettbewerber, der nicht zum Zuge gekommen ist, könnte sich im Wege der IFG-Einsichtnahme in Konditionen von Konkurrenten einen Wettbewerbsvorteil für die Vergabe des Anschlussauftrages verschaffen.

48 Sähe man dies anders, liefe das gerade bei eng befristeten Aufträgen darauf hinaus, dass die Vergabestelle entweder bestimmten Antragstellern nach IFG, also einzelnen Konkurrenten des aktuellen Zuschlagsempfängers einen Informationsvorsprung für die Folgeausschreibung einräumen muss; das wäre vor dem Hintergrund des **Diskriminierungsverbots** problematisch. Oder aber die Vergabestelle legt Angebotsinhalte des Zuschlagsempfängers generell – für alle potenziell am Folgeauftrag interessierten Unternehmen – offen. Das steht ersichtlich nicht im Einklang mit dem vergaberechtlichen **Vertraulichkeitspostulat** und ist überdies auch nicht vereinbar mit den Regelungen zur Vorabinformation (§ 101a GWB) und ex post-Bekanntmachung (s. dazu § 34 Rn. 88 ff.), die ja nur die Herausgabe bestimmter, genau definierter Informationen zum siegreichen Bieter und dessen Angebot verlangen.

49 Zu diesen Informationen gehört im Übrigen auch nicht die **Platzierung** der Bieter in einem bestimmten Vergabeverfahren. Der Gesetzgeber hat bewusst davon abgesehen, diese Information zum Gegenstand der vergaberechtlichen Informationspflichten zu machen.

50 Das OVG Berlin-Brandenburg[34] führte zu § 17 EG Abs. 3 VOL/A aus: „Zwar sei das von der Beigeladenen abgegebene Angebot, das Grundlage des abgeschlossenen Rahmenver-trages sei, nach den maßgeblichen Vergabevorschriften auch nach Abschluss des Vergabeverfahrens geheim zu halten. Der in § 17 Abs. 3 EG-VOL/A geregelte Schutz der Wettbewerbschancen des Anbietenden werde durch die vom Kläger begehrten Einzelinformationen jedoch nicht in Frage gestellt. Die Offenlegung des Preises eines Produkts oder einer bestimmten Produktart sei nicht geeignet, erhebliche Auswirkungen auf ein späteres Vergabeverfahren zu haben und zu einem Wettbewerbsnachteil bei der Beigeladenen zu führen".[35] Diese Auffassung – der **fehlenden Wettbewerbsgefährdung durch** selektiv von einzelnen Marktteilnehmern erlangte **Preisinformationen** zum aktuellen Auftrag – dürfte an der Realität vorbeigehen; jedenfalls bedürfte sie vor dem Hintergrund des erkennbaren gesetzgeberischen Willens, wonach Angebotsunterlagen auch über den Abschluss des Vergabeverfahrens hinaus vertraulich zu behandeln sind (vgl. zur Wahrung vertraulicher Informationen jetzt auch § 110a GWB), noch eingehenderer Begründung.

G. Befangenheit

51 An eine Vergabekammer gerichtete **Befangenheitsanträge** sind anhand des jeweiligen Verwaltungsverfahrensgesetzes des Bundes oder des betreffenden Landes zu beurteilen.

52 In der Sache gelten die **gleichen Maßstäbe**, wie sie von den Fachgerichten nach Maßgabe der diversen Prozessordnungen **für Richter** entwickelt worden sind.[36] Danach muss ein vernünftiger Grund Zweifel an der Unparteilichkeit bzw. Unvoreingenommenheit eines Mitglieds, mehrerer Mitglieder oder aller Mitglieder der Vergabekammer rechtfertigen.[37] Selbstverständlich keinen Ablehnungsgrund begründen – auch wenn sie einen eindeutigen Fingerzeig zum voraussichtlichen Ausgang des Verfahrens geben – vorläufige Meinungsäußerungen zur Würdigung der Sach- und Rechtslage in Hinweisbeschlüssen oder in mündlichen Verhandlungen.[38]

---

[34] Das Gericht hatte über eine IFG-Anfrage hinsichtlich von Unterlagen zum Sachleistungskonsum von Mitgliedern des Bundestages (u. a. bzgl. Bestimmter Schreibgeräte) zu entscheiden.
[35] OVG Berlin-Brandenburg Urt. v. 7.6.2012, 12 B 34.10 und B 40.11; vgl. auch VG Magdeburg Urt. v. 22.8.2013, 3 A 383/11 MD.
[36] OLG Frankfurt/Main Beschl v. 2.3.2007, 11 Verg 15/06, zu § 42 Abs. 2 ZPO.
[37] Vgl. OLG Düsseldorf Beschl. v. 14.11.2012, Verg 42/12.
[38] OLG Frankfurt/Main Beschl. v. 26.8.2008, 11 Verg 8/08.

Lehnt die Vergabekammer oder das stattdessen zur Entscheidung berufene behördliche **53** Gremium die Befangenheit des Vergabekammermitglieds oder der Vergabekammermitglieder ab, ist hiergegen eine **isolierte sofortige Beschwerde oder ein anderes besonderes Rechtsmittel nicht statthaft.** Der Befangenheitsvorwurf steht erst mit der sofortigen Beschwerde (wenn diese denn gegen die Sachentscheidung der Vergabekammer eingereicht wird) zur erneuten Prüfung, dann durch das Beschwerdegericht, an.[39]

H. Nachprüfungsverfahren und Vergleiche der Beteiligten

Das **Vergaberecht ist nicht generell „vergleichsfeindlich".** Vergleichsweise Regelungen **54** in den Verfahren vor der Vergabekammer und vor dem Beschwerdegericht sind zulässig. Die Grenze bildet § 125 Abs. 2 Nr. 3 GWB (Missbräuchlichkeit eines Nachprüfungsantrages, der in der Absicht gestellt wurde, ihn später gegen Geld oder andere Vorteile zurück zu nehmen). Jenseits eines solchen Falls, der sich ohnehin nur unter Bewältigung erheblicher Nachweis- und Kausalitätsprobleme feststellen lässt, wäre es aber nicht einzusehen, wenn die vergleichsweise Beilegung einer Rechtsstreitigkeit, die sonst nach allen Verfahrens- und Prozessordnungen möglich ist, im Vergabenachprüfungsverfahren ausgeschlossen sein sollte.[40] Vergleiche werden indirekt auch in § 114 Abs. 2 Satz 2 GWB angesprochen (Erledigung *„in sonstiger Weise"*).

---

[39] Zur Ablehnung eines Sachverständigen im Nachprüfungsverfahren, die wegen Befangenheit nach den Umständen des Einzelfalls etwa in Betracht kommt, wenn sich der Sachverständige eigenmächtig über die ihm durch den Beweisbeschluss und den Gutachtenauftrag gezogenen Grenzen hinwegsetzt: OLG Celle Beschl. v. 25.5.2010, 13 Verg 7/10.
[40] Vgl. *Weyand*, § 114 GWB Rn. 114 ff. m.w.N.

§ 41 Sofortige Beschwerde

Übersicht

	Rn.
A. Einleitung	1
B. Zulässigkeit	2–9
I. Beschwerdefrist	2–5
II. Entscheidung der Vergabekammer	6–9
C. Begründetheit: Prüfungsumfang und -maßstab	10
D. Verfahrensrecht	11–30
I. Form- und Verfahrensregelungen im GWB	11–13
II. Anwendbares Prozessrecht	14–29
III. Aufschiebende Wirkung der sofortigen Beschwerde	30
E. Eilantrag gemäß § 118 Abs. 1 Satz 3 GWB	31–36
I. Prüfungsmaßstab und Abwägungsmaterial	32, 33
II. Verhältnis zu § 121 GWB	34, 35
III. Rechtsschutzbedürfnis	36
F. Rechtsmittel gegen Entscheidungen des Beschwerdegerichts?	37–39
G. Bindungswirkung von Entscheidungen der Vergabeammern und -senate im Schadensersatzprozess	40–42

GWB: §§ 116 Abs. 1, 2, 117, 118, 119, 120, 122, 123, 124 Abs. 1

§ 116 GWB Zulässigkeit, Zuständigkeit

(1) Gegen Entscheidungen der Vergabekammer ist die sofortige Beschwerde zulässig. Sie steht den am Verfahren vor der Vergabekammer Beteiligten zu.

(2) Die sofortige Beschwerde ist auch zulässig, wenn die Vergabekammer über einen Antrag auf Nachprüfung nicht innerhalb der Frist des § 113 Absatz 1 entschieden hat; in diesem Fall gilt der Antrag als abgelehnt.

(3) und (4) hier nicht abgedruckt.

§ 117 GWB Frist, Form

(1) Die sofortige Beschwerde ist binnen einer Notfrist von zwei Wochen, die mit der Zustellung der Entscheidung, im Fall des § 116 Abs. 2 mit dem Ablauf der Frist beginnt, schriftlich bei dem Beschwerdegericht einzulegen.

(2) Die sofortige Beschwerde ist zugleich mit ihrer Einlegung zu begründen. Die Beschwerdebegründung muss enthalten:

1. die Erklärung, inwieweit die Entscheidung der Vergabekammer angefochten und eine abweichende Entscheidung beantragt wird,

2. die Angabe der Tatsachen und Beweismittel, auf die sich die Beschwerde stützt.

(3) Die Beschwerdeschrift muss durch einen Rechtsanwalt unterzeichnet sein. Dies gilt nicht für Beschwerden von juristischen Personen des öffentlichen Rechts.

(4) Mit der Einlegung der Beschwerde sind die anderen Beteiligten des Verfahrens vor der Vergabekammer vom Beschwerdeführer durch Übermittlung einer Ausfertigung der Beschwerdeschrift zu unterrichten.

§ 118 GWB Wirkung

(1) Die sofortige Beschwerde hat aufschiebende Wirkung gegenüber der Entscheidung der Vergabekammer. Die aufschiebende Wirkung entfällt zwei Wochen nach Ablauf der Beschwerdefrist. Hat die Vergabekammer den Antrag auf Nachprüfung abgelehnt, so kann das Be-

schwerdegericht auf Antrag des Beschwerdeführers die aufschiebende Wirkung bis zur Entscheidung über die Beschwerde verlängern.

(2) Das Gericht lehnt den Antrag nach Absatz 1 Satz 3 ab, wenn unter Berücksichtigung aller möglicherweise geschädigten Interessen die nachteiligen Folgen einer Verzögerung der Vergabe bis zur Entscheidung über die Beschwerde die damit verbundenen Vorteile überwiegen. Bei der Abwägung ist das Interesse der Allgemeinheit an einer wirtschaftlichen Erfüllung der Aufgaben des Auftraggebers zu berücksichtigen; bei verteidigungs- oder sicherheitsrelevanten Aufträgen im Sinne des § 99 Absatz 7 sind zusätzlich besondere Verteidigungs- und Sicherheitsinteressen zu berücksichtigen. Das Gericht berücksichtigt bei seiner Entscheidung auch die Erfolgsaussichten der Beschwerde, die allgemeinen Aussichten des Antragstellers im Vergabeverfahren, den Auftrag zu erhalten, und das Interesse der Allgemeinheit an einem raschen Abschluss des Vergabeverfahrens.

(3) Hat die Vergabekammer dem Antrag auf Nachprüfung durch Untersagung des Zuschlags stattgegeben, so unterbleibt dieser, solange nicht das Beschwerdegericht die Entscheidung der Vergabekammer nach § 121 oder § 123 aufhebt.

§ 119 GWB Beteiligte am Beschwerdeverfahren

An dem Verfahren vor dem Beschwerdegericht beteiligt sind die an dem Verfahren vor der Vergabekammer Beteiligten.

§ 120 GWB Verfahrensvorschriften

(1) Vor dem Beschwerdegericht müssen sich die Beteiligten durch einen Rechtsanwalt als Bevollmächtigten vertreten lassen. Juristische Personen des öffentlichen Rechts können sich durch Beamte oder Angestellte mit Befähigung zum Richteramt vertreten lassen.

(2) Die §§ 69, 70 Abs. 1 bis 3, § 71 Abs. 1 und 6, §§ 71a, 72, 73 mit Ausnahme der Verweisung auf § 227 Abs. 3 der Zivilprozessordnung, die §§ 78, 111 und 113 Abs. 2 Satz 1 finden entsprechende Anwendung.

§ 122 GWB Ende des Vergabeverfahrens nach Entscheidung des Beschwerdegerichts

Ist der Auftraggeber mit einem Antrag nach § 121 vor dem Beschwerdegericht unterlegen, gilt das Vergabeverfahren nach Ablauf von zehn Tagen nach Zustellung der Entscheidung als beendet, wenn der Auftraggeber nicht die Maßnahmen zur Herstellung der Rechtmäßigkeit des Verfahrens ergreift, die sich aus der Entscheidung ergeben; das Verfahren darf nicht fortgeführt werden.

§ 123 GWB Beschwerdeentscheidung

Hält das Gericht die Beschwerde für begründet, so hebt es die Entscheidung der Vergabekammer auf. In diesem Fall entscheidet das Gericht in der Sache selbst oder spricht die Verpflichtung der Vergabekammer aus, unter Berücksichtigung der Rechtsauffassung des Gerichts über die Sache erneut zu entscheiden. Auf Antrag stellt es fest, ob das Unternehmen, das die Nachprüfung beantragt hat, durch den Auftraggeber in seinen Rechten verletzt ist. § 114 Abs. 2 gilt entsprechend.

§ 124 GWB Bindungswirkung und Vorlagepflicht

(1) Wird wegen eines Verstoßes gegen Vergabevorschriften Schadensersatz begehrt und hat ein Verfahren vor der Vergabekammer stattgefunden, ist das ordentliche Gericht an die bestandskräftige Entscheidung der Vergabekammer und die Entscheidung des Oberlandesgerichts sowie gegebenenfalls des nach Absatz 2 angerufenen Bundesgerichtshofs über die Beschwerde gebunden.

(2) hier nicht abgedruckt.

§ 41 Sofortige Beschwerde   Kap. 9

Literatur:
Dicks, Verfahrensrechtliche Entscheidungen der Vergabesenate im Jahr 2009 – Teil 1, ZfBR 2010, 235 ff.; *Erdmann*, Die Interessenabwägung im vergaberechtlichen Eilrechtsschutz gemäß §§ 115 Abs. 2 Satz 1, 118 Abs. 2 Satz 2 und 121 Abs. 1 Satz 2 GWB, VergabeR 2008, 908 ff.; *Giedinghagen/Schoop*, Zwingendes Ende vor dem Oberlandesgericht? – Zu den Rechtsschutzmöglichkeiten gegen eine ablehnende Entscheidung des Oberlandesgerichts im Beschwerdeverfahren gem. §§ 116 ff. GWB, VergabeR 2007, 32 ff.; *Kühnen*, Das Verfahren vor dem Vergabesenat, NZBau 2009, 357 ff.; *Opitz*, Das Eilverfahren, NZBau 2005, 213 ff.; *Wilke*, Das Beschwerdeverfahren vor dem Vergabesenat beim Oberlandesgericht, NZBau 2005, 326 ff.

A. Einleitung

Gegen Entscheidungen der Vergabekammer, die eine Beschwer auslösen, ist für den entsprechend **beschwerdebefugten Beteiligten** das Rechtsmittel der sofortigen Beschwerde eröffnet. 1

B. Zulässigkeit

I. Beschwerdefrist

Die sofortige Beschwerde ist von dem oder den durch die Entscheidung der Vergabekammer beschwerten Beteiligten binnen einer **Notfrist von zwei Wochen** nach Zustellung der Entscheidung der Vergabekammer zum zuständigen Oberlandesgericht zu erheben (§ 117 Abs. 1 GWB – s. zur Möglichkeit der unselbständigen Anschlussbeschwerde aber noch u. Rn. 21 ff.). 2

Die **Zustellung der Vergabekammerentscheidung** kann gemäß § 114 Abs. 3 GWB in Verbindung mit den §§ 61 Abs. 1 Satz 1 GWB, 5 Abs. 4 VwZG auch per Telefax erfolgen. Es muss dann allerdings eindeutig sein, dass die Übermittlung per Telefax zum Zwecke der Zustellung erfolgt. Viele Vergabekammern, etwa die des Bundes, gehen so vor. Diese Voraussetzung (Übermittlung zum Zwecke der Zustellung) ist aber nicht gegeben, wenn die Vergabekammer eine Beschlussabschrift nur *vorab* per Telefax übersendet, falls für den Empfänger aufgrund der weiteren Umstände zu erkennen ist, dass diese Faxsendung nur zur Information erfolgt. Ein solcher Umstand liegt etwa dann vor, wenn dem Telefax das nach § 5 Abs. 4 VwZG erforderliche Empfangsbekenntnis nicht beigefügt ist.[1] Auch der ausdrückliche Zusatz „Vorab per Telefax" kann nur die Bedeutung haben, das der (Vorab-) Übermittlung per Fax noch die eigentliche, formelle Zustellung nachfolgt. 3

Im Sonderfall der **fiktiven Ablehnungsentscheidung der Vergabekammer nach § 116 Abs. 2 GWB** (Nichtentscheidung innerhalb der gesetzlichen Entscheidungsfrist gemäß § 113 Abs. 1 GWB – s. o. § 40 Rn. 17), beginnt die zweiwöchige Notfrist zur Einlegung einer sofortigen Beschwerde am Tag des Ablaufs der Entscheidungsfrist.[2] 4

Wegen dieser Regelung ist es sehr fraglich, welche Beschwerdefrist für eine **ohne Rechtsmittelbelehrung bekanntgegebene Vergabekammerentscheidung** gilt. Entsprechend § 58 Abs. 2 VwGO würde die Beschwerdefrist dann ein Jahr betragen;[3] das passt aber nicht zur ersichtlich vom Gesetzgeber gewollten zweiwöchigen Notfrist auch 5

---

[1] Vgl. hierzu BGH Beschl. v. 10. 11. 2009, X ZB 8/09; BayObLG, Beschl. v. 10. 10. 2000, Verg 5/00, VergabeR 2001, 55 ff.; OLG Stuttgart, Beschl. v. 11. 7. 2000, 2 Verg 5/00, NZBau 2000, 462, 463.
[2] Zu den Folgen für die anwaltliche Fristeneintragung und -kontrolle OLG Düsseldorf Beschl. v. 11. 11. 2009 VII-Verg 23/09.
[3] OLG Düsseldorf Beschl. v. 2. 11. 2011, VII-Verg 76/11.

für Beschwerden gegen den fiktiven Verwaltungsakt nach § 116 Abs. 2 GWB, der ja denknotwendig der Rechtsbehelfsbelehrung entbehrt.

II. Entscheidung der Vergabekammer

6   Eine „Entscheidung der Vergabekammer" i.S. des § 116 Abs. 1 GWB ist auch die Androhung und/oder Festsetzung eines **Zwangsmittels** nach § 114 Abs. 3 GWB i.V.m. VwVG[4] (s.u. § 43 Rn. 13) oder ein isolierter Beschluss über die **Gebühren und Auslagen**[5] (s.u. § 44 Rn. 6).

7   Nach herrschender Meinung sind auch solche selbständigen Zwischenentscheidungen, welche unmittelbar und durch spätere Rechtsbehelfe nicht mehr korrigierbar in die Rechtsstellung eines Verfahrensbeteiligten eingreifen, wie z.B. die Gewährung von Akteneinsicht (s.o. § 40 Rn. 44) oder auch die Aussetzung des erstinstanzlichen Verfahrens, in welcher – wegen des Beschleunigungsmaxime und der gesetzlichen Entscheidungsfrist – regelmäßig eine Rechtsverweigerung liegen dürfte[6] (anders aber zur sofortigen Beschwerde gegen einen Aussetzungsbeschluss der Vergabekammer, die ein Vorabentscheidungsersuchen eingeleitet hat – s. u. § 44 Rn. 29 ff.) Entscheidungen der Vergabekammern, die mit der – isolierten – sofortigen Beschwerde angreifbar sind.

8   Nach – freilich nicht unbestrittener – richtiger Auffassung kann die sofortige Beschwerde aber dann nicht statthaft sein, wenn sie in den §§ 102 ff. GWB explizit – gänzlich oder als isoliertes Rechtsmittel – ausgeschlossen ist. Das betrifft etwa Entscheidungen über die **Beiladung** (§ 109 Satz 2 GWB) oder die Entscheidung über die **Versagung von Akteneinsicht** (§ 111 Abs. 4 GWB – dazu bereits o. § 40 Rn. 44). Andernfalls würde dem erkennbaren Willen des Gesetzgebers zuwidergehandelt. Nach seinem Wortlaut entzieht § 109 Satz 2 GWB nicht lediglich die die Beiladung zulassende Entscheidung, sondern generell die Entscheidung über die Beiladung (also auch die Ablehnung einer Beiladung) einer Anfechtung. Auch aufgrund des Sinns und Zwecks der Bestimmung – ausweislich der Materialien ist die Anfechtung der Beiladungsentscheidung im Interesse eines raschen Verfahrensabschlusses in der Hauptsache ausgeschlossen – sind beide Entscheidungsalternativen gleichermaßen von § 109 Satz 2 GWB erfasst. In beiden Konstellationen gilt es, einen verzögernden Zwischenstreit über die Beiladung auszuschließen.[7] Hinzu kommt, dass ein im Verfahren vor der Vergabekammer *zu Unrecht* nicht Beigeladener im Beschwerdeverfahren analog § 109 GWB beizuladen ist (s. bereits o. § 40 Rn. 36).

9   Nicht isoliert mit der sofortigen Beschwerde angreifbar ist auch die Zwischenentscheidung einer Vergabekammer über die **Verweisung** des Nachprüfungsantrags an eine andere örtlich zuständige Vergabekammer[8] (zur örtlichen Zuständigkeit s. o. § 38 Rn. 14 ff.).

C. Begründetheit: Prüfungsumfang und -maßstab

10 Hinsichtlich des Prüfungsmaßstabs des Beschwerdegerichts gelten gegenüber den Prüfungsmaßstäben der Vergabekammer (vgl. § 114 Abs. 1 und 2 GWB sowie § 123 Sätze 1,

---

[4] OLG Düsseldorf Beschl. v. 29.4.2003, Verg 53/02.
[5] Vgl. nur OLG Düsseldorf Beschl. v. 12.7.2010, VII-Verg 17/10.
[6] Vgl. OLG München Beschl. v. 18.10.2012, Verg 13/12, NZBau 2013, 189; OLG Düsseldorf Beschl. v. 11.3.2002, Verg 43/01, NZBau 2003, 55.
[7] OLG Karlsruhe Beschl. v. 25.11.2008, 15 Verg 13/08, unter Berufung auf BT-Drs 13/9340 S. 18. Zu weitgehend wäre es indes, durch ergänzende Auslegung des § 116 Abs. 1 Satz 2 GWB demjenigen die Möglichkeit einer eigenen sofortigen Beschwerde gegen die Entscheidung der Vergabekammer in der Hauptsache einzuräumen, dessen Interessen durch diese Entscheidung schwerwiegend berührt werden und dessen Antrag auf Beiladung von der Vergabekammer zu Unrecht zurückgewiesen worden ist.
[8] OLG Dresden Beschl. v. 26.6.2012, Verg 3/12.

3 und 4 GWB) **keine Besonderheiten.** Den Prüfungsumfang des Beschwerdegerichts bestimmen die Beanstandungen des Beschwerdeführers und ggf. des Anschlussbeschwerdeführers. Auch für den Vergabesenat gilt jedoch der Untersuchungsgrundsatz (s. o. § 40 Rn. 2). Die Verfahrensförderpflicht der Beteiligten gilt entsprechend (§ 120 Abs. 2 GWB i. V. m. 113 Abs. 2 Satz 1 GWB). § 123 Satz 2 GWB gibt dem Beschwerdegericht zudem die Möglichkeit, den Streit an die Vergabekammer zurückzugeben und diese zu verpflichten, unter Berücksichtigung der Rechtsauffassung des Beschwerdegerichts erneut über die Sache zu entscheiden. Von dieser Möglichkeit sollte jedoch wegen der Beschleunigungsmaxime nur in Ausnahmefällen Gebrauch zu machen sein.

D. Verfahrensrecht

I. Form- und Verfahrensregelungen im GWB

Die Beschwerde ist zugleich mit ihrer Einlegung zu begründen (§ 117 Abs. 2 Satz 1 GWB). Die **„Muss"-Inhalte einer Beschwerdebegründung sind in § 117 Abs. 2 Satz 2 GWB abschließend aufgeführt.** Auch wenn die Beifügung der angegriffenen Vergabekammerentscheidung nicht dazugehört (eine Regelung die mit Blick für die Zukunft zu überdenken wäre), ist es für den Beschwerdeführer ratsam, so zu verfahren. Mit der Beschwerde müssen nicht erneut diejenigen Schriftstücke, die bereits Gegenstand des Verfahrens vor der Vergabekammer gewesen sind, eingereicht werden. Eine solche Rechtsfolge lässt sich der Begründungspflicht des § 117 Abs. 2 GWB nicht entnehmen.[9] Eine Beschwerdebegründung ohne jegliche Tatsachendarstellung, die sich darin erschöpft, auf das erstinstanzliche Vorbringen und den Inhalt der Vergabeakten (u. U. sogar nur konkludent) Bezug zu nehmen, ist unzulässig.[10] Die Beschwerdeschrift muss – wenn die Beschwerde zulässig sein soll – erkennen lassen, welche Beanstandungen der Beschwerdeführer gegenüber der Entscheidung der Vergabekammer in tatsächlicher und rechtlicher Hinsicht vorbringt.[11]

Vor den Beschwerdegerichten (Oberlandesgerichten) gilt **Anwaltszwang**, es sei denn, die Beschwerde wird von einer juristischen Person des öffentlichen Rechts eingereicht (§ 117 Abs. 3 GWB). Vor den Vergabekammern bedürfen die Beteiligten der anwaltlichen Vertretung von Gesetzes wegen nicht.

Um eine bloße Ordnungsvorschrift handelt es sich bei § 117 Abs. 4 GWB. Die Nichtbeachtung der gesetzlichen **Pflicht des Beschwerdeführers, die übrigen Beteiligten unmittelbar zu unterrichten**, ist zwar eine Unsitte, aber nicht sanktioniert. Dies ist allgemeine Ansicht.[12]

II. Anwendbares Prozessrecht

Neben den §§ 116 ff. GWB gelten für die sofortige Beschwerde – über **§ 120 Abs. 2 GWB** – die §§ 69, 70 Abs. 1 bis 3, § 71 Abs. 1 und 6, §§ 71a, 72, 73 mit Ausnahme der Verweisung auf § 227 Abs. 3 der Zivilprozessordnung, die §§ 78, 111 und 113 Abs. 2 Satz 1 entsprechend.

Daraus ergibt sich u. a., dass das Beschwerdegericht in der Hauptsache nach **mündlicher Verhandlung** entscheidet (§§ 120 Abs. 2, 69 GWB). Auf eine mündliche Verhandlung können die Beteiligten verzichten. Auch sofortige Beschwerden, die nur Kostenent-

---

[9] BGH Beschl. v. 18. 5. 2004, X ZB 7/04.
[10] OLG Koblenz Beschl. v. 3. 4. 2008, 1 Verg 1/08.
[11] OLG Naumburg Beschl. v. 2. 8. 2012, 2 Verg 3/12.
[12] Exemplarisch aus jüngerer Zeit OLG Düsseldorf Beschl. v. 5. 7. 2012, VII-Verg 13/12; OLG Naumburg Beschl. v. 2. 8. 2012, 2 Verg 3/12.

scheidungen betreffen, können (und werden häufig) im schriftlichen Verfahren entschieden. Gleiches gilt für andere Nebenverfahren, etwa die Eilverfahren nach den §§ 118 Abs. 1 Satz 3 GWB (s. u. Rn. 31 ff.), 115 Abs. 2 Sätze 5 und 6 GWB (s. u. § 42 Rn. 17 ff.) und § 121 GWB (s. u. § 42 Rn. 21 ff.). Erscheinen alle Beteiligten trotz ordnungsgemäßer Ladung nicht, ist im schriftlichen Verfahren nach Lage der Akten zu entscheiden.[13]

16 § 120 Abs. 2 GWB ist – nach wie vor – nicht besonders geglückt. Weshalb von den prozessualen Bestimmungen, die für das erstinstanzliche Verfahren gelten, nur die § 111 GWB (Akteneinsichtsrecht) und § 113 Abs. 2 GWB (Verfahrensförderungspflicht der Beteiligten) gelten sollen, erschließt sich in keiner Weise. Das Problem wird auch keineswegs vollständig durch die entsprechende Geltung von Bestimmungen des kartellgerichtlichen Verfahrens (§§ 69 ff. GWB), auch wenn dadurch jetzt – **über § 73 Nr. 2 GWB analog** – die analoge Anwendung der Bestimmungen der ZPO angeordnet ist.[14]

17 Die Rechtsprechung der Vergabesenate behilft sich (muss sich zwangsläufig behelfen) mit **weiteren Analogien**, die dogmatisch aber schwer begründbar sind, fällt die Annahme einer planwidrigen Regelungslücke doch einigermaßen schwer. Im Ergebnis ist es natürlich unmittelbar einsichtig und zu begrüßen, dass auch das Beschwerdegericht etwa Beiladungen aussprechen kann oder muss (§ 109 GWB analog)[15] oder Anordnungen gemäß § 115 Abs. 3 GWB analog treffen kann[16], um nur zwei Beispiele zu nennen.

1. Entsprechende Anwendung der Vorschriften der ZPO über die §§ 120 Abs. 2, 73 Nr. 2 GWB

18 Zur Anwendung der Vorschriften der ZPO auf das Beschwerdeverfahren (s. o. Rn. 14) einige Beispiele mit Praxisrelevanz:

a) Hinweispflicht

19 Das Beschwerdegericht muss in entsprechender Anwendung von § 139 Abs. 2 ZPO (bei entscheidungserheblichen Gesichtspunkten, die eine Partei übersehen oder für unerheblich gehalten hat oder die das Gericht anders beurteilt als alle Verfahrensbeteiligten) Hinweise und Gelegenheit zur Äußerung geben, wenn es seine Entscheidung auf solche Gesichtspunkte stützen will. Der Auftraggeber (Antragsgegner) kann Vergaberechtsverstöße, auf die das Gericht in solcher Weise hinweist, noch nach der mündlichen Verhandlung korrigieren und dies innerhalb der Äußerungsfrist mitteilen, und den ursprünglich begründeten Nachprüfungsantrag unbegründet werden lassen.[17] Der Antragsteller kann dann zwar auf für ihn positive Kostenfolgen hoffen (s. dazu u. § 45 Rn. 30), verliert aber das Nachprüfungsverfahren in der Beschwerdeinstanz. Darüber hinaus behält er selbstverständlich etwa die Möglichkeit, für erledigt zu erklären (zu den Kostenfolgen bei beidseitiger Erledigungserklärung s. u. § 45 Rn. 32 ff.).

20 Räumt die Vergabekammer oder das Beschwerdegericht einer Partei ein Schriftsatzrecht zu einem erst in der Verhandlung gegebenen Hinweis ein und führt der betroffene Beteiligte daraufhin (mit dem nachgelassenen Schriftsatz) neuen entscheidungserheblichen Prozessstoff ein, so muss – um den anderen Beteiligten hierzu rechtliches Gehör zu ge-

---

[13] OLG Düsseldorf Beschl. v. 20. 2. 2013, VII-Verg 47/12.
[14] Der Verweis auf § 73 Nr. 2 GWB war im ursprünglichen VgRÄG noch nicht enthalten, so dass in früheren Entscheidungen der Oberlandesgerichte nicht selten auch mit Bestimmungen der VwGO argumentiert wurde,m um Lücken in den §§ 102 ff. GWB zu schließen.
[15] OLG Karlsruhe Beschl. v. 25. 11. 2008, 15 Verg 13/08.
[16] OLG Düsseldorf Beschl. v. 18. 12. 2007, VII-Verg 47/07 m.w.N.
[17] OLG Düsseldorf Beschl. v. 10. 8. 2011, VII-Verg 36/11, NZBau 2011, 765.

währen – entweder die **mündliche Verhandlung wiedereröffnet oder in das schriftliche Verfahren übergegangen** werden.[18]

b) Anschlussbeschwerde

Die Anschlussbeschwerde ist nach allgemeinen zivilprozessualen Grundsätzen (**§§ 120 Abs. 2, 73 Nr. 2 GWB, 524 ZPO**) statthaft.[19] 21

Sie kann sich aber **nur gegen den Beschwerdeführer**, nicht gegen Dritte, richten.[20] Erforderlich sind für eine zulässige Anschlussbeschwerde zudem stets gegenläufige Interessen zwischen dem Beschwerdeführer einerseits und dem Anschlussbeschwerdeführer andererseits. 22

Die Anschlussbeschwerde ist innerhalb von **zwei Wochen** nach Zugang der sofortigen Beschwerde des (Haupt-)Beschwerdeführers zu erheben (§ 524 Abs. 2 Satz 2 ZPO analog).[21] 23

c) Aussetzung wegen Vorgreiflichkeit

Analog anwendbar ist ferner **§ 148 ZPO**.[22] Der praktisch wichtigste Fall der danach möglichen Aussetzung des sofortigen Beschwerdeverfahrens wegen Vorgreiflichkeit eines anderen anhängigen Rechtsstreits betrifft ein laufendes Vorabentscheidungsersuchen nach Art. 267 AEUV zum Europäischen Gerichtshof (s dazu auch u. § 44 Rn. 15 ff.). 24

d) Wiedereinsetzung

Auch die Wiedereinsetzung in den vorigen Stand – sie kommt von vornherein nur für das Beschwerdeverfahren in Betracht – richtet sich nach den Vorschriften der ZPO (§ 120 Abs. 2 GWB i.V.m. § 73 Nr. 2 GWB). 25

e) Rücknahme der sofortigen Beschwerde

Gestritten wird darüber, ob die Rücknahme der sofortigen Beschwerde nach Antragstellung in der mündlichen Verhandlung der **Zustimmung des/der anderen Beteiligten** bedarf. Nach einer Ansicht steht dem Beschwerdeführer die Rücknahme der sofortigen Beschwerde in jeder Lage des Verfahrens frei, solange und soweit noch eine formell rechtskräftige Entscheidung über sie nicht getroffen ist. § 269 Abs. 1 ZPO gelte nicht, auch nicht analog, wenn überhaupt sei auf § 516 Abs. 1 und 2 ZPO zurückzugreifen, der gegen das Zustimmungserfordernis spreche.[23] Andere Beschwerdegerichte haben mit ebenso guten Gründen ein Zustimmungserfordernis anerkannt.[24] Eine Klärung durch den Bundesgerichtshof über § 124 Abs. 2 GWB (s. dazu u. § 44 Rn. 3 ff.) scheint in dieser Frage angezeigt. 26

2. Entsprechende Anwendung von Vorschriften der VwGO (Beispiel: Nachschieben von Gründen)

Anwendbar sind (und bleiben) teilweise auch Bestimmungen aus der VwGO. Ein „prominentes" Beispiel ist der aus § 114 VwGO stammende Rechtsgedanke, wonach eine 27

---

[18] Vgl. exemplarisch BGH Beschl. v. 20.9.2011, VI ZR 5/11.
[19] OLG Düsseldorf Beschl. v. 23.12.2009, VII-Verg 30/09; OLG Frankfurt/Main, Beschl. v. 28.2.2006, 11 Verg 15/05 und 16/05.
[20] OLG München Beschl. v. 21.5.2010, Verg 02/10.
[21] Offengelassen durch BayObLG Beschl. v. 6.2.2004, Verg 24/03.
[22] Vgl. für den Zivilprozess auch BGH Beschl. v. 24.1.2012, VIII ZR 236/10.
[23] OLG Naumburg Beschl. v. 13.2.2012, 2 Verg 14/11.
[24] Vgl. nur OLG Brandenburg Beschl. v. 18.5.2010, Verg W 1/08; LSG Stuttgart Beschl. v. 23.1.2009, L 11 WB 5971/08.

Vergabestelle nicht im Vergabevermerk dokumentierte Gründe für bestimmte – angegriffene – Vergabeentscheidungen nachschieben kann, ohne damit präkludiert zu sein.[25]

28 Ohne spezifisch auf die Herleitung über § 114 VwGO analog einzugehen, hielt der BGH dies im Ergebnis für richtig: Mit „Umständen oder Gesichtspunkten, mit denen die sachliche Richtigkeit einer angefochtenen Vergabeentscheidung nachträglich verteidigt werden soll" könne der Antragsgegner im Nachprüfungsverfahren „nicht kategorisch präkludiert werden … Vielmehr ist, soweit es die Frage der möglichen Heilung von Dokumentationsmängeln im Vergabevermerk betrifft, einerseits zu berücksichtigen, dass insbesondere die zeitnahe Führung des Vergabevermerks die Transparenz des Vergabeverfahrens schützen und Manipulationsmöglichkeiten entgegenwirken soll … Andererseits gibt das Gesetz der Vergabekammer – was für die Beschwerdeinstanz entsprechend zu gelten hat – vor, bei ihrer gesamten Tätigkeit darauf zu achten, dass der Ablauf des Vergabeverfahrens nicht unangemessen beeinträchtigt wird (§ 110 Abs. 1 Satz 4 GWB). Mit dieser dem vergaberechtlichen Beschleunigungsgrundsatz verpflichteten Regelung wäre es, …, nicht vereinbar, bei Mängeln der Dokumentation im Vergabevermerk generell und unabhängig von deren Gewicht und Stellenwert von einer Berücksichtigung im Nachprüfungsverfahren abzusehen und stattdessen eine Wiederholung der betroffenen Abschnitte des Vergabeverfahrens anzuordnen. Dieser Schritt sollte vielmehr Fällen vorbehalten bleiben, in denen zu besorgen ist, dass die Berücksichtigung der nachgeschobenen Dokumentation lediglich im Nachprüfungsverfahren nicht ausreichen könnte, um eine wettbewerbskonforme Auftragserteilung zu gewährleisten."[26]

29 Dieser –abgewogenen –Sichtweise ist zuzustimmen, auch wenn dadurch viele Dokumentationsmängel unerheblich werden, und die Bestimmungen über die ordnungsgemäße Dokumentation des Vergabverfahrens (vgl. etwa § 24 EG VOL/A) ihren im Grundsatz vorhandenen bieterschützenden Charakter nur noch eingeschränkt entfalten können.

III. Aufschiebende Wirkung der sofortigen Beschwerde

30 Die sofortige Beschwerde hat aufschiebende Wirkung gegenüber der Entscheidung de-Vergabekammer; die **aufschiebende Wirkung entfällt zwei Wochen nach Ablauf der Beschwerdefrist** (§ 118 Abs. 1 Sätze 1 und 2 GWB). Diese Regelungen sind klar (zu den vollstreckungsrechtlichen Auswirkungen s. u. § 43 Rn. 4).

E. Eilantrag gemäß § 118 Abs. 1 Satz 3 GWB

31 Hat die Vergabekammer den Antrag auf Nachprüfung abgelehnt, so kann das Beschwerdegericht auf Antrag des Beschwerdeführers die aufschiebende Wirkung bis zur Entscheidung über die Beschwerde verlängern. Auf diesen Eilantrag nach § 118 Abs. 1 Satz 3 GWB ist nachfolgend näher einzugehen.

I. Prüfungsmaßstab und Abwägungsmaterial

32 Zum **Prüfungsmaßstab** und **Abwägungsmaterial** bestimmt § 118 Abs. 2 GWB u. a., dass bei der Entscheidung über den Antrag nach § 118 Abs. 1 Satz 3 GWB die Erfolgsaussichten der Beschwerde, das Interesse der Allgemeinheit an einer wirtschaftlichen Erfüllung der Aufgaben des Auftraggebers sowie an einem raschen Abschluss des Vergabeverfahrens und schließlich auch die Aussichten der Antragstellerin, nach Behebung des gel-

---

[25] OLG Düsseldorf Beschl. v. 21.7.2010, VII-Verg 19/10, NZBau 2010, 582; kritisch hierzu *Antweiler* VergabeR 2011, 306, 317.
[26] BGH Beschl. v. 8.2.2011, X ZB 4/10, NZBau 2011, 175.

tend gemachten Vergaberechtsverstoßes den Auftrag zu erhalten, zu berücksichtigen sind. Das Gericht lehnt den Eilantrag des Antragstellers ab, wenn die nachteiligen Folgen einer Verzögerung der Vergabe (bis zur Hauptsacheentscheidung nach § 123 GWB) die damit verbundenen Vorteile (Aufrechterhaltung des Rechtsschutzes für den Antragsteller dergestalt, dass der Zuschlag unterbleibt und der Antragsteller seine Auftragschance wahrt) überwiegen (§ 118 Abs. 2 Satz 1 GWB).

In Fällen, in denen **eine erneute Angebotswertung ernsthaft in Betracht kommt**, bei welcher der Antragsteller dann gute Chancen hätte, Bestbieter zu werden, dürfte es zur Wahrung des Primärrechtsschutzes i. d. R. geboten sein, die Verlängerung der aufschiebenden Wirkung der sofortigen Beschwerde über den in § 118 Abs. 1 Satz 2 GWB genannten Zwei-Wochen-Zeitraum hinaus anzuordnen.[27] Auch wenn das Hauptsacheverfahren zu einem komplexen Beschaffungsvorgang eine **Vielzahl (in mündlicher Verhandlung) erörterungsbedürftiger, bislang ungeklärter Rechtsfragen** aufwirft, sind der sofortigen Beschwerde des Antragstellers nicht von vornherein die Erfolgsaussichten abzusprechen, so dass deren aufschiebende Wirkung – es sei denn, das weitere Abwägungsmaterial streitet klar zugunsten der Interessen des Antragsgegners und/oder der Allgemeinheit – zu verlängern ist.[28]

II. Verhältnis zu § 121 GWB

Für das **Verhältnis** des Eilantragsverfahrens des Antragstellers nach § 118 Abs. 1 Satz 3 GWB **zum Eilantragsverfahren des Antragsgegners nach § 121 GWB** sei nach unten verwiesen (§ 42 Rn. 25).

Nach Ablauf der zweiwöchigen Frist des § 118 Abs. 1 Satz 2 GWB ist ein Antrag auf Verlängerung der aufschiebenden Wirkung der Beschwerde nach zutreffender Ansicht nicht mehr statthaft[29]. Das Gleiche gilt für einen – im Gesetz nicht vorgesehenen – Antrag auf *Wiederherstellung* der aufschiebenden Wirkung. Für eine planwidrige Gesetzeslücke, die durch Analogien (etwa durch entsprechende Anwendung des § 80 Abs. 5 VwGO) zu füllen wäre, ist nichts ersichtlich.

III. Rechtsschutzbedürfnis

Fragen des Rechtsschutzbedürfnisses stellen sich im Zusammenhang mit **Festellungsanträgen nach § 101b GWB**. Richtigerweise bedarf es in solchen Nachprüfungsverfahren, die sich in der Hauptsache gegen bereits abgeschlossene Verträge richten (deren Nichtigkeit durch die Vergabenachprüfungsinstanzen festgestellt werden soll und in erster Instanz nicht festgestellt wurde), eines Eilantrages des Antragstellers nach § 118 Abs. 1 Satz 3 GWB nicht. Der Antragsteller benötigt eine Verlängerung der aufschiebenden Wirkung seiner sofortigen Beschwerde nicht, um des begehrten Auftrags nicht verlustig zu gehen. Denn bei – ggf. mit Heilungsabsicht erfolgtem – erneuten Vertragsschluss stünde dem Antragsteller wiederum Vergaberechtsschutz offen. Entweder erfährt er hiervon über eine Vorabinformation nach § 101a GWB. Unterbleibt diese, kann erneut Nichtigkeitsfeststellung gemäß § 101b GWB beantragt werden.[30]

---

[27] Vgl. zu einem solchen Fall OLG Düsseldorf Beschl. v. 12.11.2012, VII-Verg 38/12; zu einer Konstellation, in der ein Beigeladener einen statthaften Eilantrag gemäß § 118 Abs.1 Satz 3 GWB stellen kann, OLG Naumburg Beschl. v. 3.4.2012, 2 Verg 3/12, ZfBR 2012, 501 ff.
[28] OLG Düsseldorf Beschl. v. 19.9.2012, VII-Verg 31/12.
[29] OLG Düsseldorf Beschl. v. 6.11.2000, Verg 20/00, WuW/E Verg 399 ff.
[30] OLG Düsseldorf Beschl. v. 30.5.2012, VII-Verg 15/12; vgl. zum umgekehrten Fall eines Antrags des Beigeladenen analog § 118 Abs. 1 Satz 3 GWB nach Feststellung der Vertragsunwirksamkeit durch die VK OLG Düsseldorf Beschl. v. 30.9.2013, VII-Verg 32/13.

F. Rechtsmittel gegen Entscheidungen des Beschwerdegerichts?

37 Die Hauptsacheentscheidung des Beschwerdegerichts beendet das Nachprüfungsverfahren rechtskräftig, es gibt **keine weitere Instanz.** Auch gegen die Entscheidung nach § 118 Abs. 1 Satz 3 GWB ist kein Rechtsmittel gegeben.

38 Vor einer etwaigen – jedenfalls gegen die Hauptsacheentscheidung potenziell zulässigen – Verfassungsbeschwerde (in der sich der Unterlegene etwa auf eine **Verletzung des Gebots des gesetzlichen Richters** – so dazu u. § 44 Rn. 34 ff. – oder auf die **Verletzung des Anspruchs auf rechtliches Gehör** berufen kann) ist eine **Anhörungsrüge** zu erheben (§§ 120 Abs. 2, 71a GWB). Wird die Verletzung des Art. 103 Abs. 1 GG durch das Beschwerdegericht gerügt, setzt die Zulässigkeit der Anhörungsrüge voraus, dass Umstände ausgeführt werden, aus denen sich ergeben kann, dass das Gericht bei der Entscheidung Vorbringen überhaupt nicht zur Kenntnis genommen oder erwogen hat. Der Vortrag, dass das Beschwerdegericht sich nicht ausdrücklich mit allen angeführten Gesichtspunkten auseinandergesetzt hat, reicht hierfür nicht aus.[31]

39 Die Berufung auf eine Verletzung des **Art. 12 GG** in einer Verfassungsbeschwerde zu einem Vergabenachprüfungsverfahren ist ohne Aussicht auf Erfolg (s. o. § 39 Rn. 5).

G. Bindungswirkung von Entscheidungen der Vergabeammern und -senate im Schadensersatzprozess

40 Wird wegen eines Verstoßes gegen Vergabevorschriften Schadensersatz begehrt und ist vorher ein Nachprüfungsverfahren durchgeführt worden, ist das ordentliche Gericht **an die bestandskräftige Entscheidung der Vergabekammer und die Entscheidung des Beschwerdegerichts über die Beschwerde gebunden.**

41 Die Vorschrift **beugt der nochmaligen Befassung einer anderen Gerichtsbarkeit mit denselben Sach- und Rechtsfragen vor.**[32] Im Übrigen prüft das mit Schadensersatzforderungen von (früheren) Bietern befasste Gericht die Anspruchsvoraussetzungen und -hindernisse autonom.

42 Die **Begrenzung der Bindungswirkung auf ordentliche Gerichte** ist nicht mehr ganz verständlich, können doch etwa auch im Zusammenhang mit der Anbahnung von öffentlich-rechtlichen Verträgen Schadensersatzprozesse durchaus auch vor die Verwaltungs- oder Sozialgerichte gelangen. Eine analoge Anwendung des § 124 Abs. 1 GWB auf solche Fälle sollte aber möglich sein.

---

[31] BGH Beschl. v. 19.7.2011, X ZB 4/10, NZBau 2011, 629.
[32] BayObLG, Beschl. v. 21.5.1999, Verg 1/99.

§ 42 Vorabentscheidung über den Zuschlag

Übersicht

	Rn.
A. Einleitung	1, 2
B. Prüfung und Übermittlung eines Nachprüfungsantrages zur Auslösung des Zuschlagsverbotes	3–7
C. Folgen der Information des öffentlichen Auftraggebers über den Nachprüfungsantrag (mindestens in Textform)	8–13
I. Bewirkung eines gesetzliches Zuschlagsverbotes	8, 9
II. Beendigung des Zuschlagsverbotes	10–13
D. Vorabgestattung des Zuschlags (§ 115 Abs. 2 GWB)	14–20
I. Vergabekammerverfahren	14–16
II. Besonderes Rechtsmittelverfahren vor dem Beschwerdegericht	17–20
E. Vorabentscheidung über den Zuschlag durch das Beschwerdegericht nach § 121 GWB	21–27
I. Besonderheiten des Verfahrens	23–25
II. Wirkungen der ablehnenden Entscheidung des Beschwerdegerichts (§ 122 GWB)	26, 27
F. Antrag auf weitere vorläufige Maßnahmen zum Eingriff in das Vergabeverfahren (§ 115 Abs. 3 GWB)	28–39
I. Analoge Anwendung im Verfahren der sofortigen Beschwerde	29
II. Inhalt des Tenors des Eilbeschlusses ist begrenzt durch die Hauptsache	30, 31
III. Rechtsschutzbedürfnis	32–34
IV. Prüfungsmaßstab	35
V. Kein Rechtsmittel	36, 37
VI. Eingriff in das Vergabeverfahren und in die Durchführung bereits geschlossener Verträge	38, 39

GWB: §§ 110 Abs. 2, 115, 121, 122

§ 110 GWB Untersuchungsgrundsatz

(1) hier nicht abgedruckt.

(2) Die Vergabekammer prüft den Antrag darauf, ob er offensichtlich unzulässig oder unbegründet ist. Dabei berücksichtigt die Vergabekammer auch einen vorsorglich hinterlegten Schriftsatz (Schutzschrift) des Auftraggebers. Sofern der Antrag nicht offensichtlich unzulässig oder unbegründet ist, übermittelt die Vergabekammer dem Auftraggeber eine Kopie des Antrags und fordert bei ihm die Akten an, die das Vergabeverfahren dokumentieren (Vergabeakten). Der Auftraggeber hat die Vergabeakten der Kammer sofort zur Verfügung zu stellen. Die §§ 57 bis 59 Abs. 1 bis 5 sowie § 61 gelten entsprechend.

§ 115 GWB Aussetzung des Vergabeverfahrens

(1) Informiert die Vergabekammer den öffentlichen Auftraggeber in Textform über den Antrag auf Nachprüfung, darf dieser vor einer Entscheidung der Vergabekammer und dem Ablauf der Beschwerdefrist nach § 117 Abs. 1 den Zuschlag nicht erteilen.

(2) Die Vergabekammer kann dem Auftraggeber auf seinen Antrag oder auf Antrag des Unternehmens, das nach § 101a vom Auftraggeber als das Unternehmen benannt ist, das den Zuschlag erhalten soll, gestatten, den Zuschlag nach Ablauf von zwei Wochen seit Bekanntgabe dieser Entscheidung zu erteilen, wenn unter Berücksichtigung aller möglicherweise geschädigten Interessen sowie des Interesses der Allgemeinheit an einem raschen Abschluss des Vergabeverfahrens die nachteiligen Folgen einer Verzögerung der Vergabe bis zum Abschluss der Nachprüfung die damit verbundenen Vorteile überwiegen. Bei der Abwägung ist das Interesse der Allgemeinheit an einer wirtschaftlichen Erfüllung der Aufgaben des Auftraggebers zu berücksichtigen; bei verteidigungs- oder sicherheitsrelevanten Aufträgen im Sinne des § 99 Ab-

satz 7 sind zusätzlich besondere Verteidigungs- und Sicherheitsinteressen zu berücksichtigen. Die Vergabekammer berücksichtigt dabei auch die allgemeinen Aussichten des Antragstellers im Vergabeverfahren, den Auftrag zu erhalten. Die Erfolgsaussichten des Nachprüfungsantrags müssen nicht in jedem Falle Gegenstand der Abwägung sein. Das Beschwerdegericht kann auf Antrag das Verbot des Zuschlags nach Absatz 1 wiederherstellen; § 114 Abs. 2 Satz 1 bleibt unberührt. Wenn die Vergabekammer den Zuschlag nicht gestattet, kann das Beschwerdegericht auf Antrag des Auftraggebers unter den Voraussetzungen der Sätze 1 bis 4 den sofortigen Zuschlag gestatten. Für das Verfahren vor dem Beschwerdegericht gilt § 121 Abs. 2 Satz 1 und 2 und Absatz 3 entsprechend. Eine sofortige Beschwerde nach § 116 Abs. 1 ist gegen Entscheidungen der Vergabekammer nach diesem Absatz nicht zulässig.

(3) Sind Rechte des Antragstellers aus § 97 Abs. 7 im Vergabeverfahren auf andere Weise als durch den drohenden Zuschlag gefährdet, kann die Kammer auf besonderen Antrag mit weiteren vorläufigen Maßnahmen in das Vergabeverfahren eingreifen. Sie legt dabei den Beurteilungsmaßstab des Absatzes 2 Satz 1 zugrunde. Diese Entscheidung ist nicht selbständig anfechtbar. Die Vergabekammer kann die von ihr getroffenen weiteren vorläufigen Maßnahmen nach den Verwaltungsvollstreckungsgesetzen des Bundes und der Länder durchsetzen; die Maßnahmen sind sofort vollziehbar. § 86a Satz 2 gilt entsprechend.

(4) Macht der Auftraggeber das Vorliegen der Voraussetzungen nach § 100 Absatz 8 Nummer 1 bis 3 geltend, entfällt das Verbot des Zuschlages nach Absatz 1 fünf Werktage nach Zustellung eines entsprechenden Schriftsatzes an den Antragsteller; die Zustellung ist durch die Vergabekammer unverzüglich nach Eingang des Schriftsatzes vorzunehmen. Auf Antrag kann das Beschwerdegericht das Verbot des Zuschlages wiederherstellen. § 121 Abs. 1 Satz 1, Abs. 2 Satz 1 sowie Abs. 3 und 4 finden entsprechende Anwendung.

§ 121 GWB Vorabentscheidung über den Zuschlag

(1) Auf Antrag des Auftraggebers oder auf Antrag des Unternehmens, das nach § 101a vom Auftraggeber als das Unternehmen benannt ist, das den Zuschlag erhalten soll, kann das Gericht den weiteren Fortgang des Vergabeverfahrens und den Zuschlag gestatten, wenn unter Berücksichtigung aller möglicherweise geschädigten Interessen die nachteiligen Folgen einer Verzögerung der Vergabe bis zur Entscheidung über die Beschwerde die damit verbundenen Vorteile überwiegen. Bei der Abwägung ist das Interesse der Allgemeinheit an einer wirtschaftlichen Erfüllung der Aufgaben des Auftraggebers zu berücksichtigen; bei verteidigungs- oder sicherheitsrelevanten Aufträgen im Sinne des § 99 Absatz 7 sind zusätzlich besondere Verteidigungs- und Sicherheitsinteressen zu berücksichtigen. Das Gericht berücksichtigt bei seiner Entscheidung auch die Erfolgsaussichten der sofortigen Beschwerde, die allgemeinen Aussichten des Antragstellers im Vergabeverfahren, den Auftrag zu erhalten, und das Interesse der Allgemeinheit an einem raschen Abschluss des Vergabeverfahrens.

(2) Der Antrag ist schriftlich zu stellen und gleichzeitig zu begründen. Die zur Begründung des Antrags vorzutragenden Tatsachen sowie der Grund für die Eilbedürftigkeit sind glaubhaft zu machen. Bis zur Entscheidung über den Antrag kann das Verfahren über die Beschwerde ausgesetzt werden.

(3) Die Entscheidung ist unverzüglich längstens innerhalb von fünf Wochen nach Eingang des Antrags zu treffen und zu begründen; bei besonderen tatsächlichen oder rechtlichen Schwierigkeiten kann der Vorsitzende im Ausnahmefall die Frist durch begründete Mitteilung an die Beteiligten um den erforderlichen Zeitraum verlängern. Die Entscheidung kann ohne mündliche Verhandlung ergehen. Ihre Begründung erläutert Rechtmäßigkeit oder Rechtswidrigkeit des Vergabeverfahrens. § 120 findet Anwendung.

(4) Gegen eine Entscheidung nach dieser Vorschrift ist ein Rechtsmittel nicht zulässig.

§ 122 GWB Ende des Vergabeverfahrens nach Entscheidung des Beschwerdegerichts

Ist der Auftraggeber mit einem Antrag nach § 121 vor dem Beschwerdegericht unterlegen, gilt das Vergabeverfahren nach Ablauf von zehn Tagen nach Zustellung der Entscheidung als beendet, wenn der Auftraggeber nicht die Maßnahmen zur Herstellung der Rechtmäßigkeit des

Verfahrens ergreift, die sich aus der Entscheidung ergeben; das Verfahren darf nicht fortgeführt werden.

Literatur:
Brauer, Das Verfahren vor der Vergabekammer, NZBau 2009, 297 ff.; *Byok/Goodarzi* WuW 2004, 1024 ff.; *Erdmann*, Die Interessenabwägung im vergaberechtlichen Eilrechtsschutz gemäß §§ 115 Abs. 2 Satz 1, 118 Abs. 2 Satz 2 und 121 Abs. 1 Satz 2 GWB, VergabeR 2008, 908 ff.; *Gabriel*, Die Vergaberechtsreform 2009 und die Neufassung des Vierten Teils des GWB, NJW 2009, 2011 ff.; *Kühnen*, Das Verfahren vor dem Vergabsenat, NZBau 2009, 357 ff.; *Opitz*, Das Eilverfahren, NZBau 2005, 213 ff.; *Peters*, Die behindernde Wirkung eines Nachprüfungsverfahrens, NZBau 2010, 156 ff.; *Polster/Naujok*, Vergaberechtsreform 2009/2010, NVwZ 2011, 786 ff.

A. Einleitung

Mit § 115 Abs. 1 GWB enthält das Vergabeprozessrecht eine sehr bieterfreundliche Regelung. Der Bieter, der sich übergangen oder benachteiligt sieht und deshalb einen Nachprüfungsantrag stellt, wird durch bloße Übermittlung der Antragsschrift an den Antragsgegner vor Rechtsverlust geschützt. Hierdurch wird ein **gesetzliches Zuschlagsverbot** ausgelöst (§ 115 Abs. 1 GWB; s. bereits o. § 38 Rn. 10 und u. Rn. 8 ff.). Ein gleichwohl erteilter Zuschlag verstieße gegen ein gesetzliches Verbot i.S. des § 134 BGB, was zur Nichtigkeit des geschlossenen Vertrages führen würde. § 114 Abs. 2 Satz 1 GWB (Unzulässigkeit von Nachprüfungsanträgen gegen wirksam geschlossene Verträge – s. o. § 40 Rn. 19 ff.) würde also selbstverständlich nicht greifen. 1

Das kann sich im Einzelfall als zu „scharfes Schwert" gegenüber dem Antragsgegner und einem späteren Beigeladenen erweisen. Für solche Fälle sieht der Vierte Teil des GWB diverse **„Korrekturmechanismen" und Instrumente vor, mit deren Hilfe der Antragsgegner und der Beigeladene in den Genuss von Eilrechtsschutz** kommen können, um mit einem wirksamen Vertragsschluss nicht bis zum Ende des Hauptsacheverfahren (ggf. über beide Instanzen) warten zu müssen. Auf diese Instrumente ist nachfolgend näher einzugehen. 2

B. Prüfung und Übermittlung eines Nachprüfungsantrages zur Auslösung des Zuschlagsverbotes

Ein Zuschlagsverbot wird noch nicht dadurch ausgelöst, dass der Antragsteller einen Nachprüfungsantrag bloß bei der Vergabekammer eingereicht hat, auch dann nicht, wenn der Auftraggeber bereits Kenntnis von der Einreichung des (noch nicht von der Vergabekammer übermittelten) Nachprüfungsantrags hat.[1] 3

Die Vergabekammer prüft einen eingehenden Nachprüfungsantrag gemäß § 110 Abs. 2 Satz 1 GWB darauf, ob er **offensichtlich unzulässig oder offensichtlich unbegründet** ist. 4

Dabei berücksichtigt die Vergabekammer auch einen vorsorglich hinterlegten Schriftsatz (**Schutzschrift**) des Auftraggebers. Die auch vorher schon bestehende (und von der Praxis wahrgenommene) Möglichkeit, eine Schutzschrift bei der Vergabekammer einzureichen, ist seit In-Kraft-Treten des Vergaberechtsmodernisierungsgesetzes im April 2009 in § 110 Abs. 2 Satz 2 GWB explizit geregelt. Danach hat die Vergabekammer den Inhalt einer Schutzschrift bei der Entscheidung zu berücksichtigen, ob sie den Nachprüfungsan- 5

---
[1] OLG Frankfurt/Main Beschl. v. 6.3.2013, 11 Verg 7/12. Der Fall kommt in der Praxis gar nicht so selten vor. Auch nach Information über den Nachprüfungsantrag durch den Antragsteller ist der Zuschlag nicht etwa treuwidrig, sondern wirksam, solange der Nachprüfungsantrag nicht gemäß § 115 Abs. 1 GWB an den öffentlichen Auftraggeber übermittelt worden ist.

trag an den öffentlichen Auftraggeber übermittelt. Nicht zulässig ist es, wenn die Vergabekammer einem Unternehmen, das einen Nachprüfungsantrag lediglich angekündigt, aber noch nicht eingereicht hat, vorab die Schutzschrift übersendet. Zu diesem Zeitpunkt gibt es noch kein Verfahren, in dem Schriftsätze ausgetauscht werden könnten oder auch nur dürften. Beabsichtigt die Vergabekammer aber, auf Basis der Inhalte einer Schutzschrift von einer Übermittlung der Antragsschrift an den Auftraggeber nach den §§ 110 Abs. 2, 115 Abs. 1 GWB abzusehen, muss sie dem Antragsteller bezogen auf die Schutzschrift **rechtliches Gehör** gewähren.

6 In der **Praxis** wird „offensichtliche" Unzulässigkeit (das kann etwa dann der Fall sein, wenn es hinsichtlich der vergaberechtlichen Beanstandungen ersichtlich an vorherigen Rügen fehlt und die Rügen auch nicht ausnahmsweise entbehrlich waren) oder offensichtliche Unbegründetheit nur selten angenommen. Entscheidet die Vergabekammer ablehnend, ohne den Nachprüfungsantrag an den Auftraggeber übermittelt zu haben, kann das Beschwerdegericht diese Übermittlung auf die sofortige Beschwerde des Antragstellers nachholen und damit ggf. noch – ja nach Stand des Vergabeverfahrens – ein Zuschlagsverbot auslösen.

7 Sofern der Antrag nicht offensichtlich unzulässig oder unbegründet ist, übermittelt die Vergabekammer dem Auftraggeber eine Kopie des Antrags und fordert bei ihm die Akten an, die das Vergabeverfahren dokumentieren (**Vergabeakten**). Der Auftraggeber hat die Vergabeakten der Kammer **sofort** (also nicht lediglich „unverzüglich") zur Verfügung zu stellen.

C. Folgen der Information des öffentlichen Auftraggebers über den Nachprüfungsantrag (mindestens in Textform)

I. Bewirkung eines gesetzliches Zuschlagsverbotes

8 Die **Übermittlung eines Nachprüfungsantrags**[2] bewirkt – wie dargelegt –, dass der Vertrag – grundsätzlich bis zur Entscheidung der Vergabekammer nach § 114 Abs. 1 GWB und bis zum Ablauf der Beschwerdefrist (§ 117 GWB) – nicht geschlossen werden darf (s. zur Vorabgestattung des Zuschlags sogleich u. Rn. 14 ff.).

9 Der Suspensiveffekt eines übermittelten Nachprüfungsantrages **hindert einen öffentlichen Auftraggeber nicht, das Vergabeverfahren (etwa die Angebotsbewertung) fortzusetzen**. Verboten ist nur der Zuschlag, d.h. die Annahme des wirtschaftlichsten Angebots. Streitig ist, ob der Zuschlag unter der aufschiebenden Bedingung der bestands- oder rechtskräftigen Ablehnung des Nachprüfungsantrags (oder des anderweiten Wegfalls des Zuschlagsverbots) zulässig ist.[3] Jedenfalls verstößt die Abgabe der Willenserklärung (der Annahme des Angebots) nicht gegen § 115 Abs. 1 GWB, solange dafür Sorge getragen ist, dass der Zugang der Zuschlagserklärung nicht erfolgt.

II. Beendigung des Zuschlagsverbotes

10 Nicht ganz trivial ist häufig die Frage danach, wie lange – mögliche Eilantragsverfahren nach den §§ 115 Abs. 2, 118 Abs. 1 Satz 3 und 121 GWB einmal außen vor lassend – das Zuschlagsverbot **andauert**.

---

[2] Zum Zugang des Nachprüfungsantrags – die Antragsschrift wird üblicherweise mit einer Verfügung der Vergabekammer per Telefax übermittelt – vgl. die instruktive Entscheidung der 1. VK des Bundes Beschl. v. 5.3.2010, VK 1–16/10. Ein Ausdrucken des Faxes (oder eine sonstige Zurkenntnisnahme) sind daher für die Übermittlung des Nachprüfungsantrages, ebenso wie eine Rücksendung des üblicherweise beigefügten Empfangsbekenntnisses, nicht konstitutiv.

[3] Der Streitstand ist dargestellt bei *Otting* in Bechtold, § 115 Rn. 3.

Aufgehoben ist das Zuschlagsverbot sicherlich bei Rücknahme des Nachprüfungs- 11
antrags und bei einer Erledigungserklärung des Antragstellers – in diesen Fällen hat die
Mitteilung der Vergabekammer, dass das Nachprüfungsverfahren beendet ist, nur deklaratorische Bedeutung – sowie bei Bestandskraft einer zurückweisenden Entscheidung der
Vergabekammer oder Rechtskraft einer Entscheidung des Beschwerdegerichts, welche die
zurückweisende Entscheidung der Vergabekammer bestätigt.

Für den Fall, dass die Vergabekammer den **Zuschlag untersagt** (und dem Nachprü- 12
fungsantrag in erster Instanz stattgegeben hat), ist dem Gesetz aber eine klare Regelung zu
entnehmen. Der Zuschlag hat dann (u. U. über die Dauer des gesamten Nachprüfungsverfahrens hinaus) solange zu unterbleiben, wie nicht das Beschwerdegericht die Entscheidung der Vergabekammer aufhebt (§ 118 Abs. 3 GWB – s. dazu noch näher u. im
Zusammenhang mit der Vollstreckung von Beschlüssen der Vergabekammer § 43 Rn. 4).

Allein mit Hilfe des Gesetzestexts nicht zu bewältigen ist aber die Konstellation, in der 13
dem Antragsgegner seitens der Vergabekammer – für den Fall fortbestehender Beschaffungsabsicht – bestimmte Maßgaben bzw. Vorgaben gemacht werden. **Leistet der Antragsgegner solchen Maßgaben der Vergabekammer Folge**, dürfte ein Antrag auf
Verlängerung der aufschiebenden Wirkung der sofortigen Beschwerde unstatthaft sein
(bzw. werden). In Fällen, in denen die Vergabekammer Maßnahmen i.S.d. § 114 Abs. 1
Satz 1 GWB anordnet, spricht sie damit inzident – das Verfahren kann so, wie ursprünglich beabsichtigt, ja gerade nicht zu Ende geführt werden – auch ein Zuschlagsverbot aus.
Diese Zuschlagsuntersagung entfällt – insoweit werden die in § 118 Abs. 3 GWB ausdrücklich angesprochenen Gründe durch einen ungeschriebenen Tatbestand ergänzt –,
wenn die Vergabestelle den nach § 114 Abs. 1 Satz 1 GWB angeordneten Maßnahmen
(etwa die Zurückversetzung des Vergabeverfahrens in einen bestimmten Stand) nachkommt.[4] Falls das Nachprüfungsverfahren – in zweiter Instanz – noch läuft, tritt Erledigung ein, es sei denn, der Antragsteller verfolgt in der zweiten Instanz ein weitergehendes
Rechtsschutzziel.

D. Vorabgestattung des Zuschlags (§ 115 Abs. 2 GWB)

I. Vergabekammerverfahren

Der Auftraggeber und das – notwendig beizuladende – Unternehmen, das den Zuschlag 14
erhalten soll, können bei der befassten Vergabekammer einen Antrag auf Vorabgestattung
des Zuschlags stellen, über den in erster Instanz die Vergabekammer nach **§ 115 Abs. 2
GWB** entscheidet.

Die Entscheidung über die Vorabgestattung des Zuschlags hat unter Berücksichtigung 15
aller möglicherweise geschädigten Interessen sowie des Interesses der Allgemeinheit an einem raschen Abschluss des Vergabeverfahrens danach zu ergehen, ob die nachteiligen Folgen einer Verzögerung der Vergabe bis zum Abschluss der Nachprüfung die damit verbundenen Vorteile überwiegen (§ 115 Abs. 2 Satz 2 GWB). Eine wichtige Orientierungshilfe, auch wenn sie nicht in jedem Fall den Ausschlag geben müssen, stellen dabei die
Erfolgsaussichten des Nachprüfungsantrags dar (§ 115 Abs. 2 Satz 4 GWB). Ist der Nachprüfungsantrag bei der in Eilverfahren gebotenen summarischen Prüfung mit hoher
Wahrscheinlichkeit unbegründet, und ist die Eilbedürftigkeit der Zuschlagserteilung
glaubhaft gemacht worden, kann bzw. muss eine Vorabgestattung des Zuschlags erfolgen.[5]

Obwohl es – etwas irreführend – zum Prüfungsmaßstab in § 115 Abs. 2 Satz 4 GWB 16
heißt, dass die **Erfolgsaussichten** nicht in jedem Fall Gegenstand der Abwägung sein

---

[4] OLG Düsseldorf Beschl. v. 29.11.2005, VII-Verg. 82/05, VergabeR 2006, 424; LSG Essen Beschl. v. 30.1.2009, L 21 KR 1/08 SFB.
[5] OLG Düsseldorf Beschl. v. 9.5.2011, VII-Verg 45/11, VergabeR 2011, 884.

müssen, ist also in Fällen, in denen sich zu den Erfolgsaussichten nach einer dem Eilcharakter des Verfahrens entsprechenden, angemessenen Prüfung bereits Aussagen treffen lassen, die (bestehende oder mangelnde) Erfolgsaussicht wohl der wichtigste Prüfungsmaßstab.[6] Das ergibt sich auch daraus, dass die allgemeine Aussicht des Antragstellers auf den Erhalt des Zuschlags (§ 115 Abs. 2 Satz 3 GWB) zu berücksichtigen ist, da diese Maßgabe sehr häufig – jedenfalls bei gegen die Angebotsbewertung gerichteten Nachprüfungsverfahren – teilidentisch mit dem Prüfungsmaßstab des § 115 Abs. 2 Satz 4 GWB (Erfolgsaussichten des Nachprüfungsantrags in der Hauptsache) sein wird. Wenn die Erfolgsaussichten also bereits gut eingeschätzt werden können, so müssen sie für die Vergabekammerentscheidung nach § 115 Abs. 2 GWB auch in die eine oder andere Richtung bei der Gewichtung des Interesses des Antragstellers am Erhalt des Primärrechtsschutzes Berücksichtigung finden.[7] Alles andere wäre verfehlt, kann durch die Entscheidung über einen Antrag nach § 115 Abs. 2 GWB doch zum einen der Primärrechtsschutz für den Antragsteller verloren gehen, zum anderen aber auch ein dringendes Vorhaben des Antragsgegners und Auftraggebers für mehrere Monate aufgeschoben oder behindert sein.

II. Besonderes Rechtsmittelverfahren vor dem Beschwerdegericht

17 Eine **sofortige Beschwerde** ist gegen die Vergabekammerentscheidung über die Vorabgestattung des Zuschlags **nicht zulässig** (§ 115 Abs. 2 Satz 8 GWB).

18 Stattdessen kann der – im Eilverfahren vor der Vergabekammer nach § 115 Abs. 2 Sätze 1 bis 4 GWB – Unterlegene sich an das Beschwerdegericht wenden mit dem Antrag, entweder (falls die VK den Zuschlag vorab gestattet hat) das Verbot des Zuschlags wiederherzustellen oder andernfalls den sofortigen Zuschlag seitens des Beschwerdegerichts zu gestatten. Bei der Frage, ob das Zuschlagsverbot durch das Beschwerdegericht wiederherzustellen oder – nach durch die Vergabekammer abgelehnter Vorabgestattung – eine Zuschlagsgestattung durch das Beschwerdegericht angeordnet wird (**§ 115 Abs. 2 Sätze 5 und 6 GWB**) sind die gleichen Entscheidungskriterien anzuwenden wie bei der Gestattung oder Nichtgestattung des Zuschlags durch die Vergabekammer nach § 115 Abs. 2 Satz 1 GWB.[8]

19 Wegen des überaus engen zeitlichen Rahmens für das Beschwerdegericht – es muss eigentlich (so der Tenor eines korrekten, stattgebenden Vergabekammerbeschlusses; § 115 Abs. 2 Satz 1 GWB) **binnen zwei Wochen** nach Bekanntgabe der erstinstanzlichen Eilentscheidung beschließen – werden sich einstweilige Wiederherstellungen des Zuschlagsverbotes in der Praxis nicht immer vermeiden lassen.[9]

20 Noch klarer tritt die Notwendigkeit von solchen **Hängebeschlüssen** zur vorläufigen Wiederherstellung des Zuschlagsverbotes im Zusammenhang mit dem umstrittenen § 115 Abs. 4 GWB zu Tage; stehen Antragsteller und Beschwerdegericht hier doch nur wenige Tage für die Bewirkung der Wiederherstellung des Zuschlagsverbotes zur Verfügung[10] (s. zu § 115 Abs. 4 GWB noch näher u. § 64 Rn. 21).

---

[6] Vgl. auch 3. VK des Bundes Beschl. v. 21.4.2011, VK 3–44/11.
[7] Vgl. auch OLG Düsseldorf Beschl. v. 22.12.2011, VII-Verg 101/11.
[8] OLG Düsseldorf Beschl. v. 9.5.2011, VII-Verg 45/11, VergabeR 2011, 884.
[9] Zu einem solchen Fall etwa OLG Düsseldorf Beschl. v. 22.12.2011, VII-Verg 101/11.
[10] Kritisch hierzu – statt vieler – OLG Düsseldorf Beschl. v. 8.6.2011, VII-Verg 49/11.

E. Vorabentscheidung über den Zuschlag durch das Beschwerdegericht nach § 121 GWB

Gemäß § 121 GWB kann das Beschwerdegericht auf Antrag des Auftraggebers oder auf Antrag des Unternehmens, das den Zuschlag erhalten soll (Beigeladene), **den Zuschlag gestatten.** 21

Der **Prüfungsmaßstab** des Beschwerdegerichts unterscheidet sich nicht von den Prüfungsmaßstäben nach § 118 Abs. 2 GWB (s. dazu o. § 41 Rn. 32 f.) und nach § 115 Abs. 2 GWB (s. dazu o. Rn. 15 f.). 22

I. Besonderheiten des Verfahrens

Auf einige Besonderheiten dieses Eilverfahrens ist jedoch explizit einzugehen: Die in der Norm ebenfalls angesprochene **Gestattung des bloßen weiteren Fortgangs des Vergabeverfahrens** dürfte in der Praxis isoliert kaum Bedeutung erlangen, ist dem Auftraggeber doch während des Nachprüfungsverfahrens das Weiterbetreiben des Vergabeverfahrens nicht verboten (s.o. Rn. 9). Relevant ist das z.B. für Nachprüfungsverfahren, welche bereits gegen die Ausschreibungsgrundlagen (nicht nur gegen die Angebotsbewertung) gerichtet sind: Der Auftraggeber ist durch solche Nachprüfungsverfahren nicht gehindert, seine Vergabe weiter voranzubringen. Das schließt die Möglichkeit der Versendung von Vorabinformationen nach § 101a GWB und des Treffens von Vorbereitungen für den Zuschlag mit ein. Er darf nur den Zuschlag nicht herbeiführen (jedenfalls kann er damit keinen wirksamen Vertragsschluss herbeiführen). Etwas Anderes kann gelten, wenn die Vergabekammer in erster Instanz Entscheidungen nach § 115 Abs. 3 GWB über „weitere vorläufige Maßnahmen zum Eingriff in das Vergabeverfahren" getroffen hat (dazu sogleich u. Rn. 28 ff.). 23

§ 121 Abs. 3 GWB enthält die Vorgaben zum zeitlichen Rahmen einer Eilentscheidung des Beschwerdegerichts über die Gestattung des Zuschlags. Danach ist diese **Entscheidung unverzüglich, längstens innerhalb von fünf Wochen nach Eingang des Antrags**, zu treffen und zu begründen; bei besonderen tatsächlichen oder rechtlichen Schwierigkeiten kann der Vorsitzende im Ausnahmefall die Frist durch begründete Mitteilung an die Beteiligten um den erforderlichen Zeitraum verlängern. 24

Streitig ist, ob ein Auftraggeber einen Antrag nach **§ 121 GWB** stellen kann, wenn der Antragsgegner zwar in erster Instanz obsiegt hatte, sich der Antragsteller dann aber mit seinem Eilantrag nach **§ 118 Abs. 1 Satz 3 GWB** vorläufig durchgesetzt hat. Das Beschwerdegericht hat sich dann ja in dem gleichen Verfahren schon einmal – unter Anlegung der gleichen Prüfungsmaßstäbe – per Eilbeschluss mit der Sache befasst. Dieser Streit ist nicht recht verständlich. Hätte der Gesetzgeber die Statthaftigkeit des Antrags nach § 121 GWB (oder das Rechtsschutzbedürfnis für einen solchen Antrag) in bestimmten Konstellationen ausschließen wollen, hätte er dies im Gesetz klar zum Ausdruck bringen müssen. Einen Antrag nach § 121 GWB kann zulässigerweise auch der Antragsgegner stellen, der im Verfahren nach § 118 Abs. 1 Satz 3 GWB die Eilentscheidung des Beschwerdegerichts „kassiert" hat, dass die aufschiebende Wirkung der sofortigen Beschwerde verlängert wird. Die *Begründetheit* des Antrags nach § 121 GWB wird aber in einer solchen Konstellation nur dann bejaht werden können, wenn zwischenzeitlich neues Abwägungsmaterial hinzugekommen ist (etwa wenn neue Sachverhaltsinformationen zugunsten des Auftraggebers oder zulasten des Nachprüfenden aufgetaucht sind oder wenn inzwischen zu gleichen oder ähnlichen Sachverhalten in Parallelverfahren Hauptsacheentscheidungen zugunsten des Auftraggebers vorliegen). 25

II. Wirkungen der ablehnenden Entscheidung des Beschwerdegerichts (§ 122 GWB)

26 Gegen eine Entscheidung nach § 121 GWB ist ein Rechtsmittel nicht zulässig (§ 121 Abs. 4 GWB). Für den Auftraggeber (und den Beigeladenen) hat dies bei Ablehnung des Eilantrags in Verbindung mit § 122 GWB ganz erhebliche Konsequenzen: Denn **das Vergabeverfahren gilt nach Ablauf von zehn Tagen nach Zustellung der ablehnenden Entscheidung als beendet (gesetzliche Fiktion)**, wenn der Auftraggeber nicht die Maßnahmen zur Herstellung der Rechtmäßigkeit des Verfahrens ergreift, die sich aus der Entscheidung ergeben. Unverändert darf das Verfahren nicht fortgeführt werden.

27 Anträge des öffentlichen Auftraggebers nach § 121 GWB wollen also gut überlegt sein. Allerdings **ist die Rechtsfolge des § 122 GWB konsequent**, wenn die Erfolgsaussicht des Antragstellers im Hauptsacheverfahren aufgrund summarischer Prüfung mit einiger Sicherheit prognostiziert werden kann.

F. Antrag auf weitere vorläufige Maßnahmen zum Eingriff in das Vergabeverfahren (§ 115 Abs. 3 GWB)

28 Auf besonderen Antrag können weitere vorläufige Maßnahmen seitens der Vergabekammer angeordnet werden, wenn Rechte des Antragstellers auf andere Weise als durch den drohenden Zuschlag gefährdet sind (§ 115 Abs. 3 Satz 1 GWB).

I. Analoge Anwendung im Verfahren der sofortigen Beschwerde

29 Die Befugnis zu solchen Anordnungen steht in analoger Anwendung des § 115 Abs. 3 GWB auch dem Beschwerdegericht zu, wenn sich dieses mit einem entsprechenden Antrag konfrontiert sieht. Das steht außer Streit.[11] Eine Aufnahme des § 115 Abs. 3 GWB in den Katalog derjenigen Vorschriften für das Vergabekammerverfahren, die nach § 120 Abs. 2 GWB für das Beschwerdeverfahren analog gelten, würde sich gleichwohl anbieten.

II. Inhalt des Tenors des Eilbeschlusses ist begrenzt durch die Hauptsache

30 Eilanordnungen gemäß § 115 Abs. 3 GWB sollen der Sicherung einer noch ergehenden Entscheidung der Vergabekammer bzw. des Vergabesenats nach § 114 Abs. 1 GWB oder § 123 GWB dienen. Ihr **Inhalt kann also nicht über das hinausgehen, was als Inhalt der potenziellen endgültigen (Hautsache-) Entscheidung in Betracht kommt.**[12]

31 Abzulehnen ist daher die Auffassung, wonach auf Basis des § 115 Abs. 3 (analog) GWB auch **vorläufige Maßnahmen unmittelbar gegen die Beigeladene** (also den künftigen oder ggf. schon – mutmaßlich unwirksam – beauftragten Auftragnehmer) angeordnet werden können.[13] Es mag zwar sein, dass der Wortlaut des § 115 Abs. 3 GWB Derartiges zulässt und dass hierfür in bestimmten Konstellationen ein praktisches Bedürfnis zu Tage treten mag. Es geht im Nachprüfungsverfahren aber – in der Hauptsache wie in allen im Vierten Teil des GWB vorgesehenen Eilverfahren – nur um Ansprüche gegen öffentliche Auftraggeber. Nur diesen gegenüber sind diese Ansprüche durchzusetzen, auch wenn dies

---

[11] OLG Düsseldorf Beschl. v. 18.12.2007, VII-Verg 47/07; OLG Naumburg Beschl. v. 31.7.2007, 1 Verg 6/06; *Byok/Goodarzi* WuW 2004, 1024, 1026f.
[12] OLG Düsseldorf Beschl. v. 20.10.2008, VII-Verg 46/08.
[13] OLG Düsseldorf Beschl. v. 30.4.2008, VII – Verg 23/08.

im Einzelfall als Umweg erscheinen sollte. § 104 Abs. 2 GWB (s. o. § 39 Rn. 12 ff.) bringt dies klar zum Ausdruck.

III. Rechtsschutzbedürfnis

Ein Rechtsschutzbedürfnis für einen Antrag nach § 115 Abs. 3 GWB besteht nicht, wenn der Antragsteller durch die begehrte Eilanordnung seine – ohnehin starke – **Rechtsposition**, die er auf Basis des nach § 115 Abs. 1 GWB erlangten Zuschlagsverbotes erlangt hat, nicht **verbessern** würde.[14] Beantragt der Antragsteller etwa sinngemäß nach § 115 Abs. 3 GWB die Aussetzung eines laufenden Vergabeverfahrens, für das die Angebotsfrist noch läuft, weil er sich aufgrund der vergaberechtswidrigen Ausschreibungsgrundlagen außer Stande sieht, ein Angebot abzugeben, bedarf es keiner Eilanordnung nach § 115 Abs. 3 GWB. Denn der Antragsteller behält in der Hauptsache, mit der ein Zuschlagsverbot ja ausgelöst ist, die Antragsbefugnis auch, wenn er in einer solchen Situation kein Angebot abgibt (s. dazu o. § 39 Rn. 48). Auch zur Wahrung der Rechte aus § 97 Abs. 7 GWB im Rahmen der Begründetheitsprüfung muss der Antragsteller kein Angebot abgeben. 32

Fraglich ist vor diesem Hintergrund auch, ob ein Rechtsschutzbedürfnis für **feststellende Entscheidungen** der Vergabekammer oder des Beschwerdegerichts auf Basis von § 115 Abs. 3 GWB (analog) anzuerkennen ist. Im konkret entschiedenen Fall wurde festgestellt, dass ein in der Vergabekammerentscheidung ausgesprochenes Zuschlagsverbot fortgilt. 33

Das mag (als Hinweis auf die Rechtslage) in Betracht kommen, wenn aktuell – im Zeitpunkt, in dem über den Antrag des Antragstellers nach § 115 Abs. 3 GWB (analog) zu entscheiden ist – beim Antragsgegner erkennbare Fehlvorstellungen vorhanden sind und auch objektiv Zweifel an der (Fort-) Geltung des Zuschlagsverbot bestehen.[15] Aber selbst dann stellt sich die Frage, ob tatsächlich diejenige Situation vorliegt, für die § 115 Abs. 3 GWB eine Regelung treffen will (nämlich, dass **Rechte des Antragstellers „auf andere Weise als durch den drohenden Zuschlag gefährdet sind"**). Das ist eher zu verneinen. 34

IV. Prüfungsmaßstab

Hinsichtlich des Prüfungsmaßstabes gelten **keine Besonderheiten**; § 115 Abs. 3 Satz 2 GWB verweist auf § 115 Abs. 2 Satz 1 GWB zur Vorabgestattung des Zuschlags (s. dazu o. Rn. 15 f.). 35

V. Kein Rechtsmittel

Anordnungen der Vergabekammer gemäß § 115 Abs. 3 GWB sind nach dem klaren Wortlaut des § 115 Abs. 3 Satz 3 GWB **nicht isoliert anfechtbar.** Eine analoge Anwendung etwa des § 115 Abs. 2 Sätze 5 bis 7 GWB[16] oder gar der §§ 116 ff. GWB hat auszuscheiden; es fehlt ersichtlich an einer planwidrigen Regelungslücke. 36

Der mit seinem Eilantrag unterlegene Antragsteller kann aber seinen besonderen Antrag auf weitere vorläufige Maßnahmen in der **Beschwerdeinstanz** erneut anbringen. Gleichermaßen kann der Antragsgegner versuchen, eine Eilentscheidung der Vergabe- 37

---

[14] Vgl. zu diesem Beispielsfall 1. VK des Bundes Beschl. v. 20.4.2006, VK 1–19/06.
[15] OLG Düsseldorf Beschl. v. 18.12.2007, VII-Verg 47/07.
[16] Hierfür *Byok* in Byok/Jaeger, § 115 GWB Rn. 40. Dort finden sich auch Nachweise der Rechtsprechung und des Schrifttums, die richtigerweise ein selbständiges Rechtsmittel verneinen, etwa OLG Frankfurt/Main Beschl. v. 22.7.2008, 11 Verg 7/08.

kammer nach § 115 Abs. 3 GWB im Rahmen des sofortigen Beschwerdeverfahrens zu beseitigen.

VI. Eingriff in das Vergabeverfahren und in die Durchführung bereits geschlossener Verträge

38 Der Wortlaut *„Eingriff in das Vergabeverfahren"* ist nach herrschender Meinung untechnisch zu verstehen, d. h. es sind auf Basis von § 115 Abs. 3 GWB auch Anordnungen von einstweiligen Durchführungsverboten mit Blick auf bereits (u. U. unwirksam) geschlossene Verträge denkbar, wenn sich der Nachprüfungsantrag in der Hauptsache auf die Feststellung der Unwirksamkeit eines Vertrages richtet (§ 101b Abs. 2 GWB). Hier ist jedoch – gerade wegen des fehlenden selbständigen Rechtsmittels – Vorsicht geboten. Das Begehren, im Wege des § 115 Abs. 3 Satz 1 GWB ein **Durchführungsverbot** für den Vertrag zu erwirken, entspricht sehr weitgehend dem Anliegen des Antragstellers im Hauptsacheverfahren. Sowohl die Anordnung als auch die Nichtanordnung des beantragten einstweiligen Durchführungsverbotes kann sich wirtschaftlich als Vorwegnahme der Hauptsache darstellen.

39 In einer solchen Konstellation wird man (bei unklarem Ausgang der Hauptsache) in Abwägung aller Umstände wohl zu dem Ergebnis gelangen müssen, von der Anordnung des Durchführungsverbotes abzusehen. Dem Antragsteller stehen, falls er in der Hauptsache obsiegt, Schadensersatzansprüche zu. Und: Falls die Vergabekammer in der Entscheidung nach § 115 Abs. 3 GWB zum Ausdruck bringt, dass sie den Ausgang des Verfahrens in der Hauptsache für gänzlich offen hält, wird der Antragsteller möglicherweise auch deshalb keinen gesteigerten Wert mehr auf die beantragten „weiteren vorläufigen Maßnahmen" legen, weil er mit **Schadensersatzansprüchen des Antragsgegners nach § 125 Abs. 3 GWB** (s. hierzu u. § 36 Rn. 41 ff.) rechnen muss.

§ 43 Vollstreckung von Entscheidungen

Übersicht

	Rn.
A. Einleitung	1
B. Vollstreckungsvoraussetzungen („Zulässigkeit des Verwaltungszwanges")	2–8
I. Unanfechtbarkeit der Zuschlagsuntersagung oder Wegfall der aufschiebenden Wirkung der sofortigen Beschwerde	3, 4
II. Fortdauer des Zuschlagsverbots; Wirksamkeit eines entsprechenden Verwaltungsaktes	5–7
III. Konkrete Anhaltspunkte für einen gegenwärtigen oder künftigen Verstoß gegen die durchsetzbare Pflicht zur Unterlassung des Zuschlags	8
C. Verfahrensfragen	9–20
I. Zuständigkeit für Vollstreckungsmaßnahmen	9
II. Vollstreckung nur auf Antrag	10, 11
III. Begründung der Entscheidung über Vollstreckungsmaßnahmen und Zustellung	12
IV. Antrag auf Verlängerung der aufschiebenden Wirkung einer sofortigen Beschwerde nach dem Vollstreckungsrecht	13, 14
V. Zwangsmittel	15–20
D. Vollstreckung von Entscheidungen nach § 115 Abs. 3 GWB	21, 22
E. Vollstreckung von Entscheidungen des Beschwerdegerichts	23, 24
F. Keine Vollstreckung eines Feststellungstenors	25–31
I. Erste Instanz	26
II. Zweite Instanz	27
III. Schutz des Antragstellers	28–31

GWB: § 114 Abs. 3

§ 114 GWB Entscheidung der Vergabekammer

(1) und (2) hier nicht abgedruckt.

(3) Die Entscheidung der Vergabekammer ergeht durch Verwaltungsakt. Die Vollstreckung richtet sich, auch gegen einen Hoheitsträger, nach den Verwaltungsvollstreckungsgesetzen des Bundes und der Länder. Die §§ 61 und 86a Satz 2 gelten entsprechend.

Literatur:

Brauer, Das Verfahren vor der Vergabekammer, NZBau 2009, 297 ff, *Bischoff*, Vollstreckung von Vergabekammerentscheidungen und Rechtsschutz gegen Vollstreckungsentscheidungen, VergabeR 2009, 433 ff.; *Engelhardt/App*, VwVG/VwZG-Kommentar, 9. Aufl. 2011

A. Einleitung

Nach § 114 Abs. 3 Satz 2 GWB richtet sich die **Vollstreckung der Entscheidung der** 1
**Vergabekammer nach den Verwaltungsvollstreckungsgesetzen des Bundes oder
der Länder**, je nachdem, welcher Gebietskörperschaft der Auftrag nach § 104 Abs. 1 GWB zuzurechnen ist. Die nachfolgende Darstellung beschränkt sich auf die Rechtslage nach dem VwVG des Bundes (VwVG[1]). Rechtsprechung zu § 114 Abs. 3 GWB gibt es nur vereinzelt. Die folgenden Aussagen lassen sich aber aus der vorhandenen Judikatur ableiten:

---

[1] V. 27.4.1953, BGBl. I S. 157, zuletzt geändert durch Gesetz v. 29.7.2009, BGBl. I S. 2258.

B. Vollstreckungsvoraussetzungen ("Zulässigkeit des Verwaltungszwanges")

2 Nach § 6 Abs. 1, 1. und 3. Alt. VwVG kann der Verwaltungsakt, der auf die Vornahme einer Handlung, Duldung oder Unterlassung gerichtet ist (um solche Verwaltungsakte handelt es sich typischerweise bei stattgebenden Vergabekammerbeschlüssen – vgl. § 114 Abs. 1 und 3 GWB), mit Zwangsmitteln u.a. dann durchgesetzt werden, wenn der Beschluss der Vergabekammer
– unanfechtbar ist oder
– dem Rechtsmittel keine aufschiebende Wirkung beigelegt ist.

I. Unanfechtbarkeit der Zuschlagsuntersagung oder Wegfall der aufschiebenden Wirkung der sofortigen Beschwerde

3 Hat z. B. ein Antragsgegner den Beschluss (Verwaltungsakt) der Vergabekammer, mit dem ihm ein Zuschlag untersagt wurde, mit der sofortigen Beschwerde angegriffen und hat das zuständige Oberlandesgericht über die sofortige Beschwerde bislang noch nicht entschieden, ist damit der Beschluss der Vergabekammer zwar noch nicht unanfechtbar im Sinne des § 6 Abs. 1, 1. Alt. VwVG. Die **Anfechtbarkeit** tritt erst mit Zurückweisung der sofortigen Beschwerde des Antragsgegners und/oder des Beigeladenen durch das Beschwerdegericht ein. Gleiches gilt, falls Antragsgegner oder Beigeladener ihre sofortige Beschwerde zurücknehmen.

4 In der Praxis bedeutsam ist aber der Fall des § 6 Abs. 1, 3. Alt. VwVG. Er setzt voraus, dass dem Rechtsmittel gegen den Beschluss der Vergabekammer keine aufschiebende Wirkung beigemessen ist. Eine sofortige Beschwerde gegen die stattgebende Entscheidung der Vergabekammer hat zwar gemäß § 118 Abs. 1 Satz 1 GWB grundsätzlich aufschiebende Wirkung. Diese **aufschiebende Wirkung der sofortigen Beschwerde entfällt aber zwei Wochen nach Ablauf der Beschwerdefrist** (§ 118 Abs. 1 Satz 2 GWB). Die Verlängerung der aufschiebenden Wirkung der sofortigen Beschwerde über diesen Zeitraum hinaus nach § 118 Abs. 1 Satz 3 GWB kommt hier nicht in Betracht. Denn dieser Antrag kann nur vom Antragsteller beim Beschwerdegericht gestellt werden für den Fall, dass die Vergabekammer den Nachprüfungsantrag abgelehnt bzw. zurückgewiesen hat. § 118 Abs. 3 GWB bestimmt sogar explizit, dass die sofortige Beschwerde des erstinstanzlich unterlegenen Antragsgegners in vielen Fällen keine aufschiebende Wirkung hat: Falls der öffentliche Auftraggeber nicht entweder für ihn günstige Entscheidungen des Beschwerdegerichts nach § 121 GWB (Vorabentscheidung über den Zuschlag) oder nach § 123 GWB (Obsiegen im Beschwerdeverfahren) erwirkt hat, gilt die Zuschlagsuntersagung fort.[2]

II. Fortdauer des Zuschlagsverbots; Wirksamkeit eines entsprechenden Verwaltungsaktes

5 Die **Fortdauer des Zuschlagsverbots nach § 118 Abs. 3 GWB** knüpft formell allein daran an, dass die Vergabekammer ein solches ausgesprochen hat. Ob die Vergabekammer für die Entscheidung über den Nachprüfungsantrag in der Sache überhaupt zuständig war oder nicht, spielt dabei keine Rolle. Die gegenteilige Sichtweise würde zu unzumutbaren Rechtsunklarheiten führen.[3]

---

[2] 3. VK des Bundes Beschl. v. 2.9.2011, VK 3–62/11.
[3] OLG Düsseldorf Beschl. v. 16.6.2008, VII-Verg 7/08; Beschl. v. 30.4.2008, VII-Verg 4/08; Beschl. v. 30.4.2008, VII-Verg 3/08; Beschl. v. 30.4.2008, VII – Verg 57/07.

Die **Rechtmäßigkeit des Verwaltungsakts** der Vergabekammer, mit welchem dem 6
Auftraggeber/Antragsgegner der Zuschlag untersagt worden ist, ist also – was letztlich
schon aus § 6 Abs. 1 VwVG folgt – selbstverständlich nicht Voraussetzung für die Vollstreckbarkeit.

Zu verlangen ist aber ein **wirksamer Verwaltungsakt**. Es kann offen bleiben, ob hin- 7
sichtlich der Unwirksamkeit die Regelung des § 44 VwVfG oder die Grundsätze über die
Nichtigkeit von Urteilen anzuwenden sind. Der Rechtsmangel müsste in der einen wie
der anderen Variante so gewichtig und offensichtlich sein, dass dem Verwaltungsakt jedwede Rechtswirkung abgesprochen werden könnte. An einer derartigen Offensichtlichkeit mangelt es jedenfalls dann, wenn andere Vergabekammern oder Gerichte vergleichbare Sachverhalte und Rechtsfragen ähnlich entschieden haben wie die den Zuschlag im
konkreten Fall untersagende Vergabekammer.

III. Konkrete Anhaltspunkte für einen gegenwärtigen oder künftigen Verstoß gegen die durchsetzbare Pflicht zur Unterlassung des Zuschlags

Die Verwaltungsvollstreckung kann eingeleitet werden, wenn konkrete Anhaltspunkte für 8
einen gegenwärtigen oder künftigen Verstoß gegen die durchsetzbare Unterlassungspflicht
vorliegen. Solche **Anhaltspunkte** liegen nicht schon dann vor, wenn der Antragsgegner
legitimerweise versucht, das ihn beschwerende Zuschlagsverbot gerichtlich beseitigen zu
lassen. Stellt ein öffentlicher Auftraggeber, dem die Auftragserteilung durch die Vergabekammer untersagt worden ist und der gegen diese Entscheidung sofortige Beschwerde
zum Oberlandesgericht eingelegt hat, einen Antrag auf Vorabentscheidung über den Zuschlag nach § 121 GWB, macht er also von der in der einschlägigen Prozessordnung vorgesehenen Möglichkeit Gebrauch, beim angerufenen Gericht der Hauptsache einstweilige
Anordnungen in Bezug auf den Streitgegenstand zu erwirken, kann dies vom Antragsteller nicht erfolgreich mit Anträgen auf Maßnahmen der Vollstreckung des erstinstanzlich
ergangenen Verwaltungsaktes bekämpft werden. Vielmehr ist das Eilverfahren nach § 121
GWB dann selbst auch für den Antragsteller die richtige Plattform, um seinen Standpunkt
und seine Interessen zur Geltung zu bringen.[4]

C. Verfahrensfragen

I. Zuständigkeit für Vollstreckungsmaßnahmen

Zuständig für Vollstreckungsmaßnahmen ist die **im Erkenntnisverfahren beschließen-** 9
de Vergabekammer (§ 114 Abs. 3 Satz 2 GWB i.V.m. § 7 Abs. 1 VwVG). Die Einlegung einer sofortigen Beschwerde gegen den Beschluss der Vergabekammer ändert nichts
an deren Zuständigkeit für die Vollstreckung.[5]

II. Vollstreckung nur auf Antrag

Der Verweis des § 114 Abs. 3 Satz 2 GWB auf die Verwaltungsvollstreckungsgesetze, wo- 10
nach eine Vollstreckung antragsunabhängig erfolgt, legt ein solches Verständnis auch für
Vollstreckungsmaßnahmen von Vergabekammern nahe. Gegen diese Auslegung sprechen

---

[4] BGH Beschl. v. 29.6.2010, X ZB 15/08. Anderslautende Entscheidungen des OLG Düsseldorf,
wonach es dahingestellt bleiben kann, ob die Gefahr besteht, dass sich ein Auftraggeber rechtswidrig
über den Beschluss der Vergabekammer hinwegsetzt (Beschl. v. 16.6.2008, VII-Verg 7/08; Beschl.
v. 30.4.2008, VII-Verg 4/08; Beschl. v. 30.4.2008, VII-Verg 3/08; Beschl. v. 30.4.2008, VII –
Verg 57/07), sind damit überholt.

[5] 3. VK des Bundes Beschl. v. 2.9.2011, VK 3–62/11.

jedoch nach zwar bestrittener, aber überzeugender, wohlbegründeter Auffassung des OLG Naumburg folgende Erwägungen: Das Nachprüfungsverfahren vor der Vergabekammer ist gerichtsähnlich ausgestaltet. Das Nachprüfungsverfahren bezweckt wie das verwaltungsgerichtliche Verfahren primär die Gewährung subjektiven Rechtsschutzes für die Betroffenen gegen den öffentlichen Auftraggeber. Auch die Vollstreckung der Entscheidungen der Vergabekammern dient dem Schutz der Interessen der Unternehmen am Auftrag. Von daher **unterscheidet sich die Ausgangslage grundsätzlich gegenüber der Vollstreckung gewöhnlicher Verwaltungsakte**, die zumeist in erster Linie im öffentlichen Interesse erfolgt. Diese Überlegungen sprechen dafür, dass entsprechend der verwaltungsprozessualen Regelungen der §§ 170, 172 VwGO auch die Vollstreckung der Entscheidungen von Vergabekammern nur auf Antrag (bei der Vergabekammer) eingeleitet werden kann, auch wenn diese besonderen Umstände des Vergabenachprüfungsverfahrens im Wortlaut des § 114 Abs. 3 Satz 2 GWB keinen ausdrücklichen Niederschlag gefunden haben.[6]

11 Die **Antragsgebundenheit und -abhängigkeit von Vollstreckungsmaßnahmen** entspricht, soweit bekannt, der von den Vergabekammern in den zurückliegenden Jahren geübten **Praxis**.

III. Begründung der Entscheidung über Vollstreckungsmaßnahmen und Zustellung

12 Für die Begründung der Entscheidung über Vollstreckungsmaßnahmen und deren Zustellung an den Adressaten der Vollstreckungsmaßnahme verweist § 114 Abs. 3 Satz 3 GWB auf **§ 61 GWB**.

IV. Antrag auf Verlängerung der aufschiebenden Wirkung einer sofortigen Beschwerde nach dem Vollstreckungsrecht

13 Rechtsbehelfe, die sich gegen Maßnahmen der Verwaltungsvollstreckung richten, haben häufig keine aufschiebende Wirkung. Das gilt in ähnlicher Weise auch für sofortige Beschwerden, die der öffentliche Auftraggeber gegen die Entscheidung der Vergabekammer einlegen kann, gegen ihn ein Zwangsgeld anzudrohen oder festzusetzen (§ 116 Abs. 1 Satz 1 GWB), denn solche sofortigen Beschwerden verlieren ihre aufschiebende Wirkung zwei Wochen nach Ablauf der Beschwerdefrist (§ 118 Abs. 1 Satz 2 GWB). In Betracht kommt daher ein **Eilantrag des öffentlichen Auftraggebers** analog § 80 Abs. 5 VwGO und § 118 Abs. 1 Satz 3 GWB **auf Verlängerung oder Anordnung der aufschiebenden Wirkung der sofortigen Beschwerde gegen die Vollstreckungsmaßnahme** der Vergabekammer.[7]

14 Der Antrag auf vorläufigen Rechtsschutz gegen Vollstreckungsmaßnahmen ist aber nur dann begründet, wenn das **Interesse an der Vollziehung** der vollstreckbaren Entscheidung der Vergabekammer nicht das **Interesse des Antragsgegners, die Vollziehung bis zur Entscheidung über seine Beschwerde auszusetzen**, überwiegt. Entscheidend hierfür sind die – veranlasst ist eine summarische Prüfung – Erfolgsaussichten der von dem Antragsgegner gegen die Zwangsgeldandrohung oder -festsetzung eingelegten sofortigen Beschwerde.

---

[6] OLG Naumburg Beschl. v. 27. 4. 2005, 1 Verg 3/05.
[7] OLG Düsseldorf Beschl. v. 8. 11. 2004, VII-Verg 75/04; Beschl. v. 25. 7. 2002, VII-Verg 33/02; OLG Naumburg Beschl. v. 17. 3. 2005, 1 Verg 3/05.

V. Zwangsmittel

Eine effektive Durchsetzung von Anordnungen der Vergabekammern setzt voraus, dass **geeignete Zwangsmittel** zur Verfügung stehen. 15

Als geeignetes Zwangsmittel kommt aus dem abschließenden Katalog von § 9 Abs. 1 VwVG[8] – vor allem die **Androhung und Festsetzung von Zwangsgeldern** in Betracht (die Durchsetzung von Zuschlagsuntersagungen mit Hilfe unmittelbaren Zwangs oder durch Ersatzvornahme scheidet aus). 16

1. Höhe des Zwangsgeldes (§ 114 Abs. 3 Satz 3 GWB)

Gemäß **§ 11 Abs. 3 VwVG** können Zwangsgelder lediglich in einer Spanne von 1,5 Euro bis höchstens 1.000 Euro verhängt werden. Ein solcher Zwangsgeldrahmen ist angesichts der in Rede stehenden Auftragsvolumina alles andere als abschreckend. Teilweise wird hierin auch eine krasse Benachteiligung von solchen Bietern gesehen, welche die Vollstreckung von stattgebenden Vergabekammer-Entscheidungen begehren, gegenüber solchen Bietern, die (erst) vor den Beschwerdegerichten obsiegen (und dann in den Genuss von Vollstreckungsmaßnahmen von OLG-Entscheidungen nach der ZPO – s. u. Rn. 23f. – kommen). 17

Dieser Mangel ist unterdessen behoben, indem der **§ 114 Abs. 3 Satz 3 GWB auf § 86a GWB (zur Höhe der Bußgelder in behördlichen Kartellverfahren) verweist.** Nach dieser Vorschrift liegt der Rahmen für zulässige Zwangsgelder – seit der 7. GWB-Novelle – bei 1.000 bis 10 Mio. Euro). Es war – vor dem eben geschilderten Hintergrund des § 11 Abs. 3 VwVG, der den einen oder anderen Auftraggeber dazu einlud, Vergabekammerentscheidungen zu ignorieren – opportun, diese Regelung auch für den Vierten Teil des GWB (für behördliche Entscheidungen zum Kartellvergaberecht) zu übernehmen.[9] 18

2. Ersatz-/Zwangshaft?

Noch nicht streitentscheidend ist die Frage geworden, ob auch Zwangshaft **bei einem uneinbringlichen Zwangsgeld** als Zwangsmittel in Betracht kommt.[10] § 16 VwVG sieht die Möglichkeit der Ersatzzwangshaft vor. Es erscheint aber als sehr zweifelhaft, ob die Anordnung von Zwangshaft des gesetzlichen Vertreters oder eines Organmitglieds eines Hoheitsträgers durch eine Vergabekammer in Betracht kommt. § 17 VwVG spricht dafür, dass eine solche Entscheidung **ermessensfehlerhaft** wäre. 19

Das Zwangsmittel des Zwangsgeldes *("auch gegen einen Hoheitsträger")* ist hingegen in § 114 Abs. 3 GWB – spätestens durch den Verweis auf § 86a GWB – ausdrücklich angesprochen. Hiergegen kann § 17 VwVG also nicht in Stellung gebracht werden. Es bleibt zu hoffen, dass die Streitfrage nach der Zulässigkeit der Verhängung von Ersatzzwangshaft ihren **eher theoretischen Charakter** behält, oder aber, dass der Vergabegesetzgeber für eine explizite Klärung sorgt, an der die Betroffenen dann ihr Verhalten ausrichten können. 20

D. Vollstreckung von Entscheidungen nach § 115 Abs. 3 GWB

Die Vollstreckung von Entscheidungen nach § 115 Abs. 3 Satz 1 GWB (s. dazu o. § 42 Rn. 28 ff.) richtet sich nach § 115 Abs. 3 Sätze 4 und 5 GWB. Danach kann die Vergabekammer auch die von ihr getroffenen **weiteren vorläufigen Maßnahmen** nach den 21

---

[8] *Engelhardt/App* VwVG/VwZG-Kommentar, 9. Aufl. 2011, § 9 VwVG Rn. 2.
[9] *Brauer* NZBau 2009, 297, 299.
[10] Offen gelassen durch OLG Düsseldorf Beschl. v. 30.4.2008, VII-Verg 57/07.

Verwaltungsvollstreckungsgesetzen des Bundes und der Länder durchsetzen; die Maßnahmen sind sofort vollziehbar.

22 § 86a Satz 2 GWB gilt auch hierfür entsprechend. Ebenso wie in Bezug auf § 114 Abs. 3 GWB hat es der Gesetzgeber aus nachvollziehbaren Gründen also für sachgerecht gehalten, den **Zwangsgeldrahmen** des § 86a GWB zu übernehmen. Es gelten also – gemessen an § 114 Abs. 3 GWB – **keine Besonderheiten**.

E. Vollstreckung von Entscheidungen des Beschwerdegerichts

23 Die Vollstreckung von Entscheidungen des Beschwerdegerichts (also u. a. der Beschlüsse nach § 123 GWB und § 115 Abs. 3 GWB analog) erfolgt **nach den Vorschriften der ZPO**.

24 Gemäß den §§ 704 ff., 888 ZPO kann zur Vollstreckung unvertretbarer Handlungen ein **Zwangsgeld** bis zu 25.000 € und, falls das Zwangsgeld nicht beigetrieben werden kann, **Zwangshaft** angeordnet werden. Dies kann – falls erforderlich – auch **mehrfach** geschehen.

F. Keine Vollstreckung eines Feststellungstenors

25 Praxisrelevant ist die Frage, ob nach § 114 Abs. 3 GWB auch ein Feststellungstenor gemäß **§ 101b Abs. 2 GWB und/oder gemäß § 114 Abs. 2 Satz 2 GWB** vollstreckbar ist. Nachprüfungsanträge, die auf die Feststellung der Nichtigkeit eines bestimmten (de facto oder ohne Vorabinformation geschlossenen) Vertrages gerichtet sind (§ 101b Abs. 2 GWB) häufen sich und werden vermutlich weiter zunehmen. Die Frage ist nach allgemeinen Grundsätzen – negativ – zu beantworten:

I. Erste Instanz

26 Die fehlende Vollstreckbarkeit von **feststellenden Verwaltungsakten** folgt aus § 6 Abs. 1 VwVG, wonach der zu vollstreckende Verwaltungsakt auf die Herausgabe einer Sache oder auf die Vornahme einer Handlung oder auf Duldung oder Unterlassung gerichtet sein muss.

II. Zweite Instanz

27 Ein **feststellender Beschluss des Beschwerdegerichts** lässt die Zwangsvollstreckung nach den §§ 704 ff. ZPO ebenfalls nicht (bzw. präziser: nur im Kostenpunkt) zu.[11] Teilweise wird auf die Tenorierung, dass die Unwirksamkeit des bereits geschlossenen Vertrages nach § 101b Abs. 2 GWB festgestellt wird, sogar verzichtet;[12] auch weil allein dies dem Nachprüfungsantrag noch nicht zum Erfolg verhilft (s. dazu schon o. § 40 Rn. 30).

III. Schutz des Antragstellers

28 Die hieraus auf den ersten Blick resultierenden, scheinbaren Unzuträglichkeiten werden aber abgefedert. Der **Antragsteller ist** in der Regel **nicht schutzlos gestellt**:

29 Zum einen ist die – typischerweise folgende – **weitere Tenorierung**, wonach dem Antragsgegner etwa „aufgegeben [wird], bei einer Fortsetzung des Vergabeverfahrens (ei-

---

[11] Verwiesen sei nur auf *Baumbach/Lauterbach/Albers/Hartmann*, ZPO-Kommentar, 71. Aufl. 2013, § 256 Rn. 51.
[12] Vgl. zu solchen Fällen OLG Düsseldorf Beschl. v. 3.8.2011, VII-Verg 6/11; OLG Düsseldorf Beschl. v. 2.12.2009, VII-Verg 39/09.

nem Fortbestehen der Vergabeabsicht) ein geregeltes Vergabeverfahren durchzuführen" vollstreckbar.

Zum anderen sind **Zivilgerichte an die Feststellung der Unwirksamkeit des Vertrages** (im Entscheidungstenor oder -text) **gebunden**, wenn der Antragsteller vor diesen Gerichten Schadensersatzansprüche geltend machen würde (§ 124 Abs. 1 GWB). Zumindest faktisch wird sich das Zivilgericht regelmäßig auch an die Nichtigkeitsfeststellung der Vergabekammer oder des Beschwerdegerichts gebunden sehen, wenn es nicht mit Schadensersatz-, sondern mit (bereicherungsrechtlichen) Rückabwicklungsansprüchen befasst ist. 30

Für den **Fortsetzungsfeststellungstenor** der Vergabekammer oder des Beschwerdegerichts nach § 114 Abs. 2 Satz 2 GWB (analog) schließlich ist von vornherein **kein praktisches Bedürfnis für die Vollstreckbarkeit** zu erkennen, weil auch hier die Durchsetzung der (bestandskräftigen) Entscheidung der Vergabekammer über § 124 Abs. 1 GWB gesichert ist. Fortsetzungsfeststellungsanträge dienen typischerweise der anschließenden Durchsetzung von Schadensersatzansprüchen (und der Festlegung der Kostenverteilung im Nachprüfungsverfahren nach Maßgabe der Sach- und Rechtslage vor Erledigung). 31

§ 44 Divergenzvorlage und EuGH-Vorlage

Übersicht

	Rn.
A. Einleitung	1, 2
B. Divergenzvorlage zum Bundesgerichtshof	3–14
I. Pflicht zur Vorlage an den Bundesgerichtshof	4, 5
II. Fehlende Divergenzvorlagepflicht	6–13
III. Rechtsbeschwerde nach § 17a Abs. 4 Satz 4 GVG zur Zulässigkeit des beschrittenen Rechtswegs	14
C. Vorabentscheidungsersuchen zum Europäischen Gerichtshof	15–33
I. Vorlagepflicht der Oberlandesgerichte und des Bundesgerichtshofs	18–27
II. Vorlageberechtigung und Vorlagepflicht der Vergabekammer?	28–33
D. Folgen pflichtwidrig unterlassener Vorlagen	34–36

GWB: § 124 Abs. 2
AEUV: Art. 267 Abs. 1–4

GWB:

§ 124 GWB Bindungswirkung und Vorlagepflicht

(1) hier nicht abgedruckt.

(2) Will ein Oberlandesgericht von einer Entscheidung eines anderen Oberlandesgerichts oder des Bundesgerichtshofs abweichen, so legt es die Sache dem Bundesgerichtshof vor. Der Bundesgerichtshof entscheidet anstelle des Oberlandesgerichts. Der Bundesgerichtshof kann sich auf die Entscheidung der Divergenzfrage beschränken und dem Beschwerdegericht die Entscheidung in der Hauptsache übertragen, wenn dies nach dem Sach- und Streitstand des Beschwerdeverfahrens angezeigt scheint. Die Vorlagepflicht gilt nicht im Verfahren nach § 118 Abs. 1 Satz 3 und nach § 121.

AEUV:

Art. 267 AEUV

Der Gerichtshof der Europäischen Union entscheidet im Wege der Vorabentscheidung

a) über die Auslegung der Verträge,

b) über die Gültigkeit und die Auslegung der Handlungen der Organe, Einrichtungen oder sonstigen Stellen der Union,

Wird eine derartige Frage einem Gericht eines Mitgliedstaats gestellt und hält dieses Gericht eine Entscheidung darüber zum Erlass seines Urteils für erforderlich, so kann es diese Frage dem Gerichtshof zur Entscheidung vorlegen.

Wird eine derartige Frage in einem schwebenden Verfahren bei einem einzelstaatlichen Gericht gestellt, dessen Entscheidungen selbst nicht mehr mit Rechtsmitteln des innerstaatlichen Rechts angefochten werden können, so ist dieses Gericht zur Anrufung des Gerichtshofs verpflichtet.

(4) hier nicht abgedruckt.

Literatur:

Karpenstein in: Grabitz/Hilf/Nettesheim, Das Recht der Europäischen Union, Bd. II; Stand November 2012, Kommentierung zu Art. 267 AEUV; *Neun/Otting*, Die Entwicklung des europäischen Vergaberechts in den Jahren 2012/2013 EuZW 2013, 529 ff.; *Shirvani*, Vorlagerecht der Vergabekammern gem. 267 AEUV, ZfBR 2014, 31 ff.; *Siegel*, Vergaberecht: Ausschluss vom Vergabeverfahren wegen Auflösung eines früheren Vertrags, EuZW 2013, 155 f.; *Summa*, § 124 Abs. 2 GWB – oder wie das OLG Düsseldorf Verfahrensbeteiligte ihrem gesetzlichen Richter entzieht, ZfBR 2008, 350 ff.

A. Einleitung

1 Vergaberechtsschutz endet grundsätzlich bei den Oberlandesgerichten, gegen deren Entscheidungen besteht **kein Rechtsmittel**, insbesondere findet die Rechtsbeschwerde nach § 74 GWB an den Bundesgerichtshof nicht statt (§ 120 Abs. 2 GWB).

2 Die Sicherstellung bundeseinheitlicher Rechtsprechung erfolgt über das Instrument der **Divergenzvorlage an den Bundesgerichtshof** nach § 124 Abs. 2 GWB,[1] die Sicherstellung der Vereinbarkeit der Vergaberechtsprechung mit den höherrangigen vergaberechtlichen Vorgaben der EG-Richtlinien mit Hilfe des **Vorabentscheidungsersuchens an den Europäischen Gerichtshof** nach Art. 267 AEUV.

B. Divergenzvorlage zum Bundesgerichtshof

3 Zuständig beim BGH ist für vergaberechtliche Streitigkeiten, die im Wege der Divergenzvorlage zu ihm gelangen, derzeit der **X. Zivilsenat**.

I. Pflicht zur Vorlage an den Bundesgerichtshof

4 Will ein Oberlandesgericht von der Entscheidung – präziser: von einer *„tragenden Begründung"* der Entscheidung[2] – eines anderen Oberlandesgerichts oder des Bundesgerichtshofs selbst in Vergabesachen abweichen, besteht eine **Pflicht zur Divergenzvorlage** an den BGH (§ 124 Abs. 2 GWB). Fraglich ist, ob die Vorlagepflicht auch dann besteht, wenn die andere OLG- oder BGH-Entscheidung, von der abgewichen würde, zwar eine Vergabesache betrifft, aber nicht in einem Vergabenachprüfungsverfahren (sondern etwa in einem zivilprozessualen Schadensersatzprozess) ergangen ist.[3]

5 Nicht klar geregelt ist der Fall, dass ein Oberlandesgericht von einer Entscheidung eines **Landessozialgerichts** – die LSGs waren interimsweise (Dezember 2008 bis Dezember 2010) Beschwerdegerichte für bestimmte Vergaben, die auf Grundlage des Sozialversicherungsrechts durchgeführt werden (s. o. § 38 Rn. 35 f.) – abweichen möchte, (noch) zur Vorlagepflicht führt. Richtigerweise wurde eine solche Vorlagepflicht in analoger Anwendung des § 124 Abs. 2 GWB aber (schon vor[4] und) während der Geltung der Regelungen des SGG, die zu Beschwerdegerichten verschiedener Gerichtszweige führten, angenommen.[5] Die **Rechtfertigung für eine Analogie besteht fort**.

---

[1] Denkbar ist daneben eine Befassung des Bundesgerichtshofs allenfalls noch über die Rechtsbeschwerde nach § 17a Abs. 4 GVG (s. dazu sogleich u. Rn. 14 ff.).
[2] BGH Beschl. v. 23.1.2013, X ZB 8/11, NZBau 2013, 389, 390 m.w.N.
[3] Offengelassen durch OLG Düsseldorf Beschl. v. 24.3.2010, VII-Verg 58/09; bei Abweichungen von LSG-Entscheidungen zum Vergaberecht, die nicht in einem Vergabenachprüfungsverfahren ergangen waren, hatte der Vergabesenat des OLG Düsseldorf teilweise zum BGH vorgelegt (Beschl. v. Beschl. v. 30.4.2008, VII-Verg 4/08; dazu sogleich Rn. 5).
[4] OLG Düsseldorf Beschl. v. 30.4.2008, VII-Verg 4/08.
[5] *Dicks* in Ziekow/Völlink, § 124 GWB Rn. 12.

II. Fehlende Divergenzvorlagepflicht

Abweichungen von *obiter dicta* anderer Oberlandesgerichte verpflichten und berechtigen nach dem oben Gesagten nicht zur Divergenzvorlage an den Bundesgerichtshof.

Würde die Anwendung der in der Entscheidung des anderen Oberlandesgerichts aufgestellten Rechtssätze, von denen der Vergabesenat abweichen möchte, in dem von ihm bearbeiteten Streitfall zu keinem abweichenden Ergebnis führen, so soll sich eine Vorlage der Sache an den Bundesgerichtshof nach § 124 Abs. 2 GWB „erübrigen".[6] Die **Abweichung** ist dann nicht **streitentscheidend.** Voraussetzung ist, dass das vorlegende Gericht der Entscheidung seinerseits als tragende Begründung einen Rechtssatz zugrunde legen will, der mit einem die Entscheidung eines anderen Oberlandesgerichts tragenden Rechtssatz nicht übereinstimmt.[7] In der Praxis wirkt mancher **Sachverhalts- bzw. Tatbestandsunterschied**, mit dem die Nichtvorlage an den Bundesgerichtshof häufig begründet wird, etwas konstruiert.

Zurückhaltung ist auch mit Aussagen der Art, dass abweichende tragende OLG-Entscheidungen durch neuere Entscheidungen etwas des EuGH **überholt** seien; das beseitigt nicht ohne weiteres die Divergenz, sondern müsste dann u. U. vom anzurufenden BGH zum Anlass eines Vorabentscheidungsersuchens an den EuGH genommen werden.[8]

Generell ist die **Zahl der** materiell-vergaberechtlichen **Fälle, die zum BGH gelangen**, angesichts der doch zum Teil ganz erheblichen Unterschiede in der Handhabung des Vergaberechts durch die Beschwerdegerichte zu überschaubar.

Die Pflicht zur Divergenzvorlage besteht nach dem klaren Gesetzeswortlaut (§ 124 Abs. 2 Satz 4 GWB) **nicht in einem Eilverfahren** nach § 118 Abs. 1 Satz 3 oder nach § 121 GWB. Entsprechendes wird für das Eilverfahren nach § 115 Abs. 2 Sätze 5 und 6 GWB analog zu gelten haben.

Zum umgekehrten Fall, der **Abweichung im Hauptsacheverfahren von einem tragenden Rechtssatz einer Eilentscheidung eines anderen Oberlandesgerichts**, hat das Oberlandesgericht Düsseldorf wie folgt Stellung genommen: „*Zwar wird in Literatur und Rechtsprechung – soweit ersichtlich, ohne nähere Begründung – die Auffassung vertreten, dass entsprechend § 124 Abs. 2 Satz 3 [heute: Satz 4] GWB eine Vorlage dann ausscheidet, wenn das Oberlandesgericht von einer Entscheidung abweichen will, die nach § 118 Abs. 1 Satz 3 bzw. § 121 GWB ergangen ist ... Dem folgt der Senat jedoch nicht. Die Ausnahmevorschrift des § 124 Abs. 2 Satz 3 GWB soll dem Eilcharakter der dort genannten Verfahren Rechnung tragen, die durch eine Vorlage an den Bundesgerichtshof und die damit verbundene Verzögerung einer Entscheidung konterkariert würde. Dieser Grund gilt aber von vornherein dann nicht, wenn ein Vergabesenat in einer Hauptsacheentscheidung von einer in einem Eilverfahren ergangenen Entscheidung abweichen will*". Dem ist zuzustimmen, weil Eilentscheidungen (die ihrerseits ja zwingend ohne Vorlage zum BGH zustande kommen) tragende Rechtssätze enthalten können, die der Einheit der Vergaberechtsordnung abträglich sind, ohne dass sich diese Rechtssätze zwingend auch in einer abschließenden Hauptsacheentscheidung wiederfinden müssen. Im Gegenteil: Etwa nach einem erfolglosen Antrag gemäß § 118 Abs. 1 Satz 3 GWB wird es häufig gar keine Beschwerdeentscheidung in der Sache mehr geben.

Die Vorlagepflicht gilt auch für **kostenrechtliche Fragen** (inzwischen allgemeine Ansicht) und hat gerade hierfür in den letzten Jahren in ganz erheblichem Maße zur Vereinheitlichung der Rechtsanwendung beigetragen (s. im Einzelnen zu BGH-Entscheidungen zur kostenmäßigen Abwicklung von Nachprüfungen u. § 45 Rn. 3).

---

[6] Zu einem solchen Fall etwa OLG Düsseldorf Beschl. v. 1.8.2012, VII-Verg 10/12.
[7] *Dicks* in Ziekow/Völlink, § 124 GWB Rn. 13 m.w.N.
[8] *Summa* ZfBR 2008, 350 ff., u. a. zu OLG Düsseldorf Beschl. v. 6.2.2008, VII-Verg 37/07; ähnlich *Otting* in Bechtold, § 124 Rn. 7.

13 Bei einer Divergenzvorlage entscheidet entweder der BGH anstelle des vorlegenden Oberlandesgerichts (§ 124 Abs. 2 Satz 2 GWB), oder er beschränkt sich darauf, die Divergenzfrage zu beantworten (§ 124 Abs. 2 Satz 3 GWB) und überantwortet die Hauptsacheentscheidung im Übrigen zurück auf das zuständige (vorlegende) Oberlandesgericht.

III. Rechtsbeschwerde nach § 17a Abs. 4 Satz 4 GVG zur Zulässigkeit des beschrittenen Rechtswegs

14 Der Bundesgerichtshof kann mit Vergabesachen auch im Wege der Rechtsbeschwerde befasst sein, wenn ein Oberlandesgericht nach § 17a Abs. 3 GVG vorab über die Zulässigkeit des beschrittenen Vergaberechtswegs entscheidet – es muss diese Vorabentscheidung treffen, wenn eine Partei die Zulässigkeit des Vergaberechtswegs rügt – und nach § 17a Abs. 4 Sätze 4 und 5 GVG die Rechtsbeschwerde zulässt (weil die Rechtsfrage grundsätzliche Bedeutung hat oder weil das OLG von der Entscheidung eines obersten Gerichtshof des Bundes abweicht). In einem solchen Fall tritt an die Stelle der Divergenzvorlage nach § 124 Abs. 2 GWB die Rechtsbeschwerde.[9] Anders als bei Divergenzvorlagen (hierfür gilt weiter § 120 Abs. 1 GWB, weil der BGH nach Vorstellung des Gesetzgebers nur an die Stelle des Beschwerdegerichts rückt[10]), muss die Vertretung des (Rechts-) Beschwerdeführers vor dem Bundesgerichtshof durch einen beim BGH zugelassenen Anwalt erfolgen.

C. Vorabentscheidungsersuchen zum Europäischen Gerichtshof

15 Ist für die Entscheidung im Vergabenachprüfungsverfahren eine Rechtsfrage der **Auslegung des Unionsrechts** (etwa bestimmter Art. der VKR, SKR oder der EG-Rechtmittel-Richtlinien) streitentscheidend – das vorlegende Gericht muss der Frage für den Erlass seiner Entscheidung „für erforderlich halten" (Art. 267 Abs. 2 AEUV) – kommt eine Vorlage an den Europäischen Gerichtshof im Wege des Vorabentscheidungsersuchens in Betracht.

16 Ob die Vorlagefrage tatsächlich streitentscheidend ist, steht verfahrensgemäß nicht im Fokus der Entscheidung des EuGH, offenbar weil er dies als eine eher dem mitgliedstaatlichen Recht zuzuordnende Rechtsfrage einstuft. Das **zuständige Gericht kann sein Vorabentscheidungsersuchen auch überdenken und „zurückholen"** (etwa infolge einer Sachverhalts- oder Rechtsentwicklung, die dazu führt, dass sich die Vorlagefrage im ausgesetzten Ausgangsstreit nicht mehr stellt).

17 Zum **Verfahren beim Europäischen Gerichtshof** kann auf die „Hinweise für Prozessvertreter" hingewiesen werden, die der EuGH veröffentlicht hat.[11]

I. Vorlagepflicht der Oberlandesgerichte und des Bundesgerichtshofs

1. Bestehen und Nichtbestehen einer Vorlagepflicht

18 Die mitgliedstaatlichen Gerichte sind zur Vorlage an den Europäischen Gerichtshof verpflichtet, wenn ihre **Entscheidung selbst nicht mehr mit Rechtsmitteln des innerstaatlichen Rechtes angefochten werden kann** (Art. 267 Abs. 3 AEUV).[12] Das kann im vergaberechtlichen Nachprüfungsverfahren die Oberlandesgerichte und den Bundesge-

---

[9] Zu solchen Fällen etwa OLG Düsseldorf Beschl. v. 19.10.2011, VII-Verg 51/11; Beschl. v. 17.1.2008, VII-Verg 57/07.
[10] *Dicks* in Ziekow/Völlink, § 124 GWB, Rn. 16.
[11] Abrufbar unter: http://curia.europa.eu/jcms/upload/docs/application/pdf/2008-09/txt9_2008-09-25_12-08-29_775.pdf.; ferner *Karpenstein*, Rn. 73 ff.
[12] OLG Brandenburg Beschl. v. 12.2.2008, Verg W 18/07.

richtshof (wenn dieser im Wege der Divergenzvorlage an die Stelle des letztinstanzlich zuständigen Oberlandesgerichts/Beschwerdegerichts rückt) betreffen.

Eine **Vorlagepflicht zum EuGH besteht ausnahmsweise nicht**, wenn die Frage schon vom EuGH entschieden ist oder am Ergebnis der Auslegung kein vernünftiger Zweifel bestehen kann.[13] Die zuletzt genannte Begründung liest man relativ häufig in Beschlüssen der Beschwerdegerichte, wenn von einer Vorlage abgesehen wird. Betrachtet man die Vorabentscheidungsersuchen aus Deutschland, die seit In-Kraft-Treten des VgRÄG aus Deutschland an den EuGH gerichtet worden sind, dann fällt auf, dass diese Fragen sehr häufig den Anwendungsbereich des Vergaberechts betrafen (und damit für die Statthaftigkeit des Nachprüfungsantrags streitentscheidend waren) und sich vergleichsweise selten auf Fragen der Begründetheit bezogen. 19

Die Vorlage kommt auch dann nicht mehr in Betracht, wenn sich das **Nachprüfungsverfahren erledigt** hat. Ist – wie im Falle übereinstimmender Erledigungserklärungen – nur noch über die Kosten zu entscheiden, verbietet sich also ein Vorabentscheidungsersuchen an den EuGH; für die Kostengrundentscheidung ist der Verfahrensausgang, der von einer ungeklärten EU-rechtlichen Frage entscheidend abhängt, als offen zu betrachten, so dass es der Billigkeit entspricht, die Kosten auf die Beteiligten zu verteilen.[14] 20

Anders ist dies bei **Fortsetzungsfeststellungsverfahren nach § 114 Abs. 2 Satz 2 GWB**, weil hier nicht nur über die Kostenverteilung, sondern auch – noch dazu „entschleunigt" (§ 114 Abs. 2 Satz 3 GWB) – weiter in der Sache gestritten wird. 21

2. Zeitliche Auswirkungen der Vorlage an den EuGH

Als gravierendes Problem für Antragsgegner und Beigeladene stellen sich Vorabentscheidungsersuchen auf der Zeitschiene dar: 22

a) Vorlageverfahren

Der Zuschlag und damit der Projektbeginn sind im konkreten Verfahren, in dem vorgelegt wird, typischerweise für ca. zwei Jahre, bis zum EuGH-Urteil und der anschließenden Hauptsacheentscheidung des Beschwerdegerichts aufgeschoben. Denn mit dem Vorabentscheidungsersuchen an den Europäischen Gerichtshof ist eine **Aussetzung** des Hauptsacheverfahrens verbunden. 23

b) Parallelverfahren

Auch Parallelverfahren, für welche die Vorlagefrage entscheidungserheblich sind, würden **wegen Vorgreiflichkeit** (§§ 120 Abs. 2, 73 Nr. 2 GWB i.V.m. § 148 ZPO, in früheren Entscheidungen wurde § 94 VwGO analog herangezogen) der EuGH-Entscheidung für diesen Zeitraum **auszusetzen** sein. Einer erneuten Vorlage an den EuGH (zur gleichen Frage) bedarf es selbstverständlich nicht.[15] 24

c) Entscheidung nach § 121 GWB trotz Vorlage oder Vorgreiflichkeit

Allerdings gilt dies jeweils nur für das **Hauptsacheverfahren**. In den **Eilverfahren** nach den §§ 118 Abs. 1 Satz 3 oder 121 GWB kann gleichwohl eine Eilentscheidung zugunsten des Antragsgegners oder der Beigeladenen ergehen, da Entscheidungen über solche Eilanträge keine materiellen Rechtskraftwirkungen entfalten und weil es bei voraussichtlich erfolglosen Nachprüfungsanträgen im Interesse der Allgemeinheit an einem raschen Abschluss des Vergabeverfahrens geboten sein kann, das durch die Zustellung des Nach- 25

---

[13] Vgl. OLG Jena Beschl. v. 8.5.2008, 9 Verg 2/08; vgl. zu den vom EuGH anerkannten, eng definierten Ausnahmen die Übersicht bei *Karpenstein*, Rn. 54 ff.
[14] BGH Beschl. v. 23.1.2013, X ZB 8/11, NZBau 2013, 389.
[15] BGH Beschl. v. 24.1.2012, VIII ZR 236/10.

prüfungsantrags eingetretene Zuschlagsverbot nicht weiter andauern zu lassen (§ 115 Abs. 1, § 118 Abs. 3 GWB).

26 Sieht sich das Beschwerdegericht in der Hauptsache also gehindert, wegen einer dem EuGH vorzulegenden oder schon beim EuGH liegenden Grundsatzfrage in der Hauptsache abschließend zu entscheiden, kann es vor allem im **Verfahren nach § 121 GWB** gleichwohl – ggf. mit Hilfe der Unterstellung, dass die Vorlagefrage zugunsten der Antragstellerin zu beantworten ist – im Übrigen die Eilentscheidung anhand der Maßstäbe des § 121 Abs. 1 GWB im Sinne einer Zuschlagsgestattung treffen: *„Diese Sachbehandlung erscheint dem Senat mit Blick darauf, dass so unter Umständen lang anhaltende Verzögerungen der Auftragsvergabe durch eine Aussetzung des Vergabeverfahrens vermieden werden können, sachgerecht. Steht mit der im Eilverfahren erforderlichen Gewissheit fest, dass der Nachprüfungsantrag unbegründet ist, wäre es sinnwidrig, den Auftraggeber weiter an einem Zuschlag zu hindern. Der unterlegene Verfahrensbeteiligte wird dadurch nicht gesetzwidrig beschwert, da die Eilentscheidung nicht in Rechtskraft erwächst. Zwar geht der Auftrag verloren. Doch beruht dies auf der nach den einleitend dargestellten Maßstäben zu treffenden Eilentscheidung.“*[16] Diese Aussagen sind zu begrüßen. Sähe man dies anders, wären Antragsgegner und Beigeladener für den Fall der Aussetzung (wegen Vorlage zum EuGH oder wegen Vorgreiflichkeit einer anderweiten Vorlage an den EuGH) faktisch rechtsschutzlos gestellt, weil sich die wenigsten öffentlichen Aufträge für zwei Jahre oder noch länger *on hold* stellen lassen.

27 Dem Beschwerdegericht wird man auferlegen müssen, den Antragsgegner und den Beigeladenen so früh wie möglich darauf **hinzuweisen**, dass eine Hauptsacheaussetzung wegen eines Vorabentscheidungsersuchens oder wegen Vorgreiflichkeit in Betracht kommt oder gar beabsichtigt ist, damit die beiden betreffenden Beteiligten erwägen können, ob sie den Antrag nach § 121 GWB auf Vorabentscheidung über den Zuschlag (rechtzeitig) stellen oder davon absehen.

II. Vorlageberechtigung und Vorlagepflicht der Vergabekammer?

28 Eine **Vorlagepflicht** der Vergabekammern nach Art. 267 Abs. 3 AEUV scheidet aus; da die Vergabekammerentscheidung noch mit der sofortigen Beschwerde angefochten werden kann.

29 Eine **Vorlageberechtigung** hängt davon ab, ob eine Vergabekammer als „Gericht" i.S. des Art. 267 AEUV zu qualifizieren ist. Eine Aussetzung des Nachprüfungsverfahrens ist mit dem in § 113 Abs. 1 GWB normierten Beschleunigungsgrundsatz allerdings schwerlich zu vereinbaren.[17]

30 Nach herrschender Meinung ist ein **Aussetzungsbeschluss** eines untergeordneten Fachgerichts, **welcher ein Vorabentscheidungsersuchen an den EuGH enthält, nicht anfechtbar.** Das gilt auch für den Inhalt der Vorlagefragen. Denn das erstinstanzliche Gericht soll seine Entscheidung unabhängig und ohne Steuerung von außen – und zwar grundsätzlich auch ohne Steuerung durch die übergeordnete Instanz – treffen. Dies impliziert, dass das Instanzgericht zur Klärung einer von ihm für entscheidungserheblich angesehenen Frage von seinem Recht Gebrauch machen darf, den EuGH anzurufen, ohne dass es mit der Anfechtung und Aufhebung des Aussetzungs- und Vorlagebeschlusses durch das übergeordnete Gericht rechnen muss. Art. 267 Abs. 2 AEUV sieht ein solches Recht der Instanzgerichte ausdrücklich vor. Mit den Worten des OLG München: *„Wäre*

---

[16] OLG Düsseldorf Beschl. v. 17.4.2008, VII-Verg 15/08; a. A. allerdings etwa OLG Brandenburg Beschl. v. 12.2.2008, Verg W 18/07, VergabeR 2008, 555 mit dem Hinweis, dass die Entscheidung – wenn vor dem EuGH etwa die Eröffnung des Anwendungsbereichs des Vergaberechts in Frage steht – dem zuständigen Gericht vorbehalten sein müsse. Das überzeugt allerdings nicht, weil es auch ohne EuGH-Vorlage sein kann, dass im *Hauptsache*verfahren erst noch zu klären ist, ob das Vergaberecht überhaupt anwendbar ist oder nicht.
[17] *Hunger* in Kulartz/Kus/Portz/Prieß, § 116 GWB Rn. 4

der Aussetzungsbeschluss anfechtbar, könnte das übergeordnete Gericht eine Vorlage an den EuGH verhindern und das erstinstanzliche Gericht dazu zwingen, eine Entscheidung nicht nach eigener Überzeugung, sondern der des Obergerichtes zu treffen, ohne dass eine vom Instanzgericht für erforderlich gehaltene europarechtliche Klärung erfolgt ist."[18]

Diese Überlegungen sind **auf das Vergabenachprüfungsverfahren zu übertragen**, wenn die Vergabekammern dem EuGH nach Art. 267 AEUV vorlegen. Dies vor allem deshalb, weil die Rechtsfrage, ob die deutschen Vergabekammern „Gerichte" im Sinne des Art. 267 Abs. 2 AEUV sind (oder unter bestimmten Voraussetzungen sein können) nicht den nationalen Gerichten, sondern dem EuGH obliegt. Er kann diese Frage (eigentlich nur dann) inzident prüfen, wenn ein Vorabentscheidungsersuchen einer Vergabekammer an ihn gerichtet wird. Zuletzt ist etwa die Vergabekammer Südbayern von ihrer Vorlageberechtigung ausgegangen und hatte dem EuGH tatsächlich spezifische Fragen zu Definitionen der VKR vorgelegt (dann aber das Vorabentscheidungsersuchen zurückgeholt).[19] Das OLG München hatte zwischenzeitlich sehr deutlich gemacht, dass es die Vergabekammer nicht für ein Gericht im Sinne des Art. 267 AEUV hält.[20] 31

Im Anschluss an seine bisherige Rechtsprechung hat der EuGH zuletzt nochmals betont, dass der maßgebliche Begriff des „Gerichts" rein unionsrechtlich auszulegen ist, und zwar nach den Kriterien u. a. der gesetzlichen Grundlage der Einrichtung, des ständigen Charakters, eines streitiges, kontradiktorischen Verfahrens, der Anwendung von Rechtsnormen sowie der Unabhängigkeit der Einrichtung.[21] 32

Einiges spricht also dafür, dass eine Vorlageberechtigung der Vergabekammern nach Unionsrecht besteht; der EuGH hatte etwa auch den früheren Vergabeüberwachungsausschuß des Bundes als „Gericht" i.S. des Art. 267 AEUV angesehen.[22] Gleichwohl spricht das für die erste Instanz des deutschen Vergaberechtssystems in verschärfter Weise geltenden **Beschleunigungsgebot** gegen Vorabentscheidungsersuchen der Vergabekammern, was möglicherweise – sowohl das OLG München – schon bei der begrifflichen Einordnung der Vergabekammern zu berücksichtigen ist. Jedenfalls aber erscheint ein Fall als schwer vorstellbar, in dem das **Vorlageermessen** der Vergabekammer dahingehend **auf null reduziert** ist, dass ein Vorabentscheidungsersuchen an den EuGH erfolgen *muss*. Die Vorlage*verpflichtung* ist in Vergabesachen den Beschwerdegerichten vorbehalten (s. o. Rn. 18). 33

D. Folgen pflichtwidrig unterlassener Vorlagen

Besteht eine Vorlagepflicht nach § 124 Abs. 2 Satz 1 GWB oder die Pflicht zu einem Vorabentscheidungsersuchen nach Art. 267 AEUV, so ist die Nichtvorlage an den BGH oder den EuGH durch das Oberlandesgericht oder den Bundesgerichtshof ein Verstoß gegen das Gebot des gesetzlichen Richters (Art. 101 Abs. 1 Satz 2 GG).[23] 34

---

[18] OLG München Beschl. v. 18.10.2012, Verg 13/12, NZBau 2013, 189 mit zahlreichen Nachweisen der herrschenden Meinung.
[19] VK Südbayern Beschl. v. 18.6.2012, Z 3–3 – 3194–1 – 22–05/12; vgl. zum Vorgang *Neun/ Otting* EuZW 2013, 529, 534f.
[20] OLG München Beschl. v. 18.10.2012, Verg 13/12, NZBau 2013, 189. Vgl. hierzu auch *Shirvani* ZfBR 2014, 31 ff. Anders verstanden wurde diese Entscheidung des OLG München von der VK Arnsberg Beschl. v. 26.9.2013, VK 18/13. Die VK Arnsberg hat dem EuGH Fragen zur Auslegung des TVgG NRW (Vorgaben zu Tarif- und Mindestlöhnen) vorgelegt.
[21] EuGH Urt. v. 13. 12.2012, Rs. C-465/11 – Forposta SA u.a./Poczta Polska SADa, EuZW 2013, 151; diese Merkmale im Falle der vorlegenden Einrichtung, der polnischen Krajowa Izba Odwoławcza, allesamt erfüllt waren, hat der EuGH zu Recht die Vorlageberechtigung bejaht; zustimmend die Anm. von *Siegel*, EuZW 2013, 155.
[22] EuGH Urt. v. 17.9.1997, Rs. C-54/96.
[23] Vgl. zum EuGH BVerfG Beschl. v. 29.7.2004, 2 BvR 2248/03.

35 Andere **Rechtsbehelfe** als die **Anhörungsrüge nach den §§ 120 Abs. 2, 71a GWB** (s. dazu o § 41 Rn. 38) und nachfolgend die **Verfassungsbeschwerde** – jeweils gegen die Hauptsacheentscheidung des Oberlandesgericht – stehen bei Nichtvorlage an den EuGH oder BGH aber nicht zur Verfügung, d. h. im Rahmen des Vergabenachprüfungsverfahren kann ein Verfahrensbeteiligter weder eine Befassung des BGH noch eine Befassung des EuGH erzwingen. Zum Verfassungsbeschwerdeverfahren, insbesondere zur **Monatsfrist** sei auf die §§ 90 ff. BVerfGG verwiesen. Die (Verfassungs-) Beschwerdefrist beginnt gemäß § 93 Abs. 1 Satz 2 BVerfGG erst mit dem Zugang des die Gehörsrüge zurückweisenden Beschlusses.[24] Wird der Verfassungsbeschwerde gegen die Entscheidung stattgegeben, so hebt das BVerfG die Entscheidung auf und verweist die Sache in den Fällen des hier einschlägigen § 90 Abs. 2 Satz 1 BVerfGG an das zuständige Gericht zurück. Hält das BVerfG dafür, dass eine Vorlage an den EuGH oder BGH pflichtgemäß gewesen wäre, hat eine solche Vorlage sodann durch das Beschwerdegericht zu erfolgen.

36 In **Entscheidungen des Bundesverfassungsgerichts**[25] klingt gelegentlich an, dass die Nichtvorlage an den EuGH nur dann im Wege der Verfassungsbeschwerde gerügt werden kann, wenn die **Vorlage im fachgerichtlichen Verfahren durch den Beschwerdeführer angeregt** wurde.[26] Für die Fälle der unterlassenen Divergenzvorlage nach § 124 Abs. 2 GWB liegt vergleichbare Rechtsprechung aber nicht vor. Müsste sich der Verfassungsbeschwerdeführer tatsächlich den Einwand der unterbliebenen Anregung einer Vorlage vor dem Fachgericht entgegenhalten lassen, würde von den Beteiligten des Beschwerdeverfahrens (§ 119 GWB) beinahe Unmögliches verlangt. Häufig wird das Verfahren bis zur Verkündung der Entscheidung keinen Anlass für eine solche Anregung geben, wenn etwa das Oberlandesgericht nicht zu erkennen gegeben hat, dass es EU-Recht für streitentscheidend hält oder sich mit abweichenden Rechtsprechung anderer Beschwerdegerichte befasst und gedenkt, von solcher Rechtsprechung möglicherweise abzuweichen.

---

[24] BVerfG Beschl. v. 25. 4. 2005, 1 BvR 644/05; ferner *Schmidt-Aßmann* in Maunz/Dürig, Grundgesetz-Kommentar, 64. Ergänzungslieferung 2012, Art. 103, Rn. 158.
[25] Zum Prüfungsmaßstab des BVerfG vgl. *Karpenstein*, Rn. 68 ff.
[26] BVerfG Beschl. v. 20. 2. 2008, 1 BvR 2722/06, NVwZ 2008, 780.

§ 45 Kosten und Gebühren

Übersicht

	Rn.
A. Einleitung	1–3
B. Gebühren und Auslagen der Vergabekammer	4–20
I. Entscheidung durch Verwaltungsakt	4–6
II. Maßstäbe für die Auslagen- und Gebührenhöhe	7–12
III. Statthaftigkeit der sofortige Beschwerde	13, 14
IV. Kostenvorschuss	15
V. „Unterliegen" i.S. des § 128 Abs. 3 und 4 GWB	16–20
C. Erstattungsfähigkeit von Aufwendungen der obsiegenden Beteiligten im erstinstanzlichen Verfahren	21–26
I. Grundsatz	22
II. Notwendigkeit der Hinzuziehung anwaltlicher Bevollmächtigter	23–26
D. Kostentragung und Aufwendungserstattung in besonderen Fällen: Billigkeitsgründe	27–35
I. Antragsrücknahme	28–30
II. Obsiegen des Antragsgegners trotz festgestellten Vergaberechtsverstoßes	31
III. Erledigungserklärung	32, 33
IV. Aufwendungen der Beigeladenen	34, 35
E. Kosten des Beschwerdeverfahrens	36–44
I. Kostengrundentscheidung	36–39
II. Keine Veranlassung für Kostenentscheidungen in Eilverfahren	40, 41
III. Gerichtsgebühren	42
IV. Streitwert	43, 44
F. Höhe der Rechtsanwaltsvergütung	45–54
I. Gegenstandswert	45
II. Geschäftsgebühr für das Vergabekammerverfahren	46–49
III. Sofortige Beschwerde	50–53
IV. Bietergemeinschaften und Auftraggebermehrheiten	54
G. Kostenfestsetzung	55–57

GWB: § 128

§ 128 GWB Kosten des Verfahrens vor der Vergabekammer

(1) Für Amtshandlungen der Vergabekammern werden Kosten (Gebühren und Auslagen) zur Deckung des Verwaltungsaufwandes erhoben. Das Verwaltungskostengesetz findet Anwendung.

(2) Die Gebühr beträgt mindestens 2 500 Euro; dieser Betrag kann aus Gründen der Billigkeit bis auf ein Zehntel ermäßigt werden. Die Gebühr soll den Betrag von 50 000 Euro nicht überschreiten; sie kann im Einzelfall, wenn der Aufwand oder die wirtschaftliche Bedeutung außergewöhnlich hoch sind, bis zu einem Betrag von 100 000 Euro erhöht werden.

(3) Soweit ein Beteiligter im Verfahren unterliegt, hat er die Kosten zu tragen. Mehrere Kostenschuldner haften als Gesamtschuldner. Kosten, die durch Verschulden eines Beteiligten entstanden sind, können diesem auferlegt werden. Hat sich der Antrag vor Entscheidung der Vergabekammer durch Rücknahme oder anderweitig erledigt, hat der Antragsteller die Hälfte der Gebühr zu entrichten. Die Entscheidung, wer die Kosten zu tragen hat, erfolgt nach billigem Ermessen. Aus Gründen der Billigkeit kann von der Erhebung von Gebühren ganz oder teilweise abgesehen werden.

(4) Soweit ein Beteiligter im Nachprüfungsverfahren unterliegt, hat er die zur zweckentsprechenden Rechtsverfolgung oder Rechtsverteidigung notwendigen Aufwendungen des Antragsgegners zu tragen. Die Aufwendungen der Beigeladenen sind nur erstattungsfähig, soweit sie die Vergabekammer aus Billigkeit der unterlegenen Partei auferlegt. Nimmt der An-

tragsteller seinen Antrag zurück, hat er die zur zweckentsprechenden Rechtsverfolgung notwendigen Aufwendungen des Antragsgegners und der Beigeladenen zu erstatten. § 80 Abs. 1, 2 und 3 Satz 2 des Verwaltungsverfahrensgesetzes und die entsprechenden Vorschriften der Verwaltungsverfahrensgesetze der Länder gelten entsprechend. Ein gesondertes Kostenfestsetzungsverfahren findet nicht statt.

Literatur:
Czauderna, Erledigung des Nachprüfungsantrags im Verfahren vor der Vergabekammer und Kostenentscheidung, VergabeR 2011, 421 ff.; *Dicks*, Verfahrensrechtliche Entscheidungen der Vergabesenate im Jahre 2009 – Teil II, ZfBR 2010, 339 ff.; *Lausen*, Kosten im Nachprüfungsverfahren, NZBau 2005, 440 ff.; *Hardraht*, Die Kosten des Nachprüfungsverfahrens und der sofortigen Beschwerde, NZBau 2004, 189 ff.

A. Einleitung

1 Die **Kosten (Gebühren und Auslagen) der Vergabekammer**, und die Frage, wer diese Kosten zu tragen hat, sind in § 128 Abs. 1 bis 3 GWB geregelt.

2 § 128 Abs. 4 GWB befasst sich mit der Erstattung von notwendigen **Aufwendungen der Verfahrensbeteiligten**; dabei geht es insbesondere um die Kosten für die anwaltlichen Verfahrensbevollmächtigten (in nach RVG zu bestimmender Höhe – s. dazu noch u. Rn. 45 ff.).

3 Interessanterweise sind zum Kostenrecht vergleichsweise zahlreiche **Klärungen seitens des Bundesgerichtshofs** erfolgt, da sich unter den Oberlandesgerichten die Auffassung durchgesetzt hat, dass auch Kostenfragen Gegenstand von Divergenzvorlagen nach § 124 Abs. 2 GWB (s. dazu o. § 44 Rn. 3 ff.) sein können.

B. Gebühren und Auslagen der Vergabekammer

I. Entscheidung durch Verwaltungsakt

4 Für die Gebühren und Auslagen der Vergabekammern wird auf die Vorschriften des **Verwaltungskostengesetzes** verwiesen. Falls der Gesetzgeber nicht ohnehin die Verwaltungskostengesetze des Bundes *und* der Länder erfassen wollte (kompetenzielle Gründe würden dem nicht entgegenstehen[1]), so könnte die Gesetzeslücke jedenfalls durch entsprechende Heranziehung der Landes-Verwaltungskostengesetze geschlossen werden.[2]

5 Die **Kostengrundentscheidung**, mit der die Pflicht zur Kostentragung (einschließlich der Kosten der Vergabekammer) einem oder mehreren Beteiligten auferlegt wird (vgl. § 128 Abs. 3 GWB), ist typischerweise Teil des Verwaltungsaktes (§ 114 Abs. 3 Satz 1 GWB), mit dem die Vergabekammer das erstinstanzliche Verfahren entscheidet. Sie kann aber auch – etwa bei Antragsrücknahme oder bei beidseitiger Erledigungserklärung – isoliert erfolgen.

6 Die **Festsetzung der Höhe der Gebühren und Auslagen** der Vergabekammer erfolgt i. d. R. in einem gesonderten Verwaltungsakt auf Basis des Werts des streitgegenständlichen Auftrags inklusive Umsatzsteuer (s. dazu sogleich u. Rn. 9 ff.).

---

[1] S. die vergleichbare Regelung des § 114 Abs. 3 GWB, der auf die VwVG des Bundes *und* der Länder verweist.
[2] Vgl. OLG Naumburg Beschl. v. 20.9.2012, 2 Verg 4/12.

II. Maßstäbe für die Auslagen- und Gebührenhöhe

Bei den **Auslagen** (z. B. Sachverständigenentschädigungen) gilt das strikte Kostendeckungsprinzip, d. h. dem Kostenschuldner darf nur der Betrag in Rechnung gestellt werden, der tatsächlich durch die Vergabekammer verauslagt wurde.[3]

Die Höhe der **Gebühr** für das Verfahren vor der Vergabekammer ist unter Berücksichtigung des **Aufwandes der Vergabekammer und der wirtschaftlichen Bedeutung der Sache** zu bestimmen (§ 128 Abs. 1 Satz 1 GWB: „*Deckungs des Verwaltungsaufwandes*" und § 128 Abs. 2 Satz 2 GWB: „*wirtschaftliche Bedeutung*").

Dabei vom Wert des streitgegenständlichen Auftrags auszugehen, ist nicht zu beanstanden. **Wertabhängigen Gebühren** liegt – so der BGH[4] – die Erfahrung zugrunde, dass der Aufwand der Behörde tendenziell steigt, je gewichtiger die wirtschaftliche Bedeutung der Angelegenheit ist. Wenn der personelle und sachliche Aufwand im Einzelfall außer Verhältnis zum Wert des Verfahrensgegenstandes steht, so dass eine Korrektur (entweder nach oben oder nach unten) geboten erscheint, ist dies aber im Einzelfall bei der Gebührenbemessung zu berücksichtigen.

Die Vergabekammern kommen dem nach, indem sie bestimmten Auftragswerten gestaffelt Gebührenbeträge zuordnen, die für Verfahren mit einem typischen, durchschnittlichen personellen und sachlichen Aufwand gelten, aber bei untypischen Verfahren eben auch korrigiert warden (vgl. auch zur Ermäßigung „bis auf ein Zehntel" § 128 Abs. 1 Satz 1 GWB, was bei Verfahren, in denen für die Kammer überhaupt noch kein nennenswerter Aufwand entstanden ist, in Betracht kommt). In der Praxis am bedeutsamsten, weil sich daran auch andere Vergabekammern orientieren, ist die **Gebührentabelle der Vergabekammern des Bundes**.[5]

Die Gebühr beträgt **mindestens 2.500 Euro und soll 50.000 Euro nicht überschreiten**; sie kann im Einzelfall – wenn der Aufwand oder die wirtschaftliche Bedeutung außergewöhnlich hoch sind – bis zu einem Betrag von 100.000 Euro erhöht werden.

Aus Gründen der Billigkeit kann von der Erhebung von Gebühren auch ganz **abgesehen** werden (§ 128 Abs. 3 Satz 6 GWB).

III. Statthaftigkeit der sofortige Beschwerde

Da § 116 Abs. 1 Satz 1 GWB alle „Entscheidungen der Vergabekammer" erfasst, ist auch gegen die Kostengrundentscheidung und gegen den Beschluss zur Kostenhöhe – ggf. isoliert – das Rechtsmittel der sofortigen Beschwerde gegeben. Für die **Kostengrundentscheidung** versteht sich das von selbst.

Aber auch reine **Kostenbeschlüsse** (über die Höhe der vom Unterliegenden zu begleichenden Gebühren und Auslagen der Vergabekammer) sind Entscheidungen der Vergabekammer i. S. des § 116 Abs. 1 Satz 1 GWB. Für eine einschränkende Auslegung des § 116 Abs. 1 Satz 1 GWB besteht auch deshalb kein Anlass, weil gemäß § 22 Abs. 1 VwKostG die Kostenentscheidung zusammen mit der Sachentscheidung oder selbständig angefochten werden kann, was impliziert, dass für die selbständige „Anfechtung" das gleiche Rechtsmittel statthaft sein muss wie für den Angriff auf die Sach- *und* Kostenent-

---

[3] *Weyand* § 128 GWB Rn. 12.
[4] BGH Beschl. v. 25.10.2011, X ZB 5/10, NZBau 2012, 186.
[5] BKartA, Informationsblatt zum Rechtsschutz bei der Vergabe öffentlicher Aufträge, S. 7 f.: http://www.bundeskartellamt.de/wDeutsch/download/pdf/Merkblaetter/Merkblaetter_deutsch/ 130307_Informationsblatt_Vergaberecht.pdf.; abgedruckt z. B. auch bei *Noelle* in Byok/Jaeger, § 128 GWB Rn. 23.

scheidung, hier also die sofortige Beschwerde.⁶ Der BGH hat unterdessen geklärt, dass die sofortige Beschwerde gegen den Kostenbeschluss der Vergabekammer (gerichts-) gebührenfrei ist; auch Kosten anwaltlicher Verfahrensbevollmächtigter sind nicht zu erstatten, da eine Analogie zu den §§ 66 Abs. 8, 68 Abs. 3 GKG sachgerecht sei.⁷

IV. Kostenvorschuss

15 Die Praxis der Vergabekammern hinsichtlich eines vom Antragsteller einzuzahlenden angemessenen Kostenvorschusses (§§ 128 Abs. 1 Satz 2 GWB, 16 VwKostG), der sich üblicherweise, wenn auch nicht notwendig, auf die Mindesthöhe der Gebühr richtet (gemäß § 128 Abs. 1 Satz 1 GWB: 2.500 Euro), war früher sehr uneinheitlich. Inzwischen erfolgt die Einzahlung i.d.R. erst auf gesonderte Anforderung der Kammer. Sie ist praktisch – was sachgerecht und möglicherweise auch kraft höherrangigen Gemeinschaftsrechts⁸ geboten ist – **nicht mehr Voraussetzung für die Übermittlung des Nachprüfungsantrags an den Antragsgegner** und damit für die Auslösung des Suspensiveffekts (§ 115 Abs. 1 GWB). Gleichwohl empfiehlt es sich, in der Antragstellerrolle die Frage der Handhabung des Vorschusses vor Einreichung des Nachprüfungsantrags zu klären.

V. „Unterliegen" i.S. des § 128 Abs. 3 und 4 GWB

16 **Soweit ein Beteiligter im Verfahren unterliegt**, hat er die Kosten der Vergabekammer zu tragen (§ 128 Abs. 3 Satz 1 GWB).

17 Ob und inwieweit ein Verfahrensbeteiligter im Sinne des § 128 Abs. 3 Satz 1 GWB (und i.S. des § 128 Abs. 4 Satz 1 GWB – dazu sogleich Rn. 21 ff.) unterliegt, richtet sich – jedenfalls im Grundsatz – nach dem wirtschaftlichen **Begehren des Antragstellers**; dabei ist nicht schematisch auf die gestellten Anträge abzustellen, weil die Vergabekammer daran nicht gebunden ist (§ 114 Abs. 1 Satz 2 GWB), sondern darauf, ob der Antragsteller sein Ziel materiell erreicht hat.⁹

18 Danach führt es nicht zu einem teilweisen Unterliegen, wenn der Antragsteller **nicht mit allen Rügen durchdringt**, wirtschaftlich aber mit der oder den erfolgreichen Beanstadung(en) so steht, wie er bei bei Zulässigkeit und Begründetheit seines Nachprüfungsantags stehen wollte.¹⁰

19 Begehrt der Antragsteller ausweislich seines Vortrages den Ausschluss des Angebots des Beigeladenen (und damit inzident den Zuschlag an sich selbst), spricht ihm die Vergabekammer aber – wegen bereits fehlerhafter Grundlagen der Ausschreibung – nur die Wiederholung des Vergabeverfahrens und damit die schon fast sprichwörtliche **„zweite**

---

⁶ BGH Beschl. v. 25.10.2011, X ZB 5/10, NZBau 2012, 186; OLG Frankfurt/Main Beschl. v. 11.4.2012, 11 Verg 10/11.
⁷ BGH Beschl. v. 25.10.2011, X ZB 5/10, NZBau 2012, 186; a.A. noch das vorlegende OLG Düsseldorf Beschl. v. 12.7.2010, VII-Verg 17/10.
⁸ Dem Gewährleistungsauftrag an die Mitgliedstaaten, für einen effektiven Vergaberechtsschutz zu sorgen, würde es zuwiderlaufen, wenn allein die nicht rechtzeitige Zahlung eines Kostenvorschusses zur Primärrechtsschutzverweigerung führen könnte; so OLG München, Beschl. v. 19.1.2010, Verg 1/10.
⁹ BGH Beschl. v. 8.2.2011, X ZB 4/10, NZBau 2011, 175.
¹⁰ Ein instruktives Beispiel und eine zutreffende Begründung liefert OLG Düsseldorf Beschl. v. 6.4.2011, VII-Verg 19/11: „Erreicht z.B. der Antragsteller *entsprechend seinem Begehren* das Ausscheiden des Angebots des Beigeladenen aus der Wertung, während das Vergabeverfahren im Übrigen fortgesetzt werden kann, ist es für den Antragsteller unerheblich, ob das Angebot des Beigeladenen nur aus einem oder aus allen von ihm angeführten Gründen auszuschließen ist. Die Bieterchancen des Antragstellers haben sich durch den Ausschluss des Beigeladenen verbessert, wobei das Maß dieser Verbesserung nicht von der Anzahl der Ausschlussgründe abhängt" (Hervorhebung nur hier).

§ 45 Kosten und Gebühren   Kap. 9

Chance" zu, so haben sich zwar seine Auftragchancen – gemessen an der von ihm angegriffenen ursprünglichen Angebotsbewertung seitens des Antragsgegners – verbessert. Er hat aber nicht das erreicht, was zu erreichen seine Absicht war. Eine hälftige Teilung erscheint dann als angemessene Kostenfolge.[11]

Mehrere Kostenschuldner – ein Fall, der etwa dann eintreten kann, wenn mehrere 20 Antragsgegner oder aber Antragsgegner und Beigeladene gemeinsam unterliegen – haften im Hinblick auf die Vergabekammerkosten **gesamtschuldnerisch** (§ 128 Abs. 3 Satz 2 GWB).[12]

C. Erstattungsfähigkeit von Aufwendungen der obsiegenden Beteiligten im erstinstanzlichen Verfahren

Redaktionell nicht wirklich geglückt ist **§ 128 Abs. 4 GWB** zur Erstattungsfähigkeit der 21 Aufwendungen der Beteiligten (Antragsteller, Antragsgegner und Beigeladene).

I. Grundsatz

Im Grundsatz sind – wie schon dargelegt – auch diese **Aufwendungen vom „Unterlie-** 22 **genden" zu tragen** (§ 128 Abs. 4 Satz 1 GWB).

II. Notwendigkeit der Hinzuziehung anwaltlicher Bevollmächtigter

Voraussetzung für die **Erstattungsfähigkeit** der Rechtsanwaltsvergütung (deren Höhe 23 sich nach RVG bestimmt; dazu sogleich u. Rn. 45 ff.) ist die Feststellung der Vergabekammer, dass die Hinzuziehung anwaltlicher Bevollmächtigter durch den (ganz oder teilweise) obsiegenden Beteiligten notwendig war.

Zu den Anträgen, die in der Antragsschrift oder Antragserwiderung zu stellen (bzw. 24 anzukündigen) sind, gehört daher auch der **Antrag auf Feststellung, dass die Hinzuziehung eines anwaltlichen Bevollmächtigten notwendig ist** (§ 128 Abs. 4 Satz 4 GWB i.V.m. § 80 Abs. 2 VwVfG). Auf diesen Ausspruch ist – wenn die Kosten des Rechtsanwalts in Vergabenachprüfungsverfahren erstattungsfähig sein sollen – auch dann zu drängen, wenn sich das Nachprüfungsverfahren gemäß § 114 Abs. 2 Satz 2 GWB erledigt hat oder der Nachprüfungsantrag zurückgenommen wurde.

Für den öffentlichen Auftraggeber ist die Hinzuziehung eines anwaltlichen Bevoll- 25 mächtigten nicht in allen Fällen notwendig. Überwiegend hält die Rechtsprechung – durchaus diskussionswürdig – eine vor allem an der **Komplexität der streitentscheidenden Rechtsfragen** und der **personellen Ausstattung des Auftraggebers** orientierte differenzierende Betrachtungsweise für erforderlich.[13] Ob die Hinzuziehung eines anwaltlichen Vertreters im Verfahren vor der Vergabekammer durch den öffentlichen Auftraggeber notwendig ist, soll danach nicht schematisch, sondern stets **anhand des Einzelfalles zu entscheiden** sein. Im Rahmen der Abwägung ist insbesondere in Betracht zu ziehen, ob sich das Nachprüfungsverfahren auf den originären Aufgabenkreis des Auftraggebers konzentriert, in dem er sich selbst die notwendigen Sach- und Rechtskenntnisse verschaffen kann und muss.

---

[11] OLG Düsseldorf Beschl. v. 22.2.2010, VII-Verg 62/09.
[12] OLG Düsseldorf Beschl. v. 23.11.2004, VII-Verg 69/04.
[13] BGH Beschl. v. 26.9.2006, X ZB 14/06, NZBau 2006, 800; OLG Düsseldorf Beschl. v. 3.1. 2011, VII-Verg 42/10, VergabeR 2011, 648, Beschl. v. 26.9.2003, VII Verg 31/03; OLG Koblenz Beschl. v. 8.6.2006, 1 Verg 4 u. 5/06; OLG München Beschl. v. 11.6.2008, Verg 6/08, ZfBR 2008, 724; OLG Frankfurt am Main Beschl. v. 30.3.2010, 11 Verg 3/10.

26 Richtigerweise gebietet es schon der Gesichtspunkt der **Waffengleichheit**, dass ein Auftraggeber/Antragsgegner sich gegen einen anwaltlich (von auf Vergaberecht spezialisierten Verfahrensbevollmächtigten) eingereichten Nachprüfungsantrag regelmäßig[14] auch mit Hilfe anwaltlicher Unterstützung verteidigen darf.[15] Dies gilt insbesondere vor dem Hintergrund, dass die Angelegenheit häufig von erheblicher wirtschaftlicher Bedeutung für den Antragsgegner sein wird. Hinzu tritt, dass das Nachprüfungsverfahren unter einem erheblichen Zeitdruck steht und das Vergaberecht *per se* eine **komplexe Rechtsmaterie** darstellt. Angreifbar wäre es jedenfalls, wenn der oder die Vergabekammervorsitzende die zu klärenden Rechts- und/oder Sachverhaltsfragen zur Begründung einer Verlängerung der Entscheidungsfrist (gemäß § 113 Abs. 1 Sätze 2 bis 4 GWB) als überdurchschnittlich schwierig einschätzt, dann aber in der Entscheidung die Notwendigkeit der Hinzuziehung anwaltlicher Bevollmächtigter durch die Antragsgegnerin verneint wird.

D. Kostentragung und Aufwendungserstattung in besonderen Fällen: Billigkeitsgründe

27 Mit der Lektüre des Gesetzestextes kaum zu bewältigen sind die Fragen danach, wer die (Vergabekammer-) Kosten und die erstattungsfähigen Aufwendungen der Beteiligten zu tragen hat, wenn der Nachprüfungsantrag etwa zurückgenommen oder beidseits für erledigt erklärt wird. Auf diese und andere Fallgestaltungen, für die verstärkt **Billigkeitsgesichtspunkte** heranzuziehen sind, ist daher nachfolgend im Einzelnen einzugehen:

I. Antragsrücknahme

28 Nimmt der Antragsteller seinen Nachprüfungsantrag zurück, gilt das nach § 128 Abs. 3 Satz 4 und Abs. 4 Satz 3 GWB seit dem Vergaberechtsmodernisierungsgesetz als Unterliegen,[16] mit der Folge, dass die **Kosten der Kammer und ggf. die erstattungsfähigen Aufwendungen der anderen Beteiligten grundsätzlich dem Antragsteller aufzuerlegen sind** (wobei die Vergabekammergebühr zu halbieren ist, wenn die Antragsrücknahme vor der Entscheidung der Vergabekammer erfolgt ist).

29 Ebenfalls seit In-Kraft-Treten des **Vergaberechtsmodernisierungsgesetzes** können Billigkeitsgesichtspunkte bei der Kostenentscheidung aber in stärkerem Maße als bis April 2009 berücksichtigt werden. So begrüßenswert die erhöhte Flexibilität aus behördlicher und richterlicher Sicht sein mag: Die Abschätzung der Prozesskostenrisiken, die häufig eine ganz erhebliche Triebfeder für das prozessuale Verhalten jedes Beteiligten (gleich, in welcher Rolle) ist, ist dadurch nicht einfacher, in manchen Verfahren beinahe unmöglich geworden.

30 Sachlich gerechtfertigt ist die (ggf. teilweise) Kostentragung des Antragsgegners unter Billigkeitsgesichtspunkten in Fällen, in denen dieser zwar im Nachprüfungsverfahren obsiegt, aber mit einer fehlerhaften Vorabinformation (die allein einem Nachprüfungsantrag ja nicht zum Erfolg verhilft) oder auf sonstige Weise (durch Korrektur von Vergaberechtsverstößen in einem sehr späten Zeitpunkt) dem Antragsteller erst **Veranlassung zur Ver-**

---

[14] Etwas anderes kann ausnahmsweise gelten, wenn eine Situation vorliegt, in der ausnahmsweise lediglich über erkennbar einfache tatsächliche und ohne Weiteres zu beantwortende Vergaberechtsfragen gestritten wird.
[15] Vgl. OLG Naumburg Beschl. v. 6.3.2013, 2 Verg 1/13; OLG Frankfurt am Main Beschl. v. 30.7.2013, 11 Verg 7/13.
[16] Anders bis zur Novellierung des § 128 Abs. 3 und 4 durch das Vergaberechtsmodernisierungsgesetz 2009; zum vorher geltenden Recht: BGH Beschl. v. 25.10.2005, X ZB 22/05, NZBau 2006, 196.

gabenachprüfung[17] und in der Folge ggf. Veranlassung zur Antragsrücknahme[18] gegeben hat.

II. Obsiegen des Antragsgegners trotz festgestellten Vergaberechtsverstoßes

Zu weitgehend ist es aber wohl, dem Antragsgegner die Kosten für ein Nachprüfungsverfahren aufzuerlegen, in dem er (nur) deshalb obsiegt hat, weil sich **feststellbare Vergaberechtsverstöße nicht zu Lasten der Antragstellerin ausgewirkt** haben.[19] Es gehört zum „Standardprogramm" der Begründetheitsprüfung, danach zu fragen, ob sich etwaige Verstöße gerade zum Schaden des Antragstellers feststellen lassen, ohne dass hierdurch automatisch Billigkeitsaspekte berührt werden. 31

III. Erledigungserklärung

Auch bei beidseitigen Erledigungserklärungen soll eine Verteilung der **Kosten der Vergabekammer nach billigem Ermessen** – auf der Grundlage des bei Eintritt der Erledigung geltenden Sach- und Streitstandes – erfolgen. Maßgeblich ist der ohne die Erledigung zu erwartende Verfahrensausgang.[20] 32

Bei beidseitiger Erledigungserklärung soll es aber nach wie vor – so der BGH – für das Verfahren vor der Vergabekammer an einer Rechtsgrundlage für die **Erstattung von Aufwendungen der Beteiligten** fehlen.[21] Diese Sichtweise überzeugt nicht recht. Es kann nicht angenommen werden, dass der Gesetzgeber Billigkeitsgesichtspunkten bei finaler Abfassung des § 128 Abs. 4 GWB bewusst keinen Raum geben wollte (vgl. auch die Regelung für die Erstattungsfähigkeit der Beigeladenaufwendungen nach § 128 Abs. 4 Satz 2 GWB: „*aus Billigkeit*"). Die planwidrige Lücke ließe sich durch die entsprechende Anwendung von § 128 Abs. 3 Satz 5 GWB füllen. 33

IV. Aufwendungen der Beigeladenen

Die Beigeladene hat einen Kostenerstattungsanspruch nur, wenn sie aus Billigkeit der unterlegenen Partei auferlegt werden (§ 128 Abs. 4 Satz 2 GWB). So ist vorzugehen, wenn die Beigeladene **eigene Anträge gestellt und damit obsiegt** hat. Im Regelfall dürfte es ferner der Billigkeit entsprechen, die Erstattungsfähigkeit der Beigeladenenaufwendungen anzuordnen, wenn die Beigeladene **durch ihren Vortrag wesentlich zur Verfahrens-** 34

---

[17] Zu einem solchen Fall der „Veranlassung des Nachprüfungsverfahrens" OLG Düsseldorf Beschl. v. 1.10.2012, VII-Verg 25/12: Erweitert der Antragsteller den Nachprüfungsantrag dergestalt, dass zu der Rüge bezüglich fehlerhafter Bieterinformationen noch weitere Beanstandungen des Vergabeverfahrens hinzukommen, mit denen er aber im Ergebnis nicht durchdringt, so ist eine Kostenteilung nicht zu kritisieren.

[18] Die herrschende Meinung sieht das allerdings anders. Gegen einen Aufwendungserstattungsanspruch im Falle der Rücknahme durch den Antragsteller (offenbar auch in Veranlassungsfällen) aber OLG Düsseldorf Beschl. v. 18.2.2013, VII-Verg 39/12. Das ist wohl zumindest unter dem Gesichtspunkt konsequent, als der BGH schon bei beidseitiger Erledigungserklärung keinen Raum für Erstattungen von Aufwendungen der Beteiligten sieht (s. Rn. 33). Das wird dann erst recht für die Antragsrücknahme zu gelten haben. Allerdings ist die unterschiedliche Bedeutung von Billigkeitsgründen im Rahmen der Abs. 3 und 4 zu § 128 GWB *de lege ferenda* noch einmal zu überdenken.

[19] So aber OLG Düsseldorf Beschl. v. 12.12.2012, VII-Verg 108/11.

[20] BGH Beschl. v. 25.1.2012, X ZB 3/11, NZBau 2012, 380; OLG Düsseldorf Beschl. v. 11.5.2011, VII-Verg 1/11.

[21] BGH Beschl. v. 25.1.2012, X ZB 3/11, NZBau 2012, 380; OLG Düsseldorf Beschl. v. 9.1.2013, VII-Verg 41/12; OLG Naumburg Beschl. v. 14.4.2011, 2 Verg 2/11, BeckRS 2011, 17002.

förderung beigetragen hat.[22] Voraussetzung für die Erstattungsfähigkeit der Vergütung der anwaltlichen Verfahrensbevollmächtigten auch der Beigeladenen ist die Feststellung der Notwendigkeit der Hinzuziehung dieser Verfahrensbevollmächtigten (s. dazu o. Rn. 23 ff.).

35 Entschieden ist auch ein eher atypischer Fall: Voraussetzung für eine Erstattungspflicht des unterlegenen Auftraggebers/Antragsgegners zugunsten eines Beigeladenen ist, dass der Beigeladene – was ihm freisteht[23] – sich eindeutig den Rügen des Antragstellers angeschlossen hat. Die Erstattungspflicht für Aufwendungen eines Beigeladenen kann also nicht nur zu Lasten des unterlegenen Antragstellers, sondern auch **zu Lasten des unterlegenen Antragsgegners**[24] eintreten, allerdings nur insoweit (z. B. bezogen auf einzelne streitige Lose[25]), wie der Beigeladene auch tatsächlich als verfahrensbeteiligt anzusehen ist.[26]

E. Kosten des Beschwerdeverfahrens

I. Kostengrundentscheidung

36 Die Kosten des Beschwerdeverfahrens (einschließlich der Eilverfahren, etwa gemäß § 118 Abs. 1 Satz 3 GWB, in denen keine isolierten Kostenentscheidungen veranlasst sind) sind – jedenfalls nach Inkrafttreten des Gesetzes zur Modernisierung des Vergaberechts – gemäß § 120 Abs. 2 i.V.m. § 78 GWB nach Billigkeit zu verteilen. Dies gilt sowohl für die **Gerichtskosten** als auch für die **Aufwendungen der anderen Verfahrensbeteiligten**.[27]

37 Den vielfältigen **kostenrechtlichen Besonderheiten** der sofortigen Beschwerdeverfahren **vor den Landessozialgerichten** (vgl. zu deren Teilzuständigkeit in den Jahren 2009 und 2010 o. § 38 Rn. 35 f.) soll hier nicht weiter nachgegangen werden, wiewohl diese teilweise noch Nachwirkungen haben.

38 Es entspricht der **Billigkeit**, dem in der Beschwerdeinstanz Unterlegenen mit den Gerichtskosten und den außergerichtlichen Kosten anderer Verfahrensbeteiligter zu belasten, soweit nicht die besonderen Umstände des Einzelfalls ausnahmsweise eine abweichende Entscheidung gebieten. Gehen Antragsgegner und Beigeladener jeweils mit eigenen sofortigen Beschwerden gegen die Vergabekammerentscheidung vor (oder wehren sie sich jeweils mit eigenen Anträgen gegen die sofortige Beschwerde des Antragstellers) und unterliegen gemeinsam, so entspricht es i.d.R. der Billigkeit, ihnen die Gerichtskosten und die außergerichtlichen Kosten des Antragstellers je zur Hälfe aufzuerlegen.

39 Ausnahmsweise kann eine abweichende Kostenentscheidung – wie auch vor der Vergabekammer (s. dazu o. Rn. 30) – nach den §§ 120 Abs. 2, 78, 73 Nr. 2 GWB i.V.m. den §§ 93, 97 Abs. 2 ZPO geboten sein, wenn der Antragsgegner – ggf. auch nur hinsichtlich eines Teils der vorgebrachten Beanstandungen – **Veranlassung für das Vergabenach-**

---

[22] OLG Düsseldorf Beschl. v. 15.5.2004, VII-Verg 12/03.
[23] BGH Beschl. v. 10.11.2009, X ZB 8/09, NZBau 2010, 124.
[24] Ist die Verpflichtung zum Aufwendungsersatz für einen obsiegenden anderen Beteiligten mehreren Antragsgegnerinnen auferlegt, haften diese – mangels einer entsprechenden Rechtsgrundlage – nicht gesamtschuldnerisch – BGH Beschl. v. 8.2.2011, X ZB 4/10; OLG Düsseldorf Beschl. v. 2.5.2011, VII-Verg 18/11. Im Hinblick auf die Kosten der Vergabekammer gibt es eine entsprechende Rechtsgrundlage.
[25] Auch der für die Beigeladenenaufwendungen maßgebliche Streit- und Gegenstandswert (s. dazu noch u. Rn. 43–45) kann sich nur nach Maßgabe derjenigen Lose bemessen, hinsichtlich derer von einer Beteiligung der Beigeladenen am Nachprüfungsverfahren auszugehen ist; vgl. OLG Düsseldorf Beschl. v. 22.11.2010, VII-Verg 55/09.
[26] OLG Düsseldorf Beschl. v. 2.5.2011, VII-Verg 18/11.
[27] BGH Beschl. v. 8.2.2011, X ZB 4/10, NZBau 2011, 175.

prüfungsverfahren und die sofortige Beschwerde gegeben hat, indem er gerügte Vergaberechtsverstöße erst in der Beschwerdeinstanz (und damit zu spät) behebt.[28]

II. Keine Veranlassung für Kostenentscheidungen in Eilverfahren

In Verfahren nach § 118 Abs. 1 Satz 3 GWB und § 121 GWB ist eine Kostenentscheidung nicht zu treffen. Sie bleibt – nach ständiger, weitgehend einheitlicher Rechtsprechung – jeweils der Beschwerdeentscheidung vorbehalten. 40

In Verfahren nach § 115 Abs. 2 Sätze 5 und 6 GWB treffen die Beschwerdegerichte hingegen regelmäßig isolierte Kostengrundentscheidungen. Die Kostenentscheidung folgt dann aus § 115 Abs. 2 Satz 7 GWB i.V.m. § 121 Abs. 3 Satz 4, § 120 Abs. 2, § 78 GWB.[29] Es spräche aber nichts dagegen, auch hier die Kostenentscheidung der Hauptsacheentscheidung vorzubehalten.[30] 41

III. Gerichtsgebühren

Für das sofortige Beschwerdeverfahren fallen in der **Hauptsache** 4,0 Gerichtsgebühren (Ziffer 1220 des KV zum GKG) an, die sich auf die Hälfte reduzieren, wenn eine Rücknahme des Rechtsmittels vor Schluss der mündlichen Verhandlung erfolgt (Ziffer 1222 des KV zum GKG). Für **Eilverfahren** nach den §§ 115 Abs. 2 Sätze 5 und 6, 118 Abs. 1 Satz 3 und 121 GWB fallen jeweils 3,0 Gerichtsgebühren an (Ziffer 1630 des KV zum GKG[31]). 42

IV. Streitwert

Der für die Höhe der Gerichtskosten maßgebliche Streitwert beträgt nach § 50 Abs. 2 GKG im sofortigen Beschwerdeverfahren **5 % der Bruttoauftragssumme.** 43

Gegen die **Streitwertfestsetzung des Beschwerdegerichts** kann nicht nach § 68 GKG im Wege der **Beschwerde** vorgegangen werden (§ 68 Abs. 5 i.V.m. § 66 Abs. 3 Sätze 2 und 3 GWB), so dass nur eine Gegenvorstellung möglich ist. 44

F. Höhe der Rechtsanwaltsvergütung

I. Gegenstandswert

Dieser Maßstab (**5 % des Bruttoauftragsinteresses** des Antragstellers oder der Beigeladenen) gilt entsprechend für den Gegenstandswert, welcher der gesetzlichen Rechtsanwaltsvergütung zugrunde zu legen ist (§ 23 Abs. 1 Satz 1 RVG), und zwar – was sich freilich nicht von selbst versteht – auch im Verfahren vor der Vergabekammer.[32] Ist das Nachprüfungsverfahren über zwei Instanzen hinweg geführt worden, wird es sich i.d.R. anbieten, die Streit- und Gegenstandswertfestsetzung des Beschwerdegerichts der Berechnung der 45

---

[28] OLG Düsseldorf Beschl. v. 10.8.2011, VII-Verg 36/11, NZBau 2011, 765.
[29] Vgl. OLG Düsseldorf Beschl. v. 9.5.2011, VII-Verg 41/11.
[30] Gleiches gilt für Entscheidungen der Vergabekammern nach § 115 Abs. 2 GWB. Die Praxis ist nicht einheitlich, was sich aber in den wenigsten Fällen auf die letztendlich zu treffende Kostenverteilung entscheidend auswirken dürfte.
[31] Bei Beendigung des jeweiligen Eilverfahrens durch Antragsrücknahme 1,0 Gerichtsgebühren (Nr. 1631 des KV zum GKG).
[32] OLG Düsseldorf Beschl. v. 17.1.2006, Verg 63/05. Zu beachten ist: Die Vergabekammmern stellen in ihren Gebührentabellen (s.o. Rn. 10) auf das gesamte Bruttoauftragsinteresse (ohne die 5 %-Betrachtung nach §§ 50 Abs. 2 GKG, 23 Abs. 1 RVG) ab.

Rechtsanwaltsgebühr auch für die erste Instanz zugrundezulegen. Endet des Nachprüfungsverfahren vor der Vergabekammer, wird der Gebührenbescheid der Kammer regelmäßig Anhaltspunkte dafür liefern, welche Summe 5 % des Bruttoauftragsinteresses entspricht. Der Wert, den die Vergabekammer ihrem Gebührenbeschluss zugrunde legt, ist für die Berechnung der erstattungsfähigen anwaltlichen Kosten zwar nicht bindend. Übernimmt der obsiegende Beteiligte jedoch diesen Wert für die Ermittlung der Höhe der Geschäftsgebühr (dazu sogleich u. Rn. 46), wird das die Akzeptanz und Durchsetzungschancen seiner Forderung beim Gegner zumindest in Zweifelsfällen sehr verbessern.

II. Geschäftsgebühr für das Vergabekammerverfahren

46 Umstritten war lange, ob die Geschäftsgebühr des Rechtsanwaltes für die erstinstanzliche Vertretung vor der Vergabekammer **nach Nr. 2301 VV RVG (dann: 0,5–1,3) oder Nr. 2300 VV RVG (dann: 0,5–2,5) zu bestimmen** ist, wenn der anwaltliche Bevollmächtigte für seinen Mandanten bereits im Vergabeverfahren tätig war (also etwa den Antragsteller bei der Abfassung des Rügeschreibens oder den Antragsgegner bei der Erstellung der Vergabeunterlagen oder der Rügerwiderung unterstützt hat).[33] Der BGH hat dies zugunsten der Nr. 2301 entschieden, weil das Vergabeverfahren wie ein Verwaltungsverfahren und das Nachprüfungsverfahren erster Instanz wie ein Vorverfahren zu behandeln ist.[34] Aus anwaltlicher Sicht war das schwer einzusehen, haben das verwaltungsprozessual teils vorgesehene Vorverfahren (Widerspruch) und ein erstinstanzliches Vergabenachprüfungsverfahren doch wenig miteinander gemein; mit Händen zu greifende Unterschiede betreffen etwa Fragen der Akteneinsicht, der Beiladung und der mündlichen Verhandlung. Durch das 2. KostRMoG sind die Nrn. 2300 ff. des VV zum RVG mit Wirkung zum 1.8.2013 geändert worden.

47 Bei den **Rahmengebühren** nach den Nrn. 2300 und (früher) 2301 des VV zum RVG bestimmt der Rechtsanwalt nach § 14 Abs. 1 RVG die Gebühr im Einzelfall unter Berücksichtigung aller Umstände, vor allem des Umfangs und der Schwierigkeit der anwaltlichen Tätigkeit, der Bedeutung der Angelegenheit sowie der Einkommens- und Vermögensverhältnisse des Auftraggebers nach billigem Ermessen, wobei ein besonderes Haftungsrisiko des Rechtsanwalts bei der Bemessung herangezogen werden kann; ist die Gebühr von einem Dritten zu ersetzen, ist die von dem Rechtsanwalt getroffene Bestimmung nicht verbindlich, wenn sie unbillig ist.[35]

48 Im Rahmen der Nr. 2300 ist – trotz der gesetzlichen Regelgebühr von 1,3 – in einem erstinstanzlichen Nachprüfungsverfahren (mit typischem Ablauf, die Durchführung einer mündlicher Verhandlung eingeschlossen) angesichts der Komplexität, Eilbedürftigkeit und rechtlichen Schwierigkeit des Vergaberechts und des Vergabeprozessrechts die Forderung einer 2,0-fachen Geschäftsgebühr grundsätzlich nicht **unbillig im Sinne des § 14 Abs. 1 Satz 4 RVG.**[36] Übertragen auf den Gebührenrahmen der Nr. 2301 des VV zum RVG bedeutet dies, dass regelmäßig die Forderung einer (1,0) Geschäftsgebühr nicht zu beanstanden sein wird.

---

[33] OLG Düsseldorf Beschl. v. 7.5.2007, VII-Verg 7/07 (Vorlagebeschluss zum BGH).
[34] BGH Beschl. v. 23.9.2008, X ZB 19/07, NZBau 2008, 782.
[35] BGH Beschl. v. 23.9.2008, X ZB 19/07, NZBau 2008, 782; vgl. zur 20 %-igen Toleranzgrenze, innerhalb derer nicht von Unbilligkeit ausgegangen werden kann, zuletzt etwa BGH Urt. v. 5.6.2012, VI ZR 273/11.
[36] OLG München Beschl. v. 13.11.2006, Verg 13/06, VergabeR 2007, 266, Beschl. v. 16.11.2006, Verg 14/06; OLG Naumburg Beschl. v. 30.8.2005, 1 Verg 6/05 sowie Beschl. v. 23.8.2005, 1 Verg 4/05. Die sonst auf die Regelgebühr von 1,3 (über die nur bei besonders umfangreichen oder schwierigen Tätigkeiten hinausgegangen werden darf) fokussierte Gesetzeslage und hierzu ergangene Rechtsprechung (vgl. etwa BGH Urt. v. 11.7.2012, VIII ZR 323/11) ist für den Bereich des Vergaberechts zu relativieren.

Für die **Ausschöpfung des Gebührenrahmens** sowohl der Nr. 2300 (2,5 Geschäfts- 49 gebühren) als auch der (früheren) Nr. 2301 (1,3 Geschäftsgebühren) des VV RVG müssen aber **besondere Umstände** hinzutreten.

III. Sofortige Beschwerde

Gemäß Vorbemerkung 3 Abs. 4 VV RVG ist die im Verfahren vor der Vergabekammer 50 abgerechnete Geschäftsgebühr zur Hälfte (jedoch höchstens mit einem Gebührensatz von 0,75) auf die im Beschwerdeverfahren nach Nr. 3200 des VV zum RVG entstandenen 1,6 Verfahrensgebühren[37] anzurechnen. Diese **Verfahrensgebühr** kann sich also erheblich reduzieren (bis zum Wert von 0,85).

§ 15a Abs. 1 RVG steht der **teilweisen Anrechnung der Geschäftsgebühr** nicht 51 entgegen, weil der Antragsteller im Kostenfestsetzungsverfahren i.d.R. die Anwaltskosten sowohl der ersten Instanz als auch der zweiten Instanz festsetzen lässt (§ 15a Abs. 2, 3. Alt. RVG). Der Anrechnung steht auch dann nichts im Wege, wenn der Kostengläubiger mit seinen Anwälten eine Honorar- bzw. Vergütungsvereinbarung abgeschlossen hat, nach der den anwaltlichen Verfahrensbevollmächtigten (u.a.) für die erste Instanz eine über die gesetzliche Vergütung hinausgehende Vergütung zusteht.[38] Denn der Kostengläubiger kann auch in Vergabenachprüfungsverfahren lediglich die gesetzlichen Gebühren seiner Verfahrensbevollmächtigten festsetzen lassen.[39]

Wird mündlich verhandelt, beträgt die **Terminsgebühr** 1,2 (Nr. 3202 des VV zum 52 RVG).

Die **Verfahrensgebühr für Eilverfahren** nach den § 115 Abs. 2, 118 Abs. 1 Satz 3 53 und 121 GWB beträgt jeweils 1,3 (Nr. 3100 des VV zum RVG i.V.m. Vorbemerkung 3.2 Abs. 2).

IV. Bietergemeinschaften und Auftraggebermehrheiten

Die Festsetzung einer **Hebegebühr** hat bei mehreren Beteiligten sowohl auf Antragstel- 54 ler- als auch auf Antragsgegnerseite (Bietergemeinschaften und Auftraggebermehrheiten/ Einkaufsgemeinschaften) zu unterbleiben; solche Gesellschaften bürgerlichen Rechts sind kostenrechtlich als *ein* Beteiligter zu behandeln.[40]

G. Kostenfestsetzung

Allein für das **Verfahren vor der Vergabekammer** findet eine Kostenfestsetzung nicht 55 mehr statt (§ 128 Abs. 4 Satz 5 GWB), d.h. die von der VK als erstattungsfähig erachteten Anwaltskosten oder sonstigen Aufwendungen müssen bei nicht Nichtzahlung durch den unterlegenen Beteiligten auf dem Zivilrechtsweg eingeklagt werden. Nur auf diese Weise kann der Kostengläubiger einen Vollstreckungstitel erlangen.

Geht das Nachprüfungsverfahren jedoch in die zweite Instanz, kann die **Festsetzung** 56 der Anwaltskosten beantragt werden, und zwar dann **für beide Instanzen.** Es steht dem Rechtspfleger des Oberlandesgerichts in den Fällen, in denen er die Festsetzung auch der im Verfahren vor der Vergabekammer entstandenen Kosten vornehmen kann, nicht frei,

---

[37] Bei vorzeitiger Auftragsbeendigung fällt eine 1,1-Verfahrensgebühr an.
[38] OLG Düsseldorf Beschl. v. 4.6.2012, VII-Verg 8/11. Zur neuen Anwendungsvorschrift der Vorbemerkung 2.3 Abs. 4 VV zum RVG auf die erstinstanzliche Geschäftsgebühr *Conrad*, ZfBR 2014, 228, 231f.
[39] OLG Düsseldorf Beschl. v. 30.5.2012, VII-Verg 1/11; BGH Beschl. v. 29.9.2009, X ZB 1/09, NZBau 2010, 129 m.w.N.
[40] OLG Düsseldorf, Beschl. v. 9.1.2008, VII Verg 33/07.

die beantragte Festsetzung derartiger Kosten abzulehnen. Nach § 162 Abs. 2 VwGO gehören auch die Kosten des Vorverfahrens zu den Kosten des Rechtsstreits. Da das Verfahren vor der Vergabekammer – so der BGH – kostenrechtlich wie ein Vorverfahren ausgestaltet ist (s. o. Rn. 46), ist auch die Vorschrift des § 161 Abs. 2 VwGO für die Zwecke der Kostenfestsetzung analog anzuwenden.[41] Dass der Rechtspfleger die beantragten Kosten für beide Instanzen festzusetzen hat, gilt auch bei Rücknahme des Nachprüfungsantrags durch den Antragsteller vor dem Beschwerdegericht[42] (bei Rücknahme nur der sofortigen Beschwerde ist dies ohnehin klar).

57 Allein **statthaftes Rechtsmittel** gegen den Kostenfestsetzungsbeschluss ist die **Erinnerung** (§§ 120 Abs. 2 i. V. m. 78 Satz 3 GWB, 104 Abs. 3 Satz 1 ZPO, 11 Abs. 1 und 2 RPflG).[43]

---

[41] OLG Düsseldorf Beschl. v. 22. 11. 2010, VII-Verg 55/09, NZBau 2011, 125.
[42] OLG Brandenburg Beschl. v. 28. 12. 2011, Verg W 2/11.
[43] OLG Düsseldorf Beschl. v. 4. 6. 2012, VII-Verg 8/11.

Kapitel 10 Auftragsvergaben in den Bereichen Verkehr, Trinkwasser- und Energieversorgung (SektVO)

§ 46 Einleitung

Übersicht

	Rn.
A. Die SektVO als Sondervergaberecht der Energie-, Wasser- und Verkehrsversorgung	1, 2
B. Grundzüge der Regelungssystematik	3–6
I. Teilweise Abkehr vom Kaskadensystem	4, 5
II. Einheitliche Anwendung	6
C. Freistellung vom Vergaberecht für bestimmte Sektorentätigkeiten	7

Literatur:
Amelung, Die VOL/A 2009 – Praxisrelevante Neuregelungen für die Vergabe von Liefer- und Dienstleistungen, NZBau 2010, 727; *Bungenberg*, Vergaberecht im Wettbewerb der Systeme, 2007; *Byok/Jansen*, Vergaberechtsreform, eine Endlossaga?, BB 2004, 1239; *Gabriel*, Defence Procurement: Auftragsvergaben im Bereich staatlicher Verteidigung und Sicherheit nach dem „Defence Package" der Europäischen Kommission, VergabeR 2009, 380; *Knauff*, Das Kaskadensystem im Vergaberecht – ein Regelungsmodell mit Zukunft?, NZBau 2010, 657; *Mader*, Das neue EG-Vergaberecht, EuZW 2004, 425; *Müller*, Verordnung über die Vergabe von Aufträgen im Bereich des Verkehrs, der Trinkwasserversorgung und der Energieversorgung Sektorenverordnung (SektVO) – Ein Überblick, VergabeR 2010, 302; *Opitz*, Die neue Sektorenverordnung, VergabeR 2009, 689; *Pielow*, Öffentliche Daseinsvorsorge zwischen Markt und Staat, Jus 2006, 780; *Pietzcker*, Vergabeverordnung und Kaskadenprinzip aus verfassungsrechtlicher und europarechtlicher Sicht, NZBau 2000, 64; *Prieß/Gabriel*, Abschnittsende – (k)ein Abschied vom 3. Abschnitt von VOB/A und VOL/A, NZBau 2006, 685; *Prieß/Hölzl*, GWB 2009: Öffentlicher Auftraggeber und Auftrag – keine Überraschungen!, NZBau 2009, 159; *Rechten*, Die Novelle des EU-Vergaberechts, NZBau 2004, 366; *Rechten/Junker*, Das Gesetz zur Modernisierung des Vergaberechts – oder: Nach der Reform ist vor der Reform, NZBau 2009, 490; *Rosenkötter/Plantiko*, Die Befreiung der Sektorentätigkeiten vom Vergaberechtsregime, NZBau 2010, 78; *Schorkopf*, Das Protokoll über die Dienste von allgemeinem Interesse und seine Auswirkungen auf das öffentliche Wettbewerbsrecht, WiVerw 2008, 253.

A. Die SektVO als Sondervergaberecht der Energie-, Wasser- und Verkehrsversorgung

Auftragsvergaben öffentlicher Auftraggeber in den Bereichen Verkehr, Trinkwasser- und Energieversorgung unterfallen anstelle von VgV, VOL/A, VOB/A und VOF grds. dem überwiegend in der Sektorenverordnung[1] (SektVO) geregelten Sektorenvergaberecht. Dieses Sondervergaberecht dient der **Umsetzung der europäischen Sektorenkoordinierungsrichtlinie**.[2] Zweck der Sektorenkoordinierungsrichtlinie ist es, Wettbewerbsbeschränkungen und Marktabschottungen in den EU-Mitgliedstaaten (auch) in den Bereichen der Energie-, Wasser- und Verkehrsversorgung unter Berücksichtigung der Besonderheiten dieser Bereiche zu beseitigen.[3] Diese Zweckbestimmung lag auch schon der Vorgängerrichtlinie zur Sektorenko- 1

---

[1] Sektorenverordnung v. 23.9.2009, BGBl. I S. 3110.
[2] RL 2004/17/EG des Europäischen Parlaments und des Rates v. 31.3.2004 zur Koordinierung der Zuschlagserteilung durch Auftraggeber im Bereich der Wasser-, Energie und Verkehrsversorgung sowie der Postdienste, ABl. L 134/1.
[3] *Prieß/Gabriel* NZBau 2006, 685, 687 f.

ordinierungsrichtlinie (Sektorenkoordinierungsrichtlinie 93/38/EWG[4]) zugrunde.[5] Insbesondere EU-Mitgliedstaaten mit einer überwiegend verstaatlichten Daseinsvorsorge hatten sich lange dagegen gewehrt, dass der Anwendungsbereich des europäischen Vergaberechts auch auf die Sektoren erstreckt wird.[6] Hintergrund dieser Ablehnung war primär, dass staatliche Daseinsvorsorge wie die Versorgung mit Energie, Wasser und Transport(-infrastruktur) als besonders kritischer und zu protektionierender Bereich der nationalen Wirtschaft und Versorgung angesehen wurde und wird. Diese politische Haltung wirkt sich auch derzeit noch so aus, dass das europäische Vergaberecht zwar auch im Bereich der Sektoren gilt, jedoch dort weniger streng/flexibler geregelt wurde als für klassische öffentliche Auftragsvergaben.[7]

2   Dem Sektorenvergaberecht unterfallen staatliche, staatlich beherrschte oder überwiegend staatlich finanzierte Körperschaften und Unternehmen, ohne dass es zwingend erforderlich ist, dass sie überwiegend gewerblich oder nicht-gewerblich tätig sind. Ein wesentlicher Unterschied des Sektorenvergaberechts zum „klassischen" Vergaberecht besteht zudem darin, dass im Sektorenbereich auch Unternehmen vergaberechtlichen Vorgaben unterworfen sein können, die nicht staatlich beherrscht oder finanziert werden. Hiervon sind solche Unternehmen betroffen, die in einem der Sektorenbereiche aufgrund „ausschließlicher oder besonderer Rechte" tätig werden.[8] Besondere oder ausschließliche Rechte sind staatlich gewährte Rechte, die dazu führen, dass die Ausübung der betroffenen Sektorentätigkeit einem oder mehreren Unternehmen vorbehalten wird und die Möglichkeit anderer Unternehmen, diese Tätigkeit auszuüben, schon dem Grunde nach erheblich beeinträchtigt.[9] Die Gewährung derartiger ausschließlicher oder besonderer Rechte führt dazu, dass das begünstigte Unternehmen über eine staatlich vermittelte marktbezogene Sonderstellung verfügt, die nach Auffassung des europäischen Richtliniengebers die Unterwerfung unter das Vergaberechtsregime rechtfertigt.[10] Eine der Besonderheiten bei Auftragsvergaben im Sektorenbereich besteht somit darin, dass in diesem Bereich nicht nur staatlich beherrschte oder finanzierte Auftraggeber an vergaberechtliche Vorgaben gebunden sind, sondern auch private Unternehmen, die ungeachtet der rechtlichen Grundlage ihrer Sektorentätigkeit die Tatbestandsvoraussetzungen eines „klassischen" öffentlichen Auftraggebers nicht erfüllen würden.

B. Grundzüge der Regelungssystematik

3   Vor Erlass der SektVO im Jahr 2009 war das deutsche Sektorenvergaberecht überwiegend in den dritten und vierten Abschnitten der VOB/A bzw. VOL/A verortet, welche Auftraggeber über komplizierte Verweisungsmechanismen in § 7 VgV aF[11] jeweils unterschiedlich strengen sektorenvergaberechtlichen Vorgaben unterwarfen, je nachdem, ob der betroffene Auftraggeber staatlich beherrscht wurde und in welchem konkreten Sektorenbereich er tätig war.[12] **Zweck des Erlasses der SektVO** war es insbesondere, die für

---

[4] RL 93/38/EWG des Rates v. 14.6.1993 zur Koordinierung der Auftragsvergabe durch Auftraggeber im Bereich der Wasser-, Energie und Verkehrsversorgung sowie im Telekommunikationssektor, ABl. L 199.
[5] Erwägungsgründe 11f. SKR 93.
[6] *Schorkopf* WiVerw 2008, 253, 257f; vgl. auch: *Pielow* JuS 2006, 780, 780f.
[7] Erwägungsgründe 8 bis 10 SKR; vgl. auch *Prieß/Gabriel* NZBau 2006, 685, 687; *Marx/Hölzl* in MünchKommBeihVgR, § 6 SektVO Rn. 5; *Opitz* in Eschenbruch/Opitz Einl. SektVO – Teil 1 Rn. 8 ff; VK Brandenburg, Beschl. v. 9.5.2011 VK 10/11.
[8] § 8 Nr. 4 Satz 2 GWB; vgl. auch Art. 2 Abs. 3 SKR und Art. 106 Abs. 1 AEUV.
[9] Vgl. *Bungenberg* in Loewenheim, § 98 Rn. 38; *Byok* NVwZ 2009, 551, 552f.
[10] Erwägungsgrund 3 SKR; vgl. auch *Dreher* in Immenga/Mestmäcker GWB, § 98 Rn. 179; *Werner* in Byok/Jaeger, § 98 Rn. 274f.
[11] *Debus* in Ziekow/Völlink, Einl. SektVO Rn. 4.
[12] Zur vorhergehenden Gesetzes-Historie: *Opitz* in Eschenbruch/Opitz Einl. SektVO– Teil 1 Rn. 20 ff.

den Sektorenbereich geltenden Regelungen im nationalen Recht vereinfachter, reduzierter und nicht zuletzt für alle öffentlichen Auftraggeber einheitlich darzustellen.[13] Das geschah vor dem (im damaligen Koalitionsvertrag) erklärten Ziel einer konsequenten eins zu eins – Umsetzung europäischen Rechts, welches die zuvor im deutschen Vergaberecht vorgesehene unterschiedlich strenge Behandlung von Auftraggeber im Sektorenbereich nicht kannte.[14] Vergleichbare Versuche einer Vereinheitlichung und Verschlankung des Vergaberechts im Bereich klassischer Auftragsvergaben wurden zwar ebenfalls des Öfteren unternommen[15], sind aber bisher gescheitert.[16]

I. Teilweise Abkehr vom Kaskadensystem

Die Einführung einer gesonderten Verordnung für den Sektorenbereich stellt eine teilweise **Abkehr vom für das deutsche Vergaberecht typischen „Kaskadensystem"** dar.[17] Vor Einführung der Sektorenverordnung galt für öffentliche Auftragsvergaben oberhalb der Schwellenwerte sowohl innerhalb als auch außerhalb des Sektorenbereichs stets die Kaskade: GWB, VgV, VOL/A, VOB/A, VOF. Die den Sektorenbereich regelnden Vorschriften fanden sich teilweise in der VgV und überwiegend in den dritten und vierten Abschnitten der VOB/A bzw. der VOL/A. Im Jahr 2009 wurden die dritten und vierten Abschnitte der VOB/A bzw. der VOL/A ersetzt durch die SektVO, was auch die sektorenspezifischen Regelungen in der VgV entbehrlich machte.[18] Für Auftragsvergaben im Sektorenbereich gilt nunmehr neben dem vierten Teil des GWB (§§ 97 ff. GWB) nur noch die SektVO.[19] Ausgenommen sind verteidigungs- und sicherheitsrelevante Aufträge iSv § 99 Abs. 7 GWB (§ 1 Abs. 3 SektVO).

4

Die SektVO wurde gemäß § 97 Abs. 6, § 127 Nr. 1, 2, 8, 9 GWB als Rechtsverordnung des Bundes erlassen.[20] Die SektVO steht damit gesetzeshierarchisch gleichrangig zur VgV.[21] Während die VgV allerdings weitgehend auf eine Scharnierfunktion beschränkt ist und im klassischen Bereich die konkret verfahrensleitenden Vorgaben erst in VOL/A, VOB/A und VOF geregelt sind, regelt die SektVO bereits abschließend das Vorgehen bei Auftragsvergaben im Sektorenbereich. Hinzu kommt, dass der SektVO der Rang eines materiellen Gesetzes zukommt. Auch insofern unterscheidet sich die SektVO von den durch nicht-staatliche Ausschüsse konzipierten VOL/A, VOB/A und VOF, deren Anwendbarkeit auf öffentliche Auftragsvergaben sich – verfassungsrechtlich nicht unumstritten[22] – erst aufgrund einer statischen Verweisung in der VgV ergibt.

5

II. Einheitliche Anwendung

Mittels des Erlasses der SektVO vollzog der Verordnungsgeber eine Abkehr von der bisherigen doppelten Differenzierung im Sektorenbereich. Vor Inkrafttreten der SektVO hing die konkrete Regulierungstiefe, der eine Auftragsvergabe unterlag, sowohl davon ab, ob der betroffene Auftraggeber eine besondere Staatsnähe aufwies als auch davon, welche

6

---

[13] BR-Drs. 522/09, S. 35; *Müller* VergabeR 2010, 302, 302 f.
[14] BR-Drs. 522/09, S. 35.
[15] Gesetzentwurf der schwarz-gelben Koalition v. 25.3.1993, BT-Drucks. 12/4636; Referentenentwurf der rot-grünen Koalition v. 29.3.2005.
[16] *Knauff* NZBau 2010, 657, 658 f.
[17] *Rechten/Junker* NZBau 2009, 490, 493; *Werner* in Byok/Jaeger, § 98 Rn. 89.
[18] *Amelung* NZBau 2010, 727, 727; *Müller* VergabeR 2010, 302, 302 f.; *Rechten/Junker* NZBau 2009, 490, 493 f.
[19] BR-Drs. 522/09, S. 35.
[20] *Winnes* in Pünder/Schellenberg, § 1 SektVO Rn. 2.
[21] *Willenbruch* in Willenbruch/Wieddekind, Einf. SektVO.
[22] Vgl. *Knauff* NZBau 2010, 657, 659.

konkrete Sektorentätigkeit[23] betroffen war.[24] Seit Erlass der SektVO im Jahr 2009 ist für die Anwendung des Sektorenvergaberechts nur noch maßgeblich, ob der verfahrensgegenständliche Auftrag (nicht: Auftraggeber) im Zusammenhang mit einer Sektorentätigkeit steht.[25] Das hat zur Folge, dass die **Vorschriften der SektVO für alle öffentlichen Auftraggeber** nach § 98 Nr. 1 bis 4 GWB **einheitlich** gelten.[26] Die SektVO ist zudem abschließend.[27] Ein Rückgriff auf Vorschriften der VOL/A und VOL/A verbietet sich grundsätzlich.[28] Bei Auslegungsfragen und Regelungslücken sind vielmehr das GWB sowie ggf. europarechtliche Vorschriften maßgeblich.

C. Freistellung vom Vergaberecht für bestimmte Sektorentätigkeiten

7 Bemerkenswert ist die allein im Sektorenbereich bestehende Möglichkeit, dass bestimmte öffentliche Auftraggeber **durch die EU-Kommission von der Anwendung des Vergaberechts freigestellt** werden können,[29] wenn sie hinreichendem Wettbewerb ausgesetzt sind. Im Bereich klassischer Auftragsvergaben existiert eine derartige Möglichkeit nicht. Im klassischen Vergaberecht spielt es keine unmittelbare Rolle, ob ein öffentlicher Auftraggeber bei seiner wirtschaftlichen Betätigung Wettbewerb ausgesetzt ist; er bleibt an das Vergaberecht gebunden. Inwiefern eine bestimmte Tätigkeit entwickeltem Wettbewerb ausgesetzt ist, hat im klassischen Vergaberecht allenfalls Auswirkungen auf die Prüfung, ob eine juristische Person nicht-gewerblich tätig ist und als öffentlicher Auftraggeber nach § 98 Nr. 2 GWB anzusehen ist. Eine mit der im Sektorenbereich vorgesehenen Freistellungsmöglichkeit vergleichbare Regelung hat der europäische Richtliniengeber außerhalb des Sektorenbereichs nicht vorgesehen. Rechtspolitischer Hintergrund hierfür soll sein, dass das Sektorenvergaberecht nur „Mittel zum Zweck" der wettbewerblichen Liberalisierung der Sektoren sei. Sobald dieses Ziel in einem bestimmten Sektorenbereich erreicht ist und hinreichender Wettbewerb gewährleistet, dass auch auf dem betroffenen Beschaffungsmarkt wettbewerblich geleitet gehandelt wird, soll die Notwendigkeit der Anwendung des Sektorenvergaberechts entfallen.[30]

---

[23] § 7 Abs. 1 i. V. m. § 8 Nr. 1, Nr. 4 lit. b, lit. c VgV aF und § 8 Nr. 2, Nr. 3 und Nr. 4 lit. a VgV aF.
[24] VK Lüneburg Beschl. v. 5.11.2010, VgK-54/2010.
[25] VK Lüneburg Beschl. v. 5.11.2010, VgK-54/2010; *Müller* VergabeR 2010, 302, 303 f.
[26] *Rechten/Junker* NZBau 2009, 490, 493.
[27] *Müller-Wrede* in Müller-Wrede SektVO, Einl. Rn. 2.
[28] OLG München Beschl. v. 12.7.2005, Verg 8/05.
[29] § 3 SektVO, § 100b Abs. 4 Nr. 4 GWB, Art. 30 SKR.
[30] Vgl. Erwägungsgründe 5 und 40 SKR.

§ 47 Anwendungsbereich

Übersicht

	Rn.
A. Einleitung	1
B. Persönlicher Anwendungsbereich	2, 3
C. Sachlicher Anwendungsbereich	4–17
I. Vergabe von Aufträgen im Zusammenhang mit Sektorentätigkeit	5–13
II. Schwellenwerte	14–17
D. Ausnahmetatbestände gemäß GWB	18
E. Ausnahme für Sektorentätigkeiten, die unmittelbar dem Wettbewerb ausgesetzt sind	19–36
I. Wirkung der Freistellung	20
II. Voraussetzungen für eine Freistellung	21–27
III. Freistellungsverfahren	28–36
F. Anwendbarkeit der SektVO auf Dienstleistungen des Anhangs 1	37

SektVO: §§ 1–4
GWB: §§ 98, 100, 100b

SektVO:

§ 1 SektVO Anwendungsbereich

(1) Diese Verordnung gilt für Auftraggeber nach § 98 Nummer 1 bis 4 des Gesetzes gegen Wettbewerbsbeschränkungen. Sie trifft nähere Bestimmungen über die Vergabe von Aufträgen, die im Zusammenhang mit Tätigkeiten auf dem Gebiet der Trinkwasser- oder Energieversorgung oder des Verkehrs (Sektorentätigkeiten) vergeben werden. Bau- und Dienstleistungskonzessionen sind nicht umfasst.

(2) Die Verordnung gilt nur für Aufträge, deren geschätzte Auftragswerte die Schwellenwerte erreichen oder übersteigen, die in Artikel 16 der Richtlinie 2004/17/EG des Europäischen Parlaments und des Rates vom 31. März 2004 zur Koordinierung der Zuschlagserteilung durch Auftraggeber im Bereich der Wasser-, Energie- und Verkehrsversorgung sowie der Postdienste (ABl. L 134 vom 30.4.2004, S. 1), die zuletzt durch die Verordnung (EG) Nr. 1177/2009 der Kommission der Europäischen Gemeinschaft vom 30. November 2009 (ABl. L 314 vom 1.12.2009, S. 64) geändert worden ist, festgelegt und nach Artikel 69 der Richtlinie jeweils angepasst sind und gelten.

(3) Diese Verordnung gilt nicht für verteidigungs- und sicherheitsrelevante Aufträge im Sinne des § 99 Absatz 7 des Gesetzes gegen Wettbewerbsbeschränkungen.

§ 2 SektVO Schätzung des Auftragswertes

(1) Bei der Schätzung der Auftragswerte ist von der voraussichtlichen Gesamtvergütung für die vorgesehene Leistung auszugehen ohne Berücksichtigung der Umsatzsteuer. Dabei sind etwaige Optionen oder Vertragsverlängerungen zu berücksichtigen.

(2) Der Wert eines beabsichtigten Auftrags darf nicht in der Absicht geschätzt oder aufgeteilt werden, um den Auftrag der Anwendbarkeit dieser Verordnung zu entziehen.

(3) Bei regelmäßig wiederkehrenden Aufträgen oder Daueraufträgen über Liefer- oder Dienstleistungen ist der Auftragswert zu schätzen
1. entweder auf der Grundlage des tatsächlichen Gesamtwertes entsprechender aufeinander folgender Aufträge aus dem vorangegangenen Haushaltsjahr oder Geschäftsjahr; dabei sind voraussichtliche Änderungen bei Mengen oder Kosten möglichst zu berücksichtigen, die während der zwölf Monate zu erwarten sind, die auf den ursprünglichen Auftrag folgen;

2. oder auf der Grundlage des geschätzten Gesamtwertes aufeinander folgender Aufträge, die während der auf die erste Lieferung folgenden zwölf Monate oder während des auf die erste Lieferung folgenden Haushaltsjahres oder Geschäftsjahres, wenn dieses länger als zwölf Monate ist, vergeben werden.

(4) Bei Aufträgen über Liefer- oder Dienstleistungen, für die kein Gesamtpreis angegeben wird, ist Berechnungsgrundlage für den geschätzten Auftragswert
1. bei zeitlich begrenzten Aufträgen mit einer Laufzeit von bis zu 48 Monaten der Gesamtwert für die Laufzeit dieser Aufträge;

2. bei Aufträgen mit unbestimmter Laufzeit oder mit einer Laufzeit von mehr als 48 Monaten der 48-fache Monatswert.

(5) Bei der Schätzung des Auftragswertes von Bauleistungen ist neben dem Auftragswert der Bauaufträge der geschätzte Wert aller Liefer- und Dienstleistungen zu berücksichtigen, die für die Ausführung der Bauleistungen erforderlich sind und vom Auftraggeber zur Verfügung gestellt werden.

(6) Der Wert einer Rahmenvereinbarung oder eines dynamischen elektronischen Verfahrens wird auf der Grundlage des geschätzten Gesamtwertes aller Einzelaufträge berechnet, die während der gesamten Laufzeit einer Rahmenvereinbarung oder eines dynamischen elektronischen Verfahrens geplant sind.

(7) Besteht das beabsichtigte Beschaffungsvorhaben aus mehreren Losen, für die jeweils ein gesonderter Auftrag vergeben wird, ist bei der Schätzung des Auftragswertes der Gesamtwert aller Lose zugrunde zu legen. Erreicht oder überschreitet der Gesamtwert den in § 1 Absatz 2 genannten Schwellenwert, gilt diese Verordnung für die Vergabe jedes Loses. Satz 2 gilt nicht, wenn es sich um Lose handelt, deren geschätzter Wert bei Liefer- oder Dienstleistungsaufträgen unter 80 000 Euro und bei Bauaufträgen unter 1 Million Euro liegt, wenn die Summe der Werte dieser Lose 20 Prozent des Gesamtwertes aller Lose nicht übersteigt.

(8) Bei einem Wettbewerb, der zu einem Dienstleistungsauftrag führen soll, ist der Wert des Dienstleistungsauftrags zu schätzen zuzüglich etwaiger Preisgelder und Zahlungen an Teilnehmer. Bei allen übrigen Wettbewerben entspricht der Wert der Summe der Preisgelder und Zahlungen an Teilnehmer einschließlich des Wertes des Dienstleistungsauftrags, der vergeben werden könnte.

(9) Wird von der Möglichkeit des § 6 Absatz 2 Nummer 7 Gebrauch gemacht, ist bei der Berechnung des Auftragswertes der Wert der späteren Leistungen zu berücksichtigen.

(10) Maßgeblicher Zeitpunkt für die Schätzung des Auftragswertes ist der Tag, an dem die Bekanntmachung der beabsichtigten Auftragsvergabe abgesendet wird oder die sonstige Einleitung des Vergabeverfahrens.

§ 3 SektVO Ausnahme für Sektorentätigkeiten, die unmittelbar dem Wettbewerb ausgesetzt sind

(1) Aufträge, die die Ausübung einer Sektorentätigkeit ermöglichen sollen, fallen nicht unter diese Verordnung, wenn die Sektorentätigkeit auf Märkten mit freiem Zugang unmittelbar dem Wettbewerb ausgesetzt ist.

(2) Ob eine Sektorentätigkeit auf einem Markt mit freiem Zugang unmittelbar dem Wettbewerb ausgesetzt ist, wird von der Kommission der Europäischen Gemeinschaft in einem Verfahren nach Maßgabe der Absätze 2 bis 4 nach wettbewerblichen Kriterien ermittelt; angewendet wird dabei die Entscheidung der Kommission der Europäischen Gemeinschaft vom 7. Januar 2005 über die Durchführungsmodalitäten für das Verfahren nach Artikel 30 der Richtlinie 2004/17/EG des Europäischen Parlaments und des Rates zur Koordinierung der Zuschlagserteilung durch Auftraggeber im Bereich der Wasser-, Energie- und Verkehrsversorgung sowie der Postdienste (ABl. L 7 vom 7. 1. 2005, S. 7). Wettbewerbliche Kriterien können sein:
1. Merkmale der betreffenden Waren und Leistungen,

2. das Vorhandensein alternativer Waren und Leistungen,

3. die Preise und

§ 47 Anwendungsbereich

4. das tatsächliche oder mögliche Vorhandensein mehrerer Anbieter der betreffenden Waren und Leistungen.

(3) Das Bundesministerium für Wirtschaft und Technologie kann bei der Kommission der Europäischen Gemeinschaft einen Antrag auf Feststellung stellen, ob die Voraussetzungen des Absatzes 1 vorliegen. Es teilt der Kommission der Europäischen Gemeinschaft alle sachdienlichen Informationen mit, insbesondere Gesetze, Verordnungen, Verwaltungsvorschriften, Vereinbarungen und Absprachen. Es holt zur wettbewerblichen Beurteilung eine Stellungnahme des Bundeskartellamtes ein, die ebenfalls der Europäischen Kommission übermittelt wird. Dies gilt auch für den Fall, dass die Kommission der Europäischen Gemeinschaft auf eigene Veranlassung für eine der Sektorentätigkeiten in Deutschland ein solches Verfahren einleitet.

(4) Auftraggeber können bei der Kommission der Europäischen Gemeinschaft eine Feststellung beantragen, ob die Voraussetzungen des Absatzes 1 vorliegen. Dem Antrag ist eine Stellungnahme des Bundeskartellamtes beizufügen. Die Auftraggeber haben gleichzeitig dem Bundesministerium für Wirtschaft und Technologie eine Kopie des Antrags und der Stellungnahme zu übermitteln. Das Bundeskartellamt soll die Stellungnahme innerhalb von vier Monaten abgeben, nachdem der Antrag eingegangen ist. Der Antrag des Auftraggebers an das Bundeskartellamt muss die in § 39 Absatz 3 Satz 2 Nummer 1 bis 4 des Gesetzes gegen Wettbewerbsbeschränkungen bezeichneten Angaben enthalten. § 39 Absatz 3 Satz 4 und 5 des Gesetzes gegen Wettbewerbsbeschränkungen gilt entsprechend. Der Antrag nach Satz 1 kann auch von einem Verband der Auftraggeber gestellt werden. In diesem Fall gelten für die Verbände die Regelungen für Auftraggeber.

(5) Für die Erarbeitung der Stellungnahme nach den Absätzen 3 und 4 hat das Bundeskartellamt die Ermittlungsbefugnisse nach den §§ 57 bis 59 des Gesetzes gegen Wettbewerbsbeschränkungen. Das Bundeskartellamt holt eine Stellungnahme der Bundesnetzagentur ein. § 50c Absatz 1 des Gesetzes gegen Wettbewerbsbeschränkungen gilt entsprechend.

(5a) Für die Erarbeitung der Stellungnahme nach den Absätzen 3 und 4 erhebt das Bundeskartellamt zur Deckung des Verwaltungsaufwands vom Antragsteller Kosten (Gebühren und Auslagen) gemäß § 127a Absatz 1 des Gesetzes gegen Wettbewerbsbeschränkungen. Wird gegen die Kostenentscheidung Beschwerde eingelegt, so kann die Kostenanforderung auf Antrag des Kostenschuldners gestundet werden, bis die Kostenentscheidung rechtskräftig geworden ist.

(6) Die Stellungnahme des Bundeskartellamtes besitzt keine Bindungswirkung für Entscheidungen des Bundeskartellamtes nach dem Gesetz gegen Wettbewerbsbeschränkungen.

(7) Die Feststellung, dass Sektorentätigkeiten auf Märkten mit freiem Zugang unmittelbar dem Wettbewerb ausgesetzt sind, gilt als getroffen, wenn die Kommission der Europäischen Gemeinschaft dies bestätigt hat oder wenn sie innerhalb der Frist nach Artikel 30 der Richtlinie 2004/17/EG keine Feststellung getroffen hat und das Bundesministerium für Wirtschaft und Technologie die Feststellung oder den Ablauf der Frist im Bundesanzeiger bekannt gemacht hat.

(8) Die Absätze 1 bis 7 gelten für Auftraggeber im Sinne des § 129b des Gesetzes gegen Wettbewerbsbeschränkungen entsprechend.

§ 4 SektVO Dienstleistungen des Anhangs 1

(1) Auf die Vergabe von Aufträgen, deren Gegenstand Dienstleistungen im Sinne des Anhangs 1 Teil A sind, findet diese Verordnung uneingeschränkt Anwendung.

(2) Auf die Vergabe von Aufträgen, deren Gegenstand Dienstleistungen im Sinne des Anhangs 1 Teil B sind, finden Anwendung:
1. die Bestimmungen über die technischen Anforderungen in § 7 und
2. die Bestimmungen über die Bekanntmachung vergebener Aufträge nach § 12 Absatz 1 und § 15.

(3) Auf die Vergabe von Aufträgen, deren Gegenstand sowohl Dienstleistungen im Sinne des Anhangs 1 Teil A als auch Dienstleistungen im Sinne des Anhangs 1 Teil B sind, sind die Vorschriften für diejenigen Dienstleistungen anzuwenden, deren Auftragswert überwiegt.

Kap. 10   Auftragsvergaben in den Bereichen Verkehr, Trinkwasser- und Energieversorgung (SektVO)

GWB:

§ 98 GWB Auftraggeber

Öffentliche Auftraggeber im Sinne dieses Teils sind:
1. Gebietskörperschaften sowie deren Sondervermögen,
2. andere juristische Personen des öffentlichen und des privaten Rechts, die zu dem besonderen Zweck gegründet wurden, im Allgemeininteresse liegende Aufgaben nichtgewerblicher Art zu erfüllen, wenn Stellen, die unter Nummer 1 oder 3 fallen, sie einzeln oder gemeinsam durch Beteiligung oder auf sonstige Weise überwiegend finanzieren oder über ihre Leitung die Aufsicht ausüben oder mehr als die Hälfte der Mitglieder eines ihrer zur Geschäftsführung oder zur Aufsicht berufenen Organe bestimmt haben. Das Gleiche gilt dann, wenn die Stelle, die einzeln oder gemeinsam mit anderen die überwiegende Finanzierung gewährt oder die Mehrheit der Mitglieder eines zur Geschäftsführung oder Aufsicht berufenen Organs bestimmt hat, unter Satz 1 fällt,
3. Verbände, deren Mitglieder unter Nummer 1 oder 2 fallen,
4. natürliche oder juristische Personen des privaten Rechts, die auf dem Gebiet der Trinkwasser- oder Energieversorgung oder des Verkehrs tätig sind, wenn diese Tätigkeiten auf der Grundlage von besonderen oder ausschließlichen Rechten ausgeübt werden, die von einer zuständigen Behörde gewährt wurden, oder wenn Auftraggeber, die unter Nummern 1 bis 3 fallen, auf diese Personen einzeln oder gemeinsam einen beherrschenden Einfluss ausüben können; besondere oder ausschließliche Rechte sind Rechte, die dazu führen, dass die Ausübung dieser Tätigkeiten einem oder mehreren Unternehmen vorbehalten wird und dass die Möglichkeit anderer Unternehmen, diese Tätigkeit auszuüben, erheblich beeinträchtigt wird. Tätigkeiten auf dem Gebiet der Trinkwasser- und Energieversorgung sowie des Verkehrs sind solche, die in der Anlage aufgeführt sind,
5. bis 6. hier nicht abgedruckt.

§ 100 GWB Anwendungsbereich

(1) Dieser Teil gilt für Aufträge, deren Auftragswert den jeweils festgelegten Schwellenwert erreicht oder überschreitet. Der Schwellenwert ergibt sich für Aufträge, die
1. von Auftraggebern im Sinne des § 98 Nummer 1 bis 3, 5 und 6 vergeben werden und nicht unter Nummer 2 oder 3 fallen, aus § 2 der Vergabeverordnung,
2. von Auftraggebern im Sinne des § 98 Nummer 1 bis 4 vergeben werden und Tätigkeiten auf dem Gebiet des Verkehrs, der Trinkwasser- oder Energieversorgung umfassen, aus § 1 der Sektorenverordnung,
3. von Auftraggebern im Sinne des § 98 vergeben werden und verteidigungs- oder sicherheitsrelevant im Sinne des § 99 Absatz 7 sind, aus der nach § 127 Nummer 3 erlassenen Verordnung.

(2) Dieser Teil gilt nicht für die in den Absätzen 3 bis 6 und 8 sowie die in den §§ 100a bis 100c genannten Fälle.

(3) bis (8) hier nicht abgedruckt.

§ 100b GWB Besondere Ausnahmen im Sektorenbereich

(1) Im Fall des § 100 Absatz 1 Satz 2 Nummer 2 gilt dieser Teil über die in § 100 Absatz 3 bis 6 und 8 genannten Fälle hinaus auch nicht für die in den Absätzen 2 bis 9 genannten Aufträge.

(2) Dieser Teil gilt nicht für die Vergabe von Aufträgen, die Folgendes zum Gegenstand haben:
1. finanzielle Dienstleistungen im Zusammenhang mit Ausgabe, Verkauf, Ankauf oder Übertragung von Wertpapieren oder anderen Finanzinstrumenten, insbesondere Geschäfte, die der Geld- oder Kapitalbeschaffung der Auftraggeber dienen, sowie Dienstleistungen der Zentralbanken,

§ 47 Anwendungsbereich Kap. 10

2. bei Tätigkeiten auf dem Gebiet der Trinkwasserversorgung die Beschaffung von Wasser oder
3. bei Tätigkeiten auf dem Gebiet der Energieversorgung die Beschaffung von Energie oder von Brennstoffen zur Energieerzeugung.

(3) Dieser Teil gilt nicht für die Vergabe von Dienstleistungsaufträgen an eine Person, die ihrerseits Auftraggeber nach § 98 Nummer 1, 2 oder 3 ist und ein auf Gesetz oder Verordnung beruhendes ausschließliches Recht hat, die Leistung zu erbringen.

(4) Dieser Teil gilt nicht für die Vergabe von Aufträgen, die
1. von Auftraggebern nach § 98 Nummer 4 vergeben werden, soweit sie anderen Zwecken dienen als der Sektorentätigkeit,
2. zur Durchführung von Tätigkeiten auf dem Gebiet der Trinkwasser- oder Energieversorgung oder des Verkehrs außerhalb des Gebiets der Europäischen Union vergeben werden, wenn sie nicht mit der tatsächlichen Nutzung eines Netzes oder einer Anlage innerhalb dieses Gebietes verbunden sind,
3. zum Zweck der Weiterveräußerung oder Vermietung an Dritte vergeben werden, wenn
   a) dem Auftraggeber kein besonderes oder ausschließliches Recht zum Verkauf oder zur Vermietung des Auftragsgegenstandes zusteht und
   b) andere Unternehmen die Möglichkeit haben, diese Waren unter gleichen Bedingungen wie der betreffende Auftraggeber zu verkaufen oder zu vermieten, oder
4. der Ausübung einer Tätigkeit auf dem Gebiet der Trinkwasser- oder Energieversorgung oder des Verkehrs dienen, soweit die Europäische Kommission nach Artikel 30 der Richtlinie 2004/17/EG des Europäischen Parlaments und des Rates vom 31. März 2004 zur Koordinierung der Zuschlagserteilung durch Auftraggeber im Bereich der Wasser-, Energie- und Verkehrsversorgung sowie der Postdienste (ABl. L 7 vom 7. 1. 2005, S. 7) festgestellt hat, dass diese Tätigkeit in Deutschland auf Märkten mit freiem Zugang unmittelbar dem Wettbewerb ausgesetzt ist und dies durch das Bundesministerium für Wirtschaft und Technologie im Bundesanzeiger bekannt gemacht worden ist.

(5) Dieser Teil gilt nicht für die Vergabe von Baukonzessionen zum Zweck der Durchführung von Tätigkeiten auf dem Gebiet der Trinkwasser- oder Energieversorgung oder des Verkehrs.

(6) Dieser Teil gilt vorbehaltlich des Absatzes 7 nicht für die Vergabe von Aufträgen,
1. die an ein Unternehmen, das mit dem Auftraggeber verbunden ist, vergeben werden oder
2. die von einem gemeinsamen Unternehmen, das mehrere Auftraggeber, die auf dem Gebiet der Trinkwasser- oder Energieversorgung oder des Verkehrs tätig sind, ausschließlich zur Durchführung dieser Tätigkeiten gebildet haben, an ein Unternehmen vergeben werden, das mit einem dieser Auftraggeber verbunden ist.

(7) Absatz 6 gilt nur, wenn mindestens 80 Prozent des von dem verbundenen Unternehmen während der letzten drei Jahre in der Europäischen Union erzielten durchschnittlichen Umsatzes im entsprechenden Liefer- oder Bau- oder Dienstleistungssektor aus der Erbringung dieser Lieferungen oder Leistungen für die mit ihm verbundenen Auftraggeber stammen. Sofern das Unternehmen noch keine drei Jahre besteht, gilt Absatz 6, wenn zu erwarten ist, dass in den ersten drei Jahren seines Bestehens wahrscheinlich mindestens 80 Prozent erreicht werden. Werden die gleichen oder gleichartige Lieferungen oder Bau- oder Dienstleistungen von mehr als einem mit dem Auftraggeber verbundenen Unternehmen erbracht, wird die Prozentzahl unter Berücksichtigung des Gesamtumsatzes errechnet, den diese verbundenen Unternehmen mit der Erbringung der Lieferung oder Leistung erzielen. § 36 Absatz 2 und 3 gilt entsprechend.

(8) Dieser Teil gilt vorbehaltlich des Absatzes 9 nicht für die Vergabe von Aufträgen, die
1. ein gemeinsames Unternehmen, das mehrere Auftraggeber, die auf dem Gebiet der Trinkwasser- oder Energieversorgung oder des Verkehrs tätig sind, ausschließlich zur Durchführung von diesen Tätigkeiten gebildet haben, an einen dieser Auftraggeber vergibt, oder

2. ein Auftraggeber an ein gemeinsames Unternehmen im Sinne der Nummer 1, an dem er beteiligt ist, vergibt.

(9) Absatz 8 gilt nur, wenn
1. das gemeinsame Unternehmen errichtet wurde, um die betreffende Tätigkeit während eines Zeitraumes von mindestens drei Jahren durchzuführen, und
2. in dem Gründungsakt festgelegt wird, dass die dieses Unternehmen bildenden Auftraggeber dem Unternehmen zumindest während des gleichen Zeitraumes angehören werden.

Literatur:
Byok, Das Gesetz zur Modernisierung des Vergaberechts – GWB 2009, NVwZ 2009, 551; *Gabriel*, Die Vergaberechtsreform 2009 und die Neufassung des vierten Teils des GWB, NJW 2009, 2011; *Hertwig*, Der Staat als Bieter, NZBau 2008, 355; *Just/Sailer*, Neues Vergaberecht 2009 – Praxisrelevante Änderungen im Überblick LKV 2009, 529; *Kratzenberg*, Der Begriff des „Öffentlichen Auftraggebers" und der Entwurf des Gesetzes zur Modernisierung des Vergaberechts, NZBau 2009, 103; *Kühling*, Ausschreibungswettbewerb im Schienenpersonennahverkehr? – Zum Verhältnis von § 15 Abs. 2 AEG und allgemeinem Vergaberecht, VergabeR 2010, 870; *Meiß*, Vergaberechtliche Probleme bei Lichtlieferungsverträgen, VergabeR 2011, 398; *Ohrtmann,* Vom Vergaberecht befreit – Private Energieerzeuger sind keine Sektorenauftraggeber mehr, VergabeR 2007, 565; *Opitz*, Die neue Sektorenverordnung, VergabeR 2009, 689; *Ottig/Scheps*, Direktvergabe von Eisenbahnverkehrsdienstleistungen nach der neuen Verordnung (EG) Nr. 1370/2007, NVwZ 2008, 499; *Polster*, Der Rechtsrahmen für die Vergabe von Eisenbahnverkehrsleistungen, NZBau 2010, 662; *Prieß/Gabriel*, Abschnittsende – (k)ein Abschied vom 3. Abschnitt von VOB/A und VOL/A, NZBau 2006, 685; *Prieß/Hölzl*, GWB 2009: Öffentlicher Auftraggeber und Auftrag – keine Überraschungen!, NZBau 2009, 159; *Rosenkötter/Plantiko*, Die Befreiung der Sektorentätigkeiten vom Vergaberechtsregime, NZBau 2010, 78; *v. Strenge*, Auftraggebereigenschaft wegen Beherrschung durch ausländische Gebietskörperschaften, NZBau 2011, 17; *Waldmann*, Zwischenbilanz: Stand der Reform des Vergaberechts am Ende der 16. Wahlperiode, VergabeR 2010, 298; *Winnes*, Öffentliche Auftragsvergabe im ÖPNV, VergabeR 2009, 712; *Zeiss*, Sektorenverordnung verfassungswidrig – Gebührenerhebung durch Bundeskartellamt unzulässig?, NVwZ 2010, 556.

A. Einleitung

1 Sofern für einen zu vergebenden Auftrag der 4. Teil des GWB gilt (§§ 98, 99, 100, 100a, 100b GWB), ist die SektVO anzuwenden, wenn die Tatbestandsvoraussetzungen von § 1 SektVO erfüllt sind. Danach gilt ein einheitlicher **persönlicher Anwendungsbereich**, der alle Auftraggeber nach § 98 Nr. 1 bis 4 GWB gleichermaßen erfasst (§ 1 Abs. 1 Satz 1 SektVO).[1] Nicht erfasst sind Auftraggeber, die unter § 98 Nr. 5 oder 6 GWB fallen. Der **sachliche Anwendungsbereich** der SektVO bezieht sämtliche Vergaben von Aufträgen ein, die in Zusammenhang mit Sektorentätigkeiten stehen (§ 1 Abs. 1 Satz 2 SektVO), soweit deren Wert die maßgeblichen Schwellenwerte überschreitet (§ 1 Abs. 2 SektVO) und sie nicht bereits nach Vorschriften des GWB von der Anwendung des Vergaberechts ausgenommen sind (§ 1 Abs. 1 SektVO, § 97 Abs. 6, § 127 Nr. 2 GWB, Art. 80 Abs. 1 GG). Nicht vom sachlichen Anwendungsbereich der SektVO umfasst sind Bau und Dienstleistungskonzessionen (§ 1 Abs. 1 Satz 3 SektVO).[2]

---

[1] *Debus* in Ziekow/Völlink, § 1 SektVO Rn. 2.
[2] Vgl. Art. 18 SKR.

B. Persönlicher Anwendungsbereich

Der persönliche Anwendungsbereich der SektVO umfasst alle Auftraggeber nach § 98 **2**
Nr. 1 bis 4 GWB gleichermaßen (§ 1 Abs. 1 Satz 1 SektVO).[3] Das bedeutet insbesondere, dass die nach alter Rechtslage geführte Diskussion zur vergaberechtlichen Hierarchie unter Auftraggebern nach § 98 Nr. 2 bzw. nach § 98 Nr. 4 GWB hinfällig ist.[4] Die vergaberechtliche Einordnung von Auftraggebern, die sowohl § 98 Nr. 2 GWB als auch § 98 Nr. 4 GWB unterfallen, war in der Vergangenheit heftig umstritten. Die Einordnung hatte erhebliche Auswirkungen darauf, welche konkreten vergaberechtlichen Vorgaben vom betroffenen Auftraggeber zu beachten waren. Sektorenauftraggeber (auch) nach § 98 Nr. 2 GWB hatten strengere vergaberechtliche Vorgaben zu beachten als Sektorenauftraggeber (nur) nach § 98 Nr. 4 GWB. In der Vergangenheit nahmen die Nachprüfungsinstanzen nämlich regelmäßig einen Vorrang des § 98 Nr. 2 GWB als *lex specialis* an, so dass Auftraggeber, die sowohl § 98 Nr. 2 GWB als auch § 98 Nr. 4 GWB unterfielen, ggf. dem für Auftraggeber nach Nr. 2 geltenden strengeren Vergaberechtsregime unterworfen waren.[5] Dieses Verständnis wurde allerdings zwischenzeitlich in Ansehung klarstellender Urteile des EuGH zugunsten der sachlichen Spezialität des Sektorenvergaberechts berichtigt. Die Anwendbarkeit des Sektorenvergaberechts hängt allein von der Tätigkeit ab, die ein Auftraggeber ausübt sowie von den Beziehungen zwischen dieser Tätigkeit und dem geplanten Auftrag.[6] Das spiegelt nun auch der Wortlaut von § 1 Abs. 1 SektVO wider. Danach ist die SektVO immer dann anwendbar, wenn die Auftragsvergabe eines Auftraggebers nach § 98 Nr. 1 bis 4 GWB im Zusammenhang mit einer Sektorentätigkeit steht. Ist das der Fall, so ist es für die Frage der Anwendbarkeit der SektVO irrelevant, ob der Auftrag von einem Auftraggeber vergeben wird, der neben § 98 Nr. 4 GWB zugleich auch § 98 Nr. 2 GWB unterfällt.[7]

Auf die Differenzierung zwischen Auftraggebern nach § 98 Nr. 1 bis 3 und § 98 Nr. 4 **3**
GWB kann gleichwohl auch im Sektorenbereich nach wie vor nicht verzichtet werden. So regelt § 100b Abs. 4 Nr. 1 GWB eine Ausnahme von der Geltung des Vergaberechts nur für Auftraggeber nach § 98 Nr. 4 GWB für Aufträge, die anderen Zwecken als der Sektorentätigkeit dienen. Die Ausnahme von der Geltung des Vergaberechts nach § 100b Abs. 3 GWB wiederum nimmt nur auf Auftraggeber nach § 98 Nr. 1 bis 3 GWB in Bezug. Zudem sind allein Auftraggeber nach § 98 Nr. 1 bis Nr. 3 GWB verpflichtet, Unternehmen vom Vergabeverfahren auszuschließen, denen bestimmte strafrechtliche Verurteilungen zuzurechnen sind (§ 21 Abs. 1 SektVO). Ferner können – zumindest dem Wortlaut von § 24 Abs. 13 SektVO nach – lediglich Auftraggeber nach § 98 Nr. 1 bis 3 GWB Eintragungen in der Liste des Vereins für die Präqualifikation von Bauunternehmen e.V. oder in vergleichbaren Verzeichnissen als Eignungsnachweis anerkennen. Schließlich gelten spezielle gesetzliche Zweifelsregelungen zum sachlichen Anwendungsbereich der SektVO, die daran anknüpfen, ob ein Auftraggeber allein unter § 98 Nr. 4 GWB oder auch unter § 98 Nr. 1 bis 3 GWB fällt (vgl. § 99 Abs. 11, 12 GWB).[8]

---

[3] Vgl. *Eschenbruch* in Eschenbruch/Opitz, § 1 Rn. 9 ff.
[4] Vgl. *Waldmann* VergabeR 2010, 298, 300.
[5] Vgl. OLG München Beschl. v. 12.7.2005, Verg 8/05; BayObLG Beschl. v. 5.11.2002, Verg 22/02.
[6] EuGH Urt. v. 10.4.2008, Rs. C-393/06 – Aigner; vgl. schon EuGH Urt. v. 16.6.2005, verb. Rs. C-462/03 und C-463/03 – Strabag und Kostmann, Rn. 41, 42; vgl. auch Art. 12 VKR.
[7] OLG Düsseldorf Beschl. v. 24.3.2010, VII Verg 58/09.
[8] Hierzu sogleich.

C. Sachlicher Anwendungsbereich

4 Der sachliche Anwendungsbereich der SektVO ist eröffnet, wenn der zu vergebende öffentliche Auftrag im **Zusammenhang mit einer Sektorentätigkeit** steht (§ 1 Abs. 1 Satz 2 SektVO) und der Auftragswert den maßgeblichen Schwellenwert (§§ 1 Abs. 2, 2 SektVO) überschreitet.

I. Vergabe von Aufträgen im Zusammenhang mit Sektorentätigkeit

5 Wenn eine Auftragsvergabe im Zusammenhang mit der Sektorentätigkeit eines öffentlichen Auftraggebers nach § 98 Nr. 1 bis 4 GWB steht, ist der Anwendungsbereich der SektVO grundsätzlich eröffnet. **Steht eine Auftragsvergabe nicht im Zusammenhang mit der Sektorentätigkeit** eines öffentlichen Auftraggebers **muss danach unterschieden werden, ob der Auftraggeber § 98 Nr. 4 GWB und/oder § 98 Nr. 1, 2 oder 3 GWB unterfällt.**[9] Wenn der betroffene Auftraggeber ausschließlich § 98 Nr. 4 GWB unterfällt, so ist er hinsichtlich des nicht im Zusammenhang mit der Sektorentätigkeit stehenden Auftrags an keine vergaberechtlichen Vorgaben nach dem 4. Teil des GWB gebunden (§ 100b Abs. 4 Nr. 1 GWB).[10] Wenn der betroffene Auftraggeber jedoch auch/nur unter § 98 Nr. 1, 2 oder 3 GWB fällt, so muss er bei Auftragsvergaben, die nicht in einem Zusammenhang mit der Sektorentätigkeit stehen, das Vergaberechtsregime anwenden, das für Auftraggeber nach § 98 Nr. 1 bis 3 GWB gilt, dh die VgV und die VOL/A, VOB/A bzw. VOF.[11]

1. Art der Auftragsvergabe

6 Welcher Art die Auftragsvergabe ist, die im Zusammenhang mit der Sektorentätigkeit steht, ist für die Frage der Anwendbarkeit der SektVO unerheblich. Denn die SektVO erfasst Liefer-, Bau- und Dienstleistungsaufträge (vgl. § 99 Abs. 2 bis 4 GWB) gleichermaßen. Anders als im Bereich klassischer Auftragsvergaben, in welchem die Art des zu vergebenden Auftrags maßgeblich dafür ist, welche Vergabe- und Vertragsordnung (VOB/A, VOL/A) anzuwenden ist, gilt die SektVO als konsolidiertes Regelwerk für jedwede Auftragsart.

7 Auch die Differenzierung in der VgV für klassische Auftragsvergaben zwischen freiberuflichen (VOF) und anderen Dienstleistungsaufträgen (VOL/A) findet sich in der SektVO nicht. § 5 Satz 3 VgV aF ordnete noch (bis 11.6.2010) an, dass für Aufträge im Sektorenbereich die Verweisung in der VgV auf nach der VOF zu vergebende freiberufliche Leistungen keine Anwendung finden sollte. Damit hatten Auftraggeber von freiberuflichen Dienstleistungsaufträgen im Sektorenbereich nur die Vorschriften des GWB sowie die ggf. unmittelbar geltenden Vorschriften der SKR zu beachten.[12] Der Anwendungsbereich der SektVO ist in § 1 SektVO nunmehr anders bestimmt. Er umfasst pauschal die Vergabe „von Aufträgen" im Zusammenhang mit Sektorentätigkeiten. Soweit Ausnahmen für bestimmte Auftragsarten gelten sollen, wurde das ausdrücklich geregelt, namentlich durch die Ausnahmeregelungen für Konzessionsvergaben (§ 1 Abs. 1 Satz 3 und Abs. 3 SektVO). Somit unterfallen sämtliche Auftragsarten, die nicht Konzessionsvergaben darstellen, dh auch die Vergabe freiberuflicher Dienstleistungsaufträge, der SektVO.

---

[9] *Zeiss* in jurisPK-VergR, § 1 SektVO Rn. 8.
[10] *Eschenbruch* in Eschenbruch/Opitz, § 1 Rn. 211.
[11] *Gabriel* in MünchKommBeihVgR, Vorbem SektVO Rn. 6; *Eschenbruch* in Eschenbruch/Opitz, § 1 Rn. 209.
[12] OLG Düsseldorf Beschl. v. 21.5.2008, VII-Verg 19/08; VK Rheinland-Pfalz Beschl. v. 2.7.2009, VK 2–24/09.

2. Zusammenhang mit Sektorentätigkeit

Die Anwendbarkeit der SektVO setzt voraus, dass die Vergabe des Auftrags „im Zusammenhang mit Tätigkeiten auf dem Gebiet der Trinkwasser- oder Energieversorgung oder des Verkehrs" erfolgt (§ 6 Abs. 1 S. 2 SektVO). Die Bezugnahme auf „**Tätigkeiten auf dem Gebiet der Trinkwasser- und Energieversorgung sowie des Verkehrs**" findet sich bereits im GWB, und zwar in § 98 Nr. 4 Satz 2 GWB. Was genau „Tätigkeiten auf dem Gebiet der Trinkwasser- oder Energieversorgung oder des Verkehrs" sind, wird in der amtlichen Anlage zu § 98 Nr. 4 GWB legaldefiniert.[13] Mit den dort legaldefinierten Tätigkeiten muss die Auftragsvergabe im Zusammenhang stehen.[14]

8

Das erforderliche Zusammenhängen der Auftragsvergabe mit einer Sektorentätigkeit entspricht dem Tatbestandsmerkmal in § 100b Abs. 4 Nr. 1 GWB, der darauf Bezug nimmt, dass ein Auftrag (nicht) einer Sektorentätigkeit „dient". Ein Auftrag dient einer Sektorentätigkeit und steht somit mit ihr in Zusammenhang, wenn der Auftrag entweder selbst eine Teilleistung der betroffenen Sektorentätigkeit darstellt oder ihre Ausübung ermöglichen, fördern, sichern, erleichtern oder in sonstiger Weise beeinflussen kann/soll.[15] Ist ein öffentlicher Auftraggeber in verschiedenen Betriebszweigen tätig, kommt es auf den jeweils von der Beschaffung betroffenen Betriebszweig an.[16] Für einen Auftrag zur Durchführung mehrerer Tätigkeiten gelten die Bestimmungen für die Tätigkeit, die den Hauptgegenstand darstellt (§ 99 Abs. 11 GWB). In Zweifelsfällen haben Auftraggeber, die auch § 98 Nr. 1 bis 3 GWB unterfallen, das klassische Vergaberecht (§ 99 Abs. 12 Satz 1 GWB), und Auftraggeber, die allein § 98 Nr. 4 GWB unterfallen, die SektVO zu beachten (§ 99 Abs. 12 Satz 2 GWB).

9

Vergibt ein Auftraggeber gemäß § 98 Nr. 2 GWB, der auf dem Gebiet der Trinkwasserversorgung und Abwasserbeseitigung tätig ist und die öffentlichen Einrichtungen seiner Mitglieder zur Wasserversorgung und Abwasserbeseitigung betreibt, einen Auftrag über die Verlegung und die Sanierung der Trink- und Mischwasserleitungen der öffentlichen Einrichtungen, handelt es sich um einen Auftrag im Zusammenhang mit der Sektorentätigkeit Trinkwasserversorgung.[17] Auch betreffend einen Bauauftrag für die Umrüstung eines Pumpwerkes durch eine Anstalt des öffentlichen Rechts, welche als Auftraggeber nach § 98 Nr. 2 GWB auf dem Gebiet der Fernwasserversorgung tätig ist, hat die Rechtsprechung entschieden, dass der Auftrag im Zusammenhang mit der Sektorentätigkeit Trinkwasserversorgung steht.[18]

10

Vergibt ein staatlich beherrschter Betreiber eines städtischen Stromnetzes einen Auftrag über die Lieferung von Geräten zur mobilen Datenerfassung (zB PDAs, TabletPCs und Notebooks), gilt das als Auftragsvergabe im Zusammenhang mit der Sektorentätigkeit Elektrizitätsversorgung.[19] Auch die Vergabe von Bauaufträgen im Zusammenhang mit Verwaltungs- und Sozialgebäuden eines Energieversorgungsunternehmens steht in Zusammenhang mit der Sektorentätigkeit dieses Unternehmens.[20] Kein Zusammenhang mit dieser Sektorentätigkeit soll jedoch vorliegen bei sog. Lichtlieferungsaufträgen bzw. Straßenbeleuchtungsverträgen, wenn der Auftraggeber nicht selbst das Netz zur Versorgung der Allgemeinheit mit Straßenbeleuchtung betreibt.[21]

11

---

[13] *Prieß/Hölzl* NZBau 2009, 159, 160; BT-Drs. 16/10117, S. 17
[14] VK Lüneburg Beschl. v. 5.11.2010, VgK-54/2010; *Zeiss* in jurisPK-VergR, § 1 SektVO Rn. 9.
[15] *Eschenbruch* in Eschenbruch/Opitz, § 1 Rn. 203.
[16] *Eschenbruch* in Eschenbruch/Opitz, § 1 Rn. 206.
[17] VK Sachsen Beschl. v. 11.12.2009, 1/SVK/054–09.
[18] VK Thüringen Beschl. v. 24.6.2009, VK 250–4002.20–3114/2009–005 – SOK.
[19] OLG München Beschl. v. 12.7.2005, Verg 8/05; Beschl. v. 20.4.2005, Verg 8/05.
[20] *Eschenbruch* in Eschenbruch/Opitz, § 1 Rn. 205.
[21] *Meiß* VergabeR 2011, 398, 400 f.

12 Eine Auftragsvergabe steht ferner im Zusammenhang mit einer Sektorentätigkeit, wenn für gemeindliche Liegenschaften die Planung, der Bau und der Betrieb von für die Lieferung von Wärme notwendigen Versorgungsanlagen beschafft werden.[22] Es handelt sich dann um die Vergabe eines Auftrags im Zusammenhang mit Tätigkeiten auf dem Gebiet der Energielieferung. Allerdings kann im Einzelfall gleichwohl ein Zusammenhang mit einer Sektorentätigkeit nach Ziffer 3 der Anlage zu § 98 Nr. 4 GWB zu verneinen sein, und zwar dann, wenn das zu errichtende feste Netz zur Verteilung von Wärme nicht der Energieversorgung der Allgemeinheit dient. Das wäre dann der Fall, wenn das Netz nur einem fest umrissenen Kreis bestimmter Gebäude dient.

13 Auftragsvergaben zum Zweck der Nutzung eines Geländes als Flughafen weisen grundsätzlich einen Bezug zu einer Sektorentätigkeit iSd Sektorenvergaberechts auf.[23] Hierzu zählt zunächst der Betrieb von Start- und Landebahnen sowie der Sicherheitsflächen gemäß § 12 Abs. 1 LuftVG. Auch Tätigkeiten, welche die Sicherheit des Flughafens sowie den ungehinderten Verkehr auf dem Flughafengelände sichern sollen (etwa Abschlepp- und damit im Zusammenhang stehende Inkassodienstleistungen), zählen dazu.[24] Weiterhin sind erfasst Aufträge in Verbindung mit Güterverkehr, der Lagerung, Verteilung oder Spedition, wenn sie dem Frachtumschlag, der Gepäckabfertigung oder der Betankung der Flugzeuge dienen.[25] Nicht dazu gehört die Wartung der Flugzeuge als solche.[26] Auch Bauaufträge und Grundstückserschließungen stehen im Zusammenhang mit der Sektorentätigkeit des Flughafenbetriebs, wenn sie Endeinrichtungen für Passagiere oder der Güterverladung betreffen.[27] Nicht im Zusammenhang mit der Sektorentätigkeit des Betriebs von Flughäfen steht das Anbieten von Hoteldienstleistungen durch den Flughafenbetreiber.[28]

II. Schwellenwerte

14 Die SektVO gilt nur für Aufträge, deren geschätzte Auftragswerte (§ 2 SektVO) den jeweiligen maßgeblichen Schwellenwert erreichen oder überschreiten (§ 1 Abs. 2 SektVO, § 100 Abs. 1 GWB).[29] § 1 Abs. 2 SektVO enthält eine **dynamische Verweisung** auf Art. 16 SKR und Art. 69 SKR, welche die maßgeblichen Schwellenwerte regeln.[30] Die dynamische Verweisung hat zur Folge, dass die jeweils geltenden unionsrechtlichen Schwellenwerte ohne weiteren Umsetzungsakt im nationalen Recht Anwendung finden.[31] Die maßgeblichen Schwellenwerte ergeben sich aus Art. 16 und Art. 17 SKR iVm **Verordnung (EU) 1251/2011**.[32] Ab dem 1.1.2012 gelten folgende Schwellenwerte:

---

[22] VK Lüneburg Beschl. v. 18.1.2011, VgK-61/2010.
[23] EuGH Urt. v. 10.4.2008, Rs. C-393/06 – Aigner, Rn. 57.
[24] OLG Düsseldorf Beschl. v. 24.3.2010, VII-Verg 58/09.
[25] 33. Sitzung des beratenden Ausschuss für die Öffnung des öffentlichen Auftragwesens v. 18.3.1992 und 66. Sitzung des beratenden Ausschuss für öffentliches Auftragwesen v. 11.3.1992: Leitlinien für die Ermittlung, welche Flughafenaktivitäten nicht mehr unter die „Sektorenrichtlinie" 90/531/EWG fallen, Nr. 5 lit. b).
[26] Leitlinien für die Ermittlung, welche Flughafenaktivitäten nicht mehr unter die „Sektorenrichtlinie" 90/531/EWG fallen, Nr. 5 lit. c).
[27] Leitlinien für die Ermittlung, welche Flughafenaktivitäten nicht mehr unter die „Sektorenrichtlinie" 90/531/EWG fallen, Nr. 5 lit. d).
[28] Leitlinien für die Ermittlung, welche Flughafenaktivitäten nicht mehr unter die „Sektorenrichtlinie" 90/531/EWG fallen, Nr. 5 lit. a).
[29] *Winnes* in Pünder/Schellenberg, § 1 SektVO Rn. 6.
[30] VK Lüneburg Beschl. v. 5.11.2010, VgK-54/2010.
[31] Vgl. *Ziekow* in Ziekow/Völlink, § 2 SektVO Rn. 18.
[32] VO (EU) Nr. 1251/2011 der Kommission v. 30.11.2011 zur Änderung der Richtlinien 2004/17/EG, 2004/18/EG und 2009/81/EG des Europäischen Parlaments und des Rates im Hinblick auf die Schwellenwerte für Auftragsvergabeverfahren, L 319/43.

400.000 EUR bei Liefer- und Dienstleistungsaufträgen (Art. 16 lit. a) SKR) und 5.000.000 EUR bei Bauaufträgen (Art. 16 lit. b) SKR). Die maßgeblichen Schwellenwerte liegen im Sektorenbereich seit jeher deutlich über den Schwellenwerten im Bereich des klassischen Vergaberechts.

Wie im Bereich klassischer Auftragsvergaben ist bei der **Schätzung der Auftragswerte** von der voraussichtlichen Gesamtvergütung für die vorgesehene Leistung auszugehen (§ 2 Abs. 1 Satz 2 SektVO). Bei regelmäßig wiederkehrenden oder Daueraufträgen über Liefer- oder Dienstleistungen ist gemäß § 2 Abs. 4 SektVO entweder der Gesamtwert oder – bei über 48 Monaten hinausgehenden bzw. unbefristeten Vertragslaufzeiten – der Wert für 48 Monatsraten zugrunde zu legen. Etwaige Optionen oder Vertragsverlängerungen sind zu berücksichtigen (§ 2 Abs. 1 Satz 2 SektVO). Auch wenn der Auftraggeber Prämien oder vergleichbare Vergütungen vorsieht, hat er diese bei der Berechnung des geschätzten Auftragswerts zu berücksichtigen (Art. 17 Abs. 1 und Abs. 10 SKR). Die Umsatzsteuer ist bei der Schätzung des Gesamtwerts nicht zu berücksichtigen (§ 2 Abs. 1 Satz 2 aE SektVO).

Gemäß Art. 17 Abs. 5 SKR, welcher nicht ausdrücklich in der SektVO umgesetzt ist, darf der **Wert der Waren oder Dienstleistungen, die für die Ausführung eines bestimmten Bauauftrags nicht erforderlich sind**, nicht zum Wert dieses Bauauftrags hinzugefügt werden, wenn durch die Einbeziehung die Beschaffung dieser Waren oder Dienstleistungen der Anwendung der SKR entzogen würde. Das ergibt sich allenfalls mittelbar aus dem Wortlaut von § 3 Abs. 5 SektVO, wonach bei der Schätzung des Auftragswerts von Bauleistungen neben dem Auftragswert der Bauaufträge der geschätzte Wert aller Liefer- und Dienstleistungen zu berücksichtigen ist, die für die Ausführung der Bauleistungen erforderlich sind und vom Auftraggeber zur Verfügung gestellt werden.

Bei der Durchführung von Wettbewerben (§ 11 SektVO), die zur Vergabe von Dienstleistungsaufträgen führen sollen, sind der geschätzte Wert des Dienstleistungsauftrags sowie etwaige Preisgelder und Zahlungen an Teilnehmer hinzuzusetzen (§ 2 Abs. 8 SektVO).[33] Etwas anderes gilt lediglich für den Fall, dass ein Auftraggeber die Vergabe des Dienstleistungsauftrags im Anschluss an den Wettbewerb ausdrücklich ausschließt (Art. 61 Abs. 2 UAbs. 2 SKR).[34]

D. Ausnahmetatbestände gemäß GWB

In der SektVO sind – mit Ausnahme der behördlichen Freistellung gemäß § 3 SektVO – keine **Ausnahmen vom Anwendungsbereich des sektorenspezifischen Vergaberechts** geregelt. Nach alter Rechtslage waren derartige Ausnahmetatbestände noch in der VgV geregelt. Mit der Neufassung des vierten Teils des GWB wurde der Anwendungsbereich umfassend im GWB geregelt,[35] namentlich in den §§ 100 Abs. 3 bis Abs. 8, 100a, 100c GWB (nicht sektorenspezifische Ausnahmen) und in § 100b GWB (sektorenspezifische Ausnahmen). Greift einer der vorgenannten Ausnahmetatbestände, so finden der 4. Teil des GWB und damit von vornherein auch die SektVO keine Anwendung.

E. Ausnahme für Sektorentätigkeiten, die unmittelbar dem Wettbewerb ausgesetzt sind

Aufträge, die im Zusammenhang mit einer Sektorentätigkeit stehen, fallen nicht unter die SektVO, wenn die **Sektorentätigkeit auf Märkten mit freiem Zugang unmittelbar dem Wettbewerb ausgesetzt ist** (§ 3 Abs. 1 SektVO). Ob eine Sektorentätigkeit auf

---

[33] *Finke* in Eschenbruch/Opitz, § 2 Rn. 18.
[34] *Müller-Wrede* in Müller-Wrede SektVO, § 2 Rn. 45.
[35] *Gabriel* NJW 2009, 2011, 2012 f.; *Kratzenberg* NZBau 2009, 103, 106.

Märkten mit freiem Zugang unmittelbar dem Wettbewerb ausgesetzt ist, obliegt der Einschätzungsprärogative der EU-Kommission. Diese muss formell entscheiden, dass die vorgenannten Voraussetzungen nach § 100b Abs. 4 Nr. 4 GWB, Art. 30 SKR erfüllt sind. Das entsprechende Freistellungsverfahren ist in § 3 SektVO wiedergegeben.

I. Wirkung der Freistellung

20 Die Feststellung der EU-Kommission, dass eine bestimmte Sektorentätigkeit auf Märkten mit freiem Zugang unmittelbar dem Wettbewerb ausgesetzt ist, hat zur Folge, dass die Bindung an das Vergaberecht hinsichtlich solcher Aufträge entfällt, die im Zusammenhang mit dieser Tätigkeit stehen (§ 100b Abs. 4 Nr. 4 GWB; § 3 Abs. 1 SektVO). Es kommt dann **keine subsidiäre Anwendung der VgV** – auch nicht für Auftraggeber nach § 98 Nr. 1–3 GWB – in Betracht. Denn die Freistellung nach § 3 SektVO bzw. Art. 30 SKR hat zur Folge, dass Auftragsvergaben öffentlicher Auftraggeber, die im Zusammenhang mit der konkret betroffenen Sektorentätigkeit stehen, generell nicht mehr dem europäischen Vergaberecht der VKR bzw. der SKR unterfallen. Das stellt Art. 12 VKR klar, wonach auch das klassische Vergaberecht nicht für Aufträge gilt, die gemäß Art. 30 SKR nicht in den Geltungsbereich der SKR fallen.

II. Voraussetzungen für eine Freistellung

21 Die Freistellung durch die EU-Kommission iSv § 3 Abs. 1 SektVO erfolgt, wenn die Sektorentätigkeit auf einem frei zugänglichen Markt ausgeübt wird, der unmittelbar dem Wettbewerb ausgesetzt sind (Art. 30 Abs. 1 SKR).[36]

1. Märkte mit freiem Zugang

22 Der Zugang zu einem Markt gilt jedenfalls dann als frei, wenn der betreffende Mitgliedstaat die in Anhang XI SKR genannten europarechtlichen Vorschriften umgesetzt hat und anwendet (Art. 30 Abs. 3 UAbs. 1 SKR).[37] Denn dann besteht eine grundsätzliche Vermutung des freien Zugangs zu dem betroffenen Markt (Erwägungsgrund 41 SKR). Als europarechtlichen Rechtsvorschriften zur Liberalisierung eines bestimmten Sektors oder Teilsektors nennt Anhang XI:
– Richtlinie 98/30/EG betreffend den Erdgasbinnenmarkt;[38]
– Richtlinie 96/92/EG betreffend den Elektrizitätsbinnenmarkt;[39]
– Richtlinie 97/67/EG über gemeinsame Vorschriften für die Entwicklung des Binnenmarkts der Postdienste der Gemeinschaft;[40]
– Richtlinie 94/22/EG über die Erteilung und Nutzung von Genehmigungen zur Prospektion, Exploration und Gewinnung von Kohlenwasserstoffen.[41]

---

[36] *Schellenberg* in Pünder/Schellenberg, § 3 SektVO Rn. 10.
[37] *Debus* in Ziekow/Völlink, § 3 SektVO Rn. 4.
[38] RL 98/30/EG des Europäischen Parlaments und des Rates v. 22.6.1998 betreffend gemeinsame Vorschriften für den Erdgasbinnenmarkt, ABl. L 204, S. 1.
[39] RL 96/92/EG des Europäischen Parlaments und des Rates v. 19.12.1996 betreffend gemeinsame Vorschriften für den Elektrizitätsbinnenmarkt (2) ABl. L 27, S. 20.
[40] RL 97/67/EG des Europäischen Parlaments und des Rates v. 15.12.1997 über gemeinsame Vorschriften für die Entwicklung des Binnenmarktes der Postdienste der Gemeinschaft und die Verbesserung der Dienstequalität, ABl. L 15 v. 21.1.1998, S. 14.
[41] RL 94/22/EG des Europäischen Parlaments und des Rates v. 30.5.1994 über die Erteilung und Nutzung von Genehmigungen zur Prospektion, Exploration und Gewinnung von Kohlenwasserstoffen, ABl. L 164, S. 3.

Da für viele Sektorentätigkeiten noch keine europarechtlichen Harmonisierungsvorschriften existieren, ist die unmittelbare Anwendung der Vermutungsregel des Art. 30 Abs. 3 UAbs. 1 SKR nur selten möglich. Alternativ kann jedoch der Nachweis erbracht werden, dass der **Zugang zum betroffenen Markt** *de jure* **und** *de facto* **frei** ist (Art. 30 Abs. 3 UAbs. 2 SKR). Das kann etwa dann gelingen, wenn eine Richtlinie, die einen bestimmten Sektor liberalisiert, in entsprechender Weise auf einem anderen Sektor angewendet wird (Erwägungsgrund 41 SKR). Als Beispiel wird die Anwendung der Richtlinie 94/22/EG (über die Erteilung und Nutzung von Genehmigungen zur Prospektion, Exploration und Gewinnung von Kohlenwasserstoffen) auf den Kohlesektor angeführt (Erwägungsgrund 41 SKR). Von den bisher gestellten Anträgen auf Freistellung nach Art. 30 SKR war weit überwiegend (nur) denen Erfolg beschieden, die sich auf eine der Richtlinien in Anhang XI bezogen. Als Ausnahme mag eine Freistellungsentscheidung zu bestimmten Finanzdienstleistungen in Ungarn gelten.[42] Dort nahm die EU-Kommission auf Richtlinie 2007/64/EG über Zahlungsdienste im Binnenmarkt Bezug.[43]

2. Unmittelbar dem Wettbewerb ausgesetzt

Um die Freistellung einer Sektorentätigkeit von der Anwendung des Vergaberechts zu rechtfertigen, muss die jeweilige Sektorentätigkeit auf dem frei zugänglichen Markt unmittelbar dem Wettbewerb ausgesetzt sein (§ 3 Abs. 1 SektVO). Wann eine Sektorentätigkeit dem unmittelbaren Wettbewerb ausgesetzt ist, muss anhand **objektiver Kriterien** festgestellt werden, wobei die besonderen **Merkmale des betreffenden Sektors** zu berücksichtigen sind (Erwägungsgrund 41 SKR):
– die Merkmale der betreffenden Waren und Leistungen;[44]
– das Vorhandensein alternativer Waren und Leistungen;[45]
– die Preise für die Erbringung der jeweiligen Tätigkeit;[46]
– das tatsächliche oder mögliche Vorhandensein mehrerer Anbieter der betreffenden Waren und Leistungen.[47]

Die vorgenannten Kriterien müssen darüber hinaus „mit den Wettbewerbsbestimmungen des Vertrags" (dh des AEUV) in Einklang stehen (Art. 30 Abs. 2 SKR). Sie dürfen nicht zur Grundlage der Freistellungsentscheidung gemacht werden, wenn sie auf Umständen beruhen, die eine Verletzung des AEUV begründen, also beispielsweise die marktüblichen Preise für die Erbringung der jeweiligen Tätigkeit auf kartellrechtswidrigen Preisabsprachen beruhen. Weitere Anhaltspunkte lassen sich der Entscheidung der EU-Kommission v. 7.1.2005 über die Durchführungsmodalitäten für das Verfahren nach Art. 30 SKR entnehmen. Danach soll von hinreichendem Wettbewerb auszugehen sein, wenn der relevante Produktmarkt Waren und/oder Dienstleistungen umfasst, die von der Marktgegenseite aufgrund ihrer Merkmale, ihrer Preise und ihres Verwendungszwecks für austauschbar oder substituierbar gehalten werden.[48]

---

[42] 2011/875/EU: Durchführungsbeschluss der Kommission v. 16.12.2011 zur Freistellung bestimmter Finanzdienstleistungen des Postsektors in Ungarn von der Anwendung der Richtlinie 2004/17/EG, ABl. L 343 v. 23.12.2011, S. 77–85.
[43] RL 2007/64/EG des Europäischen Parlaments und des Rates v. 13.9.2007 über Zahlungsdienste im Binnenmarkt, zur Änderung der Richtlinien 97/7/EG, 2002/65/EG, 2005/60/EG und 2006/48/EG sowie zur Aufhebung der Richtlinie 97/5/EG Text von Bedeutung für den EWR, ABl. Nr. L 319, S. 1.
[44] § 3 Abs. 2 Satz 2 Nr. 1 SektVO.
[45] § 3 Abs. 2 Satz 2 Nr. 2 SektVO.
[46] § 3 Abs. 2 Satz 2 Nr. 3 SektVO.
[47] § 3 Abs. 2 Satz 2 Nr. 4 SektVO.
[48] 2005/15/EG: Entscheidung der Kommission v. 7.1.2005 über die Durchführungsmodalitäten für das Verfahren nach Artikel 30 der Richtlinie 2004/17/EG des Europäischen Parlaments und des Rates zur Koordinierung der Zuschlagserteilung durch Auftraggeber im Bereich der Wasser-, Energie- und Verkehrsversorgung sowie der Postdienste, ABl. L 7 v. 11.1.2005, S. 7, 10.

26 Die EU-Kommission berücksichtigt bei der Analyse insbesondere die **Konzentration konkurrierender Unternehmen auf dem jeweiligen Markt**.[49] Im Hinblick beispielsweise auf den weltweiten Markt der Rohölförderung ging die EU-Kommission im Falle Dänemarks und Italiens von einem wirksamen Wettbewerb aus.[50] Der weltweite Markt für Rohölförderung sei gekennzeichnet durch die Präsenz von großen staatlichen Unternehmen und drei internationalen, vertikal integrierten, Privatunternehmen, den sog. „Super-Majors" (BP, ExxonMobil und Shell) sowie einer Zahl sog. „Majors". Die **Entscheidungspraxis der EU-Kommission** hinsichtlich der Frage, ab welcher Größe der Gesamtmarktanteil der drei größten Anbieter als „zu groß" gilt, ist allerdings **uneinheitlich**. Die Spanne in den einzelnen Entscheidungen reicht von über 80 % (Stromerzeugung in Schweden 2007/706/EG)[51] bis zu weniger als 40 % (Lieferung von Elektrizität in England, Schottland und Wales)[52]. Diese Unterschiede lassen sich dadurch erklären, dass die EU-Kommission weitere Faktoren bei der Analyse der Wettbewerbssituation mit einbezieht. Insbesondere werden nationale Märkte nicht isoliert von den umgebenden Ländern und anderen Regionen betrachtet. So werden beispielsweise im Bereich des Stromhandels auch die Einbindung in grenzüberschreitende Märkte und Importe aus Drittstaaten eingestellt.[53]

3. Beispiele für Freistellungen

27 Die **EU-Kommission hat bereits mindestens 25 Anträge auf Freistellung nach Art. 30 SKR erhalten**. Ein Überblick über die Freistellungsverfahren in den einzelnen EU-Mitgliedstaaten findet sich auf der Internetseite der EU-Kommission.[54] Die EU-Kommission hat ua Finanzdienstleistungen und bestimmte Dienste im Bereich des Postsektors[55], des Aufsuchens von Erdöl- und Erdgasvorkommen und der Förderung von

---

[49] *Debus* in Ziekow/Völlink, § 3 SektVO Rn. 5.
[50] 2011/372/EU: Durchführungsbeschluss der Kommission v. 24.6.2011 zur Freistellung des Aufsuchens von Erdöl- und Erdgasvorkommen und der Förderung von Erdöl in Italien von der Anwendung der Richtlinie 2004/17/EG, ABl. L 166 v. 25.6.2011, S. 28–31.
[51] 2007/706/EG: Entscheidung der Kommission v. 29.10.2007 zur Freistellung der Erzeugung und des Verkaufs von Strom in Schweden von der Anwendung der Richtlinie 2004/17/EG des Europäischen Parlaments und des Rates zur Koordinierung der Zuschlagserteilung durch Auftraggeber im Bereich der Wasser-, Energie- und Verkehrsversorgung sowie der Postdienste, ABl. L 287 v. 1.11.2007, S. 18–22.
[52] 2007/141/EG: Entscheidung der Kommission v. 26.2.2007 über die Anwendung von Artikel 30 Absatz 1 der Richtlinie 2004/17/EG auf die Lieferung von Elektrizität und Erdgas in England, Schottland und Wales, ABl. L 62 v. 1.3.2007, S. 23–26.
[53] 2010/403/EU: Beschluss der Kommission v. 14.7.2010 zur Freistellung der Stromerzeugung und des Stromgroßhandels in Italiens Makrozone Nord und des Stromeinzelhandels für Endkunden mit Mittel-, Hoch- und Höchstspannungsnetzanschluss in Italien von der Anwendung der Richtlinie 2004/17/EG, ABl. L 186 v. 20.7.2010, S. 44–49.
[54] http://ec.europa.eu/internal_market/publicprocurement/rules/exempt_markets.
[55] 2011/875/EU: Durchführungsbeschluss der Kommission v. 16.12.2011 zur Freistellung bestimmter Finanzdienstleistungen des Postsektors in Ungarn von der Anwendung der Richtlinie 2004/17/EG, ABl. L 343 v. 23.12.2011, S. 77–85; 2010/12/EU: Beschluss der Kommission v. 5.1.2010 zur Ausnahme bestimmter Finanzdienstleistungen des Postsektors in Italien von der Anwendung der Richtlinie 2004/17/EG, ABl. L 6 v. 9.1.2010, S. 8–13; 2009/46/EG: Entscheidung der Kommission v. 19.12.2008 zur Ausnahme bestimmter Dienste des Postsektors in Schweden von der Anwendung der Richtlinie 2004/17/EG, ABl. L 19 v. 23.1.2009, S. 50–56; 2008/383/EG: Entscheidung der Kommission v. 30.4.2008 zur Freistellung von Express- und Kurierdiensten in Italien von der Anwendung der Richtlinie 2004/17/EG, ABl. L 132 v. 22.5.2008, S. 18–19; 2007/564/EG: Entscheidung der Kommission v. 6.8.2007 zur Ausnahme bestimmter Dienste des Postsektors in Finnland mit Ausnahme der Ålandinseln von der Anwendung der Richtlinie 2004/17/EG, ABl. L 215 v. 18.8.2007, S. 21–26; 2007/169/EG: Entscheidung der Kommission v. 16.3.2007 über die

§ 47 Anwendungsbereich

Erdöl[56] sowie die Stromerzeugung und der Stromgroßhandel[57] in einigen EU-Mitgliedstaaten freigestellt. Es wurden aber auch mehrere Anträge zurückgewiesen, wie etwa betreffend den Abbau von bitumenhaltiger Steinkohle[58] sowie die Stromerzeugung und der Stromgroßhandel in Tschechien und Polen.[59] Ende 2011 wurde auch ein Antrag auf Freistellung der Erzeugung und des Großhandelsverkaufs von Strom in Deutschland beantragt.[60] Hierzu entschied die EU-Kommission, dass die SKR nicht für öffentliche Aufträge gilt, die die Erzeugung und den Erstabsatz von aus konventionellen Quellen erzeugtem Strom in Deutschland ermöglichen sollen.[61] Nicht erfasst von der Freistellung sollen allerdings die Erzeugung und der Absatz von EEG-Strom sein.

Anwendung von Artikel 30 Absatz 1 der Richtlinie 2004/17/EG auf bestimmte Kurier- und Paketdienste in Dänemark, ABl. L 78 v. 17. 3. 2007, S. 28 – 30.

[56] 2011/481/EU: Durchführungsbeschluss der Kommission v. 28. 7. 2011 zur Freistellung des Aufsuchens von Erdöl- und Erdgasvorkommen und der Förderung von Erdöl in Dänemark, ausgenommen Grönland und die Färöer, von der Anwendung der Richtlinie 2004/17/EG, ABl. L 197 v. 29. 7. 2011, S. 20 – 22; 2011/372/EU: Durchführungsbeschluss der Kommission v. 24. 6. 2011 zur Freistellung des Aufsuchens von Erdöl- und Erdgasvorkommen und der Förderung von Erdöl in Italien von der Anwendung der Richtlinie 2004/17/EG, ABl. L 166 v. 25. 6. 2011, S. 28 – 31; 2010/192/EU: Beschluss der Kommission v. 29. 3. 2010 zur Freistellung des Aufsuchens von Erdöl- und Erdgasvorkommen und deren Förderung in England, Schottland und Wales von der Anwendung der Richtlinie 2004/17/EG, ABl. L 84 v. 31. 3. 2010, S. 52 – 55; 2009/546/EG: Entscheidung der Kommission v. 8. 7. 2009 zur Freistellung des Aufsuchens von Erdöl- und Erdgasvorkommen und deren Förderung in den Niederlanden von der Anwendung der Richtlinie 2004/17/EG, ABl. L 181 v. 14. 7. 2009, S. 53 – 56.

[57] 2010/403/EU: Beschluss der Kommission v. 14. 7. 2010 zur Freistellung der Stromerzeugung und des Stromgroßhandels in Italiens Makrozone Nord und des Stromeinzelhandels für Endkunden mit Mittel-, Hoch- und Höchstspannungsnetzanschluss in Italien von der Anwendung der Richtlinie 2004/17/EG, ABl. L 186 v. 20. 7. 2010, S. 44 – 49; 2008/585/EG: Entscheidung der Kommission v. 7. 7. 2008 zur Freistellung der Erzeugung von Strom in Österreich von der Anwendung der Richtlinie 2004/17/EG, ABl. L 188 v. 16. 7. 2008, S. 28 – 31; 2007/706/EG: Entscheidung der Kommission v. 29. 10. 2007 zur Freistellung der Erzeugung und des Verkaufs von Strom in Schweden von der Anwendung der Richtlinie 2004/17/EG des Europäischen Parlaments und des Rates zur Koordinierung der Zuschlagserteilung durch Auftraggeber im Bereich der Wasser-, Energie- und Verkehrsversorgung sowie der Postdienste, ABl. L 287 v. 1. 11. 2007, S. 18 – 22; 2007/141/EG: Entscheidung der Kommission v. 26. 2. 2007 über die Anwendung von Artikel 30 Absatz 1 der Richtlinie 2004/17/EG auf die Lieferung von Elektrizität und Erdgas in England, Schottland und Wales, ABl. L 62 v. 1. 3. 2007, S. 23 – 26; 2006/422/EG: Entscheidung der Kommission v. 19. 6. 2006 über die Anwendung von Artikel 30 Absatz 1 der Richtlinie 2004/17/EG auf die Erzeugung und den Verkauf von Strom in Finnland mit Ausnahme der Åland-Inseln, ABl. L 168 v. 21. 6. 2006, S. 33 – 36; 2006/211/EG: Entscheidung der Kommission v. 8. 3. 2006 über die Anwendung von Artikel 30 Absatz 1 der Richtlinie 2004/17/EG auf die Stromerzeugung in England, Schottland und Wales, ABl. L 76 v. 15. 3. 2006, S. 6 – 8.

[58] 2011/306/EU: Durchführungsbeschluss der Kommission v. 20. 5. 2011 über die Nichtanwendung von Artikel 30 Absatz 1 der Richtlinie 2004/17/EG auf den Abbau bitumenhaltiger Steinkohle in der Tschechischen Republik, ABl. L 137 v. 25. 5. 2011, S. 55 – 59.

[59] 2009/47/EG: Entscheidung der Kommission v. 22. 12. 2008 über die Nichtanwendung von Artikel 30 Absatz 1 der Richtlinie 2004/17/EG auf die Stromerzeugung in der Tschechischen Republik, ABl. L 19 v. 23. 1. 2009, S. 57 – 61; 2008/741/EG: Entscheidung der Kommission v. 11. 9. 2008 über die Nichtanwendung von Artikel 30 Absatz 1 der Richtlinie 2004/17/EG auf die Stromerzeugung und den Stromgroßhandel in Polen, ABl. L 251 v. 19. 9. 2008, S. 35 – 38.

[60] Bekanntmachung eines Antrags v. 26. 10. 2011 gem. Artikel 30 der Richtlinie 2004/17/EG, ABl. C 337/7.

[61] 2012/218/EU: Durchführungsbeschluss der Kommission v. 24. 4. 2012 zur Freistellung der Erzeugung und des Großhandels von Strom aus konventionellen Quellen in Deutschland von der Anwendung der Richtlinie 2004/17/EG des Europäischen Parlaments und des Rates zur Koordinierung der Zuschlagserteilung durch Auftraggeber im Bereich der Wasser-, Energie- und Verkehrsversorgung sowie der Postdienste, ABl. L 114/21 v. 26. 4. 2012.

III. Freistellungsverfahren

28 Die maßgeblichen Regeln für den **Verfahrensablauf** ergeben sich aus Art. 30 SKR sowie den von der EU-Kommission festgelegten Durchführungsmodalitäten.[62] Die Entscheidung über die Freistellung liegt bei der EU-Kommission (Art. 30 Abs. 6 SKR). Entsprechend richtet sich auch der Verfahrenshergang allein nach Unionsrecht. Den EU-Mitgliedstaaten kommen im Rahmen dieses Verfahrens lediglich **Mitwirkungspflichten** zu (Art. 30 Abs. 4 und Abs. 5 UAbs. 2 SKR). § 3 Abs. 3 bis Abs. 7 SektVO hätte es daher nicht zwingend bedurft.[63]

1. Einleitung eines Freistellungsverfahrens

29 Ein Freistellungsverfahren nach Art. 30 SKR wird entweder auf Initiative der EU-Kommission oder auf Antrag eingeleitet.

a) Einleitung auf Antrag

30 Die Sektorenverordnung sieht zwei Möglichkeiten zur Einleitung eines Freistellungsverfahrens auf Antrag vor. Die Freistellung kann entweder durch das Bundesministerium für Wirtschaft und Technologie (§ 3 Abs. 3 SektVO) oder durch öffentliche Auftraggeber (§ 3 Abs. 4 SektVO) bei der EU-Kommission beantragt werden.

31 Das **BMWi kann bei der EU-Kommission einen Antrag auf Feststellung stellen**, dass die Bedingungen für eine Freistellung einer Sektorentätigkeit vorliegen (§ 3 Abs. 3 Satz 1 SektVO). Das BMWi soll der EU-Kommission alle sachdienlichen Informationen mitteilen, insbesondere über Gesetze, Verordnungen, Verwaltungsvorschriften, Vereinbarungen und Absprachen, die Aufschluss darüber geben, ob Bedingungen für eine Freistellung erfüllt sind (Art. 30 Abs. 4 UAbs. 1 SKR). Diese Informationen sind um eine **Stellungnahme einer** für die betreffende Tätigkeit zuständigen **unabhängigen nationalen Behörde** zu ergänzen (Art. 30 Abs. 4 UAbs. 1 SKR), welche in Deutschland das Bundeskartellamt ist. Die maßgeblichen sachdienlichen Informationen ergeben sich aus Anhang I der Entscheidung der EU-Kommission v. 7.1.2005 über die Durchführungsmodalitäten für das Verfahren nach Art. 30 SKR (§ 3 Abs. 2 Satz 1 SektVO). Der Antrag muss mindestens die in Anhang I der Entscheidung aufgeführten Angaben enthalten.[64]

32 Die Feststellung des Vorliegens der Freistellungsvoraussetzungen kann **auch auf Antrag von öffentlichen Auftraggebern** erfolgen (§ 3 Abs. 4 Satz 1 SektVO).[65] Als Antragsteller kommen dabei insbesondere Auftraggeberverbände in Betracht (§ 3 Abs. 4 Satz 7 SektVO). Das ausdrückliche in der Sektorenverordnung eingeräumte Antragsrecht der Auftraggeber ist bemerkenswert, weil die Feststellung durch die EU-Kommission nur beantragt werden könnte, wenn die Rechtsvorschriften des jeweiligen Mitgliedstaats das vorsehen (Art. 30 Abs. 5 UAbs. 1 SKR), was in Deutschland der Fall ist. Ebenso wie das BMWi sind auch Auftraggeber verpflichtet, sämtliche **Angaben gemäß Anhang I der Entscheidung der EU-Kommission v. 7.1.2005** in den Antrag aufzunehmen. Auftraggeber sind ebenfalls verpflichtet, ihren Antrag um eine **Stellungnahme des Bundeskartellamts** zu ergänzen (§ 3 Abs. 4 Satz 2 SektVO). Das Bundeskartellamt soll eine entsprechende Stellungnahme innerhalb von vier Monaten nach Erhalt des Antrags abgeben

---

[62] 2005/15/EG: Entscheidung der Kommission v. 7.1.2005 über die Durchführungsmodalitäten für das Verfahren nach Artikel 30 der Richtlinie 2004/17/EG des Europäischen Parlaments und des Rates zur Koordinierung der Zuschlagserteilung durch Auftraggeber im Bereich der Wasser-, Energie- und Verkehrsversorgung sowie der Postdienste, ABl. L 7 v. 11.1.2005, S. 7, 10.
[63] *Zeiss* in jurisPK-VergR, § 3 SektVO Rn. 29 f.
[64] *Debus* in Ziekow/Völlink, § 3 SektVO Rn. 12.
[65] Vgl. dazu *Sudbrock* in Eschenbruch/Opitz, § 3 Rn. 13.

(§ 3 Abs. 4 Satz 4 SektVO). Auftraggeber sind schließlich verpflichtet, sowohl eine Kopie des Antrags an die EU-Kommission als auch der Stellungnahme des Bundeskartellamts an das zuständige Bundesministerium zu schicken (§ 3 Abs. 4 Satz 3 SektVO).

b) Einleitung durch die EU-Kommission

Die EU-Kommission kann ein Verfahren, mit dem die Freistellung einer bestimmten Tätigkeit festgestellt werden soll, auch **auf eigene Veranlassung** einleiten (Art. 30 Abs. 5 UAbs. 3 Satz 1 SKR). In diesem Fall ist die EU-Kommission verpflichtet, den betroffenen Mitgliedstaat unverzüglich zu benachrichtigen (Art. 30 Abs. 5 UAbs. 3 Satz 2 SKR). Auch wenn die EU-Kommission von Amts wegen tätig wird, sind die EU-Mitgliedstaaten ebenso wie bei einem eigenen Antrag gemäß § 3 Abs. 3 SektVO verpflichtet, der EU-Kommission alle sachdienlichen Informationen mitzuteilen.

2. Stellungnahme des BKartA

Eine Stellungnahme des Bundeskartellamts wird in § 3 Abs. 3 und Abs. 4 SektVO verlangt. Zu diesem Zweck **hat das Bundeskartellamt die notwendigen Ermittlungsbefugnisse** gemäß §§ 57 bis 59 GWB (§ 3 Abs. 5 SektVO).[66] Das bedeutet, dass das Bundeskartellamt alle Ermittlungen führen und alle Beweise erheben kann, die erforderlich sind (§ 57 Abs. 1 GWB). Das Bundeskartellamt holt **ggf. zusätzlich eine Stellungnahme der Bundesnetzagentur** ein (§ 3 Abs. 5 Satz 2 und 3 SektVO).[67] Im Zusammenhang mit der Stellungnahme entstehende Kosten erhebt das Bundeskartellamt vom Antragsteller (§ 3 Abs. 5a SektVO).[68]

3. Bekanntmachung und Prüfung des Antrags

Die EU-Kommission entscheidet innerhalb einer **Frist von drei Monaten** ab dem ersten Arbeitstag nach dem Tag, an dem ihr die Mitteilung oder der Antrag zugegangen ist (Art. 30 Abs. 6 Satz 1 SKR). Diese Frist kann ausnahmsweise um höchstens drei weitere Monate verlängert werden (Art. 30 Abs. 6 Satz 2 SKR). Das ist insbesondere dann möglich, wenn die Angaben in der Mitteilung oder im Antrag oder in den beigefügten Unterlagen unvollständig oder unzutreffend sind oder sich die dargestellten Sachverhalte wesentlich ändern. Die Fristverlängerung ist auf einen Monat begrenzt, wenn die zuständige nationale Behörde zu dem Ergebnis gelangt ist, dass die Voraussetzungen des Art. 30 Abs. 4 UAbs. 3 SKR vorliegen (Art. 30 Abs. 6 Satz 3 SKR). Die Verkürzung auf einen Monat kommt aber somit in Betracht, wenn der Markt in dem jeweiligen Mitgliedstaat als frei anzusehen ist, da dieser die in Anhang XI genannten unionsrechtlichen Vorschriften umgesetzt hat (Art. 30 Abs. 3 UAbs. 1 SKR) und zusätzlich die Behörde dieses Mitgliedstaats zum dem Ergebnis kommt, dass die Voraussetzungen des Art. 30 Abs. 1 SKR für eine Freistellung vorliegen (Art. 30 Abs. 4 UAbs. 3). Insofern ist die Stellungnahme des Bundeskartellamts von großer Bedeutung für die Erfolgsaussichten des Antrags.

4. Entscheidung

Ein **Antrag gilt als positiv beschieden, wenn** die EU-Kommission die Anwendbarkeit des Art. 30 Abs. 1 SKR gemäß des Verfahrens und der jeweiligen Fristen des Art. 30 Abs. 6 SKR positiv feststellt (Art. 30 Abs. 4 UAbs. 2 Spiegelstrich 1 SKR). Gleiches gilt, wenn die EU-Kommission eine Entscheidung über die Anwendbarkeit des Art. 30 Abs. 1 SKR nicht innerhalb der Fristen des Art. 30 Abs. 6 SKR trifft (Art. 30 Abs. 4 UAbs. 2 Spiegelstrich 2 SKR und Art. 30 Abs. 5 UAbs. 4 SKR, § 3 Abs. 7 SektVO). Die Feststel-

---

[66] *Sudbrock* in Eschenbruch/Opitz, § 3 Rn. 20 f.
[67] *Sudbrock* in Eschenbruch/Opitz, § 3 Rn. 19.
[68] *Winnes* in Pünder/Schellenberg, § 3 SektVO Rn. 14.

lung der EU-Kommission oder der Ablauf der Frist wird durch das BMWi bekannt gemacht (§ 3 Abs. 7 SektVO). Die **Bekanntmachung** erfolgt im Bundesanzeiger.[69]

F. Anwendbarkeit der SektVO auf Dienstleistungen des Anhangs 1

37 Für Dienstleistungen, die Anhang 1 Teil A der Sektorenverordnung unterfallen, finden die Vorschriften der Sektorenverordnung uneingeschränkt Anwendung (§ 4 Abs. 1 SektVO). Auf Dienstleistungen, die Anhang 1 Teil B zur Sektorenverordnung unterfallen (sog **„nachrangige"**[70] **oder auch „nicht-prioritäre" Dienstleistungen**), werden lediglich die §§ 7, 12 Abs. 1 und § 15 SektVO angewendet. Ob es sich bei einer Dienstleistung um eine vorrangige Dienstleistung (Teil A des jeweiligen Anhangs) oder um eine nachrangige Dienstleistung (Teil B des jeweiligen Anhangs) handelt, lässt sich anhand des *Common Procurement Vocabulary* (CPV) ermitteln. Das CPV ordnet jeder Beschreibung eines Auftragsgegenstands einen bestimmten numerischen Code zu. Dem CPV liegt die Verordnung (EG) Nr. 213/2008 zugrunde.[71] Auf Aufträge, die sowohl Dienstleistungen nach Teil A als auch solche nach Teil B zum Gegenstand haben, finden insgesamt die Vorschriften Anwendung, die für die Dienstleistung gelten, deren Auftragswert überwiegt (§ 4 Abs. 3 SektVO). Vergleichbare Regelungen zu § 4 SektVO finden sich in § 4 Abs. 2 VgV sowie in § 1 EG Abs. 2, Abs. 3 VOL/A. Die letztgenannten Regelungen lassen sich auf Art. 20 bis 22 VKR zurückführen. Diese entsprechen sowohl hinsichtlich der Regelungsintention als auch des Wortlauts den Artt. 31 bis 33 SKR.

---

[69] www.ebundesanzeiger.de.
[70] BR-Drs. 22/09, S. 41.
[71] VO (EG) Nr. 213/2008 der Kommission v. 28.11.2007 zur Änderung der Verordnung (EG) Nr. 2195/2002 des Europäischen Parlaments und des Rates über das Gemeinsame Vokabular für öffentliche Aufträge (CPV) und der Vergaberichtlinien des Europäischen Parlaments und des Rates 2004/17/EG und 2004/18 EG im Hinblick auf die Überarbeitung des Vokabulars, ABl. L 74/1–375 v. 15.3.2008.

§ 48 Vergabeverfahrensarten (Besonderheiten)

Übersicht

	Rn.
A. Einleitung	1–4
I. Rechtsrahmen	3
II. Vergleichbare Regelungen	4
B. Freie Wahl der Vergabeverfahrensarten	5–8
C. Die Vergabeverfahrensarten im Einzelnen	9–37
I. Das Verhandlungsverfahren	10–32
II. Das offene Verfahren	33
III. Das nicht offene Verfahren	34
IV. Der in der Sektorenverordnung nicht ausdrücklich geregelte „wettbewerbliche Dialog"	35, 36
V. Problematik der Vorbefasstheit	37
D. Rahmenvereinbarungen	38
E. Dynamische elektronische Verfahren	39
F. Wettbewerbe	40, 41

SektVO: §§ 6, 11
GWB: § 101

SektVO:

§ 6 SektVO Vergabeverfahren

(1) Auftraggeber können bei der Vergabe öffentlicher Aufträge zwischen offenem Verfahren, nicht offenem Verfahren mit Bekanntmachung und Verhandlungsverfahren mit Bekanntmachung wählen.

(2) Ein Verhandlungsverfahren ohne Bekanntmachung ist zulässig,

1. wenn im Rahmen eines Verfahrens mit vorheriger Bekanntmachung kein oder kein geeignetes Angebot oder keine Bewerbung abgegeben worden ist, sofern die ursprünglichen Auftragsbedingungen nicht grundlegend geändert werden;

2. wenn ein Auftrag nur vergeben wird zum Zweck von Forschung, Versuchen, Untersuchungen oder der Entwicklung und nicht mit dem Ziel der Gewinnerzielung oder der Deckung der Forschungs- und Entwicklungskosten und diese Vergabe einer wettbewerblichen Vergabe von Folgeaufträgen, die diese Ziele verfolgen, nicht vorgreift;

3. wenn der Auftrag aus technischen oder künstlerischen Gründen oder auf Grund des Schutzes von Ausschließlichkeitsrechten nur von einem bestimmten Unternehmen ausgeführt werden kann;

4. soweit zwingend erforderlich, weil es bei äußerster Dringlichkeit im Zusammenhang mit Ereignissen, die die Auftraggeber nicht vorhersehen konnten, nicht möglich ist, die in den offenen, den nicht offenen oder den Verhandlungsverfahren mit Bekanntmachung vorgesehenen Fristen einzuhalten;

5. im Fall von Lieferaufträgen für zusätzliche, vom ursprünglichen Lieferanten durchzuführende Lieferungen, die entweder zur teilweisen Erneuerung von gängigen Lieferungen oder Einrichtungen oder zur Erweiterung von Lieferungen oder bestehenden Einrichtungen bestimmt sind, wenn ein Wechsel des Lieferanten den Auftraggeber zum Kauf von Material unterschiedlicher technischer Merkmale zwänge und dies eine technische Unvereinbarkeit oder unverhältnismäßige technische Schwierigkeiten bei Gebrauch und Wartung mit sich brächte;

6. bei zusätzlichen Bau- oder Dienstleistungen, die weder in dem der Vergabe zugrunde liegenden Entwurf noch im ursprünglich vergebenen Auftrag vorgesehen waren, die aber wegen eines unvorhergesehenen Ereignisses zur Ausführung dieses Auftrags erforderlich sind,

sofern der Auftrag an das Unternehmen vergeben wird, das den ursprünglichen Auftrag ausführt,

a) wenn sich diese zusätzlichen Bau- oder Dienstleistungen in technischer und wirtschaftlicher Hinsicht nicht ohne wesentlichen Nachteil für den Auftraggeber vom ursprünglichen Auftrag trennen lassen oder

b) wenn diese zusätzlichen Bau- oder Dienstleistungen zwar von der Ausführung des ursprünglichen Auftrags getrennt werden können, aber für dessen Vollendung unbedingt erforderlich sind;

7. bei neuen Bauaufträgen, die in der Wiederholung gleichartiger Bauleistungen bestehen, die vom selben Auftraggeber an den Auftragnehmer des ursprünglichen Auftrags vergeben werden, sofern diese Bauleistungen einem Grundentwurf entsprechen und dieser Entwurf Gegenstand des ursprünglichen Auftrags war, der nach einer Bekanntmachung vergeben wurde; die Möglichkeit der Anwendung des Verhandlungsverfahrens ohne Bekanntmachung muss bereits bei der Bekanntmachung für den ersten Bauabschnitt angegeben werden;

8. wenn es sich um die Lieferung von Waren handelt, die an Börsen notiert und gekauft werden;

9. wenn Aufträge auf Grund einer Rahmenvereinbarung (§ 9) vergeben werden sollen, sofern die Rahmenvereinbarung nach den Bestimmungen dieser Verordnung geschlossen wurde;

10. wenn Waren auf Grund einer besonders günstigen Gelegenheit, die sich für einen sehr kurzen Zeitraum ergeben hat, zu einem Preis beschafft werden können, der erheblich unter den marktüblichen Preisen liegt;

11. wenn Waren zu besonders günstigen Bedingungen von einem Lieferanten, der seine Geschäftstätigkeit endgültig aufgibt oder bei Insolvenzverwaltern oder Liquidatoren im Rahmen eines Insolvenz-, Vergleichs- oder Ausgleichsverfahrens gekauft werden sollen;

12. wenn im Anschluss an ein Auslobungsverfahren der Dienstleistungsauftrag nach den in § 11 festgelegten Bestimmungen an den Gewinner oder an einen der Gewinner des Auslobungsverfahrens vergeben werden muss; im letzteren Fall müssen alle Gewinner des Auslobungsverfahrens zur Teilnahme an den Verhandlungen aufgefordert werden.

§ 11 SektVO Wettbewerbe

(1) Wettbewerbe nach § 99 Absatz 5 des Gesetzes gegen Wettbewerbsbeschränkungen werden insbesondere in den Gebieten der Raumplanung, der Stadtplanung, der Architektur und des Bauwesens oder der Datenverarbeitung in einem der in § 6 genannten Verfahren durchgeführt.

(2) Die Bestimmungen eines Wettbewerbs müssen den Regeln der nachfolgenden Absätze 3 bis 7 entsprechen. Interessierte, die an einem Wettbewerb teilnehmen möchten, müssen vor Beginn des Wettbewerbs über die geltenden Regeln informiert werden.

(3) Die Zulassung zur Teilnahme an einem Wettbewerb darf weder
1. auf das Gebiet eines Mitgliedstaates oder einen Teil davon noch

2. auf natürliche oder juristische Personen beschränkt werden. Bei einem Wettbewerb mit beschränkter Teilnehmerzahl hat der Auftraggeber eindeutige und nicht diskriminierende Auswahlkriterien festzulegen. Die Zahl der Bewerber, die zur Teilnahme aufgefordert werden, muss ausreichen, um einen Wettbewerb zu gewährleisten.

(4) Das Preisgericht darf nur aus Preisrichtern bestehen, die von den Teilnehmern des Wettbewerbs wirtschaftlich unabhängig sind. Wird von den Wettbewerbsteilnehmern eine bestimmte berufliche Qualifikation verlangt, muss mindestens ein Drittel der Preisrichter über dieselbe oder eine gleichwertige Qualifikation verfügen.

(5) Das Preisgericht ist in seinen Entscheidungen und Stellungnahmen unabhängig. Es trifft seine Entscheidung nur auf Grund von Kriterien, die in der Bekanntmachung genannt sind. Die Wettbewerbsarbeiten sind ihm anonym vorzulegen.

(6) Das Preisgericht erstellt einen Bericht über die Rangfolge der von ihm ausgewählten Projekte, in dem es auf die einzelnen Wettbewerbsarbeiten eingeht und seine Bemerkungen sowie noch zu klärende Fragen aufführt. Dieser Bericht ist von den Preisrichtern zu unterzeichnen. Bis zur Stellungnahme oder zur Entscheidung des Preisgerichts ist die Anonymität zu wahren.

(7) Die Teilnehmer können vom Ausrichter des Wettbewerbs aufgefordert werden, Fragen zu ihren Wettbewerbsarbeiten zu beantworten, die das Preisgericht in seinem Protokoll festgehalten hat. Hierüber ist ein umfassendes Protokoll zu erstellen.

GWB:

§ 101 GWB Arten der Vergabe

(1) Die Vergabe von öffentlichen Liefer-, Bau- und Dienstleistungsaufträgen erfolgt in offenen Verfahren, in nicht offenen Verfahren, in Verhandlungsverfahren oder im wettbewerblichen Dialog.

(2) Offene Verfahren sind Verfahren, in denen eine unbeschränkte Anzahl von Unternehmen öffentlich zur Abgabe von Angeboten aufgefordert wird.

(3) Bei nicht offenen Verfahren wird öffentlich zur Teilnahme, aus dem Bewerberkreis sodann eine beschränkte Anzahl von Unternehmen zur Angebotsabgabe aufgefordert.

(4) Ein wettbewerblicher Dialog ist ein Verfahren zur Vergabe besonders komplexer Aufträge durch Auftraggeber nach § 98 Nr. 1 bis 3, soweit sie nicht auf dem Gebiet der Trinkwasser- oder Energieversorgung oder des Verkehrs tätig sind, und § 98 Nr. 5. In diesem Verfahren erfolgen eine Aufforderung zur Teilnahme und anschließend Verhandlungen mit ausgewählten Unternehmen über alle Einzelheiten des Auftrags.

(5) Verhandlungsverfahren sind Verfahren, bei denen sich der Auftraggeber mit oder ohne vorherige öffentliche Aufforderung zur Teilnahme an ausgewählte Unternehmen wendet, um mit einem oder mehreren über die Auftragsbedingungen zu verhandeln.

(6) Eine elektronische Auktion dient der elektronischen Ermittlung des wirtschaftlichsten Angebotes. Ein dynamisches elektronisches Verfahren ist ein zeitlich befristetes ausschließlich elektronisches offenes Vergabeverfahren zur Beschaffung marktüblicher Leistungen, bei denen die allgemein auf dem Markt verfügbaren Spezifikationen den Anforderungen des Auftraggebers genügen.

(7) Öffentliche Auftraggeber haben das offene Verfahren anzuwenden, es sei denn, auf Grund dieses Gesetzes ist etwas anderes gestattet. Auftraggebern stehen, soweit sie auf dem Gebiet der Trinkwasser- oder Energieversorgung oder des Verkehrs tätig sind, das offene Verfahren, das nicht offene Verfahren und das Verhandlungsverfahren nach ihrer Wahl zur Verfügung. Bei der Vergabe von verteidigungs- und sicherheitsrelevanten Aufträgen können öffentliche Auftraggeber zwischen dem nicht offenen Verfahren und dem Verhandlungsverfahren wählen.

Literatur:
Diringer, Beteiligung sog. Projektanten am Vergabeverfahren, VergabeR 2010, 361; *Gabriel/Schulz*, Die Rechtsprechung des EuGH auf dem Gebiet des Vergaberechts in den Jahren 2009, EWS 2010, 503; *Gabriel*, Die Vergaberechtsreform 2009 und die Neufassung des vierten Teils des GWB, NJW 2009, 2011; *Hölzl*, Circumstances alter cases, NZBau 2004, 256; *Klimisch/Ebrecht*, Stellung und Rechte der Dialogteilnehmer im wettbewerblichen Dialog, NZBau 2011, 203; *Kriener/Stoye*, Vergaberechtsmodernisierungsgesetz: Endlich freie Wahl des Wettbewerblichen Dialogs für alle Sektorenauftraggeber, IBR 2009, 189; *Meyer-Hofmann/Tönnemann*, Stromeinkauf an der European Energy Exchange – Ein Fall für das Verhandlungsverfahren ohne vorherige Bekanntmachung, ZfBR 2009, 554; *Müller/Veil*, Wettbewerblicher Dialog und Verhandlungsverfahren im Vergleich, VergabeR 2007, 298; *Opitz*, Die neue Sektorenverordnung, VergabeR 2009, 689; *Opitz*, Wie funktioniert der wettbewerbliche Dialog? – Rechtliche und praktische Probleme, VergabeR 2006, 451; *Pooth/Sudbrock*, Auswirkungen der Sektorenverordnung auf die Vergabepraxis in kommunalen Unternehmen, KommJur 2010, 446; *Rosenkötter*, Rahmenvereinbarungen mit Miniwettbewerb – Zwischenbilanz ei-

nes neuen Instruments, VergabeR 2010, 368; *Schütte*, Verhandlungen im Vergabeverfahren, ZfBR 2004, 237; *Willenbruch*, Die Praxis des Verhandlungsverfahrens nach §§ 3a Nr. 1 VOB/A und VOL/A, NZBau 2003, 422.

A. Einleitung

1 Die Verfahrensarten, die im Sektorenbereich angewendet werden dürfen, entsprechen denen im Bereich klassischer öffentlicher Auftragsvergaben.[1] Im Sektorenbereich stehen die Verfahrensarten öffentlichen Auftraggebern „nach ihrer Wahl" zur Verfügung.[2] Im Anwendungsbereich der Sektorenverordnung können sie daher grds. **ohne weitere Voraussetzungen zwischen den Vergabeverfahrensarten wählen**.[3] Das privilegiert öffentliche Auftraggeber im Sektorenbereich im Unterschied zu öffentlichen Auftraggebern außerhalb des Anwendungsbereichs der SektVO, welche nur unter besonderen Umständen eine andere Verfahrensart als das offene Verfahren wählen dürfen.[4]

2 Wie im klassischen Bereich muss die Verfahrensart aus dem abschließenden[5] vertypten Katalog des offenen Verfahrens[6], des nicht offenen Verfahrens[7] und des Verhandlungsverfahrens (mit bzw. ohne Bekanntmachung) gewählt werden. Der wettbewerbliche Dialog[8] ist für den Sektorenbereich nicht geregelt. Das folgt aus der SKR, die im Gegensatz zur VKR[9] keine Regelung zum wettbewerblichen Dialog enthält.[10] Keine eigenständigen Verfahrensarten, jedoch **besondere Ausgestaltungen bestimmter Verfahrensabschnitte** im Vergabeverfahren stellen das dynamische elektronische Verfahren nach § 10 SektVO, die Vergabe aufgrund bestehender Rahmenvereinbarung nach § 9 SektVO sowie im Anschluss an einen Wettbewerb nach § 11 SektVO dar. Auch das Prüfungssystem nach § 24 SektVO ist keine eigenständige Vergabeverfahrensart, sondern eine besondere Form des Verfahrensabschnitts der Eignungsprüfung.

I. Rechtsrahmen

3 Die Regelungen in der SektVO zu den Verfahrensarten (§ 6 Abs. 1 SektVO) setzen Art. 1 Abs. 9, 40 Abs. 1 und Abs. 2 SKR um, während die in § 6 Abs. 2 SektVO aufgezählten Ausnahmetatbestände Art. 40 Abs. 3 SKR umsetzen.

II. Vergleichbare Regelungen

4 Korrespondierende Regelungen zu § 6 SektVO finden sich in § 3 EG VOB/A, § 3 EG VOL/A, § 3 VOF sowie in § 101 GWB. Diese ähneln sich in ihrer grundsätzlichen Struktur. Sowohl VOB/A, VOL/A, VOF als auch SektVO statuieren ein **Regel-Ausnahme-Verhältnis**, wonach nur unter bestimmten Voraussetzungen von der Bekanntmachung einer Beschaffungsabsicht abgesehen werden darf.[11] Die größten Unterschiede zu den Regelungen der VOB/A und VOL/A bestehen darin, dass die SektVO den wettbe-

---

[1] S. § 101 Abs. 2, Abs. 3, Abs. 5, Abs. 7 Satz 2 GWB sowie § 6 SektVO.
[2] § 101 Abs. 7 Satz 2 GWB, vgl. auch Art. 40 Abs. 2 SKR.
[3] BR-Drs. 522/09 v. 29.5.2009, Erwägungen zu § 6 SektVO.
[4] § 101 Abs. 7 Satz 1 GWB; *Marx/Hölzl* in MünchKommBeihVgR, § 6 SektVO Rn. 1.
[5] BR-Drs. 522/09 v. 29.5.2009, Erwägungsgrund 35; Art. 40 Abs. 2 SKR, Art. 1 Abs. 9 SKR.
[6] § 6 Abs. 1 Alt. 1 SektVO.
[7] § 6 Abs. 1 Alt. 2 SektVO.
[8] § 101 Abs. 4 GWB.
[9] Artt. 28, 29 VKR.
[10] *Kaelble* in Müller-Wrede SektVO, § 6 Rn. 15.
[11] § 3 EG Abs. 5 VOB/A, § 3 EG Abs. 4 VOL/A, § 3 Abs. 4 VOF.

werblichen Dialog nicht ausdrücklich vorsieht, im Übrigen aber die freie Wahl zwischen den Vergabeverfahrensarten gestattet.

B. Freie Wahl der Vergabeverfahrensarten

Eine **Hierarchie unter den Vergabeverfahrensarten** besteht im Sektorenbereich 5 nicht.[12] Darin ist ein Unterschied zu VOB/A und VOL/A zu erblicken, gemäß derer ein Vorrang des offenen Verfahrens gilt.[13] Auftraggeber im Anwendungsbereich der SektVO unterliegen bei der Wahl der Vergabeverfahrensart keinen Einschränkungen.[14] Im Verhältnis der Verfahrensarten zueinander findet das Verhandlungsverfahren daher in der Praxis im weitaus größeren Maße Anwendung durch Auftraggeber im Sektorenbereich, als das offene Verfahren und das nicht offene Verfahren.[15] Beispielsweise im Zeitraum vom 1.1. 2011 bis zum 31.5.2011 bezogen sich etwa zwei Drittel aller Bekanntmachungen auf das Verhandlungsverfahren.[16] Die verbleibenden Bekanntmachungen entfielen fast vollständig auf das offene Verfahren, während das nicht offene Verfahren nur äußerst selten gewählt wurde. Die Gründe für diese Verteilung sind in der größeren Flexibilität des Verhandlungsverfahrens zu sehen. Im Verhandlungsverfahren haben Auftraggeber die Möglichkeit, das Verfahren weitgehend nach ihren Vorstellungen auszugestalten. So steht es Auftraggebern im Sektorenbereich insbesondere frei, ein Verhandlungsverfahren wie ein nicht offenes Verfahren auszugestalten, sich zugleich aber die Möglichkeit offen zu halten, über die Einzelheiten der Vertragsklauseln mit den bevorzugten Bietern zu verhandeln.

Die **Wahlfreiheit** im Sektorenbereich betreffend die anzuwendende Vergabeverfahrens- 6 sart **widerstrebt eigentlich dem Gebot einer möglichst wettbewerblichen Auftragsvergabe**.[17] So wird beispielsweise im nicht offenen Verfahren nur eine beschränkte Anzahl von Wettbewerbern zur Angebotsabgabe aufgefordert. Nicht umsonst ist daher außerhalb des Anwendungsbereichs der SektVO die Wahl einer anderen Verfahrensart als der des offenen Verfahrens nur ausnahmsweise zulässig.[18] Entsprechend wäre dort eine Neuausschreibung vorzunehmen, wenn ohne Rechtsgrundlage vom Regelfall des offenen Verfahrens abgewichen wurde.[19] Im Sektorenbereich hingegen entspricht die größere Bewegungsfreiheit der Auftraggeber bei der Wahl der Vergabeverfahrensart dem Willen des Richtliniengebers.[20] Denn Ziel der SKR war und ist, „ein Höchstmaß an Flexibilität" für öffentliche Auftraggeber im Sektorenbereich zu gewähren.[21] Ausdruck dieser Flexibilität ist das Recht, ohne die Prüfung des Vorliegens besonderer Voraussetzungen das aus Sicht des Auftraggebers am besten geeignete Verfahren zu wählen.[22]

Teilweise wird vertreten, dass öffentliche Auftraggeber im Sektorenbereich zumindest 7 verpflichtet sind, die **Wahl einer anderen Verfahrensart als der des offenen Verfahrens sachlich zu begründen**.[23] Hierfür spricht, dass selbstverständlich auch im Anwen-

---

[12] *Kaelble* in Müller-Wrede SektVO, § 6 Rn. 7.
[13] § 3 EG Abs. 2 VOB/A, § 3 EG Abs. 1 VOL/A; § 101 Abs. 7 Satz 1 GWB.
[14] § 101 Abs. 7 Satz 2 GWB; *Opitz* VergabeR 2009, 689, 693.
[15] *Völlink* in Ziekow/Völlink, § 6 SektVO Rn. 6.
[16] Quelle: http://ted.europa.eu; Danach betrafen etwa zwischen dem 1.1. und dem 31.5.2011 von 175 Bekanntmachungen 114 Verhandlungsverfahren, 58 offene Verfahren und 3 nicht offene Verfahren.
[17] § 97 Abs. 1 und Abs. 2 GWB.
[18] OLG Brandenburg Beschl. v. 20.9.2011, Verg W 11/11; OLG Karlsruhe Beschl. v. 21.7.2010, 15 Verg 6/10.
[19] BGH NZBau 2010, 124, 127; OLG Brandenburg Beschl. v. 20.9.2011, Verg W 11/11.
[20] *Marx/Hölzl* in MünchKommBeihVgR, § 6 SektVO Rn. 5.
[21] Erwägungsgrund 9 SKR.
[22] *Greb/Müller* § 6 Rn. 54.
[23] *Kaelble* in Müller-Wrede SektVO, § 6 Rn. 7. Die begründete Erwartung größerer Wirtschaftlichkeit soll allerdings bereits ausreichen.

dungsbereich der SektVO öffentliche Aufträge in transparenten und wettbewerblichen Verfahren zu vergeben sind (§ 97 Abs. 1 und Abs. 2 GWB).[24] Gerade angesichts der größeren Freiheiten von Auftraggebern im Sektorenbereich sollte das Vergabeverfahren proaktiv an den Grundsätzen der Transparenz und des Wettbewerbs ausgerichtet werden.[25] Das könnte dafür sprechen, dass öffentliche Auftraggeber im Sektorenbereich von der grds. freien Wahlmöglichkeit zwischen den Vergabeverfahrensarten in einer Weise Gebrauch machen sollten, dass Transparenz und Wettbewerblichkeit des Vergabeverfahrens nur verhältnismäßig zu den sachlichen Erwägungen, die sich der Auftraggeber zur Wahl der Verfahrensart macht, beschränkt werden. Das entspräche auch der verfassungs- und verwaltungsrechtlich anerkannten Lehre ermessensfehlerfreier Entscheidungen durch staatliche Stellen. Eine **Begründungspflicht hinsichtlich der Wahl der Vergabeverfahrensart stände allerdings in einem eindeutigen Spannungsverhältnis zur ausdrücklich gewollten Freiheit dieser Wahl**.[26] Es scheint bereits fraglich, welcher Art gerichtlicher Kontrolle die dokumentierte Wahl einer Verfahrensart unterworfen wäre. § 6 SektVO enthält keine Vorgaben, anhand derer die Zulässigkeit der Wahl der Vergabeverfahrensart überprüft werden könnte. Zudem ist nichts dafür ersichtlich, dass Bietern in Ansehung der ausdrücklichen Wahlfreiheit von Auftraggebern im Sektorenbereich ein subjektives Recht zustände, dass eine bestimmte Vergabeverfahrensart gewählt wird. Vom Auftraggeber die Dokumentation der sachlichen Erwägungen zur gewählten Verfahrensart zu verlangen, führt daher nicht weiter.

8   Erschöpft ist die Wahlfreiheit, sobald eine Verfahrensart gewählt und das Verfahren begonnen worden ist. Mit der Entscheidung für eine Verfahrensart geht eine **Selbstbindung des Auftraggebers** einher.[27] Hat sich der Auftraggeber für eine bestimmte Vergabeverfahrensart entschieden, ist er aus Gründen der Transparenz und der Gleichbehandlung (§ 97 Abs. 1 GWB) verpflichtet, diese in der gewählten Form konsequent umzusetzen.[28] Nachträgliche Änderungen der Vergabeverfahrensart sind, abgesehen von einer rechtmäßigen Aufhebung und ggf. anschließender erneuter Durchführung eines neuen Verfahrens, nicht zulässig.[29] Das gilt auch dann, wenn sich eine gewählte Vergabeverfahrensart während des Verfahrens als ungeeignet erweist.[30] Auch eine **Kombination einzelner Elemente der Verfahrensarten nach § 6 Abs. 1 SektVO ist nicht zulässig**. Entscheidet sich ein Auftraggeber im Anwendungsbereich der SektVO für ein offenes, nicht offenes bzw. Verhandlungsverfahren, so ist er verpflichtet, dieses gemäß den maßgeblichen Verfahrensschritten durchzuführen.[31] Insbesondere die Nachverhandlung von Preisen ist außerhalb des Verhandlungsverfahrens stets unzulässig.[32]

C. Die Vergabeverfahrensarten im Einzelnen

9   Die Vergabeverfahrensarten im Sektorenbereich entsprechen grds. denen im klassischen Bereich öffentlicher Auftragsvergaben. Das beruht auf den jeweils allgemeinverbindlichen **Definitionen der Vergabeverfahrensarten in § 101 Abs. 2, 3 und 5 GWB**. Diese

---

[24] VK Brandenburg Beschl. v. 2.10.2006, 2 VK 38/06; *Marx/Hölzl* in MünchKommBeihVgR, § 6 SektVO Rn. 5.
[25] Vgl. BayObLG Beschl. v. 5.11.2002, Verg 22/02; OLG München Beschl. v. 12.7.2005, Verg 8/05.
[26] *Marx* in Danner/Theobald, Energierecht, XVIII-Vergaberecht, Rn. 157: „*Sie dürfen nach § 101 Abs. 7 Satz 2 GWB und § 6 Abs. 1 SektVO frei, dh. ohne für ihre Wahl begründen zu müssen, entscheiden, ob sie eines der drei vorgegebenen Vergabeverfahren wählen*".
[27] *Schütte* ZfBR 2004, 237, 241 f.; *Greb/Müller* § 6 Rn. 71.
[28] OLG Düsseldorf Beschl. v. 21.10.2009, Verg 28/09; EuGH Urt. v. 25.4.1996, Rs. C-87/94 – Kommission/Belgien (Wallonische Busse), Rn. 35.
[29] *Kaelble* in Müller-Wrede SektVO, § 6 Rn. 11.
[30] OLG München Beschl. v. 29.9.2009, Verg 12/09.
[31] VK Südbayern Beschl. v. 17.7.2001, 23–06/01.
[32] VK Südbayern Beschl. v. 17.7.2001, 23–06/01.

gehen auf die europarechtlichen Regelungen der Art. 1 Abs. 9 SKR und Art. 1 Abs. 11 VKR zurück. Der **konkrete Ablauf der Verfahren richtet sich** jedoch unabhängig von der gewählten Verfahrensart **abschließend nach der SektVO**.[33] Das bedeutet, dass ein unreflektierter Rückgriff auf die teilweise ausführlicheren bzw. strengeren Vorschriften von VOB/A, VOL/A oder VOF nicht angezeigt ist.[34]

I. Das Verhandlungsverfahren

Verhandlungsverfahren sind auch im Sektorenbereich Verfahren, bei denen sich der Auftraggeber an ausgewählte Unternehmen wendet, um mit einem oder mehreren über die Auftragsbedingungen zu verhandeln (§ 101 Abs. 5 GWB, § 6 Abs. 1 SektVO, Art. 1 Abs. 9 lit. c) SKR).[35] Auftraggebern im Sektorenbereich stehen grds. zwei Wege offen, ein Verhandlungsverfahren durchzuführen: Das Verhandlungsverfahren mit vorheriger Bekanntmachung (§ 6 Abs. 1 Alt. 3 SektVO) und das Verhandlungsverfahren ohne Bekanntmachung (§ 6 Abs. 1, Abs. 2 SektVO). Diese beiden Verfahren stehen zueinander in einem Regel-Ausnahme-Verhältnis, wobei das Verhandlungsverfahren ohne vorherige Bekanntmachung die Ausnahme darstellt (§ 6 Abs. 2 SektVO).[36]

1. Zum Ablauf des Verhandlungsverfahrens im Sektorenbereich

Grundsätzlich folgt das Verhandlungsverfahren nach § 6 SektVO den gleichen Vorgaben wie das Verhandlungsverfahren im klassischen Bereich öffentlicher Auftragsvergaben.[37] Auch im Sektorenbereich sind der Flexibilität des Verhandlungsverfahrens allerdings Grenzen in Form der **allgemeinen Vergaberechtsgrundsätze** gesetzt (§ 97 GWB).[38] An das Verhandlungsverfahren dürfen insofern trotz der größeren Gestaltungsmöglichkeiten keine geringeren Anforderungen gestellt werden als an das offene oder nicht offene Verfahren.[39] Daher sind Auftraggeber zur Gewährleistung eines fairen und transparenten Wettbewerbs (§ 97 Abs. 1 GWB) verpflichtet, den ausgewählten Bietern den vorgesehenen Ablauf des Verhandlungsverfahrens rechtzeitig mitzuteilen, davon nicht überraschend oder willkürlich abzuweichen und die Entscheidung über die Auswahl der Bieter/Angebote nach den bekannt gemachten Kriterien zu treffen.[40] Insbesondere ist der Auftraggeber verpflichtet, den Bietern zeitgleich dieselben Informationen zukommen zu lassen und ihnen die Chance zu geben, innerhalb gleicher Fristen und zu gleichen Anforderungen Angebote abzugeben.[41] Hinsichtlich des Verfahrensablaufs dürfen Auftraggeber auch im Sektorenbereich die Anzahl der Bieter fortlaufend reduzieren. Anders als im Anwendungsbereich der VKR ist es hierbei im Sektorenbereich auch zulässig, eine lineare Verhandlungsstrategie zu verfolgen, am Ende derer nur noch mit dem „Preferred Bidder" verhandelt wird. Denn eine Art. 44 Abs. 4 VKR entsprechende Regelung, wonach in der Schlussphase des Vergabeverfahrens noch mehrere Angebote vorliegen müssen, sehen weder die SKR noch die SektVO vor.[42]

---

[33] Vgl. Art. 40 Abs. 2 SKR.
[34] BR-Drs. 522/09 v. 29.5.2009, Erwägungen zu § 16 SektVO.
[35] *Völlink* in Ziekow/Völlink, § 6 SektVO Rn. 5.
[36] *Leinemann* Vergaberecht 2010, Rn. 236.
[37] § 3 EG Abs. 4, Abs. 5 VOB/A, § 3 EG Abs. 3, Abs. 4 VOL/A, § 3 Abs. 1, Abs. 2 VOF.
[38] BGH NJW 2010, 527, 529; Urt. v. 1.8.2006, X ZR 115/04, Rn. 14.
[39] OLG München Beschl. v. 12.7.2005, Verg 8/05; VK Brandenburg Beschl. v. 22.9.2008, VK 27/08; VK Nordbayern Beschl. v. 23.6.2003, 320.VK-3194–17/03.
[40] OLG München Beschl. v. 29.9.2009, Verg 12/09; OLG Frankfurt Beschl. v. 10.4.2001, 11 Verg 1/01; *Greb/Müller* § 6 Rn. 33.
[41] OLG Celle Beschl. v. 16.1.2002, 13 Verg 1/02; VK Baden-Württemberg Beschl. v. 12.1.2004, 1 VK 74/03.
[42] *Wichmann* in Eschenbruch/Opitz, § 6 Rn. 79.

12 Von besonderer praktischer Bedeutung im Anwendungsbereich der SektVO ist die Frage der Reichweite der Verhandlungsmöglichkeiten. Im Rahmen des Verhandlungsverfahrens können Auftraggeber und potentielle Auftragnehmer auch im Sektorenbereich über den konkreten Auftragsinhalt und die konkreten Auftragsbedingungen verhandeln.[43] Das umfasst die konkret zu erbringende Leistung, technische Ausführungen, die Konditionen der Auftragserfüllung, die kommerziellen Bedingungen sowie den Preis.[44] Verhandelt werden können Änderungen grds. sowohl auf Nachfrage- als auch auf Angebotsseite.[45] **Kein zulässiger Verhandlungsgegenstand ist allerdings der Auftragsgegenstand als solcher.** Die Identität des Beschaffungsvorhabens, so wie es die Vergabestelle zum Gegenstand der Ausschreibung gemacht hat, muss gewahrt bleiben. Anderenfalls liefe die Ausschreibungspflicht ins Leere, weil letztlich ein anderer Auftrag vergeben würde als ursprünglich bekannt gemacht.[46] Zwar kann keine Identität der ausgeschriebenen und der angebotenen Leistung im Sinne einer eins zu eins Übereinstimmung gefordert werden.[47] Der Beschaffungsgegenstand muss auch nicht bereits bei der Ausschreibung in allen Einzelheiten festgeschrieben sein. Im Zuge des Verhandlungsverfahrens kann und soll auch erst noch eine Konkretisierung des zu beschaffenden Gegenstands erfolgen.[48] Die Grenze der Verhandlungen ist jedoch dann erreicht, wenn das Angebot am Ende der Verhandlungen ein „aliud" der ausgeschriebenen Leistung darstellt.[49] Bei allen verhandlungsbedingten Änderungen muss der nach wirtschaftlichen und technischen Kriterien zu beurteilende **Wesenskern der Ausschreibung** gewahrt bleiben.[50] Es darf kein anderer Gegenstand oder keine andere Leistung am Ende der Verhandlungen vereinbart werden, als der in den Vergabeunterlagen bezeichnete.[51] Wenn also der Auftraggeber eine bestimmte Leistung ausschreibt, müssen sich die nachfolgenden Verhandlungen im Rahmen des vorgegebenen Konzepts bewegen.[52] Bereits aus dem Transparenzgebot folgt, dass nur über die ursprünglich ausgeschriebene Leistung zu verhandeln ist und grundlegende Änderungen der Leistung unzulässig sind.[53] Damit findet die Flexibilität des Verhandlungsverfahrens ihre Grenze im Bekanntmachungstext und den Ausschreibungsunterlagen.[54] Auftraggeber im Sektorenbereich sind daher auch im Verhandlungsverfahren verpflichtet, Angebote, die nicht der Leistungsbeschreibung entsprechen, auszuschließen.[55]

13 Gerade im Sektorenbereich werden oftmals hochkomplexe Projekte in Form von Aufträgen vergeben, die einen außerordentlich hohen Spezialisierungsgrad aufweisen, und für die oftmals nur eine geringe Zahl an Marktteilnehmern als Auftragnehmer in Frage kommt. Nicht zu beanstanden ist es daher, wenn Auftraggeber die Dienste eines **Sachverständigen bzw. Projektsteuerungsbüros** in Anspruch nehmen. Die Verantwortung für die Vergabe darf allerdings nicht auf den Dritten übertragen werden, sondern muss

---

[43] OLG Düsseldorf Beschl. v. 3.8.2011, Verg 16/11; BGH NJW 2010, 527, 529; OLG Düsseldorf Beschl. v. 5.7.2006, VII-Verg 21/06; OLG München Beschl. v. 28.4.2006, Verg 6/06.
[44] OLG Stuttgart Urt. v. 24.11.2008, 10 U 97/08; OLG Düsseldorf Beschl. v. 5.7.2006, VII-Verg 21/06.
[45] VK Baden-Württemberg Beschl. v. 12.1.2004, 1 VK 74/03.
[46] OLG Dresden Beschl. v. 3.12.2003, WVerg 15/03; VK Schleswig-Holstein Beschl. v. 14.5.2008, VK SH 6/08.
[47] OLG Dresden Beschl. v. 3.12.2003, WVerg 15/03.
[48] OLG Düsseldorf Beschl. v. 5.7.2006, Verg 21/06; OLG Celle Beschl. v. 16.1.2002, 13 Verg 1/02.
[49] OLG München Beschl. v. 28.4.2006, Verg 6/06; OLG Dresden Beschl. v. 21.10.2005, WVerg 5/05; OLG Celle Beschl. v. 16.1.2002, 13 Verg 1/02.
[50] OLG Dresden Beschl. v. 21.10.2005, WVerg 5/05; Beschl. v. 3.12.2003, WVerg 15/03.
[51] OLG München Beschl. v. 29.9.2009, Verg 12/09; Beschl. v. 28.4.2006, Verg 6/06; OLG Celle Beschl. v. 16.1.2002, 13 Verg 1/02.
[52] OLG Dresden Beschl. v. 3.12.2003, WVerg 15/03.
[53] OLG Düsseldorf Beschl. v. 5.7.2006, VII Verg 21/06; *Schütte* ZfBR 2004, 237, 240.
[54] *Kaelble* in Müller-Wrede SektVO, § 6 Rn. 23.
[55] OLG München Beschl. v. 29.9.2009, Verg 12/09.

beim Auftraggeber bleiben.⁵⁶ Insofern genügt allerdings nach der vergaberechtlichen Rechtsprechung die Genehmigung der Wertung, welche durch einen billigenden Prüfungsvermerk in der Dokumentation zum Ausdruck kommt.⁵⁷

2. Das Verhandlungsverfahren ohne Bekanntmachung

Wird ein Verhandlungsverfahren ohne vorherige europaweite Bekanntmachung durchgeführt, entfällt die für alle potentiellen Interessenten wahrnehmbare Information über die bevorstehende Vergabe des Auftrags. In der Praxis bedeutet der Verzicht auf eine vorherige europaweite Bekanntmachung daher, dass die Vergabe vergleichbar einer „freihändigen Vergabe" erfolgt, was grds. dem Wettbewerbsgrundsatz (vgl. § 97 Abs. 1 GWB) widerspricht. **Voraussetzung für ein Verhandlungsverfahren ohne vorherige europaweite Bekanntmachung** ist daher das Vorliegen eines gesetzlichen Ausnahmetatbestands.⁵⁸ Die in Betracht kommenden Ausnahmetatbestände sind in § 6 Abs. 2 Nr. 1 bis Nr. 12 SektVO aufgeführt. Darüber hinausgehende Tatbestände, welche die Bekanntmachungspflicht entfallen ließen, sind in der SektVO nicht vorgesehen.⁵⁹ Sie würden sich allenfalls mittelbar daraus ergeben, dass bereits ein Ausnahmetatbestand betreffend die Anwendbarkeit der §§ 97 ff. GWB gegeben ist. Angesichts des Umstands, dass das Vorliegen mancher der in § 6 Abs. 2 SektVO genannten Ausnahmetatbestände maßgeblich vom Handeln der Auftraggeber abhängt, erlangt in diesem Zusammenhang das **vergaberechtliche Umgehungsverbot** besondere Bedeutung.⁶⁰ Auftraggebern ist es selbstverständlich auch im Sektorenbereich verwehrt, den Eintritt eines Ausnahmetatbestands gezielt herbeizuführen.⁶¹ Überfrachtet beispielsweise ein Auftraggeber ein Vergabeverfahren mit Bedingungen und Anforderungen, die ein Scheitern des Verfahrens unausweichlich machen, ist es ihm verwehrt, sich auf das gescheiterte Verfahren nach § 6 Abs. 2 Nr. 1 SektVO zu berufen, um ein Verhandlungsverfahren ohne Bekanntmachung durchzuführen.⁶² Die **Darlegungs- und Beweislast** liegt insofern grds. beim Auftraggeber.⁶³

a) Kein geeignetes Angebot bzw. keine Bewerbung

Ein Verhandlungsverfahren kann im Sektorenbereich ohne Bekanntmachung durchgeführt werden, wenn im Rahmen eines vorangegangenen, vergaberechtskonformen Verfahrens mit Bekanntmachung kein oder kein geeignetes Angebot oder keine Bewerbung eingegangen ist und keine grundlegende Änderung der ursprünglichen Auftragsbedingungen erfolgt. Entsprechende Regelungen finden sich, ungeachtet kleinerer sprachlicher Abweichungen, in § 3 EG Abs. 5 Nr. 1 und Nr. 2 VOB/A sowie § 3 EG Abs. 4 lit. a) VOL/A.

Das vorangegangene Verfahren muss mit vorheriger Bekanntmachung durchgeführt und vergaberechtskonform beendet bzw. eingestellt worden sein.⁶⁴ **Vergaberechtskonform beendet bzw. vergaberechtskonform eingestellt** ist ein Vergabeverfahren im Sektorenbereich dann, wenn die Aufhebung bzw. die Einstellung den Anforderungen des § 30 SektVO entspricht. Um welche Verfahrensart es sich bei dem vorangegangenen Verfahren handelte, ist gleichgültig.⁶⁵ Weitere Voraussetzung ist, dass es entweder gänzlich an

---
⁵⁶ OLG München Beschl. v. 15.7.2005, Verg 14/05.
⁵⁷ OLG München Beschl. v. 29.9.2009, Verg 12/09.
⁵⁸ *Völlink* in Ziekow/Völlink, § 6 SektVO Rn. 7.
⁵⁹ *Marx/Hölzl* in MünchKommBeihVgR, § 6 SektVO Rn. 3.
⁶⁰ *Kaelble* in Müller-Wrede SektVO, § 6 Rn. 43.
⁶¹ EuGH Urt. v. 4.6.2009, Rs. C-250/07 – Kommission/Griechenland, Rn. 52 f.
⁶² OLG Dresden Beschl. v. 16.10.2001, WVerg 7/01.
⁶³ EuGH Urt. v. 15.10.2009, Rs. C-275/08 – Kommission/Deutschland, Rn. 55, 56; VK Südbayern Beschl. v. 29.6.2010, Z3-3-3194-1-35-05-10.
⁶⁴ *Kaelble* in Müller-Wrede SektVO, § 6 Rn. 31.
⁶⁵ *Greb/Müller* § 6 Rn. 80.

Angeboten oder Bewerbungen fehlte oder aber keine geeigneten Angebote bzw. Bewerbungen abgegeben worden sind.

17 Unter dem **Fehlen von Angeboten oder Bewerbungen** ist das gänzliche Ausbleiben entsprechender Bekundungen interessierter Unternehmer zu verstehen.[66] Vom **Fehlen „geeigneter" Angebote** ist dann auszugehen, wenn nur Angebote eingegangen sind, die aufgrund eines Ausschlussgrunds, welcher entweder das Angebot selbst oder die Eignung des Bieters betrifft, auszuschließen waren.[67] Darüber hinaus lagen auch keine geeigneten Angebote vor, wenn das Vergabeverfahren aufgehoben bzw. beendet werden musste, weil es zu keinem wirtschaftlichen Ergebnis führte. Denn dann waren selbst die wertbaren Angebote aus Sicht des Auftraggebers nicht wirtschaftlich. Zwar stellt ein ungewöhnlich hoher Preis eines Angebots keinen in der SektVO genannten Ausschlussgrund dar, so dass jedenfalls auf Grundlage der in der SektVO genannten Ausschlussgründe der Ausschluss eines (einzelnen) Angebots allein mit der Begründung, dass dieses überteuert sei, nicht möglich erscheint. Allerdings wäre in einer derartigen Konstellation jedenfalls die Aufhebung bzw. Beendigung des Vergabeverfahrens grds. vergaberechtskonform. Grundlage dieser Aufhebung bzw. Beendigung wäre die Erkenntnis des Auftraggebers, dass keine wirtschaftlichen – und somit keine zum Zuschlag geeigneten Angebote – eingegangen sind. In einer solchen Konstellation läge das Tatbestandsmerkmal nach § 6 Abs. 2 Nr. 1 SektVO vor, dass in einem vergaberechtskonform durchgeführten Verfahren keine geeigneten Angebote eingingen. Wie auch im klassischen Bereich öffentlicher Auftragsvergaben ist daher ein Verhandlungsverfahren nach § 6 Abs. 2 Nr. 1 SektVO auch im Sektorenbereich zulässig, wenn **nur unwirtschaftliche Angebote** eingingen.[68]

18 Nicht in § 6 Abs. 2 Nr. 1 SektVO erwähnt ist der Fall „**keine geeignete Bewerbung**". Vielmehr nennt die Vorschrift nur den Fall „**keine Bewerbung**". Das entspricht der Formulierung in Art. 40 Abs. 3 lit. a) SKR und Art. 31 Nr. 1 lit. a) VKR. Allerdings ist der Fall, dass keine geeignete Bewerbung[69] eingegangen ist, jedenfalls vom Tatbestandsmerkmal erfasst, dass keine oder keine geeigneten Angebote eingingen.[70] Denn ein Bewerber, der aufgrund nicht geeigneter Bewerbung nicht zur Angebotsabgabe aufgefordert wird, wird auch kein Angebot abgeben und befindet sich dann der Sache nach in derselben Situation wie ein Bieter, der kein oder kein geeignetes Angebot abgegeben hat.

19 Liegen die Voraussetzungen für ein Verhandlungsverfahren ohne Bekanntmachung wegen Ausbleibens geeigneter Angebote/Bewerbungen vor, so ist für den Bereich klassischer Auftragsvergaben ausdrücklich vorgeschrieben, dass zu dem erneuten Vergabeverfahren zumindest alle geeigneten Teilnehmer aus dem gescheiterten Vergabeverfahren, die form- und fristgerechte Angebote (bzw. Teilnahmeanträge) abgegeben haben, einbezogen werden (vgl. § 3 EG Abs. 3 lit. a) Satz 2 VOL/A). Eine dahingehende ausdrückliche Vorgabe existiert in der SektVO nicht. Gleichwohl schiene es mit dem Gleichbehandlungsgebot unvereinbar, diese Regel nicht auch im Sektorenbereich anzuwenden.[71] Ebenfalls mit dem Gleichbehandlungs-/Transparenzgebot nicht vereinbar wäre es, wenn der Auftraggeber selektiv Bewerber/Bieter zuließe, die am ursprünglichen Vergabeverfahren nicht beteiligt waren. Denn andernfalls würde potentiellen Teilnehmern, die mittlerweile Interesse an einer Teilnahme hätten, willkürlich der Zugang zum Vergabeverfahren verwehrt; in einem solchen Fall bedürfte es einer erneuten europaweiten Bekanntmachung. Entspre-

---

[66] *Wichmann* in Eschenbruch/Opitz, § 6 Rn. 102.
[67] *Kaelble* in Müller-Wrede SektVO, § 6 Rn. 35.
[68] *Wichmann* in Eschenbruch/Opitz, § 6 Rn. 102; *Kaelble* in Müller-Wrede SektVO, § 6 Rn. 36.
[69] Vgl. OLG Düsseldorf Beschl. v. 24.3.2010, Verg 58/09 zu „nicht ordnungsgemäßen" Bewerbungen.
[70] Vgl. *Pünder* in Pünder/Schellenberg, § 3 EG VOL/A Rn. 16; ähnlich *Kaelble* in Müller-Wrede, § 3 EG Rn. 114.
[71] Vgl. *Wichmann* in Eschenbruch/Opitz, § 6 Rn. 108.

chendes muss für die Beteiligung von Teilnehmern gelten, bezüglich derer im ursprünglichen Vergabeverfahren ein Ausschlussgrund griff.

b) Auftragsvergabe zu Forschungs-, Versuchs-, Untersuchungszwecken

Auftraggeber können auch im Sektorenbereich von der vorherigen Bekanntmachung absehen, wenn der Auftrag nur zum Zweck von Forschung, Versuchen, Untersuchungen oder Entwicklung und nicht mit dem Ziel der Gewinnerzielung oder der Deckung der Forschungs- und Entwicklungskosten vergeben wird (Art. 40 Abs. 3 lit. b) SKR, § 6 Abs. 2 Nr. 2 SektVO). Besondere Bedeutung kommt in diesem Zusammenhang dem Problem der **Vorbefasstheit bzw. der Projektantenproblematik** zu. Die Vergabe eines Forschungs- und Entwicklungsauftrags darf einer wettbewerblichen Vergabe von Folgeaufträgen nicht vorgreifen. Auftraggeber im Anwendungsbereich der SektVO dürfen insbesondere einen Forschungs- und Entwicklungsauftrag nicht zum Zwecke eines unmittelbaren Abschlusses eines Folgeauftrags machen. In einem derartigen Fall würde die Privilegierung von Forschungsaufträgen ausgenutzt, ein wettbewerbliches Verfahren zu umgehen.[72] In einem anschließenden wettbewerblichen Verfahren mit vorheriger Bekanntmachung dürfte hingegen auch ein Folgeauftrag an den Auftragnehmer eines Forschungs- und Entwicklungsauftrags vergeben werden, wenn sich sein Angebot als das wirtschaftlichste erweist.[73]

20

c) Technische, künstlerische Gründe oder Ausschließlichkeitsrechte

Auch im Anwendungsbereich der SektVO können Auftraggeber von der Bekanntmachung absehen, wenn der Auftrag wegen seiner technischen oder künstlerischen Besonderheiten oder aufgrund des Schutzes von ausschließlichen Rechten nur von einem bestimmten Wirtschaftsteilnehmer ausgeführt werden kann (§ 6 Abs. 2 Nr. 3 SektVO, Art. 40 Abs. 3 lit. c) SKR). Die Regelung korrespondiert mit § 3 EG Abs. 5 Nr. 3 VOB/A sowie § 3 EG Abs. 4 lit. c) VOL/A.[74]

21

d) Äußerste Dringlichkeit

Ein Verhandlungsverfahren darf auch im Sektorenbereich ohne vorherige Bekanntmachung durchgeführt werden, wenn es bei äußerster Dringlichkeit im Zusammenhang mit Ereignissen, die die Auftraggeber nicht voraussehen konnten, nicht möglich ist, die in den offenen, den nicht offenen oder den Verhandlungsverfahren mit vorherigem Aufruf zum Wettbewerb vorgesehenen Fristen einzuhalten (Art. 40 Abs. 3 lit. d) SKR). Vergleichbare Regelungen finden sich in § 3 EG Abs. 5 Nr. 4 VOB/A und § 3 EG Abs. 4 lit. d) VOL/A.

22

Im Gegensatz zur SektVO/SKR fordern VOB/A und VOL/A zusätzlich, dass die Dringlichkeit nicht auf einem vom Auftraggeber verursachten Ereignis beruhen darf.[75] Das bedeutet indessen nicht, dass dieses Erfordernis im Anwendungsbereich der SektVO nicht zu beachten wäre. Aus der **Auslegung des Tatbestandsmerkmals der Nicht-Vorhersehbarkeit** folgt vielmehr auch im Sektorenbereich, dass das die Dringlichkeit der Vergabe verursachende Ereignis nicht vom Auftraggeber verursacht worden sein darf.[76] Zur Beantwortung der Frage, ob das die Dringlichkeit auslösende Ereignis für den Auftraggeber vorhersehbar war, wird ein objektiver Sorgfältigkeitsmaßstab zugrunde gelegt. Danach hat der Auftraggeber die Sorgfalt walten zu lassen, die er bei „pflichtgemäßer

23

---

[72] *Kaelble* in Müller-Wrede SektVO, § 6 Rn. 51.
[73] VK Bund Beschl. v. 8. 10. 2002, VK 2–78/03.
[74] *Pünder* in Pünder/Schellenberg, § 6 SektVO Rn. 7.
[75] *Wichmann* in Eschenbruch/Opitz, § 6 Rn. 161.
[76] Vgl. dazu *Wichmann* in Eschenbruch/Opitz, § 6 Rn. 161.

Risikoprüfung" in Betracht ziehen müsste.[77] Damit sind solche Ereignisse, die der Auftraggeber selbst verursacht hat, vorhersehbar, so dass es keinen materiellen Unterschied zum klassischen Bereich öffentlicher Auftragsvergaben darstellt, dass diese Vorgabe nicht ausdrücklich in die SektVO aufgenommen wurde. Als unvorhergesehene Ereignisse gelten nur solche Ereignisse, die außerhalb des üblichen wirtschaftlichen und sozialen Lebens stehen.[78]

e) Lieferaufträge für zusätzliche Lieferungen

24 Unterbleiben kann die vorherige Bekanntmachung im Fall von Lieferaufträgen auch bei zusätzlichen, vom ursprünglichen Lieferanten durchzuführenden Lieferungen, die entweder zur teilweisen Erneuerung von gängigen Lieferungen oder Einrichtungen oder zur Erweiterung von Lieferungen oder bestehenden Einrichtungen bestimmt sind, wenn ein Wechsel des Lieferanten den Auftraggeber zum Kauf von Material unterschiedlicher technischer Merkmale zwänge und dies eine technische Unvereinbarkeit oder unverhältnismäßige technische Schwierigkeiten bei Gebrauch und Wartung mit sich brächte (§ 6 Abs. 2 Nr. 5 SektVO und Art. 40 Abs. 3 lit. e) SKR).[79] Im Gegensatz zu § 3 EG Abs. 4 lit. e) VOL/A enthält die SektVO **keine konkrete zeitliche Beschränkung der Vertragslaufzeit derartiger zusätzlicher Lieferaufträge**, die ohne erneutes förmliches Vergabeverfahren vergeben werden. Das stellt eine Privilegierung derartiger zusätzlicher Auftragsvergaben im Sektorenbereich dar.[80] Die Privilegierung bedeutet indessen nicht, dass der Auftraggeber den bisherigen Auftragnehmer im Sektorenbereich beschränkungslos ohne Durchführung einer öffentlichen Ausschreibung mit zusätzlichen Lieferungen beauftragen darf. Denn auch wenn die SektVO keine konkret bezifferte Obergrenze vorgibt, darf die ausschreibungsfreie Nach-Beauftragung keinen Umfang annehmen, der nicht mehr als **„teilweise" Erneuerung bzw. „Erweiterung"** von Lieferungen bzw. anzusehen ist, sondern vielmehr dem Umfang oder der Sache nach einer Neuvergabe eines öffentlichen Auftrags entspricht. Ob das zutrifft, ist in jedem Einzelfall unter Berücksichtigung sämtlicher Umstände zu prüfen.

f) Zusätzliche Bau- oder Dienstleistungen

25 Zusätzliche Bau- oder Dienstleistungen dürfen ausschreibungsfrei an den bisherigen Bauunternehmer bzw. Dienstleistungserbringer vergeben werden, wenn sie wegen eines unvorhergesehenen Ereignisses zur Ausführung des Hauptauftrags erforderlich sind und sich in technischer oder wirtschaftlicher Hinsicht nicht ohne wesentlichen Nachteil für den Auftraggeber vom Hauptauftrag trennen lassen.[81] Im Gegensatz zu § 3 EG Abs. 5 Nr. 5 VOB/A und § 3 EG Abs. 4 lit. f VOL/A sind in der SektVO **keine Quota festgeschrieben, die die ausschreibungsfrei zu vergebenden zusätzlichen Bau- oder Dienstleistungen nicht überschreiten dürfen**. Jedoch bleibt zu beachten, dass die zusätzlichen Leistungen nur in dem Umfang ohne erneute Ausschreibung vergeben werden dürfen, der erforderlich ist, um den Hauptauftrag wegen des unvorhergesehenen Ereignisses zu erfüllen.[82]

---

[77] *Kaelble* in Müller-Wrede SektVO, § 6 Rn. 74.
[78] *Kaelble* in Müller-Wrede SektVO, § 6 Rn. 74.
[79] *Völlink* in Ziekow/Völlink, § 6 SektVO Rn. 13.
[80] Vgl. *Pünder* in Pünder/Schellenberg, § 6 SektVO Rn. 9.
[81] Vgl. Art. 40 Abs. 3 lit. e) SKR.
[82] Vgl. *Pünder* in Pünder/Schellenberg, § 6 SektVO Rn. 10; *Kaelble* in Müller-Wrede SektVO, § 6 Rn. 100.

g) Wiederholung gleichartiger Bauleistungen

Die Durchführung eines Verhandlungsverfahrens ist ohne vorherige Bekanntmachung auch zulässig bei Bauaufträgen, die in der Wiederholung gleichartiger, bereits erbrachter Bauleistungen durch den ursprünglichen Auftragnehmer bestehen (§ 6 Abs. 2 Nr. 7 SektVO). Voraussetzung ist, dass die Leistungen dem Grundentwurf entsprechen, der Gegenstand des ersten Auftrags war, der nach einem Aufruf zum Wettbewerb vergeben wurde. Auf die Möglichkeit der ausschreibungsfreien Vergabe der Wiederholung der Leistung muss bereits in der Bekanntmachung des ursprünglichen Auftrags hingewiesen worden sein. Anders als § 3 EG Abs. 5 Nr. 6 VOB/A und § 3 EG Abs. 4 lit. g) VOL/A sieht die SektVO keinen maximalen Zeitraum seit der Vergabe des ursprünglichen Auftrags vor, innerhalb dessen die Wiederholung der Leistung ausschreibungsfrei vergeben werden darf.

h) Kauf börsennotierter Waren

Gemäß § 6 Abs. 2 Nr. 8 SektVO darf auf eine Bekanntmachung verzichtet werden, wenn Waren geliefert sollen, die an Börsen notiert und gekauft werden. Eine vergleichbare Regelung findet sich in § 3 EG Abs. 4 lit. i) VOL/A. Anders als in Art. 40 Abs. 3 lit. h) SKR weicht die SektVO sprachlich von der Terminologie „Rohstoffbörsen" ab und verwendet stattdessen den **Begriff „Börsen"**. Art. 31 Nr. 2 lit. c) VKR und § 3 EG Abs. 4 lit. i) VOL/A verwenden den Begriff „Warenbörsen". Betrachtet man Sinn und Zweck des Art. 40 Abs. 3 lit. h) SKR, ist von einem Übersetzungsversehen auszugehen.[83] In der englischen Fassung von VKR und SKR ist jeweils gleichlautend von „commodity markets" die Rede. Es ist also nicht ersichtlich, dass „Börsen" etwas anderes meinen sollte als Warenbörsen.[84]

„Waren" sind Erzeugnisse, die einen Geldwert haben und daher Gegenstand von Handelsgeschäften sein können.[85] Dabei muss es sich nicht zwingend um körperliche Gegenstände handeln, vielmehr sind **auch elektrische und elektromechanische Datenträger, sowie Energieträger und selbst Strom**[86] **als Waren erfasst**.[87] Damit unterfallen auch an den Energiebörsen gehandelte Strommengen oder Energiezertifikate dem Anwendungsbereich des § 6 Abs. 2 Nr. 8 SektVO. In diesem Zusammenhang kommt insbesondere der **Strombörse EEX** (European Energy Exchange)[88] Bedeutung zu.[89] Die EEX wird als Warenbörse geführt und unterliegt als solche der Börsenaufsicht. Angesichts der strengen Regelungen des Börsengesetzes spricht eine Vermutung dafür, dass auch die EEX den Vergaberechtsgrundsätzen des Wettbewerbs, der Chancengleichheit und der Transparenz genügt. Voraussetzung für eine Anwendbarkeit des § 6 Abs. 2 Nr. 8 SektVO im Zusammenhang mit der Abnahme von Strom ist, dass ein Auftraggeber unmittelbar selbst Strom an der Börse kauft. Das setzt grds. eine Zulassung zur Börse gemäß § 19 BörsG voraus. Fehlt eine solche Zulassung, müssen sich Auftraggeber der Dienste eines Zwischenhändlers bedienen, der über die entsprechende Zulassung verfügt.

i) Aufträge aufgrund von Rahmenvereinbarungen

Wurde eine Rahmenvereinbarung in einem vergaberechtskonformen Verfahren mit Bekanntmachung vergeben, muss der Vergabe des Einzelauftrages auf Grund dieser Rah-

---

[83] *Kaelble* in Müller-Wrede SektVO, § 6 Rn. 115, 116; *Pünder* in Pünder/Schellenberg, § 6 SektVO Rn. 12.
[84] *Greb/Müller* § 6 Rn. 93.
[85] EuGH Urt. v. 22.6.1972, Rs. 7/68 – Kommission/Italien, OJ 634, 642.
[86] EuGH Urt. v. 13.3.2001, Rs. C-379/98 – PreussenElektra, Rn. 70 ff.; EuGH Urt. v. 14.7.1977, Rs. 1/77 – Bosch/Hauptzollamt Hildesheim.
[87] *Kingreen* in Calliess/Ruffert Art. 36 AEUV Rn. 120.
[88] www.eex.com.
[89] Vgl. *Pünder* in Pünder/Schellenberg, § 6 SektVO Rn. 12.

menvereinbarung auch im Sektorenbereich keine erneute Bekanntmachung vorausgehen (§ 9 Abs. 2 SektVO).[90]

j) Besonders günstige Gelegenheit

30 Eine Bekanntmachung der geplanten Auftragsvergabe ist entbehrlich bei Gelegenheitskäufen, wenn Waren aufgrund einer besonders günstigen Gelegenheit, die sich für einen sehr kurzen Zeitraum ergeben hat, zu einem Preis beschafft werden können, der erheblich unter den marktüblichen Preisen liegt (Art. 40 Abs. 3 lit. j) SKR). Die **Darlegungs- und Beweislast** liegt beim Auftraggeber.[91]

k) Besonders günstige Bedingungen

31 Ein Verzicht auf eine Bekanntmachung kommt in Betracht beim Kauf von Waren zu besonders günstigen Bedingungen von einem Lieferanten, der seine Geschäftstätigkeit endgültig aufgibt, oder bei Verwaltern von Konkursen, Vergleichen mit Gläubigern oder ähnlichen im einzelstaatlichen Recht vorgesehenen Verfahren (vgl. Art. 40 Abs. 3 lit. k) SKR).

l) Vergabe im Anschluss an Auslobungsverfahren (§ 6 Abs. 2 Nr. 12 SektVO)

32 Schließlich ist die Durchführung eines Verhandlungsverfahrens ohne vorherige Bekanntmachung auch möglich, wenn der betreffende Dienstleistungsauftrag im Anschluss an einen gemäß § 11 SektVO durchgeführten Wettbewerb an den Gewinner oder einen der Gewinner des Wettbewerbs vergeben wird. Führen Auftraggeber im Anwendungsbereich der SektVO einen Wettbewerb durch (§ 11 SektVO), sind sie verpflichtet, den Auftrag an den Gewinner des Wettbewerbs zu vergeben. Die vorherige Bekanntmachung wäre dann überflüssig.[92] Im Falle eines Auslobungsverfahrens (§ 6 Abs. 2 Nr. 12 Hs. 2 SektVO) besteht hingegen die Pflicht, alle Gewinner des Auslobungsverfahrens zu Verhandlungen einzuladen.[93]

II. Das offene Verfahren

33 Hinsichtlich des Ablaufs offener Verfahren, die im Sektorenbereich ohnehin selten zur Anwendung kommen, bestehen grds. keine Besonderheiten im Vergleich zum Bereich klassischer Beschaffungen. Gemäß § 101 Abs. 2 GWB sind offene Verfahren auch im Sektorenbereich Verfahren, in denen eine unbeschränkte Anzahl von Unternehmen öffentlich zur Abgabe von Angeboten aufgefordert wird. Insbesondere ist eine Nachverhandlung (nicht: Aufklärung) von Angebotsbestandteilen bzw. Auftragsbedingungen auch im Sektorenbereich nicht zulässig, mag das auch in der SektVO nicht nochmal ausdrücklich klargestellt worden sein. Eine gegenteilige Sichtweise[94] wäre letztlich weder mit dem Typenzwang der Vergabeverfahrensarten (§ 101 Abs. 1, 2, 7 Satz 2 GWB) noch mit dem Gleichbehandlungs- und Transparenzgrundsatz (§ 97 Abs. 1 und 2 GWB) in befriedigenden Einklang zu bringen. Es wäre in der Praxis nicht hinreichend rechtssicher abzugrenzen/nachprüfbar, wann Nachverhandlungen einen Einfluss auf die Wettbewerbsstellung

---

[90] *Völlink* in Ziekow/Völlink, § 10 SektVO Rn. 5; *Kaelble* in Müller-Wrede SektVO, § 6 Rn. 121 ff.
[91] EuGH Urt. v. 15.10.2009, Rs. C-275/08 – Kommission/Deutschland, Rn. 55, 56; VK Südbayern Beschl. v. 29.6.2010, Z3-3-3194-1-35-05-10.
[92] *Kaelble* in Müller-Wrede SektVO, § 6 Rn. 126.
[93] *Kaelble* in Müller-Wrede SektVO, § 6 Rn. 127.
[94] *Wichmann* in Eschenbruch/Opitz, § 6 Rn. 24, 30.

der Bieter haben und einen fairen und diskriminierungsfreien Wettbewerb gefährden könnten.

III. Das nicht offene Verfahren

Auch hinsichtlich des Ablaufs nicht offener Verfahren im Anwendungsbereich der SektVO bestehen mit Ausnahme der Frage nach der Mindestzahl der zur Angebotsabgabe aufzufordernden Teilnehmer (vgl. § 20 Abs. 2 SektVO und die entsprechende Kommentierung hierzu) und bestimmter besonderer Bekanntmachungsoptionen grds. keine Besonderheiten. 34

IV. Der in der Sektorenverordnung nicht ausdrücklich geregelte „wettbewerbliche Dialog"

Die Vergabeverfahrensart wettbewerblicher Dialog dient der Vergabe besonders komplexer Aufträge (§ 101 Abs. 4 Satz 1 GWB). Dem Wortlaut des Gesetzes nach sind Auftraggeber im Sektorenbereich von der Anwendung des wettbewerblichen Dialogs ausgeschlossen. Denn der wettbewerbliche Dialog findet für Auftragsvergaben im Sektorenbereich weder in § 101 Abs. 7 GWB noch in § 6 SektVO Erwähnung.[95] Allerdings wird gemeinhin die Ansicht vertreten, dass zumindest eine entsprechende Ausgestaltung eines Verhandlungsverfahrens in Form eines wettbewerblichen Dialogs möglich sein müsste.[96] Das liegt eigentlich nicht auf der Hand. Wäre ein wettbewerblicher Dialog ohne weiteres im Wege des Verhandlungsverfahrens zu bewerkstelligen, erübrigte sich konsequenterweise auch im klassischen Bereich öffentlicher Auftragsvergaben die Nennung dieser „besonderen" Vergabeverfahrensart. Der Wortlaut von § 101 Abs. 4 Satz 1 GWB sowie das Fehlen einer mit Art. 28, 29 VKR korrespondierenden Regelung in der SKR legen eher nahe, dass eine auch entsprechende **Anwendung des wettbewerblichen Dialogs im Sektorenbereich nicht vorgesehen** ist. VKR und SKR ergingen zeitgleich, womit eine planwidrige Regelungslücke fern liegt. Nichtsdestotrotz ist der herrschenden Meinung zuzugeben, dass es Auftraggebern auch im Sektorenbereich grds. freisteht, wie sie den konkreten Verfahrensablauf eines Verhandlungsverfahrens festlegen.[97] Angesichts dieses Spielraums bei der Ausgestaltung des Verhandlungsverfahrens steht es diesen frei, das Verhandlungsverfahren in Annäherung an den wettbewerblichen Dialog auszugestalten, soweit die Grenzen der Vergabeverfahrensart des Verhandlungsverfahrens nicht überschritten werden. Ein Auftraggeber, der sich für ein Verhandlungsverfahren mit vorherigem Aufruf zum Wettbewerb entschieden hat, kann nicht zuletzt nach Ansicht der EU-Kommission in den Vergabeunterlagen festlegen, dass das Verfahren nach dem Muster abläuft, das die klassische Richtlinie für den wettbewerblichen Dialog vorsieht.[98] 35

Zu beachten wird allerdings sein, dass Auftraggeber (auch) bei **Annäherung des Verhandlungsverfahrens an den wettbewerblichen Dialog** verpflichtet bleiben, den Typenzwang der Vergabeverfahrensarten zu beachten.[99] Folglich muss bei Annäherung des Verhandlungsverfahrens an den wettbewerblichen Dialog darauf geachtet werden, dass der 36

---
[95] *Klimisch/Ebrecht*, NZBau 2011, 203, 203.
[96] *Klimisch/Ebrecht*, NZBau 2011, 203, 203; *Poth/Sudbrock* KommJur 2010, 446, 449; *Gabriel* NJW 2009, 2011, 2014; *Kriener/Stoye*, IBR 2009, 189; *Eschenbruch* in Eschenbruch/Opitz, Einleitung – Teil 2 Rn. 51; *Pünder* in Pünder/Schellenberg, § 101 GWB Rn. 46; *Kaelble* in Müller-Wrede SektVO, § 6 Rn. 15; *Horn* in jurisPK-VergR, § 6 SektVO Rn. 9.
[97] Vgl. *Reider* in MünchKommBeihVgR, § 101 GWB Rn. 15; *Wichmann* in Eschenbruch/Opitz, § 6 Rn. 9.
[98] EU-Komm. v. 5.10.2005, Erläuterungen – wettbewerblicher Dialog – Klassische Richtlinie, CC/2005/04_rev1, S. 1.
[99] *Pünder* in Pünder/Schellenberg, § 101 GWB Rn. 46.

Charakter des Verhandlungsverfahrens gewahrt bleibt. Das Verhandlungsverfahren und der wettbewerbliche Dialog weisen zwar viele Ähnlichkeiten auf. In Abgrenzung zum offenen und zum nicht offenen Verfahren ermöglichen beide Verfahren, dass im Wege direkter Kommunikation zwischen Unternehmen und Auftraggeber der zu erbringende Leistungsgegenstand konkretisiert wird. Auch die Fristen für die Einreichung von Teilnahmeanträgen und Angeboten beim wettbewerblichen Dialog und dem Verhandlungsverfahren sind im klassischen Bereich identisch geregelt (vgl. Art. 38 Abs. 3 VKR, § 12 EG Abs. 4 VOL/A). Im **Unterschied zum Verhandlungsverfahren**, bei dem einem Auftraggeber das Erstellen einer Leistungsbeschreibung grds. möglich ist, ist es Auftraggebern beim wettbewerblichen Dialog jedoch meist nicht möglich, ihre technischen Ziele und Bedürfnisse oder ihre rechtlichen bzw. finanziellen Bedingungen vorab eindeutig und erschöpfend zu beschreiben. Gerade der Umstand, dass es öffentlichen Auftraggebern bisweilen objektiv nicht möglich ist, die technischen Mittel anzugeben, mit denen ihre Bedürfnisse und Ziele erfüllt werden können oder sie die rechtlichen oder finanziellen Bedingungen des Vorhabens nicht angeben können, ist Grundlage ihrer Befugnis im klassischen Bereich öffentlicher Auftragsvergaben, einen wettbewerblichen Dialog durchzuführen (vgl. § 3 EG Abs. 7 Satz 1 VOL/A). Beim Verhandlungsverfahren darf jedoch nur über die „**Auftragsbedingungen**" (§ 101 Abs. 5 GWB) verhandelt werden, dh der Auftraggeber verhandelt mit einem oder mehreren Unternehmen „über die von diesen unterbreiteten Angebote, um diese entsprechend den in der Bekanntmachung, den Vergabeunterlagen und etwaigen sonstigen Unterlagen angegebenen Anforderungen anzupassen" (§ 3 EG Abs. 1 Nr. 3 VOB/A). Beim wettbewerblichen Dialog hingegen würde „über **alle Einzelheiten des Auftrags**" (§ 101 Abs. 4 GWB) verhandelt. Im Verhandlungsverfahren muss Gegenstand der Verhandlungen die ursprünglich ausgeschriebene (bereits beschriebene) Leistung/Lösung bleiben; eine grundlegende Änderung der zu vergebenden Leistung ist nicht zulässig.[100] Im Rahmen des wettbewerblichen Dialogs hingegen sind umfangreichere Änderungen zulässig, weil in der Dialogphase grds. noch keine Lösung existiert, deren Identität gewahrt werden könnte. Da die Lösung für den komplexen Auftrag im Rahmen des Dialogs erst ermittelt werden soll, können nur Zielvorgaben bzw. eine grobe Umschreibung der Projektaufgabe Gegenstand der Leistungsbeschreibung sein (§ 3 EG Abs. 7 Satz 2 lit. a) VOL/A: „Bedürfnisse und Anforderungen").[101] Erst nachdem aufgrund des Dialogs Lösungen entwickelt wurden, die den Anforderungen des Auftraggebers genügen, werden die fraglichen Unternehmer zur Angebotsabgabe auf Basis dieser Lösungsvorschläge aufgefordert.[102] Der wettbewerbliche Dialog beinhaltet somit eine Art „Vorverfahren zur Bestimmung des Auftragsgegenstands"[103], welches nicht ohne weiteres im Verhandlungsverfahren angewendet werden kann.Im Sektorenbereich ist hierfür der in Erwägungsgrund 15 der SKR erwähnte „technische Dialog" die vom Richtliniengeber vorgesehene Herangehensweise (hierzu sogleich).

V. Problematik der Vorbefasstheit

37 Erwägungsgrund 15 SKR sieht vor, dass Auftraggeber im Sektorenbereich vor Einleitung des Vergabeverfahrens unter Rückgriff auf einen „**technischen Dialog**" eine Stellungnahme einholen bzw. entgegennehmen können, die bei der Erstellung der Vergabeunterlagen verwendet werden kann. Voraussetzung ist, dass diese Stellungnahme den Wettbewerb nicht *per se* ausschaltet (Erwägungsgrund 15 SKR aE), etwa weil das konsultierte

---

[100] OLG Dresden Beschl. v. 3.12.2003, WVerg 15/03; OLG Celle Beschl. v. 16.1.2002, 13 Verg 1/02.
[101] VK Brandenburg Beschl. v. 22.8.2008, VK 19/08.
[102] EU-Komm. v. 5.10.2005, Erläuterungen – wettbewerblicher Dialog – Klassische Richtlinie, CC/2005/04_rev1, S. 10.
[103] *Müller/Veil* VergabeR 2007, 298, 302 ff.

Unternehmen auf diese Weise in den Besitz von Informationen gelangt, die einen unlauteren Vorteil im Rahmen eines anschließenden Vergabeverfahrens vermitteln. Beim „technischen Dialog" handelt es sich in **Abgrenzung zum „wettbewerblichen Dialog"** nicht um eine Vergabeverfahrensart, sondern um eine dem Vergabeverfahren vorgelagerte Phase. Im Regelfall greifen öffentliche Auftraggeber hierbei auf das Know-how von Unternehmen zu, welche die erforderlichen Kenntnisse und Fähigkeiten haben und in der Lage sind, den benötigten Auftragsgegenstand gemäß der Anforderungen der SektVO herauszuarbeiten. Hierbei ist zu beachten, dass das betraute Unternehmen Interesse an der Teilnahme an dem anschließenden Vergabeverfahren haben könnte und regelmäßig auch ein entsprechendes Interesse des Auftraggebers, sich den vorbefassten Unternehmer als Auftragnehmer zu sichern, bestehen dürfte. In diesem Zusammenhang obliegt es öffentlichen Auftraggebern sicherzustellen, dass es in Folge der Beteiligung des sog Projektanten nicht zu einer **Wettbewerbsverfälschung im anschließenden Vergabeverfahren** kommt (vgl. § 6 Abs. 6 VOL/A, § 6 EG VOL/A). Eine solche kann sich beispielsweise aus dem Wissensvorsprung des vorbefassten Unternehmers ergeben. Darüber hinaus besteht die Möglichkeit, dass Projektanten die Beschreibung des Auftragsgegenstands gezielt oder unbewusst zu ihren Gunsten justieren.[104] Zwar fehlt es im Anwendungsbereich der SektVO nach dem Wegfall des § 4 Abs. 5 VgV aF an einer expliziten dahingehenden Regelung; allerdings ergibt sich die entsprechende Verpflichtung einer Verhinderung von ungerechtfertigten Wettbewerbsvorsprüngen aufgrund Vorbefasstheit bereits aus § 97 Abs. 1 und Abs. 2 GWB.

D. Rahmenvereinbarungen

Öffentliche Auftraggeber können auch im Anwendungsbereich der SektVO Rahmenvereinbarungen abschließen, in welchen die Bedingungen für Einzelaufträge festgelegt werden, die innerhalb eines bestimmten Zeitraumes abgeschlossen werden sollen (§ 9 Abs. 1 SektVO).[105] Wurde die Rahmenvereinbarung in einem vergaberechtskonformen Verfahren mit Bekanntmachung vergeben, muss der Vergabe des Einzelauftrages auf Grund dieser Rahmenvereinbarung keine erneute Bekanntmachung vorausgehen (§ 9 Abs. 2 SektVO).[106] Eine vergleichbare Regelung zu § 9 SektVO findet sich in § 4 EG VOL/A. Die Regelungsdichte des § 4 EG VOL/A ist deutlich höher als die des § 9 SektVO, was durch den intendierten größeren Spielraum für Auftragsvergaben im Sektorenbereich bedingt ist. Rahmenvereinbarungen im Anwendungsbereich der SektVO sind nicht auf eine bestimmte Auftragsart beschränkt. Rahmenvereinbarungen können im Sektorenbereich grds. sowohl Liefer-, Bau- oder Dienstleistungsaufträge zum Hintergrund haben (Art. 1 Abs. 2 lit. a SKR). Außerhalb der SektVO sind Rahmenvereinbarungen für Bauleistungen oder freiberufliche Leistungen nicht vorgesehen.[107] Ein weiterer Unterschied zwischen dem Abschluss von Rahmenvereinbarungen nach § 4 EG VOL/A und § 9 SektVO liegt darin, dass Rahmenvereinbarungen nach der SektVO **keiner ausdrücklichen zeitlichen Beschränkung** unterliegen. Zwar muss auch hier der Zeitraum für den die Rahmenvereinbarung gelten soll, angegeben werden (§ 9 Abs. 1 Satz 2 SektVO); eine Obergrenze von vier Jahren (§ 4 EG Abs. 7 VOL/A) ist der SektVO dagegen nicht zu entnehmen. Allerdings ist auch im Anwendungsbereich der SektVO von einer gewissen zeitlichen Obergrenze auszugehen. Da Rahmenvereinbarungen in einem wettbewerblichen Verfahren vergeben werden müssen, sind **zeitlich unbefristete Rahmenvereinbarungen** zwischen Auftraggeber und Bieter *per se* als wettbewerbsfeindlich und damit nicht vergaberechtskonform einzustufen.[108] Die

---

[104] OLG Brandenburg Beschl. v 22.5.2007, Verg W 13/06.
[105] Zum Begriff der Rahmenvereinbarung *Opitz/Hackstein* in Eschenbruch/Opitz, § 9 Rn. 7 ff.
[106] *Völlink* in Ziekow/Völlink, § 10 SektVO Rn. 5.
[107] *Schrotz* in Pünder/Schellenberg, § 9 SektVO, Rn. 1.
[108] Vgl. *Opitz/Hackstein* in Eschenbruch/Opitz, § 9 Rn. 14.

Übertragung starrer Fristen wie in der VOL/A auf die SektVO verbietet sich zwar. Der Normgeber hat mit dem Verzicht auf die Normierung deutlich gemacht, dass gerade keine absoluten Obergrenzen gelten sollen. Die Angemessenheit der Laufzeit einer Rahmenvereinbarung ist aber gleichwohl stets an den Umständen des Einzelfalls zu messen. Die EU-Kommission hat bzgl. der VKR ausgeführt, dass beispielsweise bei Aufträgen, die Investitionen mit einem Amortisierungszeitraum von mehr als vier Jahren erfordern, eine längere Laufzeit zur Gewährleistung eines echten Wettbewerbs um den Auftrag, gerechtfertigt sein kann.[109] Im Wege einer entsprechenden Abwägung können auch im Anwendungsbereich der SektVO kürzere oder längere Laufzeiten angemessen sein. Das in § 9 SektVO nicht ausdrücklich erwähnte Verbot des Missbrauchs von Rahmenvereinbarungen (vgl. Art. 14 Abs. 4 SKR) ist auch ohne eine ausdrückliche Erwähnung im Sektorenbereich gemeinhin anerkannt.[110]

E. Dynamische elektronische Verfahren

39 Das dynamische elektronische Verfahren ist keine eigenständige Verfahrensart.[111] Vielmehr handelt es sich gemäß dem Wortlaut des § 101 Abs. 6 Satz 2 GWB um eine spezielle Ausprägung des offenen Verfahrens.[112] Dynamische elektronische Beschaffungssysteme iSv § 10 SektVO sind vollelektronische offene Verfahren für Beschaffungen von marktüblichen Leistungen, bei denen die allgemein auf dem Markt verfügbaren Merkmale den Anforderungen des Auftraggebers genügen und es während der gesamten Verfahrensdauer jedem Wirtschaftsteilnehmer offen steht, ein Angebot nach diesen Vorgaben einzureichen. Der Verfahrensablauf gliedert sich in zwei Phasen. In einem ersten Schritt erfolgt die europaweite Bekanntmachung der Einrichtung eines dynamischen Beschaffungssystems (§ 10 Abs. 2, Abs. 4 SektVO). In einem zweiten Schritt werden anhand der eingesandten vorläufigen Angebote diejenigen Bieter ausgewählt, die die erforderliche Eignung erbringen.[113] Diese Teilnehmer werden in den elektronischen Katalog (§ 12 ff. SektVO) aufgenommen. § 10 SektVO dient der Umsetzung von Art. 15 SKR in deutsches Recht. Entsprechende Regelungen finden sich in § 5 VOL/A und § 5 EG VOL/A.

F. Wettbewerbe

40 Auftraggeber können auch im Anwendungsbereich der SektVO Wettbewerbe durchführen, welche als offenes Verfahren, nicht offenes Verfahren oder Verhandlungsverfahren auszugestalten sind.[114] Das ergibt sich aus **§ 11 Abs. 1 SektVO, dessen Wettbewerbsbegriff Bezug auf den Begriff des Auslobungsverfahrens nach § 99 Abs. 5 GWB nimmt**.[115] Der Begriff „Wettbewerbe" bezeichnet Auslobungsverfahren, die dazu dienen, dem Auftraggeber insbesondere in den Gebieten der Raumplanung, der Stadtplanung, der Architektur und des Bauwesens oder der Datenverarbeitung Pläne oder Planungen zu verschaffen, deren Auswahl durch ein Preisgericht aufgrund vergleichender Beurteilung mit oder ohne Verteilung von Preisen erfolgt (Art. 1 Abs. 10 SKR). § 11 SektVO setzt Artt. 60 bis 66 SKR in nationales Recht um.

---

[109] EU-Komm., Erläuterungen – Rahmenvereinbarungen – Klassische Richtlinie, CC/2005/03 v. 14.7.2005.
[110] *Opitz/Hackstein* in Eschenbruch/Opitz, § 9 Rn. 5.
[111] *Haak/Preißinger* in Willenbruch/Wieddekind, § 10 SektVO Rn. 3.
[112] *Haak/Preißinger* in Willenbruch/Wieddekind, § 10 SektVO Rn. 3; aA *Marx/Hölzl* in MünchKommBeihVgR, § 10 SektVO, Rn. 2.
[113] *Knauff* in Müller-Wrede SektVO, § 10 Rn. 16.
[114] *Martini* in Pünder/Schellenberg, § 11 SektVO, Rn. 15.
[115] *Haak/Preißinger* in Willenbruch/Wieddekind, § 11 SektVO Rn. 1.

Die Aufnahme von Wettbewerben in die SektVO diente dazu, auch freiberufliche **Dienstleistungsaufträge** im Sektorenbereich zu regeln, **die sich nicht hinreichend eindeutig und erschöpfend beschreiben lassen.**[116] Hinsichtlich der Einzelheiten des Verfahrensablaufs besteht angesichts der überwiegend wortgleichen zugrunde liegenden europarechtlichen Regelungen (Artt. 66 bis 74 VKR und Artt. 60 bis 66 SKR) ein weitgehender Gleichklang von §§ 15–17 VOF und SektVO.

41

---

[116] *Opitz* VergabeR 2009, 689, 695; vgl. auch *Vavra* in Ziekow/Völlink, § 11 SektVO Rn. 1.

§ 49 Bieter und Bewerber (Besonderheiten)

Übersicht

	Rn.
A. Einleitung	1
B. Eignung und Auswahl der Unternehmen	2–10
I. Auswahl anhand objektiver Kriterien	3–8
II. Verringerung der Zahl der Unternehmen im nicht offenen Verfahren und Verhandlungsverfahren	9, 10
C. Ausschluss vom Vergabeverfahren	11–15
I. Gesetzliche Ausschlussgründe	12–14
II. Gewillkürte Ausschlussgründe	15
D. Qualitätssicherungs- und Umweltmanagementnormen	16–18
E. Prüfungssysteme	19–32
I. Kriterien für das Aufstellen von Prüfungssystemen	20, 21
II. Zugang zu Prüfungskriterien und -regeln	22
III. Nachweis über die Leistungsfähigkeit von Nachunternehmern	23, 24
IV. Eignungsfeststellung mit Hilfe anderer Prüfungssysteme oder Präqualifikationsverfahren	25, 26
V. Prüfungsstufen	27
VI. Benachrichtigung der Unternehmen über die Entscheidung	28
VII. Verzeichnis geprüfter Unternehmen	29
VIII. Aberkennung der Qualifikation für das Prüfungssystem	30
IX. Veröffentlichung eines Prüfungssystems	31
X. Aufruf zum Wettbewerb	32
F. Aufforderung zur Angebotsabgabe oder zur Verhandlung	33, 34
G. Aufruf zum Wettbewerb durch eine regelmäßige nicht verbindliche Bekanntmachung	35
H. Bewerber- und Bietergemeinschaften	36

SektVO: §§ 20–25

§ 20 SektVO Eignung und Auswahl der Unternehmen

(1) Auftraggeber wählen die Unternehmen anhand objektiver Kriterien aus, die allen interessierten Unternehmen zugänglich sein müssen.

(2) Im nicht offenen Verfahren und in den Verhandlungsverfahren kann der Auftraggeber die Zahl der Bewerber so weit verringern, dass ein angemessenes Verhältnis zwischen den Besonderheiten des Vergabeverfahrens und dem zu seiner Durchführung erforderlichen Aufwand sichergestellt ist, wenn dies erforderlich ist. Es sind jedoch so viele Bewerber zu berücksichtigen, dass ein ausreichender Wettbewerb gewährleistet ist.

(3) 1Verlangt der Auftraggeber Nachweise der wirtschaftlichen und finanziellen oder der technischen oder beruflichen Leistungsfähigkeit, können sich die Unternehmen oder Bietergemeinschaften bei einem bestimmten Auftrag auf die Kapazitäten anderer Unternehmen oder Mitglieder der Bietergemeinschaft stützen, unabhängig von dem Rechtsverhältnis, in dem die Unternehmen oder Bietergemeinschaften zu dem anderen Unternehmen stehen. In diesem Fall muss das Unternehmen oder die Bietergemeinschaft nachweisen, dass ihm oder ihr die Mittel zur Verfügung stehen, die für die Erfüllung des Auftrags erforderlich sind. Dies kann unter anderem durch entsprechende Verpflichtungserklärungen des oder der anderen Unternehmen erfolgen.

(4) Der Auftraggeber kann von juristischen Personen verlangen, in ihrem Angebot oder in ihrem Antrag auf Teilnahme die Namen und die berufliche Qualifikation der Personen anzugeben, die für die Durchführung des Auftrags verantwortlich sein sollen.

(5) Der Auftraggeber teilt auf Antrag innerhalb von 15 Tagen einem nicht berücksichtigten Bewerber die Gründe für die Ablehnung der Bewerbung mit.

§ 21 SektVO Ausschluss vom Vergabeverfahren

(1) Auftraggeber, die die Voraussetzungen des § 98 Nummer 1, 2 oder 3 des Gesetzes gegen Wettbewerbsbeschränkungen erfüllen, haben ein Unternehmen wegen Unzuverlässigkeit von der Teilnahme an einem Vergabeverfahren auszuschließen, wenn sie Kenntnis davon haben, dass eine Person, deren Verhalten dem Unternehmen nach Absatz 2 zuzurechnen ist, wegen Verstoßes gegen eine der folgenden Vorschriften rechtskräftig verurteilt worden ist:
1. §§ 129, 129a oder 129b des Strafgesetzbuches,

2. §§ 333 oder 334 des Strafgesetzbuches, auch in Verbindung mit Artikel 2 § 1 des EU-Bestechungsgesetzes vom 10. September 1998 (BGBl. 1998 II S. 2340), das zuletzt durch Artikel 6 Absatz 1 des Gesetzes vom 21. Juli 2004 (BGBl. I S. 1763) geändert worden ist, Artikel 2 § 1 des Gesetzes zur Bekämpfung Internationaler Bestechung vom 10. September 1998 (BGBl. 1998 II S. 2327; 1999 II S. 87), § 1 Absatz 2 Nummer 10 des NATO-Truppen-Schutzgesetzes in der Fassung der Bekanntmachung vom 27. März 2008 (BGBl. I S. 490), § 2 des Gesetzes über das Ruhen der Verfolgungsverjährung und die Gleichstellung der Richter und Bediensteten des Internationalen Strafgerichtshofes vom 21. Juni 2002 (BGBl. I S. 2144, 2162),

3. § 299 des Strafgesetzbuches,

4. Artikel 2 § 2 des Gesetzes zur Bekämpfung internationaler Bestechung,

5. § 108e des Strafgesetzbuches,

6. § 264 des Strafgesetzbuches,

7. § 261 des Strafgesetzbuches.

Einem Verstoß gegen diese Vorschriften stehen Verstöße gegen vergleichbare Straftatbestände anderer Staaten gleich. Der Auftraggeber kann für eine Prüfung, ob die Voraussetzungen dieses Absatzes vorliegen, vom Unternehmen entsprechende Nachweise verlangen. Sofern die Unternehmen von den zuständigen Behörden Auskünfte über die Person, deren Verhalten dem Unternehmen zuzurechnen ist, erhalten haben, können sie diese verwenden.

(2) Ein Verhalten ist einem Unternehmen zuzurechnen, wenn eine Person, die für die Führung der Geschäfte dieses Unternehmens verantwortlich handelt, selbst gehandelt hat oder ein Aufsichts- oder Organisationsverschulden dieser Person im Hinblick auf das Verhalten einer anderen für das Unternehmen handelnden Person vorliegt.

(3) Von einem Ausschluss nach Absatz 1 Satz 1 kann nur abgesehen werden, wenn
1. dies aus zwingenden Gründen des Allgemeininteresses geboten ist und

2. andere Unternehmen die Leistung nicht angemessen erbringen können oder

3. wenn auf Grund besonderer Umstände des Einzelfalls die Zuverlässigkeit des Unternehmens durch den Verstoß nicht in Frage gestellt wird.

(4) Auftraggeber können ein Unternehmen ausschließen, wenn
1. über sein Vermögen ein Insolvenzverfahren oder ein vergleichbares Verfahren beantragt oder eröffnet worden ist oder die Eröffnung eines solchen Verfahrens mangels Masse abgelehnt worden ist,

2. es sich im Verfahren der Liquidation befindet,

3. es die Pflicht zur Zahlung von Steuern, Abgaben und der Beiträge zur Sozialversicherung verletzt oder verletzt hat,

4. es unzutreffende Erklärungen in Bezug auf seine Fachkunde, Leistungsfähigkeit oder Zuverlässigkeit (Eignung) abgibt oder diese Auskünfte unberechtigt nicht erteilt oder

5. eine schwere Verfehlung nachweislich vorliegt, durch die die Zuverlässigkeit des Unternehmens oder einer Person, die nach Absatz 2 für das Unternehmen verantwortlich handelt, in Frage gestellt wird.

(5) Hat der Auftraggeber Kriterien zum Ausschluss von Unternehmen vorgegeben, so hat er die Unternehmen auszuschließen, die diese Kriterien erfüllen.

§ 22 SektVO Bewerber- und Bietergemeinschaften

Bewerber- und Bietergemeinschaften sind Einzelbewerbern und -bietern gleichzusetzen. Soll der Auftrag an mehrere Unternehmen gemeinsam vergeben werden, kann der Auftraggeber verlangen, dass diese Unternehmen eine bestimmte Rechtsform annehmen, sofern dies für die ordnungsgemäße Durchführung des Auftrags erforderlich ist.

§ 23 SektVO Qualitätssicherungs- und Umweltmanagementnormen

(1) Verlangt der Auftraggeber die Vorlage von Bescheinigungen unabhängiger Stellen zum Nachweis dafür, dass das Unternehmen bestimmte Qualitätssicherungsnormen erfüllt, so muss er auf Qualitätssicherungsverfahren Bezug nehmen, die den einschlägigen europäischen Normen genügen und gemäß den europäischen Normen zertifiziert sind. Der Auftraggeber erkennt gleichwertige Bescheinigungen von Stellen aus anderen Mitgliedstaaten und andere Nachweise für gleichwertige Qualitätssicherungsmaßnahmen von den Unternehmen an.

(2) Verlangt der Auftraggeber zur Überprüfung der technischen Leistungsfähigkeit des Unternehmens bei der Vergabe von Bau- und Dienstleistungsaufträgen zum Nachweis dafür, dass das Unternehmen bestimmte Normen für das Umweltmanagement erfüllt, die Vorlage von Bescheinigungen unabhängiger Stellen, so nimmt er entweder auf das Gemeinschaftssystem für das Umweltmanagement und die Umweltbetriebsprüfung (EMAS) Bezug oder auf Normen für das Umweltmanagement, die auf den einschlägigen europäischen oder internationalen Normen beruhen und gemäß dem Gemeinschaftsrecht oder gemäß einschlägigen europäischen oder internationalen Zertifizierungsnormen zertifiziert sind. Der Auftraggeber erkennt gleichwertige Bescheinigungen von Stellen aus anderen Mitgliedstaaten und andere Nachweise über gleichwertige Qualitätssicherungsmaßnahmen an.

§ 24 SektVO Prüfungssysteme

(1) Auftraggeber können zur Eignungsfeststellung ein Prüfungssystem für Unternehmen einrichten und verwalten. Sie richten sich dabei nach den objektiven Regeln und Kriterien, die sie festgelegt haben und die den Unternehmen zugänglich sind.

(2) Auftraggeber, die ein Prüfungssystem einrichten oder verwalten, gewährleisten die Voraussetzungen zur Durchführung einer Unternehmensprüfung, die jederzeit von den Unternehmen verlangt werden kann.

(3) Das Prüfungssystem kann verschiedene Prüfungsstufen umfassen. Umfassen diese Kriterien und Regeln technische Spezifikationen, ist § 7 anzuwenden.

(4) Die Prüfkriterien und -regeln haben die in § 21 Absatz 1 genannten Ausschlusskriterien zu enthalten. Sie können die weiteren in § 21 genannten Ausschlusskriterien beinhalten.

(5) Enthalten die Prüfkriterien und -regeln Anforderungen an die wirtschaftliche, technische oder berufliche Leistungsfähigkeit des Unternehmens, kann sich das Unternehmen auch auf die Leistungsfähigkeit anderer Unternehmen stützen, unabhängig von dem Rechtsverhältnis, in dem es zu diesem Unternehmen steht. In diesem Fall muss das Unternehmen dem Auftraggeber nachweisen, dass es während der gesamten Gültigkeit des Prüfungssystems über diese Mittel verfügt, beispielsweise durch eine entsprechende Verpflichtungserklärung des anderen Unternehmens.

(6) Die Prüfungskriterien und -regeln werden den Unternehmen auf Antrag zur Verfügung gestellt. Veränderungen dieser Prüfungskriterien und -regeln sind diesen Unternehmen mitzuteilen. Entspricht nach Ansicht eines Auftraggebers das Prüfungssystem bestimmter anderer Auf-

traggeber oder Stellen seinen eigenen Anforderungen, so teilt er den Unternehmen die Namen dieser Auftraggeber oder Stellen mit.

(7) Auftraggeber führen ein Verzeichnis der geprüften Unternehmen. Es kann nach Auftragsarten, für deren Durchführung die Prüfung Gültigkeit hat, aufgegliedert werden.

(8) Auftraggeber, die ein Prüfungssystem einrichten, müssen dieses unverzüglich veröffentlichen. Die Bekanntmachung umfasst den Zweck des Prüfungssystems und informiert darüber, auf welchem Weg die Prüfungsregeln angefordert werden können. Beträgt die Laufzeit des Prüfungssystems mehr als drei Jahre, so ist diese Bekanntmachung jährlich zu veröffentlichen.

(9) Der Auftraggeber benachrichtigt Unternehmen, die einen Antrag auf Aufnahme in das Prüfungssystem gestellt haben, innerhalb von sechs Monaten nach Antragstellung über die Entscheidung. Kann die Entscheidung nicht innerhalb von vier Monaten nach Eingang eines Prüfungsantrags getroffen werden, so hat der Auftraggeber dem Unternehmen spätestens zwei Monate nach Eingang des Antrags die Gründe für eine längere Bearbeitungszeit mitzuteilen und anzugeben, wann über den Antrag entschieden wird. Ablehnungen sind den Unternehmen unverzüglich, spätestens innerhalb von 15 Kalendertagen nach der Ablehnung, unter Angabe der Gründe mitzuteilen. Die Gründe müssen sich auf die Prüfungskriterien beziehen.

(10) Auftraggeber dürfen einem Unternehmen die Qualifikation für das Prüfungssystem nur aus Gründen, die auf den Prüfungskriterien beruhen, aberkennen. Die beabsichtigte Aberkennung muss dem Unternehmen mindestens 15 Kalendertage vor dem für das Wirksamwerden der Aberkennung vorgesehenen Zeitpunkt in Textform unter Angabe der Gründe mitgeteilt werden. Nach der Aberkennung der Qualifikation ist das Unternehmen aus dem Verzeichnis der geprüften Unternehmen zu streichen.

(11) Auftraggeber, die ein Prüfungssystem einrichten, dürfen nicht
1. bestimmten Unternehmen administrative, technische oder finanzielle Verpflichtungen auferlegen, die sie vergleichbaren anderen Unternehmen nicht auferlegen,
2. Prüfungen und Nachweise verlangen, die bereits anhand der objektiven Kriterien erfüllt sind.

(12) Erfolgt ein Aufruf zum Wettbewerb durch Veröffentlichung einer Bekanntmachung über das Bestehen eines Prüfungssystems nach § 14 Absatz 1 Nummer 3, so werden die am Wettbewerb teilnehmenden Unternehmen in einem nicht offenen Verfahren oder in einem Verhandlungsverfahren unter denjenigen Unternehmen ausgewählt, die sich im Rahmen eines solchen Prüfungssystems qualifiziert haben.

(13) Auftraggeber nach § 98 Nummer 1 bis 3 des Gesetzes gegen Wettbewerbsbeschränkungen können zur Eignungsfeststellung bei der Vergabe von Aufträgen Eintragungen in der allgemein zugänglichen Liste des Vereins für die Präqualifikation von Bauunternehmen e.V. (Bau-Präqualifikationsverzeichnis) oder in einem Verzeichnis, das von einer obersten Bundes- oder Landesbehörde für Lieferungen und Dienstleistungen zugelassen ist, im Umfang der Zulassung in Anspruch nehmen.

§ 25 SektVO Aufforderung zur Angebotsabgabe oder zur Verhandlung

(1) In nicht offenen Verfahren und Verhandlungsverfahren fordert der Auftraggeber die ausgewählten Unternehmen gleichzeitig und in Textform auf, ihre Angebote einzureichen; in Verhandlungsverfahren kann zunächst zur Verhandlung aufgefordert werden.

(2) Die Aufforderung enthält die Vergabeunterlagen sowie alle zusätzlichen Unterlagen oder die Angabe, wie elektronisch hierauf zugegriffen werden kann.

(3) Hält eine andere Stelle als der Auftraggeber die Vergabeunterlagen oder zusätzliche Unterlagen bereit, sind in der Aufforderung die Anschrift der entsprechenden Stelle und der Zeitpunkt anzugeben, bis zu dem die Unterlagen angefordert werden können. Der Auftraggeber sorgt dafür, dass diese Stelle den Unternehmen die angeforderten Unterlagen unverzüglich nach Erhalt der Anforderung zusendet.

(4) Die Aufforderung zur Angebotsabgabe im nicht offenen Verfahren oder zur Verhandlung im Verhandlungsverfahren enthält mindestens:
1. einen Hinweis auf die veröffentlichte Bekanntmachung,
2. den Zeitpunkt, bis zu dem zusätzliche Unterlagen angefordert werden können, einschließlich etwaiger Bedingungen für die Anforderung,
3. den Zeitpunkt, bis zu dem die Angebote eingehen müssen, die Anschrift der Stelle, bei der sie einzureichen sind, sowie die Sprache, in der sie abzufassen sind,
4. die Bezeichnung der beizufügenden Unterlagen sowie
5. die Gewichtung der Zuschlagskriterien oder die Aufzählung dieser Kriterien in der Reihenfolge ihrer Gewichtung, wenn diese nicht in der Bekanntmachung enthalten waren.

(5) Erfolgt der Aufruf zum Wettbewerb durch eine regelmäßige nicht verbindliche Bekanntmachung, so fordert der Auftraggeber auf der Grundlage von genauen Angaben über den betreffenden Auftrag die Bewerber auf, ihr Interesse zu bestätigen, bevor die Auswahl der Bieter oder der an einer Verhandlung Teilnehmenden erfolgt. Diese Aufforderung enthält zumindest folgende Angaben:
1. Art und Umfang des Auftrags;
2. die Art des Vergabeverfahrens;
3. den Liefer- oder Leistungszeitpunkt;
4. die Anschrift und den Zeitpunkt für die Vorlage des Antrags auf Aufforderung zur Angebotsabgabe sowie die Sprache, in der die Angebote abzufassen sind;
5. alle Anforderungen, Garantien und Angaben, die von den Unternehmen verlangt werden;
6. die Zuschlagskriterien einschließlich deren Gewichtung oder Reihenfolge nach § 29 Absatz 4 Satz 4.

Literatur:
Braun/Petersen, Präqualifikation und Prüfungssysteme, VergabeR 2010, 433; *Burgi,* Nachunternehmerschaft und wettbewerbliche Untervergabe NZBau 2010, 593; *Figgen,* Die Eignungsprüfung – Fallstricke in der Praxis und aktuelle Rechtsprechung, VergabeR 2009, 320; *Frenz,* Bildung, Wertung und Vorauswahl von Aufträgen nach § 97 Abs. 3 bis 5 GWB n.F. im Lichte des Europarechts und aktueller Judikatur, VergabeR 2011, 13; *Gröning,* Referenzen und andere Eignungsnachweise, VergabeR 2008, 721; *Homann/Büdenbender,* Die Beschaffung von Straßenfahrzeugen nach neuem Vergaberecht, VergabeR 2012, 1; *Huber/Wollenschläger,* EMAS und Vergaberecht – Berücksichtigung ökonomischer Belange bei öffentlichen Aufträgen, WiVerw 2005, 212; *Kollmann,* Technische Normen und Prüfzeichen im Wettbewerbsrecht, GRUR 2004, 6; *Leifer/Mißling,* Die Berücksichtigung von Umweltschutzkriterien im bestehenden und zukünftigen Vergaberecht am Beispiel des europäischen Umweltmanagementsystems EMAS, ZUR 2004, 266; *Opitz,* Marktmacht und Bieterwettbewerb, 2004; *Opitz,* Die neue Sektorenverordnung, VergabeR 2009, 689; *Schneider,* Umweltschutz im Vergaberecht, NVwZ 2009, 1057; *Stoye/Hoffmann,* Nachunternehmerbenennung und Verpflichtungserklärung im Lichte der neuesten BGH Rechtsprechung und der VOB/A 2009, VergabeR 2009, 569; *Terwiesche,* Ausschluss und Marktzutritt des Newcomers, VergabeR 2009, 26; *Tugendreich,* Der Anwendungsbereich von Präqualifikationsverfahren im deutschen Vergaberecht, NZBau 2011, 467; *Wegener,* Umweltschutz in der öffentlichen Auftragsvergabe, NZBau 2010, 273.

A. Einleitung

Die „Anforderungen an Unternehmen" im Sektorenbereich, insbesondere hinsichtlich ihrer Eignung (§ 97 Abs. 4 Satz 1, Abs. 4a GWB) sowie der zusätzlichen Anforderungen für die Auftragsausführung (§ 97 Abs. 4 Satz 2 GWB) sind in der SektVO in den §§ 20 bis 25 SektVO geregelt. 1

B. Eignung und Auswahl der Unternehmen

2 § 20 SektVO enthält die maßgeblichen Vorschriften über die Eignungsprüfung und die Auswahl der Unternehmen, deren Angebote bei Vergabeverfahren im Sektorenbereich gewertet werden sollen. § 20 SektVO setzt Art. 54 SKR und Art. 49 SKR um. Korrespondierende Regelungen finden sich – mit teilweise erheblichen Abweichungen hinsichtlich des Wortlauts und der Regelungstiefe – in den §§ 6 EG, 7 EG VOL/A und § 6 EG VOB/A.[1]

I. Auswahl anhand objektiver Kriterien

3 Die Auswahl der Bewerber/Bieter hat im Sektorenbereich „lediglich" anhand objektiver Kriterien zu erfolgen (§ 20 Abs. 1 SektVO).[2] Im Gegensatz zu § 7 EG VOL/A und § 6 EG VOB/A enthält die SektVO keine detaillierten Ausführungen dazu, welche Anforderungen das im Einzelnen sind bzw. sein können. Daraus folgt zunächst, dass Auftraggeber im Anwendungsbereich der SektVO grds. frei darin sind, welche objektiven Kriterien sie für die Auswahl der Bewerber/Bieter aufstellen.[3] Diese Freiheit ist allerdings in zweierlei Hinsicht beschränkt. Zum einen bestehen **europarechtliche Vorgaben**, welche das Aufstellen gewisser Mindestanforderungen regeln (vgl. Anhänge XIII, XIV, XV SKR). Zum anderen ist der im Vergleich zur SektVO höherrangige § 97 Abs. 4 Satz 1 GWB zu beachten, wonach öffentliche Aufträge nur an **fachkundige, leistungsfähige, zuverlässige und gesetzestreue Unternehmen** vergeben werden dürfen.[4] Über diese zwingenden Kriterien des § 97 Abs. 4 Satz 1 GWB hinaus dürfen auch im Anwendungsbereich der SektVO zusätzliche objektive Anforderungen an Auftragnehmer für die Auftragsausführung gestellt werden, die insbesondere (dh nicht nur, aber jedenfalls) soziale, umweltbezogene oder innovative Aspekte betreffen können, solange und soweit diese **zusätzlichen Anforderungen** in einem sachlichen Zusammenhang mit dem Auftragsgegenstand stehen (§ 97 Abs. 4 Satz 2 GWB). Die Berücksichtigung derartiger vergabefremder Kriterien ist auch im Sektorenbereich ausdrücklich vorgesehen (Art. 28 SKR).[5]

4 Die Auswahl der Bewerber/Bieter mittels objektiver Kriterien (§ 20 Abs. 1 SektVO) erfolgt auch im Sektorenbereich in jedem Fall anhand der in § 97 Abs. 4 Satz 1 GWB aufgezählten Eignungskriterien, wonach öffentliche Aufträge nur an fachkundige, leistungsfähige, zuverlässige und gesetzestreue Unternehmen vergeben werden dürfen. Die diese Eignungskriterien konkretisierenden Mindestanforderungen[6] und die zu ihrer Überprüfung geforderten Nachweise müssen mit dem Auftragsgegenstand in **sachlichem Zusammenhang stehen, verhältnismäßig und nicht-diskriminierend** sein und **bereits in der Bekanntmachung** angegeben werden.[7] Die Kriterien, anhand derer die Unternehmen ausgewählt werden, müssen allen interessierten Unternehmen zugänglich (engl. Fassung von Art. 54 Abs. 1 SKR: „available") sein (§ 20 Abs. 1 SektVO). Von hinreichender Zugänglichkeit der Eignungskriterien bzw. den festgelegten Mindestkriterien kann nur ausgegangen werden, wenn der Auftraggeber diese in der Bekanntmachung hinreichend klar bekanntgemacht hat.[8]

---

[1] Vgl. allg. zur Eignungsprüfung *Figgen* VergabeR 2009, 320; *Gröning* VergabeR 2008, 721.
[2] Vgl. *Opitz* VergabeR 2009, 689, 696.
[3] Vgl. *Frenz* VergabeR 2011, 13, 21.
[4] *Vavra* in Ziekow/Völlink, § 20 SektVO Rn. 2.
[5] BR-Drs. 522/09, Ausführungen zu § 20, S. 50.
[6] BR-Drs. 522/09, Ausführungen zu § 20, S. 50; *Opitz* in Eschenbruch/Opitz, § 20 Rn. 22.
[7] Vgl. *Opitz* in Eschenbruch/Opitz, § 20 Rn. 3, 13, 31.
[8] *Opitz* in Eschenbruch/Opitz, § 20 Rn. 25.

§ 49 Bieter und Bewerber (Besonderheiten)

Hinsichtlich der zur Überprüfung der Eignung anzufordernden **Nachweise** enthält die SektVO zwar keine Auflistung wie etwa in § 7 EG VOL/A; diese kann indessen selbstverständlich auch im Sektorenbereich bei der Prüfung, welche Nachweise von den Bewerbern/Bietern angefragt werden, herangezogen werden, soweit das durch den Auftragsgegenstand gerechtfertigt ist.[9] Zu hoher, dh unverhältnismäßiger Aufwand ist hinsichtlich der vom Auftraggeber angeforderten Nachweise zu vermeiden.[10] Ebenso wie im Bereich klassischer Auftragsvergaben kann sich der Bieter auf Ressourcen anderer Unternehmen sowie von Unterauftragnehmern berufen, um seine Eignung darzulegen. Besonderheiten im Vergleich zu klassischen Auftragsvergaben im Anwendungsbereich von VOL/A, VOB/A und VOF bestehen insofern nicht.

Auftraggeber im Sektorenbereich können von juristischen Personen verlangen, in ihrem Angebot oder in Teilnahmeanträgen die Namen und die berufliche Qualifikation derjenigen Personen anzugeben, die für die Durchführung des Auftrags verantwortlich sein sollen (§ 20 Abs. 4 SektVO). Soweit der Nachweis einer bestimmten persönlichen Qualifikation gefordert wird, sind die einschlägigen Unionsvorschriften über die gegenseitige Anerkennung von Diplomen, Prüfungszeugnissen und sonstigen Befähigungsnachweisen zu beachten (Erwägungsgrund 52 SKR).

Im Sektorenbereich haben komplexe und technisch anspruchsvolle Aufträge eine erhebliche praktische Bedeutung. Gerade im Sektorenbereich sind daher Gegenstand von Ausschreibungen oftmals solche Leistungen, die ein hohes Maß an technischer und beruflicher Leistungsfähigkeit (vgl. § 20 Abs. 3 Satz 1 SektVO; § 97 Abs. 4 Satz 1 GWB) bedürfen. Zur Sicherung der Einhaltung der entsprechenden Mindeststandards ist die Zertifizierung und Normung bestimmter technischer Leistungen und Prozesse gebräuchlich. Auftraggeber im Sektorenbereich fordern in der Regel, dass Unternehmen in der Lage sind, die Abwicklung des Gesamtauftrags auf der Grundlage einschlägiger EN- und DIN-Normen, einschlägiger deutscher oder europaweit harmonisierter vergleichbarer technischer Regelwerke, Vorschriften oder Richtlinien durchzuführen.[11] Hierzu sind sie in der Regel bereits aufgrund eigener Verpflichtungen und Haftungsregelungen gezwungen. Beispielsweise der Verband der Elektrotechnik, Elektronik und Informationstechnik (VDE)[12] erstellt in Zusammenarbeit mit dem Deutschen Institut für Normung (DIN) Normen für elektrotechnisch ausgebildetes Fachpersonal gemäß DIN-VDE 1000.[13] Ähnlich Beispiele lassen sich für fast sämtliche Fachrichtungen finden (etwa Zertifizierungen für bestimmte Schweißverfahren wie das Schweißen von Stahlbauten nach DIN 18800-7). Im Sektorenbereich kommen etwa auch Regeln zur Zertifizierung von Rohrleitungsbau- und Montagearbeiten zur Anwendung (AGFW-Arbeitsblatt FW 601 und 605). Für den Bereich der Wasser- und Gasversorgung bietet beispielsweise die DVGW CERT GmbH als 100 % Tochter des Deutschen Vereins des Gas- und Wasserfaches e.V. (DVGW)[14] Zertifizierungen im Gas- und Wasserfach an.[15] In Betracht kommt auch die Zertifizierung des Unternehmens selbst, hinsichtlich Qualifikation des Personals, Organisation und technischer Leistungsfähigkeit. Der Energieeffizienzverband für Wärme, Kälte und Kraftwärmekopplung (AGFW)[16] etwa zertifiziert die Überprüfung von Aufbau- und Ablauforganisation von Energieversorgern. Auftraggeber können derartige **Zertifizierungen** des Fachpersonals als Nachweis der technischen und beruflichen Leistungsfähigkeit

---

[9] *Opitz* in Eschenbruch/Opitz, § 20 Rn. 30.
[10] BR-Drs. 522/09, Ausführungen zu § 20, S. 51.
[11] Vgl. *Kollmann* GRUR 2004, 6 ff.
[12] www.vde.com.
[13] DIN-VDE 1000 betrifft das Errichten von Starkstromanlagen mit Nennspannungen bis 1000 V.
[14] www.dvgw.de/dvgw/profil.
[15] www.dvgw-cert.com sowie www.dvgw.de/angebote-leistungen/zertifizierung.
[16] www.agfw.de.

fordern.[17] Die Fachkunde ist in Form aktueller Befähigungsnachweise bzw. **gleichwertiger europäischer Nachweise** zu erbringen. Dabei können Unternehmen sich auch im Anwendungsbereich der SektVO hinsichtlich der Leistungsfähigkeit und Fachkunde auf die Kapazitäten Dritter (insbesondere von Nachunternehmern) stützen, wenn sie nachweisen, dass sie über diese für den Auftrag verfügen können.[18] Das stellt § 20 Abs. 3 SektVO klar, welcher Art. 54 Abs. 5 SKR umsetzt. Vergleichbare Regelungen finden sich in § 7 EG Abs. 9 VOL/A, § 6 EG Abs. 8 VOB/A.

8   Hinsichtlich des Nachweises der finanziellen und wirtschaftlichen Leistungsfähigkeit (vgl. § 20 Abs. 3 Satz 1 SektVO; § 97 Abs. 4 Satz 1 GWB) bestehen in der Sektorenverordnung keine Besonderheiten. Auch hinsichtlich des Nachweises der Zuverlässigkeit und Gesetzestreue (§ 97 Abs. 4 Satz 1 GWB), die insbesondere durch Eigenerklärungen über das Nichtvorliegen von Ausschlusskriterien nach § 21 SektVO belegt wird, bestehen in der SektVO keine Besonderheiten.

II. Verringerung der Zahl der Unternehmen im nicht offenen Verfahren und Verhandlungsverfahren

9   Auftraggeber haben die Möglichkeit, bei nicht offenen Verfahren oder Verhandlungsverfahren mit Teilnahmewettbewerb auf eine Verringerung der Anzahl der Teilnehmer hinzuwirken, insbesondere um **unverhältnismäßigen Verfahrensaufwand** zu vermeiden.[19] Diese Möglichkeit ist für den Sektorenbereich in § 20 Abs. 2 SektVO geregelt, welcher auf Art. 54 Abs. 3 SKR zurückgeht. Entsprechende Regelungen finden sich in § 3 EG Abs. 5 VOL/A sowie § 6 EG Abs. 2 Nr. 2 bis 4 VOB/A.

10 Wie im klassischen Bereich muss aber trotz Verringerung der Anzahl der Teilnehmer ein ausreichender Wettbewerb ermöglicht werden (so ausdrücklich § 20 Abs. 2 Satz 2 SektVO). Anders als im klassischen Bereich öffentlicher Auftragsvergaben legen weder die SektVO noch die SKR eine konkrete Anzahl an Teilnehmern fest, ab deren Erreichen von einem „**ausreichenden Wettbewerb**" auszugehen sein soll. VOL/A EG und VOB/A EG sehen eine Untergrenze von drei bzw. fünf Unternehmen vor. Das lässt sich auf Art. 44 Abs. 3 VKR zurückführen. Eine solche Regelung existiert in der SKR nicht und wurde deswegen auch nicht in die SektVO aufgenommen. Für den Sektorenbereich wird vor diesem Hintergrund teilweise vertreten, dass eine ausreichende Anzahl bereits bei zwei Teilnehmern vorliegt.[20] Dieser Auffassung ist zuzugeben, dass weder SKR noch SektVO etwas anderes statuieren. Gleichwohl handelt es sich bei dem Begriff „ausreichender Wettbewerb" um einen unbestimmten Rechtsbegriff, der einer differenzierten – und überprüfbaren – Anwendung im Einzelfall zugänglich sein dürfte. Auch unter Beachtung eines gewissen Beurteilungsspielraums des Auftraggebers sind Konstellationen vorstellbar, in denen zwei bestimmte Unternehmen, etwa weil sie konzernverbunden sind, keinen ausreichenden Wettbewerb sicherstellen könnten und eine Vergabekammer zu dem Ergebnis gelangt, dass trotz fehlender ausdrücklicher Vorgabe in der SektVO einer Mindestzahl von Teilnehmern die Annahme eines ausreichenden Wettbewerbs beurteilungsfehlerhaft war.

---

[17] Umfassende Zertifizierungen in zahlreichen Bereichen bieten der TÜV Rheinland oder auch der TÜV Nord: Vgl. www.tuv.com sowie www.tuev-nord.de.
[18] BR-Drs. 522/09, Ausführungen zu § 20 SektVO, S. 51.
[19] BR-Drs. 522/09, Ausführungen zu § 20 SektVO, S. 51.
[20] *Opitz*, Marktmacht und Bieterwettbewerb, 93; *Kaelble* in Müller-Wrede SektVO, § 6 Rn. 20; offen gelassen bei *Bungenberg* in Immenga/Mestmäcker GWB, § 101 Rn. 27.

C. Ausschluss vom Vergabeverfahren

§ 21 SektVO regelt den Ausschluss von Unternehmen vom Vergabeverfahren. Hierbei ist zu unterscheiden zwischen gesetzlichen Ausschlussgründen nach § 21 Abs. 1 und 4 SektVO sowie den gewillkürte Ausschlusskriterien nach § 21 Abs. 5 SektVO. § 21 SektVO ist auf Art. 54 Abs. 4 SKR zurückzuführen, welcher bezüglich der maßgeblichen Regelungen auf Art. 45 VKR verweist.[21] § 21 SektVO ist vergleichbar mit § 6 EG Abs. 4 VOL/A und § 6 EG Abs. 4 VOB/A. 11

I. Gesetzliche Ausschlussgründe

§ 21 Abs. 1 SektVO regelt den zwingenden Ausschluss von Unternehmen wegen Unzuverlässigkeit. Die Ausschlussgründe des § 21 Abs. 1 SektVO ergeben sich aus den zugrunde liegenden europarechtlichen Vorschriften. Gemäß Verweisung in Art. 54 Abs. 4 SKR sind die Ausschlussgründe des Art. 45 VKR anzuwenden.[22] Daher sind im Rahmen der SektVO dieselben Ausschlussgründe einschlägig wie im Rahmen von § 6 EG Abs. 4 VOL/A und § 6 EG Abs. 4 VOB/A, welche ebenfalls auf Art. 45 VKR zurückgehen. 12

Unterschiede ergeben sich bezüglich des Ausschlusses aufgrund einer **rechtskräftigen Verurteilung wegen Betrugs** (§ 263 StGB). Diese Regelungen sind in § 6 EG Abs. 4 lit. c) VOL/A sowie § 6 EG Abs. 4 Nr. 1 lit c) VOB/A enthalten und ergeben sich auch aus Art. 45 Abs. 1 lit. c) VKR. Gleichwohl hat der Verordnungsgeber darauf verzichtet, eine entsprechende Regelung in die SektVO aufzunehmen. Auch ein Verstoß gegen § 370 AO ist nicht in der SektVO aufgeführt, welcher indes in § 6 EG Abs. 4 lit. g) VOL/A sowie § 6 EG Abs. 4 Nr. 1 lit. g) VOB/A aufgenommen wurde. Einzig der Subventionsbetrug ist in § 21 Abs. 1 Nr. 6 SektVO geregelt. Diese Abweichungen werden in der Praxis jedoch keine große Rolle spielen, weil Verurteilungen wegen Betrugs nach § 263 StGB oder wegen Verstoßes gegen § 370 AO in der Regel jedenfalls schwere Verfehlungen gemäß § 21 Abs. 4 Nr. 5 SektVO darstellen, was ebenfalls zu einem Ausschluss vom Vergabeverfahren führen kann bzw. muss.[23] § 21 Abs. 2 SektVO regelt die Zurechenbarkeit des Verhaltens einer Person, die für die Führung der Geschäfte des Unternehmens verantwortlich handelt. Seine Entsprechung findet § 21 Abs. 2 SektVO in § 6 EG Abs. 4 Satz 3 VOL/A sowie in § 6 EG Abs. 4 Nr. 1 Satz 3 VOB/A. Abgesehen von dem expliziten Hinweis auf die Zurechnung gemäß § 130 OWiG sind diese Vorschriften identisch mit § 21 Abs. 2 SektVO. 13

Entgegen der sonst üblichen Regelungstechnik in der SektVO **wird im Rahmen von § 21 SektVO zwischen Auftraggebern gemäß § 98 Nr. 1 bis Nr. 3 GWB und Auftraggebern nach § 98 Nr. 4 GWB** unterschieden.[24] Während Auftraggeber nach § 98 Nr. 1 bis Nr. 3 GWB verpflichtet sind, Bieter bei Verwirklichung eines der Tatbestände des § 21 Abs. 1 SektVO auszuschließen, fehlt eine entsprechende Regelung hinsichtlich der Auftraggeber gemäß § 98 Nr. 4 GWB.[25] Nach dem Willen des Normgebers können Auftraggeber nach § 98 Nr. 4 GWB diese Kriterien als Ausschlusskriterien vorsehen.[26] Ihnen soll insofern ein Entscheidungsspielraum zukommen.[27] Da nicht-staatliche Auftraggeber nach Ansicht des EU-Richtliniengebers möglicherweise keinen hinreichenden Zugang zu sicheren Beweisen für die Vollendung von Straftatbeständen haben, sollte es 14

---

[21] BR-Drs. 522/09, Ausführungen zu § 21 SektVO, S. 51.
[22] *Hänsel* in Ziekow/Völlink, § 21 SektVO Rn. 1.
[23] *Summa* in jurisPK-VergR, § 21 SektVO, Rn. 23.
[24] Vgl. *Opitz* in Eschenbruch/Opitz, § 21 Rn. 8.
[25] *Tomerius* in Pünder/Schellenberg, § 21 SektVO Rn. 2.
[26] *Opitz* in Eschenbruch/Opitz, § 21 Rn. 8.
[27] BR-Drs. 522/09, Ausführungen zu § 21 SektVO, S. 52.

nicht-staatlichen Auftraggebern selbst überlassen werden, die Ausschlusskriterien anzuwenden oder nicht (Erwägungsgrund 54 SKR).

II. Gewillkürte Ausschlussgründe

15 Haben Auftraggeber nicht ausdrücklich gesetzlich geregelte, dh gewillkürte, Mindestkriterien aufgestellt, so schließen sie Wirtschaftsteilnehmer aus, die diese nicht erfüllen (§ 21 Abs. 5 SektVO; Art. 51 Abs. 1 lit. a) SKR).[28] Voraussetzung dafür ist, dass die Ausschlusskriterien im Vorfeld hinreichend klar benannt wurden und nicht-diskriminierend und verhältnismäßige Anforderungen darstellen (dh gewillkürte, aber nicht willkürliche Anforderungen).[29] Da es sich bei Ausschlusskriterien um negative objektive Eignungskriterien handelt, müssen vom Auftraggeber gewillkürte Kriterien genauso bekannt gemacht werden wie die sonstigen Eignungskriterien (§ 21 Abs. 1 SektVO). Hierbei muss den potentiellen Bietern bzw. Bewerbern hinreichend klar gemacht werden, dass es sich bei den vom Auftraggeber gewählten Kriterien um zwingend zu erfüllende Vorgaben handelt, deren Nicht-Beachtung zum Ausschluss vom weiteren Vergabeverfahren führt. Wenn ein Bewerber oder Bieter die geforderten Nachweise (ggf. auch nach Nachfristsetzung) nicht erbringt, ist er von dem weiteren Verfahren auszuschließen.

D. Qualitätssicherungs- und Umweltmanagementnormen

16 Auftraggebern steht es auch im Sektorenbereich frei, bestimmte Anforderungen an die Einhaltung von Qualitäts- oder Umweltstandards zu stellen.[30] § 23 SektVO regelt, auf welche Qualitätssicherungs- bzw. Umweltmanagementnormen sich der Auftraggeber dann beziehen muss. § 23 SektVO setzt Art. 52 Abs. 2, 3 SKR in deutsches Recht um. Korrespondierende Regelungen finden sich in § 7 EG Abs. 10 VOL/A und § 6 EG Abs. 9 VOB/A.[31]

17 Verlangt der Auftraggeber die Vorlage von Bescheinigungen unabhängiger Stellen zum Nachweis dafür, dass das Unternehmen bestimmte Qualitätssicherungsnormen erfüllt, so muss er auf Qualitätssicherungsverfahren Bezug nehmen, die den einschlägigen europäischen Normen genügen und gemäß den europäischen Normen zertifiziert sind. Gebräuchlich ist das Qualitätsmanagementsystem nach DIN EN ISO 9001:2000 oder vergleichbare Systeme. Der Auftraggeber erkennt gleichwertige Bescheinigungen von Stellen aus anderen EU-Mitgliedstaaten und andere Nachweise für gleichwertige Qualitätssicherungsmaßnahmen von den Unternehmen an (§ 23 Abs. 1 Satz 2 SektVO).

18 Verlangt der Auftraggeber zur Überprüfung der technischen Leistungsfähigkeit des Unternehmens bei der Vergabe von Bau- und Dienstleistungsaufträgen zum Nachweis dafür, dass das Unternehmen bestimmte Normen für das Umweltmanagement erfüllt, die Vorlage von Bescheinigungen unabhängiger Stellen, so nimmt er entweder auf das System der Verordnung (EG) Nr. 761/2001 für das Umweltmanagement und die Umweltbetriebsprüfung (EMAS)[32] Bezug oder auf Normen für das Umweltmanagement, die auf den einschlägigen europäischen oder internationalen Normen beruhen und gemäß Unionsrecht oder gemäß einschlägigen europäischen oder internationalen Zertifizierungsnormen zertifiziert sind (§ 23 Abs. 2 Satz 1 SektVO). Der Auftraggeber erkennt gleichwertige Beschei-

---

[28] BR-Drs. 522/09, Ausführungen zu § 21 SektVO, S. 52; vgl. OLG München Beschl. v. 5.11.2009, Verg 13/09; VK Südbayern Beschl. v. 21.4.2009, Z3–3–3194–1–09–02/09.
[29] Vgl. *Opitz* in Eschenbruch/Opitz, § 21 Rn. 40.
[30] Vgl. *Homann/Büdenbender* VergabeR 2012, 1, 4 ff.
[31] Vgl. auch *Schneider* NVwZ 2009, 1057; *Wegener* NZBau 2010, 273.
[32] Dazu *Huber/Wollenschläger* WiVerw 2005, 212; *Leifer/Mißling* ZUR 2004, 266.

nigungen von Stellen aus anderen EU-Mitgliedstaaten und andere Nachweise über gleichwertige Qualitätssicherungsmaßnahmen an (§ 23 Abs. 2 Satz 2 SektVO).[33]

E. Prüfungssysteme

Auftraggeber können zur Eignungsfeststellung ein Prüfungssystem einrichten. Das ergibt sich aus § 24 Abs. 1 SektVO, der ähnlich wie § 97 Abs. 4a GWB die Eignungsprüfung zu vereinfachen und zu standardisieren ermöglichen soll. Unternehmen, die ein Prüfungsverfahren durchlaufen haben und deren Eignung positiv festgestellt wurde, werden in ein Verzeichnis qualifizierter Unternehmen aufgenommen (§ 24 Abs. 7 SektVO). Der detaillierte Vorgaben an ein derartiges Prüfungssystem im Sektorenbereich enthaltende § 24 SektVO setzt Art. 53 SKR in nationales Recht um.[34] Regelungen, die ebenfalls Präqualifikationsverfahren zum Gegenstand haben, finden sich in § 97 Abs. 4a GWB, in § 7 EG Abs. 4 VOL/A sowie in § 6 EG Abs. 3 VOB/A. Die vorgenannten Vorschriften nehmen zwar auf die Erleichterung der Eignungsprüfung durch Nachweise der Präqualifikation Bezug, regeln aber kein dem § 24 SektVO vergleichbares Verfahren. Grundsätzlich ist daher **zwischen einer Präqualifikation nach VOB/A und einem Prüfungssystem nach der SektVO zu unterscheiden.**[35] Die Präqualifikation gemäß VOB/A dient der Vereinfachung/Beschleunigung eines abstrakten Eignungsnachweises. Unternehmen werden nach positiver Prüfung Ihrer Eignungsnachweise in ein Präqualifikationsverzeichnis aufgenommen.[36] Die Präqualifikation gilt als Nachweis unabhängig von einem bestimmten Beschaffungsvorgang.[37] Während also die Präqualifikation lediglich den (zeitlich befristeten) Nachweis bestimmter Eignungskriterien für eine Vielzahl verschiedener Vergabeverfahren darstellt, gilt die Qualifizierung in einem Prüfungssystem nach § 24 SektVO hingegen nur für **bestimmte Arten von Auftragsgegenständen** des jeweiligen Auftraggebers.[38] Ein Prüfungssystem gemäß § 24 SektVO gestattet es nämlich, neben Eignungskriterien auch weitergehende Kriterien, insbesondere auch technische Spezifikationen (dh Anforderungen an ein Material, ein Erzeugnis oder eine Lieferung) abzuprüfen (§ 24 Abs. 3 SektVO, Anhang 2 zur SektVO Nr. 1). Damit wird den Anforderungen im Sektorenbereich an hochspezialisierte Liefer-, Dienst- oder Bauleistungen Rechnung getragen.[39] Die Präqualifikation im klassischen Bereich öffentlicher Auftragsvergaben erfolgt verfahrensunabhängig, während die Qualifizierung in einem Prüfungssystem im Sektorenbereich einen Verfahrensabschnitt darstellt, der bereits einen konkreten Bezug zu bestimmten Beschaffungsvorgängen aufweist (vgl. § 24 Abs. 12 SektVO).[40]

I. Kriterien für das Aufstellen von Prüfungssystemen

Über die Kriterien des Prüfungssystems können die Auftraggeber grds. frei entscheiden. Der ihnen zukommende Spielraum ist allerdings insoweit beschränkt, als dass es sich um

---

[33] BR-Drs. 522/09, Ausführungen zu § 23 SektVO, S. 52.
[34] BR-Drs. 522/09, Ausführungen zu § 24 SektVO, S. 53.
[35] *Braun/Petersen* VergabeR 2010, 433, 440f; aA: *v. Wietersheim* in Müller-Wrede SektVO, § 24 Rn. 1.
[36] In der Präqualifizierungsdatenbank für den Liefer- und Dienstleistungsbereich sind beispielsweise die Unternehmen aufgeführt, die ihre Eignung für öffentliche Aufträge gegenüber Industrie- und Handelskammern bzw. den von ihnen getragenen Auftragsberatungsstellen nachgewiesen haben: www.pq-vol.de; für den Bereich von Bauleistungen bietet der Verein für die Präqualifikation von Bauunternehmen e.V. ein vergleichbares Portal: www.pq-verein.de.
[37] *Hausmann/von Hoff* in Kulartz/Marx/Portz/Prieß § 7 EG Rn. 63.
[38] *Braun/Petersen* VergabeR 2010, 433, 437.
[39] *Hänsel* in Ziekow/Völlink, § 30 SektVO Rn. 2.
[40] *Braun/Petersen* VergabeR 2010, 433, 440f.

objektive Kriterien handeln muss (§ 24 Abs. 1 Satz 2 SektVO). Auch die SKR verlangt, dass Prüfungssysteme nach **objektiven Regeln und objektive Kriterien** verwaltet werden. Die SektVO enthält keine Hinweise darauf, welche Kriterien und Regeln im Rahmen eines Prüfungssystems im Einzelnen zu berücksichtigen sind. Auch hier ist das Fehlen detaillierter Vorgaben dahingehend zu interpretieren, dass ein möglichst großer Spielraum der Auftraggeber bezweckt ist.[41] Angesichts des Umstands, dass ein Prüfungssystem der Eignungsprüfung dient, ist es indessen **erforderlich**, jedenfalls **Fachkunde, Leistungsfähigkeit und Zuverlässigkeit (§ 20 SektVO) abzuprüfen**. Darüber hinaus können gemäß § 24 Abs. 3 SektVO weitere Kriterien wie technische Spezifikationen (§ 7 SektVO) oder Ausschlusskriterien iSv § 21 SektVO herangezogen werden. Die Regeln und Kriterien sollen sich nach Wahl des Auftraggebers auf die Kapazitäten des Wirtschaftsteilnehmers und/oder die besonderen Merkmale der von dem System erfassten Arbeiten, Lieferungen oder Dienstleistungen beziehen. Im Rahmen eines Prüfungssystems können Auftraggeber insbesondere **auch technische Spezifikationen (§ 7 SektVO)** einstellen (§ 24 Abs. 3 Satz 1 SektVO). Hierbei ist ebenso wie im Rahmen des § 7 Abs. 2 SektVO eine klare, verständliche sowie nicht-diskriminierende Beschreibung der technischen Anforderungen zu erstellen.[42] Einer vollständigen Leistungsbeschreibung iSd § 7 Abs. 1 SektVO bedarf es indessen nicht (vgl. Art. 53 Abs. 2 UAbs. 3 SKR iVm Art. 34 SKR). Zur Prüfung kann der Auftraggeber eigene Kontrollen durchführen, um die Merkmale der betreffenden Arbeiten, Lieferungen oder Dienstleistungen insbesondere unter dem Gesichtspunkt der Kompatibilität und der Sicherheit zu beurteilen (Erwägungsgrund 52 SKR).

21 Auftraggeber, die ein Prüfungssystem einrichten oder verwalten, gewährleisten die Voraussetzungen zur Durchführung einer Unternehmensprüfung, die jederzeit von den Unternehmen verlangt werden kann (§ 24 Abs. 2 SektVO). **Bedingungen an die Zulassung zur Prüfung** dürfen grds. nicht gestellt werden. Fraglich ist allerdings, was im Falle eines bereits in der Vergangenheit ausgestellten negativen Prüfungsergebnisses gilt. Diese Frage ist noch nicht geklärt.[43] Die jederzeitige Neuzulassung zur Prüfung würde eine ständige Bindung von Ressourcen des Auftraggebers bedeuten. Allerdings lassen die Formulierungen des § 24 Abs. 2 SektVO einen unbefristeten Ausschluss nicht zu. Es scheint daher mit den Grundsätzen der Gleichbehandlung, des Wettbewerbs und der Verhältnismäßigkeit vereinbar, die **erneute Zulassung** von der Beibringung von Nachweisen über neue Tatsachen abhängig zu machen, die einen anderen Ausgang des Prüfungsverfahrens möglich erscheinen lassen.[44]

II. Zugang zu Prüfungskriterien und -regeln

22 Die Kriterien des Prüfungssystems **müssen allen interessierten Unternehmen zugänglich**, also vom Auftraggeber im Vorfeld bekannt gemacht worden sein.[45] Der Zugang wird gewährleistet, indem Auftraggeber eine entsprechende Bekanntmachung über das Bestehen eines Prüfungssystems veröffentlichen. Gemäß § 24 Abs. 6 SektVO werden den Unternehmen sodann **auf Antrag** die aktuellen Prüfungskriterien und -regeln zur Verfügung gestellt (§ 24 Abs. 6 Satz 1 SektVO). Änderungen an den Prüfungskriterien und -regeln sind laut § 24 Abs. 6 Satz 2 SektVO Unternehmen, die diese angefordert haben, mitzuteilen. Auftraggeber haben bei der Aufstellung und Änderung von Prüfungskriterien einen großen Spielraum (vgl. § 24 Abs. 1 SektVO). Angesichts der negativen Auswirkungen, die eine Verschärfung der Prüfungskriterien mit sich bringen kann, ist von

---

[41] *Braun/Petersen* VergabeR 2010, 433, 438.
[42] *Tomerius* in Pünder/Schellenberg, § 24 SektVO Rn. 3.
[43] *v. Wietersheim* in Müller-Wrede SektVO, § 24 Rn. 34.
[44] *Summa* in jurisPK-VergR, § 24 SektVO Rn. 21.
[45] VK Detmold Beschl. v. 4.5.2001, VK.21–11/01.

der Möglichkeit der Änderung der Kriterien allerdings nur zurückhaltend Gebrauch zu machen.[46] Die Änderung der Kriterien bewirkt unter Umständen, dass bisher als qualifiziert geltende Unternehmen **im Falle einer Verschärfung der Kriterien nicht mehr qualifiziert** wären. Über diesen Umstand sind die Unternehmen zu informieren, die einen Antrag auf Teilnahme am Prüfungssystem gestellt haben (§ 24 Abs. 6 Satz 2 SektVO). Art. 53 Abs. 6 SKR stellt klar, dass die Überarbeitung der Kriterien und Regeln „**interessierten Wirtschaftsteilnehmern**" mitgeteilt wird. Das umfasst zumindest all diejenigen Unternehmen, die von einer Änderung des Prüfungssystems betroffen sind. Alle weiteren potentiell interessierten Unternehmen erreicht der Auftraggeber ggf. nur durch Bekanntmachung der Änderungen gemäß § 16 SektVO.

III. Nachweis über die Leistungsfähigkeit von Nachunternehmern

Zum Nachweis der wirtschaftlichen, technischen oder beruflichen Leistungsfähigkeit 23 kann sich ein Unternehmen auch im Rahmen von Prüfungssystemen auf die Leistungsfähigkeit anderer Unternehmen stützen, unabhängig von dem Rechtsverhältnis, in dem es zu diesem steht (§ 24 Abs. 5 Satz 2 SektVO). Das Unternehmen muss, beispielsweise durch eine entsprechende **Verpflichtungserklärung des anderen Unternehmens**, nachweisen, dass es während der gesamten Gültigkeit des Prüfungssystems über diese Mittel verfügen könnte (§ 24 Abs. 5 Satz 2 SektVO). Ein ausdrücklicher Hinweis auf Bewerber- oder Bietergemeinschaften gemäß § 22 SektVO fehlt in § 24 Abs. 5 SektVO. Allerdings ist davon auszugehen, dass auch Bietergemeinschaften unter die Regelung des § 24 Abs. 5 SektVO fallen („unabhängig von dem Rechtsverhältnis").[47]

Unternehmen müssen nachweisen können, dass sie für den Zeitraum des Prüfungssystems 24 über die geltend gemachten Ressourcen des anderen Unternehmens verfügen könnten (zB mittels einer Verpflichtungserklärung des potentiellen Nachunternehmers). Angesichts des Umstands, dass Prüfungssysteme **zeitlich nicht begrenzt** sein müssen und auch die Dauer der Gültigkeit eines Prüfungsergebnisses nach dem Willen des Auftraggebers auf unbestimmte Dauer gelten kann,[48] stellt sich die Frage, welche Anforderungen an diesen Nachweis gestellt werden können. Eine unbefristete verbindliche Verpflichtungserklärung wird kaum ein potentieller Nachunternehmer zu erbringen bereit sein.[49] Vor diesem Hintergrund ist seitens des Auftraggebers im Einzelfall zu prüfen, ob ein Prüfungssystem für die jeweils zu vergebende Auftragsart geeignet ist, wenn derartige Nachweise gefordert werden müssten oder es alternativ den potentiellen Bewerbern/Bietern anheim zu stellen, die erforderlichen Verfügbarkeitserklärungen erst zu einem späteren Zeitpunkt nachzureichen. Auch erscheint es gangbar, stets nur angemessen befristete Verpflichtungserklärungen abzufragen, die regelmäßig zu erneuern wären.

IV. Eignungsfeststellung mit Hilfe anderer Prüfungssysteme oder Präqualifikationsverfahren

Auftraggeber nach § 98 Nr. 1 bis 3 GWB können zur Eignungsfeststellung bei der Verga- 25 be von Aufträgen Eintragungen in bestimmte Präqualifikationsverzeichnisse anerkennen (§ 24 Abs. 13 SektVO). Auftraggeber, die von dieser Möglichkeit Gebrauch machen möchten, müssen bereits in der Bekanntmachung darauf hinweisen, welche Präqualifikationen sie im Rahmen der Eignungsprüfung für welches konkrete Kriterium gelten lassen möchten. Der entsprechende Hinweis ist im Standardformular 7 gemäß Anhang VII zur

---

[46] *Summa* in jurisPK-VergR, § 24 SektVO Rn. 53.
[47] *Summa* in jurisPK-VergR, § 24 SektVO Rn. 41.
[48] Vgl. Verwaltungsinformationen gemäß Standardformular 7, Anhang 7 zu VO 1564/2005.
[49] So auch *v. Wietersheim* in Müller-Wrede SektVO, § 24 Rn. 51.

Verordnung 842/2011 in der Rubrik „sonstige Informationen" aufzuführen.[50] Präqualifikationsverzeichnisse existieren sowohl für den Bereich der Dienst- und Lieferleistungen[51] als auch für den Bereich der Bauleistungen.[52] Eine Pflicht zur Beachtung von Präqualifikationsverzeichnissen besteht in Ansehung des Wortlauts von § 24 Abs. 13 SektVO („können…in Anspruch nehmen") nicht. Auftraggeber können somit nach eigenem Ermessen entscheiden, ob Sie Eintragungen in Präqualifikationsverzeichnissen zur Eignungsfeststellung heranziehen. § 24 Abs. 13 SektVO **richtet sich nur an öffentliche Auftraggeber nach § 98 Nr. 1 bis 3 GWB**. Das bedeutet aber nicht, dass Auftraggeber gemäß § 98 Nr. 4 GWB nicht auf Präqualifikationsverzeichnisse zurückgreifen dürften.[53] Nach § 97 Abs. 4a GWB können (alle) Auftraggeber Präqualifikationssysteme einrichten oder zulassen, mit denen die Eignung von Unternehmen nachgewiesen werden kann. Folglich kann es sich bei § 24 Abs. 13 SektVO als nachrangiger Norm nicht um eine Einschränkung der Handlungsfreiheit gemäß § 97 Abs. 4a GWB von Auftraggebern nach § 98 Nr. 4 GWB handeln.[54] Des Weiteren lässt § 24 Abs. 6 SektVO einen Rückgriff auf Präqualifikationen dritter Unternehmen ausdrücklich zu, ohne eine entsprechende Einschränkung vorzunehmen.

26 Auch wenn das Prüfungssystem anderer Auftraggeber oder Stellen nach Ansicht eines Auftraggebers den eigenen Anforderungen genügt, hat er die Namen dieser Auftraggeber oder Stellen mitzuteilen. Das ergibt sich aus § 24 Abs. 6 Satz 3 SektVO, welcher im Übrigen dahingehend auszulegen ist, dass der Auftraggeber nicht nur anzugeben hat, dass das Prüfungssystem anderer Auftraggeber dem eigenen entspricht, sondern analog § 24 Abs. 13 SektVO den entsprechenden Qualifikationsnachweis auch anerkennen wird. Hat ein Unternehmen ein Prüfungssystem eines Auftraggebers erfolgreich durchlaufen und erkennt ein anderer Auftraggeber dieses Prüfungssystem als ein dem eigenen entsprechendes Prüfungssystem an, genügt als Eignungsnachweis die Beibringung der Bestätigung, dass das Prüfungssystem des anderen Auftraggebers erfolgreich durchlaufen wurde. Die Pflicht, die Einhaltung der vergaberechtlichen Vorschriften zu kontrollieren, bleibt davon allerdings unberührt.[55] Insbesondere dürfen keine verfahrensrelevanten Entscheidungen (Entscheidung über Ausschluss oder Zulassung zum eigenen Verfahren) vollständig auf einen Dritten verlagert werden, sondern müssen weiterhin durch den Auftraggeber getroffen werden.[56]

V. Prüfungsstufen

27 Das Prüfungsverfahren kann in sukzessive **Prüfungsstufen** untergliedert werden (§ 24 Abs. 3 Satz 1 SektVO).[57] Scheidet ein Unternehmen beispielsweise auf Ebene der finanziellen Leistungsfähigkeit aus, kann die Prüfung der technischen Leistungsfähigkeit unterbleiben. Für Bewerber bietet das Untergliedern in Prüfungsstufen den Vorteil, dass nicht alle Nachweise zur gleichen Zeit vorgelegt werden, sondern nur nach und nach erbracht werden müssen. Auch wird der Prüfungsaufwand für den Auftraggeber reduziert, indem (zunächst) unnötige Prüfschritte vermieden werden. Von Relevanz ist die Untergliederung in Prüfungsstufen zudem, wenn der Auftraggeber neben den „klassischen" Eignungsnachweisen auch eine besondere technische Leistungsfähigkeit aufgrund besonderer

---

[50] Vgl. Verwaltungsinformationen gemäß Standardformular 7, Anhang 7 zu VO 1564/2005.
[51] www.pq-vol.de.
[52] www.pq-verein.de.
[53] *Tomerius* in Pünder/Schellenberg, § 24 SektVO Rn. 13; *Braun/Petersen* VergabeR 2010, 433, 440.
[54] *v. Wietersheim* in Müller-Wrede SektVO, § 24 Rn. 124.
[55] *Braun/Petersen* VergabeR 2010, 433, 437.
[56] VK Südbayern Beschl. v. 29.7.2008, Z3-3-3194-1-18-05/08.
[57] *Hänsel* in Ziekow/Völlink, § 30 SektVO Rn. 2.

technischer Spezifikationen verlangt (§ 7 SektVO). Hier kann es sich anbieten, eine Untergliederung dergestalt vorzunehmen, dass zunächst nur die grundsätzliche Eignung der Unternehmen geprüft wird, ohne dass bereits die konkreten technischen Anforderungen der maßgeblichen Auftragsart berücksichtigt wird. Verwendet der Auftraggeber nämlich **mehrere Prüfungssysteme parallel**, wäre es denkbar, eine positive Prüfung der Zuverlässigkeit in/aus einem anderen Prüfungssystem Berücksichtigung finden zu lassen.

VI. Benachrichtigung der Unternehmen über die Entscheidung

Der Auftraggeber hat Unternehmen, die einen Antrag auf Aufnahme in das Prüfungssystem gestellt haben, innerhalb von sechs Monaten nach Antragstellung über die Entscheidung zu informieren (§ 24 Abs. 9 Satz 1 SektVO). Es scheint sachgerecht, den Lauf der Sechsmonatsfrist erst ab dem Zeitpunkt der Beibringung aller mit dem Antrag beizubringenden Unterlagen zu berechnen.[58] Allerdings scheint es in Ansehung von § 24 Abs. 9 Satz 2 SektVO angezeigt, dass der Auftraggeber innerhalb von zwei Monaten auf eine ggf. erkennbare Unvollständigkeit der Antragsunterlagen hinweist. Denn gemäß § 24 Abs. 9 Satz 2 SektVO hat der Auftraggeber es dem Unternehmen spätestens zwei Monate nach Eingang des Antrags mitzuteilen, wenn und warum die Entscheidung nicht innerhalb von vier Monaten nach Eingang eines Prüfungsantrags getroffen werden kann.[59] Ablehnungen sind den Unternehmen unverzüglich, spätestens innerhalb von 15 Kalendertagen nach der Ablehnung mitzuteilen (§ 24 Abs. 9 Satz 3 SektVO). Auftraggeber sind verpflichtet, die Gründe für die Ablehnung mitzuteilen. Die Gründe müssen Bezug zu den Prüfungskriterien aufweisen (§ 24 Abs. 9 Satz 3 SektVO).

28

VII. Verzeichnis geprüfter Unternehmen

Auftraggeber haben erfolgreich geprüfte Unternehmen in ein Verzeichnis aufzunehmen. Im Gegensatz zu Präqualifikationsverzeichnissen nach VOL/A oder VOB/A[60] kommt dem Verzeichnis geprüfter Unternehmen nach § 24 Abs. 7 SektVO nur Bedeutung im Verhältnis zwischen dem betroffenen Unternehmen und dem Auftraggeber zu. Eine Veröffentlichung des Verzeichnisses ist nach der SektVO nicht vorgesehen.

29

VIII. Aberkennung der Qualifikation für das Prüfungssystem

Auftraggeber dürfen einem Unternehmen die Qualifikation für das Prüfungssystem nur aus Gründen aberkennen, die auf den Prüfungskriterien beruhen (§ 24 Abs. 10 Satz 1 SektVO). Tritt nachträglich eine Situation ein, die dazu führt, dass ein Prüfungskriterium nicht mehr erfüllt wird, kann die Aberkennung der „Qualifikation" erfolgen. Demnach gilt nichts anderes, als wenn die Prognose der Zuverlässigkeit eines Unternehmens gemäß § 21 Abs. 1 SektVO im Laufe des Vergabeverfahrens entfiele. Auch hier würde § 21 SektVO einen Ausschluss erfordern. Die beabsichtigte Aberkennung muss dem Unternehmen mindestens 15 Kalendertage vor dem für das Wirksamwerden der Aberkennung vorgesehenen Zeitpunkt in Textform unter Angabe der Gründe mitgeteilt werden (§ 24 Abs. 10 Satz 2 SektVO). Sinn und Zweck dieser Regelung ist es, **dem Betroffenen Gelegenheit zur Stellungnahme zu geben**.[61] Nach Aberkennung der Qualifikation ist das Unternehmen aus dem Verzeichnis der erfolgreich geprüften Unternehmen zu streichen (§ 24 Abs. 10 Satz 3 SektVO).

30

---

[58] *v. Wietersheim* in Müller-Wrede SektVO, § 24 Rn. 93.
[59] Vgl. *Hänsel* in Ziekow/Völlink, § 24 SektVO Rn. 15.
[60] www.pq-vol.de; www.pq-verein.de.
[61] VK Detmold Beschl. v. 4.5.2001, VK.21–11/01.

IX. Veröffentlichung eines Prüfungssystems

31 Die Einführung eines Prüfungssystems ist im Amtsblatt der Europäischen Union bekannt zu machen. Diese Pflicht ergibt sich aus § 16 SektVO. Bei einer Laufzeit des Prüfungssystems von mehr als drei Jahren hat die Bekanntmachung jährlich zu erfolgen. Der Inhalt der Bekanntmachung ist Anhang XIV zur SKR zu entnehmen. In inhaltlicher Hinsicht umfasst die Bekanntmachung über ein Prüfungssystem gemäß Anlage XIV zur SKR zumindest:
- Name, Anschrift, E-Mail-Adresse, Telefon- und Faxnummer des Auftraggebers;
- Zweck des Prüfungssystems (Beschreibung der Waren, Dienstleistungen oder Bauleistungen, die beschafft werden sollen);
- Anforderungen, die die Wirtschaftsteilnehmer im Hinblick auf ihre Qualifikation entsprechend dem System erfüllen müssen sowie Methoden, mit denen die Erfüllung der einzelnen Anforderungen überprüft wird. Ist die Beschreibung dieser Anforderungen und Prüfmethoden sehr ausführlich und basiert sie auf Unterlagen, die für die interessierten Wirtschaftsteilnehmer zugänglich sind, reichen eine Zusammenfassung der wichtigsten Bedingungen und Methoden und ein Verweis auf diese Unterlagen;
- Dauer der Gültigkeit des Prüfungssystems und Formalitäten der Verlängerung;
- Angabe dazu, ob die Bekanntmachung als Aufruf zum Wettbewerb dient;
- Anschrift der Stelle, bei der zusätzliche Auskünfte und Unterlagen über das Prüfungssystem verfügbar sind;
- Kriterien für die Bestimmung des wirtschaftlich günstigsten Angebots sowie ihre Gewichtung oder ggf. die nach ihrer Bedeutung eingestufte Reihenfolge dieser Kriterien, wenn sie nicht in den Vergabeunterlagen oder in der Aufforderung zur Angebotsabgabe oder zur Verhandlung enthalten sind;
- Name und Anschrift des für Rechtsbehelfsverfahren und ggf. für Vermittlungsverfahren zuständigen Organs. Genaue Hinweise auf die Fristen für die Einlegung von Rechtsbehelfen oder erforderlichenfalls Name, Anschrift, Telefon-, Faxnummer und E-Mail-Adresse der Stelle, bei der diese Informationen erhältlich sein werden.

X. Aufruf zum Wettbewerb

32 Auftraggeber können durch die Veröffentlichung einer Bekanntmachung über das Bestehen eines Prüfungssystems zum Teilnahmewettbewerb aufrufen (§ 14 Abs. 1 Nr. 3 SektVO). Die an diesem Wettbewerb teilnehmenden Unternehmen werden unter denjenigen Unternehmen ausgewählt, die sich im Rahmen des Prüfungssystems (grund-)qualifizieren (§ 24 Abs. 12 SektVO). Ein Teilnahmewettbewerb nach § 14 Abs. 1 Nr. 3, § 24 Abs. 12 SektVO entspricht einem Teilnahmewettbewerb, der über den Zugang zum nachfolgenden Bietverfahren entscheidet.[62] Auch hier kann der Auftraggeber aus allen geprüften Unternehmen gemäß § 20 Abs. 2 SektVO diejenigen auswählen, die schließlich in dem nicht offenen Verfahren oder dem Verhandlungsverfahren zur Angebotsabgabe bzw. Verhandlung aufgefordert werden. Eine Beschränkung der **Vergabe eines Auftrags ausschließlich auf Unternehmen, die ein bestimmtes Prüfungssystem durchlaufen haben**, ist jedoch nur zulässig, wenn der Auftraggeber ein so konzipiertes nicht offenes Verfahren bzw. Verhandlungsverfahren durchführen dürfte.[63] Während die Prüfung von Unternehmen in einem Prüfungssystem va der Erleichterung der Eignungsprüfung dient, stellt die Beschränkung einer Auftragsvergabe auf eben solche Unternehmen eine Be-

---

[62] *Braun/Petersen* VergabeR 2010, 433, 436 f.
[63] *v. Wietersheim* in Müller-Wrede SektVO, § 24 Rn. 25.

F. Aufforderung zur Angebotsabgabe oder zur Verhandlung

Die Anforderungen im Sektorenbereich an die Aufforderung zur Angebotsabgabe oder zur Verhandlung regelt § 25 SektVO. § 25 SektVO setzt Art. 47 SKR in deutsches Recht um.[64] Vergleichbare Regelungen finden sich in § 10 EG VOL/A und § 12 EG Abs. 4 VOB/A. Ein Rückgriff auf die entsprechenden Vorschriften der VOL/A bzw. VOB/A ist nicht erforderlich, wäre für den Auftraggeber aber auch nicht schädlich.

33

Eine Information von nicht berücksichtigten Bewerbern über ihr Ausscheiden aus dem Teilnahmewettbewerb (im nicht offenen Verfahren und Verhandlungsverfahren) ist in der SektVO hingegen nicht vorgeschrieben. Auftraggeber im Sektorenbereich müssen nicht berücksichtigten Bewerbern lediglich auf Antrag innerhalb von 15 Tagen die Gründe für die Ablehnung der Bewerbung mitteilen (§ 20 Abs. 5 SektVO). Ohne einen derartigen Antrag dürfen Auftraggeber auf die Aufforderung zur Angebotsabgabe bzw. zur Verhandlung bei Bewerbern, die nicht zur Angebotsabgabe bzw. zur Verhandlung aufgefordert werden sollen, daher verzichten. Auch ohne zwingende rechtliche Pflicht entspricht es jedoch dem fairen Umgang mit nicht zu berücksichtigenden Bewerbern, diese zeitnah über die Nicht-Berücksichtigung und die Gründe hierfür in Kenntnis zu setzen. Eine derartige Information diente in Ansehung der Rügeobliegenheiten gemäß § 107 Abs. 3 GWB auch der Rechtssicherheit in dem betroffenen Vergabeverfahren.[65]

34

G. Aufruf zum Wettbewerb durch eine regelmäßige nicht verbindliche Bekanntmachung

Im Sektorenbereich kann der Aufruf zum Teilnahmewettbewerb gemäß § 14 Abs. 1 Nr. 2, Abs. 2 SektVO auch im Wege einer regelmäßigen nicht verbindlichen Bekanntmachung (§ 13 SektVO) erfolgen. Das stellt eine **Privilegierung** dar.[66] Mit dem Aufruf zum Teilnahmewettbewerb nach § 14 Abs. 1 Nr. 2 SektVO wird die normalerweise „nicht verbindliche" Bekanntmachung verbindlich hinsichtlich des betroffenen Auftrags.[67] Zu diesem Zweck ist die normalerweise nicht verbindliche Bekanntmachung um weitere Elemente (§ 14 Abs. 2 SektVO) zu einer **qualifizierten Bekanntmachung** anzureichern. Dazu muss die Bekanntmachung die Lieferungen, Bau- oder Dienstleistungen benennen, die Gegenstand des zu vergebenden Auftrags sein werden, den Hinweis enthalten, dass dieser Auftrag im nicht offenen Verfahren oder im Verhandlungsverfahren ohne gesonderte Bekanntmachung vergeben wird, die interessierten Unternehmen auffordern, ihr Interesse in Textform mitzuteilen, und nicht mehr als zwölf Monate vor dem Zeitpunkt der Absendung der Aufforderung zur Bestätigung des Interesses der Bewerber am Wettbewerb gemäß § 25 Abs. 5 SektVO veröffentlicht werden (§ 14 Abs. 2 SektVO). Allerdings weist auch die qualifizierte Bekanntmachung nach § 14 Abs. 2 SektVO immer noch einen geringeren Informationsgehalt auf als eine Bekanntmachung gemäß § 14 Abs. 1 Nr. 1 SektVO iVm § 16 Abs. 1 SektVO. Gemäß § 14 Abs. 1 Nr. 1 SektVO iVm § 16 Abs. 1 SektVO findet das Standardformular 5 gemäß Anhang 5 zur Verordnung 842/2011 Anwendung. Die darin enthaltenen Informationen bzgl. des Auftragsgegenstands, der Teilnahmebedingungen oder des Verfahrens, gehen über den Informationsgehalt der regelmäßigen nicht verbindlichen Bekanntmachung hinaus. Um dieses Informati-

35

---

[64] BR-Drs. 522/09, Ausführungen zu § 25 SektVO, S. 53.
[65] *Wichmann* in Eschenbruch/Opitz, § 6 Rn. 55.
[66] *Franzius* in Pünder/Schellenberg, § 14 SektVO Rn. 3.
[67] *Gnittke/Hattig* in Müller-Wrede SektVO, § 14 Rn. 9.

onsdefizit aufzuwiegen, sieht § 25 Abs. 5 SektVO vor, dass sämtliche Informationen, die für die Entscheidung der Unternehmen über eine Bewerbung relevant sind, diesen bekannt gemacht werden. Alle Unternehmen, welche auf die regelmäßige nicht verbindliche Bekanntmachung hin ihr grundsätzliches Interesse bekundet haben, werden gemäß § 25 Abs. 5 Satz 1 SektVO **aufgefordert, ihr Interesse zu bestätigen**.[68] Diese Aufforderung ist zumindest um die Informationen gemäß § 25 Abs. 5 Satz 2 Nrn. 1 bis 6 SektVO zu ergänzen.

H. Bewerber- und Bietergemeinschaften

36 Die Regelung des § 22 SektVO, nach der Bewerber- und Bietergemeinschaften Einzelbewerbern und -bietern gleichzusetzen sind, findet ihre Entsprechung in § 6 EG Abs. 1 VOB/A sowie weitgehend wortgleich in § 6 EG Abs. 2 VOL/A. Besonderheiten im Sektorenbereich existieren insofern nicht.

---

[68] *Hänsel* in Ziekow/Völlink, § 25 SektVO Rn. 8.

§ 50 Leistungsbeschreibung und Vergabeunterlagen (Besonderheiten)

Übersicht

	Rn.
A. Vergabeunterlagen	1
B. Anschreiben	2
C. Bewerbungsbedingungen	3
D. Vertragsbedingungen	4
E. Leistungsbeschreibung	5–22
I. Rechtsrahmen	6
II. Vergleichbare Regelungen	7
III. Eindeutige und erschöpfende Beschreibung der Leistung	8
IV. Zugang zur Leistungsbeschreibung	9
V. Technische Anforderungen	10, 11
VI. Nachweis, dass ein Angebot den Anforderungen entspricht	12
VII. Anforderungen in Leistungs- und Funktionsanforderungen	13
VIII. Umwelteigenschaften	14–16
IX. Anerkannte Stellen	17
X. Verweis auf Produkte, Herkunft, Marken oder Patente	18
XI. Vorgaben zum „Green Procurement"	19–21
XII. Aufbürden eines „ungewöhnlichen Wagnisses"	22

SektVO: § 7, § 25

§ 7 SektVO Leistungsbeschreibung, technische Anforderungen

(1) Die Leistung ist eindeutig und erschöpfend zu beschreiben, so dass alle Bewerber die Beschreibung im gleichen Sinne verstehen müssen und miteinander vergleichbare Angebote zu erwarten sind (Leistungsbeschreibung).

(2) Der Auftraggeber gewährleistet, dass die technischen Anforderungen zur Beschreibung des Auftragsgegenstandes allen beteiligten Unternehmen gleichermaßen zugänglich sind. Auf Antrag benennt er den interessierten Unternehmen die technischen Anforderungen, die er regelmäßig verwendet.

(3) Die technischen Anforderungen sind in der Leistungsbeschreibung zu formulieren
1. unter Bezugnahme auf die in Anhang 2 definierten technischen Spezifikationen in der Rangfolge

    a) nationale Normen, mit denen europäische Normen umgesetzt werden,

    b) europäische technische Zulassungen,

    c) gemeinsame technische Spezifikationen,

    d) internationale Normen und andere technische Bezugssysteme, die von den europäischen Normungsgremien erarbeitet wurden, oder falls solche Normen und Spezifikationen fehlen, nationale Normen, nationale technische Zulassungen oder nationale technische Spezifikationen für die Planung, Berechnung und Ausführung von Bauwerken und den Einsatz von Produkten;

    jede Bezugnahme ist mit dem Zusatz „oder gleichwertig" zu versehen;

2. in Form von Leistungs- oder Funktionsanforderungen;

3. oder als Kombination von Nummer 1 und 2.

(4) Mit der Leistungsbeschreibung sind im Rahmen der technischen Anforderungen von den Bietern Angaben zum Energieverbrauch von technischen Geräten und Ausrüstungen zu fordern. Bei Bauleistungen sind diese Angaben dann zu fordern, wenn die Lieferung von technischen Geräten und Ausrüstungen Bestandteil dieser Bauleistungen sind. Dabei ist in geeigne-

ten Fällen eine Analyse minimierter Lebenszykluskosten oder eine vergleichbare Methode zur Gewährleistung der Wirtschaftlichkeit vom Bieter zu fordern.

(5) Auftraggeber müssen bei der Beschaffung von Straßenfahrzeugen Energieverbrauch und Umweltauswirkungen berücksichtigen. Zumindest müssen folgende Faktoren, jeweils bezogen auf die Lebensdauer des Straßenfahrzeugs im Sinne der Tabelle 3 des Anhangs 4, berücksichtigt werden:
1. Energieverbrauch,

2. Kohlendioxid-Emissionen,

3. Emissionen von Stickoxiden,

4. Emissionen von Nichtmethan-Kohlenwasserstoffen und

5. partikelförmige Abgasbestandteile.

(6) Der Auftraggeber erfüllt die Verpflichtung nach Absatz 5 zur Berücksichtigung des Energieverbrauchs und der Umweltauswirkungen, indem er
1. Vorgaben zu Energieverbrauch und Umweltauswirkungen in der Leistungsbeschreibung oder in den technischen Spezifikationen macht oder

2. den Energieverbrauch und die Umweltauswirkungen von Straßenfahrzeugen als Kriterien bei der Entscheidung über den Zuschlag nach § 29 Absatz 2 Satz 3 bis 5 berücksichtigt.

(7) Verweist der Auftraggeber in der Leistungs- oder Aufgabenbeschreibung auf die in Absatz 3 Nummer 1 genannten technischen Anforderungen, so darf er ein Angebot nicht mit der Begründung ablehnen, die angebotenen Waren und Dienstleistungen entsprächen nicht den von ihm herangezogenen Spezifikationen, wenn das Unternehmen in seinem Angebot dem Auftraggeber nachweist, dass die vom Unternehmen vorgeschlagenen Lösungen diesen Anforderungen entsprechen. Nachweise können insbesondere eine geeignete technische Beschreibung des Herstellers oder ein Prüfbericht einer anerkannten Stelle sein.

(8) Legt der Auftraggeber die technischen Anforderungen in Form von Leistungs- oder Funktionsanforderungen fest, so darf er ein Angebot nicht zurückweisen, das Folgendem entspricht:
1. einer nationalen Norm, mit der eine europäische Norm umgesetzt wird,

2. einer europäischen technischen Zulassung,

3. einer gemeinsamen technischen Spezifikation,

4. einer internationalen Norm oder

5. einem technischen Bezugssystem, das von den europäischen Normungsgremien erarbeitet wurde,

wenn diese Spezifikationen die von ihnen geforderten Leistungs- oder Funktionsanforderungen betreffen. Das Unternehmen muss in seinem Angebot nachweisen, dass die jeweilige der Norm entsprechende Bauleistung, Ware oder Dienstleistung den Leistungs- oder Funktionsanforderungen des Auftraggebers entspricht. Nachweise können insbesondere eine technische Beschreibung des Herstellers oder ein Prüfbericht einer anerkannten Stelle sein.

(9) Schreibt der Auftraggeber Umwelteigenschaften in Form von Leistungs- oder Funktionsanforderungen vor, so kann er diejenigen Spezifikationen oder Teile davon verwenden, die in europäischen, multinationalen oder anderen Umweltzeichen definiert sind, wenn
1. diese Spezifikationen geeignet sind, die Merkmale derjenigen Waren oder Dienstleistungen zu definieren, die Gegenstand des Auftrags sind,

2. die Anforderungen des Umweltzeichens auf der Grundlage von wissenschaftlich abgesicherten Informationen ausgearbeitet werden,

3. die Umweltzeichen im Rahmen eines Verfahrens erlassen werden, an dem alle interessierten Kreise, wie staatliche Stellen, Verbraucher, Hersteller, Händler und Umweltorganisationen, teilnehmen können und

4. die Umweltzeichen für alle Betroffenen zugänglich sind.

Der Auftraggeber kann in den Vergabeunterlagen festlegen, dass bei Waren oder Dienstleistungen, die mit einem Umweltzeichen ausgestattet sind, davon ausgegangen werden kann, dass sie den in der Leistungs- oder Aufgabenbeschreibung festgelegten Spezifikationen genügen. Er muss jedes andere geeignete Beweismittel, wie geeignete technische Unterlagen des Herstellers oder Prüfberichte anerkannter Stellen, akzeptieren.

(10) Anerkannte Stellen sind die Prüf- und Eichlaboratorien im Sinne des Eichgesetzes sowie die Inspektions- und Zertifizierungsstellen, die die jeweils anwendbaren europäischen Normen erfüllen. Der Auftraggeber muss Bescheinigungen nach den Absätzen 5, 6 und 7 von anerkannten Stellen, die in anderen Mitgliedstaaten ansässig sind, anerkennen.

(11) In technischen Anforderungen darf nicht auf eine bestimmte Produktion oder Herkunft oder ein besonderes Verfahren oder auf Marken, Patente, Typen oder einen bestimmten Ursprung verwiesen werden, wenn dadurch bestimmte Unternehmen oder bestimmte Produkte begünstigt oder ausgeschlossen werden. Solche Verweise sind jedoch ausnahmsweise zulässig, wenn der Auftragsgegenstand anderenfalls nicht hinreichend genau und allgemein verständlich beschrieben werden kann; die Verweise sind mit dem Zusatz „oder gleichwertig" zu versehen.

§ 25 SektVO Aufforderung zur Angebotsabgabe oder zur Verhandlung

(1) In nicht offenen Verfahren und Verhandlungsverfahren fordert der Auftraggeber die ausgewählten Unternehmen gleichzeitig und in Textform auf, ihre Angebote einzureichen; in Verhandlungsverfahren kann zunächst zur Verhandlung aufgefordert werden.

(2) Die Aufforderung enthält die Vergabeunterlagen sowie alle zusätzlichen Unterlagen oder die Angabe, wie elektronisch hierauf zugegriffen werden kann.

(3) Hält eine andere Stelle als der Auftraggeber die Vergabeunterlagen oder zusätzliche Unterlagen bereit, sind in der Aufforderung die Anschrift der entsprechenden Stelle und der Zeitpunkt anzugeben, bis zu dem die Unterlagen angefordert werden können. Der Auftraggeber sorgt dafür, dass diese Stelle den Unternehmen die angeforderten Unterlagen unverzüglich nach Erhalt der Anforderung zusendet.

(4) Die Aufforderung zur Angebotsabgabe im nicht offenen Verfahren oder zur Verhandlung im Verhandlungsverfahren enthält mindestens:
1. einen Hinweis auf die veröffentlichte Bekanntmachung,
2. den Zeitpunkt, bis zu dem zusätzliche Unterlagen angefordert werden können, einschließlich etwaiger Bedingungen für die Anforderung,
3. den Zeitpunkt, bis zu dem die Angebote eingehen müssen, die Anschrift der Stelle, bei der sie einzureichen sind, sowie die Sprache, in der sie abzufassen sind,
4. die Bezeichnung der beizufügenden Unterlagen sowie
5. die Gewichtung der Zuschlagskriterien oder die Aufzählung dieser Kriterien in der Reihenfolge ihrer Gewichtung, wenn diese nicht in der Bekanntmachung enthalten waren.

(5) Erfolgt der Aufruf zum Wettbewerb durch eine regelmäßige nicht verbindliche Bekanntmachung, so fordert der Auftraggeber auf der Grundlage von genauen Angaben über den betreffenden Auftrag die Bewerber auf, ihr Interesse zu bestätigen, bevor die Auswahl der Bieter oder der an einer Verhandlung Teilnehmenden erfolgt. Diese Aufforderung enthält zumindest folgende Angaben:
1. Art und Umfang des Auftrags;
2. die Art des Vergabeverfahrens;
3. den Liefer- oder Leistungszeitpunkt;
4. die Anschrift und den Zeitpunkt für die Vorlage des Antrags auf Aufforderung zur Angebotsabgabe sowie die Sprache, in der die Angebote abzufassen sind;
5. alle Anforderungen, Garantien und Angaben, die von den Unternehmen verlangt werden;

6. die Zuschlagskriterien einschließlich deren Gewichtung oder Reihenfolge nach § 29 Absatz 4 Satz 4.

Literatur:
Brauer, Die Behandlung ungewöhnlicher Wagnisse nach der Neufassung der VOL/A, VergabeR 2012, 343; *Erdl*, Unklare Leistungsbeschreibung des öffentlichen Auftraggebers im Vergabe- und Nachprüfungsverfahren, BauR 2004, 166; *Huerkamp*, Technische Spezifikationen und die Grenzen des § 97 IV 2 GWB, NZBau 2009, 755; *Prieß*, Die Leistungsbeschreibung – Kernstück des Vergabeverfahrens (Teil 1), NZBau 2004, 20; *Kirch/Leinemann*, Leistungsbeschreibung nach SektVO, Vergabe News 2009, 123; *Schrotz/Mayer*, Verordnete Innovationsförderung – Neue Vorgaben für die öffentliche KFZ-Beschaffung, KommJur 2011, 81; *Zeiss*, Weniger Energieverbrauch! – Beschaffung energieeffizienter Geräte und Ausrüstung, NZBau 2011, 658.

A. Vergabeunterlagen

1 In der SektVO wird in zahlreichen Vorschriften Bezug auf die „Vergabeunterlagen" genommen (vgl. § 5 Abs. 1, § 7 Abs. 9, § 8 Abs. 1, § 10 Abs. 2 und Abs. 3, § 12 Abs. 5, § 17 Abs. 4, § 18 Abs. 3, § 19 Abs. 1, § 25 Abs. 2, Abs. 3, § 29 Abs. 4 SektVO sowie in Nr. 1 des Anhangs 2 zur SektVO). Die SektVO enthält indessen keine ausdrückliche Auflistung, was im Einzelnen unter den Begriff „Vergabeunterlagen" fällt. Für den Bereich klassischer öffentlicher Beschaffungen findet sich beispielsweise in § 9 EG Abs. 1 VOL/A eine Auflistung, welche Unterlagen unter den **Begriff Vergabeunterlagen** fallen. Das sind in der Regel das Anschreiben (Aufforderung zur Angebotsabgabe bzw. Verhandlung in nicht offenen Verfahren bzw. Verhandlungsverfahren), die Bewerbungsbedingungen sowie die Vertragsunterlagen, also Leistungsbeschreibung und Vertragsbedingungen. Die vorgenannten Unterlagen sind auch ohne ausdrückliche Legaldefinition in der SektVO gemeint, wenn diese auf den Begriff der Vergabeunterlagen Bezug nimmt.

B. Anschreiben

2 Bei offenen Verfahren enthält bereits die Bekanntmachung die zumindest konkludente Aufforderung zur Angebotsabgabe, so dass es sich hier beim „Anschreiben" in der Regel nur um ein Begleitschreiben für die Abgabe der angeforderten Unterlagen handelt. In nicht offenen Verfahren und Verhandlungsverfahren ist das Anschreiben die in § 25 SektVO in Bezug genommene Aufforderung zur Angebotsabgabe bzw. zur Verhandlung. Die Aufforderung zur Angebotsabgabe enthält mindestens: einen Hinweis auf die veröffentlichte Bekanntmachung, den Zeitpunkt, bis zu dem zusätzliche Unterlagen angefordert werden können, einschließlich etwaiger Bedingungen für die Anforderung, den Zeitpunkt, bis zu dem die Angebote eingehen müssen, die Anschrift der Stelle, bei der sie einzureichen sind, sowie die Sprache, in der sie abzufassen sind, die Bezeichnung der beizufügenden Unterlagen sowie die Gewichtung der Zuschlagskriterien oder die Aufzählung dieser Kriterien in der Reihenfolge ihrer Gewichtung, wenn diese nicht in der Bekanntmachung enthalten waren (§ 25 Abs. 4 SektVO).[1] Nach dem etwas missverständlichen Wortlaut von § 25 Abs. 2 SektVO enthält die Aufforderung zur Angebotsabgabe bzw. zur Verhandlung die Vergabeunterlagen sowie alle zusätzlichen Unterlagen oder die Angabe, wie elektronisch hierauf zugegriffen werden kann. Eigentlich handelt es sich bei der Aufforderung zur Angebotsabgabe bzw. zur Verhandlung selbst bereits um einen Bestandteil der Vergabeunterlagen. Regelungsintention des § 25 Abs. 2 SektVO ist, dass im

---

[1] Vgl. *Görgens* in Pünder/Schellenberg, § 25 SektVO Rn. 15 f.

Zuge der Aufforderung zur Angebotsabgabe auch die übrigen Vergabeunterlagen zu übermitteln sind.

C. Bewerbungsbedingungen

Hinweise zur Darstellung der Bewerbungsbedingungen in der EU-Bekanntmachung sind den gemäß § 16 SektVO anzuwendenden Musterformularen zu entnehmen. So enthält Standardformular 5 einer Bekanntmachung im Sektorenbereich (Anhang V Verordnung 842/2011) in Abschnitt III die möglichen Angaben zu den Teilnahmebedingungen. In den Vergabeunterlagen sind hinsichtlich der konkretisierenden Bewerbungsbedingungen die Einzelheiten der Durchführung des Verfahrens zu beschreiben, insbesondere bezüglich der objektiven Kriterien, anhand derer die Unternehmen ausgewählt werden (vgl. § 9 EG Abs. 1 Satz 2 lit. b) VOL/A und § 8 EG Abs. 1 Nr. 1 VOB/A).

D. Vertragsbedingungen

Die Vertragsbedingungen bilden gemeinsam mit der **Leistungsbeschreibung** die Vertragsunterlagen. Im Gegensatz zu VOL und VOB ist die Verwendung bestimmter Vertragsbedingungen in der SektVO nicht geregelt. § 8 EG Abs. 3 bis 6 VOB/A bzw. § 9 EG Abs. 1 lit c) und § 9 VOL/A schreiben die obligatorische Verwendung der allgemeinen Vertragsbedingungen gemäß VOB/B und VOL/B vor. In Ermangelung einer entsprechenden Regelung in der SektVO steht es Auftraggebern im Anwendungsbereich der SektVO grds. frei, sämtliche **Vertragsbedingungen** etwa im Wege des Verhandlungsverfahrens auszuhandeln bzw. im offenen Verfahren grds. nach eigenem Ermessen vorzugeben. Das ist Ausdruck der größeren Freiheit, die Auftraggebern im Vergaberecht des Sektorenbereichs zukommt. Unter Beachtung insbesondere des Grundsatzes der Nichtdiskriminierung haben Auftraggeber im Sektorenbereich somit vergaberechtlich die Möglichkeit, die Vertragsbedingungen selbständig zu bestimmen. In der Praxis ist der Gebrauch dieser vergaberechtlichen Möglichkeit nur eingeschränkt möglich. Nicht wenige staatlich beherrschte Auftraggeber im Sektorenbereich werden aus anderen Gründen an die Verwendung der VOB/B bzw. VOL/B **oder anderer besonderer/ergänzender Vertragsbedingungen** gebunden sein.

E. Leistungsbeschreibung

Wesentlicher Bestandteil der Vergabeunterlagen ist die Leistungsbeschreibung, welche die für die Angebotserstellung maßgeblichen Anforderungen an die Leistung und die technischen Spezifikationen enthält.[2]

I. Rechtsrahmen

§ 7 SektVO und Anhang 2 zur SektVO, welche die Leistungsbeschreibung regeln, beruhen auf Art. 34 SKR und Anhang XXI zur SKR.[3] Die mit diesen Regelungen verbundene grds. Zielsetzung des europäischen Richtliniengebers verdeutlicht Erwägungsgrund 41 SKR. Die von den Auftraggebern erarbeiteten technischen Spezifikationen sollen es letztlich erlauben, die Beschaffungsmärkte im Sektorenbereich für **den Wettbewerb zu öffnen**. Das bedeutet insbesondere, dass die Leistungsbeschreibung nicht-diskriminierend

---

[2] *Prieß* NZBau 2004, 20, 21 f.; BR-Drs. 522/09, Anmerkungen zu § 7 SektVO, S. 43; *Kirch/Leinemann* Vergabe News 2009, 123.
[3] BR-Drs. 522/09, Anmerkungen zu § 7 SektVO, S. 45.

formuliert sein und abgeprüft werden muss. Wie im klassischen Bereich öffentlicher Beschaffungen auch haben Auftraggeber im Sektorenbereich den Bewerbern/Bietern die Möglichkeit einzuräumen, die Gleichwertigkeit ihrer technischen Lösung mit geeigneten Nachweisen zu belegen. Die Beweislast dafür, dass **Gleichwertigkeit** gegeben ist, obliegt dem Bewerber/Bieter (Erwägungsgrund 42 SKR: „Die Bieter sollten die Möglichkeit haben, die Gleichwertigkeit ihrer Lösung mit allen ihnen zu Gebote stehenden Nachweisen zu belegen"). Die Auftraggeber sind verpflichtet, die Ablehnung eines Nachweises als nicht gleichwertig zu begründen (Erwägungsgrund 42 SKR).

II. Vergleichbare Regelungen

7 Vergleichbare Regelungen zu § 7 SektVO finden sich in § 7 EG VOB/A, § 8 EG VOL/A sowie §§ 4 und 6 VgV. Insbesondere zwischen § 7 SektVO und § 8 EG VOL/A bestehen Ähnlichkeiten.[4] Der Grund für diese Parallelen wird klar, wenn man die jeweils zugrunde liegenden Regelungen, die Artt. 34 bis 39 SKR und Artt. 23 bis 27 VKR vergleicht. Diese sind abgesehen von einigen wenigen sprachlichen Abweichungen (die VKR spricht zB von „öffentlichen Auftraggebern" während die SKR lediglich den Begriff „Auftraggeber" verwendet) identisch. Weitere sprachliche Abweichungen sind im Hinblick auf die englische und die französische Version der Richtlinien lediglich der jeweiligen Übersetzung geschuldet und haben keine materiell-rechtlichen Unterschiede zur Folge. Größere Unterschiede in sprachlicher Hinsicht bestehen zwischen § 7 SektVO und § 7 EG VOB/A. Die im Vergleich zu § 8 EG VOL/A größeren sprachlichen Abweichungen dürften vorrangig daher rühren, dass an der Entstehung der VOB/A-EG mit dem Deutschen Vergabe- und Vertragsausschuss für Bauleistungen (DVA) ein anderer Normgeber mitwirkte als bei der VOL/A (Vergabe- und Vertragsausschuss für Lieferungen und Leistungen (DVAL)).

III. Eindeutige und erschöpfende Beschreibung der Leistung

8 Gemäß § 7 Abs. 1 SektVO ist die Leistung eindeutig und erschöpfend zu beschreiben, so dass alle Bewerber bzw. Bieter die Beschreibung im gleichen Sinne verstehen müssen und miteinander vergleichbare Angebote zu erwarten sind.[5] Besonderheiten gegenüber den wortgleichen § 8 EG Abs. 1 VOL/A und § 7 EG Abs. 1 Nr. 1 VOB/A bestehen insofern nicht.[6]

IV. Zugang zur Leistungsbeschreibung

9 Auftraggeber sind verpflichtet, sicherzustellen, dass die technischen Anforderungen zur Beschreibung des Auftragsgegenstands allen interessierten Unternehmen gleichermaßen zugänglich sind.[7] Das folgt aus § 7 Abs. 2 SektVO, welcher Art. 35 SKR in deutsches Recht umsetzt. Eine vergleichbare Regelung findet sich in § 7 EG Abs. 3 VOB/A, wonach die technischen Anforderungen allen Bewerbern bzw. Bietern gleichermaßen zugänglich gemacht werden müssen. Inhaltlich bestehen keine Unterschiede zur Regelung des § 7 EG Abs. 3 VOB/A. Auf Antrag benennt der Auftraggeber interessierten Unternehmen die **technischen Anforderungen, die er regelmäßig verwendet** (§ 7 Abs. 2 Satz 2 SektVO).

---

[4] Zu den Abweichung von § 7 SektVO und § 8 EG VOL/A vgl. *Schellenberg* in Pünder/Schellenberg, § 7 SektVO Rn. 5 ff.
[5] Vgl. zu den Rechtsfolgen einer unklaren Leistungsbeschreibung *Erdl* BauR 2004, 166.
[6] OLG Düsseldorf Beschl. v. 24.11.2011, Verg 62/11.
[7] *Bernhardt* in Ziekow/Völlink, § 7 SektVO Rn. 3.

V. Technische Anforderungen

§ 7 Abs. 3 SektVO regelt, wie Auftraggeber im Sektorenbereich die technischen Anforderungen an die zu erbringende Leistung formulieren dürfen. Danach haben sie die Wahl, ob sie die Leistung anhand von technischen Spezifikationen[8] (§ 7 Abs. 3 Nr. 1 iVm Anhang 2 zur SektVO), mittels einer Leistungs- oder Funktionsanforderung (§ 7 Abs. 3 Nr. 2 SektVO) oder sowohl mittels Normen als auch mit Leistungs- oder Funktionsanforderung (§ 7 Abs. 3 Nr. 3 SektVO) beschreiben. 10

Aus dem Gebot der Nichtdiskriminierung folgt, dass Auftraggeber mit den vorgegebenen technischen Spezifikationen nicht in ungerechtfertigter Weise den Wettbewerb behindern dürfen. Aus diesem Grund weist § 7 Abs. 3 SektVO darauf hin, dass bei der Bezugnahme auf spezielle Normen, technische Zulassungen oder Spezifikationen stets der **Zusatz „oder gleichwertig"** zu verwenden ist. Damit wird auch Unternehmen, die unter Bedingungen produzieren, bei denen beispielsweise spezielle Normen keine Anwendung finden, der Zugang zum Vergabeverfahren ermöglicht.[9] Allerdings muss das betroffene Unternehmen im Zweifel den Nachweis der Gleichwertigkeit erbringen. 11

VI. Nachweis, dass ein Angebot den Anforderungen entspricht

Verweist der Auftraggeber in der Leistungs- oder Aufgabenbeschreibung auf technische Anforderungen (§ 7 Abs. 3 Nr. 1 SektVO), so darf er ein Angebot nicht mit der Begründung ablehnen, die angebotenen Waren und Dienstleistungen entsprächen nicht den von ihm herangezogenen Spezifikationen, wenn das Unternehmen nachweist, dass die vom Unternehmen vorgeschlagenen Lösungen diesen Anforderungen entsprechen. Das ergibt sich aus § 7 Abs. 7 Satz 1 SektVO, der Art. 34 Abs. 4 SKR umsetzt. Entsprechende Regelungen finden sich in § 8 EG Abs. 3 VOL/A und in § 7 EG Abs. 5 VOB/A. Der Regelungsgehalt beider vorgenannter Normen ist mit dem des § 7 Abs. 7 SektVO identisch. Darüber hinaus bestehen zwischen § 7 SektVO und den korrespondierenden Regelungen in VOL/A und VOB/A nur kleinere sprachliche Abweichungen.[10] Diese Abweichungen bedingen allerdings angesichts der zugrunde liegenden, wortgleichen europäischen Vorschriften keine materiellen Unterschiede. 12

VII. Anforderungen in Leistungs- und Funktionsanforderungen

Verwendet ein Auftraggeber eine Leistungs- oder Funktionsanforderung, um den Leistungsgegenstand näher zu definieren, ist es ihm verwehrt, Angebote, die auf technischen Anforderungen in Form von Leistungs- oder Funktionsbeschreibungen (§ 7 Abs. 3 SektVO) beruhen, abzulehnen (§ 7 Abs. 8 SektVO). § 7 Abs. 8 SektVO liegt Art. 34 Abs. 5 SKR zugrunde. Vergleichbare Regelungen finden sich in § 8 EG Abs. 4 VOL/A und § 7 EG Abs. 6 VOB/A.[11] Diese stimmen ungeachtet kleinerer sprachlicher Abweichungen mit § 7 Abs. 8 SektVO überein. 13

---

[8] Allg. zu technischen Spezifikationen *Huerkamp* NZBau 2009, 755.
[9] Vgl. OLG Düsseldorf Beschl. v. 6.10.2004, VII-Verg 56/04.
[10] In § 7 Abs. 7 Satz 1 SektVO fehlt im Gegensatz zu § 8 EG Abs. 3 Satz 1 VOL/A und § 7 EG Abs. 5 Satz 1 VOB/A der Hinweis darauf, dass der Nachweis mit „geeigneten Mitteln" zu erbringen ist. In Satz 2 heißt es im Gegensatz zu VOB/A EG und VOL/A EG *„Nachweise können insbesondere eine geeignete technische Beschreibung [...] sein"*, während die korrespondierenden Normen im Wege der Aufzählung ausführen: „Als geeignete Mittel gelten".
[11] Beide Regelungen sind auf Art. 23 Abs. 5 VKR zurückzuführen.

VIII. Umwelteigenschaften

14 Wünscht der Auftraggeber, dass der Auftragsgegenstand bestimmte Umwelteigenschaften ausweist, kann er in der Leistungsbeschreibung Spezifikationen von Umweltzeichen benutzen und vorgeben, dass Waren oder Dienstleistungen, die mit einem Umweltzeichen ausgestattet sind, seinen Anforderungen entsprechen.[12] Schreibt der Auftraggeber Umwelteigenschaften in Form von Leistungs- oder Funktionsanforderungen vor, so kann er diejenigen Spezifikationen oder Teile davon verwenden, die in europäischen, multinationalen oder anderen **Umweltzeichen** definiert sind. Dazu müssen gemäß § 7 Abs. 9 Satz 1 Nr. 1 bis 4 SektVO kumulativ vier Voraussetzungen erfüllt sein:
– die Spezifikationen müssen geeignet sein, die Merkmale derjenigen Waren oder Dienstleistungen zu definieren, die Gegenstand des Auftrags sind (Nr. 1),
– die Anforderungen des Umweltzeichens müssen auf der Grundlage von wissenschaftlich abgesicherten Informationen ausgearbeitet werden (Nr. 2),
– die Umweltzeichen müssen im Rahmen eines Verfahrens erlassen werden, an dem alle interessierten Kreise[13] teilnehmen können (Nr. 3),
– die Umweltzeichen müssen für alle Betroffenen zugänglich sein (Nr. 4).

15 Der Auftraggeber kann in den Vergabeunterlagen festlegen, dass bei Waren oder Dienstleistungen, die mit einem Umweltzeichen ausgestattet sind, davon ausgegangen wird, dass sie den in der Leistungs- oder Aufgabenbeschreibung festgelegten Spezifikationen genügen (§ 7 Abs. 9 Satz 2 SektVO). Er muss jedoch auch jedes **andere geeignete Beweismittel**, wie geeignete technische Unterlagen des Herstellers oder Prüfberichte anerkannter Stellen, akzeptieren (§ 7 Abs. 9 Satz 3 SektVO).

16 § 7 Abs. 9 SektVO setzt Art. 34 Abs. 6 SKR in deutsches Recht um. Entsprechende Regelungen finden sich in § 8 EG Abs. 5 VOL/A und § 7 EG Abs. 7 Satz 1 bis 3 VOB/A.[14] Hinsichtlich des materiellen Regelungsgehalts sind diese identisch mit § 7 Abs. 9 SektVO. Hinsichtlich des Wortlauts bestehen einzelne sprachliche Abweichungen, welche aber angesichts der zugrunde liegenden Regelungen der Artt. 23 Abs. 6 VKR und 34 Abs. 6 SKR ohne Konsequenz sind: § 7 EG Abs. 6 Satz 1 Nr. 1 VOB/A und § 8 EG Abs. 5 Satz 1 lit. a) VOL/A führen lediglich an, dass sich die Spezifikationen zur Definition der Merkmale des Auftragsgegenstands eignen muss. § 7 Abs. 9 Satz 2 SektVO formuliert die Vermutung der Entsprechung als „es kann davon ausgegangen werden", während diese in den Vorschriften der VOB/A und VOL/A „vermutet wird". § 7 EG Abs. 7 Satz 3 und 4 entsprechen hingegen bereits § 7 Abs. 10 SektVO.

IX. Anerkannte Stellen

17 § 7 Abs. 10 Satz 1 SektVO benennt diejenigen Stellen, die anerkannte Stellen gemäß § 7 Abs. 5, 6 und 7 SektVO sind, deren Einschätzungen im Zusammenhang mit der Erbringung von bestimmten Nachweisen zu akzeptieren sind. Auftraggeber haben daneben auch Bescheinigungen von anerkannten Stellen, die in anderen EU-Mitgliedstaaten ansässig sind, anzuerkennen (§ 7 Abs. 10 Satz 1 SektVO). Diese Regelung ist auf Art. 34 Abs. 7 SKR zurückzuführen und findet ihre Entsprechung in § 8 EG Abs. 6 VOL/A und § 7 EG Abs. 7 Satz 3 und 4 VOB/A.

---

[12] BR-Drs. 522/09, S. 45.
[13] Staatliche Stellen, Verbraucher, Hersteller, Händler und Umweltorganisationen (§ 7 Abs. 9 Nr. 3 SektVO).
[14] Beide Regelungen sind auf Art. 23 Abs. 6 VKR zurückzuführen.

X. Verweis auf Produkte, Herkunft, Marken oder Patente

Auftraggeber sind verpflichtet, Aufträge „produktneutral" auszuschreiben.[15] Auf diese Weise soll verhindert werden, dass unter Rückgriff auf bestimmte Produkte, Marken, Patente oder Herkunft, die Teilnahme einzelner Bieter am Wettbewerb erschwert wird (§ 7 Abs. 11 Satz 1 SektVO). Diese Regelung geht auf Art. 34 Abs. 8 SKR zurück und findet ihre Entsprechung in § 8 EG Abs. 7 VOL/A und § 7 EG Abs. 8 VOB/A.[16]

18

XI. Vorgaben zum „Green Procurement"

§ 7 Abs. 4 bis Abs. 6 SektVO enthalten besondere Regelungen, welche dem Bereich des sog „Green Procurement" zuzuordnen sind. Die Neuregelungen in §§ 7, 29 SektVO sowie den Anhängen 4 und 5 zur SektVO wurden im Mai 2011 unmittelbar in die SektVO aufgenommen, um eine weitere Aufsplitterung vergaberechtlicher Regelungen zu verhindern und bekräftigen den Willen des Verordnungsgebers zur Vereinheitlichung des Vergaberechts[17] – zumindest im Sektorenbereich.

19

Gemäß § 7 Abs. 4 SektVO steht es Auftraggebern frei, die benötigte Leistung, zB durch funktionale Leistungsbeschreibungen, so zu beschreiben, dass Bieter möglichst viel Spielraum haben, energieeffiziente Produkte anzubieten (§ 7 Abs. 4 SektVO).[18] „Geeignete Fälle" für die Forderung nach einer Analyse der Lebenszykluskosten können die Beschaffung langlebiger Produkte mit zunächst höheren Anschaffungskosten sein, deren Erwerb sich jedoch anhand einer solchen Analyse im Hinblick auf geringere Lebenszeit-Energiekosten als wirtschaftlich sinnvoll erweisen kann.[19] § 7 Abs. 4 SektVO ist hinsichtlich des Regelungsinhalts mit § 4 Abs. 4 bis 6b VgV (für Liefer- und Dienstleistungen) sowie mit § 6 Abs. 2 bis 6 VgV vergleichbar. Unterschiede bestehen insoweit, als dass § 4 Abs. 5 Nr. 1 und Nr. 2 VgV vorgibt, dass sowohl die höchste Energieeffizienz bzw. die höchste verfügbare Energieeffizienzklasse gefordert werden sollen. Die SektVO enthält keine dahingehenden konkreten Vorgaben, sondern erfordert lediglich die **„Berücksichtigung" von Energieeffizienz** (§ 7 Abs. 4 SektVO).

20

§ 7 Abs. 5 und Abs. 6 SektVO regeln Kriterien wie Energieverbrauch und Umweltauswirkungen (§ 7 Abs. 5 SektVO) sowie die Pflicht, Umwelteigenschaften von Fahrzeugen im Rahmen der Leistungsbeschreibung (§ 7 Abs. 6 Nr. 1 SektVO) oder der Wertungskriterien (§ 7 Abs. 6 Nr. 2 SektVO) zu berücksichtigen. Vergleichbare Regelungen finden sich in § 4 Abs. 7 bis 10 VgV. Allerdings existiert in der SektVO **keine Privilegierung von Einsatzfahrzeugen** beispielsweise der Polizei, Feuerwehren oder Krankenwagen.[20]

21

XII. Aufbürden eines „ungewöhnlichen Wagnisses"

Die Frage, inwiefern Bietern im Rahmen der Leistungsbeschreibung im Anwendungsbereich der SektVO ein „ungewöhnliches Wagnis" (vgl. § 7 EG Abs.1 Nr. 3 VOB/A) aufgebürdet werden darf, ist nicht abschließend geklärt.[21] Es spricht allerdings vieles dafür, dass Auftraggeber im Anwendungsbereich der SektVO nicht von vornherein gehindert

22

---

[15] *Bernhardt* in Ziekow/Völlink, § 7 SektVO Rn. 8.
[16] Beide Regelungen sind auf Art. 23 Abs. 8 VKR zurückzuführen.
[17] BR-Drs. 522/09, S. 44.
[18] Vgl. *Zeiss* NZBau 2011, 658.
[19] BR-Drs. 522/09, S. 44.
[20] Vgl. auch *Schrotz/Mayer* KommJur 2011, 81, 84.
[21] Ausdrücklich offen gelassen von OLG Düsseldorf Beschl. v. 24.3.2010, VII-Verg 58/09; vgl. auch *Brauer* VergabeR 2012, 343, 345 ff.

sind, Bietern Wagnisse aufzuerlegen, die nach der bisherigen Rechtsprechung im klassischen Bereich als „ungewöhnlich" und daher vergaberechtswidrig angesehen wurden. Das Verbot ungewöhnlicher Wagnisse, wie es § 7 EG Abs. 1 Nr. 3 sowie § 8 Abs. 1 Nr. 3 VOL/A (2006) aF vorsahen und § 7 EG Abs.1 Nr. 3 VOB/A noch vorsieht, findet sich in § 7 SektVO nicht. Da in den Anwendungsbereich der SektVO auch Bauleistungen fallen, könnte zwar theoretisch erwogen werden, eine Überbürdung eines ungewöhnlichen Wagnisses zumindest im Baubereich analog § 7 EG Abs.1 Nr. 3 VOB/A zu untersagen. Das scheitert aber bereits daran, dass keine planwidrige Regelungslücke vorliegt.[22] Der Verordnungsgeber hat auf eine ausdrückliche Regelung in der SektVO verzichtet, obwohl sich eine solche in der VOB/A findet. Der SektVO liegt zudem die Intention zugrunde, nur den Mindeststandard der SKR in die SektVO zu übernehmen,[23] welche das Verbot ungewöhnlicher Wagnisse nicht kennt. Ein grundsätzliches Verbot ungewöhnlicher Wagnisse wird daher im Anwendungsbereich der SektVO kaum herzuleiten sein. Gleichwohl wird das Aufbürden ungewöhnlicher Wagnisse ebenso wie im Bereich klassischer Auftragsvergaben stets am Gebot einer eindeutigen und vollständigen Leistungsbeschreibung zu messen sein (§ 7 Abs. 1 SektVO).[24]

---

[22] VK Brandenburg Beschl. v. 9.5.2011, VK 10/11.
[23] BR-Drs. 522/09, S. 35.
[24] VK Sachsen Beschl. v. 10.5.2011, 1/SVK/009–11.

§ 51 Bekanntmachungen, Form- und Fristvorgaben (Besonderheiten)

Übersicht

	Rn.
A. Einleitung	1
B. Rechtliche Rahmenbedingungen	2–4
C. Form und Inhalt der Bekanntmachungen	5–9
I. Formelle Anforderungen an die Bekanntmachung	6
II. Inhalt der Bekanntmachung	7–9
D. Die Bekanntmachungen im Einzelnen	10–28
I. „Reguläre" Bekanntmachung der Vergabeabsicht	11
II. Bekanntmachung mit Aufruf zum Teilnahmewettbewerb	12–15
III. Beschafferprofil	16
IV. Regelmäßige nicht verbindliche Bekanntmachung	17–21
V. Bekanntmachung von vergebenen Aufträgen	22
VI. Weitere Bekanntmachungen	23–28
E. Wege der Informationsübermittlung	29–31
F. Fristen	32–44
I. Rechtsrahmen	33, 34
II. Von Bewerbern/Bietern einzuhaltende Fristen	35–42
III. Von öffentlichen Auftraggebern einzuhaltende Fristen	43, 44

SektVO: § 5, §§ 12–19

§ 5 SektVO Wege der Informationsübermittlung, Vertraulichkeit der Teilnahmeanträge und Angebote

(1) Der Auftraggeber gibt in der Bekanntmachung oder den Vergabeunterlagen an, ob Informationen durch einen Boten, mittels Post, Telefax, Internet oder in vergleichbarer elektronischer Weise übermittelt werden. Er gibt hier auch an, in welcher Form Teilnahmeanträge oder Angebote einzureichen sind, insbesondere welche elektronische Signatur für die Angebote im Fall der elektronischen Übermittlung zu verwenden ist.

(2) Das für die elektronische Übermittlung gewählte Netz muss allgemein verfügbar sein, so dass der Zugang der Unternehmen zum Vergabeverfahren nicht beschränkt wird. Die dafür zu verwendenden Vorrichtungen und deren technischen Merkmale
1. dürfen keinen diskriminierenden Charakter haben,
2. müssen allgemein zugänglich sein und
3. müssen mit den allgemein verbreiteten Erzeugnissen der Informations- und Kommunikationstechnologie kompatibel sein.

(3) Bei der Mitteilung, beim Austausch und der Speicherung von Informationen sind die Vollständigkeit der Daten sowie die Vertraulichkeit der Angebote und der Teilnahmeanträge zu gewährleisten; der Auftraggeber darf vom Inhalt der Angebote und der Teilnahmeanträge erst nach Ablauf der Frist von deren Eingang Kenntnis nehmen.

(4) Der Auftraggeber hat dafür zu sorgen, dass den interessierten Unternehmen die Informationen über die Spezifikationen der Geräte zugänglich sind, die für eine elektronische Übermittlung der Teilnahmeanträge, Angebote oder der Pläne erforderlich sind, einschließlich der Verschlüsselung. Außerdem muss der Auftraggeber gewährleisten, dass für die Teilnahmeanträge und Angebote die von ihm vorgeschriebene elektronische Signatur verwendet werden kann.

(5) Bei Wettbewerben nach § 11 ist bei der Übermittlung, dem Austausch und der Speicherung von Informationen die Vollständigkeit und Vertraulichkeit aller von den Teilnehmern des Wettbewerbs übermittelten Informationen zu gewährleisten. Das Preisgericht darf vom Inhalt der Pläne erst Kenntnis erhalten, wenn die Frist für ihre Vorlage abgelaufen ist.

(6) Telefonisch angekündigte Teilnahmeanträge, die nicht bis zum Ablauf der Frist für deren Eingang in Textform bestätigt sind, dürfen nicht berücksichtigt werden.

§ 12 SektVO Pflicht zur Bekanntmachung, Beschafferprofil, zusätzliche Bekanntmachungen

(1) Auftraggeber müssen vergebene Aufträge oder die Ergebnisse eines Wettbewerbs spätestens zwei Monate nach Zuschlagserteilung oder abgeschlossenem Auslobungsverfahren öffentlich bekannt geben.

(2) Möchte ein Auftraggeber die vorgegebenen Fristen für eingehende Angebote gemäß § 17 Absatz 2 oder 3 verkürzen, muss er
1. eine jährliche regelmäßige nicht verbindliche Bekanntmachung nach § 13 veröffentlichen, wenn der geschätzte Gesamtwert der Aufträge
    a) mindestens 750 000 Euro für in Anhang 1 Teil A aufgeführte Liefer- und Dienstleistungen beträgt oder
    b) für Bauleistungen den in § 1 Absatz 2 genannten Schwellenwert erreicht;
2. die Absicht, in Anhang 1 Teil A aufgeführte Dienstleistungsaufträge zu vergeben und dabei einen Wettbewerb durchzuführen, öffentlich bekannt geben.

(3) Auftraggeber können im Internet ein Beschafferprofil einrichten. Dieses enthält Angaben über geplante und laufende Vergabeverfahren, über vergebene Aufträge sowie alle sonstigen Informationen, die für die Auftragsvergabe maßgeblich sind. Dazu gehören insbesondere die Kontaktstelle, Telefon- und Telefaxnummer, Anschrift und E-Mail-Adresse des Auftraggebers.

(4) Auftraggeber des Bundes haben Bekanntmachungen zusätzlich auf dem zentralen Internetportal des Bundes zu veröffentlichen. Andere Auftraggeber können ihre Bekanntmachungen ebenfalls dort vornehmen.

(5) In den Bekanntmachungen und in den Vergabeunterlagen ist die Anschrift der Vergabekammer anzugeben, der die Nachprüfung der Vergabeentscheidung obliegt.

(6) Auftraggeber können auch Aufträge veröffentlichen, die nicht der gemeinschaftsweiten Veröffentlichungspflicht unterliegen. Dabei ist § 16 zu beachten.

§ 13 SektVO Regelmäßige nicht verbindliche Bekanntmachung

(1) Veröffentlichen Auftraggeber eine regelmäßige nicht verbindliche Bekanntmachung, übersenden sie diese der Kommission oder veröffentlichen sie im Beschafferprofil. Bei einer Veröffentlichung im Beschafferprofil melden sie dies der Kommission auf elektronischem Weg. Die Mitteilung an die Kommission erfolgt in beiden Fällen unverzüglich nach Beginn des Kalenderjahres oder – bei beabsichtigten Bauaufträgen – nach Erteilung der Baugenehmigung.

(2) Veröffentlichen Auftraggeber eine regelmäßige nicht verbindliche Bekanntmachung in ihrem Beschafferprofil, so melden sie der Kommission auf elektronischem Weg die Veröffentlichung in ihrem Beschafferprofil.

(3) Die regelmäßige nicht verbindliche Bekanntmachung enthält
1. für die Lieferaufträge, die der Auftraggeber in den kommenden zwölf Monaten voraussichtlich vergeben wird, den geschätzten Gesamtwert der Aufträge oder der Rahmenvereinbarungen, aufgeschlüsselt nach Warengruppen,
2. für die Dienstleistungsaufträge, die der Auftraggeber in den kommenden zwölf Monaten voraussichtlich vergeben wird, den geschätzten Gesamtwert der Aufträge oder der Rahmenvereinbarungen, aufgeschlüsselt nach den in Anhang 1 Teil A genannten Kategorien,
3. für die Bauleistungen, die der Auftraggeber in den kommenden zwölf Monaten voraussichtlich vergeben wird, die wesentlichen Merkmale der Aufträge.

§ 14 SektVO Bekanntmachungen von Aufrufen zum Teilnahmewettbewerb

(1) Auftraggeber können zum Teilnahmewettbewerb aufrufen durch Veröffentlichung
1. einer Bekanntmachung der Vergabeabsicht,

2. einer regelmäßigen nicht verbindlichen Bekanntmachung oder

3. einer Bekanntmachung darüber, dass ein Prüfungssystem nach § 24 eingerichtet ist.

(2) Wird zum Teilnahmewettbewerb durch die Veröffentlichung einer regelmäßigen nicht verbindlichen Bekanntmachung aufgerufen, muss die Bekanntmachung
1. die Lieferungen, Bau- oder Dienstleistungen benennen, die Gegenstand des zu vergebenden Auftrags sein werden,

2. den Hinweis enthalten, dass dieser Auftrag im nicht offenen Verfahren oder im Verhandlungsverfahren ohne gesonderte Bekanntmachung vergeben wird,

3. die interessierten Unternehmen auffordern, ihr Interesse in Textform mitzuteilen, und

4. nicht mehr als zwölf Monate vor dem Zeitpunkt der Absendung der Aufforderung zur Bestätigung des Interesses der Bewerber am Wettbewerb gemäß § 25 Absatz 5 veröffentlicht werden.

§ 15 SektVO Bekanntmachung von vergebenen Aufträgen

(1) Auftraggeber, die einen Auftrag vergeben oder eine Rahmenvereinbarung geschlossen haben, senden spätestens zwei Monate nach der Zuschlagserteilung eine Bekanntmachung über die Zuschlagserteilung nach Anhang 3 an die Kommission.

(2) Die Bekanntmachung von vergebenen Aufträgen umfasst
1. bei Rahmenvereinbarungen nur die abgeschlossene Rahmenvereinbarung und nicht die Einzelaufträge, die auf Grund der Rahmenvereinbarung vergeben wurden;

2. bei Aufträgen, die im Rahmen eines dynamischen elektronischen Verfahrens vergeben wurden, mindestens eine Zusammenfassung der Einzelaufträge nach Vierteljahren; in diesen Fällen ist die Zusammenfassung spätestens zwei Monate nach Quartalsende zu versenden;

3. bei Dienstleistungsaufträgen, die in Anhang 1 Teil B aufgeführt sind, die Angabe, ob der Auftraggeber mit der Veröffentlichung einverstanden ist.

(3) Auftraggeber dürfen Angaben in Bekanntmachungen über vergebene Aufträge unterlassen, soweit deren Bekanntgabe
1. gegen Rechtsvorschriften verstoßen würde oder

2. berechtigte geschäftliche Interessen von Unternehmen, die am Vergabeverfahren beteiligt sind, schädigen oder den Wettbewerb zwischen ihnen beeinträchtigen würde.

(4) Vergibt ein Auftraggeber einen Dienstleistungsauftrag für Forschungs- und Entwicklungsleistungen im Rahmen eines Verfahrens ohne Aufruf zum Wettbewerb, so genügt für die Bezeichnung der Art des Auftrags die Angabe „Forschungs- und Entwicklungsleistungen".

§ 16 SektVO Abfassung der Bekanntmachungen

(1) Bekanntmachungen müssen alle Informationen enthalten, die in den Musterbekanntmachungen der Anhänge XIII bis XVI, XVIII und XIX der Richtlinie 2004/17/EG aufgeführt sind. Sie müssen darüber hinaus alle weiteren von dieser Verordnung vorgeschriebenen Angaben enthalten. Die Auftraggeber übermitteln die Bekanntmachungen der Kommission unter Verwendung der Standardformulare der Verordnung (EG) Nr. 1564/2005.

(2) Bekanntmachungen sind auf elektronischem oder auf anderem Weg an die Kommission zu übermitteln. Dabei sind die Merkmale für die Veröffentlichung nach Anhang XX der Richtlinie 2004/17/EG zu beachten.

(3) Auftraggeber haben dafür zu sorgen, dass Bekanntmachungen in Deutschland nicht vor dem Tag veröffentlicht werden, an dem sie diese der Kommission senden. Die im Inland veröffentlichten Bekanntmachungen dürfen nur die Angaben enthalten, die auch die Bekanntmachungen enthalten, die der Kommission gesendet oder die in einem Beschafferprofil veröffentlicht wurden. Sie müssen zusätzlich auf das Datum hinweisen, an dem die Bekanntmachung an die Kommission gesendet oder im Beschafferprofil veröffentlicht wurde. Die Informationen nach Anhang 3 dürfen nicht in einem Beschafferprofil veröffentlicht werden, bevor die Ankün-

digung dieser Veröffentlichung an die Kommission abgesendet wurde. Das Datum der Absendung muss in den Informationen angegeben werden. Auftraggeber müssen nachweisen können, an welchem Tag sie die Bekanntmachungen abgesendet haben.

§ 17 SektVO Fristen

(1) Der Auftraggeber setzt für die Ausarbeitung von Teilnahmeanträgen und Einreichung der Teilnahmeanträge und den Eingang von Angeboten angemessene Fristen.

(2) Bei offenen Verfahren beträgt die Frist für den Eingang der Angebote 52 Kalendertage, gerechnet ab dem Tag der Absendung der Bekanntmachung.

(3) Bei nicht offenen Verfahren und Verhandlungsverfahren mit Bekanntmachung beträgt die Frist für den Eingang
1. von Teilnahmeanträgen mindestens 37 Kalendertage, gerechnet ab dem Tag der Absendung der Bekanntmachung; sie darf nicht kürzer sein als 15 Kalendertage, wenn die Bekanntmachung auf elektronischem Weg oder mittels Telefax zur Veröffentlichung übermittelt wurde. Die Frist darf auf keinen Fall kürzer sein als 22 Kalendertage, wenn die Bekanntmachung nicht auf elektronischem Weg oder per Telefax zur Veröffentlichung übermittelt wurde;
2. von Angeboten regelmäßig 24 Kalendertage, gerechnet ab dem Tag der Absendung der Aufforderung zur Angebotsabgabe, falls nicht einvernehmlich zwischen dem Auftraggeber und den Bewerbern eine andere Frist festgelegt wurde. Die Frist darf nicht kürzer als zehn Kalendertage sein.

(4) Werden die Vergabeunterlagen und die zusätzlichen Unterlagen oder Auskünfte trotz rechtzeitiger Anforderung nicht innerhalb der in den §§ 18 und 19 festgesetzten Fristen zugesandt oder erteilt oder können die Angebote nur nach einer Ortsbesichtigung oder Einsichtnahme in Anlagen zu den Vergabeunterlagen vor Ort erstellt werden, so hat der Auftraggeber die jeweilige Frist angemessen zu verlängern. Dies gilt nicht, wenn die Frist im gegenseitigen Einvernehmen festgelegt worden ist.

§ 18 SektVO Verkürzte Fristen

(1) Der Auftraggeber kann im offenen Verfahren die Eingangsfrist für Angebote bis auf 22 Kalendertage verkürzen, wenn eine regelmäßige nicht verbindliche Bekanntmachung oder ein Beschafferprofil veröffentlicht wurde. Die regelmäßige nicht verbindliche Bekanntmachung oder das Beschafferprofil müssen
1. alle erforderlichen Informationen enthalten, die für die Bekanntmachung einer beabsichtigten Auftragsvergabe gefordert sind, soweit sie zum Zeitpunkt der Veröffentlichung der Bekanntmachung vorlagen, sowie
2. spätestens 52 Kalendertage und frühestens zwölf Monate vor dem Tag der Absendung der Bekanntmachung der beabsichtigten Auftragsvergabe veröffentlicht worden sein.

(2) Bei elektronisch erstellten und versandten Bekanntmachungen können die Auftraggeber folgende Fristen um sieben Kalendertage verkürzen:
1. im offenen Verfahren die Angebotsfrist,
2. im nicht offenen Verfahren und im Verhandlungsverfahren mit Bekanntmachung die Frist für den Eingang der Teilnahmeanträge.

(3) Die Frist für den Eingang der Angebote kann um weitere fünf Kalendertage verkürzt werden, wenn der Auftraggeber ab der Veröffentlichung der Bekanntmachung sämtliche Vergabeunterlagen elektronisch vollständig verfügbar macht und die Frist nicht einvernehmlich festgelegt worden ist. In der Bekanntmachung hat der Auftraggeber die Internet-Adresse anzugeben, unter der die Vergabeunterlagen abrufbar sind.

(4) Auftraggeber dürfen Fristverkürzungen nach den Absätzen 1 bis 3 verbinden. Dabei dürfen folgende Mindestdauern nicht unterschritten werden:

1. 15 Kalendertage im offenen Verfahren und zehn Kalendertage im nicht offenen Verfahren für den Eingang der Angebote, gerechnet ab dem Tag der Absendung der Bekanntmachung, wenn es sich nicht um eine einvernehmlich festgelegte Frist handelt, und

2. 15 Kalendertage im nicht offenen Verfahren und im Verhandlungsverfahren für den Eingang der Teilnahmeanträge, gerechnet ab dem Tag der Absendung der Bekanntmachung.

§ 19 SektVO Fristen für Vergabeunterlagen, zusätzliche Unterlagen und Auskünfte

(1) Macht der Auftraggeber die Vergabeunterlagen und alle zusätzlichen Unterlagen nicht auf elektronischem Weg vollständig verfügbar, hat er diese Unterlagen unverzüglich, jedoch spätestens am sechsten Kalendertag nach Eingang eines entsprechenden Antrags an die Unternehmen zu senden, sofern dieser Antrag rechtzeitig innerhalb der Eingangsfrist für Angebote eingegangen war.

(2) Zusätzliche Auskünfte zu den Unterlagen hat der Auftraggeber spätestens sechs Kalendertage vor Ablauf der Eingangsfrist für Angebote zu erteilen, sofern die zusätzlichen Auskünfte rechtzeitig angefordert worden sind.

(3) Erklärungen und Nachweise, die auf Anforderung des Auftraggebers bis zum Ablauf der Frist für den Eingang der Teilnahmeanträge oder Angebote nicht von den Unternehmen vorgelegt wurden, können bis zum Ablauf einer vom Auftraggeber zu bestimmenden Nachfrist angefordert werden.

Literatur:
Drügemöller, Elektronische Bekanntmachung im Vergaberecht, NVwZ 2007, 177; *Debus*, SektVO – ein Grund zum Feiern für die Kommunen!?, IR 2010, 307; *Leinemann/Kirch*, Vergaberechtliche Privilegien für Sektorenauftraggeber, VergabeNews 05/2010, 50; *Lindenthal*, Erläuterungen zu den neuen Standardmustern für Veröffentlichungen im EU-Amtsblatt gemäß Verordnung EG/1564/2005, VergabeR 2006, 1; *Poth/Sudbrock*, Auswirkungen der Sektorenverordnung auf die Vergabepraxis in kommunalen Unternehmen, KommJur 2010, 446; *v. Münchhausen*, Nachforderung von Unterlagen, VergabeR 2010, 374.

A. Einleitung

Vor Beginn eines Vergabeverfahrens muss die Absicht, einen Auftrag vergeben zu wollen, auch im Sektorenbereich europaweit bekannt gemacht werden (§ 6 Abs. 1 SektVO). Ausnahmen von diesem Grundsatz sind – abschließend – in § 6 Abs. 2 SektVO geregelt. Die Mindestvorgaben für Bekanntmachungen finden sich für den Sektorenbereich in den Vorschriften über „Bekanntmachungen und Fristen" (§§ 12 bis 19 SektVO). Diese sollen sicherstellen, dass öffentliche Auftraggeber auch im Anwendungsbereich der vergleichsweise flexiblen Vorgaben der SektVO alle wesentlichen Verfahrensschritte – beginnend mit der Veröffentlichung der Beschaffungsabsicht bis hin zur Bekanntmachung einer erfolgreichen bzw. gescheiterten Auftragsvergabe – transparent gestalten. 1

B. Rechtliche Rahmenbedingungen

Der Erlass der SektVO diente der Umsetzung der europäischen SKR.[1] Dieser Bezug zum Europarecht wird bei Bekanntmachungsvorgaben ua deutlich am Wortlaut von § 16 SektVO, welcher ausdrücklich auf die EU-Verordnung 1564/2005[2] verweist, welche die bei 2

---
[1] Amtl. Anm. zur SektVO, BGBl. I S. 3110.
[2] VO (EG) Nr. 1564/2005 der Kommission v. 7.9.2005 zur Einführung von Standardformularen für die Veröffentlichung von Vergabebekanntmachungen im Rahmen von Verfahren zur Vergabe öffentlicher Aufträge gemäß der Richtlinie 2004/17/EG und der Richtlinie 2004/18/EG des Europäi-

europaweiter Bekanntmachung zu verwendenden Formulare festlegt. Die Verweisung ist allerdings nicht länger aktuell. **Die Verordnung 1564/2005 ist durch Verordnung 842/2011 v. 19. 8. 2011 ersetzt worden.**[3] Auftraggeber im Sektorenbereich verwenden für die Veröffentlichung von Bekanntmachungen die Standardformulare in den Anhängen IV bis IX, XII und XIII dieser Verordnung (Art. 1 Verordnung 842/2011). Angesichts dieser Neuerungen ist § 16 Abs. 1 SektVO dahingehend auszulegen, dass anstelle der Verordnung 1564/2005 die Verordnung 842/2011 mit ihren Anhängen entsprechende Anwendung findet. Verordnung 842/2011 beansprucht unmittelbare Geltung und ist von den EU-Mitgliedstaaten zu beachten (Art. 288 AEUV).

3 Die Vorschriften in der SektVO über Bekanntmachungen und Fristen beruhen auf Kapitel VI („Veröffentlichung und Transparenz") der SKR. Kapitel VI SKR enthält in Abschnitt 1 detaillierte Regelungen hinsichtlich der Anforderungen an Bekanntmachungen; in Abschnitt 2 werden die wesentlichen Fristerfordernisse geregelt. Der deutsche Verordnungsgeber hat die (Regelungs-)Struktur von Kapitel VI SKR nicht in die SektVO übertragen. In der SektVO sind Form- und Fristvorschriften in einem gemeinsamen Abschnitt 3 geregelt. Hintergrund dieser **Regelungssystematik** ist offenbar, dass die Fristen, die Auftraggeber im Sektorenbereich einzuräumen haben, jeweils in Abhängigkeit der gewählten Art der Bekanntmachung verkürzt werden können.[4] Das hat allerdings zu einer systematisch nicht immer überzeugenden Darstellung der Bekanntmachungspflichten und Fristerfordernisse geführt. So wurde § 12 SektVO („Pflicht zur Bekanntmachung, Beschafferprofil, zusätzliche Bekanntmachungen") allen Vorschriften über Bekanntmachungs- und Fristerfordernisse vorangestellt, ohne sachlich „vor die Klammer zu gehören". Während § 12 Abs. 1 SektVO die Bekanntmachung vergebener Aufträge regelt und mithin eigentlich den Regelungen in § 15 SektVO („Bekanntmachung von vergebenen Aufträgen") zuzuordnen wäre, behandelt § 12 Abs. 2 SektVO die Verkürzung von Fristen, welche jedoch den Regelungsgehalt von §§ 17 und 18 SektVO („Fristen") berühren. Auch sieht § 19 Abs. 3 SektVO vor, dass Erklärungen und Nachweise nachgefordert werden können; eine Regelung, welche systematisch eher im vierten Abschnitt der SektVO („Anforderungen an Unternehmen") zu erwarten wäre. Im Übrigen orientieren sich die weiteren Vorschriften des dritten Abschnitts der SektVO jedoch an der SKR.

4 Bekanntmachungspflichten im klassischen Bereich öffentlicher Beschaffungen finden sich in § 12 EG VOB/A, § 15 EG VOL/A sowie § 9 VOF. Fristerfordernisse im klassischen Bereich öffentlicher Beschaffungen sind in § 10 EG VOB/A, § 12 EG VOL/A sowie § 7 VOF geregelt.

C. Form und Inhalt der Bekanntmachungen

5 Die zentrale Norm für Form und Inhalt von Bekanntmachungen im Sektorenbereich ist § 16 SektVO. Auftraggeber sind danach verpflichtet, Bekanntmachungen mit dem Inhalt der Anhänge XIII bis XVI, XVIII und XIX der SKR zu veröffentlichen (§ 16 Abs. 1 Satz 1 SektVO). Diese Bekanntmachungen haben zwingend in Form der **Standardformulare** gemäß der Verordnung 842/2011 zu erfolgen (§ 16 Abs. 1 Satz 3 SektVO und Art. 1 Verordnung 842/2011). Zu beachten sind in diesem Zusammenhang die unterschiedlichen Rege-

---

schen Parlaments und des Rates, ABl. L 257/1, zuletzt geändert durch VO 1150/2009 der Kommission v. 10. 11. 2009 zur Änderung der Verordnung Nr. 1564/2005 zur Einführung von Standardformularen für die Veröffentlichung von Vergabebekanntmachungen im Rahmen von Verfahren zur Vergabe öffentlicher Aufträge gemäß den Richtlinien 89/665/EWG und 92/13/EWG des Rates, ABl. L 313/3.

[3] Durchführungsverordnung (EU) Nr. 842/2011 der Kommission v. 19. 8. 2011 zur Einführung von Standardformularen für die Veröffentlichung von Vergabebekanntmachungen auf dem Gebiet der öffentlichen Aufträge und zur Aufhebung der Verordnung (EG) Nr. 1564/2005, ABl. L222/1.

[4] *Gnittke/Hattig* in Müller-Wrede SektVO, § 12 Rn. 1.

lungsgegenstände von SKR und den die Standardformulare regelnden Verordnung 842/2011. Während die SKR in den Anhängen die inhaltlichen Anforderungen an eine Bekanntmachung regelt, wird mit den Standardformularen nach der Verordnung 842/2011 die Form (dh Art der Darstellung) der Bekanntmachung festgelegt.[5]

I. Formelle Anforderungen an die Bekanntmachung

Die für Bekanntmachungen im Sektorenbereich zu verwendenden Standardformulare sind im Internet auf http://simap.europa.eu abrufbar und folgen einem weitgehend einheitlichen Aufbau. Bezüglich des Orts der Veröffentlichung der Bekanntmachung ist danach zu unterscheiden, ob es sich um eine obligatorische (Regelfall) oder um eine fakultative (§ 12 Abs. 6 SektVO) Bekanntmachung handelt.[6] Obligatorische Veröffentlichungen sind der EU-Kommission zu übermitteln und europaweit bekannt zu machen (§ 16 Abs. 2 SektVO, Anhang XX SKR). Die Übermittlung auf elektronischem Weg ist in Anhang XX näher geregelt.[7] Die Veröffentlichung der Bekanntmachung durch die EU-Kommission erfolgt ausschließlich auf der Internetseite **Tenders Electronic Daily (TED)**.[8] Die Fristen für den Eingang von Angeboten oder von Teilnahmeanträgen werden ab Absendung der Bekanntmachung berechnet (§ 17 Abs. 2, Abs. 3 SektVO), wobei der Tag der Absendung nicht mitgerechnet wird.

II. Inhalt der Bekanntmachung

1. Verweis auf europarechtliche Regelungen

Detaillierte Angaben über den obligatorischen Inhalt einer Bekanntmachung sind den Anhängen XIII bis XVI, XVIII sowie XIX der SKR zu entnehmen (§ 16 Abs. 1 SektVO):
– Informationen, die regulär in Bekanntmachungen aufzunehmen sind, sind in Anhang XIII aufgeführt, gegliedert nach den einzelnen Verfahrensarten.
– Informationen, die im Besonderen in Bekanntmachungen über ein Prüfungssystem aufzunehmen sind, finden sich in Anhang XIV.
– Informationen, die im Besonderen in regelmäßigen nicht verbindlichen Bekanntmachungen aufzunehmen sind, sind in Anhang XV geregelt.
– Informationen, die im Besonderen in Bekanntmachungen über vergebene Aufträge aufzunehmen sind, sind in Anhang XVI geregelt.
– In Wettbewerbsbekanntmachungen aufzunehmende Informationen finden sich in Anhang XVIII.
– Anhang XIX enthält Informationen, die in Bekanntmachungen über die Ergebnisse der Wettbewerbe aufzunehmen sind.

Die Verpflichtung zum Ausfüllen der Formulare nach Verordnung 842/2011 geht nur soweit, wie das in den Anhängen zur SKR gefordert ist. Geht ein Formular über die dort angegebenen Anforderungen hinaus, kann die Eintragung grds. unterbleiben, da die die Standardformulare regelnde Verordnung 842/2011 nur die **Form, nicht den Inhalt** der Bekanntmachung regelt.[9]

---

[5] Vgl. *Gnittke/Hattig* in Müller-Wrede SektVO, § 16 Rn. 7; *Lindenthal* VergabeR 2006, 1, 2.
[6] Vgl. *Poth/Sudbrock* KommJur 2010, 446, 450.
[7] Vgl. SKR Anhang XX Nr. 1, Nr. 3; allg. zu elektronischen Bekanntmachungen *Drügemöller* NVwZ 2007, 177.
[8] http://ted.europa.eu.
[9] *Gnittke/Hattig* in Müller-Wrede SektVO, § 16 Rn. 7.

2. Weitere Angaben gemäß § 16 Abs. 1 Satz 2 SektVO

9 Darüber hinaus haben öffentliche Auftraggeber auch „**alle weiteren von dieser Verordnung vorgeschriebenen Angaben**" zu beachten (§ 16 Abs. 1 Satz 2 SektVO). Die Anforderungen des § 16 Abs. 1 Satz 1 SektVO hinsichtlich des gemäß der SKR obligatorischen Inhalts einer Bekanntmachung sind somit nicht abschließend. Weitergehende Anforderungen finden sich an mehreren Stellen in der SektVO :
– Öffentliche Auftraggeber sind verpflichtet, den Übermittlungsweg zB Post, Bote, Fax, Internet (§ 5 Abs. 1 Satz 1 SektVO) sowie die Form, in welcher Anträge oder Angebote einzureichen sind (§ 5 Abs. 1 Satz 2 SektVO), in den Bekanntmachungen aufzuführen. Darunter fällt bei elektronischer Übertragung die Benennung einer bestimmten Form der (elektronischen) Signatur.
– Bei der ausschreibungsfreien Wiederholung gleichartiger Bauleistungen (§ 6 Abs. 2 Nr. 7 SektVO) sind öffentliche Auftraggeber verpflichtet, bereits bei der Bekanntmachung des vorangehenden Bauauftrags auf die Möglichkeit der Anwendung des Verhandlungsverfahrens ohne Bekanntmachung hinzuweisen (§ 6 Abs. 2 Nr. 7 HS 2 SektVO).
– Soweit Nebenangebote zugelassen werden, sind öffentliche Auftraggeber verpflichtet, das und die Mindestanforderungen in den Bekanntmachungen anzugeben (§ 8 Abs. 1 Satz 2 SektVO).
– Im Rahmen dynamischer elektronischer Verfahren (§ 10 SektVO) sind öffentliche Auftraggeber verpflichtet, neben der Bekanntmachung über die Durchführung eines solchen Verfahrens (Nr. 1), die Art der beabsichtigten Beschaffung (Nr. 2) sowie die Internetadresse (Nr. 3) bekannt zu geben, unter der die Vergabeunterlagen abgerufen werden können.
– Öffentliche Auftraggeber sind verpflichtet, in den Vergabeunterlagen die Konttaktdaten der Vergabekammer anzugeben, der die Nachprüfung der Vergabeentscheidung obliegt (§ 12 Abs. 5 SektVO). Neben der Anschrift sind auch Telefon- und Faxnummer anzugeben.[10]
– Bei einer Fristverkürzung im Rahmen einer elektronischen Veröffentlichung der Vergabeunterlagen hat der Auftraggeber in der Bekanntmachung die Internetseite anzugeben, unter der die Vergabeunterlagen abrufbar sind (§ 18 Abs. 3 SektVO).
– Auftraggeber, die ein Prüfungssystem einrichten, sind verpflichtet, im Wege der Bekanntmachung über den Zweck des eingerichteten Prüfungssystems zu informieren und darüber, wie die Prüfungsregeln angefordert werden können.

D. Die Bekanntmachungen im Einzelnen

10 Je nach gewählter Vergabeverfahrensart verwenden Auftraggeber im Anwendungsbereich der SektVO unterschiedliche Bekanntmachungsvorlagen:
– Die „reguläre" Bekanntmachung gemäß § 16 SektVO.
– Bekanntmachungen mit Aufruf zum Teilnahmewettbewerb gemäß § 14 SektVO.
– Beschafferprofile gemäß § 12 Abs. 3 SektVO.
– Regelmäßige nicht verbindliche Bekanntmachungen gemäß § 13 SektVO.
– Bekanntmachung über vergebene Aufträge gemäß § 15 SektVO.

---

[10] *Gnittke/Hattig* in Müller-Wrede SektVO, § 12 Rn. 16.

I. „Reguläre" Bekanntmachung der Vergabeabsicht

Die „reguläre" Bekanntmachung eines Vergabeverfahrens ist nicht ausdrücklich in der SektVO geregelt. Obwohl beispielsweise in § 6 Abs. 1 SektVO das offene, das nicht offene und das Verhandlungsverfahren aufgeführt werden, existieren keine korrespondierenden ausdrücklichen Regelungen hinsichtlich der Bekanntmachung. Die SektVO enthält Regelungen bzgl. regelmäßiger nicht verbindlicher Bekanntmachungen oder auch die Bekanntmachung von Aufrufen zum Teilnahmewettbewerb. Die Pflicht, auch „reguläre" Vergabeverfahren bekannt zu machen, ergibt sich jedoch aus § 16 Abs. 1 SektVO iVm Anhang XIII der SKR. 11

II. Bekanntmachung mit Aufruf zum Teilnahmewettbewerb

Der Aufruf zum Teilnahmewettbewerb ist dem nicht offenen Verfahren und ggf. dem Verhandlungsverfahren vorgeschaltet (§ 6 Abs. 1 SektVO).[11] Während VOB/A, VOL/A und VOF jeweils nur einen Weg zum Aufruf zum Teilnahmewettbewerb eröffnen, stehen öffentlichen Auftraggebern **im Sektorenbereich drei unterschiedliche Wege offen, den Aufruf zum Teilnahmewettbewerb bekanntzumachen** (§ 14 Abs. 1 SektVO).[12] Neben der „regulären" Bekanntmachung der Vergabeabsicht und der Bekanntmachung über die Einrichtung eines Prüfsystems kommt auch die Veröffentlichung einer regelmäßigen, nicht verbindlichen Bekanntmachung in Betracht (§ 14 Abs. 1 Nr. 1 bis 3 SektVO). Dem Auftraggeber steht es frei zu wählen, welchen dieser drei Veröffentlichungswege er verwendet.[13] 12

1. Aufruf mittels der Bekanntmachung der Vergabeabsicht

Im Falle eines Aufrufs zum Teilnahmewettbewerb im Zuge der Bekanntmachung der Vergabeabsicht bestehen keine nennenswerten Unterschiede zu den Regelungen in den anderen Vergabe- und Vertragsordnungen. Die Bekanntmachung der Vergabeabsicht erfolgt mittels der entsprechenden Standardformulare (§ 16 Abs. 1 SektVO). Auftraggeber sind verpflichtet, dem europäischen Amt für Veröffentlichungen diese unter Verwendung des Standardformulars gemäß Anhang V der Verordnung 842/2011 „Bekanntmachung – Sektoren" zu übermitteln. 13

2. Aufruf mittels einer regelmäßigen nicht verbindlichen Bekanntmachung

Im Sektorenbereich dürfen öffentliche Auftraggeber als Aufruf zum Teilnahmewettbewerb auch eine regelmäßige nicht verbindliche Bekanntmachung verwenden (§ 14 Abs. 1 Nr. 2 SektVO). Der Aufruf zum Teilnahmewettbewerb mittels einer regelmäßigen nicht verbindlichen Bekanntmachung richtet sich nach dem Standardformular „Regelmäßige nichtverbindliche Bekanntmachung – Versorgungssektoren" (Verordnung 842/2011 Anhang IV). Darin ist anzugeben, dass es sich um einen Aufruf zum Wettbewerb handelt. Die weiteren Anforderungen bestimmen sich nach § 14 Abs. 2 SektVO. Danach muss die regelmäßige nicht verbindliche Bekanntmachung um Elemente der Bekanntmachung nach § 14 Abs. 1 Nr. 1 SektVO ergänzt werden, um sie so dem Informationsgehalt einer „regulären" Bekanntmachung anzugleichen.[14] Die Bekanntmachung muss die Lieferungen, Dienst- oder Bauleistungen benennen, die Gegenstand des zu vergebenden Auftrags sein werden (§ 14 Abs. 2 Nr. 2 SektVO). Des Weiteren muss die Bekanntmachung den 14

---

[11] *Leinemann* Vergaberecht 2010, Rn. 342.
[12] *Völlink* in Ziekow/Völlink, § 14 SektVO Rn. 1.
[13] *Gnittke/Hattig* in Müller-Wrede SektVO, § 14 Rn. 6.
[14] *Gnittke/Hattig* in Müller-Wrede SektVO, § 14 Rn. 9.

Hinweis enthalten, dass der fragliche Auftrag ohne gesonderte Bekanntmachung vergeben werden wird (§ 14 Abs. 2 Nr. 2 SektVO). Interessierte Unternehmen müssen aufgefordert werden, ihr Interesse in Textform mitzuteilen (§ 14 Abs. 2 Nr. 3 SektVO). Dabei darf die Bekanntmachung nicht mehr als zwölf Monate vor der Aufforderung zur Bestätigung des Interesses gemäß § 25 Abs. 5 SektVO liegen (§ 14 Abs. 2 Nr. 4 SektVO).

3. Aufruf mittels einer Bekanntmachung über die Einrichtung eines Prüfungssystems

15 Als dritte Möglichkeit kann der Aufruf zum Teilnahmewettbewerb auch im Zuge der Bekanntmachung über die Einrichtung eines Prüfungssystems nach § 24 SektVO erfolgen (§ 14 Abs. 1 Nr. 3 SektVO). Zu diesem Zweck muss der Auftraggeber des Standardformulars „Bekanntmachung über das Bestehen eines Prüfungssystems – Versorgungssektoren" verwenden (Verordnung 842/2011 Anhang VII).[15]

III. Beschafferprofil

16 Öffentliche Auftraggeber können im Internet ein Beschafferprofil einstellen (§ 12 Abs. 3 SektVO). Mit Hilfe des Beschafferprofils können sie sich und ihren grundsätzlichen Beschaffungsbedarf darstellen. Darüber hinaus steht es ihnen frei, Informationen bzgl. konkreter laufender bzw. geplanter Vergabeverfahren in dem Beschafferprofil zu veröffentlichen. Die Bekanntmachungspflichten nach der SektVO gelten allerdings weiterhin uneingeschränkt.[16] Inhaltlich ist die Möglichkeit, ein Beschafferprofil im Internet einzurichten, **mit der Vorinformation nach § 11 EG Abs. 2 VOB/A vergleichbar**. Eine derartige Darstellung des Auftraggebers soll interessierte Unternehmen in den Stand versetzen, frühzeitig auf bevorstehende Ausschreibungen des jeweiligen öffentlichen Auftraggebers reagieren zu können.[17] Ein bestimmter Ort für die Veröffentlichung des Beschafferprofils, im Sinne etwa eines bestimmten Internetportals, ist nicht vorgesehen. Angesichts der Freiwilligkeit der Veröffentlichung eines solchen Profils steht es öffentlichen Auftraggebern offen, entweder eine eigene Homepage zu erstellen oder bestehende Portale zu nutzen.[18] Ein Beschafferprofil enthält neben Angaben über geplante und laufende Vergabeverfahren, vergebene Aufträge sowie Informationen, die für die Auftragsvergabe maßgeblich sind, insbesondere die Kontaktstelle mit Anschrift, Telefon- und Faxnummer sowie die E-Mail-Adresse des Auftraggebers (§ 12 Abs. 3 Satz 3 SektVO). Das Beschafferprofil kann auch zur Veröffentlichung einer regelmäßigen nicht verbindlichen Bekanntmachung genutzt werden (§ 13 Abs. 1 SektVO). Dabei sind Auftraggeber verpflichtet, der EU-Kommission die Veröffentlichung anzuzeigen (§ 13 Abs. 2 SektVO). Zu diesem Zweck findet das Standardformular „Bekanntmachung über ein Beschafferprofil" Anwendung (Verordnung 842/2011 Anhang VIII).[19]

IV. Regelmäßige nicht verbindliche Bekanntmachung

17 Regelmäßige nicht verbindliche Bekanntmachungen sind eine konsolidierte Form der Vorinformation (vgl. Art. 41 SKR).[20] Sie erfüllen im Wesentlichen die **gleiche Funktion wie eine Vorinformation nach §§ 12 EG Abs. 1 VOB/A, 15 EG Abs. 6 VOL/A**,[21]

---

[15] www.simap.europa.eu.
[16] *Gnittke/Hattig* in Müller-Wrede SektVO, § 12 Rn. 10.
[17] *Franzius* in Pünder/Schellenberg, § 11 VOB/A Rn. 13.
[18] *Gnittke/Hattig* in Müller-Wrede SektVO, § 12 Rn. 10.
[19] www.simap.europa.eu.
[20] Vgl. *Gnittke/Hattig* in Müller-Wrede SektVO, § 13 Rn. 1.
[21] *Rechten* in Kulartz/Marx/Portz/Prieß, § 15 EG Rn. 85.

nämlich dass Bieter sich bereits frühzeitig ein Bild machen können über die Aufträge, die in den kommenden zwölf Monaten von einem konkreten öffentlichen Auftraggeber vergeben werden sollen.[22] Der Auftraggeber ist nicht verpflichtet, die vorab veröffentlichten Aufträge auch tatsächlich zu vergeben oder auch nur Vergabeverfahren hierzu einzuleiten.[23] Aus Bietersicht hat eine regelmäßige nicht verbindliche Bekanntmachung den Vorteil, sich frühzeitig auf die avisierten Vergabeverfahren einstellen zu können. Angesichts der Art und des Umfangs der vorgesehenen Informationen bezüglich des Auftragsgegenstands (§ 13 SektVO), kann der Bieter noch vor der verbindlichen Bekanntmachung die eigene Leistungsfähigkeit überprüfen und ggf. Vorkehrungen zu deren Sicherstellung treffen.[24] Darüber hinaus bietet die regelmäßige nicht verbindliche Bekanntmachung Auftraggebern die Möglichkeit, die Angebotsfrist im offenen Verfahren von 52 Kalendertagen auf 22 Kalendertage zu verkürzen (vgl. § 18 Abs. 1 SektVO). Zudem haben öffentliche Auftraggeber die Möglichkeit, mittels einer regelmäßigen nicht verbindlichen Bekanntmachung zum Teilnahmewettbewerb aufzurufen (§ 14 Abs. 1 Nr. 2, Abs. 2 SektVO).

1. Bekanntmachung

Wie der Wortlaut von § 13 SektVO deutlich macht, erfolgt die regelmäßige nicht verbindliche Bekanntmachung grds. freiwillig. Eine Ausnahme von der Freiwilligkeit der Veröffentlichung besteht für bestimmte Fälle von **Fristverkürzungen** (vgl. § 12 Abs. 2 SektVO, § 17 Abs. 2, 3 SektVO, § 18 Abs. 1 SektVO).[25] 18

Entscheidet sich der Auftraggeber zur Veröffentlichung einer regelmäßigen nicht verbindlichen Bekanntmachung, unterfällt die Bekanntmachung den Anforderungen von § 13 SektVO. Gemäß der Verweisung in § 16 Abs.1 SektVO hat auch die regelmäßige nicht verbindliche Bekanntmachung ausschließlich in Form der entsprechenden Standardformulare zu erfolgen. Hierzu stehen dem Auftraggeber gemäß § 13 Abs. 1 Satz 1 SektVO zwei Wege offen. Zum einen kann die Veröffentlichung unter Zuhilfenahme des Standardformulars „Regelmäßige nichtverbindliche Bekanntmachung – Versorgungssektoren"[26] an das Amt für Veröffentlichungen übermittelt werden. Alternativ kann die Veröffentlichung auch im Beschafferprofil (§ 12 Abs. 3 SektVO) des Auftraggebers erfolgen (§ 13 Abs. 1 Satz 1, 2 SektVO). Im Falle der Veröffentlichung im Beschafferprofil ist das Amt für Veröffentlichungen darüber auf (ausschließlich) elektronischem Wege zu informieren (§ 13 Abs. 1 Satz 2 SektVO). In diesem Fall ist das entsprechende Standardformular (Verordnung 842/2011, Anhang VIII) zu übersenden. Damit wird kein neues Beschafferprofil erstellt, sondern lediglich die Ergänzung bzw. Erneuerung des bestehenden Profils anhand der übersandten Angaben bekannt gegeben.[27] Eine darüber hinausgehende Veröffentlichung von Informationen ist öffentlichen Auftraggebern unbenommen. Im Falle einer etwaigen Veröffentlichung mittels Zeitungen, Internetportalen oder Anzeigen ist zwingend sicherzustellen, dass eine solche zusätzliche Bekanntmachung nicht vor der Übersendung an die EU-Kommission erfolgt (§ 16 Abs. 3 Satz 1 SektVO). Darüber hinaus darf der Inhalt der nationalen Bekanntmachung nicht über die Angaben der europaweiten Bekanntmachung hinausgehen (§ 16 Abs. 3 Satz 2 SektVO). 19

Entscheidet sich der Auftraggeber zur Veröffentlichung einer regelmäßigen nicht verbindlichen Bekanntmachung, ist er verpflichtet, **mindestens einmal jährlich Auskunft zu geben** über die in der regelmäßigen nicht verbindlichen Bekanntmachung dargestellten Aufträge. Das lässt sich zwar dem Wortlaut von § 13 SektVO nicht ausdrücklich ent- 20

---

[22] Vgl. *Völlink* in Ziekow/Völlink, § 23 SektVO Rn. 1.
[23] *Franzius* in Pünder/Schellenberg, § 13 SektVO Rn. 6.
[24] *Schubert* in Willenbruch/Wieddekind, § 13 SektVO Rn. 1.
[25] *Gnittke/Hattig* in Müller-Wrede SektVO, § 13 Rn. 4; *Völlink* in Ziekow/Völlink, § 13 SektVO Rn. 1.
[26] www.simap.europa.eu.
[27] *Lindenthal* VergabeR 2006, 1, 3.

nehmen, ergibt sich jedoch aus einer Zusammenschau von § 13 Abs. 1 SektVO mit Art. 41 Abs. 1 SKR, welcher dieses Intervall vorschreibt. Entsprechende Mitteilungen sind der EU-Kommission unverzüglich nach Beginn des Kalenderjahres zu übermitteln (§ 13 Abs. 1 Satz 3 SektVO). Der Begriff der Unverzüglichkeit ist europarechtlich nicht näher definiert, wird aber bisweilen mit der deutschen Lesart „ohne schuldhaftes Zögern" (vgl. § 121 BGB) gleichgesetzt.[28] Im Falle beabsichtigter Bauaufträgen hat die Mitteilung jedenfalls unverzüglich nach Erteilung der Baugenehmigung zu erfolgen (§ 13 Abs. 1 Satz 3 SektVO).

2. Inhalt der Bekanntmachung

21 Der Mindestinhalt der regelmäßigen nicht verbindlichen Bekanntmachung richtet sich nach § 13 Abs. 3 Nr. 1 bis 3 SektVO. Im Falle von **Lieferaufträgen** ist der geschätzte Gesamtwert der Aufträge und Rahmenvereinbarungen aufgeschlüsselt nach Warengruppen anzugeben. In dem Musterformular „Regelmäßige Nichtverbindliche Bekanntmachung – Versorgungssektoren" (Verordnung 842/2011 Anhang IV)[29] wird neben der Schätzung des Gesamtwerts auch die Möglichkeit eingeräumt, eine Kostenschätzung bzgl. des jeweiligen einzelnen Lieferauftrags aufzuführen.[30] Für **Dienstleistungsaufträge** ist der geschätzten Gesamtwert der Aufträge oder der Rahmenvereinbarungen, aufgeschlüsselt nach den in Anhang 1 Teil A der SektVO genannten Kategorien anzugeben. Bei der Bekanntmachung der Beschaffung von **Bauleistungen** sind die wesentlichen Merkmale der jeweiligen Aufträge aufzuführen, insbesondere der geschätzte Wert des Auftrags und etwaige Fristen.[31] Generell zu beachten ist, dass es sich bei den Angaben zu den zu vergebenden Aufträgen nur um die zum Zeitpunkt der nicht verbindlichen Bekanntmachung „voraussichtlichen" Werte für die kommenden zwölf Monate handeln kann. Soweit während dieses Zeitraums **neue Erkenntnisse** zur Kenntnis des Auftraggebers gelangen, müssen die neuen Erkenntnisse dem sich anschließenden Vergabeverfahren zugrunde gelegt werden.[32]

V. Bekanntmachung von vergebenen Aufträgen

22 Öffentliche Auftraggeber sind auch im Sektorenbereich verpflichtet, vergebene Aufträge sowie die Ergebnisse von Wettbewerben bekannt zu machen (§ 12 Abs. 1 SektVO). Die Ausgestaltung dieser Bekanntmachungen bestimmt sich nach § 15 SektVO.[33] Die Bekanntmachung hat spätestens innerhalb von zwei Monaten nach Zuschlagserteilung zu erfolgen (§ 15 Abs. 1 SektVO). Zu diesem Zweck verwenden die Auftraggeber die Standardformulare „Bekanntmachung über vergebene Aufträge – Versorgungssektoren" (Verordnung 842/2011 Anhang VI) bzw. „Bekanntmachung über die Ergebnisse eines Wettbewerbs" (Verordnung 842/2011 Anhang XIII). Korrespondierende Regelungen finden sich auch in VOB/A, VOL/A und VOF (§§ 18 EG Abs. 3 VOB/A, 23 EG VOL/A, § 14 VOF). An den Inhalt der Bekanntmachung werden in Abhängigkeit von der gewählten Auftragsart unterschiedliche Anforderungen gestellt (§ 15 Abs. 2 SektVO). So genügt bei Rahmenvereinbarungen (§ 9 SektVO) die Bekanntmachung der jeweiligen Rahmenvereinbarung ohne die Einzelaufträge (§ 15 Abs. 2 Nr. 1 SektVO). Bei Aufträgen, die im Rahmen eines dynamischen elektronischen Verfahrens (§ 10 SektVO) vergeben wurden, hat eine Zusammenfassung der Einzelaufträge nach Vierteljahren zu erfolgen (§ 15 Abs. 2 Nr. 2 SektVO).

---

[28] *Greb/Müller*, § 13 Rn. 5.
[29] www.simap.europa.eu.
[30] *Franzius* in Pünder/Schellenberg, § 13 SektVO Rn. 12.
[31] *Gnittke/Hattig* in Müller-Wrede SektVO, § 13 Rn. 9.
[32] *Gnittke/Hattig* in Müller-Wrede SektVO, § 13 Rn. 10.
[33] *Gnittke/Hattig* in Müller-Wrede SektVO, § 12 Rn. 3.

VI. Weitere Bekanntmachungen

1. Bekanntmachung zum Zweck der Fristverkürzung

Öffentliche Auftraggeber haben auch im Sektorenbereich die Möglichkeit, die Regelfristen für den Eingang von Angeboten und Teilnahmeanträgen zu verkürzen (§ 17 Abs. 2 und Abs. 3, § 18 SektVO). Die Voraussetzungen für **Fristverkürzungen** bestimmen sich grds. nach § 18 SektVO. Im Falle bestimmter Auftragsarten treffen öffentliche Auftraggeber, wenn sie von den Verkürzungsmöglichkeiten Gebrauch machen wollen, besondere Bekanntmachungspflichten (§ 12 Abs. 2 SektVO).[34] Zu unterscheiden sind dabei die Fristverkürzung aufgrund einer regelmäßigen nicht verbindlichen Bekanntmachung (§ 12 Abs. 2 Nr. 1 SektVO) und aufgrund Bekanntmachung der Absicht, einen Wettbewerb durchzuführen (§ 12 Abs. 2 Nr. 2 SektVO). 23

Für eine Fristverkürzung aufgrund Veröffentlichung einer regelmäßigen nicht verbindlichen Bekanntmachung (§ 18 Abs. 1 SektVO) gelten spezielle Anforderungen. Die Veröffentlichung einer regelmäßigen nicht verbindlichen Bekanntmachung ist in § 13 SektVO geregelt. § 12 Abs. 2 Nr. 1 SektVO bestimmt, welche Aufträge von diesen Bekanntmachungsvoraussetzungen betroffen sind. Eine Bekanntmachungspflicht besteht bei Liefer- und Dienstleistungsaufträgen nach Anhang 1 Teil A SektVO ab einem geschätzten Gesamtwert des Auftrags von mindestens EUR 750.000 (§ 12 Abs. 2 Nr. 1 lit. a) SektVO). Erreicht oder überschreitet der geschätzte Gesamtwert diese Summe, sind öffentliche Auftraggeber verpflichtet, eine regelmäßige nicht verbindliche Bekanntmachung zu veröffentlichen, wenn sie von der Fristverkürzung nach § 18 Abs. 1 SektVO Gebrauch machen möchten. Die Schätzung der Auftragswerte erfolgt nach § 2 SektVO. Im Falle von Aufträgen über Bauleistungen gilt der Schwellenwert gemäß der Verweisung in § 1 Abs. 2 SektVO (§ 12 Abs. 2 Nr. 1 lit. b) SektVO). 24

Zudem haben öffentliche Auftraggeber die Möglichkeit, Fristen nach § 17 Abs. 2 oder Abs. 3 SektVO zu verkürzen, indem sie die Absicht bekannt machen, einen Teilnahmewettbewerb durchführen. Im Falle von Liefer-, Bau- und Dienstleistungsaufträgen nach Anhang 1 Teil A SektVO ist Voraussetzung für eine entsprechende Fristverkürzung die Bekanntmachung des Aufrufs zum Teilnahmewettbewerb. Unter einem „Wettbewerb" nach § 12 Abs. 2 Nr. 2 SektVO ist kein Auslobungsverfahren nach § 99 Abs. 5 GWB, sondern ein Teilnahmewettbewerb zu verstehen.[35] Die Bekanntmachung erfolgt somit in Form des Aufrufs zum Teilnahmewettbewerb (§ 14 SektVO). 25

2. Bekanntmachungspflicht für Auftraggeber des Bundes

Öffentliche Auftraggeber des Bundes sind, im Gegensatz zu anderen im Bereich der Sektoren tätigen öffentlichen Auftraggebern, verpflichtet, Bekanntmachungen immer auch auf den Internetseiten des Bundes (www.bund.de) zu veröffentlichen (§ 12 Abs. 4 SektVO). Auftraggebern, die nicht Auftraggeber des Bundes sind, steht es gemäß § 12 Abs. 4 Satz 2 SektVO frei, ihre Bekanntmachungen ebenfalls über das Portal des Bundes zu veröffentlichen. Es ist dabei die Vorschrift des § 16 Abs. 3 SektVO zu beachten, wonach nationale Bekanntmachungen nicht vor der Übersendung der Bekanntmachung an die EU-Kommission erfolgen dürfen. 26

3. Freiwillige europaweite Bekanntmachung

Die Möglichkeit einer freiwilligen europaweiten Bekanntmachung nach § 12 Abs. 6 SektVO korrespondiert mit der Möglichkeit der fakultativen nationalen Bekanntmachung 27

---

[34] *Greb/Müller*, § 12 Rn. 8.
[35] *Hölzl* in MünchKommBeihVgR, § 12 SektVO Rn. 7.

nach § 16 Abs. 3 SektVO. Danach steht es öffentlichen Auftraggebern auch ohne entsprechende Verpflichtung offen, Bekanntmachungen auf europäischer Ebene zu veröffentlichen. Es besteht etwa im Falle von nachrangigen Dienstleistungen gemäß Anhang 1 Teil B keine Verpflichtung zur formellen Ausschreibung. Gleiches gilt für Aufträge nach § 6 Abs. 2 SektVO oder im unterschwelligen Bereich liegende Aufträge. Machen öffentliche Auftraggeber vom Recht des § 12 Abs. 6 SektVO Gebrauch, sind sie an die regulären Bekanntmachungsvorgaben gebunden (§ 16 SektVO). Die **Selbstbindung** geht allerdings nicht soweit, dass sich im Wege der fakultativen Bekanntmachung per se eine Zuständigkeit der Nachprüfungsinstanzen nach dem GWB ergibt.[36] Eine Zuständigkeit der Nachprüfungsinstanzen kommt nur in Betracht, wenn der Anwendungsbereich des 4. Teils des GWB auch eröffnet ist. Darüber hinaus kommt eine Selbstbindung der Auftraggeber an die Vorschriften der SektVO in Betracht, soweit sich aus der Bekanntmachung nicht ergibt, dass es sich um eine fakultative Bekanntmachung handelt und eine Unterwerfung unter die Regelungen der SektVO nicht beabsichtigt ist.[37] Dieser Hinweis sollte in die Bekanntmachung in der Rubrik „sonstige Informationen" aufgenommen werden, um eine ungewünschte Selbstbindung auszuschließen.[38]

4. Bekanntmachung von Rechtsbehelfsfristen

28 Die Pflicht, Rechtsbehelfsfristen bekannt zu machen (§ 107 Abs. 3 Nr. 4 GWB), ist außerhalb der SektVO geregelt und daher ungeachtet einer fehlenden Wiederholung in der SektVO auch im Sektorenbereich zu beachten. Öffentliche Auftraggeber sind auch im Anwendungsbereich der SektVO verpflichtet, bereits in der Bekanntmachung einen Hinweis auf die **15 Tage Frist** gemäß § 107 Abs. 3 Nr. 4 GWB betreffend die Erhebung eines Nachprüfungsantrags zu geben.[39] Beim Fehlen eines hinreichend eindeutigen Hinweises in Form genauer Angaben zu den zu beachtenden Fristen für die Einlegung von Rechtsbehelfen beginnt die Rechtsbehelfspflicht folglich nicht zu laufen.[40]

E. Wege der Informationsübermittlung

29 § 5 SektVO regelt die Kommunikation zwischen Auftraggeber und Unternehmen in den verschiedenen Phasen des Vergabeverfahrens. Korrespondierende Regelungen finden sich in §§ 13 EG, 16 EG VOL/A und § 11 EG VOB/A.

30 Auftraggeber dürfen auch im Sektorenbereich grds. frei bestimmen, ob Informationen (Vergabeunterlagen, Bieterfragen, Teilnahmeanträge, Angebote usw.) durch einen Boten, mittels Post, Telefax, Internet oder in vergleichbarer elektronischer Weise[41] (ohne oder mit fortgeschrittener/qualifizierter Signatur) übermittelt werden (§ 5 Abs. 1 SektVO). Auch eine Kombination dieser Kommunikationswege ist zulässig.[42]

31 Auftraggeber sind selbstverständlich auch im Sektorenbereich verpflichtet, die Vertraulichkeit übersandter Daten und Vollständigkeit von Angeboten und Teilnahmeanträgen zu gewährleisten (§ 5 Abs. 3 HS 1 SektVO). Der Auftraggeber darf erst nach Ablauf der Ein-

---

[36] OLG Stuttgart Beschl. v. 12.8.2002, 2 Verg 9/02.
[37] *Greb/Müller*, § 12 Rn. 21.
[38] *Gnittke/Hattig* in Müller-Wrede SektVO, § 12 Rn 17.
[39] OLG Celle Beschl. v. 4.3.2010, 13 Verg 1/10; VK Bund Beschl. v. 30.10.2009, VK 2–180/09; VK Südbayern Beschl. v. 5.2.2010, Z3–3–3194–1–66–12/09.
[40] VK Südbayern Beschl. v. 5.2.2010, Z3–3–3194–1–66–12/09; *Leinemann* Vergaberecht 2010, Rn. 313.
[41] Ausführlich *Stalmann* in Eschenbruch/Opitz, § 5 Rn. 38 ff.
[42] *Stalmann* in Eschenbruch/Opitz, § 5 Rn. 11.

gangsfrist von deren Inhalt Kenntnis nehmen (§ 5 Abs. 3 HS 2 SektVO).[43] Im Gegensatz zu §§ 14 EG und 16 EG Abs. 2 VOL/A sowie § 13 EG Abs. 1 Nr. 2 und § 14 EG VOB/A enthält die SektVO keine konkreten Angaben betreffend die Behandlung von Angeboten und Anträgen oder deren Öffnung. Es scheint allerdings kaum vertretbar, von weniger strengen Anforderungen an Auftraggeber auszugehen als im Bereich von VOL/A EG oder VOB/A EG.

F. Fristen

Die seitens der Bieter bzw. Bewerber für die Einreichung von Angeboten und Teilnahmeanträgen im Sektorenbereich maßgeblichen Fristen sind in §§ 17 und 18 SektVO geregelt. Die seitens der Auftraggeber maßgeblichen Fristen sind in § 19 SektVO geregelt.

I. Rechtsrahmen

§§ 17 ff. SektVO setzen Artt. 45 bis 47 SKR in nationales Recht um. Eine Zusammenfassende tabellarische Darstellung der Fristenvorgaben findet sich in Anhang XXII zur SKR aufgegliedert nach den jeweiligen Verfahrensarten. Unterschiede zum klassischen Bereich öffentlicher Beschaffungen nach der VOL/A bzw. VOB/A bestehen hinsichtlich der Regelungssystematik, weil die Verkürzung von Fristen in der SektVO in einem separaten Paragraphen (§ 18 SektVO) geregelt ist, während §§ 10 EG VOB/A und § 12 EG VOL/A diesen Komplex zusammen mit den weiteren Fristerfordernissen regeln.[44] Das führt dazu, dass zu beachtende Mindestfristen im Sektorenbereich sowohl anhand § 17 SektVO als auch anhand § 18 SektVO zu berechnen sind.

Die Fristen nach §§ 17 ff. SektVO sind, ebenso wie die Fristen nach § 10 EG VOB/A, nach Kalendertagen bemessen. In Abweichung von der korrespondierenden Vorschrift in § 12 EG VOL/A hat der Normgeber sich für die SektVO gegen den Begriff „Tag" entschieden. Der Unterschied ist allerdings ohne materielle Konsequenz. Beide Begriffe „Tag" oder „Kalendertag" bezeichnen jeden Tag der Woche, unabhängig davon, ob es sich um einen Feiertag, Samstag, Sonntag oder Arbeitstag handelt.[45] In der europäischen Verordnung 1182/71[46] sind die Regeln über Fristen, Daten und Termine verbindlich festgelegt.[47] Die Fristberechnung entspricht den §§ 187 ff. BGB.[48] Diese Vorschriften gelten auch für Auftraggeber im Anwendungsbereich der SektVO.[49]

II. Von Bewerbern/Bietern einzuhaltende Fristen

Die für Bieter bzw. Bewerber maßgeblichen Fristen sind in §§ 17, 18 SektVO geregelt. § 17 SektVO enthält Vorgaben zu den im Sektorenbereich zu beachtenden **Mindestfristen**. Ungeachtet dieser ausdrücklicher Mindestfristen ist von Auftraggebern auch im Anwendungsbereich der SektVO der Grundsatz zu beachten, dass für die Einreichung von Teilnahmeanträgen und den Eingang von Angeboten „**angemessene**" Fristen zu setzen

---

[43] Diese Regelung bezieht sich, entgegen ihrer systematischen Stellung, nicht allein auf elektronisch übermittelte Informationen, sondern ist auf sämtliche Übermittlungswege gleichermaßen anwendbar: BR-Drs. 522/09, Anmerkungen zu § 5 SektVO, S. 42.
[44] *Horn* in Müller-Wrede SektVO, § 17 Rn. 4.
[45] *Horn* in Müller-Wrede SektVO, § 17 Rn. 6.
[46] VO (EWG, Euratom) Nr. 1182/71 des Rates v. 3.6.1971 zur Festlegung der Regeln für die Fristen, Daten und Termine, ABl. Nr. L 124.
[47] *Horn* in Müller-Wrede SektVO, § 17 Rn. 6.
[48] *Greb/Müller*, § 17 Rn. 5.
[49] *Debus* IR 2010, 307, 309.

sind (§ 17 Abs. 1 SektVO), welche nach den Umständen des Einzelfalls sowohl länger als auch kürzer[50] sein können als die in § 17 SektVO genannten Fristen. Darüber hinaus besteht die Möglichkeit, Fristen mit den im Teilnahmewettbewerb ausgewählten Bewerbern einvernehmlich auszuhandeln (§ 17 Abs. 3 Nr. 2 Satz 1 SektVO).

1. Offenes Verfahren

36 Wie im klassischen Bereich öffentlicher Beschaffungen beträgt die Frist für den Eingang von Angeboten im Rahmen eines offenen Verfahrens grds. mindestens 52 Kalendertage (§ 17 Abs. 2 SektVO). Diese Frist berechnet sich ab dem Tag der Absendung der Bekanntmachung, wobei der Tag der Absendung nicht mitgerechnet wird. Erstellt und versendet der Auftraggeber die Bekanntmachung elektronisch, kann die Angebotsfrist um sieben Tage verkürzt werden (§ 18 Abs. 2 Nr. 1 SektVO). Öffentliche Auftraggeber, die zum Erstellen und Versenden das Internetportal eNOTICES[51] des Amts für Veröffentlichungen nutzen, werden auf diesem Wege gegenüber Auftraggebern privilegiert, die sonstige Versandoptionen (Brief, E-Mail, Fax) verwenden. Macht der Auftraggeber ab der Veröffentlichung der Bekanntmachung sämtliche Vergabeunterlagen unmittelbar elektronisch vollständig verfügbar und ist die Frist nicht einvernehmlich festgelegt worden, kann die Angebotsfrist um weitere fünf Tage reduziert werden (§ 18 Abs. 3 Satz 1 SektVO). Für den Eingang von Angeboten im offenen Verfahren gilt in jedem Fall eine Mindestfrist von 15 Kalendertagen ab dem Tag des Versands der Bekanntmachung, die auch im Wege der Fristverkürzung nicht unterschritten werden darf (§ 18 Abs. 4 Satz 2 Nr. 1 SektVO). Hat der Auftraggeber eine regelmäßige nicht verbindliche Bekanntmachung (§ 13 SektVO) oder ein Beschafferprofil (§ 12 Abs. 3 SektVO) veröffentlicht, kann er die Eingangsfrist für Angebote bis auf 22 Kalendertage reduzieren. Darüber hinaus kommt eine Verkürzung der Angebotsfrist nur in Betracht, wenn die nicht verbindliche Bekanntmachung bzw. das Beschafferprofil alle erforderlichen Informationen enthält, die für die Bekanntmachung der beabsichtigten Auftragsvergabe gefordert sind (§ 18 Abs. 1 Satz 2 Nr. 1 SektVO). Außerdem dürfen die nicht verbindliche Bekanntmachung und das Beschafferprofil frühestens ein Jahr vor Absendung der Bekanntmachung veröffentlicht worden sein. Zudem darf die Veröffentlichung bei Absendung der Bekanntmachung nicht weniger als 52 Tage zurückliegen (§ 18 Abs. 1 Satz 2 Nr. 2 SektVO). Die grundsätzliche Möglichkeit der vorgenannten Fristverkürzungen auf die maßgeblichen Mindestfristen bleibt einer Einzelfallabwägung und damit dem Korrektiv der Angemessenheit unterworfen (§ 17 Abs. 1 SektVO).

2. Nicht offenes Verfahren/Verhandlungsverfahren

37 Im Falle von nicht offenen Verfahren ist danach zu differenzieren, ob es sich um eine Frist für den Eingang eines Teilnahmeantrags (§ 17 Abs. 3 Nr. 1 SektVO) oder um die Frist für den Eingang eines Angebots (§ 17 Abs. 3 Nr. 2 SektVO) handelt.

a) Teilnahmeanträge

38 Hinsichtlich des Eingangs von Teilnahmeanträgen beträgt die Regelfrist mindestens 37 Kalendertage (§ 17 Abs. 3 Nr. 1 SektVO). Die Regelfrist kann durch elektronisch erstellte und versandte Bekanntmachungen um sieben Tage verkürzt werden (§ 18 Abs. 2 Nr. 2 SektVO). Für den Eingang von Teilnahmeanträgen im nicht offenen Verfahren und im Verhandlungsverfahren gilt eine Mindestfrist von 15 Kalendertagen ab dem Tag des Versands der Bekanntmachung, die auch im Wege der Fristverkürzung nicht unterschritten werden darf (§ 18 Abs. 4 Satz 2 Nr. 2 SektVO).

---

[50] *Horn* in Müller-Wrede SektVO, § 17 Rn. 23 f.
[51] http://simap.europa.eu/enotices.

b) Angebote

Betreffend den Eingang von Angeboten beträgt die Regelfrist 24 Kalendertage (§ 17 Abs. 3 Nr. 2 SektVO), gerechnet ab dem Tag der Absendung der Aufforderung zur Angebotsabgabe, deren Tag nicht mitgerechnet wird. Im Anwendungsbereich der SektVO besteht hierbei die Besonderheit, dass die Auftraggeber die Laufzeit der **Frist** im nicht offenen Verfahren sowie im Verhandlungsverfahren mit den Bewerbern **aushandeln** können (§ 17 Abs. 3 Nr. 2 HS 1 SektVO). Dabei liegt es an Auftraggebern und Bietern zu bestimmen, ob die Frist länger oder kürzer als die Regelfrist sein soll. Als absolute Untergrenze gilt indes eine Frist von zehn Tagen (§ 17 Abs. 3 Nr. 2 HS 2 SektVO). Der Auftraggeber kann die Angebotsfrist von 24 Kalendertagen um fünf Tage verkürzen, wenn er die Vergabeunterlagen interessierten Bietern elektronisch verfügbar macht (§ 18 Abs. 3 SektVO). Das gilt allerdings nicht, wenn Auftraggeber und Bieter eine Frist einvernehmlich festgelegt haben (§ 17 Abs. 3 Nr. 2 HS 1 SektVO).

3. Verbinden von Fristverkürzungen

Fristverkürzungen sind grds. kumulierbar (§ 18 Abs. 4 SektVO) und können somit nebeneinander zur Anwendung gebracht werden (§ 18 Abs. 1 bis 3 SektVO). Um unangemessene Fristverkürzungen zu vermeiden, legt § 18 Abs. 4 S. 2 SektVO Mindestfristen fest, welche auch im Wege der Fristverkürzung oder der Vereinbarung (§ 17 Abs. 3 Nr. 2 HS 1 SektVO) nicht unterschritten werden dürfen.[52] Zudem bleiben Fristverkürzungen stets dem Korrektiv der Angemessenheit unterworfen (§ 17 Abs. 1 SektVO).

4. Fristverlängerung

Der Auftraggeber kann unter bestimmten Voraussetzungen verpflichtet sein, die festgelegten Fristen zu verlängern (vgl. § 17 Abs. 4 Satz 1 SektVO).[53] Soweit öffentliche Auftraggeber und Bewerber die Frist einvernehmlich ausgehandelt haben, entfällt die Pflicht zur Fristverlängerung (§ 17 Abs. 4 Satz 2 SektVO).

5. Bindefristen

Die SektVO enthält **keine Vorschriften über Bindefristen**, wie sie sich etwa in § 12 EG Abs. 1 VOL/A finden. Daraus abzuleiten, dass Bindefristen im Anwendungsbereich der SektVO unzulässig wären, würde indes zu einer unangemessenen Benachteiligung des Auftraggebers führen. Zudem besteht auch von Seiten der Bieter ein Interesse zu wissen, bis wann sie an ihre Angebote gebunden sind.[54] Diesem Umstand wird in den Standardformularen für die Bekanntmachung Rechnung getragen. So kann beispielsweise gemäß Standardformular „Auftragsbekanntmachung – Versorgungssektoren" die Bindefrist angegeben werden (Verordnung 842/2011 Anhang V).[55]

III. Von öffentlichen Auftraggebern einzuhaltende Fristen

Die §§ 17 ff. SektVO verpflichten auch öffentliche Auftraggeber, selbst bestimmte Fristen zu beachten. In § 19 SektVO ist geregelt, innerhalb welcher Fristen Auftraggeber Vergabeunterlagen verfügbar zu machen (Abs. 1) und Auskünfte zu Unterlagen zu erteilen haben (Abs. 2). Das sichern die ggf. nach § 17 Abs. 4 SektVO erforderlichen Fristverlängerungen ab, die Bietern zu gewähren sind, wenn Auftraggeber verspätet Auskunft geben.

---

[52] *Franzius* in Pünder/Schellenberg, § 18 SektVO Rn. 7.
[53] Vgl. dazu *Völlink* in Ziekow/Völlink, § 18 SektVO Rn. 6.
[54] *Franzius* in Pünder/Schellenberg, § 17 SektVO Rn. 3.
[55] www.simap.europa.eu.

44 Die Möglichkeit, fehlende Erklärungen und Nachweise nachzufordern (§ 19 Abs. 3 SektVO), nimmt systematisch eine Sonderstellung im Abschnitt 3 der SektVO („Bekanntmachungen und Fristen") ein. Der Regelungsinhalt von § 19 Abs. 3 SektVO bezieht sich auf den Ausschluss von Bietern wegen unvollständiger Unterlagen und damit eigentlich auf § 21 SektVO.[56] § 19 Abs. 3 SektVO ist vergleichbar mit §§ 16 EG Abs. 1 Nr. 3 VOB/A, 19 EG Abs. 2 Satz 1 VOL/A und § 5 Abs. 3 VOF.[57] Die alte Fassung von § 19 Abs. 3 SektVO knüpfte ursprünglich nur an die Nachforderung von Angebotsunterlagen an, nicht aber von Unterlagen zu Teilnahmeanträgen. Im Hinblick auf den Normzweck schien es allerdings geboten, auch Teilnahmeanträge in den Anwendungsbereich der Norm mit einzubeziehen.[58] Das wurde 2011 nachgeholt.[59]

---

[56] *Horn* in Müller-Wrede SektVO, § 19 Rn. 13.
[57] BR-Drs. 522/09, S. 50.
[58] AA. wohl *v. Münchhausen* VergabeR 2010, 374, 376.
[59] VO zur Änderung der Vergabeverordnung sowie der Sektorenverordnung, v. 9.5.2011, BGBl. I S. 800, 806.

§ 52 Angebote, Wertung und Beendigung des Vergabeverfahrens (Besonderheiten)

Übersicht

	Rn.
A. Einleitung	1
B. Behandlung der Angebote	2–10
I. Allgemeines	2–4
II. Angebotsprüfung	5–9
III. Angebotswertung	10
C. Ungewöhnlich niedrige Angebote	11
D. Angebote die Waren aus Drittländern umfassen	12–14
I. Zurückweisung von Angeboten	13
II. Zuschlagsregel bei Gleichwertigkeit von Angeboten	14
E. Zuschlag und Zuschlagskriterien	15–18
F. Aufhebung und Einstellung des Vergabeverfahrens	19, 20
G. Grenzen der Informations- und Mitteilungspflichten	21
H. Behandlung von Nebenangeboten	22
I. Unteraufträge	23
J. Dokumentation	24–28
K. Statistik	29

SektVO: §§ 26–33

§ 26 SektVO Behandlung der Angebote

Die Angebote werden geprüft und gewertet, bevor der Zuschlag erteilt wird.

§ 27 SektVO Ungewöhnlich niedrige Angebote

(1) Erscheint der Endpreis eines Angebots ungewöhnlich niedrig, hat der Auftraggeber vor Ablehnung dieses Angebots dessen Merkmale zu prüfen. Zu diesem Zweck kann er vom Unternehmen die erforderlichen Belege verlangen und mit dem Unternehmen Rücksprache halten. Die Prüfung kann insbesondere betreffen:
1. die Wirtschaftlichkeit des Bauverfahrens, des Fertigungsverfahrens oder der Erbringung der Dienstleistung,
2. die gewählten technischen Lösungen oder die außergewöhnlich günstigen Bedingungen, über die das Unternehmen bei der Durchführung der Bauleistungen, bei der Lieferung der Waren oder bei der Erbringung der Dienstleistung verfügt,
3. die Besonderheiten der angebotenen Bauleistungen, der Lieferungen oder der Dienstleistungen,
4. die Einhaltung der Vorschriften über Arbeitsschutz und Arbeitsbedingungen, die am Ort der Leistungserbringung gelten, oder
5. die etwaige Gewährung einer staatlichen Beihilfe an das Unternehmen.

(2) Nach der Prüfung der Angebote sind die im Verhältnis zur Leistung ungewöhnlich niedrigen Angebote auszuschließen.

(3) Bevor der Auftraggeber ein Angebot deswegen ablehnt, weil dessen Endpreis wegen der Gewährung einer staatlichen Beihilfe ungewöhnlich niedrig ist, fordert er unter Festsetzung einer angemessenen Frist das Unternehmen auf, nachzuweisen, dass die staatliche Beihilfe rechtmäßig gewährt wurde. Wird dieser Nachweis nicht fristgerecht erbracht, so lehnt der Auftraggeber das Angebot ab und teilt der Kommission die Ablehnung mit.

§ 28 SektVO Angebote, die Waren aus Drittländern umfassen

(1) Der Auftraggeber eines Lieferauftrags kann Angebote zurückweisen, bei denen der Warenanteil zu mehr als 50 Prozent des Gesamtwertes aus Ländern stammt, die nicht Vertragsparteien des Abkommens über den Europäischen Wirtschaftsraum sind und mit denen auch keine sonstigen Vereinbarungen über gegenseitigen Marktzugang bestehen. Das Bundesministerium für Wirtschaft und Technologie gibt im Bundesanzeiger bekannt, mit welchen Ländern und auf welchen Gebieten solche Vereinbarungen bestehen.

(2) Sind zwei oder mehrere Angebote nach den Zuschlagskriterien gleichwertig, so ist dasjenige Angebot zu bevorzugen, das nicht nach Absatz 1 zurückgewiesen werden kann. Die Preise sind als gleichwertig anzusehen, wenn sie um nicht mehr als 3 Prozent voneinander abweichen. Satz 1 ist nicht anzuwenden, wenn die Bevorzugung zum Erwerb von Ausrüstungen führen würde, die andere technische Merkmale als die vom Auftraggeber bereits genutzten Ausrüstungen aufweisen und dadurch bei Betrieb und Wartung zu Inkompatibilität oder technischen Schwierigkeiten oder zu unverhältnismäßigen Kosten führen würde.

(3) Software, die in der Ausstattung für Telekommunikationsnetze verwendet wird, gilt als Ware im Sinne des Absatzes 1.

§ 29 SektVO Zuschlag und Zuschlagskriterien

(1) Der Zuschlag soll auf das wirtschaftlich günstigste Angebot erteilt werden.

(2) Für den Zuschlag maßgeblich sind Kriterien, die im Zusammenhang mit dem Auftragsgegenstand stehen, zum Beispiel
– Lieferfrist, Ausführungsdauer;

– Betriebskosten, Rentabilität;

– Qualität;

– Ästhetik, Zweckmäßigkeit, Umwelteigenschaften;

– technischer Wert, Kundendienst, technische Hilfe, Versorgungssicherheit;

– Preis.

Bei technischen Geräten und Ausrüstungen kann deren Energieverbrauch berücksichtigt werden, bei Bauleistungen jedoch nur dann, wenn die Lieferung der technischen Geräte oder Ausrüstungen ein wesentlicher Bestandteil der Bauleistung ist. Der Auftraggeber kann den Energieverbrauch und die Umweltauswirkungen von Straßenfahrzeugen als Kriterien bei der Entscheidung über den Zuschlag berücksichtigen, um die aus § 7 Absatz 5 folgende Verpflichtung zu erfüllen. Sollen der Energieverbrauch und die Umweltauswirkungen von Straßenfahrzeugen finanziell bewertet werden, ist die in Anhang 5 definierte Methode anzuwenden. Soweit die Angaben in Anhang 4 dem Auftraggeber einen Spielraum bei der Beurteilung des Energiegehaltes oder der Emissionskosten einräumen, nutzt der Auftraggeber diesen Spielraum entsprechend den lokalen Bedingungen am Einsatzort des Fahrzeugs.

(3) Gebühren- und Honorarordnungen für bestimmte Dienstleistungen bleiben unberührt.

(4) Die Auftraggeber geben die Zuschlagskriterien in der Bekanntmachung oder den Vergabeunterlagen an. Hier geben sie auch an, wie die einzelnen Kriterien gewichtet werden. Die Gewichtung kann mit einer angemessenen Spanne erfolgen. Kann nach Ansicht des Auftraggebers die Gewichtung aus sachlichen Gründen nicht angegeben werden, so sind die Kriterien in der absteigenden Reihenfolge ihrer Bedeutung anzugeben.

(5) Für die Information der Bieter über die Zuschlagsentscheidung des Auftraggebers gilt § 101a des Gesetzes gegen Wettbewerbsbeschränkungen.

§ 30 SektVO Aufhebung und Einstellung des Vergabeverfahrens

Ein Vergabeverfahren kann ganz oder bei Losvergabe für einzelne Lose aufgehoben werden oder im Fall der Verhandlungsverfahren eingestellt werden. In diesen Fällen hat der Auftraggeber den am Vergabeverfahren beteiligten Unternehmen unverzüglich die Aufhebung oder Einstellung des Verfahrens und die Gründe hierfür sowie seine etwaige Absicht, ein neues Vergabeverfahren durchzuführen, in Textform mitzuteilen.

§ 31 SektVO Ausnahme von Informationspflichten

Auftraggeber dürfen bei der Benachrichtigung über die Auswahl der am Vergabeverfahren Teilnehmenden, die Zuschlagserteilung oder die Aufhebung des Vergabeverfahrens Angaben nur machen, soweit dies nicht gegen Rechtsvorschriften verstößt und nicht die berechtigten geschäftlichen Interessen der am Vergabeverfahren beteiligten Unternehmen schädigt oder den Wettbewerb beeinträchtigt.

§ 32 SektVO Dokumentation und Aufbewahrung der sachdienlichen Unterlagen

(1) Auftraggeber sind verpflichtet, sachdienliche Unterlagen über jede Auftragsvergabe zeitnah zu erstellen und die Entscheidungen über die Auswahl der Unternehmen und die Auftragsvergabe, die Wahl des Verhandlungsverfahrens ohne vorherige Bekanntmachung und die Nichtanwendung der Vergabevorschriften nachvollziehbar zu dokumentieren.

(2) Die sachdienlichen Unterlagen sind für mindestens vier Jahre ab Auftragsvergabe aufzubewahren. Der Kommission sind auf deren Verlangen die erforderlichen Auskünfte zu erteilen.

§ 33 SektVO Statistik

(1) Auftraggeber sind verpflichtet, spätestens bis zum 31. August jedes Jahres eine Aufstellung der im vorangegangenen Kalenderjahr vergebenen Aufträge an das Bundesministerium für Wirtschaft und Technologie zu übermitteln. Die Aufstellung enthält Angaben über vergebene Aufträge oberhalb der Schwellenwerte, getrennt nach Liefer-, Dienstleistungs- und Bauaufträgen. Satz 2 gilt nicht für Auftraggeber der Bereiche Gas- und Wärmeversorgung und Eisenbahnverkehr, ausgenommen S-Bahnen. In den anderen Sektorenbereichen entfallen Angaben über Dienstleistungsaufträge.

(2) Auftraggeber übermitteln dem Bundesministerium für Wirtschaft und Technologie jährlich zur Weitergabe an die Kommission den Gesamtwert der vergebenen Aufträge unterhalb der Schwellenwerte, die ohne eine Schwellenwertfestlegung von dieser Verordnung erfasst wären. Aufträge von geringem Wert können aus Gründen der Vereinfachung unberücksichtigt bleiben.

(3) Dienstleistungsaufträge, zu denen Angaben nach Absatz 1 Satz 4 entfallen, sind:
1. Forschungs- und Entwicklungsdienstleistungen der Kategorie 8 des Anhangs 1 Teil A,
2. Fernmeldedienstleistungen der Kategorie 5 des Anhangs 1 Teil A mit den Referenznummern 7524(CPV-Referenznummer 64228000–0), 7525 (CPV-Referenznummer 64221000–1) und 7526 (CPV-Referenznummer 64227000–3) und
3. Dienstleistungen des Anhangs 1 Teil B.

(4) Das Bundesministerium für Wirtschaft und Technologie setzt durch Allgemeinverfügung fest, in welcher Form die statistischen Angaben vorzunehmen sind. Die Allgemeinverfügung wird im Bundesanzeiger bekannt gemacht.

Literatur:
Byok, Die Entwicklung des Vergaberechts seit 2009, NJW 2010, 817; *Dicks,* Nebenangebote – Erfordern Zulassung, Zulässigkeit, Mindestanforderungen und Gleichwertigkeit inzwischen einen Kompass?, VergabeR 2012, 318; *Dieck/Bogatzke,* Probleme der Aufhebung der Ausschreibung, VergabeR 2008, 392; *Kraus,* Die Gewichtung von Zuschlagskriterien mittels Margen, VergabeR 2011, 171; *Opitz,* Vertrauensschutz gegenüber dem relativen Sektorenauftraggeber, NZBau 2002, 19; *Opitz,* Die neue Sektorenverordnung, VergabeR 2009, 689; *Schaller,* Dokumentations-, Informations-, Mitteilungs-, Melde- und Berichtspflichten im öffentlichen Auftragswesen, VergabeR 2007, 394; *Scharen,*

Aufhebung der Ausschreibung und Vertrauensschutz, NZBau 2003, 585; *Zillmann*, Waren und Dienstleistungen aus Drittstaaten im Vergabeverfahren, NZBau 2003, 480.

A. Einleitung

1   Regelungen über die Prüfung und Wertung der Angebote sind in Abschnitt 5 der SektVO enthalten. Die §§ 26 bis 31 SektVO regeln den Umgang mit den Angeboten. Die §§ 29 und 30 SektVO enthalten die Möglichkeiten der Verfahrensbeendigung durch Zuschlag oder Aufhebung bzw. Einstellung.

B. Behandlung der Angebote

I. Allgemeines

2   Die SektVO regelt (lediglich), dass Angebote vor Zuschlagserteilung zu prüfen und zu werten sind (§ 26 SektVO). Auf detailliertere Regelungen der Prüfungs- und Wertungsphase im Vorfeld der Erteilung des Zuschlags wurde verzichtet. Auch in der SKR finden sich keine Hinweise auf bestimmte Prüfungsschritte oder eine bestimmte Prüfungsabfolge. Damit unterscheidet sich die SektVO von § 19 EG VOL/A und § 16 EG VOB/A, die jeweils differenzierte Regelungen für die Prüfung und Wertung von Angeboten enthalten. Der Formalismus von § 16 EG VOB/A ist der SektVO fremd. Aus der geringeren Regelungsdichte lässt sich indessen nicht ableiten, dass Auftraggeber im Anwendungsbereich der SektVO bei der Prüfung und Wertung von Angeboten einen ungleich größeren **Spielraum** hätten als Auftraggeber im Anwendungsbereich von VOL/A, VOB/A und VOF.[1] Aus dem Wortlaut des § 26 SektVO („geprüft und gewertet") ergibt sich bereits die im Vergaberecht übliche Unterscheidung zwischen der formalen Prüfung und der inhaltlichen Wertung der Angebote. Der maßgebliche Unterschied zu VOL/A und VOB/A ist darin zu sehen, dass **keine zwingende Festlegung der Reihenfolge der Verfahrensschritte** vorgegeben ist. Hier kommt Auftraggebern im Sektorenbereich mehr Spielraum bei der Vergabeverfahrensgestaltung zu als bei Vergaben im klassischen Bereich öffentlicher Auftragsvergaben.[2] Das bedeutet, dass Auftraggeber im Sektorenbereich nach Ablauf der Angebotsfrist bis zur Zuschlagserteilung nach ihrem Ermessen über die Abfolge der einzelnen Prüfungs- und Wertungsschritte entscheiden können.[3] Die Freiheit des Auftraggebers reicht dabei nicht soweit, über einzelne Schritte gänzlich zu disponieren. Allerdings können Auftraggeber beispielsweise die Ermittlung der Angebotspreise vorziehen, um dann nur diejenigen Unternehmen auf Eignung zu überprüfen, welche in den Kreis der wirtschaftlich günstigsten Angebote gerückt sind.

1. Trennung von Eignungs- und Zuschlagskriterien

3   Ungeachtet des verfahrenstechnisch flexibel gestaltbaren Ablaufs der Angebotsprüfung und -wertung, besteht auch im Anwendungsbereich der SektVO die Pflicht, zwischen Eignungs- und Zuschlagskriterien zu trennen.[4]

---

[1] Vgl. *Christiani* in Pünder/Schellenberg, § 2 SektVO Rn. 2.
[2] BR-Drs. 522/09, Ausführungen zu § 26, 53.
[3] Vgl. aber VK Hessen Beschl. v. 18.4.2012, 69 d VK – 10/2012.
[4] VK Bund Beschl. v. 22.6.2010, VK 2–44/10.

2. Öffnung der Angebote

Frühestmöglicher Beginn der Angebotsprüfung ist ungeachtet einer dahingehenden ausdrücklichen Regelung in § 26 SektVO der Tag, an dem die Angebotsfrist abläuft.[5] Eine vorherige Prüfung bereits eingegangener Angebote verbietet sich nämlich im Hinblick auf § 5 Abs. 3 Hs. 2 SektVO. Danach dürfen Auftraggeber erst nach Ablauf der Eingangsfrist Kenntnis vom Inhalt der Angebote nehmen. Obwohl weitergehende ausdrückliche Vorgaben hinsichtlich der **Öffnung der Angebote** in der SektVO, die etwa mit § 17 EG VOL/A oder § 14 EG VOB/A vergleichbar wären, fehlen, sind Auftraggeber auch im Anwendungsbereich der SektVO bei der Öffnung der Angebote selbstverständlich nicht gänzlich frei von Vorgaben. So kommt der Vertraulichkeit der Angebote (§ 5 Abs. 3 Hs. 2 SektVO) zwar nach Ablauf der (ggf. im Verhandlungsverfahren letzten) Angebotsfrist nicht mehr der gleiche Stellenwert zu wie im Vorfeld des Ablaufs der Angebotsfrist. Allerdings ist weiterhin darauf zu achten, dass die Integrität der Daten gewahrt bleibt (§ 5 Abs. 3 Hs. 1 SektVO). Zudem sind die Öffnung und die anschließenden Prüfungsschritte hinsichtlich jedes einzelnen Angebots ordnungsgemäß zu dokumentieren (§ 32 SektVO). Es ist ratsam, wenn auch nicht zwingend, die Öffnung der Angebote stets von mindestens zwei Vertretern des Auftraggebers vornehmen zu lassen (vgl. § 17 EG Abs. 2 VOL/A), um auf diese Weise gar nicht erst den Anschein einer Manipulation entstehen zu lassen.

4

II. Angebotsprüfung

Bei der Festlegung der Kriterien, die zum Ausschluss vom Vergabeverfahren führen, sind Auftraggeber im Anwendungsbereich der SektVO zwar grds. frei. Diese Freiheit ist allerdings zum einen durch die Grundsätze der Transparenz, Gleichbehandlung und Nichtdiskriminierung und zum anderen durch explizit in der SektVO geregelte, gesetzliche Ausschlusskriterien beschränkt.

5

1. Nicht frist- und formgerechte Angebote

Auftraggeber legen gemäß §§ 17, 18 SektVO eine Frist für den Eingang der Angebote bei der zuständigen Stelle (vgl. § 25 Abs. 4 Nr. 3 SektVO) fest. Die Überschreitung dieser Ausschlussfrist führt auch im Sektorenbereich zwingend zum Ausschluss des verspätet eingegangenen Angebots, es sei denn der Bieter kann nachweisen, dass er den verspäteten Eingang nicht zu vertreten hat. Das folgt bereits aus dem Transparenz- und Gleichbehandlungsgrundsatz. Entsprechendes gilt wie im klassischen Bereich öffentlicher Auftragsvergaben für nicht formgerecht eingegangene Angebote.

6

2. Unvollständige Angebote

Der Ausschluss eines Angebots aufgrund unvollständiger Unterlagen ist in der SektVO nicht ausdrücklich als zwingender Ausschlussgrund geregelt (anders etwa § 19 EG Abs. 3 lit. a) VOL/A). Es folgt jedoch aus § 97 Abs. 1 und 2 GWB, dass das **Transparenz- und das Gleichbehandlungsgebot** auch in Vergabeverfahren nach der SektVO zu beachten sind.[6] Das Transparenz- und das Gleichbehandlungsgebot erfordern, unvollständige Angebote von der Wertung auszuschließen.[7] Aus § 19 Abs. 3 SektVO folgt zwar, dass fehlende Erklärungen und Nachweise ermessensfehlerfrei innerhalb einer vom Auftraggeber be-

7

---

[5] v. Wietersheim in Müller-Wrede SektVO, § 26 Rn. 10; Summa in jurisPK-VergR, § 26 SektVO, Rn 7 f.
[6] OLG München Beschl. v. 29. 9. 2009, Verg 12/09.
[7] OLG Brandenburg Beschl. v. 16. 2. 2012, Verg W 1/12.

stimmten **Nachfrist** nachgefordert werden können.[8] Konsequenz des erfolglosen Verstreichens der Nachfrist ist allerdings auch im Sektorenbereich der Ausschluss des Bieters.

3. Änderungen an den Vergabe- bzw. Vertragsunterlagen

8 In der SektVO fehlt es zwar an einem expliziten Ausschlussgrund bei **Änderungen an den Vergabe- bzw. Vertragsunterlagen**, jedoch folgt aus Art. 51 Abs. 3 SKR, dass derartige Angebote auch im Sektorenbereich zwingend auszuschließen sind.[9] Auftraggeber überprüfen die vorgelegten Angebote anhand der für sie geltenden Vorschriften und „Anforderungen" (Art. 51 Abs. 3 SKR). Ausgangspunkt für das Feststellen einer Abweichung sind immer die Bekanntmachung und die Vergabe- bzw. Vertragsunterlagen, die den Bietern zur Verfügung gestellt wurden. Es entspricht den Grundsätzen der Transparenz und Gleichbehandlung, dass Angebote, die auf einer anderen Basis erstellt wurden als den allen Bietern zur Verfügung gestellten Unterlagen, ausgeschlossen werden. Der Nicht-Ausschluss des Angebots eines Bieters, der die vom Auftraggeber festgelegten „Spielregeln", etwa durch die Geltendmachung seiner eigenen Geschäftsbedingungen oder anderer Vorbehalte modifizieren will, verstößt gegen das von jedem öffentlichen Auftraggeber – auch im Sektorenbereich – einzuhaltende Gleichbehandlungsgebot.[10] Gleiches gilt, wenn ein Bieter die Erbringung der konkreten Leistung zum Gegenstand wie auch immer gearteter eigener Bedingungen zu machen sucht.[11]

4. Wettbewerbsbeschränkende Abreden

9 Im Gegensatz zu § 16 EG Abs. 1 Nr. 1 lit. d) VOB/A enthält die SektVO keine expliziten Vorgaben hinsichtlich des Ausschlusses wegen wettbewerbsbeschränkender Absprachen. Zur Sicherstellung eines wirksamen, nicht verfälschten Wettbewerbs sind Auftraggeber jedoch auch im Anwendungsbereich der SektVO bereits nach dem Gleichbehandlungsgebot verpflichtet, etwaigen Wettbewerbsbeschränkungen oder -verzerrungen entgegen zu treten.[12] Dazu gehört auch der Schutz der Bieter vor Wettbewerbsbeschränkungen und Wettbewerbsverzerrungen durch konkurrierende Bieter. Daraus folgt die Pflicht des Auftraggebers, Anhaltspunkten für eine drohende Wettbewerbsverzerrung nachzugehen und alles zu vermeiden, was zu einer Gefährdung wirksamen Wettbewerbs führen könnte.[13] Wichtigster Anwendungsfall in diesem Zusammenhang sind Absprachen von Bietern über den jeweils anderen Angebotsinhalt. Dahingehenden Anhaltspunkten hat der Auftraggeber nachzugehen und die betroffenen Bieter nach Gelegenheit zur Stellungnahme ggf. auszuschließen.

III. Angebotswertung

10 Gemäß § 29 Abs. 1 SektVO „soll" der Zuschlag auf das wirtschaftlich günstigste Angebot erteilt werden. Entgegen dem insofern nicht ganz eindeutigen Wortlaut von § 29 SektVO („soll") handelt es sich hierbei um eine **„Muss"-Vorschrift**. Das folgt aus dem höherrangigen § 97 Abs. 5 GWB. Danach „wird" der Zuschlag auf das **wirtschaftlichste Angebot** erteilt.[14] Die sprachliche Abweichung zwischen § 97 Abs. 5 GWB („wirtschaft-

---

[8] Zur Nachforderung von Preisblättern als Bestandteil indikativer Angebote im Verhandlungsverfahren im Sektorenbereich vgl. OLG Düsseldorf Beschl. v. 25.4.2012, Verg 9/12.
[9] OLG Düsseldorf Beschl. v. 21.5.2008, VII-Verg 19/08; VK Köln Beschl. v. 2.8.2011, VK VOL 18/2011; VK Bund Beschl. v. 27.7.2009, VK 2–99/09.
[10] VK Köln Beschl. v. 2.8.2011, VK VOL 18/2011.
[11] *Summa* in jurisPK-VergR, § 26 SektVO Rn. 33.
[12] VK Bund Beschl. v. 30.3.2000, VK 2–2/00.
[13] VK Brandenburg Beschl. v. 2.10.2006, 2 VK 38/06.
[14] *Ruhland* in Pünder/Schellenberg, § 29 SektVO Rn. 3.

lichste" Angebot) und § 29 Abs. 1 SektVO („wirtschaftlich günstigste" Angebot) ist unnötig, aber materiell-rechtlich ohne Konsequenz.

C. Ungewöhnlich niedrige Angebote

§ 27 SektVO regelt den Umgang mit Angeboten, die im Vergleich zur angebotenen Leistung ungewöhnlich niedrig erscheinen. § 27 SektVO setzt Art. 57 SKR in nationales Recht um.[15] Vergleichbare Regelungen finden sich in § 19 EG Abs. 6 VOL/A sowie § 16 EG VOB/A. Anders als VOL/A und VOB/A regelt § 27 SektVO nur den Fall des **Unterpreisangebots**. **Überpreisangebote** iSv § 16 EG Abs. 6 Nr. 1 Alt. 1 VOB/A werden von § 27 SektVO nicht ausdrücklich geregelt. Ggf. ist die Ausschreibung ordnungsgemäß aufzuheben, weil keine wirtschaftlichen Angebote eingegangen sind. 11

D. Angebote die Waren aus Drittländern umfassen

§ 28 SektVO ermöglicht unter bestimmten Voraussetzungen die Bevorzugung von Angeboten, die aus Ländern stammen, die Vertragspartei des Abkommens über den Europäischen Wirtschaftsraum (EWR)[16] sind oder mit denen Vereinbarungen über den gegenseitigen Marktzugang bestehen.[17] Diese Regelung entspricht im Wesentlichen § 12 VgV aF und stellt eine Umsetzung von Art. 58 SKR in deutsches Recht dar.[18] **Regelungen bezüglich der Behandlung von Angeboten aus Drittstaaten finden sich nur in der SektVO**. Der (europäische) Normgeber hat bewusst auf eine entsprechende Regelung im klassischen Vergaberecht verzichtet. Auch im Zuge der Novellierungen und Überarbeitungen der VKR hat dort keine Art. 58 SKR entsprechende Regelung Eingang gefunden.[19] 12

I. Zurückweisung von Angeboten

Der Auftraggeber eines Lieferauftrags kann Angebote zurückweisen, bei denen der Warenanteil zu mehr als 50 % des Gesamtwertes aus Ländern stammt, die nicht Vertragsparteien des Abkommens über den Europäischen Wirtschaftsraum sind und mit denen auch keine sonstigen Vereinbarungen über gegenseitigen Marktzugang bestehen (§ 28 Abs. 1 Satz 1 SektVO). Als **Drittländer** gelten alle Staaten, die nicht dem Abkommen über den Europäischen Wirtschaftsraum beigetreten sind oder kein vergleichbares Abkommen geschlossen haben. Als vergleichbares Abkommen gilt etwa das „Government Procurement Agreement GPA/WTO".[20] Mit welchen Staaten Abkommen iSv § 28 Abs. 1 SektVO abgeschlossen wurden, macht das Bundesministerium für Wirtschaft und Technologie im Bundesanzeiger bekannt (§ 28 Abs. 1 Satz 2 SektVO).[21] Wie geprüft werden soll, ob der Warenanteil aus Drittländern die 50 % – Marke überschreitet, ist in § 28 SektVO nicht geregelt. Während sich der Gesamtwert eines Angebots anhand objektiver Kriterien ermitteln lässt, ist unklar, wie im Einzelfall belegt werden muss, dass der fragliche **Warenanteil aus Drittländern** die 50 % Grenze überschreitet. Es ist daher empfehlenswert, dass Auftraggeber klare Vorgaben machen und ggf. Nachweise anfordern, anhand derer 13

---

[15] BR-Drs. 522/09, Ausführungen zu § 27, 53 f.
[16] Neben den EU-Mitgliedstaaten gehören zum EWR Island, Lichtenstein und Norwegen. Die Schweiz als weiterer EFTA-Staat ist dem EWR nicht beigetreten.
[17] BR-Drs. 522/09, Ausführungen zu § 28, 54.
[18] BR-Drs. 522/09, Ausführungen zu § 28, 54.
[19] *Zillmann* NZBau 2003, 480, 482.
[20] www.wto.org.
[21] Vgl. hierzu Bundesanzeiger Nr. 77 v. 24.4.2003, S. 8529.

die Angebote auf das Vorliegen des Ausschlusstatbestands nach § 28 Abs. 1 SektVO geprüft werden können.[22]

II. Zuschlagsregel bei Gleichwertigkeit von Angeboten

14 § 28 Abs. 2 SektVO gibt vor, wie zu verfahren ist, wenn mindestens zwei Angebote nach den Zuschlagskriterien gleichwertig sind. In einem solchen Fall sind Angebote bevorzugt zu berücksichtigen, deren Warenanteil nicht zu mehr als 50 % aus Drittländern stammt (§ 28 Abs. 2 Satz 1 SektVO). Von **Gleichwertigkeit** ist auszugehen, wenn die Angebote im Hinblick auf den Preis nicht mehr als 3 % voneinander abweichen (§ 28 Abs. 2 Satz 2 SektVO). Die Vorschrift des § 28 Abs. 2 Satz 1 SektVO ist nicht anzuwenden, wenn der Ausschluss des Angebots mit niedrigerem Drittländerwarenanteil aufgrund technischer Merkmale zu **Inkompatibilität, technischen Schwierigkeiten oder unverhältnismäßigen Kosten** führen würde (§ 28 Abs. 2 Satz 3 SektVO). Der Eintritt von Gleichwertigkeit scheint allerdings ohnehin eher eine theoretische Konstellation zu betreffen, da Auftraggeber in der Regel mehrere Zuschlags(unter)kriterien (§ 29 SektVO) berücksichtigen, was Gleichwertigkeit iSv § 28 Abs. 1 SektVO zu einem kaum denkbaren Fall macht.[23]

E. Zuschlag und Zuschlagskriterien

15 Zuschlag und Zuschlagskriterien im Sektorenbereich sind kursorisch in § 29 SektVO geregelt, welcher Art. 55 SKR umsetzt. Vergleichbare Regelungen finden sich in § 19 EG Abs. 8 und Abs. 9 VOL/A sowie § 16 EG Abs. 7 VOB/A.

16 Im Rahmen der Wertung der Angebote hat sich der Auftraggeber auch im Sektorenbereich an die von ihm selbst aufgestellten und bekannt gemachten Zuschlags- und Unterkriterien zu halten (§ 29 Abs. 4 SektVO). Zuschlagskriterien haben im Zusammenhang mit dem Auftragsgegenstand zu stehen (§ 29 Abs. 2 SektVO). Der Zuschlag soll auf das **wirtschaftlich günstigste Angebot** erteilt werden (§ 29 Abs. 1 SektVO, § 97 Abs. 5 GWB). In der SektVO ist nicht ausdrücklich geregelt, dass der **Zuschlag auf Grundlage des niedrigsten Preises** erteilt werden kann.[24] Nach dem Willen des europäischen Normgebers sind zwei Zuschlagskriterien vorgesehen: das des „niedrigsten Preises" und das des „wirtschaftlich günstigsten Angebots" (Art. 55 Abs. 1 lit a) und lit b) SKR). Die europarechtlichen Vorgaben sind somit nicht vollständig in nationales Recht übernommen worden. Angesichts der expliziten Regelung dieses Zuschlagskriteriums in der SKR ist allerdings bereits im Wege der europarechtskonformen Auslegung des nationalen Rechts sicherzustellen, dass auch ein Zuschlag allein aufgrund des alleinigen Zuschlagskriteriums „Preis" erfolgen darf.[25]

17 Auftraggeber im Sektorenbereich können den **Energieverbrauch** von technischen Geräten und Ausrüstungen als Kriterium bei der Angebotswertung zulassen (§ 29 Abs. 2 Satz 2 SektVO). Damit wird die Energieeffizienzrichtlinie 2006/32/EG, Anhang VI Buchstabe c und d in nationales Recht umgesetzt. Diese Regelung ist nicht zwingend, sondern als „kann"-Vorschrift angelegt.[26] In diesem Zusammenhang haben Vorgaben der Richtlinie 2009/33/EG zur Beschaffung energieeffizienter Straßenfahrzeuge Eingang in die SektVO gefunden. § 29 Abs. 2 Satz 3 bis Satz 5 SektVO beziehen die Berücksichtigung des Energieverbrauchs und der Umweltauswirkungen von Straßenfahrzeugen als

---

[22] Vgl. auch *Röwekamp* in Eschenbruch/Opitz, § 28 Rn. 5 und 7.
[23] *Zillmann* NZBau 2003, 480, 483 f.
[24] *Opitz* in Eschenbruch/Opitz, § 21 Rn. 2.
[25] OLG Düsseldorf Beschl. v. 18. 10. 2010, VII-Verg 39/10; OLG München Beschl. v. 20. 5. 2010, Verg 4/10; *Ruhland* in Pünder/Schellenberg, § 29 SektVO Rn. 3.
[26] BR-Drs. 522/09, Ausführungen zu § 29 SektVO, S. 55.

Zuschlagskriterien ein, um die aus § 7 Absatz 5 SektVO folgende Verpflichtung zu erfüllen. Sollen diese Kriterien finanziell bewertet werden, ist die in Anhang 5 zur SektVO definierte Methode anzuwenden. Soweit die Angaben in Anhang 4 zur SektVO dem Auftraggeber einen Spielraum bei der Beurteilung des Energiegehalts oder der Emissionskosten einräumen, nutzt der Auftraggeber diesen Spielraum entsprechend den lokalen Bedingungen am Einsatzort des Fahrzeugs.

Auch im Sektorenbereich sind Auftraggeber verpflichtet, die Bieter über die Zuschlagserteilung zu informieren. § 29 Abs. 5 SektVO verweist insofern auf **§ 101a GWB**, welcher die Pflicht und Anforderungen hinsichtlich der **Zuschlagsvorabinformation** regelt. Ein derartiger Hinweis fehlt in der VgV sowie der VOL/A, VOB/A und VOF. Praktische Konsequenzen hat das aber nicht, da der Hinweis lediglich deklaratorischer Natur ist und sich die dort in Bezug genommen Pflichten bereits aus dem höherrangigen GWB ergeben. 18

F. Aufhebung und Einstellung des Vergabeverfahrens

§ 30 SektVO regelt die vollständige oder teilweise Aufhebung bzw. Einstellung eines Vergabeverfahrens im Sektorenbereich.[27] Vergleichbare Regelungen finden sich in § 20 EG VOL/A und § 17 EG VOB/A.[28] Die SektVO enthält im Gegensatz zu VOB/A und VOL/A keinen Katalog von Gründen, die zur Aufhebung bzw. Einstellung eines Verfahrens berechtigen.[29] Nach VOB/A und VOL/A kommt eine Aufhebung abschließend nur dann in Betracht, wenn kein Angebot eingegangen ist, welches den Bewerbungsbedingungen entspricht, sich die Grundlagen des Vergabeverfahrens geändert haben, das Vergabeverfahren kein wirtschaftliches Ergebnis erbracht hat sowie aus anderen sog schwerwiegenden Gründen (§ 17 EG Abs. 1 VOB/A, § 20 Abs. 1 EG VOL/A). Im Sektorenbereich ist eine Aufhebung jedenfalls dann zulässig, wenn die in VOB/A und VOL/A genannten Gründe vorliegen. Im Sektorenbereich kann eine Aufhebung aber grds. auch auf Umstände gestützt werden, die nicht im vorgenannten Katalog gelistet sind.[30] Dafür kommen solche Umstände in Betracht, die auch bei privaten Auftraggebern einen Abbruch von Vertragsverhandlungen zulassen würden, ohne dass dadurch schuldhaft das zwischen den Verhandlungsparteien bestehende vorvertragliche Vertrauensverhältnis verletzt würde. Die Aufhebung ist insofern von den Nachprüfungsinstanzen **nur eingeschränkt überprüfbar**.[31] Unzulässig sind allerdings ermessensfehlerhafte, also insbesondere willkürliche oder vorgebliche Aufhebungen.[32] Eine vorgebliche Scheinaufhebung liegt dann vor, wenn der Auftraggeber missbräuchlich den Schein einer Aufhebung setzt, um auf diese Weise dem von ihm bevorzugten Bieter den Auftrag zukommen zulassen.[33] 19

Auftraggeber haben Bieter unverzüglich über die Aufhebung und die zugrunde liegenden Gründe zu unterrichten (§ 30 Satz 2 SektVO). Die **Mitteilung** hat in Textform (§ 126b BGB) zu erfolgen. Soll im Anschluss an die Aufhebung erneut ein Vergabever- 20

---

[27] Vgl. zur Rechtslage vor Erlass der Sektorenverordnung *Opitz* NZBau 2002, 19.
[28] Vgl. allg. zur Aufhebung von Ausschreibungen *Dieck-Bogatzke* VergabeR 2008, 392 sowie *Scharen* NZBau 2003, 585.
[29] *Opitz* VergabeR 2009, 689, 699.
[30] VK Sachsen Beschl. v. 5.6.2012, 1/SVK/012–12; Beschl. v. 10.5.2006, 1/SVK/037–06; *Herrmann* in Ziekow/Völlink, § 30 SektVO Rn. 2.
[31] VK Lüneburg Beschl. v. 27.9.2010, VgK-37/2010; OLG Celle Beschl. v. 10.6.2010, 13 Verg 18/09.
[32] VK Sachsen Beschl. v. 5.6.2012, 1/SVK/012–12; VK Brandenburg Beschl. v. 14.12.2007, VK 50/07; VK Düsseldorf Beschl. v. 2.3.2007, VK 05/2007-L; OLG München Beschl. v. 12.7.2005, Verg 8/05.
[33] OLG München Beschl. v. 12.7.2005, Verg 8/05; OLG Düsseldorf Beschl. v. 15.3.2000, Verg 4/00.

fahren durchgeführt werden, haben Auftraggeber zumindest die am aufgehobenen Vergabeverfahren beteiligten Unternehmen darüber zu informieren.[34] Das ist etwa von Relevanz im Hinblick auf die Möglichkeit, ein Verhandlungsverfahren gemäß § 6 Abs. 2 Nr. 1 SektVO ohne vorherige Bekanntmachung durchzuführen.

G. Grenzen der Informations- und Mitteilungspflichten

21 Auftraggeber müssen auch im Sektorenbereich bei der Benachrichtigung über die Auswahl der am Vergabeverfahren Teilnehmenden (§ 20 Abs. 5 SektVO, § 24 Abs. 9 SektVO), die Zuschlagserteilung (§ 29 Abs. 5 SektVO, § 101a GWB) oder die Aufhebung des Vergabeverfahrens (§ 30 SektVO) bestimmte Grenzen der Informations- und Mitteilungspflichten beachten. Die Angaben des Auftraggebers dürfen nur soweit gehen, dass sie nicht gegen Rechtsvorschriften verstoßen, nicht die berechtigten geschäftlichen Interessen der am Vergabeverfahren beteiligten Unternehmen schädigen oder den Wettbewerb beeinträchtigen. Im Gegensatz zum § 31 SektVO zugrunde liegenden Art. 49 Abs. 2 SKR, welcher die Möglichkeit vorsieht, bestimmte Angaben nicht zu tätigen („kann"), statuiert § 31 SektVO ein **Verbot** („dürfen nicht").

H. Behandlung von Nebenangeboten

22 Auftraggeber haben auch im Sektorenbereich die Möglichkeit, Nebenangebote[35] zuzulassen. Das folgt aus § 8 Abs. 1 SektVO, der Art. 36 Abs. 1 SKR in nationales Recht umsetzt. Eine korrespondierende Regelung findet sich in § 9 EG Abs. 5 VOL/A, der § 8 Abs. 1 SektVO fast wortgleich entspricht. Danach sind Nebenangebote auszuschließen, wenn der Auftraggeber diese nicht ausdrücklich zugelassen und ausreichende Mindestbedingungen festgelegt hat (§ 8 Abs. 1 SektVO).[36] Ein Nebenangebot darf im Sektorenbereich ausdrücklich nicht allein deshalb zurückgewiesen werden, weil mit der Einreichung des Nebenangebots eine **Änderung der Vertragsart** von einem Liefer- in einen Dienstleistungsauftrag bzw. von einem Dienstleistungs- in einen Lieferauftrag einherginge (§ 8 Abs. 2 SektVO).[37] Diese Regelung geht auf Art. 36 Abs. 2 SKR zurück. Eine unmittelbare Entsprechung zu dieser Vorschrift findet sich weder in VOB/A noch VOL/A.

I. Unteraufträge

23 Die SektVO regelt wiederholt, dass sich Auftraggeber zur Leistungserbringung auch der Hilfe von „Unterauftragnehmern" bedienen können (§ 20 Abs. 3 SektVO, § 24 Abs. 5 SektVO).[38] Der Begriff des Unterauftragnehmers ist deckungsgleich mit dem Begriff des Nachunternehmers, beispielsweise in § 8 EG Abs. 2 Nr. 2 VOB/A.[39] Gemäß § 8 Abs. 3 SektVO kann der Auftraggeber vorgeben, dass der Unternehmer den Teil des Auftrags benennt, den er durch Unteraufträge an Dritte zu vergeben beabsichtigt, und dass er den Namen des Unterauftragnehmers spätestens[40] vor Zuschlagserteilung angibt.

---

[34] *Lischka* in Müller-Wrede SektVO, § 30 Rn. 36.
[35] Zum Begriff des Nebenangebots *Dicks* VergabeR 2012, 318.
[36] VK Sachsen Beschl. v. 11.3.2011, 1/SVK/001–11; EuGH Urt. v. 16.10.2003, Rs. C-421/01 – Traunfeller, Rn. 27 f.; VK Sachsen Beschl. v. 5.3.2012, 1/SVK/003–12.
[37] *Opitz* in Eschenbruch/Opitz, § 8 Rn. 30.
[38] *Sommer* in jurisPK-VergR, § 8 SektVO Rn. 33.
[39] Vgl. OLG Düsseldorf Beschl. v. 2.3.2011 – Verg 48/10; VK Südbayern Beschl. v. 15.3.2010 – Z3-3-3194-1-09-02/10; *Gnittke/Hattig* in Müller-Wrede SektVO, § 8 Rn. 20.
[40] Vgl. *Opitz* in Eschenbruch/Opitz, § 8 Rn. 36 f.

J. Dokumentation

§ 32 SektVO regelt die Pflicht des Auftraggebers im Sektorenbereich, sachdienliche Unterlagen über die Auftragsvergabe zu erstellen (§ 32 Abs. 1 SektVO) und diese für mindestens vier Jahre aufzubewahren (§ 32 Abs. 2 Satz 1 SektVO). Darüber hinaus sind Auftraggeber verpflichtet, der EU-Kommission auf deren Verlangen hin die erforderlichen Auskünfte zu erteilen. Damit wird Art. 50 SKR in nationales Recht umgesetzt. Korrespondierende Regelungen finden sich in § 24 EG VOL/A und § 20 EG VOB/A.[41]

24

Auftraggeber sind verpflichtet, sachdienliche Unterlagen über jede Auftragsvergabe zeitnah zu erstellen und Entscheidungen über die Auswahl der Unternehmen (§ 20 ff. SektVO) und der Auftragsvergabe (§ 26 ff. SektVO), die Wahl des Verhandlungsverfahrens ohne vorherige Bekanntmachung (§ 6 SektVO) und die Nichtanwendung des Vergabevorschriften nachvollziehbar zu dokumentieren (§ 32 Abs. 1 SektVO). Die Pflicht zur Erstellung sachdienlicher Unterlagen ist „eine zentrale"[42] Vorschrift der SektVO. Gleichwohl finden sich weder in der SektVO noch in der SKR detaillierte Regelungen zur Dokumentation des Vergabeverfahrens.[43] Damit unterscheiden sich die sektorenbezogenen Regelungen von Art. 43 VKR bzw. § 24 EG VOL/A und § 20 EG VOB/A, welche ausführliche Regelungen bezüglich der Dokumentation und des Inhalts des Vergabevermerks enthalten.

25

Der Begriff der „**sachdienlichen Unterlagen**" korrespondiert ungeachtet der abweichenden Terminologie mit dem Begriff der „Dokumentation" nach § 24 EG VOL/A und § 20 EG VOB/A und bezeichnet damit der Sache nach den sog „Vergabevermerk".[44] Dokumentiert werden müssen sowohl der formale Verfahrensablauf als auch sämtliche Maßnahmen, Feststellungen und Begründungen der einzelnen Entscheidungen. In formeller Hinsicht sieht § 32 SektVO im Gegensatz zu § 20 EG VOB/A („Textform) keine speziellen formellen Anforderungen an den Vergabevermerk vor. In **Ermangelung formeller Vorgaben** steht es Auftraggebern im Sektorenbereich frei, auf welche Weise sie die Vergabedokumentation führen. Insbesondere kann ein Vergabevermerk vollelektronisch verfasst werden.[45] Auch wenn die Dokumentation somit nicht zwingend in einem zusammenhängenden Vergabevermerk erfolgen muss, muss das Verfahren gleichwohl lückenlos dokumentiert werden.[46] Das dient der Wahrung des Transparenzgrundsatzes gemäß § 97 Abs. 1 GWB. Die Vergabedokumentation dient insbesondere der Überprüfbarkeit der Entscheidungen des Auftraggebers durch Nachprüfungsinstanzen.[47] Die Entscheidungen der Vergabestelle müssen (anhand des Vergabevermerks) nachvollziehbar sein (Art. 50 SKR).[48]

26

In zeitlicher Hinsicht sieht § 32 SektVO eine „**zeitnahe**" Erstellung der maßgeblichen Unterlagen vor. Daraus folgt, dass die einzelnen Maßnahmen, Entscheidungen und deren Gründe jeweils zeitnah zu dokumentieren sind. Nur so wird auch im Rahmen eines lange andauernden Verfahrens gewährleistet, dass die jeweiligen Vorüberlegungen, Erwägungen und Entscheidungen genau und unverfälscht dokumentiert werden. Durch die Pflicht zur laufenden Dokumentation werden zudem nachträgliche Manipulationsmöglichkeiten verringert.[49]

27

---

[41] Vgl. allg. zu den Dokumentationspflichten des Auftraggebers *Schaller* VergabeR 2007, 394.
[42] BR-Drs. 522/09, Ausführungen zu § 32 SektVO, S. 55.
[43] *Wichmann* in Eschenbruch/Opitz, § 32 Rn. 13.
[44] So auch *Summa/Zeiss* in jurisPK-VergR, § 32 SektVO Rn. 12.
[45] OLG Düsseldorf Beschl. v. 30.11.2009, VII-Verg 41/09.
[46] OLG Schleswig Beschl. v. 20.3.2008, 1 Verg 6/07; OLG Koblenz Beschl. v. 6.11.2008, 1 Verg 3/08.
[47] *Diehl* in Müller-Wrede SektVO, § 32 Rn. 4.
[48] OLG Düsseldorf Beschl. v. 30.11.2009, VII-Verg 41/09.
[49] VK Lüneburg Beschl. v. 5.11.2010, VgK-54/2010.

28 Die der Dokumentation dienenden Unterlagen sind **mindestens vier Jahre lang aufzubewahren**. Fristbeginn ist der Tag der Auftragsvergabe (§ 32 Abs. 2 Satz 1 SektVO). Auf Verlangen der EU-Kommission sind diese Unterlagen zur Verfügung zu stellen (§ 32 Abs. 2 Satz 2 SektVO).[50] Die Pflicht zur Aufbewahrung der sachdienlichen Unterlagen ist nicht zuletzt im Zusammenhang mit § 129 GWB und dem Korrekturmechanismus der EU-Kommission zu sehen. In die VOB/A sowie die VOL/A ist eine entsprechende Regelung nicht aufgenommen worden.

K. Statistik

29 Auftraggeber im Anwendungsbereich der SektVO sind verpflichtet, dem Bundesministerium für Wirtschaft und Technologie spätestens bis zum 31.8. jeden Jahres Mitteilung über die in dem jeweiligen Kalenderjahr vergebenen Aufträge zu machen (§ 33 Abs. 1 Satz 1 SektVO, Art. 67 SKR). Das Bundesministerium für Wirtschaft und Technologie gibt die statistischen Informationen, die es von den Auftraggebern im Sektorenbereich erhält, an die EU-Kommission weiter. Wie die Informationen zusammenzustellen und zu übermitteln sind, wird vom Bundesministerium für Wirtschaft und Technologie im Bundesanzeiger und im Internet bekannt gegeben.[51] Zu diesem Zweck wird eine Allgemeinverfügung erlassen (§ 33 Abs. 4 SektVO). Entsprechend der **Allgemeinverfügung v. 11.1.2012** sind auf der Internetseite des Bundesministeriums für Wirtschaft und Technologie Formblätter zum Download bereitgestellt worden.

---

[50] *Summa/Zeiss* in jurisPK-VergR, § 32 SektVO Rn. 34 f.
[51] BR-Drs. 522/09, Ausführungen zu § 33, S. 56.

§ 53 Rechtsfolgen von Vergaberechtsverstößen und Rechtsschutz (Besonderheiten)

Besonderheiten im Sektorenbereich bestehen hinsichtlich des Rechtsschutzes nicht, auch 1 wenn zwei gesonderte europäische Rechtsmittelrichtlinien existieren. Die Sinnhaftigkeit **unterschiedlicher europäischer Rechtsmittelrichtlinien**, eine für den Sektorenbereich (Richtlinie 92/13/EWG)[1] und eine für den „klassischen" öffentlichen Sektor (Richtlinie 89/665/EWG)[2], resultierte ursprünglich daraus, dass einige Rechtsmittelvorschriften für Auftragsvergaben im Sektorenbereich flexibler waren als bei klassischen öffentlichen Auftragsvergaben. Mit Richtlinie 2007/66/EG[3] sind die bestehenden Rechtsmittelrichtlinien jedoch angeglichen worden. Zwar bleiben **kleinere Unterschiede zwischen den beiden Rechtsmittelrichtlinien bestehen:** Richtlinie 89/665/EWG sieht lediglich Maßnahmen zur Sicherung der Rechte Beteiligter im Wege der einstweiligen Verfügung, der Aufhebung rechtswidriger Entscheidungen sowie Schadensersatzzahlungen vor (Art. 2 Abs. 1 Richtlinie 89/665/EWG). Richtlinie 92/13/EWG hingegen lässt auch „andere" Maßnahmen zu, die ergriffen werden können, um festgestellte Rechtsverstöße und Schädigungen zu beseitigen oder zu verhindern (Art. 2 Abs. 1 lit c Richtlinie 92/13/EWG). Damit gibt die Rechtsmittelrichtlinie für den Sektorenbereich EU-Mitgliedstaaten die Möglichkeit, alternative Maßnahmen zu entwickeln, solange diese die Verhinderung der Schädigung betroffener Interessen wirksam gewährleisten (Art. 2 Abs. 1 lit c) aE). In Deutschland ist von dieser Möglichkeit indessen kein Gebrauch gemacht worden. Im Gegensatz zu den unionsrechtlichen Regelungen **sieht das GWB ein einheitliches Rechtsschutzverfahren vor**, das für „klassische" Auftragsvergaben ebenso gilt wie für den Sektorenbereich. Auf die Anwendung in der Richtlinie 92/13/EWG angelegter flexiblerer „anderer" Maßnahmen hat der deutsche Gesetzgeber verzichtet. Das ist europarechtlich nicht zu beanstanden, denn Richtlinie 2007/66/EG schließt die Anwendung schärferer Sanktionen nach innerstaatlichem Recht ausdrücklich nicht aus (Erwägungsgrund 20 der Richtlinie 2007/66/EG).

---

[1] RL 92/13/EWG des Rates v. 25.2.1992 zur Koordinierung der Rechts- und Verwaltungsvorschriften für die Anwendung der Gemeinschaftsvorschriften über die Auftragsvergabe durch Auftraggeber im Bereich der Wasser-, Energie- und Verkehrsversorgung sowie im Telekommunikationssektor, ABl. L 76/14.
[2] RL 89/665/EWG des Rates v. 21.12.1989 zur Koordinierung der Rechts- und Verwaltungsvorschriften für die Anwendung der Nachprüfungsverfahren im Rahmen der Vergabeöffentlicher Liefer- und Bauaufträge, ABl. Nr. L 395/33.
[3] RL 2007/66/EG des Europäischen Parlaments und des Rates v. 11.12.2007 zur Änderung der Richtlinien 89/665/EWG und 92/13/EWG des Rates im Hinblick auf die Verbesserung der Wirksamkeit der Nachprüfungsverfahren bezüglich der Vergabe öffentlicher Aufträge, ABl. L 335/31.

Kapitel 11 Auftragsvergaben im Bereich Öffentlicher Personenverkehrsdienste auf Schiene und Straße (Verordnung (EG) Nr. 1370/2007)

§ 54 Einführung zur VO 1370/2007

Übersicht

	Rn.
A. Einleitung	1–9
I. Zweck der Verordnung	2
II. Verordnungsrecht im Sinne des Art. 288 AEUV	3–5
III. Anpassungsbedarf des deutschen Rechts	6–8
IV. Ausblick: Änderung der VO 1370/2007	9
B. Reichweite der unmittelbaren Anwendbarkeit seit dem 3.12.2009	10–15
I. Vergaberechtliche Regelungen	11, 12
II. Beihilfenrechtliche Regelungen	13
III. Laufzeiten der öffentlichen Dienstleistungsaufträge	14
IV. Veröffentlichungspflichten	15
C. Vorgängerregelungen	16–18
I. Verordnung (EWG) Nr. 1191/69	17
II. Verordnung (EWG) Nr. 1107/70	18
D. Entstehungsgeschichte	19
E. Verordnung (EG) Nr. 1370/2007 des Europäischen Parlaments und des Rates vom 23. Oktober 2007 über öffentliche Personenverkehrsdienste auf Schiene und Straße und zur Aufhebung der Verordnungen (EWG) Nr. 1191/69 und (EWG) Nr. 1107/70 des Rates	20

Erläuterte Vorschriften*

Literatur:

Fry Leitlinien auf dem Prüfstand, Der Nahverkehr 11/2010, 31 ff.; *Hübner/Frosch* Die Vergabe öffentlicher Personenverkehrsdienste mit Bussen und Straßenbahnen gem. VO (EG) Nr. 1370/2007 im Übergangszeitraum bis 03.12.2019, VergabeR 2011, 811 ff.; *Kaufmann/Lübbig/Prieß/Pünder* VO (EG) 1370/2007 Verordnung über öffentliche Personenverkehrsdienste Kommentar, 2010; *Kekelekis* „Driving" Altmark in Land Transport, EStAL 2012, 73 ff.; *Küpper* Kommentierung der VO (EWG) Nr. 1191/69, in Frohnmeyer/Mückenhausen/Boeing, EG-Verkehrsrecht, Std. Dezember 2004; *Lenz* Neue PBefG-Genehmigung bei bestehender Betrauungsregelung – Wie bekommt man die?, Der Nahverkehr 3/2013, S. 28 ff.; *Linke* Altaufträge im Personenbeförderungsrecht und die Übergangsregelung der neuen Verordnung 1370/2007/EG, NZBau 2010, 207 ff.; *Motherby/Gleichner* Die extraterritoriale Tätigkeit von internen Betreibern, in Prieß/Lau/Kratzenberg, Festschrift für Fridhelm Marx, 2013, S. 417 ff.; *Nemitz* Kommentierung der VO (EWG) Nr. 1107/70, in Frohnmeyer/Mückenhausen/Boeing, EG-Verkehrsrecht, Std. Dezember 2004; *Otting/Olgemöller* Ausgleich gemeinwirtschaftlicher Verpflichtungen durch allgemeine Vorschriften, GewA 2012, 436 ff.; *Otting/Olgemöller* Verbundtarife und EU-Recht, Der Nahverkehr 9/2009, 34 ff.; *Polster* Der Rechtsrahmen für die Vergabe von Eisenbahnverkehrsleistungen, NZBau 2010, 662 ff.; *Rusche/Schmidt* The post-Altmark Era has started: 15 Months of Application of Regulation (EC) No. 1370/2007 to Public Transport Services, EStAL 2011, 249 ff.; *Saxinger* Übergangsregelungen, Legisvakanz und Vorwirkungen der Verordnung (EG) Nr. 1370/2007, EuZW 2009, 449 ff.; *Saxinger/Winnes*, Recht des öffentlichen Personenverkehrs, Std. 2012; *von Graevenitz* Mitteilungen, Leitlinien, Stellungnahmen – Soft Law der EU mit Lenkungswirkung, EuZW 2013, 169 ff.; *Winnes* Die öffentliche Finanzierung von Tarifen in Verkehrsverbünden, Der Nahverkehr 6/2009, 27 ff.; *Winnes/Schwarz/Mietzsch* Zu den Auswirkungen der VO 1370/07 für den öffentlichen Nahverkehr in Deutschland, EuR 2009, 290 ff.; *Würtenberger* Eigenwirtschaftlichkeit und Teilbereichsausnahme, Der Nahverkehr 6/2010, 62 ff.

---

* Text der VO 1370/2007 siehe Seite 1211.

A. Einleitung

1 Die „Verordnung (EG) Nr. 1370/2007 des Europäischen Parlaments und des Rates vom 23.10.2007 über öffentliche Personenverkehrsdienste auf Schiene und Straße und zur Aufhebung der Verordnungen (EWG) Nr. 1191/69 und Nr. 1170/70 des Rates" wurde am 3.12.2007 im EU-Amtsblatt bekannt gemacht.[1] Zwei Jahre später, am 3.12.2009, trat sie gemäß ihrem Art. 12 in Kraft.

I. Zweck der Verordnung

2 Gemäß ihrem Art. 1 Abs. 1 ist Zweck der Verordnung, festzulegen, wie die zuständigen Behörden unter Einhaltung des Unionsrechts im Bereich des öffentlichen Personenverkehrs tätig werden können, um die Erbringung von **Dienstleistungen** von allgemeinem Interesse zu gewährleisten, die **unter anderem zahlreicher, sicherer, höherwertig oder preisgünstiger sind als diejenigen, die das freie Spiel des Marktes ermöglicht** hätte. Zu diesem Zweck bestimmt die Verordnung, unter welchen Bedingungen die zuständigen Behörden den Betreibern eines öffentlichen Dienstes eine Ausgleichsleistung für die ihnen durch die Erfüllung gemeinwirtschaftlicher Verpflichtungen verursachten Kosten und/oder ausschließliche Rechte im Gegenzug für die Erfüllung solcher Verpflichtungen gewähren, wenn sie ihnen gemeinwirtschaftliche Verpflichtungen auferlegen oder entsprechende Aufträge vergeben.

II. Verordnungsrecht im Sinne des Art. 288 AEUV

3 Die VO 1370/2007 ist eine Verordnung im Sinne des Art. 288 AEUV. Somit ist sie in allen ihren Teilen verbindlich und gilt unmittelbar in jedem Mitgliedstaat. Ihre Bestimmungen haben allgemeine Geltung, d.h. sie gelten für jeden von den jeweiligen Regelungen betroffenen Adressaten, sei es die Union, die Mitgliedstaaten oder natürliche und juristische Personen. Seit ihrem Inkrafttreten verleiht sie Rechte und begründet Pflichten. Anderes gilt nur, soweit die Verordnung den Mitgliedstaaten Spielräume zur Konkretisierung beläßt oder sie zum Erlass von Durchführungsmaßnahmen verpflichtet. Im Falle einer Normenkollision gehen die Vorschriften der Verordnung dem deutschen Recht vor (**Anwendungsvorrang**).[2] Im Anwendungsbereich der VO 1370/2007 besteht somit seit dem 3.12.2009 ein sektorenspezifischer und unionsweit grundsätzlich einheitlicher Rechtsrahmen für öffentliche Personenverkehrsdienste auf Schiene und Straße.[3]

4 Die **vergaberechtlichen Regelungen** der VO 1370/2007 stellen sich rechtssystematisch als Novum dar. Bisher hat der europäische Normgeber das öffentliche Auftragswesen durch Richtlinien reguliert[4], wobei es nach den Vorschlägen der EU-Kommission

---

[1] ABl. 2007 L 315/1.
[2] Vgl. zu diesen Grundsätzen statt aller etwa *Vedder* in Vedder/Heintschel von Heinegg, Europäisches Unionsrecht, 2012, Art. 288 Rn. 15 ff., oder *Ruffert* in Calliess/Ruffert, EUV/AEUV Kommentar, 4. Aufl. 2011, Art. 288 Rn. 16 ff. – jeweils m.w.N.
[3] Zu den Übergangsvorschriften vgl. sogleich unter Rn. 10 ff.
[4] Insbesondere durch die Richtlinie 2004/17/EG des Europäischen Parlamentes und des Rates zur Koordinierung der Zuschlagserteilung durch Auftraggeber im Bereich der Wasser-, Energie- und Verkehrsversorgung sowie der Postdienste, ABl. 2004 L 134/1 („Sektorenkoordinierungsrichtlinie"), sowie durch die Richtlinie 2004/18/EG des Europäischen Parlamentes und des Rates über die Koordinierung der Verfahren zur Vergabe öffentlicher Bauaufträge, Lieferaufträge und Dienstleistungsaufträge, ABl. 2004 L 134/114 („Vergabekoordinierungsrichtlinie").

vom 20.12.2011 im Übrigen auch künftig bleiben soll.[5] Hierneben weicht die VO 1370/2007 inhaltlich vom bisherigen Sekundärrecht ab. So gibt es spezifische sekundärrechtliche Regelungen über Direktvergaben einschließlich der Inhouse-Konstellationen. Selbst das wettbewerbliche Verfahren weicht nicht unerheblich vom Richtlinienrecht ab. Erstmals wird die Vergabe von **Dienstleistungskonzessionen** durch europäisches Sekundärrecht geregelt. Jenseits des Anwendungsbereichs der VO 1370/2007 bleibt das Verfahren zur Vergabe von Dienstleistungskonzessionen am Maßstab des europäischen Primärrechts zu beurteilen[6], weil die Vergabe von Dienstleistungskonzessionen kein Gegenstand der Vergaberichtlinien ist.[7] Die Kommission hat zwischenzeitlich allerdings einen Vorschlag für eine Richtlinie über die Konzessionsvergabe veröffentlicht, der die Vergabe von Dienstleistungskonzessionen außerhalb des Anwendungsbereichs der VO 1370/2007 erfasst.[8]

Neben sektorenspezifischen vergaberechtlichen Regelungen statuiert die VO 1370/2007 ein **sektorenspezifisches beihilfenrechtliches Regime**.[9] Der Verordnungsgeber knüpft hier an die Rechtsprechung an, die der EuGH in der Rechtssache *Altmark Trans* begründet hat[10], jedoch nicht ohne die vier sog. *Altmark Trans*-Kriterien zu modifizieren.[11] Zugleich führt die Verordnung mit der **allgemeinen Vorschrift** im Sinne des Art. 2 lit. l VO 1370/2007 ein neuartiges Instrument zur Gewährung von Ausgleichsleistungen ein. Auf dieser Grundlage können den Verkehrsunternehmen Ausgleichsleistungen für die Anwendung von Höchsttarifen (Art. 3 Abs. 2 der Verordnung)[12] gewährt werden, sofern entsprechende Ausgleichsleistungen nicht auf Grundlage des Art. 3 Abs. 3 VO 1370/2007 vom Anwendungsbereich der Verordnung ausgenommen wurden[13].

5

---

[5] Kommission, Vorschlag für eine Richtlinie des Europäischen Parlaments und des Rates über die öffentliche Auftragsvergabe (als Ersatz für die Richtlinie 2004/18/EG), KOM(2011) 896/2 v. 20.12.2011; Kommission, Vorschlag für eine Richtlinie des Europäischen Parlaments und des Rates über die Vergabe von Aufträgen durch Auftraggeber im Bereich der Wasser-, Energie- und Verkehrsversorgung sowie der Postdienste (Novellierung der Richtlinie 2004/17/EG), KOM(2011) 895 endg. v. 20.12.2011; Kommission, Vorschlag für eine Richtlinie des Europäischen Parlaments und des Rates über die Konzessionsvergabe, KOM(2011) 897 endg. v. 20.12.2011.

[6] Zu den primärrechtlichen Anforderungen vgl. die Mitteilung der Kommission zu Auslegungsfragen in Bezug auf das Gemeinschaftsrecht, das für die Vergabe öffentlicher Aufträge gilt, die nicht oder nur teilweise unter die Vergaberichtlinien fallen, ABl. 2006 C 179/2. Die von Deutschland hiergegen erhobene Nichtigkeitsklage hat das EuG mit Urt. v. 20.5.2010, Rs. T-258/06, NZBau 2010, 510 ff. – Deutschland ./. Kommission, zurückgewiesen.

[7] Vgl. Art. 1 Abs. 4 der Richtlinie 2004/18/EG und Art. 1 Abs. 3 lit. b der Richtlinie 2004/17/EG.

[8] Kommission, Vorschlag für eine Richtlinie des Europäischen Parlaments und des Rates über die Konzessionsvergabe, KOM(2011) 897 endg. v. 20.12.2011. Ablehnend zu diesem Entwurf aber etwa der Bundesrat, BR-Drs. 874/11.

[9] Vgl. dazu etwa *Kekelekis* EStAL 2012, 73 ff., *Rusche/Schmidt* EStAL 2011, 249 ff., oder *Lübbig* in Kaufmann/Lübbig/Prieß/Pünder, VO (EG) 1370/2007, 2010, Art. 4 Rn. 15 ff. und Anhang.

[10] EuGH, Urt. v. 24.07.2003 – C-280/00 – Altmark Trans, NZBau 2003, 503 ff. insb. Rn. 89 ff. Vgl. dazu etwa auch Erwägungsgrund 33 zur VO 1370/2007.

[11] Vgl. dazu nachfolgend auch unter § 55 Rn. 40 ff.

[12] Dazu näher im Zusammenhang mit der Finanzierung von Verkehrsverbünden etwa *Otting/Olgemöller* GewA 2012, 436 ff., sowie *Otting/Olgemöller* Der Nahverkehr 9/2009, 34 ff., sowie *Winnes* Der Nahverkehr 6/2009, 27 ff. Vgl. dazu auch die Begründung der Bundesregierung zu § 8 Abs. 4 Satz 1 PBefG 2013, die als Anwendungsfall allgemeiner Vorschriften nach Art. 3 Abs. 2 VO 1370/2007 insbesondere Ausgleichsleistungen für Höchsttarife in Verkehrsverbünden aufführt, BR-Drs. 462/11, S. 25. In jüngerer Zeit stellt § 11 Abs. 2a ÖPNVG NRW in Verbindung mit den auf dieser Grundlage erlassenen allgemeinen Vorschriften der nordrhein-westfälischen Aufgabenträger einen praxisrelevanten Anwendungsfall allgemeiner Vorschriften dar.

[13] Vgl. zu den Ausgleichszahlungen nach § 45a PBefG nun § 8 Abs. 4 Satz 2 PBefG 2013, zu den Ausgleichsleistungen nach § 6a AEG und zu den Erstattungen nach § 145 SGB IX vgl. die Änderun-

III. Anpassungsbedarf des deutschen Rechts

6 In Deutschland sind sowohl das **Bundes- als auch das Landesrecht** an die VO 1370/2007 anzupassen. Zwar erfordert Verordnungsrecht – anders als Richtlinienrecht – keine Umsetzung in mitgliedstaatliches Recht. Doch bedarf es einer ganzen Reihe von Änderungen des geltenden Rechts, um Widersprüche und Unklarheiten im Verhältnis zu den Regelungen der VO 1370/2007 auszuräumen. Einige der Landesgesetzgeber, insbesondere Hessen und Nordrhein-Westfalen, haben zwischenzeitlich durch Änderungen ihrer ÖPNV-Gesetze auf die neue Rechtslage reagiert.[14] Auf Bundesebene wurde erst am 31.1.2011 der Referentenentwurf eines Gesetzes zur Änderung personenbeförderungsrechtlicher Vorschriften vorgelegt, der zugleich Änderungen des Allgemeinen Eisenbahngesetzes und des Regionalisierungsgesetzes vorsah. Ein erster Gesetzentwurf der Bundesregierung folgte am 12.8.2011 (**Regierungsentwurf**).[15] Am 7.9.2011 legten die Länder Brandenburg, Berlin, Nordrhein-Westfalen, Baden-Württemberg und Bremen einen abweichenden Entwurf für ein Gesetz zur Änderung personenbeförderungsrechtlicher Vorschriften vor.[16] Am 12.9.2011 beschlossen der Verkehrsausschuss, der Ausschuss für Innere Angelegenheiten und der Wirtschaftsausschuss des Bundesrates eine Empfehlung für eine Stellungnahme des Bundesrates zum Gesetzentwurf der Bundesregierung.[17] Die Fraktionen der SPD und von Bündnis90/Die Grünen legten unter dem Datum des 21.9.2011 einen gemeinsamen Gesetzentwurf zur Änderung personenbeförderungs- und mautrechtlicher Vorschriften vor.[18] Weitere Anträge zur Änderung des Personenbeförderungsgesetzes brachten die Länder Baden-Württemberg, Berlin, Brandenburg und Bremen am 22.9.2011 in die Beratungen des Bundesrates ein.[19] Der Bundesrat beschloss sodann am 23.9.2011 eine Stellungnahme zum Gesetzentwurf der Bundesregierung.[20] Nach der Gegenäußerung der Bundesregierung[21] kam es am 19.1.2012 zur ersten Lesung im Bundestag[22]. Am 29.2.2012 führte der Ausschuss des Bundestages für Verkehr, Bau und Stadtentwicklung eine öffentliche Anhörung durch. Nachfolgend einigten sich die Fraktionen von CDU/CSU, SPD, FDP und Bündnis90/Die Grünen auf Änderungen am Gesetzentwurf der Bundesregierung.[23] Diesen Kompromiss empfahl der Ausschuss am 26.9.2012 zum Beschluss (**Änderungsentwurf**).[24] Dem stimmte der Bundestag in seiner Sitzung am 27.9.2012 in zweiter und dritter Beratung zu[25] und lehnte zugleich einen weiteren Entschließungsantrag der Fraktion DIE LINKE ab[26]. Der Bundesrat stimmte der PBefG-No-

---

gen durch Art. 2 und 3 des Gesetzes zur Änderung von personenbeförderungsrechtlichen Vorschriften vom 14.12.2012, BGBl 2012 I 2598 (Nr. 59).

[14] In Hessen ist zwischenzeitlich bereits ein Zweites Gesetz zur Änderung des Gesetzes über den öffentlichen Personennahverkehr beschlossen worden, GVBl. 2012 Nr. 24, S. 466 ff.

[15] BR-Drs. 462/11; abgedruckt auch als Anlage 1 zu BT-Drs. 17/8233 vom 21.12.2011.

[16] TOP 1 der 619. Sitzung des Verkehrsausschusses des Bundesrates v. 7.9.2011.

[17] BR-Drs. 461/1/11.

[18] BT-Drs. 17/7046.

[19] BT-Drs. 462/2/11, 462/3/11, 462/4/11.

[20] Bundesrat, Plenarprotokoll zur 886. Sitzung, S. 411 ff., sowie BR-Drs. 462/11 (Beschluss).

[21] Abgedruckt als Anlage 4 zu BT-Drs. 17/8233 v. 21.12.2011.

[22] Bundestag, Plenarprotokoll 17/152, S. 18271 ff. Gegenstand dieser Lesung war auch der Antrag der Fraktion DIE LINKE betreffend Fragen der Liberalisierung des Buslinienfernverkehrs (BT-Drs. 17/7487 v. 26.10.2011). Die Diskussion um die Liberalisierung des Buslinienfernverkehrs wurde maßgeblich ausgelöst durch BVerwG, Urt. v. 24.6.2010, 3 C 14/09, NVwZ 2011, 115 ff.

[23] Vgl. Pressemitteilung des SPD-Fraktion Nr. 962 vom 14.9.2012 „Durchbruch zur Novellierung des Personenbeförderungsgesetzes".

[24] BT-Drs. 17/10857, dort auf S. 16 auch mit Nachweisen zu Stellungnahmen weiterer Ausschüsse; Begründungen zu den Änderungen ebendort auf S. 22 ff.

[25] Bundestag, Plenarprotokoll 17/195, S. 23505 ff., und BR-Drs. 586/12 v. 12.10.2012.

[26] Vgl. BT-Drs. 17/10860.

velle in seiner Sitzung am 2.11.2012 zu.[27] Nach Ausfertigung durch den Bundespräsidenten trat das Gesetz zur Änderung personenbeförderungsrechtlicher Vorschriften vom 14.12.2012 zum 1.1.2013 in Kraft (**PBefG 2013**).[28]

Um der mit der ausstehenden Anpassung verbundenen Rechtsunsicherheit in der Praxis zu begegnen, haben einzelne Bundesländer sog. **Leitlinien** veröffentlicht. Diese Leitlinien bieten Anhaltspunkte, wie die Bestimmungen der VO 1370/2007 in der Zeit bis zur Anpassung des deutschen Rechts Anwendung finden sollen.[29] Eisenbahnverkehre sind zum Teil ausdrücklich aus dem Anwendungsbereich der Leitlinien ausgenommen.[30] 7

Ob und in welchem Umfang weiterer Anpassungsbedarf des deutschen Rechts besteht, wird nicht zuletzt auch von der **interpretierenden Mitteilung der Kommission** zur VO 1370/2007 abhängen, deren Veröffentlichung die Kommission ursprünglich noch für das Jahr 2012 vorgesehen hatte.[31] Eine solche Mitteilung, in der die Kommission ihre Rechtsansicht zur Auslegung der Verordnung darlegt, ist zwar nicht verbindlich, da über die Auslegung europäischer Rechtsakte nicht die Kommission, sondern verbindlich die Europäischen Gerichte entscheiden.[32] In der Praxis entfalten solche Mitteilungen oder Leitlinien gleichwohl eine gewisse Bindungswirkung, denn die Kommission dürfte Abweichungen in der Verwaltungspraxis der Mitgliedstaaten zum Anlass nehmen, Vertragsverletzungsverfahren einzuleiten.[33] 8

IV. Ausblick: Änderung der VO 1370/2007

Gemäß Art. 11 VO 1370/2007 legt die Kommission am Ende des in Art. 8 Abs. 2 der Verordnung vorgesehenen Übergangszeitraums einen Bericht über die Durchführung dieser Verordnung und über die Entwicklung der Erbringung öffentlicher Personenverkehrsdienste in der Gemeinschaft vor. Der Übergangszeitraum endet am 3.12.2019 (Art. 8 Abs. 2 VO 1370/2007). Der Bericht soll insbesondere die Entwicklung der Qualität der öffentlichen Personenverkehrsdienste und die Auswirkungen der Direktvergabe bewerten. Erforderlichenfalls sind geeignete Vorschläge zur **Änderung der Verordnung** beizufügen. Zwischenzeitlich hat die Kommission allerdings zu erkennen gegeben, die VO 9

---

[27] BR-Drs. 586/12 (Beschluss).
[28] BGBl. 2012 I 2598 (Nr. 59).
[29] Grundpositionen der Länder zur Anwendung der Verordnung (EG) Nr. 1370/2007 und zur Genehmigung von Verkehrsdienstleistungen im öffentlichen Personennahverkehr auf der Straße ab dem 3.12.2009; Innenministerium *Baden-Württemberg*, Leitlinien zur Anwendung der EU-VO 1370/2007 über öffentliche Personenverkehrsdienste auf Schiene und Straße vom 3.12.2009 bis zum Inkrafttreten einer Novelle des PBefG; Bekanntmachung des *Bayerischen Staatsministeriums* für Wirtschaft, Infrastruktur, Verkehr und Technologie v. 14.8.2009: Leitlinien zur Anwendung der Verordnung (EG) Nr. 1370/2007 über öffentliche Personenverkehrsdienste auf Schiene und Straße, AllMBl. Nr. 10/2009, S. 309 ff.; *Hessisches Ministerium* für Wirtschaft, Verkehr und Landesentwicklung, Leitfaden für die Erteilung von Liniengenehmigungen in Hessen nach dem 3.12.2009; Landesnahverkehrsgesellschaft *Niedersachsen* (LNVG), Leitlinie zum Liniengenehmigungsverfahren ab dem 3.12.2009; Saarländische Minister für Wirtschaft und Wissenschaft, Leitlinien zur Anwendung der Verordnung (EG) Nr. 1370/2007 über öffentliche Personenverkehrsdienste auf Schiene und Straße im *Saarland*. Einen Überblick zu Gemeinsamkeiten und Unterschieden bietet *Fry* Der Nahverkehr 11/2010, 31 ff.
[30] Vgl. Ziff. 1.2 der Baden-Württembergischen und Ziff. 1.5 der Bayerischen Leitlinien.
[31] Vgl. die Meldung in ÖPNV aktuell Nr. 64/12 v. 10.8.2012. Einen ersten Entwurf zirkulierte die Kommission im Herbst 2012.
[32] Zur Funktion und Bindungswirkung des Vorabentscheidungsverfahrens vgl. etwa *Pache* in Vedder/Heintschel von Heinegg, Europäisches Unionsrecht, 2012, Art. 267 AEUV, insb. Rn. 6, 27 ff., 37 ff.
[33] Vgl. dazu bspw. EuG mit Urt. v. 20.5.2010, Rs. T-258/06, NZBau 2010, 510 Rn. 145 ff. – Deutschland ./. Kommission. Allgemein zu „soft law" in diesem Sinne etwa *von Graevenitz* EuZW 2013, 169 ff.

1370/2007 bereits zu einem früheren Zeitpunkt überarbeiten zu wollen. Seit Ende des Jahres 2011 prüft die Kommission die Regeln über die Vergabe von Eisenbahnverkehrsdienstleistungen. Die Kommission betont, sie sehe in wettbewerblichen Vergabeverfahren ein wichtiges Instrument für eine Verbesserung der Qualität von Schienenpersonenverkehrsdienstleistungen.[34] Konkrete Vorschläge zur Änderung der Verordnung hat die Kommission dann im Dezember 2012[35] und im Januar 2013[36] veröffentlicht. Hier bleibt abzuwarten, ob, in welchem Umfang und ab wann insbesondere das **Direktvergabeprivileg im Eisenbahnbereich** nach Art. 5 Abs. 6 VO 1370/2007 Einschränkungen erfährt. Abzuwarten bleibt auch, inwieweit die Kommission im Rahmen einer Überarbeitung der Verordnung Aspekte aufgreift, die im Rahmen der VO 1370/2007 bisher nicht näher geklärt sind, die von der Kommission aber im Dezember 2011 im Hinblick auf die Richtlinien 2004/17/EG und 2004/18/EG und in dem Vorschlag für eine Richtlinie über die Konzessionsvergabe aufgegriffen wurden. Das gilt etwa für eine rechtssichere Ausgestaltung der Regeln einer gemeinsamen Vergabe durch zuständige Behörden aus unterschiedlichen Mitgliedstaaten[37] oder im Hinblick auf den Rechtsschutz bei der Vergabe von Dienstleistungskonzessionen, worauf nach den Vorschlägen der Kommission künftig die allgemeinen Regelungen der Rechtmittelrichtlinien Anwendung finden sollen[38], die ungleich präzisere Vorgaben zum Rechtsschutz machen als Art. 5 Abs. 7 VO 1370/2007 in seiner geltenden Fassung.

B. Reichweite der unmittelbaren Anwendbarkeit seit dem 3. 12. 2009

10 Gemäß Art. 12 VO 1370/2007 trat die Verordnung am 3. 12. 2009 in Kraft. Ab diesem Tag ist sie als Verordnungsrecht gemäß Art. 288 AEUV in allen ihren Teilen verbindlich und gilt unmittelbar in jedem Mitgliedstaat. **Übergangsregelungen** enthält Art. 8 VO 1370/2007.

I. Vergaberechtliche Regelungen

11 Gemäß Art. 8 Abs. 2 VO 1370/2007 muss die Vergabe von Aufträgen (erst) ab dem 3. 12. 2019 im Einklang mit Art. 5 der Verordnung erfolgen. Die Mitgliedstaaten haben aber während dieses Übergangszeitraums Maßnahmen zu treffen, um Art. 5 VO 1370/2007 schrittweise anzuwenden. Auf diesen Wortlaut gestützt und vor dem Hintergrund, dass es in Deutschland an einer Bestimmung fehlt, die eine Pflicht zur Anwendung des Art. 5

---

[34] Vgl. Mitteilung der Kommission an das Europäische Parlament, den Rat, den Europäischen Wirtschafts- und Sozialausschuss und den Ausschuss der Regionen „Ein Qualitätsrahmen für Dienstleistungen von allgemeinem wirtschaftlichen Interesse", KOM(2011) 900 endg. v. 20. 12. 2011, Ziff. 3, Unterpunkt 2.3, S. 13; Ebenso: Vizepräsidenten des Kommission *Siim Kallas* in seiner Rede bei den European Railway Awards am 8. 2. 2012, SPEECH/12/15.

[35] Betreffend Art. 9 der VO 1370/2007: Vorschlag der Kommission für eine Verordnung des Rates zur Änderung der Verordnung (EG) Nr. 994/98 des Rates vom 7. 5. 1998 über die Anwendung der Artikel 92 und 93 des Vertrages zur Gründung der Europäischen Gemeinschaft auf bestimmte Gruppen horizontaler Beihilfen und der Verordnung (EG) Nr. 1370/2007 des Europäischen Parlaments und des Rates vom 23. 10. 2007 über öffentliche Personenverkehrsdienste auf Schiene und Straße, COM(2012) 730 final vom 5. 12. 2012. Kritisch dazu etwa die Pressemitteilung des VDV vom 30. 1. 2013.

[36] Vorschlag der Kommission für eine Verordnung des Europäischen Parlaments und des Rates zur Änderung der Verordnung (EG) Nr. 1370/2007 hinsichtlich der Öffnung des Marktes für inländische Schienenpersonenverkehrsdienste, COM(2013) 28/2 vom 30. 1. 2013.

[37] Vgl. Art. 38 des Vorschlags der Kommission für eine Richtlinie des Europäischen Parlaments und des Rates über die öffentliche Auftragsvergabe, KOM(2011) 892/2.

[38] Vgl. Art. 44 f. des Vorschlags der Kommission für eine Richtlinie des Europäischen Parlaments und des Rates über die Konzessionsvergabe, KOM(2001) 897 endg.

VO 1370/2007 vor dem 3.12.2019 ausdrücklich normiert, ging die Verwaltungspraxis[39] und ganz überwiegend auch das Schrifttum[40] davon aus, die vergaberechtlichen Regelungen des Art. 5 bis zum 3.12.2019 zwar anwenden zu dürfen, sie aber nicht anwenden zu müssen. Diese Auffassung stimmt mit der Rechtsansicht der Kommission überein[41] und auch die Bundesregierung hat sich früh so geäußert[42]. Entgegen getreten ist dem das OLG Düsseldorf. Das Gericht legte Art. 8 Abs. 2 VO 1370/2007 in dem Sinne aus, dass von einer Anwendung des Art. 5 VO 1370/2007 im Übergangszeitraum bis zum 3.12.2019 nur abgesehen werden darf, wenn und soweit dies durch den Gesetzgeber ausdrücklich erlaubt wird. Daran fehle es in Deutschland, weshalb Art. 5 VO 1370/2007 **seit dem 3.12.2009 anzuwenden** sei.[43] Dem hat sich etwa das OLG München angeschlossen.[44] Für die Praxis ist somit von einer Pflicht zur Anwendung der vergaberechtlichen Bestimmungen des Art. 5 der Verordnung seit dem 3.12.2009 auszugehen. Abzuwarten bleibt, ob die Rechtsprechung von ihrer Entscheidungspraxis vorübergehend wieder abweicht, weil § 62 Abs. 1 Satz 1 PBefG 2013 zwischenzeitlich ausdrücklich regelt, dass öffentliche Dienstleistungsaufträge im Sinne von Art. 3 Abs. 1 VO 1370/2007 bis zum 31.12.2013 abweichend von Art. 5 Abs. 2 bis 4 der Verordnung vergeben werden dürfen.[45]

Die EU-Kommission vertritt zwischenzeitlich eine differenzierende Rechtsansicht. In **12** ihrem Entwurf zu einer interpretierenden Mitteilung zur VO 1370/2007 aus dem Herbst 2012[46] stellt die Kommission fest, dass Art. 8 Abs. 2 der Verordnung sich zwar seinem Wortlaut nach auf den gesamten Art. 5 VO 1370/2007 beziehe. Sie ist jedoch der Ansicht, dass nur Art. 5 Abs. 3 der Verordnung in diesem Kontext von Bedeutung sei, wozu die Kommission insbesondere auf den Erwägungsgrund 31 der Verordnung verweist. Auch die von der Kommission im Januar 2013 vorgeschlagene Änderung des Art. 8 Abs. 2 der Verordnung soll dem Zweck dienen, klarzustellen, dass die zehnjährige Übergangsfrist bis zum 3.12.2019 nur für Art. 5 Abs. 3 der Verordnung gilt.[47] Konsequenz wäre, dass Dienstleistungskonzessionen im Verkehrssektor erst ab dem 3.12.2019 in einem transparenten und wettbewerblichen Vergabeverfahren vergeben werden müssten. Denn insoweit ist die durch Art. 5 Abs. 3 VO 1370/2007 begründete Ausschreibungspflicht konstitutiv. Die Ausschreibungspflicht kann hier jedenfalls dann nicht aus den allgemeinen Grundsätzen des europäischen Primärrechts abgeleitet werden, wenn davon

---

[39] Vgl. nur Grundpositionen der Länder zur Anwendung der Verordnung (EG) Nr. 1370/2007 und zur Genehmigung von Verkehrsdienstleistungen im öffentlichen Personennahverkehr auf der Straße ab dem 3.12.2009; Bekanntmachung des Bayerischen Staatsministeriums für Wirtschaft, Infrastruktur, Verkehr und Technologie v. 14.8.2009: Leitlinien zur Anwendung der Verordnung (EG) Nr. 1370/2007 über öffentliche Personenverkehrsdienste auf Schiene und Straße, AllMBl. Nr. 10/2009, 209, Ziff. 9.1 lit. b.
[40] Vgl. *Hübner/Frosch* Vergaberecht 2011, 811 ff.; *Linke* NZBau 2010, 207 ff.; *Polster* NZBau 2010, 662, 663 f.; *Saxinger* EuZW 2009, 449, 449; *Winnes/Schwarz/Mietzsch* EuR 2009, 290, 293 f. Ebenso etwa die Handreichung der BAG ÖPNV zum Umgang mit der VO 1370/07 „Berichtspflichten – allg. Vorschrift – ausschließliches Recht nach VO 1370/07", S. 2, 7.
[41] Kommission Beschl. v. 23.2.2011, C 58/2006, Deutschland/Bahnen der Stadt Monheim (BSM), K(2011)632 endg., ABl. 2011 L 210/1, Rn. 243.
[42] Vgl. den Entwurf der Bundesregierung zu einem § 62 PBefG, demnach öffentliche Dienstleistungsaufträge jedenfalls bis zum 31.12.2013 ohne Einhaltung der Voraussetzungen von Art. 5 Abs. 2 VO 1370/2007 vergeben werden dürfen (BR-Drs. 462/11 mit Begründung ebendort S. 39).
[43] OLG Düsseldorf Beschl. v. 2.3.2011, VII-Verg 48/10, VergabeR 2011, 471, 478, m. Anm. *Otting*; *Kaufmann* in Kaufmann/Lübbig/Prieß/Pünder, VO (EG) 1370/2007, 2010, Art. 8 Rn. 11.
[44] OLG München Beschl. v. 22.6.2011, Verg 6/11, NZBau 2011, 701, 703; anders noch OLG München Beschl. v. 22.5.2008, Verg 5/08, NZBau 2008, 668, 671. Die Frage offen lassend OLG Karlsruhe Beschl. v. 9.10.2012, 15 Verg 12/11.
[45] Näher zu § 62 PBefG 2013 etwa *Motherby/Gleichner* in Pries/Lau/Kratzenberg, Festschrift für Marx, 2013, 417, 418 ff., oder *Lenz* Der Nahverkehr 3/2013, S. 28 ff.
[46] Vgl. dazu oben unter Rn. 8.
[47] Vgl. COM(2013) 28/2, dort S. 7, Erwägungsgrund 14 und Art. 8 neu.

ausgegangen wird, dass die Öffnung des europäischen Verkehrssektors gemäß Art. 91 AEUV nur nach Maßgabe des Sekundärrechts erfolgt.[48]

II. Beihilfenrechtliche Regelungen

13 Die Übergangsregelung des Art. 8 VO 1370/2007 befassen sich ausschließlich mit vergaberechtlichen Fragen. Von der Pflicht zur Anwendung der beihilfenrechtlichen Bestimmungen stellt Art. 8 der Verordnung nicht frei. Ausgleichsleistungen, die seit dem 3.12. 2009 für die von der Verordnung erfassten gemeinwirtschaftlichen Verpflichtungen gewährt werden, müssen daher dem beihilfenrechtlichen Regime der VO 1370/2007 genügen. Nicht abschließend geklärt ist, ob das ohne Einschränkung auch für Ausgleichsleistungen gilt, die aufgrund von Verträgen gewährt werden, die vor dem 3.12.2009 geschlossen wurden. Dann wären diese **Altverträge** ggf. mit Wirkung zum 3.12.2009 anzupassen.[49] Die jüngere Entscheidungspraxis der Kommission geht von einer Anwendbarkeit der beihilfenrechtlichen Regelungen der VO 1370/2007 aus, auch soweit die Grundlage für die Ausgleichsleistungen vor dem 3.12.2009 geschaffen wurde.[50] Das Europäische Gericht (erster Instanz) hat diese Kommissionspraxis jedoch als unzulässig erachtet und eine differenziertere Handhabung für eine rückwirkende Anwendung der VO 1370/2007 angemahnt.[51] Bei Verstößen gegen die beihilfenrechtlichen Vorschriften der VO 1370/2007 entfällt die Privilegierung nach Art. 9 Abs. 1 VO 1370/2007, d.h. es besteht die allgemeine beihilfenrechtliche Notifizierungspflicht nach Art. 108 Abs. 3 Satz 3 AEUV. Ein Verstoß gegen die Notifizierungspflicht kann gemäß § 134 BGB bzw. § 59 (Landes-) VwVfG zur Nichtigkeit der den Ausgleichszahlungen zugrunde liegenden Verträgen führen.[52]

III. Laufzeiten der öffentlichen Dienstleistungsaufträge

14 Von der Verpflichtung, Altverträge an die beihilfenrechtlichen Vorschriften der VO 1370/2007 anpassen zu müssen, unberührt bleibt die Frage nach der Laufzeit dieser Verträge. Art. 4 Abs. 3 der Verordnung beschränkt die Laufzeit öffentlicher Dienstleistungsaufträge im Sinne des Art. 2 lit. i VO 1370/2007, die seit dem Inkrafttreten der Verordnung am 3. 12.2009 begründet werden.[53] Für Altverträge gelten spezielle Bestimmungen. Art. 8 Abs. 3 VO 1370/2007 schafft insoweit ein differenziertes Regelungsgeflecht. Der Bestandsschutz hängt nicht nur davon ab, ob der öffentliche Dienstleistungsauftrag in einem fairen wettbewerblichen Verfahren vergeben wurde. Entscheidend kommt es auch darauf an, ob der öffentliche Dienstleistungsauftrag vor der Veröffentlichung des ersten Kommissionsvorschlags am 26.7.2000 oder zwischen diesem Zeitpunkt und dem Inkrafttreten der

---

[48] Darauf zutreffend hinweisend *Motherby/Gleichner* in Prieß/Lau/Kratzenberg, Festschrift für Marx, 2013, 417, 419.
[49] So ausdrücklich etwa Ziff. 9.2 der Bekanntmachung des *Bayerischen Staatsministeriums* für Wirtschaft, Infrastruktur, Verkehr und Technologie v. 14.8.2009: Leitlinien zur Anwendung der Verordnung (EG) Nr. 1370/2007 über öffentliche Personenverkehrsdienste auf Schiene und Straße, AllMBl. Nr. 10/2009, S. 309 ff.
[50] Kommission Beschl. v. 24.2.2010, Rn. 304 ff., Staatliche Beihilfe C 41/08 – Danske Statsbaner, ABl. 2011 L 7/1. Dem folgend: Kommission Beschl. v. 23.2.2011, C 58/2006, Deutschland/Bahnen der Stadt Monheim (BSM), K(2011)632 endg., ABl. 2011 L 210/1, Rn. 243, sowie Kommission Schreiben v. 30.5.2012, Rn. 66 f., Staatliche Beihilfe SA.33037, SIMET SpA Italien, C(2012) 3267 final.
[51] EuG Urt. v 20.3.2013, T-92/11 – *Andersen ./. Kommission*, insb. Rn. 32 ff.
[52] Vgl. nur BGH Urt. v. 20.1.2004, XI ZR 53/03, NVwZ 2004, 636 ff., und BGH, Urt. v. 5.12. 2012, I ZR 92/11, NZBau 2013, 591 ff.
[53] Dazu näher unter § 55 Rn. 44 ff.

VO 1370/2007 am 3.12.2009 begründet wurde.⁵⁴ Verträge, die längere Laufzeiten aufweisen als hiernach zulässig, sind anzupassen. Da diese Anpassungen zum Nachteil der Auftragnehmer sind, führen sie nicht zu wesentlichen Vertragsänderungen, die eine Neuausschreibung erforderlich machen.⁵⁵

IV. Veröffentlichungspflichten

Von der Übergangsregelung in Art. 8 VO 1370/2007 nicht erfasst sind insbesondere auch die Vorschriften über die Veröffentlichungspflichten, die Art. 7 der Verordnung normiert. Diese sind daher seit dem 3.12.2009 von den zuständigen Behörden zu beachten. 15

C. Vorgängerregelungen

Art. 10 VO 1370/2007 hebt die Vorgängerregelungen der Verordnung – die Verordnungen (EWG) Nr. 1191/69 und (EWG) Nr. 1107/70 – auf. 16

I. Verordnung (EWG) Nr. 1191/69

Die Verordnung (EWG) Nr. 1191/69 des Rates vom 26.6.1969 über das Vorgehen der Mitgliedstaaten bei mit dem Begriff des öffentlichen Dienstes verbundenen Verpflichtungen auf dem Gebiet des Eisenbahn-, Straßen- und Binnenschiffsverkehrs führte erstmals Regelungen über die Abgeltung bestimmter Leistungen ein.⁵⁶ Die Verordnung sah vor, dass die zuständigen Behörden gemeinwirtschaftliche Verpflichtungen grundsätzlich aufzuheben hatten, die den Verkehrsunternehmern („Betreibern") auferlegt waren. Nur ausnahmsweise sollten solche Verpflichtungen weiterhin auferlegt werden können, wenn dies für erforderlich gehalten wurde, um eine ausreichende Verkehrsbedienung sicherzustellen. Im Gegenzug sollten die Verkehrsunternehmen einen Ausgleich für die damit verbundenen wirtschaftlichen Nachteile erhalten. Die Verordnung legte detaillierte Regelungen über die Berechnung der finanziellen Belastungen fest. Entsprechend bemessene Ausgleichsleistungen bedurften keiner gesonderten Notifizierung im Sinne des heutigen Art. 108 Abs. 3 AEUV. Geändert wurde die VO (EWG) Nr. 1191/69 insbesondere durch die VO (EWG) Nr. 1893/91.⁵⁷ Mit dieser Verordnung wurde die Möglichkeit, gemeinwirtschaftliche Verpflichtungen aufzuerlegen, auf den Stadt-, Vorort- und Regionalpersonenverkehr begrenzt.⁵⁸ Zudem wurde der Abschluss öffentlicher Dienstleistungsaufträge als Verfahren neben der Auferlegung eingeführt. In welcher Form diese öffentlichen Dienstleistungsaufträge vergeben werden durften, regelte die Verordnung nicht, so dass die Vorschriften des allgemeinen Vergaberechts maßgeblich blieben.⁵⁹ Der Anwendungsbereich der VO (EWG) Nr. 1191/69 erstreckte sich auch auf Binnenschifffahrtswege und Güterbeförderungsverkehre.⁶⁰ 17

---

⁵⁴ Zur Entstehungsgeschichte der VO 1370/2007 näher sogleich unter Rn. 19.
⁵⁵ Vgl. EuGH Urt. v. 19.6.2008, Rs. C-454/06, NZBau 2008, 518 Rn. 62, 79 und 86 – pressetext.
⁵⁶ ABl. 1969 L 156/1. Vgl. dazu etwa die Kommentierung von *Küpper* in Frohnmeyer/Mückenhausen/Boeing, EG-Verkehrsrecht, Std. Dezember 2004.
⁵⁷ ABl. 1991 L 169/1.
⁵⁸ Zu den damit verbundenen Rechtsunsicherheiten in Deutschland vgl. etwa *Würtenberger* Der Nahverkehr 6/2010, 62 ff. m.w.N.
⁵⁹ Vgl. die Darstellung in KOM(2000) 7 endg. v. 26.7.2000, S. 3, sowie Erwägungsgrund 6 zur VO 1370/2007.
⁶⁰ Vgl. nun aber Art. 1 Abs. 2 Satz 2 VO 1370/2007; dazu Erwägungsgründe 10, 11 und 36 zur Verordnung.

II. Verordnung (EWG) Nr. 1107/70

18 Mit den Verträgen vereinbar sind gemäß Art. 93 AEUV Beihilfen, die den Erfordernissen der Koordinierung des Verkehrs oder der Abgeltung bestimmter, mit dem Begriff des öffentlichen Dienstes zusammenhängender Leistungen entsprechen. Die Verordnung (EWG) Nr. 1107/70 des Rates vom 4.6.1970 über Beihilfen im Eisenbahn-, Straßen- und Binnenschiffsverkehr[61] diente dem Zweck, den Begriff der „Koordinierung" im Sinne des damaligen Art. 73 EG-Vertrages – d.h. des heutigen Art. 93 AEUV – zu konkretisieren und den verbleibenden Anwendungsbereich der primärrechtlichen Vorschrift nach dem Erlass der VO (EWG) Nr. 1191/69 und der VO (EWG) Nr. 1192/69[62] abschließend zu definieren. Art. 3 VO (EWG) Nr. 1107/70 führte zu diesem Zweck in einem abschließenden Katalog die Maßnahmen auf, die zulässigerweise die Gewährung von Beihilfen zur Folge haben durften.[63] Ursprünglich plante die Kommission, die Verordnung (EWG) Nr. 1107/70 durch eine eigenständige neue Verordnung zu ersetzen und legte parallel zu dem Entwurf der späteren VO 1370/2007 einen Entwurf für eine Verordnung über die Gewährung von Beihilfen für die Koordinierung des Eisenbahnverkehrs, des Straßenverkehrs und der Binnenschifffahrt vor.[64] Davon nahm die Kommission später wieder Abstand, nun soll die VO 1370/2007 den Anwendungsbereich der VO (EWG) Nr. 1107/70 mit abdecken.[65] Nach Ansicht des Verordnungsgebers musste die VO (EWG) Nr. 1107/70 zwischenzeitlich als überholt angesehen werden, da sie die Anwendung des Art. 93 AEUV einschränkte, ohne eine angemessene Rechtsgrundlage für die Zulassung von Investitionsregelungen, insbesondere im Hinblick auf Investitionen in Verkehrsinfrastruktur im Rahmen einer öffentlich-privaten Partnerschaft, zu bieten. In Erwägungsgrund 37 zur VO 1370/2007 hat die Kommission den Erlass von Leitlinien angekündigt, die zwischenzeitlich mit den Gemeinschaftlichen Leitlinien für staatliche Beihilfen an Eisenbahnunternehmen aus dem Jahre 2008 vorliegen.[66]

D. Entstehungsgeschichte

19 Die Entstehungsgeschichte der VO 1370/2007 reicht bis in das Jahr 2000 zurück.[67] Am 26.7.2000 legte die Kommission einen Vorschlag für eine Verordnung über Maßnahmen der Mitgliedstaaten im Zusammenhang mit Anforderungen des öffentlichen Dienstes und der Vergabe öffentlicher Dienstleistungsaufträge für den Personenverkehr auf der Schiene, der Straße und auf Binnenschifffahrtswegen vor.[68] Weitere Schritte auf dem Weg[69] bis zum Inkrafttreten der VO 1370/2007 waren unter anderem die vom Europäischen Parlament in erster Lesung angenommenen Änderungen zu dem Kommissionsvorschlag[70] und

---

[61] ABl. 1970 L 130/1.

[62] Verordnung (EWG) Nr. 1192/69 des Rates v. 26.6.1969 über gemeinsame Regeln für die Normalisierung der Konten der Eisenbahnunternehmen, ABl. 1969 L 156/8.

[63] Vgl. dazu im Einzelnen etwa die Kommentierung zur VO (EWG) Nr. 1107/70 von *Nemitz* in Frohnmeyer/Mückenhausen/Boeing, EG-Verkehrsrecht, Std. Dezember 2004.

[64] KOM(2000) 5 endg. v. 26.7.2000.

[65] Erwägungsgrund 37 zur VO 1370/2007.

[66] ABl. 2008 C 184/13.

[67] Eingehend zur Genese zwischenzeitlich etwa *Kiepe/Mietzsch* in Saxinger/Winnes, Recht des öffentlichen Personenverkehrs, Std. 2012, Einführung VO 1370 Rn. 5 ff.

[68] KOM(2000) 7 endg. v. 26.7.2000.

[69] Sämtliche Dokumente, die im Zusammenhang mit der Entstehung der Verordnung veröffentlicht sind, können im Internet auf der Seite des Legislative Observatory des Europäischen Parlaments abgerufen werden (http://www.europarl.europa.eu/oeil/home/home.do).

[70] ABl. 2002 C 140E/262.

der daraufhin geänderte Vorschlag der Kommission aus dem Jahre 2002[71]. Nachdem der EuGH am 24.7.2003 das Grundsatzurteil in der Rechtssache *Altmark Trans* gesprochen hatte[72], legte die Kommission im Jahre 2005 einen grundlegend überarbeiteten Vorschlag vor[73]. Am 11.12.2006 fasste daraufhin der Rat seinen Gemeinsamen Standpunkt.[74] Dazu nahm die Kommission in ihrer Mitteilung vom 12.12.2006 Stellung.[75] Den Änderungen, die das Europäische Parlament in zweiter Lesung am 10.5.2007 beschloss, stimmte die Kommission in ihrer Stellungnahme vom 25.7.2007 zu.[76] Am **3.12.2007** wurde die Verordnung (EG) Nr. 1370/2007 im Amtsblatt veröffentlicht[77] und trat ihrem Art. 12 gemäß zwei Jahre später am **3.12.2009** in Kraft.

E. Verordnung (EG) Nr. 1370/2007 des Europäischen Parlaments und des Rates vom 23. Oktober 2007 über öffentliche Personenverkehrsdienste auf Schiene und Straße und zur Aufhebung der Verordnungen (EWG) Nr. 1191/69 und (EWG) Nr. 1107/70 des Rates

Vom 23. Oktober 2007

(ABl. 2007 Nr. L 315 S. 1)
Celex-Nr. 3 2007 R 1370

DAS EUROPÄISCHE PARLAMENT UND DER RAT DER EUROPÄISCHEN UNION –

gestützt auf den Vertrag zur Gründung der Europäischen Gemeinschaft, insbesondere auf die Artikel 71 und 89,

auf Vorschlag der Kommission,

nach Stellungnahme des Europäischen Wirtschafts- und Sozialausschusses[1],

nach Stellungnahme des Ausschusses der Regionen[2],

gemäß dem Verfahren des Artikels 251 des Vertrags[3],

in Erwägung nachstehender Gründe:

(1) Artikel 16 des Vertrags bestätigt den Stellenwert, den Dienste von allgemeinem wirtschaftlichem Interesse innerhalb der gemeinsamen Werte der Union einnehmen.

(2) Artikel 86 Absatz 2 des Vertrags bestimmt, dass für Unternehmen, die mit Dienstleistungen von allgemeinem wirtschaftlichem Interesse betraut sind, die Vorschriften des Vertrags, insbesondere die Wettbewerbsregeln, gelten, soweit die Anwendung dieser Vorschriften nicht die Erfüllung der ihnen übertragenen besonderen Aufgaben rechtlich oder tatsächlich verhindert.

(3) Artikel 73 des Vertrags stellt eine Sondervorschrift zu Artikel 86 Absatz 2 dar. Darin sind Regeln für die Abgeltung von gemeinwirtschaftlichen Verpflichtungen im Bereich des Landverkehrs festgelegt.

(4) Die Hauptziele des Weißbuchs der Kommission vom 12. September 2001 „Die Europäische Verkehrspolitik bis 2010: Weichenstellungen für die Zukunft" sind die Gewährleistung sicherer, effizienter und hochwertiger Personenverkehrsdienste durch einen regulierten Wettbewerb, der auch die Transparenz und Leistungsfähigkeit öffentlicher Personenverkehrsdienste garantiert, und zwar unter Berücksichtigung sozialer, umweltpolitischer und raum-

---

[71] KOM(2002) 207 endg. v. 21.2.2002.
[72] EuGH Urt. v. 24.7.2003, Rs. C-280/00, NZBau 2003, 503 ff. – Altmark Trans.
[73] KOM(2005) 319 endg. v. 20.7.2005.
[74] ABl. 2007 C 70E/1.
[75] KOM(2006) 805 endg. v. 12.12.2006.
[76] KOM(2007) 460 endg. v. 25.7.2007.
[77] ABl. 2007 L 315/1.

planerischer Faktoren, oder das Angebot spezieller Tarifbedingungen zugunsten bestimmter Gruppen von Reisenden, wie etwa Rentner, und die Beseitigung von Ungleichheiten zwischen Verkehrsunternehmen aus verschiedenen Mitgliedstaaten, die den Wettbewerb wesentlich verfälschen könnten.

(5) Viele Personenlandverkehrsdienste, die im allgemeinen wirtschaftlichen Interesse erforderlich sind, können derzeit nicht kommerziell betrieben werden. Die zuständigen Behörden der Mitgliedstaaten müssen Maßnahmen ergreifen können, um die Erbringung dieser Dienste sicherzustellen. Zu den Mechanismen, die sie nutzen können, um die Erbringung öffentlicher Personenverkehrsdienste sicherzustellen, zählen unter anderem die Gewährung ausschließlicher Rechte an die Betreiber eines öffentlichen Dienstes, die Gewährung einer finanziellen Ausgleichsleistung für Betreiber eines öffentlichen Dienstes sowie die Festlegung allgemeiner Vorschriften für den Betrieb öffentlicher Verkehrsdienste, die für alle Betreiber gelten. Entscheidet ein Mitgliedstaat sich im Einklang mit dieser Verordnung dafür, bestimmte allgemeine Regeln aus ihrem Anwendungsbereich herauszunehmen, so sollte die allgemeine Regelung für staatliche Beihilfen zur Anwendung kommen.

(6) Viele Mitgliedstaaten haben Rechtsvorschriften erlassen, die zumindest für einen Teilbereich ihres öffentlichen Verkehrsmarktes die Gewährung ausschließlicher Rechte und die Vergabe öffentlicher Dienstleistungsaufträge im Rahmen transparenter und fairer Vergabeverfahren vorsehen. Dies hat eine erhebliche Zunahme des Handels zwischen den Mitgliedstaaten bewirkt und dazu geführt, dass inzwischen mehrere Betreiber eines öffentlichen Dienstes Personenverkehrsdienste in mehr als einem Mitgliedstaat erbringen. Die Entwicklung der nationalen Rechtsvorschriften hat jedoch zu uneinheitlichen Verfahren und Rechtsunsicherheit hinsichtlich der Rechte der Betreiber eines öffentlichen Dienstes und der Pflichten der zuständigen Behörden geführt. Die Verordnung (EWG) Nr. 1191/69 des Rates vom 26. Juni 1969 über das Vorgehen der Mitgliedstaaten bei mit dem Begriff des öffentlichen Dienstes verbundenen Verpflichtungen auf dem Gebiet des Eisenbahn-, Straßen- und Binnenschiffsverkehrs[4] regelt nicht die Art und Weise, in der in der Gemeinschaft öffentliche Dienstleistungsaufträge vergeben werden müssen, und insbesondere nicht die Bedingungen, unter denen diese ausgeschrieben werden sollten. Eine Aktualisierung des gemeinschaftlichen Rechtsrahmens ist daher angebracht.

(7) Studien und die Erfahrungen der Mitgliedstaaten, in denen es schon seit einigen Jahren Wettbewerb im öffentlichen Verkehr gibt, zeigen, dass, sofern angemessene Schutzmaßnahmen vorgesehen werden, die Einführung des regulierten Wettbewerbs zwischen Betreibern zu einem attraktiveren und innovativeren Dienstleistungsangebot zu niedrigeren Kosten führt, ohne dass die Betreiber eines öffentlichen Dienstes bei der Erfüllung der ihnen übertragenen besonderen Aufgaben behindert werden. Dieser Ansatz wurde vom Europäischen Rat im Rahmen des so genannten Lissabon-Prozesses vom 28. März 2000 gebilligt, der die Kommission, den Rat und die Mitgliedstaaten aufgefordert hat, im Rahmen ihrer jeweiligen Befugnisse die Liberalisierung in Bereichen wie dem Verkehr zu beschleunigen.

(8) Personenverkehrsmärkte, die dereguliert sind und in denen keine ausschließlichen Rechte gewährt werden, sollten ihre Merkmale und ihre Funktionsweise beibehalten dürfen, soweit diese mit den Anforderungen des Vertrags vereinbar sind.

(9) Um die öffentlichen Personenverkehrsdienste optimal nach den Bedürfnissen der Bevölkerung gestalten zu können, müssen alle zuständigen Behörden die Möglichkeit haben, die Betreiber eines öffentlichen Dienstes gemäß den Bedingungen dieser Verordnung frei auszuwählen und dabei die Interessen von kleinen und mittleren Unternehmen zu berücksichtigen. Um die Anwendung der Grundsätze der Transparenz, der Gleichbehandlung konkurrierender Betreiber und der Verhältnismäßigkeit zu gewährleisten, wenn Ausgleichsleistungen oder ausschließliche Rechte gewährt werden, müssen in einem öffentlichen Dienstleistungsauftrag der zuständigen Behörde an den ausgewählten Betreiber eines öffentlichen Dienstes die Art der gemeinwirtschaftlichen Verpflichtungen und die vereinbarten Gegenleistungen festgelegt werden. Die Form oder Benennung dieses Vertrags kann je nach den Rechtssystemen der Mitgliedstaaten variieren.

(10) Im Gegensatz zu der Verordnung (EWG) Nr. 1191/69, deren Geltungsbereich sich auch auf die öffentlichen Personenverkehrsdienste auf Binnenschifffahrtswegen erstreckt, wird es nicht als angezeigt erachtet, in der vorliegenden Verordnung die Frage der Vergabe öffent-

licher Dienstleistungsaufträge in diesem besonderen Sektor zu regeln. Für die Organisation öffentlicher Personenverkehrsdienste auf Binnenschifffahrtswegen und, soweit sie nicht unter besonderes Gemeinschaftsrecht fallen, auf dem Meer innerhalb der Hoheitsgewässer gelten daher die allgemeinen Grundsätze des Vertrags, sofern die Mitgliedstaaten nicht beschließen, die vorliegende Verordnung auf diese besonderen Sektoren anzuwenden. Diese Verordnung steht der Einbeziehung von Verkehrsdiensten auf Binnenschifffahrtswegen und auf dem Meer innerhalb der Hoheitsgewässer in weiter gefasste Stadt-, Vorort- oder Regionalnetze des öffentlichen Personenverkehrs nicht entgegen.

(11) Im Gegensatz zu der Verordnung (EWG) Nr. 1191/69, deren Geltungsbereich sich auch auf Güterbeförderungsdienste erstreckt, wird es nicht als angezeigt erachtet, in der vorliegenden Verordnung die Frage der Vergabe öffentlicher Dienstleistungsaufträge in diesem besonderen Sektor zu regeln. Drei Jahre nach dem Inkrafttreten der vorliegenden Verordnung sollten für die Organisation von Güterbeförderungsdiensten daher die allgemeinen Grundsätze des Vertrags gelten.

(12) Aus gemeinschaftsrechtlicher Sicht ist es unerheblich, ob öffentliche Personenverkehrsdienste von öffentlichen oder privaten Unternehmen erbracht werden. Die vorliegende Verordnung stützt sich auf den Grundsatz der Neutralität im Hinblick auf die Eigentumsordnung gemäß Artikel 295 des Vertrags sowie den Grundsatz der freien Gestaltung der Dienste von allgemeinem wirtschaftlichem Interesse durch die Mitgliedstaaten gemäß Artikel 16 des Vertrags und die Grundsätze der Subsidiarität und der Verhältnismäßigkeit gemäß Artikel 5 des Vertrags.

(13) Einige Verkehrsdienste, häufig in Verbindung mit einer speziellen Infrastruktur, werden hauptsächlich aufgrund ihres historischen Interesses oder zu touristischen Zwecken betrieben. Da ihr Betrieb offensichtlich anderen Zwecken dient als der Erbringung öffentlicher Personenverkehrsdienste, müssen die für die Erfüllung von gemeinwirtschaftlichen Anforderungen geltenden Vorschriften und Verfahren hier keine Anwendung finden.

(14) Wenn die zuständigen Behörden für die Organisation des öffentlichen Verkehrsnetzes verantwortlich sind, können hierzu neben dem eigentlichen Betrieb des Verkehrsdienstes eine Reihe von anderen Tätigkeiten und Funktionen zählen, bei denen es den zuständigen Behörden freigestellt sein muss, sie selbst auszuführen oder ganz oder teilweise einem Dritten anzuvertrauen.

(15) Langzeitverträge können bewirken, dass der Markt länger als erforderlich geschlossen bleibt, wodurch sich die Vorteile des Wettbewerbsdrucks verringern. Um den Wettbewerb möglichst wenig zu verzerren und gleichzeitig die Qualität der Dienste sicherzustellen, sollten öffentliche Dienstleistungsaufträge befristet sein. Eine Auftragsverlängerung könnte davon abhängig gemacht werden, dass die Verkehrsteilnehmer die Dienstleistung positiv aufnehmen. Die Möglichkeit, öffentliche Dienstleistungsaufträge um maximal die Hälfte ihrer ursprünglichen Laufzeit zu verlängern, sollte in diesem Rahmen dann vorgesehen werden, wenn der Betreiber eines öffentlichen Dienstes Investitionen in Wirtschaftsgüter tätigen muss, deren Amortisierungsdauer außergewöhnlich lang ist, und – aufgrund ihrer besonderen Merkmale und Zwänge – bei den in Artikel 299 des Vertrags genannten Gebieten in äußerster Randlage. Außerdem sollte eine noch weiter gehende Verlängerung möglich sein, wenn ein Betreiber eines öffentlichen Dienstes Investitionen in Infrastrukturen oder Rollmaterial und Fahrzeuge tätigt, die insofern außergewöhnlich sind, als es dabei jeweils um hohe Mittelbeträge geht, und unter der Voraussetzung, dass der Vertrag im Rahmen eines fairen wettbewerblichen Vergabeverfahrens vergeben wird.

(16) Kann der Abschluss eines öffentlichen Dienstleistungsauftrags zu einem Wechsel des Betreibers eines öffentlichen Dienstes führen, so sollten die zuständigen Behörden den ausgewählten Betreiber eines öffentlichen Dienstes verpflichten können, die Bestimmungen der Richtlinie 2001/23/EG des Rates vom 12. März 2001 zur Angleichung der Rechtsvorschriften der Mitgliedstaaten über die Wahrung von Ansprüchen der Arbeitnehmer beim Übergang von Unternehmen, Betrieben oder Unternehmens- oder Betriebsteilen[5] anzuwenden. Diese Richtlinie hindert die Mitgliedstaaten nicht daran, die Bedingungen für die Übertragung anderer Ansprüche der Arbeitnehmer als der durch die Richtlinie 2001/23/EG abgedeckten zu wahren und dabei gegebenenfalls die durch nationale Rechts- und Verwal-

tungsvorschriften oder zwischen den Sozialpartnern geschlossene Tarifverträge oder Vereinbarungen festgelegten Sozialstandards zu berücksichtigen.

(17) Gemäß dem Subsidiaritätsprinzip steht es den zuständigen Behörden frei, soziale Kriterien und Qualitätskriterien festzulegen, um Qualitätsstandards für gemeinwirtschaftliche Verpflichtungen aufrechtzuerhalten und zu erhöhen, beispielsweise bezüglich der Mindestarbeitsbedingungen, der Fahrgastrechte, der Bedürfnisse von Personen mit eingeschränkter Mobilität, des Umweltschutzes, der Sicherheit von Fahrgästen und Angestellten sowie bezüglich der sich aus Kollektivvereinbarungen ergebenden Verpflichtungen und anderen Vorschriften und Vereinbarungen in Bezug auf den Arbeitsplatz und den Sozialschutz an dem Ort, an dem der Dienst erbracht wird. Zur Gewährleistung transparenter und vergleichbarer Wettbewerbsbedingungen zwischen den Betreibern und um das Risiko des Sozialdumpings zu verhindern, sollten die zuständigen Behörden besondere soziale Normen und Dienstleistungsqualitätsnormen vorschreiben können.

(18) Vorbehaltlich der einschlägigen Bestimmungen des nationalen Rechts können örtliche Behörden oder – falls diese nicht vorhanden sind – nationale Behörden öffentliche Personenverkehrsdienste in ihrem Gebiet entweder selbst erbringen oder einen internen Betreiber ohne wettbewerbliches Vergabeverfahren damit beauftragen. Zur Gewährleistung gleicher Wettbewerbsbedingungen muss die Möglichkeit der Eigenerbringung jedoch streng kontrolliert werden. Die zuständige Behörde oder die Gruppe zuständiger Behörden, die – kollektiv oder durch ihre Mitglieder – integrierte öffentliche Personenverkehrsdienste erbringt, sollte die erforderliche Kontrolle ausüben. Ferner sollte es einer zuständigen Behörde, die ihre Verkehrsdienste selbst erbringt, oder einem internen Betreiber untersagt sein, an wettbewerblichen Vergabeverfahren außerhalb des Zuständigkeitsgebiets dieser Behörde teilzunehmen. Die Behörde, die die Kontrolle über den internen Betreiber ausübt, sollte ferner die Möglichkeit haben, diesem Betreiber die Teilnahme an wettbewerblichen Vergabeverfahren innerhalb ihres Zuständigkeitsgebiets zu untersagen. Die Beschränkung der Tätigkeit interner Betreiber berührt nicht die Möglichkeit der Direktvergabe öffentlicher Dienstleistungsaufträge, die den Eisenbahnverkehr betreffen, mit Ausnahme anderer schienengestützter Verkehrsträger wie Untergrund- und Straßenbahnen. Außerdem berührt die Direktvergabe öffentlicher Dienstleistungsaufträge für Eisenbahnverkehrsdienste nicht die Möglichkeit der zuständigen Behörden, öffentliche Dienstleistungsaufträge für öffentliche Personenverkehrsdienste mit anderen schienengestützten Verkehrsträgern wie Untergrund- oder Straßenbahnen an einen internen Betreiber zu vergeben.

(19) Die Vergabe von Unteraufträgen kann zu einem effizienteren öffentlichen Personenverkehr beitragen und ermöglicht die Beteiligung weiterer Unternehmen neben dem Betreiber eines öffentlichen Dienstes, der den öffentlichen Dienstleistungsauftrag erhalten hat. Im Hinblick auf eine bestmögliche Nutzung öffentlicher Gelder sollten die zuständigen Behörden jedoch die Bedingungen für die Vergabe von Unteraufträgen bezüglich ihrer öffentlichen Personenverkehrsdienste festlegen können, insbesondere im Falle von Diensten, die von einem internen Betreiber erbracht werden. Ferner sollte es einem Unterauftragnehmer erlaubt sein, an wettbewerblichen Vergabeverfahren im Zuständigkeitsgebiet aller zuständigen Behörden teilzunehmen. Die Auswahl eines Unterauftragnehmers durch die zuständige Behörde oder ihren internen Betreiber muss im Einklang mit dem Gemeinschaftsrecht erfolgen.

(20) Entscheidet eine Behörde, eine Dienstleistung von allgemeinem Interesse einem Dritten zu übertragen, so muss die Auswahl des Betreibers eines öffentlichen Dienstes unter Einhaltung des für das öffentliche Auftragswesen und Konzessionen geltenden Gemeinschaftsrechts, das sich aus den Artikeln 43 bis 49 des Vertrags ergibt, sowie der Grundsätze der Transparenz und der Gleichbehandlung erfolgen. Insbesondere bleiben die Pflichten der Behörden, die sich aus den Richtlinien über die Vergabe öffentlicher Aufträge ergeben, bei unter jene Richtlinien fallenden öffentlichen Dienstleistungsaufträgen von den Bestimmungen dieser Verordnung unberührt.

(21) Ein wirksamer Rechtsschutz sollte nicht nur für Aufträge gelten, die unter die Richtlinie 2004/17/EG des Europäischen Parlaments und des Rates vom 31. März 2004 zur Koordinierung der Zuschlagserteilung durch Auftraggeber im Bereich der Wasser-, Energie- und Verkehrsversorgung sowie der Postdienste[6] und die Richtlinie 2004/18/EG des Europäi-

schen Parlaments und des Rates vom 31. März 2004 über die Koordinierung der Verfahren zur Vergabe öffentlicher Bauaufträge, Lieferaufträge und Dienstleistungsaufträge[7] fallen, sondern auch für andere gemäß der vorliegenden Verordnung abgeschlossene Verträge gelten. Es ist ein wirksames Nachprüfungsverfahren erforderlich, das mit den entsprechenden Verfahren gemäß der Richtlinie 89/665/EWG des Rates vom 21. Dezember 1989 zur Koordinierung der Rechts- und Verwaltungsvorschriften für die Anwendung der Nachprüfungsverfahren im Rahmen der Vergabe öffentlicher Liefer- und Bauaufträge[8] bzw. der Richtlinie 92/13/EWG des Rates vom 25. Februar 1992 zur Koordinierung der Rechts- und Verwaltungsvorschriften für die Anwendung der Gemeinschaftsvorschriften über die Auftragsvergabe durch Auftraggeber im Bereich der Wasser-, Energie- und Verkehrsversorgung sowie im Telekommunikationssektor[9] vergleichbar sein sollte.

(22) Für einige wettbewerbliche Vergabeverfahren müssen die zuständigen Behörden komplexe Systeme festlegen und erläutern. Daher sollten diese Behörden ermächtigt werden, bei der Vergabe von Aufträgen in solchen Fällen die Einzelheiten des Auftrags mit einigen oder allen potenziellen Betreibern eines öffentlichen Dienstes nach Abgabe der Angebote auszuhandeln.

(23) Ein wettbewerbliches Vergabeverfahren für öffentliche Dienstleistungsaufträge sollte nicht zwingend vorgeschrieben sein, wenn der Auftrag sich auf geringe Summen oder Entfernungen bezieht. In diesem Zusammenhang sollten die zuständigen Behörden in die Lage versetzt werden, bei größeren Summen oder Entfernungen die besonderen Interessen von kleinen und mittleren Unternehmen zu berücksichtigen. Den zuständigen Behörden sollte es nicht gestattet sein, Aufträge oder Netze aufzuteilen, um so ein wettbewerbliches Vergabeverfahren zu vermeiden.

(24) Besteht die Gefahr einer Unterbrechung bei der Erbringung von Diensten, sollten die zuständigen Behörden befugt sein, kurzfristig Notmaßnahmen zu ergreifen, bis ein neuer öffentlicher Dienstleistungsauftrag nach den in dieser Verordnung festgelegten Bedingungen vergeben wurde.

(25) Der öffentliche Schienenpersonenverkehr wirft spezielle Fragen in Bezug auf die Investitionslast und die Infrastrukturkosten auf. Die Kommission hat im März 2004 eine Änderung der Richtlinie 91/440/EWG des Rates vom 29. Juli 1991 zur Entwicklung der Eisenbahnunternehmen der Gemeinschaft[10] vorgeschlagen, damit alle Eisenbahnunternehmen der Gemeinschaft zur Durchführung grenzüberschreitender Personenverkehrsdienste Zugang zur Infrastruktur aller Mitgliedstaaten erhalten. Mit der vorliegenden Verordnung soll ein Rechtsrahmen für die Gewährung einer Ausgleichsleistung und/oder ausschließlicher Rechte für öffentliche Dienstleistungsaufträge geschaffen werden; eine weitere Öffnung des Marktes für Schienenverkehrsdienste ist nicht beabsichtigt.

(26) Diese Verordnung gibt den zuständigen Behörden im Falle öffentlicher Dienstleistungen die Möglichkeit, auf der Grundlage eines öffentlichen Dienstleistungsauftrags einen Betreiber für die Erbringung öffentlicher Personenverkehrsdienste auszuwählen. Angesichts der unterschiedlichen territorialen Organisation der Mitgliedstaaten in dieser Hinsicht ist es gerechtfertigt, den zuständigen Behörden zu gestatten, öffentliche Dienstleistungsaufträge im Eisenbahnverkehr direkt zu vergeben.

(27) Die von den zuständigen Behörden gewährten Ausgleichsleistungen zur Deckung der Kosten, die durch die Erfüllung gemeinwirtschaftlicher Verpflichtungen verursacht werden, sollten so berechnet werden, dass übermäßige Ausgleichsleistungen vermieden werden. Beabsichtigt eine zuständige Behörde die Vergabe eines öffentlichen Dienstleistungsauftrags ohne wettbewerbliches Vergabeverfahren, so sollte sie auch detaillierte Bestimmungen einhalten, mit denen die Angemessenheit der Ausgleichsleistung gewährleistet wird und die der angestrebten Effizienz und Qualität der Dienste Rechnung tragen.

(28) Die zuständige Behörde und der Betreiber eines öffentlichen Dienstes können beweisen, dass eine übermäßige Ausgleichsleistung vermieden wurde, indem sie allen Auswirkungen der Erfüllung der gemeinwirtschaftlichen Verpflichtungen auf die Nachfrage nach öffentlichen Personenverkehrsdiensten in dem im Anhang enthaltenen Berechnungsmodell gebührend Rechnung tragen.

(29) Hinsichtlich der Vergabe öffentlicher Dienstleistungsaufträge sollten die zuständigen Behörden – außer bei Notmaßnahmen und Aufträgen für geringe Entfernungen – die notwendigen Maßnahmen ergreifen, um mindestens ein Jahr im Voraus bekannt zu geben, dass sie solche Aufträge zu vergeben beabsichtigen, so dass potenzielle Betreiber eines öffentlichen Dienstes darauf reagieren können.

(30) Bei direkt vergebenen öffentlichen Dienstleistungsaufträgen sollte für größere Transparenz gesorgt werden.

(31) Da die zuständigen Behörden und die Betreiber eines öffentlichen Dienstes Zeit benötigen, um den Bestimmungen dieser Verordnung nachzukommen, sollten Übergangsregelungen vorgesehen werden. Im Hinblick auf eine schrittweise Vergabe öffentlicher Dienstleistungsaufträge gemäß dieser Verordnung sollten die Mitgliedstaaten der Kommission binnen sechs Monaten nach der ersten Hälfte des Übergangszeitraums einen Fortschrittsbericht vorlegen. Die Kommission kann auf der Grundlage dieser Berichte geeignete Maßnahmen vorschlagen.

(32) Während des Übergangszeitraums werden die zuständigen Behörden die Bestimmungen dieser Verordnung möglicherweise zu unterschiedlichen Zeitpunkten erstmals anwenden. Daher könnten während dieses Zeitraums Betreiber eines öffentlichen Dienstes aus Märkten, die noch nicht von den Bestimmungen dieser Verordnung betroffen sind, Angebote für öffentliche Dienstleistungsaufträge in Märkten einreichen, die bereits zu einem früheren Zeitpunkt für den kontrollierten Wettbewerb geöffnet wurden. Um mit Hilfe angemessener Maßnahmen eine Unausgewogenheit bei der Öffnung des öffentlichen Verkehrsmarktes zu vermeiden, sollten die zuständigen Behörden in der zweiten Hälfte des Übergangszeitraums die Möglichkeit haben, Angebote von Unternehmen abzulehnen, bei denen mehr als die Hälfte des Wertes der von ihnen erbrachten öffentlichen Verkehrsdienste auf Aufträgen beruht, die nicht im Einklang mit dieser Verordnung vergeben wurden, sofern dies ohne Diskriminierung geschieht und vor Veröffentlichung des wettbewerblichen Vergabeverfahrens beschlossen wird.

(33) In seinem Urteil vom 24. Juli 2003 in der Rechtssache C-280/00, Altmark Trans GmbH[11], hat der Gerichtshof der Europäischen Gemeinschaften in den Randnummern 87 bis 95 festgestellt, dass Ausgleichsleistungen für gemeinwirtschaftliche Verpflichtungen keine Begünstigung im Sinne von Artikel 87 des Vertrags darstellen, sofern vier kumulative Voraussetzungen erfüllt sind. Werden diese Voraussetzungen nicht erfüllt, jedoch die allgemeinen Voraussetzungen für die Anwendung von Artikel 87 Absatz 1 des Vertrags, stellen die Ausgleichsleistungen für gemeinwirtschaftliche Verpflichtungen staatliche Beihilfen dar, und es gelten die Artikel 73, 86, 87 und 88 des Vertrags.

(34) Ausgleichsleistungen für gemeinwirtschaftliche Verpflichtungen können sich im Bereich des Personenlandverkehrs als erforderlich erweisen, damit die mit öffentlichen Dienstleistungen betrauten Unternehmen gemäß festgelegten Grundsätzen und unter Bedingungen tätig sein können, die ihnen die Erfüllung ihrer Aufgaben ermöglichen. Diese Ausgleichsleistungen können unter bestimmten Voraussetzungen gemäß Artikel 73 des Vertrags mit dem Vertrag vereinbar sein. Zum einen müssen sie gewährt werden, um die Erbringung von Diensten sicherzustellen, die Dienste von allgemeinem Interesse im Sinne des Vertrags sind. Um ungerechtfertigte Wettbewerbsverfälschungen zu vermeiden, darf die Ausgleichsleistung zum anderen nicht den Betrag übersteigen, der notwendig ist, um die Nettokosten zu decken, die durch die Erfüllung der gemeinwirtschaftlichen Verpflichtungen verursacht werden, wobei den dabei erzielten Einnahmen sowie einem angemessenen Gewinn Rechnung zu tragen ist.

(35) Die von den zuständigen Behörden in Übereinstimmung mit dieser Verordnung gewährten Ausgleichsleistungen können daher von der Pflicht zur vorherigen Unterrichtung nach Artikel 88 Absatz 3 des Vertrags ausgenommen werden.

(36) Da die vorliegende Verordnung die Verordnung (EWG) Nr. 1191/69 ersetzt, sollte die genannte Verordnung aufgehoben werden. Die schrittweise Einstellung der von der Kommission nicht genehmigten Ausgleichsleistungen für öffentliche Güterbeförderungsdienste wird durch einen Übergangszeitraum von drei Jahren im Einklang mit den Artikeln 73, 86, 87 und 88 des Vertrags erleichtert werden. Alle anderen durch diese Verordnung nicht erfass-

ten Ausgleichsleistungen für die Erbringung öffentlicher Personenverkehrsdienste, die staatliche Beihilfen im Sinne des Artikels 87 Absatz 1 des Vertrags beinhalten könnten, sollten den Bestimmungen der Artikel 73, 86, 87 und 88 des Vertrags entsprechen, einschließlich aller einschlägigen Auslegungen durch den Gerichtshof der Europäischen Gemeinschaften und insbesondere dessen Entscheidung in der Rechtssache C-280/00, Altmark Trans GmbH. Bei der Prüfung solcher Fälle sollte die Kommission daher ähnliche Grundsätze anwenden wie die, die in dieser Verordnung oder gegebenenfalls in anderen Rechtsvorschriften für den Bereich der Dienstleistungen von allgemeinem wirtschaftlichem Interesse enthalten sind.

(37) Der Anwendungsbereich der Verordnung (EWG) Nr. 1107/70 des Rates vom 4. Juni 1970 über Beihilfen im Eisenbahn-, Straßen- und Binnenschiffsverkehr[12] wird von der vorliegenden Verordnung abgedeckt. Jene Verordnung gilt heute als überholt, da sie die Anwendung von Artikel 73 des Vertrags einschränkt, ohne eine angemessene Rechtsgrundlage für die Zulassung derzeitiger Investitionsregelungen, insbesondere im Hinblick auf Investitionen in Verkehrsinfrastrukturen im Rahmen einer öffentlich-privaten Partnerschaft, zu bieten. Sie sollte daher aufgehoben werden, damit Artikel 73 des Vertrags unbeschadet der vorliegenden Verordnung und der Verordnung (EWG) Nr. 1192/69 des Rates vom 26. Juni 1969 über gemeinsame Regeln für die Normalisierung der Konten der Eisenbahnunternehmen[13] entsprechend dem ständigen Wandel in dem Sektor angewendet werden kann. Um die Anwendung der einschlägigen gemeinschaftlichen Rechtsvorschriften weiter zu erleichtern, wird die Kommission im Jahr 2007 Leitlinien für staatliche Beihilfen für Eisenbahninvestitionen, einschließlich Infrastrukturinvestitionen, vorschlagen.

(38) Zur Bewertung der Durchführung dieser Verordnung und der Entwicklungen im öffentlichen Personenverkehr in der Gemeinschaft, insbesondere der Qualität der öffentlichen Personenverkehrsdienste und der Auswirkungen der Direktvergabe von öffentlichen Dienstleistungsaufträgen, sollte die Kommission einen Bericht erstellen. Diesem Bericht können erforderlichenfalls geeignete Vorschläge zur Änderung dieser Verordnung beigefügt werden –

HABEN FOLGENDE VERORDNUNG ERLASSEN:

Artikel 1 Zweck und Anwendungsbereich

(1) Zweck dieser Verordnung ist es, festzulegen, wie die zuständigen Behörden unter Einhaltung des Gemeinschaftsrechts im Bereich des öffentlichen Personenverkehrs tätig werden können, um die Erbringung von Dienstleistungen von allgemeinem Interesse zu gewährleisten, die unter anderem zahlreicher, sicherer, höherwertig oder preisgünstiger sind als diejenigen, die das freie Spiel des Marktes ermöglicht hätte.

Hierzu wird in dieser Verordnung festgelegt, unter welchen Bedingungen die zuständigen Behörden den Betreibern eines öffentlichen Dienstes eine Ausgleichsleistung für die ihnen durch die Erfüllung der gemeinwirtschaftlichen Verpflichtungen verursachten Kosten und/oder ausschließliche Rechte im Gegenzug für die Erfüllung solcher Verpflichtungen gewähren, wenn sie ihnen gemeinwirtschaftliche Verpflichtungen auferlegen oder entsprechende Aufträge vergeben.

(2) [1]Diese Verordnung gilt für den innerstaatlichen und grenzüberschreitenden Personenverkehr mit der Eisenbahn und andere Arten des Schienenverkehrs sowie auf der Straße, mit Ausnahme von Verkehrsdiensten, die hauptsächlich aus Gründen historischen Interesses oder zu touristischen Zwecken betrieben werden. [2]Die Mitgliedstaaten können diese Verordnung auf den öffentlichen Personenverkehr auf Binnenschifffahrtswegen und, unbeschadet der Verordnung (EWG) Nr. 3577/92 des Rates vom 7. Dezember 1992 zur Anwendung des Grundsatzes des freien Dienstleistungsverkehrs auf den Seeverkehr zwischen den Mitgliedstaaten (Seekabotage)[1] , auf das Meer innerhalb der Hoheitsgewässer anwenden.

(3) Diese Verordnung gilt nicht für öffentliche Baukonzessionen im Sinne von Artikel 1 Absatz 3 Buchstabe a der Richtlinie 2004/17/EG oder im Sinne von Artikel 1 Absatz 3 der Richtlinie 2004/18/EG.

Artikel 2 Begriffsbestimmungen

Im Sinne dieser Verordnung bezeichnet der Ausdruck

a) „öffentlicher Personenverkehr" Personenbeförderungsleistungen von allgemeinem wirtschaftlichem Interesse, die für die Allgemeinheit diskriminierungsfrei und fortlaufend erbracht werden;

b) „zuständige Behörde" jede Behörde oder Gruppe von Behörden eines oder mehrerer Mitgliedstaaten, die zur Intervention im öffentlichen Personenverkehr in einem bestimmten geografischen Gebiet befugt ist, oder jede mit einer derartigen Befugnis ausgestattete Einrichtung;

c) „zuständige örtliche Behörde" jede zuständige Behörde, deren geografischer Zuständigkeitsbereich sich nicht auf das gesamte Staatsgebiet erstreckt;

d) „Betreiber eines öffentlichen Dienstes" jedes privat- oder öffentlich-rechtliche Unternehmen oder jede Gruppe von privat- oder öffentlich-rechtlichen Unternehmen, das/die öffentliche Personenverkehrsdienste betreibt, oder eine öffentliche Einrichtung, die öffentliche Personenverkehrsdienste durchführt;

e) „gemeinwirtschaftliche Verpflichtung" eine von der zuständigen Behörde festgelegte oder bestimmte Anforderung im Hinblick auf die Sicherstellung von im allgemeinen Interesse liegenden öffentlichen Personenverkehrsdiensten, die der Betreiber unter Berücksichtigung seines eigenen wirtschaftlichen Interesses nicht oder nicht im gleichen Umfang oder nicht zu den gleichen Bedingungen ohne Gegenleistung übernommen hätte;

f) „ausschließliches Recht" ein Recht, das einen Betreiber eines öffentlichen Dienstes berechtigt, bestimmte öffentliche Personenverkehrsdienste auf einer bestimmten Strecke oder in einem bestimmten Streckennetz oder Gebiet unter Ausschluss aller anderen solchen Betreiber zu erbringen;

g) „Ausgleichsleistung für gemeinwirtschaftliche Verpflichtungen" jeden Vorteil, insbesondere finanzieller Art, der mittelbar oder unmittelbar von einer zuständigen Behörde aus öffentlichen Mitteln während des Zeitraums der Erfüllung einer gemeinwirtschaftlichen Verpflichtung oder in Verbindung mit diesem Zeitraum gewährt wird;

h) „Direktvergabe" die Vergabe eines öffentlichen Dienstleistungsauftrags an einen bestimmten Betreiber eines öffentlichen Dienstes ohne Durchführung eines vorherigen wettbewerblichen Vergabeverfahrens;

i) „öffentlicher Dienstleistungsauftrag" einen oder mehrere rechtsverbindliche Akte, die die Übereinkunft zwischen einer zuständigen Behörde und einem Betreiber eines öffentlichen Dienstes bekunden, diesen Betreiber eines öffentlichen Dienstes mit der Verwaltung und Erbringung von öffentlichen Personenverkehrsdiensten zu betrauen, die gemeinwirtschaftlichen Verpflichtungen unterliegen; gemäß der jeweiligen Rechtsordnung der Mitgliedstaaten können diese rechtsverbindlichen Akte auch in einer Entscheidung der zuständigen Behörde bestehen:

 – die die Form eines Gesetzes oder einer Verwaltungsregelung für den Einzelfall haben kann oder

 – die Bedingungen enthält, unter denen die zuständige Behörde diese Dienstleistungen selbst erbringt oder einen internen Betreiber mit der Erbringung dieser Dienstleistungen betraut;

j) „interner Betreiber" eine rechtlich getrennte Einheit, über die eine zuständige örtliche Behörde – oder im Falle einer Gruppe von Behörden wenigstens eine zuständige örtliche Behörde – eine Kontrolle ausübt, die der Kontrolle über ihre eigenen Dienststellen entspricht;

k) „Wert" den Wert eines Verkehrsdienstes, einer Strecke, eines öffentlichen Dienstleistungsauftrags oder einer Ausgleichsregelung des öffentlichen Personenverkehrs, der den Gesamteinnahmen – ohne Mehrwertsteuer – des Betreibers oder der Betreiber eines öffentlichen Dienstes entspricht, einschließlich der Ausgleichsleistung der Behörden gleich welcher

Art und aller Einnahmen aus dem Fahrscheinverkauf, die nicht an die betroffene zuständige Behörde abgeführt werden;

l) „allgemeine Vorschrift" eine Maßnahme, die diskriminierungsfrei für alle öffentlichen Personenverkehrsdienste derselben Art in einem bestimmten geografischen Gebiet, das im Zuständigkeitsbereich einer zuständigen Behörde liegt, gilt;

m) „integrierte öffentliche Personenverkehrsdienste" Beförderungsleistungen, die innerhalb eines festgelegten geografischen Gebiets im Verbund erbracht werden und für die ein einziger Informationsdienst, eine einzige Fahrausweisregelung und ein einziger Fahrplan besteht.

Artikel 3 Öffentliche Dienstleistungsaufträge und allgemeine Vorschriften

(1) Gewährt eine zuständige Behörde dem ausgewählten Betreiber ausschließliche Rechte und/oder Ausgleichsleistungen gleich welcher Art für die Erfüllung gemeinwirtschaftlicher Verpflichtungen, so erfolgt dies im Rahmen eines öffentlichen Dienstleistungsauftrags.

(2) ^{1}Abweichend von Absatz 1 können gemeinwirtschaftliche Verpflichtungen zur Festsetzung von Höchsttarifen für alle Fahrgäste oder bestimmte Gruppen von Fahrgästen auch Gegenstand allgemeiner Vorschriften sein. ^{2}Die zuständige Behörde gewährt den Betreibern eines öffentlichen Dienstes gemäß den in den Artikeln 4 und 6 und im Anhang festgelegten Grundsätzen eine Ausgleichsleistung für die – positiven oder negativen – finanziellen Auswirkungen auf die Kosten und Einnahmen, die auf die Erfüllung der in den allgemeinen Vorschriften festgelegten tariflichen Verpflichtungen zurückzuführen sind; dabei vermeidet sie eine übermäßige Ausgleichsleistung. ^{3}Dies gilt ungeachtet des Rechts der zuständigen Behörden, gemeinwirtschaftliche Verpflichtungen zur Festsetzung von Höchsttarifen in öffentliche Dienstleistungsaufträge aufzunehmen.

(3) ^{1}Unbeschadet der Artikel 73, 86, 87 und 88 des Vertrags können die Mitgliedstaaten allgemeine Vorschriften über die finanzielle Abgeltung von gemeinwirtschaftlichen Verpflichtungen, die dazu dienen, Höchsttarife für Schüler, Studenten, Auszubildende und Personen mit eingeschränkter Mobilität festzulegen, aus dem Anwendungsbereich dieser Verordnung ausnehmen. ^{2}Diese allgemeinen Vorschriften sind nach Artikel 88 des Vertrags mitzuteilen. ^{3}Jede Mitteilung enthält vollständige Informationen über die Maßnahme, insbesondere Einzelheiten zur Berechnungsmethode.

Artikel 4 Obligatorischer Inhalt öffentlicher Dienstleistungsaufträge und allgemeiner Vorschriften

(1) In den öffentlichen Dienstleistungsaufträgen und den allgemeinen Vorschriften
a) sind die vom Betreiber eines öffentlichen Dienstes zu erfüllenden gemeinwirtschaftlichen Verpflichtungen und die geografischen Geltungsbereiche klar zu definieren;
b) sind zuvor in objektiver und transparenter Weise aufzustellen:
   i) die Parameter, anhand deren gegebenenfalls die Ausgleichsleistung berechnet wird, und
   ii) die Art und der Umfang der gegebenenfalls gewährten Ausschließlichkeit;

dabei ist eine übermäßige Ausgleichsleistung zu vermeiden. Bei öffentlichen Dienstleistungsaufträgen, die gemäß Artikel 5 Absätze 2, 4, 5 und 6 vergeben werden, werden diese Parameter so bestimmt, dass die Ausgleichsleistung den Betrag nicht übersteigen kann, der erforderlich ist, um die finanziellen Nettoauswirkungen auf die Kosten und Einnahmen zu decken, die auf die Erfüllung der gemeinwirtschaftlichen Verpflichtungen zurückzuführen sind, wobei die vom Betreiber eines öffentlichen Dienstes erzielten und einbehaltenen Einnahmen und ein angemessener Gewinn berücksichtigt wird;
c) sind die Durchführungsvorschriften für die Aufteilung der Kosten, die mit der Erbringung von Dienstleistungen in Verbindung stehen, festzulegen. Diese Kosten können insbesondere Personalkosten, Energiekosten, Infrastrukturkosten, Wartungs- und Instandsetzungskosten für Fahrzeuge des öffentlichen Personenverkehrs, das Rollmaterial und für den Betrieb der Personenverkehrsdienste erforderliche Anlagen sowie die Fixkosten und eine angemessene Kapitalrendite umfassen.

(2) In den öffentlichen Dienstleistungsaufträgen und den allgemeinen Vorschriften sind die Durchführungsvorschriften für die Aufteilung der Einnahmen aus dem Fahrscheinverkauf festzulegen, die entweder beim Betreiber eines öffentlichen Dienstes verbleiben, an die zuständige Behörde übergehen oder unter ihnen aufgeteilt werden.

(3) [1]Die öffentlichen Dienstleistungsaufträge sind befristet und haben eine Laufzeit von höchstens zehn Jahren für Busverkehrsdienste und von höchstens 15 Jahren für Personenverkehrsdienste mit der Eisenbahn oder anderen schienengestützten Verkehrsträgern. [2]Die Laufzeit von öffentlichen Dienstleistungsaufträgen, die mehrere Verkehrsträger umfassen, ist auf 15 Jahre beschränkt, wenn der Verkehr mit der Eisenbahn oder anderen schienengestützten Verkehrsträgern mehr als 50 % des Werts der betreffenden Verkehrsdienste ausmacht.

(4) Falls erforderlich kann die Laufzeit des öffentlichen Dienstleistungsauftrags unter Berücksichtigung der Amortisierungsdauer der Wirtschaftsgüter um höchstens 50 % verlängert werden, wenn der Betreiber eines öffentlichen Dienstes einen wesentlichen Anteil der für die Erbringung der Personenverkehrsdienste, die Gegenstand des öffentlichen Dienstleistungsauftrags sind, insgesamt erforderlichen Wirtschaftsgüter bereitstellt und diese vorwiegend an die Personenverkehrsdienste gebunden sind, die von dem Auftrag erfasst werden.

[1]Falls dies durch Kosten, die aus der besonderen geografischen Lage entstehen, gerechtfertigt ist, kann die Laufzeit der in Absatz 3 beschriebenen öffentlichen Dienstleistungsaufträge in den Gebieten in äußerster Randlage um höchstens 50 % verlängert werden. [2]Falls dies durch die Abschreibung von Kapital in Verbindung mit außergewöhnlichen Investitionen in Infrastruktur, Rollmaterial oder Fahrzeuge gerechtfertigt ist und der öffentliche Dienstleistungsauftrag in einem fairen wettbewerblichen Vergabeverfahren vergeben wurde, kann ein öffentlicher Dienstleistungsauftrag eine längere Laufzeit haben. [3]Zur Gewährleistung der Transparenz in diesem Fall muss die zuständige Behörde der Kommission innerhalb von einem Jahr nach Abschluss des Vertrags den öffentlichen Dienstleistungsauftrag und die Elemente, die seine längere Laufzeit rechtfertigen, übermitteln.

(5) [1]Unbeschadet des nationalen Rechts und des Gemeinschaftsrechts, einschließlich Tarifverträge zwischen den Sozialpartnern, kann die zuständige Behörde den ausgewählten Betreiber eines öffentlichen Dienstes verpflichten, den Arbeitnehmern, die zuvor zur Erbringung der Dienste eingestellt wurden, die Rechte zu gewähren, auf die sie Anspruch hätten, wenn ein Übergang im Sinne der Richtlinie 2001/23/EG erfolgt wäre. [2]Verpflichtet die zuständige Behörde die Betreiber eines öffentlichen Dienstes, bestimmte Sozialstandards einzuhalten, so werden in den Unterlagen des wettbewerblichen Vergabeverfahrens und den öffentlichen Dienstleistungsaufträgen die betreffenden Arbeitnehmer aufgeführt und transparente Angaben zu ihren vertraglichen Rechten und zu den Bedingungen gemacht, unter denen sie als in einem Verhältnis zu den betreffenden Diensten stehend gelten.

(6) Verpflichtet die zuständige Behörde die Betreiber eines öffentlichen Dienstes im Einklang mit nationalem Recht dazu, bestimmte Qualitätsstandards einzuhalten, so werden diese Standards in die Unterlagen des wettbewerblichen Vergabeverfahrens und die öffentlichen Dienstleistungsaufträge aufgenommen.

(7) [1]In den Unterlagen des wettbewerblichen Vergabeverfahrens und den öffentlichen Dienstleistungsaufträgen ist transparent anzugeben, ob und in welchem Umfang eine Vergabe von Unteraufträgen in Frage kommt. [2]Werden Unteraufträge vergeben, so ist der mit der Verwaltung und Erbringung von öffentlichen Personenverkehrsdiensten nach Maßgabe dieser Verordnung betraute Betreiber verpflichtet, einen bedeutenden Teil der öffentlichen Personenverkehrsdienste selbst zu erbringen. [3]Ein öffentlicher Dienstleistungsauftrag, der gleichzeitig Planung, Aufbau und Betrieb öffentlicher Personenverkehrsdienste umfasst, kann eine vollständige Übertragung des Betriebs dieser Dienste an Unterauftragnehmer vorsehen. [4]Im öffentlichen Dienstleistungsauftrag werden entsprechend dem nationalen Recht und dem Gemeinschaftsrecht die für eine Vergabe von Unteraufträgen geltenden Bedingungen festgelegt.

Artikel 5 Vergabe öffentlicher Dienstleistungsaufträge

(1) [1]Öffentliche Dienstleistungsaufträge werden nach Maßgabe dieser Verordnung vergeben. [2]Dienstleistungsaufträge oder öffentliche Dienstleistungsaufträge gemäß der Definition in den

Richtlinien 2004/17/EG oder 2004/18/EG für öffentliche Personenverkehrsdienste mit Bussen und Straßenbahnen werden jedoch gemäß den in jenen Richtlinien vorgesehenen Verfahren vergeben, sofern die Aufträge nicht die Form von Dienstleistungskonzessionen im Sinne jener Richtlinien annehmen. ³Werden Aufträge nach den Richtlinien 2004/17/EG oder 2004/18/EG vergeben, so sind die Absätze 2 bis 6 des vorliegenden Artikels nicht anwendbar.

(2) ¹Sofern dies nicht nach nationalem Recht untersagt ist, kann jede zuständige örtliche Behörde – unabhängig davon, ob es sich dabei um eine einzelne Behörde oder eine Gruppe von Behörden handelt, die integrierte öffentliche Personenverkehrsdienste anbietet – beschließen, selbst öffentliche Personenverkehrsdienste zu erbringen oder öffentliche Dienstleistungsaufträge direkt an eine rechtlich getrennte Einheit zu vergeben, über die die zuständige örtliche Behörde – oder im Falle einer Gruppe von Behörden wenigstens eine zuständige örtliche Behörde – eine Kontrolle ausübt, die der Kontrolle über ihre eigenen Dienststellen entspricht. ²Fasst eine zuständige örtliche Behörde diesen Beschluss, so gilt Folgendes:

d) Um festzustellen, ob die zuständige örtliche Behörde diese Kontrolle ausübt, sind Faktoren zu berücksichtigen, wie der Umfang der Vertretung in Verwaltungs-, Leitungs- oder Aufsichtsgremien, diesbezügliche Bestimmungen in der Satzung, Eigentumsrechte, tatsächlicher Einfluss auf und tatsächliche Kontrolle über strategische Entscheidungen und einzelne Managemententscheidungen. Im Einklang mit dem Gemeinschaftsrecht ist zur Feststellung, dass eine Kontrolle im Sinne dieses Absatzes gegeben ist, – insbesondere bei öffentlich-privaten Partnerschaften – nicht zwingend erforderlich, dass die zuständige Behörde zu 100 % Eigentümer ist, sofern ein beherrschender öffentlicher Einfluss besteht und aufgrund anderer Kriterien festgestellt werden kann, dass eine Kontrolle ausgeübt wird.

e) Die Voraussetzung für die Anwendung dieses Absatzes ist, dass der interne Betreiber und jede andere Einheit, auf die dieser Betreiber einen auch nur geringfügigen Einfluss ausübt, ihre öffentlichen Personenverkehrsdienste innerhalb des Zuständigkeitsgebiets der zuständigen örtlichen Behörde ausführen – ungeachtet der abgehenden Linien oder sonstiger Teildienste, die in das Zuständigkeitsgebiet benachbarter zuständiger örtlicher Behörden führen – und nicht an außerhalb des Zuständigkeitsgebiets der zuständigen örtlichen Behörde organisierten wettbewerblichen Vergabeverfahren für die Erbringung von öffentlichen Personenverkehrsdiensten teilnehmen.

f) Ungeachtet des Buchstabens b kann ein interner Betreiber frühestens zwei Jahre vor Ablauf des direkt an ihn vergebenen Auftrags an fairen wettbewerblichen Vergabeverfahren teilnehmen, sofern endgültig beschlossen wurde, die öffentlichen Personenverkehrsdienste, die Gegenstand des Auftrags des internen Betreibers sind, im Rahmen eines fairen wettbewerblichen Vergabeverfahrens zu vergeben und der interne Betreiber nicht Auftragnehmer anderer direkt vergebener öffentlicher Dienstleistungsaufträge ist.

g) Gibt es keine zuständige örtliche Behörde, so gelten die Buchstaben a, b und c für die nationalen Behörden in Bezug auf ein geografisches Gebiet, das sich nicht auf das gesamte Staatsgebiet erstreckt, sofern der interne Betreiber nicht an wettbewerblichen Vergabeverfahren für die Erbringung von öffentlichen Personenverkehrsdiensten teilnimmt, die außerhalb des Gebiets, für das der öffentliche Dienstleistungsauftrag erteilt wurde, organisiert werden.

h) Kommt eine Unterauftragsvergabe nach Artikel 4 Absatz 7 in Frage, so ist der interne Betreiber verpflichtet, den überwiegenden Teil des öffentlichen Personenverkehrsdienstes selbst zu erbringen.

(3) ¹Werden die Dienste Dritter, die keine internen Betreiber sind, in Anspruch genommen, so müssen die zuständigen Behörden die öffentlichen Dienstleistungsaufträge außer in den in den Absätzen 4, 5 und 6 vorgesehenen Fällen im Wege eines wettbewerblichen Vergabeverfahrens vergeben. ²Das für die wettbewerbliche Vergabe angewandte Verfahren muss allen Betreibern offen stehen, fair sein und den Grundsätzen der Transparenz und Nichtdiskriminierung genügen. ³Nach Abgabe der Angebote und einer eventuellen Vorauswahl können in diesem Verfahren unter Einhaltung dieser Grundsätze Verhandlungen geführt werden, um festzulegen, wie der Besonderheit oder Komplexität der Anforderungen am besten Rechnung zu tragen ist.

(4) Sofern dies nicht nach nationalem Recht untersagt ist, können die zuständigen Behörden entscheiden, öffentliche Dienstleistungsaufträge, die entweder einen geschätzten Jahresdurch-

schnittswert von weniger als 1 000 000 EUR oder eine jährliche öffentliche Personenverkehrsleistung von weniger als 300 000 km aufweisen, direkt zu vergeben.

Im Falle von öffentlichen Dienstleistungsaufträgen, die direkt an kleine oder mittlere Unternehmen, die nicht mehr als 23 Fahrzeuge betreiben, vergeben werden, können diese Schwellen entweder auf einen geschätzten Jahresdurchschnittswert von weniger als 2 000 000 EUR oder eine jährliche öffentliche Personenverkehrsleistung von weniger als 600 000 km erhöht werden.

(5) [1]Die zuständige Behörde kann im Fall einer Unterbrechung des Verkehrsdienstes oder bei unmittelbarer Gefahr des Eintretens einer solchen Situation eine Notmaßnahme ergreifen. [2]Diese Notmaßnahme besteht in der Direktvergabe oder einer förmlichen Vereinbarung über die Ausweitung eines öffentlichen Dienstleistungsauftrags oder einer Auflage, bestimmte gemeinwirtschaftliche Verpflichtungen zu übernehmen. [3]Der Betreiber eines öffentlichen Dienstes hat das Recht, gegen den Beschluss zur Auferlegung der Übernahme bestimmter gemeinwirtschaftlicher Verpflichtungen Widerspruch einzulegen. [4]Die Vergabe oder Ausweitung eines öffentlichen Dienstleistungsauftrags als Notmaßnahme oder die Auferlegung der Übernahme eines derartigen Auftrags ist für längstens zwei Jahre zulässig.

(6) [1]Sofern dies nicht nach nationalem Recht untersagt ist, können die zuständigen Behörden entscheiden, öffentliche Dienstleistungsaufträge im Eisenbahnverkehr – mit Ausnahme anderer schienengestützter Verkehrsträger wie Untergrund- oder Straßenbahnen – direkt zu vergeben. [2]Abweichend von Artikel 4 Absatz 3 haben diese Aufträge eine Höchstlaufzeit von zehn Jahren, soweit nicht Artikel 4 Absatz 4 anzuwenden ist.

(7) Die Mitgliedstaaten treffen die erforderlichen Maßnahmen, um sicherzustellen, dass die gemäß den Absätzen 2 bis 6 getroffenen Entscheidungen wirksam und rasch auf Antrag einer Person überprüft werden können, die ein Interesse daran hat bzw. hatte, einen bestimmten Auftrag zu erhalten, und die angibt, durch einen Verstoß dieser Entscheidungen gegen Gemeinschaftsrecht oder nationale Vorschriften zur Durchführung des Gemeinschaftsrechts geschädigt zu sein oder geschädigt werden zu können.

[1]Sind die für die Nachprüfungsverfahren zuständigen Stellen keine Gerichte, so sind ihre Entscheidungen stets schriftlich zu begründen. [2]In einem solchem Fall ist ferner zu gewährleisten, dass Beschwerden aufgrund rechtswidriger Handlungen der Nachprüfungsstellen oder aufgrund fehlerhafter Ausübung der diesen übertragenen Befugnisse der gerichtlichen Überprüfung oder der Überprüfung durch andere Stellen, die Gerichte im Sinne von Artikel 234 des Vertrags und unabhängig von der vertragsschließenden Behörde und der Nachprüfungsstellen sind, unterzogen werden können.

Artikel 6 Ausgleichsleistung für gemeinwirtschaftliche Verpflichtungen

(1) [1]Jede Ausgleichsleistung im Zusammenhang mit einer allgemeinen Vorschrift oder einem öffentlichen Dienstleistungsauftrag entspricht unabhängig von den Vergabemodalitäten den Bestimmungen des Artikels 4. [2]Jede wie auch immer beschaffene Ausgleichsleistung im Zusammenhang mit einem öffentlichen Dienstleistungsauftrag, der in Übereinstimmung mit Artikel 5 Absätze 2, 4, 5 oder 6 direkt vergeben wurde, oder im Zusammenhang mit einer allgemeinen Vorschrift unterliegt darüber hinaus den Bestimmungen des Anhangs.

(2) Die Mitgliedstaaten übermitteln der Kommission auf deren schriftliche Aufforderung binnen drei Monaten oder einer anderen in der Aufforderung gesetzten längeren Frist alle Informationen, die diese für erforderlich hält, um festzustellen, ob eine gewährte Ausgleichsleistung mit dieser Verordnung vereinbar ist.

Artikel 7 Veröffentlichung

(1) [1]Jede zuständige Behörde macht einmal jährlich einen Gesamtbericht über die in ihren Zuständigkeitsbereich fallenden gemeinwirtschaftlichen Verpflichtungen, die ausgewählten Betreiber eines öffentlichen Dienstes sowie die diesen Betreibern zur Abgeltung gewährten Ausgleichsleistungen und ausschließlichen Rechte öffentlich zugänglich. [2]Dieser Bericht unterscheidet nach Busverkehr und schienengebundenem Verkehr, er muss eine Kontrolle und

Beurteilung der Leistungen, der Qualität und der Finanzierung des öffentlichen Verkehrsnetzes ermöglichen und gegebenenfalls Informationen über Art und Umfang der gewährten Ausschließlichkeit enthalten.

(2) Jede zuständige Behörde ergreift die erforderlichen Maßnahmen, um sicherzustellen, dass spätestens ein Jahr vor Einleitung des wettbewerblichen Vergabeverfahrens oder ein Jahr vor der Direktvergabe mindestens die folgenden Informationen im Amtsblatt der Europäischen Union veröffentlicht werden:
  i) der Name und die Anschrift der zuständigen Behörde;

  j) die Art des geplanten Vergabeverfahrens;

  k) die von der Vergabe möglicherweise betroffenen Dienste und Gebiete.

Die zuständigen Behörden können beschließen, diese Informationen nicht zu veröffentlichen, wenn der öffentliche Dienstleistungsauftrag eine jährliche öffentliche Personenverkehrsleistung von weniger als 50 000 km aufweist.

[1]Sollten sich diese Informationen nach ihrer Veröffentlichung ändern, so hat die zuständige Behörde so rasch wie möglich eine Berichtigung zu veröffentlichen. [2]Diese Berichtigung erfolgt unbeschadet des Zeitpunkts der Einleitung der Direktvergabe oder des wettbewerblichen Vergabeverfahrens.

Dieser Absatz findet keine Anwendung auf Artikel 5 Absatz 5.

(3) Bei der Direktvergabe von öffentlichen Dienstleistungsaufträgen im Eisenbahnverkehr nach Artikel 5 Absatz 6 macht die zuständige Behörde innerhalb eines Jahres nach der Auftragsvergabe folgende Informationen öffentlich zugänglich:
  l) den Namen des Auftraggebers, seine Eigentümer sowie gegebenenfalls den/die Namen der Partei oder Parteien, die eine rechtliche Kontrolle ausübt/ausüben;

  m) die Dauer des öffentlichen Dienstleistungsauftrags;

  n) eine Beschreibung der zu erbringenden Personenverkehrsdienste;

  o) eine Beschreibung der Parameter für die finanzielle Ausgleichsleistung;

  p) Qualitätsziele wie beispielsweise in Bezug auf Pünktlichkeit und Zuverlässigkeit und anwendbare Prämien und Sanktionen;

  q) Bedingungen in Bezug auf die wichtigsten Wirtschaftsgüter.

(4) Die zuständige Behörde übermittelt jeder interessierten Partei auf entsprechenden Antrag ihre Gründe für die Entscheidung über die Direktvergabe eines öffentlichen Dienstleistungsauftrags.

Artikel 8 Übergangsregelung

(1) [1]Öffentliche Dienstleistungsaufträge werden nach Maßgabe dieser Verordnung vergeben. [2]Dienstleistungsaufträge oder öffentliche Dienstleistungsaufträge gemäß der Definition in den Richtlinien 2004/17/EG oder 2004/18/EG für öffentliche Personenverkehrsdienste mit Bussen und Straßenbahnen werden jedoch gemäß den in jenen Richtlinien vorgesehenen Verfahren vergeben, sofern die Aufträge nicht die Form von Dienstleistungskonzessionen im Sinne jener Richtlinien annehmen. [3]Werden Aufträge nach den Richtlinien 2004/17/EG oder 2004/18/EG vergeben, so sind die Absätze 2 bis 4 des vorliegenden Artikels nicht anwendbar.

(2) [1]Unbeschadet des Absatzes 3 muss die Vergabe von Aufträgen für den öffentlichen Verkehr auf Schiene und Straße ab 3. Dezember 2019 im Einklang mit Artikel 5 erfolgen. [2]Während dieses Übergangszeitraums treffen die Mitgliedstaaten Maßnahmen, um Artikel 5 schrittweise anzuwenden und ernste strukturelle Probleme insbesondere hinsichtlich der Transportkapazität zu vermeiden.

[1]Binnen sechs Monaten nach der ersten Hälfte des Übergangszeitraums legen die Mitgliedstaaten der Kommission einen Fortschrittsbericht vor, in dem die Umsetzung der schrittweisen Vergabe von öffentlichen Dienstleistungsaufträgen im Einklang mit Artikel 5 dargelegt wird.

²Auf der Grundlage der Fortschrittsberichte der Mitgliedstaaten kann die Kommission den Mitgliedstaaten geeignete Maßnahmen vorschlagen.

(3) Von Absatz 2 ausgenommen sind öffentliche Dienstleistungsaufträge, die gemäß dem Gemeinschaftsrecht und nationalem Recht wie folgt vergeben wurden:

r) vor dem 26. Juli 2000 nach einem fairen wettbewerblichen Vergabeverfahren;

s) vor dem 26. Juli 2000 nach einem anderen Verfahren als einem fairen wettbewerblichen Vergabeverfahren;

t) ab dem 26. Juli 2000 und vor dem 3. Dezember 2009 nach einem fairen wettbewerblichen Vergabeverfahren;

u) ab dem 26. Juli 2000 und vor dem 3. Dezember 2009 nach einem anderen Verfahren als einem fairen wettbewerblichen Vergabeverfahren.

¹Die unter Buchstabe a genannten Aufträge können für ihre vorgesehene Laufzeit gültig bleiben. ²Die unter den Buchstaben b und c genannten Aufträge können für ihre vorgesehene Laufzeit gültig bleiben, jedoch nicht länger als 30 Jahre. ³Die unter Buchstabe d genannten Aufträge können für ihre vorgesehene Laufzeit gültig bleiben, sofern ihre Laufzeit begrenzt und mit den Laufzeiten gemäß Artikel 4 vergleichbar ist.

Öffentliche Dienstleistungsaufträge können für ihre vorgesehene Laufzeit gültig bleiben, wenn ihre Beendigung unangemessene rechtliche oder wirtschaftliche Auswirkungen hätte, vorausgesetzt dass die Kommission der Weiterführung zugestimmt hat.

(4) ¹Unbeschadet des Absatzes 3 können die zuständigen Behörden während der zweiten Hälfte des in Absatz 2 genannten Übergangszeitraums diejenigen Betreiber eines öffentlichen Dienstes von der Teilnahme an wettbewerblichen Vergabeverfahren ausschließen, die nicht nachweisen können, dass der Wert der öffentlichen Verkehrsdienste, für die sie gemäß dieser Verordnung eine Ausgleichsleistung erhalten oder ausschließliche Rechte genießen, mindestens 50 % des Werts aller von ihnen erbrachten öffentlichen Verkehrsdienste, für die sie eine Ausgleichsleistung erhalten oder ausschließliche Rechte genießen, ausmacht. ²Betreiber eines öffentlichen Dienstes, die die auszuschreibenden Dienste erbringen, können nicht ausgeschlossen werden. ³Dieses Kriterium gilt nicht für öffentliche Dienstleistungsaufträge, die als Notmaßnahme gemäß Artikel 5 Absatz 5 vergeben wurden.

Machen die zuständigen Behörden von der in Unterabsatz 1 genannten Möglichkeit Gebrauch, so hat dies ohne Diskriminierung zu erfolgen; in diesem Fall schließen sie alle potenziellen Betreiber eines öffentlichen Dienstes aus, die dieses Kriterium erfüllen, und unterrichten potenzielle Betreiber zu Beginn des Vergabeverfahrens für öffentliche Dienstleistungsaufträge von ihrer Entscheidung.

Die betroffenen zuständigen Behörden teilen der Kommission ihre Absicht, diese Vorschrift anzuwenden, mindestens zwei Monate vor der Veröffentlichung des wettbewerblichen Vergabeverfahrens mit.

Artikel 9 Vereinbarkeit mit dem Vertrag

(1) ¹Eine gemäß dieser Verordnung gewährte Ausgleichsleistung für gemeinwirtschaftliche Verpflichtungen beim Betrieb öffentlicher Personenverkehrsdienste oder für die Einhaltung von in allgemeinen Vorschriften festgelegten tariflichen Verpflichtungen muss mit dem Gemeinsamen Markt vereinbar sein. ²Diese Ausgleichsleistungen sind von der Pflicht zur vorherigen Unterrichtung nach Artikel 88 Absatz 3 des Vertrags befreit.

(2) Unbeschadet der Artikel 73, 86, 87 und 88 des Vertrags können die Mitgliedstaaten weiterhin andere als die von dieser Verordnung erfassten Beihilfen für den Verkehrssektor nach Artikel 73 des Vertrags gewähren, die den Erfordernissen der Koordinierung des Verkehrs oder der Abgeltung bestimmter, mit dem Begriff des öffentlichen Dienstes zusammenhängender Leistungen entsprechen, und zwar insbesondere

v) bis zum Inkrafttreten gemeinsamer Vorschriften über die Zuordnung der Infrastrukturkosten, wenn die Beihilfe Unternehmen gewährt wird, die Kosten für die von ihnen benutzte Infrastruktur zu tragen haben, während andere Unternehmen derartigen Belastungen nicht unterworfen sind. Bei der Festlegung des entsprechenden Beihilfebetrags werden die Infrastrukturkosten berücksichtigt, die konkurrierende Verkehrsträger nicht zu tragen haben;

w) wenn mit der Beihilfe die Erforschung oder die Entwicklung von für die Gemeinschaft insgesamt wirtschaftlicheren Verkehrssystemen und -technologien gefördert werden soll. Solche Beihilfen sind auf das Forschungs- und Entwicklungsstadium zu beschränken und dürfen nicht für die kommerzielle Nutzung dieser Verkehrssysteme und -technologien gewährt werden.

Artikel 10 Aufhebung

(1) ¹Die Verordnung (EWG) Nr. 1191/69 wird aufgehoben. ²Sie gilt jedoch während eines Zeitraums von drei Jahren nach Inkrafttreten der vorliegenden Verordnung weiterhin für Güterbeförderungsdienste.

(2) Die Verordnung (EWG) Nr. 1107/70 wird aufgehoben.

Artikel 11 Berichte

Die Kommission legt nach Ende des in Artikel 8 Absatz 2 vorgesehenen Übergangszeitraums einen Bericht über die Durchführung dieser Verordnung und über die Entwicklung der Erbringung öffentlicher Personenverkehrsdienste in der Gemeinschaft vor, in dem insbesondere die Entwicklung der Qualität der öffentlichen Personenverkehrsdienste und die Auswirkungen der Direktvergabe bewertet werden und dem erforderlichenfalls geeignete Vorschläge zur Änderung dieser Verordnung beigefügt sind.

Artikel 12 Inkrafttreten

Diese Verordnung tritt am 3. Dezember 2009 in Kraft.

Diese Verordnung ist in allen ihren Teilen verbindlich und gilt unmittelbar in jedem Mitgliedstaat

Anhang
Regeln für die Gewährung einer Ausgleichsleistung in den in Artikel 6 Absatz 1 genannten Fällen
1. Ausgleichsleistungen im Zusammenhang mit direkt vergebenen öffentlichen Dienstleistungsaufträgen gemäß Artikel 5 Absätze 2, 4, 5 oder 6 oder Ausgleichsleistungen im Zusammenhang mit einer allgemeinen Vorschrift sind nach den Regeln dieses Anhangs zu berechnen.

2. Die Ausgleichsleistung darf den Betrag nicht überschreiten, der dem finanziellen Nettoeffekt der Summe aller (positiven oder negativen) Auswirkungen der Erfüllung gemeinwirtschaftlicher Verpflichtungen auf die Kosten und Einnahmen des Betreibers eines öffentlichen Dienstes entspricht. Die Auswirkungen werden beurteilt anhand des Vergleichs der Situation bei Erfüllung der gemeinwirtschaftlichen Verpflichtung mit der Situation, die vorläge, wenn die gemeinwirtschaftliche Verpflichtung nicht erfüllt worden wäre. Für die Berechnung des finanziellen Nettoeffekts geht die zuständige Behörde nach dem folgenden Modell vor:
Kosten, die in Verbindung mit einer gemeinwirtschaftlichen Verpflichtung oder einem Paket gemeinwirtschaftlicher Verpflichtungen entstehen, die von einer oder mehreren zuständigen Behörden auferlegt wurden und die in einem öffentlichen Dienstleistungsauftrag und/oder in einer allgemeinen Vorschrift enthalten sind,
abzüglich aller positiven finanziellen Auswirkungen, die innerhalb des Netzes entstehen, das im Rahmen der betreffenden gemeinwirtschaftlichen Verpflichtung(en) betrieben wird,
abzüglich Einnahmen aus Tarifentgelten oder aller anderen Einnahmen, die in Erfüllung der betreffenden gemeinwirtschaftlichen Verpflichtung(en) erzielt werden,
zuzüglich eines angemessenen Gewinns,
ergeben den finanziellen Nettoeffekt.

3. Die Erfüllung der gemeinwirtschaftlichen Verpflichtung kann Auswirkungen auf mögliche Beförderungstätigkeiten eines Betreibers haben, die über die betreffende(n) gemeinwirtschaftliche(n) Verpflichtung(en) hinausgehen. Zur Vermeidung von übermäßigen oder un-

zureichenden Ausgleichsleistungen werden daher bei der Berechnung des finanziellen Nettoeffekts alle quantifizierbaren finanziellen Auswirkungen auf die betroffenen Netze des Betreibers berücksichtigt.

4. Die Berechnung der Kosten und Einnahmen erfolgt anhand der geltenden Rechnungslegungs- und Steuervorschriften.

5. Führt ein Betreiber eines öffentlichen Diensts neben den Diensten, die Gegenstand einer Ausgleichsleistung sind und gemeinwirtschaftlichen Verpflichtungen unterliegen, auch andere Tätigkeiten aus, so muss die Rechnungslegung für diese öffentlichen Dienste zur Erhöhung der Transparenz und zur Vermeidung von Quersubventionen getrennt erfolgen, wobei zumindest die folgenden Voraussetzungen erfüllt sein müssen:

– Die Konten für jede dieser betrieblichen Tätigkeiten werden getrennt geführt, und der Anteil der zugehörigen Aktiva sowie die Fixkosten werden gemäß den geltenden Rechnungslegungs- und Steuervorschriften umgelegt.

– Alle variablen Kosten, ein angemessener Beitrag zu den Fixkosten und ein angemessener Gewinn im Zusammenhang mit allen anderen Tätigkeiten des Betreibers eines öffentlichen Dienstes dürfen auf keinen Fall der betreffenden öffentlichen Dienstleistung zugerechnet werden.

– Die Kosten für die öffentliche Dienstleistung werden durch die Betriebseinnahmen und die Zahlungen staatlicher Behörden ausgeglichen, ohne dass eine Übertragung der Einnahmen in einen anderen Tätigkeitsbereich des Betreibers eines öffentlichen Diensts möglich ist.

6. Unter angemessenem Gewinn ist eine in dem betreffenden Sektor in einem bestimmten Mitgliedstaat übliche angemessene Kapitalrendite zu verstehen, wobei das aufgrund des Eingreifens der Behörde vom Betreiber eines öffentlichen Diensts eingegangene Risiko oder für ihn entfallende Risiko zu berücksichtigen ist.

7. Das Verfahren zur Gewährung der Ausgleichsleistung muss einen Anreiz geben zur Aufrechterhaltung oder Entwicklung

– einer wirtschaftlichen Geschäftsführung des Betreibers eines öffentlichen Dienstes, die objektiv nachprüfbar ist, und

– der Erbringung von Personenverkehrsdiensten ausreichend hoher Qualität.

§ 55 Anwendungsbereich

Übersicht

	Rn.
A. Einleitung	1
B. Geltungsbereich: Öffentliche Personenverkehrsdienste auf Schiene und Straße	2–7
I. Straßen- und Eisenbahnverkehre sowie andere Arten des Schienenverkehrs	3–5
II. Öffentliche Personenverkehre	6, 7
C. Zuständige Behörde	8–10
D. Betreiber	11
E. Öffentlicher Dienstleistungsauftrag	12–70
I. Eigenständigkeit der Begriffsbildung	13–26
II. Pflicht zur Begründung eines öffentlichen Dienstleistungsauftrages	27–38
III. Inhalt öffentlicher Dienstleistungsaufträge	39–70

Erläuterte Vorschriften: *

Literatur:
Amelung Ausgewählte Fragen im Zusammenhang mit der Benennung von Nachunternehmern im Vergabeverfahren, VergabeR 2012, 348 ff.; *Barth* Neue Organisation kommunalen Nahverkehrs nach der EU-VO 1370/2007?, Der Nahverkehr 10/2010, 24 ff.; *Bauer* PBefG Kommentar, 2010; *Batzill* Bündelung von Buslinien, Der Nahverkehr 11/2009, 19 ff.; *Bayer/Jäger/Hafenrichter/Zuck* EU-konform: Finanzierungssystem des Verkehrsverbundes Rhein-Ruhr, Der Nahverkehr 5/2011, 26 ff.; *Bayreuther* Konzessionsvergabe im öffentlichen Personenverkehr – Betriebsübergang durch betriebliche Anordnung?, NZA 2009, 582 ff.; *Bayreuther* Inländerdiskriminierung bei Tariftreueerklärungen im Vergaberecht, EuZW 2009, 102 ff.; *Berschin* in Barth/Baumeister/Berschin/Werner, Handbuch ÖPNV, Std. 2009, A 2 (Erläuterungen zur VO 1370/2007); *Burgi* Nachunternehmerschaft und wettbewerbliche Untervergabe NZBau 2010, 593 ff.; *Deuster* Vom Auskunftsanspruch zur Veröffentlichungspflicht, DÖV 2010, 591 ff.; *Deuster* Endspurt zur VO (EG) Nr. 1370/2007, IR 2009, 202 ff. (Teil 1) und 346 ff. (Teil 2); *Engelshoven/Hoopmann* Möglichkeiten und Grenzen für die Ausschreibung von S-Bahn-Systemen in Deutschland, IR 2011, 279 ff.; *Epiney* in Dauses, EU-Wirtschaftsrecht, Std. 2011, Kapitel L – Verkehrsrecht; *Fehling* Öffentlicher Verkehr (Bahn, ÖPNV), in Fehling/Ruffert, Regulierungsrecht, 2010, § 10; *Fehling/Niehus* Der europäische Fahrplan für einen kontrollierten Ausschreibungswettbewerb im ÖPNV, DÖV 2008, 662 ff.; *Heinze* Der Entwurf eines Gesetzes zur Änderung personenbeförderungsrechtlicher Vorschriften, ZRP 2012, 84 ff.; *Heinze* Wettbewerb um Buslinengenehmigungen unter der VO (EG) 1370/2007, DVBl. 2011, 534 ff.; *Heinze* Personenbeförderungsgesetz, 2007; *Homann/Büdenbender* Die Beschaffung von Straßenfahrzeugen nach neuem Vergaberecht, VergabeR 2012, 1 ff.; *Hölzl* in Montag/Säcker, Münchener Kommentar, Europäisches und Deutsches Wettbewerbsrecht (Kartellrecht), Bd. 3, Beihilfen- und Vergaberecht, 2011, Kommentierung der VO 1370/2007; *Hoopmann/Daubertshäuser/Wogatzki* Wiedereinsetzungsgarantien gegen die Fahrzeug-Finanzierungskrise, Der Nahverkehr 7–8/2010, 14 ff.; *IHK Stuttgart* Der neue Rechtsrahmen für den Busverkehr, Februar 2013; *Ipsen* Die EU-Verordnung 1370/07 und das Personenbeförderungsgesetz, Der Nahverkehr 6/2008, 20 ff.; *Jarass* Charta der EU-Grundrechte, 2010; *Jung/Deuster* Europäische Kommission genehmigt ÖPNV-Finanzierungssystem des Verkehrsverbundes Rhein-Ruhr, IR 2011, 149 ff.; *Kaufmann/Lübbig/Prieß/Pünder* VO (EG) 1370/2007 Verordnung über öffentliche Personenverkehrsdienste Kommentar, 2010; *Kekelekis* „Driving" Altmark in Land Transport, EStAL 2012, 73 ff.; *Kiepe/Mietzsch* Die neue ÖPNV-Verordnung und die Auswirkungen auf das Personenbeförderungsgesetz, IR 2008, 56 ff.; *Knauff* Der Kommissionsvorschlag für eine Novelle der VO 1191/69, DVBl. 2006, 339 ff.; *Knauff* Möglichkeiten der Direktvergabe im ÖPNV (Schiene und Straße), NZBau 2012, 65 ff.; *Knieps/Nielsen/Pooth* Neue Wege im SPNV-Vertrieb, Der Nahverkehr 12/2012, 41 ff.; *Koenig/Kühling/Ritter* EG-Beihilfenrecht, 2. Aufl. 2005; *Linke* Die Vergabe von Subunternehmerleistungen im öffentlichen Personenverkehr, NZBau 2012, 338 ff.; *Linke*

---

* Text der VO 1370/2007 siehe Seite 1211.

Altaufträge im Personenbeförderungsrecht und die Übergangsregelung der neuen Verordnung 1370/2007/EG, NZBau 2010, 207 ff.; *Linke* Der Begriff des „angemessenen Gewinns" bei Ausgleichsleistungen für DAWI im Europäischen Beihilferecht am Beispiel des öffentlichen Personenverkehrs, EWS 2011, 456 ff.; *Manka/Prechtl*, Keine Selbsterbringungsquote für Verkehrsmanagementgesellschaften?, Der Nahverkehr 1–2/2011, 22 ff.; *Meißner* Ökologische und soziale Aspekte der Landesvergabegesetze, VergabeR 2012, 301 ff.; *Nettesheim* Das neue Dienstleistungsrecht des ÖPNV – Die Verordnung (EG) Nr. 1370/2007, NVWZ 2009, 1449 ff.; *Opitz/Wittemann* Die Vergabe von öffentlichen Personenverkehrsdiensten mit Bussen nach dem novellierten Personenbeförderungsgesetz in v. Wietersheim, Vergaben im ÖPNV 2013, 135 ff.; *Otting/Olgemöller* Verbundtarife und EU-Recht, Der Nahverkehr 9/2009, 34 ff.; *Otting/Olgemöller* Ausgleich gemeinwirtschaftlicher Verpflichtungen durch allgemeine Vorschriften, GewA 2012, 436 ff.; *Otting/Olgemöller* Strategien für die mittelstandsfreundliche Vergabe von Busverkehrsdienstleistungen, VBlBW 2013, 291 ff.; *Otting/Soltész/Melcher* Verkehrsverträge vor dem Hintergrund des europäischen Beihilferechts, EuZW 2009, 444 ff.; *Otting/Tresselt* Grenzen der Loslimitierung, VergabeR 2009, 585 ff.; *Pünder* Die Vergabe von Personendienstleistungen in Europa und die völkerrechtlichen Vorgaben des WTO-Beschaffungsübereinkommens, EuR 2007, 564 ff.; *Rechten/Röbke* Sozialstandards bei der Vergabe öffentlicher Aufträge in Berlin und Brandenburg, LKV 2011, 337 ff.; *Recker* Konsequenzen einer ausbleibenden Anpassung des Personenbeförderungsgesetzes an die Verordnung (EG) 1370/2007, ZKF 2009, 49 ff.; *Rheinland Pfalz – Landesamt für Soziales, Jugend und Versorgung* Handlungsleitfaden für die Anwendung des Art. 4 Abs. 5 VO (EG) Nr. 1370/2007 bei Ausschreibungen über öffentliche Personenverkehrsdienste auf Schiene und Straße, 2012; *Roling* Der Vorrang unternehmerischer Initiative im öffentlichen Personennahverkehr, DVBl. 2010, 1213 ff.; *Saxinger* Das Verhältnis der Verordnung (EG) Nr. 1370/2007 zum nicht an sie angepassten Personenbeförderungsrecht, GewArch 2009, 350 ff.; *Saxinger* Genehmigungen und Ausgleichsleistungen im Personenbeförderungsrecht vor dem Hintergrund der neuen Verordnung (EG) Nr. 1370/2007, DVBl. 2008, 688 ff.; *Saxinger/Winnes* Recht des öffentlichen Personenverkehrs, Std. 2012; *Schröder* Die Direktvergabe im straßengebundenen ÖPNV – Selbsterbringung und interne Betreiberschaft, NVWZ 2010, 862 ff.; *Schröder* Rechtlich privilegierte Sektorenauftraggeber nach § 98 Nr. 4 GWB, NZBau 2012, 541 ff.; *Schrotz/Mayer* Verordnete Innovationsförderung – Neue Vorgaben für die öffentliche Kfz-Beschaffung, KommJur 2011, 81 ff.; *Sennekamp/Fehling* Der „öffentliche Dienstleistungsauftrag" nach der neuen EG-Verordnung über Personenverkehrsdienste im System des deutschen Verwaltungsprozessrechts, N&R 2009, 95 ff.; *Siederer/Denzin* Tariftreueerklärungen noch möglich?, Der Nahverkehr 3/2009, 50 ff.; *Sitsen* Der Begriff des ausschließlichen Rechts und seine Bedeutung für den ÖPNV, IR 2011, 76 ff.; *Sondermann/Schaller* Chancen und Risiken der VO 1370/07, in Pünder/Prieß, Brennpunkte des öffentlichen Personenverkehrs vor dem Hintergrund der neuen EG-Personenverkehrsdiensteverordnung Nr. 1370/2007, 2010, S. 95 ff.; *Stockmann/Röbke* Tariftreueerklärungen in ÖPNV und SPNV wirklich noch möglich?, Der Nahverkehr 7–8/2009, 48 ff.; *Suckale* in Hermes/Sellner, Beck'scher AEG Kommentar, 2006, Kommentierung zu § 6 AEG; *Tegner/Wachinger* Ausgleichsberechnung und Überkompensationskontrolle nach dem Anhang zur VO 1370/2007, IR 2010, 264 ff.; VDV-Mitteilung 9046: Verkehrsmanagementgesellschaften und Verordnung (EG) 1370/2007, Ausgabe 10/2009; *Wachinger* Direktvergabe und Wettbewerb im Busverkehr nach der novellierten EU-Marktöffnungsverordnung, IR 2007, 265 ff.; *Waching/Zimmer* Neue beihilfenrechtliche Vorgaben für Direktvergaben im SPNV, Der Nahverkehr 7–8/2010, 30 ff.; *Werres/Schaefer* Die Auswirkungen des Tariftreuegesetzes auf den ÖPNV, Der Nahverkehr 3/2013, 52 ff.; *Winnes* Der Begriff der gemeinwirtschaftlichen Verpflichtung im Rahmen der Verordnung 1370/07, DÖV 2009, 1135 ff.; *Winnes* Gemeinwirtschaftliche Verpflichtungen im Rahmen der personenbeförderungsrechtlichen Liniengenehmigung, VBlBW 2009, 378 ff.; *Winnes* Legenden und Irrtümer – Plädoyer für eine grundlegende Reform des PBefG, Der Nahverkehr 7–8/2008, 15 ff.; *Winnes/Schwarz/Mietzsch* Zu den Auswirkungen der VO 1370/07 für den öffentlichen Nahverkehr in Deutschland, EuR 2009, 290 ff.; *Ziekow* Die Direktvergabe von Personenverkehrsdiensten nach der VO (EG) Nr. 1370/2007 und die Zukunft eigenwirtschaftlicher Verkehre, NVWZ 2009, 865 ff.; *Ziekow* Der Vorrang kommerzieller Verkehre in Deutschland, 2008; *Zuck* in Ziekow/Völlink, Vergaberecht, 2. Aufl. 2013, Kommentierung einzelner Vorschriften der VO 1370/2007.

A. Einleitung

Gegenstand der VO 1370/2007 sind Regelungen über die Erbringung öffentlicher Perso- 1
nenverkehrsdienste auf Schiene und Straße. Die Verordnung regelt das Rechtsverhältnis
zwischen der zuständigen Behörde und dem ausgewählten Betreiber. Als zentrales Instrument zur Regelung dieser Rechtsbeziehungen sieht die Verordnung den öffentlichen
Dienstleistungsauftrag vor. Von besonderer Bedeutung ist die Frage, ob und unter welchen Voraussetzungen unter Geltung der VO 1370/2007 sog. eigenwirtschaftliche oder
kommerzielle Verkehre und insbesondere auch ein Vorrang dieser Verkehre gegenüber
sog. gemeinwirtschaftlichen Verkehren anerkannt werden kann.

B. Geltungsbereich: Öffentliche Personenverkehrsdienste auf Schiene und Straße

Den **Geltungsbereich** der VO 1370/2007 legt deren Art. 1 Abs. 2 fest. Ohne Bedeu- 2
tung ist insoweit Art. 3 Abs. 1 der Verordnung: Diese Vorschrift bestimmt allein, wann
ein *öffentlicher Dienstleistungsauftrag* im Sinne der Verordnung begründet werden *muss*.
Art. 3 Abs. 1 der Verordnung regelt somit nicht den Geltungsbereich der Verordnung,
sondern – wie Art. 3 Abs. 2 der Verordnung im Hinblick auf die sog. allgemeinen Vorschriften – allein die Wahl des Instrumentariums, das der zuständigen Behörde im Geltungsbereich der Verordnung zur Verfügung steht, um die in Art. 1 Abs. 1 der Verordnung definierten Ziele zu erreichen.

I. Straßen- und Eisenbahnverkehre sowie andere Arten des Schienenverkehrs

Gemäß Art. 1 Abs. 2 Satz 1 Hs. 1 VO 1370/2007 gilt die Verordnung für den innerstaatli- 3
chen und grenzüberschreitenden Personenverkehr mit der Eisenbahn und andere Arten
des Schienenverkehrs sowie auf der Straße. Auf der Straße verkehren **Busse**. **Eisenbahnen** sind Verkehrsmittel, die Verkehrsleistungen unter ausschließlicher Nutzung der spezifischen Eisenbahninfrastruktur und unter Verwendung der Rad-Schiene-Technik erbringen.[1] Zu den anderen Arten des Schienenverkehrs zählen etwa **S-, U- und Straßenbahnen**.[2]

Keine Geltung beansprucht die Verordnung gemäß deren Art. 1 Abs. 2 Satz 1 Hs. 2 für 4
Verkehrsdienste, die hauptsächlich aus Gründen **historischen Interesses oder zu touristischen Zwecken** betrieben werden. Der Verordnungsgeber erkennt an, dass deren
Betrieb zumeist anderen Zwecken dient als der Erbringung öffentlicher Personenverkehrsdienste; daher müssen die für die Erfüllung gemeinwirtschaftlicher Verpflichtungen
geltenden Vorschriften und Verfahren der Verordnung auf diese Verkehre keine Anwendung finden.[3]

Den Mitgliedstaaten steht es gemäß Art. 1 Abs. 2 Satz 2 VO 1370/2007 frei, die Ver- 5
ordnung auf den öffentlichen Personenverkehr auf **Binnenschifffahrtswegen** und, un-

---

[1] Vgl. *Saxinger* in Saxinger/Winnes, Recht des öffentlichen Personenverkehrs, Std. 2012, Art. 1 Abs. 2 VO 1370 Rn. 10 ff.; *Knauff* NZBau 2012, 65, 73; *Boeing/Rusche* in Grabitz/Hilf/Nettesheim, Das Recht der Europäischen Union, Std. 2011, Art. 100 AEUV Rn. 36; *Epiney* in Dauses, EU-Wirtschaftsrecht, Std. 2011, Kapitel L – Verkehrsrecht Rn. 40.
[2] Ebenso etwa *Kaufmann* in Kaufmann/Lübbig/Prieß/Pünder, VO (EG) 1370/2007, 2010, Art. 1 Rn. 41 unter zutreffendem Hinweis auf Art. 5 Abs. 1 und Abs. 6 VO 1370/2007.
[3] Erwägungsgrund 13 zur Verordnung.

beschadet der Verordnung (EWG) Nr. 3577/92[4], auf das Meer innerhalb der Hoheitsgewässer anzuwenden.[5]

II. Öffentliche Personenverkehre

6 Der Geltungsbereich der Verordnung erfasst gemäß deren Art. 1 Abs. 2 Satz 1 „Personenverkehre" auf Schiene und Straße. Als öffentlichen Personenverkehr definiert Art. 2 lit. a VO 1370/2007 alle **Personenbeförderungsleistungen** von allgemeinem wirtschaftlichen Interesse, die **für die Allgemeinheit diskriminierungsfrei und fortlaufend** erbracht werden. Für die Allgemeinheit werden öffentliche Personenverkehre erbracht, die grundsätzlich für jeden Fahrgast offen stehen. Fortlaufend sind Verkehre, die nicht nur zeitlich befristet oder unregelmäßig erbracht werden. Diskriminierungsfrei heißt, dass die Personenbeförderungsleistungen grundsätzlich jedem Passagier zur Verfügung stehen und an die Beförderung keine willkürlichen oder unsachgemäßen Bedingungen geknüpft sind.[6] Die im deutschen Recht getroffene Differenzierung zwischen **Personennah- und -fernverkehren** – vgl. § 2 RegG, § 2 Abs. 4 AEG, § 8 Abs. 1 PBefG sowie die ÖPNV-Gesetze der Länder – ist der VO 1370/2007 fremd, weshalb die Verordnung ohne Rücksicht auf die Qualifizierung eines Verkehrs als Personennah- oder -fernverkehr Geltung beansprucht.

7 **Güterbeförderungsdienste** unterfallen dem Anwendungsbereich der VO 1370/2007 – anders als noch dem Anwendungsbereich der aufgehobenen VO (EWG) Nr. 1191/69 – nicht; Erwägungsgrund 11 zur Verordnung verweist insoweit auf die allgemeinen Grundsätze des Vertrages. Das führt im Regelfall dazu, dass Beihilfen bei der Kommission zu notifizieren sind, wenn die gewährten Begünstigungen nicht ausnahmsweise nach den Regeln über Beihilfen für Dienstleistungen von allgemeinem wirtschaftlichem Interesse von der Notifizierungspflicht freigestellt sind.[7]

C. Zuständige Behörde

8 Zuständige Behörde ist der Legaldefinition des Art. 2 lit. b VO 1370/2007 zufolge jede Behörde oder Gruppe von Behörden eines oder mehrerer Mitgliedstaaten, die zur Intervention im öffentlichen Personenverkehr in einem bestimmten geografischen Gebiet befugt ist, oder jede mit einer derartigen Befugnis ausgestattete Einrichtung. Art. 2 lit. c VO 1370/2007 konkretisiert, dass „zuständige örtliche Behörde" jede zuständige Behörde ist, deren geografischer Zuständigkeitsbereich sich nicht auf das gesamte Staatsgebiet erstreckt. Entscheidende Bedeutung kommt in beiden Fällen der Befugnis zur **Intervention** in den öffentlichen Personenverkehr zu. Seinem bloßen Wortsinn nach ist der Interventionsbe-

---

[4] Verordnung (EWG) Nr. 3577/92 des Rates vom 7.12.1992 zur Anwendung des Grundsatzes des freien Dienstleistungsverkehrs auf den Seeverkehr zwischen den Mitgliedstaaten (Seekabotage), ABl. 1992 L 364/7. Zur Personenbeförderung über Binnenschifffahrtswege vgl. auch die Verordnung (EWG) Nr. 3921/91 des Rates vom 16.12.1991 über die Bedingungen für die Zulassung von Verkehrsunternehmen zum Binnenschiffsgüter- und -personenverkehr innerhalb eines Mitgliedstaats, in dem sie nicht ansässig sind, ABl. 1991 L 373/1, und die Verordnung (EG) Nr. 1356/96 des Rates vom 8.7.1996 über gemeinsame Regeln zur Verwirklichung der Dienstleistungsfreiheit im Binnenschiffsgüter- und -personenverkehr zwischen Mitgliedstaaten, ABl. 1997 L 175/7, sowie Art. 90ff. AEUV.
[5] Anders noch die Verordnung (EWG) Nr. 1191/69, deren Anwendungsbereich die Binnenschifffahrtswege umfasste, vgl. Erwägungsgrund 10 zur VO 1370/2007.
[6] Ganz ähnlich *Kaufmann* in Kaufmann/Lübbig/Prieß/Pünder, VO (EG) 1370/2007, 2010, Art. 2 Rn. 7 f.; *Berschin* in Barth/Baumeister/Berschin/Werner, Handbuch ÖPNV, Std. 2009, A 2 Rn. 132.
[7] Die spezifische, in Art. 10 Abs. 1 Satz 2 VO 1370/2007 vorgesehene Übergangsfrist für eine Fortgeltung der Verordnung (EWG) Nr. 1191/69 ist am 2.12.2012 ausgelaufenen.

griff sehr weit. Aus dem systematischen Kontext folgt jedoch eine Beschränkung auf die in Art. 3 Abs. 1 VO 1370/2007 vorgesehenen Instrumente, d.h. die Gewährung ausschließlicher Rechte und/oder die Gewährung von Ausgleichsleistungen gleich welcher Art für die Erfüllung gemeinwirtschaftlicher Verpflichtungen. Welche Stellen zuständige Behörden im Sinne der Verordnung sind, bestimmt die mitgliedstaatliche Zuständigkeitsordnung.[8] In Deutschland obliegt die Kompetenzzuweisung somit grundsätzlich den Ländern, die in ihren ÖPNV-Gesetzen typischerweise die **Aufgabenträger des Nahverkehrs** als zuständige (örtliche) Behörde im Sinne der Verordnung benennen.[9] Gemäß § 8a Abs. 1 Satz 3 PBefG 2013 sind grundsätzlich die Aufgabenträger zuständige Behörde im Sinne der VO 1370/2007, nicht die für den Vollzug des PBefG oder AEG zuständigen **Genehmigungsbehörden.**[10] Anderes gilt, wenn in der nach § 13 PBefG erteilten Genehmigung ein ausschließliches Recht im Sinne der Verordnung zu sehen sein sollte.[11] Weil dann auch den Genehmigungsbehörden Interventionsbefugnisse im verordnungsrechtlichen Sinne zuständen, wären sowohl die Aufgabenträger als auch die Genehmigungsbehörden zuständige Behörden im Sinne der VO 1370/2007. Dass es in Deutschland neben den Aufgabenträgern, die im Regelfall zuständige Behörde im Sinne der Verordnung sind, Genehmigungsbehörden mit eigenen Aufgaben gibt, ist europarechtlich zulässig. Denn die Aufteilung und Zuweisung von Zuständigkeiten und Kompetenzen ist allein Sache der Mitgliedstaaten, nicht des Verordnungsgebers.[12] Die in § 8a Abs. 8 PBefG 2013 vorgesehene Möglichkeit, im Einzelfall ausschließliche Rechte zu gewähren, begründet eine solche Doppelzuständigkeit nicht. Denn die Befugnis der Gewährung ausschließlicher Rechte ist dort der zuständigen Behörde im Sinne der personenbeförderungsrechtlichen Legaldefinition vorbehalten; das ist gem. § 8a Abs. 1 Satz 1 und Satz 3 PBefG 2013 in der Regel der nach Landesrecht zuständige Aufgabenträger.

Angesichts der weit gefassten Definition der VO 1370/2007 kommen als zuständige 9 Behörde grundsätzlich auch die Verbundgesellschaften der **Verkehrsverbünde** in Betracht.[13] Hier ist jedoch im Einzelfall sorgfältig zu prüfen, ob die ihnen übertragenen Aufgaben tatsächlich eine Interventionsbefugnis im Sinne des Art. 2 lit. b VO 1370/2007 begründen. Daran fehlt es, wenn die Verbundgesellschaften lediglich im Rahmen der Einnahmeaufteilung als Zahl- und Verrechnungsstelle fungieren.[14] Umstritten ist, ob sog. **Verkehrsmanagementgesellschaften** als zuständige Behörde angesehen werden können: Diese Gesellschaften verfügen typischerweise nicht über eigene Fahrzeuge und Fahrpersonal, wohl aber über eine personenbeförderungsrechtliche Genehmigung. Die Verkehrsleistungen erbringen Subunternehmer. Die Konstruktion soll insbesondere die steuerrechtlichen Voraussetzungen für die Finanzierung von ÖPNV-Leistungen im Rahmen des kommunalen Querverbundes sicherstellen. Wird die Verkehrsmanagementgesellschaft

---

[8] *Kaufmann* in Kaufmann/Lübbig/Prieß/Pünder, VO (EG) 1370/2007, 2010, Art. 2 Rn. 9ff.; allgemein dazu etwa *Stelkens* in Stelkens/Bonk/Sachs, VwVfG, 7. Aufl. 2008, Europäisches Verwaltungsrecht Rn. 125ff.

[9] Dies ist zwischenzeitlich ausdrücklich etwa in § 3 Abs. 2 ÖPNVG NRW bestimmt. Zur entsprechenden Verwaltungspraxis bei fehlender gesetzlicher Regelung vgl. die unter § 54 Fn. 29 angeführten Leitfäden der Länder.

[10] Vgl. dazu auch die Begründung des Regierungsentwurfs, BR-Drs. 462/11 v. 12.8.2011.

[11] Zur Diskussion um die Qualifikation der Genehmigung nach § 13 PBefG als ausschließliches Recht nachfolgend unter Rn. 28.

[12] Wie hier etwa *Heinze* DVBl. 2011, 534, 537 f., oder auch *Kaufmann* in Kaufmann/Lübbig/ Prieß/Pünder, VO (EG) 1370/2007, 2010, Art. 2 Rn. 10. Vgl. dazu auch Kommission Beschl. v. 23.2.2011, C 58/2006, Deutschland/Bahnen der Stadt Monheim (BSM), K(2011)632 endg., ABl. 2011 L 210/1, Rn. 187. Kritisch hingegen etwa *Saxinger* GewArch 2009, 350, 353 f.

[13] Ziff. 2.4 des Leitfadens des Landes Baden-Württemberg zur Anwendung der VO (EG) Nr. 1370/2007; aA: *Berschin* in Barth/Baumeister/Berschin/Werner, Recht des öffentlichen Personennahverkehrs, Std. 2009, A 2 Rn. 177.

[14] *Otting/Olgemöller* Der Nahverkehr 9/2009, 34, 34.

als Betreiber im Sinne von Art. 2 lit. d VO 1370/2007 angesehen, kann in deren Tätigkeit je nach Umfang der an Subunternehmer vergebenen Leistungen ein Verstoß gegen die in Art. 4 Abs. 7 und Art. 5 Abs. 2 lit. e VO 1370/2007 festgelegten Selbstbringungsquoten zu sehen sein.[15] Um die bestehenden Strukturen gleichwohl auch unter Geltung der VO 1370/2007 aufrechtzuerhalten, wird argumentiert, die Verkehrsmanagementgesellschaften seien nicht als Betreiber bzw. Verkehrsunternehmen, sondern als zuständige Behörde anzusehen.[16]

10 Mehrere zuständige Behörden können sich zu einer **Gruppe zuständiger Behörden** zusammenschließen; das gibt den zuständigen Behörden eine zusätzliche Möglichkeit, Verkehrsangebote über ihren eigenen Zuständigkeitsbereich hinaus zu koordinieren. Nach Art. 2 lit. b VO 1370/2007 sollen sich selbst mehrere zuständige Behörden **verschiedener Mitgliedstaaten** zu einer Gruppe zuständiger Behörden zusammenschließen können. Das setzt allerdings voraus, dass ein solcher Zusammenschluss mit den Vorschriften des von den jeweiligen Behörden zu beachtenden nationalen Rechts vereinbar ist.[17] Selbst wenn das gelingen sollte, verbliebe die Frage nach dem Rechtsschutz. Denn dieser ist nicht mitgliedstaatenübergreifend vereinheitlicht und es dürfte in den Rechtsordnungen der Mitgliedstaaten zumeist an Öffnungsklauseln fehlen, die erlauben, den Rechtsschutz auch mitgliedstaatenübergreifend auf eine Nachprüfungsstelle oder ein Gericht zu konzentrieren. Das hindert die zuständigen (örtlichen) Behörden benachbarter Mitgliedstaaten nicht daran, rechtlich unabhängig voneinander vorzugehen, ihr Vorgehen aber inhaltlich zu koordinieren und auf diese Weise die in Art. 1 Abs. 1 Unterabs. 1 VO 1370/2007 definierten Ziele zu fördern.

D. Betreiber

11 Betreiber eines öffentlichen Dienstes ist gemäß der Definition in Art. 2 lit. d VO 1370/2007 jedes privat- oder öffentlich-rechtliche Unternehmen oder jede Gruppe von privat- oder öffentlich-rechtlichen Unternehmen, das/die öffentliche Personenverkehrsdienste betreibt, oder eine öffentliche Einrichtung, die öffentliche Personenverkehrsdienste durchführt. Betreiber sind danach in Deutschland ganz regelmäßig die **Verkehrsunternehmen.** Auf die Rechtsform des Unternehmens kommt es nicht an: Ob die Rechtsform nach mitgliedstaatlichem Recht dem privaten oder öffentlichen Recht zuzuordnen ist, ist ebenso unerheblich wie der Umstand, ob Gesellschafter oder Aktionäre des Verkehrsunternehmen Private oder staatliche Stellen sind. Betreiber im verordnungsrechtlichen Sinne können daher etwa Eigenbetriebe, Anstalten des öffentlichen Rechts oder Zweckverbände ebenso sein wie eine Gesellschaft mit beschränkter Haftung oder eine Aktiengesellschaft. Als teilrechtsfähige Gesellschaft bürgerlichen Rechts agieren Zusammenschlüsse mehrerer Unternehmen, die beispielsweise im Rahmen eines Vergabeverfahrens als **Bewerber- und Bietergemeinschaft** aufgetreten sind und nicht die Rechtsform einer GmbH angenommen haben.[18] Die Verbundgesellschaften der **Verkehrsverbünde** werden regelmäßig nicht als Betreiber im Sinne des Art. 2 lit. d VO 1370/2007 in Betracht kommen; denn in Verkehrsverbünden werden die eigentlichen Beförderungsleis-

---

[15] In diesem Sinne etwa VK Hessen Beschl. v. 15. 10. 2013 – 69d VK 22/2013, mitgeteilt von *Deuster* IR 2014, 18 f., sowie *Manka/Prechtl* Der Nahverkehr 1–2/2011, 22 ff. Zur Diskussion vgl. auch die VDV-Mitteilung 9046: Verkehrsmanagementgesellschaften und Verordnung (EG) Nr. 1370/2007, Ausgabe 10/2009.

[16] *Berschin* in Barth/Baumeister/Berschin/Werner, Recht des öffentlichen Personennahverkehrs, Std. 2009, A 2 Rn. 145 ff.; *Barth* Der Nahverkehr 10/2010, 24 ff.

[17] Die in Deutschland zuständigen Behörden müssten also etwa die Beachtung der §§ 8a und 8b PBefG 2013 sicherstellen.

[18] Zur Rechtsfähigkeit von (Außen-) GbR vgl. nur BGH Urt. v. 29. 1. 2001, II ZR 331/00, NJW 2001, 1056 ff.

tungen üblicherweise von den Verkehrsunternehmen erbracht, die in der Regel auch Inhaber der nach dem PBefG oder der nach dem AEG erforderlichen Genehmigungen sind.[19] Eine Sonderrolle kommt Verkehrsunternehmen zu, die sich als **interner Betreiber** im Sinne des Art. 2 lit. j VO 1370/2007 darstellen. Das ist gemäß der Legaldefinition jede rechtlich getrennte Einheit, über die eine zuständige örtliche Behörde – oder im Falle einer Gruppe von Behörden wenigstens eine zuständige örtliche Behörde – eine Kontrolle ausübt, die der Kontrolle über ihre eigenen Dienststellen entspricht. Insoweit knüpft der Verordnungsgeber an das sog. Kontrollkriterium an, das in der Rechtsprechung des EuGH im Zusammenhang mit den sog. Inhouse-Vergaben entwickelt wurde.[20] Zugunsten solcher internen Betreiber besteht das Direktvergabeprivileg nach Maßgabe des Art. 5 Abs. 2 VO 1370/2007.[21]

E. Öffentlicher Dienstleistungsauftrag

In Art. 2 lit. i VO 1370/2007 findet sich die Legaldefinition zum Begriff des öffentlichen Dienstleistungsauftrages im Sinne der Verordnung. Unter einem öffentlichen Dienstleistungsauftrag versteht der Verordnungsgeber hiernach einen oder mehrere rechtsverbindliche Akte, die die Übereinkunft zwischen einer zuständigen Behörde und einem Betreiber eines öffentlichen Dienstes bekunden, diesen Betreiber eines öffentlichen Dienstes mit der Verwaltung und Erbringung von öffentlichen Personenverkehrsdiensten zu betrauen, die gemeinwirtschaftlichen Verpflichtungen unterliegen; gemäß der jeweiligen Rechtsordnung der Mitgliedstaaten können diese rechtsverbindlichen Akte auch in einer Entscheidung der zuständigen Behörde bestehen, die entweder (i) die Form eines Gesetzes oder einer Verwaltungsregelung für den Einzelfall haben kann oder (ii) die Bedingungen enthält, unter denen die zuständige Behörde diese Dienstleistungen selbst erbringt oder einen internen Betreiber mit der Erbringung dieser Dienstleistungen betraut. 12

I. Eigenständigkeit der Begriffsbildung

Art. 2 lit. i VO 1370/2007 liegt ein eigenständiges Verständnis des öffentlichen Dienstleistungsauftrags zugrunde. Dieses ist **nicht identisch mit** dem des öffentlichen Dienstleistungsauftrages im Sinne des Art. 1 Abs. 2 lit. d der Richtlinie 2004/17/EG und des Art. 1 Abs. 2 lit. d der Richtlinie 2004/18/EG bzw. mit der das Richtlinienrecht in deutsches Recht umsetzenden Definition des öffentlichen Dienstleistungsauftrages im Sinne des **§ 99 Abs. 4 GWB**. 13

1. Übereinkunft oder Entscheidung

Ein öffentlicher Dienstleistungsauftrag im Sinne der VO 1370/2007 ist gemäß Art. 2 lit. i der Verordnung ein rechtsverbindlicher Akt, der sich als Entscheidung oder Übereinkunft darstellen kann. Eine Übereinkunft ist ein **Vertrag.** In Deutschland können öffentliche Dienstleistungsaufträge daher weiterhin als sog. Verkehrsverträge begründet werden. Unerheblich ist, ob ein solcher Vertrag als privat- oder öffentlich-rechtlicher Vertrag zu qua- 14

---

[19] Vgl. dazu Otting/Olgemöller Der Nahverkehr 9/2009, 34, 35.
[20] Grundlegend EuGH Urt. v. 18.11.1999, Rs. C-107/98, NZBau 2000, 90 Rn. 49 ff – Teckal. Die nachfolgende Rechtsprechung des EuGH zusammenfassend etwa das Arbeitspapier der Kommissionsdienststellen über die Anwendung des EU-Vergaberechts im Fall von Beziehungen zwischen öffentlichen Auftraggebern (öffentlich-öffentliche Zusammenarbeit), SEK(2011) 1169 endg. v. 4.10.2011.
[21] Näher dazu unter § 57.

lifizieren ist.[22] Denn Erwägungsgrund 9 zur VO 1370/2007 stellt klar, dass die Form oder Benennung eines Vertrages, der einen öffentlichen Dienstleistungsauftrag begründet, je nach den Rechtssystemen der Mitgliedstaaten variieren kann. Der Vertrag *kann* zugleich öffentlicher Dienstleistungsauftrag im Sinne des Art. 1 Abs. 2 lit. d der Richtlinien 2004/17/EG und des Art. 1 Abs. 2 lit. d der Richtlinie 2004/18/EG bzw. im Sinne des **§ 99 Abs. 4 GWB** sein. Darauf beschränkt sich die weit gefasste Definition des Art. 2 lit. i VO 1370/2007 indes nicht. Anderes widerspräche auch Art. 5 Abs. 1 VO 1370/2007, der für die Vergabe öffentlicher Dienstleistungsaufträge im Sinne der Verordnung differenziert, ob diese nach dem allgemeinen Vergaberecht oder nach den spezifischen verordnungsrechtlichen Vorschriften zu vergeben sind. Ein rechtsverbindlicher Akt in Form einer Übereinkunft kann daher insbesondere auch eine **Dienstleistungskonzession** sein, auch wenn diese keinen öffentlichen Dienstleistungsauftrag im Sinne des § 99 Abs. 4 GWB darstellt.[23]

15   Alternativ kann ein öffentlicher Dienstleistungsauftrag durch eine (einseitige) Entscheidung der zuständigen Behörde begründet werden. Art. 2 lit. i VO 1370/2007 verweist beispielhaft auf die Rechtsformen eines Gesetzes oder einer **Verwaltungsregelung für den Einzelfall**. Eine solche Verwaltungsregelung muss nicht alle Merkmale eines Verwaltungsaktes im Sinne des § 35 Satz 1 (Landes-) VwVfG aufweisen. Entscheidend ist nach Art. 2 lit. i VO 1370/2007 allein die Rechtsverbindlichkeit, die der Akt erzeugt. Nicht erforderlich ist etwa, dass der Akt nach außen gerichtet ist. Im Wege der internen Entscheidung kann die zuständige Behörde daher einen öffentlichen Dienstleistungsauftrag gegenüber einer Einheit begründen, die ihr gegenüber nicht rechtlich verselbständigt ist. Das hat in Deutschland vor allem dort Bedeutung, wo das Verkehrsunternehmen als **Eigenbetrieb** im Sinne des jeweiligen Kommunalrechts verfasst ist und die zuständige Behörde die Verkehrsleistungen durch diesen Eigenbetrieb auf Grundlage des Art. 5 Abs. 2 VO 1370/2007 selbst erbringen will. Der Abschluss eines Vertrages ist in diesen Fällen rechtlich nicht möglich und angesichts der weit gefassten Definition des öffentlichen Dienstleistungsauftrages auch nicht erforderlich.[24]

16   Die Legaldefinition in Art. 2 lit. i VO 1370/2007 sieht ausdrücklich vor, dass **mehrere rechtsverbindliche Akte** einen öffentlichen Dienstleistungsauftrag begründen können. Das ist konsequent, weil das Konzept des Dienstleistungsauftrages nicht an Rechtsformen anknüpft, sondern an Inhalte. Es steht den Mitgliedstaaten frei, den Dienstleistungsauftrag durch eine Kombination von gesetzlichen Vorgaben, Verwaltungsentscheidungen und vertraglichen Vereinbarungen zu begründen. Voraussetzung ist allein, dass ein hinreichendes Maß an Bestimmtheit gewahrt bleibt.[25] Werden dem Verkehrsunternehmen ausschließliche Rechte und/oder Ausgleichsleistungen gewährt, muss klar erkennbar sein, welche gemeinwirtschaftlichen Verpflichtungen das Unternehmen im Gegenzug zu erfüllen hat (vgl. Art. 4 Abs. 1 der Verordnung). Ob die gemeinwirtschaftliche Verpflichtung und der Anspruch auf Ausgleichsleistungen in demselben oder getrennten Rechtsakten und/oder durch dieselbe Behörde oder unterschiedliche Stellen begründet werden, ist un-

---

[22] Einen Verkehrsvertrag ohne Weiteres als öffentlich-rechtlichen Vertrag qualifizierend etwa VG Gelsenkirchen, Urt. v. 19.12.2008, 14 K 2147/07, *juris* Rn. 95, vgl. dazu die Besprechungen von *Otting/Soltész/Melcher* EuZW 2009, 444 ff. und *Lübbig* DVBl. 2009, 469 ff. Ebenfalls für die Qualifikation als öffentlich-rechtlicher Vertrag *Sennekamp/Fehling* N&R 2009, 96 ff.

[23] So bereits etwa *Otting/Scheps*, NVwZ 2008, 499, 500; Kaufmann in Kaufmann/Lübbig/Prieß/Pünder, VO (EG) 1370/2007, 2010, Art. 2 Rn. 42. Zur Abgrenzung und zum Begriff der Dienstleistungskonzession eingehend unter § 56 Rn. 3 ff.

[24] Anders ohne nähere Begründung *Berschin* in Barth/Baumeister/Berschin/Werner, Recht des öffentlichen Personennahverkehrs, Std. 2009, A 2 Rn. 175, der auch „Verträge" zwischen der zuständigen Behörde und einer von ihr rechtlich getrennten, aber kontrollierten Einheit als „Entscheidungen" im Sinne des Art. 2 lit. i VO 1370/2007 qualifiziert.

[25] Vgl. *Nettesheim* NVwZ 2009, 1449, 1450 f.

erheblich.[26] Diese Rechtslage entspricht den Anforderungen, die an eine Betrauung im Sinne des ersten *Altmark Trans*-Kriteriums gestellt werden. Danach muss festgestellt werden können, dass ein Unternehmen, das Ausgleichsleistungen für die Erbringung von Dienstleistungen von allgemeinem wirtschaftlichen Interesse erhält, tatsächlich mit der Erfüllung gemeinwirtschaftlicher Verpflichtungen betraut wurde und dass diese Verpflichtungen klar definiert sind.[27] Als Betrauungsakt hat die Kommission in ihrer Entscheidungspraxis Rechtsakte ganz unterschiedlicher Art genügen lassen wie etwa Verträge, Gesetze, Verordnungen, ministerielle Anweisungen und jede Art von hoheitlicher und kommunaler Verfügung oder Entscheidung.[28] Auch im Falle eines „dreifachen" Betrauungsakts – bestehend aus einer personenbeförderungsrechtlichen Genehmigung, Nahverkehrsplänen und Finanzierungsbescheiden – hat die Kommission eine hinreichend klare Betrauung mit gemeinwirtschaftlichen Verpflichtungen bejaht und diese Konstruktion zugleich als geeignet angesehen, einen öffentlichen Dienstleistungsauftrag im Sinne des Art. 2 lit. i VO 1370/2007 zu begründen.[29] Diese Praxis soll unter Geltung des PBefG 2013 nach dem Willen des Gesetzgebers zulässig bleiben.[30]

2. Verwaltung und Erbringung öffentlicher Personenverkehre

Gegenstand des öffentlichen Dienstleistungsauftrages muss gemäß Art. 2 lit. i VO 1370/ 2007 die **Verwaltung und Erbringung von öffentlichen Personenverkehrsdiensten** sein. Die Begriffe „Verwaltung" und „Erbringung" hat der Verordnungsgeber nicht näher definiert. In Erwägungsgrund 14 zur Verordnung ist allerdings die Rede von dem „eigentlichen Betrieb des Verkehrsdienstes" und einer „Reihe von anderen Tätigkeiten und Funktionen". Nach dem Willen des Verordnungsgebers können also über die Erbringung des eigentlichen Betriebs des Verkehrsdienstes hinaus weitere Leistungen Gegenstand des öffentlichen Dienstleistungsauftrages sein, ohne dass diese weiteren Leistungen abschließend benannt sind.[31] Zu den weiteren Leistungen kann etwa die Verpflichtung des Verkehrsunternehmens zählen, die erforderlichen Fahrzeuge zu stellen, die für die Erbringung der Verkehrsdienste eingesetzt werden sollen.[32] Gleiches gilt für Vertriebsdienstleistungen wie etwa den Fahrkartenverkauf.

Werden **Teilleistungen der klassischen integrierten Verkehrsverträge** isoliert ausgeschrieben, stellt sich die Frage, ob den verordnungsrechtlichen Vergabebestimmungen allein die Vergabe der eigentlichen Beförderungsleistung unterliegt oder ob beispielsweise

---

[26] Dies zutreffend klarstellend etwa *Berschin* in Barth/Baumeister/Berschin/Werner, Recht des öffentlichen Personennahverkehrs, Std. 2009, A 2 Rn. 172. Vgl. dazu auch Kommission Beschl. v. 23.2.2011, C 58/2006, Deutschland/Bahnen der Stadt Monheim (BSM), K(2011)632 endg., ABl. 2011 L 210/1, Rn. 187.
[27] EuGH Urt. v. 24.07.2003, Rs. C-280/00, NZBau 2003, 503 Rn. 89 – Altmark Trans.
[28] Eine Zusammenstellung m.w.N. findet sich etwa bei Kommission, Leitfaden zur Anwendung der Vorschriften der Europäischen Union über staatliche Beihilfen, öffentliche Aufträge und den Binnenmarkt auf Dienstleistungen von allgemeinem wirtschaftlichem Interesse inklusive Sozialdienstleistungen, SEC(2010) 1545 endg. v. 7.12.2010, Ziff. 3.4.2.
[29] Kommission Beschl. über die staatliche Beihilfe C 58/2006 Deutschland für die Bahnen der Stadt Monheim (BSM) und Rheinische Bahngesellschaft (RBG) im Verkehrsverbund Rhein-Ruhr, K(2011) 632 endg. v. 23.2.2011, ABl. 2011 L 210/1, Rn. 144 und Rn. 233 f.
[30] Vgl. die Begründung der Bundesregierung zu § 8a Abs. 1 PBefG 2013 in BR-Drs. 462/11, S. 26.
[31] Vgl. den Kommissionsentwurf aus dem Jahre 2000, KOM(2000) 7 endg., dort insb. Ziff. 3.1, zweiter Absatz, und Ziff. 3.2 zu Kapitel I der Begründung. Zutreffend stellt *Berschin* in Barth/Baumeister/Berschin/Werner, Recht des öffentlichen Personennahverkehrs, Std. 2009, A 2 Rn. 145, fest, dass der Verordnung kein durchstrukturiertes Bild der Leistungen zugrunde liegt, die zur Erbringung von Personenverkehrsdienstleistungen zu zählen sind oder nicht.
[32] Arg. ex Art. 4 Abs. 4 VO (EG) Nr. 1370/2007. Vgl. auch Art. 14 Abs. 3 VO (EG) Nr. 1191/69, der von „Sachanlagevermögen" sprach.

auch Verträge über die Lieferung von Fahrzeugen, Verträge über die Instandhaltung dieser Fahrzeuge oder Verträge über Vertriebsdienstleistungen nach Maßgabe des Verordnungsrechts zu vergeben sind. Mit dem weiten Wortlaut des Begriffs der „öffentlichen Personenverkehrsdienste", auf den die Legaldefinition in Art. 2 lit. i VO 1370/2007 abstellt, wäre ein solches Verständnis durchaus vereinbar, wie ein Umkehrschluss aus § 2 Satz 1 RegG belegt: Dort hat der Gesetzgeber die Notwendigkeit gesehen, klarzustellen, dass der weite Begriff des öffentlichen Personennahverkehrs im Sinne dieses RegG auf die Beförderung beschränkt sein soll. Diese Klarstellung ist aber nur erforderlich, wenn der Begriff des öffentlichen Personenverkehrs auch in einem weiteren Sinne verstanden werden kann. Davon ging der Gesetzgeber offenbar aus. Nach Stellungnahmen in der Literatur soll hingegen von einem restriktiven Verständnis des Begriffs öffentlicher Dienstleistungsaufträge auszugehen sein, weil sich aus der Zusammenschau mit Art. 2 lit. a der Verordnung eine Beschränkung auf Personenbeförderungsleistungen ergebe.[33] In der Praxis finden sich Beispiele, die diesem restriktiven Ansatz folgen und eine isolierte Ausschreibung von SPNV-Vertriebsleistungen der VOL/A unterwerfen.[34]

19 Zweifel an einem zu restriktiven Verständnis des Begriffs des öffentlichen Dienstleistungsauftrages im Sinne der Verordnung sind allerdings berechtigt. Personenbeförderung setzt neben der eigentlichen Betriebsleistung stets auch die Verfügbarkeit des Rollmaterials und vor allem dessen Instandhaltung voraus. Durch die künstliche Aufspaltung einer einheitlichen Beförderungsleistung in eine Fahrbetriebs- und eine Instandhaltungsleistung können integrale Bestandteile der Beförderungsleistung nicht aus dem Begriff des Dienstleistungsauftrags hinausdefiniert und damit dem Anwendungsbereich der Verordnung entzogen werden.

20 **Bauleistungen** können Gegenstand eines öffentlichen Dienstleistungsauftrages im Sinne des Art. 2 lit. i VO 1370/2007 allenfalls sein, wenn und soweit zugleich die Verpflichtung zu Erbringung der eigentlichen Personenbeförderung begründet wird. Bei isolierter Beauftragung von Bauleistungen handelt es sich um einen Bauauftrag im Sinne des § 99 Abs. 3 GWB, der nach Maßgabe der VOB/A oder der SektVO auszuschreiben ist. Generell aus dem Anwendungsbereich der VO 1370/2007 ausgeschlossen sind gemäß deren Art. 1 Abs. 3 **Baukonzessionen.** Sie können daher auch nicht Gegenstand eines öffentlichen Dienstleistungsauftrages im Sinne des Art. 2 lit. i der Verordnung sein. Soweit Aufträge über die Errichtung und den Betrieb von Infrastruktur sich als Baukonzessionen im Sinne der Vergaberichtlinien bzw. im Sinne des **§ 99 Abs. 6 GWB** darstellen, sind sie nach den allgemeinen Vorschriften zu vergeben, in Deutschland also insbesondere unter Berücksichtigung der §§ 22, 22 EG VOB/A.[35] Etwaige Entgelte oder Zuschüsse, die im Zusammenhang mit Baukonzessionen gewährt werden, müssen sich an den Maßgaben des allgemeinen Beihilfenrechts messen lassen.

---

[33] *Zuck* in Ziekow/Völlink, Vergaberecht, 2. Aufl. 2013, Art. 2 VO 1370 Rn. 2. Den Anwendungsbereich im Wesentlichen auf die Beförderungsleistung beschränkend *Saxinger* in Saxinger/Winnes, Recht des öffentlichen Personenverkehrs, Std. 2012, Art. 1 Abs. 2 VO 1370 Rn. 9.

[34] Vgl. die Ausschreibung über einen Auftrag als zentraler Vertriebsdienstleister im SPNV für das Verbandsgebiet des Zweckverbandes Nahverkehr Rheinland (ZV NVR) und bestimmte Strecken im Bereich des Zweckverbands Schienenpersonennahverkehr Rheinland-Pfalz Nord (SPNV Nord), Supplement zum EU-Amtsblatt v. 20. 4. 2010 – Az. 2010/S 76–113654, und dazu *Knieps/Nielsen/Pooth* Der Nahverkehr 12/2012, 41 ff.

[35] Im Sektorenbereich unterliegen Baukonzessionen (ebenso wie Dienstleistungskonzessionen) keinen sekundärrechtlich begründeten Ausschreibungspflichten, vgl. Art. 18 der Richtlinie 2004/18/EG, § 1 Abs. 1 Satz 3 SektVO und aus der Literatur etwa *Otting* in Bechtold, GWB Kommentar, 6. Aufl. 2010, § 99 Rn. 47.

3. Gemeinwirtschaftliche Verpflichtung

Ein öffentlicher Dienstleistungsauftrag im Sinne des Art. 2 lit. i VO 1370/2007 liegt nur 21
vor, wenn die öffentlichen Personenverkehrsdienste, die der Betreiber verwaltet und erbringt, gemeinwirtschaftlichen Verpflichtungen unterliegen. Als solche definiert Art. 2 lit. e VO 1370/2007 eine von der zuständigen Behörde festgelegte oder bestimmte Anforderung im Hinblick auf die Sicherstellung von im allgemeinen Interesse liegenden öffentlichen Personenverkehrsdiensten, die der Betreiber unter Berücksichtigung seines eigenen wirtschaftlichen Interesses nicht oder nicht im gleichen Umfang oder nicht zu den gleichen Bedingungen ohne Gegenleistung übernommen hätte. Der Begriff der gemeinwirtschaftlichen Verpflichtung ist ein europarechtlich autonom auszulegender Begriff, der mit dem Begriff der gemeinwirtschaftlichen Verkehrsleistungen i.S.d. § 13a PBefG (a.F.) weder verwechselt noch gleichgestellt werden darf.[36] Welchen gemeinwirtschaftlichen Verpflichtungen der Betreiber unterliegt, ist anhand der mitgliedstaatlichen Rechtsordnung im Einzelfall zu beurteilen. Das ergibt sich aus der Legaldefinition des Art. 2 lit. e der Verordnung, wonach gemeinwirtschaftliche Verpflichtungen von der jeweils zuständigen Behörde festgelegt werden, wobei ihr weites Ermessen zukommt.[37] Die zuständige Behörde kann das Verkehrsunternehmen beispielsweise zur Erbringung von Verkehren auf an sich **unrentablen Strecken** verpflichten oder zur Erbringung von Verkehren zu **ungünstigen Zeiten**, d.h. zu Zeiten, zu denen das Verkehrsunternehmen aus wirtschaftlichen Gründen davon absehen würde, Fahrten aus eigener Initiative anzubieten. Auch **tarifliche Verpflichtungen** zur Beförderung aller Fahrgäste oder bestimmter Fahrgäste zu bestimmten (unwirtschaftlichen) Tarifen zählen hierzu.[38] Dasselbe gilt für die Verpflichtung zur **Einhaltung bestimmter Qualitätsanforderungen.**[39]

Umstritten ist, ob **die mit einer Genehmigung nach § 13 PBefG einhergehenden** 22
Pflichten gemeinwirtschaftliche Verpflichtungen im Sinne der VO 1370/2007 begründen. Wer eine solche Genehmigung erhält, den trifft kraft Gesetzes die Betriebspflicht nach § 21 Abs. 1 PBefG, die Beförderungspflicht gemäß § 22 PBefG sowie die Tarif- und Fahrplanpflicht gemäß § 45 Abs. 2 i.V.m. §§ 39, 40 PBefG. Die aufgehobene VO (EWG) Nr. 1191/69 qualifizierte Betriebs-, Beförderungs- und Tarifpflichten noch ausdrücklich als „Verpflichtungen des öffentlichen Dienstes".[40] Der EuGH sprach synonym von „Gemeinwohlverpflichtungen" und das Bundesverwaltungsgericht von „gemeinwirtschaftlichen Verpflichtungen".[41] Das Bundesverwaltungsgericht hat ausdrücklich betont, dass seine Rechtsprechung allein auf die VO (EWG) Nr. 1191/69 und nicht auf die VO 1370/2007 bezogen war.[42] Abweichend von der VO (EWG) Nr. 1191/69 hat der Verordnungsgeber nun auf einen Katalog gemeinwirtschaftlicher Verpflichtungen verzichtet: Betriebs-, Beförderungs- und Tarifpflichten und ähnliche Verpflichtungen sind folglich nicht zwingend als gemeinwirtschaftliche Verpflichtungen im Sinne der VO 1370/2007 anzusehen. Gleichwohl wird – zumeist unter Hinweis auf die Rechtslage unter der VO (EWG) Nr. 1191/69 und die dazu ergangene Rechtsprechung – vertreten, dass die durch das

---

[36] Vgl. *Kaufmann* in Kaufmann/Lübbig/Prieß/Pünder, VO (EG) 1370/2007, 2010, Art. 2 Rn. 25.
[37] So bereits zum Entwurf der VO (EG) 1370/2007: *Knauff* DVBl. 2006, 339, 341. Ebenso etwa *Berschin* in Barth/Baumeister/Berschin/Werner, Handbuch ÖPNV, Std. 2009, A 2 Rn. 171. Im selben Sinne zu Art. 106 AEUV: EuG Urt. v. 12.2.2008, Rs. T-289/03, Slg. 2008 II-81 Rn. 166ff. – BUPA.
[38] Arg. ex Art. 3 Abs. 2 und Abs. 3 VO 1370/2007.
[39] Arg. ex Art. 4 Abs. 6 VO 1370/2007.
[40] Vgl. Art. 2 VO (EWG) Nr. 1191/69.
[41] EuGH Urt. v. 7.5.2009, Rs. C-504/07, Slg. 2009 I-3867 Rn. 16ff. – Antrop; BVerwG Urt. v. 29.10.2009, 3 C 1/09, NVwZ-RR 2010, 559, 561.
[42] Vgl. BVerwG Urt. v. 29.10.2009, 3 C 1/09, NVwZ-RR 2010, 559, 560. Hierauf hinweisend etwa auch *Roling* DVBl. 2010, 1213, 1219.

PBefG begründeten Verpflichtungen als gemeinwirtschaftliche Verpflichtungen im Sinne des Art. 2 lit. e VO 1370/2007 zu qualifizieren seien[43]: Die Genehmigung nach § 13 PBefG diene dem Ausspruch gemeinwirtschaftlicher Verpflichtungen.[44] Konsequenterweise sei in jeder Genehmigung nach § 13 PBefG zugleich ein öffentlicher Dienstleistungsauftrag im Sinne des Art. 2 lit. i VO 1370/2007 zu sehen. Da zugleich die **vergaberechtlichen Verpflichtungen in Art. 5** der Verordnung an die Begründung eines öffentlichen Dienstleistungsauftrages anknüpften, unterfielen alle Verkehre, die einer Genehmigung nach § 13 PBefG bedürfen, der Pflicht zur Durchführung eines wettbewerblichen Vergabeverfahrens, wenn nicht ausnahmsweise eine Direktvergabe nach Art. 5 Abs. 2, 4 und 5 VO 1370/2007 zulässig sei.[45] Eine derart umfassende Anwendung der vergaberechtlichen Vorschriften hätte in Deutschland einen Paradigmenwechsel zur Folge: Der Vorrang unternehmensinitiierter eigenwirtschaftlicher Verkehre[46] wäre zugunsten eines Systems aufzugeben, in dem sämtliche genehmigungsbedürftigen Verkehre durch die zuständigen Behörden vergeben werden. Die Initiative für Nahverkehrsangebote ginge vollumfänglich auf die zuständigen Behörden über, diese hätten sämtliche Verkehre zu planen und zu organisieren sowie schließlich einen Betreiber in einem Verfahren nach Art. 5 VO 1370/2007 auszuwählen.

23 Eine derart extensive Lesart des Anwendungsbereichs der vergaberechtlichen Vorschriften ist jedoch nicht überzeugend. Die VO 1370/2007 bringt zum Ausdruck, dass sie gerade keine Geltung für alle Angebote des öffentlichen Personenverkehrs beansprucht. Erwägungsgrund 5 zur Verordnung stellt klar, dass **Verkehre, die kommerziell erbracht werden, der Verordnung nicht unterfallen** sollen.[47] Gemäß Art. 1 Abs. 1 Unterabs. 1 VO 1370/2007 sollen die zuständigen Behörden berechtigt sein, Maßnahmen zu ergreifen, die Personenverkehrsangebote gewährleisten, die unter anderem zahlreicher, sicherer, höherwertiger oder preisgünstiger sind als diejenigen, die das freie Spiel des Marktes ermöglicht hätte. Zu diesem Zweck können die zuständigen Behörden den Verkehrsunternehmen gemeinwirtschaftliche Verpflichtungen auferlegen und im Gegenzug ausschließliche Rechte und/oder Ausgleichsleistungen für die damit verbunden Kosten gewähren (Art. 1 Abs. 1 Unterabs. 2 VO 1370/2007). Diese Gegenleistungen zu regulieren ist Ziel der VO 1370/2007.[48] Das Regulierungskonzept des Verordnungsgebers **knüpft nicht an die gemeinwirtschaftliche Verpflichtung an, sondern an die Gegenleistung**, die dem Unternehmen gewährt wird, das die gemeinwirtschaftliche Verpflichtung erfüllt.[49]

---

[43] VG Halle Urt. v. 25. 10.2010, 7 A 1/10, *juris* Rn. 288; *Sitsen* IR 2011, 76, 77; *Deuster* DÖV 2010, 591,596; *Winnes* DÖV 2009, 1135 ff.; *Winnes*. VBlBW 2009, 378 ff.; *Saxinger* GewA 2009, 350, 353; *Saxinger* DVBl. 2008, 688, 692 ff.
[44] *Winnes/Schwarz/Mietzsch* EuR 2009, 290, 296 ff. Insoweit auch *Kaufmann* in Kaufmann/Lübbig/Prieß/Pünder, VO (EG) 1370/2007, 2010, Art. 2 Rn. 25.
[45] *Winnes* Der Nahverkehr 7–8/2008, 25, 26. Auch *Fehling/Niehnus* DÖV 2008, 662, 668 sprechen der Genehmigung nach § 13 PBefG ihre Steuerungswirkung ab, da sie künftig nur mehr der „Ratifizierung der vorangegangen Vergabeentscheidung" diene.
[46] Vgl. zu den sog. eigenwirtschaftlichen (kommerziellen) Verkehren auch sogleich unter Rn. 32 ff.
[47] BayVGH, Beschl. v. 16.8.2012, 11 CS 12.1607; VK Münster Beschl. v. 29.5.2013 – VK 5/13; *Knauff* NZBau 2012, 65, 65; *Nettesheim* NZVwZ 2009, 1449, 1450; *Berschin* in Barth/Baumeister/Berschin/Werner, Handbuch ÖPNV, Std. 2009, A 2 Rn. 135; *Ziekow* NVwZ 2009, 865, 866 ff.; *Ziekow* Der Vorrang kommerzieller Verkehre in Deutschland, 2008, S. 8 ff. Im Ergebnis ebenso, ohne diese Verkehre ausdrücklich als kommerzielle Verkehre zu bezeichnen: *Hölzl* in Montag/Säcker, Münchener Kommentar, Europäisches und Deutsches Wettbewerbsrecht (Kartellrecht), Bd. 3, Beihilfen- und Vergaberecht, 2011, Art. 1 VO 1370/2007 Rn. 7; *Pünder* EUR 2007, 564, 566. Den Verfahrensgang für die Genehmigung eigenwirtschaftlicher Verkehrsangebote nach dem PBefG 2013 skizzierend etwa *IHK Stuttgart* Der neue Rechtsrahmen für den Busverkehr, Februar 2013, S. 24 ff.
[48] Vgl. Erwägungsgrund 5 zur Verordnung, dort Sätze 2 und 3.
[49] In diesem Sinne auch Ziff. 2.1 der Bekanntmachung des *Bayerischen Staatsministeriums* für Wirtschaft, Infrastruktur, Verkehr und Technologie v. 14.8.2009: Leitlinien zur Anwendung der Verord-

Aus der Gegenleistung resultiert die Gefahr einer Wettbewerbsverfälschung, die durch das Instrument des öffentlichen Dienstleistungsauftrages und die daran anknüpfenden beihilfen- und vergaberechtlichen Bestimmungen vermieden werden soll. Ganz in diesem Sinne verpflichtet Art. 3 Abs. 1 VO 1370/2007 die zuständige Behörde zur Begründung eines öffentlichen Dienstleistungsauftrages nur in den Fällen, in denen sie beabsichtigt, ausschließliche Rechte und/oder Ausgleichsleistungen im Gegenzug für die Erfüllung gemeinwirtschaftlicher Verpflichtungen zu gewähren. Allein aus der gemeinwirtschaftlichen Verpflichtung als solcher resultiert keine Verpflichtung zur Beachtung der vergaberechtlichen Vorschriften des Art. 5 VO 1370/2007.[50] Im Übrigen belegt auch ein Blick in die zeitgleich mit der VO 1370/2007 erlassene VO 1371/2007 über die Rechte und Pflichten der Fahrgäste im Eisenbahnverkehr, dass dem europäischen Gesetzgeber die Unterscheidung zwischen kommerziellen (eigenwirtschaftlichen) und gemeinwirtschaftlichen Verkehren bekannt war. Denn **Art. 9 Abs. 3 VO 1371/2007** sieht besondere Bestimmungen für gemeinwirtschaftliche Verkehre vor. Die Regelung erklärt sich nur, wenn es neben gemeinwirtschaftlichen Verkehren auch andere – d. h. kommerzielle oder eigenwirtschaftliche – Verkehre gibt.

Wer der generellen Ausgrenzung von kommerziellen (eigenwirtschaftlichen) Verkehren **24** aus dem Anwendungsbereich der VO 1370/2007 nicht folgt, muss die Frage beantworten, ob die mit der personenbeförderungsrechtlichen Genehmigung verknüpften Pflichten überhaupt als gemeinwirtschaftliche Verpflichtungen angesehen werden können. Das ist zu verneinen. Denn von den gemeinwirtschaftlichen Verpflichtungen im Sinne des Art. 2 lit. e VO 1370/2007 sind solche Pflichten abzugrenzen, die zwar auch den wirtschaftlichen Interessen der Unternehmen widersprechen, zu deren Beachtung aber alle Verkehrsunternehmen verpflichtet sind. Es kann von **gesetzlichen Marktrahmenregelungen** gesprochen werden, die von den spezifischen gemeinwirtschaftlichen Verpflichtungen zu unterscheiden sind, die von der jeweils zuständigen Behörde im Wege eines öffentlichen Dienstleistungsauftrages oder einer allgemeinen Vorschrift begründet werden.[51] Zu diesen Marktrahmenregelungen aber sind die Vorschriften über die Sicherheit von Fahrzeugen oder zum Recht der Allgemeinen Geschäftsbedingungen für Verkehrsunternehmen ebenso wie die mit einer Genehmigung nach § 13 PBefG einhergehende Betriebspflicht nach § 21 Abs. 1 PBefG, die Beförderungspflicht gemäß § 22 PBefG sowie die Tarif- und Fahrplanpflicht gemäß § 45 Abs. 2 i.V.m. §§ 39, 40 PBefG zu zählen. Schließlich lässt sich gegen die Qualifikation der mit § 13 PBefG verbundene Pflichten als gemeinwirtschaftliche Verpflichtungen im Sinne des Art. 2 lit. e VO 1370/2007 anführen, dass sich diese Pflichten unmittelbar aus dem Gesetz ergeben und infolge dessen im Interesse des Verkehrsunternehmens liegen, das **freiwillig** eine personenbeförderungsrechtliche Genehmigung beantragt. Eine gemeinwirtschaftliche Verpflichtung im verordnungsrechtlichen Sinne liegt nur vor, wenn der Betreiber diese ohne eine Gegenleistung der zuständigen Behörde nicht übernommen hätte.[52]

Im **Anwendungsbereich des AEG** stellt sich die Rechtslage ähnlich dar. Mit der **25** nach § 6 AEG erteilten Genehmigung sind ebenfalls bestimmte Pflichten verbunden, die als gemeinwirtschaftliche Verpflichtungen angesehen werden könnten, etwa die Beförde-

---

nung (EG) Nr. 1370/2007 über öffentliche Personenverkehrsdienste auf Schiene und Straße, AllMBl. Nr. 10/2009, S. 309 ff.

[50] Vgl. die Nachweise zuvor in Fn. *49*.

[51] Vgl. *Berschin* in Barth/Baumeister/Berschin/Werner, Handbuch ÖPNV, Std. 2009, A 2 Rn. 133 f.

[52] Vgl. *Roling* DVBl. 2010, 1213, 1219; *Hölzl* in Montag/Säcker, Münchener Kommentar, Europäisches und Deutsches Wettbewerbsrecht (Kartellrecht), Bd. 3, Beihilfen- und Vergaberecht, 2011, Art. 2 VO 1370/2007 Rn. 14; Innenministerium *Baden-Württemberg* Leitlinien zur Anwendung der EU-VO 1370/2007 über öffentliche Personenverkehrsdienste auf Schiene und Straße vom 3.12. 2009 bis zum Inkrafttreten einer Novelle des PBefG, dort Ziff. 2.2; *bdo* Juristisches Grundsatzpapier zur Anwendung der VO (EG) Nr. 1370/2007 in Deutschland, 2009, Ziff. 2.2.1.

rungspflicht nach § 10 AEG. Aus den vorstehenden Gründen sind darin gleichwohl keine gemeinwirtschaftlichen Verpflichtungen im Sinne des Art. 2 lit. e VO 1370/2007 zu sehen, die eine Verpflichtung zur Durchführung eines Vergabeverfahrens nach Art. 5 VO 1370/2007 begründen.

4. Betrauung

26 Gemäß Art. 2 lit. i VO 1370/2007 muss der Betreiber mit der Verwaltung und der Erbringung der öffentlichen Personenverkehrsdienste **betraut** worden sein. Dem kommt indes **keine eigenständige Bedeutung** zu.[53] Das Konzept der Betrauung ist primärrechtlich in Art. 106 Abs. 2 AEUV verankert, der EuGH hat im Rahmen des ersten *Altmark Trans*-Kriteriums eine Betrauung des Unternehmens gefordert[54] und die Kommission verlangt eine Betrauung etwa in Art. 4 ihres sog. Freistellungsbeschlusses[55]. Zweck der legislativen oder regulatorischen Rechtsakte, die den Betrauungsakt bilden können[56], ist stets die Sicherstellung hinreichender Transparenz[57]: Es soll überprüft werden können, ob die Vorteile, die ein Unternehmen für die Erbringung gemeinwirtschaftlicher Verpflichtungen erlangt, angemessen sind. Dazu sind in dem Betrauungsakt der Gegenstand und die Dauer der Verpflichtungen zur Erbringung der fraglichen Leistung, das Unternehmen und ggf. das betreffende Gebiet, die Art etwaiger dem Unternehmen durch die betreffende Behörde gewährter ausschließlicher oder besonderer Rechte, die Parameter für die Berechnung, Überwachung und Änderung der Ausgleichsleistung sowie schließlich die Maßnahmen zur Vermeidung und Rückforderung etwaiger Überkompensationen festzulegen.[58] Diese Angaben sind im Rahmen der VO 1370/2007 Gegenstand eines öffentlichen Dienstleistungsauftrages im Sinne des Art. 2 lit. i der Verordnung (vgl. nur Art. 4 der Verordnung). Der öffentliche Dienstleistungsauftrag fungiert somit als Betrauung, ohne dass dem Wort „betraut" im Rahmen des Art. 2 lit. i VO 1370/2007 eine Funktion verbleibt, die über das Erfordernis der Begründung eines öffentlichen Dienstleistungsauftrages hinaus reicht.

II. Pflicht zur Begründung eines öffentlichen Dienstleistungsauftrages

27 Art. 3 Abs. 1 der Verordnung bestimmt, **wann ein öffentlicher Dienstleistungsauftrag im Sinne des Art. 2 lit. i VO 1370/2007 begründet werden muss.** Ein öffentlicher Dienstleistungsauftrag ist hiernach zwingende Voraussetzung für die Gewährung ausschließlicher Rechte von der zuständigen Behörde an den ausgewählten Betreiber und/oder für die Gewährung von Ausgleichsleistungen gleich welcher Art für die Erfüllung gemeinwirtschaftlicher Verpflichtungen.

1. Gewährung ausschließlicher Rechte

28 Ein **ausschließliches Recht** ist gemäß der Legaldefinition des Art. 2 lit. f VO 1370/2007 ein Recht, das einen Betreiber eines öffentlichen Dienstes berechtigt, bestimmte öf-

---

[53] Ganz ähnlich etwa auch *Deuster* DÖV 2010, 591, 598.
[54] EuGH Urt. v. 24.7.2003, Rs. C-280/00, NZBau 2003, 503 Rn. 89 – Altmark Trans.
[55] Beschluss der Kommission v. 20.12.2011 über die Anwendung des Art. 106 Abs. 2 des Vertrages über die Arbeitsweise der Europäischen Union auf staatliche Beihilfen in Form von Ausgleichsleistungen zugunsten bestimmter Unternehmen, die mit der Erbringung von Dienstleistungen von allgemeinem wirtschaftlichen Interesse betraut sind, ABl. 2012 L 7/3.
[56] Vgl. dazu bereits zuvor unter Rn. 23.
[57] Vgl. *Koenig/Kühling/Ritter* EG-Beihilfenrecht, 2. Aufl. 2005, Rn. 40.
[58] Vgl. die Darstellung in der Mitteilung der Kommission übe die Anwendung der Beihilfevorschriften der Europäischen Union auf Ausgleichsleistungen für die Erbringung von Dienstleistungen von allgemeinem wirtschaftlichem Interesse, ABl. 2012 C 8/4, Tz. 52.

fentliche Personenverkehrsdienste auf einer bestimmten Strecke oder in einem bestimmten Streckennetz oder Gebiet unter Ausschluss aller anderen solchen Betreiber zu erbringen. Zu einem Ausschließlichkeitsrecht in diesem Sinne soll nach teilweise vertretener Ansicht jede **Genehmigung nach dem PBefG** führen.[59] Das sei Konsequenz aus § 13 Abs. 2 Nr. 2 PBefG a.F. bzw. § 13 Abs. 2 Nr. 3 PBefG 2013. Danach ist die Genehmigung für die Erbringung von Personenbeförderungsleistungen zu versagen, wenn durch den beantragten Verkehr die öffentlichen Verkehrsinteressen beeinträchtigt werden, was gemäß § 13 Abs. 2 Nr. 3 lit. a PBefG 2013 insbesondere der Fall sein soll, wenn der Verkehr mit vorhandenen Verkehrsmitteln befriedigend bedient werden kann. An einer befriedigenden Bedienung des Verkehrs mit den vorhandenen Verkehrsmitteln fehlt es danach nur, wenn eine Lücke im Verkehrsangebot besteht, wenn also die Nachfrage das Angebot übersteigt. Zugleich widerspricht es nach ständiger Rechtsprechung der Wahrung der öffentlichen Verkehrsinteressen, wenn mehreren Unternehmen für denselben Verkehr parallel zueinander eine Linienverkehrsgenehmigung erteilt wird (sog. Parallelbedienungsverbot). Das gilt jedenfalls, wenn davon auszugehen ist, dass eine annähernd kostendeckende Bedienung der Linie nur durch einen Unternehmer erfolgen kann und eine Konkurrenz zu einem ruinösen Wettbewerb führen muss („unstreitig erschöpftes Kontingent").[60] Wegen § 13 Abs. 2 Nr. 3 lit. a PBefG 2013 soll die personenbeförderungsrechtliche Genehmigung daher ein ausschließliches Recht im Sinne des Art. 2 lit. f VO 1370/2007 begründen. Demgegenüber geht die Verwaltungspraxis davon aus, dass das deutsche Recht die Gewährung ausschließlicher Rechte im Sinne der Verordnung nicht vorsieht und insbesondere auch die personenbeförderungsrechtliche Genehmigung nach § 13 PBefG kein ausschließliches Recht gewährt.[61] Dieser Rechtsansicht hat sich die Bundesregierung früh angeschlossen.[62] Für sie spricht insbesondere § 13 Abs. 2 Nr. 2 lit. c

---

[59] VG Halle Urt. v. 25.10.2010, 7 A 1/10, *juris* Rn. 288; BayVGH Beschl. v. 16.8.2012, 11 CS 12.1607, juris Rn. 63; *Saxinger* in Saxinger/Winnes, Recht des öffentlichen Personenverkehrs, Std. 2012, Art. 2 lit. f VO 1370 Rn. 11 ff.; *Heinze* DVBl. 2011, 534, 535 f.; *Sitsen* IR 2011, 76, 77 ff.; *Jung/Deuster* IR 2011, 148, 150; *Linke* NZBau 2010, 207, 207; *Deuster* DÖV 2010, 591, 592 ff.; *Bauer*, PBefG Kommentar, 2010, § 8 Rn. 25; *Deuster* IR 2009, 202, 202 ff.; *Winnes/Schwarz/Mietzsch* EuR 2009, 290, 296 ff.; *Nettesheim* NVwZ 2009, 1449, 1450; *Kiepe/Mietzsch* IR 2008, 56, 57; *Winnes* Der Nahverkehr 7–8/2008, 25, 27; *Saxinger* DVBl. 2008, 688, 689 ff. Nach *Schröder* NZBau 2012, 541, 545, soll das Verbot der Doppelbedienung zwar grds. als ausschließliches Recht anzusehen sein; das gelte aber nicht, wenn dessen Auswahl ein (Genehmigungs-) Wettbewerb vorausgegangen ist. Die Kommission formuliert in ihrem Beschl. v. 23.2.2011, C 58/2006, Deutschland/Bahnen der Stadt Monheim (BSM), K(2011)632 endg., ABl. 2011 L 210/1, Rn. 12, dass mit der Genehmigung nach § 13 PBefG ein ausschließliches Recht gewährt werde. Diese Feststellung erfolgt indes ohne nähere Auseinandersetzung allein im Tatbestand des Beschlusses, ohne dass die Kommission auf diesen Umstand in der nachfolgenden Begründung ihrer Entscheidung zurückkommt. Unklar insoweit die Begründung der Bundesregierung zu einer Verordnung zur Änderung der Vergabeverordnung und der Sektorenverordnung, BR-Drs. 70/11 v. 4.2.2011, S. 18, 26 (vgl. dazu auch nachfolgend unter Rn. 60).
[60] Vgl. BVerwG Urt. v. 24.6.2010, 3 C 14/09, NVwZ 2011, 115, 116 m.w.N.
[61] Innenministerium *Baden-Württemberg* Leitlinien zur Anwendung der EU-VO 1370/2007 über öffentliche Personenverkehrsdienste auf Schiene und Straße vom 03.12.2009 bis zum Inkrafttreten einer Novelle des PBefG, dort Ziff. 2.2; Ziff. 2.2 der Bekanntmachung des *Bayerischen Staatsministeriums* für Wirtschaft, Infrastruktur, Verkehr und Technologie v. 14.8.2009: Leitlinien zur Anwendung der Verordnung (EG) Nr. 1370/2007 über öffentliche Personenverkehrsdienste auf Schiene und Straße, AllMBl. Nr. 10/2009, S. 309 ff.; *Hessisches Ministerium* für Wirtschaft, Verkehr und Landesentwicklung Leitfaden für die Erteilung von Liniengenehmigungen in Hessen nach dem 3.12.2009, dort Ziff. 3; Landesnahverkehrsgesellschaft *Niedersachsen* (LNVG) Leitlinie zum Liniengenehmigungsverfahren ab dem 03.12.2009, dort Ziff. 2; Saarländischer Minister für Wirtschaft und Wissenschaft, Leitlinien zur Anwendung der Verordnung (EG) Nr. 1370/2007 über öffentliche Personenverkehrsdienste auf Schiene und Straße im *Saarland*, dort Ziff. 2.
[62] Antwort der Bundesregierung auf Frage 6 einer Kleinen Anfrage, BT-Drs. 17/314 v. 18.12.2009.

PBefG, der dem vorhandenen Unternehmer das Recht zur Ausgestaltung seines Verkehrs vorbehält. Dieses Ausgestaltungsrecht ist nur erforderlich, weil der vorhandene Unternehmer unter Konkurrenzdruck steht und sich gerade nicht auf ein ausschließliches Recht berufen kann.[63] Schließlich spricht § 8a Abs. 8 PBefG 2013 gegen die Qualifikation der personenbeförderungsrechtlichen Genehmigung als ausschließliches Recht: Wäre das der Fall, wäre die den zuständigen Behörden durch § 8a Abs. 8 PBefG eingeräumte Befugnis, ausschließliche Rechte zum Schutz bestimmter Verkehre zu verleihen, überflüssig. Das erkennen im Ergebnis auch die Vergabenachprüfungsinstanzen an: Eine Genehmigung nach § 13 PBefG begründe zwar Vorrechte zugunsten eines Unternehmens, ausschließliche Rechte vermittele sie dem Unternehmen aber nicht.[64]

29 § 8a Abs. 8 PBefG 2013 begründet nun die Befugnis der zuständigen Behörden (d. h. in der Regel der Aufgabenträger), zugunsten einzelner Unternehmen ein **ausschließliches Recht im Einzelfall zu begründen.** Das ausschließliche Recht darf sich nur auf den Schutz einer Verkehrsleistung beziehen, die Gegenstand eines öffentlichen Dienstleistungsauftrages im Sinne der Verordnung ist. Entsprechend Art. 4 Abs. 1 lit. b VO 1370/2007 verlangt § 8a Abs. 8 Satz 3 PBefG, dass die zuständige Behörde den räumlichen und zeitlichen Geltungsbereich zu bestimmen hat sowie die Art der Personenverkehrsdienstleistung, die unter Ausschluss anderer Betreiber zu erbringen ist. Verkehre, die das Fahrgastpotential der geschützten Verkehre nur unerheblich beeinträchtigen, dürfen nicht ausgeschlossen werden.[65] Genehmigungsanträge, die gegen ausschließliche Rechte verstoßen, muss die Genehmigungsbehörde gem. § 13 Abs. 2 Nr. 2 PBefG 2013 zurückweisen. Ziel der Regelung ist es, den Aufgabenträger zu erlauben, die von ihnen beauftragten (gemeinwirtschaftlichen) Verkehrsleistungen während der Laufzeit des öffentlichen Dienstleistungsvertrages vor kommerzieller (eigenwirtschaftlicher) Konkurrenz zu schützen.[66] Die Bundesregierung konnte sich mit ihrem Einwand, das Instrument beeinträchtigte das Prinzip des Vorrangs eigenwirtschaftlicher Verkehre, nicht durchsetzen.[67] Entschließt sich die zuständige Behörde, von ihrer Befugnis zur Gewährung ausschließlicher Rechte Gebrauch zu machen, löst sie wegen Art. 3 Abs. 1 VO 1370/2007 die Verpflichtung zur Vergabe eines öffentlichen Dienstleistungsauftrages im Sinne des Art. 2 lit. i der Verordnung aus.

30 Mit einer **Genehmigung nach § 6 AEG** ist kein dem § 13 Abs. 2 Nr. 3 PBefG 2013 vergleichbarer Schutz vor Konkurrenz verbunden. Das AEG kennt kein Verbot der Doppelbedienung. Einen Anspruch auf die Genehmigung, Personenverkehre mit der Eisenbahn erbringen zu dürfen, hat vielmehr grundsätzlich jedes Unternehmen, das seine Zuverlässigkeit, Leistungsfähigkeit, Fachkunde und damit die Gewähr für eine sichere Betriebsführung nachweist (§ 6 Abs. 2 AEG). Darüber hinaus muss das Unternehmen über die erforderlichen Trassen verfügen; insoweit besteht ein Anspruch auf einen diskrimini-

---

[63] Vgl. *Opitz/Wittmann* in v. Wietersheim, Vergaben im ÖPNV, 2013, S. 135, 159 f.; *Hölzl* in Montag/Säcker, Münchener Kommentar, Europäisches und Deutsches Wettbewerbsrecht (Kartellrecht), Bd. 3, Beihilfen- und Vergaberecht, 2011, Art. 2 VO 1370/2007 Rn. 14; *Roling* DVBl. 2010, 1213, 1219 f.; *Kaufmann* in Kaufmann/Lübbig/Prieß/Pünder, VO (EG) 1370/2007, 2010, Art. 2 Rn. 30; bdo Juristisches Grundsatzpapier zur Anwendung der VO (EG) Nr. 1370/2007 in Deutschland, 2009, Ziff. 2.2.1.1; *Batzill* Der Nahverkehr 11/2009, 19, 20 f.; *Ipsen* Der Nahverkehr 6/2008, 20, 21.

[64] OLG Düsseldorf Beschl. v. 2.3.2011, Verg 48/10, NZBau 2011, 244, 246 – Münsterlandkreise; ebenso die Vorinstanz VK Münster Beschl. v. 7.10.2010 – VK 6/10. Aus der älteren Entscheidungspraxis vgl. etwa VK Düsseldorf Beschl. v. 14.5.2004, VK-7/2004-L/VK-8/2004-L, und VK Baden-Württemberg Beschl. v. 14.3.2005, 1 VK 5/05.

[65] Vgl. dazu auch die Begründung zum Änderungsentwurf, BT-Drs. 17/10857, S. 23.

[66] Vgl. die Begründung zu den Empfehlungen der Ausschüsse des Bundesrates, BR-Drs. 462/1/11, S. 33, sowie die Begründung des Gesetzesentwurfs der Fraktionen von SPD und Bündnis 90/Die Grünen, BT-Drs. 17/7046, S. 26 f.

[67] Vgl. BT-Drs. 17/8233, dort Anlage 4.

rungsfreien Trassenzugang im Rahmen des § 14 AEG. Ein Ausschließlichkeitsrecht lässt sich auch nicht aus dem sog. Eisenbahnprivileg des § 13 Abs. 2 Nr. 3 lit. b und lit. c PBefG herleiten. Danach kann die *personenbeförderungsrechtliche* Genehmigung versagt werden, wenn der beantragte Linienverkehr mit Kraftfahrzeugen ohne wesentliche Verbesserung eine Verkehrsaufgabe übernehmen soll, die Eisenbahnen bereits wahrnehmen.[68] Diese Regelung schützt nicht gegen konkurrierenden Eisenbahnverkehr und kann somit nicht als Ausschließlichkeitsrecht zugunsten des vorhandenen Eisenbahnunternehmens qualifiziert werden.[69] Ein öffentlicher Dienstleistungsauftrag im Sinne des Art. 2 lit. i VO 1370/2007 *muss* gemäß Art. 3 Abs. 1 der Verordnung im Anwendungsbereich des AEG daher nur vergeben werden, wenn dem Eisenbahnverkehrsunternehmen Ausgleichsleistungen für die Erfüllung gemeinwirtschaftlicher Verpflichtungen gewährt werden sollen. Eine Befugnis der Aufgabenträger, freiwillig ausschließliche Rechte im Eisenbahnverkehr zu begründen, besteht – anders als im Geltungsbereich des Personenbeförderungsgesetzes nach § 8a Abs. 8 PBefG 2013 – nicht.

2. Gewährung von Ausgleichsleistungen

Ungeachtet der Frage, ob ausschließliche Rechte gewährt werden, muss gemäß Art. 3 Abs. 1 Alt. 2 VO 1370/2007 ein öffentlicher Dienstleistungsauftrag im Sinne des Art. 2 lit. i VO 1370/2007 begründet werden, wenn dem Betreiber Ausgleichsleistungen gleich welcher Art für die Erfüllung gemeinwirtschaftlicher Verpflichtungen gewährt werden. Als Ausgleichsleistung für gemeinwirtschaftliche Verpflichtungen definiert Art. 2 lit. g VO 1370/2007 **jeden Vorteil, insbesondere finanzieller Art**, der mittelbar oder unmittelbar von einer zuständigen Behörde aus öffentlichen Mitteln während des Zeitraums der Erfüllung einer gemeinwirtschaftlichen Verpflichtung oder in Verbindung mit diesem Zeitraum gewährt wird. Unerheblich ist, ob dem Betreiber bei einem Vergleich von Leistung und Gegenleistung tatsächlich ein geldwerter Vorteil zukommt. Insoweit unterscheidet sich die weit gefasste Definition des Art. 2 lit. i VO 1370/2007 vom allgemeinen Begriff der Beihilfe, an der es bereits tatbestandlich fehlt, wenn die aus staatlichen Mitteln erbrachte Gegenleistung nicht mehr wert ist als die vom Unternehmen erbrachte Leistung.[70]

31

3. Eigenwirtschaftliche (kommerzielle) Verkehre

Die Erbringung von Personenbeförderungsleistungen auf Schiene und Straße ist in Deutschland traditionell Gegenstand des Gewerberechts. Die Tätigkeit bedarf einer Genehmigung, auf deren Erteilung ein Anspruch besteht, wenn der Antragsteller die gesetzlichen Genehmigungsvoraussetzungen erfüllt.[71] Ob, in welchem Umfang und in welcher Qualität die Leistungen angeboten werden, bestimmen im Ausgangspunkt die Verkehrsunternehmen unter Berücksichtigung der mit dem beantragten Verkehr verbundenen wirtschaftlichen Chancen und Risiken. Dem steht die Erfahrung gegenüber, dass die Mehrzahl von Verkehren nicht wirtschaftlich betrieben werden kann. Vielfach kann ein flächendeckendes Angebot öffentlicher Personenverkehrsdienstleistungen ohne den Einsatz öffentlicher Mittel weder auf der Straße noch auf der Schiene gewährleistet werden. Mit der Erbringung dieser Verkehre kann der Aufgabenträger Verkehrsunternehmen nach dem Besteller-Ersteller-Prinzip beauftragen: Der Aufgabenträger bestellt und bezahlt die

32

---

[68] Vgl. BVerwG Urt. v. 24.6.2010, 3 C 14/09, NVwZ 2011, 115 ff.
[69] Zur Liberalisierung der Fernbusverkehre vgl. insb. § 13 Abs. 2 Satz 2 PBefG 2013.
[70] Vgl. nur *von Wallenberg/Schütte* in Grabitz/Hilf/Nettesheim, Das Recht der Europäischen Union, Std. 2011, Art. 107 AEUV Rn. 46 ff.
[71] Zu § 13 PBefG vgl. BVerwG Urt. v. 6.4.2000, 3 C 6/99, NVwZ 2001, 322, 322, sowie etwa *Heinze* ZRP 2012, 84, 85. Zu § 6 AEG vgl. *Suckale* in Hermes/Sellner, Beck'scher AEG Kommentar, 2006, § 6 Rn. 6.

Verkehre, das Verkehrsunternehmen erbringt die Verkehre und erhält dafür ein seine Kosten (ggf. nur teilweise) deckendes Entgelt. Dem Schutz der Unternehmerfreiheit und dem wirtschaftlichen und sparsamen Umgang mit öffentlichen Haushaltsmitteln dient der sog. **Vorrang eigenwirtschaftlicher Verkehre.**

a) Eigenwirtschaftliche Verkehre im Anwendungsbereich des PBefG

33 Im Anwendungsbereich des PBefG ergab sich der Vorrang eigenwirtschaftlicher Verkehre **bis zum Inkrafttreten der VO 1370/2007** am 3.12.2009 aus den §§ 8, 13 und 13a PBefG. Nur soweit eine ausreichende Verkehrsbedienung nicht durch eigenwirtschaftliche Verkehre möglich war, galt gemäß § 8 Abs. 4 Satz 3 PBefG a.F. die Verordnung (EWG) Nr. 1191/69 in ihrer jeweils geltenden Fassung. Der Umsetzung dieser Verordnung diente § 13a PBefG a.F., dem zufolge die Genehmigung an das Verkehrsunternehmen zu erteilen war, das die Verkehre zu den geringsten Kosten für die Allgemeinheit anbot. Diese Kosten waren anhand der Verordnung zur Anwendung des § 13a Abs. 1 Satz 3 des Personenbeförderungsgesetzes[72] – der sog. Geringste-Kosten-Verordnung[73] – zu ermitteln. Nach § 1 Abs. 2 dieser Verordnung war in der Regel ein Vergabeverfahren nach dem 1. Abschnitt der VOL/A durchzuführen. Im Einzelnen umstritten war, wie der Vorrang eigenwirtschaftlicher Verkehre gegenüber diesen gemeinwirtschaftlichen Verkehren verfahrensrechtlich abgesichert werden konnte.[74] Mit dem Inkrafttreten der VO 1370/2007 am 3.12.2009 trat die VO (EWG) Nr. 1191/69 außer Kraft. § 13a PBefG und die Geringste-Kosten-Verordnung konnten daher im Zuge der PBefG-Novelle aufgehoben werden.[75]

34 Auch unter Geltung der VO 1370/2007 müssen aber nicht alle Verkehre zwingend von der zuständigen Behörde gemäß Art. 5 der Verordnung vergeben werden.[76] Anderes widerspräche der Anerkennung kommerzieller Verkehre durch den Verordnungsgeber.[77] Eine umfassende Vergabepflicht kann insbesondere nicht darauf gestützt werden, dass mit jeder personenbeförderungsrechtlichen Genehmigung gemeinwirtschaftliche Verpflichtungen ausgesprochen werden, die eine solche Genehmigung zu einem nach Art. 5 der Verordnung vergabepflichtigen öffentlichen Dienstleistungsauftrag machen.[78] Ebenso wenig begründet die personenbeförderungsrechtliche Genehmigung ein ausschließliches Recht, das gemäß Art. 3 Abs. 1 in Verbindung mit Art. 5 VO 1370/2007 im Rahmen eines öffentlichen Dienstleistungsauftrages zu vergeben ist.[79] Erhält das Verkehrsunternehmen schließlich keine Ausgleichsleistungen für die Erfüllung gemeinwirtschaftlicher Verpflichtungen im Sinne des Art. 2 lit. g der Verordnung, **findet die VO 1370/2007 keine Anwendung.** Die Entscheidung über die **Auswahl des Unternehmens**, dem die personenbeförderungsrechtliche Genehmigung zu erteilen ist, richtet sich dann nicht nach der

---

[72] BGBl. 1995 I 1705.
[73] Vgl. nur *Heinze* Personenbeförderungsgesetz, 2007, § 13a Anm. 9.
[74] Vgl. dazu BVerwG Urt. v. 29.10.2009, 3 C 1/09, NVwZ-RR 2010, 559 ff. mit Anmerkung v. *Roling* DVBl. 2010, 1213 ff.
[75] Zu Recht nicht durchgesetzt hat sich die Auffassung, eine Erteilung personenbeförderungsrechtlicher Genehmigungen sei in dem Zeitraum zwischen Inkrafttreten der VO 1370/2007 und dem Inkrafttreten des PBefG 2013 unzulässig gewesen, vgl. in diesem Sinne aber *Recker* ZKF 2009, 49, 50 ff., sowie *mofair e.V.* Mitteilung v. 30.1.2009 „Erteilung von Linienverkehrsgenehmigungen ist ohne Anpassung des Personenbeförderungsgesetzes an die EU-Verordnung 1370 nicht möglich". Diese Konsequenz in Erwägung ziehend auch das sog. Hintergrundpapier der BAG ÖPNV: Bewertung der Rechtsfolgen einer fehlenden Anpassung des PBefG an die ÖPNV-Verordnung (EG) Nr. 1370/2007, Ziff. 4.
[76] Vgl. etwa *Saxinger* GewArch 2009, 350, 354, der nur die Ausnahmen nach Art. 5 Abs. 1 Satz 2 und Satz 2 VO 1370/2007 anerkennen will.
[77] Vgl. dazu im Einzelnen zuvor unter Rn. 23.
[78] Vgl. dazu im Einzelnen zuvor unter Rn. 22 und 24.
[79] Vgl. dazu im Einzelnen zuvor unter Rn. 28.

§ 55 Anwendungsbereich   Kap. 11

VO 1370/2007, sondern allein nach mitgliedstaatlichem Recht, in Deutschland also **nach dem Personenbeförderungsgesetz.**

Auf diesen Erwägungen beruht auch das PBefG 2013. Die Neuregelung geht (wie die Altregelung) davon aus, dass es Verkehre gibt, die zwar einer Genehmigung nach § 13 PBefG bedürfen, aber nicht allein aus diesem Grunde zugleich in den Anwendungsbereich der VO 1370/2007 fallen. Der deutsche Gesetzgeber bezeichnet diese Verkehre nicht wie im Erwägungsgrund 5 zur VO 1370/2007 als **kommerzielle Verkehre**, sondern in Fortführung der überkommenen Terminologie als **eigenwirtschaftliche Verkehre**. Davon unterschieden werden die der VO 1370/2007 unterfallenden Verkehre, die – wiederum der bekannten Terminologie folgend – als **gemeinwirtschaftliche Verkehre** bezeichnet werden.[80] Neben der Unterscheidung zwischen eigen- und gemeinwirtschaftlichen Verkehren bleibt es beim **Vorrang eigenwirtschaftlicher Verkehre.** Das ist angesichts insoweit fehlender europarechtlicher Vorgaben unbedenklich, wenn nur die Existenz kommerzieller oder eigenwirtschaftlicher Verkehre überhaupt anerkannt wird.[81] Die Rechtslage stellt sich danach wie folgt dar: 35

In § 8 Abs. 4 Satz 1 PBefG 2013 heißt es zunächst wie in § 8 Abs. 4 Satz 1 PBefG a.F., dass Verkehrsleistungen im öffentlichen Personennahverkehr eigenwirtschaftlich zu erbringen sind. Modifiziert wird demgegenüber die Definition der Eigenwirtschaftlichkeit in § 8 Abs. 4 Satz 2 PBefG 2013. Eigenwirtschaftlich sind Verkehrsleistungen, deren Aufwand gedeckt wird durch Beförderungserlöse, Ausgleichsleistungen auf der Grundlage von allgemeinen Vorschriften nach Art. 3 Abs. 2 und Abs. 3 VO 1370/2007 und sonstige Unternehmenserträge im handelsrechtlichen Sinne, soweit diese keine Ausgleichsleistungen für die Erfüllung gemeinwirtschaftlicher Verpflichtungen nach Art. 3 Abs. 1 VO 1370/2007 darstellen und keine ausschließlichen Rechte gewährt. In der Gesetzesbegründung führt die Bundesregierung aus[82]: Die Definition sei wie bisher sehr breit angelegt, um möglichst viele Einnahmen der Verkehrsunternehmen zu erfassen (z.B. Fahrzeugförderung, Werbeeinnahmen). Andererseits dürfe die Definition nicht dazu führen, dass die Anwendbarkeit der Verordnung eingeschränkt wird. Keine Eigenwirtschaftlichkeit liege deshalb vor, wenn der Aufgabenträger (oder eine andere zuständige Stelle) durch einen (individuellen) Dienstleistungsauftrag Ausgleichsleistungen für die Erfüllung gemeinwirtschaftlicher Verpflichtungen gewährt. Im Hinblick auf die weite Definition des Begriffs „Ausgleichsleistungen" in Art. 2 lit. g VO 1370/2007 werde diese Einschränkung regelmäßig dann eingreifen, wenn ein Verkehrsunternehmen Zahlungen oder andere finanzielle Vorteile erhält, um einen defizitären Verkehr durchzuführen. Dagegen könnten **Ausgleichsleistungen auf der Grundlage allgemeiner Vorschriften** nach Art. 3 Abs. 2 VO 1370/2007 als **unschädlich** angesehen werden.[83] 36

Der **Vorrang** eigenwirtschaftlicher Verkehre kommt sodann in § 8a Abs. 1 Satz 1 PBefG 2013 zum Ausdruck, wo es heißt, dass die VO 1370/2007 maßgebend ist, „soweit" eine ausreichende Verkehrsbedienung nicht entsprechend § 8 Abs. 4 Satz 1 PBefG 2013 möglich ist. **Verfahrensrechtlich abgesichert** wird der Vorrang eigenwirtschaftlicher Verkehre insbesondere durch § 12 Abs. 6 PBefG 2013, wonach die zuständige Behörde ihre Absicht, einen öffentlichen Dienstleistungsauftrag zu vergeben, ankündigen 37

---

[80] Vgl. den Gesetzentwurf der Bundesregierung, BR-Drs. 462/11, dort etwa die Begründung zu § 8a oder § 12 Abs. 7 PBefG-E.
[81] Die Existenz eigenwirtschaftlicher Verkehre im Grundsatz ebenfalls anerkennend, allerdings deren Vorrang gegenüber gemeinwirtschaftlichen Verkehre stärker einschränkend: Stellungnahme des Bundesrates, BR-Drs. 462/11 (Beschluss) v. 23.9.2011, S. 7.
[82] BR-Drs. 462/11, S. 24.
[83] Im gleichen Sinne: Stellungnahme des Bundesrates, BR-Drs. 462/11 (Beschluss) v. 23.9.2011, S. 7.

muss und Verkehrsunternehmen hieraufhin binnen einer bestimmten Frist Anträge auf Erteilung einer Genehmigung für eigenwirtschaftliche Verkehre stellen können.[84]

b) Eigenwirtschaftliche Verkehre im Anwendungsbereich des AEG

38 Das AEG enthielt bisher keine ausdrückliche Regelung über den Vorrang eigenwirtschaftlicher Verkehre; das ändert sich im Zuge der PBefG-Novelle nicht. Überwiegend wird davon ausgegangen, dass Schienenpersonennahverkehre schon rein tatsächlich nicht ohne öffentliche Zuschüsse betrieben werden können.[85] Bestellt der zuständige Aufgabenträger Schienenpersonenverkehre, stellt sich das dem Eisenbahnverkehrsunternehmen gezahlte Entgelt regelmäßig als Ausgleichsleistung im Sinne des Art. 2 lit. g VO 1370/2007 dar. Der zwischen dem Aufgabenträger und dem Eisenbahnverkehrsunternehmen abzuschließende Verkehrsvertrag wird dann ebenso regelmäßig als öffentlicher Dienstleistungsauftrag im Sinne des Art. 2 lit. i VO 1370/2007 zu qualifizieren sein, der nach Maßgabe des Art. 5 der Verordnung zu vergeben ist. Verkehre, für die das Eisenbahnverkehrsunternehmen keine Ausgleichsleistungen im Sinne der VO 1370/2007 erlangt, können als eigenwirtschaftliche Verkehre qualifiziert werden, die ohne vorangehende Vergabe nach Art. 5 VO 1370/2007 erbracht werden.

III. Inhalt öffentlicher Dienstleistungsaufträge

39 Den Inhalt öffentlicher Dienstleistungsaufträge legt im Wesentlichen **Art. 4 der Verordnung** fest. Ergänzend sind **Art. 6 der Verordnung und ihr Anhang** zu beachten. Die Bestimmungen knüpfen an den Begriff des öffentlichen Dienstleistungsauftrages im Sinne des Art. 2 lit. i VO 1370/2007 an und gelten somit für jeden öffentlichen Dienstleistungsauftrag im Sinne des Art. 2 lit. i VO 1370/2007 ohne Rücksicht darauf, nach welchen Vorschriften der öffentliche Dienstleistungsauftrag vergeben wird. Auch öffentliche Dienstleistungsaufträge im Sinne des Art. 2 lit. i der Verordnung, die **öffentliche Dienstleistungsaufträge im Sinne des § 99 Abs. 4 GWB** darstellen und infolge dessen gemäß Art. 5 Abs. 1 VO 1370/2007 nach dem allgemeinen Vergaberecht der Richtlinien 2004/17/EG und 2004/18/EG bzw. gemäß §§ 97 ff. GWB vergeben werden, müssen den inhaltlichen Anforderungen der Art. 4 und 6 VO 1370/2007 entsprechen.

1. Klare Definition der gemeinwirtschaftlichen Verpflichtung

40 Gemäß Art. 4 Abs. 1 lit. a VO 1370/2007 sind in einem öffentlichen Dienstleistungsauftrag die vom Betreiber eines öffentlichen Dienstes zu erfüllenden gemeinwirtschaftlichen Verpflichtungen[86] und die geografischen Geltungsbereiche klar zu definieren. Damit knüpft der Verordnungsgeber an das erste der vier Kriterien an, die der EuGH in der Rechtssache *Altmark Trans* im Hinblick auf die beihilfenrechtlichen Rahmenbedingungen für Dienstleistungen von allgemeinem wirtschaftlichen Interesse aufgestellt hatte.[87] Zweck

---

[84] Vgl. dazu auch die Begründung in BR-Drs. 462/11, S. 32. Zur Rechtslage vor der Novellierung des PBefG vgl. die Nachweise zuvor in Fn. 74.

[85] *Monopolkommission* Sondergutachten 60, Bahn 2011: Wettbewerbspolitik unter Zugzwang, Tz. 235; zuvor bereits etwa *Monopolkommission* Sondergutachten 55, Bahn 2009: Wettbewerb erfordert Weichenstellung, Tz. 30.

[86] Zum Begriff oben unter Rn. 21 ff.

[87] EuGH Urt. v. 24.7.2003, Rs. C-280/00, NJW 2003, 2515 Rn. 89 – Altmark Trans. Aus der Kommissionspraxis vgl. etwa Kommission Beschl. v. 24.2.2010 über die öffentlichen Verkehrsdienstleistungsaufträge zwischen dem dänischen Verkehrsministerium und Danske Statsbaner (Staatliche Beihilfe C 41/08), ABl. 2011 L 7/1, Rn. 255 ff., 317, sowie Kommission Beschl. v. 23.2.2011, C 58/2006, Deutschland/Bahnen der Stadt Monheim (BSM), K(2011)632 endg., ABl. 2011 L 210/1, Rn. 143 ff., 236.

der Bestimmung ist hier wie dort, **Transparenz** zu schaffen[88]: Werden als Kompensation für die Erfüllung gemeinwirtschaftlicher Verpflichtungen ausschließliche Rechte und/ oder Ausgleichsleistungen gewährt, soll der Anknüpfungspunkt eindeutig bestimmt sein, um die Angemessenheit dieser Eingriffe in das freie Spiel des Marktes beurteilen zu können.[89]

2. Art und Umfang der gewährten Ausschließlichkeit

Wird von der in der Art. 3 Abs. 1 VO 1370/2007 vorgesehenen Möglichkeit Gebrauch gemacht, dem ausgewählten Betreiber ausschließliche Rechte zu gewähren[90], sind gemäß Art. 4 Abs. 1 lit. b (ii) VO 1370/2007 Art und der Umfang der gewährten Ausschließlichkeit in objektiver und transparenter Weise in dem öffentlichen Dienstleistungsauftrag aufzustellen. Das entspricht dem zweiten der vier *Altmark Trans*-Kriterien[91] und dient ebenso wie die klare Definition der gemeinwirtschaftlichen Verpflichtung der Transparenz von Markteingriffen durch die zuständige Behörde. 41

3. Parameter zur Berechnung der Ausgleichsleistung

Kernstück der beihilfenrechtlichen Regelungen der VO 1370/2007 bilden deren Art. 4 Abs. 1 lit. b (i), lit. c und Abs. 2, Art. 6 der Verordnung sowie der Anhang zur Verordnung. Gemäß Art. 4 Abs. 1 lit. b (i) VO 1370/2007 sind in einem öffentlichen Dienstleistungsauftrag die Parameter, anhand derer die ggf. gewährte Ausgleichsleistung berechnet wird, zuvor in objektiver und transparenter Weise aufzustellen.[92] Dabei ist eine **übermäßige Ausgleichsleistung zu vermeiden**.[93] Die Berechnung hat unter Berücksichtigung von Durchführungsvorschriften für die Aufteilung der Kosten (Art. 4 Abs. 1 lit. c der Verordnung) und unter Berücksichtigung der Durchführungsvorschriften für die Aufteilung der Einnahmen zu erfolgen (Art. 4 Abs. 2 der Verordnung), woraus sich insbesondere die Verpflichtung zur Berücksichtigung der **Einnahmeaufteilungsverträge** ergibt, auf deren Grundlage Verkehrsunternehmen Zahlungen erhalten, die Leistungen im Rahmen von Verkehrsverbünden erbringen. 42

Gemäß Art. 6 VO 1370/2007 müssen Ausgleichsleistungen nach Maßgabe des **Anhangs zur Verordnung** berechnet werden, wenn die Ausgleichsleistungen auf Grundlage eines öffentlichen Dienstleistungsauftrages einem Verkehrsunternehmen gewährt werden sollen, an das der öffentliche Dienstleistungsauftrag nach Art. 5 Abs. 2 und Abs. 4, 5 43

---

[88] Zur Transparenzfunktion der Betrauung auch bereits oben unter Rn. 26.
[89] Vgl. Art. 1 Abs. 1 Unterabs. 1 aE der Verordnung.
[90] Zur Diskussion um die Gewährung ausschließlicher Rechte oben unter Rn. 28 ff.
[91] EuGH Urt. v. 24.7.2003, Rs. C-280/00, NJW 2003, 2515 Rn. 90 – Altmark Trans. Vgl. dazu auch die Ausführungen der Kommission in ihrem Beschluss v. 24.2.2010 über die öffentlichen Verkehrsdienstleistungsaufträge zwischen dem dänischen Verkehrsministerium und Danske Statsbaner (Staatliche Beihilfe C 41/08), ABl. 2011 L 7/1, Rn. 275 ff., 318, sowie Kommission Beschl. v. 23.2. 2011 – C 58/2006 – Deutschland/Bahnen der Stadt Monheim (BSM), K(2011)632 endg., ABl. 2011 L 210/1, Rn. 152 ff., 237.
[92] Zur Kontroverse, ob neben die von Art. 4 Abs. 1 lit. b VO 1370/2007 geforderte ex ante-Festlegung der Ausgleichsparameter eine ex post-Überkompensationskontrolle nach dem Anhang tritt: *Otting/Olgemöller* GewA 2012, 436, 440; *Lübbig* in Kaufmann/Lübbig/Prieß/Pünder, VO (EG) 1370/2007 Kommentar, 2010, Art. 4 Rn. 17 ff. sowie Anhang Rn. 21. Vgl. aber auch die Entscheidung der Kommission v. 23.2.2011 – Staatliche Beihilfe C 58/2006 – Bahnen der Stadt Monheim, K(2011)632 endg., Rn. 189, sowie Kommission Beschl. v. 24.2.2010, Rn. 332, Staatliche Beihilfe C 41/08 – Danske Statsbaner, ABl. 2011 L 7/1. Für die Notwendigkeit einer ex post-Kontrolle unter Hinweis auf Art. 6 Abs. 1 Satz 2 VO (EG) Nr. 1370/2007 *Wachinger/Zimmer* Der Nahverkehr 7–8/2010, 30, 32 f. Im Ergebnis ebenso *Tegner/Wachinger* IR 2010, 264, 264 f.
[93] Zum Begriff der Ausgleichsleistung zuvor unter Rn. 31. Vgl. auch Bremer Straßenbahn AG, Leitfaden zur Anwendung des Anhangs der Verordnung (EG) Nr. 1370/2007 im kommunalen ÖPNV, 2013.

und 6 VO 1370/2007 **direkt vergeben** wurde.[94] Im Umkehrschluss folgt daraus: In Fällen einer **wettbewerblichen Vergabe** nach Art. 5 Abs. 3 der Verordnung findet der **Anhang keine Anwendung**. Dahinter steht die Erwägung, dass Ausgleichsleistungen, deren Höhe im Rahmen eines wettbewerblichen Vergabeverfahrens ermittelt wurde, eine marktkonforme Gegenleistung darstellen und somit nicht zu wettbewerbsverzerrenden Überkompensationen führen.[95] Das entspricht allgemeinen beihilfenrechtlichen Grundsätzen, da auch diesen zufolge die Durchführung eines wettbewerblichen Vergabeverfahrens indiziert, dass kein beihilfenrechtlich relevanter Vorteil gewährt wird.[96] Da Art. 4 und 6 VO 1370/2007 an einen öffentlichen Dienstleistungsauftrag im Sinne des Art. 2 lit. i der Verordnung anknüpfen, gelten diese Grundsätze über die Anwendbarkeit des Anhangs entsprechend für öffentliche Dienstleistungsaufträge im Sinne der Verordnung, die **gemäß §§ 97 ff. GWB vergeben** werden: Nach Durchführung eines wettbewerblichen Verfahrens besteht kein Grund, den Verordnungsanhang anzuwenden. Verzichtet die zuständige Behörde hingegen auf ein wettbewerbliches Verfahren unter Berufung auf einen im allgemeinen Vergaberecht vorgesehenen Ausnahmetatbestand, muss die dem ausgewählten Betreiber gewährte Vergütung den Vorgaben des Anhangs zur VO 1370/2007 genügen.

4. Laufzeitbeschränkungen

44 Erwägungsgrund 15 zur VO 1370/2007 bringt zum Ausdruck, dass Verträge mit einer langen Laufzeit nach Ansicht des Verordnungsgebers den Markt länger als erforderlich verschließen. Lange Vertragslaufzeiten verringerten die Vorteile, die der Wettbewerbsdruck biete. Konsequenterweise sieht die Verordnung Laufzeitbeschränkungen für öffentliche Dienstleistungsaufträge vor. Einzelheiten regelt Art. 4 Abs. 3 VO 1370/2007: Öffentliche Dienstleistungsaufträge dürfen hiernach eine Laufzeit von **höchstens 10 Jahren** für Busverkehrsdienste und von **höchstens 15 Jahren** für Personenverkehrsdienste mit der Eisenbahn oder anderen schienengestützten Verkehrsträgern haben. Die Laufzeit von öffentlichen Dienstleistungsaufträgen, die mehrere Verkehrsträger umfassen, ist auf 15 Jahre beschränkt, wenn der Verkehr mit der Eisenbahn oder anderen schienengestützten Verkehrsträgern mehr als 50 % des Werts der betreffenden Verkehrsdienste ausmacht. Als Wert definiert Art. 2 lit. k VO 1370/2007 den Wert eines Verkehrsdienstes, einer Strecke, eines öffentlichen Dienstleistungsauftrags oder einer Ausgleichsregelung des öffentlichen Personenverkehrs, der den Gesamteinnahmen (ohne Mehrwertsteuer) des Betreibers oder der Betreiber eines öffentlichen Dienstes entspricht, einschließlich der Ausgleichsleistung der Behörden gleich welcher Art und aller Einnahmen aus dem Fahrscheinverkauf, die nicht an die betroffene zuständige Behörde abgeführt werden.

45 **Verlängerungen** der Regellaufzeiten sollen nach dem Erwägungsgrund 15 zur Verordnung zulässig sein, um zu ermöglichen, dass sich Investitionen amortisieren. Diesen

---

[94] Zur Anhangsberechnung näher etwa *Linke* EWS 2011, 456 ff.; *Wittig* Der Nahverkehr 6/2011, 46 ff.; *Bayer/Jäger/Hafenrichter/Zuck* Der Nahverkehr 5/2011, 26 ff.; *Tegner/Wachinger* IR 2010, 264 ff.; *Wachinger/Zimmer* Der Nahverkehr 7–8/2010, 30 ff.; *Lübbig* in Kaufmann/Lübbig/Prieß/Pünder, VO (EG) 1370/2007, 2010, Anhang; *Berschin* in Barth/Baumeister/Berschin/Werner, Handbuch ÖPNV, Std. 2009, A 2 Rn. 187 ff. Der Busverband Deutscher Omnibusunternehmer (bdo) hat ein mit der EU-Kommission abgestimmtes Programm zur Durchführung der sog. Trennungsrechnung nach Ziff. 5 des Anhangs zur Verordnung entwickelt, vgl. Pressemeldung des bdo v. 22.12.2011.

[95] Vgl. nur *Lübbig* in Kaufmann/Lübbig/Prieß/Pünder, VO (EG) 1370/2007, 2010, Anhang Rn. 1; *Berschin* in Barth/Baumeister/Berschin/Werner, Handbuch ÖPNV, Std. 2009, A 2 Rn. 186; *Fehling/Niehnus* DÖV 2008, 662, 665.

[96] Vgl. nur *Bär-Bouyssière* in Schwarze, EU-Kommentar, 3. Aufl. 2012, Art. 107 AEUV Rn. 31. Etwas restriktiver Ziff. 63 ff. der Mitteilung der Kommission über die Anwendung der Beihilfevorschriften der Europäischen Union auf Ausgleichsleistungen für die Erbringung von Dienstleistungen von allgemeinem wirtschaftlichem Interesse, ABl. 2012 C 8/4. Für eine Prüfung im Einzelfall auch *Kekelekis* EStAL 2012, 73, 74.

Gedanken setzt Art. 4 Abs. 4 Satz 1 VO 1370/2007 um: Falls erforderlich, kann die Laufzeit des öffentlichen Dienstleistungsauftrags **unter Berücksichtigung der Amortisierungsdauer** der Wirtschaftsgüter **um höchstens 50 % verlängert** werden. Das gilt aber nur, wenn der Betreiber eines öffentlichen Dienstes einen wesentlichen Anteil der für die Erbringung der Personenverkehrsdienste, die Gegenstand des öffentlichen Dienstleistungsauftrags sind, insgesamt erforderlichen Wirtschaftsgüter bereitstellt und diese vorwiegend an die Personenverkehrsdienste gebunden sind, die von dem Auftrag erfasst werden. Öffentliche Dienstleistungsaufträge im Bereich der **Eisenbahnverkehre** können danach für eine Laufzeit von **bis zu 22,5 Jahren** abgeschlossen und diese Laufzeit mit den besonderen Herausforderungen der Fahrzeugfinanzierung gerechtfertigt werden.[97] Voraussetzung ist, dass das Verkehrsunternehmen die erforderlichen Fahrzeuge jedenfalls im Wesentlichen beschafft. Stellt der Aufgabenträger Fahrzeuge bei oder unterstützt er die Beschaffung der Fahrzeuge in anderer Weise (z. B. durch Wiederzulassungs-, Wiedereinsatz- oder Restwertgarantien)[98] sind die Voraussetzungen für eine Verlängerung der Laufzeit im Einzelfall genau zu prüfen.

Eine **noch längere Laufzeit** ermöglicht Art. 4 Abs. 4 Satz 3 VO 1370/2007 unter zwei Voraussetzungen: Zum Ersten muss die konkrete Laufzeit durch die Abschreibung von Kapital in Verbindung mit außergewöhnlichen Investitionen in Infrastruktur, Rollmaterial oder Fahrzeuge gerechtfertigt sein. Zum Zweiten muss der öffentliche Dienstleistungsauftrag in einem fairen wettbewerblichen Vergabeverfahren vergeben worden sein. Macht die zuständige Behörde hiervon Gebrauch, muss sie gemäß Art. 4 Abs. 4 Satz 4 der Verordnung „zur Gewährleistung der Transparenz" der **Kommission** innerhalb von einem Jahr nach Abschluss des Vertrags den öffentlichen Dienstleistungsauftrag und die Elemente, die seine längere Laufzeit rechtfertigen, übermitteln. Die Regelung wurde auf Initiative des Rates aufgenommen. Der Rat wollte eine Regelung schaffen, die ausdrücklich nur in „Ausnahmefällen" Anwendung finden soll.[99] Art. 4 Abs. 4 Satz 3 VO 1370/2007 ist daher bereits vor dem Hintergrund des in den Materialien eindeutig zum Ausdruck kommenden Willens des Verordnungsgebers restriktiv auszulegen. Die normsystematische Auslegung stützt dieses Verständnis: Zum Einen ist Art. 4 Abs. 4 der Verordnung als Ausnahme zu der Grundsatznorm des Art. 4 Abs. 3 der Verordnung konzipiert und somit eng auszulegen. Zum Anderen rechtfertigen die Gründe, die eine Laufzeitverlängerung nach Art. 4 Abs. 4 Satz 3 VO 1370/2007 erlauben, im Wesentlichen bereits die Laufzeitverlängerung nach Art. 4 Abs. 4 Satz 1 VO 1370/2007. Dann können dem Anwendungsbereich des Art. 4 Abs. 4 Satz 3 VO 1370/2007 nur Konstellationen unterfallen, die im Vergleich zu den „Normalfällen" des Art. 4 Abs. 4 Satz 1 VO 1370/2007 „außergewöhnlich" hohe Investitionen erfordern. Allein die absolute Höhe der Investitionen rechtfertigt die Anwendung des Art. 4 Abs. 4 Satz 3 der Verordnung folglich nicht; entscheidend ist eine vergleichende Bewertung mit sachgerecht auszuwählenden Vergleichsfällen. Die Darlegungs- und Beweislast für das Vorliegen von Gründen nach Art. 4 Abs. 4 Satz 3 VO 1370/2007 trägt die zuständige Behörde, die sich auf das Vorliegen solcher Gründe für die Rechtfertigung der gewählten Laufzeit des öffentlichen Dienstleistungsauftrages berufen will.

Ebenfalls um bis zu 50 % können die in Art. 4 Abs. 3 VO 1370/2007 festgelegten Laufzeiten gemäß Art. 4 Abs. 4 Satz 2 der Verordnung in **Gebieten in äußerster Rand-**

---

[97] Zu dem Zusammenhang zwischen Laufzeiten und Fahrzeugfinanzierungsmodellen etwa *Engelshoven/Hoopmann* IR 2011, 279, 282 f.
[98] Zu verschiedenen Modellen der öffentlichen (Co-) Finanzierung von Schienenfahrzeugen etwa *Engelshoven/Hoopmann* IR 2011, 279 ff., oder *Hoopmann/Daubersthäuser/Wogatzki* Der Nahverkehr 7–8/2010, 14 ff. Zur Beistellung etwa OLG Celle Beschl. v. 2.9.2004, 13 Verg 11/04, NZBau 2005, 52 f.
[99] Ziff. 2.3. der Begründung zum Gemeinsamen Standpunkt (EG) Nr. 2/2007 vom 11.12.2006, ABl. 207 C 70E/1.

lage verlängert werden, falls dies durch Kosten, die aus der besonderen geografischen Lage entstehen, gerechtfertigt ist. Die Regelung spielt für Deutschland indes keine Rolle, da weder Deutschland als solches noch einzelne Gebiete Deutschlands zu den Gebieten zählen, auf die Erwägungsgrund 15 in Verbindung mit Art. 299 EG-Vertrag a.F. bzw. Art. 52 EUV sowie Art. 349 und Art. 355 AEUV verweist (das sind z.B. die französischen Übersee-Départements)[100].

48 Die Laufzeitbeschränkung nach Art. 4 Abs. 4 VO 1370/2007 stellt ein Spezifikum öffentlicher Dienstleistungsaufträge im Sinne der Verordnung dar. Das allgemeine Vergaberecht der Richtlinien 2004/17/EG und 2004/18/EG bzw. der §§ 97ff. GWB kennt keine Laufzeitbeschränkungen.[101] Eine Laufzeitbeschränkung ist auch in den Vorschlägen der Kommission aus Dezember 2011 zur Novellierung der Richtlinien 2004/17/EG und 2004/18/EG nicht vorgesehen.[102] Stellt sich ein **öffentlicher Dienstleistungsauftrag im Sinne des § 99 Abs. 4 GWB** als öffentlicher Dienstleistungsauftrag im Sinne des Art. 2 lit. i VO 1370/2007 dar, ist er gleichwohl gemäß Art. 4 Abs. 4 VO 1370/2007 zu befristen. Denn Art. 4 Abs. 4 der Verordnung knüpft allein an die Definition des Art. 2 lit. i VO 1370/2007 an und nicht an die Frage, nach welchen Vorschriften dieser öffentliche Dienstleistungsauftrag vergeben wurde. Die Verkehrsunternehmen können von den zuständigen Behörden verlangen, die Laufzeitbeschränkungen nach Art. 4 der Verordnung zu beachten.[103] Für öffentliche Dienstleistungsaufträge, die vor dem Inkrafttreten der VO 1370/2007 am 3.12.2009 begründet wurde, sind die Übergangsbestimmungen in Art. 8 Abs. 3 der Verordnung zu beachten.[104] Die Laufzeiten von öffentlichem Dienstleistungsauftrag und personenbeförderungsrechtlicher Genehmigung harmonisiert § 16 Abs. 1 und Abs. 2 PBefG 2013.

5. Schutz der Arbeitnehmer

49 Art. 4 Abs. 5 VO 1370/2007 erlaubt, den Betreiber zugunsten der Arbeitnehmer zu verpflichten, bestimmte Sozialstandards einzuhalten. Inwieweit diese Vorschrift als arbeitsrechtliche Regelung auch auf Verträge Anwendung finden kann, die gemäß Art. 5 Abs. 1 VO 1370/2007 nach Maßgabe der §§ 97 ff. GWB auszuschreiben sind, ist umstritten.[105] Da Art. 4 VO 1370/2007 ausweislich seiner Überschrift den obligatorischen Inhalt (aller) öffentlicher Dienstleistungsaufträge im Sinne der Verordnung regelt und auch Art. 5 Abs. 1 Satz 2 VO 1370/2007 nur auf das in den Richtlinien vorgesehene „Verfahren" zur Vergabe dieser Aufträge verweist, sprechen die besseren Gründe für die Anwendbarkeit des Art. 4 Abs. 5 VO 1370/2007 auch dort, wo öffentliche Dienstleistungsaufträge im Sinne des Art. 2 lit. i VO 1370/2007 nach §§ 97 ff. GWB vergeben werden.[106] Die Anwendbarkeit insoweit zu verneinen hieße, den Anwendungsbereich des Art. 4 Abs. 5 VO

---

[100] Zur Überleitung des Art. 299 EG-Vertrag auf den EUV und AEUV vgl. etwa *Becker* in Schwarze, EU-Kommentar, 2. Aufl. 2009, Art. 299 EGV Rn. 11.

[101] EuGH Urt. v. 19.6.2008, Rs. C-454/06, NZBau 2008, 518 Rn. 73 f. – pressetext.

[102] Kommission, Vorschlag für eine Richtlinie des Europäischen Parlaments und des Rates über die öffentliche Auftragsvergabe (als Ersatz für die Richtlinie 2004/18/EG), KOM(2011) 896/2 v. 20.12.2011. Anders hingegen Art. 16 des Vorschlags der Kommission für eine Richtlinie des Europäischen Parlaments und des Rates über die Konzessionsvergabe, KOM(2011) 897 endg. v. 20.12.2011, wo die Laufzeit der Konzession an die Amortisationsdauer gekoppelt wird.

[103] Vgl. OLG Düsseldorf Beschl. v. 11.4.2012, Verg 95/11, zur vergleichbaren Frage eines Verstoßes gegen die Laufzeitbeschränkungen von Rahmenvereinbarungen.

[104] Vgl. dazu unten § 54 Rn. 14.

[105] Die Anwendbarkeit verneinend etwa *Rechten/Röpke* LKV 2011, 337, 342.

[106] Im Ergebnis wie hier etwa *Sondermann/Schaller* in Pünder/Prieß, Brennpunkte des öffentlichen Personennahverkehrs vor dem Hintergrund der neuen EG-Personenverkehrsdiensteverordnung Nr. 1370/2007, 2010, S. 95, 100f.; *Bayreuther* NZA 2009, 582, 582; *Siederer/Denzin* Der Nahverkehr 3/2009, 50, 51. Eine analoge Anwendung auf Dienstleistungsaufträge im Sinne des § 99 Abs. 4 GWB erwägend: *Fehling* in Fehling/Ruffert, Regulierungsrecht, 2010, § 10 Rn. 61.

1370/2007 jedenfalls im Bereich der Bus- und Straßenbahnverkehre auf Dienstleistungskonzessionen zu beschränken. Bei der Vergabe von Dienstleistungsaufträgen i.S.d. § 99 Abs. 4 GWB wären Sozialstandards dann auf Grundlage des Art. 26 der Richtlinie 2004/18/EG bzw. auf Grundlage des § 97 Abs. 4 Satz 2 GWB festzulegen. Aber auch zu den hiernach zulässigen Sozialstandards zählen unter anderem Tariftreueerklärungen.[107]

a) Fiktiver Betriebsübergang

Gemäß Art. 4 Abs. 5 Satz 1 VO 1370/2007 kann die zuständige Behörde den Betreiber unbeschadet des nationalen Rechts und des Gemeinschaftsrechts, einschließlich etwaiger Tarifverträge, verpflichten, den Arbeitnehmern, die zuvor zur Erbringung der Dienste eingestellt wurden, die Rechte zu gewähren, auf die sie Anspruch hätten, wenn ein Übergang im Sinne der **Richtlinie 2001/23/EG** vom 12.3.2001 zur Angleichung der Rechtsvorschriften der Mitgliedstaaten über die Wahrung von Ansprüchen der Arbeitnehmer beim Übergang von Unternehmen, Betrieben oder Unternehmens- oder Betriebsteilen[108] erfolgt wäre. Nach dieser Richtlinie gehen insbesondere die Rechte und Pflichten des Veräußerers eines Unternehmens aus einem zum Zeitpunkt der Veräußerung bestehenden Arbeitsvertrag auf den Erwerber über (Art. 3 der Richtlinie). Gemäß Art. 4 der Richtlinie schafft der Betriebsübergang keinen Grund zur Kündigung. Die Richtlinie ist in Deutschland durch **§ 613a BGB** umgesetzt.

Art. 4 Abs. 5 Satz 1 VO 1370/2007 stellt eingangs klar, dass die geltenden Vorschriften über den Betriebsübergang unangetastet bleiben. Liegen die Voraussetzungen für die Anwendbarkeit der Richtlinie 2001/23/EG bzw. des § 613a BGB vor, ist der Betreiber daher verpflichtet, die damit verbundenen Rechte der Arbeitnehmer zu achten. Anwendbar sind diese Vorschriften über den Betriebsübergang indes nur, wenn eine auf Dauer angelegte wirtschaftliche Einheit übergeht, d.h. eine organisierte Gesamtheit von Personen und Sachen zur Ausübung einer wirtschaftlichen Tätigkeit mit eigener Zielsetzung. Daran kann es nach der Rechtsprechung des EuGH fehlen, **wenn keine materiellen Güter wie Busse oder Bahnen**, die für den Betrieb der zu übertragenden Verkehre eingesetzt wurden, vom alten auf den neuen Auftragnehmer **übergehen**.[109] In diesen Fällen räumt die VO 1370/2007 der zuständigen Behörde **Ermessen** ein, ob sie das übernehmende Verkehrsunternehmen verpflichtet, den Arbeitnehmern des alten Betreibers die Rechte zu gewähren, die ihnen zustünden, wenn die Voraussetzungen der Richtlinie 2001/23/EG bzw. des § 613a BGB vorlägen. Eine Verpflichtung der zuständigen Behörde, den neuen Betreiber zu verpflichten, besteht nach dem eindeutigen Wortlaut des Art. 4 Abs. 5 Satz 1 VO 1370/2007 („kann") nicht. Gleiches folgt aus dem Wortlaut des Erwägungsgrunds 16 zur VO 1370/2007 („... sollten ... verpflichten können, ...") sowie der Entstehungsgeschichte der Vorschrift, da auf eine zwingende Ausgestaltung der Rechte der Arbeitnehmer bei einem Betreiberwechsel bewusst verzichtet wurde[110]. Eine **Verpflichtung**, von Art. 4 Abs. 5 VO 1370/2007 Gebrauch zu machen, kann sich allerdings aus dem jeweiligen Landesrecht ergeben. Denn nach § 8 Abs. 3 Satz 9 PBefG 2013 können die Länder Einzelheiten über die Aufstellung und den Inhalt der **Nahverkehrspläne** regeln. Die Regelung ist vor dem Hintergrund eines Vorschlags zu sehen, der sich im Laufe des Gesetzgebungsverfahrens nicht durchsetzen konnte. Er sah vor, bereits unmittelbar in das PBefG eine Regelung aufzunehmen, nach der der Nahverkehrsplan der zuständigen Be-

---

[107] Vgl. OLG Düsseldorf Beschl. v. 5.5.2008, Verg 5/08, NZBau 2009, 269, 271, sowie Antwort der Bundesregierung v. 24.6.2008 auf eine Kleine Anfrage, BT-Drs. 16/9721, S. 9, dort Antwort auf Frage 26. Wie hier: *Rechten/Röpke* LKV 2011, 337, 339.
[108] ABl. 2001 L 82/16.
[109] EuGH Urt. v. 25.1.2001, Rs. C-172/99, NZBau 2001, 221 Rn. 31 ff. insb. Rn. 39 – Liikenne. Zum Betriebsübergang im Zusammenhang mit Wiedereinsatzgarantien für Fahrzeuge oder Fahrzeugpools vgl. *Hoopmann/Daubertshäuser/Wogatzki* Der Nahverkehr 7–8/2010, 14, 18.
[110] ABl. 2007 C 70E/1, Ziff. 2.4 der Begründung des Rates.

hörde vorgeben kann, von der Option nach Art. 4 Abs. 5 VO 1370/2007 Gebrauch zu machen.[111] Das wies die Bundesregierung mit der Begründung zurück, dass im gewerberechtlich geprägten Personenbeförderungsgesetz die Aufstellung und die Inhalte der Nahverkehrspläne nicht näher geregelt sein sollten, sondern dies weiterhin den Ländern überlassen sein soll.[112] Wenngleich die Begründung zum Änderungsentwurf zur Frage des Arbeitnehmerschutzes durch Anordnung eines Betriebsübergangs also nicht explizit Stellung nimmt, wird § 8 Abs. 3 Satz 9 PBefG doch als Kompromissformel zu verstehen sein, die den Landesgesetzgebern und den zuständigen Behörden die Entscheidung über den Umgang mit der Option des Art. 4 Abs. 5 VO 1370/2007 zuweist.

52 Entscheidet sich die Behörde für eine Verpflichtung des neuen Betreibers, kommt es zu einem **fiktiven Betriebsübergang.** Davon profitieren können nur Arbeitnehmer, die „zuvor" zur Erbringung der Dienste eingestellt wurden. Art. 4 Abs. 5 Satz 1 VO 1370/2007 schafft einen **Bestandsschutz** zugunsten der Arbeitnehmer, die vor dem Übergang des Betriebes eingestellt wurden. Neu einzustellende Arbeitnehmer werden nicht geschützt, sie können unter Berufung auf Art. 4 Abs. 5 VO 1370/2007 keinen Anspruch auf Gleichbehandlung mit den Altarbeitnehmern geltend machen. Die zuständige Behörde muss im Rahmen ihrer Ermessensentscheidung den Grundsatz der **Verhältnismäßigkeit** wahren. In ihrem Vorschlag für eine Verordnung über Bodenabfertigungsdienste auf Flughäfen hat die Kommission dies im Zusammenhang mit einer dem Art. 4 Abs. 5 VO 1370/2007 ganz ähnlichen Vorschrift klargestellt. Die Verpflichtung, Rechte wie bei einem Betriebsübergang zu gewähren, ist demnach so zu beschränken, „dass die Verhältnismäßigkeit in Bezug auf das tatsächlich auf den (die) anderen Dienstleister übertragene Geschäftsvolumen gewahrt bleibt".[113] Das kann im Einzelfall Einfluss sowohl auf die Auswahl der betroffenen Arbeitnehmer also auch auf den Umfang der ihnen gewährten Rechte haben.

53 Das Recht der zuständigen Behörde, einen fiktiven Betriebsübergang herbeizuführen, besteht gemäß Art. 4 Abs. 5 Satz 1 VO 1370/2007 „unbeschadet des nationalen Rechts und des Gemeinschaftsrechts". **Weder das deutsche noch das Gemeinschaftsrecht stehen** einer Verpflichtung des Betreibers grundsätzlich **entgegen.** Für die Vereinbarkeit mit dem Gemeinschafts-/ Unionsrecht spricht nicht zuletzt die Vermutung, das europäisches Sekundärrecht mit dem europäischen Primärrecht des EUV und AEUV vereinbar ist[114], zumal namentlich Art. 8 der Richtlinie 2011/23/EG die Mitgliedstaaten berechtigt, den Arbeitnehmern mehr Rechte zu gewähren als ihnen nach der Richtlinie mindestens zu gewähren sind. Auch ist im Hinblick auf das deutsche Recht anerkannt, dass § 613a BGB keine abschließende Regelung bildet und weiterreichenden Rechten wie solchen nach Art. 4 Abs. 5 VO 1370/2007 nicht entgegensteht.[115]

54 Entscheidet sich die zuständige Behörde für den fiktiven Betriebsübergang, ist sie aus Gründen des fairen Wettbewerbs und des Verhältnismäßigkeitsprinzips verpflichtet, den in Art. 4 Abs. 5 Satz 2 VO 1370/2007 aufgeführten Informationspflichten nachzukommen.[116] Daher müssen in den **Unterlagen des wettbewerblichen Verfahrens** und in

---

[111] Vgl. § 8 Abs. 3 Satz 6 PBefG-E der Fraktionen von SPD und Bündnis 90/Die Grünen, BT-Drs. 17/7046, sowie des Bundesratsentwurfs, BR-Drs. 462/11 (Beschluss).
[112] Gegenäußerung der Bundesregierung, BT-Drs. 17/8233, Anlage 4.
[113] Vgl. Art. 12 des Vorschlags der Kommission für eine Verordnung über Bodenabfertigungsdienste auf Flughäfen der Union und zur Aufhebung der Richtlinie 96/67/EG, KOM(211) 824 endgültig v. 1.12.2011.
[114] Vgl. *Ruffert* in Calliess/Ruffert, EUV/AEUV, 4. Aufl. 2011, Art. 288 AEUV Rn. 14 m.w.N.
[115] *Bayreuther* NZA 2009, 582, 583.
[116] Im Ergebnis wie hier *Kaufmann* in Kaufmann/Lübbig/Prieß/Pünder, VO (EG) 1370/2007, 2010, Art. 4 Rn. 57. Formulierungsbeispiele und Muster für Vergabeunterlagen finden sich im Handlungsleitfaden für die Anwendung des Art. 4 Abs. 5 VO (EG) Nr. 1370/2007 bei Ausschreibungen über öffentliche Personenverkehrsdienste auf Schiene und Straße, den das rheinland-pfälzische Landesamt für Soziales, Jugend und Versorgung im Juni 2012 veröffentlich hat (abrufbar unter

den öffentlichen Dienstleistungsaufträgen die betreffenden Arbeitnehmer aufgeführt und transparente Angaben zu deren vertraglichen Rechten und zu den Bedingungen gemacht werden, unter denen sie als in einem Verhältnis zu den betreffenden Diensten stehend gelten. Diese **Angaben zu den betroffenen Arbeitsverhältnissen** muss die zuständige Behörde folglich **zwingend** machen, wenn sie eine Verpflichtung zum Betriebsübergang begründen will. Verfügt sie nicht über die erforderlichen Informationen, kann die zuständige Behörde sich nicht für den Betriebsübergang entscheiden. Eine Behörde, die einen fiktiven Betriebsübergang herbeiführen will, unterliegt somit strengeren Anforderungen als eine ausschreibende Stelle, die lediglich auf das Risiko eines von Gesetzes wegen eintretenden Betriebsübergangs hinweisen muss, ohne insoweit nähere Angaben zu den betroffenen Arbeitnehmern und deren Arbeitsverhältnissen machen zu müssen.[117] Im Rahmen von **Direktvergaben** bedarf es transparenter Angaben nicht, da eine Gleichbehandlung konkurrierender Bieter nicht sichergestellt werden muss. Die Einzelheiten des Schutzes der eingestellten Arbeitnehmer legt die Behörde hier nicht einseitig fest, sondern handelt diese mit dem künftigen Betreiber aus.

Nicht geklärt ist die Frage, ob die zuständige Behörde die Verpflichtung des neuen Betreibers **durch Verwaltungsakt** begründen kann[118] oder ob sie darauf beschränkt ist, den neuen Betreiber **vertraglich im Rahmen des öffentlichen Dienstleistungsauftrages** zu verpflichten, den Arbeitnehmern Rechte wie bei einem Betriebsübergang zu gewähren[119]. Ungeachtet dessen wird den **Arbeitnehmern ein Widerspruchsrecht** zuzubilligen sein.[120] Dafür spricht die vom Verordnungsgeber beabsichtigte entsprechende Anwendbarkeit der Regelungen über den Betriebsübergang ebenso wie der Vorschlag der Kommission für eine Verordnung über Bodenabfertigungsdienste auf Flughäfen, nach dem die Mitgliedstaaten verpflichtet sind, die entsprechende Verpflichtung auf die Arbeitnehmer zu beschränken, die „die Übernahme durch den (die) neuen Dienstleister aus freiem Willen akzeptieren"[121].

b) Weitergehende Sozialstandards

Gemäß Art. 4 Abs. 5 Satz 2 VO 1370/2007 kann die zuständige Behörde den Betreiber verpflichten, **weitergehende Sozialstandards im Interesse der Arbeitnehmer** einzuhalten.[122] Dieses Recht ist – anders als der fiktive Betriebsübergang nach Art. 4 Abs. 5 Satz 1 VO 1370/2007 – nicht auf die im Zeitpunkt des Übergangs bereits eingestellten Arbeitnehmer beschränkt, sondern erfasst **neu einzustellende Arbeitnehmer.** Das gilt aber nur, soweit diese Arbeitnehmer mit der Ausführung des fraglichen öffentlichen Dienstleistungsauftrages befasst sind. Das Erfordernis eines solchen **Auftragsbezugs** ist nicht nur aus Art. 4 Abs. 5 Satz 2 VO 1370/2007 und Erwägungsgrund 16 zur Verordnung abzuleiten; für das Erfordernis eines Auftragsbezuges spricht darüber hinaus der Vergleich mit Art. 26 der Richtlinie 2004/18/EG sowie § 97 Abs. 4 Satz 2 GWB.

---

www.lsjv.rlp.de). Zu datenschutzrechtlichen Implikationen vgl. *Dönneweg* in Saxinger/Winnes, Recht des öffentlichen Personenverkehrs, Std. 2012, Art. 4 Abs. 5 VO 1370 Rn. 48 ff.

[117] Vgl. zu dieser Konstellation OLG Brandenburg Beschl. v. 28. 9. 2010, Verg W 7/10.
[118] Befürwortend *Bayreuther* NZA 2009, 582, 583; kritisch *Rechten/Röpke* LKV 2011, 337, 342.
[119] *Bayreuther* NZA 2009, 582, 583; *Rechten/Röpke* LKV 2011, 337, 342.
[120] Im Ergebnis wie hier *Zuck* in Ziekow/Völlink, Vergaberecht, 2. Aufl. 2013, Art. 4 VO 1370 Rn. 32.
[121] Vgl. Art. 12 des Vorschlags der Kommission für eine Verordnung über Bodenabfertigungsdienste auf Flughäfen der Union und zur Aufhebung der Richtlinie 96/67/EG, KOM(211) 824 endgültig v. 1. 12. 2011.
[122] Vgl. *Kaufmann* in Kaufmann/Lübbig/Prieß/Pünder, VO (EG) 1370/2007, 2010, Art. 4 Rn. 56.

57 Zu den weitergehenden Sozialstandards zählen **Tariftreueerklärungen**.[123] Durch diese verpflichtet sich der Betreiber, die Arbeitsverhältnisse nach Maßgabe eines bestimmten Tarifvertrages zu gestalten. Im Verkehrssektor werden Tariftreueerklärungen für zulässig erachtet.[124] Die insoweit restriktive Rechtsprechung des EuGH ist im Hinblick auf die Entsenderichtlinie und die dieser zugrunde liegenden Dienstleistungsfreiheit (Art. 56 AEUV) ergangen.[125] Die Dienstleistungsfreiheit findet gemäß Art. 90ff. AEUV im Verkehrssektor jedoch unmittelbar keine Anwendung, gleiches gilt für die Entsenderichtlinie. Im Verkehrssektor wird die Dienstleistungsfreiheit zudem regelmäßig durch die in Art. 49 AEUV garantierte Niederlassungsfreiheit verdrängt (Art. 57 AEUV), da es sowohl für den Betrieb von Bussen als auch für den Betrieb von Straßenbahnen oder Zügen einer Niederlassung bedarf. Auch das deutsche Recht steht Tariftreueerklärungen nicht entgegen. Das Bundesverfassungsgericht hat ihre Vereinbarkeit mit dem Grundgesetz bejaht.[126] Einige **Landesgesetzgeber** verpflichten die Aufgabenträger sogar dazu, Verkehrsunternehmen Tariftreueerklärungen abzuverlangen.[127] Wo solche ausdrücklichen Verpflichtungen der Aufgabenträger fehlen, steht es ihnen frei, sich für Tariftreueerklärungen zu entscheiden.

6. Verpflichtung zur Einhaltung bestimmter Qualitätsstandards

58 Art. 4 Abs. 6 VO 1370/2007 stellt es in das Ermessen der zuständigen Behörde, den Betreiber zu verpflichten, bestimmte Qualitätsstandards einzuhalten. Die zu beachtenden Qualitätsstandards müssen in die **Unterlagen des wettbewerblichen Vergabeverfahrens** und in die öffentlichen Dienstleistungsaufträge aufgenommen werden. Die Pflicht zur Aufnahme in die Unterlagen des wettbewerblichen Vergabeverfahrens entfällt bei **Direktvergaben**: Hier bedarf es transparenter Angaben nicht, da eine Gleichbehandlung konkurrierender Bieter nicht sichergestellt werden muss. Die Einzelheiten können die zuständige Behörde und der Betreiber miteinander aushandeln.[128]

59 Den Begriff des **Qualitätsstandards** definiert der Verordnungsgeber nicht näher. Eine beispielhafte Aufzählung findet sich in Erwägungsgrund 17 zur Verordnung. Von zunächst vorgesehenen Katalogtatbeständen hat der Verordnungsgeber Abstand genommen und statt dessen auf technische Standards wie die DIN EN 13816:2002 oder die DIN EN 15140:2006 über Qualitätskriterien im öffentlichen Personenverkehr verwiesen.[129] Die zuständige Behörde soll danach etwa berechtigt sein, eine Zertifizierung nach diesen Vor-

---

[123] Dass Art. 4 Abs. 5 VO 1370/2007 die Verpflichtung zur Anwendung bestimmter Tarifverträge abdeckt, bestätigt ohne nähere Begründung auch die Kommission, Beschl. v. 23.2.2011, C 58/2006, Deutschland/Bahnen der Stadt Monheim (BSM), K(2011)632 endg., ABl. 2011 L 210/1, Rn. 240. Zum Verlangen nach Tariftreueerklärungen im Rahmen der §§ 97 ff. GWB vgl. die Nachweise oben in Fn. 107.
[124] Vgl. *Kaufmann* in Kaufmann/Lübbig/Prieß/Pünder, VO (EG) 1370/2007, 2010, Art. 4 Rn. 56; *Bayreuther* EuZW 2009, 102, 106; *Siederer/Denzin* Der Nahverkehr 3/2009, 50 ff. Anderer Ansicht etwa *Stockmann/Röbke* Der Nahverkehr 7–8/2009, 48 ff. Zu den jüngeren Entwicklungen in den Landesvergabegesetzen vgl. etwa *Otting/Olgemöller* VBlBW 2013, 291, 294, und speziell zur Rechtslage in NRW *Werres/Schaefer* Der Nahverkehr 3/2013, 52 ff.
[125] EuGH Urt. v. 03.04.2008, Rs. C-346/06, NZBau 2008, 332 ff. – Rüffert.
[126] BVerfG Beschl. v. 11.7.2006, 1 BvL 4/00, NJW 2007, 51 ff. Ebenso etwa BayVerfGH, Entscheidung v. 20.6.2008, Vf. 14-VII/00, EuZW 2008, 675 ff.
[127] Bspw. § 10 Abs. 1 Tariftreue- und Vergabegesetz Bremen oder § 1 Abs. 3 Berliner Ausschreibungs- und Vergabegesetz oder § 4 Abs. 2 des Tariftreue- und Vergabegesetzes Nordrhein-Westfalen. Einen Überblick zu den sozialen Kriterien, die nach Maßgabe der einschlägigen Landesgesetze und hiernach insbesondere auch im Verkehrssektor zu beachten sind bietet etwa *Meißner* VergabeR 2012, 301, 303 ff.
[128] *Prieß* in Kaufmann/Lübbig/Prieß/Pünder, VO (EG) 1370/2007, 2010, Art. 4 Rn. 61.
[129] Europäisches Parlament, Empfehlung für die 2. Lesung v. 04.04.2007, Änderungsantrag 3.

schriften zu verlangen.[130] Qualitätskriterien im Sinne der DIN EN 13816:2002 sind Verfügbarkeit, Zugänglichkeit, Information, Zeit, Kundenbetreuung, Komfort, Sicherheit und Umwelteinflüsse. Folglich soll die zuständige Behörde Vorgaben zur Bedienungs- oder Beförderungsqualität oder Vorgaben im Hinblick auf Serviceelemente machen können. Die zuständige Behörde kann entsprechend den lokalen Besonderheiten bestimmte Qualitätsstandards festlegen, z. B. bestimmte Anforderungen an die Eigenschaften der Fahrzeuge, die Qualifikation des Personals, die Sauberkeit der Fahrzeuge, die Sicherheit, die Betriebszeiten, den Umfang von Betriebsstörungen, den Einsatz von Reserve- und Ersatzfahrzeugen, das Störungs- und Beschwerdemanagement oder Fahrgastinformationen.[131] Die Absicherung der Erfüllung von Qualitätsstandards mittels **Bonus-Malus-Systemen** ist am Maßstab der Regelungen über Anreizsysteme nach Ziff. 7 des Anhangs zur Verordnung zu beurteilen.

Letztlich ist Art. 4 Abs. 6 VO 1370/2007 deklaratorisch. Der Tatbestand der Vorschrift 60 bringt zum Ausdruck, was üblicherweise als **Beschaffungsfreiheit** oder Nachfrageautonomie des Auftraggebers bezeichnet wird: Der Auftraggeber entscheidet, was er haben will und wie er es haben will.[132] Auch die in Art. 4 Abs. 6 VO 1370/2007 normierte Verpflichtung, die definierten Qualitätsstandards transparent offen zu legen, ergibt sich aus den allgemeinen vergaberechtlichen Prinzipien. Nichts desto trotz sind spezifische Beschränkungen der Beschaffungsfreiheit zu beachten. Solche ergeben sich insbesondere aus der Richtlinie 2009/33/EG über die Förderung **sauberer und energieeffizienter Straßenfahrzeuge**. Zu den Straßenfahrzeugen zählen insbesondere Busse[133], aber **keine Schienenfahrzeuge**. In Deutschland erfolgte die Umsetzung der Richtlinie durch die Dritte Verordnung zur Änderung der Vergabeverordnung sowie der Sektorenverordnung vom 9.5.2011.[134] Seitdem finden sich entsprechende Regelungen in § 4 VgV und §§ 7, 29 SektVO.[135] Gemäß Art. 3 lit. b der Richtlinie 2009/33/EG[136] gilt die Richtlinie für den Kauf von Straßenfahrzeugen auch **für Betreiber**, die öffentliche Personenverkehrsdienste im Rahmen eines öffentlichen Personendienstleistungsauftrags im Sinne der VO 1370/2007 erbringen oberhalb eines Schwellenwertes, der von den Mitgliedsstaaten so festzulegen ist, dass die in den Richtlinien 2004/17/EG und 2004/18/EG festgelegten Schwellenwerte nicht überschritten werden.[137] Die Begründung des Bundeswirtschaftsministeriums zur Änderungsverordnung führt aus, dass die Vorschriften der Vergabeverordnung für Auftraggeber im Sinne der §§ 98 Nr. 1 bis 3 GWB und die Vorschriften in der Sektorenverordnung für Auftraggeber im Sinne des § 98 Nr. 4 GWB Geltung beanspruchten.[138] Unter Hinweis auf die in Art. 3 lit. b der Richtlinie 2009/33/EG erwähnten Betreiber im Sinne der VO 1370/2007 heißt es, dass sie Auftraggeber im Sinne des § 98 Nr. 4 GWB seien.[139] Denn die Voraussetzungen nach § 98 Nr. 4 GWB seien auch erfüllt,

---

[130] *Hölzl* in Montag/Säcker, Münchener Kommentar Kartellrecht, Bd. 3 Beihilfen- und Vergaberecht, 2011, Art. 4 VO 1370/2007 Rn. 35.
[131] *Prieß* in Kaufmann/Lübbig/Prieß/Pünder, VO (EG) 1370/2007, 2010, Art. 4 Rn. 72.
[132] Vgl. OLG Düsseldorf Beschl. v. 17.2.2010, Verg 42/09; OLG Koblenz Beschl. v. 5.9.2002, 1 Verg 2/02, NZBau 2002, 699, 703; *Ziekow* in Ziekow/Völlink, Vergaberecht, 2. Aufl. 2013, § 99 GWB Rn. 20 f.
[133] Art. 4 Ziff. 3 i.V.m. mit Tabelle 3 des Anhangs zur Richtlinie 2009/33/EG.
[134] BGBl. 2011 I 800.
[135] Dazu näher etwa *Homann/Büdenbender* VergabeR 2012, 1 ff.; *Schrotz/Mayer* KommJur 2011, 81 ff. Die EU-Kommission hat unter www.cleanvehicle.eu eine online-Datenbank eingerichtet.
[136] Richtlinie 2009/33/EG des Europäischen Parlaments und des Rates vom 23.4.2009 über die Förderung sauberer und energieeffizienter Straßenfahrzeuge, ABl. 2009 L 120/5.
[137] Vgl. dazu auch Erwägungsgrund 17 zur Richtlinie 2009/33/EG.
[138] Die Aufgabenträger des ÖPNV und SPNV sind keine Sektorenauftraggeber, sofern sie Verkehre nicht selbst erbringen, sondern diese Leistungen lediglich bestellen und organisieren, vgl. OLG Düsseldorf Beschl. v. 7.11.2012, Verg 11/12.
[139] BR-Drs. 70/11, S. 18.

wenn der entsprechende Dienstleistungsauftrag in einem Vergabeverfahren vergeben wurde, als dessen Folge ein ausschließliches Recht übertragen werde.[140] Eine europarechtskonforme Umsetzung des Art. 3 lit. b der Richtlinie 2009/33/EG kann darin jedenfalls dann nicht gesehen werden, wenn nicht jeder Betreiber im Sinne der VO 1370/2007, der öffentliche Personenverkehrsdienste auf der Straße erbringt, als Inhaber eines ausschließlichen Rechts angesehen wird.[141] Dann unterfallen dem § 98 Nr. 4 GWB nur solche Betreiber, die im Sinne des § 98 Nr. 4 GWB staatlich beherrscht sind. Umsetzungsdefizite sind über eine unmittelbare Anwendbarkeit der Richtlinie zu kompensieren.[142]

7. Vergabe von Unteraufträgen

61 Art. 4 Abs. 7 VO 1370/2007 trifft sektorenspezifische Bestimmungen über die Vergabe von Unteraufträgen. Der **Begriff des Unterauftrags** ist hier ebenso wenig definiert wie etwa in den Richtlinien 2004/17/EG, 2004/18/EG oder 2009/81/EG. Auch die Kommission konkretisiert den Begriff weder in ihrem Leitfaden zur Vergabe von Unteraufträgen im Zusammenhang mit der Richtlinie 2009/81/EG[143] noch in ihrem KMU-Leitfaden[144]. Es ist auf das Verständnis des allgemeinen Vergaberechts zurückzugreifen. Als Unterauftragnehmer sind danach solche Unternehmen anzusehen, mit denen der (Haupt-)Auftragnehmer – in der Terminologie der VO 1370/2007 also der ausgewählte Betreiber – einen Vertrag abschließt, durch den sich dieses Unternehmen zur Erbringung einer bestimmten Leistung an Stelle des ausgewählten Betreibers verpflichtet.[145] Es geht um Teilleistungen, die funktional einen ganz engen und spezifischen Bezug zu dem gegenüber dem Auftraggeber bzw. der zuständigen Behörde geschuldeten Erfolg haben.[146] Je nach Umfang der übernommenen Pflichten sind davon im Einzelfall die Leistungen zu unterscheiden, denen ein derart **enger und spezifischer funktionaler Bezug** fehlt wie etwa Zulieferungen und Vorarbeiten oder die Beschaffung der erforderlichen Fahrzeuge.[147]

62 Werden Teilleistungen von **konzernverbundenen Unternehmen** erbracht, soll darin nach weit verbreiteter Auffassung keine Unterauftragsvergabe zu sehen sein[148], was in der zwischenzeitlich erlassenen Richtlinie 2009/81/EG über die Vergabe öffentlicher Aufträge in den Bereichen Verteidigung und Sicherheit auch ausdrücklich klargestellt wurde.[149] Jedenfalls wenn die in der Rechtsprechung des EuGH entwickelten Kriterien einer In-

---

[140] BR-Drs. 70/11, S. 26.
[141] Zur Diskussion um die Qualifikation der Genehmigung nach § 13 PBefG als ausschließliches Recht zuvor unter Rn. 28 ff.
[142] Zur unmittelbaren Anwendbarkeit von Richtlinien vgl. nur *Ruffert* in Callies/Ruffert, EUV/AEUV, 4. Aufl. 2011, Art. 288 AEUV Rn. 47 ff. m.w.N.
[143] Abrufbar auf der Internetseite der Kommission, nur auf englisch.
[144] EU-Kommission, Leitfaden für bewährte Verfahren (Code of best practice) zur Erleichterung des Zugangs kleinerer und mittlerer Unternehmen (KMU) zu öffentlichen Aufträgen, SEC(2008) 2193 v. 25.6.2008.
[145] Vgl. OLG München Beschl. v. 10.9.2009, Verg 10/09; OLG Naumburg Beschl. v. 2.7.2009, Verg 2/09, OLGR Naumburg 2009, 873, 876.
[146] Vgl. *Burgi* NZBau 2010, 593, 594 f.; ganz ähnlich *Linke* NZBau 2012, 338, 338. Zur Frage, was Gegenstand öffentlicher Dienstleistungsaufträge im Sinne der Verordnung sein kann, vgl. Rn. 17 ff.
[147] Vgl. *Saxinger* in Saxinger/Winnes, Recht des öffentlichen Personenverkehrs, Std. 2012, Art. 4 Abs. 7 VO 1370 Rn. 24 f.; *Prieß* in Kaufmann/Lübbig/Prieß/Pünder, VO (EG) 1370/2007, 2010, Art. 4 Rn. 83. Allgemein zur Abgrenzung von Nachunternehmer und Zulieferer m.w.N. etwa auch *Amelung* VergabeR 2012, 348, 348.
[148] *Prieß* in Kaufmann/Lübbig/Prieß/Pünder, VO (EG) 1370/2007, 2010, Art. 4 Rn. 86; *Burgi* NZBau 2010, 593, 594 unter Hinweis auf OLG München Beschl. v. 29.11.2007, Verg 13/07, dem zwischenzeitlich allerdings das OLG Düsseldorf mit Beschl. v. 30.6.2010, Verg 13/10, NZBau 2011, 54 ff. entgegen getreten ist.
[149] Vgl. Erwägungsgrund 40 Unterabs. 2 und Art. 50 Abs. 2 Unterabs. 1 Richtlinie 2009/81/EG.

house-Vergabe vorliegen, soll in der Beauftragung der vom Betreiber kontrollierten, von ihm formal aber getrennten Einheit keine Unterauftragsvergabe im Sinne des Art. 4 Abs. 7 VO 1370/2007 zu sehen sein. Dann wären Rechtsbeziehungen zwischen einer **Projektgesellschaft** und der hinter dieser stehenden Muttergesellschaft(en) regelmäßig keine Unteraufträge.

Die Frage nach der Anwendbarkeit des Art. 4 Abs. 7 VO 1370/2007 stellt sich auch, **63** wenn der Auftrag an eine **Bewerber- und Bietergemeinschaft** vergeben wird. Als Gesellschaft bürgerlichen Rechts ist diese Trägerin eigener Rechte und Pflichten.[150] Soweit die auftragsgegenständlichen Leistungen aber von den hinter ihr stehenden Mitglieder der Bewerber- und Bietergemeinschaft erbracht werden, sollten die auf dieser Ebene entstehenden Vertragsbeziehungen nicht als Unteraufträge im Sinne des Art. 4 Abs. 7 VO 1370/2007 angesehen werden. Anderes hieße, Bewerber- und Bietergemeinschaften von der Vergabe öffentlicher Dienstleistungsaufträge im Sinne der Verordnung ganz regelmäßig auszuschließen, wenn und weil die Bewerber- und Bietergemeinschaft als solche die Selbsterbringungsquote nach Art. 4 Abs. 7 Satz 2 VO 1370/2007 nicht erfüllen kann.[151] Diese teleologische Reduktion des Begriffs der Unteraufträge im Sinne der Verordnung kann als durch das Wettbewerbsprinzip gerechtfertigt angesehen werden. Für eine Bewerber- oder Bietergemeinschaft, die als juristische Person – typischerweise als GmbH – verfasst ist oder diese Rechtsform vor Vertragsschluss annimmt, muss dasselbe gelten, soll diese bewährte Form der Kooperation von Unternehmen nicht im Anwendungsbereich der VO 1370/2007 ausgeschlossen werden.

Gemäß Art. 4 Abs. 7 Satz 1 VO 1370/2007 ist in den Unterlagen des wettbewerbli- **64** chen Vergabeverfahrens und den öffentlichen Dienstleistungsaufträgen transparent anzugeben, ob und in welchem Umfang eine Vergabe von Unteraufträgen in Frage kommt. Das stellt sich als Abkehr von der Rechtsprechung des EuGH dar, wonach Bieter sich grundsätzlich unbeschränkt auf die Kapazitäten Dritter berufen dürfen.[152] Im Rahmen der VO 1370/2007 wird die Entscheidung über den Einsatz von Unterauftragnehmern primär den zuständigen Behörden überantwortet.[153] Ihnen räumt der Verordnungsgeber **pflichtgemäß auszuübendes Ermessen** hinsichtlich des „Ob" als auch hinsichtlich des Umfangs von Unterauftragsvergaben ein. Auszurichten hat sich diese Entscheidung an den in **Erwägungsgrund 19** genannten Zwecken. Die Vergabe von Unteraufträgen kann danach zugelassen werden, wenn sie zur besseren Effizienz, insbesondere also zu einem besseren Verhältnis von Qualität und Preis, beizutragen vermag. Nach dem Willen des Verordnungsgebers sollen Unteraufträge aber auch die Beteiligung weiterer Unternehmen ermöglichen. Die Unterauftragsvergabe kann folglich zugunsten kleiner und mittlerer Unternehmen eingesetzt werden, indem sie ihnen erlaubt, sich auch um öffentliche Dienstleistungsaufträge zu bewerben, die sie allein nicht ausführen könnten.[154] Die Unterauftragsvergabe ist somit ein wichtiges Instrument, um den Wettbewerb zu verstärken und damit die in Erwägungsgrund 19 genannten Zwecke zu verfolgen. Vom Erwägungsgrund 19 nicht getragen wird demgegenüber die Entscheidung für eine Unterauftragsvergabe mit dem (vergabefremden) Zweck, die Anbietervielfalt zu erhalten.[155] Dementspre-

---

[150] Grundlegend BGH Urt. v. 29.01.2001, II ZR 331/00, NJW 2001, 1056 ff.
[151] Zu dieser Selbsterbringungsquote näher sogleich unter Rn. 65.
[152] StRspr seit EuGH Urt. v. 2.12.1999, Rs. C-176/98, NZBau 2000, 149 Rn. 23 ff. – Holst Italia.
[153] Auch Art. 41 des Vorschlags der Kommission für eine Richtlinie über Konzessionsvergaben, KOM(2011) 897 endg. v. 20.12.2011, belässt es bei der Entscheidungsfreiheit des Bieters.
[154] Vgl. Ziff. 1.4 des Leitfadens der EU-Kommission für bewährte Verfahren (Code of best practice) zur Erleichterung des Zugangs kleinerer und mittlerer Unternehmen (KMU) zu öffentlichen Aufträgen, SEC(2008)2193 v. 25.6.2008.
[155] In diesem Sinne aber *Zuck* in Ziekow/Völlink, Vergaberecht, 2. Aufl. 2013, Art. 4 VO 1370 Rn. 37. Kritisch zur der vergleichbaren Frage der Loslimitierung *Otting/Tresselt* VergabeR 2009,

chend erlaubt die qualitäts-, wirtschaftlichkeits- und wettbewerbsorientierte Zielrichtung des Instruments der Unterauftragsvergabe der zuständigen Behörde lediglich, die Einbindung von Unterauftragnehmern zu *gestatten*. Auch aus dem Wortlaut des Art. 4 Abs. 7 Satz 1 VO 1370/2007 („… in Frage kommt.") folgt, dass die Vorschrift **keine Grundlage für eine Verpflichtung der Unternehmen** zur Unterauftragsvergabe schafft.

65 Das Ermessen der zuständigen Behörde umfasst nach Art. 4 Abs. 7 Satz 1 VO 1370/2007 den **Umfang** der zulässigen Unterauftragsvergaben. Maßgeblich sind auch insoweit die dem Erwägungsgrund 19 zu entnehmenden Ermessensdirektiven und damit insbesondere das Gebot, dass die Unterauftragsvergabe zu einem effizienten öffentlichen Personenverkehr beitragen soll. In ähnlicher Weise spricht Erwägungsgrund 40 zur Richtlinie 2009/81/EG über Vergaben in den Bereichen Verteidigung und Sicherheit in vergleichbarem Zusammenhang davon, dass durch die Maßgaben zur Unterauftragsvergabe das „ordnungsgemäße Funktionieren" der zu erbringenden Leistungen nicht beeinträchtigt werden darf. Begrenzt wird das der zuständigen Behörde insoweit zustehende Ermessen durch Art. 4 Abs. 7 Satz 1 VO 1370/2007: Werden Unteraufträge vergeben, ist der mit der Verwaltung und Erbringung von öffentlichen Personenverkehrsdiensten nach Maßgabe der VO 1370/2007 betraute Betreiber verpflichtet, einen **bedeutenden Teil** der öffentlichen Personenverkehrsdienste selbst zu erbringen.[156] Eine systematische Auslegung der Verordnung unter Berücksichtigung von Art. 5 Abs. 2 Satz 2 lit. e VO 1370/2007 – wo von dem „überwiegenden Teil" des öffentlichen Personenverkehrsdienstes die Rede ist – zeigt, dass ein bedeutender Teil im Sinne des Art. 4 Abs. 7 Satz 2 VO 1370/2007 **weniger als 50 %** sein kann. Andererseits kann von einem bedeutenden Teil nur gesprochen werden, wenn eine gewisse Bagatellschwelle überschritten wird. Diese könnte mit Blick auf das Wesentlichkeitskriterium der vergaberechtlichen Inhouse-Rechtsprechung des EuGH mit 10 % angesetzt werden.[157] Mangels anderweitiger Anhaltspunkte dürfte der Mittelwert von **20–30 %** genügen, um den Anforderungen an einen bedeutenden Teil im Sinne des Art. 4 Abs. 7 Satz 2 VO 1370/2007 zu entsprechen.[158] Zur Bemessung dieses Anteils macht Art. 4 Abs. 7 der Verordnung ebenso wenig Angaben wie Art. 5 Abs. 2 Satz 2 lit. e VO 1370/2007. Es ist daher ein im Einzelfall **sachgerechter Maßstab** zu wählen, der sich aus einer Gesamtbetrachtung von Kriterien wie Streckennetz, Personenkilometer oder Einnahmen zusammensetzen kann.[159]

66 Art. 4 Abs. 7 Satz 3 VO 1370/2007 betrifft speziell solche öffentliche Dienstleistungsaufträge, die gleichzeitig Planung, Aufbau und Betrieb öffentlicher Personenverkehrsdienste umfassen. In dieser Situation steht es im Ermessen der zuständigen Behörde („kann"), die **vollständige Übertragung des Betriebs** dieser Dienste an einen Unterauftragnehmer vorzusehen. Dass dieser Unterauftragnehmer dann an die sich aus Art. 4 Abs. 7 Satz 2 der Verordnung ergebende Verpflichtung zur Selbsterbringung eines bedeutenden Teils gebunden ist, ergibt sich nicht aus dem Wortlaut des Art. 4 Abs. 7 Satz 3 VO 1370/2007, kann aber aus Sinn und Zweck des Satzes 2 gefolgert werden.[160] Der zuständigen Behörde verleiht Art. 4 Abs. 7 Satz 3 der Verordnung Gestaltungsspielräume. Denn die Vorschrift knüpft neben dem Betrieb an Planung und Aufbau öffentlicher Personenverkehrsdienste an, ohne diese Begrifflichkeiten näher zu definieren, so dass allein der (weite) Wortlaut der Begriffe die Grenze des Anwendungsbereiches des Art. 4 Abs. 7 Satz 3 VO 1370/2007 markiert. Um dem Risiko einer **Umgehung des Selbstbrin-**

---

585 ff. Für die Zulässigkeit der Loslimitierung aber OLG Düsseldorf Beschl. v. 7.12.2011, Verg 99/11, ZfBR 2012, 310 ff.
[156] Zur Zulässigkeit sog. Verkehrsmanagementgesellschafter vgl. oben unter § 55 Rn. 9.
[157] Vgl. EuGH Urt. v. 19.4.2007, Rs. C-295/05, EuZW 2007, 416 Rn. 63 – Asemfo.
[158] Im Ergebnis wie hier etwa *Linke* NZBau 2012, 338, 338; *Prieß* in Kaufmann/Lübbig/Prieß/Pünder, VO (EG) 1370/2007, 2010, Art. 4 Rn. 91 ff. Auf die Schwelle von 30 % stellt in vergleichbarem Zusammenhang etwa auch Art. 21 Abs. 4 Satz 3 Richtlinie 2009/81/EG ab.
[159] Vgl. *Schröder* NVwZ 2010, 862, 863.
[160] So *Prieß* in Kaufmann/Lübbig/Prieß/Pünder, VO (EG) 1370/2007, 2010, Art. 4 Rn. 97.

gungsgebotes nach Art. 4 Abs. 7 Satz 2 VO 1370/2007 vorzubeugen, sollten im Einzelfall hinreichend gewichtige Aufgaben beauftragt werden, die den Bereichen „Planung" und „Aufbau" zugeordnet werden können und es rechtfertigen, von einem Auftrag im Sinne des Art. 4 Abs. 7 Satz 3 der Verordnung ausgehen zu können.

Wie Unteraufträge zu vergeben sind, ist gemäß Art. 4 Abs. 7 Satz 4 VO 1370/2007 **67** in dem jeweiligen öffentlichen Dienstleistungsauftrag festzulegen. Die Unterauftragsvergabe hat entsprechend dem nationalen Recht im Einklang mit dem Gemeinschaftsrecht zu erfolgen. Maßgeblich sind damit grundsätzlich die Vorschriften des allgemeinen Vergaberechts, insbesondere also §§ 97 ff. GWB und die dazugehörigen untergesetzlichen Bestimmungen.[161] Danach bestehen vergaberechtliche Bindungen für die Auswahl von Nachunternehmern vor allem, wenn das ausgewählte Verkehrsunternehmen („der Betreiber") zugleich Sektorenauftraggeber im Sinne des § 98 Nr. 4 GWB ist. Ungeachtet dessen räumt § 8b Abs. 5 PBefG 2013 dem Aufgabenträger das Recht ein, das ausgewählte Unternehmen zu verpflichten, Unteraufträge nach wettbewerblichen Grundsätzen zu vergeben. Im Erwägungsgrund 19 Satz 4 zur VO 1370/2007 erwähnt der Verordnungsgeber die Möglichkeit, dass der Unterauftragnehmer statt durch den ausgewählten Betreiber durch die zuständige Behörde ausgewählt werden kann. Wird diese Gestaltung gewählt, ist unter Berücksichtigung der Umstände des Einzelfalls genau zu prüfen, ob die zuständige Behörde dann nicht als Stellvertreter des Betreibers agiert und aufgrund dessen die vergaberechtlichen Bindungen maßgeblich sind, denen der Betreiber unterliegt.[162] Dem ausgewählten **Unterauftragnehmer** bleibt – das stellt Satz 3 des Erwägungsgrundes 19 zur Verordnung ausdrücklich klar – gestattet, **an wettbewerblichen Vergabeverfahren** im Zuständigkeitsgebiet aller zuständigen Behörden teilzunehmen; ein Tätigkeitsverbot wie es Art. 5 Abs. 2 VO 1370/2007 für interne Betreiber vorsieht, gilt für den Unterauftragnehmer nicht.

8. Weitere Inhalte

Nicht ausdrücklich aufgenommen in den Verordnungstext ist das Gebot, in öffentlichen **68** Dienstleistungsaufträgen Bestimmungen über die **Rückforderung übermäßiger Ausgleichsleistungen** aufzunehmen. Die Kommission hat aber zwischenzeitlich entschieden, dass Rückerstattungsmechanismen jedenfalls dann Bestandteil öffentlicher Dienstleistungsaufträge sein müssen, wenn die Möglichkeit besteht, dass eine Überkompensation nicht gänzlich ausgeschlossen ist.[163] Der öffentliche Dienstleistungsauftrag kann und sollte Regelungen zu der Frage enthalten, **welche Unterlagen und Daten** von den Betreibern zum Nachweis einer fehlenden **Überkompensationskontrolle** vorzulegen sind. Den zuständigen Behörden kommt dabei ein Beurteilungsspielraum zu, der pflichtgemäß auszufüllen ist. Grenzen ziehen insbesondere der Verhältnismäßigkeitsgrundsatz und das durch Art. 12 Abs. 1 GG geschützte Grundrecht der Berufsfreiheit der Verkehrsunternehmen. So darf nur die Vorlage solcher Unterlagen und Daten verlangt werden, die erforderlich sind, um am Maßstab des Anhangs zur Verordnung eine Überkompensationsprüfung durchführen zu können. Zum Schutz der Betriebs- und Geschäftsgeheimnisse der Verkehrsunternehmen ist diesen zu gestatten, Testate und sonstige Bescheinigungen von **Wirtschaftsprüfern** vorzulegen.

---

[161] Die Vergabe von Unteraufträgen nach Art. 5 VO 1370/2007 in Erwägung ziehend *Linke* NZBau 2012, 338, 339 ff.

[162] Zu Stellvertretungskonstellationen im Vergaberecht etwa *Ziekow* in Ziekow/Völlink, Vergaberecht, 2. Aufl. 2013, § 98 Rn. 8 ff.

[163] Vgl. dazu Kommission Beschl. v. 24.2.2010 über die öffentlichen Verkehrsdienstleistungsaufträge zwischen dem dänischen Verkehrsministerium und Dankse Statsbaner (Staatliche Beihilfe C 41/08), ABl. 2011 L 7/1, Rn. 331 f.; Kommission, Beschl. v. 23.2.2011, C 58/2006, Deutschland/Bahnen der Stadt Monheim (BSM), K(2011)632 endg., ABl. 2011 L 210/1, Rn. 178 ff., 189 f.

9. Änderungen während der Laufzeit des öffentlichen Dienstleistungsauftrages

69 Eine ausdrückliche Regelung über die Zulässigkeit und Grenzen von Änderungen öffentlicher Dienstleistungsaufträge während ihrer Laufzeit enthält die VO 1370/2007 nicht. Somit beanspruchen die allgemeinen Grundsätze Geltung, die der EuGH in seiner Rechtsprechung sowohl zu Dienstleistungsaufträgen als auch zu Dienstleistungskonzessionen aufgestellt hat.[164] Ein neues Vergabeverfahren ist hiernach erforderlich bei **wesentlichen Änderungen** des ursprünglichen öffentlichen Dienstleistungsauftrages, wenn also die Änderungen Ausdruck der Absicht der zuständigen Behörde und des ausgewählten Betreibers sind, wesentliche Bedingungen des öffentlichen Dienstleistungsauftrages neu zu verhandeln. Ausweislich ihres Vorschlages für eine Richtlinie zur Konzessionsvergabe geht die Kommission davon aus, dass eine vorübergehende Verlängerung der Laufzeit in der Regel keine wesentliche Änderung im fraglichen Sinne darstellt, wenn die Verlängerung dazu dient, die Kontinuität der Erbringung der Dienstleistungen bis zur Vergabe einer neuen Konzession sicherzustellen.[165] Dieser Gedanke kann auf öffentliche Dienstleistungsaufträge im Sinne der VO 1370/2007 übertragen werden, wenngleich insoweit zu prüfen ist, ob sich das Ziel nicht über Art. 5 Abs. 5 der Verordnung erreichen lässt[166].

10. Annex: Gesamtbericht nach Art. 7 Abs. 1 VO 1370/2007

70 Nach Art. 7 Abs. 1 VO 1370/2007 haben die zuständigen Behörden einen Gesamtbericht über die in ihren Zuständigkeitsbereich fallenden gemeinwirtschaftlichen Verpflichtungen, die ausgewählten Betreiber eines öffentlichen Dienstes sowie die diesen Betreibern zur Abgeltung gewährten Ausgleichsleistungen und ausschließlichen Rechte öffentlich zugänglich zu machen. Dieser Bericht unterscheidet nach Busverkehr und schienengebundenem Verkehr, er muss eine Kontrolle und Beurteilung der Leistungen, der Qualität und der Finanzierung des öffentlichen Verkehrsnetzes ermöglichen und gegebenenfalls Informationen über Art und Umfang der gewährten Ausschließlichkeit enthalten. Die nähere Ausgestaltung des Gesamtberichts steht mangels konkretisierender Regelungen im Ermessen der zuständigen Behörde.[167] Dabei haben die zuständigen Behörden sich zu detaillierter Angaben zu enthalten und sich auf die Darstellung zusammenfassender Daten für ihren Zuständigkeitsbereich zu beschränken. Dafür spricht die normsystematische Auslegung. Denn einzelfall- und unternehmensbezogene Daten kann die Kommission auf Grundlage von Art. 6 Abs. 2 VO (EG) Nr. 1370/2007 anfordern; diesem Zweck dient Art. 7 Abs. 1 der Verordnung also nicht. Auch die Entstehungsgeschichte der Norm spricht für ein restriktives Verständnis. Noch der Kommissionsvorschlag aus dem Jahr 2005 verlangte, dass jede zuständige Behörde einmal im Jahr einen *detaillierten* Bericht über die in ihren Zuständigkeitsbereich fallenden gemeinwirtschaftlichen Verpflichtungen, die ausgewählten

---

[164] EuGH Urt. v. 19.6.2008, Rs. C-454/06, NZBau 2008, 518 Rn. 28 ff. – pressetext sowie Urt. v. 13.4.2010, Rs. C-91/08, NZBau 2010, 382 Rn. 37 ff. – Wall AG. Vgl. dazu nun auch Art. 72 des Vorschlags der Kommission für eine Richtlinie des Europäischen Parlaments und des Rates über die öffentliche Auftragsvergabe (als Ersatz für die Richtlinie 2004/18/EG), KOM(2011) 896/2 v. 20.12.2011, sowie Art. 82 des Vorschlags der Kommission für eine Richtlinie des Europäischen Parlaments und des Rates über die Vergabe von Aufträgen durch Auftraggeber im Bereich der Wasser-, Energie- und Verkehrsversorgung sowie der Postdienste (Novellierung der Richtlinie 2004/17/EG), KOM(2011) 895 endg. v. 20.12.2011; Art. 42 des Vorschlags der Kommission für eine Richtlinie über Konzessionsvergaben, KOM(2011) 897 endg. v. 20.12.2011.

[165] Vgl. Erwägungsgrund 34 des Vorschlags der Kommission für eine Richtlinie über Konzessionsvergaben, KOM(2011) 897 endg. v. 20.12.2011.

[166] Zu Art. 5 Abs. 5 VO 1370/2007 im Einzelnen nachfolgend unter § 57 Rn. 32 ff.

[167] *Fehling* in Kaufmann/Lübbig/Prieß/Pünder, VO (EG) 1370/2007, 2010, Art. 7 Rn. 35; *Hölzl* in Montag/Säcker, Münchner Kommentar zum Kartellrecht, Band 3, Beihilfe- und Vergaberecht, 2011, Art. 7 VO 1370/2007 Rn. 7.

Betreiber sowie über die zugehörigen Ausgleichsleistungen und ausschließlichen Rechte veröffentlichen sollte.[168] Davon ist der europäische Gesetzgeber im Laufe des Normgebungsverfahrens bewusst abgerückt. So hat der Rat in seinem Gemeinsamen Standpunkt (EG) Nr. 2/2007 am 11.12.2006 entschieden, den Verordnungsentwurf der Kommission an verschiedenen Stellen zu ändern, um die praktische Durchführbarkeit der Verordnung zu verbessern und unnötigen, bürokratischen Aufwand zu vermeiden. Zu den von diesen Änderungen betroffenen Vorschriften zählte Art. 7 Abs. 1 der Verordnung. Statt eines detaillierten Berichts sollen die zuständigen Behörden nach dem Willen des Rates einen bloßen *Gesamtbericht* über ihre öffentlichen Dienstleistungsaufträge vorlegen.[169] Schließlich müssen die zuständigen Behörden im Rahmen der Ausübung ihres Ermessens höherrangiges Recht beachten. Das verlangt nach angemessenem Schutz personenbezogener Daten[170] und dem Schutz von Betriebs- und Geschäftsgeheimnisse der Unternehmen[171].

---

[168] KOM(2005)319 endgültig v. 20.7.2005.
[169] Gemeinsamer Standpunkt (EG) Nr. 2/2007 – vom Rat festgelegt am 11.12.2006, ABl. 2007 C 70E/1, dort insb. Seite 16.
[170] Vgl. EuGH (Große Kammer), Urt. v. 9.11.2010, Rs. C-92, 93/09, Rn. 45 ff. – Schecke ./. Land Hessen.
[171] Vgl. dazu EuGH, Urt. v. 14.2.2008, Rs. C-450/06, Rn. 49 – Varec SA; EuGH, Urt. v. 29.3.2004, Rs. C-1/11, Rn. 46 – Interseroh; BVerfG Beschl. v. 14.3.2006, 1 BvR 2087/03, Rn. 81 ff.; BVerwG, Beschl. v. 27.8.2012, 20 F 3.12, Rn. 9; *Jarass* Charta der EU-Grundrechte, 2010, Art. 16 EU-GR-Charta, Rn. 9.

§ 56 Vergabe öffentlicher Dienstleistungsaufträge im Wettbewerb

Übersicht

	Rn.
A. Einleitung	1–13
I. Art. 5 Abs. 1 und Abs. 3 VO 1370/2007	2
II. Dienstleistungskonzessionen im öffentlichen Personenverkehr	3–13
B. Vergaben nach Art. 5 Abs. 3 VO 1370/2007	14–32
I. Bindung an die vergaberechtlichen Grundprinzipien	15–17
II. Eckpunkte des Vergabeverfahrens	18–32

Erläuterte Vorschriften:*

Literatur:

Achenbach/Fry/Nogall Die Vergabe der S-Bahn Rhein-Main, Der Nahverkehr 1–2/2013, 42 ff.; *Antweiler* Verwaltungsgerichtlicher Rechtsschutz gegen Vergaberechtsverstöße in Genehmigungsverfahren, NZBau 2009, 362 ff.; *Batzill* Bündelung von Buslinien, Der Nahverkehr 11/2009, 19 ff.; *Berschin* in Barth/Baumeister/Berschin/Werner, Handbuch ÖPNV, Std. 2009, A 2 (Erläuterungen zur VO 1370/2007); *Engelshoven/Hoopmann* Möglichkeiten und Grenzen für die Ausschreibung von S-Bahn-Systemen in Deutschland, IR 2011, 279 ff.; *Fehling* Öffentlicher Verkehr (Bahn, ÖPNV), in Fehling/Ruffert, Regulierungsrecht, 2010, § 10; *Fehling/Niehnus* Der euorpäische Fahrplan für einen kontrollierten Ausschreibungswettbewerb im ÖPNV, DÖV 2008, 662 ff.; *Fehling/Sennekamp* Konkurrentenklagen unter der VO Nr. 1370/2007, in Pünder/Prieß, Brennpunkte des öffentlichen Personennahverkehrs vor dem Hintergrund der neuen EG-Personenverkehrsdiensteverordnung Nr. 1370/2007, 2010, S. 111 ff.; *Fiedler/Wachinger* Das Recht des straßengebundenen Verkehrs in den Jahren 2007/2008, N&R 2008, 116 ff.; *Fritz/Seidler* Vergabe von Konzessionen – Rechtsklarheit ja oder nein?, EuZW 2010, 933 ff.; *Griem/Mosters* Wettbewerbliche Vergabe nach Art. 5 Abs. 3 VO Nr. 1370/2007, in Pünder/Prieß, Brennpunkte des öffentlichen Personennahverkehrs vor dem Hintergrund der neuen EG-Personenverkehrsdiensteverordnung Nr. 1370/2007, 2010, S. 1 ff.; *Heinze* Der Entwurf eines Gesetzes zur Änderung personenbeförderungsrechtlicher Vorschriften, ZRP 2012, 84 ff.; *Heinze* Wettbewerb um Buslinengenehmigungen unter der VO (EG) 1370/2007, DVBl. 2011, 534 ff.; *Heiß* Die neue EG-Verordnung für den öffentlichen Personenverkehr – ein Überblick unter Berücksichtigung der Situation in Deutschland, VerwArchiv (100) 2009, 113 ff.; *IHK Region Stuttgart* Vergaben im Busverkehr – Chancen und Risiken für den Mittelstand, 2009; *IHK Stuttgart* Der neue Rechtsrahmen für den Busverkehr, Februar 2013; *Kaufmann/Lübbig/Prieß/Pünder* VO (EG) 1370/2007 Verordnung über öffentliche Personenverkehrsdienste Kommentar, 2010; *Knauff* Möglichkeiten der Direktvergabe im ÖPNV (Schiene und Straße), NZBau 2012, 65 ff.; *Knauff* Das wettbewerbliche Vergabeverfahren nach Art. 5 III VO (EG) Nr. 1370/2007 i.V. mit § 8b PBefG-E, NZBau 2011, 655 ff.; *Kramer* Gleichbehandlung im Verhandlungsverfahren nach der VOL/A, NZBau 2005, 138 ff.; *Kronsbein/Dewald* Transparenz vor Kreativität: Identität des Auftragsgegenstands bei Funktionalausschreibungen, NZBau 2011, 146 ff.; *Kühling* Ausschreibungspflichten im SPNV nach dem BGH-Beschluss vom 8.2.2011, IR 2011, 101 ff.; *Liebschwager* Geheimhaltungsinteressen im Wettbewerb um Linienverkehrsgenehmigungen, NZBau 2011, 518 ff.; *Manka/Kohler* Veröffentlichungspflicht bei Direktvergabe nach der VO 1370/07, Der Nahverkehr 3/2011, 53 f.; *Otting/Scheps* Direktvergabe von Eisenbahnverkehrsdienstleistungen nach der neuen Verordnung (EG) Nr. 1370/2007, NVwZ 2008, 499 ff.; *Polster* Der Rechtsrahmen für die Vergabe von Eisenbahnverkehrsleistungen, NZBau 2010, 662 ff.; *Pünder* Die Vergabe von Personendienstleistungen in Europa und die völkerrechtlichen Vorgaben des WTO-Beschaffungsübereinkommens, EuR 2007, 564 ff.; *Saxinger* Das Verhältnis der Verordnung (EG) Nr. 1370/2007 zum nicht an sie angepassten deutschen Personenbeförderungsrecht, GewArch 2009, 350 ff.; *Saxinger/Winnes* Recht des öffentlichen Personenverkehrs, Std. 2012; *Schmitz/Winkelhüsener* Der öffentliche Personenverkehr im Übergang zur VO 1370/2007: Vergaberechtliche Handlungsoptionen und deren Beihilferechtliche Konsequenzen, EuZW 2011, 52 ff.; *Schröder* Inhalt, Gestaltung und Praxisfragen des wettbewerblichen Vergabeverfahrens nach den neuen europäischen ÖPNV-Verordnungen, NVWZ 2008, 1288 ff.;

---

* Text der VO 1370/2007 siehe Seite 1211.

Sennekamp/Fehling Der „öffentliche Dienstleistungsauftrag" nach der neuen EG-Verordnung über Personenverkehrsdienst im System des deutschen Verwaltungsprozessrechts, N&R 2009, 95 ff.; *Storr* Konfusion um die Konstruktion der Konzession, in Kluth/Müller/Peilert, Festschrift für Rolf Stober, 2008, S. 417 ff.; *Tödtmann/Schauer* Aktuelle Rechtsfragen zum öffentlichen Personenverkehr, NVwZ 2008, 1 ff.; *Wenzel/Denzin/Siederer* Ausschreibungs- und Genehmigungswettbewerb für ÖPNV-Leistungen, LKV 2008, 18 ff.; *Willenbruch* Praxis des Verhandlungsverfahrens nach § 3a Nr. 1 VOB/A und VOL/A, NZBau 2003, 422 ff.

A. Einleitung

1 Öffentliche Dienstleistungsaufträge im Sinne des Art. 2 lit. i VO 1370/2007 sind gemäß Art. 5 der Verordnung zu vergeben. **Nur auf den ersten Blick** folgt daraus ein **unionsweit einheitlicher Rechtsrahmen** für die Vergabe öffentlicher Dienstleistungsaufträge. Das ist zunächst Konsequenz aus Art. 5 Abs. 1 VO 1370/2007, der für öffentliche Dienstleistungsaufträge im Sinne der Richtlinien 2004/17/EG und 2004/18/EG bzw. § 99 Abs. 4 GWB auf das „allgemeine" Vergaberecht verweist, d. h. auf das Recht der jeweiligen Mitgliedstaaten, das der Umsetzung der Richtlinien 2004/17/EG und 2004/17/EG dient; das sind die Deutschland insbesondere die Vorschriften der §§ 97 ff. GWB, der Vergabeverordnung, der Sektorenverordnung und der VOL/A. Darüber hinaus gesteht der Verordnungsgeber den Mitgliedstaaten im Zusammenhang mit den Direktvergabeoptionen nach Art. 5 Abs. 2, Abs. 4 und Abs. 6 VO 1370/2007 zu, das verordnungsrechtliche Vergaberegime zu modifizieren. Insoweit sind Direktvergaben nur zulässig, sofern sie nicht nach nationalem Recht untersagt sind.[1] Soweit Art. 5 Abs. 3 VO 1370/2007 die wettbewerbliche Vergabe öffentlicher Dienstleistungsaufträge regelt, bleibt den Mitgliedstaaten ein Ausgestaltungsspielraum vorbehalten, der zu unterschiedlichen Regelungen in den Mitgliedstaaten führen kann.

I. Art. 5 Abs. 1 und Abs. 3 VO 1370/2007

2 Art. 5 Abs. 1 Satz 1 VO 1370/2007 legt den Grundsatz fest, dass öffentliche Dienstleistungsaufträge nach Maßgabe dieser Verordnung vergeben werden. Gemeint ist die Vergabe öffentlicher Dienstleistungsaufträge im Sinne Art. 2 lit. i VO 1370/2007. Ob die Voraussetzungen eines öffentlichen Dienstleistungsauftrages im Sinne des allgemeinen Vergaberechts – d. h. im Sinne des § 99 Abs. 1 und Abs. 4 GWB – vorliegen, spielt keine Rolle. Sollen öffentliche Dienstleistungsaufträge im Sinne des Art. 2 lit. i VO 1370/2007 im Wettbewerb vergeben werden, ist Art. 5 Abs. 3 der Verordnung zu beachten. Art. 5 Abs. 3 VO 1370/2007 steht indes unter dem Vorbehalt von Art. 5 Abs. 1 Satz 2 und Satz 3 VO 1370/2007. Dort ist ein **Vorrang des allgemeinen Vergaberechts** angeordnet: Soweit die Richtlinien 2004/17/EG und 2004/18/EG Geltung beanspruchen, gehen diese Bestimmungen dem Art. 5 VO 1370/2007 vor. In Deutschland beanspruchen daher die §§ 97 ff. GWB, die Vergabe- und Sektorenverordnung und insbesondere die VOL/A Vorrang gegenüber Art. 5 der Verordnung. Ist ein öffentlicher Dienstleistungsauftrag im Sinne des Art. 2 lit. i VO 1370/2007 im Wettbewerb zu vergeben, ist zunächst zu prüfen, ob nicht die §§ 97 ff. GWB Anwendung finden. Dahinter steht der Gedanken, dass das „allgemeine Vergaberecht" **strengere Anforderungen** stellt als die vergaberechtlichen Regelungen der VO 1370/2007 und diese strengeren Anforderungen weiterhin Anwendung finden sollen.[2] Die verordnungsrechtlichen Bestimmungen sollen im Wesentlichen **Lücken schließen** und erstmals vergaberechtliche Bindungen dort schaffen, wo bisher nähere sekundärrechtlichen Bindungen fehlten: im Bereich der Eisenbahnverkehre und bei der Vergabe von Dienstleistungskonzessionen.

---

[1] Näher zu den Direktvergabeoptionen der VO 1370/2007 nachfolgend unter § 59.
[2] Wie hier etwa *Polster* NZBau 2010, 662, 663.

II. Dienstleistungskonzessionen im öffentlichen Personenverkehr

Entscheidend für die Wahl des richtigen Vergabeverfahrens ist wegen des differenzierten Regelungsgeflechts in Art. 5 Abs. 1 VO 1370/2007 die Unterscheidung von öffentlichen Dienstleistungsaufträgen im Sinne des Art. 2 lit. i VO 1370/2007, die sich als öffentlicher Dienstleistungsauftrag im Sinne des allgemeinen Vergaberechts – d. h. im Sinne des § 99 Abs. 4 – darstellen, und öffentlichen Dienstleistungsaufträgen im Sinne des Art. 2 lit. i VO 1370/2007, die sich nicht als öffentlicher Dienstleistungsauftrag im Sinne des allgemeinen Vergaberechts darstellen, z. B. weil sie als Dienstleistungskonzession zu qualifizieren sind.[3]

1. Bedeutung der Unterscheidung von Auftrag und Konzession

Im Bereich der **Bus- und Straßenbahnverkehre** sind Art. 5 Abs. 1 Satz 2 und Satz 3 VO 1370/2007 zu beachten: Art. 5 Abs. 1 Satz 2 der Verordnung knüpft an „Dienstleistungsaufträge" im Sinne des Art. 1 Abs. 2 lit. d der Richtlinie 2004/17/EG und an „öffentliche Dienstleistungsaufträge" im Sinne des Art. 1 Abs. 2 lit. d der Richtlinie 2004/18/EG an. Art. 5 Abs. 1 Satz 3 der Verordnung spricht kurzum von Aufträgen nach den Richtlinien 2004/17/EG und 2004/18/EG. In Deutschland sind das **öffentliche Dienstleistungsaufträge im Sinne des § 99 Abs. 4 GWB.** Für sie gelten gemäß Art. 5 Abs. 1 Satz 2 und Satz 3 der Verordnung die Absätze 2 bis 5 des Art. 5 VO 1370/2007 nicht, wenn die Aufträge öffentliche Personenverkehrsdienste mit Bussen und Straßenbahnen betreffen. Diese Aufträge sind gemäß den in den Richtlinien vorgesehenen Verfahren zu vergeben, in Deutschland also nach Maßgabe der §§ 97 ff. GWB, der Vergabe- und Sektorenverordnung und insbesondere der VOL/A. **Dienstleistungskonzessionen** hingegen unterliegen weder den Richtlinien noch den §§ 97 ff. GWB.[4] Für sie greift der Vorrang des allgemeinen Vergaberechts folglich auch dann nicht, wenn sie öffentliche Personenverkehrsdienste mit Bussen und Straßenbahnen zum Gegenstand haben. Art. 5 Abs. 1 Satz 3 VO 1370/2007 dient insoweit allein der Klarstellung zu den mit Satz 2 verbundenen Konsequenzen.[5] Art. 5 Abs. 1 Satz 3 VO 1370/2007 kann **kein weitergehendes Wahlrecht** der zuständigen Behörde entnommen werden, auch jenseits der in Art. 5 Abs. 1 Satz 2 VO 1370/2007 bezeichneten Fälle an Stelle von Art. 5 Absätze 2 bis 5 der Verordnung (freiwillig) das allgemeine Vergaberecht anzuwenden.[6] Andernfalls könnte die zuständige Behörde etwa die spezifischen Voraussetzungen für Inhouse-Vergaben nach Art. 5 Abs. 2 VO 1370/2007 umgehen, wenn zwar nicht diese, wohl aber die Voraussetzungen erfüllt sind, die nach der Rechtsprechung des EuGH an Inhouse-Vergaben nach dem allgemeinen Vergaberecht gestellt werden.[7] Auch liefen andernfalls die ausdrücklichen Vorbehalte für nationales Recht in Art. 5 Abs. 2, Abs. 4 und Abs. 6 VO 1370/2007 leer. **Unterhalb der Schwellenwerte** des allgemeinen Vergaberechts (vgl. dazu § 2 VgV) beanspruchen die Richtlinien 2004/17/EG und 2004/18/EG keine Geltung; in diesen Fällen gilt die VO 1370/2007 auch für öffentliche Dienstleistungsaufträge im Sinne des

---

[3] Zur Eigenständigkeit der Begriffsbildung bereits zuvor oben unter § 55 Rn. 13 ff.
[4] Art. 1 Abs. 3 lit. b der Richtlinie 2004/17/EG; Art. 1 Abs. 4 der Richtlinie 2004/18/EG, EuGH Urt. v. 7.12.2000, Rs. C-324/98, NZBau 2001, 148 Rn. 42 ff. – Telaustria; BGH Beschl. v. 8.2.2011, X ZB 4/10, NZBau 2011, 175 Rn. 29 – Abellio Rail.
[5] Ebenso *Heiß* VerwArchiv (100) 2009, 113, 136 f.; *Pünder* EuR 2007, 564, 575.
[6] Anders *Knauff* NZBau 2012, 65, 67, sowie *Griem/Mosters* in: Pünder/Prieß, Brennpunkte des öffentlichen Personennahverkehrs vor dem Hintergrund der neuen EG-Personenverkehrsdiensteverordnung Nr. 1370/2007, 2010, S. 1, 4.
[7] Zu den Differenzen zwischen den allgemeinen Inhouse-Kriterien nach der Rechtsprechung des EuGH und der Regelung in Art. 5 Abs. 2 VO 1370/2007 nachfolgend unter § 57 Rn. 9 ff.

§ 99 Abs. 4 GWB für Bus- und Straßenbahnverkehre[8]; gerade in diesen Fällen kann eine Direktvergabe nach Art. 5 Abs. 4 VO 1370/2007 in Betracht kommen[9].

5   Art. 5 Abs. 1 Satz 2 und Satz 3 VO 1370/2007 begründen den Vorrang des allgemeinen Vergaberechts gegenüber Art. 5 der Verordnung für Bus- und Straßenbahnverkehre. Für **Eisenbahnen und andere Arten des Schienenverkehrs**[10] beansprucht diese Rückausnahme gegenüber Art. 5 Abs. 1 Satz 1 VO 1370/2007 keine Geltung[11], so dass die Vorschriften über das Vergabeverfahren in Art. 5 der Verordnung an sich für sämtliche öffentliche Dienstleistungsaufträge im Sinne des Art. 2 lit. i VO 1370/2007 ohne Rücksicht darauf gelten, ob ein öffentlicher Dienstleistungsauftrag im Sinne des § 99 Abs. 4 GWB oder eine Dienstleistungskonzession vergeben wird. Wettbewerbliche Vergabeverfahren wären somit nach Maßgabe des Art. 5 Abs. 3 VO 1370/2007 durchzuführen. Diese Vorschrift könnte dem allgemeinen Vergaberecht als lex specialis vorgehen, zumal sie als Verordnungsrecht im Sinne des Art. 228 AEUV unmittelbare Geltung beansprucht. Mit seinem Beschluss vom 8.2.2011 hat der Bundesgerichtshof allerdings entschieden, dass §§ 97 ff. GWB entgegenstehendes nationales Recht im Sinne des Art. 5 Abs. 6 VO 1370/2007 sind[12]: Das allgemeine Vergaberecht sperre die Direktvergabe öffentlicher Dienstleistungsaufträge im Eisenbahnverkehr. Daraus könnte zu folgern sein, dass statt der Direktvergabe ein wettbewerbliches Vergabeverfahren nach den §§ 97 ff. GWB durchzuführen ist. Anderes hieße, die §§ 97 ff. GWB als reine (Verbots-) Vorschriften zu interpretieren und das hiernach gebotene wettbewerbliche Verfahren dann doch nach Maßgabe des Art. 5 Abs. 3 VO 1370/2007 durchzuführen. Um diesen Wertungswiderspruch zu vermeiden, dürften die §§ 97 ff. GWB samt des einschlägigen untergesetzlichen Regelungswerkes als Vorschriften anzusehen sein, die in ihrem Anwendungsbereich die Vorgaben des Art. 5 Abs. 3 VO 1370/2007 konkretisieren.[13] Dann aber muss sich ein wettbewerbliches Verfahren nach den §§ 97 ff. GWB richten, sofern ein **öffentlicher Dienstleistungsauftrag im Sinne des § 99 Abs. 4 GWB** zu vergeben ist.[14] Auch im Bereich der Eisenbahnverkehre findet Art. 5 Abs. 3 VO 1370/2007 also nur Anwendung, wenn sich der im Einzelfall zu vergebende öffentliche Dienstleistungsauftrag im Sinne des Art. 2 lit. i VO 1370/2007 als **Dienstleistungskonzession** darstellt.

6   Die Unterscheidung zwischen öffentlichen Dienstleistungsaufträgen im Sinne des § 99 Abs. 4 GWB und Dienstleistungskonzessionen hat folglich sowohl für Bus- und Straßenbahnverkehre als auch für Eisenbahnverkehre Bedeutung. Für die Bus- und Straßenbahnverkehre folgt dies aus Art. 5 Abs. 1 Satz 2 und Satz 3 VO 1370/2007, für die Eisenbahnverkehre aus der Rechtsprechung des Bundesgerichtshofs. Anwendung findet Art. 5 VO 1370/2007 letztlich nur, sofern sich der öffentliche Dienstleistungsauftrag im Sinne des Art. 2 lit. i der Verordnung als Dienstleistungskonzession darstellt.

2. Dienstleistungskonzessionen in der Rechtsprechung des EuGH

7   Die Definitionen des Dienstleistungsauftrags im Sinne des allgemeinen Vergaberechts und der Dienstleistungskonzession bestimmen sich gemäß der Rechtsprechung des EuGH ausschließlich nach Maßgabe des Unionsrechts.[15] Diese Rechtsprechung ist für den deut-

---

[8] Ebenso *Schmitz/Winkelhüsener* EuZW 2011, 52, 53.
[9] Zu Art. 5 Abs. 4 VO 1370/2007 vgl. nachfolgend unter § 57 Rn. 27 ff.
[10] Zu den Begriffen näher unter § 55 Rn. 3.
[11] *Otting/Scheps* NVwZ 2008, 499, 500.
[12] BGH Beschl. v. 8.2.2011, X ZB 4/10, NZBau 2011, 175 Rn. 53 f. – Abellio Rail.
[13] In diesem Sinne auch *Kühling* IR 2011, 101, 104; *Polster* NZBau 2010, 662, 670.
[14] Zu den Konsequenzen der Qualifizierung als nicht-prioritäre Dienstleistungen vgl. § 59 [jetzt: § 57] Rn. 5. Zur Vergabe der S-Bahn-Verkehre Rhein-Main vgl. den Bericht von *Achenbach/Fry/Nogall* Der Nahverkehr 1–2/2013, 42 ff.
[15] EuGH Urt. v. 18.7.2007, Rs. C-382/05, VergabeR 2007, 604 Rn. 30 f. – Kommission./. Italien; EuGH Urt. v. 10.3.2011, Rs. C-274/09, NZBau 2011, 239 Rn. 23 – Privater Rettungsdienst

schen Gesetzgeber und die deutschen Gerichte verbindlich.[16] Öffentliche **Dienstleistungsaufträge** sind gemäß § 99 Abs. 4 i.V.m. Abs. 1 GWB entgeltliche Verträge von öffentlichen Auftraggebern mit Unternehmen über die Beschaffung von Dienstleistungen. Eine Definition der **Dienstleistungskonzession** kennt das deutsche Recht nicht.[17] Maßgeblich ist die Legaldefinition der Art. 1 Abs. 3 lit. b der Richtlinie 2004/17/EG und Art. 1 Abs. 4 der Richtlinie 2004/18/EG. Danach sind Dienstleistungskonzessionen Verträge, die von Dienstleistungsaufträgen nur insoweit abweichen, als die Gegenleistung für die Erbringung der Dienstleistungen ausschließlich in dem Recht zur Nutzung der Dienstleistung oder in diesem Recht zuzüglich der Zahlung eines Preises besteht.[18]

Um eine Dienstleistungskonzession annehmen zu können, hat der EuGH gelegentlich 8 die Feststellung genügen lassen, dass der öffentliche Verkehrsdienst zumindest teilweise über den Kauf von Fahrkarten durch die Benutzer finanziert wird. Diese Art einer **mittelbaren Vergütung** des Verkehrsunternehmens sei charakteristisch für eine öffentliche Dienstleistungskonzession.[19] Doch ist, wie der EuGH zwischenzeitlich ausdrücklich auch anlässlich der Vergabe eines Vertrages über öffentliche Busverkehrsleistungen entscheiden hat, die Art der Vergütung nur eines der Kriterien für die Einordnung als Dienstleistungskonzession.[20] Entscheidend ist letztlich die Übernahme eines **Betriebsrisikos** durch das Verkehrsunternehmen.[21] Das Betriebsrisiko kennzeichnet das Risiko, den Unwägbarkeiten des Marktes ausgesetzt zu sei. Es kann sich etwa in dem Risiko der Konkurrenz durch andere Wirtschaftsteilnehmer, dem Risiko eines Ungleichgewichts zwischen Angebot und Nachfrage, dem Risiko der Zahlungsunfähigkeit derjenigen, die die Bezahlung der erbrachten Dienstleistungen schulden, dem Risiko einer nicht vollständigen Deckung der Betriebsausgaben durch die Einnahmen oder dem Risiko der Haftung für einen Schaden im Zusammenhang mit einem Fehlverhalten bei der Erbringung der Dienstleistung äußern.[22] Davon abzugrenzen sind die Risiken, die sich aus einer mangelhaften Betriebsführung oder aus Beurteilungsfehlern des Wirtschaftsteilnehmers ergeben, da diese Risiken jedem Vertrag immanent sind.[23] Sofern das wirtschaftliche Betriebsrisiko wegen der öffentlich-rechtlichen Ausgestaltung erheblich eingeschränkt ist, genügt für die Einordnung eines Vertrages als Dienstleistungskonzession, dass der öffentliche Auftraggeber das auf ihm lastende Betriebsrisiko vollständig oder zumindest zu einem wesentlichen Teil auf den Konzessionär überträgt.[24] In Übereinstimmung mit der sekundärrechtlichen Definition der Dienstleistungskonzession hat der EuGH anerkannt, dass die Qualifikation eines

---

und Krankentransport Stadler; EuGH Urt. v. 10.11.2011, Rs. C-348/10, NZBau 2012, 183 Rn. 40 – Norma-A SIA.

[16] BGH Beschl. v. 8.2.2011, X ZB 4/10, NZBau 2011, 175 Rn. 33 – Abellio Rail.

[17] Zu der facettenreichen Geschichte des Begriffs der Konzession etwa *Storr* in Kluth/Müller/Peilert, Wirtschaft – Verwaltung – Recht: Festschrift für Rolf Stober, 2008, S. 417 ff. Zur Entwicklung des Begriffs in der Rechtsprechung des EuGH etwa *Fritz/Seidler* EuZW 2010, 933 ff.

[18] Die inhaltliche Identität der Definitionen in beiden Richtlinien bestätigend etwa EuGH Urt. v. 10.11.2011, Rs. C-348/10, NZBau 2012, 183 Rn. 39 – Norma-A SIA.

[19] EuGH Urt. v. 6.4.2006, Rs. C-410/04, NZBau 2006, 326 Rn. 16 – ANAV; vgl. dazu auch die Schlussanträge des Generalanwalts *Cruz Villalón* v. 7.7.2011, Rs. C-348/10, Rn. 45 – Norma-A SIA.

[20] EuGH Urt. v. 10.11.2011, Rs. C-348/10, NZBau 2012, 183 Rn. 44 – Norma-A SIA.

[21] EuGH Urt. v. 10.11.2011, Rs. C-348/10, NZBau 2012, 183 Rn. 45 ff. – Norma-A SIA.

[22] EuGH Urt. v. 10.11.2011, Rs. C-348/10, NZBau 2012, 183 Rn. 48 – Norma-A SIA unter Hinweis auf EuGH Urt. v. 10.9.2009, Rs. C-206/08, NZBau 2009, 729 Rn. 67 – WAZV Gotha, sowie EuGH Urt. v. 10.3.2011, Rs. C-274/09, NZBau 2011, 239 Rn. 37 – Privater Rettungsdienst und Krankentransport Stadler.

[23] EuGH Urt. v. 10.11.2011, Rs. C-348/10, NZBau 2012, 183 Rn. 49 – Norma-A SIA unter Hinweis auf EuGH Urt. v. 10.3.2011, Rs. C-274/09, NZBau 2011, 239 Rn. 38 – Privater Rettungsdienst und Krankentransport Stadler.

[24] EuGH Urt. v. 10.11.2011, Rs. C-348/10, NZBau 2012, 183 Rn. 45, 50 – Norma-A SIA unter Hinweis auf EuGH Urt. v. 10.9.2009, Rs. C-206/08, NZBau 2009, 729 – WAZV Gotha.

Vertrages als Dienstleistungskonzession nicht bereits deshalb ausgeschlossen ist, weil das Verkehrsunternehmen vom Konzessionsgeber ein Entgelt oder einen Zuschuss erhält.[25] Entscheidend ist der Umfang dieser **Zahlungen**: Die Qualifikation als Dienstleistungskonzession liegt fern, wenn dem Verkehrsunternehmen ein so gut wie vollständiger Ausgleich für Verluste gewährt wird, die durch die Erbringung der Leistungen und der damit verbundenen Kosten abzüglich der Einnahmen entstehen.[26] Doch können weitere Aspekte wie die Verringerung der Ausgleichszahlungen während der Vertragslaufzeit, die Laufzeit des Vertrages und Ungewissheiten hinsichtlich der Nachfrage durch die Benutzer für die Beurteilung im Einzelfall von Bedeutung sein.[27]

3. Entscheidungspraxis deutscher Gerichte und Vergabekammern

9 Die Entscheidung, ob im Einzelfall die Anforderungen erfüllt sind, die an eine Dienstleistungskonzession gestellt werden, weist der EuGH den mitgliedstaatlichen Gerichten zu.[28] Der **Bundesgerichtshof** hat sich in seiner **Leitentscheidung vom 8. 2. 2011** eingehend mit dem Begriff der Dienstleistungskonzession im Verkehrssektor befasst. Die Maßstäbe, die das Gericht dort im Zusammenhang mit Eisenbahnverkehren gesetzt hat, können auf andere öffentliche Personenverkehre übertragen werden. In Übereinstimmung mit der Rechtsprechung des EuGH prüft der Bundesgerichtshof, ob das Verkehrsunternehmen einen wesentlichen Teil des Betriebsrisikos übernimmt. Das erfordere eine Gesamtbetrachtung aller Umstände, wobei insbesondere die Marktbedingungen und die vertraglichen Vereinbarungen in ihrer Gesamtheit zu würdigen seien.[29] Aus der Rechtsprechung des EuGH folge, dass marktregulierende rechtliche Rahmenbedingungen außer Betracht zu bleiben haben.[30] Daher könne in Fällen, in denen keine Zuzahlung erfolge, regelmäßig von einer Dienstleistungskonzession ausgegangen werden. Gewähre der Auftraggeber hingegen einen Zuschuss, könne eine Dienstleistungskonzession nur dann angenommen werden, wenn die Vergütung oder (Aufwands-) Entschädigung ein solch geringes Gewicht hat, dass ihr **bei wertender Betrachtung bloßer Zuschusscharakter** beigemessen werden kann. Die aus der Erbringung der Dienstleistung möglichen Einkünfte dürften sich nicht als ein Entgelt darstellen, das weitab von einer äquivalenten Gegenleistung liegt.[31] Wann dies der Fall ist, lasse sich ebenso wenig einheitlich durch eine rechnerische Quote festlegen, wie sich auch sonst schematische Lösungen verböten.[32] Im Rahmen der erforderlichen Gesamtschau müsse zudem Berücksichtigung finden, ob der Konzessionär seine Leistungen monopolistisch oder sonst aus einer überlegenen Position heraus erbringe.[33] Sieht er sich nur einem verringerten Konkurrenzdruck ausgesetzt, vermindere dies sein Betriebsrisiko. Für die Qualifikation als Dienstleistungsauftrag könne auch sprechen, dass die Leistungen in einem Bereich erbracht werden, der ohnehin durch öffentliche Zuschüsse und staatliche Beihilfen geprägt ist; sichern diese Zahlungen einen wesentlichen Teil des Risikos ab, liege die Annahme einer Dienstleistungskonzession eher fern. Im Hinblick auf den dem Beschluss vom 8. 2. 2011 zugrunde liegenden Sachverhalt stellte der Bundesgerichtshof fest, dass die Zuschusszahlungen der öffentlichen Hand sich auf ca. 64 % der Gesamtkosten des Verkehrsunternehmens beliefen. Da das Unternehmen zugleich keinem direkten Wettbewerb ausgesetzt sei, stelle sich der Vertrag nicht als Dienst-

---

[25] Vgl. EuGH Urt. v. 6. 4. 2006, Rs. C-410/04, NZBau 2006, 326 Rn. 16 – ANAV.
[26] EuGH Urt. v. 10. 11. 2011, Rs. C-348/10, NZBau 2012, 183 Rn. 52 ff. – Norma-A SIA.
[27] EuGH Urt. v. 10. 11. 2011, Rs. C-348/10, NZBau 2012, 183 Rn. 56 – Norma-A SIA.
[28] EuGH Urt. v. 10. 11. 2011, Rs. C-348/10, NZBau 2012, 183 Rn. 57 – Norma-A SIA.
[29] BGH Beschl. v. 8. 2. 2011, X ZB 4/10, NZBau 2011, 175 Rn. 30 ff., 35 – Abellio Rail.
[30] BGH Beschl. v. 8. 2. 2011, X ZB 4/10, NZBau 2011, 175 Rn. 35 – Abellio Rail.
[31] BGH Beschl. v. 8. 2. 2011, X ZB 4/10, NZBau 2011, 175 Rn. 37 – Abellio Rail.
[32] BGH Beschl. v. 8. 2. 2011, X ZB 4/10, NZBau 2011, 175 Rn. 40 – Abellio Rail.
[33] Zur Austauschbarkeit verschiedener Verkehrsmittel vgl. etwa Monopolkommission, 48. Sondergutachten „Wettbewerbs- und Regulierungsversuche im Eisenbahnverkehr", 2007, Tz. 69 ff.

leistungskonzession, sondern als öffentlicher Dienstleistungsauftrag im Sinne des § 99 Abs. 4 GWB dar.[34]

Diese Rechtsprechung des Bundesgerichtshofs stimmt im Wesentlichen mit der **Rechtsprechung anderer Gerichte** und der **Entscheidungspraxis der Vergabekammern** überein. Bereits im Jahre 2004 hatte etwa das OLG Düsseldorf einen Vertrag als Dienstleistungsauftrag qualifiziert, weil der Auftraggeber gegenüber dem Verkehrsunternehmen letztlich für die Gesamtkosten der Leistung aufkam.[35] Ebenso eindeutig fiel im Jahre 2005 eine Entscheidung des OLG Karlsruhe aus. Das Gericht qualifizierte zwei Verträge als Dienstleistungskonzessionen, in denen ein Zuschuss von lediglich 9 bis 4 % des prognostizierten Gesamtaufwands vorgesehen war.[36] Das OLG München entschied im Jahre 2008, dass bei **Unsicherheiten über die Höhe des Zuschusses** im Zweifel von einem Dienstleistungsauftrag auszugehen sei.[37] In der Entscheidung, die dem Urteil des Bundesgerichtshofs vom 8.2.2011 voranging, stellte das OLG Düsseldorf vor allem auf die Höhe des Zuschusses ab. Da das Verkehrsunternehmen durch Fahrgelderlöse nur 36 % seiner Gesamtkosten einschließlich Gemeinkosten, Infrastrukturbenutzungsentgelten und Gewinn refinanzieren müsse, sei die in der Literatur vielfach angenommene **Grenze von 50 % der Kosten** weit unterschritten[38], weshalb von einem Dienstleistungsauftrag auszugehen sei.[39] Zwischenzeitlich haben etwa das OLG München und das OVG Nordrhein-Westfalen die Rechtsprechung des Bundesgerichtshofs aufgegriffen und prüfen ebenfalls, ob etwaigen Zahlungen bloßer Zuschusscharakter zukommt.[40] Das OLG Karlsruhe hat die Qualifikation eines Vertrages als Dienstleistungskonzession in einem Fall abgelehnt, in dem das Gericht zu dem Schluss gekommen war, dass die Ausgestaltung der den Auftragnehmer treffenden Rechte, Pflichte und Risiken diesem keinen nennenswerten Spielraum bei der Gestaltung seiner Leistungen und Entgelte belasse und dem Auftragnehmer zugleich ein von den Fahrgeldeinnahmen unabhängiges Entgelt gezahlt werde, das dem Auftragnehmer das Einnahmerisiko nahm.[41]

4. Brutto- und Nettoverträge

Verkehrsverträge werden vielfach den Kategorien des Brutto- oder Nettovertrags zugeordnet.[42] Bei einem sog. **Bruttovertrag** trägt das Verkehrsunternehmen typischerweise kein aus den Fahrtgeldeinnahmen resultierendes wirtschaftliches Risiko. Das Verkehrsunternehmen erbringt die Verkehrsleistungen gegenüber den Fahrgästen im Namen und auf Rechnung des Aufgabenträgers. Die aus dem Fahrkartenverkauf resultierenden Erlöse sind für das Verkehrsunternehmen nur durchlaufende Posten, die direkt oder indirekt dem Aufgabenträger zufließen. Das Bestellerentgelt bleibt konstant. Gewinne kann das Verkehrsunternehmen nur über eine Verminderung der Kosten und nicht über Fahrgeldmehreinnahmen erzielen. Es fehlt an einer direkten Verbindung zwischen Fahrgast und Verkehrsunternehmen, Kunde des Verkehrsunternehmens ist allein der Aufgabenträger, der die Leistung bestellt und bezahlt. Anreize für ein fahrgastfreundliches Verhalten können

---

[34] BGH Beschl. v. 8.2.2011, X ZB 4/10, NZBau 2011, 175 Rn. 41 – Abellio Rail.
[35] OLG Düsseldorf Beschl. v. 6.12.2004, Verg 79/04, NZBau 2005, 239 f.
[36] OLG Karlsruhe Beschl. v. 13.7.2006, 6 W 35/05, KommJur 2006, 71, 72 f.
[37] OLG München Beschl. v. 21.5.2008, Verg 5/08, NZBau 2008, 668 ff.
[38] Zu dieser 50 %-Grenze etwa *Tödtmann/Schauer* NVwZ 2008, 1, 6. Auf die 50 %-Schwelle Bezug nehmend etwa auch VK Münster Beschl. v. 7.10.2010, VK 6/10.
[39] OLG Düsseldorf Beschl. v. 21.7.2010, Verg 19/10, NZBau 2010, 582 ff.; vgl. dazu auch die vorangehende Entscheidung der VK Münster Beschl. v. 18.3.2010, VK 1/10.
[40] OLG München Beschl. v. 25.3.2011, Verg 4/11, NZBau 2011, 380 ff. (zur Breitbandkabelversorgung); OVG Nordrhein-Westfalen, Beschl. v. 30.3.2011, 15 E 217/11 (zu einem Pachtvertrag).
[41] OLG Karlsruhe, Beschl. v. 9.10.2012, 15 Verg 12/11.
[42] Vgl. zu den Gestaltungsmöglichkeiten etwa *Schmitz/Winnes* in Saxinger/Winnes, Recht des öffentlichen Personenverkehrs, Std. 2012, Art. 4 Abs. 2 VO 1370 Rn. 7 ff.

hier nur über Bonus-Malus-Systeme geschaffen werden. Ein solcher Bruttovertrag stellt sich regelmäßig als **öffentlicher Dienstleistungsauftrag im Sinne des § 99 Abs. 4 GWB** dar.[43]

12   Im Rahmen eines sog. **Nettovertrages** ist das Verkehrsunternehmen hingegen unmittelbar auf die Fahrgelderlöse angewiesen. Die Einnahmen stehen hier dem Verkehrsunternehmen zu, mit ihnen hat das Verkehrsunternehmen die mit dem Fahrbetrieb verbundenen Kosten zu decken. Die mit schwankenden Fahrgeldeinnahmen verbundenen Risiken und Chancen liegen bei dem Verkehrsunternehmen. Diese Zuweisung von Chancen und Risiken ist grundsätzlich charakteristisch für eine **Dienstleistungskonzession**, da selbst zusätzliche Zahlungen einer Geldsumme der Annahme einer Dienstleistungskonzession nicht ohne Weiteres entgegenstehen.[44]

13   In der Praxis finden sich vielfach **Mischformen**, wie etwa Bruttoverträge mit Anreizwirkung.[45] Die Begriffe Brutto- und Nettovertrag sind keine Rechtsbegriffe, sondern rein deskriptiv. Für die Wahl eines zulässigen Vergabeverfahrens ist allein entscheidend, ob der jeweilige Vertrag als Dienstleistungskonzession angesehen werden kann oder nicht. Das richtet sich unter Berücksichtigung der Umstände des Einzelfalls danach, in welchem Umfang das Verkehrsunternehmen tatsächlich Betriebsrisiken trägt.

B. Vergaben nach Art. 5 Abs. 3 VO 1370/2007

14   Art. 5 Abs. 3 VO 1370/2007 regelt die wettbewerbliche Vergabe öffentlicher Dienstleistungsaufträge im Sinne des Art. 2 lit. i der Verordnung. Die Vorschrift steht unter einem **dreifachen Anwendungsvorbehalt:** Eines wettbewerblichen Verfahrens bedarf es gemäß Art. 5 Abs. 3 Satz 1 Alt. 1 VO 1370/2007 nicht, wenn eine Direktvergabe nach Art. 5 Abs. 2 VO 1370/2007 an einen internen Betreiber erfolgen soll und darf.[46] Der Vergabe im Wettbewerb bedarf es gemäß Art. 5 Abs. 3 Satz 1 Alt. 2 VO 1370/2007 weiterhin nicht, wenn eine der Direktvergabeoptionen nach Art. 5 Abs. 4 bis 6 VO 1370/2007 eröffnet ist.[47] Schließlich sind die Beschränkungen des Anwendungsbereichs zu beachten, die für Bus- und Straßenbahnverkehre aus Art. 5 Abs. 1 VO 1370/2007 und im Bereich der Eisenbahnverkehre aus der Rechtsprechung des Bundesgerichtshofs zur Anwendbarkeit der §§ 97 ff. GWB resultieren.[48]

I. Bindung an die vergaberechtlichen Grundprinzipien

15   Zentraler **Maßstab für die verordnungskonforme Ausgestaltung** eines wettbewerblichen Vergabeverfahrens ist Art. 5 Abs. 3 Satz 2 VO 1370/2007. Hiernach muss das für die Vergabe angewandte Verfahren allen Betreibern offen stehen, fair sein und den Grundsätzen der Transparenz und Nichtdiskriminierung genügen. Im anschließenden Satz 3 finden sich nähere Bestimmungen über Zulässigkeit und Voraussetzung von Verhandlungen. Der Verordnungstext belässt es bei diesen allgemeinen Aussagen zum Vergabeverfahren. Kon-

---

[43] Vgl. zur Definition des Bruttovertrages etwa OLG Düsseldorf, Beschl. v. 21.7.2010, Verg 19/10, NZBau 2010, 582, 585; *Griem/Mosters* in Pünder/Prieß, Brennpunkte des öffentlichen Personennahverkehrs vor dem Hintergrund der neuen EG-Personenverkehrsdiensteverordnung Nr. 1370/2007, 2010, S. 1, 5.

[44] Vgl. OLG Düsseldorf Beschl. v. 21.7.2010, Verg 19/10, NZBau 2010, 582, 585, *Griem/Mosters* in Pünder/Prieß, Brennpunkte des öffentlichen Personennahverkehrs vor dem Hintergrund der neuen EG-Personenverkehrsdiensteverordnung Nr. 1370/2007, 2010, S. 1, 5 f.

[45] Vgl. dazu etwa die Zusammenstellung der *IHK Region Stuttgart* Vergaben im Busverkehr – Chancen und Risiken für den Mittelstand, 2009, S. 64 ff.

[46] Dazu näher nachfolgend unter § 57 Rn. 9 ff.

[47] Dazu näher nachfolgend unter § 57 Rn. 3 ff., 27.

[48] Dazu vorstehend unter Rn. 4 ff.

kreter wird auch der Verordnungsgeber nicht, wenn er unter Erwägungsgrund 22 ausführt, die Auswahl habe unter Einhaltung des für das öffentliche Auftragswesen und Konzessionen geltenden Gemeinschaftsrechts zu erfolgen, das sich aus der Niederlassungs- und Dienstleistungsfreiheit nach Art. 49 und Art. 56 AEUV sowie den Grundsätzen der Transparenz und Gleichbehandlung ergibt. Es verbleibt im Wesentlichen bei den Anforderungen, die der EuGH aus dem **europäischen Primärrecht** für die Vergabe von Dienstleistungskonzessionen und Aufträgen ableitet, die nicht in den Anwendungsbereich der Richtlinien fallen. Diese sind in zwei **Mitteilungen der Kommission** zusammengefasst, in der „Mitteilung der Kommission zu Auslegungsfragen im Bereich Konzessionen im Gemeinschaftsrecht" aus dem Jahre 2000 einerseits[49] und in der aus dem Jahre 2006 stammenden „Mitteilung der Kommission zu Auslegungsfragen in Bezug auf das Gemeinschaftsrecht, das für die Vergabe öffentlicher Aufträge gilt, die nicht oder nur teilweise unter die Vergaberichtlinien fallen" andererseits[50]. Ergänzend kann der **Leitfaden zu mittelstandsfreundlichen Vergaben** der Kommission herangezogen werden.[51]

Die detaillierten Vorschriften der Richtlinien über das öffentliche Auftragswesen gelten gerade nicht. Es geht auch nicht an, die Richtlinien 2004/17/EG und 2004/18/EG ohne Weiteres als Konkretisierung der sich aus dem Primärrecht ergebenden Anforderungen anzusehen. Bestrebungen dieser Art ist der EuGH mehrfach entgegen getreten.[52] Generalanwalt *Mengozzi* hat zutreffend betont, dass nicht jede Regelung, die sich in den Richtlinien findet, gleichsam „natürliche Konsequenz" der primärrechtlichen Prinzipien sei.[53] Nichts anderes gilt im Hinblick auf einen pauschalen Rückgriff auf den Vorschlag der Kommmission für eine **Richtlinie über die Konzessionsvergabe**.[54] Diese Bestimmungen folgen der Bekanntmachung und dem Inkrafttreten der VO 1370/2007 zeitlich nach und können folglich nicht ohne Weiteres zur Interpretation des Art. 5 Abs. 3 VO 1370/2007 herangezogen werden. Ebenso wenig kann pauschal die auf Vorschriften der **VOL/A** zurückgegriffen werden, weil diese nationalen Vorschriften nicht zur Auslegung des europäischen Sekundärrechts herangezogen werden können.[55]

Den zuständigen Behörden verbleibt somit erheblicher Spielraum für eine flexible und den Anforderungen im Einzelfall angepasste Ausgestaltung des Vergabeverfahrens.[56] Allerdings lassen Wortlaut sowie Sinn und Zweck des Art. 5 Abs. 3 VO 1370/2007 Raum für eine konkretisierende **Ausgestaltung durch mitgliedstaatliches Recht.** Soweit solches existiert, sind die zuständigen Behörden daran nach Maßgabe der mitgliedstaatlichen Rechtsordnung gebunden. Im Hinblick auf die dem Personenbeförderungsgesetz unterfallenden Verkehre haben die zuständigen Behörden ab dem 1.1.2013 insbesondere die Regelungen des **§ 8b PBefG** 2013 zu beachten. Diese „konkretisierende Ausgestaltung" soll

---

[49] ABl. 2000 C 121/2.
[50] ABl. 2006 C 179/2. Die von der Bundesrepublik Deutschland gegen diese Mitteilung erhobene Nichtigkeitsklage hat das EuG mit Urt. v. 20.5.2010, Rs. T-258/06, NZBau 2010, 510 ff. – Deutschland ./. Kommission, zurückgewiesen.
[51] Arbeitsdokument der Kommissionsdienststellen – Europäischer Leitfaden für bewährte Verfahren (Code of best practice) zur Erleichterung des Zugangs kleine und mittelständischer Unternehmen (KMU) zu öffentlichen Aufträgen, SEC(2008) 2193 v. 25.6.2008.
[52] Vgl. nur EuGH Urt. v. 18.11.2010, Rs. C-226/09, NZBau 2011, 50 – Kommission ./. Irland; EuGH Urt. v. 17.3.2011, Rs. C-95/10 – Strong Seguranca SA. Kritisch zu einer solchen „reversed fertilization" etwa *Kühling/Huerkamp* in Montag/Säcker, Münchener Kommentar Kartellrecht, Bd. 3 – Beihilfen- und Vergaberecht, 2011, Vor §§ 97 ff. GWB Rn. 36.
[53] Schlussanträge des Generalanwalts *Mengozzi* v. 29.6.2010, Rs. C-226/09, Rn. 42– Kommission ./. Irland.
[54] KOM(2011) 897 endg. v. 20.12.2011.
[55] Zurückhaltend insoweit etwa auch *Schröder* NVwZ 2008, 1288, 1291 f.
[56] Vgl. *Knauff* NZBau 2011, 655, 657, sowie die sog. Leitlinien der BAG ÖPNV zur wettbewerblichen Vergabe von öffentlichen Dienstleistungsaufträgen nach Art. 5 Abs. 3 VO 1370/07 und die dazugehörige Handreichung der BAG ÖPNV zum Umgang mit der VO 1370/07.

in der Praxis ein einheitliches, transparentes und wettbewerbliches Vergabeverfahren sicherstellen.[57]

II. Eckpunkte des Vergabeverfahrens

1. Vorab-Veröffentlichung und Bekanntmachung

18 Art. 5 Abs. 3 Satz 2 VO 1370/2007 verlangt ein Vergabeverfahren, das allen Bietern offen steht. Im Erwägungsgrund 29 führt der Verordnungsgeber dazu aus, dass die zuständigen Behörden hinsichtlich der Vergabe öffentlicher Dienstleistungsaufträge die notwendigen Maßnahmen ergreifen sollten, um mindestens ein Jahr im Voraus ihre Vergabeabsicht bekannt zu geben. Auf diese Weise soll potenziellen Betreibern ermöglicht werden, auf die Absicht zur Vergabe des öffentlichen Dienstleistungsauftrages zu reagieren. Dementsprechend verpflichtet Art. 7 Abs. 2 Satz 1 VO 1370/2007 jede zuständige Behörde, **spätestens ein Jahr vor Einleitung** des wettbewerblichen Vergabeverfahrens ihren Namen und ihre Anschrift, die Art des Vergabeverfahrens und die von der Vergabe möglicherweise betroffenen Dienste und Gebiete im Amtsblatt der Europäischen Union zu veröffentlichen. Solange ein spezielles Formular nicht existiert, kann das Formular Nr. 1 „Vorinformation" genutzt werden.[58]

19 Vor Ablauf der Jahresfrist darf der Auftrag nicht vergeben werden. Es dürfen aber Vorbereitungsmaßnahmen getroffen werden, die es erlauben, den Verkehr zum Ablauf des Jahres aufzunehmen.[59] Ändern sich die im Amtsblatt anzugebenden Informationen nach ihrer Veröffentlichung, hat die zuständige Behörde gemäß Art. 7 Abs. 2 Satz 3 VO 1370/2007 so rasch wie möglich eine **Berichtigung** zu veröffentlichen. Diese erfolgt gemäß Art. 7 Abs. 2 Satz 4 der Verordnung unbeschadet des Zeitpunkts der Einleitung der Direktvergabe oder des wettbewerblichen Vergabeverfahrens, d.h. durch eine Berichtigung verlängert sich die Frist der Vorabinformation nicht. Seine Grenze findet das Recht zur Berichtigung in der „Identität des Auftragsgegenstandes": Diese aus dem allgemeinen Vergaberecht bekannte Grenze[60] ist auch im Rahmen der VO 1370/2007 zu beachten, weil andernfalls eine Umgehung der vergaberechtlichen Pflichten droht.

20 Ausnahmen von der Informationspflicht sehen Art. 7 Abs. 2 Satz 2 und Satz 5 der Verordnung für öffentliche Dienstleistungsaufträge mit einer jährlichen öffentlichen Personenverkehrsleistung von weniger als 50.000 km sowie in Notsituationen nach Art. 5 Abs. 5 VO 1370/2007 vor. Eine Vorabinformation ist gemäß Art. 7 Abs. 2 Satz 1 VO 1370/2007 vor Einleitung „des wettbewerblichen Vergabeverfahrens" oder vor der Direktvergabe zu veröffentlichen. Wettbewerbliche Vergabeverfahren in diesem Sinne sind jedenfalls die Vergabeverfahren nach Art. 5 Abs. 3 VO 1370/2007.[61] Darüber hinaus ist Art. 7 Abs. 2 VO 1370/2007 bei Vergaben öffentlicher Dienstleistungsaufträge im Sinne des Art. 2 lit. i der Verordnung anzuwenden, die den **§§ 97 ff. GWB** unterliegen. Die Verpflichtung ist sektorenspezifisches Sekundärrecht, das insoweit neben die Vorschriften des allgemeinen Vergaberechts tritt. Ob eine Missachtung der Pflichten zur Vorabinformation sogleich zur Nichtigkeit des vergebenen öffentlichen Dienstleistungsauftrages gem.

---

[57] BR-Drs. 462/11 v. 12.8.2011 mit Begründung ebendort S. 29. Ganz ähnlich *Knauff* NZBau 2011, 655, 656.

[58] *Manka/Kohler* Der Nahverkehr 3/2011, 53, 53.

[59] *Manka/Kohler* Der Nahverkehr 3/2011, 53, 54; *Fehling* in Kaufmann/Lübbig/Prieß/Pünder, VO (EG) 1370/2007, 2010, Art. 7 Rn. 87.

[60] Vgl. etwa EuGH Urt. v. 22.4.2010, Rs. C-423/07, NZBau 2010, 643 Rn. 56 ff. – Kommission ./. Spanien m. zust. Anm. von *Kronsbein/Dewald* NZBau 2011, 146 ff.

[61] Den Anwendungsbereich des Art. 7 Abs. 2 VO 1370/2007 hierauf beschränkend etwa *Berschin* in Barth/Baumeister/Berschin/Werner, Handbuch ÖPNV, Std. 2009, A 2 Rn. 232.

§ 134 BGB führt, ist bisher nicht geklärt; jedenfalls aber dürfte eine solche Vergabe für einen Konkurrenten anfechtbar sein.[62]

Eine Verpflichtung, im Nachgang zu der Vorab-Veröffentlichung nach Art. 7 Abs. 2 VO 1370/2007 eine gesonderte **Bekanntmachung** beispielsweise im EU-Amtsblatt zu veröffentlichen, begründet die Verordnung nicht.[63] § 8b Abs. 2 PBefG 2013 sieht allerdings eine Bekanntmachung vor, die auf der Internetseite www.bund.de veröffentlicht werden soll und weitere Informationen enthalten muss, insbesondere über den vorgesehenen Ablauf des wettbewerblichen Verfahrens, Eignungsnachweise, Anforderungen an die Übermittlung von Unterlagen und die Zuschlagskriterien einschließlich ihrer Gewichtung. Es steht im Ermessen der zuständigen Behörde, ob sie diese Bekanntmachung zeitgleich mit der Vorab-Information nach Art. 7 Abs. 2 VO 1370/2007 veröffentlicht oder zu einem späteren Zeitpunkt.[64] 21

2. Bestimmung des Leistungsumfangs

In Übereinstimmung mit den allgemeinen vergaberechtlichen Prinzipien stellt § 8b Abs. 3 Satz 1 PBefG 2013 klar, dass die zu vergebenden Dienstleistungen **eindeutig und umfassend zu beschreiben** sind. Nur dann können alle Bieter die Beschreibung im gleichen Sinne verstehen. Das ist Voraussetzung für miteinander vergleichbare Angebote. Weitere Einzelheiten ergeben sich aus der Verordnung: So sind gemäß Art. 4 Abs. 5 Satz 2 VO 1370/2007 in den Unterlagen des wettbewerblichen Verfahrens bestimmte **Angaben zu Sozialstandards** zu machen, die von den Bietern erfüllt werden sollen.[65] Gemäß Art. 4 Abs. 6 der Verordnung sind die zu beachtenden **Qualitätsstandards** anzugeben.[66] Art. 4 Abs. 7 Satz 1 VO 1370/2007 verlangt die Angabe, ob und in welchem Umfang **Unteraufträge** vergeben werden dürfen.[67] Die Vergabeunterlagen müssen Aussagen zu den **verkehrlich-technischen Aspekten** treffen, die für eine hinreichend präzise Leistungsbeschreibung erforderlich sind. Dazu können beispielsweise Angaben zum Linienweg und zur Mindesterschließung zählen oder Angaben zu Bedienungshäufigkeiten (Mindesttaktdichte), zur Mindestbedienung (Betriebszeiten), zum Fahrplan, zu den Tarifen, zum Fahrscheinvertrieb, zu Fahrzeugstandards oder zu Fahrgastinformation.[68] In Vergabeunterlagen, die Linienverkehre innerhalb eines Verbundtarifes betreffen, sind zusätzlich Darstellung zum Verbundtarif sowie zu den **Verbundregularien** einschließlich des Verfahrens zur Aufnahme neuer Betreiber erforderlich, bei der Neuvergabe bereits vorhandener Verkehre die bisher erzielten Fahrgeldeinnahmen, eine Darstellung des verbundinternen Einnahmeaufteilungsverfahrens, insbesondere im Hinblick auf die Berechnung der auf den Linienverkehr nach der Betriebsübernahme entfallenden Einnahmen und, soweit der Einnahmeaufteilung Verkehrserhebungsdaten zugrunde liegen, die zur bisherigen Verkehrsleistung erhobenen Linienstatistiken. Auch der mit dem erfolgreichen Bieter **abzuschließende Vertrag** muss den Unterlagen beigefügt werden. Gleiches gilt 22

---

[62] Zu beiden Alternativen *Fehling* in Kaufmann/Lübbig/Prieß/Pünder, VO (EG) 1370/2007, 2010, Art. 7 Rn. 61, 64. Zu den Anforderungen, einen Verstoß gegen Art. 7 Abs. 2 VO 1370/2007 im Nachprüfungsverfahren geltend machen zu können vgl. etwa OLG Rostock, Beschl. v. 4.7.2012, 17 Verg 3/12, *juris* Rn. 62 ff.

[63] Ebenso etwa *Knauff* NZBau 2011, 655, 656; *Polster* NZBau 2010, 662, 664. Anderer Ansicht etwa *Schröder* NVwZ 2008, 1288, 1293; *Griem/Mosters* in Pünder/Prieß, Brennpunkte des öffentlichen Personenverkehrs vor dem Hintergrund der neuen EG-Personenverkehrsdiensteverordnung Nr. 1370/2007, 2010, S. 1, 28 ff.

[64] BR-Drs. 462/11 v. 12.8.2011 mit Begründung ebendort S. 30.

[65] Zu Art. 4 Abs. 5 VO 1370/2007 näher unter § 55 Rn. 49 ff.

[66] Zu Art. 4 Abs. 6 VO 1370/2007 näher unter § 55 Rn. 58 ff.

[67] Zu Art. 4 Abs. 7 VO 1370/2007 näher unter § 55 Rn. 61 ff.

[68] Hierzu und zum Folgenden vgl. § 2 der Leitlinien der BAG ÖPNV zur wettbewerblichen Vergabe von öffentlichen Dienstleistungsaufträgen nach Art. 5 Abs. 3 VO 1370/2007.

Kap. 11 Auftragsvergaben im Bereich Öffentlicher Personenverkehrsdienste auf Schiene und Straße

für kalkulationsrelevante Aspekte wie eine Wiedereinsatzgarantie für **Fahrzeuge** oder den Umstand, dass der Aufgabenträger die erforderlichen Fahrzeuge beistellt.[69]

23 Im Einzelfall sorgfältig zu prüfen ist, in welchem Umfang die Aufgabenträger berechtigt sind, Linien zu **Linienbündel** zusammenzufassen (vgl. dazu insb. § 8a Abs. 2 Satz 4 und § 13 Abs. 3 lit. d PBefG 2013).[70] Das kann aus betriebswirtschaftlichen und betriebsorganisatorischen Gründen zweckmäßig sein. Die Aufgabenträger können auf diese Weise rentable und weniger rentable oder gar defizitäre Linien zusammenfassen und diese dann gemeinsam zum Gegenstand eines einheitlichen öffentlichen Dienstleistungsauftrages machen.[71] Dagegen abzuwägen ist, dass die Linienbündelung die Möglichkeiten der Verkehrsunternehmen, für bestimmte Linien die Durchführung eigenwirtschaftliche Verkehre zu beantragen, und damit den **Vorrang eigenwirtschaftlicher Verkehre** einschränkt.[72] Zugleich kann die Linienbündelung den Interessen mittelständischer Unternehmen zuwider laufen[73], deren Schutz das tendenziell gegenläufige **Gebot der Losteilung** nach § 8a Abs. 4 Satz 2 PBefG 2013 dient.[74]

3. Wahl der Verfahrensart und Ausgestaltung des Verfahrens

24 Art. 5 Abs. 3 VO 1370/2007 trifft keine Festlegung zu bestimmten Verfahrensarten. Darin unterscheidet die Verordnung sich von den Richtlinien 2004/17/EG und 2004/18/EG, die zwischen dem offenen Verfahren, dem nichtoffenen Verfahren, dem Verhandlungsverfahren und dem Wettbewerblichen Dialog unterscheiden. Da dem Verordnungsgeber der differenzierte Kanon von Verfahrensarten bekannt war, er auf eine Differenzierung im Rahmen der VO 1370/2007 gleichwohl verzichtet hat, sind die zuständigen Behörden verordnungsrechtlich **nicht an den Kanon der klassischen Vergabeverfahren gebunden.** Von Verordnungs wegen sind für die Ausgestaltung des wettbewerblichen Verfahrens im Sinne des Art. 5 Abs. 3 VO 1370/2007 nur die Grundsätze des Satzes 2 zu beachten: Das für die wettbewerbliche Vergabe angewandte Verfahren muss allen Betreibern offen stehen, fair sein und den Grundsätzen der Transparenz und Nichtdiskriminierung genügen. Aus dem deutschen Recht ergeben sich keine strengeren Bindungen.[75] Der Kanon in § 101 GWB und insbesondere der dort normierte Vorrang des offenen Verfahrens beansprucht Geltung nur für die öffentlichen Aufträge, die nach Maßgabe der §§ 97 ff. GWB zu vergeben sind. Den Gestaltungsspielraum der zuständigen Behörden schränkt auch § 8b PBefG 2013 nicht ein. Die zuständigen Behörden sollen nach dem Auftragsge-

---

[69] Vgl. dazu auch § 55 Fn. 97.
[70] Zur Zulässigkeit der Linienbündelung vgl. etwa auch *IHK Stuttgart* Der neue Rechtsrahmen für den Busverkehr, Februar 2013, S. 29 ff.
[71] Für die grundsätzliche Zulässigkeit der Bündelung von Verkehren etwa Kommission Beschl. v. 24.2.2010, Rn. 266, Staatliche Beihilfe C 41/08, Dankse Statsbaner, ABl. 2011 L 7/1. Gegen diesen Aspekt der Entscheidung richtet sich die gegen die Entscheidung anhängige Klage bei dem Europäischen Gericht, T-92/11, ABl. 2011 C 103/28 (erster Klagegrund).
[72] Zum Vorrang eigenwirtschaftlicher Verkehre oben unter § 55 Rn. 33 ff.
[73] Dass sich die Losteilung zum Schutz der Interessen mittelständische Unternehmen eignet, bestätigt die Kommission etwa unter Ziff. 1.1 des Arbeitsdokuments der Kommissionsdienststellen – Europäischer Leitfaden für bewährte Verfahren (Code of best practice) zur Erleichterung des Zugangs kleine und mittelständischer Unternehmen (KMU) zu öffentlichen Aufträgen, SEC(2008) 2193 v. 25.6.2008.
[74] BR-Drs. 462/11 v.12.8.2011 mit Begründung endbort S. 27. Für eine weite Gestaltungsfreiheit der Aufgabenträger bei der Linienbündelung *Fehling* in Fehling/Ruffert, Regulierungsrecht, 2010, § 10 Rn. 41. Kritisch insbesondere zur Linienbündelung auf Grundlage von Nahverkehrsplänen *Batzill* Der Nahverkehr 11/2009, 19 ff. Zur Diskussion m.w.N. auch *IHK Region Stuttgart* Vergaben im Busverkehr – Chancen und Risiken für den Mittelstand, 2009, S. 34 ff.
[75] Wie hier etwa *Knauff* NZBau 2011, 655, 657; *Prieß* in Kaufmann/Lübbig/Prieß/Pünder, VO (EG) 1370/2007 Kommentar, 2010, Art. 5 Rn. 160.

genstand angemessenen sachlichen Erwägungen entscheiden, wie sie das Vergabeverfahren im Einzelfall ausgestalten.[76]

Unter welchen Voraussetzungen **Verhandlungen** mit allen oder ausgewählten Bietern 25 zulässig sind, ergibt sich aus der Verordnung nicht eindeutig. Der eigentliche Normtext streitet für die Zulässigkeit von Verhandlungen in weitem Umfang. Denn in Art. 5 Abs. 3 Satz 3 VO 1370/2007 heißt es, dass nach Abgabe der Angebote und einer eventuellen Vorauswahl unter Einhaltung der im vorangehenden Satz 2 aufgeführten Grundsätze Verhandlungen geführt werden, um festzulegen, wie der *Besonderheit oder Komplexität* der Anforderungen am besten Rechnung zu tragen ist. Verhandlungen sind demnach zulässig, wenn die Besonderheiten des Auftrages mit den Bietern erörtert werden sollen.[77] Die Komplexität des zu vergebenden Auftrages muss nicht kumulativ erfüllt sein, sondern steht als Alternative („oder") neben dem Rechtfertigungsgrund der Besonderheiten des Auftrages. Ein restriktiveres Verständnis lässt sich aus dem – rechtlich unverbindlichen – Erwägungsgrund 22 ableiten, wo es heißt: Für *einige* wettbewerbliche Vergabeverfahren müssen die zuständigen Behörden *komplexe Systeme* festlegen und erläutern. *Daher* sollten diese Behörden ermächtigt werden, bei der Vergabe von Aufträgen *in solchen Fällen* die Einzelheiten des Auftrags mit einigen oder allen potenziellen Betreibern eines öffentlichen Dienstes nach Abgabe der Angebote auszuhandeln. Daraus könnte zu schließen sein, dass der Verordnungsgeber Verhandlungen nur im Zusammenhang mit der Vergabe von öffentlichen Dienstleistungsaufträgen erlauben wollte, die „komplexe Systeme" betreffen oder damit jedenfalls in Zusammenhang stehen.[78] Der Aufgabenträger, der ein Vergabeverfahren mit Verhandlungen durchführen will, sollte daher jedenfalls aus Gründen der Rechtssicherheit darlegen und dokumentieren, warum er Verhandlungen für zulässig erachtet. An die Voraussetzungen, die für die Wahl eines Verhandlungsverfahrens oder eines Wettbewerblichen Dialogs nach dem allgemeinen Vergaberecht gegeben sein müssen, ist die zuständige Behörde jedenfalls nicht gebunden.[79] Werden Verhandlungen geführt, sind diese mit allen Bietern getrennt und unter Beachtung des **Vertraulichkeitsgebotes** zu führen.[80] Dieses durch den *vergaberechtlichen* Wettbewerbsgrundsatz bedingte Vertraulichkeitsgebot steht der vom Bundesverfassungsgericht im Hinblick auf den *personenbeförderungsrechtlichen* Genehmigungswettbewerb gebilligten Praxis entgegen, konkurrierenden Unternehmen die Angebote der anderen Unternehmen bekannt zu geben und ihnen in Kenntnis der anderen Angebote die Möglichkeit zur Nachbesserung zu geben.[81]

Art. 5 Abs. 3 Satz 3 VO 1370/2007 stellt klar, dass im Laufe des Verfahrens eine „Vor- 26 auswahl" getroffen werden darf. Der Wortlaut ist so weit gefasst, dass er sowohl die Auswahl unter den Bewerbern im Rahmen eines **Teilnahmewettbewerbs** erlaubt[82] als auch eine sog. **Abschichtung** von Bietern im Zuge des weiteren Verfahrens wie dies bei Verhandlungsverfahren etwa auf Grundlage indikativer Angebote weit verbreitete Praxis ist. Ob und inwieweit eine Abschichtung auf nur noch einen Bieter – d. h. die Auswahl eines sog. **preferred bidder** – mit dem Wettbewerbsprinzip vereinbar ist, ist im Rahmen des

---

[76] BR-Drs. 462/11 v. 12.8.2011, S. 29.
[77] In diesem weiteren Sinne auch OLG Rostock Beschl. v. 25.9.2013, 17 Verg 3/13.
[78] Vgl. *Griem/Mosters* in Pünder/Prieß, Brennpunkte des öffentlichen Personennahverkehrs vor dem Hintergrund der neuen EG-Personenverkehrsdiensteverordnung Nr. 1370/2007, 2010, S. 1, 21 ff.; *Schröder* NVwZ 2008, 1288, 1291, 1293, sowie *Schröder* in Saxinger/Winnes, Recht des öffentlichen Personenverkehrs, Std. 2012, Art. 5 Abs. 3 VO 1370 Rn. 20 f. und Rn. 36.
[79] Dies zutreffend betonend etwa *Polster* NZBau 2010, 662, 665.
[80] Mit diesem Hinweis *Knauff* NZBau 2011, 655, 657.
[81] Vgl. BVerfG Beschl. v. 11.10.2010, 1 BvR 1425/10, NVwZ 2011, 113 ff. Kritisch dazu *Liebschwager* NZBau 2011, 518 ff.
[82] Dies ausdrücklich klarstellend etwa auch die Begründung der Bundesregierung zu § 8b Abs. 4 Satz 1 PBefG-E, vgl. BR-Drs. 462/11 v. 12.8.2011, S. 30.

allgemeinem Vergaberechts umstritten.[83] Auch der Verordnungsgeber hat dazu keine abschließende Festlegung getroffen.

4. Eignungs- und Zuschlagskriterien

27 Den in Art. 5 Abs. 3 Satz 2 VO 1370/2007 benannten Grundsätzen für die Ausgestaltung des Verfahrens ist die Verpflichtung der zuständigen Behörde zu entnehmen, die von ihr festgelegten Eignungs- und Zuschlagskriterien bekannt zu geben. Das stellt auch § 8b Abs. 2 Satz 3 Nr. 2 und Nr. 4 PBefG 2013 klar.

28 Im Hinblick auf die Eignungskriterien hatte die Bundesregierung in ihren Entwurf zu einem § 8b Abs. 3 Satz 1 PBefG noch vorgesehen, dass als solche nur solche Unterlagen und Angaben gefordert werden dürfen, die durch die von der Vergabe betroffenen Dienstleistungen gerechtfertigt sind. Das sind etwa die Nachweise gemäß § 13 PBefG iVm der Berufszugangsverordnung für den Straßenpersonenverkehr (PBZugV) oder für den Schienenverkehr die Nachweise gemäß § 6 Abs. 2 AEG iVm der Eisenbahnunternehmer-Berufszugangsverordnung (EBZugV). Im weiteren Verlaufe des Gesetzgebungsverfahrens ist § 8b Abs. 3 Satz 1 PBefG mit der Begründung gestrichen worden, die vorgesehene Beschränkung sei nicht sachgerecht[84], weil sie den Rahmen der Eignungskriterien zu sehr einschränke. So lasse sich im Hinblick auf die Zuverlässigkeitsprüfung in Frage stellen, ob Straftatbestände, die das allgemeine Vergaberecht im Zusammenhang mit der Eignungsprüfung benennt, den erforderlichen Bezug zu Personenbeförderungsleistungen hätten. Auch knüpften eine Reihe landesrechtlicher Eignungskriterien nicht zwangsläufig an die Dienstleitung als solche an, sondern an soziale, innovative oder Umweltkriterien.[85] Trotz des Verzichts auf § 8 Abs. 3 Satz 1 PBefG-E widerspricht eine gänzliche Freistellung der Eignungskriterien vom Erfordernis des Auftragsbezugs indes den allgemeinen vergaberechtlichen Anforderungen, die über Art. 5 Abs. 3 Satz 2 VO 1370/2007 doch Beachtung verlangen. Die zuständigen Behörden bleiben verpflichtet, im Einzelfall sorgfältig zu prüfen, welche Eignungskriterien sie aufstellen. Zugleich haben sie zu entscheiden, in welcher Form diese Nachweise vorzulegen sind; Eigenerklärungen können ausreichen.[86]

29 Um einen Auftrag können sich **Bewerber- und Bietergemeinschaften** bewerben. Das bringt die VO (EG) Nr. 1370/2007 zwar nicht eindeutig zum Ausdruck. Es sind jedoch keine Anhaltspunkte ersichtlich, die der Anwendung dieses Instruments einer mittelstandsfreundlichen Ausgestaltung der Vergabeverfahren entgegen stehen.[87] Dann ist die Zuverlässigkeit für jedes Mitglied der Bewerbergemeinschaft nachzuweisen, die fachliche und wirtschaftliche Leistungsfähigkeit durch die Bewerbergemeinschaft insgesamt.

30 Weder als Eignungs- noch als Zuschlagskriterium ist im Rahmen wettbewerblicher Verfahren nach Art. 5 Abs. 3 VO 1370/2007 die **Stellung als Altunternehmer** berück-

---

[83] Zur Diskussion etwa *Knauff* NZBau 2011, 655, 657; *Hertwig*, Praxis der öffentlichen Auftragsvergabe, 4. Auflage 2009, Rn. 226 und 277; *Willenbruch* NZBau 2003, 422, 424 f.; *Kramer* NZBau 2005, 138, 140; OLG Frankfurt am Main Beschl. v. 10.4.2001, 11 Verg 1/01, NZBau 2002, 161, 163; offen lassend: VK Hessen Beschl. v. 15.6.2007, 69d-VK-17/2007. Die Auswahl eines preferred bidder ausdrücklich für zulässig erklärend beispielsweise Art. 13 Abs. 5 lit. a des Beschlusses der Europäischen Zentralbank v. 3.7.2007 über die Festlegung der Vergaberegeln EZB/2007/5, ABl. 2007 L 184/34.
[84] Begründung zum Änderungsentwurf, BT-Drs. 17/10857, S. 23.
[85] Stellungnahme des Bundesrates, BR-Drs. 462/11 (Beschluss), dort S. 9.
[86] Vgl. zur Möglichkeit, Eigenerklärungen vorzulegen etwa § 7 EG Abs. 1 VOL/A.
[87] Vgl. dazu auch die Empfehlungen der Kommission in dem Arbeitsdokument der Kommissionsdienststellen – Europäischer Leitfaden für bewährte Verfahren (Code of best practice) zur Erleichterung des Zugangs kleiner und mittelständischer Unternehmen (KMU) zu öffentlichen Aufträgen, SEC(2008) 2193 v. 25.6.2008.

sichtigungsfähig.[88] Der Status als Altunternehmen lässt keine Rückschlüsse darauf zu, ob dieser Unternehmer besser geeignet ist als anderer Unternehmer. Auf Ebene der Zuschlagskriterien fehlt der Zusammenhang zur Wirtschaftlichkeit des Angebotes. Ob und in welchem Umfang das Altunternehmerprivileg nach § 13 Abs. 3 PBefG künftig Berücksichtigung finden darf, hängt zunächst davon ab, ob es kommerzielle oder eigenwirtschaftliche Verkehre gibt, die zwar einer Genehmigung nach § 13 PBefG bedürfen, nicht aber in einem wettbewerblichen Verfahren nach Art. 5 Abs. 3 VO 1370/2007 vergeben werden müssen.[89] Wird die Zulässigkeit eigenwirtschaftlicher Verkehre bejaht, muss sich das Altunternehmerprivileg als europarechtskonform erweisen.[90]

Keine Aussage trifft Art. 5 Abs. 3 VO 1370/2007 zu den Zuschlagskriterien. Da Art. 55 Abs. 1 Richtlinie 2004/17/EG und Art. 53 Abs. 1 Richtlinie 2004/18/EG zwischen dem Zuschlag auf den **niedrigsten Preis** und dem Zuschlag auf das **wirtschaftlichste Angebot** unterscheiden und diese Unterscheidung dem Verordnungsgeber somit bekannt war, kann davon ausgegangen werden, dass verordnungsrechtlich sowohl das Kriterium des niedrigsten Preises zulässig ist als auch der Zuschlag auf das wirtschaftlichste Angebot, d. h. auf das Angebot, das nach den von der zuständigen Behörde festgelegten Kriterien das beste Preis-Leistungs-Verhältnis aufweist.[91] Nach § 8b Abs. 4 Satz 2 PbefG 2013 sind die zuständigen Behörden künftig gehalten, im Anwendungsbereich des PBefG das wirtschaftlichste Angebot zu bezuschlagen. Das greift die Formulierung aus § 97 Abs. 5 GWB auf, die aber nicht ausschließt, dass das beste Angebot allein auf Grundlage des Zuschlagskriteriums des niedrigsten Preises ermittelt wird.[92] Auch im Rahmen wettbewerblicher Verfahren nach Art. 5 Abs. 3 VO 1370/2007 kann somit allein der niedrigste Preis als Zuschlagskriterium gewählt werden. Um sicherzustellen, dass die Bieter das wirtschaftlich optimale Angebot vorlegen, kann es zweckmäßig sein, dass die Bieter zu einzelnen Aspekten ihrer Angebote erst kurz vor der Zuschlagsentscheidung finale und verbindliche Angaben machen. Eine solche „**zweigeteilte Angebotsfrist**" kann sich insbesondere im Zusammenhang mit (Re-) Finanzierungskonditionen vorteilhaft erweisen, um Risikoaufschläge der Bieter zu verhindern, die sich aus lang währenden Bindefristen ergeben.[93] Ein solches Vorgehen ist gegenüber den verfahrensbeteiligten Bietern transparent anzukündigen.

5. Mitteilungspflicht vor Zuschlag

In Umsetzung der Rechtsmittelrichtlinie hat der deutsche Gesetzgeber in § 101a GWB bestimmte Informations- und Wartepflichten statuiert. Gemäß § 101b GWB ist ein Vertrag, der unter Verstoß gegen § 101a GWB oder infolge einer unzulässigen Direktvergabe geschlossen wurde, unwirksam, wenn fristgerecht ein Antrag auf Feststellung der Unwirksamkeit gestellt wird. Unmittelbare Geltung beanspruchen diese Vorschriften nur für

---

[88] Kritisch auch *Saxinger* GewA 2009, 250, 353 f.; *Schröder* NVwZ 2008, 1288, 1294; *Wenzel/Denzin/Siederer* LKV 2008, 18, 20. In diesem Sinne auch, wenngleich Frage offen lassend, VG Augsburg Urt. v. 2.2.2010, Au 3 K 09.419, *juris*, Rn. 58.

[89] Einen umfassenden Anwendungsbereich der VO 1370/2007 bejahend und das Altunternehmerprivileg damit für unvereinbar ansehend *Fiedler/Wachinger* N&R 2008, 116, 117. Zur Diskussion um die Zulässigkeit eigenwirtschaftlicher Verkehre oben unter § 55 Rn. 33 ff.

[90] Vgl. aber EuGH Urt. v. 22.12.2010, Rs. C-338/09, EuZW 2011, 190 ff. – Yellow Cab zur Rechtslage in Österreich sowie EuGH Urt. v. 1.6.2010, Rs. C-570/07 u.a., EuZW 2010, 578 ff. – José Manuel Blanco Pérez betreffend Beschränkungen der Niederlassungsfreiheit in Spanien.

[91] Ebenso etwa *Fehling/Niehnus* DÖV 2008, 662, 664.

[92] Vgl. dazu EuGH Urt. v. 7.10.2004, Rs. C-247/02, NZBau 2004, 685 Rn. 35 ff. – Sintesi; *Kühling/Huerkamp* in Montag/Säcker, Münchener Kommentar Kartellrecht, Bd. 3 – Beihilfen- und Vergaberecht, 2011, § 97 GWB Rn. 295 m.w.N.

[93] Ein solches Vorgehen im Rahmen eines VOB/A-Verfahrens billigend etwa VK Baden-Württemberg Beschl. v. 14.10.2011, 1 VK 51/11 und 53/11. Dies speziell im Zusammenhang mit der Fahrzeugfinanzierung empfehlend *Engelshoven/Hoopmann* IR 2011, 279, 282.

Vergabeverfahren, die §§ 97 ff. GWB unterliegen. Über § 8b Abs. 7 Satz 2 PBefG 2013 finden **§§ 101a, 101b GWB** auf wettbewerbliche Verfahren nach Art. 5 Abs. 3 VO 1370/2007 jedoch entsprechende Anwendung, um auch hier effektiven Rechtsschutz zu gewährleisten.[94] Das entspricht zugleich dem Gebot wirksamen Rechtsschutzes nach Art. 5 Abs. 7 VO 1370/2007 und dem Erwägungsgrund 21 zur Verordnung, der insoweit auf die Rechtsmittelrichtlinien verweist.

---

[94] BR-Drs. 462/11 v. 12.8.2011, zur Begründung ebendort S. 31.

§ 57 Direktvergaben öffentlicher Dienstleistungsaufträge

Übersicht

	Rn.
A. Einleitung	1, 2
B. Direktvergaben von Eisenbahnverkehren nach Art. 5 Abs. 6 VO 1370/2007	3–8
C. Selbsterbringung und Vergabe an interne Betreiber nach Art. 5 Abs. 2 VO 1370/2007	9–26
I. Handlungsoptionen der zuständigen Behörde(n)	10–13
II. Interner Betreiber – das Kontrollkriterium	14–18
III. Tätigkeitsbeschränkungen – das Wesentlichkeitskriterium	19–24
IV. Selbsterbringungsquote gemäß Art. 5 Abs. 2 Satz 2 lit. e VO 1370/2007	25
V. Selbsterbringung im Sinne des Art. 5 Abs. 2 Satz 1 Alt. 1 VO 1370/2007	26
D. Direktvergaben bei Kleinaufträgen	27–31
I. Anwendungsbereich	28
II. Schwellenwerte	29, 30
III. Umgehungsverbot und Losbildung	31
E. Notmaßnahmen nach Art. 5 Abs. 5 VO 1370/2007	32–58
I. Notsituation: Unterbrechung oder unmittelbare Gefahr der Unterbrechung	34–39
II. Notmaßnahmen: Direktvergabe, Direkterweiterung, Auferlegung	40–50
III. Ermessen der zuständigen Behörde	51–57
IV. Einstweilige Erlaubnis nach § 20 PBefG	58

Erläuterte Vorschriften:[*]

Literatur:

Baumeister/Klinger Perspektiven des Vergaberechts im straßengebundenen ÖPNV durch die Novellierung der Verordnung (EWG) Nr. 1191/69, NZBau 2005, 601 ff.; *Berschin* in Barth/Baumeister/Berschin/Werner, Handbuch ÖPNV, Std. 2009, A 2 (Erläuterungen zur VO 1370/2007); *Dünchheim/Bremke* Zum Wesentlichkeitskriterium bei In-House-Geschäften und zur vergaberechtlichen Relevanz von Vertragsänderungen, KommJur 2012, 128 ff.; *Fehling* Öffentlicher Verkehr (Bahn, ÖPNV), in Fehling/Ruffert, Regulierungsrecht, 2010, § 10; *Gersdorf* Schienenpersonenfernverkehr zwischen Eigenwirtschaftlichkeit und staatlicher Gewährleistungsverantwortung, DVBl. 2010, 746 ff.; *Heiß* Die neue EG-Verordnung für den öffentlichen Personenverkehr – ein Überblick unter Berücksichtigung der Situation in Deutschland, VerwArchiv (100) 2009, 113 ff.; *Hölzl* in Montag/Säcker, Münchener Kommentar, Europäisches und Deutsches Wettbewerbsrecht (Kartellrecht), Bd. 3, Beihilfen- und Vergaberecht, 2011, Kommentierung der VO 1370/2007; *Jasper/Seidel/Telenta* Direktvergaben vs. Grundrechte im Schienenpersonennahverkehr, IR 2008, 346 ff.; *Kaufmann/Lübbig/Prieß/Pünder* VO (EG) 1370/2007 Verordnung über öffentliche Personenverkehrsdienste Kommentar, 2010; *Kekelekis/Rusu* The Award of Public Contracts and the Notion of „Internal Operator" under regulation 1370/2007 on Public Passenger Transport Services by rail and by road, PPLR 6/2010, 19 ff.; *Knauff* Möglichkeiten der Direktvergabe im ÖPNV (Schiene und Straße), NZBau 2012, 65 ff.; *Knauff* Genehmigungsverfahren, in v. Wietersheim, Vergaben im ÖPNV, 2013, 29 ff.; *Kühling* Ausschreibungspflichten im SPNV nach dem BGH-Beschluss v. 8.2.2011, IR 2011, 101 ff.; *Kühling* Ausschreibungswettbewerb im Schienenpersonenverkehr? – zum Verhältnis zum § 15 Abs. 2 AEG und allgemeinem Vergaberecht, VergabeR 2010, 870 ff.; *Losch/Wittig* Gestaltungsmöglichkeiten und aktuelle Entwicklungen bei der Vergabe von Dienstleistungen im Bereich des öffentlichen Personennahverkehrs, VergabeR 2011, 561 ff.; *Motherby/Gleichner* Die extraterritoriale Tätigkeit von internen Betreibern, in Pries/Lau/Kratzenberg, Festschrift für Marx, 2013, 417 ff.; *Nettesheim* Das neue Dienstleistungsrecht des ÖPNV – Die Verordnung (EG) Nr. 1370/2007, NVwZ 2009, 1449 ff.; *Opitz* Anmerkung zu OLG Düsseldorf Beschl. v. 7.11.2012, Verg 11/12, VergabeR 2013, 253 ff.; *Opitz/Wittemann* Die Vergabe von öffentlichen Personenverkehrsdiensten mit Bussen nach dem novellierten

---

[*] Text der VO 1370/2007 siehe Seite 1211.

Personenbeförderungsgesetz in v. Wietersheim, Vergaben im ÖPNV, 2013, 135 ff.; *Otting* Vorgaben des EG-Primärrechts für Vergaben nach der VO (EG) Nr. 1370/2007 in Pünder/Prieß, Brennpunkte des öffentlichen Personennahverkehrs vor dem Hintergrund der neuen EG-Personenverkehrsdiensteverordnung Nr. 1370/2007, 2010, S. 141 ff.; *Otting* Anmerkung zu OLG Düsseldorf Beschl. v. 2.3. 2011, Verg 48/10 – Münsterlandkreise, VergabeR 2011, 484 f.; *Otting* Öffentliche Auftragsvergabe im Schienenpersonennahverkehr, DVBl. 2003, 1023 ff.; *Otting/Ohler/Olgemöller* Vergaberecht, in Hoppe/Uechtritz/Recker, Handbuch Kommunale Unternehmen, 3. Aufl. 2012, § 14; *Otting/Olgemöller* Verfassungsrechtliche Rahmenbedingungen für Direktvergaben im Verkehrssektor nach Inkrafttreten der VO (EG) Nr. 1370/2007, DÖV 2009, 364 ff.; *Otting/Olgemöller* Strategien für die mittelstandsfreundliche Vergabe von Busverkehrsdienstleistungen VBlBW 2013, 291 ff.; *Otting/Scheps* Direktvergabe von Eisenbahnverkehrsdienstleistungen nach der neuen Verordnung (EG) Nr. 1370/ 2007, NVwZ 2008, 499 ff.; *Polster* Die Zukunft der (Direkt-) Vergabe von SPNV-Aufträgen, NZBau 2011, 209 ff.; *Polster* Der Rechtsrahmen für die Vergabe von Eisenbahnverkehrsleistungen, NZBau 2010, 662 ff.; *Prieß/Pukall* Die Vergabe von SPNV-Leistungen nach § 4 Abs. 3 VgV, VergabeR 2003, 11 ff.; *Pünder* Beschränkungen der In-Haus-Vergabe im öffentlichen Personenverkehr, NJW 2010, 263 ff.; *Pünder* Die Vergabe von Dienstleistungsaufträgen im Eisenbahnverkehr, EuR 2010, 774 ff.; *Riese/Schimanek* Die Vereinbarkeit von Direktvergaben für Schienenpersonennahverkehrsleistungen mit den Grundrechten, DVBl. 2009, 1486 ff.; *Saxinger* Das Verhältnis der Verordnung (EG) Nr. 1370/2007 zum nicht an sie angepassten deutschen Personenbeförderungsrecht, GewArch 2009, 350 ff.; *Saxinger/Niemann* Was passiert, falls nichts passiert?, Der Nahverkehr 6/2009, 32 ff.; *Saxinger/Winnes* Recht des öffentlichen Personenverkehrs, Std. 2012; *Schäfer* „Inhouse"-Verkehrsleistungen: Selbstbringung durch die zuständige Behörde und Direktvergabe an den internen Betreiber in: v. Wietersheim, Vergaben im ÖPNV, 2013, 83 ff.; *Schmitz/Winkelhüsener* Der öffentliche Personenverkehr im Übergang zur VO 1370/2007: Vergaberechtliche Handlungsoptionen und deren beihilferechtliche Konsequenzen, EuZW 2011, 52 ff.; *Schreiber* Rechtswidrigkeit der Direktvergabe: Beschaffung von SPNV-Leistungen im Spannungsfeld von Vergabe- und (sektorenspezifischem) Beihilferecht, N&R 2011, 130 ff.; *Schröder* Das sogenannte Wirtschaftlichkeitskriterium beim In-House-Geschäft, NVwZ 2011, 776 ff.; *Schröder* Die Direktvergabe im straßengebundenen ÖPNV – Selbstbringung und interne Betreiberschaft, NVwZ 2010, 862 ff.; *Schröder/Saxinger* Die Vergabe von Leistungen im Schienenpersonenverkehr in neuem Licht?, VergabeR 2011, 553 ff.; *Stickler/Feske* Die In-House-Vergabe von ÖSPV-Dienstleistungen nach der VO (EG) 1370/2007, VergabeR 2010, 1 ff.; *Strenge* Vergabefreie Übertragung kommunaler Aufgaben, NordÖR 2011, 126 ff.; *Waechter* Verwaltungsrecht im Gewährleistungsstaat, 2008; *Wachinger* Direktvergabe und Wettbewerb im Busverkehr nach der novellierten EU-Marktöffnungsverordnung, IR 2007, 265 ff.; *Wachinger* Das Rechts des Marktzugangs im ÖPNV, 2006; *Weber/Pelizäus* Die Gruppe von Behörden als Instrument bei Direktvergaben, Der Nahverkehr 6/2012, 23 ff.; *Wittig/Schimanek* Sondervergaberecht für Verkehrsdienstleistungen, NZBau 2008, 222 ff.; *Ziekow* Die Direktvergabe von Personenverkehrsdiensten nach der VO (EG) Nr. 1370/2007 und die Zukunft eigenwirtschaftlicher Verkehre, NVwZ 2009, 865 ff.; *Ziekow* Der Vorrang kommerzieller Verkehre in Deutschland, 2008; *Zuck* in Ziekow/Völlink, Vergaberecht, 2. Aufl. 2013, Kommentierung einzelner Vorschriften der VO 1370/2007.

A. Einleitung

1 **Direktvergaben** sind nach der Legaldefinition des Art. 2 lit. h VO 1370/2007 die Vergabe eines öffentlichen Dienstleistungsauftrags an einen bestimmten Betreiber eines öffentlichen Dienstes ohne Durchführung eines vorherigen wettbewerblichen Vergabeverfahrens. Unter welchen Voraussetzungen Direktvergaben im Anwendungsbereich der VO 1370/ 2007 zulässig sind, regelt deren Art. 5 in seinen Absätzen 2, 4, 5 und 6. Zu beachten ist allerdings Art. 5 Abs. 1 VO 1370/2007, der für die Vergabe öffentlicher Dienstleistungsaufträge im Sinne des § 99 Abs. 4 GWB über **Bus- und Straßenbahnverkehren** auf die Bestimmungen des allgemeinen Vergaberechts verweist, d. h. auf die **§§ 97 ff. GWB** und das dazugehörige untergesetzliche Regelungswerk. Soweit diese Vorschriften anwendbar sind, darf nur in den hiernach eröffneten Konstellationen auf eine wettbewerbliche Vergabe verzichtet werden.[1]

---

[1] Zu den Direktvergabemöglichkeiten im Bereich der Eisenbahnverkehre sogleich unter Rn. 3 ff.

Die Wahl einer Direktvergabeoption lässt die Verpflichtung zur Veröffentlichung einer **2**
Vorinformation nach Art. 7 Abs. 2 VO 1370/2007 unberührt.[2] Die Vorinformation
erlaubt es interessierten Unternehmen, sich eigeninitiativ auch um die öffentlichen
Dienstleistungsaufträge zu bewerben, die direkt vergeben werden sollen. Damit verbunden ist die Hoffnung auf einen „Initiativwettbewerb", der zu einer ständigen Effizienzkontrolle auf Seiten der zuständigen Behörden und letztlich zu einer Vergabe im Wettbewerb führen soll.[3] Trifft eine Interessenbekundung ein, hat die zuständige Behörde zu
entscheiden, ob sie an der Direktvergabe festhält oder sich für ein wettbewerbliches Verfahren entscheidet.[4] Hält die zuständige Behörde an der Entscheidung für die Direktvergabe fest, hat sie ihre Gründe auf entsprechenden Antrag jeder interessierten Partei zu
übermitteln. Welche Anforderungen an diese **Begründungspflicht nach Art. 7 Abs. 4
der Verordnung** im Einzelnen zu stellen sind, lässt sich der Verordnung nicht entnehmen. Auch aus § 8a Abs. 5 Satz 1 PBefG 2013 ergibt sich nichts Näheres. Entsprechend
dem Rechtsgedanken des § 39 Abs. 1 VwVfG muss der Begründung zu entnehmen sein,
dass die Behörde das ihr zustehende Ermessen ausgeübt hat. Die tatsächlichen und rechtlichen Gründe, d. h. das Für und Wider, der Entscheidung für die Direktvergabe sind darzulegen.[5] Bei Direktvergaben nach Art. 5 Abs. 6 VO 1370/2007 kann Berücksichtigung
finden, dass der Verordnungsgeber ausweislich der Erwägungsgründe 25 und 26 davon
ausgegangen ist, dass eine Direktvergabe öffentlicher Dienstleistungsaufträge durchaus als
Regelfall angesehen werden kann, weshalb nur darzulegen ist, dass die in den Erwägungsgründen aufgeführten Gründe auch im Einzelfall erfüllt sind.[6] Einer Begründung der Entscheidung für den konkret ausgewählten Betreiber bedarf es nicht, weil anderes das Direktvergabeprivileg geradezu leer laufen ließe.[7] Für Direktvergaben öffentlicher Dienstleistungsaufträge im **Eisenbahnverkehr** gemäß Art. 5 Abs. 6 VO 1370/2007 bleiben
schließlich die besonderen Verpflichtungen einer **ex post-Bekanntmachung** nach
Art. 7 Abs. 3 VO 1370/2007 zu beachten.

B. Direktvergaben von Eisenbahnverkehren nach Art. 5 Abs. 6 VO 1370/2007

Gemäß Art. 5 Abs. 6 Satz 1 VO 1370/2007 können die zuständigen Behörden entschei- **3**
den, öffentliche Dienstleistungsaufträge im Eisenbahnverkehr – mit Ausnahme anderer
schienengestützter Verkehrsträger wie Untergrund- oder Straßenbahnen – direkt zu vergeben, sofern dies nicht nach nationalem Recht untersagt ist.[8] Das *Verordnungsrecht*
schränkt das **Ermessen** der zuständigen Behörde, sich für oder gegen eine Direktvergabe
im Eisenbahnverkehr zu entscheiden, nicht ein. Wie sich aus den Erwägungsgründen 25
und 26 zur VO 1370/2007 ergibt, geht der Verordnungsgeber davon aus, dass die zuständigen Behörden sich wegen der rechtlichen und technischen Besonderheiten des Eisenbahnverkehrs für eine Direktvergabe entscheiden dürfen. Der Verordnungsgeber hat darauf verzichtet, im Bereich der Eisenbahnverkehre einen Vorrang für wettbewerbliche
Verfahren zu begründen.

Entscheidet sich die zuständige Behörde für eine Direktvergabe, darf der Auftrag ge- **4**
mäß Art. 5 Abs. 6 Satz 2 VO 1370/2007 abweichend von Art. 4 Abs. 3 der Verordnung

---

[2] Zu Art. 7 VO 1370/2007 auch oben unter § 54 Rn. 15.
[3] In diesem Sinne bereits *Baumeister/Klinger* NZBau 2005, 601, 608; dem folgend etwa *Pünder*
EuR 2010, 774, 778.
[4] Vgl. *Polster* NZBau 2010, 662, 667.
[5] Vgl. *Pünder* EuR 2010, 774, 779; *Otting/Olgemöller* DÖV 2009, 364, 371.
[6] *Otting/Olgemöller* DÖV 2009, 364, 371; etwas restriktiver *Pünder* EuR 2010, 774, 779 f.
[7] *Otting/Olgemöller* DÖV 2009, 364, 371 f.; *Otting/Scheps* NVwZ 2008, 499, 501.
[8] Allgemein zur Diskussion um Direktvergaben im Schienenpersonennahverkehr etwa die Darstellung der *Monopolkommission*, Sondergutachten 60, Bahn 2011: Wettbewerbspolitik unter Zugzwang,
Tz. 232 ff.

eine **Laufzeit** von höchstens 10 Jahren aufweisen, sofern nicht die besonderen Voraussetzungen des Art. 4 Abs. 4 der Verordnung vorliegen.[9] Das erlaubt Laufzeiten von 15 Jahren, wenn die Voraussetzungen des Art. 4 Abs. 4 Satz 1 VO 1370/2007 vorliegen oder es sich um einen Auftrag in einer äußersten Randlage im Sinne des Art. 4 Abs. 4 Satz 2 VO 1370/2007 handelt. Unklar ist, ob eine Laufzeitverlängerung entsprechend Art. 4 Abs. 4 Satz 3 VO 1370/2007 auch mit den außergewöhnlichen Investitionen in Infrastruktur, Rollmaterial und Fahrzeuge gerechtfertigt werden kann. Für die entsprechende Anwendbarkeit des Art. 4 Abs. 4 Satz 3 VO 1370/2007 streitet, dass diese Gründe gerade im Zusammenhang mit Eisenbahnverkehrsdienstleistungen bejaht werden können. Gegen die entsprechend Anwendbarkeit spricht allerdings der Wortlaut, da Art. 4 Abs. 4 Satz 3 VO 1370/2007 ausdrücklich an die Vergabe eines öffentlichen Dienstleistungsauftrages in einem wettbewerblichen Verfahren anknüpft. Jedenfalls wäre eine solche Laufzeitverlängerung gemäß Art. 4 Abs. 4 Satz 4 VO 1370/2007 der Kommission mitzuteilen.

5   Die Direktvergabeoption des Art. 5 Abs. 6 VO 1370/2007 steht unter dem Vorbehalt, dass eine Direktvergabe **nicht nach nationalem Recht untersagt** ist. Der Rechtsansicht, es bedürfe insofern einer ausdrücklichen Untersagung durch das mitgliedstaatliche Recht[10], ist der Bundesgerichtshof nicht gefolgt. Das Gericht sieht in den **§§ 97 ff. GWB** Vorschriften, die in ihrem Anwendungsbereich eine Direktvergabe im Sinne des Art. 5 Abs. 6 VO 1370/2007 untersagen.[11] Damit hat sich die Rechtsprechung namentlich des OLG Brandenburg erledigt, die in **§ 15 Abs. 2 AEG** eine Vorschrift sah, die den zuständigen Behörden eine Wahlfreiheit zwischen Direktvergaben und wettbewerblichen Vergaben nach §§ 97 ff. GWB einräumte.[12] In Reaktion auf die Rechtsprechung des Bundesgerichtshofs hat das Land Nordrhein-Westfalen einen Antrag zur Änderung des § 15 AEG in den Bundesrat eingebracht, um die Sperrwirkung der §§ 97 ff. GWB zu überwinden. Über den Antrag ist noch nicht abschließend entschieden[13], so dass nach derzeitiger Rechtslage in Deutschland eine Direktvergabe nach Art. 5 VO 1370/2007 untersagt ist. Grundsätzlich muss folglich ein wettbewerbliches Vergabeverfahren durchgeführt werden. Wenngleich der Bundesgerichtshof dazu nicht ausdrücklich Stellung genommen hat, dürfte sich dieses Verfahren nicht nach Art. 5 Abs. 3 VO 1370/2007, sondern nach den §§ 97 ff. GWB in Verbindung mit dem dazugehörigen untergesetzlichen Regelwerk richten. Somit steht der zuständigen Behörde die Option einer Direktvergabe nach Art. 5 Abs. 6 VO 1370/2007 nicht offen, wenn sich der zu vergebende öffentliche Dienstleistungsauftrag im Sinne des Art. 2 lit. i der Verordnung als **öffentlicher Dienstleistungsauftrag im Sinne des § 99 Abs. 4 GWB** darstellt. Soll ein solcher vergeben werden, müssen die Vorschriften der §§ 97 ff. GWB, der Vergabeverordnung sowie §§ 1 Abs. 3, § 8, § 15 Abs. 10 und § 23 VOL/A-EG sowie der 1. Abschnitt der VOL/A Anwendung finden, da Eisenbahnverkehre sog. nicht-prioritäre Leistungen im Sinne des Teils B, Kategorie 18 des Anhangs I zur VOL/A sind. Dabei geht Deutschland wegen der Verpflich-

---

[9] Die Verkürzung der Laufzeiten soll den Verzicht auf eine wettbewerbliche Vergabe sanktionieren, so die Begründung des Rates, ABl. 2007 C 70E/1, Ziff. 2.3. Zu den Regelungen über die Laufzeiten in Art. 4 Abs. 3 und Abs. 4 VO 1370/2007 näher oben unter § 55 Rn. 44 ff.
[10] *Pünder* EuR 2010, 774, 785; *Prieß* in Kaufmann/Lübbig/Prieß/Pünder, VO (EG) 1370/2007 Kommentar, 2010, Art. 5 Rn. 245.
[11] BGH Beschl. v. 8.2.2011, X ZB 4/10, NZBau 2011, 175 Rn. 53 f. – Abellio Rail. Dem folgend etwa *Polster* NZBau 2011, 209, 211; *Schröder/Saxinger* VergabeR 2011, 533, 556; *Schreiber* N&R 2011, 130, 135. Art. 87e Abs. 4 GG im Hinblick auf die Schienenpersonenfernverkehre als Direktvergabe im Sinne des Art. 5 Abs. 6 VO 1370/2007 interpretierend *Gersdorf* DVBl 2010, 746, 750.
[12] OLG Brandenburg Beschl. v. 2.9.2003, Verg W 3/03 u.a., NZBau 2003, 688 ff. Zum Streitstand vgl. auch die Darstellung bei BGH Beschl. v. 8.2.2011, X ZB 4/10, NZBau 2011, 175 Rn. 15 ff. – Abellio Rail, sowie die Vorinstanz OLG Düsseldorf Beschl. v. 21.7.2010, Verg 19/19, NZBau 2010, 582, 586 ff. Aus der Literatur eingehend etwa *Kühling* VergabeR 2010, 870 ff.
[13] BR-Drs. 779/10 v. 25.11.2010.

tung zur Anwendung des 1. Abschnitts der VOL/A über die Vorgaben des europäischen Sekundärrechts hinaus.

Von einer Vergabe im Wettbewerb kann, soweit die §§ 97 ff. GWB und das dazugehörige untergesetzliche Regelwerk Anwendung finden, insbesondere unter den Voraussetzungen des **§ 4 Abs. 3 VgV** abgesehen werden[14]: Nach § 4 Abs. 3 Ziff. 1 VgV ist bei Verträgen, deren Gegenstand Personennahverkehrsleistungen der Kategorie Eisenbahnen sind, über einzelne Linien mit einer Laufzeit von bis zu drei Jahren einmalig auch eine freihändige Vergabe ohne sonstige Voraussetzungen zulässig. In § 4 Abs. 3 Ziff. 2 VgV heißt es: Bei längerfristigen Verträgen ist eine freihändige Vergabe ohne sonstige Voraussetzungen im Rahmen des § 15 Abs. 2 des Allgemeinen Eisenbahngesetzes zulässig, wenn ein wesentlicher Teil der durch den Vertrag bestellten Leistungen während der Vertragslaufzeit ausläuft und anschließend im Wettbewerb vergeben wird. Die Laufzeit des Vertrages soll zwölf Jahre nicht überschreiten. Der Umfang und die vorgesehenen Modalitäten des Auslaufens des Vertrages sind nach Abschluss des Vertrages in geeigneter Weise öffentlich bekannt zu machen. Weitere Ausnahmen von der Verpflichtung zur wettbewerblichen Vergabe lassen sich etwa in den Fällen geringfügiger Nachbestellungen gemäß **§ 3 Abs. 5 lit. d VOL/A** bejahen.[15] Noch nicht entschieden ist, ob in diesen Fällen einer Direktvergabe die allgemeine Regelung über Laufzeiten öffentlicher Dienstleistungsaufträge im Sinne des Art. 2 lit. i VO 1370/2007 gilt, wie sie Art. 4 Abs. 3 und Abs. 4 der Verordnung festlegen, oder ob die spezielle Regelung zu **Laufzeiten** direkt vergebener Aufträge im Eisenbahnbereich gemäß Art. 5 Abs. 6 Satz 2 VO 1370/2007 zur Anwendung gelangt. Gegen die Anwendung des Art. 5 Abs. 6 Satz 2 der Verordnung spricht der enge systematische Zusammenhang zu Direktvergaben nach Art. 5 Abs. 6 Satz 1 VO 1370/2007 und der Ausnahmecharakter dieser Vorschrift, der eine restriktive Interpretation des Art. 5 Abs. 6 Satz 2 VO 1370/2007 fordert.

Da die §§ 97 ff. GWB lediglich für öffentliche Dienstleistungsaufträge im Sinne des § 99 Abs. 4 GWB Geltung beanspruchen, entfalten sie **keine Sperrwirkung** für öffentliche Dienstleistungsaufträge im Sinne des Art. 2 lit. i VO 1370/2007, die sich als **Dienstleistungskonzessionen** darstellen.[16] Diese können nach Art. 5 Abs. 6 VO 1370/2007 direkt vergeben werden. Der Zulässigkeit einer Direktvergabe stehen insoweit auch die Grundrechte nicht als nationales Recht im Sinne des Art. 5 Abs. 6 Satz 1 VO 1370/2007 entgegen[17]: Aus der durch Art. 12 GG geschützten **Berufsfreiheit** kann kein Anspruch auf Auftragsvergabe abgeleitet werden. Auch der **allgemeine Gleichheitssatz** verlangt nicht nach einer wettbewerblichen Vergabe öffentlicher Dienstleistungsaufträge. Schließ-

---

[14] Dazu näher etwa BGH Beschl. v. 8.2.2011, X ZB 4/10, NZBau 2011, 175 Rn. 57 ff. – Abellio Rail. Aus der Literatur etwa *Stickler/Diehr* in Reidt/Stickler/Glahs, Vergaberecht, 3. Aufl. 2011, § 4 VgV; *Winnes* in Pünder/Schellenberg, Vergaberecht, 2011, § 4 VgV Rn. 4 ff.; *Kühnen* in Byok/Jaeger, Kommentar zum Vergaberecht, 3. Aufl. 2011, § 4 VgV Rn. 7 ff.; *Reider* in Montag/Säcker, Münchener Kommentar Kartellrecht, Bd. 3 – Beihilfen- und Vergaberecht, 2011, § 4 VgV Rn. 6 ff.; *Otting* DVBl. 2003, 1023 ff.; *Prieß/Pukall* VergabeR 2003, 11 ff.

[15] Vgl. dazu etwa *Polster* NZBau 2011, 209, 213. Ergänzend auch zu Ansatzpunkten für ausschließliche Rechte im Sinne des § 3 Abs. 5 lit. l VOL/A: *Pooth* Der Nahverkehr 4/2011, 42, 43, und *Kühling* IR 2011, 101, 104 f.

[16] Vgl. nur *Schröder/Saxinger* VergabeR 2011, 533, 558, oder *Polster* NZBau 2011, 209, 211. Zur Abgrenzung von Dienstleistungsaufträgen im Sinne des § 99 Abs. 4 GWB und Dienstleistungskonzessionen zuvor unter § 56 Rn. 3 ff.

[17] *Knauff* NZBau 2012, 65, 68; *Polster* NZBau 2010, 662, 666; *Losch/Wittig* Vergaberecht 2011, 561, 572; *Fehling* EuR 2010, 774, 787 ff.; *Fehling* in Fehling/Ruffert, Regulierungsrecht, 2010, § 10 Rn. 39; *Riese/Schimanek* DVBl. 2009, 1486 ff.; *Otting/Olgemöller* DÖV 2009, 364 ff. Zur mangelnden Grundrechtsrelevanz auch *Ziekow* Die Direktvergabe von Personenverkehrsdiensten nach der VO (EG) Nr. 1370/2007 und die Zukunft eigenwirtschaftlicher Verkehre, NVwZ 2009, 865, 868 ff.; *Ziekow* Der Vorrang kommerzieller Verkehre in Deutschland, 2008. Ebenso etwa die Leitlinien der Länder, vgl. dazu die Nachweise bei § 54 Rn. 7. Anderer Ansicht etwa *Jasper/Seidel/Telenta* IR 2008, 346 ff.

lich kann Art. 5 Abs. 6 VO 1370/2007 nicht als primärrechtswidriges Sekundärrecht angesehen werden, das gegen sich aus dem **europäischen Primärrecht** ergebende Verpflichtungen zur Vergabe im Wettbewerb verstößt.[18]

8   Das OLG Düsseldorf hatte in seiner Entscheidung vom 2.3.2011 auf **§ 2 Abs. 10 ÖPNVG NRW** verwiesen und daraus eine Sperrwirkung für Direktvergaben abgeleitet.[19] Danach war unter Berücksichtigung der Verkehrsnachfrage und zur Sicherung der Wirtschaftlichkeit allen Verkehrsunternehmen des ÖPNV die Möglichkeit einzuräumen, zu vergleichbaren Bedingungen an der Ausgestaltung des ÖPNV beteiligt zu werden. Mit Gesetz vom 5.7.2011 hat der nordrhein-westfälische Gesetzgeber in § 3 Abs. 2 Satz 2 ÖPNVG NRW klargestellt, dass die Aufgabenträger berechtigt sind, öffentliche Dienstleistungsaufträge im Sinne des Art. 3 Abs. 1 VO 1370/2007 nach Art. 5 Abs. 2 und 4 bis 6 der Verordnung direkt zu vergeben, soweit Bundesrecht dem nicht entgegensteht.[20] Die Gesetzesänderung verfolgte das Ziel, eine Sperrwirkung des § 2 Abs. 10 ÖPNVG NRW auszuschließen.[21]

C. Selbsterbringung und Vergabe an interne Betreiber nach Art. 5 Abs. 2 VO 1370/2007

9   Mit Art. 5 Abs. 2 VO 1370/2007 greift der Verordnungsgeber die ständige Rechtsprechung des EuGH zum **allgemeinen Vergaberecht** auf, wonach öffentlichen Auftraggeber das Recht zusteht, ihre Aufgaben mit ihren eigenen administrativen, technischen und sonstigen Mitteln zu erfüllen, ohne gezwungen zu sein, sich an externe Einrichtungen zu wenden, die nicht zu ihren Dienststellen gehören.[22] Solche Beauftragungen eigener Dienststellen lassen sich als *Inhouse-Vergaben im engeren Sinne* bezeichnen. Sie unterfallen dem allgemeinen Vergaberecht nicht.[23] In seiner **Teckal-Entscheidung** hat der EuGH anerkannt, dass es weitere Umstände geben kann, unter denen eine Ausschreibung nicht obligatorisch ist.[24] Der Inhouse-Vergabe im engeren Sinne hat das Gericht die Fälle einer *Inhouse-Vergabe im weiteren Sinne* gleichgestellt. Gemeint sind Konstellationen, in denen ein Vertrag zwar mit einer juristisch verselbständigten Einheit geschlossen wird, diese aber funktional als eigene Dienststelle anzusehen ist.[25] Der EuGH akzeptierte insoweit eine te-

---

[18] Vgl. *Pünder* EuR 2010, 774, 781 ff.; *Otting* in Pünder/Prieß, Brennpunkte des öffentlichen Personennahverkehrs vor dem Hintergrund der neuen EG-Personenverkehrsdiensteverordnung Nr. 1370/2007, 2010, S. 141 ff.; *Otting/Scheps* NVwZ 2008, 499, 501 ff. Im Ergebnis ebenso *Polster* NZBau 2010, 662, 668 f. Auch der Vorschlag der Kommission für eine Richtlinie des Europäischen Parlaments und des Rates über die Konzessionsvergabe begründet für Dienstleistungskonzessionen im Anwendungsbereich der VO 1370/2007 keine Ausschreibungspflicht, da die Richtlinie gemäß ihrem Art. 8 Abs. 5 lit. g insoweit keine Anwendung finden soll, KOM(2011) 897 endgültig v. 20.12.2011.
[19] OLG Düsseldorf Beschl. v. 2.3.2011, Verg 48/10, NZBau 2011, 244, 252 – Münsterlandkreise (dort im Zusammenhang mit Art. 5 Abs. 2 VO 1370/2007).
[20] GVBl. NRW Nr. 16 v. 15.7.2011, S. 359.
[21] Vgl. LT-Drs. 15/1690, S. 2, und LT-Drs. 15/2152.
[22] EuGH Urt. v. 11.1.2005, Rs. C-26/03, NZBau 2005, 111 Rn. 48 – Stadt Halle; zuvor bereits Generalanwalt *Cosmas*, Schlussanträge v. 1.7.1999, Rs. C-107/98, Slg. 1999 I-8123 Rn. 54 – Teckal.
[23] Vgl. OLG Düsseldorf Beschl. v. 6.7.2011, Verg 39/11, NZBau 2011, 769, 770; OLG Düsseldorf Beschl. v. 2.3.2011, Verg 48/10, NZBau 2011, 244, 247; OLG Rostock Beschl. v. 4.7.2012, 17 Verg 3/12, juris Rn. 47 ff. Zu dieser Unterscheidung zuvor bereits Generalanwältin *Kokott* Schlussanträge v. 1.3.2005, Rs. C-458/03, Slg. 2005 I-8585 Rn. 2 – Parking Brixen. Dem folgend etwa auch *Kekelekis/Rusu* PPLR 2010, 19, 28.
[24] So die Formulierung bei EuGH Urt. v. 11.1.2005, Rs. C-26/03, NZBau 2005, 111 Rn. 49 – Stadt Halle; zuvor Generalanwältin *Stix-Hackl* Schlussanträge v. 23.9.2004, Slg. 2005 I-1 Rn. 49.
[25] Vgl. OLG Düsseldorf Beschl. v. 6.7.2011, Verg 39/11, NZBau 2011, 769, 770; OLG Düsseldorf Beschl. v. 2.3.2011, Verg 48/10, NZBau 2011, 244, 247.

leologische Reduktion des Begriffs des öffentlichen Auftrags[26]: Ein öffentlicher Auftrag liege zwar grundsätzlich vor, wenn eine Vereinbarung zwischen zwei verschiedenen Personen getroffen werde; ausreichend sei insbesondere, dass beide Personen sich *formal rechtlich* voneinander unterscheiden.[27] Etwas anderes gelte aber, wenn die Gebietskörperschaft über die fragliche Person eine Kontrolle ausübt wie über ihre eigene Dienststelle (Kontrollkriterium) und wenn diese Person zugleich ihre Tätigkeit im Wesentlichen für die Gebietskörperschaft oder die Gebietskörperschaften verrichtet, die ihre Anteile innehaben (Wesentlichkeitskriterium).[28] Eine allgemeine Freistellung für die Vergabe von Aufträgen zwischen öffentlichen Auftraggebern und/oder Stellen der öffentlichen Verwaltung (*Interstate-Vergaben*) gibt es hingegen nicht.[29] Der Verordnungsgeber beruft sich in den Erwägungsgründen 14 und 18 zwar nicht ausdrücklich auf diese Rechtsprechung. Die Parallelen zu Art. 5 Abs. 2 VO 1370/2007 sind jedoch unverkennbar, auch wenn der Verordnungsgeber ein eigenständiges Regime für Inhouse-Vergaben geschaffen hat. Die auf der *Teckal*-Entscheidung aufbauende Rechtsprechung des EuGH zu Inhouse-Vergaben nach dem allgemeinen Vergaberecht kann auf die Direktvergaben nach Art. 5 Abs. 2 VO 1370/2007 daher nicht ohne Weiteres übertragen werden. Die Vorschrift ist **eigenständig zu interpretieren**, was nicht ausschließt, die bisherige Rechtsprechung zu Inhouse-Vergaben mit der gebotenen Zurückhaltung bei einzelnen Tatbestandsmerkmalen als Auslegungshilfe heranzuziehen.

I. Handlungsoptionen der zuständigen Behörde(n)

Art. 5 Abs. 2 Satz 1 VO 1370/2007 billigt der zuständigen Behörde zunächst einmal zu, öffentliche Personenverkehrsdienste **selbst zu erbringen**. Das liegt ganz auf der Linie der überkommenen Rechtsprechung des EuGH zu den *Inhouse-Vergaben im engeren Sinne*.[30] Öffentliche Personenverkehre kann die zuständige Behörde also etwa durch rechtlich unselbständige Einheiten wie **Regie- oder Eigenbetriebe** erbringen lassen.[31]

10

Die zuständigen Behörden können sich gemäß Art. 5 Abs. 2 Satz 1 VO 1370/2007 zu einer **Gruppe von Behörden** zusammenschließen. Auch insoweit folgt der Verordnungsgeber der Rechtsprechung des EuGH, der zufolge öffentliche Stellen die Möglichkeit haben, zur Erfüllung ihrer Aufgaben nicht nur auf ihre eigenen Ressourcen zurückzugreifen, sondern auch die Möglichkeit haben, mit anderen öffentlichen Stellen zusammenzuarbeiten.[32] Ein solcher Zusammenschluss wird regelmäßig die Gründung eines **juristisch verselbstständigten Unternehmen** erforderlich machen.[33] Ein solches kann auch **von einer einzelnen zuständigen Behörde gegründet** werden. Nach allgemeinem Vergaberecht dürfte ein solches Unternehmen ohne vorangehendes wettbewerbliches Vergabeverfahren direkt beauftragt werden, wenn die *Teckal*-Kriterien – d.h. das Kontroll- und das Wesentlichkeitskriterium – erfüllt sind. Beide Kriterien können erfüllt

11

---

[26] Vgl. nur BGH Beschl. v. 8.2.2011, X ZB 4/10, NZBau 2011, 175 Rn. 17.
[27] EuGH Urt. v. 18.11.1999, Rs. C-107/98, NZBau 2000, 90 Rn. 49–51 – Teckal.
[28] EuGH Urt. v. 18.11.1999, Rs. C-107/98, NZBau 2000, 90 Rn. 50 – Teckal.
[29] EuGH Urt. v. 13.1.2005, Rs. C-84/03, NZBau 2005, 232 Rn. 37 ff – Kommission ./. Spanien.
[30] Vgl. die Nachweise in Fn. 23 und 24. Zu den näheren Anforderungen vgl. auch nachfolgend unter Rn. 26.
[31] Vgl. dazu oben bei Rn. 9 sowie *Schröder* NVwZ 2010, 862, 863. Von einer „internen Verkehrsabteilung" sprechend Arbeitsdokument der Kommissionsdienststellen über die Anwendung des EU-Vergaberechts im Fall von Beziehungen zwischen öffentlichen Auftraggebern (öffentlich-öffentliche Zusammenarbeit), SEK(2011) 1169 endg v. 4.10.2011, S. 6.
[32] EuGH Urt. v. 13.10.2008, Rs. C-324/07, NZBau 2009, 54 Rn. 31, 47 ff. – Coditel Brabant; EuGH Urt. v. 10.9.2009, Rs. C-573/07, NZBau 2009, 797 Rn. 54 ff. – Sea.
[33] Zur Kooperation auf vertraglicher Basis vgl. EuGH Urt. v. 9.6.2009, Rs. C-480/06, NZBau 2009, 527 ff. – Stadtreinigung Hamburg.

werden, wenn mehrere öffentliche Stellen an dem Unternehmen beteiligt sind.[34] Die VO 1370/2007 spricht im Zusammenhang mit derartigen *Inhouse-Vergaben im weiten Sinne* vom **internen Betreiber.** Als solchen definiert Art. 2 lit. j VO 1370/2007 eine rechtlich getrennte Einheit, über die eine zuständige örtliche Behörde – oder im Falle einer Gruppe von Behörden wenigstens eine zuständige örtliche Behörde – eine Kontrolle ausübt, die der Kontrolle über ihre eigenen Dienststellen entspricht. Art. 2 lit. j VO 1370/2007 wiederholt damit letztlich die Anforderungen, die sich aus Art. 5 Abs. 2 Satz 1 der Verordnung ergeben.

12 Nach Art. 5 Abs. 2 Satz 1 VO 1370/2007 „kann" die zuständige Behörde oder die Gruppe zuständiger Behörden sich für die Selbstausführung oder die Beauftragung eines internen Betreibers entscheiden. Die Entscheidung steht somit im **Ermessen** der zuständigen Behörde(n).[35] Alternativ kann ein **wettbewerbliches Vergabeverfahren** nach Art. 5 Abs. 3 VO 1370/2007 durchgeführt werden. Das ergibt sich zwar weder aus dem Wortlaut des Art. 5 Abs. 2 noch aus dem Wortlaut des Art. 5 Abs. 3 der Verordnung, doch spricht dafür das allgemeine Ziel der Verordnung, auf einen vermehrten Einsatz transparenter und fairer Vergabeverfahren hinzuwirken.[36] Als Alternativen kommen auch **Direktvergaben gemäß Art. 5 Abs. 4 bis 6 der Verordnung** an rechtlich getrennte Einheiten in Betracht, unabhängig davon, ob diese als interne Betreiber im Sinne des Art. 2 lit. j und Art. 5 Abs. 2 VO 1370/2007 qualifiziert werden können oder nicht. Es sind keine Gründe ersichtlich, die ein Verbot von Direktvergaben nach Art. 5 Abs. 4 bis 6 VO 1370/2007 zugunsten eines Unternehmens rechtfertigen, das als interner Betreiber qualifiziert werden kann, wenn Direktvergaben nach Art. 5 Abs. 4 bis 6 VO 1370/2007 doch zugunsten auch eines jeden anderen Unternehmens zulässig sind. Eine Direktvergabe nach Art. 5 Abs. 4 bis 6 der Verordnung kann von Vorteil sein, weil mit ihnen nicht die Einschränkungen verbunden sind, die Direktvergaben nach Art. 5 Abs. 2 VO 1370/2007 auslösen. Vergibt eine zuständige Behörde Aufträge direkt nach Art. 5 Abs. 4 bis 6 der Verordnung an einen internen Betreiber, sind aber die Auswirkungen sorgfältig zu prüfen, die dies auf die Verkehrsdienste hat, die der interne Betreiber bis dahin erbringt. Die Übernahme ergänzender Tätigkeiten kann dazu führen, dass die Voraussetzungen des Art. 5 Abs. 2 der Verordnung entfallen. Nach der Rechtsprechung des EuGH zu den *Teckal*-Kriterien müssen die Voraussetzungen einer Inhouse-Vergabe während der gesamten Vertragslaufzeit vorliegen. Entfallen die Voraussetzungen des Kontroll- und/oder Wesentlichkeitskriteriums währenddessen, liegt darin eine Änderung wesentlicher Bedingungen der Auftragsvergabe, die zur Neuausschreibung verpflichtet.[37] Übertragen auf Art. 5 Abs. 2 VO 1370/2007 heißt das: Die Voraussetzungen nach Art. 5 Abs. 2 VO 1370/2007 müssen **während der gesamten Laufzeit** des direkt vergebenen öffentlichen Dienstleistungsauftrages vorliegen. Entfallen sie während der Laufzeit, bedarf es ggf. der Neuvergabe des öffentlichen Dienstleistungsauftrages.[38]

13 Das durch den Verordnungsgeber eingeräumte Ermessen kann durch die Mitgliedstaaten weiter eingeschränkt werden. Denn eine Direktvergabe nach Art. 5 Abs. 2 VO 1370/2007 ist nur zulässig, sofern dies **nicht nach nationalem Recht untersagt** ist. Das verlangt nicht nach einer klaren und eindeutigen Rechtsgrundlage, die eine solche Direkt-

---

[34] Dazu etwa die Darstellung bei *Otting/Ohler/Olgemöller* in Hoppe/Uechtritz/Recker, Handbuch Kommunale Unternehmen, 3. Aufl. 2012 , § 14 Rn. 37 ff.
[35] Das bringt auch Erwägungsgrund 18 Satz 1 zur VO 1370/2007 zum Ausdruck.
[36] Vgl. Erwägungsgrund 6 zur Verordnung.
[37] Zum Kontrollkriterium: EuGH Urt. v. 10.9.2009, Rs. C-573/07, NZBau 2009, 797 Rn. 53 – Sea. Diese Rechtsprechung auf das Wesentlichkeitskriterium übertragend: OLG Düsseldorf Beschl. v. 28.7.2011, Verg 20/11, NZBau 2012, 50, 53. Aus der Literatur dazu etwa *Dünchheim/Bremke* KommJur 2012, 128 ff.
[38] Wie hier etwa *Motherby/Gleichner* in Prieß/Lau/Kratzenberg, Festschrift für Marx, 2013, 417, 430 f.

vergabe ausdrücklich erlaubt.[39] Entscheidend ist allein, ob sich aus dem nationalen Recht ein Verbot der Direktvergabe ergibt.[40] Ein ausdrückliches Verbot findet sich nicht.[41] Aus den **Grundrechten** kann keine Verpflichtung zur Ausschreibung hergeleitet werden, die einer Direktvergabe gemäß Art. 5 Abs. 2 der Verordnung entgegensteht.[42] Für die dem PBefG unterfallenden Verkehre hat der Gesetzgeber in **§ 8a Abs. 3 PBefG 2013** ausdrücklich klargestellt, dass Inhouse-Vergaben nach Art. 5 Abs. 2 der Verordnung zulässig sind. Im Hinblick auf diese Verkehre stellt sich wegen Art. 5 Abs. 1 Satz 2 VO 1370/2007 allerdings die Frage, ob Inhouse-Vergaben von öffentlichen Dienstleistungsaufträgen im Sinne des § 99 Abs. 4 GWB nach Maßgabe der *Teckal*-Kriterien oder nach Maßgabe des Art. 5 Abs. 2 der Verordnung erfolgen. Überwiegend wird vertreten, dass **Art. 5 Abs. 2 VO 1370/2007 als lex specialis** die *Teckal*-Kriterien verdrängt.[43] Bei Inhouse-Vergaben gibt es folglich trotz Art. 5 Abs. 1 Satz 2 VO 1370/2007 keinen Unterschied zwischen öffentlichen Dienstleistungsaufträgen im Sinne des § 99 Abs. 4 GWB und Dienstleistungskonzessionen.[44] Im Bereich der **Eisenbahnverkehre** begründet Art. 5 Abs. 1 Satz 2 der Verordnung keinen Vorrang des allgemeinen Vergaberechts, weshalb bei Inhouse-Vergaben an sich nicht zwischen öffentlichen Dienstleistungsaufträgen im Sinne des § 99 Abs. 4 GWB und Dienstleistungskonzessionen zu unterscheiden ist: Art. 5 Abs. 2 VO 1370/2007 hat in beiden Fällen Anwendung zu finden. Anderes gilt nur, wenn unter Hinweis auf die Rechtsprechung des BGH zu Direktvergaben im Schienenpersonennahverkehr[45] die §§ 97 ff. GWB auch im Hinblick auf Art. 5 Abs. 2 Satz 1 Hs. 1 VO 1370/2007 als mitgliedstaatliche Vorschriften interpretiert werden, die eine Direktvergabe untersagen. Diese Sperrwirkung der §§ 97 ff. GWB könnte es erforderlich machen, in einem Schritt die *Teckal*-Kriterien zu prüfen. Nur wenn diese erfüllt wären, wäre der Weg frei für eine Vergabe nach Art. 5 Abs. 2 der Verordnung, dessen Voraussetzungen in einem zweiten Schritt zu prüfen wäre. Ob diese „**doppelte Inhouse-Prüfung**" erforderlich ist, ist noch nicht geklärt[46].

II. Interner Betreiber – das Kontrollkriterium

Um festzustellen, ob die zuständige örtliche Behörde die erforderliche Kontrolle ausübt, sind gemäß Art. 5 Abs. 2 Satz 2 lit. a Satz 1 der Verordnung Faktoren zu berücksichtigen wie der Umfang der Vertretung in Verwaltungs-, Leitungs- oder Aufsichtsgremien, diesbezügliche Bestimmungen in der Satzung, Eigentumsrechte, tatsächlicher Einfluss auf und tatsächliche Kontrolle über strategische Entscheidungen und einzelne Managemententscheidungen. Der Verordnungsgeber lehnt sich an die Kriterien an, die der EuGH zur Konkretisierung des ersten *Teckal*-Kriteriums entwickelt hat. Auch danach sind für die Beurteilung, ob eine Kontrolle wie über eine eigene Dienststelle vorliegt, **alle Rechts-** 14

---

[39] So aber etwa *Saxinger* GewArch 2009, 350, 352, sowie *Saxinger/Niemann* Der Nahverkehr 6/2009, 32, 34 f. Wie hier die Stellungnahme der Bundesregierung in BT-Drs. 17/8233, dort Anlage 4.
[40] Nur darauf stellt auch der Bundesgerichtshof im Hinblick auf das Direktvergabeprivileg in Art. 5 Abs. 6 VO 1370/2007 ab, vgl. dazu oben unter Rn. 5.
[41] Zu § 2 Abs. 10 ÖPNVG NRW a.F. vgl. zuvor unter Rn. 8.
[42] So ausdrücklich im Zusammenhang mit der Inhouse-Vergabe etwa *Fehling* in Fehling/Ruffert, Regulierungsrecht, 2010, § 10 Rn. 40. Zur Diskussion um die Sperrwirkung der Grundrechte vgl. auch die Nachweise oben unter Rn. 7.
[43] VK Hessen Beschl. v. 15.10.2013, 69d VK 22/2013; OLG München Beschl. v. 22.06.2011, Verg 6/11, NZBau 2011, 701, 704; OLG Düsseldorf Beschl. v. 2.3.2011, Verg 48/10, NZBau 2011, 244, 247 – *Münsterlandkreise*; *Schäfer* in: v. Wietersheim, Vergaben im ÖPNV, 2013, S. 83, 85 f.
[44] Dies klarstellend auch *Opitz/Wittemann* in v. Wietersheim, Vergaben im ÖPNV, 2013, S. 135, 146.
[45] Vgl. dazu oben unter Rn. 5.
[46] Zur Diskussion etwa *Kühling* IR 2011, 101, 103.

vorschriften und maßgebenden Umstände zu berücksichtigen. Die Prüfung muss zu dem Ergebnis führen, dass die Einrichtung einer Kontrolle unterworfen ist, die es der oder den zuständigen Behörde(n) ermöglicht, ausschlaggebenden Einfluss auf die Entscheidungen dieser Einrichtung zu nehmen und zwar sowohl auf die strategischen Ziele als auch auf die übrigen wichtigen Entscheidungen.[47]

15 Ein Indiz zur Beurteilung der Kontrolldichte ist die Rechtsform der Einrichtung. Bei **Gesellschaften mit beschränkter Haftung** stehen den Gesellschaftern bereits von Gesetzes wegen weitreichende Einflussrechte zu. Soll eine Eigengesellschaft, die als GmbH verfasst ist, beauftragt werden, sind die Anforderungen des Kontrollkriteriums zumeist erfüllt.[48] Eine **Aktiengesellschaft** ist rechtlich stärker gegenüber ihren Aktionären verselbständigt. Das schließt die erforderliche Kontrolle nicht per se aus, macht aber eine genauere Prüfung der Umstände des Einzelfalls erforderlich.[49] Der Zusammensetzung der Beschlussorgane und dem Umfang der Befugnisse der Organe, in denen die öffentlichen Stellen repräsentiert sind, ist besondere Bedeutung zuzumessen.[50] Die Landesgesetzgeber wollen den Kommunen zunehmend eine öffentlich-rechtlich ausgestaltete Alternative zur GmbH und AG bereit stellen und erlauben die Gründung rechtsfähiger **Anstalten des öffentlichen Rechts**.[51] Bei solchen Anstalten ist das Kontrollkriterium regelmäßig erfüllt.[52] Auch ein **Zweckverband** ist eine juristisch eigenständige Person, der Aufgaben ohne Ausschreibung jedenfalls im Anwendungsbereich des „allgemeinen" Vergaberechts bei Vorliegen beider *Teckal*-Kriterien übertragen werden können.[53]

16 Nach der *Teckal*-Rechtsprechung des EuGH kann die erforderliche Kontrolle mittelbar ausgeübt werden. Steht zwischen der öffentlichen Stelle, die den Auftrag oder die Konzession vergibt, und der Einheit, die den Auftrag oder die Konzession erhalten soll, eine **Holdinggesellschaft**, kann dies die Kontrolle schwächen. Gleichwohl ist eine Direktvergabe an das **Enkelunternehmen** nicht in jedem Fall ausgeschlossen.[54] Diese Grundsätze können auf Art. 5 Abs. 2 VO 1370/2007 übertragen werden. Nicht näher geklärt ist in der Rechtsprechung des EuGH die Zulässigkeit von Inhouse-Vergaben an **Schwestergesellschaften**. Hier fehlt es in der Regel am Kontrollkriterium.[55] Die Kommission verweist aber auf die Kontrolle der Muttergesellschaft und hält Direktvergabe zwischen Schwesterunternehmen unter Berufung auf die allgemeinen Inhouse-Kriterien daher nicht für ausgeschlossen[56]. Auch dieses Verständnis könnte auf Art. 5 Abs. 2 VO 1370/2007 übertragen werden.

---

[47] EuGH Urt. v. 13.10.2005, Rs. C-458/03, NZBau 2005, 644 Rn. 65 – Parking Brixen; bestätigt etwa durch EuGH Urt. v. 11.5.2006, Rs. C-340/04, NZBau 2006, 452 Rn. 36 – Carbotermo; EuGH Urt. v. 13.11.2008, Rs. C-324/07, NZBau 2009, 54 Rn. 28 – Coditel Brabant; EuGH Urt. v. 10.9.2009, Rs. C-573/07, NZBau 2009, 797 Rn. 65 – Sea. Die Parallele zur allgemeinen Inhouse-Rechtsprechung ziehend etwa auch *Pünder* NJW 2010, 263, 264 f.

[48] Vgl. BGH Beschl. v. 12.6.2001, X ZB 10/01, NZBau 2001, 517, 519; OLG Düsseldorf Beschl. v. 28.7.2011, Verg 20/11, NZBau 2012, 50, 51; OLG Hamburg Beschl. v. 14.12.2010, 1 Verg 5/10, NZBau 2011, 185, 186.

[49] Kritisch zur Aktiengesellschaft nach italienischem Recht etwa EuGH Urt. v. 13.10.2005, Rs. C-458/03, NZBau 2005, 644 Rn. 67 – Parking Brixen.

[50] EuGH Urt. v. 13.11.2008, Rs. C-324/07, NZBau 2009, 54 Rn. 29 ff. – Coditel Brabant.

[51] Seit Dezember 2011 steht diese Möglichkeit etwa auch den Kommunen in Hessen offen, vgl. § 126a HGO.

[52] Vgl. *von Strenge* NordÖR 2011, 216, 217.

[53] Zur Diskussion um die Notwendigkeit, die Inhouse-Kriterien auf die Gründung von Zweckverbänden anzuwenden, etwa OLG Düsseldorf Beschl. v. 21.6.2006, Verg 17/06, NZBau 2006, 662, 666.

[54] EuGH Urt. v. 11.5.2006, Rs. C-340/04, NZBau 2006, 452 Rn. 39 f. – Carbotermo; OLG Hamburg Beschl. v. 14.12.2010, 1 Verg 5/10, NZBau 2011, 185, 186.

[55] Ablehnend daher *Schmitz/Winkelhüsener* EuZW 2011, 52, 54.

[56] Arbeitspapier der Kommissionsdienststellen über die Anwendung des EU-Vergaberechts im Fall von Beziehungen zwischen öffentlichen Auftraggebern (öffentlich-öffentliche Zusammenarbeit), SEK

Der EuGH hat für die Beurteilung des ersten *Teckal*-Kriteriums auf den **geographi-** 17
schen Tätigkeitsbereich der Gesellschaft abgestellt. Erstreckt sich dieser weit über die
Grenzen der Gemeinde hinaus, könne dies für eine Marktausrichtung sprechen, die eine
Kontrolle durch den Auftraggeber schwierig mache.[57] Dieser Rechtsprechung kommt im
Anwendungsbereich des Art. 5 Abs. 2 VO 1370/2007 keine Bedeutung zu, weil sich in
Art. 5 Abs. 2 Satz 2 lit. b der Verordnung eine speziellere Vorschrift zum geographischen
Tätigkeitsbereich findet.

Art. 5 Abs. 2 Satz 2 lit. a Satz 2 VO 1370/2007 lautet sodann wie folgt: Im Einklang 18
mit dem Gemeinschaftsrecht ist zur Feststellung, dass eine Kontrolle im Sinne dieses Absatzes gegeben ist, – insbesondere bei öffentlich-privaten Partnerschaften – nicht zwingend erforderlich, dass die zuständige Behörde zu 100 % Eigentümer ist, sofern ein beherrschender öffentlicher Einfluss besteht und aufgrund anderer Kriterien festgestellt werden kann, dass eine Kontrolle ausgeübt wird. Daraus ergibt sich zunächst die Möglichkeit, dass ein interner Betreiber **von mehreren zuständigen Behörden kontrolliert** werden kann. Dieses Verständnis bestätigt Erwägungsgrund 18 Satz 3 ausdrücklich. Die Möglichkeit steht im Einklang mit der Rechtsprechung des EuGH zum allgemeinen Vergaberecht. Auch danach kann das Kontrollkriterium erfüllt sein, wenn mehrere öffentliche Stellen gemeinsam die Kontrolle über eine Stelle ausüben, ohne dass es darauf ankommt, in welcher Höhe die einzelnen Gesellschafter beteiligt sind[58]. Selbst eine Beteiligung von 0,25 % vermag für einzelne Gesellschaft die Kontrolle im Sinne des ersten *Teckal*-Kriteriums zu begründen[59]. Der EuGH erkennt an, dass eine öffentliche Stelle die Möglichkeit haben muss, zur Erfüllung ihrer Aufgaben nicht nur auf ihre eigenen Ressourcen zurückzugreifen. Sie muss auch die Möglichkeit haben, mit anderen öffentlichen Stellen zusammenzuarbeiten.[60] Zu beachten bleibt, dass Art. 5 Abs. 2 Satz 2 lit. a Satz 2 VO 1370/2007 auf die gemeinsame Kontrolle durch zuständige Behörden im Sinne der Verordnung abstellt; eine gemeinsam Kontrolle durch öffentliche Stellen im Allgemeinen – auch wenn diese öffentliche Auftraggeber im Sinne des § 98 GWB sind – genügt nicht. Aus Art. 5 Abs. 2 Satz 2 lit. a Satz 2 VO 1370/2007 ergibt sich zugleich eine wesentliche Abweichung von der bisherigen Inhouse-Rechtsprechung des EuGH: Der Verordnungsgeber erlaubt die Beauftragung eines internen Betreibers auch, wenn an diesem öffentliche Stellen und private Unternehmen beteiligt sind, die sich zu einer **öffentlich-privaten Partnerschaft** zusammengeschlossen haben. Das widerspricht der restriktiven Rechtsprechung des EuGH zum allgemeinen Vergaberecht, die Inhouse-Vergaben ohne Rücksicht auf Bagatell- oder Toleranzschwellen untersagt, wenn am Kapital der zu beauftragenden Gesellschaft ein privates Unternehmen beteiligt ist.[61]

(2011) 1169 endg. v. 4.10.2011, Ziff. 3.2.4; zurückhaltend OLG Düsseldorf Beschl. v. 22.3.2013, Verg 16/12, NZBau 2013, 650, 652.

[57] EuGH Urt. v. 10.9.2009, Rs. C-573/07, NZBau 2009, 797 Rn. 73, 76 – Sea.

[58] EuGH Urt. v. 11.5.2006, Rs. C-340/04, NZBau 2006, 452 Rn. 37 – Carbotermo; EuGH Urt. v. 22.10.2010, Rs. C-215/09, NZBau 2011, 312 Rn. 31 – Mehiläinen Oy. Näher dazu etwa *Krohn* NZBau 2009, 222 ff.

[59] EuGH Urt. v. 19.4.2007, Rs. C-295/05, NZBau 2007, 381 Rn. 56 ff. – Asemfo.

[60] EuGH Urt. v. 13.11.2008, Rs. C-324/07, NZBau 2009, 54 Rn. 31, 47 ff. – Coditel Brabant; EuGH Urt. v. 10.9.2009, Rs. C-573/07, NZBau 2009, 797 Rn. 54 ff. – Sea.

[61] Zu dieser Rechtsprechung vgl. EuGH Urt. v. 11.1.2005, Rs. C-26/03, NZBau 2005, 111 Rn. 49 – Stadt Halle; bestätigt etwa durch EuGH Urt. v. 6.4.2006, Rs. C-410/04, NZBau 2006, 326 Rn. 30 f. – ANAV oder durch EuGH Urt. v. 13.11.2008, Rs. C-324/07, NZBau 2009, 54 Rn. 30 – Coditel Brabant; EuGH Urt. v. 15.10.2009, Rs. C-196/08, NZBau 2009, 804 Rn. 53 – Acoset. Aus der deutschen Rechtsprechung etwa OLG Naumburg Beschl. v. 29.4.2010, 1 Verg 2/20, ZfBR 2010, 722, 723. An dieser restriktiven Linie festhaltend auch Art. 11 des Vorschlags der Kommission für eine Richtlinie des Europäischen Parlaments und des Rates über die öffentliche Auftragsvergabe, KOM(2011) 896/2. Vor dem Hintergrund der ständigen Rechtsprechung des EuGH insoweit die Vereinbarkeit von Art. 5 Abs. 2 VO 1370/2007 mit dem europäischen Primärrecht in Frage stellend *Kekelekis/Rus* PPLR 2010, 19, 33 f.

III. Tätigkeitsbeschränkungen – das Wesentlichkeitskriterium

19 Nach der *Teckal*-Rechtsprechung des EuGH muss neben dem Kontroll- das Wesentlichkeitskriterium erfüllt sein. Wie das Kontrollkriterium soll das Wesentlichkeitskriterium eine Ausschreibung des Auftrags in den Fällen sicherstellen, in denen ein von einer oder mehreren öffentlichen Stelle(n) kontrolliertes Unternehmen auf dem Markt tätig ist und mit anderen Unternehmen in Wettbewerb treten kann. In einer solchen Situation soll das Unternehmen nicht durch Inhouse-Vergaben gegenüber seinen Wettbewerbern privilegiert werden.[62] Nach der *Teckal*-Rechtsprechung muss das Unternehmen daher hauptsächlich für seine Gesellschafter tätig werden und jede andere Tätigkeit nur rein nebensächlich sein. Um dies zu beurteilen, sind alle qualitativen und quantitativen Umstände des Einzelfalls zu berücksichtigen. Maßgeblich ist vor allem der Umsatz, den das Unternehmen aufgrund der Vergabeentscheidung der kontrollierenden Körperschaft erzielt, und zwar einschließlich des Umsatzes, der in Ausführung solcher Entscheidungen mit Nutzern erzielt wird.[63] Diese Rechtsprechung übernimmt der Verordnungsgeber für den Bereich der öffentlichen Personenverkehrsdienste auf Straße und Schiene *nicht*. Er stellt in Art. 5 Abs. 2 Satz 2 lit. b und lit. c VO 1370/2007 über eine Beschränkung des geografischen Tätigkeitsbereichs und das grundsätzliche Verbot der Teilnahme an wettbewerblichen Verfahren sicher, dass der interne Betreiber im Wesentlichen für die ihn kontrollierenden zuständigen Behörden und somit nicht im Wettbewerb mit anderen Verkehrsunternehmen tätig wird.[64] Während die VO 1370/2007 im Hinblick auf das Kontrollkriterium somit insbesondere wegen der Zulässigkeit öffentlich-privater Partnerschaften weniger strenge Anforderungen als die *Teckal*-Rechtsprechung des EuGH stellt, gelten im Hinblick auf das Wesentlichkeitskriterium andere Voraussetzungen, die tendenziell restriktiver sind als die Kriterien der *Teckal*-Rechtsprechung.[65]

20 Art. 5 Abs. 2 Satz 2 lit. b Satz 1 Hs. 1 VO 1370/2007 verlangt, dass der interne Betreiber und jede andere Einheit, auf die dieser Betreiber einen auch nur geringfügigen Einfluss ausübt, ihre öffentlichen Personenverkehrsdienste nur **innerhalb des Zuständigkeitsgebiets** der zuständigen örtlichen Behörde **ausführen**. In Halbsatz 2 findet sich ein hierüber hinausgehendes **Beteiligungsverbot:** Der interne Betreiber darf sich an wettbewerblichen Verfahren um extraterritoriale Verkehre nicht einmal beteiligen[66] – ganz unabhängig von der Frage, ob er sich ggf. mit Erfolg beteiligt und den Auftrag erhalten soll[67]. Andererseits gelten diese Verbote nicht innerhalb des Zuständigkeitsgebietes der zuständigen Behörde, die das Verkehrsunternehmen direkt beauftragt hat.[68] Dieses Zuständigkeitsgebiet kann ausgedehnt werden, indem von der in Art. 5 Abs. 2 Satz 1 VO 1370/0277 ausdrücklich vorgesehenen Möglichkeit Gebrauch gemacht wird, eine Gruppe von Behörden zu bilden.[69] Erwägungsgrund 18 Satz 5 kann ergänzend entnommen werden, dass

---

[62] Vgl. nur OLG Hamburg Beschl. v. 14.12.2010, 1 Verg 5/10, NZBau 2011, 185, 186.
[63] EuGH Urt. v. 11.5.2006, Rs. C-340/04, NZBau 2006, 452 Rn. 60 ff. – Carbotermo; OLG Celle Beschl. v. 29.10.2009, 13 Verg 8/09, NZBau 2010, 194 Rn. 44, sowie OLG Hamburg Beschl. v. 14.12.2010, 1 Verg 5/10, NZBau 2011, 185, 186 f. Zum Wesentlichkeitskriterium nach der Teckal-Rechtsprechung etwa *Schröder* NVwZ 2010, 776 ff.
[64] Die Parallele zwischen Art. 5 Abs. 2 Satz 2 lit. b VO 1370/2007 und dem Wesentlichkeitskriterium im Sinne der EuGH-Rechtsprechung zu den allgemeinen Inhouse-Geschäften zieht etwa auch *Knauff* NZBau 2012, 65, 70.
[65] In diesem Sinne bereits *Otting* VergabeR 2011, 484, 485.
[66] Klarstellend etwa OLG Düsseldorf, Beschl. v. 7.11.2012, Verg 11/12, *juris* Rn. 18.
[67] Das zutreffend betonend *Motherby/Gleichner* in Pries/Lau/Kratzenberg, Festschrift für Marx, 2013, 417, 428 ff.
[68] Zur Zulässigkeit der Beteiligung an einer solchen „internen Ausschreibung" vgl. OLG Düsseldorf, Beschl. v. 7.11.2012, Verg 11/12, *juris* Rn. 18.
[69] Vgl. dazu *Weber/Pelizäus* Der Nahverkehr 6/2012, 23 ff.

die kontrollierende Behörde die Möglichkeit haben sollte, dem internen Betreiber die Teilnahme an wettbewerblichen Vergabeverfahren innerhalb ihres Zuständigkeitsgebiets zu untersagen. Das OLG Düsseldorf hat die einschränkende Wirkung von Art. 5 Abs. 2 lit. b VO 1370/2007 zwischenzeitlich allerdings verringert, weil die Beschränkung nicht für interne Betreiber gelten soll, die vor Inkrafttreten der Verordnung am 3.12.2009 von der zuständigen Behörde mit der Erbringung öffentlicher Personenverkehrsdienste beauftragt wurden.[70]

Untersagt die kontrollierende Behörde dem von ihr kontrollierten internen Betreiber 21 die Teilnahme an wettbewerblichen Verfahren nicht, hat die das wettbewerbliche Verfahren durchführende Stelle zu prüfen, ob sie den internen Betreiber von dem Verfahren ausschließt. Konkurrierende Bieter können Verstöße gegen das Beteiligungsverbot des Art. 5 Abs. 2 lit. b Hs. 2 VO 1370/2007 im Nachprüfungsverfahren geltend machen und den Ausschluss des internen Betreibers vom wettbewerblichen Verfahren verlangen.[71] Sollte der interne Betreiber den öffentlichen Dienstleistungsauftrag gleichwohl erhalten, bleibt zu prüfen, ob dadurch nicht die Voraussetzungen der Direktvergabe gemäß Art. 5 Abs. 2 VO 1370/2007 entfallen mit der Folge, dass der ursprünglich direkt vergebene Auftrag neu auszuschreiben ist.[72]

Die Beschränkung der Tätigkeit auf das Gebiet der zuständigen Behörde lockert Art. 5 22 Abs. 2 Satz 2 lit. b VO 1370/2007: **Abgehende Linien** oder sonstiger Teildienste, die in das Zuständigkeitsgebiet benachbarter zuständiger örtlicher Behörden führen, sollen außer Betracht bleiben. Im Hinblick auf Busverkehre wird zum Teil verlangt, dass der überwiegende Teil der Verkehrsleistung abgehender Linien im Bereich der zuständigen Behörde erbracht werden müsse und das befriedigte Verkehrsinteresse mehrheitlich diesem Bereich zugerechnet werden könne.[73] Doch bieten weder der Wortlaut des Art. 5 Abs. 2 Satz 2 lit. b VO (EG) Nr. 1370/2007 noch die Entstehungsgeschichte der Norm Anknüpfungspunkte für ein derart restriktives Verständnis. Der Rat hatte die Regelung im Jahre 2006 eingeführt und sie damit gerechtfertigt, dass Verkehre nicht allein deshalb mit Einbußen an Qualität und Attraktivität verbunden sein sollen, weil sie über Zuständigkeitsgebiete einzelner Behörden hinausgehen.[74] Die Regelung zu den abgehenden Linien ist somit ein wichtiges Element, um entsprechend Art. 1 Abs. 1 VO 1370/2007 einen höherwertigen öffentlichen Personenverkehr anbieten zu können. Dem widerspräche es, die Zulässigkeit abgehender Linien davon abhängig zu machen, ob die Verkehre überwiegend auf dem Gebiet der zuständigen Behörde erbracht werden oder außerhalb dieses Gebietes. Denn das hängt zumeist allein von verwaltungsorganisatorischen Zufälligkeiten ab.[75] Es bedarf vielmehr einer wertenden Betrachtung unter Berücksichtigung der Umstände des Einzel-

---

[70] OLG Düsseldorf, Beschl. v. 7.11.2012, Verg 11/12, *juris* Rn. 18. Ablehnend *Motherby/Gleichner* in Pries/Lau/Kratzenberg, Festschrift für Marx, 2013, 417, 434 f.

[71] Vgl. OLG Düsseldorf, Beschl. v. 7.11.2012, Verg 11/12, juris Rn. 18. Wie hier *Motherby/Gleichner* in Pries/Lau/Kratzenberg, Festschrift für Marx, 2013, 417, 432 f., und *Opitz* VergabeR 2013, 253, 254. Einen entsprechenden Anspruch konkurrierender Bieter noch verneinend OLG München Beschl. v. 21.5.2008, Verg 5/08, NZBau 2008, 668 ff.

[72] Vgl. zuvor unter Rn. 12.

[73] Ziff. 5.4 der Leitlinien des Innenministeriums Baden-Württemberg zur VO (EG) Nr. 1370/2007 vom 10.12.2009; Ziff. 5.3 der Bayerischen Leitlinien vom 29.9.2009; *Schröder* NVwZ 2010, 863, 865. Diese Leitlinien gelten nur für Bus-, nicht für Eisenbahnverkehre, vgl. Ziff. 1.2 der Leitlinien des Innenministeriums Baden-Württemberg zur VO (EG) Nr. 1370/2007 vom 10.12.2009, bestätigt in LT-Drs. 14/7568 v. 7.2.2011, Antwort auf Frage 9; ebenso etwa Ziff. 1.5 der Bayerischen Leitlinien vom 29.9.2009. Ähnlich die Diskussion um Schwellen- und Toleranzwerte bei *Kekelekis/Rusu* PPLR 2010, 19, 35, die letztlich auf EuGH Urt. v. 19.4.2007, Rs. C-295/05, EuZW 2007, 416 Rn. 63 – Asemfo, verweisen und sich vor diesem Hintergrund für eine Schwelle von jedenfalls 10 % zulässiger Verkehre aussprechen.

[74] Begründung zum Gemeinsamen Standpunkt des Rates v. 11.12.2006, ABl. 2007 C 70/E, 1, 14.

[75] Ablehnend auch *Stickler/Feske* VergabeR 2010, 1, 8. Restriktiver *Motherby/Gleichner* in Prieß/Lau/Kratzenberg, Festschrift für Marx, 2013, 417, 439 ff.

falls bei gleichzeitiger Berücksichtigung des Verbots der Umgehung vergaberechtlicher Pflichten.

23 Die Rechtsprechung prüft eingehend, ob **andere Einheiten**, auf die der interne Betreiber einen **auch nur geringfügigen Einfluss** ausübt, ihre öffentlichen Personenverkehrsdienste inner- oder außerhalb des Zuständigkeitsgebiets der zuständigen örtlichen Behörde ausführen. Indiz für diese Einflussnahme sind insbesondere personelle Verflechtungen.[76] Solche anderen Einheiten sind etwa die Tochtergesellschaften der internen Betreiber.[77] Gründet die zuständige Behörde mehrere rechtlich verselbständigte Einheiten, von denen nur eine als interner Betreiber fungiert, während andere sich im Wettbewerb um öffentliche Dienstleistungsaufträge bewerben[78], wird im Einzelfall genau zu prüfen sein, inwieweit diese Schwesterunternehmen etwa über das gemeinsame Mutterunternehmen aufeinander Einfluss ausüben und eine Umgehung des Verbots der Tätigkeit im Wettbewerb gegeben ist[79].

24 Art. 5 Abs. 2 Satz 2 lit. b Satz 1 Hs. 2 VO 1370/2007 bestimmt, dass ein interner Betreiber nicht an außerhalb des Zuständigkeitsgebiets der zuständigen örtlichen Behörde organisierten wettbewerblichen Vergabeverfahren für die Erbringung von öffentlichen Personenverkehrsdiensten teilnehmen darf. Frühestens **zwei Jahre vor Ablauf** des direkt an ihn vergebenen Auftrags kann ein interner Betreiber gemäß Art. 5 Abs. 2 lit. c VO 1370/2007 an fairen wettbewerblichen Vergabeverfahren teilnehmen. Voraussetzung ist, dass endgültig beschlossen wurde, die öffentlichen Personenverkehrsdienste, die Gegenstand des Auftrags des internen Betreibers sind, im Rahmen eines fairen wettbewerblichen Vergabeverfahrens zu vergeben und der interne Betreiber nicht Auftragnehmer anderer direkt vergebener öffentlicher Dienstleistungsaufträge ist.

IV. Selbsterbringungsquote gemäß Art. 5 Abs. 2 Satz 2 lit. e VO 1370/2007

25 Nach Art. 5 Abs. 2 Satz 2 lit. e VO 1370/2007 ist der interne Betreiber für den Fall, dass eine **Unterauftragsvergabe** nach Art. 4 Abs. 7 der Verordnung in Frage kommt, verpflichtet, **den überwiegenden Teil** des öffentlichen Personennahverkehrs **selbst zu erbringen**.[80] Das soll eine Umgehung vergaberechtlicher Pflichten unterbinden.[81] Darin unterscheidet sich das Inhouse-Regime der Verordnung erneut von den Voraussetzungen, die nach der Rechtsprechung des EuGH zu den *Teckal*-Kriterien zu erfüllen sind. Denn dem zweiten *Teckal*-Kriterium wird kein Eigenleistungsgebot oder Untervergabeverbot entnommen.[82] Den überwiegenden Teil der öffentlichen Personenverkehrsdienste erfüllt der interne Betreiber selbst, wenn er **mehr als die Hälfte der Leistungen** selber erbringt.[83] Damit steht Art. 5 Abs. 2 Satz 2 lit. e VO 1370/2007 einer weithin nur formalen Inhouse-Vergabe entgegen.[84] Nach Ansicht der Rechtsprechung genügt nicht, dass der

---

[76] OLG Düsseldorf Beschl. v. 2.3.2011, Verg 48/10, NZBau 2011, 244, 250 f. – Münsterlandkreise.

[77] Vgl. *Schröder* NVwZ 2010, 862, 865.

[78] Die Tätigkeit von Schwesterunternehmen grundsätzlich für unschädlich erachtend etwa *Knauff* NZBau 2012, 65, 70; *Losch/Wittig* Vergaberecht 2011, 561, 571; *Nettesheim* NVwZ 2009, 1449, 1452; *Wittig/Schimanek* NZBau 2008, 222, 227.

[79] Auf dieses Umgehungsrisiko ebenfalls hinweisend etwa *Pünder* NJW 2010, 263, 266, oder *Wachinger* IR 2007, 265, 267.

[80] Zur Bemessung dieses Anteils vgl. die Ausführungen zu Art. 4 Abs. 7 VO 1370/2007 oben unter § 55 Rn. 61 ff. Zur Zulässigkeit sog. Verkehrsmanagementgesellschafter vgl. oben unter § 57 Rn. 9.

[81] Vgl. die Begründung zum 26. Änderungsantrag in der Empfehlung für die 2. Lesung im Europäischen Parlament, EP-Dokumentation A6–0131/2007 v. 4.4.2007.

[82] Vgl. OLG Düsseldorf Beschl. v. 2.3.2011, Verg 48/10, NZBau 2011, 244 ff. – Münsterlandkreise.

[83] Vgl. nur *Zuck* in Ziekow/Völlink, Vergaberecht, 2. Aufl. 2013, Art. 5 VO 1370 Rn. 2.

[84] So treffend *Knauff* NZBau 2012, 65, 70.

überwiegende Teil der Leistungen tatsächlich durch den internen Betreiber erbracht wird, vielmehr soll eine entsprechende vertragliche Verpflichtung erforderlich sein.[85]

V. Selbsterbringung im Sinne des Art. 5 Abs. 2 Satz 1 Alt. 1 VO 1370/2007

Art. 5 Abs. 2 Satz 1 VO 1370/2007 eröffnet der zuständigen Behörde nicht nur die Option, einen internen Betreiber im Sinne des Art. 2 lit. j der Verordnung direkt zu beauftragen. In ihrer ersten Alternative benennt die Vorschrift die Möglichkeit, dass die zuständige Behörde die öffentlichen Personenverkehre selbst erbringt (*Inhouse-Vergabe im engeren Sinne*).[86] Wählt die zuständige Behörde diese Option, stellt sich die Frage, ob und wenn ja welche der Beschränkungen gemäß Art. 5 Abs. 2 Satz 2 VO 1370/2007 gelten.[87] Keine Geltung beansprucht Art. 5 Abs. 2 Satz 2 lit. a der Verordnung, denn die Frage nach einer hinreichenden Kontrolle stellt sich naturgemäß nicht. Art. 5 Abs. 2 Satz 2 lit. d VO 1370/2007 ist in Deutschland gegenstandslos.[88] **Art. 5 Abs. 2 Satz 2 lit. b, lit. c und lit. e VO 1370/2007** nehmen ihrem Wortlaut nach jeweils eindeutig Bezug auf den „internen Betreiber" und folglich – wie sich aus Art. 2 lit. j VO 1370/2007 ergibt – auf eine rechtlich getrennte Einheit, an der es im Falle der Selbsterbringung durch die zuständige Behörde fehlt. Diese Vorschriften auf die Selbsterbringung nicht anzuwenden hieße indes, dass die zuständige Behörde in ihrem Zuständigkeitsgebiet keinen Wettbewerb zulassen müsste, sich aber gleichwohl selbst an wettbewerblichen Verfahren außerhalb ihres Zuständigkeitsgebietes beteiligen dürfte. Dass der zuständigen Behörde erlaubt sein soll, was einem von ihr kontrollierten internen Betreiber untersagt ist, ließe sich nicht rechtfertigen. Auch fehlen Gründe, warum der interne Betreiber gemäß Art. 5 Abs. 2 Satz 2 lit. e VO 1370/2007 den *überwiegenden* Teil der Verkehre erbringen muss, die zuständige Behörde im Falle der Selbsterbringung aber gemäß Art. 4 Abs. 7 VO 1370/2007 Unteraufträge vergeben darf, sofern sie nur einen *bedeutenden* Teil der Verkehre noch selber erbringt.[89] Entscheidet sich die zuständige Behörde, öffentliche Personenverkehrsdienste, die in den Anwendungsbereich der VO 1370/2007 fallen, selbst zu erbringen, sind Art. 5 Abs. 2 Satz 2 lit. b, lit. c und lit. e VO 1370/2007 daher **entsprechend anzuwenden**.

D. Direktvergaben bei Kleinaufträgen

Art. 5 Abs. 4 VO 1370/2007 erlaubt eine Direktvergabe im Sinne des Art. 2 lit. h der Verordnung von bestimmten Kleinaufträgen. Dahinter steht der Gedanke, dass der mit der Durchführung eines wettbewerblichen Vergabeverfahrens verbundene Aufwand hier oftmals außer Verhältnis stünde zum Umfang und zum Wert der zu vergebenden Leistungen. Zugleich wird der zuständigen Behörde die Möglichkeit eröffnet, vor allem kleine und mittlere Verkehrsunternehmen zu fördern und zu unterstützen. Soweit zulässig, steht es im **Ermessen** der zuständigen Behörde, auf die Möglichkeit der Direktvergabe nach Art. 5 Abs. 4 VO 1370/2007 zurückzugreifen; es ist der zuständigen Behörde unbenommen, diese Kleinaufträge im wettbewerblichen Verfahren nach Art. 5 Abs. 3 der Verordnung vergeben.

---

[85] OLG München Beschl. v. 22.6.2011, Verg 6/11, NZBau 2011, 701, 704.
[86] Vgl. dazu bereits oben unter Rn. 9.
[87] Vgl. dazu auch OLG Rostock Beschl. v. 4.7.2012–17 Verg 3/12.
[88] Vgl. dazu bereits oben unter § 55 Rn. 8.
[89] Diese Konsequenz billigend hingegen *Schröder* NVwZ 2010, 862, 863.

I. Anwendungsbereich

28 Art. 5 Abs. 4 VO 1370/2007 steht unter mehrfachem Anwendungsvorbehalt. Insoweit sind zunächst **Art. 5 Abs. 1 Satz 2 und Satz 3 VO 1370/2007** zu beachten. Daraus folgt der Anwendungsvorrang der §§ 97 ff. GWB, soweit öffentliche Dienstleistungsaufträge im Sinne des § 99 Abs. 4 GWB über **Bus- und Straßenbahnverkehre** vergeben werden und der geschätzte Auftragswert die maßgeblichen Schwellenwerte erreicht oder überschreitet. Zum Anderen ist zu beachten, dass eine Direktvergabe nach Art. 5 Abs. 4 VO 1370/2007 nur zulässig ist, **sofern diese nicht nach nationalem Recht untersagt ist.** Aus der Rechtsprechung des Bundesgerichtshofs zur Direktvergabe von Eisenbahnverkehrsleistungen nach Art. 5 Abs. 6 VO 1370/2007 ist zu folgern, dass die §§ 97 ff. GWB auch einer Direktvergabe nach Art. 5 Abs. 4 der Verordnung entgegen stehen[90] Auch öffentliche Dienstleistungsaufträge im Sinne des § 99 Abs. 4 GWB über **Eisenbahnverkehre** können daher nicht nach Art. 5 Abs. 4 VO 1370/2007 vergeben werden, wenn die insoweit maßgeblichen Schwellenwerte erreicht oder überschritten werden. **Unterhalb der allgemeinen vergaberechtlichen Schwellenwerte** könnten entsprechend der Rechtsprechung des Bundesgerichtshofs zur Sperrwirkung der §§ 97 ff. GWB die Bestimmung des 1. Abschnitts der VOL/A als entgegenstehendes nationales Recht im Sinne des Art. 5 Abs. 4 VO 1370/2007 angesehen werden; das kommt jedenfalls dort in Betracht, wo ein verbindlicher Normanwendungsbefehl zur Beachtung des 1. Abschnitts der VOL/A (insb. in den haushaltsrechtlichen Vergabeerlassen der Länder) existiert.[91] In der Praxis kommt somit oftmals auch im Hinblick auf Art. 5 Abs. 4 VO 1370/2007 der Qualifikation eines öffentlichen Dienstleistungsauftrages im Sinne der Verordnung als **Dienstleistungskonzession** entscheidende Bedeutung zu[92]: Denn Dienstleistungskonzessionen können nach Art. 5 Abs. 4 VO 1370/2007 sowohl im Bereich der Bus- und Straßenbahnverkehre als auch im Bereich der Eisenbahnverkehre direkt nach Art. 5 Abs. 4 VO 1370/2007 vergeben werden.[93] Insoweit kann eine Verpflichtung zur wettbewerblichen Vergabe weder aus den Grundrechten noch aus einfachgesetzlichen Vorschriften hergeleitet werden.[94] Für die Verkehre im Geltungsbereich des Personenbeförderungsgesetzes stellt § 8a Abs. 3 PBefG 2013 die Zulässigkeit von Direktvergaben nach Art. 5 Abs. 4 VO 1370/2007 nun auch ausdrücklich klar. Anderes folgt auch nicht aus dem europäischen Primärrecht, weil keine Anhaltspunkte dafür bestehen, dass der Verordnungsgeber durch Art. 5 Abs. 4 VO 1370/2007 „primärrechtswidriges" Sekundärrecht geschaffen hat.[95]

---

[90] Vgl. dazu oben unter Rn. 5.
[91] Vgl. dazu bereits *Otting/Olgemöller* VBlBW 2013, 291 ff. Ohne diese Differenzierung für die Anwendbarkeit der verordnungsrechtlichen Vergabevorschriften im Unterschwellenbereich etwa *Saxinger/Schröder* in Saxinger/Winnes, Recht des öffentlichen Personenverkehrs, Std. 2012, Art. 5 Abs. 1 VO 1370 Rn. 37, sowie *Saxinger* ebd., Art. 5 Abs. 4 VO 1370 Rn. 26 ff.
[92] Im Ergebnis wie hier etwa *Knauff* NZBau 2012, 65, 71.
[93] Wenngleich Art. 5 Abs. 4 VO 1370/2007 im Bereich der Eisenbahnverkehre wegen der weniger reglementierten Direktvergabemöglichkeit nach Art. 5 Abs. 6 VO 1370/2007 in der Praxis keine Bedeutung zukommen dürfte.
[94] Zu Diskussion um die Bedeutung von Art. 12 und Art. 3 GG vgl. oben Rn. 7. Zur Unanwendbarkeit der §§ 97 ff. GWB auf Dienstleistungskonzessionen vgl. oben unter § 56 Rn. 4 ff. Im Ergebnis wie hier etwa auch VK Baden-Württemberg Beschl. v. 30.11.2011, 1 VK 60/11; *Prieß* in Kaufmann/Lübbig/Prieß/Pünder, VO (EG) 1370/2007, 2010, Art. 5 Rn. 201 f.
[95] Zur Diskussion vgl. etwa *Berschin* in Barth/Baumeister/Berschin/Werner, Handbuch ÖPNV, Std. 2009, A 2 Rn. 206 ff. Ohne Bedenken gegen die Vereinbarkeit von Direktvergaben mit dem europäischen Primärrecht im Ergebnis auch *Knauff* NZBau 2012, 65,67 f., 71.

II. Schwellenwerte

Art. 5 Abs. 4 VO 1370/2007 unterscheidet zwischen zwei Gruppen von Unternehmen und bestimmt in Anknüpfung an die Größe dieser Unternehmen die Schwellenwerte für direkt zu vergebende Aufträge. An **jedes Verkehrsunternehmen** dürfen gemäß Art. 5 Abs. 4 UAbs. 1 der Verordnung öffentliche Dienstleistungsaufträge direkt vergeben werden, die entweder einen geschätzten Jahresdurchschnittswert von weniger als 1.000.000 Euro oder eine jährliche öffentliche Personenverkehrsleistung von weniger als 300.000 km aufweisen. Der **Jahresdurchschnittswert** eines Verkehrsdienstes ist gemäß Art. 2 lit. k der Verordnung zu berechnen anhand des Wertes eines Verkehrsdienstes, einer Strecke, eines öffentlichen Dienstleistungsauftrages oder einer Ausgleichsregelung des öffentlichen Personenverkehrs, der den Gesamteinnahmen – ohne Mehrwertsteuer – des Betreibers oder der Betreiber eines öffentlichen Dienstes entspricht, einschließlich der Ausgleichszahlungen der Behörden gleich welcher Art und aller Einnahmen aus dem Fahrscheinverkauf, die nicht an die betroffene zuständige Behörde abgeführt werden. 29

Die für alle Verkehrsunternehmen geltenden Schwellenwerte können gemäß Art. 5 Abs. 4 UAbs. 2 VO 1370/2007 zugunsten von **kleinen und mittleren Unternehmen** um das Doppelte erhöht werden. Kleine und mittlere Unternehmen sind demnach Unternehmen, die nicht mehr als 23 Fahrzeuge betreiben. Auf andere Definitionen kleiner und mittlerer Unternehmen, z.B. jene nach Anhang I der VO (EG) Nr. 800/2008[96], kommt es nicht an.[97] **Fahrzeuge** sind dem Wortsinn nach alle Verkehrsmittel, die dem Transport von Personen dienen. Dazu zählen jedenfalls die Fahrzeuge, die der Personenbeförderung dienen, etwa Lokomotiven und dazugehörige Anhänger sowie die einzelnen Busse des Unternehmens.[98] Zu weit gehen dürfte, hierüber hinaus auch etwaige Fahrzeuge der Geschäftsleistung einzubeziehen[99], denn diese „betreibt" das Unternehmen nicht oder jedenfalls nicht unmittelbar, um Personenverkehrsdienste zu erbringen. Für die Berechnung der Anzahl der **Fahrzeuge pro Unternehmen** ist auf die jeweilige juristisch verselbständigte Rechtsperson abzustellen. Das kann Anreize zur Gründung entsprechend kleiner Unternehmen setzen. Hier bleibt abzuwarten, inwieweit die Rechtsprechung Umgehungsversuchen Grenzen zieht, z.B. durch ein weites Verständnis tatsächlich verfügbarer Fahrzeuge des jeweiligen Verkehrsunternehmens oder über die Zurechnung kraft Konzernzugehörigkeit. 30

III. Umgehungsverbot und Losbildung

In Erwägungsgrund 23 Satz 3 zur Verordnung heißt es, dass es den zuständigen Behörden nicht gestattet sein darf, Aufträge oder Netze aufzuteilen, um so ein wettbewerbliches Vergabeverfahren zu vermeiden. Darin kommt der allgemeine Grundsatz zum Ausdruck, dass Ausnahmevorschriften wie Art. 5 Abs. 4 VO 1370/2007 nicht instrumentalisiert werden dürfen, um vergaberechtliche Grundregeln wie die Pflicht zur Durchführung des wettbewerblichen Verfahrens nach Art. 5 Abs. 3 VO 1370/2007 zu umgehen. **Indizien** für eine solche Umgehung müssen die Umstände des Einzelfalls bilden, etwa der enge zeitliche Zusammenhang zwischen mehreren Bagatell-Direktvergaben an dasselbe Ver- 31

---

[96] Verordnung (EG) Nr. 800/2008 der Kommission vom 6.8.2008 zur Erklärung der Vereinbarkeit bestimmter Gruppen von Beihilfen mit dem Gemeinsamen Markt in Anwendung der Artikel 87 und 88 EG-Vertrag (Allgemeine Gruppenfreistellungsverordnung), ABl. 2008 L 214/3.
[97] Vgl. nur *Knauff* NZBau 2012, 65, 71. Zur Irrelevanz weiterer Definitionen vgl. etwa *Prieß* in Kaufmann/Lübbig/Prieß/Pünder, VO (EG) 1370/2007, 2010, Art. 5 Rn. 190.
[98] *Prieß* in Kaufmann/Lübbig/Prieß/Pünder, VO (EG) 1370/2007, 2010, Art. 5 Rn. 186.
[99] So aber *Zuck* in Ziekow/Völlink, Vergaberecht, 2. Aufl. 2013, Art. 5 VO 1370 Rn. 35. Wie hier *Schmitz/Winkelhüsener* EuZW 2011, 52, 54.

kehrsunternehmen.[100] Darauf, dass entsprechende Umgehungsversuche in der Praxis nicht nachweisbar sein sollen[101], sollte sich die zuständige Behörde nicht verlassen. Die zuständige Behörde sollte ihre Entscheidungen über den Umfang einzelner Dienstleistungsaufträge in jedem Einzelfall begründen und die Begründung dokumentieren. Ob sie sich dabei auf das Gebot zur Losbildung berufen darf und die einzelnen Lose dann gemäß Art. 5 Abs. 4 VO 1370/2007 direkt vergeben darf, erscheint zumindest fraglich. Zwar ist das Gebot der Losteilung ein anerkanntes Instrument zum Schutz der Interessen mittelständischer Interessen, das öffentliche Stellen berechtigt und sogar verpflichtet, von einer Gesamtvergabe zugunsten einer losweisen Vergabe abzusehen.[102] Doch lässt sich Art. 5 Abs. 4 der Verwendung gerade vor dem Hintergrund von Erwägungsgrund 23 zur VO 1370/2007 als eine spezielle und abschließende Regelung zu mittelstandsfreundlichen Vergaben interpretieren, die als solche abschließend ist. Den Grundsätzen zur Losteilung käme dann nur für den Zuschnitt solcher öffentlicher Dienstleistungsaufträge Bedeutung zu, die nach Art. 5 Abs. 3 VO 1370/2007 in einem wettbewerblichen Verfahren vergeben werden. In diesem Sinne kann auch § 8a Abs. 4 Satz 2 PBefG 2013 verstanden werden, der eine Losteilung eben nur für wettbewerbliche Verfahren nach Art. 5 Abs. 3 VO 1370/2007 verpflichtend vorsieht.

E. Notmaßnahmen nach Art. 5 Abs. 5 VO 1370/2007

32 Art. 5 Abs. 5 VO 1370/2007 stellt es in das Ermessen der zuständigen Behörde, im Fall der Unterbrechung eines Verkehrsdienstes oder bei unmittelbarer Gefahr des Eintretens einer solchen Situation sog. Notmaßnahmen zu ergreifen. Diese Notmaßnahmen können entweder eine Direktvergabe oder eine förmliche Vereinbarung über die Ausweitung eines öffentlichen Dienstleistungsauftrags sein oder eine „Auflage", bestimmte gemeinwirtschaftliche Verpflichtungen zu übernehmen. Der Betreiber eines öffentlichen Dienstes – d. h. das Verkehrsunternehmen – hat das Recht, gegen den Beschluss zur „Auferlegung" der Übernahme bestimmter gemeinwirtschaftlicher Verpflichtungen Widerspruch einzulegen. Die Vergabe oder Ausweitung eines öffentlichen Dienstleistungsauftrags als Notmaßnahme oder die Auferlegung der Übernahme eines derartigen Auftrags ist für längstens zwei Jahre zulässig. In Erwägungsgrund 24 zur VO 1370/2007 heißt es dazu: Besteht die Gefahr einer Unterbrechung bei der Erbringung von Diensten, sollten die zuständigen Behörden befugt sein, kurzfristig Notmaßnahmen zu ergreifen, bis ein neuer öffentlicher Dienstleistungsauftrag nach den in dieser Verordnung festgelegten Bedingungen vergeben wurde.

33 Abweichend von Art. 5 Abs. 2 und Abs. 4 VO 1370/2007 steht die Option der Direktvergabe nach Art. 5 Abs. 5 der Verordnung nicht unter dem Vorbehalt, dass die zuständige hierauf nur zurückgreifen darf, sofern dies nicht nach nationalem Recht untersagt ist. Vor diesem Hintergrund hat der Gesetzgeber darauf verzichtet, den zuständigen Behörden den Rückgriff auf Art. 5 Abs. 5 VO 1370/2007 im Rahmen des § 8a Abs. 3 PBefG 2013 ausdrücklich zu gestatten.[103] Im Zusammenhang mit der Entbindung eines Busverkehrsunternehmens von der Beförderungspflicht bestätigt der Gesetzgeber also aus-

---

[100] Vgl. *Prieß* in Kaufmann/Lübbig/Prieß/Pünder, VO (EG) 1370/2007, 2010, Art. 5 Rn. 203.
[101] In diesem Sinne *Berschin* in Barth/Baumeister/Berschin/Werner, Handbuch ÖPNV, Std. 2009, A 2 Rn. 225.
[102] Vgl. nur Art. 9 Abs. 5 der Richtlinie 2004/18/EG; § 97 Abs. 3 GWB; Arbeitsdokument der Kommissionsdienststellen – Europäischer Leitfaden für bewährte Verfahren (Code of best practice) zur Erleichterung des Zugangs kleiner und mittelständischer Unternehmen (KMU) zu öffentlichen Aufträgen, SEC(2008) 2193 v. 25.6.2008.
[103] Vgl. die Begründung des Änderungsentwurfs, BT-Drs. 17/10857, S. 22 f.

drücklich, dass die zuständige Behörde Notmaßnahmen ergreifen kann (vgl. § 21 Abs. 4 Satz 5 PBefG).[104]

I. Notsituation: Unterbrechung oder unmittelbare Gefahr der Unterbrechung

Das Recht der zuständigen Behörde, Notmaßnahmen zu ergreifen, knüpft an die Unterbrechung des Verkehrsdienstes oder an die unmittelbare Gefahr des Eintretens einer solchen Situation an. 34

1. Unterbrechung des Verkehrsdienstes

Die **erste Alternative** des Art. 5 Abs. 5 Satz 1 VO 1370/2007 erfasst den Fall der Unterbrechung eines Verkehrsdienstes. Der Wortlaut stellt auf tatsächliche Umstände ab. Von der Unterbrechung des Verkehrsdienstes kann erst und nur solange die Rede sein, wie ein Verkehrsdienst tatsächlich nicht erbracht wird. 35

a) Keine Neu- oder Mehrverkehre auf Grundlage von Notmaßnahmen

Das Erfordernis der **tatsächlichen Unterbrechung** beschränkt die Zulässigkeit von Notmaßnahmen auf Verkehre, die bereits eingerichtet sind und sich daher als **Altverkehre** bezeichnen lassen. Nur diese können tatsächlich unterbrochen sein. Dem gleichgestellt werden können **Erstverkehre**, die zwar bisher nicht angeboten wurden, die ihren Betrieb aber planwidriger Weise nicht aufgenommen haben, z. B. weil der ausgewählte Betreiber kurzfristig ausfällt. Davon zu unterscheiden bleiben **Neu- oder Mehrverkehre**, d. h. Verkehre, die bisher nicht angeboten wurden und die auch nicht planwidrigerweise ausfallen. Sie können nicht unterbrochen und folglich nicht Gegenstand einer Notmaßnahme im Sinne des Art. 5 Abs. 5 VO 1370/2007 sein. Art. 5 Abs. 5 VO 1370/2007 bietet insoweit keine Grundlage, um erstmals zusätzliche Verkehrsangebote zu schaffen. 36

b) Unerheblichkeit der Gründe der Notsituation

Art. 5 Abs. 5 Satz 1 Alt. 1 VO 1370/2007 knüpft allein an die Unterbrechung des Verkehrsdienstes an. **Unerheblich sind die Gründe**, die zu der Unterbrechung geführt haben. Unbeachtlich ist deshalb insbesondere, ob die Unterbrechung von der zuständigen Behörde zu vertreten ist, d. h. ob ein **Verschulden** der zuständigen Behörde festgestellt werden kann.[105] Auch eine **besondere Dringlichkeit** verlangt Art. 5 Abs. 5 Satz 1 VO 1370/2007 nicht.[106] Anderes ergibt sich weder aus dem Wortlaut der Vorschrift noch aus ihrer Entstehungsgeschichte. Auch Sinn und Zweck des Art. 5 Abs. 5 der Verordnung sprechen gegen eine restriktive Interpretation. So knüpft der Wortlaut allein an den „Fall einer Unterbrechung des Verkehrsdienstes" an ohne weitere Anforderungen an Gründe oder Ursachen dafür zu stellen. Auch die **Entstehungsgeschichte** des Art. 5 Abs. 5 VO 1370/2007 widerspricht einer restriktiveren Interpretation des Vorschrift. Nachdem der erste Vorschlag der Kommission zu einer Verordnung aus dem Jahre 2000 noch keine 37

---

[104] Zur Frage der Anwendbarkeit bei öffentlichen Dienstleistungsaufträgen iSv § 99 Abs. 4 GWB bei Busverkehren vgl. VK Hessen Beschl. v. 15.10.2013, 69d VK 22/2013 mit krit. Anm. v. *Deuster* IR 2014, 18f.

[105] Im Ergebnis wie hier *Saxinger* in Saxinger/Winnes, Recht des öffentlichen Personenverkehrs, Std. 2012, Art. 5 Abs. 5 VO 1370 Rn. 10; *Hölzl* in Montag/Säcker, Münchener Kommentar Kartellrecht, Bd. 3 Beihilfen- und Vergaberecht, 2011, Art. 5 VO 1370/2007 Rn. 92; *Prieß* in Kaufmann/Lübbig/Prieß/Pünder, VO (EG) 1370/2007, 2010, Art. 5 Rn. 216.

[106] In diesem Sinne allerdings *Prieß* in Kaufmann/Lübbig/Prieß/Pünder, VO (EG) 1370/2007, 2010, Art. 5 Rn. 205; *Berschin* in Barth/Baumeister/Berschin/Werner, Recht des ÖPNV – Handbuch, Std. 2009, A 2 Rn. 227.

Vorschriften über Notmaßnahmen aufwies[107], sah das Europäische Parlament im Jahre 2001 die Notwendigkeit für solche Maßnahmen.[108] Das Parlament beschrieb in Art. 8a, 10a und 14 Abs. 5c verschiedene Situationen, in denen Notmaßnahmen zulässig sein sollten. Die Kommission akzeptierte diese Vorschläge ausdrücklich und entwickelte sie in Art. 7b ihres Verordnungsentwurfs aus dem Jahre 2002 fort.[109] In dem Bemühen, die Regelungen insgesamt zu vereinfachen und zu flexibilisieren, strich die Kommission diese Fallgruppen aus ihrem Verordnungsentwurf aus dem Jahre 2005.[110] Unter Art. 5 Abs. 5 Satz 1 des Entwurfs 2005 wurde daraufhin der Wortlaut vorgeschlagen[111], dem die aktuelle Fassung entspricht. Mit dem Kommissionsvorschlag aus dem Jahre 2005 wurde der **numerus clausus von Notsituationen aufgegeben**. Der Verordnungsgeber wollte folglich nicht mehr nur bestimmte Situationen erfassen, sondern *jede* Situation, in der die Erbringung von Verkehrsdiensten unterbrochen ist (oder unterbrochen zu werden droht). **Entfallen** ist namentlich auch die noch im Vorschlag des Europäischen Parlaments zu einem Art. 8a enthaltene Voraussetzung, wonach die Maßnahmen „**dringend**" erforderlich sein müssen. Der Befund wird durch **Sinn und Zweck der Vorschrift** bestätigt. In seinem Vorschlag für einen Art. 8a hat das Europäische Parlament im Jahre 2001 zum Ausdruck gebracht, dass die Notmaßnahmen als erforderlich angesehen werden, um die „Kontinuität des Dienstes" sicherzustellen.[112] Im selben Sinne hieß es in Art. 7b des Kommissionsvorschlags aus dem Jahre 2002, dass Notfallmaßnahmen möglich sein müssen, um „die Erbringung angemessener öffentlicher Personenverkehrsdienste sicherzustellen".[113] Der Verordnungsgeber hat damit das Problem der **Kontinuitätssicherung** erkannt – und mit der Möglichkeit, Notmaßnahmen zu ergreifen, eine Lösung in die Verordnung aufgenommen.[114] Die Notmaßnahmen verfolgen danach das Ziel, das Angebot an Verkehrsdienstleistungen dauerhaft sicherzustellen ohne Rücksicht darauf, *warum* die Verkehrsdienstleistung unterbrochen ist (oder die Gefahr einer Unterbrechung droht).

38 Eine besondere Dringlichkeit kann schließlich auch nicht unter Hinweis auf eine entsprechende Anwendung des Art. 31 Nr. 1 lit. c der Richtlinie 2004/18/EG oder § 3 Abs. 5 lit. g VOL/A gefordert werden. Die Voraussetzungen, unter denen Notmaßnahmen zulässig sind, legt Art. 5 Abs. 5 VO 1370/2007 **abschließend** fest. Anders als etwa im Hinblick auf das wettbewerbliche Verfahren nach Art. 5 Abs. 3 der Verordnung oder im Hinblick auf das Rechtsschutzsystem nach Art. 5 Abs. 7 der Verordnung lassen sich Art. 5 Abs. 5 VO 1370/2007 und seiner äußerst differenzierten Entstehungsgeschichte keine Anhaltspunkte entnehmen, die dafür sprechen, dass der Verordnungsgeber den Mitgliedstaaten einen Ausgestaltungsspielraum überlassen wollte, der durch restriktivere mitgliedstaatliche Vorschriften oder eine Analogiebildung zu diesen Vorschriften ausgefüllt werden kann. Zugleich gilt die Vorschrift als Teil des europäischen Verordnungsrechts gemäß Art. 288 AEUV unmittelbar. Diese **unmittelbare Wirkung** darf durch die Mitgliedstaaten nicht in Frage gestellt werden.[115] Das gilt im Hinblick auf Art. 5 Abs. 5 VO 1370/2007 gerade auch vor dem Hintergrund, dass diese Direktvergabeoption – anders als

---

[107] KOM(2000) 7 endg. v. 26.7.2000.
[108] ABl. 2002 C 140E/262 ff.
[109] KOM(2002) 107 endg. v. 21.2.2002, S. 7. Vgl. dort auch Erwägungsgrund 44 zum Entwurf.
[110] KOM(2005) 319 endg. v. 20.7.2005, insb. S. 13 f.; im selben Sinne dann nochmals KOM (2006) 805 endg. v. 12.12.2006, S. 7.
[111] KOM(2005) 319 endg. v. 20.7.2005, S. 27.
[112] ABl. 2002 C 140E/276.
[113] KOM(2002) 107 endg. v. 21.2.2002, S. 33.
[114] Vgl. zur Kontinuitätssicherung *Waechter* Verwaltungsrecht im Gewährleistungsstaat, 2008, S. 220 f. Ähnlich *Prieß* in Kaufmann/Lübbig/Prieß/Pünder, VO (EG) 1370/2007, 2010, Art. 5 Rn. 206, 216. Zum Gedanken der Kontinuitätssicherung als Rechtfertigung von Interimsbeauftragungen im Bereich der Daseinsvorsorge etwa auch VK Niedersachsen, Beschl. v. 3.2.2012, VgK-01/2012 (dort zu Rettungsdienstleistungen).
[115] Vgl. dazu oben unter § 54 Rn. 3 ff.

jene nach Art. 5 Abs. 2, 4 und 6 der Verordnung – **nicht unter dem Vorbehalt mitgliedstaatlicher Regelungen** steht. Es fehlt somit auch bei systematischer Auslegung an einem Einfallstor, um die Voraussetzungen und Grenzen für Notmaßnahmen durch mitgliedstaatliches Recht näher auszugestalten.

2. Unmittelbare Gefahr der Unterbrechung

Die **zweite Alternative** des Art. 5 Abs. 5 Satz 1 VO 1370/2007 erlaubt der zuständigen Behörde, Notmaßnahmen bei unmittelbarer Gefahr einer Unterbrechung des Verkehrsdienstes zu ergreifen. Das erweitert die Handlungsmöglichkeiten gegenüber der ersten Alternative, indem das **Zeitfenster**, innerhalb dessen die zuständige Behörde Notmaßnahmen ergreifen kann, gegenüber der ersten Alternative ausgedehnt wird. Die Behörde darf vorbeugend zur Sicherstellung von **Alt- und Erstverkehren** agieren; eine Rechtfertigung zur Einführung von Neu- oder Mehrverkehren bietet Art. 5 Abs. 5 VO 1370/2007 hingegen auch insoweit nicht.[116] 39

II. Notmaßnahmen: Direktvergabe, Direkterweiterung, Auferlegung

Als Mittel, einer durch die (Gefahr der) Unterbrechung des Verkehrsdienstes gekennzeichneten Notsituation i.S.d. Art. 5 Abs. 5 Satz 1 VO 1370/2007 entgegen zu wirken, sieht Art. 5 Abs. 5 Satz 2 der Verordnung drei unterschiedliche Maßnahmen vor, die zusammenfassend als Notmaßnahmen bezeichnet werden: die Direktvergabe, die förmliche Vereinbarung über die Ausweitung eines öffentlichen Dienstleistungsauftrages (sog. Direkterweiterung[117]) und die Auferlegung. 40

1. Direktvergabe

Als erste Variante zulässiger Notmaßnahmen benennt Art. 5 Abs. 5 Satz 2 VO 1370/2007 die **Direktvergabe** eines öffentlichen Dienstleistungsauftrages. Als Direktvergabe definiert Art. 2 lit. h VO 1370/2007 die Vergabe eines öffentlichen Dienstleistungsauftrags ohne Durchführung eines vorherigen wettbewerblichen Vergabeverfahrens. Wesentliches Merkmal des öffentlichen Dienstleistungsauftrages in diesen Sinne ist gemäß Art. 2 lit. i VO 1370/2007 die Rechtsverbindlichkeit eines Aktes, der die **Übereinkunft** zwischen der zuständigen Behörde und dem Verkehrsunternehmen dokumentiert. In Deutschland stellt sich eine solche Übereinkunft regelmäßig als Vertrag dar. Insoweit setzt die Direktvergabe also die Zustimmung des zu beauftragenden Verkehrsunternehmens voraus.[118] Die Direktvergabe kann daher als „konsensuale" Variante einer Notmaßnahme beschrieben werden. Das Verordnungsrecht stellt kein **Schriftformerfordernis** auf, ausweislich Erwägungsgrund 9 zur VO 1370/2007 erkennt der Verordnungsgeber insoweit an, dass Form und Benennung des Vertrages je nach Rechtssystem der Mitgliedstaaten variieren können. Schriftformerfordernisse nach deutschem Recht, z.B. nach § 57 (Landes-)VwVfG bleiben also zu beachten. Eine einvernehmliche, aber nur konkludent zwischen Behörde und Verkehrsunternehmen vereinbarte Fortsetzung auslaufender Verträge stellt folglich nicht ohne Weiteres eine wirksame Direktvergabe dar. 41

2. Direkterweiterung

Neben der Direktvergabe erlaubt Art. 5 Abs. 5 Satz 2 VO 1370/2007 der zuständigen Behörde den Abschluss „einer förmlichen Vereinbarung über die Ausweitung eines öffentli- 42

---

[116] Zu den Begriffen der Alt-, Erst-, Neu- und Mehrverkehren vgl. oben unter Rn. 36.
[117] Begriffsprägend, soweit ersichtlich, *Prieß* in Kaufmann/Lübbig/Prieß/Pünder, VO (EG) 1370/2007, 2010, Art. 5 Rn. 217.
[118] Vgl. *Prieß* in Kaufmann/Lübbig/Prieß/Pünder, VO (EG) 1370/2007, 2010, Art. 5 Rn. 217.

chen Dienstleistungsauftrages". Da dem Abschluss einer solchen Vereinbarung kein wettbewerbliches Vergabeverfahren vorangehen muss, kann diese Variante als Direkterweiterung bezeichnet werden. Die Direkterweiterung geht auf Art. 7b des Kommissionsvorschlags aus dem Jahre 2002 zurück. Dort wie in der aktuellen Fassung machen die Wörter „Ausweitung" und „eines öffentlichen Dienstleistungsauftrags" deutlich, dass **Anknüpfungspunkt** für die Direkterweiterung ein **bereits bestehender öffentlicher Dienstleistungsauftrag** ist.[119] Da der öffentliche Dienstleistungsauftrag im System der VO (EG) Nr. 1370/2007 zwischen der jeweils zuständigen Behörde und einem Betreiber geschlossen wird, ist des Weiteren davon auszugehen, dass ein öffentlicher Dienstleistungsauftrag gemeint ist, der zwischen dem Betreiber und der zuständigen Behörde besteht, die Notmaßnahmen ergreift. Nicht ausreichend ist, dass der Betreiber über einen öffentlichen Dienstleistungsauftrag mit irgendeiner (anderen) zuständigen Behörde verfügt. Besteht kein öffentlicher Dienstleistungsauftrag zwischen den Beteiligten, kommt – unter denselben Voraussetzungen des Art. 5 Abs. 5 Satz 1 VO 1370/2007 – der (erstmalige) Abschluss eines öffentlichen Dienstleistungsauftrags im Wege der Direktvergabe in Betracht. Da Art. 5 Abs. 5 Satz 1 VO 1370/2007 dieselben Voraussetzungen für eine Direkterweiterung und eine Direktvergabe aufstellt, kommt es auch nicht auf die Frage an, ob eine Direkterweiterung nur bis zur Grenze der wesentlichen Vertragsänderung zulässig ist[120] oder ob sie **wesentliche Vertragsänderungen** erlaubt[121]: Wird die Grenze der Wesentlichkeit überschritten[122], mag eine Direkterweiterung unzulässig sein; es wird aber regelmäßig der Weg der Direktvergabe offenstehen.

43   Die Direkterweiterung führt nach Art. 5 Abs. 5 Satz 2 VO 1370/2007 zu einer „Ausweitung" eines öffentlichen Dienstleistungsauftrages. Das darf **nicht** zu dem Fehlschluss verleiten, eine zuständige Behörde könne im Rahmen der Direkterweiterung **Neu- oder Mehrverkehre** beauftragen.[123] Art. 5 Abs. 5 Satz 2 VO 1370/2007 erlaubt die Beauftragung von Verkehren zu Taktverdichtungen oder Kapazitätserhöhungen weder im Rahmen der Direktvergabe noch im Rahmen einer Direkterweiterung.

44   Gemäß Art. 5 Abs. 5 Satz 2 VO 1370/2007 bedarf es einer „förmlichen" Vereinbarung über die Ausweitung. Nur durch dieses **Erfordernis der Förmlichkeit** unterscheidet sich die finale Formulierung im Hinblick auf die Direkterweiterung von dem Kommissionsvorschlag aus dem Jahre 2005, der ähnlich wie Art. 7b des Vorschlags aus dem Jahre 2002 schlicht eine „Vereinbarung über die Ausweitung" verlangte. Eingeführt wurde das Förmlichkeitserfordernis durch den Gemeinsamen Standpunkt des Rates aus dem Jahre 2006, ohne dass der damit verfolgte Zweck klargestellt wurde.[124] Es ist aber nicht erkennbar, dass mit dem Förmlichkeitserfordernis mehr verlangt wird, als die Wahrung etwaiger mitgliedstaatlicher **Schriftformerfordernisse** wie § 57 (Landes-) VwVfG.

3. Auferlegung

45   Als dritte Variante der Notmaßnahmen sieht Art. 5 Abs. 5 Satz 2 VO 1370/2007 die „Auflage, bestimmte gemeinwirtschaftliche Leistungen zu übernehmen" vor. Der nach-

---

[119] Im Ergebnis wie hier *Prieß* in Kaufmann/Lübbig/Prieß/Pünder, VO (EG) 1370/2007, 2010, Art. 5 Rn. 217.
[120] In diesem Sinne *Berschin* in Barth/Baumeister/Berschin/Werner, Recht des ÖPNV – Handbuch, Std. 2009, A 2 Rn. 228.
[121] In diesem Sinne *Prieß* in Kaufmann/Lübbig/Prieß/Pünder, VO (EG) 1370/2007, 2010, Art. 5 Rn. 217.
[122] Vgl. dazu EuGH Urt. v. 19.6.2008, Rs. C-454/06, NZBau 2008, 518, Rn. 34 ff. – pressetext; EuGH Urt. v. 14.4.2010, Rs. C-91/08, NZBau 2010, 383, Rn. 29 ff. – Wall AG.
[123] Zu den Begriffen vgl. zuvor unter Rn. 36. Zumindest missverständlich insoweit *Hölzl* in Montag/Säcker, Münchener Kommentar Kartellrecht, Bd. 3 Beihilfen- und Vergaberecht, 2011, Art. 5 VO 1370/2007 Rn. 93.
[124] ABl. 2007 C 70E/8, 15.

folgende Satz 3 spricht dann kurz von „Auferlegung". Das Instrument der Auferlegung geht zurück auf den Gemeinsamen Standpunkt des Rates aus dem Jahre 2006. Erst zu diesem relativ späten Zeitpunkt wurde die Auferlegung als Notmaßnahme neben der Direktvergabe und Direkterweiterung eingeführt. Der Rat begründete seine Entscheidung schlicht mit der Absicht, „die Praxis widerzuspiegeln".[125] In Abgrenzung zur Direktvergabe und Direkterweiterung erlaubt die Auferlegung der zuständigen Behörde, Verkehrsunternehmen **einseitig** zur Erbringung bestimmter Verkehrsleistungen zu verpflichten.

Die Auferlegung stellt sich somit als eine Art hoheitlicher **Indienstnahme** dar und kann folglich zu einem Grundrechtseingriff – insbesondere zu einem Eingriff in die durch Art. 12 Abs. 1 GG geschützte Berufsfreiheit – führen.[126] Die Eisenbahnunternehmen des Bundes können sich wegen ihrer in Art. 87e Abs. 3 GG statuierten Erwerbswirtschaftlichkeit auf die Grundrechte berufen.[127] Die wegen des Grundrechtseingriffs erforderliche **Rechtsgrundlage** schafft Art. 5 Abs. 5 VO 1370/2007. Denn die Verordnung gilt wegen Art. 288 AEUV unmittelbar in jedem Mitgliedstaat, sie ist unmittelbarer Bestandteil der deutschen Rechtsordnung. In Deutschland stellt sich eine Auferlegung regelmäßig als **Verwaltungsakt** i.S.d. § 35 Satz 1 (Landes-) VwVfG dar.[128] Sind mehrere Unternehmen betroffen, kann eine Allgemeinverfügung i.S.d. § 35 Satz 2 VwVfG vorliegen. Folglich sind die Vorschriften der **Verwaltungsverfahrensgesetze** zu beachten. Insbesondere wird das betroffene Verkehrsunternehmen gemäß § 28 (Landes-) VwVfG anzuhören sein, wenn die Notsituation im Sinne des Art. 5 Abs. 5 Satz 1 VO 1370/2007 nicht zugleich den Verzicht auf eine Anhörung wegen Gefahr im Verzug nach § 28 Abs. 2 Nr. 1 (Landes-) VwVfG rechtfertigt. 46

4. Anwendbarkeit von Notmaßnahmen nach Art. 5 Abs. 5 VO 1370/2007

Zum Abschluss eines öffentlichen Dienstleistungsauftrages im Sinne des Art. 2 lit. i VO 1370/2007 führen nach dem Normtext des Art. 5 Abs. 5 Satz 1 der Verordnung allein die **Direktvergabe und die Direkterweiterung**. Damit stellt sich die Frage nach dem **Verhältnis von Art. 5 Abs. 5 zu Art. 5 Abs. 1 der Verordnung**. Zumeist wird vom Vorrang des Art. 5 Abs. 1 gegenüber Art. 5 Abs. 5 der Verordnung ausgegangen mit der Folge, dass Art. 5 Abs. 5 VO 1370/2007 im Bereich der **Bus- und Straßenbahnverkehre** nur Anwendung finden soll, wenn sich der öffentliche Dienstleistungsauftrag im Sinne des Art. 2 lit. i VO 1370/2007 als Dienstleistungskonzession darstellt.[129] Stellt sich der öffentliche Dienstleistungsauftrag im Sinne des Art. 2 lit. i VO 1370/2007 hingegen als öffentlicher Dienstleistungsauftrag im Sinne des § 99 Abs. 4 GWB dar, bleibt der zuständigen Behörde dann nur die Vergabe nach Maßgabe der §§ 97 ff. GWB und des dazugehörigen untergesetzlichen Regelwerkes. Dann ist auf eine Notsituation insbesondere durch ein Verhandlungsverfahren ohne vorangehende Bekanntmachung im Rahmen der Möglichkeiten zu reagieren, die § 3 EG Abs. 4 lit. c VOL/A eröffnet. Uneingeschränkte Anwendung findet Art. 5 Abs. 5 VO 1370/2007 insoweit also nur im Bereich der **Schienenverkehre**. Denn insoweit begründet Art. 5 Abs. 1 Satz 2 der Verordnung keine Sperrwirkung und eine solche kann auch nicht über mitgliedstaatliches Recht begründet werden, weil Art. 5 Abs. 5 VO 1370/2007 – anders als etwa Art. 5 Abs. 6 der Verordnung – nicht unter einem solchen Vorbehalt steht. 47

---

[125] ABl. 2007 C 70E/15.
[126] Vgl. *Wachinger* Das Rechts des Marktzugangs im ÖPNV, 2006, S. 425 f.
[127] Vgl. dazu *Windthorst* in Sachs, Grundgesetz, 6. Aufl. 2011, Art. 87e Rn. 9.; *Ruge* in Schmidt-Bleibtreu/Klein/Hofmann, Grundgesetz, 12. Aufl. 2011, Art. 87e Rn. 5.
[128] Ebenso etwa *Zuck* in Ziekow/Völlink, Vergaberecht, 2. Aufl. 2013, Art. 5 VO 1370 Rn. 4.
[129] *Saxinger* in Saxinger/Winnes, Recht des öffentlichen Personenverkehrs, Std. 2012, Art. 5 Abs. 5 VO 1370 Rn. 11; *Prieß* in Kaufmann/Lübbig/Prieß/Pünder, VO (EG) 1370/2007, 2010, Art. 5 Rn. 211; *Heiß* VerwArchiv (100) 2009, 113, 136.

48 Die hoheitliche **Auferlegung** ist ein Verwaltungsakt. Ein Verwaltungsakt ist kein öffentlicher Auftrag im Sinne des allgemeinen Vergaberechts.[130] Damit stellt sich die Frage nach dem Vorrang des allgemeinen Vergaberechts hier nicht, sowohl im Bereich der Straßen- als auch der Schienenverkehre kann die zuständige Behörde auf diese Variante der Notmaßnahme zugreifen und sich auf Art. 5 Abs. 5 VO 1370/2007 stützen.[131] Das hindert aber nicht die Einordnung der Auferlegung als öffentlichen Dienstleistungsauftrag im Sinne des Art. 2 lit. i VO 1370/2007. Denn nach dieser Legaldefinition können auch „Entscheidungen" der zuständigen Behörde als öffentlicher Dienstleistungsauftrag qualifiziert werden. Das öffnet den Weg zur Anwendung des Anhangs der Verordnung; um die beihilfenrechtlichen Bestimmungen der Verordnung durch die Wahl des Instruments der Auferlegung nicht umgehen zu können, wird die Auferlegung insoweit einer Direktvergabe eines öffentlichen Dienstleistungsauftrages gleichzustellen sein.

49 Ein spezifischer Fall der Auferlegung ist in § 21 Abs. 3 Satz 1 PBefG 2013 geregelt. Danach ist es künftig der *Genehmigungsbehörde* erlaubt, im öffentlichen Personenverkehr einem Unternehmen aufzuerlegen, den von ihm betriebenen Verkehr zu erweitern oder zu ändern, wenn die öffentlichen Verkehrsinteressen es erfordern und dies dem Unternehmer unter Berücksichtigung seiner wirtschaftlichen Lage, einer ausreichenden Verzinsung und Tilgung des Anlagekapitals und der notwendigen technischen Entwicklung zugemutet werden kann. Zugleich soll nach § 20 Abs. 3 PBefG 2013 für den in Art. 5 Abs. 5 VO 1370/2007 vorgesehenen Zeitraum von zwei Jahren eine einstweilige Erlaubnis, d. h. die vorläufige personenbeförderungsrechtliche Genehmigung, erteilt werden können. Das Gesetz sieht damit die Möglichkeit einer Auferlegung durch die Genehmigungsbehörde und somit gänzlich außerhalb des Art. 5 Abs. 5 VO 1370/2007 vor. Die Regelung in § 20 PBefG kann daher nur für eigenwirtschaftliche Verkehre im Sinne des PBefG von Bedeutung sein, für die seitens der Aufgabenträger keine Ausgleichsleistungen gezahlt werden. Für gemeinwirtschaftliche Verkehre verbleibt es bei den Handlungsoptionen der zuständigen Behörde nach Art. 5 Abs. 5 VO 1370/2007, ohne dass diese Befugnis durch das PBefG 2013 ausdrücklich bestätigt wird. Beabsichtigt die Genehmigungsbehörde, ein Verkehrsunternehmen von seiner Betriebspflicht gem. § 21 PBefG zu entbinden, muss sie die zuständige Behörde – d. h. den Aufgabenträger – hierüber so rechtzeitig informieren, dass der Aufgabenträger Notmaßnahmen nach Art. 5 Abs. 5 VO 1370/2007 ergreifen kann.

50 **Eisenbahnverkehre** unterfallen gemäß Art. 5 Abs. 1 VO 1370/2007 vollumfänglich den Vorschriften des Art. 5 der Verordnung. Auch sieht Art. 5 Abs. 5 VO 1370/2007 – anders als Art. 5 Abs. 2, 4 und 6 der Verordnung – keinen Vorbehalt für nationales Recht vor. Wird im Hinblick auf die Rechtsprechung des Bundesgerichtshofs gleichwohl ein Vorrang der §§ 97 ff. GWB anerkannt[132], kommen Notmaßnahmen in Form der Direktvergabe oder Direkterweiterung nach Art. 5 Abs. 5 VO 1370/2007 nur in Betracht, sofern diese *nicht* zu einem öffentlichen Dienstleistungsauftrag im Sinne des § 99 Abs. 4 GWB führen. Sofern der 1. Abschnitt der VOL/A zur Anwendung kommt, verbleibt es bei der Option einer freihändigen Vergabe nach § 3 Abs. 5 lit. g VOL/A. Im Hinblick auf die **Auferlegung** fehlt es an speziellerem deutschem Recht, weil § 15 Abs. 1 AEG zwar die Möglichkeit einer Auferlegung vorsieht und die Vorschrift durch das Gesetz zur Änderung personenbeförderungsrechtlicher Vorschriften vom 14.12.2012 weder gestrichen noch geändert wurde[133], § 15 Abs. 1 AEG jedoch auf die zwischenzeitlich aufgehobene

---

[130] Statt aller *Ziekow* in Ziekow/Völlink, Vergaberecht, 2. Aufl. 2013, § 99 GWB Rn. 18.
[131] Ebenso *Saxinger* in Saxinger/Winnes, Recht des öffentlichen Personenverkehrs, Std. 2012, Art. 5 Abs. 5 VO 1370 Rn. 11.
[132] Zur Diskussion oben unter Rn. 5.
[133] BGBl. 2012 I 2598 (Nr. 59); vgl. dazu auch oben unter § 54 Rn. 6.

VO (EWG) Nr. 1191/69 verweist und somit leer läuft. Im Übrigen stellen sich die oben im Zusammenhang mit den Bus- und Straßenbahnverkehren erörterten Fragen.[134]

III. Ermessen der zuständigen Behörde

Der zuständigen Behörde räumt Art. 5 Abs. 5 Satz 1 VO 1370/2007 Ermessen sein („kann"). 51 Für die Ermessensausübung im Rahmen des indirekten Vollzugs von Unionsrecht gelten die Grundsätze des § 40 (Landes-) VwVfG.[135] Die Behörde hat ihr Ermessen entsprechend dem Zweck der Ermächtigung auszuüben und die gesetzlichen Grenzen des Ermessens zu wahren. Unterschieden werden kann zwischen dem **Entschließungsermessen** und dem **Auswahl- oder Gestaltungsermessen**. Das Entschließungsermessen betrifft die Frage, ob die Behörde Notmaßnahmen ergreift oder nicht. Das Auswahl- oder Gestaltungsermessen bezieht sich auf die Art und Weise des Handelns der Behörde etwa im Hinblick auf den Ort, die Zeit, den Adressaten von Maßnahmen und die Auswahl unter den drei Arten von Notmaßnahmen. Wählt die Behörde eine Rechtsfolge, die nicht mehr innerhalb des durch die Ermächtigung gezogenen Rechtsrahmens liegt, liegt darin eine unzulässige Ermessensüberschreitung; das ist insbesondere bei einem Verstoß gegen das – auch unionsrechtlich anerkannte[136] – Gebot der Verhältnismäßigkeit der Fall.[137]

1. Entscheidung über das Ergreifen von Notmaßnahmen

In einem ersten Schritt hat die zuständige Behörde zu entscheiden, ob sie überhaupt Not- 52 maßnahmen i.S.d. Art. 5 Abs. 5 Satz 2 VO 1370/2007 ergreift. Im Grundsatz ist davon auszugehen, dass die Entscheidung, Notmaßnahmen zu ergreifen, ermessensfehlerfrei ist, wenn ein Verkehrsdienst unterbrochen ist oder eine solche Unterbrechung unmittelbar bevorsteht und damit die Voraussetzungen des Art. 5 Abs. 5 Satz 1 VO 1370/2007 erfüllt sind. Dann kann die zuständige Behörde sich auf Sinn und Zweck des Art. 5 Abs. 5 VO 1370/2007 berufen, die **Kontinuität des Verkehrsangebots** zu sichern. Auf ein Verschulden der zuständigen Behörde kommt es dabei grundsätzlich nicht an, denn Notmaßnahmen dürfen regelmäßig auch dann ergriffen werden, wenn das Eintreten der Notsituation von der zuständigen Behörde zu vertreten ist. Ermessensfehlerhaft kann die Entscheidung sein, wenn Umgehungs- und Missbrauchsabsichten verfolgt werden. Eine **Harmonisierung von Vertragslaufzeiten** zur Vorbereitung einer zeitgleichen Ausschreibung unterschiedlicher Verkehrsdienste zu einem späteren Zeitpunkt darf die zuständige Behörde nicht ohne Weiteres mittels Art. 5 Abs. 5 VO 1370/2007 anstreben. Die erforderlichen Interimsbeauftragungen haben vorrangig über eine Vergabe im Wettbewerb nach Art. 5 Abs. 3 der Verordnung oder auf Grundlage der anderen Direktvergabeoptionen zu erfolgen; erst wenn diese Bemühungen gescheitert sind, kann eine Notsituation im Sinne des Art. 5 Abs. 5 Satz 1 VO 1370/2007 eintreten.

2. Auswahl des Verkehrsunternehmens

Art. 5 Abs. 5 VO 1370/2007 bestimmt nicht, wer die Notmaßnahmen im Sinne des Satzes 2 53 erbringen soll. Hierüber hat die zuständige Behörde im Rahmen des ihr zustehenden Ermessens zu entscheiden. In Betracht kommt entweder der **Altbetreiber**, d. h. das Verkehrsunternehmen, das die Verkehrsdienste bereits bis zum Eintritt der Notsituation erbracht hat. Alternativ kommt ein **Betreiberwechsel** in Betracht, d. h. die Beauftragung eines oder mehrerer Verkehrsunternehmen, das bzw. die mit der Erbringung der Verkehrsdienste bisher noch nicht beauftragt war(en). Die Auswahlentscheidung ist zu begründen. Grundlegende Voraus-

---

[134] Vgl. vorstehend unter Rn. 48f.
[135] *Sachs* in Stelkens/Bonk/Sachs, VwVfG, 8. Aufl. 2014, § 40 Rn. 10.
[136] Vgl. nur Art. 5 Abs. 1 Satz 1 EUV sowie Erwägungsgrund 9 und 12 VO 1370/2007.
[137] Vgl. nur Sachs in Stelkens/Bonk/Sachs, VwVfG, 8. Aufl. 2014, § 40 Rn. 83.

setzung ist, dass das zu beauftragende Verkehrsunternehmen über die nach dem PBefG oder dem AEG erforderlichen Genehmigungen verfügt oder diese bis zum Beginn der Notmaßnahmen vorliegen.[138] Sodann hat sich die Auswahlentscheidung auf sachgerechte Gründe[139] zu stützen und den Grundsatz der Verhältnismäßigkeit zu beachten[140]. Zu den sachgerechten Gründen ist allem voran der Aspekt der **Effektivität** zu zählen: Grundsätzlich ist ein Verkehrsunternehmen heranzuziehen, das in der Lage ist, die Unterbrechung zu beenden bzw. die Unterbrechung gar nicht erst entstehen zu lassen. Das sind solche Unternehmen, die über die erforderlichen materiellen und personellen Ressourcen verfügen oder diese jedenfalls beschaffen können, wobei etwaige (Mehr-) Kosten dem Unternehmen im Rahmen der zu gewährenden Ausgleichsleistungen zu kompensieren sind. Vor allem im Eisenbahnverkehr zählt zu diesen Ressourcen der Zugang zur erforderlichen Infrastruktur. Wenn dies der Effizienz dienlich ist oder der **Verhältnismäßigkeitsgrundsatz** dies gebietet, können die Notmaßnahmen auf mehrere Verkehrsunternehmen verteilt werden. Die Absicht, durch eine solche Aufteilung die Interessen des Mittelstandes zu fördern, spielt für die Auswahl des Verkehrsunternehmens im Rahmen des Art. 5 Abs. 5 VO 1370/2007 keine Rolle, wie § 8a Abs. 4 PBefG 2013 zeigt, der eine angemessene **Berücksichtigung mittelständischer Interessen** nur für die Vergabe öffentlicher Dienstleistungsaufträge nach Art. 5 Abs. 3 und Abs. 4 VO 1370/2007 vorsieht, den Absatz 5 aber nicht benennt.

3. Auferlegung als ultima ratio

54 Das der zuständigen Behörde zustehende Auswahlermessen verpflichtet sie, zu entscheiden, mit welchem der ihr durch Art. 5 Abs. 5 Satz 2 VO 1370/2007 zur Verfügung gestellten Mittel nie der eingetretenen Notsituation entgegen tritt. Die entscheidende Zäsur verläuft zwischen den konsensual angelegten Instrumenten Direktvergabe und Direkterweiterung einerseits und der hoheitlichen Indienstnahme im Wege der Auferlegung andererseits. Direktvergabe und Direkterweiterung sind das gegenüber der Auferlegung **mildere Mittel**. Dementsprechend verpflichtet der Verhältnismäßigkeitsgrundsatz die zuständige Behörde regelmäßig, von einer Auferlegung Abstand zu nehmen, wenn ein Unternehmen im Wege der Direktvergabe oder der Direkterweiterung für die Erbringung der Leistung gewonnen werden kann. Das wird regelmäßig im Rahmen vorangehender **Verhandlungen** mit dem oder den in Betracht kommenden Verkehrsunternehmen zu klären sein. Erst wenn diese gescheitert sind oder wegen Zeitdrucks nicht mehr zu Ende geführt werden können, steht die Auferlegung als ultima ratio zur Verfügung.[141] Greift die zuständige Behörde zur Auferlegung, haben sich Inhalt und Umfang der Notmaßnahmen in besonderer Weise am Maßstab der Verhältnismäßigkeit messen zu lassen.

4. Qualität der zu erbringenden Verkehrsdienste

55 Weder Art. 5 Abs. 5 VO 1370/2007 noch Erwägungsgrund 24 zur Verordnung treffen Aussagen, in welchem Umfang oder in welcher Qualität Verkehrsdienste im Rahmen von Notmaßnahmen erbracht werden müssen oder beauftragt werden dürfen. Darin unterscheidet sich die Verordnung von der aufgehobenen VO (EWG) Nr. 1191/69, nach deren Art. 3 Abs. 1 Auferlegungen nur insoweit zulässig waren, als sie für eine „ausreichende Verkehrsbedienung" erforderlich sind. In ähnlicher Weise beschränkte das Europäische Parlament im Jahre 2001 das Institut der Auferlegung in seinem Vorschlag für einen Art. 10a auf Leistungen des öffentlichen Personennahverkehrs, soweit diese „unerlässlich"

---

[138] Zur Erteilung der sog. einstweiligen Erlaubnis in den Fällen des Art. 5 Abs. 5 VO 1370/2007 vgl. auch § 20 Abs. 3 PBefG-E, BR-Drs. 462/11.
[139] *Berschin* in Barth/Baumeister/Berschin/Werner, Recht des ÖPNV – Handbuch, Std. 2009, A 2 Rn. 227.
[140] *Prieß* in Kaufmann/Lübbig/Prieß/Pünder, VO (EG) 1370/2007, 2010, Art. 5 Rn. 205.
[141] *Prieß* in Kaufmann/Lübbig/Prieß/Pünder, VO (EG) 1370/2007, 2010, Art. 5 Rn. 205, 218.

sind, um eine „in qualitativer und quantitativer Hinsicht ausreichende Verkehrsbedienung sicherzustellen".[142] In der geltenden Fassung der VO 1370/2007 sind diese Beschränkungen entfallen. Maßgeblicher Anknüpfungspunkt bildet vielmehr auch insoweit der Begriff der Unterbrechung. Umfang und **Qualität der unterbrochenen Verkehrsdienste** sind Maßstab und zugleich Grenze für Umfang und Qualität der Verkehrsdienste, die im Rahmen von Notmaßnahmen erbracht werden. Quantitative und qualitative Abstriche gegenüber dem unterbrochenen Ist-Zustand können und müssen ggf. aufgrund fehlender personeller und materieller Ressourcen des ausgewählten Verkehrsunternehmens hingenommen werden.

5. Dauer der Notmaßnahmen

Art. 5 Abs. 5 Satz 4 VO (EG) Nr. 1370/2007 normiert eine äußere Grenze für das Gestaltungsermessen der zuständigen Behörde: Die Vergabe oder Ausweitung eines öffentlichen Dienstleistungsauftrages als Notmaßnahme oder die Auferlegung eines derartigen Auftrages ist demnach für längstens **zwei Jahre** zulässig.[143] Dies geht zurück auf den Gemeinsamen Standpunkt des Rates aus dem Jahre 2006[144], nachdem die Kommissionsvorschläge bis dahin eine Dauer von längstens einem Jahre vorgesehen hatten[145]. Diese Entstehungsgeschichte ebenso wie der Wortlaut sprechen dafür, dass der Zweijahreszeitraum nicht ausgenutzt werden muss, sondern „längstens" ausgenutzt werden darf. Das gilt erst recht in Fällen der hoheitlichen Indienstnahme mittels Auferlegung; hier verpflichtet das Verhältnismäßigkeitsprinzip die zuständige Behörde, den Zeitraum so kurz wie möglich zu halten. Entscheidend für die Bemessung des Zeitraums ist die Zeit, die die zuständige Behörde benötigt, bis sie einen neuen öffentlichen Dienstleistungsauftrag über die Verkehrsdienste tatsächlich vergeben hat (Erwägungsgrund 24 zur Verordnung); auf hypothetische Erwägungen, bis zu welchem Zeitpunkt der Auftrag hätte vergeben werden können, kommt es nicht an.

56

Unklar ist, ob Notmaßnahmen für einen Zeitraum von mehr als zwei Jahren aufrecht erhalten werden dürfen.[146] Gegen den Wortlaut des Art. 5 Abs. 5 Satz 4 VO 1370/2007 verstößt jedenfalls eine Notmaßnahme, die von vornherein auf einen Zeitraum von mehr als zwei Jahren ausgerichtet ist. Zulässig sein können allenfalls „**Ketten-Notmaßnahmen**", d.h. Notmaßnahmen, die jeweils kurz vor Ablauf der Zweijahresfrist erneut für einen Zeitraum von maximal zwei Jahren getroffen werden. Für die Zulässigkeit solcher Ketten-Notmaßnahmen spricht das mit Art. 5 Abs. 5 der Verordnung verfolgte Kontinuitätsinteresse. Voraussetzung ist, dass vor jeder Verlängerung eine Notsituation bejaht werden kann.[147] Die Verlängerung der Notmaßnahmen muss jeweils erforderlich sein, um die tatsächliche Erbringung von Verkehrsdiensten sicherzustellen. Eine Überschreitung des Zweijahreszeitraums wird in jedem Einzelfall eingehend zu begründen sein. Je länger die Notmaßnahmen andauern, desto stärker wird der Rechtfertigungsdruck[148] und damit das Risiko, dass ein Gericht die Notmaßnahme trotz der nur durch sie sichergestellten Kontinuität des Verkehrsangebotes als rechtswidrig aufhebt.

57

---

[142] ABl. 2002 C 140E/278.
[143] Für die entsprechende Anwendung der Bestimmung auf öffentliche Dienstleistungsaufträge, die nach der VOL/A und der SektVO vergeben werden: *Knauff* NZBau 2012, 65, 71.
[144] ABl. 2007 C 70E/8, 14.
[145] Vgl. etwa KOM(2002) 107 endg. v. 21.2.2002, S. 33.
[146] Restriktiv in diesem Sinne etwa *Knauff* NZBau 2012, 65, 71.
[147] Ganz ähnlich *Zuck* in Ziekow/Völlink, Vergaberecht, 2011, Art. 5 VO 1370 Rn. 44 f.
[148] *Nettesheim* NVwZ 2009, 1449, 1452.

IV. Einstweilige Erlaubnis nach § 20 PBefG

58 Betreffen Notmaßnahmen nach Art. 5 Abs. 5 VO 1370/2007 Verkehre, die dem Geltungsbereich des PBefG unterfallen, soll die Genehmigungsbehörde nach Vorstellung des Gesetzgebers eine einstweilige Erlaubnis nach § 20 PBefG erteilen.[149] Dies ist allerdings nur auf Antrag einesVerkehrs möglich; eine „Auferlegung" gegen den Willen des Verkehrsunternehmens ermöglicht § 20 PbefG nicht.[150] Gemäß § 20 Abs. 3 Satz 2 PBefG 2013 kann diese einstweilige Erlaubnis entsprechend Art. 5 Abs. 5 Satz 4 VO 1370/2007 auf bis zu zwei Jahre befristet werden. Auch auf der genehmigungsrechtlichen Ebene der einstweiligen Erlaubnis stellt sich damit die Frage nach der Zulässigkeit von Ketten-Notmaßnahmen.[151]

---

[149] Vgl. Begründung des Regierungsentwurfs, BR-Drs. 462/11, S. 35.
[150] *Knauff* in v. Wietersheim, Vergaben im ÖPNV, 2013, S. 29, 53 f.
[151] Vgl. dazu oben unter Rn. 57.

§ 58 Rechtsschutz (Besonderheiten)

Übersicht

	Rn.
A. Einleitung	1
B. Rechtsschutz bei der Vergabe von Bus- und Straßenbahnverkehren	2, 3
C. Rechtsschutz bei der Vergabe von Eisenbahnverkehren	4
D. Rechtsschutz gegen eine Auferlegung nach Art. 5 Abs. 5 VO 1370/2007	5, 6

Erläuterte Vorschriften:[*]

Literatur:
Berschin in Barth/Baumeister/Berschin/Werner, Handbuch ÖPNV, Std. 2009, A 2 (Erläuterungen zur VO 1370/2007); *Deuster/Michaels* Direktvergabe nach der VO (EG) Nr. 1370/2007 an eigenes kommunales Verkehrsunternehmen im Vergabenachprüfungsverfahren, NZBau 2011, 340 ff.; *Fehling/Sennekamp* Konkurrentenklagen unter der VO Nr. 1370/2007, in Pünder/Prieß, Brennpunkte des öffentlichen Personennahverkehrs vor dem Hintergrund der neuen EG-Personenverkehrsdiensteverordnung Nr. 1370/2007, 2010, S. 111 ff.; *Hölzl* in Montag/Säcker, Münchener Kommentar, Europäisches und Deutsches Wettbewerbsrecht (Kartellrecht), Bd. 3, Beihilfen- und Vergaberecht, 2011, Kommentierung der VO 1370/2007; *Kaufmann/Lübbig/Prieß/Pünder* VO (EG) 1370/2007 Verordnung über öffentliche Personenverkehrsdienste Kommentar, 2010; *Otting* Anmerkung zu BGH Beschl. v. 23.1.2012, X ZB 5/11, VergabeR 2012, 484 f.; *Otting* Anmerkung zu OLG Düsseldorf Beschl. v. 2.3.2011, Verg 48/10 – Münsterlandkreise, VergabeR 2011, 484 f.; *Otting/Olgemöller* Europäischer Rechtsschutz im Verwaltungsprozess, AnwBl. 2010, 155 ff.; *Sennekamp/Fehling* Der „öffentliche Dienstleistungsauftrag" nach der neuen EG-Verordnung über Personenverkehrsdienst im System des deutschen Verwaltungsprozessrechts, N&R 2009, 95 ff.

A. Einleitung

Art. 5 Abs. 6 VO 1370/2007 normiert das **Gebot effektiven Rechtsschutzes.** Die Vorschrift ist generalklauselartig formuliert und auf eine Ausgestaltung durch die Mitgliedstaaten ausgerichtet. Die Mitgliedstaaten müssen die Maßnahmen ergreifen, die erforderlich sind, damit Entscheidungen über die Vergabe öffentlicher Dienstleistungsaufträge nach Art. 5 Abs. 2 bis 6 VO 1370/2007 wirksam und rasch überprüft werden können. Zur Auslegung dieses Gebotes effektiven Rechtsschutzes kann **Erwägungsgrund 21** zur VO 1370/2007 herangezogen werden. Ein wirksames Nachprüfungsverfahren soll danach gegeben sein, wenn dieses mit dem Verfahren vergleichbar ist, dass in den Rechtsmittelrichtlinien geregelt ist.[1] In Deutschland muss das Nachprüfungsverfahren im Sinne des Art. 5 Abs. 6 VO 1370/2007 folglich mit den §§ 102 ff. GWB vergleichbar sein. Unmittelbare Anwendung finden die §§ 102 ff. GWB ohnehin über Art. 5 Abs. 1 Satz 2 und Satz 3 VO 1370/2007 für Dienstleistungsaufträge im Sinne des § 99 Abs. 4 GWB, die über Bus- und Straßenbahnverkehre vergeben werden[2]. Gleiches gilt, wenn auch im Be- 1

---

[*] Text der VO 1370/2007 siehe Seite 1211.
[1] Richtlinie 89/665/EWG des Rates vom 21. Dezember 1989 zur Koordinierung der Rechts- und Verwaltungsvorschriften für die Anwendung der Nachprüfungsverfahren im Rahmen der Vergabe öffentlicher Liefer- und Bauaufträge bzw. der Richtlinie 92/13/EWG des Rates vom 25. Februar 1992 zur Koordinierung der Rechts- und Verwaltungsvorschriften für die Anwendung der Gemeinschaftsvorschriften über die Auftragsvergabe durch Auftraggeber im Bereich der Wasser-, Energie- und Verkehrsversorgung sowie im Telekommunikationssektor, ABl. 1989 L 395/33.
[2] Vgl. zur Anwendbarkeit der §§ 97 ff. GWB die Klarstellung in § 8a Abs. 2 Satz 1 PBefG 2013 und dazu die Begründung der Bundesregierung in BR-Drs. 462/11, dort S. 26.

reich der Eisenbahnverkehre ein Vorrang der §§ 97 ff. GWB im Falle der Vergabe öffentlicher Dienstleistungsaufträge im Sinne des § 99 Abs. 4 GWB anerkannt wird.[3]

B. Rechtsschutz bei der Vergabe von Bus- und Straßenbahnverkehren

2 Für den Bus- und Straßenbahnverkehr gilt wegen Art. 5 Abs. 1 Satz 2 und Satz 3 VO 1370/2007 aus Perspektive des Europarechts zunächst einmal ein differenziertes Rechtsschutzsystem. Wird ein öffentlicher Dienstleistungsauftrag im Sinne der Richtlinien 2004/17/EG oder 2004/18/EG vergeben, beanspruchen die sich auf diese Richtlinien beziehenden Rechtsmittelrichtlinien Geltung. In Deutschland sind also bei der Vergabe eines öffentlichen Dienstleistungsauftrages im Sinne des § 99 Abs. 4 GWB nicht nur die §§ 97 ff. GWB, sondern unmittelbar auch die §§ 102 ff. GWB anwendbar. Stellt sich ein öffentlicher Dienstleistungsauftrag im Sinne des Art. 2 lit. i VO 1370/2007 hingegen als **Dienstleistungskonzession** dar, beanspruchen weder die allgemeinen Vergaberichtlinien noch §§ 97 ff. und somit auch §§ 102 ff. GWB Geltung. Insoweit greift für Bus- und Straßenbahnverkehre der **Ausgestaltungsauftrag** des Art. 5 Abs. 6 VO 1370/2007. **§ 8a Abs. 7 Satz 1 PBefG** 2013 sieht nun die **Anwendung der §§ 102 ff. GWB** auch auf die Vergabe von Dienstleistungskonzessionen über Bus- und Straßenbahnenverkehre vor.[4] Das ist zu begrüßen. Es schafft im Hinblick auf die Wahl des Rechtsweges Rechtssicherheit, weil es insoweit auf die im Einzelfall sehr schwierige Abgrenzung von Dienstleistungsauftrag und Dienstleistungskonzession nicht mehr ankommt. Auch wäre es wenig überzeugend, für Dienstleistungskonzessionen einen anderen Rechtsweg vorzusehen als für öffentliche Dienstleistungsaufträge im Sinne des § 99 Abs. 4 GWB. Eine solche Rechtswegzersplitterung wäre Folge, wenn im Anwendungsbereich der VO 1370/2007 die im Übrigen anerkannte Rechtsprechung Anwendung fände, wonach für die Nachprüfung von Entscheidungen über die Vergabe von Dienstleistungskonzessionen der Rechtsweg zu den Vergabenachprüfungsinstanzen gemäß §§ 102 ff. GWB nicht eröffnet ist, sondern es auf die Rechtsnatur der im Einzelfall in Frage stehenden Dienstleistungskonzession ankommt: Entsprechend den allgemeinen Grundsätzen über die Rechtswegzuweisung hängt die Bestimmung des zulässigen Rechtswegs davon ab, ob das jeweils streitige Rechtsverhältnis dem öffentlichen oder dem bürgerlichen Recht zuzuordnen ist. Für diese Zuordnung ist nach der Rechtsprechung nicht das Ziel[5], sondern die Rechtsform staatlichen Handelns maßgeblich[6]: Ist diese privatrechtlich, so ist es grundsätzlich auch die betreffende Streitigkeit und der ordentliche Rechtsweg nach § 13 GVG ist eröffnet. Umgekehrt ist prinzipiell der Verwaltungsrechtsweg gemäß § 40 VwGO eröffnet,

---

[3] Zur Diskussion oben unter § 56 Rn. 5.
[4] BR-Drs. 462/11 mit Begründung ebendort S. 28. Ebenso § 8a Abs. 5 Satz 1 PBefG-E in der Fassung der Stellungnahme des Bundesrates, BR-Drs. 462/11 (Beschluss) v. 23.9.2011. Aus Gründen des damit für die Verkehrsunternehmen einhergehenden Kostenrisikos für eine Zuständigkeit der Verwaltungsgerichte plädierend die Gemeinsame Stellungnahme von VDV und bdo vom 23.2.2012, dort Ziff.-VI. Zur Diskussion um die Zuweisung zum Kartell- oder Verwaltungsrechtsweg vgl. etwa auch *Fehling/Sennekamp* in Pünder/Prieß, Brennpunkte des öffentlichen Personennahverkehrs vor dem Hintergrund der neuen EG-Personenverkehrsdiensteverordnung Nr. 1370/2007, 2010, S. 111, 117 ff.
[5] In diesem Sinne allerdings OVG Nordrhein-Westfalen Beschl. v. 07.02.2011, 15 E 1485/10, NZBau 2011, 319 f., sowie zuvor bereits OVG Nordrhein-Westfalen Beschl. v. 4.5.2006, 15 E 453/06, NZBau 2006, 533 f.
[6] BGH Beschl. v. 23.1.2012, X ZB 5/11, NZBau 2012, 248 Rn. 20 f. im Anschluss an BVerwG Beschl. v. 2.5.2007, 6 B 10/07, NZBau 2007, 389 Rn. 4 ff. Für die Zuständigkeit der ordentlichen Gerichte bei der Konzessionsvergabe für öffentliche Versorgungsleistungen (dort: Wasser) auf Grundlage eines privatrechtlichen Vertrages etwa auch OLG Hamm Urt. v. 26.9.2012, 12 U 12/12. Hingegen für die Zuständigkeit der Verwaltungsgerichte bei der Vergabe einer Dienstleistungskonzession wegen Bau und Betrieb einer Raststätte und Tankanlage an einer Autobahn OLG Karlsruhe Beschl. v. 6.2.2013, 15 Verg 11/12, *juris* Rn. 53 ff.

wenn sich das staatliche Handeln in den Bahnen des öffentlichen Rechts vollzieht. Wird eine Dienstleistungskonzession hingegen in den Formen des Privatrechts vergeben, sind für die vergaberechtliche Nachprüfung mithin die ordentlichen Gerichte zuständig.

Dass sich diese Rechtswegzersplitterung in der Praxis einstellt, hat das **OLG Düsseldorf** 3 mit seinem Beschluss vom 2.3.2011 unterbunden. Nach Ansicht des Gerichts sind nur die Vergabenachprüfungsinstanzen und die für sie geltenden Verfahrensvorschriften geeignet, die sich aus Art. 5 Abs. 6 VO 1370/2007 ergebende – und seit dem 3.12.2009 unmittelbar geltende – Verpflichtung zu erfüllen, einen wirksamen und raschen Rechtsschutz zu gewährleisten, der dem Maßstab der Rechtsmittelrichtlinien entspricht. Auf die Vergabe von Dienstleistungskonzessionen seien die **§§ 102 ff. GWB entsprechend anzuwenden.**[7] Gegen eine solche Eröffnung des Rechtsweges durch Analogiebildung bestehen zwar insbesondere im Hinblick auf das verfassungsrechtlich garantierte Recht auf den gesetzlichen Richter (Art. 101 Abs. 1 Satz 2 GG) Bedenken.[8] Die Praxis folgt dieser Rechtsprechung gleichwohl.[9] Wegen der (entsprechenden) Anwendung der §§ 102 ff. GWB sind die **Vergabenachprüfungsinstanzen zuständig** für die Nachprüfung der Vergabe öffentlicher Dienstleistungsaufträge im Sinne des Art. 2 lit. i VO 1370/2007, ohne dass es auf die Abgrenzung von öffentlichen Dienstleistungsaufträgen im Sinne des § 99 Abs. 4 GWB von Dienstleistungskonzessionen ankommt. Geltung beanspruchen somit insbesondere die **Rügepflichten** nach § 107 Abs. 3 GWB. Bei Direktvergaben sind die Fristen nach § 101b Abs. 2 GWB einzuhalten.[10] Den Streit über die Frage, ob eine Direktvergabe zulässig war, haben die Vergabenachprüfungsinstanzen zu entscheiden.[11] Für Rechtsstreitigkeiten über die personenbeförderungsrechtliche Genehmigung, der es neben der Vergabe des öffentlichen Dienstleistungsauftrages im Sinne des Art. 2 lit. i VO 1370/2007 bedarf, sind die **Verwaltungsgerichte** zuständig; das betrifft insbesondere auch die Frage, ob ein Verkehr in zutreffender Weise als eigenwirtschaftlicher Verkehr qualifiziert wurde.[12]

C. Rechtsschutz bei der Vergabe von Eisenbahnverkehren

Der Systematik des Art. 5 Abs. 1 VO 1370/2007 zufolge gilt für Eisenbahnverkehre an 4 sich allein das Verordnungsrecht, so dass im Hinblick auf den Rechtsschutz allein Art. 5 Abs. 7 VO 1370/2007 maßgeblich wäre. Wird aus der Rechtsprechung des Bundesgerichtshofs indes auf die Anwendbarkeit der §§ 97 ff. GWB bei der Vergabe öffentlicher Dienstleistungsaufträge im Sinne des § 99 Abs. 4 GWB geschlossen[13], gelten insoweit die §§ 102 ff. GWB unmittelbar. Gegenstand eines solchen Nachprüfungsverfahrens kann unter anderem die Frage sein, ob die zuständige Behörde berechtigterweise von einer wettbewerblichen Vergabe abgesehen und sich zutreffender Weise etwa auf das Direktvergabe-

---

[7] OLG Düsseldorf Beschl. v. 2.3.2011, Verg 48/11, NZBau 2011, 244, 245 ff. – Münsterlandkreise. Mit der Klarstellung, dass diese Entscheidungen auf Dienstleistungskonzessionen außerhalb des Anwendungsbereichs der VO 1370/2007 keine Anwendung finden kann: OLG Düsseldorf Beschl. v. 19.10.2011, Verg 51/11, NZBau 2012, 190, 193; zur Rechtslage jenseits der VO 1370/2007 auch BGH Beschl. v. 23.1.2012, X ZB 5/11, ZfBR 2011, 276 ff.
[8] *Otting* VergabeR 2012, 443, 444; *Otting* VergabeR 2011, 484, 485; *Deuster/Michaelis* NZBau 2011, 340, 340 f.
[9] OLG München Beschl. v. 22.6.2011, Verg 6/11, NZBau 2011, 701 ff. Dem OLG Düsseldorf im Ergebnis zustimmend auch VK Baden-Württemberg Beschl. v. 30.11.2011, 1 VK 60/11, und *Otting* VergabeR 2011, 484, 485. Die Frage offen lassend OLG Karlsruhe Beschl. v. 9.10.2012, 15 Verg 12/11.
[10] OLG München Beschl. v. 22.6.2011, Verg 6/11, NZBau 2011, 701, 703 f.
[11] OLG Rostock Beschl. v. 4.7.2012, 17 Verg 3/12, *juris* Rn. 47 f.; VK Mecklenburg-Vorpommern Beschl. v. 5.3.2012, 2 VK 09/11.
[12] OLG Jena, Beschl. v. 23.12.2011, 9 Verg 3/11, NZBau 2012, 386, 388; OLG Rostock Beschl. v. 4.7.2012, 17 Verg 3/12, *juris* Rn. 60 ff. Vgl. aber VK Münster Beschl. v. 29.5.2013 – VK 5/12 – zur Frage der Vergabereife bei umstrittener Eigenwirtschaftlichkeit.
[13] Zur Diskussion vgl. oben unter § 56 Rn. 5.

privileg nach § 4 Abs. 3 VgV berufen hat. Nur soweit die §§ 97 ff. GWB dann keine Anwendung finden, insbesondere weil der zu vergebende Auftrag als Dienstleistungskonzession zu qualifizieren ist, richtet sich der Rechtsschutz nach Art. 5 Abs. 7 VO 1370/2007. Der Gesetzgeber hat noch nicht zu erkennen gegeben, wie er seinen Ausgestaltungsauftrag wahrnehmen will. Insbesondere gelten die Regelungen, die im Rahmen der PBefG-Novelle für die in den Anwendungsbereich des PBefG fallenden Verkehre eingeführt wurden[14], nicht für die Eisenbahnverkehre. Auch fehlt es für den Bereich der Eisenbahnverkehre an einer ausdrücklichen gerichtlichen Entscheidung zugunsten der Vergabenachprüfungsinstanzen, doch unterscheidet der Beschluss des OLG Düsseldorf zu den Busverkehren in den Münsterlandkreisen insoweit nicht, sondern erklärt die §§ 102 ff. GWB allgemein für entsprechend anwendbar im Anwendungsbereich des Art. 5 Abs. 7 VO 1370/2007.[15] Daher ist der Rechtsweg **entsprechend §§ 102 ff. GWB** auch für Dienstleistungskonzessionen im Bereich der Eisenbahnverkehre eröffnet. Für diese Wertung spricht auch das Bemühen der Kommission, die Rechtsmittelrichtlinien auf die Vergabe aller Dienstleistungskonzessionen auszudehnen.

D. Rechtsschutz gegen eine Auferlegung nach Art. 5 Abs. 5 VO 1370/2007

5 Zu den nach Art. 5 Abs. 7 VO 1370/2007 justiziablen Entscheidungen zählen die Entscheidungen nach Art. 5 Abs. 5 der Verordnung.[16] In Deutschland fehlen spezielle Vorschriften zur Umsetzung des mit Art. 5 Abs. 7 VO 1370/2007 verbundenen Ausgestaltungsauftrag. Spezifischen Regelungen für den Rechtsschutz gegen Entscheidungen nach Art. 5 Abs. 5 VO 1370/2007 sieht auch das novellierte PBefG nicht vor. Wirksamer Rechtsschutz ist daher nach den allgemeinen zivil- und verwaltungsprozessualen Regeln sicherzustellen.

6 Sowohl die **Direktvergabe** eines öffentlichen Dienstleistungsauftrags als auch die **Direkterweiterung** eines öffentlichen Dienstleistungsauftrags stellen sich als eine „Entscheidung" i.S.d. Art. 5 Abs. 7 Satz 1 VO (EG) Nr. 1370/2007 dar, gegen die wirksamer und rascher Rechtsschutz zu gewähren ist. Dem Unternehmen, das auf diese Weise einen öffentlichen Dienstleistungsauftrag erhalten hat, wird regelmäßig das Interesse fehlen, gegen eine solche Entscheidung der zuständigen Behörde vorzugehen. Ganz anders kann sich dies darstellen, wenn das Verkehrsunternehmen von der zuständigen Behörde im Wege der **Auferlegung** in Anspruch genommen wird. Das erkennt der Verordnungsgeber an und gewährt in Art. 5 Abs. 5 Satz 3 VO 1370/2007 dem Betreiber eines öffentlichen Dienstes ausdrücklich das Recht, gegen den Beschluss zur Auferlegung der Übernahme bestimmter gemeinwirtschaftlicher Verpflichtungen **Widerspruch** einzulegen. Der von Art. 5 Abs. 5 Satz 3 VO (EG) Nr. 1370/2007 verwendete Begriff „Widerspruch" ist Bestandteil der europäischen Rechtsordnung und als solcher **europarechtlich autonom auszulegen.** In welcher Weise die Mitgliedstaaten diese Anforderungen sicherstellen, legt die Verordnung nicht fest. Nach den Grundsätzen des **indirekten Vollzugs** richtet sich dies nach dem mitgliedstaatlichen Verfahrensrecht, das aber nicht dazu führen darf, den europarechtlichen Vorgaben ihre Wirksamkeit zu nehmen. Ausgehend von der Qualifikation der Auferlegung als Verwaltungsakt[17] liegt es nahe, den Widerspruch i.S.d. Art. 5 Abs. 5 Satz 3 VO (EG) Nr. 1370/2007 mit dem **Widerspruch i.S.d. §§ 68 ff. VwGO** gleichzusetzen.[18]

---

[14] Vgl. zuvor unter Rn. 3.
[15] OLG Düsseldorf Beschl. v. 2.3.2011, Verg 48/11, NZBau 2011, 244, 246 ff. – Münsterlandkreise.
[16] Vgl. auch Erwägungsgrund 21 zur VO (EG) Nr. 1370/2007.
[17] Vgl. dazu oben unter § 57 Rn. 46.
[18] Ebenso etwa *Hölzl* in Montag/Säcker, Münchener Kommentar Kartellrecht, Bd. 3 Beihilfen- und Vergaberecht, 2011, Art. 5 VO 1370/2007 Rn. 94; *Prieß* in Kaufmann/Lübbig/Prieß/Pünder, VO (EG) 1370/2007, 2010, Art. 5 Rn. 218.

Kapitel 12 Auftragsvergaben in den Bereichen Verteidigung und Sicherheit (VSVgV, VOB/A-VS)

§ 59 Einführung

Übersicht

	Rn.
A. Einleitung	1–3
B. Die Richtlinie 2009/81/EG	4–6
C. Die Umsetzung der Richtlinie 2009/81/EG ins deutsche Recht	7–9

Literatur:
Byok Reformierter Regelungsrahmen für Beschaffungen im Sicherheits- und Verteidigungssektor, NVwZ 2012, 70; *Dippel/Sterner/Zeiss* (Hrsg.) Praxiskommentar Beschaffung im Verteidigungs- und Sicherheitsbereich, 2013; *Gabriel* Defence Procurement: Auftragsvergaben im Bereich staatlicher Verteidigung und Sicherheit nach dem „Defence Package" der Europäischen Kommission, VergabeR 2009, 380; *Hertel/Schöning* Der neue Rechtsrahmen für die Auftragsvergabe im Rüstungssektor, NZBau 2009, 684; *Hermann/Polster* Die Vergabe von sicherheitsrelevanten Aufträgen, NVwZ 2010, 341; *Heuninckx* The EU Defence and Security Procurement Directive: trick or treat?, PPLR 2011, 9; *Hopf* Gesetz zur Änderung des Vergaberechts für die Bereiche Verteidigung und Sicherheit in Kraft, UBWV 2012, 180; *Höfler/Petersen* Erstreckung des Binnenmarkts auf die Verteidigungs- und Sicherheitsmärkte? – Die Beschaffungsrichtlinie 2009/81/EG, EuZW 2011, 336; *Hölzl* Neu: Der Konkurrent im Sicherheits- und Verteidigungsbereich. Zu den praktischen Auswirkungen des „Gesetzes zur Änderung des Vergaberechts für die Bereiche Verteidigung und Sicherheit", VergabeR 2012, 141; *Leinemann/Kirch* VSVgV – Vergabeverordnung Verteidigung und Sicherheit mit VOB/A-VS, 2013; *Pourbaix* The future scope of application of Article 346 TFEU, PPLR 2011, 1; *Prieß* Vergaberechtliche Deregulierung und (Re-) Regulierung in der Wirtschaftskrise, GewArch 2010, 24; *Rosenkötter* Die Verteidigungsrichtlinie 2009/81/EG und ihre Umsetzung, VergabeR 2012, 267; *Roth/Lamm* Die Umsetzung der Verteidigungsgüter-Beschaffungsrichtlinie in Deutschland, NZBau 2012, 609; *Scherer-Leydecker* Verteidigungs- und sicherheitsrelevante Aufträge – Eine neue Auftragskategorie im Vergaberecht, NZBau 2012, 533; *Voll* Der novellierte Regelungsrahmen zur Vergabe verteidigungs- und sicherheitsrelevanter öffentlicher Aufträge – Wertungswidersprüche und Zirkelschlüsse, NVwZ 2013, 120; *V. Wagner/Bauer* Grundzüge des zukünftigen Vergaberegimes in den Bereichen Verteidigung und Sicherheit, VergabeR 2009, 856; *Weiner* Das Ende einer Ära? – Die Auswirkungen der Richtlinie 2009/81/EG auf die Vergabe von Aufträgen im Verteidigungsbereich und insbesondere Offsets, EWS 2011, 401; *v. Wietersheim* (Hrsg.) Vergaben im Bereich Verteidigung und Sicherheit, 2013.

A. Einleitung

Im Vergleich zu anderen Feldern staatlicher Tätigkeit ist die Aufgabenwahrnehmung des Staates in den Bereichen Verteidigung und Sicherheit in besonderem Maße auf die Ausrüstung der handelnden Sachwalter mit den notwendigen Sachmitteln angewiesen. Innere und äußere Sicherheit sind **material- und damit beschaffungsintensiv.** So haben etwa die Mitgliedstaaten der Europäischen Verteidigungsagentur (alle EU-Mitgliedstaaten außer Dänemark) im Jahre 2010 insgesamt ca. 194 Milliarden EUR allein für Verteidigungsaufgaben ausgegeben;[1] hiervon nicht umfasst sind Ausgaben, die der inneren Sicherheit dienen. Von diesen Verteidigungsausgaben entfallen 98,65 Milliarden EUR auf Personalausgaben, 44,11 Milliarden EUR auf Betriebs- und Instandhaltungsausgaben, 42,87 Milliarden EUR auf Investitionen und 7,91 Milliarden EUR auf sonstige Ausgaben. Trotz der Reduzierung der Ausgaben nach dem Ende des Ost-West-Konflikts bildet der Verteidi-

1

---

[1] Europäische Verteidigungsagentur (European Defence Agency), 2010 Defence Data, abrufbar unter http://www.eda.europa.eu/docs/eda-publications/defence_data_2010; auch zum Folgenden.

gungssektor daher weiterhin einen wirtschaftlich bedeutsamen Bereich staatlicher Mittelverwendung. In gleicher Weise gilt dies für den Bereich der inneren Sicherheit.

2   Das Vergaberecht verhält sich gegenüber der Beschaffung in den Bereichen Verteidigung und Sicherheit im Grundsatz neutral[2]. Aufträge in diesen Sektoren sind nach den allgemeinen Bestimmungen insbesondere des vierten Teils des GWB und der zugehörigen untergesetzlichen Vorschriften zu vergeben, soweit deren jeweiliger Anwendungsbereich eröffnet ist. Faktisch wurde dieser Grundsatz in der Vergangenheit allerdings dadurch erheblich eingeschränkt, dass **Art. 346 Abs. 1 lit. b) AEUV** (vorm. Art. 296 Abs. 1 lit. b) EGV) den Mitgliedstaaten in den Bereichen Verteidigung und Sicherheit weitreichende Ausnahmen von der Anwendung des Unionsrechts ermöglicht. Nach dieser Vertragsbestimmung kann jeder Mitgliedstaat die Maßnahmen ergreifen, die seines Erachtens für die Wahrung seiner wesentlichen Sicherheitsinteressen erforderlich sind, soweit sie die Erzeugung von Waffen, Munition und Kriegsmaterial oder den Handel damit betreffen und soweit dadurch die Wettbewerbsbedingungen der nicht eigens für militärische Zwecke bestimmten Waren nicht beeinträchtigt werden. Im deutschen Recht wird diese Bestimmung in § 100 Abs. 6 Nr. 2 GWB (§ 100 Abs. 2 lit. e) GWB a. F.) übernommen: Aufträge, die dem Anwendungsbereich von Art. 346 Abs. 1 lit. b) AEUV unterliegen, sind demnach vom Anwendungsbereich des Kartellvergaberechts ausgenommen.

3   Der EuGH hat in der Vergangenheit mehrfach den **Ausnahmecharakter** von Art. 346 Abs. 1 lit. b) AEUV betont und die Vorschrift in eine Reihe mit weiteren Bestimmungen wie Art. 36, 45 Abs. 3, 52, 65, 72 und 347 AEUV gestellt, die es den Mitgliedstaaten ermöglichen, aus Gründen der öffentlichen Sicherheit von der Anwendung des Vertrages abzusehen[3]. Daraus schließt der Gerichtshof in Übereinstimmung mit seiner sonstigen Rechtsprechung zu Ausnahmen vom Anwendungsbereich des Unionsrechts[4] insbesondere, dass Art. 346 Abs. 1 lit. b) AEUV eng auszulegen sei[5] und dass es dem Mitgliedstaat, der sich auf Art. 346 Abs. 1 lit. b) AEUV berufe, obliege, nachzuweisen, dass die Voraussetzungen dieser Ausnahme erfüllt seien[6]. Die Einschätzungsprärogative[7], die Art. 346 Abs. 1 lit. b) AEUV bereits dem Wortlaut nach den Mitgliedstaaten dadurch gewährt, dass die Erforderlichkeit der ergriffenen Maßnahmen für die Wahrung der wesentlichen Sicherheitsinteressen nach dem Erachten des betroffenen Mitgliedstaates zu prüfen ist, wird durch ein solches Verständnis erheblich eingeschränkt. Im Ergebnis gleicht der EuGH damit Art. 346 Abs. 1 lit. b) AEUV den auf die Wahrung der öffentlichen Sicherheit bezogenen Vorbehalten für die Geltung der Grundfreiheiten (Art. 36, 45 Abs. 3, 52 und 65 AEUV) an,[8] ohne dabei die tatbestandlichen Besonderheiten von Art. 346 Abs. 1 lit. b) AEUV zu beachten.

---

[2] S. auch *Roth/Lamm* NZBau 2012, 609; *Gabriel* VergabeR 2009, 380, 381 f.; *V. Wagner/Bauer* VergabeR 2009, 856, 857.

[3] EuGH Urt. v. 4.3.2010, Rs. C-38/06 – Kommission ./. Portugal, Rn. 62 ff.; EuGH Urt. v. 15.12.2009, Rs. C-372/05 – Kommission ./. Deutschland, Rn. 68 ff.; EuGH Urt. v. 15.12.2009, Rs. C-409/05 – Kommission ./. Griechenland, Rn. 50 ff.; EuGH Urt. v. 8.4.2008, Rs. C-337/05 – Kommission ./. Italien, Rn. 43 f.; EuGH Urt. v. 16.09.1997, Rs. C-414/97 – Kommission ./. Spanien, Rn. 21 f.

[4] S. dazu etwa die Nachweise bei *Leible/Streinz* in Grabitz/Hilf/Nettesheim, Art. 36 AEUV Rn. 2 ff.

[5] EuGH Urt. v. 4.3.2010, Rs. C-38/06 – Kommission ./. Portugal, Rn. 63; EuGH Urt. v. 15.12.2009, Rs. C-372/05 – Kommission ./. Deutschland, Rn. 70; EuGH Urt. v. 15.12.2009, Rs. C-409/05 – Kommission ./. Griechenland, Rn. 51; EuGH Urt. v. 16.9.1997, Rs. C-414/97 – Kommission ./. Spanien, Rn. 21.

[6] EuGH Urt. v. 4.3.2010, Rs. C-38/06 – Kommission ./. Portugal, Rn. 66; EuGH Urt. v. 15.9.2009, Rs. C-372/05 – Kommission ./. Deutschland, Rn. 72; EuGH Urt. v. 15.12.2009, Rs. C-409/05 – Kommission ./. Griechenland, Rn. 54; EuGH Urt. v. 8.4.2008, Rs. C-337/05 – Kommission ./. Italien, Rn. 44; EuGH Urt. v. 16.09.1997, Rs. C-414/97 – Kommission ./. Spanien, Rn. 22.

[7] Dazu EuG Urt. v. 30.3.2003, Rs. T-26/01 – Fiocchi munizioni SpA ./. Kommission, Rn. 58; *Roth/Lamm* NZBau 2012, 609, 611; *Höfler/Petersen* EuZW 2011, 336, 337; *Jaeckel* in Grabitz/Hilf/Nettesheim, Art. 346 AEUV Rn. 3; *Wegener* in Calliess/Ruffert, Art. 346 AEUV Rn. 3.

[8] Vgl. auch *Jaeckel* in Grabitz/Hilf/Nettesheim, Art. 346 AEUV Rn. 7 m. Fn. 5.

B. Die Richtlinie 2009/81/EG

Nicht zuletzt vor dem Hintergrund dieses restriktiven Verständnisses von Art. 346 Abs. 1 **4** lit. b) AEUV kam die EU-Kommission im Jahre 2007 zu dem Schluss, dass eine Öffnung des Verteidigungssektors für den Binnenmarkt angezeigt sei[9]. Für beanstandungswürdig hielt die Kommission insbesondere, dass sich die Mitgliedstaaten bei der Vergabe von Aufträgen im Verteidigungssektor häufig auf Art. 346 Abs. 1 lit. b) AEUV beriefen und dabei die heimische Industrie deutlich bevorzugten.[10] Als Gründe dafür identifizierte die EU-Kommission das Bestreben der Mitgliedstaaten, Arbeitsplätze und Investitionen im eigenen Lande zu fördern sowie die Beschaffungssicherheit und die Vertraulichkeit der mit dem Auftrag verbundenen Informationen zu gewährleisten.[11] Aus der Sicht der EU-Kommission gefährdete dieser Zustand, verbunden mit weiteren Faktoren, die eine starke Ausrichtung der Verteidigungsbranche auf den jeweiligen Inlandsmarkt begründen, langfristig die Wettbewerbsfähigkeit der europäischen Verteidigungsindustrie.[12] Als Abhilfe sah die EU-Kommission in ihrem sogenannten Verteidigungspaket[13] im Wesentlichen zwei inzwischen umgesetzte Maßnahmen vor: Die **Verteidigungsgüterrichtlinie**[14] zielt darauf ab, die Genehmigungsverfahren für die Verbringung von Rüstungsgütern innerhalb der EU zu vereinfachen und dadurch den grenzüberschreitenden Handel mit Rüstungsgütern innerhalb der EU zu erleichtern.[15] Vergaberechtlichen Charakter weist die **Richtlinie zur Vergabe in den Bereichen Verteidigung und Sicherheit**[16] auf: Sie enthält spezifische Vorgaben für die Vergabe von Aufträgen in den Bereichen Verteidigung und Sicherheit, die in höherem Maße als die allgemeinen Vergaberichtlinien SKR und VKR den besonderen Belangen öffentlicher Auftraggeber bei der Beschaffung in den Bereichen Verteidigung und Sicherheit Rechnung tragen sollen.

Die Vorbehalte, die das Primärrecht zum Schutz der öffentlichen Sicherheit vorsieht, **5** werden von der Richtlinie 2009/81/EG bereits aus Gründen der Normhierarchie nicht berührt.[17] Insbesondere der Ausnahmetatbestand in Art. 346 Abs. 1 lit. b) AEUV bleibt daher auch unter Geltung des novellierten Rechtsrahmens für die Vergabe von Aufträgen in den Bereichen Verteidigung und Sicherheit weiterhin bestehen und ermöglicht es den Mitgliedstaaten, von der Anwendung der EU-rechtlichen Vorgaben für Auftragsvergaben abzusehen, soweit die dort normierten Voraussetzungen erfüllt sind.[18] Vor diesem Hinter-

---

[9] Mitteilung der Kommission an das Europäische Parlament, den Rat, den Europäischen Wirtschafts- und Sozialausschuss und den Ausschuss der Regionen vom 5.12.2007: „Eine Strategie für eine stärkere und wettbewerbsfähigere europäische Verteidigungsindustrie", KOM (2007) 764 endg.; s. ferner die Mitteilung der Kommission vom 7.12.2006 zu Auslegungsfragen bezüglich der Anwendung des Artikels 296 des Vertrages zur Gründung der Europäischen Gemeinschaft (EGV) auf die Beschaffung von Verteidigungsgütern, KOM (2006) 779 endg.
[10] KOM (2007) 764 endg., 4 f.; dazu auch *Rosenkötter* VergabeR 2012, 267, 268; *Weiner* EWS 2011, 401; *V. Wagner/Bauer* VergabeR 2009, 856; *Gabriel* VergabeR 2009, 380, 382.
[11] KOM (2007) 764 endg., 4.
[12] KOM (2007) 764 endg., 6.
[13] KOM (2007) 764 endg.
[14] Richtlinie 2009/43/EG des Europäischen Parlamentes und des Rates vom 6. Mai 2009; s. dazu *Rosenkötter* VergabeR 2012, 267; *Gabriel* VergabeR 2009, 380, 387 f.
[15] KOM (2007) 764 endg., 7.
[16] Richtlinie 2009/81/EG des Europäischen Parlaments und des Rates vom 13. Juli 2009 über die Koordinierung der Verfahren zur Vergabe bestimmter Bau-, Liefer- und Dienstleistungsaufträge in den Bereichen Verteidigung und Sicherheit und zur Änderung der Richtlinien 2004/17/EG und 2004/18/EG.
[17] S. auch den Anwendungsvorbehalt in Art. 2 RL 2009/81/EG.
[18] *Rosenkötter* VergabeR 2012, 267, 273; *Roth/Lamm* NZBau 2012, 609, 611; *Höfler/Petersen* EuZW 2011, 336, 337; *V. Wagner/Bauer* VergabeR 2009, 856, 861; *Gabriel* VergabeR 2009, 380, 386; *Hertel/Schöning* NZBau 2009, 684, 685; vertiefend *Pourbaix* PPLR 2011, 1.

grund besteht die **Funktion der Richtlinie 2009/81/EG** darin, durch Schaffung eines eigenen Rechtsrahmens für die Vergabe verteidigungs- und sicherheitsrelevanter Aufträge den öffentlichen Auftraggebern eine Möglichkeit zu geben, bei gleichzeitiger Wahrung ihrer Sicherheitsinteressen Aufträge im Wettbewerb zu vergeben.[19] Mittelbar wirkt dies durchaus auf die Reichweite von Art. 346 Abs. 1 lit. b) AEUV zurück und engt diese ein: Denn unter Geltung des von der Richtlinie 2009/81/EG geschaffenen Rechtsrahmens für Beschaffungen in den Bereichen Verteidigung und Sicherheit setzt der Rückgriff auf den Ausnahmetatbestand voraus, dass nicht einmal die Sonderregeln der Richtlinie 2009/81/EG genügen dürfen, um die wesentlichen Sicherheitsinteressen des betroffenen Mitgliedsstaats zu wahren. Stärker als zuvor wird daher die Anwendung von Art. 346 Abs. 1 lit. b) AEUV nunmehr nur noch als *ultima ratio* in Betracht kommen[20].

6   Ausgehend davon sind die Bestimmungen der Richtlinie 2009/81/EG darauf ausgerichtet, die Regelungen des allgemeinen EU-Vergaberechts, das sich namentlich aus der SKR und der VKR ergibt, an die **besonderen Bedürfnisse öffentlicher Auftraggeber bei Vergaben in den Bereichen Verteidigung und Sicherheit** anzupassen und insbesondere Verfahrenserleichterungen zu schaffen, die eine wettbewerbliche Auftragsvergabe bei gleichzeitiger Wahrung der wesentlichen Sicherheitsinteressen der öffentlichen Auftraggeber in diesem Bereich ermöglichen sollen. Diese Zielrichtung zeigt sich beispielhaft in den Bestimmungen zur Verfahrensart: Nach Art. 25 RL 2009/81/EG werden Aufträge ausschließlich im nichtoffenen Verfahren, im Verhandlungsverfahren mit oder ohne vorangehender Bekanntmachung oder im wettbewerblichen Dialog vergeben, so dass das offene Verfahren als eine in besonderem Maße auf Transparenz und Marktoffenheit ausgerichtete Vergabeart hier ausscheidet. Darüber hinaus soll der in den Bereichen Verteidigung und Sicherheit besonders bedeutsame Schutz von Verschlusssachen dadurch sichergestellt werden, dass der Auftraggeber nach Art. 20 i. V. m. Art. 22 RL 2009/81/EG Festlegungen zur Wahrung der Informationssicherheit treffen kann und gemäß Art. 42 Abs. 1 lit. j) RL 2009/81/EG darauf gerichtete Eignungsnachweise verlangen kann. Daneben sieht die Richtlinie besondere Bestimmungen zum Schutz der Versorgungssicherheit, d. h. der Sicherstellung der Deckung des Beschaffungsbedarfs des Auftraggebers, vor: So kann der Auftraggeber nach Art. 20 i. V. m. Art. 23 RL 2009/81/EG Vorgaben zur Wahrung der Versorgungssicherheit aufstellen, und Art. 42 Abs. 1 lit. h) RL 2009/81/EG gestattet es dem Auftraggeber, auf den Schutz der Versorgungssicherheit zielende Eignungsnachweise zu verlangen. Weitere Besonderheiten betreffen u. a. die Vorschriften zum Einsatz von Unterauftragnehmern (Art. 20 i. V. m. Art. 21 sowie Art. 50 ff. RL 2009/81/EG), zu Rahmenvereinbarungen (Art. 29 RL 2009/81/EG) und zum Rechtsschutz (Art. 55 ff. RL 2009/81/EG).

C. Die Umsetzung der Richtlinie 2009/81/EG ins deutsche Recht

7   Dem Bundesgesetzgeber ist die **Umsetzung der Richtlinie 2009/81/EG in das deutsche Recht** schwergefallen[21]. Die Frist zur Umsetzung nach Art. 72 Abs. 1 RL 2009/81/EG lief am 21. August 2011 ab; bis dahin existierten lediglich ein Rundschreiben des Bundesministeriums für Wirtschaft und Technologie[22] und ein Erlass des Bundesministeri-

---

[19] KOM (2007) 764 endg., 7; s. ferner die Begründung zum Richtlinienvorschlag der Kommission, KOM (2007) 766 endg., 2 f.; dazu auch *Rosenkötter* VergabeR 2012, 267, 268; *Hölzl* VergabeR 2012, 141, 147; *Heuninckx* PPLR 2011, 9, 10 f.; *Weiner* EWS 2011, 401; *Gabriel* VergabeR 2009, 380, 386; *V. Wagner/Bauer* VergabeR 2006, 856, 861 f.
[20] *V. Wagner/Bauer* VergabeR 2006, 856, 861 f.
[21] Dazu *Byok* NVwZ 2012, 70; *Hölzl* VergabeR 2012, 141; *Rosenkötter* VergabeR 2012, 267, 274 f.; *Roth/Lamm* NZBau 2012, 609, 610; *Scherer-Leydecker* NZBau 2012, 533.
[22] Rundschreiben vom 26.7.2011 zur Anwendung der Richtlinie 2009/81/EG des europäischen Parlaments und des Rates vom 13.7.2009 über die Koordinierung der Verfahren zur Vergabe be-

ums für Verkehr, Bau und Stadtentwicklung[23], so dass ab diesem Zeitpunkt die zwingenden Vorgaben der Richtlinie 2009/81/EG nach den allgemeinen Grundsätzen des Unionsrechts unmittelbar galten[24]. Erst am 14. Dezember 2011 trat mit dem Gesetz zur Änderung des Vergaberechts für die Bereiche Verteidigung und Sicherheit[25] eine legislative Maßnahme zur Überführung der Richtlinie 2009/81/EG in die innerstaatliche Rechtsordnung in Kraft. Sie führte zu mehreren Änderungen des GWB; neben weiteren Modifikationen wurden insbesondere die Bestimmungen zur Anwendbarkeit des Kartellvergaberechts in den §§ 100 bis 100c GWB weitgehend neu gefasst.[26] Zur weitergehenden Umsetzung wurde am 12. Juli 2012 die Vergabeordnung für die Bereiche Verteidigung und Sicherheit zur Umsetzung der Richtlinie 2009/81/EG des Europäischen Parlaments und des Rates vom 13. Juli 2009 über die Koordinierung der Verfahren zur Vergabe bestimmter Bau-, Liefer- und Dienstleistungsaufträge in den Bereichen Verteidigung und Sicherheit und zur Änderung der Richtlinien 2004/17/EG und 2004/18/EG[27] verkündet[28]. Sie enthält nicht nur Bestimmungen zu den maßgeblichen Schwellenwerten und zu allgemeinen Verfahrensgrundsätzen, sondern regelt zugleich für Liefer- und Dienstleistungsaufträge innerhalb ihres Anwendungsbereichs das gesamte Vergabeverfahren, so dass sie diejenigen Regelungsfunktionen, die im Bereich des allgemeinen Kartellvergaberechts die Vergabeverordnung einerseits und die Vergabeordnungen (VOB/A, VOL/A und VOF) andererseits übernehmen, auf sich vereint. Ebenso wie schon im Geltungsbereich der Sektorenverordnung wurde damit für Liefer- und Dienstleistungsaufträge im Anwendungsbereich der Vergabeverordnung Verteidigung und Sicherheit die Kaskadenstruktur des Kartellvergaberechts[29] aufgegeben. Bei sicherheits- und verteidigungsrelevanten Bauaufträgen hingegen ist es bei der Kaskadenstruktur geblieben; hier gelten nur einzelne Bestimmungen der Vergabeordnung Verteidigung und Sicherheit (§ 2 Abs. 2 Satz 1 VSVgV), während die Einzelheiten des Vergabeverfahrens in einem neu geschaffenen Abschnitt 3 der VOB/A[30] (VOB/A-VS) geregelt sind, dessen Geltung von § 2 Abs. 2 Satz 2 VSVgV angeordnet wird.

Die **Vergabeverordnung Verteidigung und Sicherheit** beruht auf der mit dem Gesetz zur Änderung des Vergaberechts für die Bereiche Verteidigung und Sicherheit vom 14. Dezember 2011 neu geschaffenen Ermächtigungsgrundlage in § 127 Abs. 3 GWB. Sie beginnt mit allgemeinen Bestimmungen (§§ 1 bis 9 VSVgV), in denen insbesondere der sachliche Anwendungsbereich und die maßgeblichen Schwellenwerte festgelegt werden (§§ 1 bis 3 und 5 VSVgV). Die §§ 7 bis 9 enthalten für alle Auftragsarten geltende inhaltliche Vorgaben für das Vergabeverfahren; für Liefer- und Dienstleistungsaufträge wird das Vergabeverfahren im Übrigen im Teil 2 der Verordnung (§§ 10 bis 37 VSVgV) geregelt.

8

---

stimmter Bau-, Liefer- und Dienstleistungsaufträge in den Bereichen Verteidigung und Sicherheit und zur Änderung der Richtlinien 2004/17/EG und 2004/18/EG, Az. IB6–26004, abrufbar unter http://www.bmwi.de/BMWi/Redaktion/PDF/I/interim-schreiben-anwendung-der-rl-2009–81-eg.
[23] Erlass vom 26.7.2011 betreffend die Richtlinie 2009/81/EG über die Koordinierung der Verfahren zur Vergabe bestimmter Bau-, Liefer- und Dienstleistungsaufträge in den Bereichen Verteidigung und Sicherheit, Az. B15–8162.2/3, abrufbar unter http://www.bmvbs.de/cae/servlet/contentblob/71008/publicationFile/.
[24] OLG Düsseldorf Beschl. v. 8.6.2011, VII-Verg 49/11, NZBau 2011, 501 m. Anm. *Freitag*; *Rosenkötter* VergabeR 2012, 267, 280f.; *Scherer-Leydecker* NZBau 2012, 533, 534.
[25] BGBl. I 2011, 2570.
[26] Dazu *Byok* NVwZ 2012, 70, 72 ff.; *Hölzl* VergabeR 2012, 141, 143 f.; *Roth/Lamm* NZBau 2012, 609, 610 f.
[27] Vergabeverordnung Verteidigung und Sicherheit (VSVgV).
[28] BGBl. I 2012, 1509.
[29] Dazu etwa *Fehling* in Pünder/Schellenberg, § 97 GWB Rn. 30.
[30] In der Fassung der Bekanntmachung vom 24.10.2011 (BAnz. Nr. 182a vom 2.12.2011, BAnz AT 7.5.2012 B1), berichtigt durch Bekanntmachung vom 24.4.2012 (BAnz AT 07.05.2012 B1) und geändert durch Bekanntmachung vom 26.6.2012 (BAnz AT 13.07.2012 B3).

Bedingt durch das Ziel, innerhalb des Anwendungsbereichs der Verordnung das gesamte Verfahren zur Vergabe von Liefer- und Dienstleistungsaufträgen abzubilden[31], enthält die Verordnung Vorgaben zu allen Stufen des Vergabeverfahrens von der Wahl der Verfahrensart (§ 11 bis 13 VSVgV) über die Eignungsnachweise (§§ 21 bis 28 VSVgV) bis hin zur Öffnung, Prüfung und Wertung der Angebote (§§ 30 bis 34 VSVgV). Weitere Teile der Verordnung betreffen die Untervergabe von Aufträgen (§§ 38 bis 41 VSVgV) sowie sonstige besondere Bestimmungen (§§ 42 bis 44 VSVgV).

9 Der **Abschnitt 3 der VOB/A** (VOB/A-VS) ist im Geltungsbereich der Vergabeverordnung Verteidigung und Sicherheit gemäß § 2 Abs. 2 Satz 2 VSVgV für die Vergabe sicherheits- und verteidigungsrelevanter Bauaufträge anzuwenden; daneben gelten gemäß § 2 Abs. 2 Satz 1 VSVgV die §§ 1 bis 4, 6 bis 9 und 38 bis 42 sowie 44 bis 46 VSVgV. Auf Grund der Übernahme der Kaskadenstruktur für diesen Bereich entspricht die Struktur des Abschnitts 3 weitestgehend derjenigen des Abschnitts 2 der VOB/A. Ebenso wie schon für Liefer- und Dienstleistungsaufträge wurde auch bei Bauaufträgen davon abgesehen, nur die Besonderheiten der Vergaben in den Bereichen Verteidigung und Sicherheit zu normieren. Stattdessen enthält der Abschnitt 3 der VOB/A eine ebenso umfassende Regelung des Vergabeverfahrens wie der Abschnitt 2 der VOB/A für Bauaufträge des allgemeinen Kartellvergaberechts. Die Abweichungen des Vergabeverfahrens für Verteidigungs- und Sicherheitsaufträge ergeben sich aus den einzelnen Sachvorschriften, z. B. aus § 3 VS VOB/A hinsichtlich der einzelnen Vergabearten.

---

[31] Begründung der Bundesregierung zur Vergabeverordnung Verteidigung und Sicherheit vom 25. 5. 2012, BR-Drs. 321/12, 35.

§ 60 Anwendungsbereich

Übersicht

	Rn.
A. Einleitung	1–5
B. Aufträge im Bereich Verteidigung	6–24
I. Lieferaufträge über Militärausrüstung	8–23
II. Bau- und Dienstleistungsaufträge für militärische Zwecke	24
C. Sicherheitsrelevante Aufträge außerhalb des Militärbereichs	25–40
I. Lieferaufträge über Ausrüstung im Rahmen eines Verschlusssachenauftrags	26–39
II. Bau- und Dienstleistungsaufträge im Rahmen eines Verschlusssachenauftrags	40
D. Gemischte Aufträge	41–45
E. Bereichsausnahmen	46–100
I. Nationale Sicherheitsinteressen gemäß Art. 346 Abs. 1 lit. b AEUV	48–55
II. Aufträge über Finanzdienstleistungen	56
III. Aufträge für nachrichtendienstliche Tätigkeiten	57
IV. Aufträge im Rahmen von Kooperationsprogrammen	58–63
V. Auftragsvergaben an andere Staaten	64–66
VI. Außerhalb der EU vergebene Aufträge	67–70
VII. Vergaben aufgrund besonderer internationaler Verfahrensregeln	71–81
VIII. Ausnahmen nach § 100 Abs. 8 GWB	82–100

GWB: §§ 99 Abs. 7–9, 13, § 100 Abs. 1 Nr. 3, Abs. 2, Abs. 6–8, 100c

§ 99 GWB Öffentliche Aufträge

(1) bis (6) (hier nicht abgedruckt)

(7) Verteidigungs- oder sicherheitsrelevante Aufträge sind Aufträge, deren Auftragsgegenstand mindestens eine der in den nachfolgenden Nummern 1 bis 4 genannten Leistungen umfasst:

1. die Lieferung von Militärausrüstung im Sinne des Absatzes 8, einschließlich dazugehöriger Teile, Bauteile oder Bausätze;

2. die Lieferung von Ausrüstung, die im Rahmen eines Verschlusssachenauftrags im Sinne des Absatzes 9 vergeben wird, einschließlich der dazugehörigen Teile, Bauteile oder Bausätze;

3. Bauleistungen, Lieferungen und Dienstleistungen in unmittelbarem Zusammenhang mit der in den Nummern 1 und 2 genannten Ausrüstung in allen Phasen des Lebenszyklus der Ausrüstung;

4. Bau- und Dienstleistungen speziell für militärische Zwecke oder Bau- und Dienstleistungen, die im Rahmen eines Verschlusssachenauftrags im Sinne des Absatzes 9 vergeben wird.

(8) Militärausrüstung ist jede Ausrüstung, die eigens zu militärischen Zwecken konzipiert oder für militärische Zwecke angepasst wird und zum Einsatz als Waffe, Munition oder Kriegsmaterial bestimmt ist.

(9) Ein Verschlusssachenauftrag ist ein Auftrag für Sicherheitszwecke,

1. bei dessen Erfüllung oder Erbringung Verschlusssachen nach § 4 des Gesetzes über die Voraussetzungen und das Verfahren von Sicherheitsüberprüfungen des Bundes oder nach den entsprechenden Bestimmungen der Länder verwendet werden oder

2. der Verschlusssachen im Sinne der Nummer 1 erfordert oder beinhaltet.

(10) bis (12) (hier nicht abgedruckt)

(13) Ist bei einem Auftrag über Bauleistungen, Lieferungen oder Dienstleistungen ein Teil der Leistung verteidigungs- oder sicherheitsrelevant, wird dieser Auftrag einheitlich gemäß den Bestimmungen für verteidigungs- und sicherheitsrelevante Aufträge vergeben, sofern die Beschaffung in Form eines einheitlichen Auftrags aus objektiven Gründen gerechtfertigt ist. Ist bei einem Auftrag über Bauleistungen, Lieferungen oder Dienstleistungen ein Teil der Leistung verteidigungs- oder sicherheitsrelevant und fällt der andere Teil weder in diesen Bereich noch unter die Vergaberegeln der Sektorenverordnung oder der Vergabeverordnung, unterliegt die Vergabe dieses Auftrags nicht dem Vierten Teil dieses Gesetzes, sofern die Beschaffung in Form eines einheitlichen Auftrags aus objektiven Gründen gerechtfertigt ist.

§ 100 GWB Anwendungsbereich

(1) Dieser Teil gilt für Aufträge, deren Auftragswert den jeweils festgelegten Schwellenwert erreicht oder überschreitet. Der Schwellenwert ergibt sich für Aufträge, die

1. bis 2. (hier nicht abgedruckt)

3. von Auftraggebern im Sinne des § 98 vergeben werden und verteidigungs- oder sicherheitsrelevant im Sinne des § 99 Absatz 7 sind, aus der nach § 127 Nummer 3 erlassenen Verordnung.

(2) Dieser Teil gilt nicht für die in den Absätzen 3 bis 6 und 8 sowie die in den §§ 100a bis 100c genannten Fälle.

(3) bis (5) (hier nicht abgedruckt)

(6) Dieser Teil gilt nicht für die Vergabe von Aufträgen,

1. bei denen die Anwendung dieses Teils den Auftraggeber dazu zwingen würde, im Zusammenhang mit dem Vergabeverfahren oder der Auftragsausführung Auskünfte zu erteilen, deren Preisgabe seiner Ansicht nach wesentlichen Sicherheitsinteressen der Bundesrepublik Deutschland im Sinne des Artikels 346 Absatz 1 Buchstabe a des Vertrages über die Arbeitsweise der Europäischen Union widerspricht,

2. die dem Anwendungsbereich des Artikels 346 Absatz 1 Buchstabe b des Vertrages über die Arbeitsweise der Europäischen Union unterliegen.

(7) Wesentliche Sicherheitsinteressen im Sinne des Absatzes 6, die die Nichtanwendung dieses Teils rechtfertigen, können betroffen sein beim Betrieb oder Einsatz der Streitkräfte, bei der Umsetzung von Maßnahmen der Terrorismusbekämpfung oder bei der Beschaffung von Informationstechnik oder Telekommunikationsanlagen.

(8) Dieser Teil gilt nicht für die Vergabe von Aufträgen, die nicht nach § 99 Absatz 7 verteidigungs- oder sicherheitsrelevant sind und

1. in Übereinstimmung mit den inländischen Rechts- und Verwaltungsvorschriften für geheim erklärt werden,

2. deren Ausführung nach den in Nummer 1 genannten Vorschriften besondere Sicherheitsmaßnahmen erfordert,

3. bei denen die Nichtanwendung des Vergaberechts geboten ist zum Zweck des Einsatzes der Streitkräfte, zur Umsetzung von Maßnahmen der Terrorismusbekämpfung oder bei der Beschaffung von Informationstechnik oder Telekommunikationsanlagen zum Schutz wesentlicher nationaler Sicherheitsinteressen,

4. die vergeben werden auf Grund eines internationalen Abkommens zwischen der Bundesrepublik Deutschland und einem oder mehreren Staaten, die nicht Vertragsparteien des Übereinkommens über den Europäischen Wirtschaftsraum sind, für ein von den Unterzeichnerstaaten gemeinsam zu verwirklichendes und zu tragendes Projekt, für das andere Verfahrensregeln gelten,

5. die auf Grund eines internationalen Abkommens im Zusammenhang mit der Stationierung von Truppen vergeben werden und für die besondere Verfahrensregeln gelten oder

6. die auf Grund des besonderen Verfahrens einer internationalen Organisation vergeben werden.

§ 100c GWB Besondere Ausnahmen in den Bereichen Verteidigung und Sicherheit

(1) Im Fall des § 100 Absatz 1 Satz 2 Nummer 3 gilt dieser Teil über die in § 100 Absatz 3 bis 6 genannten Fälle hinaus auch nicht für die in den Absätzen 2 bis 4 genannten Aufträge.

(2) Dieser Teil gilt nicht für die Vergabe von Aufträgen, die

1. Finanzdienstleistungen mit Ausnahme von Versicherungsdienstleistungen zum Gegenstand haben,

2. zum Zweck nachrichtendienstlicher Tätigkeiten vergeben werden,

3. im Rahmen eines Kooperationsprogramms vergeben werden, das

a) auf Forschung und Entwicklung beruht und

b) mit mindestens einem anderen EU-Mitgliedstaat für die Entwicklung eines neuen Produkts und gegebenenfalls die späteren Phasen des gesamten oder eines Teils des Lebenszyklus dieses Produkts durchgeführt wird,

4. die Bundesregierung, eine Landesregierung oder eine Gebietskörperschaft an eine andere Regierung oder an eine Gebietskörperschaft eines anderen Staates vergibt und die Folgendes zum Gegenstand haben:

a) die Lieferung von Militärausrüstung oder die Lieferung von Ausrüstung, die im Rahmen eines Verschlusssachenauftrags im Sinne des § 99 Absatz 9 vergeben wird,

b) Bau- und Dienstleistungen, die in unmittelbarem Zusammenhang mit dieser Ausrüstung stehen,

c) Bau- und Dienstleistungen speziell für militärische Zwecke oder

d) Bau- und Dienstleistungen, die im Rahmen eines Verschlusssachenauftrags im Sinne des § 99 Absatz 9 vergeben werden.

(3) Dieser Teil gilt nicht für die Vergabe von Aufträgen, die in einem Land außerhalb der Europäischen Union vergeben werden; zu diesen Aufträgen gehören auch zivile Beschaffungen im Rahmen des Einsatzes von Streitkräften oder von Polizeien des Bundes oder der Länder außerhalb des Gebiets der Europäischen Union, wenn der Einsatz es erfordert, dass sie mit im Einsatzgebiet ansässigen Unternehmen geschlossen werden. Zivile Beschaffungen sind Beschaffungen nicht militärischer Produkte und Bau- oder Dienstleistungen für logistische Zwecke.

(4) Dieser Teil gilt nicht für die Vergabe von Aufträgen, die besonderen Verfahrensregeln unterliegen,

1. die sich aus einem internationalen Abkommen oder einer internationalen Vereinbarung ergeben, das oder die zwischen einem oder mehreren Mitgliedstaaten und einem oder mehreren Drittstaaten, die nicht Vertragsparteien des Übereinkommens über den Europäischen Wirtschaftsraum sind, geschlossen wurde,

2. die sich aus einem internationalen Abkommen oder einer internationalen Vereinbarung im Zusammenhang mit der Stationierung von Truppen ergeben, das oder die Unternehmen eines Mitgliedstaats oder eines Drittstaates betrifft, oder

3. die für eine internationale Organisation gelten, wenn diese für ihre Zwecke Beschaffungen tätigt oder wenn ein Mitgliedstaat Aufträge nach diesen Regeln vergeben muss.

Literatur:
Siehe die Literaturangaben zu § 59, sowie *Aicher* Die Ausnahmetatbestände, in Müller-Wrede (Hrsg.), Kompendium des Vergaberechts (2008); *Ullrich*, Vergabe durch internationale Organisationen, in: Grabitz/Hilf, Das Recht der Europäischen Union, 40. Aufl. (2009), Sekundärrecht, B. 17; *Dippel* Ausnahmebestimmungen im Umfeld verteidigungs- und sicherheitsrelevanter Aufträge, in: v. Wietersheim (Hrsg.): Vergaben im Bereich Verteidigung und Sicherheit (2013), 35 ff.; *Heuninckx* Lurking

at the Boundaries: Applicability of EU Law to Defence and Security Procurement, PPLR 2010/1, 91; *Heuninckx*, Applicable Law to the Procurement of International Organisations in the European Union, PPLR 2011/4, 103 ff.; *Prieß/Hölzl*, Ausnahmen bleiben die Ausnahme! Zu den Voraussetzungen der Rüstungs-, Sicherheits- und Geheimhaltungsausnahme sowie eines Verhandlungsverfahrens ohne Vergabebekanntmachung, NZBau 2008, 563; *Scherer-Leydecker/Wagner* Die Definition verteidigungs- und sicherheitsrelevanter Aufträge nach §§ 99 Abs. 7 bis 9 und 13 GWB, in: v. Wietersheim (Hrsg.): Vergaben im Bereich Verteidigung und Sicherheit (2013), 95 ff. *Ziekow* Die Wirkung von Bereichsausnahmen vom Vergaberecht, VergabeR 2007, 711.

A. Einleitung

1 Zum Verständnis des Anwendungsbereichs der neuen Vergaberegeln für verteidigungs- und sicherheitsrelevante Aufträge lohnt ein Blick auf die Beweggründe des europäischen Gesetzgebers bei der Normgebung. Bereits im Jahre 2004 hatte die EU-Kommission in einem Grünbuch auf die Notwendigkeit des schrittweisen Aufbaus eines **transparenteren und offeneren europäischen Marktes für Verteidigungsgüter** hingewiesen. Die Verteidigungsmärkte waren national weitgehend abgeschottet. Trotz erheblicher Militärausgaben der Mitgliedstaaten wurde kaum ein Auftrag an andere als nationale Lieferanten vergeben. Die Auftragsvergabe im Militärbereich zeichnete sich traditionell durch eine **extensive Anwendung der Ausnahmeregelung** des früheren Artikels 296 EG (jetzt Art. 346 AEUV) aus. Danach vergaben die Mitgliedstaaten den weitaus größten Teil der Aufträge im Verteidigungssektor ohne Anwendung der (grundsätzlich anwendbaren) Vergaberegeln der VKR.[1]

2 Nach Auffassung der EU-Kommission widersprach diese Situation nicht nur dem Grundgedanken eines gemeinsamen Binnenmarkts, sondern überreizte auch den Anwendungsbereich des Art. 346 AEUV (ex-Art. 296 EG). Entsprechend ihrer Ankündigung im Rahmen des Berichts über die Ergebnisse der Konsultation zum Grünbuch Ende 2005[2] veröffentlichte die EU-Kommission zunächst eine Mitteilung zu Auslegungsfragen im Zusammenhang mit der Anwendung des Art. 346 AEUV (ex-Art. 296 EG).[3] Parallel trieb sie die Entwicklung einer spezifischen Richtlinie für die Beschaffung von Verteidigungsmaterial voran. Die Einführung eines spezifischen Vergaberegimes für Aufträge im Bereich Verteidigung und Sicherheit durch die Richtlinie 2009/81/EG[4] als Teil des Verteidigungspakets der EU-Kommission[5] und die nationalen Umsetzungsregelungen der Mitgliedstaaten markieren den wohl vorerst letzten Meilenstein auf dem Weg zu einem gemeinsamen Binnenmarkt im Verteidigungssektor. Das Vorgehen der EU-Kommission, die Anwendung des Art. 346 AEUV über ein **spezielles, flexibleres Vergaberegime** für sicherheits- und verteidigungsrelevante zurückzudrängen, lässt sich plastisch als Prinzip „Zuckerbrot und Peitsche" bezeichnen:[6] Die Kommission droht mit der Peitsche in Form der strengen Verfolgung einer missbräuchlichen Anwendung des Ausnahmetatbestands, offeriert jedoch zugleich das Zuckerbrot eines flexibleren Vergaberegimes.

3 Durch das Gesetz zur Änderung des Vergaberechts für die Bereiche Verteidigung und Sicherheit[7] wurde die Richtlinie 2009/81/EG in **deutsches Recht** umgesetzt. Der Anwendungsbereich des neuen Vergaberegimes für die Vergabe von verteidigungs- und sicherheitsrelevanten Aufträgen wird maßgeblich durch den in § 99 Abs. 7 GWB aufgenommenen **Begriff des verteidigungs- oder sicherheitsrelevanten Auftrags** be-

---

[1] Nach Art. 10 VKR gilt diese „vorbehaltlich des Artikels 296 des Vertrags, für die Vergabe öffentlicher Aufträge durch öffentliche Auftraggeber im Verteidigungsbereich".
[2] KOM (2005) 626 v. 6.12.2005.
[3] KOM (2006) 779 v. 7.12.2006.
[4] Richtlinie 2009/81/EG des Europäischen Parlaments und des Rates vom 13. Juli 2009.
[5] KOM (2007) 764.
[6] *Heuninckx* PPLR 2010, 91, der von einer „carrot and stick strategy" spricht.
[7] BGBl. I 2011, 2570.

stimmt. Dabei handelt es sich um keinen neuen Vertragstyp, die Definition knüpft vielmehr an die bekannten Auftragstypen des Bau-, Dienstleistungs- und Liefervertrags an.[8] Die Vorgaben zum Anwendungsbereich gehen auf Art. 1 Nr. 6, 7 und Art. 2 Richtlinie 2009/81/EU zurück. § 99 Abs. 8 und Abs. 9 definieren die in diesem Zusammenhang relevanten Begriffe **Militärausrüstung** und **Verschlusssachenauftrag**.

Bestimmte verteidigungs- und sicherheitsrelevante Aufträge unterfallen nicht dem neuen Vergaberegime. § 100 Abs. 6 GWB nimmt Auftragsvergaben, die Art. 346 AEUV unterfallen, von der Anwendung des GWB-Vergaberechts aus. § 100c GWB enthält weitere besondere Ausnahmetatbestände für Auftragsvergaben in den Bereichen Verteidigung und Sicherheit. Aufgrund des gemeinschaftsrechtlichen Hintergrunds sind die Regelungen zum Anwendungsbereich und die Ausnahmetatbestände im Lichte der Richtlinie 2009/81/EG und des Primärrechts, insbesondere Art. 346 Abs. 1 AEUV, auszulegen. 4

Das spezielle Vergaberegime für verteidigungs- und sicherheitsrelevante Aufträge gilt nur oberhalb der **EU-Schwellenwerte**. Für Lieferungen und Dienstleistungen liegen diese doppelt so hoch wie für gewöhnliche Aufträge (aktuell € 414.000);[9] für Bauaufträge gilt der gleiche Schwellenwert wie im klassischen und im Sektorenbereich (aktuell € 5,186 Mio.).[10] Unterhalb der EU-Schwellenwerte richtet sich das Vergabeverfahren nach dem Haushaltsrecht des Bundes und der Länder.[11] 5

B. Aufträge im Bereich Verteidigung

§ 99 Abs. 7 GWB umfasst verschiedene Arten von Auftragsvergaben im Bereich Verteidigung. § 99 Abs. 7 Nr. 1 GWB betrifft die Lieferung von **Militärausrüstung** einschließlich dazugehöriger Teile, Bauteile oder Bausätze. **Annexleistungen** im unmittelbaren Zusammenhang mit der Lieferung von Militärausrüstung unterliegen während des gesamten Lebenszyklus der Ausrüstung ebenfalls dem verteidigungsspezifischen Vergaberegime (§ 99 Abs. 7 Nr. 3 GWB). Dabei kommt es nicht darauf an, ob der Annexauftrag Bauleistungen, Lieferungen oder Dienstleistungen betrifft. **Bau- und Dienstleistungen** speziell für militärische Zwecke, aber ohne unmittelbaren Zusammenhang mit einem Lieferauftrag für Militärausrüstung unterfallen demgegenüber § 99 Abs. 7 Nr. 4 GWB. 6

Nach der Legaldefinition in § 99 Abs. 7 GWB liegt ein verteidigungsrelevanter Auftrag bereits dann vor, wenn der Auftragsgegenstand mindestens eine der genannten Leistungen umfasst; auf den Anteil dieser Leistungen am Gesamtauftrag kommt es nicht an. 7

I. Lieferaufträge über Militärausrüstung

Nach der Definition in § 99 Abs. 8 GWB ist Militärausrüstung jede Ausrüstung, die eigens zu **militärischen Zwecken** konzipiert oder für militärische Zwecke angepasst wird und zum Einsatz als **Waffe, Munition oder Kriegsmaterial** bestimmt ist. 8

---

[8] *Scherer-Leydecker* NZBau 2012, 533, 534.
[9] Art. 8 lit. a RL 2009/81/EG i.V.m. Art. 3 Nr. 1 VO 1251/2011 der Kommission v. 30.11.2011 (EU-ABl. Nr. L 319 v. 2.12.2011, 43). Für Deutschland siehe § 1 Abs. 2 VSVgV sowie die Bekanntmachung des BMWi vom 25.7.2012, BAnz AT 2.8.2012, B2.
[10] Art. 8 lit. b RL 2009/81/EG i.V.m. Art. 3 Nr. 2 VO 1251/2011 der Kommission v. 30.11.2011 (EU-ABl. Nr. L 319 v. 2.12.2011, 43). Für Deutschland siehe wiederum § 1 Abs. 2 VSVgV sowie die Bekanntmachung des BMWi vom 25.7.2012 (oben, Fn. 9).
[11] Begr. zu VSVgV, BR-Drs. 321/12, 34.

1. Konzeption oder Anpassung für militärische Zwecke

9   Die Voraussetzung der Konzeption oder Anpassung für militärische Zwecke im Sinne des § 99 Abs. 8 Satz 1 GWB weist eine **objektive** und eine **subjektive Komponente** auf.[12] Während die Konzeption oder Anpassung ein objektiv-physischer Umstand ist, geht es bei der militärischen Zweckbestimmung um die subjektive Verwendungsabsicht.

10 Objektiv **zu militärischen Zwecken konzipiert** im Sinne von § 99 Abs. 8 Halbsatz 1 GWB sind zunächst diejenigen Produkte, die in der vom Rat in der Entscheidung 255/58 vom 15. April 1958 angenommenen Liste[13] von Waffen, Munition und Kriegsmaterial (sog. Kriegswaffenliste) aufgeführt sind.[14]

11 Die **Kriegswaffenliste** umfasst (1.) Handfeuerwaffen, (2.) artilleristische Waffen einschließlich Nebel- Gas- und Flammenwerfer, (3.) Munition für die unter 1. und 2. genannten Waffen, (4.) Bomben, Torpedos und ferngesteuertes Kriegsgerät, (5.) Feuerleitungsmaterial für militärische Zwecke, (6.) Panzerwagen und eigens für militärische Zwecke konzipierte Fahrzeuge (7.) toxische und radioaktive Wirkstoffe, (8.) Pulver, Explosionsstoffe und flüssige oder feste Treibmittel, (9.) Kriegsschiffe und deren Sonderausrüstungen, (10.) Luftfahrzeuge und ihre Ausrüstungen zu militärischen Zwecken, (11.) Elektronenmaterial für militärische Zwecke, (12.) eigens für militärische Zwecke konstruierte Aufnahmegeräte, (13.) bestimmte sonstige Ausrüstungen und Material (Fallschirme, militärisches Material zum Überqueren von Wasserläufen und militärische Scheinwerfer), (14) Teile und Ersatzteile des in der Liste aufgeführten Materials, soweit sie militärischen Charakter haben, sowie (15.) Maschinen, Ausrüstungen und Werkzeuge, die ausschließlich für die Entwicklung, Herstellung, Prüfung und Kontrolle der in der Liste genannten Waffen, Munition und rein militärischen Geräte entwickelt wurden.

12 Nach Erwägungsgrund 10 der Richtlinie 2009/81/EG können sich die Mitgliedsstaaten bei der nationalen Umsetzung auf die vorstehende Liste beschränken. Die Bundesrepublik Deutschland hat von dieser Möglichkeit keinen Gebrauch gemacht. Für nationale Auftraggeber beschränkt sich Militärausrüstung im Sinne des § 99 Abs. 8 GWB daher nicht auf die vorstehenden Produkte. Die Liste ist schon aufgrund ihres Alters nur beschränkt zur Eingrenzung des Begriffs der Militärausrüstung geeignet. Bestimmte Arten von Militärausrüstung wie beispielsweise militärspezifische IT-Soft- und Hardware gab es zum Zeitpunkt der Erstellung der Liste schlichtweg noch nicht.[15] Die Liste ist daher als **generische Liste** zu verstehen, die unter Berücksichtigung der sich weiter entwickelnden Technologie, Beschaffungspolitik und militärische Anforderungen und der einhergehenden Entwicklung neuer Arten von Produkten weit auszulegen ist.[16] Zur weiteren Präzisierung kann beispielsweise auf die aktuellere **gemeinsame Militärgüterliste** der Europäischen Union[17] zurückgegriffen werden.[18]

13 Die teilweise[19] vorgeschlagene Heranziehung von Listen, die im Zusammenhang mit der Exportkontrolle erstellt wurden (Anhänge der Dual-Use-Verordnung[20] und die Aus-

---

[12] So im Ergebnis auch *Contag* in Dippel/Sterner/Zeiss, Praxiskommentar, § 99 GWB Rn. 27 bis 29.
[13] Abgedruckt in der Antwort des Rates vom 27.9.2001 auf eine Schriftliche Parlamentsanfrage in Amtsblatt EG Nr. C 364E vom 21.12.2001, 85 f.
[14] RL 2009/81/EG Erwägungsgrund 10.
[15] EU-Komm. Guidance Note – Field of Application, 4.
[16] RL 2009/81/EG Erwägungsgrund 10.
[17] EU-Abl. Nr. C 85 v. 22.3.2012, 1.
[18] RL 2009/81/EG Erwägungsgrund 10.
[19] *Scherer-Leydecker* NZBau 2012, 533, 536.
[20] Verordnung (EG) Nr. 428/2009 des Rats vom 5.5.2009.

fuhrliste[21]) überzeugt demgegenüber nicht. **Dual-Use-Gegenstände** wie Spezialwerkstoffe, Hochleistungsrechner oder Unterwasserfahrzeuge können zwar zu militärischen Zwecken genutzt werden, sind hierfür jedoch gerade **nicht** notwendigerweise **konzipiert**. Die bloße Möglichkeit einer militärischen Endverwendung erfüllt die Voraussetzungen des § 99 Abs. 8 GWB aber nicht.[22] Auch nach Auffassung der EU-Kommisson sind Dual-Use-Gegenstände daher grundsätzlich nicht als Militärausrüstung im Sinne der Richtlinie 2009/81/EG anzusehen.[23] Ein ursprünglich für zivile Zwecke gedachter Dual-Use-Gegenstand ist nur dann als Militärausrüstung anzusehen, wenn er infolge substanzieller Änderungen als speziell für militärische Zwecke konzipiert oder angepasst angesehen werden kann.[24]

Soweit die militärische Konzeption der Ausrüstungsgegenstände nicht bereits anhand der vorgenannten Listen festgestellt werden kann, ist deren Charakter im Einzelfall zu bestimmen. Entscheidend ist die **objektive Konzeption** der Ausrüstungsgegenstände. Relativ einfach ist die Abgrenzung bei solchen Gütern, bei denen keine sinnvolle zivile Nutzung denkbar ist. Das betrifft „harte" Rüstungsgüter wie Panzer, Marschflugkörper, Kampfflugzeuge und Minen.[25] Als Abnehmer solcher Ausrüstung kommen ausschließlich militärische Einrichtungen in Betracht; zivile Abnehmer haben dafür keine legitime Verwendung. Generalisierend lässt sich daher sagen, dass die Ausrüstung für den Einsatz durch Streitkräfte zur Erfüllung nicht ziviler Aufgaben vorgesehen sein muss.[26] Dabei macht es keinen Unterschied, ob die Ausrüstung vom Mitgliedstaat für den Einsatz durch eigene Streitkräfte beschafft wird oder für den Einsatz durch private Söldnerunternehmen, die an einer Militäroperation mitwirken.[27] An dem Umstand, dass eine zivile Nutzung dieser Gegenstände nicht denkbar ist, ändert sich hierdurch nichts.

Weitaus schwieriger kann die Abgrenzung sein, wenn eine **nachträgliche Anpassung** für militärische Zwecke im Raum steht. Auch in diesem Fall genügt es nicht, wenn neben einer zivilen auch eine militärische Verwendung möglich ist. Eine Anpassung der Ausrüstung für militärische Zwecke liegt vor, wenn das Produkt zwar ursprünglich für eine zivile Nutzung entwickelt wurde, dann jedoch durch klar erkennbare **militärisch-technische Ausstattungen ergänzt** wurde.[28] In Betracht kommt beispielsweise die Ausstattung mit Waffensystemen, Radarstörsystemen oder anderen militärspezifischen Funktionen, für die es bei einem zivilen Einsatz keinen legitimen Bedarf gibt. Die Ausstattung von Fahrzeugen mit einem Tarnanstrich indiziert keine spezifisch militärische Verwendung und genügt daher nicht.[29]

Der Einsatz des Materials durch die Streitkräfte (anstelle von Zivilpersonen) ist allerdings für sich genommen noch nicht ausreichend, um von militärischer Ausrüstung sprechen zu können. Es kommt zusätzlich darauf an, ob die Streitkräfte eine **militärische** oder eine nicht-militärische **Nutzung** beabsichtigen.[30] In Bezug auf Beschaffungen der Bundeswehr ist insoweit zu berücksichtigen, dass die Bundeswehr nach dem Grundgesetz auch zur Hilfe bei Naturkatastrophen oder besonders schweren Unglücksfällen sowie in

---

[21] Anlage AL zur Außenwirtschaftsverordnung, BAnz. 2010, Nr. 58a (Beilage) zuletzt geändert durch die 109. Verordnung zur Änderung der Ausfuhrliste am 31. 3. 2010, BAnz. S. 1351.
[22] *Contag* in Dippel/Sterner/Zeiss, Praxiskommentar, § 99 GWB Rn. 25; *Homann* in Leinemann/Kirch, § 99 GWB, Rn. 22.
[23] EU-Komm. COM (2012) 565, 5.
[24] EuGH Urt. v. 7. 6. 2012, C-615/10 – „Elektromagnetischer Drehtisch", Rn. 44.
[25] Vgl. *Prieß/Hölzl* NZBau 2008, 563, 564.
[26] *Scherer-Leydecker* NZBau 2012, 533, 535.
[27] Zweifelnd *Heunickx* PPLR 2010, 91, 99 hinsichtlich des Einsatzes durch „private military contractors".
[28] EU-Komm. Guidance Note, 5.
[29] *Homann* in Leinemann/Kirch, § 99 GWB Rn. 22.
[30] Vgl. EuGH Urt. v. 8. 4. 2008, C-337/05 – „Agusta Hubschrauber", Rn. 47.

weiteren Ausnahmesituationen eingesetzt werden kann.³¹ Anschaffungen für derartige Einsätze stellen keine Militärausrüstung im Sinne des § 99 Abs. 8 GWB dar. Militärisch ist demgegenüber Material, das zur Verteidigung der Bundesrepublik Deutschland oder im Rahmen eines Systems der kollektiven Sicherheit (Art. 87a Abs. 1 Satz 1 GG, Art. 24 Abs. 2 GG) zum Einsatz kommt; hierzu gehören insbesondere auch Auslandseinsätze der Bundeswehr im Rahmen eines UN-Mandats oder eines NATO-Einsatzes.³²

2. Bestimmung zum Einsatz als Waffe, Munition oder Kriegsmaterial

17 Nach § 99 Abs. 8 Halbsatz 2 GWB muss die Ausrüstung ferner zum Einsatz als Waffe, Munition oder Kriegsmaterial bestimmt sein. Dieses weitere Merkmal bezieht sich sowohl auf eigens zu militärischen Zwecken konzipierte Ausrüstung als auch auf für militärische Zwecke angepasste Ausrüstung.³³ Auch dieser zweite Teil der Definition des Begriffs der Militärausrüstung setzt sich aus einer **objektiven** und einer **subjektiven Komponente** zusammen. Während es für das Vorliegen der Waffen-, Munitions- oder Kriegsmaterialfunktion auf die objektiven Eigenschaften des Ausrüstungsgegenstands ankommt, muss zugleich eine subjektive Verwendungsabsicht zu militärischen Zwecken vorliegen.

18 Im Anwendungsbereich des § 99 Abs. 8 GWB ist der Begriff **Waffe im militärischen Sinne** zu verstehen. Der Waffenbegriff des WaffenG betrifft einen zivilen Umgang mit Waffen und kann im Rahmen des § 99 Abs. 8 GWB daher nicht herangezogen werden.³⁴ Möglich ist ein Rückgriff auf die Definition in § 1 Abs. 2 Kriegswaffenkontrollgesetz. Danach sind Kriegswaffen alle Gegenstände, Stoffe und Organismen, die geeignet sind, allein in Verbindung miteinander oder mit anderen Gegenständen, Stoffen oder Organismen Zerstörungen oder Schäden an Personen oder Sachen zu verursachen und als Mittel der Gewaltanwendung bei bewaffneten Auseinandersetzungen zwischen Staaten zu dienen. Die Aufnahme in die Kriegswaffenkontrollliste³⁵ begründet ein starkes Indiz für das Vorliegen einer militärischen Waffe.³⁶

19 **Munition** im Sinne des § 99 Abs. 8 GWB meint die nicht fest mit der Waffe verbundenen Teile, die die eigentliche schädigende Wirkung der Waffe herbeiführen.³⁷ Bei bestimmten Waffen kann fraglich sein, ob es sich um Munition oder einen Teil der Waffe handelt. Eine nähere Abgrenzung ist jedoch nicht erforderlich, da § 99 Abs. 7 Nr. 1 GWB ausdrücklich auch Teile einer Waffe erfasst.

20 Der Begriff des **Kriegsmaterials** im Sinne des § 99 Abs. 8 GWB umfasst solche Gegenstände, die im Kampfeinsatz oder bei der Gefechtsführung eingesetzt werden und bei denen es sich nicht bereits um Waffen und Munition handelt. Hierzu gehören beispielsweise zum Kampfeinsatz vorgesehene unbewaffnete Fahrzeuge, militärische Schutz- oder Tarnausrüstung, Gefechtsleit- und Zieleinrichtungen, Instandhaltungs-, Transport- oder Pioniergerät.³⁸

21 Um Militärausrüstung im Sinne des § 99 Abs. 8 GWB handelt es sich nur dann, wenn die **militärische Verwendung** der Ausrüstungsgegenstände feststeht. Entscheidender Zeitpunkt ist die Einleitung des Vergabeverfahrens. Ist die Nutzung für militärische Zwecke zu diesem Zeitpunkt ungewiss, unterliegt die Auftragsvergabe den allgemeinen Vergaberegeln.³⁹

---

[31] *Scherer-Leydecker* NZBau 2012, 533, 535.
[32] *Scherer-Leydecker* a.a.O.
[33] *Scherer-Leydecker* NZBau 2012, 533, 536.
[34] *Scherer-Leydecker* a.a.O.
[35] Anlage zum Kriegswaffenkontrollgesetz.
[36] *Scherer-Leydecker* NZBau 2012, 533, 536.
[37] *Scherer-Leydecker* a.a.O.
[38] *Scherer-Leydecker* a.a.O.
[39] Vgl. EuGH Urt. v. 8.4.2008, C-337/05 – „Agusta-Hubschrauber", Rn. 47

3. Annexaufträge

Nach § 99 Abs. 7 Nr. 3 GWB sind auch solche Aufträge verteidigungs- oder sicherheits- 22
relevant, die Bauleistungen, Lieferungen und Dienstleistungen **im unmittelbaren Zusammenhang mit Militärausrüstung** in allen Phasen des **Lebenszyklus** der Ausrüstung betreffen. Der Begriff der verteidigungs- oder sicherheitsrelevanten Aufträge wird damit auf sogenannte Annexaufträge erweitert.

Der Annexauftrag muss in **unmittelbarem Zusammenhang** mit Militärausrüstung 23
im Sinne des § 99 Abs. 7 Nr. 1 GWB stehen. Wann ein unmittelbarer Zusammenhang in diesem Sinne vorliegt, wird im GWB nicht definiert. Die Bezugnahme auf alle Phasen des Lebenszyklus der Ausrüstung indiziert eine **weite Auslegung.** Nach Erwägungsgrund 12 der Richtlinie 2009/81/EG umfasst der Lebenszyklus der Produkte die Forschung und Entwicklung, industrielle Entwicklung, Herstellung, Reparatur, Modernisierung, Änderung, Instandhaltung, Logistik, Schulung, Erprobung, Rücknahme und Beseitigung. Als Annexdienstleistungen kommen damit insbesondere Integrations- und Wartungsleistungen in Betracht, aber auch Studien, Bewertungen, Lagerung, Transport, Demontage und Zerstörung sowie alle weiteren Dienstleistungen.[40] Annexlieferungen können beispielsweise zusätzliche Ausrüstungsgegenstände wie spezielle Einsatzanzüge oder Helme für Kampfpiloten sein.[41] Im Baubereich können Annexleistungen beispielsweise die Errichtung von Testeinrichtungen für Militärausrüstung umfassen.[42] Der unmittelbare Zusammenhang kann aus dem Zweck oder den Bedingungen des Einsatz der Militärausrüstung abzuleiten sein.[43] Die Verbindung muss so eng sein, dass die Annexleistungen ohne den Bezug auf die Militärausrüstung keinen Sinn haben würden.[44]

II. Bau- und Dienstleistungsaufträge für militärische Zwecke

Nach § 99 Abs. 7 Nr. 4 GWB sind verteidigungs- oder sicherheitsrelevante Aufträge auch 24
Bau- und Dienstleistungen speziell für militärische Zwecke. Anders als die Annexleistungen in § 99 Abs. 7 Nr. 3 GWB müssen derartige Bau- und Dienstleistungen nicht in unmittelbarem Zusammenhang mit der Lieferung von Militärausrüstung stehen. § 99 Abs. 7 Nr. 4 GWB qualifiziert Bau- und Dienstleistungen bereits dann als verteidigungs- und sicherheitsrelevant, wenn sie für sich genommen einen **speziellen militärischen Zweck** verfolgen. Erfasst werden beispielsweise Dienstleistungsaufträge für Truppentransporte oder Bauaufträge für spezifisch militärische Einrichtungen wie beispielsweise Luftschutzbunker.[45]

C. Sicherheitsrelevante Aufträge außerhalb des Militärbereichs

Die Sonderregelungen für verteidigungs- und sicherheitsrelevante Aufträge gelten gemäß 25
§ 99 Abs. 7 GWB auch für **sicherheitsrelevante Beschaffungen aus dem zivilen Bereich**, die Militäraufträgen vergleichbar sind und als ebenso sensibel angesehen werden. Auch im Bereich der nicht-militärischen Sicherheit genügt es, dass der Auftragsgegenstand mindestens eine sicherheitsrelevante Leistung umfasst; auf den Anteil dieser Leistung am Gesamtauftrag kommt es nicht an. Im Einzelnen sind folgende Aufträge erfasst:

---

[40] RL 2009/81/EG Erwägungsgrund 12.
[41] EU-Komm. Guidance Note, 5.
[42] EU-Komm. Guidance Note, 5.
[43] EU-Komm. Guidance Note, 5.
[44] EU-Komm. Guidance Note, 5.
[45] EU-Komm. Guidance Note, 6.

I. Lieferaufträge über Ausrüstung im Rahmen eines Verschlusssachenauftrags

26 Das Vergaberegime für verteidigungs- und sicherheitsrelevante Aufträge gilt gemäß § 99 Abs. 7 Nr. 2 GWB zunächst für **Lieferaufträge** über nicht-militärische **Ausrüstung**, die im Rahmen eines **Verschlusssachenauftrags** vergeben wird. Lieferaufträge sind demnach sicherheitsrelevant, wenn sie (1.) einen Verschlusssachenauftrag darstellen (2.) Ausrüstung zum Gegenstand haben.

1. Verschlusssachenauftrag

27 Der Begriff des **Verschlusssachenauftrags** ist für den Anwendungsbereich der Vergaberegeln für verteidigungs- und sicherheitsrelevante Aufträge außerhalb des Militärbereichs von zentraler Bedeutung. § 99 Abs. 9 definiert einen Verschlusssachenauftrag als Auftrag für **Sicherheitszwecke**, bei dessen Ausführung **Verschlusssachen** verwendet werden oder der Verschlusssachen erfordert oder beinhaltet.

a) Auftrag für Sicherheitszwecke

28 Ein Verschlusssachenauftrag setzt zunächst voraus, dass es sich um einen Auftrag für **Sicherheitszwecke** handelt. Dabei geht es im Kern um den **Schutz** der EU oder ihrer Mitgliedstaaten **vor äußeren und inneren Bedrohungen.** Das ergibt sich u. a. aus dem 11. Erwägungsgrund zur Richtlinie 2009/81/EG, wonach die Vergaberegeln für verteidigungs- und sicherheitsrelevante Aufträge auch für Beschaffungen im Bereich der nicht-militärischen Sicherheit gelten sollen, die „**ähnliche Merkmale**" aufweisen wie Beschaffungen im Verteidigungsbereich und „**ebenso sensibel**" sind. Art. 2 der Richtlinie spricht dementsprechend von Aufträgen über „sensible Ausrüstung", „sensible Bauleistungen" und „sensible Dienstleistungen" als Oberbegriff für sicherheitsrelevante Aufträge.

29 Nach dem 11. Erwägungsgrund zur Richtline 2009/81/EG geht es unter anderem um Aufträge in Bereichen, in denen militärische und nicht-militärische Einsatzkräfte bei einer Mission zusammenarbeiten oder bei denen die Beschaffung dazu dient, die **Sicherheit** der EU oder eines Mitgliedstaats vor **ernsten Bedrohungen durch nicht-militärische oder nicht-staatliche Akteure** zu schützen. Das schließt Grenzschutz, Polizei und Kriseneinsätze ein.[46] Die Regeln erfassen damit eine große Brandbreite von Bereichen, Missionen und Beteiligten, zumal die Grenzen zwischen militärischer und nicht-militärischer Sicherheit zunehmend verschwimmen.[47] Beschaffungen zu Sicherheitszwecken in diesem Sinne können z. B. von Bewachungsdienstleistungen über die Beschaffung von Sicherheitstechnik bis zur Errichtung komplexer Sicherheitsstrukturen reichen.[48] Sicherheitsrelevante Aspekte können sich auch bei Auftragsvergaben in den Sektoren ergeben. Kritische Infrastruktureinrichtungen in den Bereichen Transport (Bahnhöfe) oder Energie (Kraftwerke) können in besonderem Maße terroristischen oder anderen Gefahren ausgesetzt und bedürfen daher eines entsprechenden Schutzes.[49]

30 Die Definition des Verschlusssachenauftrags in § 99 Abs. 9 GWB weicht von der des „sensiblen Auftrags" in Artikel 1 Nr. 7 der RL 2009/81/EG insofern ab, als nach der deutschen Vorschrift vorausgesetzt wird, dass der Auftrag als solcher Sicherheitszwecken dient, während nach der EU-Definition gerade die zu beschaffende Ausrüstung (bzw. Bau- oder Dienstleistung) solchen Zwecken dienen muss. Sollte es im Einzelfall zu Diskrepanzen kommen (was allenfalls in Ausnahmefällen zu erwarten ist), wäre die Definition

---

[46] RL 2009/81/EG Erwägungsgrund 11.
[47] EU-Komm. Guidance Note, 6; vgl. auch Erwägungsgrund 7 der RL 2009/81/EG.
[48] *Herrmann/Polster* NVwZ 2010, 341.
[49] EU-Komm. Guidance Note, 7.

in § 99 Abs. 9 GWB daher richtlinienkonform dahin auszulegen, dass es auf den Sicherheitszweck des Beschaffungsgegenstands und nicht des Auftrags als solchen ankommt.[50]

b) Verwendung oder Erforderlichkeit von Verschlusssachen

Ein Verschlusssachenauftrag setzt ferner voraus, dass bei der Erfüllung oder Erbringung **Verschlusssachen** im Sinne von § 4 SÜG (oder entsprechender Länderbestimmungen) verwendet werden (1. Fall), oder dass der Auftrag Verschlusssachen erfordert oder beinhaltet (2. Fall). 31

Der erste Fall betrifft die **Ausführungsphase**, d. h. es geht um Aufträge, bei denen der Auftragnehmer zur Leistungsausführung nach Vertragsschluss auf Verschlusssachen zugreifen muss (Beispiel: Durchführung von Wartungsarbeiten gemäß einem als Verschlusssache eingestuften Einsatzplan, der erst nach Vertragsschluss zur Verfügung gestellt wird). Der zweite Fall betrifft Aufträge, bei denen bereits die **Vergabe- oder Vertragsunterlagen** Verschlusssachen enthalten (Beispiel: Lieferung eines Geräts, dessen technische Beschreibung als Verschlusssache eingestuft ist). In der praktischen Anwendung überschneiden sich oftmals beide Alternativen. Denn wenn bei der Leistungsausführung auf Verschlusssachen zugegriffen werden muss, werden diese oftmals auch schon Teil der Leistungsbeschreibung oder der sonstigen Vertragsunterlagen sein, und umgekehrt.[51] 32

Was eine **Verschlusssache** ist, ergibt sich aus § 4 Abs. 2 SÜG. Danach werden Verschlusssachen entsprechend ihrer Schutzbedürftigkeit in vier Kategorien eingestuft. Nach § 4 SÜG Abs. 2 ist eine Verschlusssache 33
– STRENG GEHEIM, wenn die Kenntnisnahme durch Unbefugte den Bestand oder lebenswichtige Interessen der Bundesrepublik Deutschland oder eines ihrer Länder gefährden kann;
– GEHEIM, wenn die Kenntnisnahme durch Unbefugte die Sicherheit der Bundesrepublik Deutschland oder eines ihrer Länder gefährden oder ihren Interessen schweren Schaden zufügen kann;
– VS-VERTRAULICH, wenn die Kenntnisnahme durch Unbefugte für die Interessen der Bundesrepublik Deutschland oder eines ihrer Länder schädlich sein kann;
– VS-NUR FÜR DEN DIENSTGEBRAUCH (VS-NfD), wenn die Kenntnisnahme durch Unbefugte für die Interessen der Bundesrepublik Deutschland oder eines ihrer Länder nachteilig sein kann.

§ 99 Abs. 9 Nr. 1 GWB differenziert nicht nach dem Grad der Geheimhaltungsbedürftigkeit. Nach dem **Wortlaut** der Definition sind somit **auch Aufträge** umfasst, bei denen lediglich Verschlusssachen der **Stufe VS-NfD** zum Einsatz kommen. Auch die Vorschriften zur Informationssicherheit bei Verschlusssachenaufträgen in § 7 VSVgV beruhen auf dieser Prämisse.[52] 34

Ob der Einsatz von Verschlusssachen der Stufe VS-NfD für die Anwendung der speziellen Vergaberegeln für verteidigungs- und sicherheitsrelevante Aufträge ausreicht, ist allerdings **zweifelhaft**. Denn die EU-Definition der Verschlusssache in Art. 1 Nr. 8 der Richtline 2009/81/EG setzt voraus, dass die Zuweisung des Geheimhaltungsgrads bzw. die Anerkennung der **Schutzbedürftigkeit** gerade **im Interesse der nationalen Sicherheit** liegt.[53] Das ist bei Verschlusssachen der Stufe VS-NfD nicht unbedingt der Fall; für diese Einstufung genügt es, dass die unbefugte Kenntnisnahme für die „Interessen" des Bundes oder der Länder nachteilig sein kann, was Sicherheitsinteressen nicht notwendigerweise berührt. Artikel 99 Abs. 9 GWB ist daher richtlinienkonform so auszulegen, dass 35

---

[50] Scherer-Leydecker/Wagner in v. Wietersheim, 95, 105.
[51] Vgl. Scherer-Leydecker NZBau 2012, 533, 538.
[52] Siehe § 7 Abs. 2, 3 und 4 VSVgV.
[53] Scherer-Leydecker NZBau 2012, 533, 538, unter Verweis auf die englische Sprachfassung der Verschlusssachen-Definition in Art. 1 Nr. 8 der RL 2009/81/EG; Scherer-Leydecker/Wagner in v. Wietersheim, 95, 107 f.

Aufträge, bei denen lediglich Verschlusssachen der Stufe VS-NfD zu Einsatz kommen, nur erfasst sind, wenn die Einstufung gerade dem Schutz staatlicher Sicherheitsinteressen im o.g. Sinne dient. Anderenfalls unterliegt der Auftrag den allgemeinen Vergaberegeln.

2. Lieferung von Ausrüstung

36   Verschlusssachenaufträge über Lieferungen sind nur dann verteidigungs- und sicherheitsrelevant im Sinne von § 99 Abs. 7 Nr. 2 GWB, wenn sie die Lieferung von **Ausrüstung** betreffen. Es sind also nicht Lieferungen aller Art umfasst, sondern nur solche, die „Ausrüstung" im Sinne der Vorschrift zum Gegenstand haben.

37   Der **Begriff der Ausrüstung** ist weder in der Richtlinie noch im GWB definiert. Ein Anhaltspunkt für die Auslegung ergibt sich jedoch aus dem 11. Erwägungsgrund der Richtlinie 2009/81/EG, wonach die speziellen Vergaberegeln im Bereich der nicht-militärischen Sicherheit für Aufträge gelten sollen, die „ähnliche Merkmale" aufweisen wie Beschaffungen im Militärbereich. Das deutet darauf hin, dass **ähnliche Gegenstände** erfasst sein sollen wie bei der Lieferung von Militärausrüstung, mit dem Unterschied, dass die Liefergegenstände nicht für eine militärische, sondern die zivile Nutzung konzipiert und/oder nicht zum Einsatz als Kriegsmaterial vorgesehen sind. Das bedeutet, dass es sich nicht unbedingt um „Waren" im klassischen Sinne (d.h. körperliche Gegenstände) handeln muss,[54] vielmehr können z.B. auch sicherheitsrelevante IT-Systeme erfasst sein.

38   Im Übrigen ist auf den allgemeinen Sprachgebrauch abzustellen, wonach unter „Ausrüstung" die Gesamtheit der Gegenstände verstanden wird, mit denen jemand oder etwas **für einen bestimmten Zweck ausgestattet** ist.[55] Maßgeblich ist demnach, dass der Liefergegenstand für den Nutzer eine bestimmte Funktion zur Unterstützung oder Förderung eines vorgegebenen Ziels erfüllt.[56] Das steht mit der im 11. Erwägungsgrund der Richtlinie 2009/81/EG angelegten Parallele zum Begriff der Militärausrüstung im Einklang. Der Begriff dürfte daher weit zu verstehen sein und jedenfalls alle Liefergegenstände umfassen, die im Fall einer Konzeption für militärische Zwecke und eines Einsatzes als Kriegsmaterial als Militärausrüstung anzusehen wären. Im Ergebnis verbleiben damit nur wenige Gegenstände, die Gegenstand eines Verschlusssachenauftrags sein können und *nicht* als Ausstattung anzusehen sind.[57]

3. Annexaufträge

39   § 99 Abs. 7 Nr. 3 GWB erfasst ferner Bauleistungen, Lieferungen und Dienstleistungen im unmittelbaren Zusammenhang mit der Lieferung von Ausrüstung im Rahmen eines Verschlusssachenauftrags. Die Vorschrift betrifft Annexleistungen zu Lieferaufträgen, die unter die Vorschriften fallen. Für die Voraussetzung des unmittelbaren Zusammenhangs mit den Lieferungen gelten die Ausführungen zu Annexaufträgen zu Lieferungen von militärischer Ausrüstung entsprechend.[58]

II. Bau- und Dienstleistungsaufträge im Rahmen eines Verschlusssachenauftrags

40   Sicherheitsrelevante Aufträge sind nach § 99 Abs. 7 Nr. 4 GWB auch Aufträge über Bau- und Dienstleistungen, die im Rahmen eines Verschlusssachenauftrag vergeben werden. Maßgeblich ist auch hier, ob der jeweilige Bau oder Dienstleistungsauftrag als Verschluss-

---

[54] *Scherer-Leydecker/Wagner* in v. Wietersheim, 95, 100 f.
[55] So die Definition des Duden Wörterbuchs (online unter www.duden.de)
[56] *Scherer-Leydecker/Wagner* in v. Wietersheim, 95, 100 f.
[57] Fraglich könnte z.B. die Einordnung eines Auftrags über die Herstellung von Reisepässen oder anderen amtlichen Personaldokumenten sein (soweit der Auftrag mit Blick auf die Sicherheitsmerkmale als Verschlusssachenauftrag vergeben wird).
[58] Siehe oben, Rn. 23.

D. Gemischte Aufträge

§ 99 Abs. 13 GWB regelt den Umgang mit sog. gemischten Aufträgen. Das sind Aufträ- 41
ge, die **nur zum Teil** verteidigungs- oder sicherheitsrelevante Inhalte aufweisen oder
überhaupt nicht dem Anwendungsbereich des GWB unterliegen. Die Regelung dient
der Umsetzung von Art. 3 der Richtlinie 2009/81/EG.

Aufgrund der besonderen Sensibilität verteidigungs- und sicherheitsrelevanter Aufträge 42
wird das anwendbare Vergaberegime – anders als nach der Grundregel des § 99 Abs. 11
GWB – **nicht nach dem Hauptgegenstand** des Auftrags bestimmt.[60] Stattdessen findet
jeweils **das weniger strenge Vergaberechtsregime** Anwendung, wenn objektive
Gründe die Beschaffung in Form eines einheitlichen Auftrags rechtfertigen. Hierdurch
wird dem Auftraggeber ermöglicht, Aufträge auch dann nach den Bestimmungen für verteidigungs-
und sicherheitsrelevante Aufträge zu vergeben, wenn dieser Auftragsgegenstand
nur den kleineren Teil des Auftrags ausmacht.[61] Das steht im Einklang mit der Legaldefinition
in § 99 Abs. 7 GWB, wonach ein verteidigungs- und sicherheitsrelevanter
Auftrag bereits dann vorliegt, wenn er mindestens eine der in Nr. 1 bis 4 der Vorschrift
genannten Leistungen umfasst, unabhängig vom Anteil dieser Leistungen am Gesamtumfang
des Auftrags.

§ 99 Abs. 13 Satz 1 GWB regelt den Fall, dass nur ein Teil des Auftrags verteidigungs- 43
oder sicherheitsrelevant ist, während der übrige Auftragsteil dem Anwendungsbereich der
VKR oder der SKR unterfällt. In diesem Fall wird der Auftrag **einheitlich** gemäß den
Bestimmungen für verteidigungs- und sicherheitsrelevante Aufträge vergeben, sofern
die Beschaffung in Form eines einheitlichen Auftrags aus objektiven Gründen gerechtfertigt
ist. Objektive Gründe in diesem Sinne sind bspw. technische oder wirtschaftliche
Gründe, die auch aus Sicht eines unbeteiligten Dritten eine einheitliche Auftragsvergabe
erfordern.[62] Der wirtschaftliche Mehraufwand, der mit einer Ausschreibung
mehrerer Aufträge zwangsläufig einhergeht, stellt keine ausreichende Rechtfertigung dar.
Liegt kein objektiver Grund für eine einheitliche Vergabe vor, müssen die die einzelnen
Auftragsteile nach dem jeweils anwendbaren Vergaberegime separat vergeben werden.

§ 99 Abs. 13 Satz 2 GWB erfasst Fälle, in denen ein Teil der zu vergebenden Leistungen 44
verteidigungs- oder sicherheitsrelevant ist, während der Auftrag im Übrigen weder
VSVgV, VgV oder SektVO unterliegt. Dieser Anwendungsfall umfasst insbesondere Fälle,
in denen Auftragsteile so sensibel sind, dass sie nach Art. 346 Abs. 1 AEUV vom europäischen
Vergaberecht ausgenommen sind.[63] Sofern die Beschaffung in Form eines einheitlichen
Auftrags aus objektiven Gründen gerechtfertigt ist, unterfällt dieser dann **insgesamt
nicht dem Anwendungsbereich** des GWB Vergaberechts. Liegt kein objektiver Grund
in diesem Sinne vor, darf nur der hochsensible Teil unter Anwendung des Art. 346
AEUV außerhalb des GWB-Vergaberechts vergeben werden.

Das Vorliegen objektiver Gründe zur Rechtfertigung einer einheitlichen Auftragsverga- 45
be ist durch die Nachprüfungsinstanzen vollständig überprüfbar.

---

[59] Siehe oben, Rn. 27 ff.
[60] BT-Drucksache 17/7275, S. 14.
[61] BT-Drucksache 17/7275, S. 14.
[62] Vgl. *Contag* in Dippel/Sterner/Zeiss, Praxiskommentar, § 99 GWB Rn. 60, die einen Rückgriff auf die Regelungen für ein Absehen vom Grundsatz der Losteilung in § 97 Abs. 3 GWB vorschlägt.
[63] BT-Drucksache 17/7275, S. 14.

E. Bereichsausnahmen

46 Durch das Gesetz zur Änderung des Vergaberechts für die Bereiche Verteidigung und Sicherheit[64] wurden auch die **Ausnahmetatbestände** des GWB-Vergaberechts neu strukturiert. Der vormalige § 100 Abs. 2 GWB wurde in den § 100 bis 100c GWB größtenteils neu gefasst. Dabei regelt § 100 GWB die allgemeinen Ausnahmetatbestände, einschließlich solcher, die *auch* für verteidigungs- und sicherheitsrelevante Aufträge gelten; besonders relevant ist dabei **§ 100 Abs. 6 GWB**. **§ 100c GWB** enthält dagegen Ausnahmetatbestände, die speziell für verteidigungs- und sicherheitsrelevante Aufträge betreffen. Daneben enthält **§ 100 Abs. 8 GWB** eine Reihe von Ausnahmetatbeständen, die u. a. militärische und nicht-militärische Sicherheitsaspekte sowie Aufträge aufgrund internationaler Abkommen zur Truppenstationierung oder Kooperationsvereinbarungen betreffen. Da § 100 Abs. 8 GWB allerdings nur für Aufträge gilt, die *nicht* verteidigungs- oder sicherheitsrelevant im Sinne von § 99 Abs. 7 GWB sind, ist die weitere Bedeutung dieser Vorschriften im Militär- und Sicherheitsbereich fraglich.

47 Die Ausnahmetatbestände sind durchweg **eng auszulegen**. Artikel 11 RL 2009/81/EG unterstreicht diesen Grundsatz und stellt deklaratorisch fest, dass die Ausnahmetatbestände nicht zur Umgehung der Bestimmungen der Richtlinie angewandt werden dürfen. Die EU-Kommission hat bereits angekündigt, die Anwendung der Ausnahmetatbestände durch die Mitgliedstaaten genauestens zu verfolgen.[65]

I. Nationale Sicherheitsinteressen gemäß Art. 346 Abs. 1 lit. b AEUV

48 § 100 Abs. 6 GWB enthält eine Ausnahme vom GWB-Vergaberecht für Aufträge, die nach **Art. 346 AEUV** von der Anwendung der EU-Vergaberegeln (einschließlich derjenigen der RL 2009/81/EG) ausgenommen sind. Auf EU-rechtlicher Ebene ergibt sich eine entsprechende Ausnahme aus dem Vorbehalt in Artikel 2 sowie Artikel 13 lit. a der RL 2009/81/EG. Diese Richtlinienbestimmungen sind nur deklaratorisch, weil Artikel 346 AEUV als Primärrecht in jedem Fall Vorrang vor der Richtlinie genießt. Im deutschen Recht bedurfte es dagegen einer Umsetzung, da die EU-rechtliche Ausnahme aus Artikel 346 AEUV nicht automatisch auch zu einer Freistellung auf der Ebene des nationalen Rechts führt.

1. § 100 Abs. 6 Nr. 1 GWB

49 § 100 Abs. 6 Nr. 1 GWB nimmt Aufträge vom Anwendungsbereich des GWB Vergaberechts aus, bei denen die Anwendung der Vergaberegeln den Auftraggeber dazu zwingen würde, in Zusammenhang mit dem Vergabeverfahren oder der Auftragsausführung **Auskünfte** zu erteilen, deren **Preisgabe** seiner Ansicht nach **wesentlichen Sicherheitsinteressen** der Bundesrepublik Deutschland im Sinne des Art. 346 Abs. 1 lit. a AEUV **widerspricht.** Diese vormals in § 100 Abs. 2 lit. d dd GWB a.F. geregelte Ausnahme entspricht Art. 13 lit. a RL 2009/81/EG.[66] Die Ausnahmevorschrift hat in der Judikatur erst wenig Relevanz erlangt.[67]

50 Nach der Formulierung („seiner Ansicht nach") kommt dem Auftraggeber bei der Entscheidung, ob ein Vergabeverfahren zu einer nicht tolerierbaren Preisgabe sensibler Infor-

---

[64] BGBl. I 2011, 2570.
[65] EU-Komm. COM (2012) 565, 7.
[66] BT-Drucksache 17/7275, 15.
[67] So *Calliess/Ruffert* in EU-V/AEUV Art. 346 Rn. 5, wonach die Bestimmung bislang allein für die Verweigerung von Auskünften über nicht erhobene Zölle für die Einfuhr von Rüstungsgütern (erfolglos) von Mitgliedstaaten in Anspruch genommen wurde.

mationen führen würde, ein **Beurteilungsspielraum** zu.[68] Allerdings ist die Einhaltung der Grenzen dieses Spielraums gerichtlich überprüfbar. Der Auftraggeber muss die Gründe, aus denen er ein Vergabeverfahren für undurchführbar hält, dokumentieren; dabei ist auch darzulegen, aus welchen Gründen die Geheimschutzinteressen nicht im Rahmen eines Vergabeverfahrens nach den Vorschriften für verteidigungs- und sicherheitsrelevante Aufträge – insbesondere unter Berücksichtigung der Regelungen zur Informationssicherheit in § 7 VSVgV – wirksam geschützt werden können. Der Verzicht auf ein Vergabeverfahren kann damit nur ultima ratio sein, was durch die Dokumentation belegt sein muss.[69]

§ 100 Abs. 7 GWB zählt **Beispielfälle** auf, in denen eine Nichtanwendung der Vergabevorschriften wegen wesentlicher Sicherheitsinteressen der Bundesrepublik Deutschland gerechtfertigt sein kann. Genannt werden der Betrieb oder Einsatz der Streitkräfte, die Umsetzung von Maßnahmen der Terrorismusbekämpfung und die Beschaffung von Informationstechnik oder Telekommunikationsanlagen. Die Aufzählung ist nicht abschließend.[70] Sie benennt allerdings nur Bereiche, in denen die Anwendung der Ausnahmen gerechtfertigt sein kann, gibt aber keinen näheren Aufschluss zum Beurteilungsmaßstab, ob die Nichtanwendung der Vergabevorschriften im Einzelfall gerechtfertigt ist. 51

2. § 100 Abs. 6 Nr. 2 GWB

Von besonderer Bedeutung ist der Ausnahmetatbestand des § 100 Abs. 6 Nr. 2 GWB. Danach sind Aufträge vom Anwendungsbereich des GWB Vergaberechts ausgenommen, die **Art. 346 Abs. 1 lit. b AEUV** unterfallen. Nach dieser Bestimmung kann jeder Mitgliedstaat die Maßnahmen eingreifen, die seines Erachtens für die Wahrung seiner **wesentlichen Sicherheitsinteressen** erforderlich sind, soweit sie die **Erzeugung von Waffen, Munition und Gefechtsmaterial** oder den **Handel** damit betreffen; diese Maßnahmen dürfen auf dem Binnenmarkt die Wettbewerbsbedingungen hinsichtlich der nicht eigens für militärische Zwecke bestimmten Waren nicht beeinträchtigen. 52

a) Erzeugung und Handel mit Kriegsgütern

Die Vorschrift betrifft nur die Erzeugung von Waffen, Munition und Gefechtsmaterial oder den Handel damit. Was darunter zu verstehen ist, ergibt sich aus der sog. **Kriegswaffenliste** von 1958.[71] Wie erwähnt, ist diese Liste bereits recht alt, so dass teilweise bezweifelt wird, ob sie heute noch den aktuellen Stand wiedergibt.[72] Soweit es allerdings um die Abgrenzung des Ausnahmebereichs nach Art. 346 AEUV geht, dürfte eine erweiternde Interpretation unter Berufung auf den technischen Fortschritt mit Blick auf den Grundsatz der engen Auslegung von Ausnahmeregelungen unzulässig sein.[73] Soweit das Bundesverteidigungsministerium die Liste im Jahr 1978 um eine auf den technischen Fortschritt gestützte Interpretation ergänzt hat, handelt es sich – wie die VK Bund zutreffend entschieden hat – um eine bloße Verwaltungsanweisung, die im Außenverhältnis nicht bindend ist.[74] Einigkeit besteht allerdings darin, dass nicht nur die Erzeugung und der Handel mit Kriegsgütern erfasst sind, sondern nach Sinn und Zweck auch Wartungs- und Instandhaltungsarbeiten an den Gütern.[75] 53

---

[68] *Dippel* in v. Wietersheim, 35, 39, unter Verweis auf *Hölzl* in MüKo zum Europäischen und Deutschen Wettbewerbsrecht, § 100 Rn. 20.
[69] *Dippel* in v. Wietersheim, 35, 39 f.
[70] BT-Drucksache 17/7275, 15
[71] Siehe oben, Text bei Fn. 12.
[72] So z. B. von *Prieß* Handbuch des europäischen Vergaberechts, 315.
[73] So im Ergebnis auch *Dippel* in v. Wietersheim, 35, 41.
[74] VK Bund, Beschluss v. 28.2.2000, VK 1–21/00; ebenso *Dippel* in v. Wietersheim, 35, 40.
[75] *Boesen* Vergaberecht, 100 GWB Rn. 60; *Dippel* in v. Wietersheim, 35, 41.

b) Vorrang nationaler Sicherheitsinteressen

54 In der Frage, unter welchen Umständen nationale **Sicherheitsinteressen** im Sinne von Art. 346 Abs. 1 lit. b AEUV die Nichtanwendung des Vergaberechts **rechtfertigen**, hat der Europäische Gerichtshof schon in seiner bisherigen Rechtsprechung einen **strengen Maßstab** angelegt.[76] Das gilt unbeschadet des Umstands, dass der Wortlaut der Vorschrift („seines Erachtens") den Mitgliedstaaten bei der Festlegung, welche Maßnahmen zur Wahrung ihrer Sicherheitsinteressen erforderlich sind, einen relativ weiten Spielraum einzuräumen scheint. Nach der Rechtsprechung des EuGH muss ein Mitgliedstaat, der die Ausnahme in Anspruch nehmen möchte, das Vorliegen der Voraussetzungen des Ausnahmetatbestands **nachweisen**.[77] Dabei muss er konkret nachweisen, dass die Nicht-Anwendung der Vorgaben der Europäischen Vergaberichtlinien für die Wahrung seiner wesentlichen Sicherheitsinteressen seines Erachtens erforderlich ist.

55 Dabei steht den Mitgliedstaaten zwar eine **Einschätzungsprärogative** zu.[78] Diese wird durch die neuen Vergabevorschriften für verteidigungs- und sicherheitsrelevante Aufträge allerdings faktisch eingeschränkt. Zwar können die Regelungen der Richtlinie 2009/81/EG die Vorgaben des Art. 346 AEUV schon aus Gründen der Normhierarchie nicht unmittelbar beschränken. Erwägungsgrund 16 RL 2009/81/EG weist dementsprechend darauf hin, dass keine Bestimmung der Richtlinie dem Erlass oder der Durchsetzung von Maßnahmen entgegensteht, die sich zur Wahrung von Interessen als notwendig erweisen, die aufgrund der Bestimmungen des AEUV als legitim anerkannt sind. Im Rahmen der **Erforderlichkeitsprüfung** hat der Mitgliedstaat bzw. Auftraggeber jedoch nunmehr zu berücksichtigen, dass die Richtlinie 2009/81/EG ein **Vergaberechtsregime** bietet, dass auf die **speziellen Bedürfnisse und Anforderungen von Beschaffungen im Verteidigungs- und Sicherheitsbereich ausgerichtet** ist[79] und damit eine Wahrung der legitimen Sicherheitsinteressen der Mitgliedstaaten im Rahmen eines Vergabeverfahrens eher ermöglicht. Die Vorgaben der Richtlinie 2009/81/EG wirken auf diese Weise auf den Anwendungsbereich des Art. 346 AEUV zurück. Die Anwendung des Art. 346 AEUV setzt nunmehr voraus, dass **selbst die spezifischen Vergaberegeln der Richtlinie 2009/81/EG** bzw. deren nationale Umsetzung in den Bestimmungen der VSVgV **nicht ausreichen** um den wesentlichen Sicherheitsinteressen des Auftraggebers gerecht zu werden.[80] Eine rechtmäßige Anwendung des Ausnahmetatbestands aus Art. 346 AEUV ist damit nur noch in deutlich weniger Ausnahmefällen möglich.

II. Aufträge über Finanzdienstleistungen

56 § 100c Abs. 2 Nr. 1 GWB stellt die Vergabe sicherheits- und verteidigungsrelevanter Aufträge über **Finanzdienstleistungen** (mit Ausnahme von Versicherungsleistungen) vom Anwendungsbereich des GWB frei. Die Regelung setzt Art. 13 lit. h RL 2009/81/EG um. Sie ähnelt § 100a Abs. 2 Nr. 2 GWB, ist aber hinsichtlich der erfassten Leistungen **weiter formuliert**. Typischerweise geht es um die Finanzierung größerer Beschaffungen im Verteidigungs- und Sicherheitsbereich. Der Ausnahmetatbestand beruht auf der Erwägung, dass Aufträge über Finanzdienstleistungen zu Bedingungen erteilt werden, die nicht mit der Anwendung von Vergabevorschriften vereinbar sind.[81] Finanzmarktbezogene

---

[76] EuGH Urt. v. 4.3.2010, C-38/06 – Kommission/Portugal, Rn. 63; EuGH Urt. v. 15.12.2009, C-372/05 – Kommission/Deutschland, Rn. 70; EuGH Urt. v. 15.12.2009, C-409/05 – Kommission/Griechenland, Rn. 51; EuGH Urt. v. 16.9.1997, C-3414/97 – Kommission/Spanien, Rn. 21.
[77] EuGH Urt. v. 8.4.2008, C-237/05 – „Agusta-Hubschrauber", Rn. 44.
[78] *Roth/Lamm* NZBau 2012, 609, 611; *Wegener* in Calliess/Ruffert, AEUV Art. 346 Rn. 3.
[79] EU-Komm. Guidance Note, 2.
[80] Vgl. EU-Komm. Guidance Note, 2; RL 2009/81/EG Erwägungsgrund 16.
[81] RL 2009/81/EG Erwägungsgrund 33.

Dienstleistungen werden meist auf Grundlage rasch wechselnder Konditionen und Kurse beauftragt, die eine Vergabe im Wege eines förmlichen Vergabeverfahrens ausschließen.[82]

III. Aufträge für nachrichtendienstliche Tätigkeiten

Nach § 100c Abs. 2 Nr. 2 GWB unterliegen verteidigungs- und sicherheitsrelevante Aufträge, die zum Zweck **nachrichtendienstlicher Tätigkeiten** vergeben werden, nicht dem GWB Vergaberecht. Die Regelung setzt Art. 13 lit. b RL 2009/81/EG um. Beschaffungen im Zusammenhang mit nachrichtendienstlichen Tätigkeiten sind in der Regel so sensibel, dass selbst die Anwendung des flexibleren Vergaberegimes für Verteidigungs- und sicherheitsrelevante Aufträge unangebracht ist.[83] Typische Anwendungsfälle sind die Vergabe von Aufträgen **durch die Nachrichtendienste** selbst sowie die Vergabe von Aufträgen **an Nachrichtendienste** über spezifische nachrichtendienstliche Liefer- oder Dienstleistungen (wie beispielsweise die IT-technische Sicherung regierungseigener IT-Netzwerke).[84] Die beiden Möglichkeiten der Anknüpfung beruhen darauf, dass nicht alle Beschaffungen der Nachrichtendienste so sensibel sind, dass die gemeinschaftsrechtlichen Vergaberegeln keine Anwendung finden können,[85] andererseits aber auch Aufträge von anderen Auftraggebern als den Nachrichtendiensten nachrichtendienstlichen Zwecken (einschließlich der Abwehr solcher Tätigkeiten) dienen können. Die Definition, was unter „nachrichtendienstlichen Zwecken" in diesem Sinne zu verstehen ist, obliegt nach Erwägungsgrund 27 der RL 2009/81/EG den Mitgliedstaaten.

57

IV. Aufträge im Rahmen von Kooperationsprogrammen

§ 100c Abs. 2 Nr. 3 GWB enthält eine Ausnahme für verteidigungs- und sicherheitsrelevante Aufträge, die im Rahmen eines **Kooperationsprogramms** vergeben werden, das auf **Forschung und Entwicklung** beruht und mit mindestens einem anderen EU-Mitgliedstaat zur Entwicklung eines neuen Produkts und ggf. spätere Lebenszyklusphasen dieses Produkts durchgeführt wird. Der Ausnahmetatbestand beruht auf Art. 13 lit. c RL 2009/81/EG.

58

Die Entwicklung neuer Militärtechnologien und Waffensysteme ist technisch aufwendig und häufig mit hohen Kosten verbunden. Neue Verteidigungsausrüstung wird daher oftmals im Rahmen von Kooperationsprogrammen von mehreren Mitgliedstaaten gemeinsam entwickelt. Diese Programme werden teilweise von internationalen Organisationen, insbesondere der gemeinsamen Organisation für Rüstungskooperation (OCCAR) und der NATO oder von Gemeinschaftseinrichtungen wie der Europäischen Verteidigungsagentur (EDA) verwaltet, die die Aufträge unter den Mitgliedstaaten vergeben.[86] Diese Aufträge sollen nicht dem Anwendungsbereich der Richtlinie 2009/81/EG unterfallen. Gleiches gilt für Kooperationsprogramme, bei denen die Aufträge von den Auftraggebern eines Mitgliedstaats auch im Namen anderer Mitgliedstaats vergeben werden.[87] Der Gemeinschaftsgesetzgeber misst der Förderung von Forschung und Entwicklung zentrale Bedeutung für die Stärkung der europäischen Rüstungsindustrie zu; daher soll in diesem Bereich ein Maximum von Flexibilität bei der Vergabe von Lieferaufträgen zu Forschungszwecken und Forschungsaufträgen gewahrt bleiben.[88] Die Kommission betont

59

---
[82] *Byok* NVwZ 2012, Fn. 28.
[83] RL 2009/81/EG Erwägungsgrund 27.
[84] EU-Komm. Guidance Note, 5.
[85] EU-Komm. Guidance Note, 6.
[86] RL 2009/81/EG Erwägungsgrund 28.
[87] RL 2009/81/EG Erwägungsgrund 28.
[88] RL 2009/81/EG Erwägungsgrund 55.

in diesem Zusammenhang auch die besondere Bedeutung der Zusammenarbeit zwischen den Mitgliedstaaten für die Realiserung einer European Defence Technological and Industrial Base (EDTIB).[89]

60 Der Begriff der **Forschung und Entwicklung** umfasst Grundlagenforschung, angewandte Forschung und experimentelle Entwicklung, einschließlich der Herstellung von Demonstrationssystemen.[90] Die Herstellung von der Produktion vorausgehenden Prototypen, Werkzeugen und Fertigungstechnik, Industriedesign oder die Herstellung als solche unterfallen zwar nicht dem Begriff der Forschung und Entwicklung.[91] § 100c Abs. 2 Nr. 3 GWB stellt jedoch – im Einklang mit Art. 13 lit. c RL 2009/81/EG – auch Aufträge frei, die sich auf spätere Produktphasen beziehen, sofern sich das Kooperationsabkommen über die Forschung und Entwicklung hinaus auch auf diese Phasen bezieht und der Auftrag im Rahmen des Programms vergeben wird.[92] Damit ist es möglich, **auch die Herstellung** des im Zuge des Programms entwickelten Produkts sowie die **Instandhaltung** und **Ersatzteileversorgung** (z. B. im Rahmen eines Vertrags über die technisch-logistische Betreuung) ausschreibungsfrei zu vergeben.[93]

61 Das Kooperationsprogramm muss auf die Entwicklung eines **neuen Produkts** gerichtet sein. Die Beschaffung bereits fertig entwickelter Produkte fällt auch dann nicht unter den Ausnahmetatbestand, wenn technische Anpassungen zur Anpassung an den konkreten Verwendungszweck erforderlich sind.[94]

62 Der Begriff des Kooperationsprogramms setzt ein **kooperatives Element** im Sinne eins **Teilens** der technischen und finanziellen **Risiken und Möglichkeiten** und eine Beteiligung der Kooperationspartner bei der Projektführung und den Entscheidungsprozessen innerhalb des Kooperationsprogramms voraus.[95] Zur Anwendung des Ausnahmetatbestands genügt es daher nicht, wenn sich die Beteiligung eines der „Kooperationspartner" auf die Abnahme des fertig entwickelten Produkts beschränkt.

63 Die Vorschrift setzt die Beteiligung von **mindestens zwei EU-Mitgliedstaaten** an dem Programm voraus. Eine zusätzliche Beteiligung von **Drittstaaten** ist unschädlich.[96] Der Abschluss von Kooperationsprogrammen, an dem nur EU-Mitgliedstaaten beteiligt sind, muss gem. Art. 13 lit. c Richtlinie 2009/18/EG der EU-Kommission mitgeteilt werden. Dabei müssen der Anteil der Forschungs- und Entwicklungsausgaben an den Gesamtkosten des Programms, die Vereinbarung über die Kostenteilung und ggf. der geplante Anteil der Beschaffungen je Mitgliedstaat **mitgeteilt** werden. Sind Drittstaaten an dem Programm beteiligt, ist eine Mitteilung nicht erforderlich.[97] Anhand der Informationen prüft die Kommission, ob das Kooperationsprogramm tatsächlich auf die Entwicklung ei-

---

[89] EU-Komm. Guidance Note, 6.
[90] Art. 1 Nr. 27 RL 2009/81/EG.
[91] RL 2009/81/EG Erwägungsgrund 13.
[92] EU-Komm. Guidance Note, 6.
[93] *Dippel* in Sterner/Dippel/Zeiss, Praxiskommentar, § 100c Rn. 11. Das steht in gewissem Widerspruch zum 55. Erwägungsgrund der RL 2009/81/EG, dem zufolge der Auftraggeber sich bei der Vergabe von Leistungen, die der eigentlichen Forschungs- und Entwicklungstätigkeit nachfolgen, grundsätzlich nicht auf die Ausnahme berufen können soll. Eine gesonderte Ausschreibung der späteren Phasen soll nur entfallen, wenn bereits der Auftrag für die Forschungstätigkeit eine Option für diese Phasen einschließt und im Wege eines nichtoffenen Verfahrens, eines Verhandlungsverfahrens mit Bekanntmachung oder ggf. eines wettbewerblichen Dialogs vergeben wurde. Diese Erwägungen haben in Artikel 13 lit. c der Richtlinie jedoch keinen Niederschlag gefunden.
[94] EU-Komm. Guidance Note 6, die in diesem Zusammenhang auf die Regelung in Art. 10 RL 2009/81/EG zur Vergabe von Rahmenvereinbarungen durch zentrale Beschaffungsstellen verweist.
[95] EU-Komm. Guidance Note, 6.
[96] EU-Komm. Guidance Note, 7. A.A. offenbar *Heuninckx* PPLR 2010/1, 91, 111; diese Ansicht ist nicht überzeugend, weil die Beschränkung der Mitteilungspflicht nach Art. 13 lit. c Satz 2 RL 2009/81/EG auf Programme, an denen ausschließlich EU-Staaten beteiligt sind, keinen Sinn ergeben würde.
[97] EU-Komm. Guidance Note, 7.

nes neuen Produkts gerichtet ist und es sich um eine echte Kooperation zwischen Mitgliedstaaten (und nicht eine bloß symbolische Beteiligung eines Mitgliedsstaats an einem rein nationalen Entwicklungsprogramm) handelt.[98] Bei der Prüfung berücksichtigt sie die unterschiedlichen Verteidigungsetats sowie das Ausmaß der Kooperationsbeiträge der Mitgliedstaaten. Eine nachträgliche Beteiligung eines Mitgliedstaats an den Kooperationsprogrammen nach Ende der Forschungs- und Entwicklungsphase unter Inanspruchnahme des Ausnahmetatbestands ist möglich, wenn der Mitgliedstaat vollwertiges Mitglied des Kooperationsprogramms wird.[99] Bei nachträglicher Beteiligung eines Mitgliedstaats an dem Programm ist die EU-Kommission ebenfalls zu unterrichten.[100] Die Mitteilungspflicht wurde nicht ins deutsche Recht umgesetzt, Art. 13 lit. c RL 2009/81/EG ist insoweit aber unmittelbar anwendbar.

V. Auftragsvergaben an andere Staaten

Nach § 100c Abs. 2 Nr. 4 GWB können die Bundesregierung, die Landesregierungen und die Gebietskörperschaften Aufträge über verteidigungs- oder sicherheitsrelevante Leistungen an **ausländische Regierungen oder Gebietskörperschaften** außerhalb des GWB-Vergaberechts vergeben. Die Regelung setzt Art. 13 lit. f RL 2009/81/EG um. Soweit dort von Auftragsvergaben zwischen „Regierungen" gesprochen wird, umfasst das nach der Definition in Art. 1 Nr. 9 RL 2009/81/EG auch nationale, regionale oder lokale Gebietskörperschaften eines Mitgliedstaats oder Drittlands. Durch die Ausnahme sollen zwischenstaatliche Beschaffungen wegen der Besonderheiten des Verteidigungs- und Sicherheitssektors von der Anwendung der Richtlinie 2009/81/EG ausgenommen werden.[101] 64

Die Regelung ist von erheblicher praktischer Bedeutung, da Militärausrüstung und militärische Dienstleistungen häufig über **Geschäfte zwischen Staaten** beschafft werden.[102] Beispielsfälle sind etwa Verträge zwischen den Regierungen zweier Mitgliedstaaten über die Lieferung von gebrauchter oder überzähliger Militärausrüstung oder über die Ausbildung von Kampfpiloten aus einem der beiden Staaten durch den anderen.[103] In der Praxis finden Liefergeschäfte dieser Art z. B. über das Foreign Military Sales (FMS) Programm des US-Verteidigungsministeriums statt. Auch Lieferverträge über neue Militärausrüstung fallen unter den Ausnahmetatbestand. Allerdings sind die Mitgliedstaaten meist nicht selbst Hersteller von Ausrüstung, sondern müssten diese ihrerseits bei einem Rüstungslieferanten beschaffen. Der Ausnahmetatbestand erfasst **nur den Weiterverkauf** an andere Regierungen, nicht aber den Einkauf durch die weiterverkaufende Regierung beim Hersteller.[104] Soweit ein Mitgliedstaat neue Militärausrüstung von der Regierung eines Drittstaats beschafft, darf das nicht zu einer Umgehung der Vergaberegeln führen.[105] Eine Umgehung wird dabei insbesondere dann naheliegen, wenn das Material ohne weiteres innerhalb der Europäischen Union unter Anwendung des verteidigungs- und sicherheitsspezifischen Vergaberegimes beschafft werden könnte und der Einkauf über eine andere Regierung nur zu dem Zweck erfolgt, ein entsprechendes Vergabeverfahren zu vermeiden. 65

Die Ausnahme gilt nur für Aufträge, die die in § 100c Abs. 2 Nr. 4 GWB aufgezählten verteidigungs- und sicherheitsrelevanten Leistungen betreffen. Dieser Katalog entspricht im Wesentlichen dem des § 99 Abs. 7 Nr. 1 bis 4 GWB, allerdings werden Teile, Bauteile 66

---

[98] EU-Komm. Guidance Note, 7.
[99] EU-Komm. Guidance Note, 8.
[100] EU-Komm. Guidance Note, 8.
[101] RL 2009/81/EG Erwägungsgrund 39.
[102] *Heuninckx* PPLR 2010/1, 91, 112.
[103] EU-Komm. Guidance Note, 10.
[104] EU-Komm. Guidance Note. 10.
[105] Art. 11 RL 2009/81/EG; EU-Komm. Guidance Note, 10.

oder Bausätze nicht erwähnt. Nach § 99 Abs. 7 GWB genügt es zudem, dass der Auftragsgegenstand „mindestens eine" der in Nr. 1 bis 4 der Vorschrift genannten Leistungen umfasst. Die etwas abweichende Formulierung in § 100c Abs. 2 Nr. 4 GWB legt nahe, dass der Ausnahmetatbestand nur für Aufträge gilt, die sich ausschließlich oder überwiegend auf die in der Vorschrift genannten verteidigungs- bzw. sicherheitsrelevanten Leistungen beziehen.

VI. Außerhalb der EU vergebene Aufträge

67 Nach § 100 c Abs. 3 GWB gelten die Regeln des GWB-Vergaberechts nicht für Aufträge, die im Rahmen eines **Streitkräfte- oder Polizeieinsatzes außerhalb der Europäischen Union** vergeben werden, wenn der Einsatz es erfordert, dass sie mit **im Einsatzgebiet ansässigen Unternehmen** geschlossen werden. Die Regelung setzt Art. 13 lit. d RL 2009/81/EG um. Die Ausnahme ist maßgeschneidert für Kriseneinsätze außerhalb der Europäischen Union.[106] Sie soll im Ausland stationierten Einsatztruppen die Möglichkeit geben, Aufträge ohne Anwendung des europäischen Vergaberechts an im Einsatzgebiet ansässige Marktteilnehmer zu vergeben.[107]

68 Die Ausnahme gilt **auch für zivile Beschaffungen**, die im unmittelbaren Zusammenhang mit der Durchführung des Einsatzes stehen.[108] § 101c Abs. 3 Satz 2 GWB definiert Zivilbeschaffungen als Beschaffungen nicht militärischer Produkte und Bau- oder Dienstleistungen für logistische Zwecke. Dies entspricht Art. 1 Abs. 28 RL 2009/81/EG. Logistische Zwecke in diesem Sinne sind Lagerung, Transport, Vertrieb, Wartung und Disposition von Material; Transport von Personal; Kauf oder Errichtung, Wartung, Unterhaltung und Disposition von Einrichtungen, Beschaffung oder Erbringung von Leistungen; medizinische Unterstützungsleistungen; und Wasser- und Nahrungsversorgung.[109] Die Einbeziehung ziviler Beschaffungen ist an sich systemwidrig, weil es sich nicht um verteidigungs- und sicherheitsrelevante Aufträge handelt, so dass die Aufträge an sich nicht von 100c GWB erfasst werden; aufgrund des Sachzusammenhangs ist die Regelung allerdings praktisch sinnvoll plaziert.[110]

69 Der **Wortlaut** von § 100c Abs. 3 Satz 1 GWB ist insoweit **missglückt**, als das Semikolon nach dem ersten Halbsatz den Eindruck erweckt, die Ausnahmevorschrift gelte im Ausgangspunkt für alle außerhalb der Europäischen Union vergebenen Aufträge, während ein Zusammenhang mit einem Militär- oder Polizeieinsatz und eine Vergabe an Unternehmen im Einsatzgebiet nur bei zivilen Beschaffungen vorausgesetzt werde. Nach Art. 13 lit. d der RL 2009/81/EG gilt der Ausnahmetatbestand jedoch **insgesamt nur für Beschaffungen im Rahmen eines Auslandseinsatzes** und bei **Unternehmen, die im Einsatzgebiet ansässig** sind.[111] Das entspricht auch dem Verständnis des nationalen Gesetzgebers.[112] Richtigerweise hätte daher in § 100c Abs. 3 GWB nach dem ersten Halbsatz ein Komma gesetzt werden müssen; die aktuelle Formulierung ist ein redaktioneller Fehler.[113]

---

[106] BT-Drs. 17/7275; EU-Komm Guidance Note, 8.
[107] BT-Drs. 17/7275; Erwägungsgrund 29 RL 2009/81/EG.
[108] Erwägungsgrund 29 RL 2009/81/EG.
[109] EU-Komm Guidance Note, 8.
[110] ähnlich *Heuninckx* PPLR 2010/1, 91, 112.
[111] Das wird auch durch Erwägungsgrund 29 RL 2009/81/EG bestätigt.
[112] BT-Drs. 17/7275, 17.
[113] Dieser Fehler findet sich freilich auch im deutschen Richtlinientext; ein Vergleich mit dem englischen Wortlaut von Art. 13 lit. d der Richtlinie bestätigt derweil, dass ein Komma hätte gesetzt werden müssen: „*Contracts awarded in a third country, including for civil purchases, carried out when forces are deployed outside the territory of the Union where operational needs require them tobe concluded with economic operators located in the area of operations*".

Für die Erforderlichkeit der Vergabe an Unternehmen im Einsatzgebiet kommt es auf **70** die **konkreten Umstände** der Operation an. Die Direktbeschaffung kann beispielsweise erforderlich sein, wenn eine anderweitige Auftragsvergabe zu Problemen bei der Nachschublogistik, unverhältnismäßigen Transportkosten oder Verzögerungen führen würde.[114] Die Anwendung des Ausnahmetatbestands ist auch dann denkbar, wenn die Einbeziehung europäischer Lieferanten zusätzliche Sicherheitsmaßnahmen erfordern würde, die die militärischen Kapazitäten der Einsatztruppen schwächen könnten.[115] Eine Auftragsvergabe an lokale Unternehmen kann unter Umständen auch dazu beitragen, die politische Akzeptanz der Truppenpräsenz im Einsatzgebiet zu fördern. In räumlicher Hinsicht erlaubt die Regelung eine Direktvergabe an **im Einsatzgebiet** ansässige Unternehmen. Aufgrund der oft schwierigen Verhältnisse in Krisengebieten ist ein **weites Verständnis** dieses Begriffs angezeigt. Erfasst werden auch Unternehmen, die außerhalb der Grenzen des Landes ansässig sind, in der der Militäreinsatz stattfindet.[116] Um Missbräuche zu verhindern, ist das jedoch auf Unternehmen aus Anrainerstaaten zu beschränken. Nach Art. 11 RL 2009/81/EG darf die Ausnahmeregelung nicht zur Umgehung der Vergabevorschriften herangezogen werden. Nach Ansicht der EU-Kommission liegt eine Umgehung u. a. dann vor, wenn ein Auftrag an die lokale Niederlassung eines EU-Unternehmens erteilt wird, dann aber faktisch von der Muttergesellschaft in deren (weit entfernten) Heimatstaat ausgeführt wird.[117]

VII. Vergaben aufgrund besonderer internationaler Verfahrensregeln

§ 100c Abs. 4 GWB stellt verteidigungs- und sicherheitsrelevante Aufträge vom GWB- **71** Vergaberecht frei, die nach bestimmten **internationalen Verfahrensregelungen** vergeben werden.

1. Internationales Abkommen oder internationale Vereinbarung zwischen EU-Mitgliedsstaaten und Drittstaaten

Nach § 100c Abs. 4 Nr. 1 GWB können sich die besonderen Verfahrensregelungen aus **72** einem **internationalen Abkommen** oder einer internationalen **Vereinbarung** ergeben, die zwischen einem oder mehreren EU-Mitgliedsstaaten und einem oder mehreren Drittstaaten außerhalb des Europäischen Wirtschaftsraums (EWR) geschlossen wurden. Die Vorschrift basiert auf Art. 12 lit. a RL 2009/81/EG. Anders als nach der allgemeinen Ausnahme für nicht verteidigungs- und sicherheitsrelevante Aufträge in § 100 Abs. 8 Nr. 4 GWB bedarf es keines internationalen Abkommens (im Sinne eines völkerrechtlichen Vertrags); ausreichend ist auch eine internationale Vereinbarung (im englischen Richtlinientext: „*arrangement*"). Hierunter sind beispielsweise auch Vereinbarungen zwischen den zuständigen Ministerien zu verstehen.[118] Die Vereinbarungen müssen jedoch unmittelbar der staatlichen Ebene zugeordnet werden können. Vereinbarungen von oder mit öffentlich-rechtlich oder privatrechtlich verfassten Organisationseinheiten unterhalb dieser Ebene fallen selbst dann nicht unter den Ausnahmetatbestand, wenn die betreffenden Einheiten im vollständigen Anteilsbesitz des Staates stehen oder staatlicher Kontrolle unterliegen.[119]

Teilweise wird vertreten, dass auch Beschaffungen durch internationale Organisationen **73** unter die Ausnahme fallen, da diese regelmäßig durch internationale Abkommen errichtet

---

[114] EU-Komm. Guidance Note, 9.
[115] EU-Komm. Guidance Note, 9.
[116] EU-Komm. Guidance Note, 9.
[117] EU-Komm. Guidance Note, 9.
[118] BT-Drs. 17/7275, 17.
[119] EU-Komm. Guidance Note, 3.

werden.¹²⁰ Diese Auslegung steht allerdings in gewissem Spannungsverhältnis zu § 100c Abs 4 Nr. 3 GWB. Diese Vorschrift enthält eine Ausnahme für Beschaffungen internationaler Organisationen, allerdings nur soweit sie eigenen Zwecken der Organisation dienen.¹²¹ Würden Beschaffungen internationaler Organisationen bereits von § 100c Abs. 4 Nr. 1 GWB erfasst, würde die Ausnahme in Nr. 3 weitgehend leerlaufen (sie hätte dann nur für Organisationen einen eigenen Anwendungsbereich, an denen ausschließlich EU- und EWR-Staaten beteiligt sind); auch die in Nr. 3 vorgesehene Beschränkung auf Beschaffungen für eigene Zwecke würde außerhalb dieses Bereichs nicht greifen.

74 Die Vorschrift setzt voraus, dass die Vergabe **besonderen Verfahrensvorschriften** unterliegt, die sich aus dem Abkommen ergeben. Bei Beschaffungen unter dem **NATO-Truppenstatut** ist das beispielsweise nur der Fall, wenn sie durch die ausländische Truppe selbst durchgeführt werden (z. B. gemäß 49 Abs. 3 lit. b des Zusatzabkommens zum NATO-Truppenstatut (ZA NTS)¹²² bei Baumaßnahmen, die besondere Sicherheitsmaßnahmen erfordern). Erfolgt die Beschaffung durch die **deutschen Behörden** – wie es bei Baumaßnahmen unter dem NATO-Truppenstatut gemäß Art. 49 Abs. 2 ZA NTS der Regelfall ist – unterliegen diese ausdrücklich den „deutschen Rechts- und Verwaltungsvorschriften".¹²³ Sie sind daher auch an die deutschen Vergabevorschriften gebunden.¹²⁴

2. Internationales Abkommen oder internationale Vereinbarung im Zusammenhang mit der Truppenstationierung

75 Nach § 100c Abs. 4 Nr. 2 GWB können sich die besonderen Verfahrensregeln auch aus einem internationalen Abkommen oder einer internationalen Vereinbarung im Zusammenhang mit der **Truppenstationierung** ergeben, die Unternehmen eines Mitgliedsstaates oder eines Drittstaates betreffen. Wie nach § 100c Abs. 4 Nr. 1 GWB genügt auch hier – anders als nach der allgemeinen Ausnahme des § 100 Abs. 8 Nr. 5 GWB – eine internationale **Vereinbarung** auf Ministerial- oder Verwaltungsebene. Nach Erwägungsgrund 26 der RL 2009/81/EG erfasst die Regelung sowohl Übereinkünfte über die Stationierung von Truppen aus EU-Mitgliedsstaaten in einem anderen Mitgliedsstaat oder einem Drittland, als auch umgekehrt von Truppen aus Drittländern in EU-Mitgliedsstaaten. Da Abkommen bzw. Vereinbarungen zwischen Mitgliedsstaaten und Drittstaaten bereits von § 100c Abs. 4 Nr. 1 GWB erfasst werden, dürfte § 100c Abs. 4 Nr. 2 GWB vor allem für Übereinkünfte **zwischen EU-Mitgliedsstaaten** praktische Relevanz entfalten.¹²⁵

76 Auch diese Ausnahme setzt voraus, dass für die Vergabe **besondere**, auf dem Stationierungsabkommen beruhende **Verfahrensvorschriften** gelten. Wie bei § 100c Abs. 4 Nr. 1 GWB ist das nicht der Fall, wenn das Abkommen – wie etwa Art. 47 Abs. 5 und Art. 49 Abs. 2 ZA NTS – für Beschaffungen durch die deutschen Behörden die Geltung der deutschen Vergabevorschriften vorsieht.¹²⁶

3. Beschaffungen einer internationalen Organisation

77 § 100c Abs. 4 Nr. 3 GWB erfasst die Vergabe von Aufträgen nach besonderen Verfahrensregeln einer internationalen Organisation. Der Ausnahmetatbestand greift nur ein,

---

¹²⁰ *Heuninckx* PPLR 2010/1, 91, 110.
¹²¹ Siehe dazu unten, unter Ziff. 3.
¹²² BGBl. 1961 II, 1183, 1218, geändert durch Abkommen v. 12.10.1971, BGBl. 1971 II, 1022.
¹²³ Art. 49 Abs. 2 ZA NTS; ebenso für Lieferungen und Leistungen Art. 47 Abs. 5 lit. b ZA NTS.
¹²⁴ VK Bund, Beschl. v. 8.3.2006, VK 1–07/06; Beschl. v. 20.12.2005, VK 2–156/05 (jeweils in Bezug auf § 100 Abs. 8 Nr. 5 GWB bzw. die Vorgängervorschrift § 100 Abs. 2 lit. a GWB (a.F.)). Für § 100c Abs. 4 Nr. 1 GWB gilt nichts anderes.
¹²⁵ EU-Komm. Guidance Note, 3.
¹²⁶ VK Bund, Beschl. v. 8.3.2006, VK 1–07/06; Beschl. v. 20.12.2005, VK 2–156/05; siehe dazu näher oben, unter Ziff. 1.

wenn die Organisation die Beschaffung für eigene Zwecke tätigt oder ein Mitgliedsstaat Aufträge nach den Regeln der Organisation vergeben muss.

Internationale Organisationen in diesem Sinne sind **völkerrechtliche Organisationen** 78 zwischen Staaten wie etwa die NATO, die Europäische Verteidigungsagentur (EDA), die Vereinten Nationen und ihre Unterorganisationen, oder auch Einrichtungen wie das Europäische Zentrum für Molekularbiologie (EMBL) in Heidelberg oder die Europäische Südsternwarte (ESO) in Garching.[127] Nicht-Regierungsorganisationen (NGO) fallen nicht darunter. [128]

Soweit es um Beschaffungen **durch die Organisation selbst** geht, ist die Ausnahme 79 im Wesentlichen **deklaratorisch.** Denn internationale Organisationen unterliegen aufgrund ihres inhärenten oder durch die Gründungsverträge verliehen **Selbstorganisationsrechts** im Regelfall von vornherein nicht den nationalen Vergabevorschriften des Sitzstaates.[129]

Die Ausnahme gilt nach ihrem Wortlaut nur für Beschaffungen, die die Organisation 80 **für ihre eigenen Zwecke** durchführt. Das ist beispielsweise bei Beschaffungen der NATO für das AWACS[130]-Programm der Fall.[131] Beschaffungen einer internationalen Organisation für Zwecke ihrer Mitglieder oder Dritter werden vom Ausnahmetatbestand dagegen nicht erfasst.[132] Hiervon ist insbesondere dann auszugehen, wenn die Organisation den Auftrag nicht im eigenen Namen erteilt, sondern nur als Vermittler oder Stellvertreter für ein Mitglied auftritt oder auf Geheiß eines Mitglieds ein Produkt oder eine Leistung erwirbt und dann an das Mitglied durchreicht.[133] Die Anwendung der deutschen Vergabevorschriften steht in diesem Fall auch nicht in Widerspruch zum Selbstorganisationsrecht. Denn tritt die internationale Organisation bei einer Beschaffung lediglich als Stellvertreter einer deutschen Vergabestelle auf, ist rechtlich und tatsächlich die deutsche Stelle der Auftraggeber. Sie unterliegt folglich auch den deutschen Vergabevorschriften. Beschafft die Organisation formal im eigenen Namen, jedoch auf Geheiß eines deutschen Auftraggebers, an den die beschafften Güter anschließend weitergereicht werden, mag zwar der Beschaffungsakt der Organisation selbst vom Selbstorganisationsrecht gedeckt sein; die Weiterleitung an den deutschen Auftraggeber wäre aus dessen Sicht jedoch eine öffentliche Auftragsvergabe, die den Vergabevorschriften unterfällt.

Bei Beschaffungen eines Mitgliedsstaates kann eine Verpflichtung zur Anwendung der 81 Regeln der internationalen Organisation beispielsweise dann bestehen, wenn der Mitgliedsstaat die Beschaffung im Namen der Organisation durchführt oder die Organisation die Beschaffung durch eine Zuwendung finanziell fördert.[134] In diesem Fall schließen die Verfahrensregeln der Organisation die Anwendung der EU-Vergabevorschriften aus.

---

[127] *Masing* in Dreher/Motzke, Beck'scher Vergaberechtskommentar, 2. Aufl. § 100 Rn. 19.
[128] *Aicher* in Müller-Wrede, Kompendium des Vergaberechts, Kapitel 8 Rn. 18, der auch die Organisation für Sicherheit und Zusammenarbeit in Europa (OSZE) für nicht erfasst hält (allerdings ohne nähere Begründung).
[129] Näher dazu *Ullrich* in Grabitz/Hilf, Das Recht der Europäischen Union, Sekundärrecht, B.17 Rn. 5 f.; *Heuninckx* PPLR 2011/4, 103, 105 f.; siehe auch *Zimmermann* in Münchener Kommentar zur ZPO, § 20 GVG Rn. 16 zu einer Auflistung der wichtigsten Immunitätsabkommen.
[130] Die AWACS (Airborne Warning and Control System)-Verbände sind die luftgestützte Überwachungsflotte der NATO.
[131] *Heuninckx* PPLR 2011/4, 103, 116.
[132] BT-Drs. 17/7275, 18; EU-Komm Guidance Note, 4.
[133] EU-Komm. Guidance Note, 4.
[134] EU-Komm. Guidance Note, 4.

VIII. Ausnahmen nach § 100 Abs. 8 GWB

82 § 100 Abs. 8 GWB nimmt die vormals in Art. 100 Abs. 2 lit. a bis d GWB (a.F.) genannten Aufträge vom GWB-Vergaberecht aus. Die Vorschrift betrifft Aufträge, die im weiteren Sinne Militär- und/oder Sicherheitsbezug haben oder im Rahmen internationaler Abkommen vergeben werden. § 100 Abs. 8 GWB gilt jedoch ausdrücklich nur für Aufträge, die *nicht* **verteidigungs- oder sicherheitsrelevant** im Sinne von § 99 Abs. 7 GWB sind. Die Vorschrift spielt daher für verteidigungs- und sicherheitsrelevante Aufträge keine Rolle mehr. Da jedenfalls die in § 100 Abs. 8 Nr. 1 bis 3 GWB genannten Aufträge ganz überwiegend verteidigungs- und sicherheitsrelevant im Sinne von § 99 Abs. 7 GWB sind, ist ein **praktischer Anwendungsbereich** für diese Ausnahmen kaum noch ersichtlich, jedenfalls aber **stark eingeschränkt**.[135]

1. Geheime Aufträge

83 § 100 Abs. 8 Nr. 1 GWB enthält eine Ausnahme für Aufträge, die in Übereinstimmung mit den deutschen Rechts- und Verwaltungsvorschriften für geheim erklärt werden. Die Vorschrift setzt nicht voraus, dass der Auftrag als solcher oder das Vorhaben geheim ist. Es genügt, dass die **Ausführung als geheim eingestuft** wird.[136] Erforderlich, aber auch ausreichend ist, dass die zuständige Stelle den Auftrag oder Unterlagen, Vorgänge oder Informationen, die für die Auftragsausführung von zentraler Bedeutung sind, für geheim erklärt hat.[137]

84 Die Geheimerklärung muss in Übereinstimmung mit den deutschen Rechts- und Verwaltungsvorschriften erfolgen. Maßgeblich sind das **Sicherheitsüberprüfungsgesetz (SÜG)** des Bundes und die darauf basierende Allgemeine Verwaltungsvorschrift zum materiellen und organisatorischen Schutz von Verschlusssachen (sog. **VS-Anweisung**).

85 „Geheim" im Sinne der Vorschrift ist der Auftrag bei Einstufung als **VS-VERTRAULICH oder höher**; eine förmliche Klassifizierung als „GEHEIM" ist nicht erforderlich.[138] Eine Einstufung als „VS-NfD" vermag einen Geheimauftrag dagegen nicht zu begründen. Bei der Geheimerklärung hat die zuständige Stelle bzw. der Auftraggeber einen **Beurteilungsspielraum**. Die Geheimerklärung und die konkrete Einstufung können von der Vergabekammer daher nur darauf überprüft werden, ob die allgemeinen Grenzen dieses Spielraums überschritten wurden.[139]

86 Geheime Aufträge im Sinne von § 100 Abs. 8 Nr. 1 GWB sind im Regelfall zugleich **Verschlusssachenaufträge** im Sinne von § 99 Abs. 9 GWB. Es handelt sich daher in den allermeisten Fällen um verteidigungs- und sicherheitsrelevante Aufträge im Sinne von § 99 Abs. 7 GWB. Da § 100 Abs. 8 Nr. 1 GWB für solche Aufträge nicht gilt, dürfte die Vorschrift in der Praxis **weitgehend leer laufen**. Eine Anwendung kommt nur für solche Aufträge in Betracht, die lediglich deshalb keine Verschlusssachenaufträge nach § 99

---

[135] Ähnlich *Dippel* in v. Wietersheim, 35, 44. Siehe dazu näher unten bei der Kommentierung der einzelnen Abschnitte.

[136] OLG Düsseldorf, Beschl. v. 30.3.2005, VII-Verg 101/05 – „BND-Neubau"; VK Bund, Beschl. v. 14.7.2005, VK 3-55/05 – „BOS".

[137] VK Bund Beschl. v. 14.7.2005, VK 3-55/05 – „BOS"; vgl. aber VK Bund, Beschl. v. 30.7.2010, VK 2-56/10 – „Handgepäckkontrollanlagen" (unter B.4.a), wo der Umstand, dass die Bieter für die Geräteentwicklung Zugang zu einer als VS-VERTRAULICH eingestuften Liste der vom Gerät zu erkennenden Stoffe und Gegenstände erhalten mussten, nicht als ausreichend angesehen wurde.

[138] Amtl. Begründung, BT-Drucksache 17/7275, 15; *Schellenberg* in Pünder/Schellenberg, § 100 Rn. 23; *Homann* in Leinemann/Kirch, § 100 Rn. 39.

[139] OLG Düsseldorf Beschl. 30.3.2003, VII-Verg 101/05 – „BND-Neubau"; VK Bund, Beschl. v. 14.7.2005, VK 3-55/05 – „BOS"; *Dippel* in Dippel/Sterner/Zeiss, Praxiskommentar, § 100 GWB Rn. 51

Abs. 9 GWB sind, weil sie keinem Sicherheitszweck dienen, oder für Verschlusssachenaufträge über Lieferungen, die keine „Ausrüstung" im Sinne von § 99 Abs. 7 Nr. 2 GWB zum Gegenstand haben.[140]

2. Aufträge mit besonderen Sicherheitsmaßnahmen

§ 100 Abs. 8 Nr. 2 GWB enthält eine Ausnahme für Aufträge, deren Ausführung nach den Rechts- und Verwaltungsvorschriften der Bundesrepublik Deutschland besondere **Sicherheitsmaßnahmen** erfordert. 87

Die Notwendigkeit besonderer Sicherheitsmaßnahmen muss sich aus deutschen **Rechts- und Verwaltungsvorschriften** ergeben; dass die Vergabestelle von sich aus besondere Sicherheitsmaßnahmen für erforderlich hält, reicht nicht aus.[141] Als Grundlage kommen alle Vorschriften in Betracht, die mittelbar oder unmittelbar dem Schutz staatlicher Sicherheitsinteressen dienen.[142] In der Praxis sind das vor allem das **Sicherheitsüberprüfungsgesetz (SÜG)**[143] sowie das **Luftsicherheitsgesetz (LuftSiG)**, welches eine Zuverlässigkeitsüberprüfung u. a. von Personen vorschreibt, denen Zugang zu den nicht allgemein zugänglichen Bereichen eines Verkehrsflughafens gewährt werden soll, oder die als Angehörige von Flugplatz-, Luftfahrt- oder Versorgungsunternehmen unmittelbaren Einfluss auf die Sicherheit des Luftverkehrs haben (§ 7 Abs. 1 Nr. 1 und 2 LuftSiG).[144] 88

Die Erforderlichkeit besonderer Sicherheitsmaßnahmen führt allerdings nicht automatisch zu einer Freistellung von den Vergabevorschriften. Die Rechtsprechung verlangt vielmehr eine **Abwägung**. Die Ausnahme greift nur ein, wenn eine objektiv gewichtige Gefährdung oder Beeinträchtigung der Sicherheitsbelange die Nichtanwendung der Vergabebestimmungen **rechtfertigt**.[145] Es muss **gerade durch die Anwendung des Vergaberechts** eine tatsächliche und hinreichend schwere Gefährdung staatlicher Sicherheitsinteressen drohen.[146] Das ist nicht der Fall, wenn den betroffenen Interessen auch im Rahmen eines EU-weiten Verfahrens – etwa durch eine entsprechende Zuverlässigkeitsprüfung – ausreichend Rechnung getragen werden kann.[147] Die Ausnahme reduziert sich damit auf Fälle, in denen die Einhaltung der Sicherheitsmaßnahmen eine Auswahl des Vertragspartners im Wege eines Vergabeverfahrens ausschließt (z. B. weil für die erforderlichen Sicherheitsüberprüfungen bereits im Vorfeld feststehen muss, wer den Auftrag durchführt).[148] 89

3. Einsatz der Streitkräfte, Terrorismusbekämpfung oder Sicherheitsinteressen bei IT-/TK-Beschaffungen

§ 100 Abs. 8 Nr. 3 GWB enthält eine Ausnahme für Aufträge, bei denen ein **Einsatz der Streitkräfte**, die Umsetzung von Maßnahmen der **Terrorismusbekämpfung** oder wesentliche **Sicherheitsinteressen** bei der Beschaffung von **Informationstechnik** oder **Telekommunikationsanlagen** die Nichteinhaltung des Vergaberechts gebieten. 90

---

[140] Vgl. dazu oben Rn. 36 ff.
[141] VK Bund Beschl. v. 15.7.2008, VK 3–89/08.
[142] *Ziekow* VergabeR 2007, 711, 716.
[143] VK Bund Beschl. v. 2.2.2006, VK 2–02/06; Beschl. v. 3.2.2006, VK 1–01/06.
[144] Vgl. VK Bund Beschl. v. 12.12.2006, VK 1–136/06 – „TV-Überwachungsanlagen"; Beschl. v. 30.5.2008, VK 1–48/08 – „Ausbau Flugbetriebsflächen"
[145] OLG Düsseldorf Beschl. v. 10.9.2009, VII-Verg 12/09 – „IT-Serviceleistungen"; Beschl. v. 8.6.2011, VII-Verg 49/11 – „Bundesdruckerei".
[146] OLG Koblenz Beschl. v. 15.9.2010, 1 Verg 7/11; OLG Düsseldorf Beschl. v. 10.9.2009, VII-Verg 12/09; OLG Celle Beschl. v. 3.12.2009, 13 Verg 14/09.
[147] OLG Düsseldorf Beschl. v. 8.6.2011, VII-Verg 49/11 – „Bundesdruckerei".
[148] Vgl. OLG Koblenz Beschl. v. 15.9.2010.

91 Die Vorschrift basiert auf Artikel 14 VKR, der u.a. Aufträge von den Vergabevorschriften freistellt, wenn der Schutz „wesentlicher Sicherheitsinteressen des Staates" es gebietet. Die Ausnahme überschneidet sich in weiten Teilen mit Art. 346 AEUV bzw. § 100 Abs. 6 GWB.[149] Sie geht freilich insofern etwas weiter, als sie nicht voraussetzt, dass die Nichtanwendung der Vergabevorschriften dem Schutz sicherheitsrelevanter Informationen (vgl. Art. 346 lit. a AEUV) oder von Sicherheitsinteressen um Zusammenhang mit der Produktion oder dem Handel mit Kriegswaffen (vgl. Art. 346 lit. b AEUV) dient. Sie ist andererseits etwas enger, als sie ausschließlich für die drei Fallgruppen Streitkräfteeinsatz, Terrorismusbekämpfung und sicherheitsrelevante IT-/TK-Beschaffung gilt.

92 Die Regelung setzt – ebenso wie § 100 Abs. 8 Nr. 2 GWB – eine **Abwägung** zwischen den staatlichen Sicherheitsinteressen und dem Interesse der Anbieter an einem wettbewerblichen Vergabeverfahren voraus. Das folgt aus der Formulierung, dass die Ausnahme nur dann gilt, wenn die berührten Sicherheitsinteressen die Nichtanwendung des Vergaberechts „gebieten".[150]

93 In der Praxis dürfte der weit überwiegende Teil der in § 100 Abs. 8 Nr. 3 GWB genannten Fälle **zugleich verteidigungs- und sicherheitsrelevant** im Sinne von § 99 Abs. 7 GWB sein, so dass die Ausnahme **unanwendbar** ist. Nach der Gesetzesbegründung soll die Vorschrift vor allem Regelungslücken vermeiden.[151]

4. Vergaben aufgrund besonderer internationaler Verfahrensvorschriften

94 § 100 Abs. 8 Nr. 4 bis 6 GWB enthalten schließlich Ausnahmen für Aufträge, die aufgrund besonderer, auf internationalen Abkommen beruhender Verfahrensvorschriften vergeben werden. Die Vorschriften decken sich weitgehend mit § 100c Abs. 4 GWB, mit einigen Abweichungen im Detail.

a) Aufträge aufgrund zwischenstaatlicher Abkommen

95 § 100 Abs. 8 Nr. 4 GWB enthält eine Ausnahme für Aufträge, die aufgrund bestimmter internationaler Abkommen mit Drittstaaten (die auch keine EWR-Mitglieder sind) vergeben werden, welche sich auf ein gemeinsames Projekt beziehen, für das andere Verfahrensregeln gelten. Die Vorschrift basiert auf Art. 15 lit. a VKR bzw. Art. 22 lit. a SKR. Sie soll es den EU-Mitgliedstaaten ermöglichen, **Abkommen mit Drittstaaten über gemeinsame Projekte** zu schließen, ohne die Drittstaaten zu zwingen, sich bei der Projektdurchführung den EU-Vergaberegeln unterwerfen müssen.[152] Die Vorschrift setzt allerdings voraus, dass das Abkommen eigene Verfahrensvorschriften für die Vergabe enthält. Art. 15 lit. a VKR und Art. 22 lit. a SKR schreiben ferner vor, dass der Europäischen Kommission die jeweiligen Abkommen mitgeteilt werden müssen. Die Mitteilung ist jedoch nur informatorisch[153] und keine Voraussetzung für die Inanspruchnahme der Ausnahme.

---

[149] Ähnlich *Dippel* in Dippel/Sterner/Zeiss, Praxiskommentar, § 100 Rn. 59, der in § 100 Abs. 8 Nr. 3 GWB einen Unterfall von § 100 Abs. 6 GWB sieht; *Röwekamp* in Kulartz/Kus/Portz, GWB-Vergaberecht, § 100 GWB Rn. 33 (zu § 100 Abs. 2 lit. d cc GWB (a.F.)).
[150] OLG Düsseldorf, Beschl. v 30.4.2003, Verg 61/02 „Bundeswehr-Flugtransporte", unter II. a) 1.; ebenso *Dippel* in Dippel/Sterner/Zeiss, Praxiskommentar, § 100 Rn. 60.
[151] Amtl. Begründung, BT-Drucksache 17/7275, 15 (unter Verweis darauf, dass auch die Ausnahme in Art. 14 VKR trotz Einführung der RL 2009/81/EG fortgilt).
[152] *Sterner* in Müller-Wrede, Taschenkommentar, § 100 GWB Rn. 14; *Masing* in Dreher/Motzke, Beck'scher Vergaberechtskommentar, 2. Aufl. § 100 Rn. 18.
[153] *Röwekamp* in Kulartz/Kus/Portz, GWB-Vergaberecht, § 100 GWB Rn. 26 (zu § 100 Abs. 2 lit. b GWB (a.F.)).

b) Aufträge aufgrund von Truppenstationierungsabkommen

§ 100 Abs. 8 Nr. 5 GWB enthält eine Ausnahme für Aufträge, die aufgrund eines internationalen Abkommens im Zusammenhang mit der **Stationierung von Truppen** vergeben werden und für die besondere Verfahrensregeln gelten. Die Regelung entspricht Art. 15 lit. b VKR und Art. 22 lit. b. SKR. Durch die Ausnahme sollen Konflikte zwischen den Verfahrensbestimmungen der jeweiligen Abkommen und dem EU- bzw. GWB-Vergaberecht vermieden werden. Die Verfahrensvorschriften des Stationierungsabkommens haben in diesem Fall Vorrang.[154]

96

Wichtigster Anwendungsfall sind zivile Beschaffungen auf Grundlage des **NATO-Truppenstatuts**[155] und des **Zusatzabkommens** zum NATO-Truppenstatut (ZA NTS)[156] sowie der Richtlinien zu Vergabe von Aufträgen für Bauvorhaben des gemeinsam finanzierten **NATO-Sicherheits-Investitionsprogramms** (RiNATO).

97

Ebenso wie § 100c Abs. 4 Nr. 3 GWB setzt die Ausnahme voraus, dass die Auftragsvergabe nach dem Abkommen **besonderen Verfahrensvorschriften** unterliegt. Erfolgt eine Beschaffung unter dem NATO Truppenstatut durch die **deutschen Behörden** – wie es nach Art. IX Abs. 2 des Statuts i.V.m. Art. 49 Abs. 2 ZA NTS insbesondere bei Baumaßnahmen der Regelfall ist – unterliegen diese den „deutschen Rechts- und Verwaltungsvorschriften".[157] Sie sind daher auch an die **deutschen Vergabevorschriften** gebunden.[158] Anders liegt es, wenn die Beschaffung (gemäß Art. 47 Abs. 4 bzw. Art. 49 Abs. 3 ZA NTS) unmittelbar durch Behörden der ausländischen Truppe oder des zivilen Gefolges durchgeführt wird.[159] In diesem Fall gelten ausschließlich die Verfahrensvorschriften des ZA NTS.

98

c) Aufträge aufgrund des besonderen Verfahrens einer internationalen Organisation

§ 100 Abs. 8 Nr. 6 GWB enthält eine Ausnahme für Aufträge, die aufgrund des besonderen Verfahrens einer internationalen Organisation vergeben werden. Die Vorschrift entspricht Art. 15 lit. c VKR bzw. Art. 22 lit. c SKR. Zum Begriff der internationalen Organisation kann auf die Ausführungen zu § 100c Abs. 4 Nr. 3 GWB verwiesen werden.[160]

99

Die Vorschrift ist – ebenso wie § 100c Abs. 4 Nr. 3 GWB – in Bezug auf Beschaffungen durch die Organisation selbst im Wesentlichen **deklaratorisch**, da internationale Organisationen aufgrund ihres Selbstorganisationsrechts im Regelfall von vornherein nicht den nationalen Vergabevorschriften ihres Sitzstaates unterliegen.[161] Praktische Bedeutung hat die Vorschrift damit vor hauptsächlich für den relativ seltenen Fall einer **Auftragsvergabe durch deutsche Stellen** für eine **in Deutschland ansässige Organisation**.[162] Anders als § 100c Abs. 4 Nr. 3 GWB setzt die Ausnahme nicht explizit voraus, dass die Beschaffung für eigene Zwecke der Organisation erfolgt. Doch dürften Auftragsvergaben, die lediglich formal für die Organisation durchgeführt werden, tatsächlich aber dem deutschen Auftraggeber, die die Beschaffung durchführt, zugute kommen sollen, schon unter dem Gesichtspunkt des Umgehungsverbots nicht unter die Ausnahme fallen.

100

---

[154] *Aicher* in Müller-Wrede, Kompendium des Vergaberechts, Kapitel 8 Rn. 13.
[155] BGBl. 1961 II, 1190.
[156] BGBl. 1961 II, 1183, 1218, geändert durch Abkommen v. 12.10.1971, BGBl. 1971 II, 1022.
[157] Art. 47 Abs. 5 lit. b, Art. 49 Abs. 2 ZA NTS.
[158] VK Bund, Beschl. v. 8.3.2006, VK 1–07/06; Beschl. v. 20.12.2005, VK 2–156/05 (für Bauleistungen). Für Lieferungen und Leistungen ergibt sich die Bindung an die deutschen Vergabevorschriften direkt aus Art. 47 Abs. 5 lit. b ZA NTS.
[159] Ebenso *Dippel* in Dippel/Sterner/Zeiss, Praxiskommentar, § 100 Rn. 64.
[160] Oben, Rn. 77 ff.
[161] Siehe dazu oben, Rn. 79 (zu § 100c Abs. 4 Nr. 3 GWB).
[162] *Masing* in Dreher/Motzke, Beck'scher Vergaberechtskommentar, 2. Aufl. § 100 Rn. 19; *Dippel* in Dippel/Sterner/Zeiss, Praxiskommentar, § 100 Rn. 67.

§ 61 Vergabearten und sonstige Besonderheiten des Verfahrens

Übersicht

	Rn.
A. Einleitung	1
B. Nachrangige Dienstleistungen	2–5
C. Vergabearten	6–30
I. Vorgesehene Vergabearten	6
II. Wahl der Vergabeart	7–28
III. Besonderheiten der einzelnen Vergabearten	29, 30
D. Abschluss von Rahmenvereinbarungen	31–33
E. Vergabe in Losen	34, 35
F. Vergabe von Unteraufträgen	36–71
I. Begriff des Unterauftrags	38–41
II. Transparenzpflicht	42–46
III. Vorgaben des Auftraggebers für die Vergabe von Unteraufträgen	47–56
IV. Ablehnungsbefugnis des Auftraggebers	57–59
V. Haftung des Auftragnehmers	60
VI. §§ 38 bis 41 VSVgV	61–71

VSVgV: §§ 9, 10 Abs. 1, §§ 11–14, 38–41
VOB/A VS: § 3

VSVgV:

§ 9 VSVgV Unteraufträge

(1) Auftraggeber können den Bieter auffordern, in seinem Angebot den Teil des Auftrags, den er im Wege von Unteraufträgen an Dritte zu vergeben beabsichtigt, und die bereits vorgeschlagenen Unterauftragnehmer sowie den Gegenstand der Unteraufträge bekannt zu geben. Sie können außerdem verlangen, dass der Auftragnehmer ihnen jede im Zuge der Ausführung des Auftrags eintretende Änderung auf Ebene der Unterauftragnehmer mitteilt.

(2) Auftragnehmer dürfen ihre Unterauftragnehmer für alle Unteraufträge frei wählen, soweit Auftraggeber keine Anforderungen an die Erteilung der Unteraufträge im wettbewerblichen Verfahren gemäß Absatz 3 Nummer 1 und 2 stellen. Von Auftragnehmern darf insbesondere nicht verlangt werden, potenzielle Unterauftragnehmer anderer EU-Mitgliedstaaten aus Gründen der Staatsangehörigkeit zu diskriminieren.

(3) Folgende Anforderungen können Auftraggeber an die Erteilung von Unteraufträgen im wettbewerblichen Verfahren stellen:

1. Auftraggeber können Auftragnehmer verpflichten, einen Teil des Auftrags an Dritte weiter zu vergeben. Dazu benennen Auftraggeber eine Wertspanne unter Einschluss eines Mindest- und Höchstprozentsatzes. Der Höchstprozentsatz darf 30 Prozent des Auftragswerts nicht übersteigen. Diese Spanne muss im angemessenen Verhältnis zum Gegenstand und zum Wert des Auftrags und zur Art des betroffenen Industriesektors stehen, einschließlich des auf diesem Markt herrschenden Wettbewerbsniveaus und der einschlägigen technischen Fähigkeiten der industriellen Basis. Jeder Prozentsatz der Unterauftragsvergabe, der in die angegebene Wertspanne fällt, gilt als Erfüllung der Verpflichtung zur Vergabe von Unteraufträgen. Auftragnehmer vergeben die Unteraufträge gemäß den §§ 38 bis 41. In ihrem Angebot geben die Bieter an, welchen Teil oder welche Teile ihres Angebots sie durch Unteraufträge zu vergeben beabsichtigen, um die Wertspanne zu erfüllen. Auftraggeber können die Bieter auffordern, den oder die Teile ihres Angebots, den sie über den geforderten Prozentsatz hinaus durch Unteraufträge zu vergeben beabsichtigen, sowie die bereits in Aussicht genommenen Unterauftragnehmer offenzulegen.

2. Auftraggeber können verlangen, dass Auftragnehmer die Bestimmungen der §§ 38 bis 41 auf alle oder bestimmte Unteraufträge anwenden, die diese an Dritte zu vergeben beabsichtigen.

(4) Die in den Absätzen 1 und 3 genannten Anforderungen geben die Auftraggeber in der Bekanntmachung oder den Vergabeunterlagen an.

(5) Auftraggeber dürfen einen vom Bieter oder Auftragnehmer ausgewählten Unterauftragnehmer nur auf Grundlage der Kriterien ablehnen, die für den Hauptauftrag gelten und in der Bekanntmachung oder den Vergabeunterlagen angegeben wurden. Lehnen Auftraggeber einen Unterauftragnehmer ab, müssen sie dies gegenüber dem betroffenen Bieter oder dem Auftragnehmer schriftlich begründen und darlegen, warum der Unterauftragnehmer ihres Erachtens die für den Hauptauftrag vorgegebenen Kriterien nicht erfüllt.

(6) Die Haftung des Auftragnehmers gegenüber dem Auftraggeber bleibt von den Vorschriften dieser Verordnung zur Unterauftragsvergabe unberührt.

§ 10 VSVgV Grundsätze des Vergabeverfahrens

(1) Für die Berücksichtigung mittelständischer Interessen gilt § 97 Absatz 3 des Gesetzes gegen Wettbewerbsbeschränkungen. Mehrere Teil- oder Fachlose dürfen gemäß § 97 Absatz 3 Satz 3 des Gesetzes gegen Wettbewerbsbeschränkungen zusammen vergeben werden, wenn wirtschaftliche oder technische Gründe dies erfordern, insbesondere weil die Leistungsbeschreibung die Systemfähigkeit der Leistung verlangt und dies durch den Auftragsgegenstand gerechtfertigt ist.

(2) bis (5) hier nicht abgedruckt.

§ 11 VSVgV Arten der Vergabe von Liefer- und Dienstleistungsaufträgen

(1) Die Vergabe von Liefer- und Dienstleistungsaufträgen erfolgt im nicht offenen Verfahren oder im Verhandlungsverfahren mit Teilnahmewettbewerb. In begründeten Ausnahmefällen ist ein Verhandlungsverfahren ohne Teilnahmewettbewerb oder ein wettbewerblicher Dialog zulässig.

(2) Verhandlungen im nicht offenen Verfahren sind unzulässig.

(3) Auftraggeber können vorsehen, dass das Verhandlungsverfahren mit Teilnahmewettbewerb in verschiedenen aufeinanderfolgenden Phasen abgewickelt wird, um so die Zahl der Angebote, über die verhandelt wird, anhand der in der Bekanntmachung oder den Vergabeunterlagen angegebenen Zuschlagskriterien zu verringern. Wenn Auftraggeber dies vorsehen, geben sie dies in der Bekanntmachung oder den Vergabeunterlagen an. In der Schlussphase des Verfahrens müssen so viele Angebote vorliegen, dass ein echter Wettbewerb gewährleistet ist, sofern eine ausreichende Anzahl geeigneter Bewerber vorhanden ist.

§ 12 VSVgV Verhandlungsverfahren ohne Teilnahmewettbewerb

(1) Ein Verhandlungsverfahren ohne Teilnahmewettbewerb ist zulässig

1. bei Liefer- und Dienstleistungsaufträgen,

a) wenn in einem nicht offenen Verfahren, in einem Verhandlungsverfahren mit Teilnahmewettbewerb oder in einem wettbewerblichen Dialog

aa) keine oder keine geeigneten Angebote oder keine Bewerbungen abgegeben worden sind, sofern die ursprünglichen Bedingungen des Auftrags nicht grundlegend geändert werden;

bb) keine ordnungsgemäßen Angebote oder nur Angebote abgegeben worden sind, die nach dem geltenden Vergaberecht oder nach den im Vergabeverfahren zu beachtenden Rechtsvorschriften unannehmbar sind, sofern die ursprünglichen Bedingungen des Auftrags nicht grundlegend geändert werden und wenn alle und nur die Bieter einbezogen werden, die die Eignungskriterien erfüllen und im Verlauf des vorangegangenen Vergabeverfahrens Angebote eingereicht haben, die den formalen Voraussetzungen für das Vergabeverfahren entsprechen;

b) wenn die Fristen, auch die verkürzten Fristen gemäß § 20 Absatz 2 Satz 2 und Absatz 3 Satz 2, die für das nicht offene Verfahren und das Verhandlungsverfahren mit Teilnahmewettbewerb vorgeschrieben sind, nicht eingehalten werden können, weil

aa) dringliche Gründe im Zusammenhang mit einer Krise es nicht zulassen oder

bb) dringliche, zwingende Gründe im Zusammenhang mit Ereignissen, die die Auftraggeber nicht voraussehen konnten, dies nicht zulassen. Umstände, die die zwingende Dringlichkeit begründen, dürfen nicht dem Verhalten der Auftraggeber zuzuschreiben sein;

c) wenn der Auftrag wegen seiner technischen Besonderheiten oder aufgrund des Schutzes von Ausschließlichkeitsrechten wie zum Beispiel des Patent- oder Urheberrechts nur von einem bestimmten Unternehmen durchgeführt werden kann;

d) wenn es sich um Forschungs- und Entwicklungsleistungen handelt;

e) wenn es sich um Güter handelt, die ausschließlich zum Zwecke von Forschung und Entwicklung hergestellt werden; dies gilt nicht für Serienfertigungen zum Nachweis der Marktfähigkeit oder zur Deckung der Forschungs- und Entwicklungskosten;

2. bei Lieferaufträgen

a) über zusätzliche Lieferungen eines Auftragnehmers, die entweder zur teilweisen Erneuerung von gelieferten marktüblichen Gütern oder zur Erweiterung von Lieferungen oder bestehenden Einrichtungen bestimmt sind, wenn ein Wechsel des Unternehmers dazu führen würde, dass der Auftraggeber Güter mit unterschiedlichen technischen Merkmalen kaufen müsste und dies zu einer technischen Unvereinbarkeit oder unverhältnismäßigen technischen Schwierigkeiten bei Gebrauch und Wartung führen würde. Die Laufzeit solcher Aufträge oder Daueraufträge darf fünf Jahre nicht überschreiten, abgesehen von Ausnahmefällen, die unter Berücksichtigung der zu erwartenden Nutzungsdauer gelieferter Güter, Anlagen oder Systeme und den durch einen Wechsel des Unternehmens entstehenden technischen Schwierigkeiten bestimmt werden;

b) bei auf einer Warenbörse notierten und gekauften Ware;

c) wenn Güter zu besonders günstigen Bedingungen bei Lieferanten, die ihre Geschäftstätigkeit endgültig einstellen, oder bei Insolvenzverwaltern im Rahmen eines Insolvenzverfahrens oder eines in den Vorschriften eines anderen Mitgliedstaats vorgesehenen gleichartigen Verfahrens erworben werden;

3. bei Dienstleistungsaufträgen

a) für zusätzliche Dienstleistungen, die weder in dem der Vergabe zugrunde liegenden Entwurf noch im ursprünglich geschlossenen Vertrag vorgesehen sind, die aber wegen eines unvorhergesehenen Ereignisses zur Ausführung der darin beschriebenen Dienstleistung erforderlich sind, sofern der Auftrag an den Unternehmer vergeben wird, der diese Dienstleistung erbringt, wenn der Gesamtwert der Aufträge für die zusätzlichen Dienstleistungen 50 Prozent des Wertes des ursprünglichen Auftrags nicht überschreitet und

aa) sich diese zusätzlichen Dienstleistungen in technischer und wirtschaftlicher Hinsicht nicht ohne wesentlichen Nachteil für den Auftraggeber vom ursprünglichen Auftrag trennen lassen oder

bb) diese Dienstleistungen zwar von der Ausführung des ursprünglichen Auftrags getrennt werden können, aber für dessen Vollendung unbedingt erforderlich sind;

b) bei neuen Dienstleistungsaufträgen, welche Dienstleistungen wiederholen, die durch denselben Auftraggeber an denselben Auftragnehmer vergeben wurden, sofern sie einem Grundentwurf entsprechen und dieser Entwurf Gegenstand des ursprünglichen Auftrags war, der in einem nicht offenen Verfahren, einem Verhandlungsverfahren mit Teilnahmewettbewerb oder im wettbewerblichen Dialog vergeben wurde. Der Auftraggeber muss die Möglichkeit der Anwendung dieses Verfahrens bereits beim Aufruf zum Wettbewerb für das erste Vorhaben angeben; der für die Fortführung der Dienstleistungen in Aussicht genommene Gesamtauftragswert wird vom Auftraggeber bei der Anwendung des § 1 Absatz 2 berücksichtigt. Dieses Verfahren darf nur binnen fünf Jahren nach Abschluss des ursprünglichen Auftrags angewandt werden, abgesehen von Ausnahmefällen, die durch die Berücksichtigung der zu erwartenden Nutzungsdauer gelieferter Güter, Anlagen oder Systeme und den durch einen Wechsel des Unternehmens entstehenden technischen Schwierigkeiten bestimmt werden;

4. für Aufträge im Zusammenhang mit der Bereitstellung von Luft- und Seeverkehrsdienstleistungen für die Streit- oder Sicherheitskräfte, die im Ausland eingesetzt werden oder eingesetzt werden sollen, wenn der Auftraggeber diese Dienste bei Unternehmen beschaffen muss, die die Gültigkeit ihrer Angebote nur für so kurze Zeit garantieren, dass auch die verkürzte Frist für das nicht offene Verfahren oder das Verhandlungsverfahren mit Teilnahmewettbewerb einschließlich der verkürzten Fristen gemäß § 20 Absatz 2 Satz 2 und Absatz 3 Satz 2 nicht eingehalten werden kann.

(2) Die Auftraggeber müssen die Anwendung des Verhandlungsverfahrens ohne Teilnahmewettbewerb in der Bekanntmachung gemäß § 35 begründen.

§ 13 VSVgV Wettbewerblicher Dialog

(1) Auftraggeber im Sinne des § 98 Nummer 1 bis 3 des Gesetzes gegen Wettbewerbsbeschränkungen können einen wettbewerblichen Dialog gemäß § 101 Absatz 4 Satz 1 des Gesetzes gegen Wettbewerbsbeschränkungen zur Vergabe besonders komplexer Aufträge durchführen, sofern sie objektiv nicht in der Lage sind,

1. die technischen Mittel anzugeben, mit denen ihre Bedürfnisse und Ziele erfüllt werden können, oder

2. die rechtlichen oder finanziellen Bedingungen des Vorhabens anzugeben.

(2) Im wettbewerblichen Dialog erfolgen gemäß § 101 Absatz 4 Satz 2 des Gesetzes gegen Wettbewerbsbeschränkungen eine Aufforderung zur Teilnahme und anschließende Verhandlungen mit ausgewählten Unternehmen über alle Einzelheiten des Auftrags. Im Einzelnen gehen die Auftraggeber wie folgt vor:

1. Die Auftraggeber müssen ihre Bedürfnisse und Anforderungen bekannt machen und erläutern. Die Erläuterung erfolgt in der Bekanntmachung oder der Leistungsbeschreibung.

2. Mit den nach §§ 6, 7, 8 und 21 bis 28 ausgewählten geeigneten Unternehmen eröffnen die Auftraggeber einen Dialog, in dem sie ermitteln und festlegen, wie ihre Bedürfnisse am besten erfüllt werden können. Dabei können sie mit den ausgewählten Unternehmen alle Einzelheiten des Auftrags erörtern. Die Auftraggeber müssen alle Unternehmen bei dem Dialog gleich behandeln. Insbesondere enthalten sie sich jeder diskriminierenden Weitergabe von Informationen, durch die bestimmte Bieter gegenüber anderen begünstigt werden können. Der Auftraggeber darf Lösungsvorschläge oder vertrauliche Informationen eines Unternehmens nicht ohne dessen Zustimmung an die anderen Unternehmen weitergeben.

3. Die Auftraggeber können vorsehen, dass der Dialog in verschiedenen aufeinanderfolgenden Phasen abgewickelt wird, um die Zahl der in der Dialogphase zu erörternden Lösungsvorschläge anhand der in der Bekanntmachung oder in den Vergabeunterlagen angegebenen Zuschlagskriterien zu verringern. In der Bekanntmachung oder in der Leistungsbeschreibung ist anzugeben, ob diese Möglichkeit in Anspruch genommen wird. In der Schlussphase müssen noch so viele Angebote vorliegen, dass ein echter Wettbewerb gewährleistet ist, sofern eine ausreichende Zahl von Lösungen vorhanden ist. Die Unternehmen, deren Lösungen nicht für die nächstfolgende Dialogphase vorgesehen sind, werden darüber informiert.

4. Die Auftraggeber erklären den Dialog für abgeschlossen, wenn eine oder mehrere Lösungen gefunden worden sind, die ihre Bedürfnisse erfüllen oder erkennbar ist, dass keine Lösung gefunden werden kann. Im Falle der ersten Alternative fordern sie die Unternehmen auf, auf der Grundlage der eingereichten und in der Dialogphase näher ausgeführten Lösungen ihr endgültiges Angebot vorzulegen, das alle zur Ausführung des Projekts erforderlichen Einzelheiten enthalten muss. Die Auftraggeber können verlangen, dass Präzisierungen, Klarstellungen und Ergänzungen zu diesen Angeboten gemacht werden. Diese Präzisierungen, Klarstellungen oder Ergänzungen dürfen jedoch keine Änderung der grundlegenden Elemente des Angebots

oder der Ausschreibung zur Folge haben, die den Wettbewerb verfälschen oder diskriminierend wirken könnte.

5. Die Auftraggeber müssen die Angebote aufgrund der in der Bekanntmachung oder in den Vergabeunterlagen festgelegten Zuschlagskriterien bewerten. Der Zuschlag darf ausschließlich auf das wirtschaftlichste Angebot erfolgen. Auftraggeber dürfen das Unternehmen, dessen Angebot als das wirtschaftlichste ermittelt wurde, auffordern, bestimmte Einzelheiten des Angebots näher zu erläutern oder im Angebot enthaltene Zusagen zu bestätigen. Dies darf nicht dazu führen, dass wesentliche Aspekte des Angebots oder der Ausschreibung geändert werden, und dass der Wettbewerb verzerrt wird oder andere am Verfahren beteiligte Unternehmen diskriminiert werden.

6. Verlangen die Auftraggeber, dass die am wettbewerblichen Dialog teilnehmenden Unternehmen Entwürfe, Pläne, Zeichnungen, Berechnungen oder andere Unterlagen ausarbeiten, müssen sie einheitlich für alle Unternehmen, die die geforderte Unterlage rechtzeitig vorgelegt haben, eine angemessene Kostenerstattung hierfür gewähren.

§ 14 VSVgV Rahmenvereinbarungen

(1) Für den Abschluss einer Rahmenvereinbarung im Sinne des § 4 Absatz 2 befolgen die Auftraggeber die Verfahrensvorschriften dieser Verordnung. Für die Auswahl des Auftragnehmers gelten die Zuschlagskriterien gemäß § 34. Auftraggeber dürfen das Instrument einer Rahmenvereinbarung nicht missbräuchlich oder in einer Weise anwenden, durch die der Wettbewerb behindert, eingeschränkt oder verfälscht wird. Auftraggeber dürfen für dieselbe Leistung nicht mehrere Rahmenvereinbarungen abschließen.

(2) Auftraggeber vergeben Einzelaufträge nach dem in den Absätzen 3 bis 5 vorgesehenen Verfahren. Die Vergabe darf nur erfolgen durch Auftraggeber, die ihren voraussichtlichen Bedarf für das Vergabeverfahren gemeldet haben, an Unternehmen, mit denen die Rahmenvereinbarungen abgeschlossen wurden. Bei der Vergabe der Einzelaufträge dürfen die Parteien keine wesentlichen Änderungen an den Bedingungen dieser Rahmenvereinbarung vornehmen. Dies gilt insbesondere für den Fall, dass die Rahmenvereinbarung mit einem einzigen Unternehmen geschlossen wurde.

(3) Wird eine Rahmenvereinbarung mit einem einzigen Unternehmen geschlossen, so werden die auf dieser Rahmenvereinbarung beruhenden Einzelaufträge entsprechend den Bedingungen der Rahmenvereinbarung vergeben. Vor der Vergabe der Einzelaufträge können die Auftraggeber das an der Rahmenvereinbarung beteiligte Unternehmen schriftlich befragen und dabei auffordern, sein Angebot erforderlichenfalls zu vervollständigen.

(4) Wird eine Rahmenvereinbarung mit mehreren Unternehmen geschlossen, so müssen mindestens drei Unternehmen beteiligt sein, sofern eine ausreichend große Zahl von Unternehmen die Eignungskriterien oder eine ausreichend große Zahl von zulässigen Angeboten die Zuschlagskriterien erfüllt.

(5) Die Vergabe von Einzelaufträgen, die auf einer mit mehreren Unternehmen geschlossenen Rahmenvereinbarung beruhen, erfolgt, sofern

1. alle Bedingungen festgelegt sind, nach den Bedingungen der Rahmenvereinbarung ohne erneuten Aufruf zum Wettbewerb oder

2. nicht alle Bedingungen in der Rahmenvereinbarung festgelegt sind, nach erneutem Aufruf der Parteien zum Wettbewerb zu denselben Bedingungen, die erforderlichenfalls zu präzisieren sind, oder nach anderen in den Vergabeunterlagen zur Rahmenvereinbarung genannten Bedingungen. Dabei ist folgendes Verfahren einzuhalten:

a) Vor Vergabe jedes Einzelauftrags befragen die Auftraggeber schriftlich die Unternehmen, ob sie in der Lage sind, den Einzelauftrag auszuführen.

b) Auftraggeber setzen eine angemessene Frist für die Abgabe der Angebote für jeden Einzelauftrag; dabei berücksichtigen sie insbesondere die Komplexität des Auftragsgegenstands und die für die Übermittlung der Angebote erforderliche Zeit.

c) Auftraggeber geben an, in welcher Form die Angebote einzureichen sind, der Inhalt der Angebote ist bis zum Ablauf der Angebotsfrist geheim zu halten.

d) Die Auftraggeber vergeben die einzelnen Aufträge an das Unternehmen, das auf der Grundlage der in der Rahmenvereinbarung aufgestellten Zuschlagskriterien das wirtschaftlichste Angebot abgegeben hat.

(6) Die Laufzeit einer Rahmenvereinbarung darf sieben Jahre nicht überschreiten. Dies gilt nicht in Sonderfällen, in denen auf Grund der zu erwartenden Nutzungsdauer gelieferter Güter, Anlagen oder Systeme und der durch einen Wechsel des Unternehmens entstehenden technischen Schwierigkeiten eine längere Laufzeit gerechtfertigt ist. Die Auftraggeber begründen die längere Laufzeit in der Bekanntmachung gemäß § 35.

§ 38 VSVgV Allgemeine Vorgaben zur Unterauftragsvergabe

(1) In den Fällen des § 9 Absatz 3 Nummer 1 und 2 vergeben Auftragnehmer, die keine öffentlichen Auftraggeber im Sinne des § 98 des Gesetzes gegen Wettbewerbsbeschränkungen oder vergleichbarer Normen anderer Mitgliedstaaten der Europäischen Union sind, Unteraufträge an Dritte nach den Vorschriften dieses Teils. Die Auftragnehmer vergeben Unteraufträge im Wege transparenter Verfahren und behandeln sämtliche potenzielle Unterauftragnehmer gleich und in nicht diskriminierender Weise.

(2) Für die Zwecke von Absatz 1 gelten Bietergemeinschaften oder mit dem Auftragnehmer verbundene Unternehmen nicht als Unterauftragnehmer im Sinne dieses Teils. Der Bieter fügt dem Angebot eine vollständige Liste dieser Unternehmen bei. Ergeben sich Änderungen in den Beziehungen zwischen den Unternehmen, ist dem Auftraggeber darüber eine aktualisierte Liste zur Verfügung zu stellen.

(3) Auftragnehmer, die öffentliche Auftraggeber sind, halten bei der Unterauftragsvergabe die Vorschriften dieser Verordnung über die Vergabe von Hauptaufträgen ein.

(4) Für die Schätzung des Wertes von Unteraufträgen gilt § 3 entsprechend.

§ 39 VSVgV Bekanntmachung

(1) Der Auftragnehmer veröffentlicht seine Absicht, einen Unterauftrag zu vergeben, in Form einer Bekanntmachung. Die Bekanntmachung enthält zumindest die in Anhang IV der Richtlinie 2009/81/EG aufgeführten Informationen sowie die Auswahlkriterien des § 40 Absatz 1. Für die Bekanntmachung ist die Einwilligung des Auftraggebers einzuholen. Die Bekanntmachung ist gemäß den Mustern der Europäischen Kommission für Standardformulare abzufassen und wird gemäß § 18 Absatz 4 und 5 veröffentlicht.

(2) Eine Bekanntmachung über Unteraufträge ist nicht erforderlich, wenn in entsprechender Anwendung des § 12 eine Bekanntmachung verzichtbar ist, weil ein Verhandlungsverfahren ohne Teilnahmewettbewerb zulässig wäre.

§ 40 VSVgV Kriterien zur Auswahl der Unterauftragsnehmer

(1) In der Bekanntmachung für den Unterauftrag gibt der Auftragnehmer die vom Auftraggeber festgelegten Eignungskriterien sowie alle anderen Kriterien an, die er für die Auswahl der Unterauftragnehmer anwenden wird. Diese Kriterien müssen objektiv und nicht diskriminierend sein und im Einklang mit den Kriterien stehen, die der Auftraggeber für die Auswahl der Bieter für den Hauptauftrag angewandt hat. Die geforderte Leistungsfähigkeit muss in unmittelbarem Zusammenhang mit dem Gegenstand des Unterauftrags stehen und das Niveau der geforderten Fähigkeiten muss dem Gegenstand des Unterauftrags angemessen sein.

(2) Der Auftraggeber darf vom Auftragnehmer nicht verlangen, einen Unterauftrag zu vergeben, wenn dieser nachweist, dass keiner der Unterauftragnehmer, die an dem Wettbewerb teilnehmen, oder keines der eingereichten Angebote die in der Bekanntmachung über den Unterauftrag genannten Kriterien erfüllt und es daher dem erfolgreichen Bieter unmöglich wäre, die Anforderungen des Hauptauftrags zu erfüllen.

§ 41 VSVgV Unteraufträge aufgrund einer Rahmenvereinbarung

(1) Der Auftragnehmer kann die Anforderungen an die Vergabe von Unteraufträgen im Sinne des § 9 Absatz 3 Nummer 1 und 2 erfüllen, indem er Unteraufträge auf der Grundlage einer Rahmenvereinbarung vergibt, die unter Einhaltung des § 38 Absatz 1 Satz 2, der §§ 39 und 40 geschlossen wurde. Unteraufträge auf der Grundlage einer solchen Rahmenvereinbarung werden gemäß den Bedingungen der Rahmenvereinbarung vergeben. Sie dürfen nur an Unternehmen vergeben werden, die von Anfang an Parteien der Rahmenvereinbarung waren.

(2) Für die durch den Auftragnehmer geschlossene Rahmenvereinbarung gilt § 14 Absatz 1 Satz 2 und Absatz 6 Satz 1 und 2 entsprechend.

VOB/A VS:

§ 3 VS VOB/A Arten der Vergabe

(1) Bauaufträge im Sinne von § 1 VS werden von öffentlichen Auftraggebern nach § 98 Nummer 1 bis 3 GWB vergeben:

1. im nicht offenen Verfahren; bei einem nicht offenen Verfahren wird öffentlich zur Teilnahme, aus dem Bewerberkreis sodann eine beschränkte Anzahl von Unternehmen zur Angebotsabgabe aufgefordert,

2. im Verhandlungsverfahren; beim Verhandlungsverfahren mit oder ohne öffentliche Vergabebekanntmachung wendet sich der Auftraggeber an ausgewählte Unternehmen und verhandelt mit einem oder mehreren dieser Unternehmen über die von diesen unterbreiteten Angebote, um diese entsprechend den in der Bekanntmachung, den Vergabeunterlagen und etwaigen sonstigen Unterlagen angegebenen Anforderungen anzupassen,

3. im wettbewerblichen Dialog; ein wettbewerblicher Dialog ist ein Verfahren zur Vergabe besonders komplexer Aufträge, bei dem nach Aufforderung zur Teilnahme Verhandlungen mit ausgewählten Unternehmen über alle Einzelheiten des Auftrags erfolgen.

(2) Die Vergabe von Aufträgen erfolgt im nicht offenen Verfahren oder im Verhandlungsverfahren mit Veröffentlichung einer Bekanntmachung. In begründeten Ausnahmefällen ist ein Verhandlungsverfahren ohne öffentliche Vergabebekanntmachung oder ein wettbewerblicher Dialog zulässig.

(3) Das Verhandlungsverfahren ohne öffentliche Vergabebekanntmachung ist zulässig,

1. wenn bei einem nicht offenen Verfahren, einem Verhandlungsverfahren mit öffentlicher Vergabebekanntmachung oder einem wettbewerblichen Dialog

a) keine wirtschaftlichen Angebote abgegeben worden sind und

b) die ursprünglichen Vertragsunterlagen nicht grundlegend geändert werden und

c) in das Verhandlungsverfahren alle Bieter aus dem vorausgegangenen Verfahren einbezogen werden, die fachkundig, leistungsfähig sowie gesetzestreu und zuverlässig sind,

2. wenn bei einem nicht offenen Verfahren, einem Verhandlungsverfahren mit öffentlicher Vergabebekanntmachung oder einem wettbewerblichen Dialog

a) keine Angebote oder keine Bewerbungen abgegeben worden sind oder

b) nur solche Angebote abgegeben worden sind, die nach § 16 VS Absatz 1 auszuschließen sind,

und die ursprünglichen Vertragsunterlagen nicht grundlegend geändert werden.

3. wenn die Arbeiten aus technischen Gründen oder auf Grund des Schutzes von Ausschließlichkeitsrechten nur von einem bestimmten Unternehmen ausgeführt werden können,

4. wenn wegen der Dringlichkeit der Leistung aus zwingenden Gründen infolge von Ereignissen, die der Auftraggeber nicht verursacht hat und nicht voraussehen konnte, oder wegen dringlicher Gründe in Krisensituationen die in § 10 VS Absatz 1, 2 und 3 Nummer 1 vorgeschriebenen Fristen nicht eingehalten werden können,

5. wenn an einen Auftragnehmer zusätzliche Leistungen vergeben werden sollen, die weder in dem der Vergabe zugrunde liegenden Entwurf noch im ursprünglich geschlossenen Vertrag vorgesehen sind, die aber wegen eines unvorhergesehenen Ereignisses zur Ausführung der darin beschriebenen Leistung erforderlich sind, sofern diese Leistungen

a) sich entweder aus technischen oder wirtschaftlichen Gründen nicht ohne wesentliche Nachteile für den Auftraggeber vom ursprünglichen Auftrag trennen lassen oder

b) für die Vollendung der im ursprünglichen Auftrag beschriebenen Leistung unbedingt erforderlich sind, auch wenn sie getrennt vergeben werden könnten;

Voraussetzung dafür ist, dass der geschätzte Gesamtwert der Aufträge für die zusätzlichen Bauleistungen die Hälfte des Wertes des ursprünglichen Auftrages nicht überschreitet,

6. wenn gleichartige Bauleistungen wiederholt werden, die durch denselben Auftraggeber an den Auftragnehmer vergeben werden, der den ursprünglichen Auftrag erhalten hat, und wenn sie einem Grundentwurf entsprechen und dieser Gegenstand des ursprünglichen Auftrags war, der nach einem nicht offenen Verfahren, einem Verhandlungsverfahren mit öffentlicher Vergabebekanntmachung oder im wettbewerblichen Dialog vergeben wurde. Die Möglichkeit, dieses Verfahren anzuwenden, muss bereits bei der Bekanntmachung der Ausschreibung für das erste Vorhaben angegeben werden; der für die Fortsetzung der Bauarbeiten in Aussicht gestellte Gesamtauftragswert wird vom öffentlichen Auftraggeber bei der Anwendung von § 1 VS berücksichtigt. Dieses Verfahren darf jedoch nur innerhalb von fünf Jahren nach Abschluss des ersten Auftrags angewandt werden.

Die Fälle der Nummern 5 und 6 sind nur anzuwenden bei der Vergabe von Aufträgen mit mindestens einem Auftragswert nach § 1 VS Absatz 2 Nummer 2.

(4) 1. Der öffentliche Auftraggeber trägt dafür Sorge, dass alle Bieter bei den Verhandlungen gleich behandelt werden. Insbesondere enthält er sich jeder diskriminierenden Weitergabe von Informationen, durch die bestimmte Bieter gegenüber anderen begünstigt werden könnten.

2. Der Auftraggeber kann vorsehen, dass das Verhandlungsverfahren in verschiedenen aufeinander folgenden Phasen durchgeführt wird. In jeder Verhandlungsphase kann die Zahl der Angebote, über die verhandelt wird, auf der Grundlage der in der Bekanntmachung oder in den Vertragsunterlagen angegebenen Zuschlagskriterien verringert werden. In der Schlussphase müssen noch so viele Angebote vorliegen, dass ein Wettbewerb gewährleistet ist.

(5) 1. Der wettbewerbliche Dialog ist zulässig, wenn der Auftraggeber objektiv nicht in der Lage ist,

a) die technischen Mittel anzugeben, mit denen seine Bedürfnisse und Anforderungen erfüllt werden können, oder

b) die rechtlichen oder finanziellen Bedingungen des Vorhabens anzugeben.

2. Der Auftraggeber hat seine Bedürfnisse und Anforderungen bekannt zu machen; die Erläuterung dieser Anforderungen erfolgt in der Bekanntmachung oder in einer Beschreibung.

3. Mit den Unternehmen, die im Anschluss an die Bekanntmachung nach Nummer 2 ausgewählt wurden, ist ein Dialog zu eröffnen. In dem Dialog legt der Auftraggeber fest, wie seine Bedürfnisse am besten erfüllt werden können; er kann mit den ausgewählten Unternehmen alle Einzelheiten des Auftrags erörtern.

4. Der Auftraggeber hat dafür zu sorgen, dass alle Unternehmen bei dem Dialog gleich behandelt werden; insbesondere darf er Informationen nicht so weitergeben, dass bestimmte Unternehmen begünstigt werden könnten. Der Auftraggeber darf Lösungsvorschläge oder vertrauliche Informationen eines Unternehmens

a) nicht ohne dessen Zustimmung an die anderen Unternehmen weitergeben und

b) nur im Rahmen des Vergabeverfahrens verwenden.

5. Der Auftraggeber kann vorsehen, dass der Dialog in verschiedenen aufeinander folgenden Phasen geführt wird. In jeder Dialogphase kann die Zahl der zu erörternden Lösungen auf Grundlage der in der Bekanntmachung oder in den Vergabeunterlagen angegebenen Zuschlagskriterien verringert werden. Der Auftraggeber hat die Unternehmen zu informieren, wenn deren Lösungen nicht für die nächstfolgende Dialogphase vorgesehen sind. In der Schlussphase müssen noch so viele Angebote vorliegen, dass ein Wettbewerb gewährleistet ist.

6. Der Auftraggeber hat den Dialog für abgeschlossen zu erklären, wenn

a) eine Lösung gefunden worden ist, die seine Bedürfnisse und Anforderungen erfüllt, oder

b) erkennbar ist, dass keine Lösung gefunden werden kann.

Der Auftraggeber hat die Unternehmen über den Abschluss des Dialogs zu informieren.

7. Im Fall von Nummer 6 Buchstabe a hat der Auftraggeber die Unternehmen aufzufordern, auf der Grundlage der eingereichten und in der Dialogphase näher ausgeführten Lösungen ihr endgültiges Angebot vorzulegen. Die Angebote müssen alle Einzelheiten enthalten, die zur Ausführung des Projekts erforderlich sind. Der Auftraggeber kann verlangen, dass Präzisierungen, Klarstellungen und Ergänzungen zu diesen Angeboten gemacht werden. Diese Präzisierungen, Klarstellungen oder Ergänzungen dürfen jedoch nicht dazu führen, dass grundlegende Elemente des Angebotes oder der Ausschreibung geändert werden, dass der Wettbewerb verzerrt wird oder andere am Verfahren beteiligte Unternehmen diskriminiert werden.

8. Der Auftraggeber hat die Angebote auf Grund der in der Bekanntmachung oder in den Vergabeunterlagen festgelegten Zuschlagskriterien zu bewerten und das wirtschaftlichste Angebot auszuwählen. Der Auftraggeber darf das Unternehmen, dessen Angebot als das wirtschaftlichste ermittelt wurde, auffordern, bestimmte Einzelheiten des Angebotes näher zu erläutern oder im Angebot enthaltene Zusagen zu bestätigen. Dies darf nicht dazu führen, dass wesentliche Aspekte des Angebotes oder der Ausschreibung geändert werden, und dass der Wettbewerb verzerrt wird oder andere am Verfahren beteiligte Unternehmen diskriminiert werden.

9. Verlangt der Auftraggeber, dass die am wettbewerblichen Dialog teilnehmenden Unternehmen Entwürfe, Pläne, Zeichnungen, Berechnungen oder andere Unterlagen ausarbeiten, muss er einheitlich allen Unternehmen, die die geforderten Unterlagen rechtzeitig vorgelegt haben, eine angemessene Kostenerstattung gewähren.

Literatur:
Siehe die Literaturangaben zu § 59 sowie *Amelung* Ausgewählte Fragen im Zusammenhang mit der Benennung von Nachunternehmern im Vergabeverfahren, ZfBR 2013, 337; *Boesen/Upleger* Das Gebot der Selbstausführung und das Recht zur Unterbeauftragung, NVwZ 2004, 919; *Burgi* Nachunternehmerschaft und wettbewerbliche Untervergabe, NZBau 2010, 593; *Conrad* Die vergaberechtliche Unterscheidung zwischen Nachunternehmereinsatz und Eignungsleihe, VergabeR 2012, 15; *Franke* Rechtsschutz bei der Vergabe von Rahmenvereinbarungen, ZfBR 2006, 546; *Kapellmann/ Messerschmidt* VOB Teile A und B, 4. Aufl. 2013; *Kirch/E.-D. Leinemann* Alles neu? Mindestlohnvorgaben und Eigenleistungsquoten nach der Vergaberechtsmodernisierung, VergabeR 2009, 414; *Leinemann/Kirch* VSVgV, 2013; *Prieß/Hölzl* Ausnahmen bleiben die Ausnahme! Zu den Voraussetzungen der Rüstungs-, Sicherheits- und Geheimhaltungsausnahme sowie eines Verhandlungsverfahrens ohne Vergabebekanntmachung, NZBau 2008, 563; *Rosenkötter/Bary* Eignungsleihe doch nur als Nachunternehmer?, NZBau 2012, 486; *Roth* Änderung der Zusammensetzung von Bietergemeinschaften und Austausch von Nachunternehmern im laufenden Vergabeverfahren, NZBau 2005, 316; *Stoye* Generalübernehmervergabe – nötig ist ein Paradigmenwechsel bei den Vergaberechtlern, NZBau 2004, 648; *Trybus* The tailor-made EU Defence and Security Procurement Directive: limitation, flexibility, descriptiveness, and substitution, ELRev 2013, 3.

A. Einleitung

1 Die Bestimmungen der Vergabeverordnung Verteidigung und Sicherheit und des Abschnitts 3 der VOB/A beschränken sich nicht darauf, die Besonderheiten der Auftragsvergabe in den Bereichen Verteidigung und Sicherheit als Abweichungen von den Bestimmungen des allgemeinen Vergaberechts zu normieren, sondern regeln innerhalb ihres jeweiligen Anwendungsbereichs das Vergabeverfahren umfassend.[1] Daraus folgt, dass beide Normenkomplexe in weiten Teilen die Bestimmungen des jeweils zweiten Abschnitts der VOL/A bzw. VOB/A inhaltsgleich übernehmen und davon lediglich in einzelnen Punkten abweichen. Die folgenden Erläuterungen beschränken sich deshalb auf die **wesentlichen Abweichungen** des Vergabeverfahrens in den Bereichen Verteidigung und Sicherheit von den Vergabeverfahren des allgemeinen Kartellvergaberechts, soweit diese Abweichungen nicht Gegenstand einer gesonderten Darstellung innerhalb dieses Kapitels sind. Hinsichtlich der übrigen Bestimmungen der Vergabeverordnung Verteidigung und Sicherheit und des Abschnitts 3 der VOB/A, die hier nicht gesondert erläutert werden, können die Erläuterungen zu der jeweils entsprechenden Bestimmung des Abschnitts 2 der VOL/A oder der VOB/A herangezogen werden.

B. Nachrangige Dienstleistungen

2 Gewisse Unterschiede zu den Bestimmungen des allgemeinen Kartellvergaberechts bestehen in der Einordnung und Behandlung nachrangiger Dienstleistungen[2]. In Anlehnung an die Regelungen in § 4 Abs. 2 VgV und § 1 EG Abs. 2 und 3 VOL/A unterscheidet **§ 5 VSVgV** zwischen Dienstleistungen nach § 5 Abs. 1 VSVgV, für die sämtliche Bestimmungen der Verordnung gelten, und den nachrangigen Dienstleistungen gemäß § 5 Abs. 2 VSVgV. Bei gemischten Dienstleistungsaufträgen kommt es gemäß § 5 Abs. 3 VSVgV darauf an, welcher Teil überwiegt.

3 Die Unterscheidung geht zurück auf **Art. 15 f. RL 2009/81/EG**. Sie trägt nach der Vorstellung des Richtliniengebers dem Umstand Rechnung, dass die volle Anwendung der Richtlinie auf diejenigen Dienstleistungsaufträge beschränkt werden soll, bei denen die Unterwerfung unter das Vergaberecht dazu beitragen soll, *„das volle Wachstumspotenzial des grenzüberschreitenden Handels auszuschöpfen."*[3] Hinsichtlich der übrigen, nachrangigen Dienstleistungen soll der Markt für einen Übergangszeitraum beobachtet werden.

4 Anders als § 4 Abs. 2 Nr. 2 VgV unterwirft § 5 Abs. 2 VSVgV die nachrangigen Dienstleistungen **keinen besonderen Verfahrensregeln**. Anwendbar sind vielmehr lediglich die aus § 15 und § 35 VSVgV folgenden Vorschriften über die Leistungsbeschreibung und die Bekanntmachung vergebener Aufträge. Daneben gelten die höherrangigen Bestimmungen des vierten Teils des GWB.[4]

5 Die Zuordnung einzelner Dienstleistungen zu den Kategorien nach § 5 Abs. 1 und Abs. 2 VSVgV bestimmt sich nach der Einteilung in **Anhang I und Anhang II der Richtlinie 2009/81/EG**. Die dort vorgenommene Zuordnung entspricht überwiegend, aber nicht vollständig der Einteilung in Anhang II Teil A und B der VKR und in Anhang I Teil A und B der VOL/A. Insbesondere enthält der Anhang I der Richtlinie 2009/81/EG mit den Kategorien Nr. 2 (Militärhilfe für das Ausland), Nr. 3 (Verteidigung, militärische Verteidigung und zivile Verteidigung), Nr. 4 (Detekteien sowie Wach- und Sicherheitsdienste) und Nr. 20 (Ausbildungs-, Schulungs- und Simulationsleistungen in den Bereichen Verteidigung und Sicherheit) verteidigungs- und sicherheitsspezifische Dienstleis-

---

[1] S. dazu unter § 59 Rn. 8 f.
[2] Dazu allgemein unter § 2 Rn. 68 ff.; § 74 Rn. 18 ff.
[3] RL 2009/81/EG Erwägungsgrund 37; vgl. ferner VKR Erwägungsgrund 19.
[4] *Leinemann* in Leinemann/Kirch, § 5 VSVgV Rn. 1, 4.

tungen, die in der Aufzählung in Anhang II Teil A der VKR nicht erscheinen und dort unter den Auffangtatbestand der sonstigen Dienstleistungen (Kategorie Nr. 27 in Anhang II Teil B) fallen. Darüber hinaus sind die Dienstleistungen der Eisenbahnen, der Schifffahrt sowie bestimmter Neben- und Hilfstätigkeiten des Verkehrs dem Anhang I der Richtlinie 2009/81/EG zugewiesen (Kategorie Nr. 8 bis 10), während sie innerhalb der VKR zu den nachrangigen Dienstleistungen gemäß Anhang II Teil B (Kategorien Nr. 18 bis 20) gehören.

C. Vergabearten

I. Vorgesehene Vergabearten

Ein wesentlicher Unterschied des Vergabeverfahrens in den Bereichen Verteidigung und Sicherheit zu den Vergabeverfahren des allgemeinen Kartellvergaberechts liegt in den zur Verfügung stehenden **Vergabearten.** Gemäß § 101 Abs. 7 Satz 3 GWB, § 11 Abs. 1 VSVgV und § 3 VS Abs. 1 VOB/A werden Aufträge ausschließlich im nicht offenen Verfahren, im Verhandlungsverfahren mit oder ohne Bekanntmachung oder im wettbewerblichen Dialog vergeben. Das offene Verfahren als Regelverfahren des allgemeinen Kartellvergaberechts (§ 101 Abs. 7 Satz 1 GWB) steht somit für Auftragsvergaben im Anwendungsbereich der VSVgV und des Abschnitts 3 der VOB/A nicht zur Verfügung[5]. Dies geht zurück auf Art. 25 2. Unterabs. RL 2009/81/EG. 6

II. Wahl der Vergabeart

Die Wahl der Vergabeart ist in den Bereichen Verteidigung und Sicherheit im Vergleich mit dem allgemeinen Kartellvergaberecht deutlich erleichtert. Gemäß § 101 Abs. 7 Satz 3 GWB, § 11 Abs. 1 Satz 1 VSVgV und § 3 VS Abs. 2 Satz 1 VOB/A können Auftraggeber zwischen dem nicht offenen Verfahren und dem Verhandlungsverfahren mit Teilnahmewettbewerb **frei wählen.**[6] Dadurch soll dem Umstand Rechnung getragen werden, dass die hohen Anforderungen, die an die Auftragserfüllung in den Bereichen Verteidigung und Sicherheit gestellt werden, oftmals eingehende Verhandlungen bei der Auftragsvergabe erfordern.[7] Das Verhandlungsverfahren ohne Teilnahmewettbewerb und der wettbewerbliche Dialog hingegen können auch hier nur in bestimmten Ausnahmefällen gewählt werden, die sich aus § 12 VSVgV und aus § 3 VS VOB/A ergeben. 7

1. § 12 VSVgV

a) Verhandlungsverfahren ohne Teilnahmewettbewerb

Das **Verhandlungsverfahren ohne Teilnahmewettbewerb** ist im Anwendungsbereich der Vergabeverordnung Verteidigung und Sicherheit nur zulässig, wenn einer der in § 12 VSVgV genannten Ausnahmetatbestände erfüllt ist. Diese gehen auf Art. 28 RL 2009/81/EG zurück und entsprechen weitgehend den in § 3 EG Abs. 4 VOL/A normierten Fällen,[8] so dass die für § 3 EG Abs. 4 VOL/A entwickelten Maßgaben[9] hier grundsätzlich ebenfalls herangezogen werden können. In der Normstruktur unterscheidet § 12 Abs. 1 VSVgV zwischen Ausnahmetatbeständen, die für Liefer- und Dienstleistungsaufträge glei- 8

---

[5] Kirch in Leinemann/Kirch, § 11 VSVgV Rn. 2, § 3 VOB/A-VS Rn. 2.
[6] Byok NVwZ 2012, 70, 72; Roth/Lamm NZBau 2012, 609, 611; zur RL 2009/81/EG Trybus ELRev 2013, 3, 18; Heuninckx PPLR 2011, 9, 14.
[7] RL 2009/81/EG Erwägungsgrund 47.
[8] Vgl. RL 2009/81/EG Erwägungsgrund 51.
[9] S. dazu unter § 9 Rn. 58 ff.

chermaßen gelten (§ 12 Abs. 1 Nr. 1 VSVgV), und solchen, die entweder nur bei Lieferaufträgen (§ 12 Abs. 1 Nr. 2 VSVgV) oder nur bei Dienstleistungsaufträgen (§ 12 Abs. 1 Nr. 3 VSVgV) herangezogen werden können. § 12 Abs. 1 Nr. 4 VSVgV steht außerhalb dieser Einteilung und betrifft Aufträge im Zusammenhang mit der Bereitstellung von Luft- und Seeverkehrsdienstleistungen für Streit- oder Sicherheitskräfte, die im Ausland eingesetzt werden.

9 Sind in einem nicht offenen Verfahren, in einem Verhandlungsverfahren mit Teilnahmewettbewerb oder in einem wettbewerblichen Dialog **keine oder keine geeigneten Angebote oder Bewerbungen eingegangen,** erlaubt § 12 Abs. 1 Nr. 1 lit. a) aa) VSVgV die Auftragsvergabe in einem Verhandlungsverfahren ohne Teilnahmewettbewerb, sofern die ursprünglichen Bedingungen des Auftrags nicht grundlegend geändert werden. Die Norm entspricht § 3 EG Abs. 4 lit. a) VOL/A, geht aber insoweit über den dortigen Ausnahmetatbestand hinaus, als die Wahl des Verhandlungsverfahrens ohne Teilnahmewettbewerb hier auch dann gestattet wird, wenn keine geeigneten Angebote abgegeben werden, während § 3 EG Abs. 4 lit. a) VOL/A sich dem Wortlaut nach auf die Fälle beschränkt, in denen keine oder keine wirtschaftlichen Angebote abgegeben wurden. Dadurch soll klargestellt werden, dass das Verhandlungsverfahren ohne Teilnahmewettbewerb auch dann gewählt werden kann, wenn im vorangehenden Verfahren nur Angebote abgegeben wurden, die aus anderen Gründen als mangels Wirtschaftlichkeit nicht angenommen werden konnten.[10]

10 Wenn keine ordnungsgemäßen Angebote oder nur Angebote abgegeben worden sind, die nach dem geltenden Vergaberecht oder nach den im Vergabeverfahren zu beachtenden Rechtsvorschriften unannehmbar sind, kann gemäß § 12 Abs. 1 Nr. 1 lit. a) bb) VSVgV das Verhandlungsverfahren ohne Teilnahmewettbewerb gewählt werden. Auch in diesen Fall dürfen die ursprünglichen Bedingungen des Auftrags nicht grundlegend geändert werden; zudem dürfen nur die Bieter einbezogen werden, die die Eignungskriterien erfüllen und im Verlauf des vorangegangenen Vergabeverfahrens Angebote eingereicht haben, die den formalen Voraussetzungen für das Vergabeverfahren entsprechen. Die Regelung ist inhaltlich an § 3 EG Abs. 3 lit. a) VOL/A angelehnt, enthält aber Abweichungen im Wortlaut.

11 In **Dringlichkeitsfällen** erlaubt § 12 Abs. 1 Nr. 1 lit. b) VSVgV ebenso wie § 3 EG Abs. 4 lit. d) VOL/A den Rückgriff auf das Verhandlungsverfahren ohne Teilnahmewettbewerb, wobei maßgeblich für die Bejahung einer Dringlichkeitslage ist, dass die in § 20 VSVgV normierten Fristen, und zwar auch unter Heranziehung der Verkürzungsmöglichkeiten nach § 20 Abs. 2 Satz 2 und § 20 Abs. 3 Satz 2 VSVgV, nicht eingehalten werden können[11]. Während § 12 Abs. 1 Nr. 1 lit. b) bb) VSVgV der Regelung in § 3 EG Abs. 4 lit. d) VOL/A entspricht, handelt es sich bei § 12 Abs. 1 Nr. 2 lit. b) aa) VSVgV um einen eigenen Ausnahmetatbestand für Auftragsvergaben in den Bereichen Verteidigung und Sicherheit. Nach dieser Norm ist ein Verhandlungsverfahren ohne Teilnahmewettbewerb dann zulässig, wenn dringliche Gründe im Zusammenhang mit einer Krise die Einhaltung der Fristen des § 20 VSVgV nicht zulassen. Was eine Krise ist, ergibt sich aus § 4 Abs. 1 VSVgV. Im Unterschied zu § 12 Abs. 1 Nr. 1 lit. b) bb) VSVgV ist es für die Dringlichkeitsvergabe in Krisenfällen nicht erforderlich, dass die dringlichen Gründe für den Auftraggeber nicht vorhersehbar waren; auch kommt es nicht darauf an, ob sie dem Auftraggeber zuzuschreiben sind.

12 § 12 Abs. 1 Nr. 1 lit. c) VSVgV stimmt inhaltlich mit § 3 EG Abs. 4 lit. c) VOL/A überein und gestattet die Wahl des Verhandlungsverfahrens ohne Teilnahmewettbewerb, wenn der Auftrag wegen seiner technischer Besonderheiten oder aufgrund des Schutzes

---

[10] S. die Begründung der Bundesregierung zur Vergabeverordnung Verteidigung und Sicherheit vom 25.5.2012, BR-Drs. 321/12, 47.
[11] Vgl. dazu *Haak/Preißinger* in Willenbruch/Wieddekind, § 3 VOL/A EG Rn. 82.

von Ausschließlichkeitsrechten **nur von einem bestimmten Unternehmen** durchgeführt werden kann.

§ 12 Abs. 1 Nr. 1 lit. d) VSVgV erlaubt die Vergabe von **Forschungs- und Entwicklungsleistungen** im Verhandlungsverfahren ohne Teilnahmewettbewerb. Da Forschungs- und Entwicklungsdienstleistungen in den Fällen des § 100 Abs. 4 Nr. 2 GWB aus dem Anwendungsbereich des Kartellvergaberechts ausgenommen sind,[12] hat diese Norm nur in denjenigen Fällen Bedeutung, in denen die Bereichsausnahme des § 100 Abs. 4 Nr. 2 GWB nicht gilt. Dies ist dann der Fall, wenn die Ergebnisse der Forschungs- und Entwicklungsleistungen ausschließlich Eigentum des Auftraggebers für seinen Gebrauch bei der Ausübung seiner eigenen Tätigkeit werden und wenn die Dienstleistung vollständig vom Auftraggeber vergütet wird. Dies dürfte bei Forschungs- und Entwicklungsaufträgen in den Bereichen Verteidigung und Sicherheit, bei denen es dem Auftraggeber in aller Regel in besonderem Maße auf die Exklusivität und Vertraulichkeit der erarbeiteten Ergebnisse ankommen wird, häufig der Fall sein. Bei der Anwendung von § 12 Abs. 1 Nr. 1 lit. d) VSVgV ist ebenso wie bei der Anwendung von § 12 Abs. 1 Nr. 1 lit. e) VSVgV die Definition der Begriffe von Forschung und Entwicklung in § 4 Abs. 5 VSVgV zu beachten. 13

§ 12 Abs. 1 Nr. 1 lit. e) VSVgV betrifft in Abgrenzung zu § 12 Abs. 1 Nr. 1 lit. d) VSVgV nicht die Beauftragung der Forschungs- und Entwicklungsleistungen selbst, sondern die Beschaffung von Gütern, die ausschließlich **zum Zwecke von Forschung und Entwicklung hergestellt** werden. Sie können im Verhandlungsverfahren ohne Teilnahmewettbewerb vergeben werden, wenn es sich nicht um Serienfertigungen zum Nachweis der Marktfähigkeit oder zur Deckung der Forschungs- und Entwicklungskosten handelt. Die Norm entspricht § 3 EG Abs. 4 lit. b) VOL/A. 14

§ 12 Abs. 1 Nr. 2 lit. a) VSVgV, der Ausnahmetatbestand für die **Vergabe von Folgeaufträgen über zusätzliche Lieferungen,** entspricht im Grundsatz § 3 EG Abs. 4 lit. e) VOL/A. Abweichend von der dortigen Vorgabe wird die Laufzeit dieser Folgeaufträge hier jedoch nicht auf drei, sondern auf fünf Jahre festgelegt. Ausnahmen von dieser Grenze sind in den von der Norm vorgesehenen Fällen möglich. 15

§ 12 Abs. 1 Nr. 2 lit. b) und c) VSVgV erlauben die Vergabe von Lieferaufträgen im Verhandlungsverfahren ohne Teilnahmewettbewerb bei **auf einer Warenbörse notierten und gekauften Waren** und in Fällen, in denen Güter zu besonders günstigen Bedingungen **bei Lieferanten, die ihre Geschäftstätigkeit endgültig einstellen, oder bei Insolvenzverwaltern im Rahmen eines Insolvenzverfahrens** gekauft werden. Dies entspricht den Ausnahmetatbeständen in § 3 EG Abs. 4 lit. i) und j) VOL/A. 16

§ 12 Abs. 1 Nr. 3 lit. a) VSVgV betrifft die Vergabe von Aufträgen **für zusätzliche Dienstleistungen,** die wegen eines unvorhergesehenen Ereignisses zur Ausführung des ursprünglich vergebenen Auftrags erforderlich sind. Die Norm übernimmt unter Umstellung des Wortlauts die Regelung aus § 3 EG Abs. 4 lit. f) VOL/A. 17

§ 12 Abs. 1 Nr. 3 lit. b) VSVgV erlaubt das Verhandlungsverfahren ohne Teilnahmewettbewerb bei der Bestellung neuer Dienstleistungen, die in der **Wiederholung bereits vergebener Dienstleistungen** bestehen. Die Norm entspricht im Grundsatz § 3 EG Abs. 4 lit. f) VOL/A. Abweichungen bestehen v.a. hinsichtlich der Verfahrensarten, in denen der ursprüngliche Auftrag vergeben worden sein muss, und hinsichtlich der Frist, innerhalb derer das Verhandlungsverfahren ohne Teilnahmewettbewerb angewandt werden darf; sie beträgt in § 12 Abs. 1 Nr. 3 lit. b) VSVgV fünf Jahre und kann in bestimmten Ausnahmefällen verlängert werden. 18

§ 12 Abs. 1 Nr. 4 VSVgV schließlich enthält einen eigenen Ausnahmetatbestand für die Beschaffung von **Luft- und Seeverkehrsdienstleistungen,** der im allgemeinen Kartellvergaberecht keine Entsprechung findet. Die Norm umfasst Aufträge, die im Zusammenhang mit der Bereitstellung von Luft- und Seeverkehrsdienstleistungen für die Streit- oder 19

---

[12] Beachte dazu ferner § 100c Abs. 2 Nr. 3 GWB.

Sicherheitskräfte stehen, die im Ausland eingesetzt werden oder eingesetzt werden sollen, wenn der Auftraggeber diese Dienste bei Unternehmen beschaffen muss, die die Gültigkeit ihrer Angebote nur für so kurze Zeit garantieren, dass nicht einmal die verkürzten Fristen nach § 20 Abs. 2 Satz 2 und § 20 Abs. 2 Satz 3 VSVgV eingehalten werden können. Die Norm ähnelt dem Ausnahmetatbestand der Dringlichkeitsvergabe nach § 12 Abs. 1 Nr. 1 lit. b) VSVgV, da auch hier das Verhandlungsverfahren ohne Teilnahmewettbewerb für Vergaben eröffnet wird, in denen auf Grund äußerer Umstände die vergaberechtlichen Fristen nicht gewahrt werden können. Anders als § 12 Abs. 1 Nr. 1 lit. b) VSVgV setzt § 12 Abs. 1 Nr. 4 VSVgV aber keine echte Dringlichkeitssituation voraus. Maßgeblich für die Erleichterung bei der Verfahrenswahl sind vielmehr allein Festlegungen, die von der Marktgegenseite, nämlich den möglichen Auftragnehmern, getroffen werden, und zwar unabhängig davon, aus welchen Gründen dies geschieht. Insbesondere ist es nicht erforderlich, dass die Entscheidung der möglichen Auftragnehmer, die Frist zur Annahme ihrer Angebote (§ 148 BGB) kurz zu halten, auf den Verteidigungs- oder Sicherheitsbezug des Auftrags zurückzuführen ist. Ferner sieht die Norm hinsichtlich der Auslandsberührung der Verkehrsdienstleistungen keine Einschränkungen vor, so dass keineswegs etwa nur Transporte in ausländische Krisengebiete von ihr erfasst sind. Ein gewisses Korrektiv dieser tatbestandlichen Weite wird lediglich durch die Voraussetzung erreicht, dass der Auftraggeber die Dienste bei den solchermaßen zu einer längerfristigen Bindung unwilligen Unternehmen beschaffen „*muss*", was nur dann erfüllt ist, wenn kein einziges in Betracht kommendes Unternehmen bereit ist, sich an die andernfalls anzuwendenden Fristen zu binden.

20 Gemäß § 12 Abs. 2 VSVgV ist die Wahl des Verhandlungsverfahrens ohne Teilnahmewettbewerb in der Bekanntmachung über die Auftragserteilung nach § 35 VSVgV zu **begründen**.

b) Wettbewerblicher Dialog

21 Voraussetzungen und Ablauf des wettbewerblichen Dialogs sind in **§ 13 VSVgV** normiert. Die Norm entspricht weitestgehend der Parallelregelung in § 3 EG Abs. 7 VOL/A.

2. § 3 VS VOB/A

a) Verhandlungsverfahren ohne Teilnahmewettbeweb

22 Im Anwendungsbereich des Abschnitts 3 der VOB/A darf das **Verhandlungsverfahren ohne Teilnahmewettbewerb** dann gewählt werden, wenn einer der in § 3 VS Abs. 3 VOB/A aufgezählten Ausnahmefälle vorliegt. Wie die in § 12 Abs. 1 VSVgV geregelten Tatbestände gehen auch sie auf Art. 28 RL 2009/81/EG zurück. Inhaltlich entspricht § 3 VS Abs. 3 VOB/A weitgehend der Regelung in § 3 EG Abs. 5 VOB/A, so dass die dort geltenden Regeln[13] hier grundsätzlich ebenfalls herangezogen werden können.

23 § 3 VS Abs. 3 Nr. 1 und 2 VOB/A erlauben die Vergabe in einem Verhandlungsverfahren ohne Teilnahmewettbewerb nach einem **gescheiterten vorangehenden Vergabeverfahren einer anderen Verfahrensart**. Die Normen entsprechen mit Ausnahme der an die Besonderheiten des Abschnitts 3 der VOB/A angepassten Benennung der Verfahrensarten und Verweise den Bestimmungen in § 3 EG Abs. 5 Nr. 1 und 2 VOB/A.

24 § 3 VS Abs. 3 Nr. 3 VOB/A ist identisch mit § 3 EG Abs. 5 Nr. 3 VOB/A und ermöglicht die Durchführung eines Verhandlungsverfahrens ohne Teilnahmewettbewerb, wenn die Arbeiten aus technischen Gründen oder auf Grund des Schutzes von Ausschließlichkeitsrechten **nur von einem bestimmten Unternehmen** ausgeführt werden können.

---

[13] S. dazu unter § 9 Rn. 58 ff.

§ 61 Vergabearten und sonstige Besonderheiten des Verfahrens   Kap. 12

§ 3 VS Abs. 3 Nr. 4 VOB/A gestattet die Wahl des Verhandlungsverfahrens ohne Teilnahmewettbewerb in **Dringlichkeitsfällen.** Die Norm umfasst zunächst den Paralleltatbestand in § 3 EG Abs. 5 Nr. 4 VOB/A. Gleichzeitig geht sie aber über diesen hinaus und erlaubt die Dringlichkeitsvergabe auch dann, wenn wegen dringlicher Gründe in Krisensituationen die Fristen des § 10 VS Abs. 1, Abs. 2 und Abs. 3 Nr. 1 VOB/A (gemeint: § 10 VS Abs. 1, Abs. 2 Nr. 1 und Abs. 3 VOB/A) nicht eingehalten werden können. In dieser Tatbestandsvariante ist nicht maßgeblich, ob der Auftraggeber die dringlichen Gründe, die die Fristwahrung unmöglich machen, verursacht hat oder voraussehen konnte. Die Begriffsbestimmungen in § 4 VSVgV, die wegen § 2 Abs. 2 Satz 1 VSVgV auch bei der Vergabe von Aufträgen im Anwendungsbereich des Abschnitts 3 der VOB/A gelten, bestimmen das Tatbestandsmerkmal der Krisensituation nicht; es dürfte allerdings inhaltlich gleichbedeutend mit dem in § 4 Abs. 1 VSVgV definierten Begriff der Krise sein. 25

§ 3 VS Abs. 3 Nr. 5 VOB/A betrifft die Vergabe von Aufträgen **für zusätzliche Leistungen,** die wegen eines unvorhergesehenen Ereignisses zur Ausführung des ursprünglich vergebenen Auftrags erforderlich sind. Die Norm ist wortgleich mit § 3 EG Abs. 5 Nr. 5 VOB/A. 26

§ 3 VS Abs. 3 Nr. 6 VOB/A ermöglicht das Verhandlungsverfahren ohne Teilnahmewettbewerb bei der **Wiederholung gleichartiger Bauleistungen** nach einem Grundentwurf, der in einer der anderen Verfahrensarten vergeben wurde. Die Norm entspricht im Grundsatz § 3 EG Abs. 5 Nr. 6 VOB/A; Abweichungen bestehen hinsichtlich der Verfahrensart der Vergabe des ursprünglichen Auftrags und hinsichtlich der Frist, innerhalb derer das Verhandlungsverfahren ohne Teilnahmewettbewerb gewählt werden darf und die sich bei § 3 VS Abs. 3 Nr. 6 VOB/A auf fünf Jahre beläuft. 27

b) Wettbewerblicher Dialog

Voraussetzungen und Ablauf des wettbewerblichen Dialogs ergeben sich aus **§ 3 VS Abs. 5 VSVgV.** Die Norm ist identisch mit § 3 EG Abs. 7 VOB/A. 28

III. Besonderheiten der einzelnen Vergabearten

In Struktur und Ablauf entsprechen die Vergabearten der VSVgV (§ 11 VSVgV) und des Abschnitts 3 der VOB/A (§ 3 VS Abs. 1 VOB/A) den Vergabearten des allgemeinen Kartellvergaberechts. Eine Besonderheit besteht allerdings in den Vergabearten des nicht offenen Verfahrens, des Verhandlungsverfahrens mit Teilnahmewettbewerb und des wettbewerblichen Dialogs **beim Übergang vom Teilnahmewettbewerb in die Angebotsphase:** § 21 Abs. 3 Satz 2 VSVgV und § 6 VS Abs. 2 Nr. 3 Satz 1 VOB/A erlauben dem Auftraggeber, in der Bekanntmachung neben der fakultativen Nennung einer Höchstzahl auch eine Mindestzahl an Bewerbern anzugeben, die zur Abgabe eines Angebotes aufgefordert werden; sie darf nicht niedriger als drei sein[14]. Wird diese Mindestzahl nicht erreicht, weil keine hinreichende Anzahl von Bewerbungen geeigneter Unternehmen eingegangen ist, kann der Auftraggeber nach § 21 Abs. 3 Nr. 2 Satz 2 VSVgV und § 6 VS Abs. 2 Nr. 3 Satz 3 VOB/A das Verfahren aussetzen, die Bekanntmachung erneut veröffentlichen und eine neue Frist für die Abgabe von Teilnahmeanträgen festsetzen. Wählt der Auftraggeber diese Möglichkeit, werden alle Bewerber, die auf die erste oder die zweite Bekanntmachung einen erfolgreichen Teilnahmeantrag abgegeben haben, zur Angebotsabgabe aufgefordert (§ 21 Abs. 3 Nr. 2 Satz 3 VSVgV, § 6 VS Abs. 2 Nr. 3 Satz 4 VOB/A). Voraussetzung für eine solche Wiederholung des Teilnahmewettbewerbs ist, dass der Auftraggeber zu der Auffassung gelangt, dass die Zahl der geeigneten Bewerber im ersten Durchgang des Teilnahmewettbewerbs zu gering ist, um einen echten Wettbe- 29

---

[14] Vgl. die ähnlichen Bestimmungen in § 3 Abs. 1 Satz 4 VOL/A, § 6 EG Abs. 2 VOB/A.

werb zu gewährleisten. Bei der Bejahung dieses Tatbestandes ist jedoch Zurückhaltung geboten, da der Teilnahmewettbewerb ebenfalls eine Form des Wettbewerbs ist, auch wenn in seinem Rahmen nicht einzelne Angebote, sondern die Bewerber selbst miteinander konkurrieren. Das Ergebnis des Teilnahmewettbewerbs entsteht mithin ebenso im Wettbewerb wie das Ergebnis der Angebotsphase, und es darf grundsätzlich nicht durch den Verweis auf mangelnden Wettbewerb unterlaufen werden[15]. Die Veröffentlichung einer zweiten Bekanntmachung auf Grund einer Unterschreitung der Mindestzahl wird daher nur in Ausnahmefällen in Betracht kommen. Für die daneben bestehende Möglichkeit des Auftraggebers, das Verfahren aufzuheben und ein neues Verfahren einzuleiten (§ 21 Abs. 3 Nr. 2 Satz 4 VSVgV, § 6 VS Abs. 2 Nr. 3 Satz 5 VOB/A), gelten diese Überlegungen entsprechend. Der in Betracht kommende Aufhebungsgrund nach § 37 Abs. 1 Nr. 4 VSVgV, § 17 VS Abs. 1 Nr. 3 VOB/A kann folglich nicht schon allein deshalb bejaht werden, weil die vom Auftraggeber festgelegte Mindestgrenze der zur Angebotsabgabe aufzufordernden Bewerber unterschritten wird[16].

30   Allgemein ist hinsichtlich der Reduzierung der Teilnehmerzahl nach Abschluss des Teilnahmewettbewerbs durch Vorgabe einer Mindest- und Höchstgrenze an Bewerbern, die zur Angebotsabgabe aufgefordert werden, zu beachten, dass diese Möglichkeit im Anwendungsbereich des Abschnitts 3 der VOB/A gemäß § 6 VS Abs. 2 Nr. 3 VOB/A nur in den Vergabearten des Verhandlungsverfahrens mit Teilnahmewettbewerb und des wettbewerblichen Dialogs besteht[17]. Dies entspricht der Vorgabe in Art. 38 Abs. 3 RL 2009/81/EG.[18] § 21 Abs. 3 Satz 1 VSVgV erlaubt hingegen die Vorgabe von Mindest- und Höchstgrenzen auch im **nicht offenen Verfahren.** Der Verordnungsgeber ist hier von den möglicherweise versehentlich zu engen Vorgaben der Richtlinie 2009/81/EG bewusst abgewichen[19].

D. Abschluss von Rahmenvereinbarungen

31   § 14 VSVgV regelt den Abschluss von Rahmenvereinbarungen, die als Begriff in § 4 Abs. 2 VSVgV definiert werden. Europarechtliche Grundlage ist Art. 29 RL 2009/81/EG. § 14 VSVgV ist weitgehend deckungsgleich mit § 4 EG VOL/A. Ein wesentlicher Unterschied besteht allerdings in der **zulässigen Höchstlaufzeit** von Rahmenvereinbarungen: Sie beträgt nach § 7 Abs. 6 Satz 1 VSVgV sieben Jahre, während § 4 EG Abs. 7 VOL/A eine Höchstlaufzeit von vier Jahren vorsieht. § 7 Abs. 6 Satz 2 VSVgV erlaubt die Überschreitung der Sieben-Jahres-Grenze in Sonderfällen, in denen auf Grund der zu erwartenden Nutzungsdauer gelieferter Güter, Anlagen oder Systeme und der durch einen Wechsel des Unternehmens entstehenden technischen Schwierigkeiten eine längere Laufzeit gerechtfertigt ist.

32   Darüber hinaus weicht § 14 VSVgV insoweit im Wortlaut von der Parallelregelung in § 4 EG VOL/A ab, als nach § 14 Abs. 1 Satz 3 VSVgV das Instrument der Rahmenvereinbarung nicht **missbräuchlich** oder in einer den Wettbewerb behindernden, einschränkenden oder verfälschenden Weise angewandt werden darf. § 3a Nr. 4 Abs. 2 VOL/A 2006 enthielt eine inhaltsgleiche Bestimmung; mit dem Übergang zur VOL/A 2009 ist diese allerdings entfallen. Inhaltliche Unterschiede ergeben sich daraus freilich nicht, da das Missbrauchsverbot im Bereich des zweiten Abschnitts der VOL/A auch

---

[15] OLG Naumburg Beschl. v. 17.5.2006, 1 Verg 3/06, VergabeR 2006, 814, 817 m. Anm. *Voppel* (für den Bereich der VOF).
[16] Vgl. zur Situation bei der Unterschreitung der Untergrenze für die Höchstzahl der aufzufordernden Bewerber unter § 31 Rn. 55 ff.
[17] Dazu *Rosenkötter* VergabeR 2012, 267, 279; *Roth/Lamm* NZBau 2012, 609, 614.
[18] Dazu *Rosenkötter* VergabeR 2012, 267, 277; *Roth/Lamm* NZBau 2012, 609, 614.
[19] S. die Begründung der Bundesregierung zur Vergabeverordnung Verteidigung und Sicherheit vom 25.5.2012, BR-Drs. 321/12, 55.

ohne ausdrückliche Normierung schon aus dem Wettbewerbsgrundsatz (§ 97 Abs. 1 GWB, § 2 EG Abs. 1 Satz 1 VOL/A) folgt.[20]

Der **Abschnitt 3 der VOB/A** enthält keine Bestimmungen über den Abschluss von Rahmenvereinbarungen. Dies entspricht der Systematik der VOB/A, die auch in den übrigen Abschnitten dazu keine Regelungen trifft[21]. 33

E. Vergabe in Losen

Hinsichtlich der Bildung von Teil- und Fachlosen verweist § 10 Abs. 1 VSVgV auf **§ 97 Abs. 3 GWB.** Als Ausnahmetatbestand, bei dessen Vorliegen die gemeinsame Vergabe mehrerer Teil- oder Fachlose zulässig ist, benennt § 10 Abs. 1 Satz 2 VSVgV ausdrücklich denjenigen Fall, in dem die Leistungsbeschreibung die Systemfähigkeit der Leistung verlangt und dies durch den Auftragsgegenstand gerechtfertigt ist. Im Vergleich zu § 97 Abs. 3 GWB stellt dies keine Einschränkung der Pflicht zur Vergabe in Losen dar[22], die von der Verordnungsermächtigung in § 127 Nr. 3 GWB ohnehin nicht umfasst wäre. Denn schon im Rahmen von § 97 Abs. 3 GWB ist anerkannt, dass Gesichtspunkte der Systemsicherheit eine Zusammenfassung mehrerer Lose zu einem einheitlichen Auftrag rechtfertigen können[23]. Auch § 10 Abs. 1 Satz 2 VSVgV selbst geht nicht von einer Abweichung von § 97 Abs. 3 GWB aus, da die Norm ausdrücklich darauf hinweist, im Einklang mit § 97 Abs. 3 GWB zu stehen. 34

Im Bereich des Abschnitts 3 der VOB/A stimmt **§ 5 VS VOB/A** mit § 5 EG VOB/A überein. 35

F. Vergabe von Unteraufträgen

In Abweichung vom Regelungsgehalt des allgemeinen Kartellvergaberechts enthalten die §§ 4 Abs. 3, 9 und 38 bis 41 VSVgV weitreichende Bestimmungen zum Einsatz von Unterauftragnehmern. Die Normen gehen auf Art. 1 Nr. 22, Art. 21 und Art. 50 bis 54 RL 2009/81/EG zurück und machen Vorgaben sowohl zur Zulässigkeit der Untervergabe im Allgemeinen als auch zu besonderen Festlegungen, die der Auftraggeber für die Untervergabe treffen kann und die sowohl eine bestimmte Untervergabequote (§ 9 Abs. 3 Nr. 1 VSVgV) als auch ein bestimmtes Verfahren zur Untervergabe (§ 9 Abs. 3 Nr. 2 i. V. m. §§ 38 bis 41 VSVgV) vorsehen können. Wegen § 2 Abs. 2 Satz 1 VSVgV gelten diese Bestimmungen auch für Aufträge im Anwendungsbereich des Abschnitts 3 der VOB/A. Nach der Vorstellung des Richtliniengebers verfolgen die Regeln über den Unterauftragnehmereinsatz vorwiegend den **Zweck,** durch Öffnung der Lieferketten die Beteiligung kleiner und mittelständischer Unternehmen an Rüstungsaufträgen zu verbessern[24], Diskriminierungen möglicher Unterauftragnehmer aus Gründen der Staatsangehörigkeit zu vermeiden und einen transparenten Wettbewerb um Unteraufträge zu schaffen[25]. 36

Die Bestimmungen über den Unterauftragnehmereinsatz sind zudem im Zusammenhang mit der Praxis der sogenannten **Kompensationsgeschäfte** (engl. *Offsets*) zu sehen. Dabei handelt es sich um im Verteidigungsbereich gängige Abreden, die häufig bei grenzüberschreitenden Beschaffungsvorgängen getroffen werden und nach denen dem Auftrag- 37

---

[20] OLG Düsseldorf Beschl. v. 24.11.2011, VII-Verg 62/11, ZfBR 2012, 187, 193; *Schrotz* in Pünder/Schellenberg, § 4 EG VOL/A Rn. 8.
[21] Dazu *Franke* ZfBR 2006, 546; *Opitz* in BeckVOB/A, § 16 VOB/A Rn. 338.
[22] *Kirch* in Leinemann/Kirch, § 10 VSVgV Rn. 33.
[23] OLG Düsseldorf Beschl. v. 1.8.2012, VII-Verg 10/12, NZBau 2012, 785, 790.
[24] RL 2009/81/EG Erwägungsgrund 3; s. ferner die Begründung der Bundesregierung zur Vergabeverordnung Verteidigung und Sicherheit vom 25.5.2012, BR-Drs. 321/12, 43.
[25] RL 2009/81/EG Erwägungsgrund 40; dazu *Heuninckx* PPLR 2011, 9, 19.

nehmer im Zusammenhang mit der Vertragserfüllung bestimmte Verpflichtungen auferlegt werden, die den wirtschaftspolitischen Interessen des Auftraggebers zu dienen bestimmt sind.[26] Dazu kann beispielsweise die Verpflichtung gehören, Unternehmen mit Sitz im Auftraggeberstaat in die Auftragsausführung einzubinden oder allgemein bestimmte wirtschaftliche Bindungen zum Auftraggeberstaat einzugehen. Nach der Auffassung der EU-Kommission sind solche Kompensationsgeschäfte in vielen Fällen mit europäischem Recht nicht vereinbar.[27] Die Möglichkeiten, die den Auftraggebern in der Richtlinie 2009/81/EG zur Einflussnahme auf die Untervergabe eingeräumt werden, sollen den Auftraggebern daher eine rechtlich unbedenkliche Alternative zu Kompensationsgeschäften eröffnen, indem sie dazu verwendet werden können, die Auftragnehmer zur Öffnung ihrer Lieferketten zu zwingen und dadurch einen Wettbewerb um nachgelagerte Wertschöpfungsstufen zu eröffnen.[28] Dass die Wirksamkeit einer solchen Maßnahme zur Erreichung der Zwecke des Auftraggebers hinter derjenigen eines konkret vereinbarten Kompensationsgeschäfts deutlich zurückbleibt, liegt indes auf der Hand.

I. Begriff des Unterauftrags

38 § 4 Abs. 3 VSVgV bestimmt den Begriff des Unterauftrags als einen zwischen einem erfolgreichen Bieter und einem oder mehreren Unternehmen geschlossenen entgeltlichen Vertrag über die Ausführung des betreffenden Auftrags oder von Teilen des Auftrags. Formal ist dies ein Novum, da die Begriffe des Unterauftrags und des Unterauftragnehmers[29] im allgemeinen Vergaberecht zwar verwendet[30], nicht aber abschließend definiert werden. Nach seiner Herkunft ist der Begriff des Unterauftrags ein zivilrechtlicher, dessen typischer Anwendungsbereich im Werkvertragsrecht liegt: Unterauftragnehmer ist ein am Werkvertrag zwischen Unternehmer und Besteller nicht beteiligter Dritter, dem der Unternehmer Teile der vertraglich geschuldeten Leistung überträgt.[31] Für das allgemeine Vergaberecht wird üblicherweise an dieses werkvertragliche Begriffsverständnis angeknüpft. Unterauftragnehmer im vergaberechtlichen Sinne sind damit nach allgemeinem Verständnis diejenigen Dritten, die nicht Partei des zu vergebenden Vertrages werden, aber auf Grund eines Vertragsverhältnisses mit dem Auftragnehmer für diesen Teile der zu vergebenden Leistung erbringen.[32] Inhaltlich stimmt dies weitestgehend mit der Definition des

---

[26] Dazu *Trybus* ELRev 2013, 3, 26 f.; *Rosenkötter* VergabeR 2012, 267, 277; *Roth/Lamm* NZBau 2012, 609, 613; *Weiner* EWS 2011, 401, 402 ff.; *Gabriel* VergabeR 2009, 380, 389 f.; *Kaminsky* in Leinemann/Kirch, § 9 VSVgV Rn. 3.
[27] Generaldirektion Binnenmarkt und Dienstleistungen, Guidance Note „Offsets", 1 f., abrufbar unter http://ec.europa.eu/internal_market/publicprocurement/docs/defence/guide-offsets_en.pdf; ebenso in der rechtlichen Wertung *Trybus* ELRev 2013, 3, 26 f.; *Rosenkötter* VergabeR 2012, 267, 277 f.; *Weiner* EWS 2011, 401, 403.
[28] Generaldirektion Binnenmarkt und Dienstleistungen, Guidance Note „Offsets", 4 f., abrufbar unter http://ec.europa.eu/internal_market/publicprocurement/docs/defence/guide-offsets_en.pdf; Generaldirektion Binnenmarkt und Dienstleistungen, Guidance Note „Subcontracting", 1, abrufbar unter http://ec.europa.eu/internal_market/publicprocurement/docs/defence/guide-subcontracting_en.pdf; dazu auch *Trybus* ELRev 2013, 3, 28; *Rosenkötter* VergabeR 2012, 267, 277 f.; *Weiner* EWS 2011, 401, 404 f.; *Hertel/Schöning* NZBau 2009, 684, 687; *V. Wagner/Bauer* VergabeR 2009, 856, 866.
[29] Im Anwendungsbereich der VOB/A üblicherweise: „Nachunternehmer" (s. §§ 8 Abs. 2 Nr. 2, Abs. 6 Nr. 1 lit. c) VOB/A).
[30] Z. B. in § 11 EG Abs. 5 VOL/A, §§ 8 Abs. 2 Nr. 2, Abs. 6 Nr. 1 lit. c) VOB/A, § 5 Abs. 5 lit. h) VOF.
[31] *Busche* in MünchKommBGB, § 631 Rn. 34; *Peters/Jacoby* in Staudinger, § 631 Rn. 32.
[32] OLG Celle Beschl. v. 5.7.2007, 13 Verg 8/07, ZfBR 2007, 706, 708; OLG Düsseldorf Beschl. v. 27.10.2010, VII-Verg 47/10, NRWE; OLG Düsseldorf Beschl. v. 28.4.2008, VII-Verg 1/08, NRWE; OLG München Beschl. v. 10.9.2009, Verg 10/09, VergabeR 2010, 266, 274 f.; OLG Naumburg Beschl. v. 2.7.2009, 1 Verg 2/09, OLGR Naumburg 2009, 873, 876; OLG Naumburg

Unterauftrags in § 4 Abs. 3 VSVgV überein, die sich damit in die allgemeine vergaberechtliche Terminologie einfügt.

Im Unterschied zum allgemeinen vergaberechtlichen Begriffsverständnis fasst § 4 Abs. 3 VSVgV allerdings nur **entgeltliche Verträge** unter den Begriff des Unterauftrags. Diese Einschränkung, die auf Art. 1 Nr. 22 RL 2009/81/EG zurückgeht, ist nur schwer verständlich. Denn die Belange, die mit den an die Untervergabe anknüpfenden Bestimmungen verfolgt werden, sind vielfach unabhängig davon, ob der Unterauftragnehmer entgeltlich oder unentgeltlich in die Leistungserbringung eingebunden wird. Besonders deutlich wird dies an den den Auftragnehmer treffenden Verpflichtungen zur Wahrung der Vertraulichkeit beim Umgang mit Unterauftragnehmern (§ 6 Abs. 3 Satz 3, § 7 Abs. 1 Satz 2, Abs. 2 bis 6, Abs. 8 VSVgV), da es für das Geheimhaltungsinteresse des Auftraggebers nicht maßgeblich ist, ob der Unterauftragnehmer gegen Entgelt tätig wird. Dies ändert freilich nichts daran, dass nach der ausdrücklichen Festlegung in § 4 Abs. 3 VSVgV Unteraufträge im Sinne dieser Verordnung nur entgeltliche Verträge sind. Inhaltlich ist der Begriff der Entgeltlichkeit wie in § 99 Abs. 1 GWB zu verstehen, so dass jede Vereinbarung einer geldwerten Gegenleistung die Entgeltlichkeit der Vertragsbeziehung begründet[33]. 39

Die aus § 38 Abs. 2 Satz 1 VSVgV folgende Einschränkung, nach der Vergaben an Unternehmen, die mit dem Bieter eine Bietergemeinschaft eingegangen sind oder mit ihm i. S. v. § 4 Abs. 4 VSVgV verbunden sind, keine Unteraufträge sind, gilt unmittelbar nur für den Teil 3 der Vergabeverordnung Verteidigung und Sicherheit. Die Definition nach § 4 Abs. 3 VSVgV wird daher davon ebenso wenig betroffen wie die Anknüpfungen an diese Definition z.B. in § 6 Abs. 3 Satz 3, § 7 Abs. 1 Satz 2, Abs. 2 bis 6, Abs. 8 VSVgV. 40

Von der Vergabe von Unteraufträgen ist die **Eignungsleihe** zu unterscheiden[34]. Ihre Zulässigkeit richtet sich allein nach § 26 Abs. 3, § 27 Abs. 4 VSVgV und § 6 VS Abs. 8 VOB/A. Insoweit gelten im Verhältnis zum allgemeinen Kartellvergaberecht[35] keine Besonderheiten. Soweit Dritte, auf deren Eignung sich der Bieter beruft, zugleich Unterauftragnehmer sind, sind allerdings selbstredend auch die Bestimmungen für Unterauftragnehmer zu beachten. 41

II. Transparenzpflicht

§ 9 Abs. 1 Satz 1 VSVgV erlaubt es dem Auftraggeber, in der Bekanntmachung oder den Vergabeunterlagen (§ 9 Abs. 4 VSVgV) von den Bietern weitreichende Angaben zum Unterauftragnehmereinsatz bereits mit dem Angebot zu verlangen. Nach seiner Wahl kann der Auftraggeber die Bieter dazu verpflichten, Angaben zu dem unterzuvergebenden Auftragsteil, zu den Unterauftragnehmern und zum Gegenstand der mit diesen geschlossenen Verträge zu machen. Dadurch wird der Auftraggeber in die Lage versetzt, bereits mit dem Angebot zu prüfen, ob der vorgesehene Unterauftragnehmereinsatz den 42

Beschl. v. 4.9.2008, 1 Verg 4/08, VergabeR 2009, 210, 214f.; OLG Naumburg Beschl. v. 26.1.2005, 1 Verg 21/04, OLGR Naumburg 2005, 264, 265; VK Bund, Beschl. v. 26.5.2008, VK 2–49/08, www.bundeskartellamt.de; VK Bund Beschl. v. 13.10.2004, VK 3–194/04, www.bundeskartellamt.de; VK Lüneburg Beschl. v. 30.1.2009, VgK-54/08, IBR online; VK Sachsen Beschl. v. 20.4.2006, 1/SVK/029–06, IBR online; *Amelung* ZfBR 2013, 337; *Conrad* VergabeR 2012, 15, 18; *Burgi* NZBau 2010, 593, 594f.; *von Rintelen* in Kapellmann/Messerschmidt, § 8 VOB/A Rn. 40; *Ritzek-Seidl* in Pünder/Schellenberg, § 8 VOB/A Rn. 17; s. ferner § 4 Abs. 8 Nr. 1 Satz 1 und 2 VOB/B, § 4 Nr. 4 Satz 1 VOL/B, Art. 25 VKR.

[33] S. dazu unter § 4 Rn. 27ff.
[34] Allgemein zur Unterscheidung OLG Düsseldorf Beschl. v. 30.6.2010, VII-Verg 13/10, ZfBR 2011, 100, 101 f.; *Conrad* VergabeR 2012, 15; *Rosenkötter/Bary* NZBau 2012, 486.
[35] S. § 6 EG Abs. 8 VOB/A, § 7 EG Abs. 9 VOL/A, § 5 Abs. 6 VOF.

an ihn zu stellenden Anforderungen entspricht, und insbesondere frühzeitig zu entscheiden, ob er von seiner Ablehnungsbefugnis nach § 9 Abs. 5 VSVgV Gebrauch macht.

43 Die im allgemeinen Vergaberecht umstrittene Frage, ob der Auftraggeber bereits mit dem Angebot eine **abschließende Nennung der im Zuschlagsfalle einzusetzenden Unterauftragnehmer** verlangen kann[36], beantwortet § 9 Abs. 1 Satz 1 VSVgV nicht ausdrücklich. Die Norm übernimmt vielmehr den unklaren Wortlaut aus Art. 21 Abs. 2 RL 2009/81/EG, der insoweit mit Art. 25 1. Unterabs. VKR übereinstimmt und nach dem die Benennung der „*bereits vorgeschlagenen*"[37] Unterauftragnehmer verlangt werden kann. Wie und gegenüber wem ein Unterauftragnehmer zum Zeitpunkt der Angebotsabgabe bereits vorgeschlagen worden sein soll, lässt die Norm offen. Allerdings ergibt sich aus einem Vergleich mit § 9 Abs. 3 Nr. 1 Satz 8 VSVgV, dass in der dortigen Situation, d. h. hinsichtlich derjenigen Unteraufträge, die über eine vom Auftraggeber vorgegebene Untervergabequote hinaus vergeben werden, nur Angaben zu den „*bereits in Aussicht genommenen*"[38] Unterauftragnehmern verlangt werden können. Da kein Grund dafür ersichtlich ist, die Bieter dann, wenn eine Untervergabequote vorgegeben wird, bei der Verpflichtung zur Nennung der Unterauftragnehmer besserzustellen, ist § 9 Abs. 1 Satz 1 VSVgV zur Vermeidung von Wertungswidersprüchen so zu verstehen, dass der Bieter die Unterauftragnehmer nicht schon mit dem Angebot abschließend benennen muss. Vielmehr kann sich die Aufforderung nach § 9 Abs. 1 Satz 1 VSVgV nur auf diejenigen Unterauftragnehmer erstrecken, die der Bieter bei der Angebotsabgabe bereits ausgewählt hat. Unbenommen bleibt es dem Auftraggeber jedoch, zu einem späteren Zeitpunkt vor dem Zuschlag eine abschließende Benennung der Unterauftragnehmer zu verlangen[39]; dies ist schon deshalb erforderlich, um die Eignung des vorgesehenen Zuschlagsempfängers einschließlich der Eignung der von ihm vorgesehenen Unterauftragnehmer vor dem Zuschlag prüfen zu können. Verpflichtet der Auftraggeber die Bieter gemäß § 9 Abs. 3 Nr. 2 VSVgV, die Unterauftragnehmer im Verfahren nach den §§ 38 bis 41 auszuwählen, hat er aber zu beachten, dass eine Festlegung der Bieter auf bestimmte Unterauftragnehmer erst nach Abschluss dieses Verfahrens möglich ist, und den Bietern hierfür den nötigen Zeitraum zu gewähren.

44 Hinsichtlich der **Bindung des Bieters** an die Angaben, die er in seinem Angebot zu Umfang und Inhalt des Unterauftragnehmereinsatzes macht, gelten die allgemeinen vergaberechtlichen Grundsätze[40] entsprechend. Insbesondere kann aus § 9 Abs. 2 und 5 VSVgV nicht der Schluss gezogen werden, dass es dem Bieter frei stünde, den einmal ausgewählten Unterauftragnehmer nach Abgabe seines Angebots nach Belieben auszuwechseln. Vielmehr ist der Bieter auch bei Vergabeverfahren im Anwendungsbereich der VSVgV an den Inhalt seines Angebots gebunden[41], wozu auch die Bindung an die Angaben zu Umfang und Inhalt des Unterauftragnehmereinsatzes gehört[42]. Die Wahlfreiheit, die § 9 Abs. 2 und 5 VSVgV dem Bieter bei der Wahl der Unterauftragnehmer gewährt, bezieht sich daher lediglich auf die erstmalige Bestimmung der Unterauftragnehmer bis zu einer verbindlichen Festlegung. Davon unberührt bleibt die Befugnis des Auftraggebers, nach § 9 Abs. 2 Satz 1 i. V. m. Abs. 3 Nr. 2 VSVgV das Verfahren nach den §§ 38 bis 41 VSVgV für die vorgesehene Untervergabe anzuordnen, was im Ergebnis zu einer Erset-

---

[36] S. dazu unter § 16 Rn. 27 ff.
[37] Englischsprachige Fassung: „any proposed subcontractor"; französischsprachige Fassung: „tout sous-traitant proposé".
[38] Art. 21 Abs. 4 5. Unterabs. RL 2009/81/EG: „die bereits feststehenden Unterauftragnehmer"/ „the subcontractors they have already identified"/„les sous-traitants qu'ils ont déjà identifiés".
[39] S. dazu BGH Urt. v. 10.6.2008, X ZB 78/07, NZBau 2008, 592, 593.
[40] S. dazu unter § 16 Rn. 53.
[41] S. nur § 11 Abs. 2 VSVgV.
[42] Allgemein dazu OLG Düsseldorf Beschl. v. 16.11.2011, VII-Verg 60/11, ZfBR 2012, 179, 181; OLG Düsseldorf Beschl. v. 5.5.2004, VII-Verg 10/04, NZBau 2004, 460; a. A. OLG Bremen Beschl. v. 20.7.2000, Verg 1/00, BauR 2001, 94, 97; *Roth* NZBau 2005, 316, 318 f.

zung des bereits vorgesehenen Unterauftragnehmers durch den Zuschlagsempfänger des Untervergabeverfahrens führen kann. Nach dem Zuschlag beruht die Verpflichtung des Auftragnehmers auf die Angaben, die er in seinem Angebot zum Unterauftragnehmereinsatz gemacht hat, auf seiner vertraglichen Bindung. Insoweit steht es den Parteien allerdings frei, vertragliche Abreden über den nachträglichen Austausch von Unterauftragnehmern zu treffen[43], soweit in einer solchen Änderung nicht ihrerseits ein dem Vergaberecht unterfallender öffentlicher Auftrag i. S. v. § 99 Abs. 1 GWB liegt[44].

Gelockert ist die Bindung des Bieters an seine Angaben zum Unterauftragnehmereinsatz dann, wenn der Auftraggeber die Bieter gemäß § 9 Abs. 3 Nr. 2 VSVgV verpflichtet, die Unterauftragnehmer im Vergabeverfahren nach den §§ 38 bis 41 VSVgV zu bestimmen: Da in diesem Fall offen ist, ob das Verfahren zur Untervergabe mit einem Zuschlag endet, bestimmt **§ 40 Abs. 2 VSVgV,** dass der Auftraggeber vom Bieter nicht verlangen darf, einen Unterauftrag zu vergeben, wenn das Verfahren zur Untervergabe nachweislich erfolglos geblieben ist[45]. Das Verbot der Rückkehr zur Selbstausführung nach Angebotsabgabe[46] gilt mithin in diesen Fällen nicht. 45

§ 9 Abs. 1 Satz 2 VSVgV erlaubt es dem Auftraggeber, von dem Bieter zu verlangen, ihm jede im Zuge der Ausführung des Auftrags eintretende Änderung auf Ebene der Unterauftragnehmer mitzuteilen. Die Norm erstreckt sich nicht allein auf Änderungen in der Person des Unterauftragnehmers, die, soweit der Unterauftragnehmereinsatz verbindlicher Vertragsinhalt geworden ist, ohnehin nur nach einvernehmlicher Vertragsänderung zulässig sind. Umfasst sind vielmehr alle Änderungen „auf Ebene der Unterauftragnehmer", so dass auch sonstige Änderungen von Umständen, die einen Bezug zur Auftragsausführung aufweisen, zum Gegenstand der Mitteilungspflicht gemacht werden können[47]. In Frage kommen dafür grundsätzlich sämtliche Umstände, hinsichtlich derer ein Informationsinteresse des Auftraggebers besteht, beispielsweise weil sie die Eignung des Unterauftragnehmers oder die ordnungsgemäße Vertragsausführung im Zusammenwirken von Auftragnehmer und Unterauftragnehmer betreffen. Die Mitteilungspflicht soll nach § 9 Abs. 4 VSVgV in die Bekanntmachung oder die Vergabeunterlagen (§ 16 Abs. 1 VSVgV) aufzunehmen sein, was aber in systematischer Hinsicht verfehlt ist, da es sich bei einer auf die Phase der Auftragsausführung bezogenen Mitteilungspflicht nur um eine vertragliche Pflicht, nicht aber um eine Anforderung an die Bieter im Vergabeverfahren handeln kann. Sie muss daher vertraglich vereinbart werden, um Verbindlichkeit zu erlangen. Ohnehin hat § 9 Abs. 1 Satz 2 VSVgV lediglich deklaratorischen Charakter, da es dem Auftraggeber freisteht, innerhalb der allgemeinen vergabe- und vertragsrechtlichen Grenzen auch weitergehende Informationspflichten ebenso wie Zustimmungsvorbehalte usw. als Vertragsinhalt vorzusehen. 46

III. Vorgaben des Auftraggebers für die Vergabe von Unteraufträgen

1. Wahlfreiheit des Bieters

§ 9 Abs. 2 Satz 1 VSVgV erlaubt dem Bieter, den Unterauftragnehmer frei zu wählen, soweit der Auftraggeber keine Anforderungen an die Erteilung der Unteraufträge im wettbewerblichen Verfahren nach § 9 Abs. 3 VSVgV stellt. Diese Einschränkungen betreffen die Vorgabe einer Untervergabequote nach § 9 Abs. 3 Nr. 1 VSVgV und die Vor- 47

---

[43] Z. B. nach § 4 Nr. 4 VOL/B und nach § 4 Abs. 8 VOB/B; beachte dazu § 10 Abs. 3 VSVgV bzw. § 8 VS Abs. 4, Abs. 7 Nr. 1 lit. c) VOB/A.
[44] S. dazu unter § 4 Rn. 16 ff.
[45] S. dazu unter Rn. 67.
[46] OLG Düsseldorf Beschl. v. 16.11.2011, VII-Verg 60/11, ZfBR 2012, 179, 181; OLG Düsseldorf Beschl. v. 5.5.2004, VII-Verg 10/04, NZBau 2004, 460.
[47] A. A. ohne Begründung *Kaminsky* in Leinemann/Kirch, § 9 VSVgV Rn. 8.

gabe des Verfahrens zur Untervergabe nach § 9 Abs. 3 Nr. 2 VSVgV; sie sind in der Bekanntmachung oder den Vergabeunterlagen anzugeben (§ 9 Abs. 4 VSVgV). Aus der Zusammenschau mit § 9 Abs. 5 VSVgV ergibt sich, dass sich § 9 Abs. 2 Satz 1 VSVgV nur auf objektive, d. h. nicht auf die Person des einzelnen Unterauftragnehmers bezogene Vorgaben zur Auswahl des Unterauftragnehmers erstrecken kann. § 9 Abs. 2 Satz 1 VSVgV beschränkt daher nicht das Recht des Auftraggebers, gemäß § 9 Abs. 5 VSVgV einen Unterauftragnehmer aus subjektiven Gründen abzulehnen[48].

48 Gemäß **§ 9 Abs. 2 Satz 2 VSVgV** ist es dem Auftraggeber nicht gestattet, von den Bietern zu verlangen, mögliche Unterauftragnehmer anderer Mitgliedstaaten der EU aus Gründen der Staatsangehörigkeit zu diskriminieren[49]. Die Norm hat nur deklaratorischen Charakter, da eine Ungleichbehandlung einzelner Unterauftragnehmer aus Gründen der Staatsangehörigkeit gleichzeitig eine nach § 97 Abs. 2 GWB unzulässige mittelbare Ungleichbehandlung der Bieter darstellt.

2. Vorgabe einer Untervergabequote

49 § 9 Abs. 2 Satz 1 i. V. m. § 9 Abs. 3 Nr. 1 VSVgV erlaubt dem Auftraggeber die Vorgabe einer **Untervergabequote.** Diese ist gemäß § 9 Abs. 3 Nr. 1 Satz 2 VSVgV in Form einer Wertspanne anzugeben, die einen Mindest- und einen Höchstprozentsatz benennt. Der Anteil der untervergebenen Aufträge muss innerhalb dieser Spanne liegen (§ 9 Abs. 3 Nr. 1 Satz 5 VSVgV). Bezugsgröße der Wertspanne ist der Auftragswert des Hauptauftrages (§ 9 Abs. 3 Nr. 1 Satz 3 VSVgV), so dass die Erfüllung der Untervergabequote anhand des Wertes der zu vergebenden Unteraufträge und nicht etwa anhand anderer Bezugsgrößen zur Bemessung des jeweiligen Anteils an der Wertschöpfungskette zu bestimmen ist. Da bei Abgabe eines Angebots auf Grund der aus § 9 Abs. 3 Nr. 1 Satz 6 VSVgV folgenden Verpflichtung zur Untervergabe in einem wettbewerblichen Verfahren der Wert des einzelnen Unterauftrags möglicherweise noch nicht feststeht, werden die Regeln zur Schätzung des Auftragswerts nach § 3 VSVgV entsprechend herangezogen (§ 38 Abs. 4 VSVgV). Mittelbar wirkt außerdem § 38 Abs. 2 Satz 1 VSVgV auf die Vorgabe des Auftraggebers nach § 9 Abs. 3 Nr. 1 VSVgV zurück, so dass die Eingehung einer Bietergemeinschaft oder die Vergabe von Aufträgen an verbundene Unternehmen nicht genügen, um eine Untervergabequote zu erfüllen.[50]

50 Die Untervergabequote darf gemäß § 9 Abs. 3 Nr. 1 Satz 3 VSVgV 30 % des Auftragswerts nicht übersteigen. § 9 Abs. 3 Nr. 1 Satz 4 VSVgV gibt zudem vor, dass sie **in angemessenem Verhältnis** zum Gegenstand und zum Wert des Auftrags und zur Art des betroffenen Industriesektors stehen muss, einschließlich des auf diesem Markt herrschenden Wettbewerbsniveaus und der einschlägigen technischen Fähigkeiten der industriellen Basis. Daraus folgt mit anderen Worten, dass der Auftraggeber bei Festlegung der Untervergabequote die auftrags- und marktbezogenen Gegebenheiten berücksichtigen muss. Er muss insbesondere in Rechnung stellen, dass sich Aufträge schon aus technischen Gründen nur in unterschiedlichem Maße für eine Untervergabe eignen, dass eine Untervergabe die Wirtschaftlichkeit eines Auftrags für den Auftragnehmer häufig schmälert und dass der Auftragnehmer rechtlich wie wirtschaftlich die Verantwortung für die Güte der Leistung des Unterauftragnehmers tragen muss. Wird der Auftragnehmer durch die Vorgabe einer Untervergabequote faktisch gezwungen, Dritten Betriebs- oder Geschäftsgeheimnisse preiszugeben, ist dies in der Regel unverhältnismäßig. Auch wenn sich § 9 Abs. 3 Nr. 1 Satz 4 VSVgV dem Wortlaut nach nur auf die Festlegung der Spanne für die Untervergabequote bezieht, gelten diese Grundsätze entsprechend für das Ermessen, das der

---

[48] S. dazu unter Rn. 57 ff.
[49] Dazu *Weiner* EWS 2011, 401, 404.
[50] S. dazu unter Rn. 63.

Auftraggeber dahingehend auszuüben hat, ob er überhaupt von der Möglichkeit, eine Untervergabequote festzusetzen, Gebrauch macht.

Die Vorgabe eines Höchstprozentsatzes gemäß § 9 Abs. 3 Nr. 1 Satz 2 VSVgV bedeutet nicht, dass der Bieter daran gehindert ist, **einen über den Höchstprozentsatz hinausgehenden Teil des Auftrags** unterzuvergeben. Das folgt bereits aus § 9 Abs. 3 Nr. 1 Satz 8 VSVgV, wonach von den Bietern verlangt werden kann, in ihrem Angebot eine solchermaßen überobligatorische Untervergabe offenzulegen. Zudem ist die Vorgabe einer Eigenleistungsquote schon auf Grund der nach § 26 Abs. 3, § 27 Abs. 4 VSVgV und § 6 VS Abs. 8 VOB/A bestehenden unbeschränkten Möglichkeit der Eignungsleihe unzulässig[51]. Bedeutung erlangt die Höchstgrenze der Untervergabequote daher nur im Zusammenhang mit der aus § 9 Abs. 3 Nr. 1 Satz 6 VSVgV folgenden Verpflichtung, alle Unteraufträge, die in die vom Auftraggeber festgelegte Wertspanne fallen, im Verfahren nach den §§ 38 bis 41 VSVgV zu vergeben.

51

Denn diese aus **§ 9 Abs. 3 Nr. 1 Satz 6 VSVgV** folgende Verpflichtung des Bieters, die Unteraufträge im Verfahren nach den §§ 38 bis 41 VSVgV zu vergeben, gilt nur für diejenigen Unteraufträge, die in die vom Auftraggeber festgelegte Wertspanne fallen. Unteraufträge, die der Unterauftragnehmer über den vom Auftraggeber festgelegten Höchstprozentsatz hinaus vergibt, können ohne Einhaltung eines bestimmten Verfahrens vergeben werden. Dies ergibt sich schon aus der systematischen Stellung von § 9 Abs. 3 Nr. 1 Satz 6 VSVgV im Zusammenhang mit der im § 9 Abs. 3 Nr. 1 Satz 5 VSVgV genannten Untervergabe innerhalb der vom Auftraggeber vorgegebenen Wertspanne der Untervergabequote. Zudem entspricht eine solche Lesart der Vorgabe in Art. 21 Abs. 4 6. Unterabs. RL 2009/81/EG. Unabhängig davon steht es dem Auftraggeber indessen frei, nach § 9 Abs. 3 Nr. 2 VSVgV zu verlangen, dass auch solche Unteraufträge, die nicht der Erfüllung der Untervergabequote nach § 9 Abs. 3 Nr. 1 VSVgV dienen, im Verfahren nach den §§ 38 bis 41 VSVgV vergeben werden.

52

Aus der Verpflichtung des Bieters, Aufträge innerhalb der vom Auftraggeber festgelegten Wertspanne gemäß § 9 Abs. 3 Nr. 1 Satz 6 VSVgV im Verfahren nach den §§ 38 bis 41 VSVgV zu vergeben, folgt ferner, dass eine Unterschreitung des vorgegebenen Mindestprozentsatzes dann zulässig ist, **wenn das Verfahren zur Vergabe der Unteraufträge nachweislich erfolglos bleibt.** Das ergibt sich aus § 40 Abs. 2 VSVgV.

53

§ 9 Abs. 3 Nr. 1 VSVgV überlässt es dem Bieter zu bestimmen, **welchen Teil des Auftrags** er untervergibt, um die vom Auftraggeber vorgegebene Untervergabequote zu erfüllen. Vorgaben des Auftraggebers dazu sind nicht zulässig. Allerdings hat der Bieter gemäß § 9 Abs. 3 Nr. 1 Satz 7 VSVgV in seinem Angebot anzugeben, wie er die Untervergabequote zu erfüllen gedenkt. § 9 Abs. 3 Nr. 1 Satz 8 VSVgV erlaubt es dem Auftraggeber, darüber hinaus auch Angaben zum Umfang der überobligatorischen Untervergabe jenseits der Untervergabequote und zu den dafür bereits in Aussicht genommenen Unterauftragnehmern zu verlangen. Hinsichtlich der Bindung des Bieters an diese Angaben sind die für § 9 Abs. 1 Satz 1 VSVgV geltenden Grundsätze[52] entsprechend heranzuziehen.

54

3. Vorgabe des Verfahrens zur Untervergabe

Gemäß § 9 Abs. 2 Satz 1 i. V. m. Abs. 3 Nr. 2 VSVgV kann der Auftraggeber verlangen, dass alle oder bestimmte Unteraufträge im Verfahren nach den **§§ 38 bis 41 VSVgV** vergeben werden. Dadurch werden die Bieter zu einer wettbewerblichen Untervergabe verpflichtet; sie verlieren mithin die Freiheit, die Unterauftragnehmer selbst zu bestimmen.

55

---

[51] Zur Parallelsituation im allgemeinen Kartellvergaberecht OLG Düsseldorf Beschl. v. 10.12. 2008, VII-Verg 51/08, NRWE; *Conrad* VergabeR 2012, 15, 16; *Burgi* NZBau 2010, 593, 595 f.; *Kirch/E.-D. Leinemann* VergabeR 2009, 414, 420 ff.; *Boesen/Upleger* NVwZ 2004, 919; *Stoye*, NZBau 2004, 648; *Glahs* in Kapellmann/Messerschmidt, § 6 VOB/A Rn. 33 f.; *Ritzek-Seidl* in Pünder/Schellenberg, § 8 VOB/A Rn. 16; *Werner* in Willenbruch/Wieddekind, § 6a VOB/A Rn. 32.

[52] S. dazu unter Rn. 44.

Hingegen bedeutet die Verpflichtung auf das Verfahren nach den §§ 38 bis 41 VSVgV nicht, dass die Bieter überhaupt verpflichtet wären, Unteraufträge zu vergeben; vielmehr können sie anders als bei Festlegungen nach § 9 Abs. 3 Nr. 1 VSVgV frei wählen, ob sie den Auftrag selbst erfüllen oder ganz oder in Teilen untervergeben.

56 Darüber hinaus kann der Auftraggeber ebenso wie bei Festlegungen nach § 9 Abs. 3 Nr. 1 VSVgV auch bei einer Vorgabe nach § 9 Abs. 3 Nr. 2 VSVgV nicht anordnen, dass **bestimmte Teile des Auftrags** untervergeben werden müssen. Seine Anordnungsbefugnis knüpft vielmehr an die frei vom Bieter zu treffende Entscheidung über das Ausmaß der Untervergabe an. Erst dann, wenn der Bieter den Auftrag selbst für die Untervergabe öffnet, kann der Auftraggeber das Verfahren nach den §§ 38 bis 41 VSVgV anordnen. Er kann zudem wählen, ob das Verfahren für alle oder nur für bestimmte der vom Bieter vorgesehenen Unteraufträge einzuhalten ist. Die Auswahl kann der Auftraggeber anhand der Angaben treffen, die der Bieter zur vorgesehenen Untervergabe auf Anforderung des Auftraggebers nach § 9 Abs. 1 Satz 1 VSVgV zu machen hat.

IV. Ablehnungsbefugnis des Auftraggebers

57 **§ 9 Abs. 5 Satz 1 VSVgV** gestattet dem Auftraggeber, einen vom Bieter oder Auftragnehmer ausgewählten Unterauftragnehmer abzulehnen. Die Norm ist im Zusammenhang mit § 9 Abs. 2 Satz 1 VSVgV zu lesen und erstreckt sich deshalb nur auf eine Ablehnung aus subjektiven, d. h. auf die Person des einzelnen Unterauftragnehmers bezogenen Gründen[53]. Hingegen folgt die Ablehnungsbefugnis des Auftraggebers aus objektiven, d. h. nicht auf die Person des einzelnen Unterauftragnehmers bezogenen Gründen aus § 9 Abs. 2 Satz 1 VSVgV; danach kann der Auftraggeber einen Unterauftragnehmer dann ablehnen, wenn er unter Verstoß gegen die Vorgaben des Auftraggebers nach § 9 Abs. 2 Satz 1 i. V. m. Abs. 3 Nr. 1 und 2 VSVgV ausgewählt wurde[54]. Gemeinsam vermitteln § 9 Abs. 2 Satz 1 und Abs. 5 Satz 1 VSVgV dem einzelnen Bieter ein subjektives Recht i. S. v. § 97 Abs. 7 GWB, das darauf gerichtet ist, innerhalb der von diesen Vorschriften gezogenen Grenzen die Unterauftragnehmer frei bestimmen zu dürfen. Darüber hinausgehende Vorgaben des Auftraggebers sind unzulässig, was bereits aus dem Wortlaut dieser Bestimmungen folgt.

58 Als **Ablehnungsgründe** benennt § 9 Abs. 5 Satz 1 VSVgV ausschließlich diejenigen Kriterien, die für den Hauptauftrag gelten und in der Bekanntmachung oder den Vergabeunterlagen angegeben wurden. Dies sind insbesondere Eignungsanforderungen und -nachweise; daneben kommen z. B. auch zusätzliche Anforderungen für die Auftragsausführung nach § 97 Abs. 4 Satz 2 GWB in Betracht. Tatbestandlich ist § 9 Abs. 5 Satz 1 VSVgV dahingehend einzuschränken, dass Kriterien, die sich ausschließlich auf andere als auf den vom Unterauftragnehmer zu übernehmenden Leistungsteil beziehen, selbstverständlich nicht als Ablehnungsgrund herangezogen werden können. Aus § 18 Abs. 3 Nr. 1 VSVgV folgt, dass in der Bekanntmachung auch anzugeben ist, welche Eignungsanforderungen und -nachweise für Unterauftragnehmer vorzulegen sind.

59 **§ 9 Abs. 5 Satz 2 VSVgV** enthält eine besondere Begründungspflicht für die Ablehnung eines Unterauftragnehmers.

V. Haftung des Auftragnehmers

60 Nach § 9 Abs. 6 VSVgV bleibt die Haftung des Auftragnehmers gegenüber dem Auftraggeber von den Vorschriften zur Unterauftragsvergabe unberührt. Schuldrechtlich ist das eine Selbstverständlichkeit. § 9 Abs. 6 VSVgV beschränkt auch nicht die Befugnis der

---

[53] A. A. *Kaminsky* in Leinemann/Kirch, § 9 VSVgV Rn. 16.
[54] S. dazu unter Rn. 47 ff.

Parteien, innerhalb der allgemeinen Grenzen privatautonome Abreden über die Haftungsverteilung zu treffen.

VI. §§ 38 bis 41 VSVgV

Die §§ 38 bis 41 VSVgV enthalten Regeln für das Verfahren zur Vergabe von Unteraufträgen. Sie sind nur anwendbar, soweit **§ 9 Abs. 3 Nr. 1 oder 2 VSVgV** ihre Geltung anordnet. Die allgemeinen Anwendungsvoraussetzungen der Vergabeverordnung Verteidigung und Sicherheit gelten nicht entsprechend, da für die Anwendbarkeit des Verfahrens nach den §§ 38 bis 41 VSVgV nach dem Wortlaut von § 38 Abs. 1 Satz 1 VSVgV lediglich eine Festlegung des Auftraggebers nach § 9 Abs. 3 Nr. 1 oder 2 VSVgV erforderlich ist. Daher ist insbesondere unerheblich, ob der Unterauftrag seinerseits ein verteidigungs- und sicherheitsrelevanter Auftrag i. S. v. § 1 Abs. 1 VSVgV i. V. m. § 99 Abs. 7 GWB ist und ob der Schwellenwert nach § 1 Abs. 2 VSVgV überschritten wird. Ein Überschreiten des Schwellenwerts nach § 1 Abs. 2 VSVgV oder der Schwellenwerte nach § 3 Abs. 7 Satz 5 VSVgV kann auch nicht mit Verweis auf § 38 Abs. 4 VSVgV gefordert werden[55], da diese Norm lediglich Bedeutung für die Erfüllung der Wertspanne nach § 9 Abs. 3 Nr. 1 Satz 2 VSVgV hat[56]. Außerhalb einer Vorgabe des Auftraggebers nach § 9 Abs. 3 Nr. 1 oder 2 VSVgV verbleibt es bei der Freiheit des Bieters, Unterauftragnehmer nach Belieben auszuwählen. 61

Ist der Bieter zugleich **selbst öffentlicher Auftraggeber i. S. v. § 98 GWB,** hat er bei der Unterauftragsvergabe gemäß § 38 Abs. 3 VSVgV die allgemeinen Vergaberegeln der Vergabeverordnung Verteidigung und Sicherheit einzuhalten. Dies gilt auch dann, wenn der Unterauftrag seinerseits kein verteidigungs- und sicherheitsrelevanter Auftrag i. S. v. § 1 Abs. 1 VSVgV i. V. m. § 99 Abs. 7 GWB ist oder wenn der Schwellenwert nach § 1 Abs. 2 VSVgV nicht überschritten wird, da § 38 Abs. 3 VSVgV andernfalls überflüssig wäre. 62

Unternehmen, mit denen sich der Bieter zu einer **Bietergemeinschaft** zusammengeschlossen hat, und **mit dem Bieter verbundene Unternehmen** gelten gemäß § 38 Abs. 2 VSVgV nicht als Unterauftragnehmer i. S. der §§ 38 bis 41 VSVgV. Der Begriff des verbundenen Unternehmens wird in § 4 Abs. 4 VSVgV definiert. Der Ausnahmetatbestand hat zur Folge, dass die Auswahl von Bietergemeinschaftspartnern und von verbundenen Unternehmen als Unterauftragnehmer nicht den Vorgaben der §§ 38 bis 41 VSVgV genügen muss. Mittelbar folgt daraus, dass die Eingehung einer Bietergemeinschaft oder die Vergabe von Unteraufträgen an verbundene Unternehmen nicht ausreicht, um einer vom Auftraggeber nach § 9 Abs. 3 Nr. 1 VSVgV vorgegebenen Untervergabequote zu genügen[57], da andernfalls die aus § 9 Abs. 3 Nr. 1 Satz 5 VSVgV folgende Pflicht zur Anwendung des Verfahrens nach den §§ 38 bis 41 VSVgV nicht erfüllt werden könnte. 63

§ 38 Abs. 2 Satz 2 VSVgV verpflichtet den Bieter zur **Benennung** der mit ihm i. S. v. § 4 Abs. 4 VSVgV verbundenen Unternehmen sowie derjenigen Unternehmen, mit denen der Bieter eine Bietergemeinschaft eingegangen ist, mit seinem Angebot. Nach dem Wortlaut der Norm, der insoweit mit dem Wortlaut von Art. 50 Abs. 2 2. Unterabs. RL 2009/81/EG übereinstimmt, ist eine „*vollständige Liste dieser Unternehmen*" vorzulegen, was nahelegt, dass dort sämtliche verbundenen Unternehmen unabhängig von ihrer Einbindung in den jeweiligen Auftrag anzugeben sind. Im Einzelfalle könnte dies beträchtlichen Aufwand verursachen und sogar im Widerstreit zu Geheimhaltungsbelangen des Bieters stehen. Gleichzeitig ist jedenfalls im Zusammenhang mit der Vergabe von Unteraufträgen ein allgemeines Informationsinteresse des Auftraggebers hinsichtlich derjenigen Unternehmensverbindungen des Bieters, die keinen Bezug zu dem zu vergebenden Auftrag aufweisen, nicht ersichtlich. § 38 64

---

[55] So aber *Leinemann* in Leinemann/Kirch, § 39 VSVgV Rn. 6.
[56] Dazu unter Rn. 49.
[57] *Roth/Lamm* NZBau 2012, 609, 613.

Abs. 2 Satz 2 VSVgV ist daher teleologisch so zu reduzieren, dass der Bieter neben der Benennung der von ihm eingegangenen Bietergemeinschaften lediglich für die von ihm vorgesehenen Unterauftragnehmer anzugeben hat, ob es sich bei ihnen jeweils um verbundene Unternehmen i. S. v. § 4 Abs. 4 VSVgV handelt.

65   Die **Grundsätze,** nach denen das Verfahren zur Untervergabe zu führen ist, ergeben sich aus § 38 Abs. 1 Satz 2 VSVgV; es sind dies die Grundsätze der Transparenz, der Gleichbehandlung und der Nichtdiskriminierung. Mit Ausnahme des in § 38 Abs. 1 Satz 2 VSVgV nicht erwähnten Wettbewerbsgrundsatzes entsprechen sie den allgemeinen Vergabegrundsätzen gemäß § 97 Abs. 1 und 2 GWB, deren Inhalt hier entsprechend gilt. Im Ergebnis ist das Verfahren nach den §§ 38 bis 41 VSVgV damit den Vergabeverfahren des allgemeinen Kartellvergaberechts angenähert, zumal viele der Verfahrensbestimmungen der Vergabeordnungen des allgemeinen Kartellvergaberechts nur Ausprägungen dieser Grundsätze sind[58] und daher hier entsprechend gelten, auch wenn sie in den Verfahrensbestimmungen der §§ 38 bis 41 VSVgV nicht ausdrücklich enthalten sind.

66   Der Transparenzgrundsatz wird durch eine **Bekanntmachungspflicht** nach § 39 VSVgV konkretisiert. Bekanntzumachen sind die Angaben nach Anhang IV der Richtlinie 2009/81/EG; diese entsprechen den Angaben, die in einer Bekanntmachung nach § 18 Abs. 1 VSVgV zu machen sind (§ 18 Abs. 2 Satz 1 VSVgV). Da ein gesonderter Versand von Vergabeunterlagen im Verfahren nach den §§ 38 bis 41 VSVgV nicht vorgeschrieben ist, müssen zudem die Auswahlkriterien nach § 40 Abs. 1 VSVgV bekanntgemacht werden. Die Bekanntmachung unterliegt gemäß § 39 Abs. 1 Satz 3 VSVgV der Einwilligungspflicht durch den Auftraggeber. Schon aus § 9 Abs. 2 Satz 1 VSVgV folgt, dass der Auftraggeber diese Einwilligung nur verweigern darf, wenn sie die Anforderungen des § 38 Abs. 1 VSVgV nicht erfüllt oder in sonstiger Weise unzulässig ist[59], etwa weil sie gegen Bestimmungen zum Schutz von Verschlusssachen verstößt[60]. Sind die Voraussetzungen des § 12 VSVgV erfüllt, kann die Bekanntmachung gemäß § 39 Abs. 2 VSVgV unterbleiben; in diesem Fall kann der Bieter wie bei einem Verhandlungsverfahren ohne Teilnahmewettbewerb diejenigen Unternehmen, mit denen Verhandlungen geführt werden sollen, selbst bestimmen.

67   **§ 40 Abs. 1 VSVgV** verpflichtet den Bieter zur Bestimmung der Kriterien für die Auswahl des Unterauftragnehmers. Dies sind die vom Auftraggeber festgelegten Eignungskriterien (§ 40 Abs. 1 Satz 1 VSVgV), wobei diese Norm ebenso wie § 9 Abs. 5 Satz 1 VSVgV dahingehend einzuschränken ist, dass Kriterien, die sich ausschließlich auf andere als auf den vom Unterauftragnehmer zu übernehmenden Leistungsteil beziehen, nicht hierunter fallen[61]. Zusätzlich kann der Bieter weitere Kriterien festlegen, nach denen der Unterauftragnehmer ausgewählt werden soll; diese müssen objektiv und nicht diskriminierend sein und müssen im Einklang mit den Kriterien stehen, die der Auftraggeber für die Auswahl des Auftragnehmers für den Hauptauftrag anwendet (§ 40 Abs. 1 Satz 2 VSVgV). Letztgenannte Vorgabe ist weit zu verstehen und begründet lediglich ein Widerspruchsverbot. Ihr kann insbesondere nicht entnommen werden, dass der Unterauftragnehmer gehalten wäre, die vom Auftraggeber gemäß § 34 Abs. 3 VSVgV gewählten Zuschlagskriterien auf die Untervergabe zu übertragen. Vielmehr ist der Bieter innerhalb der genannten Grenzen frei darin, eigene Zuschlagskriterien zu entwickeln[62], und er ist beispielsweise nicht dazu verpflichtet, das wirtschaftlichste Angebot auszuwählen, da der Wirtschaftlichkeitsgrundsatz (§ 97 Abs. 5 GWB i. V. m. § 34 Abs. 2 VSVgV) für ihn nicht gilt. Anforderungen, die an die Leistungsfähigkeit der Unterauftragnehmer gestellt

---

[58] S. dazu unter § 1 Rn. 28 ff.
[59] Weitergehend (nur Verhältnismäßigkeitsgrundsatz als Grenze) *Roth/Lamm* NZBau 2012, 609, 613.
[60] Vgl. die Begründung der Bundesregierung zur Vergabeverordnung Verteidigung und Sicherheit vom 25.5.2012, BR-Drs. 321/12, 63.
[61] *Büdenbender/Leinemann* in Leinemann/Kirch, § 40 VSVgV Rn. 4.
[62] Vgl. zur RL 2009/81/EG *Heuninckx* PPLR 2011, 9, 21.

werden, müssen gemäß § 40 Abs. 1 Satz 3 VSVgV in unmittelbarem Zusammenhang mit dem Gegenstand des Hauptauftrags stehen und dürfen nicht übermäßig sein. Bleibt das Verfahren zur Vergabe des Unterauftrags nachweislich erfolglos, wird der Bieter gemäß § 40 Abs. 2 VSVgV von einer etwaigen Pflicht zur Untervergabe frei.

§ 41 VSVgV erlaubt dem Bieter die Untervergabe auf der Grundlage einer Rahmenvereinbarung, wenn diese ihrerseits die Anforderungen aus § 38 Abs. 1 Satz 2, §§ 39 und 40 VSVgV erfüllt. Einzelne der Vorgaben für Rahmenvereinbarungen des Auftraggebers, die aus § 14 Abs. 1 Satz 2, Abs. 6 VSVgV folgen, gelten gemäß § 41 Abs. 2 VSVgV für Rahmenvereinbarungen mit möglichen Unterauftragnehmern entsprechend. 68

Eine ausdrückliche Vorgabe dazu, zu welchem **Zeitpunkt** das Verfahren nach den §§ 38 bis 41 VSVgV zu durchlaufen ist, enthält der Normtext nicht. Aus dem Wortlaut der §§ 38 bis 41 VSVgV, die nahezu durchgehend vom Auftragnehmer sprechen[63], sowie aus der Verwendung des Perfekts bei der Beschreibung der Zuschlagsentscheidung des Auftraggebers in § 40 Abs. 1 Satz 2 VSVgV lässt sich jedoch der Schluss ziehen, dass den §§ 38 bis 41 VSVgV die Vorstellung zugrunde liegen mag, dass das dort geregelte Verfahren erst nach dem Zuschlag im Verfahren zur Vergabe des Hauptauftrages durchgeführt wird. Eine solche zeitliche Abfolge birgt indes sowohl für den Auftraggeber als auch für den erfolgreichen Bieter erhebliche Risiken, da dann zum Zeitpunkt des Zuschlags noch nicht feststeht, ob das Verfahren nach den §§ 38 bis 41 VSVgV mit der Beauftragung eines Unterauftragnehmers endet oder aber beispielsweise mangels Beteiligung geeigneter Unternehmen oder mangels annahmefähiger Angebote erfolglos bleibt. Zwar eröffnet § 40 Abs. 2 VSVgV dem Bieter in einer solchen Situation die Rückkehr zur Eigenleistung, da der Auftraggeber an der Pflicht zur Untervergabe nicht mehr festhalten darf, doch ist dies für den Bieter namentlich dann keine taugliche Alternative, wenn sein Betrieb auf die Erbringung des betroffenen Leistungsteils nicht eingerichtet ist und er auf den Zukauf von Fremdleistungen angewiesen ist. Die Vertragsbrüchigkeit, in die der erfolgreiche Bieter dann zwangsläufig gedrängt wird, ist auch für den Auftraggeber regelmäßig mit erheblichen Nachteilen verbunden, da die ihm dann zustehenden Sekundäransprüche selbstredend nicht geeignet sind, seinen Beschaffungsbedarf zu decken. Schon zur Vermeidung eines solchen Ergebnisses darf der Auftraggeber nach § 97 Abs. 4 Satz 1 GWB i. V. m. § 21 Abs. 1 VSVgV nur mit geeigneten Bietern kontrahieren, so dass die Eignung des Bieters zwingend vor dem Zuschlag zu prüfen ist[64]. Dazu gehört auch die Prüfung der Eignung etwaiger Unterauftragnehmer[65]. Dies ist aber nur möglich, wenn diese zum Zeitpunkt des Zuschlages bereits feststehen. 69

Diesen Anforderungen kann der Auftraggeber nur gerecht werden, wenn das Verfahren nach den §§ 38 bis 41 VSVgV **vor dem Zuschlag durchlaufen** wird und die von dem Bieter einzubindenden Unterauftragnehmer zu diesem Zeitpunkt abschließend ermittelt sind. Das gilt erst recht, wenn der Bieter die vorgesehenen Unterauftragnehmer zu Zwecken der Eignungsleihe heranzieht, da er dann gemäß § 26 Abs. 3, § 27 Abs. 4 VSVgV und § 6 VS Abs. 8 VOB/A jedenfalls bis zum Zuschlag, je nach Vorgabe des Auftraggebers ggf. sogar schon mit seinem Angebot entsprechende Verfügbarkeitsnachweise der betroffenen Unternehmen vorlegen muss[66]. Verpflichtet der Auftraggeber die Bieter gemäß § 9 Abs. 2 Satz 1 i. V. m. § 9 Abs. 3 Nr. 1 oder 2 VSVgV zur Anwendung des Verfahrens nach den §§ 38 bis 41 VSVgV, hat er daher das Vergabeverfahren so zu gestalten, dass den Bietern ein ordnungsgemäßer Abschluss des Untervergabeverfahrens bis zum Zuschlag möglich ist[67]. Insbesondere muss ihnen der nötige Zeitraum zur verfahrenskonformen 70

---

[63] Insoweit zutreffend *Kaminsky* in Leinemann/Kirch, § 9 VSVgV Rn. 14.
[64] *Fehling* in Pünder/Schellenberg, § 97 GWB Rn. 109; *Opitz* in BeckVOB/A, § 16 VOB/A Rn. 196 (zu § 97 Abs. 4 Satz 1 GWB).
[65] S. auch die Kritik bei *Kaminsky* in Leinemann/Kirch, § 9 VSVgV Rn. 16.
[66] Allgemein *Amelung* ZfBR 2013, 337, 338 f.
[67] A. A. unter Berufung auf den Wortlaut *Kaminsky* in Leinemann/Kirch, § 9 VSVgV Rn. 14.

Auswahl der Unterauftragnehmer zur Verfügung stehen. Der Vertrag mit dem Unterauftragnehmer kann dann nach § 158 Abs. 1 BGB unter der aufschiebenden Bedingung des Zuschlags geschlossen werden.

71 Die Vergabe eines Unterauftrags im Verfahren nach den §§ 38 bis 41 VSVgV kann nicht zum Gegenstand eines **Nachprüfungsverfahrens** nach den §§ 102 ff. GWB gemacht werden, sofern der Unterauftrag nicht selbst ausnahmsweise ein öffentlicher Auftrag i. S. v. § 99 Abs. 1 GWB ist und nach den Bestimmungen des vierten Teils des GWB zu vergeben ist. *Incidenter* kann das vom Bieter durchgeführte Untervergabeverfahren aber z. B. dann von der Vergabekammer überprüft werden, wenn sich der Bieter gegen eine Ablehnung seines Angebots auf Grund eines ihm vom Auftraggeber vorgeworfenen Verstoßes gegen die Vorgaben zur Vergabe von Unteraufträgen wehrt.

§ 62 Informationssicherheit

Übersicht

	Rn.
A. Einleitung	1–9
I. Begriff der Informationssicherheit	4–7
II. Elemente zum Schutz der Informationssicherheit	8, 9
B. Maßnahmen, Anforderungen und Auflagen zum Verschlusssachenschutz	10–57
I. Inhaltliche Anforderungen an den Verschlusssachenschutz	10–17
II. Nachweise zur Informationssicherheit	18–28
III. Prüfung der Anforderungen an den Verschlusssachenschutz im Vergabeverfahren	29–39
IV. Erwerb der Verschlusssachen-Zulassung	40–55
V. Vor-Ort-Kontrollen im Ausland	56, 57
C. Allgemeine Pflicht zur Vertraulichkeit	58–64
I. Gegenseitige Pflichten	59–61
II. Weitere Anforderungen zum Schutz der Vertraulichkeit	62–64

VSVgV: §§ 6, 7, 22 Abs. 2, § 24 Abs. 1 Nr. 4, 5, § 36 Abs. 1 Nr. 2
VOB/A VS: § 6 Abs. 3 Nr. 2 lit. g Satz 2, § 8 Abs. 3, § 16 Abs. 1 Nr. 2c, f, § 19 Abs. 4

VSVgV:

§ 6 VSVgV Wahrung der Vertraulichkeit

(1) Auftraggeber, Bewerber, Bieter und Auftragnehmer wahren gegenseitig die Vertraulichkeit aller Angaben und Unterlagen. Für die Anforderungen an den Schutz von Verschlusssachen einschließlich ihrer Weitergabe an Unterauftragnehmer gilt § 7.

(2) Sofern in dieser Verordnung nichts anderes bestimmt ist, dürfen Auftraggeber nach anderen Rechtsvorschriften vorbehaltlich vertraglich erworbener Rechte keine von den Bewerbern, Bietern und Auftragnehmern übermittelte und von diesen als vertraulich eingestufte Information weitergeben. Dies gilt insbesondere für technische Geheimnisse und Betriebsgeheimnisse.

(3) Bewerber, Bieter und Auftragnehmer dürfen keine von den Auftraggebern als vertraulich eingestufte Information an Dritte weitergeben. Dies gilt nicht für die Unterauftragsvergabe, wenn die Weitergabe der als vertraulich eingestuften Information für den Teilnahmeantrag, das Angebot oder die Auftragsausführung erforderlich ist. Bewerber, Bieter und Auftragnehmer müssen die Wahrung der Vertraulichkeit mit den in Aussicht genommenen Unterauftragnehmern vereinbaren. Auftraggeber können an Bewerber, Bieter und Auftragnehmer weitere Anforderungen zur Wahrung der Vertraulichkeit stellen, die mit dem Auftragsgegenstand im sachlichen Zusammenhang stehen und durch ihn gerechtfertigt sind.

§ 7 VSVgV Anforderungen an den Schutz von Verschlusssachen durch Unternehmen

(1) Im Falle eines Verschlusssachenauftrags im Sinne des § 99 Absatz 9 des Gesetzes gegen Wettbewerbsbeschränkungen müssen Auftraggeber in der Bekanntmachung oder den Vergabeunterlagen die erforderlichen Maßnahmen, Anforderungen und Auflagen benennen, die ein Unternehmen als Bewerber, Bieter oder Auftragnehmer erfüllen muss, um den Schutz von Verschlusssachen entsprechend dem jeweiligen Geheimhaltungsgrad zu gewährleisten. Auftraggeber müssen in der Bekanntmachung oder den Vergabeunterlagen auch die erforderlichen Maßnahmen, Anforderungen und Auflagen benennen, die Unterauftragnehmer sicherstellen müssen, um den Schutz von Verschlusssachen entsprechend dem jeweiligen Geheimhaltungsgrad zu gewährleisten, und deren Einhaltung der Bewerber, Bieter oder Auftragnehmer mit dem Unterauftragnehmer vereinbaren muss.

(2) Auftraggeber müssen insbesondere verlangen, dass der Teilnahmeantrag oder das Angebot folgende Angaben enthält:

1. Wenn der Auftrag Verschlusssachen des Geheimhaltungsgrades „VS-VERTRAULICH" oder höher umfasst, Erklärungen des Bewerbers oder Bieters und der bereits in Aussicht genommenen Unterauftragnehmer,

a) ob und in welchem Umfang für diese Sicherheitsbescheide des Bundesministeriums für Wirtschaft und Technologie oder entsprechender Landesbehörden bestehen oder

b) dass sie bereit sind, alle notwendigen Maßnahmen und Anforderungen zu erfüllen, die zum Erhalt eines Sicherheitsbescheids zum Zeitpunkt der Auftragsausführung vorausgesetzt werden;

2. Verpflichtungserklärungen

a) des Bewerbers oder Bieters und

b) der bereits in Aussicht genommenen Unterauftragnehmer

während der gesamten Vertragsdauer sowie nach Kündigung, Auflösung oder Ablauf des Vertrags den Schutz aller in ihrem Besitz befindlichen oder ihnen zur Kenntnis gelangter Verschlusssachen gemäß den einschlägigen Rechts- und Verwaltungsvorschriften zu gewährleisten;

3. Verpflichtungserklärungen des Bewerbers oder Bieters, von Unterauftragnehmern, an die er im Zuge der Auftragsausführung Unteraufträge vergibt, Erklärungen und Verpflichtungserklärungen gemäß den Nummern 1 und 2 einzuholen und vor der Vergabe des Unterauftrags den Auftraggebern vorzulegen.

(3) Muss einem Bewerber, Bieter oder bereits in Aussicht genommenen Unterauftragnehmern für den Teilnahmeantrag oder das Erstellen eines Angebots der Zugang zu Verschlusssachen des Geheimhaltungsgrades „VS-VERTRAULICH" oder höher gewährt werden, verlangen Auftraggeber bereits vor Gewährung dieses Zugangs einen Sicherheitsbescheid vom Bundesministerium für Wirtschaft und Technologie oder von entsprechenden Landesbehörden und die Verpflichtungserklärungen nach Absatz 2 Nummer 2 und 3. Kann zu diesem Zeitpunkt noch kein Sicherheitsbescheid durch das Bundesministerium für Wirtschaft und Technologie oder durch entsprechende Landesbehörden ausgestellt werden und machen Auftraggeber von der Möglichkeit Gebrauch, Zugang zu diesen Verschlusssachen zu gewähren, müssen Auftraggeber die zum Einsatz kommenden Mitarbeiter des Unternehmens überprüfen und ermächtigen, bevor diesen Zugang gewährt wird.

(4) Muss einem Bewerber, Bieter oder bereits in Aussicht genommenen Unterauftragnehmern für den Teilnahmeantrag oder das Erstellen eines Angebots der Zugang zu Verschlusssachen des Geheimhaltungsgrades „VS-NUR FÜR DEN DIENSTGEBRAUCH" gewährt werden, verlangen Auftraggeber bereits vor Gewährung dieses Zugangs die Verpflichtungserklärungen nach Absatz 2 Nummer 2 und 3.

(5) Kommt der Bewerber oder Bieter dem Verlangen des Auftraggebers nach den Absätzen 3 und 4 nicht nach, die Verpflichtungserklärungen vorzulegen, oder können auch im weiteren Verfahren weder ein Sicherheitsbescheid vom Bundesministerium für Wirtschaft und Technologie oder von entsprechenden Landesbehörden ausgestellt noch Mitarbeiter zum Zugang ermächtigt werden, müssen Auftraggeber den Bewerber oder Bieter von der Teilnahme am Vergabeverfahren ausschließen.

(6) Auftraggeber können Bewerbern, Bietern oder bereits in Aussicht genommenen Unterauftragnehmern, die noch nicht in der Geheimschutzbetreuung des Bundesministeriums für Wirtschaft und Technologie oder entsprechender Landesbehörden sind oder deren Personal noch nicht überprüft und ermächtigt ist, zusätzliche Zeit gewähren, um diese Anforderungen zu erfüllen. In diesem Fall müssen Auftraggeber diese Möglichkeit und die Frist in der Bekanntmachung mitteilen.

(7) Das Bundesministerium für Wirtschaft und Technologie erkennt Sicherheitsbescheide und Ermächtigungen anderer Mitgliedstaaten an, wenn diese den nach den Bestimmungen des Sicherheitsüberprüfungsgesetzes und des § 21 Absatz 4 und 6 der Allgemeinen Verwaltungsvorschrift des Bundesministeriums des Innern zum materiellen und organisatorischen Schutz von Verschlusssachen[2]) erforderlichen Sicherheitsbescheiden und Ermächtigungen gleichwertig sind. Auf begründetes Ersuchen der auftraggebenden Behörde hat das Bundesministerium für

Wirtschaft und Technologie weitere Untersuchungen zur Sicherstellung des Schutzes von Verschlusssachen zu veranlassen und deren Ergebnisse zu berücksichtigen. Das Bundesministerium für Wirtschaft und Technologie kann im Einvernehmen mit der Nationalen Sicherheitsbehörde für den Geheimschutz von weiteren Ermittlungen absehen.

(8) Das Bundesministerium für Wirtschaft und Technologie kann die Nationale Sicherheitsbehörde des Landes, in dem der Bewerber oder Bieter oder bereits in Aussicht genommene Unterauftragnehmer ansässig ist, oder die Designierte Sicherheitsbehörde dieses Landes ersuchen, zu überprüfen, ob die voraussichtlich genutzten Räumlichkeiten und Einrichtungen, die vorgesehenen Produktions- und Verwaltungsverfahren, die Verfahren zur Behandlung von Informationen oder die persönliche Lage des im Rahmen des Auftrags voraussichtlich eingesetzten Personals den einzuhaltenden Sicherheitsvorschriften entsprechen.

§ 22 VSVgV Allgemeine Vorgaben zum Nachweis der Eignung

(1) (hier nicht abgedruckt)

(2) Soweit mit den vom Auftragsgegenstand betroffenen Verteidigungs- und Sicherheitsinteressen vereinbar, können Auftraggeber zulassen, dass Bewerber oder Bieter ihre Eignung durch die Vorlage einer Erklärung belegen, dass sie die vom Auftraggeber verlangten Eignungskriterien erfüllen und die festgelegten Nachweise auf Aufforderung unverzüglich beibringen können (Eigenerklärung). § 24 Absatz 1 Nummer 7 findet Anwendung.

(3) bis (6) (hier nicht abgedruckt)

§ 24 VSVgV Fakultativer Ausschluss mangels Eignung

(1) Von der Teilnahme am Vergabeverfahren können Bewerber oder Bieter ausgeschlossen werden,

1. bis 3.(hier nicht abgedruckt)

4. die im Rahmen ihrer beruflichen Tätigkeit eine schwere Verfehlung begangen haben, die vom Auftraggeber nachweislich festgestellt wurde, insbesondere eine Verletzung der Pflicht zur Gewährleistung der Informations- oder Versorgungssicherheit im Rahmen eines früheren Auftrags;

5. die nicht die erforderliche Vertrauenswürdigkeit aufweisen, um Risiken für die nationale Sicherheit auszuschließen; der Nachweis, dass Risiken für die nationale Sicherheit nicht auszuschließen sind, kann auch mithilfe geschützter Datenquellen erfolgen.

6. bis 7. (hier nicht abgedruckt)

(2) bis (3) (hier nicht abgedruckt)

§ 36 VSVgV Unterrichtung der Bewerber und Bieter

(1) Unbeschadet der Verpflichtung nach § 101a des Gesetzes gegen Wettbewerbsbeschränkungen unterrichten die Auftraggeber auf Verlangen des Betroffenen und vorbehaltlich des Absatzes 2 unverzüglich, spätestens 15 Tage nach Eingang eines entsprechenden schriftlichen Antrags,

1. (hier nicht abgedruckt)

2. jeden nicht berücksichtigten Bieter über die Gründe für die Ablehnung des Angebots, insbesondere die Gründe dafür, dass keine Gleichwertigkeit im Sinne des § 15 Absatz 4 und 5 dieser Verordnung vorliegt oder dass die Lieferungen oder Dienstleistungen nicht den Leistungs- oder Funktionsanforderungen entsprechen, und in den Fällen der §§ 7 und 8 die Gründe dafür, dass keine Gleichwertigkeit bezüglich der Anforderungen an den Schutz von Verschlusssachen oder an die Versorgungssicherheit durch Unternehmen vorliegt;

3. (hier nicht abgedruckt)

(2) (hier nicht abgedruckt)

Kap. 12 Auftragsvergaben in den Bereichen Verteidigung und Sicherheit (VSVgV, VOB/A-VS)

VOB/A VS:

§ 6 VS Teilnehmer am Wettbewerb

(1) bis (2) (hier nicht abgedruckt)

(3) 1. (hier nicht abgedruckt)

2. Dieser Nachweis kann mit der vom Auftraggeber direkt abrufbaren Eintragung in die allgemein zugängliche Liste des Vereins für die Präqualifikation von Bauunternehmen e. V. (Präqualifikationsverzeichnis) erfolgen und umfasst die folgenden Angaben:

a) bis f) (hier nicht abgedruckt)

g) dass nachweislich keine schwere Verfehlung begangen wurde, die die Zuverlässigkeit als Bewerber in Frage stellt, dies kann beispielsweise sein die Verletzung seiner Pflicht zur Gewährleistung der Informations- und Versorgungssicherheit im Rahmen eines früheren Auftrages oder vorsätzlich unzutreffende Erklärungen in Bezug auf seine Eignung in einem früheren Vergabeverfahren oder Fehlen der erforderlichen Vertrauenswürdigkeit, um Risiken für die nationale Sicherheit auszuschließen; als Beweismittel kommen auch geschützte Datenquellen in Betracht.

h) bis i) (hier nicht abgedruckt)

Diese Angaben können die Bewerber oder Bieter auch durch Einzelnachweise erbringen. Der Auftraggeber kann dabei vorsehen, dass für einzelne Angaben Eigenerklärungen ausreichend sind, soweit es mit Verteidigungs- und Sicherheitsinteressen vereinbar ist. Diese sind von den Bietern, deren Angebote in die engere Wahl kommen, durch entsprechende Bescheinigungen der zuständigen Stellen zu bestätigen.

3. Andere, auf den konkreten Auftrag bezogene zusätzliche geeignete Angaben können verlangt werden, insbesondere Angaben und Nachweise, die für den Umgang mit Verschlusssachen erforderlich sind oder die Versorgungssicherheit gewährleisten sollen, sowie Angaben, die für die Prüfung der Fachkunde geeignet sind.

Nr. 4 bis 7 (hier nicht abgedruckt)

(4) bis (9) (hier nicht abgedruckt)

§ 8 VS Vergabeunterlagen

(1) bis (2) (hier nicht abgedruckt)

(3) Bei der Vergabe von Verschlusssachenaufträgen und Aufträgen, die Anforderungen an die Versorgungssicherheit beinhalten, benennt der Auftraggeber in der Bekanntmachung oder den Vergabeunterlagen alle Maßnahmen und Anforderungen, die erforderlich sind, um den Schutz solcher Verschlusssachen entsprechend der jeweiligen Sicherheitsstufe zu gewährleisten bzw. um die Versorgungssicherheit zu gewährleisten.

(4) bis (11) (hier nicht abgedruckt)

§ 16 VS Prüfung und Wertung der Angebote

(1) 1. (hier nicht abgedruckt)

2. Außerdem können Angebote von Bietern ausgeschlossen werden, wenn

a) bis b) (hier nicht abgedruckt)

c) wenn der Bieter nachweislich eine schwere Verfehlung begangen hat, die seine Zuverlässigkeit in Frage stellt, insbesondere im Rahmen seiner beruflichen Tätigkeit seine Pflicht zur Gewährleistung der Informations- oder Versorgungssicherheit bei einem früheren Auftrag verletzt hat;

d) bis e) (hier nicht abgedruckt)

f) wenn der Bieter nachweislich nicht die erforderliche Vertrauenswürdigkeit aufweist, um Risiken für die nationale Sicherheit auszuschließen; als Beweismittel kommen auch geschützte Datenquellen in Betracht.

3. (hier nicht abgedruckt)

(2) bis (11) (hier nicht abgedruckt)

§ 19 VS Nicht berücksichtigte Bewerbungen und Angebote

(1) bis (3) (hier nicht abgedruckt)

(4) Auf Verlangen ist den nicht berücksichtigten Bietern unverzüglich, spätestens jedoch innerhalb einer Frist von 15 Kalendertagen nach Eingang ihres schriftlichen Antrags folgendes mitzuteilen:

1. die Entscheidung über die Zuschlagserteilung sowie

2. die Gründe für die Ablehnung ihrer Bewerbung, einschließlich der nicht ausreichenden Erfüllung der Anforderungen in Bezug auf die Informations- und Versorgungssicherheit.

Auf Verlangen sind den Bietern, die ein ordnungsgemäßes Angebot eingereicht haben, die Merkmale und Vorteile des Angebots des erfolgreichen Bieters schriftlich mitzuteilen. Sofern keine Gleichwertigkeit insbesondere in Bezug auf die erforderliche Informations- und Versorgungssicherheit vorliegt, teilt der Auftraggeber dem Bieter dies mit.
§ 17 VS Absatz 2 Nummer 2 gilt entsprechend.

(5) bis (6) (hier nicht abgedruckt)

Literatur:
Siehe die Literaturangaben zu § 59, sowie *Krohn* Informationssicherheit bei Verteidigungs- und Sicherheitsvergaben, in von Wietersheim (Hrsg.), Vergaben im Bereich Verteidigung und Sicherheit (2013), 137 ff.; *Piesbergen* Neue Vorgaben für Auftraggeber und Bieter in Beschaffungsprozessen: Die Vergabeverordnung für die Bereiche Verteidigung und Sicherheit, in von Wietersheim (Hrsg.), Vergaben im Bereich Verteidigung und Sicherheit (2013), 53 ff.

A. Einleitung

Verteidigungs- und sicherheitsrelevante Aufträge stehen regelmäßig im Zusammenhang mit sensiblen, **der Öffentlichkeit nicht zugänglichen Informationen.** Oftmals erfordern die Auftragsausführung oder sogar schon die Bewerbung um den Auftrag Kenntnis von geheimen oder geschützten Informationen. Im Einzelfall kann bereits der Umstand der Auftragsvergabe als solcher so vertraulich sein, dass der Auftrag insgesamt der Geheimhaltung unterliegt. Die Notwendigkeit besonderer Schutzmaßnahmen zur Gewährleistung des staatlichen Geheimhaltungsbedürfnisses ist eines der typischen Merkmale von Auftragsvergaben im Bereich der Verteidigung und Sicherheit.[1]

Das Bedürfnis nach Geheimhaltung sensibler Informationen steht in einem offenkundigen **Spannungsverhältnis zum Transparenzgebot** als einem der grundlegenden Verfahrensprinzipien des Vergaberechts. Anforderungen an die Informationssicherheit werden daher vielfach als eine der größten Hürden für die Entwicklung eines **EU-weiten Wettbewerbs im Verteidigungs- und Sicherheitsbereich** angesehen. Die VSVgV trägt dem dadurch Rechnung, dass sie besondere Anforderungen an den Schutz vertraulicher Informationen im laufenden Vergabeverfahren und während der Auftragsausführung ermöglicht. Die neuen Verfahrensregeln der VSVgV sollen auf diese Weise einen **Aus-**

---
[1] Vgl. den Bericht der Europäischen Kommission an das Europäische Parlament und den Rat über den Stand der Umsetzung der RL 2009/81/EG vom 2. Oktober 2012.

gleich zwischen den staatlichen Geheimhaltungsinteressen und den hiermit verbundenen Restriktionen hinsichtlich des Informationszugangs einerseits und dem Bieterinteresse an einem transparenten und diskriminierungsfreien Verfahrensablauf andererseits herstellen.

3   Verteidigungs- und sicherheitsrelevante Aufträge sollen künftig grundsätzlich nicht schon allein aufgrund von Geheimschutzaspekten und damit verbundenen Sicherheitsanforderungen insgesamt vom EU-Vergaberecht ausgenommen werden (wie es gemäß § 100 Abs. 2 lit. d. aa und bb GWB a.F. in der Vergangenheit der Fall war). Vielmehr sollen die bisherige Abschottung des Markts aufgebrochen und mittelfristig ein echter europäischer Binnenmarkt für Verteidigungs- und Sicherheitsgüter etabliert werden. Die Einführung eines spezifischen, auf die besonderen Geheimschutzbedürfnisse im Verteidigungs- und Sicherheitsbereich abgestimmten Vergaberegimes ist ein wichtiger Meilenstein auf diesem Weg.

I. Begriff der Informationssicherheit

4   Unter dem Begriff der **Informationssicherheit** ist im Zusammenhang mit verteidigungs- und sicherheitsrelevanten Aufträgen die Sicherung von amtlich geheim zu haltenden oder zu schützenden Informationen (**Verschlusssachen**) gegen unerlaubte Bekanntgabe, unbefugten Zugriff, Missbrauch, Verfälschung oder Zerstörung zu verstehen.[2] Zur Ausfüllung des Begriffs der Information kann auf die Definition der Verschlusssache in **§ 4 Abs. 1 des Sicherheitsüberprüfungsgesetzes (SÜG)** zurückgegriffen werden.[3] Danach kann es sich bei den zu schützenden Informationen um **geheimhaltungsbedürftige Tatsachen, Gegenstände oder Erkenntnisse**, unabhängig von ihrer Darstellungsform, handeln. Dies umfasst all diejenigen geheimhaltungsbedürftigen Informationen, die in einem unmittelbaren Zusammenhang mit dem verteidigungs- und sicherheitsrelevanten Auftrag stehen.

5   Nach § 4 Abs. 2 SÜG sind Verschlusssachen entsprechend ihrer Schutzbedürftigkeit in verschiedene **Geheimhaltungsstufen** einzuordnen (sog. **Klassifizierung**). Danach ist eine Verschlusssache
   1. **STRENG GEHEIM**, wenn die Kenntnisnahme durch Unbefugte den Bestand oder lebenswichtige Interessen der Bundesrepublik Deutschland oder eines ihrer Länder gefährden kann,
   2. **GEHEIM**, wenn die Kenntnisnahme durch Unbefugte die Sicherheit der Bundesrepublik Deutschland oder eines ihrer Länder gefährden oder ihren Interessen schweren Schaden zufügen kann,
   3. **VS-VERTRAULICH**, wenn die Kenntnisnahme durch Unbefugte für die Interessen der Bundesrepublik Deutschland oder eines ihrer Länder schädlich sein kann,
   4. **VS-NUR FÜR DEN DIENSTGEBRAUCH**, wenn die Kenntnisnahme durch Unbefugte für die Interessen der Bundesrepublik Deutschland oder eines ihrer Länder nachteilig sein kann.

6   Im **weiteren Sinne** umfasst der Begriff der Informationssicherheit auch den Schutz all derjenigen Informationen, die einem Vergabeverfahren generell – unter dem Gesichtspunkt des Geheimwettbewerbs und des Schutzes von Geschäftsgeheimnissen der Beteiligten – vertraulich zu halten sind.[4] Es handelt sich damit um einen Aspekt des **allgemeinen Vertraulichkeitsgrundsatzes**. Auf unionsrechtlicher Ebene ist ein entsprechendes Gebot der Vertraulichkeit in Art. 6 RL 2009/81/EG (ähnlich der allgemeinen Regelung in Art. 6 VKR) normiert; eine deutsche Umsetzung findet sich in § 6 VSVgV. Diese Regelungen werden unten in Abschnitt F näher erörtert. Der **spezifische Begriff** der **Infor-**

---

[2] Vgl. Erwägungsgründe 2 und 9 RL 2009/81/EG.
[3] *Krohn* in von Wietersheim, Vergaben im Bereich Verteidigung und Sicherheit, 137, 139.
[4] *Krohn* in von Wietersheim, Vergaben im Bereich Verteidigung und Sicherheit, 137, 139 f.

mationssicherheit als typischer Aspekt vergabe- und sicherheitsrelevanter Aufträge bezieht sich demgegenüber ausschließlich auf den **Schutz von Verschlusssachen** im o.g. Sinne.

Fragen der Informationssicherheit können bei verteidigungs- und sicherheitsrelevanten 7 Aufträgen in **unterschiedlichen Stadien** der Auftragsvergabe und Ausführung Bedeutung erlangen.[5] Die Vorgaben zur Informationssicherheit dienen vor allem der Gewährleistung der Vertraulichkeit der schutzbedürftigen Informationen **während der Auftragsausführung**. Entsprechende Vorgaben wird der Auftraggeber als spezielle Anforderungen oder Ausführungsbedingungen in der Leistungsbeschreibung vorsehen. Bei geheimschutzrelevanten Aufträgen wird zudem vielfach bereits die **Teilnahme am Vergabeverfahren** der Umgang mit geheimhaltungsbedürftigen Unterlagen erfordern. Geheimschutzrelevante Informationen können in der Leistungsbeschreibung, dem Leistungsverzeichnis oder zugehörigen Unterlagen wie beispielsweise Ausführungs- oder Bauplänen, technischen Anleitungen, Arbeitsanweisungen oder Genehmigungen enthalten sein. Ein nachhaltiger Geheimnisschutz ist nur gewahrt, wenn dem Bewerber bereits im **Vorfeld der Verfahrensteilnahme** die erforderliche Geheimschutzqualifikation abverlangt wird. Schließlich muss der Bieter im Rahmen der Eignungsprüfung die Prognose rechtfertigen, dass er die **erforderlichen Geheimschutzmaßnahmen umsetzen** kann. Die Prüfung der Vertrauenswürdigkeit (§ 24 VSVgV) steht in engem Zusammenhang mit der Bewertung der Leistungsfähigkeit und Zuverlässigkeit des Bieters als allgemeine Aspekte seiner Eignung.

II. Elemente zum Schutz der Informationssicherheit

Bislang existieren **keine EU-weiten Standards** für die Informationssicherheit.[6] Auch die 8 Richtlinie 2009/81/EG gibt keine einheitlichen Standards vor. Die Mitgliedsstaaten können ihre jeweiligen Geheimschutzkonzepte und Sicherheitsvorgaben weiterhin individuell festlegen.

In Deutschland lässt sich die Konzeption zum Schutz von Verschlusssachen in drei 9 Hauptelemente untergliedern.[7] Erster Schritt ist die **Ermittlung und Klassifizierung** des geheimschutzrelevanten Materials. Hierzu ist das relevante Material von der verantwortlichen Stelle zu identifizieren und ihm entsprechend der Schutzbedürftigkeit eine Geheimhaltungsstufe zuzuweisen. Zweitens wird der **Zugang** zu dem zu schützenden Material auf Unternehmen bzw. Personen **beschränkt**, die hinreichende Gewähr für die Wahrung der Vertraulichkeit der Informationen und Einhaltung der erforderlichen Sicherheitsmaßnahmen bieten. Je nach Geheimhaltungsstufe ist hierfür regelmäßig eine amtliche Sicherheitsüberprüfung bzw. die Erteilung eines Sicherheitsbescheids erforderlich. Drittens kann die personenspezifische Zugangsbeschränkung durch **konkrete Sicherheits- und Geheimschutzmaßnahmen** flankiert werden. Derartige Vorgaben können den Umgang mit den Informationen in Bezug auf ihre Kennzeichnung, Verwahrung, Vervielfältigung und Bearbeitung betreffen. Denkbar ist auch, dass spezielle IT-bezogene Anforderungen gestellt oder Kontrollmechanismen zur Überprüfung der Sicherheitsmaßnahmen verlangt werden.

---

[5] *Krohn* in von Wietersheim, Vergaben im Bereich Verteidigung und Sicherheit, 137, 140.
[6] Erwägungsgründe 43 u. 68 RL 2009/81/EG.
[7] *Krohn* in von Wietersheim, Vergaben im Bereich Verteidigung und Sicherheit, 137, 140 f.

B. Maßnahmen, Anforderungen und Auflagen zum Verschlusssachenschutz

I. Inhaltliche Anforderungen an den Verschlusssachenschutz

10   § 7 VSVgV enthält Regelungen zu den „Maßnahmen, Anforderungen und Auflagen", die Bewerber, Bieter und Auftragnehmer zum Schutz von Verschlusssachen erfüllen müssen. Absatz 1 der Vorschrift regelt die **Bekanntgabe** der Maßnahmen und Anforderungen; Absätze 2 bis 4 enthalten bestimmte **Mindestinhalte** der Maßnahmen bzw. Anforderungen und treffen konkrete Regelungen zur Ausgestaltung des Vergabeverfahrens, um die Einhaltung sicherzustellen.

11   Die deutsche Umsetzung weist damit in Bezug auf den Verschlusssachenschutz eine merklich höhere Regelungsdichte auf als die zugrunde liegenden Richtlinienbestimmungen. Art. 7 und 22 RL 2009/81/EG räumen den Auftraggebern zwar die Möglichkeit ein, den Verfahrensteilnehmern Auflagen zum Schutz der im Vergabeverfahren mitgeteilten Verschlusssachen zu machen und Maßnahmen und Anforderungen zum Verschlusssachenschutz bei der Auftragsausführung festzulegen. Die Richtlinie enthält jedoch weder Mindestinhalte für den Verschlusssachenschutz noch konkrete Vorgaben, in welcher Weise die jeweiligen Schutzmaßnahmen und -anforderungen in das Vergabeverfahren einzubringen sind. Das ist nicht überraschend, weil die Richtlinie den Mitgliedstaaten ausdrücklich gestattet, insoweit auf ihre eigenen Geheimschutzvorschriften zurückzugreifen (Art. 22 Unterabs. 3 Satz 1 RL 2009/81/EG). In § 7 Abs. 2 bis 4 VSVgV hat der Verordnungsgeber aufbauend auf den deutschen Geheimschutzvorschriften spezifiziert, welche Mindestanforderungen bei der Vergabe von Verschlusssachenaufträgen durch deutsche Auftraggeber zu stellen bzw. zu beachten sind wie die Einhaltung der Anforderungen im Vergabeverfahren sicher zu stellen ist.

1. Festlegung durch den Auftraggeber

12   § 7 Abs. 1 bis 4 VSVgV verpflichtet den Auftraggeber, im Vergabeverfahren die erforderlichen **Maßnahmen, Anforderungen oder Auflagen** bekannt zu geben, die Unternehmen als Bewerber, Bieter, Auftragnehmer oder Unterauftragnehmer zum Schutz von Verschlusssachen erfüllen müssen. Die Vorschrift setzt voraus, dass die **Festlegung** der konkreten Maßnahmen, Anforderungen und Auflagen **durch den Auftraggeber** erfolgt. Die Maßnahmen usw. müssen allerdings ausreichen, um den Verschlusssachenschutz entsprechend dem jeweiligen Geheimhaltungsgrad zu gewährleisten (§ 7 Abs. 1 Satz 2 VSVgV).

2. Mindestanforderungen

13   Obgleich die Festlegung der konkreten Maßnahmen und Anforderungen für den Schutz von Verschlusssachen dem Auftraggeber obliegt, enthält § 7 Abs. 2 bis 4 VSVgV **inhaltliche und ablauftechnische Mindestanforderungen**, denen die Vorgaben des Auftraggebers entsprechen müssen.

14   § 7 Abs. 2 VSVgV enthält generelle Anforderungen im Zusammenhang mit der Gewährung des Zugangs zu Verschlusssachen in **allen Phasen** des Verfahrens einschließlich der **Auftragsausführung**, während § 7 Abs. 3 bis 4 VSVgV nähere Regelungen für den Fall enthält, dass der Zugang bereits **im Vergabeverfahren** für den Teilnahmeantrag oder die Erstellung des Angebots gewährt werden muss.[8]

15   Die generellen Mindestanforderungen unterscheiden sich nach der jeweiligen Geheimhaltungsstufe:

---

[8] BR-Drucks. 321/12, 39.

- Umfasst der Auftrag Verschlusssachen des Geheimhaltungsgrads „**VS-Vertraulich**" **oder höher**, muss der Auftraggeber von Bewerbern bzw. Bietern sowie deren Unterauftragnehmern im Teilnahmeantrag oder im Angebot eine Erklärung abfordern, ob und in welchem Umfang ein **Sicherheitsbescheid** des Bundesministerium für Wirtschaft und Technologie (BMWi) oder entsprechender Landesbehörden vorliegt **oder** sie zur Erfüllung aller notwendigen Maßnahmen und Anforderungen bereit sind, die zum Erhalt eines Sicherheitsbescheids zum Zeitpunkt der Auftragsausführung erforderlich sind. Die Notwendigkeit eines Sicherheitsbescheids ergibt sich aus § 21 Abs. 4 Nr. 2 der Allgemeinen Verwaltungsvorschrift des BMI zum materiellen und organisatorischen Schutz von Verschlusssachen (sog. VS-Anweisung).[9] Danach muss der Auftraggeber vor der Weitergabe von Verschlusssachen der Stufe „VS-Vertraulich" oder höher Sicherheitsbescheide über die beteiligten Unternehmen beim BMWi anfordern.
Des Weiteren verpflichtet § 7 Abs. 2 VSVgV den Auftraggeber, von den Bewerbern bzw. Bietern sowie deren Nachunternehmern bestimmte **Verpflichtungserklärungen** einzuholen. Diese betreffen deren Bereitschaft, sowohl während des Vertrags als auch nach Vertragsende den **Schutz** aller in ihrem Besitz befindlichen oder ihnen zur Kenntnis gelangten Verschlusssachen gemäß den einschlägigen Rechts- und Verwaltungsvorschriften zu gewährleisten (§ 7 Abs. 2 Nr. 2 VSVgV) und vor einer **Unterauftragsvergabe** entsprechende Verpflichtungserklärungen von den Unterauftragnehmern einzuholen und dem Auftraggeber vor Erteilung des Unterauftrags vorzulegen (§ 7 Abs. 2 Nr. 3 VSVgV).
- Betrifft der Auftrag lediglich Unterlagen des Geheimhaltungsgrads „**VS-NfD**", muss der Auftraggeber von den Bewerbern bzw. Bietern und ggf. Nachunternehmern im Teilnahmeantrag oder im Angebot nur die o.g. **Verpflichtungserklärungen** zur Gewährleistung des Verschlusssachenschutzes während und nach der Vertragslaufzeit gemäß den Rechts- und Verwaltungsvorschriften einholen (§ 7 Abs. 2 Nr. 2 und 3 VSVgV). Praktisch bedeutet das die Pflicht zur Beachtung der Vorgaben des „Merkblatts für die Behandlung von Verschlusssachen des Geheimhaltungsgrads VS-NfD" (sog. **VS-NfD-Merkblatt**, Anlage 4 zum GHB des BMWi).[10]

Müssen die Bewerber oder Bieter und/oder Unterauftragnehmer bereits für den **Teilnahmeantrag** oder die **Angebotserstellung** Zugang zu Verschlusssachen erhalten, gilt ergänzend folgendes: 16

- Im Fall von Verschlusssachen des Geheimhaltungsgrades VS-VERTRAULICH oder höher muss der Auftraggeber den **Sicherheitsbescheid** bereits **vor der Zugangsgewährung** verlangen (§ 7 Abs. 3 VSVgV). Eine bloße Erklärung des Unternehmens über das Vorliegen eines Bescheids oder die Bereitschaft, im Auftragsfall die zum Erhalt eines Sicherheitsbescheids notwendigen Maßnahmen und Anforderungen zu erfüllen, reicht in diesem Fall nicht. Auch die Verpflichtungserklärungen nach § 7 Abs. 2 Nr. 2 und 3 VSVgV zur Gewährleistung des Verschlusssachenschutzes während und nach der Vertragslaufzeit müssen bereits vor der Zugangsgewährung vorliegen. Kann ein Sicherheitsbescheid zu diesem Zeitpunkt noch nicht ausgestellt werden, so kann der Auftraggeber dem Unternehmen den Zugang zu den Veschlusssachen zwar trotzdem gewähren, jedoch nur, wenn er die betreffenden Mitarbeiter des Unternehmens zuvor selbst überprüft und ermächtigt hat (§ 7 Abs. 3 Satz 2 VSVgV).
- Ist für den Teilnahmeantrag oder die Angebotserstellung lediglich Zugang zu Verschlusssachen der Stufe VS-NfD erforderlich, genügt es, wenn der Auftraggeber vom Bewerber bzw. Bieter und ggf. Unterauftragnehmer vor der Zugangsgewährung die o.g. Verpflichtungserklärungen nach § 7 Abs 2 Nr. 2 und 3 VSVgV einholt.

---

[9] Vom 31.3.2006 i.d.F. vom 26.4.2010, GMBl. 2010, S. 846.
[10] Siehe Abschnitt 1.7 GHB.

3. Weitergehende Anforderungen

17 Der Auftraggeber kann über die Mindestanforderungen hinaus **weitere Vorgaben** für den Schutz von Verschlusssachen machen. Das gilt sowohl für die **Vertragsphase** als auch das Stadium des **Vergabeverfahrens**. Der Auftraggeber kann z. B. verlangen, dass der Bieter bestimmte betriebliche Schutzmaßnahmen zur Geheimhaltung sensibler Unterlagen ergreift, oder spezielle Anforderungen an die zur Verarbeitung sensibler Informationen verwendeten IT-Systeme stellen. Derartige Vorgaben können die **gesamte Lieferkette** betreffen.[11] Die Vorgaben müssen allerdings **angemessen** sein. Sie müssen objektiv geeignet sein, den Schutz der Verschlusssachen entsprechend der Geheimhaltungsstufe zu sichern. Sie dürfen zudem nicht über das notwendige Maß hinausgehen. Innerhalb dieses Rahmens kann der Auftraggeber – nach Maßgabe der einschlägigen Geheimschutzregularien – die Anforderungen frei festlegen.

II. Nachweise zur Informationssicherheit

1. Art und Form der Nachweise

18 Neben den materiellen Anforderungen an die Gewährleistung der Informationssicherheit hat der Auftraggeber anzugeben, mit welchen **Nachweisen** die Bewerber, Bieter und ggf. Unterauftragnehmer ihre diesbezügliche Eignung nachzuweisen haben. Bei Liefer- und Dienstleistungsaufträgen ergibt sich das aus § 22 Abs. 1 VSVgV, bei Bauleistungen aus § 6 VS Abs. 3 Nr. 3 VOB/A. Soweit es um die in § 7 Abs. 2 bis 4 VSVgV genannten Mindestanforderungen geht, ergeben sich Art und Form des Nachweises direkt aus den inhaltlichen Vorgaben (Eigenerklärung über das Vorliegen eines Sicherheitsbescheids oder die Bereitschaft zur Erfüllung der dafür erforderlichen Voraussetzungen (Abs. 2 Nr. 1), sowie Verpflichtungserklärungen zum Schutz der Informationssicherheit gemäß den anwendbaren Rechts- und Verwaltungsvorschriften (Abs. 2 Nr. 2 und 3)). Stellt der Auftraggeber im Einzelfall weitere oder strengere Anforderungen, bedarf es dagegen einer Vorgabe, welche Nachweise die Bewerber oder Bieter dazu vorlegen müssen. Generell gilt, dass nur Unterlagen und Angaben gefordert werden dürfen, die durch den Auftragsgegenstand gerechtfertigt sind (§ 22 Abs. 1 Satz 2 VSVgV, § 6 VS Abs. 5 VOB/A).

19 Der Auftraggeber kann sich darauf beschränken, **Eigenerklärungen** der Bewerber bzw. Bieter über die Erfüllung der Eignungskriterien einzuholen. Bei Lieferungen und Dienstleistungen gilt das gemäß § 22 Abs. 2 VSVgV allerdings nur, sofern die Unternehmen zugleich erklären, dass sie die „festgelegten Nachweise" auf Anforderung unverzüglich beibringen können. Die Regelung zeigt, dass Eigenerklärungen **lediglich als Verfahrensvereinfachung gedacht** sind, aber keine vollwertigen Nachweise darstellen. Vielmehr muss der Auftraggeber grundsätzlich „andere Nachweise" festlegen, die auch zu überprüfen sind. Im Baubereich wurde von vornherein die strengere Regelung aus dem 2. Abschnitt der VOB/A[12] übernommen, wonach Eigenerklärungen von den Bietern der engeren Wahl durch Bescheinigungen der zuständigen Stellen bestätigt werden müssen (§ 6 VS Abs. 3 Nr. 2 Satz 4 VOB/A). Diese Regelung gilt nicht nur für die Standard-Nachweise des § 6 VS Abs. 3 Nr. 2 VOB/A, sondern nach Sinn und Zweck auch für etwaige weitergehende Nachweise zur Informationssicherheit gemäß § 6 VS Abs. 3 Nr. 3 VOB/A.

20 Eigenerklärungen dürfen allerdings nur dann als Nachweis zugelassen werden, wenn die vom Auftrag betroffenen **Verteidigungs- und Sicherheitsinteressen nicht entge-**

---

[11] Vgl. Verordnungsbegründung zu § 7 VSVgV, BR-Drs. 321/12, 38, unter Verweis auf Erwägungsgrund 43 der RL 2009/81/EG.
[12] § 6 EG Abs. 3 Nr. 2 Satz 4 VOB/A.

genstehen.¹³ Das ist eine Beurteilungsfrage, für die es auf die Umstände des Einzelfalls ankommt. Eigenerklärungen können insbesondere dann ungeeignet sein, wenn der Auftrag bzw. das für seine Ausführung oder das Vergabeverfahren zur Verfügung gestellte Material besonders sensibel ist oder besonders strenge Geheimschutzmaßnahmen erfordert. Auch wenn Verteidigungs- und Sicherheitsinteressen nicht entgegenstehen, liegt die Zulassung von Eigenerklärungen ausdrücklich im **Ermessen** des Auftraggebers („können"). Bei Liefer- und Dienstleistungsaufträgen unterscheidet sich die Rechtslage darin von derjenigen für gewöhnliche Aufträge gemäß VOL/A, bei denen grundsätzlich nur Eigenerklärungen gefordert werden sollen (§ 7 EG Abs. 1 Satz 2 VOL/A). Der Auftraggeber kann die Entscheidung demnach von den Umständen des Einzelfalls abhängig machen, insbesondere der Sensibilität des Materials, aber auch vom Umfang der ggf. vorzulegenden Nachweise.

§ 22 Abs. 2 Satz 2 VSVgV verweist auf § 24 Abs. 1 Nr. 7 VSVgV. Hierdurch wird unterstrichen, dass die Abgabe einer **falschen oder nicht ausreichenden Erklärung** den Ausschluss vom Vergabeverfahren zur Folge haben kann. 21

2. Bekanntgabe der Nachweisanforderungen

§ 7 Abs. 1 VSVgV legt fest, dass der Auftraggeber die Maßnahmen, Anforderungen und Auflagen, die die Unternehmen zum Schutz von Verschlusssachen erfüllen müssen, in der **Bekanntmachung** oder den **Vergabeunterlagen** anzugeben hat. § 22 Abs. 1 Satz 1 VSVgV sieht demgegenüber für Liefer- und Dienstleistungsvergaben vor, dass die Nachweise, die bezüglich der Gewährleistung der Informationssicherheit vorzulegen sind, bei Nichtoffenen Verfahren und Verhandlungsverfahren mit Teilnahmewettbewerb **bereits in der Bekanntmachung** angegeben werden müssen. Dieser scheinbare Widerspruch ist dahingehend aufzulösen, dass die strengere Vorgabe in § 22 VSVgV nur diejenigen Nachweise erfasst, die bereits für die Durchführung der Eignungsprüfung erforderlich sind.¹⁴ Etwaige weitere inhaltliche Anforderungen, insbesondere solche, die erst die Ausführungsphase betreffen, können demgegenüber auch erst in den Vergabeunterlagen mitgeteilt werden. 22

Die VOB/A-VS enthält **für den Baubereich keine direkten Vorgaben** für die Bekanntgabe der Nachweisanforderungen; aus dem Verweis auf die Mindestinhalte der EU-Bekanntmachungsformulare in § 12 VS Abs. 2 Nr. 2 VOB/A, die eine vollständige Angabe der Eignungsnachweise vorsehen, ergibt sich jedoch ebenfalls eine Pflicht, die Nachweise bereits in der Bekanntmachung zu veröffentlichen. 23

3. Zeitpunkt der Vorlage der Nachweise

Beim Nichtoffenen Verfahren, dem Verhandlungsverfahren mit Teilnahmewettbewerb und dem Wettbewerblichen Dialog über Lieferungen und Dienstleistungen müssen die Unternehmen die geforderten Eignungsnachweise **vor Ablauf der Teilnahmefrist** vorlegen (§ 22 Abs. 4 Satz 1 Nr. 1 und 4 VSVgV). Beim Verhandlungsverfahren ohne Teilnahmewettbewerb sind die Eignungsnachweise vor Ablauf der Angebotsfrist vorzulegen (§ 22 Abs. 4 Satz 1 Nr. 2 VSVgV). Für Bauleistungen schreibt § 6 VS Abs. 3 Nr. 5 VOB/A ebenfalls vor, dass beim Nichtoffenen Verfahren und im Verhandlungsverfahren mit Vergabebekanntmachung die Nachweise bereits mit dem Teilnahmewettbewerb vorzulegen sind; für den Wettbewerblichen Dialog ist dies nicht ausdrücklich angeordnet. 24

Bei **Liefer- und Dienstleistungsvergaben** können nicht rechtzeitig vorgelegte Nachweisunterlagen nach § 22 Abs. 6 Satz 1 VSVgV bis zum Ablauf einer zu bestimmenden Nachfrist vom Auftraggeber **nachgefordert** werden. Das gilt unabhängig davon, ob die Nachweise mit dem Teilnahmeantrag oder dem Angebot vorzulegen gewesen wären. 25

---

¹³ § 22 Abs. 2 Satz 1 VSVgV; § 6 VS VOB/A.
¹⁴ *Krohn* in von Wietersheim, Vergaben im Bereich Verteidigung und Sicherheit, 137, 159.

Die Nachforderung steht allerdings (ebenso wie bei § 7 EG Abs. 12 und 13, § 19 EG Abs. 2 VOL/A) im Ermessen des Auftraggebers. Werden die Nachweisunterlagen trotz Aufforderung nicht bzw. nicht innerhalb der Nachfrist vorgelegt, ist der Bewerber oder Bieter nach § 22 Abs. 6 Satz 2 VSVgV zwingend vom Verfahren auszuschließen.

26   Bei **Bauvergaben** ist eine Nachforderung fehlender Eignungsnachweise in § 16 VS Abs. 1 Nr. 3 VOB/A nur für Nachweise angeordnet, die im *Angebot* fehlen; die Nachforderung fehlender Teilnahmeunterlagen ist nicht ausdrücklich vorgesehen. Nach Sinn und Zweck kann die Vorschrift jedoch auf Nachweise, die mit dem Teilnahmeantrag vorzulegen gewesen wären, analog angewendet werden. Bei Bauvergaben ist eine Nachforderung zwingend; zugleich gilt dort eine feste Nachreichfrist von 6 Tagen.

4. Möglichkeit der Fristverlängerung

27   Speziell in Bezug auf die Informationssicherheit enthält § 7 Abs. 6 VSVgV eine besondere Regelung für den Zeitpunkt des Nachweises der Aufnahme in die Geheimschutzbetreuung bzw. die Sicherheitsüberprüfung des Personals des Bieters. Danach kann der Auftraggeber Bewerbern, Bietern oder bereits in Aussicht genommenen Unterauftragnehmern, die noch nicht in die Geheimschutzbetreuung aufgenommen sind oder deren Personal noch nicht sicherheitsüberprüft und ermächtigt ist, **zusätzliche Zeit zur Erfüllung der Anforderungen** gewähren. Diese Regelung soll es insbesondere „Newcomern" erleichtern, die Aufnahme in die Geheimschutzbetreuung bzw. die Sicherheitsüberprüfung noch rechtzeitig zu erlangen. Die Vorschrift gilt sowohl für Liefer- und Dienstleistungsaufträge als auch für den Baubereich.

28   Der Auftraggeber muss in diesem Fall nach § 7 Abs. 6 Satz 2 VSVgV bereits in der EU-Bekanntmachung auf die Möglichkeit der Fristverlängerung und die (verlängerte) Frist **hinweisen**. Enthält die EU-Bekanntmachung keine entsprechende Mitteilung, gelten auch für die noch nicht sicherheitsüberprüften „Newcomer" die allgemeinen Fristen zum Nachweis der Eignung. Der Möglichkeit der Fristverlängerung steht im Ermessen des Auftraggebers; eine Verpflichtung, im Interesse von Newcomern im Regelfall eine Fristverlängerung vorzusehen, besteht nicht.[15]

III. Prüfung der Anforderungen an den Verschlusssachenschutz im Vergabeverfahren

1. Überprüfung im Rahmen der Eignungsprüfung

29   Das nationale Recht ordnet die Anforderungen an den Schutz von Verschlusssachen als **spezifische Eignungskriterien** im Sinne des § 97 Abs. 4 Satz 1 GWB ein.[16] Das ist praxisgerecht, da die für den Zugang zu Verschlusssachen erforderlichen Sicherheitsbescheide, Selbstverpflichtungen und Überprüfungen nach den Geheimschutzbestimmungen eine Vorbedingung für die Verfahrensteilnahme bzw. Auftragserteilung sind.[17]

30   Materiell ergeben sich bei der Prüfung keine wesentlichen Unterschiede zu anderen Aspekten der Bietereignung.[18] Der Auftraggeber prüft die Eignung der Bewerber bzw.

---

[15] Kritisch dazu *Kaminsky* in Leinemann/Kirch, § 7 VSVgV Rn. 23.
[16] vgl. BR-Drucks. 321/12, 38 f.
[17] *Krohn* in von Wietersheim, Vergaben im Bereich Verteidigung und Sicherheit, 137, 158. Dogmatisch ist die Zuordnung freilich nicht zwingend. Die materiellen Maßnahmen und Anforderungen, die während der Auftragsausführung zum Schutz von Verschlusssachen zu erfüllen sind, lassen sich auch als Teil des Leistungsinhalts oder der Ausführungsbedingungen verstehen. Für die im Vergabeverfahren zu treffende Feststellung, ob ein Unternehmen in der Lage und willens ist, die Anforderungen zu erfüllen, macht das jedoch keinen Unterschied.
[18] Vgl. oben, § 30 zur Eignungsprüfung.

Bieter anhand der in der EU-Bekanntmachung bzw. ggf. in den Vergabeunterlagen veröffentlichten Eignungsanforderungen.

Die Anforderungen können dabei zum einen die **Zuverlässigkeit** betreffen (insbesondere bei Verstößen gegen die Pflichten im Zusammenhang mit dem Schutz von Verschlusssachen bei früheren Aufträgen oder fehlender Vertrauenswürdigkeit im Zusammenhang mit Geheimschutzanforderungen; siehe dazu unten, Rn. 36 und 38f.). 31

Darüber hinaus kann im Rahmen der **technischen und beruflichen Leistungsfähigkeit** geprüft werden ob ein Bewerber oder Bieter bei der Verarbeitung, Speicherung und Übermittlung von Verschlusssachen den Schutz der Vertraulichkeit auf der jeweils vorgegebenen Sicherheitsstufe gewährleisten kann.[19] 32

2. Ausschluss bei Nichterfüllung der Anforderungen

a) Zwingende Ausschlussgründe

Weist ein Bieter oder Bewerber die Erfüllung der Anforderungen an den Schutz der Verschlusssachen nicht nach, ist er **zwingend vom Verfahren auszuschließen** bzw. **nicht zum Verfahren zuzulassen** (§§ 7 Abs. 5, 22 Abs. 3 VSVgV). Gleiches gilt, wenn ein Unternehmen die nach §§ 7, 22 VSVgV notwendigen Verpflichtungserklärungen und Sicherheitsbescheide nicht rechtzeitig beibringt und auch eine Überprüfung und Ermächtigung der zum Einsatz vorgesehenen Mitarbeiter gemäß § 7 Abs. 3 VSVgV nicht rechtzeitig mit positivem Ergebnis abgeschlossen werden kann. 33

Ein Ausschluss kann auch dann noch erfolgen, wenn der Auftraggeber die Eignung bereits bejaht hat, dann – bspw. aufgrund einer nochmaligen gründlicheren Durchsicht der eingereichten Eignungsnachweise – die **Eignung aber doch nicht für gegeben erachtet**.[20] Grundsätzlich muss auch bei Auftragsvergaben im Bereich Verteidigung und Sicherheit der allgemeine Grundsatz der Bindung des Auftraggebers an einmal getroffene Verfahrensentscheidungen gelten. Der Auftraggeber soll nach den Richtlinienvorgaben allerdings nicht daran gehindert sein, einen Teilnehmer jederzeit im Laufe eines Vergabeverfahrens auszuschließen, wenn der Auftraggeber Kenntnis davon erhält, dass die Vergabe des gesamten oder eines Teils des Auftrags an diesen Teilnehmer wesentliche Sicherheitsinteressen des betreffenden Mitgliedsstaats gefährden kann.[21] Zur Gewährleistung eines fairen und transparenten Verfahrens muss der Auftraggeber dem Bieter in einer solchen Situation aber zunächst Gelegenheit geben, die erst später aufgetretenen Zweifel an seiner Eignung zu zerstreuen. 34

b) Fakultative Ausschlussgründe

§ 24 Abs. 1 VSVgV und § 16 VS Abs. 1 Nr. 2 VOB/A beinhalten verschiedene fakultative Ausschlussgründe, die im Zusammenhang mit der Gewährleistung der Informationssicherheit stehen. Bei der Ermessensentscheidung über den Ausschluss muss der Auftraggeber alle Umstände des Einzelfalls berücksichtigen. Insbesondere muss er die Sensibilität des Auftrags, das Gewicht der Verfehlung bzw. der Zweifel an der Vertrauenswürdigkeit gegen etwaige Selbstreinigungsmaßnahmen des Unternehmens zur Wiedererlangung seiner Zuverlässigkeit abwiegen. 35

aa) Schwere Verfehlung im Zusammenhang mit dem Schutz von Verschlusssachen.

Nach § 24 Abs. 1 Nr. 4 VSVgV kann ein Ausschluss erfolgen, wenn der Teilnehmer im Rahmen seiner beruflichen Tätigkeit nachweislich eine **schwere Verfehlung** begangen hat. Hierzu zählt insbesondere auch die Verletzung der Pflicht zur **Gewährleistung der** 36

---

[19] Vgl. Art. 42 Abs. 1 lit. j Unterabs. 1 RL 2009/81/EG; *Krohn* in von Wietersheim, Vergaben im Bereich Verteidigung und Sicherheit, 137, 148.
[20] *Contag* in Dippel/Sterner/Zeiss, § 7 VSVgV Rn. 53.
[21] Erwägungsgrund 67 RL 2009/81/EG.

Informationssicherheit im Rahmen eines früheren Auftrags. Für den Baubereich enthält § 16 VS Abs. 1 Nr. 2 lit. c VOB/A eine entsprechende Regelung. Sie entspricht Art. 39 Abs. 2 lit. d RL 2009/81/EG. Dem Wortlaut nach umfasst der – in der VSVgV und VOB/A-VS hier zum einzigen Mal verwendete – Begriff der Informationssicherheit nicht nur Pflichtverletzungen in Bezug auf den Schutz von Verschlusssachen gemäß § 7 VSVgV, sondern auch Verletzungen des allgemeinen Vertraulichkeitsgrundsatzes aus § 6 VSVgV.[22] Im Kern geht es allerdings – ebenso wie in der o.g. Richtlinienbestimmung – um Verstöße im Zusammenhang mit dem **Schutz von Verschlusssachen**.[23]

37 **bb) Falsche Angaben zur Eignung.** Gemäß § 24 Abs. 1 Nr. 7 VSVgV kann ein Ausschluss auch erfolgen, wenn ein Unternehmen sich bei der Erteilung von Auskünften, die gemäß § 7 VSVgV in Bezug auf den Schutz von Verschlusssachen eingeholt werden können, in erheblichem Ausmaß falscher Erklärungen schuldig gemacht oder diese Auskünfte nicht erteilt hat. Für den Baubereich enthält § 16 VS Abs. 1 Nr. 1 lit. g VOB/A eine ähnlich gefasste (allgemeine) Ausschlussmöglichkeit für Angebote von Bietern, die vorsätzlich unzutreffende Erklärungen in Bezug auf ihre Fachkunde, Leistungsfähigkeit und Zuverlässigkeit abgegeben haben; das schließt auch falsche Erklärungen zu Fragen des Verschlusssachenschutzes ein.

38 **cc) Fehlende Vertrauenswürdigkeit.** Ferner kann der Auftraggeber solche Bieter ausschließen, die **nicht die erforderliche „Vertrauenswürdigkeit"** aufweisen, um Risiken für die nationale Sicherheit auszuschließen (§ 24 Abs. 1 Nr. 5 VSVgV, § 6 Abs. 3 Nr. 2 lit. g VOB/A). Die Regelung setzt Art. 39 Abs. 2 lit. e RL 2009/81/EG um. Da es bereits ausreicht, dass Risiken für die nationale Sicherheit nicht auszuschließen sind, liegt die Schwelle für die Anwendung des Ausschlusstatbestands nicht allzu hoch.[24] Die Regelung erlaubt ausnahmsweise einen Ausschluss auf nicht vollständig geklärter Tatsachengrundlage.

39 Der Auftraggeber kann den Nachweis, dass Risiken für die nationale Sicherheit nicht auszuschließen sind, dabei auch mit Hilfe **geschützter Datenquellen** führen. Da der Bieter bzw. Bewerber aufgrund seiner nicht gegebenen Vertrauenswürdigkeit gerade keinen Zugang zu den geschützten Datenquellen erlangen kann, hat dies zur Folge, dass dem Bieter die zu seinem Ausschluss führenden Datenquellen nicht zugänglich gemacht werden. Nimmt der Bieter den Ausschluss nicht hin und leitet ein Nachprüfungsverfahren ein, wird die Vergabekammer die Frage, ob entsprechende Daten vorliegen, allerdings von Amts wegen prüfen dürfen.

IV. Erwerb der Verschlusssachen-Zulassung

1. Zuständigkeit des Bundeswirtschaftsministeriums

40 In Deutschland nimmt das Bundeswirtschaftsministerium (BMWi) die Aufgabe der Geheimschutzüberprüfung von Unternehmen, die als Auftragnehmer Zugang zu Verschlusssachen erhalten, wahr. Das Bundeswirtschaftsministerium schließt hierzu mit dem beauftragten Unternehmen einen öffentlich-rechtlichen Vertrag.[25] Die Einzelheiten sind in dem vom BMWi herausgegebenen Geheimschutzhandbuch (GHB) beschrieben.[26] Art und Umfang der Geheimschutzbetreuung richten sich nach der jeweiligen Geheimschutzstufe.

---

[22] *Krohn* in von Wietersheim, Vergaben im Bereich Verteidigung und Sicherheit, 137, 163.
[23] Ebenso *Dippel* in Dippel/Sterner/Zeiss, § 24 VSVgV Rn. 24.
[24] *Dippel* in Dippel/Sterner/Zeiss, § 24 VSVgV Rn. 28. A.A. *Piesbergen* in von Wietersheim, Vergaben im Bereich Verteidigung und Sicherheit, 53, 65.
[25] BMWi Merkblatt „Fragen zum Geheimschutz", abrufbar unter https:\\bmwi-sicherheitsforum.de.
[26] Das Geheimschutzhandbuch des BMWi ist unter https:\\bmwi-sicherheitsforum.de abrufbar.

2. Sicherheitsbescheid und VS-Zugangsgewährung

Das BMWi führt eine **Geheimschutzbetreuung** nur in Zusammenhang mit Verschluss- 41
sachenaufträgen mit den Geheimhaltungsgraden **„VS-VERTRAULICH" und höher**
durch.[27] Die notwendigen Geheimschutzmaßnahmen ergeben sich aus dem GHB.

Die zur Erteilung eines Sicherheitsbescheids erforderlichen **materiellen Geheim-** 42
schutzmaßnahmen umfassen insbesondere die Einhaltung von Sicherheitsanforderungen
bei der Erstellung von Verschlusssachen und deren Vervielfältigung, die Einrichtung von
VS-Kontrollzonen, die Kennzeichnung der VS, die Verfügbarkeit der notwendigen VS-
Verwahrungsmöglichkeiten und Vorgaben für die Verarbeitung von VS auf IT-Systemen.[28] Neben der Umsetzung der materiellen Geheimschutzvorkehrungen muss das Unternehmen einen **Sicherheitsbevollmächtigten** und einen Vertreter im Unternehmen
als Ansprechpartner für das BMWi in Angelegenheiten des Geheimschutzes bestellen, Unternehmensangehörige im erforderlichen Umfang der Sicherheitsprüfung nach SÜG unterziehen lassen und ausreichend VS-ermächtigtes Personal der für den jeweiligen Auftrag
erforderlichen Stufe vorhalten.[29]

Die Aufnahme in die Geheimschutzbetreuung des Bundes kann grundsätzlich **nur von** 43
einem öffentlichen Auftraggeber beim Bundeswirtschaftsministerium unter Hinweis
auf den konkret zu vergebenden Verschlusssachenauftrag beantragt werden. Das Unternehmen kann nicht selbst Antragsteller sein.[30] Etwas anderes gilt nur dann, wenn ein bereits geheimschutzbetreutes Unternehmen einen **Teilauftrag an einen Unterauftragnehmer** weitervergeben will. Der Antrag zur Aufnahme des Unterauftragnehmers in die
Geheimschutzbetreuung kann dann von dem Unternehmen mit Zustimmung seines behördlichen Auftraggebers gestellt werden.[31] Die Geheimschutzbetreuung endet, wenn
keine geheimschutzbedürftigen Aufträge mehr durchgeführt und auch in absehbarer Zeit
nicht erwartet werden.[32]

Betrifft der Auftrag lediglich Verschlusssachen der Stufe **„VS-NfD"** findet **keine Ge-** 44
heimschutzbetreuung durch das Bundeswirtschaftsministerium statt. Auch eine Geheimschutzüberprüfung und eine persönliche Sicherheitsüberprüfung sind in diesem Fall
nicht notwendig. Die Anforderungen richten sich nach den Vorgaben des NfD-Merkblatts.[33] Unternehmensangehörige, die im Rahmen ihrer Tätigkeit Kenntnis von Verschlusssachen der Stufe VS-NfD erhalten oder sich Zugang dazu verschaffen können,
müssen auf die Einhaltung der Vorgaben des Merkblatts verpflichtet werden (GHB Ziffer
1.7 (2)). Mitarbeiter, die sich zur Einhaltung dieser Verpflichtung als ungeeignet erweisen
oder gegen sie verstoßen, sind von der Bearbeitung der Verschlusssachen auszuschließen
(GHB Ziffer 1.7 (3)).

3. Anerkennung von Sicherheitsüberprüfungen anderer EU-Mitgliedstaaten

Das Verfahren zur Ausstellung von Sicherheitsbescheiden und zur Aufnahme in die Ge- 45
heimschutzbetreuung im Sinne der Anforderungen der §§ 7 Abs. 2 bis 6 VSVgV richtet
sich grundsätzlich nach **deutschem Recht**, insbesondere nach den Bestimmungen des
Sicherheitsüberprüfungsgesetzes und der VS-Anweisung des Bundesinnenministeriums.
Gemeinschaftsrechtlich ist die Notwendigkeit der Einhaltung dieser nationalen Regelungen nicht zu beanstanden. Nach Art. 22 Abs. 3 RL 2009/81/EG können die Mitglieds-

---

[27] BMWi Merkblatt „Fragen zum Geheimschutz", abrufbar unter https:\\bmwi-sicherheitsforum.de.
[28] Ausführlich *Contag* in Dippel/Sterner/Zeiss, § 7 VSVgV Rn. 18.
[29] GHB Abschnitt 2.4.1 und Anlage 12; Merkblatt „Fragen zum Geheimschutz".
[30] BMWi Merkblatt „Fragen zum Geheimschutz", abrufbar unter https:\\bmwi-sicherheitsforum.de.
[31] BMWi Merkblatt „Fragen zum Geheimschutz", abrufbar unter https:\\bmwi-sicherheitsforum.de.
[32] BMWi Merkblatt „Fragen zum Geheimschutz", abrufbar unter https:\\bmwi-sicherheitsforum.de.
[33] Anlage 4 zum GHB.

staaten die Anforderungen an die Informationssicherheit aufgrund der **bislang fehlenden Harmonisierung** auf Gemeinschaftsebene an ihren nationalen Bestimmungen über Sicherheitsprüfungen ausrichten.

46 Allerdings sind die EU-Mitgliedsstaaten verpflichtet, Sicherheitsprüfungen anderer Mitgliedsstaaten anzuerkennen, die ihres Erachtens den nach ihren nationalen Rechts- und Verwaltungsvorschriften mit positivem Ergebnis durchgeführten Sicherheitsüberprüfungen **gleichwertig** sind (Art. 22 Abs. 3 Satz 2 RL 2009/81/EG).

a) Begriff der Gleichwertigkeit

47 „Gleichwertig" im Sinne der Vorschrift sind ausländische Überprüfungen bzw. Ermächtigungen dann, wenn sie den **Anforderungen des SÜG** und des § 21 Abs. 4 und 6 der VS-Anweisung entsprechen. Hierdurch wird ein einheitlicher und objektiver Prüfmaßstab für die Gleichwertigkeit aufgestellt.[34] Im Rahmen des SÜG kommt es demgemäß, je nach Art des betroffenen Materials, auf die Gleichwertigkeit nach Inhalt und Umfang mit einer einfachen Sicherheitsüberprüfung (§ 8 SÜG)[35], einer erweiterten Sicherheitsüberprüfung (§ 9 SÜG)[36] oder einer erweiterten Sicherheitsüberprüfung mit Sicherheitsermittlungen (§ 10 SÜG)[37] an. Die unterschiedlichen Überprüfungsstandards des SÜG unterscheiden sich vor allem bei den Angaben im Rahmen der Sicherheitserklärung nach § 13 SÜG und den Folgeermittlungen der Überprüfungsbehörden.[38] Darüber hinaus müssen die ausländischen Überprüfungen bzw. Ermächtigungen gleichwertig zu § 21 Abs. 4 und 6 der **VS-Anweisung** des BMI sein. Diese Vorschriften verweisen auf die Geheimschutzvorgaben des Bundeswirtschaftsministeriums (gemäß GHB), die Notwendigkeit eines Sicherheitsbescheids vor Weitergabe von VS-Material (ab Stufe „VS-Vertraulich"), die Möglichkeit, in Ausnahmefällen eine gesonderte Bestätigung einzuholen, dass ein Unternehmen die konkreten Sicherheitsvoraussetzungen für den Auftrag erfüllt, die Beachtung des „VS-NfD-Merkblatts" (Anlage 7 zur VS-Anweisung) bei Material der Stufe VS-NfD sowie die Beachtung der „Hinweise zu Weitergabe und Versand von VS" (Anlage 6 zur VS-Anweisung).

48 Inwieweit im Rahmen der Gleichwertigkeitsprüfung auch der jeweilige **Beurteilungsmaßstab für die Entscheidung über die Erteilung des Sicherheitsbescheids** untersucht werden muss, ist § 7 Abs. 7 VSVgV nicht zu entnehmen. So ist beispielsweise denkbar, dass Verbindungen eines zu überprüfenden Unternehmensmitarbeiters zu einer bestimmten Organisation nach Einschätzung der deutschen Sicherheitsbehörden ein Sicherheitsrisiko begründen, während das nach Einschätzung der Behörden des Staates, der die Sicherheitsüberprüfung durchführt, nicht der Fall ist.[39] In solchen Fällen wird eine Gleichwertigkeit der Überprüfung nur angenommen werden können, wenn auch der Beurteilungsmaßstab gleichwertig ist.

49 Wird die Gleichwertigkeit **nicht positiv festgestellt**, darf der Auftraggeber dem Bewerber, Bieter oder in Aussicht genommenen Unterauftragnehmer auf Grundlage des ausländischen Sicherheitsbescheids bzw. der Ermächtigung keine Verschlusssachen zugänglich machen.[40] Der Bewerber oder Bieter ist in diesem Fall gemäß § 7 Abs. 5 bzw. § 31 Abs. 2 Nr. 1 VSVgV (Nichtvorlage geforderter Nachweise) **vom weiteren Verfahren auszuschließen**.[41] Bieter, deren Angebot aus diesem Grund ausgeschlossen wurden, sind auf Antrag gem. § 36 Abs. 1 Nr. 2 VSVgV über die **Gründe** der fehlenden Gleich-

---

[34] *Krohn* in von Wietersheim, Vergaben im Bereich Verteidigung und Sicherheit, 137, 155.
[35] Bei Zugang zu VS der Stufe VS-Vertraulich.
[36] Bei Zugang zu VS der Stufe VS-Geheim oder großer Anzahl VS-Vertraulich.
[37] Bei Zugang zu VS der Stufe VS-Streng Geheim oder großer Anzahl VS-Geheim.
[38] Vgl. insoweit auch *Hermann/Polster* NVwZ 2010, 342.
[39] *Krohn* in von Wietersheim, Vergaben im Bereich Verteidigung und Sicherheit, 137, 156.
[40] BR-Drs. 321/12, 41 f.
[41] *Krohn* in von Wietersheim, Vergaben im Bereich Verteidigung und Sicherheit, 137, 157.

wertigkeit zu unterrichten. Die Begründungspflicht gilt nach dem Wortlaut der Vorschrift nur gegenüber abgelehnten Bietern, nicht auch gegenüber Bewerbern, deren Teilnahmeantrag wegen fehlender Gleichwertigkeit ausgeschlossen wurde; das ist zwar inkonsistent, entspricht aber Art. 35 Abs. 2 RL 2009/81/EG.[42] Für Bauvergaben enthält § 19 VS Abs. 3 Satz 3 VOB/A im Fall eines Ausschlusses wegen fehlender Gleichwertigkeit in Bezug auf die Informationssicherheit lediglich eine Mitteilungs- aber keine Begründungspflicht; mit Blick auf die klare Vorgabe in Art. 35 Abs. 2 RL 2009/81/EG ist die Vorschrift aber richtlinienkonform so anzuwenden, dass auch die Gründe der fehlenden Gleichwertigkeit mitgeteilt werden müssen.[43]

b) Gleichwertigkeitsprüfung bei bilateralen Geheimschutzabkommen

Die Gleichwertigkeit der Sicherheitsbescheide und Ermächtigungen anderer Mitgliedstaaten kann auch dann geprüft werden, wenn bilaterale Geheimschutzabkommen mit Bestimmungen über die **gegenseitige Anerkennung nationaler Sicherheitsüberprüfungen** bestehen.[44] Mit Ausnahme von Irland, Malta und Zypern hat die Bundesrepublik Deutschland mit allen EU-Mitgliedstaaten bilaterale Geheimschutzabkommen abgeschlossen.[45] Der nationale Gesetzgeber geht davon aus, dass bei bestehenden bilateralen Geheimschutzabkommen eine Gleichwertigkeitsprüfung im Regelfall nicht erforderlich sein wird.[46] Sofern die Gleichwertigkeit geprüft wird, muss dies unter Einhaltung der Grundsätze der Nichtdiskriminierung, der Gleichbehandlung und der Verhältnismäßigkeit erfolgen. 50

Wie mit Sicherheitsbescheiden und Ermächtigungen von **Drittstaaten außerhalb der EU** (z. B. NATO-Staaten) umzugehen ist, ergibt sich aus § 7 Abs. 6 VSVgV nicht. Es ist jedoch kein Grund ersichtlich, weshalb solche Sicherheitsbescheide und Ermächtigungen bei festgestellter Gleichwertigkeit nicht anzuerkennen sein sollten. Aus der Richtlinie 2009/81/EG lässt sich nicht Gegenteiliges herleiten. Zwar sollen die Mitgliedstaaten auch weiterhin entscheiden dürfen, ob ihre Auftraggeber Wirtschaftsteilnehmer aus Drittstaaten zum Vergabeverfahren zulassen. Sie sollen diese Entscheidung jedoch auf Basis von Preis-/Leistungserwägungen unter Berücksichtigung der Notwendigkeit einer weltweit wettbewerbsfähigen europäischen rüstungstechnologischen und -industriellen Basis, der Bedeutung offener und fairer Märkte und der Erzielung gegenseitigen Nutzens treffen.[47] Diese Zielsetzung spricht dafür, auch Unternehmen aus Drittstaaten bei nachgewiesener Gleichwertigkeit der vorgelegten Sicherheitsbescheide und Ermächtigungen die Verfahrensteilnahme zu ermöglichen. 51

c) Weitere Untersuchungen

Auf **begründetes Ersuchen** der auftraggebenden Behörde hat das Bundeswirtschaftsministerium nach § 7 Abs. 7 Satz 2 VSVgV weitere Untersuchungen zur Sicherstellung des Schutzes von Verschlusssachen zu veranlassen und deren Ergebnisse bei der Beurteilung der Gleichwertigkeit zu berücksichtigen. Die Vorschrift dürfte insbesondere solche Fälle erfassen, in denen aufgrund eines bestehenden bilateralen Geheimschutzabkommens grundsätzlich von der Gleichwertigkeit der nationalen Sicherheitsbescheide und Ermächtigungen des anderen Mitgliedstaats auszugehen ist, die auftraggebende Behörde jedoch dennoch Zweifel an der Gleichwertigkeit hat. 52

---

[42] *Krohn* a.a.O.
[43] *Krohn* a.a.O. Im Ergebnis wohl ebenso *Kaminsky* in Leinemann/Kirch, § 19 VS VOB/A Rn. 21.
[44] Erwägungsgrund 68 RL 2009/81/EG.
[45] Vgl. BR-Drs. 321/12, 41.
[46] BR-Drs. 321/12, 41.
[47] Erwägungsgrund 18 RL 2009/81/EG.

53 Grundsätzlich muss das BMWi bei Vorliegen eines entsprechenden Antrags der auftraggebenden Behörde weitere Untersuchungen veranlassen. Diese Untersuchungspflicht wird allerdings durch § 7 Abs. 7 Satz 3 VSVgV wieder eingeschränkt. Danach kann das Bundeswirtschaftsministerium im Einvernehmen mit der nationalen Geheimschutz-Sicherheitsbehörde des Mitgliedsstaats **von weiteren Ermittlungen absehen.**

d) Zuständigkeit

54 **Zuständig** für die Prüfung der Gleichwertigkeit von Sicherheitsbescheiden und Ermächtigungen anderer Mitgliedsstaaten ist nach § 7 Abs. 7 Satz 1 VSVgV das **Bundeswirtschaftsministerium**, nicht der Auftraggeber. Der Auftraggeber muss eine fremde Sicherheitsüberprüfung und/oder VS-Ermächtigung, die ihm im Vergabeverfahren angezeigt oder vorgelegt wird, folglich zunächst dem BMWi zuleiten, welches die Gleichwertigkeit prüft und den Auftraggeber anschließend über das Ergebnis (Anerkennung oder Ablehnung) unterrichtet.

55 Ob das Bundeswirtschaftsministerium nicht nur auf Veranlassung des Auftraggebers, sondern auch unmittelbar auf eine entsprechende Anfrage eines Bieters die Gleichwertigkeit prüfen kann, ergibt sich aus § 7 Abs. 7 VSVgV nicht. Im Rahmen der allgemeinen Geheimschutzbetreuung des Bundes wird das BMWi allerdings grundsätzlich nur auf Antrag eines Auftraggebers tätig.[48] Ein Unternehmen kann – mit Ausnahme von Anträgen bezüglich der Unterauftragsvergabe – nicht selbst Antragsteller sein.[49] Das spricht dafür, dass auch die Gleichwertigkeitsprüfung nur auf Antrag des Auftraggebers vorgenommen wird.

V. Vor-Ort-Kontrollen im Ausland

56 Nach § 7 Abs. 8 VSVgV kann das Bundeswirtschaftsministerium die nationale bzw. designierte Sicherheitsbehörde im Mitgliedstaat, in deren Zuständigkeitsbereich der Bewerber, Bieter oder bereits in Aussicht genommene Unterauftragnehmer ansässig ist, ersuchen zu überprüfen, ob
– die voraussichtlich genutzten Räumlichkeiten und Einrichtungen,
– die vorgesehenen Produktions- und Verwaltungsverfahren,
– die Verfahren zur Behandlung von Informationen oder
– die persönliche Lage des im Rahmen des Auftrags voraussichtlich eingesetzten Personals
den einzuhaltenden Sicherheitsvorschriften entsprechen. Auch diesbezüglich wird das BMWi im Regelfall nicht selbstständig, sondern auf Ersuchen des Auftraggebers tätig.[50]

57 Nach dem Wortlaut des § 7 Abs. 8 VSVgV ist eine „Vor-Ort-Kontrolle" unabhängig davon zulässig, ob das Unternehmen bereits über eine deutsche oder ausländische Sicherheitsüberprüfung verfügt. Nach Auffassung des nationalen Gesetzgebers wird eine „Vor-Ort-Kontrolle" im Sinne des § 7 Abs. 8 VSVgV aufgrund der bestehenden bilateralen Geheimschutzabkommen mit der Mehrzahl der EU-Mitgliedsstaaten allerdings im Regelfall nicht erforderlich sein.[51]

C. Allgemeine Pflicht zur Vertraulichkeit

58 § 6 VSVgV enthält eine Regelung zum allgemeinen Vertraulichkeitsgrundsatz. Die Vorschrift betrifft ausdrücklich nicht den Schutz von Verschlusssachen.[52] Vielmehr geht es um

---

[48] BMWi Merkblatt „Fragen zum Geheimschutz", abrufbar unter https:\\bmwi-sicherheitsforum.de.
[49] BMWi Merkblatt „Fragen zum Geheimschutz", abrufbar unter https:\\bmwi-sicherheitsforum.de.
[50] So auch *Contag* in Dippel/Sterner/Zeiss, § 7 VSVgV, Rn. 66.
[51] BR-Drs. 321/12, 42.
[52] § 6 Abs. 1 Satz 2 VSVgV.

die Wahrung der Vertraulichkeit zum Schutz des Geheimwettbewerbs und von Geschäftsgeheimnissen, d. h. die Vertraulichkeit als wesentliches Merkmal eines fairen und funktionierenden Wettbewerbs.[53]

I. Gegenseitige Pflichten

Absatz 1 der Vorschrift begründet eine **gegenseitige Verpflichtung zur Wahrung der Vertraulichkeit** aller Angaben und Unterlagen. Die Vorschrift geht damit weiter als Art. 6 RL 2009/81, der den Vertraulichkeitsgrundsatz einseitig als Pflicht der Auftraggeberseite ausgestaltet hat. 59

Die wechselseitigen Vertraulichkeitspflichten sind in § 6 Abs. 2 und 3 VSVgV näher ausgestaltet. Nach § 6 Abs. 2 Satz 1 dürfen **Auftraggeber** nach anderen Rechtsvorschriften keine von den Bewerbern, Bietern und Auftragnehmern übermittelten und von diesen als vertraulich eingestuften Informationen weitergeben. Nach § 6 Abs. 2 Satz 2 VSVgV soll die Vorschrift insbesondere technische Geheimnisse und Betriebsgeheimnisse erfassen. Sie stellt u. a. klar, dass die gelegentlich zu beobachtende Praxis von Auftraggebern, im Verhandlungsverfahren technische Entwicklungen oder kreative, mit einem Mehrwert verbundene Ideen einzelner Bieter aufzugreifen und zum Gegenstand der weiteren Verhandlungen mit dem gesamten Bieterkreis zu machen, unzulässig ist.[54] Das Verbot gilt „vorbehaltlich vertraglich erworbener Rechte". Der Auftraggeber kann sich die **Zustimmung zur Weitergabe vertraulicher Informationen** demnach vertraglich einräumen lassen. Dabei ist auch denkbar, dass der Auftraggeber die Teilnahme am Vergabeverfahren von der Erteilung der Zustimmung abhängig macht.[55] 60

Umgekehrt dürfen nach § 6 Abs. 3 Satz 1 VSVgV **Bewerber, Bieter und Auftragnehmer** grundsätzlich keine von den Auftraggebern als vertraulich eingestuften Informationen an Dritte weitergeben. Die Informationsweitergabe ist ausnahmsweise dann zulässig, wenn diese im Rahmen einer **Unterauftragsvergabe** für den Teilnahmeantrag, das Angebot oder die Auftragsausführung erforderlich ist. In diesem Fall muss der Bewerber, Bieter und Auftragnehmer die Wahrung der Vertraulichkeit mit den in Aussicht genommenen Unterauftragnehmern vereinbaren und etwaige weitere Anforderungen des Auftraggebers beachten (§ 6 Abs. 3 Satz 3 und 4 VSVgV). Richtigerweise ist auch die Weitergabe von Informationen an gesetzlich oder vertraglich **zur Verschwiegenheit verpflichtete Berater** als zulässig anzusehen, soweit dies für die Angebotsbearbeitung, die Auftragsausführung oder die Wahrnehmung rechtlicher Interessen erforderlich ist.[56] 61

II. Weitere Anforderungen zum Schutz der Vertraulichkeit

Nach § 6 Abs. 3 Satz 4 VSVgV kann der Auftraggeber „weitere Anforderungen" zum Schutz der Vertraulichkeit stellen, die mit dem Auftragsgegenstand sachlich zusammenhängen und durch ihn gerechtfertigt sind. Derartige weitere Anforderungen sind beispielsweise **spezielle Sicherungsmaßnahmen** oder **gesonderte** (u. U. pönalisierte) **Vertraulichkeitsvereinbarungen**.[57] 62

---

[53] *Krohn* in von Wietersheim, Vergaben im Bereich Verteidigung und Sicherheit, 137, 139.
[54] *Krohn* in von Wietersheim, Vergaben im Bereich Verteidigung und Sicherheit, 137, 149.
[55] Zur ähnlichen Situation der Zustimmung zu einem gemeinsamen Dialog im Rahmen eines Wettbewerblichen Dialogs vgl. § 11 Rn. 45 ff.
[56] *Krohn* in von Wietersheim, Vergaben im Bereich Verteidigung und Sicherheit, 137, 163, mit Hinweis auf die diesbezügliche Diskussion im Gesetzgebungsprozess. Enger *Piesbergen* in von Wietersheim, Vergaben im Bereich Verteidigung und Sicherheit, 53, 64.
[57] *Krohn* a.a.O.

63 Im Gegensatz den in § 7 VSVgV geregelten Mindestanforderungen im Zusammenhang mit der Gewährung des Zugangs zu Verschlusssachen sind die „weiteren Anforderungen" aus § 6 Abs. 3 Satz 4 VSVgV nicht notwendigerweise als Eignungsanforderungen zu verstehen.[58] Aus diesem Grund dürfte es ausreichen, wenn der Auftraggeber die „weiteren Anforderungen" **erst in den Vergabeunterlagen** festlegt. Die strenge Rechtsprechung zur Angabe der Eignungsanforderungen bereits in der EU-Bekanntmachung ist daher auf § 6 Abs. 3 Satz 4 VSVgV nicht übertragbar.[59]

64 Ein **Auftragsbezug** im Sinne des § 6 Abs. 3 Satz 4 VSVgV liegt vor, wenn die vom Auftraggeber vorgesehenen Vertraulichkeitsmaßnahmen bei der Auftragsausführung zum Einsatz kommen. Nicht auftragsbezogen sind solche Maßnahmen, die keine Bedeutung für den konkreten Auftrag haben und lediglich auf eine Verbesserung des allgemeinen Sicherheitsniveaus bei den Bieterunternehmen abzielen. Die Implementierung solcher Maßnahmen kann der Auftraggeber auch über § 6 Abs. 3 Satz 4 VSVgV nicht erzwingen. Bei Anwendung der Vorschrift ist ferner darauf zu achten, dass die weiteren Anforderungen auch nicht mittelbar zu einer **Diskriminierung** ausländischer Bieter und Newcomer führen dürfen.[60]

---

[58] Aus der Verordnungsbegründung ergibt sich lediglich, dass die weiteren Anforderungen „wie die Eignungsanforderungen gemäß § 21 Abs. 2 Satz 2 mit dem Auftragsgegenstand im sachlichen Zusammenhang stehen und ihm angemessen sein müssen", vgl. BR-Drucks. 321/12, 38.
[59] A.A. *Kaminski* in Leinemann/Kirch, § 6 VSVgV, Rn. 14.
[60] *Krohn* in von Wietersheim, Vergaben im Bereich Verteidigung und Sicherheit, 137, 163.

§ 63 Versorgungssicherheit

Übersicht

	Rn.
A. Einleitung	1
B. Bedeutung der Versorgungssicherheit in der Systematik des Vergaberechts	2–4
C. § 8 VSVgV	5–13
I. Allgemeines	5
II. Die einzelnen Anforderungen	6–13

VSVgV: § 8

§ 8 Versorgungssicherheit

(1) Auftraggeber legen in der Bekanntmachung oder den Vergabeunterlagen ihre Anforderungen an die Versorgungssicherheit fest.

(2) Auftraggeber können insbesondere verlangen, dass der Teilnahmeantrag oder das Angebot folgende Angaben enthält:
1. eine Bescheinigung oder Unterlagen, die belegen, dass der Bewerber oder Bieter in Bezug auf Güterausfuhr, -verbringung und -durchfuhr die mit der Auftragsausführung verbundenen Verpflichtungen erfüllen kann, wozu auch unterstützende Unterlagen der zuständigen Behörden des oder der betreffenden Mitgliedstaaten zählen;
2. die Information über alle für den Auftraggeber aufgrund von Ausfuhrkontroll- oder Sicherheitsbeschränkungen geltenden Einschränkungen bezüglich der Angabepflicht, Verbringung oder Verwendung der Güter und Dienstleistungen oder über Festlegungen zu diesen Gütern und Dienstleistungen;
3. eine Bescheinigung oder Unterlagen, die belegen, dass Organisation und Standort der Lieferkette des Bewerbers oder Bieters ihm erlauben, die vom Auftraggeber in der Bekanntmachung oder den Vergabeunterlagen genannten Anforderungen an die Versorgungssicherheit zu erfüllen, und die Zusage des Bewerbers oder Bieters, sicherzustellen, dass mögliche Änderungen in seiner Lieferkette während der Auftragsausführung die Erfüllung dieser Anforderungen nicht beeinträchtigen werden;
4. die Zusage des Bewerbers oder Bieters, die zur Deckung möglicher Bedarfssteigerungen des Auftraggebers infolge einer Krise erforderlichen Kapazitäten unter zu vereinbarenden Bedingungen zu schaffen oder beizubehalten;
5. unterstützende Unterlagen bezüglich der Deckung des zusätzlichen Bedarfs des Auftraggebers infolge einer Krise, die durch die für den Bewerber oder Bieter zuständige nationale Behörde ausgestellt worden sind;
6. die Zusage des Bewerbers oder Bieters, für Wartung, Modernisierung oder Anpassung der im Rahmen des Auftrags gelieferten Güter zu sorgen;
7. die Zusage des Bewerbers oder Bieters, den Auftraggeber rechtzeitig über jede Änderung seiner Organisation, Lieferkette oder Unternehmensstrategie zu unterrichten, die seine Verpflichtungen dem Auftraggeber gegenüber berühren könnte;
8. die Zusage des Bewerbers oder Bieters, dem Auftraggeber unter zu vereinbarenden Bedingungen alle speziellen Mittel zur Verfügung zu stellen, die für die Herstellung von Ersatzteilen, Bauteilen, Bausätzen und speziellen Testgeräten erforderlich sind, einschließlich technischer Zeichnungen, Lizenzen und Bedienungsanleitungen, sofern er nicht mehr in der Lage sein sollte, diese Güter zu liefern.

(3) Von einem Bieter darf nicht verlangt werden, eine Zusage eines Mitgliedstaats einzuholen, welche die Freiheit dieses Mitgliedstaats einschränken würde, im Einklang mit internationalen Verträgen und europarechtlichen Rechtsvorschriften seine eigenen Kriterien für die Erteilung

einer Ausfuhr-, Verbringungs- oder Durchfuhrgenehmigung unter den zum Zeitpunkt der Genehmigungsentscheidung geltenden Bedingungen anzuwenden.

Literatur:
Siehe die Literaturangaben zu § 59.

A. Einleitung

1 Zu den Eigenheiten des Vergaberechts in den Bereichen Verteidigung und Sicherheit gehört die Aufnahme besonderer Bestimmungen zur Gewährleistung der Versorgungssicherheit. Versorgungssicherheit kann als Sicherstellung der Deckung des Beschaffungsbedarfs des Auftraggebers verstanden werden.[1] Dem Grunde nach ist sie nicht nur bei Vergaben in den Bereichen Verteidigung und Sicherheit von Bedeutung, sondern bei allen Beschaffungen der öffentlichen Hand, denn die zuverlässige und bedarfsdeckende Versorgung mit den benötigten Gütern und Dienstleistungen ist Ziel jedes Beschaffungsvorgangs. Da allerdings Beschaffungen in den Bereichen Verteidigung und Sicherheit wesentliche Sicherheitsinteressen des Staates berühren können, kommt der Versorgungssicherheit in diesem Bereich ein besonderes Gewicht zu. Die Vergabeverordnung Verteidigung und Sicherheit trägt dem durch spezifische Vorschriften zur Gewährleistung der Versorgungssicherheit insbesondere in § 8 VSVgV Rechnung und benennt dort einzelne Aspekte der Versorgungssicherheit, die der Auftraggeber bei der Vergabe berücksichtigen kann. § 8 VSVgV gilt wegen § 2 Abs. 2 Satz 1 VSVgV auch im Anwendungsbereich des Abschnitts 3 der VOB/A und geht zurück auf Art. 23 RL 2009/81/EG.

B. Bedeutung der Versorgungssicherheit in der Systematik des Vergaberechts

2 In der Systematik des Vergaberechts lassen sich Maßnahmen zur Gewährleistung der Versorgungssicherheit nicht ausschließlich einem einzelnen Bereich zuordnen. Vielmehr können sie in Abhängigkeit von der Ausgestaltung des Vergabeverfahrens durch den Auftraggeber ganz unterschiedliche Formen und Inhalte annehmen. Möglich ist zunächst eine Berücksichtigung der Versorgungssicherheit im Rahmen der **Eignungsprüfung**.[2] Bei der Festlegung der Eignungsanforderungen und -nachweise steht es dem Auftraggeber bereits auf der Grundlage der allgemeinen Bestimmungen (§ 21 Abs. 2, § 22 Abs. 1 VSVgV) frei, der Versorgungssicherheit Rechnung zu tragen und entsprechende Kriterien aufzustellen. Für den Abschnitt 3 der VOB/A wird dies in § 6 VS Abs. 3 Nr. 3 VOB/A ausdrücklich klargestellt. Darüber hinaus kann Bietern, die im Rahmen früherer Aufträge gegen ihnen obliegende Pflichten zur Gewährleistung der Versorgungssicherheit verstoßen haben, die Zuverlässigkeit fehlen; dies wird in § 24 Abs. 1 Nr. 4 VSVgV sowie in § 6 VS Abs. 3 Nr. 2 lit. g), § 16 VS Abs. 1 Nr. 2 lit. c) VOB/A deklaratorisch festgehalten.

3 Selbstverständlich können Gesichtspunkte der Versorgungssicherheit auch in die **Leistungsbeschreibung** einfließen. Soweit sie nicht unmittelbar den Auftragsgegenstand betreffen, können sie auch als zusätzliche Anforderungen für die Auftragsausführung formuliert werden. Zwar enthalten die Vergabeverordnung Verteidigung und Sicherheit und der Abschnitt 3 der VOB/A dazu keine ausdrücklichen Bestimmungen, doch folgt dies schon aus der allgemeinen Regel in § 97 Abs. 4 Satz 2 GWB[3].

---

[1] Vgl. zum Begriffsverständnis der EU-Kommission: Generaldirektion Binnenmarkt und Dienstleistungen, Guidance Note „Security of Supply", 1, abrufbar unter http://ec.europa.eu/internal_market/publicprocurement/docs/defence/guide-sos_en.pdf.
[2] *Byok* NVwZ 2012, 70, 74; *Roth/Lamm* NZBau 2012, 609, 613.
[3] Vgl. die ausdrückliche Regelung in Art. 20 Satz 2 RL 2009/81/EG.

Schließlich kann die Versorgungssicherheit auch bei der Auswahl und Gewichtung der **Zuschlagskriterien** Berücksichtigung finden.[4] Festgehalten wird dies in § 34 Abs. 3 Satz 3 Nr. 9 VSVgV und in § 16 VS Abs. 7 Satz 2 VOB/A[5]. Die Regelungen haben einen rein deklaratorischen Charakter, da die die Versorgungssicherheit auch ohne ausdrückliche normative Anordnung zum Zuschlagskriterium gemacht werden kann. Dies ergibt sich bereits aus der Freiheit des Auftraggebers, die Kriterien, anhand derer das wirtschaftlichste Angebot (§ 97 Abs. 5 GWB) bestimmt wird, unter Beachtung des dafür geltenden vergaberechtlichen Rahmens[6] selbst auszuwählen[7].

4

C. § 8 VSVgV

I. Allgemeines

§ 8 Abs. 2 VSVgV enthält eine Zusammenstellung von Anforderungen, die der Auftraggeber an die Bieter zur Gewährleistung der Versorgungssicherheit stellen kann. Die Liste ist nicht abschließend, wie schon aus dem Wortlaut *("insbesondere")* hervorgeht. Gemäß § 8 Abs. 1 VSVgV sind die vom Auftraggeber gestellten Anforderungen in der Bekanntmachung oder den Vergabeunterlagen festzulegen. In systematischer Hinsicht ist § 8 Abs. 1 i. V. m. Abs. 2 VSVgV nicht so zu verstehen, dass damit eine weitere Kategorie von Kriterien für die Auftragsvergabe geschaffen wird. Vielmehr handelt es sich bei der Aufzählung in § 8 Abs. 2 VSVgV lediglich um eine **exemplarische Aufzählung bestimmter Inhalte,** deren Einordnung etwa als Eignungs- oder Zuschlagskriterien oder als vertragliche Abrede davon abhängt, wie sie der Auftraggeber im Einzelfall anwendet und ausgestaltet[8].

5

II. Die einzelnen Anforderungen

Gemäß § 8 Abs. 2 Nr. 1 VSVgV kann der Auftraggeber eine Bescheinigung oder Unterlagen verlangen, die belegen, dass der Bewerber oder Bieter **in Bezug auf Güterausfuhr, -verbringung und -durchfuhr** die mit der Auftragsausführung verbundenen Verpflichtungen erfüllen kann. Dies bezieht sich insbesondere auf die besonderen rechtlichen Beschränkungen, denen der Verkehr mit Verteidigungsgütern häufig unterliegt. Durch entsprechende Unterlagen soll sichergestellt werden, dass die Auftragserfüllung nicht beispielsweise an bestimmten Ausfuhrverboten scheitert. Welche konkreten Unterlagen vorzulegen sind, hat der Auftraggeber festzulegen; er wird dabei insbesondere zu berücksichtigen haben, dass verbindliche behördliche Auskünfte nicht immer zu erlangen sein werden, so dass er sich ggf. mit der Vorlage anderer geeigneter Unterlagen begnügen muss. § 8 Abs. 3 VSVgV stellt klar, dass von einem Bieter nicht verlangt werden kann, die Zusage eines Mitgliedstaates einzuholen, die dessen innerstaatliche Entscheidungsfreiheit bei der Genehmigung der Transaktion einschränkte.

6

---

[4] *Byok* NVwZ 2012, 70, 74; *Roth/Lamm* NZBau 2012, 609, 613.
[5] Vgl. auch § 29 Abs. 2 Satz 1 SektVO.
[6] S. dazu unter § 30 Rn. 5 ff.
[7] EuGH Urt. v. 18.10.2001, Rs. C-19/00 – SIAC, Rn. 39; EuGH Urt. v. 28.3.1995, Rs. C-324/93 – Evans, Rn. 40 ff.; ebenso im Ergebnis VK Sachsen Beschl. v. 11.8.2006, 1/SVK/073–06, IBR online; *Byok* in Grabitz/Hilf/Nettesheim B.14 Rn. 26; s. dazu ferner OLG Düsseldorf Beschl. v. 5.5.2008, VII-Verg 5/08, NZBau 2009, 269, 272 m. Anm. *Freise* NZBau 2009, 225.
[8] Vgl. dazu die Begründung der Bundesregierung zur Vergabeverordnung Verteidigung und Sicherheit vom 25.5.2012, BR-Drs. 321/12, 42, wonach die Einordnung von Anforderungen zur Gewährleistung der Versorgungssicherheit als Eignungs- oder Zuschlagskriterium eine Frage der Verhältnismäßigkeit sein soll; kritisch hiergegen zu Recht *Roth/Lamm* NZBau 2012, 609, 613 sowie, ihnen folgend, *Kaminsky* in Leinemann/Kirch, § 8 VSVgV Rn. 6.

7   § 8 Abs. 2 Nr. 2 VSVgV steht im Zusammenhang mit § 8 Abs. 2 Nr. 1 VSVgV. Nach dieser Norm kann der Auftraggeber **Auskünfte über alle für ihn auf Grund von Ausfuhrkontroll- oder Sicherheitsbeschränkungen geltenden Einschränkungen** verlangen. Voraussetzung dafür ist, dass diese Einschränkungen die Angabepflicht, Verbringung oder Verwendung der zu beschaffenden Güter oder Dienstleistungen oder bestimmte Festlegungen zu ihnen betreffen. Da im Einzelfall möglicherweise nur der Bieter über derartige Informationen verfügt, kann es für den Auftraggeber wesentlich sein, vor dem Vertragsschluss über derartige Einschränkungen aufgeklärt zu werden. Dadurch soll er in die Lage versetzt werden, vorab zu prüfen, welchen Restriktionen er im Zuschlagsfalle hinsichtlich der zu beschaffenden Güter oder Dienstleistungen unterliegt. Er kann auf diese Weise z. B. feststellen, ob die vom Bieter angebotenen Produkte zur Erfüllung der vertraglich vorgesehenen Verwendungen geeignet sind oder ob sie auf Grund bestehender Ausfuhrkontrollvorschriften möglicherweise nicht einmal in den Heimatstaat des Auftraggebers verbracht werden dürfen.

8   § 8 Abs. 2 Nr. 3 VSVgV betrifft **Belege und Zusagen hinsichtlich der Organisation und des Standorts der Lieferkette.** Dadurch soll Gefährdungen der Versorgungssicherheit, die auf vorgelagerten Wertschöpfungsstufen auftreten können, entgegengewirkt werden. Derartige Vorgaben können in Widerspruch zu Festlegungen des Auftraggebers zum Unterauftragnehmereinsatz nach § 9 Abs. 2 Satz 1 i. V. m. Abs. 3 Nr. 1 und 2 VSVgV geraten, da der Bieter Angaben zur Lieferkette i. d. R. erst dann machen kann, wenn diese feststeht. Insoweit hat der Auftraggeber daher in besonderem Maße auf die Kohärenz der an die Bieter gestellten Anforderungen zu achten.

9   Nach § 8 Abs. 2 Nr. 4 VSVgV kann der Auftraggeber die Zusage verlangen, die zur Deckung möglicher **Bedarfssteigerungen infolge einer Krise** (§ 4 Abs. 1 VSVgV) erforderlichen Kapazitäten unter zu vereinbarenden Bedingungen zu schaffen oder beizubehalten. Trifft der Auftraggeber eine solche Vereinbarung nicht bereits mit dem ursprünglichen Auftrag, kann die nachträgliche Erhöhung der Auftragsmengen u. U. ihrerseits einen nach den Bestimmungen des Kartellvergaberechts zu vergebenden öffentlichen Auftrag i. S. v. § 99 Abs. 1 GWB darstellen[9]. Zudem können sich dann z. B. im Rahmen von § 2 Nr. 3 VOL/B Fragen der Anpassung der Vergütung stellen. Die damit verbundenen Unsicherheiten kann der Auftraggeber dadurch vermeiden, dass er auf der Grundlage von § 8 Abs. 2 Nr. 4 VSVgV von Anfang an Regelungen über Mehrleistungen vorsieht. Die Anforderungen, die insbesondere beim Abschluss von Rahmenvereinbarungen an die Beschreibung des Auftragsvolumens im Vorhinein zu stellen sind[10] (§ 4 Abs. 2 Satz 2 VSVgV), hat er dabei ebenso zu beachten wie das im Anwendungsbereich des Abschnitts 3 der VOB/A auf Grund von § 7 VS Abs. 1 Nr. 3 VOB/A geltende Verbot der Aufbürdung eines ungewöhnlichen Wagnisses[11]. § 8 Abs. 2 Nr. 4 VSVgV kann mangels ausdrücklicher normativer Anordnung nicht etwa als Befreiung von diesen Anforderungen verstanden werden, wiewohl die aus § 8 Abs. 2 Nr. 4 VSVgV folgende Wertung durchaus die Anwendung dieser Vorgaben, etwa bei der Auslegung des Tatbestandsmerkmals der Ungewöhnlichkeit in § 7 VS Abs. 1 Nr. 3 VOB/A, beeinflussen kann.

10 Im Zusammenhang mit § 8 Abs. 2 Nr. 4 VSVgV sieht § 8 Abs. 2 Nr. 5 VSVgV vor, dass der Auftraggeber unterstützende **behördliche Unterlagen bezüglich der Deckung des zusätzlichen Bedarfs** des Auftraggebers infolge einer Krise verlangen kann.

11 § 8 Abs. 2 Nr. 6 VSVgV bestimmt, dass der Auftraggeber die Zusage des Auftragnehmers zur **Wartung, Modernisierung oder Anpassung** der zu beschaffenden Güter vorsehen kann. Plant der Auftraggeber, den Auftragnehmer auch mit diesen Aufgaben zu betrauen, wird er dies i. d. R. bereits von Anfang an abschließend vertraglich festlegen, da die Verpflichtung zur eindeutigen und erschöpfenden Leistungsbeschreibung (§ 15 Abs. 2

---

[9] S. dazu unter § 4 Rn. 16 ff.
[10] S. dazu unter § 17 Rn. 28 ff sowie § 7 VS Abs. 1 Nr. 2 VOB/A.
[11] S. dazu im Übrigen unter § 17 Rn. 40 ff.

Satz 1 VSVgV, § 7 VS Abs. 1 Nr. 1 VOB/A), das Verbot der Aufbürdung eines ungewöhnlichen Wagnisses (§ 7 VS Abs. 1 Nr. 3 VOB/A) sowie die Grundsätze über die Vergaberechtspflichtigkeit nachträglicher Änderungen des Vertragsgegenstandes[12] hohe Anforderungen an die Bestimmtheit des Vertragsgegenstandes stellen.

Nach § 8 Abs. 2 Nr. 7 VSVgV kann der Auftraggeber den Bewerber oder Bieter verpflichten, den Auftraggeber rechtzeitig über jede **Änderung seiner Organisation, Lieferkette oder Unternehmensstrategie** zu unterrichten, die seine Verpflichtungen gegenüber dem Auftraggeber berühren kann. Dies soll den Auftraggeber in die Lage versetzen, beizeiten auf derartige Änderungen zu reagieren und beispielsweise Maßnahmen zur Ersatzbeschaffung zu treffen. **12**

§ 8 Abs. 2 Nr. 8 VSVgV sieht vor, dass der Auftraggeber vom Bewerber oder Bieter die Zusage verlangt, dem Auftraggeber alle besonderen Mittel zur Verfügung zu stellen, die für die Herstellung von **Ersatzteilen, Bauteilen, Bausätzen und besonderen Testgeräten** erforderlich sind, einschließlich technischer Zeichnungen, Lizenzen und Bedienungsanleitungen, sofern er nicht mehr in der Lage ist, diese Güter zu liefern. Auf diese Weise soll Vorsorge für denjenigen Fall getroffen werden, dass der Auftragnehmer zu einem späteren Zeitpunkt die Instandhaltung und -setzung der beschafften Produkte nicht mehr übernehmen kann, z.B. weil er die entsprechenden Leistungen nicht mehr vorhält oder seinen Geschäftsbetrieb eingestellt hat. Der Auftraggeber soll dann tatsächlich und rechtlich in die Lage versetzt werden, diese Tätigkeiten selbst zu übernehmen. **13**

---

[12] S. dazu unter § 4 Rn. 16 ff.

§ 64 Rechtsfolgen von Vergaberechtsverstößen und Rechtsschutz (Besonderheiten)

Übersicht

	Rn.
A. Einleitung	1–3
B. EU-rechtliche Vorgaben	4–13
I. Grundlagen des Rechtsschutzes	4
II. Spezielle Regelungen für den Verteidigungs- und Sicherheitsbereich	5–12
III. Korrekturmechanismus der EU-Kommission	13
C. Rechtsschutz im deutschen Recht	14–53
I. Nachprüfungsverfahren für verteidigungs- und sicherheitsrelevante Aufträge im Sinne des GWB	14–26
II. Rechtsschutz für verteidigungs- und sicherheitsrelevante Aufträge außerhalb des GWB	27–47
III. Schadenersatzansprüche	48–53

GWB: §§ 102, 104 Abs. 1, 2, § 105 Abs. 2, §§ 110a, 115, 118, 121 Abs. 1, § 126

§ 102 GWB Grundsatz

Unbeschadet der Prüfungsmöglichkeiten von Aufsichtsbehörden unterliegt die Vergabe öffentlicher Aufträge der Nachprüfung durch die Vergabekammern.

§ 104 GWB Vergabekammern

(1) Die Nachprüfung der Vergabe öffentlicher Aufträge nehmen die Vergabekammern des Bundes für die dem Bund zuzurechnenden Aufträge, die Vergabekammern der Länder für die diesen zuzurechnenden Aufträge wahr.

(2) Rechte aus § 97 Absatz 7 sowie sonstige Ansprüche gegen öffentliche Auftraggeber, die auf die Vornahme oder das Unterlassen einer Handlung in einem Vergabeverfahren gerichtet sind, können nur vor den Vergabekammern und dem Beschwerdegericht geltend gemacht werden.

(3) (hier nicht abgedruckt)

§ 105 GWB Besetzung, Unabhängigkeit

(1) (hier nicht abgedruckt)

(2) Die Vergabekammern entscheiden in der Besetzung mit einem Vorsitzenden und zwei Beisitzern, von denen einer ein ehrenamtlicher Beisitzer ist. Der Vorsitzende und der hauptamtliche Beisitzer müssen Beamte auf Lebenszeit mit der Befähigung zum höheren Verwaltungsdienst oder vergleichbar fachkundige Angestellte sein. Der Vorsitzende oder der hauptamtliche Beisitzer müssen die Befähigung zum Richteramt haben; in der Regel soll dies der Vorsitzende sein. Die Beisitzer sollen über gründliche Kenntnisse des Vergabewesens, die ehrenamtlichen Beisitzer auch über mehrjährige praktische Erfahrungen auf dem Gebiet des Vergabewesens verfügen. Bei der Überprüfung der Vergabe von verteidigungs- und sicherheitsrelevanten Aufträgen im Sinne des § 99 Absatz 7 können die Vergabekammern abweichend von Satz 1 auch in der Besetzung mit einem Vorsitzenden und zwei hauptamtlichen Beisitzern entscheiden.

(3) bis (4) (hier nicht abgedruckt)

§ 110a GWB Aufbewahrung vertraulicher Unterlagen

(1) Die Vergabekammer stellt die Vertraulichkeit von Verschlusssachen und anderen vertraulichen Informationen sicher, die in den von den Parteien übermittelten Unterlagen enthalten sind.

(2) Die Mitglieder der Vergabekammern sind zur Geheimhaltung verpflichtet; die Entscheidungsgründe dürfen Art und Inhalt der geheim gehaltenen Urkunden, Akten, elektronischen Dokumente und Auskünfte nicht erkennen lassen.

§ 115 GWB Aussetzung des Vergabeverfahrens

(1) Informiert die Vergabekammer den öffentlichen Auftraggeber in Textform über den Antrag auf Nachprüfung, darf dieser vor einer Entscheidung der Vergabekammer und dem Ablauf der Beschwerdefrist nach § 117 Absatz 1 den Zuschlag nicht erteilen.

(2) Die Vergabekammer kann dem Auftraggeber auf seinen Antrag oder auf Antrag des Unternehmens, das nach § 101a vom Auftraggeber als das Unternehmen benannt ist, das den Zuschlag erhalten soll, gestatten, den Zuschlag nach Ablauf von zwei Wochen seit Bekanntgabe dieser Entscheidung zu erteilen, wenn unter Berücksichtigung aller möglicherweise geschädigten Interessen sowie des Interesses der Allgemeinheit an einem raschen Abschluss des Vergabeverfahrens die nachteiligen Folgen einer Verzögerung der Vergabe bis zum Abschluss der Nachprüfung die damit verbundenen Vorteile überwiegen. Bei der Abwägung ist das Interesse der Allgemeinheit an einer wirtschaftlichen Erfüllung der Aufgaben des Auftraggebers zu berücksichtigen; bei verteidigungs- oder sicherheitsrelevanten Aufträgen im Sinne des § 99 Absatz 7 sind zusätzlich besondere Verteidigungs- und Sicherheitsinteressen zu berücksichtigen. Die Vergabekammer berücksichtigt dabei auch die allgemeinen Aussichten des Antragstellers im Vergabeverfahren, den Auftrag zu erhalten. Die Erfolgsaussichten des Nachprüfungsantrags müssen nicht in jedem Falle Gegenstand der Abwägung sein. Das Beschwerdegericht kann auf Antrag das Verbot des Zuschlags nach Absatz 1 wiederherstellen; § 114 Absatz 2 Satz 1 bleibt unberührt. Wenn die Vergabekammer den Zuschlag nicht gestattet, kann das Beschwerdegericht auf Antrag des Auftraggebers unter den Voraussetzungen der Sätze 1 bis 4 den sofortigen Zuschlag gestatten. Für das Verfahren vor dem Beschwerdegericht gilt § 121 Absatz 2 Satz 1 und 2 und Absatz 3 entsprechend. Eine sofortige Beschwerde nach § 116 Absatz 1 ist gegen Entscheidungen der Vergabekammer nach diesem Absatz nicht zulässig.

(3) Sind Rechte des Antragstellers aus § 97 Absatz 7 im Vergabeverfahren auf andere Weise als durch den drohenden Zuschlag gefährdet, kann die Kammer auf besonderen Antrag mit weiteren vorläufigen Maßnahmen in das Vergabeverfahren eingreifen. Sie legt dabei den Beurteilungsmaßstab des Absatzes 2 Satz 1 zugrunde. Diese Entscheidung ist nicht selbständig anfechtbar. Die Vergabekammer kann die von ihr getroffenen weiteren vorläufigen Maßnahmen nach den Verwaltungsvollstreckungsgesetzen des Bundes und der Länder durchsetzen; die Maßnahmen sind sofort vollziehbar. § 86a Satz 2 gilt entsprechend.

(4) Macht der Auftraggeber das Vorliegen der Voraussetzungen nach § 100 Absatz 8 Nummer 1 bis 3 geltend, entfällt das Verbot des Zuschlages nach Absatz 1 fünf Werktage nach Zustellung eines entsprechenden Schriftsatzes an den Antragsteller; die Zustellung ist durch die Vergabekammer unverzüglich nach Eingang des Schriftsatzes vorzunehmen. Auf Antrag kann das Beschwerdegericht das Verbot des Zuschlages wiederherstellen. § 121 Absatz 1 Satz 1, Absatz 2 Satz 1 sowie Absatz 3 und 4 finden entsprechende Anwendung.

§ 118 GWB Wirkung

(1) Die sofortige Beschwerde hat aufschiebende Wirkung gegenüber der Entscheidung der Vergabekammer. Die aufschiebende Wirkung entfällt zwei Wochen nach Ablauf der Beschwerdefrist. Hat die Vergabekammer den Antrag auf Nachprüfung abgelehnt, so kann das Beschwerdegericht auf Antrag des Beschwerdeführers die aufschiebende Wirkung bis zur Entscheidung über die Beschwerde verlängern.

(2) Das Gericht lehnt den Antrag nach Absatz 1 Satz 3 ab, wenn unter Berücksichtigung aller möglicherweise geschädigten Interessen die nachteiligen Folgen einer Verzögerung der Vergabe bis zur Entscheidung über die Beschwerde die damit verbundenen Vorteile überwiegen. Bei der Abwägung ist das Interesse der Allgemeinheit an einer wirtschaftlichen Erfüllung der Aufgaben des Auftraggebers zu berücksichtigen; bei verteidigungs- oder sicherheitsrelevanten Aufträgen im Sinne des § 99 Absatz 7 sind zusätzlich besondere Verteidigungs- und Sicherheitsinteressen zu berücksichtigen. Das Gericht berücksichtigt bei seiner Entscheidung auch die Erfolgsaussichten der Beschwerde, die allgemeinen Aussichten des Antragstellers im Vergabe-

verfahren, den Auftrag zu erhalten, und das Interesse der Allgemeinheit an einem raschen Abschluss des Vergabeverfahrens.

(3) Hat die Vergabekammer dem Antrag auf Nachprüfung durch Untersagung des Zuschlags stattgegeben, so unterbleibt dieser, solange nicht das Beschwerdegericht die Entscheidung der Vergabekammer nach § 121 oder § 123 aufhebt.

§ 121 GWB Vorabentscheidung über den Zuschlag

(1) Auf Antrag des Auftraggebers oder auf Antrag des Unternehmens, das nach § 101a vom Auftraggeber als das Unternehmen benannt ist, das den Zuschlag erhalten soll, kann das Gericht den weiteren Fortgang des Vergabeverfahrens und den Zuschlag gestatten, wenn unter Berücksichtigung aller möglicherweise geschädigten Interessen die nachteiligen Folgen einer Verzögerung der Vergabe bis zur Entscheidung über die Beschwerde die damit verbundenen Vorteile überwiegen. Bei der Abwägung ist das Interesse der Allgemeinheit an einer wirtschaftlichen Erfüllung der Aufgaben des Auftraggebers zu berücksichtigen; bei verteidigungs- oder sicherheitsrelevanten Aufträgen im Sinne des § 99 Absatz 7 sind zusätzlich besondere Verteidigungs- und Sicherheitsinteressen zu berücksichtigen. Das Gericht berücksichtigt bei seiner Entscheidung auch die Erfolgsaussichten der sofortigen Beschwerde, die allgemeinen Aussichten des Antragstellers im Vergabeverfahren, den Auftrag zu erhalten, und das Interesse der Allgemeinheit an einem raschen Abschluss des Vergabeverfahrens.

(2) bis (4) (hier nicht abgedruckt)

§ 126 GWB Anspruch auf Ersatz des Vertrauensschadens

Hat der Auftraggeber gegen eine den Schutz von Unternehmen bezweckende Vorschrift verstoßen und hätte das Unternehmen ohne diesen Verstoß bei der Wertung der Angebote eine echte Chance gehabt, den Zuschlag zu erhalten, die aber durch den Rechtsverstoß beeinträchtigt wurde, so kann das Unternehmen Schadensersatz für die Kosten der Vorbereitung des Angebots oder der Teilnahme an einem Vergabeverfahren verlangen. Weiterreichende Ansprüche auf Schadensersatz bleiben unberührt.

Literatur:

Heuninckx Forums to adjudicate claims related to the procurement activities of international organisations in the European Union, PPLR 2012, 95; *Hölzl* Rechtsschutz im Sicherheits- und Verteidigungsbereich! in: v. Wietersheim (Hrsg.), Vergaben im Verteidigungs- und Sicherheitsbereich (2013), 177 ff.; *Krohn* Primärrechtsschutz außerhalb des Anwendungsbereichs des GWB, in Müller-Wrede (Hrsg.), Kompendium des Vergaberechts (2008), Kap. 24, 579 ff.; *Krohn* Ende des Rechtswegwirrwarrs: Kein Verwaltungsrechtsschutz unterhalb der Schwellenwerte, NZBau 2007, 493; *Prieß/Hölzl* Das Ende des rechtsfreien Raumes: Der verwaltungsgerichtliche Rechtsschutz bei Rüstungsgeschäften, NZBau 2005, 367; *Renner/Rubach-Larsen/Sterner* Rechtsschutz bei der Vergabe von Rüstungsaufträgen, NZBau 2007, 407; *Stoye/v.Münchhausen* Primärrechtsschutz in der GWB-Novelle – Kleine Vergaberechtsreform mit großen Einschnitten beim Rechtsschutz, VergabeR 2008, 871.

A. Einleitung

Ein wesentliches – wenn nicht gar das wichtigste – Element des neuen Vergaberegimes 1 für den Verteidigungs- und Sicherheitsbereich ist die Einführung eines **wirksamen Rechtsschutzes.** Die Bedeutung des Rechtsschutzes für eine tatsächliche Öffnung der Beschaffungsmärkte lässt sich kaum überschätzen. Materielle Verfahrensvorschriften, die in vieler Hinsicht den Vorgaben des neuen Vergaberegimes entsprechen, sind in vielen Staaten seit langem in Kraft.[1] Doch erst die Einführung subjektiver Bieterrechte auf Einhaltung der Verfahrensvorschriften und die Schaffung einer effektiven Möglichkeit zur

---

[1] *Weiner* EWS 2011, 401.

Durchsetzung dieser Rechte haben (wie die Erfahrungen seit Einführung des GWB-Vergaberechts in Deutschland zum 1. Januar 1999 zeigen) das Potential, einen echten Paradigmenwechsel der Vergabepraxis herbeizuführen.

2 Freilich ist der Rüstungssektor aufgrund seiner besonderen Marktstrukturen und Gepflogenheiten traditionell ohnehin wenig klagefreudig. Der Markt wird überwiegend von wenigen Anbietern beherrscht, die sich in einem speziellen, von enger Zusammenarbeit zwischen Nachfragern und Anbietern sowie langjährigen Geschäftsbeziehungen geprägten Umfeld bewegen. Streitigkeiten über Rüstungsbeschaffungen sind daher bislang eher die Ausnahme.[2] Gleichwohl ist zu erwarten, dass die neuen Möglichkeiten zur Rechtsdurchsetzung (und die damit verbundenen Risiken für die Beschaffungsstellen) nicht nur zu einer deutlichen Aufwertung der Verfahrensregeln, sondern auch zu **mehr Streitigkeiten** führen werden. Die Rechtsschutzmöglichkeiten bieten insbesondere für Newcomer einen vergleichsweise wirkungsvollen Hebel, sich im Einzelfall Zugang zu neuen Märkten zu bahnen.

3 Die RL 2009/81/EG enthält detaillierte EU-rechtliche Vorgaben zum Rechtsschutz. Anders als im „klassischen" Bereich und im Sektorenbereich wurden diese Vorgaben nicht in einer eigenen Richtlinie[3] geregelt, sondern unmittelbar in die Verfahrensrichtlinie aufgenommen. Inhaltlich **entsprechen** die Rechtsschutzvorschriften jedoch **weitestgehend denen der allgemeinen Rechtsmittelrichtlinien**, mit gewissen Modifikationen zur Berücksichtigung der Besonderheiten des Verteidigungs- und Sicherheitsbereichs. In Deutschland wurde dieser Ansatz in der Weise übernommen, dass Verteidigungs- und Sicherheitsvergaben dem allgemeinen Vergaberechtsschutz gemäß § 102 ff. GWB unterstellt wurden, wiederum mit einigen Modifikationen, die den Besonderheiten der Materie Rechnung tragen sollen.

B. EU-rechtliche Vorgaben

I. Grundlagen des Rechtsschutzes

4 Die EU-rechtlichen Vorgaben zum Rechtsschutz im Verteidigungs- und Sicherheitsbereich sind eng an die „klassische" Rechtsmittelrichtlinie (RL 89/665/EG i.d.F. der RL 2007/66/EG) angelehnt und entsprechen weitgehend den dortigen Regelungen. Der Rechtsschutz umfasst folgende Kernelemente:

– **Grundsatz des effektiven und raschen Rechtsschutzes:** Art. 55 Abs. 2 der RL 2009/81/EG verpflichtet die Mitgliedsstaaten sicherzustellen, dass Vergabeentscheidungen im Verteidigungs- und Sicherheitsbereich „wirksam und vor allem möglichst rasch" auf Verstöße gegen die unionsrechtlichen Vergabevorschriften überprüft werden können. Diese Vorschrift ist wesentliche Grundlage des Rechtsschutzes. Sie setzt ein **subjektives Bieterrecht** auf Einhaltung der EU-rechtlichen Vergabevorschriften voraus. Sie fordert ferner die Einrichtung eines **Nachprüfungsverfahrens**, mit dem das Vergabeverfahren **wirksam und schnell überprüft** und Verstöße – auch durch vorläufige Maßnahmen – **korrigiert** werden können (Art. 56 Abs. 1 RL 2009/81/EG). Soweit zunächst ein außergerichtliches Verfahren durchgeführt wird, muss eine gerichtliche Überprüfung möglich sein (Art. 56 Abs. 9 RL 2009/81/EG).

– **Vorabinformation, Stillhaltepflicht und Suspensiveffekt:** Um eine rechtzeitige Nachprüfung zu ermöglichen, muss der Auftraggeber die betroffenen **Bieter vor dem Vertragsschluss** über seine Vergabeentscheidung **informieren** und anschließend eine

---

[2] Eine prominente Ausnahme bildet der sog. „Lenkwaffen"-Fall, VG Koblenz, Beschl. v. 31.1. 2005, 6 L 2617/04, NZBau 2005, 412; OVG Koblenz Beschl. v. 25.5.2005, 7 B 10356/05, NZBau 2005, 411; siehe dazu *Prieß/Hölzl* NZBau 2005, 367 ff.

[3] RL 89/665/EG (klassische Rechtsmittelrichtlinie) bzw. RL 92/13/EG (Sektoren-Rechtsmittelrichtlinie), jeweils i.d.F. der RL 2007/66/EG.

Stillhaltefrist von mindestens 10 Tagen abwarten, innerhalb derer die Bieter um Rechtsschutz nachsuchen können (Art. 57 RL 1009/81/EG). Die Beantragung einer Nachprüfung entfaltet zumindest so lange **automatischen Suspensiveffekt**, bis die Nachprüfungsstelle eine Entscheidung über vorläufige Maßnahmen getroffen hat (Art. 57 Abs. 3 RL 1009/81/EG).[4] Damit wird sichergestellt, dass betroffene Bieter nicht vor vollendete Tatsachen gestellt werden, bevor sie eine Möglichkeit zur Einleitung einer Nachprüfung und zur Erwirkung einstweiliger Maßnahmen hatten.

– **Unwirksamkeitssanktion bei Rechtsschutzverkürzung:** Die EU-rechtlichen Vorgaben verlangen schließlich die **Unwirksamkeit** von Aufträgen, die unter Verletzung derjenigen Verfahrensregeln geschlossen wurden, die die Effektivität des Rechtsschutzes sichern sollen, insbesondere von sog. **De-facto-Vergaben** sowie von Verträgen, die **vor Ablauf der Stillhaltefrist oder des Suspensiveffekts** geschlossen wurden (Art. 60 RL 2009/81/EG). Hierdurch soll verhindert werden, dass Auftraggeber die Rechtsschutzmöglichkeiten der betroffenen Bieter durch unmittelbaren Vollzug der Vergabeentscheidung unterlaufen.

II. Spezielle Regelungen für den Verteidigungs- und Sicherheitsbereich

Die Rechtsschutzvorschriften der RL 2009/81/EG enthalten einige **Modifikationen** der Vorgaben der allgemeinen Rechtsmittelrichtlinie, um den besonderen Erfordernissen des Verteidigungs- und Sicherheitsbereichs Rechnung zu tragen. 5

So gibt Art. 56 Abs. 1 der RL 2009/81/EG den Mitgliedstaaten die Möglichkeit, den Katalog der den Nachprüfungsinstanzen zu Gebote stehenden **Korrekturmaßnahmen** flexibler zu gestalten. Nach der allgemeinen Rechtsmittelrichtlinie müssen die Nachprüfungsinstanzen die Möglichkeit haben, vorläufige Maßnahmen zu ergreifen, um einen behaupteten Verstoß zu beseitigen oder weitere Schädigungen der betroffenen Interessen zu verhindern; dazu gehört auch die Befugnis, das Vergabeverfahren oder die Durchführung sonstiger Auftraggeberentscheidungen auszusetzen und rechtswidrige Entscheidungen aufzuheben, einschließlich der Möglichkeit zur Streichung diskriminierender Vorgaben aus den Vergabeunterlagen.[5] Art. 56 Abs. 1 lit. a der RL 2009/81/EG greift diese Grundanforderung auf, ergänzt sie in lit. b allerdings um die Option, den Nachprüfungsstellen alternativ die Befugnis zu geben, andere geeignete Maßnahmen zu treffen, um den Rechtsverstoß zu beseitigen und eine Schädigung der betroffenen Interessen zu verhindern, wozu insbesondere auch die Verhängung einer Geldzahlung für den Fall gehören kann, dass der Verstoß nicht beseitigt oder verhindert wurde. 6

Diese Regelung, die aus der Sektoren-Rechtsmittelrichtlinie übernommen wurde,[6] ermöglicht den Mitgliedstaaten eine **flexiblere Ausgestaltung** des Rechtsschutzes. Die Mitgliedstaaten können den Nachprüfungsstellen insbesondere größeren Spielraum einräumen, trotz Vorliegen eines Rechtsverstoßes von der Aussetzung eines Vergabeverfahrens oder der Aufhebung einer Auftraggeberentscheidung abzusehen und stattdessen auf andere Maßnahmen auszuweichen (die allerdings ebenfalls geeignet sein müssen, den Rechtsverstoß zu beseitigen und/oder eine Interessenschädigung zu verhindern). Soweit die Richtlinie die Möglichkeit der Verhängung einer **Geldzahlung** erwähnt, handelt es sich in erster Linie um Zwangs- oder Bußgelder; nach dem Wortlaut der Vorschrift kommt aber auch die Anordnung einer Schadensersatzzahlung an das verletzte Unternehmen in Betracht. 7

---

[4] Soweit das nationale Recht vorsieht, dass zunächst eine Überprüfung durch den Auftraggeber beantragt werden muss, entfaltet ein solcher Antrag Suspensiveffekt zumindest bis zum Ablauf von 10 Tagen (bei Fax- oder elektronischer Kommunikation) oder 15 Tagen (bei Postkommunikation) nach Absendung der Entscheidung des Auftraggebers (Art. 55 Abs. 6 RL 2009/81/EG).

[5] Art. 2 Abs. 1 lit. a und b der RL 89/665/EG i.d.F. der RL 2007/66/EG.

[6] Art. 2 Abs. 1 lit. a, b und c der RL 92/13/EG (durch die RL 2007/66/EG nicht geändert).

8 Zudem wurde die Abwägungsklausel der allgemeinen Rechtsmittelrichtlinie, wonach die Mitgliedsstaaten den Nachprüfungsstellen die Möglichkeit geben können, aus Gründen der Interessenabwägung auf **vorläufige Maßnahmen zu verzichten**,[7] für den Verteidigungs- und Sicherheitsbereich in Art. 56 Abs. 5 der RL 2009/81/EG dahingehend spezifiziert, dass bei der Abwägung besonders auch die betroffenen **Verteidigungs- und/oder Sicherheitsinteressen** berücksichtigt werden können. Die Vorschrift hat in erster Linie klarstellenden Charakter.

9 Ähnlich wurde die in der allgemeinen Rechtsmittelrichtlinie vorgesehene Möglichkeit, bei Verstößen, die an sich zur Unwirksamkeit des Vertrags führen, im Einzelfall aus zwingenden Gründen des Allgemeininteresses vom Ausspruch der **Unwirksamkeit abzusehen**,[8] in Art. 60 Abs. 3 der RL 2009/81/EG dahingehend konkretisiert, dass bei bei der Entscheidung besonders auch die betroffenen **Verteidigungs- und/oder Sicherheitsinteressen** zu berücksichtigen sind. Auch hierin liegt vor allem eine Klarstellung.

10 Art. 56 Abs. 10 der RL 2009/81/EG enthält ferner Vorschriften zur **Sicherung der Vertraulichkeit von Verschlusssachen** und zur Wahrung sonstiger Verteidigungs- und/oder Sicherheitsinteressen im Rahmen des Rechtsschutzes. Insbesondere wird die Möglichkeit eingeräumt, eine zentrale, ausschließlich zuständige Stelle für die Nachprüfung von Auftragsvergaben im Verteidigungs- und Sicherheitsbereich einzurichten. Darüber hinaus können die Mitgliedsstaaten vorsehen, dass Nachprüfungsanträge, die Verschlusssachen umfassen, nur von Mitgliedern der Nachprüfungsstellen bearbeitet werden, die persönlich zum Umgang mit Verschlusssachen ermächtigt sind. Darüber hinaus werden besondere Sicherheitsmaßnahmen zugelassen, die die Erfassung von Nachprüfungsanträgen, den Eingang von Unterlagen und die Datenspeicherung im Nachprüfungsverfahren betreffen. Die Mitgliedsstaaten können dabei die Einzelheiten festlegen, wie die Wahrung der Vertraulichkeit von Verschlusssachen mit den Grundsätzen einer wirksamen Rechtsverteidigung bzw. den Grundsätzen eines fairen Gerichtsverfahrens in Einklang zu bringen sind.

11 Die Rechtsschutzbestimmungen für den Verteidigungs- und Sicherheitsbereich betonen damit in besonderer Weise den Schutz der öffentlichen Verteidigungs- und Sicherheitsinteressen. Dass dies bis zu einem gewissen Grad zu Lasten der Effektivität des Rechtsschutzes gehen kann, wurde vom Gesetzgeber im Gegenzug dazu, dass nunmehr überhaupt ein Rechtsschutz eröffnet ist, hingenommen.

12 Die Rechtsschutzbestimmungen gelten nur für Verteidigungs- und Sicherheitsaufträge im Sinne der RL 2009/81/EG. Für Aufträge, die nicht unter die Richtlinie fallen – insbesondere solche, die nach Art. 346 AEUV ausgenommen sind – gibt es weiterhin keinen unionsrechtlich verbürgten Rechtsschutz. Allerdings gilt der allgemeine Grundsatz, dass die Rechtsschutzmöglichkeiten für Bieter aus dem EU-Ausland jedenfalls insoweit, wie es mit den wesentlichen Sicherheitsinteressen des Mitgliedsstaats im Sinne von Art. 346 AEUV vereinbar ist, nicht ungünstiger ausgestaltet sein dürfen als für inländische Bieter.[9]

III. Korrekturmechanismus der EU-Kommission

13 Auch für den Verteidigungs- und Sicherheitsbereich ist ein Korrekturmechanismus der EU-Kommission vorgesehen, wonach die Kommission bei Vergabeverstößen in ein laufendes Vergabeverfahren eingreifen und den verantwortlichen Mitgliedstaat zur Korrektur auffordern kann. Die Regelung entspricht den Parallelvorschriften der allgemeinen

---

[7] Art. 2 Abs. 5 der RL 89/665/EG i. d. F. der RL 2007/66/EG.
[8] Art. 2d Abs. 3 der RL 89/665/EG i. d. F. der RL 2007/66/EG.
[9] Vgl. die Mitteilung der Kommission zu Auslegungsfragen in Bezug auf das Gemeinschaftsrecht, das für die Vergabe öffentlicher Aufträge gilt, die nicht oder nur teilweise unter die Vegaberichtlinien fallen (Dok. 2006/C 179/02), EU-ABl. Nr. C 179 vom 1. 8. 2006, S. 2 ff., Ziffer 2.3.3 m.w.N.

Rechtsmittelrichtlinie und der Sektoren-Rechtsmittelrichtlinie.[10] Voraussetzung ist ein schwerer Verstoß gegen die unionsrechtlichen Vergabevorschriften (Art. 63 der RL 2009/81/EG). Der Korrekturmechanismus hat bereits im klassischen bzw. Sektorenbereich wenig Praxisrelevanz. Daher ist nicht zu erwarten, dass er im Verteidigungs- und Sicherheitsbereich größere Bedeutung erlangen wird.

C. Rechtsschutz im deutschen Recht

I. Nachprüfungsverfahren für verteidigungs- und sicherheitsrelevante Aufträge im Sinne des GWB

Bei Umsetzung der Richtlinie 2009/81/EG hat sich der deutsche Gesetzgeber dafür entschieden, kein eigenständiges Nachprüfungsregime für Verteidigungs- und Sicherheitsaufträge einzuführen, sondern die Vergabenachprüfung ins allgemeine Rechtsschutzsystem der §§ 102 ff. GWB einzugliedern. Der Rechtsschutz wurde damit demjenigen für den klassischen Bereich und den Sektorenbereich im Wesentlichen gleichgestellt. 14

1. Anwendungsbereich der Nachprüfungsvorschriften

Die Nachprüfungsmöglichkeit nach §§ 102 ff. GWB gilt für **alle verteidigungs- oder sicherheitsrelevanten Aufträge** im Sinne von § 99 Abs. 7 GWB, die **keinem Ausnahmetatbestand** unterfallen. Sie gilt somit u. a. nicht für Aufträge, die gemäß Art. 346 AUEV bzw. § 100 Abs. 6 GWB insgesamt nicht unter das GWB-Vergaberecht fallen. Allerdings kann im Rahmen der Nachprüfung auch überprüft werden, ob der Auftraggeber diese Ausnahmen zu Recht in Anspruch genommen hat. Da die Berufung auf Art. 346 AUEV bzw. § 100 Abs. 6 GWB voraussetzt, dass die berührten Verteidigungs- bzw. Sicherheitsinteressen nicht einmal ein Vergabeverfahren nach den speziellen Vorschriften für den Verteidigungs- und Sicherheitsbereich zulassen (was von der Rechtsprechung nach einem strengen Maßstab geprüft wird), führen die Regelungen auch insoweit faktisch zu einer erheblichen Ausweitung des Rechtsschutzes. 15

2. Grundsatz: Geltung der allgemeinen Verfahrensregelungen

Bieter haben daher die Möglichkeit, die Vergabe von verteidigungs- und sicherheitsrelevanten Aufträgen unter den **allgemeinen Voraussetzungen** von der Vergabekammer nachprüfen zu lassen. Für das Verfahren gelten die gewöhnlichen Zuständigkeits- und Verfahrensvorschriften der §§ 104 ff. GWB, einschließlich der Vorschriften über einstweilige Maßnahmen, insbesondere in Bezug auf das Zuschlagsverbot. Auch die Vorschriften zur **Vorinformation** nicht berücksichtigter Bieter und die anschließende Stillhaltefrist sowie zur Unwirksamkeit von **De-facto-Vergaben** gemäß §§ 101a, 101b GWB wurden vollständig übernommen. Ferner gelten die allgemeinen Verfahrensvoraussetzungen des § 107 GWB in Bezug auf Antragsbefugnis und Rügeobliegenheiten. 16

3. Besonderheiten im Verteidigungs- und Sicherheitsbereich

Der Gesetzgeber hat allerdings einige der in der Richtlinie RL 2009/81/EG vorgesehenen Besonderheiten für Nachprüfungsverfahren im Verteidigungs- und Sicherheitsbereich (allerdings nicht alle) übernommen. Im Einzelnen gelten folgende **Besonderheiten**: 17

---

[10] Art. 3 der RL 89/665/EG bzw. Art. 8 der RL 92/13/EG, jeweils i. d. F. der RL 2007/66/EG.

a) Berücksichtigung von Verteidigungs- und Sicherheitsinteressen bei der Entscheidung über Aufhebung bzw. Verlängerung des Zuschlagsverbots

18 Nach § 115 Abs. 2 GWB kann die Vergabekammer dem Auftraggeber schon vor Abschluss des Nachprüfungsverfahrens die **Zuschlagserteilung gestatten**, wenn die Nachteile einer Verzögerung der Vergabe die mit dem Aufschub verbundenen Vorteile unter Abwägung aller betroffenen Interessen überwiegen. Bei verteidigungs- und sicherheitsrelevanten Aufträgen sind nach § 115 Abs. 2 Satz 2 GWB bei dieser **Abwägung** neben dem Allgemeininteresse an einer wirtschaftlichen Aufgabenerfüllung und den Bieterinteressen zusätzlich auch etwaige besondere **Verteidigungs- und Sicherheitsinteressen** zu berücksichtigen. Das entspricht Art. 56 Abs. 5 der RL 2009/81/EG. Die Ergänzung ist im Grunde deklaratorisch, weil das bei der Abwägung gemäß § 115 Abs. 2 Satz 1 GWB zu berücksichtigende Allgemeininteresse bei verteidigungs- und sicherheitsrelevanten Aufträgen ohnehin auch die speziellen Verteidigungs- und Sicherheitsinteressen des Auftraggebers umfasst. Die ausdrückliche Erwähnung der Verteidigungs- und Sicherheitsinteressen stellt das jedoch klar und wertet den Aspekt zugleich auf. Der Auftraggeber kann einen Antrag auf Vorabgestattung des Zuschlags daher insbesondere darauf stützen, dass eine Verzögerung der Auftragsvergabe den Verteidigungs- oder Sicherheitsinteressen der Bundesrepublik Deutschland bzw. des Auftraggebers schadet. Dieser Aspekt ist bei der Abwägungsentscheidung über die Zuschlagsgestattung angemessen zu berücksichtigen. Auch das Beschwerdegericht muss diesen Aspekt bei einer etwaigen Entscheidung gem. § 115 Abs. 2 Satz 5 und 6 GWB einbeziehen.

19 Auch bei der Entscheidung über die **Verlängerung des Zuschlagsverbots** im **Beschwerdeverfahren** nach § 118 Abs. 1 Satz 3 GWB hat das Gericht im Rahmen der Interessenabwägung nach § 118 Abs. 2 Satz 2, 2. Halbsatz GWB etwaige besondere Verteidigungs- und Sicherheitsinteressen zusätzlich einzubeziehen. Gleiches gilt für die Entscheidung nach § 121 GWB über die Vorabgestattung des Zuschlags im Beschwerdeverfahren (§ 121 Abs. 1 Satz 2, 2. Halbsatz GWB).

20 Die in Art. 60 Abs. 3 der RL 2009/81/EG eröffnete Möglichkeit, bei Verstößen, die normalerweise zur Unwirksamkeit des Vertrags führen, u.a. aus Gründen des Verteidigungs- und/oder Sicherheitsinteresses von der Anordnung der Unwirksamkeit abzusehen, wurde nicht ins deutsche Recht übernommen. Das ist auf den ersten Blick konsequent, da schon die in der allgemeinen Rechtsmittelrichtlinie vorgesehene Möglichkeit, im Ausnahmefall aus zwingenden Gründen des Allgemeininteresses auf die Anordnung der Unwirksamkeit zu verzichten,[11] nicht ins deutsche Recht übernommen wurde. Mit Blick auf den besonderen Charakter der betroffenen Interessen wäre es indes durchaus denkbar gewesen, eine solche Möglichkeit jedenfalls für den Verteidigungs- und Sicherheitsbereich einzuführen.

21 Bei Aufträgen, die *nicht* verteidigungs- und sicherheitsrelevant im Sinne von § 99 Abs. 7 bis 9 sind, aber unter die speziellen (ebenfalls verteidigungs- und sicherheitsbezogenen) Ausnahmen des **§ 100 Abs. 8 Nr. 1 bis 3 GWB** fallen, können Auftraggeber weiterhin durch Einreichung eines Schriftsatzes, in dem das Vorliegen einer der genannten Ausnahmefälle geltend gemacht wird, das **Zuschlagsverbot** mit einer Frist von fünf Werktagen nach Zustellung des Schriftsatzes **entfallen lassen** (§ 115 Abs. 4 GWB). Mit Blick auf verschiedentliche Kritik[12] an der Vorschrift hat der Gesetzgeber die Frist von vormals zwei Tagen auf nunmehr **fünf Tage verlängert**, so dass betroffenen Bieter etwas mehr Zeit zur Verfügung steht, beim Beschwerdegericht einen Antrag auf Wiederherstellung des Zuschlagsverbots gemäß § 115 Abs. 4 Satz 2 GWB zu stellen. Die praktische Bedeutung der Vorschrift ist nach Einführung der Verteidigungs- und Sicherheits-Vergabe-

---

[11] Art. 2d Abs. 3 der RL 89/665/EG i.d.F. der RL 2007/66/EG.
[12] *Antweiler* in Dreher/Motzke, Beck'scher Vergaberechtskommentar, 2. Aufl., § 115 Rn. 50; *Stoye/v. Münchhausen* VergabeR 2008, 871, 878; a.A. *Nowak* in Pünder/Schellenberg, § 115 GWB Rn. 18.

vorschriften allerdings nur noch gering. Denn die in § 100 Abs. 8 Nr. 1 bis 3 GWB genannten Aufträge (d. h. Aufträge, die für geheim erklärt wurden, besondere Sicherheitsmaßnahmen erfordern oder den Einsatz der Streitkräfte betreffen, sowie IT-Beschaffungen, die den Schutz wesentlicher nationaler Sicherheitsinteressen berühren) dürften in den allermeisten Fällen zugleich verteidigungs- und sicherheitsrelevant im Sinne von § 99 Abs. 7 GWB sein. Da § 100 Abs. 8 GWB aber nur noch Aufträge erfasst, die *nicht* § 99 Abs. 7 GWB unterfallen, läuft § 100 Abs. 8 GWB Nr. 1 bis 3 GWB in diesen Fällen leer.[13] Vor diesem Hintergrund wäre es konsequent gewesen, die Zuschlagserleichterung nach § 115 Abs. 4 GWB zumindest auch auf Fälle zu erstrecken, in denen der Auftraggeber das Vorliegen eines Ausnahmefalles nach § 100 Abs. 6 GWB bzw. Artikel 346 AEUV geltend macht.

b) Besondere Regelungen zum Geheimschutz

Darüber hinaus wurden bestimmte **Sonderregelungen** zur **Besetzung** der Vergabekammer bei der Nachprüfung von vergabe- oder sicherheitsrelevanten Vergaben eingeführt. 22

Grundsätzlich bleibt es bei den allgemeinen Kammerzuständigkeiten. Von der Möglichkeit, eine spezielle Kammer einzurichten, der die ausschließliche Zuständigkeit zur Überprüfung von verteidigungs- oder sicherheitsrelevanten Vergaben zugewiesen wird oder die Zuständigkeit bei einer Kammer zu bündeln,[14] hat der deutsche Gesetzgeber keinen Gebrauch gemacht. 23

Die Vergabekammern können jedoch entscheiden, anstelle der normalen Besetzung mit einem haupt- und einem ehrenamtlichen Beisitzer mit **zwei hauptamtlichen Beisitzern** zu entscheiden. Hierdurch soll es möglich gemacht werden, im Bedarfsfall sicherzustellen, dass zwei Beisitzer mit der erforderlichen Sicherheitsüberprüfung zur Verfügung stehen.[15] 24

Ferner wurde in § 110a die Verpflichtung der Vergabekammer aufgenommen, die **Vertraulichkeit von Verschlusssachen** und anderen vertraulichen Informationen, die in den Unterlagen enthalten sind, sicherzustellen. Eine Vorgabe, dass Nachprüfungsanträge, die Verschlusssachen umfassen, nur von solchen Vergabekammer-Mitarbeitern bearbeitet werden dürfen, die persönlich für den Umfang mit Verschlusssachen ermächtigt sind,[16] hat der deutsche Gesetzgeber nicht getroffen. Es wurden auch keine besonderen Sicherheitsmaßnahmen in Bezug auf die Erfassung von Nachprüfungsanträgen, den Eingang von Unterlagen und die Datenspeicherung angeordnet. Nach deutschem Recht bedarf es hier allerdings keiner gesetzlichen Regelung, vielmehr können entsprechende Sicherheitsbestimmungen auch in Verwaltungsvorschriften oder den Geschäftsordnungen der Vergabekammern getroffen werden. 25

Klargestellt wurde in § 110a Abs. 2 GWB jedoch, dass die Mitglieder der Vergabekammer **zur Geheimhaltung verpflichtet** sind, und ihre Entscheidungen **Art und Inhalt** von **geheim zu haltenden Informationen nicht erkennen lassen** dürfen. Die Vorschrift zur „Neutralisierung" der Entscheidungsgründe bezüglich geheimer Inhalte wurde § 99 Abs. 2 Satz 10 VwGO nachgebildet, der das Zwischenverfahren vor dem OVG über die Vorlage von als geheim reklamierten Verwaltungsakten betrifft. Diese Vorgabe berührt die Verfahrensrechte der Beteiligten und ihren Anspruch auf rechtliches Gehör, weshalb sie per Gesetz zu regeln war. Das in § 99 VwGO geregelte Recht zur Verweigerung der Aktenvorlage aus Gründen des Geheimschutzes (mit dem Zwischenverfahren über die Rechtmäßigkeit der Weigerung gemäß § 99 Abs. 2 VwGO) wurde dagegen nicht ins GWB übernommen; die RL 1009/81/EG sieht ein solches Recht für Aufträge, die den Vergabevorschriften für den Verteidigungs- und Sicherheitsbereich unterliegen, nicht vor. 26

---

[13] Siehe dazu oben, § 60 Rn. 82.
[14] Art. 56 Abs. 10 Unterabs. 2 der RL 2009/81/EG.
[15] Reg.Begr. zu § 105 Abs. 2 GWB, BT-Drs. 17/7275, S. 18.
[16] Als Möglichkeit in Art. 56 Abs. 10 Unterabs. 3 der RL 2009/81/EG vorgesehen.

II. Rechtsschutz für verteidigungs- und sicherheitsrelevante Aufträge außerhalb des GWB

27 Das GWB-Nachprüfungsverfahren ist nur für verteidigungs- und sicherheitsrelevante Aufträge eröffnet, die nicht unter einen Ausnahmetatbestand, insbesondere aus §100 Abs. 6 GWB oder § 100c GWB fallen. Das bedeutet jedoch nicht, dass Bieter bei Militär- oder Sicherheitsaufträgen außerhalb des GWB rechtlos gestellt wären.

1. Subjektive Bieterrechte außerhalb des GWB

28 Für Aufträge, die nicht unter die Ausnahme des Art. 346 AEUV fallen, sind zunächst die Vorgaben des **EU-Primärrechts** zu beachten, d. h. insbesondere der Grundsatz der Nichtdiskriminierung aufgrund der Staatsangehörigkeit, sowie – daraus abgeleitet – eine Verpflichtung des Auftraggebers zur Transparenz. Hieraus ergibt sich ein Bieteranspruch auf Durchführung eines hinreichend publizierten, transparenten Vergabeverfahrens nach nichtdiskriminierenden Kriterien.[17]

29 Auch das **deutsche Recht** gewährt Bietern in Bezug auf die Vergabe von Militär- und Sicherheitsaufträgen außerhalb des GWB in gewissem Umfang subjektive Rechte. Nach de Entscheidung des Bundesverfassungsgericht zu Auftragsvergaben unterhalb der EU-Schwellenwerte folgt aus dem **Gleichbehandlungsgrundsatz** des Art. 3 Abs. 1 GG, dass es öffentlichen Auftraggebern verwehrt ist, das Verfahren oder die Kriterien für die Vergabe von Aufträgen willkürlich zu bestimmen. Die tatsächliche Vergabepraxis kann dabei zu einer **Selbstbindung** der Verwaltung führen, vermittels derer auch den Vergabeordnungen oder anderen verwaltungsinternen Regelungen über Verfahren und Kriterien der Vergabe **mittelbar Außenwirkung** zukommen kann.[18] Für Bieter ergibt sich hieraus ein subjektives Recht auf eine „**faire Chance**", nach Maßgabe der für den spezifischen Auftrag vorgesehenen Kriterien und des vorgegebenen Verfahrens **berücksichtigt zu werden**. Zur Durchsetzung dieses Rechts muss auch ein **effektiver Rechtsschutz** gewährleistet werden.[19]

30 Für Aufträge, die unter ein internationales Abkommen fallen und nach den dortigen Verfahrensregelungen zu vergeben sind (§100c Abs. 4 GWB), gelten auch die in den Abkommen vorgesehenen Bieterrechte und Rechtsschutzmöglichkeiten (soweit vorhanden).

2. Verfahren und Rechtsweg

31 Weder der Anspruch auf Einhaltung der Vorgaben des EU-Primärrechts noch der verfassungsrechtlich verbürgte Anspruch auf eine „faire Chance auf Berücksichtigung" samt dem damit einhergehenden Anspruch auf einen effektiven Rechtsschutz eröffnen ein bestimmtes Verfahren oder einen bestimmten Rechtsweg. Der Rechtsschutzanspruch besteht – so das Bundesverfassungsgericht – vielmehr nur im Rahmen des **allgemeinen Justizgewährleistungsanspruchs**.[20] Auch EU-rechtlich besteht kein Anspruch auf eine bestimmte Ausgestaltung; der Rechtsschutz darf lediglich nicht weniger wirksam sein als

---

[17] Einzelheiten zu den Verfahrensanforderungen können der sog. „Unterschwellenmitteilung" der Kommission entnommen werden (Mitteilung der Kommission zu Auslegungsfragen in Bezug auf das Gemeinschaftsrecht, das für die Vergabe öffentlicher Aufträge gilt, die nicht oder nur teilweise unter die Vegaberichtlinien fallen (Dok. 2006/C 179/02), EU-ABl. Nr. C 179 vom 1.8.2006, S. 2 ff.). Die dortigen Erläuterungen können – unter Beachtung der Besonderheiten, die sich aus dem Militär- oder Sicherheitsbezug und den damit verbundenen Sicherheitsanforderungen ergeben – im Grundsatz auch für die Vergabe von Militär- und Sicherheitsvergaben (außerhalb des Ausnahmebereichs des Art. 346 AEUV) herangezogen werden.
[18] BVerfG Beschl. v. 13.6.2006, 1 BvR 1160/03, NJW 2006, 3701 Rn. 64 f.
[19] BVerfG, a.a.O. Rn. 65 a.E.
[20] BVerfG, a.a.O. Rn. 53 m.w.N.

bei entsprechenden Ansprüchen aus dem innerstaatlichen Recht, und nicht so ausgestaltet sein, dass die Wahrnehmung der EU-rechtlich geschützten Positionen praktisch unmöglich gemacht oder übermäßig erschwert wird.[21]

a) Verfahren

Insbesondere folgt aus dem Rechtsschutzanspruch **keine Pflicht** des Auftraggebers zur **Vorabinformation** nicht berücksichtigter Bieter.[22] Das daraus resultierende faktische Rechtsschutzdefizit – nämlich die Gefahr, dass das Rechtsschutzgesuch eines Bieters zu spät kommt, weil der Vertrag bereits geschlossen wurde – ist nach Ansicht des BVerfG vom gesetzgeberischen Gestaltungsspielraum gedeckt.

Bieter sind somit darauf verwiesen, den **Klageweg** zu beschreiten und – sofern sie rechtzeitig von der Rechtsverletzung erfahren – vorläufigen Rechtsschutz mittels **einstweiliger Verfügung** in Anspruch zu nehmen. Im Rahmen einer einstweiligen Verfügung kann dem Auftraggeber insbesondere der Zuschlag an einen Konkurrenten untersagt werden oder auch (je nach Einzelfall) das Verfahren ausgesetzt oder zurückversetzt werden.

Der **materielle Prüfmaßstab** im Klage- bzw. Verfügungsverfahren beschränkt sich entgegen einer in der Rechtsprechung gelegentlich festzustellenden Tendenz nicht nur auf eine reine Willkürkontrolle oder die Korrektur „krasser Fehlentscheidungen".[23] Vielmehr besteht ein Unterlassungsanspruch eines betroffenen Bieters bereits dann, wenn der Auftraggeber **Regeln verletzt**, deren **Einhaltung** er bei der Auftragsvergabe **versprochen** hat, und dies zu einer **Beeinträchtigung der Chancen** des Bieters führen kann.[24]

b) Rechtsweg

Der Rechtsweg für die Überprüfung von Vergabeentscheidungen im Verteidigungs- und Sicherheitsbereich außerhalb des GWB ist nicht unumstritten.

aa) Eröffnung des Zivilrechtswegs. Nach der Grundsatzentscheidung des Bundesverwaltungsgerichts vom 2. Mai 2007,[25] mit dem der Verwaltungsrechtsweg für Streitigkeiten über Vergaben im Unterschwellenbereich für unzulässig erklärt wurde, geht die herrschende Meinung von der ausschließlichen **Zuständigkeit der Zivilgerichte** aus.

Dieser Zuordnung liegt die Erwägung zugrunde, dass der Staat bei der Vergabe öffentlicher Aufträge als Nachfrager am Markt grundsätzlich **privatrechtlich agiert**; daher sei auch das vorangehende Vergabeverfahren dem Privatrecht zuzuordnen. Maßgeblich sei die **Handlungsform**, nicht das Ziel oder der Charakter der Aufgabe, zu deren Erfüllung die Beschaffung erfolge.[26] Auch die besonderen öffentlich-rechtlichen Bindungen, denen die öffentliche Hand bei der Vergabe unterliege, führten nicht zu einer Zuordnung des als solchen privatrechtlichen Verwaltungshandelns zum öffentlichen Recht. Auch eine Aufteilung des Beschaffungsvorgangs in ein öffentlich-rechtliches Vergabeverfahren zur Auswahl des Vertragspartners und einen privatrechtlichen Vertragsschluss (im Sinne der sog. Zwei-Stufen-Theorie) lehnt das BVerwG wegen der **Einstufigkeit** des Verfahrens ab.[27]

---

[21] Mitteilung der EU-Kommission (oben Fn. 17), Abschnitt 2.3.3 m.w.N.
[22] BVerfG, a.a.O. Rn. 74.
[23] In diese Richtung allerdings OLG Brandenburg Beschl. v. 2.10.2008, 12 U 91/08, VergabeR 2009, 530; ähnlich LG Oldenburg Urt. v. 6.5.2010, 1 O 717/10 (für einen Grundstücksverkauf der öffentlichen Hand).
[24] OLG Düsseldorf Urt. v. 13.1.2010, I-27 U 1/09, NZBau 2010, 328, unter II.1.b).
[25] Az. 6 B 10/07, NZBau 2007, 389 m. Anm. *Krohn* NZBau 2007, 493.
[26] BVerwG, a.a.O. Rn. 6.
[27] BVerwG, a.a.O. Rn. 64.

38 **bb) Gegenansicht: Verwaltungsrechtsweg.** Hiergegen wird teilweise eingewandt, dass die Beschaffung von Kriegswaffen eine **ureigene Staatsaufgabe** und dem Staat vorbehalten sei. Für den Rechtsweg käme es auf die „wahre Natur" des Rechtsverhältnisses an. Diese sei bei der Verteidigungsbeschaffung – in Anschluss an zwei Entscheidungen des **VG Koblenz** und **OVG Koblenz** von 2004 bzw. 2005[28] – öffentlich-rechtlich. Für die Überprüfung von militärischen Vergaben außerhalb des GWB sei daher der Verwaltungsrechtsweg eröffnet, der auch sachgerechter sei.[29]

39 Den Verfechtern des Verwaltungsrechtswegs ist darin beizupflichten, dass dieser für die Überprüfung von Vergabeentscheidungen **besser geeignet** ist. Denn er ist vom **Amtsermittlungsgrundsatz** geprägt und kennt ein Recht auf **Akteneinsicht.** Da Bieter normalerweise keinen Einblick in die Vorgänge „hinter den Kulissen" des Vergabeverfahrens haben, handelt es sich dabei um zwei wesentliche Elemente eines effektiven Rechtsschutzes.[30] Speziell für den Verteidigungs- und Sicherheitsbereich kommt hinzu, dass der Verwaltungsprozess detaillierte Regelungen zum Umgang mit Geheimakten kennt (§ 99 VwGO), die dem Zivilprozess fremd sind.

40 Die Einordnung öffentlicher Vergabeentscheidungen in die Sphäre des Privatrechts vermag auch rechtlich nicht zu überzeugen. Das gilt selbst dann, wenn man dem BVerwG darin folgt, dass sich die Zuordnung nach der Rechtsform des Handelns und nicht nach der Art der Aufgabe richtet, zu deren Erfüllung die Beschaffung erfolgt.[31] Denn richtigerweise ist zwischen dem Vergabeverfahren, in dessen Rahmen der Vertragspartner ausgewählt wird, und dem eigentlichen Vertragsschluss zu differenzieren: **Das Vergabeverfahren** folgt ausschließlich öffentlich-rechtlichen Regeln. Die Vergabevorschriften wurden speziell für das Verwaltungshandeln aufgestellt und gelten nur für die öffentliche Hand; sie sind somit **„Sonderrecht der Verwaltung"** und damit **öffentlich-rechtlich.**[32] Gleiches gilt für die verfassungsrechtlichen Bindungen aus Art. 3 GG. Für ihre Überprüfung ist daher nach § 40 Abs. 1 VwGO der **Verwaltungsrechtsweg** eröffnet. Dem steht **nicht entgegen**, dass der anschließende **Vertragsschluss** privatrechtlicher Natur ist, weil er sich von der vorangehenden Auswahlentscheidung ohne weiteres gedanklich und faktisch trennen lässt (im Sinne der sog. **Zwei-Stufen-Theorie**). Die Annahme des BVerwG, das Vergabeverfahren sei ein „einheitlicher Vorgang", der keine „erste Stufe" kenne, auf der eine vom Zuschlag zu unterscheidende Vergabeentscheidung fallen könne, entspricht nicht dem Praxisbefund. In jedem Vergabeverfahren – innerhalb wie außerhalb des GWB – geht der Zuschlagserteilung eine (zumeist interne) Entscheidung darüber voraus, wem der Zuschlag erteilt werden soll. Das entspricht nicht nur der tatsächlichen Handhabung, sondern ist auch logisch zwingend: Erst wenn entschieden ist, wer den Zuschlag erhalten soll, kann dieser erteilt werden. Diese Auswahlentscheidung fällt nicht mit dem zivilrechtlichen Vertragsschluss zusammen, sondern geht diesem voraus. Das gilt unbeschadet des Umstands, dass die Auswahlentscheidung in Verfahren außerhalb des Anwendungsbereichs des GWB normalerweise nicht gesondert nach außen kommuniziert wird, sondern erst im Rahmen des Zuschlags, mit dem zugleich der Vertrag geschlossen wird. Die Differenzierung zwischen dem öffentlich-rechtlichen Auswahlverfahren und dem zivilrechtlichen Vertragsschluss ist daher keine „künstliche Unterscheidung".[33] Darum sprechen – entgegen der Ansicht des Bundesverwaltungsgerichts – die besseren Gründe für die Eröffnung des Verwaltungsrechtswegs.

---

[28] VG Koblenz Beschl. v. 31.1.2005, 6 L 2617/04, NZBau 2005, 412; OVG Koblenz Beschl. v. 25.5.2005, 7 B 10356/05, NZBau 2005, 411.

[29] Eingehend *Hölzl* in von Wietersheim, 177, 184 ff.; im gleichen Sinne bereits *ders.* VergabeR 2012, 141, 146.

[30] *Hölzl* in von Wietersheim, 177, 186.

[31] Vgl. *Krohn* in Müller-Wrede, Kompendium des Vergaberechts, 1. Aufl., Kap. 24, Rn. 60.

[32] Sog. „Sonderrechtstheorie", dazu näher *Papier* in MüKo BGB, § 839 Rn. 146; BGH Urt. v. 18.3.1964, V ZR 44/62 (unter III.3).

[33] *Krohn* NZBau 2007, 493 (495); *Burgi* NVwZ 2007, 737, 738 f.

Der Verwaltungsrechtsweg ist unabhängig von dem Meinungsstreit jedenfalls für die 41
Überprüfung solcher Vergabeentscheidungen eröffnet, die nicht auf den Abschluss eines
zivilrechtlichen Vertrags abzielen, sondern einen **öffentlich-rechtlichen Vertrag**, z. B.
eine öffentlich-rechtliche Konzession betreffen.[34] Derartige Verträge sind im Verteidigungs- und Sicherheitsbereich allerdings die Ausnahme.

3. Rechtsschutz gegen Vergabeentscheidungen internationaler Organisationen

Bewerber und Bieter, die im Rahmen von Vergabeverfahren internationaler Organisatio- 42
nen Rechtsschutz suchen, sehen sich vielfältigen Hürden ausgesetzt. Da Auftragsvergaben
internationaler Organisationen gemäß § 100c Abs. 4 Nr. 3, § 100 Abs. 8 Nr. 6 GWB
bzw. den zugrunde liegenden Abkommen **nicht den gemeinschaftsrechtlichen oder
nationalen Vergabevorschriften** unterfallen,[35] sind auch die Vorgaben zum Rechtsschutz aus Titel IV der Richtlinie 2009/81/EG und §§ 102 ff. GWB nicht anwendbar.
Aufgrund völkerrechtlicher Abkommen und nationaler Regelungen[36] unterliegen internationale Organisationen auch **nicht der staatlichen Gerichtsbarkeit**.[37] Zudem verfügen
internationale Organisationen – mit Ausnahme der EU, deren Eigenvergaben der Kontrolle durch EuG und EuGH unterliegen – über **keine eigene Gerichtsbarkeit**.[38]

Auch internationale Organisationen agieren bei der Auftragsvergabe jedoch nicht im 43
rechtsfreien Raum. Aufgrund ihrer rechtsstaatlichen Bindungen müssen sie den allgemeinen **Justizgewähranspruch** beachten.[39] Für Organisationen mit europäischem Bezug ergibt sich dies auch aus Art. 47 der Charta der Europäischen Union.[40] Der Justizgewähranspruch erfordert dabei **grundsätzlich keinen Primärrechtsschutz**, sondern nur einen
allgemeinen auf Schadensausgleich gerichteten Sekundärrechtsschutz.[41] Eine Sonderrolle
nimmt hier lediglich die EU ein. Da diese kraft ihrer Kompetenzen die Mitgliedsstaaten
zu einem effektiven Primärrechtsschutz verpflichten kann, wäre es nicht nachvollziehbar,
wenn sie bei Eigenvergaben keinen vergleichbaren Rechtsschutz gewähren müsste.[42]

Die **konkrete Umsetzung des Justizgewähranspruchs** obliegt den internationalen 44
Organisationen selbst. Da sie ihre Immunität nicht aufgeben wollen, unterwerfen sie sich
nicht der staatlichen Gerichtsbarkeit. Auch internationale Gerichte bieten aufgrund der
fehlenden Aktivlegitimation natürlicher Personen und Unternehmen kein adäquates Forum für Rechtsschutz im Zusammenhang mit Vergabeentscheidungen internationaler Organisationen.[43] Internationale Organisationen kommen ihrer Pflicht zur Gewährleistung
von Rechtsschutz daher in der Regel durch die Durchführung von **Schiedsverfahren**
nach, allerdings ohne dies in ihren Vergaberegeln ausdrücklich festzuschreiben.[44]

So sieht beispielsweise Ziffer 15.5 des Vergabehandbuchs der **Vereinten Nationen**[45] 45
nur für vertragliche Streitigkeiten („contractual disputes") die Durchführung von Ver-

---

[34] BGH Beschl. v. 23.1.2012 – X ZB 5/11, Rn. 19, 22; VG Frankfurt a.M. Beschl. v. 4.11.2011,
5 L 2864/11.F
[35] Siehe dazu oben, § 62 Rn. 77 ff., 99 f.
[36] In Deutschland ergibt sich dies aus § 20 Abs. 2 GVG.
[37] *Ullrich* in Grabitz/Hilf, Das Recht der Europäischen Union, B 17 Rn. 76.
[38] *Ullrich* in Grabitz/Hilf, Das Recht der Europäischen Union, B 17 Rn. 77.
[39] *Ullrich* in Grabitz/Hilf, Das Recht der Europäischen Union, B 17 Rn. 78.
[40] Vgl. *Heunickx* PPLR 2012, 95, 100.
[41] *Ullrich* in Grabitz/Hilf, Das Recht der Europäischen Union, B 17 Rn. 78.
[42] *Ullrich* in Grabitz/Hilf, Das Recht der Europäischen Union, B 17 Rn. 78; ähnlich *Schilling*,
EuZW 1999, 239, 240, der unter Hinweis auf EuGH, Urt. v. 9.8.1994, C-51/93 „Meyhui" Rn. 11
hervorhebt, dass die Anforderungen des Gemeinschaftsrechts an die Mitgliedsstaaten und die Gemeinschaft grundsätzlich dieselben sind.
[43] *Heunickx* PPLR 2012, 95, 107.
[44] *Ullrich* in Grabitz/Hilf, Das Recht der Europäischen Union, B 17 Rn. 79 u. 82.
[45] United Nations Procurement Manual, Revision 7 – Stand Juli 2013, abrufbar unter http://www.un.org/depts/ptd/pdf/pm.pdf.

handlungen und – als letztes Mittel – eines Schiedsverfahrens vor. Bei Beschwerden eines unterlegenen Bieters, d. h. außerhalb eines laufenden Vertragsverhältnisses, kann nach Ziffer 6.1 Abs. 5 des Vergabehandbuchs eine Nachbesprechung zu den Hintergründen der Angebotsablehnung („Debriefing") durchgeführt werden. Nach Abschluss der Nachbesprechung kann der Bieter eine Vergabebeschwerde erheben, die von einem internen Kontrollausschuss („award review board") bewertet wird.[46]

46 Anders und deutlich bieterfreundlicher regelt die **Europäische Organisation für Kernforschung** (CERN) den Rechtsschutz. In Ziffer 24 CERN-GCT[47] wird den Bietern ausdrücklich die Möglichkeit eines Schiedsverfahrens aufgezeigt. Mit dieser klaren Regelung stellt CERN allerdings eine – lobenswerte – Ausnahme unter den internationalen Organisationen dar.[48]

47 Bei **Eigenvergaben der EU** bzw. **Europäischer Agenturen**[49] besteht die Möglichkeit eines Antrags auf Erlass einer einstweiligen Anordnung durch das EuG gemäß Art. 278, 279 AEUV. Zudem hat die Vergabestelle die nicht berücksichtigten Bieter über die Gründe der Ablehnung des Angebots zu unterrichten und anschließend eine 14-tätige Stillhaltefrist vor dem Vertrag abzuwarten (Art. 149 Abs. 3 Unterabs. 1b; Art. 158a der Durchführungsbestimmungen zur EU-Haushaltsordnung). Auf diesem Weg steht Bietern jedenfalls eine Art Primärrechtsschutz zur Verfügung. Abschließende Entscheidungen können jedoch nur im Hauptsacheverfahren vor dem EuG (bzw. EuGH) getroffen werden, was die Effektivität dieses Rechtsschutzes erheblich schmälert.[50]

III. Schadenersatzansprüche

48 Für Schadenersatzansprüche wegen Vergabeverstößen gelten im Verteidigungs- und Sicherheitsbereich **keine Besonderheiten.** Im Anwendungsbereich des GWB-Vergaberechts kommt insbesondere ein Schadenersatzanspruch auf Ersatz des negativen Interesses im Fall des **§ 126 Abs. 1 GWB** in Betracht. Nach dieser Vorschrift kann ein Bieter Ersatz seiner Kosten für die Verfahrensteilnahme bzw. Angebotsvorbereitung verlangen, wenn der Auftraggeber gegen eine bieterschützende Vergabevorschrift verstoßen hat und dadurch eine an sich bestehende Zuschlagschance des Bieters beeinträchtigt wurde. Dieser Anspruch besteht aufgrund der Erstreckung des GWB-Vergaberechts auf Vergaben im Verteidigungs- und Sicherheitsbereich jetzt auch bei diesen Vergaben.

49 Darüber hinaus können sich Schadenersatzansprüche wegen der Verletzung von Vergabevorschriften aus **§ 280 i.V.m. §§ 313, 241 BGB** bzw. **Verschulden bei Vertragsschluss** ergeben. Nach einer Grundsatzentscheidung des BGH vom 9. Juni 2011 ist ein solcher Anspruch nicht mehr davon abhängig, dass der klagende Bieter auf die Einhaltung der Vergabevorschriften durch den Auftraggeber vertraut hat; vielmehr kann sich ein Schadensersatzanspruch bereits aus der in der Missachtung der Vergabevorschriften liegenden **Verletzung der vorvertraglichen Rücksichtnahmepflichten** des Auftraggebers ergeben.[51] Anknüpfungspunkt für die Rücksichtnahmepflichten ist dabei im Bereich des GWB-Vergaberechts der gesetzlich (§ 97 Abs. 7 GWB) vermittelte Anspruch der Bieter

---

[46] Der „Debriefing and Procurement Challenges FAQ" (http://www.un.org/Depts/ptd/debrief_faq.htm) weist ausdrücklich darauf hin, dass mit der Überprüfung keine Aufgabe der Immunität oder Privilegien der UN verbunden ist („Nothing in this announcement or any implementing procedure or action by the UN with respect to such debriefing shall be deemed in any way to constitute a waiver of any of the privileges and immunities of the United Nations and its subsidiary Organs").
[47] General Conditions for Invitations to Tender by CERN, abrufbar unter http://procurement.web.cern.ch/sites/procurement.web.cern.ch/files/key-reference/FINAL_FC5312-tender_190613.pdf.
[48] So auch Ullrich in Grabitz/Hilf, Das Recht der Europäischen Union, B 17 Rn. 103.
[49] Hierzu Riedel EuZW 2009, 565.
[50] Kritisch Ullrich in Grabitz/Hilf, Das Recht der Europäischen Union, B 17 Rn. 98.
[51] BGH Urt. v. 9.6.2011, X ZR 143/10, Leitsatz und Rn. 13 bis 15.

auf Einhaltung der Vergabevorschriften. Die die Erstreckung des GWB-Vergaberechts auf den Verteidigungs- und Sicherheitsbereich führt daher auch insoweit unmittelbar zu einer Ausweitung der zivilrechtlichen Verantwortlichkeit der Auftraggeber und entsprechender Schadensersatzansprüche der Bieter.

Der Schadensersatzanspruch aus § 280 i.V.m. §§ 313, 241 BGB bzw. Verschulden bei Vertragsschluss umfasst im Regelfall das **negative Interesse**, d.h. diejenigen Kosten, die dem Bieter durch die Verfahrensteilnahme bzw. den Rechtsverstoß entstanden sind. Hierzu können auch Anwaltskosten für die Rüge bzw. Abwehr des Vergabeverstoßes gehören.[52]   50

Hat der Auftraggeber den Auftrag erteilt, kann einem zu Unrecht übergangenem Bieter, dem bei ordnungsgemäßem Vergabeverfahren der Zuschlag hätte erteilt werden müssen, sogar ein Anspruch auf **Ersatz des entgangenen Gewinns** zustehen.[53] Derartige Fälle sind in der Praxis zwar selten, für den Auftraggeber aber mit einem potentiell hohen finanziellen Risiko verbunden.   51

Auch bei Eigenvergaben der EU besteht für rechtswidrig übergangene Bieter grundsätzlich die Möglichkeit, Schadensersatz zu erlangen. Grundlage sind die Regelungen zur Amtshaftung nach Art. 340 Abs. 2 AEUV. Voraussetzung ist, dass die Vergabestelle gegen eine bieterschützende Vergaberegel verstoßen hat und zwischen dem Verstoß und dem Schaden ein unmittelbarer Kausalzusammenhang besteht.[54] Auch ein Anspruch auf entgangenen Gewinn ist denkbar, setzt aber voraus, dass der Bieter trotz des Beurteilungsspielraums des Auftraggebers einen Anspruch auf Zuschlagserteilung hatte.[55]   52

Das neue Vergaberegime für verteidigungs- und sicherheitsrelevanter Aufträge bringt auch in Bezug auf Schadensersatzansprüche von Bietern eine Verschärfung, als der **Pflichtenkanon** für Auftraggeber und damit das Gefahrenpotential für Vergabeverstöße deutlich **ausgeweitet** wurde. Hieraus ergibt sich ein entsprechend höheres Risiko von Schadensersatzansprüchen übergangener Bieter.   53

---

[52] BGH Urt. v. 9.6.2011, X ZR 143/10, Rn. 17.
[53] BGH Urt. v. 8.9.1998, X ZR 99/96, NJW 1998, 3640, 3643 f.; OLG Naumburg Urt. v. 26.10.2004, 1 U 30/04 (unter 1.1); OLG Dresden Urt. v. 9.3.2004, 20 U 1544/03 (in beiden letztgenannten Fällen wurde ein Anspruch auf Ersatz des entgangenen Gewinns bejaht).
[54] EuGH Urt. v. 4.7.2000, C-352/98 „Bergaderm" Rn. 42; EuGH Urt. v. 5.3.1996, C-46/93 „Brasserie du pêcheur" Rn. 51.
[55] EuGH Urt. v. 17.3.2006, T-160/03 Rn. 31.

Kapitel 13 Auftragsvergaben im Bereich der gesetzlichen Krankenversicherung: Krankenkassenausschreibungen (SGB V)

§ 65 Einführung

Übersicht

	Rn.
A. Wettbewerb im System der gesetzlichen Krankenversicherung	1, 2
B. Gesetzgeberische Maßnahmen im Einzelnen	3–15

Literatur:
Amelung/Dörn, Anmerkung zu OLG Düsseldorf, Beschluss vom 19.12.2007, VII-Verg 51/07 – „AOK-Rabattverträge I", VergabeR 2008, 84; *Amelung/Heise*, Zuständigkeit der Sozialgerichtsbarkeit für die Überprüfung von Vergabekammer-Entscheidungen, NZBau 2008, 489; *Anders/Knöbl*, Arzneimittelrabattverträge mit mehreren pharmazeutischen Unternehmen – Verläuft die Schnittstelle von Sozial- und Vergaberecht durch die Apotheke?, PharmR 2009, 607; *Badtke*, Die kartellrechtliche Bewertung des „AOK-Modells" beim Abschluss von Rabattverträgen, WuW 2007, 726; *Baier*, Kartellrechtliche Auswirkungen des Arzneimittelmarktneuordnungsgesetzes auf die Beziehungen der Leistungserbringer zu gesetzlichen Krankenkassen sowie der Krankenkassen untereinander, MedR 2011, 345; *Bartram/Broch*, Zwischen den Gesundheitsreformen – Kartellrechtlicher Regulierungsbedarf aus Sicht der forschenden Arzneimittelhersteller, PharmR 2008, 5; *Basteck*, Sozialrecht und Vergaberecht – Die Schöne und das Biest?, NZBau 2006, 497; *Bauer*, Die konkreten vergaberechtlichen Anforderungen an Selektivverträge zwischen Krankenkassen und Leistungserbringern, NZS 2010, 365; *Baumeister/Struß*, Hippokrates als Dienstleister gemäß den Vorgaben des Europäischen Gerichtshofes – Die Vergabe von integrierten Versorgungsverträgen im Lichte des EuGH-Urteils vom 11.6.2009, Rs. C-300/07, NZS 2010, 247; *Becker*, Das Schiedsstellen-Verfahren im Sozialrecht, SGb 2003, 664; *Becker*, Rechtliche Rahmenbedingungen der integrierten Versorgung – Ein Aufriss und neun Thesen, NZS 2001, 1705; *Becker*, Das Schiedsstellen-Verfahren im Sozialrecht, SGb 2003, 664; *Becker/Bertram*, Die Anwendbarkeit des Vergaberechts auf die Zulassung eines Krankenhauses zur Krankenhausbehandlung, Das Krankenhaus 2002, 541; *Becker/Kingreen*, Der Krankenkassenwettbewerb zwischen Sozial- und Wettbewerbsrecht – Zur geplanten Ausdehnung der Anwendung des GWB auf das Handeln der Krankenkassen, NZS 2010, 417; *Beule*, Integrierte Versorgung nach neuem Recht, GesR 2004, 209; *Bickenbach*, Rabattverträge gemäß § 130a Abs. 8 SGB V und aut idem-Verordnungen: zulässige Kostenbremse oder Verletzung der Berufsfreiheit?, MedR 2010, 302; *Bley/Kreikebohm/Marschner*, Sozialrecht, 9. Aufl. 2007; *Blum*, Leistungserbringungsvereinbarungen in der Sozialhilfe, Vergabe Navigator 2006, 10; *Boldt*, Müssen gesetzliche Krankenkassen das Vergaberecht beachten, NJW 2005, 3757; *Boldt*, Rabattverträge – Sind Rahmenvereinbarungen zwischen Krankenkassen und mehreren pharmazeutischen Unternehmen zulässig?, PharmR 2009, 377; *Braun*, Anmerkung zu Bundessozialgericht, Beschluss vom 22.4.2008, B1 SF 1/08 R – „Rabattverträge V", VergabeR 2008, 707; *Braun*, Besprechung der Mitteilung der Kommission zum Vergaberecht, EuZW 2006, 683; *Brixius/Maur*, Chancengleichheit und Wettbewerbsfairness beim Abschluss von Rabattverträgen – eine Zwischenbilanz, PharmR 2007, 451; *Bungenberg/Weyd*, Der Kampf gegen die Schweinegrippe im Visier des Europäischen Wirtschaftsrechts – Anmerkungen, DVBL 2010, 363; *Burgi*, Hilfsmittelverträge und Arzneimittel-Rabattverträge als öffentliche Lieferaufträge, NZBau 2008, 480; *Byok*, Auftragsvergabe im Gesundheitssektor, GesR 2007, 553; *Byok/Csaki*, Aktuelle Entwicklungen bei dem Abschluss von Arzneimittelrabattverträgen, NZS 2008, 402; *Byok/Jansen*, Die Stellung gesetzlicher Krankenkassen als öffentliche Auftraggeber, NVwZ 2005, 53; *Csaki/Freundt*, Keine Ausschreibungspflicht für Verträge über hausarztzentrierte Leistungen? – Besprechung der Entscheidung des Landessozialgerichts Nordrhein-Westfalen vom 3.11.2010, NZS 2011, 766; *v.Czettritz*, AOK Rabattvertragsausschreibungen 2008/2009, PharmR 2008, 253; *v.Czettritz*, Anmerkung zu zwei höchst umstrittenen Entscheidungen des Sozialgerichts Stuttgart vom 20.12.2007 (Az. S 10 KR 8404/07 und S 10 KR 8604/07) betreffend die AOK-Rabattvertragsausschreibungen 2008/2009, PharmR 2008, 115; *Dahm*, Vertragsgestaltung bei Integrierter Versorgung am Beispiel „Prosper – Gesund im Verbund", MedR 2005, 121; *Dettling*, Rabattverträge gem. § 130a Abs. 8 SGB V – Kartell- oder grundrechtlicher Ansatz?, MedR 2008, 349; *Dettling/Kieser/Ulshöfer*, Zytostatikaversorgung

nach der AMG-Novelle (Teil 1), PharmR 2009, 421; *Dettling/Kieser/Ulshöfer*, Zytostatikaversorgung nach der AMG-Novelle (Teil 2), PharmR 2009, 546; *Dieners/Heil*, Das GKV-Wettbewerbsstärkungsgesetz – Stärkung oder Einschränkung des Wettbewerbs im Arzneimittelmarkt, PharmR 2007, 142; *Dreher*, Öffentlich-rechtliche Anstalten und Körperschaften im Kartellvergaberecht – Der Auftraggeberbegriff vor dem Hintergrund von Selbstverwaltung, Rechtsaufsicht und Finanzierung durch Zwangsbeiträge, NZBau 2005, 297; *Dreher/Hoffmann*, Der Auftragsbegriff nach § 99 GWB und die Tätigkeit der gesetzlichen Krankenkassen, NZBau 2009, 273; *Ebsen* (Hrsg.), Vergaberecht und Vertragswettbewerb in der Gesetzlichen Krankenversicherung, 2009; *Ecker/Hußmann*, Verträge nach § 130c SGB V – eine frühe Nutzenbewertung, PharmR 2011, 389; *Engelmann*, Keine Geltung des Kartellvergaberechts für Selektivverträge der Krankenkassen mit Leistungserbringern, SGb 2008, 133; *Esch*, EU-Vergaberecht und SGB V, MPJ 2009, 10; *Esch*, Zur Rechtweite der Ausschreibungspflicht gesetzlicher Krankenkasse, MPR 2009, 149; *Esch*, Zur Ausschreibungspflicht von Hilfsmittelversorgungsverträgen nach § 127 SGB V, MPR 2010, 156; *Flasbarth*, Präqualifizierung nach § 126 Abs. 1a SGB V – Rechtsnatur, Verfahren, Probleme, MedR 2011, 77; *Frenz*, Krankenkassen im Wettbewerb- und Vergaberecht, NZS 2007, 233; *Fruhmann*, Das Vergaberegime des EG-Vertrags, Zeitschrift für Vergaberecht und Beschaffungspraxis, ZVB 2006, 261; *Gabriel*, Anmerkung zu LSG Nordrhein-Westfalen, Beschluss vom 10.9.2009, L 21 KR 53/09 SFB – „Fertigarzneimittel", VergabeR 2010, 142; *Gabriel*, Anmerkung zu LSG Baden-Württemberg, Beschluss vom 23.1.2009, L 11 WB 5971/08 – „Rabattvertragsausschreibung", VergabeR 2009, 465; *Gabriel*, Anmerkung zu OLG Rostock, Beschluss vom 2.7.2008, 17 Verg 4/07 – „Medizinische Hilfsmittel", VergabeR 2008, 801; *Gabriel*, Vom Festbetrag zum Rabatt: Gilt die Ausschreibungspflicht von Rabattverträgen auch im innovativen Bereich patentgeschützter Arzneimittel, NZS 2008, 455; *Gabriel*, Damoklesschwert De-facto-Vergabe: Konsequenzen vergaberechtswidriger Verträge im Gesundheitswesen nach heutiger und künftiger Rechtslage, PharmR 2008, 577; *Gabriel*, Vergaberecht und Vergaberechtsschutz beim Abschluss von Verträgen zur Integrierten Versorgung (§§ 140a ff. SGB V), NZS 2007, 344; *Gabriel*, Anmerkung zu OLG Düsseldorf, Urteil vom 23.5.2007, VII-Verg 50/06 – „Orthopädische Schuhtechnik", VergabeR 2007, 630; *Gabriel*, Die Kommissionsmitteilung zur öffentlichen Auftragsvergabe außerhalb der EG-Vergaberichtlinien, NVwZ 2006, 12; *Gabriel/Schulz*, Auskömmlichkeit von Unterkostenangeboten mittels Einpreisung des Großhandelszuschlags?, PharmR 2011, 448; *Gabriel*, Krankenkassenausschreibungen nach dem Arzneimittelmarktneuordnungsgesetz (AMNOG), VergabeR 2011, 372; *Gabriel/Weiner*, Arzneimittelrabattvertragsausschreibungen im generischen und patentgeschützten Bereich: Überblick über den aktuellen Streitstand, NZS 2009, 422; *Gabriel/Weiner*, Kollateralproblem Prozesskosten: Kostenphänomene, Klarstellungen und Korrekturbedarf bei Krankenkassenausschreibungen, NZS 2010, 423; *Gassner*, Kartellrechtliche Re-Regulierung des GKV-Leistungsmarkts, NZS 2007, 281; *Gaßner/Eggert*, Wettbewerb in der GKV – Kartellrecht versus Sozialrecht, NZS 2011, 249; *Goodarzi/Jansen*, Die Rechtsprechung der Landessozialgerichte auf dem Gebiet des öffentlichen Auftragswesens, NZS 2010, 427; *Goodarzi/Junker*, Öffentliche Ausschreibungen im Gesundheitswesen, NZS 2007, 632; *Goodarzi/Schmid*, Die Ausschreibung vertragsärztlicher Leistungen nach dem SGB V, NZS 2008, 518; *Hamann*, Die gesetzlichen Krankenkassen als öffentliche Auftraggeber – Anmerkung zu EuGH, Urteil vom 11.06.2009 in der Rs. C-300/07 – AOK, PharmR 2009, 509; *Hanika*, Medizinische Versorgungszentren und Integrierte Versorgung – Rechtliche Vorgaben und neue Vergütungssysteme (1. Teil), PIR 2004, 433; *Hartmann/Suoglu*, Unterliegen die gesetzlichen Krankenkassen dem Kartellvergaberecht nach §§ 97 ff. GWB, wenn sie Hilfsmittel ausschreiben, SGb 2007, 404; *Heil*, Die Zulässigkeit von Teilbeitritten zu Hilfsmittelverträgen, MPR 2011, 181; *Heil/Schork*, Das AMNOG und seine Bedeutung für die Medizinprodukteindustrie, MPR 2011, 10; *Hesselmann/Motz*, Integrierte Versorgung und Vergaberecht, MedR 2005, 498; *Heßhaus*, Ausschreibung und Vergabe von Rabattverträgen – Spezialfragen im Zusammenhang mit dem Abschluss von Rabattverträgen nach § 130a Abs. 8 SGB V, PharmR 2007, 334; *Hoffmann*, Die gesetzlichen Krankenkassen im Anwendungsbereich des deutschen Kartellrechts, WuW 2011, 472; *Holzmüller*, Kartellrecht in der GKV nach dem AMNOG – Praktische Auswirkungen und erste Erfahrungen, NZS 2011, 485; *Hölzl/Eichler*, Rechtsweg für die Überprüfung der Vergabe von Rabattverträgen, NVwZ 2009, 27; *Huster/Kaltenborn* (Hrsg.), Krankenhausrecht, 2009; *Iwers*, Ausschreibung kommunaler Eingliederungsleistungen des SGB II und institutionelle Förderung der Leistungserbringer, LKV 2008, 1; *Kaeding*, Ausschreibungspflicht der gesetzlichen Krankenkassen oberhalb der Schwellenwerte, PharmR 2007, 239; *Kaltenborn*, Der kartellvergaberechtliche Auftragsbegriff im Vertragswettbewerb des SGB V, GesR 2011, 1; *Kaltenborn*, Integrierte Versorgung und besondere ambulante Versorgung als vergaberechtliches Problem, in Ebsen (Hrsg.), Vergaberecht und Vertragswettbewerb in der Gesetzlichen Krankenversicherung, 2009, 169; *Kamann/Gey*, Die Rabattvertragsstreitigkeiten der

„zweiten Generation" – Aktuelle Fragen nach dem GKV-OrgWG, PharmR 2099, 114; *Kamann/ Gey*, Wettbewerbsrecht im deutschen Gesundheitswesen – Grenzen der Integrierten Versorgung und der Kooperation von Krankenkassen, Leistungserbringern und pharmazeutischer Industrie (Teil 1), PharmR 2006, 255; *Kamann/Gey,* Wettbewerbsrecht im deutschen Gesundheitswesen – Grenzen der Integrierten Versorgung und der Kooperation von Krankenkassen, Leistungserbringern und pharmazeutischer Industrie (Teil 2), PharmR 2006, 291; *Karenfort/Stopp*, Krankenkassen-Rabattverträge und Kartellvergaberecht: Kompetenzkonflikt ohne Ende, NZBau 2008, 232; *Kern*, Arzneimittelbeschaffung durch die gesetzliche Krankenkasse, 1. Aufl. 2012; *Kingreen*, Zur Neuordnung des Arzneimittelmarktes in der gesetzlichen Krankenversicherung, NZS 2011, 441; *Kingreen*, Die Entscheidung des EuGH zur Bindung der Krankenkassen an das Vergaberecht, NJW 2009, 2417; *Kingreen*, Die Entwicklung des Gesundheitsrechts 2008/2009, NJW 2009, 3552; *Kingreen*, Das Sozialvergaberecht, SGb 2008, 437; *Kingreen*, Sozialhilferechtliche Leistungserbringung durch öffentliche Ausschreibungen, VergabeR Sonderheft 2a/2007, 354; *Kingreen*, Vergaberechtliche Anforderungen an die sozialrechtliche Leistungserbringung, SGb 2004, 659; *Kingreen*, Wettbewerbsrechtliche Aspekte des GKV-Modernisierungsgesetzes, MedR 2004, 188; *Kingreen/Temizel*, Zur Neuordnung der vertragsärztlichen Versorgungsstrukturen durch die hausarztzentrierte Versorgung (§ 73b SGB V), ZMGR 2009, 134; *Kingreen/Temizel*, Zur Neuordnung der vertragsärztlichen Versorgungsstrukturen durch die hausarztzentrierte Versorgung (§ 73b SGB V), ZMGR 2009, 134; *Klöck*, Die Anwendbarkeit des Vergaberechts auf Beschaffungen durch die gesetzlichen Krankenkassen, NZS 2008, 178; *Knispel*, Neuregelung im Leistungserbringerrecht der GKV durch das GKV-OrgWG, GesR 2009, 236; *Köber*, Rabatte und Dumpingpreise als Marketinginstrument, PharmR 2007, 276; *König/Busch*, Vergabe- und haushaltsrechtliche Koordinaten der Hilfsmittelbeschaffung durch Krankenkassen, NZS 2003, 461; *König/ Engelmann/Hentschel*, Die Anwendbarkeit des Vergaberechts auf die Leistungserbringung in Gesundheitswesen, MedR 2003, 562; *Kontusch* Wettbewerbsrelevantes Verhalten der gesetzlichen Krankenkassen im Rahmen des deutschen und europäischen Wettbewerbs-, Kartell- und Verfassungsrechts, 2004; *Kortland*, Allgemeines und Besonderes zum GKV-WSG, PharmR 2007, 190; *Köster*, Gesetzgebung ohne Gesetzgeber, ZfBR 2007, 127; *Krohn*, Vergaberecht und Sozialrecht – Unvereinbarkeit oder Konkordanz, Archiv für Wissenschaft und Praxis der sozialen Arbeit 2005, 90; *Krasney*, Das Insolvenzrecht der gesetzlichen Krankenkassen, NZS 2010, 443; *Kuhlmann*, Vertragliche Regelungen und Strukturen bei der Integrierten Versorgung, das Krankenhaus 2004, 417; *Kunze/Kreikebohm*, Sozialrecht versus Wettbewerbsrecht – dargestellt am Beispiel der Belegung von Rehabilitationseinrichtungen (Teil 1), NZS 2003, 5; *Kunze/Kreikebohm*, Sozialrecht versus Wettbewerbsrecht – dargestellt am Beispiel der Belegung von Rehabilitationseinrichtungen (Teil 2), NZS 2003, 62; *Lietz/Natz*, Vergabe- und kartellrechtliche Vorgaben für Rabattverträge über patentgeschützte Arzneimittel, A&R 2009, 3; *Lutz*, Vergaberegime außerhalb des Vergaberechts, WuW 2006, 890; *Marx/Hölzl*, Viel Lärm um wenig!, NZBau 2010, 31; *Mestwerdt/v. Münchhausen*, Die Sozialversicherungsträger als öffentliche Auftraggeber i.S.v. § 98 Nr. 2 GWB, ZfBR 2005, 659; *Meyer-Hofmann/Hahn*, Ausschreibung von Generika-Arzneimittelrabattverträgen – Welche Gestaltungsmöglichkeiten bestehen?, A&R 2010, 59; *Meyer-Hofmann/Weng*, Rabattverträge mit mehreren pharmazeutischen Unternehmen – Wettbewerbsprinzip und sozialrechtliche Notwendigkeiten, PharmR 2010, 324; *Moosecker*, Öffentliche Auftragsvergaben der gesetzlichen Krankenkassen – Die Anwendbarkeit des Vergaberechts auf die Nachfrage von Leistungen der Stationären und der Integrierten Versorgung, 2009; *Mrozynski*, Die Vergabe öffentlicher Aufträge und das Sozialrecht, ZFSH/SGB 2004, 451; *Natz*, Rechtsschutzmöglichkeiten für Pharmaunternehmen gegen Rabattverträge, pharmind 2007, 567; *Neises/Clobes/Palsherm*, Das Gesetz zur Änderung arzneimittelrechtlicher Vorschriften und seine Folgen für die Vergütung von Fertigarzneimitteln in parenteralen Zubereitungen, PharmR 2009, 506; *Neun*, Vergaberecht und gesetzliche Krankenversicherungen in Deutschland – Auswertung und Auswirkungen des Oymanns-Urteils des EuGH v. 11. Juni 2009 (Rs. C-300/07), Jahrbuch forum vergabe 2009, 105; *Noch*, Der Begriff des öffentlichen Auftraggebers – zugleich Besprechung der „AOK-Entscheidung", BauRB 2004, 318; *Plagemann/Ziegler*, Neues Sozialvergaberecht, GesR 2008, 617; *Otting*, Das Vergaberecht als Ordnungsrahmen in der Gesundheitswirtschaft zwischen GWB und SGB V, NZBau 2010, 734; *Plassmeier/Höld*, Die Rabattgewährung der Pharmaunternehmen im Arzneimittelhandel, PharmR 2007, 309; *Prieß/Krohn*, Die Durchführung förmlicher Vergabeverfahren im Sozialhilfebereich, Archiv für Wissenschaft und Praxis der sozialen Arbeit 2005, 34; *Quaas*, Vertragsgestaltungen zur integrierten Versorgung aus der Sicht der Krankenhäuser, VSSR 2004, 175; *Rixen*, Vergaberecht oder Sozialrecht in der gesetzlichen Krankenversicherung – Ausschreibungspflichten von Krankenkassen und Kassenärztlichen Vereinigungen, GesR 2006, 49; *Roberts*, Rabattvereinbarungen zwischen Krankenkassen und einzelnen Apotheken, PharmR 2007, 152; *Röbke*, Besteht eine vergaberechtliche Ausschreibungspflicht für Rabattverträge nach § 130a VIII SGB V, NVwZ 2008, 726; *Röbke*, Hilfsmittel- und Arzneimittelrabattverträge im Spannungsfeld zwischen GWB und dem Recht der GKV, NZBau 2010, 346; *Roth*, Bundestag verlängert Übergangsfrist bei einer Ausschreibung von Verträgen mit Leistungserbringern von Hilfsmitteln, MedR 2009, 77; *Säcker/Kaeding*, Die wettbewerbsrechtliche Kontrolle von Vereinbarungen zwischen Krankenkassen und Leistungserbringern nach Maßgabe des § 69 Abs. 2 SGB V n.F., MedR 2012, 15; *Sandrock/Stallberg*, Der Generikarabatt nach § 130a Abs. 3b SGB V, PharmR 2007, 498; *Schickert*, Rabattverträge für patentgeschützte Arzneimittel im Sozial- und Vergaberecht, PharmR 2009, 164; *Schickert/Schulz*, Hilfsmittelversorgung 2009 – Ausschreibungen und Verhandlungsverträge der Krankenkassen, MPR 2009, 1; *Schnieders*, Die kleine Vergabe, DVBl. 2007, 287; *Schröder*, Ausschreibungen bei der Grundsicherung für Arbeitsuchende (SGB II), VergabeR Sonderheft 2a/2007, 418; *Schröder*, Die Rechtsträger der freien Wohlfahrtspflege als öffentliche Auftraggeber, VergabeR 2003, 502; *Schwintowski/Klaue*, Wettbewerbsbeschränkungen durch vergaberecht auf Arzneimittelmärkten, PharmR 2011, 469; *Schüttpelz/Dicks*, Auftragsvergaben durch gesetzliche Krankenkassen und die ordentliche Gerichtsbarkeit – einige Schlaglichter auf die Rechtsprechung, in Prieß/Lau/Kratzenberg (Hrsg.), Wettbewerb – Transparenz – Gleichbehandlung, Festschrift für Fridhelm Marx, 2013, 691; *Sodan*, Das GKV-Wettbewerbsstärkungsgesetz, NJW 2007, 1313; *Sodan/Adam*, Zur Geltung des Kartellrechts im Rahmen der Leistungserbringung für die gesetzliche Krankenversicherung – § 69 S. 1 SGB V als Bereichsausnahme für das Gesundheitswesen, NZS 2006, 113; *Stallberg*, Das Beitritts- und Informationsrecht der Leistungserbringer bei Versorgungsverträgen im Hilfsmittelbereich, MPR 2010, 50; *Stallberg*, Herstellerzwangsabschläge als Rechtsproblem – Verwerfung von GKV-Änderungsgesetz und AMNOG, PharmR 2011, 38; *Stallberg*, Das GKV-Versorgungsstrukturgesetz aus Sicht der Medizinprodukteindustrie – Erleichterung des Marktzugangs innovativer Produkte?, MPR 2011, 185; *Stelzer*, Müssen gesetzliche Kranken- und Pflegekassen Lieferaufträge über Hilfs- und Pflegemittel oberhalb des Schwellenwertes europaweit öffentlich ausschreiben? – Bestandsaufnahme der Rechtspositionen in den Vertragsverletzungsbeschwerdeverfahren im Kontext des EuGH-Urteils vom 11. Juni 2009 u. a. und der Reformgesetze in der GKV, Wege zur Sozialversicherung (WzS) 2009, 267; *Stelzer*, WzS 2009, 303; *Stelzer*, WzS 2009, 336; *Stelzer*, WzS 2009, 368; *Stolz/Kraus*, Ausschreibungspflichtigkeit von Verträgen zur Hausarztzentrierten Versorgung nach § 73b Abs. 4 S. 1 SGB V; *Stolz/Kraus*, Sind Rabattverträge zwischen gesetzlichen Krankenkassen und pharmazeutischen Unternehmen öffentliche Aufträge nach § 99 GWB, VergabeR 2008, 1; *Stolz/Kraus*, Ausschreibungspflichtigkeit von Verträgen zur Hausarztzentrierten Versorgung nach § 73b Abs. 4 S. 1 SGB V, MedR 2010, 86; *Storost*, Die Bundesagentur für Arbeit an den Schnittstellen von Sozial- und Vergaberecht, NZS 2005, 82; *Sträter/Natz*, Rabattverträge zwischen Krankenkassen und pharmazeutischen Unternehmen, PharmR 2007, 7; *Szonn*, Anmerkung zu LSG Berlin-Brandenburg, Beschluss vom 6. 3. 2009, L 9 KR 72/09 ER – „ambulante augenärztliche Versorgung", VergabeR 2010, 124; *Szonn*, Sind Verträge gemäß § 127 II, IIa SGB V öffentliche Aufträge im Sinne des Kartellvergaberechts?, NZS 2011, 245; *Theuerkauf*, Direktverträge und Wettbewerb in der gesetzlichen Krankenversicherung, NZS 2011, 921; *Thüsing/Granetzny*, Der Rechtsweg in Vergabefragen des Leistungserbringungsrechts nach dem SGB V, NJW 2008, 3188; *Udsching*, Die vertragsrechtliche Konzeption der Pflegeversicherung, NZS 1999, 473; *Ulshöfer*, Anmerkung zu LSG Nordrhein-Westfalen, Beschluss vom 26. 3. 2009, L 21 KR 26/09 SFB – „AOK-Generika", VergabeR 2009, 931; *Ulshöfer*, Anmerkung zu LSG Nordrhein-Westfalen, Beschluss vom 3. 9. 2009, L 21 KR 51/09 SFB – „DAK-Generika", VergabeR 2010, 132; *Uwer/Koch*, Rabattverträge nach § 130a Abs. 8 SGB V und die Umsetzung der Abgabepflicht nach § 129 Abs. 1 S. 3 SGB V unter besonderer Berücksichtigung von Original- und Importpräparaten, PharmR 2008, 461; *v. Schwanenflügel*, Moderne Versorgungsformen im Gesundheitswesen, NZS 2006, 285; *Vergho*, Perspektiven integrierter Versorgung im Wettbewerb, NZS 2007, 418; *Vollmöller*, Rechtsfragen bei der Umsetzung von Disease-Management-Programmen, NZS 2004, 63; *Walter*, Neue gesetzgeberische Akzente in der hausarztzentrierten Versorgung, NZS 2009, 307; *Weber*, Ganz oder gar nicht? – Der (Teil-)Beitritt zu Hilfsmittelverträgen gemäß § 127 IIa 1 SGB V, NZS 2011, 53; *Weiner*, Anmerkung zu OLG Düsseldorf, Beschluss vom 20. 10. 2008, VII Verg 46/08 sowie vom 22. 10. 2008, I-27 U2/08 und zu LSG Baden-Württemberg, Beschluss vom 28. 10. 2008, L 11 KR 481/08 ER-B – „Antianämika-Rabattvertrag", VergabeR 2009, 189; *Weiner*, Das Ausschreibungsregime für Verträge über die hausarztzentrierte Versorgung (§ 73b SGB V) und die besondere ambulante ärztliche Versorgung (§ 73c SGB V), GesR 2010, 237; *Weiner*, Das Ausschreibungsregime für Verträge über die hausarztzentrierte Versorgung (§ 73b SGB V) und die besondere ambulante ärztliche Versorgung (§ 73c SGB V), GesR 2010, 237; *Wille*, Arzneimittel mit Patentschutz – Vergaberechtliche Rechtfertigung eines Direktvertrages?, A & R 2008, 164; *Willenbruch*, Anmerkung zu VK Baden-Württemberg, Beschluss vom 26.1.2007, 1 VK 82/06, PharmR 2007, 197; *Willenbruch*, Der Tanz um die Rabattverträge: Vorwärts – Rückwärts – Seitwärts – Schluss, PharmR 2008, 488; *Willenbruch*, Die vergaberechtliche Bedeutung von Pharmazentralnummern (PZN) in Ausschreibungsverfahren, PharmR 2009, 543; *Willenbruch*, Kompetenzgerangel um Rabattverträge ohne Ende, PharmR 2008, 265; *Willenbruch*, Rabattverträge – Schlusspunkt und Auftakt, PharmR 2009, 111; *Willenbruch*, Juristische Aspekte der Regulierung von Arzneimittelpreisen, PharmR 2010, 321; *Willenbruch/Bischoff*, Vergaberechtliche Anforderungen nach dem Gesetz gegen Wettbewerbsbeschränkungen GWB an den Abschluss von Rabattverträgen/Direktverträgen zwischen gesetzlichen Krankenkassen und Pharmaunternehmen gem. § 130a Abs. 8 SGB V, PharmR 2005, 477; *Wolf/Jäkel*, Änderungen bei Rabattverträgen durch das AMNOG, Pharm R 2011, 1; *Wollenschläger*, Die Bindung gesetzlicher Krankenkassen an das Vergaberecht, NZBau 2004, 655; *Zimmermann*, Keine Ausschreibungspflicht für Hilfsmittelverträge, NZBau 2010, 739; *Zuck*, Ausschreibungspflicht der Zulassung zur Krankenhausbehandlung, f&W 2002, 534.

A. Wettbewerb im System der gesetzlichen Krankenversicherung

Die Kosten der gesetzlichen Krankenversicherung (GKV) steigen seit Jahrzehnten überproportional stark an.[1] Gleichzeitig erwarten die Versicherten eine medizinische Versorgung auf höchstem Niveau. Die gesetzlichen Krankenkassen sind daher vor die für das deutsche Gesundheitssystem existentielle Herausforderung gestellt, Wirtschaftlichkeit, Sicherheit und Qualität der Versorgung ihrer Versicherten noch besser in Einklang zu bringen. Zwar zeichnet sich der Gesundheitssektor durch einen hohen Grad an Preis- und Leistungsregulierung[2] sowie das Solidaritätsprinzip[3] aus. Es bestehen gleichwohl erhebliche Spielräume, um durch Kosteneffizienz, bedarfsgerechte Qualität, innovative Konzepte und nicht zuletzt nachhaltige Beschaffung durch die zur Anwendung des (EU/GWB-) Vergaberechts verpflichteten gesetzlichen Krankenkassen zu einer Verbesserung der Wirtschaftlichkeit zu gelangen.[4]

1

Der maßgebliche Faktor, der nach dem Willen des Gesetzgebers zu einem wirtschaftlicheren Verhalten von Krankenkassen, Leistungserbringern und Versicherten beitragen soll, ist die Generierung von Wettbewerb.[5] Wettbewerb zwischen den Krankenkassen um die Versicherten soll dazu anreizen, eine qualitativ möglichst hochwertige Versorgung sicherzustellen und gleichzeitig unnötige Kosten zu vermeiden. Der Wettbewerb zwischen den potentiellen Leistungserbringern – also den Vertragsärzten, deren Verbänden, Krankenhäusern, Pharmaunternehmen, Apotheken etc. – soll diese dazu bewegen, möglichst wirtschaftliche Angebote zu unterbreiten, zwischen denen die Krankenkassen im Interesse ihrer Versicherten wählen können. Zahlreiche Gesetzesvorhaben haben denn auch seit dem Ende der 1980er Jahre immer wieder Akzente hin zu mehr Wettbewerb und Wirtschaftlichkeit im Gesundheitssektor zu setzen gesucht. Weitere wettbewerbliche Impulse gehen auf die seit Mitte/Ende der 2000er Jahre einsetzende vermehrte Durchführung von vergaberechtlichen Ausschreibungen zum Abschluss von GKV-Selektivverträgen zurück, die ganz unabhängig von den deutschen Gesetzesvorhaben durch die nationalen Gerichte und den EuGH vorangetrieben wurden.

2

---

[1] Siehe Monopolkommission, Achtzehntes Hauptgutachten gemäß § 44 Abs. 1 Satz 1 GWB, 2010, 435; *Moosecker* Öffentliche Auftragsvergaben der gesetzlichen Krankenkassen, 2009, 1.
[2] *Lübbig/Klasse* Kartellrecht im Pharma und Gesundheitssektor, 2007, 23.
[3] Monopolkommission, Achtzehntes Hauptgutachten gemäß § 44 Abs. 1 Satz 1 GWB, 2010, 434.
[4] Monopolkommission, Achtzehntes Hauptgutachten gemäß § 44 Abs. 1 Satz 1 GWB, 2010, 434.
[5] Hierzu und zum Folgenden *Gaßner/Eggert* NZS 2011, 249 ff.; sowie zusammenfassend *Gabriel* in MüKoBeihVgR, Anlage zu § 98 Nr. 4 GWB, Rn. 91 ff.

B. Gesetzgeberische Maßnahmen im Einzelnen

3   Das als primäre Rechtsquelle für die Angelegenheiten der gesetzlichen Krankenversicherung maßgebliche **Sozialgesetzbuch V (SGB V)** wurde durch das **Gesundheitsreformgesetz (GRG)** vom 20. 12. 1988[6] auf den Weg gebracht. Neben der Schaffung eines grundsätzlich umfassenden Regelwerkes für Angelegenheiten gesetzlicher Krankenkassen sah das GRG erstmals sogenannte Festbeträge für Arzneimittel-, Hilfs- und Heilmittel vor. Darunter wird eine Höchstgrenze verstanden, bis zu der die gesetzlichen Krankenkassen die Kosten für eine Sachleistung erstatten. Für nicht festbetragsgebundene Mittel wurden Zuzahlungspauschalen festgesetzt. Zudem wurde eine Negativliste geschaffen, in der Arzneimittel aufgeführt werden, deren medizinischer Nutzen nicht anerkannt wird und deren Kosten die gesetzlichen Krankenkassen ihren Versicherten daher nicht erstatten.

4   Im Anschluss an die Übertragung des Systems der gesetzlichen Krankversicherung auch auf die neuen Bundesländer sah das **Gesetz zur Sicherung und Strukturverbesserung der gesetzlichen Krankenversicherung (GSG)** vom 21. 12. 1992[7] verschiedene zeitlich gestaffelte Reformschritte zur Förderung von Wettbewerb und zur Kostenreduktion vor. Zu diesem Zweck wurde mit Wirkung zum 1. 1. 1996 für die Versicherten eine grundsätzlich freie Krankenkassenwahl eingeführt. Zumindest bezüglich des Beitragssatzes wurde so erstmals ein gewisser Wettbewerbsdruck zwischen den Krankenkassen geschaffen.[8] Im Bereich der Versorgung in Krankenhäusern schuf das GSG zudem das Konzept der Fallpauschale, wonach die Vergütung von medizinischen Leistungen pauschal pro Behandlungsfall gewährt wird. Damit wurde das Prinzip der uneingeschränkten Selbstkostenerstattung abgeschafft und die Krankenhausbetreiber angereizt, ihre Leistungen kosteneffizienter zu organisieren.

5   Das **Beitragsentlastungsgesetz** vom 1. 11. 1996[9] setzte erstmals Krankenversicherungsbeiträge fest, wodurch der durch das GSG geschaffene Wettbewerbsdruck bei der autonomen Festsetzung der Beiträge wieder zurück genommen wurde. Dafür sollten die Krankenkassen aber angehalten werden, in einen Wettbewerb um bessere und wirtschaftlichere Leistungen zu treten, indem den Krankenkassen durch **das 1. und das 2. Neuordnungsgesetz** (1. und 2. **NOG**) vom 23. 6. 1997[10] mehr Freiräume bei der Gestaltung der Satzungen verschafft wurde.

6   Erklärtes Ziel des **Gesetzes zur Reform der gesetzlichen Krankenversicherung** ab dem Jahr 2000 (**GKVRefG**) vom 22. 12. 1999[11] war die Stabilisierung der Beitragssätze. Hierzu wurde die Koordinierung und Vernetzung zwischen den einzelnen Versorgungsstufen (hausärztlich, ambulant, stationär etc.) unter anderem durch die Einführung des Konzeptes der integrierten Versorgung in Angriff genommen. Jedoch bedurfte es erst der Abschaffung des Erfordernisses der Zustimmung der Kassenärztlichen Vereinigungen im Jahr 2003, dass die entsprechenden Verträge an Bedeutung gewinnen konnten. Besondere rechtliche Relevanz kam der Neufassung des § 69 SGB V zu, der eine abschließende Regelung der Rechtsbeziehungen zwischen den Krankenkassen und den Leistungserbringern bestimmte, sich aber nicht ausdrücklich zum Kartell-, Wettbewerbs- und Vergaberecht verhielt.[12]

---

[6] BGBl. I 1988, 2477.
[7] BGBl. I 1992, 2266.
[8] Vgl. Monopolkommission, Achtzehntes Hauptgutachten gemäß § 44 Abs. 1 Satz 1 GWB, 2010, 473.
[9] BGBl. I 1996, 1631.
[10] BGBl. I 1997, 1518 und 1520.
[11] BGBl. I 1999, 2626.
[12] Dazu § 66 Rn. 5 ff. sowie *Gaßner/Eggert* NZS 2011, 249, 250 und *Hoffmann* WuW 2011, 472, 479.

Das **Arzneimittelausgabenbegrenzungsgesetz** (**AABG**) vom 15. 2. 2002[13] schuf unter anderem erstmals die sog. aut-idem-Regelung, wonach Apotheker ein preiswerteres, äquivalentes Arzneimittel verkaufen, wenn das nicht durch den verschreibenden Arzt ausdrücklich ausgeschlossen worden ist. Mit dem **Beitragssicherungsgesetz** (**BSSichG**) vom 23. 12. 2002[14] nahm der Gesetzgeber erneut massiv Einfluss auf die Preisgestaltung, indem einerseits die Apothekerrabatte für Arzneimittel ohne Festbetrag erhöht wurden und insbesondere Zwangsrabatte eingeführt wurden, die die Pharmaunternehmen bzw. Großhändler den Krankenkassen einzuräumen haben. Zudem durften die Krankenkassen aufgrund des BSSichG die Beiträge bis Ende 2003 nicht mehr anheben.

Das **Gesetz zur Modernisierung der gesetzlichen Krankenversicherung** (**GMG**) vom 14. 11. 2003[15] und das Gesetz zur Finanzierung von Zahnersatz vom 15. 12. 2004[16] zielten auf grundlegende Änderungen im Gesundheitsbereich. Zu diesem Zweck wurden einerseits zahlreiche Einschnitte bei den erstattungsfähigen Leistungen vorgenommen und zum anderen neue Zuzahlungsverpflichtungen geschaffen. Die meist beachteste der neuen Zuzahlungsverpflichtungen war die Praxisgebühr i.H.v. 10 Euro sowie bestimmte „Rezeptgebühren" zwischen 5 und 10 Euro. Zudem wurden wieder Festbeträge für bestimmte patentierte Arzneimittel eingeführt. Der zwischen den Krankenkassen avisierte Wettbewerb wurde durch die Möglichkeit von Bonusprogrammen und privaten Zusatzversicherungen gefördert.

Das **Gesetz zur Verbesserung der Wirtschaftlichkeit in der Arzneimittelversorgung** (**AVWG**) vom 26. 4. 2006[17] zielte in erster Linie auf Kostendämpfungen, wie etwa durch einen Preisstopp für verschreibungsfähige Arzneimittel für die Dauer von zwei Jahren. Zudem wurden die Festbeträge für Arzneimittel gesenkt und Rabattverträge im Generikabereich eingeführt. Neu hinzu kam eine umstrittene Bonus-Malus Regelung, welche die Vertragsärzte bei der Verordnung von Leistungen und Mitteln disziplinieren sollte, indem das Überschreiten bestimmter Schwellenwerte bei Therapiekosten mit Strafzahlungen belegt war, während das Verschreiben kostengünstigerer Alternativen honoriert wurde.

Das **Gesetz zur Stärkung des Wettbewerbs in der gesetzlichen Krankenversicherung** (**GKV-WSG**) vom 26. 3. 2007[18] zielte auf eine Verstärkung der wettbewerblichen Anreize zwischen den Krankenkassen ab. Dazu wurde zum einen die Vertragsfreiheit der Krankenkassen gegenüber den Leistungserbringern, insbesondere durch die Möglichkeit zum Abschluss von Selektivverträgen, erheblich erweitert.[19] Zum anderen wurden Zusammenschlüsse von Krankenkassen unterschiedlicher Art (Betriebs-, Innungskrankenkassen, Ersatzkassen der Arbeiter und Angestellten etc.) zugelassen. Von Bedeutung war zudem die Neufassung des § 69 Abs. 2 Satz 1 SGB V aF., der erstmals die „entsprechende" Geltung der §§ 19 bis 21 des GWB für die Beziehungen zwischen den Krankenkassen und den Leistungserbringern anordnete.[20] Das UWG oder andere Vorschriften des GWB, also insbesondere die vergaberechtlichen Regelungen, fanden nach wie vor keinen Eingang in die Neufassung des § 69 SGB V. Auch blieb es bei der Anordnung der umfassenden Zuständigkeit der Sozialgerichte.

Mit der Wechselwirkung zwischen der gesetzlichen Einführung und Stärkung wettbewerblicher Verträge auf der einen Seite und europarechtlich vorgegebenen Ausschreibungspflichten auf der anderen Seite befasste sich der Gesetzgeber des SGB V nur partiell

---

[13] BGBl. I 2002, 684.
[14] BGBl. I 2002, 4637.
[15] BGBl. I 2003, 2190.
[16] BGBl. I 2004, 3445.
[17] BGBl. I 2006, 984.
[18] BGBl. I 2007, 378.
[19] Vgl. Monopolkommission, Achtzehntes Hauptgutachten gemäß § 44 Abs. 1 Satz 1 GWB, 2010, 459.
[20] Dazu ausführlich § 66 Rn. 25 ff. sowie *Gaßner/Eggert* NZS 2011, 249, 250; *Jansen/Johannsen* PharmR 2010, 576, 577.

und recht spät.[21] So wurde erst durch das GKV-WSG die Pflicht bzw. Möglichkeit zur „Ausschreibung" bestimmter Vertragsformen im Wortlaut einzelner Vorschriften des SGB V verankert (zB. in §§ 73b Abs. 4 Satz 5, 73c Abs. 3 Satz 3, 127 Abs. 1 Satz 1, 129 Abs. 5b Satz 1 SGB V), ohne hieraus jedoch die vergaberechtlich zwingenden Konsequenzen zu ziehen.[22] Weite Teile der bis dahin mit dem Vergaberecht kaum in Berührung gekommenen Wirtschaftsteilnehmer im Gesundheitswesen zogen hieraus den – unzutreffenden – Schluss, dass dem Wortlaut der einzelnen Selektivvertragsvorschriften im SGB V konstitutive und abschließende Bedeutung für die Geltung einer Ausschreibungspflicht zukommen würde. Das führte dazu, dass die erforderliche intensive Diskussion über die Art und Weise der richtigen Umsetzung der vergaberechtlichen Vorgaben bei Krankenkassenbeschaffungen spät, dann aber umso heftiger geführt wurde.

12   Erst das **Gesetz zur Weiterentwicklung der Organisationsstrukturen in der GKV** vom 15.12.2008 (**GKV-OrgWG**)[23] beendete die Diskussion über die Anwendbarkeit des Vergaberechts gemäß den §§ 97 ff. GWB im Bereich des SGB V, nachdem die Auftraggebereigenschaft der deutschen gesetzlichen Krankenkassen durch den EuGH unmissverständlich bejaht worden war.[24] Durch einen Verweis in § 69 Abs. 2 SGB V wurde die Anwendbarkeit der vergaberechtlichen Vorschriften für gesetzliche Krankenkassen ausdrücklich angeordnet und damit das vergaberechtliche Nachprüfungsverfahren als das entsprechende Rechtsschutzverfahren eingeführt. Allerdings wurde die zweite Instanz für die Einlegung der sofortigen Beschwerde gegen eine Entscheidung der Vergabekammer der Sozialgerichtsbarkeit zugeordnet, weswegen nicht auf sämtliche Vorschriften des Vierten Teils des GWB Bezug genommen wurde.

13   Das **Gesetz zur Neuordnung des Arzneimittelmarktes in der gesetzlichen Krankenversicherung** vom 22.12.2010 (**AMNOG**)[25] hat jüngst weitere erhebliche Änderungen im Bereich des SGB V bewirkt. So wurden die Verweise in § 69 Abs. 2 SGB V auf alle relevanten kartellrechtlichen Vorschriften erweitert und sämtliche Vorschriften des Vierten Teils des GWB zum Vergaberecht in Bezug genommen. Es wurde ein einheitlicher Rechtsweg für vergaberechtliche Streitigkeiten auch in der zweiten Instanz zu den ordentlichen Gerichten festgelegt.[26] Ebenso sind die Kartellbehörden nun auch im Bereich des SGB V für die kartellrechtliche Überprüfung der Tätigkeit der gesetzlichen Krankenkassen zuständig.[27] Als Reaktion auf die vom Gesetzgeber als Erfolg angesehene Einführung der Rabattverträge wurde die durch das AVWG geschaffene Bonus-Malus Regelung gestrichen. Schließlich ist die Bandbreite der möglichen bzw. vorgeschriebenen Selektivverträge zwischen Krankenkassen und pharmazeutischen Unternehmen nochmals erweitert worden.[28]

14   Das **Gesetz zur Verbesserung der Versorgungsstruktur in der gesetzlichen Krankenversicherung** vom 22.12.2011 (**GKV-VStG**)[29] soll schließlich die medizinische Versorgung gezielt durch eine Flexibilisierung und Deregulierung verbessern, indem u.a. die Krankenkassen gemäß § 11 SGB V berechtigt werden, ihre Satzungsleistungen, auch in Bezug auf nichtverschreibungspflichtige Arzneimittel, auszuweiten und die ambulante spezialfachärztliche Versorgung in § 116b SGB V neu eingeführt wird.

---

[21] Vgl. BT-Drs. 16/10609, 65 f.
[22] *Gabriel* VergabeR 2007, 630, 634.
[23] BGBl. I 2008, 2426.
[24] Dazu § 66 Rn. 3 ff.
[25] BGBl. I 2010, 2262.
[26] Vgl. zu den kostenprozessualen Folgen des Zuständigkeitswechsels *Gabriel/Weiner* NZS 2010, 423, 425 f.
[27] Zum durch das AMNOG erweiterten Anwendungsbereich kartellrechtlicher Vorgaben auf gesetzliche Krankenassen siehe *Säcker/Kaeding* MedR 2012, 15 ff.; *Baier* MedR 2011, 345 ff.; *Hoffmann* WuW 2011, 472, 479 ff.; *Holzmüller* NZS 2011, 485 ff.; *Jansen/Johannsen* PharmR 2010, 576, 578 ff.
[28] Siehe § 70 Rn. 18 ff.
[29] BGBl. I 2011, 2983; vgl. zusammenfassend *Theuerkauf* NZS 2011, 921.

Im Rahmen der sog. **16. AMG Novelle**[30] wurde die für Arzneimittelrabattverträge 15
maßgebliche Vorschrift des §130a Abs. 8 SGB V um einen Satz 8 ergänzt, demzufolge
Rabattverträge die nicht nach Maßgabe der Vorschriften des Vierten Teils des Gesetzes
gegen Wettbewerbsbeschränkungen abgeschlossen wurden, mit Ablauf des 30.4.2013 unwirksam werden. Damit zielt der Gesetzgeber nach der Gesetzesbegründung ausdrücklich
darauf ab, noch immer fortgeltende **Arzneimittelsortimentsverträge**, die auch als Portfolioverträge bezeichnet werden, zu beenden und entsprechend der aktuellen Vergaberechtslage spätestens ab der zweiten Jahreshälfte 2013 einer öffentlichen Ausschreibungspflicht zu unterstellen.

---

[30] BGBl. I 2012, 2192.

§ 66 Anwendungsbereich

Übersicht

	Rn.
A. Einleitung	1, 2
B. Anwendung des Vergaberechts	3–24
I. Materielles Vergaberecht	6–12
II. Besondere Berücksichtigung des Versorgungsauftrags der gesetzlichen Krankenkassen	13–21
III. Rechtsschutz bei vergaberechtlichen Streitigkeiten im Bereich des SGB V	22–24
C. Entsprechende Geltung des Kartellrechts	25–33
I. Berücksichtigung kartellrechtlicher Verstöße des Auftraggebers im Vergabenachprüfungsverfahren	27–31
II. Ausnahmeklausel in § 69 Abs. 2 Satz 2 SGB V	32, 33

SGB V: § 69 Abs. 2

§ 69 SGB V Anwendungsbereich

(1) [hier nicht abgedruckt.]

(2) Die §§ 1, 2, 3 Absatz 1, §§ 19, 20, 21, 32 bis 34a, 48 bis 80, 81 Absatz 2 Nummer 1, 2a und 6, Absatz 3 Nummer 1 und 2, Absatz 4 bis 10 und §§ 82 bis 95 des Gesetzes gegen Wettbewerbsbeschränkungen gelten für die in Absatz 1 genannten Rechtsbeziehungen entsprechend. Satz 1 gilt nicht für Verträge und sonstige Vereinbarungen von Krankenkassen oder deren Verbänden mit Leistungserbringern oder deren Verbänden, zu deren Abschluss die Krankenkassen oder deren Verbände gesetzlich verpflichtet sind. Satz 1 gilt auch nicht für Beschlüsse, Empfehlungen, Richtlinien oder sonstige Entscheidungen der Krankenkassen oder deren Verbände, zu denen sie gesetzlich verpflichtet sind, sowie für Beschlüsse, Richtlinien und sonstige Entscheidungen des Gemeinsamen Bundesausschusses, zu denen er gesetzlich verpflichtet ist. Die Vorschriften des Vierten Teils des Gesetzes gegen Wettbewerbsbeschränkungen sind anzuwenden.

Literatur:

Amelung/Heise, Zuständigkeit der Sozialgerichtsbarkeit für die Überprüfung von Vergabekammer-Entscheidungen, NZBau 2008, 489; *Badtke*, Die kartellrechtliche Bewertung des „AOK-Modells" beim Abschluss von Rabattverträgen, WuW 2007, 726; *Baier*, Kartellrechtliche Auswirkungen des Arzneimittelmarktneuordnungsgesetzes auf die Beziehungen der Leistungserbringer zu gesetzlichen Krankenkassen sowie der Krankenkassen untereinander, MedR 2011, 345; *Bartram/Broch*, Zwischen den Gesundheitsreformen – Kartellrechtlicher Regulierungsbedarf aus Sicht der forschenden Arzneimittelhersteller, PharmR 2008, 5; *Basteck*, Sozialrecht und Vergaberecht – Die Schöne und das Biest?, NZBau 2006, 497; *Becker*, Das Schiedsstellen-Verfahren im Sozialrecht, SGb 2003, 664; *Becker/Bertram*, Die Anwendbarkeit des Vergaberechts auf die Zulassung eines Krankenhauses zur Krankenhausbehandlung, das Krankenhaus 2002, 541; *Bley/Kreikebohm/Marschner*, Sozialrecht, 9. Aufl. 2007; *Blum*, Leistungserbringungsvereinbarungen in der Sozialhilfe, Vergabe Navigator 2006, 10; *Boldt*, Müssen gesetzliche Krankenkassen das Vergaberecht beachten, NJW 2005, 3757; *Braun*, Besprechung der Mitteilung der Kommission zum Vergaberecht, EuZW 2006, 683; *Byok*, Auftragsvergabe im Gesundheitssektor, GesR 2007, 553; *Byok/Jansen*, Die Stellung gesetzlicher Krankenkassen als öffentliche Auftraggeber, NVwZ 2005, 53; *Dettling*, Rabattverträge gem. § 130a Abs. 8 SGB V – Kartell- oder grundrechtlicher Ansatz?, MedR 2008, 349; *Dieners/Heil*, Das GKV-Wettbewerbsstärkungsgesetz – Stärkung oder Einschränkung des Wettbewerbs im Arzneimittelmarkt, PharmR 2007, 142; *Dreher*, Öffentlich-rechtliche Anstalten und Körperschaften im Kartellvergaberecht – Der Auftraggeberbegriff vor dem Hintergrund von Selbstverwaltung, Rechtsaufsicht und Finanzierung durch Zwangsbeiträge, NZBau 2005, 297; *Dreher/Hoffmann*, Der Auftragsbegriff nach § 99 GWB und die

Tätigkeit der gesetzlichen Krankenkassen, NZBau 2009, 273; *Ebsen* (Hrsg.), Vergaberecht und Vertragswettbewerb in der Gesetzlichen Krankenversicherung, 2009; *Engelmann*, Keine Geltung des Kartellvergaberechts für Selektivverträge der Krankenkassen mit Leistungserbringern, SGb 2008, 133; *Esch*, Zur Reichweite der Ausschreibungspflicht gesetzlicher Krankenkasse, MPR 2009, 149; *Esch*, EU-Vergaberecht und SGB V, MPJ 2009, 10; *Frenz*, Krankenkassen im Wettbewerb- und Vergaberecht, NZS 2007, 233; *Fruhmann*, Das Vergaberegime des EG-Vertrags, Zeitschrift für Vergaberecht und Beschaffungspraxis, ZVB 2006, 261; *Gabriel*, Anmerkung zu LSG Nordrhein-Westfalen, Beschluss vom 10.9.2009, L 21 KR 53/09 SFB – „Fertigarzneimittel", VergabeR 2010, 142; *Gabriel*, Damoklesschwert De-facto-Vergabe: Konsequenzen vergaberechtswidriger Verträge im Gesundheitswesen auch heutiger und künftiger Rechtslage, PharmR 2008, 577; *Gabriel*, Anmerkung zu OLG Düsseldorf, Urteil vom 23.5.2007, VII-Verg 50/06 – „Orthopädische Schuhtechnik", VergabeR 2007, 630; *Gabriel*, Die Kommissionsmitteilung zur öffentlichen Auftragsvergabe außerhalb der EG-Vergaberichtlinien, NVwZ 2006, 12; *Gassner*, Kartellrechtliche Re-Regulierung des GKV-Leistungsmarkts, NZS 2007, 281; *Gaßner/Eggert*, Wettbewerb in der GKV – Kartellrecht versus Sozialrecht, NZS 2011, 249; *Goodarzi/Jansen*, Die Rechtsprechung der Landessozialgerichte auf dem Gebiet des öffentlichen Auftragswesens, NZS 2010, 427; *Goodarzi/Junker*, Öffentliche Ausschreibungen im Gesundheitswesen, NZS 2007, 632; *Goodarzi/Schmid*, Die Ausschreibung vertragsärztlicher Leistungen nach dem SGB V, NZS 2008, 518; *Hamann*, Die gesetzlichen Krankenkassen als öffentliche Auftraggeber – Anmerkung zu EuGH, Urteil vom 11.6.2009 in der Rs. C-300/07 – AOK, PharmR 2009, 509; *Hartmann/Suoglu*, Unterliegen die gesetzlichen Krankenkassen dem Kartellvergaberecht nach §§ 97 ff. GWB, wenn sie Hilfsmittel ausschreiben, SGb 2007, 404; *Hoffmann*, Die gesetzlichen Krankenkassen im Anwendungsbereich des deutschen Kartellrechts, WuW 2011, 472; *Holzmüller*, Kartellrecht in der GKV nach dem AMNOG – Praktische Auswirkungen und erste Erfahrungen, NZS 2011, 485; *Huster/Kaltenborn* (Hrsg.), Krankenhausrecht, 2009; *Iwers*, Ausschreibung kommunaler Eingliederungsleistungen des SGB II und institutionelle Förderung der Leistungserbringer, LKV 2008, 1; *Jansen/Johannsen*, Die Anwendbarkeit des deutschen Kartellrechts auf die Tätigkeit der gesetzlichen Krankenversicherung de lege lata und de lege ferenda, PharmR 2010, 576; *Kaeding*, Ausschreibungspflicht der gesetzlichen Krankenkassen oberhalb der Schwellenwerte, PharmR 2007, 239; *Kaltenborn*, Der kartellvergaberechtliche Auftragsbegriff im Vertragswettbewerb des SGB V, GesR 2011, 1; *Kersting/Faust*, Krankenkassen im Anwendungsbereich des Europäischen Kartellrechts, WuW 2011, 6; *Kingreen*, Wettbewerbsrechtliche Aspekte des GKV-Modernisierungsgesetzes, MedR 2004, 188; *Kingreen*, Vergaberechtliche Anforderungen an die sozialrechtliche Leistungserbringung, SGb 2004, 659; *Kingreen*, Sozialhilferechtliche Leistungserbringung durch öffentliche Ausschreibungen, VergabeR Sonderheft 2a/2007, 354; *Kingreen*, Das Sozialvergaberecht, SGb 2008, 437; *Kingreen*, Die Entscheidung des EuGH zur Bindung der Krankenkassen an das Vergaberecht, NJW 2009, 2417; *Kingreen*, Die Entwicklung des Gesundheitsrechts 2008/2009, NJW 2009, 3552; *Kingreen/Temizel*, Zur Neuordnung der vertragsärztlichen Versorgungsstrukturen durch die hausarztzentrierte Versorgung (§ 73b SGB V), ZMGR 2009, 134; *Klöck*, Die Anwendbarkeit des Vergaberechts auf Beschaffungen durch die gesetzlichen Krankenkassen, NZS 2008, 178; *Knispel*, Neuregelung im Leistungserbringerrecht der GKV durch das GKV-OrgWG, GesR 2009, 236; *König/Engelmann/Hentschel*, Die Anwendbarkeit des Vergaberechts auf die Leistungserbringung im Gesundheitswesen, MedR 2003, 562; *Kontusch* Wettbewerbsrelevantes Verhalten der gesetzlichen Krankenkassen im Rahmen des deutschen und europäischen Wettbewerbs-, Kartell- und Verfassungsrechts, 2004; *Kortland*, Allgemeines und Besonderes zum GKV-WSG, PharmR 2007, 190; *Köster*, Gesetzgebung ohne Gesetzgeber, ZfBR 2007, 127; *Krohn*, Vergaberecht und Sozialrecht – Unvereinbarkeit oder Konkordanz, Archiv für Wissenschaft und Praxis der sozialen Arbeit 2005, 90; *Kunze/Kreikebohm*, Sozialrecht versus Wettbewerbsrecht – dargestellt am Beispiel der Belegung von Rehabilitationseinrichtungen (Teil 1), NZS 2003, 5; *Kunze/Kreikebohm*, Sozialrecht versus Wettbewerbsrecht – dargestellt am Beispiel der Belegung von Rehabilitationseinrichtungen (Teil 2), NZS 2003, 62; *Lietz/Natz*, Vergabe- und kartellrechtliche Vorgaben für Rabattverträge über patentgeschützte Arzneimittel, A&R 2009, 3; *Lübbig/Klasse*, Kartellrecht im Pharma und Gesundheitssektor, 2007; *Lutz*, Vergaberegime außerhalb des Vergaberechts, WuW 2006, 890;62; *Marx/Hölzl*, Viel Lärm um wenig!, NZBau 2010, 31; *Mestwerdt/v. Münchhausen*, Die Sozialversicherungsträger als öffentliche Auftraggeber i.S.v. § 98 Nr. 2 GWB, ZfBR 2005, 659; *Mrozynski*, Die Vergabe öffentlicher Aufträge und das Sozialrecht, ZFSH/SGB 2004, 451; *Neun*, Vergaberecht und gesetzliche Krankenversicherungen in Deutschland – Auswertung und Auswirkungen des Oymanns-Urteils des EuGH v. 11. Juni 2009 (Rs. C-300/07), Jahrbuch forum vergabe 2009, 105; *Noch*, Der Begriff des öffentlichen Auftraggebers – zugleich Besprechung der „AOK-Entscheidung", BauRB 2004, 318; *Otting*, Das Vergaberecht als Ordnungsrahmen in der Gesundheitswirtschaft zwischen GWB und SGB V, NZBau 2010, 734; *Plagemann/Ziegler*, Neues Sozialvergaberecht, GesR 2008, 617; *Prieß/Krohn*, Die Durchführung förmlicher Vergabeverfahren im Sozialhilfebereich, Archiv für Wissenschaft und Praxis der sozialen Arbeit 2005, 34; *Rixen*, Vergaberecht oder Sozialrecht in der gesetzlichen Krankenversicherung – Ausschreibungspflichten von Krankenkassen und Kassenärztlichen Vereinigungen, GesR 2006, 49; *Säcker/Kaeding*, Die wettbewerbsrechtliche Kontrolle von Vereinbarungen zwischen Krankenkassen und Leistungserbringern nach Maßgabe des § 69 Abs. 2 SGB V n.F., MedR 2012, 15; *Schnieders*, Die kleine Vergabe, DVBl. 2007, 287; *Schröder*, Die Rechtsträger der freien Wohlfahrtspflege als öffentliche Auftraggeber, VergabeR 2003, 502; *Schröder*, Ausschreibungen bei der Grundsicherung für Arbeitsuchende (SGB II), VergabeR Sonderheft 2a/2007, 418; *Sodan*, Das GKV-Wettbewerbsstärkungsgesetz, NJW 2007, 1313; *Sodan/Adam*, Zur Geltung des Kartellrechts im Rahmen der Leistungserbringung für die gesetzliche Krankenversicherung – § 69 S. 1 SGB V als Bereichsausnahme für das Gesundheitswesen, NZS 2006, 113; *Stelzer*, Müssen gesetzliche Kranken- und Pflegekassen Lieferaufträge über Hilfs- und Pflegemittel oberhalb des Schwellenwertes europaweit öffentlich ausschreiben? – Bestandsaufnahme der Rechtspositionen in den Vertragsverletzungsbeschwerdeverfahren im Kontext des EuGH-Urteils vom 11. Juni 2009 u.a. und der Reformgesetze in der GKV, Wege zur Sozialversicherung (WzS) 2009, 267; *Stelzer*, WzS 2009, 303; *Stelzer*, WzS 2009, 336; *Stelzer*, WzS 2009, 368; *Storost*, Die Bundesagentur für Arbeit an den Schnittstellen von Sozial- und Vergaberecht, NZS 2005, 82; *Thüsing/Granetzny*, Der Rechtsweg in Vergabefragen des Leistungserbringungsrechts nach dem SGB V, NJW 2008, 3188; *Udsching*, Die vertragsrechtliche Konzeption der Pflegeversicherung, NZS 1999, 473; *Ulshöfer*, Anmerkung zu LSG Nordrhein-Westfalen, Beschluss vom 3.9.2009, L 21 KR 51/09 SFB – „DAK-Generika", VergabeR 2010, 132; *Ulshöfer*, Anmerkung zu LSG Nordrhein-Westfalen, Beschluss vom 26.3.2009, L 21 KR 26/09 SFB – „AOK-Generika", VergabeR 2009, 931; *Vollmöller*, Rechtsfragen bei der Umsetzung von Disease-Management-Programmen, NZS 2004, 63; *v. Schwanenflügel*, Moderne Versorgungsformen im Gesundheitswesen, NZS 2006, 285; *Wille*, Arzneimittel mit Patentschutz – Vergaberechtliche Rechtfertigung eines Direktvertrages?, A & R 2008, 164; *Willenbruch*, Die vergaberechtliche Bedeutung von Pharmazentralnummern (PZN) in Ausschreibungsverfahren, PharmR 2009, 543; *Willenbruch*, Anmerkung zu VK Baden-Württemberg, Beschluss vom 26.1.2007, 1 VK 82/06, PharmR 2007, 197; *Wollenschläger*, Die Bindung gesetzlicher Krankenkassen an das Vergaberecht, NZBau 2004, 655; *Zuck*, Ausschreibungspflicht der Zulassung zur Krankenhausbehandlung, f&w 2002, 534.

A. Einleitung

Gemäß § 69 Abs. 1 Satz 1 SGB V regelt das vierte Kapitel des SGB V (zusammen mit den §§ 63, 64 SGB V) abschließend die Rechtsbeziehungen der Krankenkassen und ihrer Verbände zu Ärzten, Zahnärzten, Psychotherapeuten, Apotheken sowie sonstigen Leistungserbringern und ihren Verbänden. Während § 69 Abs. 1 Satz 3 SGB V die ergänzende entsprechende Geltung des BGB anordnet, verweist § 69 Abs. 2 SGB V auf vergabe- und bestimmte kartellrechtliche Vorschriften für die genannten Rechtsbeziehungen der gesetzlichen Krankenkassen. § 69 Abs. 2 SGB V ist daher die zentrale Norm für die Frage nach dem Rechtsregime, das die Krankenkassen bei Beschaffungen zur Sicherstellung ihres Versorgungsauftrages zu beachten haben.[1]

Wie in der Einleitung dargestellt, ist die Geltung anderer als rein sozialrechtlicher Vorschriften für die Rechtsbeziehungen der Krankenkassen zu den Leistungserbringern nur schrittweise eingeführt worden. Das führte dazu, dass die Auslegung und Bedeutung der Vorschrift von Anfang an stark diskutiert worden ist. Erst aufgrund der Fassung, die die Vorschrift durch das AMNOG erhalten hat, dürften die meisten der zuvor umstrittenen Auslegungsfragen als weitgehend geklärt angesehen werden können.

1

2

---

[1] Instruktiv hierzu und zum Folgenden *Säcker/Kaeding* MedR 2012, 15 ff.; *Baier* MedR 2011, 345 ff.; *Hoffmann* WuW 2011, 472 ff.; *Holzmüller* NZS 2011, 485 ff.

B. Anwendung des Vergaberechts

3 Von Anfang an umstritten war, ob das Regelungswerk des SGB V die Anwendbarkeit des Vergaberechts für gesetzliche Krankenkassen ausschloss, weil sich im SGB V zunächst gar keine und später nur knappe Vorgaben an „Ausschreibungen" fanden.[2] Zur Beantwortung dieser Frage mussten zwei Themenkreise unterschieden werden. Zum einen war fraglich, ob es sich bei deutschen Krankenkassen überhaupt um öffentliche Auftraggeber im Sinne von § 98 GWB handelte, welche beim Abschluss von Selektivverträgen öffentliche Aufträge im Sinne von § 99 GWB vergeben.[3] Zum anderen war entscheidend, inwieweit der nationale Gesetzgeber die Anwendung von materiellen[4] bzw. prozessualen[5] Vorschriften des GWB ausschließen konnte.

4 Mit **Urteil vom 11.6.2009** beantwortete und bejahte der **EuGH** die Frage nach der **öffentlichen Auftraggebereigenschaft der deutschen gesetzlichen Krankenkassen.**[6] Der Gerichtshof stellte klar, dass sich eine vergaberechtliche Ausschreibungspflicht bereits unmittelbar aus der europäischen Vergaberechtskoordinierungsrichtlinie ergibt und eine solche Ausschreibungspflicht auch nicht zur Disposition des nationalen (SGB V-) Gesetzgebers steht. Soweit der deutsche Gesetzgeber die Debatte über die grundsätzliche Anwendbarkeit des Vergaberechts durch die ausdrückliche In-Bezugnahme der Vorschriften des Vierten Teils des GWB in § 69 SGB V entschärfen wollte,[7] handelt es sich daher lediglich um eine deklaratorische Verweisung.[8] Jede Auslegung solcher Vorschriften des SGB V, die einen Bezug zu Beschaffungen der gesetzlichen Krankenkassen aufweisen, hat im Lichte der europäischen vergaberechtlichen Vorschriften bzw. deren Umsetzungen im Vierten Teil des GWB zu erfolgen. Ausschreibungsrelevante Vorgaben des SGB V (vgl.

---

[2] Vgl. BayObLG Beschl. v. 24.5.2004, Verg 6/04; LSG Baden-Württemberg Beschl. v. 27.2.2008, L 5 KR 508/08 W-A, L 5 KR 507/08 ER-B, mit Anmerkung *v.Czettritz* PharmR 2008, 253; SG Stuttgart Beschl. v. 20.12.2007, S 10 KR 8404/07 ER, BSG Beschl. v. 22.4.2008, B 1 SF 1/08 R mit Anmerkung *Braun* VergabeR 2008, 707; OLG Rostock Beschl. v. 2.7.2008, 17 Verg 4/07, mit Anmerkung *Gabriel* VergabeR 2008, 801; OLG Karlsruhe Beschl. v. 19.11.2007, 17 Verg 11/07; VK Baden-Württemberg Beschl. v. 26.1.2007, 1 VK 82/06, mit Anmerkung *Willenbruch* PharmR 2007, 197.

[3] Hierzu *Dreher/Hoffmann* NZBau 2009, 273; *Burgi* NZBau 2008, 480, 483; *Byok/Csaki* NZS 2008, 402, 403; *Stolz/Kraus* VergabeR 2008, 1; *Röbke* NZBau 2010, 346; *Gabriel* NZS 2007, 344, 346 f.; *Weiner* in Willenbruch/Wieddekind, § 69 SGB V Rn. 8 ff.

[4] Für eine Verdrängung durch das Sozialrecht: *Schickert* PharmR 2009, 164, 165; LSG Baden-Württemberg Beschl. v. 6.2.2008, L 5 KR 316/08, NZBau 2008, 265; SG Stuttgart Beschl. v. 20.12.2007, S 10 KR 8604/07 ER; für eine Anwendbarkeit des Vergaberechts: OLG Düsseldorf Beschl. v. 23.5.2007, VII-Verg 50/06, mit Anmerkung *Gabriel* VergabeR 2007, 630; LSG Baden-Württemberg Beschl. v. 23.1.2009, L 11 WB 5971/08; ebenso LSG Nordrhein-Westfalen Beschl. v. 3.9.2009, L 21 KR 51/09 SFB; LSG Baden-Württemberg Beschl. v. 17.12.2009, L 11 WB 381/09; LSG Nordrhein-Westfalen Beschl. v. 23.4.2009, L 21 KR 36/09 SFB; LSG Nordrhein-Westfalen Beschl. v. 26.3.2009, L 21 KR 26/09; *Becker/Kingreen* SGB V Gesetzliche Krankenversicherung, 2010, § 69 Rn. 46; *Klöck* NZS 2008, 178, 179.

[5] Hierzu BGH Beschl. v. 15.7.2008, X ZB 17/08; BSG Beschl. v. 22.4.2008, B 1 SF 1/08 R, mit Anmerkung *Braun* VergabeR 2008, 707; LSG Baden-Württemberg Beschl. v. 23.1.2009, L 11 WB 5971/08, mit Anmerkung *Gabriel* VergabeR 2009, 465; OLG Rostock Beschl. v. 2.7.2008, 17 Verg 4/07, mit Anmerkung *Gabriel* VergabeR 2008, 801; OLG Düsseldorf Beschl. v. 19.12.2007, VII-Verg 51/07, mit Anmerkung *Amelung/Dörn* VergabeR 2008, 84; *Hölzl/Eichler* NVwZ 2009, 27; *Willenbruch* PharmR 2008, 488; *Willenbruch* PharmR 2008, 265; *Thüsing/Granetzny* NJW 2008, 3188; *Byok/Csaki* NZS 2008, 402; *Amelung/Heise* NZBau 2008, 489; *Röbke* NVwZ 2008, 726, 728; *Karenfort/Stopp* NZBau 2008, 232; *Stolz/Kraus* VergabeR 2008, 1; *v.Czettritz* PharmR, 2008, 253.

[6] EuGH Urt. v. 11.6.2009, Rs. C-300/07 – Oymanns, Rn. 59, mit Anmerkung *Kingreen* NJW 2009, 2417.

[7] BT-Drs. 16/10609, 52.

[8] *Burgi* NZBau 2008, 480, 482; *Gabriel* VergabeR 2007, 630, 634; *Gabriel* NZS 2007, 344, 345.

§ 73b Abs. 4 Satz 5 und § 73c Abs. 3 Satz 3 SGB V) sind allenfalls als mitgliedstaatliche Verschärfung europarechtlicher Vorgaben, wie zB. im weniger formstrengen Bereich der nicht-prioritären Dienstleistungen im Gesundheitswesen,[9] zulässig.

Die Verweisung auf die Vergabeverfahrensvorschriften der §§ 97 ff. GWB ist also nur noch insoweit von Bedeutung, als dass sich ein müßiger Streit um die **Geltung etwaiger Bereichsausnahmen** vom sachlichen Anwendungsbereich des Vergaberechts erledigt hat.[10] So ist insbesondere die Auffassung überholt, welche in der bis dahin vergaberechtlich uneingeschränkt geltenden Vorgabe des **§ 69 Abs. 1 SGB V** eine Bereichsausnahme erkennen wollte.[11] Das Gleiche gilt für die ebenfalls häufig als Bereichsausnahme angeführte Regelung in **§ 22 Abs. 1 der Verordnung über das Haushaltswesen in der Sozialversicherung vom 21.12.1977 (SVHV)**, die im Fall der Erbringung gesetzlicher oder satzungsmäßiger Versicherungsleistungen eine Ausnahme von der ansonsten grundsätzlich geltenden Pflicht zur Durchführung öffentlicher Ausschreibungen vorsieht.[12] Die Geltung vergaberechtlicher Ausschreibungspflichten richtet sich ausschließlich nach den hierfür gemäß (EU/GWB-)Vergaberecht geltenden Voraussetzungen, die nicht zur Disposition des deutschen Gesetzgebers im Wege etwaiger Bereichsausnahmen auf rein nationaler Grundlage stehen.[13]

5

I. Materielles Vergaberecht

Gemäß § 69 Abs. 2 Satz 4 SGB V sind die Vorschriften des Vierten Teils des GWB anzuwenden. Hierbei handelt es sich nicht um eine Rechtsfolgenverweisung, sondern um eine Rechtsgrundverweisung. Das ergibt sich zwar nicht mehr unmittelbar aus dem Wortlaut der Vorschrift. Nach der alten (vor dem AMNOG geltenden) Fassung galten die vergaberechtlichen Vorschriften, „soweit die dort genannten Voraussetzungen erfüllt sind". Dass es sich gleichwohl immer noch um eine Rechtsgrundverweisung handelt, ergibt sich einerseits daraus, dass die europarechtlichen Vergabevorschriften, soweit deren Voraussetzungen gegeben sind, nicht zur Disposition des nationalen Gesetzgebers stehen und zweitens der Gesetzgeber des SGB V den Verweis lediglich deklaratorisch eingefügt hat.[14] Aus diesen Gründen müssen auch im Gesundheitsbereich zwar nur, aber eben auch die Voraussetzungen der §§ 97 ff. GWB gegeben sein, um eine Ausschreibungspflicht nach dem EU/GWB-Vergaberecht zu begründen. Liegen die Voraussetzungen der §§ 97 ff. GWB im konkreten Fall nicht vor, kann sich eine wettbewerbliche (nicht: vergaberechtliche) Ausschreibungspflicht allenfalls noch aus sozialrechtlichen Vorschriften ergeben.[15] Im Übrigen besteht grundsätzlich eine Pflicht der Krankenkassen aus Art. 3 GG, ein transparentes, diskriminierungsfreies und nachprüfbares Auswahlverfahren durchzuführen.[16]

6

1. Öffentliche Auftraggebereigenschaft

Ob gesetzliche Krankenkassen öffentliche Auftraggeber im Sinne von § 98 Nr. 2 GWB sind, war lange umstritten. Während ihre im Allgemeininteresse liegende Aufgabenerfüllung nichtgewerblicher Art meist als unproblematisch gegeben erachtet wurde, waren die

7

---

[9] Vgl. § 67 Rn. 29 ff. und § 72 Rn. 9.
[10] *Dreher/Hoffmann* NZBau 2009, 273, 274; *Willenbruch* PharmR 2009, 111, 112; sowie *Gabriel* in MünchKommBeihVgR, Anlage zu § 98 Nr. 4 GWB Rn. 96.
[11] Wie hier: *Moosecker* Öffentliche Auftragsvergaben der gesetzlichen Krankenkassen, 2009, 13.
[12] *Esch* MPR 2009, 149, 154; *Goodarzi/Schmid* NZS 2008, 518, 520; *Gabriel* NZS 2007, 344, 345.
[13] *Weiner* GesR 2010, 237, 241; *Kamann/Gey* PharmR 2009, 114, 116; *Burgi* NZBau 2008, 480, 482; *Klöck* NZS 2008, 178, 179; *Röbke* NVwZ 2008, 726, 727.
[14] Vgl. BT-Drs. 16/10609, 52.
[15] Vgl. *Burgi* NZBau 2008, 480, 482 und *Rixen* GesR 2006, 49, 58: „*Sozialvergaberecht*"; *Goodarzi/Schmid* NZS 2008, 518, 519: „*sozialvergaberechtliches Verfahren sui generis*".
[16] So schon LSG Baden-Württemberg Beschl. v. 27.2.2008, L 5 KR 507/08 ER.

Merkmale einer überwiegenden staatlichen Finanzierung bzw. staatlichen Aufsicht über die Leitung Gegenstand von Diskussionen.[17]

8 Einen Wendepunkt markierte ein **Vorlagebeschluss des OLG Düsseldorf**, das im Jahr 2007 sämtliche sich in diesem Zusammenhang stellenden Fragen – zB. ob die gesetzliche Versicherungs- und Beitragspflicht (vgl. §§ 5 Abs. 1, 220 Abs. 1 Satz 1 SGB V) als lediglich mittelbare staatliche Finanzierung ausreicht und ob die (bloße) Rechtsaufsicht über die gesetzlichen Krankenkassen (vgl. § 274 SGB V, § 87 SGB IV) den Anforderungen des § 98 Nr. 2 Alt. 2 GWB genügt – dem EuGH zur Vorabentscheidung vorlegte.[18] Auf die Vorlagefragen des OLG Düsseldorf antwortete der EuGH mit der ausdrücklichen Bejahung der öffentlichen Auftraggebereigenschaft der deutschen gesetzlichen Krankenkassen. Zur Begründung stellte der EuGH darauf ab, dass die Krankenkassen durch den Staat – und zwar aufgrund der bundesgesetzlich vorgeschriebenen Mitgliedsbeiträge – finanziert würden. Der Gerichtshof bestätigte damit im Endeffekt die Rechtsauffassung, die sich zuvor bereits in Rechtsprechung sowie Schrifttum als herrschend durchgesetzt hatte.[19] Allerdings ging das Gericht nicht darauf ein, ob darüber hinaus eine besondere Staatsnähe – Beaufsichtigung der Leitung der gesetzlichen Krankenkassen durch die Träger der öffentlichen Gewalt – vorliegt.[20]

9 Bei der Anwendung des Vierten Teils des GWB ist daher davon auszugehen, dass die deutschen gesetzlichen Krankenkassen öffentliche Auftraggeber im Sinne des § 98 Nr. 2 GWB sind, weil sie als juristische Personen des öffentlichen Rechts (vgl. § 4 Abs. 1 SGB V, § 29 Abs. 1 SGB IV) zu dem besonderen Zweck gegründet wurden, im Allgemeininteresse liegende Aufgaben nicht gewerblicher Art nach §§ 1, 2 SGB V zu erfüllen.[21] Dabei werden sie **(mittelbar) überwiegend** durch einen öffentlichen Auftraggeber im Sinne des § 98 Nr. 1 GWB **finanziert**, denn ihre Finanzierung erfolgt über die gesetzlich geregelte Pflichtversicherung der Krankenkassenmitglieder gemäß §§ 3, 5, 220 ff. SGB V.[22] Richtigerweise kommt hinzu, dass gesetzliche Krankenkassen zudem auch einer vielgestaltigen **staatlichen Aufsicht** im Sinne des § 98 Nr. 2 GWB unterliegen.[23]

2. Öffentlicher Auftrag

10 Anders als die öffentliche Auftraggebereigenschaft lässt sich das Vorliegen eines öffentlichen Auftrags bei Beschaffungen der gesetzlichen Krankenkassen nicht pauschal bejahen. Beim Abschluss der Verträge ist in jedem Einzelfall zu prüfen, ob es sich bei den jeweiligen Vergaben um öffentliche Aufträge im Sinne des § 99 GWB handelt.[24] Auch nach

---

[17] Nachweise bei *Gabriel* NZS 2007, 344, 346.
[18] OLG Düsseldorf Beschl. v. 23.5.2007, VII-Verg 50/06, mit Anmerkung *Gabriel* VergabeR 2007, 630.
[19] Statt vieler: BGH Beschl. v. 15.7.2008, X ZB 17/08; OLG Düsseldorf Beschl. v. 19.12.2007, VII-Verg 51/07, mit Anmerkung *Amelung/Dörn* VergabeR 2008, 84; *Gabriel/Weiner* NZS 2009, 422; *Dreher/Hoffmann* NZBau 2009, 273; *Burgi* NZBau 2008, 480, 483; *Byok/Csaki* NZS 2008, 402, 403; zusammenfassend *Goodarzi/Jansen* NZS 2010, 427
[20] EuGH Urt. v. 11.6.2009, Rs. C-300/07– Oymanns, Rn. 51 ff., mit Anmerkung *Kingreen* NJW 2009, 2417. Hierzu auch *Esch* MPR 2009, 149; *Hamann* PharmR 2009, 509.
[21] VK Bund Beschl. v. 12.11.2009, VK 3–193/09; VK Bund Beschl. v. 19.11.2008, VK 1–126/08; *Gabriel* NZS 2007, 344, 345.
[22] EuGH Urt. v. 11.6.2009, Rs. C-300/07 – Oymanns, Rn. 52 ff, mit Anmerkung *Kingreen* NJW 2009, 2417.
[23] Ebenso Generalanwalt *Mazák* Schlussanträge v. 16.12.2009, C-300/07 – Oymanns, Rn. 45 ff.; LSG Nordrhein-Westfalen Beschl. v. 28.4.2009, L 21 KR 40/09 SFB; LSG Baden-Württemberg Beschl. v. 28.10.2008, L 11 KR 4810/08 ER-B; VK Düsseldorf Beschl. v. 31.10.2007, VK-31/2007-L.
[24] BT-Drs. 16/10609, 52 und 66.

Ansicht des Gesetzgebers wird das je nach Vertragstyp unterschiedlich zu beantworten sein.[25]

Gemäß § 99 Abs. 1 GWB sind öffentliche Aufträge entgeltliche Verträge von öffentlichen Auftraggebern mit Unternehmen über die Beschaffung von Leistungen, die Liefer-, Bau- oder Dienstleistungen zum Gegenstand haben, Baukonzessionen und Auslobungsverfahren, die zu Dienstleistungsaufträgen führen sollen. **11**

Im Rahmen der Beschaffungen von Krankenkassen ist insbesondere die **Entgeltlichkeit** der Verträge mit den Leistungserbringern **problematisch**. Zum einen könnte es sich in manchen Konstellationen um Dienstleistungskonzessionen handeln, bei denen ein Entgelt durch das exklusive Recht zur wirtschaftlichen Verwertung einer Dienstleistung ersetzt und damit ein wesentliches Merkmal des öffentlichen Auftrags nicht gegeben ist.[26] Zum anderen kann es an einer Entgeltlichkeit fehlen, wenn – wie etwa beim Abschluss von Rabattverträgen – nicht auf der Hand liegt, wie die letztendliche Abgabe- bzw. Abnahmeentscheidung des Apothekers bzw. des Versicherten ausfallen wird. Denn hier haben Krankenkassen als Auftraggeber anders als bei herkömmlichen Rahmenvereinbarungen nach § 4 EG VOL/A in der Regel keinen unmittelbaren Einfluss darauf, ob, wann bzw. in welchem Umfang die Einzelabrufe getätigt werden.[27] Vielmehr werden die Einzelabrufe durch die allgemeine Morbidität und die Verordnungsentscheidung des Arztes sowie (gegebenenfalls) die Substitutionsentscheidung des Apothekers bestimmt. Das stellt einen bedeutsamen Unterschied zu sonstigen Rahmenvereinbarungen im Sinne von § 4 EG VOL/A dar, bei denen über die in Anspruchnahme des Auftragnehmers allein der öffentliche Auftraggeber entscheidet. In der **Entscheidungspraxis der Nachprüfungsinstanzen** haben sich teilweise verschiedene **Kriterien/Hilfserwägungen** herausgebildet, die gerade diese besondere **Prognoseunsicherheit bei Leistungsbeziehungen im Rahmen der GKV** abbilden und bei deren Vorliegen die Entgeltlichkeit der Gegenleistung trotz fehlenden Einflusses der Krankenkasse auf den Einzelabruf bejaht wird. So hängt die Bejahung der Entgeltlichkeit einer Rabattvereinbarung gemäß § 130a Abs. 8 SGB V davon ab, ob (bzw. wie sehr) der Abschluss des Vertrags die Wahrscheinlichkeit erhöht, dass vergütungspflichtige Lieferleistungen des pharmazeutischen Unternehmers tatsächlich realisiert werden, so dass bereits der Vertragsabschluss als solcher einen wirtschaftlichen Mehrwert (oder jedenfalls einen tatsächlichen Wettbewerbsvorteil[28]) für den Auftragnehmer begründet. Das ist insbesondere dann der Fall, wenn dem Rabattvertrag eine sog. **Steuerungs-/Lenkungswirkung** zugunsten des Absatzes bzw. der Inanspruchnahme der Leistung zukommt.[29] **12**

---

[25] BT-Drs. 16/10609, 52 und 66. Vgl. dazu auch den Überblick bei *Kaltenborn* GesR 2011, 1.

[26] Für Verträge der integrierten Versorgung hat der EuGH das Vorliegen einer Dienstleistungskonzession verneint, EuGH Urt. v. 11.6.2009, Rs. C-300/07– Oymanns, Rn. 75, mit Anmerkung *Kingreen* NJW 2009, 2417.

[27] *Weiner* GesR 2010, 237, 240. Dazu auch OLG Düsseldorf Beschl. v. 24.11.2011, VII-Verg 62/11, mit Anmerkung *Gabriel* VergabeR 2012, 490, zu sog. Mehr-Partner-Rabattvereinbarungen und deren Vereinbarkeit mit § 4 EG Abs. 5 lit. a) VOL/A. Vgl. hierzu § 70 Rn. 63 ff.

[28] Dazu § 70 Rn. 7 ff.

[29] OLG Düsseldorf Beschl. v. 19.12.2007, VII-Verg 51/07, mit Anmerkung *Amelung/Dörn* VergabeR 2008, 84; OLG Düsseldorf Beschl. v. 23.5.2007, VII-Verg 50/06, mit Anmerkung *Gabriel* VergabeR 2007, 630; VK Bund Beschl. v. 22.8.2008, VK 2–73/08; VK Bund Beschl. v. 15.11.2007, VK 2–102/07; VK Düsseldorf Beschl. v. 31.10.2007, VK 31/2007-L; *Gabriel* NZS 2007, 344, 348.

II. Besondere Berücksichtigung des Versorgungsauftrags der gesetzlichen Krankenkassen

13 Gemäß § 69 Abs. 2 Satz 3 SGB V aF. war bei der Anwendung der in § 69 Abs. 2 SGB V genannten Vorschriften, also auch der Anwendung des EU/GWB-Vergaberechts, der Versorgungsauftrag der gesetzlichen Krankenkassen besonders zu berücksichtigen.[30] Der Versorgungsauftrag der Krankenkassen ist auf eine qualitativ ordnungsgemäße und wirtschaftliche Versorgung der Versicherten ausgerichtet.[31] Im Zusammenhang mit Arzneimittelrabattverträgen beispielsweise beinhaltet der Versorgungsauftrag die Versorgung von Patienten mit Arzneimitteln für die Krankenbehandlung (§§ 2 Abs. 1 und Abs. 2, 27 Abs. 1 Satz 2 Nr. 3, 31 SGB V).

14 Der Gesetzgeber hat nicht geregelt, wie der Versorgungsauftrag bei der Anwendung des Vergaberechts konkret berücksichtigt werden soll. Auch die Gesetzesbegründung verschafft keine Klarheit darüber, wie sich der Gesetzgeber die besondere Berücksichtigung des Versorgungsauftrages bei der Ausgestaltung der Vergabeverfahren vorstellt: *„Sowohl die Vergabekammern als auch die Landessozialgerichte haben im Vergabenachprüfungsverfahren darauf zu achten, dass [die] Verpflichtung zur Sicherung medizinisch notwendiger, aber auch wirtschaftlicher Versorgung aller Versicherten nicht gefährdet wird. Im Hinblick auf den Abschluss von Rabattverträgen mit Arzneimittelherstellern ist z. B. zu berücksichtigen, dass der Gesetzgeber den Krankenkassen ausdrücklich die Möglichkeit eingeräumt hat, die Arzneimittelversorgung durch Abschluss derartiger Verträge wirtschaftlicher und effizienter zu gestalten. Darüber hinaus sind bei der Anwendung der vergaberechtlichen Vorschriften auch sonstige Versorgungsaspekte zu berücksichtigen, im Zusammenhang mit dem Erfordernis flächendeckender Versorgungsstrukturen etwa auch die Praktikabilität einer Vielzahl von Einzelverträgen.‘'*[32]

15 Die Rechtsprechung des EuGH in der Rechtssache „Oymanns" macht deutlich, dass die **Berücksichtung des Versorgungsauftrages jedenfalls nicht zu einem Ausschluss der Anwendbarkeit des Vergaberechts führen** darf. Es ist daher allenfalls eine sozialrechtliche Konkretisierung der Bereiche denkbar,[33] in denen das Vergaberecht den öffentlichen Auftraggebern einen Ermessensspielraum zugesteht. Das kann beispielsweise bei der Ausgestaltung der Leistungsbeschreibung, der angemessenen Losaufteilung oder bei der Anzahl von Verhandlungs-/Rahmenvertragspartnern der Fall sein. Dabei darf diese Konkretisierung der Anwendbarkeit des Vergaberechts nicht zu einer Ausschaltung, Umgehung oder Aushöhlung der europarechtlich vorgegebenen vergaberechtlichen Grundsätze der Transparenz, Nichtdiskriminierung und Gleichbehandlung führen.[34]

16 Zwar wurde der Versorgungsauftrag der gesetzlichen Krankenkassen von den vergaberechtlichen Nachprüfungsinstanzen bereits in verschiedenen Entscheidungen herangezogen. Dennoch bleiben die Auswirkungen für Vergabeverfahren **noch immer schwer prognostizierbar**.[35] Die VK Bund hat zB. bislang auf den Versorgungsauftrag der Krankenkassen Bezug genommen, um den Bietern bestimmte Unwägbarkeiten zuzumuten, um den Zuschnitt von Losbildungen zu rechtfertigen, und um einen vorzeitigen Zuschlag gemäß § 115 Abs. 1 GWB zu gestatten. Alle diese Entscheidungen betrafen Rabattverträge nach § 130a Abs. 8 SGB V.

---

[30] Hierzu eingehend *Säcker/Kaeding* MedR 2012, 15, 19 f.; *Weiner* in Willenbruch/Wieddekind, § 69 SGB V Rn. 21 ff.; *Becker/Kingreen* NZS 2010, 417.
[31] Vgl. *Hencke* in Peters, Handbuch der Krankenversicherung, 2009, § 69 SGB V Rn. 11b.
[32] BT-Drs. 16/10609, 53.
[33] *Kamann/Gey* PharmR 2009, 114, 116; *Otting* NZBau 2010, 734, 737.
[34] Vgl. *Kamann/Gey* PharmR 2009, 114, 116; *Willenbruch* PharmR 2009, 111, 113 f.
[35] Zur Heranziehung des Versorgungsauftrags als Auslegungsregel im Wettbewerbs- und Kartellrecht *Säcker/Kaeding* MedR 2012, 15, 19 f.

So verwies die VK Bund auf den Versorgungsauftrag der Krankenkassen, um zu recht- 17
fertigen, weshalb Bietern **Unwägbarkeiten hinsichtlich der zu erwartenden Absatzmenge** und damit hinsichtlich der Kalkulation der Angebote zugemutet werden könnten.[36] Diese Unwägbarkeiten lägen in der Natur sozialrechtlicher Rabattverträge und seien den Bietern damit auch ohne Gewährung eines Ausgleichs zuzumuten. Das folge aus dem Versorgungsauftrag der gesetzlichen Krankenkassen. Da die Bieter von der Lenkungswirkung eines Rabattvertrages wirtschaftlich profitierten, sei es auch gerechtfertigt, dass sie einen Teil der sich aus den sozialrechtlichen Besonderheiten ergebenden Unsicherheiten und Unwägbarkeiten tragen.

In einem anderen Fall verneinte die VK Bund die Vergaberechtskonformität eines 18
Auswahlmechanismus bei Rahmenrabattverträgen mit mehreren Vertragspartnern, der ausschließlich auf sozialrechtlichen Regelungen (dem Rahmenvertrag zwischen den Spitzenverbänden der Krankenkassen und dem deutschen Apothekerverband über die Arzneimittelversorgung nach § 129 Abs. 2 SGB V) beruhte und dem Apotheker die Auswahl zwischen den Rahmenvertragspartnern überließ.[37] Denn damit sei es für die Bieter nicht einschätzbar, wie sich das Gesamtvolumen auf die drei Rabattvertragspartner verteilen wird. Diese Kalkulationsunsicherheit könne auch nicht mit dem Versorgungsauftrag der gesetzlichen Krankenkassen gerechtfertigt werden. Das LSG Nordrhein-Westfalen hat im gleichen Fall jedoch hervorgehoben, dass der **Versorgungsauftrag zu beachten** sei, wenn gesetzliche und kollektivvertragliche Regelungen zur Arzneimittelversorgung anhand des Vergaberechts überprüft werden.[38] Vor diesem Hintergrund bejahte das **LSG Nordrhein-Westfalen** abweichend von der VK Bund die Vergaberechtskonformität der Rahmenrabattvertragskonstellation.[39] Es sei sozialrechtlich erforderlich, dass dem Apotheker ein von seiner Fachkunde geleitetes Wahlrecht bei der Medikamentenausgabe zustehe, denn ohne dieses Wahlrecht werde der Versorgungsanspruch der Versicherten modifiziert. Eine solche Modifikation des Versorgungsanspruchs durch das Vergaberecht sei mit § 69 Abs. 2 Satz 3 SGB V (aF.) jedoch nicht zu vereinbaren. In ähnlicher Weise hat das zwei Jahre später mit derselben Rechtsfrage angerufene **OLG Düsseldorf** den Umstand, dass bei Arzneimittel-Rahmenrabattvereinbarungen mit mehreren Vertragspartnern auf Auftragnehmerseite (im sog. Drei-Partner-Modell) die von § 4 EG Abs. 5 lit. a) VOL/A geforderte Angabe aller Bedingungen für die Vergabe der Einzelaufträge aufgrund der freien Apothekerwahlrechts zwischen mehreren rabattbegünstigten Arzneimitteln gemäß § 4 Abs. 2 S. 5 des Rahmenvertrages nach § 129 Abs. 2 SGB V durch eine ausschreibende Krankenkasse nicht geleistet werden kann, unter Bezugnahme auf den GKV-Versorgungsauftrag, der zum Entscheidungszeitpunkt bereits nicht mehr ausdrücklich im SGB V erwähnt war, für unschädlich gehalten.[40]

Auch im Zusammenhang mit der Frage der **Rechtmäßigkeit eines** von der ausschrei- 19
benden Krankenkasse **gewählten Gebietsloszuschnitts** hat die VK Bund Bezug auf den Versorgungsauftrag der gesetzlichen Krankenkassen genommen und die Anknüpfung an

---

[36] Hierzu VK Bund Beschl. v. 3.8.2009, VK 3–145/09; VK Bund Beschl. v. 28.7.2009, VK 3–142/09.
[37] So alle drei Vergabekammern des Bundes: VK Bund Beschl. v. 28.7.2009, VK 3–142/09; VK Bund Beschl. v. 19.5.2009, VK 2–15/09; VK Bund Beschl. v. 3.7.2009, VK 1–107/09; VK Bund Beschl. v 8.6.2011, VK 2–58/11. Hierzu ausführlicher § 70 Rn. 63 ff.
[38] LSG Nordrhein-Westfalen Beschl. v. 3.9.2009, L 21 KR 51/09 SFB. Vgl. zu der Kontroverse zwischen der VK Bund und dem LSG Nordrhein-Westfalen ausführlich *Meyer-Hofmann/Weng* PharmR 2010, 324.
[39] Zustimmend *Meyer-Hofmann/Weng* PharmR 2010, 324, 327.
[40] OLG Düsseldorf Beschl. v. 24.11.2011, VII-Verg 62/11, mit Anmerkung *Gabriel* VergabeR 2012, 490. Die Vorinstanz VK Bund Beschl. v 8.6.2011, VK 2–58/11 blieb trotz anderslautender Entscheidung des LSG Nordrhein-Westfalen weiterhin bei ihrer bereits 2009 geäußerten Rechtsansicht der Vergaberechtswidrigkeit.

die Gebiete einzelner Landesverbände gebilligt.[41] Aus § 130a Abs. 8 SGB V ergebe sich der gesetzgeberische Auftrag, Kosteneinsparungen zu realisieren, weil die finanzielle Stabilität der gesetzlichen Krankenversicherung Grundlage für den Systemerhalt sei und damit Gemeinwohlaufgabe von hohem Rang. Nennenswerte Rabatte würden von den pharmazeutischen Unternehmern jedoch nur dann angeboten, wenn auch ein gewisses Nachfragevolumen vorliege. Das sei bei der Losbildung durch die gesetzlichen Krankenversicherungen zu berücksichtigen.[42]

20 Schließlich hat die VK Bund den Versorgungsauftrag der gesetzlichen Krankenkassen zur **Rechtfertigung einer vorzeitigen Zuschlagsgestattung gemäß § 115 Abs. 1 GWB** herangezogen.[43] Krankenkassen seien bei der Mittelverwaltung an die Gebote der Wirtschaftlichkeit (§ 12 SGB V) und Beitragsstabilität (§ 71 SGB V) gebunden. Das sei unter anderem Grund für die Ermächtigung zum Abschluss von Rabattverträgen gemäß § 130a Abs. 8 SGB V gewesen. Daher sei es ausnahmsweise geboten, vom Zuschlagsverbot des § 115 Abs. 1 GWB abzuweichen und einen vorzeitigen Zuschlag zuzulassen. Denn ohne den baldigen Vertragsabschluss drohe der Krankenkasse ein erheblicher Verlust im Hinblick auf die vorgesehenen Einsparungen, die mit dem ausgeschriebenen Rabattvertrag realisiert werden sollten. Nur so könne die finanzielle Stabilität der Krankenkasse und damit auch die Erfüllung ihres Versorgungsauftrags sichergestellt werden. Diese Entscheidung der VK Bund wurde allerdings anschließend völlig zutreffend vom LSG Nordrhein-Westfalen aufgehoben und das ursprüngliche Zuschlagsverbot wieder in Kraft gesetzt.[44]

21 § 69 Abs. 2 Satz 3 SGB V aF. stellte einen europarechtlich äußerst zweifelhaften Fremdkörper im Vergaberecht dar. Die zu dieser Vorschrift ergangene Rechtsprechung lässt eine einheitliche Linie vermissen. Zu unterschiedlich sind die Konstellationen, in denen auf den Versorgungsauftrag der gesetzlichen Krankenkassen Bezug genommen wird, und die Konsequenzen, die aus der Berücksichtigung des Versorgungsauftrages der gesetzlichen Krankenkassen für das Vergabeverfahren gezogen werden. Für die Anwendung des Vergaberechts im Bereich des SGB V folgt hieraus eine beträchtliche **Rechtsunsicherheit** und **schwer prognostizierbare Verfahrensausgänge**. Zwar wurde die Vorschrift durch das AMNOG ersatzlos gestrichen. Allerdings wollte der Gesetzgeber die Nachprüfungsinstanzen damit nicht davon befreien, den Versorgungsauftrag zu berücksichtigen.[45] In der Gesetzesbegründung heißt es hierzu: „*Satz 3 ist entbehrlich und daher zu streichen. Die Kartellbehörden haben bei der Anwendung der Missbrauchsvorschriften des GWB im Rahmen der Prüfung der Tatbestandsvoraussetzungen und bei einer möglichen sachlichen Rechtfertigung eine umfassende Würdigung des Sachverhaltes vorzunehmen, der auch den Versorgungsauftrag der gesetzlichen Krankenkassen einschließt. Gleiches gilt für das Vergaberecht. Jede Krankenkasse hat bei der Erteilung eines Zuschlages zu überprüfen, ob sie ihre Aufgabe, die Versorgung der Versicherten sicherzustellen, durch den ausgewählten Anbieter sicherstellen kann. Die zuständigen Stellen (Vergabekammern, Oberlandesgerichte) haben im Rahmen des Vergabenachprüfungsverfahrens diese besondere Aufgabe der gesetzlichen Krankenkassen zu berücksichtigen.*"[46]

---

[41] VK Bund Beschl. v. 27.3.2009, VK 3–46/09; VK Bund Beschl. v. 23.1.2009, VK 3–194/08.
[42] VK Bund Beschl. v. 27.3.2009, VK 3–46/09.
[43] VK Bund Beschl. v. 16.2.2009, VK 3–203/08-Z.
[44] LSG Nordrhein-Westfalen Beschl. v. 19.2.2009, L 21 KR 16/09 SFB.
[45] Ebenso OLG Düsseldorf Beschl. v. 24.11.2011, VII-Verg 62/11, mit Anmerkung *Gabriel* VergabeR 2012, 490: „*Daraus folgt, dass die Streichung des Satzes 3 keine inhaltliche Änderung mit sich brachte*".
[46] BT-Drs. 17/2413, 27.

III. Rechtsschutz bei vergaberechtlichen Streitigkeiten im Bereich des SGB V

Die seit dem In-Kraft-Treten des AMNOG geltende Verweisung in § 69 Abs. 2 Satz 4 SGB V auf sämtliche Vorschriften des Vierten Teils des GWB hat (zusammen mit dem neuen § 51 Abs. 3 SGG) zur Folge, dass für vergaberechtliche Streitigkeiten im Bereich des SGB V in der ersten Instanz die Vergabekammern und die Vergabesenate der Oberlandesgerichte in der zweiten Instanz zuständig sind.[47]

Nach der bis dahin geltenden Fassung waren in der zweiten Instanz abweichend von der Regelung in § 116 GWB gemäß § 142a Abs. 1 SGG aF. noch die Landessozialgerichte zur Entscheidung über die sofortige Beschwerde berufen. Diese Zersplitterung des Rechtweges hatte Auswirkungen auf die Kosten des Vergabenachprüfungsverfahrens im Gesundheitssektor. Denn gemäß § 52 Abs. 4 GKG gilt für Verfahren vor den Gerichten der Sozialgerichtsbarkeit eine Streitwerthöchstgrenze von 2,5 Mio. Euro. Das führte in Ansehung der bei Vergabeverfahren im Bereich des SGB V vergleichsweise hohen Auftragswerten zu einer spürbaren Begrenzung der Kosten. Allerdings fehlte bis zuletzt eine entsprechende Regelung für das erstinstanzliche Verfahren vor der Vergabekammer. Dort greift für den Streitwert die Höchstgrenze des § 22 Abs. 2 RVG. Danach darf der Streitwert, auf dessen Grundlage die Anwaltsgebühren kalkuliert werden, in einer Angelegenheit 30 Mio. Euro nicht überschreiten. Das hatte zur Folge, dass die Anwaltsgebühren, die für das erstinstanzliche Verfahren vor den Vergabekammern anfallen unverhältnismäßig höher ausfallen konnten, als die für das zweitinstanzliche Verfahren vor den Landessozialgerichten. Diese Kostendivergenz und die Zweiteilung des Rechtsweges hat sich durch die Neufassung des § 69 Abs. 2 SGB V, § 51 Abs. 3 SGG und der alleinigen Zuständigkeit der Vergabekammern und Oberlandesgerichte für zukünftige Verfahren erledigt.

Geblieben ist es aber bei einer weiteren äußerst praxisrelevanten Besonderheit hinsichtlich der Kosten von Vergabenachprüfungsverfahren im Bereich des SGB V. Diese ergibt sich aus dem Umstand, dass aufgrund der **hohen Anzahl an (Fach-)Losen – so im Fall wirkstoffbezogener Generikarabattvertragsausschreibungen – eine besonders hohe Zahl Beizuladender** existieren kann.[48] Dabei hat seit der Neufassung des § 128 Abs. 4 GWB durch das Gesetz zur Modernisierung des Vergaberechts vom 20. 4. 2009 jeder Beigeladene einen Aufwendungserstattungsanspruch gegen den Antragsteller, und zwar auch für den Fall der Rücknahme des Nachprüfungsantrages. Daraus kann sich **für den Antragssteller** eines Vergabenachprüfungsantrags **ein unüberschaubares und hohes Kostenrisiko** ergeben.[49] Das besteht insbesondere dann, wenn die Antragstellung zu einem Zeitpunkt im Vergabeverfahren erfolgt, in dem noch keine Beigeladenen existieren, weil die für den Zuschlag vorgesehenen Bieter noch nicht feststehen.[50] Wegen der 15-Tagesfrist in § 107 Abs. 3 Satz 1 Nr. 4 GWB ist der Bieter gezwungen, einen Nachprüfungsantrag zügig einzulegen, um seine Rechte zu wahren. Die Einreichung eines Nachprüfungsantrags hindert den öffentlichen Auftraggeber aber nicht daran, das Verfahren jedenfalls bis zur Mitteilung der beabsichtigten Zuschlagserteilung fortzuführen. Sobald aber die Bieter die Vorabinformation über den beabsichtigten Ausgang des Vergabeverfahrens erhalten haben, kann sich die **Anzahl der Beizuladenden** signifikant erhöhen. Es ist sogar denkbar, dass ein in der ersten Instanz obsiegender Antragsteller sich nach sofortiger Beschwerde des Antragsgegners erst in der zweiten Instanz zahlreichen Beigeladenen gegenüber sieht, deren Teilnahme für ihn bei Antragstellung **nicht vorhersehbar** war. Ein solch unkalkulierbares hohes Kostenrisiko kann sich abschreckend

---

[47] Vgl. dazu *Gabriel* in MüKoBeihVgR, Anlage zu § 98 Nr. 4 GWB Rn. 100.
[48] Hierzu ausführlich: *Gabriel/Weiner* NZS 2010, 423, 426.
[49] *Gabriel/Weiner* NZS 2010, 423, 426.
[50] *Gabriel/Weiner* NZS 2010, 423, 427.

auf potentielle Antragsteller auswirken. Dadurch wird der **effektive Rechtschutz im Vergabenachprüfungsverfahren erheblich beeinträchtigt.** Ob das noch mit den Maßgaben der europäischen Rechtsmittelrichtlinie zu vereinbaren ist, erscheint fraglich. Eine mit den bestehenden gesetzlichen Rahmenbedingungen praktikable Lösung könnte darin bestehen, einem Antragsteller die Möglichkeit einzuräumen, kostenneutral auf anstehende Beiladungen zu reagieren. Dazu müsste die Nachprüfungsinstanz vor einem förmlichen Beiladungsbeschluss den Antragsteller informieren und diesem so die Möglichkeit zu einer erstmaligen realistischen Berechnung des Prozesskostenrisikos geben und damit verbunden die Möglichkeit zur Rücknahme noch vor Beiladung einräumen.[51] Die **Vergabekammern des Bundes** haben demgegenüber derweil zu einem für Antragsteller eines Nachprüfungsverfahrens (noch) vorteilhafteren Lösungsweg gefunden, indem im Fall einer Zurückweisung des Nachprüfungsantrags **keine Kostenerstattung zugunsten etwaiger Beigeladener** erfolgt. Die 3. Vergabekammer des Bundes hat das mit der Erwägung begründet, dass Beigeladene keine Kostenerstattung erhalten, sofern sich der Antragsteller eines Nachprüfungsverfahrens **nicht vorrangig in Interessenkonflikt** zu den Beigeladenen setzt.[52] Das sei dann der Fall, wenn sich der Antragsteller nicht gegen die Zuschlagserteilung an die Beigeladenen wendet, sondern gegen die Ausschreibung als solche. Bislang war diese Vergabekammerrechtsprechung – soweit ersichtlich – noch nicht Gegenstand einer Entscheidung des OLG Düsseldorf.

C. Entsprechende Geltung des Kartellrechts

25   Gemäß § 69 Abs. 2 Satz 1 SGB V gelten die §§ 1 bis 3, 19 bis 21, 32 bis 34a und 48 bis 95 GWB für die in § 69 Abs. 1 SGB V genannten Rechtsbeziehungen der gesetzlichen Krankenkassen entsprechend. Es handelt sich um eine teilweise Rechtsgrundweisung.[53] Die „entsprechende" Geltung der genannten kartellrechtlichen Vorschriften resultiert aus dem Umstand, dass die deutschen gesetzlichen Krankenkassen – wohl – keine Unternehmen im Sinne des europäischen Kartellrechts darstellen.[54] Unter Zugrundelegung dieser Annahme bedurfte es einer ausdrücklichen Anwendbarkeitsanordnung. Aufgrund dieser nationalrechtlichen Verweisungen können die Krankenkassen zwar nach wie vor nicht als Unternehmen angesehen werden.[55] Für die kartellrechtliche Regulierung der Beschaffungen durch die Krankenkassen ist die Unternehmereigenschaft im vorgenannten Umfang zu unterstellen. Die übrigen Tatbestandsvoraussetzungen bleiben jeweils zu prüfen.[56]

26   Rechtspolitischer Hintergrund der Anwendbarkeit des Kartellrechts war, dass die Krankenkassen, insbesondere nach Zusammenschlüssen oder bei gemeinsamen Beschaffungen, über eine beträchtliche Marktmacht verfügen können. Zu deren Begrenzung hatte der Gesetzgeber zunächst durch das GKV-WSG vom 1.4.2007 auf die Vorschriften der §§ 19 bis 21 GWB verwiesen, die die verschiedenen Varianten des Missbrauchs marktstarker Unternehmen oder Unternehmensvereinigungen verbieten. Erst durch das AMNOG hat der Gesetzgeber auch auf weitere Vorschriften des Kartellrechts Bezug genommen und verbietet den gesetzlichen Krankenkassen damit insbesondere wettbewerbsbeschränkende

---

[51] *Gabriel/Weiner* NZS 2010, 423, 427.
[52] VK Bund Beschl. v. 4.8.2011, VK 3-44/11; VK Bund Beschl. v. 4.8.2011, VK 3-38/11.
[53] *Säcker/Kaeding* MedR 2012, 15, 17; *Jansen/Johannsen* PharmR 2010, 576, 577; *Weiner* in Willenbruch/Wieddekind, § 69 SGB V Rn. 12.
[54] Vgl. EuGH Urt. v. 16.3.2004, Rs. C-264/01 – AOK Bundesverband u.a., Rn. 64f.; hierzu *Holzmüller* NZS 2011, 485, 486; *Hoffmann* WuW 2011, 472, 473ff.; *Jansen/Johannsen* PharmR 2010, 576f.; *Becker/Schweitzer*, NJW 2014, 270, 271f.; a.A. *Kersting/Faust* WuW 2011, 6ff.
[55] *Hencke* in Peters, Handbuch der Krankenversicherung, 2009, § 69 SGB V Rn. 11a; *Engelmann* in jurisPK-SGB V, 2009, § 69 SGB V Rn. 85f.; *Säcker/Kaeding* MedR 2012, 15.
[56] *Baier* MedR 2011, 345, 347; *Bartram/Broch* PharmR 2008, 5,8; *Badtke* WuW 2007, 726, 729; *Gassner* NZS 2007, 281, 283.

Abreden im Sinne des § 1 GWB.[57] In der Begründung zum Gesetzesentwurf führte die Bundesregierung aus: *„Mittlerweile sind Krankenkassen vielfach dazu übergegangen, gemeinsam Verträge abzuschließen. Beispiel hierfür sind gemeinsame Ausschreibungen der Allgemeinen Ortskrankenkassen im Bereich der Rabattverträge in der Arzneimittelversorgung nach § 130a Abs. 8. Da derartige Praktiken von Krankenkassen bei Vertragsabschlüssen von den §§ 19 bis 21 GWB nicht erfasst werden, ist es erforderlich, die Geltungsanordnung des Kartellverbots zu regeln. Die entsprechende Anwendung des § 1 GWB wird daher künftig in den § 69 aufgenommen. Die §§ 2 und 3 GWB, die Freistellungen vom Kartellverbot vorsehen, gelten ebenfalls entsprechend. Die entsprechende Geltung der §§ 1 bis 3 GWB stellt sicher, dass das Kartellrecht als Ordnungsrahmen umfassend auf die Einzelvertragsbeziehungen zwischen Krankenkassen und Leistungserbringern Anwendung findet und es auf Nachfrager-, aber auch auf Anbieterseite zu keinen unerwünschten, einer wirtschaftlichen Versorgung abträglichen Konzentrationsprozessen kommt (Kartellabsprachen und Oligopolbildung)."*[58]

I. Berücksichtigung kartellrechtlicher Verstöße des Auftraggebers im Vergabenachprüfungsverfahren

Die Frage nach dem zulässigen **Rechtsweg für die Überprüfung der kartellrechtlichen Vorschriften** war lange Zeit streitbefangen. Nach einer bisher in der Rechtsprechung weit verbreiteten Ansicht dürfen kartellrechtliche Vorschriften nicht von den vergaberechtlichen Nachprüfungsinstanzen überprüft werden.[59] Die Prüfung solle **trotz der Rechtswegkonzentration gemäß § 104 Abs. 2 GWB nicht in Nachprüfungsverfahren** erfolgen. Das ergebe sich aus den §§ 107 Abs. 2 Satz 1, 97 Abs. 7 GWB. Danach ist im Nachprüfungsverfahren zu prüfen, ob der Auftraggeber die Bestimmungen über das Vergabeverfahren einhält. Hierzu gehörten die kartellrechtlichen Vorschriften des GWB jedoch nicht, weil sich diese Normen auf Verstöße außerhalb eines Vergabeverfahrens bezögen.[60] Zudem stünden kartellrechtliche Prüfungen in einem *„eindeutigen Zielkonflikt"*[61] mit dem Beschleunigungsgrundsatz des § 113 GWB. Umfangreiche kartellrechtliche

27

---

[57] Zu § 69 Abs. 2 SGB V und dessen Novellierung durch das AMNOG *Säcker/Kaeding* MedR 2012, 15 ff.; *Baier* MedR 2011, 345 ff.; *Hoffmann* WuW 2011, 472, 479 ff.; *Holzmüller* NZS 2011, 485 ff.; *Heil/Schork,* MPR 2011, 10, 11 f.

[58] BT-Drs. 17/2413, 26; vgl. auch Monopolkommission, Achtzehntes Hauptgutachten gemäß § 44 Abs. 1 Satz 1 GWB, 2010, 484 – abrufbar unter www.monopolkommission.de.

[59] So OLG Düsseldorf Beschl. v. 4.5.2009, VII-Verg 68/08; OLG Düsseldorf Beschl. v. 6.12.2004, VII-Verg 79/04; OLG Düsseldorf Beschl. v. 22.5.2002 sowie 10.4.2002, VII-Verg 6/02; LSG Nordrhein-Westfalen Beschl. v. 22.7.2010, L 21 KR 152/10 SFB; LSG Nordrhein-Westfalen Beschl. v. 8.10.2009, L 21 KR 44/09 SFB; LSG Nordrhein-Westfalen Beschl. v. 15.4.2009, L 21 KR 37/09 SFB; LSG Nordrhein-Westfalen Beschl. v. 9.4.2009, L 21 KR 29/09 SFB; LSG Nordrhein-Westfalen Beschl. v. 26.3.2009, L 21 KR 26/09 SFB, mit Anmerkung *Ulshöfer* VergabeR 2009, 931, 932; LSG Nordrhein-Westfalen Beschl. v. 30.1.2009, L 21 KR 1/08; LSG Baden-Württemberg Beschl. v. 23.1.2009, L 11 WB 5971/08, mit Anmerkung *Gabriel* VergabeR 2009, 465; VK Bund Beschl. v. 1.3.2012, VK 2–5/12; VK Bund Beschl. v. 1.2.2011, VK 3–135/10; VK Bund Beschl. v. 27.3.2009, VK 3–46/09; VK Bund Beschl. v. 22.3.2009, 3–22/09; VK Bund Beschl. v. 16.3.2009, VK 3–37/09; VK Bund Beschl. v. 23.1.2009, VK 3–194/08; VK Baden-Württemberg Beschl. v. 27.11.2008, 1 VK 52/08; VK Bund Beschl. v. 15.11.2007, VK 2–102/07; VK Düsseldorf Beschl. v. 31.10.2007, VK 31/2007-L.

[60] LSG Nordrhein-Westfalen Beschl. v. 23.4.2009, L 21 KR 36/09 SFB; ebenso OLG Düsseldorf Beschl. v. 4.5.2009, VII-Verg 68/08; LSG Nordrhein-Westfalen Beschl. v. 28.4.2009, L 21 KR 44/09 SFB; VK Bund Beschl. v. 1.2.2011, VK 3–135/10; VK Bund Beschl. v. 29.4.2010, VK 2–20/10; VK Nordbayern Beschl. v. 30.10.2009, 21.VK3194–32/09. Einschränkend jedoch nunmehr VK Bund Beschl. v. 1.3.2012, VK 2–5/12.

[61] VK Bund Beschl. v. 23.1.2009, VK 3–194/08; ebenso VK Bund Beschl. v. 27.3.2009, VK 3–46/09; VK Bund Beschl. v. 29.1.2009, VK 3–200/08; VK Bund Beschl. v. 12.12.2008, VK 2–136/08.

Markterhebungen seien im Rahmen eines Nachprüfungsverfahrens nicht zu leisten.[62] Diese Vorgehensweise der Rechtsprechung – Ablehnung der Prüfungskompetenz der vergaberechtlichen Nachprüfungsinstanzen für Kartellrechtsverstöße – **führt zu einer äußerst bedenklichen Rechtsschutzerschwerung.**[63] Richtigerweise sollten die vergaberechtlichen Nachprüfungsinstanzen bei der Überprüfung der Vergabeverfahren der gesetzlichen Krankenkassen auch das Kartellrecht beachten. Es kann keine Rolle spielen, ob die Prüfung kartellrechtlicher Verstöße im Einzelfall für die Vergabekammern schwierig ist, weil sie die Beschäftigung mit ggf. neuen Rechtsbereichen und die Erforschung komplexer Sachverhalte erfordert. § 113 Abs. 1 GWB, der eine Entscheidung der Vergabekammer innerhalb von fünf bis sieben Wochen vorgibt, steht dem nicht entgegen. Diese Vorschrift trifft keinerlei Aussage zu der sachlichen Reichweite der Prüfungskompetenz der Vergabekammer. Schon gar nicht kann ein Zielkonflikt zwischen einer kartellrechtlichen Prüfung und dem Beschleunigungsgrundsatz als Begründung für eine Beschränkung des Prüfungsstoffes herangezogen werden. Denn erstens dient der Beschleunigungsgrundsatz der zügigen Abwicklung des Vergabeverfahrens, nicht des Nachprüfungsverfahrens.[64] Das Vergabeverfahren würde aber bei weitem mehr verzögert, wenn kartellrechtliche Ansprüche nach Abschluss des Nachprüfungsverfahrens oder gar parallel hierzu in weiteren Rechtsschutzverfahren geltend gemacht werden müssten. Zum anderen steht es der Vergabekammer frei, zur effizienten materiellen Prüfung der kartellrechtlichen Normen gemäß § 5 Abs. 1 VwVfG im Wege der Amtshilfe auf die Expertise des Bundeskartellamtes zurückzugreifen. Das Einholen einer zur Entscheidung benötigten Rechtsauskunft, eines erforderlichen rechtlichen Gutachtens oder sonstiger rechtlicher Beratung stellt einen triftigen Grund für ein Amtshilfeersuchen dar.[65] Vor diesem Hintergrund hatte die VK Thüringen in einer Entscheidung aus dem Jahr 2008 dem staatlichen Umweltamt im Wege der Amtshilfe diverse materiell-rechtliche Fragen jenseits der eigenen Sach- und Fachkunde gestellt, deren (sechs Tage nach Anfrage erfolgte) Beantwortung in die Entscheidungsfindung im Nachprüfungsverfahren eingeflossen ist.[66]

28   Auch die **Gesetzgebungsgeschichte spricht dafür**, dass die Einhaltung der für die gesetzlichen Krankenkassen geltenden **kartellrechtlichen Vorschriften im Nachprüfungsverfahren** berücksichtigt werden sollen. Schon im Gesetzgebungsprozess zum GKV-WSG wurden nämlich gerade Ausschreibungen explizit als ein Fall genannt, in dem Bedarfsbündelungen gesetzlicher Krankenkassen zum kartellrechtlichen Problem werden könnten.[67] Der Gesundheitsausschuss des Bundestages begründete den Verweis auf §§ 19 bis 21 GWB damit, dass durch die Fusionsmöglichkeiten gesetzlicher Krankenkassen ein hoher Marktanteil einzelner Kassen möglich sei.[68] Um der sich daraus ergebenden Möglichkeit eines Missbrauchs einer eventuell marktbeherrschenden Stellung entgegenzuwirken, sei eine entsprechende (teilweise) Anwendung des Kartellrechts geboten. Auch die Gesetzesbegründung des GKV-OrgWG zur Neufassung des § 69 SGB V enthält den Passus, dass „*bei der Überprüfung der Abschlüsse von Verträgen der gesetzlichen Krankenkassen mit Leistungserbringern anhand der genannten GWB-Vorschriften ... **sowohl die Vergabekammern als auch die Landessozialgerichte im Vergabenachprüfverfahren*** darauf zu achten [haben], dass diese Verpflichtung ... nicht gefährdet wird*“.[69] Zu den „genannten GWB-Vorschriften" zählen die §§ 19–21 GWB. Aus diesen Gründen sollten die kartellrechtlichen Normen nicht

---

[62] VK Bund Beschl. v. 27.3.2009, VK 3–46/09; VK Bund Beschl. v. 23.1.2009 sowie 20.3.2009, VK 3–194/08; vgl. auch VK Bund Beschl. v. 1.2.2011, VK 3–135/10.
[63] Hierzu ausführlich *Gabriel* VergabeR 2009, 465.
[64] Gesetzbegründung zum Vergaberechtsänderungsgesetz, BT-Drs. 13/9340.
[65] Vgl. *Bonk/Schmitz* in Stelkens/Bonk/Sachs, VwVfG, 7. Aufl. 2008, § 5 Rn. 13.
[66] VK Thüringen Beschl. v. 15.2.2008, 001-ABG.
[67] BT-Drs. 16/3950, 15 und BT-Drs. 16/4020, 2 f.
[68] BT-Drs. 16/4247, 35. Hierzu *Gassner* NZS 2007, 281.
[69] BT-Drs. 16/10609, 53 (Hervorhebung nicht im Original).

nur auf Krankenkassen angewendet, sondern die Anwendung auch von den vergaberechtlichen Nachprüfungsinstanzen überprüft werden.[70]

Zuzugestehen ist der Gegenmeinung allerdings, dass die **wortlautgenaue Heranziehung der vergaberechtlichen Bestimmungen** in diesem Zusammenhang **Schwierigkeiten aufwirft**. Denn § 104 Abs. 2 GWB ordnet zwar die Rechtswegkonzentration für die Geltendmachung der Rechte aus § 97 Abs. 7 GWB „sowie sonstiger Ansprüche" gegen öffentliche Auftraggeber ausschließlich vor den Vergabenachprüfungsinstanzen an. Allerdings nimmt **§ 107 Abs. 2 Satz 1 GWB**, welcher die Antragsbefugnis für das Vergabenachprüfungsverfahren regelt, nur auf „Bestimmungen über das Vergabeverfahren" im Sinne von § 97 Abs. 7 GWB Bezug. Die **„sonstigen" Ansprüche gegen öffentliche Auftraggeber**, zu denen auch kartellrechtliche Ansprüche (zB. gemäß § 33 GWB) zählen, werden hier anders als in **§ 104 Abs. 2 GWB** nicht erwähnt.

Allerdings deutet sich in diesem Zusammenhang nach zwei Entscheidungen, namentlich der 2. Vergabekammer des Bundes, sowie des OLG Düsseldorf hinsichtlich der Ausschreibung einer saisonalen Influenzarabattvereinbarung nach § 132e Abs. 2 iVm. § 130a Abs. 8 SGB V, ein umfassender **Paradigmenwechsel** an.[71] Während in der erstinstanzliche Entscheidung der 2.Vergabekammer des Bundes zunächst bereits eine materiell-rechtliche Prüfung kartellrechtlicher Regelungen zumindest insoweit anerkannt wurde, als diese einen konkreten Anknüpfungspunkt zum Vergabeverfahren besitzen, „*sich also in Vorschriften des Vergabeverfahrens spiegeln*"[72], ging das **OLG Düsseldorf** in der Beschwerdeinstanz noch darüber hinaus und **bejahte** ausdrücklich die **Berücksichtigung kartellrechtlicher Verstöße des Auftraggebers**, die ohne zeitaufwändige Untersuchung einwandfrei festzustellen sind, im Rahmen eines Vergabenachprüfungsverfahrens.[73]

Diese erstmalige Anerkennung kartellrechtlicher Prüfungskompetenzen der Vergabenachprüfungsinstanzen ist vollumfänglich zu begrüßen und erscheint insbesondere auch vor dem Hintergrund des vergaberechtlichen Beschleunigungsgrundsatzes (§ 113 Abs. 1 GWB) sachdienlich. Denn dieser ist kein Selbstzweck des Nachprüfungsverfahrens. Vielmehr sollen durch ihn Investitionsblockaden effektiv vermieden werden.[74] Dafür ist die in einem einzigen Rechtsschutzverfahren **konzentrierte Geltendmachung aller gegen den öffentlichen Auftraggeber gerichteten Ansprüche**, die eine Unterlassung oder eine Handlung im Vergabeverfahren zum Gegenstand haben – gleich auf welcher Rechtsgrundlage sie beruhen – notwendig.

II. Ausnahmeklausel in § 69 Abs. 2 Satz 2 SGB V

§ 69 Abs. 2 Satz 2 SGB V bestimmt eine Ausnahme von den Verweisungen in § 69 Abs. 2 Satz 1 SGB V betreffend das Kartellrecht.[75] Danach soll § 69 Abs. 2 Satz 1 SGB V nicht für Verträge gelten, zu deren Abschluss die Krankenkassen gesetzlich verpflichtet sind. Das trifft insbesondere auf die **Kollektivverträge in der Regelversorgung** zu.[76] Das sind die öffentlich-rechtlichen Vereinbarungen, die zwischen den (Spitzen-)Verbänden der Kassen und Leistungserbringern abgeschlossen werden und flächendeckend (bundes-, lan-

---

[70] *Gabriel* VergabeR 2009, 465; *Gabriel/Weiner* NZS 2009, 422, 425.
[71] Vgl. *Schüttpelz/Dicks* in Prieß/Lau/Kratzenberg, FS Marx, 691, 702 f.
[72] Vgl. VK Bund Beschl. v. 1.3.2012, VK 2–5/12.
[73] OLG Düsseldorf Beschl. v. 27.6.2012, VII-Verg 7/12. Dazu ausführlich unten, § 71 SGB V Rn. 20 f.
[74] Gesetzbegründung zum Vergaberechtsänderungsgesetz, BT-Drs. 13/9340.
[75] Hierzu *Säcker/Kaeding* MedR 2012, 15, 17 f.
[76] *Baier* MedR 2011, 345, 346; *Holzmüller* NZS 2011, 485, 488; *Stolz/Kraus* MedR 2010, 86, 91; *Kingreen/Temizel* ZMGR 2009, 134, 137.

desweit) verbindlich sind.⁷⁷ Typische Beispiele hierfür sind die Bundesmantelverträge (§ 82 SGB V) zwischen dem Spitzenverband Bund der Krankenkassen und den Kassenärztlichen Bundesvereinigungen über die allgemeinen Grundsätze der vertragsärztlichen Versorgung, welche Bestandteil der Gesamtverträge (§ 83 SGB V) zwischen den Landesverbänden der Krankenkassen und den Kassenärztlichen Vereinigungen sind.⁷⁸ Im Bereich des Krankenhausrechts werden Kollektivverträge über die nähere Ausgestaltung der Krankenhausversorgung abgeschlossen (§ 112 SGB V).⁷⁹ Auch für den Bereich des Heil- und Arzneimittelrechts existieren Kollektivverträge (§§ 125, 129, 131, 133 SGB V).⁸⁰ Weitere Beispiele für Verträge, zu deren Abschluss die Krankenkassen gesetzlich verpflichtet sind, sind Vereinbarungen über die vertragsärztliche Versorgung §§ 72 Abs. 2, 82 Abs. 1, 2, 83–85 SGB V sowie Vereinbarungen über zahntechnische Leistungen § 88 Abs. 1, 2 SGB V.⁸¹

33 An der europarechtlichen Zulässigkeit der Ausnahme **von den kartellrechtlichen Vorschriften in § 69 Abs. 2 Satz 2 SGB V** bestehen keine Zweifel, wenn man mit der herrechenden Auffassung übereinstimmt, dass die gesetzlichen Krankenkassen keine Unternehmen im Sinne des europäischen Kartellrechts darstellen. Die kartellrechtlichen Vorschriften wären auch aus europarechtlicher Sicht auf sie nicht anwendbar, so dass der nationale Gesetzgeber frei entscheiden kann, auf welche ihrer Vertragsabschlüsse zumindest das nationale Kartellrecht anzuwenden ist.⁸²

---

⁷⁷ Monopolkommission, Achtzehntes Hauptgutachten gemäß § 44 Abs. 1 Satz 1 GWB, 2010, 449; *Säcker/Kaeding* MedR 2012, 15, 21; *Becker/Kingreen* SGB V, 2010, § 69 Rn. 14.
⁷⁸ *Säcker/Kaeding* MedR 2012, 15, 21; *Becker/Kingreen* SGB V, 2010, § 69 Rn. 15.
⁷⁹ *Becker/Kingreen* SGB V, 2010, § 69 Rn. 16.
⁸⁰ *Becker/Kingreen* SGB V, 2010, § 69 Rn. 17.
⁸¹ Vgl. *Becker/Kingreen* SGB V, 2010, § 89 Rn. 4 f.
⁸² *Gaßner/Eggert* NZS 2011, 249, 251; *Hoffmann* WuW 2011, 472, 481.

§ 67 Hausarztzentrierte und besondere ambulante ärztliche Versorgungsverträge

Übersicht

	Rn.
A. Hausarztzentrierte Versorgungsverträge	1–4
B. Vorrangiger Vertragsabschluss mit einer Gemeinschaft im Sinne von Abs. 4 Satz 1	5–14
I. Art und Anzahl möglicher Vertragspartner	6–12
II. Vertragspartnerhierarchie	13
III. Erlöschen des Kontrahierungszwanges	14
C. Vertragsabschlüsse nach § 73b Abs. 4 Satz 3 und Satz 4 SGB V	15, 16
D. Ausschreibungspflichten für hausarztzentrierte Versorgungsverträge	17–32
I. Voraussetzungen	17–25
II. Ausnahmen von der Ausschreibungspflicht	26–31
III. Sozialrechtliche Ausschreibungspflicht	32
E. Verträge zur besonderen ambulanten ärztlichen Versorgung (§ 73c SGB V)	33

SGB V: §§ 73b Abs. 1–4, 73c Abs. 1–3

§ 73b SGB V Hausarztzentrierte Versorgung

(1) Die Krankenkassen haben ihren Versicherten eine besondere hausärztliche Versorgung (hausarztzentrierte Versorgung) anzubieten.

(2) Dabei ist sicherzustellen, dass die hausarztzentrierte Versorgung insbesondere folgenden Anforderungen genügt, die über die vom Gemeinsamen Bundesausschuss sowie in den Bundesmantelverträgen geregelten Anforderungen an die hausärztliche Versorgung nach § 73 hinausgehen:
1. Teilnahme der Hausärzte an strukturierten Qualitätszirkeln zur Arzneimitteltherapie unter Leitung entsprechend geschulter Moderatoren,
2. Behandlung nach für die hausärztliche Versorgung entwickelten, evidenzbasierten, praxiserprobten Leitlinien,
3. Erfüllung der Fortbildungspflicht nach § 95d durch Teilnahme an Fortbildungen, die sich auf hausarzttypische Behandlungsprobleme konzentrieren, wie patientenzentrierte Gesprächsführung, psychosomatische Grundversorgung, Palliativmedizin, allgemeine Schmerztherapie, Geriatrie,
4. Einführung eines einrichtungsinternen, auf die besonderen Bedingungen einer Hausarztpraxis zugeschnittenen, indikatorengestützten und wissenschaftlich anerkannten Qualitätsmanagements.

(3) Die Teilnahme an der hausarztzentrierten Versorgung ist freiwillig. Die Teilnehmer verpflichten sich schriftlich gegenüber ihrer Krankenkasse, nur einen von ihnen aus dem Kreis der Hausärzte nach Absatz 4 gewählten Hausarzt in Anspruch zu nehmen sowie ambulante fachärztliche Behandlung mit Ausnahme der Leistungen der Augenärzte und Frauenärzte nur auf dessen Überweisung; die direkte Inanspruchnahme eines Kinderarztes bleibt unberührt. Der Versicherte ist an diese Verpflichtung und an die Wahl seines Hausarztes mindestens ein Jahr gebunden; er darf den gewählten Hausarzt nur bei Vorliegen eines wichtigen Grundes wechseln. Das Nähere zur Durchführung der Teilnahme der Versicherten, insbesondere zur Bindung an den gewählten Hausarzt, zu weiteren Ausnahmen von dem Überweisungsgebot und zu den Folgen bei Pflichtverstößen der Versicherten, regeln die Krankenkassen in ihren Satzungen. Die Satzung hat auch Regelungen zur Abgabe der Teilnahmeerklärung zu enthalten; die Regelungen sind auf der Grundlage der Richtlinie nach § 217 f. Absatz 4a zu treffen.

(4) Zur flächendeckenden Sicherstellung des Angebots nach Absatz 1 haben Krankenkassen allein oder in Kooperation mit anderen Krankenkassen spätestens bis zum 30. Juni 2009 Ver-

träge mit Gemeinschaften zu schließen, die mindestens die Hälfte der an der hausärztlichen Versorgung teilnehmenden Allgemeinärzte des Bezirks der Kassenärztlichen Vereinigung vertreten. Können sich die Vertragsparteien nicht einigen, kann die Gemeinschaft die Einleitung eines Schiedsverfahrens nach Absatz 4a beantragen. Ist ein Vertrag nach Satz 1 zustande gekommen oder soll ein Vertrag zur Versorgung von Kindern und Jugendlichen geschlossen werden, können Verträge auch abgeschlossen werden mit

1. vertragsärztlichen Leistungserbringern, die an der hausärztlichen Versorgung nach § 73 Abs. 1a teilnehmen,

2. Gemeinschaften dieser Leistungserbringer,

3. Trägern von Einrichtungen, die eine hausarztzentrierte Versorgung durch vertragsärztliche Leistungserbringer, die an der hausärztlichen Versorgung nach § 73 Abs. 1a teilnehmen, anbieten,

4. Kassenärztlichen Vereinigungen, soweit Gemeinschaften nach Nummer 2 sie hierzu ermächtigt haben.

Finden die Krankenkassen in dem Bezirk einer Kassenärztlichen Vereinigung keinen Vertragspartner, der die Voraussetzungen nach Satz 1 erfüllt, haben sie zur flächendeckenden Sicherstellung des Angebots nach Absatz 1 Verträge mit einem oder mehreren der in Satz 3 genannten Vertragspartner zu schließen. In den Fällen der Sätze 3 und 4 besteht kein Anspruch auf Vertragsabschluss; die Aufforderung zur Abgabe eines Angebots ist unter Bekanntgabe objektiver Auswahlkriterien auszuschreiben. Soweit die hausärztliche Versorgung der Versicherten durch Verträge nach diesem Absatz durchgeführt wird, ist der Sicherstellungsauftrag nach § 75 Abs. 1 eingeschränkt. Die Krankenkassen können den der hausarztzentrierten Versorgung zuzurechnenden Notdienst gegen Aufwendungsersatz, der pauschaliert werden kann, durch die Kassenärztlichen Vereinigungen sicherstellen lassen.

(4a)–(8) hier nicht abgedruckt.

§ 73c SGB V Besondere ambulante ärztliche Versorgung

(1) Die Krankenkassen können ihren Versicherten die Sicherstellung der ambulanten ärztlichen Versorgung durch Abschluss von Verträgen nach Absatz 4 anbieten. Gegenstand der Verträge können Versorgungsaufträge sein, die sowohl die versichertenbezogene gesamte ambulante ärztliche Versorgung als auch einzelne Bereiche der ambulanten ärztlichen Versorgung umfassen. Für die personellen und sächlichen Qualitätsanforderungen zur Durchführung der vereinbarten Versorgungsaufträge gelten die vom Gemeinsamen Bundesausschuss sowie die in den Bundesmantelverträgen für die Leistungserbringung in der vertragsärztlichen Versorgung beschlossenen Anforderungen als Mindestvoraussetzungen entsprechend.

(2) Die Versicherten erklären ihre freiwillige Teilnahme an der besonderen ambulanten ärztlichen Versorgung durch nach Absatz 3 verpflichtete Leistungserbringer, indem sie sich schriftlich gegenüber ihrer Krankenkasse verpflichten, für die Erfüllung der in den Verträgen umschriebenen Versorgungsaufträge nur die vertraglich gebundenen Leistungserbringer und andere ärztliche Leistungserbringer nur auf deren Überweisung in Anspruch zu nehmen. Der Versicherte ist an diese Verpflichtung mindestens ein Jahr gebunden. Das Nähere zur Durchführung der Teilnahme der Versicherten, insbesondere zur Bindung an die vertraglich gebundenen Leistungserbringer, zu Ausnahmen von dem Überweisungsgebot und zu den Folgen bei Pflichtverstößen der Versicherten, regeln die Krankenkassen in ihren Satzungen.

(3) Die Krankenkassen können zur Umsetzung ihres Angebots nach Absatz 1 allein oder in Kooperation mit anderen Krankenkassen Einzelverträge schließen mit

1. vertragsärztlichen Leistungserbringern,

2. Gemeinschaften dieser Leistungserbringer,

3. Trägern von Einrichtungen, die eine besondere ambulante Versorgung nach Absatz 1 durch vertragsärztliche Leistungserbringer anbieten,

4. Kassenärztlichen Vereinigungen.

Ein Anspruch auf Vertragsschluss besteht nicht. Die Aufforderung zur Abgabe eines Angebots ist unter Bekanntgabe objektiver Auswahlkriterien öffentlich auszuschreiben. Soweit die Versorgung der Versicherten durch Verträge nach Satz 1 durchgeführt wird, ist der Sicherstellungsauftrag nach § 75 Abs. 1 eingeschränkt. Die Krankenkassen können den diesen Versorgungsaufträgen zuzurechnenden Notdienst gegen Aufwendungsersatz, der pauschalisiert werden kann, durch die Kassenärztlichen Vereinigungen sicherstellen lassen.

(4) – (6) hier nicht abgedruckt.

Literatur:
Baumeister/Struß, Hippokrates als Dienstleister gemäß den Vorgaben des Europäischen Gerichtshofs – Die Vergabe von integrierten Versorgungsverträgen im Lichte des EuGH-Urteils vom 11.6.2009, Rs. C-300/07, NZS 2010, 247; *Becker*, Das Schiedsstellen-Verfahren im Sozialrecht, SGb 2003, 664; *Csaki/Freundt*, Keine Ausschreibungspflicht für Verträge über hausarztzentrierte Leistungen? – Besprechung der Entscheidung des Landessozialgerichts Nordrhein-Westfalen vom 3.11.2010, NZS 2011, 766; *Greb/Stenzel*, Die Pflicht zur Anwendung des EU-Vergaberechts im Fall von Selektivverträgen am Beispiel der besonderen ambulanten Versorgung nach § 73c SGB V, VergabeR 2012, 409; *Kingreen/Temizel*, Zur Neuordnung der vertragsärztlichen Versorgungsstrukturen durch die hausarztzentrierte Versorgung (§ 73b SGB V), ZMGR 2009, 134; *Stolz/Kraus*, Ausschreibungspflichtigkeit von Verträgen zur Hausarztzentrierten Versorgung nach § 73b Abs. 4 S. 1 SGB V, MedR 2010, 86; *Szonn*, Anmerkung zu LSG Berlin-Brandenburg, Beschluss vom 6.3.2009, L 9 KR 72/09 ER – „ambulante augenärztliche Versorgung", VergabeR 2010, 124; *Walter*, Neue gesetzgeberische Akzente in der hausarztzentrierten Versorgung, NZS 2009, 307; *Weiner*, Das Ausschreibungsregime für Verträge über die hausarztzentrierte Versorgung (§ 73b SGB V) und die besondere ambulante ärztliche Versorgung (§ 73c SGB V), GesR 2010, 237.

A. Hausarztzentrierte Versorgungsverträge

Gemäß § 73b Abs. 1 SBG V sind gesetzliche Krankenkassen verpflichtet, ihren Versicherten eine besondere hausärztliche (hausarztzentrierte) Versorgung anzubieten. Hierunter werden in erster Linie **Steuerungs- und Integrationsleistungen** verstanden. Der Hausarzt soll grundsätzlich der erste Ansprechpartner des Versicherten sein, erforderliche Überweisungen zu Fachspezialisten vornehmen und die weitere Koordinierung zwischen den verschiedenen Versorgungsebenen übernehmen.[1] Für die Versicherten ist die **Teilnahme** an diesem Versorgungsmodell **freiwillig.** Haben sie sich für die Teilnahme entschieden, müssen sie sich gemäß § 73b Abs. 3 SGB V gegenüber ihrer Krankenkasse verpflichten, mindestens ein Jahr lang grundsätzlich nur den vorab ausgewählten Hausarzt aufzusuchen. Das Nähere haben die Krankenkassen in ihren Satzungen festzulegen (§ 73b Abs. 3 Satz 4 SGB V). Mindestvorgaben, die im Rahmen des hausarztzentrierten Modells zu erfüllen sind, sind in § 73b Abs. 2 SGB V geregelt. 1

Das Mittel zur Sicherstellung des Angebots der hausarztzentrierten Versorgung durch Krankenkassen sind **Verträge mit Ärzten** im Sinne von § 73 Abs. 1a SGB V **und deren Gemeinschaften oder Vereinigungen** (§ 73b Abs. 4 Satz 3 SGB V). Gemäß § 73b Abs. 4 Satz 1 SGB V sind Krankenkassen verpflichtet, die Verträge vorrangig mit Gemeinschaften zu schließen, die mindestens die Hälfte der an der hausärztlichen Versorgung teilnehmenden Allgemeinärzte des Bezirks der jeweiligen Kassenärztlichen Vereinigung vertreten. Auf Antrag wird der konkrete Inhalt dieser Verträge im Wege des Schiedsverfahrens gemäß § 73b Abs. 4a SGB V festgelegt. 2

Nachdem ein Vertrag mit einer Gemeinschaft nach § 73b Abs. 4 Satz 1 SGB V zustande gekommen ist (oder ein Vertrag zur Versorgung von Kindern und Jugendlichen geschlossen werden soll), dürfen Krankenkassen auch Verträge mit anderen Vertragspartnern, namentlich den in § 73b Abs. 4 Satz 3 SGB V aufgezählten, abschließen. Sie müssen einen 3

---

[1] Eingehend *Weiner* GesR 2010, 237; *Walter* NZS 2009, 307; *Goodarzi/Schmid* NZS 2008, 518.

solchen Vertragsabschluss suchen, wenn sie keinen Vertragspartner im Sinne von § 73b Abs. 4 Satz 1 SGB V vorgefunden haben (§ 73b Abs. 4 Satz 4 SGB V). Bevor Krankenkassen Verträge über die hausarztzentrierte Versorgung mit den in § 73b Abs. 4 Satz 3 SGB V aufgezählten Anbietern abschließen, haben sie **gemäß § 73b Abs. 4 Satz 5 Hs. 2 SGB V zur Abgabe von Angeboten unter Bekanntgabe objektiver Auswahlkriterien** aufzufordern. Gemäß § 73b Abs. 4 Satz 5 Hs. 2 SGB V soll jedoch kein Anspruch auf einen Vertragsabschluss bestehen.

4   § 73c SGB V, welcher weitestgehend parallel zu § 73b SGB V konzipiert ist, regelt das – dort allerdings fakultative – Angebot einer **besonderen ambulanten ärztlichen Versorgung**. Auch hier wird die Versorgung seitens der Krankenkassen durch den Abschluss von Verträgen mit vertragsärztlichen Leistungserbringern, deren Gemeinschaften, Trägern von entsprechenden Einrichtungen sowie Kassenärztlichen Vereinigungen (§ 73c Abs. 3 SGB V) sichergestellt. Diese Verträge können gemäß § 73c Abs. 1 Satz 2 SGB V die gesamte ambulante Versorgung der Versicherten zum Gegenstand haben oder auch nur einzelne Bereich abdecken. Genau wie im Rahmen der hausarztzentrierten Versorgung ist die **Teilnahme für die Versicherten freiwillig**, im Fall der Teilnahme indes grundsätzlich für ein Jahr bindend. Schließlich muss bei der Auswahl der Vertragspartner zunächst zur Abgabe eines Angebots unter Bekanntgabe objektiver Auswahlkriterien aufgefordert werden, ohne dass ein Anspruch auf Abschluss des Vertrags besteht.

B. Vorrangiger Vertragsabschluss mit einer Gemeinschaft im Sinne von Abs. 4 Satz 1

5   Gemäß § 73b Abs. 4 Satz 1 SGB V haben Krankenkassen allein oder in Kooperation mit anderen Krankenkassen zur flächendeckenden Sicherstellung des Angebots nach § 73b Abs. 1 SGB V spätestens bis zum 30.6.2009 Verträge mit Gemeinschaften zu schließen, die mindestens die Hälfte der an der hausärztlichen Versorgung teilnehmenden Allgemeinärzte des Bezirks der Kassenärztlichen Vereinigung vertreten.

I. Art und Anzahl möglicher Vertragspartner

1. Art der möglichen Vertragspartner

6   Umstritten ist, welche Arten von Gemeinschaften unter § 73b Abs. 4 Satz 1 SGB V fallen können. Dieser Streit ist für die vergaberechtliche Bewertung der abzuschließenden Verträge von Bedeutung, weil letztlich **keine Ausschreibungspflicht** besteht, **wenn nur ein Vertragspartner** ein gesetzliches ausschließliches Recht hat, den Vertrag mit dem öffentlichen Auftraggeber abzuschließen (§ 3 EG Abs. 4 lit. c) VOL/A).

7   Vereinzelt wird vertreten, dass unter die in Abs. 4 genannten qualifizierten Gemeinschaften nicht nur **Hausärzteverbände**, sondern auch die **Kassenärztlichen Vereinigungen** fallen können.[2] Im Ergebnis ist das abzulehnen.[3] Der Wortlaut von § 73b Abs. 4 Satz 1 SGB V ist insofern allerdings offen. Zum einen wird kein bestimmter Artikel verwendet (dh. etwa „die" Gemeinschaften), zum anderen fällt kein eindeutiger Begriff wie „Hausärzteverband". Insoweit ist richtig darauf hingewiesen worden, dass auch Kassenärztliche Vereinigungen, die mindestens die Hälfte der an der hausärztlichen Versorgung teilnehmenden Allgemeinärzte des jeweiligen Bezirks vertreten, grundsätzlich unter den Wortlaut von § 73b Abs. 4 Satz 1 SGB V subsumiert werden könnten.[4] Der Wortlaut er-

---

[2] Siehe *Stolz/Kraus* MedR 2010, 86, 93.
[3] *Kingreen/Temizel* ZMGR 2009, 134, 136, 139; *Adolf* in juris PK-SGB V, 2008, § 73b Rn. 32.
[4] *Stolz/Kraus* MedR 2010, 86, 93.

wähnt allerdings auch die Kassenärztlichen Vereinigungen nicht ausdrücklich. Im Ergebnis hilft eine isolierte Wortlautauslegung also nicht weiter.

Eine Auslegung nach dem Sinn und Zweck der Vorschrift spricht eher dafür, dass **8** § 73b Abs. 4 Satz 1 SGB V **lediglich Hausärzteverbände** erfassen soll. Nach der Gesetzesbegründung bezweckte die Neufassung von § 73b Abs. 4 Satz 1 SGB V, das *"eigenständige Verhandlungsmandat der Gemeinschaften von Hausärzten zu stärken"*.[5] Der Wortlaut der Gesetzesbegründung ist hier – anders als Gesetzestext – präziser, indem ein bestimmter Artikel – Verhandlungsmandat „der" Gemeinschaften – verwendet wird. Es sind also nicht irgendwelche Gemeinschaften gemeint, in denen auch Hausärzte Mitglieder sind. Der Gesetzgeber wollte zudem ausweislich der Gesetzesbegründung das **„eigenständige" Verhandlungsmandat der Hausärzte stärken.** Die Erreichung dieses Ziels erscheint jedoch fernliegender, wenn die Hausärzte nur mittelbar durch Kassenärztliche Vereinigungen vertreten werden, in denen nur auch Hausärzte organisiert sind. Eine Kassenärztliche Vereinigung, selbst wenn in ihr mehr als die Hälfte der an der hausärztlichen Versorgung teilnehmenden Allgemeinärzte des Bezirks vertreten wären, dürfte der Gesetzgeber wohl kaum als „die Gemeinschaft von Hausärzten" verstanden haben. Der Gesetzgeber hat nicht davon gesprochen, dass die Verhandlungsmacht der Hausärzte irgendwie oder mittelbar gestärkt werden soll, sondern das eigenständige Verhandlungsmandat ihrer Gemeinschaften.

Auch die **Gesetzessystematik streitet gegen die Subsumtion der Kassenärztlichen Vereinigungen unter § 73b Abs. 4 Satz 1 SGB V.** Denn Kassenärztliche Vereinigungen werden als erst nachrangige Vertragspartner in § 73b Abs. 4 Satz 2 Nr. 4 SGB V gelistet, was überflüssig erscheint, wenn sie bereits unter Satz 1 fielen. Hiergegen kann nicht eingewendet werden, dass der Sache nach auch Hausärzteverbände in § 73b Abs. 4 Satz 2 Nr. 2 iVm. Nr. 1 SGB V als nachrangige Vertragspartner erwähnt werden (dort bezeichnet als Gemeinschaften von Leistungserbringern, die an der hausärztlichen Versorgung nach § 73 Abs. 1a SGB V teilnehmen). Denn Kassenärztliche Vereinigungen bedürfen nach § 73b Abs. 4 Satz 2 Nr. 4 SGB V zusätzlich einer Ermächtigung von Gemeinschaften nach Nr. 2 (dh. von Hausärzteverbänden). Dieses Erfordernis findet sich in § 73b Abs. 4 Satz 1 SGB V nicht und wird dort nicht durch die Qualifikation der Mitgliedschaft von mehr als der Hälfte der Hausärzte in dem Bezirk der Kassenärztlichen Vereinigung ausgeglichen. Denn dieses Tatbestandsmerkmal wäre bei Kassenärztlichen Vereinigungen immer erfüllt.

Aus den genannten Gründen, insbesondere einer Auslegung nach Sinn und Zweck sowie Systematik von § 73b Abs. 4 SGB V folgt, dass die **Kassenärztlichen Vereinigungen nicht unter Satz 1 fallen können.**[6] **10**

2. Anzahl der möglichen Vertragspartner

Fraglich ist, wie viele der im Sinne von § 73b Abs. 4 Satz 1 SGB V qualifizierten Verbände pro Bezirk als Vertragspartner in Betracht kommen. Auf den ersten Blick könnte man meinen, dass es pro Bezirk nur einen Hausärzteverband geben kann, der mehr als die Hälfte der Mitglieder in diesem Bezirk vertritt. Soweit man davon ausgeht, dass eine „Vertretung" im Sinne von § 73b Abs. 4 Satz 1 SGB V bereits durch eine Mitgliedschaft hinreichend gesichert ist, könnte es aber alleine deswegen **pro Bezirk mehrere qualifizierte Verbände** im Sinne von § 73b Abs. 4 Satz 1 SGB V geben, weil grundsätzlich auch Doppelmitgliedschaften der Hausärzte nicht zwingend ausgeschlossen sind.[7] Unabhängig davon wird es Verbänden regelmäßig erst einen Zusammenschluss ermöglichen,

---

[5] BT-Drs. 16/10609, 53.
[6] Im Ergebnis ebenso *Adolf* in juris PK-SGB V, 2008, § 73b Rn. 32; *Kingreen/Temizel* ZMGR 2009, 134, 136.
[7] Vgl. *Kingreen/Temizel* ZMGR 2009, 134, 135, die jedoch eine Mitgliedschaft für das „vertreten" als nicht ausreichend ansehen. Offen: VK Bund Beschl. v. 2.7.2010, VK 1–52/10.

mehr als die Hälfte der Hausärzte im Bezirk vertreten zu können.[8] Diese Zusammenschlüsse können zwischen unterschiedlichen Verbänden stattfinden, so dass auch verschiedene mögliche Vertragspartner in Betracht kommen.

12 Es kann daher grundsätzlich **pro Bezirk einer Kassenärztlichen Vereinigung mehr als einen potentiellen Vertragspartner** geben, der die Tatbestandsvoraussetzungen nach § 73b Abs. 4 Satz 1 SGB V erfüllt.[9] Das gilt erst recht, wenn man – entgegen der hier vertretenen Auffassung – die Kassenärztlichen Vereinigungen nicht generell von § 73b Abs. 4 Satz 1 SGB V ausnimmt.

II. Vertragspartnerhierarchie

13 Gemäß § 73b Abs. 4 Satz 1 SGB V hatten die Krankenkassen die Verträge mit den Gemeinschaften spätestens bis zum 30.6.2009 zu schließen. Diskutiert – und im Ergebnis zu bejahen – ist die Frage, ob die Pflicht zum vorrangigen Abschluss mit den Gemeinschaften auch seit dem Ablauf des in Abs. 4 Satz 1 genannten Stichtages fortbesteht.[10] § 73b Abs. 4 Satz 1 SGB V bestimmt, dass die privilegierten Verträge „spätestens" bis zum Stichtag abzuschließen sind. Diese Verpflichtung entfällt nicht etwa deshalb, weil sie nicht rechtzeitig erfüllt wurde. Sonst hätte es etwa heißen müssen, dass die Krankenkassen „bis zum 30.6.2009 verpflichtet sind", die Verträge abzuschließen. Zudem sprechen Gesetzeshistorie sowie Sinn und Zweck der Vorschrift für eine fortdauernde Verpflichtung. Ausweislich der **Gesetzesbegründung** wurden sowohl der Stichtag des Vertragsabschlusses als auch das Schiedsverfahren nach § 73b Abs. 4a SGB V eingeführt, weil die Verträge zur hausarztzentrierten Versorgung trotz gesetzlicher Verpflichtung seit dem 1.4.2007 *„nicht in ausreichender Zahl zustande gekommen"*[11] waren. Es ist nicht ersichtlich, warum sich dieses Anliegen gerade am 30.6.2009 erledigt haben sollte.

III. Erlöschen des Kontrahierungszwanges

14 Gemäß § 73b Abs. 4 Satz 1 SGB V haben Krankenkassen „Verträge mit Gemeinschaften zu schließen", die hinreichend qualifiziert sind. Unklar ist, ob die Verpflichtung quasi im Wege einer **„Erfüllung"** (vgl. § 362 Abs. 1 BGB) erlöschen kann. Die Vorschrift könnte einerseits so verstanden werden, dass eine Krankenkasse immer dann, wenn sich eine im Sinne von § 73b Abs. 4 Satz 1 SGB V qualifizierte Gemeinschaft meldet, mit dieser kontrahieren muss. Dann würde der Kontrahierungszwang nicht erlöschen können. Sie könnte aber auch so zu verstehen sein, dass die Verpflichtung zum Vertragsabschluss jedenfalls dann nicht mehr besteht, wenn auch nur ein einziger Vertrag mit einer qualifizierten Gemeinschaft besteht (und weder wirksam gekündigt noch nichtig ist). Für die erste Auslegung spricht, dass gemäß § 73b Abs. 4 Satz 5 SGB V in den Fällen der Sätze 3 und 4 kein Anspruch auf Vertragsabschluss besteht. Daraus könnte im Umkehrschluss gefolgert werden, dass ein Anspruch auf Vertragsabschluss jedenfalls im Falle des Satzes 1 besteht. Anspruchsberechtigt wäre dann jede Gemeinschaft, die im Sinne des § 73b Abs. 4 Satz 1 SGB V qualifiziert ist. Für die Möglichkeit des Erlöschens des Kontrahierungszwanges spricht, dass Verträge gemäß § 73b Abs. 4 Satz 3 SGB V mit den dort genannten Vertragspartnern bereits abgeschlossen werden dürfen, wenn „ein" Vertrag nach § 73b Abs. 4 Satz 1 SGB V zustande gekommen ist. Zudem bestände beim Abschluss mit mehreren Gemeinschaften die Gefahr widerstreitender Vertragsbedingungen, an die jeweils die Krankenkasse bzw. deren Zusammenschluss gebunden ist.

---

[8] Siehe VK Bund Beschl. v. 2.7.2010, VK 1–52/10.
[9] Unklar *Kingreen/Temizel* ZMGR 2009, 134, 135.
[10] *Kingreen/Temizel* ZMGR 2009, 134, 135.
[11] BT-Drs. 16/10609, 53.

C. Vertragsabschlüsse nach § 73b Abs. 4 Satz 3 und Satz 4 SGB V

Konnte ein Vertrag nach § 73b Abs. 4 Satz 1 SGB V nicht zustande kommen, weil es an einem geeigneten Vertragspartner gefehlt hat, so haben die Krankenkassen gemäß § 73b Abs. 4 Satz 4 SGB V zur flächendeckenden Sicherstellung des Angebots der hausarztzentrierten Versorgung Verträge mit einem oder mehreren der in Satz 3 genannten Vertragspartner zu schließen. Die Vorschrift macht keine konkrete Vorgabe, ob ein solcher Vertrag mit mehreren oder einem Partner zu schließen ist. Allerdings folgt aus der Formulierung **„zur flächendeckenden Sicherstellung"**, dass die Krankenkassen ein Konzept haben müssen, mit dem sie eine solche flächendeckende Versorgung erzielen können. Mit Blick auf die Voraussetzungen des § 73b Abs. 4 Satz 1 SGB V ist davon auszugehen, dass eine flächendeckende Versorgung erfordert, dass durch die Verträge mindestens die Hälfte der Hausärzte in einem Bezirk in das System eingebunden werden.[12]

15

Ist ein Vertrag nach § 73b Abs. 4 Satz 1 SGB V zustande gekommen oder soll ein Vertrag zur Versorgung von Kindern und Jugendlichen geschlossen werden, können solche Verträge gemäß § 73b Abs. 4 Satz 3 SGB V auch selektiv mit den dort genannten Vertragspartnern abgeschlossen werden.

16

D. Ausschreibungspflichten für hausarztzentrierte Versorgungsverträge

I. Voraussetzungen

1. Öffentlicher Auftrag statt Dienstleistungskonzession

Eine EU/GWB-vergaberechtliche Ausschreibungspflicht für Verträge über die hausarztzentrierte Versorgung besteht, wenn es sich um öffentliche Aufträge im Sinne von § 99 GWB handelt. Bei den von den Krankenkassen abzuschließenden hausarztzentrierten Versorgungsverträgen handelt es sich grundsätzlich um öffentliche Aufträge im Sinne von § 99 Abs. 1, 4 GWB.[13] Insbesondere fehlt es an einer öffentlichen Beschaffung nicht deswegen, weil die unmittelbaren Empfänger der von den Hausärzten zu erbringenden Leistungen die Versicherten und nicht die gesetzlichen Krankenkassen sind. Das hat der Annahme eines öffentlichen Auftrags in der Rechtsprechung weder im Bereich der Vergabe von Rabattverträgen gemäß § 130a Abs. 8 SGB V noch im Rahmen der integrierten Versorgung gemäß §§ 140a ff. SGB V entgegengestanden.[14] Nichts anderes gilt für Verträge über hausarztzentrierte Leistungen.[15] Maßgeblich ist, dass die Krankenkassen einen Bedarf (hier an hausarztzentrierter Versorgung) decken wollen und die abschlussberechtigten Verbände bzw. die dem Vertrag beitretenden Ärzte die Leistung auf der Grundlage des abgeschlossenen Vertrags zu erbringen haben.[16]

17

Es fehlt auch nicht an einem öffentlichen Auftrag, weil zwischen die Krankenkasse und den Arzt in aller Regel ein weiterer Vertragspartner, zumeist die Gemeinschaft im Sinne von § 73b Abs. 4 Satz 1 SGB V,[17] geschaltet ist.[18] Der einzelne Arzt wird zwar durch den Abschluss des Vertrages zwischen der Krankenkasse und der Gemeinschaft nicht unmittelbar gegenüber der Krankenkasse zur Erbringung von Leistungen verpflichtet.[19] Das ist

18

---

[12] Vgl. *Kingreen/Temizel* ZMGR 2009, 134, 142.
[13] Vgl. *Stolz/Kraus* MedR 2010, 86, 87 sowie *Gabriel* in MüKoBeihVgR, Anlage zu § 98 Nr. 4 GWB Rn. 168 ff.
[14] Vgl. § 70 Rn. 5 und § 72 Rn. 2.
[15] VK Bund Beschl. 2.7.2010, VK 1–52/10.
[16] VK Bund Beschl. 2.7.2010, VK 1–52/10.
[17] Ausführlich hierzu *Walter* NZS 2009, 307, 309 f.
[18] VK Bund Beschl. 2.7.2010, VK 1–52/10.
[19] Hierzu *Huster* NZS 2010, 69, 70 f.

aber auch nicht erforderlich. Schon der Wortlaut der Legaldefinition des öffentlichen Dienstleistungsauftrages spricht dafür, dass die Annahme eines vergaberechtlich relevanten Beschaffungsvorganges nicht bereits daran scheitert, dass ein Dritter die maßgeblichen Dienstleistungen erfüllen soll.[20] Denn § 99 Abs. 4 GWB setzt lediglich voraus, dass der entgeltliche Vertrag mit einem Unternehmer „über die Erbringung von Leistungen" abgeschlossen wird. Es ist nicht gefordert, dass die Leistungen genau von dem Unternehmer erbracht werden, mit dem der Vertrag geschlossen wird. Unabhängig davon schuldet regelmäßig auch die **zwischengeschaltete Gemeinschaft** selbst Dienstleistungen, etwa das Rechnungsmanagement und die Überwachung der hausarztzentrierten Versorgung.[21] Bei **funktionaler Betrachtungsweise** ist nach dem gesetzgeberischen Konzept die Zwischenschaltung der Vertragspartner der Krankenkassen nur ein organisatorisches Mittel, welches primär dazu dient, dass die Hausärzte als Leistungserbringer die hausarztzentrierte Versorgung der Versicherten nach dem Konzept sicherstellen, das die Krankenkassen mit dem zwischengeschalteten Vertragspartner ausgehandelt haben.[22] So ist das Ergebnis der Verhandlungen mit dem Hausärzteverband für seine Mitglieder verbindlich.[23] Der EuGH hat in der ganz **ähnlich gelagerten Konstellation der integrierten Versorgung** einen öffentlichen Auftrag bejaht.[24]

19 Hausarztzentrierte Versorgungsverträge stellen **keine Dienstleistungskonzession** dar.[25] Das Vorliegen einer Dienstleistungskonzession käme nur dann in Betracht, wenn den Leistungserbringern ein Recht eingeräumt würde, den Versicherten angebotene Versorgungsleistungen auf eigenes Risiko wirtschaftlich zu verwerten. Dienstleistungskonzessionen weichen von Dienstleistungsaufträgen (nur) insoweit ab, als die Gegenleistung für die Erbringung der Dienstleistungen ausschließlich in dem Recht zur wirtschaftlichen Verwertung der Dienstleistung oder in diesem Recht zuzüglich der Zahlung eines Preises besteht (vgl. Art. 1 Abs. 4 VKR). Diese Voraussetzungen sind hier indessen nicht erfüllt. Es fehlt beim Abschluss der Verträge über die hausarztzentrierte Versorgung schon an der Übertragung eines wirtschaftlich nutzbaren Rechts.[26] Ärzte sind auch ohne einen Vertrag gemäß § 73b SGB V berechtigt, ihren Patienten hausarztzentrierte Leistungen anzubieten.[27] Soweit sie solche Dienstleistungen im Rahmen der nach § 73b SGB V abzuschließenden Verträge erbringen, haben sie zudem nicht das Recht, die Bedingungen für die Nutzung ihrer Versorgungsleistungen frei zu bestimmen.[28] Eine eigenverantwortliche Nutzung des für die Dienstleistungskonzession wirtschaftlich nutzbaren Rechts würde aber eine hinreichende Gestaltungsfreiheit der Nutzung voraussetzen.[29] Sämtliche wirtschaftlich relevanten Parameter werden jedoch in Verträgen gemäß § 73b SGB V in der Regel vorab ausgehandelt bzw. gegebenenfalls im Wege eines Schiedsverfahrens festgelegt. So müssen die Ärzte unter anderem an Qualitätszirkeln zur Arzneimitteltherapie teilnehmen, den Patienten nach bestimmten Leitlinien behandeln und ein bestimmtes Qualitäts-

---

[20] So schon *Stolz/Kraus* MedR 2010, 86, 88.
[21] *Stolz/Kraus* MedR 2010, 86, 88, 90.
[22] VK Bund Beschl. 2.7.2010, VK 1–52/10.
[23] *Walter* NZS 2009, 307, 309.
[24] Vgl. § 72 Rn. 2 ff.
[25] VK Arnsberg Beschl. v. 25.3.2009, VK 33/08; OLG Düsseldorf Beschl. v. 3.8.2011, VII-Verg 6/11 sowie bzgl. eines Vertrags nach § 73c SGB V: VK Bund Beschl. v. 2.9.2013, VK 2-74/13; *Weiner* GesR 2010, 237, 240; *Stolz/Kraus* MedR 2010, 86, 90; *Goodarzi/Schmidt* NZS 2008, 518, 523; a.A. *Kaltenborn* GesR 2011, 1, 6.
[26] VK Arnsberg Beschl. v. 25.3.2009, VK 33/08.
[27] Vgl. *Walter* NZS 2009, 307 (307); *Schulteis* Hausarztzentrierte Versorgung, 2007, 49.
[28] So auch *Weiner* GesR 2010, 237, 240.
[29] EuGH Urt. v. 11.6.2009, Rs. C-300/07 – Oymanns, Rn. 71, mit Anmerkung *Kingreen* NJW 2009, 2417; EuGH Urt. 18.7.2007, Rs. C-382/05 – Kommission/Italien, Rn. 34; OLG Düsseldorf Beschl. v. 8.9.2004, VII-Verg 35/04 ff.

management einführen.³⁰ Die Einhaltung solcher Verpflichtungen wird durch die zwischengeschalteten Vertragspartner der Krankenkassen nach vorab festgelegten Bedingungen kontrolliert.³¹ Gegen das Vorliegen einer Dienstleistungskonzession spricht nicht zuletzt auch, dass die Leistungserbringer **kein besonderes wirtschaftliches Risiko** eingehen. Es fehlt an nennenswerten Investitionen, denn Kern der hausarztzentrierten Versorgung sind der Sache nach – wenn auch detaillierter koordinierte – Dienstleistungen im Rahmen des gängigen Patientenverkehrs.³² Ein weiteres Argument gegen die für eine Dienstleistungskonzession typische weitgehende Übernahme des wirtschaftlichen Risikos der Verwertbarkeit der angebotenen Leistung ist das **Fehlen eines nennenswerten Insolvenzrisikos**³³, da die Vertragspartner ihre Leistungen von grundsätzlich solventen Krankenkassen erstattet bekommen³⁴ und eine für das Vorliegen einer Dienstleistungskonzession erforderliche Verlagerung eines Betriebsrisikos auf die ärztlichen Leistungserbringer bei Verträgen über die hausarztzentrierte Versorgung nicht stattfindet.³⁵

Die einvernehmliche Rücknahme einer bereits ausgesprochenen Kündigung eines Vertrages über die hausarztzentrierte Versorgung vor Ablauf der Kündigungsfrist, stellt hingegen keinen ausschreibungspflichtigen öffentlichen Auftrag i.S.d. § 99 GWB dar.³⁶ Ein solcher Vorgang ist vergaberechtlich nicht als Neuvergabe zu bewerten. 20

2. Rahmenvereinbarungen im Sinne von § 4 EG VOL/A

Bei hausarztzentrierten Versorgungsverträgen handelt es sich um Rahmenvereinbarungen 21 im Sinne von § 4 EG VOL/A.³⁷ Rahmenvereinbarungen werden mit einem oder mehreren Unternehmen abgeschlossen und legen vorab die wesentlichen Bedingungen für Einzelaufträge fest, die im Laufe eines bestimmten Zeitraumes vergeben werden sollen, insbesondere im Hinblick auf den in Aussicht genommenen Preis sowie die in Aussicht genommene Menge.³⁸ Sie berechtigen den Auftraggeber, Leistungen entsprechend den Bedingungen des Rahmenvertrages zu fordern, ohne zu einem Leistungsabruf zu verpflichten. Grundsätzlich liegen bei hausarztzentrierten Versorgungsverträgen alle Merkmale einer Rahmenvereinbarung vor,³⁹ weil in den Verträgen die Bedingungen für die Inanspruchnahme der Versorgung, die Preise und der Leistungsumfang weitestgehend vorab festgelegt sind. Die Verträge über die hausarztzentrierte Versorgung weichen jedoch von dem Bild einer typischen Rahmenvereinbarung insofern ab, als dass nicht die Krankenkasse, sondern die Versicherten selbst den Abruf der Einzelaufträge veranlassen.⁴⁰ Diese auf die **Eigenarten des sozialrechtlichen Dreiecksverhältnisses** zurückgehende Modalität ändert aber nichts daran, dass die Versicherten den Abruf nach den von den Krankenkassen vorab ausgehandelten bzw. in ihren Satzungen festgelegten Bedingungen auf

---

[30] *Knieps* in Schnapp/Wigge, Handbuch des Vertragsarztrechts, 2. Aufl. 2006, § 12 Rn. 32; *Stolz/Kraus* MedR 2010, 86, 88.
[31] *Stolz/Kraus* MedR 2010, 86, 88.
[32] *Stolz/Kraus* MedR 2010, 86, 90.
[33] Zu der durch das GKV-OrgWG eingeführten uneingeschränkten regulären Insolvenzfähigkeit gesetzlicher Krankenkassen gemäß § 171b Abs. 1 Satz 2 SGB V siehe *Krasney* NZS 2010, 443 ff.
[34] EuGH Urt. v. 11.6.2009, Rs. C-300/07 – Oymanns, Rn. 74; *Kingreen* NJW 2009, 2417, 2418.
[35] OLG Düsseldorf Beschl. v. 3.8.2011, VII-Verg 6/11.
[36] Vgl. VK Bund Beschl. v. 26.2.2010, VK 1–7/10.
[37] OLG Düsseldorf Beschl. v. 23.5.2007. VII-Verg 50/06.; VK Bund Beschl. v. 2.7.2010, VK 1–52/10; VK Arnsberg Beschl. v. 25.3.2009, VK 33/08; so in Bezug auf einen Vertrag nach § 73c SGB V: VK Bund Beschl. v. 2.9.2013, VK 2-74/13; kritisch *Burgi* NZBau 2008, 480, 484.
[38] Vgl. OLG Saarbrücken Urt. v. 21.3.2006, 4 U 51/05–79; OLG Düsseldorf Urt. v. 25.1.2006, 2 U (Kart) 1/05; KG Beschl. v. 15.4.2004, 2 Verg 22/03.
[39] VK Arnsberg Beschl. v. 25.3.2009, VK 33/08; *Weiner* GesR 2010, 237, 240.
[40] *Weiner* GesR 2010, 237, 240.

deren Kosten tätigen.⁴¹ Die Entscheidung des Versicherten über den konkreten Abruf im Einzelfall stellt insofern jedenfalls dann einen mittelbaren Abruf durch die Krankenkasse dar, wenn diese sich einen hinreichenden Einfluss auf diese Entscheidung gesichert hat.⁴²

3. Entgeltlichkeit im Sinne von § 99 Abs. 1 GWB

22 Die Entgeltlichkeit der Verträge hängt davon ab, wie hoch die **Wahrscheinlichkeit** ist, dass die Option der hausarztzentrierten Versorgung auch zugunsten der Vertragspartner des Vertrages mit der Krankenkasse genutzt wird.⁴³ Denn nur dann liegt ein einem Entgelt gleichkommender wirtschaftlicher bzw. wettbewerblicher Vorteil⁴⁴ schon bei Abschluss des Vertrages mit einer Krankenkasse vor. In der Praxis werden die Verträge gemäß § 73b SGB V – in Verbindung mit den Satzungen der jeweiligen Krankenkasse – oftmals so ausgestaltet, dass **Anreizsysteme** die freiwillig teilnehmenden Versicherten steuern können.⁴⁵

23 Die für die Frage der Entgeltlichkeit im Bereich des Gesundheitswesens maßgebliche⁴⁶ **Lenkung und Steuerung der Versicherten**⁴⁷ wird von den Krankenkassen vor allem im Wege der Konzipierung ihrer Satzungen ausgestaltet. Denn die Einzelheiten der hausarztzentrierten Versorgung werden gemäß § 73b Abs. 3 Satz 4 SGB V dort geregelt. Taugliche Steuerungsmechanismen können beispielsweise in der **Gewährung von Boni oder Zuzahlungsbefreiungen** für die Versicherten, die an der hausarztzentrierten Versorgung teilnehmen, bestehen (vgl. § 53 Abs. 3 Satz 2 SGB V).⁴⁸ Durch diese Tarifgestaltung werden die Versicherten angehalten bestimmte Leistungserbringer in Anspruch zu nehmen wodurch eine Steuerung der Patientenströme bewirkt wird.⁴⁹ Es bedarf jedoch stets einer Einzelfallprüfung, ob tatsächlich eine hinreichende Lenkungswirkung vorliegt.

24 Auch der Umstand, dass die freiwillig teilnehmenden Versicherten grundsätzlich verpflichtet sind, mindestens ein Jahr lang denselben Hausarzt aufzusuchen, kann einen stabilisierenden Effekt begründen, den Vertragspartner der selektiven Versorgungsverträge als wirtschaftlichen Vorteil einkalkulieren können. Insofern hängt diese Prognose aber davon ab, wie viele Leistungserbringer bereits an dem Versorgungsmodell teilnehmen. Jedenfalls für denjenigen, der den Vertrag „als erster" mit der Krankenkasse schließt, besteht solange ein **entgeltgleicher Wettbewerbsvorteil**, wie kein anderer Wettbewerber dem Versorgungsvertrag beigetreten ist.⁵⁰

4. Keine Anwendbarkeit der VOF

25 Gemäß § 5 VgV, § 1 VOF ist Voraussetzung für die Anwendbarkeit der VOF, dass Dienstleistungen vergeben werden, die freiberuflich erbracht werden und vorab nicht eindeutig und erschöpfend beschrieben werden können. Unter einer freiberuflichen Tätigkeit werden solche Tätigkeiten höherer Art verstanden, die auf der Grundlage beson-

---

⁴¹ Vgl. in Bezug auf einen Vertrag nach § 73c SGB V: VK Bund Beschl. v. 2.9.2013, VK 2-74/13; hierzu auch § 70 Rn. 5.
⁴² Vgl. *Weiner* GesR 2010, 237, 240.
⁴³ *Weiner* GesR 2010, 237, 240; vgl. auch *Dreher/Hoffmann* NZBau 2009, 273, 281; *Goodarzi/Schmid* NZS 2008, 518, 523.
⁴⁴ Vgl. LSG Nordrhein-Westfalen Beschl. v. 10.9.2009, L 21 KR 53/09 SFB.
⁴⁵ Vgl. *Kingreen/Temizel* ZMGR 2009, 134, 140.
⁴⁶ OLG Düsseldorf Beschl. v. 19.12.2007, VII-Verg 51/07; *Gabriel* NZS 2007, 344, 348; *Lietz/Natz* A&R 2009, 3, 6; *Dreher/Hoffmann* NZBau 2009, 273 ff.
⁴⁷ Hierzu wiederum § 70 Rn. 10 ff.
⁴⁸ Vgl. *Plagemann* in Plagemann, Münchener Anwalts-Handbuch Sozialrecht, 3. Aufl. 2009, § 20 Rn. 105.
⁴⁹ Vgl. OLG Düsseldorf Beschl. v. 3.8.2011, VII-Verg 6/11; vgl. in Bezug auf einen Vertrag nach § 73c SGB V: VK Bund Beschl. v. 2.9.2013, VK 2-74/13.
⁵⁰ *Weiner* GesR 2010, 237, 241.

derer beruflicher Qualifikation oder schöpferischer Begabung, die persönlich, eigenverantwortlich und fachlich unabhängig im Interesse der Auftraggeber und der Allgemeinheit erbracht werden.[51] § 18 Abs. 1 Nr. 1 Satz 1 EstG, auf den die amtliche Anmerkung zu § 1 VOL/A Bezug nimmt, listet eine Reihe an freiberuflichen Tätigkeiten auf, unter anderem *„die selbständige Berufstätigkeit der Ärzte, Zahnärzte, Tierärzte, ... Heilpraktiker, Dentisten, Krankengymnasten, ... und ähnlicher Berufe"*. Insbesondere selbständig tätige Ärzte werden bei der hausarztzentrierten Versorgung mit der Erbringung der Dienstleistungen im Einzelfall beauftragt. Allerdings sind konkreter Inhalt der hausarztzentrierten Versorgungsverträge regelmäßig weniger die Details der freiberuflichen ärztlichen Leistungserbringung, sondern eher **Vorgaben an die Gestaltung und Ausführung des jeweiligen hausärztlichen Versorgungsmodells**. Aus diesem Grund **scheidet die Anwendbarkeit der VOF hier zumeist aus**.[52] Denn anders als in Bereichen des SGB V, in denen von Ärzten und sonstigen Leistungserbringern erwartet wird, dass sie die Versorgung der Versicherten eigenverantwortlich und innovativ gestalten (z.B. bei der integrierten Versorgung), ist es Sinn und Zweck des hausarztzentrierten Versorgungsmodells, eine bestimmte Versorgungsstruktur zu schaffen.[53] Das funktioniert nur mit weitgehend vorab beschriebenen Leistungsmodalitäten. Die Voraussetzungen von § 1 Abs. 1 VOF liegen daher bezüglich der Verträge über die hausarztzentrierten Versorgung in der Regel nicht vor. Es **findet daher die VOL/A Anwendung**.

II. Ausnahmen von der Ausschreibungspflicht

1. Öffentlicher Auftrag unabhängig von Anzahl potentieller Auftragnehmer

Bei den Verträgen über die hausarztzentrierte Versorgung handelt es sich grundsätzlich um öffentliche Aufträge. Das gilt auch für solche Verträge, die gemäß § 73b Abs. 4 Satz 1 SGB V vorrangig mit den nach dieser Vorschrift qualifizierten Gemeinschaften abgeschlossen werden. Allerdings hat die 1. Vergabekammer des Bundes sowie das LSG Nordrhein-Westfalen zu § 73b Abs. 4 Satz 1 SGB V entschieden, dass für diese Verträge jedenfalls **nach nationalem Vergaberecht eine Ausschreibungspflicht ausscheidet**, weil den Krankenkassen hier „jegliche für die Durchführung eines Vergabeverfahrens typische Beschaffungsautonomie" fehle. Die Anwendbarkeit des Kartellvergaberechts scheitere letztlich daran, dass der dem Vergaberecht begriffsnotwendig zugrundeliegende **Wettbewerb** (zwischen verschiedenen Bietern), der mit der Zuschlagsentscheidung seinen Abschluss findet, durch die gesetzliche Regelung des § 73b Abs. 4 Satz 1 SGB V **von vornherein ausgeschaltet** sei, indem der Vertragspartner bei Vorliegen der Voraussetzungen bereits feststehe.[54] Aufgrund dessen sei es dem Auftraggeber nicht möglich, dem Auftragnehmer eine Sonderstellung im Wettbewerb zu vermitteln.[55]

Diese Argumentation ist in verschiedener Hinsicht unzutreffend, weshalb mittlerweile auch das **OLG Düsseldorf** die Einordnung eines Vertrages über die hausarztzentrierte Versorgung als entgeltlichen **Dienstleistungsauftrag iSd. § 99 Abs. 1 GWB** anerkannt hat.[56] Zum einen stimmt schon die Annahme nicht, dass ein Wettbewerb um einen hausarztzentrierten Vertrag von vornherein ausgeschlossen ist. Denn es kann grundsätzlich pro

---

[51] OLG München Beschl. v. 28.4.2006, Verg 6/06; VK Saarland Beschl. v. 19.5.2006, 3 VK 03/2006; VK Sachsen Beschl. v. 11.10.2010, 1/SVK/034–10.
[52] Vgl. in Bezug auf einen Vertrag nach § 73c SGB V: VK Bund Beschl. v. 2.9.2013, VK 2-74/13 sowie zu der Annahme der Anwendbarkeit der VOF auf die Vergabe von Leistungen der hausarztzentrierten Versorgung: OLG Düsseldorf Beschl. v. 3.8.2011, VII-Verg 6/11.
[53] Vgl. in Bezug auf einen Vertrag nach § 73c SGB V: VK Bund Beschl. v. 2.9.2013, VK 2-74/13.
[54] VK Bund Beschl. v. 2.7.2010, VK 1–52/10; ähnlich *Kingreen/Temizel* ZMGR 2009, 134, 138.
[55] Vgl. LSG Nordrhein-Wetsfalen, Beschl. v. 3.11.2010, L 21 SF 208/10 Verg.
[56] OLG Düsseldorf Beschl. v. 3.8.2011, VII-Verg 6/11.

Bezirk einer Kassenärztlichen Vereinigung mehr als einen potentiellen Vertragspartner geben, der die Tatbestandsvoraussetzungen nach § 73b Abs. 4 Satz 1 SGB V erfüllt, weil erstens Mehrfachmitgliedschaften bzw. -mandatierungen von Hausärzten nicht zwingend ausgeschlossen sind und sich qualifizierte Gemeinschaften im Sinne von § 73b Abs. 4 Satz 1 SGB V zweitens aus unterschiedlichen Verbänden bilden können.[57] Die von den Krankenkassen im Hinblick auf ihren Versorgungsauftrag gegenüber den Versicherten abgeschlossenen Versorgungsverträge beinhalten dementsprechend bereits eine erste Auswahlentscheidung bezüglich der Leistungserbringer, wodurch die spätere Inanspruchnahme der Leistungen durch die Versicherten bestimmbar und steuerbar wird.[58]

28 Es trifft darüber hinaus auch nicht zu, dass ein öffentlicher Auftrag dann nicht vorliegt, wenn der Auftraggeber nicht zwischen den Auftragnehmern auswählen kann.[59] Im Wortlaut von § 99 Abs. 1 GWB findet sich hiefür keinerlei Anhaltspunkt. Es ist lediglich erforderlich, dass ein entgeltlicher Vertrag zwischen einem öffentlichen Auftraggeber und (mindestens) einem Unternehmen über die Erbringung von Bau, Liefer- oder Dienstleistungen geschlossen werden soll. Wie viele potentielle Vertragspartner es für den Vertrag geben kann, wird an dieser Stelle der Prüfung der Anwendbarkeit des Vergaberechts nicht berücksichtigt.[60] Eine vom öffentlichen Auftraggeber zu treffende **Auswahlentscheidung** ist **keine notwendige Voraussetzung**, sondern allenfalls Folge der Ausschreibung **eines öffentlichen Auftrags**. Eine Prognose, wie viel Wettbewerb letztlich um den Auftrag bestehen wird, ist nicht Teil des Prüfungsprogramms zum Vorliegen der Tatbestandsvoraussetzungen von § 99 GWB. Das Fehlen einer echten Auswahlentscheidung, weil nur ein bestimmtes Unternehmen als Auftragnehmer in Betracht kommt, wird an anderer Stelle des EU/GWB-Vergaberechts berücksichtigt (vgl. § 3 EG Abs. 4 lit. c) VOL/A).[61] Aus diesen Gründen scheidet die Anwendbarkeit des EU/GWB-Vergaberechts bei Verträgen im Sinne des § 73b Abs. 4 Satz 1 SGB V auch dann nicht mangels eines öffentlichen Auftrages aus, wenn in einem Bezirk der Kassenärztlichen Vereinigung nur ein qualifiziertes Unternehmen existiert.

2. Hausarztzentrierte Leistungen als nachrangige Dienstleistungen

29 Eine **Ausnahme von der EU/GWB-vergaberechtlichen Ausschreibungspflicht** ergibt sich letztlich **aus § 73b Abs. 4 SGB V** selbst. Für den Abschluss der Verträge im Sinne von § 73b Abs. 4 Satz 1 SGB V hat der Gesetzgeber keine Ausschreibung vorgesehen. Das Erfordernis der Aufforderung zur Abgabe von Angeboten unter **Bekanntmachung objektiver Kriterien ist gemäß § 73b Abs. 4 Satz 5 SGB V** nur für die nach Satz 3 und 4 abzuschließenden Verträge vorgeschrieben. Im Umkehrschluss war eine Ausschreibung also nicht für den Abschluss von Verträge im Sinne von § 73b Abs. 4 Satz 1 SGB V gewollt. Auch für nach § 73b Abs. 4 Satz 3 und 4 SGB V zu schließende Verträge hat der Gesetzgeber ersichtlich keine Ausschreibung nach EU/GWB-Vergaberecht gewollt. Denn für diese Verträge ist gemäß § 73b Abs. 4 Satz 5 SGB V lediglich die Aufforderung zur Abgabe von Angeboten unter Angabe objektiver Kriterien vorgeschrieben. Diese Vorgabe wäre aber überflüssig, wenn ohnehin Ausschreibungen nach EU/GWB-Vergaberecht stattfinden sollten.

30 Dem steht das EU/GWB-Vergaberecht selbst nicht entgegen. Da es sich bei den im Rahmen der hausarztzentrierten Versorgung zu vergebenden Dienstleistungen um überwiegend sogenannte nachrangige Dienstleistungen handelt[62], besteht nämlich **keine EU/**

---

[57] Hierzu ausführlich unter Rn. 6 ff.
[58] OLG Düsseldorf Beschl. v. 3.8.2011, VII-Verg 6/11.
[59] Ebenso *Csaki/Freundt* NZS 2011, 766, 767.
[60] Vgl. auch *Otting* NZBau 2010, 734, 737; *Greb/Stenzel* VergabeR 2012, 409, 414 f.
[61] Wie hier *Csaki/Freundt*, NZS 2011, 766, 768.
[62] Dazu unten § 68 Rn. 30 ff. sowie eingehend *Gabriel* in MüKoBeihVgR, Anlage zu § 98 Nr. 4 GWB Rn. 96.

GWB-vergaberechtliche Ausschreibungspflicht. Die Dienstleistungen, die im Rahmen des hausarztzentrierten Versorgungsmodells erbracht werden, unterfallen **Teil B des Anhangs I der VOL/A** (Kategorie 25: Bereich „Gesundheits-, Veterinär-, und Sozialwesen").[63] Gemäß § 4 Abs. 4 VgV sind bei der Vergabe nachrangiger Dienstleistungen lediglich die **§ 8 EG, § 15 EG Abs. 10 und § 23 EG VOL/A**, dem Wortlaut nach zudem die Basisparagraphen des **Abschnitts 1 der VOL/A** (mit Ausnahme von § 7 VOL/A) zu beachten. Von diesen Vorschriften besitzt vor allem § 23 EG VOL/A Praxisrelevanz, der die Pflicht einer nachträglichen Bekanntmachung über die Auftragserteilung regelt, sogenannte Ex-post-Publizität. Eine Ausschreibungspflicht ergibt sich aus diesen drei Vorschriften jedoch nicht. Sie könnte sich allenfalls aus Abschnitt 1 der VOL/A ergeben. Allerdings greift die Anordnung der **Anwendung der Basisparagraphen der VOL/A gemäß § 4 Abs. 4 VgV** für hausarztzentrierte Dienstleistungen nicht durch. Denn § 73b SGB V sieht eine Anwendung der Basisparagraphen nicht vor.[64] § 73b SGB V kann einer Anwendung der Basisparagraphen ohne Verstoß gegen Vergaberecht entgegenstehen, weil es sich um eine höherrangige Vorschrift handelt, die abschließend zu einer Ausschreibungspflicht Stellung nimmt. Denn die Vorschrift beschäftigt sich ausdrücklich mit der Vergabe von Verträgen über die hausarztzentrierte Versorgung und sieht dabei nur die Aufforderung zur Abgabe von Angeboten unter Angabe objektiver Kriterien und nur für die Vergabe von Verträgen im Sinne von § 73b Abs. 4 Satz 3 und 4 SGB V vor. Wegen des Gesetzesvorrangs ist der lediglich Verordnungsrang besitzende § 4 Abs. 4 VgV daher so anzuwenden, dass die Verweisung auf die Basisparagraphen der VOL/A keine Gültigkeit für Vergaben hausärztlicher Versorgungsdienstleistungen entfaltet.[65] Dem steht auch EU-Vergaberecht nicht entgegen. Die Anordnung der Anwendung der Basisparagraphen der VOL/A in § 4 Abs. 4 VgV beruht nicht auf europarechtlichen Vorgaben.[66] Nicht einmal die vom EuGH aus dem primären Europarecht hergeleiteten Maßgaben an die Vergabe von Aufträgen außerhalb des Anwendungsbereiches der Vergaberichtlinien greifen, denn hausarztzentrierte Leistungen sind praktisch nie binnenmarktrelevant.[67]

Zusammenfassend lässt sich sagen, dass beim Abschluss hausarztzentrierter Versorgungsverträge im Sinne von § 73b Abs. 4 SGB V EU/GWB-vergaberechtlich lediglich die §§ 8 EG, 15 EG Abs. 10 und § 23 EG VOL/A zu beachten sind. Es besteht **keine EU/GWB-vergaberechtliche Ausschreibungspflicht.**

III. Sozialrechtliche Ausschreibungspflicht

Ungeachtet der vergaberechtlichen Vorgaben für den Abschluss von Verträgen über die hausarztzentrierte Versorgung bleibt die in **§ 73b Abs. 4 Satz 5 SGB V** normierte „sozialrechtliche" Ausschreibungspflicht zu beachten.[68] Danach sind hausarztzentrierte Versorgungsverträge mit Vertragspartnern im Sinne von § 73b Abs. 4 Satz 3 SGB V unter **Bekanntgabe objektiver Auswahlkriterien** auszuschreiben.[69] Bei dieser Pflicht bleibt es unabhängig davon, dass das EU-Vergaberecht keine Ausschreibung verlangt. Denn es handelt sich um eine **zulässige mitgliedstaatliche Verschärfung** der **für die Vergabe nachrangiger Dienstleistungen** geltenden Vorgaben. In diesem Sinne hat das OLG Düsseldorf die entsprechende sozialrechtliche Ausschreibungspflicht nach § 73c Abs. 3

---

[63] *Stolz/Kraus* MedR 2010, 86, 92. Vgl. § 72 Rn. 9.
[64] Zur parallelen Problematik bei Hilfsmittelversorgungsverträgen siehe § 68 Rn. 30 ff.
[65] Anderer Ansicht *Stolz/Kraus* MedR 2010, 86, 93.
[66] Hierzu *Weiner* GesR 2010, 237, 241; ferner OLG Düsseldorf Beschl. v. 23.5.2007, VII-Verg 50/06.
[67] *Stolz/Kraus* MedR 2010, 86, 93. Zum Begriff der Binnenmarktrelevanz in diesem Zusammenhang vgl. § 68 Rn. 24 ff.
[68] *Weiner* GesR 2010, 237, 243.
[69] Hierzu *Walter* NZS 2009, 307, 309.

Satz 3 SGB V für Verträge zur besonderen ambulanten ärztlichen Versorgung ausdrücklich als vergaberechtliche Sondervorschrift qualifiziert.[70] Der nationale Gesetzgeber sei im Rahmen der Richtlinie 2004/18/EG sowie der Grundfreiheiten des AEUV durchaus berechtigt, bereichsspezifisches Vergaberecht zu schaffen, welches den allgemeinen Regeln (u. a. der VOL/A und der VOF) vorgehen könne. Aus diesem Grunde seien auch die sozialrechtlichen Vorschriften, die eine Ausschreibungspflicht für bestimmte Verträge vorsehen, in einem Vergabenachprüfungsverfahren zu prüfen. Das bedeutet, dass der in § 73b Abs. 4 Satz 5 SGB V vorgesehenen sozialrechtlichen Ausschreibungspflicht eine viel größere Bedeutung zukommen dürfte als das beispielsweise bei § 127 Abs. 1 Satz 1 oder § 129 Abs. 5b Satz 1 SGB V der Fall ist.[71] Bei der Konkretisierung dieser Pflicht können die in der sozialgerichtlichen Rechtsprechung ergangenen Entscheidungen,[72] etwa zu Arzneimittelrabattverträgen, über die Bedeutung und Ausgestaltung transparenter, diskriminierungsfreier, verhältnismäßiger und nachprüfbarer Auswahlverfahren genauso berücksichtigt werden wie die im Bereich des Vergaberechts entwickelten Grundsätze zu den primärrechtlichen Anforderungen des AEUV an ein transparentes, diskriminierungsfreies Verfahren.[73] Wie sich aus der vorstehenden Entscheidung des OLG Düsseldorf ebenfalls ergibt, ist eine Krankenkasse beim Abschluss eines Vertrags, der einer sozialrechtlichen Ausschreibungspflicht unterliegt, jedenfalls nicht dazu berechtigt, von einer Ausschreibung abzusehen und sich auf eine etwaige im GWB-Vergaberecht vorgesehene Direktvergabemöglichkeit zu berufen.[74] Die § 73b Abs. 4 Satz 5 SGB V entsprechende Vorschrift des § 73c Abs. 3 Satz 3 SGB V sehe – anders als etwa § 101 Abs. 7 Satz 1 GWB, § 3 VOL/A – keine Ausnahme vor, sondern betone vielmehr die Wichtigkeit dieser Pflicht für eine bedarfsgerechte Auswahl der Vertragspartner.

E. Verträge zur besonderen ambulanten ärztlichen Versorgung (§ 73c SGB V)

33 Hinsichtlich der in § 73c SGB V geregelten Verträge zur besonderen ambulanten ärztlichen Versorgung ergeben sich bezüglich der vergaberechtlichen Bewertung keine Unterschiede zu den Modellen im Sinne von § 73b SGB V.[75] Insoweit ist vollumfänglich auf das zur **hausarztzentrierten Versorgung** Erläuterte zu **verweisen**.[76] Zwar sind die Krankenkassen hier nach § 73c SGB V nicht zum Abschluss von Verträgen über die besondere ambulante ärztliche Versorgung verpflichtet. Auswirkungen auf die Pflicht zur Einhaltung alleine der §§ 8 EG, 15 EG Abs. 10 und 23 EG VOL/A hat das aber nicht. In jedem Fall gilt natürlich auch bei der Vergabe dieser Verträge vorrangig die sozialrechtliche Ausschreibungspflicht, da § 73c Abs. 3 Satz 3 SGB V eine Ausschreibung unter Bekanntgabe objektiver Auswahlkriterien verlangt.[77] Zur Konkretisierung der **Anforderun-**

---

[70] OLG Düsseldorf Beschl. v. 7.12.2011, VII-Verg 79/11, mit Verweis auf *Gabriel* in MüKoBeihVgR, Anlage zu § 98 Nr. 4 GWB Rn. 172, 174.

[71] Vgl. hierzu auch *Schulteis* Hausarztzentrierte Versorgung, 2007, 185 ff. sowie VK Sachsen Beschl. v. 11.10.2010, 1/SVK/034–10.

[72] Vgl. LSG Baden-Württemberg Urt. v. 27.2.2008, L 5 KR 507/08 ER-B, L 5 KR 508/08 W-A, mit Anmerkung *v. Czettritz* PharmR 2008, 253; insbesondere zu § 73b SGB V VK Arnsberg Beschl. v. 25.3.2009, VK 33/08.

[73] Ausführlich zu den fünf üblichen Schritten im primärrechtlich gebotenen Vergabeverfahren § 68 Rn. 44.

[74] Vgl. OLG Düsseldorf Beschl. v. 7.12.2011, VII-Verg 79/11; *Greb/Stenzel* VergabeR 2012, 409, 415.

[75] Vgl. zur vergaberechtlichen Ausschreibungspflicht OLG Düsseldorf Beschl. v. 7.12.2011, VII-Verg 79/11; VK Bund Beschl. v. 2.9.2013, VK 2-74/13 sowie ausführlich *Greb/Stenzel* VergabeR 2012, 409.

[76] Vgl. Rn. 17 ff.; ebenso *Esch* MPR 2009, 149, 155; *Dreher/Hoffmann* NZBau 2009, 273, 281; *Goodarzi/Schmid* NZS 2008, 518, 523.

[77] Dazu OLG Düsseldorf Beschl. v. 7.12.2011, VII-Verg 79/11.

gen an ein transparentes und diskriminierungsfreies Verfahren kann auf eine Reihe sozialgerichtlicher Entscheidungen[78] sowie die im Bereich des Vergaberechts entwickelten Grundsätze zur Durchführung strukturierter Bieterverfahren nach primärrechtlichen Vorgaben[79] zurückgegriffen werden.

---

[78] Vgl. LSG Baden-Württemberg Urt. v. 27.2.2008, L 5 KR 507/08 ER-B, L 5 KR 508/08 W-A, mit Anmerkung *v. Czettritz* PharmR 2008, 253; VK Arnsberg Beschl. v. 25.3.2009, VK 33/08.
[79] Ausführlich hierzu unter § 68 Rn. 44.

§ 68 Hilfsmittelversorgungsverträge

Übersicht

	Rn.
A. Einleitung	1–3
B. Präqualifizierungsverfahren und Eignungsprüfung gemäß § 126 SGB V	4–8
C. Hilfsmittelversorgungsverträge gemäß § 127 SGB V	9–53
I. Hilfsmittelversorgungsverträge als öffentliche Aufträge gemäß § 99 Abs. 1 GWB	9–25
II. Ausschreibungsrelevante Besonderheiten bei Hilfsmittelausschreibungen ..	26–53

SGB V: §§ 126, 127 Abs. 1–3

§ 126 SGB V Versorgung durch Vertragspartner

(1) Hilfsmittel dürfen an Versicherte nur auf der Grundlage von Verträgen nach § 127 Abs. 1, 2 und 3 abgegeben werden. Vertragspartner der Krankenkassen können nur Leistungserbringer sein, die die Voraussetzungen für eine ausreichende, zweckmäßige und funktionsgerechte Herstellung, Abgabe und Anpassung der Hilfsmittel erfüllen. Der Spitzenverband Bund der Krankenkassen gibt Empfehlungen für eine einheitliche Anwendung der Anforderungen nach Satz 2, einschließlich der Fortbildung der Leistungserbringer, ab.

(1a) Die Krankenkassen stellen sicher, dass die Voraussetzungen nach Absatz 1 Satz 2 erfüllt sind. Sie haben von der Erfüllung auszugehen, soweit eine Bestätigung einer geeigneten Stelle vorliegt. Die näheren Einzelheiten des Verfahrens nach Satz 2 einschließlich der Bestimmung und Überwachung der geeigneten Stellen, Inhalt und Gültigkeitsdauer der Bestätigungen, der Überprüfung ablehnender Entscheidungen und der Erhebung von Entgelten vereinbart der Spitzenverband Bund der Krankenkassen mit den für die Wahrnehmung der Interessen der Leistungserbringer maßgeblichen Spitzenorganisationen auf Bundesebene. Dabei ist sicherzustellen, dass Leistungserbringer das Verfahren unabhängig von einer Mitgliedschaft bei einem der Vereinbarungspartner nach Satz 3 nutzen können und einen Anspruch auf Erteilung der Bestätigung haben, wenn sie die Voraussetzungen nach Absatz 1 Satz 2 erfüllen. Erteilte Bestätigungen sind einzuschränken, auszusetzen oder zurückzuziehen, wenn die erteilende Stelle feststellt, dass die Voraussetzungen nicht oder nicht mehr erfüllt sind, soweit der Leistungserbringer nicht innerhalb einer angemessenen Frist die Übereinstimmung herstellt. Die in der Vereinbarung nach Satz 3 bestimmten Stellen dürfen die für die Feststellung und Bestätigung der Erfüllung der Anforderungen nach Absatz 1 Satz 2 erforderlichen Daten von Leistungserbringern erheben, verarbeiten und nutzen. Sie dürfen den Spitzenverband Bund der Krankenkassen über ausgestellte sowie über verweigerte, eingeschränkte, ausgesetzte und zurückgezogene Bestätigungen einschließlich der für die Identifizierung der jeweiligen Leistungserbringer erforderlichen Daten unterrichten. Der Spitzenverband Bund ist befugt, die übermittelten Daten zu verarbeiten und den Krankenkassen bekannt zu geben.

(2) [aufgehoben]

(3) Für nichtärztliche Dialyseleistungen, die nicht in der vertragsärztlichen Versorgung erbracht werden, gelten die Regelungen dieses Abschnitts entsprechend.

§ 127 SGB V Verträge

(1) Soweit dies zur Gewährleistung einer wirtschaftlichen und in der Qualität gesicherten Versorgung zweckmäßig ist, können die Krankenkassen, ihre Landesverbände oder Arbeitsgemeinschaften im Wege der Ausschreibung Verträge mit Leistungserbringern oder zu diesem Zweck gebildeten Zusammenschlüssen der Leistungserbringer über die Lieferung einer bestimmten Menge von Hilfsmitteln, die Durchführung einer bestimmten Anzahl von Versorgungen oder die Versorgung für einen bestimmten Zeitraum schließen. Dabei haben sie die Qualität der Hilfsmittel sowie die notwendige Beratung der Versicherten und sonstige erforderliche Dienstleistungen sicherzustellen und für eine wohnortnahe Versorgung der Versicherten zu sor-

gen. Die im Hilfsmittelverzeichnis nach § 139 festgelegten Anforderungen an die Qualität der Versorgung und der Produkte sind zu beachten. Für Hilfsmittel, die für einen bestimmten Versicherten individuell angefertigt werden, oder Versorgungen mit hohem Dienstleistungsanteil sind Ausschreibungen in der Regel nicht zweckmäßig.

(1a) Der Spitzenverband Bund der Krankenkassen und die Spitzenorganisationen der Leistungserbringer auf Bundesebene geben erstmalig bis zum 30. Juni 2009 gemeinsam Empfehlungen zur Zweckmäßigkeit von Ausschreibungen ab. Kommt eine Einigung bis zum Ablauf der nach Satz 1 bestimmten Frist nicht zustande, wird der Empfehlungsinhalt durch eine von den Empfehlungspartnern nach Satz 1 gemeinsam zu benennende unabhängige Schiedsperson festgelegt. Einigen sich die Empfehlungspartner nicht auf eine Schiedsperson, so wird diese von der für den Spitzenverband Bund der Krankenkassen zuständigen Aufsichtsbehörde bestimmt. Die Kosten des Schiedsverfahrens tragen der Spitzenverband Bund und die Spitzenorganisationen der Leistungserbringer je zur Hälfte.

(2) Soweit Ausschreibungen nach Absatz 1 nicht durchgeführt werden, schließen die Krankenkassen, ihre Landesverbände oder Arbeitsgemeinschaften Verträge mit Leistungserbringern oder Landesverbänden oder sonstigen Zusammenschlüssen der Leistungserbringer über die Einzelheiten der Versorgung mit Hilfsmitteln, deren Wiedereinsatz, die Qualität der Hilfsmittel und zusätzlich zu erbringender Leistungen, die Anforderungen an die Fortbildung der Leistungserbringer, die Preise und die Abrechnung. Absatz 1 Satz 2 und 3 gilt entsprechend. Die Absicht, über die Versorgung mit bestimmten Hilfsmitteln Verträge zu schließen, ist in geeigneter Weise öffentlich bekannt zu machen. Über die Inhalte abgeschlossener Verträge sind andere Leistungserbringer auf Nachfrage unverzüglich zu informieren.

(2a) Den Verträgen nach Absatz 2 Satz 1 können Leistungserbringer zu den gleichen Bedingungen als Vertragspartner beitreten, soweit sie nicht aufgrund bestehender Verträge bereits zur Versorgung der Versicherten berechtigt sind. Verträgen, die mit Verbänden oder sonstigen Zusammenschlüssen der Leistungserbringer abgeschlossen wurden, können auch Verbände und sonstige Zusammenschlüsse der Leistungserbringer beitreten. Die Sätze 1 und 2 gelten entsprechend für fortgeltende Verträge, die vor dem 1. April 2007 abgeschlossen wurden. § 126 Absatz 1a und 2 bleibt unberührt.

(3) Soweit für ein erforderliches Hilfsmittel keine Verträge der Krankenkasse nach Absatz 1 und 2 mit Leistungserbringern bestehen oder durch Vertragspartner eine Versorgung der Versicherten in einer für sie zumutbaren Weise nicht möglich ist, trifft die Krankenkasse eine Vereinbarung im Einzelfall mit einem Leistungserbringer; Absatz 1 Satz 2 und 3 gilt entsprechend. Sie kann vorher auch bei anderen Leistungserbringern in pseudonymisierter Form Preisangebote einholen. In den Fällen des § 33 Abs. 1 Satz 5 und Abs. 6 Satz 3 gilt Satz 1 entsprechend.

(4) bis (6) hier nicht abgedruckt.

Literatur:
Burgi, Hilfsmittelverträge und Arzneimittel-Rabattverträge als öffentliche Lieferaufträge, NZBau 2008, 480; *Gabriel*, Anmerkung zu OLG Rostock, Beschluss vom 2.7.2008, 17 Verg 4/07 – „Medizinische Hilfsmittel", VergabeR 2008, 801; *Esch*, Zur Ausschreibungspflicht von Hilfsmittelversorgungsverträgen nach § 127 SGB V, MPR 2010, 156; *Flasbarth*, Präqualifizierung nach § 126 Abs. 1a SGB V – Rechtsnatur, Verfahren, Probleme, MedR 2011, 77; *Hartmann/Suoglu*, Unterliegen die gesetzlichen Krankenkassen dem Kartellvergaberecht nach §§ 97 ff. GWB, wenn sie Hilfsmittel ausschreiben, SGb 2007, 404; *König/Busch*, Vergabe- und haushaltsrechtliche Koordinaten der Hilfsmittelbeschaffung durch Krankenkassen, NZS 2003, 461; *Heil*, Die Zulässigkeit von Teilbeitritten zu Hilfsmittelverträgen, MPR 2011, 181; *Heil/Schork*, Das AMNOG und seine Bedeutung für die Medizinprodukteindustrie, MPR 2011, 10; *Roth*, Bundestag verlängert Übergangsfrist bei einer Ausschreibung von Verträgen mit Leistungserbringern von Hilfsmitteln, MedR 2009, 77; *Röbke*, Hilfsmittel- und Arzneimittelrabattverträge im Spannungsfeld zwischen GWB und dem Recht der GKV, NZBau 2010, 346; *Schickert/Schulz*, Hilfsmittelversorgung 2009 – Ausschreibungen und Verhandlungsverträge der Krankenkassen, MPR 2009, 1; *Stallberg*, Das Beitritts- und Informationsrecht der Leistungserbringer bei Versorgungsverträgen im Hilfsmittelbereich, MPR 2010, 50; *Stallberg*, Das GKV-Versorgungsstrukturgesetz aus Sicht der Medizinprodukteindustrie – Erleichterung des Markt-

zugangs innovativer Produkte?, MPR 2011, 185; *Stelzer*, Müssen gesetzliche Kranken- und Pflegekassen Lieferaufträge über Hilfs- und Pflegemittel oberhalb des Schwellenwertes europaweit öffentlich ausschreiben? – Bestandsaufnahme der Rechtspositionen in den Vertragsverletzungsbeschwerdeverfahren im Kontext des EuGH-Urteils vom 11. Juni 2009 u. a. und der Reformgesetze in der GKV, Wege zur Sozialversicherung (WzS) 2009, 267; *Stelzer*, WzS 2009, 303; *Stelzer*, WzS 2009, 336; *Stelzer*, WzS 2009, 368; *Szonn*, Sind Verträge gemäß § 127 II, IIa SGB V öffentliche Aufträge im Sinne des Kartellvergaberechts?, NZS 2011, 245; *Weber*, Ganz oder gar nicht? – Der (Teil-) Beitritt zu Hilfsmittelverträgen gemäß § 127 IIa 1 SGB V, NZS 2011, 53; *Zimmermann*, Keine Ausschreibungspflicht für Hilfsmittelverträge, NZBau 2010, 739.

A. Einleitung

Nachdem das System der Hilfsmittelversorgung bereits **durch das GKV-WSG** vom 26. 3. 2007 dahingehend grundlegend **reformiert** worden war, dass die Berechtigung zur Versorgung der Versicherten mit Hilfsmitteln nicht länger von einer (generellen) **Zulassung**, sondern von einer **(selektiv-)vertraglichen Berechtigung**[1] abhängt, haben die §§ 126, 127 SGB V durch das GKV-OrgWG vom 15. 12. 2008 weitere wichtige Änderungen erfahren. Dabei stand das Ziel im Mittelpunkt, das erstmals 2007 im Wortlaut von § 127 Abs. 1 SGB V verankerte Gebot, zum Zweck des Vertragsabschlusses Ausschreibungen durchzuführen, wieder einzuschränken und stattdessen sozialrechtliche Versorgungs- und Opportunitätserwägungen in den Vordergrund zu stellen. 1

Die wichtigsten Neuregelungen im Hilfsmittelbereich im Zuge des GKV-OrgWG beinhalten: 2
– die Einführung eines Präqualifizierungsverfahrens zur Eignungsprüfung (§ 126 Abs. 1a SGB V),
– die Umwandlung der „Soll"-Vorschrift zur Durchführung von Ausschreibungen in § 127 Abs. 1 SGB V in eine „Kann"-Vorschrift kombiniert mit der
– Ermächtigung des Spitzenverbands Bund der Krankenkassen und der Spitzenorganisationen der Leistungserbringer zur Erläuterung der Zweckmäßigkeit von Ausschreibungen (§ 127 Abs. 1a SGB V) sowie
– die Einführung eines Beitrittsrechts zu Verträgen nach § 127 Abs. 2 SGB V für alle geeigneten Leistungserbringer (§ 127 Abs. 2a SGB V) einhergehend mit der
– Verpflichtung der Krankenkassen, die Leistungserbringer über abgeschlossene Verträge, zu denen ein Beitrittsrecht besteht, zu informieren.

Nachfolgend wird unter anderem dargelegt, inwieweit die Neuregelungen mit den Vorgaben des (EU/GWB-)Vergaberechts in Einklang stehen. Die Vereinbarkeit mit EU-Vergaberecht wird in der Gesetzesbegründung zu den §§ 126, 127 SGB V nicht angesprochen, ist allerdings jüngst in Nachprüfungsverfahren thematisiert worden. 3

B. Präqualifizierungsverfahren und Eignungsprüfung gemäß § 126 SGB V

§ 126 Abs. 1a SGB V stellt die Rechtsgrundlage für ein Präqualifizierungsverfahren dar, mit dem die Eignung von Leistungserbringern generell geprüft und schon vorab für weitere Beschaffungsvorgänge bejaht werden kann. In Absatz 2 ist eine Übergangsregelung eingefügt worden, die den Inhabern von Altzulassungen bis zur Einrichtung des Präqualifizierungsverfahrens die Eignung im Sinne von § 126 Abs. 1 SGB V erhält. 4

Unter einer Präqualifizierung wird eine von einer konkreten Auftragsvergabe unabhängige Prüfung und Bewertung eines Unternehmens verstanden, inwieweit dieses zu – vor- 5

---

[1] Vgl. dazu BSG Urt. v. 10. 3. 2010, B 3 KR 26/08 R.

ab hinreichend bestimmten – Leistungserbringungen geeignet ist.[2] In vergaberechtlichem Zusammenhang versteht man unter Eignung die **Fachkunde, Leistungsfähigkeit, Gesetzestreue und Zuverlässigkeit** eines Unternehmens (§ 97 Abs. 4 Satz 1 GWB). Der Einführung eines Präqualifizierungsverfahrens, so wie in § 126 Abs. 1a SGB V vorgesehen, stehen keine (EU/GWB-)vergaberechtlichen Vorschriften entgegen.

6   Seit Etablierung eines staatlich anerkannten nationalen **Präqualifikationssystems für Bauvergaben gemäß VOB/A** im Jahr 2006[3] werden gegenwärtig in zahlreichen Bundesländern sowie auf Bundesebene intensive Gespräche über die Einführung eines Präqualifikationsverfahrens auch im Rahmen der VOL/A geführt. Die Entwicklungen im Zuge des GKV-OrgWG können insofern als vorgreiflich zur allgemeinen vergaberechtlichen Diskussion gesehen werden.

7   Die Einführung eines Präqualifizierungsverfahrens vermeidet redundante Prüfungen und reduziert den bürokratischen Aufwand, der mit der Beibringung von Eignungsnachweisen in Vergabeverfahren verbunden ist. Die Delegation der näheren **Ausgestaltung des Präqualifizierungsverfahrens** (einschließlich des Inhalts und der Gültigkeitsdauer der Bestätigungen sowie der Bestimmung der Präqualifizierungsstellen und des zu erhebenden Entgelts) auf den **Spitzenverband Bund der Krankenkassen** und die **Verbände der Leistungserbringer** ist grundsätzlich unbedenklich und wurde dementsprechend am 29.3.2010 in einer Vereinbarung gemäß § 126 Abs. 1a SGB V umgesetzt.[4] Sie ähnelt dem Vorgehen bei der Einführung der Präqualifikation in der VOB/A, als vergleichbare Aufgaben dem im Jahr 2005 gegründeten, privatrechtlich organisierten „Verein für die Präqualifikation von Bauunternehmen e.V." übertragen wurden.

8   Entscheidend dafür, dass das neue Präqualifizierungsverfahren die in es gesetzten Erwartungen erfüllen kann, ist zunächst, dass das Verfahren eine bundesweite Akzeptanz von erteilten Bestätigungen durch alle gesetzlichen Krankenkassen gewährleistet.[5] Diesem Aspekt trägt § 126 Abs. 1a Satz 2 SGB V Rechnung, wonach die Krankenkassen von einer nachgewiesenen Eignung „auszugehen haben", soweit eine Präqualifizierungsbestätigung für die zu vergebenden Leistungserbringungen vorliegt. Wichtig für die vergaberechtskonforme Ausgestaltung des Verfahrens ist sodann, dass die im Einzelnen für eine Präqualifizierung zu erbringenden Nachweise **keine Diskriminierung bestimmter Leistungserbringergruppen** bewirken. Da die Präqualifizierungsbestätigungen als Eignungsnachweise (auch) im Rahmen vergaberechtlicher Ausschreibungen (vgl. § 127 Abs. 1 SGB V) verwendet werden, müssen im Rahmen des Präqualifizierungsverfahrens die **vergaberechtlichen Grundsätze über die Zurechnung von Eignungsnachweisen** berücksichtigt werden. Das bedeutet, dass sich z.B. Leistungserbringerverbände/-zusammenschlüsse, die die Stellung eines Generalübernehmers haben, unter bestimmten Voraussetzungen die **Eignungsnachweise ihrer angeschlossenen Mitgliedsunternehmen** zurechnen lassen können. Denn sowohl das auf die ständige Rechtsprechung des EuGH zurückgehende europäische (Art. 47 Abs. 2, Abs. 3 und Art. 48 Abs. 3, Abs. 4 VKR sowie Art. 54 Abs. 5, Abs. 6 SKR) als auch das deutsche (§ 7 EG Abs. 9 VOL/A, § 6a Abs. 10 VOB/A, § 5 Abs. 6 VOF) Vergaberecht gestattet Bietern bzw. Bewerbern, die nicht selbst die für die Teilnahme an einem Vergabeverfahren erforderlichen Eignungsvoraussetzungen erfüllen, sich auf die **wirtschaftliche und technische Leistungsfähigkeit Dritter** zu berufen, deren Dienste in Anspruch genommen werden sollen,

---

[2] *Werner* NZBau 2006, 12, sowie insbesondere zur Rechtsnatur der Bestätigung *Flasbarth* MedR 2011, 81. Zum Präqualifizierungsverfahren allgemein vgl. Verband der Ersatzkassen e.V. (vdek), Fragen und Antworten – Präqualifizierung im Hilfsmittelbereich, Stand: 12.5.2010.
[3] § 8 Nr. 3 Abs. 2 VOB/A 2006.
[4] Vereinbarung gemäß § 126 Absatz 1a SGB V über das Verfahren zur Präqualifizierung von Leistungserbringern vom 29.3.2010 zwischen dem Spitzenverband Bund der Krankenkassen und den maßgeblichen Spitzenorganisationen (der Leistungserbringer) auf Bundesebene.
[5] BT-Drs. 16/10609, 71.

wenn der Auftrag erteilt wird.[6] Hierfür muss gegenüber dem Auftraggeber nachgewiesen werden, dass dem Unternehmen die erforderlichen Mittel der Dritten tatsächlich zur Verfügung stehen, indem beispielsweise diesbezügliche Zusagen dieser Unternehmen vorgelegt werden. Eine solche Zurechnung von Eignungsnachweisen ist zum einen denkbar, wenn sich ein Generalübernehmer selbst im Verfahren nach § 126 Abs. 1a SGB V präqualifizieren lassen möchte und sich hierzu auf die Leistungsfähigkeit und/oder Fachkunde seiner Nachunternehmer beruft. Zum anderen kann sich ein selbst nicht präqualifizierter Generalübernehmer, der Verträge gemäß § 127 SGB V mit Krankenkassen schließen möchte, auf die Eignung/Präqualifizierung seiner Nachunternehmer stützen, um seine eigene Eignung darzulegen.

C. Hilfsmittelversorgungsverträge gemäß § 127 SGB V

I. Hilfsmittelversorgungsverträge als öffentliche Aufträge gemäß § 99 Abs. 1 GWB

Im Hinblick auf die Qualifizierung von Hilfsmittelversorgungsverträgen als öffentliche Aufträge gemäß § 99 Abs. 1 GWB muss zwischen grundsätzlich **auszuschreibenden Verträgen nach § 127 Abs. 1 SGB V** und **Verträgen mit Beitrittsrecht gemäß § 127 Abs. 2, Abs. 2a SGB V** unterschieden werden. Daneben stehen ergänzend die **Einzelfallverträge gemäß § 127 Abs. 3 SGB V**. 9

1. Ausschreibungsverträge gemäß § 127 Abs. 1 SGB V

An der Qualifizierung von Hilfsmittelversorgungsverträgen gemäß § 127 Abs. 1 SGB V als **öffentliche Aufträge im Sinne von § 99 Abs. 1 GWB** bestehen keine ernstlichen Zweifel. Soweit ausgeschriebene Hilfsmittelversorgungsverträge in der Vergangenheit im Rahmen von Nachprüfungsverfahren zur Überprüfung gelangten, wurde die öffentliche Auftragseigenschaft daher auch ohne weiteres angenommen.[7] 10

a) Rahmenvereinbarungen gemäß § 4 EG VOL/A

Bei Hilfsmittelversorgungsverträgen gemäß § 127 Abs. 1 SGB V handelt es sich um öffentliche Aufträge in der Gestalt von Rahmenvereinbarungen gemäß § 4 EG VOL/A.[8] Gemäß § 4 EG Abs. 1 VOL/A versteht man unter einer Rahmenvereinbarung eine Vereinbarung mit einem oder mehreren Unternehmen, in der die Bedingungen für die Einzelaufträge festgelegt werden, die im Laufe eines bestimmten Zeitraumes vergeben werden sollen, insbesondere im Hinblick auf den in Aussicht genommenen Preis sowie die in Aussicht genommene Menge. Rahmenvereinbarungen berechtigen den Auftraggeber, Leistungen entsprechend den Bedingungen des Rahmenvertrages zu fordern, ohne ihn zu einem Abruf zu verpflichten. Sie werden bei wiederkehrenden gleichartigen Beschaffungen verwendet, um im Voraus bestimmte Anbieter auszuwählen, an die sich der Auftraggeber zu einem späteren Zeitpunkt im Wege von Leistungsabrufen in einem – im Vergleich zu förmlichen Vergabeverfahren – einfachen und schnellen Verfahren wenden kann. Die maximale Laufzeit einer Rahmenvereinbarung sowie der auf ihr beruhenden Einzelaufträge beträgt gemäß § 4 EG Abs. 7 VOL/A grundsätzlich vier Jahre. Das gilt auch für die auf der Rahmenvereinbarung basierenden Verträge. 11

---

[6] EuGH Urt. v. 18.12.1997, Rs. C-5/97 – Ballast Nedam Groep; EuGH Urt. v. 2.12.1999, Rs. C-176/98 – Holst Italia; EuGH Urt. v. 18.3.2004, Rs. C-314/01 – ARGE Telekom; dazu *Gabriel* in: Prieß/Lau/Kratzenberg, FS Marx, 167, 168 ff.
[7] LSG Nordrhein-Westfalen Beschl. v. 30.1.2009, L 21 KR 1/08 SFB; OLG Düsseldorf Beschl. v. 17.4.2008, VII-Verg 15/08.
[8] LSG Hessen Beschl. v. 15.12.2009, L 1 KR 337/09 ER Verg.

12 § 127 Abs. 1 SGB V entspricht dem Bild einer **Rahmenvereinbarung**, da in Hilfsmittelversorgungsverträgen die Preise sowie die Liefer- und Versorgungsbedingungen einschließlich der Qualität festgelegt werden, obgleich der spätere Leistungsaustausch – d. h. die Verordnung und Abgabe von Hilfsmitteln gegenüber den Versicherten – zum Zeitpunkt des Vertragsschlusses noch nicht feststehen kann.[9] Denn Hilfsmittelversorgungen finden in einem durch die Leistungsbeziehungen in der gesetzlichen Krankenversicherung geprägten, **sozialrechtlich vorgegebenen Dreiecksverhältnis** (zwischen Krankenkassen, Versicherten und Leistungserbringern) statt.[10] Der **Umfang der Inanspruchnahme** der Leistungserbringer ist bei Vertragsabschluss noch nicht quantifizierbar, da dieser einerseits allgemein von der **Morbidität der Versicherten** abhängt und andererseits im Fall des Vorhandenseins mehrerer Vertragspartner einer Krankenkasse für dieselbe Produktgruppe speziell von der **Auswahlentscheidung des Versicherten**, die gemäß § 33 Abs. 6 SGB V alle vertraglich gebundenen Leistungserbringer in Anspruch nehmen können (Versichertenwahlrecht). Diese besondere, für Leistungsbeziehungen im Krankenversicherungsrecht typische Situation entspricht derjenigen von Rahmenvereinbarungen, weshalb die Bewertung von Hilfsmittelversorgungsverträgen gemäß § 127 Abs. 1 SGB V als öffentliche Aufträge in der (besonderen) Form von Rahmenvereinbarungen im Sinne von § 4 EG VOL/A zutreffend ist.[11]

b) Abgrenzung von Liefer- und Dienstleistungsaufträgen

13 Bei der Qualifizierung von Hilfsmittelversorgungsverträgen als öffentliche Aufträge spielt die Abgrenzung von Liefer- und Dienstleistungsaufträgen eine große praktische Rolle, da sich hieraus **bedeutende vergaberechtlichen Konsequenzen** ergeben (z. B. hinsichtlich der Geltung eines gegebenenfalls vergaberechtlich gelockerten Ausschreibungsregimes für sogenannte **nachrangige Dienstleistungen**[12]) und sich Hilfsmittelversorgungsaufträge regelmäßig aus Dienstleistungselementen (Beratung, Herstellung, Anpassung, Einweisung, Betreuung) sowie Warenlieferungselementen (Produkt als solches) zusammensetzen. Die Abgrenzung, ob ein Hilfsmittelversorgungsvertrag einen Liefer- oder Dienstleistungsauftrag darstellt, wird **gemäß § 99 Abs. 10 Satz 1 GWB anhand einer wertmäßigen Festlegung** vorgenommen. Danach gilt ein öffentlicher Auftrag, der sowohl den Einkauf von Waren als auch die Beschaffung von Dienstleistungen zum Gegenstand hat, als Dienstleistungsauftrag, wenn der Wert der Dienstleistungen den Wert der Waren übersteigt. Von praktischer Bedeutung ist dabei die **Entscheidung des EuGH**, dass die mit der Anfertigung eines Hilfsmittels zusammenhängenden **Dienstleistungen wertmäßig** dem **Warenlieferanteil** zuzurechnen sind: *„Bei der Zurverfügungstellung von Waren, die individuell nach den Bedürfnissen des jeweiligen Kunden hergestellt und angepasst werden und über deren Nutzung die jeweiligen Kunden individuell zu beraten sind, ist die Anfertigung der genannten Waren dem Auftragsteil der „Lieferung" für die Berechnung des Werts zuzuordnen."*,[13] Für die Einordnung eines Vertrags ist demnach auf das Verhältnis des Wertes des (gegebenenfalls sogar patientenindividuell) hergestellten Hilfsmittels einerseits (Warenlieferungsanteil) zum Wert (lediglich) der Beratung/Betreuung andererseits (Dienstleistungsanteil) abzustellen.[14] Diese Abgrenzung wird in der Praxis oft den **Ausschlag zugunsten einer Qualifizierung** von Hilfsmittelversorgungsverträgen **als Lieferaufträge** geben.

---

[9] So schon *Rixen* GesR 2006, 49, 56; *Storost* NZS 2005, 82, 85.
[10] *Kingreen* VergabeR 2007, 354, 355.
[11] LSG Hessen Beschl. v. 15.12.2009, L 1 KR 337/09 ER Verg; VK Schleswig-Holstein Beschl. v. 17.9.2008, VK-SH 10/08; VK Bund Beschl. v. 5.2.2008, VK 3–08/08 und Beschl. v. 27.6.2011, VK 3–68/11; VK Mecklenburg-Vorpommern Beschl. v. 12.11.2007, 1 VK 6/07.
[12] Hierzu unten Rn. 30 ff.
[13] EuGH Urt. v. 11.6.2009, Rs. C-300/07 – Oymanns, Rn. 64 ff, mit Anmerkung *Kingreen* NJW 2009, 2417 sowie *Marx/Hölzl* NZBau 2010, 31.
[14] Schlussanträge GA *Mazak* v. 16.12.2008, C-300/07 – Oymanns, Rn. 57.

2. Beitrittsverträge gemäß § 127 Abs. 2, Abs. 2a SGB V

Die Qualifizierung von Hilfsmittelversorgungsverträgen mit Beitrittsrecht gemäß § 127 Abs. 2, 2a SGB V als öffentliche Aufträge gemäß § 99 Abs. 1 GWB ist demgegenüber schwieriger und war bis vor Kurzem umstritten.[15]

a) Entgeltlichkeit (und Exklusivität) im Sinne von § 99 Abs. 1 GWB

Die Rechtsfigur nicht auszuschreibender Hilfsmittelversorgungsverträge mit Beitrittsrecht[16], denen gemäß § 127 Abs. 2a SGB V alle zur Versorgung zugelassenen Leistungserbringer beitreten können[17], ist durch das GKV-OrgWG in das SGB V eingefügt worden. Der Gesetzgeber wollte hiermit eine **Alternative zu Ausschreibungsverträgen** schaffen und verhindern, dass Leistungserbringer willkürlich von ausgehandelten Verträgen ausgeschlossen werden könnten.[18] Das Beitrittsrecht stellt in diesem Zusammenhang ein Korrektiv für eine fehlende Ausschreibung des Hilfsmittellieferungsvertrags dar[19], die nach der Konzeption des Gesetzgebers nicht stattfinden soll[20] und auch vergaberechtlich nicht geboten ist, da es sich bei Hilfsmittelversorgungsverträgen mit Beitrittsrecht **grundsätzlich nicht** um **entgeltliche Verträge im Sinne von § 99 Abs. 1 GWB** und damit nicht um öffentliche Aufträge handelt.[21] Die Verneinung der Auftragseigenschaft beruht auf der Überlegung des Gesetzgebers, dass öffentliche Aufträge entgeltliche Verträge zwischen öffentlichen Auftraggebern und Unternehmen sind, die eine **exklusive Auswahlentscheidung** des Auftraggebers bezüglich des Leistungserbringers beinhalten.[22] Zwar ist die Auswahlentscheidung des öffentlichen Auftraggebers keine notwendige Voraussetzung für das Vorliegen eines öffentlichen Auftrags[23], sie kann jedoch als Indiz für das Vorliegen einer hinreichenden Lenkungs- und Steuerungswirkung herangezogen werden. Das Vorliegen einer solchen Auswahlentscheidung wird im hiesigen Zusammenhang indes **regelmäßig zu verneinen** sein, da der Abschluss eines Hilfsmittelversorgungsvertrages gemäß § 127 Abs. 2 SGB V aufgrund des Beitrittsrechts nach § 127 Abs. 2a SGB V keine exklusive Leistungsbeziehung mit einer gesetzlichen Krankenkasse begründet.[24] Der Vertragsschluss als solcher beinhaltet **keine zwangsläufig absatzfördernde bzw. umsatzsteigernde Lenkungs- bzw. Steuerungswirkung**, da er keinen Anspruch auf Exklusivität beinhaltet und die Wahrscheinlichkeit der Inanspruchnahme durch die Versicherten – und damit die Werthaltigkeit des Vertrags – zumeist erst eingeschätzt werden kann, wenn bekannt ist, wie viele Wettbewerber dem Vertrag beitreten.[25] In der **Gesetzesbegründung zum**

---

[15] Vgl. dazu auch *Gabriel* in MüKoBeihVgR, Anlage zu § 98 Nr. 4 GWB Rn. 122 ff.
[16] Zum Beitritts- und Informationsrecht vgl. *Stallberg* MPR 2010, 50, 53 ff.
[17] Zur Zulässigkeit eines Teilbeitritts vgl. *Weber* NZS 2011, 53 sowie *Heil* MPR 2011, 181. Die Zulässigkeit eines solchen Teilbeitritts bejaht LSG Baden-Württemberg, Urt. v. 15.3.2011, L 11 KR 4724/10 ER-B, MPR 2011, 192 und SG Berlin Beschl. v. 22.11.2011, S 210 KR 2084/11 ER, MPR 2011, 156 sowie Bundesversicherungsamt, Kurzmitteilung über Verträge der Hilfsmittelversorgung v. 28.12.2010 an den GKV Spitzenverband, S. 7.
[18] BT-Drs. 16/10609, 57.
[19] Vgl. LSG Baden-Württemberg, Urt. v. 15.3.2011, L 11 KR 4724/10 ER-B, MPR 2011, 192, 196.
[20] BT-Drs. 16/10609, 52.
[21] LSG Nordrhein-Westfalen Beschl. v. 14.4.2010, L 21 KR 69/09 u. 67/09 SFB, mit Anmerkung *Gabriel* VergabeR 2010, 1026.
[22] Hierzu auch *Gabriel* VergabeR 2010, 142; *Schickert/Schulz* MPR 2009, 1,7.
[23] Siehe dazu, im Zusammenhang mit der Auftragseigenschaft von Verträgen zur hausarztzentrierten und besonderen ambulanten Versorgung, bereits oben § 67 Rn. 28.
[24] LSG Nordrhein-Westfalen Beschl. v. 14.4.2010, L 21 KR 69/09 u. 67/09 SFB, mit Anmerkung *Gabriel* VergabeR 2010, 1026; *Esch* MPR 2010, 156, 160.
[25] *Gabriel* VergabeR 2010, 142, 144; *Schickert/Schulz* MPR 2009, 1, 7 *Weiner* in Willenbruch/Wieddekind, Einleitung 16.Los Rn. 10 ff.

GKV-OrgWG wird hierzu ausgeführt: *"Eine Pflicht zur Ausschreibung unter Beachtung der Vorschriften des Vergaberechts kommt auch dann nicht in Betracht, wenn der Zugang zur Versorgung zwar durch den Abschluss von Verträgen erfolgt, die Leistungserbringer aber gegenüber der Krankenkasse faktisch einen Anspruch auf Abschluss eines Vertrages haben. [...] Der Vertragsschluss ähnelt damit einer Zulassung. Für ein Vergabeverfahren, das darauf abzielt, unter mehreren Bietern eine Auswahlentscheidung zu treffen, ist vor diesem Hintergrund kein Raum. Dies gilt auch für Verträge über die Versorgung mit Hilfsmitteln nach § 127 Abs. 2 SGB V, die aufgrund des ausdrücklichen Beitrittsrechts nicht zu einer exklusiven Versorgungsberechtigung bestimmter Leistungserbringer führen."*[26]

16 Hinzu kommt, dass es sich bei Hilfsmittelversorgungsverträgen mit Beitrittsrecht gemäß § 127 Abs. 2, Abs. 2a SGB V, anders als bei den Verträgen gemäß § 127 Abs. 1 SGB V[27], **auch nicht um Rahmenvereinbarungen im Sinne von § 4 EG VOL/A** handeln kann, da diese gemäß § 4 EG Abs. 2 VOL/A, Art. 32 Abs. 2 Unterabsatz 2 VKR einen **geschlossenen Teilnehmerkreis** voraussetzen und nur zwischen den von Beginn an der Rahmenvereinbarung beteiligten Auftraggebern und Unternehmen zulässig sind. Hiermit wäre ein nachträgliches Beitrittsrecht nicht zu vereinbaren.[28]

17 Der **Gesetzgeber hat Krankenkassen** demnach ein **Wahlrecht eingeräumt**, den Abschluss von Hilfsmittelverträgen entweder im Wege europaweiter Ausschreibungen mittels öffentlicher Aufträge/entgeltlicher Verträge (gemäß § 127 Abs. 1 SGB V) oder nach vorheriger Bekanntmachung und verbunden mit einem gesetzlich vorgesehenen Beitrittsrecht im Wege nicht wettbewerblicher Verfahren (gemäß § 127 Abs. 2 SGB V) vorzunehmen. Diese **Entscheidungsfreiheit** wird **durch die europäischen Gründungsverträge gewährleistet**, die in **Art. 168 AEUV** die Mitgliedstaaten berechtigen, ihre Sozialsysteme (hier: den Bereich der gesetzlichen Krankenversicherung einschließlich der Leistungsbeziehungen gesetzlicher Krankenkassen zu Leistungserbringern) nach ihrem Ermessen zur bestmöglichen Erreichung der gesetzten Ziele im Gesundheitswesen zu gestalten.[29]

18 Diese Prämisse, der zu Folge es sich bei Hilfsmittelversorgungsverträgen mit Beitrittsrecht gemäß § 127 Abs. 2, Abs. 2a SGB V nicht um ausschreibungspflichtige öffentliche Aufträge handelt, ist **vergaberechtlich allerdings nicht gänzlich unproblematisch**, da das **Merkmal der Entgeltlichkeit** im Sinne der Auftragsdefinition nicht zwangsläufig nur deshalb nicht vorliegen muss, weil es ein gesetzliches Beitrittsrecht zum (Ursprungs-)Vertrag gibt.[30] Denn trotz des durch § 127 Abs. 2a SGB V gewährleisteten Beitrittsrechts lassen sich Fallgestaltungen denken, in denen der **Vertragsabschluss dem Erstvertragspartner ausnahmsweise** dennoch einen **geldwerten Wettbewerbsvorteil verschaffen** kann. Der vor diesem Hintergrund vereinzelt vertretenen Ansicht, (auch) Hilfsmittelversorgungsverträge gemäß § 127 Abs. 2, Abs. 2a SGB V seien generell ausschreibungspflichtige öffentliche Aufträge, die ausnahmslos im Wege wettbewerblicher Vergabeverfahren abgeschlossen werden müssten,[31] ist jedoch das LSG Nordrhein-Westfalen in dieser Allgemeinheit entgegengetreten und hat eine anderslautende erstinstanzliche Entscheidung der VK Bund aufgehoben.[32] Das **LSG Nordrhein-Westfalen** hat die **Ablehnung der öffentlichen Auftragseigenschaft** damit begründet, dass durch den Vertragsschluss im

---

[26] BT-Drs. 16/10609, 52.
[27] Hierzu oben Rn. 11 f.
[28] So auch *Esch* MPR 2010, 156, 160.
[29] LSG Nordrhein-Westfalen Beschl. v. 14.4.2010, L 21 KR 69/09 u. 67/09 SFB, mit Anmerkung *Gabriel* VergabeR 2010, 1026; hierzu auch EuGH Urt. v. 19.5.2009, verb. Rs. C-171/07 und C-172/07 – DocMorris, Rn. 18.
[30] Dazu sogleich Rn. 19 ff.
[31] So VK Bund Beschl. v. 12.11.2009, VK 3–193/09; ebenso *Kingreen* NJW 2009, 3552, 3558; ähnlich *Dreher/Hoffmann* NZBau 2009, 273, 279.
[32] LSG Nordrhein-Westfalen, Beschl. v. 14.4.2010, L 21 KR 69/09 u. 67/09 SFB, mit Anmerkung *Gabriel* VergabeR 2010, 1026.

entschiedenen Fall keine Sonderstellung im Wettbewerb eingeräumt würde, weil hiermit **keine Auswahlentscheidung** verbunden sei (es ging um einen öffentlich bekannt gemachten Hilfsmittelversorgungsvertrag, dem zum Zeitpunkt der Erhebung des Nachprüfungsantrags bereits 65 Unternehmen beigetreten sind). Weder der vergaberechtliche Wettbewerbsgrundsatz noch das Transparenzprinzip würden unter diesen Umständen die Durchführung eines Vergabeverfahrens geboten erscheinen lassen, so dass den Krankenkassen ein in ihrem Ermessen liegendes **Wahlrecht** zwischen der vergaberechtlichen Ausschreibung von Hilfsmittelversorgungsverträgen als öffentlichen Aufträgen einerseits und dem transparenten und nichtdiskriminierenden Abschluss von nicht exklusiven Verträgen mit Beitrittsrechts anderseits zuzugestehen ist. Diese Bewertung wird schließlich auch durch die **Haltung der Europäischen Kommission bestätigt**, die in anderem Zusammenhang zu erkennen gegeben hat, dass sie die durch das GKV-OrgWG geschaffene Neufassung von § 127 SGB V und die Ausnahme von der Ausschreibungspflicht für Hilfsmittelversorgungsverträge mit Beitrittsrecht als europarechtskonform erachtet.[33]

b) Vergaberechtskonforme Anwendung und Ermöglichung des Vertragsbeitritts

Unabhängig von der vorstehend erörterten – und mittlerweile landessozialgerichtlich bestätigten[34] – grundsätzlichen Europarechtmäßigkeit nicht auszuschreibender Hilfsmittelversorgungsverträge mit Beitrittsrecht ist bei der Auslegung und Anwendung von § 127 Abs. 2a SGB V in jedem Fall zu berücksichtigen, dass ein **Vertragsbeitritt auch** *tatsächlich* **möglich** sein muss. Der Umstand, dass kraft Gesetzes ein *rechtlich* garantiertes Beitrittsrecht besteht, ist notwendig, nicht jedoch auch hinreichend, um die Entgeltlichkeit (Exklusivität) und damit die Ausschreibungspflicht eines Hilfsmittelversorgungsvertrages zu verneinen. Denn soweit das gesetzgeberische Konzept auf der Überlegung beruht, dass Hilfsmittelversorgungsverträge keine öffentlichen Aufträge/entgeltlichen Verträge darstellen, da das gesetzliche Beitrittsrecht das Entstehen vertraglicher Exklusivität verhindert, muss bedacht werden, dass **(Umgehungs-)Fälle denkbar** sind, in denen z. B. bewusst herbeigeführte tatsächliche Umstände der Inanspruchnahme des Beitrittsrechts entgegenstehen könnten. An die Stelle einer (durch das Beitrittsrecht verhinderten) rechtlichen Exklusivität träte dann eine **faktische/tatsächliche Exklusivität des Vertragspartners.**

19

Diesem Gedanken entsprechend, hat das LSG Nordrhein-Westfalen im Zusammenhang mit einem nicht ausgeschriebenen Arzneimittelrabattvertrag gemäß § 130a Abs. 8 SGB V, der ausweislich des Vertragswortlauts keine Exklusivität zu Gunsten des Rabattvertragspartners begründen sollte, das Fehlen von „Exklusivitätsrechten" als nicht entscheidend für die Auftragseigenschaft und Ausschreibungspflicht angesehen.[35] Stattdessen hat das LSG darauf abgestellt, ob ein Vertragsschluss „**tatsächlich**" **geeignet** ist, einem Unternehmen einen **Vorteil im Wettbewerb** zu verschaffen. Dabei hat der Vergabesenat dem Gesichtspunkt der Exklusivität indes nicht jegliche Bedeutung abgesprochen, sondern entscheidend auf die Auswirkungen der in Rede stehenden Vereinbarung und das **Vorliegen eines tatsächlichen Wettbewerbsvorteils** abgestellt.[36] Letzterer wurde vom LSG Nordrhein-Westfalen bejaht, weil der streitgegenständliche Rabattvertrag als (zumindest) faktisch bzw. tatsächlich exklusiv bewertet wurde, da die Krankenkasse einen vergleichbaren Vertrag mit keinem anderen Anbieter abgeschlossen hat.[37]

20

---

[33] Vertragsverletzungsbeschwerdeverfahren v. 15.1.2008, Markt/C 3/WR/ng (2009) 69418, zitiert nach *Stelzer* WzS 2009, 303, 304.

[34] LSG Nordrhein-Westfalen Beschl. v. 14.4.2010, L 21 KR 69/09 u. 67/09 SFB, mit Anmerkung *Gabriel* VergabeR 2010, 1026.

[35] LSG Nordrhein-Westfalen Beschl. v. 10.9.2009 – L 21 KR 53/09 STB, mit Anmerkung *Gabriel* VergabeR 2010, 142

[36] LSG Nordrhein-Westfalen Beschl. v. 10.9.2009 – L 21 KR 53/09 STB.

[37] LSG Nordrhein-Westfalen Beschl. v. 10.9.2009 – L 21 KR 53/09 STB.

21   Diese Entscheidung lässt sich auf § 127 Abs. 2, Abs. 2a SGB V übertragen, wo die vergaberechtliche Bewertung (Ausschreibungspflicht) gleichfalls von dem durch den Vertragsschluss eingeräumten Maß an Exklusivität und der dadurch verschafften Wettbewerbsposition abhängt.[38] Auch bei Hilfsmittelversorgungsverträgen mit Beitrittsrecht lassen sich Fallgestaltungen denken, in denen der Leistungserbringer, mit dem der zeitlich erste (nicht ausgeschriebene) Vertrag abgeschlossen wurde, trotz des grundsätzlich (gesetzlich) bestehenden Beitrittsrechts Vorteile im Wettbewerb haben kann, mögen diese bei der Möglichkeit der Aushandlung der Konditionen des Beitrittsvertrages (die für Wettbewerber gegebenenfalls nicht akzeptabel sind) oder auch nur in zeitlicher Hinsicht (indem Krankenkassen einen Beitritt nur zeitlich verzögert ermöglichen) gegeben sein.[39] Um zu verhindern, dass ein Vertragsabschluss gegebenenfalls **tatsächliche Exklusivität** begründet, muss das Beitrittsrecht von allen interessierten Leistungserbringern so ausgeübt werden können, dass der Abschluss des (nicht ausgeschriebenen) Beitrittsvertrages an sich (noch) **keinen entgeltlichen Vorteil für dessen Vertragsinhaber** bedeutet.[40] Dafür ist z. B. notwendig, dass

- sich bei Vorhandensein mehrerer zum Beitritt geeigneter Verträge das Beitrittsrecht eines noch nicht versorgungsberechtigten Leistungserbringers nicht lediglich auf einen Beitritt zu dem **Vertrag mit dem niedrigsten Preis** erstreckt, da sonst der Vertragspartner des Vertrags mit dem höchsten Preis einen exklusiven entgeltlichen Vorteil erlangen würde;[41]
- Krankenkassen ihrer **Informationspflicht gemäß § 127 Abs. 2 Satz 4 SGB V** unverzüglich nachkommen, so dass der Erstvertragspartner keinen zeitlichen Vorteil (d. h. keine zeitliche Exklusivität) besitzt;[42]
- auch für bereits „aufgrund bestehender Verträge" **versorgungsberechtigte Leistungserbringer** – trotz entgegenstehenden Wortlauts (§ 127 Abs. 2a Satz 1 SGB V) – ein Beitritt „zu den gleichen Bedingungen" möglich sein sollte, da der Beitrittsvertrag gegebenenfalls bessere Bedingungen enthält als der Vertrag, auf dessen Grundlage der Leistungserbringer schon zur Versorgung berechtigt ist;
- Hilfsmittelversorgungsverträge mit Beitrittsrecht **keine** sachlich nicht gerechtfertigten und den **Erstvertragspartner begünstigenden Vertragsbedingungen** enthalten, die anderen Leistungserbringern einen Beitritt erschweren oder unmöglich machen könnten.[43]

3. Einzelfallverträge gemäß § 127 Abs. 3 SGB V

22   Dem Abschluss von Hilfsmittelversorgungsverträgen in Einzelfällen gemäß § 127 Abs. 3 SGB V kommt im Verhältnis zu Ausschreibungsverträgen (§ 127 Abs. 1 SGB V) und Beitrittsverträgen (§ 127 Abs. 2, Abs. 2a SGB V) eine lediglich **nachrangige Bedeutung** zu. Dem Konzept des Gesetzgebers nach sollen Einzelfallverträge gemäß § 127 Abs. 3 SGB V ohne Ausschreibung mit einzelnen Leistungserbringern geschlossen werden.

23   Da es sich bei Einzelfallverträgen ebenso wie bei Hilfsmittelversorgungsverträgen im Sinne von § 127 Abs. 1 SGB V um öffentliche Aufträge im Sinne von § 99 Abs. 1 GWB

---

[38] In diesem sinne auch *Esch* MPR 2010, 156, 160; a.A. wohl *Szonn* NZS 2011, 245, 247.
[39] So zu Rabattverträgen *Schickert/Schulz* MPR 2009, 1, 7 und *Schickert* PharmR 2009, 164, 171: „sog. First-Mover-Effekt".
[40] *Schickert/Schulz* MPR 2009, 1, 7; Eine faktische Ausschlussmöglichkeit des Beitritts sieht auch *Zimmermann* NZBau 2010, 739, 741.
[41] *Gabriel* VergabeR 2010, 142, 145; *Schickert/Schulz* MPR 2009, 1, 7.
[42] *Schickert/Schulz* MPR 2009, 1 (7). Ähnlich zu Rabattverträgen VK Bund Beschl. v. 22.8.2008, VK 2–73/08 („vorläufig exklusiv") und VK Bund Beschl. v. 22.5.2009, VK 1–77/09 („Exklusivität ... tatsächlicher Art"); Allgemein zur Informationspflicht der Krankenkasse *Stallberg* MPR 2010, 50, 55 ff.
[43] *Gabriel* VergabeR 2010, 142, 145; *Schickert/Schulz* MPR 2009, 1, 7.

handelt, kollidiert das **gesetzgeberische Konzept eines ausschreibungslosen Vertragsschlusses** (nur) dann nicht mit EU-vergaberechtlichen Vorgaben, wenn in diesem Zusammenhang eine anerkannte **Ausnahme von der Ausschreibungspflicht** nutzbar gemacht werden kann. Bei Einzelfallverträgen gemäß § 127 Abs. 3 SGB V, die sich nicht auf eine unbestimmte Anzahl von Versorgungen gegenüber einer unbestimmten Vielzahl von Versicherten beziehen, sondern auf eine konkrete Versorgung in einem einzelnen Fall, handelt es sich **regelmäßig** um **Aufträge unterhalb des einschlägigen EU-Schwellenwerts** in Höhe von 207.000 Euro, die dem europäischen Vergaberecht nicht unterfallen.[44] Soweit der Auftragswert eines Hilfsmittelversorgungsvertrages im Einzelfall diesen Wert nicht überschreitet, bestehen an der Europarechtskonformität von § 127 Abs. 3 SGB V daher keine Bedenken.

Zu berücksichtigen ist allerdings, dass auch bei Auftragsvergaben unterhalb des EU-Schwellenwertes **EU-primärrechtliche Verfahrensanforderungen** beachtet werden müssen, **sofern** es sich um **binnenmarktrelevante Aufträge** handelt.[45] Bei der Bewertung der Binnenmarktrelevanz können neben dem finanziellen Volumen des Auftrags unter anderem der Ort und die Umstände der Auftragsausführung eine Rolle spielen, da bei einer nur geringfügigen wirtschaftlichen Bedeutung und z. B. einer Auftragsausführung an einem nicht mitgliedstaatlich grenznahen Leistungsort eine grenzüberschreitende Beteiligung an einem etwaigen Vergabeverfahren nicht zu erwarten ist.[46]

24

Nähere praktische Hinweise zur Bestimmung dieses Bereichs nicht binnenmarktrelevanter Hilfsmittelversorgungsverträgen in Einzelfällen gemäß § 127 Abs. 3 SGB V können – allerdings nur im Rahmen der europarechtlich zulässigen Auslegung – den „Gemeinsamen Empfehlungen gemäß § 127 Abs. 1a SGB V zur Zweckmäßigkeit von Ausschreibungen" des GKV-Spitzenverbandes und der Spitzenorganisationen der Leistungserbringer vom 2.7.2009 entnommen werden.[47] Zwar erwähnen diese **Zweckmäßigkeitsempfehlungen** Auftragsvergaben unterhalb des EU-Schwellenwertes nicht ausdrücklich, jedoch beziehen sich einige der dort als Anwendungs- und Auslegungshinweise verstandenen Fallgruppen (unausgesprochen) auf diese – vergaberechtskonforme – Ausnahme von der Ausschreibungspflicht im Fall unterschwelliger Aufträge.[48]

25

II. Ausschreibungsrelevante Besonderheiten bei Hilfsmittelausschreibungen

Aufgrund der dem deutschen SGB V vorangehenden EU-vergaberechtlichen Vorgaben müssen Hilfsmittelversorgungsverträge gemäß § 127 Abs. 1 SGB V als öffentliche Aufträge in der Gestalt von Rahmenvereinbarungen[49] grundsätzlich in europaweiten Vergabeverfahren ausgeschrieben werden.[50] Das Gleiche gilt unter den oben dargelegten Voraussetzungen für solche Hilfsmittelversorgungsverträge mit Beitrittsrecht gemäß § 127 Abs. 2, Abs. 2a SGB V, bei denen es sich ausnahmsweise um öffentliche Aufträge handelt[51], sowie für Einzelfallverträge gemäß § 127 Abs. 3 SGB V, deren Auftragswert ausnahmsweise den EU-Schwellenwert erreicht/überschreitet.

26

---

[44] Hierzu unten Rn. 41 ff.
[45] Vgl. Rn. 43 ff.
[46] EuGH Urt. v. 21.7.2005, Rs. C-231/03 – Coname, Rn. 2.
[47] Hierzu unten Rn. 46 ff.
[48] Vgl. Rn. 46 ff.
[49] Hierzu oben Rn. 11 f.
[50] *Dreher/Hoffmann* NZBau 2009, 273, 279.
[51] Hierzu oben Rn. 11 f.

1. Vergaberechtskonforme Auslegung des Zweckmäßigkeitsvorbehalts gemäß § 127 Abs. 1 SGB V

27 Bereits das GKV-WSG hatte in § 127 Abs. 1 SGB V ein Ausschreibungsgebot eingeführt, wonach Hilfsmittelversorgungsverträge ausgeschrieben werden „sollen", soweit das „zweckmäßig" ist. Das GKV-OrgWG hat diesen Zweckmäßigkeitsvorbehalt erhalten und das Ausschreibungsgebot dahingehend abgeschwächt, dass **aus der „Soll"-Regelung eine bloße „Kann"-Regelung** gemacht wurde.[52] Darüber hinaus wurde § 127 Abs. 1a SGB V eingefügt, der weitere Festlegungen betreffend die Zweckmäßigkeit von Ausschreibungen vornimmt. Der Gesetzgeber wollte klarstellen, dass Krankenkassen zur Durchführung von Ausschreibungen gemäß § 127 Abs. 1 SGB V nicht vorrangig und ausnahmslos verpflichtet seien, sondern die Versorgung mit Hilfsmitteln auch über Verträge mit Beitrittsrecht gemäß § 127 Abs. 2 SGB V oder Einzelfallverträge gemäß § 127 Abs. 3 SGB V sicherstellen können.[53]

28 Allerdings steht die Frage der Ausschreibungspflicht nicht zur Disposition des nationalen Gesetzgebers.[54] Aufgrund des **Anwendungsvorrangs des EU-Vergaberechts** kann es nicht darauf ankommen, dass der deutsche Gesetzgeber in § 127 Abs. 1 Satz 1 SGB V die Ausschreibung von Hilfsmittelversorgungsverträgen in das Ermessen der Krankenkassen („können") und unter den Vorbehalt der Zweckmäßigkeit („soweit dies ... zweckmäßig ist") stellt.[55] Denn Ausnahmen von der Ausschreibungspflicht kann es nur insoweit geben, wie diese in Einklang mit dem EU-Vergaberecht stehen oder die Voraussetzungen eines öffentlichen Auftrags nicht vorliegen. Ob eine Ausschreibung „zweckmäßig" ist oder nicht, spielt dabei keine Rolle; die **Zweckmäßigkeit von Ausschreibungen ist keine europarechtlich existierende Kategorie oder anzuerkennende Ausnahmefallgruppe**.[56]

29 Der Zweckmäßigkeitsvorbehalt in § 127 Abs. 1 SGB V steht daher mit den Vorgaben des (EU/GWB-)Vergaberechts nicht vollumfänglich in Einklang. Eine europarechtskonforme Auslegung von § 127 Abs. 1 SGB V ist aber in folgender Hinsicht möglich und geboten:
– Hilfsmittelversorgungsverträge, bei denen das Dienstleistungselement das Warenlieferungselement wertmäßig überwiegt,[57] unterfallen als sogenannte **nachrangige Dienstleistungsaufträge im Gesundheitswesen** lediglich einem eingeschränkten Vergaberegime;
– Hilfsmittelversorgungsverträge, deren Auftragswert den **EU-Schwellenwert** in Höhe von derzeit 207.000 Euro **nicht erreicht**, unterfallen nicht dem Anwendungsbereich des EU-Vergaberechts;
– Hilfsmittelversorgungsverträge können (selbst wenn keine der beiden vorgenannten Fallgruppen vorliegt) ausnahmsweise im Rahmen von **Verhandlungsverfahren ohne Teilnahmewettbewerb** gemäß § 3 EG Abs. 4 VOL/A, Art. 31 VKR abgeschlossen werden, so dass eine förmliche wettbewerbliche Ausschreibung in Einklang mit dem (EU/GWB-)Vergaberecht unterbleiben kann.[58]

---

[52] Vgl. hierzu sowie dem Folgenden *Gabriel* in MüKoBeihVgR, Anlage zu § 98 Nr. 4 GWB Rn. 105 ff.
[53] BT-Drs. 16/10609, 57.
[54] Vgl. oben § 66 Rn. 6 f. und *Schickert/Schulz* MPR 2009, 1, 4.
[55] *Dreher/Hoffmann* NZBau 2009, 273, 278.
[56] *Knispel* GesR 2009, 236, 241; *Stelzer* WzS 2009, 303, 308.
[57] Hierzu oben Rn. 13.
[58] Vgl. hierzu § 9 Rn. 58 ff.

a) Nachrangige (Hilfsmittel-)Dienstleistungsaufträge im Gesundheitswesen

Vorstehend wurde bereits ausgeführt, welche Vorgaben sich aus der **Entscheidung des EuGH in Sachen „Oymanns"** für die Qualifizierung eines Hilfsmittelversorgungsvertrages entweder als Liefer- oder als Dienstleistungsauftrag ergeben.[59] Diese Abgrenzung spielt eine große Rolle, da es sich bei Hilfsmittelversorgungsverträgen regelmäßig um **gemischte Verträge** mit Dienstleistungs- wie Warenlieferungselementen handelt, Hilfsmittel*dienstleistungs*verträge allerdings unter ein anderes (gelockertes) Ausschreibungsregime fallen als Hilfsmittel*liefer*verträge.[60] Denn nur für *Dienstleistungs*aufträge (nicht dagegen auch für Lieferaufträge) unterscheidet die VOL/A in ihrem Anhang I zwischen deren Teil A für **vorrangige (auch: prioritäre)** und deren Teil B für **nachrangige (auch: nicht prioritäre) Dienstleistungen.** Diese Unterscheidung ist europarechtlich vorgegeben: die VKR differenziert im Fall von Dienstleistungen in gleicher Weise zwischen Anhang II Teil A und Teil B.[61] In vergleichbarer Art und Weise differenziert auch der **Richtlinienvorschlag zur Novellierung der VKR** in der Fassung der Trilogergebnisse vom Juni 2013, welcher für „Dienstleistungen des Gesundheits- und Sozialwesens und zugehörige Dienstleistungen" iSv. Anhang XVI lediglich **reduzierte vergaberechtliche Vorgaben** nach Maßgabe der Artt. 74 ff. des Richtlinienvorschlags vorsieht. Allerdings gelten selbst diese reduzierten Vergabevorgaben gemäß Art. 4 lit. d) des Richtlinienvorschlags ausschließlich für Aufträge, deren Wert 750.000 Euro erreicht oder überschreitet. 30

Ob Dienstleistungsaufträge unter Anhang I Teil A oder Teil B der VOL/A (Anhang II Teil A oder Teil B der VKR) fallen, richtet sich danach, welcher der im Anhang aufgelisteten Dienstleistungskategorie der jeweilige Auftrag zugeordnet werden kann. Die im vorliegenden Zusammenhang (allein) relevanten Aufträge im „Gesundheits-, Veterinär-, und Sozialwesen" werden in Kategorie 25 genannt.[62] Die Dienstleistungskategorie 25 wiederum ist in Teil B des Anhangs I der VOL/A (bzw. des Anhangs II der VKR) gelistet, so dass es sich bei **Dienstleistungsaufträgen im Gesundheitswesen jedenfalls um nachrangige Dienstleistungen** handelt. 31

Nur (vorrangige) Dienstleistungen nach Anhang I Teil A der VOL/A bzw. Anhang II Teil A der VKR müssen – ebenso wie Lieferleistungen – unter vollständiger Anwendung des Abschnitts 2 der VOL/A vergeben werden.[63] Für die Vergabe nachrangiger Dienstleistungen im Sinne von Anhang I Teil B der VOL/A bzw. Anhang II Teil B der VKR gelten dagegen **nur wenige vergaberechtliche Vorgaben.** Hintergrund ist die Überzeugung des europäischen Gesetzgebers, dass der anhand der verschiedenen Dienstleistungskategorien festgelegte Bereich nachrangiger Dienstleistungen – jedenfalls derzeit noch – keine besondere Bedeutung für grenzüberschreitende (Vergabe-)Wettbewerbe besitzt.[64] Aus diesem Grund spielt diese Abgrenzung für Hilfsmittelversorgungsverträge eine große praktische Rolle, da diese Aufträge – sofern es sich um Dienstleistungen und nicht Lieferleistungen handelt – nach einem **reduzierten Vergaberechtsregime** auszuschreiben sind, das flexiblere Verfahrensgestaltungen ermöglicht. 32

Im Hinblick auf die geltenden (reduzierten) vergaberechtlichen Vorgaben für die Vergabe nachrangiger Dienstleistungsaufträge bestehen allerdings **folgenreiche Unterschiede zwischen dem deutschen und dem europäischen Vergaberecht.** 33

---

[59] EuGH Urt. v. 11.6.2009, Rs. C-300/07 – Oymanns, mit Anmerkung *Kingreen* NJW 2009, 2417; hierzu oben Rn. 13.
[60] Vgl. dazu *Gabriel* in MünchKommBeihVgR, Anlage zu § 98 Nr. 4 GWB Rn. 108 ff.
[61] *Schickert/Schulz* MPR 2009, 1, 5; *Gabriel* VergabeR 2007, 630, 632.
[62] Vgl. Referenznummern 85100000–0 bis 85172000–5 der VO 213/2008 der Kommission v. 28.11.2007 betreffend das Common Procurement Vocabulary – CPV.
[63] *Gabriel* VergabeR 2007, 630, 632; *Gabriel* NZS 2007, 344, 351.
[64] Vgl. Erwägungsgründe 18, 19 VKR.

34 Das europäische Vergaberecht schreibt für die Vergabe von nachrangigen Dienstleistungsaufträgen kein förmliches Vergabeverfahren vor.[65] Gemäß Art. 21 VKR unterliegen diese Aufträge lediglich zwei vergaberechtlichen Vorgaben, nämlich
   – Art. 23 VKR (Technische Spezifikationen) und
   – Art. 35 Abs. 4 VKR (Bekanntmachung der Ergebnisse des Vergabeverfahrens, sogenannte *Ex-post*-Publizität).

35 Die Vorgabe lediglich dieser beiden EU-vergaberechtlichen Verpflichtungen würde bei der Vergabe von Hilfsmitteldienstleistungsverträgen keine besondere Rolle spielen; ein förmliches Vergaberegime bzw. **eine Ausschreibungspflicht ergibt sich hieraus nicht.**[66] Denn Hilfsmitteldienstleistungsaufträge werden in der Regel keine „technischen Spezifikationen" enthalten, bei denen die Vorschriften zur Vermeidung etwaiger Diskriminierungen gemäß Art. 23 VKR eine nennenswerte Rolle spielen könnten. Die Pflicht zur Bekanntmachung der Ergebnisse des Vergabeverfahrens gemäß Art. 35 Abs. 4 VKR wiederum bezieht sich nur auf die Mitteilung der Ergebnisse abgeschlossener Vergabeverfahren (daher *Ex-post*-Publizität) und ist nicht zu verwechseln mit der sogenannten Vorabinformation über eine bevorstehende Zuschlagserteilung (im Sinne von § 101a GWB). Der **Richtlinienvorschlag zur Novellierung der VKR** in der Fassung der Trilogergebnisse vom Juni 2013 sieht in den Artt. 74 ff. hingegen für „Dienstleistungen des Gesundheits- und Sozialwesens und zugehörige Dienstleistungen" iSv. Anhang XVI, die den nachrangigen Dienstleistungen iSd. VKR entsprechen, eine Pflicht
   – zur öffentlichen europaweiten **Bekanntmachung** (Art. 75 Nr. 1 und 4 des Richtlinienvorschlags) und
   – zur Bekanntmachung der Ergebnisse des Vergabeverfahrens (Art. 75 Nr. 2 des Richtlinienvorschlags)
   vor. Zudem verpflichtet Art. 76 des Richtlinienvorschlags die Mitgliedstaaten dazu, einzelstaatliche Regeln zur Vergabe entsprechender Aufträge zu erlassen, um sicherzustellen, dass öffentliche Auftraggeber die Grundsätze der Transparenz und Gleichbehandlung einhalten. Dienstleistungsaufträge im Zusammenhang mit der Hilfsmittelversorgung werden jedoch regelmäßig den Auftragsschwellenwert von 750.000 Euro nach Art. 4 lit. d) des Richtlinienvorschlags nicht überschreiten, sodass für diese künftig keine Vorgaben des europäischen Richtlinienvergaberechts mehr bestehen dürften.

36 Neben diesen wenigen EU-vergaberechtlichen Vorgaben sind allerdings auch bei der Vergabe nachrangiger **binnenmarktrelevanter Dienstleistungsaufträge primärrechtliche (grundfreiheitliche) Verfahrensvorgaben** zu beachten, aus denen sich eine Pflicht zur Durchführung eines transparenten, nichtdiskriminierenden und die Gleichbehandlung interessierter Anbieter wahrenden Verfahrens ergibt.[67]

37 Das **deutsche Vergaberecht** beschränkt sich bei der Vorgabe von Regeln für die Vergabe von nachrangigen Dienstleistungsaufträgen nicht auf die bloße Umsetzung dieser (wenigen) europarechtlichen Vorgaben, sondern schlägt einen nationalen Sonderweg ein. Gemäß **§ 4 Abs. 4 VgV** gelten „*§ 8 EG, § 15 EG Absatz 10 und § 23 EG VOL/A sowie die Regelungen des Abschnitts 1 der VOL/A mit Ausnahme von § 7*". Dabei handelt es sich im Einzelnen um
   – § 8 EG VOL/A (**Leistungsbeschreibung**, Technische Anforderungen),
   – § 15 EG Abs. 10 VOL/A (Angabe der für Nachprüfungsverfahren **zuständigen Stelle**),
   – § 23 EG VOL/A (Bekanntmachung über die Auftragserteilung, sogenannte *Ex-post-Publizität*) und

---

[65] VK Bund Beschl. v. 14.9.2007, VK 1–101/07.
[66] Ebenso VK Bund Beschl. v. 14.9.2007, VK 1–101/07; VK Lüneburg Beschl. v. 30.8.2004, 203-VgK-38/2004; VK Lüneburg Beschl. v. 25.3.2004, 203-VgK-07/2004.
[67] Hierzu Rn. 43 ff. sowie §§ 73 ff.

– sämtliche (sogenannten Basis-)Paragraphen des **Abschnitts 1 der VOL/A** (mit Ausnahme von § 7, der Vorgaben zur Leistungsbeschreibung enthält, demgegenüber § 8 EG VOL/A spezieller und ausführlicher ist).

Diese **nationalen vergaberechtlichen Vorgaben** sind wesentlich detaillierter, als das nach europäischem Vergaberecht verlangt bzw. veranlasst ist. Insbesondere aus den Basisparagraphen des Abschnitts 1 der VOL/A resultieren Vorgaben für förmliche Vergabeverfahren (einschließlich des Vorrangs Öffentlicher Ausschreibungen gemäß § 3 Abs. 2 VOL/A), die **faktisch zu einem Ausschreibungsregime** führen, das der (förmlichen) Vergabe von Lieferaufträgen und vorrangigen Dienstleistungsaufträgen gleicht. Die europarechtlich eingeräumte Möglichkeit, nachrangige Dienstleistungsaufträge (unter anderem im Gesundheitswesen) im Rahmen eines gelockerten und für flexiblere sowie weniger förmliche Verfahrensgestaltungen zugänglichen Vergaberegimes abzuschließen, wirkt sich daher in Deutschland infolge der Entscheidung des Gesetz- und Verordnungsgebers zur Bindung öffentlicher Auftraggeber auch an die Regelungen des Abschnitts 1 der VOL/A nicht aus. Dabei erfolgt dieses „**Draufsatteln**" auf die europarechtlich vorgegebenen **Vergabevorschriften für nachrangige Dienstleistungen** nicht erstmals durch den 2010 neugefassten § 4 Abs. 4 VgV, sondern war bis dahin bereits in § 1a Nr. 2 Abs. 2 VOL/A aF. vorgesehen.

38

Aus europarechtlicher Sicht ist die Vorgabe derartig strengerer Regeln für die Vergabe nachrangiger Dienstleistungsaufträge unproblematisch, weil nationale mitgliedstaatliche Gesetzgeber grundsätzlich nicht gehindert sind, strengere Bindungen für öffentliche Auftraggeber vorzusehen, als die, die sich aus dem Gemeinschaftsrecht ergeben.[68] Allerdings ergibt sich aus dem Umstand, dass diese **strengeren Ausschreibungspflichten** im vorliegenden Zusammenhang gerade **nicht auf vorrangiges EU-Vergaberecht zurückzuführen** sind, sondern (nur) auf einer **Entscheidung des deutschen Gesetz- und Verordnungsgebers** beruhen, die bislang in der Rechtsprechung noch nicht abschließend geklärte Frage, ob die strengeren Vorgaben des nationalen Vergaberechts, die gemäß § 4 Abs. 4 VgV für jegliche nachrangigen Dienstleistungsaufträge gelten sollen, speziell im Fall nachrangiger Dienstleistungsaufträge im Gesundheitswesen durch (weniger strenge) vorrangige (Spezial-)Regelungen des SGB V verdrängt werden. Denn **§ 127 Abs. 1, Abs. 1a SGB V, der für die Vergabe von Hilfsmittelversorgungsverträge spezieller** ist **als § 4 Abs. 4 VgV**,[69] befasst sich zwar mit „Ausschreibungen" und deren Zweckmäßigkeit, gibt indes keinen Anlass zu der Vermutung, dass hiermit förmliche Vergaberegeln aufgestellt werden sollten, die über das unbedingt (europarechtlich) notwendige Maß hinausgehen. Sieht man im Wege einer europarechtskonformen Auslegung die „Unzweckmäßigkeit von Ausschreibungen" daher als Umschreibung des Bereichs an, in dem Hilfsmitteldienstleistungsaufträge EU-vergaberechtlich nicht zwingend im Wege förmlicher Vergabeverfahren ausgeschrieben werden müssen, so ist es eher fernliegend, anzunehmen, dass der Gesetzgeber des SGB V gesetzliche Krankenkassen beim Abschluss von (nachrangigen) Hilfsmitteldienstleistungsverträgen **strenger vergabeverfahrensrechtlich binden** wollte, als das **unbedingt notwendig** ist. Denn dem Zweckmäßigkeitsvorbehalt des § 127 Abs. 1 SGB V sowie dessen Neufassung als bloße „Kann"-Regelung liegt offenbar das gesetzgeberische Motiv zugrunde, Krankenkassen beim Abschluss von Hilfsmittelversorgungsverträgen keine allzu engen ausschreibungsrechtlichen Regelung zu unterwerfen. Die (europarechtlich nicht verlangte) Anwendung der Basisparagraphen des Abschnitts 1 der VOL/A gemäß § 4 Abs. 4 VgV würde dieser Absicht des Gesetzgebers entgegenstehen. Es liegt daher nahe, in **§ 127 Abs. 1 SGB V** eine **parlamentsgesetzliche, speziellere und daher vorrangige Regelung im Verhältnis zu § 4 Abs. 4 VgV** (obgleich dieser die zeitlich jüngere Vorschrift darstellt) gerade **im Fall der Vergabe nachrangiger Hilfsmitteldienstleistungsaufträge** (im Gesundheitswesen) zu sehen, der zufolge lediglich solche vergaberechtlichen Vorgaben gelten sollen, deren An-

39

---

[68] *Epiney* in Calliess/Ruffert Kommentar EUV/AEUV, 4. Aufl. 2011, Art. 18 AEUV Rn. 31 ff.
[69] Hierzu Rn. 10 ff.

wendbarkeit nicht zur Disposition des deutschen Gesetzgebers steht (Art. 21, 23 und 35 Abs. 4 VKR sowie bei Binnenmarktrelevanz primärrechtliche Verfahrensvorgaben), ohne dass ein darüber hinausgehendes „Draufsatteln" erfolgt.[70] Auf diese Weise ließe sich der **Zweckmäßigkeitsvorbehalt** gemäß § 127 Abs. 1, Abs. 1a SGB V **europarechtskonform auslegen** als Synonym bestimmter Hilfsmittelversorgungsverträge, die nicht im Wege förmlicher Vergabeverfahren „ausgeschrieben" werden müssen.

40   Eine solche Auslegung von § 127 Abs. 1 SGB V, wonach dieser eine **speziellere Regelung im Verhältnis zu der Anordnung der Geltung der Basisparagraphen** des Abschnitts 1 der VOL/A enthält, wurde vom OLG Düsseldorf bereits in mehreren Entscheidungen angesprochen, wenngleich noch nicht in letzter Konsequenz bestätigt.[71]

b) Hilfsmittelversorgungsaufträge unterhalb des EU-Schwellenwertes

41   In vergleichbarer Weise kann der **Zweckmäßigkeitsvorbehalt gemäß § 127 Abs. 1, Abs. 1a SGB V europarechtskonform ausgelegt** werden, soweit es um die Vergabe von Hilfsmittelversorgungsverträgen geht, deren Auftragswert den EU-Schwellenwert in Höhe von derzeit 207.000 Euro[72] nicht erreicht. Denn Aufträge unterhalb der europäischen Schwellenwerte fallen nicht in den Anwendungsbereich des EU/GWB-Vergaberechts (§ 100 Abs. 1 GWB), so dass in diesem Bereich keine vergaberechtliche Pflicht zur Durchführung förmlicher Vergabeverfahren besteht. Der Zweckmäßigkeitsvorbehalt kann auch vor diesem Hintergrund als Konkretisierung einer europarechtlich nicht bestehenden Ausschreibungspflicht in Einklang mit dem EU-Vergaberecht ausgelegt werden.

42   Allerdings müssen auch bei der Vergabe von (Hilfsmittelversorgungs-)Aufträgen unterhalb des EU-Schwellenwertes **primärrechtliche (grundfreiheitliche) Verfahrensvorgaben** beachtet werden, **sofern** es sich um eine **binnenmarktrelevante** Auftragsvergabe handelt:

c) Primärrechtliche Verfahrensvorgaben für binnenmarktrelevante Hilfsmittelversorgungsaufträge

43   Ungeachtet der vorgenannten Einschränkungen hinsichtlich der vergaberechtlichen Vorgaben für nachrangige Dienstleistungsaufträge bzw. für Aufträge unterhalb der EU-Schwellenwerte gelten für binnenmarktrelevante öffentliche Aufträge auch im Gesundheitssektor stets die **primärrechtlichen Verfahrensvorgaben des AEUV**.[73] Denn selbst wenn öffentliche Auftragsvergaben nicht dem (vollen) Regime des (EU/GWB-)Vergaberechts unterliegen, fallen sie nach der Rechtsprechung des EuGH dennoch in den Anwendungsbereich des Primärrechts, insbesondere der Grundfreiheiten nach Art. 63 (freier Kapitalverkehr) und Art. 49 (Niederlassungsfreiheit) AEUV, so dass *„Verpflichtungen zur Gleichbehandlung und zur Transparenz gegenüber Marktteilnehmern anderer Mitgliedstaaten"* bestehen.[74] Es müssen das gemeinschaftsrechtliche **Verbot der Diskriminierung** aus Gründen der Staatsangehörigkeit als Ausprägung des allgemeinen **Gleichbehandlungsgrund-**

---

[70] Ebenso *Moosecker* Öffentliche Auftragsvergaben der gesetzlichen Krankenkassen, 2009, 167; *Schickert/Schulz* MPR 2009, 1, 5.

[71] OLG Düsseldorf Beschl. v. 23.5.2007, VII-Verg 50/06: *„ist zu berücksichtigen, dass mangels einer zwingenden Richtlinienbestimmung das maßgebliche Fachrecht (hier das SGB V) von den Basisparagraphen der VOL/A abweichende Vorschriften enthalten kann"*; OLG Düsseldorf Beschl. v. 17.4.2008, VII-Verg 15/08: *„was insbesondere die Ausschreibungs- und Vergabeprinzipien sowie die Verfahrensregeln anbelangt, kann § 127 Abs. 1 SGB V vorrangig vor den Regelungen des § 97 GWB und der bei Lieferungen ansonsten einschlägigen Verdingungsordnung anzuwenden sein"*.

[72] Seit 1.1.2014 gemäß VO (EG) Nr. 1336/2013 v. 13.12.2013.

[73] Vgl. auch *Gabriel* in MüKoBeihVgR, Anlage zu § 98 Nr. 4 GWB Rn. 113 ff.

[74] EuGH Urt. v. 9.9.1999, Rs. C-108/98 – RI.SAN/Commune di Ischia, Rn. 20; ebenso *Prieß/Gabriel* NZBau 2007, 617.

§ 68 Hilfsmittelversorgungsverträge   Kap. 13

satzes sowie der **Transparenzgrundsatz** beachtet werden.⁷⁵ Hieraus folgt, dass „*Transparenzerfordernissen*" entsprochen werden muss, „*die, ohne notwendigerweise eine Verpflichtung zur Vornahme einer Ausschreibung zu umfassen, insbesondere geeignet sind, einem in einem anderen Mitgliedstaat als dem dieser Gemeinde niedergelassenen Unternehmen ... Zugang zu angemessenen Informationen ... zu ermöglichen, so dass dieses Unternehmen gegebenenfalls sein Interesse ... hätte bekunden können*".⁷⁶ Auch wenn eine grundsätzliche Pflicht zur Ausschreibung in einem bestimmten förmlichen Verfahren hiernach nicht besteht, so steht doch bei der Vergabe **binnenmarktrelevanter öffentlicher Aufträge** „*das völlige Fehlen einer Ausschreibung ... weder mit den Anforderungen der Artikel 43 EG und 49 EG noch mit den Grundsätzen der Gleichbehandlung, der Nichtdiskriminierung und der Transparenz im Einklang*".⁷⁷

Diese primärrechtlichen Mindestanforderungen im Hinblick auf die Gleichbehandlung **44** interessierter Unternehmen sowie die Transparenz des Verfahrens werden am sichersten durch eine **Bekanntmachung des beabsichtigten Vertragsschlusses** und die **Durchführung eines strukturierten Bieterverfahrens** gewährleistet. Da das Primärrecht über die vorgenannten Grundsätze hinaus keine Aussage zu dem hierbei einzuhaltenden Verfahren trifft, lassen sich praxistaugliche Hinweise zur Durchführung derartiger Bieterverfahren der „Mitteilung der Kommission zu Auslegungsfragen in Bezug auf das Gemeinschaftsrecht, das für die Vergabe öffentlicher Aufträge gilt, die nicht oder nur teilweise unter die Vergaberichtlinien fallen", entnehmen⁷⁸. Die dort gerade für Auftragsvergaben unterhalb der EU-Schwellenwerte und Vergaben von nachrangigen Dienstleistungsaufträgen zusammengefassten Grundsätze lassen Bieterverfahren als geboten erscheinen, die aus folgenden **fünf Verfahrensschritte** bestehen:
– Veröffentlichung einer Bekanntmachung mit Aufforderung zur Einreichung von Interessenbekundungen;
– Prüfung der Interessenbekundungen;
– diskriminierungsfreie Auswahl der Verhandlungspartner;
– Aufnahme von Verhandlungen mit den ausgewählten Bewerbern und
– Beendigung der Verhandlungen und Vertragsabschluss.⁷⁹

Allerdings steht die Geltung dieser primärrechtlichen Verfahrensvorgaben unter dem **Vor- 45 behalt der Binnenmarktrelevanz der jeweiligen Auftragsvergabe.** Es kann deshalb im Hinblick auf Hilfsmittelversorgungsverträge davon ausgegangen werden, dass diese primärrechtlichen Mindestanforderungen im Fall der vorgenannten Bereiche einer europarechtskonformen Auslegung des Zweckmäßigkeitsvorbehalts nur vereinzelt zur Anwendung gelangen. Denn **nachrangige Hilfsmitteldienstleistungsaufträge** im Gesundheitswesen und **Hilfsmittelversorgungsaufträge unterhalb des EU-Schwellenwertes** dürften **nur ausnahmsweise** als **binnenmarktrelevant** zu qualifizieren sein.⁸⁰ So hat der EuGH im Hinblick auf nachrangige Dienstleistungen eine legislative Vermutung – aufgrund deren Listung in Anhang II Teil B der VKR – angenommen, dass diesen Leistungen „*wegen ihres spezifischen Charakters a priori keine grenzüberschreitende Bedeutung zukommt*".⁸¹ Danach können zwar auch nachrangige Dienstleistungsaufträge binnenmarktre-

---

⁷⁵ EuGH Urt. v. 18.11.1999, Rs. C-275/98 – Unitron Scandinavia, Rn. 31 f.; EuGH Urt. v. 7. 12.2000, Rs. C-324/98 – Telaustria, Rn. 60–62; EuGH Urt. v. 3.12.2001, Rs. C-59/0. – Vestergaard, Rn. 19 f.; EuGH Urt. v. 21.7.2005, Rs. C-231/03 – Coname, Rn. 28; EuGH Urt. v. 13.10. 2005, Rs. C-458/03 – Parking Brixen, Rn. 50; EuGH Urt. v. 20.10.2005, Rs. C-264/03 – Kommission gegen Frankreich, Rn. 33; EuGH Urt. v. 6.4.2006, Rs. C-410/04 – ANAV, Rn. 20.
⁷⁶ EuGH Urt. v. 21.7.2005, Rs. C-231/03 – Coname, Rn. 28.
⁷⁷ EuGH Urt. v. 13.10.2005, Rs. C-458/03 – Parking Brixen, Rn. 50; EuGH Urt. v. 6.4.2006, Rs. C-410/04 – ANAV, Rn. 22.
⁷⁸ Kommission, Mitteilung v. 23.6.2006, ABl. EU 2006 C 179/2; hierzu *Gabriel* NVwZ 2006, 1262; *Schnieders* DVBl. 2007, 287 sowie ausführlich in § 73 Rn. 44 f.
⁷⁹ Eingehend *Prieß/Gabriel* NZBau 2007, 617 sowie § 76.
⁸⁰ Ähnlich *Schickert/Schulz* MPR 2009, 1, 6.
⁸¹ EuGH Urt. v. 13.11.2007, Rs. C-507/03 – Kommission/Irland „An Post", Rn. 25.

levant sein, eine solche Binnenmarktrelevanz muss jedoch „eindeutig" nachgewiesen werden.[82] Im Hinblick auf Hilfsmittelversorgungsaufträge unterhalb des EU-Schwellenwertes spricht in Ansehung der gesetzlichen Verpflichtung zur Beratung und wohnortnahen Versorgung der Versicherten gemäß § 127 Abs. 1 Satz 2 SGB V viel dafür, dass hierdurch das Interesse von in anderen Mitgliedstaaten niedergelassenen Unternehmen beschränkt ist, sich im Rahmen von Auftragsvergaben in Deutschland zu bewerben. Denn § 127 Abs. 1 Satz 2 SGB V zwingt zum Aufbau einer inländischen Versorgungsinfrastruktur, die sich gerade im Fall von Aufträgen unterhalb des EU-Schwellenwertes nur selten rechnen könnte.[83]

2. Vergaberechtskonforme Auslegung der „Empfehlungen zur Zweckmäßigkeit" gemäß § 127 Abs. 1a SGB V

46 Die vorstehenden Ausführungen zur vergabe- und europarechtskonformen Auslegung des Zweckmäßigkeitsvorbehalts gemäß § 127 Abs. 1 SGB V gelten insoweit auch für die vergaberechtsgemäße Anwendung der „Gemeinsamen Empfehlungen gemäß § 127 Abs. 1a SGB V zur Zweckmäßigkeit von Ausschreibungen" des GKV-Spitzenverbandes und der Spitzenorganisationen der Leistungserbringer vom 2.7.2009.

47 Diese „Empfehlungen zur Zweckmäßigkeit von Ausschreibungen" sehen derzeit folgende **Zweckmäßigkeitskriterien** vor, die teilweise den vorgenannten Fallgruppen entsprechen:
– Kosten-Nutzen-Relation von Ausschreibungen;
– Enger Anbieterkreis;
– Nicht standardisierbare Leistungen;
– Versorgungen mit hohem Dienstleistungsanteil;
– Gesundheitsrisiko für die Versicherten;
– Störungen im Versorgungsablauf.

48 Soweit diese Zweckmäßigkeitskriterien auf die Vergabe von nachrangigen (Hilfsmittel-) Dienstleistungsaufträgen im Gesundheitswesen (vgl. drittes und viertes Kriterium) und von Hilfsmittelversorgungsaufträgen unterhalb des EU-Schwellenwertes (vgl. erstes, drittes und viertes Kriterium) angewendet werden, stehen sie **in Einklang mit der gebotenen europarechtskonformen Auslegung des Zweckmäßigkeitsvorbehalts gemäß § 127 Abs. 1 SGB V.** Ferner erfassen diese Zweckmäßigkeitskriterien die in § 127 Abs. 1 Satz 4 SGB V ausdrücklich erwähnten Fälle, in denen Hilfsmittel „für einen bestimmten Versicherten individuell angefertigt werden" (oftmals Aufträge unterhalb der Schwellenwerte bzw. Aufträge mit wertmäßig überwiegendem Dienstleistungsanteil) und der „Versorgungen mit hohem Dienstleistungsanteil" (je nach Wertverhältnis zwischen Liefer- und Dienstleistung gegebenenfalls nachrangige Dienstleistungsaufträge im Gesundheitswesen). Schließlich beziehen sich einige dieser Kriterien auf Fallgestaltungen, in denen Vertragsabschlüsse gemäß § 3 EG Abs. 4 VOL/A ausnahmsweise in Verhandlungsverfahren ohne Teilnahmewettbewerb vergaberechtskonform vorgenommen werden dürfen (vgl. zweites, fünftes und sechstes Kriterium). In allen diesen Fällen sind förmliche Ausschreibungen (EU/GWB)-vergaberechtlich nicht gefordert (bzw. im Sinne von § 127 Abs. 1 SGB V „nicht zweckmäßig"), so dass die „Empfehlungen zur Zweckmäßigkeit von Ausschreibungen" gemäß § 127Abs. 1a SGB V diese Konstellationen beschreiben können, ohne damit in Konflikt mit (EU/GWB-)Vergaberecht zu geraten.

3. Schwerpunkte in der vergaberechtlichen Rechtsprechung

49 Die neuere vergaberechtliche Rechtsprechung betreffend die Vergabe von Hilfsmittelversorgungsverträgen hat ihren Schwerpunkt bei Fragen zur Ausschreibungspflicht von Bei-

---

[82] EuGH Urt. v. 13.11.2007, Rs. C-507/03 – Kommission/Irland „An Post", Rn. 32.
[83] So auch *Schickert/Schulz* MPR 2009, 1, 6.

trittsverträgen gemäß § 127 Abs. 2, Abs. 2a SGB V sowie zu den Anforderungen an vergaberechtsgemäße Leistungsbeschreibungen und Losbildungen.

Hinsichtlich der **Ausschreibungspflicht von Beitrittsverträgen** hat die VK Bund 50 zunächst entschieden, dass Hilfsmittelversorgungsverträge gemäß § 127 Abs. 2 SGB V trotz bestehenden Beitrittsrechts ausschreibungspflichtige öffentliche Aufträge seien, da eine Krankenkasse kein Ermessen habe, von einer Ausschreibung abzusehen und es vergaberechtlich nicht zulässig sei, bei Auftragsvergaben keine wettbewerbliche Auswahlentscheidung vorzunehmen.[84] Dieser Beschluss wurde vom **LSG Nordrhein-Westfalen** aufgehoben und die **öffentliche Auftragseigenschaft** von Verträgen gemäß § 127 Abs. 2, Abs. 2a SGB V **verneint, da durch das Beitrittsrecht** die Einräumung einer **Sonderstellung im Wettbewerb verhindert** wird und es sich daher nicht um entgeltliche Verträge im Sinne von § 99 Abs. 1 GWB handelt.[85] Nach dieser Entscheidung des LSG Nordrhein-Westfalen dürfte feststehen, dass Krankenkassen das Wahlrecht haben, Hilfsmittelverträge entweder als auszuschreibende öffentliche Aufträge oder als Beitrittsverträge abzuschließen.[86]

Hinsichtlich der Anforderungen an eindeutige und erschöpfende **Leistungsbeschrei-** 51 **bungen gemäß § 8 EG VOL/A** ist das Fehlen einer bezifferten Angabe der vertraglich vereinbarten Versorgungsfälle bzw. von in einem vergangenen Referenzzeitraum eingetretenen Versorgungsfällen bisher nur ausnahmsweise dann als unschädlich erachtet worden, wenn derartige **Referenzwerte** der Krankenkasse nicht in belastbarer Qualität zur Verfügung stehen.[87] Bieter hätten grundsätzlich einen Anspruch auf die Mitteilung derartiger Referenzwerte, da es ihnen nur dann möglich sei, das **Auftragsvolumen** sachgerecht einzuschätzen und etwaigen verbleibenden **Mengenunsicherheiten** im Wege von Risikozuschlägen zu begegnen. Dazu müssten Krankenkassen den Bietern im Rahmen der Leistungsbeschreibung insbesondere das **Verordnungsvolumen** der vertragsgegenständlichen Artikel in einem (möglichst aktuellen) **Referenzzeitraum** und die **Zahl der Versicherten**, die mit den vertragsgegenständlichen Hilfsmitteln gegebenenfalls versorgt werden müssen, mitteilen.[88] Sofern dabei im Fall des Abschlusses von Rahmenvereinbarungen mit mehreren Bietern seitens der Krankenkasse keine Vorgaben aufgestellt werden, wie die Zuteilung der Einzelabrufe zwischen den Rahmenvertragspartner vorgenommen wird, führe das zwar zu einer kalkulatorischen Unsicherheit zu Lasten der Bieter, jedoch würde das Wahlrecht der Versicherten gemäß §§ 13 Abs. 2, 33 Abs. 6 SGB V eine gleichmäßige **Verteilung der Einzelabrufe unter den Vertragspartnern** gewährleisten.[89] Eine Bezugnahme der Leistungsbeschreibung auf die in dem Hilfsmittelverzeichnis gemäß § 139 SGB V enthaltenen Artikel wurde für zulässig befunden.[90]

---

[84] VK Bund Beschl. v. 12.11.2009, VK 3–193/09. Hierzu bereits oben Rn. 15 ff.
[85] LSG Nordrhein-Westfalen Beschl. v. 14.4.2010, L 21 KR 69/09 u. 67/09 SFB, mit Anmerkung *Gabriel* VergabeR 2010, 1026.
[86] Auch hierzu vgl. oben Rn. 17.
[87] OLG Düsseldorf Beschl. v. 17.4.2008, VII-Verg 15/08; VK Bund Beschl. v. 14.9.2007, VK 1–101/07; VK Bund Beschl. v. 31.8.2007, VK 1–92/07.
[88] LSG Hessen Beschl. v. 15.12.2009, L 1 KR 337/09 ER Verg; LSG Nordrhein-Westfalen Beschl. v. 30.1.2009, L 21 KR 1/08 SFB; VK Schleswig-Holstein Beschl. v. 17.9.2008, VK-SH 10/08; VK Mecklenburg-Vorpommern Beschl. v. 12.11.2007, 1 VK 6/07; VK Sachsen-Anhalt Beschl. v. 16.12.2011, 2 VK LSA-23/11.
[89] LSG Nordrhein-Westfalen Beschl. v. 30.1.2009, L 21 KR 1/08 SFB; VK Bund Beschl. v. 14.9.2007, VK 1–101/07; VK Bund Beschl. v. 31.8.2007, VK 1–92/07. Ebenso LSG Nordrhein-Westfalen Beschl. v. 3.9.2009, L 21 KR 51/09 SFB und OLG Düsseldorf Beschl. v. 24.11.2011, VII-Verg 62/11, mit Anmerkung *Gabriel*, VergabeR 2012, 482, im Zusammenhang mit Arzneimittelrabattverträgen und dem im Rahmenvertrag über die Arzneimittelversorgung nach § 129 Abs. 2 SGB V den Apotheken eingeräumten Recht, zwischen mehreren rabattbegünstigten Arzneimitteln wählen zu dürfen.
[90] OLG Düsseldorf Beschl. v. 17.4.2008, VII-Verg 15/08; VK Bund Beschl. v. 31.8.2007, VK 1–92/07; VK Bund Beschl. v. 9.5.2007, VK 1–26/07.

52 Hinsichtlich der Anforderungen an die Bildung **von Losen gemäß § 97 Abs. 3 GWB, § 2 EG Abs. 2 VOL/A** wurde es als vergaberechtsgemäß erachtet, wenn überregional bzw. bundesweit tätige Krankenkassen in Ausschreibungen **Gebietslose in der Größe eines Bundeslandes** bilden, sofern zusätzlich Fachlose vorgesehen sind und Rahmenverträge mit mehreren Vertragspartnern pro Gebiets-/Fachlos geschlossen werden sollen.[91] **Loslimitierungen** wurden zur Verhinderung von Oligopolbildungen und damit zur mittel- und langfristigen Sicherstellung einer wirtschaftlichen Beschaffung im Wettbewerb als zulässig angesehen.[92]

53 Eine **Wertungsformel**, die **Rabattangebote für Loskombinationen** berücksichtigt und fördert, ist trotz des Konflikts mit den mittelstandsschützenden Zielsetzungen des § 97 Abs. 3 GWB, als vergaberechtsgemäß bewertet worden.[93] Zur Begründung führt das OLG Düsseldorf in einem *obiter dictum* aus, § 127 SGB V sei insofern als spezielleres Fachgesetz *lex specialis* im Verhältnis zu § 97 Abs. 3 GWB und lasse Zusammenschlüsse auf Bieterseite (ebenso wie auf Nachfragerseite) zu. Allerdings dürfte insbesondere diese Begründung der Entscheidung vor dem Hintergrund der gegenwärtigen Vergaberechtslage nicht mehr als sachgerecht zu beurteilen sein, erfolgte der hier in Rede stehende Beschluss doch zu einer Zeit, als selbst die grundsätzliche Anwendbarkeit der EU/GWB-vergaberechtlichen Vorschriften auf selektive Versorgungsverträge der GKV noch höchst streitbefangen war und deshalb in Zweifel stand.[94] Nach mehreren Gesetzesänderungen und einer Vielzahl vergaberechtlicher Entscheidungen über Ausschreibungen gesetzlicher Krankenkassen erscheint es nunmehr als selbstverständlich, dass die mittelstandsschützende Vorschrift des § 97 Abs. 3 GWB auch im Hilfsmittelbereich uneingeschränkte Anwendung findet. Dafür spricht insbesondere auch, dass § 97 Abs. 3 GWB – in seiner mittlerweile noch mittelstandsfreundlicheren Fassung – allein schon als das neuere bundesrechtliche Gesetz zum Mittelstandsschutz bei öffentlichen Auftragsvergaben (auch von gesetzlichen Krankenkassen) als *lex posterior* § 127 Abs. 1 SGB V vorgehen muss. Selbst wenn § 127 SGB V eine Auftragsvergabe unter den Gesichtspunkten der Qualität der Hilfsmittel und der Beratung der Versicherten, sowie der wohnortnahen Versorgung anstrebe[95], steht das einer Berücksichtigung mittelstandsschützender Belange auch nicht entgegen. Die aufgezeigten Überlegungen des OLG Düsseldorf wurden dementsprechend jüngst durch die 2. Vergabekammer des Bundes als *„nicht mehr einschlägig"* beurteilt.[96] Das Gebot der Berücksichtigung mittelständischer Interessen nach § 97 Abs. 3 GWB, § 2 EG Abs. 2 VOL/A gelte damit **uneingeschränkt auch im Anwendungsbereich des § 127 SGB V.**

---

[91] VK Bund Beschl. v. 14.9.2007, VK 1–101/07; ähnlich VK Bund Beschl. v. 9.1.2008, VK 3–145/07.
[92] LSG Nordrhein-Westfalen Beschl. v. 30.1.2009, L 21 KR 1/08 SFB (Loslimitierung auf acht von 50 Gebietslosen).
[93] OLG Düsseldorf Beschl. v. 17.4.2008, VII-Verg 15/08.
[94] Vgl. hierzu oben § 66 Rn. 3 ff.
[95] So OLG Düsseldorf Beschl. v. 17.4.2008, VII-Verg 15/08.
[96] VK Bund Beschl. v. 18.10.2012, VK 2–77/12.

§ 69 Zytostatikaversorgungsverträge

Übersicht

	Rn.
A. Einleitung	1, 2
B. Sozialrechtliche Rahmenbedingungen für Verhandlungen über (Elemente der) Apothekenabgabepreise für Zubereitungen aus Fertigarzneimitteln	3–8
I. Zusammensetzung der Apothekenabgabepreise für Zubereitungen aus Fertigarzneimitteln	4, 5
II. Sozialrechtliche Vorgaben für Preisvereinbarungen betreffend Zytostatika	6–8
C. Ausschreibung von Zytostatikaversorgungsverträgen gemäß § 129 Abs. 5 Satz 3 SGB V	9–38
I. Selektivverträge im Verhältnis zwischen Krankenkassen und Apotheken	11–27
II. Ausschreibungspflichtigkeit im Verhältnis zwischen Apotheken und pharmazeutischen Unternehmern	28–38

SGB V: § 129 Abs. 5, 5c
AMPreisV: § 5 Abs. 1, 4, 5

SGB V:

§ 129 SGB V Rahmenvertrag über die Arzneimittelversorgung

(1) bis (4) hier nicht abgedruckt.

(5) Die Krankenkassen oder ihre Verbände können mit der für die Wahrnehmung der wirtschaftlichen Interessen maßgeblichen Organisation der Apotheker auf Landesebene ergänzende Verträge schließen. Absatz 3 gilt entsprechend. Die Versorgung mit in Apotheken hergestellten parenteralen Zubereitungen aus Fertigarzneimitteln in der Onkologie zur unmittelbaren ärztlichen Anwendung bei Patienten kann von der Krankenkasse durch Verträge mit Apotheken sichergestellt werden; dabei können Abschläge auf den Abgabepreis des pharmazeutischen Unternehmers und die Preise und Preisspannen der Apotheken vereinbart werden. In dem Vertrag nach Satz 1 kann abweichend vom Rahmenvertrag nach Absatz 2 vereinbart werden, dass die Apotheke die Ersetzung wirkstoffgleicher Arzneimittel so vorzunehmen hat, dass der Krankenkasse Kosten nur in Höhe eines zu vereinbarenden durchschnittlichen Betrags je Arzneimittel entstehen.

(5a) bis (5b) hier nicht abgedruckt.

(5c) Für Zubereitungen aus Fertigarzneimitteln gelten die Preise, die zwischen der mit der Wahrnehmung der wirtschaftlichen Interessen gebildeten maßgeblichen Spitzenorganisation der Apotheker und dem Spitzenverband Bund der Krankenkassen auf Grund von Vorschriften nach dem Arzneimittelgesetz vereinbart sind. Gelten für Fertigarzneimittel in parenteralen Zubereitungen keine Vereinbarungen über die zu berechnenden Einkaufspreise nach Satz 1, berechnet die Apotheke ihre tatsächlich vereinbarten Einkaufspreise, höchstens jedoch die Apothekeneinkaufspreise, die bei Abgabe an Verbraucher auf Grund der Preisvorschriften nach dem Arzneimittelgesetz oder auf Grund von Satz 1 gelten, jeweils abzüglich der Abschläge nach § 130a Absatz 1. Kostenvorteile durch die Verwendung von Teilmengen von Fertigarzneimitteln sind zu berücksichtigen. Die Krankenkasse kann von der Apotheke Nachweise über Bezugsquellen und verarbeitete Mengen sowie die tatsächlich vereinbarten Einkaufspreise und vom pharmazeutischen Unternehmer über die vereinbarten Preise für Fertigarzneimittel in parenteralen Zubereitungen verlangen. Die Krankenkasse kann ihren Landesverband mit der Prüfung beauftragen.

(6) bis (10) hier nicht abgedruckt.

AMPreisV:

§ 5 AMPreisV Apothekenzuschläge für Zubereitungen aus Stoffen

(1) Bei der Abgabe einer Zubereitung aus einem Stoff oder mehreren Stoffen, die in Apotheken angefertigt wird, sind
1. ein Festzuschlag von 90 Prozent auf die Apothekeneinkaufspreise ohne Umsatzsteuer für Stoffe und erforderliche Verpackung,
2. ein Rezepturzuschlag nach Absatz 3

sowie die Umsatzsteuer zu erheben.

(2) bis (3) hier nicht abgedruckt.

(4) Trifft die für die Wahrnehmung der wirtschaftlichen Interessen gebildete maßgebliche Spitzenorganisation der Apotheker mit dem Spitzenverband Bund der Krankenkassen Vereinbarungen über Apothekeneinkaufspreise, die der Berechnung zugrunde gelegt werden sollen, so ist der Festzuschlag nach Absatz 1 Nr. 1 für die durch diese Vereinbarungen erfassten Abgaben abweichend von den Absätzen 1 und 2 auf diese Preise zu erheben. Das Gleiche gilt, wenn Sozialleistungsträger, private Krankenversicherungen oder deren Verbände mit Apotheken oder deren Verbänden entsprechende Vereinbarungen treffen; liegt eine solche Vereinbarung nicht vor, kann auf die nach Satz 1 vereinbarten Preise abgestellt werden. Besteht keine Vereinbarung über abrechnungsfähige Einkaufspreise für Fertigarzneimittel in Zubereitungen nach Satz 1 oder Satz 2, ist höchstens der Apothekeneinkaufspreis zu berechnen, der bei Abgabe an Verbraucher auf Grund dieser Verordnung gilt.

(5) Trifft die für die Wahrnehmung der wirtschaftlichen Interessen gebildete maßgebliche Spitzenorganisation der Apotheker mit dem Spitzenverband Bund der Krankenkassen Vereinbarungen über die Höhe des Fest- oder Rezepturzuschlages nach Absatz 1 Nr. 1 oder Nr. 2, so sind die vereinbarten Zuschläge abweichend von Absatz 1 oder Absatz 3 bei der Preisberechnung zu berücksichtigen. Das Gleiche gilt, wenn Sozialleistungsträger, private Krankenversicherungen oder deren Verbände mit Apotheken oder deren Verbänden entsprechende Vereinbarungen treffen; liegt eine solche Vereinbarung nicht vor, kann auf die nach Satz 1 vereinbarten Preise abgestellt werden.

(6) hier nicht abgedruckt.

Literatur:
Dettling/Kieser/Ulshöfer, Zytostatikaversorgung nach der AMG-Novelle (Teil 1), PharmR 2009, 421; *Dettling/Kieser/Ulshöfer*, Zytostatikaversorgung nach der AMG-Novelle (Teil 2), PharmR 2009, 546; *Neises/Clobes/Palshern*, Das Gesetz zur Änderung arzneimittelrechtlicher Vorschriften und seine Folgen für die Vergütung von Fertigarzneimitteln in parenteralen Zubereitungen, PharmR 2009, 506.

A. Einleitung

1 Einen gegenwärtig besonders kontrovers diskutierten Bereich ausschreibungsrelevanter GKV-Selektivverträge bilden Zytostatikaversorgungsverträge gemäß § 129 Abs. 5 SGB V, nachdem die erste diesbezügliche Ausschreibung Anfang 2010 bekannt gemacht wurde.[1] **Zytostatika** sind verschreibungspflichtige (apothekenpflichtige) **Arzneimittel zur Verhinderung bzw. Verzögerung von Zellwachstum und Zellteilung**, die von onkologischen Fachärzten als anwendungsfertige Zubereitungen in der Darreichungsform parenteraler Lösungen Patienten mit Tumorerkrankungen intravenös injiziert werden (sogenannte Chemotherapie).[2] Mit der sogenannten 15. AMG-Novelle wurde der Wortlaut von § 129

---
[1] Vergabeverfahren der AOK Berlin-Brandenburg, veröffentlicht im Supplement zum EU-Amtsblatt v. 19.1.2010 (ABl. EU/S 2010/S 12–015326).
[2] *Dettling/Kieser/Ulshöfer* PharmR 2009, 421.

Abs. 5 Satz 3 SGB V dahingehend geändert, dass nicht mehr nur **Zytostatikazubereitungen**, sondern nunmehr **auch andere parenterale Zubereitungen (Infusionslösungen) aus Fertigarzneimitteln** von der Ermächtigung zugunsten gesetzlicher Krankenkassen zum Abschluss von Versorgungsverträgen mit Apotheken erfasst werden.[3] Gesetzgeberisches Motiv war, auf diese Weise die Vereinbarung von Versorgungsverträgen über den engeren Bereich der Zytostatika auch auf den wachstumsstarken Bereich biotechnologischer Fertigarzneimittel in der Onkologie zu erstrecken.[4]

Schätzungen zufolge gibt es in Deutschland ca. 350 öffentliche Apotheken und ca. 230 Krankenhausapotheken, die parenterale Zubereitungen herstellen.[5] Der dabei erzielte Umsatz mit der GKV liegt im Milliarden-Euro-Bereich, für das Jahr 2008 wurde ein Umsatz mit Zytostatikazubereitungen von ca. 1,6 Mrd. Euro ermittelt.[6]

B. Sozialrechtliche Rahmenbedingungen für Verhandlungen über (Elemente der) Apothekenabgabepreise für Zubereitungen aus Fertigarzneimitteln

Der regulatorische Rahmen für Verhandlungen zwischen Krankenkassen und Apotheken über Preisvereinbarungen im Zusammenhang mit Zytostatika und anderen apothekenpflichtigen parenteralen Lösungen ist komplex. Zugleich wird hiermit der Bereich festgelegt, in dem Ausschreibungen von Selektivverträgen stattfinden können.

I. Zusammensetzung der Apothekenabgabepreise für Zubereitungen aus Fertigarzneimitteln

Die aus Sicht der Krankenkassen ausgabenrelevanten **Apothekenabgabepreise** setzen sich aus mehreren Elementen zusammen, namentlich aus der Summe der Wirkstoffpreise sowie dem sogenannten Apothekenzuschlag.[7] Vereinfachend dargestellt, handelt es sich bei den **Wirkstoffpreisen** um die Multiplikation von abrechnungsfähiger Wirkstoffmenge und Abrechnungspreisen für die in Zubereitungen verwendeten Fertigarzneimittel, wobei die ansatzfähigen Abrechnungspreise nicht zwangsläufig den tatsächlich im Einzelfall entrichteten Apothekeneinkaufspreisen entsprechen müssen, sondern zum Zweck der Ausgabenreduzierung im Interesse der Krankenkassen im Rahmen von Kollektivvereinbarungen gegebenenfalls verhandelt/pauschaliert werden. Der **Apothekenzuschlag** wiederum beinhaltet den „Arbeitspreis" der Apotheke und besteht aus einem (monetär zweitrangigen) sogenannten Rezepturzuschlag sowie einem (entgeltlich bedeutsameren) sogenannten (Fest-)Zuschlag. Dieser Festzuschlag besteht entweder in einem bestimmten Prozentsatz vom Apothekeneinkaufspreis (wobei auch der jeweilige hierbei in Ansatz gebrachte Apothekeneinkaufspreis nicht zwangsläufig dem tatsächlich entrichteten Apothekeneinkaufspreis entsprechen muss, sondern auch das Ergebnis einer verhandelten Vereinbarung sein kann) oder einem – vom Apothekeneinkaufspreis entkoppelten, da nicht in prozentualer Abhängigkeit zu ihm stehenden – festen Pauschalbetrag.

Bereits diese vereinfachende Beschreibung der Bildung/Berechnung der krankenkassenausgabenrelevanten Apothekenabgabepreise zeigt, dass **ausschreibungsrelevante Vertrags- und Preisverhandlungen** zwischen Krankenkassen und Apotheken **an un-**

---

[3] Gesetz zur Änderung arzneimittelrechtlicher und anderer Vorschriften, BGBl. I, 1990 v. 17.7.2009.
[4] BT-Drs. 16/12256, 65.
[5] *Neises/Clobes/Palshern* PharmR 2009, 506, 507.
[6] *Neises/Clobes/Palshern* PharmR 2009, 506, 507 mit Fn. 20.
[7] Siehe Anlage 3 Teil 1, dort Ziffer 2. des Vertrags über die Preisbildung für Stoffe und Zubereitungen aus Stoffen (§§ 4 und 5 der Arzneimittelpreisverordnung), sog. Hilfstaxe.

terschiedlichen Stellen dieses **Preisbildungsmechanismus** ansetzen können. In Betracht kommen z. B. Vereinbarungen
- der ansatzfähigen Apothekeneinkaufs(abrechnungs-)preise zur Berechnung der Wirkstoff(abrechnungs-)preise;[8]
- der ansatzfähigen Apothekeneinkaufs(abrechnungs-)preise zur Berechnung des prozentualen Festzuschlags im Rahmen des Apothekenzuschlags;[9]
- von Abschlägen (Rabattvereinbarungen) auf den Abgabepreise des pharmazeutischen Unternehmers und Herstellers der in Zubereitungen verwendeten Fertigarzneimittel;[10]
- über die Preise und Preisspannen der Apotheken.[11]

II. Sozialrechtliche Vorgaben für Preisvereinbarungen betreffend Zytostatika

6   Gemäß § 129 Abs. 5 Satz 3 SGB V können Krankenkassen die „Versorgung mit in Apotheken hergestellten parenteralen Zubereitungen aus Fertigarzneimitteln in der Onkologie zur unmittelbaren ärztlichen Anwendung bei Patienten ... durch Verträge mit Apotheken" sicherstellen und „dabei ... Abschläge auf den Abgabepreis des pharmazeutischen Unternehmers und die Preise und Preisspannen der Apotheken" vereinbaren. Eine konkrete **Ermächtigung zu Preisvereinbarungen für in Apotheken hergestellte Zubereitungen aus Fertigarzneimitteln** enthält **§ 129 Abs. 5c Satz 1 SGB V**, der im Rahmen der sogenannten 15. AMG-Novelle eingeführt wurde. Die in § 129 Abs. 5c Satz 1 SGB V in Bezug genommenen „Vorschriften nach dem Arzneimittelgesetz" finden sich in § 78 AMG, der wiederum auf die AMPreisV verweist. Eine **Ermächtigung zu Preisvereinbarungen zwischen** der für die Wahrnehmung der wirtschaftlichen Interessen gebildeten Spitzenorganisation der Apotheker und dem Spitzenverband Bund der Krankenkassen enthält **§ 5 Abs. 4, Abs. 5 AMPreisV**, der die Berechnung der Apothekenzuschläge für Zubereitungen aus Stoffen regelt.

7   Abgesehen von den Bestimmungen in § 5 AMPreisV sind gemäß § 1 Abs. 3 Nr. 8 AMPreisV die **Preisspannen und Preise speziell für Fertigarzneimittel in parenteralen Zubereitungen** aus dem Anwendungsbereich der AMPreisV ausgenommen. Bis dahin unterlagen die für die Zubereitung verwendeten Fertigarzneimittel ebenso wie die Zubereitungen selbst der allgemeinen arzneimittelrechtlichen Preisbindung und dem sich daraus ergebenden einheitlichen Apothekenabgabepreis gemäß § 78 AMG, sofern die Zubereitungen in öffentlichen Apotheken hergestellt wurden. Für Zubereitungen, die in Krankenhausapotheken hergestellt wurden, galt diese Preisbindung vor der 15. AMG-Novelle nicht.

8   Aufgrund der Ermächtigung **gemäß § 5 AMPreisV** haben die Spitzenverbände von Apotheken und Krankenkassen bereits vor der 15. AMG-Novelle **abweichende Vereinbarungen über die Preise von Zubereitungen** im „Vertrag über die Preisbildung für Stoffe und Zubereitungen aus Stoffen (§§ 4 und 5 der Arzneimittelpreisverordnung)" (sogenannte **Hilfstaxe**) getroffen, in dessen **Anlage 3** sich detaillierte Vorgaben für die gegenüber Krankenkassen ansatzfähigen Apothekeneinkaufs(abrechnungs-)preise und Zuschläge finden. Die Hilfstaxe enthält damit eine Vereinbarung hinsichtlich der abrechnungsfähigen Preise für Zubereitungen aus Fertigarzneimitteln gemäß § 129 Abs. 5c Satz 1 SGB V iVm. § 78 AMG iVm. § 5 AMPreisV, die auch für die ausschreibungsgegenständlichen parenteralen Zubereitungen aus Fertigarzneimitteln in der Onkologie gilt. Die hierin vereinbarten ansatzfähigen Apothekeneinkaufs(abrechnungs-)preise und Zu-

---

[8] Vgl. § 129 Abs. 5c Satz 1 SGB V iVm. Anlage 3 des Vertrags über die Preisbildung für Stoffe und Zubereitungen aus Stoffen (§§ 4 und 5 der Arzneimittelpreisverordnung).
[9] Vgl. § 129 Abs. 5c Satz 1 SGB V iVm. Anlage 3 des Vertrags über die Preisbildung für Stoffe und Zubereitungen aus Stoffen (§§ 4 und 5 der Arzneimittelpreisverordnung).
[10] Vgl. § 129 Abs. 5 Satz 3 Hs. 2 Alt. 1 SGB V.
[11] Vgl. § 129 Abs. 5 Satz 3 Hs. 2 Alt. 2 SGB V.

schläge sind insgesamt niedriger als die sich ansonsten (bei Fehlen einer Kollektivvereinbarung) aus § 129 Abs. 5c SGB V, §§ 4, 5 AMPreisV ergebenden Beträge; sie entsprechen daher dem **Interesse der Krankenkassen an einer Reduzierung ihrer Ausgaben** für Zytostatika und andere apothekenpflichtige parenterale Lösungen.

C. Ausschreibung von Zytostatikaversorgungsverträgen gemäß § 129 Abs. 5 Satz 3 SGB V

Trotz ihrer wirtschaftlichen Bedeutung stellen Zytostatikaversorgungsverträge im Sinne von § 129 Abs. 5 Satz 3 SGB V momentan einen **bislang noch wenig praxisrelevant** gewordenen Bereich ausschreibungspflichtiger GKV-Selektivverträge dar. Wie eingangs erwähnt, wurde die erste diesbezügliche Ausschreibung Anfang 2010 veröffentlicht.[12] In der diesbezüglichen (umfangreichen) Rechtsprechung der Nachprüfungsinstanzen standen dabei vergaberechtliche Grundsatzfragen, insbesondere hinsichtlich der Ausschreibungsfähigkeit solcher Verträge im Mittelpunkt, was mittlerweile, nach mehreren Nachprüfungsverfahren und die Ausschreibung bestätigenden Entscheidungen[13] sowie mehrerer Folgeausschreibungen, zu einer weitgehenden Klärung der grundsätzlichen Vergaberechtslage geführt hat.

Da es sich bei Kollektivvereinbarungen im Sinne von § 129 Abs. 3 Satz 1, Abs. 5c Satz 1 SGB V, § 5 Abs. 4, 5 AMPreisV aufgrund der bereits gesetzlich vorgegebenen Vertragspartner jedenfalls nicht um wettbewerblich auszuschreibende öffentliche Aufträge handelt, kommen für **Ausschreibungen** insbesondere die in § 129 Abs. 5 Satz 3 Hs. 2 SGB V erwähnten **Abschläge auf den Abgabepreis des pharmazeutischen Unternehmers und die Preise und Preisspannen der Apotheken** in Betracht. Dabei sind zwei Fragen auseinanderzuhalten:

– Dürfen trotz **bestehender Kollektivvereinbarungen** die dort krankenkassen- und apothekenübergreifend geregelten Inhalte überhaupt zum Gegenstand (davon inhaltlich abweichender) **auszuschreibender Selektivverträge** zwischen einzelnen Krankenkassen und einzelnen Apotheken gemacht werden?
– Führen Ausschreibungen von Zytostatikaversorgungsverträge gemäß § 129 Abs. 5 Satz 3 SGB V, in denen Apotheken dazu angehalten werden, mit den pharmazeutischen Unternehmern und Herstellern der in Zubereitungen verwendeten Fertigarzneimittel Abschläge auf deren Abgabepreis zu vereinbaren, zur **Ausschreibungspflicht dieser Rabattverträge** im Verhältnis zwischen Apotheken und pharmazeutischen Unternehmern?

I. Selektivverträge im Verhältnis zwischen Krankenkassen und Apotheken

1. Ausschreibungsfähigkeit

Vor dem Hintergrund des vorstehend beschriebenen regulatorischen Rahmens sowie der **bestehenden Kollektivvereinbarungen gemäß § 129 Abs. 5c SGB V, §§ 4, 5 AMPreisV** stand im Rahmen der ersten, in Bezug auf Ausschreibungen von Selektivverträgen nach § 129 Abs. 5 Satz 3 SGB V spezifischen Nachprüfungsverfahren, insbesondere die Ausschreibungsfähigkeit von Vereinbarungen über Preise von in Apotheken herge-

---

[12] Ausschreibung der AOK Berlin-Brandenburg, veröffentlicht im ABl. EU v. 19.1.2010, EU-Bekanntmachung Nr. 2010/S 12–015326.
[13] Ua. VK Bund Beschl. v. 29.4.2010, VK 2–20/10; VK Brandenburg Beschl. v. 27.8.2010, VK 20/10; LSG Berlin-Brandenburg Beschl. v. 7.5.2010, L 1 SF 95/10 B Verg; LSG Nordrhein-Westfalen Beschl. v. 22.7.2010, L 21 SF 152/10 Verg; LSG Berlin-Brandenburg Beschl. v. 17.9.2010, L 1 SF 98/10 B Verg; LSG Berlin-Brandenburg Beschl. v. 17.9.2010, L 1 SF 110/10 B Verg; LSG Berlin-Brandenburg Beschl. v. 22.10.2010, L 1 SF 214/10 B Verg.

stellten parenteralen Zubereitungen im Vordergrund. Hinsichtlich solcher Vereinbarungen im Verhältnis zwischen Krankenkassen und Apotheken würde den Krankenkassen die notwendige **Vertragsabschlusskompetenz** fehlen, soweit diese bereits gemäß § 129 Abs. 5c Satz 1 SGB V abschließend in einer Kollektivvereinbarung geregelt wäre und diese insofern eine Sperrwirkung entfalten würde. Eine **Ausschreibung von selektiven Zytostatikaversorgungsverträgen** in denen abweichende Preise oder sonstige Regelungsinhalte zwischen einzelnen Krankenkassen und Apotheken vereinbart werden sollen, wäre dann **sozialrechtlich unzulässig** und wegen fehlender Ausschreibungsreife und verbotener Markterkundung gemäß § 2 EG Abs. 3 VOL/A **vergaberechtswidrig**.

12 Gemäß § 129 Abs. 5c Satz 1 SGB V i.V.m. § 78 AMG, § 4 Abs. 3, § 5 Abs. 4, Abs. 5 AMPreisV haben der Spitzenverband Bund der Krankenkassen und der Deutsche Apothekerverband (mit Wirkung zum 1. 10. 2009) den „Vertrag über die Preisbildung für Stoffe und Zubereitungen aus Stoffen (§§ 4 und 5 der Arzneimittelpreisverordnung)" abgeschlossen. Anlage 3 dieser sog. Hilfstaxe, die am 1. 1. 2010 in Kraft trat, regelt detailliert die „Preisbildung für parenterale Lösungen" und Teil 2 der Anlage 3 die „Preisbildung für zytostatikahaltige parenterale Lösungen sowie parenterale Lösungen mit monoklonalen Antikörpern". Die **Hilfstaxe** enthält damit eine **umfassende, krankenkassen- wie apothekenübergreifende Kollektivvereinbarung** hinsichtlich der abrechnungsfähigen Preise für Zubereitungen aus Fertigarzneimitteln gemäß § 129 Abs. 5c Satz 1 SGB V, § 5 Abs. 4, Abs. 5 AMPreisV. Denn die Hilfstaxe enthält jedenfalls Vorgaben betreffend
– die ansatzfähigen Apothekeneinkaufs(abrechnungs-)preise zur Berechnung der Wirkstoff (abrechnungs-)preise sowie
– die ansatzfähigen Festzuschläge im Rahmen des Apothekenzuschlags.

13 Die damit zusammenhängenden Preise und Preisspannen der Apotheken im Sinne von § 129 Abs. 5 Satz 3 Hs. 2 Alt. 2 SGB V sind folglich bereits kollektivvertraglich vereinbart. Im Zusammenhang mit der Ausschreibungsfähigkeit von selektiven Zytostatikaversorgungsverträgen steht dementsprechend die Frage nach dem **Verhältnis von § 129 Abs. 5 Satz 3 SGB V und § 129 Abs. 5c SGB V, respektive den darauf beruhenden einzel- und kollektivvertraglichen Vereinbarungen** im Raum.

14 Obschon die insoweit zuständigen Nachprüfungsinstanzen diese Normenkonkurrenz einhellig zu Gunsten der auf § 129 Abs. 5 Satz 3 SGB V beruhenden Individualversorgungsverträgen entschieden haben[14], spricht einiges dafür, der kollektivvertraglichen Vereinbarung gegenüber Selektivverträgen den Vorrang einzuräumen. Die **Regelungen der Anlage 3 der Hilfstaxe** sind nach der Rechtsanwendungsregelung des § 129 Abs. 5c Satz 1 SGB V **abschließend und gelten bundeseinheitlich** für alle Apotheken.[15] § 129 Abs. 5c Satz 1 SGB V bestimmt insofern, dass für Zubereitungen aus Fertigarzneimitteln primär die in bundeseinheitlichen Kollektivvereinbarungen geregelten Preise gelten. Denn nur wenn die Vergütungsregeln auf Bundesverbandsebene verhandelt werden, ist es den Apotheken möglich, „auf Augenhöhe" mit Krankenkassen Preisvereinbarungen zu schließen. Sofern eine **bundeseinheitliche Kollektivvereinbarung** in Bezug auf die Preise für Zubereitungen aus Fertigarzneimitteln besteht, hat diese daher Vorrang und **entfaltet eine Sperrwirkung** gegenüber von einzelnen Krankenkassen (im Ausschreibungswege) initiierten – darüber hinausgehenden – Preisverhandlungen.

15 Dieser Einschätzung steht grundsätzlich auch nicht die Vorschrift des **§ 129 Abs. 5 Satz 3 SGB V** entgegen. Denn aus § 129 Abs. 5 Satz 3 Hs. 1 SGB V ergibt sich lediglich die allgemeine Ermächtigung der Krankenkassen, die Sicherstellung der Versorgung der Versicherten mit parenteralen Zubereitungen aus Fertigarzneimitteln in der Onkologie mittels Selektivverträgen mit Apotheken zu gewährleisten. Das bedeutet, dass Krankenkassen dazu ermächtigt werden, mit Apotheken die Versorgung von Arztpraxen mit parenteralen Zubereitungen vertraglich zu regeln. Zu diesem Zweck können zB. Lieferbe-

---

[14] BT-Drs. 16/12256, 66; BT-Drs. 16/13428, 93.
[15] Dazu sogleich unten Rn. 28 ff.

dingungen oder Vorgaben für die Zubereitung oder ähnliches vereinbart werden. Gemäß § 129 Abs. 5 Satz 3 Hs. 2 SGB V könnte ein solcher Vertrag grundsätzlich auch Vorgaben betreffend Abschläge auf den Abgabepreis sowie auf die Preise und Preisspannen der Apotheken enthalten. Allerdings ist diese Möglichkeit aufgrund des vorstehend erläuterten Vorrangs von kollektivvertraglichen Preisvereinbarungen nach § 129 Abs. 5c Satz 1 SGB V **zeitlich** nur so lange gegeben, **wie keine Kollektivvereinbarung über Preise besteht** bzw. **inhaltlich** nur so weit anzuerkennen, **wie eine Kollektivvereinbarung nicht bereits eine Preisregelung enthält.**

Dieser Rechtsauffassung sind die zuständigen Nachprüfungsinstanzen allerdings bereits im Zuge der ersten diesbezüglichen Ausschreibung nicht gefolgt. Den Versorgungsverträgen nach § **129 Abs. 5 Satz 3 SGB V** komme im Falle einer Normenkonkurrenz mit den Kollektivverträgen nach § 129 Abs. 2, Abs. 5 Satz 1 SGB V bzw. der Hilfstaxe vielmehr im Sinne des Grundsatzes „*lex specialis derogat legi generali*" ihrerseits ein Anwendungsvorrang vor den bestehenden Kollektivvereinbarungen zu.[16] Die auf Grundlage dieser Vorschrift abzuschließenden Verträge haben dementsprechend Vorrang vor den bestehenden Verträgen über Arzneimittelpreise.[17] Ist den Krankenkassen somit die Möglichkeit eingeräumt, selektive Versorgungsverträge mit einzelnen Apotheken zu schließen, so liegt bei Überschreitung der Schwellenwerte ein öffentlicher Auftrag mit europaweiter Ausschreibungspflicht vor.[18] 16

2. Ausschreibungsspezifische Sonderprobleme

Mit der Anerkennung einer grundsätzlichen Ausschreibungspflicht von Rabattverträgen nach § 129 Abs. 5 Satz 3 SGB V im Verhältnis zwischen Krankenkassen und Apotheken, gehen vielfältige ausschreibungsspezifische Sonder- bzw. Folgeprobleme einher. 17

Den maßgeblichen Ausgangspunkt stellt in diesem Zusammenhang das **Fehlen einer ausdrücklichen gesetzlichen Regelung** dar, die der bezuschlagten Apotheke für die vertragliche Gewährung von Preisabschlägen gegenüber der ausschreibenden Krankenkasse eine **marktmäßige Gegenleistung** zusichert. Denn eine, der Substitutionspflicht nach § 129 Abs. 1 Satz 3 SGB V oder der Ausschließlichkeitsvorgabe nach § 132e Abs. 2 Satz 2 SGB V vergleichbare Vorschrift zur Generierung von (Liefer-)Exklusivität mittels einer Lenkung bzw. Steuerung des Arzneimittelabsatzes besteht hinsichtlich parenteralen Zubereitungen in der Onkologie gerade nicht.[19] Selbst wenn man dem Wortlaut des § 129 Abs. 5 Satz 3 Hs. 1 SGB V, wonach die Versorgung mit Zytostatika von den Krankenkassen durch Verträge mit Apotheken „*sichergestellt*" werden kann, eine gesetzgeberisch intendierte Implikation von Exklusivität entnähme, so würde diese letztlich gleichwohl nicht unmittelbar aus dem Gesetz folgen, sondern **der ausdrücklichen vertraglichen Vereinbarung bedürfen.** Dementsprechend enthalten Zytostatikaversorgungsverträge zwischen Krankenkassen und Apotheken regelmäßig detaillierte Klauseln, um eine solche Exklusivität individualvertraglich zu konstituieren, mit denen jedoch ihrerseits vergaberechtliche Folgeprobleme verbunden sind, welche auf den besonderen rechtlichen und tatsächlichen Rahmenbedingungen von Verträgen über parenterale Zubereitungen beruhen. 18

Vor diesem Hintergrund ist insbesondere fraglich, ob die bloße vertragliche Zusicherung von Exklusivität den Anforderungen des **§ 8 EG Abs. 1 VOL/A** an eine **eindeutige und erschöpfende Leistungsbeschreibung** gerecht wird. Dabei bestehen in tatsächlicher wie in rechtlicher Hinsicht Unsicherheiten, sowohl in Bezug auf die Wirksamkeit als auch die Durchsetzbarkeit der vertraglich vereinbarten Exklusivitätsregelungen, welche 19

---

[16] Vgl. VK Bund Beschl. v. 29. 4. 2010, VK 2–20/10; LSG Nordrhein-Westfalen Beschl. v. 22. 7. 2010, L 21 SF 152/10 Verg.
[17] VK Brandenburg Beschl. v. 27. 8. 2010, VK 20/10.
[18] LSG Nordrhein-Westfalen Beschl. v. 22. 7. 2010, L 21 SF 152/10 Verg.
[19] Vgl. *Dettling/Kieser/Ulshöfer* PharmR 2009, 421, 429.

sich wiederum auf die wesentliche **Kalkulationsgrundlage** für die Erstellung der Bieterangebote, namentlich das zu erwartende Auftragsvolumen auswirken.

20 So wird eine Exklusivität in der Praxis vor allem dadurch zu begründen versucht, dass sich die Krankenkassen gegenüber der vertragsbeteiligten Apotheke dazu verpflichten, vertragsgegenständliche parenterale Zubereitungen, die von Dritten an Arztpraxen abgegeben werden, die in das entsprechend bezeichnete exklusive Belieferungsgebiet der Apotheke fallen, **bei der Abrechnung nicht zu berücksichtigen und vollständig von der Erstattung auszunehmen.** Außerdem muss sich die Apotheke verpflichten, keine vertragsgegenständlichen Zubereitungen an Ärzte aus den übrigen, durch die Ausschreibung definierten Gebietslose – dh. denjenigen, die nicht Gegenstand des jeweiligen Vertrags sind – abzugeben. Diese Regelungen sorgen für eine vollständige Abschottung des jeweiligen Gebietsloses im Verhältnis der, bei der Ausschreibung obsiegenden Zytostatika-Apotheken untereinander und laufen deshalb Gefahr, eine **Wettbewerbsbeschränkung iSv. § 1 GWB** darzustellen, die zwar nicht direkt zwischen den in Wettbewerb stehenden Apotheken vorgenommen, aber durch Absprachen seitens der ausschreibenden Krankenkasse vermittelt wird.[20] Die Krankenkasse verspricht den Ausschreibungsgewinnern einen Vorteil in Form der Gewährung von Exklusivität in Bezug auf die Versorgung ihrer Versicherten im jeweiligen Gebietslos. Dabei handelt es sich um einen Vorteil im Sinne des § 21 Abs. 2 GWB, worunter jede beim Adressaten eintretende Verbesserung zu verstehen ist, die geeignet ist, seinen Willen zu beeinflussen und ihn zu einem bestimmten Verhalten zu veranlassen.[21] Die Gewährung von Exklusivität ist dabei geeignet, die Apotheken im Sinne der Krankenkasse zu beeinflussen, weil damit erwartungsgemäß eine erhebliche Umsatzsteigerung für die jeweiligen Zuschlagsgewinner einhergehen soll. Im Gegenzug sind die Zuschlagsgewinner motiviert, sich zu der vertraglich vorgesehenen Gebietsbeschränkung zu verpflichten. Dementsprechend ginge mit dem Resultat der Wettbewerbswidrigkeit einer solchen Gebietsaufteilung durch die Apotheken ebenfalls ein **Verstoß entsprechender Zytostatikaversorgungsverträge gegen § 21 Abs. 2 GWB** einher, was letztlich zur Unwirksamkeit desselben führen würde.

21 In der Rechtsprechungspraxis ist diese kartellrechtliche Dimension der Gestaltung von selektiven Zytostatikaversorgungsverträgen jedoch bislang mit dem Hinweis unberücksichtigt geblieben, der Rechtsweg in das Nachprüfungs- und Beschwerdeverfahren sei im Hinblick auf die Verletzung kartellrechtlicher Vorschriften nicht eröffnet, da sich diese auf die Prüfung der Einhaltung der Bestimmungen über das Vergabeverfahren beschränke.[22] Diese Sichtweise lässt jedoch außer Acht, dass sich die potentielle kartellrechtlich begründete Unwirksamkeit selektivvertraglicher Bestimmungen erheblich auf die Preiskalkulation der anbietenden Apotheken auswirken kann. Denn Apotheken könnten sich als berechtigt ansehen, diese Bestimmung zu streichen, weshalb nicht gewährleistet ist, dass alle Bieter die Leistungsbeschreibung im selben Sinne verstehen müssen und ihre Angebote auf derselben Grundlage kalkulieren und die Vergleichbarkeit der Angebote deshalb nicht sichergestellt ist. Ist vor diesem Hintergrund zweifelhaft, ob die vertragliche Zusicherung von Exklusivität den Anforderungen an eine eindeutige und erschöpfende Leistungsbeschreibung iSv. § 8 EG Abs. 1 VOL/A gerecht wird, **zeitigen die kartellrechtlichen Vorschriften mithin Auswirkungen auf die Vergaberechtmäßigkeit des Vertrages.**[23] Aufgrund dessen erscheint eine dezidierte Auseinandersetzung mit den aufgezeigten

---

[20] Vgl. zur Vermittlung von Wettbewerbsbeschränkungen durch Dritte im Vertikalverhältnis BKartA Beschl. v. 25.9.2009, B3–123/08, Rn. 63.

[21] *Markert* in Immenga/Mestmäcker, GWB, § 21 Rn. 64.

[22] Vgl. LSG Nordrhein-Westfalen Beschl. v. 22.7.2010, L21 SF 152/10;VK Brandenburg Beschl. v. 27.8.2010, VK 20/10; LSG Berlin-Brandenburg Beschl. v. 22.10.2010, L 1 SF 214/10. Dazu auch ausführlich oben, § 66 Rn. 27 ff.

[23] Einen durch § 8 Nr. 1 Abs. 1–3 VOL/A begründeten vergaberechtlichen „Nexus" zu sozial-, arzneimittel- und apothekenrechtlichen Normen erblickt auch die 2. Vergabekammer des Bundes,

kartellrechtlichen Problemkreisen auch im Rahmen eines Nachprüfungsverfahrens angezeigt. In der Rechtsprechung des OLG Düsseldorf erfolgte in diesem Zusammenhang bzgl. des Abschlusses einer Rabattvereinigung über saisonalen Influenzaimpfstoff nach § 132e Abs. 2 iVm. § 130a Abs. 8 SGB V jüngst ein Paradigmenwechsel. Der Senat anerkannte die Berücksichtigung kartellrechtlicher Verstöße des Auftraggebers in einem Vergabenachprüfungsverfahren, sofern diese ohne zeitaufwändige Untersuchungen einwandfrei festzustellen sind.[24] Vor diesem Hintergrund ist es wahrscheinlich, dass künftig auch hinsichtlich des Abschlusses selektiver Zytostatikaversorgungsverträge die Geltendmachung kartellrechtlicher Vorschriften durch die Vergabenachprüfungsinstanzen eine materiell-rechtliche Würdigung erfahren wird.

Darüber hinaus enthalten selektive Zytostatikaversorgungsverträge eine Verpflichtung 22 der Krankenkassen, den Zuschlagsgewinnern durch **Einwirkung auf die Ärzte** alle Patienten im Bereich des Gebietsloses zuzuführen, indem die im vertragsgegenständlichen Gebiet ansässigen und parenterale Rezepturen verordnenden, ambulant behandelnden Ärzte **darüber informiert werden,** dass diese **sämtliche Zubereitungen bei der am Vertrag beteiligten Apotheke zu beziehen haben.**

In den diesbezüglichen vergaberechtlichen Nachprüfungsverfahren stand dabei sowohl 23 ein Verstoß einer solche Vereinbarung gegen das **Verbot der Rezeptzuweisung nach § 11 Abs. 1 ApoG,** sowie ein Widerspruch mit dem sozialrechtlich normierten **freien Apothekenwahlrecht der Versicherten gemäß § 31 Abs. 1 Satz 5 SGB V** im Raum.

Nach § 11 Abs. 1 ApoG dürfen Apotheken keine Vereinbarungen mit Ärzten oder an- 24 deren Personen, die sich mit der Behandlung von Krankheiten befassen, treffen, die die Zuweisung von Verschreibungen zum Gegenstand haben. Zwar verbietet § 11 Abs. 1 ApoG seinem Wortlaut nach Vereinbarungen zwischen Apotheken und in Heil- oder Heilhilfsberufen Tätigen und nicht zwischen Apotheken und Krankenkassen. Unter dem Gesichtspunkt der Umgehung sowie des Missbrauchs besteht dementsprechend aber zumindest ein gewisses Risiko, **dass auch die ausschreibungsgegenständliche Vereinbarung zwischen dem Ausschreibungsgewinner und der Krankenkasse vor dem Hintergrund des § 11 Abs. 1 ApoG für unzulässig erachtet wird.** Denn ansonsten hätten die Apotheken die Möglichkeit, mit den Ärzten über die Krankenkassen gerade solche Absprachen zu treffen, die sie selbst rechtmäßig nicht eingehen dürften. Die Rechtsprechung billigte die hier in Rede stehende individualvertragliche Vereinbarung allerdings ausdrücklich unter Berufung auf § 11 Abs. 2 ApoG, wonach ausnahmsweise ein verkürzter Versorgungsweg, dh. die unmittelbare Abgabe von Arzneimitteln an den verordnenden Arzt zulässig ist[25], obwohl damit im Grundsatz nicht zugleich eine Ausnahme von dem Verbot verbunden ist, unter Ausschluss anderer Apotheken ausschließlich immer einer bestimmten Apotheke Rezepte zuzuweisen.

Im Hinblick auf das freie Apothekenwahlrecht des Versicherten gemäß § 31 Abs. 1 25 Satz 5 SGB V stelle die vertragliche Exklusivitätsabrede nach Auffassung des LSG Berlin-Brandenburg schon deshalb keinen Verstoß dar, da sich aus dem Zusammenspiel des § 129 Abs. 5 S. 3 SGB V mit § 11 Abs. 2 ApoG nicht ergebe, dass der normale Versorgungsweg ausgeschlossen sei.[26] Es spreche vor diesem Hintergrund aber viel dafür, dass

---

VK Bund Beschl. v. 29. 4. 2010, VK 2–20/10. Vgl. auch VK Bund Beschl. v. 1. 3. 2012, VK 2–5/12 (hier hinsichtlich der Vergabe selektiver Impfstoffversorgungsverträge): *„kartellrechtliche Regelungen sind daher im Ergebnis nur dann im Vergabenachprüfungsverfahren zu prüfen, wenn sie einen konkreten rechtlichen Anknüpfungspunkt vom Vergabeverfahren besitzen, sich also in Vorschriften des Vergabeverfahrens spiegeln. In einem solchen Fall müssen die Nachprüfungsinstanzen einen eventuellen Verstoß materiell-rechtlich prüfen, unabhängig davon, mit welcher Anspruchsgrundlage er verfolgt wird."*
[24] OLG Düsseldorf Beschl. v. 27. 6. 2012, VII-Verg 7/12; dazu unten, § 71 Rn. 21.
[25] Vgl. VK Brandenburg Beschl. v. 27. 8. 2010, VK 20/10.
[26] LSG Berlin-Brandenburg Beschl. v. 7. 5. 2010, L 1 SF 95/10 B Verg; LSG Berlin-Brandenburg Beschl. 17. 9. 2010, L 1 SF 98/10 B Verg; a.A. VK Brandenburg Beschl. v. 19. 4. 2010, VK 12/10; VK Bund Beschl. v. 29. 4. 2010, VK 2–20/10: *„Bei Zubereitungen, die während der Behandlung unmittel-*

das angestrebte Gebietsmonopol der Apotheke ganz oder teilweise leer läuft, weil auf den Wunsch des Versicherten hin sich dieser die Arzneizubereitung auf normalem Versorgungsweg möglicherweise selbst beschaffen kann und dieser Umstand im Übrigen der Ausschreibung hätte entnehmbar sein müssen.[27]

26 Auch in diesem sozialrechtlichen Kontext offenbaren sich somit erneut Kalkulationsrisiken für diejenigen Apotheken, die sich mit Angeboten an der Ausschreibung des Selektivvertrages beteiligen möchten, da die hier in Rede stehende Exklusivitätsklausel zu mindest potentiell rechtlich unzulässig bzw. tatsächlich ungeeignet ist, die angestrebten Sonderstellung im Wettbewerb zu begründen. Die vertraglich vereinbarte Exklusivität kann dem Zuschlagsgewinner dementsprechend nicht vollumfänglich garantiert werden. Nach der Rechtsprechung handele es sich dabei allerdings um **zu vernachlässigende Größen**, da davon auszugehen sei, dass eine unmittelbare Beschaffung parenteraler Zubereitungen durch die Versicherten – von seltenen Ausnahmen abgesehen – in der Versorgungsrealität praktisch nicht vorkomme.[28] Es sei des Weiteren nicht davon auszugehen, dass Ärzte unter Missachtung des Wirtschaftlichkeitsgrundsatzes und der diesbezüglichen Überprüfungs- bzw. Sanktionsmöglichkeiten, von Apotheken bezogen werden, die nicht im entsprechenden Gebietslos Vertragspartner der Krankenkasse sind.[29]

27 Aus alledem folgt endlich, dass die lediglich vertragliche Gewährung von Exklusivität für den Zuschlagsgewinner hinsichtlich Durchsetzbarkeit und Wirksamkeit der entsprechenden Vereinbarungen tatsächlich mehr als ungewiss ist. Gleichzeitig werden diese, der dargestellten Vertragsgestaltung immanent zu Grunde liegenden Kalkulationsrisiken von der Rechtsprechung allerdings als vergaberechtskonform angesehen.[30] Steht somit aber in Zweifel, ob die bezuschlagte Apotheke für die Einräumung eines Preisabschlags gegenüber der ausschreibenden Krankenkasse überhaupt eine adäquate Gegenleistung iSd. Gewährung von (Liefer-)Exklusivität erhält, bzw. welchen Umfang diese letztlich besitzt, so kommt der wettbewerblichen Ausschreibung selektiver Zytostatikaversorgungsverträge insofern auch eine **verfassungsrechtliche Relevanz** zu, als das durchaus als Eingriff in den Schutzbereich der Berufsausübungsfreiheit des Art. 12 Abs. 1 GG anzusehen sein könnte. In dieser Hinsicht erfordert die skizzierte rechtliche und tatsächliche Ausgangslage eine umfassende gerichtliche bzw. gesetzgeberische Klärung, bei der sich jedenfalls eine pauschale Inbezugnahme der bisherigen Rechtsprechung des BVerfG[31] verbieten dürfte[32] und bei der die Frage im Vordergrund steht, inwiefern die gesetzgeberisch intendierte Generierung eines Rabattwettbewerbs nach dem Grundsatz des Vorbehalts des Gesetzes nach Art. 20 Abs. 3 GG auch **eine gesetzlich vorgesehene Gegenleistung voraussetzt.**

---

bar durch den Arzt verabreicht werden, erfolgt die Lieferung direkt von der Apotheke an den bestellenden oder abrufenden Arzt unter ‚Umgehung' des Patienten. Dieser trifft daher schon gar keine eigene Entscheidung über die Wahl der zytostatikazubereitenden Apotheke, so dass sein grds. Recht aufgrund des tatsächlich nur zwischen der Apotheke und der Arztpraxis ablaufenden Vertriebs nicht tangiert wird."

[27] LSG Berlin-Brandenburg Beschl. v. 7.5.2010, L 1 SF 95/10 B Verg; jedoch revidiert durch LSG Berlin-Brandenburg Beschl. 17.9.2010, L 1 SF 98/10 B Verg.
[28] LSG Nordrhein-Westfalen Beschl. v. 22.7.2010, L 21 SF 152/10 Verg; LSG Berlin-Brandenburg Beschl. v. 17.9.2010, L 1 SF 110/10 B Verg. Vgl. auch OLG Düsseldorf Beschl. v. 7.11.2011, VII-Verg 90/11.
[29] VK Bund Beschl. v. 29.4.2010, VK 2–20/10.
[30] Vgl. nur LSG Nordrhein-Westfalen Beschl. v. 22.7.2010, L 21 SF 152/10 Verg; LSG Berlin-Brandenburg Beschl. v. 17.9.2010, L 1 SF 110/10 B Verg; OLG Düsseldorf Beschl. v. 7.11.2011, VII-Verg 90/11.
[31] BVerfG Urt. v. 17.12.2002, 1 BvL 28/95, 1 BvL 29/95; BVerfG Beschl. v. 13.9.2005, 2 BvF 2/03; BVerfG Beschl. v. 13.6.2006, 1 BvR 1160/03.
[32] So aber LSG Nordrhein-Westfalen Beschl. v. 22.7.2010, L 21 SF 152/10 Verg; LSG Berlin-Brandenburg Beschl. v. 17.9.2010, L 1 Sf 110/10 B Verg; LSG Berlin-Brandenburg Beschl. v. 17.9.2010, L 1 Sf 98/10 B Verg und insbesondere LSG Nordrhein-Westfalen Beschl. v. 27.5.2010, L 21 KR 11/09 SFB bezüglich der Ausschreibung eines Vertrages über die Versorgung mit Kontrastmittel im Sprechstundenbedarf ohne jegliche gesetzliche Ermächtigungsgrundlage.

II. Ausschreibungspflichtigkeit im Verhältnis zwischen Apotheken und pharmazeutischen Unternehmern

Eine hiervon zu trennende **zentrale Frage grundsätzlicher Art, die jedoch bislang kein Gehör vor den damit befassten Nachprüfungsinstanzen gefunden hat**[33] ist, ob und welche vergaberechtlichen Vorgaben für den Abschluss von seitens Krankenkassen veranlassten Rabattvereinbarungen gemäß § 129 Abs. 5 Satz 3 Hs. 2 SGB V im Verhältnis zwischen Apotheken und pharmazeutischen Unternehmern gelten. 28

Sofern Krankenkassen Zytostatikaversorgungsverträge gegenüber Apotheken ausschreiben, um dabei (auch) gemäß § 129 Abs. 5 Satz 3 SGB V Abschläge auf den Abgabepreis des pharmazeutischen Unternehmers und die Preise und Preisspannen der Apotheken zu vereinbaren, spricht viel dafür, diese 29
– zum einen als ausschreibungspflichtige öffentliche Aufträge (Zytostatikaversorgungsverträge) im Verhältnis zwischen Krankenkassen und Apotheken[34] und
– zum anderen gleichzeitig als ausschreibungspflichtige öffentliche Aufträge (Rabattverträge) im Verhältnis zwischen Apotheken und pharmazeutischen Unternehmern anzusehen.

Denn die letztgenannten **Abschlags-/Rabattvereinbarungen** werden **ausschließlich im wirtschaftlichen Interesse der Krankenkassen** durch die Apotheken abgeschlossen. Entsprechende Versorgungsverträge gemäß § 129 Abs. 5 Satz 3 Hs. 2 SGB V zwischen Krankenkassen und Apotheken haben allein den Zweck, die Versorgung der Versicherten mit in Apotheken hergestellten parenteralen Zubereitungen aus Fertigarzneimitteln in der Onkologie zu wirtschaftlich günstigeren Konditionen sicherzustellen, als diese sich nach der jeweiligen Marktlage (handelsübliche Listenpreise) ergeben würden. Nach dem diesen Verträgen zugrundeliegenden Konzept werden **Apotheken dazu veranlasst, besonders günstige Einkaufspreise für Fertigarzneimittel in parenteralen Zubereitungen mit pharmazeutischen Unternehmern zu vereinbaren.** Diese Zielrichtung wird umso deutlicher, je mehr der Preis das alleinige bzw. entscheidende Bewertungskriterium im Rahmen der Ausschreibung eines Zytostatikaversorgungsvertrages im Verhältnis zwischen Krankenkasse und Apotheke ist, weil dann preisliche Differenzierungen im Bieterfeld nur zu erreichen sind, wenn die Apotheken als Bieter mit pharmazeutischen Unternehmern Abschläge auf deren Abgabepreise verhandeln und Preise vereinbaren, die unter den „normalen" Einkaufspreisen (Listenpreisen) liegen. Das jedoch ist für Apotheken nur erreichbar, wenn sie im Vorfeld der (eigenen) Angebotsabgabe auf pharmazeutische Unternehmer zugehen und mit diesen Verträge über die Belieferung mit deren onkologischen Fertigarzneimitteln zu rabattierten Preisen abschließen. 30

Allerdings dürfte zur Vermeidung eines Verstoßes gegen (EU/GWB-)Vergaberecht eine Ausschreibung eben dieser Abschlagsvereinbarung im Verhältnis zwischen Apotheken und pharmazeutischen Unternehmern erforderlich sein, da es sich bei diesem Vertrag über die Belieferung mit onkologischen Fertigarzneimitteln zu rabattierten Preisen (seinerseits) um einen **ausschreibungspflichtigen (Rabatt-)Vertrag** handelt, der von Apotheken ausschließlich im wirtschaftlichen Interesse und auf Geheiß der Krankenkassen zu schließen ist. Aufgrund dieser wirtschaftlichen Interessenlage können **Apotheken hierbei als mittelbare Stellvertreter der Krankenkassen angesehen werden** und sind deshalb – ebenso wie diese – an die vergaberechtliche Ausschreibungspflicht gebunden. Daraus folgt, dass Apotheken ihre(n) Vertragspartner (den bzw. die pharmazeutischen Unternehmer) im Wege eines Vergabeverfahrens auswählen müssen. Denn bei den zwischen Apotheken und pharmazeutischen Herstellern zu vereinbarenden Lieferverträgen zu günstigeren Einkaufspreisen handelt es sich wirtschaftlich wie rechtlich um Rabattverträge über 31

---

[33] VK Brandenburg Beschl. v. 27.8.2010, VK 20/10; LSG Berlin-Brandenburg Beschl. v. 22.10.2010, L 1 SF 214/10 B Verg; dazu näher unten, Rn. 37 f.
[34] *Dettling/Kieser/Ulshöfer* PharmR 2009, 421, 428.

Arzneimittel im Sinne von § 130a Abs. 8 SGB V, in denen wesentliche Preisbestandteile (die Rabatthöhe sowie gegebenenfalls weitere Vertragsbedingungen) festgelegt werden und deren Ausschreibungspflicht anerkannt ist.[35]

32 Dass diese Rabattverträge nicht unmittelbar zwischen einer Krankenkasse und einem pharmazeutischen Unternehmer abgeschlossen werden, sondern der Vertragsschluss durch die Apotheken – auf Vorgabe der Krankenkasse, welche die durch die Apotheken verhandelten Einkaufspreise letztlich wirtschaftlich trägt – vermittelt wird, ändert hieran nichts. Denn es ist im System der GKV nicht ungewöhnlich, dass Verträge nicht unmittelbar zwischen den ihre wirtschaftlichen Konsequenzen tragenden Beteiligten geschlossen werden. So werden auch Lieferverträge über Arzneimittel, die den in der Rechtsprechung der Nachprüfungsinstanzen mittlerweile durchweg als ausschreibungspflichtig anerkannten Generikarabattverträgen gemäß § 130a Abs. 8 SGB V zugrunde liegen, rechtlich nicht unmittelbar zwischen gesetzlicher Krankenkasse und pharmazeutischem Unternehmer abgeschlossen.[36] Vielmehr bevollmächtigen gesetzliche Krankenkassen die zugelassenen Kassenärzte, zugunsten des Patienten und zu Lasten der Krankenkasse Arzneimittel käuflich zu erwerben. Diese Verträge kommen ebenfalls nicht direkt zwischen Krankenkassen und pharmazeutischen Unternehmern zustande, da der Verkauf von Arzneimitteln gesetzlich grundsätzlich nur Apotheken gestattet ist (vgl. § 43 Abs. 1 AMG, sogenanntes Apothekenmonopol). Die **Apotheken** ihrerseits sind lediglich **zwischengeschaltete Abwicklungsstellen**, derer sich die gesetzlichen Krankenkassen bedienen (müssen). Auch wenn die unmittelbaren Leistungsbeziehungen nicht zwischen der Krankenkasse und dem pharmazeutischen Unternehmern verlaufen, wird die **Beschaffungskette im vergaberechtlichen Sinn** durch diese vertrags-/zivilrechtliche Zwischenschaltung der Apotheken nicht unterbrochen, da es bei der gebotenen **funktionalen Betrachtungsweise** die Krankenkassen sind, die – rechtlich betrachtet – die Arzneimittel bei der Einrichtung kaufen, die allein zum Verkauf berechtigt ist (nämlich den Apotheken).[37]

33 Zutreffend wurden daher bereits im **Gesetzgebungsverfahren zum GKV-WSG** diese zwischen Apotheken und pharmazeutischen Unternehmern zu vereinbarenden Verträge im Hinblick auf Abschläge auf den Abgabepreis des pharmazeutischen Unternehmers im Sinne von § 129 Abs. 5 Satz 3 SGB V **als Rabattverträge gemäß § 130a Abs. 8 SGB V qualifiziert**, zu deren Abschluss die Apotheken seitens der Krankenkassen beauftragt werden: „*Rechtsgrundlage für die Preis-Vereinbarung mit pharmazeutischen Unternehmern ist § 130a Abs. 8 SGB V. Apotheken können demnach von Krankenkassen beauftragt werden, mit dem pharmazeutischen Unternehmer Abschläge auf dessen Abgabepreis zu Gunsten der Krankenkassen zu vereinbaren. Eine entsprechende Beauftragung von Apotheken ist im Rahmen des Vertrags mit der Krankenkasse für Zytostatika-Rezepturen möglich und wirtschaftlich sinnvoll.*"[38]

34 Die Zugrundelegung eines Auftragsverhältnisses entspricht der wirtschaftlichen Sachlage. Für die einen Zuschlag erhaltende Apotheke sind die (rabattierten) Einkaufspreise nur durchlaufende Posten, deren Erstattung im Rahmen der Abrechnung gegenüber der Krankenkasse erfolgt. Die zwischen Apotheke und pharmazeutischen Unternehmern **zu vereinbarenden Abschläge** liegen daher **im wirtschaftlichen Interesse allein der Krankenkasse**, die aufgrund des Sachleistungsprinzips Kostenträger bei der Versorgung ihrer Versicherten mit parenteralen Zubereitungen aus Fertigarzneimitteln in der Onkologie ist und die sich (daher) der Apotheke bedient, um nicht selbst – nach Vergaberecht ausschreibungspflichtige – Rabattverträge mit den Herstellern von onkologischen Fertigarzneimitteln ausschreiben und abschließen zu müssen. Die VK Bund hat in einer vergleichbaren Fallgestaltung (allerdings nicht im Krankenversicherungsrecht) entschieden,

---

[35] Dazu § 70 Rn. 3 ff.
[36] Vgl. § 70 Rn. 3 ff.
[37] Siehe LSG Nordrhein-Westfalen Beschl. v. 10.9.2009, L 21 KR 53 u. 54/09 SFB.
[38] BT-Drs. 16/4247, 46 f.

dass die Ausschreibungspflicht eines öffentlichen Auftraggebers auch einen beim Vertragsschluss mit Dritten zwar im eigenen Namen, aber im wirtschaftlichen Interesse des erstattungspflichtigen öffentlichen Auftraggebers handelnden Privaten erfasst, der **insofern als mittelbarer Stellvertreter tätig** wird.[39]

Da eine vergaberechtliche Ausschreibung der Apotheken, die von diesen selbständig 35
und alleinverantwortlich vorgenommen werden müsste, in der Praxis aufgrund etwaiger Hindernisse und fehlender Ausschreibungsübung gegebenenfalls kein gangbarer Weg ist, kommt **vorrangig ein gestuftes Vorgehen der Krankenkassen** in Betracht, indem:
– in einem zeitlich **ersten Schritt Rabattverträge gemäß § 130a Abs. 8 SGB V** betreffend Fertigarzneimittel in der Onkologie **gegenüber pharmazeutischen Unternehmern ausgeschrieben** werden und nach Zuschlagserteilung in diesem Vergabeverfahren
– in einem zweiten Schritt Zytostatika- und gegebenenfalls weitere parenterale Versorgungsverträge mit Abschlägen auf die Preise und Preisspannen der Apotheken gemäß § 129 Abs. 5 Satz 3 Hs. 2 SGB V gegenüber Apotheken ausgeschrieben werden.

Im Rahmen der (ersten) Rabattvertragsausschreibung gemäß § 130a Abs. 8 SGB V wür- 36
den rabattierte Preise für onkologische Fertigarzneimittel vereinbart, die anschließend seitens der pharmazeutischen Unternehmer den Apothekern eingeräumt werden müssten, welche in der zweiten Ausschreibung gemäß § 129 Abs. 5 Satz 3 SGB V Zuschläge erhalten haben. Den Apotheken müsste im Rahmen der (zweiten) Ausschreibung gemäß § 129 Abs. 5 Satz 3 SGB V schließlich vertraglich der Zugriff auf die rabattierten Fertigarzneimittel eingeräumt werden, so dass der Preiswettbewerb in dieser Ausschreibung ausschließlich im Bereich der Preisspannen der Apotheken stattfindet. Auf diese Weise würden alle vergaberechtlich erforderlichen Ausschreibungen von den – im Umgang mit Vergabeverfahren mittlerweile erfahrenen – Krankenkassen durchgeführt und zugleich die durch die Apothekenpflicht für Zytostatika bestimmten Liefer- und Vertriebswege berücksichtigt.[40]

In der **Rechtsprechung** namentlich der VK Brandenburg und des LSG Berlin-Bran- 37
denburg wurde das dargestellte, an der wirtschaftlichen Interessenlage der Beteiligten orientierte Konzept jedoch verworfen. **Im Rahmen von Zytostatikaversorgungsverträgen nach § 129 Abs. 5 Satz 3 SGB V komme eine mittelbare Stellvertretung im Verhältnis zwischen Krankenkasse und Apotheke gegenüber dem pharmazeutischen Unternehmer nicht in Betracht.**[41] Denn bei Rabattvereinbarungen zwischen Apotheken und pharmazeutischen Unternehmern werde sowohl aus § 129 Abs. 5 Satz 3 SGB V als auch § 130a Abs. 8 SGB V offenkundig, dass die von den Apotheken erzielten Rabatte zugunsten der Krankenkassen ausgehandelt würden.[42] Konstitutives Element der mittelbaren Stellvertretung sei aber gerade, dass es an einer Offenlegung des Handelns für einen anderen fehle. Nach dem Wortlaut des § 130a Abs. 8 SGB V werde jedoch vielmehr deutlich, dass auf eine Beauftragung der Apotheken iSd. § 662 BGB abzustellen sei.

Des Weiteren sei das hier gegenständliche Beauftragungsmodell durch die Änderung 38
der 15. AMG-Novelle in § 1 Abs. 3 Satz 1 Nr. 8 AMPreisV obsolet geworden. § 1 Abs. 3 Satz 1 Nr. 8 AMPreisV nähme nunmehr Preise der Apotheken von Fertigarzneimitteln in parenteralen Zubereitungen vom Anwendungsbereich der AMPreisV aus.[43] Damit könnten Apotheken ohne Rechtsverstoß Rabatte mit pharmazeutischen Unternehmern über

---

[39] VK Bund Beschl. v. 8.6.2006, VK 2–114/05, mit Anmerkung *Niestedt* VergabeR 2007, 108.
[40] Ähnlich zu den durch die Apothekenpflicht gemäß § 47 AMG bestimmten Vertriebswegen bei Grippeimpfstoffen: VK Bund Beschl. v. 20.1.2010, VK 1–230/09.
[41] Zu einer vergleichbaren Einschätzung gelangt auch das OLG Düsseldorf Beschl. v. 3.8.2011, VII-Verg 33/11, in einem ähnlich gelagerten Fall im Bereich der Ausschreibung selektiver Grippeimpfstoffversorgungsverträge.
[42] VK Brandenburg Beschl. v. 27.8.2010, VK 20/10.
[43] LSG Berlin-Brandenburg Beschl. v. 22.10.2010, L 1 SF 214/10 B Verg.

solche Fertigarzneimittel vereinbaren, wobei diese nicht als mittelbare Stellvertreter der Krankenkassen, sondern auf der Grundlage einer gesetzlichen Ermächtigung – Art. 7 Nr. 1 lit. d) des Gesetzes zur Änderung arzneimittelrechtlicher und anderer Vorschriften – handelten, zu deren Anwendung sich die Apotheker im Interesse einer qualitativ hochwertigen und wirtschaftlichen Versorgung verpflichten.[44] In Konsequenz dieser Einschätzung handeln die Apotheken nach Auffassung der zuständigen Nachprüfungsinstanzen damit nicht in mittelbarer Stellvertretung der Krankenkassen, weshalb es beim Abschluss solcher Rabattvereinbarungen an einer öffentlichen Auftraggebereigenschaft nach § 98 GWB auf Seiten der Apotheken mangelt.[45]

---

[44] VK Brandenburg Beschl. v. 27.8.2010, VK 20/10.
[45] Ein ausschreibungslos geschlossener Versorgungsvertrag zwischen einer Managementgesellschaft und einem Hersteller von Diabetes-Messgeräten, im Zusammenhang mit einem integrierten Versorgungsvertrag nach § 140a SGB V, wurde jedoch in Ansehung der tatsächlichen wirtschaftlichen Folgen als öffentlicher Lieferauftrag der beteiligten Krankenkasse angesehen. Vgl. dazu OLG Düsseldorf, Beschl. v. 1.8.2012, VII-Verg 15/12.

§ 70 Arzneimittelrabattverträge

Übersicht

	Rn.
A. Einleitung	1, 2
B. Arzneimittelrabattverträge gemäß § 130a Abs. 8 SGB V	3–122
I. Arzneimittelrabattverträge als öffentliche Aufträge gemäß § 99 Abs. 1 GWB	3–30
II. Ausschreibungsrelevante Besonderheiten bei Arzneimittelrabattverträgen	31–122

SGB V: §§ 129 Abs. 1, 130a Abs. 8

§ 129 SGB V Rahmenvertrag über die Arzneimittelversorgung

(1) Die Apotheken sind bei der Abgabe verordneter Arzneimittel an Versicherte nach Maßgabe des Rahmenvertrages nach Absatz 2 verpflichtet zur

1. Abgabe eines preisgünstigen Arzneimittels in den Fällen, in denen der verordnende Arzt

    a) ein Arzneimittel nur unter seiner Wirkstoffbezeichnung verordnet oder

    b) die Ersetzung des Arzneimittels durch ein wirkstoffgleiches Arzneimittel nicht ausgeschlossen hat,

2. Abgabe von preisgünstigen importierten Arzneimitteln, deren für den Versicherten maßgeblicher Arzneimittelabgabepreis mindestens 15 vom Hundert oder mindestens 15 Euro niedriger ist als der Preis des Bezugsarzneimittels; in dem Rahmenvertrag nach Absatz 2 können Regelungen vereinbart werden, die zusätzliche Wirtschaftlichkeitsreserven erschließen,

3. Abgabe von wirtschaftlichen Einzelmengen und

4. Angabe des Apothekenabgabepreises auf der Arzneimittelpackung.

In den Fällen der Ersetzung durch ein wirkstoffgleiches Arzneimittel haben die Apotheken ein Arzneimittel abzugeben, das mit dem verordneten in Wirkstärke und Packungsgröße identisch sowie für den gleichen Indikationsbereich zugelassen ist und ferner die gleiche oder eine austauschbare Darreichungsform besitzt. Dabei ist die Ersetzung durch ein wirkstoffgleiches Arzneimittel vorzunehmen, für das eine Vereinbarung nach § 130a Abs. 8 mit Wirkung für die Krankenkasse besteht, soweit hierzu in Verträgen nach Absatz 5 nichts anderes vereinbart ist. Besteht keine entsprechende Vereinbarung nach § 130a Abs. 8, hat die Apotheke die Ersetzung durch ein preisgünstigeres Arzneimittel nach Maßgabe des Rahmenvertrages vorzunehmen.

(2) bis (10) hier nicht abgedruckt.

§ 130a SGB V Rabatte der pharmazeutischen Unternehmer

(1) bis (7) hier nicht abgedruckt.

(8) Die Krankenkassen oder ihre Verbände können mit pharmazeutischen Unternehmern zusätzlich zu den Abschlägen nach den Absätzen 1 und 2 Rabatte für die zu ihren Lasten abgegebenen Arzneimittel vereinbaren. Dabei kann auch ein jährliches Umsatzvolumen sowie eine Abstaffelung von Mehrerlösen gegenüber dem vereinbarten Umsatzvolumen vereinbart werden. Rabatte nach Satz 1 sind von den pharmazeutischen Unternehmern an die Krankenkassen zu vergüten. Eine Vereinbarung nach Satz 1 berührt Abschläge nach den Absätzen 1, 3a und 3b nicht. Die Krankenkassen oder ihre Verbände können Leistungserbringer oder Dritte am Abschluss von Verträgen nach Satz 1 beteiligen oder diese mit dem Abschluss solcher Verträge beauftragen. Das Bundesministerium für Gesundheit berichtet dem Deutschen Bundestag bis zum 31. März 2008 über die Auswirkungen von Rabattvereinbarungen insbesondere auf die Wirksamkeit der Festbetragsregelung. Verträge nach Satz 1, die nicht nach Maßgabe der Vorschriften des Vierten Teils des Gesetzes gegen Wettbewerbsbeschränkungen abgeschlossen wurden, werden mit Ablauf des 30. April 2013 unwirksam.

(9) hier nicht abgedruckt.

Kap. 13 Auftragsvergaben im Bereich der gesetzlichen Krankenversicherung

Literatur:
Amelung/Dörn, Anmerkung zu OLG Düsseldorf, Beschluss vom 19.12.2007, VII-Verg 51/07 – „AOK-Rabattverträge I", VergabeR 2008, 84; *Anders*, Die Vereinbarung des Erstattungsbetrages nach § 130b SGB V, PharmR 2012, 81; *Anders/Knöbl*, Arzneimittelrabattverträge mit mehreren pharmazeutischen Unternehmen – Verläuft die Schnittstelle von Sozial- und Vergaberecht durch die Apotheke?, PharmR 2009, 607; *Badtke*, Die kartellrechtliche Bewertung des „AOK-Modells" beim Abschluss von Rabattverträgen, WuW 2007, 726; *Bauer*, Die konkreten vergaberechtlichen Anforderungen an Selektivverträge zwischen Krankenkassen und Leistungserbringern, NZS 2010, 365; *Becker/Kingreen*, Der Krankenkassenwettbewerb zwischen Sozial- und Wettbewerbsrecht – Zur geplanten Ausdehnung der Anwendung des GWB auf das Handeln der Krankenkassen, NZS 2010, 417; *Bickenbach*, Rabattverträge gemäß § 130a Abs. 8 SGB V und aut idem-Verordnungen: zulässige Kostenbremse oder Verletzung der Berufsfreiheit?, MedR 2010, 302; *Boldt*, Rabattverträge – Sind Rahmenvereinbarungen zwischen Krankenkassen und mehreren pharmazeutischen Unternehmen zulässig?, PharmR 2009, 377; *Braun*, Anmerkung zu Bundessozialgericht, Beschluss vom 22.4.2008, B1 SF 1/08 R – „Rabattverträge V", VergabeR 2008, 707; *Brixius/Maur*, Chancengleichheit und Wettbewerbsfairness beim Abschluss von Rabattverträgen – eine Zwischenbilanz, PharmR 2007, 451; *Bungenberg/Weyd*, Der Kampf gegen die Schweinegrippe im Visier des Europäischen Wirtschaftsrechts – Anmerkungen, DVBL 2010, 363; *Burgi*, Hilfsmittelverträge und Arzneimittel-Rabattverträge als öffentliche Lieferaufträge, NZBau 2008, 480; *Byok*, Auftragsvergabe im Gesundheitssektor, GesR 2007, 553; *Byok/Csaki*, Aktuelle Entwicklungen bei dem Abschluss von Arzneimittelrabattverträgen, NZS 2008, 402; *Csaki*, Vergaberechtsfreie Zulassungsverfahren?, NZBau 2012, 350; *Csaki/Münnich*, Auswirkungen der Neuregelung des § 130a Abs. 8 Satz 8 SGB V auf bestehende Arzneimittelrabattverträge, PharmR 2013, 159; *v.Czettritz*, AOK Rabattvertragsausschreibungen 2008/2009, PharmR 2008, 253; *v.Czettritz*, Anmerkung zu zwei höchst umstrittenen Entscheidungen des Sozialgerichts Stuttgart vom 20.12.2007 (Az. S 10 KR 8404/07 und S 10 KR 8604/07) betreffend die AOK-Rabattvertragsausschreibungen 2008/2009, PharmR 2008, 115; *Dettling*, Rabattverträge gem. § 130a Abs. 8 SGB V – Kartell- oder grundrechtlicher Ansatz?, MedR 2008, 349; *Dierks*, Ähnlich aber nicht gleich – Rechtliche Aspekte biotechnologischer Nachfolgepräparate, NJOZ 2013, 1; *Ecker/Hußmann*, Verträge nach § 130c SGB V – eine frühe Nutzenbewertung, PharmR 2011, 389; *Engelmann*, Keine Geltung des Kartellvergaberechts für Selektivverträge der Krankenkassen mit Leistungserbringern, SGb 2008, 133; *Gabriel*, Anmerkung zu LSG Baden-Württemberg, Beschluss vom 23.1.2009, L 11 WB 5971/08 – „Rabattvertragsausschreibung", VergabeR 2009, 465; *Gabriel*, Vom Festbetrag zum Rabatt: Gilt die Ausschreibungspflicht von Rabattverträgen auch im innovativen Bereich patentgeschützter Arzneimittel, NZS 2008, 455; *Gabriel*, Krankenkassenausschreibungen nach dem Arzneimittelmarktneuordnungsgesetz (AMNOG), VergabeR 2011, 372; *Gabriel/Schulz*, Nochmals: Die (Un-)Wirksamkeit nicht ausgeschriebener Rabattvereinbarungen nach der 16. AMG-Novelle – Generische, innovativ-patentgeschützte bzw. biologische Arzneimittel, NZBau 2013, 273; *Gabriel/Schulz*, Auskömmlichkeit von Unterkostenangeboten mittels Einpreisung des Großhandelszuschlags?, PharmR 2011, 448; *Gabriel/Weiner*, Arzneimittelrabattvertragsausschreibungen im generischen und patentgeschützten Bereich: Überblick über den aktuellen Streitstand, NZS 2009, 422; *Gabriel/Weiner*, Kollateralproblem Prozesskosten: Kostenphänomene, Klarstellungen und Korrekturbedarf bei Krankenkassenausschreibungen, NZS 2010, 423; *Goodarzi/Jansen*, Die Rechtsprechung der Landessozialgerichte auf dem Gebiet des öffentlichen Auftragswesens, NZS 2010, 427; *Heßhaus*, Ausschreibung und Vergabe von Rabattverträgen – Spezialfragen im Zusammenhang mit dem Abschluss von Rabattverträgen nach § 130a Abs. 8 SGB V, PharmR 2007, 334; *Hölzl/Eichler*, Rechtsweg für die Überprüfung der Vergabe von Rabattverträgen, NVwZ 2009, 27; *Kaltenborn*, Der kartellvergaberechtliche Auftragsbegriff im Vertragswettbewerb des SGB V, GesR 2011, 1; *Kamann/Gey*, Die Rabattvertragsstreitigkeiten der „zweiten Generation" – Aktuelle Fragen nach dem GKV-OrgWG, PharmR 2099, 114; *Karenfort/Stopp*, Krankenkassen-Rabattverträge und Kartellvergaberecht: Kompetenzkonflikt ohne Ende, NZBau 2008, 232; *Kaufmann*, Zentrale sozialrechtliche Weichenstellungen des AMNOG, PharmR 2011, 223; *Kern*, Arzneimittelbeschaffung durch die gesetzliche Krankenkasse, 1. Aufl. 2012; *Kingreen*, Zur Neuordnung des Arzneimittelmarktes in der gesetzlichen Krankenversicherung, NZS 2011, 441; *Kingreen*, Das Sozialvergaberecht, SGb 2008, 437; *Köber*, Rabatte und Dumpingpreise als Marketinginstrument, PharmR 2007, 276; *Lietz/Natz*, Vergabe- und kartellrechtliche Vorgaben für Rabattverträge über patentgeschützte Arzneimittel, A&R 2009, 3; *Luthe*, Erstattungsvereinbarungen mit pharmazeutischen Unternehmen, PharmR 2011, 193; *Luthe*, Der Pharmarabatt nach § 130a SGB V Teil I und II, SGb 2011, 316 und 372; *Marx/Hölzl*, Viel Lärm um wenig!, NZBau 2010, 31; *Meyer-Hofmann/Hahn*, Ausschreibung von Generika-Arzneimittelrabattverträgen –

Welche Gestaltungsmöglichkeiten bestehen?, A&R 2010, 59; *Meyer-Hofmann/Weng*, Rabattverträge mit mehreren pharmazeutischen Unternehmen – Wettbewerbsprinzip und sozialrechtliche Notwendigkeiten, PharmR 2010, 324; *Natz*, Rechtsschutzmöglichkeiten für Pharmaunternehmen gegen Rabattverträge, pharmind 2007, 567; *Nitz*, Die Packungsgrößenverordnung nach dem AMNOG, PharmR 2011, 208; *Plassmeier/Höld*, Die Rabattgewährung der Pharmaunternehmen im Arzneimittelhandel, PharmR 2007, 309; *Roberts*, Rabattvereinbarungen zwischen Krankenkassen und einzelnen Apotheken, PharmR 2007, 152; *Röbke*, Besteht eine vergaberechtliche Ausschreibungspflicht für Rabattverträge nach § 130a VIII SGB V, NVwZ 2008, 726; *Röbke*, Hilfsmittel- und Arzneimittelrabattverträge im Spannungsfeld zwischen GWB und dem Recht der GKV, NZBau 2010, 346; *Sandrock/Stallberg*, Der Generikarabatt nach § 130a Abs. 3b SGB V, PharmR 2007, 498; *Schickert*, Rabattverträge für patentgeschützte Arzneimittel im Sozial- und Vergaberecht, PharmR 2009, 164; *Schickert*, Schnelle Nutzenbewertung und Preisverhandlungen nach dem AMNOG – Gefahren für Originalhersteller durch den Parallelimport, PharmR 2013, 152; *Schüttpelz/Dicks*, Auftragsvergaben durch gesetzliche Krankenkassen und die ordentliche Gerichtsbarkeit – einige Schlaglichter auf die Rechtsprechung, in Prieß/Lau/Kratzenberg (Hrsg.), Wettbewerb – Transparenz – Gleichbehandlung, Festschrift für Fridhelm Marx, 2013, 691 *Schwintowski/Klaue*, Wettbewerbsbeschränkungen durch vergaberecht auf Arzneimittelmärkten, PharmR 2011, 469; *Stallberg*, Herstellerzwangsabschläge als Rechtsproblem – Verwerfung von GKV-Änderungsgesetz und AMNOG, PharmR 2011, 38; *Steiff/Sdunzi*, Der Eintritt der Unwirksamkeit direkt geschlossener Arzneimittelrabattverträge, NZBau 2013, 203; *Stolz/Kraus*, Sind Rabattverträge zwischen gesetzlichen Krankenkassen und pharmazeutischen Unternehmen öffentliche Aufträge nach § 99 GWB, VergabeR 2008, 1; *Sträter/Natz*, Rabattverträge zwischen Krankenkassen und pharmazeutischen Unternehmen, PharmR 2007, 7; *Uwer/Koch*, Rabattverträge nach § 130a Abs. 8 SGB V und die Umsetzung der Abgabepflicht nach § 129 Abs. 1 S. 3 SGB V unter besonderer Berücksichtigung von Original- und Importpräparaten, PharmR 2008, 461; *Weiner*, Anmerkung zu OLG Düsseldorf, Beschluss vom 20.10.2008, VII Verg 46/08 sowie vom 22.10.2008, I-27 U2/08 und zu LSG Baden-Württemberg, Beschluss vom 28.10.2008, L 11 KR 481/08 ER-B – „Antianämika-Rabattvertrag", VergabeR 2009, 189; *Wille*, Arneimittel mit Patentschutz – Vergaberechtliche Rechtfertigung eines Direktvertrages?, A&R 2008, 164; *Willenbruch*, Rabattverträge – Schlusspunkt und Auftakt, PharmR 2009, 111; *Willenbruch*, Der Tanz um die Rabattverträge: Vorwärts – Rückwärts – Seitwärts – Schluss, PharmR 2008, 488; *Willenbruch*, Kompetenzgerangel um Rabattverträge ohne Ende, PharmR 2008, 265; *Willenbruch*, Juristische Aspekte der Regulierung von Arzneimittelpreisen, PharmR 2010, 321; *Willenbruch/Bischoff*, Vergaberechtliche Anforderungen nach dem Gesetz gegen Wettbewerbsbeschränkungen GWB an den Abschluss von Rabattverträgen/Direktverträgen zwischen gesetzlichen Krankenkassen und Pharmaunternehmen gem. § 130a Abs. 8 SGB V, PharmR 2005, 477; *Wolf/Jäkel*, Änderungen bei Rabattverträgen durch das AMNOG, PharmR 2011, 1.

A. Einleitung

Der Anteil der Arzneimittelausgaben (ohne Ausgaben für Impfstoffe) an den Gesamtausgaben der GKV ist in den vergangenen zehn Jahren von ca. 15 auf über 17 Prozent gestiegen. Dieser Anstieg wird vor allem durch einen Ausgabenanstieg im Bereich der patentgeschützten Arzneimittel verursacht. Insgesamt liegen die Ausgaben für Arzneimittel auf Platz zwei der GKV-Gesamtausgaben und haben im Jahr 2011 über 30 Mrd. Euro betragen.[1] Deutlich mehr als die Hälfte der Arzneimittelausgaben entfällt auf patentgeschützte Originalpräparate. Vor diesem Hintergrund stellen Rabattverträge gemäß § 130a Abs. 8 SGB V die wohl am kontroversesten diskutierte gesetzgeberische Maßnahme dar, um den jährlich wachsenden Arzneimittelausgaben gesetzlicher Krankenkassen gegenzusteuern und den Gewinn der pharmazeutischen Unternehmer und Großhändler zu beschränken.[2] Trotz der mit Rabattverträgen gemäß § 130a Abs. 8 SGB V verbundenen

1

---

[1] Quelle: Bundesministeriums für Gesundheit, März 2012; Vgl. zur Kostenentwicklung auch *Schwintowski/Klaue* PharmR 2011, 469, 470.
[2] Zu den wirtschaftlichen Auswirkungen von Rabattverträgen *Schwintowski/Klaue* PharmR 2011, 469, 470; *Uwer/Koch* PharmR 2008, 461, 462; sowie zu gesetzlichen Preisabschlägen *Stallberg* PharmR 2011, 38.

Nachteile (z. B. Verdrängungswettbewerb und Oligopolbildungen[3]) können solche Verträge für pharmazeutische Unternehmer gleichwohl wirtschaftlich interessant sein, wenn aufgrund der **durch Rabattverträge erzeugten Lenkungs-/Steuerungswirkung des Arzneimittelabsatzes** in Richtung des Zuschlagsempfängers Umsatzsteigerungen erzeugt oder der Markteintritt erleichtert werden kann.

2   Bislang sind Arzneimittelrabattverträge – von wenigen Ausnahmen abgesehen – ausschließlich **im Generikabereich** zur Anwendung gekommen und sollen dort Krankenkassenangaben zufolge bereits Einsparungen im Milliardenbereich generiert haben.[4] Bevor es zum wirksamen Abschluss der ersten Verträge kommen konnte, war jedoch die vergaberechtliche Ausschreibungspflicht[5] beim Abschluss von Rabattvereinbarungen gemäß § 130a Abs. 8 SGB V insbesondere in den Jahren 2007–2009 Gegenstand einer **kaum noch überschaubaren Anzahl von Gerichtsverfahren**,[6] die insbesondere die seitens der Allgemeinen Ortskrankenkassen durchgeführten Ausschreibungen zu bestimmten generischen Wirkstoffen betrafen und in denen viele vergaberechtliche Grundsatzfragen geklärt wurden.[7] Beispielhaft belegt wird diese ablehnende Haltung gegenüber vergaberechtlichen Ausschreibungspflichten durch den Umstand, dass Rabattausschreibungen selbst von Unternehmen angegriffen wurden, zu deren Gunsten die Zuschlagsentscheidung ausgefallen war.[8] Vergaberechtliche Auseinandersetzungen betreffend Arzneimittelrabattverträge haben seitdem zu einer Rechtsprechungsflut geführt, die sich bislang schwerpunktmäßig auf den generikafähigen Markt patentfreier Medikamente erstreckt und erst in jüngerer Zeit auch patentgeschützte Originalpräparate und biologisch/biotechnologische Arzneimittel einbezieht.[9]

B. Arzneimittelrabattverträge gemäß § 130a Abs. 8 SGB V

I. Arzneimittelrabattverträge als öffentliche Aufträge gemäß § 99 Abs. 1 GWB

3   Gesetzliche Krankenkassen unterliegen beim Abschluss von Rabattverträgen gemäß § 130a Abs. 8 SGB V nur dann einer vergaberechtlichen Ausschreibungspflicht, wenn es sich hierbei um öffentliche Aufträge gemäß § 99 Abs. 1 GWB handelt.[10] Das ist jedenfalls

---

[3] Das OLG Karlsruhe Beschl. v. 26.1.2009, 15 Verg 13/08, geht in Kostensachen von einer durchschnittlichen Rabatthöhe von 40 Prozent aus. Vgl. in diesem Zusammenhang zur Auskömmlichkeit von Unterkostenangeboten mittels Einpreisung des Großhandelszuschlags *Gabriel/Schulz* PharmR 2011, 448.
[4] Pressemitteilung der AOK Baden-Württemberg v. 30.3.2010.
[5] Eine Anwendung der vergaberechtlichen Regelungen im Sozialrecht generell ablehnend, vgl. *Kingreen* SGb 2008, 437 sowie *Engelmann* SGb 2008, 133.
[6] Zusammenfassend: *Gabriel/Weiner* NZS 2009, 422; *Kamann/Gey* PharmR 2009, 114; *Byok/Csaki* NZS 2008, 402, *Stolz/Kraus* VergabeR 2008, 1; *Goodarzi/Jansen* NZS 2010, 427.
[7] Chronologisch: wettbewerbliches Verfahren zum Abschluss von Rabattverträgen über 89 generische Wirkstoffe (sog. 1. AOK-Verfahren), bekannt gemacht durch Anschreiben an Arzneimittelhersteller v. 31.10.2006; wettbewerbliches Verfahren zum Abschluss von Rabattverträgen über 83 generische Wirkstoffe (sog. 2. AOK-Verfahren), veröffentlicht im elektronischen Bundesanzeiger v. 3.8.2007; Vergabeverfahren zum Abschluss von Rabattverträgen über 64 generische Wirkstoffe (sog. 3. AOK-Verfahren), veröffentlicht im Supplement zum EU-Amtsblatt v. 9.8.2008 (ABl. EU/S 2008/S 154–207965); Vergabeverfahren zum Abschluss von Rabattverträgen über 87 generische Wirkstoffe (sog. 4. AOK-Verfahren), veröffentlicht im Supplement zum EU-Amtsblatt v. 22.8.2009 (ABl. EU/S 2009/S 161–234006).
[8] Vgl. dazu bspw. VK Bund Beschl. v. 18.12.2007, VK 3–139/07.
[9] Hierzu *Gabriel/Weiner* NZS 2009, 422, 423; *Lietz/Natz* A&R 2009, 3; *Gabriel* NZS 2008, 455; *Wille* A&R 2008, 164.
[10] Einen Überblick über den vergaberechtlichen Auftragsbegriff im Vertragswettbewerb des SGB V gibt *Kaltenborn*, GesR 2011, 1.

bei solchen Rabattvereinbarungen der Fall, die die Beschaffung von Waren (Lieferung von Arzneimitteln) gegen Entgelt zum Gegenstand haben. Diese **Merkmale eines öffentlichen Auftrags gemäß § 99 GWB** werden bei Rabattverträgen gemäß § 130a Abs. 8 SGB V betreffend **Generika zumeist** vorliegen; im Bereich **patentgeschützter chemisch-synthetischer sowie biologisch/biotechnologischer Arzneimittel** ist das jedoch **noch nicht abschließend geklärt**.[11] Auch der Gesetzgeber des GKV-OrgWG hat die Ausschreibungspflicht von Rabattverträgen im Generikabereich für grundsätzlich gegeben erachtet.[12]

1. Rahmenvereinbarungen gemäß § 4 EG VOL/A

Rabattverträge gemäß § 130a Abs. 8 SGB V, welche die Tatbestandsmerkmale eines öffentlichen Auftrags gemäß § 99 Abs. 1, Abs. 2 GWB erfüllen,[13] werden in der vergaberechtlichen Rechtsprechung und Literatur mittlerweile übereinstimmend als Rahmenvereinbarungen im Sinne von § 4 EG VOL/A zum Zweck der Beschaffung von Arzneimitteln qualifiziert.[14]

Diese Einordnung als Rahmenvereinbarung gemäß § 4 EG VOL/A beruht auf den besonderen Gegebenheiten der **Arzneimittelversorgung im System der deutschen GKV**, die sich in einem sogenannten **sozialrechtlichen Dreiecksverhältnis**[15] – bzw. infolge der wegen des Apothekenmonopols gemäß § 43 Abs. 1 AMG vorgegebenen Einbeziehung der Apotheken in einem „Viereck"[16] – der Leistungsbeziehung vollzieht. Auch wenn aufgrund des **Sachleistungsprinzips** die dem öffentlichen Auftrag zugrunde liegende Leistung (Arzneimittelversorgung) gegenüber den Versicherten als Dritten und nicht unmittelbar gegenüber den Krankenkassen als Auftraggebern erbracht wird, liegt gleichwohl ein **mittelbarer Beschaffungsvorgang der Krankenkassen zugunsten der Versicherten** vor.[17] Der Umstand, dass Arzneimittel nicht direkt an Krankenkassen geliefert werden, sondern die Versicherten diese in Apotheken erhalten, steht der Annahme eines vergaberechtlich relevanten Beschaffungsvorgangs seitens der Krankenkassen bei einer **wirtschaftlichen Gesamtbetrachtung** anerkanntermaßen nicht entgegen.[18] Zudem entspricht die bei Rahmenvereinbarungen gemäß § 4 EG VOL/A oftmals bestehende Unsicherheit im Hinblick auf die im Rahmen des Auftragsverhältnisses abzurufenden Mengen – zumindest faktisch – der typischen Situation der Arzneimittelversorgung im GKV-System des Sachleistungsprinzips, wo Art und Menge der an Versicherte abzugebenden Arzneimittel ebenfalls nicht im Voraus festgelegt werden können.[19] Der hierbei festzustellende rechtliche Unterschied, dass bei einer Rahmenvereinbarung gemäß § 4 EG

---

[11] Hierzu unten Rn. 18 ff.
[12] BT-Drs. 16/10609, 52.
[13] Dazu unten Rn. 8 ff.
[14] LSG Nordrhein-Westfalen Beschl. v. 15.4.2009, L 21 KR 37/09 SFB; LSG Nordrhein-Westfalen Beschl. v. 9.4.2009, L 21 KR 29/09 SFB; LSG Baden-Württemberg Beschl. v. 23.1.2009, L 11 WB 5971/08; LSG Baden-Württemberg Beschl. v. 28.10.2008, L 11 KR 4810/08 ER-B; VK Bund Beschl. v. 27.3.2009, VK 3–46/09; VK Bund Beschl. v. 20.3.2009, VK 3–55/09; VK Bund Beschl. v. 18.3.2009, VK 3–25/09; VK Bund Beschl. v. 24.2.2009, VK 3–203/08; *Dreher/Hoffmann* NZBau 2009, 273, 276 f.; *Kamann/Gey* PharmR 2009, 114, 117; *Byok/Csaki* NZS 2008, 402, 404; *Röbke* NVwZ 2008, 726, 731; *Stolz/Kraus* VergabeR 2008, 1, 10; *Willenbruch* PharmR 2008, 488, 489; *Marx/Hölzl* NZBau 2010, 31, 34; *Schüttpelz/Dicks* in Prieß/Lau/Kratzenberg, FS Marx, 691, 697.
[15] *Kingreen* VergabeR 2007, 354, 355.
[16] *Stolz/Kraus* VergabeR 2008, 1, 2.
[17] *Schickert* PharmR 2009, 164, 166; *Dreher/Hoffmann* NZBau 2009, 273, 276; *Stolz/Kraus* VergabeR 2008, 1, 8.
[18] *Moosecker* Öffentliche Auftragsvergaben der gesetzlichen Krankenkassen, 2009, 102; *Kaeding* PharmR 2007, 239, 245.
[19] Siehe Rn. 9.

VOL/A allein der öffentliche Auftraggeber im Verlauf der Vertragsausführung über Zeitpunkt/Menge der Einzelabrufe entscheidet, während im Fall von Arzneimittel(rabatt-)lieferverträgen diese Entscheidung gerade nicht durch die Krankenkassen getroffen wird, wurde in den ersten Gerichtsverfahren betreffend die Ausschreibungspflicht von Rabattverträgen noch unter dem Blickwinkel erörtert, ob hierdurch gegebenenfalls eine **Einordnung als Konzession** veranlasst sein könnte. Auch aufgrund des Umstandes, dass das Vergaberecht **keine ausschreibungsfreien „Lieferkonzessionen"** kennt,[20] hat dieser Unterschied im Hinblick auf die Entscheidung über und Einflussnahme auf die Einzelabrufe die Rechtsprechung nicht dazu bewogen, das Vorliegen eines öffentlichen Auftrags in Zweifel zu ziehen.

6   Um Rabattverträge gemäß § 130a Abs. 8 SGB V als Rahmenvereinbarungen qualifizieren zu können, ist allerdings notwendig, dass Vertragsgegenstand der Rabattvereinbarung nicht nur eine einseitige Rückvergütungspflicht (Rabatt) des pharmazeutischen Unternehmers ist. Denn **reine Rückerstattungs- bzw. Rabattabreden stellen keinen ausschreibungspflichtigen entgeltlichen Vertrag bzw. öffentlichen Auftrag dar**, da hiermit nur eine (einseitige) entgeltliche Zahlungspflicht eines pharmazeutischen Unternehmers gegenüber einer Krankenkasse begründet würde, jedoch keine Vereinbarung über die Lieferung von Arzneimitteln gegen ein bestimmtes Entgelt.[21] Für die Qualifikation eines Rabattvertrags gemäß § 130a Abs. 8 SGB V als Arzneimittellieferauftrag ist es daher erforderlich, dass der Rabattvertrag selbst auch die Lieferung von Arzneimitteln zum Gegenstand hat. Unmittelbarer bzw. durch Auslegung zu ermittelnder Vertragsgegenstand müssen daher gegenseitige Pflichten in Gestalt von Leistungs- und Vergütungspflichten sein, die Grundlage des künftigen Einzelabrufs von Arzneimitteln durch die Versicherten und damit der Lieferung von Arzneimitteln im Interesse der Krankenkassen sind.

2. Entgeltlichkeit im Sinne von § 99 Abs. 1 GWB

7   Entgeltlichkeit im Sinne von § 99 Abs. 1 GWB liegt vor, sobald ein öffentlicher Auftraggeber eine Gegenleistung im Sinne einer eigenen Zuwendung erbringt.[22] Ausreichend dafür ist **jeder wirtschaftliche Vorteil**, den der öffentliche Auftraggeber dem Auftragnehmer als Gegenleistung für dessen Leistung einräumt.[23]

a) Rabattverträge betreffend Generika

8   Die Qualifikation von Rabattvereinbarungen gemäß § 130a Abs. 8 SGB V als öffentliche Aufträge setzt voraus, dass durch sie eine entgeltliche Liefer-/Leistungsbeziehung im Verhältnis zwischen einer Krankenkasse und einem pharmazeutischen Unternehmer begründet wird.[24] Da Rabattverträge über Generika in der Regel **Vereinbarungen zur Sicher-**

---

[20] Hierzu OLG Düsseldorf Beschl. v. 19.12.2007, VII-Verg 51/07; VK Bund Beschl. v. 22.8.2008, VK 2–73/08; anders (allerdings nicht in Bezug auf Rabattverträge) VK Schleswig-Holstein Beschl. v. 9.2.2001, VK-SH 01/01.
[21] LSG Baden-Württemberg Beschl. v. 28.10.2008, L 11 KR 4810/08 ER-B, mit Anmerkung *Weiner* VergabeR 2009, 189; VK Bund Beschl. v. 15.11.2007, VK 2–102/07; *Dreher/Hoffmann* NZBau 2009, 273, 276; *Schickert* PharmR 2009, 164, 166.
[22] EuGH Urt. v. 25.3.2010, Rs. C-451/08 – Helmut Müller GmbH, Rn. 48.
[23] BGH Beschl. v. 1.2.2005, X ZB 27/04; *Dreher/Hoffmann* NZBau 2009, 273, 276; *Kaltenborn*, GesR 2011, 1, 3.
[24] LSG Nordrhein-Westfalen Beschl. v. 15.4.2009, L 21 KR 37/09 SFB; LSG Nordrhein-Westfalen Beschl. v. 9.4.2009, L 21 KR 29/09 SFB; LSG Baden-Württemberg Beschl. v. 23.1.2009, L 11 WB 5971/08, mit Anmerkung *Gabriel* VergabeR 2009, 465; LSG Baden-Württemberg Beschl. v. 28.10.2008, L 11 KR 4810/08 ER-B, mit Anmerkung *Weiner* VergabeR 2009, 189; OLG Düsseldorf Beschl. v. 19.12.2007, VII-Verg 51/07, mit Anmerkung *Amelung/Dörn* VergabeR 2008, 84; OLG

stellung der Lieferfähigkeit an Apotheken bzw. Großhandel enthalten (zumeist Vertragsstrafen- und/oder Kündigungsregelungen bei Lieferausfällen), lässt sich die Leistung des pharmazeutischen Unternehmers präzise beschreiben.

Schwieriger festzustellen ist mitunter die **entgeltliche Gegenleistung der Krankenkasse**, da Rabattvereinbarungen gemäß § 130a Abs. 8 SGB V üblicherweise keine explizite Gegenleistung an die Krankenkasse vorsehen und der Abschluss eines Rabattvertrags an sich für einen pharmazeutischen Unternehmer daher grundsätzlich noch keinen wirtschaftlichen Vorteil (Entgeltlichkeit) bedeuten muss.[25] Hinzu kommt die vorstehend bereits erwähnte, Generikarabattverträgen spezifische **Unsicherheit über den Umfang des Leistungsabrufs im Einzelfall**. Denn anders als bei herkömmlichen Rahmenvereinbarungen nach § 4 EG VOL/A haben Krankenkassen als Auftraggeber keinen Einfluss darauf, ob, wann bzw. in welchem Umfang die Einzelabrufe (Arzneimittelabgaben) getätigt werden.[26] Vielmehr werden die Einzelabrufe durch die **allgemeine Morbidität** und die **Verordnungsentscheidung des Arztes** sowie (gegebenenfalls) die **Substitutionsentscheidung des Apothekers** bestimmt. Das stellt einen bedeutsamen Unterschied zu sonstigen Rahmenvereinbarungen im Sinne von § 4 EG VOL/A dar, bei denen über die Inanspruchnahme des Auftragnehmers allein der öffentliche Auftraggeber entscheidet. Dieser Unterschied wird in der bislang zu Generikarabattverträgen ergangenen vergaberechtlichen Rechtsprechung indes nicht im Zusammenhang mit der Frage, inwieweit es sich bei Rabattverträgen gemäß § 130a Abs. 8 SGB V um vergaberechtliche Rahmenvereinbarungen handelt, diskutiert. Stattdessen haben sich in der **Entscheidungspraxis der Nachprüfungsinstanzen** verschiedene **Kriterien/Hilfserwägungen** herausgebildet, die gerade diese besondere **Prognoseunsicherheit bei Leistungsbeziehungen im Rahmen der GKV** abbilden und bei deren Vorliegen die Entgeltlichkeit der Gegenleistung trotz fehlenden Einflusses der Krankenkasse auf den Einzelabruf bejaht wird. 9

aa) Lenkungs- bzw. Steuerungswirkung. Die **Bejahung der Entgeltlichkeit** einer Rabattvereinbarung gemäß § 130a Abs. 8 SGB V hängt demnach davon ab, ob (bzw. wie sehr) der Abschluss des Vertrags die **Wahrscheinlichkeit erhöht**, dass vergütungspflichtige Lieferleistungen des pharmazeutischen Unternehmers tatsächlich realisiert werden, so dass bereits der Vertragsabschluss als solcher einen **wirtschaftlichen Mehrwert** (oder jedenfalls einen tatsächlichen Wettbewerbsvorteil[27]) für den Auftragnehmer begründet.[28] 10

Nach der Auffassung der 3. Vergabekammer des Bundes sollen Arzneimittelrabattverträge nach § 130a Abs. 8 SGB V aufgrund ihrer **Kategorisierung als Rahmenvereinbarungen nach § 4 EG VOL/A** und der damit verbundenen ausdrücklichen Unterstellung unter die vergaberechtlichen Vorschriften, nicht notwendigerweise selbst als öffentliche Aufträge zu qualifizieren sein.[29] Vielmehr erweitere dieser Vertragstypus den Anwendungsbereich des Vergaberechts ohne selbst öffentlicher Auftrag zu sein. In Konsequenz führt diese Auffassung dazu, dass sich ein Antragsteller der Mühe entheben könnte, im Einzelfall nachzuweisen, dass es sich bei einer sozialrechtlichen Vereinbarung – wie bspw. einem Arzneimittelrabattvertrag – um einen entgeltlichen öffentlichen Auftrag handelt und diese gleichwohl zum Gegenstand eines vergaberechtlichen Nachprüfungsverfahrens machen könnte. Voraussetzung dafür ist dann lediglich die Darlegung, dass es sich jedenfalls um eine Rahmenvereinbarung iSv. § 4 EG VOL/A handelt. Gleichwohl steht diese 11

Düsseldorf Beschl. v. 17.1.2008, VII-Verg 57/07; OLG Düsseldorf Beschl. v. 13.2.2008, VII-Verg 3/08.
[25] Vgl. *Gabriel* in MünchKommBeihVgR, Anlage zu § 98 Nr. 4 GWB Rn. 141 ff.
[26] *Weiner* GesR 2010, 237, 239; *Weiner* in Willenbruch/Wieddekind, Einleitung 16. Los Rn. 9.
[27] Dazu Rn. 28 ff.
[28] Dazu und zum Folgenden *Gabriel* in MünchKommBeihVgR, Anlage zu § 98 Nr. 4 GWB Rn. 143 ff.
[29] VK Bund Beschl. v. 10.6.2011, VK 3–59/11; VK Bund Beschl. v. 14.6.2011, VK 3–62/11; VK Bund Beschl. v. 6.7.2011, VK 3–80/11.

Einschätzung der Einstufung einer Rahmenvereinbarung als öffentlichen Auftrag im Einzelfall, aufgrund einer gesetzlich oder vertraglich begründeten Entgeltlichkeit nicht entgegen.

12 Das ist insbesondere dann der Fall, wenn dem Rabattvertrag eine sog. **Steuerungs-/Lenkungswirkung zugunsten des Absatzes der vertragsgegenständlichen Arzneimittel** zukommt.[30] In diesem Fall verschafft der Abschluss des Rabattvertrags dem pharmazeutischen Unternehmer einen wirtschaftlichen (entgeltlichen) Vorteil in Form der **Steigerung des Absatzes der rabattierten Arzneimittel.**[31] Dabei ist anerkannt, dass sich die Lenkungs- bzw. Steuerungswirkung auch in Verbindung mit außerhalb des Rabattvertrags liegenden Umständen, insbesondere den durch das SGB V vorgegebenen regulatorischen Rahmenbedingungen, ergeben kann.

13 Die bisherige vergaberechtliche Rechtsprechung hat die wirtschaftliche Begünstigung des Rabattvertragspartners durch Schaffung einer den Absatz des vertragsgegenständlichen Präparats fördernden Wirkung bei Generikarabattverträgen vorrangig **aufgrund der Substitutionspflicht des Apothekers gemäß § 129 Abs. 1 Satz 3 SGB V** bejaht.[32] Gemäß § 129 Abs. 1 Satz 3 SGB V sind Apotheken im Fall des Bestehens eines Rabattvertrags nach § 130a Abs. 8 SGB V verpflichtet, nur unter ihrer Wirkstoffbezeichnung verordnete Arzneimittel gegen wirkstoffgleiche rabattierte auszutauschen, sofern der Arzt eine Ersetzung nicht ausgeschlossen hat, indem er das auf dem zur Abrechnung mit Krankenkassen vorgeschriebenen Rezeptformular aufgedruckte „aut idem"-Feld durchstreicht und auf diese Weise eine Substitution in der Apotheke verbietet. Aufgrund der sozialrechtlichen Rahmenbedingungen (ua. § 106 Abs. 2 Satz 8, Abs. 5c Satz 1 SGB V) machen Ärzte von dieser Möglichkeit so gut wie keinen Gebrauch, weil sie befürchten müssen, in Höhe der daraus resultierenden Zusatzkosten von den Krankenkassen in Anspruch genommen zu werden.[33] Das führt dazu, dass die Abgabe von Arzneimitteln effektiv zugunsten derjenigen Arzneimittel gelenkt wird, für die ein Rabattvertrag besteht. Der Absatz eines rabattierten Arzneimittels nimmt daher in dem Maße zu, wie der Absatz von nicht rabattierten Arzneimitteln gleichen Wirkstoffs abnimmt. Angesichts dieser massiv absatzlenkenden Wirkung von Rabattverträgen hat das Unterliegen bei Rabattausschreibungen mit diesen Arzneimitteln „*faktisch ein Verkaufsverbot in den Apotheken für die Laufzeit des Rabattvertrags*" zur Folge.[34] Der Abschluss eines Rabattvertrags gemäß § 130a Abs. 8 SGB V mit gesetzlichen Krankenkassen hat daher unmittelbaren und erheblichen Einfluss auf die Absatzmöglichkeiten eines pharmazeutischen Unternehmers auf dem deutschen Arzneimittelmarkt.

---

[30] OLG Düsseldorf Beschl. v. 19.12.2007, VII-Verg 51/07, mit Anmerkung *Amelung/Dörn* VergabeR 2008, 84; OLG Düsseldorf Beschl. v. 23.5.2007, VII-Verg 50/06 , mit Anmerkung *Gabriel* VergabeR 2007, 630; VK Bund Beschl. v. 22.8.2008, VK 2–73/08; VK Bund Beschl. v. 15.11.2007, VK 2–102/07; VK Düsseldorf Beschl. v. 31.10.2007, VK 31/2007-L; *Gabriel* NZS 2007, 344, 348.

[31] *Dreher/Hoffmann* NZBau 2009, 273, 276; *Kamann/Gey* PharmR 2009, 114, 117; *Schickert* PharmR 2009, 164, 166; *Stolz/Kraus* VergabeR 2008, 1, 3; *Luthe* SGb 2011, 372, 375.

[32] So zuerst OLG Düsseldorf Beschl. v. 19.12.2007, VII-Verg 51/07: „*Hinzu kommt, dass der Apotheker nach § 129 Abs. 1 Satz 3 SGB V im Falle eines Vertrages nach § 130a Abs. 8 SGB V für den betreffenden Wirkstoff grundsätzlich ein Medikament auswählen muss, dass Gegenstand eines derartigen Vertrages ist, die Antragsgegnerinnen mithin das Nachfrageverhalten der Apotheker auf die vertragsgemäßen Medikamente 'lenken' (vgl. zu diesem Gesichtspunkt Gabriel, NZS 2007, 344, 348)*". Ebenso im Anschluss LSG Nordrhein-Westfalen Beschl. v. 15.4.2009, L 21 KR 37/09 SFB; LSG Nordrhein-Westfalen Beschl. v. 9.4.2009, L 21 KR 29/09 SFB; LSG Baden-Württemberg Beschl. v. 23.1.2009, L 11 WB 5971/08, mit Anmerkung *Gabriel* VergabeR 2009, 465; LSG Baden-Württemberg Beschl. v. 28.10.2008, L 11 KR 4810/08 ER-B, mit Anmerkung *Weiner* VergabeR 2009, 189. Vgl. zusammenfassend *Goodarzi/Jansen* NZS 2010, 427, 431. In diesem Sinne auch bereits *Byok* GesR 2007, 553, 556.

[33] Vgl. dazu *Bickenbach* MedR 2010, 302, 303.

[34] Zitat LSG Baden-Württemberg Urt. v. 27.2.2008, L 5 KR 507/08 ER-B, L 5 KR 508/08 W-A, mit Anmerkung *v. Czettritz* PharmR 2008, 253.

Die Begründung der Steuerungs-/Lenkungswirkung von Generikarabattverträgen gemäß § 130a Abs. 8 SGB V anhand der Substitutionspflicht des Apothekers gemäß § 129 Abs. 1 Satz 3 SGB V **entspricht der Auffassung des Gesetzgebers des GKV-OrgWG**, der hierzu in den Gesetzgebungsmaterialien ausführt: *„Im Wesentlichen hängt die Beantwortung davon ab, ob und inwieweit die Krankenkassen auf die Auswahlentscheidung, welcher Vertragsgegenstand im einzelnen Versorgungsfall abgegeben wird, Einfluss nehmen. Abhängig von der individuellen Vertragsgestaltung könnten Arzneimittelrabattverträge über Generika wegen der Verpflichtung der Apotheken in § 129 Abs. 1 Satz 3, die Ersetzung durch ein wirkstoffgleiches Arzneimittel vorzunehmen, für das ein Rabattvertrag abgeschlossen worden ist, und des damit verbundenen mittelbaren Einflusses der Krankenkassen auf die Auswahlentscheidung des Vertragsgegenstandes als öffentliche Aufträge zu qualifizieren sein.*"[35]   14

bb) Zusicherung von Exklusivität bzw. Einräumung eines Wettbewerbsvorteils. Neben   15
diese durch die Substitutionspflicht gemäß § 129 Abs. 1 Satz 3 SGB V erzeugte Lenkungs-/Steuerungswirkung können **weitere Abreden der Rabattvertragspartner** treten, welche die absatzsteigernde Wirkung des Rabattvertrages unterstützen. So ist bei Rabattverträgen üblicherweise vertraglich vereinbart, dass die Krankenkasse für die Dauer der Vertragslaufzeit keine anderen Rabattverträge über die gleichen Wirkstoffe mit anderen pharmazeutischen Unternehmern abschließt (**Zusicherung von Exklusivität**). Exklusivität in diesem Sinne muss nicht notwendig die Existenz lediglich eines einzigen Vertragspartners bedeuten, da in der Rechtsprechung zB. auch ein Rabattvertrag mit mehreren pharmazeutischen Unternehmern für zulässig befunden wurde.[36] Gemeint ist vielmehr ein zum Zeitpunkt des Vertragsschlusses für die gesamte Laufzeit des Vertrages feststehender und **nicht erweiterbarer Auftragnehmerkreis** (ein oder mehrere Rahmenvertragspartner), womit letztlich der Vorgabe gemäß Art. 32 Abs. 2 Unterabsatz 2 VKR Rechnung getragen wird, der zu Folge Rahmenvereinbarungen einen von Anfang an geschlossenen Teilnehmerkreis aufweisen müssen.

Ist die Substitutionspflicht des Apothekers gemäß § 129 Abs. 1 Satz 3 SGB V bereits für   16
sich genommen hinreichend, um eine Rabattvereinbarung als entgeltlichen öffentlichen Auftrag zu qualifizieren, gilt das nach der vergaberechtlichen Rechtsprechung zu Rabattvertragsausschreibungen im Generikabereich erst Recht, sofern ein **Rabattvertrag zudem exklusiv mit einem oder mehreren pharmazeutischen Unternehmern** geschlossen wurde und die **Substitutionspflicht des Apothekers gemäß § 129 Abs. 1 Satz 3 SGB V** dementsprechend zu einer bevorzugten Abgabe ausschließlich der vertragsgegenständlichen Arzneimittel führt.[37]

Eine sehr aktuelle und klärungsbedürftige Frage hinsichtlich der öffentlichen Auftrags-   17
eigenschaft einer (Rahmen-)Rabattvereinbarung betrifft eine diametral entgegenstehende vertragliche Gestaltungsform. Wird zwischen einer gesetzlichen Krankenversicherung und einem pharmazeutischen Unternehmer eine Rabattvereinbarung iSv. § 130a Abs. 8 SGB V getroffen, die ausdrücklich ein **jederzeitiges „Beitrittsrecht"** für andere Unternehmen iSe. Zulassung beinhaltet (sog. „Open-House-Modell", auch „Zulassungsmodell"), ist die Qualifizierung des Vertrages als öffentlicher Auftrag in Ermangelung vertraglicher Exklusivität für das vertragsschließende pharmazeutische Unternehmen zumindest frag-

---

[35] BT-Drs. 16/10609, 52.
[36] LSG Nordrhein-Westfalen Beschl. v. 3.9.09, L 21 KR 51/09 SFB; OLG Düsseldorf Beschl. v. 24.11.2011, VII-Verg 62/11, mit Anmerkung *Gabriel* VergabeR 2012, 490. Dazu unten Rn. 63 ff.
[37] LSG Nordrhein-Westfalen Beschl. v. 15.4.2009, L 21 KR 37/09 SFB; LSG Nordrhein-Westfalen Beschl. v. 9.4.2009, L 21 KR 29/09 SFB; LSG Baden-Württemberg Beschl. v. 23.1.2009, L 11 WB 5971/08, mit Anmerkung *Gabriel* VergabeR 2009, 465; zusammenfassend *Goodarzi/Jansen* NZS 2010, 427, 430. VK Bund Beschl. v. 22.5.2009, VK 1–77/09; VK Bund Beschl. v. 18.2.2009, VK 3–158/08.

lich.³⁸ Darüber hinaus steht jedoch die vergaberechtliche Zulässigkeit einer solchen Vertragsgestaltung ebenso in Zweifel.³⁹

b) Rabattverträge betreffend (patentgeschützte) Originalpräparate

18 Bis auf wenige Ausnahmen haben sich Rabattverträge bislang auf den generikafähigen Markt konzentriert und vor allem die Hersteller patentfreier Medikamente betroffen. Angesichts der gerade im Bereich der (patentgeschützten) Originalpräparate verorteten Einsparpotentiale⁴⁰ sollen Ausgabenbegrenzungen zukünftig durch zwei verschiedene Erstattungsvertragsarten über innovative nicht festbetragsfähige Arzneimittel generiert werden.⁴¹ Bei diesen handelt es sich nach der gesetzgeberischen Konzeption zum einen um obligatorische „Vereinbarungen zwischen dem Spitzenverband Bund der Krankenkassen und pharmazeutischen Unternehmern über Erstattungsbeträge für Arzneimittel" (§ 130b SGB V)⁴² und zum anderen um fakultative „Verträge von Krankenkassen mit pharmazeutischen Unternehmern" (§ 130c SGB V), die die Vorschrift des § 130a Abs. 8 SGB V über Rabattverträge spezifisch ergänzen.⁴³ Ausgangspunkt und zwingende Grundlage für den Abschluss solcher Erstattungsverträge ist die Kategorisierung neuer Arzneimittel (ebenso wie der Bestandsmarkt, vgl. § 35a Abs. 6 SGB V) in Abhängigkeit vom Ergebnis der frühen Nutzenbewertung⁴⁴ nach § 35a SGB V, entweder in den Bereich des geltenden Festbetragssystems oder in den Bereich neuer innovativer, nicht festbetragsfähiger Arzneimittel, unter welche vollumfänglich auch neue (und zumeist patentgeschützte) Originalpräparate fallen. Lediglich für nicht festbetragsfähige Arzneimittel besteht gemäß § 130b SGB V die Pflicht zum Abschluss einer kollektiven Erstattungsvereinbarung mit dem Spitzenverband Bund der Krankenkassen und nach § 130c SGB V die Möglichkeit zum Abschluss von individuellen (selektiven) Erstattungsverträgen mit einzelnen Krankenkassen zur Ablösung von Vereinbarungen bzw. Schiedssprüchen nach § 130b SGB V.

19 Grundsätzlich muss allerdings beachtet werden, dass sich die **vergaberechtlichen Vorgaben** für Erstattungs-/Rabattverträge über patentgeschützte Originalmedikamente **maßgeblich von Generikaausschreibungen unterscheiden** können. Während viele Grundsatzfragen zur Art und Weise der Ausschreibung im Bereich generischer Präparate mittlerweile als geklärt angesehen werden können⁴⁵, dürften sich im Bereich patentgeschützter Arzneimittel die meisten grundsätzlichen Fragen betreffend die Ausschreibungspflicht von Erstattungsverträgen erst noch stellen.⁴⁶ Das gilt in Bezug auf patentgeschützte Originalpräparat sowohl für Rabattverträge gemäß § 130a Abs. 8 SGB V, als auch für Erstattungsverträge nach § 130b SGB V bzw. § 130c SGB V sowie für das Verhältnis dieser Verträge zueinander⁴⁷.

---

³⁸ Vgl. OLG Düsseldorf, Beschl. v. 11.1.2012, VII-Verg 58/11.
³⁹ Vgl. dazu unten, Rn. 71 ff.
⁴⁰ Eckpunktepapier des Bundesgesundheitsministeriums v. 26.3.2010 zur Umsetzung des Koalitionsvertrags für die Arzneimittelversorgung.
⁴¹ Vgl. BT-Drs. 17/2413, 31.
⁴² Vgl. dazu *Anders* PharmR 2012, 81; sowie zu der Möglichkeit für Parallelimporteure eine Erstattungspreisvereinbarung nach § 130b SGB V mit dem GKV-Spitzenverband zu treffen und den daraus resultierenden Konsequenzen für den Originalhersteller: *Schickert* PharmR 2013, 152.
⁴³ Vgl. zu den Änderungen durch das AMNOG in Bezug auf Erstattungsverträge *Wolf/Jäkel* PharmR 2011, 1; *Kingreen* NZS 2011, 441; *Luthe* PharmR 2011, 193; *Kaufmann* PharmR 2011, 223 sowie *Gabriel* VergabeR 2011, 372.
⁴⁴ Dazu *Luthe* PharmR 2011, 193, 194; *Brixius/Maur/Schmidt* PharmR 2010, 373 sowie *Kingreen* NZS 2011, 441.
⁴⁵ Hierzu unten Rn. 31 ff.
⁴⁶ Ausführlich hierzu *Gabriel* in MünchKommBeihVgR, Anlage zu § 98 Nr. 4 GWB Rn. 152 ff; *Gabriel/Weiner* NZS 2009, 422; *Schickert* PharmR 2009, 164; *Lietz/Natz* A&R 2009, 3; *Gabriel* NZS 2008, 455, 456; *Luthe* SGb 2011, 372, 376 f.
⁴⁷ Hierzu ausführlicher unten Rn. 110 ff.

Hinsichtlich der Qualifizierung von Rabattverträgen über Originalpräparate als öffentli- 20
che (Arzneimittelliefer-)Aufträge gemäß § 99 Abs. 1, Abs. 2 GWB gilt zunächst ebenso
wie im generischen Bereich, dass der Rabattvertrag die Lieferung von Arzneimitteln gegen ein Entgelt zum Gegenstand haben muss.[48] Bei Rabattverträgen über patentgeschützte
Arzneimittel muss das Tatbestandsmerkmal der Entgeltlichkeit jedoch noch sorgfältiger
und in jedem Einzelfall geprüft werden, da hier einerseits die **Substitutionspflicht des
Apothekers gemäß § 129 Abs. 1 Satz 3 SGB V nicht zur Begründung einer
Steuerungs-/Lenkungswirkung herangezogen werden kann** und andererseits aufgrund der medizinisch- bzw. therapeutisch-pharmakologischen besonderen Eigenschaften
der (oftmals konkurrenzlosen) Originalpräparate der **Verordnungsentscheidung des
Arztes eine wesentlich größere Bedeutung** zukommt.[49] Die vergaberechtliche Aus-
gangssituation bei Rabattverträgen über patentgeschützte Originalpräparate unterscheidet
sich deshalb sowie wegen der diesen Arzneimitteln immanenten Alleinstellung grundlegend von derjenigen im Generikabereich.

Entscheidungen von Vergabenachprüfungsinstanzen zu Rabattverträgen über (patentge- 21
schützte) Original-Arzneimittel sind noch rar; einzelne Verfahren in diesem Bereich wurden in der Vergangenheit daher um so aufmerksamer registriert. Die bekanntesten Fälle in
diesem Bereich sind die Nachprüfungsverfahren zur *De-facto*-**Vergabe eines Antian-
ämika-Rabattvertrags** der AOK Baden-Württemberg[50] und zur Ausschreibung von
„**Rabattkooperationen**" nach § 130a Abs. 8 SGB V **über TNF-Alpha-Blocker** der
Techniker Krankenkasse[51] sowie eines Rabattvertrags nach § 130a Abs. 8 SGB V mehrerer AOK[52]. Diese Rabattverträge bezogen sich im ersten Fall auf patentgeschützte biologi-
sche/biotechnologische Arzneimittel (sog. Biologicals) mit erythropoese-stimulierenden
und Epoetin enthaltenen Proteinen (ESPs) zur Behandlung von Anämie, im zweiten Fall
auf patentgeschützte chemisch-synthetisch hergestellte Arzneimittel zur Behandlung arthritischer Erkrankungen im Wege der Blockierung des Botenstoffs TNF-Alpha sowie im
letzten Fall auf ein Medikament zur Behandlung der Multiplen Sklerose mir dem Wirkstoff **Interferon beta-1b**.

aa) Lenkungs- bzw. Steuerungswirkung. Die Möglichkeiten einer Krankenkasse, das 22
Verordnungsverhalten der Ärzte sowie das Abgabeverhalten der Apotheker in Richtung
rabattierter Originalarzneimittel zu lenken, unterscheiden sich zu den entsprechenden
Lenkungs-/Steuerungsmechanismen im generischen Bereich entscheidend dadurch, dass
die **Substitutionspflicht des Apothekers gemäß § 129 Abs. 1 Satz 3 SGB V nicht
gilt**.[53] Denn **im Fall chemisch-synthetisch hergestellter Originalpräparate mit
Wirkstoffpatentschutz** kann es bereits aus patentrechtlichen Gründen keine (zugelassenen) wirkstoffgleichen Arzneimittel im Sinne von § 129 Abs. 1 Satz 1 SGB V geben.[54]

Das Gleiche gilt für **biologisch/biotechnologisch hergestellte Nachahmerpräpa-** 23
rate (sog. Biosimilars). Hierbei handelt es sich um Arzneimittel, die zwar ebenso wie
chemisch-synthetische Generika unter Verweis auf (hier: biologische) Referenzarzneimit-

---

[48] Vgl. auch *Gabriel* in MünchKommBeihVgR, Anlage zu § 98 Nr. 4 GWB Rn. 152 ff.
[49] *Schickert* PharmR 2009, 164, 71; *Lietz/Natz* A&R 2009, 3, 6.
[50] LSG Baden-Württemberg Beschl. v. 28.10.2008, L 11 KR 4810/08 ER-B, mit Anmerkung *Weiner* VergabeR 2009, 189; VK Bund Beschl. v. 15.8.2008, VK 3–107/08. Zur vergaberechtlichen Bewertung von De-facto-Vergaben im Gesundheitswesen siehe *Gabriel* PharmR 2008, 577.
[51] Veröffentlicht im Supplement zum EU-Amtsblatt v. 18.4.2008 (ABl. EU/S 2008/S 76–102835). Hierzu OLG Düsseldorf Beschl. v. 20.10.2008, VII-Verg 46/08 und Beschl. v. 22.10.2008, I-27 U 2/08, mit Anmerkung *Weiner* VergabeR 2009, 189; VK Bund Beschl v. 22.8.2008, VK 2–73/08.
[52] VK Bund Beschl. v. 29.11.2010, VK 2–113/10; OLG Düsseldorf Beschl. v. 17.1.2011, VII-Verg 2/11; OLG Düsseldorf Beschl. v. 8.6.2011, VII-Verg 2/11.
[53] *Gabriel/Weiner* NZS 2009, 422, 423; *Kamann/Gey* PharmR 2009, 114, 118.
[54] VK Bund Beschl. v. 22.8.2008, VK 2–73/08.

tel hergestellt und zugelassen werden (vgl. § 24b Abs. 5 Satz 1 AMG), bei denen aber – anders als bei molekülstrukturdefinierten Generika – keine Wirkstoffgleichheit existieren kann, da die Herstellung mittels biotechnologisch erzeugter lebender Zellen oder Mikroorganismen erfolgt, die aufgrund der zwangsläufig unterschiedlichen Produktions-/Herstellungsprozesse niemals identisch zum Originalwirkstoff sein können.[55] Aus diesem Grund hat sich die Bezeichnung als „Biosimilar" – und gerade nicht „Biogenerikum" – durchgesetzt, da diese Arzneimittel chemisch-synthetischen Originalpräparaten näher stehen als etwa Generika. Unterschiede ergeben sich zudem insbesondere im Hinblick auf die **Substitutionspflicht** sowie die damit verbundene **Lenkungs- und Steuerungswirkung**, wobei allerdings grundsätzlich zwischen Biosimilars, Bioidenticals und anderen, biopharmazeutisch hergestellten Arzneimitteln zu differenzieren ist.[56]

24 Eine ebensolche Differenzierung ist im Hinblick auf die öffentliche Auftragseigenschaft bei patentgeschützten Originalpräparaten im Zusammenhang mit Rabattverträgen nach § 130a Abs. 8 SGB V und Erstattungsvereinbarungen nach § 130b SGB V sowie solchen nach § 130c SGB V vorzunehmen. Für die **fakultativen Erstattungsvereinbarungen** zwischen pharmazeutischen Unternehmern und einzelnen Krankenkassen gemäß **§ 130c SGB V**, die – im Verhältnis zu den obligatorischen § 130b-Verträgen – abweichende, ergänzende bzw. ablösende krankenkassenindividuelle Vereinbarungen ermöglichen, wird die Frage nach dem Bestehen von Lenkungs- bzw. Steuerungswirkungen und damit zugleich die öffentliche Auftragseigenschaft solcher Erstattungsvereinbarungen zutreffend bereits in der Gesetzesbegründung gestellt und bejaht[57]: „*Darüber hinaus gelten die Vorschriften über die Vereinbarung von Rabattverträgen nach § 130a Abs. 8 entsprechend. Zulässig ist somit ein Wettbewerb um bessere Patientenversorgung, höhere Qualität und geringere Kosten. … Soweit die Voraussetzungen des Vergaberechts vorliegen, ist auszuschreiben. Die mittelstandsschützenden Regelungen des Vergaberechts, insbesondere zur Bildung von Sach- und Teillosen, gelten bei der Ausschreibung in der Weise, dass Ausschreibungen von Verbänden eine angemessene Bildung von Regionallosen vorzusehen haben.*"[58]. Mit Verträgen nach § 130c SGB V sind des Weiteren zahlreiche gesetzlich normierte Lenkungs-/Steuerungsmechanismen verbunden, die diese Einordnung und Bejahung als ausschreibungspflichtig rechtfertigen. Das sind im Einzelnen:
– **Information der Versicherten** über die vereinbarten Versorgungsinhalte durch die Krankenkassen gemäß § 130c Abs. 2 SGB V;
– Regelung einer **bevorzugten Verordnung** von vertragsgegenständlichen Arzneimitteln mit Ärzten und kassenärztlichen Vereinigungen gemäß § 130c Abs. 3 SGB V;
– Anerkennung vertragsgegenständlicher Arzneimittelverordnungen als vom Wirtschaftlichkeitsvergleich ausgenommener **Praxisbesonderheit** iSv. § 106 Abs. 5a SGB V gemäß § 130c Abs. 4 SGB V;
– **Kennzeichnung** der vertragsgegenständlichen Arzneimitteln **in der Verordnungssoftware der Ärzte** iSv. § 73 Abs. 8 Satz 7 SGB V gemäß § 130c Abs. 5 SGB V.

25 Für **Erstattungsvereinbarungen zwischen pharmazeutischen Unternehmern und dem GKV-Spitzenverband** (stellvertretend für alle Krankenkassen) für nicht festbetragsfähige Arzneimittel mit neuen Wirkstoffen gemäß **§ 130b SGB V** wird diese Frage ebenfalls, wenngleich versteckter und unter Vermeidung jeglichen vergaberechtlichen Kontextes in der Gesetzesbegründung gestellt – und deutlich verneint: „*Mit der Vereinbarung eines Erstattungsbetrags für ein Arzneimittel ist keine Auswahlentscheidung für das einzelne Arzneimittel verbunden. Sie hat ebenso wenig eine verordnungslenkende Wirkung, wie die Festsetzung von Festbeträgen.*"[59]. Zutreffend hieran ist jedenfalls (lediglich), dass eine etwaige **Lenkungs-/Steuerungswirkung schwächer ausgeprägt** ist, als bei § 130c-Verträgen: nur

---

[55] *Gabriel/Weiner* NZS 2009, 422, 425.
[56] Hierzu ausführlich unten Rn. 103 ff.
[57] So auch *Kern* Arzneimittelbeschaffungen durch die gesetzlichen Krankenkassen, 2012, 337.
[58] BT-Drs. 17/2413, 32.
[59] BT-Drs. 17/2413, 31.

die Privilegierung beim Wirtschaftlichkeitsvergleich infolge der Anerkennung vertragsgegenständlicher Arzneimittelverordnungen als Praxisbesonderheit iSv. § 106 Abs. 5a SGB V findet sich hier (§ 130b Abs. 2 SGB V) wie dort (§ 130c Abs. 4 SGB V). Speziell im Fall der Privilegierung beim Wirtschaftlichkeitsvergleich gemäß § 106 Abs. 5a SGB V ist zu beachten, dass die Vergabekammer des Bundes bereits im TNF-Alpha-Blocker-Verfahren entschieden hat, dass *„es aber verschiedene andere Anreizmechanismen [gibt], die – wenn auch in schwächerer Ausprägung – eine hinreichende Lenkungswirkung entfalten."* Als Beispiel hat die Vergabekammer sodann ausdrücklich den Wirtschaftlichkeitsvergleich angeführt, da sich Ärzte *„angesichts der* **drohenden Regressgefahr** *im Rahmen der Wirtschaftlichkeitsprüfung (vgl. § 106 SGB V) für die Verschreibung eines rabattierten Arzneimittels entscheiden werden"*[60]. Das spricht dafür, dass auch Erstattungsvereinbarungen gemäß § 130b SGB V – entgegen der Vorstellung des Gesetzgebers – **nicht von vornherein ausschreibungsirrelevant** sind.[61] Gegen die Qualifizierung als öffentlicher Auftrag könnte lediglich sprechen, dass § 130b-Verträge obligatorisch sind, da ein entsprechender gesetzgeberischer Auftrag an den GKV-Spitzenverband zum Abschluss dieser Verträge besteht. Kommt eine Vereinbarung dennoch nicht zustande, wird der Vertragsinhalt (Erstattungsbetrag) gemäß § 130b Abs. 4 SGB V durch eine Schiedsstelle festgesetzt. Das ist ein Unterschied im Vergleich zu § 130c-Verträgen, deren Abschluss im Wege der Ausschreibung für die Krankenkassen fakultativ ist. In der Rechtsprechung wurde diesbezüglich im Zusammenhang mit Verträgen zur hausarztzentrierten Versorgung gemäß § 73b Abs. 4 Satz 1 SGB V entschieden, dass eine – dort ebenfalls – geltende gesetzliche Pflicht zum Abschluss entsprechender Selektivverträge zur Unanwendbarkeit des Vergaberechts führen kann.[62] Es ist abzuwarten, inwieweit diese Sichtweise den Zuständigkeitswechsel zu den Oberlandesgerichten überdauert und künftig im Zusammenhang mit Vereinbarungen gemäß § 130b SGB V fruchtbar gemacht wird.

Aufgrund des Nichteingreifens der Lenkungs- bzw. Steuerungswirkung des 129 Abs. 1 Satz 3 SGB V ist aber insbesondere bei **Rabattverträgen nach § 130a Abs. 8 SGB V** in jedem Einzelfall unter Berücksichtigung sonstiger einschlägiger gesetzlicher Lenkungs-/Steuerungsmechanismen sowie etwaiger vertraglich vereinbarter Maßnahmen zur Absatzförderung zu prüfen, ob der Rabattvertrag dem pharmazeutischen Unternehmer einen wirtschaftlichen Vorteil im Sinne eines Entgelts gemäß § 99 Abs. 1 GWB einräumt.[63] Derartige mit dem Abschluss einer Rabattvereinbarung gemäß § 130a Abs. 8 SGB V zusammenhängende **krankenversicherungsrechtliche Lenkungs-/Steuerungsmechanismen**, die für den pharmazeutischen Unternehmer als Rabattvertragspartner einen wirtschaftlichen Mehrwert bedeuten können, sind zB.:

– vollständige oder teilweise **Zuzahlungsermäßigungen oder -befreiungen** gemäß § 31 Abs. 3 Satz 5 SGB V;
– Einbeziehung rabattierter Arzneimittel in **spezielle Praxissoftware** gemäß § 73 Abs. 8 SGB V;
– Ausnahme von der **Auffälligkeitsprüfung** bei Verordnung rabattierter Arzneimittel gemäß § 106 Abs. 2 Satz 8 SGB V;
– Abzug von Rabattbeträgen vom Regressbetrag nach einer **Richtgrößenprüfung** gemäß § 106 Abs. 5c SGB V;
– Befreiung von der **Parallelimportquote** gemäß § 129 Abs. 1 Satz 1 Nr. 2 SGB V;

---

[60] VK Bund Beschluss v. 22.08.2008, VK 2–73/08.
[61] *Gabriel* VergabeR 2011, 372, 380.
[62] LSG Nordrhein-Westfalen Beschluss v. 3.11.2010, L 21 SF 208/10 Verg; ebenso die Vorinstanz VK Bund Beschluss v. 2.7.2010, VK 1–52/10. Zur vergaberechtlichen Relevanz hausarztzentrierter Versorgungsverträge vgl. *Stolz/Kraus* MedR 2010, 86 ff. sowie *Weiner* GesR 2010, 237 ff.
[63] OLG Düsseldorf Beschl. v. 19.12.2007, VII-Verg 51/07, mit Anmerkung *Amelung/Dörn* VergabeR 2008, 84; VK Bund Beschl. v. 22.8.2008, VK 2–73/08; *Kamann/Gey* PharmR 2009, 114, 118; *Kern* Arzneimittelbeschaffung durch die gesetzlichen Krankenkassen, 2012, 266 f.

27 Dabei ist zu beachten, dass einige dieser gesetzlichen Lenkungs-/Steuerungsmechanismen – im Unterschied zur Substitutionspflicht gemäß § 129 Abs. 1 Satz 3 SGB V – nicht automatisch gelten, sondern teilweise im Einzelfall vereinbart werden müssen, um eine absatzförderliche Wirkung entfalten zu können (fakultative Anreize).[64] Zudem unterscheidet sich die absatzfördernde Wirkung der vorgenannten Lenkungs-/Steuerungsmechanismen in ihrem Ausmaß mitunter erheblich von der Lenkungs-/Steuerungswirkung des § 129 Abs. 1 Satz 3 SGB V, die im Generikabereich zu einer **durchschnittlich ca. 70–80prozentigen Umsetzungsquote** geführt hat.[65] Lenkungs-/Steuerungsmechanismen, die nur kraft Vereinbarung/Erklärung gelten, können daher nicht unbesehen zur Begründung der Auftragseigenschaft herangezogen werden, sondern erst nach Feststellung ihrer Geltung im Einzelfall. Allerdings spricht in Fällen, in denen der therapeutische Nutzen zweier (oder mehrerer) Originalpräparate vergleichbar/identisch ist und es um Erstverordnungen für noch nicht auf ein bestimmtes Präparat eingestellte Patienten geht, einiges dafür, dass der Abschluss eines Rabattvertrags aufgrund (auch nur einiger) der vorgenannten Lenkungs-/Steuerungsmechanismen die Verordnung des rabattierten Präparats durch den behandelnden Arzt wahrscheinlich(er) macht, so dass er einen wirtschaftlichen Vorteil begründet, der einer Entgeltlichkeit im Sinne des § 99 Abs. 1 GWB entspricht. In der Praxis ist daher die Entscheidung über die öffentliche Auftragseigenschaft eines Rabattvertrags über Originalpräparate schwieriger als im Generikabereich, wo diese Frage aufgrund der gesetzlich obligatorischen Substitutionspflicht klar zu beantworten ist, während im Originalbereich ggf. das Zusammenwirken unterschiedlicher – teils gesetzlicher, teils vertraglicher – Faktoren bewertet und sodann eine graduell abstufende Antwort betreffend die Entgeltlichkeit/Auftragseigenschaft gegeben werden muss.[66]

28 **bb) Zusicherung von Exklusivität bzw. Einräumung eines Wettbewerbsvorteils.** Wegen der im Vergleich zu Generikarabattverträgen abgeschwächten gesetzlichen Lenkungs-/Steuerungsmechanismen hat es in der bisherigen Rechtsprechung im Zusammenhang mit der Qualifizierung von Rabattverträgen über Originalpräparate als öffentliche Aufträge eine maßgebliche Rolle gespielt, inwieweit vertraglich bestimmte Abreden getroffen wurden, um dem pharmazeutischen Unternehmer als Rabattvertragspartner eine absatzfördernde privilegierte Stellung einzuräumen.

29 Das LSG Baden-Württemberg hat daher einer Rabattvereinbarung über Originalpräparate, in der keine Exklusivität zugesichert wurde, die Auftragseigenschaft abgesprochen.[67] Umgekehrt wurde die vertragliche Zusicherung von Exklusivität als ausreichend erachtet, um trotz fehlender Substitutionspflicht eine für die Entgeltlichkeit im Sinne von § 99 Abs. 1 GWB ausreichende Lenkungs-/Steuerungswirkung der Rabattvereinbarung zu bejahen.[68] Denn bereits die Zusicherung der Krankenkasse, für die Laufzeit des Rabattvertrags keine anderen Rabattverträge über (therapeutisch) vergleichbare Arzneimittel mit

---

[64] *Schickert* PharmR 2009, 164, 169 f.
[65] Pressemitteilung der AOK Baden-Württemberg v. 30.3.2010. In der Rechtsprechung wird überdies von einer Umsetzungsquote in Höhe von 70 % für die Streitwertberechnung ausgegangen, vgl. OLG Düsseldorf Beschl. v. 11.5.2011, VII-Verg 4/11.
[66] So VK Bund Beschl. v. 22.8.2008, VK 2–73/08: *„nicht unerhebliche Lenkungswirkung"*; VK Bund Beschl. v. 15.8.2008, VK 3–107/08: *„gewisse Lenkungseffekte"*; ähnlich *Schickert* PharmR 2009, 164, 170: *„Anreize können sich soweit verdichten, dass sie den Rabattvertrag zu einem entgeltlichen Beschaffungsvorgang der Krankenkasse machen"*.
[67] LSG Baden-Württemberg Beschl. v. 28.10.2008, L 11 KR 4810/08 ER-B, mit Anmerkung *Weiner* VergabeR 2009, 189.
[68] VK Bund Beschl. v. 22.5.2009, VK 1–77/09; VK Bund Beschl. v. 18.2.2009, VK 3–158/08.

anderen pharmaceutischen Unternehmern abzuschließen, führt zu einem Wettbewerbsvorteil des Rabattvertragspartners.[69]

Das **LSG Nordrhein-Westfalen** hat demgegenüber in einem Fall, in dem die Rabattvereinbarung ihrem Wortlaut nach keine Exklusivität zu Gunsten des Rabattvertragspartners begründete, entschieden, dass es **nicht darauf ankommen dürfe, ob Exklusivitätsrechte vertraglich vereinbart worden sind.**[70] Entscheidend sei vielmehr, ob ein Rabattvertrag **tatsächlich geeignet ist, einen Wettbewerbsvorteil zu bewirken.**[71] Denn unter Umgehungsaspekten dürfe die Auftragseigenschaft – und damit die Ausschreibungspflicht – nicht allein deswegen verneint werden, weil eine Rabattvereinbarung keine ausdrückliche Exklusivitätsvereinbarung enthält, sofern der Vertrag seitens der Krankenkasse tatsächlich exklusiv gehandhabt wird.[72] Diese Entscheidung ist **zutreffend**, sofern im Einzelfall nachweisbar ist, dass bereits zum Zeitpunkt des Vertragsschlusses – unabhängig vom Wortlaut des Vertrags – eine exklusive Stellung des Vertragspartners von den Parteien tatsächlich vereinbart bzw. beabsichtigt worden ist. **Problematisch** ist dagegen, inwieweit das Vorhandensein einer solchen, bereits zum Zeitpunkt des Vertragsschlusses vorliegenden Abrede nachweisbar bzw. eine entsprechende Absicht der Krankenkasse für den Vertragspartner erkennbar sein muss. Ohne einen vertraglich vereinbarten Anspruch auf Exklusivität wird der pharmazeutische Unternehmer kaum darauf vertrauen können, der einzige Vertragspartner zu bleiben (umgekehrt wird deswegen auch der eingeräumte Rabatt vergleichsweise gering sein).[73] Zudem ist problematisch, die Auftragseigenschaft von einem Verhalten (einer) der Vertragsparteien nach Vertragsabschluss abhängig machen zu wollen, da es sich hierbei um den für die Beurteilung der Auftragseigenschaft maßgeblichen Zeitpunkt handelt. Allein die dankbare Möglichkeit der Erfüllung der Auftragsmerkmale des § 99 Abs. 1 GWB zu einem nach Vertragsabschluss liegenden Zeitpunkt reicht für die Qualifizierung eines Vertrags als öffentlicher Auftrag nicht aus[74], es sei denn, dieser (künftige) Umstand hat bereits zum Zeitpunkt des Vertragsschlusses einen gewissen Wahrscheinlichkeitsgrad erreicht[75].

II. Ausschreibungsrelevante Besonderheiten bei Arzneimittelrabattverträgen

1. Schwerpunkte in der vergaberechtlichen Rechtsprechung

a) Rabattverträge betreffend Generika

Die neuere vergaberechtliche Rechtsprechung betreffend die Vergabe von Generikarabattverträgen hat ihren Schwerpunkt insbesondere bei Fragen zu den Anforderungen an vergaberechtsgemäße Leistungsbeschreibungen, Vorgaben für Losbildungen und Eignungsanforderungen, sowie der Wertung der angebotenen Rabatte und Arzneimittel.[76] Außerdem betrifft diese den Ausschluss von Angeboten konzernverbundener Unternehmen bei Parallelbeteiligungen.

---

[69] LSG Nordrhein-Westfalen Beschl. v. 10.9.2009, L 21 KR 53/09 SFB, 135, mit Anmerkung *Gabriel* VergabeR 2010, 142; ebenso *Dreher/Hoffmann* NZBau 2009 273, 275; *Stolz/Kraus* VergabeR 2008, 1 3.
[70] LSG Nordrhein-Westfalen Beschl. v. 10.9.2009, L 21 KR 53/09 STB, mit Anmerkung *Gabriel* VergabeR 2010, 142.
[71] LSG Nordrhein-Westfalen Beschl. v. 10.9.2009, L 21 KR 53/09 STB.
[72] Ähnlich *Weiner* VergabeR 2009, 189, 192.
[73] *Gabriel* VergabeR 2010, 142, 144.
[74] Vgl. idS. EuGH Urt. v. 11.7.2013, C-576/10; dazu *Gabriel/Schulz*, EWS 2013, 401, 407.
[75] So z.B. der Fall gewesen bei EuGH Urt. v. 10.11.2005, Rs. C-29/04 – Mödling, Rn. 38.
[76] Vgl. die Zusammenfassungen bei *Gabriel/Weiner* NZS 2009, 422 und *Kamann/Gey* PharmR 2009, 114 sowie *Gabriel* in MünchKommBeihVgR, Anlage zu § 98 Nr. 4 GWB Rn. 148 ff.

32 Hinsichtlich der Anforderungen an eindeutige und erschöpfende Leistungsbeschreibungen gemäß § 8 EG VOL/A ist mittlerweile anerkannt, dass die Beschreibung des Beschaffungsbedarfs anhand der Bezugnahme auf Pharmazentralnummern (PZN) sowie der Vorgabe eines vor dem Zeitpunkt der EU-Bekanntmachung liegenden Stichtags, ab dem die angebotsgegenständlichen Arzneimittel in der Lauer-Taxe[77] gelistet sein müssen, erfolgen kann, ohne dass hierdurch gegen den Grundsatz der Produktneutralität verstoßen wird.[78]

33 Aufgrund der mit Arzneimittelrahmenvereinbarungen zwangsläufig verbundenen **Mengenprognoserisiken** zu Lasten der Bieter[79] wird der bezifferten **Angabe der Verordnungs- und Abgabevolumina** bezogen auf die ausschreibungsgegenständlichen Wirkstoffe und einen in der jüngeren Vergangenheit liegenden Referenzzeitraum besondere Bedeutung beigemessen.[80] Dabei sind die in der Leistungsbeschreibung anzugebenden wirkstoffbezogenen Verordnungsdaten – soweit möglich, dh. soweit entsprechende Daten auf Seiten der Krankenkasse vorhanden bzw. mit angemessenem Aufwand beschaffbar sind – nach Wirkstoffstärke, Darreichungsform und Packungsgröße untergliedert mitzuteilen.

34 Dass anstatt Mitteilung dieser branchenüblichen Angaben eine Krankenkasse in der Leistungsbeschreibung lediglich die selbst berechnete tägliche Wirkstoffmenge/-gewicht (sog. **Daily Defined Dosis**) mitteilt, wurde als unzureichend und vergaberechtswidrig erachtet.[81]

35 Darüber hinaus haben ausschreibende Krankenkassen auch **aktuelle Gesetzesinitiativen** durch entsprechend flexible Vorgaben in der Leistungsbeschreibung zu berücksichtigen, um unkalkulierbare Risiken für die Unternehmen bei der Angebotserstellung zu vermeiden.[82] Dazu kann bspw. die Angebotsfrist bis zu einem Zeitpunkt nach dem „materiellen" Abschluss des Gesetzgebungsverfahrens verlängert, bzw. bemessen werden, den Bietern die Gelegenheit eingeräumt werden, hinsichtlich des Preises Alternativangebote für den Fall einer entsprechenden Gesetzesänderung abzugeben oder diesem Umstand durch ein vertragliches Sonderkündigungsrecht Rechnung getragen werden.[83]

36 Einer eindeutigen und erschöpfenden Leistungsbeschreibung gemäß § 8 EG VOL/A wird schließlich die pauschale Anforderung „Lieferfähigkeit innerhalb von 24 Stunden" nicht gerecht, wenn damit die Bieterverpflichtung zu einer „werktägigen (montags bis freitags) Lieferfähigkeit innerhalb von 24 Stunden an Apotheken bei Lieferausfall des Großhandels" gemeint ist.[84]

37 Hinsichtlich der **Anforderungen an die Bildung von Losen gemäß § 97 Abs. 3 GWB, § 2 EG Abs. 2 VOL/A** wurde es als vergaberechtsgemäß erachtet, wenn überregional bzw. bundesweit tätige Krankenkassen in Ausschreibungen **Gebietslose in der**

---

[77] Große Deutsche Spezialitätentaxe (sog. Lauer-Taxe). Die Lauer-Taxe enthält die Daten aller bei der Informationsstelle für Arzneispezialitäten GmbH (IfA) gemeldeten Fertigarzneimittel und apothekenüblichen Waren, die in Deutschland für den Handel zugelassen sind.
[78] LSG Nordrhein-Westfalen Beschl. v. 8.10.2009, L 21 KR 39/09 SFB; LSG Nordrhein-Westfalen Beschl. v. 9.4.2009, L 21 KR 27/09 SFB; VK Bund Beschl. v. 20.3.2009, VK 3–55/09; VK Bund Beschl. v. 18.3.2009, VK 3–25/09. Zur vergaberechtlichen Bedeutung von PZN in Rabattvertragsausschreibungen eingehend *Kamann/Gey* PharmR 2009, 114, 119; *Willenbruch* PharmR 2009, 543, 544; *Goodrzi/Jansen* NZS 2010, 427, 434 f.
[79] Hierzu bereits oben Rn. 9.
[80] LSG Baden-Württemberg Beschl. v. 27.2.2008, L 5 KR 507/08 ER-B, L 5 KR 508/08 W-A, mit Anmerkung *v. Czettritz* PharmR 2008, 253; VK Bund Beschl v. 15.11.2007, VK 2–102/07.
[81] VK Bund v. 10.4.2008, VK 2–37/08; *Kamann/Gey* PharmR 2009, 114.
[82] Vgl. zu den Auswirkungen des (damals) laufenden Gesetzgebungsverfahrens zum GKV-OrgWG auf eine Hilfsmittelausschreibung: VK Bund Beschl. v. 12.12.2008, VK 2–136/08 und zur Änderung der Packungsgrößenverordnung: VK Bund Beschl. v. 1.2.2011, VK 3–126/10; VK Bund Beschl. v. 1.2.2011, VK 3–135/10, sowie *Nitz* PharmR 2011, 208.
[83] Vgl. VK Bund Beschl. v. 12.12.2008, VK 2–136/08. Restriktiver zum Anspruch auf ein vertragliches Sonderkündigungsrecht nun aber VK Bund Beschl. v. 18.11.2013, VK 1–91/13.
[84] LSG Nordrhein-Westfalen Beschl. v. 10.2.2010, L 21 KR 60/09 SFB.

Größe mehrerer Bundesländer bilden, sofern zusätzlich wirkstoffbezogene Fachlose (Bildung eines Fachloses pro Wirkstoff) vorgegeben werden.[85]

Die Bildung von je **einem eigenen Fachlos pro PZN** wurde bei der Beschaffung von nicht apothekenpflichtigem Sprechstundenbedarf (im konkreten Fall: Röntgenkontrastmittel) zunächst als vergaberechtswidrig, da gegen den Wettbewerbsgrundsatz verstoßend, angesehen, weil die Bildung eines eigenen Fachloses für jede einzelne PZN/jedes im Referenzzeitraum im Losgebiet verordnete Kontrastmittel den Wettbewerb zwischen den Herstellern von Kontrastmitteln komplett ausschließen würde.[86] Das LSG Nordrhein-Westfalen hat diese Losgestaltung jedoch für zulässig befunden, da trotz Beschränkung des Wettbewerbs zwischen den Herstellern noch immer Wettbewerb auf der Ebene der Vertreiber (adressierte Vertragspartner waren Großhändler) von identischer Produkte möglich sei (Stichwort: *intra brand* Wettbewerb anstatt *inter brand* Wettbewerb).[87] 38

Krankenkassen dürfen bei der **Beschreibung ihres Beschaffungsbedarfs** nicht so weit gehen, ihren Bedarf speziell im Hinblick auf das **Produktsortiment eines bestimmten pharmazeutischen Unternehmers** zu definieren (zB. durch exakte Wiedergabe dessen Arzneimittelportfolios), um so wegen einer angeblichen Alleinstellung dieses Unternehmens auf eine Ausschreibung verzichten zu können.[88] 39

Der **Abschluss von Rabattverträgen gemäß § 130a Abs. 8 SGB V mit mehr als einem Vertragspartner pro wirkstoffbezogenem Fachlos** wurde in der Rechtsprechung zunächst als Verstoß gegen den Transparenzgrundsatz sowie § 4 EG Abs. 5 lit. a VOL/A (§ 3a Nr. 4 Abs. 6 lit. a VOL/A aF.) bewertet, da weder die Krankenkasse noch die Bieter die spätere Auswahlentscheidung der Apotheker beeinflussen können, welche Präparate welchen Rabattvertragspartners substituiert/abgegeben werden, dh. welcher der mehreren Rabattvertragspartner den jeweiligen Einzelauftrag erhält.[89] Das LSG Nordrhein-Westfalen hat allerdings auch diese Vertragsgestaltung zumindest im entschiedenen Fall für zulässig erachtet, da die in § 4 Abs. 2 Satz 5 des Rahmenvertrags über die Arzneimittelversorgung nach § 129 Abs. 2 SGB V den Apotheken eingeräumte Wahlfreiheit, zwischen mehreren rabattbegünstigten Arzneimitteln „frei wählen" zu dürfen, zumindest eine grundsätzliche Aussage betreffend den Auswahlmechanismus unter mehreren Rabattvertragspartnern enthalte, so dass insofern den Anforderungen des § 4 EG Abs. 5 lit. a VOL/A (§ 3a Nr. 4 Abs. 6 lit. a VOL/A aF.) genügt wird.[90] Diese Rechtsauffassung wurde nach dem auf Art. 3 AMNOG beruhenden Wechsel der gerichtlichen Zuständigkeit in der Beschwerdeinstanz bei vergaberechtlichen Streitigkeiten iSv. § 69 SGB V ausdrücklich durch das OLG Düsseldorf bestätigt.[91] 40

---

[85] LSG Nordrhein-Westfalen Beschl. v. 8.10.2009, L 21 KR 39/09 SFB; LSG Nordrhein-Westfalen Beschl. v. 9.4.2009, L 21 KR 27/09 SFB; LSG Baden-Württemberg Beschl. v. 27.2.2008, L 5 KR 507/08 ER-B, L 5 KR 508/08 W-A.

[86] VK Bund Beschl. v. 17.4.2009, VK 1–35/09 und VK Bund Beschl. v. 20.4.2009, VK 2–36/09.

[87] LSG Nordrhein-Westfalen Beschl. v. 24.8.2009, L 21 KR 45/09 SFB, mit kritischer Anmerkung *Willenbruch* PharmR 2009, 543, 545.

[88] VK Bund Beschl. v. 18.2.2009, VK 3–158/08. Zur damit zusammenhängenden Bedeutung der Packungsgrößenverordnung vgl. *Nitz* PharmR 2011, 208. Zur Wirksamkeit eines gleichwohl mittels einer de-facto-Vergabe geschlossenen Gesamtportfoliovertrages vgl. VK Bund Beschl. v. 10.7.2009, VK 1–113/09.

[89] VK Bund Beschl. v. 19.5.2009, VK 2–15/09; VK Bund Beschl. v. 3.7.2009, VK 1–107/09; VK Bund Beschl. v. 28.7.2009, VK 3–142/09. Hierzu *Ulshöfer* VergabeR 2010, 132; *Anders/Knöbl* PharmR 2009, 607; *Boldt* PharmR 2009, 377, 381.

[90] LSG Nordrhein-Westfalen Beschl. v. 3.9.2009, L 21 KR 51/09 SFB. Zusammenfassend *Goodarzi/Jansen* NZS 2010, 427, 432. Hierzu ausführlicher unten Rn. 63 ff.

[91] OLG Düsseldorf Beschl. v. 24.11.2011, VII-Verg 62/11, mit Anmerkung *Gabriel* VergabeR 2012, 490. Die Vorinstanz VK Bund Beschl. v 8.6.2011, VK 2–58/11 blieb trotz anderslautender Entscheidung des LSG Nordrhein-Westfalen weiterhin bei ihrer bereits 2009 geäußerten Rechtsansicht der Vergaberechtswidrigkeit.

41 Hinsichtlich der **Eignungsanforderungen** in Rabattvertragsausschreibungen betreffend Generika wurde entschieden, dass die **Abfrage von Umsatzerlösen aus Vorjahren zur Überprüfung der Lieferfähigkeit** der Bieter unangemessen und vergaberechtswidrig ist.[92] Denn Markteinführungen von Generika seien typischerweise oftmals schnell und einfach möglich, sofern ein Bieter über die entsprechenden arzneimittelrechtlichen Zulassungen sowie einen gesicherten Zugang zu Produktionskapazitäten verfügt. Die Erweiterung eines ggf. noch nicht in dieser Form existierenden Produktportfolios durch Beantragung von PZNs für bestimmte (weitere) Wirkstoffe zum Zweck der Angebotsabgabe sei im Fall von Generika mehr von der entsprechenden unternehmerischen Entscheidung abhängig, als von (zeit-)aufwendigen logistischen und industriellen Vorbereitungen. Fehlende Umsätze in der Vergangenheit mit bestimmten ausschreibungsgegenständlichen Wirkstoffen seien daher nicht aussagekräftig, um die reale Leistungsfähigkeit eines Bieters im Sinne einer Lieferfähigkeit zu Beginn des ausgeschriebenen Rabattvertrags zu beurteilen. Stattdessen sei es sinnvoller, die Eignungsanforderungen auf den Nachweis der Arzneimittelzulassung sowie ausreichender Produktionskapazitäten zum Zeitpunkt des Vertragsbeginns zu beziehen.[93]

42 Hinsichtlich der **Anforderungen an die Wertung der angebotenen Rabatte und Arzneimittel** wurde die Vorgabe einer Krankenkasse, für alle angebotenen PZN eines Fachloses einen **einheitlichen Rabattsatz** zu bilden (dh. Angebot eines einheitlichen Rabatts für alle PZN zu einem Wirkstoff), als vergaberechtsgemäß befunden.[94] Ebenso wurde die Festlegung einer Untergrenze für den vom Bieter zu entrichtenden Rabatt in Gestalt einer **Mindestgebotsvorgabe** nicht beanstandet.[95] Dagegen wurde die Vorgabe, dass Bieter einen **Grundrabatt** gewähren müssen, der während der gesamten Dauer des Rabattvertrags eine preisliche Gleichsetzung mit dem günstigsten am Markt befindlichen wirkstoffgleichen Alternativprodukt sicherstellt, als ungewöhnliches Wagnis gemäß § 8 Nr. 1 Abs. 3 VOL/A aF. bewertet, da hierdurch eine kaufmännisch vernünftige Kalkulation des Angebots unmöglich gemacht werde.[96]

43 Auch die **wertungstechnische Berücksichtigung von § 31 Abs. 2 Satz 3 SGB V**, wonach bei Rabattverträgen über Festbetragsarzneimittel die Mehrkosten der Überschreitung des Festbetrags durch den Rabattvertrag ausgeglichen werden müssen, war bereits Gegenstand von Nachprüfungsverfahren.[97] Die Nachprüfungsinstanzen haben eine Wertungssystematik, der zu Folge die Vorgabe des § 31 Abs. 2 Satz 3 SGB V im Rahmen der Wirtschaftlichkeitsbewertung der Angebote berücksichtigt wird, bislang nicht beanstandet, obgleich hierdurch Anbieter von Arzneimitteln mit einem Apothekenverkaufspreis über dem Festbetrag benachteiligt werden.[98]

44 Besondere Anforderungen hinsichtlich der Transparenz des Vergabeverfahrens begründet darüber hinaus die **Einbeziehung von Staffelrabatten in die Angebotswertung**. Das betrifft den Fall, dass pro Preisvergleichsgruppe mehrere Staffelpreiskategorien vorgegeben werden, die sich an der späteren Umsetzungsquote, dh. der Absatzmenge orientieren. Dadurch wird den Bietern die grundsätzlich legitime Möglichkeit eröffnet, die Wahrscheinlichkeit der verschiedenen Umsetzungsszenarien in ihre Preiskalkulation einzubeziehen. Enthält eine solche Ausschreibung allerdings keine Regelung, wonach die Preise in den niedrigen Quoten nicht unter denen der höheren Quoten liegen dürfen, bietet sich ein wettbewerbswidriges Einfallstor für die Optimierung der Wirtschaftlichkeit

---

[92] VK Bund Beschl. v. 24.7.2009, VK 3–136/09, VK 3–148/09 und VK 3–151/09.
[93] VK Bund Beschl. v. 24.7.2009, VK 3–136/09, VK 3–148/09 und VK 3–151/09.
[94] LSG Nordrhein-Westfalen Beschl. v. 3.9.2009, L 21 KR 51/09 SFB.
[95] VK Bund Beschl. v. 29.9.2009, VK 3–166/09.
[96] VK Bund Beschl. v. 22.8.2008, VK 2–73/08; hierzu *Kamann/Gey* PharmR 2009, 114, 121.
[97] Hierzu ausführlicher unten Rn. 87ff.
[98] VK Bund Beschl. v. 27.3.2009, VK 3–46/09; VK Bund Beschl. v. 26.11.2009, VK 1–197/09; LSG Nordrhein-Westfalen Beschl. v. 8.10.2009, L 21 KR 44/09 SFB; BVerfG Beschl. v. 1.11.2010, 1 BvR 261/10.

eines Angebots, indem in den unwahrscheinlich eintretenden Umsetzungsquotenbereichen extrem niedrige Rabatt-ApUs angeboten werden, um letztlich die Chancen auf den Zuschlag manipulativ zu erhöhen.[99] Aufgrund dieser Angebotsgestaltungen spielt dann insbesondere die **Auskömmlichkeitsprüfung gemäß § 19 EG Abs. 6 VOL/A** auf der dritten Wertungsstufe eine entscheidende Rolle, um einen fairen Wettbewerb sicherzustellen und offensichtlich unauskömmliche Angebote auszuschließen.[100] Es stellt sich mithin die Frage, ob im Rahmen dieser Auskömmlichkeitsprüfung die Einzelpreise in jeder Umsetzungsquote innerhalb der Preisvergleichsgruppe, jede Preisvergleichsgruppe mit allen Umsetzungsquoten oder das Gesamtergebnis für das jeweilige Fach-/Gebietslos den Wertungsmaßstab für die Auskömmlichkeitsprüfung darstellt. Um vor dem Hintergrund dieser durchaus komplexen Wertungssystematik hinreichende Transparenz zu gewährleisten, hat die ausschreibende Krankenkasse in den Vergabeunterlagen unmissverständlich anzugeben, anhand welcher Preise sich die entsprechende Wertung letztlich vollziehen wird.[101] Sachgerecht ist dabei die Heranziehung der Einzelpreise in jeder Umsetzungskategorie.[102] In diesem Zusammenhang stellen die seitens der Unternehmen für die Preiskalkulation zu Grunde gelegten Umsetzungsquoten einen essentiellen Bestandteil für die Preisprüfung dar, da nur anhand dieser die Auskömmlichkeit des Angebots nachgewiesen werden kann. Allerdings besteht für die ausschreibende Krankenkasse dabei keine Pflicht, die Offenlegung dieser Umsetzungsquoten zu verlangen.[103]

Die Bildung einer **einheitlichen (Preis-)Vergleichsgruppe für Arzneimittel mit** 45
der topischen (zur äußerlichen Anwendung bestimmten) **Darreichungsformen „flüssig"** wurde vom LSG Nordrhein-Westfalen dann als vergaberechtswidrig erachtet, wenn darunter Lösungen ebenso wie Emulsionen fallen, weil diese Darreichungsformen nicht gemäß § 129 Abs. 1 SGB V substituierbar sind. Bei topischen Darreichungsformen ist darauf zu achten, dass die verfügbaren Verordnungszahlen zu den nachgefragten Darreichungsformen (dort: Cremes, Gels, Salben, flüssig) die Austauschbarkeit berücksichtigen, da das für die Kalkulationssicherheit der Bieter notwendig sei.[104] Diesen Besonderheiten bei der Preisvergleichgruppenbildung wurde in der folgenden Ausschreibungsrunde Rechnung getragen und diese mithin als vergaberechtskonform beurteilt.[105]

Lediglich in besonderen Ausnahmesituationen kann ein streng an den Substitutionskri- 46
terien des § 129 Abs. 1 S. 3 SGB V definierter/gebildeter Beschaffungsbedarf vergaberechtlich zu beanstanden sein. Beispielsweise wurde in einem besonders engen Wettbewerbsverhältnis in dem lediglich zwei Bieter einen nachgefragten Wirkstoff hätten anbieten können – die eigentlich dem Substitutionskriterium der Packungsgröße konsequent entsprechende – Vorgabe, dass jeder Bieter mindestens ein Produkt der Normpackungsgrößen N2 und N3 anbieten müsse, vergaberechtlich beanstandet, weil der ausschreibenden Krankenkasse hätte bekannt sein müssen, dass eines der zwei in Frage kommenden, marktbekannten Unternehmen aus wohl erwogenen Gründen lediglich eine dieser

---

[99] Vgl. dazu VK Bund Beschl. v. 10.2.2011, VK 3–162/10.
[100] Dazu *Gabriel* VergabeR 2013, 300.
[101] Vgl. VK Bund Beschl. v. 10.2.2011, VK 3–162/10; VK Bund Beschl. v. 1.2.2011, VK 3–126/10, sowie VK Bund Beschlussentwurf, VK 3–159/10, der allerdings wegen Erledigung nicht rechtskräftig ergangen ist.
[102] Vgl. dazu ausführlich Rn. 92 ff. Ein Abstellen auf die jeweilige Umsetzungsquote für sachgerecht hält VK Bund Beschl. v. 10.2.2011, VK 3–162/10; VK Bund Beschl. v. 1.2.2011, VK 3–126/10; Zu einer entsprechend den Transparenzanforderungen abgeänderte Ausschreibung vgl. VK Bund Beschl. v. 7.4.2011, VK 3–28/11.
[103] Vgl. VK Bund Beschl. v. 26.4.2011, VK 3–50/11; OLG Düsseldorf Beschl. v. 9.5.2011, VII-Verg 45/11.
[104] LSG Nordrhein-Westfalen Beschl. v. 28.1.2010, L 21 KR 68/09 SFB. Die Vorinstanz hatte hierin keinen Vergabeverstoß gesehen: VK Bund Beschl. v. 10.11.2009, VK 1–191/09; ebenso VK Bund Beschl. v. 30.10.2009, VK 1–188/09.
[105] VK Bund Beschl. v. 16.7.2010, VK 1–58/10.

Normpackungsgrößen in Vertrieb hat und die Einführung einer weiteren Normpackungsgröße allein zum Zweck der Angebotslegung in der verfahrensrelevanten Ausschreibung einen unverhältnismäßigen Aufwand bedeutet hätte.[106]

47 Aufgrund der im Pharmasektor besonders häufigen Konzernverflechtungen kommt es schließlich, insbesondere im Generikabereich nicht selten zu einer parallelen Beteiligung konzernverbundener Unternehmen an derselben Rabattausschreibung. Dabei steht grundsätzlich eine **Verletzung des im Wettbewerbsprinzip begründeten Grundsatzes des Geheimwettbewerbs** zu besorgen.[107] Die betroffenen konzernverbundenen Unternehmen bewegen sich zwar überwiegend wirtschaftlich selbstständig am Markt und stehen zumindest im konzerninternen Wettbewerb miteinander, allerdings besteht aufgrund typischerweise bestehender gesellschaftsrechtlicher, personeller und organisatorischer Verflechtungen auch die latente Gefahr wettbewerbsbeschränkender Absprachen. Dementsprechend wird grundsätzlich widerleglich vermutet, dass zwischen gleichzeitig am Vergabeverfahren beteiligten konzernangehörigen Unternehmen der Geheimwettbewerb nicht gewahrt wird.[108] Allein die Tatsache der Konzernverbundenheit genügt mithin bereits um einen Angebotsausschluss seitens des Auftraggebers zu rechtfertigen, sofern die betroffenen Unternehmen nicht durch den Nachweis spezifischer struktureller Präventionsmaßnahmen die Unabhängigkeit und Vertraulichkeit der Angebotserstellung gewährleisten können.[109] Voraussetzung für solche präventiven Maßnahmen, die auch die Abgabe einer Versicherung zur Wahrung des Geheimwettbewerbs umfassen können, ist allerdings, dass es tatsächlich zu einer parallelen Angebotsabgabe konzernverbundener Unternehmen gekommen ist, da nur insofern ein besonderes Gefährdungspotential für den Geheimwettbewerb besteht.[110] Dieser Umstand hat im Bereich der Arzneimittelrabattausschreibungen nach § 130a Abs. 8 SGB V in der Vergangenheit bereits zu zahlreichen Nachprüfungsverfahren und damit einhergehend zumindest zu einer exemplarischen Konkretisierung hinsichtlich der Nachweisanforderungen konzernverbundener pharmazeutischer Unternehmen geführt, um die in Rede stehende Vermutung der Verletzung des Geheimwettbewerbs zu widerlegen.[111]

47a Im Hinblick auf die grundsätzliche vergabe- und kartellrechtliche Zulässigkeit von **Bietergemeinschaften** in Vergabeverfahren haben das KG[112] sowie das OLG Düsseldorf[113] in jüngerer Vergangenheit einen verschärften Zulässigkeitsmaßstab angelegt.[114] Diesbezüglich haben die 1. Vergabekammer des Bundes und das OLG Düsseldorf in aktuellen Entscheidungen jedoch klargestellt, dass diese strengere Rechtsprechung jedenfalls nicht auf Vergabeverfahren zum Abschluss von Arzneimittelrabattverträgen übertragen werden kann, bei denen die Zuschlagschancen eines Angebots nach der typischen Ausschreibungskonzeption steigen, je mehr

---

[106] VK Bund Beschl. v. 21.9.2012, VK 3–102/12.
[107] Dazu sowie dem Folgenden ausführlich oben, Kapitel 3 § 15; vgl. dazu auch *Schüttpelz/Dicks* in Prieß/Lau/Kratzenberg, FS Marx, 691, 700 f.
[108] OLG Düsseldorf Beschl. v. 13.4.2011, VII-Verg 4/11; OLG Düsseldorf Beschl. v. 11.5.2011, VII-Verg 8/11; OLG Düsseldorf Beschl. v. 12.5.2011, VII-1/11; *Aschoff* Vergaberechtliche Kooperation und Konkurrenz im Konzern, 200 f.; *Jansen* WuW 2005, 502, 505 f.
[109] OLG Düsseldorf Beschl. v. 13.4.2011, VII-Verg 4/11; OLG Düsseldorf Beschl. v. 11.5.2011, VII-Verg 8/11; OLG Düsseldorf Beschl. v. 12.5.2011, VII-Verg 1/11.
[110] OLG Düsseldorf Beschl. v. 6.6.2012, VII-Verg 14/12.
[111] Vgl. dazu VK Bund Beschl. v. 17.12.2010, VK 2–119/10; OLG Düsseldorf Beschl. v. 13.4.2011, VII-Verg 4/11; VK Bund Beschl. v. 6.10.2010, VK 2–89/10; OLG Düsseldorf Beschl. v. 11.5.2011, VII-Verg 8/11; VK Bund Beschl. v. 27.8.2010, VK 3–84/10; LSG NRW, Beschl. v. 10.3.2010, L 21 SF 41/10; VK Bund Beschl. v. 15.6.2011, VK 1–66/11; OLG Düsseldorf Beschl. v. 12.5.2011, VII Verg 1/11; OLG Düsseldorf Beschl. v. 19.9.2011, VII-Verg 63/11.
[112] KG Beschl. v. 21.12.2009, 2 Verg 11/09, mit Anmerkung *Köhler* VergabeR 2010, 501 ff.; KG Beschl. v. 24.10.2013, Verg 11/13; mit Anmerkung *Gabriel/Voll* VergabeR 2014, 184.
[113] OLG Düsseldorf, Beschl. v. 9.11.2011, VII-Verg 35/11; OLG Düsseldorf, Beschl. v. 11.11.2011 VII-Verg 92/11.
[114] Dazu *Gabriel* VergabeR 2012, 555; *Schulte/Voll* ZfBR 2013, 223 sowie § 15 Rn. 37 ff.

Fachlose von diesem Angebot abgedeckt werden und die Bildung einer Bietergemeinschaft zum Zwecke der Angebotserweiterung – respektive der Erhöhung der Zuschlagschancen – dementsprechend ebenfalls der typischen Ausschreibungskonzeption entspricht.[115]

Im Übrigen zeichnen sich Ausschreibungen von Rabattverträgen nach § 130a Abs. 8 SGB V regelmäßig durch eine **besondere Formenstrenge** aus, die insbesondere auch durch die Nachprüfungsinstanzen anerkannt wird.[116] So genügt bspw. bereits eine minimale Abweichung einer im Original vorzulegenden Erklärung von der vorab elektronisch übermittelten Version (die Unterschrift war um wenige Millimeter verrückt)[117] oder die Nutzung einer fortgeschrittenen anstelle der geforderten qualifizierten elektronischen Signatur nach dem Signaturgesetz[118], um einen Angebotsausschluss wegen formeller Fehler zu rechtfertigen. Das wird selbst in solchen Fällen gebilligt, in denen es grundsätzlich im Ermessen des Auftraggebers liegt, die entsprechenden, lediglich mit marginalen formellen Fehlern behafteten Unterlagen nachzufordern, dieser von dieser Möglichkeit jedoch keinen Gebrauch gemacht hat. 48

Schließlich besteht in Nachprüfungsverfahren betreffend Rabattvertragsausschreibungen regelmäßig ein **hohes Kostenrisiko** für den Antragsteller.[119] Dieses wird zum einen durch die potentielle Vielzahl der beigeladenen Unternehmen aufgrund der ungewöhnlich hohen Losanzahl bei Rabattverträgen nach § 130a Abs. 8 SGB V und zum anderen durch den Umstand bedingt, dass der Antragsteller die notwendigen Aufwendungen dieser Beigeladenen gemäß § 128 Abs. 4 Satz 3 GWB auch dann zu erstatten hat, wenn der Nachprüfungsantrag zurückgenommen wird.[120] Um dieses Kostenrisiko zu minimieren, hält es die Rechtsprechung für sachgemäß, dem Antragsteller im Falle einer Rücknahme des Nachprüfungsantrags **entsprechend § 128 Abs. 4 Satz 2 GWB** lediglich dann die zur zweckentsprechenden Rechtsverteidigung notwendigen Auslagen der Beigeladenen aus Billigkeitsgründen aufzuerlegen, sofern sich dieser mit seinem Nachprüfungsantrag **in einen Interessengegensatz zu den Beigeladenen gestellt hat.**[121] Ansonsten würde es zu einem Wertungswiderspruch kommen, da der Antragsteller bei einer Rücknahme des Nachprüfungsantrags schlechter stünde als bei einem Unterliegen in der Hauptsache, da § 128 Abs. 4 Satz 2 GWB in letzterem Fall unmittelbare Anwendung findet. Um die Kosten eines Nachprüfungsverfahrens im Rahmen zu halten und die potentiell prohibitive Wirkung einer großzügigen Handhabung der Beiladung zu vermeiden, kann diese auch auf ein Los beschränkt werden. Ein solchermaßen Beigeladener kann diese Beschränkung in kostenrechtlicher Hinsicht nicht dadurch umgehen, dass er auch zu den übrigen Losen Stellung nimmt.[122] 49

---

[115] VK Bund Beschl. v. 16.1.2014, VK 1-119/13; VK Bund Beschl. v. 16.1.2014, VK 1-117/13; OLG Düsseldorf Beschl. v. 17.2.2014, VII-Verg 2/14; mit Anmerkung *Gabriel/Voll* VPR 2014, 2644.
[116] Vgl. beispielhaft VK Bund Beschl. v. 7.2.2011, VK 3-2/11.
[117] Vgl. VK Bund Beschl. v. 1.2.2011, VK 3-165/10; VK Bund Beschl. v. 2.2.2011, VK 3-168/10.
[118] Vgl. VK Bund Beschl. v. 21.4.2011, VK 3-44/11; OLG Düsseldorf Beschl. v. 9.5.2011, VII-Verg 42/11; VK Bund Beschl. v. 21.4.2011, VK 3-41/11; OLG Düsseldorf Beschl. v. 9.5.2011, VII-Verg 41/11; VK Bund Beschl. v. 21.4.2011, VK 3-38/11; OLG Düsseldorf Beschl. v. 9.5.2011, VII-Verg 40/11.
[119] *Gabriel/Weiner* NZS 2010, 423, 426. Allgemein zur Gebührenberechnung im Nachprüfungsverfahren LSG Nordrhein-Westfalen Beschl. v. 27.5.2010, L 21 KR 65/09 SFB. Die Gerichtskosten bestimmen sich auch in Vergabeverfahren im sozialrechtlichen Bereich nach § 3 Abs. 2 GKG, vgl. BVerfG Beschl. v. 20.4.2010, 1 BvR 1670/09; dazu auch OLG Brandenburg Beschl. v. 16.5.2011, Verg W 2/11; sowie bereits oben, § 69 Rn. 31.
[120] Vgl. *Gabriel* NJW 2009, 2016.
[121] VK Bund Beschl. v. 4.8.2011, VK 3-44/11; VK Bund Beschl. v. 4.8.2011, VK 3-38/11.
[122] OLG Düsseldorf Beschl. v. 2.5.2011, VII-Verg 18/11.

50 Hinsichtlich der Streitwertberechnung in einem Nachprüfungsverfahren geht das OLG Düsseldorf mithin von einer Rabatthöhe von 20 % aus, sofern das antragstellende Unternehmen kein eigenes Rabattvertragsangebot abgegeben hat.[123] Nach der Rechtsprechung des Oberlandesgerichts Düsseldorf ist dem Bieter nach Zuschlagserteilung ausreichend Zeit einzuräumen, um alle für die Auftragsausführung erforderlichen Vorbereitungshandlungen treffen zu können.[124] Der vom Bieter bis zur Zuschlagserteilung zu erwartende Aufwand beschränke sich auf die zur Angebotserstellung erforderlichen Maßnahmen; Aufwendungen zur Vertragserfüllung würden hiervon nicht erfasst. Gerade für Ausschreibungen von Arzneimittel-Rahmenrabattverträgen gemäß § 130a Abs. 8 SGB V hat die Vergabekammer des Bundes entschieden, dass der Auftraggeber gehalten ist, auf einen angemessenen Abstand zwischen Zuschlagserteilung und Vertragsbeginn zu achten.[125] Nach dieser Rechtsprechung soll berücksichtigt werden, dass ein Bieter aufgrund einer zu kurz bemessenen Ausführungsfrist gezwungen sein würde, Vorbereitungshandlungen für eine spätere Auftragsausführung in die Angebotsphase vorzuverlagern, die er im Fall des ihm nicht erteilten Zuschlags sinnlos erbracht hat. In einer solchen Situation würden ihm Aufwendungen abverlangt, die die bloße Ausarbeitung und Einreichung eines Angebots erheblich überstiegen und auch kalkulationsrelevant seien.

b) Rabattverträge betreffend (patentgeschützte) Originalpräparate

51 Die bisherige vergaberechtliche Rechtsprechung betreffend die Vergabe von Rabattverträgen zu (patentgeschützten) Originalpräparaten hat ihren Schwerpunkt bei Fragen zur Wahl der richtigen Vergabeverfahrensart (Verhandlungsverfahren oder Offenes Verfahren) und den Anforderungen an vergaberechtsgemäße Leistungsbeschreibungen.[126]

52 Hinsichtlich der vergaberechtlichen **Anforderungen an die Vergabeverfahrensart** ging das **OLG Düsseldorf im TNF-Alpha-Blocker-Verfahren** vom Vorliegen eines öffentlichen Auftrags gemäß § 99 Abs. 1 GWB auch im Fall von Rabattvereinbarungen gemäß § 130a Abs. 8 SGB V zu patentgeschützten Originalpräparaten aus[127] und konzentrierte seine Ausführungen auf die Frage, unter welchen Voraussetzungen vom **Vorrang des Offenen Verfahrens** abgewichen werden darf.[128] Danach dürfen Rabattverträge über patentgeschützte Arzneimittel nicht automatisch, sondern nur bei Vorliegen bestimmter Voraussetzungen ohne vorherige Bekanntmachung im **Verhandlungsverfahren** direkt an ein Unternehmen vergeben werden.[129] Diese Voraussetzungen liegen **gemäß § 3 EG Abs. 4 lit. c VOL/A** (§ 3a Nr. 2 lit. c VOL/A aF.) nur vor, wenn aufgrund des bestehenden Patents tatsächlich nur ein einziger Anbieter in der Lage ist, die Auftragsleistung zu erbringen und daher eine Alleinstellung besitzt.[130] Davon kann ausgegangen werden, wenn ausschließlich dieser **Anbieter ein Patent an dem betreffenden Arzneimittel (Wirkstoff)** besitzt, dieses **Arzneimittel nicht zu anderen Konditionen von Dritten angeboten** werden kann und es objektiv-sachliche Gründe dafür gibt, dass **nur dieses Arzneimittel beschafft** werden soll.[131] Dabei spielt laut dem OLG Düsseldorf

---

[123] OLG Düsseldorf Beschl. v. 13.4.2011, VII-Verg 4/11. Allgemein zur Gebührenberechnung im Nachprüfungsverfahren LSG Nordrhein-Westfalen Beschl. v. 27.5.2010, L 21 KR 65/09 SFB.
[124] OLG Düsseldorf Beschl. v. 19.6.2013, VII-Verg 4/13.
[125] VK Bund Beschl. v. 5.11.2013, VK 2-100/13, soweit ersichtlich noch nicht rechtskräftig.
[126] Vgl. die Zusammenfassungen bei *Gabriel/Weiner* NZS 2009, 422; *Schickert* PharmR 2009, 164; *Lietz/Natz* A&R 2009, 3 sowie *Gabriel* in MüKoBeihVgR, Anlage zu § 98 Nr. 4 GWB Rn. 158.
[127] Hierzu bereits oben Rn. 21.
[128] OLG Düsseldorf Beschl. v. 20.10.2008, VII-Verg 46/08 und Beschl. v. 22.10.2008, I-27 U 2/08, mit Anmerkung *Weiner* VergabeR 2009, 189.
[129] Zum Zeitpunkt der Ausschreibung existierten nur drei Arzneimittel zur Behandlung arthritischer Erkrankungen im Wege der Blockierung des Botenstoffs TNF-Alpha, die jeweils (unterschiedlichen) Wirkstoffpatentschutz besaßen.
[130] Hierzu ausführlicher unten Rn. 97 ff.
[131] *Gabriel* NZS 2008, 455, 458.

auch eine Rolle, ob neben dem Anbieter des Originalpräparats – in der Regel dem Patentinhaber – auch **Re- und Parallelimporteure**[132] die Versorgungssicherheit durch Lieferung von Originalpräparaten gewährleisten können.[133] In der Literatur wurde diesbezüglich darauf hingewiesen, dass das Gleiche auch für Fälle des **Co-Marketing** gelten müsste.[134] Richtigerweise muss bei der Beurteilung der Gewährleistung der Versorgungssicherheit durch Re- und Parallelimporteure allerdings auch berücksichtigt werden, dass Importarzneimittel nur in beschränktem Umfang zur Substitution von Originalarzneimitteln herangezogen werden können, da der Rahmenvertrag über die Arzneimittelversorgung nach § 129 Abs. 2 SGB V hier mengenmäßige Einschränkungen vorsieht (sog. Importquote, vgl. § 5 Abs. 3 des Rahmenvertrags).[135] Des Weiteren ist bei Rabattverträgen für Importarzneimittel sowie ihrer Bezugsarzneimittel die **Lieferfähigkeit sicherzustellen**.[136] Nur unter dieser Voraussetzung darf eine Krankenkasse an die maßgebliche Datenbank ein entsprechendes Kennzeichen melden, sodass die Apotheke das rabattierte Arzneimittel vorrangig abgeben muss. Hiernach wird man einstweilen davon ausgehen müssen, dass Re- und Parallelimporteure nicht über die in Rabattvertragsausschreibungen zum Zweck der Eignungsprüfung regelmäßig geforderte und vergaberechtlich gebotene Liefer-/Leistungsfähigkeit verfügen; der **valide Nachweis gesicherter Herstellungs-, Produktions- bzw. Lieferkapazitäten** wird ihnen regelmäßig (ggf. abhängig vom relevanten Mengenvolumen) nicht möglich sein. Eben das entspricht letztlich auch der vorgenannten Wertung des Gesetzgebers des AMNOG.

In diesem Zusammenhang hat die 2. Vergabekammer des Bundes eine Ausschreibungsgestaltung in einem jüngst ergangenen Beschluss für diskriminierend gegenüber Re- und Parallelimporteuren beurteilt.[137] Diesem lag ein vergleichsweise „strenges" Ausschreibungsdesign im Hinblick auf den Eignungsnachweis, insbesondere den Nachweis der Produktions- und Lieferkapazitäten sowie der Vorlage von Nachunternehmerverpflichtungserklärungen zu Grunde. Zum **Nachweis** der **Produktions- bzw. Lieferfähigkeit** sollten lediglich Verträge mit Auftragsherstellern zulässig sein, Lieferverträge mit pharmazeutischen Großhändlern hingegen von vornherein nicht akzeptiert werden. Namentlich diese konkrete Vorgabe, welche bereits in der Auftragsbekanntmachung enthalten war, wurde von der 2. Vergabekammer des Bundes als Diskriminierung von Re- und Parallelimporteuren erachtet, die nicht durch den Auftragsgegenstand gerechtfertigt sei und durch die der grundsätzlich zwischen den Originalpräparatherstellern und den Re- und Parallelimporteuren bestehende Wettbewerb verhindert werde. Die von der ausschreibenden Krankenkasse vorgesehenen hohen Anforderungen an den Nachweis der Lieferfähigkeit wurden in der hier in Rede stehenden Entscheidung jedoch gerade nicht per se be-

53

---

[132] **Reimporteure** kaufen Arzneimittel, die in Deutschland produziert und ins Ausland exportiert wurden, zu günstigeren Preisen im Ausland auf und vertreiben diese auf dem deutschen Arzneimittelmarkt. **Parallelimporteure** importieren Arzneimittel, die in einem anderen Mitgliedstaat der Europäischen Union (dezentral) zugelassen worden sind nach Deutschland und vertreiben diese hier nach einer Änderung der Kennzeichnung der Packungsbeilage. Ähnlich verfahren sog. **Parallelvertreiber**, die zentral zugelassene und damit innerhalb der Europäischen Union frei handelbare Arzneimittel nach Deutschland importieren.
[133] OLG Düsseldorf Beschl. v. 22.10.2008, I-27 U 2/08, mit Anmerkung *Weiner* VergabeR 2009, 189; zustimmend *Schickert* PharmR 2009, 164, 172; in diesem Sinne auch VK Bund Beschl. v. 24.7. 2013, VK 3–59/13; VK Bund Beschl. v. 22.7.2013, VK 3–56/13; VK Bund Beschl. v. 24.7.2013, VK 3–62/13; OLG Düsseldorf Beschl. v. 18.12.2013, VII-Verg 24/13; OLG Düsseldorf Beschl. v. 18.12.2013, VII-Verg 25/13; OLG Düsseldorf Beschl. v. 11.12.2013, VII-Verg 21/13; OLG Karlsruhe Beschl. v. 20.12.2013, 15 Verg 6/13.
[134] *Schickert* PharmR 2009, 164, 172.
[135] Ebenso *Lietz/Natz* A&R 2009, 3,7; *Uwer/Koch* PharmR 2008, 461, 464.
[136] BT-Drs. 17/3698, 76
[137] VK Bund Beschl. v. 7.8.2013, VK 2–68/13.

anstandet.[138] Vielmehr seien diese in der entscheidungsgegenständlichen Sachverhaltskonstellation von besonderer Bedeutung, da Zweifel an der faktischen Beteiligungsmöglichkeit von Re- bzw. Parallelimporteuren bestünden.

54 Die Frage, ob **Re- und Parallelimporteure** neben dem Originalhersteller eines patentgeschützten Originalpräparats **als Rabattvertragspartner** in Betracht kommen, sodass die Durchführung eines Verhandlungsverfahrens ohne Teilnahmewettbewerb nach § 3 EG Abs. 4 lit. c VOL/A in Ermangelung einer Alleinstellung (des Originalherstellers) unzulässig wäre, war jüngst Gegenstand mehrerer Vergabenachprüfungsverfahren. Die 3. Vergabekammer des Bundes sowie das OLG Düsseldorf und das OLG Karlsruhe haben dazu festgestellt, dass eine **prognostizierte mangelnde Lieferfähigkeit** von Re-/Parallelimporteuren **nicht dazu geeignet** ist, den **Rückgriff auf ein Verhandlungsverfahren ohne Bekanntmachung** gemäß § 3 EG Abs. 4 lit. c VOL/A mit dem entsprechenden Originalhersteller **zu rechtfertigen**.[139] Bei der kontinuierlichen und umfassenden Lieferfähigkeit während der Vertragslaufzeit handele es sich gerade nicht um ein Element des Beschaffungsbedarfs, sondern vielmehr um ein klassisches Eignungskriterium. Die vertragsschließende Krankenkasse dürfe deshalb nicht ohne Aufruf zum Wettbewerb darüber befinden, ob die rabattvertragsgegenständlichen Lieferverpflichtungen lediglich durch den Originalhersteller sichergestellt werden können und unter Berufung auf dieses Alleinstellungsmerkmal auf ein Verhandlungsverfahren ohne Bekanntmachung zurückgreifen. Im Rahmen eines zeitlich wie inhaltlich gleichgelagerten Nachprüfungsverfahrens gelangte allerdings die VK Baden-Württemberg zu dem entgegengesetzten Ergebnis und wies den Nachprüfungsantrag eines Re-/Parallelimporteurs gegen einen Rabattvertrag, der unter Berufung auf § 3 EG Abs. 4 lit. c VOL/A zwischen einer Krankenkasse und einem Originalhersteller im Wege eines Verhandlungsverfahrens ohne Teilnahmewettbewerb geschlossen wurde, als unbegründet zurück. Der Importeur hatte seine Lieferfähigkeit im Vergabenachprüfungsverfahren nicht glaubhaft machen können und sei deshalb von vornherein nicht als Rabattvertragspartnerin in Betracht gekommen, weshalb es mangels Schadens nicht in seinen Rechten i.S.v § 114 Abs. 1 Satz 1 GWB verletzt sei.[140] Zudem können die Voraussetzungen für ein Verhandlungsverfahren ohne Bekanntmachung gemäß § 3 EG Abs. 4 lit. c VOL/A im Einzelfall vorliegen, weil die rabattvertraglich vereinbarten und zulässigerweise in den Beschaffungsbedarf der vertragsschließenden Krankenkasse aufgenommenen Mehrwertleistungen wie zB. sog. Schwestern-/Patientenbetreuungsprogramme nur vom Originalhersteller angeboten und durchgeführt werden könnten. Die Entscheidung der VK Baden Württemberg erscheint, obwohl diese in der Beschwerdeinstanz durch das OLG Karlsruhe revidiert wurde, gleichwohl vor allem insofern zutreffend, als diese dem Umstand Rechnung trägt, dass Re- und Parallelimporteure einerseits im Rahmen eines regelmäßig auf mehrere Jahre angelegten Rabattvertrags niemals die Belieferung einer Krankenkasse mit bestimmten Mengen von patentgeschützten Arzneimitteln gewährleisten können und andererseits auch eine Alleinstellung kraft Lieferfähigkeit, zumal wenn diese durch ein Ausschließlichkeitsrecht bzw. eine faktische Alleinstellung ergänzt wird, die wettbewerbliche Ausschreibung eines Vertrags entbehrlich machen kann.

55 Das OLG Düsseldorf hat außerdem entschieden, dass Patentinhaber selbst im Fall des Vorliegens der Voraussetzungen gemäß § 3 EG Abs. 4 lit. c VOL/A (§ 3a Nr. 2 lit. c VOL/A aF.) **keinen einklagbaren Anspruch auf eine Direktvergabe im Wege eines Verhand-

---

[138] So auch VK Bund Beschl. v. 4.11.2013, VK 2–96/13 zu einer vergaberechtlich ebenfalls als zulässig beurteilten Forderung, Nachweise im Hinblick auf die Lieferfähigkeit von Lieferanten beizubringen. Einschränkend jetzt jedoch OLG Düsseldorf Beschl. v. 25.6.2014, VII-Verg 38/13.
[139] VK Bund Beschl. v. 24.7.2013, VK 3–59/13; VK Bund Beschl. v. 24.7.2013, VK 3-62/13; VK Bund Beschl. v. 22.7.2013, VK 3-56/13; OLG Düsseldorf Beschl. v. 11.12.2013, VII-Verg 21/13; OLG Düsseldorf Beschl. v. 18.12.2013, VII-Verg 24/13; OLG Düsseldorf Beschl. v. 18.12.2013, VII-Verg 25/13; OLG Karlsruhe Beschl. v. 20.12.2013, 15 Verg 6/13.
[140] VK Baden Württemberg Beschl. v. 8.8.2013, 1 VK 20/13, 1 VK 21/13 und 1 VK 22/13.

lungsverfahrens haben, da Krankenkassen im Rahmen ihres Ermessens ohne weiteres ein wettbewerblicheres (Offenes) Vergabeverfahren durchführen können; das Vorliegen der Voraussetzungen eines weniger förmlichen (Verhandlungs-)Verfahrens führt lediglich zu einer Berechtigung, nicht aber zu einer Verpflichtung der Inanspruchnahme.[141]

Hinsichtlich der **Anforderungen an eindeutige und erschöpfende Leistungsbe-** 56 **schreibungen** gemäß § 8 EG VOL/A[142] kommt im Fall der Ausschreibung von Rabattverträgen für patentgeschützte Originalpräparate der Vergleichbarkeit der Angebote gemäß § 8 EG Abs. 1 VOL/A eine besondere Bedeutung zu. Der vergaberechtliche Begriff der Vergleichbarkeit muss in diesem Zusammenhang unter Berücksichtigung der spezifischen Besonderheiten bei Arzneimittelbeschaffungen und der gesetzlichen Rahmenbedingungen des SGB V konkretisiert werden. Problematisch sind dabei insbesondere solche – nicht seltenen – Fälle, in denen verschiedene Originalpräparate für unterschiedliche, sich (aber/nur) teilweise überschneidende Indikationsbereiche zugelassen sind. Die Frage, ob derartige Arzneimittel mit sich zum Teil überschneidenden Indikationsbereichen „vergleichbar" im Sinne von § 8 EG Abs. 1 VOL/A sind und daher gemeinsam beschafft und untereinander in den (Ausschreibungs-)Wettbewerb gestellt werden dürfen, ist derzeit in der vergaberechtlichen Rechtsprechung noch nicht abschließend beantwortet.

Eine pauschale Heranziehung der Beurteilungsrichtlinien, die in Zusammenhang mit den 57 Festbetragsgruppen der Stufe 2 für patentgeschützte Arzneimittel gemäß § 35 SGB V entwickelt wurden, kommt hierbei wohl nicht in Betracht.[143] Denn die Bildung von Festbetragsgruppen nach § 35 SGB V zielt ausschließlich auf die Preisbildung und soll durch die Begrenzung der Erstattungshöchstbeträge Preisspannen reduzieren.[144] Gegen die **unbesehene Anknüpfung an** diese **Festbetragsgruppenbildungen** spricht, dass das SGB V in diversen anderen Zusammenhängen eine Privilegierung patentgeschützter Medikamente vorsieht. So liegt z.B. den besonderen Regelungen zur eingeschränkten Festbetragsgruppentauglichkeit patentgeschützter Medikamente in § 35 Abs. 1 Satz 3, Abs. 1a Satz 2 SGB V der Gedanke zugrunde, dass der durch das Patent gewährte Investitionsschutz durch die Einstufung in eine einheitliche Erstattungsgruppe nicht untergraben werden soll. Die Erreichung des Zwecks der Innovationsförderung im Bereich der Arzneimittelforschung würde gefährdet, wenn Krankenkassen unterschiedliche patentgeschützte Originalmedikamente, die sich auf (nur) teilweise gleiche Indikationen beziehen, in einen Wettbewerb setzen dürften und Herstellern von Originalarzneimitteln so die Möglichkeit zur Amortisierung ihrer Forschungs- und Entwicklungskosten eingeschränkt würde. Denn würden entsprechende Arzneimittel gleichwohl in einen Ausschreibungswettbewerb gesetzt, würde eine Situation erzeugt, in der zur Wahrung der Chance auf den Zuschlag des Rabattvertrags notwendige Rabatte auch insoweit anzubieten und zu zahlen wären, als die Abgabe des betreffenden Arzneimittels aufgrund der ausschließlichen Zulassung für eine bestimmte Indikation gerade nicht durch Abgabe eines anderen Medikaments ersetzt werden kann und insofern zwischen den verschiedenen Präparaten gerade kein Wettbewerb/keine Vergleichbarkeit besteht.

Die Rechtsprechung hat dementsprechend eine **Vergleichbarkeit** bislang nur in sol- 58 chen Fällen bejaht, in denen es um Arzneimittel mit nicht nur teilweise, sondern **sich größtenteils überschneidenden (nahezu identischen) Indikationsbereichen** ging (zB. im Fall einer Austauschbarkeit bezüglich der Hauptindikation bzw. einer ca. 99pro-

---

[141] OLG Düsseldorf Beschl. v. 20.10.2008, VII-Verg 46/08; VK Bund Beschl. v. 22.8.2008, VK 2–73/08.
[142] Dazu *Gabriel* in MünchKommBeihVgR, Anlage zu § 98 Nr. 4 GWB Rn. 158.
[143] Hierzu *Gabriel* NZS 2008, 455, 458. Anders LSG Baden-Württemberg Beschl. v. 17.2.2009, L 11 WB 381/09: *„Dabei dürfen die Ag. entsprechend der für die Bildung von Festbetragsgruppen geltenden Bestimmungen in §§ 35 I 2, 35a III 1 SGB V davon ausgehen, dass Arzneimittel mit denselben Wirkstoffen auch den gleichen therapeutischen Nutzen haben und etwas anderes nur gilt, wenn die Arzneimittel trotz vorhandener Wirkstoffidentität unterschiedliche Bioverfügbarkeiten aufweisen, sofern diese für die Therapie bedeutsam sind."*
[144] *Hess* in Kasseler Kommentar Sozialversicherungsrecht, 2009, § 35 SGB V Rn. 2.

zentigen Schnittmenge der betroffenen Indikationen[145] oder einer bloßen Abweichung der Anzahl von Dosiereinheiten, die in den ausgeschriebenen Normpackungsgrößen enthalten sind[146]). Das spricht dafür, bei Arzneimitteln mit (nur) teilweise überschneidenden Indikationsbereichen eine Vergleichbarkeit im Sinne von § 8 EG Abs. 1 VOL/A tendenziell eher zu verneinen. Vergleichbarkeit wird vom LSG Baden-Württemberg jedenfalls nicht so verstanden, dass Krankenkassen Rabattvertragsausschreibungen ausschließlich auf – im Sinne von § 129 SGB V – substituierbare Arzneimittel beschränken müssten, da der Aspekt des (gleichen) therapeutischen Nutzens im Vordergrund steht.[147] Eine Zusammenfassung mehrerer Originalpräparate im Rahmen einer Ausschreibung setzt dementsprechend nicht notwendigerweise eine Substitutionsmöglichkeit nach § 129 SGB V iVm. § 4 Abs. 1 lit. a des Rahmenvertrages nach § 129 Abs. 2 SGB V[148] voraus, **wenn aus anderen Gründen ein Wettbewerbsverhältnis zwischen den Arzneimitteln besteht.** Im Rahmen der Leistungsbeschreibung ist bezüglich der Feststellung eines solchen Wettbewerbsverhältnisses dabei bereits der Bezug zur ärztlichen Indikation bzw. zur Auffassung der Nachfrageentscheider (Ärzte und ggf. Apotheker) hinreichend.[149] Dabei wird es seitens der Rechtsprechung sogar als ausreichend erachtet, wenn zwar potentiell ein indikationsbegründetes Wettbewerbsverhältnis besteht, es aber etwa aufgrund der Kategorisierung des entsprechenden Wirkstoffes als **„Critical-Dose-Wirkstoff"** in tatsächlicher Hinsicht regelmäßig nicht zu einer echten Auswahl seitens des Nachfrageentscheiders und damit häufig auch nicht zu einer Substitution kommt.[150] In diesem Zusammenhang hat die 1. Vergabekammer des Bundes entschieden, dass ein Bieter keinen Anspruch darauf hat, dass der Auftraggeber ein vertragliches Anpassungs-Sonderkündigungsrecht für den Fall vorsieht, dass ein solcher Wirkstoff (hier: Tacrolimus) in die Substitutionsausschlussliste nach § 129 Abs. 1 Satz 8 SGB V aufgenommen wird.[151]

59 Soweit verschiedene (vergleichbare) Arzneimittel dagegen zur Behandlung derselben Indikation eingesetzt werden können und daher miteinander im Wettbewerb stehen, würde eine wirkstoffbezogene Ausschreibung, die ohne sachliche Rechtfertigung nur einzelne dieser vergleichbaren (patentgeschützten) Wirkstoffe nachfragt, gegen § 8 EG Abs. 7 VOL/A verstoßen.[152] Da in diesen Fällen eine Vergleichbarkeit gemäß § 8 EG Abs. 1 VOL/A gegeben ist, müssten **indikationsbezogene Lose** gebildet werden und indikationsbezogen (unter Bezugnahme auf die therapeutische Wirkung der Arzneimittel) ausgeschrieben werden.[153] Die Leistungsbeschreibung muss stets sachlich begründbar sein, um nicht gegen den Grundsatz der Herstellerneutralität zu verstoßen.[154]

60 Ein vergaberechtliches Sonderproblem stellt die Ausschreibung von Rabattverträgen nach § 130a Abs. 8 SGB V über patentgeschützte Arzneimittel (kurz) vor Ablauf des Pa-

---

[145] VK Bund Beschl. v. 15.8.2008, VK 3–107/08; VK Bund Beschl. v. 22.8.2008, VK 2–73/08.
[146] VK Bund Beschl. v. 29.11.2010, VK 2–113/10; OLG Düsseldorf Beschl. v. 17.1.2011, VII-Verg 2/11.
[147] LSG Baden-Württemberg Beschl. v. 17.2.2009, L 11 WB 381/09; OLG Düsseldorf Beschl. v. 20.10.2008, VII-Verg 46/08; VK Bund Beschl. v. 22.8.2008, VK 2–73/08; VK Bund Beschl. v. 15.8.2008, VK 3–107/08.
[148] Rahmenvertrag über die Arzneimittelversorgung nach § 129 Absatz 2 SGB V zwischen dem Spitzenverband Bund der Krankenkassen und dem Deutschen Apothekerverband e.V.
[149] VK Bund Beschl. v. 29.11.2010, VK 2–113/10; OLG Düsseldorf Beschl. v. 17.1.2011, VII-Verg 2/11; OLG Düsseldorf Beschl. v. 8.6.2011, VII-Verg 2/11.
[150] VK Bund Beschl. v. 26.10.2012, VK 2–107/12; VK Bund Beschl. v. 25.11.2011, VK 1–135/11; OLG Düsseldorf Beschl. v. 30.1.2012, VII-Verg 103/11; OLG Düsseldorf Beschl. v. 10.4.2013, VII-Verg 45/12.
[151] VK Bund Beschl. v. 18.11.2013, VK 1-91/13.
[152] So OLG Düsseldorf, Beschl. v. 20.10.2008, VII-Verg 46/08
[153] Hierzu VK Bund Beschl. v. 19.11.2008, VK 1–135/08; VK Bund Beschl. v. 29.11.2010, VK 2–113/10; OLG Düsseldorf Beschl. v. 17.1.2011, VII-Verg 2/11.
[154] *Kamann/Gey* PharmR 2009, 114, 119; *Schickert* PharmR 2009, 164, 172; *Gabriel* NZS 2008, 455, 457.

tentschutzes dar. Geht die Vertragslaufzeit des Rabattvertrages über die zeitliche Dauer des Patentschutzes hinaus, kann dem Rabattvertrag in diesem Zusammenhang durch die damit verbundene Exklusivität aufgrund der Substitution nach § 129 Abs. 1 Satz 3 SGB V eine **faktisch patentverlängernde Wirkung** zukommen, da der Patentinhaber neben Parallelimporteuren zum Ausschreibungszeitpunkt der einzige Anbieter des entsprechenden Arzneimittels ist und dementsprechend regelmäßig den Zuschlag für den Rabattvertrag erhalten wird. Die damit verbundenen erheblichen Wettbewerbsnachteile für Generikahersteller durch Behinderung bzw. Hinauszögerung des Generikawettbewerbs ab Patentablauf müssen deshalb **bei der Bemessung der Laufzeit** des Rabattvertrages zwingend berücksichtigt werden, wie die 3. Vergabekammer des Bundes in einem *obiter dictum* ausdrücklich festgestellt hat.[155] Notwendig dürfte dementsprechend eine flexible vertragliche Gestaltung sein, welche die Rabattvertragslaufzeit grundsätzlich auf den Ablauf des Patentschutzes beschränkt, bzw. andere „intelligente" Anpassungsklauseln vorsieht, um auf die jeweiligen Marktgegebenheiten reagieren zu können und Wettbewerbsbeschränkungen zu verhindern. Das gilt dabei sowohl für den Abschluss von Rabattverträgen im Offenen wie im Verhandlungsverfahren. In diesem Zusammenhang wird gegenwärtig zudem die Tendenz erkennbar die Einführung gesetzlicher Steuerungsinstrumente zu diskutieren, die eine **automatische Orientierung der Rabattvertragslaufzeit an derjenigen des entsprechenden Patentschutzes**, bzw. an der Zulassung entsprechender Generika zum Gegenstand haben und die sich daneben auch auf bereits bestehende Portfolioverträge mit automatischer Ergänzung um Arzneimittel, deren Patent ausgelaufen ist, beziehen.[156] Mit § 130a Abs. 8 Satz 8 SGB V ist dabei eine erste dahingehende Maßnahme im Zuge der 16. AMG-Novelle bereits Gesetz geworden.[157]

Schließlich kann sich aus dem Bestehen eines Wirkstoffpatentschutzes ggf. eine Besonderheit hinsichtlich der Anforderungen an eine unverzügliche Rüge von Vergaberechtsverstößen ergeben. Nach einer Entscheidung des LSG Nordrhein-Westfalen erlangt ein pharmazeutischer Unternehmer, der in der Ausschreibung eines patentgeschützten Wirkstoffes, welcher Gegenstand offener **Patentstreitigkeiten** ist, einen Vergaberechtsverstoß sieht und dem die Patentstreitigkeiten bekannt sind, bereits mit der **Bekanntmachung** der Ausschreibung Kenntnis von dem seiner Meinung nach bestehenden Vergabeverstoß.[158] Sofern der pharmazeutische Unternehmer diesen nicht unverzüglich nach Kenntniserlangung der Vergabebekanntmachung bei der Krankenkasse rügt, sei dieser im späteren Nachprüfungsverfahren hinsichtlich dieser rechtlichen Einwände **präkludiert**. 61

2. Noch nicht abschließend geklärte ausschreibungsrelevante Einzelfragen

Neben den vorstehend zusammengefassten und in der bisherigen vergaberechtlichen Judikatur bereits eingehend erörterten sowie größtenteils bereits abschließend geklärten Fragen gibt es gegenwärtig eine Reihe ausschreibungsrelevanter Einzelfragen, zu denen eine rechtssichere Klärung in der Rechtsprechung noch aussteht. 62

a) Anzahl und Rangfolge der Rahmenvertragspartner

Vom LSG Nordrhein-Westfalen[159] und nach der geänderten Rechtswegszuständigkeit[160] der Oberlandesgerichte auch vom OLG Düsseldorf[161], wurde bereits entschieden, dass Rabattver- 63

---

[155] VK Bund Beschl. v. 6.7.2011, VK 3–80/11.
[156] Vgl. Kleine Anfrage mehrerer Abgeordneter der Fraktion BÜNDNIS 90/DIE GRÜNEN v. 8.3.2012, BT-Drs. 17/8947, sowie die Antwort der Bundesregierung v. 26.3.2012, BT-Drs. 17/9115.
[157] Vgl. dazu ausführlich unten, Rn. 115 ff, sowie *Steiff/Sdinzig* NZBau 2013, 203 und *Gabriel/Schulz* NZBau 2013, 273.
[158] LSG Nordrhein-Westfalen Beschl. v. 23.1.2009, L 11 WB 5971/08.
[159] LSG Nordrhein-Westfalen Beschl. v. 3.9.2009, L 21 KR 51/09 SFB, mit Anmerkung *Ulshöfer* VergabeR 2010, 132. Dazu auch *Meyer-Hofmann/Hahn* A&R 2010, 59, 61; sowie Rn. 15 ff.

träge gemäß § 130a Abs. 8 SGB V **bezogen auf einen Wirkstoff** auch **mit mehreren pharmazeutischen Unternehmen** geschlossen werden dürfen. Eine andere, gegenwärtig noch nicht geklärte und hiervon zu unterscheidende Frage ist, ob in solchen Fällen, in denen **mehrere Unternehmen Rabattvertragspartner für denselben Wirkstoff** werden, die Krankenkassen **Vorgaben hinsichtlich der Reihenfolge der Inanspruchnahme/der Auswahl zwischen den Rabattvertragspartnern** im Einzelfall machen dürfen.[162]

64   Konkret (und anlässlich einer Rabattvertragsausschreibung des BKK-Gemeinschaftsunternehmens spectrum|K[163] diskutiert) könnte ein solcher Auswahlmechanismus unter mehreren Rabattvertragspartnern so aussehen, dass den Apotheken seitens der ausschreibenden Krankenkasse eine „**Bedienungsreihenfolge**" vorgegeben wird. Danach müsste bei der Abgabe rabattierter Arzneimittel zunächst der im Rahmen der Ausschreibung erstplatzierte Bieter (der den höchsten Rabatt angeboten hat) berücksichtigt werden und nur wenn dessen Arzneimittel nicht verfügbar ist, dürfte auf den zweit-, dritt- usw. platzierten Rabattvertragspartner (in dieser Reihenfolge) ausgewichen werden.

65   Vor dem Hintergrund der in § 4 Abs. 2 Satz 5 des Rahmenvertrags über die Arzneimittelversorgung[164] den Apotheken eingeräumten Wahlfreiheit, zwischen mehreren rabattbegünstigten Arzneimitteln frei wählen zu dürfen, spricht viel dafür, dass die **Vorgabe einer „Bedienungsreihenfolge"** zwischen mehreren Rabattvertragspartnern jedenfalls gegenwärtig (vorbehaltlich künftiger Änderungen des Rahmenvertrags, die die Vorgabe einer Reihenfolge ermöglichen[165]) **sozialrechtlich unzulässig und vergaberechtswidrig** wäre. Denn der Abschluss von Rahmenrabattverträgen mit mehreren Vertragspartnern entspricht nur dann dem Vergaberecht, wenn objektive, transparente, diskriminierungsfreie und tatsächlich wirksame Kriterien für die Auswahl unter diesen mehreren Rahmenvertragspartnern betreffend die Ausführung der Einzelaufträge vorgesehen werden.[166] Während anfangs im Fall von Ausschreibungen, bei denen Rabattverträge für einen Wirkstoff mit mehreren pharmazeutischen Unternehmen geschlossen werden sollten, streitig war, ob in diesen Fällen ein transparenter Auswahlmechanismus existiert (was zunächst von sämtlichen Vergabekammern des Bundes verneint wurde, weil den Apotheken kein diskriminierungsfreier und transparenter Auswahlmechanismus vorgegeben werden könne),[167] hat das **LSG Nordrhein-Westfalen** entschieden, dass gerade **das im Rahmenvertrag über die Arzneimittelversorgung nach § 129 Abs. 2 SGB V den Apotheken eingeräumte „freie Wahlrecht"** zwischen mehreren rabattierten Arzneimitteln einen solchen **Auswahlmechanismus darstelle**, der den Anforderungen des § 4 EG Abs. 5 lit. a VOL/A (§ 3a Nr. 4 Abs. 6 lit. a VOL/A aF.) genügt.[168] Diese Rechtsauffassung wurde nach dem, auf Art. 3 AMNOG beruhenden Wechsel der gerichtlichen Zu-

---

[160] Vgl. Art. 3 AMNOG.
[161] OLG Düsseldorf Beschl. v. 24.11.2011, VII-Verg 62/11, mit Anmerkung *Gabriel* VergabeR 2012, 490.
[162] Hierzu ausführlich *Anders/Knöbl* PharmR 2009, 607; *Boldt* PharmR 2009, 377, 381.
[163] Veröffentlicht im Supplement zum EU-Amtsblatt v. 28.7.2009 (ABl. EU/S 2009/S 142–207880).
[164] Rahmenvertrag über die Arzneimittelversorgung nach § 129 Abs. 2 SGB V in der Fassung v. 15.6.2012.
[165] Hierzu VK Bund Beschl. v. 28.7.2009, VK 3–142/09; VK Bund Beschl. v. 19.5.2009, VK 2–15/09.
[166] Mitteilung der Europäischen Kommission zu Rahmenvereinbarungen v. 14.7.2005, Ziffer 3.2.
[167] VK Bund Beschl. v. 28.7.2009, VK 3–142/09; VK Bund Beschl. v. 19.5.2009, VK 2–15/09; VK Bund Beschl. v. 3.7.2009, VK 1–107/09; VK Bund Beschl. v. 8.6.2011, VK 2–58/11.
[168] LSG Nordrhein-Westfalen Beschl. v. 3.9.09, L 21 KR 51/09 SFB, mit Anmerkung *Ulshöfer* VergabeR 2010, 132; dazu auch *Goodarzi/Jansen* NZS 2010, 427, 432f.; einen Überblick über die Kontroverse zwischen der VK Bund und dem LSG Nordrhein-Westfalen bietet M*eyer-Hofmann/ Weng* PharmR 2010, 324.

§ 70 Arzneimittelrabattverträge Kap. 13

ständigkeit in der Beschwerdeinstanz[169] bei vergaberechtlichen Streitigkeiten iSv. § 69 SGB V ausdrücklich vom OLG Düsseldorf bestätigt.[170] Unabhängig von der Frage der Richtigkeit dieser Entscheidung steht damit fest, dass der Rahmenvertrag über die Arzneimittelversorgung in dessen § 4 Abs. 2 einen Auswahlmechanismus regelt (nämlich den Apotheken die freie Wahl einräumt), der eine darüber hinausgehend Reihenfolge der Rabattvertragspartner nicht kennt.

§ 4 Abs. 2 Satz 1 und Satz 5 des Rahmenvertrags lauten: *„Die Apotheke hat vorrangig ein* **66** *wirkstoffgleiches Fertigarzneimittel abzugeben, für das ein Rabattvertrag nach § 130a Abs. 8 SGB V besteht (rabattbegünstigtes Arzneimittel), wenn über die in Absatz 1 genannten Voraussetzungen hinaus*
– die Angaben zu dem rabattbegünstigten Arzneimittel nach Abs. 5 vollständig und bis zum vereinbarten Stichtag mitgeteilt wurden,
– das rabattbegünstigte Arzneimittel zum Zeitpunkt der Vorlage der Verordnung verfügbar ist und
– in den ergänzenden Verträgen nach § 129 Absatz 5 Satz 1 SGB V nicht anderes vereinbart ist.
Dass ein rabattbegünstigtes Arzneimittel zum Zeitpunkt der Vorlage der Verordnung vom pharma- **67** *zeutischen Unternehmen nicht geliefert werden konnte, hat die Apotheke nachzuweisen. … Treffen die Voraussetzungen nach Satz 1 bei einer Krankenkasse für mehrere rabattbegünstigte Arzneimittel zu, kann die Apotheke unter diesen frei wählen."*

Nach § 4 Abs. 2 Satz 1 des Rahmenvertrags haben die Apotheken daher vorrangig ein **68** rabattbegünstigtes Arzneimittel abzugeben, wenn eine Substitution mit einem rabattierten Arzneimittel gemäß Absatz 1 der Vorschrift möglich ist. Für den Fall, dass mehrere rabattbegünstigte Arzneimittel zur Verfügung stehen, sieht Satz 5 der Vorschrift vor, dass die Apotheken berechtigt sind, unter sämtlichen rabattbegünstigten Arzneimitteln frei zu wählen. Damit ist für das Abgabeverhalten der Apotheken im Fall von mehreren rabattbegünstigten Arzneimitteln eine **eindeutige rahmenvertragliche Regelung** vorgesehen, der die Vorgabe einer – wie auch immer gearteten – Reihenfolge entgegensteht. Eine von dieser – durch die jeweiligen Spitzenverbände – im Rahmenvertrag über die Arzneimittelversorgung getroffenen Regelung (freies Wahlrecht der Apotheken) **abweichende Vorgabe einzelner Krankenkassen in Rabattverträgen ist nicht möglich**, da einzelne Krankenkassen nicht Vertragspartei des Rahmenvertrags sind und demzufolge nicht im Wege der Ausschreibung von Selektivverträgen hiervon abweichende Vorgaben gegenüber Apothekern aufstellen dürfen.[171] Mit dieser gesetzlich normierten exklusiven Vertragsschlusskompetenz der Spitzenverbände/Spitzenorganisation soll die Implementierung eines Abrechnungsmechanismus ermöglicht werden, der den Erfordernissen der Massenverwaltung Rechnung trägt. Die Regelung in § 4 Abs. 2 Satz 5 des Rahmenvertrags lässt keinen Raum für zusätzliche (weder abweichende, noch konkretisierende) Bestimmungen durch einzelne Krankenkassen. Dementsprechend hat auch das BSG jede zusätzliche, über den Rahmenvertrag hinausgehende Regelung des Abgabeverhaltens für Arzneimittel durch einzelne Krankenkassen für unzulässig erklärt: *„Es würde zu einer erheblichen und mit den Erfordernissen einer Massenverwaltung nicht zu vereinbarenden Erschwerung des Abrechnungsverhaltens führen, wenn es trotz des eindeutigen Wortlauts des § 5 Abs. 2 Rahmenvertrag nachträglich noch zulässig wäre, Gründe für ein anderes Abgabeverhalten nachzuschieben. Die damit in aller Regel verbundenen Aufklärungs- und Beweisschwierigkeiten sollen gerade vermieden werden. Im Übrigen haben es die Beteiligten in der Hand, die vertraglichen Abgabe- und Abrech-*

---

[169] Dazu *Gabriel* VergabeR 2011, 372, 381.
[170] OLG Düsseldorf Beschl. v. 24.11.2011, VII-Verg 62/11, mit Anmerkung *Gabriel* VergabeR 2012, 490. Die Vorinstanz VK Bund Beschl. v 8.6.2011, VK 2–58/11 (sowie VK Bund Beschl. v. 24.6.2011, VK 2–58/11) blieb trotz anderslautender Entscheidung des LSG Nordrhein-Westfalen weiterhin bei ihrer bereits 2009 geäußerten Rechtsansicht der Vergaberechtswidrigkeit.
[171] So LSG Rheinland-Pfalz Beschl. v. 25.7.2005, L 5 ER 57/05 KR; VK Bund Beschl. v. 28.7. 2009, VK 3–142/09.

nungsregeln zu ändern, denn sie können die Bedingungen des sie bindenden Vertragswerks im Rahmen des § 129 SGB V selbst gestalten."[172]

69 An diesem Ergebnis kann auch die grundsätzlich bestehende Möglichkeit einer sogenannten **Retaxierung der Krankenkassen gegenüber Apothekern** nichts ändern, insbesondere kann auf diesem Wege kein vom Rahmenvertrag abweichender Auswahlmechanismus für die Abgabereihenfolge bestimmter rabattbegünstigter Arzneimittel vorgegeben werden. Bei der Retaxierung handelt es sich lediglich um ein zivilrechtliches Instrument zur Rückabwicklung von Leistungsbeziehungen, in denen die Leistungserbringung ohne Rechtsgrund erfolgte. Nach der Rechtsprechung des BSG steht die Möglichkeit der Retaxierung den Krankenkassen auch dann zur Verfügung, wenn Apotheken gegen § 129 Abs. 1 SGB V oder gegen Vorgaben des Rahmenvertrags nach § 129 Abs. 2 SGB V verstoßen haben sollten.[173] Da der Rahmenvertrag in § 4 Abs. 2 Satz 5 gerade die freie Auswahl der Apotheken zwischen den zur Verfügung stehenden rabattbegünstigten Arzneimitteln vorsieht, kommt eine Retaxierung im Fall der Nichtbefolgung einer durch die Krankenkasse hiervon abweichenden „Bedienungsreihenfolge" nicht in Betracht.

70 Das Gleiche gilt für das **allgemeine sozialrechtliche Wirtschaftlichkeitsgebot des § 12 SGB V**, denn dieses wird speziell für den Bereich der Arzneimittelabgabe durch die Regelung in § 129 Abs. 1 SGB V und mithin auch durch den diese Regelung konkretisierenden Rahmenvertrag näher bestimmt.[174] Aus § 4 Abs. 2 Satz 5 des Rahmenvertrags ergibt sich daher, dass die Abgabe jedes rabattbegünstigten Arzneimittels wirtschaftlich im Sinne des Wirtschaftlichkeitsgebots nach § 12 SGB V ist, ohne dass eine weitere Differenzierung innerhalb der Gruppe der rabattbegünstigten Arzneimittel dahin gehend erfolgt, ob allein die Abgabe des Arzneimittels mit dem höchsten Rabatt wirtschaftlich wäre.

b) Ausschreibungspflicht bei Rahmenrabattvereinbarungen mit jederzeitigem Beitrittsrecht („Open-House-Verträge")

71 Klärungsbedürftig ist derzeit noch die Frage nach der vergaberechtlichen Zulässigkeit ausschreibungslos geschlossener Arzneimittelrabattverträge nach § 130a Abs. 8 SGB V in Form der Rahmenvereinbarung, sofern diese ein jederzeitiges Beitritts-/Partizipationsrecht für jedes geeignete pharmazeutische Unternehmen enthält (sog. „Open-House" oder „Zulassungs"-Modell[175]).

72 Ausgangspunkt der vergaberechtlichen Bewertung ist die Rechtsprechung des LSG Nordrhein-Westfalen zur Ausschreibungsbedürftigkeit von **nicht-exklusiven Hilfsmittelversorgungsverträgen mit Beitrittsrecht** iSv. § 127 Abs. 2, 2a SGB V.[176] Danach soll ein Hilfsmittelversorgungsvertrag in Ermangelung einer vertraglich zugesicherten Exklusivität für das vertragsbeteiligte pharmazeutische Unternehmen und einer damit verbundenen fehlenden Sonderstellung im Wettbewerb dann nicht als ausschreibungsbedürftiger öffentlicher Auftrag angesehen werden, wenn es an einer Auswahlentscheidung der gesetzlichen Krankenkasse als Auftraggeber fehlt.[177] Ein gesetzlich vorgesehener Anspruch auf Vertragsbeitritt und gleichberechtigten Marktzugang iSv. § 127 Abs. 2a SGB V schlie-

---

[172] BSG Urt. v. 3.8.2006, B 3 KR 7/05 R.
[173] BSG Urt. v. 3.8.2006, B 3 KR 7/05 R; ebenso LSG Berlin-Brandenburg Urt. v. 11.4.2008, L 1 KR 78/07.
[174] BSG Urt. v. 28.7.2008, B 1 KR 4/08 R; BSG Urt. v. 3.8.2006, B 3 KR 7/05 R; LSG Berlin-Brandenburg Urt. v. 11.4.2008, L 1 KR 78/07; LSG Baden-Württemberg Urt. v. 17.10.2007, S 8 KR 626/04; LSG Sachsen-Anhalt Urt. v. 31.1.2005, L 4 KR 30/01.
[175] Zum Modell vgl. *Meyer-Hofmann/Hahn* A&R 2010, 59, 62; *Noch* Vergaberecht kompakt, 5.Aufl. 2011, S.100f.; *Csaki* NZBau 2012, 350.
[176] Vgl. dazu bereits § 68, Rn. 18.
[177] Vgl. LSG Nordrhein-Westfalen Beschl. v. 14.4.2010, L 21 KR 69/09 SFB, mit Anmerkung *Gabriel* VergabeR 2010, 1026.

ße eine solche Auswahlentscheidung ebenso wie eine vergaberechtliche Ausschreibungspflicht von vornherein aus.

Mit einem Arzneimittelrabattvertrag nach § 130a Abs. 8 SGB V in Form der Rahmenvereinbarung, welcher mit dem erklärten Ziel öffentlich ausgeschrieben wurde, mit möglichst vielen am Markt tätigen pharmazeutischen Unternehmen jeweils über deren gesamtes Produktportfolio zu kontrahieren, um den Versicherten dadurch eine größtmögliche Arzneimittelproduktbreite zur Verfügung zu stellen, sah sich jüngst erstmalig das OLG Düsseldorf konfrontiert.[178] Der entscheidungsgegenständliche Rabattvertrag sollte explizit weder eine **Versorgungsexklusivität** der beteiligten pharmazeutischen Unternehmern begründen, noch eine solche bezwecken und eine **Substitution der betroffenen Arzneimittel** nach § 129 Abs. 1 Satz 3 SGB V vermieden werden. Dabei erfolgte die Ausschreibung des entsprechenden Rabattvertrages offensichtlich unter der Prämisse, aufgrund der offenen vertraglichen Gestaltung nicht dem EU/GWB-Vergaberecht zu unterliegen. 73

Die Zulässigkeit ausschreibungsloser nicht-exklusiver Arzneimittelrabattverträge ist allerdings auch unter Zugrundelegung der vergaberechtlichen Rechtsprechung zu Hilfsmittelversorgungsverträgen mit Beitrittsrecht fraglich. Danach kann eine vergaberechtsfreie Beschaffung ggf. ausnahmsweise dadurch gerechtfertigt werden, dass ein Beitrittsrecht in § 127 Abs. 2a SGB V ausdrücklich gesetzlich vorgesehen ist. Für Unternehmen ergibt sich deshalb **qua Gesetz ein durchsetzbares Recht zum Vertragsbeitritt**, wodurch die Begründung von Exklusivitätsrechten vertragsbeteiligter Unternehmen im Einzelfall weitestgehend verhindert werden kann. Eine entsprechende gesetzliche Vorschrift findet sich für andere GKV-Versorgungsverträge allerdings nicht, weshalb die 3. Vergabekammer des Bundes die hier in Rede stehende vertragliche Gestaltung wegen der missbräuchlichen Verwendung einer Rahmenvereinbarung als vergaberechtswidrig angesehen hat.[179] Gegenwärtig hat sich der Düsseldorfer Vergabesenat erneut im Rahmen eines sofortigen Beschwerdeverfahrens mit der in Rede stehenden Problematik auseinanderzusetzen, nachdem die 1. VK Bund[180] einen ausschreibungslos geschlossenen Open-House-Vertrag in erster Instanz für vergaberechtswidrig erklärt hat.[181] Der Düsseldorfer Vergabesenat wird die Frage nach der vergaberechtlichen Zulässigkeit von Open-House-Verträgen im Rahmen dieses Verfahrens dem EuGH vorlegen. 74

Darüber hinaus erscheint eine solche Vertragsgestaltung auch **nicht gesetzgeberisch intendiert.** Der Abschluss von Arzneimittelrabattverträgen ohne einen vorangegangenen Ausschreibungswettbewerb pharmazeutischer Unternehmen würde dem Sinn und Zweck des § 130a Abs. 8 SGB V vielmehr gerade zuwiderlaufen, eine möglichst wirtschaftliche Beschaffung von Arzneimittel durch die gesetzlichen Krankenkassen sicherzustellen.[182] 75

Demgegenüber führt der Vergabesenat des OLG Düsseldorf in seiner bislang einzigen Entscheidung zu Open-House-Verträgen aus, es sei **nicht von vornherein ausgeschlossen, dass bloße „Zulassungen" nicht dem Vergaberecht unterfallen.** Soweit ein Vertragsschluss mit jedem geeigneten Unternehmen ohne Probleme, jederzeit rechtlich und tatsächlich möglich ist, entfalle ein Wettbewerbsvorteil für vertragsbeteiligte Unternehmen und es finde kein Wettbewerb statt. Allerdings hatte das Gericht anlässlich des entscheidungsgegenständlichen Sachverhalts auch nicht abschließend über diese Rechtsfrage zu befinden und hält es ausdrücklich für möglich, dass diese letztlich lediglich durch 76

---

[178] OLG Düsseldorf Beschl. v. 11.1.2012, VII-Verg 58/11, dazu *Csaki* NZBau 2012, 350; *Schüttpelz/Dicks* in Prieß/Lau/Kratzenberg, FS Marx, 691, 698 f.
[179] Vgl. VK Bund, Beschl. v. 6.7.2011, VK 3–80/11.
[180] VK Bund Beschl. v. 20.2.2014 – VK 1–4/14.
[181] Das Beschwerdeverfahren wird vor dem OLG Düsseldorf unter dem Aktenzeichen VII-Verg 13/14 geführt.
[182] Vgl. dazu bereits oben, Rn. 1 ff. sowie *Gaßner/Eggert* NZS 2011, 249. Zur unterschiedlichen Ausgangslage bei Hilfsmittel- und Rabattverträgen auch *Csaki* NZBau 2012, 350, 352.

Vorlage an den EuGH nach Art. 267 AEUV einer endgültigen Lösung zugeführt werden kann.

77 Der ausschreibungslose Abschluss eines Arzneimittelversorgungsvertrags erscheint damit jedenfalls bis zu einer anders lautenden rechtlichen Bewertung durch das OLG Düsseldorf oder dem EuGH **grundsätzlich vergaberechtskonform möglich**, sofern mit einem solchen tatsächlich keine Auswahlentscheidung des öffentlichen Auftraggebers und dem damit einhergehenden Problem der Diskriminierung unter den Bietern verbunden ist, dem das Vergaberecht entgegentreten will.[183] Dazu bedarf es grundsätzlich einer **tatsächlichen sowie rechtlich durchsetzbaren, jederzeitigen Beitrittsmöglichkeit für geeignete Unternehmen**, welche innerhalb eines **transparenten und nachvollziehbaren Zulassungs- bzw. Beitrittsverfahrens** ausgeübt werden können muss und **nichtdiskriminierende Beitrittsbedingungen** voraussetzt. Notwendig dürfte insofern die europaweite Bekanntmachung des Rabattvertrages durch Veröffentlichung im Amtsblatt der Europäischen Union sein. Insbesondere darf es nicht zu einer Bevorzugung einzelner Unternehmen durch die Gewährung von Wettbewerbsvorteilen kommen, indem etwa bestimmten Unternehmen Einfluss auf die Gestaltung der Vertragsbedingungen eingeräumt wird. Vielmehr müssen sämtliche Vertragsbedingungen diskriminierungsfrei für alle auf dem entsprechenden Markt tätigen Unternehmen vorgegeben werden.

78 Einen Diskriminierungen ermöglichenden Wettbewerbsvorteil von Unternehmen stellt es bereits dar, wenn nur eines von ihnen auf den Inhalt des Vertrags Einfluss nehmen kann und Dritten nur die Wahl zwischen dem Vertragsbeitritt zu dem von einem anderen bereits zu dessen Bedingungen ausgehandelten Vertrag oder dem Verzicht auf die Teilhabe bleibt.[184] Der Abschluss von Open-House-Verträgen, welche zuvor im Amtsblatt der EU bekanntgemacht wurden, entspricht vor diesem Hintergrund der gegenwärtigen Praxis. Entsprechende Bekanntmachungen werden mittlerweile nahezu wöchentlich veröffentlicht.

79 Allerdings ist auch nach der Entscheidung des OLG Düsseldorf bislang unklar, welche vergaberechtlichen Anforderungen diesbezüglich in concreto an eine Open-House-Rabattvereinbarung zu stellen sind und ob bzw. wann ein derartiges Modell vergaberechtlich nicht mehr in einem Nachprüfungsverfahren überprüft werden könnte.[185] Endlich steht eine endgültige Klärung der Rechtslage somit noch aus und ist letztlich erst allgemeinverbindlich durch den EuGH zu erwarten.[186]

c) Besonderheiten bei der Bestimmung des Nachunternehmers bzw. Lohnherstellers

80 Eine weitere, in der bisherigen vergaberechtlichen Rechtsprechung erst unzureichend beantwortete Frage betrifft die Bestimmung, **welche Drittunternehmen im Rahmen von Rabattvertragsausschreibungen als Nachunternehmer** (für den die gleichen Vorgaben zu Eignungsnachweisen wie für Bieter gelten) zu qualifizieren sind und bei wem es sich um **Dritte mit bloßen Hilfs-/Unterstützungsfunktionen** (für die abhängig von den Vorgaben in der jeweiligen Ausschreibung lediglich bestimmte einzelne Nachweise beigebracht werden müssen) handelt.[187] Diese Frage ist von **großer prakti-**

---

[183] So auch *Schüttpelz/Dicks* in Prieß/Lau/Kratzenberg, FS Marx, 691, 697 f.
[184] Vgl. OLG Düsseldorf, Beschl. v. 11.1.2012, VII-Verg 58/11; OLG Düsseldorf, Beschl. v. 11.1.2012, VII-Verg 67/11; *Schüttpelz/Dicks* in Prieß/Lau/Kratzenberg, FS Marx, 691, 698.
[185] *Csaki* NZBau 2012, 350, 353.
[186] Ein gegen den Abschluss eines Open-House-Vertrags gerichteter Nachprüfungsantrag ist gegenwärtig bei der 1. Vergabekammer des Bundes unter dem Az. VK 1-4/14 anhängig.
[187] Insbesondere anlässlich der Ausschreibung der Deutschen Angestellten Krankenkasse, veröffentlicht im Supplement zum EU-Amtsblatt v. 14.11.2008 (ABl. EU/S 2008/S 222–295505) wurde, soweit ersichtlich, erstmals intensiv die Frage diskutiert, ob ua. Bulkwarehersteller, Verblisterer, Hersteller von Sekundärverpackungen (Verpackungsschachteln, Packungsbeilagen) und sonstige Lohnhersteller, Nachunternehmer im vergaberechtlichen Sinne sind.

scher Relevanz, da einerseits zumindest die zur VOL/A (und VOB/A) 2006 ergangene Judikatur **im Fall fehlender Eignungsnachweise** das dem Auftraggeber zustehende Ermessen zum Ausschluss unvollständiger Angebote als auf Null reduziert angesehen hat, was zu einer großen Bedeutung etwaiger Fehleinschätzungen bei dieser Abgrenzung und der damit einhergehenden Entscheidung, für welche Drittunternehmen welche Eignungsnachweise dem Angebot beigefügt werden, geführt hat. Andererseits führen die mit einem – gegebenenfalls aus Vorsicht veranlassten – weiten Verständnis einhergehenden Konsequenzen zu oftmals großen zeitlichen Schwierigkeiten bei der Angebotserstellung, da im Rahmen der Angebotsfrist gegebenenfalls Nachunternehmererklärungen von auf der ganzen Welt verteilten Lohnherstellern eingeholt werden müssten.

Die **Synonyme „Nachunternehmer", „Subunternehmer" und „Nachauftragnehmer"** sind im deutschen Vergaberecht nicht definiert. Nach gängiger Praxis wird als Nachunternehmer ein Unternehmen bezeichnet, das sich an der Erbringung der vom Auftraggeber gewünschten Leistung beteiligt und dabei nur in einem Vertragsverhältnis zum Auftragnehmer, nicht aber zum Auftraggeber steht. Der so verstandene Nachunternehmer zeichnet sich im Gegensatz zu sonstigen im Rahmen der Auftragserfüllung vom Auftragnehmer eingeschalteten Dritten dadurch aus, dass er **der zwingenden Eignungsprüfung des öffentlichen Auftraggebers unterworfen** ist. Die Qualifikation eines Dritten als **„Lohnhersteller"** spielt dagegen nach vergaberechtlichen Maßstäben keine Rolle, denn es handelt sich dabei nicht um einen vergabe- oder arzneimittelrechtlichen Fachbegriff. Das gleiche gilt für den **„Tätigkeiten im Auftrag" gemäß § 9 AMWHV** erbringenden Personenkreis, auf den im Rahmen von Rabattvertragsausschreibungen oftmals Bezug genommen wird, um den Nachunternehmerkreis zu definieren. § 9 AMWHV sieht aus Gründen der Arzneimittelsicherheit schriftliche Verträge zur Abgrenzung der pharmazeutischen Verantwortung bei Tätigkeiten im Auftrag vor. Ihrer Zielrichtung entsprechend handelt es sich hierbei um eine strenge Vorschrift zur Gewährleistung von Qualität, Sicherheit und Unbedenklichkeit des Arzneimittels. Diese Vorschrift pauschal zum Zweck der Definition des Unterauftragnehmers in Rabattvertragsausschreibungen zu verwenden, ist verfehlt. Weder Auftragshersteller im Sinne des § 9 AMWHV noch zwischengeschaltete Unternehmer sind vergaberechtliche Fachbegriffe. Vielmehr dürfte es sich bei einer an der vergaberechtlichen Rechtsprechung orientierten Abgrenzung (dazu sogleich) bei den in § 9 AMWHV aufgeführten Tätigkeiten vorrangig um Hilfstätigkeiten handeln. 81

Mangels Begriffsdefinition erfolgt die Abgrenzung, ob ein Dritter, der im Zuge der Auftragserfüllung tätig wird, als Nachunternehmer zu qualifizieren ist, anhand der Frage, **ob der öffentliche Auftraggeber ein legitimes Interesse am Nachweis der Eignung des Dritten hat**.[188] Sofern der Dritte dagegen lediglich eine Hilfsfunktion wahrnimmt, ist ein Interesse des öffentlichen Auftraggebers an der Eignungsprüfung zu verneinen.[189] Derartige **Dritte mit bloßer Hilfsfunktion** werden überwiegend als **Zulieferer** bezeichnet und insoweit vom Nachunternehmer abgegrenzt.[190] Gemessen an diesem Maßstab ist grundsätzlich jedenfalls derjenige als Nachunternehmer anzusehen, der im Pflichtenkreis des Auftragnehmers tätig wird. Was zum Pflichtenkreis des Auftragnehmers gehört, wird durch den Gegenstand des Auftrags und damit insbesondere durch die Leis- 82

---

[188] VK Sachsen Beschl. v. 10.10.2008, 1/SVK/051–08; OLG Naumburg Beschl. v. 26.1.2005, 1 Verg 21/04; OLG Naumburg Beschl. v. 9.12.2004, 1 Verg 21/04; VK Bund Beschl. v. 13.10.2004, VK 3–194/04.
[189] OLG Naumburg Beschl. v. 4.9.2008, 1 Verg 4/08; VK Sachsen-Anhalt Beschl. v. 23.7.2008, VK 2 LVwA LSA-07/08; VK Sachsen-Anhalt Beschl. v. 6.6.2008, 1 VK LVwA 07/08; VK Bund Beschl. v. 4.6.2007, VK 2–42/07; OLG Dresden Beschl. v. 25.4.2006, 20 U 0467/06; VK Lüneburg Beschl. v. 8.4.2005, VgK-10/2005; OLG Naumburg Beschl. v. 26.1.2005, 1 Verg 21/04.
[190] VK Sachsen Beschl. v. 10.10.2008, 1/SVK/051–08; VK Rheinland-Pfalz Beschl. v. 29.5.2007, VK 20/07; OLG Naumburg Beschl. v. 26.1.2005, 1 Verg 21/04; OLG Naumburg Beschl. v. 9.12.2004, 1 Verg 21/04; VK Bund Beschl. v. 13.10.2004, VK 3–194/04.

tungsbeschreibung definiert.[191] Ein Dritter, der eine Leistung erbringt, die in der Leistungsbeschreibung aufgeführt ist, ist daher in der Regel als Nachunternehmer anzusehen.[192]

83 Das Abgrenzungskriterium, ob der öffentliche Auftraggeber ein legitimes Interesse am Nachweis der Eignung des Dritten zur Auftragserfüllung hat, führt in der Praxis zu **schwer prognostizierbaren Ergebnissen** und einer **uneinheitlichen**, von den besonderen Umständen des Einzelfalls geprägten **Rechtsprechung**. Obwohl diese Rechtsprechung eine einheitliche Linie vermissen lässt, lassen sich dennoch einige **Umstände/Indizien** identifizieren, die als solche – soweit ersichtlich – nicht umstritten sind und bei deren Vorliegen überwiegend von der **Qualifikation des Dritten als Nachunternehmer** ausgegangen wird:

84 So spricht für die Einordnung einer Leistung als Nachunternehmerleistung insbesondere, wenn der sie erbringende Dritte über eine **besondere fachliche Qualifikation** verfügen muss.[193] Gleiches gilt, wenn die vom Dritten erbrachte Teilleistung im Verhältnis zur gesamten Auftragsleistung eine gewisse **Eigenständigkeit** aufweist, wobei ein Indiz für das Vorliegen einer Nachunternehmerleistung insbesondere auch der Grad der Eigen-/Selbständigkeit des Dritten ist.[194] Daneben können auch **qualitative und quantitative Aspekte der Leistung** des Dritten für die Qualifikation derselben als Nachunternehmerleistung eine Rolle spielen.[195] So spricht der Umstand, dass die Teilleistung im Hinblick auf ihre Kosten einen wesentlichen Teil des Gesamtangebotspreises ausmachen, dafür, dass die Leistung als Nachunternehmerleistung und nicht lediglich als Zuarbeit einzustufen ist.[196] Im Hinblick auf die qualitativen Aspekte der Drittleistung kann ihre **Bedeutung für die Funktionsfähigkeit der Gesamtleistung** maßgeblich sein.[197]

85 In Ansehung dieser vergaberechtlichen Judikatur, die keine Präjudizien und Beispielsfälle speziell für die Abgrenzung zwischen Nachunternehmern und Lohnherstellern/Zulieferern im Rahmen von Rabattvertragsausschreibungen enthält, können für die im vorliegenden Zusammenhang interessierenden Konstellationen folgende grundsätzliche Aussagen getroffen werden. Dabei ist im Einzelfall allerdings zu berücksichtigen, dass es Krankenkassen als öffentlichen Auftraggebern unbenommen ist, ungeachtet dieser Rechtsprechung eigenständig festzulegen, welche Dritten Eignungsnachweise einreichen müssen. Die **Abgrenzung** wird daher vor allem relevant, **wenn eine Krankenkasse derartige Festlegungen in der einer Ausschreibung nur unzureichend oder missverständlich vorgenommen** hat.

86 Das bedeutet für die im pharmazeutischen Fertigungsprozess tätigen Dritten[198]:
– **Lieferung der Grundstoffe:** Ein Dritter, der dem Auftragnehmer des Rabattvertrags die zur Herstellung der nachgefragten Arzneimittel benötigten Grundstoffe liefert, erbringt eine Hilfstätigkeit, weil Gegenstand eines Rabattvertrags regelmäßig die Liefe-

---

[191] VK Bund Beschl. v. 26.5.2008, VK 2–49/08; VK Bund Beschl. v. 13.10.2004, VK 3–194/04.
[192] VK Sachsen Beschl. v. 10.10.2008, 1/SVK/051–08; VK Bund Beschl. v. 26.5.2008, VK 2–49/08; VK Bund Beschl. v. 14.2.2008, VK 1–9/08; VK Bund Beschl. v. 13.10.2004, VK 3–194/04.
[193] OLG Naumburg Beschl. v. 4.9.2008, 1 Verg 4/08; VK Rheinland-Pfalz Beschl. v. 29.5.2007, VK 20/07; OLG Naumburg Beschl. v. 26.1.2005, 1 Verg 21/04.
[194] OLG Naumburg Beschl. v. 4.9.2008, 1 Verg 4/08; OLG Naumburg Beschl. v. 26.1.2005, 1 Verg 21/04; VK Sachsen Beschl. v. 10.10.2008, 1/SVK/051–08.
[195] VK Lüneburg Beschl. v. 30.1.2009, VgK-54/08.
[196] OLG Celle Beschl. v. 5.7.2007, 13 Verg 8/07; OLG Naumburg Beschl. v. 26.1.2005, 1 Verg 21/04; OLG Naumburg Beschl. v. 9.12.2004, 1 Verg 21/04.
[197] OLG Naumburg Beschl. v. 26.1.2005, 1 Verg 21/04; VK Lüneburg Beschl. v. 30.1.2009, VgK-54/08.
[198] Zu den einzelnen Herstellungshandlungen siehe *Krüger* in Fuhrmann/Klein/Fleischfresser, Arzneimittelrecht, 2010, § 13 Rn. 5 ff.

rung hergestellter bzw. herzustellender Arzneimittel ist. Es spricht daher viel dafür, diesen Dritten **nicht als Nachunternehmer** zu qualifizieren. Eine **andere Einschätzung** ist in Bezug auf **Bulkwarehersteller** denkbar.

- **Herstellungsprozess** als solcher: Ein Dritter, der den Auftragnehmer des Rabattvertrags bei der Herstellung der nachgefragten Arzneimittel im Herstellungsprozess (im Sinne von **§ 4 Abs. 14 AMG**) unterstützt, ist zumeist unmittelbar an der Erbringung der Auftragsleistung beteiligt. Das legitime Interesse des Auftraggebers an dem Nachweis der Eignung dieses Dritten ist daher zu bejahen, so dass viel dafür spricht, den Dritten **als Nachunternehmer** zu qualifizieren.
- **Verblisterung:** Ein Dritter, welcher die Verblisterung (sogenannte **Primärverpackung**) der nachgefragten Arzneimittel für den Auftragnehmer des Rabattvertrags vornimmt, erbringt einen Teil der ausgeschriebenen Leistung (vgl. § 4 Abs. 14 AMG), denn diese Leistung steht mit dem Vertragsgegenstand – den zu liefernden Arzneimitteln – in unmittelbarem Bezug. Es spricht viel dafür, den Dritten **als Nachunternehmer** zu qualifizieren.
- **Sekundärverpackung:** Ein Dritter, der für den Auftragnehmer des Rabattvertrags die Verpackungsschachteln/Packungsbeilagen (sogenannte Sekundärverpackung) für die nachgefragten Arzneimittel herstellt, erfüllt **lediglich eine Hilfsfunktion**, für die keine besondere Qualifikation erforderlich ist und die nicht im fachlichem Bezug zur nachgefragten Leistung steht (keine Herstellung im Sinne von § 4 Abs. 14 AMG). Es spricht daher viel dafür, diesen Dritten **nicht als Nachunternehmer** zu qualifizieren.
- **Arzneimittelrechtliche Freigabe:** Ein Dritter, der für die vom Auftragnehmer des Rabattvertrags zu liefernden Arzneimittel die arzneimittelrechtliche Freigabe erteilt, erbringt einen Teil der ausgeschriebenen Leistung. Diese Leistung steht mit dem Vertragsgegenstand – den zu liefernden Arzneimitteln – in unmittelbarem Bezug, denn die arzneimittelrechtliche Freigabe gehört **gemäß § 4 Abs. 14 AMG** zum Herstellungsprozess. Das legitime Interesse des Auftraggebers an dem Nachweis der Eignung dieses Dritten ist daher zu bejahen, so dass viel dafür spricht, den Dritten **als Nachunternehmer** zu qualifizieren.

d) Vergaberechtliche Vorgaben für die Bewertung des Mehrkostenausgleichs bei Festbetragsüberschreitung

Ebenfalls noch nicht abschließend geklärt ist die Frage, wie die in § 31 SGB V enthaltenen Vorgaben für Festbetragsarzneimittel (Arzneimittel, bezüglich derer ein erstattungsfähiger Höchstbetrag festgesetzt wurde) bei Rabattvertragsausschreibungen rechtmäßig umgesetzt werden können. Nach § 31 Abs. 2 Satz 3 SGB V ist eine Rabattvereinbarung über Festbetragsarzneimittel nur zulässig, wenn *„hierdurch die Mehrkosten der Überschreitung des Festbetrags ausgeglichen werden"*. Hintergrund dieser Vorgabe sind die Kostentragungsregelungen im System der gesetzlichen Krankenversicherung, die – vereinfacht dargestellt – vorsehen, dass Krankenkassen die Arzneimittelkosten abzüglich Versichertenzuschläge und Zwangsrabatte tragen.[199] Sofern für ein Arzneimittel ein Festbetrag festgelegt ist, haben Krankenkassen die Kosten dagegen gemäß § 31 Abs. 2 Satz 1 SGB V lediglich bis zur Höhe des Festbetrags zu übernehmen. Die über den Festbetrag hinausgehende Differenz zum Apothekenverkaufspreis hat der Versicherte zu tragen. Diese **Kostenverteilung ändert sich** jedoch, wenn die Krankenkasse für ein Arzneimittel eine **Rabattvereinbarung gemäß § 130a Abs. 8 SGB V** abschließt. In diesem Fall hat die Krankenkasse gemäß § 31 Abs. 2 Satz 2 SGB V den vollen Apothekenverkaufspreis (abzüglich anfallender gesetzlicher Abschläge) zu zahlen. Für die Krankenkasse **entfällt** bei Bestehen eines Rabattvertrags demnach die **begrenzende Funktion des Festbetrags.** Mit § 31 Abs. 2 Satz 2

---

[199] Eingehend hierzu *Pelzer/Klein* in Fuhrmann/Klein/Fleischfresser, Arzneimittelrecht, 2010, § 46 Rn. 101 ff.

SGB V soll dem Umstand Rechnung getragen werden, dass die im Fall der Rabattvereinbarung bestehende Substitutionspflicht gemäß § 129 Abs. 1 Satz 3 SGB V sonst zu höheren Kosten zu Lasten des Versicherten führen könnte. Denn bei Bestehen einer Rabattvereinbarung ist der Apotheker gemäß § 129 Abs. 1 Satz 3 SGB V grundsätzlich zum Austausch des verordneten Arzneimittels mit einem wirkstoffgleichen rabattierten Arzneimittel verpflichtet, ohne dass der Versicherte (trotz des, durch das AMNOG eingeführten Wahlrechts gegen Mehrkostenerstattung gemäß § 129 Abs. 1 Satz 5 SGB V)[200] faktisch auf diese Substitution Einfluss nehmen könnte. Daher könnte es dazu kommen, dass ein unter oder auf dem Festbetrag liegendes, nicht rabattiertes Arzneimittel gegen ein rabattiertes, über dem Festbetrag liegendes Arzneimittel ausgetauscht werden müsste, obwohl ein Arzneimittel ohne die festbetragsbedingten Mehrkosten für den Versicherten verfügbar wäre – nämlich das unter oder auf dem Festbetrag liegende nicht rabattierte Arzneimittel. Um Versicherte nicht mit zusätzlichen Kosten (die über den Festbetrag hinausgehende Differenz zum Apothekenverkaufspreis) zu belasten, sieht § 31 Abs. 2 Satz 2 SGB V daher vor, dass bei Bestehen einer Rabattvereinbarung die Krankenkasse in jedem Fall – dh. auch bei festbetragsgebundenen Arzneimitteln – den Apothekenverkaufspreis voll trägt.

88   Aus Sicht der Krankenkassen hat die Regelung des § 31 Abs. 2 Satz 2 SGB V jedoch zur Folge, dass bei Bestehen einer Rabattvereinbarung gemäß § 130a Abs. 8 SGB V für ein festbetragsgebundenes Arzneimittel eventuell höhere Kosten (die über den Festbetrag hinausgehende Differenz zum Apothekenverkaufspreis) getragen werden müssten, als ohne die Rabattvereinbarung – nämlich wenn der rabattierte Preis höher ist als der Festbetrag. Um zu verhindern, dass der Kostenvorteil, der durch die Gewährung eines Rabatts zu Gunsten der Krankenkasse entstehen soll, durch die Regelung des § 31 Abs. 2 Satz 2 SGB V *ad absurdum* geführt wird, sieht § 31 Abs. 2 Satz 3 SGB V daher vor, dass Rabattvereinbarungen gemäß § 130a Abs. 8 SGB V für festbetragsgebundene Arzneimittel nur dann zulässig sind, wenn **durch die Rabattvereinbarung die Mehrkosten der Überschreitung des Festbetrags ausgeglichen** werden. Die „Mehrkosten der Überschreitung des Festbetrags" sind diejenigen Kosten, die die Krankenkasse gemäß § 31 Abs. 2 Satz 2 SGB V ausnahmsweise zu tragen hat (Differenz zwischen Festbetrag und Apothekenverkaufspreis). Nach § 31 Abs. 2 Satz 3 SGB V muss diese Differenz durch die Rabattvereinbarung ausgeglichen werden.

89   Hierfür lassen sich **unterschiedliche Wege** denken; in den bislang durchgeführten Rabattvertragsausschreibungen wurden vor allem **zwei Varianten praktiziert:** Einerseits wurde die Berücksichtigung des **Mehrkostenausgleichs im Rahmen der Wertung (Wirtschaftlichkeitsvergleich)** der Angebote vorgenommen (erste Variante, sog. AOK-Modell).[201] Dazu wurde die Höhe der Differenz zwischen Festbetrag und Apothekenverkaufspreis als die Wirtschaftlichkeit des Angebots nachteilig beeinflussender Faktor berücksichtigt, weil die Krankenkasse diese entgeltliche Differenz zu tragen hat. Zusätzlich war als von den Bietern zu erfüllende Mindestbedingung vorgegeben, dass die Höhe des Rabatts die Mehrkosten der Überschreitung des Festbetrags ausgleichen muss. Der Rabatt musste demzufolge mindestens so hoch sein, dass der Preis, den die Krankenkasse für das betroffene Arzneimittel nach Rabatt zu zahlen hat, auf oder unter dem Festbetrag liegt. Andererseits wurde der Vorgabe gemäß § 31 Abs. 2 Satz 3 SGB V durch eine im Rabattvertrag vorgesehene **vertragliche Verpflichtung zum Ausgleich etwaiger (festbetragsbedingter) Mehrkosten** Rechnung getragen, ohne dass sich der Umstand in der

---

[200] Vgl. *Knittel* in Krauskopf, Soziale Krankenversicherung, Pflegeversicherung, 76. EGL 2012, § 129 SGB V Rn. 7b.
[201] So im 3. und 4. AOK-Verfahren, veröffentlicht im Supplement zum EU-Amtsblatt v. 9.8.2008 (ABl. EU/S 2008/S 154–207965) und v. 22.8.2009 (ABl. EU/S 2009/S 161–234006); übernommen in der Rabattvertragsausschreibung der IKK gesund plus, veröffentlicht im Supplement zum EU-Amtsblatt v. 15.8.2009 (ABl. EU/S 2009/S 156–227906).

Wertung der Angebot niederschlug und den Wirtschaftlichkeitsvergleich beeinflussen konnte (zweite Variante, sog. Techniker Krankenkassen-Modell).[202]

Die erste Variante war bereits Gegenstand von Vergabenachprüfungsverfahren und wurde sowohl von der 3. Vergabekammer des Bundes als auch vom LSG Nordrhein-Westfalen, sowie letztlich auch im Rahmen einer, gegen die Entscheidung des LSG Nordrhein-Westfalen gerichtete Verfassungsbeschwerde vom BVerfG nicht beanstandet.[203] Die Berücksichtigung der Mehrkosten wegen Festbetragsüberschreitung im Rahmen der Wertung führt allerdings zu einer **strukturellen Benachteiligung** solcher pharmazeutischer Unternehmer, die ihre Arzneimittel **zu einem über dem Festbetrag liegenden Preis** anbieten. Aufgrund der Wechselwirkung erstens sozialgesetzlicher Vorgaben (insbesondere § 129 Abs. 1 Satz 3 SGB V), die dazu führen, dass Arzneimittel, für die kein Rabattvertrag besteht, im Vergleich zu wirkstoffgleichen Arzneimitteln mit Rabattvertrag praktisch unverkäuflich sind, zweitens einer Wertungssystematik (in der vorgenannten ersten Variante), die speziell Anbieter von Arzneimitteln über Festbetrag in Rabattvertragsausschreibungen benachteiligt und drittens des Umstandes, dass Abgabepreise gemäß § 78 AMG für Arzneimittel stets einheitlich gegenüber allen Krankenkassen – gesetzlich und privat – vorgenommen werden müssen, entsteht für pharmazeutische Unternehmer infolge einer solchen Wertungssystematik eine Situation, in der sie gezwungen sind, den Apothekenverkaufspreis für die von ihr vertriebenen Arzneimittel unter/auf den Festbetrag zu senken, sofern sie keinem faktischen Verkaufsverbot[204] unterfallen möchten.

Vor dem Hintergrund dieser faktischen Konsequenzen dürfte es jedenfalls den rechtssichereren Weg für Krankenkassen darstellen, den Mehrkostenausgleich wegen Festbetragsüberschreitung gemäß § 31 Abs. 2 Satz 3 SGB V nicht im Rahmen der Angebotswertung, sondern als vertragliche Ausgleichsverpflichtung vorzugeben (zweite Variante).

e) Berücksichtigungsfähigkeit von Umsatzsteuererstattungen aufgrund der Rabattgewährung

Als bislang noch ungeklärt kann zudem die Frage der Berücksichtigungsfähigkeit von Umsatzsteuererstattungen aufgrund der Rabattgewährung gelten. Diese Frage wurde in der Vergangenheit unter anderem im Zusammenhang mit der Beurteilung der **Auskömmlichkeit von Angeboten**, die unter Berücksichtigung der Umsatzsteuererstattung kalkuliert wurden, gestellt.

Bei Rabattverträgen gemäß § 130a Abs. 8 SGB V zahlt der pharmazeutische Unternehmer den gewährten Rabatt unmittelbar an die Krankenkasse. Diese Zahlung hat die Erstattung der in dem Rabattbetrag enthaltenen Umsatzsteuer durch das zuständige Finanzamt an den pharmazeutischen Unternehmer zur Folge. Das liegt daran, dass der pharmazeutische Unternehmer nach dem Verkauf der Arzneimittel zunächst Umsatzsteuer auf das erhaltene Entgelt vor Rabatt an das zuständige Finanzamt abzuführen hat. Das erhaltene Entgelt wird durch die Zahlung des Rabatts jedoch nachträglich gemindert. Diese Minderung zieht nach allgemeinen umsatzsteuerlichen Grundsätzen auch eine **Minderung der Umsatzsteuer** nach sich, die der pharmazeutische Unternehmer dem zuständigen Finanzamt im Ergebnis schuldet.[205] Die ursprünglich zuviel gezahlte Umsatzsteuer wird ihm deshalb von dem Finanzamt wieder zurück erstattet. Die Krankenkasse zahlt indessen nach Umsatzsteuerrecht als Endverbraucher die Umsatzsteuer auf den nicht-rabattierten

---

[202] So in der Rabattvertragsausschreibung der Techniker Krankenkasse, veröffentlicht im Supplement zum EU-Amtsblatt v. 15.7.2009 (ABl. EU/S 2009/S 133–194388).
[203] VK Bund Beschl. v. 27.3.2009, VK 3–46/09; VK Bund Beschl. v. 26.11.2009, VK1–197/09; LSG Nordrhein-Westfalen Beschl. v. 8.10.2009, L 21 KR 44/09 SFB; BVerfG Beschl. v. 1.11.2010, 1 BvR 261/10.
[204] So LSG Baden-Württemberg Beschl. v. 27.2.2008, L 5 KR 507/08 ER-B, L 5 KR 508/08 W-A.
[205] BFH Urt. v. 28.5.2009, V R 2/08; EuGH Urt. v. 24.10.1996, Rs. C-317/94 – Elida Gibbs.

Apothekenverkaufspreis, ohne in die Rückerstattung der Umsatzsteuer einbezogen zu werden.

94 Die Umsatzsteuererstattung, die wirtschaftlich dem pharmazeutischen Unternehmer zugute kommt, kann dieser theoretisch bereits im Rahmen der Kalkulation seines Angebots berücksichtigen (einkalkulieren). Die Auskömmlichkeit einer Angebotskalkulation, die vornehmlich auf der Umsatzsteuererstattung beruht, kann jedoch nicht in Zweifel gezogen werden, weil die Erstattung ein wirtschaftlicher Vorteil ist, der dem pharmazeutischen Unternehmer nach dem System der Umsatzsteuer bei der Abwicklung von Rabattverträgen gemäß § 130a Abs. 8 SGB V zusteht. Das gilt auch in dem Fall, in dem die angebotenen **Preise ohne Berücksichtigung der Umsatzsteuererstattung unauskömmlich** wären, weil sie unter den Einstandspreisen liegen. Denn die Umsatzsteuererstattung darf vom pharmazeutischen Unternehmer bei der Preiskalkulation als ordnungsgemäßer Teil bei der Preisgestaltung berücksichtigt werden und kann grundsätzlich allein nicht zur Unauskömmlichkeit führen.

95 Es stellt sich indes die Frage, ob und wie die Umsatzsteuererstattung infolgedessen im Rahmen einer Rabattvertragsausschreibung berücksichtigt werden muss. Die 3. Vergabekammes des Bundes äußerte in diesem Zusammenhang die Befürchtung, dass es ohne Berücksichtigung der Umsatzsteuererstattung bei Rabattvertragsausschreibungen zu „wirtschaftlich ungebührlichen" Folgen, nämlich der **Belastung der (nicht vorsteuerabzugsberechtigten) Krankenkassen** mit der Umsatzsteuer für einen Preis, der nicht dem rabattierten entspricht, und einer **Verzerrung des Wertungsergebnisses** kommen kann.[206] Es spricht deshalb einiges dafür, dass die Umsatzsteuerproblematik bei Rabattvertragsausschreibungen zu berücksichtigen ist, um **Vereinbarkeit mit dem Wirtschaftlichkeits- und Transparenzgrundsatz** herzustellen. Die Umsatzsteuerproblematik könnte auf unterschiedliche Art und Weise Eingang in eine Ausschreibung finden. Möglich wäre beispielsweise zu Lasten des pharmazeutischen Unternehmers eine **zwingende Bedingung**, die Umsatzsteuererstattung an die Krankenkasse weiterzuleiten, im Rabattvertrag vorzusehen. Einer solchen Bedingung begegnen jedoch erhebliche vergaberechtliche Bedenken. Denn aufgrund der umsatzsteuerrechtlichen Konsequenzen der Weiterleitung, die zu einer erneuten (nachträglichen) Minderung des Entgelts, das der pharmazeutische Unternehmer erhält, führt, kann in Zweifel gezogen werden, ob es zu vergleichbaren Angeboten kommt. Zudem könnte auch durch eine solche Bedingung einer Verzerrung des Wertungsergebnisses nicht in jedem Fall vorgebeugt werden, weil die Höhe der Umsatzsteuererstattung nicht der Höhe der Umsatzsteuer entspricht, die die Krankenkasse auf den nicht-rabattierten Preis zahlt. Eine andere Variante, der Umsatzsteuerproblematik Rechnung zu tragen, wäre, die Umsatzsteuererstattung in die **Wertung der Angebote** einfließen zu lassen. Insbesondere aufgrund der Unwägbarkeiten zum Umfang der Erstattung, der von mehreren Faktoren – Rabatthöhe, Umsatz, etc. – abhängt, ist auch diese Vorgehensweise nicht problemlos. Denkbar wäre es schließlich auch, die Höhe der Umsatzsteuer, die die Krankenkasse tatsächlich zahlt, wertungstechnisch zu berücksichtigen.

96 Zusammenfassend lässt sich festhalten, dass die Berücksichtigung der umsatzsteuerlichen Folgen auf sehr unterschiedliche Weise erfolgen kann. Ebenso vielschichtig, wie die Möglichkeiten, sind auch die vergaberechtlichen Fragen, die sich in der Folge stellen und die in zukünftigen Ausschreibungen einer Klärung zuzuführen sind. Dabei ist insbesondere dem vergaberechtlichen Transparenz- und Wirtschaftlichkeitsgrundsatz Rechnung zu tragen. Es ist zudem unverzichtbar, eine Mehrbelastung der pharmazeutischen Unternehmer und Kalkulationsrisiken zu vermeiden, denn diese würde in der Regel Eingang in die Angebotskalkulation finden. Damit würde das eigentliche Ziel von Rabattvereinbarungen gemäß § 130a Abs. 8 SGB V, die Ausnutzung von Wirtschaftlichkeitspotenzialen, vereitelt.

---

[206] VK Bund Beschl. v. 15.1.2010, VK 2–231/09.

f) Ausschreibung oder Verhandlung von Rabattverträgen betreffend patentgeschützte Originalpräparate (Solisten)

Künftig wird die Frage, unter welchen Voraussetzungen gesetzliche Krankenkassen Rabattverträge über innovative, patentgeschützte Arzneimittel im (freihändigen) Verhandlungsweg ohne Durchführung einer förmlichen Ausschreibung mit einem bestimmten pharmazeutischen Unternehmer abschließen dürfen, eine noch größere Bedeutung als in der Vergangenheit bekommen.[207] Denn wie oben bereits ausgeführt,[208] wird aufgrund der im Bereich der Originalpräparate vermuteten Einsparpotentiale eine stärkere Ausweitung der Rabattverträge durch die §§ 130b, 130c SGB V auf diesen Bereich bewirkt werden.

In diesem Sinne sind pharmazeutischen Unternehmern Rabattverhandlungen über innovative Arzneimittel nunmehr gemäß § 130b SGB V zwingend vorgeschrieben.[209] Pharmazeutische Unternehmer haben gemäß § 35a SGB V zur Markteinführung ein Dossier über die Kosten und Nutzen eines innovativen Arzneimittels einzureichen, damit der Gemeinsame Bundesausschuss und/oder das Institut für Qualität und Wirtschaftlichkeit im Gesundheitswesen auf dieser Grundlage entscheiden können, ob es sich für bestimmte Patienten und Erkrankungen um ein **„Arzneimittel mit Zusatznutzen"** (sog. Solist) handelt oder ob Wettbewerb mit ähnlichen, vergleichbaren Arzneimitteln besteht (kein Solist). Sofern es sich um einen Solisten handelt, wird der pharmazeutische Unternehmer nach § 130b SGB V verpflichtet, mit dem Spitzenverband Bund der Krankenkassen innerhalb eines Jahres nach Zulassung **in Direktverhandlungen einen Rabatt auf den Abgabepreis** des pharmazeutischen Unternehmers mit Wirkung für alle Krankenkassen zu vereinbaren (unter unveränderter Beibehaltung des Listenpreises). Sollte keine Einigung erzielt werden, ist eine Schiedsstelle aufgerufen, innerhalb von drei Monaten den Rabatt festzusetzen. Das gilt nach § 35a Abs. 6 SGB V auch für bereits markteingeführte patentgeschützte (nicht festbetragsfähige) Arzneimittel.

Vorbehaltlich der in jedem Einzelfall in Ansehung der konkreten Rabattvertragsgestaltung sowie der mit dieser einhergehenden Lenkungs-/Steuerungswirkung zu beantwortenden Frage, ob es sich bei einem Rabattvertrag betreffend patentgeschützte Originalpräparate überhaupt um einen **öffentlichen Auftrag** handelt,[210] ist im – hier unterstellten – Fall der Bejahung der Auftragseigenschaft das vorstehend beschriebene **Konzept „ausschreibungsloser Direktverhandlungen"** vergaberechtlich nur dann nicht zu beanstanden, wenn die Voraussetzungen für ein Verhandlungsverfahren ohne Bekanntmachung vorliegen. Die in diesem Zusammenhang einzig in Betracht kommende Ausnahmevorschrift gemäß **§ 3 EG Abs. 4 lit. c VOL/A** gestattet einen direkten Vertragsabschluss mit einem ausgewählten Vertragspartner (nur) dann, *„wenn der Auftrag wegen seiner technischen oder künstlerischen Besonderheiten oder aufgrund des Schutzes eines Ausschließlichkeitsrechts (z. B. Patent- oder Urheberrecht) nur von einem bestimmten Unternehmen durchgeführt werden kann".*[211]

Ob diese Voraussetzungen bei „Arzneimitteln mit Zusatznutzen" (Solisten) – automatisch oder nur in manchen Fällen – vorliegen, kann nicht pauschal beantwortet werden, sondern bedarf einer sorgfältigen Prüfung anhand der hierfür einschlägigen vergaberechtlichen Kriterien. Aus diesem Grund ist zur künftigen rechtssicheren Gestaltung des Verfahrens der Direktverhandlungen unerlässlich, dass das bei Markteinführung vorzulegende Kosten-Nutzen-Dossier von vornherein – auch – im Hinblick auf diese vergaberechtlich gebotene Prüfung verfasst wird und die aus vergaberechtlicher Sicht maßgeblichen Erwä-

---

[207] Hierzu ausführlich *Gabriel* NZS 2008, 455; *Wille* A&R 2008, 164.
[208] Vgl. Rn. 18 ff.
[209] Vgl. dazu *Anders* PharmR 2012, 81.
[210] Hierzu eingehend oben Rn. 18 ff.
[211] Zu § 3 EG Abs. 4 lit. c VOL/A (§ 3a Nr. 2 lit. c VOL/A aF.) und dessen Prüfung durch das OLG Düsseldorf im TNF-Alpha-Blocker-Verfahren vgl. bereits oben Rn. 21, 52. Zusammenfassend hierzu *Gabriel* NZS 2008, 455; *Wille* A&R 2008, 164; *Lietz/Natz* A&R 2009, 3; *Schickert* PharmR 2009, 164.

gungen einbezogen werden. Dabei kann im Hinblick auf die **vergaberechtlichen Kriterien** das Folgende festgehalten werden:

101 § 3 EG Abs. 4 lit. c VOL/A ist nach Maßgabe der Vergaberechtsprechung als **Ausnahmetatbestand** eng auszulegen. Die in Art. 31 Abs. 1 lit. b VKR formulierten Voraussetzungen sind auch nach der Auffassung der Europäischen Kommission „harte Tatbestandsmerkmale" und nicht nur bloße Regelbeispiele, die auch in (lediglich) vergleichbaren Konstellationen angenommen werden könnten[212]. Der Beweis dafür, dass ein solcher Ausnahmetatbestand vorliegt, ist vom öffentlichen Auftraggeber zu erbringen; er trägt die Darlegungs- und Beweislast dafür, dass einzig und allein ein bestimmter Anbieter den Auftrag ausführen und das betreffende Präparat liefern kann[213]. Das **Vorliegen eines Ausschließlichkeitsrechts** im Sinne von § 3 EG Abs. 4 lit. c VOL/A (wozu neben behördlichen Genehmigungen auch Patentrechte zählen) reicht hierfür (noch) nicht aus, sondern es muss nachweisbar sein, dass tatsächlich nur ein einziger Anbieter in der Lage ist, die Auftragsleistung zu erbringen[214]. Insbesondere in Bezug auf Arzneimittel wurde es vom EuGH als nicht ausreichend erachtet, dass Arzneimittel als solche durch Ausschließlichkeitsrechte geschützt sind.[215] Vielmehr sei erforderlich, dass das betreffende Arzneimittel nur von einem pharmazeutischen Unternehmer hergestellt bzw. geliefert werden kann, so dass dieser eine Alleinstellung besitzt.[216] Davon kann ausgegangen werden, wenn ausschließlich dieser Anbieter ein **Patent** an dem betreffenden Arzneimittel (Wirkstoff) besitzt, dieses Arzneimittel **nicht zu anderen Konditionen von Dritten** angeboten werden kann und es **objektiv-sachliche indikationsbezogene Gründe** dafür gibt, dass nur dieses Arzneimittel beschafft werden soll.[217] Der Ausnahmetatbestand des § 3 EG Abs. 4 lit. c VOL/A ist nach überwiegender Auffassung in der Rechtsprechung dahin zu verstehen, dass es nur um die generelle Befähigung von Unternehmen gehen kann, die jeweilige Leistung zu erbringen.[218] Jedenfalls ist bei der Feststellung eines Alleinstellungsmerkmals in der Person des Patentinhabers, welches den konkreten Einzelfall ausnahmsweise den Rückgriff auf ein Verhandlungsverfahren ohne Bekanntmachung rechtfertigen könnte, zu berücksichtigen, ob der vertragsgegenständliche **Wirkstoff auch von Re- oder Parallelimporteuren angeboten** wird.[219] Die Lieferfähigkeit, welche bei Re- und Parallelimporteuren aufgrund deren Geschäftsmodells grundsätzlich zweifelhaft ist, sei dabei jedoch nicht geeignet, eine Alleinstellung des Patentinhabers iSv. § 3 EG abs. 4 lit. c VOL/A zu begründen, weshalb grundsätzlich ein **offenes Vergabeverfahren** durchzuführen sei.[220] Hingegen wird zu dieser Frage in der Rechtsprechung der Vergabenachprüfungsinstanzen auch eine gegenteilige Ansicht vertreten.[221] Danach können die Voraus-

---

[212] EuGH Urt. v. 2.6.2005, Rs. C-394/02 – Kommission/Griechenland; VK Düsseldorf Beschl. v. 15.8.2003, VK 23/2003 L.
[213] EuGH Urt. v. 2.6.2005, Rs. C-394/02 – Kommission/Griechenland; OLG Düsseldorf Beschl. v. 28.5.2003, VII-Verg 10/03; VK Bund Beschl. v. 20.5.2003, VK 1–35/03.
[214] *Lietz/Natz* A&R 2009, 3, 7; *Gabriel* NZS 2008, 455, 458.
[215] EuGH Urt. v. 3.5.1994, Rs. C-328/92 – Kommission/Spanien, Rn. 17.
[216] EuGH Urt. v. 3.5.1994, Rs. C-328/92 – Kommission/Spanien, Rn. 17.
[217] *Gabriel* NZS 2008, 455, 458.
[218] VK Bund Beschl. v. 24.7.2013, VK 3–59/13; siehe dazu bereits oben, Rn. 52 ff.
[219] OLG Düsseldorf Beschl. v. 22.10.2008, I-27 U 2/08, mit Anmerkung *Weiner* VergabeR 2009, 189; VK Bund Beschl. v. 24.7.2013, VK 3–59/13; VK Bund Beschl. v. 24.7.2013, VK 3-62/13; VK Bund Beschl. v. 22.7.2013, VK 3-56/13; OLG Düsseldorf Beschl. v. 11.12.2013, VII-Verg 21/13; OLG Düsseldorf Beschl. v. 18.12.2013, VII-Verg 25/13; OLG Düsseldorf Beschl. v. 18.12.2013, VII-Verg 24/13; OLG Karlsruhe Beschl. v. 20.12.2013, 15 Verg 6/13.
[220] VK Bund Beschl. v. 24.7.2013, VK 3–59/13; VK Bund Beschl. v. 24.7.2013, VK 3-62/13; VK Bund Beschl. v. 22.7.2013, VK 3-56/13; OLG Düsseldorf Beschl. v. 11.12.2013, VII-Verg 21/13; OLG Düsseldorf Beschl. v. 18.12.2013, VII-Verg 25/13; OLG Düsseldorf Beschl. v. 18.12.2013, VII-Verg 24/13; OLG Karlsruhe Beschl. v. 20.12.2013, 15 Verg 6/13.
[221] VK Baden Württemberg Beschl. v. 8.8.2013, 1 VK 20/13, 1 VK 21/13 und 1 VK 22/13; jedoch aufgehoben in der Beschwerdeinstanz; siehe dazu bereits oben, Rn. 52 ff.

zungen für ein **Verhandlungsverfahren** ohne Bekanntmachung gemäß § 3 EG Abs. 4 lit. c VOL/A im Einzelfall vorliegen, wenn und weil rabattvertraglich vereinbarte und zulässigerweise in den Beschaffungsbedarf der vertragsschließenden Krankenkasse aufgenommene Mehrwertleistungen wie z.B. sog. Schwestern-/Patientenbetreuungsprogramme nur vom Originalhersteller angeboten und durchgeführt würden.[222]

Vor dem Hintergrund der bislang zur der Vorgängervorschrift von § 3 EG Abs. 4 lit. c VOL/A (§ 3a Nr. 2 lit. c VOL/A aF.) ergangenen, strengen Rechtsprechung sind Zweifel angezeigt, dass bereits jedweder Zusatznutzen zur Begründung einer vergaberechtlichen Alleinstellung im Sinne dieser Vorschrift ausreichen kann. Zur Beurteilung, ob ein Arzneimittel eine vergaberechtliche Alleinstellung besitzt, ergeben sich aus dem Vergaberecht selbst keine greifbaren Kriterien, so dass sich mehrere Argumentationswege anbieten, bei denen die Frage der Vergleichbarkeit bzw. Alleinstellung anhand sozialversicherungsrechtlicher oder wettbewerbsrechtlicher Erwägungen beantwortet wird.[223] Inwieweit diese Argumente tragfähig sind, muss in Ansehung der medizinisch- bzw. therapeutisch-pharmakologischen Eigenschaften des jeweils in Rede stehenden Arzneimittels abschließend geprüft werden, wobei diese Prüfung in Ansehung der neu eingeführten frühen Nutzenbewertung nach § 35a SGB V bereits in dem zur Markteinführung einzureichenden Kosten-Nutzen-Dossier vorgenommen werden sollte. **102**

g) Spezialitätsverhältnis zwischen § 130c SGB V und § 130a Abs. 8 SGB V

Soweit mit § 130c SGB V eine spezifische Rechtsgrundlage für den Abschluss selektiver Versorgungsverträge über nicht-festbetragsfähige (patentgeschützte) Arzneimittel konstituiert wurde, ist insbesondere das Verhältnis dieser Vorschrift zu der bislang und auch künftigen Rechtsgrundlage für Rabattverträge gemäß § 130a Abs. 8 SGB V zu erörtern, da ein etwaige Spezialitätsverhältnis zwischen § 130c und § 130a Abs. 8 SGB V vom Gesetzgeber nicht angesprochen worden ist. Fraglich ist daher, ob § 130a Abs. 8 SGB V „weiterhin" – wie im „TNF-Alpha-Blocker"-Fall[224] – als Rechtsgrundlage für Rabattverträge[225] im patentgeschützten Originalbereich herangezogen werden kann. **103**

Grundsätzlich wird man die erst jüngst durch das AMNOG eingeführte Regelung des § 130c SGB V als *lex specialis* gegenüber der allgemeineren Vorschrift des § 130a Abs. 8 SGB V ansehen[226] und damit entsprechend dem Grundsatz „*lex specialis derogat legi generali*" einen **Anwendungsvorrang** vor letzterer annehmen können.[227] Das ergibt sich einerseits aus dem in sachlicher wie in zeitlicher Hinsicht spezielleren Anwendungsbereich sowie andererseits aus den besonderen, mit dem Abschluss einer solchen Vereinbarung verbundenen Anreizmechanismen.[228] **104**

Eine Vereinbarung nach § 130c Abs. 1 SGB V ist, **zeitlich** betrachtet, nur dann statthaft, wenn zwischen dem pharmazeutischen Unternehmer und dem Spitzenverband **105**

---

[222] VK Baden Württemberg Beschl. v. 8.8.2013, 1 VK 20/13, 1 VK 21/13 und 1 VK 22/13; jedoch aufgehoben in der Beschwerdeinstanz; siehe dazu bereits oben, Rn. 52 ff.

[223] Hierzu *Gabriel* NZS 2008, 455, 458 ff.; *Wille* A&R 2008, 164, 165 ff.

[224] OLG Düsseldorf Beschl. v. 20.10.2008, VII-Verg 46/08, VK Bund Beschluss v. 22.08.2008, VK 2–73/08.

[225] Die Entscheidung des BVerfG Beschluss v. 13.09.2005, 2 BvF 2/03, steht der Notwendigkeit einer Rechtsgrundlage für exklusive Selektivverträge im Bereich des SGB V nicht entgegen, da es in diesem Verfahren lediglich um die Verfassungsmäßigkeit von § 130a SGB V in der Fassung des BSSichG von 2002 ging, nicht hingegen um die die (marktverändernde) Exklusivität infolge der, die Substitutionspflicht bewirkende Vorschrift des § 129 Abs. 1 Satz 3 SGB V, welche erst durch das GKV-WSG 2007 eingeführt wurde.

[226] Vgl. *Wolf/Jäkel* PharmR 2011, 1, 3; *v. Dewitz* in BeckOK SGB V, § 130c Rn. 2; *Luthe* PharmR 2011, 193, 196; *Kaufmann* PharmR 2011, 223, 227; *Ecker/Hußmann* PharmR 2011, 389, 390.

[227] Vgl. *Ecker/Hußmann* PharmR 2011, 389, 390.

[228] Dazu oben Rn. 24; sowie *Wolf/Jäkel* PharmR 2011, 1, 4.

Bund der Krankenkassen eine Vereinbarung über den Erstattungsbetrag für ein erstattungsfähiges Arzneimittel mit neuen Wirkstoffen nach § 130b Abs. 1 SGB V geschlossen wurde oder ein Schiedsspruch nach § 130b Abs. 4 SGB V existiert.[229] Dementsprechend bleibt **§ 130a Abs. 8 SGB V alleinige Rechtsgrundlage** für Rabattverträge über patentgeschützte Originalpräparate, solange und soweit keine solche Erstattungsvereinbarung auf Bundesebene geschlossen worden ist, mithin die Voraussetzungen für eine selektive Erstattungsvereinbarung nach § 130c Abs. 1 SGB V (noch) nicht vorliegen.[230]

106 Dieser Umstand, dass Erstattungsvereinbarungen nach § 130c Abs. 1 SGB V nicht vor dem Abschluss einer obligatorischen Erstattungspreisvereinbarung nach § 130b SGB V getroffen werden können, wirkt sich ebenfalls im Hinblick auf den **sachlichen Anwendungsbereich** der Vorschrift einschränkend und konkretisierend aus. Schließlich können Erstattungspreisvereinbarungen nach § 130b SGB V nur für Arzneimittel abgeschlossen werden, die erstens gemäß § 35a Abs. 1 SGB V einer frühen Nutzenbewertung unterfallen und die zweitens nach dem Beschluss des Gemeinsamen Bundesausschuss zur frühen Nutzenbewertung gemäß § 35a Abs. 3 SGB V **keiner Festbetragsgruppe zugeordnet werden konnten.** Dabei handelt es sich also ausschließlich um Arzneimittel mit neuen Wirkstoffen, die entweder aufgrund eines Zusatznutzens oder trotz des Fehlens eines Zusatznutzens keiner Festbetragsgruppe zugeordnet werden konnten.[231] Lediglich für diese Arzneimittel kann in sachlicher Hinsicht eine Erstattungsvereinbarung nach § 130c Abs. 1 SGB V getroffen werden. Auf andere Arzneimittel findet § 130c SGB V demgemäß ebenso wenig Anwendung, wie § 130a Abs. 8 SGB V auf die Vorgenannten, da § 130c SGB V für diese eine speziellere Regelung darstellt.[232]

107 Davon ausgehend und vorausgesetzt, dass (jedenfalls) § 130c-Verträge ausschreibungspflichtig sind, stellt sich zwangsläufig die Frage, **welche/wie viele Vereinbarungen nach § 130b SGB V** tatsächlich abgeschlossen worden sein müssen, bevor eine Ausschreibung einer selektiven Erstattungsvereinbarung nach § 130c SGB V von einer Krankenkasse unternommen werden darf.[233] Es bleibt zu klären, ob bereits eine Vereinbarung gemäß § 130b SGB V mit *einem* pharmazeutischen Unternehmer hinreichend ist, oder ob es *mehrerer* Vereinbarungen mit *mehreren* oder gar *allen* Unternehmen bedarf, die Arzneimittel im Bestandsmarkt in Verkehr führen, die für das gleiche Anwendungsgebiet zugelassen sind, wie das gerade erst nutzenbewertete und mit einem Vertrag nach § 130b SGB V (zu) versehene Arzneimittel (vgl. § 35a Abs. 1, 6 SGB V). Dementsprechend ist der exakte Zeitpunkt, ab dem danach Ausschreibungen von selektiven Erstattungsverträgen (bzw. Ausschreibungen im patentgeschützten Originalbereich überhaupt) zulässig sind, unklar. Stellt man sich vor diesem Hintergrund auf den zuvor angesprochenen Standpunkt, dass infolge des AMNOG für Rabatt-/Erstattungsverträge im patentgeschützten Originalbereich mit § 130c SGB V erstmals eine *lex specialis* eingeführt wurde, die den Rückgriff auf § 130a Abs. 8 SGB V sperrt[234], könnte sich infolge dieses (unklaren) Zeitraums, bis zu dem eine Ausschreibungsreife für § 130c-Verträge vorliegt (*scil.* Abschluss einer/aller Vereinbarung/en auf Bundesebene nach § 130b SGB V), die Schlussfolgerung ergeben, mangels entsprechender anwendbarer Rechtsgrundlage bis dahin nicht zur Durchführung weiterer Vergabeverfahren zum Abschluss von Rabatt-/Erstattungsverein-

---

[229] *v. Dewitz* in BeckOK SGB V, § 130c Rn. 2.
[230] Vgl. *Kern* Arzneimittelbeschaffungen durch die gesetzlichen Krankenkassen, 2012, 96; *Ecker/Hußmann* PharmR 2011, 389, 390; *Wolf/Jäkel* PharmR 2011, 1, 3; sowie *Kaufmann* PharmR 2011, 223, 227, der insofern von „Interims-Rabattverträgen" spricht.
[231] *v. Dewitz* in BeckOK SGB V, § 130b Rn. 8.
[232] *Ecker/Hußmann* PharmR 2011, 389, 390.
[233] *Gabriel* VergabeR 2011, 372, 380.
[234] Vgl. *Ecker/Hußmann* PharmR 2011, 389, 390; *Kaufmann* PharmR 2011, 223, 227; *Wolf/Jäkel* PharmR 2011, 1, 3.

barungen im Originalbereich (nach dem Muster der „TNF-Alpha-Blocker"-Ausschreibung) berechtigt zu sein.[235]

h) Ausschreibungsfähigkeit von Rabattverträgen über biologisch/biotechnologisch hergestellte Arzneimittel

Besonders klärungsbedürftige Fragestellungen im Hinblick auf die zukünftige Entwicklung des Arzneimittelmarktes, sind mit der Ausschreibungsfähigkeit/-pflicht von Rabattverträgen nach § 130a Abs. 8 SGB V über biologisch bzw. biotechnologisch hergestellte Arzneimittel (**sog. „Biologicals"**) verbunden.[236] Biopharmazeutika sind komplexe, hochmolekulare Proteine, die im Gegensatz zu chemisch-synthetischen Arzneimitteln mit Hilfe von gentechnisch veränderten lebenden Zellen oder Mikroorganismen mittels Biotechnologie hergestellt werden. Sowohl der auf DNA-technologie und Hybridomtechniken beruhende Produktionsprozess als auch die spätere Zulassung eines biopharmazeutischen Arzneimittels sind höchst aufwendig und führen deshalb regelmäßig zu extrem hohen Forschungs- und Entwicklungskosten.[237] Aus diesen resultieren gleichsam hohe Therapiekosten, insbesondere in der Onkologie und zur Behandlung von Autoimmunerkrankungen, den primären Einsatzgebieten von Biopharmazeutika. Im Jahr 2011 umfasste der Markt für Biopharmazeutika in Deutschland ein Umsatzvolumen von 5,1 Mrd. Euro. Dementsprechend werden auch und insbesondere in diesem Bereich erhebliche Einsparpotentiale für die GKV durch Wettbewerbsgenerierung auf Herstellerebene angestrebt.

108

Die hohen Kosten sowie die Besonderheit der biologisch/biotechnologischen Herstellung wirken sich insbesondere auf die Möglichkeit aus, **Nachahmerpräparate von biopharmazeutischen Originalpräparaten nach Patentablauf (sog. „Biosimilars")** auf den Markt zu bringen. Biosimilars enthalten eine Wirksubstanz, die mit der des bereits zugelassenen Originalprodukts in Bezug auf Sicherheit, Wirksamkeit und Qualität **vergleichbar** und üblicherweise auch für die gleichen Indikationen zugelassen ist. Bedingt durch den komplexen Herstellungsprozess mittels lebender Organismen, der bei jedem Hersteller eines biosimilaren Arzneimittels unterschiedlich ausgestaltet ist, können Biosimilars dem Originalprodukt immer nur ähnlich, aber **nie vollständig identisch** sein.[238] Aufgrund der damit verbundenen, zumindest partiellen Inkongruenz der klinischen Eigenschaften, setzt die Zulassung biosimilarer Arzneimittel aufwändige präklinische und klinische Prüfungen voraus, weshalb die durchschnittlichen Kosten für Forschung und Entwicklung bei einem biotechnologischen Nachahmerpräparat etwa 10-fach höher sind als die Kosten für klassische Generika.[239] Gleichwohl liegen die Kosten eines Biosimilars durch die Nutzung bereits vorhandener klinischer Daten unterhalb derjenigen des erstangebotenen Biologicals, weshalb insbesondere in diesem Bereich ein erhebliches Einsparungspotential für die GKV verortet wird. Gleichzeitig handelt es sich bei dem Markt für Biosimilars momentan allerdings noch um einen im Entstehen befindlichen Markt, was sich jedoch in den kommenden Jahren durch den Ablauf zahlreicher Patente auf hochwirksame und umsatzstarke Biopharmazeutika ändern dürfte.[240]

109

Entsprechend der unterschiedlichen strukturellen Eigenschaften des aktiven Wirkstoffs, bedingt durch differierende Herstellungsprozesse, ist bereits die Ausschreibungsbedürftigkeit bzw. -fähigkeit von Rabattverträgen über biopharmazeutische Arzneimittel fraglich. In diesem Zusammenhang könnte der Abschluss einer Rabattvereinbarung mangels Ent-

110

---

[235] *Gabriel* VergabeR 2011, 372, 380.
[236] Vgl. *Gabriel* in MünchKommBeihVgR, Anlage zu § 98 Nr. 4 GWB Rn. 134.
[237] Vgl. zum Herstellungs- und Zulassungsprozess ausführlich *Dierks* NJOZ 2013, 1.
[238] Vgl. vfa/vfa bio-Positionspapier „Biosimilars", 1. Abrufbar unter http://www.vfa.de/de/wirtschaft-politik/positionen/pos-biosimilars.html, sowie *Dierks* NJOZ 2013, 1.
[239] *Glaeske* et. al. Sicherstellung einer effizienten Arzneimittelversorgung in der Onkologie, Gutachten im Auftrag des Bundesministeriums der Gesundheit, 2010, 52.
[240] Vgl. Newsletter von Pro Generika, 1. Ausgabe 2012, 4.

geltlichkeit nicht als öffentlicher Auftrag zu qualifizieren sein, wenn mit dieser **keine Substitutionspflicht iSv. § 129 Abs. 1 Satz 3 SGB V** und damit auch keine Lenkungs- und Steuerungswirkung des Arzneimittelabsatz zu Gunsten des vertragsbeteiligten pharmazeutischen Unternehmens verbunden ist. Dem Auftragnehmer würde dann für die Gewährung eines Rabatts keine adäquate Gegenleistung eingeräumt werden. Diesbezüglich ist jedoch grundsätzlich zwischen Bioidenticals, Biosimilars und anderen, biologischen Arzneimitteln zu differenzieren.

111 **Bioidenticals** sind biologisch/biotechnologisch hergestellte Arzneimittel, bei denen sowohl Wirkstoff als auch Herstellungsprozess identisch sind, bzw. aus ein und demselben Herstellungsprozess stammen, die aber gleichwohl von verschiedenen Herstellern auf dem Arzneimittelmarkt angeboten werden. Eine Substitutionspflicht des Apothekers wird entsprechend einer **Wertentscheidung der gesetzlichen Krankenkassen** auch im Hinblick auf Bioidenticals, gemäß § 4 Abs. 1 lit. a Satz 2 des (diesbezüglich ergänzten) Rahmenvertrages nach § 129 Abs. 2 SGB V iVm. § 129 Abs. 1 Satz 3 SGB V konstituiert, sofern diese unter Bezugnahme auf das Referenzarzneimittel zugelassen, sich in Ausgangsstoffen und Herstellungsprozess nicht unterscheiden, sowie in **Anlage 1 zum Rahmenvertrag nach § 129 Abs. 2 SGB V** namentlich aufgelistet sind.[241] Trotz potentiell differierender Applikationsformen werden die dort aufgeführten bioidentischen Arzneimittel als therapeutisch vergleichbar und aufgrund dessen für gegeneinander austauschbar erklärt.

112 Anders als bei Bioidenticals besteht bei **Biosimilars** aufgrund der bloßen Wirkstoffähnlichkeit mit dem Originalprodukt, zumindest bislang noch **keine Substitutionspflicht** nach § 129 Abs. 1 Satz 3 SGB V, da weder eine Wirkstoffidentität, noch eine therapeutische Vergleichbarkeit nach § 4 Abs. 1 lit. a Satz 2 des Rahmenvertrages nach § 129 Abs. 2 SGB V vorliegt.[242] Jedoch handelt es sich bei dieser Feststellung lediglich um einen gegenwärtigen Befund, da der Rahmenvertrag jederzeit durch die beteiligten Spitzenverbände zu Gunsten einer Substitutionspflicht biosimilarer Arzneimittel abgeändert bzw. spezifisch ergänzt werden könnte. Eine vergaberechtliche Pflicht zur öffentlichen Ausschreibung entsprechender Rabattverträge, könnte sich dementsprechend bislang lediglich aufgrund einer individualvertraglich zugesicherten Exklusivität des rabattierten biosimilaren Präparates gegenüber Konkurrenzprodukten mit sich überschneidenden medizinischen Indikationsbereichen, dh. insbesondere dem entsprechenden Originalpräparat ergeben.

113 Bei der gemeinsamen Ausschreibung biosimilarer Arzneimittel handelt es sich jedoch bereits ökonomisch sowie rechtspolitisch um einen **höchst sensiblen Bereich**, da sich hinsichtlich dieser noch kein mit dem Generikasegment im chemisch-synthetischen Arzneimittelbereich vergleichbarer Markt etabliert hat. Denn auch wenn mehrere Biosimilars für einen spezifischen Indikationsbereich zum Gegenstand eines öffentlich ausgeschriebenen Rabattvertrages gemacht werden, besteht aufgrund der inkongruenten strukturellen Eigenschaften der jeweiligen Medikamente die gesteigerte Gefahr, dass es in der Verschreibungs- und Abgabepraxis der Ärzte und Apotheker aus therapeutischen Gesichtspunkten regelmäßig nicht zur Umsetzung entsprechender Exklusivitätszusagen im Zusammenhang mit einer solchen kommt. Tatsächlich führt dieser Umstand dazu, dass hinsichtlich der Ersetzung eines Originalpräparats durch ein Biosimilar noch immer gewisse Ressentiments bestehen, die im Ergebnis wesentlich niedrigere Umsetzungsquoten eines biosimilaren Nachfolgeprodukts, im Vergleich zu chemisch-synthetischen Generika bedingen.

---

[241] Vgl. VK Bund Beschl. v. 29.11.2010, VK 2–113/10; OLG Düsseldorf Beschl. v. 17.1.2011 sowie v. 8.6.2011, VII-Verg 2/11; VK Bund Beschl. v. 25.11.2011, VK 135/11; OLG Düsseldorf Beschl. v. 30.1.2012, VII-Verg 103/11.

[242] So auch *Dierks* NJOZ 2013, 1, 6 ff.; vgl. auch LG Hamburg Urt. v. 5.8.2009, 315 O 347/08. *„§§ 129 Abs. 1 1 Nr. 1 lit. b), Abs. 2 SGB V knüpfen bei der Bestimmung des Begriffs des wirkstoffgleichen Arzneimittels an den Begriff des 'selben Wirkstoffs' in § 24b Abs. 2 S. 2 AMG an, dem biologische Arzneimittel mit unterschiedlichen biologischen Ausgangsstoffen und Herstellungsprozessen nicht unterfallen."* Sowie Antwort der Bundesregierung auf die kleine Anfrage mehrerer Abgeordneter der Fraktion BÜNDNIS 90/DIE GRÜNEN (Drucksache 17/8947), BT-Drs. 17/9115, 5.

Das hohe Innovations- und Wirtschaftlichkeitspotential welches biosimilaren Pharmazeutika zukommt, wird dann gefährdet wenn zwar einerseits durch die grundsätzliche Gewährung von Exklusivität und der damit einhergehenden Ausschreibungspflicht solcher Arzneimittel ein Rabattwettbewerb begründet werden soll, andererseits aber in tatsächlicher Hinsicht keine entsprechende marktmäßige Gegenleistung im Sinne einer Lenkungs- und Steuerungswirkung des Absatzes mit dem Abschluss eines Rabattvertrages nach § 130a Abs. 8 SGB V verbunden ist und demgemäß die Chance auf Amortisation der Produktionskosten gefährdet wird. Der getroffenen Wertentscheidung der gesetzlichen Krankenkassen, hin zu einem Rabattwettbewerb zwischen biotechnologischen Arzneimitteln, könnte deshalb sogar eine **innovations- und wettbewerbshemmende Wirkung** zukommen, soweit der gerade im Entstehen befindliche Markt für Biosimilars durch einen intensiven Rabattwettbewerb wieder zum Erliegen käme.

Sofern gleichwohl eine Ausschreibung entsprechender Rabatterträge befürwortet wird, gewinnen dadurch insbesondere Aspekte der Ausschreibungsgestaltung besondere Relevanz. Durch spezifische Anforderungen iSv. § 8 EG Abs. 1 VOL/A an eine **eindeutige und erschöpfende Leistungsbeschreibung** könnte die spezifischen Besonderheiten auf dem Markt für Biosimilars Rechnung getragen und Kalkulationsrisiken hinsichtlich des Absatzvolumens aufgrund der tatsächlichen ärztlichen Verschreibungspraxis, bereits in der Leistungsbeschreibung begegnet werden. In der bisherigen Rechtsprechung wurden die besonderen Marktverhältnisse bezüglich biopharmazeutischer Arzneimittel allerdings nicht zum Anlass genommen um spezielle Anforderungen hinsichtlich Transparenz und Vergaberechtskonformität zu stellen.[243]

114

i) Portfolio-Rabattverträge und faktisch patentverlängernde Rabattverträge nach der Neuregelung des § 130a Abs. 8 Satz 8 SGB V

Mit der 16. AMG Novelle[244] wurde § 130a Abs. 8 SGB V mit Wirkung zum 30. April 2013 um einen Satz 8 ergänzt, demzufolge Verträge nach Satz 1, die nicht nach Maßgabe der Vorschriften des Vierten Teils des Gesetzes gegen Wettbewerbsbeschränkungen abgeschlossen wurden, mit Ablauf des 30.4.2013 unwirksam werden.[245] Damit zielt der Gesetzgeber nach der Gesetzesbegründung ausdrücklich darauf ab, noch immer fortgeltende **Arzneimittelsortimentsverträge**, die auch als Portfolioverträge bezeichnet werden, zu beenden und entsprechend der aktuellen Vergaberechtslage spätestens ab der zweiten Jahreshälfte 2013 einer öffentlichen Ausschreibungspflicht zu unterstellen.

115

Hintergrund dieser Gesetzesnovelle ist der Umstand, dass in der Vergangenheit regelmäßig entsprechende Arzneimittelrabattverträge zwischen gesetzlichen Krankenkassen und pharmazeutischen Unternehmern, jeweils über deren gesamtes Produktportfolio abgeschlossen wurden, ohne dabei ein formelles Vergabeverfahren durchzuführen (sog. Defacto-Vergabe[246]).[247] Solche Portfolio-Rabattverträge **verstoßen sowohl in formeller als auch in materieller Hinsicht gegen das Vergaberecht**, da sie einerseits ohne ein ordnungsgemäßes Vergabeverfahren nach §§ 97ff. GWB zustande gekommen sind, ohne dass diese Art von Vertragsschluss gesetzlich gestattet wäre[248] und andererseits die Wahl des

116

---

[243] Vgl. VK Bund Beschl. v. 25.11.2011, VK 1–132/11; OLG Düsseldorf Beschl. v. 30.1.2012, VII-Verg 102/11; VK Bund Beschl. v. 25.11.2011, VK 1–135/11; OLG Düsseldorf Beschl. v. 30.1.2012, VII-Verg 103/11.
[244] BGBl. I 2012, 2192.
[245] Dazu ausführlich *Gabriel/Schulz* NZBau 2013, 273; sowie *Steiff/Sdunzig* NZBau 2013, 203; *Csaki/Münnich* PharmR 2013, 159.
[246] Vgl. dazu BGH Beschl. v. 1.2.2005, X ZB 27/04; OLG München Beschl. v. 7.6.2005, Verg 04/05; OLG Karlsruhe Beschl. v. 6.2.2007, 17 Verg 7/06.
[247] Vgl. hierzu sowie zum Folgenden *Gabriel* PharmR 2008, 577 und *Gabriel/Schulz* NZBau 2013, 273.
[248] VK Bund Beschl. v. 18.2.2009, VK 3–158/08.

Vertragsgegenstandes, namentlich das gesamte Portfolio eines pharmazeutischen Unternehmers, nicht mit dem vergaberechtlichen Wirtschaftlichkeitsgrundsatz zu vereinbaren ist. Aufgrund der lediglich bilateralen Verhandlungen zwischen der Krankenkasse und dem pharmazeutischen Unternehmer bietet der Abschluss von Portfolio-Rabattverträgen keine Gewähr dafür, dass tatsächlich das für den öffentlichen Auftraggeber wirtschaftlichste Angebot den Zuschlag erhält,[249] da weder ein Wettbewerb, noch eine Ermittlung des wirtschaftlichsten Angebotes stattfindet. Gleichzeitig gewährt diese Situation den Unternehmen, die einen entsprechenden Portfolio-Rabattvertrag abschließen, einen andere Wettbewerber benachteiligenden Wettbewerbsvorteil, weshalb entsprechende Verträge nach aktueller Rechtslage nicht zum Gegenstand einer ordnungsgemäßen Ausschreibung gemacht werden können.[250]

117 Trotz dieser formellen und materiellen Vergaberechtswidrigkeit besteht bis heute keine Möglichkeit für Wettbewerber, rechtlich gegen in der Vergangenheit geschlossene und noch immer fortgeltende Portfolio-Rabattverträge vorzugehen.[251] Eine Nichtigkeit *ex-tunc* von Verträgen, die mittels einer De-facto-Vergabe geschlossen wurden, ergibt sich erst seit der Einführung des § 101b Abs. 1 Nr. 2 GWB durch das Vergaberechtsmodernisierungsgesetz[252] mit Wirkung für Vergabeverfahren, die nach dem 24.4.2009 begonnen haben.[253] Die für eine Nichtigkeit entsprechender Verträge bis dato einzig in Betracht kommende Vorschrift des § 13 Satz 6 VgV aF. konnte aufgrund des lediglich bilateralen Vertragsschlusses, auch nicht analog auf alt-Portfolio-Rabattverträge angewendet werden.[254] Eine entsprechende Geltendmachung der *ex-tunc* Unwirksamkeit hinsichtlich alt-Portfolio-Rabattverträgen kommt jedoch auch nach der Vorschrift des § 101b Abs. 1 Nr. 2 GWB aus mehreren Gründen nicht in Betracht. In diesem Zusammenhang ist bereits fraglich ob die von § 131 Abs. 8 GWB angeordnete ausschließliche Geltung dieser Vorschrift für Vergabeverfahren, die nach dem 24.4.2009 begonnen haben, überhaupt auf de-facto-Vergaben anwendbar ist, da sich diese gerade dadurch auszeichnen, ohne die Durchführung eines Vergabeverfahrens abgeschlossen worden zu sein. Das wird teilweise unter Verweis auf eine materielle Auslegung des Begriffs des „Vergabeverfahrens" bejaht, wonach auf alt-Portfolio-Rabattverträge, die jedenfalls vor dem 24.4.2009 abgeschlossen wurden, lediglich die alte Rechtslage gelten würde.[255] Teilweise wird das aber auch unter Bezugnahme des Wortlauts sowie des Telos der Vorschrift verneint, weshalb unabhängig vom Zeitpunkt des Vertragsschlusses hinsichtlich de-facto-Vergaben die neue Rechtslage anzuwenden sei.[256]

118 Darüber hinaus wäre eine solche **Geltendmachung der Unwirksamkeit** allerdings lediglich mittels eines Nachprüfungsverfahrens und damit innerhalb der Frist von längstens sechs Monaten ab Vertragsschluss nach § 101b Abs. 2 GWB möglich. Sofern die ab dem 24.4.2009 geltende Rechtslage also überhaupt auf Portfolio-Rabattverträge anwendbar ist, scheidet die Geltendmachung der Unwirksamkeit demnach ohnehin auch nach aktueller Rechtslage regelmäßig aus, da die hier in Rede stehenden alt-Portfolio-Rabattverträge deutlich vor dem 24.4.2009 abgeschlossen wurden, sodass die sechsmonatige Ausschlussfrist bzgl. dieser bereits verstrichen ist. Diesem Umstand, dass sowohl nach alter

---

[249] *Gabriel* in MünchKommBeihVgR, Anlage zu § 98 Nr. 4 GWB Rn. 148 sowie OLG Düsseldorf, Beschl. v. 11.1.2012, VII-Verg 58/11.
[250] Dazu bereits oben, Rn. 39.
[251] *Gabriel/Schulz* NZBau 2013, 273, 276.
[252] BGBl. I 2009, 790.
[253] § 131 Abs. 8 GWB.
[254] Hierzu ausführlich *Gabriel* PharmR 2008, 577, 579.
[255] Vgl. VK Bund Beschl. v. 18.2.2009, VK 3–158/08; Beschl. v. 10.7.2009, VK 1–113/09; Beschl. v. 11.9.2009, VK 3–157/09; Beschl. v. 26.9.2012, VK 1–8/09; BT-Drs. 16/10117, 26; sowie *Ziekow* in Ziekow/Völlink, Vergaberecht, GWB, § 131 Rn. 3.
[256] Vgl. VK Südbayern Beschl. v. 29.4.2010, Z3–3–3194–1–03–01/10; VK Niedersachsen Beschl. v. 17.8.2009, VgK-36/09.

als auch **nach geltender Rechtslage** keine Möglichkeit für Wettbewerber besteht, trotz unstreitiger Vergaberechtswidrigkeit gegen Portfolio-Rabattverträge vorzugehen, trägt der Gesetzgeber mit der Einführung von § 130a Abs. 8 Satz 8 SGB V Rechnung, wonach bestehende Portfolio-Rabattverträge nunmehr qua Gesetz, ab dem 30. 4. 2013 für unwirksam erklärt werden. So überzeugend und konsequent diese gesetzliche Lösung zunächst auch erscheinen mag, wirft sie gleichwohl auch klärungsbedürftige Folgefragen auf.[257] Zunächst erscheint unter den Gesichtspunkten des Vertrauens- und Bestandsschutzes vor allem hinsichtlich der vertragsbeteiligten pharmazeutischen Unternehmer, eine potentielle Unvereinbarkeit der Vorschrift mit der **Eigentumsgarantie des Art. 14 GG** für nicht von vornherein ausgeschlossen.[258] Des Weiteren ergibt sich aus der Neuregelung zwar eine rechtliche Unwirksamkeit entsprechender Verträge *ex nunc*[259] zum 30. 4. 2013, ein effektives Instrumentarium, den faktischen Vollzug solcher vergaberechtswidriger Vereinbarungen zu unterbinden wird jedoch gerade den Wettbewerbern vertragsbeteiligter Unternehmen nicht an die Hand gegeben. Es stellt sich demnach die dringende Frage nach den Handlungsoptionen dieser Wettbewerber, um der Regelung des § 130a Abs. 8 Satz 8 SGB V zur tatsächlichen Durchsetzbarkeit zu verhelfen. Das gilt umso mehr, als an dem Vollzug von Arzneimittelrabattverträgen naturgemäß maßgeblich Dritte, wie der verordnende Arzt, der abgebende Apotheker oder schließlich der Versicherte selbst, beteiligt sind, die jedoch von der Unwirksamkeit eines Rabattvertrages nicht ohne weiteres Kenntnis erlangen. Aufgrund dessen genügt hier die bloße Feststellung der Unwirksamkeit grundsätzlich nicht, um die Rechte der Marktteilnehmer hinreichend zu schützen und deren Rechtsschutzinteressen vollumfänglich Rechnung zu tragen.

119 Kommt insofern nach den bestehenden Rechtsschutzoptionen lediglich die langwierige Geltendmachung von Unterlassungsansprüchen vor den Sozialgerichten oder die Feststellung der Rechtswidrigkeit fortgesetzter Verträge vor den Zivilgerichten[260] überhaupt potentiell in Betracht, erscheint die Vorschrift diesbezüglich als unzureichend. Als taugliches Rechtsschutzmittel für Konkurrenten eines vertragsbeteiligten pharmazeutischen Unternehmers kommt lediglich die Geltendmachung lauterkeitsrechtlicher Unterlassungsansprüche nach §§ 3, 4 Abs. 11 UWG, gegen den jeweiligen, vertragsbeteiligten Wettbewerber in Betracht. Dafür spricht insbesondere, dass diese gemäß § 12 Abs. 2 UWG im Wege des vorläufigen Rechtsschutzes mittels einstweiligen Verfügung gesichert, die durch Rechtsbruch erlangten Wettbewerbsvorteile des Rabattvertrags unterbunden und die wettbewerblichen Interessen nicht berücksichtigter Marktteilnehmer damit gewahrt werden können.[261] Um jedoch eine weitergehende Schädigung nicht berücksichtigter Marktteilnehmer effektiv und rechtssicher zu vermeiden und einen vergaberechtskonformen Zustand tatsächlich effektiv wiederherzustellen, erscheint etwa eine **Pflicht zur Information aller am Vertragsvollzug beteiligter Akteure** über die Unwirksamkeit des Vertrages, durch eine übergeordnete Aufsichtsbehörde als zweckmäßig. Insofern käme bspw. die Informationsstelle für Arzneimittelspezialitäten GmbH, welche gemäß dem Rahmenvertrag nach § 129 Abs. 2 SGB V ohnehin für die Umsetzung der Substitutionspflicht nach § 129 Abs. 1 Satz 3 SGB V durch Information der Apotheker zuständig ist, in Betracht.

120 Obwohl die gesetzgeberische Intention hinsichtlich der Vorschrift des § 130a Abs. 8 Satz 8 SGB V nach dem Vorgesagten explizit eine Unwirksamkeit von Alt-Portfolio-Rabattverträgen im Generika-Bereich bezweckt, ist der Anwendungsbereich der Vorschrift nach dem Wortlaut nicht auf diese beschränkt, sondern erfasst sämtliche Verträge, die

---

[257] Vgl. zum Anwendungsbereich ausführlich *Gabriel/Schulz* NZBau 2013, 273.
[258] Zur Vereinbarung der Vorschrift mit dem verfassungsrechtlichen Rückwirkungsverbot vgl. *Steiff/Sdunzig* NZBau 2013, 203; sowie *Csaki/Münnich* PharmR 2013, 159, 160.
[259] *Csaki/Münnich* PharmR 2013, 159, 160.
[260] So *Steiff/Sdunzig* NZBau 2013, 203, 207.
[261] So auch *Csaki/Münnich* PharmR 2013, 159, 167.

nicht nach Maßgabe der Vorschriften des GWB-Vergaberechts abgeschlossen wurden. Aufgrund dessen und vor dem Hintergrund der einschlägigen Rechtsprechung der vergaberechtlichen Nachprüfungsinstanzen[262] wird die Unwirksamkeitsanordnung deshalb auch für **faktisch patentverlängernde Rabattverträge**[263] zu gelten haben. Zwar tritt ein Vergaberechtsverstoß bei dem Abschluss eines Rabattvertrages über ein patentgeschütztes Originalpräparat mit einer Laufzeit über diejenige des Patentschutzes hinaus im Vergleich zu Portfolio-Rabattverträgen, nicht ebenso offen zu Tage, jedoch werden diese unter dem Aspekt der Umgehung insbesondere von der Rechtsprechung als ebenso vergaberechtswidrig angesehen, weshalb an der Geltung des § 130a Abs. 8 Satz 8 SGB V auf solche Verträge kein ernstlicher Zweifel bestehen dürfte.

121 Schließlich dürften Gesamtportfolio- und faktisch patentverlängernde Rabattverträge gegenwärtig die einzigen verallgemeinerungsfähigen Vertragsgruppen darstellen, bei denen eine Unwirksamkeit unmittelbar durch die gesetzliche Vorschrift des § 130a Abs. 8 S. 8 SGB V eintreten wird.

122 Da die Neuregelung des § 130a Abs. 8 Satz 8 SGB V schließlich, abweichend von der im Vergaberecht seit dem Vergaberechtsmodernisierungsgesetz geltenden Unwirksamkeitsfeststellung gemäß § 101b Abs. 2 GWB nach Anrufung einer Nachprüfungsinstanz in einem gerichtsähnlichen Verfahren, nunmehr den Eintritt der Unwirksamkeit *ipso iure* (dh. automatisch und ohne vorherige Bewertung und Entscheidung durch einen gerichtlichen oder gerichtsähnlichen Spruchkörper) vorsieht, **können hierunter zwangsläufig nur eindeutige und unstreitige Fälle einer De-facto-Vergabe fallen.**[264] Die Unwirksamkeit eines Arzneimittelrabattvertrages *ipso iure* stellt eine weitreichende und grundsätzlich grundrechtsrelevante staatliche Maßnahme dar, die jedenfalls den gesicherten Nachweis der Vergaberechtswidrigkeit sowie das Fehlen jeglichen schützenswerten Bestandsinteresses voraussetzt. Eine derartig eindeutige Rechtslage, der zu Folge Rabattverträge „im Regelfall öffentliche Aufträge" sind, so dass ein „schutzwürdiges Interesse am Fortbestand der jeweiligen Verträge" unter Vertrauensschutzgesichtspunkten nicht entstehen konnte, gibt es **derzeit wohl nur im Bereich der Rabattverträge über Generika.** Abgesehen von den hier in Rede stehenden Fallgruppen, ist dazu bereits aus rechtsstaatlichen Gesichtspunkten eine dezidierte Prüfung im Einzelfall erforderlich. Insbesondere hinsichtlich ausschreibungslos geschlossener Einzelmolekülverträge im innovativen, patentgeschützten oder biologisch/biotechnologischen Bereich ist eine pauschale Subsumtion unter den Wortlaut der Vorschrift deshalb grundsätzlich nicht möglich.[265] Denn eine Ausschreibungspflicht besteht hier teilweise nicht bzw. nicht in einer vergleichbaren Eindeutigkeit[266], die eine *ipso iure* – also automatisch – eintretende Unwirksamkeit, die keine gravierende Rechtsunsicherheit schafft, voraussetzen würde. Vielmehr ist insofern eine einzelfallabhängige Prüfung am Maßstab des § 3 EG Abs. 4 lit. c VOL/A vorzunehmen.[267]

---

[262] VK Bund Beschl. v. 6.7.2011, VK 3–80/11.
[263] Dazu bereits oben, Rn. 60.
[264] *Gabriel/Schulz* NZBau 2013, 273, 276; ähnlich auch *Steiff/Sdunzig*, NZBau 2013, 203, 205 f., die in zeitlicher Hinsicht differenzieren und insofern auf die „Oymanns"-Entscheidung des EuGH abstellen.
[265] *Gabriel/Schulz* NZBau 2013, 273, 277 ff.; a. A. unter Verweis auf den Wortlaut der Vorschrift: *Meyer-Hofmann/Weng/Kruse* PharmR 2014, 85.
[266] Dazu bereits oben, Rn. 18 ff.
[267] Dazu bereits oben, Rn. 97 ff.

§ 71 Impfstoffversorgungsverträge

Übersicht

	Rn.
A. Einleitung	1, 2
B. Sozialrechtliche Rahmenbedingungen für Preisvereinbarungen betreffend die Versorgung mit Impfstoffen	3, 4
C. Ausschreibung von Impfstoffversorgungsverträgen	5–25
I. Selektivverträge im Verhältnis zwischen Krankenkassen und Apotheken	6–16
II. Selektivverträge im Verhältnis zwischen Krankenkassen und pharmazeutischen Unternehmern nach § 132e Abs. 2 SGB V	17–25

SGB V: § 132e

§ 132e SGB V Versorgung mit Schutzimpfungen

(1) ¹Die Krankenkassen oder ihre Verbände schließen mit Kassenärztlichen Vereinigungen, geeigneten Ärzten, deren Gemeinschaften, Einrichtungen mit geeignetem ärztlichen Personal oder dem öffentlichen Gesundheitsdienst Verträge über die Durchführung von Schutzimpfungen nach § 20d Abs. 1 und 2. ²Dabei haben sie sicherzustellen, dass insbesondere die an der vertragsärztlichen Versorgung teilnehmenden Ärzte berechtigt sind, Schutzimpfungen zu Lasten der Krankenkasse vorzunehmen. ³Im Fall von Nichteinigung innerhalb einer Frist von drei Monaten nach der Entscheidung gemäß § 20d Absatz 1 Satz 3 legt eine von den Vertragsparteien zu bestimmende unabhängige Schiedsperson den Vertragsinhalt fest. ⁴Einigen sich die Vertragsparteien nicht auf eine Schiedsperson, so wird diese von der für die vertragsschließende Krankenkasse oder für den vertragsschließenden Verband zuständigen Aufsichtsbehörde bestimmt. ⁵Die Kosten des Schiedsverfahrens tragen die Vertragspartner zu gleichen Teilen.

(2) ¹Die Krankenkassen oder ihre Verbände können zur Versorgung ihrer Versicherten mit Impfstoffen für Schutzimpfungen nach § 20d Absatz 1 und 2 Verträge mit einzelnen pharmazeutischen Unternehmern schließen; § 130a Absatz 8 gilt entsprechend. ²Soweit nicht anders vereinbart, erfolgt die Versorgung der Versicherten ausschließlich mit dem vereinbarten Impfstoff.

Literatur:
Bungenberg/Weyd, Der Kampf gegen die Schweinegrippe im Visier des Europäischen Wirtschaftsrechts – Anmerkungen, DVBl. 2010, 363.

A. Einleitung

Mit dem GKV-Wettbewerbsstärkungsgesetz 2007 wurde die Versorgung der Versicherten **1** mit Schutzimpfungen gemäß Anlage 1 der Schutzimpfungs-Richtlinie des gemeinsamen Bundesausschusses durch § 20d Abs. 1 SGB V in den Kanon der **Pflichtleistungen der GKV** aufgenommen. Vor dem Hintergrund einer Gesamtkostenhöhe der Krankenkassen für Schutzimpfungen von 1,458 Mrd. Euro für das Jahr 2008, bietet insbesondere die Initiierung bzw. Intensivierung eines Preiswettbewerbs unter den Impfstofflieferanten die Möglichkeit Wirtschaftlichkeitspotentiale zu erschließen. Die mit Wirkung zum 1.1.2011 durch das AMNOG eingeführte Vorschrift des § 132e Abs. 2 SGB V knüpft insofern an dieses Potential an, indem den Krankenkassen oder ihren Verbänden nunmehr die Möglichkeit eröffnet wird, auch für Impfstoffe nach § 20d SGB V mit pharmazeutischen Unternehmern Rabatte auf den einheitlichen Abgabepreis des pharmazeutischen Unternehmens nach § 130a Abs. 8 SGB V zu vereinbaren und über eine solche Vereinbarung die Versorgung ihrer Versicherten mit Impfstoffen sicherzustellen.[1]

2   Aufgrund dieser gesetzlichen Neuregelung kommt es gegenwärtig zu einer Verlagerung des Rabattwettbewerbes auf Grundlage des Abschlusses selektiver Impfstoffversorgungsverträge. Bezogen sich kassenseitige Ausschreibungen in diesem Zusammenhang bisher auf die Ebene der Apotheken, erfolgten in der zweiten Jahreshälfte 2011 die ersten Ausschreibungen selektiver Impfstoffversorgungsverträge zwischen Krankenkassen und pharmazeutischen Unternehmer. Insbesondere mit der Ausschreibung solcher Verträge im Verhältnis zwischen Krankenkassen und Apotheken sind dabei vielschichtige vergaberechtliche Probleme verknüpft, welche primär auf unzureichenden bzw. fehlenden gesetzlichen Ermächtigungsgrundlagen für die Krankenkassen beruhen.

B. Sozialrechtliche Rahmenbedingungen für Preisvereinbarungen betreffend die Versorgung mit Impfstoffen

3   Impfstoffe werden von Apotheken einerseits im Wege der Individualverordnung unmittelbar an Patienten sowie andererseits, zum weit überwiegenden Teil (96,8 % der abgebenen Impfstoffdosen im Jahr 2008)[2], im Rahmen des Sprechstundenbedarfs an Arztpraxen abgegeben. Als **Sprechstundenbedarf** bezeichnet man ua. solche Arzneimittel, die ein Arzt in seiner Praxis verfügbar hält, weil sie ihrer Art nach bei mehr als einem Patienten angewendet werden oder bei Notfällen zur Verfügung stehen müssen. Solche Mittel und Gegenstände verordnet der Arzt nicht – wie sonst üblich – dem einzelnen Patienten mittels Individualverordnung, sondern er stellt eine sogenannte Sprechstundenbedarfsverordnung aus. Dabei verwendet der Arzt zwar dasselbe Formular wie für ein Individualrezept, doch er verordnet damit kein Mittel für einen bestimmten Patienten, sondern bestellt den Sprechstundenbedarf für seine eigene Praxis,[3] welche die abgebende Apotheke gegenüber der jeweiligen Krankenkasse abrechnet. Für die Versorgung der Versicherten im konkreten Einzelfall nutzt der Arzt dann Impfstoffe aus dem von ihm zuvor bezogenen Bestand. Im Rahmen dieses Versorgungsweges ist die **Preisbildung** für Schutzimpfstoffe nach § 20 Abs. 3 IfSG sowie für allgemeine Grippevorsorgemaßnahmen gemäß § 1 Abs. 3 Satz 1 Nr. 3a, Satz 4 AMPreisV **von festgelegten Preisregulierungen nach § 78 AMG ausgeschlossen**. Stattdessen ist es zulässig, für Impfstoffe zur Durchführung der Impfung in der Arztpraxis, die Abgabepreise mit dem pharmazeutischen Unternehmer zu vereinbaren.[4]

4   Darüber hinaus bestehen sowohl mit dem Arzneilieferungsvertrag der Ersatzkassen[5] (hier in Anlage 3 zu §§ 4 Abs. 5 Ziffer 7, 8 Abs. 4), als auch mit entsprechenden Verträgen zwischen Landesapothekerverbänden und den Landesverbänden der Primärkassen, **umfassende kollektivvertragliche Vereinbarungen** gemäß § 129 Abs. 5 Satz 1 SGB V, die auch die Lieferung von Impfstoffen im Sprechstundenbedarf und die entsprechend abrechenbaren Preise zum Gegenstand haben.

---

[1] Vgl. Beschlussempfehlung des Ausschusses für Gesundheit, BT-Drs. 17/3698, 80.
[2] Vgl. IGES-Institut, et. al. Gutachten zur Verbesserung der Wirtschaftlichkeit von Impfstoffen in Deutschland, 2010, 83.
[3] LSG Sachsen-Anhalt Beschl. v. 30.6.2010, L 10 KR 38/10 B ER.
[4] Vgl. Beschlussempfehlung des Ausschusses für Gesundheit, BT-Drs. 17/3698, 80.
[5] Arzneilieferungsvertrag zwischen dem Verband der Angestellten-Krankenkassen e.V. und dem Deutschen Apotheker Verband e.V. in der Fassung vom 21.8.2008.

C. Ausschreibung von Impfstoffversorgungsverträgen

Aufgrund der besonderen Verhältnisse auf dem Markt für Impfstoffe, welcher durch oligopolische Anbieterstrukturen und spezifische Distributionswege im Rahmen des Sprechstundenbedarfs[6] geprägt ist, kam die Ausschreibung selektiver Impfstoffversorgungsverträge bislang ganz überwiegend hinsichtlich der **Versorgung mit saisonalem Influenzaimpfstoff** in Betracht. Das gilt sowohl für die bisherige Praxis der Vertragsausschreibung im Verhältnis zwischen Krankenkassen und Apotheken als auch bezüglich Rabattverträgen nach § 132e Abs. 2 iVm. § 130a Abs. 8 SGB V im Verhältnis zwischen Krankenkassen und pharmazeutischen Unternehmern. Erst in jüngster Vergangenheit erfolgte erstmalig die Ausschreibung eines Rabattvertrages auf Herstellerebene, der neben saisonalem Influenzaimpfstoff weitere Fachlose über unterschiedliche weitere Impfstoffe umfasste. Das belegt beispielhaft sowohl die wachsende Bedeutung der öffentlichen Ausschreibung selektiver Impfstoffversorgungsverträge, als auch die Verlagerung solcher Ausschreibungen auf die Ebene der pharmazeutischen Unternehmer.

I. Selektivverträge im Verhältnis zwischen Krankenkassen und Apotheken

Sofern die Krankenkassen in der Vergangenheit von der Möglichkeit Gebrauch gemacht haben, Wirtschaftlichkeitspotentiale durch die Generierung eines Rabattwettbewerbs zu nutzen, erfolgte das insbesondere **vor der Einführung des § 132e Abs. 2 SGB V**, durch jeweils **kassenseitig zentralisierte Ausschreibungen selektiver Impfstoffversorgungsverträge auf Apothekenebene.**

1. Ausschreibungsfähigkeit

Im Verhältnis zwischen Krankenkassen und Apotheken ist dabei allerdings bereits fraglich, ob selektive Impfstoffversorgungsverträge überhaupt eine vergaberechtliche Ausschreibungsfähigkeit besitzen. Diesbezüglich könnte es an einer marktmäßigen Gegenleistung für den Ausschreibungsgewinner und damit an der notwendigen Entgeltlichkeit des öffentlichen Auftrags iSd. § 99 Abs. 1 GWB fehlen[7], da es den Krankenkassen im Verhältnis zu den bezuschlagten Apotheken aufgrund sozialversicherungsrechtlicher Strukturen und Vorgaben nicht schon von Gesetzes Wegen her möglich ist, diesen einen Exklusivitätsanspruch zuzusichern und auch durchzusetzen.[8] **Die Gewährleistung von Exklusivität durch Lenkung und Steuerung der Versicherten**[9] stellt jedoch im Gesundheitswesen das maßgebliche[10] Kriterium für die Beurteilung der Entgeltlichkeit eines öffentlichen Auftrags dar. Hinsichtlich der Abgabe von Schutzimpfungen besteht schließlich eine mit § 129 Abs. 1 Satz 3 SGB V vergleichbare Substitutionspflicht für die verordnenden Ärzte gerade nicht. Vielmehr garantieren die Auftraggeber zur Sicherung der Absatzvolumina während der Vertragslaufzeit lediglich mittels vertraglicher Vereinbarungen eine **(Liefer-) Exklusivität** der Ausschreibungsgewinner. Insofern erfolgt einerseits die Zusicherung, mit keinem anderen Auftragnehmer einen Vertrag über die Lieferung saisonaler Grippeimpfstoffe zu schließen, sowie andererseits eine Regelung, wie Auftraggeber und Auftrag-

---

[6] Vgl. zur Ausschreibungspflicht beim Abschluss selektiver Belieferungsverträge über Röntgen- und MRT-Kontrastmittel im Sprechstundenbedarf VK Bund Beschl. v. 20.1.2009, VK 3–191/08; LSG Nordrhein-Westfalen Beschl. v. 27.5.2010, L 21 KR 11/09 SFB.
[7] Allgemein zur Entgeltlichkeit von Rabattverträgen im Sozialrecht: *Weiner* in Willenbruch/Wieddekind, Einleitung 16. Los Rn. 9.
[8] Vgl. SG Marburg Beschl. v. 11.10.2010, S 6 KR 89/10 ER.
[9] Hierzu § 70 Rn. 10ff.
[10] OLG Düsseldorf Beschl. v. 19.12.2007, VII-Verg 51/07; *Gabriel* NZS 2007, 344, 348; *Lietz/Natz* A&R 2009, 3, 6; *Dreher/Hoffmann* NZBau 2009, 273ff.

nehmer gemeinsam auf die Ärzte zum Bezugsweg der Impfstoffe einwirken werden bzw. unterstützend tätig werden. Zum Zwecke der Umsetzung dieser Vereinbarungen erfolgt in der Praxis der Versand von Informationsschreiben an die verordnenden Vertragsärzte, in denen diese unter Hinweis auf das Wirtschaftlichkeitsgebot davon in Kenntnis gesetzt werden, dass nunmehr eine Verpflichtung bestehe, den Grippeimpfstoff für die entsprechende Saison ausschließlich bei der bezuschlagten Apotheke zu bestellen.

8 Beide vorgenannten Vereinbarungsbestandteile stoßen jedoch auf Bedenken hinsichtlich der Wirksamkeit und Durchsetzbarkeit der zugesicherten Exklusivität. Die selektivvertraglichen Vereinbarungen können nicht den bestehenden kollektiven Arzneilieferungsvertrag des VDEK mit dem DAV und die Arzneimittelversorgungsverträge zwischen dem LAV und den Landesverbänden der Primärkassen außer Kraft setzen.[11] Der ausschreibungsgegenständliche selektive Impfstoffversorgungsvertrag gilt dementsprechend lediglich ergänzend zu den bestehenden **Kollektivverträgen.** Aufgrund dessen besteht auch nur eine mittelbare Möglichkeit der Krankenkassen, die Ärzte bei der Versorgung mit Impfstoffen, durch Hinweis auf das Gebot der wirtschaftlichen Verordnungsweise, an die vertragliche Vereinbarung mit dem/den Ausschreibungsgewinnern zu binden und zu verpflichten.[12] Daraus ergibt sich, dass es den Apotheken, die keinen Zuschlag zur Impfstoffversorgung erhalten haben, unbenommen bleibt, trotzdem Grippeimpfstoffe im Sprechstundenbereich an die entsprechenden Ärzte zu liefern, womit für die entsprechende Krankenkasse durch die bestehenden Kollektivvereinbarungen die Pflicht begründet wird, die anfallenden Kosten zu erstatten. Die Durchsetzbarkeit der individualvertraglichen Exklusivitätsvereinbarung ist somit zumindest zweifelhaft. Gleichwohl wird die vertragliche Verpflichtung der Krankenkassen, während der Vertragslaufzeit keine anderen Verträge über Sprechstundenbedarf abzuschließen, zur Gewährleistung einer (Liefer-)Exklusivität und damit auch hinsichtlich der Entgeltlichkeit des öffentlichen Auftrags, grundsätzlich als hinreichend angesehen.[13]

9 Des Weiteren ist grundsätzlich fraglich, ob die Krankenkassen überhaupt dazu ermächtigt sind, selektive Impfstoffversorgungsverträge im Verhältnis zu Apotheken zu vereinbaren und auszuschreiben. **Eine ausdrückliche gesetzliche Ermächtigungsgrundlage besteht insofern nicht,** weshalb die Ausschreibungsfähigkeit von Impfstoffverträgen auf Apothekenebene von vornherein umstritten war. Auch die Einführung des § 132e Abs. 2 SGB V ändert an dieser Feststellung nichts, da sich diese Ermächtigung zum Abschluss von Rabattverträgen iSd. § 130a Abs. 8 SGB V nach dem Gesetzeswortlaut ausdrücklich auf das Verhältnis zwischen Krankenkassen und pharmazeutischen Unternehmern beschränkt. In der Rechtsprechung wird allerdings das Bestehen einer solchen Ermächtigungsgrundlage zum Abschluss eines entsprechenden Vertrages **als vom Prüfungsumfang der vergaberechtlichen Nachprüfung nicht umfasst angesehen.** Es komme insofern bei der vergaberechtlichen Überprüfung eines Beschaffungsvorganges nicht auf die Frage an, ob der Entschluss zum Abschluss einer solchen Vereinbarung durch den Auftraggeber hätte gefasst werden dürfen, sondern lediglich ob dieser Entschluss vergaberechtlich korrekt umgesetzt wurde.[14] Das Problem, ob eine Krankenkasse überhaupt über Grippeschutzimpfmittel Verträge mit Apotheken abschließen darf, sei dem Vergabeverfahren als solchem vorgelagert.[15] Weitergehend wird unter Inbezugnahme der Rechtspre-

---

[11] Vgl. SG Marburg Beschl. v. 11.10.2010, S 6 KR 89/10 ER.
[12] Vgl. SG Marburg Beschl. v. 11.10.2010, S 6 KR 89/10 ER; LSG Sachsen-Anhalt Beschl. v. 30.6.2010, L 10 KR 38/10 B ER; OLG Düsseldorf, Beschl. v. 17.1.2011, VII-Verg 3/11.
[13] Vgl. VK Bund Beschl. v. 2.12.2010, VK 3–120/10; OLG Düsseldorf, Beschl. v. 17.1.2011 sowie v. 11.5.2011, VII-Verg 3/11; vgl. zur Ausschreibungspflichtigkeit des Einkaufs von Schweinegrippeimpfstoff *Bungenberg/Weyd* DVBl. 2010, 363, 364 f.
[14] Vgl. VK Bund Beschl. v. 2.12.2010, VK 3–120/10; OLG Düsseldorf, Beschl. v. 17.1.2011 sowie v. 11.5.2011, VII-Verg 3/11.
[15] Vgl. OLG Düsseldorf, Beschl. v. 11.5.2011, VII-Verg 3/11.

chung des BVerfG[16] darauf verwiesen, die Krankenkassen bedürften zum Abschluss öffentlich-rechtlicher Verträge (wie einem exklusiven Arzneimittelliefervertrag) keiner speziellen Ermächtigung. Insbesondere stelle insofern auch § 130a Abs. 8 SGB V nicht eine Ermächtigungsgrundlage für den Abschluss von Vereinbarungen durch Krankenkassen, sondern vielmehr lediglich eine Verfahrensvorschrift dar.[17]

Trotz der lediglich vertraglich zugesicherten Versorgungsexklusivität für den Ausschreibungsgewinner, an deren endgültiger Durchsetzbarkeit Zweifel bestehen, wurde die Ausschreibungsfähigkeit selektiver Impfstoffversorgungsverträge zwischen Krankenkassen und Apotheken in der Rechtsprechung somit allgemein anerkannt.

2. Rahmenvereinbarung nach § 4 EG VOL/A

Mit dem Abschluss von selektiven Impfstoffversorgungsverträgen sind bereits genuin gewisse **Kalkulationsschwierigkeiten** hinsichtlich des zu erwartenden Absatzvolumens verbunden. Das beruht insbesondere auf dem Umstand, dass die Risikowahrnehmung und damit auch die Nachfrage in der Bevölkerung nach saisonalem Influenzaimpfstoff in jeder Impfsaison unterschiedlich stark ausgeprägt sind. In der Praxis werden die hier in Rede stehenden Selektivverträge dementsprechend in Form von Rahmenvereinbarungen nach § 4 EG VOL/A ausgeschrieben. Rahmenvereinbarungen werden mit einem oder mehreren Unternehmen abgeschlossen und legen vorab die wesentlichen Bedingungen für Einzelaufträge fest, die im Laufe eines bestimmten Zeitraumes vergeben werden sollen, insbesondere im Hinblick auf den in Aussicht genommenen Preis sowie die in Aussicht genommene Menge.[18] Nach der Rechtsprechung ergeben sich bei diesen bereits aus der Natur der Sache in erhöhtem Maße Ungewissheiten, in welchem Umfang die damit verbundenen Einzelaufträge abgerufen werden, weshalb mit den Kalkulationsschwierigkeiten in Bezug auf die saisonal schwankende Nachfrage bei Grippeimpfstoffen kein Vergaberechtsverstoß verbunden ist.[19]

3. Ausschreibungsspezifische Sonderprobleme

Sowohl aufgrund der fehlenden gesetzlich vorgesehenen Gegenleistung für den Ausschreibungsgewinner als auch aufgrund der konkreten vertraglichen Gestaltung sind mit der kassenseitig zentralisierten Ausschreibung von Impfstoffversorgungsverträgen gegenüber Apotheken diverse vergaberechtliche Sonderprobleme verbunden. Es ist dabei vor allem zweifelhaft, ob vor dem Hintergrund der Verpflichtung des Auftraggebers gemäß **§ 8 EG Abs. 1 VOL/A**, die Leistungsbeschreibung so eindeutig und erschöpfend auszugestalten, dass alle Bieter diese gleich verstehen dürfen, miteinander vergleichbare Angebote zu erwarten sind, da erhebliche Unsicherheiten hinsichtlich der Umsetzung und Verwirklichung der in Aussicht gestellten Gegenleistung in Form von Exklusivität bestehen.

Zunächst stellt sich die Frage, ob im Hinblick auf die zu erwartenden Umsetzungsquoten, welche eine wesentliche Kalkulationsgrundlage für die Bieterapotheken darstellen und welche bedingt durch die zweifelhafte Durchsetzungsfähigkeit der vertraglichen Re-

---

[16] Die in ihrem Aussagegehalt weitgehend überschätzte Entscheidung des BVerfG, Beschluss v. 13.9.2005, 2 BvF 2/03, steht der Notwendigkeit einer Rechtsgrundlage für exklusive Selektivverträge im Bereich des SGB V nicht entgegen. Verfahrensgegenständlich war hier lediglich die Verfassungsmäßigkeit von § 130a SGB V in der Fassung des BSSichG von 2002. Davon umfasst war hingegen gerade nicht die (marktverändernde) Exklusivität begründende Substitutionspflicht des § 129 Abs. 1 Satz 3 SGB V. Diese Vorschrift wurde erst durch das GKV-WSG 2007 eingeführt.
[17] LSG Nordrhein-Westfalen Beschl. v. 27.5.2010, L 21 KR 11/09 SFB, hinsichtlich der Ausschreibung von Verträgen über die Versorgung mit Kontrastmitteln zum Sprechstundenbedarf.
[18] Vgl. OLG Saarbrücken *Urt.* v. 21.3.2006, 4 U 51/05–79; OLG Düsseldorf *Urt.* v. 25.1.2006, 2 U (Kart) 1/05; KG Beschl. v. 15.4.2004, 2 Verg 22/03.
[19] LSG Nordrhein-Westfalen Beschl. v. 12.2.2010, L 21 SF 38/10 Verg; VK Bund Beschl. v. 15.1.2010, VK 1–227/09; VK Bund Beschl. v. 20.1.2010, VK 1–233/09.

gelungen zur Begründung von Exklusivität maßgeblich von der Verschreibungspraxis der Ärzte abhängen, überhaupt vergleichbare Angebote zu erwarten sind. Dieses **Kalkulationsrisiko** wird **von der Rechtsprechung** allerdings unter Verweis auf die Branchenkenntnisse der Bieterapotheken **als beherrschbar angesehen.**[20]

14 Kassenseitig zentrierte Ausschreibungen von Impfstoffversorgungsverträgen bergen des Weiteren die latente Gefahr, ein **Nachfragekartell** darzustellen und damit im konkreten Fall sowohl gegen § 1 GWB iVm. § 69 Abs. 2 Satz 1 SGB V zu verstoßen, sowie wegen des **Missbrauchs einer marktbeherrschenden bzw. marktstarken Stellung** entsprechend §§ 19, 20 GWB iVm. § 69 Abs. 2 Satz 1 SGB V zu einem Anspruch auf Unterlassung des Zuschlages nach § 33 GWB iVm. § 69 Abs. 2 Satz 1 SGB V zu führen. Das wird durch den Umstand bedingt, dass es in der Praxis regelmäßig zu gemeinsamen Ausschreibungen aller gesetzlicher Krankenkasse innerhalb eines Bundeslandes kommt, die hinsichtlich des sachlich relevanten Marktes für Grippeimpfstoffe als Nachfrager einen Marktanteil von über 90 % innerhalb des jeweiligen Bundeslandes als örtlich relevanten Markt aufweisen dürften. Dementsprechend verfügt ein solcher Nachfragezusammenschluss der gesetzlichen Krankenkassen über eine marktbeherrschende Stellung entsprechend § 19 Abs. 2 GWB iVm. § 69 Abs. 2 Satz 1 SGB V. Des Weiteren zielen solche Verträge von Seiten der Auftraggeber ausdrücklich darauf ab, innerhalb der jeweiligen Gebietslose nur von den Ausschreibungsgewinnern Grippeimpfstoffe zu beziehen. Der Vertragsabschluss führt damit zumindest zu einer **zeitweiligen Monopolisierung des Marktes** zu Gunsten des Unternehmens, welches den Zuschlag für ein Gebietslos erhält, bei gleichzeitiger Erzwingung exzeptioneller Sonderkonditionen nach § 20 Abs. 3 GWB.

15 Innerhalb diesbezüglicher Nachprüfungsverfahren verwies die Rechtsprechung allerdings darauf, dass derartige kartellrechtliche Untersuchungen innerhalb der kurzen gesetzlichen Fünf-Wochen-Frist des vergaberechtlichen Nachprüfungsverfahrens nicht leistbar und kartellrechtliche Fragestellungen dementsprechend nicht Gegenstand eines solchen seien.[21] Gleichwohl finden sich in den entsprechenden Entscheidungen ausführliche Auseinandersetzungen mit der kartellrechtlichen Problematik, wobei im Ergebnis ein Wettbewerbsverstoß abgelehnt wird.[22] Zur Begründung wird dabei einerseits auf die geringe wirtschaftliche Bedeutung der Impfstoffversorgung für die Apotheken und andererseits darauf verwiesen, diesen stünde immer noch die Möglichkeit offen, im Rahmen des Sprechstundenbedarfs auch Ärzte in anderen Bundesländern zu beliefern.[23] Letztlich komme aus diesem Grunde ein Verstoß gegen Wettbewerbsrecht bereits deshalb nicht in Betracht, da der räumlich relevante Markt das gesamte Bundesgebiet und nicht lediglich ein Bundesland umfasse.[24] **Wie im Bereich der Ausschreibung selektiver Zytostatikaversorgungsverträge** ist dementsprechend auch hinsichtlich Impfstoffverträgen unklar, ob bzw. inwieweit eine Berücksichtigung kartellrechtlicher Problempunkte innerhalb eines Nachprüfungsverfahrens Berücksichtigung finden, obwohl die dadurch potentiell bedingte Unwirksamkeit eines ausschreibungsgegenständlichen Vertrages nach § 8 EG Abs. 1 VOL/A erhebliche vergaberechtliche Auswirkungen zeitigt.[25] Im Zusammenhang

---

[20] Vgl. LSG Nordrhein-Westfalen Beschl. v. 12.2.2010, L 21 SF 38/10 Verg.
[21] Vgl. VK Bund Beschl. v. 2.12.2010, VK 3–120/10 sowie hinsichtlich der Ausschreibung eines Impfstoffversorgungsvertrages auf Herstellerebene VK Bund Beschl. v. 1.3.2012, VK 2–5/12 und VK Bund Beschl. v. 21.6.2012, VK 3–57/12.
[22] Vgl. VK Bund Beschl. v. 2.12.2010, VK 3–120/10.
[23] Vgl. VK Bund Beschl. v. 2.12.2010, VK 3–120/10.
[24] Vgl. LG Hannover, Urt. v. 15.6.2011, 21 O 25/11; OLG Düsseldorf Beschl. v. 11.5.2011, VII-Verg 3/11.
[25] Die 2. Vergabekammer des Bundes, VK Bund Beschl. v. 1.3.2012, VK 2–5/12, erkennt grundsätzlich einen „Nexus" zwischen kartell- und vergaberechtlichen Vorschriften an und führt zum Prüfungsumfang aus: *„kartellrechtliche Regelungen sind daher im Ergebnis nur dann im Vergabenachprüfungsverfahren zu prüfen, wenn sie einen konkreten rechtlichen Anknüpfungspunkt zum Vergabeverfahren besitzen, sich also in Vorschriften des Vergabeverfahrens spiegeln. In einem solchen Fall müssen die Nachprüfungsin-*

mit dem Abschluss einer Rabattvereinigung über saisonalen Influenzaimpfstoff nach § 132e Abs. 2 iVm. § 130a Abs. 8 SGB V bejahte das OLG Düsseldorf allerdings jüngst erstmalig die **Berücksichtigung kartellrechtlicher Verstöße des Auftraggebers** in einem Vergabenachprüfungsverfahren, sofern diese ohne zeitaufwändige Untersuchungen einwandfrei festzustellen sind.[26] Dementsprechend spricht einiges dafür, zukünftig auch bei Impfstoffversorgungsverträgen auf Apothekenebene eine kartellrechtliche Würdigung entsprechender Ausschreibungen vorzunehmen.

Aufgrund der bestehenden wirtschaftlichen Interessenlage ergibt sich bei der Ausschreibung selektiver Impfstoffversorgungsverträge auf Apothekenebene endlich eine von der konkreten Ausschreibung zu trennende Sonderfrage, welche die zeitlich nachgelagerte Versorgung der Apotheken ihrerseits im Verhältnis zu den pharmazeutischen Unternehmen betrifft. Insofern besteht hier eine **parallele Rechts- und Interessenlage zu Ausschreibungen von Zytostatikaversorgungsverträgen**, sodass einiges dafür spricht, hinsichtlich der Apotheken beim Abschluss von Verträgen zur Impfstoffbelieferung mit pharmazeutischen Herstellerunternehmen eine **mittelbare Stellvertretung der Krankenkassen** und damit einhergehend eine eigene vergaberechtliche Ausschreibungspflicht auf Seiten der Apotheken anzuerkennen.[27] Denn im Ergebnis treffen die wirtschaftlichen Folgen einer Liefervereinbarung zwischen Apotheken und pharmazeutischen Unernehmen auch im Rahmen der Impfstoffversorgung zum weit überwiegenden Teil die gesetzlichen Krankenkassen, soweit diese wiederum Preisvereinbarungen mit den Apotheken treffen. Auch im Bereich der Impfstoffversorgung ist die Rechtsprechung dieser Ansicht allerdings (bisher) nicht gefolgt.[28]

16

II. Selektivverträge im Verhältnis zwischen Krankenkassen und pharmazeutischen Unternehmern nach § 132e Abs. 2 SGB V

1. Ausschreibungsfähigkeit

Im Rahmen der Vereinbarung selektiver Impfstoffversorgungsverträge nach § 132e Abs. 2 iVm. § 130a Abs. 8 SGB V steht vor dem Hintergrund der einschlägigen Rechtsprechung zur Ausschreibungsfähigkeit auf Apothekenebene[29] sowie der gesetzgeberischen Intention, einen Rabattwettbewerb auf Herstellerebene zu generieren, die Ausschreibungsfähigkeit solcher Verträge nicht ernstlich in Zweifel.[30] Zwar besteht bei der Abgabe von Schutzimpfstoffen durch die Apotheken als Sprechstundenbedarf **keine Pflicht zur Substitution durch ein wirkstoffgleiches rabattiertes Arzneimittel gemäß § 129 Abs. 1 Satz 3 SGB V.** Denn nach dem ausdrücklichen Wortlaut der Vorschrift gilt diese lediglich bei der Abgabe eines Arzneimittels an den Versicherten selbst. Des Weiteren können Impfstoffe aufgrund fehlender Wirkstoffidentität auch nicht unter eine Aut-idem-Regelung fallen. Insofern wäre eine Aut-simile-Regelung erforderlich, bei der ein Produkt durch ein nicht wirkstoffidentisches aber wirkungsgleiches ersetzt wird. Eine solche be-

17

---

stanzen einen eventuellen Verstoß materiell-rechtlich prüfen, unabhängig davon, mit welcher Anspruchsgrundlage er verfolgt wird."

[26] OLG Düsseldorf Beschl. v. 27.6.2012, VII-Verg 7/12; dazu unten, Rn. 21.
[27] Dazu oben § 69 Rn. 28 ff.
[28] Vgl. VK Bund Beschl. v. 23.3.2011, VK 1–12/11; OLG Düsseldorf Beschl. v. 3.8.2011, VII-Verg 33/11.
[29] Dazu oben Rn. 7 ff.
[30] Innerhalb der diesbezüglichen Nachprüfungsverfahren standen dementsprechend vornehmlich allgemeine vergaberechtliche Probleme in Streit, die Ausschreibungsfähigkeit wurde hingegen nicht in Frage gestellt. Vgl. VK Bund Beschl. v. 1.3.2012, VK 2–5/12; OLG Düsseldorf Beschl. v. 27.6.2012, VII-Verg 7/12; VK Bund Beschl. v. 21.6.2012, VK 3–57/12.

steht im geltenden Recht jedoch ebenfalls (noch) nicht.[31] Allerdings findet sich, im Unterschied zur Rechtslage hinsichtlich Ausschreibungen im Verhältnis zwischen Krankenkassen und Apotheken, in **§ 132e Abs. 2 Satz 2 SGB V** nunmehr eine **explizite gesetzliche Regelung, nach der die Versorgung der Versicherten vorbehaltlich abweichender individualvertraglicher Vereinbarungen, ausschließlich mit dem vereinbarten Impfstoff erfolgt.** Zwar hat diese Vorschrift letztlich keine Auswirkungen darauf, ob eine (Liefer-)Exklusivität zu Gunsten des Ausschreibungsgewinners auch tatsächlich erfolgt, da die Verordnungsmöglichkeiten der Ärzte nach wie vor lediglich durch das Gebot der Wirtschaftlichkeit begrenzt werden. Gleichwohl dürfte der gesetzlichen Regelung das Gebot für die ausschreibenden Krankenkassen zu entnehmen sein, eine solche zu bewirken, indem jedenfalls keine weiteren Impfstoffversorgungsverträge mit anderen pharmazeutischen Herstellern abgeschlossen werden dürfen. Schließlich bleibt festzuhalten, dass die Gewährung einer Gegenleistung für die ausschreibungsbeteiligten pharmazeutischen Unternehmer durch die Krankenkassen im Unterschied zu Ausschreibungen die an Apotheken gerichtet sind, bereits im Gesetz vorgesehen ist. Nach der einschlägigen Rechtsprechung hinsichtlich der vertraglichen Gewährung von Exklusivität im Verhältnis zu Apotheken[32], dürfte das eine hinreichende Gegenleistung zur Begründung einer vergaberechtlichen Ausschreibungspflicht darstellen.

18 Vor diesem Hintergrund solle jedoch nach Auffassung der 1. Vergabekammer des Bundes eine **Ausnahme von der Exklusivitätsregelung des § 132e Abs. 2 Satz 2 SGB V** für den Fall gelten, dass eine Versorgung mit dem vereinbarten Impfstoff zumindest über einen gewissen Zeitraum nicht erfolgen kann.[33] Die gesetzliche **Exklusivitätsregelung** sei dahingehend auszulegen, dass sie **nur relativ** sei und jedenfalls in einem solchen Fall **keine Sperrwirkung zu Lasten anderer Impfstoffe** entfalten könne, sondern auch andere Impfstoffe verwendet werden dürften.[34] Diese Rechtsauffassung stößt insofern auf erhebliche Bedenken, als sie den Spezifika der Impfstoffversorgung[35] nicht gerecht wird. Einerseits erfolgt die Impfstoffproduktion aufgrund des biologisch/biotechnologischen Herstellungsprozesses jeweils vollständig im Hinblick auf die Nachfrage innerhalb einer konkreten Impfsaison. Die produzierten Impfstoffchargen sind lediglich in derjenigen Impfsaison verwendbar, für die sie herstellerseitig bestimmt sind. Andererseits erfolgt die Bestellung des Impfstoffs zum Zwecke der Verwendung als Sprechstundenbedarf von Seiten der Ärzte und Apotheker idR. nur jeweils einmalig pro Impfsaison. Den vertragsbeteiligten gesetzlichen Krankenkassen für den Fall einer zeitweiligen Verzögerung der Impfstofflieferung einen alternativen Impfstoffbezug bei einem anderen Hersteller zu gestatten, würde diesen tatsächlichen Gegebenheiten der Impfstoffversorgung jedoch nicht in hinreichendem Maße Rechnung tragen und **der Ausschreibung selektiver Impfstoffversorgungsverträge die Grundlage entziehen.** Herstellerunternehmen wäre eine **rechtssichere Angebotskalkulation nicht mehr möglich,** wenn sie befürchten müssten, dass die vertragsbeteiligte gesetzliche Krankenkasse während der Vertragslaufzeit rechtlich zulässig ggf. für einen Impfstoffbezug von einem anderen – nicht vertragsbeteiligten – Hersteller votieren könnte. Die Angebotsabgabe zur Beteiligung an einem Impfstoffversorgungsvertrag iSv. § 132e Abs. 2 SGB V würde für ein Herstellerunternehmen dann ein **unternehmerisches Wagnis** darstellen, wenn dieses nicht sicher prognostizieren könnte, ob die im Vertrauen auf die Vertragsdurchführung hergestellten Impfstoffchargen letztlich tatsächlich durch die vertragsbeteiligte Krankenkasse abgenommen wer-

---

[31] Vgl. IGES- Institut, et. al., Gutachten zur Verbesserung der Wirtschaftlichkeit von Impfstoffen in Deutschland, 2010, 120.
[32] Dazu oben Rn. 7 ff.
[33] VK Bund Beschl. v. 12.11.2012, VK 1–109/12.
[34] VK Bund Beschl. v. 12.11.2012, VK 1–109/12.
[35] Vgl. dazu weitergehend unten, Rn. 23 ff.

den. Aufgrund dessen erscheint eine relative Auslegung der Exklusivitätsregelung des
§ 132e Abs. 2 Satz 2 SGB V nicht sachgemäß.

2. Ausschreibungsspezifische Sonderprobleme

Hinsichtlich der Anforderungen des § 8 EG Abs. 1 VOL/A an eine eindeutige und erschöpfende Leistungsbeschreibung bestehen im Zusammenhang mit dem Abschluss von Selektivverträgen zur Versorgung mit Schutzimpfungen insbesondere deshalb Unsicherheiten, da der Umfang der Leistungsinanspruchnahme maßgeblich durch die Nachfrage in der Bevölkerung, dem Auftreten von Pandemien und den verordnenden Ärzten bestimmt wird. Für Impfstoffe gilt dies deshalb in besonderem Maße, da bspw. die Risikowahrnehmung bei der saisonalen Influenza in jeder Impfsaison unterschiedlich stark ausgeprägt ist.[36] Diesen **Kalkulationsrisiken** gilt es durch die Angabe von Erfahrungswerten und Absatzquoten der Vorjahre bereits in der Leistungsbeschreibung zu begegnen. 19

Überdies erschwert bereits die Distributionsstruktur von Impfstoffen im Rahmen des Sprechstundenbedarfs eine selektivvertragskonforme Abgabe an die Versicherten. Diese setzt voraus, dass die Impfstoffe bei der Abgabe an den Impfling in der Praxis des Arztes vorhanden, dh. bereits im Vorhinein der Impfung durch die Apotheke ausgeliefert wurden. Eine Berücksichtigung der individuellen Kassenzugehörigkeit bei der Abgabe der Impfung wird damit unmöglich. Die Krankenkassen können den Herstellern damit keine ausreichend sicheren Mengenzusagen machen, weshalb ihnen dementsprechend grundsätzlich das entscheidende Element fehlen würde, um Rabatte auszuhandeln.[37] Diesem Umstand wird in der bisherigen Praxis durch eine kassenseitig zentrierte Ausschreibung aller gesetzlichen Krankenkassen innerhalb eines Bundeslands bzw. sogar mehrerer Bundesländer gleichzeitig Rechnung getragen. Die Bildung solcher **Einkaufsgemeinschaften** besitzt allerdings im Vergleich zu der Ausschreibung von Verträgen im Verhältnis zwischen Krankenkassen und Apotheken[38] eine **gesteigerte wettbewerbsrechtliche Relevanz**. Während sich die Beschaffung von Impfstoffen mittels kassenseitig zentrierter Ausschreibungen aller gesetzlichen Krankenkassen auf Apothekenebene in der Vergangenheit lediglich auf das Gebiet des Bundeslandes Sachsen-Anhalt erstreckten, erfolgten solche im Verhältnis zu pharmazeutischen Unternehmern nach § 132e Abs. 2 iVm. § 130a Abs. 8 SGB V bereits in mehreren Bundesländern. Die **kartellrechtliche Relevanz der kassenseitigen Einkaufsgemeinschaften** wird dabei noch dadurch verstärkt, dass diese Ausschreibungen, mit Ausnahme von lediglich marginalen Unterschieden, weit überwiegend identisch ausgestaltet sind. Faktisch kommt es dementsprechend in kartellrechtlicher Hinsicht zu einer Ausweitung der wettbewerblichen Wirkungen (grundsätzliche Gefahr einer erheblichen Markverengung[39]) selektiver Impfstoffversorgungsverträge über den Markt eines einzelnen Bundeslandes hinaus.[40] 20

In diesem Zusammenhang anerkannte das OLG Düsseldorf in einem Nachprüfungsverfahren bzgl. der Ausschreibung einer Rabattvereinbarung über die Lieferung von saisonalem Grippeimpfstoff iSv. § 132e Abs. 2 iVm. § 130a Abs. 8 SGB V erstmalig eine **kartellrechtliche Prüfungskompetenz innerhalb eines vergaberechtlichen Nachprü-** 21

---

[36] Vgl. IGES-Institut, et. al., Gutachten zur Verbesserung der Wirtschaftlichkeit von Impfstoffen in Deutschland, 2010, 119.
[37] Vgl. IGES-Institut, et. al., Gutachten zur Verbesserung der Wirtschaftlichkeit von Impfstoffen in Deutschland, 2010, 120.
[38] Dazu oben Rn. 14 f.
[39] OLG Düsseldorf Beschl. v. 17.1.2011, VII-Verg 3/11, bzgl. einer Ausschreibung auf Apothekenebene. Unzulässige kartellrechtliche Wirkungen seien gegenwärtig aber *noch* nicht zu erwarten.
[40] Vgl. dazu VK Bund Beschl. v. 1.3.2012, VK 2–5/12, welche mit dem Hinweis auf eine „vorbeugende Unterlassung" jedoch nicht weiter auf das kartellrechtliche Vorbringen der Antragstellerin eingeht. Ebenso VK Bund Beschl. v. 21.6.2012, VK 3–57/12.

fungsverfahrens.[41] Die Regelungen des § 97 Abs. 7 GWB und des § 104 Abs. 2 GWB, wonach Unternehmen Anspruch darauf haben, dass der Auftraggeber die Bestimmungen über das Vergabeverfahren einhält und zudem auch sonstige Ansprüche gegen öffentliche Auftraggeber zum Gegenstand eines Nachprüfungsverfahrens gemacht werden können, die auf Vornahme oder das Unterlassen einer Handlung in einem Vergabeverfahren gerichtet sind, schließe auf Kartellrecht gestützte Ansprüche nicht von vornherein aus. Vielmehr könne mit Recht diskutiert werden, ob die bisherige Argumentation des Senats, dass kartellrechtliche Verstöße auf Auftraggeberseite, die sich zeitlich vor Beginn des Vergabeverfahrens zugetragen haben, nicht Gegenstand eines Vergabenachprüfungsverfahrens seien. Gegenteiliges ergebe sich ferner weder aufgrund der Vorschrift des § 104 Abs. 3 GWB, die ihrem Wortlaut nach nur die – ggf. parallele – Zuständigkeit der ordentlichen Gerichte und Kartellbehörden begründe, aber nicht die Zuständigkeit der Vergabenachprüfungsinstanzen ausschließe, noch durch das besondere Beschleunigungsbedürfnis des Vergabenachprüfungsverfahrens. Es spreche somit im Ergebnis einiges dafür, **kartellrechtliche Verstöße des Auftraggebers**, die ohne zeitaufwendige Untersuchungen einwandfrei festzustellen sind, **in einem Vergabenachprüfungsverfahren zu berücksichtigen**.

22 Im Zusammenhang mit dem Abschluss von Impfstoffversorgungsverträgen iSv. § 132e Abs. 2 iVm. § 130a Abs. 8 SGB V wurde im Rahmen diesbezüglicher Vergabenachprüfungsverfahren in jüngster Vergangenheit wiederholt eine lediglich indikationsbezogene Ausschreibung als diskriminierend und wettbewerbshemmend gerügt und damit auf eine Einschränkung der **Beschaffungsbedarfsbestimmungsautonomie** das öffentlichen Auftraggebers abgezielt. Ausschreibungsgegenständlich waren dabei einerseits saisonaler Influenzaimpfstoff in **Fertigspritzen** mit oder ohne abnehmbarer Kanüle[42], sowie andererseits Influenzaimpfstoff zur Impfung von Versicherten **ab dem sechsten Lebensmonat ohne Altersobergrenze**[43]. Impfstoffe zeichnen sich, wie auch alle sonstigen wirkstoffinkongruenten Arzneimittel dadurch aus, dass sie jeweils für unterschiedliche, spezifische Indikationsbereiche arzneimittelrechtlich zugelassen sind und von verschiedenen Herstellern, teilweise auch in differierenden Applikationssystemen, angeboten werden. Sofern der öffentliche Auftraggeber deshalb seinen Beschaffungsbedarf (vor allem bei der Bildung von Fachlosen) ohne die Berücksichtigung der bestehenden konkreten Marktverhältnisse auf Anbieterseite, weit bzw. unspezifisch und lediglich anhand einer medizinischen Indikation definiert, besteht grundsätzlich die Gefahr auf einem ohnehin oligopolisch geprägten Markt, lediglich einigen wenigen pharmazeutischen Unternehmen die Teilnahme an einer Ausschreibung zu ermöglichen, mit der Folge potentiell unrentabler Ergebnisse mangels hinreichenden Wettbewerbs zu erzielen. In den vorstehend benannten Fällen wurde die konkrete Definition des Beschaffungsbedarfs jedoch zu Recht als **vom Bestimmungsrecht des Auftraggebers umfasst** angesehen[44].

23 Schließlich ergibt sich aus den jüngsten Ausschreibungen selektiver (Grippe-)Impfstoffversorgungsverträge nach § 132e Abs. 2 iVm. § 130a Abs. 8 SGB V noch ein ausschreibungsrelevantes Sonderproblem, dass unmittelbar mit den spezifischen Besonderheiten der Impfstoffproduktion zusammenhängt und durch die konkrete vertragliche Ausgestaltung bedingt wird. In diesem Zusammenhang beinhalten die entsprechenden Selektivverträge die Verpflichtung des Auftragnehmers, **die benötigten Impfdosen ab einem be-**

---

[41] OLG Düsseldorf Beschl. v. 27.6.2012, VII-Verg 7/12.
[42] Vgl. dazu VK Bund Beschl. v. 1.3.2012, VK 2–5/12; OLG Düsseldorf Beschl. v. 27.6.2012, VII-Verg 7/12.
[43] Vgl. dazu VK Bund Beschl. v. 21.6.2012, VK 3–57/12; VK Bund Beschl. v. 27.8.2012, VK 2–65/12; VK Bund Beschl. v. 27.8.2012, VK 2–83/12.
[44] VK Bund Beschl. v. 1.3.2012, VK 2–5/12; OLG Düsseldorf Beschl. v. 27.6.2012, VII-Verg 7/12 (beide zu Fertigspritzen); VK Bund Beschl. v. 21.6.2012, VK 3–57/12; VK Bund Beschl. v. 27.8.2012, VK 2–65/12; VK Bund Beschl. v. 27.8.2012, VK 2–83/12 (alle drei zur Altersbegrenzung).

stimmten Zeitpunkt „bedarfsgerecht" zur Verfügung zu stellen, sowie eine **Vertragsstrafenregelung für Lieferverzögerungen.** Das bedeutet, dass der Auftragnehmer ab einem bestimmten Zeitpunkt auch die staatliche Chargenprüfung und Freigabe durch das Paul-Ehrlich-Institut nach § 32 AMG zu gewährleisten hat. Diese strikten Vorgaben können unter Umständen für die Bieter unzumutbar sein.

Die Grippeimpfstoffproduktion erfolgt jährlich unter Anpassung der Impfstoffzusammensetzung an die sich regelmäßig verändernden zirkulierenden Influenza-Viren. Das geschieht in enger Abstimmung mit der Weltgesundheitsorganisation (World Health Organisation, WHO), welche den Herstellern (in Zusammenarbeit mit dem britischen Institute for Biological Standards and Control, NIBSC) die notwendigen Daten und Reagenzien bezüglich der Viren-Stämme zur Verfügung stellt, die die kommende Grippesaison am wahrscheinlichsten bestimmen werden. Diese Informationen über die Stammzusammensetzung für die kommende Grippesaison erhalten die Hersteller meistens – jedoch nicht mit an Sicherheit grenzender Wahrscheinlichkeit – im Februar/März von der WHO. Die eigentliche Impfstoffproduktion kann dementsprechend erst danach erfolgen, wobei deren Dauer maßgeblich von den jeweiligen Erregerstämmen abhängen, die teilweise so aggressiv sind, dass diese nicht ohne weiteres in Hühnereiern wachsen können – was der überwiegend üblichen Produktion von Grippeimpfstoffen entspricht, sondern zunächst gezielt mittels gentechnologischer Verfahren verändert werden müssen. Des Weiteren übermittelt die WHO den Grippeimpfstoffherstellern die erforderlichen Daten um den Impfstoff auf die hinreichende Konzentration und Impfstoffstärke testen und kalibrieren zu können. Um den Herstellungsprozess abschließen zu können müssen nach der Kalibrierung die Ernten der einzelnen Impfstämme zusammengefüllt werden und einem aufwendigen Prüf-, Filter- und Abfüllverfahren unterzogen werden. Der fertig gestellte Impfstoff muss schließlich zwingend einer klinischen Studie unerzogen werden, bevor er zulassungsfähig ist und die Prüfung bzw. Freigabe jeder einzelnen Charge durch das Paul-Ehrlich-Institut gemäß § 32 AMG erfolgen kann, was wiederum gemäß § 32 Abs. 1a AMG bis zu zwei Monate Zeit in Anspruch nehmen kann. Die sich jährlich wiederholende Grippeimpfstoffproduktion setzt dementsprechend **zeitaufwändige und komplexe Verfahren** voraus, **wobei sich** dessen terminlicher Ablauf sowohl aufgrund der **Zuarbeiten der** WHO als auch der **Chargenprüfung und Freigabe durch das Paul-Ehrlich-Institut,** weitgehend des Einflusses des Impfstoffherstellers entzieht. Diese speziellen Gegebenheiten bei der Produktion von Grippeimpfstoffen müssen innerhalb einer selektivvertraglichen Rabattvereinbarung bei der Festlegung des zeitlichen Lieferrahmens Berücksichtigung finden, um nicht zu deren Vergaberechtswidrigkeit zu führen.

Endlich sind mit den sensiblen Herstellungsprozessen für saisonalen Grippeimpfstoff vergaberechtliche Folgefragen verbunden, die die **Lieferverzögerung, bzw. den Lieferausfall** von Rabattvertragsgegenständlichen Impfstoffen betreffen. Die 1. Vergabekammer des Bundes entschied in diesem Zusammenhang jüngst, dass eine – ohne Durchführung eines Vergabeverfahrens geschlossene – **Ergänzungsvereinbarung** zwischen den Auftrag gebenden Krankenkassen und dem bezuschlagten Impfstofflieferanten mit dem Inhalt, anstatt des vertragsgegenständlichen Impfstoffs einen **Ersatzimpfstoff** mit einem anderen Wirkstoff zu liefern, als De-facto-Vergabe zu qualifizieren und gemäß §101b Abs. 1 Nr. 2 GWB unwirksam sei.[45] Die Wirksamkeit des ursprünglich geschlossenen Rabattvertrags werde davon jedoch nicht berührt.[46]

---

[45] VK Bund Beschl. v. 12.11.2012, VK 1–109/12.
[46] VK Bund Beschl. v. 12.11.2012, VK 1–109/12.

§ 72 Integrierte Versorgungsverträge

Übersicht

	Rn.
A. Einleitung	1
B. Integrierte Versorgungsverträge gemäß §§ 140a ff. SGB V	2–9
I. Integrierte Versorgungsverträge als öffentliche Aufträge gemäß § 99 Abs. 1 GWB	2–7
II. Anwendbarkeit von VOF oder VOL/A	8
III. Integrierte Versorgung als nachrangige Dienstleistung im Gesundheitswesen	9

SGB V: § 140a

§ 140a SGB V Integrierte Versorgung

(1) Abweichend von den übrigen Regelungen dieses Kapitels können die Krankenkassen Verträge über eine verschiedene Leistungssektoren übergreifende Versorgung der Versicherten oder eine interdisziplinär-fachübergreifende Versorgung mit den in § 140b Abs. 1 genannten Vertragspartnern abschließen. Die Verträge zur integrierten Versorgung sollen eine bevölkerungsbezogene Flächendeckung der Versorgung ermöglichen. Soweit die Versorgung der Versicherten nach diesen Verträgen durchgeführt wird, ist der Sicherstellungsauftrag nach § 75 Abs. 1 eingeschränkt. Das Versorgungsangebot und die Voraussetzungen seiner Inanspruchnahme ergeben sich aus dem Vertrag zur integrierten Versorgung.

(2) Die Teilnahme der Versicherten an den integrierten Versorgungsformen ist freiwillig. Die Versicherten können die Teilnahmeerklärung innerhalb von zwei Wochen nach deren Abgabe in Textform oder zur Niederschrift bei der Krankenkasse ohne Angabe von Gründen widerrufen. Zur Fristwahrung genügt die rechtzeitige Absendung der Widerrufserklärung an die Krankenkasse. Die Widerrufsfrist beginnt, wenn die Krankenkasse dem Versicherten eine Belehrung über sein Widerrufsrecht in Textform mitgeteilt hat, frühestens jedoch mit der Abgabe der Teilnahmeerklärung. § 73b Absatz 3 Satz 8 gilt entsprechend. Ein behandelnder Leistungserbringer darf aus der gemeinsamen Dokumentation nach § 140b Abs. 3 die den Versicherten betreffenden Behandlungsdaten und Befunde nur dann abrufen, wenn der Versicherte ihm gegenüber seine Einwilligung erteilt hat, die Information für den konkret anstehenden Behandlungsfall genutzt werden soll und der Leistungserbringer zu dem Personenkreis gehört, der nach § 203 des Strafgesetzbuches zur Geheimhaltung verpflichtet ist. Vertragspartner der Krankenkassen nach § 140b Absatz 1 Nummer 4 dürfen die für die Durchführung der zum Versorgungsmanagement notwendigen Steuerungsaufgaben im Rahmen der integrierten Versorgung erforderlichen personenbezogenen Daten aus der gemeinsamen Dokumentation nach § 140b Absatz 3 nur mit Einwilligung und nach vorheriger Information des Versicherten erheben, verarbeiten und nutzen. Für die Vertragspartner nach § 140b Absatz 1 Nummer 4 gilt § 35 des Ersten Buches entsprechend.

(3) Die Versicherten haben das Recht, von ihrer Krankenkasse umfassend über die Verträge zur integrierten Versorgung, die teilnehmenden Leistungserbringer, besondere Leistungen und vereinbarte Qualitätsstandards informiert zu werden.

Literatur:

Baumeister/Struß, Hippokrates als Dienstleister gemäß den Vorgaben des Europäischen Gerichtshofes – Die Vergabe von integrierten Versorgungsverträgen im Lichte des EuGH-Urteils vom 11.6.2009, Rs. C-300/07, NZS 2010, 247; *Becker*, Rechtliche Rahmenbedingungen der integrierten Versorgung – Ein Aufriss und neun Thesen, NZS 2001, 505; *Becker*, Das Schiedsstellen-Verfahren im Sozialrecht, SGb 2003, 664; *Beule*, Integrierte Versorgung nach neuem Recht, GesR 2004, 209; *Csaki/Freundt*, Keine Ausschreibungspflicht für Verträge über hausarztzentrierte Leistungen? – Besprechung der Entscheidung des Landessozialgerichts Nordrhein-Westfalen vom 3.11.2010, NZS 2011, 766; *Dahm*, Vertragsgestaltung bei Integrierter Versorgung am Beispiel „Prosper – Gesund im Verbund", MedR

2005, 121; *Gabriel*, Vergaberecht und Vergaberechtsschutz beim Abschluss von Verträgen zur Integrierten Versorgung (§§ 140a ff. SGB V), NZS 2007, 344; *Hanika*, Medizinische Versorgungszentren und Integrierte Versorgung – Rechtliche Vorgaben und neue Vergütungssysteme (1. Teil), PIR 2004, 433; *Heil/Schork*, Das AMNOG und seine Auswirkungen für die Medizinprodukteindustrie, MPR 2011, 10; *Hesselmann/Motz*, Integrierte Versorgung und Vergaberecht, MedR 2005, 498; *Kaltenborn*, Integrierte Versorgung und besondere ambulante Versorgung als vergaberechtliches Problem, in Ebsen (Hrsg.), Vergaberecht und Vertragswettbewerb in der Gesetzlichen Krankenversicherung, 2009, 169; *Kaltenborn*, Der kartellvergaberechtliche Auftragsbegriff im Vertragswettbewerb des SGB V, GesR 2011, 1; *Kamann/Gey*, Wettbewerbsrecht im deutschen Gesundheitswesen – Grenzen der Integrierten Versorgung und der Kooperation von Krankenkassen, Leistungserbringern und pharmazeutischer Industrie (Teil 1), PharmR 2006, 255; *Kamann/Gey*, Wettbewerbsrecht im deutschen Gesundheitswesen – Grenzen der Integrierten Versorgung und der Kooperation von Krankenkassen, Leistungserbringern und pharmazeutischer Industrie (Teil 2), PharmR 2006, 291; *Kingreen/Temizel*, Zur Neuordnung der vertragsärztlichen Versorgungsstrukturen durch die hausarztzentrierte Versorgung (§ 73b SGB V), ZMGR 2009, 134; *Kuhlmann*, Vertragliche Regelungen und Strukturen bei der Integrierten Versorgung, das Krankenhaus 2004, 417; *Moosecker*, Öffentliche Auftragsvergaben der gesetzlichen Krankenkassen – Die Anwendbarkeit des Vergaberechts auf die Nachfrage von Leistungen der Stationären und der Integrierten Versorgung, 2009; *Quaas*, Vertragsgestaltungen zur integrierten Versorgung aus der Sicht der Krankenhäuser, VSSR 2004, 175; *Stolz/Kraus*, Ausschreibungspflichtigkeit von Verträgen zur Hausarztzentrierten Versorgung nach § 73b Abs. 4 S. 1 SGB V, MedR 2010, 86; *Vergho*, Perspektiven integrierter Versorgung im Wettbewerb, NZS 2007, 418; *Weiner*, Das Ausschreibungsregime für Verträge über die hausarztzentrierte Versorgung (§ 73b SGB V) und die besondere ambulante ärztliche Versorgung (§ 73c SGB V), GesR 2010, 237.

A. Einleitung

1 Die bereits durch das GKV-GRG eingeführten **§§ 140a–140d SGB V** berechtigen gesetzliche Krankenkassen, Versicherten sogenannte integrierte Versorgungsleistungen anzubieten.[1] Zusätzlich zur Regelversorgung können sie Konzepte implementieren, die gängige Schnittstellenprobleme, wie etwa unnötige Doppeluntersuchungen, lange Wartezeiten, und mangelnde Kontinuität bei der Behandlung von Patienten, verringern sollen.[2] Mögliche **Vertragspartner** sind **gemäß § 140b Abs. 1 SGB V** zur vertragsärztlichen Versorgung zugelassene Ärzte, Träger von Krankenhäusern, medizinische Versorgungszentren sowie Managementgesellschaften und Gemeinschaften von Leistungserbringern. Darüber hinaus wird den gesetzlichen Krankenkassen durch das AMNOG die Möglichkeit eröffnet, direkte Verträge mit Medizinprodukteherstellern abzuschließen und diese in die Versorgungsmodelle zu integrieren.[3]

B. Integrierte Versorgungsverträge gemäß §§ 140a ff. SGB V

I. Integrierte Versorgungsverträge als öffentliche Aufträge gemäß § 99 Abs. 1 GWB

1. Öffentlicher Auftrag oder Dienstleistungskonzession

2 Bei der Beantwortung der Frage nach den vergaberechtlichen Anforderungen an die Vertragspartnerwahl bei integrierten Versorgungsverträgen ist entscheidend, ob es sich bei den abzuschließenden Verträgen um öffentliche Aufträge im Sinne von § 99 Abs. 1 GWB handelt.[4] Der dabei stets erforderliche öffentliche Beschaffungscharakter liegt hier vor. Daran ändert es nichts, dass die unmittelbaren Empfänger der Versorgungsleistungen die

---

[1] Hierzu eingehend *Gabriel* NZS 2007, 344.
[2] *Dreher/Hoffmann* NZBau 2009, 273, 279; *Goodarzi/Schmid* NZS 2008, 518, 519; *Gabriel* NZS 2007, 344, 345; *Gabriel* VergabeR 2007, 630.
[3] Vgl. *Heil/Schork* MPR 2011, 10, 11.
[4] Dazu *Gabriel* in MünchKommBeihVgR, Anlage zu § 98 Nr. 4 GWB Rn. 159 ff.

Versicherten und nicht die Krankenkassen sind (**sozialrechtliches Dreiecksverhältnis der Leistungsbeziehungen**).[5] Die Krankenkassen sind gesetzlich verpflichtet, die Versorgung der Versicherten durch den Abschluss von Verträgen zu gewährleisten. Dem Abschluss solcher Versorgungsverträge liegt eine Auswahl bestimmter Versorgungskonzepte und bestimmter Leistungserbringer zugrunde. Darin ist eine **mittelbare, vergaberechtlich relevante Beschaffung durch die Krankenkassen** zugunsten der Versicherten in Erfüllung ihrer öffentlichen Aufgaben zu erblicken. Auch der EuGH hat in der Rechtssache „Oymanns", bei der es um die Vergabe von integrierten Versorgungsleistungen ging, das Vorliegen eines öffentlichen Auftrages der Krankenkasse nicht daran scheitern lassen, dass unmittelbare Nutznießer der Leistungen die Versicherten sind.[6]

Entgegen vereinzelter abweichender Meinungen[7] können die zu vergebenden Leistungen nicht als Dienstleistungskonzession angesehen werden. Das würde voraussetzen, dass als Gegenleistung kein Entgelt vorgesehen ist, sondern das ausschließliche Recht, die integrierten Versorgungsleistungen unter Übernahme des wirtschaftlichen Risikos wirtschaftlich zu verwerten. Bei dem Abschluss der Verträge über integrierte Versorgungen findet aber **keine überwiegende Übertragung des wirtschaftlichen Risikos auf die Auftragnehmer** statt. Es trifft nicht zu, dass das Wahlrecht der Versicherten den Krankenkassen und Leistungserbringern generell die Möglichkeit der Einflussnahme entzieht, ob und in welchem Umfang die Leistungen abgenommen werden.[8] Schon die bei Verträgen zur integrierten Versorgung regelmäßig vorhandenen **Boni** für gesundheitsbewusstes Verhalten **und Zuzahlungsermäßigungen** (vgl. §§ 65a, 53 Abs. 3 Satz 2 SGB V) können bewirken, dass die Versicherten primär Leistungen der von der Krankenkasse ausgewählten Konzepte und Anbieter in Anspruch nehmen. Der Ausgang der an sich freien Arztwahl kann auf diese Weise mit einer hinreichenden Wahrscheinlichkeit antizipiert werden.[9] Ein weiteres Argument gegen die für eine Dienstleistungskonzession typische weitgehende Übernahme des wirtschaftlichen Risikos der Verwertbarkeit der angebotenen Leistung ist das **Fehlen eines nennenswerten Insolvenzrisikos.**[10] Die Teilnehmer an den Verträgen über integrierte Versorgungen erhalten ihre Leistungen von grundsätzlich solventen Krankenkassen erstattet und nicht vom Versicherten selbst.[11]

2. Rahmenvereinbarungen gemäß § 4 EG VOL/A

Soweit auch bei der integrierten Versorgung zum Zeitpunkt des Vertragsabschlusses noch nicht mit Sicherheit vorhergesagt werden kann, wie umfangreich die angebotenen Leistungen letztendlich abgenommen werden, ist darin lediglich ein typisches Charakteristikum von Rahmenvereinbarungen zu erblicken.[12] Rahmenvereinbarungen werden mit einem oder mehreren Unternehmen abgeschlossen und legen Bedingungen für Einzelaufträge fest, die im Laufe eines bestimmten Zeitraumes vergeben werden sollen, insbesondere im Hinblick auf den in Aussicht genommenen Preis sowie die in Aussicht

---

[5] Vgl. hierzu *Gabriel* NZS 2007, 344, 348 sowie oben § 67 Rn. 12.
[6] EuGH Urt. v. 11.6.2009, Rs. C-300/07 – Oymanns.
[7] Vgl. noch *Zuc* f&w 2002, 534, 536; *Hesselmann/Motz* MedR 2005, 498, 500; für eine einzelfallabhängige Beurteilung vgl. *Kaltenborn* GesR 2011, 1, 5.
[8] Anders *Klöck* NZS 2008, 178, 184.
[9] *Gabriel* NZS 2007, 344, 350; *Gabriel* VergabeR 2007, 630, 632; *Dreher/Hoffmann* NZBau 2009, 273, 280.
[10] Vgl. EuGH Urt. v. 11.6.2009, Rs. C-300/07 – Oymanns, Rn. 74. Zu der durch das GKV-OrgWG (nach der Entscheidung des EuGH) eingeführten uneingeschränkten regulären Insolvenzfähigkeit gesetzlicher Krankenkassen gemäß § 171b Abs. 1 Satz 2 SGB V siehe *Krasney* NZS 2010, 443 ff.
[11] *Goodarzi/Schmid* NZS 2008, 518, 522; *Gabriel* NZS 2007, 344, 350.
[12] Hierzu ausführlicher § 67 Rn. 21.

genommene Menge.[13] Rahmenvereinbarungen berechtigen den Auftraggeber, Leistungen entsprechend den Bedingungen des Rahmenvertrages zu fordern, ohne zum Abruf zu verpflichten.

3. Entgeltlichkeit im Sinne von § 99 Abs. 1 GWB

5 Eine pauschale Bejahung der Entgeltlichkeit im Sinne von § 99 Abs. 1 GWB ist bei integrierten Versorgungsverträgen genauso wenig angezeigt wie deren generelle Verneinung. In die Prüfung ist allerdings einzustellen, dass die konkrete Auswahl der Leistungserbringer und der Leistungen erst durch die Versicherten vorgenommen wird. Die Teilnahme an der integrierten Versorgung ist für diese freiwillig (vgl. § 140a Abs. 2 Satz 1 SGB V).[14] Würde sich keiner der Versicherten für eine Abnahme der Leistungen entscheiden, wäre der Abschluss des Versorgungsvertrages mit der Krankenkasse für den Leistungserbringer wirtschaftlich irrelevant. In der **Gesetzesbegründung zum GKV-OrgWG** heißt es: „*Dagegen sind Verträge über ... eine integrierte Versorgung nach § 140a ff. idR. keine öffentlichen Aufträge, da die Entscheidung über den Abruf der jeweiligen Leistung nicht von den Krankenkassen, sondern von den Versicherten getroffen wird, die die angebotenen Versorgungsformen in Anspruch nehmen können. Die Entscheidung im Einzelfall hängt jedoch von der konkreten Vertragsgestaltung ab und obliegt den mit der Nachprüfung betrauten Vergabekammern und Landessozialgerichten.*"[15] Das Ergebnis der hiernach maßgeblichen Prüfung im Einzelfall wird maßgeblich davon abhängen, ob durch die Vorauswahl der Leistungserbringer und die konkreten Versorgungsverträge die spätere Inanspruchnahme durch die Versicherten hinreichend bestimmbar wird. Wenn **gesetzliche und/oder vertragliche Mechanismen** eine die **Inanspruchnahme des Vertragspartners fördernde Wirkung** erzeugen, liegt ein für die Annahme der Entgeltlichkeit gemäß § 99 Abs. 1 GWB hinreichender wirtschaftlicher Vorteil vor.[16] Bei entsprechender Ausgestaltung der Verträge zur integrierten Versorgung kann das Tatbestandsmerkmal des öffentlichen Auftrages im Sinne von § 99 Abs. 1 GWB zu bejahen sein.[17]

6 Die **Lenkungs- und Steuerungswirkung zugunsten der Vertragspartner**[18] der Krankenkassen kann vorliegen, wenn die Krankenkassen Vergünstigungen an die Inanspruchnahme der Leistungserbringer knüpfen.[19] Noch intensiver ist die Steuerungswirkung, wenn **integrierte Versorgungsverträge exklusiv** mit einzelnen Leistungserbringern für bestimmte Indikationen und räumliche Bereiche abgeschlossen werden. Je mehr Krankenkassen sich bei einem solchen Vertragsmodell als Nachfrager zusammenschließen, desto lohnender kann eine solche Vereinbarung sein. Die Möglichkeit der freien Arztwahl wird unter solchen Umständen durch die Reduzierung des Angebotes an Leistungserbringern, deren integrierte Versorgungsleistungen in Anspruch genommen werden können, erheblich modifiziert. Dann kann ein vergaberechtlich relevanter entgeltlicher Vertrag zu bejahen sein. Das ist allerdings für jeden Einzelfall gesondert zu überprüfen.

---

[13] Vgl. OLG Saarbrücken Urt. v. 21.3.2006, 4 U 51/05 – 79; OLG Düsseldorf Urt. v. 25.1.2006, 2 U (Kart) 1/05; KG Beschl. v. 15.4.2004, 2 Verg 22/03.
[14] *Dreher/Hoffmann* NZBau 2009, 273, 280; *Baumeister/Struß* NZS 2010, 247, 249.
[15] BT-Drs. 16/10609, 52.
[16] Hierzu eingehend § 70 Rn. 7 ff.
[17] *Dreher/Hoffmann* NZBau 2009, 273, 280; *Gabriel* NZS 2007, 344, 348; *Goodarzi/Schmid* NZS 2008, 518, 522.
[18] Auch hierzu ausführlicher § 70 Rn. 10 ff.
[19] *Dreher/Hoffmann* NZBau 2009, 273, 280; *Baumeister/Struß*, NZS 2010, 247, 249 und schon *Koenig/Engelmann/Hentschel* MedR 2003, 562, 568: „*Versichertensteuerung durch Anreizwirkung*".

4. Umgehungsproblematik

Eine aktuelle Entscheidung des OLG Düsseldorf[20] betrifft potentielle Umgehungskonstruktionen zur Verhinderung einer vergaberechtlichen Ausschreibungspflicht im Zusammenhang mit dem Abschluss eines integrierten Versorgungsvertrags. Der Vergabesenat hat insofern festgestellt, dass der Abschluss eines **Kooperationsvertrags** zwischen einem (im Rahmen einer Integrierten Versorgung) von einer Krankenkasse beauftragten **Managementunternehmen** und einem **Hersteller von Medizinprodukten** vergaberechtswidrig war und entschieden, dass die Krankenkasse die Lieferungen aus diesem Vertrag nicht zulassen oder vergüten darf. Die Krankenkasse hatte mit der Managementgesellschaft ohne vorherige Ausschreibung einen unbefristeten Vertrag zur integrierten Versorgung von an Diabetes leidenden Versicherten nach § 140a SGB V geschlossen. Aufgrund dieses Vertrags schloss die Managementgesellschaft ebenfalls ohne Ausschreibung einen Kooperationsvertrag mit einem Hersteller von Medizinprodukten über die Versorgung mit Blutzuckermessgeräten und Teststreifen, wonach der Hersteller die an der Integrierten Versorgung teilnehmenden Versicherten ohne gesondert festgeschriebenes Entgelt mit dem Erstversorgungsbedarf bestimmter Medizinprodukte zu versorgen hatte. Die Antragstellerin, ebenfalls eine Herstellerin von Medizinprodukten, griff daraufhin den Kooperationsvertrag mit einem Nachprüfungsantrag an. Der Vergabesenat gab der Antragstellerin Recht. Der **Kooperationsvertrag** sei **Teil einer Rahmenvereinbarung im weiteren Sinne gemäß § 4 VOL/A EG.** Das ergebe sich aus einer „zur Abwendung von Umgehungen des Vergaberechts erforderlichen **wirtschaftlichen Gesamtbetrachtung** der Vereinbarungen". Der Kooperationsvertrag allein rechne sich für den Hersteller der Produkte nicht, da er hiernach nur zur unentgeltlichen Lieferung von „Startersets" verpflichtet sei. Aufgrund der eingeführten Geschäftsverbindung zu Versicherten und Ärzten werde jedoch eine **gute Ausgangslage für Folgelieferungen** geschaffen. Schuldnerin des Vergütungsanspruchs sei dann die Krankenkasse, sodass die einzelnen Lieferaufträge entgeltliche öffentliche Aufträge darstellten. Die fehlende Exklusivität sei dabei unerheblich, da eine Einbindung in die integrierte Versorgung eine Heranziehung zu Folgelieferungen erwarten lasse. Die Rahmenvereinbarung betreffe damit eine entgeltliche Lieferung und unterliege dem Vergaberecht. Die Antragsgegnerin hätte die Folgeverträge entweder selbst ausschreiben oder die Managementgesellschaft zur Ausschreibung verpflichten müssen. Keinesfalls aber könne sich die gesetzliche Krankenkasse eines Managementvertrags bedienen, um ihren Beschaffungsbedarf zu decken und sich dabei eigenen Ausschreibungspflichten zu entziehen.

II. Anwendbarkeit von VOF oder VOL/A

Äußerst praxisrelevant für die Vergabe von Verträgen über integrierte Versorgungsleistungen ist, dass diese nicht ausschließlich nach der VOL/A vergeben werden müssten, sondern (teilweise) auch den Vorschriften der VOF unterfallen können.[21] Gemäß § 5 VgV, § 1 VOF ist Voraussetzung für die Anwendbarkeit der VOF, dass Dienstleistungen vergeben werden, die **freiberuflich** erbracht und **vorab nicht eindeutig und erschöpfend beschrieben** werden können. Unter einer freiberuflichen Tätigkeit werden dabei solche Tätigkeiten höherer Art verstanden, die auf der Grundlage besonderer beruflicher Qualifikation oder schöpferischer Begabung, die persönlich, eigenverantwortlich und fachlich

---

[20] OLG Düsseldorf Beschl. v. 1.8.2012, VII-Verg 15/12.
[21] Hierzu *Mossecker* Öffentliche Auftragsvergaben der gesetzlichen Krankenkassen, 2009, 166; *Gabriel* NZS 2007, 344, 350.

unabhängig im Interesse der Auftraggeber und der Allgemeinheit erbracht werden.[22] § 18 Abs. 1 Nr. 1 Satz 1 EstG, auf den die amtliche Anmerkung zu § 1 VOL/A Bezug nimmt, listet eine Reihe an freiberuflichen Tätigkeiten auf, unter anderem „*die selbständige Berufstätigkeit der Ärzte, Zahnärzte, Tierärzte, ... Heilpraktiker, Dentisten, Krankengymnasten, ... und ähnlicher Berufe*". Die genannten Berufsgruppen werden in der Regel die maßgeblichen Leistungserbringer im Rahmen eines integrierten Versorgungsmodells sein, fallen also grundsätzlich in den **Anwendungsbereich der VOF**.[23] Hinzu kommt, dass die Leistungen im Rahmen der integrierten Versorgung nicht immer im Voraus eindeutig beschrieben werden können.[24] Eine hinreichend beschreibbare Leistung liegt dann nicht vor, wenn die Auftragnehmer gerade erst ihre beruflichen Erfahrungen einbringen und aufgrund ihrer fachlichen Kompetenz eigenständige, kreative Lösungen für die Bedarfsbefriedigung des Auftraggebers beisteuern sollen.[25] Das liegt bei integrierten Versorgungskonzepten nicht selten nahe, so dass die Voraussetzungen für die Anwendung der VOF durchaus vorliegen können. Gemäß **§ 3 Abs. 1 VOF** wären die Aufträge dann grundsätzlich im **Verhandlungsverfahren** mit vorheriger öffentlicher Aufforderung zur Teilnahme (Teilnahmewettbewerb) zu vergeben.[26] Dieses Ergebnis wird allerdings dann zu relativieren sein, wenn die integrierten Versorgungsleistungen als nachrangige Dienstleistungen eingeordnet werden müssen (dazu sogleich).

III. Integrierte Versorgung als nachrangige Dienstleistung im Gesundheitswesen

9 Wie schon im Rahmen der Kommentierung zu § 127 SGB V erläutert,[27] kommt der Abgrenzung zwischen Dienstleistungsaufträgen und Lieferaufträgen deswegen eine besondere Bedeutung zu, weil **Dienstleistungsaufträge im Gesundheitswesen nachrangig Dienstleistungen** im Sinne des Europarechts und des Anhangs I B der VOL/A bzw. der VOF sind und daher lediglich einem sehr reduzierten Vergaberegime unterfallen.[28] Die Abgrenzung, inwieweit ein im Rahmen der integrierten Versorgung vergebener Auftrag als Dienstleistungs- oder als Lieferauftrag anzusehen ist,[29] richtet sich nach dem Wertanteil seiner Bestandteile.[30] Welche vergaberechtlichen Konsequenzen hieraus zu ziehen sind, richtet sich zunächst danach, ob es sich bei den konkret zu vergebenden Dienstleistungen um solche im Sinne der VOL/A oder um solche der VOF handelt. Für den Fall, dass die VOL/A Anwendung findet, gelten gemäß **§ 4 Abs. 4 VgV** grundsätzlich die Bestimmungen der Basisparagraphen (außer § 7 VOL/A) sowie die §§ 8 EG, 15 Abs. 10 EG und § 23 EG VOL/A. Für der VOF unterfallende Dienstleistungen sind gemäß **§ 1 Abs. 3 VOF** lediglich § 6 Abs. 2 bis 7 und § 14 VOF zu beachten.[31] Die genannten Vorschriften spielen (mit Ausnahme der Basisparagraphen der VOL/A) allerdings keine besondere praktische Rolle für Vergaben integrierter Versorgungsleistungen. Denn die Vorgabe „technischer Anforderungen" im Sinne **technischer Spezifikationen** wird hier selten Bedeutung erlangen. Und auch die **Mitteilungspflicht der Ergebnisse** eines abge-

---

[22] OLG München Beschl. v. 28. 4. 2006, Verg 6/06; VK Saarland Beschl. v. 19. 5. 2006, 3 VK 03/2006.
[23] *Gabriel* NZS 2007, 344, 350.
[24] Vgl. schon *Dahm* MedR 2005, 121, 124.
[25] OLG München Beschl. v. 28. 4. 2006, Verg 6/06.
[26] VK Saarland Beschl. v. 19. 5. 2006, 3 VK 03/2006; VK Brandenburg Beschl. v. 23. 11. 2004 – VK 58/04.
[27] Hierzu § 68 Rn. 13.
[28] Dazu *Gabriel* in MünchKommBeihVgR, Anlage zu § 98 Nr. 4 GWB Rn. 166.
[29] Überwiegend Dienstleistungen annehmend *Kaltenborn* in Ebsen, Vergaberecht und Vertragswettbewerb in der Gesetzlichen Krankenversicherung, 2009, 179.
[30] EuGH Urt. v. 11. 6. 2009, Rs. C-300/07 – Oymanns, Rn. 66, mit Anmerkung *Kingreen* NJW 2009, 2417.
[31] Hierzu *Gabriel* NZS 2007, 344, 350; *Gabriel* VergabeR 2007, 630, 632.

schlossenen Vergabeverfahrens stellt eine nur geringfügige Verfahrensanforderung dar.[32] Im Blick zu behalten bleiben aber die primärrechtlichen Anforderungen an die Vergabe binnenmarktrelevanter Aufträge.[33]

---

[32] *Gabriel* NZS 2007, 344, 351.
[33] Vgl. § 68 Rn. 43 ff.

Kapitel 14 Binnenmarktrelevante Auswahlverfahren nach primärrechtlichen Verfahrensvorgaben (AEUV)

§ 73 Rechtliche Grundlagen

Übersicht

	Rn.
A. Einleitung	1–7
B. Grundfreiheitliche Vorgaben	8–32
I. Systematisches Verhältnis von Primär- und Sekundärrecht	8–11
II. Anwendung durch den EuGH	12–32
C. Allgemeine Grundsätze des europäischen Primärrechts	33–39
I. Transparenzgrundsatz	34, 35
II. Das grundfreiheitliche Gleichbehandlungsgebot	36–38
III. Effektivitätsgrundsatz und Äquivalenz	39
D. EU-Beihilferecht	40–42
E. Dokumente der EU-Kommission	43–49
I. Unterschwellenmitteilung von 2006	44, 45
II. XXIII. Wettbewerbsbericht von 1993	46–48
III. Leitfaden zur beihilfenkonformen Finanzierung, Umstrukturierung und Privatisierung staatseigener Unternehmen	48a–48b
IV. Grundstücksmitteilung von 1997	49
F. Anhang	1–23
Anhang 1: Mitteilung der Kommission zu Auslegungsfragen in Bezug auf das Gemeinschaftsrecht, das für die Vergabe öffentlicher Aufträge gilt, die nicht oder nur teilweise unter die Vergaberichtlinien fallen, vom 1.8.2006	1–43
Anhang 2: XXIII. Bericht der Kommission über die Wettbewerbspolitik 1993 [Auszug]	1–10
Anhang 3: Arbeitsunterlage der Kommissionsdienststellen – Leitfaden zur beihilfenkonformen Finanzierung, Umstrukturierung und Privatisierung staatseigener Unternehmen, vom 10.2.2012	1–27
Anhang 4: Mitteilung der Kommission betreffend Elemente staatlicher Beihilfe bei Verkäufen von Bauten oder Grundstücken durch die öffentliche Hand (Text von Bedeutung für den EWR)	1–23

AEUV: Art. 18, Art. 34, Art. 45, Art. 49, Art. 56, Art. 63

Artikel 18 (ex-Artikel 12 EGV)

Unbeschadet besonderer Bestimmungen der Verträge ist in ihrem Anwendungsbereich jede Diskriminierung aus Gründen der Staatsangehörigkeit verboten.

Das Europäische Parlament und der Rat können gemäß dem ordentlichen Gesetzgebungsverfahren Regelungen für das Verbot solcher Diskriminierungen treffen.

Artikel 34 (ex-Artikel 28 EGV)

Mengenmäßige Einfuhrbeschränkungen sowie alle Maßnahmen gleicher Wirkung sind zwischen den Mitgliedstaaten verboten.

Artikel 45 (ex-Artikel 39 EGV)

(1) Innerhalb der Union ist die Freizügigkeit der Arbeitnehmer gewährleistet.

(2) Sie umfasst die Abschaffung jeder auf der Staatsangehörigkeit beruhenden unterschiedlichen Behandlung der Arbeitnehmer der Mitgliedstaaten in Bezug auf Beschäftigung, Entlohnung und sonstige Arbeitsbedingungen.

(3) Sie gibt – vorbehaltlich der aus Gründen der öffentlichen Ordnung, Sicherheit und Gesundheit gerechtfertigten Beschränkungen – den Arbeitnehmern das Recht,

a) sich um tatsächlich angebotene Stellen zu bewerben;

b) sich zu diesem Zweck im Hoheitsgebiet der Mitgliedstaaten frei zu bewegen;

c) sich in einem Mitgliedstaat aufzuhalten, um dort nach den für die Arbeitnehmer dieses Staates geltenden Rechts- und Verwaltungsvorschriften eine Beschäftigung auszuüben;

d) nach Beendigung einer Beschäftigung im Hoheitsgebiet eines Mitgliedstaats unter Bedingungen zu verbleiben, welche die Kommission durch Verordnungen festlegt.

(4) Dieser Artikel findet keine Anwendung auf die Beschäftigung in der öffentlichen Verwaltung.

Artikel 49 (ex-Artikel 43 EGV)

Die Beschränkungen der freien Niederlassung von Staatsangehörigen eines Mitgliedstaats im Hoheitsgebiet eines anderen Mitgliedstaats sind nach Maßgabe der folgenden Bestimmungen verboten. Das Gleiche gilt für Beschränkungen der Gründung von Agenturen, Zweigniederlassungen oder Tochtergesellschaften durch Angehörige eines Mitgliedstaats, die im Hoheitsgebiet eines Mitgliedstaats ansässig sind.

Vorbehaltlich des Kapitels über den Kapitalverkehr umfasst die Niederlassungsfreiheit die Aufnahme und Ausübung selbstständiger Erwerbstätigkeiten sowie die Gründung und Leitung von Unternehmen, insbesondere von Gesellschaften im Sinne des Artikels 54 Absatz 2, nach den Bestimmungen des Aufnahmestaats für seine eigenen Angehörigen.

Artikel 56 (ex-Artikel 49 EGV)

Die Beschränkungen des freien Dienstleistungsverkehrs innerhalb der Union für Angehörige der Mitgliedstaaten, die in einem anderen Mitgliedstaat als demjenigen des Leistungsempfängers ansässig sind, sind nach Maßgabe der folgenden Bestimmungen verboten.

Das Europäische Parlament und der Rat können gemäß dem ordentlichen Gesetzgebungsverfahren beschließen, dass dieses Kapitel auch auf Erbringer von Dienstleistungen Anwendung findet, welche die Staatsangehörigkeit eines dritten Landes besitzen und innerhalb der Union ansässig sind.

Artikel 63 (ex-Artikel 56 EGV)

(1) Im Rahmen der Bestimmungen dieses Kapitels sind alle Beschränkungen des Kapitalverkehrs zwischen den Mitgliedstaaten sowie zwischen den Mitgliedstaaten und dritten Ländern verboten.

(2) Im Rahmen der Bestimmungen dieses Kapitels sind alle Beschränkungen des Zahlungsverkehrs zwischen den Mitgliedstaaten sowie zwischen den Mitgliedstaaten und dritten Ländern verboten.

Literatur:
Arnull, The General Principles of EEC Law and the Individual, 1990; *Arrowsmith*, The Law of Public and Utilities Procurement, 2. Aufl. 2005; *Bauer*, Das Bietverfahren im EG-Beihilfenrecht bei der übertragenden Sanierung rechtswidrig begünstigter Unternehmen, EuZW 2001, 748; *Barth*, Das Vergaberecht außerhalb des Anwendungsbereichs der EG-Vergaberichtlinien, 2010; *Bitterich*, Das grenzüberschreitende Interesse am Auftrag im primären Gemeinschaftsvergaberecht – Anm. zu EuGH, Urt. v. 13. 11. 2007 – C-507/03 –Kommission/Irland („An Post"); EuZW 2008, 14; *v. Bonin*, Aktu-

elle Fragen des Beihilferechts bei Privatisierungen, EuZW 2013, 247; *Braun*, Besprechung der Mitteilung der Kommission zum Vergaberecht, EuZW 2006, 683; *Braun*, Ausschreibungspflichtigkeit des Verkaufs von Gesellschaftsanteilen, VergabeR 2006, 657; *Braun/Hauswald*, Vergaberechtliche Wirkung der Grundfreiheiten und das Ende der Inländerdiskriminierung? Zugleich eine Anmerkung zum EuGH-Urteil Coname, EuZW 2006, 176; *Burgi*, Die Vergabe von Dienstleistungskonzessionen: Verfahren, Vergabekriterien, Rechtsschutz, NZBau 2005, 610; *Deling*, Kriterien der „Binnenmarktrelevanz" und ihre Konsequenzen unterhalb der Schwellenwerte, NZBau 2011, 725 und NZBau 2012, 17; *Dietlein*, Anteils- und Grundstücksveräußerungen als Herausforderung für das Vergaberecht, NZBau 2004, 472; *Dörr*, Europäisches Vergabeprimärrecht, in v.Bar/Hellwege/Mössner/Winkeljohann (Hrsg.), Recht und Wirtschaft. Gedächtnisschrift für Malte Schindhelm, 2009, S. 191; *Eggers/Malmendier*, Strukturierte Bieterverfahren der öffentlichen Hand, Rechtliche Grundlagen, Vorgaben an Verfahren und Zuschlag, Rechtsschutz, NJW 2003, 780; *Ehlers*, Europäische Grundrechte und Grundfreiheiten, 2. Aufl. 2005; *Frenz* in Willenbruch/Wieddekind, Vergaberecht, Kompaktkommentar, 2. Aufl. 2011, 19. Los EU-Primär- und Sekundärrecht; *Frenz*, Unterschwellenvergaben, VergabeR 2007, 1; *Gabriel*, Die Kommissionsmitteilung zur öffentlichen Auftragsvergabe außerhalb der EG-Vergaberichtlinien, NVwZ 2006, 1262; *Gabriel/Voll*, Das Ende der Inländerdiskriminierung im Vergabe(primär)recht, NZBau 2014, 155; *Germelmann*, Konkurrenz von Grundfreiheiten und Missbrauch von Gemeinschaftsrecht – Zum Verhältnis von Kapitalverkehrs – und Niederlassungsfreiheit in der neueren Rechtsprechung, EuZW 2008, 596; *Höfler*, Transparenz bei der Vergabe öffentlicher Aufträge, NZBau 2010, 73; *Huerkamp*, Die grundfreiheitlichen Beschränkungsverbote und die Beschaffungstätigkeit des Staates, EuR 2009, 563; *Kischel*, Zur Dogmatik des Gleichheitssatzes in der Europäischen Union, EuGRZ 1997, 1; *Klein*, Veräußerung öffentlichen Anteils- und Grundstücksvermögens nach dem Vergaberecht, VergabeR 2005, 22; *Koenig/Kühling*, Diskriminierungsfreiheit, Transparenz und Wettbewerbsoffenheit des Ausschreibungsverfahrens – Konvergenz von EG-Beihilfenrecht und Vergaberecht, NVwZ 2003, 779; *Köster*, Gesetzgebung ohne den Gesetzgeber? Zur „Regulierung" der Auftragsvergabe im Unterschwellenbereich durch die EU-Kommissionsmitteilung vom 24. Juli 2006, ZfBR 2007, 127; *Prieß/Gabriel*, M&A-Verfahrensrecht – EG-rechtliche Verfahrensvorgaben bei staatlichen Beteiligungsveräußerungen, NZBau 2007, 617; *Schnieders*, Die kleine Vergabe, DVBl 2007, 287; *Siegel*, Die Grundfreiheiten als Auffangordnung im europäischen und nationalen Vergaberecht, EWS 2008, 66; *Soltész/Bielesz*, Privatisierungen im Licht des Europäischen Beihilferechts – Von der Kommission gerne gesehen – aber nicht um jeden Preis, EuZW 2004, 391; *Steinberg*, Die Entwicklung des Europäischen Vergaberechts seit 2004 – Teil 1, NZBau 2007, 150; *Trepte*, Public Procurement in the EU, 2. Aufl. 2007; *Wollenschläger*, Das EU-Vergaberegime für Aufträge unterhalb der Schwellenwerte, NVwZ 2007, 388; *Wollenschläger*, Primärrechtsschutz außerhalb des Anwendungsbereichs des GWB, in: Müller-Wrede, Kompendium des Vergaberechts, S. 705 ff.

A. Einleitung

Das gegenwärtig in den Mitgliedsstaaten der Europäischen Union geltende Vergaberechtsregime wird maßgeblich durch das europäische Vergabesekundärrecht, insbesondere die VKR und die SKR determiniert. Öffentliche Auftraggeber unterliegen bei (vergabeähnlichen) Auswahlverfahren allerdings auch außerhalb des Anwendungsbereichs dieser spezifischen sekundärrechtlichen Vergaberechtsordnung rechtlichen Bindungen. Aus europäischer Perspektive kommt diesbezüglich dem **europäischen Primärrecht**, im Kern bestehend aus dem EUV und dem AEUV[1], eine übergeordnete Bedeutung zu. Das europäische Primärrecht stellt grundsätzlich eine **abstrakt-generelle Rahmenordnung** zur Verwirklichung des europäischen Binnenmarktes dar. Unter dieser Prämisse bindet es die Mitgliedstaaten sowie deren Organe und funktionelle Untergliederungen[2] umfassend und unmittelbar[3] und besitzt nach ständiger Rechtsprechung des EuGH eine vergabe-

---

[1] Vgl. Art. 1 Abs. 3 EUV und Art. 1 Abs. 2 AEUV.
[2] Vgl. dazu *Kingreen* in Calliess/Ruffert, Art. 36 AEUV Rn. 105 ff.
[3] EuGH Urt. v. 5.2.1963, Rs. C-26/62 – van Geend & Loos.

rechtliche Dimension, soweit ein öffentlicher Auftrag nicht dem Anwendungsbereich des koordinierten europäischen Vergabesekundärrechts unterfällt.[4]

2   Die praktische Relevanz des europäischen Primärrechts für die Vergabe öffentlicher Aufträge ist bereits deshalb immens, als durchschnittlich mehr als 80 % aller Auftragsvergaben nicht dem Anwendungsbereich des Vergabesekundärrechts unterliegen[5]. Die vergaberechtliche Bedeutung des europäischen Primärrechts steht damit in einem umgekehrt proportionalen Verhältnis zu dessen Regelungsdichte. Denn seinem Charakter einer abstrakten Rahmenordnung geschuldet, bestehen keinerlei konkrete primärrechtliche Vorgaben und Bestimmungen zur Durchführung und Ausgestaltung förmlicher Vergabeverfahren.[6] Gleichwohl können sich die allgemeinen primärrechtlichen Vorgaben im jeweiligen Einzelfall zu **konkreten Handlungsgeboten und -verboten** verdichten, welche schließlich die **Durchführung strukturierter Bieterverfahren** seitens eines öffentlichen Auftraggebers bei der Vergabe eines Auftrags erforderlich machen können. Das folgt aus einer diesbezüglichen, umfangreichen richterrechtlichen Rechtsfortbildung des EuGH. Nach der entsprechenden Judikatur ergibt sich aus dem europäischen Primärrecht jedenfalls eine Pflicht zur Vergabe in einem transparenten, nichtdiskriminierenden und die **Gleichbehandlung** und **Chancengleichheit** interessierter Unternehmen gewährleistenden Verfahren.[7] Auftragsvergaben unterliegen danach, auch wenn sie nicht der Anwendung des spezifischen Vergabesekundärrechts unterfallen, bestimmten **Transparenzerfordernissen**, *„die, ohne notwendigerweise eine Verpflichtung zur Vornahme einer Ausschreibung zu umfassen, insbesondere geeignet sind, einem in einem anderen Mitgliedsstaat als dem dieser Gemeinde niedergelassenen Unternehmen vor der Vergabe Zugang zu angemessenen Informationen [...] zu ermöglichen, so dass dieses Unternehmen gegebenenfalls sein Interesse [...] hätte bekunden können"*.[8] Selbst wenn das europäische Primärrecht somit keine grundsätzliche Ausschreibungspflicht öffentlicher Aufträge in einem bestimmten förmlichen Verfahren fordert, steht jedoch *„das völlige Fehlen einer Ausschreibung [...] weder mit den Anforderungen der Art. 49 und 56 AEUV noch mit den Grundsätzen der Gleichbehandlung, der Nichtdiskriminierung und der Transparenz in Einklang"*[9].

3   Der **sachliche Anwendungsbereich** primärrechtlicher Vorgaben für die Vergabe öffentlicher Aufträge lässt sich in Ermangelung insofern expliziter Vorschriften des Primärrechts ebenfalls lediglich in abstrakt-genereller Art und Weise bestimmen. Ausgangspunkt ist jedenfalls die Nichtanwendbarkeit des spezifischen europäischen Vergabesekundärrechts, weshalb das Vergabeprimärrecht damit insbesondere diejenigen Beschaffungsvorgänge der öffentlichen Hand betrifft, deren Auftragswert die europäischen Schwellenwerte nicht erreicht, sowie die Vergabe von Dienstleistungskonzessionen[10] und (nachrangigen) nichtprioritären Dienstleistungen. Daneben zeitigt das europäische Primärrecht aber auch grundsätzlich bei solchen Rechtsgeschäften der öffentlichen Hand Wirkungen, die

---

[4] Vgl. EuGH Urt. v. 7.12.2000, Rs. C-324/98 – Telaustria, Rn. 60; EuGH Urt. v. 21.7.2005, Rs C-231/03 – Coname, Rn. 16; EuGH Urt. v. 13.10.2005, Rs. C-458/03 – Parking Brixen, Rn. 46; EuGH Urt. v. 15.5.2008, Rs. C-147/06 und C-148/06 – SECAP und Santorso, Rn. 19f.; EuGH Urt. v. 23.12.2009, Rs. C-376/08 – Serrantoni, Rn. 22; das bestätigte auch der BGH Beschl. v. 7.2.2006, KVR 5/05, Rn. 60. Vgl. zur Anwendbarkeit europäischen Primärrechts auf öffentliche Vergabevorgänge, die außerdem dem koordinierten europäischen Vergabesekundärrecht unterfallen EuGH Urt. v. 18.11.1999, Rs. C-275/98 – Unitron Scandinavia, Rn. 30ff.

[5] Vgl. *Dreher* in Immenga/Mestmäcker, GWB, Vor §§ 97ff. Rn. 64.

[6] Vgl. *Burgi* NZBau 2005, 610, 612.

[7] EuGH Urt. v. 18.11.1999, Rs. C-275/98 – Unitron Scandinavia, Rn. 31f.; EuGH, Urt. v. 7.12.2000, Rs. C-324/98 – Telaustria, Rn. 60ff.

[8] EuGH Urt. v. 21.7.2005, Rs C-231/03 – Coname, Rn. 28, hier bzgl. der Vergabe einer Dienstleistungskonzession.

[9] EuGH Urt. v. 13.10.2005, Rs. C-458/03 – Parking Brixen, Rn. 50, unter Bezugnahme der Ex-Art. 43 und 49 EGV.

[10] *Frenz* in Willenbruch/Wieddekind, 19. Los, EU-Primär- und Sekundärrecht, Rn. 7.

sich nicht von vornherein der klassischen vergaberechtlichen Kategorie des öffentlichen Auftrags zuordnen lassen, denen aber dessen ungeachtet dennoch **Relevanz für den europäischen Binnenmarkt** zukommt.[11] Als solche kommen etwa **öffentliche Grundstücks- und Gesellschaftsanteilsveräußerungen**[12] sowie die **Privatisierung** öffentlicher Unternehmen oder Kapitalmarktplatzierungen (IPO) bzw. Börsengänge öffentlicher Unternehmen in Betracht.

Obwohl sich die einzelnen Verfahrensanforderungen des europäischen Primärrechts im Wesentlichen aus der Rechtsprechung des EuGH ergeben, sollte bei deren Anwendung nicht lediglich auf die einzelnen Judikate rekurriert, sondern stets auch die **Rechtsquellen**, aus denen entsprechende Verfahrensvorgaben abgeleitet werden, in den Blick genommen werden. Einerseits definieren diese den sachlichen Anwendungsbereich eines europäischen Vergabeprimärrechts, andererseits können aus diesen durchaus auch unmittelbare Rückschlüsse für die spezifische Anwendung im Einzelfall gezogen werden. 4

Die rechtliche Grundlage zur Durchführung primärrechtlich gebotener, strukturierter Bieterverfahren stellen dabei im Allgemeinen die europäischen Grundfreiheiten und Grundsätze, insbesondere die Dienstleistungsfreiheit nach **Art. 56 AEUV**, die Niederlassungsfreiheit nach **Art. 49 AEUV**, die Kapitalverkehrsfreiheit nach **Art. 63 AEUV**, und das Diskriminierungsverbot nach **Art. 18 AEUV** sowie die daraus abgeleiteten **Grundsätze der Transparenz**, der **Effektivität**, der **Gleichbehandlung** und der **Äquivalenz** dar. Daraus folgt als gleichsam notwendige Bedingung zur Durchführung primärrechtlicher Bieterverfahren das Kriterium der **Binnenmarktrelevanz** eines zu vergebenden Auftrags oder eines abzuschließenden Rechtsgeschäfts. Lediglich soweit eine mitgliedstaatliche Maßnahme einen grenzüberschreitenden Bezug aufweist, können primärrechtliche Vorgaben zu Gunsten des Binnenmarktes überhaupt erforderlich werden. Sowohl die Bestimmung der spezifisch einschlägigen primärrechtlichen Grundlage als auch die Feststellung der Binnenmarktrelevanz bedingen dabei erhebliche praktische Schwierigkeiten und sind nicht in jedem Fall rechtssicher möglich. Insbesondere die konkret anwendbare Rechtsgrundlage im Einzelfall ist jedoch maßgeblich für die Rechtsbehelfsberechtigung inländischer, EU-ausländischer oder (juristischer) Personen aus Drittstaaten vor deutschen Gerichten, sofern diese eine fehlerhafte Durchführung von strukturierten primärrechtlichen Bieterverfahren geltend machen. 5

Ist der Bereich primärrechtlich gebotener Vergabeverfahren schließlich in concreto weitgehend rechtlich unbestimmt und lediglich durch einzelfallabhängige Judikate des EuGH zumindest in gewissem Maße konturiert, kommt den verschiedenen **Verlautbarungen der Europäischen Kommission** zur einzelfallspezifischen Anwendung eine besondere Bedeutung zu. Namentlich Mitteilungen, Stellungnahmen, Berichte, Grün- und Weißbücher besitzen hier als Interpretations- und Auslegungsdirektiven[13] der Vertragsregeln vor dem Hintergrund der europäischen Rechtsprechung eine erhebliche praktische Relevanz, obwohl es sich bei diesen nicht um verbindliche Rechtsakte im Sinne von Art. 288 AEUV handelt. Da die Kommission aber im Rahmen des Vertrauensschutzes und der Selbstbindung gleichwohl dazu verpflichtet ist, sich an diese Auslegung und Anwendungsgrundsätze zu halten, sind auch diese dem rechtlichen Rahmen zur Durchführung primärrechtlich gebotener Bieterverfahren zuzurechnen. 6

Der Kanon grundfreiheitlicher Rechtsgrundlagen wird schließlich ergänzt durch das **EU-Beihilferecht** im Sinne der **Art. 107 ff. AEUV**. Vergaberechtliche Vorgaben des europäischen Primärrechts sind nicht lediglich auf solche Rechtsgeschäfte beschränkt, die klassischerweise als öffentliche Aufträge iSd. Vergabesekundärrechts zu qualifizieren sind. 7

---

[11] Vgl. dazu eingehend § 74 Rn. 23 ff.
[12] Siehe *Prieß/Gabriel* NZBau 2007, 617 ff.; *Braun* VergabeR 2006, 657 ff.; *Koenig* EuZW 2006, 203 ff.; *Klein* VergabeR 2005, 22 ff.; *Dietlein* NZBau 2004, 472 ff.; *Eggers/Malmendier* NJW 2003, 780 ff.
[13] Vgl. *Eggers/Malmendier* NJW 2003, 780, 781.

Vielmehr kommen diese bei sämtlichen Rechtsgeschäften der öffentlichen Hand zum Tragen, die auch nur potentiell den Zugang zu grundfreiheitlichen Märkten reglementieren, sodass sich deren sachlicher Anwendungsbereich mit demjenigen des EU-Beihilferechts überschneiden kann. Das kann etwa im Rahmen der Privatisierung öffentlicher Unternehmen bzw. der Veräußerung öffentlicher Liegenschaften oder Unternehmensanteilen der Fall sein, bei denen das EU-Beihilferecht regelmäßige eine bedeutende Rolle zukommt. Obwohl es sich bei dem EU-Beihilferecht und dem Vergabeprimärrecht um Regelungskomplexe mit durchaus differierenden Zwecksetzungen handelt, können sich aus beiden Rechtsbereichen **Verfahrensanforderungen** für die Durchführung bestimmter öffentlicher Rechtsgeschäfte ergeben. Dementsprechend ist es unbedingt notwendig, die Vorgaben sowohl des Vergabeprimärrechts als auch des EU-Beihilferechts bei der Strukturierung beiderseitig gebotener Bieterverfahren in einen **kohärenten Ausgleich** zu bringen.

B. Grundfreiheitliche Vorgaben

I. Systematisches Verhältnis von Primär- und Sekundärrecht

8 Den maßgeblichen rechtlichen Rahmen für die Durchführung strukturierter Bieterverfahren nach primärrechtlichen Vorgaben außerhalb des europäischen Vergabesekundärrechts bilden die Grundfreiheiten des AEUV. Deren **rechtssystematisches Verhältnis** zu den spezifischen Regelungen des Vergabesekundärrechts sind deshalb grundsätzlich maßgebend für das auf öffentliche Auftragsvergaben anwendbare europäische Primärrecht, da sich zwischen beiden Regelungsebenen europäischen Vergaberechts **wechselseitige Wirkungen** ergeben. Einerseits dienen die Vergaberichtlinien zur Verwirklichung und Konkretisierung der Grundfreiheiten[14], andererseits konstituieren die Grundfreiheiten Anforderungen grundsätzlicher Art an die Vergabe von solchen öffentlichen Aufträgen, die dem Anwendungsbereich des Vergabesekundärrechts entzogen sind. Dabei obliegt es grundsätzlich dem Unionsgesetzgeber, das europäische Primärrecht auszugestalten und durch (sekundärrechtliche) Rechtsakte zu konkretisieren.[15] Soweit der Unionsgesetzgeber von dieser Konkretisierungskompetenz durch den Erlass spezifischer Vergaberichtlinien Gebrauch gemacht hat, bewirkt das **Vergabesekundärrecht** nach einer verbreiteten Ansicht in der Literatur[16] sowie der Rechtsprechung des EuGH[17] eine **Sperrwirkung bzw. einen Anwendungsvorrang gegenüber den Grundfreiheiten**. Die Rechtmäßigkeit einer mitgliedstaatlichen Maßnahme ist dementsprechend lediglich insoweit anhand des europäischen Primärrechts zu beurteilen, solange und soweit eine abschließende sekundärrechtliche Regelung – in positiver oder negativer Art und Weise – nicht gegeben ist.[18] Ob der Unionsgesetzgeber dem sekundären Unionsrecht eine solche Wirkung beimessen

---

[14] EuGH Urt. v. 3.10.2000, Rs. C-380/98 – University of Camebridge, Rn. 16; EuGH Urt. v. 10.11.1998, Rs. C-360/96 – BFI Holding, Rn. 41; *Mestmäcker/Schweitzer* § 36 Rn. 14; *Siegel* EWS 2008, 66, mit Verweis auf Erwägungsgrund 2 der VKR.

[15] *Dörr* Europäisches Vergabeprimärrecht, S. 193.

[16] Vgl. *Dörr* Europäisches Vergabeprimärrecht, S. 193; *Diehr* VergabeR 2009, 719, 721. Dazu kritisch *Siegel* EWS 2008, 66 f., der insofern stattdessen lediglich von einer „*Konkretisierung des Primärrechts durch das Sekundärrecht*" spricht.

[17] EuGH Urt. v. 12.10.1993, Rs. C-37/92 – Vanacker und Lesage, Rn. 9; EuGH Urt. v. 13.12.2001, Rs. C-324/99 – DaimlerChrysler, Rn. 32; EuGH Urt. v. 11.12.2003, Rs. C-322/01 – Doc Morris, Rn. 64.

[18] EuGH Urt. v. 12.10.1993, Rs. C-37/92 – Vanacker und Lesage, Rn. 9; EuGH Urt. v. 13.12.2001, Rs. C-324/99 – DaimlerChrysler, Rn. 32; EuGH Urt. v. 11.12.2003, Rs. C-322/01 – Doc Morris, Rn. 64; *Frenz* Handbuch des Europarechts, Bd. 1, Europäische Grundfreiheiten, Rn. 350.

will, ist allerdings jeweils durch Auslegung dieses abgeleiteten Rechts unter Berücksichtigung des Binnenmarktziels und der Grundfreiheiten zu ermitteln.[19]

In der Praxis wurde eine solche, den Rückgriff auf die primärrechtlichen Vorgaben der Grundfreiheiten verhindernde, Wirkung des Vergabesekundärrechts bislang im Ergebnis stets **vom EuGH abgelehnt**.[20] Im Hinblick auf eine **negative Sperrwirkung des Vergabesekundärrechts** gegenüber dem europäischen Primärrecht „*bedeutet die Tatsache, dass der Gemeinschaftsgesetzgeber der Auffassung war, dass die in diesen Richtlinien vorgesehenen besonderen strengen Verfahren nicht angemessen sind, wenn es sich um öffentliche Aufträge von geringem Wert handelt, nicht, dass diese vom Anwendungsbereich des Gemeinschaftsrechts [Unionsrechts] ausgenommen sind*"[21]. Nach der Rechtsprechung des EuGH ist eine negative Sperrwirkung der Vergaberichtlinien gegenüber den Regelungen des europäischen Primärrechts damit nicht vom Sekundärrechtsgeber intendiert. 9

Vielmehr sollen sich vergaberechtliche Vorgaben der primärrechtlichen Grundfreiheiten auch auf Sachverhaltskonstellationen ergeben, die dem Anwendungsbereich der europäischen Vergaberichtlinien explizit entzogen sind. Das gilt etwa im Hinblick auf vergaberechtsfreie **Dienstleistungskonzessionen** iSv. Art. 17 VKR bzw. Art. 18 SKR[22] oder solche Aufträge, deren **Auftragswert die Schwellenwerte der Vergaberichtlinien nicht erreicht**[23]. Daneben hat der EuGH die Geltung der europäischen Grundfreiheiten auch hinsichtlich sog. **nicht-prioritärer oder nachrangiger Dienstleistungen** nach Art. 21 i.V.m. Anhang II Teil B VKR bzw. Art. 32 iVm. Anhang XVII Teil B SKR festgestellt.[24] Letztere stellen deshalb einen Sonderfall für die unmittelbare Geltung europäischen Primärrechts dar, als die Vergaberichtlinien jeweils lediglich Anforderungen hinsichtlich technischer Spezifikationen und nachträglicher Bekanntmachungspflichten vorgeben. Darüber hinaus ergibt sich aus den entsprechenden Erwägungsgründen der Vergaberichtlinien, dass der EU-Gesetzgeber solchen Dienstleistungsaufträgen keine nennenswerte Relevanz für den grenzüberschreitenden Handel zuschreibt und damit die Durchführung eines Vergabeverfahrens grundsätzlich für eher wettbewerbshemmend als förderlich erachtet.[25] Obwohl nichtprioritäre Dienstleistungen demnach durch die Vergaberichtlinien bewusst einer lediglich teilweisen sekundärrechtlichen Regelung zugeführt werden, unterwirft der EuGH auch diese Vergaben vollständig den „*fundamentalen Regeln des Gemeinschaftsrechts, insbesondere den Grundsätzen des AEUV im Bereich des Niederlassungsrechts und der Dienstleistungsfreiheit*"[26] und der sich daraus ergebenden Verpflichtung zur Transparenz.[27] 10

Den europäischen Vergaberichtlinien kommt neben einer potentiellen Sperrwirkung bzw. eines Anwendungsvorrangs gegenüber dem vergaberelevanten Primärrecht allerdings für Vergaben außerhalb ihres Anwendungsbereichs, die lediglich primärrechtlichen Vorga- 11

---

[19] Vgl. *Hübner* VergabeR 2008, 58, 59; *Kingreen* in Calliess/Ruffert Art. 36 AEUV Rn. 18.
[20] Vgl. EuGH Urt. v. 9.7.1987, Rs. 27/86 – CEI, Rn. 15; so auch *Bitterich* EuZW 2008, 14, 15; *Wollenschläger* in Müller-Wrede, Kompendium VgR, 26 Rn. 7; *Barth* Das Vergaberecht außerhalb des Anwendungsbereichs der EG-Vergaberichtlinien, 2010, 77.
[21] EuGH Beschl. v. 3.12.2001, Rs. C-59/00 – Vestergaard, Rn. 19.
[22] EuGH Urt. v. 7.12.2000, Rs. C-324/98 – Telaustria, Rn. 60; EuGH Urt. v. 21.7.2005, Rs. C-231/03 – Coname, Rn. 28; EuGH Urt. v. 13.10.2005, Rs. C-458/03 – Parking Brixen, Rn. 46; EuGH Urt. v. 14.11.2013, Rs. C-221/12 – Belgacom, Rn. 28.
[23] EuGH Urt. v. 14.6.2007, Rs. C-6/05 – Medipac, Rn. 30.
[24] EuGH Urt. v. 19.6.2008, Rs. C-454/06 – pressetext, Rn. 33; EuGH Urt. v. 13.11.2007, Rs. C-507/03 – Kommission/Irland „An Post", Rn. 26; EuGH Urt. v. 27.10.2005, Rs. C-234/03 – Contse, Rn. 24ff.
[25] Erwägungsgrund 17 und 18 SKR; Erwägungsgrund 18 und 19 VKR.
[26] EuGH Urt. v. 19.6.2008, Rs. C-454/06 – pressetext, Rn. 33; EuGH Urt. v. 13.11.2007, Rs. C-507/03 – Kommission/Irland „An Post", Rn. 26; EuGH Urt. v. 27.10.2005, Rs. C-234/03 – Contse, Rn. 24ff.
[27] Vgl. dazu ausführlich § 74 Rn. 18ff.

ben unterliegen, auch eine gewisse inhaltliche Bedeutung zu, was bereits aus dem systematischen Verhältnis zwischen europäischem Primär- und Sekundärrecht folgt. Es dürfen im **Vergabeprimärrecht** deshalb **keine strengeren Anforderungen** an die Vergabeverfahren gestellt werden, als es im Anwendungsbereich der Vergaberichtlinien der Fall wäre, da diese gerade den Willen des europäischen Sekundärrechtsgebers zur Konkretisierung des Primärrechts im Hinblick auf die Vergabe öffentlicher Aufträge zum Ausdruck bringen.[28] Soweit dieser von seiner Regelungs- und Konkretisierungskompetenz bewusst eingeschränkt bzw. explizit keinen Gebrauch gemacht und spezifische Sachverhalte einer harmonisierten vergaberechtlichen Regelung vorenthalten hat, darf diese Entscheidung nicht durch primärrechtlich abgeleitete Verfahrensanforderungen konterkariert werden.[29]

II. Anwendung durch den EuGH

12   Der **AEUV enthält keine spezifischen Vorgaben für** die Durchführung von **strukturierten Bieterverfahren** zum Abschluss von Rechtsgeschäften der öffentlichen Hand.[30] Schlussfolgerungen über die Rechte und Pflichten öffentlicher Auftraggeber bei einem binnenmarktrelevanten Beschaffungsvorgang lassen sich deshalb nur unzureichend unmittelbar anhand des Wortlauts der entsprechenden Vorschriften ziehen.[31] Vor diesem Hintergrund kommt der vergaberechtsspezifischen Judikatur des EuGH eine maßgebliche Bedeutung für die Konkretisierung bestimmter grundfreiheitlich begründeter Verhaltenspflichten öffentlicher Auftraggeber bei der Auftragsvergabe zu.

13   Bevor der Gemeinschafts-/Unionsrechtsgeber eine spezifische sekundärrechtliche Kodifikation vornahm, erschöpften sich die rechtlichen Vorgaben für die öffentliche Auftragsvergabe lange Zeit in den europäischen Grundfreiheiten.[32] Dementsprechend leitet der EuGH die primärrechtlichen Verfahrensvorgaben auch heute noch aus den Grundfreiheiten und den sich daraus ergebenden Grundsätzen ab. Die Formulierungen, Begründungen sowie der Prüfungsumfang des Gerichts variieren dabei. In einigen Entscheidungen wird lediglich pauschal konstatiert, dass Vergaben außerhalb des Anwendungsbereiches der Vergaberichtlinien *„den Grundregeln des Gemeinschaftsrechts und der sich daraus ergebende Verpflichtung zur Transparenz unterworfen sind"*[33] bzw. *„die Auftraggeber verpflichtet [sind], die grundlegenden Vorschriften des EG-Vertrages und insbesondere das Verbot der Diskriminierung aus Gründen der Staatsangehörigkeit einzuhalten"*.[34] In anderen Entscheidungen benennt der EuGH die einzelnen **einschlägigen Grundfreiheiten** ausdrücklich und formuliert etwa, dass *„die Grundregeln und die allgemeinen Grundsätze des Vertrags, insbesondere auf dem Gebiet der Niederlassungsfreiheit und des freien Kapitalverkehrs"* zu beachten sind.[35]

---

[28] *Dörr* Europäisches Vergabeprimärrecht, S. 195.
[29] Vgl. Generalanwältin *Sharpston* Schlussanträge v. 18.1.2007, Rs. C-195/04 – „Kommission/Finnland", Slg. 2007, I-3351, Rn. 76 und 85 ff. sowie Generalanwältin *Kokott* Schlussanträge v. 1.3.2005, Rs. C-458/03 – Parking Brixen, Rn. 46.
[30] Dazu auch *Schwarze* EuZW 2000, 133, 134, mit Verweis auf *Sundberg-Weitman* Discrimination on grounds of nationality, 1977, 221: Wahrscheinlich habe man bei der Abfassung des Vertrags über das öffentliche Auftragswesen nur deshalb keine ausdrückliche Regelung getroffen, weil diese Materie „a highly sensitive one in the context of the principle of non-discrimination" sei.
[31] Vgl. *Deling* NZBau 2011, 725, 726.
[32] Vgl. *Prieß*, 8.
[33] EuGH Urt. v. 19.6.2008, Rs. C-454/06 – pressetext, Rn. 33; EuGH Urt. v. 7.12.2000, Rs. C-324/98 – Telaustria, Rn. 60 f.; EuGH Urt. v. 18.11.1999, Rs. C-275/98 – Unitron Scandinavia, Rn. 31 f.
[34] EuGH Urt. v. 15.5.2008, verb. Rs. C-147/06 und C-148/06 – SECAP und Santorso, Rn. 20, EuGH Urt. v. 18.12.2007, Rs. C-220/06 – APERMC, Rn. 71; EuGH Beschl. v. 3.12.2001, Rs. C-59/00 – Vestergaard, Rn. 19 f.
[35] EuGH Urt. v. 6.5.2010, verb. Rs. C-145/08 und C-149/08 – Club Hotel Loutraki, Rn. 63; ähnlich auch EuGH Urt. v. 21.2.2008; Rs. C-412/04 – Kommission/Italien, Rn. 66; EuGH Urt. v.

Daneben finden sich aber auch Urteile, in welchen der Gerichtshof eine detaillierte Prüfung vornimmt, ob tatsächlich eine Beeinträchtigung einer streitgegenständlichen Grundfreiheit durch mitgliedstaatliche Maßnahmen vorliegt.[36] Soweit der EuGH demnach bestimmte staatliche Verhaltensweisen im Zusammenhang mit der Vergabe öffentlicher Aufträge an konkreten Grundfreiheiten misst, lassen sich daraus auch **allgemeine Verhaltenspflichten** ableiten, die sich schließlich zu einem Vergabeprimärrecht verdichten.

1. Dienstleistungsfreiheit

Nach Maßgabe der Art. 56 ff. AEUV sind Beschränkungen des freien Dienstleistungsverkehrs innerhalb der Union für Angehörige der Mitgliedstaaten, die in einem anderen Mitgliedstaat als demjenigen des Leistungsempfängers ansässig sind, verboten. Konkret schützt die Dienstleistungsfreiheit damit vor Diskriminierung aus Gründen der Staatsangehörigkeit. Art. 57 AEUV definiert die Dienstleistung als eine **selbständige Leistung**, die vorübergehend in anderen Mitgliedstaaten gegen Entgelt erbracht wird und die nicht von der Waren- oder Kapitalverkehrsfreiheit oder von der Freiheit der Personenfreizügigkeit erfasst wird. In Abgrenzung zur Arbeitnehmerfreizügigkeit muss es sich dementsprechend um eine selbständige Leistung handeln.[37] Wird eine Dienstleistung hingegen dauerhaft erbracht, ist die Niederlassungsfreiheit einschlägig. 14

Bei der Vergabe eines öffentlichen Auftrags sind daher sowohl sämtliche Bedingungen und Ausschlussgründe primärrechtlich unzulässig, die an die Staatsangehörigkeit einer Person anknüpfen, als auch unterschiedslos wirkende Maßnahmen, die geeignet sind, die grenzüberschreitende Tätigkeit eines in einem anderen Mitgliedstaat ansässigen Dienstleistenden zu behindern. Unzulässig sind des Weiteren bereits solche Vergabeanforderungen, die zwar grundsätzlich auch von Bietern aus anderen Mitgliedstaaten erfüllbar sind, diese jedoch typischerweise vor größere Schwierigkeiten stellen als einheimische Bieter (sog. versteckte Diskriminierung).[38] 15

Der EuGH hat die Dienstleistungsfreiheit dann als betroffen angesehen, wenn in einem Vergabeverfahren **Ansässigkeitspflichten** bzw. **Ansässigkeitsbegünstigungen** vorgesehen sind.[39] Das war etwa der Fall, wenn der Einsatz möglichst inländischer Arbeitskräfte, Maschinen und Materialien von einem öffentlichen Auftraggeber verlangt[40], der Einsatz von Subunternehmern mit **Sitz in der Region** gefordert[41], solchen Bietern der Vorrang vor anderen eingeräumt wird, die ihren Tätigkeitsschwerpunkt in der Region ausüben[42] oder aber Niederlassungsgenehmigungen des den Auftrag vergebenden Staates verlangt werden.[43] Geben die Ausschreibungsunterlagen eine Zulassungsvoraussetzung vor, wonach der Bieter über einen Geschäftsraum in der Provinzhauptstadt verfügen muss[44] oder Bewertungskriterien, die Angebote von Bietern höher gewichten, die über Produktions- und Wartungsanlagen verfügen, die sich höchstens 1000 km von der Provinz entfernt be- 16

6.4.2006, Rs. C-410/04 – ANAV, Rn. 18 ff.; EuGH Urt. v. 13.10.2005, Rs. C-458/03 – Parking Brixen, Rn. 46 ff.; EuGH Urt. v. 9.9.1999, Rs. C-108/98 – RI.SAN/Commune di Ischia, Rn. 20.
[36] EuGH Urt. v. 27.10.2005, Rs. C-234/03 – Contse, Rn. 24 ff; EuGH Urt. v. 20.10.2005, Rs. C-264/03 – Kommission/Frankreich, Rn. 64 ff.; EuGH Urt. v. 21.7.2005, Rs. C-231/03 – Coname, Rn. 16 ff.
[37] Vgl. hierzu *Randelzhofer/Forsthoff* in Grabitz/Hilf/Nettesheim, Art. 57 AEUV Rn. 32 f; *Frenz*, Handbuch des Europarechts, Band 1 Europäische Grundfreiheiten, Rn. 2443 ff.
[38] *Frenz* in Willenbruch/Wieddekind, 19. Los, Rn. 20.
[39] Vgl. dazu *Barth* Das Vergaberecht außerhalb des Anwendungsbereichs der EG-Vergaberichtlinien, 2010, 40.
[40] EuGH Urt. v. 22.6.1993, Rs. C-243/89 – Storebaelt, Rn. 23.
[41] EuGH Urt. v. 3.6.1992, Rs. C-360/89 – Kommission/Italien, Rn. 8 f.
[42] EuGH Urt. v. 3.6.1992, Rs. C-360/89 – Kommission/Italien, Rn. 8 f.
[43] EuGH Urt. v. 10.2.1982, Rs. 76/81 – Transporoute, Slg. 1982, 417, Rn. 14.
[44] EuGH Urt. v. 27.10.2005, Rs. C-234/03 – Contse, Rn. 79.

finden,⁴⁵ so ist die Dienstleistungsfreiheit nach der Rechtsprechung des EuGH ebenfalls beeinträchtigt. Das gilt auch dann, wenn der Abschluss von Verträgen nur mit Unternehmen vorgesehen ist, die unmittelbar oder mittelbar ganz oder mehrheitlich in staatlichem oder öffentlichem Besitz stehen⁴⁶, auf nationale Klassifizierungen und Anforderungsstandards Bezug genommen wird⁴⁷ oder aber nur diejenigen Unternehmen verpflichtet werden, die ihren Arbeitnehmern bei der Ausführung der Leistungen mindestens das am Ort der Ausführung tarifvertraglich vorgesehene Entgelt zahlen.⁴⁸

17 In persönlicher Hinsicht sind neben **Unionsbürgern** über Art. 62 iVm. Art. 54 AEUV auch **Gesellschaften** Träger der Dienstleistungsfreiheit, die **nach dem Recht eines der Mitgliedstaten gegründet** sind und ihren satzungsmäßigen Sitz, ihre Hauptverwaltung oder ihre Hauptniederlassung innerhalb der EU haben.⁴⁹

2. Niederlassungsfreiheit

18 Der EuGH hat den sachlichen Anwendungsbereich der Niederlassungsfreiheit nach Art. 49 AEUV ausdrücklich weit gefasst und diese als *„Möglichkeit für einen Unionsangehörigen, in stabiler und kontinuierlicher Weise am Wirtschaftsleben eines anderen Mitgliedstaats als seines Herkunftsstaats teilzunehmen und daraus Nutzen zu ziehen"* definiert.⁵⁰ Davon umfasst ist die Niederlassung einer natürlichen oder juristischen Person in einem anderen Mitgliedstaat zum Zwecke der Aufnahme und Ausübung selbständiger Erwerbstätigkeiten, die Gründung von Agenturen, Zweigniederlassungen oder Tochtergesellschaften in einem anderen Mitgliedstaat oder aus einem Mitgliedstaat heraus (grenzüberschreitend) sowie die Gründung und Leitung von Unternehmen (Gesellschaften) in einem anderen Mitgliedstaat. Von der Niederlassungsfreiheit auch erfasst ist **der Erwerb einer Beteiligung an einem Unternehmen** mit Sitz in einem anderen Mitgliedstaat, mit der ein solcher Einfluss auf die Entscheidungen der Gesellschaft verbunden ist, dass der Erwerber deren Tätigkeiten bestimmen kann (Kontrollerwerb)⁵¹ sowie die Verschmelzung einer ausländischen Gesellschaft mit einer inländischen.⁵² In Abgrenzung zur Dienstleistungsfreiheit ist die Niederlassung durch die auf Dauer angelegte Erwerbstätigkeit gekennzeichnet.⁵³ In beiden Fällen steht jedoch die selbstständige grenzüberschreitende Erbringung einer Dienstleistung im Vordergrund, so dass die Beeinträchtigungen, die die Dienstleistungsfreiheit betreffen auch für die Niederlassungsfreiheit grundsätzliche Relevanz besitzen.⁵⁴

19 Die Niederlassungsfreiheit gewährleistet die **Aufnahme und Ausübung einer wirtschaftlichen Erwerbstätigkeit**, die selbständig und **auf der Grundlage einer festen Einrichtung dauerhaft** auf die Teilnahme am Wirtschaftsleben eines anderen Mitgliedstaats angelegt ist, sowie die Gründung und Leitung von Unternehmen.⁵⁵ Deshalb betreffen solche **Vorgaben** in Vergabeunterlagen eher die Niederlassungs- als die Dienstleistungsfreiheit, die es **Unternehmen** aus anderen Mitgliedstaaten im Vergleich zu einheimischen **erschweren, eine dauerhafte Niederlassung bzw. Gründung vorzunehmen.** Gleichsam beide Grundfreiheiten sind etwa betroffen, wenn der Abschluss von Verträgen nur mit Unterneh-

---

⁴⁵ EuGH Urt. v. 27.10.2005, Rs. C-234/03 – Contse, Rn. 79.
⁴⁶ EuGH Urt. v. 5.12.1989, Rs. C-3/88 – Kommission/Italien.
⁴⁷ *Frenz* in Willenbruch/Wieddekind, 19. Los, Rn. 28 m.w.N.
⁴⁸ EuGH *Urt.* v. 3.4.2008, Rs. C-346/06 – Rüffert, Rn. 43.
⁴⁹ *Randelzhofer/Forsthoff* in Grabitz/Hilf/Nettesheim, Art. 57 AEUV Rn. 29.
⁵⁰ EuGH Urt. v. 11.3.2010, Rs. C-384/08 – Attanasio Group, Rn. 36; EuGH Urt. v. 30.11.1995, Rs. C-55/94 – Gebhard, Rn. 25; *Bröhmer* in Calliess/Ruffert, Art. 49 AEUV Rn. 9.
⁵¹ EuGH Urt. v. 13.4.2000, C-251/98 – Baars, Rn. 22.
⁵² EuGH Urt. v. 13.12.2005, C-411/03 – Sevic Systems AG, Rn. 16ff.; *Bröhmer* in Calliess/Ruffert, Art. 49 AEUV Rn. 9.
⁵³ EuGH Urt. v. 4.12.1986, Rs. 205/84 – Kommission/Deutschland, Rn. 21; EuGH Urt. v. 30.11.1995, Rs. C-55/94 – Gebhard, Rn. 21ff.; *Prieß*, 16.
⁵⁴ Siehe Rn. 16.
⁵⁵ *Frenz* in Willenbruch/Wieddekind, 19. Los, Rn. 16 mwN.

men vorgesehen ist, die – wenn auch nur teilweise oder mittelbar – in staatlichem Besitz stehen[56] oder auf nationale Klassifizierungen und Anforderungsstandards Bezug genommen wird[57].

Gemäß Art. 54 AEUV sind auch **Gesellschaften** Träger der Niederlassungsfreiheit, die nach dem Recht eines der Mitgliedstaaten gegründet sind und ihren satzungsmäßigen Sitz, ihre Hauptverwaltung oder ihre Hauptniederlassung innerhalb der Europäischen Union haben.[58] Unternehmen aus Drittstaaten können sich nicht auf die Niederlassungsfreiheit berufen.

20

3. Freier Kapital- und Zahlungsverkehr

Art. 63 AEUV schützt den freien Kapital- und Zahlungsverkehr. Dabei wird der Begriff des **Kapitalverkehrs** verstanden als jede über die Grenzen eines Mitgliedstaats der Europäischen Union hinweg stattfindende Übertragung von Geld- oder Sachkapital, die primär zu Anlagezwecken erfolgt.[59] Die **Zahlungsverkehrsfreiheit** umfasst das Erfüllen rechtsgeschäftlicher Verbindlichkeiten und das tatsächliche Verbringen von Geld oder sonstigen Zahlungsmitteln.[60] Von dieser mitumfasst sind auch Gegenleistungen für der Kapitalverkehrsfreiheit unterfallende Transaktionen oder für Arbeitsleistungen.[61] Die Kapitalverkehrsfreiheit schützt auch vor **Behinderungen grenzüberschreitender Investitionen**[62] und ist dann betroffen, wenn grenzüberschreitende Kapitalbeteiligungen beeinträchtigt werden.

21

Im Hinblick auf die Durchführung von **strukturierten Auswahlverfahren** können sich in mehrfacher Hinsicht Vorgaben aus der Kapital- und Zahlungsverkehrsfreiheit ergeben. **Grenzüberschreitende Investitionen in private Unternehmen** können potentiell durch eine Praxis ausschreibungsloser Auftragsvergaben verhindert werden. Insbesondere solche Unternehmen, deren Tätigkeitsbereich in einem besonderen Abhängigkeitsverhältnis zu öffentlichen Aufträgen steht, können als Investitionsobjekt unattraktiv werden, wenn öffentliche Aufträge bilateral, intransparent und diskriminierend vergeben werden.[63] Daneben kann es zu einer Behinderung grenzüberschreitender Investitionen auch bei der **Privatisierung öffentlicher Unternehmen** kommen, die ihrerseits öffentliche Aufträge als Auftragnehmer ausführen.[64] Insbesondere die mittelbare Auftragnehmerstellung, die mit einer Investition in ein solches Unternehmen verbunden ist, kann zur Wahrung des freien Kapitalverkehrs die Durchführung transparenter und nichtdiskriminierender Auswahlverfahren erfordern.[65] Unabhängig von der Vergabe öffentlicher Aufträge können vornehmlich **staatliche Veräußerungsgeschäfte** zu einer Beschränkung des freien Kapitalverkehrs führen. Die Auswahl eines privaten Investors zur Beteiligung oder Gründung eines gemischtwirtschaftlichen Unternehmens oder die Veräußerung staatlicher Grundstücke besitzt grundsätzliche Relevanz für den grenzüberschreitenden Kapitalverkehr, wenn die damit verbundene Auswahlentscheidung zwischen geeigneten

22

---

[56] EuGH Urt. v. 5.12.1989, Rs. C-3/88 – Kommission/Italien, Rn. 30.
[57] *Frenz* in Willenbruch/Wieddekind, 19. Los, Rn. 28 mwN.; *Barth* Das Vergaberecht außerhalb des Anwendungsbereichs der EG-Vergaberichtlinien, 2010, 42; dazu allgemein EuGH Urt. v. 7.5.1991, C-340/89 – Vlassopoulou.
[58] *Forsthoff* in Grabitz/Hilf/Nettesheim, Art. 49 AEUV, Rn. 13.
[59] *Bröhmer* in Calliess/Ruffert, Art 63 AEUV Rn. 8; *Schürmann* in Lenz/Borchardt, Art. 63 AEUV Rn. 3.
[60] *Frenz* Handbuch des Europarechts, Bd. 1 Europäische Grundfreiheiten, Rn. 2748.
[61] EuGH Urt. v. 22.6.1999, Rs. C-412/97 17 – ED Srl, Rn. 17; *Bröhmer* in Calliess/Ruffert, Art. 63 AEUV Rn. 66.
[62] *Ress/Ukrow* in Grabitz/Hilf/Nettesheim, Art. 63 AEUV Rn. 114.
[63] *Frenz* in Willenbruch/Wieddekind, 19. Los EU-Primär- und Sekundärecht Rn. 30.
[64] EuGH Urt. v. 6.5.2010, verb. Rs. C-145/08 und C-149/08 – Club Hotel Loutraki, Rn. 63.
[65] Dazu ausführlich unten, § 74 Rn. 23ff.

Investoren intransparent und anhand subjektiver, nicht nachvollziehbarer Kriterien, ggf. sogar unter Bevorzugung inländischer Investoren erfolgt.[66]

23 Grenzüberschreitende Direktinvestitionen und damit auch der **Erwerb von Unternehmensbeteiligungen** stehen allerdings grundsätzlich in einem **Überschneidungsbereich von Kapitalverkehrs- und Niederlassungsfreiheit**, eine eindeutige Zuordnung ist somit oftmals nur schwer möglich. Erfolgen diese Investitionen ausschließlich zum Zwecke der selbstständigen wirtschaftlichen Betätigung in einem anderen Mitgliedstaat, unterfallen diese nach der ständigen Rechtsprechung des EuGH nicht der Kapitalverkehrs-, sondern ausschließlich der Niederlassungsfreiheit. Im Rahmen eines **Immobilienerwerbs** ist jedoch grundsätzlich auch die Kapitalverkehrsfreiheit betroffen.[67] Reine Finanzinvestitionen **(Portfolioinvestitionen)**, wie etwa die Vergabe von Darlehen, die Gewährung von Genusskapital oder stillen Einlagen sind nur nach Maßgabe der Vorschriften über den Kapitalverkehr zu beurteilen.[68]

24 Relevant wird diese Abgrenzung bei Sachverhalten mit Bezug zu einem Drittstaat, denn als einzige Grundfreiheit wirkt die Freiheit des Kapital- und Zahlungsverkehrs auch zwischen den Mitgliedstaaten und dritten Ländern („erga omnes"); der Vertrag beschränkt den Kreis der berechtigten natürlichen und juristischen Personen nicht – wie bei der Niederlassungs- und Dienstleistungsfreiheit – auf die Staatsangehörigen bzw. Ansässigen der Mitgliedstaaten.[69] Konsequenz dieser Betrachtungsweise wäre es, dass auch **nicht gebietsansässige Drittstaatsangehörige diese Freiheiten als subjektives Recht** vor mitgliedstaatlichen Gerichten geltend machen können und dass insbesondere auch eine Differenzierung zwischen Unionsbürgern bzw. Unionsansässigen und Drittstaatsangehörigen bzw. unionsgebietsfremden Personen neben Art. 64 ff. AEUV allenfalls über die ungeschriebenen zwingenden Erfordernisse des Allgemeinwohls in Verbindung mit dem Verhältnismäßigkeitsgrundsatz gerechtfertigt werden könnten.[70] Es ist letztlich noch offen, ob der EuGH die Kapital- und Zahlungsverkehrsfreiheit wirklich in diesem Sinne auslegen wird.[71]

4. Arbeitnehmerfreizügigkeit

25 Die Arbeitnehmerfreizügigkeit nach Art. 45 AEUV schützt Dienstleistungen, die in **persönlicher Abhängigkeit** erbracht werden.[72] Ebenso wie die Niederlassungsfreiheit und die Dienstleistungsfreiheit setzt die Arbeitnehmerfreizügigkeit einen grenzüberschreitenden Sachverhalt voraus. Das grenzüberschreitende Moment besteht im Regelfall darin, dass sich ein Arbeitnehmer in die Volkswirtschaft eines Staates integriert, dessen Staatsangehörigkeit er nicht besitzt.[73]

26 Für die Vergabe von Dienstleistungskonzessionen, der Vergabe von Aufträgen im Unterschwellenbereich mit gleichzeitiger Binnenmarktrelevanz und die Veräußerung von öffentlichen Grundstücks- und Geschäftsanteilen spielt die Arbeitnehmerfreizügigkeit eine **nachrangige Rolle**, da hier in erster Linie die Ausübung von selbständigen Tätigkeiten betroffen ist. Sehen Vergabeunterlagen jedoch vor, dass Unternehmer für die Durchführung eines Auftrags möglichst **inländische Arbeitnehmer verwenden** sollen, so ist in

---

[66] Dazu ausführlich unten, § 74 Rn. 23 ff.
[67] *Bröhmer* in Calliess/Ruffert, Art. 63 AEUV Rn. 29 mwN.
[68] *Glaeser* in Schwarze, Art. 63 AEUV, Rn. 11 f.; *Bröhmer* in Calliess/Ruffert, Art. 63 AEUV Rn. 29.
[69] *Sedlaczek/Züger* in Streinz Art. 63 AEUV Rn. 17 und Art. 64 AEUV Rn. 2 ff.; *Ress/Ukrow* in Grabitz/Hilf/Nettesheim, Art. 63 AEUV Rn. 102.
[70] *Bröhmer* in Calliess/Ruffert, Art. 63 AEUV Rn. 5–7.
[71] *Bröhmer* in Calliess/Ruffert, Art. 63 AEUV Rn. 5–7; vgl. hierzu tiefergehend: *Sedlaczek/Züger* in Streinz, Art 64 AEUV Rn. 2 ff.
[72] *Frenz* in Willenbruch/Wieddekind 19. Los Rn. 7.
[73] *Forsthoff* in Grabitz/Hilf/Nettesheim, Art. 49 AEUV Rn. 128 f.

diesem Fall nach der Rechtsprechung des EuGH auch die Arbeitnehmerfreizügigkeit betroffen.[74]

Der persönliche Anwendungsbereich der Vorschriften über die Arbeitnehmerfreizügigkeit umfasst Arbeitnehmer mit der Staatsangehörigkeit eines der Mitgliedstaaten (EU-Arbeitnehmer) und deren Familienangehörige.[75]

5. Freiheit des Warenverkehrs

Die Warenverkehrsfreiheit nach Art. 34 AEUV soll den grenzüberschreitenden Warenverkehr in der Union vor mengenmäßigen Einfuhrbeschränkungen und Maßnahmen gleicher Wirkung schützen.[76] Seit der Entscheidung des EuGH in der Rechtssache „Dassonville" ist damit jede Maßnahme gemeint, die geeignet ist, den innerstaatlichen Handel unmittelbar oder mittelbar, tatsächlich oder potenziell zu behindern.[77] 27

Im Hinblick auf die öffentliche Auftragsvergabe besitzt die Warenverkehrsfreiheit insbesondere Bedeutung für die Vergabe öffentlicher Lieferaufträge. Daneben kann diese aber ebenso betroffen sein, wenn mit einem Bau- oder Dienstleistungsauftrag mittelbar die Lieferung von Waren verbunden ist, die dann bei der konkreten Leistungserbringung verwendet werden.[78] Der EuGH sah die Freiheit des Warenverkehrs im Zusammenhang mit der Vergabe öffentlicher Aufträge dann als verletzt an, wenn ein öffentlicher Auftraggeber bei der Warenbeschaffung bestimmte **nationale Zertifizierungs-, Prüf- oder Qualitätszeichen** in der Leistungsbeschreibung forderte, ohne dabei einen gleichwertigen anderen Nachweis der jeweiligen Produktanforderungen zuzulassen.[79] Dabei handelte es sich um einen Bauauftrag eines irischen Auftraggebers, bei dem die verwendeten Rohre zwingend eine Prüfbescheinigung des irischen Instituts für industrielle Forschung und Normung besitzen sollten. Zum damaligen Ausschreibungszeitpunkt verfügte lediglich ein einziges, in Irland ansässiges Unternehmen über eine solche Bescheinigung, weshalb der EuGH die Warenverkehrsfreiheit als verletzt angesehen hat.[80] Daneben wurde die Forderung eines öffentlichen Auftraggebers, bei der Durchführung eines Bauauftrags **möglichst inländische Baustoffe und Verbrauchsgüter sowie Arbeitskräfte und Ausrüstung zu verwenden**, als Verletzung der Warenverkehrsfreiheit beurteilt.[81] Letztlich ebenfalls gegen die Warenverkehrsfreiheit verstieß eine nationale Regelung, die sämtliche öffentliche Auftraggeber dazu verpflichtete, bei der Vergabe von Lieferaufträgen einen bestimmten prozentualen Anteil des Auftragsgegenstands (hier 30 %) an **regional ansässige Unternehmen** zu vergeben. In diesem Fall werden die in diesem Gebiet verarbeiteten oder hergestellten Waren begünstigt und die aus anderen Mitgliedstaaten stammenden Produkte diskriminiert.[82] 28

Die Warenverkehrsfreiheit soll als reine Produktverkehrsfreiheit den grenzüberschreitenden Handel mit Waren ermöglichen – unabhängig von der Staatsangehörigkeit oder der Rechtsnatur der handelnden Personen. Daher können sich auch **Drittstaatsangehörige** und **juristische Personen** auf Art. 34 AEUV berufen.[83] 29

---

[74] EuGH Urt. v. 22.6.1993, Rs. C-243/89 – Storebaelt, Rn. 23.
[75] *Brechmann* in Calliess/Ruffert, Art. 45 AEUV Rn 11.
[76] Vgl. *Schroeder* in Streinz, Art. 34 AEUV Rn. 18.
[77] EuGH Urt. v. 11.6.1974, Rs. 8/74 – Dassonville.
[78] Vgl. dazu EuGH Urt. v. 22.9.1988, Rs. 45/87 – Kommission/Irland, Rn. 17; dazu ausführlich Generalanwalt *Darmon* Schlussanträge v. 21.6.1988, Rs. 45/87 – Kommission/Irland, Rn. 61 ff.
[79] EuGH Urt. v. 22.9.1988, Rs. 45/87 – Kommission/Irland.
[80] EuGH Urt. v. 22.9.1988, Rs. 45/87 – Kommission/Irland, Rn. 17 ff.
[81] EuGH Urt. v. 22.6.1993, Rs. C-243/89 – Storebaelt, Rn. 23.
[82] EuGH Urt. v. 20.3.1990, Rs. C-21/88 – DuPont de Nemours Italiana SpA, Rn. 11.
[83] *Leible/T. Streinz* in Grabitz/Hilf/Nettesheim, Art. 34 AEUV, Rn. 32.

6. Diskriminierungsverbot

30 Das in Art. 18 Abs. 1 AEUV enthaltene Verbot von Diskriminierungen aus Gründen der Staatsangehörigkeit gehört zu den grundlegenden Vorschriften des Vertrags, die in zahlreichen anderen vertraglichen Bestimmungen, insbesondere den Grundfreiheiten aufgegriffen und konkretisiert bzw. erweitert wird. Insofern kann das Diskriminierungsverbot als **„Leitmotiv" des Vertrags** bezeichnet werden.[84] Dementsprechend zieht der EuGH das Diskriminierungsverbot des Art. 18 AEUV als Auslegungsgrundsatz für speziellere Bestimmungen des Vertrags heran und benennt dieses **neben den Grundfreiheiten** ausdrücklich als dogmatische Grundlage für die primärrechtlichen Vergabegrundsätze.[85]

31 Das Gebot der Nichtdiskriminierung enthält zugleich ein **Verbot der direkten Schlechterstellung aufgrund der Staatsangehörigkeit.** Das kann entweder unmittelbar oder mittelbar, dh. durch nationale Regelungen geschehen, die zwar nicht direkt Staatsangehörige anderer Mitgliedstaaten schlechter behandeln, jedoch mit den grundfreiheitlichen Prinzipien unvereinbar sind.[86] Das allgemeine Diskriminierungsverbot in Art. 18 AEUV steht im Verhältnis zu den Grundfreiheiten, mit denen es das Merkmal der unmittelbaren Anwendbarkeit teilt,[87] als *lex generalis*. Es wirkt als Auffangtatbestand und ist folglich subsidiär, soweit der Schutzbereich der Grundfreiheiten als *leges speciales* eröffnet ist.

32 Das Diskriminierungsverbot berechtigt alle **Angehörigen der Mitgliedstaaten** und erfasst auch **juristische Personen**, deren Unionszugehörigkeit sich nach Art. 54 AEUV richtet. Ob sich auch Drittstaatsangehörige darauf berufen können, ist vom EuGH noch nicht entscheiden worden. Es kommt – wie allgemein bei Art. 18 AEUV – entscheidend auf den Anwendungsbereich des Vertrags an. Das Unionsrecht regelt danach die Stellung von Drittstaatsangehörigen in wesentlich geringerem Umfang als diejenige von Angehörigen der Mitgliedstaaten. Diskriminierende Regelungen sind gegenüber Drittstaatsangehörigen nur verboten, wenn sie sich in einer **unionsrechtlich geregelten Situation** befinden. Die begrenzte Rechtsposition von Drittstaatern wird grundsätzlich (nur) durch besondere Diskriminierungsverbote mit begrenztem Anwendungsbereich geschützt.[88]

C. Allgemeine Grundsätze des europäischen Primärrechts

33 Die europäischen Grundfreiheiten sind die wesentlichen Rechtsquellen für primärrechtliche Verfahrensanforderungen an die Strukturierung und Durchführung von Vergabe- und Auswahlentscheidungen der öffentlichen Hand. In der Judikatur des EuGH werden insbesondere aus diesen Rechtsquellen allgemeine (vergaberechtliche) Grundsätze abgeleitet, welche unmittelbar auf staatliche Vergabe- und Auswahlentscheidungen anzuwenden sind. Es handelt sich bei diesen Grundsätzen demnach um **(vergaberechtliche) Konkretisierungen der europäischen Grundfreiheiten.** Namentlich handelt es sich um die

---

[84] *Epiney* in Calliess/Ruffert, Art. 18 AEUV Rn. 1 mwN.
[85] EuGH Urt. v. 7.12.2000, Rs. C-324/98 – Telaustria, Rn. 60f; *Epiney* in Calliess/Ruffert, Art. 18 AEUV Rn. 1; *Frenz* in Willenbruch/Wieddekind, 19. Los Rn. 31.
[86] Vgl. dazu *Noch*, S. 22.
[87] *Epiney* in Calliess/Ruffert, Art. 18 AEUV Rn. 2 ff.
[88] *Holoubek* in Schwarze, Art. 18 AEUV, Rn. 31 ff.; *Streinz* in Streinz, Art. 18 AEUV Rn. 33 ff.; *v. Bogdandy* in Grabitz/Hilf/Nettesheim, Art. 18 AEUV Rn. 29 ff. Als Beispiel für ein solches Diskriminierungsverbot mit stark eingeschränktem Anwendungsbereich hält Erwägungsgrund 18 der Richtlinie 2009/81/EG zur Koordinierung der Vergabeverfahren in den Bereichen der Verteidigung und Sicherheit die Mitgliedstaaten dazu an, ihre nationalen Beschaffungsmärkte für verteidigungs- und sicherheitsrelevante Güter auch gegenüber Wirtschaftsteilnehmern aus Drittstaaten zu öffnen. Wenn die Mitgliedstaaten das tun, müssen sie indes nach Art. 4 VSVKR alle Wirtschaftsteilnehmer gleich und nichtdiskriminierend behandeln.

Grundätze der Transparenz, Gleichbehandlung und Nichtdiskriminierung. Daneben stellen auch die sonstigen allgemeinen Grundsätze des europäischen Primärrechts einen Teil des zu beachtenden Rechtsrahmens für die Strukturierung von Bieterverfahren dar.

I. Transparenzgrundsatz

Der Grundsatz der Transparenz ist im europäischen Primärrecht nicht ausdrücklich normiert. Gleichwohl hat der Transparenzgrundsatz in vergaberechtlicher Hinsicht eine Konkretisierung durch die Judikatur des EuGH erfahren, sodass dieser allgemein zu den elementaren europarechtlichen Prinzipien der öffentlichen Auftragsvergabe zu zählen ist.[89]   34

Dabei leitet der EuGH den primärrechtlichen Transparenzgrundsatz aus der Niederlassungs- und der Dienstleistungsfreiheit sowie dem Verbot von Diskriminierungen aus Gründen der Staatsangehörigkeit ab.[90] In materieller Hinsicht konkretisiert der EuGH den Grundsatz der Transparenz zunächst dahingehend, dass **eindeutige und nachvollziehbare Vergabeverfahren** auf der Grundlage von vorhersehbaren Entscheidungskriterien durchzuführen sind. Dadurch soll dem potentiellen Bieter ermöglicht werden, bereits im Vorfeld der Auftragsvergabe zu erkennen, worauf es in dem jeweiligen Verfahren ankommt und diesem eine Prognose ermöglicht werden, welche Chancen ihm bei einer Teilnahme zukämen.[91] Transparenz meint aber auch, dass ein angemessener Grad von **Öffentlichkeit** hergestellt werden muss, der die Nachprüfung ermöglicht, ob ein Vergabeverfahren unparteiisch durchgeführt worden ist[92] und ausgeschlossen werden kann, dass bei der Vergabe eines öffentlichen Auftrags oder Vornahme eines Rechtsgeschäftes durch die öffentliche Hand weder unmittelbar noch mittelbar primärrechtliche Grundsätze verletzt werden.[93]   35

II. Das grundfreiheitliche Gleichbehandlungsgebot

In Rechtsprechung und Literatur[94] findet sich zunehmend die Annahme eines über das Diskriminierungsverbot aus Gründen der Staatsangehörigkeit hinausgehenden allgemeinen Gleichheitsgebots des europäischen Primärrechts. In vergaberechtlicher Hinsicht hat der EuGH, spätestens seit seiner Entscheidung „Parking Brixen"[95], einen **von dem Merkmal der Staatsangehörigkeit unabhängigen** Grundsatz der Gleichbehandlung der Bieter entwickelt.   36

Übertragen auf die Durchführung primärrechtlich gebotener Bieterverfahren dürfte es nach diesem allgemeinen Gleichbehandlungsgebot daher grundsätzlich keine Rolle spielen, aufgrund welcher Merkmale ein Bieter diskriminiert wird. Entscheidend ist vielmehr allein, ob ein Angebot wegen einer Diskriminierung unberücksichtigt geblieben ist. Eine relevante Ungleichbehandlung kann daher auch dann angenommen werden, wenn sie nicht in Zusammenhang mit der Staatsangehörigkeit des Bieters steht. Das **Gebot der Gleichbehandlung** geht also deutlich über das **Diskriminierungsverbot** aus Gründen der Staatsangehörigkeit hinaus. Das Gebot der Gleichbehandlung ist keineswegs nur die spiegelbildliche Kehrseite des Diskriminierungsverbots, sondern verhält sich zu diesem wie ein „Mehr zum Weniger". Der Auftraggeber hat einen **wesentlich höheren Sorg-**   37

---

[89] Dazu *Dreher* in Immenga/Mestmäcker, GWB, § 97 Rn. 38 ff.
[90] EuGH Urt. v. 18.11.1999, Rs. C-275/98 – Unitron Scandinavia, Rn. 31.
[91] Vgl. dazu *pars pro toto* EuGH Urt. v. 7.12.2000, Rs. C-324/98 – Telaustria.
[92] EuGH Urt. v. 7.12.2000, Rs. C-324/98 – Telaustria, Rn. 60 f.
[93] EuGH Urt. v. 15.10.2009; Rs. C-196/08 – Acoset, Rn. 49.
[94] Dazu *Huerkamp* EuR 2009, 563; scheinbar als Selbstverständlichkeit rezipiert bei *Jennert* NZBau 2005, 623, 625; *Steinberg* NZBau 2007, 150, 156; *Braun* EuZW 2006, 683, 684.
[95] EuGH Urt. v. 13.10.2005, Rs. C-458/03 – Parking Brixen.

faltsmaßstab zu beachten und einzuhalten, wenn er alle potentiellen Bieter gleichbehandeln soll, als wenn er lediglich gewährleisten muss, dass kein Bieter aus Gründen der Staatsangehörigkeit diskriminiert wird. Mit anderen Worten: Wo es im Rahmen eines strukturierten Bieterverfahrens noch relativ „einfach" sein mag, keinen Interessenten zu diskriminieren, wird es sich für einen Auftraggeber ungleich schwieriger darstellen, alle Interessenten tatsächlich gleich zu behandeln. Kurzum: Ein positiv formuliertes **Verhaltensgebot** ist immer schwieriger zu erfüllen als ein bestimmtes **Verhaltensverbot**.

38 Eine konkrete und tragfähige dogmatische Herleitung eines allgemeinen Gleichbehandlungsgebots findet sich in der Rechtsprechung des EuGH bislang nicht. Diese ist jedoch maßgeblich für die Anwendbarkeit im Rahmen primärrechtlicher Bieterverfahren. Der EuGH verweist zur Begründung auf seine Rechtsprechung zu den Vergabekoordinierungsrichtlinien, hinsichtlich derer bereits zuvor ein allgemeines Gleichbehandlungsgebot statuiert wurde.[96] Bei der „Parallelisierung der Rechtsmaterie"[97] berücksichtigt der EuGH jedoch die konkrete normative Einbettung nicht. Allein die Feststellung, dass die Vergabekoordinierungsrichtlinien die allgemeine Gleichbehandlung von Bietern verlangen, erlaubt somit per se noch nicht den Schluss, dieser Grundsatz finde sich auch im Primärrecht. Dennoch kann nicht ausgeschlossen werden, dass der EuGH den allgemeinen Gleichbehandlungsgrundsatz auch künftig im Zusammenhang mit primärrechtlich gebotenen Bieterverfahren heranziehen wird. Diese Unsicherheit ergibt sich insbesondere aus dem Umstand, dass der EuGH bereits zuvor eine mitgliedstaatliche Bindung an Gemeinschaftsgrundrechte angenommen hat, ohne eine schlüssige Begründung zu liefern.[98] Es ist jedoch kaum zu erwarten, dass der Gerichtshof künftig von dieser Rechtsprechungslinie abrücken wird.

III. Effektivitätsgrundsatz und Äquivalenz

39 Die Mitgliedstaaten müssen generell die einheitliche Wirksamkeit des Unionsrechts sicherstellen (Art. 4 Abs. 3 Uabs. 2 und 3 EUV). Es ist ihnen untersagt die Verwirklichung des europäischen Rechts praktisch unmöglich zu machen. Dieses Vereitelungsverbot hat der EuGH im Laufe seiner Rechtsprechung zum Effektivitätsgrundsatz und Äquivalenzgrundsatz fortentwickelt. Der Effektivitätsgrundsatz fordert, dass die im nationalen Recht vorgesehenen Modalitäten die Tragweite und **Wirksamkeit des Unionsrechts** nicht beeinträchtigen, insbesondere die Herstellung eines unionsrechtlich gebotenen Zustands nicht „*praktisch unmöglich*" machen dürfen.[99] Das Äquivalenzgebot fordert, dass das nationale Recht beim Vollzug von Unionsrecht im Vergleich zu den Verfahren, in denen über rein nationale Sachverhalte entschieden wird, „*ohne Unterschied*" angewandt wird.[100] Die Beachtung dieser Grundsätze wird vor allem im Bereich des **effektiven Rechtsschutzes** relevant, denn es existiert kein spezielles, auf strukturierte Bieterverfahren ausgerichtetes Rechtsschutzregime im nationalen Recht, insbesondere sind die vergaberechtlichen Vorschriften des GWB für diese Verfahren nicht anwendbar.[101] Darüber hinaus betreffen diese Vorgaben jedoch auch bereits die vorgelagerte Phase der Durchführung von Vergabeverfahren.[102]

---

[96] EuGH Urt. v. 13.10.2005, Rs. C-458/03 – Parking Brixen, Rn. 48.
[97] *Mestmäcker/Schweitzer*, § 36 Rn. 18.
[98] Die Legitimation zur Grundrechtsprüfung in EuGH, Urt. v. 25.3.2004, Rs. C-71/02 – „Karner", kommentiert *Scheuing* EuR 2005, S. 162 (175) als „rätselhaft".
[99] *Streinz* in Streinz, Art. 4 EUV Rn. 53 mwN.
[100] *Hatje* in Schwarze, Art. 4 EUV, Rn. 36; *Streinz* in ders., Art. 4 EUV, Rn. 53 mwN.
[101] Vgl. hierzu § 74 Rn. 14 ff.
[102] Generalanwältin *Stix-Hackl* Schlussanträge v. 12.4.2005, Rs. C-231/03 – Coname, Rn. 54.

D. EU-Beihilferecht

Innerhalb des sachlichen Anwendungsbereichs primärrechtlich gebotener, strukturierter Bieterverfahren gibt es Rechtsgeschäfte der öffentlichen Hand, die nicht lediglich der Anwendung des europäischen (Vergabe-)primärrechts unterliegen, sondern hinsichtlich derer außerdem die Vorgaben des EU-Beihilferechts der Artt. 107 ff. AEUV zu berücksichtigen sind. Davon betroffen sind insbesondere Rechtsgeschäfte wie **Privatisierungen öffentlicher Unternehmen**, die **Veräußerung von Vermögensgegenständen der öffentlichen Hand** und die **Sanierung verschuldeter Staatsunternehmen** sowie deren anschließende **Privatisierung**.[103] Diese rechtsgeschäftlichen Fallgruppen zeichnen sich dadurch aus, dass sie sowohl einerseits bei der Vertragsanbahnung den verfahrensspezifischen Anforderungen des europäischen Primärrechts unterliegen, sowie andererseits jedoch mit der latenten Gefahr verbunden sind, eine staatliche Beihilfe zu beinhalten. Entsprechende Beihilfeelemente liegen stets vor, wenn bei der **Veräußerung öffentlicher Vermögensgegenstände** ein Preis gefordert wird, der **unterhalb des tatsächlichen Marktwertes** liegt.[104]

40

Nach Art. 108 Abs. 3 AEUV müssen staatliche Beihilfen, die durch eine Begünstigung bestimmter Unternehmen den Wettbewerb verfälschen oder zu verfälschen drohen und den Handel zwischen den Mitgliedstaaten beeinträchtigen, bei der Kommission angemeldet werden. Erfolgt eine solche Notifizierung seitens des beihilfegewährenden Mitgliedstaats nicht, wird dieser zur **Rückforderung der gewährten Beihilfeelemente** verpflichtet. Zivilrechtlich kann sich hieraus die **Nichtigkeit des zu Grunde liegenden Rechtsgeschäfts** ergeben.[105] Das EU-Beihilferecht zielt insbesondere im Zusammenhang mit der Veräußerung öffentlicher Vermögensgegenstände, Grundstücken und Unternehmen(santeilen) darauf ab, für diese Sachwerte einen **marktkonformen Preis** zu erzielen. Entsprechend hat die Kommission sowohl zur beihilferechtlichen Beurteilung von Privatisierungsvorgängen als auch zu den staatlichen Austauschgeschäften eine regelmäßige und ausgeprägte Verwaltungspraxis ausgebildet, die auf dem XXIII. Wettbewerbsbericht von 1993 fußt.[106]

41

Zwar unterscheiden sich die Zielsetzungen des Beihilferechts und des Vergabeprimärrechts deutlich, da ersteres einzig auf die Ermittlung eines marktkonformen Preises abzielt, letzteres hingegen auf die **Ermittlung des Bestbieters**. Die Wege, diese Ziele zu erreichen, sind – jedenfalls soweit in beiden Fälle die **Durchführung eines transparenten (Bieter-)Verfahrens erforderlich** ist – durchaus miteinander vergleichbar. Sie unterscheiden sich aber wiederum insofern, als dass die Verfahren aus der Perspektive des Beihilferechts offen und bedingungsfrei gestaltet werden müssen, während sie aus vergaberechtlicher Sicht nicht diskriminierend gestaltet sein dürfen und zudem die Gleichbehandlung interessierter Unternehmen wahren müssen. Es liegt auf der Hand, dass sich hieraus unterschiedlich strenge Verfahrensanforderungen ergeben und entsprechende Veräußerungsgeschäfte der öffentlichen Hand nur dann rechtssicher gestaltet und durchgeführt werden können, wenn **die Anforderungen beider Rechtsregime**, zumindest aber die des jeweils strengeren **erfüllt werden**. Eine möglichst fehlerfreie, den jeweiligen Maßstäben der beihilferechtlichen Vorschriften gerecht werdende Verfahrensdurchführung besitzt dabei erhebliche Relevanz für das zu Grunde liegende avisierte Rechtsgeschäft. Vor diesem Hintergrund bilden auch die beihilferechtlichen Vorschriften und ihre Anwendung

42

---

[103] *Zentner* Die Bedeutung der Beihilfevorschriften des EG-Vertrages für die Vermögensprivatisierung, 2008, 42 ff.; *Kümmritz* Privatisierung öffentlicher Unternehmen, 2009, 10 ff.
[104] Vgl. *Mestmäcker/Schweitzer*, § 43 Rn. 12; *Mickel/Bergmann* Handlexikon der Europäischen Union, 3. Aufl. 2005, „Staatliche Beihilfen".
[105] BGH Urt. v. 20. 1. 2004, XI ZR 53/03; *Koenig* EuZW 2006, 203, 207 f.
[106] *Prieß/Gabriel* NZBau 2007, 617, 619 f.

bzw. Auslegung durch die Kommission einen nicht zu vernachlässigenden Bestandteil des rechtlichen Rahmens für die Durchführung strukturierte Bieterverfahren. Vornehmlich die tatsächliche Vereinbarkeit beider Rechtsregime, wirft in der Praxis jedoch höchst relevante Fragen auf.

E. Dokumente der EU-Kommission

43 Äußerungen der europäischen Kommission, insbesondere ihre Leitlinien, Stellungnahmen, Grünbücher und Mitteilungen sind keine verbindlichen Rechtsakte iSd. Art. 288 AEUV; sie dienen lediglich der Darstellung der künftigen Politik und Verwaltungspraxis[107] und entfalten allenfalls über eine Selbstbindung Wirkung gegenüber Dritten.[108] Aus ihnen ergeben sich mithin (allenfalls) **mittelbare Ausschreibungspflichten**.[109] Zur besseren Vorhersehbarkeit der Ausübung ihres Ermessens veröffentlicht die Kommission regelmäßig Leitlinien, Bekanntmachungen und Mitteilungen – zum Teil als „soft law"[110] bezeichnet – in welchem sie die Grundsätze des Vergabeverfahrens darlegt.[111] Bei **Beachtung der Kommissionsäußerungen** besteht aber jedenfalls keine Gefahr, dass die danach durchgeführten Bieterverfahren von der Kommission beanstandet werden.[112] Im Folgenden sollen die wichtigsten Äußerungen, die sich mit der grundsätzlichen Verfahrensdurchführung und -gestaltung befassen, kurz erläutert werden. Es existieren darüber hinaus auch noch der Vorschlag der Kommission für die geplante Richtlinie zur Modernisierung des EU-Vergaberechts,[113] Grünbücher[114] sowie Mitteilungen für die Bereiche Umwelt[115]- und soziale Belange.[116]

I. Unterschwellenmitteilung von 2006[117]

44 Die Kommission hat in ihrer „Mitteilung zu Auslegungsfragen in Bezug auf das Gemeinschaftsrecht, das für die Vergabe öffentlicher Aufträge gilt, die nicht oder nur teilweise unter die Vergaberichtlinien fallen", vom 23.6.2006[118] (Unterschwellenmitteilung) die Rechtsprechung des EuGH zu **Auftragsvergaben unterhalb der europäischen Schwellenwerte und Vergaben von sog. nicht-prioritären Dienstleistungen** sowie **Dienstleistungskonzessionen** zusammengefasst und – soweit nötig – interpretiert. Das EuG hat ausdrücklich

---

[107] *Kümmritz* Privatisierung öffentlicher Unternehmen, 14.
[108] *Frenz* in Willenbruch/Wieddekind, 19. Los Rn. 59.
[109] *Hertwig* NZBau 2011, 9, 10 f.
[110] *Knauff/Schwensgeier* EuZW 2010, 611, 612.
[111] *Arhold* EuZW 2008, 713.
[112] *Frenz* in Willenbruch/Wieddekind 19. Los, Rn. 59.
[113] Vorschlag für Richtlinie des europäischen Parlaments und Rates über die öffentliche auftragsvergabe vom 20.12.2011, KOM (2011) 896/2, idF. der Trilogergebnisse v. 12.6.2013.
[114] Grünbuch über die Modernisierung der Europäischen Politik im Bereich des öffentlichen Auftragswesens – Wege zu einem effizienteren europäischen Markt für öffentliche Aufträge vom 27.1.2011, KOM (2011) 15; Grünbuch zu öffentlich-privaten Partnerschaften und den gemeinschaftlichen Rechtsvorschriften für öffentliche Aufträge und Konzessionen vom 30.4.2004, KOM (2004) 327.
[115] Interpretierende Mitteilung der Kommission über das auf das Öffentliche Auftragswesen anwendbare Gemeinschaftsrecht und die Möglichkeiten zur Berücksichtigung von Umweltbelangen bei der Vergabe öffentlicher Aufträge vom 4.7.2001 KOM(2001) 274.
[116] Mitteilung der Kommission über die Auslegung des gemeinschaftlichen Vergaberechts und die Möglichkeiten zur Berücksichtigung sozialer Belange bei der Vergabe öffentlicher Aufträge vom 15.10.2001KOM(2001) 566.
[117] Auszug abgedruckt in § 73, Anhang 1.
[118] Vgl. hierzu die Besprechungen von *Schnieders* DVBl 2007, 287, 289 ff.; *Köster* ZfBR 2007, 127 ff.; *Fruhmann* ZVB 2006, 261 ff.; *Lutz* WuW 2006, 890 ff.; *Braun* EuZW 2006, 683 ff.; *Gabriel* NVwZ 2006, 1262 ff.

festgestellt, dass in **ihr keine neuen Regeln für die Vergabe öffentlicher Aufträge** enthalten sind und die Mitteilung daher auch keine verbindliche Rechtswirkung entfaltet.[119] Die Mitteilung der Kommission führt keine neuen rechtlichen Regelungen ein, sondern soll lediglich eine Art „Handlungsanleitung" für solche Aufträge darstellen, die nicht oder nur teilweise unter die Vergaberichtlinien fallen, denen aber zugleich Binnenmarktrelevanz zukommt.[120] Dementsprechend enthält diese bezüglich der öffentlichen Auftragsvergabe lediglich **Grundanforderungen.** Abschließender Charakter hinsichtlich der insgesamt aus dem Unionsrecht zu beachtenden Vorgaben kommt ihr dagegen nicht zu.[121] Die Kommission stellt ihre Erläuterungen von vornherein unter die Prämisse, dass die jeweilige Vergabe „**Binnenmarktrelevanz**" besitzt.[122] Nach einer Einleitung, in der bereits die wichtigsten Entscheidungen und primärrechtlichen Grundsätze angesprochen werden, stellt die Kommission sodann die geltenden unionsrechtlichen Mindestanforderungen dar und gibt praktische Hinweise, wie entsprechende Verfahren gestaltet werden können. Diese Hinweise reichen von ausführlichen Erläuterungen zum „ob"[123] und „wie"[124] einer Bekanntmachung über eingehende Beispiele für geeignete Veröffentlichungsmedien (wo ua. Bekanntmachungen auf der Website des Auftraggebers als „flexibel und preisgünstig" hervorgehoben werden)[125] bis hin zu den bei der Vergabe einschränkungslos zu beachtenden Vergabegrundsätzen nebst deren Handhabung.[126] Die Mitteilung schließt mit Hinweisen zu den nach Ansicht der Kommission auch bei Vergaben unterhalb der Schwellenwerte geltenden, aus dem gemeinschaftsrechtlichen Primärrecht abgeleiteten Rechtsschutzanforderungen.[127]

Die Kommissionsmitteilung zu Unterschwellenvergaben stellt zweifellos eine wichtige praktische Arbeitshilfe für die rechtssichere Durchführung strukturierter Bieterverfahren außerhalb des Vergabesekundärrechts dar, indem sie die weithin unübersichtliche wie einzelfallabhängige Judikatur des EuGH zusammenfasst und verallgemeinert. Dementsprechend wird der Mitteilung teilweise sogar eine faktisch harmonisierende Wirkung attestiert[128], welche schließlich zu einer **Klage der Bundesrepublik Deutschland gegen die Unterschwellenmitteilung vor dem EuG** geführt hat. Diese blieb allerdings ohne Erfolg. Daneben bleiben allerdings wesentliche Fragen grundsätzlicher Art, die eine erhebliche Praxisrelevanz besitzen, vollständig unberücksichtigt.[129] Das betrifft sowohl den materiellen Gehalt des für die Anwendung des Vergabeprimärrechts fundamental bedeutsamen Merkmals der Binnenmarktrelevanz[130] sowie die Handhabung der vergaberechtlichen Ausnahmeregelungen bei ausschließlich primärrechtlichen Mindestanforderungen unterliegenden Vergaben[131].

45

---

[119] EuG Urt. v. 20.5.2010, Rs. T-258/06.
[120] EuG Urt. v. 20.5.2010, Rs. T-258/06, Rn. 79.
[121] OLG Celle Beschl. v. 30.9.2010, 13 Verg 10/10.
[122] Ein Vorbehalt, der dem „Coname"-Urteil geschuldet ist, in dem der EuGH ausgeführt hat, dass die Herstellung eines „angemessenen Grades von Öffentlichkeit" im Sinne des Transparenzgrundsatzes (ebenso wie eine europaweite Bekanntmachung) davon abhängt, ob wegen der „sehr geringfügigen wirtschaftlichen Bedeutung" der Vergabe vernünftigerweise ein grenzüberschreitender Handel nicht in Frage kommt, weil Unternehmen in einem anderen Mitgliedstaat ggf. kein Interesse an dem Auftrag haben, EuGH Urt. v. 21.7.2005, Rs. C-231/03 – Coname, Rn. 20; siehe hierzu § 74 Rn. 3 ff.
[123] Mitt. „Unterschwellenvergabe" Punkte 2.1.1. und 2.1.4.
[124] Mitt. „Unterschwellenvergabe" Punkt 2.1.3.
[125] Mitt. „Unterschwellenvergabe" Punkt 2.1.2.
[126] Mitt. „Unterschwellenvergabe" Punkte 2.2.1. bis 2.2.3.
[127] Mitt. „Unterschwellenvergabe" Punkt 2.3.3.
[128] Vgl. *Wollenschläger* NVwZ 2007, 388, 389.
[129] Dazu ausführlich *Gabriel* NVwZ 2006, 1262.
[130] Vgl. § 74 Rn. 3 ff.
[131] Vgl. § 74 Rn. 45 ff.

II. XXIII. Wettbewerbsbericht von 1993[132]

46 Der XXIII. Wettbewerbsbericht der Kommission von 1993 enthält beihilferechtliche Leitlinien zur **Privatisierung öffentlicher Unternehmen**. Diese betreffen sachlich einen **Überschneidungsbereich von Vergabeprimärrecht und EU-Beihilferecht**. Mit dem Bericht legt die Kommission einen Leitfaden vor, in welchem die Verfahren zur **Ermittlung eines objektiven Marktpreises** für ein zu privatisierendes Unternehmen der öffentlichen Hand niedergelegt werden.[133] Ziel dieser Grundsätze ist es, Sachverhaltskonstellationen im Zusammenhang mit staatlichen Veräußerungsgeschäften beihilferechtlich zu kategorisieren und insbesondere solche Fälle, die eindeutig keine Beihilfeelemente enthalten, von denjenigen abzugrenzen, die möglicherweise beihilferelevant sind und daher nach Auffassung der Kommission von den Mitgliedstaaten vorsorglich notifiziert werden sollten.[134]

47 Die Privatisierung eines öffentlichen Unternehmens kann Beihilfeelemente enthalten, wenn dem Käufer ein Preis gewährt wird, der unterhalb des eigentlichen Marktwerts des Unternehmens liegt.[135] Der Marktpreis eines Unternehmens kann allerdings regelmäßig nicht ohne weiteres mit hinreichender Bestimmtheit ermittelt werden und birgt deshalb Rechtsunsicherheiten[136], denen die Kommission mit dem Wettbewerbsbericht begegnen will. Als Zusammenfassung der bisherigen Kommissionspraxis zur **beihilferechtlichen Bewertung von Unternehmensprivatisierungen** werden dabei so detaillierte wie konkrete Vorgaben gemacht, in welchen **spezifischen Fallgruppen** die Kommission von einem Verkauf zu Marktbedingungen ausgeht und deshalb bereits von vornherein kein Beihilfeelement mit dem Privatisierungsvorhaben verbunden ist. Darüber hinaus finden sich jedoch auch typisierte Fallgestaltungen, die als beihilfeverdächtig beurteilt werden und deshalb möglichst bzw. notwendigerweise als Beihilfe bei der Kommission zu notifizieren sind.

48 Werden die Leitlinien bei der Privatisierung öffentlicher Unternehmen von dem jeweiligen Mitgliedstaat beachtet, geht die Kommission davon aus, **dass Beihilfeelemente von vornherein auszuschließen sind** und das Privatisierungsvorhaben daher nicht bei der Kommission notifiziert werden muss. Umgekehrt folgt aus den Leitlinien aber auch, welche Fallkonstellationen als potentiell oder *per se* beihilfeverdächtig zu qualifizieren sind und daher bei der Kommission zu notifizieren sind.[137] Vor dem Hintergrund der mit einem Verstoß gegen das EU-Beihilferecht verbundenen schwerwiegenden Konsequenzen[138] sind insbesondere die im XXIII. Wettbewerbsbericht von 1993 niedergelegten Leitlinien sowie deren Handhabung in der bisherigen Praxis der Kommission von erheblicher Bedeutung für die rechtssichere Gestaltung von Bieterverfahren, die ihre Grundlagen im europäischen Primärrecht haben.

---

[132] Auszug abgedruckt in § 74 Anhang 2.
[133] *Kristoferitsch* EuZW 2006, 428, 429.
[134] *Prieß/Gabriel* NZBau 2007, 617, 619.
[135] Vgl. *Mestmäcker/Schweitzer* § 43 Rn. 12; *Mickel/Bergmann* Handlexikon der Europäischen Union, 3. Aufl. 2005, „Staatliche Beihilfen".
[136] Vgl. *Soltész/Bielsz* EuZW 2004, 391, 392.
[137] Vgl. EU-Komm. ABl. Nr. L 206/6, Rn. 71 f. – Stardust Marine.
[138] Vgl. § 74 Rn. 6 ff.

III. Leitfaden zur beihilfenkonformen Finanzierung, Umstrukturierung und Privatisierung staatseigener Unternehmen[139]

Die beihilferechtlichen Vorgaben des XXIII. Wettbewerbsberichts der Kommission von 1993 für die Privatisierung öffentlicher Unternehmen wurden in einem aktuellen (Informations-)Leitfaden der Kommissionsdienststelle noch einmal bekräftigt.[140] Vor dem Hintergrund eines gesteigerten Privatisierungsdrucks auf Grundlage der gegenwärtigen europäischen Staatsschuldenkrise, soll das Papier laut der Kommission dazu dienen, Klarheit über die Anwendung der Beihilferegeln auf die Finanzierung, Umstrukturierung und Privatisierung von Staatsunternehmen zu schaffen.[141] Dabei stellt insbesondere die Vorgabe, dass eine öffentliche Ausschreibung zur Privatisierung eines staatseigenen Unternehmens **hinreichend publiziert** werden muss, dh. diese über einen längeren Zeitraum in der nationalen Presse, in Immobilienanzeigen und/oder sonstigen geeigneten Veröffentlichungen bekanntgemacht werden muss, im Verhältnis zur bisherigen Rechtslage ein Novum dar. In diesem Zusammenhang wird weitergehend ausgeführt, dass die Ausschreibung, falls die zu Grunde liegende Privatisierung für europaweit oder über Europa hinaus tätige Investoren von Interesse sein könnte, in Veröffentlichungen mit einer regelmäßigen internationalen Verbreitung erscheinen und solche Angebote außerdem auch durch europaweit oder über Europa hinaus tätige Makler verbreitet werden sollten.

48a

Allerdings besitzt dieser Leitfaden nach dem ausdrücklichen Wortlaut lediglich informationellen Charakter und stellt ausdrücklich keinen offiziellen Standpunkt der Kommission dar. Die tatsächlichen Wirkungen dieses Kommissionsdokuments sind gleichwohl nicht zu unterschätzen.

48b

IV. Grundstücksmitteilung von 1997[142]

Die sog. Grundstücksmitteilung der Kommission[143] aus dem Jahr 1997 bezieht sich auf öffentliche Grundstücksverkäufe und dient als Leitfaden für Mitgliedstaaten, um **staatliche Beihilfen beim Verkauf von Bauten oder Grundstücken auszuschließen.** Darin werden die Grundsätze für den Verkauf eines Grundstücks der öffentlichen Hand **mittels bedingungsfreien Bietverfahren** niedergelegt. Soweit von der Durchführung eines solchen Verfahrens abgesehen werden soll, kann das Vorliegen einer staatlichen Beihilfe nach der Kommissionsmitteilung außerdem durch die **Erstellung eines unabhängigen Gutachtens** ausgeschlossen werden. Nur wenn diese grundsätzlichen Vorgaben beachtet werden geht die Kommission ihrerseits davon aus dass der Veräußerungsvorgang beihilfefrei abgelaufen ist. In allen übrigen Fällen besteht dementsprechend von Vornherein der Verdacht einer Beihilfe.[144] Die Kommission bezieht diese Grundsätze teilweise auch auf die Veräußerung von Unternehmensanteilen (also bei Privatisierungen, Public-Private-Partnerships etc.)[145] sowie die Vermietung und Verpachtung von öffentlichen Bauten und Grundstücken.[146]

49

---

[139] Auszug abgedruckt in § 74 Anhang 3.
[140] Arbeitsunterlagen der Kommissionsdienststelle, Leitfaden zur beihilfenkonformen Finanzierung, Umstrukturierung und Privatisierung staatseigener Unternehmen, v. 10.2.2012, swd(2012) 14.
[141] Vgl. *v. Bonin* EuZW 2013, 247.
[142] Abgedruckt in § 78 Anhang 4.
[143] Mitteilung der Kommission betreffend Elemente staatlicher Beihilfe bei Verkäufen von Bauten oder Grundstücken durch die öffentliche Hand, ABl. EG 1997, Nr. C 209 S. 3 ff.
[144] Mitteilung der Kommission betreffend Elemente staatlicher Beihilfe bei Verkäufen von Bauten oder Grundstücken durch die öffentliche Hand, ABl. EG 1997, Nr. C 209 S. 3, 5.
[145] Ebenso *Heidenhain* in Heidenhain, § 9, Rn. 8; *Berger* ZfBR 2002, 134, 137.

F. Anhang

Anhang 1: Mitteilung der Kommission zu Auslegungsfragen in Bezug auf das Gemeinschaftsrecht, das für die Vergabe öffentlicher Aufträge gilt, die nicht oder nur teilweise unter die Vergaberichtlinien fallen, vom 1.8.2006

EINLEITUNG

1 Die Europäische Gemeinschaft hat in jüngster Zeit neue Richtlinien bezüglich der Vergabe öffentlicher Bau-, Liefer- und Dienstleistungsaufträge[147] verabschiedet. Sie enthalten detaillierte Vorschriften für gemeinschaftsweite, wettbewerbsorientierte Vergabeverfahren.

2 Allerdings gelten die Vergaberichtlinien nicht für alle öffentlichen Aufträge. Zu der breiten Palette von Aufträgen, die nicht oder nur teilweise hierunter fallen, gehören zum Beispiel:

Aufträge unterhalb der Schwellenwerte für die Anwendung der Vergaberichtlinien[148]

3 Aufträge über Dienstleistungen gemäß Anhang II Teil B der Richtlinie 2004/18/EG und Anhang XVII Teil B der Richtlinie 2004/17/EG, die die Schwellenwerte dieser Richtlinien überschreiten.

4 Diese Aufträge bieten beachtliche Geschäftsmöglichkeiten, vor allem für KMU und Firmenneugründungen im Binnenmarkt. Auch können die öffentlichen Verwaltungen mit offenen, wettbewerbsorientierten Vergabeverfahren eine größere Zahl potenzieller Bieter ansprechen und damit interessantere Angebote erzielen. Angesichts der Haushaltsprobleme vieler Mitgliedstaaten kommt dem effizienten Einsatz öffentlicher Gelder eine ganz besondere Bedeutung zu. Ferner gilt es im Blick zu behalten, dass sich transparente Vergabeverfahren zur Abwehr von Korruption und Günstlingswirtschaft bewährt haben.

5 Solche Aufträge werden jedoch nach wie vor vielfach direkt an lokale Anbieter ohne jede Ausschreibung vergeben. Der Europäische Gerichtshof (EuGH) hat im Rahmen seiner Rechtsprechung klargestellt, dass die Binnenmarktregeln des EG-Vertrags auch für Aufträge gelten, die nicht unter die Vergaberichtlinien fallen. Bei verschiedenen Gelegenheiten haben die Mitgliedstaaten und Interessensvertreter die Kommission um Leitlinien zur Anwendung der sich aus dieser Rechtsprechung ableitenden Grundsätze gebeten.

6 Diese Mitteilung zu Auslegungsfragen befasst sich mit den beiden vorstehend genannten Gruppen von Aufträgen, die nicht oder nur teilweise unter die Vergaberichtlinien[149] fallen. Die Kommission erläutert ihr Verständnis der Rechtsprechung des EuGH und stellt bewährte Verfahren vor, um die Mitgliedstaaten darin zu unterstützen, die Möglichkeiten des Binnenmarkts voll ausschöpfen zu können. Diese Mitteilung führt keine neuen rechtlichen Regeln ein. Es ist jedoch zu beachten, dass die Auslegung des Gemeinschaftsrechts letztendlich in jedem Fall Sache des EuGH ist.

---

[146] Siehe für die Vermietung und Verpachtung von öffentlichen Bauten und Grundstücken Kommission, Entscheidung vom 9.4.2002, ABl. 2002 Nr. L 66/36, Landesentwicklungsgesellschaft Thüringen, Rn. 30.

[147] Richtlinie 2004/18/EG, ABl. L 134 vom 30.4.2004, S. 114, und Richtlinie 2004/17/EG, ABl. L 134 vom 30.4.2004, S. 1. („die Vergaberichtlinien").

[148] Festlegungen zu Schwellenwerten enthalten Artikel 7 der Richtlinie 2004/18/EG und Artikel 16 Absatz 3 der Richtlinie 2004/17/EG.

[149] Eine dritte Gruppe von Aufträgen, die nicht oder nur teilweise unter die Richtlinien fallen, sind Konzessionen. Siehe Artikel 17 der Richtlinie 2004/18/EG und Artikel 18 der Richtlinie 2004/17/EG für Dienstleistungskonzessionen und Artikel 56 bis 65 der Richtlinie 2004/18/EG und Artikel 18 der Richtlinie 2004/17/EG für Baukonzessionen. In der vorliegenden Mitteilung werden diese jedoch nicht erörtert, da sie im Rahmen der Folgemaßnahmen zum Grünbuch über öffentlich-private Partnerschaften behandelt werden.

§ 73 Rechtliche Grundlagen　　　　　　　　　　　　　　　　　　　　　　　　Kap. 14

1. RECHTLICHER HINTERGRUND

1.1. Vorschriften und Grundsätze des EG-Vertrags

Auftraggeber[150] aus den Mitgliedstaaten sind bei der Vergabe öffentlicher Aufträge, die in den Geltungsbereich des EG-Vertrags fallen, an die Vorschriften und Grundsätze dieses Vertrags gebunden. Zu diesen Grundsätzen gehören unter anderem der freie Warenverkehr (Artikel 28 EG-Vertrag), die Niederlassungsfreiheit (Artikel 43), die Dienstleistungsfreiheit (Artikel 49), Nichtdiskriminierung und Gleichbehandlung, Transparenz, Verhältnismäßigkeit und gegenseitige Anerkennung.

1.2. Bei der Auftragsvergabe zu beachtende Grundanforderungen

Der EuGH hat eine Reihe von bei der Auftragsvergabe zu beachtenden Grundanforderungen entwickelt, die sich direkt aus den Vorschriften und Grundsätzen des EG-Vertrags ableiten. Nach der Rechtsprechung des EuGH[151] schließt der Gleichbehandlungsgrundsatz und das Verbot der Diskriminierung aus Gründen der Staatsangehörigkeit eine Transparenzpflicht ein, wonach „der Auftraggeber zugunsten potenzieller Bieter einen angemessenen Grad von Öffentlichkeit sicherstellen" muss, „der den Dienstleistungsmarkt dem Wettbewerb öffnet und die Nachprüfung ermöglicht, ob die Vergabeverfahren unparteiisch durchgeführt wurden."[152]

Diese Grundanforderungen gelten, soweit die Fragen nicht von diesen Richtlinien behandelt werden, für die Vergabe von Dienstleistungskonzessionen, für Aufträge, die unter den Schwellenwerten[153] liegen, sowie für die in Anhang II Teil B der Richtlinie 2004/18/EG und in Anhang XVII Teil B der Richtlinie 2004/17/EG[154] genannten Dienstleistungen. Der EuGH stellte ausdrücklich fest, dass, auch wenn manche Verträge vom Anwendungsbereich der Gemeinschaftsrichtlinien auf dem Gebiet des öffentlichen Auftragswesens ausgenommen sind, die Auftraggeber, die sie schließen, doch die Grundregeln des EG-Vertrags beachten müssen[155].

1.3. Binnenmarktrelevanz

Die aus dem EG-Vertrag abgeleiteten Anforderungen gelten nur für die Vergabe von Aufträgen, die in hinreichendem Zusammenhang mit dem Funktionieren des Binnenmarkts stehen. In diesem Zusammenhang hielt es der EuGH in einzelnen Fällen für denkbar, dass die Vergabe eines Auftrags „wegen besonderer Umstände wie beispielsweise einer sehr geringfügigen wirtschaftlichen Bedeutung" für Wirtschaftsteilnehmer in anderen Mitgliedstaaten nicht von Interesse ist. In einem solchen Fall wären die „Auswirkungen auf die betreffenden Grundfreiheiten zu zufällig und zu mittelbar", als dass die Anwendung von aus dem gemeinschaftlichen Primärrecht abgeleiteten Anforderungen gerechtfertigt wäre[156].

Die Entscheidung, inwieweit ein Auftrag möglicherweise für Wirtschaftsteilnehmer eines anderen Mitgliedstaats von Interesse sein könnte, obliegt den einzelnen Auftraggebern. Nach Auffassung der Kommission muss dieser Entscheidung eine Prüfung der Umstände des jeweiligen Falls vorausgehen, wobei Sachverhalte wie der Auftragsgegenstand, der geschätzte Auftragswert, die Besonderheiten des betreffenden Sektors (Größe und Struktur des Marktes, wirtschaftliche Gepflogenheiten usw.) sowie die geographische Lage des Orts der Leistungserbringung zu berücksichtigen sind.

---

[150] In dieser Mitteilung umfasst der Begriff „Auftraggeber" sowohl die öffentlichen Auftraggeber im Sinne des Artikels 1 Absatz 9 der Richtlinie 2004/18/EG als auch die Auftraggeber im Sinne des Artikels 2 der Richtlinie 2004/17/EG.
[151] EuGH Urt. V. 7.12.2000, Rs. C-324/98 – Teleaustria; Rn 62; EuGH Urt. v. 21.7.2005, Rs C-231/03 – Coname, Rn. 16 ff; EuGH Urt. v. 13.10.2005, Rs. C-458/03 – Parking Brixen, Rn. 49.
[152] EuGH Urt. V. 7.12.2000, Rs. C-324/98 – Teleaustria; Rn 62, EuGH Urt. v. 13.10.2005, Rs. C-458/03 – Parking Brixen, Rn. 49; (Hervorh. d. Verf.).
[153] EuGH Urt. v. 3.12.2001, Rs. C-59/00 – Bent Mousten Vestergaard, Rn. 20; EuGH Urt. 20.10.2005, Rs. C-264/03 – Kommission gegen Frankreich, Rn. 32f.
[154] EuGH Urt. v. 27.10.2005, Rs. C-234/03 – Contse, Rn. 47f. Die Vergaberichtlinien enthalten nur sehr wenige Regelungen zu diesen Aufträgen, siehe Artikel 21 der Richtlinie 2004/18/EG und Artikel 32 der Richtlinie 2004/17/EG.
[155] EuGH Urt. v. 3.12.2001, Rs. C-59/00 – Bent Mousten Vestergaard, Rn. 20 (Hervorh. d. Verf.).
[156] EuGH Urt. v. 21.7.2005, Rs C-231/03 – Coname, Rn. 20, (Hervorh. d. Verf.).

12 Kommt der Auftraggeber zu dem Schluss, dass der fragliche Auftrag für den Binnenmarkt relevant ist, muss die Vergabe unter Einhaltung der aus dem Gemeinschaftsrecht abgeleiteten Grundanforderungen erfolgen.

13 Erhält die Kommission Kenntnis von einer möglichen Verletzung der Grundanforderungen an die Vergabe öffentlicher Aufträge, die nicht unter die Vergaberichtlinien fallen, prüft sie die Binnenmarktrelevanz des fraglichen Auftrags vor dem Hintergrund der fallspezifischen Umstände. Sie wird nur dann ein Verfahren nach Artikel 226 EG-Vertrag einleiten, wenn dies angesichts der Schwere der Vertragsverletzung und ihrer Auswirkungen auf den Binnenmarkt angemessen erscheint.

2. GRUNDANFORDERUNGEN FÜR DIE VERGABE VON AUFTRÄGEN MIT BINNENMARKTRELEVANZ

2.1. Bekanntmachung

14 **2.1.1. Verpflichtung zur Sicherstellung einer angemessenen Bekanntmachung.** Gemäß dem EuGH[157] schließen die Grundsätze der Gleichbehandlung und der Nichtdiskriminierung eine Verpflichtung zur Transparenz ein, wonach der Auftraggeber zugunsten potenzieller Bieter einen angemessenen Grad von Öffentlichkeit sicherstellen muss, der den Markt dem Wettbewerb öffnet.

15 Die Verpflichtung zur Transparenz bedeutet, dass in einem anderen Mitgliedstaat niedergelassene Unternehmen vor der Vergabe Zugang zu angemessenen Informationen über den jeweiligen Auftrag haben müssen, so dass sie gegebenenfalls ihr Interesse am Erhalt dieses Auftrags bekunden können[158].

16 Das Kontaktieren einer bestimmten Anzahl potenzieller Bieter ist nach Auffassung der Kommission nicht ausreichend, selbst wenn der Auftraggeber auch Unternehmen aus anderen Mitgliedstaaten einbezieht oder versucht, alle potenziellen Anbieter zu erreichen. Bei einem solch selektiven Ansatz ist nämlich nicht auszuschließen, dass potenzielle Bieter aus anderen Mitgliedstaaten – insbesondere neue Marktteilnehmer – diskriminiert werden. Das Gleiche gilt für alle Formen „passiver" Information, bei denen der Auftraggeber Aufträge nicht aktiv bekannt macht, sondern nur auf Informationsgesuche von Bewerbern reagiert, die durch eigene Initiative von der beabsichtigten Auftragsvergabe erfahren haben. Auch ein einfacher Verweis auf als Informationsquellen zu nutzende Medienberichte, parlamentarische oder politische Debatten oder bestimmte Ereignisse wie beispielsweise Kongresse stellt keine angemessene Bekanntmachung dar.

17 Daher lassen sich die vom EuGH festgelegten Erfordernisse nur erfüllen, wenn vor der Auftragsvergabe eine hinreichend zugängliche Bekanntmachung veröffentlicht wird. Diese Bekanntmachung sollte von dem öffentlichen Auftraggeber mit dem Ziel veröffentlicht werden, den Auftrag auf der Grundlage echten Wettbewerbs zu vergeben.

18 **2.1.2. Wege der Bekanntmachung.** Die Wahl des für die Vergabebekanntmachung am besten geeigneten Mediums ist Sache des jeweiligen Auftraggebers.

19 Ein maßgebendes Kriterium sollte dabei die Einschätzung der Binnenmarktrelevanz des Auftrags sein, und zwar insbesondere mit Blick auf den Auftragsgegenstand, den Auftragswert und die gängige Praxis im entsprechenden Wirtschaftszweig.

20 Je interessanter der Auftrag für potenzielle Bieter aus anderen Mitgliedstaaten ist, desto weiter sollte er bekannt gemacht werden. Vor allem bei Aufträgen über Dienstleistungen gemäß Anhang II Teil B der Richtlinie 2004/18/EG und Anhang XVII Teil B der Richtlinie 2004/17/EG, die die Schwellenwerte dieser Richtlinien überschreiten, ist zur Erzielung einer angemessenen Transparenz im Allgemeinen eine Veröffentlichung in einem Medium mit großer Reichweite erforderlich.

21 Angemessene und gängige Veröffentlichungsmedien sind u. a.:

das Internet

---

[157] EuGH Urt. V. 7.12.2000, Rs. C-324/98 – Teleaustria; Rn. 62, EuGH Urt. v. 13.10.2005, Rs. C-458/03 – Parking Brixen, Rn. 49.
[158] EuGH Urt. v. 21.7.2005, Rs C-231/03 – Coname, Rn. 21.

Aufgrund der einfachen und weit verbreiteten Nutzung des World Wide Web eignen sich Websites 22
besonders gut für Vergabebekanntmachungen, denn es kann leicht auf sie zugegriffen werden, insbesondere auch von Unternehmen aus anderen Mitgliedstaaten und von KMU, die nach kleineren Aufträgen Ausschau halten. Das Internet bietet vielfältige Möglichkeiten, öffentliche Aufträge bekannt zu machen:

Bekanntmachungen auf der Website des Auftraggebers sind flexibel und preisgünstig. Sie sind so zu gestalten, dass potenzielle Bieter leicht Kenntnis dieser Informationen erhalten. Auftraggeber können außerdem ins Auge fassen, Informationen über bevorstehende, nicht unter die Vergaberichtlinien fallende Auftragsvergaben im Rahmen ihres Beschafferprofils im Internet[159] zu veröffentlichen.

Speziell für Vergabebekanntmachungen geschaffene Portale sind leichter erkennbar und bieten bessere Suchoptionen. Die Einrichtung spezieller Foren für Aufträge mit geringem Wert mit einem Verzeichnis für Vergabebekanntmachungen und automatischer Benachrichtigung per E-Mail stellt hier eine bewährte Vorgehensweise dar, mit der die Möglichkeiten des Internet im Sinne einer größeren Transparenz und Effizienz voll ausgeschöpft werden können[160]. 23

nationale Amtsblätter, Ausschreibungsblätter, regionale oder überregionale Zeitungen und Fachpublikationen

lokale Medien

Auftraggeber können nach wie vor auf lokale Medien wie Lokalzeitungen, Gemeindeanzeiger oder 24
gar die Anschlagtafel zurückgreifen. Allerdings wird dadurch nur eine rein lokale Veröffentlichung gewährleistet. Dies kann in speziellen Fällen angemessen sein, z.B. bei sehr kleinen Aufträgen, für die es nur einen lokalen Markt gibt.

das Amtsblatt der Europäischen Union/die TED-Datenbank (Tenders Electronic Daily)

Die Veröffentlichung im Amtsblatt ist nicht obligatorisch, sie kann aber u.U., insbesondere bei größeren Aufträgen, eine interessante Möglichkeit darstellen.

2.1.3. Inhalt der Bekanntmachung. Der EuGH hat ausdrücklich darauf hingewiesen, dass das 25
Transparenzerfordernis nicht notwendigerweise eine Verpflichtung zu einer förmlichen Ausschreibung umfasst[161]. Die Bekanntmachung kann sich daher auf eine Kurzbeschreibung der wesentlichen Punkte des zu erteilenden Auftrags und des Vergabeverfahrens beschränken, die eine Aufforderung zur Kontaktierung des Auftraggebers enthält. Bei Bedarf kann sie durch Zusatzinformationen ergänzt werden, die im Internet oder auf Anfrage bei dem Auftraggeber erhältlich sind.

Die Bekanntmachung und jegliche zusätzlichen Unterlagen sollten all die Informationen enthalten, 26
die ein Unternehmen aus einem anderen Mitgliedstaat normalerweise für die Entscheidung darüber benötigt, ob es Interesse an dem Auftrag bekunden soll.

Wie unter Punkt 2.2.2 nachstehend erläutert, kann der Auftraggeber Maßnahmen zur Begrenzung der Zahl der Bewerber, die zur Abgabe eines Angebots aufgefordert werden, ergreifen. In diesem Fall sollte der Auftraggeber hinreichende Informationen darüber vorlegen, wie die Bieter für die Vorauswahl ausgewählt wurden.

2.1.4. Verfahren ohne vorherige Veröffentlichung einer Bekanntmachung. Die Vergaberichtlinien enthalten Ausnahmeregelungen, nach denen unter bestimmten Bedingungen Verfahren ohne vorherige Veröffentlichung einer Bekanntmachung zulässig sind[162]. Die wichtigsten Ausnahmen betreffen hierbei Situationen, in denen aufgrund nicht voraussehbarer Ereignisse dringendes Handeln geboten ist, sowie Aufträge, die aus technischen oder künstlerischen Gründen oder aufgrund des Schutzes von Ausschließlichkeitsrechten nur von einem bestimmten Wirtschaftsteilnehmer ausgeführt werden können. 27

---

[159] Vgl. Anhang VIII der Richtlinie 2004/18/EG und Anhang XX der Richtlinie 2004/17/EG.
[160] Siehe zum Beispiel das neu geschaffene Portal für Auftragsvergaben mit geringem Wert im Vereinigten Königreich, www.supply2.gov.uk.
[161] EuGH Urt. v. 21.7.2005, Rs C-231/03 – Coname, Rn. 21.
[162] Artikel 31 der Richtlinie 2004/18/EG und Artikel 40 Absatz 3 der Richtlinie 2004/17/EG.

28 Nach Auffassung der Kommission können die entsprechenden Ausnahmeregelungen auch bei der Vergabe von nicht unter die Richtlinien fallenden Aufträgen zur Anwendung kommen. Daher können Auftraggeber solche Aufträge ohne vorherige Veröffentlichung einer Bekanntmachung vergeben, sofern die in den Richtlinien festgelegten Voraussetzungen für die Anwendung der Ausnahmeregelungen[163] erfüllt sind.

2.2. Auftragsvergabe

29 **2.2.1. Grundsätze.** In seinem Urteil in der Rechtssache Telaustria hat der Gerichtshof festgestellt, dass der Auftraggeber kraft der Verpflichtung zur Transparenz zugunsten potenzieller Bieter einen angemessenen Grad von Öffentlichkeit sicherstellen muss, der den Markt dem Wettbewerb öffnet und die Nachprüfung ermöglicht, ob die Vergabeverfahren unparteiisch durchgeführt wurden. Die Verpflichtung zur Sicherstellung einer transparenten Bekanntmachung geht mithin automatisch mit der Pflicht zur Gewährleistung eines fairen und unparteiischen Verfahrens einher.

30 Die Auftragsvergabe muss somit im Einklang mit den Vorschriften und Grundsätzen des EG-Vertrags erfolgen, damit für alle an dem Auftrag interessierten Wirtschaftsteilnehmer faire Wettbewerbsbedingungen[164] gelten. Dies lässt sich in der Praxis am besten wie folgt erreichen:

Diskriminierungsfreie Beschreibung des Auftragsgegenstands

31 In der Beschreibung der verlangten Produkt- oder Dienstleistungsmerkmale darf nicht auf eine bestimmte Produktion oder Herkunft oder ein besonderes Verfahren oder auf Marken, Patente, Typen, einen bestimmten Ursprung oder eine bestimmte Produktion verwiesen werden, soweit dies nicht durch den Auftragsgegenstand gerechtfertigt ist und der Verweis nicht mit dem Zusatz „oder gleichwertig"[165] versehen ist. Allgemeinere Beschreibungen der Leistung oder der Funktionen sind in jedem Fall vorzuziehen.

Gleicher Zugang für Wirtschaftsteilnehmer aus allen Mitgliedstaaten

32 Die Auftraggeber dürfen keine Bedingungen stellen, die potenzielle Bieter in anderen Mitgliedstaaten direkt oder indirekt benachteiligen, wie beispielsweise das Erfordernis, dass Unternehmen, die an einem Vergabeverfahren teilnehmen möchten, im selben Mitgliedstaat oder in derselben Region wie der Auftraggeber niedergelassen sein müssen[166].

Gegenseitige Anerkennung der Diplome, Prüfungszeugnisse und sonstigen Befähigungsnachweise

33 Müssen Bewerber oder Bieter Bescheinigungen, Diplome oder andere schriftliche Nachweise vorlegen, die ein entsprechendes Gewährleistungsniveau aufweisen, so sind gemäß dem Grundsatz der gegenseitigen Anerkennung der Diplome, Prüfungszeugnisse und sonstigen Befähigungsnachweise auch Dokumente aus anderen Mitgliedstaaten zu akzeptieren.

---

[163] Vgl. Generalanwalt *Jacobs*, Schlussanträge v. 2.6.2005, Rs. C-525/03, Rn. 46 f. – Kommission/Italien.

[164] EuGH Urt. v. 12.12.2002, Rs. C-470/99 – Universale-Bau AG, Rn. 93.

[165] EuGH Urt. v. 3.12.2001, Rs. C-59/00 – Bent Mousten Vestergaard, Rn. 21 ff. und die „Mitteilung der Kommission zu Auslegungsfragen – Erleichterung des Marktzugangs für Waren in einem anderen Mitgliedstaat", ABl. C 265 vom 4.11.2003, S. 2. Aufträge über Dienstleistungen gemäß Anhang II Teil B der Richtlinie 2004/18/EG und Anhang XVII Teil B der Richtlinie 2004/17/EG müssen den Bestimmungen über technische Spezifikationen in Artikel 23 der Richtlinie 2004/18/EG und Artikel 34 der Richtlinie 2004/17/EG entsprechen, sofern sie die Anwendungsschwellen dieser Richtlinien überschreiten. Die technischen Spezifikationen für solche Aufträge müssen vor der Auswahl des Auftragnehmers festgelegt werden und müssen etwaigen Bietern so zur Kenntnis gebracht oder zugänglich gemacht werden, dass sowohl Transparenz als auch eine Gleichbehandlung aller etwaigen Bieter gewährleistet ist (vgl. Generalanwalt *Jacobs*, Schlussanträge v. 21.4.2005, Rs C-174/03, Rn. 76 ff. – Impresa Portuale di Cagliari).

[166] Von dem Bieter hingegen, der den Zuschlag erhält, kann verlangt werden, dass er am Ausführungsort eine gewisse betriebliche Infrastruktur errichtet, wenn dies durch die besonderen Umstände des Vertrags gerechtfertigt ist.

Angemessene Fristen

Die Fristen für Interessensbekundungen und für die Angebotsabgabe müssen so lang sein, dass Unternehmen aus anderen Mitgliedstaaten eine fundierte Einschätzung vornehmen und ein Angebot erstellen können. **34**

Transparenter und objektiver Ansatz

Alle Teilnehmer müssen in der Lage sein, sich im Voraus über die geltenden Verfahrensregeln zu informieren, und müssen die Gewissheit haben, dass diese Regeln für jeden gleichermaßen gelten. **35**

2.2.2. Begrenzung der Zahl der Bewerber, die zur Abgabe eines Angebots aufgefordert werden.
Auftraggebern steht es frei, durch bestimmte Maßnahmen die Zahl der Bewerber auf ein angemessenes Maß zu beschränken, sofern dies auf transparente und diskriminierungsfreie Weise geschieht. Dazu können sie beispielsweise objektive Kriterien wie die einschlägige Erfahrung der Bewerber, die Unternehmensgröße und die betriebliche Infrastruktur, die technische und berufliche Leistungsfähigkeit oder andere Kriterien heranziehen. Sie können sich sogar für eine Auslosung entscheiden, und zwar entweder als alleiniges Auswahlkriterium oder gekoppelt mit anderen Kriterien. In jedem Fall müssen nach der Vorauswahl so viele Bewerber übrig bleiben, dass ein angemessener Wettbewerb gewährleistet ist. **36**

Alternativ dazu können Auftraggeber auch Prüfungssysteme in Betracht ziehen, bei denen im Rahmen eines hinreichend bekannt gemachten, transparenten und offenen Verfahrens ein Verzeichnis der geprüften Wirtschaftsteilnehmer erstellt wird. Wenn später im Rahmen des Systems einzelne Aufträge vergeben werden, kann der öffentliche Auftraggeber aus dem Verzeichnis der geprüften Wirtschaftsteilnehmer auf nicht diskriminierende Weise (z. B. im Rotationsverfahren) Akteure auswählen, die zur Abgabe eines Angebots aufgefordert werden. **37**

2.2.3. Entscheidung über die Auftragsvergabe.
Wichtig ist, dass die letztendliche Entscheidung über die Vergabe des Auftrags den zu Anfang festgelegten Verfahrensregeln entspricht und dass den Grundsätzen der Nichtdiskriminierung und der Gleichbehandlung voll und ganz Rechnung getragen wird. Von besonderer Bedeutung ist dies bei Verfahren, in denen Verhandlungen mit ausgewählten Bietern vorgesehen sind. Solche Verhandlungen sind so zu organisieren, dass keiner der Bieter Zugang zu mehr Informationen als andere hat und dass jegliche ungerechtfertigte Bevorteilung einzelner Bieter ausgeschlossen ist. **38**

2.3. Rechtsschutz

2.3.1. Grundsätze.
In seinem Urteil in der Rechtssache Telaustria hob der Gerichtshof hervor, wie wichtig es sei, dass nachgeprüft werden könne, ob die Vergabeverfahren unparteiisch durchgeführt wurden. Ohne ein angemessenes Nachprüfungssystem ist die Einhaltung der Grundanforderungen der Fairness und der Transparenz nicht wirklich zu gewährleisten. **39**

2.3.2. Richtlinien über Nachprüfungsverfahren.
Die Richtlinien über Nachprüfungsverfahren[167] gelten nur für Aufträge, die in den Anwendungsbereich der Vergaberichtlinien fallen[168]. Dies bedeutet, dass sie im hier besprochenen Kontext nur für Aufträge über Dienstleistungen gemäß Anhang II Teil B der Richtlinie 2004/18/EG und Anhang XVII Teil B der Richtlinie 2004/17/EG gelten, die die Schwellenwerte dieser Richtlinien überschreiten. Nachprüfungsverfahren, die sich auf diese Aufträge beziehen, müssen den Richtlinien über Nachprüfungsverfahren und der einschlägigen Rechtsprechung genügen. Diese Grundsätze wurden unverändert in die jüngst verabschiedeten Vorschläge für eine neue Richtlinie über Nachprüfverfahren[169] übernommen. **40**

---

[167] Richtlinie 89/665/EWG, ABl. L 395 vom 30.12.1989, S. 33, und Richtlinie 92/13/EWG, ABl. L 76 vom 23.3.1992, S. 14.
[168] Art. 72 der Richtlinie 2004/17/EG und Artikel 81 der Richtlinie 2004/18/EG.
[169] Vorschlag der Kommission für eine Richtlinie des Europäischen Parlaments und des Rates zur Änderung der Richtlinien 89/665/EWG und 92/13/EWG des Rates zwecks Verbesserung der Wirksamkeit der Nachprüfungsverfahren im Bereich des öffentlichen Auftragswesens, KOM(2006) 195 endg.

41 **2.3.3. Aus dem gemeinschaftlichen Primärrecht abgeleitete Grundanforderungen.** Bei Aufträgen, die unterhalb der Schwellenwerte der Vergaberichtlinien liegen, ist zu berücksichtigen, dass der Einzelne gemäß der Rechtsprechung des EuGH[170] einen effektiven gerichtlichen Schutz der Rechte in Anspruch nehmen können muss, die sich aus der Gemeinschaftsrechtsordnung herleiten. Das Recht auf einen solchen Schutz gehört dabei zu den allgemeinen Rechtsgrundsätzen, die sich aus der allen Mitgliedstaaten gemeinsamen Verfassungstradition ergeben. Soweit es keine einschlägigen gemeinschaftsrechtlichen Bestimmungen gibt, ist es Aufgabe der Mitgliedstaaten, für die erforderlichen Vorschriften und Verfahren zur Gewährleistung eines effektiven gerichtlichen Schutzes zu sorgen.

42 Um diesem Erfordernis des effektiven Rechtsschutzes zu genügen, müssen zumindest Entscheidungen mit ungünstigen Auswirkungen für Personen, die ein Interesse am Erhalt des Auftrags haben oder hatten – beispielsweise die Entscheidung, einen Bewerber oder einen Bieter auszuschließen –, auf etwaige Verstöße gegen die aus dem gemeinschaftlichen Primärrecht abgeleiteten Grundanforderungen nachgeprüft werden können. Damit die Ausübung des Rechts auf eine solche Nachprüfung tatsächlich möglich ist, müssen Auftraggeber bei Entscheidungen, bei denen eine Nachprüfung möglich ist, die Gründe für die Entscheidung darlegen, und zwar entweder in der Entscheidung selbst oder auf Antrag im Anschluss an die Mitteilung der Entscheidung.[171]

43 Gemäß der Rechtsprechung zum Rechtsschutz dürfen die zur Verfügung stehenden Rechtsbehelfe nicht weniger wirksam sein als bei entsprechenden Ansprüchen, die auf nationales Recht gestützt sind (Äquivalenzgrundsatz); auch dürfen sie keinesfalls so ausgestaltet sein, dass der Rechtsschutz praktisch unmöglich oder übermäßig erschwert ist (Effektivitätsgebot).[172]

Anhang 2: XXIII. Bericht der Kommission über die Wettbewerbspolitik 1993 [Auszug][173]

[...]

Privatisierungen

1 402. Die Kommission hat weiterhin die Grundsätze angewandt, die sie in den letzten Jahren[174] für die Privatisierung öffentlicher Unternehmen entwickelt hat. Während in einigen Ländern der Privatisierungsprozess nahezu abgeschlossen ist, steht er in anderen noch am Anfang oder wird nach einer Unterbrechung wieder aufgenommen. Die Kommission hat den Ländern, die zur letzteren Gruppe zahlen, ein Schreiben übermittelt, in dem sie ihr Vorgehen in diesem Bereich erläutert. So gab es Kontakte mit Belgien, Italien und Frankreich über ihre allgemeinen Privatisierungspläne und wurden von den niederländischen und den spanischen Behörden Informationen zur Veräußerung einzelner Unternehmen eingeholt. Zum portugiesischen Privatisierungsprogramm erging eine abschließende Entscheidung.

2 403. Aus Gründen der Transparenz sollen die allgemeinen Grundsätze, welche die Kommission auf Privatisierungen anwendet und die sich im Laufe der Jahre aus der Prüfung von Einzelfällen ergeben haben, nochmal aufgeführt werden.

3 Gemäß Artikel 222 EG-Vertrag lässt das Gemeinschaftsrecht die Eigentumsordnung der privaten oder öffentlichen Unternehmen unberührt. Deshalb kommen Beihilfen, welche die Privatisierung erleichtern, nicht als solche in den Genuss einer Ausnahme vom Grundsatz der Unvereinbarkeit staatlicher Beihilfen mit dem gemeinsamen Markt im Sinne von Artikel 92 Absatz 1.

---

[170] EuGH Urt. v. 25.7.2002, Rs. C-50/00 – Unión de Pequeños Agricultores, Rn. 39; EuGH Urt. v. 15.10.1987, Rs C-222/86 – Unectef/Heylens, Rn. 14.
[171] EuGH Urt. v. 15.10.1987, Rs C-222/86 – Unectef/Heylens, Rn. 15.
[172] Vgl. in Bezug auf das Effektivitätsgebot EuGH Urt. v. 5.3.1996, verb. Rs C-46/93 und C-48/93 – Brasserie du Pêcheur, Rn. 83; EuGH Urt. v. 27.2.2003, Rs. C-327/00 – Santex, Rn. 55.
[173] Im Zusammenhang mit dem „XXVII. Gesamtbericht über die Tätigkeit der Europäischen Gemeinschaften 1993" veröffentlichter Bericht.
[174] XXI. Bericht über die Wettbewerbspolitik, Ziff. 248 ff.; XXII. Bericht über die Wettbewerbspolitik, Ziff. 464 ff.

Geschieht die Privatisierung durch den Verkauf von Aktien über die Börse, wird generell davon ausgegangen, dass die Veräußerung zu Marktbedingungen erfolgt und kein Beihilfeelement enthalten ist. Werden vor der Veräußerung Schulden abgeschrieben oder vermindert, entsteht solange keine Beihilfevermutung wie der Erlös der Veräußerung die Schuldenreduzierung übersteigt.

Wird das Unternehmen nicht über die Börse privatisiert, sondern als Ganzes oder in Teilen an andere Unternehmen verkauft, sind folgende Bedingungen einzuhalten, damit ohne weitere Prüfung davon ausgegangen werden kann, dass kein Beihilfeelement enthalten ist:

Es muss ein Ausschreibungswettbewerb stattfinden, der allen offensteht, transparent ist und an keine weiteren Bedingungen geknüpft ist wie den Erwerb anderer Vermögenswerte, für die nicht geboten wird, oder die Weiterführung bestimmter Geschäftstätigkeiten;

das Unternehmen muss an den Meistbietenden veräußert werden und

die Bieter müssen über genügend Zeit und Informationen verfügen, um eine angemessene Bewertung der Vermögenswerte vornehmen zu können, auf die sich ihr Angebot stützt.

Privatisierungen, die durch Börsenverkauf oder Ausschreibungswettbewerb zu den oben genannten Bedingungen erfolgen, müssen der Kommission nicht im Voraus zur Prüfung möglicher Beihilfeelemente mitgeteilt werden; allerdings können die Mitgliedstaaten eine Mitteilung machen, wenn sie zusätzliche Rechtssicherheit wünschen. In anderen Fällen müssen Verkäufe auf etwaige Beihilfeelemente überprüft und deshalb notifiziert werden. Dies gilt insbesondere für folgende Fälle:

Verkäufe nach Verhandlungen mit einem einzigen potentiellen Käufer oder einigen ausgewählten Bietern;

Verkäufe, denen eine Schuldentilgung durch den Staat, sonstige öffentliche Unternehmen oder eine öffentliche Körperschaft vorausging;

Verkäufe, denen eine Umwandlung der Schulden in Aktienkapital oder Kapitalaufstockungen vorausgingen und

Verkäufe zu Bedingungen, die bei vergleichbaren Transaktionen zwischen Privatparteien nicht üblich sind.

In diesen Fällen darf keine Diskriminierung potentieller Käufer aufgrund der Staatsangehörigkeit vorgenommen werden.

Jeder Verkauf zu Bedingungen, die nicht als handelsüblich betrachtet werden können, muss zunächst von unabhängigen Beratern bewertet werden. Privatisierungsvorhaben[175] in sensiblen Sektoren (Kunstfasern, Textil, Kraftfahrzeuge usw.) müssen der Kommission im Voraus mitgeteilt werden.

[...]

Anhang 3: Arbeitsunterlage der Kommissionsdienststellen – Leitfaden zur beihilfenkonformen Finanzierung, Umstrukturierung und Privatisierung staatseigener Unternehmen, vom 10.2.2012

1. EINLEITUNG

Durch die derzeitige Wirtschafts- und Finanzkrise ist deutlich geworden, dass bestimmte staatseigene Unternehmen defizitär arbeiten und/oder erhebliche Schulden mit sich tragen, was ihre Wirtschaftlichkeit in Frage stellt. Einige Mitgliedstaaten haben unterdessen Maßnahmen ergriffen, um die Schwierigkeiten staatseigener Unternehmen anzugehen. Hierzu zählen Maßnahmen zur Finanzierung (z.B. in Form von Kapitalzuführungen und Schuldabschreibung), zur Umstrukturierung und/oder zur Privatisierung dieser Unternehmen, die möglicherweise staatliche Beihilfen beinhalten. Handelt es sich bei einer Maßnahme um eine staatliche Beihilfe, darf diese erst umgesetzt werden, nachdem sie von der Kommission genehmigt worden ist. Die Vereinbarkeit staatlicher Beihilfemaßnahmen mit

---

[175] Ziff. 480 ff.

dem Binnenmarkt muss auf der Grundlage des Vertrags über die Arbeitsweise der Europäischen Union („AEUV") geprüft werden.

2 Mit diesem Leitfaden sollen die Mitgliedstaaten der EU darüber informiert werden, welche EU-Beihilfevorschriften bei der Finanzierung, Umstrukturierung und/oder Privatisierung staatseigener Unternehmen zu beachten sind. Zudem wird ausführlich erläutert, wie die Kommission die wichtigsten Grundsätze des EU-Beihilfenrechts anwendet. Der Leitfaden bezieht sich ausschließlich auf die bestehenden EU-Beihilfevorschriften. Beihilfesachen werden immer einzeln anhand des jeweiligen Sachverhalts geprüft.

3 Außerdem wird in diesem Leitfaden ausgeführt, wie sich die EU-Beihilfevorschriften auf politische Strategien und Entscheidungen von Mitgliedstaaten auswirken könnten, die Programme zur wirtschaftlichen Anpassung aufgelegt haben, mit denen sie unter anderem durch Umstrukturierung und/oder Privatisierung staatseigener Unternehmen die Staatshaushalte entlasten wollen. So ermutigt die Kommission alle Mitgliedstaaten, die weitreichende Privatisierungsprogramme umsetzen, eng mit der Kommission zusammenzuarbeiten, damit etwaige beihilfenrechtliche Fragen, die sich während der Umsetzung des Programms stellen, möglichst früh geklärt werden können. Auf diese Weise kann – soweit wie möglich – bereits im Vorfeld Rechtssicherheit geschaffen werden, was wiederum hilft, Rechtsstreitigkeiten zu vermeiden, die das Privatisierungsvorhaben erschweren würden.

4 Bei diesem Leitfaden handelt es sich um ein Arbeitspapier der Dienststellen der Europäischen Kommission, das ausschließlich der Information dient. Er gibt weder den offiziellen Standpunkt der Kommission zu dem hier behandelten Thema wieder noch greift er einem solchen vor. Der Leitfaden soll keine Aussage über die Rechtslage treffen und greift der Auslegung der Bestimmungen des AEUV durch den Europäischen Gerichtshof oder das Gericht der Europäischen Union nicht vor. Die Grundsätze, auf die in diesem Leitfaden Bezug genommen wird, gelten nicht nur für staatseigene Unternehmen, die ganz oder teilweise im Eigentum des Staates stehen, sondern ganz allgemein für jede Art der Beteiligung, die die öffentliche Hand an einem Unternehmen haben kann, unabhängig davon, ob sie über eine tatsächliche Kontrolle über das Unternehmen verfügt oder nicht.

[...]

5. PRIVATISIERUNG STAATSEIGENER UNTERNEHMEN

5 Wie bereits erläutert, wird bei der beihilfenrechtlichen Würdigung wirtschaftlicher Transaktionen, an denen die öffentliche Hand beteiligt ist, das Vorgehen der öffentlichen Hand mit dem marktüblichen Verhalten verglichen. Dieser allgemeine Grundsatz gilt auch für Privatisierungen: Damit Privatisierungen keine staatlichen Beihilfen enthalten, muss die öffentliche Hand sicherstellen, dass sie zu Marktbedingungen erfolgen und dem Käufer und/oder dem veräußerten Unternehmen kein Vorteil (typischerweise in Form von Einnahmeverlusten für die öffentliche Hand) gewährt wird. Dies ist insbesondere bei hochverschuldeten Unternehmen der Fall, für die eine Liquidation eine plausible Lösung ist.

6 Die Kommission prüft anhand des Grundsatzes des marktwirtschaftlich handelnden Kapitalgebers, ob eine staatliche Beihilfe vorliegt bzw. ausgeschlossen werden kann. Um festzustellen, ob und in welchem Umfang gegebenenfalls ein Vorteil gewährt wurde, muss geprüft werden, ob sich ein normaler Marktteilnehmer unter denselben Umständen genauso wie die öffentliche Hand verhalten hätte[176]. Bei dieser Prüfung werden ausschließlich jene Kosten berücksichtigt, die einem privaten Marktteilnehmer entstehen würden, der sich in derselben Situation befindet, und nicht die Kosten oder Verluste, die der Staat als öffentliche Hand tragen würde[177].

---

[176] Hinweis: Für die Prüfung, ob eine staatliche Beihilfe vorliegt oder nicht, ist es nicht von Bedeutung, ob es sich um einen dysfunktionalen Markt oder um Marktversagen (z.B. vorübergehend rückläufige Preise aufgrund negativer Externalitäten und übermäßiger Risikoaversion) handelt. Marktversagen oder
andere Gründe für eine etwaige staatliche Beihilfe können allerdings berücksichtigt werden, wenn geprüft wird, ob die Beihilfe mit dem Binnenmarkt vereinbar ist.

[177] Die potenziellen positiven Externalitäten der Maßnahmen sind für die Würdigung des Vorliegens einer staatlichen Beihilfen (es wird geprüft, ob dem betreffenden Unternehmen ein selektiver Vorteil gewährt wird) nicht relevant. Diese können jedoch in der sich anschließenden Vereinbarkeitsprüfung Berücksichtigung finden.

Wenn die Würdigung ergibt, dass ein marktwirtschaftlich handelnder Kapitalgeber genauso gehandelt **7** hätte wie der Staat, kann ausgeschlossen werden, dass ein Vorteil gewährt wurde; die Maßnahme enthält folglich keine staatliche Beihilfe. Investiert der Staat gemeinsam (gleichzeitig) unter vergleichbaren Umständen und zu denselben Bedingungen mit einem Privatinvestor in ein Unternehmen, kann davon ausgegangen werden, dass der Grundsatz des marktwirtschaftlich handelnden Kapitalgebers erfüllt ist. Es muss sich allerdings um eine nennenswerte Investition des privaten Kapitalgebers handeln, auf dessen Verhalten der Staat keinen Einfluss genommen haben darf.

Bei einer Privatisierung wird in diesem Zusammenhang nicht vom Grundsatz des marktwirtschaftlich **8** handelnden Kapitalgebers, sondern vom Grundsatz des marktwirtschaftlich handelnden Verkäufers gesprochen, d. h. es wird die Annahme zugrunde gelegt, dass ein privater Verkäufer, der sein Unternehmen verkaufen will, einen möglichst hohen Preis erzielen möchte und dabei keine Bedingungen stellt, die den Preis senken könnten. Bei der Veräußerung eines staatlichen Unternehmens (bzw. von dessen Vermögenswerten) muss der Mitgliedstaat folglich, um den Tatbestand einer staatlichen Beihilfe zu vermeiden, im Prinzip auch wie ein marktwirtschaftlich handelnder Verkäufern agieren, dem es darum geht, durch die Veräußerung einen möglichst hohen Gewinn zu erzielen (bzw. die Verluste so gering wie möglich zu halten). Verhält sich der Mitgliedstaat anders, so könnte mit der Privatisierung ein Verzicht auf staatliche Einkünfte zugunsten des Käufers oder des privatisierten Unternehmens einhergehen, so dass eine staatliche Beihilfe vorliegen könnte.

Vorbereitende Maßnahmen, die die Privatisierung eines staatseigenen Unternehmens erleichtern können

Um die Attraktivität des zu verkaufenden Unternehmens für potenzielle Käufer zu steigern, kann ein **9** Mitgliedstaat entscheiden, die Aktiv- und/oder Passivseite der Bilanz zu „bereinigen" bzw. zu „restrukturieren". Maßnahmen im Vorfeld der Privatisierung eines staatseigenen Unternehmens beinhalten in vielen Fällen staatliche Beihilfen, z.B. in Form von Umstrukturierungsbeihilfen (siehe Abschnitt 4) oder als reine Finanzierungsmaßnahmen ohne flankierende Änderungen an der Geschäftstätigkeit oder dem Unternehmensführungsmodell des betreffenden Unternehmens (siehe Abschnitt 3). Insbesondere Abschreibungen von Verbindlichkeiten gegenüber der öffentlichen Hand, die Umwandlung von Verbindlichkeiten in Kapitalbeteiligungen/Vermögenswerte und Kapitalaufstockungen, die vor der Privatisierung vorgenommen werden, sind staatliche Beihilfen, wenn sie nicht nach dem weiter oben erläuterten Grundsatz des marktwirtschaftlich handelnden Kapitalgebers vorgenommen wurden.

Dennoch kann nicht von vornherein ausgeschlossen werden, dass die öffentliche Hand Unterstüt- **10** zung zu marktüblichen Bedingungen gewährt, denn es würden keine staatlichen Beihilfen vorliegen, wenn der Grundsatz des marktwirtschaftlich handelnden Kapitalgebers erfüllt ist. So könnten im Falle der Privatisierung eines Unternehmens im Wege eines Börsengangs oder eines Verkaufs von Aktien an der Börse Schulden abgeschrieben oder vermindert werden, ohne dass eine Beihilfevermutung entsteht, solange in dem spezifischen Fall der Erlös der Veräußerung die Schuldenreduzierung übersteigt.

Die Entscheidung der Kommission zu den Maßnahmen Polens zugunsten von *PZL Hydral* (C 40/2008) enthält ein Beispiel für Umschuldung und Privatisierung.

Eine der Maßnahmen umfasste die Bereinigung alter Verbindlichkeiten gegenüber öffentlichen Gläubigern mit der Auflage einer geordneten Veräußerung von Aktiva der PZL Hydral, bei der die Kommission aufgefordert wurde, ex post den Grundsatz des marktwirtschaftlich handelnden Gläubigers zugrunde zu legen[178]. Nach Würdigung des kontrafaktischen Szenarios einer normalen Insolvenz sowie unter Berücksichtigung des Rankings und der Sicherheiten der öffentlichen Gläubiger kam die Kommission zu dem Schluss, dass die Veräußerung aller Aktiva von PZL Hydral im Interesse aller öffentlichen Gläubiger war, da diese im Zuge der Veräußerung einen größeren Teil der ausstehenden Verbindlichkeiten zurückerhielten als im Falle einer Insolvenz und der damit verbundenen Liquidation („*each public creditor [...] is better-off in case of the sale of all PZL Hydral assets, i. e. recuperates a higher proportion of his outstanding liabilities, than in a bankruptcy scenario leading to liquidation*").

---

[178] Der Grundsatz des marktwirtschaftlich handelnden Kapitalgebers muss auch angelegt werden, wenn der Staat in der Rolle eines Gläubigers agiert; in diesem Falle wird vom Grundsatz des marktwirtschaftlich handelnden Gläubigers gesprochen.

11 Darüber hinaus erhielt das verbundene Unternehmen PZL Wroclaw Kredite von seinem staatlichen Eigentümer. Da die Rückzahlung in Anbetracht der Schwierigkeiten, in denen sich das Unternehmen befand, unwahrscheinlich erschien, beschloss der Eigentümer/Gläubiger, die Kredite in Kapitalbeteiligungen umzuwandeln, um letztendlich das Unternehmen privatisieren und dann einen Teil der Verbindlichkeiten wieder hereinholen zu können. In Anbetracht des Preises, zu dem das Unternehmen veräußert wurde, kam die Kommission zu dem Schluss, dass der Gläubiger nicht begründet davon ausgehen könnte, bei einem Konkursverfahren mehr Forderungen zurückerlangen zu können („...*could not reasonably expect to recover more of his claims under bankruptcy proceedings*"). Deshalb wurde der Schuldenswap als marktkonform betrachtet.

Der Verkaufsvorgang bei Unternehmen, Anteilen, Rechten, Immobilien und Grundstücken

12 Im XXIII. Wettbewerbsbericht[179] der Kommission wird erläutert, wie die Kommission die Voraussetzungen auslegt, die erfüllt sein müssen, damit im Falle einer Privatisierung das Vorgehen eines Staates als Verhalten eines marktwirtschaftlich handelnden Verkäufers betrachtet werden kann.

13 Erfolgt die Privatisierung über einen Börsengang oder einen **Verkauf von Aktien an der Börse** wird in der Regel davon ausgegangen, dass dies zu marktüblichen Bedingungen erfolgt (da der Preis der Marktpreis ist) und keine staatliche Beihilfe vorliegt. Das Vorhaben muss deshalb nicht vorab bei der Kommission angemeldet werden. Dies trifft jedoch nicht in allen Fällen zu. Insbesondere in Zeiten finanzieller oder wirtschaftlicher Instabilität wie der derzeitigen Krise könnte dies zu einer niedrigen Bewertung des zu privatisierenden Unternehmens führen.

14 Erfolgt die Privatisierung hingegen im Zuge einer **Veräußerung**, d. h. wird das betreffende Unternehmen als Ganzes oder in Teilen **außerbörslich** an andere Unternehmen verkauft, müssen alle folgenden Kriterien erfüllt sein, damit ohne weitere Prüfung das Vorliegen einer staatlichen Beihilfe und somit eine Anmeldepflicht ausgeschlossen werden können.

- Es muss eine Ausschreibung durchgeführt werden, die allen Interessenten offensteht, die transparent ist und an keine weiteren Bedingungen geknüpft ist wie den Erwerb von Vermögenswerten, für die im Rahmen der Ausschreibung nicht geboten wird, oder die Weiterführung bestimmter Geschäftstätigkeiten.
- Das Unternehmen/die Vermögenswerte muss/müssen an den Meistbietenden veräußert werden und
- die Bieter müssen genug Zeit und ausreichende Informationen erhalten, um eine genaue Bewertung der Vermögenswerte vornehmen zu können, die sie ihrem Angebot zugrunde legen.

15 Wenn diese Voraussetzungen nicht erfüllt sind, müssen per Veräußerung erfolgende Privatisierungen bei der Kommission angemeldet werden. Dies trifft insbesondere zu für 1.) Veräußerungen im Anschluss an eine Verhandlung mit einem einzigen Interessenten oder einer Reihe ausgewählter Bieter; 2.) jede Veräußerung, der eine Schuldentilgung durch den Staat, sonstige öffentliche Unternehmen oder eine öffentliche Körperschaft vorausging, sowie jede Veräußerung, der eine Umwandlung der Verbindlichkeiten in eine Kapitalbeteiligung bzw. eine Kapitalaufstockung vorausging (siehe Abschnitt über vorbereitende Maßnahmen) und 3.) Veräußerungen zu Bedingungen, die bei vergleichbaren Transaktionen zwischen Privatparteien nicht üblich sind.

16 Unter keinen Umständen darf die Staatsangehörigkeit des potenziellen Käufers der Anteile oder Vermögenswerte eine Rolle spielen.

> Um das Risiko eines Beihilfentatbestands so gering wie möglich zu halten, sollte eine Privatisierung möglichst durch **Veräußerung der Aktien an der Börse** erfolgen. Ansonsten ist eine **offene, transparente und bedingungsfreie Ausschreibung**, in deren Rahmen der Meistbietende den Zuschlag für die Vermögenswerte/das Unternehmen erhält, der bevorzugte Weg.

17 Die öffentliche Ausschreibung muss **hinreichend publiziert** werden, d. h. sie muss über einen längeren Zeitraum in der nationalen Presse, in Immobilienanzeigen und/oder sonstigen geeigneten Ver-

---

[179] Erhältlich unter: http://bookshop.europa.eu/is-bin/INTERSHOP.enfinity/WFS/EU-Bookshop-Site/en_GB/-/EUR/ViewPublication-Start?PublicationKey=KINA24473.

öffentlichungen bekanntgemacht werden. Falls die Privatisierung für europaweit oder über Europa hinaus tätige Investoren von Interesse sein könnte, sollte die Ausschreibung in Veröffentlichungen mit einer regelmäßigen internationalen Verbreitung erscheinen. Solche Angebote sollten außerdem auch durch europaweit oder über Europa hinaus tätige Makler verbreitet werden.

Eine Ausschreibung gilt als **bedingungsfrei**, wenn grundsätzlich jeder Interessent unabhängig davon, ob und in welcher Branche er gewerblich tätig ist, den Vermögenswert oder das Unternehmen erwerben und für seinen eigenen Zweck nutzen darf. Nach bewährter und durch die Rechtsprechung[180] bestätigter Kommissionspraxis ist bei einer Veräußerung eines Unternehmens zu Bedingungen, die ein Marktteilnehmer nicht auferlegen würde, davon auszugehen, dass das Rechtsgeschäft eine staatliche Beihilfe beinhaltet. Ein marktwirtschaftlich handelnder Verkäufer würde sein Unternehmen normalerweise zum höchstmöglichen Preis und ohne Bedingungen, die den Preis beeinträchtigen könnten, verkaufen. Im Einzelfall ist gegebenenfalls nachzuweisen, dass die dem Käufer auferlegten Bedingungen keine staatliche Beihilfe enthalten. 18

Bedingungen können zum Beispiel dazu dienen, rein spekulative Angebote zu unterbinden oder eine schnelle und sichere Bezahlung zu gewährleisten. Derartige Bedingungen sind aus beihilfenrechtlicher Sicht nicht von Belang und ändern nichts an dem bedingungsfreien Charakter einer Ausschreibung. Ferner ändern Bedingungen aus Gründen des Nachbar- und Umweltschutzes nichts an dem bedingungsfreien Charakter einer Ausschreibung, solange diese ausschließlich die Einhaltung gesetzlicher Auflagen vorschreiben. 19

Wenn jedoch eine Ausschreibung von der bewährten Durchführungspraxis abweicht, indem sie künstlich die Zahl der potenziellen Interessenten beschränkt, die Veräußerung zugunsten eines bestimmten Interessenten lenkt oder bestimmte Geschäftsstrategien bevorzugt, so gilt sie nicht als bedingungsfrei (und könnte staatliche Beihilfen enthalten). Eine Ausschreibung, die eine Bedingung enthält, aufgrund derer ein potenzieller Kapitalgeber, der eine andere Geschäftsstrategie verfolgen möchte, praktisch keine Chance hätte, den Zuschlag zu erhalten, indem er das höchste Angebot einreicht, wird als nicht bedingungsfrei betrachtet. Die Kommission prüft dabei nicht nur die in der Ausschreibung ausdrücklich genannten Bedingungen, sondern berücksichtigt auch De-facto-Bedingungen. 20

> Die (ausdrücklich genannten oder de facto bestehenden) Bedingungen für eine Privatisierung müssen so gestaltet sein, dass **alle potenziellen Käufer in der Lage sind, diese zu erfüllen; ferner dürfen sie nicht zu einem niedrigeren Verkaufspreis führen**.

In der Beihilfesache *Automobile Craiova* (Entscheidung C 46/2007 der Kommission) knüpfte Rumänien die Privatisierung des Unternehmens an bestimmte Bedingungen (z.B. Aufrechterhaltung eines Integrationsniveaus bei der Produktion und Erreichen eines bestimmten Produktionsniveaus). Nach Eröffnung des förmlichen Prüfverfahrens kam die Kommission zu dem Schluss, *„dass die an die Privatisierung von Automobile Craiova geknüpften Bedingungen zu einem niedrigeren Kaufpreis geführt und andere Bieter davon abgehalten haben, ein Angebot einzureichen. Als unmittelbare Folge hat der Staat damit auf Privatisierungseinnahmen verzichtet."* 21

Ferner kam die Kommission in ihrer Entscheidung 1999/720/EG über die staatliche Beihilfe Deutschlands zugunsten der *Gröditzer Stahlwerke GmbH* zu dem Schluss, dass das Privatisierungsverfahren nicht bedingungsfrei war. Potenzielle Interessenten waren aufgefordert worden, ein Unternehmenskonzept vorzulegen, in dem sie detaillierte Verpflichtungen zur Schaffung/Erhaltung von Arbeitsplätzen, zu künftigen Investitionen und zur Finanzierung anbieten sollten. Die Kommission stellte in ihrem Beschluss fest, dass die letztlich eingegangenen Verpflichtungen den ausgehandelten Kaufpreis beeinflusst hatten. Die Kommission zog folglich den Schluss, dass die Privatisierung mit dem Binnenmarkt unvereinbare Beihilfen umfasste, die zurückgefordert werden mussten. 22

---

[180] Siehe Entscheidung der Kommission vom 25.3.1992 in der Beihilfesache C 29/1990 (ex NN 88/1989), Intelhorce SA – Spanien (ABl. L 176 vom 30.6.1992, S. 57); Entscheidung der Kommission in der Sache C 38/1992, Alumix – Italien, (ABl. C 288 vom 1.10.1996, S. 4) und Entscheidung der Kommission vom 8.9.1999 in der Beihilfesache NN 73/1997, Stardust Marine – France (ABl. C 206 vom 15.8.2000, S. 6). EuGH, Urteil vom 14. September 1994 in den verbundenen Rechtssachen C-278/92, C-279/92 und C-280/92, Spanien/Kommission, Slg. 1994, I-4103, Randnr. 28.

23 Demgegenüber kam die Kommission in ihrer Entscheidung zur Privatisierung von *Tractorul* (C 41/2007) zu dem Ergebnis, dass es sich bei den Bedingungen im Zuge der öffentlichen Ausschreibung um einfache, nicht verbindliche Klauseln handelte, die lediglich verlangten, dass sich der Käufer „nach Kräften" bemühte, die keinen Bieter davon abhielten, ein Angebot zu unterbreiten, oder zu einem niedrigeren Verkaufspreis führten.

24 Wenn bei Privatisierungsverfahren die EU-Beihilfevorschriften und einschlägigen Grundsätze (insbesondere die Durchführung allgemein offener, transparenter und bedingungsfreier Ausschreibungen) eingehalten werden, ist sichergestellt, dass keine staatliche Beihilfe vorliegt und ein erlösmaximierender Ansatz verfolgt wird.

25 Für den besonderen Fall eines **negativen Verkaufspreises** (z. B. wenn der Staat mehr zur Vorbereitung der Veräußerung in das betreffende Unternehmen investiert hat, als er nach dem Verkauf als Erlös erzielt) sei hier angemerkt, dass eine offene, transparente und bedingungsfreie Ausschreibung allein nicht ausreicht, um das Vorliegen einer staatlichen Beihilfe auszuschließen. Der negative Preis müsste ferner mit dem Ergebnis einer Liquidation (Insolvenz) eines staatseigenen Unternehmens verglichen werden, um sicherzustellen, dass der Staat die wirtschaftlich sinnvollste Lösung gewählt und seine Verluste so gering wie möglich gehalten hat.

26 Wenn die öffentliche Hand nicht beabsichtigt, ein staatseigenes Grundstück oder Gebäude im Wege einer bedingungsfreien Ausschreibung zu verkaufen, besteht die Möglichkeit, vor Aufnahme der Verkaufsverhandlungen den Marktwert des zu veräußernden Vermögenswerts durch (einen) unabhängige(n) Gutachter auf der Grundlage allgemein anerkannter Marktindikatoren und Bewertungsstandards ermitteln zu lassen[181].

27 Es kann nicht ausgeschlossen werden, dass auch ein anderes Verfahren als die Veräußerung von Aktien über die Börse oder eine offene, transparente und bedingungsfreie Ausschreibung gewährleistet, dass der Grundsatz des marktwirtschaftlichen Verkäufers eingehalten und folglich kein Vorteil gewährt wird. In diesem Falle würde die Kommission zu dem Schluss kommen, dass keine staatliche Beihilfe vorliegt. Um auszuschließen, dass dem Käufer und/oder dem Unternehmen eine staatliche Beihilfe gewährt wird, muss der Mitgliedstaat sicherstellen, dass in Bezug auf die angestrebte Erlösmaximierung und in Anbetracht der verschiedenen Optionen die beste rechtliche Lösung gewählt wird.

[…]

Anhang 4: Mitteilung der Kommission betreffend Elemente staatlicher Beihilfe bei Verkäufen von Bauten oder Grundstücken durch die öffentliche Hand (Text von Bedeutung für den EWR)[182]

I. Einführung

1 Die Kommission hat in den vergangenen Jahren in mehreren Fällen Verkäufe von Bauten oder Grundstücken der öffentlichen Hand im Hinblick auf damit verbundene staatliche Beihilfen an die erwerbenden Unternehmen überprüft. Um ihr allgemeines Vorgehen Hinblick auf das Problem der staatlichen Beihilfe durch Verkaufe von Bauten oder Grundstücken der öffentlichen Hand transparenter zu gestalten und die Anzahl der Falle, die sie zu prüfen hat, zu verringern, hat die Kommission einen allgemeinen Leitfaden an die Mitgliedstaaten formuliert.

2 Der folgende Leitfaden an die Mitgliedstaaten

beschreibt ein einfaches Verfahren, das den Mitgliedstaaten die Möglichkeit gibt, Verkäufe von Bauten oder Grundstücken in einer Weise abzuwickeln, dass staatliche Beihilfen grundsätzlich ausgeschlossen waren;

---

[181] Mitteilung der Kommission betreffend Elemente staatlicher Beihilfe bei Verkäufen von Bauten oder Grundstücken durch die öffentliche Hand (ABl. C 209 vom 10.7.1997, S. 3).

[182] ABl. C 209/3 vom 10.7.1997.

bezeichnet eindeutig die Verkaufe von Bauten oder Grundstücken, die der Kommission notifiziert werden sollten, damit sie bewerten kann, ob ein bestimmtes Geschäft eine Beihilfe beinhaltet oder nicht und wenn ja, ob die Beihilfe mit dem Gemeinsamen Markt vereinbar ist oder nicht;

bietet der Kommission die Möglichkeit, ohne langwierige Verfahren Beschwerden und Anträge von Dritten zu behandeln, die sie auf versteckte Beihilfen bei Verkaufen von Bauten oder Grundstücken aufmerksam machen.

Dieser Leitfaden berücksichtigt, dass in den meisten Mitgliedstaaten durch Haushaltsvorschriften sichergestellt wird, dass öffentliches Eigentum grundsätzlich nicht unter seinem Marktwert verkauft wird. Daher Sind die verfahrensbezogenen Vorsichtsmaßnahmen, die empfohlen werden, um eine Kollision mit Vorschriften über staatliche Beihilfen zu vermeiden, so formuliert, dass die Mitgliedstaaten normalerweise den Empfehlungen nachkommen könnten, ohne die nationalen Verfahren zu ändern.

Der Leitfaden betrifft nur Verkäufe von Bauten oder Grundstücken der öffentlichen Hand. Er betrifft nicht den Erwerb von Grundstücken oder die Abtretung oder Vermietung von Grundbesitz durch die öffentliche Verwaltung. Derartige Geschäfte können ebenfalls Elemente staatlicher Beihilfe enthalten.

Der Leitfaden berührt nicht besondere Vorschriften und Verfahrensweisen der Mitgliedstaaten, um die Qualität des privaten Wohnungswesens und den Zugang dazu zu fördern.

II. Grundsätze

1. Verkauf durch ein bedingungsfreies Bietverfahren

Der Verkauf von Bauten oder Grundstücken nach einem hinreichend publizierten, allgemeinen und bedingungsfreien Bietverfahren (ähnlich einer Versteigerung) und die darauf folgende Veräußerung an den meistbietenden oder den einzigen Bieter stellt grundsätzlich einen Verkauf zum Marktwert dar und enthält damit keine staatliche Beihilfe. Es spielt keine Rolle, ob vor dem Bietverfahren eine andere Bewertung des Gebäudes oder des Grundstücks existierte, z.B. für Buchungszwecke oder um ein beabsichtigtes erstes Mindestangebot bereitzustellen.

a) Hinreichend publiziert ist ein Angebot, wenn es über einen längeren Zeitraum (zwei Monate und mehr) mehrfach in der nationalen Presse, Immobilienanzeigern oder sonstige geeignete Veröffentlichungen und durch Makler, die für eine große Anzahl potentieller Käufer tätig sind, bekanntgemacht wurde und so allen potentiellen Käufern zur Kenntnis gelangen konnte.

Die Absicht, Bauten oder Areale zu verkaufen, die wegen ihres großen Wertes oder wegen anderer Merkmale typischerweise für Europa weit oder sogar international tätige Investoren von Interesse sein dürften, sollte in Publikationen bekannt gemacht werden, die regelmäßig international beachtet werden. Begleitend sollten derartige Angebote durch europaweit oder international tätige Makler verbreitet werden.

b) Bedingungsfrei ist eine Ausschreibung, wenn grundsätzlich jeder Käufer unabhängig davon, ob und in welcher Branche er gewerblich tätig ist, das Gebäude oder Grundstück erwerben und für seinen wirtschaftlichen Zweck nutzen kann und darf. Einschränkungen aus Gründen des Nachbar- oder Umweltschutzes oder zur Vermeidung rein spekulativer Gebote sowie raumordnungsrechtliche Einschränkungen für den Eigentümer eines Grundstücks nach nationalem Recht beeinträchtigen nicht die Bedingungsfreiheit eines Angebots.

c) Wenn es eine Verkaufsbedingung ist, dass der künftige Eigentümer besondere Verpflichtungen erfüllen muss, die sich nicht aus dem allgemeinen nationalen Recht der Entscheidungen der Planungsbehörden ergeben, oder Verpflichtungen für den allgemeinen Schutz und die Erhaltung der Umwelt und der öffentlichen Gesundheit zugunsten der öffentlichen Hand oder der Allgemeinheit übernimmt, so ist das Angebot als bedingungsfrei im oben erwähnten Sinn nur anzusehen, wenn alle potentiellen Erwerber nicht in der Lage wären, diese Verpflichtung zu erfüllen, unabhängig von ihrer wirtschaftlichen Tätigkeit oder ob sie eine wirtschaftliche Tätigkeit ausüben oder nicht.

2. Verkauf ohne bedingungsfreies Bietverfahren

a) Unabhängige Gutachten

13   Wenn die öffentliche Hand nicht beabsichtigt, das unter Ziffer 1 dargelegte Verfahren anzuwenden, sollte vor den Verkaufsverhandlungen eine unabhängige Bewertung durch (einen) unabhängige(n) Sachverständige(n) zur Wertermittlung erfolgen, um auf der Grundlage allgemein anerkannter Marktindikatoren und Bewertungsstandards den Marktwert zu ermitteln. Der so festgestellte Marktpreis ist der Mindestkaufpreis, der vereinbart werden kann, ohne dass eine staatliche Beihilfe gewährt wurde.

14   Ein „Sachverständiger für Wertermittlung" ist eine Person mit einwandfreiem Leumund, die

einen geeigneten Abschluss an einer anerkannten Ausbildungsstätte oder eine gleichwertige akademische Qualifikation erworben hat;

in der Ermittlung von Anlagevermögenswerten nach Standort und Kategorie des Vermögenswerts sachkundig und erfahren ist.

15   Wenn in einem Mitgliedstaat keine geeigneten akademischen Qualifikationen erworben werden können, soll der Sachverständige für Wertermittlung Mitglied eines anerkannten Fachorgans für die Ermittlung von Anlagevermögenswerten sein und vom Gericht oder einer gleichgestellten Behörde bestellt werden oder mindestens über eine abgeschlossene höhere Schulbildung und ein ausreichendes Ausbildungsniveau mit wenigstens dreijähriger praktischer Erfahrung nach dem Erwerb der Qualifikation und über Kenntnisse in der Wertermittlung von Grundstücken und Gebäuden der besonderen Lokalität verfügen.

16   Der Sachverständige für Wertermittlung übt seine Aufgaben unabhängig aus, d. h. öffentliche Stellen sind nicht berechtigt, hinsichtlich des Ermittlungsergebnisses Anweisungen zu erteilen. Staatliche Bewertungsbüros, Beamte oder Angestellte gelten solange als unabhängig, wie eine unzulässige Einflussnahme auf ihre Feststellungen effektiv ausgeschlossen ist.

17   Unter Marktwert ist der Preis zu verstehen, der zum Zeitpunkt der Bewertung aufgrund eines privatrechtlichen Vertrages über Bauten oder Grundstücke zwischen einem verkaufswilligen Verkäufer und einem ihm nicht durch persönliche Beziehungen verbundenen Käufer unter den Voraussetzungen zu erzielen ist, wobei das Grundstück offen am Markt angeboten wurde, die Marktverhältnisse einer ordnungsgemäßen Veräußerung nicht im Wege stehen und eine der Bedeutung des Objektes angemessene Verhandlungszeit zur Verfügung steht[183].

b) Toleranz

18   Erweist es sich nach vernünftigen Bemühungen als unmöglich, das Gebäude oder Grundstück zu dem festgelegten Marktwert zu veräußern, kann eine Abweichung bis zu 5 % gegenüber dem festgelegten Marktwert als marktkonform betrachtet werden. Erweist es sich nach einer weiteren angemessenen Zeitspanne als unmöglich, das Gebäude oder Grundstück zum Marktwert abzüglich dieser Toleranzmarge zu veräußern, so kann eine Neubewertung vorgenommen werden, die die Erfahrungen und eingegangenen Angebote berücksichtigt.

c) Besondere Verpflichtungen

19   Besondere Verpflichtungen, die mit dem Gebäude oder Grundstück und nicht mit dem Käufer oder seinen Wirtschaftstätigkeiten verbunden sind, können im öffentlichen Interesse an den Verkauf geknüpft werden, solange jeder potentielle Käufer sie unabhängig davon, ob und in welcher Branche er gewerblich tätig ist, zu erfüllen hätte und grundsätzlich erfüllen könnte. Der wirtschaftliche Nachteil solcher Verpflichtungen sollte getrennt bewertet und kann mit dem Kaufpreis verrechnet werden. Bei der Bewertung sind Verpflichtungen zu berücksichtigen, die ein Unternehmen auch im eigenen Interesse (Werbung (Kultur- und Sport-)Sponsoring, Image, Verbesserung des eigenen Umfelds, Erholung der eigenen Mitarbeiter) übernimmt.

20   Die wirtschaftliche Belastung, die an Verpflichtungen geknüpft ist, die nach allgemeinem Recht jeden Grundstückseigner treffen, sind nicht vom Kaufpreis abzuziehen (Pflege und Erhaltung des Ge-

---

[183] Art. 49 Abs. 2 der RL 91/674/EWG des Rates (A131. 1991 L 374/7 vom 31.12.1991).

ländes im Rahmen der allgemeinen Sozialbindung des Eigentums, Entrichtung von Steuern und sonstigen Abgaben).

d) Gestehungskosten der öffentlichen Hand

Die für die öffentliche Hand anfallenden primären Kosten des Gebäude- oder Grundstückserwerbs sind ein Indikator für den Marktwert, wenn zwischen dem Erwerb und dem Verkauf des von der öffentlichen Hand erworbenen Gebäudes oder Grundstücks nicht ein beträchtlicher Zeitraum lag. Deshalb gilt grundsätzlich, dass während eines Zeitraums von mindestens drei Jahren vor dem Verkauf von der öffentlichen Hand erworbene Bauten oder Grundstücke grundsätzlich nicht unter den eigenen Gestehungskosten verkauft werden dürfen, wenn nicht der unabhängige Sachverständige allgemein zurückgehende Marktpreise für Bauten und Grundstücke im relevanten Markt ermittelt hat.   21

3. Anmeldung

Demgemäß sollen die Mitgliedstaaten unbeschadet der De-minimis-Bestimmung[184] die im Folgenden aufgeführten Transaktionen bei der Kommission anmelden, damit diese feststellen kann, ob staatliche Beihilfen vorliegen, und in Fällen, in denen eine solche Beihilfe vorliegt, beurteilen kann, ob sie mit dem Gemeinsamen Markt vereinbar ist: 22

a) alle Veräußerungen, die nicht aufgrund eines allgemeinen und bedingungsfreien Bietverfahrens an den Meistbietenden oder einzigen Bieter erfolgen und

b) alle Veräußerungen ohne ein solches Verfahren, die nicht mindestens zu dem von unabhängigen Sachverständigen festgelegten Marktwert getätigt wurden.

4. Beschwerden

Wenn die Kommission mit einer Beschwerde oder sonstigem Vorbringen Dritter befasst wird, wonach in einem Gebäude- oder Grundstücksverkauf der öffentlichen Hand eine staatliche Beihilfe enthalten war, so geht sie davon aus, dass dies nicht zutrifft, soweit aus der Mitteilung des betreffenden Mitgliedstaats hervorgeht, dass die genannten Grundsätze beachtet wurden.   23

---

[184] ABl. 1996 C 68/9 vom 6.3.1996.

§ 74 Anwendungsbereich

Übersicht

	Rn.
A. Einleitung	1, 2
B. Sachlicher Anwendungsbereich	3–52
I. Der Begriff der „Binnenmarktrelevanz" in der Rechtsprechung des EuGH	3–13
II. Fallgruppen	14–44
III. Sachliche Ausnahmen	45–52
C. Persönlicher Anwendungsbereich	53–66
I. Öffentliche Auftraggeber iSv. § 98 Nr. 1 und 3 GWB	54, 55
II. Privatrechtlich verfasste Unternehmen eines Mitgliedstaats	56–66

Literatur:

Barth, Das Vergaberecht außerhalb des Anwendungsbereichs der EG-Vergaberichtlinien, 2010; *Behr*, Zur vergaberechtlichen Relevanz von Privatisierungen, VergabeR 2009, 136; *Bitterich*, Das grenzüberschreitende Interesse am Auftrag im primären Gemeinschaftsvergaberecht – Anm. zu EuGH, Urt. v. 13.11.2007 – C-507/03 – Kommission/Irland („An Post"), EuZW 2008, 14; *Braun*, Besprechung der Mitteilung der Kommission zum Vergaberecht, EuZW 2006, 683; *Braun/Hauswald*, Vergaberechtliche Wirkung der Grundfreiheiten und das Ende der Inländerdiskriminierung? Zugleich eine Anmerkung zum EuGH-Urteil Coname, EuZW 2006, 176; *Burgi*, Die öffentlichen Unternehmen im Gefüge des primären Gemeinschaftsrechts, EuR 1997, 261; *Deling*, Kriterien der „Binnenmarktrelevanz" und ihre Konsequenzen unterhalb der Schwellenwerte, NZBau 2011, 725 und NZBau 2012, 17; *Diehr*, „Vergabeprimärrecht" nach der An-Post-Rechtsprechung des EuGH, VergabeR 2009, 719; *Dietlein*, Anteils- und Grundstücksveräußerungen als Herausforderung für das Vergaberecht, NZBau 2004, 472; *Dörr*, Europäisches Vergabeprimärrecht, in v.Bar/Hellwege/Mössner/Winkeljohann (Hrsg.), Recht und Wirtschaft. Gedächtnisschrift für Malte Schindhelm, 2009, S. 191; *Drügemöller/Conrad*, Anteilsverkauf und De-facto-Vergabe öffentlicher Aufträge, ZfBR 2008, 651; *Eggers/Malmendier*, Strukturierte Bieterverfahren der öffentlichen Hand, Rechtliche Grundlagen, Vorgaben an Verfahren und Zuschlag, Rechtsschutz, NJW 2003, 780; *Fruhmann*, Das Vergaberegime des EG-Vertrags, ZVB 2006, 261; *Gabriel*, Die Kommissionsmitteilung zur öffentlichen Auftragsvergabe außerhalb der EG-Vergaberichtlinien, NVwZ 2006, 1262; *Hertwig*, Vergaberecht und staatliche (Grundstücks-)Verkäufe, NZBau 2011, 9; *Horn*, Public/Private Partnerships im Immobilienbereich aus vergaberechtlicher Sicht, LKV 1996; *Jasper/Arnold*, Die Ausschreibungspflicht im Fall der „Stadt Mödling", NZBau 2006, 24; *Kahl*, Das öffentliche Unternehmen im Gegenwind des europäischen Beihilferegimes; *Kern*, Vergabe juristischer Beratungsleistungen, NZBau 2012, 421; NVwZ 1996, 1082; *Koenig/Kühling*, Diskriminierungsfreiheit, Transparenz und Wettbewerbsoffenheit des Ausschreibungsverfahrens – Konvergenz von EG-Beihilfenrecht und Vergaberecht, NVwZ 2003, 779; *Kühling*, Ausschreibungszwänge bei der Gründung gemischt-wirtschaftlicher Gesellschaften – Das EuGH-Urteil im Fall Mödling und seine Folgen, ZfBR 2006, 661; *Krutisch*, Materielle Privatisierung – Wann unterliegen Veräußerungen von Geschäftsanteilen der öffentlichen Hand dem Vergaberecht?, NZBau 2003, 650; *Mann*, Öffentliche Unternehmen im Spannungsfeld von öffentlichem Auftrag und Wettbewerb, JZ 2002, 819; *Manthey*, Bindung und Schutz öffentlicher Unternehmen durch die Grundfreiheiten des Europäischen Gemeinschaftsrechts, 2001; *Möschel*, Privatisierung und öffentliches Vergaberecht, WuW 1997, 120; *Prieß/Gabriel*, M&A-Verfahrensrecht – EG-rechtliche Verfahrensvorgaben bei staatlichen Beteiligungsveräußerungen, NZBau 2007, 617; *Scharf/Dierkes*, Zur Frage der Ausschreibungspflicht von Anteilsverkäufen durch die öffentliche Hand, VergabeR 2011, 543; *Schimanek*, Die Ausschreibungspflicht von Privatisierungen, NZBau 2005, 304; *Soltecz/Bielesz*, Privatisierungen im Licht des Europäischen Beihilferechts, Von der Kommission gerne gesehen – aber nicht um jeden Preis, EuZW 2004, 391; *Stickler*, Bedarf die Vergabe von Darlehensverträgen durch die öffentliche Hand einer europaweiten Ausschreibung?, VergabeR 2008, 177; *Vavra*, Binnenmarktrelevanz öffentlicher Aufträge, VergabeR 2013, 384; *Wollenschläger*, Das EU-Vergaberegime für Aufträge unterhalb der Schwellenwerte, NVwZ 2007, 388; *Zentner*, Die Bedeutung der Beihilfevorschriften des EG-Vertrages für die Vermögensprivatisierung, 2008.

A. Einleitung

1 Primärrechtliche Vergabevorgaben resultieren vornehmlich aus den europäischen Grundfreiheiten zur Verwirklichung eines europäischen Binnenmarkts. Mit dieser rechtlichen Fundierung korrespondiert gleichsam als Anwendungskriterium das Merkmal der **Binnenmarktrelevanz** der jeweils in Rede stehenden staatlichen Rechtsgeschäfte. Denn staatliche Maßnahmen werden lediglich dann am Maßstab europäischer Binnenmarktgrundfreiheiten gemessen, wenn diese überhaupt eine Relevanz für das zu Grunde liegende Schutzgut, dh. den europäischen Binnenmarkt aufweisen. Im Zusammenhang mit der Vergabe öffentlicher Aufträge, die nicht dem europäischen Vergabesekundärrecht unterfallen, ergeben sich aus dem europäischen Primärrecht mithin lediglich insoweit Pflichten zur Durchführung strukturierter Bieterverfahren, als diese tatsächlich Binnenmarktrelevanz besitzen. Diesem Anwendungskriterium kommt damit eine **erhebliche Bedeutung für den sachlichen Anwendungsbereich** des Vergabeprimärrechts zu. Gleichwohl handelt es sich bei der Binnenmarktrelevanz einer mitgliedstaatlichen Maßnahme um einen **unbestimmten Rechtsbegriff**, der lediglich aus den europäischen Grundfreiheiten abgeleitet, als solcher jedoch nicht legaldefiniert ist. Einzig die Rechtsprechung des EuGH sowie die summarische Mitteilung der Kommission zu „Unterschwellenvergaben" haben das Merkmal der Binnenmarktrelevanz einer gewissen Konturierung zugeführt, sodass bei deren Berücksichtigung eine rechtssichere Anwendung ermöglicht wird.

2 Unter der Prämisse, dass diese notwendige Bedingung der Binnenmarktrelevanz hinsichtlich eines öffentlichen Auftrags erfüllt wird, lassen sich in Bezug auf den sachlichen Anwendungsbereich primärrechtlicher Bieterverfahren sodann bestimmte **Fallgruppen** unterscheiden, deren charakteristisches Merkmal in der Nichtanwendung des europäischen Vergabesekundärrechts besteht. Dabei weisen die unterschiedlichen rechtsgeschäftsabhängigen Fallgruppen jeweils spezifische Besonderheiten auf, die erhebliche praktische Relevanz für die rechtssichere Durchführung von primärrechtlichen Bieterverfahren besitzen. Schließlich unterliegen nicht lediglich solche öffentlichen Auftragsvergaben den Bindungen europäischen Primärrechts, die dem Anwendungsbereich der sekundärrechtlichen Vergaberichtlinien, etwa aufgrund nicht Erreichens der EU-Schwellenwerte oder im Falle vergaberechtsfreier Dienstleistungskonzessionen (Art. 17 VKR)[1] explizit entzogen sind. Vielmehr finden die Vorgaben namentlich des AEUV umfassend auch in solchen, nicht weniger praxisrelevanten Bereichen Anwendung, in denen die öffentliche Hand **durch Auswahlentscheidungen den Zugang zu grundfreiheitlich gewährleisteten Märkten reglementiert**. Die davon umfassten Rechtsgeschäfte müssen dementsprechend nicht notwendigerweise der klassischen Kategorie eines öffentlichen Auftrags iSd. Vergabesekundärrechts entsprechen. Stattdessen gewinnen primärrechtliche Vorgaben für all jene mitgliedstaatlichen Rechtsgeschäfte Bedeutung, zu deren Abschluss ein einheitlicher europaweiter Zugang für interessierte Unternehmen grundfreiheitlich zur Verwirklichung des Binnenmarkts geboten ist. Das kann bspw. hinsichtlich öffentlicher **Grundstücks- oder Gesellschaftsanteilsveräußerungen**[2] sowie bei **Privatisierungen** der Fall sein. Ob das auch für **Kapitalmarktplatzierungen** (IPO) bzw. **Börsengängen von öffentlichen Unternehmen** gelten muss, ist soweit ersichtlich bislang kaum Gegenstand rechtswissenschaftlicher Auseinandersetzungen gewesen.[3]

---

[1] *Frenz* in Willenbruch/Wieddekind 19. Los, EU-Primär- und Sekundärrecht, Rn. 7.
[2] Siehe *Prieß/Gabriel* NZBau 2007, 617 ff.; *Braun* VergabeR 2006, 657 ff.; *Koenig* EuZW 2006, 203 ff.; *Klein* VergabeR 2005, 22 ff.; *Dietlein* NZBau 2004, 472 ff.; *Eggers/Malmendier* NJW 2003, 780 ff.
[3] Vgl. dazu unten, Rn. 37 ff.

B. Sachlicher Anwendungsbereich

I. Der Begriff der „Binnenmarktrelevanz" in der Rechtsprechung des EuGH

Als Vertragspartner des AEUV sind die Mitgliedsstaaten bereits *a priori* zur Wahrung der darin verbürgten Grundfreiheiten verpflichtet. Allerdings erfordert deren Anwendung im Einzelfall grundsätzlich einen **grenzüberschreitenden Bezug** des jeweiligen zu Grunde liegenden Sachverhalts.[4] Die Kapitalverkehrsfreiheit verbietet alle Beschränkungen des Kapitalverkehrs *zwischen den Mitgliedstaaten*. Art. 56 AEUV bestimmt, dass die Beschränkungen der freien Niederlassung *von Staatsangehörigen eines Mitgliedstaats im Hoheitsgebiet eines anderen Mitgliedstaats* verboten sind. Die Dienstleistungsfreiheit untersagt Beschränkungen des freien Dienstleistungsverkehrs innerhalb der EU *für Angehörige der Mitgliedstaaten, die in einem anderen Staat der EU als demjenigen des Leistungsempfängers ansässig sind*. Nach der Warenverkehrsfreiheit sind mengenmäßige Einfuhrbeschränkungen sowie alle Maßnahmen gleicher Wirkung *zwischen den Mitgliedstaaten* verboten. Die Grundfreiheiten sollen dementsprechend den **freien Marktzugang**, nicht jedoch vollständige Marktgleichheit im Unionsgebiet herstellen.

Angesichts dieser Grundausrichtung der europäischen Grundfreiheiten ließe sich auf den ersten Blick konstatieren, die Durchführung strukturierter Bieterverfahren zur Wahrung grundfreiheitlich geschützter Belange des europäischen Binnenmarkts sei ausschließlich dann erforderlich, **wenn sich an einem solchen tatsächlich Angehörige eines anderen Mitgliedsstaats als Bieter beteiligen**, sich ein Binnenmarktbezug mithin eindeutig manifestiert. Zunächst interpretierte auch der EuGH das Kriterium des grenzüberschreitenden Bezugs in diesem Sinne.[5] Die Auslegung des Binnenmarktbezugs eines öffentlichen Auftrags oder eines sonstigen Rechtsgeschäfts der öffentlichen Hand entwickelte sich in der Folge jedoch stetig fort. Diese Entwicklung war insbesondere gekennzeichnet durch eine anfangs sehr weite Auslegung sowie spätere sachliche Einschränkungen.

1. Potentielle Beteiligung von Bietern anderer Mitgliedstaaten

Die jüngere Judikatur des EuGH zur Feststellung der Binnenmarktrelevanz der Vergabe von Dienstleistungskonzessionen steht unter der Prämisse, dass es grundsätzlich ausreichend ist, wenn Bieter aus anderen Mitgliedstaaten **lediglich „potentiell"** an einem Vergabeverfahren beteiligt sein könnten.[6] Der EuGH legt den Begriff der Binnenmarktrelevanz damit vergleichsweise weit aus. Entsprechend führt die Generalanwältin beim EuGH Stix-Hackl in der Rechtssache „Coname" in ihrem Schlussantrag aus, *„gerade im Vergaberecht, welches auf die Öffnung der nationalen Märkte gerichtet ist, darf es [...] nicht darauf ankommen, ob in einem konkreten Vergabeverfahren [...] alle Beteiligten aus demselben Mitgliedsstaat wie der Auftraggeber kommen. Denn das könnte man auch als Indiz dafür deuten, dass eben nicht die erforderliche Publizität des Vergabeverfahrens gegeben war und sich daher kein ausländischer Unternehmer beteiligen konnte. Das gilt nicht nur für die Vergaberichtlinien, sondern auch für die betroffenen Grundfreiheiten. Zu schützen sind so nicht nur die tatsächlich an einem Vergabeverfahren teilnehmenden Unternehmen, sondern auch die potentiellen Bieter."*[7] Besteht demnach die

---

[4] EuGH Urt. v. 9.9.1999, Rs. C-108/98 – RI.SAN/Commune di Ischia, Rn. 20; EuGH Urt. v. 23.12.2009, Rs. C-376/08 – Serrantoni, Rn. 24; EuGH Urt. v. 15.5.2008, verb. Rs. C-147/06 und 148/06 – SECAP und Santorso, Rn. 21; dazu ausführlich *Wollenschläger*, Verteilungsverfahren, 116 ff.

[5] Vgl. EuGH Urt. v. 9.9.1999, Rs. C-108/98 – RI.SAN/Commune di Ischia, Rn. 24.

[6] Vgl. nur EuGH Urt. v. 21.7.2005, Rs C-231/03 – Coname, Rn. 17; EuGH Urt. v. 13.10.2005, Rs. C-458/03 – Parking Brixen, Rn. 55; EuGH Urt. v. 6.4.2006, Rs. C-410/04 – ANAV, Rn. 21 ff.; EuGH Urt. v. 14.11.2013, Rs. C-221/12 – Belgacom.

[7] Generalanwältin *Stix-Hackl* Schlussanträge v. 12.4.2005, Rs. C-231/03 – Coname, Rn. 27.

bloße Möglichkeit, dass sich nicht lediglich inländische Bieter, sondern auch solche aus anderen Mitgliedstaaten der Europäischen Union an einem Verfahren zum Abschluss eines Rechtsgeschäfts mit der öffentlichen Hand beteiligen werden, so finden nach der Judikatur des EuGH die europäischen Grundfreiheiten Anwendung.[8] Sofern damit Binnenmarktrelevanz eines avisierten Rechtsgeschäfts vorliegt, dieses gleichwohl seitens der staatlichen Stelle weder bekannt gemacht noch ausgeschrieben wird, so liege darin eine zumindest **potentielle Diskriminierung zu Lasten der Unternehmen aus den anderen Mitgliedstaaten**, die daran gehindert werden, von ihren Grundfreiheiten Gebrauch zu machen.[9]

6   Eine abstrakte Festlegung, wann ein grenzüberschreitendes Interesse von Unternehmen aus anderen Mitgliedstaaten an einem Rechtsgeschäft einer staatlichen Stelle besteht, bleibt der EuGH jedoch schuldig. Lediglich in **Einzelfällen** sei vernünftigerweise anzunehmen, dass die Vergabe eines Auftrags wegen besonderer Umstände wie einer sehr geringfügigen wirtschaftlichen Bedeutung für Wirtschaftsteilnehmer in anderen Mitgliedstaaten nicht von Interesse sein könnte und dass die Auswirkungen auf die betreffenden Grundfreiheiten daher zu zufällig und zu mittelbar wären, als dass auf eine Verletzung dieser Freiheiten geschlossen werden könne.[10] Im Ergebnis wird die **Vergabe eines öffentlichen Auftrags** durch diese Negativabgrenzung des EuGH in der Rechtssache „Coname" **in der Regel** für **binnenmarktrelevant** erklärt.[11]

7   Diese Rechtsprechung beruht dabei auf folgenden **Grundüberlegungen:** Das wirtschaftlichste Angebot in einem Bieterverfahren soll dadurch ermittelt werden, dass jedem Interessenten, ob aus demselben oder einem anderen Mitgliedstaat, der Zugang zum Bieterverfahren eröffnet wird, sofern er die Eignungskriterien erfüllt. Verschlösse man nun gerade denjenigen Bietern den Zugang zum Verfahren, deren Teilnahme die Ermittlung des wirtschaftlichsten Angebots besonders fördern könnte, würde das Ziel eines transparenten und grenzüberschreitenden Wettbewerbs konterkariert. Ließe man die Anwendung der Grundfreiheiten nur zu, wenn sich tatsächlich ein Bieter aus einem anderen Mitgliedstaat an dem Verfahren beteiligte, würde der **Sinn des Transparenzgebots**, durch öffentliche Bekanntmachung zwischenstaatlichen Wettbewerb herzustellen und somit das wirtschaftlichste Angebot zu ermitteln, jedoch unterlaufen. Den Kreis nicht auf potentielle Bieter zu erweitern, hieße damit, den Schutz durch die Grundfreiheiten für gerade solche Fälle zu versagen, für die sie geschaffen wurden. Um dem Effektivitätsgrundsatz gerecht zu werden, muss deshalb der Anwendungsbereich der Grundfreiheiten auch dann eröffnet sein, wenn **Bieter aus anderen Mitgliedstaaten lediglich potentiell betroffen** sind. Bei konsequenter Anwendung dieser rechtlichen und tatsächlichen Prämissen müsste es im Rahmen des Rechtsschutzes auch inländischen Bietern möglich sein, unabhängig von der aktuellen Teilnahme von Bietern anderer Mitgliedstaaten, Verstöße gegen das Transparenzgebot rügen können,[12] was der EuGH in einer jüngst ergangenen Entscheidung im Rahmen eines Vorabentscheidungsersuchens ausdrücklich zugelassen hat.[13]

8   Anknüpfend an diese Rechtsprechung des EuGH stellt die **Kommission** in ihrer **Mitteilung zu Unterschwellenvergaben** ausdrücklich heraus, dass die Entscheidung, inwieweit ein Auftrag möglicherweise für Wirtschaftsteilnehmer eines anderen Mitgliedstaats von Interesse sein könnte, den einzelnen Auftraggebern obliegt. Nach Auffassung

---

[8] Vgl. EuGH Urt. v. 21.7.2005, Rs. C-231/03 – Coname, Rn. 17; EuGH Urt. v. 13.10.2005, Rs. C-458/03 – Parking Brixen, Rn. 55.
[9] Vgl. EuGH Urt. v. 21.7.2005, Rs. C-231/03 – Coname, Rn. 17; EuGH Urt. v. 13.10.2005, Rs. C-458/03 – Parking Brixen, Rn. 55.
[10] EuGH Urt. v. 21.7.2005, Rs C-231/03 – Coname, Rn. 20.
[11] Vgl. *Deling* NZBau 2011, 725, 727f.; *Kühling/Huerkamp* in MünchKommBeihVgR, Vor §§ 97ff. GWB, Rn. 46.
[12] Ähnlich *Braun/Hauswald* EuZW 2006, 176, 177. Anderer Auffassung wohl VGH Kassel Beschl. v. 23.7.2012 – 8 B 2244/11.
[13] EuGH Urt. v. 14.11.2013, Rs. C-221/12 – Belgacom; dazu *Gabriel/Voll* NZBau 2014, 155.

der Kommission muss dieser Entscheidung eine Prüfung der Umstände des jeweiligen Falls vorausgehen, wobei Sachverhalte wie der **Auftragsgegenstand**, der **geschätzte Auftragswert**, die **Besonderheiten des betreffenden Sektors (Größe und Struktur des Marktes, wirtschaftliche Gepflogenheiten usw.)** sowie die **geographische Lage des Orts der Leistungserbringung** zu berücksichtigen sind.[14] Die Entscheidung des öffentlichen Auftraggebers über die Binnenmarktrelevanz eines Auftrags sei darüber hinaus bieterseitig justiziabel.[15] Allerdings verzichtet die Kommission in ihrer Mitteilung auf die Festlegung eines bezifferten Grenzwertes, obwohl in den diesbezüglichen Entwürfen noch über eine Relevanzschwelle von 10 % – 20 % der Schwellenwerte diskutiert worden war.[16] Auch das EuG hat in seiner Entscheidung[17] zu dieser Mitteilung **keine weitergehenden Kriterien**, Grenzwerte oder andere Prüfungsmaßstäbe festgelegt.

2. Einschränkungen

Die aufgezeigte weite Auslegung des Begriffs der Binnenmarktrelevanz erfuhr in der Folge durch eine Reihe von Entscheidungen eine gewisse Restriktion.[18] Zunächst erfolgte diesbezüglich die Feststellung, die Anwendung der Grundfreiheiten setze ein *„eindeutiges grenzüberschreitendes Interesse am Auftrag"* voraus.[19] Im Zusammenhang mit der Vergabe nichtprioritärer Dienstleistungen, denen der Unionsgesetzgeber im Grundsatz keine grenzüberschreitende Bedeutung beimisst[20], wurde damit die **Regelvermutung der Binnenmarktrelevanz eines öffentlichen Auftrags durchbrochen.** Dabei wird klargestellt, dass es vielmehr Aufgabe des öffentlichen Auftraggebers ist, die Binnenmarktrelevanz eines Auftrags einzelfallabhängig vor der Entscheidung über die Art und Weise der Auftragsvergabe festzustellen.[21] Diese Feststellung soll jedoch nicht subjektiv, sondern anhand **objektiver Kriterien** seitens des öffentlichen Auftraggebers zu beurteilen sein und der uneingeschränkten gerichtlichen Nachprüfung unter eingehender Würdigung aller maßgeblichen Gegebenheiten unterliegen.[22] Die bloße Vermutung, an einem Auftrag bestehe etwa aufgrund eines bestimmten Auftragswerts *per se* ein grenzüberschreitendes Interesse, genügt damit gerade nicht zur Feststellung der Binnenmarktrelevanz. Heranzuziehen sind stattdessen **objektive Faktoren**, wie der **Auftragswert** oder der **Ort der Auftragsdurchführung** (je höher der Auftragswert, desto größer ist jedoch die potentielle Beteiligung von Bietern anderer Mitgliedstaaten; dasselbe gilt für einen Ort im Grenzgebiet zu anderen Mitgliedstaaten).[23]

Zu berücksichtigen bleibt jedoch, dass der EuGH ein *„eindeutiges grenzüberschreitendes Interesse"* als Voraussetzung für die Anwendung grundfreiheitlich fundierter Vergabeanforderungen **längere Zeit lediglich** im Hinblick auf die **Vergabe von nichtprioritären Dienstleistungen**[24] **und öffentlichen Aufträgen unterhalb der Richtlinienschwel-**

---

[14] Mitt. „Unterschwellenvergabe" Nr. 1.3.
[15] Vgl. Mitt. „Unterschwellenvergabe" Nr. 1.3.
[16] *Gabriel* NVwZ 2006, 1262, 1263 mwN.
[17] EuG Urt. v. 20.5.2010, T-258/06.
[18] Vgl. dazu den Überblick bei *Diehr* VergabeR 2009, 719. Ähnlich *Bitterich* EuZW 2008, 14, 17 und *Vavra* VergabeR 2013, 384.
[19] EuGH Urt. v. 13.11.2007, Rs. C-507/03 – Kommission/Irland „An Post", Rn. 29ff.; EuGH Urt. v. 15.8.2008, verb. Rs. C-147/06 und C-148/06 – SECAP und Santorso, Rn. 31; EuGH Urt. v. 21.2.2008, Rs. C-412/04 – Kommission/Italien, Rn. 66 spricht noch davon, dass ein Auftrag eine *„bestimmte grenzüberschreitende Bedeutung"* besitzen müsse.
[20] EuGH Urt. v. 13.11.2007, Rs. C-507/03 – Kommission/Irland „An Post", Rn. 25.
[21] Vgl. *Diehr* VergabeR 2009, 719, 728; *Vavra* VergabeR 2013, 384, 387.
[22] EuGH Urt. v. 15.8.2008, verb. Rs. C-147/06 und C-148/06 – SECAP und Santorso, Rn. 30.
[23] EuGH Urt. v. 15.8.2008, verb. Rs. C-147/06 und C-148/06 – SECAP und Santorso, Rn. 31; Siehe auch *Frenz* NVwZ 2010, 609, 612f. sowie *Diehr* VergabeR 2009, 719, 727.
[24] EuGH Urt. v. 13.11.2007, Rs. C-507/03 – Kommission/Irland „An Post", Rn. 29ff.

lenwerte[25] forderte. Aufgrund dessen wurde hinsichtlich der Kriterien für die Bestimmung der Binnenmarktrelevanz eines öffentlichen Auftrags, zwischen nichtprioritären Dienstleistungen sowie Aufträgen unterhalb der Schwellenwerte einerseits und Dienstleistungskonzessionen andererseits differenziert. Für letztere sollte eine Binnenmarktrelevanz im Sinne der Entscheidung in der Rechtssache „Coname" weiterhin regelmäßig vermutet werden.[26] Für eine insofern differenzierende Behandlung wurde dabei vorgebracht, der europäische Normgeber habe durch die Begründung lediglich eingeschränkter sekundärrechtlicher Vergabevorgaben für nichtprioritäre Dienstleistungen sowie einer vollständigen Ausnahme von Aufträgen unterhalb der Schwellenwerte implizit eine Vermutungsregel gegen die Binnenmarktrelevanz dieser Auftragskategorien konstituiert.[27] Dementsprechend sei auch lediglich bei solchen Aufträgen im Einzelfall ein eindeutiges grenzüberschreitendes Interesse zur Widerlegung dieser Vermutungsregel geboten. Dienstleistungskonzessionen seien hingegen nicht aufgrund einer genuinen Irrelevanz für den europäischen Binnenmarkt von der Anwendung des Vergabesekundärrechts ausgenommen. Vielmehr würde auf Grund der unterschiedlichen Gegebenheiten in den einzelnen Mitgliedstaaten hinsichtlich der Übertragung von Befugnissen bei der Verwaltung von öffentlichen Dienstleistungen sowie hinsichtlich der Einzelheiten dieser Befugnisübertragung eine große Unausgewogenheit hinsichtlich der Zugangsmöglichkeiten zu diesen Konzessionsaufträgen entstehen.[28] Deshalb soll mit der Vergabe von Dienstleistungskonzessionen – sofern wie im Regelfall die maßgeblichen Schwellenwerte überschritten werden – **grundsätzlich eine Binnenmarktrelevanz** verbunden sein, die Grundsätze der Coname-Entscheidung mithin einzig für diese Auftragskategorie fortgelten.[29] Einer solchen nach dem jeweiligen Auftragsgegenstand differenzierenden Auslegungsregel stehen allerdings **neuere Entscheidungen des EuGH** entgegen, in denen dieser **auch bei der Vergabe von Dienstleistungskonzessionen einen** „*eindeutigen grenzüberschreitenden Bezug*" bzw. ein „*eindeutiges grenzüberschreitendes Interesse*" **als Anwendungsvoraussetzung** primärrechtlicher Vergabevorgaben fordert.[30] Im Übrigen würde eine nach dem Auftragsgegenstand differenzierende Anwendungspraxis des Binnenmarktkriteriums auch dessen grundfreiheitlichen Ursprungs nicht gerecht. Die Anwendung der Binnenmarktgrundfreiheiten setzt eine einzelfallabhängige Prüfung der konkreten Marktverhältnisse voraus, welche negiert würde, soweit stattdessen allgemein angenommen würde, mit der Vergabe von Dienstleistungskonzessionen sei zwangsläufig ein grenzüberschreitendes Interesse verbunden.[31] Schließlich ist damit unabhängig von dem konkreten Auftragsgegenstand derselbe Maßstab für die Feststellung einer Binnenmarktrelevanz heranzuziehen.[32]

11   Nichts anderes kann hinsichtlich des Kriteriums der Binnenmarktrelevanz staatlichen Handelns dementsprechend für **sonstige primärrechtlich relevante Auswahlentscheidungen der öffentlichen Hand** gelten, die mit dem Abschluss von Rechtsgeschäften durch den Staat verbunden sind.[33]

---

[25] EuGH Urt. v. 15.8.2008, verb. Rs. C-147/06 und C-148/06 – SECAP und Santorso, Rn. 31.
[26] Vgl. *Bitterich* EuZW 2008, 14, 17; *Hübner* VergabeR 2008, 58, 60; *Barth* Das Vergaberecht außerhalb des Anwendungsbereichs der EG-Vergaberichtlinien, 2010, 80 ff.
[27] Vgl. *Kühling/Huerkamp* in MünchKommBeihVgR, Vor §§ 97 ff. GWB, Rn. 46.
[28] Vgl. EuGH Urt. v. 7.12.2000, Rs. C-324/98 – Telaustria, Rn. 48, mit Verweis auf Dokument Nr. 4444/92 ADD 1 vom 25.2.1992, Begr. des Rates Nr. 6. Grundsätzlich dazu unten, Rn. 14 ff.
[29] Vgl. *Bitterich* EuZW 2008, 14, 17; *Hübner* VergabeR 2008, 58, 60.
[30] Vgl. EuGH Urt. v. 17.7.2008, Rs. C-347/06 – ASM Brescia, Rn. 59, 70, mit Hinweis auf ein „*bestimmtes*" bzw. „*gewisses*" grenzüberschreitendes Interesse; EuGH Urt. v. 10.3.2011, Rs. C-274/09 – Rettungsdienst Stadler, Rn. 49; EuGH Urt. v. 14.11.2013, Rs. C-221/12 – Belgacom, Rn. 28; dazu *Gabriel/Voll* NZBau 2014, 155; so auch VG Bayreuth Urt. v. 11.12.2012, B 1 K 12.445.
[31] In diesem Sinne auch *Diehr* VergabeR 2009, 719, 726 f.
[32] So auch *Vavra* VergabeR 2013, 384, 387.
[33] Vgl. dazu Rn. 23 ff.

Im Ergebnis ergeben sich aus der Judikatur des EuGH sowie der Unterschwellenmitteilung der Kommission jedenfalls bereits im Vorfeld der Vergabe eines öffentlichen Auftrags **weitreichende Prüf- und Dokumentationspflichten** des öffentlichen Auftraggebers im Hinblick auf die Binnenmarktrelevanz des jeweiligen Auftrags, um den rechtlichen Rahmen einer Auftragsvergabe zu bestimmen.[34] **Mangels eindeutiger rechtlicher Vorgaben** ist es dabei in vielen Fällen nicht möglich, rechtssicher zu beurteilen ob tatsächlich ein potentiell grenzüberschreitender Sachverhalt, also ein Sachverhalt mit Binnenmarktrelevanz vorliegt.[35] Im Zweifel sollte deshalb von einem solchen ausgegangen und jedenfalls die primärrechtlichen Vergabegrundsätze beachtet werden.[36]

3. Berücksichtigung durch die deutschen Gerichte

Die **deutsche Rechtsprechung** hat in jüngster Vergangenheit diese restriktiveren Entscheidungen des EuGH aufgenommen und beurteilt die Frage der Binnenmarktrelevanz nicht pauschal und einzig anhand der Höhe des Auftragswerts. So ist nach dem **BGH** vielmehr eine Prognose darüber anzustellen, ob der Auftrag nach den konkreten Marktverhältnissen, mit Blick auf die konkreten Branchenkreise und deren Bereitschaft, Aufträge ggf. in Anbetracht ihres Volumens und des Ortes der Auftragsdurchführung auch grenzüberschreitend auszuführen und daher für ausländische Anbieter interessant sein könnte.[37] Das **OLG Düsseldorf** verlangt für die Feststellung der Binnenmarktrelevanz eines öffentlichen Auftrags ebenfalls ein eindeutiges grenzüberschreitendes Interesse und stellt diesbezüglich in einer jüngeren Entscheidung ausdrücklich auf die **örtliche Nähe des öffentlichen Auftraggebers zu den Landesgrenzen andere Mitgliedstaaten** ab.[38] Im spezifischen Hinblick auf den Abschluss von **Konzessionsverträgen nach § 46 Abs. 2 EnWG** wies der Düsseldorfer Vergabesenat jüngst darauf hin, dass die Schwelle der Binnenmarktrelevanz bei Verträgen dieser Art tendenziell eher niedrig anzusetzen sein sollte.[39] Darüber hinaus hat das OLG Düsseldorf in einer anderen Entscheidung zwar das grenzüberschreitende Interesse für einen Bauauftrag auf einem Grundstück, welches sich in unmittelbarer Nähe zur niederländischen Grenze befindet „eindeutig" und unabhängig vom Auftragsvolumen bejaht.[40] Sofern der durchzuführende Auftrag allerdings **besondere Kenntnisse** erfordert, die allein nationale Bieter zu erfüllen versprechen, fehle es nach Auffassung des OLG Düsseldorf jedoch trotz eines Auftragsvolumens von 3 Millionen Euro an einem „eindeutig grenzüberschreitenden Interesse".[41] Der streitgegenständliche Auftrag beinhaltete die Vergabe von umfassenden juristischen Beratungsdienstleistungen und juristischem Nachtragsmanagement im Rahmen des Neubaus des Schiffshebewerks Niederfinow durch das Wasserstraßen-Neubauamt Berlin. Der Wert eines Auftrags sei nicht das allein entscheidenden Kriterium, weshalb ein Wirtschaftsteilnehmer sich zur Bewerbung um einen Auftrag entschließe, sondern auch, ob die vertragsgemäße Erfüllung gewährleistet werden kann. Da vorliegend Fragen des Unionsrechts nach der Auftragsausschreibung keine wesentliche Rolle spielten und vielmehr „spezifische und hochklassige Kenntnisse und Erfahrungen im nationalen Bauvertragsrecht, insbesondere die VOB/B

---

[34] Vgl. zur Prüfpflicht des öffentlichen Auftraggebers EuGH Urt. v. 15.8.2008, verb. Rs. C-147/06 und C-148/06 – SECAP und Santorso, Rn. 30.
[35] *André* NZBau 2010, 611, 613 f.; *Gabriel* NVwZ 2006, 1262, 1263. In diesem Sinne auch Generalanwältin *Sharpston* Schlussanträge v. 18.1.2007, Rs. C-195/04 – Kommission/Finnland, Rn. 96.
[36] So auch *Kühling/Huerkamp* in MünchKommBeihVgR, Vor §§ 97 ff. GWB, Rn. 49.
[37] BGH Beschl. v. 30.08.2011, X ZR 55/10; so auch VG Bayreuth Urt. v. 11.12.2012, B 1 K 12.445.
[38] OLG Düsseldorf Beschl. v. 7.3.2012, Verg 78/12.
[39] OLG Düsseldorf Beschl. v. 9.1.2013, VII-Verg 26/12.
[40] OLG Düsseldorf Urt. v. 13.1.2010, I-27 U 1/09.
[41] OLG Düsseldorf Beschl. v. 21.4.2010, Verg 55/09.

betreffend, beim inländischen Baubetrieb und namentlich bei Abrechnungen"[42] erforderlich seien, um die Anforderungen der Ausschreibung zu erfüllen, sei es praktisch ausgeschlossen, dass in anderen Mitgliedstaaten ansässige Rechtsanwälte ein Interesse an der Auftragserteilung haben könnten. Auch wenn diese Entscheidung hinsichtlich ihrer Begründung sowie der Anwendung der oben genannten Grundsätze des EuGH durchaus angreifbar erscheint, ist für den Rechtsanwender in diesem Zusammenhang zu beachten, dass die deutsche Rechtsprechung in jüngster Zeit wieder zu einer **restriktiveren Anwendung des Kriteriums des grenzüberschreitenden Bezugs** und somit zu einer **Einschränkung des sachlichen Anwendungsbereichs** unionsrechtlicher Verfahrensvorgaben tendiert.[43]

II. Fallgruppen

1. Dienstleistungskonzessionen

14   Dienstleistungskonzessionen iSv. Art. 1 Abs. 4 VKR und Art. 1 Abs. 2 lit. d SKR sind Aufträge über die Erbringung von Dienstleistungen, bei denen die Gegenleistung nicht in einem Entgelt, sondern ausschließlich in dem Recht zur Nutzung der Dienstleistung oder in diesem Recht zuzüglich der Zahlung eines Preises besteht.[44] Von einem Dienstleistungsauftrag unterscheidet sich die Dienstleistungskonzession damit durch die **Gegenleistung für die Erbringung der Dienstleistung.** Der Dienstleistungsauftrag umfasst eine Gegenleistung, die, wenn sie auch nicht die einzige Gegenleistung darstellt, vom öffentlichen Auftraggeber unmittelbar an den Dienstleistungserbringer gezahlt wird.[45] Im Fall einer Dienstleistungskonzession besteht die Gegenleistung für die Erbringung der Dienstleistung hingegen in dem Recht zur Nutzung der Dienstleistung, sei es ohne oder zuzüglich der Zahlung eines Preises.[46] Das **Betriebsrisiko** der Dienstleistung übernimmt mithin der Dienstleistungserbringer.[47]

15   Die Vergabe von Dienstleistungskonzessionen **fällt nach Art. 17 VKR, Art. 18 SKR nicht in den Anwendungsbereich der europäischen Vergaberichtlinien.** Der europäische Normgeber enthielt sich einer koordinierenden sekundärrechtlichen Regelung, insbesondere weil aufgrund der unterschiedlichen Gegebenheiten in den einzelnen Mitgliedstaaten hinsichtlich der Übertragung von Befugnissen bei der Verwaltung von öffentlichen Dienstleistungen sowie hinsichtlich der Einzelheiten dieser Befugnisübertragung eine große Unausgewogenheit hinsichtlich der Zugangsmöglichkeiten zu diesen Konzessionsaufträgen entstehen würde.[48]

16   Im Hinblick auf das gleichwohl anwendbare primärrechtliche Rechtsregime zur Vergabe von Dienstleistungskonzessionen hat der EuGH im Urteil in der Rechtssache „Telaustria" erstmalig ausgeführt, **dass öffentliche Auftraggeber unabhängig von der Geltung der Vergaberichtlinien die Grundregeln des Vertrags zu beachten haben.**[49] Diese Rechtsauffassung wurde in nachfolgenden Entscheidungen kontinuierlich bestä-

---

[42] OLG Düsseldorf Beschl. v. 21.4.2010, Verg 55/09.
[43] Anders nur *Antweiler* in Ziekow/Völlink, § 100 GWB Rn. 79.
[44] Dazu ausführlich § 5 Rn. 32ff.
[45] EuGH Urt. v. 10.3.2011, Rs. C-274/09 – Rettungsdienst Stadler, Rn. 24; EuGH Urt. v. 13.10.2005, Rs. C-458/03 – Parking Brixen, Rn. 39; EuGH Urt. v. 18.7.2007, Rs. C-382/05 – Kommission/Italien, Rn. 33 und 40.
[46] EuGH Urt. v. 10.3.2011, Rs. C-274/09 – Rettungsdienst Stadler, Rn. 24; EuGH Urt. v. 10.9.2009, Rs. C-208/08 – WAZV Gotha, Rn. 51.
[47] EuGH Urt. v. 13.10.2005, Rs. C-458/03 – Parking Brixen, Rn. 40.
[48] EuGH Urt. v. 7.12.2000, Rs. C-324/98 – Telaustria, Rn. 48.
[49] EuGH Urt. v. 7.12.2000, Rs. C-324/98 – Telaustria, Rn. 60

tigt.⁵⁰ Ist also die Vergabe einer solchen (binnenmarktrelevanten) Dienstleistungskonzession beabsichtigt, so hat der öffentliche Auftraggeber ein strukturiertes Bietverfahren nach Maßgabe der entsprechenden Judikatur des EuGH sowie der ggf. ergänzend heranzuziehenden diesbezüglichen Mitteilungen der Kommission durchzuführen, so er nicht gegen die Grundregeln des AEUV verstoßen und die Auftragsvergabe rechtssicher gestalten will.

In der Rechtsprechung bislang noch nicht abschließend geklärt ist die Frage, ob es sich auch bei **Wegekonzessionen iSv. § 46 Abs. 2 EnWG** um Dienstleistungskonzessionen handelt, was in der Literatur überwiegend bejaht wird.⁵¹ Unabhängig davon sind nach einer aktuellen Entscheidung des OLG Düsseldorf aber jedenfalls die Vorgaben des europäischen Vergabeprimärrechts – bei Vorliegen einer eindeutigen Binnenmarktrelevanz – namentlich auch bei dem Abschluss von Konzessionsverträgen über die Errichtung und den Betrieb von Energieversorgungsnetzen der allgemeinen Versorgung iSv. § 46 Abs. 2 EnWG anzuwenden.⁵² 17

2. Nichtprioritäre Dienstleistungen

Die VKR sowie die SKR unterscheiden im Hinblick auf die Vergabe von Dienstleistungsaufträgen zwischen zwei verschiedenen Auftragskategorien, den prioritären sowie den nichtprioritären Dienstleistungen. Nur die Vergabe von, in Anhang II Teil A VKR, Anhang XVII Teil B SKR aufgeführten prioritären Dienstleistungen unterliegt den **uneingeschränkten Vorgaben der Vergaberichtlinien**. Für sämtliche nichtprioritären Dienstleistungen des Anhangs II Teil B VKR, Anhang XVII Teil B SKR gelten lediglich Vorgaben für die Festlegung technischer Spezifikationen sowie ex-post Bekanntmachungspflichten im Hinblick auf die Ergebnisse des Vergabeverfahrens⁵³. 18

Nach **ständiger Rechtsprechung des EuGH** sind bei der Vergabe von nichtprioritären Dienstleistungen **die primärrechtlichen Grundsätze des europäischen Rechts zu beachten**.⁵⁴ Obwohl der europäische Normgeber die Vergabe nichtprioritärer Dienstleistungen ausdrücklich erheblich eingeschränkten sekundärrechtlichen Vergabeanforderungen unterstellt und sich einer weitergehenden Kodifizierung aufgrund einer geringen Binnenmarktrelevanz dieser Auftragskategorie enthält, bringt die ständige Rechtsprechung des EuGH eindeutig zum Ausdruck, dass sich daraus **keine Sperrwirkung für das Vergabeprimärrecht** ergibt⁵⁵. Aus dem normsystematischen Verhältnis zwischen den sekundär- und primärrechtlichen Vergabevorgaben ergibt sich allerdings, dass die primärrechtlichen **Verfahrensanforderungen** jedenfalls **nicht strenger bzw. weitergehender** sein dürfen als diejenigen des spezifischen Vergabesekundärrechts. Die Intention des europäischen Sekundärrechtsgebers, diese Auftragskategorie lediglich eingeschränkten Vergaberegelungen zu unterstellen, würde sonst unterlaufen.⁵⁶ 19

Auch bei der Beurteilung der Frage, ob die Vergabe von nachrangigen Dienstleistungen überhaupt ein hinreichendes Maß an Binnenmarktrelevanz besitzt, ist jedenfalls zu beachten, dass der Sekundärrechtsgesetzgeber wohl davon ausgeht, dass das grundsätzlich 20

---

⁵⁰ EuGH Urt. v. 13.10.2005, Rs. C-458/03 – Parking Brixen, Rn. 46; EuGH Urt. v. 21.7.2005, Rs. C-231/03 – Coname, Rn. 28; EuGH Urt. v. 6.4.2006, Rs. C-410/04 – ANAV, Rn. 18; EuGH Urt. v. 17.7.2008, Rs. C-347/06 – ASM Brescia, Rn. 58; EuGH Urt. v. 10.3.2011, Rs. C-274/09 – Rettungsdienst Stadler, Rn. 49; EuGH Urt. v. 14.11.2013, Rs. C-221/12 – Belgacom.
⁵¹ *Michaels/Kohler* NZBau 2013, 282; *Byok* RdE 2008, 268, 271; *Ortner* VergabeR 2008, 608, 609.
⁵² OLG Düsseldorf Beschl. v. 9.1.2013, VII-Verg 26/12; eingehend hierzu *Gabriel* in MünchKomm BeihVgR, Anlage zu § 98 Nr. 4 GWB, Rn. 43 ff.; so auch *Schüttpelz* VergabeR 2013, 361.
⁵³ Vgl. Art. 21 iVm. Art. 23 und Art. 35 Abs. 4 VKR; Art. 32 iVm. Art. 34 und Art. 43 SKR.
⁵⁴ EuGH Urt. v. 27.10.2005, Rs. C-234/03 – Contse; EuGH Urt. v. 13.11.2007, Rs. C-507/03 – Kommission/Irland „An Post"; EuGH Urt. v. 19.6.2008, Rs. C-454/06 – pressetext; Mitt. „Unterschwellenvergabe", Einleitung; *Deling* NZBau 2011, 26, 27; *André*, NZBau 2010, 611; *Dörr* Europäisches Vergabeprimärrecht, S. 191.
⁵⁵ Vgl. § 73 Rn. 8 ff.
⁵⁶ Vgl. § 73 Rn. 11.

gerade nicht der Fall ist. Aus dem Richtlinienentwurf zur **Modernisierung des EU-Vergaberechts**[57] ergibt sich zudem, dass der EU-Gesetzgeber eine Vielzahl der gegenwärtigen sog. nachrangigen Dienstleistungen erst ab einem Auftragswert von 750.000 Euro besonderen Beschaffungsregelungen mit erleichterten Transparenz- und Zuschlagsanforderungen unterstellt.[58]

21 Besonderheiten gelten schließlich hinsichtlich der **Vergabe anwaltlicher Beratungsleistungen**, welche als nichtprioritäre bzw. nachrangige Dienstleistungen zu qualifizieren sind.[59] Da deren Erbringung in Deutschland nach deutschem Recht zugelassenen Rechtsanwälten (bzw. Patentanwälten und Notaren) vorbehalten ist (vgl. § 4 BRAO) und diese eine Kanzlei an dem Ort ihrer Gerichtszulassung – dh. in Deutschland – einrichten müssen (vgl. § 27 Abs. 1 BRAO), geht die nationale Rechtsprechung davon aus, dass bei der Vergabe von Rechtsberatungsdiensten von vornherein ausgeschlossen werden kann, dass in anderen Mitgliedstaaten ansässige Sozietäten an dem Auftrag interessiert sein könnten.[60] Zu beachtende primärrechtliche Bekanntmachungs- oder Verfahrensanforderungen bestehen nach dieser Auffassung nicht. Wie sich die Rechtsprechung in Fällen entwickelt, in denen es um die Prozessvertretung des öffentlichen Auftraggebers vor europäischen oder internationalen Gerichten oder die außergerichtliche Beratung in stark europarechtlich geprägten Rechtsgebieten geht[61], bleibt abzuwarten.

3. Aufträge im Unterschwellenbereich

22 Die europäischen Vergaberichtlinien finden lediglich auf solche öffentlichen Aufträge Anwendung, deren Auftragswert die vorgegebenen Schwellenwerte erreicht oder überschreitet.[62] Hinsichtlich öffentlicher Aufträge mit einem geringeren Auftragswert findet nach **ständiger Rechtsprechung** des EuGH zwar nicht das koordinierte europäische Vergabesekundärrecht, jedoch gleichwohl die allgemeinen Regeln des europäischen Primärrechts Anwendung.[63] Besitzen Aufträge im Unterschwellenbereich demnach Binnenmarktrelevanz, so sind sie vom öffentlichen Auftraggeber im Rahmen eines strukturierten Bieterverfahrens nach Vorgaben europäischen Primärrechts zu vergeben.

4. Öffentliche Veräußerungsgeschäfte – der Staat als Anbieter

23 Öffentliche Veräußerungsgeschäfte unterscheiden sich von vornherein grundlegend von den vorstehenden Fallgruppen rechtsgeschäftlicher staatlicher Betätigung, hinsichtlich derer sich Verfahrensvorgaben aus dem europäischen Primärrecht ergeben. Der wesentliche Unterschied besteht dabei in der **Wettbewerbsposition des beteiligten Trägers öffentlicher Gewalt**. Während ein öffentlicher Auftraggeber bei der Vergabe von Dienstleistungskonzessionen, nichtprioritären Dienstleistungen oder Aufträgen unterhalb der Schwellenwerte als Nachfrager am Markt auftritt, kommt einer öffentlich-rechtlichen Körperschaft bei der Veräußerung eines öffentlichen Unternehmens, Unternehmensanteilen oder einer öffentliche Liegenschaft die **Marktstellung eines Anbieters** zu. Öffentliche Veräußerungsgeschäfte sind dementsprechend **von vornherein nicht** als öffentliche

---

[57] Vorschlag für Richtlinie des Europäischen Parlaments und des Rates über die öffentliche Auftragsvergabe, KOM(2011) 896/2.
[58] Vorschlag für Richtlinie des Europäischen Parlaments und des Rates über die öffentliche Auftragsvergabe, KOM(2011) 896/2, Art. 74–76.
[59] Vgl. *Kern* NZBau 2012, 421, 422.
[60] Zuletzt OLG Düsseldorf Beschl. v. 21.4.2010, VII-Verg 55/09.
[61] *Kern* NZBau 2012, 421, 424 f.
[62] Vgl. dazu § 7 Rn. 1 ff.
[63] Vgl. EuGH Beschl. v. 3.12.2001, Rs. C-59/00 – Vestergaard, Rn. 19 f.; EuGH Urt. v. 20.10.2005, Rs. C-264/03 – Kommission/Frankreich, Rn. 32 ff.; EuGH Urt. v. 15.8.2008, verb. Rs. C-147/06 und C-148/06 – SECAP und Santorso, Rn. 19 f.; EuGH Urt. v. 14.6.2007, Rs. C-6/05 – Medipac, Rn. 33.

Aufträge zu qualifizieren und fallen bereits originär nicht in den Anwendungsbereich des Vergabesekundärrechts.[64]

Gleichwohl ist damit noch keine Aussage über die Anwendung des europäischen Primärrechts verbunden. Dieses enthält gerade keine spezifischen Vorgaben im Hinblick auf die öffentliche Auftragsvergabe, sondern beinhaltet (lediglich) abstrakt-generelle Vorgaben zur Verwirklichung eines europäischen Binnenmarkts, aus denen sich wiederum im konkreten Einzelfall bestimmte Vergabeverfahrensanforderungen ableiten lassen.[65] Das ist jedoch nicht lediglich im Hinblick auf nachfragende öffentliche Auftraggeber geboten, sondern muss vielmehr immer dann Geltung beanspruchen, **wenn die öffentliche Hand den Zugang zu grundfreiheitlich gewährleisteten Märkten reglementiert**, etwa durch Auswahlentscheidungen als Anbieter öffentlicher Unternehmen, Unternehmensanteilen oder Grundstücken.[66] Schließlich ist es aus grundfreiheitlicher Perspektive ohne Belang, ob eine staatliche Stelle als Nachfrager oder Anbieter einer Leistung tätig wird. Obliegt dem Staat im Rahmen des Abschlusses eines binnenmarktrelevanten Rechtsgeschäfts eine **Auswahlentscheidung** hinsichtlich eines privaten Vertragspartners, ist dieser grundfreiheitlich gehalten, diese Entscheidung **im Wege eines transparenten und diskriminierungsfreien, nachvollziehbaren Verfahrens** zu treffen.

Diese in der Literatur insbesondere **im Zusammenhang mit Unternehmensprivatisierungen** bereits vertretene Auffassung[67] ist mittlerweile auch durch den **EuGH** bestätigt worden[68], wenngleich in den streitgegenständlichen Sachverhaltskonstellationen auch ein mittelbarer Bezug zur Erbringung öffentlicher Aufträge zu konstatieren war.[69] Welche Grundfreiheiten bei Privatisierungsvorhaben konkret einschlägig sind, ist bisher noch nicht abschließend geklärt. Weitgehende Einigkeit besteht aber zumindest dahingehend, dass derartige Beteiligungsveräußerungen in einem Überschneidungsbereich von Kapitalverkehrs- und Niederlassungsfreiheit zu verorten sind. Zur Wahrung der europäischen Grundfreiheiten und transparenten und diskriminierungsfreien Gestaltung entsprechender Auswahlentscheidung bietet es sich deshalb an, auch dann **auf die spezifischen verfahrensrechtlichen Vorgaben des Vergabeprimärrechts zurückzugreifen**, wenn die öffentliche Hand nicht als Auftraggeber, sondern als Anbieter am Markt tätig wird. Hinsichtlich dieser Veräußerungsgeschäfte ist jedoch in mehrfacher Hinsicht zu differenzieren.

Zu berücksichtigen bleibt schließlich, dass es sich bei den hier aufgeführten Fallgruppen lediglich um solche Sachverhalte handelt, die in der Vergangenheit bereits eine gewisse Praxisrelevanz gewonnen haben. Grundsätzlich können sich primärrechtliche Verfahrensvorgaben für all jene Rechtsgeschäfte der öffentlichen Hand ergeben, die für den Zugang zu grundfreiheitlich gewährleisteten, staatlich reglementierten Märkten relevant sind.

---

[64] Vgl. *Dreher* in Immenga/Mestmäcker, GWB, § 99 Rn. 10, 80; *Byok/Jaeger*, Vergaberecht, § 99 GWB Rn. 7; *Heuvels* in Heuvels/Höß/Kuß/Wagner, Vergaberecht, § 99 GWB Rn. 15; *Zentner* Die Bedeutung der Beihilfevorschriften des EG-Vertrages für die Vermögensprivatisierung, 2008, 161; *Kümmritz* Privatisierungen öffentlicher Unternehmen, 2009, 24; *Krutisch* NZBau 2003, 650.

[65] Vgl. § 73 Rn. 1 f.

[66] So auch *Hertwig* NZBau 2011, 9, 10; *Kümmritz* Privatisierungen öffentlicher Unternehmen, 2009, 10; *Prieß/Gabriel* NZBau 2007, 617 ff. *Braun* VergabeR 2006, 657, 665; *Klein* VergabeR 2005, 22, 23; *Eggers/Malmendier* NJW 2003, 780, 781; in diesem Sinne auch OLG Düsseldorf Beschl. v. 27.10.2010, VII-Verg 25/08.

[67] Siehe *Kümmritz* Privatisierungen öffentlicher Unternehmen, 2009, 13 ff.; *Prieß/Gabriel* NZBau 2007, 617 ff.; *Braun* VergabeR, 2006, 657 ff.; *Koenig* EuZW 2006, 203 ff.; *Klein* VergabeR 2005, 22 ff.; *Dietlein* NZBau 2004, 472 ff.; *Eggers/Malmendier* NJW 2003, 780 ff.

[68] EuGH Urt. 6.5.2010, verb. Rs. C-145/08 und C-149/08 – Club Hotel Loutraki, Rn. 62 f.; siehe auch EuGH, Urt. v. 9.9.1999, Rs. C-108/98 – RI.SAN/Commune di Ischia, Rn. 20; aus der deutschen Rechtsprechung: VK Lüneburg Beschl. v. 10.8.1999, 203VgK: „Es spricht viel dafür, dass die Auswahl eines ... Mitgesellschafters schon auf Grund des allgemeinen Diskriminierungsverbots gem. Art. 6 des Vertrags zur Gründung der Europäischen Gemeinschaft (EG) zwingend im Wettbewerb erfolgen muss.".

[69] Vgl. dazu Rn. 36.

Deutlich zum Ausdruck kam das in der Vergangenheit u. a. bereits in dem – im europäischen Gesetzgebungsverfahren letztlich gescheiterten – Vorschlag der Kommission für eine Richtlinie über den Zugang zum Markt für Hafendienste („Port-Package-Richtlinie"), in dem die zuständigen Behörden verpflichtet werden sollten, vor dem Abschluss von, zu Hafendienstleistungen berechtigenden Verträgen, „ein transparentes und objektives Auswahlverfahren anhand verhältnismäßiger, nicht diskriminierender und sachgerechter Kriterien zu gewährleisten"[70].

a) Unternehmensprivatisierungen und Veräußerung von Unternehmensanteilen

27 Soweit die mit der Veräußerung staatlicher Vermögenswerte verbundene Auswahlentscheidung zwischen verschiedenen Erwerbsinteressenten bereits von vornherein ein Auswahlverfahren erfordert, welches den Vorgaben der europäischen Grundfreiheiten Rechnung trägt, ist bei der **Veräußerung öffentlicher Unternehmensanteile** die Durchführung eines Bieterverfahrens nach Maßgabe des richterrechtlich ausgeformten Vergabeprimärrechts zur rechtssicheren Gestaltung des Veräußerungsvorgangs sachgemäß und im Regelfall europarechtlich geboten.

28 **aa) Privatisierungsformen.** Vorstehende Ausführungen zu der Veräußerung von Unternehmensanteilen gelten grundsätzlich auch für die **Privatisierung öffentlicher Unternehmen**, soweit mit dieser entweder ein umfassender oder partieller Anteilserwerb an einem staatlichen Eigenunternehmen verbunden ist. Ein nochmals gesteigertes Bedürfnis nach der Durchführung eines transparenten und diskriminierungsfreien Bieterverfahrens besteht bei Privatisierungsvorgängen dann, wenn mit diesem zudem ein öffentlicher Auftrag verbunden ist, an dem ein privater Investor durch den Anteilserwerb mittelbar beteiligt wird.[71] Insofern ist jedoch zunächst grundsätzlich zwischen verschiedenen Privatisierungsformen, der formellen Privatisierung, der materiellen Privatisierung und der funktionalen Privatisierung zu unterscheiden.[72]

29 Um eine Form der **formellen Privatisierung** handelt es sich, wenn die öffentliche Hand eine im öffentlichen Interesse liegende Aufgabe selbst wahrnimmt und lediglich die Rechtsform der mit deren Wahrnehmung betrauten öffentlichen Stelle in eine Gesellschaftsform des Privatrechts überführt. Die öffentliche Hand bedient sich bei der Erfüllung öffentlicher Aufgaben lediglich der Instrumente des privaten Rechts, weshalb diese Privatisierungsform auch als **Organisationsprivatisierung** bezeichnet wird.[73] Da sich an dieser Form der Privatisierung keine privaten Marktakteure und damit auch keine Träger der europäischen Binnenmarktgrundfreiheiten beteiligen, ergeben sich hinsichtlich formeller Privatisierungen sowohl aus dem europäischen Vergabesekundärrecht als auch aus dem Primärrecht, **von vornherein keine Verfahrensvorgaben.**[74]

30 Als **funktionale Privatisierung** wird die Übertragung einer öffentlichen Aufgabe auf einen Privaten gegen Entgelt bezeichnet, wobei die Verantwortung für die Aufgabenerfüllung jedoch beim Staat verbleibt.[75] **Regelmäßig** handelt es sich bei solchen Privatisierungsvorgängen um die **Vergabe eines öffentlichen Auftrags** im Sinne des Vergabesekundärrechts.[76] Die privatisierende staatliche Stelle nimmt dementsprechend nicht als

---

[70] So der damalige Richtlinienvorschlag v. 13.10.2004, KOM(2004) 654 endg., 2004/0240 (COD), Art. 8 Abs. 1.
[71] Vgl. dazu unten, Rn. 33 ff.
[72] Vgl. dazu auch *Burgi* NVwZ 2001, 601, 603.
[73] *Möschel* WuW 1997, 120, 121.
[74] So zu der sekundärvergaberechtlichen Neutralität formeller Privatisierungen *Scharf/Dierkes* VergabeR 2011, 543, 544; *Behr* VergabeR 2009, 136; *Schimanek* NZBau 2005, 304, 306; *Dreher* in Immenga/Mestmäcker, GWB, § 99 Rn. 84.
[75] Vgl. *Endler* NZBau 2002, 125.
[76] Vgl. *Scharf/Dierkes* VergabeR 2011, 543, 545; *Endler* NZBau 2002, 125.

Anbieter, sondern als **Nachfrager** am Wettbewerb teil. Primärrechtliche Vergabeverfahrensvorgaben ergeben sich mithin nach der gleichen Maßgabe wie für die Vergabe von Dienstleistungskonzessionen, nichtprioritären Dienstleistungen oder Aufträgen unterhalb der Schwellenwerte. Für den hier in Rede stehenden spezifischen Kontext sind funktionale Privatisierungen daher – da sich diese als herkömmliche Auftragsvergaben vollziehen – nicht von Belang.

Anders verhält es sich hingegen bei **materiellen Privatisierungsvorgängen**. Bei dieser, auch als Aufgabenprivatisierung bezeichneten Form, entledigt sich ein Hoheitsträger vollständig der Erfüllung einer bestimmten Aufgabe und überträgt diese auf einen privaten Dritten. Ein Beispiel ist die vollständige Veräußerung eines Staatsunternehmens.[77] Im Vergleich zur formellen Privatisierung findet kein bloßer Gesellschaftsformwechsel, sondern eine **vollständige Aufgaben- und Anteilsübertragung** auf einen Dritten im Wege des Unternehmensverkaufs statt.[78] Lediglich diese Anteilsveräußerung von einem Träger hoheitlicher Gewalt an einen privaten Dritten besitzt potentielle **Relevanz für den europäischen Binnenmarkt** und unterliegt deshalb den Vorgaben der **europäischen Grundfreiheiten**. Gleiches wird über den Bereich der vollständigen Unternehmensveräußerung hinaus ebenfalls für den Erwerb lediglich eines Teils der Unternehmensanteile zu gelten haben. Schließlich kommt auch einer solchen Beteiligung privater Marktakteure an einem öffentlichen Unternehmen grundsätzlich potentiell binnenmarktrelevante Wirkungen zu. 31

Im Hinblick auf zu beachtende **spezifische Verfahrensvorgaben**, die sich etwaig aus den europäischen Grundfreiheiten und sonstigen Vorschriften des europäischen Primärrechts ergeben, ist jedoch weitergehend zu **differenzieren**. Als Unterscheidungskriterium kommt dabei auf Grundlage des XXIII. Berichts der Kommission über die Wettbewerbspolitik aus dem Jahr 1993[79] sowohl die Art und Weise der Anteilsveräußerung, als auch die Frage in Betracht, ob mit der Gesellschaftsanteilsübertragung an ein privatrechtliches Rechtssubjekt zugleich die Beschaffung von Liefer-, Bau- oder Dienstleistungen seitens der veräußernden öffentlichen Stelle verbunden ist. Hierzu im Einzelnen: 32

bb) Anteilsveräußerungen mit Bezug zu öffentlichen Auftragsvergaben. Die Vergabe von öffentlichen Aufträgen an einen Auftragnehmer, über den der Auftraggeber eine Kontrolle wie über eine eigene Dienststelle ausübt und der seine gesamte Tätigkeit im Wesentlichen für den Auftraggeber verrichtet, (sog. **„In-House-Vergabe"**) unterliegt nach der Judikatur des EuGH nicht dem Vergabesekundärrecht.[80] Der Grund dafür liegt in der faktischen Personengleichheit von Auftraggeber und Auftragnehmer.[81] Bei funktionaler Betrachtungsweise liegt noch immer eine Form der Selbsterbringung der nachgefragten Leistung und nicht eine Beschaffung am Markt vor.[82] Beschränken sich die wettbewerblichen Wirkungen einer Auftragsvergabe auf den staatlichen Binnenbereich, besteht kein Bedürfnis, die europäischen Marktfreiheiten durch vergaberechtliche Vorgaben zur Durchsetzung zu verhelfen.[83] In diesem Sinne liegt nach der Rechtsprechung des EuGH bereits dann keine vergaberechtsfreie In-House-Vergabe bei der Beteiligung eines privaten Unternehmens am Kapital einer Gesellschaft, an der auch der öffentliche Auftraggeber beteiligt ist, vor, da diese Beteiligung eines privaten Unternehmens es in jedem 33

---

[77] *Möschel* WuW 1997, 120, 121.
[78] *Scharf/Dierkes* VergabeR 2011, 543, 545; *Dreher* in Immenga/Mestmäcker, GWB, § 99 Rn. 80.
[79] Vgl. § 74 Rn. 46 sowie § 74 Anhang 2.
[80] Grundlegend EuGH Urt. v. 18. 11. 1999, Rs. C-107/98 – Teckal; dazu ausführlich § 6 Rn. 6 ff.
[81] *Brüning* DVBl. 2009, 1539, 1540.
[82] *Brüning* DVBl. 2009, 1539, 1540; *Pietzcker* NVwZ 2007, 1225, 1229.
[83] Vgl. dazu ausführlich *Mehlitz* Ausschreibungspflichten bei formellen und funktionalen Privatisierungen, 2011, 78 ff.

Fall ausschließt, dass der öffentliche Auftraggeber über diese Gesellschaft eine ähnliche Kontrolle ausüben kann, wie über eine eigene Dienststelle.[84]

34 Eine solche vergaberechtsfreie Auftragsvergabe kann jedoch **Relevanz im Rahmen einer Unternehmensveräußerung** besitzen. Erwirbt etwa ein privater Dritter Unternehmensanteile an der ursprünglichen Eigengesellschaft, an die ein öffentlicher Auftrag zuvor aufgrund des In-House-Privilegs vergaberechtsfrei vergeben wurde, beschränkt sich die Auftragsvergabe nicht mehr auf den staatlichen Binnenbereich. Der private Erwerber wird dann durch den Anteilserwerb mittelbar an der Auftragsausführung beteiligt. Bei funktionaler Betrachtungsweise müsste eine solche (Teil-)Veräußerung eines öffentlichen Unternehmens, **bei nachweisbarem sachlich- und zeitlichem Zusammenhang mit der Auftragsvergabe**, als Vergabe eines – eingekapselten – öffentlichen Auftrags iSd. europäischen Vergabesekundärrechts zu qualifizieren sein.[85] Entsprechend hat der EuGH in einer vergleichbaren Sachverhaltskonstellation, in der Rechtssache „**Stadt Mödling**", die eigentlich vergaberechtsfreie Auftragsvergabe an eine öffentliche Eigengesellschaft der Anwendung des Vergabesekundärrechts unterworfen, um eine Umgehung desselben zu verhindern.[86] Der entscheidungsgegenständliche Sachverhalt zeichnete sich vor allem dadurch aus, dass die Abtretung von 49 % der Anteile an der Eigengesellschaft kurz nach der Auftragsvergabe an diese erfolgte und diese ihre operative Tätigkeit zudem erst zu einem Zeitpunkt aufnahm, als die Anteile bereits durch einen privaten Dritten übernommen wurden. Der EuGH beurteilte dieses Vorgehen als „*künstliche Konstruktion*"[87] zur **Umgehung der sekundärvergaberechtlichen Vorgaben** und qualifizierte die Auftragsvergabe entsprechend als ausschreibungspflichtigen öffentlichen Auftrag.

35 In diesem Zusammenhang wies der EuGH in einer späteren Entscheidung in der Rechtssache „Se.T.Co. SpA" im Rahmen eines *obiter dictums* darauf hin, dass es im Fall der ausschreibungslosen In-House-Vergabe eines Auftrags, „*eine* **eine Ausschreibung erfordernde Änderung** *einer grundlegenden Bedingung* **dieses Auftrags** *bedeuten würde, wenn zu einem späteren Zeitpunkt, aber immer noch innerhalb der Gültigkeitsdauer des Auftrags, Privatpersonen zur Beteiligung am Grundkapital der genannten Gesellschaft zugelassen würden.*"[88] Damit knüpft der EuGH hinsichtlich der Beteiligung privater Investoren an öffentlichen Eigengesellschaften unmittelbar an die in der pressetext-Entscheidung[89] statuierten Grundsätze zur Neuausschreibung von Aufträgen bei wesentlichen Auftragsänderungen an.[90] Im Ergebnis führt die Beteiligung eines privaten Investors an einer Eigengesellschaft der öffentlichen Hand somit zu der Pflicht des öffentlichen Auftraggebers, sämtliche, in einer In-House-Konstellation vergaberechtsfrei vergebenen öffentlichen Aufträge, nach Maßgabe des europäischen Vergabesekundärrechts neu auszuschreiben.

36 Eine andere rechtliche Bewertung dürfte allerdings in Privatisierungskonstellationen geboten sein, in denen die Beteiligung eines privaten Investors an einer öffentlichen Eigengesellschaft und die, nach Maßgabe der Teckal-Rechtsprechung vergaberechtsfreie Auftragsvergabe, im Rahmen eines **gemischten Vertrags** vollzogen werden. In diesem Sinne entschied der EuGH in der Rechtssache „**Club Hotel Loutraki**" im Hinblick auf einen Vertrag, der einerseits die Veräußerung von 49 % der Gesellschaftsanteile eines öffentlichen Unternehmens sowie andererseits die Vergabe eines Dienstleistungs- wie eines Bauauftrags an die teilweise veräußerte Gesellschaft umfasste. Da die verschiedenen Teile

---

[84] EuGH Urt. v. 11.1.2005, Rs. C-26/03 – Stadt Halle, Rn. 49.
[85] Vgl. *Burgi* NVwZ 2001, 601, 605; *Jaeger* NZBau 2001, 6, 7; *Endler* NZBau 2002, 125, 133.
[86] EuGH Urt. v. 10.11.2005, Rs. C-29/04 – Stadt Mödling, Rn. 39ff. Vgl. dazu *Prieß/Gabriel* NZBau 2007, 617, 618; *Jasper/Arnold* NZBau 2006, 24, 26; *Opitz* VergabeR 2006, 52. *Schimanek* NZBau 2005, 304, 306f.; *Kühling* ZfBR 2006, 661, 663; *Drügemöller/Conrad* ZfBR 2008, 651.
[87] EuGH Urt. v. 10.11.2005, Rs. C-29/04 – Stadt Mödling, Rn. 40.
[88] EuGH Urt. v. 10.9.2009, Rs. C-573/07 – Se.T.Co.SpA, Rn. 53; dazu *Polster* NZBau 2010, 486; so auch OLG Naumburg Beschl. v. 29.4.2010, 1 Verg 3/10.
[89] EuGH Urt. v. 19.6.2008, Rs. C-454/06 – pressetext.
[90] Vgl. *Polster* NZBau 2010, 486, 487.

des gemischten Vertrags ein untrennbares Ganzes⁹¹ bildeten, dessen Hauptgegenstand der die Anteilsveräußerung betreffende Teil sei, qualifizierte der Gerichtshof das Gesamtrechtsgeschäft nicht als öffentlichen Auftrag iSd. europäischen Vergabesekundärrechts.⁹² Gleichzeitig stellte der EuGH jedoch fest, dass dieser Umstand nicht ausschließt, dass ein solcher Vertrag **die Grundregeln und die allgemeinen Grundsätze des Vertrags**, insbesondere auf dem Gebiet der Niederlassungsfreiheit und des freien Kapitalverkehrs, beachten muss.⁹³ Damit entspricht diese Entscheidung wiederum der bisherigen Rechtsprechung des EuGH, wonach auf eine Veräußerung öffentlicher Unternehmensanteile mit mittelbarem Bezug zu einem öffentlichen Auftrag, die **Grundsätze des europäischen Primärrechts**, namentlich der europäischen Grundfreiheiten Anwendung finden.⁹⁴ Dieses Ergebnis korrespondiert unmittelbar mit der zutreffenden Auffassung, dass die öffentliche Hand auch bei der Veräußerung staatlichen Vermögens grundsätzlich unmittelbar an die europäischen Binnenmarktgrundfreiheiten gebunden ist.⁹⁵ Schließlich wirkt sich die Auftragnehmerstellung der öffentlichen Eigengesellschaft auf die Veräußerung von dessen Unternehmensanteilen aus und bedingt bei Binnenmarktrelevanz des Erwerbsgeschäfts die Durchführung eines primärrechtlich gebotenen, transparenten und diskriminierungsfreien Auswahlverfahrens des privaten Investors.⁹⁶ Daneben stellt die hier in Rede stehende Entscheidung des EuGH klar, dass einzelne öffentliche Auftragsbestandteile einer Unternehmenstransaktion der öffentlichen Hand – diese Entscheidung zum Maßstab genommen – die **Gesamttransaktion nicht sekundärvergaberechtlich „infizieren"**.⁹⁷

cc) Anteilsverkauf über die Börse. Steht die Veräußerung von Anteilen öffentlicher Unternehmen **nicht im Zusammenhang mit der Vergabe eines öffentlichen Auftrags**, fällt dieser staatliche Veräußerungsvorgang von vornherein nicht in den Anwendungsbereich des europäischen Vergabesekundärrechts.⁹⁸ Gleichwohl gelten die Grundfreiheiten des europäischen Primärrechts bei entsprechender Binnenmarktrelevanz⁹⁹ uneingeschränkt auch für Veräußerungsgeschäfte der öffentlichen Hand. Auf Grundlage des XXIII. Wettbewerbsberichts der Kommission aus dem Jahr 1993 spricht viel dafür, bei der Veräußerung solcher Unternehmensanteile über eine Börse auf die Durchführung zusätzlicher strukturierter Auswahlverfahren nach Maßgabe des europäischen Primärrechts zu verzichten. Richtigerweise ist zunächst weitergehend danach zu differenzieren, ob die zu veräußernden Anteile eines Unternehmens bereits börsennotiert sind oder ob es sich um einen Fall des sog. „Initial Public Offerings" handelt. 37

(1) Veräußerung bereits börsengehandelter Anteile. Die Kommission hat in ihrem XXIII. Wettbewerbsbericht von 1993 Leitlinien für die rechtssichere Gestaltung von 38

---

⁹¹ Siehe zu den Kriterien für die Bestimmung einer Trennbarkeit von Anteilserwerb und Auftragsvergabe auch die Entscheidung EuGH Urt. v. 22.12.2010, Rs. C-215/09 – Mehiläinen, Rn. 33 ff.
⁹² EuGH Urt. 6.5.2010, verb. Rs. C-145/08 und C-149/08 – Club Hotel Loutraki, Rn. 58.
⁹³ EuGH Urt. 6.5.2010, verb. Rs. C-145/08 und C-149/08 – Club Hotel Loutraki, Rn. 62 f.
⁹⁴ EuGH Urt. v. 9.9.1999, Rs. C-108/98 – RI.SAN/Commune di Ischia, Rn. 20; aus der deutschen Rechtsprechung: VK Lüneburg Beschl. v. 10.8.1999, 203VgK: *„Es spricht viel dafür, dass die Auswahl eines ... Mitgesellschafters schon auf Grund des allgemeinen Diskriminierungsverbots gem. Art. 6 des Vertrags zur Gründung der Europäischen Gemeinschaft (EG) zwingend im Wettbewerb erfolgen muss."*.
⁹⁵ So *Hertwig* NZBau 2011, 9, 10; *Kümmritz* Privatisierungen öffentlicher Unternehmen, 2009, 10; *Prieß/Gabriel* NZBau 2007, 617 ff. *Braun* VergabeR 2006, 657, 665; *Klein* VergabeR 2005, 22, 23; *Eggers/Malmendier* NJW 2003, 780, 781. Dazu bereits ausführlich oben, Rn. 23 ff.
⁹⁶ Vgl. *Drügemöller/Conrad* ZfBR 2008, 651, 652; *Prieß/Gabriel* NZBau 2007, 617 ff.
⁹⁷ Anders jedoch *Hölzl/Fedke* DVBl. 2010, 759.
⁹⁸ Vgl. Rn. 23.
⁹⁹ Vgl. Rn. 23 ff.

staatlichen Unternehmensveräußerungen entwickelt.[100] Diese betreffen zwar einen **ausschließlich beihilferechtlichen Kontext**, es lassen sich jedoch auch im Hinblick auf die Wahrung der europäischen Grundfreiheiten sowie die übrigen Vorgaben des europäischen Primärrechts insoweit gewisse Rückschlüsse ziehen, als beide Rechtsregime zur rechtmäßigen Ausgestaltung einer Unternehmensveräußerung gleichermaßen die **Durchführung transparenter und nichtdiskriminierender Verfahren** voraussetzen.

39 Nach Auffassung der Kommission gewährleistet der Verkauf von Unternehmensanteilen „über die Börse" per se, dass der Vertragspartner für die staatliche Leistung eine **angemessene Gegenleistung** erbringt.[101] Dem liegt ersichtlich die Annahme zugrunde, dass die Verfahrensvorgaben zur Gleichbehandlung der Bewerber und zur Transparenz des Verfahrens bereits durch die Regeln der Börse erfüllt werden.[102] Diese Feststellung dürfte jedenfalls auf die Durchführung eines strukturierten Bieterverfahrens nach primärrechtlichen Vorgaben übertragbar sein, sofern die zu veräußernden Unternehmensanteile bereits an der Börse gehandelt werden. Das gilt umso mehr, als spiegelbildlich auch das Vergabesekundärrecht keine Ausschreibungspflicht für den Erwerb von Waren über eine Warenbörse vorsieht.[103] Dann werden die Vorgaben im Hinblick auf die **Gleichbehandlung/ Nichtdiskriminierung** der am Beteiligungserwerb interessierten Bewerber sowie die **Transparenz des Verfahrens** durch die Börsennotierung der Aktien und das Erfordernis des **Erwerbs im Rahmen des geregelten Börsenhandels** ersetzt.

40 **(2) Initial Public Offering.** Die Veräußerung von bereits börsengehandelten Unternehmensanteilen einer staatlichen Eigengesellschaft ist jedoch von einer Privatisierung im Rahmen einer **erstmaligen Börsennotierung** zu unterscheiden. Bei der sog. „Initial Public Offering" (IPO) werden Unternehmensanteile an der Börse platziert. Primärrechtliche Relevanz hat aber schon der dem ersten Handelstag zeitlich vorausgehende **Preis- und Marktfindungsprozess**. Nach Maßgabe der jeweiligen – von dem Unternehmen, der beauftragten Bank bzw. der Konsortialbanken festgelegten – Vermarktungsstrategie wird strategisch entschieden, welche Gruppen von Investoren angesprochen werden sollen. Meist wird ein **Public Offering** avisiert, um möglichst viele Interessenten zu gewinnen. Dabei wird im Rahmen einer sog. Roadshow das Unternehmen durch Präsentationen an verschiedenen Orten vorgestellt, um sie vom Kurspotential der Aktie zu überzeugen. Danach stellt das Unternehmen bzw. die beauftragte Bank im Rahmen des dem Aktienhandel vorgelagertem sog. **Book Building** durch die eingegangenen Interessebekundungen fest, wie hoch die Nachfrage nach den Aktien ist und zu welchem Preis sie somit platziert werden könnten.[104] Anhand dessen erfolgt sodann die Festlegung des Emissionspreises. Zu welchen Preisen und in welchen Mengen an die unterschiedlichen Arten von Investoren (strategische Investoren, Finanzinvestoren oder etwa Mitarbeiter des Unternehmens) Aktien vergeben werden,[105] beruht schließlich auf **strategischen, mitunter wenig transparenten Entscheidungen** und nicht auf Gesetzmäßigkeiten des Börsenhandels. Die erste Zuteilung/Zeichnung der Aktien an der Börse ist nicht reguliert. Ob auf diese Weise die **primärrechtliche Grundsätze** gewahrt sind, insbesondere ob dieses Verfahren einen hinreichenden Grad an Diskriminierungsfreiheit gewährleistet, ist **zwei-**

---

[100] Vgl. § 73 Rn. 46 ff.
[101] Geschieht die Privatisierung durch den Verkauf von Aktien über die Börse, wird generell davon ausgegangen, dass die Veräußerung zu Marktbedingungen erfolgt und kein Beihilfeelement enthalten ist. [...] Wird das Unternehmen nicht über die Börse privatisiert, sondern als Ganzes oder in Teilen an andere Unternehmen verkauft, sind [bestimmte] Bedingungen einzuhalten, damit ohne weitere Prüfung davon ausgegangen werden kann, daß kein Beihilfeelement enthalten ist, *Europäischen Kommission*, XXIII. Bericht über die Wettbewerbspolitik 1993, Rn. 403.
[102] Vgl. *Prieß/Gabriel* NZBau 2007, 617, 619.
[103] Art. 31 Nr. 2 lit. c VKR.
[104] *Rödl/Zinser* Going Public, 2. Aufl. (2000), 303.
[105] *Schanz* Börseneinführung, 3. Aufl. (2007), 336.

felhaft, da es nicht zuletzt in der Hand der Konsortialbanken liegt, ob und wie sie einen der Höhe nach nicht begrenzten Teil der Unternehmensanteile vor dem ersten Handelstag bestimmten Interessenten(gruppen) zuteilt und preislich festlegt.

dd) Trade Sale. Die Veräußerung öffentlicher Unternehmensanteile mittels eines „Trade Sale", dh. im Rahmen eines **individuellen Bieterwettbewerbs**, stellt den klassischen Fall einer Unternehmensveräußerung dar, bei dem die Vorgaben des europäischen Primärrechts hinsichtlich Transparenz, Gleichbehandlung und Diskriminierungsfreiheit sowie darüber hinausgehend die Regelungen des EU-Beihilferechts zu beachten sind.[106] Zu diesem Zweck ist die Durchführung eines strukturierten Bieterverfahrens nach den entsprechenden unionsrechtlichen Vorgaben bei gleichzeitiger Berücksichtigung der beihilferechtlichen Regelungen geboten.[107] 41

ee) Dual-Track-Verfahren. Das in der Praxis immer gebräuchlicher werdende sog. Dual-Track-Verfahren veranschaulicht beispielhaft die Richtigkeit der hier (siehe oben) empfohlenen Anwendung primärrechtlicher Grundsätze auf die erstmalige Börsennotierung öffentlicher Unternehmen mittels eines IPO. Bei einem Dual-Track-Verfahren führt der öffentliche Veräußerer eine Veräußerung mittels eines Trade-Sale durch, bereitet jedoch für den Fall des Abbruchs dieser pekuniär präferierten Verfahrensart gleichzeitig einen Börsengang des öffentlichen Unternehmens vor. Damit erhält sich der öffentliche Veräußerer möglichst lange die **Wahlfreiheit zwischen beiden Prozessen**. Beide Verfahrensstränge beinhalten dabei gleichsam eine **(Vor-)Auswahl von Erwerbern**. Die Entscheidung über den tatsächlichen Abschluss des Veräußerungsgeschäfts entweder mittels Trade-Sale oder IPO unterliegt jedoch der **gewillkürten Entscheidung** des öffentlichen Veräußerers. Vor diesem Hintergrund sind jedoch keine sachlichen Gründe ersichtlich, lediglich das Trade-Sale-Verfahren den Verfahrensvorgaben des europäischen Primärrechts zu unterstellen. Konsequenterweise obläge es sonst dem staatlichen Veräußerer, durch die Wahl der Verfahrensart über die anwendbaren rechtlichen Vorgaben des Veräußerungsvorgans zu disponieren. 42

b) Veräußerung öffentlicher Grundstücke

Der EuGH hat mit seiner Entscheidung in der Rechtssache „Helmut Müller GmbH" eindeutig klargestellt, dass das europäische Vergabesekundärrecht nicht auf die Veräußerung öffentlicher Grundstücke anwendbar ist, selbst wenn mit diesem Veräußerungsvorgang bestimmte städteplanerisch intendierte Bebauungspflichten des Erwerbers verbunden sind.[108] Für solche Veräußerungsgeschäfte der öffentlichen Hand dürften dementsprechend bei Vorliegen hinreichender Binnenmarktrelevanz ebensolche **primärrechtlichen Verfahrensvorgaben** gelten, wie das bei dem Verkauf von Unternehmensanteilen der Fall ist.[109] 43

Hinsichtlich der Gestaltung einer solchen Grundstücksveräußerung der öffentlichen Hand sind insbesondere die beihilferechtlichen **Vorgaben der Kommission** in der **Grundstücksmitteilung** von besonderer Bedeutung.[110] 44

---

[106] Vgl. v. Bonin EuZW 2013, 247, 249.
[107] § 75 Rn. 1 ff.
[108] EuGH Urt. v. 25. 3. 2010, Rs. C-451/08 – Helmut Müller GmbH.
[109] Vgl. Rn. 23 ff; in diesem Sinne auch Kühling NVwZ 2010, 1257, 1261; Hertwig NZBau 2011, 9 sowie Remmert JZ 2010, 512, 515.
[110] Siehe dazu Anhang 4 zu § 74, sowie zu der konkordanten Anwendung beihilfe- und primärrechtlicher Vorschriften im Hinblick auf die Gestaltung von Auswahlverfahren unten, § 76 Rn. 1 ff.

III. Sachliche Ausnahmen

1. Rechtfertigungsgründe des europäischen Primärrechts

45 Zwingende **Gründe des Allgemeinwohls** können staatliche Maßnahmen, die von den grundfreiheitlich begründeten Verhaltenspflichten öffentlicher Auftraggeber abweichen, im Einzelfall rechtfertigen.[111] Soweit etwa eine binnenmarktrelevante staatliche Auswahlentscheidung keine zur Wahrung europäischer Grundfreiheiten hinreichende Gleichbehandlung, Nichtdiskriminierung bzw. Transparenz gewährleistet oder gänzlich ohne ein strukturiertes Bieterverfahren durchgeführt wurde, kann das gleichwohl im Einklang mit dem europäischen Primärrecht stehen, soweit ein entsprechender Rechtfertigungsgrund einschlägig ist.

46 Sämtliche Grundfreiheiten unterliegen ausdrücklich den im AEUV **niedergeschriebenen Schranken:** Zum Schutz der öffentlichen Ordnung und Sicherheit, der Gesundheit und von Kulturgütern sind die Mitgliedstaaten sogar zu offen diskriminierenden Eingriffen berechtigt, vgl. Art. 36 AEUV (Warenverkehrsfreiheit), Art. 45 Abs. 3 AEUV (Arbeitnehmerfreizügigkeit), Art. 52 Abs. 1 AEUV (Niederlassungsfreiheit), Art. 62 iVm. 52 Abs. 1 AEUV (Dienstleistungsfreiheit), Art. 65 Abs. 1 lit. b AEUV (Kapitalverkehrsfreiheit). Des Weiteren bestehen zudem **allgemeine Ausnahmen** vom Gemeinschaftsrecht, so zB. Art. 346 Abs. 1 lit. b AEUV wonach von den Mitgliedstaaten unionsrechtswidrige, insbesondere dem Prinzip des freien Warenverkehrs, der Wettbewerbsfreiheit und der europäischen Handelspolitik zuwiderlaufende nationale Maßnahmen zur Wahrung ihrer wesentlichen Sicherheitsinteressen ergriffen werden dürfen.[112] Art. 106 Abs. 2 AEUV lässt einen Dispens von den Grundfreiheiten für Unternehmen zu, die mit **Dienstleistungen von allgemeinem wirtschaftlichem Interesse** betraut sind, sofern die Vorschriften der Verträge eine Erfüllung der ihnen übertragenen besonderen Aufgaben verhindern würde. Diese Ausnahmen sind aber nur soweit zulässig, wie die Entwicklung des Handelsverkehrs nicht in einem Ausmaß beeinträchtigt wird, das dem Interesse der Gemeinschaft zuwider läuft.[113]

47 Schließlich kann die Beeinträchtigung einer Grundfreiheit auch auf **ungeschriebenen Rechtfertigungsgründen** beruhen. Der EuGH hat hierzu basierend auf der Entscheidung „Cassis de Dijon"[114] eine Rechtsprechungslinie entwickelt, wonach die Beeinträchtigung einer Grundfreiheit durch eine nationale Maßnahme dann als zulässig zu erachten ist, wenn die Maßnahme in nichtdiskriminierender Weise angewandt wird, sie aus zwingenden Gründen des Allgemeininteresses gerechtfertigt ist, sie weiter geeignet ist, die Erreichung des mit ihr verfolgten Ziels zu erreichen und nicht über das hinausgeht, was zur Erreichung dieses Zieles erforderlich ist.[115] Sämtliche dieser Rechtfertigungsgründe sind grundsätzlich im Einzelfall dazu geeignet, den Eingriff in europäische Grundfreiheiten im Rahmen der Vergabe eines öffentlichen Auftrags bzw. der Durchführung eines strukturierten Bieterverfahrens zu legitimieren.

2. „In-House"-Vergaben

48 Nach ständiger Rechtsprechung des EuGH unterliegen Auftragsvergaben nicht den Vorgaben des Vergabesekundärrechts, soweit der Auftraggeber über den Auftragnehmer eine

---

[111] Vgl. dazu auch *Kühling/Huerkamp* in MünchKommBeihVgR, Vor §§ 97 ff. GWB Rn. 50 ff.
[112] *Wegener* in Calliess/Ruffert, Art. 346 AEUV Rn. 1.
[113] EuGH Urt. v. 23.10.1997, C-157/94 – Kommission/Niederlande, Rn. 65; EuGH Urt. v. 19.5.1993, Rs. C-320/91 – Corbeau.
[114] EuGH, Urt. vom 20.2.1979, Rs 120/78 – Cassis de Dijon.
[115] EuGH Urt. v. 27.10.2005, Rs. 234/03 – Contse, Rn. 25; EuGH Urt. v. 6.11.2003, Rs. C-243/01 – Gambelli, Rn 64 f.; EuGH *Urt.* v. 31.3.1993, Rs C-19/92 – Kraus, Rn. 32.

Kontrolle wie über eine eigene Dienststelle ausübt und dieser seine gesamte Tätigkeit im Wesentlichen für den Auftraggeber verrichtet (sog. **„In-House-Vergabe"**).[116] Die Grundsätze dieser Rechtsprechung hat der EuGH wiederholt auch für die Vergabe von Aufträgen nach primärrechtlichen Verfahrensvorgaben angewendet.[117] Lassen bereits die spezifischen Vergaberichtlinien mit ihren detaillierten Anforderungen an das Vergabeverfahren Ausnahmen für In-House-Geschäfte zu, so muss das **erst recht** auch dort gelten, wo sich lediglich abgeleitete Verfahrensanforderungen aus dem **Primärrecht** ergeben.[118] Andernfalls entstünde beispielsweise hinsichtlich der Vergabe von Dienstleistungskonzessionen in einer In-House-Konstellation das widersinnige Ergebnis, dass öffentliche Auftraggeber außerhalb der Richtlinien strengeren Anforderungen unterlägen als innerhalb, nämlich einer ausnahmslos geltenden Pflicht zur Herstellung von Transparenz und Öffentlichkeit.[119] Zudem handelt es sich bei der vergaberechtlichen Privilegierung von In-House-Vergaben um eine **teleologische Reduktion** des vergabesekundärrechtlichen Auftragsbegriffs.[120] Der öffentliche Auftraggeber erbringt die Leistung innerhalb eines solchen Auftragsverhältnisses bei funktionaler Betrachtung selbst und wird nicht als Nachfrager am Markt tätig. Mithin entfällt von vornherein jegliche Relevanz für den europäischen Binnenmarkt, sodass die Binnenmarktgrundfreiheiten als Rechtsgrundlagen für primärrechtliche Vergabeverfahrensanforderungen schon nicht einschlägig sind.[121]

Liegt demnach im Einzelfall eine vergaberechtsfreie In-House-Vergabe vor, unterliegt diese weder Vorgaben des Vergabesekundär- noch des Vergabeprimärrechts.[122] Zu berücksichtigen bleibt jedoch, dass die Voraussetzungen einer vergaberechtsfreien In-House-Vergabe grundsätzlich eng auszulegen und deren Vorliegen von demjenigen zu beweisen ist, der sich auf sie berufen will.[123] **49**

3. Ausnahmetatbestände des Vergabesekundärrechts

Die europäischen Vergaberichtlinien sehen für spezifische Sachverhaltskonstellationen **sachliche Ausnahmen** von der Durchführung eines Vergabeverfahrens vor. Hinsichtlich dieser Ausnahmeregelungen ist zwischen zwei verschiedenen Kategorien zu differenzieren. Einerseits werden bestimmte Arten von Aufträgen vollständig vom Anwendungsbereich der Vergaberichtlinien ausgenommen.[124] Gemäß Art. 14 VKR, Art. 21 SKR ist das beispielsweise bei der Vergabe von Aufträgen mit einer besonderen Relevanz für mitgliedstaatliche Sicherheitsinteressen der Fall; wenn etwa ein Auftrag für geheim erklärt wird oder dessen Ausführung besondere Sicherheitsmaßnahmen erfordert. Andererseits ist **50**

---

[116] EuGH Urt. v. 18.11.1999, Rs. C-107/98 – Teckal; dazu ausführlich § 6 Rn. 6 ff., sowie bereits oben Rn. 33.
[117] EuGH Urt. v. 6.4.2006, Rs. C-410/04 – ANAV, Rn. 18 ff.; EuGH Urt. v. 13.10.2005, Rs. C-458/03 – Parking Brixen, Rn. 46 ff.; EuGH Urt. v. 18.12.2007, Rs. C-220/06 – APERMC, Rn. 86; EuGH Urt. v. 13.11.2008, Rs. C-324/07 – Coditel Brabant SA; EuGH Urt. v. 10.9.2009, Rs. C-573/07 – Se.T.Co SpA, Rn. 40; EuGH Urt. v. 29.11.2012, Rs. C-182/11 und C-183/11 – Econord SpA, Rn. 26.
[118] Vgl. Generalanwältin *Kokott* Schlussanträge v. 1.3.2005, Rs. C-458/03 – Parking Brixen, Rn. 46.
[119] Vgl. Generalanwältin *Kokott* Schlussanträge v. 1.3.2005, Rs. C-458/03 – Parking Brixen, Rn. 46.
[120] *Dreher* NZBau 2004, 14; *Mehlitz* Ausschreibungspflichten bei formellen und funktionalen Privatisierungen, 2011, 78 ff., 192.
[121] *Mehlitz* Ausschreibungspflichten bei formellen und funktionalen Privatisierungen, 2011, 192.
[122] Vgl. *Kühling/Huerkamp* in MünchKommBeihVgR, Vor §§ 97 ff. GWB Rn. 54; *Dörr* Europäisches Vergabeprimärrecht, S. 191, 197; *Mehlitz* Ausschreibungspflichten bei formellen und funktionalen Privatisierungen, 2011, 186.
[123] Vgl. EuGH Urt. v. 6.4.2006, Rs. C-410/04 – ANAV, Rn. 26; EuGH Urt. v. 13.10.2005, Rs. C-458/03 – Parking Brixen, Rn. 63.
[124] Dazu ausführlich § 2 Rn. 1 ff.

in den Vergaberichtlinien für bestimmte Sachverhaltskonstellationen ausnahmsweise die Durchführung eines Verhandlungsverfahrens ohne vorherige Bekanntmachung vorgesehen.[125] Das ist zB. gemäß Art. 31 VKR in Situationen zulässig, in denen aufgrund nicht voraussehbarer Ereignisse dringendes Handeln geboten ist oder bei der Vergabe von Aufträgen, die aus technischen oder künstlerischen Gründen oder aufgrund des Schutzes von Ausschließlichkeitsrechten nur von einem bestimmten Wirtschaftsteilnehmer ausgeführt werden können.

51 Zu der Frage, wie die **Voraussetzungen dieser Ausnahmetatbestände** bei solchen Sachverhalten auszulegen und anzuwenden sind, die lediglich primärrechtlichen Verfahrensvorgaben unterliegen, gibt es bislang nur wenig konkrete Anhaltspunkte. Hinsichtlich der Möglichkeit, ausnahmsweise ein Verhandlungsverfahren ohne Bekanntmachung durchzuführen, hat die Kommission die restriktiven Vorschriften der Vergaberichtlinien bislang in gleichem Maße auch auf Vergaben, die nicht oder nur teilweise von diesen erfasst sind, angewendet und diese Handhabung entsprechend auch in der Kommissionsmitteilung zu Unterschwellenvergaben empfohlen.[126] Das EuG stellt in seinem Urteil zur Unterschwellenmitteilung klar, dass durch die Mitteilung nicht weitere Ausnahmen zur Durchführung eines Verhandlungsverfahrens ohne Bekanntmachung ausgeschlossen werden[127] und dass über die von den Vergaberichtlinien vorgesehenen Ausnahmen hinaus auch die **Ausnahmen gelten, die sich aus dem Grundsätzen der EU-Verträge im Hinblick auf die Bekanntmachungspflicht eines Auftrags ergeben**.[128] Das sind namentlich sowohl die Vorschriften des AEUV, die die Anwendbarkeit des Primärrechts generell ausschließen,[129] als auch ausdrücklich im AEUV vorgesehene Rechtfertigungstatbestände oder durch die Rechtsprechung anerkannte sonstige Rechtfertigungsgründe.[130] Vor diesem Hintergrund dürften die sekundärrechtlichen Ausnahmen von der **Veröffentlichung einer Vergabebekanntmachung** iSv. Art. 31 VKR grundsätzlich auch auf Auftragsvergaben nach lediglich primärrechtlichen Vorgaben anwendbar sein. Obwohl diesbezüglich noch keine explizite Judikatur des EuGH ersichtlich ist, lassen sich jedoch durchaus Rückschlüsse aus der Rechtsprechung des Gerichtshofs in Bezug auf vergaberechtsfreie **In-House-Geschäfte** ziehen. Diese letztlich auf einer richterrechtlichen Rechtsfortbildung beruhende sachliche Ausnahme vom Anwendungsbereich des Richtlinienvergaberechts wird vom EuGH mittlerweile in ständiger Rechtsprechung auch auf Vergabevorgänge nach lediglich primärrechtlichen Verfahrensvorgaben angewendet.[131] Begründet wird das insbesondere mit dem Argument, das ein Vergabevorgang außerhalb des Vergabesekundärrechts keinen strengeren – primärrechtlichen – Verfahrensvorgaben unterliegen dürfe als innerhalb des Anwendungsbereichs der Vergaberichtlinien.[132] Diese Argumentation dürfte auf anderweitig richtlinienmäßig privilegierte Sachverhaltskonstellationen unmittelbar übertragbar sein. Ein Beschaffungsvorgang, beispielsweise im Unterschwellenbereich, der die Voraussetzungen des Art. 31 VKR zur Durchführung eines Verhandlungsverfahrens ohne Bekanntmachung erfüllt, müsste dementsprechend auch hinsichtlich der primärrechtlichen Bekanntmachungspflichten[133] privilegiert werden.

52 Anders dürfte es sich jedoch mit den Regelungen der Vergaberichtlinien verhalten, die eine **vollständige Ausnahme spezifischer Sachverhalte vom europäischen Verga-**

---

[125] Dazu ausführlich § 8 Rn. 57 ff.
[126] Mitt. „Unterschwellenvergabe" Nr. 2.1.4. Dazu *Gabriel* NVwZ 2006, 1262, 1264.
[127] EuG Urt. v. 20. 5. 2010, Rs. T-258/06, Rn. 141 ff.
[128] EuG Urt. v. 20. 5. 2010, Rs. T-258/06, Rn. 140.
[129] Dazu bereits oben, Rn. 45 ff.
[130] EuG Urt. v. 20. 5. 2010, Rs. T-258/06, Rn. 140.
[131] Vgl. oben, Rn. 48 f.
[132] Vgl. Generalanwältin *Kokott* Schlussanträge v. 1. 3. 2005, Rs. C-458/03 – Parking Brixen, Rn. 46.
[133] Vgl. dazu § 76 Rn. 4 ff.

besekundärrecht vorsehen.¹³⁴ Diese könnten lediglich dann entsprechende Geltung für Verfahrensvorgaben des europäischen Primärrechts beanspruchen, wenn der europäische Normgeber eine **abschließende rechtliche Regelung** in den Vergaberichtlinien treffen wollte, welche sodann aus rechtssystematischen Gründen, den Rückgriff auf das europäische Primärrecht ausschließen würde. In diesem Zusammenhang betont der EuGH jedoch in ständiger Rechtsprechung, dass eine solche negative Sperrwirkung der Vergaberichtlinien im Hinblick auf primärrechtliche Vergabeanforderungen nicht gesetzgeberisch intendiert ist.¹³⁵ Damit dürfte gerade im Anwendungsbereich der vollständigen sekundärrechtlichen Ausnahmetatbestände eine Anwendung des Vergabeprimärrechts geboten sein.

C. Persönlicher Anwendungsbereich

Neben dem sachlichen Anwendungsbereich primärrechtlicher Verfahrensvorgaben für den Abschluss staatlicher Rechtsgeschäfte mit Relevanz für die europäischen Binnenmarktgrundfreiheiten, besitzt namentlich der persönliche Anwendungsbereich dieser Verfahrensvorgaben eine erhebliche praktische Relevanz.¹³⁶ 53

I. Öffentliche Auftraggeber iSv. § 98 Nr. 1 und 3 GWB

Eine Pflicht zur Durchführung von Bieterverfahren zur Strukturierung staatlicher Auswahlentscheidungen ergibt sich nach der Rechtsprechung des EuGH im Wesentlichen aus den europäischen Grundfreiheiten und den daraus abgeleiteten Prinzipien der Gleichbehandlung, Nichtdiskriminierung und der Transparenz.¹³⁷ Damit entspricht der persönliche Anwendungsbereich dieser abgeleiteten primärrechtlichen Verfahrensvorgaben notwendigerweise demjenigen ihrer rechtlichen Fundierung, dh. der Grundfreiheiten des AEUV. Schließlich können sich grundfreiheitliche Verfahrensvorgaben lediglich für solche natürlichen oder juristischen Personen ergeben, die ihrerseits an die europäischen Grundfreiheiten gebunden sind. Gemäß Art. 4 Satz 3 EUV sind es deshalb die **Mitgliedstaaten**, die alle geeigneten Maßnahmen allgemeiner oder besonderer Art zur Erfüllung der Verpflichtungen ergreifen, die sich aus den EU-Verträgen oder aus Handlungen der Organe der Gemeinschaft ergeben. 54

In concreto trifft diese Bindung der Mitgliedstaaten primär deren **Gebietskörperschaften**, dh. Bund, Länder und Kommunen, sowie **Anstalten und Körperschaften des öffentlichen Rechts** und die Gerichte und Behörden als **sonstige Träger öffentlicher Gewalt**.¹³⁸ Jedenfalls soweit auch der **klassische Auftraggeberbegriff**¹³⁹ des EU/GWB-Vergaberechts gemäß **§ 98 Nr. 1 und 3 GWB** staatliche Gebietskörperschaften sowie deren Sondervermögen und deren Verbände umfasst, besteht demnach eine Übereinstimmung mit dem persönlichen Anwendungsbereich primärrechtlicher Verfahrensanforderungen der europäischen Grundfreiheiten.¹⁴⁰ 55

---

¹³⁴ In diesem Sinne auch *Mehlitz* Ausschreibungspflichten bei formellen und funktionalen Privatisierungen, 2011, 191 f.; *Dörr* Europäisches Vergabeprimärrecht, S. 193.
¹³⁵ Vgl. EuGH Beschl. v. 3. 12. 2001, Rs. C-59/00 – Vestergaard, Rn. 19; sowie § 73 Rn. 9.
¹³⁶ Vgl. dazu ausführlich *Gabriel* VergabeR 2009, 7 ff.
¹³⁷ Vgl. § 73 Rn. 12 ff.
¹³⁸ Vgl. EuGH Urt. v. 28. 4. 1977, Rs. C-71/76 – Thieffry, Rn. 15–18; EuGH Urt. v. 10. 4. 1984, Rs. C-14/83 – von Colson und Kamann, Rn. 26; EuGH Urt. v. 16. 12. 1993, Rs. C-91/92 – Faccini Dori, Rn. 26; EuGH Urt. v. 6. 3. 2003, Rs. C-62/00 – Marks & Spencer, Rn. 24; EuGH Urt. v. 22. 5. 2003, Rs. C-462/99 – Connect Austria, Rn. 38; EuGH Urt. v. 13. 1. 2004, Rs. C-453/00 – Kühne & Heitz, Rn. 20; *v. Bogdandy* in Grabitz/Hilf/Nettesheim, Art. 4 EUV, Rn. 58.
¹³⁹ Zum klassischen Auftraggeberbegriff vgl. § 3.
¹⁴⁰ Vgl. *Gabriel* VergabeR 2009, 7, 8; *Wollenschläger* NVwZ 2007, 388, 389.

II. Privatrechtlich verfasste Unternehmen eines Mitgliedstaats

56 An dem Abschluss von Rechtsgeschäften, die sachlich den verfahrensrelevanten Bindungen des europäischen Primärrechts unterliegen, sind jedoch oftmals privatrechtlich verfasste staatliche Unternehmen beteiligt, die nicht von vornherein als unmittelbare staatliche Organisationseinheit iSv. Art. 4 Satz 3 EUV qualifiziert werden können. So werden beispielsweise Veräußerungen öffentlicher Unternehmensbeteiligungen oder Grundstücke[141] regelmäßig von **kommunalen Holdinggesellschaften** abgewickelt, denen die Verwaltung des öffentlichen Vermögens übertragen wurde und in deren (juristischem) Eigentum die jeweiligen Vermögensgüter stehen.[142] Privatisierungen werden teilweise von **dem zu privatisierenden Unternehmen** selbst (und weniger dem öffentlichen Anteilseigner) federführend betrieben.[143]

57 Vor diesem Hintergrund hat die Europäische Kommission in einer Fußnote der Mitteilung „Unterschwellenvergabe" darauf hingewiesen, dass die mitteilungsgegenständlichen primärrechtlichen Verfahrensanforderungen sowohl für öffentliche Auftraggeber iSd. VKR als auch für öffentliche Auftraggeber und öffentliche Unternehmen iSd. SKR gelten.[144] Eine solche pauschale Gleichsetzung der persönlichen Anwendungsbereiche der Vergabekoordinierungsrichtlinien einerseits und des europäischen Vergabeprimärrechts andererseits mittels einer sekundärrechtlichen Kommissionsmitteilung erscheint allerdings bereits normhierarchisch zumindest bedenklich.[145] Die Frage, ob auch **öffentliche Auftraggeber gemäß § 98 Nr. 2 und 4 GWB**[146] sowie **Unternehmen der öffentlichen Hand, die dem vergaberechtlichen Auftraggeberbegriff** zB. wegen ihrer rein gewerblichen Ausrichtung **nicht unterfallen**, zur Beachtung der europäischen Grundfreiheiten und -prinzipien verpflichtet sind, hat dementsprechend ausschließlich anhand ebenfalls primärrechtlicher Rechtsgrundlagen zu erfolgen.

1. Öffentliche Unternehmen iSv. Art. 106 AEUV

58 Eine **generelle Bindung privater Unternehmen** an die Grundfreiheiten **besteht nicht.** Das lehnen sowohl der EuGH als auch die ganz herrschende Auffassung in der Literatur ab.[147] Lediglich **ausnahmsweise im Arbeits- und Dienstleistungsbereich**, dort vor allem im Rahmen von Kollektivvereinbarungen, hat der EuGH eine Bindung

---

[141] Gemeint sind hier reine Grundstücksveräußerungen ohne vergaberechtlich relevante Bauverpflichtung im Sinne der neueren Rechtsprechung, die im Anschluss an die „Jeanne Auroux"-Entscheidung des EuGH Urt. v. 18.1.2007, Rs. C-220/05 – insbesondere durch mehrere Entscheidungen des OLG Düsseldorf geprägt wurde: OLG Düsseldorf Beschl. v. 13.6.2007, VII-Verg 2/07; Beschl. v. 12.12.2007, VII-Verg 30/07; Beschl. v. 6.2.2008, VII-Verg 37/07; Beschl. v. 30.4.2008, VII-Verg 23/08; Beschl. v.14.5.2008, Verg 27/08.
[142] Zu primärrechtlichen Mindestanforderungen am Beispiel von M&A-Transaktionen *Prieß/Gabriel* NZBau 2007, 617 ff.
[143] *Gabriel* VergabeR 2009, 7, 8.
[144] Fn. 4 Mitt. „Unterschwellenvergabe" lautet: *„In dieser Mitteilung umfasst der Begriff „Auftraggeber" sowohl die öffentlichen Auftraggeber im Sinne des Art. 1 Abs. 9 VKR als auch die Auftraggeber im Sinne des Artikels 2 SKR".* Öffentliche Unternehmen im Sinne von Art. 2 Abs. 1 lit. b) SKR sind Unternehmen, die – ohne notwendig auch öffentlicher Auftraggeber zu sein – unter einem beherrschenden staatlichen Einfluss stehen.
[145] Vgl. dazu *Gabriel* VergabeR 2009, 7, 8.
[146] Vgl. dazu § 3 Rn. 12 ff. und 70 ff.
[147] EuGH Urt. v. 13.12.1984, Rs. C-251/83 – Haug-Adrion; EuGH Urt. v. 1.10.1987, Rs. C-311/85 – ASBL; für die Warenverkehrsfreiheit; *Leible/T. Streinz* in Grabitz/Hilf/Nettesheim, Art. 34 AEUV Rn. 37 und im Rahmen der Kapitalverkehrsfreiheit *Ress/Ukrow* in Grabitz/Hilf/Nettesheim, Art. 63 AEUV Rn. 99. Weitere Nachweise bei *Burgi* EuR 1997, 261, 282 und *Förster* Die unmittelbare Drittwirkung der Grundfreiheiten, 2007, 147.

privater Unternehmen an die Grundfreiheiten angenommen[148], was in der Literatur – jedenfalls für die konkret entschiedenen Fälle – Zustimmung gefunden hat[149]. Eine Fortsetzung und Erweiterung dieser Rechtsprechung des EuGH wird mit Blick auf die auslegungsfähige Judikatur des Gerichtshofs[150] zwar diskutiert[151], jedoch hat sich bisher keine bedeutende Meinung für eine derartige generelle Bindung privater Unternehmen an die Grundfreiheiten herausgebildet.[152]

Den **primärrechtlichen Ausgangspunkt** für die hier in Rede stehende Frage nach der personellen Geltung grundfreiheitlicher Verfahrensanforderungen für Auswahlentscheidungen privatrechtlich verfasster Unternehmen des Staates stellt deshalb ausschließlich die Vorschrift des Art. 106 AEUV dar. Diese Vorschrift unterstellt das hoheitliche Handeln des Staats auf dem Markt den allgemeinen Regeln des Unionsrechts, insbesondere den Maßgaben für das privatwirtschaftliche Handeln von Unternehmen.[153]

a) Begriff des „öffentlichen Unternehmens"

Unter öffentlichen Unternehmen im Sinne von Art. 106 Abs. 1 AEUV werden solche **Unternehmen** verstanden, auf die die **öffentliche Hand** aufgrund Eigentums, finanzieller Beteiligung, Satzung oder sonstiger Bestimmungen, die die Tätigkeit des Unternehmens regeln, unmittelbar oder mittelbar **beherrschenden Einfluss ausüben kann**. Eine Bindung juristischer Personen des Privatrechts an die Grundfreiheiten wird dementsprechend überwiegend angenommen, wenn diese vom Staat gesteuert werden können.[154] Die konkrete Rechtsform eines privatrechtlich organisierten Unternehmens ist für die Qualifizierung als öffentliches Unternehmen iSv. Art. 106 AEUV grundsätzlich unerheblich, diese hat lediglich Relevanz für die zur Verfügung stehenden staatlichen Kontrollmöglichkeiten des Unternehmens.[155] Ein beherrschender Einfluss kann gemäß Art. 106 Abs. 1 AEUV vermutet werden, wenn die öffentliche Hand unmittelbar oder mittelbar die **Mehrheit des gezeichneten Kapitals** des Unternehmens besitzt oder über die Mehrheit der mit den Anteilen des Unternehmens verbundenen **Stimmrechte** verfügt oder mehr als die Hälfte der Mitglieder des Verwaltungs-, Leistungs- oder Aufsichtsorgans des Unternehmens bestellen kann.[156] Solange der Staat entsprechende Einflussmöglichkeiten besitzt, hindert auch die Beteiligung privater Dritter an dem Unternehmen nicht die Annahme eines beherrschenden Einflusses und damit die Qualifizierung als öffentliches Unternehmen.[157]

Eine **abschließende Definition**, wann hinreichende staatliche Einflussrechte auf ein privatrechtliches Unternehmen bestehen, die eine Qualifikation desselben als öffentliches Unternehmen rechtfertigen, ist der bisherigen Rechtsprechung des **EuGH** nicht zu ent-

---

[148] Vgl. EuGH Urt. v. 6.6.2000, Rs. C-281/98 – Angonese; hierzu ausführlich: *Förster*, Die unmittelbare Drittwirkung der Grundfreiheiten, 2007, S. 24 ff. sowie *Streinz/Leible* EuZW 2000, 459.
[149] Nachweise bei *Wölker/Grill* in von der Groeben/Schwarze, Kommentar zum EU-/EG-Vertrag, 6. Aufl. 2004, Art. 39 EGV Rn. 18.
[150] Vgl. EuGH Urt. v. 12.12.1974, Rs. C-36/74 – Walrave; EuGH Urt. v. 15.12.1995, Rs. C-415/93 – Bosman; EuGH, Urt. v. 9.6.1977, Rs. C-90/76 – Van Ameyde.
[151] Vgl. *Förster* Die unmittelbare Drittwirkung der Grundfreiheiten, 2007; *Forsthoff* in Grabitz/Hilf/Nettesheim, Art. 45 AEUV Rn. 65 ff.; *Ganten* Die Drittwirkung der Grundfreiheiten, 2000, S. 119. Weitere Nachweise bei *Streinz/Leible* EuZW 2000, 459, 464.
[152] *Gabriel* VergabeR 2009, 7, 13.
[153] *Voet van Vormizeele* in Schwarze, Art. 106 AEUV Rn. 1.
[154] *Gabriel* VergabeR 2009, 7, 9; *Wernicke* in Grabitz/Hilf/Nettesheim, Art. 106 AEUV, Rn. 28 ff; *Jung* in Calliess/Ruffert, Art. 106 AEUV Rn. 12 f.: *Leible* EuZW 2003, 25; *Jarass* EuR 1995, 202, 209 f.; *Ganten* Die Drittwirkung der Grundfreiheiten, 2000, S. 28 f.; *Jaensch* Die unmittelbare Drittwirkung der Grundfreiheiten, 1997, S. 223 ff.; *Ehlers* Europäische Grundrechte und Grundfreiheiten, 2. Aufl. 2005, S. 198.
[155] *Gabriel* VergabeR 2009, 7, 9.
[156] Gleichlautend Art. 2 Abs. 1 lit. b SKR.
[157] *Gabriel* VergabeR 2009, 7, 8

nehmen. Vielmehr stellt der Gerichtshof jeweils einzelfallspezifisch entweder auf bestehende **staatliche Weisungsrechte**[158] oder auf **eigentumsrechtliche Einwirkungsmöglichkeiten**[159] staatlicher Mehrheitsgesellschafter auf das jeweilige Unternehmen ab.[160]

b) Bindung öffentlicher Unternehmen an die Grundfreiheiten

62 Konzeptionell soll Art. 106 AEUV die unionsrechtswidrige Nutzung öffentlicher Unternehmen durch die Mitgliedstaaten verhindern, indem diese insbesondere den **unternehmensgerichteten Vorschriften** des primären Unionsrechts wie dem Kartellverbot, dem Missbrauchsverbot und die Fusionskontrolle, iSd. Art. 101 bis 103 AEUV unterworfen werden.[161] Die Mitgliedstatten sind Normadressaten „in Bezug auf" die dort genannten Unternehmen.[162] Das Verbot des vertragswidrigen Missbrauchs der Steuerungsmöglichkeiten von öffentlichen Unternehmen kann beispielsweise eine vergaberechtliche Dimension erlangen, wenn der staatliche Anteilseigner beherrschte Unternehmen anweist, Aufträge nur an nationale Unternehmen zu vergeben.[163] Öffentliche und monopolartige Unternehmen unterliegen danach zunächst ohne weiteres dem unternehmensgerichteten europäischen Wettbewerbsrecht.[164]

63 Darüber hinaus wird in der Literatur überwiegend die Auffassung vertreten, dass sich die Bindung der in Art. 106 AEUV genannten öffentlichen Unternehmen an die Vorschiften der Verträge ebenso auf die genuin **staatsgerichteten Vorschriften** des europäischen Primärrechts und damit insbesondere auf die **europäischen Grundfreiheiten** bezieht.[165] Eine solche ausdrückliche Bindung öffentlicher Unternehmen iSv. Art. 106 AEUV an die europäischen Grundfreiheiten findet sich in der Rechtsprechung des **EuGH** bislang nicht.[166] Vielmehr hat sich der Gerichtshof lediglich in Einzelfällen zu einer etwaigen grundfreiheitlichen Verpflichtung staatsnaher Unternehmen geäußert, dabei allerdings nicht konsequent zwischen der unmittelbaren Bindung eines öffentlichen Unternehmens und der Zurechnung ihres Verhaltens gegenüber dem Mitgliedstaat getrennt.[167]

64 Vor diesem Hintergrund erscheint die **in der Literatur vorherrschende Annahme** einer umfassenden Geltung der europäischen Grundfreiheiten für staatlich beherrschte öffentliche Unternehmen jedoch vor allem deshalb **überzeugend**, da eine solche rechtliche Bindung öffentlicher Unternehmen eine geeignete Möglichkeit darstellt, um zu verhindern, dass sich der Staat durch die Wahl einer privatrechtlichen Organisationsform den umfassenden Bindungen des primären Unionsrechts entzieht.[168] Oftmals kann insbesondere nicht festgestellt werden, ob bestimmte Unternehmensmaßnahmen aufgrund autonomer unternehmerischer Entscheidungen oder aufgrund staatlicher Einflussnahme erfolgen.[169] Im Übrigen entspricht eine unmittelbare Bindung öffentlicher Unternehmen an die Grundfreiheiten des AEUV auch der Systematik der Vorschrift des Art. 106 AEUV, da es sich bei Art. 106 Abs. 2 AEUV im Unterschied zu Art. 106 Abs. 1 AEUV gerade

---

[158] EuGH Urt. v. 24.11.1982, Rs. 249/81 – Buy British; EuGH Urt. v. 12.12.1990, Rs. 302/88 – Hennen Olie; EuGH Urt. v. 12.7.1990, Rs. C-188/89 – British Gas.
[159] EuGH Urt. v. 7.12.2000, Rs. C-324/98 – Telaustria; EuGH Urt. v. 5.11.2002, Rs. C-325/00 – CMA-Gütezeichen.
[160] Vgl. dazu *Gabriel* VergabeR 2009, 7, 10.
[161] *Jung* in Calliess/Ruffert, Art. 106 AEUV Rn. 26 ff.
[162] *Mestmäcker/Schweitzer* in Immenga/Mestmäcker, Art. 106 AEUV Rn. 56.
[163] Vgl. *Öhler* Rechtsschutz bei der Vergabe öffentlicher Aufträge in der Europäischen Union, 1997, S. 73; *Gabriel* VergabeR 2009, 7, 10.
[164] *Burgi* EuR 1997, 261, 273.
[165] *Körber* Grundfreiheiten und Privatrecht, 2004, S. 657; *Weiß* EuR 2003, 165, 170; *Wernicke* in Grabitz/Hilf/Nettesheim, Art. 106 AEUV Rn. 61: „*ganz hM*".
[166] Vgl. dazu ausführlich und mwN. *Gabriel* VergabeR 2009, 7, 11.
[167] *Körber* Grundfreiheiten und Privatrecht, 2004, S. 656; *Gabriel* VergabeR 2009, 7, 11.
[168] *Weiß* EuR 2003, 165, 170;
[169] *Burgi* EuR 1997, 261, 284.

um eine Ausnahme von den Vorschriften des europäischen Primärrechts handelt[170], weshalb für sämtliche öffentlichen Unternehmen, die sachlich nicht von der Exemtion des Art. 106 Abs. 2 AEUV betroffen sind, grundsätzlich die Vorgaben der Verträge und damit auch die europäischen Grundfreiheiten gelten dürften.[171] Auch **Öffentliche Auftraggeber gemäß § 98 Nr. 2 und Nr. 4 Alt. 2 GWB** sind nach alledem **an die Grundfreiheiten gebunden.**[172] Denn sie sind als staatlich beherrschte Auftraggeber öffentliche Unternehmen im Sinne von Art. 106 Abs.1 AEUV. Diese Unternehmen sind nach herrschender Auffassung an sämtliche staatsgerichteten Vorschriften des EU-Vertrags und somit auch an die Grundfreiheiten gebunden.

2. Monopolartige bzw. staatlich begünstigte Unternehmen iSv. Art. 106 AEUV

Der Anwendungsbereich des Art. 106 Abs. 1 AEUV erstreckt sich ausdrücklich auch auf solche Unternehmen, denen die Mitgliedstaaten **besondere oder ausschließliche Rechte** gewähren, sog. monopolartige bzw. begünstigte Unternehmen. Unter diese Unternehmenskategorie fallen insbesondere **Sektorenauftraggeber** iSv. § 98 Nr. 4 Alt. 1 GWB bzw. Art. 2 Abs. 2 lit. b SKR, da diesen natürlichen oder juristischen Personen des privaten Rechts, in den Sektorenbereichen Tätigkeiten auf der Grundlage von besonderen oder ausschließlichen Rechten ausüben, die von einer zuständigen Behörde gewährt wurden und dazu führen, dass die Ausübung von Sektorentätigkeiten einem oder mehreren Unternehmen vorbehalten und die Möglichkeit anderer Unternehmen, diese Tätigkeit auszuüben, erheblich beeinträchtigt wird.

65

Für diese staatlich begünstigten Unternehmen dürfte sich im Hinblick auf die Anwendbarkeit der staatsgerichteten Vorschriften des europäischen Primärrechts jedoch grundsätzlich eine **andere rechtliche Bewertung** ergeben als für staatlich beherrschte öffentliche Unternehmen. Maßgebliches Argument für die Bindung privatrechtlich organisierter öffentlicher Unternehmen an die staatsgerichteten Vorschriften des Primärrechts und damit insbesondere an die europäischen Grundfreiheiten, ist die besondere Nähe dieser Unternehmen zu dem sie beherrschenden Mitgliedstaat.[173] Bei monopolartigen Unternehmen, **die nicht staatlich beherrscht sind**, erschöpft sich die staatliche Nähe allerdings in dem Akt des Gewährens des ausschließlichen bzw. besonderen Rechts. Bei der eigentlichen wirtschaftlichen Betätigung besteht keine Gefahr, dass der Staat politische Ziele durch das Handeln des betreffenden Unternehmens durchzusetzen versuchen könnte, denn ohne beherrschenden Einfluss fehlt es diesem bereits an den praktischen Möglichkeiten, auf die unternehmerischen Entscheidungen steuernd einzuwirken.[174] Der **EuGH** hat zu der hier in Rede stehenden Bindung monopolartiger bzw. staatlich begünstigter Unternehmen an die staatsgerichteten Vorgaben des europäischen Primärrechts keine einheitliche Linie entwickelt, sondern jeweils im **Einzelfall im Sinne einer effektiven Umsetzung des europäischen Primärrechts** entschieden.[175] Aus diesen Gründen dürfte eine Bindung rein privater, also nicht staatlich beherrschter Sektorenauftraggeber im Sinne von § 98 Nr. 4 Alt. 1 GWB an die Grundfreiheiten abzulehnen sein.[176]

66

---

[170] Vgl. *Mann* JZ 2002, 819, 822.
[171] *Burgi* EuR 1997, 261, 282; *Mestmäcker/Schweitzer* in Immenga/Mestmäcker, Art. 106 AEUV Rn. 56; *Körber* Grundfreiheiten und Privatrecht, 2004, S. 660. A.A. *Streinz/Leible* EuZW 2000, 459, 464.
[172] *Gabriel* VergabeR 2009, 7, 12. So schon *Dreher* NZBau 2002, 419, 422.
[173] Vgl. oben, Rn. 60 f.
[174] *Gabriel* VergabeR 2009, 7, 13.
[175] Einerseits die Bindung bejahend: EuGH Urt. v. 9.6.1977, Rs. C-90/76 – Van Ameyde; EuGH Urt. v. 30.4.1974, Rs. C-155/73 – Sacchi; Andererseits nur das Vorliegen einer staatlichen Regelung prüfend: EuGH Urt. v. 18.6.1991, Rs. C-260/89 – ERT; vgl auch die Übersicht bei *Gabriel* VergabeR 2009, 7, 12 ff.; *Körber* Grundfreiheiten und Privatrecht, 2004, S. 656.
[176] *Gabriel* VergabeR 2009, 7, 13. So auch bereits *Dreher* NZBau 2002, 419, 422.

§ 75 Beihilferechtliche Verfahrensvorgaben

Übersicht

	Rn.
A. Einführung	1–8
B. Beihilferechtliche Privatisierungsgrundsätze	9–14

AEUV: Art. 107

Art. 107 AEUV (ex-Artikel 87 EGV)

(1) Soweit in den Verträgen nicht etwas anderes bestimmt ist, sind staatliche oder aus staatlichen Mitteln gewährte Beihilfen gleich welcher Art, die durch die Begünstigung bestimmter Unternehmen oder Produktionszweige den Wettbewerb verfälschen oder zu verfälschen drohen, mit dem Binnenmarkt unvereinbar, soweit sie den Handel zwischen Mitgliedstaaten beeinträchtigen.

(2) Mit dem Binnenmarkt vereinbar sind:

a) Beihilfen sozialer Art an einzelne Verbraucher, wenn sie ohne Diskriminierung nach der Herkunft der Waren gewährt werden;

b) Beihilfen zur Beseitigung von Schäden, die durch Naturkatastrophen oder sonstige außergewöhnliche Ereignisse entstanden sind;

c) Beihilfen für die Wirtschaft bestimmter, durch die Teilung Deutschlands betroffener Gebiete der Bundesrepublik Deutschland, soweit sie zum Ausgleich der durch die Teilung verursachten wirtschaftlichen Nachteile erforderlich sind. Der Rat kann fünf Jahre nach dem Inkrafttreten des Vertrags von Lissabon auf Vorschlag der Kommission einen Beschluss erlassen, mit dem dieser Buchstabe aufgehoben wird.

(3) Als mit dem Binnenmarkt vereinbar können angesehen werden:

a) Beihilfen zur Förderung der wirtschaftlichen Entwicklung von Gebieten, in denen die Lebenshaltung außergewöhnlich niedrig ist oder eine erhebliche Unterbeschäftigung herrscht, sowie der in Artikel 349 genannten Gebiete unter Berücksichtigung ihrer strukturellen, wirtschaftlichen und sozialen Lage;

b) Beihilfen zur Förderung wichtiger Vorhaben von gemeinsamem europäischem Interesse oder zur Behebung einer beträchtlichen Störung im Wirtschaftsleben eines Mitgliedstaats;

c) Beihilfen zur Förderung der Entwicklung gewisser Wirtschaftszweige oder Wirtschaftsgebiete, soweit sie die Handelsbedingungen nicht in einer Weise verändern, die dem gemeinsamen Interesse zuwiderläuft;

d) Beihilfen zur Förderung der Kultur und der Erhaltung des kulturellen Erbes, soweit sie die Handels- und Wettbewerbsbedingungen in der Union nicht in einem Maß beeinträchtigen, das dem gemeinsamen Interesse zuwiderläuft;

e) sonstige Arten von Beihilfen, die der Rat durch einen Beschluss auf Vorschlag der Kommission bestimmt.

Literatur:
Bauer, Das Bietverfahren im EG-Beihilfenrecht bei der übertragenden Sanierung rechtswidrig begünstigter Unternehmen, EuZW 2001, 748; *v. Bonin,* Aktuelle Fragen des Beihilferechts bei Privatisierungen, EuZW 2013, 247; *Borchardt,* Die Rückforderung zu Unrecht gewährter staatlicher Beihilfen beim Verkauf von Vermögenswerten des Beihilfenempfängers durch den Insolvenzverwalter, ZIP 2001, 1301; *Braun,* Ausschreibungspflichtigkeit des Verkaufs von Gesellschaftsanteilen, VergabeR 2006, 657–667; *Eggers/Malmendier,* Strukturierte Bieterverfahren der öffentlichen Hand – Rechtliche

Grundlagen, Vorgaben an Verfahren und Zuschlag, Rechtschutz, NJW 2003, 780; *Ehricke*, Rückzahlung gemeinschaftsrechtswidriger Beihilfen in der Insolvenz des Beihilfenempfängers, ZIP 2001, 489; *Jaeger*, Neue Parameter für Privatisierungen? Die Entscheidung Bank Burgenland der Kommission, EuZW 2008, 686; *Koenig/Kühling*, Diskriminierungsfreiheit, Transparenz und Wettbewerbsoffenheit des Ausschreibungsverfahrens – Konvergenz von EG-Beihilferecht und Vergaberecht, NVwZ 2003, 779; *Koenig/Kühling*, Grundfragen des EG-Beihilfenrechts, NJW 2000, 1065; *Koenig/Pfromm*, Die Förderlogik des EG-beihilfenrechtlichen Ausschreibungsverfahrens bei PPP-Daseinsvorsorge-Infrastrukturen, NZBau 2004, 375; *Kristoferitsch*, Eine „vergaberechtliche Interpretation" des Bietverfahrens bei Privatisierungen? Zum Rechtschutz für unterlegene Bieter in Privatisierungsverfahren, EuZW 2006, 428; *Kümmritz*, Privatisierung öffentlicher Unternehmen: Ausschreibungspflichten bei der Veräußerung staatlichen Anteilsvermögens nach dem europäischen Vergabe- und Beihilfenrecht, 2009; *Prieß/Gabriel*, M&A-Verfahrensrecht – EG-rechtliche Verfahrensvorgaben bei staatlichen Beteiligungsveräußerungen, NZBau 2007, 617; *Pünder*, Die Vergabe öffentlicher Aufträge unter den Vorgaben des europäischen Beihilferechts, NZBau 2003, 530; *Soltész/Bielesz*, Privatisierungen im Licht des Europäischen Beihilferechts – Von der Kommission gerne gesehen – aber nicht um jeden Preis, EuZW 2004, 391; *Steinberg*, Die Entwicklung des Europäischen Vergaberechts seit 2004 – Teil 1, NZBau 2007, 150.

A. Einführung

1 Sowohl öffentliche Beschaffungsvorgänge außerhalb des europäischen Vergabesekundärrechts als auch staatliche Veräußerungsgeschäfte öffentlicher Unternehmen, Grundstücke und materielle Privatisierungen öffentlicher Unternehmen unterfallen der Anwendung der Grundregeln und Grundsätze des europäischen Primärrechts.[1] In der Folge sind Auftragnehmer und private Investoren gleichermaßen im Rahmen transparenter und nichtdiskriminierender Verfahren auszuwählen.[2] Auf beide Arten staatlicher Markttätigkeit finden neben den allgemeinen Vorgaben des europäischen Primärrechts außerdem die Regelungen des europäischen Beihilferechts Anwendung.[3] In der Praxis besitzt das Beihilferecht insbesondere für die Privatisierung öffentlicher Unternehmen eine besondere Relevanz, sodass in diesem Zusammenhang oftmals lediglich die beihilferechtliche Dimension im Fokus der rechtlichen Bewertung steht.

2 Erfolgt die Veräußerung öffentlicher Unternehmensanteile unter dem tatsächlichen Marktwert, erfüllt das grundsätzlich den Tatbestand einer Beihilfe iSv. Art. 107 AEUV.[4] Nach Art. 108 Abs. 3 AEUV müssen solche staatlichen Beihilfen, die durch eine Begünstigung bestimmter Unternehmen den Wettbewerb verfälschen oder zu verfälschen drohen und den Handel zwischen den Mitgliedstaaten beeinträchtigen, bei der Kommission angemeldet werden. Die Umsetzung einer als Beihilfe zu qualifizierenden staatlichen Maßnahme, die bei der Kommission notifiziert wurde, steht dann unter einem **Genehmigungsvorbehalt** durch die Kommission. Unterbleibt bereits eine Notifizierung der Beihilfe seitens des beihilfegewährenden Mitgliedstaats, wird dieser zur **Rückforderung der gewährten Beihilfeelemente** verpflichtet. Zivilrechtlich kann sich hieraus die **Nichtigkeit des zu Grunde liegenden Rechtsgeschäfts** ergeben.[5]

---

[1] § 74 Rn. 23.
[2] Siehe zu der konkreten Durchführung eines solchen Auswahlverfahrens § 81.
[3] Vgl. zur beihilferechtlichen Relevanz öffentlicher Beschaffungsvorgänge: *Pünder* NZBau 2003, 530; *Bartosch* EU-Beihilfenrecht, Art. 87 Abs. 1 EGV, Rn. 52; *Barth* Das Vergaberecht außerhalb des Anwendungsbereichs der EG-Vergaberichtlinien, 2010, 47 f.; EuG Urt. v. 28.1.1999, Rs. T-14/96 – BAI/Kommission; EuG Urt. v. 13.1.2004, Rs. T-158/99 – Thermenhotel Stoiser.
[4] Vgl. *Mestmäcker/Schweitzer*, § 43 Rn. 12; *Mickel/Bergmann* Handlexikon der Europäischen Union, 3. Aufl. 2005, „Staatliche Beihilfen"; *Barth* Das Vergaberecht außerhalb des Anwendungsbereichs der EG-Vergaberichtlinien, 2010, 47 f.
[5] BGH Urt. v. 20.1.2004, XI ZR 53/03; *Koenig* EuZW 2006, 203, 207 f.; *Pünder* NZBau 2003, 530, 531.

§ 75 Beihilferechtliche Verfahrensvorgaben

Die Ermittlung des Marktwertes eines öffentlichen Unternehmens bereitet in der Praxis jedoch mitunter erhebliche Probleme. Die Kommission versucht diesen zu begegnen, indem sie in ihrem XXIII. Wettbewerbsbericht von 1993 Leitlinien für eine beihilferechtlich rechtssichere Gestaltung von Privatisierungsvorhaben veröffentlicht hat. Diese stellen klar, in welchen Sachverhaltskonstellationen eine Unternehmensprivatisierung nach Auffassung der Kommission bereits von vornherein kein Beihilfeelement enthalten ist, das notifizierungspflichtig wäre. Das ist der Fall, wenn eine **Privatisierung über die Börse** stattfindet[6], der Privatisierung ein **unabhängiges Wertgutachten** zu Grunde liegt[7] oder aber ein Verkauf im Rahmen eines **offenen, transparenten und bedingungsfreien Bietverfahrens** zur Ermittlung des objektiven Marktpreises durchgeführt wurde und sodann ein Verkauf an den Höchstbieter erfolgt ist.[8] Ein solches Bietverfahren wird von der Kommission sogar als beste Möglichkeit bezeichnet, um einen Verkauf zu Marktpreisen sicherzustellen.[9] 3

Dieses beihilferechtliche Bietverfahren weist deutliche **Parallelen zu vergaberechtlichen bzw. grundfreiheitlich bedingten primärrechtlichen Verfahren** auf.[10] Rechtssystematisch sind Beihilferecht und Grundfreiheiten grundsätzlich nebeneinander anwendbar.[11] Bei der Privatisierung öffentlicher Unternehmen sind dementsprechend sowohl die grundfreiheitlichen Vorgaben an die Ausgestaltung des Auswahlverfahrens als auch beihilferechtliche Belange zur Ermittlung des objektiven Marktpreises zu berücksichtigen. Fraglich ist in diesem Zusammenhang, ob und wie sämtlichen Erfordernissen – sowohl beihilfe- als auch primärrechtlichen – mit der Durchführung eines einheitlichen Verfahrens entsprochen werden kann.[12] 4

Dabei ist zu berücksichtigen, dass zwischen Beihilferecht einerseits und Grundfreiheiten andererseits grundlegende **strukturelle Unterschiede** bestehen, die zu teilweise unterschiedlichen konkreten Aussagen hinsichtlich des einzuhaltenden Verfahrens führen. Die Berücksichtigung lediglich eines der einschlägigen Rechtsregime ohne Berücksichtigung des Anderen, wird daher zwangsläufig zu einer (vermeidbaren) erhöhten Angreifbarkeit des Verfahrensergebnisses führen. 5

Funktionell dient ein **beihilferechtliches Bietverfahren** ausschließlich der Ermittlung eines **marktkonformen Preises**. Primärrechtlich ist die Durchführung eines **strukturierten Bieterverfahrens** vornehmlich dazu bestimmt, **Diskriminierungen** aufgrund der Staatsangehörigkeit zu **verhindern** und schließlich einen europäischen Binnenmarkt auch im Hinblick auf Rechtsgeschäfte der öffentlichen Hand zu verwirklichen. Diskriminierungen jeglicher Art besitzen beihilferechtlich nur eine mittelbare Relevanz, wenn sie 6

---

[6] Kommission, XXIII. Wettbewerbsbericht (1993), Rn. 403.
[7] EU-Komm., ABl. 2000 L 265/15 – Centrale del Latte di Roma, S. 15.
[8] Kommission, XXIII. Wettbewerbsbericht (1993), Rn. 403; in diesem Sinne auch EuGH Urt. v. 20.9.2001, Rs. C-390/98 – Banks, Rn. 77.
[9] Kommission XXIX. Wettbewerbsbericht (1999), Rn. 235.
[10] *Braun* VergabeR 2006, 657; 660; *Kühling*, ZfBR 2006, 661, 664; *Kristoferitsch* EuZW 2006, 428, 430; *Eggers/Malmendier* NJW 2003, 780; *Bauer* EuZW 2001, 748, 750; *Koenig/Kühling* NVwZ 2003, 779; *Ehricke* ZIP, 489, 494 f.; *Borchardt* ZIP 2001, 1301, 1307; *Wollenschläger*, Verteilungsverfahren, 134 ff.
[11] *Säcker* in MünchKommBeihVgR, Einl., Rn. 3; der EuGH hat bereits mehrfach darauf hingewiesen, dass die Kommission bei der Anwendung der europäischen Beihilfevorschriften Widersprüche zur Anwendung der Grundfreiheiten zu vermeiden hat: EuGH Urt. v. 20.3.1990, Rs. 21/88 – Du Pont de Nemours, Rn. 20; EuGH Urt. v. 19.9.2000, Rs. C-156/98 – Deutschland/Kommission, Rn. 79 ff.; EuGH Urt. v. 15.6.1993, Rs. C-225/93 – Matra, Rn. 41; dazu auch *Mestmäcker/Schweitzer* § 42 Rn. 20 ff.; a.A. und für eine Verdrängung der Grundfreiheiten durch die Regelungen des „spezielleren" europäischen Beihilferechts *Cremer* in Calliess/Ruffert, Art. 107 AEUV, Rn. 82.
[12] Unklare Andeutungen finden sich bspw. bei *Eggers/Malmendier* NJW 2003, 780, 784. Für eine Klärung plädiert daher *Koenig/Kühling* NVwZ 2003, 779, 786. Vorbehalte gegenüber einer zu starken Parallelisierung des Bieterverfahrens an das Vergaberecht äußert dagegen: *Bauer* EuZW 2001, 748, 750. Deutlich ablehnend *Kristoferitsch* EuZW 2006, 428, 430.

im Ergebnis eine Veräußerung unterhalb des Marktpreises bedingen und ein höheres Gebot unberücksichtigt geblieben ist.[13] Der Anwendungsbereich der Binnenmarktgrundfreiheiten ist durch das Kriterium der Binnenmarktrelevanz begrenzt.[14] Das europäische Beihilferecht kennt eine solche Einschränkung nicht, **einziges Kriterium** ist die Frage, ob **eine nicht angemeldete Beihilfe** vorliegt. Nicht zuletzt zeigen aber auch die **Rechtsfolgen bei Verstößen** gegen die jeweiligen Verfahrensvorgaben einen erheblichen Unterschied: Während die Verletzung des Beihilfenverbots zur Rückabwicklung (dh. Zahlung des Marktpreises) führt, kann im Vergaberecht die Wiederholung des Verfahrens erwirkt werden.[15]

7   Trotz gewisser Ähnlichkeiten zwischen beihilferechtlich und grundfreiheitlich veranlassten Auswahlverfahren bestehen hinsichtlich ihrer Zwecksetzung erhebliche Unterschiede. Diese Inkongruenz manifestiert sich in der Feststellung, dass diskriminierungsfreie und transparente Bietverfahren beihilferechtlich lediglich eine hinreichende, keinesfalls aber notwendige Bedingung zur Ermittlung des Marktpreises darstellen.[16] Die Durchführung eines solchen Verfahrens ist vor dem Hintergrund der europäischen Grundfreiheiten jedoch unabdingbare Voraussetzung[17], die Ermittlung des Marktpreises dagegen unerheblich. Aus **beihilferechtlicher Perspektive** stellen transparente, offene und bedingungsfreie **Bietverfahren nur ein mögliches Mittel** unter mehreren, **zum Zweck der Ermittlung eines marktkonformen Preises**, dar. Dementsprechend führt eine nichtoffen und diskriminierend gestaltete Bieterauswahl beihilferechtlich auch nicht zwingend zur Rechtswidrigkeit des Auswahlverfahrens, sofern die Zahlung eines marktkonformen Preises anderweitig sichergestellt werden kann. Nur so lässt sich im Übrigen begründen, dass als alternatives Mittel zur Ermittlung eines marktkonformen Preises anerkanntermaßen auch die Erstellung eines unabhängigen Wertgutachtens ausreichen kann, um die beihilferechtlichen Auswahlvorgaben zu wahren.[18] Aus **grundfreiheitlicher Perspektive** ist die Durchführung transparenter, nicht-diskriminierender und die Gleichbehandlung der interessierten Unternehmen wahrender **Bieterverfahren** hingegen nicht lediglich ein Mittel zur Ermittlung des Bestbieters, sondern vielmehr auch **Selbstzweck.** Ein Verstoß gegen diese Verfahrensvorgaben führt dementsprechend zwangsläufig auch dann zur Rechtswidrigkeit des Auswahlverfahrens, wenn gleichwohl der Bestbieter ausgewählt wurde. Zu berücksichtigen bleibt darüber hinaus, dass im Hinblick auf die einzuhaltenden Verfahrensvorgaben keines der beiden Rechtsregime gegenüber dem anderen als absolut strenger qualifiziert werden kann.

8   Im Ergebnis ist bei der Durchführung eines Auswahlverfahrens, auf das sowohl die europäischen Grundfreiheiten als auch die Regelungen des Beihilferechts Anwendung finden, eine Verfahrensgestaltung zu wählen, die es ermöglicht, beide Rechtsregime miteinander in Einklang zu bringen. Zur **verfahrenssicheren Durchführung** sind dabei im Einzelfall und im Hinblick auf jede spezifische Einzelfrage **die jeweils strengeren Verfahrensvorgaben** des – im Zusammenhang mit dieser spezifischen Einzelfrage – strengeren Rechtsregimes **zu berücksichtigen.**

---

[13] Dieser Aspekt ist strikt von dem allgemeinen Gleichbehandlungsgebot der EG-Grundrechte zu unterscheiden. Ein solches Gebot findet weder bei Beteiligungsveräußerungen, noch bei Vergaben Anwendung, ohne dass ein grenzüberschreitender Bezug nachgewiesen werden kann.
[14] Dazu ausführlich § 74 Rn. 3 ff.
[15] *Kristoferitsch* EuZW 2006, 428, 431 f.
[16] Das europäische Beihilferecht verpflichtet nicht zur Durchführung eines Bietverfahrens: XXX. Wettbewerbsbericht der Kommission (2000), Rn. 318; XXIX. Wettbewerbsbericht der Kommission (1999), Rn. 235.
[17] Vgl. nur *Steinberg* NZBau 2007, 150, 156.
[18] Vgl. Mitteilung der Kommission betreffend Elemente staatlicher Beihilfe bei Verkäufen von Bauten oder Grundstücken durch die öffentliche Hand, Nr. 2a. Auszug abgedruckt in § 73 Anlange 2.

B. Beihilferechtliche Privatisierungsgrundsätze

Bei Austauschgeschäften der öffentlichen Hand hängt das Vorliegen einer beihilferechtlich relevanten Begünstigung davon ab, ob der Vertragspartner für die staatliche Leistung eine **angemessene**, dh. **marktübliche Gegenleistung** erbringt. Bereits im Jahr 1993 hat die Kommission in ihrem XXIII. Wettbewerbsbericht eine Reihe von Kriterien für die Anwendung des europäischen Beihilferechts auf die Veräußerung staatlicher Unternehmensbeteiligungen veröffentlicht[19]. Ziel dieser Grundsätze ist es, Fälle, die eindeutig keine Beihilfeelemente enthalten, von solchen abzugrenzen, die möglicherweise beihilferelevant sind und daher nach Auffassung der Kommission von den Mitgliedstaaten vorsorglich notifiziert werden sollten.[20] **Von vornherein beihilfefrei** sind aus Sicht der Kommission nur Veräußerungen die über die Börse erfolgen oder Privatisierungstransaktionen, denen ein **Ausschreibungswettbewerb nach folgenden Maßgaben** vorausging:

9

– Es muss ein Ausschreibungswettbewerb stattfinden, der allen offen steht, transparent ist und an keine weiteren Bedingungen geknüpft ist wie den Erwerb anderer Vermögenswerte, für die nicht geboten wird, oder die Weiterführung bestimmter Geschäftstätigkeiten[21];
– das Unternehmen muss an den Meistbietenden veräußert werden und
– die Bieter müssen über genügend Zeit und Informationen verfügen, um eine angemessene Bewertung der Vermögenswerte vornehmen zu können, auf die sich ihr Angebot bezieht.

Diese Grundsätze sind bis heute gültig und werden von der Kommission in regelmäßiger Verwaltungspraxis angewandt.[22] Sie begründen die Vermutung, dass das Verkaufsverfahren kein Beihilfeelement beinhaltet, sodass generell kein Notifizierungserfordernis besteht.[23] In einer „Arbeitsgrundlage der Kommissionsdienststelle" wurden diese Grundsätze in jüngerer Vergangenheit erneut bestätigt, auch wenn gleichzeitig betont wird, dass diese Veröffentlichung lediglich informationelle Zwecke verfolgt und keinen offiziellen Standpunkt der Kommission darstelle.[24] Damit wird die Geltung der beihilferechtlichen Privatisierungsvoraussetzungen gleichzeitig auch auf die **Finanzierung öffentlicher Unternehmen** und die **Veräußerung von staatlichen Minderheitsbeteiligungen** erweitert.[25]

10

Die beihilferechtlichen Privatisierungsgrundsätze sind eine Ausprägung des das gesamte EU-Beihilferecht prägenden Prinzips, dass die öffentliche Hand sich im Rahmen ihrer privatwirtschaftlichen Tätigkeit so zu verhalten hat wie ein *„umsichtiger marktwirtschaftlich handelnder Kapitalgeber"* (sog. *„private vendor test"*).[26] Dabei ist davon auszugehen, dass ein privater Verkäufer sein Unternehmen grundsätzlich zu dem höchstmöglichen Preis und

11

---

[19] XXIII. Wettbewerbsbericht der Kommission (1993), Rn. 402 ff., Auszug abgedruckt in § 78 Anlage 3; hierzu *Frenz*, Rn. 288; *Kristoferitsch* EuZW 2006, 428, 429 f.; *Lübbig/Martin-Ehlers* Beihilfenrecht der EU, 2003, Rn. 162 ff.

[20] *Prieß/Gabriel* NZBau 2007, 617, 619.

[21] Ebenso schon die Mitteilung der Kommission betreffend Elemente staatlicher Beihilfen bei Verkäufen von Bauten oder Grundstücken durch die öffentliche Hand, ABl. Nr. C 209/3 v. 10. 7. 1997; zur Bedeutung dieser Mitteilung für Unternehmensverkäufe *Frenz*, Rn. 294; *Koenig* EuZW 2006, 203, 204; *Koenig/Pfromm* NZBau 2004, 375, 377 f.; *Lübbig/Martin-Ehlers* Beihilfenrecht der EU, 2003, Rn. 164 ff., 185 ff.; *Heidenhain* in Heidenhain, Handbuch des Europäischen Beihilfenrechts, 2003, § 9 Rn. 8; *Eggers/Malmendier* NJW 2003, 780, 782; *Koenig/Kühling* NVwZ 2003, 779, 780.

[22] So zuletzt EU-Komm., ABl. 2007 Nr. C 28/8 – Bank Burgenland, Rn. 61.

[23] Vgl. *v. Bonin* EuZW 2013, 247, 249.

[24] Arbeitsunterlagen der Kommissionsdienststelle, Leitfaden zur beihilfenkonformen Finanzierung, Umstrukturierung und Privatisierung staatseigener Unternehmen, v. 10. 2. 2012, swd(2012) 14.

[25] Vgl. *v. Bonin* EuZW 2013, 247.

[26] *Prieß/Gabriel* NZBau 2007, 617, 620. Vgl. dazu auch *Arhold* in MünchKommBeihVgR, Art. 107 AEUV, Rn. 207.

ohne Auferlegung von Bedingungen, die einen negativen Einfluss auf die Höhe des Kaufpreises haben könnten, verkaufen würde.[27] Dieser Grundsatz hat in der Praxis der Kommission und in der Rechtsprechung des EuGH vielfältig Niederschlag gefunden[28]. Obwohl die Kommission der öffentlichen Hand zwar grundsätzlich einen **weiten Ermessensspielraum** bei ihrer Entscheidungsfindung einräumt, treten doch immer wieder Konfliktfälle auf, in denen die Kommission beanstandet, dass primär **wirtschafts-, arbeitsmarkt- oder standortpolitische Zielsetzungen** eines staatlichen Kapitaleigners **im Gewand unternehmerischer Interessen** zu einer Verzerrung des Wettbewerbs führen können.[29] Dementsprechend begrenzen die Kommissionspraxis und die Rechtsprechung des EuGH den vorgenannten Entscheidungsspielraum der öffentlichen Hand auf nachvollziehbare unternehmerische Interessen.[30] Damit sind (nur) diejenigen Überlegungen des staatlichen Investors zugelassen, die ein privater Investor auch anstellen könnte und würde.[31] Die Berücksichtigung von weitergehenden Gesamtrentabilitätsüberlegungen, die im Sinne einer allgemeinen Standortpolitik auch andere Kosten oder Geldeinnahmen (zB. der Arbeits- oder Steuerverwaltung) mit einbeziehen, ist dagegen nicht zugelassen.

12   Aus der veröffentlichten Entscheidungspraxis der Kommission ergibt sich, dass die Kommission diese Privatisierungsgrundsätze nicht immer strikt angewendet hat.[32] Es sind sowohl Fälle zu registrieren, in denen die Kommission diese Grundsätze mit besonderer Schärfe angewandt hat, als auch umgekehrt Fälle, in denen die Kommission den Mitgliedstaaten einen größeren Spielraum belassen hat[33]. In den Entscheidungen **„Gröditzer Stahlwerke"**[34] und **„Stardust Marine"**[35] wertet die Kommission einen Unternehmensverkauf, bei welchem neben einem angemessenen Kaufpreis auch andere Kriterien bei der Auftragsvergabe zugrunde gelegt werden, wie die Verpflichtung zur Erhaltung/Schaffung von Arbeitsplätzen, Investitionen uä. als nicht offen, intransparent und nicht bedingungsfrei. Zudem wurde beanstandet, dass der Zuschlag auf das Angebot eines vom Veräußerer über den Verkauf informierten Bieters erteilt worden ist und damit das deutlich höhere Angebot eines Bieters, der sich eigeninitiativ beteiligt hatte, keine Berücksichtigung fand.

13   Wenig später jedoch wurde die Tatsache, dass das Veräußerungsvorhaben lediglich in zwei nationalen Zeitungen veröffentlicht wurde und zudem der Verkauf an Bedingungen wie Arbeitsplatzsicherung, Standortbeibehaltung, Rohstoffbezug, Unternehmensplan geknüpft wurde, nicht als Beihilfe qualifiziert, da der erzielte Kaufpreis im Ergebnis deutlich über dem gutachterlich ermittelten Wert (42 %) lag.[36] Die Kommission ging mit dieser **funktionalen Betrachtung** sogar so weit, dass sie es als beihilferechtlich unbeachtlich ansah, dass überhaupt keine Ausschreibung stattfand, die Veräußerer aber glaubhaft machen konnten, dass alle interessierten Unternehmen von der geplanten Privatisierung

---

[27] *v. Bonin* EuZW 2013, 247, 248.
[28] Beispielsweise in EuGH Urt. v. 10. 7. 1986, Rs. 234/84 – Belgien/Kommission, Rn 14.
[29] Hierzu *Koenig/Kühling* NVwZ 2003, 779 (781 f.).
[30] *Koenig/Kühling* NJW 2000, 1065, 1067; EuGH Urt. v. 14. 9. 1994, verb. Rs C-278/92, C-279/92 und C-280/92 – Spanien/Kommission, Rn. 22; EuG Urt. v. 21. 1. 1999, verb. Rs. T-129/95, T-2/96 und T-97/96 – Neue Maxhütte/Kommission, Rn. 119.
[31] *Prieß/Gabriel* NZBau 2007, 617, 620.
[32] *Prieß/Gabriel* NZBau 2007, 617, 620.
[33] EU-Komm., ABl. 2000 L 206/6 – Stardust Marine; EU-Komm., ABl. 1999 L 292/27 – Gröditzer Stahlwerke; EU-Komm., ABl. 2000 L 265/15 – Centrale del Latte di Roma; EU-Komm., Presseerklärung v. 5. 6. 2001, IP/02/818 – KSG; EU-Komm., Beihilfe Nr. 264/2002 – London Underground.
[34] EU-Komm., ABl. 1999 L 292/27 – Gröditzer Stahlwerke; bestätigt vom EuGH Urt. v. 28. 1. 2003, Rs. C-334/99 – Deutschland/Kommission.
[35] EU-Komm., ABl. 2000 L 206/6 – Stardust Marine, Rn. 63 ff.
[36] EU-Komm., ABl. 2000 L 265/15 – Centrale del Latte di Roma.

Kenntnis hatten.[37] Aus diesen Entscheidungen ergibt sich jedoch auch, dass die Kommission bei der Bewertung von Bieterverfahren, in denen neben dem Kaufpreisangebot auch weitere Zusagen (Arbeitsplätze, Standortsicherung etc.) in den Auswahlprozess eingeflossen sind, Wert darauf legt, dass diese Zusagen in der gesamtwirtschaftlichen Bewertung des Gebots eine geringe Bedeutung haben, so dass der **Nominalkaufpreis** weiterhin als **ausschlaggebendes Zuschlagskriterium** qualifiziert werden kann.[38] Im Unterschied zu den oben dargelegten primär(vergabe-)rechtlichen Vorgaben sind Veräußerungen an einen nach Abwägung der gesamten Verkaufsumstände „Bestbietenden", der nicht mit dem Meistbietenden identisch ist, unter beihilfenrechtlichen Gesichtspunkten angreifbar.

Mit der Entscheidung zur Veräußerung der **„Bank Burgenland"**, hat die Kommission ihre Privatisierungsgrundsätze aus dem Jahr 1993 noch einmal bestätigt und ein Beihilfeprüfverfahren gegen Österreich eingeleitet.[39] Die Bank war zuvor an eine „bestbietende" österreichische Versicherungsgesellschaft (für 100,3 Mio. EUR) veräußert worden, obwohl ein ukrainisch-österreichisches Konsortium – das in der letzten Phase der Ausschreibung der einzige andere Bieter war – einen deutlich höheren Kaufpreis (155 Mio. EUR) geboten hatte. In diesem Zusammenhang hat die Kommission abermals darauf hingewiesen, dass die Veräußerung im Rahmen eines **offenen, transparenten, bedingungsfreien und nichtdiskriminierenden Verfahrens** zu erfolgen hat und dass grundsätzlich an den Meistbietenden zu veräußern ist.[40] Das Vorgehen der Kommission im Fall Burgenland gibt Grund zu der Annahme, dass diese Privatisierungsgrundsätze nunmehr deutlich strenger verstanden werden. Im Einzelnen betreffen deren Beanstandungen neben der Verfahrensführung[41] die vom Land zugrunde gelegten (für Privatisierungs-/Beteiligungsveräußerungsverfahren typische) Bewertungskriterien[42]. In diesem Zusammenhang ist insbesondere bemerkenswert, dass die Kommission hierbei erstmalig offensichtlich Maßstäbe ansetzt und sich an Verfahrensmaximen zu orientieren scheint, die typischerweise im Rahmen von förmlichen (EU/GWB-)Vergabeverfahren gelten (z. B. Bekanntgabe der Bewertungskriterien einschließlich deren Gewichtung zu Beginn des Verfahrens, keine Heranziehung neuer, nicht bekannt gemachter Kriterien)[43]. Im Endeffekt wird durch diese Entscheidung der Kommission deutlich, dass diese die Durchführung transparenter, strukturierter und diskriminierungsfreier Ausschreibungsverfahren als eine vorzugswürdigen Weg ansieht, um einen Beihilfeverdacht im Zusammenhang mit Veräußerungsgeschäften der öffentlichen Hand von vornherein auszuschließen.

---

[37] EU-Komm., Presseerklärung v. 5. 6. 2001, Nr. IP/02/818 – KSG
[38] *Prieß/Gabriel* NZBau 2007, 617, 620.
[39] EU-Komm., ABl. Nr. 2007 C 28/8 – Bank Burgenland; Nichtigkeitsklagen gegen dieses Verfahren waren vor dem EuG anhängig: EuG Rs. T-268/08 (Land Burgenland./.Kommission); Rs. T-241/08 (Österreich/Kommission); Rs. T-282/08 (Grazer Wechselseitige Versicherung/Kommission); Besprechungen der Entscheidung siehe *Prieß/Gabriel* NZBau 2007, 617ff.; *Kümmritz* Privatisierung öffentlicher Unternehmen, 2009, 55ff.
[40] *Prieß/Gabriel* NZBau 2007, 617, 620.
[41] EU-Komm., ABl. Nr. 2007 C 28/8 – Bank Burgenland, Rn. 66.
[42] EU-Komm., ABl. Nr. 2007 C 28/8 – Bank Burgenland, Rn. 24, 67.
[43] EU-Komm., ABl. Nr. 2007 C 28/8 – Bank Burgenland, Rn. 68, 69.

§ 76 Vorbereitung und Durchführung primärrechtlicher Bieterverfahren

Übersicht

	Rn.
A. Einleitung	1
B. Ablauf eines primärrechtlichen strukturierten Bieterverfahrens unter Berücksichtigung beihilferechtlicher Belange	2–31
I. Anforderungen an die Bekanntmachung	4–7
II. Fristvorgaben	8
III. Prüfung der Interessenbekundungen und diskriminierungsfreie Auswahl der Verhandlungspartner	9, 10
IV. Die Festlegung von Bewertungskriterien	11–18
V. Keine Vorabinformationspflicht gegenüber den unterlegenen Bewerbern	19, 20
VI. Verspätet eingereichte Interessenbekundungen	21–23
VII. Nachträgliche Konsortienbildungen	24–26
VIII. Umgang mit Interessenkollisionen	27–31

Literatur:
Bauer, Das Bietverfahren im EG-Beihilfenrecht bei der übertragenden Sanierung rechtswidrig begünstigter Unternehmen, EuZW 2001, 748; *Berstermann/Petersen*, Der Konzern im Vergabeverfahren – Die Doppelbeteiligung auf Bewerber-/Bieterseite und aufseiten der Vergabestelle sowie die Möglichkeiten von „Chinese Walls", VergabeR 2006, 740; *Braun*, Anmerkung zu EuG, Urteil vom 20. Mai 2010 – T-258/06, VergabeR 2010, 614; *Braun*, Besprechung der Mitteilung der Kommission zum Vergaberecht, EuZW 2006, 683; *Burgi*, Die Vergabe von Dienstleistungskonzessionen: Verfahren, Vergabekriterien, Rechtsschutz, NZBau 2005, 610; *Eggers/Malmendier*, Strukturierte Bieterverfahren der öffentlichen Hand, Rechtliche Grundlagen, Vorgaben an Verfahren und Zuschlag, Rechtsschutz, NJW 2003, 780; *Frenz*, Unterschwellenvergaben, VergabeR 2007, 1; *Gabriel*, Die Kommissionsmitteilung zur öffentlichen Auftragsvergabe außerhalb der EG-Vergaberichtlinien, NVwZ 2006, 1262; *Hausmann*, Ausschreibung von Dienstleistungskonzessionen – Chancen und Risiken –Vergaberecht 2007, 325; *Koenig,/Kühling*, Diskriminierungsfreiheit, Transparenz und Wettbewerbsoffenheit des Ausschreibungsverfahrens – Konvergenz von EG-Beihilfenrecht und Vergaberecht, NVwZ 2003, 779; *Prieß/Gabriel*, M&A-Verfahrensrecht – EG-rechtliche Verfahrensvorgaben bei staatlichen Beteiligungsveräußerungen, NZBau 2007, 617; *Schnieders,* Die kleine Vergabe, DVBl 2007, 287; *Wollenschläger*, Das EU-Vergaberegime für Aufträge unterhalb der Schwellenwerte, NVwZ 2007, 388.

A. Einleitung

Mit der Beantwortung der Frage, wie strukturierte primärrechtliche Bieterverfahren **1** rechtssicher vorzubereiten und durchzuführen sind, wird der öffentliche Auftraggeber bzw. der staatliche Veräußerer oder andere rechtsgeschäftlich tätig werdende staatliche Stellen vom europäischen Gesetzgeber weitestgehend allein gelassen. Zumindest was die Vorgaben an die unterschiedlichen Verfahrensschritte im Einzelnen angeht. Ein Blick in die Grundfreiheiten bzw. die Art. 107 ff. AEUV hilft hier nicht weiter. Lediglich aus der „Unterschwellenmitteilung" der Kommission ergeben sich Grundanforderungen für die Auftragsvergabe.[1] Ein abschließender Charakter hinsichtlich der insgesamt aus dem Unionsrecht zu beachtenden Vorgaben kommt ihr allerdings nicht zu. Die Schwierigkeit bei der Masse der öffentlichen Auftragsvergaben im unterschwelligen, richtlinienfreien Bereich[2] in der Praxis der Auftraggeber besteht darin, ein den **primärrechtlichen Anfor-**

---

[1] Auszug abgedruckt in § 73, Anhang 1.
[2] *Braun* VergabeR 2010, 614, 615; *Frenz* VergabeR 2007, 1, 3.

derungen gerecht werdendes Verfahren durchzuführen, welches aber zugleich auch die **beihilferechtlichen Anforderungen** erfüllt.

B. Ablauf eines primärrechtlichen strukturierten Bieterverfahrens unter Berücksichtigung beihilferechtlicher Belange

2   Aus dem europäischen Primärrecht, namentlich den Grundfreiheiten, ergibt sich gerade kein Verfahrenstypenzwang[3], dh. die Pflicht einer förmlichen Ausschreibung für die Vergabe eines öffentlichen Auftrags oder den Abschluss eines grundfreiheitlich relevanten sonstigen Rechtsgeschäfts.[4] Gleichzeitig betont der EuGH gleichwohl die Pflicht eines öffentlichen Auftraggebers, zu Gunsten potentieller Bieter ein angemessenes Maß an Öffentlichkeit sicherzustellen.[5] Obwohl die Auswahl der konkreten Maßnahmen zur Erfüllung der Anforderungen des europäischen Primärrechts an strukturierte Bieterverfahren damit insbesondere im Hinblick auf die Grundsätze der Gleichbehandlung und Transparenz in einem gewissen Maße in das Ermessen der Mitgliedstaaten gestellt ist,[6] bietet sich aus Gründen der Rechtssicherheit und Praktikabilität eine **Verfahrensgestaltung** an, die sich grundsätzlich an den Hinweisen der Kommission in der **Mitteilung zu „Unterschwellenvergaben"**, sowie der einschlägigen **Rechtsprechung des EuGH** orientiert. Gleichzeitig sind diesbezüglich ebenfalls beihilferechtliche Verfahrensvorgaben in den Blick zu nehmen, woraus sich letztlich folgende grundsätzliche Bieterverfahrensgestaltung ergibt:

3   Zunächst ist eine Bekanntmachung mit der Aufforderung zur Einreichung von Interessensbekundungen zu veröffentlichen. In einem zweiten Schritt sind die eingereichten Interessensbekundungen zu prüfen und im Rahmen eines diskriminierungsfreien Auswahlverfahrens der Verhandlungspartner zu bestimmen. Sodann wird mit dem auf diesem Wege ausgewählten Bieter in Verhandlungen eingetreten, an deren Ende der Vertragsabschluss steht.

I. Anforderungen an die Bekanntmachung

4   Zur Wahrung der unionsrechtlichen Mindestanforderungen im Hinblick auf die Gleichbehandlung/Nichtdiskriminierung interessierter Unternehmen sowie die Transparenz und Publizität des Verfahrens ist zunächst eine Bekanntmachung der beabsichtigten Auftragsvergabe zu veröffentlichen.[7] Das geschieht am zweckmäßigsten im Wege einer **Anzeige in der überregionalen Fachpresse**, ggf. auch einer Veröffentlichung im **Amtsblatt der Europäischen Union**, wobei hier inzwischen eine recht restriktive Haltung (keine Veröffentlichung von Vergaben außerhalb des Anwendungsbereichs des Vergaberechts) eingenommen wird. Eine Bekanntmachung in der nationalen Fachpresse sollte ausreichend sein, soweit dadurch gewährleistet ist, dass auch Interessenten aus anderen Mitgliedstaaten in zumutbarer Weise von der Veröffentlichung Kenntnis erlangen können. Zu berücksichtigen bleibt dabei, dass in einer jüngeren Arbeitsunterlage der Kommissionsdienststelle hinsichtlich der Anforderungen an die Publizität bei der Privatisierung staatseigener Unternehmen mittels Bietverfahren angefordert wird, dass die Ausschreibung **über einen längeren Zeitraum** in der nationalen Fachpresse und/oder sonstigen geeigneten Veröf-

---

[3] *Kühling/Huerkamp* NVwZ 2009, 557, 559.
[4] Vgl. EuGH Urt. v. 21.7.2005, Rs C-231/03 – Coname, Rn. 21.
[5] EuGH Urt. v. 13.10.2005, Rs. C-458/03 – Parking Brixen, Rn. 49; EuGH Urt. v. 7.12.2000, Rs. C-324/98 – Telaustria, Rn. 62.
[6] Vgl. EuGH Urt. v. 23.12.2009, Rs. C-376/08 – Serrantoni, Rn. 31.
[7] *Kristoferitsch* EuZW 2006, 428, 430.; *Dietlein* NZBau 2004, 472, 474; *Eggers/Malmendier* NJW 2003, 780, 784; *Koenig/Kühling* NVwZ 2003, 779, 783.

fentlichungen bekannt gemacht wird.[8] Aus beihilferechtlicher Perspektive gilt es zudem zu beachten, dass die Kommission für die **Veräußerung öffentlicher Grundstücke** fordert, dass neben einer solchen Veröffentlichung **zudem eine Bekanntmachung durch europaweit bzw. international tätige Makler** zu erfolgen hat, damit alle potentiellen Käufer von dem Angebot Kenntnis erlangen.[9] Der Einsatz nur einer der beiden Formen der Bekanntmachung – über nationale/internationale Presse oder über Immobilienmakler – genügt dementsprechend bei dem Verkauf öffentlicher Grundstücke nicht.[10]

Diese Bekanntmachung – bzw. eine die Bekanntmachung ergänzende Verfahrensunterlage – muss eine ausreichend ausführliche Beschreibung des zu vergebenden Auftrags bzw. Angaben zu dem jeweiligen Veräußerungsgegenstand enthalten. Erforderlich ist eine **diskriminierungsfreie Beschreibung des Auftragsgegenstands**, um zu verhindern, dass ausländische Bieter direkt oder indirekt durch Anforderungen an Produktion, Herkunft von Produkten oder ähnlichem benachteiligt werden. Dabei ist eine unzureichende Präzisierung der sachlich-technischen Anforderungen grundsätzlich nicht von Belang. Denn werden diese nicht oder nur unzureichend vorgegeben, so haben alle Interessenten unabhängig von ihrer Herkunft dennoch die gleichen Bedingungen zur Angebotserstellung.[11] Bei der Zulassung von Nebenangeboten gilt nach der jüngeren nationalen Rechtsprechung, dass inhaltlich-auftragsbezogene Mindestanforderungen entsprechend den sekundärrechtlichen Vorgaben nicht in den Ausschreibungsunterlagen enthalten sein müssen. Es ist ausreichend, wenn die Möglichkeit der Alternativausführungen vorgesehen ist und vorgegeben wird, dass diese eindeutig und erschöpfend zu beschreiben sind und alle Leistungen erfasst sein müssen, die zur ordnungsgemäßen Auftragserfüllung erforderlich sind.[12] Aus Gründen der Verhältnismäßigkeit müssen präzisere Angaben in inhaltlicher bzw. leistungsbezogener Hinsicht vom Auftraggeber jedenfalls im Unterschwellenbereich nicht gemacht werden.[13]

Ferner sollte die Bekanntmachung eine **angemessene Frist für den Eingang von Interessenbekundungen** interessierter Unternehmen – ggf. unter Anforderung im Einzelnen benannter Eignungsnachweise – setzen sowie die Kriterien für die Bewertung der Interessenbekundungen enthalten. Soweit es aus Gründen der Praktikabilität geboten ist, kann der Interessentenkreis durch eine Vorauswahl anhand dieser Kriterien eingeschränkt werden,[14] wobei eine gewisse Steuerungswirkung durch die Festlegung von – gleichwohl transparenten und nichtdiskriminierenden – Eignungskriterien erzielt werden kann. Da öffentlichen Auftraggebern im förmlicheren Vergaberecht im Rahmen der Eignungsprüfung ein weitgehender Beurteilungs- und Ermessensspielraum zusteht,[15] kann für Verfahren nach lediglich primärrechtlichen Vorgaben nichts anders gelten. Neue, nicht bereits von Anfang an genannte Gesichtspunkte dürfen allerdings später bei der Bewertung nicht berücksichtigt werden.[16] Weitergehend bietet sich ein Hinweis in der Bekanntmachung an, dass es sich bei dem Bieterverfahren nicht um ein Vergabeverfahren nach EU/GWB-

---

[8] Arbeitsunterlage der Kommissionsdienststelle, swd (2012) 14.
[9] Mitt. „Grundstücksveräußerung" Nr. I.1.a.; EU-Komm., ABl. 2002 L 12/1 – Scott Paper SA/Kimberly-Clark, Rn. 140.
[10] EU-Komm., ABl. 2002 L 12/1 – Scott Paper SA/Kimberly-Clark, Rn. 140.
[11] BGH Beschl. v. 30.8.2011, X ZR 55/10.
[12] BGH Beschl. v. 30.8.2011, X ZR 55/10.
[13] BGH Beschl. v. 30.8.2011, X ZR 55/10.
[14] Die hierbei zu beachtenden primärrechtlichen Verfahrensanforderungen im Hinblick auf das Verfahren der Auswahl der Interessenten werden von der Kommission wie folgt zusammengefasst: „Gleicher Zugang für Wirtschaftsteilnehmer aus allen Mitgliedstaaten […]" und „Begrenzung der Zahl der Bewerber, die zur Abgabe eines Angebots aufgefordert werden […]", vgl. Mitt. „Unterschwellenvergabe" Nr. 2.2.1. und Nr. 2.2.2.
[15] Hierzu *Prieß* 260 f.
[16] EU-Komm., ABl. 2007 C 28/8 – Bank Burgenland, Rn. 68.

Vergaberecht iSd. §§ 97 ff. GWB handelt. Zudem sollte der weitere **Ablauf des strukturierten Bieterverfahrens erläutert** werden.

7   Die potenziellen Bieter sollten bereits durch die Bekanntmachung genügend Angaben erhalten, um eine Interessenbekundung abgeben und sich ein Bild vom weiteren Verfahren machen zu können.[17] Detailliertere Informationen zum nachfolgenden Verfahren können den (ausgewählten) Interessenten nach Bewertung der Interessenbekundungen in einem gesonderten Verfahrensbrief – ggf. gemeinsam mit einer vor einer etwaigen Due Diligence und weiteren Verhandlungen abzugebenden Vertraulichkeitserklärung – übersandt werden.

II. Fristvorgaben

8   Weder aus dem europäische Primärrecht noch aus der Mitteilung „Unterschwellenvergabe"[18] ergeben sich konkrete Fristvorgaben. Es bleibt also dem öffentlichen Auftraggeber unbenommen entsprechende Vorgaben festzulegen. Wichtig ist lediglich, dass die **Fristen so bestimmt** werden, dass die **unionsrechtlichen Mindestanforderungen** im Hinblick auf die Gleichbehandlung/Nichtdiskriminierung interessierter Unternehmen sowie die Transparenz des Verfahrens **gewährleistet** sind. Denn interessierte Bewerber können etwaige diskriminierende Wirkungen geltend machen, falls sie in der vorgegebenen Zeit nicht in der Lage sind, die geforderten Nachweise zu erbringen oder Angebote auszuarbeiten. Denkbar wäre beispielsweise, bezüglich der Frist für Interessenbekundungen auf die 30 bzw. 37-tägige Frist abzustellen, wie sie Art. 38 Abs. 3 lit. a, Abs. 5 VKR für Teilnahmeanträge im Nichtoffenen Verfahren, zur Vergabe eines dem Sekundärvergaberecht unterfallenden öffentlichen Auftrags vorsieht. Zwingend ist das allerdings nicht. Da für, lediglich primärrechtlichen Mindestanforderungen unterliegenden Verfahren jedenfalls keine strengeren Vorgaben als im förmlichen Vergaberecht gelten können, sind auch kürzere Fristen denkbar. Daher dürfte auch eine Frist von ca. zwei Wochen für die Anzeige von Interessenbekundungen ausreichend sein, sofern der geforderte Inhalt und Umfang der mit der Interessenbekundung einzureichenden Unterlagen diesen Zeitraum nicht unangemessen kurz erscheinen lässt.

III. Prüfung der Interessenbekundungen und diskriminierungsfreie Auswahl der Verhandlungspartner

9   Nach Ablauf der Frist für den Eingang der Interessenbekundungen sind sie daraufhin zu überprüfen, ob sie form- und fristgerecht sowie im Hinblick auf ggf. geforderte Eignungsnachweise vollständig eingegangen sind. Auf dieser Grundlage ist dann die **Eignung der Bewerber**, die Interessenbekundungen abgegeben haben, zu bewerten. Anschließend kann anhand der in der Bekanntmachung für diesen Zweck mitgeteilten nichtdiskriminierenden Kriterien eine Auswahl derjenigen Bewerber vorgenommen werden, mit denen die Verhandlungen geführt werden sollen.[19] Hierbei ist darauf zu achten, dass das Verfahren ausnahmslos objektiv, transparent und nichtdiskriminierend durchgeführt, in der Verfahrensakte **dokumentiert** wird und dass Entscheidungen **sachlich begründet** werden. Auf diese Weise wird die Einhaltung der primärrechtlichen Verfahrensvorgaben gewährleistet und nachprüfbar gemacht.[20]

---

[17] Ebenso Mitt. „Unterschwellenvergabe" Nr. 2.1.3.
[18] Mitt. „Unterschwellenvergabe" Nr. 2.2.1. a. E.: „Die Fristen für Interessensbekundungen und für die Angebotsabgabe müssen so lang sein, dass Unternehmen aus anderen Mitgliedstaaten eine fundierte Einschätzung vornehmen und ein Angebot erstellen können."
[19] *Eggers/Malmendier* NJW 2003, 780, 784.
[20] Mitt. „Unterschwellenvergabe" Nr. 2.2.3. und Nr. 2.3.3.

In der **beihilferechtlichen Entscheidungspraxis** hat bislang noch keine vertiefte 10
Auseinandersetzung mit den bei der Erstauswahl potentieller Investoren zulässigerweise
anzulegenden Kriterien stattgefunden. Die endgültige Auswahl sollte sich deshalb nach
marktüblichen Maßstäben richten und muss, damit sie beihilferechtlich nicht angegriffen
werden kann, nach wirtschaftlichen Kriterien (höchster Preis) erfolgen. Die Spielräume
des Vergaberechts bestehen hier gerade nicht.

IV. Die Festlegung von Bewertungskriterien

Bereits in der Veröffentlichung sind sämtliche als Bewertungskriterien in Betracht kom- 11
mende Gesichtspunkte zu benennen. Die **im Voraus festgelegten und bekannt gemachten Gesichtspunkte/Bewertungskriterien** sind ferner im Verfahrensstadium
nach Abgabe der indikativen Angebote zur Auswahl der preferred bidder heranzuziehen
sowie im Anschluss daran zur Bewertung der von diesen Bietern abgegebenen endgültigen/endverhandelten Angebote. Neue, nicht in der Veröffentlichung genannte Gesichtspunkte dürfen dabei nicht berücksichtigt werden.

1. Die Gewichtung der Bewertungskriterien

Während die Festlegung der Gewichtungshöhe vor allem unter beihilferechtlichen Ge- 12
sichtspunkten zu erfolgen hat, ergeben sich die Vorgaben für den Zeitpunkt dieser Festlegung (zB. vor oder nach Eingang/Öffnung der indikativen bzw. endgültigen/endverhandelten Angebote) im Wesentlichen aus Rückschlüssen auf die entsprechende Situation im
Vergaberecht. Deshalb ergibt sich im Rahmen der Gewichtung der Bewertungskriterien
(der so genannten Bewertungsmatrix) im Einzelnen das Folgende:

Im Hinblick auf die **Gewichtungshöhe** der einzelnen Kriterien muss aus beihilfe- 13
rechtlichen Gründen die **Höhe des Kaufpreises** das maßgebliche Zuschlagskriterium
darstellen.[21] Allerdings würde eine Verpflichtung, die Zuschlagsentscheidung allein anhand
des Kaufpreiskriteriums zu treffen, nicht zweckmäßig sein, da auf diesem Weg beispielsweise der mit den ausgewählten Bietern jeweils erreichte endverhandelte Vertragsstand
nicht berücksichtigt werden könnte und so sachlich gerechtfertigte Zielstellungen – zB.
auch wettbewerbs- und kartellrechtliche Erwägungen – keine Beachtung finden würden.
Das bedeutet, dass auch **andere Bewertungskriterien** – insbesondere soweit sie monetarisiert werden können – Eingang in die Zuschlagsentscheidung finden können. Doch
darf das ihnen im Einzelnen und insgesamt zukommende Gewicht nicht zu hoch sein. So
ist es in einem Ausnahmefall denkbar, dass die Veräußerung an einen Bieter erfolgen
kann, der ein preislich auf dem zweiten Platz liegendes Angebot abgegeben hat, das die
inhaltlichen Zielstellungen des Veräußerers aber sehr gut umsetzt, sofern das preislich auf
dem ersten Platz liegende Angebot diesen Zielstellungen deutlich schlechter entspricht
und der preisliche Abstand nicht unverhältnismäßig groß ist.

Da es zu der Festlegung der Gewichtungshöhe der Bewertungskriterien im Rahmen 14
strukturierter, am Primärrecht ausgerichteter Bieterverfahren bislang weder Beispielsfälle
noch Präjudizien gibt, sind entsprechende Empfehlungen allerdings mit einem **deutlichen Restrisiko** verbunden. Insbesondere kann **aus beihilferechtlicher Sicht** argumentiert werden, dass eine deutlich **höhere Bewertung des Kaufpreises** geboten ist.
Insofern kann es im Einzelfall empfehlenswert sein, diese Frage vorab informell mit der
Europäischen Kommission zu klären. Die Kommission legt in dieser Frage strenge Maßstäbe an, wie sie durch die Einleitung eines Beihilfeprüfverfahrens gegen Österreich wegen des Verkaufs der „Bank Burgenland" zum Ausdruck gebracht hat.[22] In diesem Fall
hatte ein österreichischer Bieter den Zuschlag erhalten, obwohl ein Mitbewerber – ein

---

[21] Vgl. hierzu § 75.
[22] Vgl. hierzu vertiefend § 75 Rn. 14; EU-Komm., ABl. Nr. 2007 C 28/8 – Bank Burgenland.

ukrainisch-österreichisches Konsortium – rund 50 Mio. EUR mehr geboten hatte. In ihren bisherigen Stellungnahmen hierzu wurde die von Österreich vorgetragene Argumentation, der Zuschlag sei an den Bieter mit dem besten Gesamtangebot erfolgt, zurückgewiesen und noch einmal betont, dass grundsätzlich an den Meistbietenden veräußert werden muss.

2. Der Zeitpunkt der Festlegung der Bewertungsmatrix

15   Im Hinblick auf den Zeitpunkt der Festlegung der Bewertungsmatrix (Festlegung der Höhe der Gewichtung für die herangezogenen Bewertungskriterien) und auch auf die Frage, ob diese Festlegung den Interessenten vor Abgabe ihrer indikativen bzw. endgültigen Angebote mitgeteilt werden muss, hält das Beihilferecht keine Vorgaben bereit. Da auch primärrechtliche Beispielsfälle oder Präjudizien bislang nicht vorliegen, können Rückschlüsse lediglich anhand der **sachverwandten Materie des Vergaberechts** gezogen werden.

16   Danach kann mit guten Gründen vertreten werden, dass eine Pflicht zur Festlegung der Bewertungsmatrix vor Angebotsabgabe (verbunden mit einer Pflicht, den Interessenten diese Bewertungsmatrix vor Angebotsabgabe mitzuteilen) nicht existiert. Denn eine derartige Pflicht öffentlicher Auftraggeber wurde im Vergaberecht erstmals in der VKR und der SKR normiert. Nach Art. 53 Abs. 2 VKR bzw. Art. 55 Abs. 2 SKR muss eine vorherige Gewichtung der Zuschlagskriterien erfolgen und den Bietern im Rahmen der Vergabebekanntmachung oder den Verdingungsunterlagen bekannt gemacht werden. Eine vergleichbare Pflicht war in den Vorgängerrichtlinien gerade nicht vorgesehen.[23] Die frühere vergaberechtliche Situation ist daher vergleichbar mit der hier zu beurteilenden Konstellation, da sich **aus dem Primärrecht ebenfalls keine Vorgaben** für die Festlegung/Bekanntmachung der Bewertungsmatrix ergeben. Es gelten lediglich Mindestanforderungen im Hinblick auf die Verfahrensführung (Gleichbehandlung, Nichtdiskriminierung, Transparenz), die mit den seit jeher (dh. auch zur Zeit der Vorgängerrichtlinien) im Vergaberecht geltenden Grundsätzen übereinstimmen. Daher ist von Bedeutung, dass nach der früheren vergaberechtliche Rechtslage anerkanntermaßen **keine** derartige **Pflicht** der Auftraggeber **zur Festlegung** (und ggf. auch Bekanntmachung) der Bewertungsmatrix **vor Angebotsabgabe** existierte. Die Rechtsprechung des EuGH bestätigt diesen Befund. Auch der EuGH hat eine solche Pflicht weder den früheren Vergaberichtlinien, noch den allgemeinen vergaberechtlichen Grundsätzen entnehmen können, sondern hat lediglich für den Fall, dass ein Auftraggeber freiwillig im Voraus eine Gewichtung der Zuschlagskriterien erstellt hat, entschieden, dass diese (ohnehin bereits vorliegende) Gewichtung den Bietern aus Gründen der Transparenz auch im Vorfeld mitgeteilt werden müsse.[24]

17   In einer weiteren Entscheidung, die allerdings bereits nach Inkrafttreten der EU-Vergaberichtlinien getroffen wurde, hat der EuGH seine frühere Entscheidung in Sachen „Universale-Bau AG" noch einmal bestätigt.[25] In dieser Entscheidung ging es darum, dass ein italienischer Auftraggeber in den Verdingungsunterlagen **vier Zuschlagskriterien samt Wertungsmatrix** angegeben und sich bezüglich eines dieser Zuschlagskriterien vorbehalten

---

[23] Die bis dahin einschlägigen EU-Vorschriften forderten nur die Nennung der Kriterien „möglichst" – und damit gerade nicht zwingend – in der Reihenfolge ihrer Bedeutung, vgl. Art. 26 Abs. 2 Richtlinie 93/36/EWG des Rates vom 14. Juni 1993 über die Koordinierung der Verfahren zur Vergabe öffentlicher Lieferaufträge (ABl. L 199 vom 9.8.1993, S. 1); Art. 30 Abs. 2 Richtlinie 93/37/EWG des Rats vom 14. Juni 1993 zur Koordinierung der Verfahren zur Vergabe öffentlicher Bauaufträge (ABl. L 199 vom 9.8.1993, S. 54); Art. 34 Abs. 2 Richtlinie 93/38/EWG des Rates vom 14. Juni 1993zur Koordinierung der Auftragsvergabe durch Auftraggeber im Bereich der Wasser-, Energie und Verkehrsversorgung sowie im Telekommunikationssektor (ABl. L 199 vom 9.8.1993, S. 84).
[24] EuGH Urt. v. 12.12.2002, Rs. C-470/99 – Universale-Bau AG, Rn. 97, 100.
[25] EuGH Urt. v. 24.11.2005, Rs. C-331/04 – ATI La Linea SpA, Rn. 24.

hatte, dessen fünf Unterkriterien nach Angebotsabgabe nach freiem Ermessen zu gewichten (dh. die auf dieses Zuschlagskriterium entfallenden und vorab festgelegten 25 Punkte auf die fünf Unterkriterien nach seinem Ermessen zu verteilen). Der EuGH sieht dieses Vorgehen zwar als grundsätzlich möglich an, weist allerdings darauf hin, dass es mit dem Gemeinschaftsrecht (Gleichbehandlung, Transparenz) nur dann vereinbar sei, wenn erstens hierdurch nicht die zuvor bekannt gemachten Zuschlagskriterien geändert werden, zweitens die vorherige Kenntnis der Bieter von der Gewichtung der Unterkriterien die Vorbereitung der Angebote nicht beeinflusst hätte und drittens die spätere Festlegung der Gewichtung der Unterkriterien nicht in der Absicht erfolgt sei, einzelne Bieter zu diskriminieren.[26] Danach steht auch diese Entscheidung einer Festlegung der Bewertungsmatrix nach Abgabe der Angebote nicht entgegen. Denn hierdurch würden weder die in der Veröffentlichung bekannt gegebenen Bewertungskriterien geändert, noch sollen hierdurch einzelne Bieter diskriminiert werden. Es ist zwar lebensnah, dass die Bieter besonders hoch gewichteten Bewertungskriterien in ihren Angeboten besondere Aufmerksamkeit gewidmet hätten und insofern tatsächlich eine vorherige Kenntnis der Gewichtung „die Vorbereitung der Angebote" beeinflussen könnte. Allerdings spricht einiges dagegen, dass gerade dieser Aspekt vom EuGH als mögliche Angebotsbeeinflussung anerkannt werden könnte, da der Gerichtshof nur wenige Sätze zuvor seine Entscheidung in Sachen „Universale-Bau AG" ausdrücklich bestätigt hat und danach eben keine Verpflichtung zur Bekanntmachung einer vom Auftraggeber noch nicht festgelegten Bewertungsmatrix besteht. Vielmehr ist anzunehmen, dass es dem EuGH darauf ankommt, dass in die **Gewichtungsentscheidung keine (neuen) sachlichen/inhaltlichen/qualitativen Gesichtspunkte** einbezogen werden, die den Bietern nicht bekannt waren. Das aber ist solange nicht der Fall, wie die Zielstellungen des Veräußerers (sowie deren Verständnis) unverändert bleiben und auch keine darüber hinausgehenden Gesichtspunkte miteinbezogen werden sollen. In diesem Zusammenhang beachtenswert ist, dass Generalanwalt Alber in seinem Schlussanträgen in Sachen „Universale-Bau AG" auch die – der Zwecksetzung der Vergaberichtlinien zugrunde liegenden und im vorliegenden Fall unmittelbar einschlägigen – Grundfreiheiten (Niederlassungsfreiheit und freier Dienstleistungsverkehr) ausdrücklich in seinen Erwägungen berücksichtigt hat und zu dem Ergebnis gelangte, dass auch insoweit kein Grund dafür ersichtlich sei, weshalb die Gewichtung der veröffentlichten Zuschlagskriterien im Vorfeld festgelegt und den Bietern bekannt gegeben werden müsste.[27] Auf der anderen Seite betont Generalanwalt Alber vor diesem Hintergrund die **Bedeutung des Vergabevermerks**, damit anhand dieser **Dokumentation** aller wichtigen Verfahrensschritte später ua. überprüft werden kann, ob die nicht im Voraus bekannt gegebene Bewertungsmatrix diskriminierungsfrei angewendet worden ist.[28]

Diese Erwägungen zur bisherigen vergaberechtlichen Rechtslage sind übertragbar auf **18** den vorliegenden Zusammenhang, der sich allein nach primärrechtlichen Maßstäben richtet. Danach besteht **keine Pflicht zur Festlegung/Bekanntmachung der Bewertungsmatrix vor Abgabe der Angebote.** Auch in der Mitteilung „Unterschwellenvergabe" werden zwar die zu beachtenden primärrechtlichen Vorgaben sowie deren praktische Umsetzung im Einzelnen dargestellt, eine Verpflichtung zur Bekanntmachung von Wertungskriterien wird dabei aber gerade nicht erwähnt.[29] Stattdessen ist lediglich die

---

[26] EuGH Urt. v. 24.11.2005, Rs. C-331/04 – ATI La Linea SpA, Rn. 26 ff.
[27] *„Das [...] angewendete Verfahren, nämlich die Angabe der Kriterien für die Reihung der Teilnehmeranträge in der Bekanntmachung [...] schließt es aus, dass inländische Bewerber besser gestellt werden als Bewerber aus anderen Mitgliedstaaten. Allen Bewerbern sind nämlich die Zuschlagskriterien bekannt, aber die Einzelheiten des Scoring-[Anm: gemeint ist das Bewertungs-]Verfahrens unbekannt. Damit ist die Erreichung des Ziels des Transparenzgebots der Richtlinie 93/37 sichergestellt. Der geltende Text gibt keine Grundlage für weitergehende Anforderungen an die Offenlegung des Bewertungsverfahrens."* Generalanwalt *Alber* Schlussanträge v. 8.11. 2001, Rs. C-470/99 – Universale-Bau AG, Rn. 87.
[28] Generalanwalt *Alber* Schlussanträge v. 8.11.2001, Rs. C-470/99 – Universale-Bau AG, Rn. 89.
[29] Mitt. „Unterschwellenvergabe" Nr. 2.2.2.

Rede davon, dass die Auswahl der Verfahrensteilnehmer „in transparenter und diskriminierungsfreier Weise" anhand „objektiver Kriterien" erfolgen muss. Insofern besteht kein Unterschied zu den vorstehenden Ausführungen in Sachen „Universale-Bau AG". Eine bislang **noch nicht vorgenommene Festlegung der Bewertungsmatrix** kann **auch noch nach Abgabe der Angebote** vorgenommen werden. Denkbar ist beispielsweise eine Vorgehensweise, bei der zunächst zu jedem – noch ungewichteten – Bewertungskriterium ein vorläufiges/erstes Ranking der Angebote aufgestellt wird. Das könnte etwa in der Weise geschehen, dass für jedes Kriterium nur eine sehr allgemeine bzw. grobe Einschätzung (etwa in die Kategorien + (positiv), 0 (neutral) und − (negativ)) vorgenommen wird. Eine Verfeinerung dieser Bewertung etwa auf einer Punkteskala von 1 bis 10 und die Gewichtung der einzelnen Bewertungskriterien könnte anschließend in einem zweiten Schritt mit Blick auf die im Voraus nicht absehbare konzeptionelle Bandbreite der Angebote festgelegt werden. Dabei ist darauf zu achten, dass diese Festlegung ausnahmslos objektiv und nichtdiskriminierend erfolgt, in der Verfahrensakte dokumentiert und sachlich begründet wird. Auf diese Weise wird die Einhaltung der primärrechtlichen Verfahrensvorgaben gewährleistet und nachprüfbar gemacht.

V. Keine Vorabinformationspflicht gegenüber den unterlegenen Bewerbern

19 In Literatur und Rechtsprechung wird diskutiert, ob den (voraussichtlich) unterlegenen Bewerbern ein dem § 101a Abs. 1 GWB vergleichbarer Vorabinformationsanspruch zusteht. So wird ein öffentlich-rechtlicher Verfahrensanspruch aus Art. 3 Abs. 1, 20 Abs. 1 GG angenommen, der es gebieten würde, zwischen Bekanntgabe der Auswahlentscheidung und Vertragsschluss jedenfalls zwei Wochen verstreichen zu lassen.[30] Im Bereich der Vergabe von Dienstleistungskonzessionen finden sich Ansätze, einen solchen Anspruch aus Art. 19 Abs. 4 GG herzuleiten.[31] Auch das EuG hat einen solchen Vorabinformationsanspruch zumindest für das Eigenvergaberecht der europäischen Institutionen bejaht,[32] damit der unterlegene Bieter die Chance hat, über das Gericht die Vollzugsaussetzung der Entscheidung zu erreichen. Eine **gesetzlich normierte Pflicht des Auftraggebers**, seine Entscheidung vorab Dritten mitzuteilen, **existiert derzeit nicht.** Auch lässt sich **weder einer Entscheidung des EuGH noch einer Kommissionsäußerung die Forderung nach einer Vorabinformation entnehmen.** Vielmehr hat das BVerfG entschieden, dass es ausreichend ist, wenn überhaupt Rechtsschutzmöglichkeiten bestehen und es verfassungsrechtlich nicht zu beanstanden ist, die Rechtsschutzmöglichkeiten für Vergaben oberhalb und unterhalb der europäischen Schwellenwerte unterschiedlich auszugestalten.[33] Zudem ist bei der Herleitung einer solchen Vorabinformations- und Stillhaltepflicht zu bedenken, dass damit nicht unwesentliche Beeinträchtigungen der Handlungsspielräume der Auftraggeber und auch der interessierten Bieter einhergehen, die ihrerseits einer gesetzlichen Rechtfertigung bedürfe. Ob dafür die genannten Grundrechte und EU-Grundfreiheiten als Rechtsgrundlage ausreichen, erscheint zweifelhaft.

20 Schließlich stellt sich die Frage nach der Rechtsfolge, wenn das Rechtsgeschäft ohne vorherige Vorabinformation abgeschlossen wird. Solange eine ausdrückliche gesetzliche Regelung nicht existiert, kann eine etwaige Nichtigkeit des Vertragsschlusses – mangels eines tatbestandlichen gesetzlichen Verbots – nicht mit § 134 BGB begründet werden. Um eine Vertragsnichtigkeit nach § 138 BGB annehmen zu können, müssten beide Par-

---

[30] OVG Berlin-Brandenburg Beschl. v. 30.11.2010 – OVG 1 S 107/10; *Braun* NZBau 2011, 400, 402.
[31] *Burgi* NZBau 2005, 610, 616f; *Ruhland* WiVerw 2007/4, 203, 208.
[32] EuG Urt. v. 20.9.2011, T-461/08, Rn. 120ff.
[33] BVerfG Beschl. v. 13.6.2006 – 1 BvR 1160/03.

teien zunächst positiv von einer solchen Pflicht wissen.[34] Da diese gesetzlich nicht normiert ist, kann das allenfalls dann der Fall sein, wenn eine solche (vorläufige) Vorabinformations- und Stillhaltepflicht im Rahmen eines vorläufigen Rechtsschutzverfahrens von einem Gericht angeordnet worden ist. Dann müsste aber auch noch nachweisbares kollusives Zusammenwirken der Parteien hinzutreten. Auch sprechen die Privatautonomie und die beschränkten Möglichkeiten eines Dritten, die inter-partes-Wirkung von Verträgen zu durchbrechen, dagegen, einen Vorabinformationsanspruch ohne ausdrückliche gesetzliche Regelung anzunehmen.

VI. Verspätet eingereichte Interessenbekundungen

Auch bei der Entscheidung, wie mit verspätet eingereichten Interessenbekundungen zu 21 verfahren ist und ob diese Interessenbekundungen zwingend nicht zum weiteren Verfahren zugelassen werden dürfen, ergeben sich Vorgaben weder aus den Grundfreiheiten noch der Mitteilung „Unterschwellenvergabe". Das bedeutet, dass sich eine staatliche Stelle beim Abschluss eines Rechtsgeschäfts einer gewissen **Selbstbindung** unterwerfen kann, indem er sich **selbst geschaffenen Verfahrensregeln** unterwirft. Diese Verfahrensregeln müssen den primärrechtlichen Grundsätzen entsprechen, insbesondere das Diskriminierungsverbot beachten und dürfen für den Fall, dass sie zwingend formuliert sind, nicht mit dem Vorbehalt möglicher Abweichungen versehen sein. Zudem sind diese **Verfahrensregeln in der Bekanntmachung zu veröffentlichen**. In Ansehung solcher Vorgaben spricht dann viel dafür, dass die Zulassung eingereichter Interessenbekundungen nach Ablauf einer auf diese Weise gesetzten Frist zum weiteren Verfahren gegen primärrechtliche Verfahrensanforderungen verstoßen würde. Denn ein Abrücken von einer solchen zwingenden Fristvorgabe zugunsten einzelner Interessenten würde das Verfahren insofern dem Vorwurf fehlender Transparenz aussetzen, als nicht absehbar ist, ob und in welchen anderen Fällen eine rechtsgeschäftlich handelnde staatliche Stelle wiederum von als zwingend bekannt gemachten Verfahrensregeln abweichen würde. Das gilt umso mehr, als die Verfahrensmodifizierung nach Ablauf der Interessenbekundungsfrist erfolgt und daher eine Begünstigung bestimmter Interessenten darstellt. Hiermit verbunden wäre zudem der Einwand, dass insofern eine Ungleichbehandlung/Diskriminierung der Bewerber eintritt, die ihre Interessenbekundung fristgemäß eingereicht haben und einen – grundfreiheitlich gewährleisteten – Anspruch darauf haben, sich im weiteren Wettbewerb nur noch mit solchen anderen Unternehmen messen zu müssen, die selbst die Vorgaben der Bekanntmachung eingehalten haben.

In Ansehung der zu der sachverwandten Materie des Vergaberechts ergangenen ver- 22 gleichbaren Judikatur – an deren Vorgaben sich im Zweifel der Gerichtshof und die Europäischen Kommission orientieren würden – spricht viel dafür, **verspätet eingereichte Interessenbekundungen** zur Wahrung der primärrechtlichen Verfahrensanforderungen der Transparenz, Gleichbehandlung und Nichtdiskriminierung **nicht zum weiteren Verfahren zuzulassen**. Die Situation entspricht der für das Vergaberecht typischen Konstellation der Abgabe von Teilnahmeanträgen in Nichtoffenen Verfahren oder Verhandlungsverfahren. Für diese Fallgestaltung ist in der vergaberechtlichen Judikatur entschieden worden, dass Angebote, die nach Ablauf der hierfür gesetzten Frist abgegeben worden sind, zwingend vom Verfahren ausgeschlossen werden müssen, ohne dass dem Auftraggeber ein etwaiges Ermessen hinsichtlich dieser Maßnahme zukommt.[35] Stützen lässt sich diese Praxis ua. auch auf den Wortlaut von Art. 44 Abs. 3 aE. VKR, die davon spricht, dass der öffentliche Auftraggeber „*andere Wirtschaftsteilnehmer, die sich nicht um die*

---

[34] Vgl. KG Beschl. v. 11.11.2004, 2 Verg 16/048 mit Anmerkung *Hausmann/Bultmann* ZfBR 2005, 309 ff.
[35] So zB. VK Bund Beschl. v. 1.9.2006, VK 3–105/06; VK Sachsen Beschl. v. 29.12.2004, 1/SVK/123–04.

Teilnahme beworben haben [...] nicht zu demselben Verfahren zulassen [kann]". Zudem ist ein Auftraggeber an die Verfahrensvorgaben, die er in der Bekanntmachung veröffentlicht hat, im weiteren Verfahren gebunden.[36]

23   Allerdings lassen sich in der vergaberechtlichen Literatur auch Stimmen finden, die hier ein **Ermessen des Auftraggebers** annehmen.[37] Eine Zulassung verspätet eingereichter Interessenbekundungen setzt das Verfahren jedoch Angriffspunkten aus. Zudem besteht die Gefahr, dass in dem Fall, dass das Angebot eines Interessenten den Zuschlag erhält, der eine nicht fristgemäße Interessenbekundung abgegeben hat, auf eine Beschwerde eines Konkurrenten hin die Kommission der Europäischen Union das Verfahren überprüft und eventuell auf eine Wiederholung wesentlicher Verfahrensschritte drängt. Das **verfahrensrechtliche Risiko** würde sich hierdurch deutlich **erhöhen**, so dass ein Ausschluss verspäteter Interessenbekundungen den sichersten Weg darstellen dürfte. Als möglich wäre allenfalls zu erachten, solche verspäteten Interessenbekundungen ausnahmsweise für das weitere Verfahren zuzulassen, bei denen die Bewerber die **Verspätung nicht zu vertreten** haben. Dieser Gedanke kommt auch in § 16 Abs. 3 lit. e, § 19 EG Abs. 3 lit. e VOL/A zum Ausdruck, die in solchen Fällen eine Ausnahme von der zwingenden Rechtsfolge des Ausschlusses machen. Vor dem Ausschluss sollte deshalb dem betroffenen Interessenten die Möglichkeit zur Stellungnahme über die Hintergründe und Ursache der Verspätung eingeräumt werden. Dann sollte unter Berücksichtigung dieser Erkenntnisse eine begründete und dokumentierte Entscheidung getroffen werden.

VII. Nachträgliche Konsortienbildungen

24   In der europarechtlichen Rechtsprechung noch ungeklärt ist die Frage, ob im fortgesetzten Verfahrensstadium, Interessenten, die zur Teilnahme am weiteren Verfahrensablauf ausgewählt worden sind, Konsortien/Bewerbergemeinschaften (nachfolgend „Bewerbergemeinschaften") mit anderen Unternehmen bilden dürfen. Eine Bewerbergemeinschaft könnte entweder mit anderen zum jeweiligen Verfahrensstadium ebenfalls zugelassenen Unternehmen (Variante 1), mit Unternehmen, die bereits in einem früheren Verfahrensstadium ausgeschlossen wurden (Variante 2) und/oder mit Unternehmen, die bislang am Veräußerungsverfahren nicht teilgenommen haben (Variante 3) gebildet werden.

25   Das **Primärrecht trifft** zu der Frage, wann Bewerbergemeinschaften unter welcher Beteiligung gebildet werden dürfen, **keine Aussage**. Orientiert man sich in Ansehung der zur vergleichbaren Frage der Zulässigkeit der Bildung bzw. Änderung von Bietergemeinschaften nach Ablauf der Teilnahmefrist ergangenen Rechtsprechung und Literatur in der sachverwandten Materie des Vergaberechts,[38] dürfte es den für den staatlichen Veräußerer sichersten Weg darstellen, nur Bewerbergemeinschaftsbildungen der Variante 1 als zulässig anzusehen. Denn für Auftragsvergaben im Offenen Verfahren (dh. ohne Teilnahmewettbewerb) ist in der **Rechtsprechung** im Einklang mit dem **Schrifttum** anerkannt, dass Änderungen in der Zusammensetzung einer Bietergemeinschaft bzw. die **Bildung einer Bietergemeinschaft zwischen Angebotsabgabe und Zuschlagserteilung grundsätzlich unzulässig** sind.[39] Für das Nichtoffene Vergabeverfahren ohne Teilnahmewettbewerb gilt, dass eine nach Aufforderung zur Angebotsabgabe in ihrer Zusammensetzung geänderte Bietergemeinschaft ebenso wenig ein wirksames Angebot abgeben

---

[36] VK Bund Beschl. v. 30.5.2006, VK 2–29/06.
[37] *Byok* Das Verhandlungsverfahren, 2006, S. 93 Rn. 381; *Arrowsmith* The Law of Public and Utilities Procurement, 2. Aufl. 2005, S. 459 a. E.
[38] Vgl hierzu vertiefend § 15 Rn. 70 ff.
[39] OLG Düsseldorf Beschl. v. 26.1.2005, Verg 45/04; VK Hessen Beschl. v. 28.6.2005, 69d-VK-07/2005; *Prieß/Gabriel* WuW 2006, 385, 388; *Dreher* NZBau 2005, 427, 432; *Hertwig/Nelskamp* BauRB 2004, 183, 184; *Wiedemann* ZfBR 2003, 240, 242 f.; *Krist* VergabeR 2003, 162, 163; ähnlich *Brinker/Ohler* in Motzke/Pietzcker/Prieß, § 25 VOB/A Rn. 151.

kann wie eine erst nach diesem Zeitpunkt gebildete Bietergemeinschaft[40]. Beim Nichtoffenen Vergabeverfahren und beim Verhandlungsverfahren mit jeweils vorgeschaltetem Teilnahmewettbewerb tritt die Bindung bezüglich der Zusammensetzung bzw. Bildung einer Bietergemeinschaft nach überwiegend vertretener Auffassung schon nach Ablauf der Teilnahmefrist (hier: der Frist für Interessenbekundungen) ein.[41] In Fällen, in denen die Bietergemeinschaft mit Unternehmen gebildet werden soll, die bereits im Teilnahmewettbewerb (oder einem anschließenden weiteren Verfahrensstadium) ausgeschlossen wurden bzw. die bislang am Verfahren nicht teilgenommen haben, wird die og. Einschätzung vor allem mit Gleichbehandlungserwägungen begründet. Hier Unternehmen die Beteiligung an einer Bietergemeinschaft zu gestatten, die selbst im Teilnahmewettbewerb nicht ausgewählt wurden bzw. überhaupt nicht daran teilgenommen haben (oder die Teilnahmefrist versäumt haben), würde eine Ungleichbehandlung darstellen und dem Teilnahmewettbewerb seine Bedeutung nehmen.[42] Allerdings gehört der Wettbewerbsgrundsatz – jedenfalls nicht unmittelbar – zu den vom EuGH in mittlerweile ständiger Rechtsprechung geprüften primärrechtlichen Mindestanforderungen der Transparenz, Gleichbehandlung und Nichtdiskriminierung.

Da es jedoch ebenfalls Stimmen in der vergaberechtlichen Judikatur und im Schrifttum **26** gibt, die zudem in anderen Fallgestaltungen ein **Ermessen des Auftraggebers** bejahen, ob er die Bildung/Änderung einer Bietergemeinschaft zulässt, dürfte es zumindest vertretbar sein, Bewerbergemeinschaftsbildungen in den Varianten 2 und 3 für möglich zu erachten. Das gilt umso mehr, als es sich bei der Veränderung der Zusammensetzung eines Bewerberkonsortiums, insbesondere im Hinblick auf die finanzierenden Banken, um eine typische und oftmals notwendige Situation bei der Bewerbung um die Durchführung öffentlicher Großprojekte handelt.[43] Da diese Vorgehensweise allerdings nicht den Weg mit dem geringsten verfahrensrechtlichen Risiko darstellt, ist es ratsam, die Frage der Zulässigkeit von Bewerbergemeinschaftsbildungen nicht offen zu lassen, sondern zum **Inhalt von Verfahrensregelungen** (iSe. Ermessensbindung) zu machen und den (ausgewählten) Interessenten mitzuteilen. Denn auch im Vergaberecht lassen sich vergleichbare Fälle finden, in denen Auftraggebern ein weitreichender Spielraum für die Vorgabe von Regeln in Ausschreibungsunterlagen hinsichtlich Bietergemeinschaftsbildungen zugestanden wird. Aus Gründen der Gleichbehandlung müsste die Bildung von Bewerbergemeinschaften in allen Varianten jedem Interessenten ermöglicht werden. Hierauf sollten alle Interessenten im Sinne einer transparenten Verfahrensführung möglichst frühzeitig hingewiesen werden. Idealerweise erfolgt das noch im Rahmen des Verfahrensbriefs, indem dort für Bewerbergemeinschaftsbildungen alle notwendigen verfahrensgestaltenden Regelungen getroffen werden. Dabei ist empfehlenswert, ua. vorzugeben, dass sich das in der Interessenbekundung (bzw. im indikativen Angebot) vorgestellte Konzept des Bewerbers durch den Zusammenschluss zu einer Bewerbergemeinschaft mit einem am Verfahren nicht – bzw. nicht mehr – beteiligten Unternehmen nicht grundlegend verändern darf. Diese Vorgabe

---

[40] So z.B. VK Nordbayern Beschl. v. 14.4.2005, 320.VK-3194–09/05; VK Nordbayern, Beschl. v. 18.9.2003, 320.VK-3194–31/03; VÜA Bund, Beschl. v. 12.8.1997, 1 VÜ 12/97; *Roth* NZBau 2005, 316, 318; *Dreher* NZBau 2005, 427, 432; *Hertwig/Nelskamp* BauRB 2004, 183, 184; *Wiedemann* ZfBR 2003, 240, 242f.; *Dähne* in Kapellmann/Messerschmidt, § 25 VOB/A Rn. 108; *Prieß* in Motzke/Pietzcker/Prieß, § 8a VOB/A Rn. 25; *Brinker/Ohler* in Motzke/Pietzcker/Prieß, § 25 VOB/A Rn. 149.

[41] OLG Hamburg Beschl. v. 2.10.2002, 1 Verg 1/00; VK Südbayern Beschl. v. 9.4.2003, 11–03/03; *Prieß/Gabriel* WuW 2006, 385, 388; *Roth* NZBau 2005, 316, 317; *Brinker/Ohler* in Motzke/Pietzcker/Prieß, § 25 VOB/A Rn. 149.

[42] VK Brandenburg Beschl. v. 18.7.2001, 1 VK 119/01; *Prieß/Gabriel* WuW 2006, 385, 389; *Dreher* NZBau 2005, 427, 432; *Hertwig/Nelskamp* BauRB 2004, 183, 184; *Brinker/Ohler* in Motzke/Pietzcker/Prieß, § 25 VOB/A Rn. 150.

[43] Vgl. dazu ausführlich *Willenbruch* NZBau 2010, 352, 353, sowie im Hinblick auf die vergaberechtliche Zulässigkeit von Objektgesellschaften *Burbulla* NZBau 2010, 145 ff.

trägt der vergaberechtlichen Erwägung Rechnung, der zufolge Bietergemeinschaftsbildungen zulässig sein können, wenn sich hierdurch die Eignung des ausgewählten Bewerbers zumindest nicht verschlechtert.

VIII. Umgang mit Interessenkollisionen

27 Schließlich stellt sich die Frage, wann ein Ausschluss von (indikativen) Angeboten bzw. Bewerbern vom primärrechtlich strukturierten Bieterverfahren aufgrund eines Interessenkonflikts und der hiermit verbundenen Verletzung/Gefährdung des Geheimwettbewerbs erfolgen kann oder sogar muss. Auch hier wird der öffentliche Veräußerer bzw. die den Abschluss eines Rechtsgeschäfts avisierende sonstige öffentliche Stelle, mit der Beantwortung von Gesetzgebung und Judikatur weitestgehend allein gelassen. Auch ein Blick auf die sachverwandte Materie des EU-Beihilferechts hilft nicht weiter, da dieses zu der Frage, wann (potentielle) Interessenkonflikte zu einer Verletzung eines wettbewerbskonformen – dh. den Vorgaben von Offenheit, Diskriminierungsfreiheit und Transparenz entsprechenden – Verfahrens führen, ebenfalls keine (ausdrücklichen) Aussagen trifft. Zudem hat die Kommission in der beihilferechtlichen Praxis soweit ersichtlich noch in keinem Fall ein Verfahren unter dem Gesichtspunkt eines Interessenkonflikts aufgegriffen, so dass es an verlässlichen Präjudizien fehlt, an denen sich ermessen ließe, welche Maßstäbe die Kommission im Hinblick auf das Erfordernis der Diskriminierungsfreiheit an potentielle Interessenkonflikte anlegt.

28 In Anbetracht dieser Situation kommt der Entscheidung des EuG in Sachen „**Deloitte Business Advisory NV**" große Bedeutung zu. Diese Entscheidung hat Fragen zum Gegenstand, die sich im Zuge eines von der Kommission durchgeführten Vergabeverfahrens im Hinblick auf die Bewertung möglicher Interessenkollisionen beteiligter Bewerber/Bieter ergeben haben.[44] Allerdings ist das Urteil nicht vor dem Hintergrund der EU-Vergaberichtlinien ergangen, sondern des so genannten Eigenvergaberechts der europäischen Institutionen. Dieses Eigenvergaberecht beruht auf den Regelungen der Haushaltsordnung[45] und deren Durchführungsverordnung,[46] die auf der Grundlage von Art. 322 AEUV zur Festlegung der Durchführung des EU-Budgets erlassen worden sind.[47] Gerade aus diesem Grund ist die Entscheidung allerdings umso aufschlussreicher, da sie Rückschlüsse auf die Sichtweise der Kommission in Fällen zulässt, die sich nicht im Anwendungsbereich des förmlichen (EU/GWB-)Vergaberechts bewegen, sondern allein anhand primärrechtlicher Vorgaben zu beurteilen sind. Im konkreten Fall hat die Kommission die Vergabe eines Rahmenvertrages betreffend die Bewertung verschiedener Politikbereiche der Generaldirektion ausgeschrieben und dabei vorgegeben, dass Bewerber/Bieter, die sich im Zeitpunkt des Vergabeverfahrens in einem Interessenkonflikt befinden, ausgeschlossen werden. Im Rahmen der Angebotsprüfung hat der Bewertungsausschuss der Kommission festgestellt, dass zahlreiche Mitglieder bzw. Kooperationspartner des klagenden Konsortiums bereits an der Umsetzung von Programmen in den zu bewertenden Politikbereichen beteiligt waren, so dass deren Objektivität bei der Auftragsdurchführung zweifelhaft war. Da das Konsortium in seinem Angebot diese Gefahr eines Interessenkonflikts sowie die zur Ausräumung ggf. ergriffenen Maßnahmen nicht offen gelegt, sondern vielmehr „die Augen verschlossen" hat, entschied die Kommission, das Angebot auszuschließen. Das EuG bestätigt diese Entscheidung. In seiner Begründung geht das Gericht den zwei **zentralen Fragen** nach, ob der Ausschluss wegen der **Gefahr eines Interes-**

---

[44] EuG Urt. v. 18.4.2007, Rs. T-195/05 – Deloitte Business Advisory NV.
[45] Verordnung (EG, Euratom) Nr. 1605/2002 des Rates vom 25.6.2002 über die Haushaltsordnung für den Gesamthaushaltsplan der Europäischen Gemeinschaften.
[46] Verordnung (EG, Euratom) Nr. 2342/2002 der Kommission vom 23.12.2002 mit Durchführungsbestimmungen zur Verordnung (EG, Euratom) Nr. 1065/2002.
[47] Hierzu *Prieß*, 489 ff.; *Killmann* ZVB 2007, 6 f.

senkonflikts begründet war[48] und ob dem Konsortium **vor der Ausschluss die Möglichkeit** hätte gegeben werden müssen, **Ausführungen zum Interessenkonflikt** und den eventuell zu seiner Verhinderung unternommenen Maßnahmen zu machen.[49] Zur ersten Frage wird vom EuG ausgeführt, dass ein **Ausschlussgrund bereits dann** gegeben ist, **wenn** die **Gefahr eines Interessenkonflikts** besteht und diese anhand konkreter Anhaltspunkte nachweisbar ist. Hypothetische Konflikte reichen also nicht aus,[50] der „**böse Schein**" **eines Konflikts** ist dagegen bereits beachtlich. Die zweite Frage wird vom EuG dahin gehend beantwortet, dass vor dem Ausschluss keine Gelegenheit gegeben werden musste, „zusätzliche Angaben" zum Interessenkonflikt zu machen.[51] Ein anderslautender – vom klagenden Konsortium behaupteter – allgemeiner Rechtsgrundsatz existiere nicht. Hinzu kommt, dass das Konsortium keineswegs ohne Äußerungsmöglichkeit von der Teilnahme an dem Vergabeverfahren ausgeschlossen worden ist, da es im Rahmen des Angebots ohne weiteres die Gelegenheit gehabt hat, entsprechende Ausführungen zu machen.[52]

Diese Fragen weisen – auch wenn das EuG eine ausdrückliche Bezugnahme vermeidet – auffallende **Parallelen zum Vergaberecht** auf und bestätigen, dass sich Kommission wie EuG auch in nicht dem förmlichen (EU/GWB-)Vergaberecht unterfallenden Verfahren vergaberechtlicher Prüfungsmaßstäbe bedienen. Denn im Hinblick auf mögliche Interessenkonflikte in Vergabeverfahren, die in den Anwendungsbereich des (EU/GWB-)Vergaberechts fallen, existieren rechtliche Vorgaben sowie eine hierzu ergangene eingehende Rechtsprechung, an denen eine Prüfung orientiert werden kann. Unterschieden werden können hier die beiden typischen Konstellationen, dass ein Unternehmen im Vergabeverfahren oder zur Vorbereitung des Vergabeverfahrens auf Auftraggeberseite beratend tätig (gewesen) ist und zugleich als Bieter/Bewerber (oder dessen Berater) an dem Vergabeverfahren teilnimmt bzw. mehrfach auf Bieter-/Bewerberseite (ggf. auch nur beratend) am Vergabeverfahren beteiligt ist. Ist ein späterer Bieter/Bewerber oder ein mit einem Bieter/Bewerber verbundenes Unternehmen bereits im Vorfeld eines Vergabeverfahrens beratend für den Auftraggeber tätig gewesen, so wird das hiermit verbundene (vergaberechtliche) Problem, dass das in die Vorbereitung des Vergabeverfahrens einbezogene Unternehmen regelmäßig insoweit im Vorteil ist, als es sein Angebot leichter an die Bedürfnisse des Auftraggebers anzupassen vermag als andere – vorher unbeteiligte – Bieter, als sog. **Projektantenproblematik** bezeichnet.[53] Bei Auftragsvergaben, die dem GWB-Vergaberecht unterfallen, läuft der Auftraggeber bei Beteiligung eines solchen Projektanten am Vergabeverfahren Gefahr, gegen § 6 EG Abs. 7 VOB/A, § 6 Abs. 6 VOL/A, § 6 EG Abs. 7 VOL/A, § 4 Abs. 5 VOF zu verstoßen, die dem Auftraggeber aufgeben, sicherzustellen, dass der Wettbewerb „durch die Teilnahme" des Projektanten nicht verfälscht wird. Aus diesen Regelungen folgt **kein generelles Beteiligungsverbot** von Projektanten am späteren Vergabeverfahren. Es kommt aber ein Ausschluss als einzelfallabhängige ultima ratio in Betracht.[54]

Nimmt während eines Vergabeverfahrens auf Auftraggeberseite ein Unternehmen teil, dass zugleich als Bieter/Bewerber (oder dessen Berater) an dem Verfahren teilnimmt, so

---

[48] EuG Urt. v. 18. 4. 2007, Rs. T-195/05 – Deloitte Business Advisory NV, Rn. 29.
[49] EuG Urt. v. 18. 4. 2007, Rs. T-195/05 – Deloitte Business Advisory NV, Rn. 90.
[50] EuG Urt. v. 18. 4. 2007, Rs. T-195/05 – Deloitte Business Advisory NV, Rn. 67.
[51] EuG Urt. v. 18. 4. 2007, Rs. T-195/05 – Deloitte Business Advisory NV, Rn. 103.
[52] So der Parteivortrag der Kommission, EuG Urt. v. 18. 4. 2007, Rs. T-195/05 – Deloitte Business Advisory NV, Rn. 99. Aus diesem Grund betont das EuG durchweg, dass dem Konsortium nicht die Möglichkeit verwehrt wurde, Angaben zur Ausräumung des Interessenkonflikts zu machen, sondern lediglich keine Gelegenheit für „zusätzlichen Angaben" gegeben wurde.
[53] Vgl. § 12 Rn. 5 ff.
[54] So ausdrücklich auch die Begründung zum ÖPP-Beschleunigungsgesetz in BT-Drs. 15/5668, S. 20 f.; die deutsche Rechtsprechung zu dieser Frage war bislang uneinheitlich, vgl. statt vieler OLG Düsseldorf Beschl. v. 16. 10. 2003, VII-Verg 57/03 und OLG Jena Beschl. v. 8. 4. 2003, 6 Verg 9/02.

wird diese Situation von der **Befangenheitsvorschrift des § 16 VgV** erfasst, die eine Aufzählung aller wegen Interessenkonflikten von einem Vergabeverfahren auszuschließenden Personen enthält. Jedenfalls in diesem Zusammenhang ist anerkannt, dass unternehmensinterne organisatorische Abschottungsmaßnahmen wie die Errichtung von Vertraulichkeitsbereichen (sog. Chinese Walls) nach den Grundsätzen des § 33 Abs. 1 Nr. 2 WpHG unter Umständen eine geeignete Maßnahme darstellen können, um zumindest die **Vermutung eines widerlegbaren Wettbewerbsverstoßes** durch Informationsweitergabe (in den Konstellationen des § 16 Abs. 1 Nr. 3 VgV) widerlegen zu können[55].

31 Im Hinblick auf mögliche Interessenkonflikte in Verfahren, die **primärrechtlichen Mindestanforderungen** unterliegen, fehlt es dagegen an ausdrücklichen rechtlichen Regelungen zur Frage des Ausschlusses von möglicherweise parteilich handelnden Personen. Allerdings haben sich **EuGH und EuG** schon zum Thema „**Interessenkollision**" geäußert. So hat der **EuGH** in seinem „**Fabricom**"-Urteil[56] – allerdings einem Fall mit vergaberechtlichem Hintergrund – die Prüfung, ob Interessenkonflikte den Ausschluss einer Person verlangen, am **Gleichbehandlungsgrundsatz** festgemacht. Der Gerichtshof stellte fest, dass die beschriebene Konstellation (einer Projektantenproblematik im obigen Sinne) grundsätzlich eine Gefährdung eines freien, diskriminierungsfreien Wettbewerbs darstellt. Einen automatischen Ausschluss vom Vergabeverfahren ohne Möglichkeit des Gegenbeweises hält der EuGH aber für unverhältnismäßig.[57] Ein weiteres Urteil des **EuG** betrifft Aufklärungspflichten der Vergabestelle nach einem festgestellten Interessenkonflikt. In Sachen „**AFCon Management**" ging es darum, ob die Kommission, die in diesem Fall ebenfalls Vergabestelle war, nach Feststellung eines Interessenkonflikts eines für sie tätigen Beraters ausreichende Konsequenzen gezogen hat[58]. Die Entscheidung „AFCon Management" ist deshalb von besonderer Bedeutung, weil es sich um einen Fall handelt, der nicht in den Anwendungsbereich der Vergaberichtlinien fällt. Auch wenn sich das EuG nicht zu der Frage äußern musste, ob und wann ein solcher Interessenkonflikt vorlag, sagt es deutlich, dass die Ausschreibungsbehörde in allen Abschnitten eines Ausschreibungsverfahrens darauf zu achten hat, dass die Gleichbehandlung und damit die Chancengleichheit aller Bieter gewährleistet ist. Die Entscheidung in Sachen „**Deloitte Business Advisory NV**" setzt diese Überlegungen fort, ohne dass das **EuG** hieran allerdings ausdrücklich anknüpft. Diese wenigen existierenden Entscheidungen als auch die jüngere Praxis der Kommission[59] zeigen, dass Kommission und EuGH/EuG geneigt sind, bei der Überprüfung von nicht dem förmlichen (EU/GWB-)Vergaberecht unterfallenden Verfahren strenge (dh. „vergaberechtsähnliche") Maßstäbe anzulegen und sich an den im Vergaberecht hierzu entwickelten Regeln zu orientieren.

---

[55] So die Regierungsbegründung zu § 16 VgV, BR-Drs. 455/00 v. 2.8.2000, S. 19 f., die ausdrücklich auf die aus dem WpHG bekannten Organisationsmaßnahmen zur Einrichtung von Vertraulichkeitsbereichen verweist. Kritischer *Berstermann/Petersen* VergabeR 2006, 740, 755.

[56] EuGH Urt. v. 3.3.2005, verb. Rs. C-21/03 und C-34/03 – Fabricom; vgl. hierzu *Degen/Degen* BauRB 2005, 313, 314 und *Uechtritz/Otting* NVwZ 2005, 1105, 1107.

[57] So später in ähnlichem Zusammenhang auch der EuGH Urt. v. 19.5.2009, Rs. C-538/07 – Assitur.

[58] EuG Urt. v. 17.3.2005, Rs. T-160/03 – AFCon Management.

[59] Vgl. EU-Komm., ABl. 2007 C 28/8 – Bank Burgenland. Die Kommission setzt dabei erstmalig unverkennbar Maßstäbe an, die sonst eher im Rahmen von (EU/GWB-)Vergabeverfahren gelten (zB. im Hinblick auf die Bekanntgabe der Wertungskriterien; vgl. auch Rn. 15 ff.

§ 77 Rechtsfolgen von Verstößen und Rechtsschutz (Besonderheiten)

Übersicht

	Rn.
A. Einleitung	1–3
B. Risiken der Nichtbeachtung von primärrechtlichen und beihilferechtlichen Verfahrensvorgaben	4–7
C. Rechtsschutz	8–23
I. Rechtsweg	8–10
II. Umfang des Rechtsschutzes/Rechtsschutzziele	11–19
III. Personelle Rechtsbehelfsberechtigung	20–23
D. Beihilferecht und Grundfreiheiten	24–27

Literatur:

Barth, Das Vergaberecht außerhalb des Anwendungsbereichs der EG-Vergaberichtlinien, 2010; *Behm*, Die Rechtsstellung ausländischer juristischer Personen im Verwaltungsprozess, DVBl 2009, 94; *Braun*, Der Retter in der Not: Dienstleistungskonzession?, NZBau 2011, 400; *Burgi*, Die Vergabe von Dienstleistungskonzessionen: Verfahren, Vergabekriterien, Rechtsschutz, NZBau 2005, 610; *Gabriel/Voll*, Das Ende der Inländerdiskriminierung im Kapitel Vergabe(primär)recht, NZBau 2014, 155; *Gröning*, Ersatz des Vertrauensschadens ohne Vertrauen? – Zur Dogmatik des vergaberechtlichen Schadensersatzanspruchs auf das negative Interesse, VergabeR 2009, 839; *Höch/Stracke*, Zu den Rechtsfolgen fehlerhafter Konzessionierungsverfahren gemäß § 46 Abs. 3 EnWG, RdE 2013, 159; *Kermel/Herten-Koch*, Rügepflichten bei der Vergabe von Konzessionsverträgen?, RdE 2013, 255; *Krist*, Vergaberechtsschutz unterhalb der Schwellenwerte – Bestandsaufnahme und Ausblick, VergabeR 2011, 163; *Martin-Ehlers*, Drittschutz im Beihilfenrecht – Paradigmenwechsel in der deutschen Rechtsprechung, EuZW 2011, 583; *Meyer-Hetling/Templin*, Das Ausbleiben des Auswahlverfahrens und Rechtsschutzmöglichkeiten des unterlegenen Bieters, ZNER 2012, 18; *Ruhland*, Verfahren und Rechtsschutz bei der Vergabe von Dienstleistungskonzessionen, WiVerw 2007/4, 203; *Scharen*, Rechtsschutz unterhalb der Schwellenwerte, VergabeR 2011, 653; *Schüttpelz*, Wegenutzungsverträge Strom und Gas aus der Sicht der Rechtsprechung, VergabeR 2013, 361; *Wollenschläger*, Primärrechtsschutz außerhalb des Anwendungsbereichs des GWB, in: Müller-Wrede, Kompendium des Vergaberechts, S. 705 ff.

A. Einleitung

Die aufgezeigten primärrechtlichen Verfahrensanforderungen können schließlich nur dann effektive Bindungswirkungen für staatliche Stellen entfalten, wenn deren Einhaltung im Rahmen eines Rechtsschutzverfahrens justiziabel ist. Für sämtliche Rechte des Einzelnen, die sich aus dem Unionsrecht ableiten, ist die **Gewährleistung effektiven Rechtsschutzes dementsprechend unionsrechtlich geboten.**[1] Das gilt sowohl für Verfahrensanforderungen, die sich für die Vergabe öffentlicher Aufträge außerhalb des europäischen Vergabesekundärrechts, unmittelbar aus den europäischen Grundfreiheiten ergeben,[2] als auch für Veräußerungsgeschäfte der öffentlichen Hand, die darüber hinaus zusätzlich den beihilferechtlichen Regelungen des Unionsrechts unterliegen. 1

Ein spezifisches Rechtsschutzsystem existiert insofern jedoch nicht, woraus sich verschiedene Probleme ergeben. Unklar ist bereits, welcher **Rechtsweg** – in Betracht kommen grundsätzlich sowohl der Zivilrechtsweg als auch der Verwaltungsrechtsweg – zu beschreiten ist, soweit eine (natürliche oder juristische) Person des Privatrechts die Verletzung pri- 2

---

[1] EuGH Urt. v. 9.3.1978, Rs. 106/77 – Simmenthal, Rn. 16; EuGH Urt. v. 19.6.1990, Rs. C-213/89 – Factortame, Rn. 19; EuGH Urt. v. 20.9.2001, Rs. C-453/99 – Courage, Rn. 25; EuGH Urt. v. 25.7.2002, Rs. C-50/00 P – Unión de Pequeños Agricultores, Rn. 39.

[2] Vgl. OLG Düsseldorf Urt. v. 13.1.2010, I-27 U 1/09. Vgl. auch *Sauer/Hollands* NZBau 2006, 763, 768.

märvergaberechtlicher oder beihilferechtlicher Vorschriften gerichtlich geltend zu machen begehrt. Fraglich ist darüber hinaus, welche **Rechtsschutzziele** überhaupt gerichtlich geltend gemacht werden können, ob sich also Primärrechtsschutzmöglichkeiten ergeben, die auf die Durchführung eines rechtmäßigen Vergabe-/Auswahlverfahrens gerichtet sind, um dem Rechtsschutzsuchenden eine Chance auf den Vertragsabschluss zu sichern oder dieser ggf. lediglich auf die Geltendmachung von Schadensersatzansprüchen verwiesen wird. Endlich wirkt sich auch der personelle Anwendungsbereich der europäischen Grundfreiheiten als Grundlage vergabeprimärrechtlicher Verfahrensanforderungen auf die **personelle Rechtsbehelfsberechtigung** aus. Fraglich ist dabei ferner, ob in diesem Zusammenhang zwischen Inländern, EU-Ausländern und Drittstaatsangehörigen zu differenzieren ist.

3   Im Hinblick auf Rechtsschutzmöglichkeiten von Bewerbern bzw. Bietern bei öffentlichen Veräußerungsgeschäften besitzt zudem das **systematische Verhältnis von europäischem Vergabeprimärrecht und EU-Beihilferecht** maßgebliche Relevanz.

B. Risiken der Nichtbeachtung von primärrechtlichen und beihilferechtlichen Verfahrensvorgaben

4   Soweit ersichtlich, gibt es bislang noch keine Präjudizien, die sich mit den unionsrechtlichen **Auswirkungen** eines Verstoßes gegen primärrechtliche Verfahrensvorgaben **auf die Wirksamkeit des abgeschlossenen Vertrags** befassen. Die Verletzung des Transparenz- und Nichtdiskriminierungsgrundsatzes bei der Auswahl des Vertragspartners dürfte auch nicht unmittelbar zu einer Nichtigkeit des Vertrags führen.[3] War den kontrahierenden Parteien jedoch positiv bekannt, dass die Vertragsanbahnung bestimmten Verfahrensvorgaben des europäischen Primärrechts unterlag, besteht die Möglichkeit, dass ein Gericht die Auftragsvergabe ohne vorherige Bekanntmachung und ohne Durchführung eines den primärrechtlichen Mindestanforderungen genügenden Bieterverfahrens gem. **§ 138 Abs. 1 BGB** (sittenwidriges Zusammenwirken, Kollusion) für sittenwidrig und nichtig erklären könnte.[4]

5   Zudem ist es grundsätzlich denkbar, dass ein entgegen den primärrechtlichen Verfahrensvorgaben geschlossener Vertrag bereits nach § 134 BGB wegen des **Verstoßes gegen ein gesetzliches Verbot** nichtig ist.[5] Dazu müsste es sich bei den primärrechtlichen Verfahrensvorgaben, wie sie aus den europäischen Grundfreiheiten folgen, um gesetzliche Verbote in diesem Sinne handeln. Das ist jedoch aus mehreren Gründen nicht der Fall. Einerseits ordnet das primäre Unionsrecht die Nichtigkeit eines Rechtsgeschäfts dort an, wo es der europäische Normgeber für notwendig erachtet hat, etwa bei einem Verstoß gegen das Beihilfeverbot nach § 108 Abs. 2 AEUV[6]. Eine solche Rechtsfolge ist bei einem Verstoß gegen die europäischen Grundfreiheiten allerdings nicht vorgesehen und ergibt sich darüber hinaus auch nicht aus der Rechtsprechung des EuGH.[7] Im Ergebnis würde eine solche primärrechtlich bedingte Vertragsnichtigkeit auch einen Wertungswiderspruch zu den spezifischen Regelungen des europäischen Vergabesekundärrechts darstellen, die für den Fall eines Vergaberechtsverstoßes gerade keine Nichtigkeit des ge-

---

[3] Vgl. *Meyer-Hetling/Templin* ZNER 2012, 18, 20, mit Verweis auf EuGH Urt. v. 17.7.2008, Rs. C-347/06 – ASM Brescia.
[4] Vgl. KG Beschl. v. 11.11.2004, 2 Verg 16/048 mit Anmerkung *Hausmann/Bultmann* ZfBR 2005, 309 ff.; OLG Düsseldorf Beschl. v. 25.1.2005, VII-Verg 93/04 mit Anmerkung *Greb* VergabeR 2005, 347 ff.; *Burgi* NZBau 2005, 610, 617; *Meyer-Hetling/Templin* ZNER 2012, 18, 28 f.
[5] Vgl. bereits zu der ähnlich gelagerte Diskussion zur Unwirksamkeit von rechtswidrig geschlossenen sog. „De-facto-Verträgen" *Prieß/Gabriel* NZBau 2006, 219; *Kaiser* NZBau 2005, 311; *Bitterich* EWS 2005, 162; *Heuvels* NZBau 2005, 32.
[6] Vgl. Rn. 6.
[7] Vgl. VG München Urt. v. 17.10.2007, M 7 K 05.5966.

schlossenen Vertrags vorsehen.[8] Andererseits setzt die Nichtigkeitsfolge des § 134 BGB bereits voraus, dass sich das gesetzliche Verbot nicht lediglich gegen eine der Vertragsparteien richtet.[9] Rechtsgeschäfte, die gegen ein einseitiges Verbotsgesetz verstoßen sind, in der Regel gültig.[10] Gerade so verhält es sich jedoch bei den europäischen Grundfreiheiten.[11] Auch in vergaberechtlicher Hinsicht binden diese lediglich den öffentlichen Auftraggeber und gerade nicht einen vertragsbeteiligten Dritten. Ein Verstoß gegen die primärrechtlichen Verfahrensvorgaben dürfte dementsprechend nicht gemäß § 134 BGB zur Nichtigkeit des entsprechend geschlossenen Vertrags führen.[12]

Nach den allgemeinen beihilferechtlichen Regeln sind **nicht bei der Kommission angemeldete und nicht von ihr genehmigte Beihilfen rechtswidrig**. Zivilrechtliche Rechtsgeschäfte, die eine unzulässige Beihilfe herbeiführen, sind nach der neueren Rechtsprechung des BGH gem. § 134 BGB nichtig.[13] Eine Nichtigkeit folgt aus § 134 BGB und Art. 108 Abs. 3 Satz 3 AEUV, wenn eine Begünstigung konkret erwiesen ist, die (unmittelbar oder mittelbar) aus staatlichen Mitteln stammt und die De-minimis-Schwellen überschritten sind.[14]

Eröffnet die Kommission ein **Beihilfeprüfverfahren**, etwa im Zusammenhang mit der Privatisierung eines staatlichen Unternehmens mittels vollständiger Veräußerung, so kann sie als eine von möglichen Entscheidungsalternativen feststellen, dass der Unternehmenserwerb Beihilfeelemente enthielt. Das wäre vorstellbar, wenn die Kommission zu dem Ergebnis käme, dass der gezahlte Kaufpreis unter dem objektivierten Unternehmenswert lag, was insbesondere dann geschehen könnte, wenn der Zuschlag nicht dem Meistbietenden erteilt würde. Die zum Höchstgebot bestehende Differenz wäre dann durch den Käufer auszugleichen.[15] Käufer und Veräußerer wären aber umgekehrt frei, sich auf die Nichtigkeit des Privatisierungsvertrages zu berufen und eine Rückabwicklung zu verlangen.

C. Rechtsschutz

I. Rechtsweg

Für strukturierte Bieterverfahren, die ausschließlich nach primärrechtlichen Grundsätzen durchgeführt werden, existiert nach nationalem Recht **kein spezifisches Rechtsschutzregime**. Das besondere, dem europäischen Vergabesekundärrecht entstammende vergaberechtliche Kontrollverfahren des 4. Teils des GWB (§§ 102 ff. GWB) findet auf den Bereich der Auftragsvergabe außerhalb des europäischen Vergabesekundärrechts gerade und ausdrücklich keine Anwendung. Der Rechtsschutz richtet sich demzufolge nach der allgemeinen Rechtsordnung.

Für den Bereich der Vergabeverfahren, deren Volumen die europäischen Schwellenwerte unterschreitet, hat das BVerfG ausdrücklich festgestellt, dass die unterschiedliche Ausgestaltung der Rechtsschutzmöglichkeiten im Vergleich zu „normalen" Vergabeverfah-

---

[8] So VG Bayreuth Urt. v. 11.12.2012, B 1 K 12.445.
[9] OLG München Urt. v. 16.1.2008, 3 U 1990/07; *Ellenberger* in Palandt, § 134 BGB Rn. 9 f.
[10] Ständige Rechtsprechung, vgl. nur BGH Urt. v. 14.12.1999 – X ZR 34/98.
[11] So OLG München Urt. v. 16.1.2008, 3 U 1990/07 für die Dienstleistungsfreiheit Art. 56 AEUV und das Diskriminierungsverbot, Art. 18 AEUV. A.A. *Fischer* EuZW 2009, 208, 210.
[12] Lediglich für den spezifischen Bereich der Konzessionsvergabe nach § 46 Abs. 3 EnWG kann sich im Einzelfall, insbesondere aufgrund der langen Vertragsdauer von regelmäßig bis zu 20 Jahren, etwas anderes ergeben. So *Höch/Stracke* RdE 2013, 159, 161.
[13] BGH Urt. v. 20.1.2004, XI ZR 53/03; BGH Urt. v. 4.4.2003, V ZR 314/02; *Koenig* EuZW 2006, 203, 207 f.; *Pechstein* EuZW 2003, 447.
[14] Art. 2 II EG-VO 1998/2006: 200.000 EUR in 3 Steuerjahren.
[15] *Kristoferitsch* EuZW 2006, 428, 429.

ren verfassungsrechtlich nicht zu beanstanden ist.[16] Die Frage des zulässigen Rechtswegs ist also entsprechend den **allgemeinen prozessrechtlichen Regelungen** danach zu beurteilen, ob das jeweilige Rechtsverhältnis dem öffentlichen Recht oder dem bürgerlichen Recht zuzuordnen ist. Maßgeblich für diese Zuordnung ist die **Rechtsform des staatlichen Handelns**.[17] Für den Bereich der Auftragsvergaben außerhalb des Anwendungsbereichs der Vergaberichtlinien ist mit der Rechtsprechung des BVerwG davon auszugehen, dass es sich hierbei grundsätzlich um eine bürgerlich-rechtliche Streitigkeit handelt.[18] Denn der Staat tritt als Nachfrager am Markt auf, um seinen Bedarf an Dienstleistungen und Gütern zu decken und er nimmt hierzu Vertragsverhandlungen auf, die in den Abschluss von privatrechtlichen Dienstleistungs- oder Werkverträgen münden.[19] Wird ein Auftrag hingegen in einer öffentlich-rechtlichen Form, etwa durch den Abschluss eines öffentlich-rechtlichen Vertrags iSv. §§ 54 ff. VwVfG vergeben, so ist der Verwaltungsrechtsweg nach § 40 VwGO eröffnet.[20] Unumstritten ist diese Auffassung jedoch nicht.[21] Einigkeit besteht zudem darin, dass Rechtsstreitigkeiten um den Abschluss von **Konzessionsverträgen nach § 46 EnWG** vor die ordentlichen Gerichte gehören, da der Abschluss von Wegenutzungsverträgen zwischen der Gemeinde und einem Energieversorgungsunternehmen dem bürgerlichen Recht zuzuordnen sind.[22]

10 Bei der **Veräußerung von Beteiligungen und/oder Grundstücken der öffentlichen Hand** ist zu berücksichtigen, dass solche Rechtsgeschäfte primär als **beihilfenrechtlich relevanter Sachverhalt** betrachtet werden. Allgemein kann eine Beihilfe auf der Grundlage der sehr weit gefassten Beschränkungsverbote auch regelmäßig als Eingriff in die Grundfreiheiten qualifiziert werden.[23] Basiert die **Beihilfe** auf einer **vertraglichen Vereinbarung** zwischen dem öffentlichen Auftraggeber und dem Beihilfeempfänger, so steht dem Wettbewerber der Zivilrechtsweg offen, denn Art. 108 Abs. 3 AEUV ist ein Schutzgesetz im Sinne von § 823 Abs. 2 BGB.[24] Bildet hingegen ein **Verwaltungsakt** die Grundlage für die Beihilfe, so steht dem Konkurrenten der Verwaltungsrechtsweg offen. § 108 Abs. 3 VwGO stellt ein subjektiv-öffentliches Recht im Sinne von § 42 Abs. 2 VwGO dar.[25] Die nationalen Gerichte sind verpflichtet, divergierende – auch künftige – Entscheidungen im Verhältnis zur Kommission zu verhindern. Je nach Verfahrenssituation sind sie gehalten, Stellungnahmen der Kommission zur Beurteilung einer Beihilfe einzuholen und müssen ggf. bei unterschiedlicher Auffassung die Frage dem EuGH zur Beur-

---

[16] BVerfG Beschl. v. 13.6.2006, 1 BvR 1160/03. Hierzu Rn. 80.
[17] BVerwG Beschl. v. 2.5.2007, 6 B 10/07; BGH Beschl. v. 23.1.2012, X ZB 5/11.
[18] BVerwG Beschl. v. 2.5.2007, 6 B 10/07; *Kopp/Schenke*, § 40 Rn. 25a f.
[19] Für eine Zuweisung an die Zivilgerichte ua.: OVG Lüneburg Beschl. v. 14.7.2006, 7 OB 105/06; OVG Berlin Beschl. v. 28.7.2006, 1 L 59/06; für eine Zuweisung an die Verwaltungsgerichte OVG Münster Beschl. v. 11.8.2006, 15 E 880/06; OVG Bautzen Beschl. v. 13.4.2006, 2 E 270/05; OVG Münster Beschl. v. 20.9.2005, 15 E 1188/05; OVG Koblenz Beschl. v. 25.5.2005, 7 B 10356/05 mit Anmerkung *Prieß/Hölzl* NZBau 2005, 367 ff.
[20] Für den Bereich der Vergabe von Dienstleistungskonzessionen: BGH Beschl. v. 23.1.2012, X ZB 5/11; zur Frage, ob eine öffentlich-rechtliche Streitigkeit vorliegt vgl. *Kopp/Schenke*, § 40 Rn. 11 ff.
[21] Für eine Zuweisung an die Zivilgerichte u. a.: OLG Düsseldorf Beschl. v. 13.9.2004, VI-W 24/04 (Kart); OLG Brandenburg Beschl. v. 9.9.2004, Verg W 9/04; BayObLG, Beschl. v. 9.7.2003, Verg 7/03; VK Nordbayern, Beschl. v. 2.8.2006–21.VK-3194-22/06; VK Hessen, Beschl. v. 24.3.2004–69d-VK-03/2004; VK Brandenburg, Beschl. v. 26.1.2004 – VK 1/04; VK Brandenburg, Beschl. v. 12.8.2003 – VK 48/03; für eine Zuweisung an die Verwaltungsgerichte: OVG Münster Beschl. v. 4.5.2006, 15 E 453/06. Ebenso *Eggers/Malmendier* NJW 2003, 780, 785 f.
[22] OVG Münster Beschl. v. 10.2.2012, 11 B 1187/11; *Meyer-Hetling/Templin* ZNER 2012, 18, 28 f.; *Byok/Dierkes* RdE 2012, 221, 223 f.
[23] In diesem Sinne zu Art. 28 EGV; *Mestmäcker/Schweitzer*, § 42, Rn. 21.
[24] BGH Urt. v. 10.2.2011, I ZR 136/09.
[25] BVerwG Urt. v. 16.12.2010, 3 C 44.09; *Martin-Ehlers* EuZW 2011, 583, 589 f.

II. Umfang des Rechtsschutzes/Rechtsschutzziele

1. Primärrechtsschutz

Obwohl spezifischer vergaberechtlicher Primärrechtsschutz in Deutschland nach der Rechtsprechung des BVerfG in verfassungskonformer Art und Weise auf den Bereich oberhalb der Richtlinienschwellenwerte beschränkt ist[28], folgt daraus nicht zugleich, dass einem Bewerber außerhalb des Anwendungsbereich des Vergabesekundärrechts überhaupt keine Primärrechtsschutzmöglichkeiten zustehen. Auch im Hinblick auf Auftragsvergaben außerhalb des Vergabesekundärrechts muss vielmehr ein **effektiver gerichtlicher Schutz derjenigen Rechte** gewährt werden, die sich **aus dem Unionsrecht ableiten**.[29] Ein Bewerber kann dementsprechend die Verletzung der primärvergaberechtlichen Grundsätze der Transparenz, Gleichbehandlung und Nichtdiskriminierung nach Maßgabe der allgemeinen Regelungen, mit dem Ziel gerichtlich geltend machen, seine **Chance auf Erhalt des Auftrags bzw. Auswahl als Vertragspartner** zu wahren. 11

Zu diesem Zweck kommt vornehmlich die Geltendmachung **zivilrechtlicher Unterlassungsansprüche** in Betracht, soweit entsprechend der Rechtsnatur der avisierten vertraglichen Vereinbarung der Zivilrechtsweg eröffnet ist.[30] Potentielle Anspruchsgrundlagen sind in diesem Zusammenhang sowohl §§ 823 Abs. 2, 1004 BGB[31] als auch §§ 311 Abs. 2, 241 Abs. 2 BGB[32], jeweils iVm. den primärvergaberechtlichen Grundsätzen der Transparenz und Nichtdiskriminierung.[33] 12

Tatbestandliche Voraussetzungen für einen Unterlassungsanspruch des Bewerbers auf Unterlassung gegenüber einem Auftraggeber oder einer sonstigen staatlichen Stelle gemäß **§§ 311 Abs. 2, 241 Abs. 2 BGB** ist das Vorliegen eines vorvertraglichen Schuldverhältnisses sowie eine Verletzung vorvertraglicher Sorgfaltspflichten durch den Auftraggeber.[34] Ein vorvertragliches Schuldverhältnis zwischen dem Bewerber und dem Auftraggeber 13

---

[26] *Martin-Ehlers* EuZW 2011, 583, 588.
[27] *Rydelski*, Handbuch EU Beihilferecht, S. 31. Mit Rechtsprechungsnachweisen: *Heidenhain*, Handbuch des europäischen Beihilfenrechts, § 60, Rn. 3.
[28] BVerfG Beschl. v. 13.6.2006 – 1 BvR 1160/03.
[29] Vgl. EuGH Urt. v. 9.3.1978, Rs. 106/77 – Simmenthal, Rn. 16; EuGH Urt. v. 19.6.1990, Rs. C-213/89 – Factortame, Rn. 19; EuGH Urt. v. 20.9.2001, Rs. C-453/99 – Courage, Rn. 25; EuGH Urt. v. 25.7.2002, Rs. C-50/00 P – Unión de Pequeños Agricultores, Rn. 39; OLG Düsseldorf Urt. v. 13.1.2010, I-27 U 1/09.
[30] Siehe dazu Rn. 9.
[31] OLG Düsseldorf Beschl. v. 7.3.2012, Verg 78/11; LG Frankfurt am Main Beschl. v. 28.1.2008, 2-4 O 201/06.
[32] BGH Urt. v. 9.6.2011, X ZR 143/10; OLG Düsseldorf Urt. v. 19.10.2011, 27 W 1/11; OLG Düsseldorf Urt. v. 13.1.2010, I-27 U 1/09; OLG Jena Urt. v. 8.12.2008, 9 U 431/08; VG Mainz Beschl. v. 30.8.2010, 6 L 849/10; a.A. ohne nähere Begründung OLG Brandenburg Urt. v. 24.4.2012, 6 W 149/11.
[33] Dazu ausführlich *Barth* Das Vergaberecht außerhalb des Anwendungsbereichs der EG-Vergaberichtlinien, 2010, 134 ff.
[34] Ob der Auftraggeber die Verletzung vorvertraglicher Sorgfaltspflichten zu vertreten haben muss, ist in der Rechtsprechung bislang noch nicht abschließend geklärt. Einem solchen Erfordernis könnte die Entscheidung des EuGH Urt. v. 30.9.2010, Rs. C-314/09 – Stadt Graz, Rn. 45, wonach die vergaberechtliche Rechtsmittelrichtlinie dahin auszulegen ist, dass sie einer nationalen Regelung entgegensteht, die den Schadensersatzanspruch wegen Verstoßes eines öffentlichen Auftraggebers gegen Vergaberecht von der Schuldhaftigkeit des Verstoßes abhängig macht.

wird spätestens mit der Anforderung der Ausschreibungsunterlagen begründet.[35] In Auswahlverfahren nach primärrechtlichen Vorgaben dürfte ein solches jedenfalls nach Bekanntmachung durch den Auftraggeber, mit Abgabe eines Angebots bzw. Einreichung eines Teilnahmeantrags oder einer Interessenbekundung des Bewerbers begründet werden.[36] Zu den **Sorgfaltspflichten**, die ein Auftraggeber **im Rahmen eines vorvertraglichen Schuldverhältnisses** zu beachten hat, zählen insbesondere die Grundsätze der Transparenz, Gleichbehandlung und Nichtdiskriminierung, welche sich bereits unmittelbar aus dem europäischen Primärrecht ergeben.[37] Bei diesen Verfahrensvorgaben handelt es sich um subjektiv-öffentliche Rechte verfahrensbeteiligter Bieter/Bewerber.[38] Ein über diese Anspruchsvoraussetzungen hinausgehendes Vertrauenselement auf die Rechtmäßigkeit des Auswahlverfahrens ist nach der Rechtsprechung des BGH ausdrücklich kein tatbestandliches Erfordernis mehr.[39]

14 Hinsichtlich zivilrechtlicher Unterlassungsansprüche aus vorvertraglichen Sorgfaltspflichtverletzungen des Auftraggebers hat die Rechtsprechung jüngst im Zusammenhang mit der Vergabe von Wegekonzessionen nach § 46 EnWG eine Verpflichtung für verfahrensbeteiligte Bieter/Bewerber hergeleitet, einen bereits im Auswahlverfahren erkennbaren bzw. erkannten Rechtsverstoß des Auftraggebers vor der tatsächlichen Auswahlentscheidung beim Auftraggeber zu beanstanden (Zitat: *„zu rügen"*).[40] Eine solche **Rügeobliegenheit** – im Sinn einer unselbstständigen Nebenpflicht – ergebe sich aus den vorvertraglichen Beziehung nach §§ 311 Abs. 2 Nr. 1, 241 Abs. 2 BGB bzw. dem Grundsatz von Treu und Glauben nach § 242 BGB.[41] Soweit Verfahrensverstöße bereits zu Beginn oder im Laufe des Auswahlerfahrens hätten erkannt und gerügt werden können, sei ein Bewerber/Bieter hinsichtlich eines solchen Verfahrensfehlers im regelmäßig anzustrengenden Verfügungsverfahren nach §§ 935 ff. ZPO jedenfalls **materiell-rechtlich präkludiert**, soweit dieser den Auftraggeber nicht unverzüglich auf den Verfahrensfehler hingewiesen hat.[42] Auch in Auswahlverfahren, auf die die strengen Anforderungen des Vergaberechts nach §§ 97 ff. GWB und damit auch die Rügeobliegenheit des vergaberechtlichen Nachprüfungsverfahrens nach § 107 Abs. 3 GWB keine Anwendung findet, ergebe sich eine solche Pflicht im Rahmen vorvertraglicher Beziehungen aus dem Erfordernis eines fairen Umgangs und einer Rücksichtnahme auf die Interessen des Verhandlungspartners.[43] Diese Rechtsprechung zeigt, dass mittlerweile nicht nur in materiell-rechtlicher Hinsicht eine tendenzielle Angleichung der primärrechtlichen Verfahrensvorgaben an diejenigen des Vergabesekundärrechts stattgefunden hat, sondern dass nunmehr auch in prozessualer Hinsicht eine Annährung vollzogen wird.[44]

---

[35] *Gröning* VergabeR 2009, 839;
[36] Vgl. *Meyer-Hetling/Templin* ZNER 2012, 18, 24.
[37] Vgl. *Meyer-Hetling/Templin* ZNER 2012, 18, 24; in diesem Sinne auch BGH Urt. v. 9.6.2011, X ZR 143/10.
[38] VG Aachen Beschl. v. 13.9.2011, 1 L 286/11 unter Bezugnahme auf VG Münster Beschl. v. 9.3.2007, 1 L 64/07.
[39] BGH Urt. v. 9.6.2011, X ZR 143/10.
[40] OLG Düsseldorf Beschl. v. 9.1.2013, VII-Verg 26/12; OLG Düsseldorf Beschl. v. 4.2.2013, VII-Verg 31/12; LG Köln Urt. v. 7.11.2012, 90 O 59/12; dazu auch *Höch/Stracke* RdE 2013, 159, 165; *Schüttpelz* VergabeR 2013, 361, 365 f.; *Michaels/Kohler* NZBau 2013, 282, 285 f.; kritisch *Kermel/Herten-Koch* RdE 2013, 255 ff.
[41] OLG Düsseldorf Beschl. v. 9.1.2013, VII-Verg 26/12; OLG Düsseldorf Beschl. v. 4.2.2013, VII-Verg 31/12; LG Köln Urt. v. 7.11.2012, 90 O 59/12.
[42] OLG Düsseldorf Beschl. v. 9.1.2013, VII-Verg 26/12; OLG Düsseldorf Beschl. v. 4.2.2013, VII-Verg 31/12; LG Köln Urt. v. 7.11.2012, 90 O 59/12.
[43] LG Köln Urt. v. 7.11.2012, 90 O 59/12.
[44] In diesem Sinne hat das OLG Düsseldorf (Beschl. v. 13.1.2010, I-27 U 1/09) festgestellt, dass bei der Abwägung, ob eine einstweilige Verfügung zu erlassen ist, auch die in § 115 Abs. 2, § 118 Abs. 2 und § 121 Abs. 2 GWB genannten Kriterien eine Rolle spielen.

Ein bewerberseitiger Anspruch auf Unterlassung gegenüber einem Auftraggeber kann sich zudem aus **§§ 823 Abs. 2, 1004 BGB iVm. den primärrechtlichen Grundsätzen der Transparenz und Nichtdiskriminierung** ergeben.[45] In jüngeren Entscheidungen der deutschen Zivilgerichte, werden die als verletzt beanstandeten Grundfreiheiten des AEUV als **Schutzgesetze** iSv. §§ 823 Abs. 2, 1004 BGB anerkannt.[46] Dementsprechend handelt es sich auch bei den grundfreiheitlich fundierten Vergabegrundsätzen der Gleichbehandlung, Nichtdiskriminierung und Transparenz um solche Schutzgesetze iSv. § 823 Abs. 2 BGB, da diese nach der Rechtsprechung des EuGH aufgrund ihres grundfreiheitlichen Ursprungs unmittelbare Wirkung für die Mitgliedstaaten besitzen.[47] 15

Im Unterschied zu den Primärrechtsschutzbehelfen in einem Vergabeverfahren nach Maßgabe des europäischen Vergabesekundärrechts ist mit der Erhebung einer zivilrechtlichen Unterlassungsklage **kein Suspensiveffekt** in Form eines Zuschlagsverbots iSv. § 115 Abs. 1 GWB verbunden. Mit dem Vertragsschluss zwischen dem Auftraggeber und einem Dritten werden vollendete Tatsachen geschaffen,[48] der Rechtsschutzsuchende wäre auf die Durchsetzung von Schadensersatzansprüchen verwiesen. Effektiver Primärrechtsschutz außerhalb des Richtlinienvergaberechts lässt sich deshalb lediglich mittels der Geltendmachung aufgeführter Unterlassungsansprüche im Wege des **Eilrechtsschutzes** sicherstellen. Statthaft erscheint insoweit ein **Antrag auf Erlass einer einstweiligen Verfügung** gegen den Auftraggeber nach § 935 ZPO mit dem Inhalt, diesem den avisierten Vertragsschluss zu untersagen.[49] Der rechtsschutzsuchende Bieter/Bewerber hat dazu gemäß §§ 935, 936, 920 Abs. 2 ZPO substantiiert darzulegen, dass aufgrund eines Verstoßes des Auftraggebers gegen primärrechtliche Vergabeverfahrensanforderungen ein Unterlassungsanspruch besteht, dessen Vereitlung durch den Vertragsabschluss mit einem Dritten unmittelbar bevorsteht.[50] Allerdings ist der Auftraggeber auch während eines Eilrechtsschutzverfahrens nicht daran gehindert, mit einem Dritten zu kontrahieren und den Primärrechtsschutzbestrebungen des Rechtsschutzsuchenden Bieters/Bewerbers damit die Grundlage zu entziehen. Diesbezüglich bestehen für das zuständige Gericht jedoch gewisse **prozessuale Möglichkeiten, den Auftraggeber** auch während eines Eilrechtsschutzverfahrens **an einem Vertragsschluss zu hindern** und damit die primären Rechtsschutzinteressen des Klägers zu wahren. In Betracht kommt etwa die Anberaumung eines mündlichen Verhandlungstermins bei gleichzeitigem Erlass einer befristeten einstweiligen Anordnung.[51] Dieses Vorgehen ist zwar im Gesetz nicht vorgesehen, aber nach Auffassung des OLG Düsseldorf zur Gewährleistung effektiven Rechtsschutzes durchaus gerechtfertigt.[52] In der Praxis stehen solche gerichtlichen Maßnahmen jedoch im Ermessen des befassten Gerichts. Es ist mithin eine Frage des Einzelfalls, ob sie getroffen werden oder ein Bieter/Bewerber stattdessen auf den Sekundärrechtsschutz verwiesen ist. 16

Soweit hinsichtlich einer öffentlichen Auftragsvergabe außerhalb der EU-Vergaberichtlinien ausnahmsweise der **Verwaltungsrechtsweg** eröffnet ist, weil es sich etwa bei der avisierten Vereinbarung um einen öffentlich-rechtlichen Vertrag handelt, kommt als 17

---

[45] OLG Düsseldorf Beschl. v. 7.3.2012, VII-Verg 78/11; LG Frankfurt am Main Beschl. v. 28.1.2008, 2–4 O 201/06.
[46] Vgl. OLG Düsseldorf Beschl. v. 7.3.2012, VII-Verg 78/11; LG Frankfurt am Main Beschl. v. 28.1.2008, 2–4 O 201/06.
[47] EuGH Urt. v. 13.10.2010, Rs. C-91/08 – Wall AG, Rn. 70f. Vgl. zu den grundsätzlichen Voraussetzungen für die Qualifizierung primär- und sekundärrechtlicher Vorgaben als Schutzgesetze *Sprau* in Palandt, § 823 BGB Rn. 56a.
[48] OLG Düsseldorf Urt. v. 13.1.2010, I-27 U 1/09
[49] *Meyer-Hetling/Templin* ZNER 2012, 18, 27.
[50] OLG Düsseldorf Urt. v. 19.10.2011, 27 W 1 /11; VG Mainz Beschl. v. 30.8.2010, 6 L 849/10.
[51] OLG Düsseldorf Urt. v. 13.1.2010, I-27 U 1/09.
[52] OLG Düsseldorf Urt. v. 13.1.2010, I-27 U 1/09; a.A. OLG Brandenburg Beschl. v. 10.12.2012, 6 U 172/12, mit Verweis auf den Eilcharakter des einstweiligen Verfügungsverfahrens.

Rechtsgrundlage für die **Geltendmachung eines Unterlassungsanspruchs im Wege des vorläufigen Rechtsschutzes,** § 123 Abs. 1, 3 VwGO iVm. §§ 920 Abs. 2, 294 Abs. 1 ZPO in Betracht.[53] Bei den primärrechtlichen Verfahrensgrundsätzen der Transparenz, Gleichbehandlung und Nichtdiskriminierung handelt es sich um subjektiv-öffentliche Rechte beteiligter Bieter/Bewerber.[54] Allerdings qualifiziert namentlich das OVG Lüneburg ein solches Rechtsschutzbegehren als Fall des vorbeugenden Rechtsschutzes, der dem verwaltungsgerichtlichen Verfahren zumeist fremd sei und hält einen nachträglichen Rechtsschutz grundsätzlich für angemessen und ausreichend.[55] Etwas anderes gelte nur ausnahmsweise dann, wenn die Inanspruchnahme lediglich nachträglichen Rechtsschutzes mit unzumutbaren Nachteilen verbunden wäre, etwa bei einer sonst drohenden wirtschaftlichen Existenzgefährdung oder bei Schaffung irreversibler Zustände.

18 Ob die aufgezeigten Rechtsschutzmöglichkeiten tatsächlich dazu geeignet sind, einen effektiven Primärrechtsschutz auch außerhalb des Anwendungsbereichs der europäischen Vergaberichtlinien zu konstituieren, erscheint jedoch fraglich. Der unterlegene Bewerber sieht sich regelmäßig **erheblichen Darlegungsschwierigkeiten** ausgesetzt. Denn in den zivilrechtlichen Verfahren herrscht der Parteibeibringungsgrundsatz; der unterlegene Bieter/Bewerber steht in der Pflicht, sämtliche entscheidungserheblichen Tatsachen vorzutragen und ggf. zu beweisen, ohne dass ihm aber ein korrespondierendes Akteneinsichtsrecht zusteht.[56] Im verwaltungsgerichtlichen Verfahren muss das Gericht allerdings von Amts wegen ermitteln und den Prozessbeteiligten steht zudem ein Akteneinsichtsrecht zumindest in die Gerichtsakten und der dem Gericht vorgelegten Akten zur Seite, so dass die Sachverhaltsermittlung für den Verfahrensführer deutlich erleichtert ist.

2. Sekundärrechtschutz

19 In Literatur und Rechtsprechung besteht Einigkeit darüber, dass den zu Unrecht unterlegenen Bewerbern Schadensersatzansprüche zustehen. Gestützt wird ein solcher Anspruch auf §§ 280 Abs. 1, 241 Abs. 2, 311 Abs. 2 BGB, also die schuldhafte Verletzung einer Verfahrensvorschrift, die auch zum Schutz des Bewerbers besteht. Solche **drittschützenden Verfahrensvorschriften** können sich aus den **europarechtlichen Grundsätzen** selbst ergeben,[57] aber auch aus anderen Regelwerken, denen sich der öffentliche Auftraggeber freiwillig gerade im Bereich der Unterschwellenvergaben im Rahmen der Ausschreibung unterwirft. Dem Auftraggeber steht der Nachweis frei, dass er die Verletzung nicht zu vertreten hat. Insofern besteht eine nicht unerhebliche Diskrepanz zu den Schadensersatzansprüchen nach §§ 125, 126 GWB, also für Vergaben, die in den Bereich der EU-Vergaberichtlinien fallen. Denn hier soll nach der jüngeren Rechtsprechung des EuGH der Anspruch nicht vom Verschulden des Auftraggebers abhängen.[58] Hinsichtlich der weiteren Voraussetzungen unterscheidet sich der Anspruch allerdings nicht von denjenigen nach § 126 GWB[59].

---

[53] *Byok/Dierkes* RdE 2012, 221, 225.
[54] VG Aachen Beschl. v. 13.9.2011, 1 L 286/11 unter Bezugnahme auf VG Münster Beschl. v. 9.3.2007, 1 L 64/07.
[55] OVG Lüneburg Beschl. v. 12.11.2012, 13 ME 231/12 und 7B 5189/12. Anders jedoch OVG-Berlin-Brandenburg Beschl. v. 30.11.2010, 1 S 107.10, mit der Begründung, dass durch eine Versagung des Unterlassungsanspruchs im Wege des vorläufigen Rechtsschutzes, durch den Vertragsschluss die Möglichkeit entfällt, überhaupt Primärrechtsschutz in Anspruch zu nehmen.
[56] Vgl. *Prieß/Gabriel* NJW 2008, 331.
[57] OLG Düsseldorf Urt. v. 19.10.2011, 27 W 1/11; OLG München Urt. v. 16.1.2008, 3 U 1990/07, VG Mainz Beschl. v. 30.8.2010, 6 L 849/10; *Ellenberger* in Palandt § 134 BGB Rn. 3.
[58] EuGH Urt. v. 30.9.2010, Rs. C-314/09 – Strabag.
[59] Vgl. dazu § 36 Rn. 1 ff.

III. Personelle Rechtsbehelfsberechtigung

Bei der Frage nach der personellen Rechtsbehelfsberechtigung hinsichtlich einer Verletzung vergabeprimärrechtlicher Verfahrensvorgaben ist grundsätzlich **zwischen Inländischen, EU-ausländischen und Personen aus Drittstaaten zu differenzieren**. 20

EU-ausländische juristische Personen haben ebenso wie natürliche Personen 21 grundsätzlich die Möglichkeit, Ansprüche vor den Gerichten eines anderen Mitgliedstaats damit zu begründen, dass es zu einer Verletzung der primärrechtlichen Grundfreiheiten bzw. Grundrechten gekommen ist.[60] Das Unionsrecht gilt unmittelbar in den Mitgliedstaaten und ist Bestandteil der mitgliedstaatlichen Rechtsordnungen, ohne dass es dafür eines weiteren Transformationsaktes bedürfte.[61] Nach ständiger Rechtsprechung des EuGH sind einige Normen des AEUV darüber hinaus unmittelbar anwendbar.[62] Sowohl die EU-Grundfreiheiten[63] als auch die allgemeinen Rechtsgrundsätze[64] gehören zu diesem Bestand subjektiver Rechte, auf die sich Unionsbürger vor den nationalen Gerichten berufen können.[65] Die Klagebefugnis bzw. Beteiligten- und Prozessfähigkeit EU-ausländischer Unternehmen vor deutschen Gerichten hängt damit einzig von deren Rechtsfähigkeit ab. Diese Beurteilung richtet sich entsprechend der neueren Rechtsprechung des EuGH danach, ob das entsprechende Unternehmen nach der Rechtslage in seinem Gründungsstaat als rechtsfähig zu qualifizieren ist.[66]

Klärungsbedürftig ist jedoch die **personelle Rechtsbehelfsberechtigung inländi-** 22 **scher Unternehmen.** Die vergabeverfahrensrechtlichen Grundsätze der Gleichbehandlung, Nichtdiskriminierung und Transparenz haben ihren Ursprung in den europäischen Grundfreiheiten. Der sachliche Anwendungsbereich des Vergabeprimärrechts hängt damit dogmatisch unmittelbar von der Geltung der europäischen Grundfreiheiten im konkreten Einzelfall ab.[67] Inländische Personen können sich gegen Maßnahmen desjenigen Staates, dem sie selbst angehören oder in dem sie ihren Sitz haben, jedoch grundsätzlich nicht auf die Binnenmarktgrundfreiheiten berufen, soweit die staatliche Maßnahme ihnen gegenüber **keine Binnenmarktrelevanz** besitzt.[68] So verhält es sich jedoch mit der Vergabe öffentlicher Aufträge. Eine solche kann zwar für Bieter/Bewerber aus anderen Mitgliedstaaten der Union relevant und damit von grenzüberschreitendem Interesse sein, ein solcher grenzüberschreitender Bezug fehlt jedoch im Verhältnis zu inländischen Bietern/Bewerbern.[69] Ein objektiv-rechtlicher Verstoß gegen Vergabeprimärrecht führt diesen gegenüber grundsätzlich nicht zu einer subjektiven Rechtsverletzung.[70] In diesem Sinn versagte der VGH Kassel wohl einem Teilnehmer an einem Verfahren zur Vergabe einer Dienstleistungskonzession in einer jüngeren Entscheidung mangels Binnenmarktrelevanz die Berufung auf Art. 49 bzw. 56 AEUV.[71] Gleichwohl erscheint es vor dem Hintergrund

---

[60] *Kristoferitsch* EuZW 2006, 428, 432; *Eggers/Malmendier* NJW 2003, 780, 786.
[61] *Haratsch/Koenig/Pechstein* Europarecht, 5. Aufl., 2006, Rn. 192.
[62] EuGH Urt. v. 5.2.1963, Rs. 26/62 – van Gend&Loos, Rn. 24 ff. Weitere Nachweise zur Folgerechtsprechung in *Frenz* Handbuch Europarecht Bd. 1 Europäische Grundfreiheiten, Rn. 83 f.
[63] *Mestmäcker/Schweitzer*, § 2, Rn. 30 ff.
[64] *Mestmäcker/Schweitzer*, § 3, Rn. 49 ff.
[65] Siehe nur BGH Urt. v. 1.6.2005, IV ZR 100/02; BGH Urt. v. 13.3.2003, VII ZR 370/98.
[66] EuGH Urt. v. 27.9.1988, Rs. 81/87 – Daily Mail; EuGH Urt. 9.3.1999, Rs. C-212/97 – Centros; EuGH Urt. v. 5.11.2002, Rs C-208/00 – Überseering; EuGH Urt. v. 30.9.2003, Rs. C-167/01 – Inspire Art.
[67] Vgl. dazu § 73 Rn. 12 ff.
[68] Vgl. dazu § 74 Rn. 15 ff.
[69] *Wollenschläger* NVwZ 207, 388, 396; *Wollenschläger* in Müller-Wrede, Kompendium VgR, 26 Rn. 14.
[70] *Wollenschläger*, Verteilungsverfahren, 118.
[71] VGH Kassel Beschl. v. 23.7.2012 – 8 B 2244/11.

der bisherigen Rechtsprechung nicht unwahrscheinlich, dass sich die **primärvergaberechtlichen Grundsätze der Gleichbehandlung, Nichtdiskriminierung und Transparenz** weitergehend **verselbstständigen** und vor nationalen Gerichten auch im Verhältnis zwischen Auftraggebern und inländischen Bietern/Bewerbern als subjektive Verfahrensrechte behandelt werden.[72] Diese Vorgehensweise wäre ganz im Sinne des *effet utile*, da die Justiziabilität der primärrechtlichen Vergabegrundsätze durch inländische Bieter/Bewerber die daraus erwachsenden Verhaltenspflichten des Auftraggebers zu Gunsten potentieller Teilnehmer aus anderen Mitgliedstaaten noch intensivieren würde. Mit dieser Begründung hat der EuGH in einer jüngst ergangenen Entscheidung im Rahmen eines Vorabentscheidungsverfahrens die Berufung auf die europäischen Binnenmarktgrundfreiheiten und die daraus abgeleiteten Vergabegrundsätze durch ein Unternehmen gegenüber einem Auftraggeber desselben Mitgliedstaates ausdrücklich zugelassen.[73]

23   Die Frage, ob **ausländische juristischen Personen** vor deutschen Gerichten die Verletzung von primärrechtlichen Vergabegrundsätzen geltend machen können, ist in zwei Schritten zu prüfen. Zunächst ist zu klären, ob das Unternehmen rechtsfähig ist. Die **Rechtsfähigkeit** ausländischen juristischen Personen richtet sich danach, ob sie entweder nach der Rechtslage ihres Heimatlandes oder aber der deutschen Rechtslage, je nachdem welche zwischenstaatlichen oder internationalen Vereinbarungen vorliegen.[74] Sofern die Rechtsfähigkeit und damit auch die Beteiligten- und Prozessfähigkeit gegeben ist, ist in einem zweiten Schritt zu prüfen, ob sich das ausländische Unternehmen auch **materiell auf die Grundfreiheiten berufen** kann. Hier ist bezogen auf den konkreten Einzelfall nach den einzelnen Grundfreiheiten zu unterscheiden, im Grundsatz gilt jedoch das Folgende: Ist ein Unternehmen in einem EU-Staat ansässig, so kann es sich auf den freien Kapital- und Zahlungsverkehr (Art. 63 AEUV) berufen.[75] Die Zugehörigkeit zu einem Mitgliedstaat wird in Art. 63 AEUV nicht als Voraussetzung für die Möglichkeit benannt, sich auf diese Grundfreiheit zu berufen, denn dem Freien Kapital- und Zahlungsverkehr liegt eine verkehrsorientierte, rein markt- bzw. unionsbürgerorientierte Betrachtungsweise zugrunde.[76] Die Ansässigkeit eines Unternehmens allein reicht jedoch für die Berufung auf die Niederlassungsfreiheit (Art. 49 AEUV) und die Dienstleistungsfreiheit (Art. 56 AEUV) nicht aus; hierfür ist gem. Art. 54 Abs. 1 AEUV iVm. Art. 62 AEUV die Gründung in einem Mitgliedstaat und eine institutionelle Unionsverbindung erforderlich.[77] Die institutionelle Unionsverbindung ist dann gegeben, wenn entweder sich der satzungsmäßige Sitz, die Hauptverwaltung oder aber die Hauptniederlassung des in einem Mitgliedstaat gegründet Unternehmens innerhalb der EU befindet.[78] Die Warenverkehrsfreiheit schützt als reine Produktverkehrsfreiheit den grenzüberschreitenden Handel unabhängig von Rechtsnatur und Staatsangehörigkeit der handelnden Personen.[79]

---

[72] Vgl. in diesem Sinne VG Mainz Beschl. v. 30.8.2010, 6 L 849/10; VG Münster Beschl. v. 9.3.2007, 1 L 64/07; VG Bayreuth Urt. v. 11.12.2012, B 1 K 12.445. Anders jedoch VGH Kassel Beschl. v. 23.7.2012 – 8 B 2244/11.

[73] EuGH Urt. v. 14.11.2013, Rs. C-221/12 – Belgacom; dazu *Gabriel/Voll* NZBau 2014, 155.

[74] Vgl. hierzu im Einzelnen *Servatius* in Henssler/Strohn, Gesellschaftsrecht, IntGesR Rn. 22 ff.

[75] *Sedlaczek/Züger* in Streinz, EUV/AEU, Kommentar, Art. 63 AEUV Rn. 17.

[76] *Ress/Ukrow* in Grabitz/Hilf/Nettesheim, Art. 63 AEUV, Rn 102.

[77] *Müller-Graff* in Streinz, Art. 49 AEUV Rn. 28 und Art. 54 AEUV Rn. 8 f.

[78] EuGH Urt. v. 28.1.1986, Rs. 270/83 – Kommission/Frankreich, Rn. 18; EuGH Urt. v. 10.6.1985, Rs. 79/85 – Segers, Rn. 13; EuGH Urt. v. 13.7.1993, Rs. C-330/91 – *Commerzbank*, Rn. 13; EuGH Urt. v. 16.7.1998, Rs. C-264/96 – ICI, Rn. 20; EuGH Urt. v. 9.3.1999, Rs. C-212/97 – Centros, Rn. 20; *Bröhmer* in Calliess/Ruffert, Art. 54 AEUV Rn. 5.

[79] *Schroeder* in Streinz, Art. 34 AEUV Rn. 24; *Leible/T. Streinz* in Grabitz/Hilf/Nettesheim, Art. 34 AEUV Rn 32.

D. Beihilferecht und Grundfreiheiten

Für die Rechtsschutzmöglichkeiten bei Auswahlentscheidungen nach primärrechtlichen **24** Verfahrensvorgaben ist schließlich das **systematische Verhältnis der europäischen Binnenmarktgrundfreiheiten und dem EU-Beihilferecht** von besonderer Bedeutung. Betroffen sind davon vornehmlich solche Veräußerungsgeschäfte der öffentlichen Hand, die aufgrund einer notwendigen Auswahlentscheidung im Hinblick auf den Vertragspartner sowohl Relevanz für die europäischen Grundfreiheiten als auch für das EU-Beihilferecht besitzen.[80]

Nach der Rechtsprechung des EuGH kann eine staatliche Beihilfe seitens der Kommis- **25** sion nicht als zulässig angesehen werden, soweit diese nicht im Einklang mit den übrigen Vorschriften des Vertrags, namentlich den Grundfreiheiten steht.[81] Andererseits wird für den Fall, dass die Unvereinbarkeit der Beihilfe mit anderen Vorschriften des Vertrags allein auf der mit der Beihilfegewährung beruhenden Begünstigung des empfangenden Unternehmens beruht, jedoch konstatiert, den beihilferechtlichen Vorschriften komme sodann **aufgrund** ihrer **Spezialität** ein **Anwendungsvorrang** gegenüber den übrigen Bestimmungen des Vertrags zu.[82] Andernfalls würden sowohl die Besonderheiten des Beihilferechts, als auch die Zuständigkeit der Kommission unterlaufen.[83]

Dementsprechend geht auch der EuGH in diesen Fällen davon aus, dass die Artt. 107 ff. **26** AEUV die Anwendung anderer Vorschriften aus Gründen der **Spezialität** ausschließen[84] und die rechtliche Überprüfung der Verletzung anderer Vertragsbestimmungen – wie etwa der Grundfreiheiten – den innerstaatlichen Gerichten insoweit entzogen ist.[85] Nur sofern es sich um **von dem Beihilfenzweck abtrennbare Modalitäten** handelt,[86] greift dieser Anwendungsausschluss nicht ein – andere Vertragsvorschriften können dann als Prüfungsmaßstab herangezogen werden.[87] Dieser Abgrenzung kommt deshalb erhebliche praktische Bedeutung zu, da eine Verletzung der europäischen Grundfreiheiten den Rechtsweg zu den Verwaltungsgerichten einschließlich des dort geltenden Amtsermittlungsgrundsatzes begründen würde, die Geltendmachung eines beihilferechtlichen Verfahrensverstoßes jedoch lediglich vor den Zivilgerichten geltend gemacht werden kann.[88]

Die Anwendung des Kriteriums der Abtrennbarkeit erweist sich als kompliziert. Das **27** liegt insbesondere daran, dass der EuGH in Folgeentscheidungen, für die es auf eine Spezialität der Art. 87 EGV (Art. 107 ff. AEUV) nach dieser Abgrenzung angekommen wäre, sich wiederholt auf den Standpunkt zurückzog, dass *„der Umstand, dass eine einzelstaatliche Maßnahme möglicherweise als Beihilfe im Sinne von Art. 92 EWG (Art. 107 ff AEUV) betrachtet werden kann, [...] deshalb keinen hinreichenden Grund dafür dar[stellt], sie vom Verbot des*

---

[80] Vgl. dazu § 75 Rn. 1 ff.
[81] Vgl. *Heidenhain* Handbuch des europäischen Beihilfenrechts, § 60, Rn. 3.
[82] Erstmals in EuGH Urt. v. 22.3.1977, Rs. 74/76 – Iannelli&Volpi/Meroni, Rn. 11/12; *Koenig/Kühling/Ritter*, EG-Beihilfenrecht, 2. Aufl., 2005, Rn. 58.
[83] *Ehlers* JZ 1992, 199, 200; *Mestmäcker/Schweitzer*, § 42 Rn. 21.
[84] *Koenig/Kühling/Ritter* EG-Beihilfenrecht, 2. Aufl., 2005, Rn. 58.
[85] Dazu *Mestmäcker/Schweitzer*, § 42, Rn. 22 f.
[86] Der EuGH spricht auch von einerseits *„Voraussetzungen oder Bestandteilen, die zwar zu dieser [Beihilfen-] Regelung gehören, zur Verwirklichung ihres Zweckes oder zu ihrem Funktionieren aber nicht unerlässlich sind"* (dann keine Spezialität der Art. 87 ff. EGV) und andererseits von *„Modalitäten einer Beihilfe, die einen etwaigen Verstoß gegen andere besondere Vertragsbestimmungen als die Artikel 92 und 93 enthalten, derart untrennbar mit dem Zweck der Beihilfe verknüpft sein können, dass sie nicht für sich allein beurteilt werden können"* (in diesem Fall sind die Art. 87 ff. EGV spezieller), siehe EuGH Urt. v. 31.1.2001, Rs. T-197/97 und T-198/97 – Weyl Beef Products BV, Rn. 76 f.
[87] EuGH Urt. v. 22.3.1977, Rs. 74/76 – Iannelli&Volpi/Meroni, Rn. 14.
[88] Vgl. oben, Rn. 10.

Art. 30 EWG (Art. 34 AEUV Warenverkehrsfreiheit) auszunehmen",[89] ohne sich zur möglichen Spezialität der Art. 87 ff. EGV zu äußern. Eine Abkehr von seiner früheren Rechtsprechung kann darin jedoch auch nicht gesehen werden, da sich der EuGH daneben weiter auf seine Aussagen in der Rechtssache „Iannelli&Volpi/Meroni" bezieht.[90] Doch finden sich nur wenige Entscheidungen, in denen der Gerichtshof das Kriterium der „abtrennbaren Modalitäten" tatsächlich angewendet hat.[91] In der Rechtssache „Weyl Beef Products" stellte der EuGH fest, dass bei einer Pflichtabgabe zur Finanzierung von Sanierungsmaßnahmen in einem bestimmten Wirtschaftssektor nicht zwischen der Erhebung der Abgabe und der Verwendung dieser Abgaben unterschieden werden kann und das Programm als Ganzes somit allein am Beihilfenregime zu messen ist.[92] Trotz der damit verbleibenden Unsicherheiten, mit welcher Konsequenz der EuGH die Anwendung der Grundfreiheiten davon abhängig machen wird, dass eine Beihilfengewährung tatsächlich abtrennbare Modalitäten aufweist, kann jedenfalls beim Vorliegen abtrennbarer Modalitäten von der Anwendbarkeit der Grundfreiheiten ausgegangen werden. Das bedeutet, dass ein Verstoß gegen diese dann auch im Wege des Verwaltungsrechtsschutzes gerichtlich geltend gemacht werden kann.

---

[89] EuGH Urt. v. 7. 5. 1985, Rs. 18/84 – Kommission/Frankreich, Rn. 13; EuGH Urt. v. 5. 6. 1986, Rs. 103/84 – Kommission/Italien, Rn. 19; EuGH Urt. v. 20. 3. 1990, Rs. 21/88 – Du Pont de Nemours, Rn. 20. Siehe auch *Hancher/Ottervanger/Slot*, EC State Aids, 3. Aufl., 2006, Rn. 3–091.
[90] Siehe aktuell EuGH Urt. v. 23. 4. 2002, Rs. C-234/99 – Nygård, Rn. 56; EuGH Urt. v. 27. 11. 2003, Rs. C-34/01 bis C-38/01 – Enirisorse SpA, Rn. 56.
[91] Mit dem Ergebnis der Spezialität der Art. 87 ff. EGV, soweit ersichtlich, nur in EuGH Urt. v. 31. 1. 2001, Rs. T-197/97 und T-198/97 – Weyl Beef Products BV, Rn. 75 ff.
[92] EuGH, Urt. v. 31. 1. 2001, Rs. T-197/97 und T-198/97 – Weyl Beef Products BV, Rn. 75 ff.

Kapitel 15 Auftragsvergaben unterhalb der europäischen Schwellenwerte

§ 78 Einführung

Übersicht

	Rn.
A. Haushaltsrecht	1, 2
B. Einkauf nach einheitlichen Richtlinien	3–13
I. Bundesebene	4–10
II. Landesebene	11–13
C. Europäisches Primärrecht	14

Literatur:
Antweiler, Verwaltungsgerichtlicher Rechtsschutz gegen Vergaberechtsverstöße in Genehmigungsverfahren, NZBau 2009, 362; *Arzt-Mergemeier* in Willenbruch/Wieddekind in: Vergaberecht, Kompaktkommentar, 2. Auflage 2010; *Baumann* in Lampe-Helbig/Jagenburg, Handbuch der Bauvergabe, 3. Auflage 2013; *Braun*, Zivilrechtlicher Rechtsschutz bei Vergaben unterhalb der Schwellenwerte, NZBau 2008, 160; *Bungenberg* in: *Loewenheim/Meessen/Riesenkampff*, Kartellrecht, 2. Auflage 2009, vor §§ 97 ff. GWB – Einführung, Rn. 35; *Csaki/Freundt*, Europarechtskonformität von vergabegesetzlichen Mindestlöhnen, KommJur 2012, 246, 250; *Dicks*, Primärrechtsschutz unterhalb der Schwellenwerte, VergabeR 2012, 531, 532; *Dippel* in Beck'scher Online-Kommentar Umweltrecht, BeckOK KrW-/AbfG [aK], § 37 Rn. 12–13.1, Stand: 1.10.2012; *Emme/Schrotz*, Mehr Rechtsschutz bei Vergaben außerhalb des Kartellvergaberechts, NZBau 2012, 216, 218; *Faber*, Rechtsfragen zum Tariftreue- und Vergabegesetz NRW unter Berücksichtigung des verfassungs- und europarechtlichen Rahmens sowie des Rechtsschutzes, NWVBl. 2012, 255–260; *Heuvels* in Loewenheim/Meessen/Riesenkampff, § 102 GWB Rn. 23; *Jablonski*, Von der Norm zur Wirklichkeit – Strategien zur Implementierung ökologischer und sozialer Aspekte am Beispiel der Freien Hansestadt Bremen, VergabeR 2012, 310; *Kaufhold*, Die Vergabe freiberuflicher Leistungen ober- und unterhalb der Schwellenwerte, 2. Auflage 2012; *Krämer*, Kurz vor der Kapitulation? Erste Erfahrungen mit dem neuen Tariftreue- und Vergabegesetz NRW – Es herrscht große Verunsicherung, Vergabe Navigator 2012, 25; *Krist*, Vergaberechtsschutz unterhalb der Schwellenwerte, VergabeR 2011, 163; *Liebschwager*, Das neue Tariftreue- und Vergabegesetz NRW, NWVBl. 2012, 249–255; *Meißner*, Landesvergabegesetze – Besonderheiten, Innovationen, Schwierigkeiten, ZfBR 2013, 20–27; *Mertens* in Franke/Kemper/Zanner/Grünhagen, VOB-Kommentar, Bauvergaberecht Bauvertragsrecht Bauprozessrecht, 5. Auflage 2013, § 6; *Mertens* in VERIS-VOB/A-Online-Kommentar, Stand 02.2013; *Mertens/Seidel* in Dauses, Handbuch des EU-Wirtschaftsrechts, 31. Auflage 2012; *Özfirat-Skubinn* in: DÖV – Die öffentliche Verwaltung, Der Rechtsweg im Rechtsstreit über die Rechtmäßigkeit einer öffentlichen Auftragsvergabe im Unterschwellenbereich, 2010, 1005; *Pünder/Schellenberg* in: Vergaberecht, 1. Auflage 2011; *Rechten/Röbke*, Sozialstandards bei der Vergabe öffentlicher Aufträge in Berlin und Brandenburg, LKV 2011, 337; *Redman*, Landesvergaberecht 2.0, LKV 2012, 295; *Scharen*, Rechtsschutz bei Vergabe unterhalb der Schwellenwerte, VergabeR 2011, 653, 660; *Widmann*, Vergaberechtsschutz im Unterschwellenbereich, 2008.

Während das Vergaberecht oberhalb der Schwellenwerte durch das Europarecht und das Wettbewerbsrecht geprägt wird, ist das Recht der öffentlichen Beschaffung unterhalb dieser Schwellenwerte traditionell Haushaltsrecht. Zwar werden die zur Anwendung haushalterischer Vorschriften verpflichteten staatlichen Stellen auch zur Nichtdiskriminierung und wettbewerblichen Beschaffung verpflichtet. Primäres Ziel des dem Haushaltsrecht unterliegenden öffentlichen Einkaufs ist jedoch die sparsame und wirtschaftliche Beschaffung. Zur Gewährleistung der Zielvorgaben soll nach einheitlichen Richtlinien verfahren werden; System und Regelungsintensität sind im Bund und den jeweiligen Bundesländern unterschiedlich.

A. Haushaltsrecht

1 Nach Art. 109 Abs. 4 GG können durch Bundesgesetz, für Bund und Länder gemeinsam geltende **Grundsätze für das Haushaltsrecht** aufgestellt werden. Dies ist durch das Haushaltsgrundsätzegesetz geschehen. Gem. § 30 HGrG muss dem Abschluss von Verträgen über Lieferungen und Leistungen eine öffentliche Ausschreibung vorausgehen, sofern nicht die Natur des Geschäfts oder besondere Umstände eine Ausnahme rechtfertigen.[1] Das Haushaltsgrundsätzegesetz verpflichtet Bund und Länder ihr Haushaltsrecht entsprechend den dort niedergelegten Grundsätzen zu regeln.[2]

2 Für den Bund ist in § 55 BHO eine entsprechende Vorschrift für den Umgang mit dem öffentlichen Auftragswesen aufgenommen. Die Länder haben jeweils gleich lautende Vorschriften in ihren Landeshaushaltsordnungen aufgenommen. Für die Kommunen regeln Landesvorschriften (Kommunalverfassungen, Gemeindehaushaltsordnungen) die Anwendbarkeit des Vergaberechts. Danach hat dem Abschluss von Verträgen über öffentliche Aufträge eine **öffentliche Ausschreibung** vorauszugehen.[3] Damit ist Bund, Ländern und Gemeinden, dem Ziel der sparsamen und wirtschaftlichen Mittelverwendung verpflichtet, der Grundsatz der öffentlichen Ausschreibung vorgegeben.

B. Einkauf nach einheitlichen Richtlinien

3 Gem. § 55 Abs. 2 BHO und den entsprechenden Landesvorschriften ist beim Abschluss der Verträge nach einheitlichen Richtlinien zu verfahren. Diese Richtlinien werden grundsätzlich in den verschiedenen Verwaltungsvorschriften (VV) zu § 55 BHO und den entsprechenden Landesvorschriften verbindlich eingeführt.[4] Dabei ist das Recht des öffentlichen Auftragswesens durch die Schwellenwertbestimmung zweigeteilt. Das sog. Kartellvergaberecht, das ab Erreichen der Schwellenwerte gilt, geht insoweit als die spezieller geregelte Materie vor.[5]

I. Bundesebene

4 Nach den Verwaltungsvorschriften zu § 55 BHO werden für öffentliche Aufträge, die nicht dem Vierten Teil des GWB unterliegen, die VOB/A und die VOL/A in ihrem jeweils ersten Abschnitt als die einzuhaltenden **einheitlichen Richtlinien** im Sinne des § 55 Abs. 2 BHO bestimmt.[6]

5 Vom persönlichen **Anwendungsbereich** des Haushaltsrechts auf Bundesebene werden grundsätzlich nur der Staat und seine Einrichtungen erfasst.[7] Lediglich im Bereich des § 44 BHO, d. h. bei Zuwendungen und Förderungen, können unterhalb der Schwellen-

---

[1] Gesetz über die Grundsätze des Haushaltsrechts des Bundes und der Länder v. 19.8.1969 (BGBl. I S. 1273), zuletzt geändert durch Artikel 1 des Gesetzes v. 27.5.2010 (BGBl. I S. 671).
[2] *Arzt-Mergemeier* in: Vergaberecht Kompaktkommentar, Los 15 Rn. 1.
[3] § 55 BHO sowie die entsprechenden Haushaltsvorschriften der Länder.
[4] Es bleibt weiterhin streitig, ob es sich hier um Haushaltsinnenrecht, Innenrecht mit mittelbarer Außenwirkung oder bei den auf § 55 Abs. 2 BHO basierenden Vorschriften sogar um solche mit unmittelbarer Außenwirkung handelt, *Pache* in Pünder/Schellenberg, Vergaberecht, § 55 BHO Rn. 78 ff.
[5] Zum Rechtssystem siehe § 1 Der Streit, ob es sich dabei um ein spezielles geregeltes System oder um eine eigene Rechtsmaterie handelt, muss hier nicht entschieden werden.
[6] Ziff. 2.2 VV zu § 55 BHO.
[7] Auf Landesebene finden sich nunmehr durch die verschiedenen Landesvergabegesetze teilweise erhebliche Ausweitungen des Anwendungsbereichs bis hin zur völligen Gleichstellung zum funktionalen Auftraggeberbegriff des § 98 GWB; vgl. dazu § 79.

werte auch private Gesellschaften in den Anwendungsbereich von Vergabepflichten fallen.[8]

Die **Verwaltungsvorschriften** zu § 55 BHO sehen folgendes Regelungssystem vor: 6

Gem. Ziff. 2.2 VV zu § 55 BHO sind bei der Vergabe von Lieferungen und Leistungen die Bestimmungen der **VOL/A und der VOB/A im jeweils ersten Abschnitt** anzuwenden.[9] 7

In den **Bewerbungsbedingungen** ist ausdrücklich darauf hinzuweisen, dass die Allgemeinen Bestimmungen für die Vergabe von Lieferungen und Leistungen bzw. von Bauleistungen (Abschnitte 1 der VOL/A und VOB/A) nicht Vertragsbestandteil werden und den Bietern kein einklagbares Recht auf die Anwendung dieser Bestimmungen geben; sie tragen lediglich den Charakter von Dienstanweisungen an die Beschaffungsstellen.[10] Die VOL/B sowie die VOB/B und VOB/C sind stets als Vertragsbestandteil zu vereinbaren (§ 9 Nr. 2 VOL/A und § 10 Nr. 1 Abs. 2 VOB/A).[11] 8

Ergänzend zu den Bestimmungen der VOL/B sind im Bereich der Beschaffung von IT-Leistungen die **Ergänzenden Vertragsbedingungen für die Beschaffung von IT-Leistungen** (EVB-IT) einzubeziehen.[12] 9

Für die Durchführung der Vergabeverfahren sind im Unterschwellenbereich auf Bundesebene ferner folgende **weitere Richtlinien**[13] zu berücksichtigen: 10
– Richtlinien für die bevorzugte Berücksichtigung bestimmter Bewerber bei der Vergabe öffentlicher Aufträge in der jeweils geltenden Fassung,
– Mittelstandsrichtlinie der Bundesregierung v. 1.6.1976 (Bundesanzeiger Nr. 111 v. 16.6.1976),
– Richtlinie der Bundesregierung zur Korruptionsprävention in der Bundesverwaltung v. 17.6.1998 (Bundesanzeiger Nr. 127 v. 14.7.1998).
– Bei der Vergabe von Aufträgen, die Forschungsaufträge oder Gutachten auf dem Gebiet der Bundesstatistik oder sonstige Arbeiten statistischer Art oder Forschungsaufträge, welche die Gewinnung und Bereitstellung statistischer Daten erfordern, zum Gegenstand haben, ist § 3 Abs. 1 Nr. 10 BStatG zu beachten. Hiernach ist unter Beteiligung des Statistischen Bundesamtes zu klären, ob und inwieweit die vorgesehenen Arbeiten durch das Statistische Bundesamt durchgeführt oder unterstützt werden können.

II. Landesebene

Auf Ebene der Bundesländer erfolgt die Einführung von einheitlichen Richtlinien für die Vergabe von öffentlichen Aufträgen unterschiedlich und vielschichtig.[14] Dabei ist grundsätzlich zwischen der Einführung der VOL/A und VOB/A auf Landes- und kommunaler Ebene zu unterscheiden. Während sich sämtliche Bundesländer für ihre Landeseinrichtungen klar zur Vergabe öffentlicher Aufträge nach der VOL/A und der VOB/A verpflichten, gehen die Länder für die kommunalen Einrichtungen durchaus unterschiedlich vor. Daneben sehen die Bestimmungen der einzelnen Landesvergabegesetze die Anwendung der ersten Abschnitte der VOL/A und VOB/A teilweise auch für solche Auftraggeber nach dem funktionalen Auftraggeberbegriff vor.[15] 11

---

[8] Eine verpflichtende Anwendung der Vergabe- und Vertragsordnungen wird in diesem Fall über die Allgemeinen Nebenbestimmungen (ANBest-P) im Zuwendungsbescheid verfügt.
[9] Zu den Vergabearten und -verfahren siehe Kap. 2.
[10] Ziff. 2.3 VV zu § 55 BHO. Zum Rechtsschutz wegen Vergabeverstößen im Unterschwellenbereich siehe § 80.
[11] Ziff. 2.3 VV zu § 55 BHO.
[12] Ziff. 3.1.1 VV zu § 55 BHO.
[13] Ziff. 3.1.2 bis 3.3 VV zu § 55 BHO.
[14] *Dicks* VergabeR 2012, 531, 532 spricht von einem Geflecht landesrechtlicher Vorschriften.
[15] Siehe dazu § 79.

12 Im Überblick ergibt sich für die ersten Abschnitte der **VOB/A** und der **VOL/A** in den Bundesländern folgender Stand:

Bundesland	Einführung VOL/A, VOB/A
Baden-Württemberg	§ 55 LHO, § 31 GemHVO, Verwaltungsvorschrift der Ministerien über die Anwendung der Vergabe- und Vertragsordnung für Bauleistungen, Teil A (VOB/A), Teil B (VOB/B) und Teil C (VOB/C), Ausgabe 2009 v. 1.10.2010, GABl. S. 325; Verwaltungsvorschrift der Ministerien über die Anwendung der Vergabe- und Vertragsordnung für Leistungen Teil A (VOL/A), Ausgabe 2009, Teil B (VOL/B) und der Vergabeordnung für freiberufliche Leistungen (VOF) v. 28.7.2010 (GABl. S. 222); Verwaltungsvorschrift des Innenministeriums über die Vergabe von Aufträgen im kommunalen Bereich (VergabeVwV) v. 28.10.2011 – Az.: 2–2242.0/21 – GABl. 2011, S. 542
Bayern	Bekanntmachung der Bayerischen Staatsregierung v. 16.6.2010 Az.: B II 2- G 3/10, AllMBl 2010, S. 194 – StAnz 2010, Nr. 25; Vergabe- und Vertragsordnung für Bauleistungen (VOB) Ausgabe 2012 Bekanntmachung der Obersten Baubehörde im Bayerischen Staatsministerium des Innern v. 19.7.2012, Az.: IIZ5–40011–24/10, AllMBl 2012, S. 573 – StAnz 2012, Nr. 30; Vergabe von Aufträgen im kommunalen Bereich, Bekanntmachung des Bayerischen Staatsministeriums des Innern v. 14.10.2005 Az.: IB3–1512.4–138, zuletzt geändert durch Bekanntmachung v. 12.12.2012 (AllMBl 2013 S. 6); AllMBl 2005, S. 424; Ziff. 2 VV zu Art. 55 BayHO
Berlin	Rundschreiben SenStadtUm VI A Nr. 06/2012 v.15.8.2012, Vergabe-und Vertragswesen Inkrafttreten der Vergabe-und Vertragsordnung für Bauleistungen (VOB) 2012; Rundschreiben WiTechFrau II AZ.:F Nr. 3/2010 v. 10.6.2010 Änderung der Vergabeverordnung, VOL/A 2009, VOF 2009; Ziff. 2 VV zu § 55 LHO
Brandenburg	Bekanntmachung des Ministeriums für Wirtschaft und Europaangelegenheiten des Landes Brandenburg im Einvernehmen mit dem Ministerium der Finanzen des Landes Brandenburg und dem Ministerium des Innern des Landes Brandenburg über die Vergabe- und Vertragsordnung für Bauleistungen Teil A Ausgabe 2009 die Vergabe- und Vertragsordnung für Leistungen Teil A Ausgabe 2009 die Vergabeordnung für freiberufliche Leistungen Ausgabe 2009, in Amtsblatt für Brandenburg v. 17.3.2010, Nr. 10 S. 451; VV zu § 55 LHO; § 30 KommHKV
Bremen	Tariftreue- und Vergabegesetz, v. 24.11.2009, Brem.GBl. S. 476; VV zu § 55 LHO
Hamburg	Hamburgisches Vergabegesetz v. 13.2.2006. in der Fassung v. 27.4.2010. HmbGVBl. 2005 S. 57; Ziff. 3 VV zu § 55 LHO

Hessen	Hess. Vergabegesetz (HVgG) v. 25.3.2013, GVBl 2013, 121; Anwendung VOL und VOB Erlass Ministerium v. 26.10.2010 zu Vergabebeschleunigung Anwendung VOL und VOB; Erlass Ministerium v. 29.12.2011, geänderte Fassung Vergabeerlass für 2012; Erlass Ministerium v. 18.9.2012, (StAnz. 41/2012 S. 1122), Änderung Vergabebeschleunigungserlass; Erlass Ministerium v. 18.9.2012, (StAnz. 41/2012 S. 1122) zu VOB 2012; Hessischer Vergabeerlass Stand 2.12.2013
Mecklenburg-Vorpommern	Anwendung der Vergabe- und Vertragsordnung für Bauleistungen und der Vergabe- und Vertragsordnung für Leistungen, Verwaltungsvorschrift des Ministeriums für Wirtschaft, Bau und Tourismus, v. 24.10.2012 – V 140–611–00020–2010/021 – AmtsBl. M-V 2012 S. 762; Erlass des Wirtschaftsministeriums im Einvernehmen mit dem Innenministerium und dem Finanzministerium, v. 30.6.2003 – V 330–611–20–03.06.20/001, Erlass über die Anwendung der Neufassungen der Vergabe- und Vertragsordnung für Bauleistungen (VOB) und der Verdingungsordnung für Leistungen (VOL) sowie Bekanntmachung der Neufassung der Verdingungsordnung für freiberufliche Leistungen (VOF)
Niedersachen	RdErl. d. MW v. 3.9.2012 — 16–32573,–32574,–32575 zu Vergabe- und Vertragsordnung für Bauleistungen (VOB) Teile A, B, C — Ausgabe 2012; Vergabe- und Vertragsordnung für Leistungen — Teil A (VOL/A) Ausgabe 2009 und Teil B (VOL/B); Vergabeordnung für freiberufliche Leistungen (VOF) Ausgabe 2009 RdErl. d. MW v. 3.9.2012, Vergabe- und Vertragsordnung für Bauleistungen (VOB); Teile A, B und C – Ausgabe 2012; Vergabe- und Vertragsordnung für Leistungen —Teil A (VOL/A) Ausgabe 2009 und Teil B (VOL/B); Vergabeordnung für freiberufliche Leistungen (VOF) Ausgabe 2009, in Nds. MBl. Nr. 33/2012 S. 731
Nordrhein-Westfalen	Ziff. 2 VV zu § 55 LHO
Rheinland-Pfalz	Runderlass Ministerium v. 13.12.2011, Einführung VOL/A und VOB/A 2009 und Verlängerung Vergabevereinfachung für 2012 aus Erlass v. 13.2.2009; § 55 LHO; § 22 GemHVO
Saarland	Ziff. 2 VV zu § 55 LHO; § 24 KommHVO
Sachsen	Gesetz über die Vergabe öffentlicher Aufträge im Freistaat Sachsen (SächsVergabeG) v. 14.2.2013, GVBl. 2013, 109
Sachsen-Anhalt	RdErl. des MW v. 8.12.2010–42–32570–20, Einführung der Vergabe- und Vertragsordnungen für Bauleistungen (VOB) und Leistungen (VOL), und Hinweis zur Anwendung der Vergabeordnung für freiberufliche Leistungen (VOF)- Ausgabe 2009; Gesetz über die Vergabe öffentlicher Aufträge in Sachsen-Anhalt (Landesvergabegesetz – LVA LSA) v. 19.11.2012, GVBl. LSA 2012, 536

Schleswig-Holstein	Bekanntmachung Ministerium 18.6.2010 Anwendung der Vergabe- und Vertragsordnung für Bauleistungen (VOB) – Teile A und B Ausgabe 2009; Bekanntmachung Ministerium 18.6.2010 Anwendung der Vergabe- und Vertragsordnung für Leistungen (VOL) – Teil A Ausgabe 2009; Gesetz zur Förderung des Mittelstandes (Mittelstandsförderungs- und Vergabegesetz – MFG); Landesverordnung über die Vergabe öffentlicher Aufträge (SHVgVO) v. 3.11.2005, GVOBl. 2005, 524 in der Fassung v. 21.1.2013, GVOBl. 2013, 13
Thüringen	Thüringer Vergabegesetz (ThürVG) v. 18.4.2011, GVBl 2011, 69; § 55 ThürLHO; § 31 ThürGemHV Neubekanntmachung der Richtlinie zur Vergabe öffentlicher Aufträge; AZ TMWAT, 21.06.2010, 3295/2-1-75, ThürStAnz 2010, S. 919

13 Sofern die ersten Abschnitte der Vergabe- und Vertragsordnungen für anwendbar erklärt werden, erfolgt die Beschaffung nach diesen einheitlichen Richtlinien. Dabei ergeben sich im grundsätzlichen Ablauf keine großen Abweichungen zur Durchführung von Vergaben im Oberschwellenbereich, da sich für beide Abschnitte die maßgeblichen Eckpunkte auf die Geltung der in § 2 VOL/A und § 2 VOB/A verankerten Grundsätze zurückführen lassen.[16] Die maßgeblichen Unterschiede sowohl aus Auftraggeber- noch deutlicher jedoch aus Sicht des bundesweit tätigen Bieters ergeben sich aus der Ausgestaltung, die die Vergabevorschriften durch die jeweiligen landesrechtlichen Besonderheiten im Hinblick auf Vergabearten, Nachweisführung und Mindestvorgaben erhalten haben.[17]

C. Europäisches Primärrecht

14 Das öffentliche Auftragswesen unterhalb der europäischen Schwellenwerte wird zwar durch das Haushaltsrecht und die jeweiligen landesrechtlichen Anforderungen bestimmt. Dennoch wäre es fahrlässig, den Bereich außerhalb des Anwendungsbereichs der europäischen Richtlinien als frei vom Europarecht und den europäischen Vorgaben zu bezeichnen. Der EuGH hat in ständiger Rechtsprechung deutlich gemacht, dass den Grundfreiheiten des AEUV in jedem Fall sog. Binnenmarktrelevanz Rechnung zu tragen ist.[18]

---

[16] Siehe zu den Grundsätzen ausführlich § 1.
[17] Siehe dazu bei den jeweiligen Bundesländern § 79.
[18] EuGH Urt. v. 6.4.2006 Rs. C- 410/04; siehe auch *Widmann*, Vergaberechtsschutz im Unterschwellenbereich, S. 46 (47) m. w. N. Zum europäischen Primärrecht siehe näher in Kapitel 14; insbesondere zu dem Kriterium der Binnenmarktrelevanz: § 74 Rn. 3 ff., sowie zum Rechtsschutz: § 77.

§ 79 Landesvergabegesetze

Übersicht

	Rn.
A. Baden-Württemberg	6–32
I. Vom Anwendungsbereich betroffene Vergabestellen	7–11
II. Besonderheiten im Vergabeverfahren	12–14
III. Mittelstandsförderung	15–19
IV. Tariflohnbestimmungen	20–30
V. Vergabefremde Aspekte	31
VI. Rechtsschutz- und Beschwerdemöglichkeiten	32
B. Bayern	33–57
I. Vom Anwendungsbereich betroffene Vergabestellen	36–38
II. Besonderheiten im Vergabeverfahren	39–42
III. Mittelstandsförderung	43–47
IV. Tariflohnbestimmungen	48
V. Vergabefremde Aspekte	49–53
VI. Rechtsschutz- und Beschwerdemöglichkeiten	54–57
C. Berlin	58–84
I. Vom Anwendungsbereich betroffene Vergabestellen	60–62
II. Besonderheiten im Vergabeverfahren	63–67
III. Mittelstandsförderung	68
IV. Tariflohnbestimmungen	69–77
V. Vergabefremde Aspekte	78–82
VI. Rechtsschutz- und Beschwerdemöglichkeiten	83, 84
D. Brandenburg	85–108
I. Vom Anwendungsbereich betroffene Vergabestellen	88–90
II. Besonderheiten im Vergabeverfahren	91–96
III. Mittelstandsförderung	97
IV. Tariflohnbestimmungen	98–106
V. Vergabefremde Aspekte	107
VI. Rechtsschutz- und Beschwerdemöglichkeiten	108
E. Bremen	109–136
I. Vom Anwendungsbereich betroffene Vergabestellen	112–114
II. Besonderheiten im Vergabeverfahren	115–122
III. Mittelstandsförderung	123
IV. Tariflohnbestimmungen	124–130
V. Vergabefremde Aspekte	131–135
VI. Rechtsschutz- und Beschwerdemöglichkeiten	136
F. Hamburg	137–161
I. Vom Anwendungsbereich betroffene Vergabestellen	141–143
II. Besonderheiten im Vergabeverfahren	144–152a
III. Mittelstandsförderung	153
IV. Tariflohnbestimmungen	154–158
V. Vergabefremde Aspekte	159, 160
VI. Rechtsschutz- und Beschwerdemöglichkeiten	161
G. Hessen	162–182
I. Vom Anwendungsbereich betroffene Vergabestellen	165–167
II. Besonderheiten im Vergabeverfahren	168–176
III. Mittelstandsförderung	177
IV. Tariflohnbestimmungen	178, 179
V. Vergabefremde Aspekte	180
VI. Rechtsschutz- und Beschwerdemöglichkeiten	181, 182
H. Mecklenburg-Vorpommern	183–200
I. Vom Anwendungsbereich betroffene Vergabestellen	186, 187
II. Besonderheiten im Anwendungsbereich der Vergabearten	188–192
III. Mittelstandsförderung	193, 194

	Rn.
IV. Tariflohnbestimmungen	195–197
V. Vergabefremde Aspekte	198
VI. Rechtsschutz- und Beschwerdemöglichkeiten	199, 200
I. Niedersachsen	201–217a
I. Vom Anwendungsbereich betroffene Vergabestellen	204, 205
II. Besonderheiten im Anwendungsbereich der Vergabearten	206, 207
III. Mittelstandsförderung	208
IV. Tariflohnbestimmungen	209–213
V. Vergabefremde Aspekte	214–216
VI. Rechtsschutz- und Beschwerdemöglichkeiten	217–217a
J. Nordrhein-Westfalen	218–245
I. Vom Anwendungsbereich betroffene Vergabestellen	221
II. Besonderheiten im Anwendungsbereich der Vergabearten	222–228
III. Mittelstandsförderung	229, 230
IV. Tariflohnbestimmungen	231–240
V. Vergabefremde Aspekte	241–244
VI. Rechtsschutz- und Beschwerdemöglichkeiten	245
K. Rheinland-Pfalz	246–265
I. Vom Anwendungsbereich betroffene Vergabestellen	248, 249
II. Besonderheiten im Anwendungsbereich der Vergabearten	250–252
III. Mittelstandsförderung	253–255
IV. Tariflohnbestimmungen	256–262
V. Vergabefremde Aspekte	263
VI. Rechtsschutz- und Beschwerdemöglichkeiten	264, 265
L. Saarland	266–281
I. Vom Anwendungsbereich betroffene Vergabestellen	269, 270
II. Besonderheiten im Anwendungsbereich der Vergabearten	271
III. Mittelstandsförderung	272
IV. Tariflohnbestimmungen	273–277
V. Vergabefremde Aspekte	278, 279
VI. Rechtsschutz- und Beschwerdemöglichkeiten	280, 281
M. Sachsen	282–300
I. Vom Anwendungsbereich betroffene Vergabestellen	285–287
II. Besonderheiten im Anwendungsbereich der Vergabearten	288–290
III. Mittelstandsförderung	291, 292
IV. Tariflohnbestimmungen	293
V. Vergabefremde Aspekte	294
VI. Rechtsschutz- und Beschwerdemöglichkeiten	295–300
N. Sachsen-Anhalt	301–327
I. Vom Anwendungsbereich betroffene Vergabestellen	304, 305
II. Besonderheiten im Anwendungsbereich der Vergabearten	306–310
III. Mittelstandsförderung	311, 312
IV. Tariflohnbestimmungen	313–317
V. Vergabefremde Aspekte	318–321
VI. Rechtsschutz- und Beschwerdemöglichkeiten	322–327
O. Schleswig-Holstein	328–352a
I. Vom Anwendungsbereich betroffene Vergabestellen	331–334
II. Besonderheiten im Anwendungsbereich der Vergabearten	335–342a
III. Mittelstandsförderung	343
IV. Tariflohnbestimmungen	344–350
V. Vergabefremde Aspekte	351
VI. Rechtsschutz- und Beschwerdemöglichkeiten	352–352a
P. Thüringen	353–376
I. Vom Anwendungsbereich betroffene Vergabestellen	356, 357
II. Besonderheiten im Anwendungsbereich der Vergabearten	358–361
III. Mittelstandsförderung	362, 363
IV. Tariflohnbestimmungen	364–368

	Rn.
V. Vergabefremde Aspekte	369, 370
VI. Rechtsschutz- und Beschwerdemöglichkeiten	371–376

Nahezu alle Bundesländer haben von der Möglichkeit Gebrauch gemacht, in Landesvergabegesetzen weitere Anforderungen an die Vergabestellen bei der Vergabe öffentlicher Aufträge zu stellen.[1] Unter der Ägide der Vorschriften über das öffentliche Auftragswesen finden sich landesrechtliche **Besonderheiten für die Durchführung der Vergabe** und ebenso Verpflichtungen zur Berücksichtigung besonderer Anforderungen an Mindestlöhne, grüne und soziale Beschaffung, Subventionen, die Förderung des Mittelstandes oder die Berücksichtigung von Werkstätten für Menschen mit Behinderungen.[2] Dabei gehen diese Vorschriften zum Teil über rein verfahrensrechtliche Vorgaben hinaus, indem sie die Vergabestellen zur **Vereinbarung besonderer Vertragsbedingungen** verpflichten (z. B. Vertragsstrafenregelungen, Betretungsbefugnisse, Kontrollrechte). 1

Nicht nur die unbürokratische Durchführung von Beschaffungen auf Auftraggeberseite leidet unter der Vielfältigkeit der Themen, mit denen Beschaffungen im Unterschwellenbereich be- und auch überfrachtet werden. Für die Unternehmen entsteht durch die erheblichen landesrechtlichen Unterschiede ein echtes Hindernis bei der **bundesweiten Beteiligung** an öffentlichen Auftragsvergaben.[3] 2

Übergreifend ist den Landesvergabegesetzen der sogenannten 2. Generation gemein, dass sie die Verpflichtung der Bieter zur Einhaltung der **Mindestentgelte nach dem AEntG** enthalten. Diese Verpflichtung trifft die entsprechenden Auftragnehmer als Arbeitgeber zwar auch ohne die Bestimmungen der Landesvergabegesetze, da es sich hier um zwingendes Recht (für allgemeinverbindlich erklärte Tarifverträge) handelt.[4] Durch die ausdrückliche Normierung in den Vergabegesetzen ist jedoch nun auch bei strengster Auslegung im Falle eines (nachgewiesenen) Verstoßes der Ausschluss vom Vergabeverfahren möglich.[5] 3

Die landesrechtlichen Besonderheiten lassen sich in folgenden **Kernthemen** für die Praxis zusammenfassen: 4
– Vom Anwendungsbereich betroffene Vergabestellen
– Besonderheiten im Anwendungsbereich der Vergabearten und der Verfahrensführung
– Mittelstandsförderung
– Tariflohnbestimmungen
– Vergabefremde Aspekte
– Rechtsschutz- und Beschwerdemöglichkeiten

Die vorstehenden Themenkomplexe sind Struktur und Gliederung der nachfolgenden Darstellung der jeweiligen landesrechtlichen Vorgaben. 5

A. Baden-Württemberg

Rechtsgrundlagen: 6
Tariftreue- und Mindestlohngesetz für öffentliche Aufträge in Baden-Württemberg (Landestariftreue- und Mindestlohngesetz – LTMG) v. 16.4.2013, GBl. 2013, S. 50 ff; Gesetz zur Mittelstandsförderung v. 19.12.2000 (MFG BW), GBl. 2000, 745; Verwaltungsvorschrift der Ministerien über die Be-

---

[1] *Redmann* LKV 2012, 295. Zur Entwicklung siehe *Bungenberg* in Loewenheim/Meessen/Riesenkampff vor §§ 97 ff. GWB – Einführung, Rn. 35.
[2] Zur Frage der Verfassungsmäßigkeit vgl. BVerfG Beschl. v. 11.7.2006, 1 BvL 4/00, NJW 2007, 51; *Dippel* in BeckOK KrW-/AbfG [aK] § 37 Rn. 12 - 13.1, Stand: 1.10.2012. Zur Frage der Europarechtskonformität vergabegesetzlicher Mindestlöhne *Csaki/Freundt* KommJur 2012, 246, 250.
[3] *Redmann* LKV 2012, 295; *Meißner* ZfBR 2013, 20.
[4] *Redmann* LKV 2012, 295.
[5] *Redmann* LKV 2012, 295, 296 mwN.

teilung der mittelständischen Wirtschaft an der Vergabe öffentlicher Aufträge (Mittelstandsrichtlinien für öffentliche Aufträge – MRöA) v. 9.12.2010 – Az.: 6–4464.1/56 – GABl. 2010, 562, Die Justiz 2011, 35; Verwaltungsvorschrift der Ministerien zur Vermeidung des Erwerbs von Produkten aus ausbeuterischer Kinderarbeit bei der Vergabe öffentlicher Aufträge (VwV Kinderarbeit öA) v. 20.8.2008 (GABl. S. 325) – Az.: 6–4460.0/257 (WM), Az.: 5514 (StM), Az.: 2–2242.0/96 (IM), Az.: 4460.0/18 (KM), Az.: 14–4460/29/1 (MWK), Az.: 5400/0252 (JuM), Az.: 4–3315.0/104 (FM), Az.: 11–4460.0 (MLR), Az.: 13–0230.0 (SM), Az.: 1–446/108/1 (UM) – GABl. 2008, 325.

I. Vom Anwendungsbereich betroffene Vergabestellen

7 Die ersten Abschnitte der VOB/A und der VOL/A sind mittels einheitlicher Richtlinien auf **Landesebene** eingeführt.[6] Die Besonderheiten für die Vergabe öffentlicher Aufträge werden im Tariftreue- und Mindestlohngesetz (LTMG), Gesetz zur Mittelstandsförderung (MFG BW) und den dazu erlassenen Verwaltungsvorschriften (Mittelstandsrichtlinien für öffentliche Aufträge – MRöA) niedergelegt. Daneben bestehen für bestimmte Produkte Anforderungen an den Nachweis, dass diese nicht mit ausbeuterischer Kinderarbeit hergestellt wurden (VwV Kinderarbeit öA).

8 Auf der **kommunalen** Ebene bestimmt § 31 GemHVO und die dazugehörige Verwaltungsvorschrift, dass neben der VOB/A auch die MRöA und die VwV Kinderarbeit öA für die kommunale Beschaffung verbindlich gelten.[7] Für die VOL/A besteht auf der kommunalen Ebene lediglich eine Anwendungsempfehlung.[8] Kommunale Auftraggeber im Sinne dieser Verwaltungsvorschrift sind die Gemeinden, die Landkreise und die sonstigen juristischen Personen des öffentlichen Rechts, auf die das Gemeindewirtschaftsrecht Anwendung findet.

9 Vom persönlichen Anwendungsbereich des § 2 MFG BW und der **Mittelstandsrichtlinie** werden die Behörden des Landes, die Gemeinden und Gemeindeverbände sowie die sonstigen der Aufsicht des Landes unterstehenden Körperschaften, Stiftungen und Anstalten des öffentlichen Rechts erfasst.[9] Für gemischt-wirtschaftliche Unternehmen besteht keine Anwendungsverpflichtung. Jedoch sollen die juristischen Personen des öffentlichen Rechts auf die Anwendung des MFG BW und seiner Richtlinien hinwirken.

10 Eine **Bagatellgrenze** für die Anwendung des MFG BW und damit auch der Mittelstandsrichtlinie gibt es nicht. Die Bestimmungen gelten daher für sämtliche Vergaben.

11 Daneben beinhalten die Bestimmungen des LTMG für Vergaben ab dem 1.7.2013 Anforderungen an die **Tarif- und Mindeststundenentgelte**.[10]

II. Besonderheiten im Vergabeverfahren

12 Die Mittelstandsrichtlinie sieht gem. Ziff. 4.1 die Schaffung von Wettbewerb durch die Durchführung von **öffentlichen Ausschreibungen** als mittelstandsfördernd und hebt den ohnehin geltenden Grundsatz aus § 3 VOL/A und § 3 VOB/A noch einmal deutlich hervor. Für die vom Anwendungsbereich erfassten Einrichtungen werden keine weiteren Erleichterungen durch formfreiere Vergabearten vorgesehen.

---

[6] Verwaltungsvorschrift der Ministerien v. 1.10.2010, GABL 2010, S. 325; v. 28.10.2010, GABL. 2010, S. 222.

[7] Verwaltungsvorschrift des Innenministeriums über die Vergabe von Aufträgen im kommunalen Bereich (VergabeVwV) v. 28.10.2011, Az.: 2–2242.0/21, GABl. 2011, 542.

[8] Ziff. 2.3.1 Verwaltungsvorschrift des Innenministeriums über die Vergabe von Aufträgen im kommunalen Bereich (VergabeVwV) v. 28.10.2011, Az.: 2–2242.0/21, GABl. 2011, 542.

[9] Zum Anwendungsbereich des LTMG siehe Ziff. IV.

[10] Tariftreue- und Mindestlohngesetz für öffentliche Aufträge in Baden-Württemberg (Landestariftreue- und Mindestlohngesetz – LTMG) v. 16.4.2013, GBl. 2013, S. 50ff. Näheres siehe unter Ziff. IV.

§ 79 Landesvergabegesetze   Kap. 15

Für Bauvergaben kommunaler Auftraggeber besteht allerdings abweichend von § 3   13
Abs. 5 Satz 2 VOB/A die Möglichkeit zur Wahl der **freihändigen Vergabe** bis zu einem
Betrag von 20.000 EUR ohne Umsatzsteuer.[11]

Die für die Durchführung von Vergaben in der Praxis maßgeblichen Besonderheiten   14
ergeben sich aus dem LTMG.[12]

III. Mittelstandsförderung

Zentrales Anliegen der landesrechtlichen Vorgaben für die öffentlichen Vergaben ist die   15
Förderung des Mittelstandes durch eine hohe Beteiligungsmöglichkeit an den Vergaben.
Die Förderung des Mittelstandes erfolgt hier durch
– Stärkung des Grundsatzes der losweisen Vergabe,
– Sicherstellung gleichwertiger Voraussetzungen für Nachunternehmer,
– eingeschränktes Verlangen von Sicherheiten.

Die ohnehin in den § 2 Abs. 2 VOL/A und § 5 VOB/A normierten Grundsätze der   16
Fach- und Teillosvergabe stehen im Mittelpunkt der Regelungen.[13] Gem. § 22 MFG BW
und Ziff. 5 MRöA sind umfangreiche Leistungen in **Lose** zu teilen und nach Losen zu
vergeben, soweit dies technisch möglich und wirtschaftlich vertretbar ist. Den Vergabestellen wird gem. Ziff. 5.3 MRöA eine ausdrückliche Pflicht zur Dokumentation auferlegt, wenn und warum von einer losweisen Vergabe abgesehen werden soll.

Auftragnehmer sind gem. § 22 MFG BW bei vorgesehenen **Nachunternehmervergaben**   17
grundsätzlich zu verpflichten, ihrerseits an mittelständische Unternehmen zu vergeben, diese davon in Kenntnis zu setzen, dass es sich um einen öffentlichen Auftrag handelt, die VOL/B bzw. die VOB/B und keine ungünstigeren Bedingungen als die des
Hauptauftrages zu vereinbaren.

Im Bereich der Bauaufträge soll gem. Ziff. 9.2 MRöA von der Möglichkeit des **§ 16**   18
Abs. 6 VOB/B Gebrauch gemacht werden, wenn der Unterauftragnehmer nachweist,
dass der Auftragnehmer bezüglich der Zahlungen in Verzug gesetzt wurde und nicht in
angemessener Frist bezahlt hat.

Die Bestimmungen über das eingeschränkte Verlangen von **Sicherheiten** sind mit der   19
VOB/A 2012 nunmehr auch in § 9 Abs. 7 und 8 VOB/A enthalten, so dass der Bestimmung darüber hinaus nur insoweit Bedeutung zukommt, als Sicherheiten für Mängelansprüche bei unbeanstandeter Abnahme und dann, wenn mit Mängelansprüchen nicht
mehr zu rechnen ist, ganz zurückgegeben werden sollen.

IV. Tariflohnbestimmungen

Das Landestariftreue- und Mindestlohngesetz (LTMG) ist in Baden-Württemberg ab Juli   20
2013 in Kraft.[14] Neben der allgemeinen Verpflichtung zur Einhaltung gesetzlicher Mindestlohnvorgaben sieht das LTMG ein Mindestentgelt vor.

Tariflohn- und mindestlohnrelevant sind nach § 2 Abs. 3 LTMG öffentliche Aufträge   21
ab einem geschätzten **Einstiegswert** von 20.000 EUR (netto). Eine Beschränkung auf
den Unterschwellenbereich findet nicht statt.

Der Anwendungsbereich des LTMG ist auf öffentliche Auftraggeber iSd. § 98 Nr. 1 bis   22
5 GWB begrenzt. Aufträge, die im Auftrag des Bundes oder eines anderen Bundeslandes

---
[11] Ziff. 2.1.1 Verwaltungsvorschrift des Innenministeriums über die Vergabe von Aufträgen im
kommunalen Bereich (VergabeVwV) v.v. 28.10.2011, Az.: 2–2242.0/21, GABl. 2011, 542.
[12] Siehe dazu unter Ziff. IV.
[13] Zur losweisen Vergabe siehe ausführlich Kap. 1.
[14] Tariftreue- und Mindestlohngesetz für öffentliche Aufträge in Baden- Württemberg (Landestariftreue- und Mindestlohngesetz – LTMG) v. 16.4.2013, GBl. 2013, S. 50 ff.

durchgeführt werden, sind ausgenommen.[15] Bei länderübergreifenden Beschaffungen soll vorab eine Einigung über die Geltung des Gesetzes erzielt werden.[16]

23 Der sachliche Anwendungsbereich schließt neben den öffentlichen Aufträgen iSd. § 99 GWB auch die Vergaben im öffentlichen Personenverkehr ein.[17]

24 Öffentliche Aufträge, die vom **Arbeitnehmer-Entsendegesetz**[18] oder vom **Mindestarbeitsbedingungsgesetz**[19] erfasst werden, dürfen nur an solche Unternehmen vergeben werden, die sich bei der Angebotsabgabe verpflichten, ihren Beschäftigten bei der Ausführung der Leistung ein Entgelt zu zahlen, das in der Höhe und den Modalitäten mindestens den Vorgaben desjenigen Tarifvertrages oder der auf Basis des § 4 MiArbG erlassenen Rechtsverordnung entspricht, an die das Unternehmen gebunden ist.

25 Für **Verkehrsdienste**[20] ist der jeweils repräsentative Tarifvertrag maßgeblich. Die Feststellung der Repräsentativität erfolgt jährlich durch das Sozialministerium im Einvernehmen mit dem Ministerium für Verkehr und Infrastruktur. Informationen sind bei der beim Regierungspräsidium Stuttgart eingerichteten Servicestelle erhältlich.[21] Der jeweils einschlägige Tarifvertrag muss vom öffentlichen Auftraggeber in der Bekanntmachung und den Vergabeunterlagen benannt werden.[22]

26 Das LTMG in Baden-Württemberg verfügt ein allgemeines **Mindestentgelt.** Gem. § 4 Abs. 1 LTMG dürfen öffentlichen Aufträge im Anwendungsbereich dieses Gesetzes nur an Unternehmen vergeben werden, die ihren Beschäftigten bei der Ausführung der Leistung ein Entgelt von mindestens 8,50 EUR (brutto) pro Stunde zahlen.[23] Das Mindestentgelt wird als Bruttoarbeitsentgelt für eine Zeitstunde ohne Zuschläge festgesetzt. Darüber hinausgehende Entgeltbestandteile, wie zusätzliches Monatsgehalt, Urlaubsgeld, vermögenswirksame Leistungen oder Aufwendungen des Arbeitsgebers zur Altersversorgung, sind neben dem Mindestentgelt zu zahlen. Aufwendungsersatzleistungen dürfen nicht angerechnet werden. Sofern die Tariftreue gem. § 3 LTMG für die Beschäftigten günstiger ist, gilt diese (Günstigkeitsprinzip). Von der Anwendung **ausgenommen** ist die Leistungserbringung durch Auszubildende und die Vergabe von Aufträgen an anerkannte Werkstätten für behinderte Menschen und anerkannte Blindenwerkstätten.

27 Im Vergabeverfahren haben die Unternehmen selbst, ihre Nachunternehmer und Verleihunternehmen entsprechende **Verpflichtungserklärungen** abzugeben, die die Einhaltung der Tariftreue bzw. des Mindestentgelts nachweisen.[24] Erleichterungen betreffend die Pflicht zur Abgabe von Verpflichtungserklärungen können für Nachunternehmer und Verleihunternehmen mit einem Anteil am Auftrag unter 10.000 EUR (netto) eingeräumt werden. Eine Nachweispflicht über die gesamte Nachunternehmerkette besteht nicht.

28 Kommt der Unternehmer der Vorlage auch nach einer Nachforderung nicht nach, so ist das Angebot von der Wertung auszuschließen. Der Wortlaut des § 5 Abs. 4 LTMG lässt bei zutreffender Auslegung dabei nur den Schluss zu, dass ein Ausschluss die Durchführung einer **erfolglosen Nachforderung** voraussetzt. Soweit die Verpflichtungserklärung dabei auch die Erklärung über die vertragliche Vereinbarung der Kontroll- und Durchsetzungsmöglichkeiten mittels Vertragsstrafe etc. enthält, was nach dem LTMG explizit zugelassen ist, geht die Nachforderungsmöglichkeit über den von der Rechtsprechung für die Nachforderung grundsätzlich vorgesehenen Rahmen hinaus. Danach soll

---

[15] § 2 Abs. 4 LTMG.
[16] § 2 Abs. 6 LTMG.
[17] § 2 Abs. 1 und 2 LTMG.
[18] § 3 Abs. 1 LTMG.
[19] § 3 Abs. 2 LTMG.
[20] § 3 Abs. 3 LTMG.
[21] Servicestelle LTMG beim Regierungspräsidium Stuttgart.
[22] § 3 Abs. 3 aE LTMG.
[23] Das Mindestentgelt kann durch Rechtsverordnung angepasst werden.
[24] Entsprechende Muster soll die Servicestelle zur Verfügung stellen. Offen ist bislang, wie der Nachweis des Günstigkeitsprinzips iSd. § 4 Abs. 1 Satz 2 LTMG zu führen ist.

die Nachforderungsmöglichkeit den Bieter nicht in die Lage versetzen, Einfluss auf den Wettbewerb zu nehmen und seinen Angebotsinhalt zu verbessern.[25] Die Vorschrift modifiziert im Hinblick auf die verpflichtende Nachforderung § 16 VOL/A, der die Nachforderungsentscheidung des öffentlichen Auftraggebers in sein Ermessen stellt. Auftraggeber müssen dies im Zeitplan ihrer Vergabe berücksichtigen.

Der Auftragnehmer und seine Nachunternehmer/Verleihunternehmen sind dem Auftraggeber gem. § 7 LTMG zum Nachweis der Einhaltung der Entgelt- und Tarifverpflichtungen verpflichtet. Zur **Kontrolle** ist der öffentliche Auftraggeber berechtigt, Einsicht in die Entgeltabrechnungen nicht nur des vom ihm beauftragten Unternehmens, sondern auch der Nachunternehmen und Verleihunternehmen zu nehmen. Das Einsichtsrecht wird pauschal auf alle Geschäftsunterlagen erweitert, aus denen Umfang, Art, Dauer und tatsächliche Entlohnung der Beschäftigten hervorgehen und steht damit zumindest in einem Spannungsverhältnis zum Grundsatz der Datensparsamkeit. Die Betroffenen sind auf diese Kontrollmöglichkeiten hinzuweisen.

Darüber hinaus reicht es nicht aus, dass sich die Unternehmen und ggf. Nach-/Verleihunternehmen in einer allgemeinen Verpflichtungserklärung zur Einhaltung der Vorschriften über die Tarif- und Mindestlohnbestimmungen verpflichten. Vielmehr muss der öffentliche Auftraggeber seine Vergabeunterlagen so gestalten, dass Durchsetzungsmöglichkeiten mittels **Vertragsstrafenregelung, Kündigung und Auftragssperre** Bestandteil des Auftrags werden.[26] In der Praxis sollen diese vertraglichen Regelungen mit in das Formblatt über die Verpflichtungserklärung integriert werden.

V. Vergabefremde Aspekte

Zum Schutz vor **ausbeuterischer Kinderarbeit** besteht in Baden-Württemberg bei der Beschaffung bestimmter Produkte die Pflicht, Eigenerklärungen zu verlangen. Gem. Ziff. 4 VwV Kinderarbeit öA kommen Eigenerklärungen derzeit insbesondere bei Sportbekleidung, Sportartikel, insbesondere Bällen, Spielwaren, Teppichen, Textilien, Lederprodukten, Billigprodukten aus Holz, Natursteinen, Agrarprodukten wie z.B. Kaffee, Kakao, Orangen- oder Tomatensaft sowie Blumen in Betracht, falls diese in Afrika, Asien oder Lateinamerika hergestellt oder bearbeitet wurden. Mit der Abgabe der Eigenerklärung soll die Zuverlässigkeit des Unternehmens belegt werden. Die Nichtabgabe der Erklärung oder die Abgabe einer wissentlich oder vorwerfbar falschen Erklärung hat den Ausschluss von dem laufenden Vergabeverfahren zur Folge. Gem. Ziff. 5 VwV Kinderarbeit öA muss die Erklärung mindestens folgenden Inhalt haben:
– Die Angabe, ob die angebotene Leistung oder Lieferung von ausbeuterischer Kinderarbeit betroffene Produkte enthält;
– falls die Leistung oder Lieferung solche Produkte enthält, die Zusicherung, dass die Herstellung bzw. Bearbeitung der zu liefernden Produkte ohne ausbeuterische Kinderarbeit im Sinn des ILO-Übereinkommens Nr. 182 erfolgt bzw. erfolgt ist sowie ohne Verstöße gegen Verpflichtungen, die sich aus der Umsetzung dieses Übereinkommens oder aus anderen nationalen oder internationalen Vorschriften zur Bekämpfung von ausbeuterischer Kinderarbeit ergeben;
– falls die Erklärung nach Buchst. b nicht abgegeben werden kann, die Zusicherung, dass das Unternehmen, seine Lieferanten und deren Nachunternehmer aktive und zielführende Maßnahmen ergriffen haben, um ausbeuterische Kinderarbeit im Sinn des ILO-Übereinkommens Nr. 182 bei der Herstellung bzw. Bearbeitung der zu liefernden Produkte auszuschließen.

---

[25] OLG Düsseldorf Beschl. v. 12.9.2012, VIII Verg 108/11; OLG Dresden Beschl. v. 21.2.2012, Verg 1/12; VK Bund Beschl. v. 14.12.2011, VK 1–153/11.
[26] § 8 LTMG.

VI. Rechtsschutz- und Beschwerdemöglichkeiten

32 Landesrechtliche Rechtsschutzbestimmungen, um sich gegen Verstöße bei der Vergabe zu wehren (Primärrechtsschutz) bestehen bislang nicht. Für den Primärrechtsschutz gelten die Ausführungen in § 80. Für Schadensersatzforderungen vgl. ausführlich in § 36.

B. Bayern

33 **Rechtsgrundlagen:**
Einführung der Vergabe- und Vertragsordnung für Leistungen – Teil A (VOL/A) Ausgabe 2009 und der Vergabeordnung für freiberufliche Leistungen (VOF) Ausgabe 2009, Bekanntmachung der Bayerischen Staatsregierung v. 16.6.2010 Az.: B II 2- G 3/10; Vergabe- und Vertragsordnung für Bauleistungen (VOB) Ausgabe 2012 Bekanntmachung der Obersten Baubehörde im Bayerischen Staatsministerium des Innern v. 19.7.2012, Az.: IIZ5-40011-24/10; Richtlinien für die Beteiligung kleiner und mittlerer Unternehmen und freier Berufe bei der Vergabe öffentlicher Aufträge (Mittelstandsrichtlinien Öffentliches Auftragswesen – öAMstR) Bekanntmachung der Bayerischen Staatsregierung v. 4.12.1984 Az.: B III 3-515-44-26, zuletzt geändert durch Bekanntmachung der Bayerischen Staatsregierung v. 6.11.2001 (AllMBl S. 667), StAnz 1984, Nr. 49 – WVMBl 1984, 13; Öffentliches Auftragswesen, Richtlinien über die Berücksichtigung von Umweltgesichtspunkten bei der Vergabe öffentlicher Aufträge (Umweltrichtlinien Öffentliches Auftragswesen – öAUmwR) Bekanntmachung der Bayerischen Staatsregierung v. 28.4.2009 Az.: B II 2-5152-15, AllMBl 2009, 163 – StAnz 2009, Nr. 19; Richtlinien für die Berücksichtigung bevorzugter Bewerber bei der Vergabe öffentlicher Aufträge – Spätaussiedler, Werkstätten für Behinderte und Blindenwerkstätten, Verfolgte – (Bevorzugten-Richtlinien – öABevR) Bekanntmachung der Bayerischen Staatsregierung v. 30.11.1993 Az.: B III 2-519-9-23, zuletzt geändert durch Bekanntmachung v. 6.11.2001 (AllMBl S. 666), AllMBl 1993, 1308 – StAnz 1993, Nr. 48; Richtlinie zur Verhütung und Bekämpfung von Korruption in der öffentlichen Verwaltung (Korruptionsbekämpfungsrichtlinie – KorruR) v. 13.4.2004 (StAnz Nr. 17, AllMBl S. 87), Vermeidung des Erwerbs von Produkten aus ausbeuterischer Kinderarbeit v. 29.4.2008 (StAnz Nr. 20, AllMBl S. 322); Scientology-Organisation – Verwendung von Schutzerklärungen bei der Vergabe öffentlicher Aufträge Bekanntmachung der Bayerischen Staatsregierung v. 29.10.1996 Nr. 476-2-151 (AllMBl. S.701, StAnz. Nr. 44); Handbuch für die Vergabe und Durchführung von Bauleistungen durch Behörden des Freistaates Bayern (Vergabehandbuch Bayern für Bauleistungen – VHB Bayern) Bekanntmachung der Bayerischen Staatsregierung v. 12.7.2011 Az.: B II 2-G12/11, AllMBl 2011, S. 419 – StAnz 2011, Nr. 28; Fortschreibung des Handbuchs für die Vergabe und Durchführung von Bauleistungen durch Behörden des Freistaates Bayern (Vergabehandbuch Bayern für Bauleistungen – VHB Bayern), Bekanntmachung der Obersten Baubehörde im Bayerischen Staatsministerium des Innern v. 3.8.2012, Az.: IIZ5-40012.0-04/10; IT-Richtlinien für die bayerische Staatsverwaltung; Gemeinsame Bekanntmachung über die Nutzung staatlicher Gebäude für die Errichtung und den Betrieb von Photovoltaikanlagen, Gemeinsame Bekanntmachung des Bayerischen Staatsministeriums der Finanzen und der Obersten Baubehörde im Bayerischen Staatsministerium des Innern v. 20.11.2012 Az.: 51 – VV 2700-2 – 41 175/12, FMBl 2012, 633; Anforderung von Bewerbererklärungen bei der Vergabe öffentlicher Aufträge, Bekanntmachung des Bayerischen Staatsministeriums der Finanzen v. 11.2.1993 Az.: 41 a/38 – S 0270 - 4/89 – 3 739, FMBl 1993, 181 – StAnz 1993, Nr. 7; Zuständigkeiten der VOB-Stellen bei den Regierungen Bekanntmachung des Bayerischen Staatsministeriums des Innern v. 21.10.2003 Az.: IIZ5-40011-065/02, AllMBl 2003, 882.

34 Ein einheitliches Landesvergabegesetz, das die landesspezifischen Besonderheiten der Vergaben in Bayern zusammenfasst, liegt bislang nicht vor. Die Besonderheiten für die Vergabe öffentlicher Aufträge werden in Richtlinien (Mittelstandsrichtlinien Öffentliches Auftragswesen – öAMstR; Umweltrichtlinien Öffentliches Auftragswesen – öAUmwR; Bevorzugten-Richtlinien – öABevR; Korruptionsbekämpfungsrichtlinie – KorruR) und Erlassen (IT; Photovoltaik; Scientology Organisation; Vermeidung des Erwerbs von Produkten aus ausbeuterischer Kinderarbeit) normiert.

Für die Durchführung von Bauvergaben ist ein **Vergabehandbuch** vorhanden.[27] Das 35
VHB-Bayern ist für alle staatlichen Verwaltungen in Bayern verpflichtend. Den kommunalen Auftraggebern wird die Verwendung des VHB-Bayern empfohlen.[28] Auch für die Durchführung von Vergaben freiberuflicher Leistungen ist ein Vergabehandbuch vorhanden.[29] Für die Vergabe und Durchführung von Lieferungen und Leistungen durch Behörden der Landesstaatsbauverwaltung liegt ferner ein Vergabehandbuch VHL-Bayern vor.[30]

I. Vom Anwendungsbereich betroffene Vergabestellen

Die ersten Abschnitte der VOL/A und der VOB/A sind für die **staatlichen Vergabestellen** verpflichtend eingeführt.[31] Ferner sind diese Stellen bei der Vergabe zur Beachtung der 36
o.g. Rechtsgrundlagen, insbesondere der Mittelstandsrichtlinien Öffentliches Auftragswesen – öAMstR, der Umweltrichtlinien Öffentliches Auftragswesen – öAUmwR, der Bevorzugten-Richtlinien – öABevR, der Korruptionsbekämpfungsrichtlinie – KorruR, sowie bestimmter Erlasse (IT; Photovoltaik; Scientology Organisation; Vermeidung des Erwerbs von Produkten aus ausbeuterischer Kinderarbeit) verpflichtet.

Neben den Bestimmungen der VOL/A[32] und der VOL/B sind alle Behörden, Gerichte 37
und die Hochschulverwaltungen des Freistaats Bayern bei der Vergabe von **IT-Lieferungen** und Leistungen verpflichtet, die Ergänzenden Vertragsbedingungen für die Beschaffung von IT-Leistungen (EVB-IT) zugrunde zu legen.[33] Den kommunalen Auftraggebern und den sonstigen der Aufsicht des Freistaats unterliegenden juristischen Personen des öffentlichen Rechts wird empfohlen, entsprechend zu verfahren.[34]

Gem. § 31 KommHV muss der Vergabe öffentlicher Aufträge auch im **kommunalen** 38
Bereich eine öffentliche Ausschreibung nach einheitlichen Richtlinien vorausgehen. Mit Bekanntmachung des Bayerischen Staatsministeriums des Innern v. 14.10.2005, Az.: IB3–1512.4–138, zuletzt geändert durch Bekanntmachung v. 12.12.2012 (AllMBl 2013 S. 6); AllMBl 2005, S. 424 gelten neben der VOB/A auch die öAMstR, die öAUmwR,

---

[27] Handbuch für die Vergabe und Durchführung von Bauleistungen durch Behörden des Freistaates Bayern (Vergabehandbuch Bayern für Bauleistungen – VHB Bayern) Bekanntmachung der Bayerischen Staatsregierung v. 12.7.2011, Az.: B II 2-G12/11, AllMBl 2011, 419, StAnz 2011, Nr. 28; Fortschreibung des Handbuchs für die Vergabe und Durchführung von Bauleistungen durch Behörden des Freistaates Bayern (Vergabehandbuch Bayern für Bauleistungen – VHB Bayern), Bekanntmachung der Obersten Baubehörde im Bayerischen Staatsministerium des Innern v. 3.8.2012 Az.: IIZ5–40012.0–04/10.
[28] Ziff. 4.3 Bekanntmachung des Bayerischen Staatsministeriums des Innern v. 14.10.2005, Az.: IB3–1512.4–138, zuletzt geändert durch Bekanntmachung v. 20.12.2011 (AllMBl S. 33); AllMBl 2005, S. 424.
[29] Handbuch für die Vergabe und Durchführung von Freiberuflichen Dienstleistungen durch die Staatsbauverwaltung des Freistaates Bayern, Herausgegeben von der Obersten Baubehörde im Bayerischen Staatsministerium des Innern mit Schreiben v. 5.11.2012, Stand Juni 2014, AZ.: IIZ5–40012–006/12.
[30] Einführungsschreiben der Obersten Baubehörde im Bayerischen Staatsministerium des Inneren v. 30.3.2009 AZ: IIZ5–40012–001/09.
[31] Einführung der Vergabe- und Vertragsordnung für Leistungen – Teil A (VOL/A) Ausgabe 2009 und der Vergabeordnung für freiberufliche Leistungen (VOF) Ausgabe 2009, Bekanntmachung der Bayerischen Staatsregierung v. 16.6.2010, Az.: B II 2- G 3/10; Vergabe- und Vertragsordnung für Bauleistungen (VOB) Ausgabe 2009 Bekanntmachung der Obersten Baubehörde im Bayerischen Staatsministerium des Innern v. 18.6.2010, Az.: IIZ5–40011–24/10.
[32] Einführung der Vergabe- und Vertragsordnung für Leistungen – Teil A (VOL/A) Ausgabe 2009 und der Vergabeordnung für freiberufliche Leistungen (VOF) Ausgabe 2009, Bekanntmachung der Bayerischen Staatsregierung v. 16.6.2010, Az.: B II 2- G 3/10, AllMBl 2010, 194 – StAnz 2010, Nr. 25.
[33] Ziff. 2 IT-Richtlinien für die bayerische Staatsverwaltung, Stand 2008.
[34] Ziff. 2 IT-Richtlinien für die bayerische Staatsverwaltung, Stand 2008.

KorruR und die öABevR im kommunalen Bereich verpflichtend bei der Durchführung von Vergabeverfahren. Eine verbindliche Einführung der VOL/A erfolgt nicht.

II. Besonderheiten im Vergabeverfahren

39 Gem. § 3 Abs. 5 Buchst. i VOL/A besteht die Möglichkeit, einen Höchstwert für die Zulässigkeit der **Freihändigen Vergabe** ohne weitere Begründung festzulegen. Für die zur Anwendung der **VOL/A** verpflichteten Stellen ist dieser Wert auf 25 000 EUR (ohne Umsatzsteuer) festgesetzt.[35]

40 Im Bereich der kommunalen Beschaffung ist abweichend von § 3 Abs. 3 Nr. 1 VOB/A bis zu folgenden Wertgrenzen (jeweils ohne Umsatzsteuer) eine **Beschränkte Ausschreibung** von kommunalen **Bauleistungen** ohne weitere Einzelbegründung zulässig:
– 500.000 EUR im Tief-, Verkehrswege- und Ingenieurbau,
– 125.000 EUR für Ausbaugewerke (ohne Energie- und Gebäudetechnik) sowie für Landschaftsbau und Straßenausstattung,
– 250.000 EUR für alle übrigen Gewerke.[36]

41 Wenden die **Kommunen** bei der Vergabe von Liefer- und Dienstleistungen die VOL/A an, so ist eine **Beschränkte Ausschreibung** bis zu einer Wertgrenze von 100.000 EUR (ohne Umsatzsteuer) zulässig, wenn durch förderrechtliche Bestimmungen nichts Abweichendes geregelt ist.[37] Die Bestimmungen unterscheiden dabei nicht, ob es sich um Beschränkte Ausschreibungen mit oder ohne Teilnahmewettbewerb handelt.

42 Auch für die **Freihändige Vergabe** gelten im **kommunalen** Bereich von der VOB/A und VOL/A abweichende Wertgrenzen. Abweichend von § 3 Abs. 5 Satz 2 VOB/A ist eine Freihändige Vergabe von kommunalen Bauleistungen bis zu einer Wertgrenze von 30.000 EUR (ohne Umsatzsteuer) ohne weitere Einzelbegründung zulässig. Wenden die Kommunen bei der Vergabe von Liefer- und Dienstleistungen die VOL/A an, ist bis zu einer Wertgrenze von 30.000 EUR ebenfalls eine Freihändige Vergabe zulässig, wenn durch förderrechtliche Bestimmungen nichts Abweichendes geregelt ist.[38]

III. Mittelstandsförderung

43 Die öAMstR regelt die Ausführung des im Art. 12 Abs. 1 MFG in Bayern aufgenommenen Grundsatzes, dass kleine und mittlere Unternehmen bei der Vergabe öffentlicher Aufträge angemessen zu beteiligen sind.[39] Die Richtlinien heben im Wesentlichen die Bestimmungen der VOL/A und der VOB/A, die einer breiten Beteiligungsmöglichkeit für kleine und mittlere Unternehmen dienen, hervor.

---

[35] Einführung der Vergabe- und Vertragsordnung für Leistungen – Teil A (VOL/A) Ausgabe 2009 und der Vergabeordnung für freiberufliche Leistungen (VOF) Ausgabe 2009, Bekanntmachung der Bayerischen Staatsregierung v. 16.6.2010 Az.: B II 2- G 3/10, AllMBl 2010, 194 – StAnz 2010, Nr. 25.
[36] Ziff. 1.2.1 Bekanntmachung des Bayerischen Staatsministeriums des Innern v. 14.10.2005 Az.: IB3–1512.4–138, zuletzt geändert durch Bekanntmachung v. 12.12.2012 (AllMBl S. 6); AllMBl 2005, 424.
[37] Ziff. 1.2.1 Bekanntmachung des Bayerischen Staatsministeriums des Innern v. 14.10.2005 Az.: IB3–1512.4–138, zuletzt geändert durch Bekanntmachung v. 12.12.2012 (AllMBl S. 6); AllMBl 2005, 424.
[38] Ziff. 1.2.2 Bekanntmachung des Bayerischen Staatsministeriums des Innern v. 14.10.2005 Az.: IB3–1512.4–138, zuletzt geändert durch Bekanntmachung v. 12.12.2012 (AllMBl S. 6); AllMBl 2005, 424.
[39] Mittelstandsförderungsgesetzes (MfG) v. 20.12.2007 (GVBl. 2007, S. 926), geändert durch Gesetz zur Bereinigung des Landesrechts v. 8.4.2013 (GVBl. S. 174).

Danach soll dem Grundsatz der Losvergabe, insbesondere der **Fachlosvergabe** besondere Beachtung geschenkt werden.[40] Für den Fall der Weitervergabe von Leistungen an Nachunternehmer ist gem. Ziff. 3 b) öAMstR in den Vergabeunterlagen festzulegen, dass der Auftragnehmer auch hier wiederum regelmäßig kleine und mittlere Unternehmen angemessen zu beteiligen hat, er bei der Weitervergabe von Bauleistungen an Nachunternehmer die VOB/B bzw. bei der Weitervergabe von Lieferleistungen die VOL/B zum Vertragsbestandteil zu machen hat und dem Nachunternehmer – insbesondere hinsichtlich Gewährleistung, Vertragsstrafe, Zahlungsweise und Sicherheitsleistungen – keine ungünstigeren Bedingungen auferlegen darf, als zwischen ihm und dem Auftraggeber vereinbart sind. 44

Gem. Ziff. 4. öAMstR soll in den Vergabeunterlagen ferner auch für die Verträge zwischen Mitgliedern von **Arbeitsgemeinschaften** vorgegeben werden, dass die Belange kleiner und mittlerer Unternehmen angemessen zu berücksichtigen sind. Die Aufnahme dieser Regelung ist dem Auftraggeber auf Verlangen nachzuweisen. 45

Die öAMstR sieht in Ziff. 5 d) öAMstR ferner vor, dass in den Vergabeunterlagen festzulegen ist, dass **Konzernbürgschaften** nicht zugelassen werden. 46

Unter dem Gesichtspunkt der sogenannten Binnenmarktrelevanz ist das in Ziff. 6 der öAMstR aufgenommene Verbot rechtlich wohl nicht haltbar.[41] Danach ist die Vergabe von Bauleistungen an **Generalübernehmer** nicht zulässig. Generalübernehmer sind solche Unternehmen, die Bauleistungen in Auftrag nehmen, ohne sich gewerbsmäßig mit der Ausführung von Bauleistungen zu befassen. Die Regelung ist im rein nationalen Bereich jedoch weiterhin mit § 6 Abs. 1 VOB/A vereinbar, da hier – anders als im Oberschwellenbereich – explizit die Teilnahmemöglichkeit auf solche Unternehmen beschränkt wird, die mit der Ausführung von Bauleistungen gewerbsmäßig auftreten.[42] 47

IV. Tariflohnbestimmungen

Ein Tariftreuegesetz ist in Bayern bislang nicht vorgesehen. 48

V. Vergabefremde Aspekte

Bei der Vergabe öffentlicher Aufträge sind besondere soziale und umwelttechnische Aspekte insbesondere durch folgende Bestimmungen zu berücksichtigen:
– Umweltrichtlinien Öffentliches Auftragswesen – öAUmwR[43]
– Bevorzugten-Richtlinien – öABevR[44] 49

Daneben wird mittels Erlassen die Photovoltaik gefördert, der Erwerb von Produkten aus ausbeuterischer Kinderarbeit vermieden und in bestimmten Beschaffungen eine Schutzerklärung wegen der Beteiligung in der Scientology-Organisation verlangt.[45] 50

---

[40] Ziff. 5 a) öAMstR.
[41] *Mertens* in Franke/Kemper/Zanner/Grünhagen, § 6 EG Rn. 5 und 161 ff.
[42] *Mertens* in Franke/Kemper/Zanner/Grünhagen, § 6 Rn. 6 ff.
[43] Öffentliches Auftragswesen, Richtlinien über die Berücksichtigung von Umweltgesichtspunkten bei der Vergabe öffentlicher Aufträge (Umweltrichtlinien Öffentliches Auftragswesen – öAUmwR) Bekanntmachung der Bayerischen Staatsregierung v. 28. 4. 2009 Az.: B II 2 – 5152 – 15, AllMBl 2009, 163 – StAnz 2009, Nr. 19.
[44] Richtlinien für die Berücksichtigung bevorzugter Bewerber bei der Vergabe öffentlicher Aufträge – Spätaussiedler, Werkstätten für Behinderte und Blindenwerkstätten, Verfolgte – (Bevorzugten-Richtlinien – öABevR) Bekanntmachung der Bayerischen Staatsregierung v. 30. 11. 1993 Az.: B III 2 – 519 – 9 – 23, zuletzt geändert durch Bekanntmachung v. 6. 11. 2001 (AllMBl S. 666), AllMBl 1993, 1308 – StAnz 1993, Nr. 48.
[45] Gemeinsame Bekanntmachung des Bayerischen Staatsministeriums der Finanzen und der Obersten Baubehörde im Bayerischen Staatsministerium des Innern v. 20. 11. 2012 Az.: 51 – VV 2700 – 2 –

51 Nach der öAUmwR werden den zur Anwendung verpflichteten Stellen für den Beschaffungsprozess konkrete Vorgaben für die Berücksichtigung von **Umweltbelangen** gemacht. Staatliche Vergabestellen ebenso wie die kommunalen Auftraggeber müssen dabei bereits in der Bedarfsanalyse bei umweltbedeutsamen öffentlichen Aufträgen zur Beschaffung von Gütern, über Dienstleistungen (z. B. Gebäudereinigung, Winterdienst) sowie über Bauleistungen ermitteln, welche umweltfreundlichen und energieeffizienten Lösungen angeboten werden.[46] Bei Dienstleistungen beziehen sich die Ermittlungen auf die Art der Durchführung und auf die zu verwendenden Stoffe, bei Bauaufträgen auf die Baustoffe.[47] Führen die Ergebnisse der Bedarfsanalyse dazu, dass Gesichtspunkte des Umweltschutzes in die Leistungsbeschreibung aufgenommen werden können, so sollen gem. Ziff. 2 öAUmwR sogar finanzielle Mehrbelastungen und eventuelle Minderungen der Gebrauchstauglichkeit in angemessenem Umfang hinzunehmen sein. Daneben sollen bei umweltbedeutsamen Vergaben idR Nebenangebote unter Angabe der Mindestanforderungen zugelassen werden.[48] Soweit die öAUmwR Hinweise zur Verwendung von Umweltzertifikaten bzw. entsprechenden Zeichen geben, ist zumindest im Oberschwellenbereich eine Verwendung der Zeichen aufgrund der Rechtsprechung des EuGH zur unzulässigen Wettbewerbsverzerrung durch eine schlichte Bezugnahme auf diese Zertifikate abzulehnen.[49]

52 Die Bayerische Staatsregierung hat am 24.5.2011 das Energiekonzept **„Energie innovativ"** verabschiedet. Ziel ist es, den Anteil der erneuerbaren Energien am Strombedarf innerhalb der nächsten Jahre zu steigern. Neben der Windkraft stellt die Nutzung der Sonnenenergie aufgrund des hohen Potentials eine Hauptenergiequelle dar.[50] Der Bestand an staatlichen Gebäuden soll dafür im Rahmen der rechtlichen und technischen Möglichkeiten sowie der wirtschaftlichen Vertretbarkeit anderseits für Investoren nutzbar gemacht werden. Dazu werden durch den kaufmännisch eingerichteten Staatsbetrieb (IMBY) die Dachflächen im Rahmen des Haushaltsrechts aus (Art. 7, 55, 63 BayHO; vgl. auch Nr. 1.2.2 der Grundstücksverkehrsrichtlinien – GrVR) vergeben. Mehrere Gebäude können zusammengefasst werden, wenn dies wirtschaftlich sinnvoll erscheint.[51]

53 Zum Schutz vor **ausbeuterischer Kinderarbeit** besteht in Bayern bei der Beschaffung bestimmter Produkte die Pflicht, Eigenerklärungen zu verlangen. Gem. Ziff. 4 der Bekanntmachung über die Vermeidung des Erwerbs von Produkten aus ausbeuterischer Kinderarbeit kommen Eigenerklärungen derzeit insbesondere bei (Sportbekleidung, Sportartikel, insbesondere Bälle, Spielwaren, Teppiche, Textilien, Lederprodukte, Billigprodukte aus Holz, Natursteine, Agrarprodukte wie z. B. Kaffee, Kakao, Orangen- oder Tomatensaft sowie Blumen) in Betracht, falls diese in Afrika, Asien oder Lateinamerika hergestellt oder bearbeitet wurden. Mit der Abgabe der Eigenerklärung soll die Zuverlässigkeit des Unternehmens belegt werden. Die Nichtabgabe der Erklärung oder die Abgabe einer wissentlich oder vorwerfbar falschen Erklärung hat den Ausschluss von dem lau-

---

41 175/12, FMBl 2012, 633; Vermeidung des Erwerbs von Produkten aus ausbeuterischer Kinderarbeit v. 29.4.2008 (StAnz Nr. 20, AllMBl S. 322); Scientology-Organisation – Verwendung von Schutzerklärungen bei der Vergabe öffentlicher Aufträge Bekanntmachung der Bayerischen Staatsregierung v. 29.10.1996 Nr. 476–2–151 (AllMBl. S.701, StAnz. Nr. 44).
[46] Vgl. Ziff. 1 öAUmwR.
[47] Vgl. Ziff. 1 öAUmwR.
[48] Vgl. Ziff. 3 öAUmwR.
[49] EuGH Urt. v. 10.5.2012, Rs. C-368/10 –EKO.
[50] Gemeinsame Bekanntmachung des Bayerischen Staatsministeriums der Finanzen und der Obersten Baubehörde im Bayerischen Staatsministerium des Innern v. 20.11.2012 Az.: 51 – VV 2700–2 – 41 175/12, FMBl 2012, 633
[51] Ziff. 1.5 Gemeinsame Bekanntmachung des Bayerischen Staatsministeriums der Finanzen und der Obersten Baubehörde im Bayerischen Staatsministerium des Innern v. 20.11.2012 Az.: 51 – VV 2700–2 – 41 175/12, FMBl 2012, 633.

fenden Vergabeverfahren zur Folge. Gem. Ziff. 5 der Bekanntmachung muss die Erklärung mindestens folgenden Inhalt haben:
- Die Angabe, ob die angebotene Leistung oder Lieferung von ausbeuterischer Kinderarbeit betroffene Produkte enthält;
- Falls die Leistung oder Lieferung solche Produkte enthält, die Zusicherung, dass die Herstellung bzw. Bearbeitung der zu liefernden Produkte ohne ausbeuterische Kinderarbeit im Sinn des ILO-Übereinkommens Nr. 182 erfolgt bzw. erfolgt ist sowie ohne Verstöße gegen Verpflichtungen, die sich aus der Umsetzung dieses Übereinkommens oder aus anderen nationalen oder internationalen Vorschriften zur Bekämpfung von ausbeuterischer Kinderarbeit ergeben;
- Falls die vorstehende Erklärung nicht abgegeben werden kann, die Zusicherung, dass das Unternehmen, seine Lieferanten und deren Nachunternehmer aktive und zielführende Maßnahmen ergriffen haben, um ausbeuterische Kinderarbeit im Sinn des ILO-Übereinkommens Nr. 182 bei der Herstellung bzw. Bearbeitung der zu liefernden Produkte auszuschließen.[52]

VI. Rechtsschutz- und Beschwerdemöglichkeiten

Ein durch besonderes Landesgesetz eingeräumter Primärrechtsschutz für Vergaben unterhalb der Schwellenwerte ist in Bayern nicht vorgesehen. Für den Primärrechtsschutz gelten die Ausführungen in § 80. Für Schadensersatzforderungen vgl. ausführlich in § 36. 54

Für die Bauvergaben sind jedoch **VOB-Stellen** eingerichtet.[53] Diese sind bei den jeweiligen Regierungen und bei der Landesbaudirektion an der Autobahndirektion Nordbayern ansässig. Die VOB-Stellen der Regierungen werden entweder als vorgesetzte Behörden (Nachprüfungsstellen nach § 21 VOB/A) mit Weisungsbefugnis für die nachgeordneten Behörden tätig. Sie können jedoch auch auf Grund der unmittelbaren oder mittelbaren Rechtsaufsicht Nachprüfungsstellen nach § 21 VOB/A für die kommunalen Vergabestellen – ausgenommen Bezirke – und landesunmittelbaren Sozialversicherungsträger, deren Verbände und der kassen(zahn)ärztlichen Vereinigungen Bayerns, soweit diese an die Vergabevorschriften gebunden sind, sein. 55

Die VOB-Stellen sind ferner als Prüfstellen zuständig, soweit private Zuwendungsempfänger an die Vergabevorschriften auf Grund der **Zuwendungsbescheide** gebunden und der Regierung vom Zuwendungsgebenden Ressort Aufgaben zugewiesen sind und die Vergabestelle die Regierung als Nachprüfungsstelle in der Bekanntmachung angegeben hat. 56

In allen anderen Fällen ist die jeweilige Aufsichtsbehörde Nachprüfungsstelle iSd. § 21 VOB/A. Diese kann eingehende Beschwerden an die für den Sitz der Vergabestelle zuständige Regierung weiterleiten mit der Bitte an die Regierung, in fachlicher Unterstützung die Beschwerde durch die VOB-Stelle zu würdigen. Ausweislich der Verwaltungsvorschrift über die Zuständigkeiten der VOB-Stellen soll für die endgültige Entscheidung in der Vergabeangelegenheit das jeweilige Ressort zuständig bleiben, selbst wenn die Würdigung auf Wunsch des Ressorts im Einzelfall zur Beschleunigung gleichzeitig auch dem Beschwerdeführer und der Vergabestelle zugeleitet wird.[54] 57

---

[52] Vermeidung des Erwerbs von Produkten aus ausbeuterischer Kinderarbeit v. 29.4.2008 (StAnz Nr. 20, AllMBl S. 322).
[53] Zuständigkeiten der VOB-Stellen bei den Regierungen, Bekanntmachung des Bayerischen Staatsministeriums des Innern v. 21.10.2003 Az.: IIZ5–40011–065/02, AllMBl 2003, 882.
[54] Zuständigkeiten der VOB-Stellen bei den Regierungen, Bekanntmachung des Bayerischen Staatsministeriums des Innern v. 21.10.2003 Az.: IIZ5–40011–065/02, AllMBl 2003, 882.

C. Berlin

58 **Rechtsgrundlagen:**
Berliner Ausschreibungs- und Vergabegesetz (BerlAVG) v. 8.7.2010 (GVBl. S. 399 v. 22.7.2010), zuletzt geändert durch das Erste Gesetz zur Änderung des Berliner Ausschreibungs- und Vergabegesetzes v. 5.6.2012 (GVBl. S. 159 v. 16.6.2012); Verwaltungsvorschrift für die Anwendung von Umweltschutzanforderungen bei der Beschaffung von Liefer-, Bau- und Dienstleistungen (Verwaltungsvorschrift Beschaffung und Umwelt – VwVBU) v. 23.10.2012, SenStadtUm IX B 22; Rundschreiben SenStadtUm VI A Nr. 07/2012 v. 20.11.2012; Verordnung über die Förderung von Frauen und die Vereinbarkeit von Beruf und Familie bei der Vergabe öffentlicher Aufträge (Frauenförderverordnung – FFV) v. 23.8.1999 (GVBl. S. 498) BRV 2038–1–2, zuletzt geändert durch Art. I Erste ÄndVO v. 19.7.2011 (GVBl. S. 362, ber. S. 467); Kreislaufwirtschafts- und Abfallgesetz Berlin, Gesetz zur Förderung der Kreislaufwirtschaft und Sicherung der umweltverträglichen Beseitigung von Abfällen in Berlin (KrW-/AbfG Bln) v. 21.7.1999 (GVBl. S. 413), zuletzt geändert durch Art. I Zweites ÄnderungsG v. 2.2.2011 (GVBl. S. 50); Gesetz zur Einrichtung und Führung eines Registers über korruptionsauffällige Unternehmen in Berlin (Korruptionsregistergesetz – KRG) v. 19.4.2006 (Gesetz- und Verordnungsblatt für Berlin, Ausgabe Nr. 16/2006, S. 358); zuletzt geändert durch das erste Gesetz zur Änderung des Korruptionsregistergesetzes v. 1.12.2010 (Gesetz- und Verordnungsblatt für Berlin, Ausgabe Nr. 30/2010, 535); Landesgleichstellungsgesetz (LGG) in der Fassung v. 6.9.2002 (GVBl. 2002, S. 280), zuletzt geändert durch das Gesetz zur Auflösung des Zentralen Personalüberhangmanagements (Stellenpoolauflösungsgesetz) und zur Anpassung davon betroffener Gesetze v. 5.11.2012 (GVBl. S. 354); § 55 Landeshaushaltsordnung mit Ausführungsvorschriften, Stand 2012; Gemeinsames Rundschreiben Nr. 01_2012 ILO-Kernarbeitsnormen – aktualisierte Produktliste.

59 In Berlin fasst das Ausschreibungs- und Vergabegesetz (BerlAVG) die für die Vergabestellen des Landes Berlin geltenden Anforderungen an die Beschaffung öffentlicher Aufträge zusammen. Die Anwendungsverpflichtung der jeweils ersten Abschnitte der Vergabe- und VertragsOen ergibt sich auch hier aus den Verwaltungsvorschriften zu § 55 LHO.

I. Vom Anwendungsbereich betroffene Vergabestellen

60 Gem. § 1 Abs. 1 BerlAVG werden vom Anwendungsbereich des Gesetzes **„Berliner Vergabestellen"** iSd. § 98 GWB erfasst. Eine nähere Definition einer Berliner Vergabestelle idS. erfolgt nicht.

61 Bei **länderübergreifenden Beschaffungen** kann gem. § 1 Abs. 5 BerlAVG von den Verpflichtungen zum Mindestentgelt und zu den Tarifbestimmungen im ÖPNV abgewichen werden, wenn darüber keine Einigkeit erzielt wird. Eine Aussage zur Anwendung der übrigen Bestimmungen fehlt.

62 Eine Beschränkung des BerlAVG auf Vergaben unterhalb der EU-Schwellenwerte ist nicht vorgesehen.

II. Besonderheiten im Vergabeverfahren

63 Die Verwaltungsvorschriften zu § 55 LHO sehen für die Anwendung der Vergabearten Wertgrenzen vor.

64 Bei **Bauleistungen** wird zunächst auf die Wertgrenzen des § 3 VOB/A für die Beschränkte Ausschreibung verwiesen. Eine Freihändige Vergabe ist dabei bis zu einem voraussichtlichen Wert i. H. v. 10.000 EUR (netto) möglich.[55]

---

[55] Ziff. 7.1.2.2 VV zu § 55 LHO.

Im Anwendungsbereich der **VOL/A** ist die Beschränkte Ausschreibung bis zu einem 65
geschätzten Auftragswert von 25.000 EUR (netto) zulässig.[56] Gem. § 3 Abs. 5 Buchst. i
VOL/A besteht die Möglichkeit, einen Höchstwert für die Zulässigkeit der Freihändigen
Vergabe ohne weitere Begründung festzulegen. Für die zur Anwendung der VOL/A verpflichteten Stellen ist dieser Wert auf 7.500 EUR festgesetzt[57], wobei die Betragsgrenze
die Umsatzsteuer einschließt.[58]

Gem. § 3 BerlAVG kann sich die Vergabestelle bei begründeten Zweifeln an der An- 66
gemessenheit des Preisangebots vom Bieter die **Kalkulationsunterlagen** vorlegen lassen.
Begründete Zweifel im Sinne von § 3 Satz 1 BerlAVG können insbesondere dann vorliegen, wenn der angebotene Preis mindestens zehn Prozent unter dem nächsthöheren Angebot oder dem Schätzpreis der Vergabestelle liegt. Kommt der Bieter innerhalb der von
der Vergabestelle festgelegten Frist dieser Vorlagepflicht nicht nach, so ist er von dem
weiteren Verfahren ausgeschlossen.

Gem. § 1 Abs. 7 BerlAVG soll bei personalintensiven Leistungen die Qualität der Leis- 67
tungserbringung und die **Qualifikation des Personals** entscheidend sein. Da die Bestimmungen des BerlAVG nicht auf die Vergaben unterhalb der Schwelle begrenzt sind,
richtet sich diese Verpflichtung zunächst auch an die vom Anwendungsbereich erfassten
Vergabestellen in europaweiten Vergaben. Solange allerdings die Rechtsprechung die Berücksichtigung der Personalqualifikation im Rahmen von Wertungskriterien am Verbot
der Vermischung von Eignungs- und Wirtschaftlichkeitskriterien misst, ist eine Verfahrensgestaltung unter Berücksichtigung von Aspekten der Personalqualifikation im Rahmen der Zuschlagskriterien risikobehaftet.[59] Mit der zutreffenden Auffassung bedeutet dies
jedoch nicht, dass eine Berücksichtigung von Kriterien, die auch Bezüge zur Qualifikation des Personals aufweisen, per se ausgeschlossen sind. In der Vergabekonzeption sind
jedoch solche Kriterien abzulehnen, die im Wesentlichen auf die Eignung abzielen.[60] Vor
Zuschlagserteilung ist in Berlin die Abfrage beim **Korruptionsregister** verpflichtend.
Gem. § 6 KRG müssen Vergabestellen bei allen Vergaben oberhalb und unterhalb der
Schwellenwerte ab einem Auftragswert von 15.000 EUR vor Zuschlag relevante Verstöße beim Korruptionsregister abfragen. Die Auskunft kann auf Nachunternehmer erweitert werden. Zur Abfrage müssen gem. § 5 KRG von den das Unternehmen vertretenden
Personen Angaben zum Namen, Geburtsdatum, zur Adresse, etc. gemacht werden.

III. Mittelstandsförderung

Über die Vergabe- und Vertragsordnung hinausgehende Bestimmungen zur ausdrückli- 68
chen Berücksichtigung mittelständischer Interessen bestehen nicht.

IV. Tariflohnbestimmungen

Das Berliner Ausschreibungs- und Vergabegesetz enthält in § 1 BerlAVG umfassende An- 69
forderungen an Tarif- und Mindestentgelte, die im Rahmen der Vergabe von Berliner
Vergabestellen Berücksichtigung zu finden haben. Der Anwendungsbereich ist auf **Unternehmen mit Sitz im Inland** beschränkt.

---

[56] Ziff. 7.1.1.1 VV zu § 55 LHO.
[57] Ziff. 7.1.2.1 VV zu § 55 LHO Berlin.
[58] Ziff. 11 VV zu § 55 LHO Berlin.
[59] EuGH Urt. v. 12.11.2009 – C-199/07; differenzierend OLG Düsseldorf Beschl. v. 21.05.2008
– Verg 19/08. Siehe dazu auch § 4 Abs. 2 VgV und § 5 VgV sowie Art. 66 VKR.
[60] OLG Düsseldorf Beschl. v. 15.2.2012, Verg 85/11; OLG Celle Beschl. v. 12.1.2012, 13 Verg
9/11; a.A. OLG Karlsruhe Beschl. v. 20.7.2011, 15 Verg 6/11.

70 Bei **länderübergreifenden Vergaben** ist vorab eine Einigung über die Anwendbarkeit der Tarif- und Mindestentgeltverpflichtung zu erzielen. Findet eine Einigung nicht statt, so kann von den Verpflichtungen auch abgewichen werden.[61]

71 Die Tariflohnbestimmungen greifen ab einem **Eingangswert** von 10.000 EUR (netto) pro Vergabevorgang; die Mindestentgelte bereits bei Vergabevorgängen ab 5.000 EUR (netto). Eine Bestimmung des Begriffs „Vergabevorgang" wird nicht vorgenommen, so dass offen bleibt, ob die losweise Vergabe in einem oder mehreren Vergabevorgängen erfolgt.

72 Gem. § 1 Abs. 2 BerlAVG ist eine Erklärung zur Einhaltung der jeweils einschlägigen Arbeitsbedingungen einschließlich des Entgelts nach dem **Arbeitnehmer-Entsendegesetz** bzw. anderer gesetzlicher Bestimmungen über Mindestentgelte verpflichtend.

73 Bei der Vergabe von Leistungen im Bereich der **öffentlichen Personennahverkehrsdienste** müssen die Bieter im Vergabeverfahren erklären, dass sie ihre Arbeitskräfte mindestens nach dem hierfür jeweils geltenden Entgelttarifen entlohnen, wobei der Auftraggeber in der Bekanntmachung und in den Vergabeunterlagen den oder die einschlägigen Tarifverträge nach billigem Ermessen selbst bestimmt.[62]

74 Unbeschadet der sonstigen Tarif- oder Mindestlohnbestimmungen gilt im Anwendungsbereich des BerlAVG ein **Mindeststundenentgelt** i. H. v. 8,50 EUR. Zum 5.6.2012 wurde gem. § 2 BerlAVG die Höhe des Entgeltes gem. § 1 Abs. 4 BerlAVG auf das vorgenannte Entgelt erhöht, wobei eine ausdrückliche Bestimmung im Hinblick auf inkl. oder exklusive aller Steuern und Zuschläge fehlt.

75 Im Vergabeverfahren ist der Bieter zur Abgabe einer verbindlichen Erklärung betreffend die Einhaltung der vorstehenden Tarifbedingungen und Mindestentgelte verpflichtet. Diese **Verpflichtung** erstreckt sich auf alle Nachunternehmer, Verleiher und die gesamte Nachunternehmerkette. Neben der oben beschriebenen Eingangsschwelle gibt es keine weiteren Erleichterungen in der Nachweisführung. Vielmehr erstreckt sich diese Verpflichtung gem. § 1 Abs. 6 BerlAVG auf alle an der Auftragserfüllung beteiligten Unternehmen. Nach dem Wortlaut werden mithin sämtliche Lieferanten und auch ggf. zulässig nachträglich beauftragte oder ausgetauschte Nachunternehmen von der Vorschrift erfasst.

76 Zur **Kontrolle** über die Einhaltung der Tarif- und Mindeststundenentgelte werden gem. § 5 BerlAVG die „öffentlichen Auftraggeber" ermächtigt. Da bereits der persönliche Anwendungsbereich des Gesetzes auf den nicht näher bestimmten Begriff der Berliner Vergabestellen begrenzt ist, fällt hier eine trennscharfe Definition erneut schwer. Die Bestimmung enthält jedoch auch weitergehende Herausforderungen für die Praxis. Danach sollen die Kontrollen stichprobenartig durch eine beim Senat eingerichtete Stelle erfolgen. Diese Kontrollgruppe nahm am 1. Februar 2014 ihre Tätigkeit auf. Dieser Stelle müssen dann jedoch entsprechende Rechte zur Einsicht in die Entgeltabrechnungen der ausführenden Unternehmen, in die Unterlagen über die Abführung von Steuern und Beiträgen an in- und ausländische Sozialversicherungsträger, in die Unterlagen über die Abführung von Beiträgen an in- und ausländische Sozialkassen des Baugewerbes und in die zwischen den ausführenden Unternehmen abgeschlossenen Verträge eingeräumt werden. Eine Vorlagepflicht der betroffenen Unternehmen soll dann aber nur gegenüber dem öffentlichen Auftraggeber bestehen.[63] Auch die Regelungen des Berliner Vergabegesetzes erscheinen mit Blick auf den Datenschutz fraglich. Bereits die Zuordnung desjenigen, der zur Erhebung der Daten berechtigt sein soll, erscheint hinterfragbar. Die Vorlagepflicht wird man richtig jedoch nur als Einsichtsrecht verstehen dürfen, da bei einer Übergabe an den Auftraggeber Regelungen zur Aufbewahrung und Löschung völlig fehlen.

---

[61] § 1 Abs. 5 BerlAVG.
[62] § 1 Abs. 3 BerlAVG. Ein vorgegebenes transparentes und objektives Verfahren zur Bestimmung des „einschlägigen" Tarifvertrages ist in Berlin anders als z.B. in Baden-Württemberg nicht vorgesehen.
[63] § 5 Abs. 2 BerlAVG.

Darüber hinaus reicht es nicht aus, dass sich die Unternehmen und ggf. Nach-/Verleih- 77
unternehmen in einer allgemeinen Verpflichtungserklärung zur Einhaltung der Vorschriften über die Tarif- und Mindestlohnbestimmungen verpflichten. Vielmehr muss der öffentliche Auftraggeber seine Vergabeunterlagen so gestalten, dass Durchsetzungsmöglichkeiten mittels **Vertragsstrafenregelung, Kündigung und Auftragssperre** Bestandteil des Auftrags mit dem Auftragnehmer werden. Dabei soll dieser auch im Falle eines Verstoßes in der Nachunternehmerkette zur Haftung verpflichtet sein. Eine Regelung, die sicherlich zumindest unter dem Gesichtspunkt des ungewöhnlichen Wagnisses bei Bauvergaben kritisch zu würdigen ist.

V. Vergabefremde Aspekte

Das BerlAVG sieht in § 1 Abs. 7 BerlAVG ausdrücklich vor, dass weitere soziale und 78
ökologische Aspekte bei der Vergabe öffentlicher Aufträge Berücksichtigung finden können, wenn sie mit dem Auftragsgegenstand in sachlichem Zusammenhang stehen und sich aus der Leistungsbeschreibung ergeben.

§ 7 BerlAVG sieht die Berücksichtigung **ökologischer Belange** bei der Beschaffung 79
ausdrücklich vor. Die Vorschrift bleibt jedoch nach der Einführung des § 6 Abs. 3 VgV hinter den für die Vergaben oberhalb der Schwellenwerte geltenden Anforderungen zurück.

Mit Rundschreiben SenStadtUm VI A Nr. 07/2012 v. 20.11.2012 wurde bekannt ge- 80
geben, dass mit Datum v. 1.1.2013 die „Verwaltungsvorschrift Beschaffung und Umwelt" (VwVBU) in Kraft treten wird. Sie ist anzuwenden für alle Vergaben von Liefer-, Bau-und Dienstleistungsaufträgen ab einem geschätzten Auftragswert von 10.000 EUR netto. Die Verwaltungsvorschrift ist anzuwenden von:
– allen Senatsverwaltungen und den ihnen nachgeordneten Behörden
– allen Bezirksverwaltungen
– landesunmittelbaren Körperschaften, Anstalten und Stiftungen des öffentlichen Rechts

Bei der Vergabe ist gem. § 8 BerlAVG darauf hinzuwirken, dass keine Waren Gegenstand 81
der Leistung sind, die unter Missachtung der in den **ILO-Kernarbeitsnormen** festgelegten Mindeststandards gewonnen oder hergestellt worden sind. Aufträge über Lieferleistungen, bei denen eine Gewinnung oder Herstellung unter Missachtung der ILO-Kernarbeitsnormen im Einzelfall in Betracht kommt und die von der zuständigen Senatsverwaltung in einer entsprechenden Liste[64] aufgeführt werden, dürfen nur mit einer ergänzenden Vertragsbedingung vergeben werden, die den Auftragnehmer verpflichtet, den Auftrag ausschließlich mit Waren auszuführen, die nachweislich unter bestmöglicher Beachtung der ILO-Kernarbeitsnormen gewonnen oder hergestellt worden sind. Dazu können vom Bieter entsprechende Nachweise über die Einhaltung verlangt werden.

Ferner ist bei der Vergabe von öffentlichen Aufträgen gem. § 9 BerlAVG den Belangen 82
der **Frauenförderung** über das Landesgleichstellungsgesetz und der auf dieser Basis ergangenen Frauenförderverordnung Rechnung zu tragen.[65] Gemäß § 13 LGG gelten für die Maßnahmen der Frauenförderung Grenzwerte. Danach müssen die Anforderungen bei Liefer- und Dienstleistungsbeschaffungen ab 25.000 EUR (brutto) bzw. bei Beschaffungen von Bauleistungen in Höhe von 200.000 EUR (brutto) berücksichtigt werden.

---

[64] Gem. Rundschreiben Nr. 1/12 der SenWi und Sen Stadt II F 14 v. 29.2.2012.
[65] Verordnung über die Förderung von Frauen und die Vereinbarkeit von Beruf und Familie bei der Vergabe öffentlicher Aufträge (Frauenförderverordnung – FFV) v. 23.8.1999 (GVBl. S. 498) BRV 2038–1–2, zuletzt geändert durch Art. I Erste ÄndVO v. 19.7.2011 (GVBl. S. 362, ber. S. 467).

VI. Rechtsschutz- und Beschwerdemöglichkeiten

83 Ein durch besonderes Landesgesetz eingeräumter Primärrechtsschutz für Vergaben unterhalb der Schwellenwerte ist in Bayern nicht vorgesehen. Für den Primärrechtsschutz gelten die Ausführungen in § 80. Für Schadensersatzforderungen vgl. ausführlich in § 36.

84 Das Land Berlin hat jedoch gem. § 21 VOB/A eine **VOB-Stelle** bei der Senatsverwaltung für Stadtentwicklung und Umwelt eingerichtet. Für Vergaben im Bereich der Lieferungen und Leistungen ist eine **VOL-Beschwerdestelle** bei der Senatsverwaltung für Wirtschaft, Technologie und Forschung eingerichtet. Beide Stellen gehen in einem formlosen Verfahren Verstößen gegen Vergabevorschriften nach.

D. Brandenburg

85 **Rechtsgrundlagen:**
Brandenburgisches Vergabegesetz (BbgVergG) v. 21. 9. 2011, GVBl I Nr. 19.; Verordnung über Angebotsprüfungen, Kontrollen, Auftragssperren und erleichterte Nachweise nach dem Brandenburgischen Vergabegesetz (Brandenburgische Vergabegesetz-Durchführungsverordnung- BbgVergGDV) v. 16. 10. 2012 GVBL. II/12, Nr. 85; Bekanntmachung des Ministeriums für Wirtschaft und Europaangelegenheiten des Landes Brandenburg im Einvernehmen mit dem Ministerium der Finanzen des Landes Brandenburg und dem Ministerium des Innern des Landes Brandenburg über die Vergabe- und Vertragsordnung für Bauleistungen Teil A Ausgabe 2009 die Vergabe- und Vertragsordnung für Leistungen Teil A Ausgabe 2009 die Vergabeordnung für freiberufliche Leistungen Ausgabe 2009, im Amtsblatt für Brandenburg v. 17. 3. 2010, Nr. 10 S. 451; Brandenburgisches Mittelstandsförderungsgesetz, v. 8. 5. 1992, GVBl. I/92, Nr. S. 266, in der Fassung v. 24. 5. 2004; Landesgleichstellungsgesetz, v. 4. 7. 1994, GVBl. I/94, Nr. 19, S. 254, in der Fassung v. 24. 5. 2004; Rundschreiben des Ministeriums des Innern; Öffentliches Auftragswesen der Gemeinden u. Gemeindeverbände; Rundschreiben zum Kommunalen Auftragswesen im Land Brandenburg; Rundschreiben 17. 3. 2011 Anhang 12 zum Rundschreiben Kommunales Auftragswesen Erlass kommunaler Vergabeordnungen; Landesnachprüfungsverordnung, v. 19. 5. 1999, GVBl. II/99 Nr. 15, S. 332; Rundschreiben zum Kommunalen Auftragswesen im Land Brandenburg, Anhang 7, Beschaffung von Schulbüchern, 28. 3. 2011.

86 Für das Land Brandenburg sind die **VOL/A, VOB/A und VOF 2009** mit Bekanntmachung des Ministeriums für Wirtschaft und Europaangelegenheiten vom 17. 3. 2010 eingeführt, wobei das Inkrafttreten sowohl für den Ober- als auch den Unterschwellenbereich an das Inkrafttreten der Vergabeverordnung (VgV) geknüpft war.[66]

87 Im Übrigen werden die Pflichten bei Ausschreibungen in Brandenburg im Landesvergabegesetz zusammengefasst.

I. Vom Anwendungsbereich betroffene Vergabestellen

88 Die Bestimmungen des Landesvergabegesetzes in Brandenburg finden unter einer **Bagatellgrenze** von 3.000 EUR keine Anwendung. Das Gesetz gilt uneingeschränkt für die Liefer- und Dienstleistungsvergaben ab 10.000 EUR (netto), für Bauvergaben ab 50.000 EUR (netto). Zwischen der Bagatellgrenze und dem Eingangswert soll das BbgVergG im Wesentlichen nicht anwendbar sein, wenn die Leistung einer Mindestlohnregelung nach dem AEntG un-

---

[66] Bekanntmachung des Ministeriums für Wirtschaft und Europaangelegenheiten des Landes Brandenburg im Einvernehmen mit dem Ministerium der Finanzen des Landes Brandenburg und dem Ministerium des Innern des Landes Brandenburg über die Vergabe- und Vertragsordnung für Bauleistungen Teil A Ausgabe 2009 die Vergabe- und Vertragsordnung für Leistungen Teil A Ausgabe 2009 die Vergabeordnung für freiberufliche Leistungen Ausgabe 2009, in Amtsblatt für Brandenburg v. 17. 3. 2010, Nr. 10 S. 451.

terliegt, die den Mindestlohn des BbgVergG erreicht oder übersteigt.⁶⁷ Eine Beschränkung auf Vergaben im Unterschwellenbereich ist nicht vorgesehen.

Gem. § 1 Abs. 4 BbgVergG werden auch **Dienstleistungskonzessionen** vom Anwendungsbereich erfasst, die im Übrigen noch weitgehend vergabefrei sind.⁶⁸ 89

Grundsätzlich sollen dem Anwendungsbereich öffentlichen **Auftraggeber des Landes Brandenburg** iSd. § 98 GWB unterfallen. Sektorenauftraggeber, die nicht von der öffentlichen Hand beherrscht werden, werden explizit vom Anwendungsbereich ausgenommen. Was unter einem öffentlichen Auftraggeber des Landes Brandenburg iSd. § 98 GWB zu verstehen ist, ist nach dem Wortlaut nicht eindeutig zu erfassen. Weder die Gesetzesbegründung noch eine mittlerweile vorliegende Durchführungsverordnung helfen, den Anwendungsbereich klar zu umreißen. Es bleibt mithin bei der Auslegung des § 1 BbgVergG. Sollten darunter alle Auftraggeber iSd. § 98 GWB fallen, so wäre der Zusatz „Land Brandenburg" iSd. § 1 Abs. 1 BbgVergG überflüssig.⁶⁹ 90

II. Besonderheiten im Vergabeverfahren

Im Landesrecht Brandenburg sind besondere Freigrenzen für die erleichterte Durchführung von Beschränkten Ausschreibungen und Freihändigen Vergaben vorgesehen. Nach Ziff. 3 der VV zu § 55 LHO können auf Landesebene 91

– **Liefer- und Dienstleistungen** im Wege der freihändigen Vergabe oder beschränkten Ausschreibung bis zu einem geschätzten Auftragswert von 20.000 EUR (netto) erfolgen,
– für **Bauleistungen** kann bis 200.000 EUR (netto) die beschränkte Ausschreibung und bis 20.000 EUR (netto) die freihändige Vergabe durchgeführt werden.

Die genannten Werte gelten gem. Ziff. 3.3 der VV zu § 55 LHO nicht nur für Gesamtauftragswerte, sondern auch für die Werte der **einzelnen Aufträge**, die sich aus der Vergabe nach Teil- oder Fachlosen ergeben.⁷⁰ 92

Zur Gewährleistung der Transparenz informieren die Auftraggeber fortlaufend Unternehmen auf dem **Vergabemarktplatz Brandenburg** über beabsichtige freihändige Vergaben und beschränkte Ausschreibungen ab einem voraussichtlichen Auftragswert von 25.000 EUR.⁷¹ 93

Für die **Gemeinden und Kommunen** gilt gem. § 25a GemHV und § 30 KomHKV für Bauleistungen und Liefer- und Dienstleistungen, die die Schwellenwerte nicht erreichen, folgendes System: 94

– Verträge über Bauleistungen sind grundsätzlichen nach den Vorschriften des 1. Abschnitts der VOB/A zu vergeben (§§ 1 bis 20 VOB/A). Von der Anwendung werden jedoch die §§ 3 Abs. 3 Nr. 1 und Abs. 5 S. 2, § 9 Abs. 7 S. 2, § 19 Abs. 5 und § 20 Abs. 3 VOB/A explizit ausgenommen. Für die Beschaffung von Bauleistungen der Gemeinden ist eine Beschränkte Ausschreibung auch zulässig ist, wenn der geschätzte Auftragswert ohne Umsatzsteuer 1.000.000 EUR nicht überschreitet.
– Eine freihändige Bauvergabe kann ohne weitere Begründung bis zu einem geschätzten Auftragswert von 100.000 EUR ohne Umsatzsteuer durchgeführt werden. Gerade im Hinblick auf die gem. § 19 Abs. 5 VOB/A geforderte fortlaufende Veröffentlichung werden durch diese Wertgrenzen maßgebliche Aufträge der Transparenz entzogen.
– Für die Beschaffung von Liefer- und Dienstleistungen gelten im Unterschwellenbereich für die Gemeinden die Vorschriften des 1. Abschnitts der VOL/A mit Ausnahme des

---

⁶⁷ *Redmann* LKV 2012, 295.
⁶⁸ *Redmann* LKV 2012, 295; *Rechten/Röbke* LKV 2011, 337, 340.
⁶⁹ Richtig *Rechten/Röbke* LKV 2011, 337, 340; a. A. aber wohl *Redmann* LKV 2012, 295.
⁷⁰ Nach Ziff. 4 (Seite 13) des Rundschreibens des Ministeriums des Inneren v. 11.3.2011, GeschZ: III/1–313–35/2011, gilt dies auch für die kommunale Beschaffung.
⁷¹ http://vergabemarktplatz.brandenburg.de.

§ 19 Abs. 2 VOL/A. Dabei ist eine beschränkte Ausschreibung oder eine freihändige Vergabe auch zulässig ist, wenn der geschätzte Auftragswert ohne Umsatzsteuer 100.000 Euro nicht überschreitet.

95 Das Landesvergabegesetz enthält eine Modifizierung der Vorschriften der VOB/A über den Umgang mit Angeboten mit **unangemessenem niedrigen Preis** (§ 16 Abs. 6. Nrn. 1, 2 und § 16 EG Abs. 6 Nrn. 1, 2 VOB/A). Gem. § 7 Abs. 2 BbgVergG ist eine vertiefte Prüfung bei Bauvergaben ab einem Auftragswert von 10.000 EUR (netto) durchzuführen, wenn die rechnerisch geprüfte Angebotssumme um 10 Prozent oder mehr von der eines anderen für den Zuschlag in Betracht kommenden Angebots abweicht. Liegt nur ein Angebot vor, erfolgt eine vertiefte Prüfung, sofern das Angebot entsprechend von der Kostenberechnung abweicht. Der Bieter ist für den Fall einer vertieften Prüfung zu verpflichten, seine Kalkulation zumindest im Hinblick auf die Arbeitsentgelte einschließlich der Überstundenzuschläge und der veranschlagten Arbeitsstunden vorzulegen. Der Bieter ist in Textform zur Vorlage und zur Stellungnahme binnen einer angemessenen Frist aufzufordern. Kommt der Bieter der Aufforderung nicht fristgerecht nach oder kann er die Zweifel des Auftraggebers an seiner Möglichkeit, die vertraglichen Verpflichtungen zu erfüllen, nicht beseitigen, so ist sein Angebot auszuschließen. Die Vorschrift schränkt das auftraggeberseitige Ermessen, wann im Einzelfall ein auffälliges Missverhältnis iSd. Vorschrift vorliegt ein und führt gerade in den vom sachlichen Anwendungsbereich der Vorschrift erfassten Kleinstvergaben zu einem erheblichen Mehraufwand für Bieter und Auftraggeber.

96 Gem. § 12 Abs. 1 BbgVergG sind die Auftraggeber verpflichtet, vor Entscheidungen über die Vergabe von öffentlichen Aufträgen bei der Informationsstelle abzufragen, inwieweit Eintragungen in der **Sperrliste** zu Bietern mit einem für den Zuschlag in Betracht kommenden Angebot vorliegen und eine Eintragung bei der Beurteilung der Zuverlässigkeit des Bewerbers oder Bieters zu berücksichtigen. Die Auftraggeber sollen die Abfragen auch auf bereits benannte Nachauftragnehmer erstrecken. Die Abfragepflicht gilt auch in Verfahren mit vorgeschaltetem Teilnahmewettbewerb oder beschränkten Ausschreibungen, in denen der Auftraggeber den Bieterkreis durch seine Angebotsaufforderung beschränkt.

III. Mittelstandsförderung

97 § 5 BbgMFG sieht vergleichbar zu den übrigen Landesgesetzen über die Förderung des Mittelstandes eine
– Stärkung des Grundsatzes der losweisen Vergabe,
– Sicherstellung gleichwertiger Voraussetzungen für Nachunternehmer
vor.

IV. Tariflohnbestimmungen

98 Zentraler Bestandteil des Landesvergabegesetzes sind die Bestimmungen zum Mindest- und Tariflohn. Bei länderübergreifenden Beschaffungen kann von den Bestimmungen abgewichen werden, wenn keine Einigung über die Geltung erreicht wird.

99 Gem. § 3 Abs. 1 BbgVergG wird ein Auftrag über eine Leistung, deren Erbringung dem sachlichen Geltungsbereich des **Arbeitnehmer- Entsendegesetzes** unterfällt, nur an einen Bieter vergeben, der sich gegenüber dem Auftraggeber verpflichtet, seinen bei der Ausführung dieser Leistung eingesetzten Beschäftigten mindestens diejenigen Arbeitsentgeltbedingungen zu gewähren, die der nach dem Arbeitnehmer-Entsendegesetz einzuhaltende Tarifvertrag vorgibt. Eine Sonderregelung für den Bereich des ÖPNV enthält Absatz 2, wonach der Auftraggeber den einschlägigen Tarifvertrag in der Bekanntmachung und den Vergabeunterlagen zu benennen hat. In Umsetzung der Rüffert-Recht-

sprechung des EuGH gilt dies jedoch nicht für Unternehmen, die ihren Sitz in einem anderen EU-Mitgliedstaat haben.[72]

Gem. § 3 Abs. 3 BbgVergG wird der Auftrag nur an einen Bieter vergeben, der sich gegenüber dem Auftraggeber verpflichtet, seinen bei der Erfüllung von Leistungen des Auftrags eingesetzten Beschäftigten ein **Arbeitnehmerbruttoentgelt** je Arbeitsstunde zu bezahlen. Die Höhe dieses Mindestlohnes ist auf Vorschlag der Mindestlohnkommission auf 8,50 EUR je Arbeitsstunde zum 1.1.2014 mit einer Geltungsdauer von zwei Jahren vom Landtag beschossen worden. 100

Die Entgeltbestimmungen gelten bei einer **Lieferleistung** nur für die mit der Anlieferung zusammenhängenden Leistungen, insbesondere Transport, Aufstellung, Montage und Einweisung zur Benutzung. 101

Die Verpflichtung, die entsprechenden Arbeitsentgelte zu zahlen, muss bereits im Angebot enthalten sein. Darüber hinaus reicht es nicht aus, dass in das Vergabeverfahren eine allgemeine **Erklärung über die Verpflichtung** zur Anwendung des Landesvergabegesetzes aufgenommen wird. Vielmehr ist der Auftraggeber verpflichtet, seine Vergabeunterlagen so auszugestalten, dass die Bestimmungen über die Entgelthöhe und deren Durchsetzungsmodalitäten (Vertragsstrafenregelung, Kündigung und Auftragssperre[73]) Bestandteil des abzuschließenden Vertrages werden.[74] 102

Für die Vergabepraxis ist in diesem Punkt die Frage maßgeblich, ob für den Auftraggeber im Anwendungsbereich des Landesvergabegesetzes bei Fehlen oder unvollständiger Erklärung in den **Formblättern**, mithin in den Willenserklärungen des Bieters, die Möglichkeit resp. bei Vergabe von Bauleistungen gem. § 16 Abs. 1 Nr. 3 VOB/A die Pflicht zur **Nachforderung** solcher vertragsrelevanten Erklärungen besteht. Nach der insoweit zutreffenden Auffassung, dass die Nachforderungsvorschriften nicht die Möglichkeit zur Nachbesserung der Bieterposition bezwecken und mithin direkt vertragsrelevante Willenserklärungen nicht nachgefordert werden, ist Bietern besondere Sorgfalt bei der Einreichung der Erklärungen zu empfehlen.[75] Allerdings hat das OLG Brandenburg entschieden, dass eine Nachforderung dann sehr wohl in Betracht kommt, wenn das vom Auftraggeber verwendete Formular selbst den Hinweis enthält, dass die Erklärung als „unvollständig" gilt, wenn sie nicht unterschrieben ist. In diesem Fall kann sich der Bieter darauf verlassen, dass der Auftraggeber dann auch die nach den Vergabe- und Vertragsordnungen für den Fall der Unvollständigkeit vorgesehene Nachforderungsvorschrift anwendet.[76] 103

Gem. § 5 BbgVergG vereinbart der Auftraggeber mit dem Auftragnehmer, dass der Auftragnehmer die **Nachunternehmer und Verleiher** von Arbeitskräften vertraglich verpflichtet, dass diese ihren Beschäftigten im Rahmen der zu erfüllenden Vertragsleistung mindestens die Arbeitsentgeltbedingungen gewähren, die für die vom Nachunternehmer oder dem Vertragspartner des Verleihers zu erbringenden Leistungen nach § 3 Absatz 1 bis 3 BbgVergG maßgeblich sind. Diese Verpflichtung erstreckt sich auf alle Nachunternehmerketten. 104

Vom Bestbieter ist neben den allgemeinen Nachweisen über die ordnungsgemäße Erfüllung der Sozialabgaben gem. § 6 BbgVergG die Bescheinigung der Sozialkasse vorzulegen, der der Bieter kraft allgemeiner Tarifbindung angehört. Diese muss die Bruttolohnsumme und die geleisteten Arbeitsstunden sowie die Zahl der gewerblich Beschäftigten und die erfolgte Beitragszahlung enthalten. 105

---

[72] *Rechten/Röbke* LKV 2011, 337, 340 m.w.N.
[73] Siehe zur Auftragssperre §§ 7, 8 BbgVergGDV.
[74] Unter http://vergabe.brandenburg.de/cms/detail.php/bb1.c.271603.de hat das Land Formblätter für die Vergabe bereit gestellt.
[75] OLG Dresden Beschl. v. 21.2.2012, Verg 1/12.
[76] OLG Brandenburg Beschl. v. 7.8.2012, W Verg 5/12.

106 Darüber hinaus müssen dem Auftraggeber **vertraglich Kontrollrechte** für die Einhaltung der Verpflichtung zur Entgeltzahlung nach diesem Gesetz eingeräumt werden. Diese Verpflichtung schließt gem. § 8 Abs. 2 BbgVergG die Nachunternehmer ein. Die insoweit nicht unproblematischen Fragen des Datenschutzes sollen nunmehr durch die Verpflichtung zur Unkenntlichmachung, Anonymisierung oder Pseudonymisierung gem. § 5 BbgVergGDV aufgefangen werden.[77]

V. Vergabefremde Aspekte

107 Das Landesvergabegesetz enthält keine Regelungen zur nachhaltigen Beschaffung oder sozialen Aspekten.

VI. Rechtsschutz- und Beschwerdemöglichkeiten

108 Eigene landesrechtliche Rechtsschutzbestimmungen, um sich gegen Verstöße bei der Vergabe zu wehren (Primärrechtsschutz) bestehen nicht. Für den Primärrechtsschutz gelten die Ausführungen in § 80. Für Schadensersatzforderungen vgl. ausführlich in § 36.

E. Bremen

109 **Rechtsgrundlagen:**
Tariftreue- und Vergabegesetz, v. 24.11.2009, Brem.GBl. S. 476), zuletzt geändert durch Gesetz v. 17.7.2012 (BremGBl. S. 300); Verordnung zur Durchführung des Bremischen Tariftreue- und Vergabegesetzes (Bremische Vergabeverordnung – BremVergV) v. 21.9.2010 (Brem.GBl. S. 523); „Verwaltungsvorschrift zu § 55 Landeshaushaltsordnung Verwaltungsvorschrift der Senatorin für Finanzen der Freien Hansestadt Bremen v. 4.10.1976 (Brem.ABl. S. 413)", zuletzt geändert durch Erlass v. 31.5.2012; Richtlinie für die Berücksichtigung von Werkstätten für behinderte Menschen und Blindenwerkstätten bei der Vergabe öffentlicher Aufträge Richtlinie der Senatorin für Finanzen der Freien Hansestadt Bremen v. 7.8.2001 (Brem.ABl. S. 649); Richtlinien für TuI-Auftragsvergaben (TuI-Beschaffung), Richtlinien der Senatorin für Finanzen der Freien Hansestadt Bremen v. 8.12.1995, Brem.ABl. 1996, 31.

110 Die ersten Abschnitte der **Vergabe- und Vertragsordnung** werden über die VV zu § 55 LHO und die Bestimmungen des Tariftreue- und Vergabegesetzes in Bremen (BremVergG) verpflichtend ab einem **Auftragswert** von 10.000 EUR (netto) eingeführt.[78]

111 Die Modalitäten der Durchführung von Beschaffungsverfahren werden durch ein Landestariftreue- und Vergabegesetz näher bestimmt.

I. Vom Anwendungsbereich betroffene Vergabestellen

112 Das BremVergG richtet sich ausnahmslos an alle **öffentlichen Auftraggeber** iSd. § 98 GWB.

113 Der Anwendungsbereich des BremVergG ist im Hinblick auf die Schwellenwerte geteilt. Der 2. Abschnitt ist allein Vergaben unterhalb der **Schwellenwerte** vorbehalten.

114 Der 3. Abschnitt, der die Tariftreue- und Mindestarbeitsbedingungen enthält, ist auf **Lieferaufträge** nicht anwendbar.

---

[77] Verordnung über Angebotsprüfungen, Kontrollen, Auftragssperren und erleichterte Nachweise nach dem Brandenburgischen Vergabegesetz (Brandenburgische Vergabegesetz-Durchführungsverordnung – BbgVergGDV) v. 16.10.2012, GVBL. II/12, Nr. 85.

[78] §§ 6, 7 BremVergG.

II. Besonderheiten im Vergabeverfahren

Für die Anwendung der Vergabearten bestehen in Bremen folgende Erleichterungen: 115

Vergaben **unterhalb von 10.000 EUR** (netto) werden vom Anwendungsbereich der Vergabe- und Vertragsordnungen ausgenommen. Gem. § 5 BremVergG sollen hier Vergleichsangebote eingeholt werden. Dies ist zu dokumentieren. 116

Ab 10.000 EUR (netto) erfolgen **Bauleistungsvergaben** nach der VOB/A. Besondere Wertgrenzen werden nicht eingeführt. Es gelten die Wertgrenzen, die in § 3 VOB/A für die einzelnen Gewerke eingeführt sind. 117

Bei den Vergaben im Anwendungsbereich der **VOL/A** ist bis 40.000 EUR (netto) die Beschränkte Ausschreibung zulässig. 118

Auch in Bremen besteht die Möglichkeit eines eigenen Präqualifikationsverzeichnisses. 119

Gem. § 13 BremVergG hat der Bieter bei Vergaben außerhalb des Lieferbereichs mit dem Angebot auch bereits seine **Nachunternehmer** zu benennen. Die Regel begegnet aufgrund der Rechtsprechung des BGH zur Zulässigkeit von Forderungen zur Benennung von Nachunternehmern Bedenken. Danach ist der Bieter grundsätzlich frei, seine Nachunternehmer auch erst nach Abgabe des Angebotes zu binden und zu finden.[79] Allein in Ausnahmefällen, z.B. wenn der Bieter einen bestimmten Nachunternehmer zum Nachweis seiner Eignung braucht, kann eine Benennung mit dem Angebot gefordert werden. IÜ werden die Interessen des Auftraggebers, zu kennen, wer die Leistung letztlich ausführt, ausreichend gedeckt, wenn die Nachunternehmer mit Zuschlagserteilung benannt werden.[80] 120

Gem. § 14 BremVergG bestehen für die Vergaben außerhalb des Lieferbereichs besondere Prüf- und Aufklärungspflichten hinsichtlich der **Preisangemessenheit.** Danach muss eine vertiefte Prüfung erfolgen, wenn die Lohnkalkulation der rechnerisch geprüften Angebotssumme um mindestens 20 vH unter der Kostenschätzung des Auftraggebers liegt oder um mehr als 10 vH von der des nächst höheren Angebotes abweicht. Der Bieter ist im Fall einer vertieften Prüfung verpflichtet, seine Urkalkulation im Hinblick auf die Entgelte, einschließlich der Überstundenzuschläge, vorzulegen. 121

Bei **Bauleistungen** werden besondere Nachweise gefordert. 122

– Gem. § 15 Abs. 2 BremVergG soll ein Angebot ausgeschlossen werden, wenn der Bieter trotz Aufforderung eine aktuelle **Unbedenklichkeitsbescheinigung der Sozialkasse**, der er kraft Tarifbindung angehört, nicht abgibt. Die Bescheinigung enthält mindestens die Zahl der zurzeit gemeldeten Arbeitnehmerinnen und Arbeitnehmer und gibt Auskunft darüber, ob den Zahlungsverpflichtungen nachgekommen wurde. Ausländische Unternehmen haben einen vergleichbaren Nachweis zu erbringen. Bei fremdsprachigen Bescheinigungen ist eine Übersetzung in deutscher Sprache beizufügen. Bei Aufträgen über Bauleistungen, deren Auftragswert 10 000 EUR nicht erreichen, tritt an Stelle des Nachweises nach Satz 1 die Erklärung des Bieters, seinen Zahlungsverpflichtungen nachgekommen zu sein.

– Erleichterung soll die Regel bieten, dass derselbe Auftraggeber im selben Kalenderjahr diese Bescheinigung nur in begründeten Zweifelsfällen ein weiteres Mal fordern soll.

III. Mittelstandsförderung

§ 4 BremVergG wiederholt den Grundsatz der Förderung mittelständischer Interessen, ohne über die Anforderungen der Vergabe- und Vertragsordnungen hinaus zu gehen. Die besondere Dokumentationspflicht für die Durchführung von Generalunternehmerverga- 123

---

[79] BGH Urt. v. 10.6.2008, X ZR 78/07.
[80] BGH Urt. v. 10.6.2008, X ZR 78/07.

IV. Tariflohnbestimmungen

124 Die Bestimmungen des BremVergG über die Mindestarbeitsbedingungen und die Tariflohnverpflichtung finden auf Lieferverträge keine Anwendung.[81]

125 Für alle übrigen Vergaben im Anwendungsbereich des Landesvergabegesetzes gilt grundsätzlich ein **Mindestlohn** iHv derzeit 8,50 EUR (brutto) pro Stunde.[82] Ist der Auftrag für Unternehmen aus anderen EU-Mitgliedstaaten von Bedeutung, so soll die Verpflichtung nicht gefordert werden. Die Regelung ist auszulegen. Danach werden nicht nur solche Vergaben erfasst, die per se die EU-Schwellenwerte überschreiten, sondern auch solche Vergaben, die aufgrund von Binnenmarktrelevanz für Unternehmen aus anderen Mitgliedstaaten interessant sein können. Die Auslegung wird der Auftraggeber im jeweiligen Einzelfall vornehmen müssen.

126 Aufträge, die vom **Arbeitnehmer-Entsendegesetz** erfasst werden, dürfen nur an solche Unternehmen vergeben werden, die sich bei der Angebotsabgabe schriftlich verpflichten, bei der Ausführung dieser Leistungen ein Entgelt zu zahlen, das in Höhe und Modalitäten mindestens dem Tarifvertrag entspricht, an den das Unternehmen nach dem Gesetz gebunden ist. Für den Bereich des ÖPNV und SPNV finden die jeweils in den Vergabeunterlagen als maßgeblich angegebenen Tarifverträge Anwendung.[83]

127 Es gilt gem. § 12 BremVergG das **Günstigkeitsprinzip.** Danach muss bei verschieden anwendbaren Lohnbestimmungen die für die Beschäftigten günstigste ermittelt und der Vergabe zugrunde gelegt werden.

128 Im Rahmen der Vergabe ist vom Bieter eine **Verpflichtungserklärung** zur Einhaltung der Tarif- und Lohnbestimmungen mit dem Angebot zu fordern. Diese erstreckt sich auch auf die Nachunternehmer. Eine weitere Verpflichtung für Nachunternehmerketten ist nicht vorgenommen. Es ist Sache des Auftragnehmers, die Einhaltung der Vorschriften bei seinem Nachunternehmer zu überwachen.

129 **Kontrollen** der Einhaltung erfolgen in Bremen durch eine Sonderkommission, die auf der Grundlage der Informationen des öffentlichen Auftraggebers die Durchführung von Kontrollen anordnet.[84] Die öffentlichen Auftraggeber werden gem. § 16 BremVergG verpflichtet, die Aufträge an die Sonderkommission zu melden. Zutritts-, Einsichts- und Fragerechte hat der öffentliche Auftraggeber für die Sonderkommission im Rahmen seiner Vergabe mit dem Auftragnehmer und gegenüber seinen Nachunternehmern zu vereinbaren. Zur Vorlage von prüffähigen Unterlagen sollen der Unternehmer und auch der Nachunternehmer nur gegenüber dem Auftraggeber verpflichtet sein.[85]

130 Zur **Durchsetzung** der Tarif- und Mindestlohnbestimmungen sind Vertragsstrafen, ein Sonderkündigungsrecht und mögliche Auftragssperren vertraglich zu vereinbaren.[86]

V. Vergabefremde Aspekte

131 Der 4. Abschnitt des BremVergG ist den sozialen und umweltverträglichen Belangen gewidmet. Der Abschnitt findet auf alle öffentlichen Aufträge und schwellenwertunabhän-

---

[81] § 2 Abs. 3 BremVergG.
[82] § 9 Abs. 1 BremVergG.
[83] § 10 Abs. 1 BremVergG.
[84] § 16 BremVergG.
[85] § 16 BremVergG. Hier entsteht das für die Praxis bedeutsame Problem der Kompetenzschnittstelle ähnlich wie in Berlin.
[86] § 17 BremVergG.

gig Anwendung. Dabei muss im Einklang mit § 97 Abs. 4 GWB bei der Berücksichtigung von sozialen und ökologischen Aspekten stets ein Leistungsbezug bestehen. Die Anforderungen müssen sich aus der Leistungsbeschreibung ergeben. Für Lieferleistungen soll es jedoch möglich sein, solche Anforderungen auch an den Herstellungsprozess zu stellen.

Gem. § 18 BremVergG ist darauf hinzuwirken, dass keine Waren Gegenstand der Leistungen sind, die unter Missachtung der näher bezeichneten Bestimmungen der **Kernarbeitsnormen der Internationalen Arbeitsorganisation (ILO)** hergestellt worden sind. Die Einzelheiten werden in der Bremischen Kernarbeitsnormen Verordnung (BremKernV) geregelt.[87] Danach gibt der öffentliche Auftraggeber in seinen Ausschreibungsunterlagen exemplarisch an, welche Zertifikate, Siegel uä. welcher unabhängigen Organisation er zum Nachweis der Erfüllung der Mindeststandards anerkennt. Die Angabe wird durch den Zusatz „oder gleichwertig" ergänzt. Im Hinblick auf die Rechtsprechung des EuGH[88] zum Umgang mit Umweltzertifikaten, wird man wohl auch diese Regelung zumindest im Oberschwellenbereich oder bei Aufträgen mit Binnenmarktrelevanz für überarbeitungswürdig halten. 132

Gem. § 18 Abs. 3 BremVergG soll bei Vergaben ohne ausländische Bieterbeteiligung bei wirtschaftlich gleichwertigen Angeboten der Zuschlag an denjenigen erteilt werden, der **schwerbehinderte Menschen, Auszubildende oder Chancengleichheit** von Männern und Frauen fördert. 133

Umweltverträgliche Belange müssen gem. § 19 BremVergG in die Vergaben eingebracht werden. Danach müssen die Umwelteigenschaften einer Ware, die Gegenstand der Leistung ist, berücksichtigt werden. Schreibt der Auftraggeber Umwelteigenschaften in Form von Leistungs- und Funktionsanforderungen vor, so kann er diejenigen Spezifikationen oder Teile davon verwenden, die in europäischen, multinationalen oder anderen Umweltzeichen definiert sind, wenn 134

– diese Spezifikationen geeignet sind, die Merkmale derjenigen Waren oder Dienstleistungen zu definieren, die Gegenstand des Auftrags sind,
– die Anforderungen des Umweltzeichens auf der Grundlage von wissenschaftlich abgesicherten Information ausgearbeitet werden,
– die Umweltzeichen im Rahmen eines Verfahrens erlassen werden, an dem alle interessierten Kreise, wie staatliche Stellen, Verbraucher, Hersteller, Händler und Umweltorganisationen, teilnehmen können, und
– die Umweltzeichen für alle Betroffenen zugänglich und verfügbar sind.

Der Auftraggeber kann in den Vergabeunterlagen festlegen, dass bei Waren oder Dienstleistungen, die mit einem Umweltzeichen ausgestattet sind, davon ausgegangen wird, dass sie den in der Leistungs- und Aufgabenbeschreibung festgelegten Spezifikationen genügen. Er muss jedes andere Beweismittel, wie geeignete technische Unterlagen des Herstellers oder Prüfberichte anerkannter Stellen, akzeptieren. 135

VI. Rechtsschutz- und Beschwerdemöglichkeiten

Eigene landesrechtliche Bestimmungen, um sich gegen Verstöße bei der Vergabe zu wehren (Primärrechtsschutz) bestehen nicht. Für den Primärrechtsschutz gelten die Ausführungen in § 80. Für Schadensersatzforderungen vgl. ausführlich in § 36. 136

---

[87] Bremische Verordnung über die Berücksichtigung der Kernarbeitsnormen der Internationalen Arbeitsorganisation bei der öffentlichen Auftragsvergabe (Bremische Kernarbeitsnormenverordnung – BremKernV) v. 17.5.2011; BremGBl. 2011, 375.
[88] EuGH Urt. V. 10.5.2012, Rs. C-368/10.

F. Hamburg

137 Rechtsgrundlagen:
Hamburgisches Vergabegesetz v. 13.2.2006, in der Fassung v. 27.4.2010, in HmbGVBl. 2005 S. 57 in der Fassung der Änderung vom 30.4.2013, HmbGVBl. Nr. 16, S. 180; Gesetz über den Mindestlohn in der Freien und Hansestadt Hamburg v. 30.4.2013, HmbGVBl. 2013, S. 188; Gesetz über die Förderung der kleinen und mittleren Unternehmen und der in der Wirtschaft tätigen freien Berufe (Mittelstandsförderungsgesetz) v. 2.3.1977 (HmbGVBl. 1977, S. 55) in der Fassung v. 14.7.2009 (HmbGVBl., S. 303); Beschaffungsordnung der Freien und Hansestadt Hamburg v. 1.3.2009 in der Fassung v. 17.12.2013; Gesetz zur Einrichtung eines Registers zum Schutz fairen Wettbewerbs (GRfW) v. 17.9.2013, HmbGVBl. Nr. 40, S. 417; Leitfaden für die Vergabe von Lieferungen und Leistungen (außer Bauleistungen), Stand: 1.7.2014; Merkblatt der BSU zur Tariftreue von Bietern; Merkblatt der BSU zur Präqualifizierung Bau.

138 In der Freien und Hansestadt Hamburg ist der jeweils **1. Abschnitt der Vergabe- und Vertragsordnungen** für die Stadt und die ihrer Aufsicht unterstehenden juristischen Personen des öffentlichen Rechts gem. § 2a HmbVgG maßgeblich.[89] Für die Vergaben im Sektorenbereich sind die Bestimmungen der Sektorenverordnung auch im Unterschwellenbereich maßgeblich.

139 Für die Vergabe **freiberuflicher Leistungen unterhalb der Schwellenwerte** gelten die Bestimmungen der Beschaffungsordnung der Freien und Hansestadt Hamburg (BO). Ausgenommen werden gem. § 1 Abs. 1 S. 3 BO die freiberuflichen Leistungen der Architekten, der Ingenieure, der Stadtplaner sowie der Bausachverständigen, sofern die zu erbringenden Leistungen zur Vorbereitung oder Begleitung einer Bauleistung dienen.

140 Im Übrigen ist auch für Hamburg ein eigenständiges Vergabegesetz vorgesehen, das die Besonderheiten für die Durchführung öffentlicher Beschaffung und die Festlegungen zu Tariflohnbestimmungen beinhaltet.

I. Vom Anwendungsbereich betroffene Vergabestellen

141 Gem. § 2 HmbVgG werden vom Anwendungsbereich die **Behörden** der Freien und Hansestadt und sämtliche **juristische Personen des öffentlichen Rechts**, über die diese die Aufsicht hat, erfasst. Der Anwendungsbereich ist dabei nicht auf die Vergaben unterhalb der Schwelle beschränkt, sondern schwellenwertunabhängig.

142 Die Einzelheiten der Beschaffung werden in einer zentralen **Beschaffungsordnung (BO)** niedergelegt, die die vorstehenden Institutionen bei der Beschaffung von öffentlichen Aufträgen unabhängig von deren Finanzierung gem. § 1 Nr. BO zu beachten haben.

143 Die BO legt dabei **zentrale Beschaffungsstellen** und die zentrale Beschaffung bestimmter Waren und Dienste als Standardbedarf fest. Für die Beschaffung der als Standardbedarf festgelegten Leistungen werden zentrale Beschaffungsstellen gem. § 2 BO bestimmt. Diese beschaffen sowohl unterhalb als auch oberhalb der Schwellenwerte.

II. Besonderheiten im Vergabeverfahren

144 Gem. § 2a Abs. 2 HmbVgG kann die Finanzbehörde als Grundsatzbehörde für die Zulässigkeit der Beschränkten Ausschreibung und Freihändigen Vergabe bestimmte **Wertgrenzen** festlegen.

145 Besondere Wertgrenzen werden für **Bauvergaben** nicht vorgesehen. Allerdings werden bei Beschränkten Ausschreibungen ohne öffentlichen Teilnahmewettbewerb nur sol-

---

[89] Daneben ordnet Ziff. 3.2 VV zu § 55 LHO für die Dienststellen der Freien und Hansestadt Hamburg die Anwendung der ersten Abschnitte an.

che Unternehmen aufgefordert, die im Präqualifikationsverzeichnis eingetragen sind.[90] Eine Ausnahme ist nur dann vorgesehen, wenn im Präqualifikationsverzeichnis nicht ausreichend Unternehmen eingetragen sind.[91]

Die Festlegungen werden für die Vergaben nach der **VOL/A** und der Vergabe von **freiberuflichen Leistungen** im Unterschwellenbereich in der Beschaffungsordnung vorgenommen. 146

Für **Bagatellvergaben** bis 500 EUR (netto) kann gem. § 3 Abs. 3 BO unter Berücksichtigung der Haushaltsgrundsätze der Wirtschaftlichkeit und Sparsamkeit auf die Einholung von Vergleichsangeboten verzichtet werden. 147

Für die Vergaben nach der **VOL/A** kann eine 148
– Freihändige Vergabe gem. § 3 Abs. 4 BO bis 50.000 EUR (netto),
– Beschränkte Ausschreibung ohne Teilnahmewettbewerb § 3 Abs. 5 BO bis 100.000 EUR (netto)

erfolgen. Die Wertgrenze für Beschränkte Ausschreibungen stellt es dem Auftraggeber grundsätzlich frei, ob ein **Teilnahmewettbewerb** durchgeführt wird oder nicht. Wird kein Teilnahmewettbewerb durchgeführt, so sind mindestens sechs geeignete Unternehmen aufzufordern; Ausnahmen bedürfen der ausdrücklichen Begründung. Allerdings ist bei wiederkehrenden Lieferungen und Leistungen, die im Rahmen einer Beschränkten Ausschreibung vergeben werden sollen, mindestens alle vier Jahre ein Öffentlicher Teilnahmewettbewerb durchzuführen.

Für **freiberufliche Leistungen** gelten abweichend von § 1 VOL/A die Bestimmungen der VOL/A mit den og. Wertgrenzen, wenn es sich 149
– nicht um Leistungen der Architekten, der Ingenieure, der Stadtplaner sowie der Bausachverständigen handelt, die zur Vorbereitung oder Begleitung einer Bauleistung dienen (Ausnahmetatbestand des § 1 Abs. 1 S. 3 BO) und
– die Leistungen eindeutig und erschöpfend beschreibbar sind.

Für freiberufliche Leistungen, die nicht unter den Ausnahmezustand des § 1 Abs. 1 Satz 3 fallen und die nicht eindeutig und erschöpfend beschreibbar sind, schreibt § 4 BO ein eigenes Vergaberegime bis zum Erreichen der EU-Schwellenwerte vor. Danach kann 150
– bis 25.000 EUR (netto) auf die Einholung von Vergleichsangeboten verzichtet werden, wenn der Auftraggeber über eine ausreichende Marktkenntnis verfügt,
– bis 100.000 EUR (netto) eine Vergabe in Anlehnung an die Freihändige Vergabe nach VOL/A erfolgen und
– bis Erreichen der EU-Schwellenwerte soll das Verfahren dann in Anlehnung an die VOF erfolgen.

Für die Beschaffungen nach der Beschaffungsordnung gelten gem. § 6 BO einheitliche Vertragsbedingungen.[92] Für die **IT-Vergaben** sind gem. § 6 Abs. 3 BO die EVB-IT einzubeziehen.[93] 151

Auch in der Freien und Hansestadt Hamburg wird eine feste Grenze für die Pflicht zur Überprüfung der **Preisangemessenheit** im Sinne der § 16 Abs. 6 Nr. 1, 2 VOB/A und § 16 Abs. 6 VOL/A eingeführt. Eine Überprüfung der Kalkulation hat gem. § 6 HmbVgG bei einer Abweichung von 10 v.H. zum nächsthöheren Angebot zu erfolgen. Ein Umstand, der gerade bei kleineren Vergaben zu erhöhter Bürokratie führt. Gem. § 2 GRfW führt die zentrale Informationsstelle ein Register über unzuverlässige Unternehmen. Damit soll dem öffentlichen Auftraggeber die Eignungsprüfung erleichtert werden. Geführt werden korruptionsrelevante und sonstige den Geschäftsverkehr betreffende Tat- 152

---

[90] Siehe § 6 Abs. 3 Nr. 1 VOB/A und www.pq-verein.de.
[91] Merkblatt der Behörde für Stadtentwicklung und Umwelt (BSU) „Hinweise für Bieter bei Beschränkten Ausschreibungen ohne öffentlichen Teilnahmewettbewerb" v. 22.5.2009.
[92] http://www.hamburg.de/contentblob/2336496/data/hmbzvb-vol-2010.pdf.
[93] In der jeweiligen Fassung unter www.cio.bund.de.

bestände. Ab Erreichen der Auftragswerte gem. § 7 GRfW ist die Abfrage vor Zuschlag verpflichtend. Die Nachfrage kann auf Nachunternehmer erstreckt werden.

152a Gem. § 6 GRfW besteht die Möglichkeit, Vergabesperren von sechs Monaten mit bis drei Jahren zu verhängen.

III. Mittelstandsförderung

153 Neben dem HmbVgG ist die Förderung des Mittelstandes in den Bestimmungen des Gesetzes über die Förderung der kleinen und mittleren Unternehmen und der in der Wirtschaft tätigen freien Berufe angelegt.[94] Die für die Vergabe öffentlicher Aufträge relevanten Bestimmungen werden jedoch im HmbVgG zentral erfasst. Danach wird zunächst auch hier der Grundsatz der Förderung kleiner und mittelständischer Unternehmen aufgestellt.[95] Über den Grundsatz der Fach- und Teillosvergabe hinaus wird den nach dem HmbVgG verpflichteten Stellen jedoch konkret aufgegeben, das Vergabeverfahren so zu wählen und die Vergabeunterlagen so auszugestalten, dass diesen Unternehmen nicht nur die Teilnahme möglich ist, sondern auch die Zuschlagserteilung. Die Verpflichtung des § 4 Abs. 2 HmbVgG geht damit nach dem Wortlaut weiter als die Bestimmungen über die Förderung mittelständischer Interessen in den Vergabevorschriften, da sie zum einen den Anwendungsbereich auf kleine Unternehmen erweitert und zum anderen den klaren Auftrag enthält, die Vergabeunterlagen insgesamt so zu gestalten, dass eine Zuschlagserteilung an die vom Anwendungsbereich erfassten Unternehmen möglich ist. In diesem Sinne ist auch die Bestimmung über das Verlangen von Sicherheiten bei Bauleistungen erst ab einem Auftragswert von 250.000 EUR zu verstehen, die mittlerweile jedoch ebenso in § 9 Abs. 7 VOB/A aufgenommen ist.

IV. Tariflohnbestimmungen

154 Bauleistungen und Dienstleistungen, die nach dem Arbeitnehmerentsendegesetz (**AEntG**) erfasst werden, dürfen gem. § 3 HmbVgG nur an solche Bieter vergeben werden, die sich bei der Angebotsabgabe schriftlich verpflichtet haben, ihren Arbeitnehmerinnen und Arbeitnehmern bei der Ausführung dieser Leistung ein Entgelt zu zahlen, das in Höhe und Modalitäten mindestens den Vorgaben desjenigen Tarifvertrages entspricht, an den das Unternehmen aufgrund des Gesetzes gebunden ist.

155 Mit Gesetz über den Mindestlohn in der Freien und Hansestadt Hamburg ist nunmehr in Hamburg eine Bestimmung über einen Mindestlohn in Höhe von 8,50 EUR (brutto) aufgenommen.[96] Dieser Mindestlohn ist gem. § 3 Abs. 2 und 3 HmbVgG bei öffentlichen Bau- und Dienstleistungsaufträgen zu fordern.[97]

156 Die Einhaltung der Tariflohnanforderungen wird mittels der Verpflichtung zur **Vereinbarung** einer Vertragsstrafe sowie eines Rechts zur Kündigung aus wichtigem Grund bzw. Rücktritt gem. § 11 HmbVgG verknüpft.

157 Soweit **Nachunternehmer** vorgesehen sind, gelten die Bestimmungen über die Tarifentlohnung auch für diese. Gem. § 5 Abs. 1 HmbVgG hat sich der Auftragnehmer zu verpflichten, die Tarifentlohnung auch bei seinen Nachunternehmern zu verlangen und die Beachtung dieser Pflichten entsprechend zu kontrollieren. Eine Durchsetzung bei Nachun-

---

[94] Mittelstandsförderungsgesetz v. 2.3.1977 (HmbGVBl. 1977, 55) in der Fassung v. 14.7.2009 (HmbGVBl., 303).
[95] § 4 HmbVgG.
[96] Art. 2 Gesetz über den Mindestlohn in der Freien und Hansestadt Hamburg und zur Änderung des Hamburgischen Vergabegesetz, HmbGVBl. 2013, 188, 189.
[97] § 2 Abs. 5 MindestlohnG Hamburg.

ternehmerketten ist hier jedoch nicht vorgesehen. Der Auftragnehmer ist lediglich seinem Auftragnehmer als Subunternehmer gegenüber dem Auftraggeber verpflichtet.

§ 10 HmbVgG räumt dem Auftraggeber ein umfassendes **Kontrollrecht** für die Durchsetzung der Tariflohnbestimmung des § 3 HmbVgG ein. Gem. § 10 Abs. 1 HmbVgG soll der Auftraggeber dazu auf Verlangen Einblick in die Entgeltabrechnungen, die Unterlagen über die Abführung von Steuern und Beiträgen erhalten. Die Verpflichtung erfasst auch die Unterlagen der Nachunternehmer sowie die mit diesen geschlossenen Verträgen. 158

V. Vergabefremde Aspekte

Das HmbVgG verpflichtet die Vergabestellen gem. § 3a HmbVgG zur Beachtung der ILO-Kernarbeitsnormen. Die Einhaltung ist mittels der Verpflichtung zur Vereinbarung einer Vertragsstrafe sowie eines Rechts zur Kündigung aus wichtigem Grund bzw. Rücktritt gem. § 11 HmbVgG verknüpft. 159

Gem. § 3b HmbVgG haben die Auftraggeber bei der Beschaffung darauf zu achten, dass diese nicht zu Umweltbeeinträchtigungen führt, wenn dies wirtschaftlich vertretbar ist. 160

VI. Rechtsschutz- und Beschwerdemöglichkeiten

Eigene landesrechtliche Rechtsschutzbestimmungen, um sich gegen Verstöße bei der Vergabe zu wehren (Primärrechtsschutz) bestehen nicht. Für den Primärrechtsschutz gelten die Ausführungen in § 80. Für Schadensersatzforderungen vgl. ausführlich in § 36. 161

G. Hessen

Rechtsgrundlagen: 162
Hessisches Vergabegesetz (HVgG) v. 25.3.2013 GVBl 6/2013, 121 (in Kraft ab 1.7.2013); Gesetz zur Förderung des Mittelstandes v. 25.3.2013, GVBl. 2013, 119 (in Kraft ab 1.5.2013); Hessischer Vergabeerlass Stand 2.12.2013; Richtlinien zur Regelung des Reinigungsdienstes in den Dienstgebäuden und Diensträumen der hessischen Landesverwaltung Staatsanzeiger für das Land Hessen – 19.4. 2010, Nr. 16, S. 1214; Erlass Beschaffungsmanagement des Landes Hessen für Lieferungen und Leistungen (ausgenommen Bauleistungen) des Ministerium für Finanzen v. 9.12.2010; Verordnung über die Aufstellung und Ausführung des Haushaltsplans der Gemeinden (Gemeindehaushaltsverordnung – GemHVO -) v. 2.4.2006.

Die ersten Abschnitte der Vergabe- und Vertragsordnungen sind auf Landesebene mittels Gemeinsamen Runderlass eingeführt und werden durch das Landesvergaberecht nicht berührt.[98] 163

Die Durchführung der öffentlichen Beschaffungen wird in Hessen durch ein Landesvergabegesetz näher geregelt. 164

I. Vom Anwendungsbereich betroffene Vergabestellen

Die Bestimmungen des Hessischen Vergabegesetzes (HVgG) richten sich an die Landesministerien und gem. der Gemeindehaushaltsverordnung an die Gemeinden.[99] 165

---

[98] § 1 Abs. 4 HVG.
[99] § 1 Abs. 1 HVG.

166 Das HVgG findet ab einem Auftragswert von 10.000 EUR (netto) Anwendung. Der Anwendungswert kann jedoch durch Rechtsverordnung angepasst werden.[100]

167 Hessen hat für bestimmte Beschaffungen außerhalb von Bauleistungen zentrale Beschaffungsstellen eingerichtet.[101] Das Hessisches Competence Center für Neue Verwaltungssteuerung – Zentrale Beschaffung (HCC-ZB) übernimmt die zentrale Beschaffung von Lieferungen und Leistungen für die Landesverwaltungen. Die Hessische Zentrale für Datenverarbeitung (HZD) ist zentrale Beschaffungsstelle des Landes Hessen für Anlagen, Geräte und Kommunikationseinrichtungen (zB. digitale Nebenstellenanlagen) sowie Liefer- und Dienstleistungen der Informationstechnik (IT). Das Präsidium für Technik, Logistik und Verwaltung (PTLV) ist die zentrale Beschaffungsstelle für den polizeispezifischen Bedarf, einschließlich der Dienstbekleidung, sowie von spezieller Kommunikationstechnik (zB. Digital- und sonstiger Funkbedarf) und zugehöriger IT-Einrichtungen der Polizei.

II. Besonderheiten im Vergabeverfahren

168 Die Bestimmungen der Vergabe- und Vertragsordnungen werden durch die Regelungen des Vergabegesetzes modifiziert. Dabei wird ggf. auf EU-Ebene eingeführten Schwellenwerten stets ausdrücklich Vorrang eingeräumt.[102]

169 Für Vergaben nach der **VOL/A** gelten gem. § 9 Abs. 2 Nr. 2 HVgG folgende Wertgrenzen:
– Freihändige Vergabe bis 100.000 EUR je Auftrag
– Beschränkte Ausschreibung bis 200.000 EUR je Auftrag

170 Für Vergaben nach der **VOB/A** gelten gem. § 9 Abs. 2 Nr. 1 HVgG folgende Wertgrenzen:
– Freihändige Vergabe bis 100.000 EUR je Fachlos
– Beschränkte Ausschreibung bis 1 Mio. EUR je Fachlos

171 Bei Ausnutzung der Wertgrenzen sind gem. § 9 Abs. 3 HVgG bestimmte Dokumentationspflichten maßgeblich. Die Vorschrift stellt – wie § 3 Abs. 2 VgV für den Oberschwellenbereich – klar, dass eine absichtliche Aufstückelung der Aufträge zur **Umgehung** der Vergabevorschriften **unzulässig** ist.

172 Um ein Maß an Transparenz für die unter die Freigrenzen fallenden Aufträge zu gewährleisten, soll ab Erreichen nachfolgender Grenzwerte gem. § 4 Abs. 4 HVgG Gemeinsamer Runderlass ein formloses **Interessenbekundungsverfahren** oder eine Zubenennung von Unternehmen über die Hessische Ausschreibungsdatenbank erfolgen:

– Bauleistungen: 100.000 EUR/Auftrag
– Lieferungen: 50.000 EUR/Auftrag
– Dienst- und Werkleistungen: 80.000 EUR/Auftrag

173 Sämtliche nationalen Veröffentlichungen inkl. der Ex-Post-Transparenz gem. § 19 Abs. 2 VOL/A und § 20 Abs. 3 VOB/A sind in Hessen zentral über die **Hessische Ausschreibungsdatenbank (HAD)** sicherzustellen.[103]

174 Das HVgG enthält explizite Vorgaben für die Eignung und Durchführung von **Öffentlich-Privaten-Partnerschaften** (ÖPP). Gem. § 8 HVgG sind bereits bei der nach Haushaltsrecht durchzuführenden Wirtschaftlichkeitsuntersuchung den Lebenszyklus abbildende Kosten ausdrücklich auszuweisen.

---

[100] Eine Durchführungsverordnung lag zum Bearbeitungsstand nicht vor.
[101] Erlass Beschaffungsmanagement des Landes Hessen für Lieferungen und Leistungen (ausgenommen Bauleistungen) des Ministeriums für Finanzen v. 9.12.2010.
[102] § 9 Abs. 2 a.E. HVgG.
[103] § 5 Abs. 1 HVgG. Die Datenbank läuft unter www.had.de.

Zur Sicherstellung der **Preisangemessenheit** verfügt § 10 HVgG ab einem geschätz- 175
ten Auftragswert für
– Bauleistungen ab 50.000 EUR (netto),
– Lieferungen und Leistungen ab 20.000 EUR (netto),
dass für den Zuschlag vorgesehene Bieter mit einem ungewöhnlich niedrigen Angebot mittels eines verschlossenen Umschlags ihre **Urkalkulation** einzureichen haben. Diese darf nur im Bieterbeisein geöffnet werden.[104]

Für Planungsleistungen gilt das **Zwei-Umschlagverfahren.** Danach sind Entgelt und 176
Leistungsangebot in zwei getrennten, verschlossenen Umschlägen einzureichen und zu werten.

III. Mittelstandsförderung

Die allgemeine Mittelstandsförderung wird in Hessen durch das Gesetz zur Mittelstandsförde- 177
rung geregelt.[105] Für die Beschaffung öffentlicher Aufträge ist eine Beteiligungsmöglichkeit für kleinere und mittelständische Unternehmen (KMU) zu schaffen. Die Bestimmung verweist für die Festlegung des Begriffs auf die Definition in § 2 Hessisches Mittelstandsförderungsgesetz.[106] Das Mittelstandsförderungsgesetz verweist dabei auf die Empfehlung der EU-Kommission betreffend die Definition der Kleinstunternehmen soweit der kleinen und mittleren Unternehmen aus dem Jahr 2003.

IV. Tariflohnbestimmungen

§ 3 Abs. 1 HVgG schreibt dem Auftragnehmer für die Dauer der Auftragsdurchführung 178
die Entlohnung nach den gesetzlichen Tarifvorgaben (AEntG) vor. Die Verpflichtung gilt gem. § 3 Abs. 2 HVgG ebenso für Nachunternehmer und Lieferanten. Eine Festlegung für Nachunternehmerketten ist nicht enthalten. Der Verweis auf Lieferanten kann jedoch im Einzelnen zu erheblichen Durchsetzungsschwierigkeiten führen.

Für die Reinigung in den Dienstgebäuden und Diensträumen der hessischen Landes- 179
verwaltung wird gem. Ziff. 3 ReinR die Erklärung des Bewerbers zur Einhaltung der entsprechenden Tarifregelung verlangt.[107]

V. Vergabefremde Aspekte

Das Landesrecht gibt derzeit keine über die übrigen Bestimmungen der Vergabevorschrif- 180
ten hinausgehenden vergabefremden Kriterien zentral vor.

VI. Rechtsschutz- und Beschwerdemöglichkeiten

In Hessen sind gem. § 14 HVgG sog. **VOB-Stellen** eingerichtet. Dabei handelt es sich 181
um Nachprüfungsstellen iSd. § 21 VOB/A. Als Nachprüfungsstelle für VOL-Vergaben kann die Auftragsberatungsstelle Hessen e.V. bestimmt werden. Das nähere Verfahren soll eine Rechtsverordnung regeln, die explizit auch auf die für den Rechtsschutz oberhalb der Schwellenwerte erlassenen Bestimmungen zur Rüge, Beschleunigung, Akteneinsicht

---

[104] Auch zur Nachtragsprüfung gem. § 10 Abs. 2 HVgG.
[105] Gesetz zur Mittelstandsförderung v. 25.3.2013, GVBl. 2013, 119.
[106] Empfehlung der EU Kommission betreffend die Definition der Kleinstunternehmen sowie der kleineren und mittleren Unternehmen v. 6.5.2003, ABl. EG Nr. L 124 S. 36.
[107] Richtlinien zur Regelung des Reinigungsdienstes in den Dienstgebäuden und Diensträumen der hessischen Landesverwaltung Staatsanzeiger für das Land Hessen – 19.4.2010, Nr. 16, S. 1214.

unterhalb der Schwellenwerte Bezug nehmen kann. In dem Zusammenhang darf auch ein Zuschlagsverbot (Suspensiveffekt) bis zu zehn Werktagen (Mo–Sa) bzw. bei besonders schwierigen Sachverhalten sogar bis zu 15 Werktagen angeordnet werden.[108]

182 Die Kosten des Nachprüfungsverfahrens tragen die Beteiligten selbst. Für das Verfahren werden keine Gebühren erhoben.

H. Mecklenburg-Vorpommern

183 **Rechtsgrundlagen:**
Anwendung der Vergabe- und Vertragsordnung für Bauleistungen und der Vergabe- und Vertragsordnung für Leistungen, Verwaltungsvorschrift des Ministeriums für Wirtschaft, Bau und Tourismus, v. 24.10.2012 – V 140–611–00020–2010/021 – AmtsBl. M–V 2012 S. 762; Erlass des Wirtschaftsministeriums im Einvernehmen mit dem Innenministerium und dem Finanzministerium, v. 30.6.2003 – V 330–611–20–03.06.20/001, Erlass über die Anwendung der Neufassungen der Vergabe- und Vertragsordnung für Bauleistungen (VOB) und der Verdingungsordnung für Leistungen (VOL) sowie Bekanntmachung der Neufassung der Verdingungsordnung für freiberufliche Leistungen (VOF); Gesetz über die Vergabe öffentlicher Aufträge in Mecklenburg-Vorpommern (Vergabegesetz Mecklenburg-Vorpommern – VgG M–V) v. 7.7.2011, in GVOBl. M–V 2011, S. 411; Erstes Gesetz zur Änderung des Vergabegesetzes Mecklenburg-Vorpommern, v. 25.6.2012, in Gesetz- und Verordnungsblatt für Mecklenburg-Vorpommern Nr. 10 S. 238; Landesverordnung zur Durchführung des Vergabegesetzes Mecklenburg-Vorpommern (Vergabegesetzdurchführungslandesverordnung – VgGDLVO M–V) v. 22.5.2012, in GVOBl. M–V 2012, S. 149 i.d. Fassung v. 5.9.2013, GVOBl. M–V, S. 547; Vergabe öffentlicher Aufträge mit geringen Auftragswerten (Wertgrenzenerlass), Verwaltungsvorschrift des Ministeriums für Wirtschaft, Bau und Tourismus v. 21.1.2013 –V 140–611–00020–2012/051–005, AmtsBl. M–V 2013 S. 133; Verwaltungsvorschrift Ministerium v. 20.1.2012 Zubenennungserlass, in GS Meckl-Vorp Gl. 630–218; 5 Verwaltungsvorschrift des Ministeriums für Wirtschaft, Bau und Tourismus, v. 9.10.2012 – V 140–611–20–03.01.23/001–024, Hinweise zur Umsetzung der §§ 9, 10 des Vergabegesetzes Mecklenburg-Vorpommern, in AmtsBl. M–V 2012 S. 748; 6 Erlass des Wirtschaftsministeriums im Einvernehmen mit dem Finanzministerium und dem Innenministerium, v. 30.6.2003 – V 330–611–20–03.06.20/005, Erlass über die Pflichten zur Übermittlung statistischer Angaben im öffentlichen Auftragswesen.

184 Gem. § 2 Abs. 1 VgG M–V gelten die ersten Abschnitte der Vergabe- und Vertragsordnungen für das Land, die Kommunen sowie für sämtliche Körperschaften, Anstalten und Stiftungen des öffentlichen Rechts in Mecklenburg Vorpommern.[109]

185 Auch im Übrigen werden die Modalitäten für die Durchführung von Vergabeverfahren durch die Bestimmungen eines Landesvergabegesetzes näher geregelt.

I. Vom Anwendungsbereich betroffene Vergabestellen

186 Das Landesvergabegesetz gilt gem. § 1 Abs. 2 VgG M–V für das Land, für die Kommunen sowie für sonstige Körperschaften, Anstalten und Stiftungen des öffentlichen Rechts, die der Aufsicht des Landes unterstehen. Die Bestimmungen gelten nicht für Sparkassen iSd. Sparkassengesetzes Mecklenburg-Vorpommern. Darüber hinaus werden auch die erlassenen Verwaltungsvorschriften für die vom Anwendungsbereich erfassten Vergabestellen verpflichtend normiert.

187 Das Landesvergabegesetz ist nicht auf die Vergaben unterhalb der Schwelle beschränkt. Es normiert jedoch in § 2 Abs. 3 VgG M–V einen Vorrang für das Recht der Europäi-

---

[108] § 14 Abs. HVgG.
[109] Die Anwendung der Ausgabe VOL/A und VOB/A in der ab 2012 geltenden Fassung ergibt sich aus der Verwaltungsvorschrift des Ministeriums für Wirtschaft, Bau und Tourismus v. 24.10.2012, ABl. M–V 2012, 762.

II. Besonderheiten im Anwendungsbereich der Vergabearten

Im Erlasswege werden in Mecklenburg-Vorpommern **Wertgrenzen** bestimmt, die ohne das Vorliegen eines Ausnahmetatbestandes iSd. § 3 VOL/A oder § 3 VOB/A die Durchführung einer Beschränkten Ausschreibung (auch ohne öffentlichen Teilnahmewettbewerb) ermöglichen.[110] Danach kann bei 188

– Bauleistungen bis zu einem voraussichtlichen Auftragswert von 100.000 EUR (netto) die Freihändige Vergabe erfolgen,
– Liefer-/Dienstleistungen bis zu einem voraussichtlichen Auftragswert von 100.000 EUR (netto) die Freihändige Vergabe oder die Beschränkte Ausschreibung (mit oder ohne Teilnahmewettbewerb) erfolgen,
– Bauleistungen bis zu einem voraussichtlichen Auftragswert von 1.000.000 EUR (netto) die Beschränkte Ausschreibung erfolgen.

Der Wertgrenzenerlass geht den Bestimmungen der VOL/A und VOB/A insoweit vor. Ausnahme ist § 3 Abs. 6 VOL/A, wonach bis 500 EUR ein **Direktkauf** möglich ist.[111] 189

Bei Vergaben des Landes gelten darüber hinaus besondere **Transparenzpflichten.** Zum einen werden die Informationen gem. § 19 Abs. 5 VOB/A über eine zentrale **Landesinternetplattform** eingestellt.[112] Darüber hinaus werden die Landesvergabestellen aber auch bei Beschränkten Ausschreibungen und Freihändigen Vergaben nach VOL/A ab einem Auftragswert von 25.000 EUR (netto) abweichend von § 20 Abs. 2 VOL/A verpflichtet, bereits angemessene Zeit vor einer Entscheidung über den Auftrag auf der zentralen Internetplattform zu informieren.[113] 190

Auch in Mecklenburg-Vorpommern werden die Bestimmungen über die **Angemessenheit der Preise** aus den Vergabe- und Vertragsordnungen modifiziert. Gem. § 6 VgG M−V ergeben sich Zweifel an der Angemessenheit der Preise, wenn die Angebotssummen eines oder einiger weniger Bieter erheblich geringer sind als die der übrigen Bieter oder von der aktuellen und zutreffenden Preisermittlung des Auftraggebers abweichen. „Erheblich geringer" idS. ist nach § 6 VgG M−V ab einer Abweichung von 10 v. H. erfüllt. Wie mit solchen Angeboten dann umzugehen ist wird im Landesvergabegesetz nicht näher bestimmt. Hier ist die Vergabestelle dann wieder auf die Bestimmungen der Vergabe- und Vertragsordnung verwiesen. § 6 Abs. 3, 1. Spiegelstrich VgG M−V normiert den in der vergaberechtlichen Rechtsprechung als allein drittschützend idS. anerkannten Tatbestand der Verdrängungsabsicht.[114] 191

Gem. § 7 Abs. 3 VgG M−V wird die angebotene Leistung nach den gewichteten **Zuschlagskriterien** bewertet. Die Transparenzvorgaben des Landesgesetzes gehen dabei über die Anforderungen der jeweils ersten Abschnitte der Vergabe- und Vertragsordnungen hinaus und erlegen den Vergabestellen auch für den Unterschwellenbereich gem. § 7 Abs. 6 VgG M−V die Transparenzvorgaben des GWB-Vergaberegime auf.[115] 192

---

[110] Derzeit gilt der Erlass v. 21.1.2013 mit Wirkung bis Ende 2014.
[111] Ziff.8 Wertgrenzenerlass.
[112] Gem. Ziff. 2.1 Wertgrenzenerlass sind die Informationen bei www.service.m-v.de einzustellen.
[113] Abweichend von § 20 Abs. 3 VOB/A und § 19 Abs. 2 VOL/A wird für die Ex-Post-Transparenz in Bezug auf den Namen des Auftragnehmers nur eine Frist von mind. einem Monat vorgegeben.
[114] Siehe dazu OLG Düsseldorf Beschl. v. 7.11.2012, Verg 11/12 – mwN.
[115] Zur Gestaltung von Wertungskriterien, vgl. § 30.

III. Mittelstandsförderung

193 § 4 VgG M–V wiederholt den Grundsatz der Mittelstandsförderung wie er in § 97 Abs. 3 GWB normiert ist. Ergänzend enthält Ziff. 8 Wertgrenzenerlass Definitionsansätze zum Begriff der kleinen und mittelständischen Unternehmen.

194 Gem. § 1 VgG M–V ist Zweck des Landesvergabegesetzes, die Rahmenbedingungen der Vergabe für mittelständische Unternehmen zu verbessern. In diesem Sinn ist auch § 8 VgG M–V zu verstehen, der das Verlangen von **Sicherheiten** auftraggeberseitig auf bestimmte Wertgrenzen beschränkt. Für Bauleistungen ist die Wertgrenze mit der des § 9 Abs. 7 VOB/A identisch.[116] Hingegen wird auch für die Vergaben im Anwendungsbereich der VOL/A eine Wertgrenze festgelegt, die erreicht werden muss, bevor der Auftraggeber Sicherheiten für die Vertragserfüllung bzw. Mängelansprüche verlangen kann.[117]

IV. Tariflohnbestimmungen

195 Neben den besonderen Bestimmungen für Tarifverträge im Bereich des ÖPNV und SPNV enthält das Landesvergabegesetz für Mecklenburg-Vorpommern in § 9 Abs. 6 VgG M–V eine allgemeine Verpflichtung zur Beachtung der für allgemeinverbindlich erklärten Tarifverträge sowie der bei der Ausführung zu beachtenden Tarifverträge (AEntG). Die für die Ausführung maßgeblichen Tarifverträge sind von der Vergabestelle in der Vergabeunterlage explizit zu benennen.

196 Unabhängig von den vorstehenden Tarifregelungen vergibt das Land Aufträge an Unternehmen gem. § 9 Abs. 7 VgG M–V nur dann, wenn diese sich bei der Angebotsabgabe schriftlich verpflichten, ihren Arbeitnehmerinnen und Arbeitnehmern (ohne Auszubildende) bei der Ausführung der Leistung mindestens ein Stundenentgelt von 8,50 EUR (brutto) zu bezahlen. Der Anwendungsbereich der Vorschrift ist auf die Vergaben des Landes ausdrücklich beschränkt. Das **Mindeststundenentgelt** soll dabei allerdings auch für die Vergabe von Aufträgen an Unternehmen mit Sitz im Ausland Anwendung finden.

197 Die Einhaltung der Tarif- und Mindeststundenentgelte wird gem. § 10 VgG M–V mit der Verpflichtung zur Vereinbarung vertraglicher Kontrollrechte des Auftraggebers sowie der Vereinbarung einer Vertragsstrafenregelung, eines Rechts zur Kündigung aus wichtigem Grund bei schuldhaftem Verstoß durchgesetzt.[118] Darüber hinaus soll der Auftraggeber eine Auftragssperre verhängen können.[119] Bei der zentralen Informationsstelle gem. § 10 VgG M–V ist eine Datenbank eingerichtet, in die Unternehmen mit Auftragssperre eingetragen werden. Vor Auftragserteilung ist die Abfrage durch die Vergabestelle verpflichtend.

V. Vergabefremde Aspekte

198 Gem. § 11 VgG M–V sind die ILO-Kernarbeitsnormen im angegebenen Umfang zu beachten.

---

[116] Vgl. § 1 VgGDLVO M–V, jeweils 250.000 EUR (netto).
[117] Vgl. § 1 VgGDLVO M–V, jeweils 50.000 EUR (netto).
[118] Mittels Verwaltungsvorschrift des Ministeriums für Wirtschaft, Bau und Tourismus, v. 9.10.2012 – V 140–611–20–03.01.23/001–024, Hinweise zur Umsetzung der §§ 9, 10 des Vergabegesetzes Mecklenburg-Vorpommern, in AmtsBl. M–V 2012 S. 748 werden den Vergabestellen formularhafte Erklärungen für die Vergaben vorgegeben.
[119] Die Durchsetzungsbestimmungen entsprechen denen des Landesvergabegesetzes in Brandenburg, so dass auf die Ausführungen dort verwiesen wird, vgl. Rn. 85 ff.

VI. Rechtsschutz- und Beschwerdemöglichkeiten

Das Landesvergabegesetz enthält eine eigene **Vorabinformationspflicht** für Vergaben, die 100.000 EUR (netto) erreichen.[120] Gem. § 12 VgG M–V informiert der Auftraggeber die Bieter, deren Angebote nicht berücksichtigt werden sollen, über den Namen des Bieters, dessen Angebot angenommen werden soll, und über den Grund der vorgesehenen Nichtberücksichtigung ihres Angebotes. Er gibt die Information schriftlich spätestens sieben Kalendertage vor dem Vertragsabschluss ab. Die Informationspflicht des Landesvergabegesetzes ist jedoch nicht mit einer entsprechenden Sanktion bei Nichteinhaltung verbunden, so dass sie allenfalls im Wege des ordnungsgemäßen Verwaltungshandelns eingefordert werden kann. 199

Weitere landesrechtliche Rechtsschutzbestimmungen, um sich gegen Verstöße bei der Vergabe zu wehren (Primärrechtsschutz) bestehen nicht. Für den Primärrechtsschutz gelten die Ausführungen in § 80. Für Schadensersatzforderungen vgl. ausführlich in § 36. 200

I. Niedersachsen

Rechtsgrundlagen: 201
RdErl. d. MW v. 3.9.2012–16–32573–32574,–32575 zu Vergabe- und Vertragsordnung für Bauleistungen (VOB) Teile A, B, C – Ausgabe 2012, Vergabe- und Vertragsordnung für Leistungen – Teil A (VOL/A) Ausgabe 2009 und Teil B (VOL/B), Vergabeordnung für freiberufliche Leistungen (VOF) Ausgabe 2009, in Nds. MBl. 2012, 731; Niedersächsisches Gesetz zur Sicherung von Tariftreue und Wettbewerb bei der Vergabe öffentlicher Aufträge (Niedersächsisches Tariftreue- und Vergabegesetz – NTVergG) v. 31.10.2013, in Nds. GVBl. Nr. 20/2013 v. 7.11.2013 S. 259; RdErl. d. MI v. 8.3.2013–44.08–1519/08, Landesbetrieb Logistik Zentrum Niedersachsen, Betriebsanweisung und Beschaffungsordnung, in Nds. MBl. 2013 Nr. 12, S. 276; RdErl. d. MW v. 11.4.2014–16–32570/3119, Öffentliches Auftragswesen, Schutzklausel zur Abwehr von Einflüssen der Scientology-Organisation, in Nds. MBl. 2014, S. 364.

Die Bestimmungen des jeweils ersten Abschnitts der **Vergabe- und Vertragsordnungen** werden in Niedersachsen im Unterschwellenbereich durch § 3 Abs. 2 Niedersächsisches Tariftreue- und Vergabegesetz (NTVergG) entsprechend eingeführt. Eine Anwendung der VOF ist im Unterschwellenbereich nicht vorgesehen. 202

Die Anwendung des NTVergG ist grundsätzlich auf den Unterschwellenbereich beschränkt. Allerdings finden die Tariftreue- und Mindestentgeltbestimmungen schwellenwertunabhängig Anwendung. 203

I. Vom Anwendungsbereich betroffene Vergabestellen

Das **Niedersächsische Tariftreue- und Vergabegesetz** gilt für Aufträge über **Liefer-, Bau- oder Dienstleistungen** ab einem Auftragswert von 10.000 EUR (netto) und für öffentliche Aufträge im Bereich des öffentlichen Personenverkehrs. Es gilt nicht für Auslobungen und Baukonzessionen (§ 99 Abs. 5 und 6 GWB) sowie für freiberufliche Leistungen. Auch auf Aufträge, die im Namen oder im Auftrag des Bundes ausgeführt werden, ist es nicht anwendbar. 204

Gemäß § 2 Abs. 4 NTVergG sind öffentliche Auftraggeber im Sinne des Gesetzes alle niedersächsischen öffentlichen Auftraggeber gemäß § 98 Nr. 1 bis 5 GWB. Sowohl auf Landes- als auch auf kommunaler Ebene gelten daher im Unterschwellenbereich die ersten Abschnitte der Vergabe- und Vertragsordnungen und die weiteren Bestimmungen des Niedersächsischen Tariftreue- und Vergabegesetzes für die Durchführung von Vergaben. 205

---

[120] Vgl. § 2 VgGDLVO M–V.

II. Besonderheiten im Anwendungsbereich der Vergabearten

206 Das für das Öffentliche Auftragswesen zuständige Ministerium wird gemäß § 3 Abs. 3 NTVergG ermächtigt, durch Verordnung **Wertgrenzen** festzulegen, bis zu deren Erreichen Auftragsvergaben im Wege einer Beschränkten Ausschreibung oder einer Freihändigen Vergabe zulässig sind. Eine solche Verordnung existiert derzeit noch nicht.

207 Bei Bauvergaben im Anwendungsbereich des Niedersächsischen Tariftreue- und Vergabegesetzes wird § 16 Abs. 6 VOB/A im Hinblick auf die Prüfung der **Preisangemessenheit** dahingehend modifiziert, dass eine Angemessenheitsprüfung durch den Auftraggeber bei Abweichungen von 10 v. H. zum nächst höheren Angebot verpflichtet ist.[121]

III. Mittelstandsförderung

208 Mittelständische Interessen sind gemäß § 9 Abs. 1 S. 1 NTVergG bei der Vergabe öffentlicher Aufträge vornehmlich zu berücksichtigen. Daher sind Leistungen grundsätzlich in Teil- und Fachlose aufzuteilen, sodass kleine und mittlere Unternehmen nicht nur am Wettbewerb teilnehmen, sondern auch beim Zuschlag berücksichtigt werden können. Generalunternehmervergaben stellen den Ausnahmefall dar und bedürfen einer gesonderten Begründung. Bei Beschränkten Ausschreibungen und Freihändigen Vergaben sollen kleine und mittlere Unternehmen in angemessenem Umfang zur Angebotsabgabe aufgefordert werden (§ 9 Abs. 2 NTVergG).

IV. Tariflohnbestimmungen

209 Im Anwendungsbereich des Niedersächsischen Tariftreue- und Vergabegesetzes dürfen Aufträge, die vom **Arbeitnehmer-Entsendegesetz**[122] oder vom **Mindestarbeitsbedingungsgesetz**[123] erfasst werden, nur an solche Unternehmen vergeben werden, die sich bei der Angebotsabgabe verpflichten, ihren Beschäftigten bei der Ausführung der Leistung ein Entgelt zu zahlen, das in der Höhe und Modalität mindestens den Vorgaben desjenigen Tarifvertrags oder der auf Basis des § 4 MiArbG erlassenen Rechtsverordnung entspricht, an die das Unternehmen gebunden ist. Für **Verkehrsdienste** ist der jeweils repräsentative Tarifvertrag maßgeblich.[124] Der jeweils einschlägige Tarifvertrag muss vom öffentlichen Auftraggeber in der Bekanntmachung oder den Vergabeunterlagen benannt werden.[125]

210 § 5 NTVergG regelt die Verpflichtung zur Zahlung eines **Mindestentgeltes**. Aufträge dürfen gemäß § 5 Abs. 1 NTVergG nur an Unternehmen vergeben werden, die ihren Beschäftigten bei der Ausführung der Leistung ein Entgelt von mindestens 8,50 EUR (brutto) pro Stunde zahlen. Sofern die Tariftreue gemäß § 4 NTVergG für die Beschäftigten günstiger ist, gilt diese.

211 Die Unternehmen selbst und von ihnen eingesetzte Nachunternehmer müssen im Vergabeverfahren entsprechende **Verpflichtungserklärungen** abgeben, die die Einhaltung der Tariftreue bzw. des Mindestentgelts nachweisen. Auf die Verpflichtungserklärung des Nachunternehmers kann unter Umständen verzichtet werden, wenn der Anteil des Nachunternehmers an der beauftragten Leistung weniger als 3.000 EUR (netto) beträgt.[126]

---

[121] § 7 S. 2 NTVerG.
[122] § 4 Abs. 1 NTVergG.
[123] § 4 Abs. 2 NTVergG.
[124] § 4 Abs. 3 NTVergG.
[125] § 4 Abs. 6 NTVergG.
[126] § 13 Abs. 3 NTVergG.

§ 79 Landesvergabegesetze   Kap. 15

Reicht der Unternehmer die Erklärung auch auf **Nachforderung** nicht ein, ist sein 212
Angebot gemäß §§ 4 Abs. 7, 5 Abs. 1 NTVergG von der Wertung auszuschließen.[127]

Zu den in § 14 und § 15 NTVergG enthaltenen **Kontrollrechten** und **Sanktions-** 213
möglichkeiten des Auftraggebers bezüglich der Einhaltung der Entgelt- und Tariftreueverpflichtungen wird auf die Ausführungen zu den entsprechenden Regelungen im Landestariftreue- und Mindestlohngesetz Baden-Württemberg[128] verwiesen.

V. Vergabefremde Aspekte

Gemäß §§ 10 und 11 NTVergG können öffentliche Auftraggeber als Kriterien bei der 214
Auftragsvergabe die **Umweltverträglichkeit** der entsprechenden Leistungen und **soziale**
Aspekte, wie die Beschäftigung von schwerbehinderten Menschen und die Förderung
der Chancengleichheit von Frauen und Männern im Beruf berücksichtigen.

Außerdem soll gemäß § 12 NTVergG bei der Auftragsvergabe darauf hingewirkt wer- 215
den, dass für durch Verordnung der Landesregierung bestimmte Produktgruppen oder
Herstellungsverfahren keine Waren Gegenstand der Leistung sind, die unter Missachtung
der Mindestanforderungen der **ILO-Kernarbeitsnormen** gewonnen oder hergestellt
worden sind.

Zur Abwehr von Einflüssen der **Scientology-Organisation (SO)** bei öffentlichen 216
Aufträgen über Beratungs- und Schulungsleistungen wird empfohlen, eine Schutzklausel
als Besondere Vertragsbedingung in die Vergabeunterlagen aufzunehmen und Angebote,
die diese Schutzklausel nicht enthalten, vom Wettbewerb auszuschließen.[129]

VI. Rechtsschutz- und Beschwerdemöglichkeiten

In Niedersachsen sind sog VOB-Stellen eingerichtet. Dabei handelt es sich um Nachprü- 217
fungsstellen iSd. § 21 VOB/A. Anders als im Oberschwellenrechtsschutz bei den Vergabekammern bedarf es vor Anrufung der VOB-Stellen keiner Rüge oder einer bestimmten
Form. Die Beschwerde bei der VOB-Stelle führt jedoch auch nicht zu einem Zuschlagsverbot (Suspensiveffekt) bis zum Erlass einer Entscheidung.

Weitere landesrechtliche eigene Rechtsschutzbestimmungen, um sich gegen Verstöße 217a
bei der Vergabe zu wehren (Primärrechtsschutz) bestehen nicht. Für den Primärrechtsschutz gelten die Ausführungen in § 80. Für Schadensersatzforderungen vgl. ausführlich in
§ 36.

J. Nordrhein-Westfalen

Rechtsgrundlagen: 218
Gesetz über die Sicherung von Tariftreue und Sozialstandards sowie fairen Wettbewerb bei der Vergabe öffentlicher Aufträge (Tariftreue- und Vergabegesetz Nordrhein-Westfalen – TVgG – NRW) v.
10.1.2012, GVBl. NRW 2012/1, S. 15; Verordnung zur Regelung von Verfahrensanforderungen in
den Bereichen umweltfreundliche und energieeffiziente Beschaffung, Berücksichtigung sozialer Kriterien und Frauenförderung sowie Förderung der Vereinbarkeit von Beruf und Familie bei der Anwendung des Tariftreue-und Vergabegesetzes Nordrhein-Westfalen (Verordnung Tariftreue-und Vergabegesetz Nordrhein-Westfalen -RVO TVgG –NRW) v. 14.5.2013; Richtlinie für Eignungsnachweise durch Präqualifikation bei Beschränkten Ausschreibungen ohne Teilnahmewettbewerb und bei
Freihändigen Vergaben (Präqualifikationsrichtlinie), Gem. RdErl. d. Ministeriums für Wirtschaft,

---
[127] Vgl. hierzu auch die Ausführungen zum Landestariftreue- und Mindestlohngesetz Baden-Württemberg in A. IV.
[128] Siehe A. IV.
[129] RdErl. d. MW v. 11.4.2014–16–32570/3119, Öffentliches Auftragswesen, Schutzklausel zur Abwehr von Einflüssen der Scientology-Organisation, Nds. MBl. 2014, S. 364.

Mittelstand und Energie, des Innenministeriums, des Finanzministeriums und des Ministeriums für Bauen und Verkehr vom März 2009–121-V- 81–63; „Runderlass Ministerium Berücksichtigung von Aspekten des Umweltschutzes und der Energieeffizienz bei der Vergabe öffentlicher Aufträge v. 12.4.2010, in Ministerialblatt (MBl. NRW.) Ausgabe 2010 Nr. 14 v. 3.5.2010 Seite 293 bis 308"; Runderlass Ministerium Berücksichtigung von Werkstätten für behinderte Menschen und Blindenwerkstätten bei der Vergabe öffentlicher Aufträge v. 22.3.2011, in Ministerialblatt (MBl. NRW.) Ausgabe 2011 Nr. 11 v. 11.5.2011 Seite 121 bis 134; Verhütung und Bekämpfung von Korruption in der öffentlichen Verwaltung RdErl. d. Innenministeriums, zugleich im Namen des Ministerpräsidenten und aller Landesministerien, v. 26.4.2005 – IR 12.02.06 –; Runderlass zur Vermeidung der Beschaffung von Produkten aus schlimmsten Formen der Kinderarbeit, Gem. RdErl. d. Ministeriums für Wirtschaft, Mittelstand und Energie, des Innenministeriums, des Finanzministeriums, des Ministeriums für Arbeit, Gesundheit und Soziales und des Ministeriums für Bauen und Verkehr -Az: 121–80–52/01 -v. 23.3.2010, in Ministerialblatt (MBl. NRW.) Ausgabe 2010 Nr. 14 v. 3.5.2010 Seite 293 bis 308; Vergabegrundsätze für Gemeinden (GV) nach § 25 Gemeindehaushaltsverordnung NRW (GemHVO NRW) (Kommunale Vergabegrundsätze), RdErl. d. Ministeriums für Inneres und Kommunales v. 26.11.2013–34–48.07.01/01–169/13.

219 Die jeweils ersten Abschnitte der **Vergabe- und Vertragsordnungen** werden durch die Verwaltungsvorschriften zu § 55 LHO bzw. für die Kommunen gem. § 25 GemHVO NRW eingeführt.[130]

220 Nordrhein-Westfalen hat mit seinem zum 1.5.2012 In-Kraft getretenem Tariftreue- und Vergabegesetz einen Meilenstein auf dem Weg zu einem umfassenden gesetzlich kodifizierten fairen, soziale und ökonomische Aspekte berücksichtigenden Einkauf gesetzt. Ob allerdings die Belange des sparsamen und wirtschaftlichen Einkaufs der öffentlichen Hand damit gleichauf berücksichtigt bleiben, wird in der **Praxis** angezweifelt.[131]

I. Vom Anwendungsbereich betroffene Vergabestellen

221 Vom Landesvergabegesetz (TVgG-NRW) werden **alle öffentlichen Auftraggeber** iSd. § 98 GWB **in Nordrhein-Westfalen** erfasst.[132] Ausgenommen werden nur solche Vergaben, die im Auftrag des Bundes oder eines anderen Bundeslandes durchgeführt werden.[133]

II. Besonderheiten im Anwendungsbereich der Vergabearten

222 Der sachliche Anwendungsbereich ist an § 99 GWB geknüpft. Darüber hinaus gilt das Gesetz für die Vergabe von Aufträgen im ÖPNV.[134]

223 Die **Anwendung** des Gesetzes ist in **Stufen** vorgesehen. Während die §§ 3, 4 Abs. 1, 17, 18 TVgG-NRW für sämtliche Vergaben unabhängig vom Auftragswert gelten, gilt gem. § 2 Abs. 5 TVgG-NRW für die Anwendung aller übrigen Bestimmungen – außer § 19 TVgG-NRW[135] – ein Eingangsschwellenwert von 20.000 EUR (netto).[136] Die Anwendung ist nicht auf die Vergaben unterhalb der europäischen Schwellenwerte begrenzt.

---

[130] § 3 Abs. 1 TVgG-NRW nimmt darauf noch einmal Bezug.
[131] Einen Überblick über die Regelungen geben *Faber* NWVBl. 2012, 255 ff. und *Liebschwager* NWVBl. 2012, 249 ff.; allgemein zu Vollzugsproblemen auch *Meißner* ZfBR 2013, 20, 26.
[132] § 2 Abs. 4 TVgG-NRW. *Faber* NWVBl. 2012, 255 (258) hinterfragt die Vereinbarkeit mit dem Recht auf kommunale Selbstverwaltung.
[133] Lt. *Liebschwager* NWVBl. 2012, 249, unter Hinweis auf die LT-Drs. 15/2379, 39, sollte der Bau- und Liegenschaftsbetrieb NRW und der Landesstraßenbetrieb nach der Gesetzesbegründung von der Anwendung ausgenommen werden. Da sich dies jedoch im Gesetz nicht wiederfindet, besteht dafür keine Ausnahmemöglichkeit.
[134] § 2 Abs. 2 TVgG-NRW.
[135] Frauenförderung. Hier gilt ein Eingangswert von 50.000 EUR (netto) für Leistungen und 150.000 EUR (netto) für Bauleistungen.

Gem. § 3 TVgG-NRW wird der **Transparenzgrundsatz** im Anwendungsbereich 224
deutlich hervorgehoben. Danach sind auch solche Auftraggeber, die ansonsten nicht zur
Vergabe nach den Vergabe- und Vertragsordnungen im 1. Abschnitt verpflichtet sind, zu
Auftragsvergaben nach diesen Grundsätzen verpflichtet. Für die Praxis bedeutet dies, dass
die Vergaben zentral auf dem Vergabeportal NRW veröffentlicht werden müssen.[137] Die
zentrale Transparenzpflicht gilt auch nach Zuschlagserteilung (**ex-post**).

Die Einhaltung der Tariflohnbestimmungen ist zentrales Anliegen des Landesgesetzes. In 225
Modifikation des § 16 VOB/A und § 16 VOL/A ist bei **ungewöhnlich niedrigen Angeboten**, bei denen Zweifel an der Einhaltung der Bestimmungen über die **Tariftreue** bestehen, eine Angemessenheitsprüfung durchzuführen.[138] Es ist Sache des Bieters mittels geeigneter Unterlagen die Einhaltung der Verpflichtung des § 4 TVgG-NRW nachzuweisen.

Bei Bauleistungen muss der Nachweis über die Entrichtung der entsprechenden Sozial- 226
abgaben im Inland entweder über die Präqualifizierung nach der PQ-Bau oder über die
Bescheinigung der Sozialkasse geführt werden.[139]

§ 16 TVgG-NRW enthält eine eigene **Ordnungswidrigkeitenbestimmung**. Danach 227
handelt ordnungswidrig, wer vorsätzlich oder fahrlässig unwahre Erklärungen gem.
§ 4 TVgG-NRW abgibt oder den gem. § 15 TVgG-NRW zuständigen Prüfungsbehörden die Prüfung verweigert.

Ab einem Auftragswert von 25.000 EUR (netto) muss der Auftraggeber vor der Ver- 228
gabe beim **Vergaberegister** anfragen, ob Eintragungen vorliegen.

III. Mittelstandsförderung

Gem. § 3 TVgG-NRW sollen kleine und mittelständische Unternehmen zur Angebots- 229
abgabe aufgefordert werden.[140] Auch der Grundsatz der Fach- und Teillosvergaben wird
noch einmal hervorgehoben.

Als besondere Form der Mittelstandsförderung und letztlich Durchsetzung der Ziele 230
des Tariftreue- und Vergabegesetzes in NRW hat der Bieter bei der Vergabe an Nachunternehmer
– diesen auf die Verpflichtungen gem. § 4 TVgG-NRW hinzuweisen,
– Nachunternehmen davon in Kenntnis zu setzen, dass es sich um einen öffentlichen Auftrag handelt,
– bei der Weitergabe von Bauleistungen an Nachunternehmen die VOB/B oder VOL/B zum Vertragsbestandteil zu machen,
– den Nachunternehmern keine, insbesondere hinsichtlich der Zahlungsweise, ungünstigeren Bedingungen aufzuerlegen, als zwischen dem Auftragnehmer und dem öffentlichen Auftraggeber vereinbart sind.

---

[136] Lediglich für die in § 19 TVgG-NRW eingeführte Frauenförderung gelten eigene, abweichende Schwellenwerte.
[137] Siehe www.vergabe.nrw.de. *Liebschwager* NWVBl. 2012, 249, 250, bezweifelt allerdings, ob die Begründung – so können sich auch ausländische Bewerber beteiligen – in der Praxis Auswirkungen hat.
[138] § 10 TVgG-NRW. Dazu VK Düsseldorf Beschl. v. 9.1.2013, VK-29/2012 – unter deutlichem Hinweis darauf, dass erhebliche Zweifel an der Europarechtskonformität der Regelung bestehen.
[139] § 7 Abs. 1 TVgG-NRW.
[140] Zur Missverständlichkeit der Regelung siehe *Liebschwager* NWVBl. 2012, 249, 250.

IV. Tariflohnbestimmungen

231 Nach dem Prinzip der Meistvergünstigung gelten folgende Tarif- und Entgeltbestimmungen für Aufträge, die in den Anwendungsbereich des Landesvergabegesetzes fallen:[141]

232 Gem. § 4 TVgG-NRW müssen sich Bieter verpflichten ihren Arbeitnehmern bei der Ausführung des Auftrags wenigstens diejenigen Mindestarbeitsbedingungen einschließlich des Mindestentgelts zu gewähren, die durch einen für allgemein verbindlich erklärten Tarifvertrag oder eine nach den §§ 7 oder 11 des Arbeitnehmer-Entsendegesetzes erlassene Rechtsverordnung für die betreffende Leistung verbindlich vorgegeben werden. Die Regelung spiegelt damit geltendes Bundesrecht wider (**deklaratorische Tariftreueregelung**).[142]

233 Im Bereich des **ÖPNV** sind Vergaben nur an Unternehmen zulässig, die ihren Beschäftigten (ohne Auszubildende) bei der Ausführung der Leistung mindestens das in Nordrhein-Westfalen für diese Leistung in einem der einschlägigen und repräsentativen mit einer tariffähigen Gewerkschaft vereinbarten Tarifverträge vorgesehene Entgelt nach den tarifvertraglich festgelegten Modalitäten zu zahlen und während der Ausführungslaufzeit Änderungen nachzuvollziehen. Die Festlegung nimmt das zuständige Ministerium vor.[143] Dabei kann zur Ermittlung der Repräsentativität bspw. die Anzahl der unter den Geltungsbereich des Tarifvertrags fallenden Beschäftigten herangezogen werden.[144] Aus dem Wortlaut ergibt sich, dass auch mehrere Tarifverträge als repräsentative Tarifverträge iSd. § 4 TVgG-NRW in Betracht kommen[145]

234 Darüber hinaus enthält § 4 TVgG-NRW ein allgemeines **Mindeststundenentgelt** i.H.v. 8,62 EUR/h.[146] Die Regelung fungiert als Auffangregel für den Fall, dass es zu anderweitig nicht regulierten Entgeltbeziehungen kommt.[147] Diese Regelung hat nach den ersten Erfahrungen zu weniger Problemen in der Umsetzung geführt als befürchtet, da die Tarifregelungen meist das Mindeststundenentgelt überschreiten.[148]

235 Die Bestimmungen gelten gem. § 4 Abs. 5 TVgG-NRW auch für **Leiharbeiter**, die gleiche Tätigkeiten ausführen.

236 Gem. § 9 Abs. 1 TVgG-NRW gelten die Bestimmungen ebenso für **Nachunternehmer** inkl. der Nachunternehmerketten.

237 Im Vergabeverfahren werden die entsprechenden Erklärungen mittels **Verpflichtungserklärungen** eingebracht.[149]

238 Die Einhaltung der Tariflohnanforderungen wird mittels der Verpflichtung zur Vereinbarung einer Vertragsstrafe sowie eines Rechts zur Kündigung aus wichtigem Grund bzw. Rücktritt gem. § 12 TVgG-NRW verknüpft.[150]

239 § 11 TVgG-NRW räumt dem Auftraggeber ein umfassendes Kontrollrecht für die Durchsetzung der Tariflohnbestimmung des § 4 TVgG-NRW ein. Gem. § 11 Abs. 1 TVgG-NRW soll der Auftraggeber dazu auf Verlangen Einblick in die Entgeltabrechnungen, die Unterlagen über die Abführung von Steuern und Beiträgen erhalten. Die

---

[141] *Faber* NWVBl. 2012, 255, 260.
[142] *Faber* NWVBl. 2012, 255.
[143] § 4 Abs. 2 TVgG-NRW.
[144] *Faber* NWVBl. 2012, 255 unter Hinweis auf § 21 TVgG-NRW.
[145] *Faber* NWVBl. 2012, 255.
[146] *Faber* NWVBl. 2012, 255, 258 sieht dies im Hinblick auf die Europarechtskonformität kritisch.
[147] *Faber* NWVBl. 2012, 255.
[148] *Meißner* ZfBR, 2013, 20, 26.
[149] § 8 TVgG-NRW. Unter www.vergabe.nrw.de sind entsprechende Formblätter erhältlich. Nach einer Entscheidung der VK Düsseldorf Beschl. v. 9.1.2013, VK-29/2012 – ist das Formblatt unschlüssig.
[150] Zum wenig praxistauglichen Begriff der Sorgfaltspflicht des ordentlichen Kaufmanns siehe *Liebschwager* NWVBl. 2012, 249, 250.

Verpflichtung erfasst auch die Unterlagen der Nachunternehmer sowie mit diesen geschlossenen Verträge. Nach dem Wortlaut werden hinsichtlich der Kontrollrechte jedoch die weiteren Nachunternehmerketten nicht mehr erfasst. Etwas anderes kann jedoch für die Eigenerklärung bei Dienstleistern gem. § 11 Abs. 2 TVgG-NRW gelten, da für diese auf § 9 Abs. 1 TVgG-NRW und damit auch auf die dort in Satz 2 enthaltene Verpflichtung für Nachunternehmerketten verwiesen wird.

Daneben enthält § 11 TVgG-NRW Kontroll-, Vorlage- und – unter Richtervorbehalt – sogar Durchsuchungsrechte für eine eigens zur Sicherstellung der Tariftreueregelungen eingerichtete Prüfbehörde. Prüfbehörde ist nach § 15 Abs. 1 TVgG-NRW das für Wirtschaft zuständige Ministerium.[151] 240

V. Vergabefremde Aspekte

Neben der Tariftreue ist die Berücksichtigung vergabefremder Aspekte zentrales Anliegen des Tariftreue- und Vergabegesetzes.[152] 241

Gem. § 17 TVgG-NRW sind öffentliche Auftraggeber verpflichtet, bei der Vergabe von Aufträgen Kriterien des **Umweltschutzes und der Energieeffizienz** zu berücksichtigen. Die Vorschrift gibt dem Auftraggeber anhand der verschiedenen Phasen im Vergabeverfahren vor, wie die Belange Berücksichtigung finden können. Dabei soll schon in der Bedarfsplanung das Lebenszyklusprinzip (von der Anschaffung bis zur Entsorgung) berücksichtigt werden. 242

Gem. § 18 TVgG-NRW sind auch soziale Kriterien bei den Vergaben zu berücksichtigen. Dazu gehört, dass keine Waren angeschafft werden sollen, bei deren Herstellung gegen die **Kernarbeitsnormen der Internationalen Arbeitsorganisation (ILO)** in dem in der Vorschrift genannten Umfang verstoßen wurde. 243

Als weiteren vergabefremden Aspekt führt § 19 TVgG-NRW die **Frauenförderung** ein. Danach sollen öffentliche Aufträge nur an solche Unternehmen vergeben werden, die sich bei der Angebotsabgabe in einer Erklärung schriftlich verpflichten, bei der Ausführung des Auftrags Maßnahmen zur Frauenförderung und zur Förderung der Vereinbarkeit von Beruf und Familie im eigenen Unternehmen durchzuführen oder einzuleiten sowie das geltende Gleichbehandlungsrecht zu beachten. Die Frauenförderung hat einen eigenen Anwendungsbereich: 244
– mehr als 20 Beschäftigte inkl. Auszubildende und
– Leistungen ab 50.000 EUR (netto) oder
– Bauleistungen ab 150.000 EUR (netto).

VI. Rechtsschutz- und Beschwerdemöglichkeiten

Das TVgG-NRW enthält keine Bestimmungen über den Primärrechtsschutz im Unterschwellenbereich. In der Literatur wird vertreten, dass den Bestimmungen keine drittschützende Wirkung zukomme.[153] Begründet wird dies damit, dass die Bestimmungen nur materielle Regelungen und keine Vergabeverfahrensbestimmungen iSd. § 97 Abs. 7 GWB enthalten.[154] Zumindest im Oberschwellenbereich sieht dies die Rechtsprechung anders. Danach hat der Bieter im Vergabeverfahren Anspruch darauf, dass der Auftragge- 245

---

[151] *Faber* NWVBl. 2012, 255, 257.
[152] *Liebschwager* NWVBl. 2012, 249, 253 weist darauf hin, dass die Regelungen jedoch im Oberschwellenbereich aufgrund unterschiedlichen Wortlauts eher zu Widersprüchen führen.
[153] *Faber* NWVBl 2012, 255, 259.
[154] *Faber* NWVBl. 2012, 255, 259.

ber seinen Verfahrenspflichten – hier § 10 TVgG-NRW und der darin enthaltenen Angemessenheitsprüfung – nachkommt.[155]

K. Rheinland-Pfalz

246 **Rechtsgrundlagen:**
Runderlass Ministerium v. 13.12.2011, Einführung VOL/A und VOB/A 2009 und Verlängerung Vergabevereinfachung für 2012 aus Erlass v. 13.2.2009; Verwaltungsvorschrift „Öffentliches Auftrags- und Beschaffungswesen in Rheinland-Pfalz v. 24.4.2014 in MinBl. Rheinland-Pfalz v. 4.7.2014, Nr. 5 S. 48; Mittelstandsförderungsgesetz, v. 9.3.2011, in GVBl 2011, 66; Landesgesetz zur Schaffung tariftreuerechtlicher Regelungen, v. 1.12.2010, in Gesetz- und Verordnungsblatt für das Land Rheinland-Pfalz v. 13.12.2010 Nr. 20, S. 426, zuletzt geändert durch Gesetz v. 22.11.2013; Landesverordnung zur Festsetzung des Mindestentgeltes nach § 3 Abs. 2 S. 3 des Landestariftreuegesetzes, v. 11.12.2012, GVBl. Rheinland-Pfalz v. 28.4.2014, Nr. 6, S. 50; Landesverordnung zur Durchführung des § 4 Abs. 4 des Landestariftreuegesetzes, v. 4.2.2011, GVBl. Rheinland-Pfalz v. 22.2.2011, Nr. 2 S. 36; Verwaltungsvorschrift Korruptionsprävention in der öffentlichen Verwaltung, v. 7.11.2000, in MinBl. 2001, 86, JBl. 2001, 73, MinBl. 2003, 346, JBl. 2003, 167, MinBl. 2010, 209, JBl. 2011, 25; 5 Änderung Verwaltungsvorschrift Korruptionsprävention in der öffentlichen Verwaltung v. 7.11.2000, v. 30.4.2012, in MinBl. Rheinland-Pfalz v. 29.6.2012, Nr. 9 S. 306; Verwaltungsvorschrift Repräsentative Tarifverträge v. 31.1.2014, in Ministerialblatt der Landesregierung von Rheinland-Pfalz v. 24.2.2014, Nr. 2, S. 12.

247 In Rheinland-Pfalz gelten für die Vergaben unterhalb der Schwellenwerte die Bestimmungen der ersten Abschnitte der Vergabe- und Vertragsordnungen in der jeweils gültigen Fassung als einheitliche Richtlinien im Sinne des § 55 LHO und § 22 Abs. 2 GemHVO.[156]

I. Vom Anwendungsbereich betroffene Vergabestellen

248 Zur Anwendung der ersten Abschnitte der Vergabe- und Vertragsordnungen werden neben den Landesministerien und Gemeinden auch die Körperschaften, Anstalten, Stiftungen des öffentlichen Rechts verpflichtet, die der Aufsicht des Landes unterstehen (landesunmittelbare juristische Personen) und für Eigenbetriebe und rechtsfähige Anstalten der Kommunen, soweit für diese die haushaltsrechtlichen Bestimmungen entsprechend anzuwenden sind.[157]

249 Neben der Anwendung der jeweils ersten Abschnitte der Vergabe- und Vertragsordnungen sieht Rheinland-Pfalz kein eigenes Landesvergabegesetz vor. Die Bestimmungen über die öffentliche Auftragsvergabe sind vielmehr im **Mittelstandsförderungsgesetz**[158] und im Gesetz über die Schaffung **tariftreuerechtlicher Regelungen**[159] enthalten. Daneben bestehen Verwaltungsvorschriften über die Korruptionsprävention.

---

[155] VK Düsseldorf, Beschl. v. 9.1.2013, VK-29/2012 – unter deutlichem Hinweis darauf, dass erhebliche Zweifel an der Europarechtskonformität der Regelung bestehen.

[156] Runderlass Ministerium v. 13.12.2011, Einführung VOL/A und VOB/A 2009 und Verlängerung Vergabevereinfachung für 2012 aus Erlass v. 13.2.2009.

[157] Verwaltungsvorschrift Korruptionsprävention in der öffentlichen Verwaltung, v. 7.11.2000, in MinBl. 2001, 86, JBl. 2001, 73, MinBl. 2003, 346, JBl. 2003, 167, MinBl. 2010, 209, JBl. 2011, 25; Änderung Verwaltungsvorschrift Korruptionsprävention in der öffentlichen Verwaltung v. 7.11.2000, v. 30.4.2012, in Ministerialblatt der Landesregierung von Rheinland-Pfalz v. 29.6.2012, Nr. 9 S. 306.

[158] Mittelstandsförderungsgesetz, v. 9.3.2011, in GVBl 2011, 66.

[159] Landesgesetz zur Schaffung tariftreuerechtlicher Regelungen, v. 1.12.2010, in Gesetz- und Verordnungsblatt für das Land Rheinland-Pfalz v. 13.12.2010 Nr. 20, S. 426.

II. Besonderheiten im Anwendungsbereich der Vergabearten

Für die im Anwendungsbereich tätigen Vergabestellen wird der Wert für Freihändige Vergaben gem. § 3 Abs. 5 lit. i) VOL/A auf 15.000 EUR (brutto) festgesetzt. Weitere **Wertgrenzen** sind nicht vorgesehen. 250

Bei der Vergabe von Bauleistungen im Unterschwellenbereich gilt wer einen Meistertitel nach §§ 51, 51a der HandwerkO oder einen gleichwertigen Titel nach § 56 Berufsbildungsgesetz oder entsprechende akademische Titel in dem für den öffentlichen Auftrag geforderten Gewerbe führen darf, grundsätzlich als **fachkundig**.[160] 251

Zur **Korruptionsprävention** enthalten die Bestimmungen der Verwaltungsvorschrift für alle Stellen der öffentlichen Verwaltung bestimmte Handlungsvorgaben im Vergabeverfahren. Dazu gehören neben der inneren Entflechtung und der besonderen Dokumentationspflicht bei Durchführung von Beschränkten Ausschreibungen und Freihändigen Vergaben auch die besondere Überwachungspflicht bei der Einschaltung von externen Planungsbüros und der explizite Hinweis darauf, dass diesen bei der Begleitung der Vergabe lediglich ein Vorschlagsrecht zusteht (Eigenverantwortlichkeit des Auftraggebers).[161] 252

III. Mittelstandsförderung

Strukturelle Wettbewerbsnachteile der mittelständischen Wirtschaft sollen durch die Teilung in **Fach- und Teillose** bei der öffentlichen Vergabe ausgeglichen werden.[162] 253

Eine Vergabe an Generalunternehmen unterliegt besonderen Begründungsvorgaben. Beauftragte **Generalunternehmen** sind zu verpflichten, in angemessenem Umfang Unteraufträge an Unternehmen der mittelständischen Wirtschaft zu vergeben, soweit die vertragsgemäße Ausführung dem nicht entgegensteht, und den unterbeauftragten Unternehmen keine ungünstigeren Bedingungen aufzuerlegen, als zwischen ihnen und dem öffentlichen Auftraggeber vereinbart sind. 254

§ 6 MFG RP schreibt als besondere Form der Mittelstandsförderung den Grundsatz fest, dass die **öffentlichen Hand** und Gesellschaften, an denen sie beteiligt ist, wirtschaftliche **Leistungen** nur dann erbringen soll, wenn diese nicht von den Privaten ebenso so gut und wirtschaftlich erbracht werden. Gem. § 6 Abs. 3 MFG RP werden Leistungen in den Bereichen Energieversorgung, Wasserversorgung und öffentlicher Personennahverkehr davon explizit ausgenommen. 255

IV. Tariflohnbestimmungen

Auch Rheinland-Pfalz hat sich ein Landestariftreuegesetz (LTTG) gegeben. Danach werden alle Auftragsvergaben des Landes, der Gemeinden und der Gemeindeverbände, alle öffentlichen Auftraggeber iSd. § 98 Nr. 2, 3, 4 und 5 GWB sowie die durch die Auftragsvergaben betroffenen Unternehmen und ihre Nachunternehmer ab einem geschätzten Auftragswert von 20.000 EUR (netto) vom **Anwendungsbereich** der Vorschriften erfasst, soweit die erfassten Auftraggeber Aufträge in Rheinland-Pfalz vergeben. 256

---

[160] § 7 Abs. 4 MFG RP.
[161] Korruptionsprävention in der öffentlichen Verwaltung, v. 7.11.2000, in MinBl. 2001, 86, JBl. 2001, 73, MinBl. 2003, 346, JBl. 2003, 167, MinBl. 2010, 209, JBl. 2011, 25; 5 Änderung Verwaltungsvorschrift Korruptionsprävention in der öffentlichen Verwaltung v. 7.11.2000, v. 30.4.2012, in MinBl. Rheinland-Pfalz v. 29.6.2012, Nr. 9 S. 306; Verwaltungsvorschrift Repräsentative Tarifverträge v. 14.11.2011, in Ministerialblatt der Landesregierung von Rheinland-Pfalz v. 30.11.2011, Nr. 15, S. 236.
[162] § 7 Abs. 2 MFG RP.

257 Die Schaffung tariftreuerechtlicher Regelungen nach dem LTTG sieht vor, dass dann, wenn keine Tariftreue iSd. § 4 LTTG gefordert wird, öffentliche Aufträge nur an Unternehmen vergeben werden dürfen, die ihren Beschäftigten bei der Ausführung der Leistung ein Entgelt von min. 8,70 EUR/Std. zahlen (**Mindestentgelt**).[163]

258 Öffentliche Aufträge, die vom **Arbeitnehmer-Entsendegesetz** oder vom **Mindestarbeitsbedingungsgesetz** erfasst werden, dürfen nur an solche Unternehmen vergeben werden, die sich bei der Angebotsabgabe schriftlich verpflichten, ihren Beschäftigten bei der Ausführung der Leistung ein Entgelt zu zahlen, das in Höhe und Modalitäten mindestens den Vorgaben desjenigen Tarifvertrages oder der auf Basis des § 4 MiArbG erlassenen Rechtsordnung entspricht, an die das Unternehmen gebunden ist. Für den ÖPNV und SPNV inkl. des freigestellten Schülerverkehrs ist der jeweils repräsentative Tarifvertrag maßgeblich.[164]

259 Im **Vergabeverfahren** ist die jeweilige Tariftreueerklärung mit dem Angebot zu fordern. Fehlt sie und wird gem. § 4 Abs. 6 LTTG auch auf entsprechende Nachforderung nicht eingereicht, so ist das Unternehmen von der Wertung auszuschließen.

260 § 5 LTTG verpflichtet die Auftragnehmer bei der Auswahl und dem Einsatz von **Nachunternehmern** oder Verleihern die Entgelt- und Tarifbestimmungen dieses Gesetzes ebenfalls durchzusetzen. Von der Anwendung ausgeschlossen werden Nachunternehmer- oder Verleihervergaben unter 10.000 EUR. Nach dem Wortlaut ist eine Verpflichtung der Nachunternehmerketten nicht erfasst.

261 Der Auftragnehmer und seine Nachunternehmen sind dem Auftraggeber gem. § 6 LTTG zum Nachweis der Einhaltung der Entgelt- und Tarifverpflichtungen verpflichtet. Zur **Kontrolle** ist der öffentliche Auftraggeber berechtigt, Einsicht in die Entgeltabrechnungen nicht nur der beauftragten Unternehmen sondern auch der Nachunternehmer zu nehmen. Das Einsichtsrecht erstreckt sich auch auf andere Geschäftsunterlagen, aus denen Umfang, Art, Dauer und tatsächliche Entlohnung der Beschäftigten hervorgehen. Die Beschäftigten sind auf diese Kontrollmöglichkeiten hinzuweisen. Die Regelung steht aufgrund des wenig bestimmten Umfangs betreffend die zur Einsicht bestimmten Unterlagen zumindest in einem Spannungsverhältnis zum Grundsatz der Datensparsamkeit im Datenschutzrecht.

262 Darüber hinaus reicht es nicht aus, dass in das Vergabeverfahren eine allgemeine Erklärung über die Verpflichtung zur Anwendung des LTTG aufgenommen wird. Vielmehr ist der Auftraggeber verpflichtet, seine Vergabeunterlagen so auszugestalten, dass die Bestimmungen über die Entgelthöhe und deren Durchsetzungsmodalitäten (**Vertragsstrafenregelung, Kündigung und Auftragssperre**) Bestandteil des abzuschließenden Vertrages werden.[165]

V. Vergabefremde Aspekte

263 Gem. § 1 Abs. 3 LTTG können zusätzliche Anforderungen an die Leistungsdurchführung gestellt werden. Dabei hat das LTTG vornehmlich soziale Aspekte im Blick. Nach Satz 2 der Bestimmung können insbesondere folgende soziale Aspekte idS. werden
– Beschäftigung von Auszubildenden oder Langzeitarbeitslosen,
– Die Verwendung von Produkten oder die Lieferung von Waren, die im Ausland unter Einhaltung der Kernarbeitsnormen der internationalen Arbeitsorganisation gewonnen oder hergestellt wurden, und
– Sicherstellung der Entgeltgleichheit von Frauen und Männern.

---

[163] Die Erhöhung auf 8,70 EUR erfolgte durch § 1 Landesverordnung zur Festsetzung des Mindestentgeltes nach § 3 Abs. 2 S. 3 des Landestariftreuegesetzes, v. 11.12.2012, GVBl. Rheinland-Pfalz v. 21.12.2012, Nr. 19, S. 391.
[164] § 4 LTTG iVm Landesverordnung zur Durchführung des § 4 Abs. 4 des Landestariftreuegesetzes v. 4.2.2011, GVBl. Rheinland-Pfalz v. 22.2.2011, Nr. 2 S. 36.
[165] § 7 Abs. 1 bis 3 LTTG.

VI. Rechtsschutz- und Beschwerdemöglichkeiten

In Rheinland-Pfalz ist bei der Aufsicht- und Dienstleistungsdirektion (ADD) die sog. 264
VOB-Stelle eingerichtet. Dabei handelt es sich vornehmlich um eine Aufklärungs- und Beratungsstelle.

Weitere landesrechtliche eigene Rechtsschutzbestimmungen, um sich gegen Verstöße 265
bei der Vergabe zu wehren (Primärrechtsschutz) bestehen nicht. Für den Primärrechtsschutz gelten die Ausführungen in § 80. Für Schadensersatzforderungen vgl. ausführlich in § 36.

L. Saarland

Rechtsgrundlagen: 266
Saarländisches Tariftreuegesetz, v. 6.2.2013, im Amtsblatt des Saarlands v. 21.3.2013 S. 84; VV zu § 55 LHO; Richtlinien für die Vergabe von Aufträgen über Lieferungen und Leistungen durch die saarländische Landesverwaltung (Beschaffungsrichtlinien) v. 16.9.2008 (Amtsbl. S. 1681); Änderung der Richtlinien für Beschaffungen von Lieferungen und Leistungen auf dem Gebiet der Informations- und Kommunikationstechnologie in der Landesverwaltung des Saarlandes (IuK-BER) v. 30.8.2011 (Amtsbl. S. 1002).

Gem. Ziff. 2 der Verwaltungsvorschrift zu § 55 LHO sind die Bestimmungen der ers- 267
ten Abschnitte der Vergabe- und Vertragsordnung im Unterschwellenbereich für die dem Landeshaushaltsrecht unterfallenden Vergabestellen maßgeblich. Gem. § 24 Abs. 2 KommHVO sind für die Vergabe öffentlicher Aufträge die Vergabegrundsätze des Ministeriums für Inneres und Sport maßgeblich.

Die Durchführung von Beschaffungen wird in einem Landesvergabe- und Tariftreue- 268
gesetz näher bestimmt.

I. Vom Anwendungsbereich betroffene Vergabestellen

Das Saarländische Tariftreuegesetz gilt für alle öffentlichen Auftraggeber iSd. § 98 GWB. 269
Es nimmt darüber hinaus lediglich solche Aufträge aus, die in § 100 Abs. 2 GWB geregelt sind und Aufträge im ÖPNV, die in § 1 Abs. 2 Saarländisches TariftreueG einer eigenen Reglung unterworfen werden.

Das Gesetz gilt ab Erreichen eines Auftragswertes von 25.000 EUR (netto).[166] 270

II. Besonderheiten im Anwendungsbereich der Vergabearten

Die Bestimmungen der ersten Abschnitte werden von den Saarländischen Verwaltungs- 271
vorschriften grundsätzlich nicht weiter modifiziert. Im Hinblick auf die Nachforderung gilt jedoch insoweit eine Modifizierung, als gem. § 16 VOL/A grundsätzlich ein Ermessen hinsichtlich der Nachforderung besteht. Fehlt im Angebot die Erklärung zur Tariftreueverpflichtung, so ordnet § 2 Abs. 4 Saarländisches TariftreueG dessen Nachforderung jedoch an.

---

[166] § 1 Abs. 5 Saarländisches TariftreueG.

III. Mittelstandsförderung

272 Besondere gesetzliche Bestimmungen zur Förderung mittelständischer Interessen im Rahmen der öffentlichen Auftragsvergabe sind nicht vorgesehen.

IV. Tariflohnbestimmungen

273 Das Saarländisches Tariftreuegesetz enthält eine allgemeine Mindestentgeltbestimmung i.H.v. 8,50 EUR. Es verpflichtet die vom Anwendungsbereich erfassten Vergabestellen, öffentliche Aufträge, die vom **Arbeitnehmer-Entsendegesetz** oder vom **Mindestarbeitsbedingungsgesetz** erfasst werden, nur an solche Unternehmen zu vergeben, die sich bei der Angebotsabgabe schriftlich verpflichten, ihren Beschäftigten bei der Ausführung der Leistung ein Entgelt zu zahlen, das in Höhe und Modalitäten mindestens den Vorgaben desjenigen Tarifvertrages oder der auf Basis des § 4 MiArbG entspricht, an die das Unternehmen auf der Grundlage der vorstehenden Bestimmungen gebunden sind.[167] Für den ÖPNV ist der im Saarland geltende Tarifvertrag maßgeblich.

274 Diese Tariftreueverpflichtung erstreckt sich neben dem Auftragnehmer auch auf dessen Nachunternehmerketten. **Nachunternehmervergaben** bis zu einem Auftragswert von 5.000 EUR können ausgenommen werden.[168]

275 Fehlt bei der Angebotsabgabe die entsprechende Tariftreueverpflichtung, so **fordert** der Auftraggeber diese unter Fristsetzung **nach**. Reicht der Unternehmer die Erklärung nicht oder nicht fristgerecht ein, so führt dies zum Ausschluss.[169]

276 Der Auftragnehmer und seine Nachunternehmen sind dem Auftraggeber gem. § 7 Abs. 2 Saarländisches Vergabe- und TariftreueG zum Nachweis der Einhaltung der Entgelt- und Tarifverpflichtungen verpflichtet. Zur Kontrolle ist der öffentliche Auftraggeber berechtigt, Einsicht in die Entgeltabrechnungen nicht nur der beauftragten Unternehmen sondern auch der Nachunternehmer zu nehmen. Das Einsichtsrecht erstreckt sich auch auf Unterlagen in die Abführung von Steuern und Beiträgen an in- und ausländische Sozialversicherungsträger. Die Beschäftigten sind auf diese Kontrollmöglichkeiten hinzuweisen.

277 Darüber hinaus reicht es nicht aus, dass in das Vergabeverfahren eine allgemeine Erklärung über die Verpflichtung zur Anwendung des Saarländischen Vergabe- und Tariftreuegesetzes aufgenommen wird. Vielmehr ist der Auftraggeber verpflichtet, seine Vergabeunterlagen so auszugestalten, dass die Bestimmungen über die Entgelthöhe und deren **Durchsetzungsmodalitäten** (Vertragsstrafenregelung, Kündigung und Auftragssperre) Bestandteil des abzuschließenden Vertrages werden.[170]

V. Vergabefremde Aspekte

278 Gem. § 11 Saarländisches Vergabe- und TariftreueG haben die öffentlichen Auftraggeber im Rahmen der Beschaffung darauf zu achten, dass die negativen Umwelteinwirkungen gering gehalten werden. Dabei kann bereits in der Bedarfsermittlung und der Leistungsbeschreibung auf Anforderungen zurückgegriffen werden, die dazu dienen, den Pro-

---

[167] § 3 Saarländisches TariftreueG.
[168] Allerdings gibt der Wortlaut der Vorschrift nicht her, ob brutto oder netto. Nachdem § 1 Saarländisches TariftreueG jedoch im Bezug auf den Auftragswert für die Eröffnung des Anwendungsbereichs des Gesetzes explizit auf die VgV verweist, wird man wohl auch hier von einem Netto-Auftragswert ausgehen dürfen.
[169] § 2 Abs. 4 Saarländisches TariftreueG.
[170] § 9 Saarländisches TariftreueG.

grammsatz umzusetzen. Konkrete Anforderungen enthält das Saarländische Vergabe- und Tariftreuegesetz jedoch nicht.

Das Saarländische Vergabe- und Tariftreuegesetz verpflichtet die Vergabestellen gem. **279**
§ 10 Saarländisches Vergabe- und TariftreueG zur Beachtung der ILO-Kernarbeitsnormen.

VI. Rechtsschutz- und Beschwerdemöglichkeiten

Auch im Saarland sind sog. VOB-Stellen eingerichtet. Dabei handelt es sich vornehmlich **280** um Aufklärungs- und Beratungsstellen.

Weitere landesrechtliche eigene Rechtsschutzbestimmungen, um sich gegen Verstöße **281** bei der Vergabe zu wehren (Primärrechtsschutz) bestehen nicht. Für den Primärrechtsschutz gelten die Ausführungen in § 80. Für Schadensersatzforderungen vgl. ausführlich in § 36.

M. Sachsen

Rechtsgrundlagen: **282**
Gesetz über die Vergabe öffentlicher Aufträge im Freistaat Sachsen (Sächsisches Vergabegesetz – SächsVergabeG) v. 14. 2. 2013, GVBl Sachsen 2013, S. 109.

Gem. § 1 SächsVergabeG gelten die Bestimmungen der ersten Abschnitte der VOL/A **283** und VOB/A in der jeweils geltenden Fassung (dynamische Verweisung).

Das Landesvergabegesetz trifft darüber hinaus konkrete Anordnungen für die Durch- **284** führung öffentlicher Beschaffungen in Sachsen.

I. Vom Anwendungsbereich betroffene Vergabestellen

Der **persönliche Anwendungsbereich** umfasst neben den Landesvergabestellen alle **285** staatlichen und kommunalen Auftraggeber, sowie sonstige Körperschaften, Anstalten und Stiftungen des öffentlichen Rechts, die von § 55 LHO des Freistaates Sachsen erfasst werden. Gem. § 2 Abs. 2 SächsVergabeG sind kommunale Auftraggeber im Sinne dieses Gesetzes die Gemeinden, die Landkreise, die Verwaltungsverbände, die Zweckverbände und sonstige juristische Personen des öffentlichen Rechts sowie deren Sondervermögen, auf die das Gemeindewirtschaftsrecht Anwendung findet.

Sektorenauftraggeber und öffentliche Auftraggeber gem. § 98 Nr. 5 GWB werden **286** von der Anwendung gem. § 2 Abs. 4 SächsVergabeG grundsätzlich ausgenommen.

Der **sachliche Anwendungsbereich** ist auf öffentliche Verträge unterhalb der EU- **287** Schwellenwerte begrenzt.[171] Vom sachlichen Anwendungsbereich des SächsVergabeG sind Aufträge ausgenommen, die auch vom Vierten Teil des GWB gem. § 100 Abs. 2 GWB ausgenommen sind. Darüber hinaus findet das Gesetz auch auf die freiberuflichen Leistungen iSd. § 1 2. Spiegelstrich VOL/A keine Anwendung.[172]

II. Besonderheiten im Anwendungsbereich der Vergabearten

Besondere **Wertgrenzen** werden für die Freihändige Vergabe bei Bau-, Liefer- und **288** Dienstleistungen eingeräumt. Der Höchstwert für eine freihändige Vergabe nach § 3 Abs. 5 lit. i) VOL/A wird auf 25.000 EUR (ohne Umsatzsteuer) festgesetzt. Freihän-

---

[171] § 1 Abs. 1 SächsVergabeG.
[172] § 1 Abs. 3 SächsVergabeG.

dige Vergaben nach § 3 Abs. 5 VOB/A sind bis zu einem geschätzten Auftragswert in Höhe von 25.000 EUR (ohne Umsatzsteuer) zulässig. Preisgebundene Schulbücher können nun im Unterschwellenbereich generell mittels Freihändiger Vergabe beschafft werden.

289 **Eignungsnachweise** werden für die Verfahren im Anwendungsbereich des SächsVergabeG grundsätzlich einheitlich als Eigenerklärungen gefordert. Insoweit modifiziert § 3 SächsVergabeG das Rangverhältnis von Nachweisen und Eigenerklärungen iSd. § 6 Abs. 3 Nr. 2 a. E. VOB/A.[173] Auch der Präqualifizierung durch PQ-VOL wird im Rahmen des § 3 Abs. 2 SächsVergabeG eine verfahrensrelevante Bedeutung zugewiesen. Danach gelten die Eignungskriterien, die von der Präqualifizierungsstelle bescheinigt werden auch für die Vergabestellen als erfüllt.[174]

290 Für die **Wertung** der Angebote wird den Vergabestellen gem. § 5 Abs. 1 SächsVergabeG ein einheitliches Wertungsschema vorgegeben. Das Wertungsschema enthält das in den Vergabe- und Vertragsordnungen niedergelegte vierstufige Wertungssystem.[175] Für die Preisangemessenheitsprüfung verlangt auch das Vergabegesetz in Sachsen eine verbindliche Prüfung bei einer Abweichung ab 10 v. H. von dem nächsthöheren oder niedrigeren Angebot.

III. Mittelstandsförderung

291 Zwar enthält das SächsVergabeG keine ausdrücklichen Hinweise, dass es sich bei bestimmten Maßnahmen um eine Förderung mittelständischer Interessen handelt. Jedoch wird in § 6 SächsVergabeG ausdrücklich die **Eigenleistungsverpflichtung** bis zu einer Höhe von 50 v. H. verfügt, mithin die Auftragschance für mittelständische Unternehmen erhöht. Eine solche Eigenleistungsverpflichtung ist in den Bestimmungen des ersten Abschnitts der VOB/A weiterhin erhalten. Die Vorschriften der VOL/A kennen eine solche Eigenleistungsverpflichtung nicht. Im Hinblick auf die Grundfreiheiten des AEUV werden Eigenleistungsverpflichtungen der Unternehmen kritisch betrachtet.[176] Jede Vergabe mit sog. Binnenmarktrelevanz[177] muss unter dem Eindruck der europäischen Rechtsprechung, die sich letztlich in den Bestimmungen der zweiten Abschnitte durch die der Höhe nach unbeschränkte Möglichkeit der Berufung auf die Ressourcen Dritter wiederfindet, kritisch gesehen werden.

292 Auch **Nachunternehmervergaben** in Sachsen müssen folgenden Kriterien gerecht werden:
– bevorzugt Unternehmen der mittelständischen Wirtschaft zu beteiligen, soweit es mit der vertragsgemäßen Ausführung des Auftrags zu vereinbaren ist,
– Nachunternehmen davon in Kenntnis zu setzen, dass es sich um einen öffentlichen Auftrag handelt,
– bei der Weitergabe von Bauleistungen an Nachunternehmen die VOB/B oder VOL/B zum Vertragsbestandteil zu machen,
– den Nachunternehmern keine, insbesondere hinsichtlich der Zahlungsweise, ungünstigeren Bedingungen aufzuerlegen, als zwischen dem Auftragnehmer und dem öffentlichen Auftraggeber vereinbart sind.

---

[173] *Mertens* in Franke/Kemper/Zanner/Grünhagen § 6 Rdn. 17 ff.
[174] Modifizierung des § 6 Abs. 4 VOL/A, wonach die Zulassung in das Ermessen des Auftraggebers gestellt wird.
[175] Anlage 1 zu § 5 Abs. 1 SächsVergabeG.
[176] *Mertens* in Franke/Kemper/Zanner/Grünhagen § 6 Rdn. 8 ff.
[177] Zum Begriff siehe § 74 Rn. 3 ff.

IV. Tariflohnbestimmungen

Das Vergabegesetz enthält keine Tariflohnbestimmungen oder festgesetzte Mindestentgelte. 293

V. Vergabefremde Aspekte

Das Vergabegesetz in Sachsen gibt keine sozialen oder ökologischen Aspekte vor, die 294
zwingend bei der Beschaffung zu berücksichtigen sind.

VI. Rechtsschutz- und Beschwerdemöglichkeiten

In Sachsen besteht bereits seit Jahren ein eigenes Rechtsschutzsystem für die Vergaben 295
unterhalb der Schwellenwerte. Lediglich Bauvergaben bis 75.000 Euro (netto) bzw. Liefer- und Dienstleistungsvergaben bis 50.000 EUR (netto) werden ausgenommen (**De-Minimis-Regel**).[178]

Gem. § 8 SächsVergabeG informiert der Auftraggeber die Bieter, deren Angebote nicht 296
berücksichtigt werden sollen, über den Namen des Bieters, dessen Angebot angenommen werden soll, und über den Grund der vorgesehenen Nichtberücksichtigung ihres Angebotes. Er gibt diese Information in Textform spätestens zehn Kalendertage vor dem Vertragsabschluss ab (**Vorabinformationspflicht**).

Der Bieter kann durch **Beanstandung** ein Nachprüfungsverfahren starten. Allerdings 297
besteht kein Anspruch auf das Tätigwerden der Nachprüfungsbehörde. Dazu muss der Bieter vor Ablauf der Frist (10 KT) schriftlich beim Auftraggeber die Nichteinhaltung der Vergabevorschriften beanstanden.

In diesem Fall hat der Auftraggeber die **Nachprüfungsbehörde** zu unterrichten, es sei 298
denn, der Beanstandung wurde durch die Vergabestelle abgeholfen. Nach der Unterrichtung an die Nachprüfungsbehörde darf der Zuschlag nur erteilt werden, wenn die Nachprüfungsbehörde nicht innerhalb von zehn Kalendertagen nach Unterrichtung das Vergabeverfahren unter Angabe von Gründen beanstandet; andernfalls hat der Auftraggeber die Auffassung der Nachprüfungsbehörde zu beachten.

Zuständige Nachprüfungsbehörde ist die Aufsichtsbehörde, bei kreisangehörigen Gemeinden und Zweckverbänden die Landesdirektion Sachsen. 299

Gem. § 8 Abs. 4 SächsVergabeG werden für die Nachprüfung **Kosten** nach dem ent- 300
sprechenden Verwaltungskostengesetz erhoben. Die Gebühr für die Nachprüfung beträgt mindestens 100 EUR, soll aber den Betrag von 1.000 EUR nicht überschreiten. Ergibt die Nachprüfung, dass ein Bieter zu Recht das Vergabeverfahren beanstandet hat, sind keine Kosten zu seinen Lasten zu erheben.

N. Sachsen-Anhalt

Rechtsgrundlagen: 301
RdErl. des MW v. 8.12.2010–42–32570–20, Einführung der Vergabe- und Vertragsordnungen für Bauleistungen (VOB) und Leistungen (VOL), und Hinweis zur Anwendung der Vergabeordnung für freiberufliche Leistungen (VOF)- Ausgabe 2009; Gesetz über die Vergabe öffentlicher Aufträge in Sachsen-Anhalt (Landesvergabegesetz – LVG LSA) v. 19.11.2012, in GVBl. LSA 2012, 536 i.d. Fassung v. 30.7.2013, GVBl. LSA 2013, S. 402; Mittelstandsförderungsgesetz (MFG) v. 27.6.2001, GVBl. LSA 2001, 230, letzte berücksichtigte Änderung: § 8 aufgehoben durch § 24 des Gesetzes v. 19.11.2012 (GVBl. LSA S. 536, 541); RdErl. des MW v. 7.2.2011–41–32570–20/1, Landesweite

---

[178] § 8 Abs. 3 SächsVergabeG.

Bekanntmachung öffentlicher Aufträge von Liefer-, Bau- und Dienstleistungen auf dem eVergabe-Portal; veröffentlicht im MBl. LSA Nr. 12/2011 v. 27.4.2011, S. 182.

302 Gem. § 1 Abs. 2 LVG LSA iVm. dem Runderlass werden die ersten Abschnitte der Vergabe- und Vertragsordnungen eingeführt.
303 Die Durchführung öffentlicher Beschaffungen wird in Sachsen-Anhalt mittels Landesvergabegesetz näher bestimmt.

I. Vom Anwendungsbereich betroffene Vergabestellen

304 Das Landesvergabegesetz findet für die Liefer- und Dienstleistungsvergaben ab 25.000 EUR (netto), für Bauvergaben ab 50.000 EUR (netto) **Anwendung**. Aufgrund der Hochwasserereignisse in 2013 gilt bis 30.6.2014 eine Exemption für Aufträge im Unterschwellenbereich, die im Zusammenhang mit dem Hochwasserereignis stehen.
305 Das Landesvergabegesetz in Sachsen Anhalt (SachsAnhLVG) findet neben der klassischen öffentlichen Hand auch auf solche **Auftraggeber** Anwendung, die dem funktionalen Auftraggeberbegriff des § 98 Nr. 2 GWB unterfallen.

II. Besonderheiten im Anwendungsbereich der Vergabearten

306 Für die Vergabearten legt der Runderlass des Ministeriums für Wirtschaft[179] folgende **Wertgrenzen** fest:
307 Für Vergaben nach VOL/A ist die
– Beschränkte Ausschreibung ohne Teilnahmewettbewerb bis zu einem Auftragswert iHv. 50.000 EUR (netto),
– Freihändige Vergabe bis zu einem Auftragswert iHv. 25.000 EUR (netto) zulässig.
308 Für Vergaben nach VOB/A werden keine besonderen Wertgrenzen eingeführt.
309 Um die Wahrnehmung öffentlicher Aufträge zu erhöhen, werden die staatlichen Auftraggeber verpflichtet, ihre Vergaben zentral zu veröffentlichen (**Transparenz**).[180]
310 Gem. § 14 LVG LSA ist die Prüfung der **Preisangemessenheit** für alle Beschaffungen ab einem Abstand zum nächst höheren Angebot von 10 v. H. zwingend. Dabei ist der Bieter verpflichtet, seine ordnungsgemäße Kalkulation nachzuweisen.

III. Mittelstandsförderung

311 Gem. § 3 LVG LSA ist der Mittelstand angemessen zu fördern. Dabei soll nicht nur die Fach- und Teillosvergabe die Teilnahmemöglichkeit der mittelständischen Unternehmen erhöhen. Die Vorschrift verpflichtet den Auftraggeber ausdrücklich, die Vergabeunterlagen insgesamt so zu gestalten, dass auch eine **Zuschlagschance** für die mittelständischen Unternehmen besteht.
312 § 13 Abs. 4 LVG LSA sieht als Teil der Mittelstandsförderung besondere Kriterien für die **Nachunternehmervergabe** vor:
– bevorzugt kleine und mittlere Unternehmen zu beteiligen, soweit es mit der vertragsgemäßen Ausführung des Auftrags zu vereinbaren ist,
– Nachunternehmer davon in Kenntnis zu setzen, dass es sich um einen öffentlichen Auftrag handelt,

---

[179] RdErl. des MW v. 8.12.2010–42–32570–20, Einführung der Vergabe- und Vertragsordnungen für Bauleistungen (VOB) und Leistungen (VOL), und Hinweis zur Anwendung der Vergabeordnung für freiberufliche Leistungen (VOF)- Ausgabe 2009.
[180] § 3 LVG LSA iVm Ziff. 6 des Runderlasses.

– bei der Weitergabe von Bauleistungen an Nachunternehmer die VOB/B und die VOL/B zum Vertragsbestandteil zu machen und
– den Nachunternehmern keine, insbesondere hinsichtlich der Zahlungsweise, ungünstigeren Bedingungen aufzuerlegen, als zwischen dem Auftragnehmer und dem öffentlichen Auftraggeber vereinbart sind.

IV. Tariflohnbestimmungen

Das Landesvergabegesetz (LVG LSA) enthält keine allgemeine Mindestentgeltbestimmung. Es verpflichtet die vom Anwendungsbereich erfassten Vergabestellen jedoch öffentliche Aufträge, die vom **Arbeitnehmerentsendegesetz** erfasst werden, nur an solche Unternehmen zu vergeben, die sich bei der Angebotsabgabe schriftlich verpflichten, ihren Beschäftigten bei der Ausführung der Leistung ein Entgelt zu zahlen, das in Höhe und Modalitäten mindestens den Vorgaben desjenigen Tarifvertrages entspricht, an die das Unternehmen auf der Grundlage der vorstehenden Bestimmungen gebunden ist.[181] Für den ÖPNV ist der jeweils repräsentative Tarifvertrag maßgeblich, der in den Ausschreibungsbedingungen entsprechend benannt ist. 313

§ 10 Abs. 3 LVG LSA enthält darüber hinaus eine **equal-pay Verpflichtung.** Danach dürfen öffentliche Aufträge nur an Bieter vergeben werden, die sich bei der Angebotsabgabe schriftlich verpflichten, dass sie bei der Auftragsdurchführung ihren Arbeitnehmern bei gleicher oder gleichwertiger Arbeit gleiches Entgelt zahlen. 314

Diese Tariftreueverpflichtung erstreckt sich neben dem Auftragnehmer auch auf dessen **Nachunternehmer.**[182] Die Nachweispflicht erstreckt sich nach dem Wortlaut nicht auf Nachunternehmerketten. Andererseits besteht auch keine Bagatellgrenze beim Nachweis der Tariftreue im Nachunternehmereinsatz. 315

Der Auftragnehmer und seine Nachunternehmen sind dem Auftraggeber gem. § 17 LVG LSA zum Nachweis der Einhaltung der Entgelt- und Tarifverpflichtungen verpflichtet. Zur **Kontrolle** ist der öffentliche Auftraggeber berechtigt, Einsicht in die Entgeltabrechnungen nicht nur der beauftragten Unternehmen sondern auch der Nachunternehmer zu nehmen. Das Einsichtsrecht erstreckt sich auch auf Unterlagen über die Abführung von Steuern und Sozialversicherungsbeiträgen inkl. der zwischen dem Auftragnehmern und ihren Nachunternehmern geschlossenen Werkverträge. Die Beschäftigten sind auf diese Kontrollmöglichkeiten hinzuweisen. 316

Darüber hinaus reicht es nicht aus, dass in das Vergabeverfahren eine allgemeine Erklärung über die Verpflichtung zur Anwendung des Vergabegesetzes aufgenommen wird. Vielmehr ist der Auftraggeber verpflichtet, seine Vergabeunterlagen so auszugestalten, dass die Bestimmungen über die Entgelthöhe und deren **Durchsetzungsmodalitäten** (Vertragsstrafenregelung, Kündigung und Auftragssperre) Bestandteil des abzuschließenden Vertrages werden.[183] 317

V. Vergabefremde Aspekte

Das Landesvergabegesetz hebt an den verschiedenen Stellen die Möglichkeit der Berücksichtigung von Umweltbelangen hervor.[184] Zusätzliche Anforderungen iSd. § 97 Abs. 4 GWB dürfen jedoch erst an Auftragnehmer mit min. 25 Arbeitnehmern gestellt werden.[185] 318

---

[181] § 10 LVG LSA.
[182] § 13 Abs. 3 LVG LSA.
[183] § 18 LVG LSA.
[184] §§ 4, 7, 9 LVG LSA.
[185] Wie der Auftraggeber dies zielsicher bei der Gestaltung der Vergabe im Unterschwellenbereich vor Augen haben soll, ist offen.

319 Zu berücksichtigende, im sachlichen Zusammenhang stehende **soziale** Belange iSd. § 4 Abs. 2 LVG LSA sind:
– die Beschäftigung von Auszubildenden,
– qualitative Maßnahmen zur Familienförderung und
– die Sicherstellung der Entgeltgleichheit von Frauen und Männern oder auch
– § 141 Satz 1 SGB IX.

320 Bei den **Umweltbelangen** sind insbesondere Energieeinsparungen zu berücksichtigende Belange idS. Dabei soll gem. Abs. 5 der Vorschrift explizit auf Umweltgütezeichen zurückgegriffen werden. Unter dem Eindruck der europäischen Rechtsprechung ist dies zumindest für solche Vergaben mit Binnenmarktrelevanz abzulehnen.[186]

321 Darüber hinaus sind die **ILO-Kernarbeitsnormen** gem. § 12 LVG LSA zu beachten.

VI. Rechtsschutz- und Beschwerdemöglichkeiten

322 Sachsen-Anhalt gibt sich auch für die Vergaben, die die EU-Schwellenwerte nicht erreichen, ein **Primärrechtsschutzsystem**, das durch die Vergabekammer sichergestellt wird. Das Rechtsschutzsystem ist stark an den Primärrechtsschutz oberhalb der Schwellenwerte angelehnt. Daher erklärt sich auch, dass die **Wertgrenzen** für die Eröffnung des Anwendungsbereichs mit 150.000 EUR (netto) für Bauleistungen und 50.000 EUR (netto) für die übrigen Beschaffungen nicht unerheblich sind.[187]

323 § 19 Abs. 1 LVG LSA enthält für die Vergaben unterhalb der Schwellenwerte eine **Vorabinformationspflicht.** Danach informiert der öffentliche Auftraggeber die Bieter, deren Angebote nicht berücksichtigt werden sollen, über den Namen des Bieters, dessen Angebot angenommen werden soll, und über die Gründe der vorgesehenen Nichtberücksichtigung ihres Angebotes. Er gibt die Information schriftlich, spätestens sieben Kalendertage vor dem Vertragsabschluss, ab.

324 Mit der **Beanstandung** kann der Bieter ein Nachprüfungsverfahren starten. Beanstandet ein Bieter vor Ablauf der Frist (7 KT) schriftlich beim öffentlichen Auftraggeber die Nichteinhaltung der Vergabevorschriften und hilft der öffentliche Auftraggeber der Beanstandung nicht ab, ist die Nachprüfungsbehörde durch Übersendung der vollständigen Vergabeakten zu unterrichten.

325 Das **Nachprüfungsverfahren** läuft in Sachsen-Anhalt bis zu vier Wochen. Der Zuschlag darf in dem Fall nur erteilt werden, wenn die Nachprüfungsbehörde nicht innerhalb der vier Wochen nach Unterrichtung das Vergabeverfahren mit Gründen beanstandet. Die Frist kann im Einzelfall um zwei Wochen verlängert werden. Die Frist beginnt am Tag nach dem Eingang der Unterrichtung.

326 Für die Nachprüfung ist die Vergabekammer Sachsen-Anhalt **zuständig**.

327 Gem. § 19 Abs. 5 LVG LSA werden für die Nachprüfung **Kosten** nach dem entsprechenden Verwaltungskostengesetz erhoben. Die Gebühr für die Nachprüfung beträgt mindestens 100 EUR, soll aber den Betrag von 1.000 EUR nicht überschreiten. Ergibt die Nachprüfung, dass ein Bieter zu Recht das Vergabeverfahren beanstandet hat, sind keine Kosten zu seinen Lasten zu erheben.

O. Schleswig-Holstein

328 **Rechtsgrundlagen:**
Gesetz über die Sicherung von Tariftreue und Sozialstandards sowie fairen Wettbewerb bei der Vergabe öffentlicher Aufträge (Tariftreue- und Vergabegesetz Schleswig-Holstein – TTG) v. 31.5.2013, in GVOBl. Schl.-H. 2013, S. 239; Gesetz zur Förderung des Mittelstandes (Mittelstandsförderungsge-

---

[186] EuGH, Urt. v. 10.05.2012 – C-368/10.
[187] § 19 Abs. 4 LVG LSA.

setz – MFG) v. 19.7.2011, in GVOBl. Schl.-H. S. 224, in der Fassung v. 31.5.2013, in GVOBl. Schl.-H. 2013 S. 239; Landesverordnung über die Vergabe öffentlicher Aufträge (Schleswig-Holsteinische Vergabeverordnung – SHVgVO), v. 13.11.2013, in GVOBl. 2013, 439; Landesbeschaffungsordnung Schleswig-Holstein v. 19.10.2011, in Amtsbl. SH 2011, 800; Gesetz zur Einrichtung eines Registers zum Schutz fairen Wettbewerbs (GRfW) v. 13.11.2013, in GVOBl. Schl.-H. 2013 S. 405.

Gemäß § 3 Abs. 1 TTG sind bei öffentlichen Aufträgen die **Vorschriften der VOL/A, der VOB/A und der SektVO** unabhängig vom Auftragswert anzuwenden. 329

Für Aufträge im Sektorenbereich unterhalb des einschlägigen Schwellenwertes ist die SektVO gemäß § 4 Abs. 1 SHVgVO entsprechend, jedoch mit Ausnahme der § 12 Abs. 5, § 17, § 29 Abs. 5 sowie der §§ 32 und 33 SektVO, anwendbar. 330

I. Vom Anwendungsbereich betroffene Vergabestellen

Der **persönliche Anwendungsbereich** des Tariftreue- und Vergabegesetzes Schleswig-Holstein ist gemäß § 2 Abs. 1 TTG eröffnet für öffentliche Auftraggeber des Landes und der Kommunen und ihre Sondervermögen und alle weiteren öffentlichen Auftraggeber iSd. § 98 Nr. 1 bis 5 GWB, soweit sie in Schleswig-Holstein öffentliche Aufträge vergeben. Ferner soll das TTG auch auf die „dadurch betroffenen Unternehmen und Nachunternehmen" (§ 2 Abs. 1 Nr. 4 TTG) Anwendung finden. 331

Wird das Vergabeverfahren im Namen oder im Auftrag des Bundes oder eines anderen Bundeslandes durchgeführt, gilt das Gesetz nicht. Die Ausnahmetatbestände des § 100 Abs. 2 GWB gelten gemäß § 2 Abs. 2 TTG entsprechend. Anders als zuvor bei den Vorschriften des Mittelstandsförderungs- und Vergabegesetzes ist der **sachliche Anwendungsbereich** für sämtliche öffentliche Aufträge eröffnet, nicht nur für Verträge, die mit privaten Unternehmen geschlossen werden. Auch für Aufträge im Bereich des öffentlichen Personenverkehrs gilt das Gesetz.[188] 332

Die Regelungen des TTG finden grundsätzlich erst ab einem geschätzten **Auftragswert von 15.000 EUR** (netto) Anwendung. Die allgemeinen **Vergabegrundsätze** aus § 3 TTG und die Regelungen zur **Tariftreue** gemäß § 4 Abs. 1 TTG gelten jedoch **unabhängig** von einem **Eingangswert** für alle Auftragsvergaben, so ua. auch für freiberufliche Leistungen, deren Auftragswert den Schwellenwert für die Anwendung der VOF nicht erreicht. 333

Die Beschaffungsstellen der Landesbehörden werden gemäß § 1 Landesbeschaffungsordnung verpflichtet, ihre Bedarfe weitestgehend zentral über die Zentrale Beschaffungsstelle der Gebäudemanagement Schleswig-Holstein A.ö.R. (GMSH) und die Zentrale IT-Beschaffungsstelle bei Dataport abzuwickeln.[189] 334

II. Besonderheiten im Anwendungsbereich der Vergabearten

Die Schleswig-Holsteinische Vergabeverordnung sieht bestimmte Wertgrenzen für die Anwendung der Beschränkten Ausschreibung und Freihändigen Vergabe oder eines Direktkaufs vor. 335

Bei Vergaben nach **VOL/A** kann die 336
– Beschränkte Ausschreibung gem. § 3 Abs. 1 Satz 2 VOL/A (dh. mit Teilnahmewettbewerb) bis zu einem Auftragswert von 50.000 EUR (netto),
– Freihändige Vergabe bis zu einem Auftragswert von 25.000 EUR (netto) durchgeführt werden.[190]

---

[188] § 2 Abs. 3 TTG.
[189] Landesbeschaffungsordnung Schleswig-Holstein v. 19.10.2011, in Amtsbl. SH 2011, 800.
[190] § 2 Abs. 1, 2 und 3 SHVgVO.

337 Verträge über Bauleistungen nach der **VOB/A** können bis zu einem Auftragswert von 2.000 EUR (netto) unter Berücksichtigung der Haushaltsgrundsätze der Wirtschaftlichkeit und Sparsamkeit ohne ein Vergabeverfahren beschafft werden (Direktkauf). Für Aufträge im Sektorenbereich gilt dies nicht.[191]

338 Für Aufträge unterhalb der Schwellenwerte im **Sektorenbereich**, auf die die Sektorenverordnung gemäß § 4 Abs. 1 SHVgVO nur teilweise Anwendung findet, ist ein Verhandlungsverfahren ohne Bekanntmachung neben den in § 6 Abs. 2 SektVO genannten Fällen auch zulässig unterhalb eines Auftragswertes von 50.000 EUR bei Liefer- und Dienstleistungsaufträgen und unterhalb eines Auftragswerts von 200.000 EUR bei Bauaufträgen.

339 Bis zum 31.12.2015 gelten gemäß § 9 SHVgVO folgende **abweichende Wertgrenzen:**
– Abweichend von § 2 Abs. 2 Satz 1 SHVgVO ist die Beschränkte Ausschreibung gemäß § 3 Abs. 1 Satz 2 VOL/A zulässig unterhalb eines Auftragswertes von 100.000 EUR (netto),
– Abweichend von § 2 Abs. 3 Satz 1 SHVgVO ist die Freihändige Vergabe gemäß § 3 Abs. 5 VOL/A zulässig unterhalb eines Auftragswertes von 100.000 EUR (netto),
– Abweichend von § 3 SHVgVO ist eine Beschränkte Ausschreibung gemäß § 3 Abs. 3 VOB/A ohne Durchführung eines öffentlichen Teilnahmewettbewerbs zulässig unterhalb eines Auftragswertes von 1.000.000 EUR (netto),
– Abweichend von § 3 SHVgVO ist eine Freihändige Vergabe gemäß § 3 Abs. 5 VOB/A zulässig unterhalb eines Auftragswertes in Höhe von 100.000 EUR (netto),
– Abweichend von § 4 Abs. 2 Satz 5 SHVgVO ist der Verzicht auf eine Bekanntmachung zulässig unterhalb eines Auftragswertes von 100.000 EUR (netto) bei Liefer- und Dienstleistungsaufträgen und unterhalb eines Auftragswertes von 1.000.000 EUR bei Bauaufträgen.

340 In § 9 Abs. 2 und 3 SHVgVO werden die **Transparenzpflichten** des § 20 Abs. 3 VOB/A und § 19 Abs. 2 VOL/A modifiziert. Danach erfolgt eine Ex-Post-Transparenz bei Vergaben nach der VOB/A erst bei Auftragswerten i. H. v. 150.000 EUR (netto) bei Beschränkter Ausschreibung und iHv 50.000 EUR (netto) bei Freihändiger Vergabe. Bei Vergaben nach der VOL/A ist ab einem Auftragswert von 25.000 EUR (netto) nach Zuschlagserteilung zu informieren. Die Information ist mindestens sechs Monate vorzuhalten und muss anders als gemäß § 19 Abs. 2 VOL/A beispielsweise nicht die Angabe des Namens des beauftragten Unternehmens enthalten.

341 Für Bauvergaben enthält § 3 Abs. 4 TTG eine besondere **Compliance-Regel**. Danach müssen auftraggeberseitig organisatorische Maßnahmen für eine unabhängige Preisprüfung eingerichtet werden. Ferner müssen von den Bietern zwingend Zweitschriften der Angebote (inkl. Nebenangebote) gefordert werden, die gesondert verschlossen aufbewahrt werden.

342 Mit dem Gesetz zur Einrichtung eines **Registers zum Schutz fairen Wettbewerbs** (GRfW) wurde eine zentrale Informationsstelle eingerichtet, die ein Register über unzuverlässige Auftragnehmer führt, um den öffentlichen Auftraggebern die Eignungsprüfung zu erleichtern. In das Register werden nachgewiesene korruptionsrelevante oder sonstige Rechtsverstöße mit Bezug zum Geschäftsverkehr eingetragen. Öffentliche Auftraggeber müssen gemäß § 7 Abs. 1 GRfW ab Erreichen bestimmter Wertgrenzen (Liefer-, Dienst- und Planungsleistungen 25.000 EUR (netto), Bauleistungen 50.000 EUR (netto)) vor Auftragserteilung relevante Verstöße beim Register abfragen; unterhalb der Wertgrenzen sind sie hierzu berechtigt. Die Abfrage kann auch auf Nachunternehmer erstreckt werden. Außerdem kann die zentrale Informationsstelle gemäß § 6 GRfW – unabhängig von der in § 13 TTG vorgesehenen Verhängung einer Auftragssperre von bis zu drei Jahren durch den Auftraggeber – bei nachgewiesener schwerer Verfehlung mit Wirkung für alle

---

[191] § 3 SHVgVO.

Auftragsvergaben des Landes eine **Vergabesperre** von in der Regel mindestens sechs Monaten bis zu maximal drei Jahren aussprechen.

Dieses Gesetz ist nahezu identisch mit dem Hamburgischen Gesetz zur Einrichtung eines Registers zum Schutz fairen Wettbewerbs vom 17.9.2013. Die Register von Hamburg und Schleswig-Holstein sollen per Verwaltungsabkommen künftig zusammengeführt werden.[192]

III. Mittelstandsförderung

Gemäß § 3 Abs. 7 TTG sind die öffentlichen Auftraggeber grundsätzlich verpflichtet, auch kleine und mittlere Unternehmen bei Beschränkten Ausschreibungen und Freihändigen Vergaben zur Angebotsabgabe aufzufordern. Außerdem sind die öffentlichen Aufträge gemäß § 3 Abs. 8 TTG auch im Unterschwellenbereich in Teillose und Fachlose aufgeteilt zu vergeben. Um eine verstärkte Teilhabe von kleineren und mittleren Unternehmen am Wettbewerb zu erreichen, sollen öffentliche Aufträge im Bereich des öffentlichen Personenverkehrs zusätzlich in elektronischer Form bekannt gemacht werden.

IV. Tariflohnbestimmungen

Für Aufträge über Leistungen, die dem Arbeitnehmerentsendegesetz unterfallen, regelt § 4 Abs. 1 TTG eine Verpflichtung zur **Tariftreue**. Entsprechendes gilt für Entgelte aufgrund von Tarifverträgen im Bereich des öffentlichen Personenverkehrs.[193]

Unabhängig von der Tariftreue gilt in Schleswig-Holstein bei öffentlichen Aufträgen ein **Mindeststundenentgelt** in Höhe von 9,18 EUR (brutto).[194] Ausgenommen sind lediglich Auszubildende, Praktikanten, Hilfskräfte und Teilnehmende an Bundesfreiwilligendiensten. Gemäß § 4 Abs. 5 TTG muss sich das bietende Unternehmen auch verpflichten, Leiharbeiter für die gleiche Tätigkeit ebenso zu entlohnen wie regulär Beschäftigte.

Unter den verschiedenen Tarif- und Mindestentgeltregelungen gilt das Günstigkeitsprinzip.[195]

Mit dem Angebot muss der Bieter eine **Verpflichtungserklärung** über die Einhaltung der Tarif- und Mindestentgelte einreichen. Fehlt die Verpflichtungserklärung, muss sie der Auftraggeber nachfordern.[196] Insoweit modifiziert § 8 TTG die Ermessensregel des § 16 VOL/A.

Die Verpflichtung zur Tariftreue und das Mindeststundenentgelt gelten auch für alle Nachunternehmer und Verleiher von Arbeitskräften. Sie erstreckt sich gemäß § 9 TTG auf alle Nachunternehmerketten. Einen Einstiegswert für Nachunternehmervergaben gibt es nicht.

Auch nach dem TTG in Schleswig-Holstein stehen dem Auftraggeber zur Prüfung der Einhaltung der Bestimmungen des Gesetzes **Kontrollrechte** zu.[197] Der Auftragnehmer hat hierfür vollständige und prüffähige Unterlagen bereitzuhalten, die er dem Auftraggeber auf Verlangen vorlegen und erläutern muss. Außerdem muss dem Auftraggeber ein entsprechendes Auskunfts- und Prüfrecht bei Nachunternehmern und Verleihern von Arbeitskräften eingeräumt werden.

---

[192] § 10 GRfW.
[193] § 4 Abs. 2 TTG.
[194] § 4 Abs. 3 TTG.
[195] § 4 Abs. 4 TTG.
[196] § 8 Abs. 2 TTG.
[197] § 11 TTG.

350 Darüber hinaus sind vom öffentlichen Auftraggeber zur **Durchsetzung** der Verpflichtungen aus § 4 TTG Vertragsstrafen und Kündigungsrechte im abzuschließenden **Vertrag** zu vereinbaren.

V. Vergabefremde Aspekte

351 Gemäß § 3 Abs. 5 und 6 TTG sollen in allen Vergabeverfahren **ökologische und soziale Aspekte** angemessen berücksichtigt und können zusätzliche Anforderungen betreffend soziale, umweltbezogene und innovative Aspekte gestellt werden, wenn sie im sachlichen Zusammenhang mit dem Auftragsgegenstand stehen und sich aus der Leistungsbeschreibung ergeben. Für Aufträge ab einem Auftragswert von 15.000 EUR (netto)[198] gelten zusätzlich die Vorschriften der §§ 17 und 18 TTG. Gemäß § 17 TTG sind die öffentlichen Auftraggeber verpflichtet, bei der Auftragsvergabe Kriterien des **Umweltschutzes und der Energieeffizienz** zu berücksichtigen. Außerdem ist gemäß § 18 Abs. 1 TTG darauf zu achten, dass keine Waren Gegenstand der Leistung sind, die unter Missachtung der in den **ILO-Kernarbeitsnormen** festgelegten Mindeststandards gewonnen oder hergestellt worden sind.[199] § 18 Abs. 3 TTG sieht bei wirtschaftlich gleichwertigen Angeboten eine Bevorzugung des Bieters vor, der schwerbehinderte Menschen beschäftigt, Ausbildungsplätze bereitstellt oder Gleichbehandlung von Frauen und Männern im Beruf sicherstellt etc. Ausländischen Bietern gegenüber findet diese Bevorzugung keine Anwendung.[200]

VI. Rechtsschutz- und Beschwerdemöglichkeiten

352 Anders als zuvor sieht das TTG keine über die Vorschrift des § 101a GWB hinausgehende spezielle Vorabinformationspflicht des Auftraggebers mehr vor.

352a Weitere landesrechtliche eigene Rechtsschutzbestimmungen, um sich gegen Verstöße bei der Vergabe zu wenden (Primärrechtsschutz) bestehen nicht. Für den Primärrechtsschutz gelten die Ausführungen in § 80. Für Schadensersatzforderungen vgl. ausführlich in § 36.

P. Thüringen

353 **Rechtsgrundlagen:**
Thüringer Vergabegesetz (ThürVG) v. 18.4.2011, GVBl 2011, 69; Neubekanntmachung Ministerium Juni 2010 Vergaberichtlinie; Erlass Ministerium 16.12.2010 Vergabe-Mittelstandsrichtlinie; Rundschreiben Ministerium v. 6.6.2011 zur Anwendung Formblätter; Rundschreiben Ministerium v. 7.4.2014–3295/1–33–16 – überarbeitete Formblätter und Erklärungen zum Thüringer Vergabegesetz (ThürVgG).

354 Gem. § 1 Abs. 2 ThürVgG sind bei den Vergaben unterhalb der EU-Schwellenwerte die ersten Abschnitte der Vergabe- und Vertragsordnungen anzuwenden. Die Verpflichtung gilt gem. § 2 Abs. 1 ThürVgG auch für die Gemeinden.

355 Die Durchführung der öffentlichen Auftragsvergaben wird durch das Thüringer Vergabegesetz (ThürVG) näher bestimmt.

---

[198] Vgl. § 2 Abs. 6 TTG.
[199] Vgl. auch § 6 SHVgVO.
[200] § 18 Abs. 4 TTG.

I. Vom Anwendungsbereich betroffene Vergabestellen

Das Gesetz gilt ab bestimmten **Eingangswerten** für die Liefer- und Dienstleistungsvergaben ab 20.000 EUR (netto), für Bauvergaben ab 50.000 EUR (netto).[201]

Das Landesvergabegesetz in Thüringen (ThürVG) findet neben der klassischen öffentlichen Hand auch auf solche **Auftraggeber** Anwendung, die dem funktionalen Auftraggeberbegriff des § 98 Nr. 2 GWB unterfallen.

II. Besonderheiten im Anwendungsbereich der Vergabearten

Mit der Mittelstandsrichtlinie werden bestimmte Wertgrenzen für die Vergabearten festgelegt. Anders als in den übrigen Bundesländern werden die Wertgrenzen hier zT. nach Gewerken unterschieden.

Vergabe von **Bauleistungen** nach VOB/A
- § 3 Abs. 3 Nr. 1 VOB/A eine Beschränkte Ausschreibung bis zu einem geschätzten Auftragswert (netto) von
  - 50.000 Euro für Ausbaugewerke (ohne Energie- und Gebäudetechnik), Landschaftsbau und Straßenausstattung,
  - 150.000 Euro für Tief-, Verkehrswege- und Ingenieurbau,
  - 100.000 Euro für alle übrigen Gewerke
- § 3 Abs. 5 VOB/A eine Freihändige Vergabe im Wettbewerb unter Einholung von mindestens zwei bis drei Vergleichsangeboten bis zu einem geschätzten Auftragswert (ohne Umsatzsteuer) von
  - 50.000 Euro

zulässig.

Vergabe von Liefer- und gewerblichen Dienstleistungen nach VOL/A
- § 3 Abs. 3 lit. b) VOL/A und § 3 Abs. 4 lit. b) VOL/A eine Beschränkte Ausschreibung bis zu einem geschätzten Auftragswert von 50 000 Euro (netto)
- § 3 Abs. 5 lit. i) VOL/A eine Freihändige Vergabe im Wettbewerb unter Einholung von möglichst drei Vergleichsangeboten bis zu einem geschätzten Auftragswert von 20.000 EUR (netto)

Staatliche Auftraggeber werden gem. § 3 Abs. 3 ThürVgG verpflichtet, ihre Bekanntmachungen zentral auf der **Landesplattform** einzustellen.[202]

III. Mittelstandsförderung

Die Mittelstandsförderung ist im ThürVgG ebenfalls verankert. Dabei haben die Vergabestellen im Anwendungsbereich des Gesetzes nicht nur durch Fach- und Teillosvergabe der Förderung mittelständischer Interessen zu dienen. Sie sollen darüber hinaus die Vergabe gem. § 3 Abs. 2 ThürVgG so gestalten, dass nicht nur eine Beteiligungsmöglichkeit, sondern eine **Zuschlagschance** entsteht.

Als besondere Form der Mittelstandsförderung werden gem. § 12 ThürVgG bestimmte Kriterien vorgegeben, die bei der Vergabe an **Nachunternehmer** zu berücksichtigen sind:
- Es sind bevorzugt Unternehmen der mittelständischen Wirtschaft zu beteiligen, soweit es mit der vertragsgemäßen Ausführung des Auftrages zu vereinbaren ist,
- Die Nachunternehmen sind davon in Kenntnis zu setzen, dass es sich um einen öffentlichen Auftrag iSd. Gesetzes handelt,

---

[201] § 1 ThürVgG.
[202] http://portal.thueringen.de/portal/page/portal/Serviceportal/Ausschreibungen.

– Die VOB/B bzw. VOL/B ist zu vereinbaren und den Nachunternehmern dürfen keine schlechteren Zahlungsbedingungen auferlegt werden, als zwischen Auftragnehmer und dem öffentlichen Auftraggeber vereinbart sind.

IV. Tariflohnbestimmungen

364 Das Landesvergabegesetz (ThürVgG) enthält keine allgemeine Mindestentgeltbestimmung. Es verpflichtet die vom Anwendungsbereich erfassten Vergabestellen jedoch, öffentliche Aufträge, die vom **Arbeitnehmer-Entsendegesetz** erfasst werden, nur an solche Unternehmen zu vergeben, die sich bei der Angebotsabgabe schriftlich verpflichten, ihren Beschäftigten bei der Ausführung der Leistung ein Entgelt zu zahlen, das in Höhe und Modalitäten mindestens den Vorgaben desjenigen Tarifvertrages entspricht, an die das Unternehmen auf der Grundlage der vorstehenden Bestimmungen gebunden sind.[203] Für den ÖPNV ist der jeweils repräsentative Tarifvertrag maßgeblich, der in den Ausschreibungsbedingungen entsprechend benannt ist.

365 § 10 Abs. 3 ThürVgG enthält darüber hinaus eine **equal-pay** Verpflichtung. Danach dürfen öffentliche Aufträge nur an Bieter vergeben werden, die sich bei der Angebotsabgabe schriftlich verpflichten, dass sie bei der Auftragsdurchführung ihren Arbeitnehmern bei gleicher oder gleichwertiger Arbeit gleiches Entgelt zahlen.

366 Diese Tariftreueverpflichtung erstreckt sich neben dem Auftragnehmer auch auf dessen **Nachunternehmer**.[204] Eine Verpflichtung im Hinblick auf die Nachunternehmerketten ist nicht erfasst.

367 Der Auftragnehmer und seine Nachunternehmen sind dem Auftraggeber gem. §§ 15, 17 ThürVgG zum Nachweis der Einhaltung der Entgelt- und Tarifverpflichtungen verpflichtet. Zur **Kontrolle** ist der öffentliche Auftraggeber berechtigt, Einsicht in die Entgeltabrechnungen nicht nur der beauftragten Unternehmen sondern auch der Nachunternehmer zu nehmen. Das Einsichtsrecht erstreckt sich auch auf Unterlagen über die Abführung von Steuern und Sozialversicherungsbeiträgen inkl. der zwischen dem Auftragnehmern und ihren Nachunternehmern geschlossenen Werkverträge. Die Beschäftigten sind auf diese Kontrollmöglichkeiten hinzuweisen.

368 Darüber hinaus reicht es nicht aus, dass in das Vergabeverfahren eine allgemeine Erklärung über die Verpflichtung zur Anwendung des Vergabegesetzes aufgenommen wird. Vielmehr ist der Auftraggeber verpflichtet, seine Vergabeunterlagen so auszugestalten, dass die Bestimmungen über die Entgelthöhe und deren Durchsetzungsmodalitäten (**Vertragsstrafenregelung, Kündigung und Auftragssperre**) Bestandteil des abzuschließenden Vertrages werden.[205]

V. Vergabefremde Aspekte

369 Ohne explizite zwingende Verpflichtung für jeden Beschaffungsvorgang können ökologische und soziale Aspekte im Beschaffungsvorgang Berücksichtigung finden. §§ 4 bis 9 ThürVgG bilden dabei den kompletten Vergabevorgang ab und zeigen die Stellen auf, an denen diese Aspekte Berücksichtigung finden können.

370 Für die von den Auftragnehmern bei der Angebotsabgabe nach § 11 ThürVgG abzugebende Erklärung zur Einhaltung der ILO-Kernarbeitsnormen gibt das Ministerium für Wirtschaft, Arbeit und Technologie ein Formblatt vor.[206]

---

[203] § 10 Abs. 1 ThürVgG.
[204] § 12 Abs. 2 ThürVgG.
[205] § 18 ThürVgG.
[206] Rundschreiben Ministerium v. 11.4.2011–3295/1–25–427 – zur Anwendung Formblätter und Hinweise zum Thüringer Vergabegesetz.

VI. Rechtsschutz- und Beschwerdemöglichkeiten

Auch in Thüringen ist ein vereinfachtes Primärrechtschutzsystem vorgesehen. Eine Eingangsschwelle als **Bagatellgrenze** besteht für Bauvergaben bis 150.000 EUR (netto) und für die übrigen Vergaben bis 50.000 EUR (netto). 371

Der Auftraggeber informiert gem. § 19 ThürVgG die Bieter, deren Angebote nicht berücksichtigt werden sollen, über den Namen des Bieters, dessen Angebot angenommen werden soll, und über die Gründe der vorgesehenen Nichtberücksichtigung ihres Angebotes (**Vorabinformation**). Er gibt diese Information schriftlich spätestens sieben Kalendertage (KT) vor dem Vertragsabschluss ab. 372

Mittels einer **Beanstandung** kann der Bieter eine Nachprüfung einleiten. Dazu muss er vor Ablauf der Frist von 7 KT schriftlich beim Auftraggeber die Nichteinhaltung der Vergabevorschriften beanstanden. 373

Hilft der Auftraggeber der Beanstandung nicht ab, ist die **Nachprüfungsbehörde** durch Übersendung der vollständigen Vergabeakten zu unterrichten. Der Zuschlag darf in dem Fall nur erteilt werden, wenn die Nachprüfungsbehörde nicht innerhalb von 14 KT nach Unterrichtung das Vergabeverfahren mit Gründen beanstandet; andernfalls hat der Auftraggeber die Auffassung der Nachprüfungsbehörde zu beachten. Die Frist beginnt am Tag nach dem Eingang der Unterrichtung. Auch in Thüringen besteht kein Anspruch des Bieters auf Tätigwerden der Nachprüfungsbehörde.[207] 374

Zuständige Behörde ist – wie im Rechtsschutz oberhalb der Schwellenwerte – die Vergabekammer. 375

Die **Kosten** trägt der Unterliegende. Die Höhe der Gebühr bestimmt sich nach dem Aufwand und beträgt min. 100 EUR und soll 1.000 EUR nicht übersteigen. 376

---

[207] Ebenso in Sachsen.

§ 80 Rechtsschutz unterhalb der Schwellenwerte

Übersicht

	Rn.
A. Einleitung	1, 2
B. Rechts- und Fachaufsichtsbeschwerde	3–8
C. Nachprüfungsstellen gem. § 21 VOB/A	9
D. Einstweilige Verfügung	10–22
I. Verfügungsanspruch	14–16
II. Verfügungsgrund	17–19
III. Keine Vorwegnahme der Hauptsache	20, 21
IV. Nebenintervention	22
E. Besondere landesrechtliche Rechtsschutzmöglichkeiten	23, 24

Literatur:

Braun, Zivilrechtlicher Rechtsschutz bei Vergaben unterhalb der Schwellenwerte, NZBau 2008, 160–162; *Dicks*, Nochmals: Primärrechtsschutz bei Aufträgen unterhalb der Schwellenwerte, VergabeR 2012, 531, 545; *Emme/Schrotz*, Mehr Rechtsschutz bei Vergaben außerhalb des Kartellvergaberechts NZBau 2012, 216, 218; *Irmer*, Sekundärrechtsschutz und Schadensersatz im Vergaberecht, 2004; *Loewenheim/Meessen/Riesenkampff*, Kartellrecht, 2. Auflage 2009; *Özfirat-Skubinn*, Der Rechtsweg im Rechtsstreit über die Rechtmäßigkeit einer öffentlichen Auftragsvergabe im Unterschwellenbereich, DÖV 2010, 1005–1013; *Prieß/Niestedt* in: Rechtsschutz im Vergaberecht, Praxishandbuch für den Rechtsschutz bei der Vergabe öffentlicher Aufträge oberhalb und unterhalb der EG-Schwellenwerte, 2006; *Scharen*, Rechtsschutz bei Vergaben unterhalb der Schwellenwerte, VergabeR 2011, 653–796; *Seidel/Mertens* in Dauses (Hrsg.), Handbuch des EU-Wirtschaftsrechts, H, IV Rdnr. 443–446; *Widmann*, Vergaberechtsschutz im Unterschwellenbereich, 2008.

A. Einleitung

Bei den Rechtsfolgen von Vergabeverstößen ist zwischen Primärrechtsschutz und sog. Sekundärrechtsschutz zu unterscheiden. Beim Primärrechtsschutz ist das Begehren des Rechtsschutzsuchenden weiterhin auf das Ziel der erfolgreichen Vergabe, nämlich den Zuschlag gerichtet.[1] Beim Sekundärrechtsschutz richtet sich das Begehren des übergangenen Klägers auf die Kompensation seines Schadens, der infolge des Rechtsverstoßes im Vergabeverfahren entstanden ist. Grenze des Primärrechtsschutzes ist stets (oberhalb und unterhalb der Schwellenwerte) der wirksam erteilte Zuschlag. Grenze des Sekundärrechtsschutzes ist die Verjährung.[2] **1**

Spätestens seit der Entscheidung des Bundesverfassungsgerichts v. 13.6.2006 ist klar, dass auch die Vergabe unterhalb der sog Schwellenwerte kein rechtsfreier Raum ist.[3] Die Anwendung des Rechtsschutzsystems für die Vergaben oberhalb der Schwelle gem. §§ 97 ff. GWB ist allerdings *de lege lata* auf Vergaben, die die Schwellenwerte erreichen bzw. überschreiten, beschränkt.[4] Dabei ist es verfassungsrechtlich nicht zu beanstanden, dass der Rechtsschutzsuchende auf die allgemeine Rechtsschutzordnung verwiesen wird, ohne dass besondere Vorkehrungen für die Durchsetzung von Primärrechtsschutz geschaffen wurden.[5] **2**

---

[1] *Scharen* VergabeR 2011, 653.
[2] Zu Schadensersatzansprüchen siehe ausführlich bei § 36.
[3] BVerfG, Beschl. v. 13.6.2006, 1 BvR 1160/03; *Heuvels* in Loewenheim/Meessen/Riesenkampff, § 102 GWB Rn. 23.
[4] BVerfG Beschl. v. 13.6.2006, 1 BvR 1160/03 – Rz. 57.
[5] BVerfG Beschl. v. 13.6.2006, 1 BvR 1160/03 – Rz. 71.

B. Rechts- und Fachaufsichtsbeschwerde

3 Mit dem Mittel des Aufsichtsrechts können Bieter oder Interessenten an einer Vergabe im Unterschwellenbereich versuchen, vermeintlich vergabewidriges Handeln der unter Aufsicht stehenden Stelle zu kontrollieren.[6] Dabei ist zwischen der Dienst- und der Rechts- und Fachaufsicht zu unterscheiden.

4 Die **Dienstaufsicht** ist allein für die Überprüfung des jeweiligen Verhaltens des Handelnden zuständig. Eine Beschwerde richtet sich hier also nicht oder nur mittelbar gegen die gefällte Entscheidung im Vergabeverfahren.[7]

5 Die Rechtmäßigkeit und teilweise auch die Zweckmäßigkeit behördlichen Handelns können durch die **Rechts- und Fachaufsicht** überprüft werden.[8] Dabei schließt der Grundsatz der Selbstverwaltung (zB. gemeindliche Selbstverwaltungsangelegenheiten) jede Überprüfung der Zweckmäßigkeit durch die zur Aufsicht bestimmte Stelle aus.[9]

6 Das Handeln öffentlicher Auftraggeber unterliegt stets der Rechts- und Fachaufsicht der **nächsthöheren Behörde**. Welche Stelle zur Aufsicht bestimmt ist, wird in den Ländern unterschiedlich geregelt.[10]

7 Erhält diese Stelle Kenntnis von vermeintlichen Verstößen, so wird die Aufsichtsbehörde grundsätzlich von Amts wegen tätig.[11] Daneben kann jeder die Rechtmäßigkeit des Verwaltungshandelns mittels eines **form- und fristlosen Antrags** einfordern.

8 Ziel der Rechts- und Fachaufsicht ist die Wiederherstellung der Rechtmäßigkeit des Verwaltungshandelns. Dazu stehen der Rechtsaufsichtsbehörde insbes. folgende **Maßnahmen** zur Verfügung, auf die die Unternehmen aber keinen durchsetzbaren Anspruch haben:
– Auskunft und Beanstandung ggü. der Vergabestelle.
– Anordnung ggü. der Vergabestelle, ein bestimmtes Tun oder Unterlassen vorzunehmen. Anordnungen der Aufsichtsbehörden sind für die Vergabestelle bindend.[12]
– Ersatzvornahme durch die Rechtsaufsichtsbehörde selbst oder einen Dritten.[13]

C. Nachprüfungsstellen gem. § 21 VOB/A

9 Anders als die VOL/A sieht die VOB/A weiterhin die Einrichtung und Benennung von Nachprüfungsstellen vor. Dabei handelt es sich um Stellen, die die behördeninterne Funktion einer Kontrolle der Rechtmäßigkeit der vom öffentlichen Auftraggeber durchgeführten Vergabeverfahren gewährleisten.[14] Regelmäßig sind dies die **sog. VOB-Stellen**. Auf die Bezeichnung kommt es aber nicht an. Letztlich sind solche Stellen der Rechts- und Fachaufsicht zuzuordnen.[15]

---

[6] *Widmann* Vergaberechtsschutz im Unterschwellenbereich, S. 242.
[7] *Mertens* in Franke/Kemper/Zanner/Grünhagen, § 21 Rn. 5.
[8] *Mertens* in Franke/Kemper/Zanner/Grünhagen, § 21 Rn. 4.
[9] *Widmann* Vergaberechtsschutz im Unterschwellenbereich, S. 242
[10] Am Beispiel Rheinland-Pfalz siehe *Widmann*, Vergaberechtsschutz im Unterschwellenbereich, S. 243.
[11] *Mertens* in Franke/Kemper/Zanner/Grünhagen, § 21 Rn. 4.
[12] *Heiermann/Riedl/Rusam*, A § 21 Rn. 5.
[13] *Franke/Höfler/Bayer*, III. 2. Rn. 22.
[14] *Mertens* in Franke/Kemper/Zanner/Grünhagen, § 21 Rn. 1.
[15] *Mertens* in Franke/Kemper/Zanner/Grünhagen, § 21 Rn. 1.

D. Einstweilige Verfügung

In der Vergangenheit war lange streitig, ob und wenn ja, welcher **Rechtsweg** für den Primärrechtsschutz bei Vergaben unterhalb der Schwellenwerte eröffnet ist.[16] Mit seiner Entscheidung v. 2.5.2007 hat das Bundesverwaltungsgericht diese Diskussion in der Praxis beendet und Streitigkeiten über die Rechtmäßigkeit von Vergaben im Unterschwellenbereich den Zivilgerichten zugewiesen.[17]

Danach ist für die Frage, ob eine Streitigkeit öffentlich-rechtlich oder bürgerlich-rechtlich ist, die Natur des Rechtsverhältnisses maßgeblich, aus dem der geltend gemachte Anspruch hergeleitet wird.[18] Da sich die öffentliche Hand bei der Vergabe öffentlicher Aufträge in aller Regel auf dem Boden des Privatrechts bewegt, gilt folglich für Streitigkeiten über die hierbei vorzunehmende Auswahl des Vertragspartners nicht der Verwaltungsrechtsweg, sondern der Rechtsweg zu den ordentlichen Gerichten.[19] Bei Unterschwellenvergaben kann Rechtsschutz nur in der Weise gewährt werden, die nach dem bestehenden System vor den ordentlichen Gerichten vorgesehen ist – materiell-rechtlich also nach dem Bürgerlichen Gesetzbuch (BGB) und prozessual nach der Zivilprozessordnung (ZPO).[20]

Zwar kann Rechtsschutz bei Vergabeverstößen auch im Wege der zivilrechtlichen **Leistungsklage** ersucht werden. Da (spätestens) die Zustellung der Klage jedoch seitens des öffentlichen Auftraggebers zum Anlass genommen werden würde, den Zuschlag zu erteilen, liefe dieses Rechtsschutzbegehren leer.[21] Das Mittel der Wahl ist deshalb der Antrag auf Erlass einer **einstweiligen Verfügung** mit einem entsprechenden Unterlassungsantrag.[22]

Die einstweilige Verfügung kommt grundsätzlich als **Sicherungs-** (§ 935 ZPO) oder **Regelungsverfügung** (§ 940 ZPO) in Betracht. Während die Sicherungsverfügung grundsätzlich auf die Sicherung eines bestehenden Zustandes gerichtet ist, dient die Regelungsverfügung und als Unterfall dieser die **Leistungsverfügung** dem Rechtsfrieden, indem sie eine vorläufige Regelung eines Rechtszustandes zulässt.[23] Der Verfügungskläger muss lediglich sein Rechtsschutzziel angeben; er braucht sich dabei nicht auf eine Art der Verfügung festzulegen.[24]

I. Verfügungsanspruch

Im einstweiligen Verfügungsverfahren setzt der Erlass einer einstweiligen Verfügung die **Glaubhaftmachung eines Verfügungsanspruchs** voraus. In der Rechtspraxis bestehen weiterhin Uneinigkeiten über die den Rechtsschutzsuchenden unterhalb der Schwellenwerte zur Seite stehenden Anspruchsgrundlagen.[25]

---

[16] Zum Rechtsweg vgl. *Özfirat-Skubinn*, DÖV 2010, 1005. Zum Streitstand: *Antweiler* NZBau 2009, 362; *Braun*, NZBau 2008, 160; *Heuvels* in Loewenheim/Meessen/Riesenkampff, § 102 GWB Rn. 24 ff.
[17] BVerwG Beschl. v. 2.5.2007, 6 B 10.07; *Dicks* VergabeR 2012, 531, spricht von einer Befriedung des Streits um die Rechtswegfrage.
[18] BVerwG Beschl. v. 2.5.2007, 6 B 10.07.
[19] BVerwG Beschl. v. 2.5.2007, 6 B 10.07 – unter Hinweis auf die ständige Rechtsprechung.
[20] *Dicks* VergabeR 2012, 531, 532 unter Verweis auf BVerwG Beschl. v. 2.5.2007, 6 B 10.07; *Emme/Schrotz* NZBau 2012, 216, 218.
[21] *Scharen* VergabeR 2011, 653, 660, unter Hinweis auf § 97 Abs. 7 GWB.
[22] *Scharen* VergabeR 2011, 653, 660.
[23] *Vollkommer* in Zöller, ZPO § 935 Rdn. 2.
[24] *Vollkommer* in Zöller, ZPO § 935 Rdn. 2.
[25] Einen frühen Überblick bietet *Braun* NZBau 2008, 160.

15   Anders als bei den Vergaben, die die Schwellenwerte erreichen oder überschreiten hat der Gesetzgeber für den sog. Unterschwellenbereich bisher darauf verzichtet, ein eigenständiges **materielles Recht** zugunsten des Rechtsschutzsuchenden zu schaffen.[26] In der Rechtsprechung und Literatur werden nahezu sämtliche Abstufungen vertreten.[27] Während *Dicks*[28] über die Selbstbindung des öffentlichen Auftraggebers an die Vergabeordnungen als Maßstab, ob ein Verstoß gegen Art. 3 Abs. 1 GG anzunehmen ist, bereits eine einfache, nicht vorsätzliche, sondern nur fahrlässige Verletzung (bieterschützende) Vorschrift der Vergabeverordnungen ausreichen lassen will, soll nach dem OLG Brandenburg[29] nur die „krasse Fehlentscheidung" einen Eingriff in die Rechte des rechtsschutzsuchenden Unternehmers gem. Art. 3 Abs. 1 GG rechtfertigen.

16   Neben der weiterhin umstrittenen Frage nach der Anspruchsgrundlage selbst, bestehen in der Praxis erhebliche Schwierigkeiten für den Antragsteller, die relevanten Tatsachen, die eine Anspruchsverletzung begründen, in einer der Glaubhaftmachung entsprechenden Form des § 294 ZPO beizubringen.[30] Wer eine tatsächliche Behauptung glaubhaft zu machen hat, kann sich zwar aller Beweismittel der Zivilprozessordnung bedienen, die auch zur Versicherung an Eides statt zugelassen werden. Eine Beweisaufnahme, die nicht sofort erfolgen kann, ist jedoch unstatthaft. Mangels der dem Primärrechtsschutz oberhalb der Schwellenwerte gleichgelagerten Verfahrenstransparenz hat das OLG Düsseldorf das fehlende Akteneinsichtsrechts des Rechtsschutzsuchenden durch eine sachgerechte Handhabung der **sekundären Darlegungslast** gehandhabt.[31]

II. Verfügungsgrund

17   Der Verfügungsgrund ist neben dem Verfügungsanspruch mit dem Antrag **glaubhaft** zu machen. Ein Verfügungsgrund liegt dann vor, wenn zu besorgen ist, dass durch eine Veränderung des bestehenden Zustandes die Verwirklichung des Rechts vereitelt oder wesentlich erschwert wird.[32] Letztlich handelt es sich hier – ebenso wie im Oberschwellenrechtsschutz bei der Antragsbefugnis gem. § 107 Abs. 2 GWB – um eine spezielle Ausformung des Rechtsschutzinteresses.[33] Ist eine solche Beeinträchtigung, mithin **Dringlichkeit**, auszuschließen, so besteht auch kein rechtfertigender Grund, regelnd in das Vergabeverfahren einzugreifen.[34]

18   Der Antrag auf Erlass einer einstweiligen Verfügung kann jedoch dann verfrüht sein, wenn der Antragsteller selbst noch für Abhilfe sorgen kann. Dies ist zutreffend dann der Fall, wenn – wie in den Verfahren oberhalb der Schwellenwerte – eine **Rüge mit Abhilfeverlangen** gegenüber dem Auftraggeber nicht erfolgt ist.[35]

19   Nicht nur die Vorabinformationspflicht, sondern vor allen Dingen die **Wartepflicht** verbunden mit der Konsequenz, dass der Vertrag von Anfang an unwirksam ist, wenn er ohne oder entgegen den Vorgaben der Vorabinformations- und Wartepflicht gem. § 101a GWB geschlossen wird, geben den Beteiligten in Vergabeverfahren oberhalb der Schwelle Sicher-

---

[26] *Scharen* VergabeR 2011, 653, 656.
[27] Die Rechtsprechungslage fasst *Krist* VergabeR 2011, 163, 164 zusammen. Einen Überblick über die in der Literatur vertretenen Auffassungen führt *Widmann*, Vergaberechtsschutz im Unterschwellenbereich, S. 186 ff.
[28] *Dicks* VergabeR 2012, 531, 538; so auch *Krist* VergabeR 2011, 163. Krit. *Scharen* VergabeR 2011, 653, 659. Siehe auch OLG Düsseldorf Urt. v. 19.10.2011, 27W 1/11 und EuG Urt. v. 20.9.2011, T 461/08.
[29] OLG Brandenburg Beschl. v. 2.10.2008, 12 U 91/08.
[30] *Krist* VergabeR 2011, 163, 166 verweist auf die Informationsbeschaffung per Zufall.
[31] OLG Düsseldorf Urt. v. 13.1.2010, 27 U 1/09.
[32] *Vollkommer* in Zöller ZPO, § 935 Rdn. 10.
[33] *Dicks* VergabeR 2012, 531, 536.
[34] *Dicks* VergabeR 2012, 531, 536.
[35] LG Berlin Beschl. v. 5.12.2011, 52 O 254/11.

heit. Eine solche Informations- und Wartepflicht ist für die Vergaben unterhalb der Schwelle grundsätzlich nicht vorgesehen.[36] Zwar lässt sich einzelnen landesrechtlichen Bestimmungen eine Vorabinformationspflicht entnehmen.[37] Es liegt jedoch weder eine einheitliche Normierung vor, noch findet sich durchgehend die den Rechtsschutzsuchenden tatsächlich schützende Nichtigkeitsfolge.[38] In der Literatur werden hierzu unterschiedliche Ansätze vertreten. Während sich *Dicks* für eine aus dem Grundsatz des effektiven Rechtsschutzes herzuleitende allgemeine Informations- und Wartepflicht ausspricht,[39] sieht *Scharen* klar den Gesetzgeber in der Verantwortung.[40] Zum jetzigen Zeitpunkt kann sich der um Primärrechtsschutz im Unterschwellenbereich ersuchende Bieter jedenfalls nicht rechtssicher auf eine auftraggeberseitige Wartefrist mit Stillhaltefunktion verlassen.

III. Keine Vorwegnahme der Hauptsache

Anders als im Primärrechtsschutz oberhalb der Schwellenwerte kennt das Zivilprozessrecht eine dem § 115 GWB vergleichbare Regel nicht. Gem. § 938 ZPO bestimmt das Gericht nach freiem Ermessen, welche Anordnungen zur Erreichung des Zwecks einer einstweiligen Verfügung erforderlich sind. In der Rechtsprechung und Literatur wird dazu vertreten, dass auch ein **vorläufiges Zuschlagsverbot**, das vorab durch Beschluss erlassen wird, von dieser Regelung erfasst wird.[41] Danach kann es für das Gericht geboten sein, dem Auftraggeber im Wege einer Zwischenverfügung aufzugeben, befristet bis zur Entscheidung in erster Instanz eine Auftragsvergabe zu unterlassen sowie das Unternehmen, dem der Auftraggeber den Zuschlag erteilen will, von dem Verfahren zu benachrichtigen.[42] Zwar richtet sich § 938 ZPO an die Gerichte. Damit die Notwendigkeit einer solchen **Zwischenverfügung** nicht untergeht, ist dem Antragsteller zu empfehlen, bereits mit der Antragsschrift auf den Erlass eines mit Ordnungsmitteln bewehrten Zuschlagsverbotes hinzuwirken.[43]

Grenze der Anordnung ist der gestellte Antrag. Die Anordnung darf darüber hinaus nicht zu einer **Vorwegnahme der Hauptsache** führen.[44] Eine Zuschlagserteilung kann der Bieter daher nicht verlangen. Maßnahmen, die der Sicherstellung eines konkreten Verfahrensablaufs dienen, sind jedoch nicht als Vorwegnahme der Hauptsache zu qualifizieren.[45]

---

[36] Aus dem Grundsatz effektiver Rechtsschutzgewährung könnte sich eine Pflicht zur Information mit Wartepflicht ergeben, siehe EuG, Urt. v. 20.9.2011 – T 461/08.

[37] Landesrechtliche Regelungen finden sich derzeit in Mecklenburg-Vorpommern, vgl. § 12 VgG M-V, Sachsen, vgl. § 8 Abs. 1 SächsVergG, Sachsen-Anhalt, vgl. § 19 Abs. 1 LVG LSA, Schleswig-Holstein, vgl. § 14 Abs. 10 MFG, Thüringen, vgl. § 19 Abs. 1 ThürVgG.

[38] *Scharen* VergabeR 2011, 653, 664.

[39] *Dicks* VergabeR 2012, 531, 544.

[40] *Scharen* VergabeR 2011, 653, 664.

[41] *Dicks* VergabeR 2012, 531, 540; *Scharen* VergabR 2011, 653, 661; OLG Düsseldorf Urt. v. 13.1.2010, 27 U 1/09.

[42] OLG Düsseldorf Urt. v. 13.1.2010, 27 U 1/09.

[43] OLG Düsseldorf Beschl. v. 15.8.2011, 27 W 1/11 und *Dicks* VergabeR 2012, 531, 539 unter Hinweis auf OLG Düsseldorf Urt. v. 13.1.2010, 27 U 1/09; *Scharen* VergabeR 2011, 653, 661 unter Hinweis in FN 58 auf die Dauer (Urteilsverfügung), die aufgrund der Vollziehungsfrist gem. §§ 929 Abs. 2, 936 ZPO einen Monat nach Verkündung des Urteils in der Sache liegen sollte.

[44] *Vollkommer* in Zöller, ZPO § 938 Rdn. 3.

[45] *Widmann*, Vergaberechtsschutz im Unterschwellenbereich, S. 203.

IV. Nebenintervention

22 Während im Primärrechtsschutz oberhalb der Schwellenwerte die Beiladung desjenigen, dessen Rechte durch die Entscheidung im Nachprüfungsverfahren betroffen werden, notwendig ist (§ 109 GWB), sieht die Zivilprozessordnung gem. §§ 66 ff. ZPO lediglich die Möglichkeit der Nebenintervention vor.

E. Besondere landesrechtliche Rechtsschutzmöglichkeiten

23 Mit den Landesvergabegesetzen hat sich im Bundesgebiet ein heterogenes Bild betreffend den vergaberechtlichen Primärrechtsschutz im Unterschwellenbereich entwickelt.[46] Die überwiegende Anzahl der Bundesländer und für die Vergaben des Bundes im Unterschwellenbereich ist kein eigenes Rechtsschutzsystem bei Verstößen gegen die Vergabevorschriften vorgesehen. Bieter und Interessenten an Vergaben sind hinsichtlich des Primärrechtsschutzes, dh. zur Beseitigung von Rechtsverstößen im laufenden Verfahren auf die zuvor beschriebenen Möglichkeiten beschränkt.

24 Verschiedene Bundesländer haben jedoch die Einführung ihrer Tariftreue-, Vergabe- und Mittelstandsförderungsgesetze auch dazu genutzt, um einen Primärrechtsschutz für die Vergaben einzuführen, die den europäischen Schwellenwert nicht erreichen.[47] Hierbei lassen sich zwei Hauptströmungen ausmachen, wonach entweder der Unterschwellenrechtsschutz ähnlich dem oberschwelligen Nachprüfungsverfahren bei den Vergabekammern angesiedelt wird oder (formloser) eine Nachprüfung bei der Aufsicht, jedoch ohne Anspruch auf Tätigwerden besteht. Transparenz wird teilweise auch nur durch die Einführung einer Vorabinformation in den Unterschwellenverfahren sichergestellt.

---

[46] Die Einzelheiten zum jeweiligen landesrechtlichen Primärrechtsschutz werden in den Kapiteln zu den einzelnen Bundesländern erläutert.
[47] Hessen vgl. § 14 Hessisches Vergabegesetz; Sachsen, vgl. § 8 SächsVergabeG; Sachsen-Anhalt, vgl. § 19 LVG LSA; Thüringen, vgl. § 19 ThürVgG.

Die Bearbeiter

Dr. Peter Braun, LL.M. (Wales) ist Partner der Kanzlei Orrick Herrington & Sutcliffe und leitet die Praxisgruppe Öffentliche Wirtschaftsrecht in Frankfurt. Er verfügt über umfangreiche Erfahrungen in der vergabebegleitenden Rechtsberatung von öffentlichen Auftraggebern. Er berät regelmäßig Bundesministerien, Bundesoberbehörden, Länder, Kommunen und Versorgungsunternehmen bei der Strukturierung komplexer Vergabeverfahren. In- und ausländische Unternehmen unterstützt er bei der Teilnahme an nationalen und internationalen Vergabeverfahren. Hierzu gehört auch die Vertretung von Bieterinteressen in Nachprüfungsverfahren. Peter Braun vertritt fortlaufend Unternehmen gegenüber der Weltbank und anderen Entwicklungsbanken in Verfahren zu Vergabesperren. Er unterstützt Unternehmen bei der Implementierung von Compliance Systemen und zu laufenden Compliance Fragen. Im Auftrag der Europäische Kommission und der OECD (SIGMA) berät er europäische Regierungen bei der Neufassung und Implementierung des nationalen Vergaberechts. Peter Braun studierte Rechtswissenschaften in Kiel. Nach der Absolvierung eines Magisterstudiums an der Universität von Wales wurde Peter Braun Mitglied der Public Procurement Research Group an der Universität von Nottingham, wo er zur Anwendung des Vergaberechts bei PPP Projekten promovierte. Im Bereich des Vergaberechts zeichnet er sich durch zahlreiche Veröffentlichungen aus und ist ein gefragter Redner auf nationalen und internationalen Seminaren und Konferenzen.

Dr. Janet Kerstin Butler ist Rechtsanwältin und Counsel im Berliner Büro der internationalen Rechtsanwaltskanzlei Baker & McKenzie. Ihre Tätigkeitsschwerpunkte liegen im Energierecht, Beihilfen- und Subventionsrecht sowie im öffentlichen Wirtschaftsrecht. Sie berät insbesondere zu verfahrens- und organisationsrechtlichen Fragen in Zusammenhang mit der Privatisierung öffentlicher Unternehmen. Janet Butler studierte Rechtswissenschaften an der Julius-Maximilians-Universität Würzburg, wo sie auch zum Doktor der Rechtswissenschaften promovierte.

Dr. Sebastian Conrad ist Rechtsanwalt im Berliner Büro der Rechtsanwaltskanzlei Gleiss Lutz. Er studierte Rechtswissenschaft in Heidelberg und Montpellier und wurde an der Freien Universität Berlin zum Doktor des Rechts promoviert. Seine Tätigkeitsschwerpunkte liegen im öffentlichen Recht, insbesondere im Vergaberecht, im Wirtschaftsverwaltungsrecht und im Baurecht. Er ist Verfasser verschiedener Veröffentlichungen, vornehmlich zum Vergaberecht.

Prof. Dr. iur. Johannes Dietlein, ist Universitätsprofessor an der Heinrich-Heine-Universität Düsseldorf, Lehrstuhlinhaber für Öffentliches Recht und Verwaltungslehre sowie Direktor des dortigen Instituts für Informationsrecht. Er leitet den Masterstudiengang Informationsrecht an der Düsseldorf Law School und ist als Verfasser zahlreicher vergaberechtlicher Fachpublikationen hervorgetreten, u. a. als Mitautor im Byok/Jaeger, Kommentar zum Vergaberecht. Johannes Dietlein habilitierte sich im Jahre 1998 an der Universität zu Köln; er ist Mitherausgeber der ZfWG (Europaen Journal of Gambling Law). Von 2006 bis 2008 war Johannes Dietlein Dekan und Vorsitzender des Prüfungsamtes der Juristischen Fakultät der Universität Düsseldorf.

Dr. Alexander Fandrey, ist Rechtsanwalt im Düsseldorfer Büro der Rechtsanwaltskanzlei Kapellmann und Partner. Seine Tätigkeitsschwerpunkte liegen im deutschen und europäischen Vergaberecht sowie im Zuwendungsrecht. Alexander Fandrey studierte Rechtswissenschaften mit dem Schwerpunkt Öffentliches Wirtschaftsrecht an der Heinrich-Heine-Universität in Düsseldorf und der Universität Danzig. An der Heinrich-Hei-

Die Bearbeiter

ne-Universität in Düsseldorf war er als wissenschaftlicher Mitarbeiter am Lehrstuhl für Öffentliches Recht und Verwaltungslehre (Univ.-Prof. Dr. Johannes Dietlein) beschäftigt und wurde zum Doktor der Rechtswissenschaften promoviert. In seine Dissertation bewertete er die Direktvergabe von Verkehrsleistungen. Alexander Fandrey ist Autor zahlreicher vergaberechtlicher und zuwendungsrechtlicher Fachpublikationen, u. a. der Handbücher „Tariftreue- und Vergabegesetz Nordrhein-Westfalen" und „Die Binnenmarktrelevanz öffentlicher Auftragsvergaben" sowie der Kommentierungen zum Vergaberecht von Byok/Jaeger und zum Recht des öffentlichen Personenverkehrs von Saxinger/Winnes.

Sarah Marlene Fickelscher, LL.M. (London), ist im öffentlichen Dienst des Bundes tätig. Ihr Tätigkeitsschwerpunkt liegt im besonderen Verwaltungsrecht. Sarah Fickelscher studierte Rechtswissenschaften an der Friedrich-Schiller-Universität Jena sowie am King's College London, wo sie den Titel eines Master of Laws im Bereich „Public International Law" erhielt. Nach einer Tätigkeit an der Friedrich-Schiller-Universität Jena sowie Referendariat war sie als Rechtsanwältin im Berliner Büro der internationalen Rechtsanwaltskanzlei Baker & McKenzie tätig. Ihre Arbeitsschwerpunkte lagen dabei im öffentlichen Wirtschaftsrecht und Telekommunikationsrecht.

Dr. Christiane Freytag, Maître en Droit (Aix-Marseille), ist Rechtsanwältin und Counsel im Stuttgarter Büro der Rechtsanwaltskanzlei Gleiss Lutz. Ihre Tätigkeitsschwerpunkte liegen im deutschen und europäischen Vergaberecht, in der Beratung zu Public Private Partnerships und zur Privatisierung öffentlicher Unternehmen sowie im öffentlichen Wirtschaftsrecht, insbesondere im Umweltrecht. Christiane Freytag studierte Rechtswissenschaften in Tübingen und in Aix-en-Provence, wo sie den Titel der Maîtrise en Droit der Fachrichtung „droit international" erhielt. In Tübingen absolvierte sie ihre Staatsexamina und promovierte zum Doktor der Rechtswissenschaften. Christiane Freytag ist Dozentin an der Universität Hohenheim und hält regelmäßig Fachvorträge zum Vergaberecht.

Dr. Marc Gabriel, LL.M. (Nottingham), ist Rechtsanwalt, Fachanwalt für Verwaltungsrecht und Partner im Berliner Büro der internationalen Rechtsanwaltskanzlei Baker & McKenzie. Er leitet die europäische Vergaberechtsgruppe der Sozietät. Seine Tätigkeitsschwerpunkte liegen im deutschen und europäischen Vergaberecht sowie im öffentlichen Wirtschafts- und Gesundheitsrecht einschließlich der Privatisierung öffentlicher Unternehmen. Marc Gabriel studierte Rechtswissenschaften an der Freien Universität Berlin, wo er zum Doktor der Rechtswissenschaften promovierte, und an der Nottingham Trent University, wo er den Titel eines Master of Laws im Bereich „Environmental, Planning and Regulatory Law" erhielt. An der Leuphana Universität Lüneburg absolvierte er ein mehrjähriges Weiterbildungsstudium im Umweltrecht. Marc Gabriel ist wissenschaftlicher Beirat des Masterstudiengangs im europäischen Wirtschafts-, Wettbewerbs- und Regulierungsrecht an der Freien Universität Berlin und Herausgeber sowie Autor zahlreicher Fachpublikationen zum Vergaberecht und zum Gesundheitsrecht, u. a. Mitherausgeber der Zeitschrift Vergabepraxis & -recht (VPR), des Handbuchs „Die Bietergemeinschaft", des NJW Praxis-Lehrbuchs „Pharmarecht – Systematische Einführung in das Arzneimittel- und Medizinprodukterecht" sowie Verfasser der Kommentierung zu Auftragsvergaben im Gesundheitswesen und in den Sektoren der Trinkwasser-, Elektrizitäts-, Gas- und Wärmeversorgung im Münchener Kommentar zum Europäischen und Deutschen Wettbewerbsrecht und Verfasser des Kapitels zu Krankenkassenausschreibungen im Beck'schen Vertragshandbuch Pharma und Life Science.

Andreas Haupt ist Rechtsanwalt, Fachanwalt für Verwaltungsrecht und Partner der Rechtsanwaltskanzlei CBH Cornelius Bartenbach Haesemann & Partner in Köln. Der

Schwerpunkt seiner Tätigkeit liegt im Vergaberecht einschließlich zuwendungsrechtlicher Fragen bei öffentlich geförderten Projekten. Bedeutung haben darüber hinaus die Bereiche des öffentlichen Bau- und Planungsrechts sowie des Immobilienrechts. Andreas Haupt hält regelmäßig Fachvorträge zu Themen des Vergabe- und Zuwendungsrechts und ist Autor zahlreicher Veröffentlichungen zum Vergaberecht. So erläutert er etwa im Kommentar „Der ARGE-Vertrag" Rechtsfragen der Bietergemeinschaft und im Rahmen des „Handbuchs der Bauvergabe" die Sektorenverordnung sowie das Zusammenspiel von Zuwendungs- und Vergaberecht bei öffentlich geförderten Bauprojekten.

Oliver M. Kern LL.M. (UNSW) ist Senior Manager im Berliner Büro von Pricewaterhouse Coopers Legal AG und Mitglied der Praxisgruppe öffentliches Wirtschaftsrecht. Der Schwerpunkt seiner Tätigkeit liegt in der Beratung und Gestaltung von komplexen Vergabeverfahren, Infrastrukturprojekten und Public Private Partnership-Projekten. Seine Tätigkeit umfasst jedoch auch die rechtliche Nachprüfung von Vergabeverfahren sowie die Beratung zu europarechtlichen und insbesondere beihilferechtlichen Fragestellungen. Oliver Kern studierte Rechtswissenschaften an der Humboldt Universität zu Berlin und erwarb an der University of New South Wales in Sydney einen LL.M.-Abschluss. Er ist Autor in Kulartz/Marx/Portz/Prieß, Kommentar zur VOL/A.

Dr. Marco König ist Rechtsanwalt und Partner im Stuttgarter Büro der international tätigen Rechtsanwaltskanzlei Gleiss Lutz. Er ist Mitglied der Vergaberechtsgruppe sowie der Fokusgruppe Healthcare and Life Sciences der Sozietät. Seine Tätigkeitsschwerpunkte liegen im deutschen und europäischen Vergaberecht, im öffentlichen Wirtschaftsrecht einschließlich der Privatisierung öffentlicher Unternehmen sowie im Gesundheitswesen, wo er insbesondere zu Auftragsvergaben berät. Marco König studierte Rechtswissenschaften an der Universität Freiburg, wo er zum Doktor der Rechtswissenschaften promovierte. Er ist Autor verschiedener Fachpublikationen, u.a. auch zum Gesundheitsrecht, und derzeit Co-Leiter der Regionalgruppe Baden-Württemberg des forum Vergabe e.V.

Dr. Wolfram Krohn, M.P.A. (Harvard) ist Partner der Kanzlei Orrick Herrington & Sutcliffe LLP in Berlin und Leiter der deutschen Praxisgruppe Öffentliches Wirtschaftsrecht/Vergaberecht der Kanzlei. Er berät und vertritt seit 2001 regelmäßig öffentliche Auftraggeber und Unternehmen in europaweiten und nationalen Vergabeverfahren für Aufträge und Konzessionen, insbesondere auf den Gebieten Transport und Logistik, Informations- und Sicherheitstechnologie, Gesundheit, Dienstleistungen der Daseinsvorsorge, Hoch- und Tiefbau sowie öffentlich-private Partnerschaften. Er berät regelmäßig Bundes-, Landes- und Kommunaleinrichtungen bei der Strukturierung und Durchführung komplexer Vergabeverfahren. Auf Anbieterseite berät er Unternehmen bei der Teilnahme an Vergabeverfahren und der Wahrnehmung von Bieterrechten sowie in Compliance-Fragen. Wolfram Krohn hat zahlreiche Nachprüfungsverfahren vor den Vergabekammern, den Oberlandesgerichten und den Europäischen Gerichten geführt, darunter eine Reihe, die zu Grundsatzentscheidungen geführt haben. Wolfram Krohn studierte von 1983 bis 1989 Rechtswissenschaften in Heidelberg, Cambridge (Großbritannien) und Berlin. Im Anschluss absolvierte er ein zweijähriges Studium an der Harvard University (Cambridge, Mass./U.S.A.) zum Master of Public Administration. Er ist seit 1994 als Anwalt zugelassen. Wolfram Krohn ist Autor zahlreicher Fachveröffentlichungen und referiert regelmäßig auf Seminaren und Konferenzen zum Vergaberecht.

Dr. Susanne Mertens, LL.M. (Dublin), ist Rechtsanwältin, Fachanwältin für Bau- und Architektenrecht sowie Fachanwältin für Informationstechnologierecht und Partnerin im Berliner Büro der internationalen Rechtsanwaltskanzlei Baker & McKenzie. Sie ist spezialisiert auf die Begleitung und Konzeptionierung komplexer Infrastrukturprojekte aus Hoch- und Tiefbau sowie komplexer prioritärer und nicht prioritärer Dienste. Frau

Die Bearbeiter

Dr. Mertens vertritt in Nachprüfungs- und Rechtsschutzverfahren vor den nationalen und europäischen Instanzen. Sie studierte Rechtswissenschaften an der Universität Passau (Bayern) und dem University College of Dublin, Irland. Ihr Rechtsreferendariat führte sie beim Kammergericht (Berlin), der Deutschen Botschaft (Wien) und ihre Promotion im Vergaberecht an der Humboldt-Universität zu Berlin durch. Sie ist vielfach als Autorin von Fachveröffentlichungen tätig und führt Vorträge und Spezialseminare zum Vergaberecht und Rechtsschutz sowie zu ausgewählten Fragen des Vertragsrechts bei verschiedenen Institutionen und Akademien sowie Inhouse-Schulungen durch. Frau Dr. Mertens ist seit 2008 Lehrbeauftragte bei der Bergischen Universität Wuppertal für Vergabe- und privates Baurecht und als Dozentin im Masterstudiengang REM + CPM tätig. Sie ist Mitglied der Deutschen Gesellschaft für Baurecht und im Deutschen Vergabenetzwerk.

Dr. Annette Mutschler-Siebert, M. Jur. (Oxon) ist Partnerin im Berliner Büro der internationalen Rechtsanwaltskanzlei K&L Gates. Sie berät Mandanten auf den Gebieten des Vergaberechts, Europa- und Kartellrechts sowie des öffentlichen Wirtschaftsrechts. Ein Schwerpunkt ihrer Tätigkeit ist die Gestaltung und Begleitung komplexer Vergabeverfahren, Privatisierungsvorhaben und Public Private Partnership-Projekte sowohl auf Auftraggeberseite als auch auf Bieterseite. Sie vertritt Mandanten ferner regelmäßig vor den vergaberechtlichen Nachprüfungsinstanzen und deutschen und europäischen Gerichten. Annette Mutschler-Siebert studierte Rechtswissenschaften an der Universität Freiburg und der Universität Konstanz, erwarb an der Université Pierre Mendez France in Grenoble das Diplome d'administration et de politique international und an der University of Oxford den Magister Juris (M.Jur. in European and comparative law). Annette Mutschler-Siebert hält regelmäßig Vorträge zu Themen des Vergabe- und Europarechts, ist Referentin für das Modul Vergaberecht des Masterstudiengangs Real Estate Law der Universität Münster und veröffentlicht Artikel und Beiträge in der vergaberechtlichen Fachliteratur.

Dr. Andreas Neun, ist Rechtsanwalt, Fachanwalt für Verwaltungsrecht und Partner der Rechtsanwaltssozietät Gleiss Lutz. Er ist seit 2001 im Berliner Büro von Gleiss Lutz tätig, seit 2008 als Partner. Seine Tätigkeitsschwerpunkte liegen im Vergaberecht sowie im öffentlichen Wirtschaftsrecht, jeweils insbesondere in den Bereichen Gesundheitswesen, Energie und Telekommunikation/Medien/IT. Andreas Neun studierte Rechtswissenschaften an der Freien Universität Berlin. Er promovierte 2001 an der Humboldt-Universität zu Berlin. Andreas Neun ist Autor zahlreicher vergaberechtlicher und wirtschaftsverwaltungsrechtlicher Fachpublikationen.

Christine Ohlerich, LL.M. (Nottingham), ist Beisitzerin in der 1. Vergabekammer des Bundes beim Bundeskartellamt. Sie studierte Rechtswissenschaften an der Universität Hamburg sowie der Albert-Ludwigs-Universität Freiburg. An der University of Nottingham erwarb sie den Titel eines Master of Laws im Bereich „International Commercial Law". Seit 2000 arbeitet sie im Bundeskartellamt in verschiedenen Funktionen im Kartell- und Vergaberecht. Christine Ohlerich ist Autorin in Fachpublikationen zum Telekommunikationsrecht und Vergaberecht.

Dr. Udo H. Olgemöller ist Rechtsanwalt und Fachanwalt für Verwaltungsrecht. Er ist im Büro Frankfurt am Main der internationalen Rechtsanwaltskanzlei Allen & Overy LLP tätig. Er berät zu Fragen des öffentlichen Rechts sowie des Vergabe- und Beihilfenrechts samt den europa- und verfassungsrechtlichen Bezügen. Ein Schwerpunkt seiner Tätigkeit liegt in der Organisation und Beauftragung von Leistungen des straßen- und schienengebundenen Personennahverkehrs.

Dr. Olaf Otting ist Rechtsanwalt und Fachanwalt für Verwaltungsrecht. Er ist Partner der internationalen Rechtsanwaltskanzlei Allen & Overy LLP und in deren Büro in

Frankfurt am Main tätig. Er berät Mandanten im Planungs-, Bau- und Immobilienrecht sowie bei ÖPP-Projekten. Seine Expertise wird im Vergaberecht sowohl auf Bieter- als auch auf Auftraggeberseite geschätzt. Olaf Otting ist Vorsitzender des Vergaberechtsausschusses des Deutschen Anwaltvereins.

Dr. Ingrid Reichling ist Rechtsanwältin und Partnerin im Münchener Büro der Rechtsanwaltskanzlei Graf von Westphalen. Sie leitet die bundesweite Praxisgruppe Vergaberecht der Sozietät. Ingrid Reichling hat sich seit Beginn ihrer juristischen Karriere auf das Vergaberecht sowie auf Privatisierungen, Public Private Partnerships (PPP/ÖPP), Out-/ Insourcing und Öffentliches Recht spezialisiert. Ihre praktischen Erfahrungen und Fachkenntnisse umfassen den gesamten Bereich des europäischen und nationalen Vergaberechts. Der Schwerpunkt ihrer Tätigkeit liegt in der umfassenden Beratung, Begleitung und Unterstützung von Mandanten bei Vergabeprojekten inklusive Vertragsmanagement und der Vertretung in etwaigen Nachprüfungsverfahren vor den Vergabekammern und Vergabesenaten der Oberlandesgerichte. Ingrid Reichling studierte Rechtswissenschaften an der Ludwig-Maximilians-Universität München, absolvierte Trainees in Sydney und Washington und promovierte anschließend zum Doktor der Rechtswissenschaft. Ingrid Reichling ist zudem als Referentin bei nationalen und internationalen Fachtagungen zum Vergaberecht und Inhouse-Schulungen tätig sowie Autorin in diversen vergaberechtlichen Kommentaren und Fachzeitschriften.

Dr. Bettina Ruhland ist Rechtsanwältin bei avocado rechtsanwälte in Köln/Berlin. Vor ihrer derzeitigen Tätigkeit war sie zunächst in einer großen Kölner Wirtschaftskanzlei und später als Referentin der Forschungsstelle für Verwaltungsrechtsmodernisierung und Vergaberecht (an der Ruhr-Universität Bochum bei Prof. Dr. Martin Burgi) tätig. Dort hat sie über das Thema der „Dienstleistungskonzession" promoviert. Die Arbeit wurde bei den Badenweiler Gesprächen 2006 mit dem „International Public Procurement Award" (IPA) ausgezeichnet. Schwerpunkt ihrer anwaltlichen Tätigkeit ist das Vergaberecht. Hier berät sie überwiegend Bieter bei der Teilnahme an Vergabeverfahren, wobei ihre Tätigkeit neben der vorbereitenden Beratung bei der Erstellung der Angebote die rechtliche und strategische Begleitung der Unternehmen während des Ausschreibungsverfahrens bis hin zu der Vertretung in Nachprüfungsverfahren umfasst. Daneben berät sie öffentliche Auftraggeber bei der Gestaltung der Ausschreibungsunterlagen und der Durchführung von Vergabeverfahren und vertritt deren Interessen in vergaberechtlichen Auseinandersetzungen. Seit Anfang 2012 ist Dr. Bettina Ruhland Of Counsel bei avocado rechtsanwälte und gleichzeitig für ein international aufgestelltes Unternehmen der Mobilitäts- und Logistikbranche in Berlin im Bereich Vergaberecht tätig. Dr. Bettina Ruhland ist Lehrbeauftragte für Vergaberecht an der Universität Siegen und zudem als Referentin auf dem Gebiet Vergaberecht tätig. Sie veröffentlicht regelmäßig Fachbeiträge und ist Mitautorin verschiedener vergaberechtlicher Kommentare.

Dr. Tobias Schneider ist Rechtsanwalt im Berliner Büro der internationalen Rechtsanwaltskanzlei Orrick, Herrington & Sutcliffe und Mitglied der Praxisgruppe Öffentliches Wirtschaftsrecht/Vergaberecht. Sein Tätigkeitsschwerpunkt ist das Vergaberecht einschließlich der Beratung bei öffentlichen-privaten Partnerschaften. Er berät und vertritt öffentliche Auftraggeber und Unternehmen in Vergabeverfahren und vergaberechtlichen Nachprüfungsverfahren, insbesondere in den Bereichen Transport und Logistik, SPNV/ÖPNV, Hoch- und Tiefbau, Informationstechnologie und Medizintechnologie/Health-Care. Tobias Schneider hat an der Westfälischen-Wilhelms-Universität in Münster studiert, wo er mit einer Arbeit zu einem vergaberechtlichen Thema zum Doktor der Rechtswissenschaften promovierte. Er ist Autor verschiedener Fachpublikationen zu vergaberechtlichen Fragestellungen und hält regelmäßig Vorträge zu vergaberechtlichen Themen.

Die Bearbeiter

Dr. Andreas Schulz, LL.M. (VUW) ist Rechtsanwalt im Berliner Büro der internationalen Rechtsanwaltskanzlei Baker & McKenzie. Er ist Mitglied der europäischen Vergaberechtsgruppe der Sozietät. Seine Tätigkeitsschwerpunkte liegen im deutschen und europäischen Vergaberecht sowie im öffentlichen Wirtschaftsrecht einschließlich der Privatisierung öffentlicher Unternehmen. Andreas Schulz studierte Rechtswissenschaften an der Freien Universität Berlin sowie der Humboldt-Universität zu Berlin, an welcher er 2010 im Bereich Wettbewerbsrecht zum Doktor der Rechtswissenschaften promovierte. Er erwarb 2005 den akademischen Grad eines Master of Laws an der Victoria University in Wellington (New Zealand) mit Schwerpunkt im Vergaberecht. Andreas Schulz hat an zahlreichen vergaberechtlichen Fachpublikationen mitgewirkt und hält regelmäßig im In- und Ausland Vorträge in diesem Bereich.

Dr. Wiland Tresselt ist Rechtsanwalt im Büro Frankfurt am Main der internationalen Rechtsanwaltskanzlei Allen & Overy LLP. Er berät zu allen Aspekten des öffentlichen Rechts, insbesondere des Vergaberechts, der Privatisierungen und der Public Private Partnerships. Er vertritt sowohl Auftraggeber als auch Bieter in vergaberechtlichen Nachprüfungsverfahren. Schwerpunkte seiner Tätigkeit sind die Bereiche Verkehr, Hoch- und Tiefbau, Hochtechnologie/IT und öffentliche Daseinsvorsorge.

Dr. Katharina Weiner, ist Rechtsanwältin und Counsel im Düsseldorfer Büro der internationalen Rechtsanwaltskanzlei Baker & McKenzie. Ihre Tätigkeitsschwerpunkte liegen im deutschen und europäischen Vergaberecht sowie im öffentlichen Wirtschaftsrecht einschließlich der Privatisierung öffentlicher Unternehmen. Katharina Weiner studierte Rechtswissenschaften an der Ruhr-Universität Bochum. An der Universität zu Köln, der George Washington University Law School, Washington D.C., sowie an der Ruhr-Universität Bochum promovierte sie zum Doktor der Rechtswissenschaften. Katharina Weiner ist Mitglied des Steering Group des International Procurement Committee der American Bar Association und Autorin zahlreicher vergaberechtlicher Fachpublikationen, u. a. der Kommentierung zu Public Private Partnerships im Praxishandbuch zum Recht des Krankenhauswesens.

Dr. Mark von Wietersheim ist Rechtsanwalt und Geschäftsführer des forum vergabe e.V. Bereits in seinen vorherigen mehrjährigen Tätigkeiten bei Luther & Partner und als Syndicus-Anwalt bei der Deutsche Bahn AG hat er sich intensiv beratend mit dem Bau- und Vergaberecht befaßt. Über mehrere Jahre war er für die Deutsche Bahn AG in den Hauptausschüssen Allgemeines, Tiefbau und Hochbau des DVA. Er ist als Schiedsrichter in internationalen Streitigkeiten tätig, hat einen Lehrauftrag an der Hochschule Osnabrück und war Referent bei einer Vielzahl von Vorträgen und Fortbildungen. Mark von Wietersheim ist Autor zahlreicher Artikel, Bücher und Buchbeiträge und auch als Herausgeber tätig. Unter anderem kommentiert er Vorschriften der VOB/A im Kommentar Ingenstau/Korbion. Er hat an den Universitäten Freiburg, Edinburgh und München studiert.

Stichwortverzeichnis

Die Ziffern in Fettdruck bezeichnen die Paragraphen, die Mageren die Randnummern.

Abfallrecht **39** 35
Ablehnungsfiktion **40** 17; **41** 4
Absichtserklärung
– Nachunternehmereinsatz **16** 25 f.
Abweichungsverbot **26** 1
Änderung der Vergabeunterlagen
– Allgemeines **18** 50; **52** 8
– Ausschlussgrund **27** 27 ff.
– durch Allgemeine Geschäftsbedingungen **27** 36 ff.
– Umdeutung in Nebenangebot **27** 39 f.
– Vorliegen **27** 28 ff.
Äquivalenz **73** 39
Ästhetik
– Zuschlagskriterium **30** 48
Ahlhorn-Rechtsprechung **2** 35; **4** 61
Akteneinsicht
– Ergänzung der Dokumentationspflicht **34** 10
– nach GWB **1** 38; **40** 37 ff.
– nach Informationsfreiheitsgesetz **40** 45 f.
– Rechtsmittel gegen Versagung **40** 44; **41** 8
– Schranken **40** 38 ff.
– Vergabeverfahren **40** 37 ff.
Aktenführung *s. a. Vergabevermerk*
– allgemeine Pflicht **34** 3 ff.
– ordnungsgemäße **34** 4
Aktenvollständigkeit **34** 4, 12
Aktenwahrheit **34** 4, 12
Aktiengesellschaft **3** 21; **6** 17
Allgemeine Geschäftsbedingungen
– als Grundlage des Angebots **27** 36 ff.
– Vertragsbedingungen **18** 30
Allgemeinwohl **74** 45
Altmark Trans-Entscheidung **54** 5, 19; **55** 16
AMNOG **38** 36; **65** 13
Amtsermittlung **40** 2 ff.
Amtshaftung **36** 119
ANBest **8** 8
Anerkennung von Befähigungsnachweisen **73** Anh **1** 33
Angebote
– Bezeichnung des Bewerbers/Bieters **24** 19
– Eignungsprüfung **28** 1 ff.
– Erklärungen und Angaben **24** 58 ff.
– formelle Prüfung **27** 1 ff.
– Formvorgaben **24** 12 ff.
– Kennzeichnung **25** 17 ff., 48
– Nachunternehmererklärungen **24** 68 ff.
– Nachweise **24** 64 ff.
– Nebenangebot **24** 71
– Nebenangebote **26** 1 ff.

– notwendiger Inhalt **24** 19 ff., 64 ff.
– Preise **24** 58 ff.
– Preisprüfung **29** 1 ff.
– Unterschriftserfordernisse **24** 15 f.
– Unversehrtheitsprüfung **25** 14 ff., 46 ff.
– Wertung **30** 1 ff.
Angebotserarbeitung
– Kostenersatz **18** 58 f.
Angebotsfrist
– Beginn **23** 30, 64
– Bemessung **23** 77, 159 f.
– beschränkte Ausschreibung **23** 45 f.
– Ende **23** 31 ff., 65
– nicht offenes Verfahren **23** 77 ff., 113 ff., 147 ff., 159 ff., 172 ff.
– Öffentliche Ausschreibung **23** 20 ff.
– offenes Verfahren **23** 51 ff., 100 ff., 139 ff.
– Verkürzung **23** 53 ff., 78 f., 57, 80 f., 142 ff., 149, 161, 163
– Verlängerung **23** 28, 62 f., 82, 141, 162
– zweigeteilte **56** 33
Angebotsöffnung
– Allgemeines **25** 1 ff.
– Ausschreibungen **25** 36 ff.
– Begriffsbestimmungen **25** 7
– Bieteröffentlichkeit **25** 38 ff.
– Bindung des Bieters **25** 5 ff.
– Dokumentation **25** 23 ff., 49 ff.
– Einsicht in Niederschrift **25** 28, 51
– elektronische Angebote **25** 12
– freihändige Vergabe **25** 31, 52
– Grundsätze **25** 1
– Kennzeichnung der Angebote **25** 17 ff., 48
– Manipulationsschutz **25** 4
– Mitteilung **25** 29
– Niederschrift **25** 23 ff., 49 ff.
– Ort **25** 2
– Sektorenbereich **52** 4
– Teilnehmer **25** 10
– Umgang mit eingegangenen Angeboten **25** 11, 41 ff.
– Unversehrtheitsprüfung **25** 14 ff., 46 ff.
– Verhandlungsverfahren **25** 32 f., 52, 63, 36 ff.
– Verlesung **25** 21 f.
– VOB/A **25** 8 ff.
– VOB/A-VS **25** 62 ff.
– VOF **25** 54 ff.
– VOL/A **25** 35 ff.
– VSVgV **25** 59 ff.
– wettbewerblicher Dialog **25** 34, 53, 64
– Zeit **25** 2
– zugelassene Angebote **25** 13

1735

Sachregister Fette Zahlen = Paragraphen

– zwingender Eröffnungstermin **25** 9
Angebotsprüfung
– Änderungen an Bietereintragungen **27** 41 ff.
– Änderungen an Vergabeunterlagen **27** 27 ff.; **52** 8
– Einleitung **27** 1 ff.
– erste Wertungsstufe **27** 1 ff.
– fakultative Ausschlussgründe **27** 124 ff.
– fehlende Erklärungen und Nachweise **27** 45 ff.
– fehlende Preisangaben **27** 63 ff.
– formal fehlerhafte Angebote **27** 23 ff.
– Insolvenzverfahren **27** 125 ff.
– Liquidation **27** 132
– nicht zugelassenes Nebenangebot **27** 114 ff.
– schwere Verfehlungen des Bieters **27** 133 ff.
– Sektorenbereich **52** 5 ff.
– unvollständige Angebote **52** 7
– verspätete Angebote **27** 5 ff.; **52** 6
– vorsätzlich unzutreffende Eignungsangaben **27** 120 ff.
– wettbewerbsbeschränkende Abreden **27** 84 ff.; **52** 9
– zwingende Ausschlussgründe **27** 5 ff.
Angebotswertung *s. a. Zuschlagskriterien*
– Berechnungsmethode **30** 69 ff.
– bestes Preis-Leistungs-Verhältnis **30** 7, 10
– Beurteilungsspielraum **30** 83
– Bindung an Wertungssystem **30** 82
– Dokumentation **30** 87
– dritte Wertungsstufe **29** 1 ff.
– Durchführung **30** 81 ff.
– erste Wertungsstufe **27** 1 ff.
– Grundlage **30** 3
– keine Delegation **30** 86
– niedrigster Preis **30** 8 ff, 11 f..
– normative Grundlage **30** 1
– Oberschwellenbereich **30** 1
– Sektorenbereich **52** 10
– vierte Wertungsstufe **30** 1 ff.
– Wertungsmatrix **30** 69 ff.
– wirtschaftlich günstigstes Angebot **30** 7, 14 ff.; **52** 10
– Zuschlagskriterien **30** 18 ff.
– zweite Wertungsstufe **28** 1 ff.
Angemessenheit des Preises
– Bewertung **29** 70 ff.
– Marktverdrängung **29** 82 ff.
– Prüfungsmaßstab **29** 71
– Rechtfertigung **29** 76
– Überkostenangebote **29** 104 f.
– Unterkostenangebot **29** 70 ff.
– Vertragserfüllungsprognose **29** 78 ff.
– Wettbewerbswidrigkeit **29** 77 ff.
Anhörungsrüge 41 38
Ansässigkeitsbegünstigungen 73 16
Ansässigkeitspflichten 73 16
Anschlussbeschwerde 41 21 ff.
Anschreiben
– Begleitschreiben **18** 5

– Begriff **18** 5
– Benennung der Vergabekammer **18** 10
– Form/Inhalt der Angebote **18** 9
– Gewichtung der Zuschlagskirterien **18** 12 ff.
– Inhalt **18** 6 ff.
– Liste der Nachweise **18** 11
– Mindestangaben **18** 25 f.
– Nachunternehmererklärungen **18** 22 ff.
– Nebenangebote **18** 17 ff.
– Sektorenbereich **50** 2
– Vergabeunterlage **18** 4, 5 ff.
– Zuschlagskriterien **18** 12 ff.
Anstalten 3 19
Anteilskauf 4 42
Anteilsverkauf 4 40 f.; **74** 27 ff.
Antrag auf Nachprüfung *s. Nachprüfungsantrag*
Antragsbefugnis
– drohender Schaden **39** 54 ff.
– Feststellung der Unwirksamkeit **34** 31 ff.
– Interesse am Auftrag **39** 47 f.
– kein vorbeugender Rechtsschutz **39** 61 ff.
– Möglichkeit der Rechtsverletzung **39** 50 ff.
– Nachprüfungsverfahren **34** 31 ff.; **39** 45 ff.
– Schaden **39** 54 ff.
Anwaltliche Beratungsleistungen 74 21
Anwaltskosten
– Beschwerdeverfahren **45** 50 ff.
– Erhöhungsgebühren **45** 54
– Erstattungsfähigkeit **45** 23 ff.
– Gegenstandswert **45** 45
– Hebegebühren **45** 54
– Vergabekammerverfahren **45** 46 ff.
Anwaltszwang 41 12
Anwendungsbereich
– EU-Kartellvergaberecht **2** 4 ff.
– nationales Vergaberecht **2** 99 ff.
Anwendungsvorrang 73 8 ff.; **77** 25
Apothekenabgabepreise 69 3 ff.
Arbeitnehmerentsendung 79 38, 113, 138, 269, 324
Arbeitnehmerfreizügigkeit 73 25 ff.
Arbeitnehmerschutz
– fiktiver Betriebsübergang **55** 50 f.
– öffentlicher Dienstleistungsauftrag **55** 49 ff.
Arbeitstag, Begriff 23 7
Arbeitsverträge 2 27
Arzneimittelausgabenbegrenzungsgesetz 65 7
Arzneimittelrabattverträge
– Allgemeines **70** 1 ff.
– Angebotswertung **70** 41 ff.
– Auskömmlichkeitsprüfung **70** 43
– Ausschließlichkeitsrecht **70** 99
– ausschreibungsrelevante Besonderheiten **70** 31 ff.
– Beitrittsrecht **70** 70 ff.
– Bioidenticals **70** 104
– Biologicals **70** 101 ff.
– Biosimilars **70** 24, 102, 105

1736

Magere Zahlen = Randnummern **Sachregister**

- Daily Defined Dosis **70** 33
- Eignungsanforderungen **70** 40
- Entgeltlichkeit **70** 8 ff.
- Erstattungsvereinbarungen **70** 25 f.
- Exklusivität **70** 16 ff., 29 ff., 72
- faktisch patentverlängernde Verträge **70** 113 ff.
- Festbetragsüberschreitung **70** 86 ff.
- Generikabereich **70** 2, 32 ff.
- jederzeitiges Beitrittsrecht **70** 70 ff.
- Lauer-Taxe **70** 32
- Lenkungs-/Steuerungsfunktion **70** 1, 11 ff., 23 ff.
- Lohnhersteller **70** 79 ff.
- Mehrkostenausgleich bei Festbetragsüberschreitung **70** 86 ff.
- Nachunternehmerbestimmung **70** 79 ff.
- öffentliche Aufträge **70** 3 ff.
- Open-House-Verträge **70** 70 ff.
- Originalpräparate **70** 19 ff., 50 ff., 96 ff.
- patentgeschützte Originalpräparate **70** 96 ff.
- Pharmazentralnummern **70** 32
- Portfolio-Rabattverträge **70** 113 ff.
- Rahmenvereinbarungen **70** 4 ff.
- Solisten **70** 96 ff.
- Spezialitätsverhältnis **70** 108 ff.
- Substitution **70** 24, 72
- Umsatzsteuererstattungen **70** 91 ff.
- Wettbewerbsvorteil **70** 16 ff., 29 ff.
- Wirtschaftlichkeitsgebot **70** 69

Aufbewahrung **34** 6
Aufforderung zur Angebotsabgabe **9** 20; **11** 67 ff.; **18** 5; **49** 34 f.
Aufhebung von Vergabeverfahren
- abschließender Charakter der Aufhebungstatbestände **31** 66
- allgemeine Grundsätze **31** 10
- Ausnahmeregeln **31** 19 ff.
- Beendigung des Vergabeverfahrens **9** 22
- Begrifflichkeiten **31** 1
- Darlegungs- und Beweislast **31** 19 ff.
- Einleitung **31** 1 ff.
- Ermessensentscheidung des Auftraggebers **31** 73 ff.
- Europarecht **31** 12
- Grundrechte **31** 11
- inhaltliche Anforderungen **31** 9
- kein Kontrahierungszwang **31** 14 f.
- kein wirtschaftliches Ergebnis **31** 44 ff.
- kein zuschlagsfähiges Angebot **31** 23 ff., 59 ff.
- Mitteilungspflichten **31** 76 ff.
- Rechtsnatur **31** 2 ff.
- Rechtsrahmen **31** 8 ff.
- Rechtsschutz **31** 87 ff.
- Schadensersatz **31** 99 ff.
- schwerwiegende Gründe **31** 50 ff., 64 f.
- Sektorenbereich **52** 19 f.
- Teilaufhebung **31** 67 ff.
- Unmöglichkeit der Vertragserfüllung **31** 32 ff.
- Unterrichtungspflicht **31** 12

- VOB/A **31** 58 ff.
- VOF **31** 70 ff.
- VOL/A **31** 22 ff.
- wesentliche Änderung der Vergabegrundlagen **31** 28 ff.
- wesentliche Änderung der Vergabeunterlagen **31** 41 ff., 62 f.
- wesentliche Änderung des Beschaffungsbedarfs **31** 37 ff.
- Wirksamkeit **31** 2 ff.

Aufklärungen
- Eignung **28** 51 ff.
- Preis **29** 2, 12 f., 32, 37 ff.

Aufschiebende Wirkung **41** 30
Auftrag *s. Öffentlicher Auftrag*
Auftraggeber *s. Öffentlicher Auftraggeber*
Auftragsbekanntmachungen *s. Bekanntmachungen*
Auftragssperre **14** 27
- cross-debarment **14** 42, 91 ff.
- Frühwarnsystem **14** 66 ff.
- Grundlage **14** 39
- internationale Beispiele **14** 63 ff.
- Koordinierung **14** 42, 91 ff.
- Korruptionsregister **14** 48 ff., 52 ff.
- Rechtscharakter **14** 41
- Rechtsschutz **14** 47
- Sperrfrist **14** 46
- Voraussetzungen **14** 43 ff.
- Weltbank Gruppe **14** 80 ff.
- Zentrale Ausschlussdatenbank **14** 76 ff.
- Zweck **14** 40

Auftragswert *s. a. Schätzung des Auftragswerts*
- Schätzung **7** 14 ff.

Auschließlichkeitsrechte **9** 69 ff.
Ausgeschlossene Personen
- Allgemeines **12** 1 ff.
- Interessenskonflikte **12** 4, 43, 62 f.
- Mitwirkungsverbot **12** 44, 69
- natürliche Personen **12** 42
- Vermutung der Voreingenommenheit **12** 50 ff., 56 ff.
- Voreingenommenheit **12** 44 ff.

Auskömmlichkeitsprüfung **29** 65 ff.
Auslegung
- Leistungsbeschreibung **17** 19 ff.

Auslegungsfragen
- Mitteilung der Kommission **73 Anh 1**

Auslobungsverfahren **4** 64 f.
- Schätzung des Auftragswerts **7** 52

Ausrüstung *s. a. Militärausrüstung*
- Begriff **60** 37

Ausschließliche Rechte
- Definition **55** 28
- öffentlicher Dienstleistungsauftrag **55** 28 ff., 41

Ausschluss
- fakultativer **62** 34 ff.
- falsche Eignungsangaben **62** 36
- fehlende Vertrauenswürdigkeit **62** 37 f.

1737

Sachregister   Fette Zahlen = Paragraphen

– schwere Verfehlungen   **62** 35
– zwingender   **62** 32 f.
Ausschluss vom Vergabeverfahren
– fakultativer   **14** 28 ff.; **49** 16
– schwere Verfehlungen   **14** 29
– Umweltstraftaten   **20** 27
– Unzuverlässigkeit   **14** 27 ff.; **28** 58 ff.; **49** 13 ff.
– zwingender   **14** 33 ff.; **28** 58; **49** 13 ff.
Ausschluss von Angeboten
– Änderungen an Bietereintragungen   **27** 41 ff.
– Änderungen an Vergabeunterlagen   **27** 27 ff.
– fakultative Ausschlussgründe   **27** 124 ff.
– fehlende Erklärungen und Nachweise   **27** 45 ff.
– Fehlende Preisangaben   **27** 63 ff.
– formal fehlerhafte Angebote   **27** 23 ff.
– Insolvenzverfahren   **27** 125 ff.
– Liquidation   **27** 132
– nicht zugelassenes Nebenangebot   **27** 114 ff.
– schwere Verfehlungen des Bieters   **27** 133 ff.
– verspätete Angebote   **27** 5 ff.
– vorsätzlich unzutreffende Eignungsangaben   **27** 120 ff.
– wettbewerbsbeschränkende Abreden   **27** 84 ff.
– zwingende Ausschlussgründe   **27** 5 ff.
Ausschlussdatenbank   **14** 76 ff.
Ausschreibungsverwaltung   **5** 3
Ausschreibungsvorrang   **1** 26
Außen-GbR   **3** 22
Aussetzung des Vergabeverfahren
– Rechtsmissbrauch   **36** 23 ff.
Aussonderung   **34** 6
Austausch des Auftragnehmers   **4** 23 ff.
Austausch von Nachunternehmern   **16** 53

Baden-Württemberg
– Bagatellgrenze   **79** 24
– Besonderheiten im Vergabeverfahren   **79** 26 ff.
– Mittelstandsförderung   **79** 29 ff.
– Mittelstandsrichtlinie   **79** 23
– Rechtsgrundlagen   **79** 20
– Rechtsschutz   **79** 47
– Tarif-/Mindeststundenentgelte   **79** 25
– Tariflohnbestimmungen   **79** 25, 34 ff.
– vergabefremde Zwecke   **79** 46
– Vergabestellen   **79** 21 f.
Bagatellgrenze   **79** 24, 159, 388
Bank Burgenland-Entscheidung   **75** 14
Bankauskünfte   **24** 38 ff.; **28** 65 f.
Bankerklärung   **24** 38 ff.; **28** 67 f.
baseline sanction   **14** 90
Bauaufträge
– Abgrenzung   **4** 74 f.
– Ausführung mit/ohne Planung   **4** 55 f.
– Bauleistung durch Auftragnehmer   **4** 57 f.
– Bauleistung durch Dritte   **4** 59 ff.
– GWB   **4** 54 ff.
– Planungsleistungen   **4** 56
Baukonzessionär
– öffentlicher Auftraggeber   **3** 85 ff.; **5** 29

– Vergabe an Dritte   **5** 26 ff.
Baukonzessionen
– Abgrenzung   **4** 68; **5** 49 f.
– Abgrenzungen   **5** 14 ff.
– Bedeutung   **5** 5
– befristetes Nutzungsrecht   **4** 66 f.; **5** 7 ff.
– Begriff   **5** 6 ff.
– Charakteristik   **4** 28 ff.
– Nutzungsrecht   **4** 66 f.; **5** 7 ff.
– Oberschwellenvergabe   **5** 23 ff.
– öffentlicher Auftrag   **4** 66 ff.
– Rechtsschutz   **5** 31
– reduzierter Anwendungsbereich der VOB/A   **2** 94
– Schätzung des Auftragswerts   **7** 53 ff.
– Sektorenauftraggeber   **5** 30
– Systemwechsel   **5** 4
– Unterschwellenvergabe   **5** 21 f.
– Vergabe an Dritte   **5** 26 ff.
– Vergabeverfahren   **5** 20 ff.
– wirtschaftliches Risiko   **5** 11 ff.
Bauleistungen
– Anwendbarkeit der VOB/A-EG   **2** 87 ff.
– § 6 VgV   **2** 86 ff.
Bauvorhaben   **4** 57
Bauwerk   **4** 58
Bayern
– Besonderheiten im Vergabeverfahren   **79** 54 ff.
– Mittelstandsförderung   **79** 58 ff.
– Rechtsgrundlagen   **79** 48 ff.
– Rechtsschutz   **79** 68 ff.
– Tariflohnbestimmungen   **79** 62
– vergabefremde Zwecke   **79** 63 ff.
– Vergabestellen   **79** 51 ff.
Beanstandungsverfahren   *s. Vertragsverletzungsverfahren*
Beauftragte
– Begriff   **12** 69
Bedarfs- oder Eventualpositionen   **17** 37 f.
Bedarfsermittlung
– Hinzuziehung externer Experten   **17** 7
– Interessenbekundungsverfahren   **17** 6
– optimal Bedarfsdeckung   **17** 5
– Projektantenproblematik   **17** 7
– Vorbereitung der Leistungsbeschreibung   **17** 3 ff.
Bedarfspositionen   **7** 49
Beeinflussung   **1** 28
Beendigung des Vergabeverfahrens   **31** ff.
Befähigungsnachweise   **28** 92; *s. a. Anerkennung, Eignungsnachweise*
Befangenheit   **40** 1, 51 ff.; **76** 27 ff.
Begleitschreiben   **18** 5
Behindertenwerkstätten   **13** 22 ff.
Behinderungsabsicht   **36** 27 ff.
Beihilfeempfänger
– Eignung   **13** 8 ff.
– Vertragspartner   **4** 44
Beihilfen   *s. a. Zuwendungen*

Magere Zahlen = Randnummern   **Sachregister**

Beihilferechtliche Verfahrensvorgaben
- Allgemeines 1 60
- Bietverfahren 75 3 ff.
- EU-Beihilferecht 73 40 ff.
- Genehmigungsvorbehalt 75 2
- öffentliche Veräußerungsgeschäfte 73 40
- Privatisierungen 73 40; 75 9 ff.
- Prüfverfahren 77 7
- rechtswidrige Beilhilfen 4 45; 77 6
- Risiken der Nichtbeachtung 77 4 ff.
- Rückforderung 73 41; 75 2
- Sanierung staatlicher Unternehmen 73 40
- sektorenspezifisches Regime 54 5
- Zielsetzungen 73 42

Beihilferechtliches Bietverfahren 75 3 ff.

Beiladung 40 35 f.; 41 8; 45 34 f.

Bekanntmachungen *s. a. Beschafferprofil, Freiwillige Bekanntmachung, Vorinformation*
- allgemeine Vorgaben 21 14 ff.
- Anforderungen 76 4 ff.
- angemessene 73 Anh 1 14 ff.
- Aufruf zur Angebotsabgabe 21 6
- Auftraggeber des Bundes 51 26
- Auftragsbekanntmachungen 21 2, 4 ff.
- Auftragsvergabe 34 87 ff.
- Auslegung 21 52 ff.
- Auslobungsverfahren 21 9
- Beginn des Vergabeverfahrens 21 7
- Bekanntmachungspflicht 1 35 f.; 21 8 ff.
- Beschafferprofil 21 73 f.
- Beschaffungsabsicht 21 4
- beschleunigtes Verfahren 21 32
- beschränkte Ausschreibung 21 41
- Common Procurement Vocabulary 21 19 ff.
- diskriminierungsfreie Auftragsbeschreibung 76 5
- Dokumentation der Veröffentlichung 21 37
- Eignungsanforderungen 21 22, 48
- Eignungsnachweise 28 116 ff.
- eingeschränkte Pflicht 34 91
- Einrichtung eines Prüfsystems 51 15
- Entbehrlichkeit 21 12
- erster äußerer Hinweis 21 1
- EU-Amtsblatt 21 13, 29 ff.; 34; 76 4
- EU-weite 21 10, 12 ff.
- ex-post-Bekanntmachungen 21 2
- fehlende 21 39 f.
- freihändige Vergabe 21 41
- freiwillige 21 11, 70 ff.; 51 14, 17 ff., 27
- Frist 76 6
- Fristverkürzungen 51 18, 23 ff.
- Gleichbehandlungsgrundsatz 1 52
- Inhalt 1 35; 21 14 ff., 43 ff.; 51 7 ff., 21; 73 Anh 1 25 ff.
- Internet 73 Anh 1 22 ff.
- konstitutiver Teil des Verfahrens 21 6
- Kosten 21 36
- lokale Medien 73 Anh 1 24
- Mindestangaben 21 44 ff.

- Muster 21 14 ff.
- Nachprüfungsstellen 21 27 f., 50
- nachrangige Dienstleistungen 21 42, 49
- nationale 21 10, 41 ff.
- nicht offenes Verfahren 9 36; 21 8
- Oberschwellenbereich 76 3 ff.
- öffentliche Ausschreibung 21 41
- offenes Verfahren 9 19; 21 8
- parallele Veröffentlichung im Inland 21 38
- Pflicht 34 91 ff.
- Privilegierung nachrangiger Dienstleistungen 34 101
- Prüfungssystem 49 32
- qualifizierte 49 36
- Rahmenvereinbarung 34 97
- Rechtsbehelfsfristen 51 28
- Rechtsbehelfsmöglichkeiten 21 27 f.
- Rechtsgrundlage 21 9
- regelmäßig nicht verbindliche 51 14, 17 ff.
- Sektorenbereich 51 2 ff.
- Standardformulare 21 14 ff.; 51 5, 6
- Supplement des EU-Amtsblatts 21 13, 29, 34
- Teilnahmewettbewerb 51 12 ff.
- Tender Electronic Daily 21 34; 51 6
- Transparenz 1 35; 21 1, 5
- Unverzüglichkeit 21 33
- Vergabeabsicht 51 11
- vergebene Aufträge 51 22
- Verhandlungsverfahren 21 8, 12
- Veröffentlichung 21 34 ff., 51 f.
- Vorinformation 21 2, 54 ff.
- Wege 73 Anh 1 18 ff.
- wettbewerblicher Dialog 11 21 ff.; 21 8
- wettbewerbliches Vergabeverfahren 56 18 ff.
- Wettbewerbsbekanntmachung 21 4, 16
- Wettbewerbsgrundsatz 21 1, 5
- Zulassung von Nebenangeboten 21 21, 48
- Zuschlagskriterien 30 57 ff.
- zuständige Vergabekammer 21 23 ff., 49
- Zweck 21 1

Belehrungspflichten
- Fristbeginn 35 24 ff.

Beratung des Auftraggebers 12 12 ff., 52

Berlin
- Besonderheiten im Vergabeverfahren 79 77 ff.
- Mittelstandsförderung 79 82
- Rechtsgrundlagen 79 72 f.
- Rechtsschutz 79 97 f.
- Tariflohnbestimmungen 79 83 ff.
- vergabefremde Zwecke 79 92 ff.
- Vergabestellen 79 74 ff.

Berücksichtigung mittelständischer Interessen *s. Mittelstandsförderung*

Berufsfreiheit 57 7

Berufshaftpflicht

Berufskammer der Ärzte 3 60

Berufständische Verbände 3 60

Berufständische Versorgungswerke 3 59

Beschafferprofil 21 73 f.; 51 16

Sachregister   Fette Zahlen = Paragraphen

Beschaffungsbedarf
– keine Dokumentation **34** 16
– wesentliche Änderung **31** 37 ff.
Beschaffungscharakter
– Grundsätze **4** 35 f.
– städtebauliche Verträge **4** 38
– Veräußerungen **4** 37 ff., 40 ff.
Beschaffungsgegenstand
– Bestimmung **1** 1
– Bestimmungsrecht des Auftraggebers **17** 18
Beschaffungsrichtlinie 14 25 f.
Beschleunigungsmaxime 40 13 ff.
Beschränkte Ausschreibung
– Ablauf **10** 25 ff.
– Allgemeines **10** 18
– Angebotsfrist **23** 45 f.
– Bayern **79** 55 f.
– Berlin **79** 78 ff.
– beschränkter Kreis geeigneter Unternehmen **10** 20
– Bewerbungsfrist **23** 42 ff.
– mit Teilnahmewettbewerb **10** 26
– ohne Teilnahmewettbewerb **10** 27
– unannehmbare/ausgeschlossene Angebote **10** 22
– unverhältnismäßiger Aufwand **10** 21
– unzweckmäßige öffentliche Ausschreibung **10** 23
– Vergabe unterhalb der Wertgrenzen **10** 24
– Zulässigkeit **10** 18 ff.
– Zuschlagsfrist **23** 47
– Zweistufigkeit **10** 25
Beschwerde *s. Sofortige Beschwerde*
Besondere ambulante ärztliche Versorgung 67 4, 32
Besondere Staatsnähe 3 40 ff.
Besondere Vertragsbedingungen 18 30, 37 f.
Beteiligte, Begriff 36 11
Beteiligungsverhältnisse
– Auftraggeber als einziger Beteiligter **6** 20 f.
– Inhouse-Geschäfte **6** 18 ff.
– Mitbeteiligung anderer öffentlicher Auftraggeber **6** 22 f.
– Mitbeteiligung Privater **6** 24 ff.
Betriebskosten
– Zuschlagskriterium **30** 49 ff.
Bevorzugung 13 22 ff.
Bewerbungsbedingungen
– Begriff **18** 5
– Benennung der Vergabekammer **18** 10
– Form/Inhalt der Angebote **18** 9
– Gewichtung der Zuschlagskirterien **18** 12 ff.
– Inhalt **18** 6 ff.
– Liste der Nachweise **18** 11
– Mindestangaben **18** 25 f.
– Nachunternehmererklärungen **18** 22 ff.
– Nebenangebote **18** 17 ff.
– Sektorenbereich **50** 3
– Vergabeunterlage **18** 4

– Zuschlagskriterien **18** 12 ff.
Bewerbungsfrist
– Bemessung **23** 71
– beschränkte Ausschreibung **23** 42 ff.
– nicht offenes Verfahren **23** 71 ff., 110 ff., 146, 169 ff.
– Öffentliche Ausschreibung **23** 17 ff.
– Verkürzung **23** 72, 73 ff.
Bewertungsmatrix 9 40; **76** 15 ff.
Bietergemeinschaften *s. a. Konzernverbundene Unternehmen*
– Änderung im Bestand **15** 70 ff., 89 ff.
– Änderungen im Gesellschafterbestand **15** 85
– Aktivlegitimation **15** 92 ff.
– Angebotsstrategien **15** 40 ff.
– Antragsbefugnis im Nachprüfungsverfahren **15** 3, 92 ff.
– Auflösung **15** 14 ff.
– Aufteilung der Eignungsnachweise **15** 19
– Ausschluss **15** 2, 11
– Begriff **15** 1
– Benennung der Mitglieder **15** 27 ff., 90
– Bevollmächtigung **15** 22 ff.; **24** 46
– Bildung **15** 1 f., 32 ff.
– Diskriminierungsverbot **15** 4
– Doppelbeteiligungen **15** 40 ff., 46 ff.
– Eignungsänderung **15** 85
– Eignungsnachweise **15** 18 ff.; **24** 45 ff.
– Eignungszweifel **15** 80
– Einleitung **15** 1 ff.
– Eintritt neuer Mitglieder **15** 17
– Erlöschen **15** 93
– Fortfall eines Mitglieds **15** 14
– Gefahr des Ausschlusses **15** 2
– gemeinschaftsrechtliche Vorgaben **15** 4 ff.
– gesamtschuldnerische Haftung **15** 12
– gescheiterte **15** 51 ff.
– Gesellschaft bürgerlichen Rechts **15** 14
– gewillkürte Prozessstandschaft **15** 97
– Haftung **15** 12
– identitätswahrende Fortsetzung **15** 15
– Insolvenzverfahren bei Mitgliedern **15** 81 ff.
– kartellrechtliche Zulässigkeit **15** 29 f.
– Kartellverbot **15** 29 f.
– konzernverbundene Unternehmen **15** 37, 55 ff.
– Leistungsfähigkeit **24** 49 ff.
– Markteintrittsfähigkeit **15** 33
– Mehrfachbeteiligung **15** 40 ff., 46 ff.; **27** 101 ff.
– nachträgliche Bildung **15** 77; **76** 24 ff.
– nationale Vorgaben **15** 7 ff.
– öffentlicher Dienstleistungsauftrag **55** 63
– Personenverkehrsdienste **55** 11
– Prozessführungsbefugnis **15** 92 ff., 100 f.
– rechtliche Grenzen **15** 3
– Rechtsform **15** 13 ff.
– Rechtsnatur **15** 13 ff.
– Rechtsprechung **15** 6, 33 ff.
– Rechtsrahmen **15** 4 ff.

1740

Magere Zahlen = Randnummern

- Rechtssubjekt **15** 14
- Rügebefugnis **15** 98 f., 100 f.
- Sektorenbereich **49** 37
- spätere Konzernverbundenheit **15** 66 ff.
- Umwandlung eines Mitglied **15** 85 ff.
- Unternehmensverschmelzungen **15** 86
- unzulässige Mehrfachbewerbung **15** 40 ff.
- verdeckte **15** 51 ff., 96; **16** 51
- Vergaberichtlinien **15** 4 ff.
- Verkleinerung **15** 79
- Verschwiegenheit **15** 64
- vertikale **15** 37
- Vertragsänderungen **15** 90
- Vertragsübertragung **15** 91
- Vertraulichkeit **15** 63 f.
- Vertretung **15** 100 f.
- VOB/A **15** 8
- VOF **15** 10
- VOL/A **15** 9
- Vollmachtsnachweise **15** 22 ff.
- wettbewerbsbeschränkende Abreden **27** 88 ff.
- zulässige Mehrfachbewerbung **15** 46 ff.
- Zulässigkeit **15** 3, 7 ff., 29 f.; **27** 89 ff.
- Zurechnung von Eignungsnachweisen **15** 5
- Zusammensetzungsänderungen **15** 70 ff., 89 ff.
- Zuverlässigkeit **24** 48

Bieterinformation
- Vergabeunterlagen **18** 49
- wettbewerblicher Dialog **11** 79 ff.

Bilanzen **28** 70 f.
Bindefristen **51** 42
Bindungswirkung **41** 40 ff.
Binnenmarkt **1** 12, 43; **7** 2; **73** 3
Binnenmarktrelevanz
- Begriff **74** 3 ff.
- deutsche Rechtsprechung **74** 13
- Einschränkungen **74** 9
- EuGH-Rechtsprechung **74** 3 ff.
- grenzüberschreitender Bezug **74** 3 ff.
- Hilfsmittelversorgungsverträge **68** 24, 45
- notwendige Bedingung **74** 1
- potentielle Beteiligung aus anderen Mitgliedstaaten **74** 5 ff.
- primärrechtliche Bieterverfahren **73** 5, 44; **73 Anh 1** 10 ff.
- Regelvermutung **74** 9
- unbestimmter Rechtsbegriff **74** 1
- Unterschwellenbereich **2** 21, 104; **74** 22; **79** 14

Blindenwerkstätten **13** 22 ff.
Bodenabfertigungsdienster an Flughäfen **7** 13
Börsennotierter Warenkauf **48** 27
Brandenburg
- Besonderheiten im Vergabeverfahren **79** 105 ff.
- Mittelstandsförderung **79** 111
- Rechtsgurndlagen **79** 99 ff.
- Rechtsschutz **79** 122

- Tariflohnbestimmungen **79** 112 ff.
- vergabefremde Zwecke **79** 121
- Vergabestellen **79** 102 ff.

Bremen
- Besonderheiten im Vergabeverfahren **79** 129 ff.
- Mittelstandsförderung **79** 135
- Rechtsgrundlagen **79** 123 ff.
- Rechtsschutz **79** 148
- Tariflohnbestimmungen **79** 136 ff.
- vergabefremde Zwecke **79** 143 ff.
- Vergabestellen **79** 126 ff.

Bruttovertrag **56** 11
Bundeseisenbahnvermögen **3** 11
Busverkehr **56** 4

Call-Optionen **3** 52
Carbotermo-Urteil **6** 30 f.
Chanchengerechtigkeit **1** 12
Chinese Walls **12** 64; **15** 43
Common Procurement Vocabulary **21** 19 ff.
Compliance
- Begriff **14** 4 ff.
- Einleitung **14** 1 ff.
- keine eigenständige Rechtsgrundlage **14** 5
- Selbstreinigung **14** 112 ff.

Consultant Guidelines **14** 83
CPV-Code **7** 37
cross-debarment **14** 42, 91 ff.
Culpa in Contrahendo
- Anspruchsvoraussetzungen **36** 94 ff.
- Bedeutung **36** 93
- Darlegungs- und Beweislast **36** 115
- Einwand rechtmäßigen Alternativverhaltens **36** 112 f.
- Ersatz des negativen Interesses **36** 93, 110
- Ersatz des positiven Interesses **36** 93, 109
- Kausalität **36** 108 ff.
- Schaden **36** 108 ff.
- Umfang des Ersatzanspruches **36** 109 ff.
- Verjährung **36** 114
- Verschulden **36** 103 ff.
- vorvertragliches Schuldverhältnis **36** 94 ff.

Daseinsvorsorge **3** 19, 29; **5** 32
Datenintegrität **24** 5 ff.
Daueraufträge
- Schätzung des Auftragswerts **7** 40 ff.

De-facto-Vergabe
- Ausnahmen vom Anwendungsbereich des Kartellvergaberechts **2** 46 ff.
- Direktvergaben **35** 6 ff.
- Entbehrlichkeit der Rüge **39** 87
- Gestattung aufgrund Gesetzes **35** 13 f.
- im weiteren Sinn **35** 9 ff.
- Informations- und Wartepflicht **32** 12 ff.
- Inhouse-Vergabe **35** 15
- Sittenwidrigkeit **32** 17

1741

Sachregister

Fette Zahlen = Paragraphen

– Unwirksamkeit **40** 28
– Unwirksamkeit des Vertrags **35** 5 ff.
– Verbot **35** 5 ff.
– Zulässigkeit **35** 13 ff.
Deliktische Ansprüche
– Schutzgesetzverletzung **36** 117
– sittenwidrige Schädigung **36** 118
– unerlaubte Handlung **36** 116
Deloitte Business Advisory NV **76** 28 ff.
Deutsche Bahn AG **3** 62
Deutsche Bundesbank **2** 12
Deutsche Post AG **3** 61
Dialog *s. Wettbewerblicher Dialog*
Dienstleistungen **2** 17
Dienstleistungsauftrag *s. a. Öffentlicher Dienstleistungsauftrag*
– Abgrenzung **4** 73, 74; **5** 48
– Auffangtatbestand **4** 62
– Definition **2** 62; **4** 62 f.
Dienstleistungsfreiheit **73** 14 ff.
Dienstleistungskonzessionen
– Abgrenzungen **5** 16 ff., 47 ff.; **56** 4 ff.; **74** 14
– Ausnahmetatbestände **5** 61
– Bedeutung **5** 32 f.
– Begriff **2** 62 ff.; **4** 28 ff.; **5** 34 ff.
– Bekanntmachung **5** 57
– Betriebsrisikoübernahme **56** 8
– Bruttovertrag **56** 11
– Charakteristik **4** 28 ff.
– de lege ferenda **5** 62 ff.
– de lege lata **5** 53 ff.
– Definition **56** 7
– Entscheidungspraxis **56** 9 f.
– EuGH-Rechtsprechung **56** 7 f.
– europäisches Sekundärrecht **54** 4
– faires Verfahren **5** 59
– hausarztzentrierte Versorgung **67** 19
– integrierte Versorgungsverträge **72** 2 f.
– Leitentscheidung **56** 9
– Mischformen **56** 13
– mittelbare Vergütung **56** 8
– Nettovertrag **56** 12
– Nutzungsrecht **5** 36 f.
– öffentlicher Personenverkehr **56** 3 ff.
– primärrechtliche Vorgaben **74** 14 ff.
– Primärrechtsschutz **5** 71
– Rechtsschutz **5** 69 ff.
– Rechtsschutzdefizit **5** 69
– Schadensersatzansprüche **5** 73
– überwiegendes Betriebsrisiko **5** 40 f.
– verfahrensrechtlicher Mindeststandard **5** 56 ff.
– Vergabeverfahren **5** 52 ff.
– VO 1370/2007 **5** 66 ff.
– Vorrang allgemeinen Vergaberechts **56** 4
– Wettbewerb **5** 58
– wirtschaftliches Risiko **5** 39 ff.
– Zahlung eines Preises **5** 42 ff.
– Zahlungsumfang **56** 8
DIN **49** 7

DIN 276 **7** 26
Direkterweiterung **57** 42 ff.
Direktvergaben
– Definition **57** 1
– Eisenbahnverkehr **54** 9; **56** 4; **57** 2, 3 ff.
– Kleinaufträge **57** 27 ff.
– Notmaßnahmen **57** 41
– öffentliche Dienstleistungsaufträge **57** 1 ff.
– Unwirksamkeit des Vertrags **35** 5 ff.
– Zulässigkeitsregelung **57** 1
Diskriminierungsfreie Auftragsbeschreibung **76** 5
Diskriminierungsverbot **1** 49, 53, 56; **73** 30 ff.; **73 Anh 1** 31; *s. a. Gleichbehandlungsgrundsatz*
Divergenzvorlage
– fehlende Vorlagepflicht **44** 6 ff.
– pflichtwidriges Unterlassen **44** 34 ff.
– Rechtsbeschwerde **44** 14
– Vorlagepflicht **44** 4
– Zuständigkeit **44** 3
Dokumentation *s. a. Vergabevermerk*
– Ablehnungsgründe **34** 23 f.
– abweichende Vergabeart **34** 26
– Aktenführungspflicht **34** 2
– Angebotswertung **30** 87
– Aufbewahrung **52** 28
– Auswahlgründe **34** 23
– Begriff **34** 2
– Begründung von Entscheidungen **34** 18, 23 ff.
– Dokumentation des Vertragsschlusses **34** 11
– Dokumentationsmangel **34** 39 ff.
– Form **34** 35 ff.
– Funktionen **34** 7 ff.
– geheimhaltungsbedürftige Angaben **34** 19
– Heilung von Mängeln **34** 41 ff.
– Identität des Auftraggebers **34** 22
– Inhalt **34** 12 ff.
– Kontrolle des Vergabeverfahrens **34** 8
– losweise Vergabe **7** 34; **34** 27
– maßgebende Feststellungen **34** 30
– Maßnahmen **34** 17
– nach außen tretende Verfahrensschritte **34** 17
– Nachholung **34** 43
– Nachweisforderungen **34** 28
– Pflicht **1** 38
– sachdienliche Unterlagen **52** 26
– Schätzung des Auftragswerts **7** 20
– Sektorenbereich **52** 24 ff.
– Sicherstellung wirksamen Rechtsschutzes **34** 9 ff.
– Stufen des Vergabeverfahrens **34** 17
– verfahrensinterne Handlungen **34** 17
– Verhandlungsverfahren **9** 56
– VOB/A **34** 29 ff.
– VOF **34** 34
– VOL/A **34** 14 ff., 20 ff.
– Vollständigkeit **34** 4, 12
– Wahrheit **34** 4, 12

Magere Zahlen = Randnummern

- zeitnahe Erstellung **52** 27
- Zeitpunkt **34** 38
- Zuschlagsentscheidung **34** 25

Dokumentationsmangel
- Heilung **34** 41 ff.
- Rechtsfolgen **34** 39 ff.

Doppelbeteiligung **1** 28, 61; **15** 40 ff.; *s. a. Mehrfachbeteiligung, Parallelbeteiligung*

Dringlichkeit
- freihändige Vergabe **10** 32
- Notwendigkeit **57** 37
- Verhandlungsverfahren ohne Teilnahmewettbewerb **9** 72; **48** 22 f.; **61** 11, 24

Dritte, Begriff **3** 87
Drittlandswaren **52** 12
Drittunternehmer, Begriff **16** 16
Dual-Track-Verfahren **74** 42
Dynamische elektronische Verfahren
- Schätzung des Auftragswerts **7** 44 f.

Dynamisches elektronisches Verfahren
- Allgemeines **9** 2
- Sektorenbereich **48** 39

Echte Chance **36** 66 ff.
Echte Erschließungsverträge **4** 39
Effektivitätsgrundsatz **73** 39
effet utile **3** 3; **4** 3
Eigenbetriebe **3** 10; **55** 15; **57** 10
Eigenerklärungen **24** 31; **62** 19
Eigenwirtschaftliche Verkehre
- AEG **55** 38
- PBefG **55** 33 ff.
- Vorrang **55** 32, 37

Eignung
- Anforderung **15** 18 ff.
- Anforderungen **13**
- Aufklärungen **28** 51 ff.
- außergewöhnliche **9** 27
- Beihilfeempfänger **13** 8 ff.
- Bewerber/Bieter **13** 6 ff.
- Bietergemeinschaften **15** 18 ff.
- Bindung an Anforderungen **24** 28
- Eignungsabstufung **28** 32
- Fachkunde **28** 8 ff.
- Gesetzestreue **28** 19 ff.
- Kriterien **13** 5
- Leistungsfähigkeit **28** 11 ff.
- mehr an Eignung **28** 32; **30** 20 ff.
- Mindestanforderungen **28** 27 ff.
- öffentliche Hand als Bieter **13** 13 ff.
- örtliches Dikriminierungsverbot **13** 12
- Tariftreue **28** 21
- Unternehmen **13** 6 f.
- Vergaberichtlinien **13** 2 ff.
- Zuverlässigkeit **28** 14 ff.

Eignungskriterien
- Bedeutung **28** 4 ff.
- Bekanntmachung **21** 22

- Fachkunde **28** 8 ff.
- Leistungsfähigkeit **28** 11 ff.
- Nichtdiskriminierung **1** 56
- Personenverkehrsbereich **56** 28 ff.
- Tariftreue **28** 21
- Trennung von Zuschlagskriterien **1** 25, 57; **28** 24 ff.; **30** 24 ff.; **52** 3
- Umweltaspekte **20** 27 ff.
- unbestimmte Rechtsbegriffe **28** 6
- Zuverlässigkeit **28** 14 ff.
- Zweck **28** 4 ff.

Eignungsleihe **16** 14; **24** 55; **61** 40
Eignungsnachweise *s. a. Nachweise*
- abschließende Festlegung **28** 97 ff.
- allgemeine Anforderungen **28** 57
- amtliche Bescheinigungen **28** 90
- andere geeignete Nachweise **28** 132
- Bankauskünfte **24** 38 f.; **28** 65 f.
- Bankerklärung **24** 38 f.; **28** 67 f.
- Befähigungsnachweise Verantwortlicher **28** 92
- Bekanntmachung **28** 116 ff.
- Berufshaftpflicht **28** 67 ff.
- Beschreibung technischer Ausrüstung **28** 87
- Bezugnahme auf Dritte **16** 13 ff.; **28** 126 ff.
- Bietergemeinschaften **15** 18 ff.; **24** 45 ff.
- Bilanzen **28** 70 f.
- Dritter **16** 13 ff.; **28** 126 ff.
- Eigenerklärungen **24** 31
- Erläuterung **28** 129 ff.
- Ermessen **24** 27
- Fachkunde **28** 78 ff.
- Festlegung **24** 26 ff.
- Gleichwertigkeit anderer Nachweise **49** 8
- Kontoauszüge **28** 70 f.
- Kontrolle zuständiger Stellen **28** 91
- Leistungsfähigkeit **24** 38 ff.; **28** 65 f.; **49** 9, 24 f.
- Muster, Beschreibungen, Fotografien **28** 89
- Nachforderung **28** 122 ff.
- Nachunternehmer **16** 36 ff.
- Normung **49** 7
- Präqualifizierung **24** 32; **28** 112 ff.
- Prüfungssysteme **49** 20 ff.
- Qualität der Nachweise **28** 95 f.
- Qualitätssicherung **28** 94
- Referenzen **24** 41 ff.; **28** 80 ff.
- Sektorenbereich **49** 5 ff.
- technische Leitung **28** 88
- Teilnahmeanträge **24** 26 ff.
- Umsatzerklärungen **24** 38 f.; **28** 72 ff.
- Umweltmanagement **49** 7
- Umweltmanagement **28** 93
- Vervollständigung **28** 129 ff.
- Zeitpunkt der Vorlage **28** 120 f.
- Zertifizierungen **49** 7
- Zurechnung **16** 13 ff.
- Zuverlässigkeit **24** 33 ff.; **28** 58 ff.

Eignungsprüfung *s. Eignungsnachweise*
- Abwägung **28** 44
- Ausschlussgründe **28** 58 ff.

1743

Sachregister Fette Zahlen = Paragraphen

- Beurteilungsspielraum **28** 35
- bieterbezogene Angebotswertung **28** 30
- Durchführung **28** 33
- Eignungsaufklärungen **28** 51 ff.
- Eignungskriterien **28** 4 ff.
- Eignungsnachweise **28** 57 ff.
- Entscheidungsspielraum **28** 49 f.
- Ergebnis **28** 31
- erneute **28** 7
- Fachkunde **28** 37
- Gesetzestreue **28** 19 ff.
- keine Eignungsabstufung **28** 32
- Leistungsfähigkeit **28** 38 f., 65 ff.
- mehr an Eignung **28** 32
- Präqualifikationssysteme **28** 101 ff.
- Prognose **28** 36
- Sachverhaltsermittlung **28** 34
- Sektorenbereich **49** 2 ff.
- Trennung Eignungs-/Zuschlagskriterien **28** 24 ff.
- Unternehmensbezogenheit **28** 2
- Vereinfachung **28** 3
- Verschlusssachenschutz **62** 28 ff.
- Versorgungssicherheit **63** 2
- Zeitpunkt **28** 45 ff.
- Zuverlässigkeit **28** 40
- Zweck **28** 1
- zweite Wertungsstufe **28** 1 ff.

Eingangsvermerk **25** 10
Eingetragene Genossenschaft **3** 21
Eingetragener Verein **3** 21
Einheitlicher europäischer Binnenmarkt **1** 12
Einkaufsgemeinschaften **71** 20
Einrichtung des öffentlichen Rechts **3** 13
Einstellung des Vergabeverfahrens **31** 1; **52** 19 f.; *s. a. Aufhebung des Vergabeverfahrens*
Einstweiliger Rechtsschutz
- Abwägungsmaterial **41** 32
- Beschwerdeverfahren **41** 31 ff.
- drohender Zuschlag **42** 32
- Prüfungsmaßstab **41** 32 f.
- Rechtsschutzbedürfnis **41** 36; **42** 32
- Unterschwellenbereich **80** 11 ff.
- Vorabgestattung des Zuschlags **42** 17 ff., 28 ff.

Einzelauftrag **7** 33
Eisenbahn **2** 75
Eisenbahnverkehr
- Direktvergaben **57** 3 ff.
- Direktvergabeprivileg **54** 9
- Leitlinienausschluss **54** 7

Elektronische Auktion
- Allgemeines **9** 2

Elektronische Signatur **24** 9 f.
Energiedienstleistungsrichtlinie **20** 10
Energieeffizienz
- Bieterschutz **17** 110 ff.
- energieverbrauchsrelevante Güter **17** 100 ff.
- Forderung von Angaben **17** 107 ff.

- öffentlicher Personenverkehr **55** 60
- Vorgabe des höchsten Energieeffizienzniveaus **17** 104 ff.
- Vorgaben für Straßenfahrzeuge **17** 113 ff.
- zwingende Vorgaben **2** 66; **17** 97 ff.

Energieeffizienzrichtlinie **20** 10
Energiekennzeichnungsrichtlinie **20** 10
Energieverbrauch **52** 17
Energieverbrauchsrelevante Güter **17** 100 ff.
Energieversorgung **3** 71
Energiewirtschaftsgesetz **2** 14
Energy-Star-Verordnung **20** 11
Entgeltlicher Vertrag *s. a. Vertrag*
- Abgrenzung **4** 27
- Grundsätze **4** 27
- Konzessionen **4** 28 ff.
- Verwaltungssponsoring **4** 32
- Vorteilsgewährung von Seiten Dritter **4** 31

Entwicklungsleistungen **2** 30 f.; **9** 48; **60** 68
Erbbaurechte **2** 34
Ergänzende Vertragsbedingungen **18** 30, 37 f.
Erklärungen und Nachweise
- Begriffsbestimmungen **27** 46
- Fehlen **27** 47 ff.
- Nachforderung **27** 52 ff.

Erkundigungsobliegenheit **34** 49
Eröffnungstermin *s. a. Angebotsöffnung*
- Ausschreibungen **25** 36 ff.
- Begriff **25** 7
- Bieteröffentlichkeit **25** 38 ff.
- Dokumentation **25** 23 ff., 49 ff.
- Einsicht in Niederschrift **25** 28, 51
- freihändige Vergabe **25** 31
- Kennzeichnung der Angebote **25** 17 ff., 48
- Mitteilung **25** 29
- nicht offenes Verfahren **25** 62
- Niederschrift **25** 23 ff., 49 ff.
- Teilnehmer **25** 10
- Umgang mit eingegangenen Angeboten **25** 11, 41 ff.
- Unversehrtheitsprüfung **25** 14 ff., 46 ff.
- Verhandlungsverfahren **25** 32 f., 36 ff.
- Verlesung **25** 21 f.
- VOB/A **25** 8 ff.
- VOB/A-VS **25** 62 ff.
- VOF **25** 54 ff.
- VOL/A **25** 35 ff.
- VSVgV **25** 59 ff.
- wettbewerblicher Dialog **25** 34
- zwingender **25** 9

Ersatzhaft **43** 19 f.
Erschließungsverträge **4** 39
Ethikerklärungen **12** 27
EU-Beihilferecht *s. Beihilferechtliche Vorgaben*
EU-Kommission
- Korrekturmechanismus **37** 7 ff.
- Mitteilungen zu Auslegungsfragen **73** Anh 1
- Vertagsverletzungsverfahren **37** 18 ff.

1744

Magere Zahlen = Randnummern

Sachregister

Europäischer Binnenmarkt s. *Binnenmarkt*
Europäisches Primärrecht s. *Primärrechtliche Verfahrensvorgaben*
Eventualpositionen 7 49

Fabricom-Rechtsprechung 12 6 ff.
Fachaufsicht 3 51
Fachkunde
– amtliche Bescheinigungen 28 90
– Befähigungsnachweise Verantwortlicher 28 92
– Beschreibung technischer Ausrüstung 28 87
– Beurteilung 28 37
– Definition 28 8 ff.
– Kontrolle zusändiger Stellen 28 91
– Muster, Beschreibungen, Fotografien 28 89
– Nachweis 49 7 f.
– Nachweise 28 78 ff.
– Qualitätssicherung 28 94
– Referenzen 28 80 ff.
– technische Leitung 28 88
– Umweltmanagement 28 93
Fachlose 1 69
Falschbezeichnung 26 5
Fehlende Erklärungen und Nachweise
– Ausschlussgrund 27 45 ff.
– Begriffsbestimmungen 27 46
– Fehlen 27 47 ff.
– Nachforderung 27 52 ff.
– Nachfrist 27 60 ff.
Fehlende Preisangaben
– Ausschlussgrund 27 63 ff.
– Beeinträchtigung der Wertung 27 75 f.
– Sektorenbereich 27 77 ff.
– unwesentliche Einzelposition 27 70 ff.
– VOF 27 83
Fiktiver Betriebsübergang 55 50 f.
Finanzdienstleistungsaufträge 60 56
Finanzhilfen des Sonderfonds Finanzmarktstabilisierung 3 67
Förderbanken 3 66
Formal fehlerhafte Angebote
– Ausschlussgrund 27 23 ff.
Formelle Angebotsprüfung s. *Angebostprüfung, formelle*
Forschungsleistungen 2 30 f.; 9 48; 60 68
Fortsetzungsfeststellungsverfahren
– Erledigung des Nachprüfungsverfahrens 40 31 ff.
– Fortsetzungsfeststellungsinteresse 40 34
Freiberufliche Leistungen
– Oberschwellenbereich 2 46 ff., 76 ff.
– Schätzung des Auftragswerts 7 38
– Unterschwellenbereich 2 107
Freier Marktzugang 47 22; 74 3
Freier Wettbewerb 1 47
Freihändige Vergabe
– Ablauf 10 38 ff.
– Allgemeines 10 29

– Angebotsöffnung 25 31, 52
– Baden-Württemberg 79 27
– Bayern 79 54, 57
– Dringlichkeit 10 32
– Fristen 23 40 f.
– Geheimhaltungsgründe 10 35
– keine eindeutige, erschöpfende Beschreibbarkeit 10 33
– Leistungsbeschreibung 17 31 f.
– nur bestimmtes Unternehmen 10 31
– nur unannehmbare/unwirtschaftliche Angebote 10 34
– Prinzipien 10 40
– Sonderfälle 10 36 f.
– Zulässigkeit 10 30 ff.
Freistellung von Sektorentätigkeiten
– Antrag 47 29 ff.
– Beispiele 47 27
– Bekanntmachung 47 35, 36
– Entscheidung 47 36
– EU-Kommission 47 33
– Freistellungsverfahren 47 28 ff.
– Prüfung des Antrags 47 35
– Stellungnahme des BKartA 47 34
– Wirkung 47 21 ff.
Freiwillige Bekanntmachungen
– europaweite 51 27
– ex-post-Transparenzbekanntmachung 21 72
– fehlende Bekanntmachungspflicht 21 70 f.
– Sektorenbereich 51 14, 17 ff.
– Standardformular 21 72
Fristen
– Angebotsfrist 23 20 ff., 45 f., 51 ff., 77 ff., 100 ff., 113 ff., 139 ff., 147 ff., 159 ff.
– Angemessenheit 51 35; 73 **Anh 1** 34; 76 8
– Auskunftsfrist 23 165
– Beginn 23 8 ff.
– Begriffsbestimmungen 23 4 ff.
– Belehrungspflicht übre Beginn 35 24 ff.
– Berechungsgrundlagen 23 4 ff.
– beschränkte Ausschreibung 23 42 ff.
– Bewerbungsfrist 23 17 ff., 42 ff., 71 ff., ,110 ff., 146, 169 ff.
– Bindefristen 51 42
– Ende 23 12 ff.
– freihändige Vergabe 23 40 f.
– FristenVO 23 3
– Mindestfristen 51 35
– Mitteilungspflicht 34 82, 84 ff.
– nicht offenes Verfahren 23 70 ff., 156 ff., 159 ff., 165, 169 ff.; 51 37 ff.
– Notfrist 41 2
– Oberschwellenbereich 23 48 ff., 97 ff.
– öffentliche Ausschreibung 23 17 ff.
– offenes Verfahren 23 51 ff, 100 ff.; 51 36
– Sektorenbereich 23 133 ff.; 51 32 ff.
– sofortige Beschwerde 41 2 ff.
– Unterschwellenbereich 23 16 ff., 94 ff.
– Unwirksamkeitsfeststellung 35 17 ff.

1745

Sachregister Fette Zahlen = Paragraphen

- Verhandlungsverfahren 23 84ff., 88ff., 120ff., 150a, 164, 179ff.; 51 37ff.
- Verkürzungen 51 40
- Verlängerungen 51 41
- Vertragsverletzungsverfahren 37 29, 34
- VOB/A 23 16ff.
- VOF 23 127ff.
- VOL/A 23 94ff., 97ff.
- VSVgV 23 151ff., 166ff.
- Wettbewerbe 23 131ff.
- wettbewerblicher Dialog 23 91ff., 124ff., 181
- Zuschlagsfrist 23 34ff., 47, 66ff., 83, 108ff., 118f., 145, 150, 178
- Zweck 23 1

Fristverkürzungen
- Bekanntmachungen 51 18, 23ff.

Frühwarnsystem (FWS) 14 66ff.
Funktionale Leistungsbeschreibung 17 8, 14f.
Funktionaler Auftraggeber 3 2, 12ff.
Funktionaler Unternehmensbegriff 4 43

Gebietskörperschaften 3 7f.; 74 55
Gebührenordnungen 3 48
Geheime Aufträge 60 84ff.; *s. a. Verschlusssachenaufträge*
Geheimhaltung *s. a. Informationssicherheit*
Geheimhaltungsinteressen 2 41ff.; 40 38ff.
Geheimhaltungsstufen 62 5
Geheimschutz
- Verteidigungsgüterrichtlinie 64 22ff.

Geheimschutzabkommen 62 49
Geheimschutzbetreuung 62 40
Geheimschutzinteressen
- Schranken des Akteneinsichtsrecht 40 38ff.

Geheimwettbewerb 1 27f.; 15 43f., 53, 57ff.; 16 49
Gehörsrüge *s. Anhörungsrüge*
Gemeinwirtschaftliche Verpflichtung 55 21ff., 40
Gemischte Aufträge
- Verteidigungs- und Sicherheitsbereich 60 41ff.

Gemischte Dienstleistungen *s. Mischaufträge*
Genehmigungsvorbehalt 75 2
General Procurement Agreement 7 6
General Services Department 14 82
Generalübernehmer, Begriff 16 11
Generalunternehmer, Begriff 16 11
Genossenschaft 3 21
Gerichtsgebühren
- Beschwerdeverfahren 45 42

Gesamtumsatz 24 38ff.; 28 72ff.
Gesamtvergabe
- Zulässigkeit 1 72ff.

Gescheiterte Bietergemeinschaft 15 51ff.
Gesellschaft bürgerlichen Rechts 3 22
Gesellschaft mit beschränkter Haftung 6 17

Gesellschaftsanteile
- Kauf 4 42
- Veräußerung 4 40f.

Gesetzestreue 28 19ff.
Gesetzliche Krankenkassen *s. Krankenkassenausschreibungen*
Gesetzliche Verbote 35 54ff.
Gesundheitsreformgesetz 65 3
Gewährleistungsverwaltung 5 3
Gewichtung der Zuschlagskriterien 30 63ff.
Gewinnerzielungsabsicht 3 29
Gleichartige Leistungen 9 79ff.
Gleichbehandlungsgrundsatz
- Auswirkungen 1 50ff.
- Bedeutung 1 47ff.
- Beihilfen 1 60
- Bekanntmachung 1 52
- Diskriminierungsverbot 1 49
- einheitliche Bedingungen 1 55
- europäische Sicht 1 43ff.
- gleichheitswidriges Bieterverhalten 1 61
- Herleitung 1 41
- Informationen 1 52
- Inhalt 1 50ff.
- nationale Sicht 1 42
- nichtdiskriminierende Leistungsbeschreibung 1 53
- primärrechtlicher 73 36ff.
- Projektantenproblematik 1 59

Gleichwertigkeit von Angeboten 52 14
Gleichwertigkeitsprüfung 26 34ff.
Gleichwertigkeitszusatz 17 76ff.; 50 11
Good Governance 14 4
Green Procurement
- Allgemeines 20 1ff.
- Auftragsbezogenheit 20 30
- Ausführungsbedingungen 20 36f.
- Auswahl des Auftragsgegenstands 20 20
- Beschaffung von Straßenfahrzeugen 20 24, 35
- Beschlüsse der Bundesbehörden 20 18
- Eignungskriterien 20 27f.
- EMAS-Zertifikat 20 29
- Energiedienstleistungsrichtlinie 20 10
- Energieeffizienzrichtlinie 20 10
- Energiekennzeichnungsrichtlinie 20 10
- Energieverbrauchsvorgaben 20 24
- Gestaltung 20 19ff.
- KrW-/AbfG 20 16
- Lebenszykluskosten 20 22, 31
- Leistungsbeschreibung 20 21ff.
- Leistungsfähigkeit 20 28
- nationale Rechtsgrundlagen 20 13ff.
- Nebenangebote 20 26
- Primärrecht 20 6f.
- Produktionsverfahren 20 23
- rechtliche Grundlagen 20 5ff.
- Rechtsgrundlagen de lege ferenda 20 12
- Sektorenbereich 50 19ff.
- Sekundärrecht 20 8, 9ff.

Magere Zahlen = Randnummern

Sachregister

- Umweltauswirkungsvorgaben 20 24
- Umweltschutzziel 20 14
- Umweltzeichen 20 11, 25
- Unionszielbestimmung 20 6
- Vergaberichtlinien 20 8
- Vergabeverordnungen 20 15
- Zuschlagskriterien 20 30 ff.
- zwingende Berücksichtigung 20 33

Grenzüberschreitende Investitionen 73 21 ff.
Gröditzer Stahlwerk-Entscheidung 75 12
Gründungszweck 3 24 ff.
Grundfreiheiten 1 15; s. a. Binnenmarktrelevanz, Primärrechtliche Vorgaben
- Bindung öffentlicher Unternehmen 74 62 ff.
- Schranken 74 46
- Unterschwellenbereich 79 14

Grundfreiheitliche Vorgaben
- Allgemeines 73 5, 8 ff.
- Arbeitnehmerfreizügigkeit 73 25 ff.
- Dienstleistungsfreiheit 73 14 ff.
- Diskriminierungsverbot 73 30 ff.
- Kapitalverkehrsfreiheit 73 21 ff.
- Konkretisierungen 73 33 ff.
- Niederlassungsfreiheit 73 18 ff.
- Warenverkehrsfreiheit 73 28 ff.
- Zahlungsverkehrsfreiheit 73 21 ff.

Grundlagen 2 ff.
Grundsätze des Vergaberechts s. Vergaberechtsgrundsätze
Grundstücksmitteilung 73 49
Grundstücksrechte 2 34
Grundstücksveräußerungen
- an Dritte 5 8
- primärrechtliche Vorgaben 74 43 f.

Grundstücksverträge 2 32 ff.
Günstigkeitsprinzip 79 139
Güterbeförderungsdienste; 55 7

Hängebeschlüsse 42 20
Hamburg
- Bagatellgrenze 79 159
- Besonderheiten im Vergabeverfahren 79 156 ff.
- Mittelstandsförderung 79 165
- Rechtsgrundlagen 79 149 ff.
- Rechtsschutz 79 173
- Tariflohnbestimmungen 79 166 ff.
- vergabefremde Zwecke 79 171 f.
- Vergabestellen 79 153 ff.

Handlungsrationalität, private 5 1
Hausärzteverband 67 7, 8
Hausarztzentrierte Versorgung
- Ausnahmen von Ausschreibungspflicht 67 26 ff.
- Ausschreibungspflichten 67 17 ff.
- besondere ambulante ärztliche Versorgung 67 4, 32
- Dienstleistungskonzession 67 19

- Entgeltlichkeit der Verträge 67 22 ff.
- Erlöschen des Kontrahierungszwangs 67 14
- flächendeckende Sicherstellung 67 15 f.
- freiwillige Teilnahme 67 1, 4
- Gemeinschaftsverträge 67 5 ff.
- Hausärzteverband 67 7, 8
- Hierarchie der Vertragspartner 67 13
- Kassenärztliche Vereinigungen 67 7, 9
- Lenkungs-/Steuerungsfunktion 67 23
- nachrangige Dienstleistungen 67 29 f.
- öffentlicher Auftrag 67 17 ff.
- Rahmenvereinbarungen 67 21
- Sicherstellung 67 2
- sozialrechtliche Ausschreibungspflicht 67 31
- Steuerungs-/Integrationsleistungen 67 1
- Unanwendbarkeit der VOF 67 25
- Vertragspartner 67 6 ff.

Haushaltsrecht 2 3, 103; 78 2 f.
- Grundlage staatlicher Beschaffung 1 1; 2 1
- Verwaltungsinternum 1 2
- Wirkung 1 2

Herstellerbezogene Ausschreibung 1 53
Hessen
- Besonderheiten im Vergabeverfahren 79 180 ff.
- Mittelstandsförderung 79 189
- Rechtsgrundlagen 79 174 ff.
- Rechtsschutz 79 193 f.
- Tariflohnbestimmungen 79 190 f.
- vergabefremde Zwecke 79 192
- Vergabestellen 79 177 ff.

Hilfsmittelversorgung
- Allgemeines 68 1 ff.
- ausschreibungsrelevante Besonderungen 68 26 ff.
- Beitrittsermöglichung 68 19 ff.
- Beitrittsverträge 68 14 ff.
- Einzelfallverträge 68 22 ff.
- Entgeltlichkeit 68 15 ff.
- Exklusivität 68 15 ff.
- Liefer-/Dienstleistungaufträge 68 13
- nachrangige Dienstleistungen 68 30 ff.
- Neuregelungen 68 2
- öffentliche Aufträge 68 9 ff.
- Präqualifizierungsverfahren 68 4 ff.
- primärrechtliche Verfahrensvorgaben 68 43 ff.
- Rahmenvereinbarungen 68 11 f.
- selektivvertragliche Berechtigung 68 1
- Unterschwellenvergabe 68 41 f.
- vergaberechtliche Rechtsprechung 68 49 ff.
- vergaberechtskonforme Anwendung 68 19 ff.
- Zweckmäßigkeitsempfehlungen 68 46 ff.
- Zweckmäßigkeitsvorbehalt 68 27 ff.

HOAI
- öffentliches Preisrecht 19 106 ff.

Hochtechnologie 11 14
Höchstpreisprinzip
- Bedeutung 19 11
- Mindestpreis 19 12

1747

Sachregister

Fette Zahlen = Paragraphen

– Zeitpunkt **19** 13
– Zuwiderhandlungen **19** 14 ff.
Holdinggesellschaften 57 16

Identität des Beschaffungsvorhabens 9 52
Immobilienerwerb 73 23
Immobilienverträge 2 32 ff.
Impfstoffversorgung *s. a. Selektivverträge*
– Allgemeines **71** 1 ff.
– Ausschluss von Preisregulierungen **71** 3
– Ausschreibung von Verträgen **71** 5 ff.
– Exklusivität **71** 7
– indikationsbezogene Ausschreibung **71** 22
– Kollektivverträge **71** 8
– Lieferverzögerungen, -ausfall **71** 25
– Monopolisierung **71** 14
– Nachfragekartell **71** 14
– Pflichtleistungen der GKV **71** 1
– Preisbildung **71** 3
– Rahmenbedingungen für Preisvereinbarungen **71** 3
– Selektivverträge **71** 6 ff., 17 ff.
– Sprechstundenbedarf **71** 3
– Verhältnis Apotheken/pharmazeutische Unternehmen **71** 17 ff.
– Verhältnis Krankenkassen/pharmazeutische Unternehmen **71** 6 ff.
– WHO **71** 24
In-house-Vergabe 2 49
Industrie- und Handelskammern 3 60
Infizierungstheorie 3 32 f., 75
Informations- und Wartepflicht
– abgelehnte Bewerber **32** 28 ff.
– Absicht des Vertragsschlusses **32** 33
– Anwendungsbereich **32** 7 ff.
– Aufhebung des Verfahrens **32** 6
– Ausnahme **32** 61 ff.
– Betroffenheit **32** 26 f.
– Dauer der Wartefrist **32** 47, 55 ff.
– de-facto-Vergaben **32** 12 ff.
– Einhaltungsanspruch **32** 65 ff.
– Einleitung **32** 1 ff.
– Empfänger der Information **32** 15 ff.
– EU-Vergaberecht **32** 4
– Form der Information **32** 45 ff.
– Gründe der Nichtberücksichtigung **32** 37 ff.
– Informationspflicht **32** 15 ff.
– Inhalt der Information **32** 33 ff.
– Inhalt der Wartepflicht **32** 52 ff.
– Justizgewährungsanspruch **32** 5
– Name des Zuschlagsempfängers **32** 34 ff.
– Personenverkehrsbereich **56** 34
– Rechtsgrundlage **32** 1 f.
– Reichweite **32** 8 ff.
– Sinn und Zweck **32** 3
– unterlegene Bieter **32** 16 ff.
– Unverzüglichkeit **32** 50

– Verhältnis zur anderen Informationspflichten **32** 51
– Verletzungsfolgen **32** 64 ff.; **35** 2 ff.
– vorgesehene Nichtberücksichtigung des Angebots **32** 22 ff.
– Warnfunktion **32** 33, 41, 49
– Wartepflicht **32** 52 ff.
– Zeitpunkt der Information **32** 50
– Zeitpunkt des Vertragsschlusses **32** 41 ff.
Informationssicherheit
– allgemeine Vertraulichkeitspflicht **62** 57 ff.
– Allgemeines **62** 1 ff.
– Ausschluss bei Nichterfüllen der Anforderungen **62** 32 ff.
– Begriff **62** 4 ff.
– Bekanntgabe der Nachweisanforderungen **62** 22
– Eigenerklärungen **62** 19
– Eignungsprüfung **62** 28 ff.
– Geheimhaltungsbedürftigkeit **62** 4
– Geheimhaltungsstufen **62** 5
– Klassifizierung **62** 5, 9
– Nachforderung von Nachweisen **62** 24
– Nachweise **62** 18 ff.
– Schutzelemente **62** 8 f.
– schwere Verfehlungen **62** 35
– Sicherheitsüberprüfungsgesetz **62** 4
– Verschlusssachen **62** 4
– Verschlusssachen-Zulassung **62** 39 ff.
– Verschlusssachenschutz **62** 10 ff., 28 ff.
– Vertraulichkeitsgrundsatz **62** 6
– Zeitpunkt der Nachweisvorlage **62** 23 ff.
– zusätzliche Zeit zur Erfüllung **62** 26 f.
Informationsübermittlung 51 29 ff.
– Grundsätze **24** 1 ff.
– Übermittlungswege **24** 4
Informationsvorsprung 12 24 ff.; **21** 38
Inhouse-Betreiber
– Auftragssperre **4** 47
– Vertragspartner **4** 46 f.
Inhouse-Einkaufsgesellschaft 3 34
Inhouse-Geschäft
– Allgemeines **6** 1 ff.
– Anteilsveräußerungen **6** 38 ff.
– bereichspezifische Besonderheiten **6** 13
– Beteiligungsverhältnisse **6** 18 ff.
– im engeren Sinn **6** 9
– im weiteren Sinn **6** 10
– Kontrollkriterium **6** 11, 14 ff.
– maßgeblicher Beurteilungszeitpunkt **6** 12
– Privatisierungen **6** 38 ff.
– rechtlich unselbständige Organisationseinheit **6** 9
– rechtliche verselbständigte Organisationseinheit **6** 10
– Rechtsentwicklung **6** 4 f.
– Rechtsform **6** 16 f.
– Regelungsvorschlag der Kommission **6** 44 ff.
– Teckal-Urteil **6** 7, 11

Magere Zahlen = Randnummern   **Sachregister**

– Umsatzbetrachtung **6** 32 ff.
– ungeschriebener Ausnahmetatbestand **6** 7 f.
– vergaberechtsfreie **6** 11 ff.
– Wesentlichkeitskriterium **6** 11, 28 ff.
Inhouse-Vergabe
– primärrechtliche Vorgaben **74** 48 f.
– Selbsterbringung **57** 9 ff.
– zulässige Direktvergabe **35** 15
Initial Public Offering **74** 40
Innovative Technologien **11** 14
Insolvenzverfahren
– Ausschlussgrund **27** 125 ff.
– Bietergemeinschaftsmitglied **15** 81 ff.
Instate-Geschäfte **6** 48
Institutionelle Auftraggeber **2** 100
Integrierte Versorgungsleistungen
– Boni **72** 3
– Dienstleistungskonzessionen **72** 2 f.
– Entgeltlichkeit **72** 5
– Exklusivität **72** 6
– Insolvenzrisiko **72** 3
– Kooperationsverträge **72** 7
– Lenkungs-/Steuerungswirkung **72** 6
– nachrangige Dienstleistungen **72** 9
– öffentliche Aufträge **72** 2 ff.
– Rahmenvereinbarung **72** 4
– Umgehungsproblematik **72** 7
– VOF **72** 8 ff.
– VOL/A **72** 8
– Zuzahlungsermäßigungen **72** 3
Interessenbekundungsverfahren **17** 6
Interessenkonflikte **12** 43, 62 f.
Interessenskollisionen **76** 27 ff.
Interessenskonflikte **12** 4
Interimsvergabe **9** 72
Interkommunale Kooperationen **4** 48 ff.
Internationale Abkommen **2** 44
– Verteidigungs- und Sicherheitsbereich **60** 72 ff.
Internationale Organisationen **2** 44; **60** 78 ff., 96 f.
– Rechtsschutz gegen Vergabeentscheidungen **64** 42 ff.
IT-Beschaffungen; **11** 15

Juristische Personen
– besondere Staatsnähe **3** 40 ff.
– besonderer Gründungszweck **3** 24 ff.
– des öffentlichen Rechts **3** 19 f.
– des privaten Rechts **3** 21 f.
– funktionale Auftraggeber **3** 12 ff.
– im Allgemeininteresse liegende Aufgaben **3** 27 ff.
– Nichtgewerblichkeit **3** 35 ff.
– selbständige Rechtspersönlichkeit **3** 18 ff.
– Voraussetzungen **3** 14
Justizgewährungsanspruch **32** 5; **64** 31
Justizvollzugsanstalten
– Ausschluss **13** 16 ff.
– bevorzugte Vergabe **13** 22 ff.

Kalendertag, Begriff **23** 5
Kalkulationsfreiheit **29** 6
Kapitalverkehrsfreiheit **73** 21 ff.
Kartellrecht **39** 21 ff.
Kartellrechtliche Lösung **2** 2, 21
Kartellrechtlicher Schadensersatz **36** 120
Kartellverbot **15** 29 f.
Kartellvergaberecht; s. a. Oberschwellenvergabe
– kartellrechtliche Lösung **2** 2
– nationales Vergaberecht **2** 1
– persönlicher Anwendungsbereich **2** 5 ff.
– sachlicher Anwendungsbereich **2** 15 ff.
– Systematik **2** 2
Kaskadenprinzip **2** 2; **46** 4 f.
Kassenärztliche Vereinigungen **67** 7, 9
Kick-Off Meeting **11** 32
Kirchen **3** 64
Kirchensteuer **3** 49
Kleinaufträge
– Anwendungsbereich **57** 28
– Direktvergaben **57** 27 ff.
– Losbildung **57** 31
– Schwellenwerte **57** 29 f.
– Umgehungsverbot **57** 31
Kliniken **3** 19
Körperschaften **3** 19
Kollektivverträge **66** 32; **71** 8
Kollisionsnorm **2** 13
Kollusives Zusammenwirken **35** 58; **40** 33
Kommanditgesellschaft **3** 22
Kommanditgesellschaft auf Aktien **3** 21
Kommission s. EU-Kommission
Kommissionsmitteilungen **73** 43 ff.
Kommunale Daseinsvorsorge **3** 19, 29
Kommunale Holdinggesellschaften **74** 56
Kommunale Wohnungsbaugesellschaften **3** 68
Kommunalwirtschaftsrecht **39** 37
Kompensationsgeschäfte **61** 37
Konditionenwettbewerb **1** 19
Kontinuitätsgebot **37** 33, 43
Kontoauszüge **28** 70 f.
Kontrolle zuständiger Stellen **28** 91
Kontrollkriterium **6** 11, 14 ff.
Konzernbürgschaften **79** 60
Konzernrechtliche Neuorganisation **4** 24
Konzernverbundene Unternehmen **27** 108; **55** 62
– Assitur-Entscheidung **15** 56
– Doppel-/Mehrfachbeteiligungen **15** 37, 55 ff.
– Einhaltung des Geheimwettbewerbs **15** 57 ff.
– Geheimwettbewerb **15** 57 ff., 65
– spätere Konzernverbundenheit **15** 66 ff.
– Verschwiegenheit **15** 64
– Vertraulichkeit **15** 63 f.
– wirtschaftliche Selbstständigkeit **15** 55
Konzessionäre s. Baukonzessionäre
Konzessionen **4** 28 ff.
– Baukonzessionen **5** 4 ff.

1749

Sachregister

Fette Zahlen = Paragraphen

- Dienstleistungskonzession **5** 32 ff.
- Einleitung **5** 1 ff.

Konzessionsvergabe
- Richtlinie **56** 16

Kooperation mit Auftraggeber **12** 37
Kooperationsgedanke **8** 52
Kooperationsprogramme **60** 58 ff.
Kooperationsverträge **72** 7

Korrekturmechanismus der Kommission
- Ablauf **37** 9 ff.
- Allgemeines **37** 1 ff.
- Beanstandungsverfahren **37** 2
- Bedeutung **37** 8
- Einleitungsvoraussetzung **37** 9 ff.
- Ergänzung des Vertragsverletzungsverfahrens **37** 3
- Informationspflicht **37** 13 f.
- kein Anspruch auf Einschreiten **37** 8
- keine Sanktionsmechanismen **37** 16
- laufendes Vergabeverfahren **37** 9
- Mitteilung **37** 9
- Regelungsgehalt **37** 7 f.
- schwere Verstöße **37** 2, 9
- Stellungnahme des öffentlichen Auftraggebers **37** 10 ff.
- Verteidigungs- und Sicherheitsbereich **64** 13
- Ziel **37** 3
- Zuständigkeitsverteilung **37** 7

Korruptionsbekämpfung
- Beschaffungsrichtlinie **14** 25 f.
- geeignetes Personal in Vergabestelle **14** 22 ff.
- Organisation der Beschaffungsstelle **14** 10 ff.
- Personalrotation in Beschaffungsstelle **14** 15 f.
- Straftatbestände **14** 7 f.
- Transparenz der Verfahren **14** 13 f.
- Trennung Fachabteilung/Beschaffungsstelle **14** 17 ff.
- Vier-Augen-Prinzip **14** 16

Korruptionsregister **79** 81
- Bund **14** 48 ff.
- Länder **14** 52 ff.
- Rechtsschutz gegen Eintragung **14** 62

Kosten
- Anwaltsgebühren **45** 23 ff., **45** ff.
- Beigeladener **45** 34 f.
- Beschwerdeverfahren **45** 36 ff.
- Eilverfahren **45** 40 f.
- erstattungsfähige Aufwendungen **45** 21 f., 23 ff.
- Gebühren und Auslagen **45** 1
- Höhe **45** 7 ff.
- obsiegende Beteiligte **45** 21 ff.
- Vergabekammern **45** 4 ff.

Kostenentscheidungen
- Rechtsmittel **45** 13 f.
- Unterliegen eines Beteiligten **45** 16 ff.

Kostenersatz
- Angebotserarbeitung **18** 58 f.
- Vergabeunterlagen **18** 55 ff.; **22** 51 ff.

- Versendung der Vergabeunterlagen **22** 51 ff., 89 ff., 97 ff., 102
- wettbewerblicher Dialog **11** 83

Kostenfestsetzung **45** 6, 55 ff.
Kostengrundentscheidung **45** 5, 13, 36 ff.
Kostentragung
- Antragsrücknahme **45** 28 ff.
- Billigkeitsaspekte **45** 27 ff.
- Erledigung **45** 32 f.
- Erstattungsfähigkeit von Aufwendungen **45** 21 ff.
- mehrere Kostenschuldner **45** 20
- Obsiegender **45** 31
- Unterlegener **45** 16 ff.

Kostenvorschuss **45** 15
Krankenkassenausschreibungen **65** ff.
- AMNOG **65** 13
- Anwendung des Vergaberechts **66** 3 ff.
- Arzneimittelausgabenbegrenzungsgesetz **65** 7
- Arzneimittelrabattverträge **70** 1 ff.
- Arzneimittelsortimentsverträge **65** 15
- Beitragsentlastungsgesetz **65** 5
- Beitragssicherungsgesetz **65** 7
- Bereichsausnahmen **66** 5
- Beschaffungen als öffentlicher Auftrag **66** 10 ff.
- Einführung **65** 1 ff.
- Entgeltlichkeit der Verträge **66** 12
- Geltung des Kartellrechts **66** 25 ff.
- Gesundheitsreform **65** 3
- GKV-OrgWG **65** 12
- hausarztzentrierte Versorgung **67** 1 ff.
- Hilfsmittelversorgung **68** 1 ff.
- Impfstoffversorgung **71** 1 ff.
- integrierte Versorgungsleistungen **72** 1 ff.
- Kartellrecht **66** 25 ff.
- Kollektivverträge **66** 32
- Kostensteigerungen **65** 1
- materielles Vergaberecht **66** 6 ff.
- Modernisierungsgesetz **65** 8
- Neuordnungsgesetz **65** 5
- öffentlicher Auftrag **66** 10 ff.
- öffentlicher Auftraggebereigenschaft **66** 4, 7 ff.
- Organisationstrukturentwicklung **65** 12
- Rahmenrabattverträge **66** 18
- Rechtsquellen **65** 3
- Rechtsschutz bei vergaberechtlichen Streitigkeiten **66** 22
- Reformgesetz **65** 6
- SGB V **65** 3
- Sicherung/Strukturverbesserung **65** 4
- Steuerungs-/Lenkungswirkung **66** 12
- Verbesserung der Versorgungsstruktur **65** 14
- Versorgungsauftrag **66** 13 ff.
- vorzeitige Zuschlagsgestattung **66** 20
- Wettbewerbsstärkung **65** 2, 10
- Wirtschaftlichkeit der Arzneimittelversorgung **65** 9
- Zytostatikaversorgung **69** 1 ff.

Kreditanstalt für Wiederaufbau **2** 12

Magere Zahlen = Randnummern

Kriegsmaterial 60 20
Kriegswaffenliste 60 11
Kündigung
– außerordentliche 37 77 ff.
– nach Vertragsverletzungsverfahren 37 77 ff.

Landesbanken 3 66
Landeskirchen 3 19
Landesvergabegesetze
– Baden-Württemberg 79 20 ff.
Laufzeit s. *Vertragslaufzeit*
Laufzeitänderungen 4 20
Laufzeiten
– öffentlicher Dienstleistungsauftrag 55 44 ff.
Lebenszykluskosten 20 22, 31; 30 49 ff.
Leistungsänderungen 4 17 ff.
Leistungsbeschreibung
– Arten 17 8 ff.
– Auslegung 17 19 ff.
– Bedarfs- oder Eventualpositionen 17 37 f.
– Bedarfsermittlung 17 3 ff.
– Bedeutung nach Vertragsschluss 17 2
– Bestimmungsrecht des Auftraggebers 17 18
– Diskriminierungsfreiheit 73 Anh 1 31
– eindeutige und erschöpfende Beschreibung 1 54; 17 22 ff.; 50 8
– Einleitung 17 1 f.
– freihändige Vergabe 17 31 f.
– funktionale 17 8, 14 f.
– Green Procurement 20 21 ff.
– Grundsätze 17 18 ff.
– Kernstück der Vergabeunterlagen 17 1
– klassische 17 8
– konventionelle 17 9
– Leistungs- und Funktionsanforderungen 17 81 ff.; 50 13
– Mehrdeutigkeit 17 21
– mit Leistungsverzeichnis 17 11 ff.
– nichtdiskriminierende 1 53
– Normen 17 56 ff.
– Produktneutralität 1 53; 17 44 ff.; 50 18
– Rahmenvereinbarungen 17 28 ff.
– Rangverhältnis 17 19 f.
– Sektorenbereich 50 5 ff.
– technisch-konstruktive 17 11 ff.
– technische Anforderungen 17 56 ff.; 50 10 f.
– Umweltschutzanforderungen 17 85 ff.; 50 14 ff.
– Verbot ungewöhnlicher Wagnisse 17 40 ff.; 50 22
– Verbot unzumutbarer Kalkulationsrisiken 17 40 ff.
– Verhandlungsverfahren 17 31 f.
– verkehrsübliche Bezeichnung 17 9 f., 16
– Versorgungssicherheit 63 3
– Vertragsunterlage 18 27, 28
– Vorgabe von Leitfabrikaten 17 50 ff.
– Wahl- oder Alternativpositionen 17 39

Sachregister

– Wettbewerblicher Dialog 17 33 f.
– Zugang 50 9
Leistungsfähigkeit s. a. *Eignungsnachweise*
– Bietergemeinschaften 24 49 ff.
– Definition 28 11
– Nachweis 24 38 ff.; 28 65 ff.; 49 9, 24 f.
– technische 24 41 ff.; 28 13, 38
– Umweltaspekte 20 28
– Wertung 28 38 f.
– wirtschaftliche 24 38 ff.; 28 12, 39, 65 ff.
Leistungswettbewerb 1 19
Leitfabrikate 26 7
Leitfabrikatvorgabe 17 50 ff.
Leitungsaufsicht 3 50 ff.
Level playing field 1 21 ff.
Lieferaufträge
– Abgrenzung 4 73
– Definition 2 61; 4 51 ff.
Lieferleistungen 2 17
Liquidation 27 132
Liste geforderter Nachweise
– abschließende 18 45
– Vergabeunterlagen 18 11, 43 ff.
Losvergabe
– Verteidigungs- und Sicherheitsbereich 61 33 f.
Losweise Vergabe
– Abgrenzung 7 33
– Allgemeines 1 69 f.
– Dokumentation 7 34
– Schätzung des Auftragswerts 7 28 ff.
Loszuschnitt 1 69

Märkte, freie 47 22
Markenbezogene Ausschreibung 1 53
Marktausrichtung 6 15
Markteintrittsfähigkeit 15 33
Marktgängige Leistung 19 31 ff.
Marktpreise
– abgeleitete 19 42
– allgemeine 19 39 ff.
– besondere 19 39 ff.
– besondere Auftragsverhältnisse 19 47 f.
– marktgängige Leistung 19 31 ff.
– originäre 19 43
– Preisnachlass 19 46
– Vergleichspreis 19 44
– Verkehrsüblichkeit 19 36 ff.
– Voraussetzungen 19 28 ff.
Marktrisiken 5 41
Marktverdrängung 29 82 ff.
Marktwert öffentlicher Unternehmen 75 3 ff.
Mecklenburg-Vorpommern
– Besonderheiten im Vergabeverfahren 79 200 ff.
– Mittelstandsförderung 79 205 f.
– Rechtsgrundlagen 79 195 ff.
– Rechtsschutz 79 211 f.

1751

Sachregister Fette Zahlen = Paragraphen

- Tariflohnbestimmungen **79** 207 ff.
- vergabefremde Zwecke **79** 210
- Vergabestellen **79** 198 f.

Mehr-Partner-Modell 15 63

Mehrfachbeteiligungen
- Allgemeines **1** 28, 61
- Bietergemeinschaft **15** 40 ff.; **27** 101 ff.
- Nachunternehmer **16** 48 ff.; **27** 106 ff.

Messegesellschaften 3 65

Militärausrüstung
- Dual-Use-Gegenstände **60** 13
- Einsatzbestimmung **60** 17 ff.
- Konzeption/Anpassung für militärische Zwecke **60** 9 ff.
- Kriegsmaterial **60** 20
- Kriegswaffenliste **60** 11
- Lieferaufträge **60** 8 ff.
- Militärgüterliste **60** 12
- militärische Zwecke **60** 9 ff.
- Munition **60** 19
- Waffe **60** 18

Militärgüterliste 60 12

Militärische Zwecke
- Bau- und Dienstleistungsaufträge **60** 24
- Lieferaufträge über Ausrüstung **60** 9 ff.

Minderheitsgesellschaften 3 52

Mindestarbeitsbedingungen 79 38

Mischaufträge 2 19, 74, 85; **4** 4, 73 ff.

Mitteilung zu Auslegungsfragen
- Auftragsvergabe **73 Anh 1** 29 ff.
- Bekanntmachung **73 Anh 1** 14 ff.
- Binnenmarktrelevanz **73 Anh 1** 10 ff.
- Einleitung **73 Anh 1** 1 ff.
- Grundanforderungen **73 Anh 1** 8 f., 14 ff.
- Rechtsschutz **73 Anh 1** 39 ff.
- Vorschriften/Grundsätze des EG-Vertrags **73 Anh 1** 7

Mitteilungspflicht, nichtberücksichtigte Angebote/Bewerbungen
- allgemeine **34** 64 ff.
- Frist **34** 82, 84 ff.
- Inhalt **34** 53 ff., 66, 68, 86
- Pflicht zur Angabe der Gründe **34** 67 ff.
- Regelungen **34** 44
- subjektives Recht **34** 48
- Verhältnis zur Informationspflicht **34** 47
- VOB/A **34** 63 ff., 75 ff.
- VOF **34** 80 ff.
- VOL/A **34** 50 ff., 62
- Vorschlag der EU-Kommission **34** 45
- Zeitpunkt **34** 51 f., 65
- Zurückhalten von Informationen **34** 56 ff., 79, 83
- Zweck **34** 46

Mitteilungspflichten *s. a. Informationspflichten*
- Allgemeines **34** 1
- Aufhebung des Vergabeverfahrens **31** 76 ff.
- Grenzen **52** 21

- nichtberücksichtigte Bewerbungen/Angebote **34** 44 ff.
- Sektorenbereich **52** 21
- Vergabevermerk **34** 2 ff.

Mittelstandsförderung
- Auswirkungen **1** 68 ff.
- Baden-Württemberg **79** 29 ff.
- Bayern **79** 58 ff.
- Bedeutung **1** 65 ff.
- Berlin **79** 82
- Brandenburg **79** 111
- Bremen **79** 135
- europäische Sicht **1** 64
- Gesamtvergabe **1** 71
- Hamburg **79** 165
- Herleitung des Gebots **1** 62
- Hessen **79** 189
- Inhalt **1** 68 ff.
- losweise Vergabe **1** 69 f.
- Mecklenburg-Vorpommern **79** 205 f.
- nationale Sicht **1** 63
- Niedersachsen **79** 222
- Nordrhein-Westfalen **79** 240 f.
- Rheinland-Pfalz **79** 264 ff.
- Saarland **79** 283
- Sachsen **79** 302 ff.
- Sachsen-Anhalt **79** 322 f.
- Schleswig-Holstein **79** 355 f.
- subjektives Recht **1** 62
- Thüringen **79** 379 f.
- Unterauftragsvergabe **1** 77
- Wettbewerbsgebot **1** 67
- Wirtschaftlichkeitsgebot **1** 67

Mittelstandsfreundlichkeit 1 5; **16** 2; **56** 15

Mittelstandskartelle 15 29

Mittelstandsrichtlinie 79 23

Mitwirkungsverbot *s. Ausgeschlossene Personen, Projektantenproblematik*

Monopolartige Unternehmen 74 65 f.

Mündliche Verhandlung 40 9 ff.; **41** 15

Munition 60 19

Nachforderung
- Eignungsnachweise **28** 122 ff.
- Erklärungen und Nachweise **27** 52 ff.

Nachfragekartell 71 14

Nachprüfungsantrag
- Ablehnungsfiktion **40** 17; **41** 4
- Antragsbefugnis **39** 45 ff.
- Befugnis **35** 31 ff.
- Begründetheitsmaßstab **39** 33
- Begründung **40** 4
- drohender Schaden **39** 54 ff.
- Information des Auftraggebers **42** 8 f.
- Interesse am Auftrag **39** 47 f.
- kein vorbeugender Rechtsschutz **39** 61 ff.
- Möglichkeit der Rechtsverletzung **39** 50 ff.
- pauschaler **40** 7
- Rechtsmissbrauch **36** 19 ff.

Magere Zahlen = Randnummern

– Rücknahme **36** 31 ff.
– Rügeobliegenheit **39** 64 ff.
– Schaden **39** 54 ff.
– Ungerechtfertigtheit **36** 14 ff.
– Unzulässigkeit **40** 19 ff.
– Verweisung **41** 9
– Zuschlagsverbot **42** 1 f., 3 ff.

Nachprüfungsverfahren *s. a. Unwirksamkeitsfeststellung*
– Ablehnungsfiktion **40** 17; **41** 4
– Akteneinsicht **40** 37 ff.
– Antragsbefugnis **9** 11; **15** 3, 92 ff.; **35** 31 ff.; **39** 45 ff.
– Beiladung **40** 35 f.
– Beschleunigungsmaxime **40** 13 ff.
– Beweiserhebung **40** 12
– Entscheidung nach Aktenlage **40** 10
– Entscheidungsfrist **40** 13 ff.
– Erledigung **40** 31 ff.
– Erledigung auf sonstige Weise **40** 54
– Feststellung der Vertragsunwirksamkeit **35** 16 ff.
– Fortsetzungsfeststellungsverfahren **40** 31 ff.
– Information des Auftraggebers **42** 8 f.
– keine Antragsbindung **40** 5
– Kosten **45** 4 ff.
– Ladung **40** 11
– mündliche Verhandlung **40** 9 ff.
– Präklusion **9** 12
– Rechtsverletzung **9** 11
– Richtlinien **73 Anh 1** 40
– Rüge **9** 12
– Rügeobliegenheit **39** 64 ff.
– Schutzschrift **42** 5
– Transparenzgrundsatz **1** 37
– Untersuchungsgrundsatz **39** 91 ff.; **40** 2 ff.
– Unwirksamkeitsfeststellung **35** 16 ff.
– Unzulässigkeit **40** 19 ff.
– Verfahrensgrundsätze **40** 2 ff.
– vergleichsweise Regelungen **40** 54
– Verteidigungs- und Sicherheitsbereich **64** 14 ff.
– zeitliche Begrenzung **40** 19 ff.
– Zuschlagsverbot **42** 1 f., 3 ff.
– Zuständigkeit erster Instanz **38** 11 ff.
– Zuständigkeit zweiter Instanz **38** 32 ff.

Nachrangige Dienstleistungen
– anwaltliche Beratungsleistungen **74** 21
– Grundfreiheiten **73** 10
– hausarztzentrierte Versorgung **67** 29 f.
– Hilfsmittelversorgung **68** 30 ff.
– primärrechtliche Vorgaben **74** 18 ff.
– Verteidigungs- und Sicherheitsbereich **61** 2 f.

Nachrangigkeitsprinzip 8 47
Nachrichtendienstliche Tätigkeiten 60 57
Nachschieben von Gründen 41 27 ff.
Nachunternehmer *s. a. Unterauftrag*
– Abgrenzungen **16** 16 ff.
– Absichtserklärung **16** 25 f.
– Allgemeines **16** 1 ff.

– Austausch **16** 53
– Benennung **16** 27 ff.; **18** 24
– Beteiligung in mehrern Angeboten **16** 50
– Beteilung auch als Bieter **16** 49
– Definition **16** 9, 11 ff.
– Dokumentationspflichten **16** 8
– Eigenständigkeit der Teilleistung **16** 18
– Eignungsleihe **24** 55
– Eignungsnachweise **16** 27 ff.
– Eignungsprüfung **16** 23, 36 ff.
– Einschränkung **16** 46
– Erklärungen **16** 22 ff.; **18** 24
– Erschließung fehlender Ressourcen **16** 1, 7
– Kapazitäten Dritter **16** 7
– Mängel **16** 3
– Mehrfachbeteiligungen **16** 48 ff.
– Mittelstandsinteressen **16** 2, 6
– Nachweise **16** 22 ff.
– öffentlicher Dienstleistungsauftrag **55** 61 ff.
– Pflichtenkreis **16** 17
– Rechtsrahmen **16** 4 ff.
– Sektorenbereich **52** 23
– Selbstausführungsgebot **16** 40 ff.
– Überkreuzbeteiligung **16** 51
– untergeordnete Zuarbeiten **16** 21
– Verfügbarkeitsnachweis **16** 27 ff.
– Vergaberichtlinien **16** 5
– Verpflichtungserklärungen **16** 22 ff.; **18** 24
– Verteidigungs- und Sicherheitsbereich **16** 10, 47; **61** 35 ff.
– Voraussetzungen **16** 9
– Zurechnung von Eignungsnachweisen **16** 13 ff.

Nachunternehmererklärungen
– Angebote **24** 68 ff.
– Teilnahmeanträge **24** 54 ff.
– Vergabeunterlagen **18** 22 ff.

Nachunternehmerverzeichnis 18 23
Nachverhandlungsverbot 28 54
Nachweise *s. a. Eignungsnachweise*
– Begriff **18** 46
Nahverkehrspläne 55 51
Nationale Sicherheitsinteressen 60 48 ff.
Nationaler Auftraggeberbegriff 2 100 f.
Nationales Vergaberecht *s. a. Unterschwellenbereich*
– Anwendungsbereich **2** 99 ff.
– persönlicher Anwendungsbereich **2** 100 f.
– Regelungen im Unterschwellenbereich **2** 103 ff.
– sachlicher Anwendungsbereich **2** 102
– VOL/A, VOB/A **2** 106 f.

NATO-Truppenstatut 60 75
Nebenangebote
– Abgrenzungen **26** 5 ff.
– Abweichen von Vergabeunterlagen **26** 1, 4
– Allgemeines **26** 1 f.
– Alternativbegriffe **26** 1
– Anzahl **18** 21

1753

Sachregister

Fette Zahlen = Paragraphen

- Begriff **26** 3 ff.
- Bekanntmachung **11** 21; **26** 13 ff., 18
- Einreichung **24** 71
- formale Anforderungen **26** 38 ff.
- Gleichwertigkeitsprüfung **26** 34 ff.
- Green Procurement **20** 26
- inhaltliche Vorgaben **26** 23, 31 ff.
- konkrete Vorgaben **26** 24
- Mindestanforderungen **18** 20; **26** 22 ff., 27, 33
- Nachreichen von Erklärungen/Nachweisen **26** 41
- Notwendigkeit des Hauptangebots **26** 20 f.
- Oberschwellenbereich **26** 13 ff., 22 ff.
- Sektorenbereich **52** 22
- sonstige Anforderungen **26** 28 f.
- Unterschwellenbereich **26** 18 ff., 27 ff.
- Unterzeichnung **26** 38
- unwirksame Zulassung **26** 16 f.
- Verbindung mit Hauptangebot **18** 19; **26** 20 f., 37
- Vergabeunterlagen **18** 17 ff.
- Wertung **26** 30 ff.
- Zulässigkeit **26** 9 ff.
- Zulassung **18** 18; **26** 10 ff.

Nettovertrag 56 12

Nicht berücksichtigte Angebote/Bewerbungen *s. a. Vorinformation*
- Mitteilungspflichten **34** 44 ff.
- Mitteilungsregeln **34** 44
- Pflicht zur Angabe der Gründe **34** 67 ff.
- Umgang mit Bieterunterlagen **34** 71 ff.

Nicht offenes Verfahren
- Ablauf **9** 34 ff.
- Allgemeines **9** 23 ff.
- Angebotsfrist **23** 77 ff., 113 ff., 147 ff., 159 ff., 172 ff.
- aufgehobenes Vergabeverfahren **9** 31 f.
- Ausschluss **9** 24
- Auswahlkriterien **9** 37
- Bekanntmachung **9** 36
- beschränkter Kreis geeigneter Unternehmen **9** 27
- Bewerbungsfrist **23** 71 ff., 110 ff., 146
- Bewertungsmatrix **9** 40
- Fallgruppen **9** 26
- Fristen **23** 70 ff.; **51** 37 ff.
- Höchstzahl der Bewerber **9** 37
- Mindestzahl der Bewerber **9** 38
- Sektorenbereich **48** 34
- spezielle Voraussetzungen **9** 24
- Teilnehmerauswahl **9** 39
- unverhältnismäßiger Aufwand des offenes Verfahrens **9** 29 f.
- unwirtschaftliches Ergebnis des offenen Verfahrens **9** 31 ff.
- Unzweckmäßigkeit des offenen Verfahrens **9** 33
- Vorinformation **9** 35
- Vorprüfung/-auswahl **9** 25
- Vorteil **9** 25
- Zulässigkeit **9** 26 ff.
- Zuschlagsfrist **23** 83, 118 f., 150, 178
- Zuschlagskriterien **9** 40
- Zweistufigkeit **9** 23, 34 ff.

Nicht-prioritäre Dienstleistungen 2 71 ff., 84
Nichtdiskriminierung *s. Gleichbehandlungsgrundsatz, Diskriminierungsverbot*
Nichtgewerblichkeit 3 35 ff.
Nichtigkeit 35 52 ff.; **37** 75; *s. a. Unwirksamkeit des Vertrags*
Nichtigkeitsklage 14 75
Niederlassungsfreiheit 73 18 ff.

Niedersachsen
- Besonderheiten im Vergabeverfahren **79** 217 ff.
- Mittelstandsförderung **79** 222
- Rechtsgrundlage **79** 213 f.
- Tariflohnbestimmungen **79** 223 ff.
- vergabefremde Zwecke **79** 227 f.
- Vergabestellen **79** 215 f.

Niedrigster Preis
- Zuschlagskriterium **30** 8 ff, 11 f..

Nordrhein-Westfalen
- Besonderheiten im Vergabeverfahren **79** 233 ff.
- Mittelstandsförderung **79** 240 f.
- Rechtsgrundlage **79** 229 ff.
- Rechtsschutz **79** 256
- Tariflohnbestimmungen **79** 242 ff.
- vergabefremde Zwecke **79** 252 ff.
- Vergabestellen **79** 232

Normen
- Bezugnahme in Leistungsbeschreibung **17** 71 ff.
- Grundkonzept **17** 71 ff.
- Zulässigkeit strengerer/abweichender Anforderungen **17** 74 f.
- Zulassung gleichwertiger Lösungen **17** 76 ff.

Notmaßnahmen
- Auferlegung **57** 45 f., 48, 50, 54
- Auswahlermessen **57** 51, 54
- Bus-/Straßenbahnverkehre **57** 47
- Dauer **57** 56
- Direkterweiterung **57** 42 ff.
- Direktvergaben **57** 41
- Dringlichkeit **57** 37
- Effektivität **57** 54
- Eisenbahnverkehre **57** 50
- Entschließungsermessen **57** 51, 52
- Ermessensentscheidung **57** 51 ff.
- Gestaltungsermessen **57** 51 ff.
- keine Neu-/Mehrverkehre **57** 36
- Ketten-Notmaßnahmen **57** 57
- Kontinuitätssicherung **57** 37, 53
- Notsituation **57** 34 ff.
- Schienenverkehre **57** 47
- Unerheblichkeit der Notgründe **57** 37 f.
- unmittelbare Unterbrechungsgefahr **57** 39

Magere Zahlen = Randnummern

- Unterbrechung des Verkehrsdienstes **57** 34 ff.
- Verhältnismäßigkeit **57** 54

Nutzungsrecht
- Baukonzession **5** 7 ff.
- Dienstleistungskonzession **5** 36 ff.

Oberlandesgerichte
- Zuständigkeit **38** 32 ff.

Oberschwellenbereich
- Primärrechtsschutz **77** 11 ff.
- Schwellenwerte **2** 23 ff.
- Sekundärrechtsschutz **77** 19

Oberschwellenvergabe s. a. Kartellvergaberecht, Primärrechtliche Bieterverfahren

Öffentlich-Private Partnerschaft **57** 18

Öffentlich-rechtliche Rundfunkanstalten **3** 63

Öffentlich-rechtlicher Vertrag **4** 13

Öffentliche Ausschreibung
- Ablauf **10** 16
- Allgemeines **10** 14
- Angebotsfrist **23** 20 ff.
- Baden-Württemberg **79** 26
- Bekanntmachung **21**
- Bewerbungsfrist **23** 17 ff.
- Unterschwellenbereich **78** 3
- vierstufiges Wertungsverfahren **10** 16
- Zulässigkeit **10** 15
- Zuschlagsfrist **23** 34 ff.

Öffentliche Erwerbsgeschäfte **73** 23, 41

Öffentliche Hand
- als Bieter **13** 13 ff.

Öffentliche Private Partnerschaften **4** 59

Öffentliche Unternehmen
- AEUV **74** 58 ff.
- Begriff **74** 60 f.
- Bindung an Grundfreiheiten **74** 62 ff.
- § 130 GWB **2** 7 ff.

Öffentliche Veräußerungsgeschäfte
- Anteilsveräußerungen mit Vergabebezug **74** 33 ff.
- Anteilsverkauf über Börse **74** 37 ff.
- Dual-Track-Verfahren **74** 42
- Initial Public Offering **74** 40
- Mitteilung der Kommission **73 Anh 2**
- öffentlicher Auftrag **74** 23
- primärrechtliche Vorgaben **73** 3, 22, 41; **74** 23 ff.
- Trade Sale **74** 41
- Unternehmensprivatisierungen **74** 27 ff.
- Verkauf börsengehandelter Anteile **74** 38 f.
- Verkauf öffentlicher Grundstücke **74** 43 ff.

Öffentlicher Auftrag
- Arzneimittelrabattverträge **70** 3 ff.
- Auftragsarten **4** 50 ff.
- Auslobungsverfahren **4** 64 f.
- Bauaufträge **4** 54 ff.
- Baukonzessionen **4** 66 ff.
- Beschaffungscharakter **4** 35 ff.

- Definition **2** 16; **4** 2, 8 ff.
- Dienstleistungsaufträge **4** 62 f.
- Einleitung **4** 1 ff.
- Entgeltlichkeit **4** 27 ff.; **66** 12; **70** 8 ff.
- Erweiterung **4** 5
- Form **4** 11
- funktionale Auslegung **4** 3, 9
- hausarztzentrierte Versorgung **67** 17 ff.
- Hilfsmittelversorgung **68** 9 ff.
- hoheitliche Handlungsformen **4** 14
- integrierte Versorgungsverträge **72** 2 f.
- Krankenkassenausschreibungen **66** 10 ff.
- Lieferaufträge **4** 51 ff.
- Modernisierung **4** 6 f.
- öffentlich-rechtlicher Vertrag **4** 13
- Rahmenvereinbarung **4** 26
- Rechtsbindungswille **4** 10
- Schwellenwerte **2** 25
- verteidigungs-/sicherheitsrelevante Aufträge **4** 69 f.
- Vertrag **4** 9 ff.
- Vertragsänderungen **4** 16 ff.
- Vertragspartner **4** 43 ff.
- Zuordnung von Aufträgen **4** 71 ff.

Öffentlicher Auftraggeber
- abschließende Auflistung **3** 4
- Anstalten des öffentlichen Rechts **74** 55
- Auftraggebergruppen **3** 3
- Baukonzessionäre **3** 29, 85 ff.
- besondere Staatsnähe **3** 40 ff.
- besonderer Gründungszweck **3** 24 ff.
- Definition **2** 5 f., 9
- funktionaler Begriff **3** 2, 12 ff.
- Gebietskörperschaften **3** 7 f.; **74** 55
- gesetzliche Krankenkassen **66** 4, 7 ff.
- GWB-Vergaberecht **2** 5 f., 9; **3** 1, 5; **74** 55 f.
- im Allgemeininteresse liegende Aufgaben **3** 27 ff.
- juristische Personen **3** 12 ff.
- Körperschaften des öffentlichen Rechts **3** 19, 31; **74** 55
- nationales Vergaberecht **2** 100 f.; **3** 5
- Nichtgewerblichkeit **3** 35 ff.
- Sektorenauftraggeber **3** 70 ff.
- Sondervermögen der Gebietskörperschaften **3** 9 ff.
- subventionierte Auftraggeber **3** 81 ff.
- Unterschwellenbereich **10** 6
- Verbände **3** 69
- Vermutungsregelung **3** 17

Öffentlicher Dienstleistungsauftrag
- Arbeitnehmerschutz **55** 59 ff.
- Ausgleichsleistungen **55** 31, 42 ff., 68
- Ausschließlichkeitsgewährung **55** 28 ff., 41
- Baukonzessionen **55** 20
- Bauleistungen **55** 20
- Bestimmung des Leistungsumfangs **56** 22 ff.
- Betrauung **55** 16, 26
- Bewerber-/Bietergemeinschaften **55** 63

Sachregister

Fette Zahlen = Paragraphen

– Definition **55** 12 ff.; **56** 7
– Dienstleistungskonzession **55** 14
– Direktvergabe **57** 1 ff.
– Direktvergaben **57** 1 ff.
– eigenwirtschaftliche Verkehre **55** 32 ff.
– Entscheidung **55** 14
– Erbringung des Personenverkehrs **55** 17 ff.
– gemeinwirtschaftliche Verpflichtung **55** 21 ff., 40
– Gesamtbericht **55** 70
– Inhalt **55** 39 ff.
– kommerzielle Verkehre **55** 32 ff.
– Laufzeitänderungen **55** 69
– Laufzeitbeschränkungen **55** 44 ff.
– Linienbündel **56** 24
– mehrere rechtsverbindliche Akte **55** 16
– öffentlicher Personenverkehr **55** 12 ff.; **56** 4
– Pflicht zur Begründung **55** 27 ff.
– Qualitätsstandards **55** 58 ff.; **56** 23
– Sozialstandards **56** 23
– Teilleistungen **55** 18
– Übereinkunft **55** 13 ff.
– Überkompensationskontrolle **55** 68
– Unterauftragsvergabe **55** 61 ff.
– Vergabeverfahren **56** , 25 ff.
– Vertrag **55** 14
– Verwaltung des Personenverkehrs **55** 17 ff.
– Verwaltungsregelung **55** 15
– Wettbewerbsvergabe **56** 15 ff.

Öffentlicher Personenverkehr *s. a. Öffentlicher Dienstleistungsauftrag*
– Änderung der VO **54** 9
– Anpassung von Bundes-/Landesrecht **54** 6
– Anwendungsbereich der VO **54** 10 ff.; **55** 1 ff.
– Auferlegung **57** 456 f.; **58** 5 f.
– Beihilfenrecht **54** 13
– Bestimmung des Leistungsumfangs **56** 22 ff.
– Betreiber **55** 11
– Bewerber-/Bietergemeinschaften **55** 11
– Busverkehr **55** 3; **56** 4; **58** 2 f.
– Dienstleistungsauftrag **55** 12 ff.; **56** 4
– Dienstleistungskonzessionen **56** 3 ff.
– Direkterweiterung **57** 42 ff.
– Direktvergaben **57** 1 ff., 3 ff.
– effektiver Rechtsschutz **58** 1
– Eignungskriterien **56** 28 ff.
– Eisenbahnverkehre **54** 7, 9; **55** 3 ff.; **58** 4
– Geltungsbereich der VO **55** 1 ff.
– Genehmigungsbehörden **55** 8
– Güterbeförderung **55** 7
– Inhalt öffentlicher Dienstleistungsaufträge **55** 39 ff.
– interner Betreiber **55** 11
– interpretierende Kommissionsmitteilungen **54** 8
– Kleinaufträge **57** 27 ff.
– Laufzeiten **54** 14
– Leitlinien **54** 7
– Linienbündel **56** 24

– Notmaßnahmen **57** 41
– öffentlicher Dienstleistungsauftrag **55** 12 ff.; **56** 4
– PBefG **54** 6
– Personenbeförderung **55** 6
– Personenfernverkehr **55** 6
– Personennahverkehr **55** 6
– Rechtsschutz **58** 2 ff
– Regierungsentwurf **54** 6
– Rügepflichten **58** 3
– S-Bahnen **55** 3
– Selbsterbringung **57** 9 ff.
– Straßenbahnverkehr **55** 4; **56** 4; **58** 2 f.
– Straßenverkehr **55** 3 ff.
– U-Bahnen **55** 3
– Übergangsregelungen **54** 10 ff.
– Unterbrechung des Verkehrsdienstes **57** 35 ff.
– Vergabe an interne Betreiber **57** 9 ff.
– Vergabeverfahren **56** 25 ff.
– Verkehrsmanagementgesellschaften **55** 9, 11
– Verkehrsunternehmen **55** 11
– Verkehrsverbünde **55** 9
– Veröffentlichungspflichten **54** 15
– Verordnungsrecht **54** 3
– VO 1370/2007 **54** 2 ff.
– Vorgängerregelungen **54** 17 f.
– wettbewerbliches Vergabeverfahren **56** 15 ff.
– Zuschlagskriterien **56** 28 ff.
– zuständige Behörde **58** 8 ff.

Öffentliches Preisrecht
– allgemeine Preisvorschriften **19** 25
– Allgemeines **19** 1 ff.
– Anwendungsbereich der VO **19** 18 ff.
– ausländische Bieter **19** 19
– Bauleistungen **19** 24
– besondere Preisvorschriften **19** 25
– Entwicklung **19** 3 ff.
– Folgen von Verstößen **19** 103 ff.
– Grundprinzipien **19** 10
– Hauptregelwerk **19** 17
– HOAI **19** 106 ff.
– Höchstpreisprinzip **19** 11 ff.
– klassische Auftraggeber **19** 18
– Marktpreis **19** 28 ff.
– Ordnungswidrigkeiten **19** 103
– Preisprüfung **19** 71 ff.
– Preistreppe **19** 26
– Preistypen der VO **19** 25 ff.
– Preisvorbehalte **19** 86 ff.
– Rechtsgrundlage **19** 7 ff.
– Rechtsprechung **19** 6, 100
– Selbstkostenpreise **19** 49 ff.
– Unabhängigkeit von Vergaberecht **19** 1
– Unterauftragnehmer **19** 22
– Verfassungsmäßigkeit der VO **19** 99 ff.
– VO PR 30/53 **19** 17 ff.
– Ziel **19** 2

Öffnung der Angebote *s. Angebotsöffnung*
Öffnungsklausel **14** 16

1756

Magere Zahlen = Randnummern

Sachregister

Örtliches Dikriminierungsverbot; 13 12
Offene Handelsgesellschaft 3 22
Offenes Verfahren
– Ablauf **9** 17 ff.
– Allgemeines **9** 13 ff.
– Angebotsfrist **23** 51 ff., 100 ff., 139 ff.
– Ausschluss **9** 16
– Bekanntmachung **9** 19
– Fristen **23** 100 ff.; **51** 36
– Geheimhaltung **9** 14
– Regelverfahren **9** 16
– Sektorenbereich **48** 33
– Transparenz **9** 14
– unbeschränkter Vergabewettbewerb **9** 14
– Vorinformation **9** 18
– Vorrang **1** 20; **9** 6 ff.
– Wertungsprozess **9** 21
– Zulässigkeit **9** 16
– Zuschlagsfrist **23** 66 ff., 108 ff., 145
Ombudsmann 14 75

Parallelverhandlung 9 54
Partätische Mitbestimmung 3 55
Parteifähigkeit 37 38
Partnerschaftsgesellschaft 3 22
Patentrecht 39 28 f.
Pauschalbetrag 37 61, 66, 68, 71
Personalrotation 14 15 f.
Personenbeförderungsgesetz 54 6; **55** 33 ff.
Personengesellschaften 3 22
Personennahverkehrsleistungen 2 75
Personenverkehrsdienste s. Öffentliche Personenverkehrsdienste
Planungsleistungen 4 56
Platzierung der Bieter 40 49
Portofolioinvestitionen 73 23
Postdienste 3 73
Präklusion 9 12
Präqualifizierung s. a. Prüfungssystem
– Abgrenzung zum Prüfungssystem **49** 20
– Allgemeines **28** 101 ff.
– Anerkennung anderer Verzeichnisse **28** 114; **49** 26 f.
– Begriffsbestimmung **28** 103
– Eignungsnachweise **28** 112 f.
– Einrichtung **28** 105 ff.
– Entwicklung **28** 101
– Hilfsmittelversorgung **68** 4 ff.
– Rechtsgrundlage **28** 102
– Verzeichnisse **28** 114
– Vorteil **28** 104
Preferred Bidder 9 55; **56** 27
Preis
– als Zuschlagskriterium **30** 41 ff.
Preisaufklärungen
– Allgemeines **29** 2, 12 f.
– Angemessenheit des Preises **29** 51, 104 f.
– Beweislast **29** 62 f.
– Darlegungsansorderungen **29** 58 ff.
– Einzelposten **29** 53
– europarechtliche Vorgaben **29** 38 ff.
– fakultative **29** 45
– Form **29** 46 f.
– Formulierung **29** 57
– Frist **29** 48 ff.
– Grenzen **29** 32
– Inhalt **29** 51 ff.
– kein Ausschluss ohne Aufklärung **29** 38 ff.
– kontradiktorische **29** 38 ff.
– Pflicht **29** 37, 38 ff., 102 ff.
– Rechtsfolgen **29** 62 f.
– Seriösitätsnachweis **29** 51
Preisbildungsstelle
– Zuständigkeit **19** 57
Preisdienststellen 19 74 ff.
Preisgleitklauseln
– Bagatellklausel **19** 98
– Genehmigung **19** 93
– Preisvorbehalte **19** 86, 91 ff.
– Rechtsgrundlage **19** 92
– Unwirksamkeit **19** 94
– Vorgaben in Verdingungsunterlagen **19** 97
Preisnachlass 19 46
Preisprüfung s. a. Preisaufklärung
– Ablauf **29** 14 ff.
– Angemessenheit des Preises **29** 3, 70 ff., 104 f.
– Aufgreifkriterien **29** 19 ff.
– Aufgreifschwelle **29** 27 ff.
– Auskömmlichkeit **29** 65 ff.
– Ausschluss des Angebots **29** 38 ff., 89 ff.
– Ausschlussentscheidung **29** 94 ff.
– Begrifflichkeiten **29** 2
– Beurteilungsspielraum **29** 16, 81
– Bewertung der Bietererklärungen **29** 64 ff.
– Bieterschutz **29** 7 ff.
– Darlegungs- und Beweislast **29** 88 ff.
– dritte Wertungsstufe **29** 1 ff.
– Ermittlung zweifelhafter Angebote **29** 15 ff.
– Gesamtpreis **29** 17 f.
– Inhalt **29** 14 ff.
– Kalkulationsfreiheit **29** 6
– Marktverdrängung **29** 82 ff.
– Missverhältnis Preis/Leistung **29** 2
– Preis-/Leistungsverhältnis **29** 71
– Preisaufklärung **29** 2, 12 f., 32, 37 ff.
– Prognoseentscheidung **29** 81
– Prüfungsgegenstand **29** 17
– Rechtfertigung der Unauskömmlichkeit **29** 76
– Sinn und Zweck **29** 1
– staatliche Beihilfen **29** 85 ff.
– Überkostenangebot **29** 5, 98 ff.
– Unterkostenangebot **29** 4, 14 ff.; **52** 11
– Verbot der Zuschlagserteilung **29** 8 ff.
– Vergleich mit eigener Kostenermittlung **29** 20 f.
– Vergleich mit Konkurrenzangeboten **29** 22 ff.
– Vergleichsgrößen **29** 19 ff.

Sachregister

Fette Zahlen = Paragraphen

- Vertragserfüllungsprognose **29** 78 ff.
- Vorprüfungen **29** 15, 102 ff.
- Vorprüfungsergebnis **29** 34 ff.
- Wettbewerbspreis **29** 71 ff.
- Wettbewerbswidrigkeit **29** 77 ff.

Preisprüfungsrecht
- Arten **19** 72
- Auskunftspflichten **19** 78
- Bundesamt für Wehrtechnik und Beschaffung **19** 84 f.
- Erforderlichkeitsgrundsatz **19** 79
- Ergebnis der Prüfung **19** 81
- Feststellungsrechte **19** 83
- keine Befristung **19** 76
- Nachweispflichten **19** 78
- Preisdienststellen **19** 74 ff.
- privatrechtliche Vereinbarung **19** 73
- Überwachungsinstrument **19** 71

Preisrecht *s. Öffentliches Preisrecht*
Preistreppe **19** 26
Preistypen
- Marktpreis **19** 28 ff.
- Selbstkostenpreise **19** 49 ff.
- VO PR 30/53 **19** 25 ff.

Preisvorbehalte
- Anwendungsgrundsätze **19** 88 ff.
- Preisgleitklauseln **19** 86, 91 ff.
- Zulässigkeit **19** 86 ff.

Preiswettbewerb **1** 19
Primärrecht
- Äquivalenz **73** 39
- AEUV **73** 12 ff.
- Dokumente der EU-Kommission **73** 43 ff.
- Effektivitätsgrundsatz **73** 39
- Einleitung **73** 1 ff.
- EU-Beihilferecht **73** 7, 41 ff.
- Gleichbehandlungsgebot **73** 36 ff.
- Grundfreiheiten **73** 5, 8 ff.
- Grundstücksmitteilung **73** 49
- Mitteilung zu Auslegungsfragen **73 Anh 1** 1 ff.
- rechtliche Grundlagen **73** 1 ff.
- Sektorenrichtlinie **73** 1
- Transparenzgrundsatz **73** 34 ff.
- Unterschwellenbereich **79** 14
- Unterschwellenmitteilung **73** 44 f.
- Vergabekoordinierungsrichtlinie **73** 1
- Wettbewerbsbericht **73** 46 ff.

Primärrechtliche Bieterverfahren
- Allgemeines **76** 2
- Bekanntmachung **76** 3 ff.
- Festlegung von Bewertungskriterien **76** 11
- Fristvorgaben **76** 8
- Gewichtung der Bewertungskriterien **76** 12 ff.
- kein Verfahrenstypenzwang **76** 2
- keine Vorabinformation **76** 19 f.
- nachträgliche Konsortialbildung **76** 24 ff.
- personelle Rechtsbehelfsberechtigung **77** 20 ff.
- Primärrechtsschutz **77** 11 ff.
- Prüfung der Interessenbekundungen **76** 9 f.

- Rechtsschutz **77** 8 ff.
- Sekundärrechtsschutz **77** 19
- Umgang mit Interessenkollisionen **76** 27 ff.
- verspätete Interessenbekundungen **76** 21
- Wertungsmatrix **76** 15 ff.

Primärrechtliche Verfahrensvorgaben *s. a. Binnenmarktrelevanz, Grundfreiheiten*
- Allgemeines **74** 1 ff.
- Bedeutung für Vergaberecht **73** 1 ff.
- Binnenmarktrelevanz **74** 1, 3 ff
- Dienstleistungskonzessionen **74** 14 ff.
- Fallgruppen **74** 14 ff.
- Inhouse-Vergaben **74** 48 f.
- nichtprioritäre Dienstleistungen **74** 18 ff.
- öffentliche Veräußerungsgeschäfte **74** 23 ff.
- öffentlicher Auftraggeber **74** 54 f.
- persönlicher Anwendungsbereich **74** 53 f.
- privatrechtlich verfasste Staatsunternehmen **74** 56 ff.
- Rechtfertigungsgründe **74** 45 ff.
- Risiken der Nichtbeachtung **77** 4 ff.
- sachliche Ausnahmen **74** 45 ff.
- sachlicher Anwendungsbereich **73** 3; **74** 3 ff.
- Unterschwellenbereich **74** 22
- Verhältnis zum Sekundärrecht **73** 8 ff.

Primärrechtsschutz
- Anspruch auf Vertragsschluss **39** 7 f.
- Aufhebung der Aufhebung **39** 9 f.
- effektiver gerichtlicher Schutz **77** 11
- Eilrechtsschtz **77** 16
- grundrechtlicher Schutz **39** 5 f.
- Oberschwellenvergabe **77** 11 ff.
- Rechtsweg **77** 8 ff.
- Rechtswegkonzentration **39** 9 f.
- Umfang **77** 11 ff.
- Unterlassungsansprüche **77** 12 ff.
- Unterschwellenvergabe **80** 1 ff.
- zentrale Normen **39** 1 ff.

Prioritäre Dienstleistungen **2** 70, 83
Private Banken **3** 67
Private Vendor Test **75** 11
Privatisierungen
- binnenmarktrelevante Auswahlverfahren **73** 3, 41
- formelle **74** 29
- Formen **74** 28
- funktionale **74** 30
- Grundsätze **75** 9 ff.
- materielle **74** 31
- Organisationsprivatisierung **74** 29
- primärrechtliche Vorgaben **74** 23 ff.
- Veräußerung öffentlicher Unternehmensanteile **74** 27 ff.

Procurement Guidelines **14** 83
Produktneutralität
- Ausnahme **17** 46 ff.
- Grundsatz **1** 53; **17** 44 ff.; **50** 18
- Vorgabe von Leitfabrikaten **17** 50 ff.

Magere Zahlen = Randnummern

Produktspezifische Ausschreibung
– sachliche Rechtfertigung   **17** 46 ff.
Projektantenproblematik
– Allgemeines   **1** 59; **12** 1 ff., 5
– Ausschluss als ultima ratio   **12** 34
– Begriffsausweitung   **12** 15 ff.
– bei der Leistungsbeschreibung   **17** 7
– Beratung des Auftraggebers   **12** 12 ff.
– Egalisierung des Wettbewerbsvorteils   **12** 31 ff.
– Ethikerklärungen   **12** 27
– Fabricom-Entscheidung   **12** 6 ff.
– Informationsvorsprung   **12** 24 ff.
– Interessenskonflikte   **12** 4
– interne Vorkehrungen   **12** 38 ff.
– Kooperation mit Auftraggeber   **12** 37
– primärrechtliche Bieterverfahren   **76** 29
– Rechtsfolgen   **12** 22 ff.
– Risikominimierung   **12** 36 ff.
– Sektorenbereich   **48** 37
– Umsetzung der EuGH-Vorgaben   **12** 8
– Unterstützung des Auftraggebers   **12** 12 ff.
– Vorbefasstheit   **12** 11 ff.
– Vorgaben des EuGH   **12** 6 ff.
– Wechsel von Wissensträgern zum Bieter   **12** 19 ff.
– Wettbewerbsverzerrung   **12** 28 ff.
– Wettbewerbsvorteil   **12** 23 ff.
Projektgesellschaften   **3** 87; **55** 62
Projektsteuerungsbüros   **48** 13
Prozessbetrug   **36** 39
Prozessführungsbefugnis
– Bietergemeinschaften   **15** 92 ff.
Prozessstandschaft   **15** 97
Prüfsysteme
– Bekanntmachung   **51** 15
Prüfungssysteme   *s. Präqualifizierung*
– Aberkennung der Qualifikation   **49** 31
– Abgrenzung zur Präqualifizierung   **49** 20
– andere Prüfsysteme   **49** 26 f.
– Aufruf zum Wettbewerb   **49** 33
– Aufstellungskriterien   **49** 21 f.
– Benachrichtigung über Entscheidung   **49** 29
– Nachweis der Leistungsfähigkeit   **49** 24 f.
– Prüfungsstufen   **49** 28
– Sektorenbereich   **49** 20 ff.
– Veröffentlichung   **49** 32
– Verzeichnis geprüfter Unternehmen   **49** 30
– Zugang zu Prüfungskriterien/-regeln   **49** 23
Prüfzeichen   **73** 29
Put-Optionen; 3 52

Qualität   **30** 45 ff.
Qualitätssicherung   **28** 94; **49** 17 ff.
Qualitätsstandards   **55** 58 ff.
Qualitätszeichen; **73** 29

Rahmenvereinbarungen
– Allgemeines   **4** 10, 26

– Arzneimittelrabattverträge   **70** 4 ff.
– Bekanntmachung   **34** 97
– hausarztzentrierte Versorgung   **67** 21
– Hilfsmittelversorgung   **68** 11 f.
– Leistungsbeschreibung   **17** 28 ff.
– Schätzung des Auftragswerts   **7** 44 f.
– Sektorenbereich   **48** 29, 38
– Verteidigungs- und Sicherheitsbereich   **61** 30 ff.
Rangfolge der Vergabearten   **1** 20
Rechtliches Gehör   **41** 38; **42** 5
Rechtsaufsicht   **3** 51
Rechtsaufsichtsbeschwerde
– Unterschwellenvergabe   **80** 3 ff.
Rechtsbehelfsberechtigung
– personelle   **77** 20 ff.
Rechtsbehelfsfristen
– Bekanntmachung   **51** 28
Rechtsbindungswille   **4** 10
Rechtsfähigkeit   **77** 23
Rechtsmissbrauch
– Beispiele   **36** 22 ff.
– Schadensersatzansprüche   **36** 7 ff.
– ungerechtfertigt gestellte Rechtsmittel   **36** 12 ff.
Rechtsmittelrichtlinie   **38** 7 ff.
Rechtsschutz
– Antragsbefugnis   **39** 45 ff.
– Aufhebung des Vergabeverfahrens   **31** 87 ff.
– Baden-Württemberg   **79** 47
– Bayern   **79** 68 ff.
– Berlin   **79** 97 f.
– binnenmarktrelevante Auswahlverfahren   **77** 8 ff.
– Brandenburg   **79** 122
– Bremen   **79** 148
– Divergenzvorlage   **44** 3 ff.
– EU-rechtliche Vorgaben   **64** 4 ff.
– Fachaufsichtsbeschwerde   **80** 3 ff.
– Grundlagen   **64** 4
– Hamburg   **79** 173
– Hessen   **79** 193 f.
– Kosten und Gebühren   **45** 1 ff.
– Krankenkassenausschreibungen   **66** 22 ff.
– landesrechtlicher   **80** 23
– Mecklenburg-Vorpommern   **79** 211 f.
– Nachprüfungsverfahren   **40** 1 ff.
– Nordrhein-Westfalen   **79** 256
– Öffentlicher Personenverkehr   **58** 1 ff.
– primärrechtliche Bieterverfahren   **77** 8 ff.
– Rechtsaufsichtsbeschwerde   **80** 3 ff.
– Rechtswegkonzentration   **39** 11 ff
– Rheinland-Pfalz   **79** 275 f.
– Rügeobliegenheit   **39** 64 ff.
– Saarland   **79** 291 f.
– Sachsen   **79** 306 ff.
– Sachsen-Anhalt   **79** 333 ff.
– Schleswig-Holstein   **79** 369
– Sektorenbereich   **53** 1 ff.
– Sofortige Beschwerde   **41** 1 ff.
– Thüringen   **79** 388

Sachregister

Fette Zahlen = Paragraphen

- Unterschwellenvergabe **80** 1 ff.
- Verteidigungs- und Sicherheitsbereich **64** 5 ff.
- Vollstreckung von Entscheidungen **43** 1 ff.
- Vorabentscheidung über den Zuschlag **42** 1 ff.
- Vorabentscheidungsersuchen **44** 15 ff.
- Zuständigkeiten **38** 1 ff.

Rechtsstaatsprinzip 1 30
Rechtsverordnungen 1 2
Rechtsweg s. *Vergaberechtsweg, Zuständigkeit*
Rechtswegkonzentration
- Allgemeines **39** 11 ff.
- Beschränkungen **39** 38, 40 ff.
- Dienstleistungskonzessionen **39** 17 ff.
- Rechtsgrundlage **39** 11 ff.
- vergaberechtsfremde Materien **39** 34 ff.
- Verhältnis zu Fachgerichtsbarkeiten **39** 20 ff.

Referenzen 24 41 ff.; **28** 80 ff.
Regiebetriebe 3 10; **57** 10
Religionsgemeinschaften 3 19, 64
Rentenversicherungsträger 3 58
Rheinland-Pfalz
- Besonderheiten im Vergabeverfahren **79** 261 ff.
- Mittelstandsförderung **79** 264 ff.
- Rechtsgrundlagen **79** 257 f.
- Rechtsschutz **79** 275 f.
- Tariflohnbestimmungen **79** 267 ff.
- vergabefremde Zwecke **79** 274
- Vergabestellen **79** 259 f.

Richtlinien 1 2
Rückforderung von Fördermitteln
- Rechtsschutz des Zuwendungsempfängers **8** 47 ff.
- Widerruf des Zuwendungsbescheids **8** 11 ff.

Rügebefugnis
- Bietergemeinschaften **15** 98 f.

Rügeobliegenheit 9 12
- Abhilfe **39** 69
- Apellfunktion **39** 65
- Darlegungs- und Beweislast **39** 79
- De-facto-Vergabe **39** 87
- Entbehrlichkeit **35** 39; **39** 87 ff.
- erkennbare Vergaberechtsverstöße **39** 74 f.
- Förmelei **39** 88
- Frist nach Rügezurückweisung **39** 85 ff.
- Grundsätze **39** 64 ff.
- Kenntnis des Verstoßes **39** 77 f.
- positiv erkannte Verstöße **39** 76 ff.
- Präklusion **39** 64, 85 ff.
- rechtswidrige Aufhebung **31** 96
- Rügeerwiderung **39** 70
- Rügeschreiben **39** 71
- Untersuchungsgrundsatz **39** 91 ff.
- Unverzüglichkeit **39** 76, 81 ff.
- Vergaberechtsverstoß **39** 66, 74 f.
- Verstoß gegen § 101a GWB **35** 37 ff.
- Vertretung **39** 73
- Vorratsrügen **39** 86
- Zulässigkeitsvoraussetzung **39** 65

Rüstungssektor; **7** 13
Rundfunkanstalten, öffentlich-rechtliche 3 63

S-Bahnen 55 3
Saarland
- Besonderheiten im Vergabeverfahren **79** 282
- Mittelstandsförderung **79** 283
- Rechtsgrundlagen **79** 277 ff.
- Rechtsschutz **79** 291 f.
- Tariflohnbestimmungen **79** 284 ff.
- vergabefremde Zwecke **79** 289 f.
- Vergabestellen **79** 280 f.

Sachsen
- Besonderheiten im Vergabeverfahren **79** 299 ff.
- Mittelstandsförderung **79** 302 ff.
- Rechtsgrundlagen **79** 293 ff.
- Rechtsschutz **79** 306 ff.
- Tariflohnbestimmungen **79** 304
- vergabefremde Zwecke **79** 305
- Vergabestellen **79** 296 ff.

Sachsen-Anhalt
- Besonderheiten im Vergabeverfahren **79** 317 ff.
- Mittelstandsförderung **79** 322 f.
- Rechtsgrundlagen **79** 312 ff.
- Rechtsschutz **79** 333 ff.
- Tariflohnbestimmungen **79** 324 ff.
- vergabefremde Zwecke **79** 329 ff.
- Vergabestellen **79** 315 f.

Sanctions Board der Weltbank 14 87 ff.
Sanctions Procedures 14 84
Sanierung staatlicher Unternehmen 73 40
Sanktionsverfahren
- Ablauf **37** 62 ff.
- Entscheidung des EuGH **37** 70
- Ermessen **37** 70, 71
- Gerichtsverfahren **37** 62 ff.
- Sanktionsmittel **37** 66 ff.
- Verhältnismäßigkeit **37** 70
- Vorverfahren **37** 62 ff.
- Zahlung eines Pauschalbetrags **37** 61, 66, 69, 71
- Zwangsgeld **37** 61, 66, 68, 71

Schadensersatz
- Allgemeines **36** 1 ff.
- Amtshaftung **36** 119
- bei Rechtsmissbrauch **36** 2, 7 ff.
- culpa in contrahendo **36** 94 ff.
- Ersatz des Vertrauensschadens **36** 52 ff.
- kartellrechtlicher Anspruch **36** 120
- Rechtsfolge von Vergabestößen **36** 1 ff.
- rechtswidrige Aufhebung **31** 99 ff.
- Schutzgesetzverletzung **36** 117
- Sektorenbereich **53** 1 ff.
- sittenwidrige Schädigung **36** 118
- spezialgesetzliche Tatbestände **36** 1

Magere Zahlen = Randnummern

- unerlaubte Handlung **36** 116
- Verteidigungs- und Sicherheitsbereich **64** 48 ff.
- Vertrauensschaden **36** 52 ff.
- wettbewerbsrechtliche Ansprüche **36** 121

Schadensersatz bei Rechtsmissbrauch
- Abkaufen der Antragsrücknahme **36** 31 ff.
- anfängliche Ungerechtfertigtheit **36** 16 ff., 45
- Aussetzung durch Falschangaben **36** 23 ff.
- Behinderungs-/Schädigungsabsicht **36** 27 ff.
- Berechtigte **36** 10
- Beteiligtenbegriff **36** 11
- Darlegungs- und Beweislast **36** 49 f.
- Haftung für Dritte **36** 38
- missbräuchliche Beschwerden **36** 12 ff.
- missbräuchliche Nachprüfungsanträge **36** 12 ff.
- Missbrauch des Rechtsbehelfs **36** 19 ff.
- Mitverschulden **36** 37
- Rechtsweg **36** 48
- Schaden **36** 35 ff., 46
- Umfang des Ersatzanspruches **36** 36, 47
- ungerechtfertigt gestellte Rechtsmittel **36** 12 ff.
- ungeschriebene Missbrauchsfälle **36** 34
- Verhältnis zu anderen Anspruchsgrundlagen **36** 39
- Verjährung **36** 51
- Verpflichtete **36** 9
- vorläufige Maßnahmen **36** 41 ff.

Schädigungsabsicht 36 27 ff.

Schätzung des Auftragswerts
- Auslobungsverfahren **7** 52
- Bagatellklausel **7** 29
- Bauaufträge **7** 24 ff.
- Baukonzessionen **7** 53 ff.
- Daueraufträge **7** 40 ff.
- Dienstleistungen **7** 35 ff.
- Dokumentation **7** 20
- dynamische elektronische Verfahren **7** 44 f.
- Ermittlung der Gesamtvergütung **7** 25 f.
- fehlerhafte **7** 21 ff.
- freiberufliche Leistungen **7** 38
- Gesamtvergütung **7** 25 f.; **47** 15
- Gesamtvergütung ohne Umsatzsteuer **7** 16
- gestellte Lieferleistungen **7** 27
- 20 %-Kontingent **7** 29 ff.
- Lieferaufträge **7** 35 ff.
- losweise Vergabe **7** 28 ff.
- maßgeblicher Zeitpunkt **7** 15
- Maßstab **7** 16
- nachträgliche Erweiterung des Leistungsgegenstands **7** 19
- Optionsrechte **7** 46 ff.
- Rahmen **7** 14 ff.
- Rahmenvereinbarung **7** 44 f.
- Rüstungssektor **7** 13
- Sektorenbereich **47** 15
- Umgehungsverbot **7** 17
- untelassene **7** 21 ff.
- Vertragsänderungen **7** 51
- Vertragsverlängerungen **7** 50

- zu niedrige **7** 18

Schiedsleistungen 2 29
Schiedsvereinbarungen 18 39
Schienengüterverkehr 3 62

Schleswig-Holstein
- Besonderheiten im Vergabeverfahren **79** 347 ff.
- Mittelstandsförderung **79** 355 f.
- Rechtsgrundlagen **79** 339 ff.
- Rechtsschutz **79** 369
- Tariflohnbestimmungen **79** 357 ff.
- vergabefremde Zwecke **79** 368
- Vergabestellen **79** 343 ff.

Schlichtungsleistungen 2 29
Schutzgesetzverletzung 36 117
Schutzimpfversorgung *s. Impfstoffversorgung*
Schutzschrift 42 5

Schwellenwerte
- Allgemeines **2** 21 ff.; **7** 1 ff.
- Anpassung **7** 6 ff.
- Auslobungsverfahren **7** 11
- außerhalb Kartellvergaberecht **7** 13
- Bauaufträge **7** 11
- Baukonzessionen **7** 11
- dynamische Verweisung **7** 8, 12
- Erreichen **7** 1
- Liefer- und Dienstleistungsauftrag **7** 11
- Schätzung des Auftragswerts **7** 14 ff.; **47** 15
- Sektorenbereich **7** 12; **47** 14 ff.
- Systemänderung **7** 5
- Überprüfung **7** 6
- Überschreiten **7** 1
- Unterschreiten **7** 3
- Verteidigungssektor **7** 12
- VgV **7** 10 f.

Schwere Verfehlungen
- Ausschluss wegen Unzuverlässigkeit **14** 28 ff.
- Ausschlussgrund **27** 133 ff.
- Begriff **14** 29
- fehlende Berufsgenossenschaftsanmeldung **27** 149
- Straftaten und Ordnungswidrigkeiten **27** 133 ff.
- Verstoß gegen Pflicht zur Zahlung von Steuern/Abgaben **27** 148 f.
- vertragswidriges Verhalten **27** 139 f.

Sekorenbereich
- Bekanntmachungen **51** 2 ff.
- Beschafferprofil **51** 16
- freiwillige Bekanntmachungen **51** 14, 17 ff.
- Fristen **51** 32 ff.
- Vergabeabsicht **51** 11

Sektorenauftraggeber
- Anhänge I-X SKR **3** 71
- Beherrschung **3** 80
- Energieversorgung **3** 71
- Gewährung besonderer/ausschließlicher Rechte **3** 77 ff.
- Postdienste **3** 73

1761

Sachregister

Fette Zahlen = Paragraphen

- Telekommunikation **3** 72
- Trinkwasserversorgung **3** 71
- Überblick **3** 70 ff.; **47** 1, 2 ff.
- Verkehr **3** 71

Sektorenbereich
- Abkehr vom Kaskadensystem **46** 4
- Allgemeines **1** 2; **3** 76
- Angebotsöffnung **52** 4
- Angebotsprüfung **52** 5 ff.
- Angebotswertung **52** 10
- Anschreiben **50** 2
- Anwendungsbereich der SektVO **47** 1 ff.
- Art der Auftragsvergabe **47** 6 f.
- Aufforderung zur Angebotsabgabe **49** 34 f.
- Aufhebung des Vergabeverfahrens **52** 19 f.
- Aufruf zum Wettbewerb **49** 36
- Ausnahmetatbestände **47** 18, 19 f.
- Ausschluss vom Vergabeverfahren **49** 12 ff.
- Auswahl der Unternehmen **49** 2 ff.
- Auswahl mittels objektiver Kriterien **49** 4
- Behandlung der Angebote **52** 2 ff.
- Bewerbungsbedingungen **50** 3
- Bieter und Bewerber **49** 1 ff.
- Bietergemeinschaften **49** 37
- Dokumentation **52** 24 ff.
- dynamisches elektronisches Verfahren **48** 39
- Eignung **49** 2 ff.
- Eignungsnachweise **49** 5 ff.
- einheitliche Anwendung **46** 6
- Einstellung des Vergabeverfahrens **52** 19 f.
- Freistellung von Tätigkeiten **46** 7; **47** 18 ff., 28 ff.
- Fristen **23** 133 ff.
- Informationspflichten **52** 21
- Leistungsbeschreibung **50** 5 ff.
- Märkte mit freiem Zugang **47** 22
- nachrangige Dienstleistungen **47** 37
- Nebenangebote **52** 22
- nicht offenes Verfahren **48** 34
- offenes Verfahren **48** 33
- persönlicher Anwendungsbereich **47** 1, 2 ff.
- Prüfungsyteme **49** 20 ff.
- Qualitätssicherung **49** 17 ff.
- Rahmenvereinbarung **48** 38
- Rechtsfolgen von Vergabeverstößen **53** 1 ff.
- Rechtsschutz **53** 1 ff.
- sachlicher Anwendungsbereich **47** 1, 4 ff.
- Schwellenwerte **2** 24; **47** 14 ff.
- Sondervergaberecht **46** 1 f.
- Statistik **52** 29
- Systematik **46** 3
- Trennung Eignungs-/Zuschlagskriterien **52** 3
- Überkostenangebot **52** 11
- Umweltmanagement **49** 17 ff.
- unmittelbarer Wettbewerb **47** 24 ff.
- Unteraufträge **52** 23
- Unterkostenangebot **52** 11
- Verfahrensarten **48** 1 ff.
- Vergabeunterlagen **50** 1
- Verhandlungsverfahren **48** 10 ff.
- Verringerung der Teilnehmeranzahl **49** 10 f.
- Vertragsbedingungen **50** 4
- Vorbefasstheit **48** 37
- Wettbewerbe **48** 40 f.
- wettbewerblicher Dialog **48** 35 f.
- Zusammenhang mit Sektorentätigkeit **47** 8 ff.
- Zuschlag **52** 15 ff.
- Zuschlagskriterien **52** 15 ff.
- Zweck des Erlasses der SektVO **46** 3

Sektorenkoordinierungsrichtlinie **51** 2
Sektorenrichtlinie **73** 1
Sekundärrechtsschutz
- culpa in contrahendo **10** 12
- Oberschwellenvergabe **77** 19
- Unterschwellenvergabe **80** 1 ff.

Selbstausführungsgebot **1** 61
- alte Rechtslage **16** 40 f.
- neue Rechtslage **16** 42 ff.
- Oberschwellenvergabe **16** 42 f.
- Personennahverkehr **16** 46
- Unterschwellenvergabe **16** 44 f.
- Unzulässigkeit **16** 42
- Verteidigung und Sicherheit **16** 47

Selbstbindung des Auftraggebers **1** 36; **48** 8; **51** 27; **76** 21

Selbsterbringung
- Behördengruppen **57** 11
- Beteiligungsverbot **57** 20
- Eigenbetriebe **57** 10
- Enkelgesellschaften **57** 16
- Ermessen **57** 12
- Ermessenseinschränkung **57** 13
- Handlungsoptionen **57** 10 ff.
- Holdinggesellschaften **57** 16
- Inhouse-Vergabe **57** 9
- interner Betreiber **57** 11, 14 ff.
- Kontrollkriterium **57** 14 ff.
- Quote **16** 46; **57** 25
- Regiebetriebe **57** 10
- Tätigkeitsbeschränkungen **57** 19 ff.
- Wesentlichkeitskriterium **57** 19 ff.

Selbstkostenerstattungspreis **19** 55 f.
Selbstkostenfestpreis **19** 49, 53
Selbstkostenpreise
- Anforderungen an Auftragnehmer **19** 60 f.
- Bestandteile **19** 51, 65 ff.
- Ermittlung **19** 59 ff.
- Formen **19** 49
- Forschungs-/Entwicklungskosten **19** 66
- gleiche Aufträge an mehrere Auftragnehmer **19** 58
- kalkulatorischer Gewinn **19** 69
- Leistungsgewinn **19** 68
- Preisbildungsstelle **19** 57 ff.
- Preisermittlungsgrundsätze **19** 62 ff.
- Selbstkostenerstattungspreis **19** 55 f.
- Selbstkostenfestpreis **19** 49, 53
- Selbstkostenrichtpreis **19** 54

Sachregister

Magere Zahlen = Randnummern

- Stufenverhältnis **19** 50
- Unternehmerwagnis **19** 68
- Vorgaben zu kalkulatorischen Kosten **19** 67

Selbstkostenrichtpreis 19 54
Selbstreinigung 27 145
- Allgemeines **14** 96 ff.
- Aufklärung des Sachverhalts **14** 107 f.
- Ausschluss künftigen Fehlverhaltens **14** 2
- Compliance-Maßnahmen **14** 112 ff.
- Diszilinarmaßnahmen **14** 110 f.
- Einleitung **14** 1 ff.
- ordnungsgemäße Vertragserbringung **14** 119
- rechtliche Folgen **14** 115
- Rechtsgrundlage **14** 99 ff.
- Verhältnismäßigkeit **14** 99
- Verjährung **14** 116 ff.
- Voraussetzungen **14** 106 ff.
- Wiedergutmachung des Schadens **14** 109

Selbstverwaltungsgarantie 6 50
Selektivverträge
- Ausschreibungsfähigkeit **71** 7, 17 ff.
- ausschreibungsspezifische Sonderprobleme **71** 12 ff., 19
- Einkaufsgemeinschaften **71** 20
- Exklusivität **71** 7
- Kalkulationsrisiken **71** 11, 13, 19
- Kollektivverträge **71** 8
- Monopolisierung **71** 14
- Nachfragekartell **71** 14
- Rahmenvereinbarung **71** 11
- Verhältnis Krankenkassen/Apotheken **71** 6 ff.
- Verhältnis Krankenkassen/pharmazeutische Unternehmen **71** 17 ff.
- Zystostatikaversorgung **71** 15 f.

Sicherheitsbescheid 62 16, 40 ff.
Sicherheitsinteressen, wesentliche 2 36 ff.
Sicherheitsrelevante Aufträge 2 18, 23, 28
- Annexaufträge **60** 39
- Lieferung von Ausrüstung **60** 36 ff.
- nationale Sicherheitsinteressen **60** 48 ff.
- Verschlusssachenaufträge **60** 27 ff.

Sicherheitsüberprüfungsgesetz 60 85; **62** 46
Sittenwidrige Schädigung 36 39
Sittenwidrigkeit 35 58
SoFFin 3 67
Sofortige Beschwerde
- Anschlussbeschwerde **41** 21 ff.
- Anwaltszwang **41** 12
- anwendbares Prozessrecht **41** 14
- aufschiebende Wirkung **41** 30
- Aussetzung wegen Vorgreiflichkeit **41** 24
- Begründung **41** 11
- Bindung an Beschwerdeentscheidung **41** 40 ff.
- Eilantrag **41** 31 ff.
- Entscheidung der Vergabekammer **41** 1, 6 ff.
- Frist **41** 2 ff.
- Gegenstand **41** 1, 6 ff.
- Hinweispflicht **41** 19 f.
- Kosten **45** 36 ff.
- mündliche Verhandlung **41** 15
- Nachschieben von Gründen **41** 27 ff.
- Notfrist **41** 2
- Prüfungsmaßstab **41** 9 f.
- Prüfungsumfang **41** 9 f.
- Rechtsmissbrauch **36** 19 ff.
- Rechtsmittel gegen Beschwerdeentscheidung **41** 37 ff.
- Rücknahme **41** 26
- selbstständige Zwischenentscheidungen **41** 6 ff.
- Ungerechtfertigtheit **36** 14 ff.
- Wiedereinsetzung **41** 25
- Zulässigkeit **41** 2 ff.
- zwingender Inhalt **41** 11

Sofortpakete 15 7
Sondervermögen der Gebietskörperschaften
- Eigen-/Regiebetriebe **3** 10
- unselbständige Verwaltungseinheiten **3** 9

Sozialrechtliches Dreiecksverhältnis 68 12; **70** 5; **72** 2
Sozialversicherungsrecht 39 30 ff.
Sparkassen 3 66
Sparsamkeitsgebot 1 2, 6, 16
Sperrwirkung 57 7; **73** 8 ff.; **74** 19
Sponsoring 4 32
Staatlich begünstigte Unternehmen 74 65 f.
Staatliche Beihilfen
- Unterkostenangebot **29** 85 ff.

Staatliche Kooperationen 2 50
- Allgemeines **6** 1 ff.
- Anwendbarkeit des Vergaberechts **6** 49 ff.
- Aufgabenübertragung **6** 64 ff.
- Begründung **6** 57
- delegierende Vereinbarung **6** 65
- Gegenleistung **6** 68
- gemeinsame Aufgabenwahrnehmung **6** 62 f.
- Gleichbehandlungsgrundsatz **6** 52
- horizontale **6** 48
- keine Besserstellung Privater **6** 67a
- Kooperationsgegenstand **6** 56 ff.
- Kooperationspartner **6** 54 f.
- mandatierende Vereinbarung **6** 66
- Neuregelung des EU-Vergaberechts **6** 70 ff.
- Rechtsentwicklung **6** 4 f.
- Trennung Begründung/Vollzug **6** 57
- Umgehungsverbot **6** 53, 69
- vergaberechtsfreie **6** 52 ff.
- vertikale **6** 48
- Vollzug **6** 57
- Zielsetzung im öffentlichen Interesse **6** 58 ff.

Staatliche Leitungsaufsicht 3 50 ff.
Staatsnähe, besondere
- Aufsicht über die Leitung **3** 50 ff.
- Mehrheitsverhältnisse **3** 54 ff.
- mittelbare Finanzierung **3** 45 ff.
- öffentliche Auftraggeber **3** 40 ff.
- überwiegende Finanzierung **3** 42 ff.

Städtbauliche Verträge 4 38
Standardformular 51 5, 6

Sachregister

Fette Zahlen = Paragraphen

Stardust Marine-Entscheidung 75 12
Statistikpflichten 52 29
Stellvertretung *s. Vertretung*
– bei Zuschlagserteilung 32 30 ff.
Stiftungen 3 19
Straftatenbegehung 27 133 ff.
Straßenbahnverkehr 55 3; 56 4
Straßenfahrzeugbeschaffung 20 24, 35
Straßenverkehre 55 3 ff.
Streitkräfteeinsatz 60 87 ff.
Streitwert 45 43 f.
Studentenwerk 3 19
Subjektive Bieterrechte 1 13
Submissionstermin 14 20; 25 7; *s.a. Angebotsöffnung*
Subsidiaritätsprinzip 8 47
Subunternehmer
– Begriff 16 11
Subventionen 1 60
Subventionierte Auftraggeber; 3 81 ff.

Tag, Begriff 23 5
Tariflohnbestimmungen
– Baden-Württemberg 79 25, 34 ff.
– Bayern 79 62
– Berlin 79 83 ff.
– Brandenburg 79 112 ff.
– Bremen 79 136 ff.
– Hamburg 79 166 ff.
– Hessen 79 190 f.
– Mecklenburg-Vorpommern 79 207 ff.
– Niedersachsen 79 223 ff.
– Nordrhein-Westfalen 79 242 ff.
– Rheinland-Pfalz 79 267 ff.
– Saarland 79 284 ff.
– Sachsen 79 304
– Sachsen-Anhalt 79 324 ff.
– Schleswig-Holstein 79 357 ff.
– Thüringen 79 381 ff.
Tariftreue 28 21
Technische Regelwerke
– Bezugnahme in Leistungsbeschreibung 17 71 ff.; 50 10 f.
– Grundkonzept 17 71 ff.
– Zulässigkeit strengerer/abweichender Anforderungen 17 74 f.
– Zulassung gleichwertiger Lösungen 17 76 ff.; 50 10 f.
Technische Spezifikationen
– Bezugnahme in Leistungsbeschreibung 17 56 ff.; 50 10 f.
– Definition 17 59 ff.
– Doppelgesichtigkeit des Begriffs 17 64
– Meinungsstreit 17 64 ff.
– nur produktbezogene Anforderungen 17 69 f.
– Umweltanforderungen 17 89 ff.
Teckal-Entscheidung 6 7, 11; 57 9
Teilaufhebung 31 67 ff.

Teillose 1 69
Teilnahme am Wettwerb
– Bedingungen 1 24
Teilnahmeanträge
– Bezeichnung des Bewerbers/Bieters 24 19
– Eignungsnachweise 24 26 ff.
– elektronische Signatur 24 9 f.
– Erklärungen/Nachweise zu Mindestbedingungen 24 24 f.
– Formblätter 24 22 f.
– Formerfordernisse 24 1 ff.
– Inhalte 24 19, 20 ff.
– Nachunternehmererklärungen 24 54 ff.
– notwendiger Inhalt 24 19 ff.
– spezifische Anforderungen 24 4 ff.
– Unterschriftserfordernisse 24 9 f.
– Unversehrtheit 24 5 ff.
– Vertraulichkeit 24 5 ff.
Teilnahmebedingungen 1 25
Teilnahmewettbewerb
– Bekanntmachungen 51 12 ff.
Teilnehmer am Vergabeverfahren
– Begriff 1 51
Telaustria-Entscheidung 5 55
Telekommunikation 3 72
Tender Electronic Daily 9 18; 21 34
Tenders Electronic Daily 51 6
Terrorismusbekämpfung 60 87 ff.
Thüringen
– Besonderheiten im Vergabeverfahren 79 375 ff.
– Mittelstandsförderung 79 379 f.
– Rechtsgrundlagen 79 370 ff.
– Rechtsschutz 79 388
– Tariflohnbestimmungen 79 381 ff.
– vergabefremde Zwecke 79 386 f.
– Vergabestellen 79 373 f.
Trade Sale 74 41
Transparenzgrundsatz
– Akteneinsicht 1 39
– Auswirkungen 1 34 ff.
– Bedeutung 1 32 f.
– Bekanntmachungspflichten 1 35 f.
– Dokumentation 1 38
– europäische Sicht 1 31
– Herleitung 1 29
– Informationspflichten 1 40
– Inhalt 1 34 ff.
– Korruptionsbekämpfung 14 13 f.
– Nachprüfbarkeit 1 37
– nationale Sicht 1 30
– primärrechtlicher 73 34 ff.
Trinkwasserversorgung 3 71
Truppenstationierungsabkommen 2 44; 60 75, 76 f., 93 f.
Typenzwang 9 9

Sachregister

U-Bahnen **55** 3
Übereinkommen über das öffentliche Beschaffungswesen **7** 6
Übergangsbestimmungen **2** 95 ff.
Überkostenangebot
– Sektorenbereich **52** 11
Überkostenangebote
– Angemessenheitsprüfung **29** 104 f.
– keine Aufklärungspflicht **29** 102 f.
– keine Vorprüfung **29** 102 f.
– Preisprüfung **29** 98 ff.
Überkreuzbeteiligung **16** 51
Umgehungsverbot **4** 79
Umweltaspekte *s. Green Procurement*
Umweltauswirkungen **2** 66
Umweltmanagement **28** 93; **49** 17 ff.
Umweltschutzanforderungen
– Bedeutung **17** 85 f.
– Energieeffizienz **17** 97 ff.
– Produktbezug **17** 90
– Sektorenbereich **50** 14 ff.
– Teil der Leistungsbeschreibung **17** 87 ff.
– Teil technischer Anforderungen **17** 89
– Umweltzeichen **17** 91 ff.; **50** 14
– Vorgaben für Straßenfahrzeuge **17** 113 ff.
– zusätzliche Ausführungsbedingung **17** 95 f.
Umweltschutzziel **20** 14
Umweltstraftaten **20** 27
Umweltzeichen **20** 11, 25
Ungewöhnlich niedriger Preis *s. Unterkostenangebot, Preisprüfung*
Ungewöhnliches Wagnis **18** 31; **17** 40 ff.; **50** 22
Ungleichbehandlung **1** 48; *s. a. Gleichbehandlungsgrundsatz*
Universitäten **3** 19
Unterauftrag
– Begriff/Definition **16** 46; **61** 38 ff.
– entgeltliche Verträge **61** 39
Unterauftragnehmer
– Begriff **16** 11
Unterauftragsvergabe *s. a. Nachunternehmer*
– Ablehnungsbefugnis **61** 57 ff.
– Allgemeines **1** 77
– Eignungsleihe **61** 40
– Haftung des Auftragnehmers **61** 60
– Quotenvorgabe **61** 49 ff.
– Transparenz **61** 42 ff.
– Verfahrensregeln **61** 61 ff.
– Verfahrensvorgabe **61** 55 f.
– Verteidigungs- und Sicherheitsbereich **61** 36 ff.
– Vorgaben des Auftraggebers **61** 47 ff.
– Wahlfreiheit des Bieters **61** 46
Unterkostenangebot
– Angemessenheit des Preises **29** 70 ff.
– Aufgreifkriterien **29** 19 ff.
– Aufgreifschwelle **29** 27 ff.
– Ausschluss des Angebots **29** 89 ff.
– Ausschlussentscheidung **29** 94 ff.
– Beurteilungsspielraum **29** 16, 81
– Bewertung der Bietererklärungen **29** 64 ff.
– Darlegungs- und Beweislast **29** 88 ff.
– Ermittlung zweifelhafter Angebote **29** 15 ff.
– Gesamtpreis **29** 17 f.
– Marktverdrängung **29** 82 ff.
– mehrere Prüfungsschritte **29** 14
– negative Vertragserfüllungsprognose **29** 78 ff.
– Preis-/Leistungsverhältnis **29** 71
– Preisaufklärung **29** 37 ff.
– Prognoseentscheidung **29** 81
– Prüfungsgegenstand **29** 17
– Rechtfertigung der Unauskömmlichkeit **29** 76
– Sektorenbereich **52** 11
– staatliche Beihilfen **29** 85 ff.
– Unauskömmlichkeit **29** 65 ff., 76
– Vergleich mit eigener Kostenermittlung **29** 20 f.
– Vergleich mit Konkurrenzangeboten **29** 22 ff.
– Vergleichsgrößen **29** 19 ff.
– Vorprüfung **29** 15
– Vorprüfungsergebnis **29** 34 ff.
– Wettbewerbspreis **29** 71 ff.
– Wettbewerbswidrigkeit **29** 77 ff.
Unterlassungsansprüche
– Primärrechtsschutz **77** 12 ff.
– Voraussetzungen **77** 12 ff.
Unternehmen, Begriff **2** 11
Unternehmensprivatisierungen *s. Privatisierungen*
Unternehmensschützende Vorschriften **36** 60 ff.
Unternehmerbegriff **4** 43
Unternehmerrisiken **5** 41
Unterschriftserfordernisse **24** 9 f., 15 f.
Unterschwellenmitteilung **73** 44 f.
Unterschwellenvergabe
– Allgemeines **78** 1 f.
– anwendbares Recht **2** 103 ff.
– Baden-Württemberg **79** 20 ff.
– Bauleistungen **2** 108
– Bayern **79** 48 ff.
– Berlin **79** 72 ff.
– Binnenmarktrelevanz **2** 104; **74** 22
– Brandenburg **79** 99 ff.
– Bremen **79** 123 ff.
– Bundesebene **78** 5 ff.
– Eilrechtsschutz **80** 10 ff.
– einheitliche Richtlinien **78** 4 ff.
– Fachaufsichtsbeschwerde **80** 3 ff.
– freiberufliche Leistungen **2** 107
– Hamburg **79** 149 ff.
– Haushaltsrecht **1** 7; **2** 3, 103 ff.; **78** 2 f.; **79** 14
– Hessen **79** 174 ff.
– Landesebene **78** 11 ff.; **79** 15 ff.
– Landesvergabegesetze **79** 15 ff.
– Mecklenburg-Vorpommern **79** 195 ff.
– Nachprüfungsstellen **80** 9
– nationales Vergaberecht **2** 3

Sachregister

Fette Zahlen = Paragraphen

- Niedersachsen **79** 213 ff.
- Nordrhein-Westfalen **79** 229 ff.
- öffentliche Ausschreibung **78** 3
- Pflicht zur Öffentlichen Ausschreibung **2** 103
- Primärrecht **79** 14
- primärrechtliche Vorgaben **74** 22
- Primärrechtsschutz **80** 1
- Rechsschutz **80**
- Rechtsaufsichtsbeschwerde **80** 3 ff.
- Rechtsgrundlagen **79** 14 ff.
- Rechtsschutz **80** 1 ff.
- Rheinland-Pfalz **79** 257 ff.
- Saarland **79** 277 ff.
- Sachsen **79** 293 ff.
- Sachsen-Anhalt **79** 312 ff.
- Schleswig-Holstein **79** 339 ff.
- Schwellenwerte **2** 23
- Sekundärrechtsschutz **80** 1 ff.
- Systematik **2** 2
- Thüringen **79** 370 ff.
- Verwaltungsvorschriften **78** 4 ff.
- VOL/A und VOB/A **2** 106 ff.

Unterstützung des Auftraggebers **12** 12 ff., 52

Untersuchungsgrundsatz **39** 91 ff.; **40** 2 ff.

Unverzüglichkeit **22** 8 ff., 22, 29; **39** 76, 81 ff.

Unwirksamkeit des Vertrags *s. a Nichtigkeit*
- Allgemeines **35** 1
- Auftragsvergabe ohne Bekanntmachung **35** 11
- de-facto-Vergabe **35** 5 ff.
- Feststellung im Nachprüfungsverfahren **35** 16 ff.
- Sittenwidrigkeit **35** 58
- Verstoß gegen Informations- und Wartefrist **32** 64 ff.; **35** 2 ff.
- Verstoß gegen Verbotsgesetze **35** 54 ff.

Unwirksamkeitsfeststellung
- Antragsbefugnis **35** 31 ff.
- Ausnahmen **35** 50 f.
- Ausschlussfrist **35** 28 ff.
- Belehrung über Fristbeginn **35** 24 ff.
- Frist zur Geltendmachung **35** 17 ff.
- keine Rügeobliegenheit **35** 39
- Kenntnis des Verstoßes **35** 23
- Nachprüfungsverfahren **35** 16 ff.
- Rechtsfolgen **35** 40 ff.
- Rügeobliegenheit **35** 37 ff.
- Tenorierung **35** 41 ff.

Unzuverlässigkeit
- Entlastungsbeweis **28** 64
- fakultativer Ausschluss **14** 27 ff.; **28** 63 ff.
- Nachweis der Unrichtigkeit **28** 62
- zwingender Ausschluss **14** 33 ff.; **28** 58 ff.

VDE **49** 7
Vendor Eligibility Policy **14** 81
Veräußerungen **4** 37 ff., 40 ff.
Veräußerungsgeschäfte **2** 35; **5** 8

Verbände **3** 69
Verbot ungewöhnlicher Wagnisse **17** 40 ff.; **50** 22
Verbundene Unternehmen **1**, 28; **3** 87
Verdeckte Bietergemeinschaft **15** 51 ff., 96; **16** 51
Verdingungsunterlagen, Begriff **18** 1
Verein **3** 21
Verfahrensbeteiligte **36** 11
Verfahrenseffizienz **1** 18
Verfassungsbeschwerde **41** 29; **44** 35
Verfügbarkeitsnachweis
- Nachunternehmereinsatz **16** 27 ff.

Vergabe- und Vertragsordnungen *s. VOL/A, VOB/A, VOF*
Vergabearten *s. Vergabeverfahren*
Vergabeausschüsse
- Besetzung **1** 2

Vergabefremde Aspekte **1** 65
Vergabefremde Zwecke
- Baden-Württemberg **79** 46
- Bayern **79** 63 ff.
- Berlin **79** 92 ff.
- Brandenburg **79** 121
- Bremen **79** 143 ff.
- Hamburg **79** 171 f.
- Hessen **79** 192
- Mecklenburg-Vorpommern **79** 210
- Niedersachsen **79** 227 f.
- Nordrhein-Westfalen **79** 252 ff.
- Rheinland-Pfalz **79** 274
- Saarland **79** 289 ff.
- Sachsen **79** 305
- Sachsen-Anhalt **79** 329 ff.
- Schleswig-Holstein **79** 368
- Thüringen **79** 386 f.

Vergabegrundsätze
- Auslegungsdirektiven **1** 6
- Auswirkungen **1** 8 ff.
- Einleitung **1** 1 ff.
- Gleichbehandlungsgrundsatz **1** 41 ff.
- Hinterfragen **1** 17
- Mittelstandsförderung **1** 62 ff.
- Transparenzgrundsatz **1** 29 ff.
- Wettbewerbsgrundsatz **1** 9 ff.

Vergabekammern
- Angabe in Bekanntmachung **21** 23 ff.
- Anschrift **21** 25
- Befangenheit von Mitgliedern **40** 1, 51 ff.
- Behörden **38** 13
- Besetzung **38** 12
- Gebühren und Auslagen **45** 4 ff.
- örtliche Zuständigkeit **38** 14 ff., 29 f.
- Rechtsstellung **38** 11 ff.
- Unzuständigkeit **21** 24; **38** 27 f.
- Zuständigkeit erster Instanz **38** 11 ff.

Vergabekoordinierungsrichtlinie **73** 1
Vergabeprüfstellen
- Angabe in Bekanntmachung **21** 26

Magere Zahlen = Randnummern

Vergaberecht
- Anwendungsbereich **2** 1 ff.
- Begriff **1** 1
- Formstrenge **1** 16
- Spannungsfeld **1** 4
- Systematik **2** 2
- Zielsetzung **1** 4
- Zweiteilung **2** 1

Vergaberechtlicher Warenbegriff **4** 52

Vergaberechtsgrundsätze *s. Vergabegrundsätze*

Vergaberechtsverstöße, Rechtsfolgen
- Rückabwicklung **35** 1 ff.
- Schadensersatz **36** 1 ff.
- Unwirksamkeit **35** 1 ff.
- Vertragsverletzungsverfahren **37** 1 ff.

Vergaberechtsweg
- Rechtswegkonzentration **39** 11 ff.
- Vorabentscheidung **39** 44

Vergabesperre **27** 144; *s. a. Auftragssperre*

Vergabesperrliste **14** 3

Vergabestellen
- Baden-Württemberg **79** 21 ff.
- Bayern **79** 51 ff.
- Berlin **79** 74 ff.
- Brandenburg **79** 102 ff.
- Bremen **79** 126 ff.
- Hamburg **79** 153 ff.
- Hessen **79** 177 ff.
- Mecklenburg-Vorpommern **79** 198 f.
- Niedersachsen **79** 215 f.
- Nordrhein-Westfalen **79** 232
- Rheinland-Pfalz **79** 259 ff.
- Saarland **79** 280 f.
- Sachsen **79** 296 ff.
- Sachsen-Anhalt **79** 315 f.
- Schleswig-Holstein **79** 343 ff.
- Thüringen **79** 373 f.

Vergabeunterlagen
- Ablauf des Vergabeverfahrens **18** 4
- Änderung **18** 50
- Änderungen **22** 11; **52** 8
- Anforderung **9** 20
- Anschreiben **18** 4, 5 ff.; **50** 2
- Antworten auf Bieterfragen **18** 49
- Auslegung **18** 52
- Begriff **22** 5; **50** 1
- Bestandteile **18** 4
- Bewerbungsbedingungen **18** 4
- Bieterinformation **18** 49
- Eindeutigkeit **18** 51 f.
- Einleitung **18** 1 ff.
- Formulare zur Angebotserstellung **18** 48
- Gleichbehandlung **18** 2
- Kostenersatz **18** 55 ff.; **22** 51 ff., 89 ff., 97 ff., 102
- Liste geforderter Nachweise **18** 43 ff.
- Sektorenbereich **50** 1
- Transparenz **18** 2
- Unmissverständlichkeit **18** 51 f.
- Verdingungsunterlagen **18** 1
- Verhältnis zur Bekanntmachung **18** 53 f.
- Versand **22**
- Versendungskosten **18** 55; **22** 51 ff.
- Vertragsinhalt **18** 4
- Vertragsunterlagen **18** 4, 27 ff.
- Vervielfältigungskosten **18** 55; **22** 57, 62

Vergabeverfahren
- Ausgestaltungszweck **9** 1
- Baden-Württemberg **79** 26 ff.
- Bayern **79** 54 ff.
- Begründung der Wahl **48** 7
- beschränkte Ausschreibung **10** 17 ff.
- dynamisches elektronisches Verfahren **9** 2; **48** 39
- Einleitung **9** 1 ff.; **10** 1 f.
- elektronische Auktion **9** 2
- freihändige Vergabe **10** 29 ff.
- Hierarchie **9** 6 ff.; **10** 7 f.; **48** 5
- nicht offenes Verfahren **9** 23 ff.; **48** 34
- Numerus clausus **9** 1
- Oberschwellenbereich **9**
- öffentliche Ausschreibung **10** 14 ff.; **78** 3
- offenes Verfahren **9** 13 ff.; **48** 33
- Personenverkehrsdienste **56** 25 ff.
- Rangfolge **1** 20
- Sektorenbereich **48** 1 ff.
- Typenzwang **9** 9
- Unterschwellenbereich **10**
- Unzulässigkeit eines strengeren Verfahrens **9** 9
- Verhandlungsverfahren **61** 8 ff.
- Verhandlungsverfahren mit Teilnahmewettbewerb **9** 41 ff.; **48** 10 ff.
- Verhandlungsverfahren ohne Teilnahmewett **9** 57 ff.; **48** 10 ff.
- Verteidigungs- und Sicherheitsbereich **61** 6 ff.
- Wahl falscher Verfahrensart **9** 10 ff.; **10** 9 ff.
- Wahl richtiger Verfahrensart **9** 3, 4 f.; **10** 3 ff.
- Wahlfreiheit **48** 6
- Wettbewerb **56**
- Wettbewerbe **48** 40 f.
- wettbewerblicher Dialog **9** 2; **11**; **48** 35 f.; **61** 20a

Vergabevermerk **7** 20; **9** 7; *s. a. Dokumentation*
- Ablehnungsgründe **34** 23 f.
- abweichende Vergabeart **34** 26
- Aktenführungspflicht **34** 2
- Auswahlgründe **34** 23
- Begriff **34** 2
- Begründung von Entscheidungen **34** 18, 23 ff.
- Dokumentation des Vertragsschlusses **34** 11
- Dokumentationsmangel **34** 39 ff.
- Form **34** 35 ff.
- Funktionen **34** 7 ff.
- geheimhaltungsbedürftige Angaben **34** 19
- Heilung von Mängeln **34** 41 ff.
- Identität des Auftraggebers **34** 22
- Inhalt **34** 12 ff.
- Kontrolle des Vergabeverfahrens **34** 8

Sachregister Fette Zahlen = Paragraphen

- losweise Vergabe **34** 27
- maßgebende Feststellungen **34** 30
- Maßnahmen **34** 17
- nach außen tretende Verfahrensschritte **34** 17
- Nachholung **34** 43
- Nachweisforderungen **34** 28
- Sicherstellung wirksamen Rechtsschutzes **34** 9 ff.
- Stufen des Vergabeverfahrens **34** 17
- verfahrensinterne Handlungen **34** 17
- VOB/A **34** 29 ff.
- VOF **34** 34
- VOL/A **34** 14 ff., 20 ff.
- Vollständigkeit **34** 4, 12
- Wahrheit **34** 4, 12
- Zeitpunkt **34** 38
- Zuschlagsentscheidung **34** 25

Vergabeverordnung
- Allgemeines **1** 2
- Erlassermächtigung **2** 52
- Inhalt **2** 56
- Sytematik **2** 53
- Verweisungen **2** 57

Vergabeverordnung (VgV)
- Anwendungsbereich **2** 52 ff.
- Schaltstelle **2** 53, 56 ff.

Vergleichsweise Regelungen **40** 54

Vergütung s. a. Anwaltskosten, Entgeltlicher Vertrag, Kosten

Verhandlungsverfahren mit Teilnahmewettbewerb
- Ablauf **9** 49 ff.; **48** 11 ff.
- Änderung der Auftragsbedingungen **9** 44
- Allgemeines **9** 41
- Angebotsöffnung **25** 32 f., 52, 63
- Auskunftsfrist **23** 165
- Dokumentation **9** 56
- Festlegung eines Gesamtpreises **9** 46
- Flexibilität **9** 41
- Forschungs-/Entwicklungsleistungen **9** 48
- Fristen **23** 84 ff., 120 ff., 150a, 164, 179; **51** 37 ff.
- geistig-schöpferische Dienstleistungen **9** 47
- Mindestzahl der Bewerber **9** 50
- öffentlicher Teilnehmerwettbewerb **9** 50
- Parallelverhandlung **9** 54
- preferred bidder **9** 55
- Prinzipien **9** 53
- Sektorenbereich **48** 10 ff.
- unannehmbare/ausgeschlossene Angebote **9** 43
- Verhandlungsphase **9** 51 ff.
- Zulässigkeit **9** 42 ff.

Verhandlungsverfahren ohne Teilnahmewettbewerb
- Ablauf **9** 82 f.; **48** 11 ff.
- Allgemeines **9** 57
- Angebotsöffnung **25** 32 f., 52, 63
- Anschluss an Auslobungsverfahren **48** 32

- Auftrag nur von bestimmten Unternehmen durchführbar **9** 69 ff.
- Auskunftsfrist **23** 165
- Ausnahmetatbestand **9** 58 ff.; **48** 14 ff.
- Begründungspflicht **56** 20
- besonders günstige Bedingungen **48** 31
- besonders günstige Gelegenheit **48** 30
- Dringlichkeit **9** 72; **48** 22 f.; **61** 11, 24
- Forschungs-/Entwicklungszwecke **48** 20; **61** 13 f.
- Fristen **23** 88 ff., 123, 150a, 164, 179
- Kauf börsennotierter Waren **48** 27; **61** 16
- kein geeignetes Angebot/Bewerbung **9** 59 ff., 64 ff.; **48** 15 ff.; **61** 9 f., 22
- Lieferungen zu Forschungs-/Entwicklungszwecken **9** 74
- Luft-/Seeverkehrsleistungen **61** 19
- Rahmenvereinbarung **48** 29
- Schutz von Ausschließlichkeitsrechten **9** 69 ff.
- Sektorenbereich **48** 10 ff.
- technische/künstlerische Gründe **9** 69 ff.; **48** 21
- unvorhergesehene Leistungen **9** 76 ff.
- Verteidigungs- und Sicherheitsbereich **61** 8 ff., 21 ff.
- Wiederholung gleichartiger Leistungen **9** 79 ff.; **48** 26; **61** 18, 26
- Zulässigkeit **9** 58 ff.; **48** 14 ff.
- zusätzliche Leistungen **9** 76 ff.; **48** 26; **61** 17, 25
- zusätzliche Lieferungen **9** 75; **48** 24; **61** 15

Verkehr **3** 71

Verkehrsmanagementgesellschaften **55** 9

Verkehrssektor **7** 13

Verkehrsüblichkeit **19** 36 ff.

Verkehrsunternehmen **55** 11

Verkehrsverbünde **55** 9, 11

Vermutung der Voreingenommenheit
- unwiderlegliche **12** 50 ff.
- widerlegliche **12** 56 ff.

Versand der Vergabeunterlagen
- Bedeutung **22** 1 ff.
- beschränkte Ausschreibung **22** 17 ff.
- Dokumentation **22** 48 ff.
- freihändige Vergabe **22** 17 ff.
- Fristen **22** 6, 8 ff., 80 ff.
- Fristverlängerung **22** 86 f.
- Kostenersatz **18** 55 ff.; **22** 51 ff., 89 ff., 97 ff., 102
- nach Zahlung **22** 53 ff.
- nachträgliche Änderungen **22** 11
- nicht offenes Verfahren **22** 35 f., 45 ff., 85
- Oberschwellenbereich **22** 26 ff.
- öffentliche Ausschreibung **22** 7 ff.
- offenes Verfahren **22** 29 ff.
- Rechtsrahmen **22** 1 ff.
- Sektorenbereich **22** 80 ff.
- Unterschwellenbereich **22** 7 ff.
- Unverzüglichkeit **22** 8 ff., 22, 29, 80, 95

Magere Zahlen = Randnummern

Sachregister

– Vergabekoordinierungsrichtlinie 22 26 ff.
– Verhandlungsverfahren 22 35 f., 39, 45 ff., 85
– verspätete 22 78 f.
– Verteidigung und Sicherheit 22 91 ff.
– VOB/A 22 29 ff.
– VOF 22 37 ff.
– VOL/A 22 40 ff.
– Wettbewerbe 22 37
– wettbewerblicher Dialog 22 35 f., 40 ff.
– Zeitpunkt 22 48 ff.

Verschlusssachen-Zulassung
– Anerkennung von Sicherheitsprüfungen 62 44 ff.
– Erwerb 62 39 ff.
– gleichwertige Sicherheitsprüfungen 62 46 ff., 49 ff.
– Sicherheitsbescheid 62 40 ff.
– VS-Zugangsgewährung 62 40 ff.
– Zuständigkeit 62 39

Verschlusssachenaufträge *s. a. Geheime Aufträge*
– äußere/innere Bedrohungen 60 28
– Auftrag für Sicherheitszwecke 60 28
– Bau- und Dienstleistungsaufträge 60 40
– Begriff 60 27 ff.
– Kategorien 60 33
– Verwendung/Erforderlichkeit von Verschlusssachen 60 31 ff.

Verschlusssachenschutz
– Ausschluss bei Nichterfüllen der Anforderungen 62 32 ff.
– Bekanntgabe der Maßnahmen/Anforderungen 62 10
– Eignungsprüfung 62 28 ff.
– Festlegung durch Auftraggeber 62 12
– Geheimhaltungsstufen 62 15
– inhaltliche Anforderungen 62 10 ff.
– Mindestanforderungen 62 13 ff.
– Prüfung der Anforderungen 62 28 ff.
– schwere Verfehlungen 62 35
– Sicherheitsbescheid 62 16, 40 ff.
– Vergabeverfahren 62 17
– Verpflichtungserklärungen 62 15
– Vertragsphase 62 17
– VS-Zugangsgewährung 62 40 ff.

Verschwiegenheitsverpflichtung 15 64
Versendungskosten 18 55
Versorgungsauftrag der gesetzlichen Krankenkassen 66 13 ff.
Versorgungssicherheit
– Allgemeines 63 1
– Anforderungen 63 6 ff.
– Bedeutung 63 1 ff.
– Eignungsprüfung 63 2
– Leistungsbeschreibung 63 3
– VSVgV 63 5 ff.
– Zuschlagskriterien 63 4

Verspätete Angebote
– Ausschlussgrund 27 5 ff.

– Entschuldbarkeit 27 15 ff.
– maßgeblicher Zeitpunkt 27 7 ff.
– Vertretenmüssen 27 16 ff.

Verteidigungs- und Sicherheitsbereich 61 ff.
– Allgemeines 59 1 ff.
– Annexaufträge 60 22, 39
– Anwendungsbereich 2 18; 60 1 ff.
– Ausnahmecharakter 59 3
– Ausnahmetatbestände 60 46 ff., 83 ff.
– Bau- und Dienstleistungsaufträge 60 24, 40
– Bereichsausnahmen 60 46 ff., 83 ff.
– Beschaffungsintensivität 59 1
– besondere Auftraggeberbedürfnisse 59 6
– besondere Sicherheitsmaßnahmen 60 88 ff.
– Dual-Use-Gegenstände 60 13
– Einleitung 59 1 ff.
– Einsatzbestimmung 60 17 ff.
– Erzeugung/Handel mit Kriegsgütern 60 53
– Finanzdienstleistungsaufträge 60 56
– Forschung/Entwicklung 60 68
– Fristen 23 151 ff.
– geheime Aufträge 60 83 ff.
– Geheimschutz 64 22 ff.
– gemischte Aufträge 60 41 ff.
– Informationssicherheit 62 1 ff.
– internationale Abkommen 60 72 ff.
– internationale Organisationen 60 78 ff., 96 f.
– IT-/TK-Beschaffungen 60 87 ff.
– Kooperationsprogramme 60 58 ff.
– Kriegsmaterial 60 20
– Kriegswaffenliste 60 11
– Lieferaufträge über Militärausrüstung 60 8 ff.
– Lieferung von Ausrüstung 60 36 ff.
– Losvergabe 61 34 f.
– Materialintensivität 59 1
– Militärgüterliste 60 12
– Munition 60 19
– Nachprüfungsmöglichkeit 64 14 ff.
– nachrangige Dienstleistungen 61 2 ff.
– nachrichtendienstliche Tätigkeiten 60 57
– nationale Sicherheitsinteressen 60 48 ff.
– NATO-Truppenstatut 60 75
– Neutralität des Vergaberechts 59 2
– öffentlicher Auftrag 4 69 f.
– Rahmenvereinbarung 61 31 ff.
– Rechtsfolgen von Vergabeverstößen 64 1 ff.
– Rechtsschutz 64 1 ff.
– Rechtsschutz außerhalb des GWB 64 27 ff.
– Richtlinien 59 4 ff.
– Richtlinienumsetzung 59 7 ff.
– Schadenersatzansprüche 64 48 ff.
– Schwellenwerte 2 24; 60 5
– Streitkräfteeinsatz 60 87 ff.
– Terrorismusbekämpfung 60 87 ff.
– Truppenstationierungsabkommen 60 75, 76 ff., 93 ff.
– Unterauftragsvergabe 61 36 ff.
– Vegabe außerhalb der EU 60 67
– Vergabe an andere Staaten 60 64 ff.

1769

Sachregister

Fette Zahlen = Paragraphen

- Vergabeverfahren **61** 6 ff.
- Vergabeverordnung **59** 8
- Vergabeverstöße **64** 1 ff.
- Verhandlungsverfahren ohne Teilnahmewettbewerb **61** 8 ff., 21 ff.
- Verschlusssachenaufträge **60** 27 ff.
- Versorgungssicherheit **63** 1 ff.
- Verteidigungsgüterrichtlinie **59** 4
- VOB/A-VS **59** 9
- Waffe **60** 18
- Wahl der Vergabeart **61** 7 ff.
- wettbewerblicher Dialog **61** 20a, 27
- Zuschlagsverbot **64** 18 ff.
- zwischenstaatliche Abkommen **60**

Verteidigungsgüterrichtlinie 59 4

Vertrag
- Änderungen **4** 16 ff.
- Form **4** 11
- hoheitliche Handlungsformen **4** 14
- öffentlich-rechtlicher Vertrag **4** 13
- öffentlicher Auftrag **4** 9 ff.
- Rahmenvereinbarung **4** 10, 26
- Rechtsbindungswille **4** 10

Vertragsänderungen
- Austausch des Auftragnehmers **4** 23 ff.
- Laufzeitänderungen **4** 20
- Leistungsänderungen **4** 17 ff.
- Schätzung des Auftragswerts **7** 51
- wesentliche **4** 16

Vertragsanpassung 1 26

Vertragsaufhebung
- nach Vertragsverletzungsverfahren **37** 76

Vertragsbedingungen
- Allgemeine **18** 30, 32 ff.
- Allgemeine Geschäftsbedingungen **18** 30
- Ausfüllungsbedürftigkeit **18** 41
- Bedeutung **18** 29 ff.
- Begriffe **18** 29 ff.
- Besondere **18** 30, 37 f.
- Einbeziehung **18** 32 ff.
- Ergänzende **18** 30, 37 f.
- Geltungsrangfolge **18** 30
- Schiedsvereinbarungen **18** 39
- Sektorenbereich **50** 4
- Sollvorschriften **18** 41
- ungewöhnliches Wagnis **18** 31
- Unzumutbarkeit **18** 31
- Vertragsunterlage **18** 29 ff.
- Vorgaben einzelner Bedingungen **18** 40 ff.
- Zusätzliche **18** 30, 35 f.

Vertragslaufzeit 1 26

Vertragspartner
- Beihilfeempfänger **4** 44 f.
- Grundsätze **4** 43
- Inhouse-Betreiber **4** 46 f.
- interkommunale Kooperationen **4** 48 ff.
- öffentlicher Auftrag **4** 43 ff.

Vertragsunterlagen
- Änderungen **52** 8
- Leistungsbeschreibung **18** 27, 28
- Vergabeunterlage **18** 4
- Vergabeunterlagen **18** 27 ff.
- Vertragsbedingungen **18** 29 ff.

Vertragsverlängerungen
- Schätzung des Auftragswerts **7** 50

Vertragsverletzungsverfahren
- Ablauf **37** 18 ff.
- Allgemeines **37** 1 ff.
- Aufforderungsschreiben **37** 27 ff.
- außerordentliche Kündigung **37** 77 ff.
- Bedeutung **37** 5
- Beendigung von Beschaffungsverträgen **37** 74 ff.
- Begründetheit der Klage **37** 48 ff.
- Beschleunigung **37** 54
- Beseitigungspflicht **37** 56 ff.
- Beweislast **37** 49 ff.
- Einleitung **37** 19 ff.
- einstweilige Anordnung **37** 55
- Einwendungen **37** 51
- Ermessen **37** 23 f., 35
- Feststellungsklage **37** 36
- förmliches Vorverfahren **37** 26
- Form **37** 46
- Frist **37** 42, 47
- Fristen **37** 29, 34
- Gerichtsverfahren **37** 36
- informelles Vorverfahren **37** 25
- Klagegegenstand **37** 39
- Kontinuitätsgebot **37** 33, 43
- Korrekturmechanismus **37** 1 ff.
- objektive Rechtskontrolle **37** 4
- objektive Vertragsverletzung **37** 48
- Parteifähigkeit **37** 38
- Rechtsfolgen der Vertragsverletzung **37** 56 ff., 74 ff.
- Rechtsgrundlage **37** 1 ff., 17
- Rechtsschutzinteresse **37** 44
- Sachverhaltsschilderung **37** 28 ff.
- Sanktionsverfahren **37** 6, 61 ff.
- schwere Verstöße **37** 2
- Stellungnahme **37** 32 ff.
- Urteil **37** 52 f.
- Vertragsaufhebung als Schadensersatz **37** 76
- Vertragsnichtigkeit? **37** 75
- Vorverfahren **37** 41 ff.
- Zulässigkeit der Klage **37** 37 ff.
- Zuständigkeit **37** 37
- zweistufiges Vorverfahren **37** 6, 25 ff.

Vertragswidriges Verhalten 27 139 f.

Vertrauensschaden 10 13

Vertrauensschadensersatz
- Beeinträchtigung der Zuschlagschance **36** 65 ff.
- Berechtigte **36** 53 ff.
- Darlegungs- und Beweislast **36** 90
- Einwand rechtmäßigen Alternativverhaltens **36** 79 f.

Magere Zahlen = Randnummern

- Mitverschulden **36** 81 ff.
- Rechtsweg **36** 89
- Umfang des Ersatzanspruches **36** 85 ff.
- Verjährung **36** 88
- Verpflichtete **36** 56 ff.
- Verschuldensunabhängigkeit **36** 75 ff.
- Verstoß gegen bieterschützende Vorschriften **36** 59 ff.
- Voraussetzungen **36** 53 ff.
- weitergehende Ansprüche **36** 91

Vertraulichkeit
- allgemeine Pflicht **62** 57 ff.
- Bietergemeinschaften **15** 63 f.
- gegenseitige Verpflichtungen **62** 58 ff.
- Vereinbarungen **62** 61 ff.
- wettbewerblicher Dialog **11** 43 ff.

Vertretung *s. Stellvertretung*
Verurteilungen **14** 31; **49** 14
Vervielfältigungskosten **18** 55; **22** 57, 62
Verwaltungsorganisation **6** 64
Verwaltungssponsoring **4** 32
Verwaltungsvorschriften
- Bundesebene **78** 5 ff.
- Einkauf nach einheitlichen Richtlinien **78** 4 ff.
- Landesebene **78** 11 ff.

Verwaltungszwang **43** 2 ff.
Verweisung **41** 9
Verwendungsnachweisprüfung **8** 35 ff., 38 ff.
Verzicht auf Auftragserteilung **31** 1
Vier-Augen-Prinzip **14** 16
Völkerrechtliche Organisationen **60** 79 ff.
Vollstreckung
- Antragsgebundenheit **43** 10 f.
- Begründung der Entscheidung **43** 12
- Entscheidungen der Vergabekammer **43** 1 ff.
- Entscheidungen des Beschwerdegerichts **43** 23 f.
- Ersatz-/Zwangshaft **43** 19 f.
- feststellende Verwaltungsakte **43** 25 ff.
- Fortdauer des Zuschlagsverbots **43** 5 f.
- gegenwärtiger/künftiger Verstoß **43** 8
- Rechtsbehelfe **43** 13 f.
- rechtswirksamer Verwaltungsakt **43** 7
- Unanfechtbarkeit **43** 3 f.
- Verlängerung der aufschiebenden Wirkung **43** 13 f.
- Voraussetzungen **43** 2 ff.
- Wegfall aufschiebender Wirkung **43** 3 f.
- Zuständigkeit **43** 9
- Zustellung der Entscheidung **43** 12
- Zwangsgeld **43** 15 ff.

Vorabentscheidungsvorlage
- Auslegung des Unionsrechts **44** 15 ff.
- Berechtigung **44** 18 ff., 28 ff.
- Entscheidung trotz Vorlage/Vorgreiflichkeit **44** 25 ff.
- pflichtwidriges Unterlassen **44** 34 ff.
- Vorlagepflicht **44** 18 ff.
- zeitliche Auswirkungen **44** 22 ff.

- Zuständigkeit **44** 15 ff.

Vorabgestattung des Zuschlags
- ablehnende Entscheidung **42**
- Allgemeines **42** 1 ff.
- durch Beschwerdegericht **42** 21 ff.
- durch Vergabekammer **42** 14 ff.
- Eilrechtsschutz **42** 17 ff., 28 ff.
- Entscheidungsfrist **42** 24
- Interessensabwägung **42** 15 ff.
- Prüfungsmaßstab **42** 15 ff., 22
- Rechtsmittel **42** 17 ff., 26
- Zuständigkeit **42** 14 ff.

Vorbefasstheit *s. a. Projektanten*
- Beratung des Auftraggebers **12** 12 ff.
- Informationsvorsprung **12** 24 ff.
- Projektanten **12** 11 ff.
- Sektorenbereich **48** 37
- Unterstützung des Auftraggebers **12** 12 ff.
- Wechsel von Wissensträgern zum Bieter **12** 19 ff.

Vorbeugender Rechtsschutz **39** 61 ff.
Voreingenommenheit **12** 44 ff.
Vorinformation
- Allgemeines **21** 54
- Anwendungsbereich **21** 58 ff.
- Ausnahmen **21** 56
- Erforderlichkeit **21** 59
- Erstellung **21** 61 f.
- Frist **21** 66
- Fristverkürzung **21** 62, 65
- Inhalt **21** 61
- keine Pflicht **21** 54, 59
- Muster **21** 61
- nachrangige Dienstleistungen **21** 56 f.
- nicht offenes Verfahren **9** 35
- Oberschwellenbereich **21** 56
- offenes Verfahren **9** 18
- Rechtsfolgen **21** 68 f.
- Sektorenbereich **52** 18
- Sinn und Zweck **40** 27 ff.
- Supplement des EU-Amtsblatts **21** 63
- Unterschwellenbereich **21** 57
- Verkürzung der Angebostfrist **23** 53 ff., 78 f.
- Veröffentlichung **21** 63 ff.
- Veröffentlichungszeitpunkt **21** 65
- vorrangige Dienstleistungen **21** 58
- Zweck **21** 55

Vorlagepflicht
- Divergenzvorlage **44** 4
- Vorabentscheidungsvorlage **44** 18 ff.

Vorrang eigenwirtschaftlicher Verkehre **55** 32, 37
Vorrangige Dienstleistungen; **2** 67 ff.

Waffen **60** 18
Wahl- oder Alternativpositionen **17** 39
Waren aus Drittländern **52** 12
Warenbegriff **4** 52

Sachregister

Fette Zahlen = Paragraphen

Warenverkehrsfreiheit 73 28 ff.
Wartepflicht s. a. Informations- und Wartepflicht
– Beginn 32 59 ff.
– Dauer 32 55 ff.
– Inhalt 32 52 ff.
Wasserrecht 39 36
Wegekonzessionen 74 17
Weltbank Gruppe 14 80 ff.
Weltbank Sanktionsverfahren 14 83
Werkstätten für Behinderte 13 22 ff.
Werktage, Begriff 23 6
Wertung
– Angebotswertung 30
– Eignungsprüfung 28
Wertungsmatrix 76 15 ff.
Wertungsstufen
– Angebotswertung 30 1 ff.
– Eignungsprüfung 28 1 ff.
– formelle Angebotsprüfung 27 1 ff.
– Preisprüfung 29 1 ff.
– Trennung der Wertungsstufen 28 48
Wesentliches Sicherheitsinteresse 2 36 ff.
Wettbewerb
– europäische Sicht 1 11 ff.
– freier 1 47
– Geheimwettbewerb 1 27 f.
– Gleichheit der Bedingungen 1 21
– integrierendes Ziel 1 19
– Konditionenwettbewerb 1 19
– Leistungswettbewerb 1 19
– nationale Sicht 1 10
– Preiswettbewerb 1 19
– Teilnahmebedingungen 1 24
– Vorrangregelung 1 20
– weniger? 1 17 f.
Wettbewerblicher Dialog
– Ablauf 11 19 ff.
– Allgemeines 9 2
– Angebotsphase 11 66 ff.
– Aufforderung zur Angebotsabgabe 11 67 ff.
– Auswahlkriterien 11 28
– Auswahlphase 11 20
– Begrenzung der Teilnehmerzahl 11 28
– Bekanntmachung 11 21 ff.
– Beschaffungsbedarf 11 24, 35
– Beschaffungsgegenstand 11 25, 36
– Beschreibung 11 21 ff.
– besonders komplexe Aufträge 11 2, 9, 11 ff.
– Bestätigung von Zusagen 11 76 ff.
– Bieterinformation 11 79 ff.
– Dialogabschluss 11 63 ff.
– Dialogerörterungen 11 33 ff.
– Dialogphase 11 32 ff.
– Dialogeröffnung 25 34, 53, 64
– Dialogstrukturierung 11 48 ff.
– Eignungsanforderungen 11 27
– Einleitung 11 1 ff.
– einstufige Dialogphase 11 49
– Ergänzungen 11 73

– Erläuterungen 11 75
– formelle Angebotsprüfung 11 72
– Fristen 23 91 ff., 124 ff., 181
– gemeinsamer Dialog 11 60 ff.
– Gleichbehandlung der Teilnehmer 11 37 ff.
– Hochtechnologie 11 14
– innovative Technologien 11 14
– IT-Beschaffungen 11 15
– Kick-Off Meeting 11 32
– Klarstellungen 11 73
– Koordinierungsbedarf 11 13
– Kostenerstattung 11 83 f.
– Leistungsbeschreibung 17 33 f.
– Lösungsoffenheit 11 12
– mehrstufige Dialogphase 11 50 f.
– objektiv nicht in der Lage 11 16 ff.
– persönlicher Anwendungsbereich 11 5 ff.
– Präzisierung 11 73
– sachlicher Anwendungsbereich 11 9 ff.
– Sektorenbereich 48 35 f.
– separate Dialogführung 11 57 ff.
– Standardbeispiele 11 11
– Teilnehmerauswahl 11 31
– Umgehung der Projektantenproblematik 11 18
– Verteidigungs- und Sicherheitsbereich 61 20a, 27
– Vertraulichkeit 11 43 ff.
– vierte Verfahrensart 11 1
– Weitergabe des Lösungsvorschlags 11 45 ff.
– Wirtschaftlichkeitswertung 11 74
– Zulässigkeit 11 4 ff.
– Zurückstellen von Lösungsvorschlägen 11 52 ff.
– Zuschlagserteilung 11 79 ff.
– Zuschlagskriterien 11 29
Wettbewerbliches Vergabeverfahren
– Anwendungsvorbehalt 56 14
– Bekanntmachung 56 18 ff.
– Bindung an Vergabegrundprinzipien 56 15
– Fristen 23 131 ff.
– Mittelstandsfreundlichkeit 56 15
– öffentlicher Dienstleistungsauftrag 56 14 ff.
– Personenverkehrsdienste 56 14 ff.
– Sektorenbereich 48 40 f.
– Vorabveröffentlichung 56 18 ff.
Wettbewerbsbekanntmachung s. Bekanntmachungen
Wettbewerbsbericht 73 46 ff.
Wettbewerbsbeschränkende Abreden
– Allgemeines 1 27
– Ausschlussgrund 27 84 ff.; 52 9
– Begriff 15 31
– Bildung von Bietergemeinschaften 27 88 ff.
– Kartellabsprachen 27 85 ff.
– Kenntnis des Bieters von Angeboten anderer Bieter 27 99 ff.
Wettbewerbsgrundsatz
– Bedeutung 1 15 ff.

Magere Zahlen = Randnummern

Sachregister

- Chanchengerechtigkeit **1** 12
- europäische Sicht **1** 11 ff.
- Geheimwettbewerb **1** 27 f.
- gleiche Bedingungen **1** 21
- Herleitung **1** 9 ff.
- level playing field **1** 21
- maximale Teilnehmerzahl **1** 24 f.
- nationale Sicht **1** 10
- subjektive Bieterrechte **1** 13
- Teilnahmebedingungen **1** 24
- Trennung Eignungs-/Zuschalsgkriterien **1** 25
- Vorrangregelung **1** 26

Wettbewerbspreis **29** 71 ff.
Wettbewerbsrechtlicher Schadensersatz **36** 121
Wettbewerbsverfälschung **1** 19
Wettbewerbsverhinderung **1** 19
Wettbewerbsverzerrung **1** 19
Widerruf des Zuwendungsbescheids
- Entscheidungsfrist **8** 16
- Ermessen **8** 20 ff.
- Frist **8** 16
- Rechtsschutz des Zuwendungsempfängers **8** 47 ff.
- Rückforderung von Fördermitteln **8** 28, 31 f., 33
- Vergabefehler als Auflagenverstoß **8** 11 ff.
- Zuwendungsbescheid **8** 11 ff.

Wiedereinsetzung in den vorigen Stand **35** 29
Wiederholung gleichartiger Leistungen **9** 79 ff.
Wirtschaftlichkeitsgebot **1** 2, 6, 16, 67; **10** 8
Wirtschaftlichstes Angebot
- Zuschlagskriterium **30** 7, 14 ff.

Wirtschaftsteilnehmer
- Beihilfeempfänger **4** 44
- Grundsätze **4** 43

Wohnungsbaugesellschaften **3** 68

Zahl der Teilnehmer **1** 24 f.
Zahlungsverkehrsfreiheit **73** 21 ff.
Zentrale Ausschlussdatenbank (ZAD) **14** 76 ff.
Zertifizierungen **49** 7; **73** 29
Zugangsgleichheit **73** Anh 1 32
Zulieferer
- Begriff **16** 16

Zulieferkette
- Verbesserung des Wettbewerbs **16** 47

Zumutbarkeitsgrenze
- Nachweise **16** 24

Zuordnung von Aufträgen
- auch Sektorenauftrag **4** 77 f.
- auch verteidigungs-/sicherheitsrelevante Aufträge **4** 79
- Mischaufträge **4** 71 ff.

Zurückhalten von Informationen **34** 56 ff., 79, 83, 95
Zusätzliche Vertragsbedingungen **18** 30, 35 f.
Zuschlag
- Untersagung **42** 12
- Vorabgestattung **42** 14 ff.

Zuschlagserteilung
- Annahme des Vertragsangebots **33** 1
- Beendigung des Vergabeverfahrens **9** 22
- Begriff "echte Chance" **36** 66 ff.
- Doppelnatur **33** 1
- Einleitung **33** 1 ff.
- Formerfordernisse **33** 21 ff.
- Gleichwertigkeit von Angeboten **52** 14
- keine Rückgängigmachung **33** 3
- Nichtigkeitsgründe **33** 12 ff.
- Rechtsnatur **33** 1
- Sektorenbereich **52** 15 ff.
- Sittenwidrigkeit **33** 16 f.
- Stellvertretung **33** 30 ff.
- Verbot **33** 8 f.
- verfahrensbeendende Wirkung **33** 5
- Verstoß gegen Vergaberecht **33** 8 ff.
- Verstoß gegen Vertragsrecht **33** 11 ff.
- VOF **33** 6
- wettbewerblicher Dialog **11** 79 ff.
- Wirksamkeit **33** 7 ff.
- Zeitpunkt **33** 18 ff.

Zuschlagsfrist
- Beginn **23** 37, 68
- Bemessung **23** 34 f., 66 f.
- beschränkte Ausschreibung **23** 47
- Ende **23** 38 f., 69
- nicht offenes Verfahren **23** 83, 118 f., 150, 178
- öffentliche Ausschreibung **23** 34 ff.
- offenes Verfahren **23** 66 ff., 108 f., 145

Zuschlagsgestattung
- Eilantrag **40** 15
- vorzeitige **40** 15

Zuschlagskriterien
- Ästhetik **30** 48
- Angebotswertung **18** 16
- Auftragsbezogenheit **30** 24, 33 ff.
- Auswahl **30** 5 ff.
- Bekanntmachung **30** 57 ff.
- Berechnungsmethode **30** 69 ff.
- bestes Preis-Leistungs-Verhältnis **30** 7, 10
- Bestimmtheit **30** 54 ff.
- Bestimmungsspielraum **18** 13
- Betriebskosten **30** 49 ff.
- Definition **30** 4
- Energieverbrauch **52** 17
- Entscheidungsspielraum **18** 13
- Gewichtung **30** 63 ff.
- Gewichtungsangaben **18** 12 ff.
- Green Procurement **20** 30 ff.
- Lebenszykluskosten **30** 49 ff.
- Nichtdiskriminierung **1** 56

Sachregister   Fette Zahlen = Paragraphen

- niedrigster Preis **1** 16; **26** 16 f.; **30** 8 ff, 11 f.; **52** 16; **56** 33
- Objektivität **30** 30 ff.
- Personenverkehrsbereich **56** 28 ff.
- Preis **30** 41 ff.
- Qualität **30** 45 ff.
- Sektorenbereich **52** 15 ff.
- Trennung von Eignungskriterien **1** 25, 57; **30** 24 ff.; **52** 3
- typische Beispiele **30** 40 ff.
- Unterkriterien **30** 54 ff.
- vergabefremde Kriterien **30** 33 ff.
- Vergabeunterlagen **18** 12 ff.
- Versorgungssicherheit **63** 4
- Wertungsdurchführung **30** 81 ff.
- Wertungsfähigkeit **30** 18 f.
- Wertungsmatrix **30** 69 ff.
- wirtschaftlich günstigstes Angebot **1** 16; **30** 7, 14 ff.; **52** 16; **56** 33

Zuschlagsverbot
- Auslösung **42** 3 ff.
- Beendigung **42** 10 ff.
- Bewirken **42** 8 ff.
- dritter Wertungsstufe **29** 8 ff.
- gesetzliches **42** 1, 3 ff., 8 ff.
- Gründe **32** 12 ff.
- Verstoß gegen Vertragsrecht **32** 12 ff.
- Verteidigungs- und Sicherheitsbereich **64** 18 ff.
- Vollstreckung **43** 5 ff.

Zuständigkeit
- Abgrenzungen **38** 15 ff.
- Divergenzvorlage **44** 3
- Landessozialgerichte **38** 35 f.
- Mehrfachzuständigkeiten **38** 21 ff.
- Nachprüfungsverfahren **38** 1 ff.; **39** 11 ff.
- Oberlandesgerichte **38** 32 f.
- örtliche **38** 14 ff., 29 ff.
- Rechtswegkonzentration **39** 11 ff.
- Sekundärrechtsschutz **39** 13
- Vergabekammern **38** 11 ff.
- Vertragsverletzungsverfahren **37** 37
- Verweisung bei Unzuständigkeit **38** 27 f.; **41** 9
- Vollstreckung **43** 9
- Vorabentscheidung **44** 15 ff.
- Vorabgestattung des Zuschlags **42** 14 ff.

Zustimmung
- Aufnahme in Arbeitsgemeinschaft **16** 89
- Austausch des Auftragnehmers **16** 53 f.

Zuverlässigkeit
- Bewertung **28** 40
- Bietergemeinschaften **24** 48
- Definition **28** 14 ff.
- fehlende **28** 58 ff., 63 ff.
- Nachweis **24** 33 ff.; **28** 58 ff., 64
- Nachweis der Unrichtigkeit **28** 62

Zuwendungen
- allgemeine Nebenbestimmungen **8** 8
- AN-Best **8** 8
- Einleitung **8** ff.
- Entwicklung des Zuwendungsrechts **8** 50 ff.
- Ermessensentscheidung **8** 3, 20 ff.
- Kontrolle der Mittelverwendung **8** 34 ff.
- Kooperationsgedanke **8** 52
- Rechtsschutz des Zuwendungsempfängers **8** 47 ff.
- Schnittstelle zum Vergaberecht **8** 7, 8 ff., 51
- Vergabefehler als Auflagenverstoß **8** 11 ff.
- Verwendungsnachweisprüfung **8** 35 ff.
- Widerruf des Zuwendungsbescheids **8** 11 ff.
- Wirtschaftlichkeit **8** 36
- Zuwendungsprüfung **8** 35 ff., 38 ff.

Zuwendungsprüfung
- durch Bewilligungsbehörde **8** 35 ff.
- durch Rechnungshöfe **8** 38 ff.

Zwangsgeld **37** 61, 66, 69, 71; **43** 15 ff.
Zwangshaft **43** 19 f.
Zweckverband **57** 15
Zwei-Partner-Modell **15** 63
Zwei-Stufen-Theorie **64** 40

Zytostatikaversorgung
- Allgemeines **69** 1 f.
- Apothekenabgabepreise **69** 3 ff.
- Ausschreibung **69** 9 ff.
- Ausschreibungsfähigkeit **69** 11 ff.
- ausschreibungsspezifische Sonderprobleme **69** 18 ff.
- Kollektivvereinbarungen **69** 11 ff.
- Selektivverträge **69** 11 ff.
- sozialrechtliche Rahmenbedingungen **69** 3 ff.
- Verhältnis Apotheken/pharmazeutische Unternehmen **69** 29 ff.
- Verhältnis Krankenkassen/Apotheken **69** 11 ff.
- Vorgaben für Preisvereinbarungen **69** 6 ff.